PONS

Wörterbuch
für Schule und Studium

Spanisch - Deutsch

Neubearbeitung 1999

Ernst Klett Verlag
Stuttgart · Düsseldorf · Leipzig

PONS Wörterbuch für Schule und Studium Spanisch-Deutsch

Bearbeitet von: Eckhard Böhle, Ulrike Marita Bohnet, Concepción Gil Bayo, Nely Milagros Iglesias Iglesias, Yolanda Mateos Ortega, Josep Ràfols i Ventosa, Eva Schellert-Riveiro, Marieluise Schmitz

Phonetik bearbeitet von: Josep Ràfols i Ventosa

Entwickelt auf der Basis des deutsch-spanischen Teils des PONS Wörterbuch für die berufliche Praxis Spanisch, an dem mitgearbeitet haben:

Sonia Aliaga López, Eckhard Böhle, María Teresa Gondar Oubiña, Nely Milagros Iglesias Iglesias, Yolanda Mateos Ortega, Josep Ràfols i Ventosa, Eva Schellert-Riveiro, Marieluise Schmitz, Anke Brauckmann, Nilo Valverde Diez

Basismaterial von: Verónica Abrego-Hartmann, Sonia Aliaga López, Eckhard Böhle, Sieglinde Bröer, Delia Cruz-Martens, Fernando de la Iglesia, Antje Diehl, María Esther Gallo Cabrera, María Teresa Gondar Oubiña, Herminia González Martínez, Araceli-Rosa Marín y Presno, Yolanda Mateos Ortega, Anke Müller, Barbara Oehler, Mariona Pellicer, José Lucio Pérez Díaz, Gracia María Puga Ortiz, Josep Ràfols i Ventosa, María Ramírez Antía, Victoria Romano Brandt, Eva Schellert-Riveiro, Marieluise Schmitz, Antje Weber, u.a.

Die Deutsche Bibliothek - CIP-Einheitsaufnahme

PONS-Wörterbuch für Schule und Studium : Globalwörterbuch. -
folgt der reformierten Rechtschreibung und Zeichensetzung
- Stuttgart ; Düsseldorf ; Leipzig : Klett
Spanisch-deutsch / [bearb, von: Eckhard Böhle ...]. - 1. Aufl. - 1999
ISBN 3-12-517431-7

1. Auflage 1999

Internet: http://www.pons.de
e-mail: info@pons.de

Redaktion: Anke Müller
Sprachdatenverarbeitung: Andreas Lang, conTEXTag
für Informatik und Kommunikation, Zürich
Einbandgestaltung: Ira Häußler, Stuttgart
Logoentwurf: Erwin Poeli, Heidelberg
Satz und Datentechnik: Dörr und Schiller GmbH, Stuttgart
Druck: Werner Söderström Osakeyhtiö, Helsinki
Printed in Finland
ISBN 3-12-517431-7

Inhalt / Índice

Hinweise zur Benutzung des Wörterbuchs

1. Schriftarten

Fettdruck	für Stichwörter und direkte Verweise auf ein anderes Stichwort
Halbfettdruck	für spanische Anwendungsbeispiele und Redewendungen und für Ziffern
Grundschrift	für die deutschen Übersetzungen
Kursivschrift	für grammatische Angaben wie Wortart und Genus; für Erklärungen und Definitionen, Markierungen, Synonyme und andere Zusätze

Indicaciones para el uso del Diccionario

1. Tipos de letra

negrita	para entradas y referencias directas a otra entrada
seminegrita	para ejemplos ilustrativos y modismos en español y para cifras
redonda	para las traducciones alemanas
cursiva	para indicaciones gramaticales como la parte de la oración y el género, para aclaraciones y definiciones, marcas, sinónimos y otras acotaciones

cuarto, -a[2] **I.** *adj* (*parte*) viertel; (*numeración*) vierte(r, s) **II.** *m, f* Viertel *nt;* ~ **creciente/menguante** erstes/letztes (Mond)viertel; ~ **de final** (DEP) Viertelfinale *nt;* ~ **de hora** Viertelstunde *f;* **es la una y/menos ~** es ist Viertel nach/vor eins; **ser de tres ~s** dreiviertellang sein; **ser de tres al ~** minderwertig sein; **echar su ~ a espadas** seinen Senf dazugeben *v.t.* **octavo**

2. Satzzeichen und Symbole

,	trennt gleichwertige, alphabetisch aufeinander folgende Stichwortvarianten
	trennt die maskuline und feminine Form eines Wortes
	trennt gleichwertige Übersetzungen
;	steht zwischen nicht synonymen Übersetzungen; der Unterschied wird durch Gebrauchsangaben oder Bedeutungsdifferenzierungen in Klammern erläutert
:	vor einer Wendung zeigt der Doppelpunkt an, dass das Stichwort mit dieser Bedeutung in der Regel nur in der folgenden Wendung gebraucht wird
/	zeigt analoge Strukturen an

2. Signos de puntuación y símbolos

,	separa variantes equivalentes y alfabéticamente consecutivas de una entrada
	separa la forma masculina y femenina de una palabra
	separa traducciones equivalentes
;	se encuentra entre dos traducciones no sinónimas; la diferencia entre ellas se aclara mediante indicaciones de uso o contornos semánticos entre paréntesis
:	delante de un modismo, los dos puntos indican que la palabra sólo se utiliza por lo general con este significado en el modismo que sigue
/	indica estructuras análogas

steht zwischen mehreren Präpositionen oder Kasusangaben

~ ersetzt in Anwendungsbeispielen und Redewendungen das vorhergehende Stichwort, bei Stichwörtern mit geklammerter Endung das Wort bis zur Klammer

· ersetzt einen Teil des Stichworts, in spitzen Klammern auch das vollständige Stichwort

– unterscheidet in Anwendungsbeispielen zwischen zwei Sprechern

= steht bei der Zusammenziehung zweier Wörter

≅ steht bei einer ungefähren Entsprechung aufgrund kultureller Unterschiede

< > in spitzen Klammern stehen grammatische und morphologische Angaben

[ ] in eckigen Klammern stehen

- phonetische Angaben
- in Verbindung mit *o* synonyme Elemente zu einem Teil eines Mehrwortterminus oder einer Wendung

® kennzeichnet eingetragene Warenzeichen

RR kennzeichnet reformierte Schreibweisen

▒ kennzeichnet alte Schreibweisen.

se encuentra entre varias preposiciones o indicaciones de caso

~ sustituye en los ejemplos ilustrativos y modismos a la entrada anterior; en las entradas con un final entre paréntesis, a la palabra hasta el paréntesis

· sustituye una parte de la entrada; entre paréntesis triangulares, también toda la entrada

– en los ejemplos ilustrativos hace distinción entre dos interlocutores

= se encuentra en la contracción de dos palabras

≅ se encuentra en una equivalencia aproximada debida a diferencias culturales

< > entre paréntesis triangulares se encuentran las indicaciones gramaticales y morfológicas

[ ] entre corchetes se encuentran

- las indicaciones fonéticas
- con *o*, sinónimos de una parte de un término formado por varias palabras o de un modismo

® distingue una marca registrada

RR Los términos de grafía reformada se señalan con RR

▒ distingue la grafía antigua en la lengua alemana.

3. Stichwortanordnung – Makrostruktur

Alle Stichwörter sind **alphabetisch angeordnet**. Wortzwischenräume bei mehrgliedrigen Stichwörtern bleiben dabei unberücksichtigt.

Die spanischen ***ch*** und ***ll*** werden nach der neuen Sprachregelung in Spanien wie Doppelbuchstaben behandelt. Das ***ñ*** wird hinter *nz* eingeordnet.

Unterscheiden sich zwei Wörter nur durch einen **Akzent**, steht die Form ohne Akzent vor der mit Akzent.

Unterscheiden sich zwei Wörter nur durch **Groß- oder Kleinschreibung**, folgt das Großgeschriebene dem Kleingeschriebenen.

3. Orden de las entradas – Macroestructura

Todas las entradas están **ordenadas alfabéticamente**. Los espacios entre los componentes de las entradas pluriverbales no se tienen en cuenta por lo que respecta al orden.

La ***ch*** y la ***ll*** españolas se consideran, siguiendo la nueva normativa en España, letras dobles. La ***ñ*** sigue en el orden a *nz*.

Si dos palabras se diferencian por un **acento**, la forma no acentuada precede a la acentuada.

Si dos palabras se diferencian por escribirse con **mayúscula o con minúscula**, la palabra con mayúscula seguirá a la escrita con minúscula.

Zwei **orthographische Varianten** eines Wortes, die alphabetisch unmittelbar aufeinanderfolgen, werden in einem Eintrag aufgeführt und durch ein Komma getrennt. Folgen die Wörter alphabetisch nicht unmittelbar aufeinander, wird jedes als eigenes Stichwort behandelt. Es erfolgt in der Regel ein Verweis auf die ausführlich dargestellte Variante.

Se incluyen en un mismo artículo dos **variantes ortográficas** alfabéticamente consecutivas de una palabra, separándose ambas mediante una coma. Si las palabras no son alfabéticamente consecutivas, se trata cada una de ellas como una entrada propia. Generalmente se remite a la variante más ampliamente desarrollada.

In **Klammern** stehende Buchstaben in einem Stichwort unterliegen ebenfalls der Alphabetisierung. So findet man z. B. *auto(e)stop* vor *autoevaluación.*

Las letras **entre paréntesis** en una entrada están igualmente sujetas al orden alfabético. Así, por ejemplo, *auto(e)stop* está antes de *autoevaluación.*

In **Klammern** stehende Endungen werden bei der Alphabetisierung ignoriert.

Los finales que se encuentran entre **paréntesis** se ignoran en el orden alfabético.

Bindestriche, Wortzwischenräume oder Punkte innerhalb eines Wortes bzw. einer Abkürzung werden bei der Alphabetisierung ignoriert. Feste Syntagmen und mehrgliedrige Ausdrücke wie *echar las campanas al vuelo* oder *botella de oxígeno* sind im Allgemeinen unter dem ersten wichtigen bedeutungstragenden Element in der Phraseologie des entsprechenden Stichworts eingeordnet.

Los guiones, los espacios entre las palabras o los puntos dentro de una palabra o una abreviación se ignoran en el orden alfabético. Las locuciones y expresiones pluriverbales como *echar las campanas al vuelo* o *botella de oxígeno* se ordenan generalmente bajo la primera acepción importante en la fraseología de la respectiva entrada.

Bei Personenbezeichnungen ist die **feminine Form** in der Regel bei der maskulinen abgehandelt und an alphabetischer Stelle noch einmal als eigenes Stichwort mit Verweis aufgenommen, wenn sie alphabetisch nicht unmittelbar neben der maskulinen Form stehen würde.

En los nombres de persona, la **forma femenina** viene tratada generalmente en la forma masculina y se incluye de nuevo como entrada propia con una remisión si en el orden alfabético no sigue inmediatamente a la forma masculina.

Ausführliche Anwendungsbeispiele von **Monaten, Wochentagen und Zahlen** sind exemplarisch bei *marzo, lunes* und *ocho, ochenta* etc. dargestellt, worauf in den entsprechenden analogen Einträgen verwiesen wird.

Mayor número de ejemplos ilustrativos de **meses, días de la semana y números** se encuentran desarrollados sistemáticamente en *marzo, lunes* y *ocho, ochenta* etc., a los cuales se remite en los correspondientes artículos análogos.

Regelmäßig gebildete **Adverbien auf *-mente*** sind oft nicht als eigenes Stichwort aufgeführt. Wo der Wörterbuchbenutzer ein solches Wort nicht als selbstständigen Eintrag findet, sollte er auf die beim jeweiligen Adjektiv angegebene Übersetzung zurückgreifen.

Los **adverbos terminados en *-mente*** no se incluyen a menudo como una entrada propia. Si el usuario de este diccionario no encontrase tal voz como un artículo propio, debe consultar la traducción dada en el adjetivo respectivo.

Unregelmäßige Formen (Steigerungsformen der Adjektive und Adverbien, unregelmäßige Verbformen) werden häufig als Stichwort mit einem Verweis auf ihre Grundform aufgeführt.

Las **formas irregulares** (formas de gradación de los adjetivos y adverbios, verbos irregulares) se incluyen con frecuencia como entradas con una remisión a la forma de grado positivo o de infinitivo, respectivamente.

Homographen, die sich durch eine andere Flexion auszeichen, oder Substantive mit unterschiedlichem Genus werden durch hochgestellte arabische Ziffern unterschieden.

Los **homógrafos** que se caracterizan por presentar una flexión diferente o los sustantivos con distinto género se diferencian con una cifra arábiga volada.

reciclado[1] *m* Recycling *nt*, Wiederverwertung *f*
reciclado, -a[2] *adj* recycled, wiederverwertet
sacadineros[1] *mf inv* (*fam: estafador*) Bauernfänger(in) *m(f)*
sacadineros[2] *m inv* (*fam: espectáculo, objeto*) Nepp *m*, Betrug *m*

4. Aufbau der Wörterbuchartikel – Mikrostruktur

Die einzelnen Artikel können durch **Zahlen** weiter untergliedert sein.

Dabei kennzeichnen **römische Ziffern** verschiedene Wortarten, verschiedene grammatische Kategorien und verschiedene Konstruktionsmöglichkeiten eines Verbs (*vi, vt, vr, vimpers*).

4. Orden dentro del artículo – Microestructura

Los diversos artículos pueden estar subdivididos mediante **números**.

Las **cifras romanas** indican las distintas partes de la oración, las distintas categorías gramaticales y las diversas posibilidades de construcción de un verbo (*vi, vt, vr, vimpers*).

terco, -a I. *adj* **1.** (*persona*) stur, dickköpfig, halsstarrig; **ser más ~ que una mula manchega** störrisch wie ein Maulesel sein, stur wie ein Panzer sein **2.** (*niño*) trotzig **3.** (*animal*) störrisch **4.** (*cosa*) steif **II.** *m, f* Dickkopf *m*
dañar I. *vi* schaden **II.** *vt* beschädigen; (*reputación*) schädigen; **~ la imagen** dem Image schaden **III.** *vr:* **~se** beschädigt werden; (*fruta, cosecha*) verderben

Arabische Zifferen kennzeichnen verschiedene Bedeutungen des Stichworts.

Las **cifras arábigas** señalan las distintas acepciones de una entrada.

regadera *f* **1.** (*recipiente*) Gießkanne *f* **2.** (*reguera*) Bewässerungsgraben *m* **3.** (*Col, Méx: ducha*) Dusche *f* **4.** (*loc*): **estar como una ~** (*fam*) spinnen, nicht ganz dicht sein

Der grammatischen und semantischen Beschreibung jeder durch römische Ziffern gegliederten grammatischen Kategorie folgt ihre phraseologische Beschreibung. Hier sind die für die Kategorie relevanten **Anwendungsbeispiele, Redewendungen, Sprichwörter und mehrgliedrigen Ausdrücke** aufgeführt. In der Regel sind sie unter dem ersten als wichtiges bedeutungstragendes Element fungierenden Stichwort eingeordnet, im Zweifelsfall sollte der Benutzer aber auch unter den anderen möglichen Suchwörtern nachschlagen. Redewendungen und Sprichwörter, die keiner Grundbedeutung des Stichworts zuzuordnen sind, werden mit dem Zusatz *loc* unter einer gesonderten arabischen Ziffer aufgeführt.

A la descripción gramatical y semántica de cada categoría gramatical dividida mediante cifras romanas sigue su descripción fraseológica. En ella se incluyen **los ejemplos ilustrativos, las frases hechas, refranes y expresiones pluriverbales** relevantes de la categoría. Normalmente están ordenados bajo la primera acepción importante de la entrada; en caso de duda, el usuario debe consultar también las otras posibles acepciones. Las frases hechas y los refranes que no se pueden ordenar dentro de alguna de las acepciones de la entrada se incluyen con la acotación *loc* dentro de una cifra arábiga aparte.

5. Erklärende Zusätze – Kommentierungen

Sowohl in der Ausgangs- als auch in der Zielsprache können erklärende Zusätze Bedeutung und Anwendung eines Wortes näher bestimmen:

- **in Klammern stehende Zusätze** für Synonyme und Definitionen, für typische Subjekte und Objekte und andere Erklärungen
- **Sachgebietsangaben**, besonders wenn verschiedene Bedeutungen unterschieden werden
- Angaben zur **regionalen Verbreitung** zur Markierung aller Wörter, Bedeutungen und Wendungen, die einem regionalen Gebrauch unterliegen
- **Stilangaben** zur Markierung aller Wörter, Bedeutungen und Wendungen, die keiner neutralen Stilebene angehören: *elev, fam, formal, argot, vulg*
- **rhetorische Angaben**, wenn eine besondere Sprechhaltung markiert wird: *irón, pey, fig*

Die vollständige Liste der Markierungen ist dem Abkürzungsverzeichnis zu entnehmen.

5. Acotaciones aclaratorias – Comentarios

Tanto en la lengua de partida como en la lengua meta, las acotaciones aclaratorias pueden definir con más exactitud el significado y el uso de una palabra:

- **acotaciones entre paréntesis** para sinónimos y definiciones, para sujetos y complementos típicos y para otras aclaraciones
- **indicaciones de especialidad**, sobre todo cuando se diferencian distintos significados
- indicaciones de **uso regional** para marcar todas las palabras, significados y modismos que están sujetos a un uso regional
- **indicaciones de estilo** para marcar todas las palabras, significados y giros que no pertenecen a un estilo neutral: *elev, fam, formal, argot, vulg*
- **indicaciones retóricas** para marcar una determinada forma de expresión: *irón, pey, fig*

La relación completa de las marcas se encuentra en la lista de abreviaciones.

6. Morphologische Angaben

Substantive

Alle Substantive sind mit einer **Genusangabe** versehen. Die Bezeichnung des grammatischen Geschlechts als *m* (Maskulinum), *f* (Femininum) und bei den deutschen Übersetzungen auch als *nt* (Neutrum) bzw. deren Kombinationen kennzeichnet ein Wort als Substantiv.

Substantive oder einzelne Bedeutungen eines Substantivs mit der Angabe *pl* werden nur im Plural gebraucht.

Substantive, die im Plural ihre Form nicht verändern, werden mit *inv* markiert. Substantive, die nur im Singular verwendet werden, erhalten ein *sin pl*.

Für alle Substantive, die ein natürliches Geschlecht haben und Personen bezeichnen, wird die **feminine neben der maskulinen Form** angegeben.

6. Indicaciones morfológicas

Sustantivos

Todos los sustantivos llevan una **indicación de género**. La denominación del género gramatical como *m* (masculino), *f* (femenino) y, en las traducciones alemanas, también como *nt* (neutro), así como la combinación de los mismos, indica que la palabra es un sustantivo.

Los sustantivos o algunos significados de un sustantivo con la indicación *pl* se usan sólo en plural.

Los sustantivos que no modifican su forma en plural se indican con *inv*; los que sólo se emplean en singular se señalan con *sin pl*.

En todos los sustantivos que tienen un género natural y designan personas se indica **la forma femenina al lado de la masculina**.

duque(sa) *m(f)*
campeón, -ona *m, f*
ministro, -a *m, f*
asistente *mf*

In der Regel sind beide Formen unter der **maskulinen Form** abgehandelt. Wo die **feminine Form** in der alphabetischen Reihenfolge nicht unmittelbar neben der maskulinen stehen würde, wird sie zusätzlich als eigenes Stichwort mit einem Verweis auf die maskuline Form angegeben.

Normalmente ambas formas son tratadas dentro de la **forma masculina**. Si la **forma femenina** no está directamente contigua a la masculina en el orden alfabético, se incluye adicionalmente como entrada propia con remisión a la forma masculina.

Bei Substantiven, die mit bestimmten **Präpositionen** verbunden werden, ist die zugehörige präpositionale Ergänzung und ihre Entsprechung nach der deutschen Übersetzung angegeben.

En los sustantivos que rigen una determinada **preposición** se indica el correspondiente complemento preposicional y su equivalencia tras la traducción alemana

carencia *f* **1.** (*falta*) Fehlen *nt* (*de* von +*dat*) **2.** (*t.* ECON, MED: *escasez*) Mangel *m* (*de* an +*dat*)

Adjektive und Adverbien

Spanische Adjektive sind in ihrer **unflektierten Form** angegeben. Besitzt das Adjektiv eine **weibliche Form**, so wird die entsprechende Endung angehängt.

Adjetivos y adverbios

Los adjetivos españoles se indican en **su grado positivo**. Si el adjetivo tiene **forma de femenino**, se añade el final correspondiente a la palabra.

antiguo, -a *adj*
bello, -a *adj*
sabroso, -a *adj*

Unveränderliche Adjektive werden mit *inv* gekennzeichnet.

Los **adjetivos invariables** se señalan con *inv.*

cazavirus *adj inv* (INFOR) Antiviren-; **programa** ~ Antivirenprogramm *nt*

Unregelmäßige Steigerungsformen werden in spitzen Klammern angegeben. Die erste der Formen bezeichnet dabei den Komparativ, die zweite den Superlativ.

Las formas de gradación irregulares se indican entre paréntesis triangulares. La primera forma señala el grado comparativo, la segunda, el superlativo.

bajo, -a[1] <más bajo *o* inferior, bajísimo> *adj* ...
grande <más grande *o* mayor, grandísimo> *adj* ...
malo, -a <peor, pésimo> *adj* ...

Adverbien werden in der Regel nicht als eigenes Stichwort aufgeführt, wenn sie im Spanischen regelmäßig mit der Endung *-mente* gebildet werden und die deutsche Übersetzung der normalen Adjektivform entspricht.

Los **adverbios** no se incluyen por lo general como entrada propia si en español se forman con el final *-mente* y la traducción alemana corresponde a la forma normal del adjetivo.

Spanische Adverbien, die nicht mit *-mente* gebildet werden, sowie spanische Adverbien auf *-mente*, die Besonderheiten bei der Übersetzung aufweisen, werden als eigene Stichwörter aufgeführt.

Los adverbios españoles que no terminan en *-mente* y los que terminando en *-mente* presentan alguna particularidad en la traducción se incluyen como entradas propias.

deprisa *adv* schnell; ~ **y corriendo** so schnell wie möglich
sumamente *adv* äußerst, höchst; **te estoy ~ agradecido** ich bin dir äußerst dankbar

Verben

Die grammatischen Angaben *vi, vt, vr* oder *vimpers* kennzeichnen ein Stichwort als Verb. Ist die reflexive Form nicht schon als Stichwort aufgenommen, folgt diese auf die Angabe *vr* mit einer Tilde. Wird ein Verb in mehreren dieser Konstruktionsmöglichkeiten gebraucht, ist der Eintrag in der Regel mit römischen Ziffern untergliedert.

Verbos

Las indicaciones gramaticales *vi, vt, vr* o *vimpers* indican que la entrada es un verbo. Si la forma reflexiva no se incluye como una entrada, ésta sigue a la indicación *vr* con una tilde. Si un verbo tiene varias posibilidades de construcción, el artículo se subdivide mediante cifras romanas.

relevar I. *vt* **1.** (*acentuar*) hervorheben **2.** (*liberar*) befreien; ~ **a alguien de su juramiento** jdn von seinem Eid entbinden; ~ **a alguien de sus deudas** jdm seine Schulden erlassen; ~ **a alguien de sus culpas** jdm seine Sünden vergeben **3.** (JUR: *destituir*) entheben; ~ **a alguien de un cargo** jdn eines Amtes entheben **4.** (*reemplazar*) ersetzen; (MIL, DEP) ablösen **II.** *vi* (ARTE) (plastisch) hervortreten **III.** *vr*: **~se** sich ablösen, sich abwechseln

Wird ein Verb in mehreren dieser Konstruktionsmöglichkeiten gebraucht, ohne dass sich die Übersetzung ändert, können diese auch zusammenstehen.

Si un verbo se usa en varias de estas posibilidades sin que afecte a la traducción, éstas pueden también indicarse juntas.

relampaguear *vi, vimpers* blitzen
bromear *vi, vr*: **~se** spaßen, scherzen

Unmittelbar auf das Stichwort folgen die Angaben zu **unregelmäßigen Verbformen.** Dabei werden Vokalveränderungen, Betonungsverschiebungen sowie orthographische Abweichungen in spitzen Klammern angegeben.

A la entrada siguen las indicaciones de las **formas verbales irregulares**, especificándose, entre paréntesis triangulares, los cambios vocálicos, los desplazamientos en la acentuación y los cambios ortográficos.

merendar <e→ie>
pedir <e→i>
sonar <o→ue>
volar <o→ue>

fotografiar <*1. pres:* fotografío>
retiñir <*3. pret:* retiñó>

adelgazar <z→c>
advocar <c→qu>
danzar <z→c>
pagar <g→gu>
averiguar <gu→gü>

Bei den übrigen unregelmäßigen Verben, die in keine der vorherigen Kategorien fallen, wird auf eine im Anhang alphabetisch geordnete Verbtabelle verwiesen. Insofern das entsprechende Verb in dieser Tabelle aufgeführt ist, wird es mit *irr* gekennzeichnet. Andernfalls erfolgt zusätzlich die Nennung eines in der Tabelle erfassten, analog konjugierten Verbs. Bei zusammengesetzten Verben ist dies meist das Simplex.

Para los verbos irregulares restantes que no se encuentran dentro de ninguna de las categorías anteriores se remite a una lista alfabética de verbos que se encuentra en el apéndice. Siempre que el respectivo verbo esté incluido en esta lista se indica con *irr.* En caso contrario, se nombra un verbo análogo de la lista de conjugación. En los verbos compuestos, éste es la mayoría de las veces la forma simple

andar *irr*
desandar *irr como andar*
florecer *irr como crecer*

Die **Präpositionen**, mit denen Verben verbunden sein können, werden mit ihrer deutschen Entsprechung nach der Übersetzung dann angegeben, wenn der Gebrauch beider Sprachen voneinander abweicht. Nach der deutschen Präposition wird der **Kasus** angegeben. Der regelmäßige Gebrauch der Präposition *a* im Spanischen vor Personen wird dabei als bekannt vorausgesetzt und in der Regel nicht aufgeführt. Die Präpositionen werden auch dann nicht hinter der Übersetzung angegeben, wenn eine Wendung, die den Gebrauch des Verbs zeigt, folgt.

Las **preposiciones** que pueden regir los verbos se indican junto a su equivalente en alemán después de la traducción si el uso en ambas lenguas es diferente. Tras la preposición alemana se indica el **caso**. El uso regular de la preposición *a* en español delante de personas se da por sabido y, por lo general, no se indica. Las preposiciones no se indican después de la traducción si sigue un modismo que indica el uso del verbo.

rimar I. *vi* **1.** (*versificar*) reimen **2.** (*tener rima*) sich reimen (*con* auf +*akk*) **II.** *vt* reimen (*con* auf +*akk*, *con* mit +*dat*)
beber I. *vi, vt* **1.** (*personas*) trinken; (*animales*) saufen; ~ **a la salud de alguien** auf jds Wohl trinken; ~ **de la botella** aus der Flasche trinken; ~ **por el éxito** auf den Erfolg trinken; **dar de ~ a alguien/a un animal** jdm zu trinken geben/ein Tier tränken **2.** (*información*) begierig aufnehmen **II.** *vr:* **~se** trinken; (*completamente*) austrinken; **~se un vaso de leche** ein Glas Milch trinken; **bebérselo todo** ganz austrinken

Liste der verwendeten phonetischen Zeichen

Halbvokale bzw. Halbkonsonanten

Zeichen	*Beispiel*	*Kommentar*
[i̯]	a**i**re, despe**i**nar, ho**y**	Tritt in den Diphtongen **ai, ei, oi** bzw. **ay, ey, oy** und als letztes Element in Triphtongen auf.
[j]	desperdic**i**ar, pensam**i**ento	Wenn **i** als erstes Element in Diphtongen oder Triphtongen gesprochen wird.
[u̯]	a**u**to, de**u**da	Tritt in den Diphtongen **au, eu, ou** auf.
[w]	n**u**era, c**u**erda	Wenn **u** als erstes Element in Diphtongen oder Triphtongen gesprochen wird.

Konsonante

Zeichen	*Beispiele*	*Kommentar*
[p]	**p**alo	
[b]	**v**ivir, ham**b**re	Verschlusslaut. Gesprochen im absoluten Anlaut nach Pause und im Inlaut nach vorausgehendem Nasal.
[β]	o**b**jeto, pue**b**lo	Reibelaut. Gesprochen wenn es sich nicht im absoluten Anlaut oder hinter **m, n** befindet.
[m]	ma**m**á, co**n**vivir	Jedes nicht wortauslautendes **m** und **n** vor [p] [b].
[ɱ]	e**n**fermo, pá**n**filo	Jedes **n**, das sich vor **f** befindet.
[n]	**n**o, a**n**tes	
[n̟]	o**n**ce, co**n**cie**n**cia	**n** in Verbindung mit darauffolgendem [θ].
[n̪]	co**n**de, a**n**tes	Dentalisiertes **n**. Steht in Verbindung mit folgendem **t** oder **d**.
[ŋ]	fi**n**ca, le**n**gua, e**n**jambre	Bei silbenauslautendem **n** in Verbindung mit folgendem velaren Konsonant
[ɲ]	ni**ñ**a	**ñ** im Silbenanlaut und silbenauslautendes **n** vor palatalem Konsonant.
[f]	ca**f**é	
[k]	**k**ilo, **c**osa, **qu**e, a**c**tor	Tritt in den Gruppen **c+a, o, u** und **qu+e, i** auf und bei silbenauslautendem **c.**
[g]	**g**orra, **gu**itarra,	Verschlusslaut. Tritt im absoluten Anlaut oder im Inlaut mit vorausgehendem Nasal in den Gruppen **g+a, o, u** und **gu+e, i** auf.
[x]	a**j**o, **G**éminis	Entspricht **j** und den Gruppen **g+e, i**.
[ɣ]	peli**g**ro, barri**g**a	Reibelaut. Tritt in den Gruppen **g+a, o, u** und **gu+e, i** auf, wenn es nicht im absoluten Anlaut steht oder auf **n** folgt.
[t]	tarta, todo	Verschlusslaut. Entspricht **d** im absoluten Anlaut oder nach **n** oder **l**.
[d]	**d**on**d**e, pel**d**año	Verschlusslaut. Entspricht **d** nach einem absoluten Anlaut oder nach **n** oder **l**.
[ð]	de**d**o, escu**d**o	Reibelaut. Entspricht **d**, wenn es sich nicht im absoluten Anlaut oder nach **n** oder **l** befindet.
[θ]	**c**in**c**o, **z**ar**z**a, cru**z**	Tritt in den Gruppen **c+e, i** und **z+a, o, u** auf und im Auslaut.
[l]	**l**a, sa**l**	
[l̟]	ca**l**cetín, du**l**ce	Interdentales **l**. Steht in Verbindung mit folgendem [θ].
[l̪]	a**l**to, sue**l**do	Dentales **l.** Steht in Verbindung mit folgendem **t** oder **d**.
[ʎ]	**ll**uvia, marti**ll**o	Entspricht **ll** und silbenauslautendem **l** vor palatalem Konsonant.

[s]	a**s**í, co**s**er	
[r]	ca**r**o, ing**r**ato	Entspricht dem Schriftzeichen **r**, wenn es am Wortanfang steht oder aber auf **n, l, s** folgt.
[rr]	**r**eo, Is**r**ael	Entspricht -**rr**- und **r**-, -**r**- am Wortanfang oder Silbenanfang nach **n, l, s**.
[tʃ]	**ch**ino	
[ɟ]	**hi**erro, **y**unque, co**y**ote	Palataler Reibelaut. Gesprochen, wenn **y, hi** im Silbenanlaut – außer wenn **n, l** vorausgehen – oder im Anlaut einer schwachbetonten Silbe stehen.
[dʒ]	**j**azz, **G**iga	Palatale Affrikata. Wie Englisch **g**entleman, **j**ump.
[ʃ]	**sh**ock	Wie Englisch **sh**ock, **sh**ow.

Abkürzungen Abreviaturas

abr	abreviatura	*Abkürzung*
adj	adjetivo	*Adjektiv*
ADMIN	administración	*Verwaltung*
adv	adverbio	*Adverb*
AERO	aeronáutica	*Luftfahrt*
AGR	agricultura	*Landwirtschaft*
akk	acusativo	*Akkusativ*
Am	americanismo	*Lateinamerikanismus*
AmC	América Central	*Zentralamerika*
AmS	América del Sur	*Südamerika*
ANAT	anatomía	*Anatomie*
And	zona andina	*Anden*
Ant	Antillas	*Antillen*
Arg	República Argentina	*Argentinien*
argot	argot	*Slang*
ARQUIT	arquitectura	*Architektur*
art det	artículo determinado	*bestimmter Artikel*
ARTE	(historia del) arte	*Kunst(geschichte)*
art indet	artículo indeterminado	*unbestimmter Artikel*
ASTR	astrología, astronomía	*Astrologie, Astronomie*
aum	aumentativo	*Vergrößerungsform*
AUTO	automóvil y tráfico	*Auto und Verkehr*
aux	verbo auxiliar	*Hilfsverb*
BIOL	biología	*Biologie*
Bol	Bolivia	*Bolivien*
BOT	botánica	*Botanik*
Chil	Chile	*Chile*
CINE	cinematografía	*Film*
Col	Colombia	*Kolumbien*
COM	comercio	*Handel*
compar	comparativo	*Komparativ*
conj	conjunción	*Konjunktion*
CRi	Costa Rica	*Costa Rica*
CSur	Cono Sur (República Argentina, Chile, Paraguay, Uruguay)	*Cono Sur (Argentinien, Chile, Paraguay, Uruguay)*
Cuba	Cuba	*Cuba*
dat	dativo	*Dativ*
DEP	deporte	*Sport*
dim	diminutivo	*Diminutiv, Verkleinerungsform*
ECOL	ecología	*Ökologie*
ECON	economía	*Wirtschaft*
Ecua	Ecuador	*Ecuador*
EE.UU.	Estados Unidos	*Vereinigte Staaten von Amerika*
ELEC	electrotecnia	*Elektrotechnik*
elev	elevado, literario	*gehoben, literarisch*
ElSal	El Salvador	*El Salvador*
ENS	enseñanza	*Schulwesen*
etw	etwas	*etwas*

f	femenino	*Femininum*
fam	familiar	*umgangssprachlich*
FERRO	ferrocarril	*Eisenbahn*
fig	sentido figurado	*übertragen, figurativ*
Fili	Filipinas	*Philippinen*
FILOS	filosofía	*Philosophie*
FIN	finanzas, bolsa	*Finanzen, Börse*
FÍS	física	*Physik*
formal	lenguaje escrito, administrativo	*geschriebene Sprache, Verwaltungssprache*
FOTO	fotografía	*Fotografie*
GASTR	gastronomía	*Gastronomie*
gen	genitivo	*Genitiv*
GEO	geografía, geología	*Geographie, Geologie*
ger	gerundio	*Gerundium*
Guat	Guatemala	*Guatemala*
Guay	Guayana	*Guayana*
GuinEc	Guinea Ecuatorial	*Guinea Ecuatorial*
HIST	historia	*Geschichte*
Hond	Honduras	*Honduras*
imp	imperfecto	*Imperfekt*
ind	indicativo	*Indikativ*
indef	indefinido	*unbestimmt*
inf	infinitivo	*Infinitiv*
INFOR	informática, ordenadores	*Informatik*
interj	interjección	*Interjektion*
inv	invariable	*unveränderlich, invariabel*
irón	irónico	*ironisch*
irr	irregular	*unregelmäßig*
jd	alguien (nominativo)	*jemand*
jdm	alguien (dativo)	*jemandem*
jdn	alguien (acusativo)	*jemanden*
jds	alguien (genitivo)	*jemandes*
JUR	jurisdicción	*Jura*
LING	lingüística	*Linguistik*
LIT	(ciencia de la) literatura	*Literatur(wissenschaft)*
loc	locución	*Wendung*
m	masculino	*Maskulinum*
MAT	matemáticas	*Mathematik*
MED	medicina	*Medizin*
METEO	meteorología	*Meteorologie*
Méx	México, Méjico	*Mexico*
mf	masculino y femenino	*Maskulinum und Femininum*
MIL	fuerzas armadas	*Militär*
MIN	minería	*Bergbau*
MÚS	música	*Musik*
NÁUT	navegación, náutica	*Seefahrt, Nautik*
Nic	Nicaragua	*Nicaragua*
nordd	Alemania del Norte	*norddeutsch*

nt	neutro	*Neutrum*
ostd	Alemania del Este	*ostdeutsch*
Österr	Austria	*Österreich*
Pan	Panamá	*Panama*
Par	Paraguay	*Paraguay*
Perú	Perú	*Peru*
pey	peyorativo	*abwertend*
pl	plural	*Plural*
POL	política	*Politik*
pos	posesivo	*besitzanzeigend*
pp	participio pasado	*Partizip Perfekt*
PREN	prensa, periodismo	*Publizistik, Presse*
prep	preposición	*Präposition*
pres	presente	*Präsens*
pret	preterito indefinido	*‚Preterito'*
PRico	Puerto Rico	*Puerto Rico*
pron dem	pronombre demostrativo	*Demonstrativpronomen*
pron indef	pronombre indefinido	*Indefinitpronomen*
pron inter	pronombre interrogativo	*Interrogativpronomen*
pron pers	pronombre personal	*Personalpronomen*
pron pos	pronombre posesivo	*Possessivpronomen*
pron refl	pronombre reflexivo	*Reflexivpronomen*
pron rel	pronombre relativo	*Relativpronomen*
prov	proverbio	*Sprichwort*
PSICO	psicología	*Psychologie*
QUÍM	química	*Chemie*
®	marca registrada	*eingetragenes Warenzeichen*
RADIO	radio	*Rundfunk*
RDom	República Dominicana	*Dominikanische Republik*
reg	regional	*regional*
REL	religión	*Religion*
RíoPl	Río de la Plata	*Río de la Plata*
Schweiz	Suiza	*Schweiz*
sg	singular	*Singular*
SOCIOL	sociología	*Soziologie*
subj	subjuntivo	*‚Subjuntivo'*
südd	Alemania del Sur	*süddeutsch*
superl	superlativo	*Superlativ*
t.	también	*auch*
TAUR	tauromaquia	*Stierkampfkunst*
TEAT	teatro	*Theater*
TÉC	técnica	*Technik*
TEL	telecomunicación	*Telekommunikation*
TIPO	tipografía	*Typographie*
TV	televisión	*Fernsehen*
Ud.	Usted	*Sie (Singular)*
Uds.	Ustedes	*Sie (Plural)*
UE	Unión Europea	*Europäische Union*
UNIV	universidad	*Universität*

Urug	Uruguay	*Uruguay*
v.	véase	*siehe*
Ven	Venezuela	*Venezuela*
vi	verbo intransitivo	*intransitives Verb*
vimpers	verbo impersonal	*unpersönliches Verb*
vr	verbo reflexivo	*reflexives Verb*
vt	verbo transitivo	*transitives Verb*
vulg	vulgar	*vulgär*
ZOOL	zoología	*Zoologie*

A

A, **a** [a] *f* A, a *nt;* ~ **de Antonio** A wie Anton

a [a] *prep* **1.** (*dirección*) in +*akk*, zu +*dat;* (*países, ciudades*) nach +*dat*, in +*akk;* **ir** ~ **Barcelona/Suiza** nach Barcelona/in die Schweiz fahren; **llegar** ~ **Madrid** in Madrid ankommen; **ir** ~ **casa de alguien** zu jdm gehen; **ir** ~ **la escuela** in die [*o* zur] Schule gehen; **voy** ~**l cine/**~**l servicio** ich gehe ins Kino/aufs Klo; **aún tengo que ir** ~ **Correos/**~**l banco** ich muss noch zur [*o* auf die] Post/zur [*o* auf die] Bank **2.** (*posición*) an +*dat;* **estar sentado** ~ **la mesa** am Tisch sitzen; ~ **la mesa** (*comiendo*) bei Tisch; **esperar** ~ **la puerta de la casa** an der Haustür warten; ~ **la derecha/izquierda** rechts/links; ~**l norte/sur** (**de**) nördlich/südlich (von); ~**l sol** in der Sonne; ~ **la sombra** im Schatten **3.** (*distancia*): ~ **10 kilómetros de aquí** 10 Kilometer von hier (entfernt) **4.** (*tiempo*) um +*akk;* (*hasta*) bis; ~ **las tres** um drei (Uhr); **de once** ~ **doce** von elf bis zwölf; ~ **mediodía** zu Mittag; ~ **los veinte años** mit zwanzig Jahren; ~**l poco rato/**~ **las pocas horas** kurz/wenige Stunden danach; ¿~ **qué día** [*o* **cuántos**] **estamos?** den Wievielten haben wir heute? **5.** (*modo*): ~ **pie/caballo** zu Fuß/Pferd; ~ **mano** mit der Hand; ~ **oscuras** im Dunkeln; ~ **la española** nach spanischer Art **6.** (*precio*): ¿~ **cuánto** [*o* **cómo**] **está?** wie teuer ist das?; ~ **100 pesetas el kilo** 100 Peseten das Kilo **7.** (*número*) zu +*dat;* **el partido terminó dos** ~ **dos** das Spiel endete zwei zu zwei **8.** (*complemento directo de persona +akk*): **he visto** ~ **tu hermano/María** ich habe deinen Bruder/Maria gesehen **9.** (*complemento indirecto +dat*): **dio su fortuna** ~ **los pobres** er/sie vermachte sein Vermögen den Armen **10.** (*con infinitivo*) zu; **empezó** ~ **correr** er fing an zu laufen **11.** (*complemento de verbo*): **oler** ~ **gas** nach Gas riechen; **jugar** ~ **los dados** Würfel spielen **12.** (*loc*): ¡~ **que llueve mañana!** wetten, dass es morgen regnet!; **tenías razón, es muy interesante – ¡** ~ **que sí!** du hattest Recht, es ist sehr interessant – nicht wahr?; **este tipo es muy desagradable – ¡~ que sí!** dieser Typ ist sehr unangenehm – du sagst es!; **no te atreverás** ~ **intentarlo – ¡~ que sí!** du wirst dich nicht trauen es zu versuchen – das werden wir ja sehen!; ~ **Pedro le gusta mucho nadar, ¿~ que sí, Pedro?** Pedro schwimmt sehr gerne; nicht wahr, Pedro?

AA.EE. [a'sun̪tos este'rjores] *abr de* **Asuntos Exteriores**: **Ministerio de** ~ Außenministerium *nt*

ababol [aβa'βol] *m* (BOT) Klatschmohn *m*

abacado [aβa'kaðo] *m* (*Am: aguacate*) Avokado *f*

abacería [aβaθe'ria] *f* Lebensmittelgeschäft *nt*

abacero, **-a** [aβa'θero, -a] *m, f* Lebensmittelhändler(in) *m(f)*

abacial [aβa'θjal] *adj* **1.** (*de abad*) eines Abtes; (*de abadesa*) einer Äbtissin **2.** (*de abadía*) einer Abtei; **edificio** ~ Abteigebäude *nt*

ábaco ['aβako] *m* Abakus *m*

abacorar [aβako'rar] *vt* (*Am: acosar*) hetzen

abad(**esa**) [a'βa^{ð}, aβa'ðesa] *m(f)* Abt *m*, Äbtissin *f*

abada [a'βaða] *f* (ZOOL) Nashorn *nt*, Rhinozeros *nt*

abadejo [aβa'ðexo] *m* (ZOOL) **1.** (*pez similar al bacalao*) *kabeljauähnlicher Fisch* **2.** (*reg: bacalao*) Kabeljau *m*

abadía [aβa'ðia] *f* Abtei *f*

ab aeterno [ap e'terno] *adv* seit ewigen Zeiten, seit eh und je

abajar [aβa'xar] *vi, vt v.* **bajar**

abajeño, **-a** [aβa'xeɲo, -a] *adj* (*Am: de las regiones bajas o cercanas al mar*) das Küstentiefland betreffend; **el clima** ~ das Klima im Küstentiefland

abajo [a'βaxo] **I.** *adv* **1.** (*movimiento*) herunter, hinunter; **calle** ~ die Straße hinunter; **cuesta** ~ bergab; **de arriba** ~ von oben nach unten; **¿vas ~?** gehst du hinunter? **2.** (*estado*) unten; **boca** ~ auf dem Bauch, bäuchlings; **hacia** ~ nach unten, abwärts; **el** ~ **firmante** der Unterzeichnete; **de veinte para** ~ unter zwanzig; **véase más** ~ siehe unten; **estoy** ~ **en la calle** ich bin unten auf der Straße **II.** *interj:* ¡~ **el dictador/el gobierno!** nieder mit dem Diktator/der Regierung!

abalanzarse [aβalan̪'θarse] <z→c> *vr* sich stürzen (*sobre/contra* auf +*akk*), sich werfen (*sobre/contra* auf +*akk*); ~ **a la ventana** zum Fenster stürzen

abalaustrado, **-a** [aβalau̯s'traðo, -a] *adj* mit einer Balustrade versehen

abalear [aβale'ar] *vt* (*Am: disparar*): ~ **a alguien** auf jdn schießen

abalizamiento [aβaliθa'mjen̪to] *m* Markierung *f* (*mit Baken, Tonnen, Schildern u.Ä.*)

abalizar [aβali'θar] <z→c> *vt* markieren (*mit Baken, Tonnen, Schildern u.Ä.*)

aballestar [aβaʎes'tar] *vt* (NÁUT) spannen; **nos pasamos toda la mañana aballestando los cabos que estaban flojos** wir brauchten den ganzen Vormittag, um die lockeren Seile nachzuspannen

abalorio [aβa'lorjo] *m* Glasperle *f;* **llenarse de ~s** sich mit wertlosem Zeug behängen

abaluartar [aβalwar'tar] *vt* (MIL) mit Schutzwällen befestigen

abanderado, -a [aβan̩de'raðo, -a] *m, f* **1.** (*en actos públicos*) Fahnenträger(in) *m(f)* **2.** (*pionero*) Vorkämpfer(in) *m(f)*

abanderamiento [aβan̩dera'mjen̩to] *m* **1.** (*adornamiento*) Schmücken *nt* mit Fahnen **2.** (NÁUT) Registrierung *f* eines Schiffes, Verleihung *f* des Flaggenrechts

abanderar [aβan̩de'rar] *vt* **1.** (*adornar*) mit Fahnen schmücken **2.** (NÁUT) das Flaggenrecht verleihen *+dat,* registrieren; **un barco abanderado en Panamá** ein unter panamaischer Flagge fahrendes Schiff **3.** (*guiar*) leiten

abanderizar [aβan̩deri'θar] <z→c> *vt* in feindliche Gruppen spalten

abandonado, -a [aβan̩do'naðo, -a] *adj* **1.** *estar* (*solo*) verlassen, einsam; **niño ~** Findelkind *nt;* **estar ~ a sí mismo** sich *dat* selbst überlassen sein **2.** *ser* (*descuidado*) nachlässig; (*desaseado*) schlampig

abandonar [aβan̩do'nar] **I.** *vi* (DEP) aufgeben **II.** *vt* **1.** (*dejar*) verlassen; (*desamparar*) im Stich lassen; (*niño*) aussetzen; (INFOR: *un programa*) verlassen, beenden; **le ~on sus fuerzas** seine Kräfte verließen ihn **2.** (*renunciar*) aufgeben **3.** (*interrumpir*) unterbrechen **III.** *vr:* **~se 1.** (*entregarse*) sich hingeben; **~se a una pasión** sich einer Leidenschaft hingeben; **~se a la desesperación** sich der Verzweiflung überlassen **2.** (*ir desaliñado*) sich gehen lassen

abandonismo [aβan̩do'nismo] *m sin pl* (*t.* POL) Verzichthaltung *f*

abandonista [aβan̩do'nista] **I.** *adj:* **política ~** Verzichtpolitik *f* **II.** *mf* Verzichtpolitiker(in) *m(f)*

abandono [aβan̩'dono] *m* **1.** (*abandonamiento*) Verlassen *nt;* (*de un niño*) Aussetzung *f;* **~ de servicio** Quittieren des Dienstes; **~ de la víctima** Fahrerflucht *f* **2.** (*renuncia*) Verzicht *m;* (*de una empresa, idea*) Aufgabe *f;* **el ~ de la fuerza nuclear** der Ausstieg aus der Atomenergie **3.** (*descuido*) Vernachlässigung *f;* **en un momento de ~** in einem schwachen Augenblick

abanicar [aβani'kar] <c→qu> **I.** *vt:* **~ a alguien (con algo)** jdm (mit etw) zufächeln **II.** *vr:* **~se** sich (Luft) zufächeln

abanico [aβa'niko] *m* Fächer *m;* **en (forma de) ~** fächerförmig; **un ~ de posibilidades** eine Fülle von Möglichkeiten

abaniqueo [aβani'keo] *m* Fächeln *nt*

abanto [a'βan̩to] *m* **1.** (ZOOL: *general: buitre*) Geier *m;* (*alimoche*) Palmgeier *m;* (*buitre negro*) Mönchsgeier *m* **2.** (TAUR) *Stier, der zu Beginn der Corrida benommen ist* **3.** (*fig fam: persona aturdida*) benommene Person *f*

abaratamiento [aβarata'mjen̩to] *m* (*de bienes*) Verbilligung *f;* (*de los precios*) Herabsetzung *f;* **~ de la vida** Sinken der Lebenshaltungskosten

abaratar [aβara'tar] **I.** *vt* (*bienes*) verbilligen; (*precios*) herabsetzen; **~ costes** Kosten senken; **medidas para ~ costes** Maßnahmen zur Kostensenkung **II.** *vr:* **~se** billiger werden

abarca [a'βarka] *f* Sandale *f*

abarcar [aβar'kar] <c→qu> *vt* **1.** (*comprender*) umfassen, umschließen; **~ con la vista** überschauen; **~ muchas cosas a la vez** alle Hände voll zu tun haben; **quien mucho abarca poco aprieta** (*prov*) wer viel beginnt, zu nichts es bringt **2.** (*contener*) enthalten **3.** (*AmS, Méx: acaparar*) horten

abaritonado, -a [aβarito'naðo, -a] *adj* (MÚS) Bariton-; **voz abaritonada** Baritonstimme *f*

abarquillado, -a [aβarki'ʎaðo, -a] *adj* gebogen, aufgeworfen, gewölbt

abarquillarse [aβarki'ʎarse] *vr* (*papel*) sich wellen; (*madera*) sich werfen

abarracar [aβarra'kar] <c→qu> *vi, vr:* **~se** (MIL) Quartier beziehen; **el ejército se abarracó al llegar la noche** bei Anbruch der Nacht bezogen die Truppen Quartier

abarraganarse [aβarraɣa'narse] *vr* (*pey*) in wilder Ehe leben; **desde que mi hermano y su novia se abarraganaron mi padre no quiso volver a saber nada de ellos** seit mein Bruder und seine Freundin zusammengezogen sind, wollte mein Vater nichts mehr von ihnen wissen

abarrajar [aβarra'xar] **I.** *vt* **1.** (*arrojar*) wegschleudern **2.** (*atropellar*) umrennen; (*un vehículo*) überfahren **II.** *vr:* **~se** (*Perú*) verkommen

abarrancadero [aβarraŋka'ðero] *m* **1.** (*lodazal*) schlammige Stelle *f* **2.** (*apuro*) Verlegenheit *f,* Klemme *f fam*

abarrancar [aβarraŋ'kar] <c→qu> **I.** *vt* **1.** (GEO) Schluchten bilden (in *+dat*); (*lluvia*) auswaschen **2.** (*persona*) in eine schwierige Lage bringen **II.** *vi, vr:* **~se 1.** (*coche*) stecken bleiben; (*barco*) stranden **2.** (*persona*) in Schwierigkeiten kommen

abarrocado, -a [aβarro'kaðo, -a] *adj* (ARTE: *elev*) barock, im Barockstil

abarrotado, -a [aβarro'taðo, -a] *adj* überfüllt

abarrotar [aβarro'tar] *vt* (über)füllen (*de* mit *+dat*)

abarrote [aβa'rrote] *m* **1.** (NÁUT) Staugut *nt* **2.** (*Cuba, Méx: tienda*) Lebensmittelgeschäft *nt* **3.** *pl* (*Cuba, Méx: comestibles*) Lebensmittel *ntpl*

abarrotería [aβarrote'ria] *f* **1.** (*Am: ferretería*) Eisenwarenhandlung *f* **2.** (*Guat: abacería*) Lebensmittelgeschäft *nt*

abasia [a'βasja] *f* (MED) Abasie *f*

abastar [aβas'tar] *vt v.* **abastecer**

abastecedor(a) [aβasteθe'ðor(a)] *m(f)* Lieferant(in) *m(f)*

abastecer [aβaste'θer] *irr como crecer* **I.** *vt* **1.** (*proveer*) versorgen (*de/con* mit *+dat*) **2.** (COM) beliefern (*de/con* mit *+dat*) **II.** *vr:*

~**se** sich versorgen (*de/con* mit +*dat*)
abastecimiento [aβasteθi'mjento] *m* **1.** (*provisión*) Versorgung *f* (*de/con* mit +*dat*); ~ **de aguas** Trinkwasserversorgung *f;* ~ **de gas natural** Erdgasversorgung *f;* ~ **insuficiente** Unterversorgung *f* **2.** (COM) Lieferung *f* (*de/con* von +*dat*)
abastero [aβas'tero] *m* **1.** (*Chil: abastecedor de carne*) Fleischlieferant *m* **2.** (*Méx: de los artículos de consumo*) *Lieferant von Konsumgütern in ländlichen Gebieten*
abasto [a'βasto] *m* **1.** (*abastecimiento*) Versorgung *f* **2.** (*provisiones*) Vorrat *m* **3.** (*abundancia*) Fülle *f;* **dar** ~ ausreichen; **no dar** ~ alle Hände voll zu tun haben; (*no poder con un trabajo*) nicht fertig werden **4.** (*Arg*): **mercado de** ~ Großmarkt *m* **5.** (*Ven: abacería*) Lebensmittelladen *m*
abatanar [aβata'nar] *vt* **1.** (*paño*) walken **2.** (*persona*) verprügeln, verdreschen *fam*
abatatar [aβata'tar] **I.** *vt* (*fam: Arg, Par, Urug*) **1.** (*turbar*) durcheinander bringen **2.** (*intimidar*) einschüchtern **II.** *vr:* ~**se** (*fam: Arg, Par, Urug*) **1.** (*turbarse*) durcheinander kommen **2.** (*asustarse*) sich fürchten (*de* vor +*dat*) **3.** (*avergonzarse*) sich schämen (*de* wegen +*gen*)
abate [a'βate] *m* Abbé *m*
abatí [aβa'ti] *m sin pl* **1.** (*Arg: maíz*) Mais *m* **2.** (*Arg, Par: bebida*) Maisschnaps *m*
abatible [aβa'tiβle] *adj* herunterklappbar, Klapp-; **asiento** ~ Liegesitz *m*
abatido, **-a** [aβa'tiðo, -a] *adj* **1.** (*desanimado*) mutlos, niedergeschlagen **2.** (*mercancía*) minderwertig
abatimiento [aβati'mjento] *m* **1.** (*derribo*) Niederschlagen *nt,* Niederreißen *nt* **2.** (*desmontaje*) Abbau *m* **3.** (*desánimo*) Niedergeschlagenheit *f* **4.** (*humillación*) Erniedrigung *f* **5.** (NÁUT) Abdrift *f*
abatir [aβa'tir] **I.** *vt* **1.** (*muro, casa*) niederreißen; (*árbol*) umstürzen; (*velas*) streichen, einholen; (*avión*) abschießen; ~ **el respaldo** die Rückenlehne herunterklappen **2.** (*desmontar*) abbauen **3.** (*humillar*) demütigen **4.** (*debilitar*) entkräften **II.** *vr:* ~**se 1.** (*descender, precipitarse*) sich stürzen (*sobre* auf +*akk*); **el águila se abatió sobre su presa** der Adler stürzte sich auf seine Beute **2.** (*ceder*) nachgeben **3.** (*desanimarse*) mutlos werden, den Mut verlieren
abdicación [aβðika'θjon] *f* Abdankung *f;* ~ **al trono** Thronverzicht *m*
abdicar [aβði'kar] <c→qu> *vt* **1.** (*monarca*) abdanken; **la reina abdicó la corona en su hija** die Königin dankte zugunsten [*o* zu Gunsten] ihrer Tochter ab; ~ **la presidencia** den Vorsitz abgeben **2.** (*ideales*) aufgeben
abdicativo, **-a** [aβðika'tiβo, -a] *adj* abdikativ
abdomen [aβ'ðomen] *m* **1.** (ANAT) Unterleib *m* **2.** (ZOOL) Hinterleib *m*
abdominal [aβðomi'nal] **I.** *adj* Bauch-, Unterleib(s)-; **dolor** ~ Bauchschmerzen *mpl,* Unterleibsschmerzen *mpl* **II.** *m* (DEP) Bauchmuskelübung *f*
abducción [aβðuɣ'θjon] *f* **1.** (MED) Abduktion *f* **2.** (JUR) Entführung *f*
abductor [aβðuk'tor] *m* (ANAT) Abduktor *m*
abecé [aβe'θe] *m* Alphabet *nt,* Abc *nt;* **el** ~ **de la matemática** die Grundlagen der Mathematik; **no saber el** ~ (*fig*) keinen (blassen) Schimmer haben; **ser el** ~ **de algo** das A und O einer Sache sein
abecedario [aβeθe'ðarjo] *m* Alphabet *nt*
abedul [aβe'ðul] *m* (BOT) Birke *f;* (*madera*) Birkenholz *nt*
abeja [a'βexa] *f* Biene *f;* ~ **reina** [*o* **maes(tr)a**] Bienenkönigin *f;* ~ **obrera** [*o* **neutra**] Arbeitsbiene *f;* **ser como una** ~ bienenfleißig sein, fleißig wie eine Biene sein; **estar como** ~ **en flor** glücklich und zufrieden sein
abejaruco [aβexa'ruko] *m* (ZOOL) Bienenfresser *m*
abejero[1] [aβe'xero] *m* (ZOOL) Bienenfresser *m*
abejero, **-a**[2] [aβe'xero, -a] *m, f* (*profesión*) Imker(in) *m(f)*
abejón [aβe'xon] *m* (ZOOL) Drohne *f*
abejorro [aβe'xorro] *m* **1.** (*insecto*) Hummel *f* **2.** (*escarabajo*) Maikäfer *m* **3.** (*fam: persona*) Nervensäge *f*
abellacado, **-a** [aβeʎa'kaðo, -a] *adj* gemein, niederträchtig
abellacarse [aβeʎa'karse] <c→qu> *vr* (charakterlich) verkommen, schurkisch werden
abemolar [aβemo'lar] *vt* **1.** (*hacer más suave*) weicher machen; **tomar limón antes de cantar abemola la voz** wenn man vor dem Singen Zitrone isst, wird die Stimme weicher **2.** (MÚS: *poner bemoles*) (um einen Halbton) erniedrigen
aberenjenado, **-a** [aβereŋxe'naðo, -a] *adj* dunkelviolett, aubergine(farben)
aberración [aβerra'θjon] *f* **1.** (*desviación*) Abweichung *f* **2.** (*en la conducta*) Verirrung *f* **3.** (*disparate*) Unsinn *m* **4.** (ASTR, BIOL) Aberration *f* **5.** (MED): ~ **mental** Sinnesstörung *f* **6.** (*Am: error*) Irrtum *m*
aberrante [aβe'rrante] *adj* **1.** (*anormal*) abwegig **2.** (*disparatado*) unsinnig
Aberri Eguna [a'βerri e'ɣuna] *m Tag des Baskenlandes*
abertura [aβer'tura] *f* **1.** (*acción*) Öffnen *nt,* Öffnung *f* **2.** (*hueco*) Öffnung *f;* (*hendidura*) Spalt *m;* (*grieta*) Riss *m;* ~ **del diafragma** (FOTO) Blendenöffnung *f* **3.** (*franqueza*) Aufgeschlossenheit *f*
abertzale [aβer'ʧale] **I.** *adj* (POL): **las fuerzas** ~**s** die baskisch-nationalistischen Separatisten **II.** *mf* (POL) baskisch-nationalistischer Separatist *m,* baskisch-nationalistische Separatistin *f*
abertzalismo [aβerʧa'lismo] *m sin pl* (POL) *baskische Befreiungsideologie*
abetal [aβe'tal] *m,* **abetar** [aβe'tar] *m* Tannenhain *m*
abeto [a'βeto] *m* Tanne *f;* ~ **rojo** Fichte *f*

abetunado, **-a** [aβetu'naðo, -a] *adj* pechschwarz; **mi amiga es muy morena y tiene los ojos ~s** meine Freundin ist ein sehr dunkler Typ mit pechschwarzen Augen

abicharse [aβi'tʃarse] *vr* (*CSur*) wurmstichig [*o* madig] werden

abiertamente [aβjerta'mente] *adv* **1.** (*francamente*) frei, offen **2.** (*patentemente*) deutlich

abierto[1] [a'βjerto] *m* **1.** (DEP): ~ **de golf** Golf Open *ntpl;* ~ **de tenis** Tennis Open *ntpl;* ~ **de Hamburgo** Hamburg-Open *ntpl* **2.** (*Col: desmonte*) Lichtung *f*

abierto, **-a**[2] [a'βjerto, -a] **I.** *pp de* **abrir II.** *adj* offen; (*mentalidad*) aufgeschlossen, offen; ~ **a nuevas ideas** offen für neue Ideen; **en campo** ~ auf freiem Feld; **en mar** ~ auf offenem Meer; **un libro** ~ ein aufgeschlagenes Buch; **vocales abiertas** (LING) offene Vokale; **la puerta está abierta** die Tür ist auf [*o* offen]

abigarrado, **-a** [aβiɣa'rraðo, -a] *adj* **1.** (*multicolor*) bunt(scheckig) **2.** (*heterogéneo*) bunt (gemischt); **una multitud abigarrada** eine bunte Menschenmenge

abigarramiento [aβiɣarra'mjento] *m* **1.** (*colorido*) Buntheit *f* **2.** (*mezcla*) Durcheinander *nt*

abigarrar [aβiɣa'rrar] *vt* buntscheckig gestalten

abigeato [aβixe'ato] *m* (JUR) Viehdiebstahl *m*

abintestato [aβintes'tato] *m* (JUR) gesetzliche Erbfolge *f*

abiogénesis [aβjo'xenesis] *f inv* (BIOL) Abiogenese *f*

abiosis [a'βjosis] *f inv* (BIOL) Abiose *f,* Absterben *nt*

abiótico, **-a** [a'βjotiko, -a] *adj* (BIOL) abiotisch, ohne Leben

abisagrar [aβisa'ɣrar] *vt* mit Scharnieren versehen; **hoy viene el técnico a ~ las puertas** heute kommt ein Fachmann und bringt an den Türen Scharniere an

abisal [aβi'sal] *adj* (GEO) abyssisch, Tiefsee-; **fauna** ~ Tiefseefauna *f*

abisinio, **-a** [aβi'sinjo, -a] **I.** *adj* (HIST) abessinisch **II.** *m, f* (HIST) Abessinier(in) *m(f)*

abismado, **-a** [aβis'maðo, -a] *adj* **1.** (*ensimismado*) geistesabwesend **2.** (*Arg, Chil, Hond: asombrado*) erstaunt

abismal [aβis'mal] *adj* **1.** (GEO) Abgrund- **2.** (*enorme*) gewaltig; (*odio*) abgrundtief; **una diferencia** ~ ein gewaltiger Unterschied

abismar [aβis'mar] **I.** *vt* **1.** (*sumir*) in einen Abgrund stürzen; ~ **a alguien en la desesperación** jdn zur Verzweiflung bringen **2.** (*confundir*) verwirren **II.** *vr:* **~se 1.** (*hundirse*) versinken (*en* in +*dat*); **~se en el dolor** sich ganz dem Schmerz hingeben **2.** (*Am: asombrarse*) staunen

abismo [a'βismo] *m* **1.** (GEO) Abgrund *m* **2.** (*infierno*) Hölle *f;* **terminar en el** ~ in der Hölle landen **3.** (*diferencia*) Kluft *f,* Abgrund *m;* **entre tus opiniones y las mías hay un** ~ unsere Ansichten sind grundverschieden

abjasio, **-a** [aβ'xasjo, -a], **abjazo**, **-a** [aβ'xaθo, -a] **I.** *adj* abchasisch **II.** *m, f* Abchase, -in *m, f,* Abchasier(in) *m(f)*

abjuración [aβxura'θjon] *f* **1.** (*renegación*) Abschwören *nt* **2.** (*retractación*) Widerruf *m*

abjurar [aβxu'rar] *vi, vt* abschwören (*de* +*dat*), sich lossagen (*de* von +*dat*); ~ **(de) la fe** dem Glauben abschwören

ablación [aβla'θjon] *f* **1.** (MED) Ablation *f,* operative Entfernung *f;* ~ **de la mama** Mastektomie *f,* Brustamputation *f;* ~ **del clítoris** Klitoridektomie *f* **2.** (GEO) Ablation *f*

ablandabrevas [aβlanda'βreβas] *mf inv* (*fam fig*) Nichtsnutz *m*

ablandador [aβlanda'ðor] *m* Enthärter *m*

ablandahígos [aβlanda'iɣos] *mf inv* (*fam fig*) *v.* **ablandabrevas**

ablandamiento [aβlanda'mjento] *m* **1.** (*de cera*) Erweichung *f* **2.** (*del agua*) Enthärtung *f* **3.** (*del cuerpo*) Verweichlichung *f*

ablandar [aβlan'dar] **I.** *vi* (*viento, frío*) nachlassen **II.** *vt* **1.** (*poner blando*) weich machen; (*suelo*) aufweichen **2.** (*calmar*) besänftigen **3.** (*hacer ceder*) erweichen **III.** *vr:* **~se 1.** (*dejarse calmar*) sich besänftigen lassen **2.** (*convencerse*) sich erweichen lassen

ablativo [aβla'tiβo] *m* (LING) Ablativ *m*

ablepsia [a'βleβsja] *f* (MED) Blindheit *f*

ablución [aβlu'θjon] *f* (*islámica, judaica*) (rituelle) Waschung *f;* (*católica*) Ablution *f*

ablusado, **-a** [aβlu'saðo, -a] *adj* blusenartig, blusig

abnegación [aβneɣa'θjon] *f* Entsagung *f,* Selbstverleugnung *f;* (*altruismo*) Selbstlosigkeit *f;* **con** ~ selbstlos

abnegado, **-a** [aβne'ɣaðo, -a] *adj* **1.** (*sacrificado*) opferbereit **2.** (*altruista*) selbstlos

abnegarse [aβne'ɣarse] *irr como fregar vr* sich aufopfern (*por/en favor de* für +*akk*)

abobado, **-a** [aβo'βaðo, -a] *adj* dumm, einfältig; **miró** ~ er schaute einfältig (drein)

abobar [aβo'βar] **I.** *vt* **1.** (*atontar*) verdummen, verblöden *fam* **2.** (*fascinar*) faszinieren, fesseln **II.** *vr:* **~se 1.** (*atontarse*) verdummen, verblöden *fam* **2.** (*quedarse fascinado*) fasziniert [*o* gefesselt] sein

abocado, **-a** [aβo'kaðo, -a] *adj* **1.** (*vino*) süffig **2.** (*expuesto*): **estar ~ a algo** zu etw bestimmt [*o* verurteilt] sein; ~ **al fracaso** zum Scheitern verurteilt **3.** (*Arg, Par, Urug: decidido*) entschlossen

abocar [aβo'kar] <c→qu> **I.** *vt* **1.** (*líquido*) umfüllen (*en* in +*akk*) **2.** (*Arg: esfuerzos*) einsetzen **II.** *vr:* **~se** sich einsetzen (*a* für +*akk*)

abocardar [aβokar'ðar] *vt* weiten

abocetar [aβoθe'tar] *vt* skizzieren

abochornado, **-a** [aβotʃor'naðo, -a] *adj* beschämt (*por/de* wegen +*gen*), betreten (*por/de* über +*akk*)

abochornante [aβotʃor'nante] *adj* **1.** (*comportamiento*) beschämend **2.** (*tiempo*) schwül, drückend

abochornar [aβoʧor'nar] **I.** *vt* **1.** (*calor*) erdrücken; **este calor me abochorna** diese Hitze macht mir zu schaffen; **estoy abochornado** mir ist heiß **2.** (*avergonzar*) beschämen **II.** *vr:* **~se** **1.** (*avergonzarse*) sich schämen (*de/por* für +*akk*) **2.** (*plantas*) verdorren

abocinado, -a [aβoθi'naðo, -a] *adj* trompetenförmig; (*labios*) vorgestülpt

abocinar [aβoθi'nar] *vt* (*orificio*) weiten, verbreitern

abofetear [aβofete'ar] *vt* ohrfeigen

abogacía [aβoɣa'θia] *f* Anwaltsberuf *m;* **ejercer la ~** den Anwaltsberuf ausüben, als Anwalt tätig sein

abogadear [aβoɣaðe'ar] *vi* (*fam pey*) *ohne eine entsprechende Ausbildung oder Zulassung als Anwalt arbeiten*

abogado, -a [aβo'ɣaðo, -a] *m, f* **1.** (*profesión*) (Rechts)anwalt *m,* (Rechts)anwältin *f;* **~ defensor** (Straf)verteidiger *m;* **~ divorcista** Scheidungsanwalt *m;* **~ de oficio** Pflichtverteidiger *m* **2.** (*defensor, mediador*) Fürsprecher(in) *m(f);* **ser un ~ de las causas perdidas** (*fig*) sich für aussichtslose Dinge einsetzen

abogar [aβo'ɣar] <g→gu> *vi* **1.** (JUR) vor Gericht verteidigen, als (Straf)verteidiger auftreten **2.** (*apoyar*) sich einsetzen (*por/en favor de* für +*akk*)

abolengo [aβo'leŋgo] *m* Abstammung *f;* **de rancio ~** aus altem Adel

abolición [aβoli'θjon] *f* Abschaffung *f;* (*de leyes*) Aufhebung *f;* **~ de los controles fronterizos** Aufhebung der Grenzkontrollen

abolicionismo [aβoliθjo'nismo] *m sin pl* (HIST, POL) Abolitionismus *m*

abolicionista [aβoliθjo'nista] *mf* (HIST, POL) Abolitionist(in) *m(f)*

abolir [aβo'lir] *irr vt* abschaffen; (*leyes*) aufheben

abollado, -a [aβo'ʎaðo, -a] *adj* **1.** (*coche*) verbeult **2.** (*desanimado*) mutlos **3.** (*Cuba, Chil: arruinado*) ruiniert

abolladura [aβoʎa'ðura] *f* Beule *f*

abollar [aβo'ʎar] *vt* verbeulen

abolsado, -a [aβol'saðo, -a] *adj* bauschig; (*deformado*) ausgebeult

abolsarse [aβol'sarse] *vr* sich bauschen; (*deformarse*) sich ausbeulen; (*pared*) sich wölben

abombachado, -a [aβomba'ʧaðo, -a] *adj:* **pantalones ~s** Knickerbocker(s) *pl*

abombado, -a [aβom'baðo, -a] *adj* **1.** (*combado*) (dick)bauchig **2.** (*AmS: atontado*) benommen, verwirrt

abombamiento [aβomba'mjen̩to] *m* Ausbauchung *f*

abombar [aβom'bar] **I.** *vt* ausbauchen, wölben **II.** *vr:* **~se** **1.** (*abultarse*) sich wölben **2.** (*Am: alimentos*) verderben **3.** (*Chil: achisparse*) sich beschwipsen, sich *dat* einen Schwips antrinken

abominable [aβomi'naβle] *adj* abscheulich, gräulich

abominación [aβomina'θjon] *f* Abscheu *m o f;* **causar ~** Abscheu erregen

abominar [aβomi'nar] *vt* **1.** (*aborrecer*) verabscheuen **2.** (*renegar*) verfluchen

abonable [aβo'naβle] *adj* **1.** (*cantidad*) zahlbar **2.** (*letra de cambio*) fällig

abonado, -a [aβo'naðo, -a] **I.** *adj* **1.** (*suscrito*) abonniert **2.** (*terreno*) gedüngt; **terreno** [*o* **campo**] **~** Nährboden *m* **II.** *m, f* (*a revistas, espectáculos*) Abonnent(in) *m(f);* (*a electricidad, gas*) Abnehmer(in) *m(f);* (*al teléfono*) Fernsprechteilnehmer(in) *m(f)*

abonanzar [aβonan̩'θar] <z→c> *vi* aufklaren; **después de la tormenta abonanzó y pudimos salir a pescar** nach dem Gewitter klarte es auf und wir konnten angeln gehen

abonar [aβo'nar] **I.** *vt* **1.** (*garantizar, acreditar*) bürgen (für +*akk*); **~ la verdad de un acontecimiento** die Richtigkeit eines Vorfalls bezeugen **2.** (*pagar*) bezahlen; **~ en cuenta** gutschreiben; **para ~ en cuenta** nur zur Verrechnung; **~ sus deudas** seine Schulden begleichen **3.** (*terreno*) düngen **4.** (*revista, periódico*) abonnieren; **~ a alguien a una revista** jdn als Leser [*o* Abonnenten] einer Zeitschrift werben; (*como regalo*) für jdn eine Zeitschrift abonnieren **II.** *vr:* **~se a algo** etw abonnieren; **~se a la temporada de ópera** ein Abonnement für die Oper nehmen

abonaré [aβona're] *m* (FIN) Schuldschein *m*

abono [a'βono] *m* **1.** (*al teatro, una revista*) Abonnement *nt;* **anular un ~** ein Abonnement kündigen **2.** (*para transporte público*) Zeitkarte *f,* Dauerkarte *f;* **~ mensual/semanal** Monats-/Wochenkarte *f;* **sacar un ~** eine Dauerkarte kaufen **3.** (*pago*) Bezahlung *f;* **~ en cuenta** Gutschrift *f;* **~ parcial** Teilzahlung *f* **4.** (*fertilizante*) Dünger *m,* Düngemittel *nt;* **~ químico** Kunstdünger *m* **5.** (*de la tierra*) Düngung *f*

aboquillado, -a [aβoki'ʎaðo, -a] *adj* mundstückförmig

aboquillar [aβoki'ʎar] *vt* mit einem Mundstück versehen

abordable [aβor'ðaβle] *adj* **1.** (NÁUT) zum Anlegen geeignet **2.** (*persona*) zugänglich **3.** (*tema*) offen; **no ~** tabu

abordaje [aβor'ðaxe] *m* (NÁUT) Entern *nt;* **tomar al ~** entern

abordar [aβor'ðar] **I.** *vt* **1.** (NÁUT: *chocar*) rammen **2.** (*persona*) ansprechen **3.** (*tema*) anschneiden; (*problema*) angehen, in Angriff nehmen **II.** *vi* (NÁUT) anlegen

aborigen [aβo'rixen] **I.** *adj* eingeboren **II.** *mf* Ureinwohner(in) *m(f)*

aborrajarse [aβorra'xarse] *vr* (AGR) verdorren (*noch vor dem Ausreifen*)

aborrascarse [aβorras'karse] <c→qu> *vr* (METEO) stürmisch werden

aborrecer [aβorre'θer] *irr como crecer vt* **1.** (*sentir aversión*) verabscheuen; **~ a alguien de muerte** jdn auf den Tod nicht ausstehen können **2.** (*exasperar*) auf die Nerven gehen +*dat* **3.** (*aburrir*) langweilen

aborrecible [aβorre'θiβle] *adj* abscheulich; (*persona*) unausstehlich

aborrecimiento [aβorreθi'mjen̩to] *m* **1.** (*aversión*) Abscheu *m o f* **2.** (*antipatía*) Abneigung *f*

aborregado, **-a** [aβorre'ɣaðo, -a] *adj* **1.** (*cielo*) mit Schäfchenwolken bedeckt **2.** (*pey: simple*) einfältig

aborregarse [aβorre'ɣarse] <g→gu> *vr* **1.** (*cubrirse de nubes*): **el cielo se aborregó** am Himmel zogen Schäfchenwolken auf **2.** (*embrutecerse*) abstumpfen

aborricarse [aβorri'karse] *vr* (*Col, Méx*) verdummen

abort [a'βort] *m* (INFOR) Abbruch *m*

abortar [aβor'tar] **I.** *vi* **1.** (*provocado*) abtreiben **2.** (*espontáneo*) eine Fehlgeburt haben **3.** (*fracasar*) scheitern **II.** *vt* (*hacer fracasar*) vereiteln; ~ **los planes de alguien** jds Pläne durchkreuzen

abortista [aβor'tista] **I.** *mf* Abtreibungsbefürworter(in) *m(f)* **II.** *adj* Abtreibungs-; **clínica** ~ Abtreibungsklinik *f*

abortivo [aβor'tiβo] *m* Abtreibungsmittel *nt*

aborto [a'βorto] *m* **1.** (*provocado*) Abtreibung *f* **2.** (*espontáneo*) Fehlgeburt *f* **3.** (*pey: persona*) Vogelscheuche *f*, Monstrum *nt*; **es un** ~ **del diablo** er/sie ist hässlich wie die Nacht

abota(r)gado, **-a** [aβota(r)'ɣaðo, -a] *adj* aufgedunsen

abota(r)garse [aβota(r)'ɣarse] <g→gu> *vr* anschwellen

abotinado, **-a** [aβoti'naðo, -a] *adj*: **pantalón** ~ Karottenhose *f*; **zapatos ~s** Boots *pl*

abotonar [aβoto'nar] *vt* zuknöpfen; **~se la chaqueta** sich *dat* die Jacke zuknöpfen

abovedado, **-a** [aβoβe'ðaðo, -a] *adj* gewölbt

abovedar [aβoβe'ðar] *vt* **1.** (*dar figura de bóveda*) wölben **2.** (*cubrir con bóveda*) überwölben

aboyar [aβo'ɟar] **I.** *vi* (*mantenerse a flote*) treiben **II.** *vt* (NÁUT: *colocar boyas*) mit Bojen markieren; **lo primero que hicimos fue** ~ **la zona** als erstes markierten wir das Gebiet mit Bojen

abozalar [aβoθa'lar] *vt*: ~ **a un animal** einem Tier einen Maulkorb umbinden

abra ['aβra] *f* **1.** (*bahía pequeña*) Bucht *f* **2.** (*Arg, Méx, Par, Urug: desmonte*) Lichtung *f* **3.** (*Col: batiente de puerta*) Türflügel *m*; (*de ventana*) Fensterflügel *m*

abracadabra [aβraka'ðaβra] *m sin pl* Abrakadabra *nt*

abracadabrante [aβrakaða'βran̩te] *adj* (*fam*) **1.** (*pasmoso*) verblüffend, umwerfend **2.** (*aterrador*) erschreckend

abranquio, **-a** [a'βraŋkjo] *adj* (ZOOL) kiemenlos

abrasador(a) [aβrasa'ðor(a)] *adj* brennend; **calor** ~ sengende Hitze

abrasar [aβra'sar] **I.** *vi* (*sol*) brennen; (*comida*) heiß sein **II.** *vt* **1.** (*quemar, incinerar*) verbrennen; (*ácidos*) verätzen; **¡cuidado!, este café abrasa la lengua** pass auf, sonst verbrennst du dir an dem Kaffee die Zunge; **las llamas ~on el bosque** der Wald wurde von den Flammen zerstört **2.** (*plantas*) ausdörren **3.** (*dolor*) brennen (in +*dat*); (*estómago*) reizen; **la sed me abrasa** (**la garganta**) ich sterbe vor Durst **4.** (*odio*) verzehren **5.** (TÉC) reiben, scheuern **III.** *vr*: **~se** **1.** (*quemarse*) sich verbrennen **2.** (*morirse, t. fig*) vergehen (*de/en* vor +*dat*); **~se de amor** vor Liebe vergehen

abrasión [aβra'sjon] *f* **1.** (GEO) Abrasion *f*, Abtragung *f* **2.** (MED) (Haut)abschürfung *f* **3.** (TÉC) Verschleiß *m*

abrasivo¹ [aβra'siβo] *m* Schleifmittel *nt*

abrasivo, **-a²** [aβra'siβo, -a] *adj* Scheuer-; **líquido** ~ flüssiges Scheuermittel, Scheuermilch *f fam*

abrazadera [aβraθa'ðera] *f* **1.** (TIPO) eckige Klammer *f* **2.** (TÉC) Zwinge *f*, Klemmschraube *f*

abrazar [aβra'θar] <z→c> **I.** *vt* **1.** (*persona*) umarmen **2.** (*contener*) enthalten; (*abarcar*) umfassen **3.** (*doctrina, partido*) sich anschließen +*dat*; (*religión*) annehmen **II.** *vr*: **~se** sich umarmen

abrazo [a'βraθo] *m* Umarmung *f*; **dar un** ~ **a alguien** jdn umarmen; **un** (**fuerte**) ~ (*en cartas*) ≈herzliche [*o* liebe] Grüße

abreboca [aβre'βoka] *m* **1.** (*fam: aperitivo*) Aperitif *m* **2.** (*Arg: persona distraída*) zerstreute Person *f*

abrebotellas [aβreβo'teʎas] *m inv* Flaschenöffner *m*

abrecartas [aβre'kartas] *m inv* Brieföffner *m*

ábrego ['aβreɣo] *m sin pl* *feucht-warmer Südwind*

abrelatas [aβre'latas] *m inv* Dosenöffner *m*

abrevadero [aβreβa'ðero] *m* Tränke *f*

abrevar [aβre'βar] *vt* (*ganado*) tränken

abreviación [aβreβja'θjon] *f* **1.** (*abreviatura*) Abkürzung *f* **2.** (LING) Kurzform *f* **3.** (*de un texto*) Kurzfassung *f*

abreviadamente [aβreβjaða'men̩te] *adv* kurzgefasst

abreviado, **-a** [aβre'βjaðo, -a] *adj* abgekürzt, verkürzt; (*corto*) kurz

abreviar [aβre'βjar] **I.** *vt* (*palabra, estancia*) abkürzen; (*estancia, distancia*) verkürzen **II.** *vr*: **~se** (*CRi, Nic*) sich beeilen

abreviatura [aβreβja'tura] *f* Abkürzung *f*, Abbreviatur *f*

abribonado, **-a** [aβriβo'naðo, -a] *adj* gaunerhaft

abribonarse [aβriβo'narse] *vr* zum Gauner werden

abridor [aβri'ðor] *m* Öffner *m*; (*para latas*) Dosenöffner *m*; (*para botellas*) Flaschenöffner *m*

abrigadero [aβriɣa'ðero] *m* windgeschützter Ort *m*

abrigado, **-a** [aβri'ɣaðo, -a] *adj* **1.** (*protegido*) geschützt; ~ **del viento** windgeschützt **2.** (*con ropa*): **estar** [*o* **ir**] ~ warm angezogen sein

abrigar [aβri'ɣar] <g→gu> **I.** *vt* **1.** (*del viento, frío*) schützen (*contra/de* gegen *+akk, contra/de* vor *+dat*) **2.** (*tapar, cubrir*) zudecken (*con* mit *+dat*) **3.** (*tener*) hegen, haben; ~ **esperanzas** Hoffnungen hegen; ~ **proyectos** Pläne schmieden **II.** *vr:* ~**se** sich warm anziehen; **abrígate bien** zieh dich warm an

abrigo [a'βriɣo] *m* **1.** (*prenda de vestir*) Mantel *m;* ~ **de pieles** Pelzmantel *m;* **ropa de** ~ warme Kleidung; **traje de poco** ~ dünner Anzug **2.** (*refugio*) Obdach *nt;* **al** ~ **de** unter dem Schutz *+gen* **3.** (*loc*): **ser de** ~ es in sich *dat* haben

abril [a'βril] *m* April *m;* **tener trece** ~**es** (*fam*) dreizehn Lenze zählen; *v. t.* **marzo**

abrileño, **-a** [aβri'leɲo] *adj* April-

abrillantado, **-a** [aβriʎaṇ'taðo, -a] *adj* **1.** (*Am: brillante*) glänzend **2.** (*Arg*): **fruta abrillantada** kandierte Früchte

abrillantador[1] [aβriʎaṇta'ðor] *m* (*producto*) Poliermittel *nt*

abrillantador(**a**)[2] [aβriʎaṇta'ðor(a)] *m(f)* (*persona*) Edelsteinschleifer(in) *m(f)*

abrillantar [aβriʎaṇ'tar] *vt* **1.** (*piedras preciosas*) schleifen **2.** (*hacer brillar*) auf Hochglanz bringen, polieren; (*metales*) hochglanzpolieren

abrir [a'βrir] *irr* **I.** *vt* **1.** (*puerta, botella, frontera*) aufmachen, öffnen; (*paraguas*) aufspannen; (*libro*) aufschlagen; (*piernas*) spreizen; (*grifo, llave del gas*) aufdrehen; (*con la llave*) aufschließen; (*luz*) anmachen; (INFOR: *fichero, ventana*) öffnen; (*silla plegable*) aufklappen; ~ **una calle al tráfico** eine Straße für den Verkehr freigeben; ~ **de par en par** sperrangelweit öffnen; **a medio** ~ (*puerta, ventana*) angelehnt; ~ **a golpes** aufschlagen; ~ **camino a alguien** jdm den Weg bahnen; ~ **paso** Platz machen; ~ **la cabeza a alguien** jdm den Schädel einschlagen; ~ **el apetito/la curiosidad** den Appetit anregen/die Neugier wecken **2.** (*canal, túnel*) bauen; (*agujero*) graben **3.** (*cuenta corriente, negocio, perspectivas*) eröffnen; (COM: *mercado*) erschließen **4.** (*curso, sesión*) anfangen, beginnen; ~ **el baile** den Tanz eröffnen; ~ **una exposición** eine Ausstellung eröffnen **5.** (*manifestación, marcha*) anführen **II.** *vi* **1.** (*tiempo*) sich aufklären **2.** (*loc*): **en un** ~ **y cerrar de ojos** im Nu **III.** *vr:* ~**se** **1.** (*puerta, herida*) sich öffnen; **la ventana se abre al patio** das Fenster geht zum Hof **2.** (*confiar*) sich anvertrauen *+dat* **3.** (*perspectivas*) sich eröffnen **4.** (*argot: irse*) abhauen **5.** (*Arg, Méx, Urug: desistir*) ablassen (*de* von *+dat*)

abrochador [aβroʧa'ðor] *m* Haken *m*

abrochar [aβro'ʧar] *vt* **1.** (*con broches*) zuhaken; (*con hebillas*) zuschnallen; (*con botones*) zuknöpfen; **abróchense los cinturones** (**de seguridad**) legen Sie die Sicherheitsgurte an **2.** (*Méx: aprehender*) fassen

abrogar [aβro'ɣar] <g→gu> *vt* (JUR) außer Kraft setzen, aufheben

abrojo [a'βroxo] *m* **1.** (BIOL) Stachelnuss *f* **2.** (*Ven: urticaria*) Nesselsucht *f*

abroncar [aβroŋ'kar] <c→qu> *vt* (*fam*) **1.** (*echar una bronca*) die Leviten lesen *+dat,* herunterputzen **2.** (*abuchear*) auspfeifen, ausbuhen

abroquelarse [aβroke'larse] *vr* **1.** (*con el broquel*) sich schützen (*con* mit *+dat, contra/de* gegen *+akk, contra/de* vor *+dat*) **2.** (*recurrir*) sich verschanzen (*en/tras* hinter *+dat*)

abrumado, **-a** [aβru'maðo, -a] *adj* **1.** (*de trabajo*) überarbeitet **2.** (*apabullado*) niedergedrückt

abrumador(**a**) [aβruma'ðor(a)] *adj* **1.** (*agobiador*) bedrückend, belastend **2.** (*apabullante*) überwältigend; **victoria** ~**a** überwältigender Sieg

abrumar [aβru'mar] *vt* **1.** (*agobiar*) bedrücken, belasten **2.** (*de trabajo, elogios*) überhäufen (*de/con* mit *+dat*), erdrücken (*de/con* mit *+dat*)

abrupción [aβruβ'θjon] *f* (MED: *fractura*) Bruch *m;* (*desgarro*) Ruptur *f*

abrupto, **-a** [a'βrupto, -a] *adj* **1.** (*camino, abismo*) steil; (*abismo*) jäh **2.** (*carácter*) schroff

abrutado, **-a** [aβru'taðo, -a] *adj* grob, roh

absceso [aβs'θeso] *m* (MED) Abszess *m;* ~ **pulmonar** Lungenabszess *m*

abscisa [aβs'θisa] *f* (MAT) Abszisse *f*

abscisión [aβsθi'sjon] *f* (MED) Ablösung *f*

absenta [aβ'seṇta] *f* Absinth *m*

absentismo [aβseṇ'tismo] *m* Abwesenheit *f;* ~ **laboral** Fernbleiben von der Arbeit, Fehlen (am Arbeitsplatz)

ábside ['aβsiðe] *m* (ARQUIT) Apsis *f*

absintio [aβ'siṇtjo] *m* (BOT) (Echter) Wermut *m*

absolución [aβsolu'θjon] *f* **1.** (JUR) Freispruch *m;* ~ **por falta de pruebas** Freispruch mangels Beweisen **2.** (REL) Lossprechung *f,* Absolution *f;* **dar la** ~ **a alguien** jdm die Absolution erteilen, jdn lossprechen

absolutamente [aβsoluta'meṇte] *adv* absolut; (*acuerdo, verdad, estupidez*) völlig; (*negación, prohibición*) strikt; **está** ~ **de acuerdo con nosotros** er/sie stimmt uns völlig zu; **es** ~ **posible** es ist durchaus möglich; **es** ~ **necesario** es ist unbedingt nötig; ~ **nada** überhaupt nichts

absolutismo [aβsolu'tismo] *m sin pl* (POL) Absolutismus *m*

absolutista [aβsolu'tista] **I.** *adj* (POL) absolutistisch **II.** *mf* (POL) Absolutist(in) *m(f)*

absolutizar [aβsoluti'θar] <z→c> *vt* verabsolutieren

absoluto, **-a** [aβso'luto, -a] *adj* (*t.* FÍS) absolut; (*completo*) völlig, vollkommen; (*ilimitado*) unumschränkt, uneingeschränkt; **una prohibición absoluta** ein strenges [*o* striktes] Verbot; **en** ~ keineswegs, überhaupt nicht; **nada en** ~ gar nichts

absolutorio, **-a** [aβsolu'torjo, -a] *adj* (JUR) freisprechend

absolver [aβsol'βer] *irr como volver vt* **1.** (JUR) freisprechen **2.** (REL) lossprechen; ~ **a alguien de sus pecados** jdm die Absolution erteilen, jdn (von seinen/ihren Sünden) lossprechen

absorbencia [aβsor'βeṇθja] *f v.* **absorción**

absorbente [aβsor'βeṇte] *adj* **1.** (*esponja, trapo*) saugfähig **2.** (FÍS) absorbierend **3.** (*película, libro*) fesselnd; (*trabajo*) zeitraubend; **es una persona muy** ~ er/sie nimmt einen völlig in Anspruch

absorber [aβsor'βer] *irr vt* **1.** (*tierra, esponja, aspiradora*) (auf)saugen **2.** (FÍS) absorbieren **3.** (*ocupar*) in Anspruch nehmen; (*cautivar*) fesseln; ~ **la atención de alguien** jds Aufmerksamkeit beanspruchen **4.** (*incorporar*) eingliedern; (*empresa*) aufkaufen

absorción [aβsor'θjon] *f* **1.** (*de líquidos*) Aufsaugen *nt* **2.** (FÍS) Absorption *f* **3.** (COM: *compra*) Aufkauf *m*, Übernahme *f*

absorto, **-a** [aβ'sorto, -a] **I.** *pp de* **absorber** **II.** *adj* **1.** (*pasmado*) verblüfft **2.** (*entregado*) vertieft (*en* in +*akk*), versunken (*en* in +*akk*)

abstemio, **-a** [aᵝs'temjo, -a] **I.** *adj* abstinent **II.** *m, f* Antialkoholiker(in) *m(f)*, Abstinenzler(in) *m(f)*

abstención [aᵝsteṇ'θjon] *f* **1.** (*privación, renuncia*) Enthaltung *f*, Verzicht *m* (*de* auf +*akk*) **2.** (POL) Stimmenthaltung *f*

abstencionismo [aᵝsteṇθjo'nismo] *m* (POL) Stimmenthaltung *f*

abstencionista [aᵝsteṇθjo'nista] *mf* Nichtwähler(in) *m(f)*; **el número de ~s creció en los últimos años** die Anzahl der Nichtwähler ist in den letzten Jahren gestiegen

abstenerse [aᵝste'nerse] *irr como tener vr* (*t.* POL) sich enthalten; ~ **de algo** sich etw *gen* enthalten, auf etw verzichten; ~ **de votar** sich der Stimme enthalten; ~ **del tabaco** [*o* **de fumar**] auf das Rauchen verzichten; **rogamos que se abstengan de realizar visitas** wir bitten Sie, von einem Besuch abzusehen

abstersión [aᵝster'sjon] *f* (MED) Wundsäuberung *f*

abstinencia [aᵝsti'neṇθja] *f* Enthaltsamkeit *f*; (*de alcohol*) Abstinenz *f*; ~ **de consumo** (ECON) Konsumverzicht *m*

abstinente [aᵝsti'neṇte] *adj* enthaltsam; (*de alcohol*) abstinent

abstracción [aᵝstraᵞ'θjon] *f* Abstraktion *f*, Abstrahieren *nt*

abstractismo [aᵝstrak'tismo] *m* abstrakte Kunst *f*

abstracto, **-a** [aᵝs'trakto, -a] *adj* abstrakt; **en** ~ abstrakt betrachtet

abstraer [aᵝstra'er] *irr como traer* **I.** *vt* abstrahieren **II.** *vr:* **~se en algo** sich in etw vertiefen; **~se de algo** auf etw verzichten; **consigue ~se de los gritos en la calle** er/sie lässt sich von den Schreien auf der Straße nicht ablenken

abstraído, **-a** [aᵝstra'iðo, -a] *adj* in Gedanken versunken, (geistig) abwesend; **estar** ~ **en algo** in etw versunken sein

abstruso, **-a** [aᵝs'truso, -a] *adj* verworren, abstrus

absurdidad [aβsurði'ðaᵈ] *f* Absurdität *f*, Widersinn *m*

absurdo¹ [aβ'surðo] *m* Absurdität *f*, Widersinnigkeit *f*; **reducir algo al** ~ etw ad absurdum führen

absurdo, **-a**² [aβ'surðo, -a] *adj* absurd, widersinnig

abubilla [aβu'βiʎa] *f* (ZOOL) Wiedehopf *m*

abuchear [aβuʧe'ar] *vt* auspfeifen

abucheo [aβu'ʧeo] *m* Buhrufe *mpl*, Pfeifkonzert *nt*

abuelo, **-a** [a'βwelo, -a] *m, f* Großvater *m*, Großmutter *f*, Opa *m fam*, Oma *f fam*; **los ~s** die Großeltern; ~ **materno** Großvater mütterlicherseits; **éramos pocos y parió la abuela** (*fam*) der/die hatte uns gerade noch gefehlt

abulense [aβu'lense] **I.** *adj* aus Ávila **II.** *mf* Bewohner(in) *m(f)* der Stadt Ávila

abulia [a'βulja] *f* Willenlosigkeit *f*, Willensschwäche *f*

abúlico, **-a** [a'βuliko, -a] *adj* willensschwach, willenlos

abultado, **-a** [aβuḷ'taðo, -a] *adj* groß, massig; **labios ~s** dicke [*o* wulstige] Lippen

abultamiento [aβuḷta'mjeṇto] *m* **1.** (*bulto*) Beule *f* **2.** (*hinchazón*) (An)schwellung *f*

abultar [aβuḷ'tar] **I.** *vi* viel Raum einnehmen **II.** *vt* **1.** (*aumentar*) vergrößern **2.** (*exagerar*) aufbauschen, übertreiben

abundamiento [aβuṇda'mjeṇto] *m:* **a mayor** ~ für alle Fälle, vorsichtshalber

abundancia [aβuṇ'daṇθja] *f* Fülle *f*, Überfluss *m*; (COM: *de bienes*) Überangebot *nt*; **vivir en la** ~ im Überfluss leben; **nadar en la** ~ im Geld schwimmen; **en** ~ in Hülle und Fülle

abundante [aβuṇ'daṇte] *adj* reichlich, reichhaltig; ~ **en algo** reich an etw

abundar [aβuṇ'dar] *vi* **1.** (*existir en abundancia*) reichlich vorhanden sein; ~ **en algo** reich an etw sein **2.** (*Am: extenderse*) sich verlieren (*en* in +*dat*) **3.** (*Chil, PRico: convenir*) übereinstimmen (*en* in +*dat*)

abundoso, **-a** [aβuṇ'doso, -a] *adj v.* **abundante**

abur [a'βur] *interj* (*adiós*) tschüs(s)

aburguesado, **-a** [aβurɣe'saðo, -a] *adj* verbürgerlicht, spießig *fam pey*

aburguesamiento [aβurɣesa'mjeṇto] *m* Verbürgerlichung *f*

aburguesarse [aβurɣe'sarse] *vr* verbürgerlichen, spießig werden *fam pey*

aburrarse [aβu'rrarse] *vr* (*volverse torpe*) abstumpfen; (*volverse violento*) verrohen

aburrido, -a [aβu'rriðo, -a] *adj* **1.** *ser* (*reunión, trabajo*) langweilig; (*persona*) fade, langweilig **2.** *estar* (*harto*) überdrüssig; **estar ~ de algo** etw satt haben, etw *+dat* überdrüssig sein; **sus chistes me tienen ~** ich kann seine/ihre Witze nicht mehr hören

aburrimiento [aβurri'mjento] *m* **1.** (*tedio*) Langeweile *f* **2.** (*fastidio*) Überdruss *m*

aburrir [aβu'rrir] **I.** *vt* **1.** (*hastiar*) langweilen; **me aburre** er/sie/es langweilt mich **2.** (*fastidiar*) auf die Nerven gehen *+dat*, anöden *fam* **II.** *vr:* **~se** sich langweilen (*con* bei *+dat*); **~se de algo** etw satt bekommen; **~se como una ostra** (*fam*) sich zu Tode langweilen

abusar [aβu'sar] *vi* **1.** (*usar indebidamente*) missbrauchen (*de +akk*) **2.** (*aprovecharse*) ausnutzen (*de +akk*); **~ de una mujer** eine Frau vergewaltigen [*o* missbrauchen]; **~ de su salud** sich überanstrengen

abusivo, -a [aβu'siβo, -a] *adj* missbräuchlich; **precios ~s** überhöhte Preise

abuso [a'βuso] *m* Missbrauch *m;* **~ de autoridad** Amtsmissbrauch *m;* **~ de confianza** Vertrauensbruch *m;* **~ deshonesto** Unzucht *f;* **~ de medicamentos** Medikamentenmissbrauch *m;* **~ sexual** sexueller Missbrauch; **este precio es un ~** dieser Preis ist unverschämt hoch

abusón, -ona [aβu'son, -ona] **I.** *adj* (*fam*) schmarotzerhaft, schmarotzerisch **II.** *m, f* (*fam*) Schmarotzer(in) *m(f)*

abyección [aβɟeɣ'θjon] *f* **1.** (*bajeza*) Verworfenheit *f,* Niederträchtigkeit *f* **2.** (*deshonra*) Schande *f*

abyecto, -a [aβ'ɟekto, -a] *adj* **1.** (*bajo*) verworfen, niederträchtig **2.** (*deshonroso*) schändlich

a.C. ['antes ðe 'kristo] *abr de* **antes de Cristo** v. Chr.

acá [a'ka] *adv* hier; **para ~** hierher; **¡ven ~!** komm her!; **~ y allá** hier und dort, mal hier, mal dort

acabado[1] [aka'βaðo] *m* (TÉC) Finish *nt*

acabado, -a[2] [aka'βaðo, -a] *adj* **1.** (*completo*) fertig, vollendet **2.** (*salud*) kraftlos **3.** (*sin posibilidades*) am Ende, erledigt

acaballado, -a [akaβa'ʎaðo, -a] *adj* pferdeartig; **una cara acaballada** ein Pferdegesicht

acaballar [akaβa'ʎar] *vt* (*caballo, burro*) decken, beschälen

acaballerado, -a [akaβaʎe'raðo, -a] *adj* **1.** (*pey: que presume de caballero*): **es un hombre ~ que en realidad está muy lejos de ser distinguido** er mimt den Gentleman, ist aber in Wirklichkeit weit davon entfernt, kultiviert zu sein **2.** (*caballeroso*) gentlemanlike; **mi amigo es un tipo ~ que siempre me deja pasar delante** mein Freund ist ein Gentleman und lässt mir immer den Vortritt

acaballerar [akaβaʎe'rar] *vt* zum Ritter schlagen

acabamiento [akaβa'mjento] *m* **1.** (*acción de acabar*) Beendigung *f* **2.** (*estado de acabado*) Vollendung *f*

acabar [aka'βar] **I.** *vi* **1.** (*terminar*) enden (*en* auf *+akk, en* mit *+dat*); **~ bien/mal** gut/schlecht ausgehen; **~ en punta** spitz zulaufen; **la clase acaba a las tres** der Unterricht endet um drei (Uhr); **Frankfurt acaba en t** Frankfurt endet auf t **2.** (*una acción*): **~ de hacer algo** soeben etw getan haben; **él acaba de salir** er ist soeben gegangen; **ella acaba de llegar** sie ist gerade angekommen; **el libro acaba de publicarse** das Buch ist soeben erschienen **3.** (*destruir, agotar*): **~ con algo/alguien** etw zunichte machen/jdn fertigmachen; **este niño ~á conmigo** dieses Kind macht mich noch völlig fertig; **este hombre acaba con la paciencia de un santo** dieser Mensch bringt den stärksten Geduldsfaden zum Reißen **4.** (*ocurrir finalmente*): **~ por hacer algo** schließlich etw machen; **~ás por comprenderlo** du wirst es schließlich einsehen; **~ás por volverme loco** du machst mich noch verrückt **5.** (*CSur: alcanzar el orgasmo*) zum Orgasmus kommen **II.** *vt* **1.** (*terminar*) beenden, abschließen **2.** (*consumir*) aufbrauchen; **~ todas las galletas** alle Kekse aufessen **3.** (*Ecua: hablar mal de alguien*) herziehen (über *+akk*) **III.** *vr:* **~se** enden, zu Ende sein; **la mantequilla se ha acabado** die Butter ist zu Ende, die Butter ist alle *fam;* **¡se acabó!** und damit basta!; **todo se acabó** alles ist vorbei

acabóse [aka'βose] *m* (*fam*): **¡esto es el ~!** das ist (doch) das Letzte!

acacia [a'kaθja] *f* Akazie *f*

academia [aka'ðemja] *f* **1.** (*corporación*) Akademie *f* **2.** (*colegio*) (Privat)schule *f;* **~ militar** Militärakademie *f;* **~ de noche** Abendschule *f* **3.** (*pintura*) Aktstudie *f*

academicismo [akaðemi'θismo] *m* (*arte*) Akademismus *m*

académico, -a [aka'ðemiko, -a] **I.** *adj* akademisch; **título ~** akademischer Grad **II.** *m, f* Mitglied *nt* einer Akademie

academizar [akaðemi'θar] <z→c> *vt* (*t. pey*) akademisieren, akademisch betreiben

acaecer [akae'θer] *irr como crecer vi* sich ereignen, geschehen

acaecimiento [akaeθi'mjento] *m* Ereignis *nt,* Vorfall *m*

acahual [aka'wal] *m* (*Méx: girasol*) Sonnenblume *f*

acairelar [akai̯re'lar] *vt* mit Fransen verzieren

acajú [aka'xu] *m* (*Cuba, Méx, PRico, RDom*) **1.** (BOT) Nierenbaum *m* **2.** (*fruto*) Cashewnuss *f*

acalambrarse [akalam'brarse] *vr* (*Am*) sich verkrampfen, einen Krampf bekommen; **se le acalambró una pierna** er/sie bekam einen Krampf im Bein

acallamiento [akaʎa'mjento] *m* **1.** (*silencio*) Stillschweigen *nt* **2.** (*sosegamiento*) Beschwichtigung *f*

acallar [aka'ʎar] *vt* **1.**(*hacer callar*) zum Schweigen bringen **2.**(*apaciguar*) beschwichtigen; (*conciencia*) beruhigen; (*hambre*) stillen

acalorado, -a [akalo'raðo, -a] *adj* heftig, hitzig; **una disputa/discusión acalorada** eine hitzige Auseinandersetzung/erregte Diskussion; **una respuesta acalorada** eine heftige Antwort

acaloramiento [akalora'mjen̩to] *m* **1.**(*de calor*) Erhitzen *nt* **2.**(*de pasión*) Eifer *m*

acalorar [akalo'rar] **I.** *vt* **1.**(*dar calor*) erhitzen, ins Schwitzen bringen **2.**(*enfadar*) aufregen, erregen **II.** *vr:* **~se 1.**(*sofocarse*) sich erhitzen, warm werden; **se acaloró al correr** ihm/ihr wurde beim Laufen warm **2.**(*apasionarse*) in Eifer geraten, sich ereifern (*con* über *+akk*) **3.**(*enfadarse*) in Wut geraten (*por* wegen *+gen*); **se acalora por nada** er/sie regt sich wegen Nichtigkeiten auf

acalórico, -a [aka'loriko, -a] *adj* ohne Kalorien; **alimentos ~s** Nahrungsmittel, die keine Kalorien enthalten

acampada [akam'paða] *f* Zelten *nt,* Kampieren *nt*

acampanado, -a [akampa'naðo, -a] *adj* glockenförmig

acampar [akam'par] *vi* campen, zelten; (*tropa*) lagern; **~ en la playa/en la montaña** am Strand/in den Bergen campen

acanalado, -a [akana'laðo, -a] *adj* **1.**(*forma*) mit Rillen versehen, rinnenförmig **2.**(TÉC) ausgekehlt

acanaladura [akanala'ðura] *f* Rinne *f,* Rille *f;* (TÉC) Auskehlung *f*

acanalar [akana'lar] *vt* **1.**(*hacer canales*) rillen, furchen **2.**(TÉC) auskehlen

acanallado, -a [akana'ʎaðo, -a] *adj* pöbelhaft

acanallar [akana'ʎar] **I.** *vt* verderben, (sittlich) verwahrlosen lassen **II.** *vr:* **~se** verwahrlosen, verkommen

acanelado, -a [akane'laðo, -a] *adj* **1.**(*similar a la canela*) zimtartig; (*color*) zimtfarben; **tiene un hermoso cutis ~** er/sie hat einen schönen zimtfarbenen Teint **2.**(*con canela*) mit Zimt; **sabor ~** Zimtgeschmack *m;* **arroz con leche ~** Milchreis mit Zimt

acantilado¹ [akan̩ti'laðo] *m* Steilküste *f*

acantilado, -a² [akan̩ti'laðo, -a] *adj* abschüssig, steil

acantio [a'kan̩tjo] *m* (BOT) Eselsdistel *f*

acanto [a'kan̩to] *m* (BOT) Akanthus *m,* Bärenklau *m*

acantonamiento [akan̩tona'mjen̩to] *m* (MIL) Einquartierung *f*

acantonar [akan̩to'nar] *vt* (MIL) einquartieren

acaparador(a) [akapara'ðor(a)] *m(f)* Aufkäufer(in) *m(f),* Hamsterer *m fam*

acaparamiento [akapara'mjen̩to] *m* Hamsterkauf *m,* Hamstern *nt*

acaparar [akapa'rar] *vt* **1.**(*objetos*) aufkaufen, hamstern **2.**(*apoderarse, absorber*) (für sich) beanspruchen; **~ todas las miradas** alle Blicke auf sich ziehen

a capella [a ka'pela] (MÚS) a cappella; **ejecutaron la última pieza del concierto ~** sie trugen das letzte Stück des Konzerts a cappella vor

acapillar [akapi'ʎar] *vt* (*Méx: atrapar*) fassen, erwischen *fam*

acaponado, -a [akapo'naðo, -a] *adj* eunuchenartig; **voz acaponada** Eunuchenstimme *f,* Kastratenstimme *f*

acapullado, -a [akapu'ʎaðo, -a] *adj* kokonförmig

acaracolado, -a [akarako'laðo, -a] *adj* schneckenförmig

acaramelado, -a [akarame'laðo, -a] *adj* **1.**(*pastel*) mit Karamell überzogen **2.**(*fam: voz, comportamiento*) zuckersüß

acaramelar [akarame'lar] **I.** *vt* mit Karamell überziehen **II.** *vr:* **~se** zuckersüß sein; (*novios*) verliebt tun, turteln

acardenalar [akarðena'lar] *vt* grün und blau schlagen

acariciador(a) [akariθja'ðor(a)] *adj* liebkosend, zärtlich

acariciar [akari'θjar] **I.** *vt* **1.**(*persona, animal*) streicheln, liebkosen **2.**(*idea, plan*) hegen **II.** *vr:* **~se** (*Arg*) schmusen

ácaro ['akaro] *m* (ZOOL) Milbe *f*

acarpo, -a [a'karpo, -a] *adj* (BOT) fruchtlos, ohne Frucht

acarrear [akarre'ar] *vt* **1.**(*transportar*) transportieren, befördern **2.**(*daños, desgracias*) verursachen

acarreo [aka'rreo] *m* **1.**(*transporte*) Transport *m,* Beförderung *f;* **~ aéreo** Lufttransport *m* **2.**(*importe*) Frachtgebühr *f* **3.**(INFOR) Überlauf *m;* **~ cíclico** Komplementübertragung *f;* **~ completo** Übertrag *m;* **~ parcial** Teilübertrag *m*

acarroñar [akarro'ɲar] **I.** *vt* (*Col: amilanar*) einschüchtern **II.** *vr:* **~se** (*acobardarse*) den Mut verlieren

acartonado, -a [akarto'naðo, -a] *adj* **1.**(*ropa*) steif **2.**(*persona*) hager **3.**(*cutis*) gegerbt

acartonamiento [akartona'mjen̩to] *m* Sprödewerden *nt;* **a partir de cierta edad se produce un ~ de la piel** ab einem gewissen Alter wird die Haut spröde

acartonarse [akarto'narse] *vr* **1.**(*tela*) steif werden **2.**(*persona*) abmagern, hager werden; (*cutis*) austrocknen, faltig werden

acasamatado, -a [akasama'taðo, -a] *adj* **1.**(*con forma de casamata*) gewölbt **2.**(MIL) mit Kasematten gesichert; **el fortín ~ era inexpugnable** aufgrund der Kasematten war die Festung uneinnehmbar

acaserarse [akase'rarse] *vr* **1.**(*Chil, Perú: hacerse parroquiano*) Kunde werden **2.**(*Ant, Chil, Perú: acostumbrarse a no salir de su* *casa*) nicht mehr aus dem Haus gehen **3.** (*Am: un perro*) heimisch werden

acaso [a'kaso] **I.** *m* Zufall *m;* **el ~ hizo que...** +*subj* der Zufall wollte es, dass ... **II.** *adv* vielleicht, möglicherweise; **¿está ~ enfermo?** ist er/sie etwa krank?; **por si ~** (*en caso de*) falls; (*en todo caso*) vorsichtshalber, auf jeden Fall; **por si ~ llega tarde** falls er/sie zu spät kommt; **por si ~ tomaré un comprimido** ich nehme vorsichtshalber eine Tablette

acastañado, -a [akasta'ɲaðo, -a] *adj* kastanienbraun

acatamiento [akata'mjen̩to] *m* **1.** (*respeto*) Ehrfurcht *f* **2.** (*de las leyes*) Befolgung *f*

acatar [aka'tar] *vt* **1.** (*respetar*) achten **2.** (*obedecer*) befolgen **3.** (*Col, Guat, PRico: caer en cuenta*) begreifen

acatarrarse [akata'rrarse] *vr* sich erkälten; **levemente acatarrado** leicht erkältet

acatólico, -a [aka'toliko, -a] **I.** *adj* nichtkatholisch; **comportamiento ~** (*fig*) unchristliches Verhalten **II.** *m, f* Nichtkatholik(in) *m(f)*

acaudalado, -a [akau̯ða'laðo, -a] *adj* wohlhabend, vermögend

acaudalar [akau̯ða'lar] *vt* sammeln, erwerben

acaudillar [akau̯ði'ʎar] *vt* anführen; **~ una rebelión/un movimiento** eine Rebellion/Bewegung anführen

acceder [aᵞθe'ðer] *vi* **1.** (*consentir*) einwilligen (*a* in +*akk*); **~ a una petición** einer Bitte entsprechen **2.** (*tener acceso*) Zugang haben (*a* zu +*dat*) **3.** (*ascender*) aufsteigen; **~ a la presidencia** den Vorsitz übernehmen; **~ a un cargo** ein Amt antreten; **~ al trono** den Thron besteigen **4.** (INFOR) zugreifen (*a* auf +*akk*)

accesibilidad [aᵞθesiβili'ðaᵈ] *f* Zugänglichkeit *f*

accesible [aᵞθe'siβle] *adj* **1.** (*persona, lugar*) zugänglich **2.** (*precios*) erschwinglich **3.** (*explicación*) verständlich

accesión [aᵞθe'sjon] *f* **1.** (*consentimiento*) Einwilligung *f* **2.** (JUR) Erwerb *m,* Zuwachs *m* **3.** (*loc*): **~ al poder** Machtübernahme *f*

accésit [aᵞ'θesiᵗ] *m inv* Trostpreis *m*

acceso [aᵞ'θeso] *m* **1.** (*a pie*) Zugang *m;* (*en vehículo*) Zufahrt *f;* **carretera de ~** Zufahrtstraße *f,* Zubringerstraße *f;* **de fácil ~** leicht zugänglich; **libre ~** freier Zutritt; **tener ~ a alguien/algo** Zugang zu jdm/etw haben **2.** (*ataque*) Anfall *m;* **~ de fiebre** Fieberanfall *m;* **~ de ira** Wutanfall *m* **3.** (INFOR) Zugriff *m;* **~ directo** Direktzugriff *m;* **~ directo a memoria** direkter Speicherzugriff; **~ en paralelo** paralleler Zugriff; **~ en serie** serieller Zugriff; **~ secuencial** sequenzieller Zugriff; **~ de sólo lectura** Lesezugriff *m;* **~ de usuario** (**a la red**) Benutzer(netz)zugang *m;* **mecanismo de ~** Zugriffsmechanismus *m;* **método de ~** Zugriffsverfahren *nt;* **modo de ~** Zugriffsmodus *m;* **tiempo de ~** Zugriffszeit *f* **4.** (*unión sexual*): **~ carnal** Beischlaf *m*

accesorio¹ [aᵞθe'sorjo] *m* **1.** (*de vestidos*) Accessoire *nt* **2.** (*utensilio*) Utensil *nt* **3.** *pl* (*de máquinas*) Zubehör *nt;* **~s de automóvil** Autozubehör *nt*

accesorio, -a² [aᵞθe'sorjo, -a] *adj* nebensächlich, Neben-

accidentado, -a [aᵞθiðen̩'taðo, -a] **I.** *adj* **1.** (*incidentado*) verunglückt **2.** (*terreno*) holp(e)rig, uneben **3.** (*difícil, agitado*) hindernisreich, schwierig **II.** *m, f* Verunglückte(r) *mf*

accidental [aᵞθiðen̩'tal] *adj* **1.** (*no esencial*) nebensächlich, unwesentlich **2.** (*casual*) zufällig **3.** (*loc*): **un director ~** ein amtierender Direktor

accidentalidad [aᵞθiðen̩tali'ðaᵈ] *f* **1.** (*insignificancia*) Unwesentlichkeit *f* **2.** (*casualidad*) Zufälligkeit *f*

accidentarse [aᵞθiðen̩'tarse] *vr* verunglücken

accidente [aᵞθi'ðen̩te] *m* **1.** (*suceso desgraciado*) Unfall *m,* Unglück *nt;* **~ en cadena** Massenkarambolage *f;* **~ de circulación** Verkehrsunfall *m;* **~ laboral** [*o* **de trabajo**] Arbeitsunfall *m;* **~ nuclear** Atomunfall *m;* **sufrir un ~** einen Unfall haben; **por ~** zufällig **2.** (MED) Ohnmachtsanfall *m* **3.** (*desnivel*) Unebenheit *f;* **~s geográficos** Relief *nt* **4.** (FILOS) Akzidens *nt* **5.** (LING): **~s gramaticales** grammatische Formveränderungen **6.** (MÚS) Vorzeichen *nt*

acción [aᵞ'θjon] *f* **1.** (*acto*) Tat *f,* Handlung *f;* **~ concertada** konzertierte Aktion; **~ de protesta** Protestaktion *f;* **~ punible** strafbare Handlung; **un hombre de ~** ein Mann der Tat; **libertad de ~** Handlungsfreiheit *f;* **entrar en ~** eingreifen, beginnen; **poner en ~** in Aktion [*o* Betrieb] setzen **2.** (*influencia*) (Ein)wirkung *f,* Einfluss *m;* **~ recíproca** Wechselwirkung *f;* **de rápida ~** rasch wirkend; **de ~ retardada** (*bomba*) mit Zeitzünder **3.** (MIL) Gefecht *nt* **4.** (LIT) Handlung *f* **5.** (FIN) Aktie *f;* **~ original** [*o* **común**] Stammaktie *f;* **~ al portador** Inhaberaktie *f;* **~ preferente** [*o* **privilegiada**] Vorzugsaktie *f* **6.** (JUR) Klage *f;* **~ accesoria** Nebenklage *f;* **~ por daños y perjuicios** Schadenersatzklage *f;* **~ de desalojo** Räumungsklage *f;* **~ de habeas corpus** Antrag auf Haftprüfung; **~ de nulidad** Nichtigkeitsklage *f;* **~ popular** Nebenklage *f* **7.** (CINE): **¡~!** Aufnahme!, Action!

accionado [aᵞθjo'naðo] *m* Gestik *f*

accionamiento [aᵞθjona'mjen̩to] *m* (TÉC) Betätigung *f,* Antrieb *m*

accionar [aᵞθjo'nar] **I.** *vi* gestikulieren **II.** *vt* (TÉC) betätigen, antreiben; **~ un cohete** einen Feuerwerkskörper zünden

accionariado [aᵞθjona'rjaðo] *m* (FIN) Aktionäre *mpl*

accionarial [aᵞθjona'rjal] *adj* Aktionärs-

accionario, -a [aᵞθjo'narjo, -a] *adj* Aktien-

accionista [aᵞθjo'nista] *mf* (FIN) Aktionär(in) *m(f);* **~ mayoritario** Mehrheitsaktionär *m*

acebeda [aθe'βeða] *f,* **acebedo** [aθe'βe-

A

ðo] *m* mit Stechpalmen bewachsener Platz *m*
acebo [a'θeβo] *m* (BOT) Stechpalme *f*
acebuche [aθe'βuʧe] *m* **1.** (*árbol*) Oleaster *m* **2.** (*madera*) Oleasterholz *nt*
acechadero [aθeʧa'ðero] *m* Hinterhalt *m*
acechante [aθe'ʧan̪te] *adj* lauernd
acechanza [aθe'ʧan̪θa] *f* Belauerung *f;* (*de la policía*) Überwachung *f,* Observierung *f*
acechar [aθe'ʧar] *vt* belauern, ausspähen *fam*
acecho [a'θeʧo] *m* Lauern *nt;* **estar al** ~ auf der Lauer liegen; **ponerse al** ~ sich auf die Lauer legen
acecinado, **-a** [aθeθi'naðo, -a] *adj* **1.** (*salado*) gepökelt; (*secado*) getrocknet; (*ahumado*) geräuchert **2.** (*persona*) hager
acecinar [aθeθi'nar] **I.** *vt* (*salar*) pökeln; (*secar*) dörren; (*ahumar*) räuchern **II.** *vr:* **~se** hager werden
acedar [aθe'ðar] **I.** *vt* **1.** (*agriar*) sauer werden lassen **2.** (*disgustar*) betrüben; **encontrarse con él le acedó la fiesta** das Zusammentreffen mit ihm verdarb ihm/ihr das Fest **II.** *vr:* **~se** **1.** (*agriarse*) sauer werden **2.** (*disgustarse*) betrübt sein
acedera [aθe'ðera] *f* (BOT) Sauerampfer *m*
acedía [aθe'ðia] *f* **1.** (*acidez*) Säuerlichkeit *f;* (*del estómago*) Magensäure *f* **2.** (*de una persona*) Griesgrämigkeit *f,* Verdrießlichkeit *f,* Verbitterung *f* **3.** (*de las plantas*) Gelbfärbung *f*
acedo, **-a** [a'θeðo, -a] *adj* **1.** (*sabor*) sauer **2.** (*persona, carácter*) schroff
acefalía [aθefa'lia] *f* (MED) Azephalie *f*
acefalismo [aθefa'lismo] *m* (MED) *v.* **acefalía**
acéfalo, **-a** [a'θefalo, -a] *adj* **1.** (ANAT) kopflos; (MED) azephal **2.** (*sin jefe*) führungslos
aceitada [aθei̯'taða] *f* (*Am*) Schmierung *f*
aceitar [aθei̯'tar] *vt* **1.** (*motor, gozne*) ölen, schmieren **2.** (*ensalada*) mit Öl anmachen; ~ **el pan** das Brot mit Öl bestreichen
aceitazo [aθei̯'taθo] *m* dickflüssiges, trübes Öl *nt*
aceite [a'θei̯te] *m* Öl *nt;* ~ **bruto** Rohöl *nt;* ~ **comestible** Speiseöl *nt;* ~ **esencial** ätherisches Öl; ~ **de girasol** Sonnenblumenöl *nt;* ~ **lubrificante** Schmieröl *nt;* ~ **de masaje** Massageöl *nt;* ~ **mineral** Mineralöl *nt;* ~ **de oliva** Olivenöl *nt;* ~ **solar** Sonnenöl *nt;* ~ **usado** Altöl *nt;* ~ **vegetal** Pflanzenöl *nt;* **echar** ~ **al fuego** (*t. fig*) Öl ins Feuer gießen
aceitera [aθei̯'tera] *f* **1.** (*industria*) Ölindustrie *f* **2.** *pl* Essig- und Ölgestell *nt,* Menage *f*
aceitero, **-a** [aθei̯'tero, -a] **I.** *adj* (Speise)öl-; **molino** ~ Ölmühle *f* **II.** *m, f* Ölhändler(in) *m(f)*
aceitoso, **-a** [aθei̯'toso, -a] *adj* ölig
aceituna [aθei̯'tuna] *f* Olive *f;* **~s rellenas** gefüllte Oliven; **llegar a las ~s** zu spät zum Essen kommen
aceitunado, **-a** [aθei̯tu'naðo, -a] *adj* oliv(grün)
aceitunero, **-a** [aθei̯tu'nero, -a] *m, f* **1.** (*recolector*) Olivenpflücker(in) *m(f)* **2.** (*comerciante*) Olivenhändler(in) *m(f)*
aceituno [aθei̯'tuno] *m* Olivenbaum *m*
acelajado, **-a** [aθela'xaðo, -a] *adj:* **en la noche pudimos ver un firmamento** ~ am Abend konnten wir einen Himmel voller Schleierwolken sehen
aceleración [aθelera'θjon] *f* Beschleunigung *f*
acelerado, **-a** [aθele'raðo, -a] *adj* rasch, schnell; **movimiento** ~ (TÉC) beschleunigte Bewegung; **iba con paso** ~ er/sie ging schnellen Schrittes
acelerador[1] [aθelera'ðor] *m* **1.** (AUTO) Gaspedal *nt;* **pisar el** ~ Gas geben **2.** (FÍS): ~ **de partículas** Teilchenbeschleuniger *m*
acelerador(a)[2] [aθelera'ðor(a)] *adj* beschleunigend
aceleramiento [aθelera'mjen̪to] *m* **1.** (*aceleración*) Beschleunigung *f* **2.** (*prisa*) Eile *f* **3.** (INFOR): ~ **de vídeo** Grafikbeschleuniger *m*
acelerar [aθele'rar] **I.** *vi* (*t.* AUTO) Gas geben, beschleunigen; **¡no aceleres tanto!** gib nicht so viel Gas! **II.** *vt* beschleunigen; ~ **el paso** schneller gehen
aceleratriz [aθelera'triθ] *adj* (FÍS): **fuerza** ~ Beschleunigungskraft *f*
acelerómetro [aθele'rometro] *m* (AERO) Beschleunigungsmesser *m*
acelerón [aθele'ron] *m* (AUTO) plötzliches Beschleunigen *nt;* **dar acelerones al motor** den Motor aufheulen lassen
acelga [a'θelɣa] *f* (BOT) Mangold *m*
acémila [a'θemila] *f* **1.** (*animal*) Lastesel *m* **2.** (*pey: persona*) Dummkopf *m,* Esel *m*
acendrado, **-a** [aθen̪'draðo, -a] *adj* **1.** (*amor, cariño*) aufrichtig, lauter *elev* **2.** (*metal*) geläutert
acendrar [aθen̪'drar] *vt* (*t.* TÉC) läutern
acento [a'θen̪to] *m* **1.** (LING: *prosódico*) Akzent *m,* Betonung *f;* **habla alemán sin** ~ er/sie spricht akzentfrei Deutsch; **el** ~ **cae en la primera sílaba** die Betonung liegt auf der ersten Silbe **2.** (LING: *gráfico*) Akzent *m;* **esta palabra se escribe sin** ~ dieses Wort schreibt man ohne Akzent **3.** (*entonación*) Tonfall *m* **4.** (*énfasis*) Nachdruck *m,* Betonung *f;* **poner especial** ~ **en algo** Nachdruck auf etw legen
acéntrico, **-a** [a'θen̪triko, -a] *adj* azentrisch
acentuación [aθen̪twa'θjon] *f* (LING: *prosódica*) Betonung *f,* Akzentuierung *f;* (*ortográfica*) Akzentsetzung *f*
acentuado, **-a** [aθen̪tu'aðo, -a] *adj* **1.** (LING: *al pronunciar*) betont; (*al escribir*) mit Akzent; **no** ~ unbetont; (*sin tilde*) ohne Akzent **2.** (*marcado*) ausgeprägt, stark
acentuar [aθen̪tu'ar] <*1. pres:* **acentúo**> **I.** *vt* **1.** (LING: *al pronunciar*) akzentuieren, betonen; (*al escribir*) einen Akzent setzen (auf +*akk*); **tienes que** ~ **la u** du musst einen Akzent auf das u setzen **2.** (*resaltar*) hervorheben **3.** (*aumentar*) verschärfen **II.** *vr:* **~se**

(*Am: una enfermedad*) sich verschlimmern
aceña [a'θeɲa] *f* Wassermühle *f*
acepción [aθeβ'θjon] *f* Bedeutung *f*
aceptabilidad [aθeptaβili'ðaᶞ] *f* Annehmbarkeit *f,* Akteptabilität *f;* **lo natural tiene una gran ~ entre la gente joven** das Natürliche hat unter den jungen Leuten eine große Akzeptabilität
aceptable [aθep'taβle] *adj* annehmbar, passabel
aceptación [aθepta'θjon] *f* **1.** (*aprobación*) Billigung *f,* Zustimmung *f;* **encontrar** [*o* **tener**] **~** Beifall finden **2.** (FIN) Akzept *nt;* **~ del pedido** Auftragsannahme *f* **3.** (JUR) Annahme *f*
aceptado [aθep'taðo] *interj* (*Am: vale*) einverstanden
aceptante [aθep'tante] *mf* (FIN) Akzeptant(in) *m(f)*
aceptar [aθep'tar] *vt* annehmen, akzeptieren; **~ un compromiso** einen Kompromiss in Kauf nehmen; **~ una invitación** eine Einladung annehmen; **~ una letra** (FIN) einen Wechsel mit Akzept versehen; **no ~ excusas** keine Entschuldigung gelten lassen
acequia [a'θekja] *f* **1.** (*canal de riego*) Bewässerungsgraben *m* **2.** (*Méx: albañal*) Abwasserkanal *m* **3.** (*Perú: arroyo*) Bach *m*
acera [a'θera] *f* Bürgersteig *m,* Gehweg *m;* **ser de la ~ de enfrente, ser de la otra ~** (*fam*) vom anderen Ufer sein, schwul sein
acerado, -a [aθe'raðo, -a] *adj* **1.** (*de acero*) stählern **2.** (*humor, palabras*) bissig
acerar [aθe'rar] *vt* **1.** (*convertir en acero*) verstählen **2.** (*fortalecer*) stählen **3.** (*hacer aceras*) Bürgersteige bauen [*o* anlegen] (in +*akk*)
acerbo, -a [a'θerβo, -a] *adj* **1.** (*gusto*) herb **2.** (*despiadado*) bitter, grausam; (*crítica, tono*) hart
acerca [a'θerka] *prep* **1.** (*con verbo*): **~ de** über +*akk;* **habla ~ de un nuevo proyecto** er/sie spricht über ein neues Projekt **2.** (*con sustantivo*): **~ de** in Bezug auf +*akk;* **~ de nuestro encuentro...** in Bezug auf unser Treffen ...
acercamiento [aθerka'mjento] *m* Annäherung *f* (*a* an +*akk*)
acercar [aθer'kar] <c→qu> **I.** *vt* **1.** (*poner más cerca*) heranbringen (*a* an +*akk*); (*silla, sofá*) heranrücken (*a* an +*akk, a* zu +*dat*); **acerca la silla a la mesa** rück den Stuhl an den Tisch; **esto nos acerca a la solución** das bringt uns der Lösung näher **2.** (*traer*) (her)bringen; (*dar*) reichen, geben; **acércame la sal, por favor** gib mir bitte das Salz **3.** (*fam: llevar*) (hin)bringen; **¿me acercas a la estación?** kannst du mich am Bahnhof absetzen? **II.** *vr:* **~se 1.** (*aproximarse*) sich nähern (*a* +*dat*) **2.** (*ir*) vorbeischauen (*a* bei +*dat*), vorbeigehen (*a* bei +*dat*); **~se a la tienda por patatas** Kartoffeln kaufen gehen
acerí [aθe'ri] *adj* aserbaidschanisch
acería [aθe'ria] *f* Stahlwerk *nt*
acerico [aθe'riko] *m* Nadelkissen *nt*
acero [a'θero] *m* Stahl *m;* **~ inoxidable** rostfreier Stahl; **tener nervios de ~** Nerven wie Drahtseile haben
acerola [aθe'rola] *f* (BOT) Azarole *f*
acerolo [aθe'rolo] *m* (BOT) Azaroldorn *m*
acérrimo, -a [a'θerrimo, -a] **I.** *superl de* **acre II.** *adj* (*vigoroso, tenaz*) hartnäckig, erbittert; **un ~ defensor de la igualdad de la mujer** ein hartnäckiger Verfechter der Gleichberechtigung der Frau; **un ~ partidario del comunismo** ein begeisterter Anhänger des Kommunismus
acertado, -a [aθer'taðo, -a] *adj* **1.** (*correcto*) richtig **2.** (*atinado*) treffend, genau richtig **3.** (*conveniente*) ratsam
acertante [aθer'tante] *mf* Gewinner(in) *m(f)*
acertar [aθer'tar] <e→ie> **I.** *vi* **1.** (*dar*) treffen; **~ en el** [*o* **al**] **blanco** ins Schwarze treffen **2.** (*hacer con acierto*) das Richtige tun; **acertaste en protestar** es war richtig von dir zu protestieren **3.** (*por casualidad*): **~ a hacer algo** zufällig etw tun; **acertó a encontrarlo en el cine** er/sie hat ihn zufällig im Kino getroffen **4.** (*conseguir*): **no acerté a encontrar la respuesta** es gelang mir nicht die Lösung zu finden **5.** (*encontrar*) finden (*con* +*akk*) **II.** *vt* **1.** (*dar en el blanco*) treffen **2.** (*encontrar*) finden **3.** (*adivinar*) erraten
acertijo [aθer'tixo] *m* Rätsel *nt*
acervo [a'θerβo] *m* gemeinsamer Besitz *m,* Gemeinschaftsvermögen *nt;* (JUR) Erbmasse *f;* **~ cultural** Kulturgut *nt*
acescencia [aθes'θenθja] *f* Säuerungsneigung *f;* **pasados unos días la leche presenta una mayor ~** nach einigen Tagen weist die Milch eine größere Säuerungsneigung auf
acetal [aθe'tal] *m* (QUÍM) Acetal *nt*
acetaldehído [aθetalde'iðo] *m* (QUÍM) Acetaldehyd *nt*
acetato [aθe'tato] *m* (QUÍM) Acetat *nt,* Azetat *nt*
acético, -a [a'θetiko, -a] *adj* (QUÍM) Essig-; **ácido ~** Essigsäure *f*
acetileno [aθeti'leno] *m* (QUÍM) Acetylen *nt*
acetol [aθe'tol] *m sin pl* Acetum *nt,* Essig *m*
acetona [aθe'tona] *f* (QUÍM) Aceton *nt*
acetonemia [aθeto'nemja] *f* (MED) Acetonämie *f*
acetonuria [aθeto'nurja] *f* (MED) Acetonurie *f*
acetoso, -a [aθe'toso, -a] *adj* essigsauer
acetrinar [aθetri'nar] **I.** *vt* gelbgrün werden lassen **II.** *vr:* **~se** gelbgrün werden
acezar [aθe'θar] <z→c> *vi* (*jadear*) keuchen, schnaufen; **llegó acezando porque había subido muy deprisa las escaleras** er/sie kam keuchend an, weil er/sie die Treppen hinaufgeeilt war
achabacanar [atʃaβaka'nar] **I.** *vt* **1.** (*persona*) verrohen **2.** (*cosa*) verderben **II.** *vr:* **~se 1.** (*persona*) verrohen **2.** (*cosa*) verderben

3. (*lenguaje*) vulgär werden

achacable [atʃa'kaβle] *adj* zuzuschreiben (*a* +*dat*); **esto es sólo ~ a su inteligencia** dies ist nur seiner/ihrer Intelligenz zuzuschreiben

achacar [atʃa'kar] <c→qu> *vt* zuschreiben (*a* +*dat*), zurückführen (*a* auf +*akk*); **achacó sus fallos a su larga enfermedad** er/sie führte seine/ihre Fehler auf seine/ihre lange Krankheit zurück; **le achacan todas las faltas** alle Fehler werden ihm/ihr zugeschrieben

achachay [atʃa'tʃai̯] *interj* (*Col, Ecua*) toll

achacoso, -a [atʃa'koso, -a] *adj* anfällig; **estar ~** kränkeln

achaflanar [atʃafla'nar] *vt* abschrägen; **esquina achaflanada** schräg geschnittene Ecke

achajuanarse [atʃaxwa'narse] *vr* (*Col*) **1.** (*flaquear*) schwach werden **2.** (*las bestias*) sich überanstrengen

achalay [atʃa'lai̯] *interj* (*Arg, Perú*) toll

achampañado, -a [atʃampa'ɲaðo, -a] *adj* champagnerartig; **vino ~** Schaumwein *m*

achancharse [atʃan'tʃarse] *vr* (*Arg, Col, Ecua, Perú*) **1.** (*emperezarse*) faul werden, träge werden **2.** (*repantingarse*) sich rekeln, sich räkeln **3.** (*vaguear*) faulenzen

achantar [atʃan̪'tar] **I.** *vt* (*fam*) einschüchtern, verschrecken **II.** *vr:* **~se** sich einschüchtern lassen; (*no atreverse*) zurückschrecken, kalte Füße bekommen *fam*

achaparrado, -a [atʃapa'rraðo, -a] *adj* **1.** (*persona*) untersetzt, gedrungen; (*rechoncho*) pummelig *fam* **2.** (*objeto*) niedrig (und breit)

achaparrarse [atʃapa'rrarse] *vr* (*persona*) in die Breite gehen, pummelig werden *fam*

achaque [a'tʃake] *m* **1.** (*dolencia*) Beschwerde *f;* **~s de la vejez** Altersbeschwerden *fpl* **2.** (*excusa*) Vorwand *m*, Ausrede *f*

acharar [atʃa'rar] **I.** *vt* beschämen **II.** *vr:* **~se** sich schämen

acharolado, -a [atʃaro'laðo, -a] *adj* Lack-; **cinturón ~** Lackgürtel *m;* **zapatos ~s** Lackschuhe *mpl*

acharolar [atʃaro'lar] *vt* lackieren

achatado, -a [atʃa'taðo, -a] *adj* abgeflacht, platt; **nariz achatada** Stumpfnase *f;* (*como un boxeador*) Boxernase *f*

achatamiento [atʃata'mjen̪to] *m* Abflachen *nt;* (GEO) Abplattung *f*

achatar [atʃa'tar] **I.** *vt* abflachen, platt drücken; **~ la nariz a alguien** jdm die Nase einschlagen [*o* eindrücken] **II.** *vr:* **~se** sich abflachen, flacher werden

achicado, -a [atʃi'kaðo, -a] *adj* **1.** (*aniñado*) kindisch **2.** (*intimidado*) eingeschüchtert, kleinlaut

achicar [atʃi'kar] <c→qu> **I.** *vt* **1.** (*empequeñecer*) verkleinern **2.** (*intimidar*) einschüchtern **3.** (*agua*) auspumpen **4.** (*Col: matar*) töten **II.** *vr:* **~se 1.** (*empequeñecerse*) sich verkleinern, kleiner werden; (*ropa*) einlaufen **2.** (*acoquinarse*) sich einschüchtern lassen; (*no atreverse*) zurückschrecken; (*ceder*) klein beigeben **3.** (*Am: humillarse*) sich erniedrigen (*ante* vor +*dat*)

achicharradero [atʃitʃarra'ðero] *m* heißer Ort *m*, Brutkasten *m*

achicharrar [atʃitʃa'rrar] **I.** *vt* **1.** (*comida*) anbrennen lassen **2.** (*calor*) verbrennen; **estar achicharrado** (*persona*) vor Hitze umkommen **3.** (*atosigar*) zusetzen +*dat* **II.** *vr:* **~se 1.** (*comida*) anbrennen **2.** (*persona*) vor Hitze umkommen; (*planta*) (vor Hitze) eingehen

achichiguar [atʃitʃi'ɣwar] *vt* (*Méx*) **1.** (*servir de niñera*) hüten **2.** (*malcriar*) verwöhnen

achichinque [atʃi'tʃiŋke] *m* (*Méx*) *v.* **adulador**

achicoria [atʃi'korja] *f* (BOT) Zichorie *f*

achiguarse [atʃi'ɣwarse] *vr* (*Arg, Chil*) **1.** (*combarse*) sich krümmen **2.** (*echar barriga*) einen Bauch ansetzen

achimero, -a [atʃi'mero, -a] *m, f* (*Guat*) Hausierer(in) *m(f)*

achimes [a'tʃimes] *mpl* (*Guat*) Ramsch *m*, Kram *m*

achinado, -a [atʃi'naðo, -a] *adj* **1.** (*rasgos*) chinesenhaft; (*usos*) wie in China; **ojos ~s** Schlitzaugen *ntpl* **2.** (*CSur: teniendo el aspecto de un indio*) mit indianischen Gesichtszügen **3.** (*CSur: aplebeyado*) pöbelhaft

achinar [atʃi'nar] **I.** *vt* (*fam*) ≈kaltmachen; **el asesino achinó a la pareja por la espalda** der Mörder machte das Pärchen hinterrücks kalt **II.** *vr:* **~se** (*fam*) dem Tod wehrlos ausgeliefert sein; **se achinó atado a una columna y amordazado** geknebelt und an eine Säule gefesselt war er dem Tod hilflos ausgeliefert

achinelado, -a [atʃine'laðo, -a] *adj* in Pantoffelform; **sandalias achineladas** Pantoletten *fpl*

achiote [a'tʃjote] *m* (*AmC, Bol, Méx*) **1.** (BOT) Rukubaum *m*, Urucubaum *m* **2.** (*pigmento*) Orlean *m*

achipolarse [atʃipo'larse] *vr* (*Méx*) **1.** (*personas*) verzagen **2.** (*plantas*) welk werden

achique [a'tʃike] *m* Auspumpen *nt*

achiquillado, -a [atʃiki'ʎaðo, -a] *adj* **1.** (*Méx: infantil*) kindisch **2.** (*Chil: como un muchacho*) knabenhaft

achira [a'tʃira] *f* (*AmS:* BOT) Pfeilkraut *nt*

achís [a'tʃis] *interj* hatschi

achispado, -a [atʃis'paðo, -a] *adj* beschwipst

achispar [atʃis'par] **I.** *vt* leicht betrunken machen, beschwipsen *fam* **II.** *vr:* **~se** sich *dat* einen Schwips antrinken, sich beschwipsen *fam*

achocharse [atʃo'tʃarse] *vr* (*fam*) senil werden, vertrotteln

achocolatado, -a [atʃokola'taðo, -a] *adj* schokoladenbraun

acholado, -a [atʃo'laðo, -a] *adj* (*CSur*) **1.** (*parecido a un cholo*) dunkelhäutig **2.** (*acobardado*) verzagt, eingeschüchtert

acholar [atʃo'lar] **I.** *vt* (*Chil, Perú*) **1.** (*correr*) rennen **2.** (*avergonzar*) beschämen **3.** (*amilanar*) einschüchtern **II.** *vr:* **~se** (*Arg, Chil, Perú*) **1.** (*parecerse a los cholos*) die Bräuche und Manieren der Mestizen annehmen **2.** (*acobardarse*) verzagen

achubascarse [atʃuβas'karse] <c→qu> *vr* sich bedecken, sich bewölken

achuchado, -a [atʃu'tʃaðo, -a] *adj* (*fam*) **1.** (*duro*) heikel, schwierig **2.** (*escaso de dinero*) blank, pleite **3.** (*débil*) angeschlagen; **estoy un poco ~** ich bin leicht angeschlagen **4.** (*CSur: afiebrado*) fiebrig **5.** (*CSur: asustado*) erschrocken

achuchar [atʃu'tʃar] *vt* **1.** (*fam: persona*) aufhetzen (*contra* gegen *+akk*); (*perro*) hetzen (*contra* auf *+akk*) **2.** (*fam: estrujar*) zerdrücken **3.** (*atosigar*) drängen **4.** (*fam: acariciar*) liebkosen; (*abrazar*) (zärtlich) an sich drücken; (*manosear*) betatschen

achucharrar [atʃutʃa'rrar] **I.** *vt* (*Col, Chil, Hond*) platt drücken **II.** *vr:* **~se 1.** (*Arg, Col: desalentarse*) Angst bekommen **2.** (*Méx: encogerse*) eingehen; (*achicarse*) sich verkleinern, kleiner werden

achuchón [atʃu'tʃon] *m* (*fam*) **1.** (*empujón*) Stoß *m;* **dar un ~ a alguien** jdm einen Stoß versetzen **2.** (*abrazo*) heftige Umarmung *f* **3.** (*achaque*) (leichtes) Unwohlsein *nt;* (*súbito*) Anfall *m*

achucutado, -a [atʃuku'taðo, -a] *adj* **1.** (*Am*) *v.* **abatido 2.** (*Col: triste*) traurig **3.** (*humillado*) erniedrigt

achucutarse [atʃuku'tarse] *vr* (*Col, Ecua*), **achucuyarse** [atʃuku'ɟarse] *vr* (*AmC*) **1.** (*humillarse*) sich erniedrigen **2.** (*acobardarse*) den Mut verlieren

achulado, -a [atʃu'laðo, -a] *adj,* **achulapado, -a** [atʃula'paðo, -a] *adj* angeberisch, prahlerisch

achularse [atʃu'larse] *vr* prahlerisch [*o* angeberisch] werden

achumado, -a [atʃu'maðo, -a] *adj* (*Am*) betrunken

achumarse [atʃu'marse] *vr* (*Am*) sich betrinken

achunchar [atʃun'tʃar] *vt* (*Am: avergonzar, amedrentar*) einschüchtern

achura [a'tʃura] *f* (*AmS: despojos de res*) Innereien *fpl*

achurador(a) [atʃura'ðor(a)] *m(f)* (*Arg, Bol, Urug*) Schlachter(in) *m(f),* Fleischer(in) *m(f)*

achurar [atʃu'rar] *vt* (*CSur*) **1.** (*res*) ausweiden **2.** (*persona*) kaltblütig erstechen

achuras [a'tʃuras] *fpl* (*CSur, Bol*) Innereien *pl*

aciago, -a [a'θjaɣo, -a] *adj* unheilvoll; **un día ~** ein Unglückstag

aciano [a'θjano, -a] *m* (BOT) Korn-Flockenblume *f*

acíbar [a'θiβar] *m* **1.** (BOT) Aloe *f* **2.** (*amargura*) Bitternis *f,* Bitterkeit *f*

acibarar [aθiβa'rar] *vt* **1.** (*poner acíbar*) mit Aloe vermischen **2.** (*amargar*) verbittern; **~ la vida a alguien** jdm das Leben schwer machen

acicalado, -a [aθika'laðo, -a] *adj* herausgeputzt, geschniegelt (und gebügelt) *fam*

acicalarse [aθika'larse] *vr* sich herausputzen, sich schniegeln *fam*

acicate [aθi'kate] *m* **1.** (*espuela*) Sporn *m* **2.** (*estímulo*) Ansporn *m,* Anreiz *m*

acicatear [aθikate'ar] *vt* anspornen

acícula [a'θikula] *f* (BOT) **1.** (*hoja*) Nadel *f* **2.** (*espina*) weicher Dorn *m*

acicular [aθiku'lar] *adj* nadelförmig

acidez [aθi'ðeθ] *f* **1.** (*cualidad*) Säure *f* **2.** (*cantidad*) Säuregehalt *m;* **~ de estómago** Sodbrennen *nt*

acid house ['aθi^ð xau̯s] *m sin pl* (MÚS) Acid-House *nt*

acidificación [aθiðifika'θjon] *f* Säuern *nt;* (QUÍM) Ansäuern *nt;* (MED) Übersäuerung *f*

acidificar [aθiðifi'kar] <c→qu> *vt* säuern; (QUÍM) ansäuern; (MED) übersäuern

acidimetría [aθiðime'tria] *f* (QUÍM) Acidimetrie *f*

acidímetro [aθi'ðimetro] *m* (QUÍM) Säuremesser *m*

ácido¹ ['aθiðo] *m* **1.** (QUÍM) Säure *f;* **~ cianhídrico** Blausäure *f;* **~ clorhídrico** Salzsäure *f;* **~s grasos insaturados** ungesättigte Fettsäuren; **~ láctico** Milchsäure *f;* **~ sulfúrico** Schwefelsäure *f;* **resistente al ~** säurefest **2.** (*fam: droga*) LSD *nt,* Acid *nt*

ácido, -a² ['aθiðo, -a] *adj* **1.** (*agrio*) sauer; **lluvia ácida** saurer Regen **2.** (*mordaz*) bissig

acidorresistente [aθiðorresis'tente] *adj* (QUÍM, BIOL) säurefest, säurebeständig

acidosis [aθi'ðosis] *f inv* (MED) Acidose *f*

acidulante [aθiðu'lante] *m* Säuerungsmittel *nt*

acidular [aθiðu'lar] *vt* (leicht) ansäuern

acídulo, -a [a'θiðulo, -a] *adj* säuerlich; **agua mineral acídula** kohlensäurehaltiges Mineralwasser, Mineralwasser mit Kohlensäure

acientífico, -a [aθjen'tifiko, -a] *adj* unwissenschaftlich

acierto [a'θjerto] *m* **1.** (*en el tiro*) Treffsicherheit *f* **2.** (*éxito*) Treffer *m,* Erfolg *m;* (*en la lotería*) Richtiger *m fam;* **el casarte ha sido un ~** mit deiner Ehe hast du einen guten Griff getan **3.** (*habilidad*) Geschick *nt;* **hacer algo con ~** sich bei etw geschickt anstellen, bei etw Geschick beweisen

acigarrado, -a [aθiɣa'rraðo, -a] *adj* (*Chil*) verraucht; **voz acigarrada** rauchige Stimme

aciguatado, -a [aθiɣwa'taðo, -a] *adj* **1.** (*Am: padeciendo ciguatera*) an einer Fischvergiftung leidend **2.** (*Ant, Méx: tonto*) dumm **3.** (*Méx, Par, Ven: enfermizo*) kränklich

aciguatarse [aθiɣwa'tarse] *vr* **1.** (*Am: contraer ciguatera*) sich *dat* eine Fischvergiftung zuziehen **2.** (*Am: debilitarse*) schwach werden **3.** (*PRico: entristecerse*) traurig werden

ácimo ['aθimo] *adj:* **pan ~** ungesäuertes Brot

acimut [aθi'mu^t] <acimut(e)s> *m* (ASTR) Azimut *nt o m*

acitrón [aθi'tron] *m* (*Méx:* GASTR) *eingelegte Früchte des Kugelkaktus*

aclamación [aklama'θjon] *f* **1.** (*aplauso*) Beifall(s)ruf *m;* **recibir a alguien entre aclamaciones** jdn unter Beifall(s)rufen empfangen **2.** (POL): **por** ~ durch Zuruf, durch [*o* per] Akklamation

aclamar [akla'mar] *vt* **1.** (*vitorear*) zujubeln +*dat* **2.** (POL) durch Zuruf wählen, akklamieren

aclaración [aklara'θjon] *f* **1.** (*clarificación*) Aufhellung *f* **2.** (*explicación*) Erklärung *f,* Erläuterung *f* **3.** (*de un crimen, un secreto*) Aufklärung *f*

aclarado [akla'raðo] *m* (Aus)spülen *nt;* **la lavadora está en la fase de** ~ die Waschmaschine ist gerade im Spülgang

aclarar [akla'rar] **I.** *vt* **1.** (*hacer más claro*) heller machen, aufhellen; **el sol aclara el pelo** die Sonne hellt das Haar auf; ~ **el bosque** den Wald lichten; **está aclarando** es heitert auf; ~ **la voz** sich räuspern **2.** (*un líquido*) verdünnen **3.** (*la ropa*) (aus)spülen; ~ **con abundante agua** mit reichlich Wasser nachspülen **4.** (*explicar*) erklären, erläutern **5.** (*un crimen, un secreto*) aufklären, aufhellen **II.** *vr:* ~**se 1.** (*tiempo*) sich aufklären, (sich) aufheitern **2.** (*problema, cuestión*) sich aufklären **3.** (*fam: entender*) klarkommen (*con* mit +*dat*), zurechtkommen (*con* mit +*dat*); **no te aclaras contigo mismo** du weißt auch nicht, was du willst

aclaratorio, -a [aklara'torjo, -a] *adj* (er)klärend, erläuternd

aclimatación [aklimata'θjon] *f* Akklimatisierung *f*

aclimatar [aklima'tar] **I.** *vt* gewöhnen (*a* an +*akk*); (*en un lugar*) eingewöhnen (*en* in +*dat*) **II.** *vr:* ~**se** sich akklimatisieren (*a* an +*akk, en* in +*dat*), sich gewöhnen (*a* an +*akk*); (*en un lugar*) sich eingewöhnen (*en* in +*dat*); **se aclimató rápidamente al clima nórdico/en la ciudad** er/sie akklimatisierte [*o* gewöhnte] sich rasch an das nordische Klima/an das Leben in der Stadt; ~**se en el colegio** sich in der Schule eingewöhnen

aclocar [aklo'kar] *irr como volcar* **I.** *vi, vr:* ~**se** (*ave*) glucken **II.** *vr:* ~**se** (*arrellanarse*) es sich *dat* bequem machen

acmé [aɣ'me] *f* (MED) Akme *f,* Höhepunkt *m* (*einer Krankheit*)

acme ['aɣme] *m* **1.** (MED) Akme *f,* Höhepunkt *m* (*einer Krankheit*) **2.** (*Am: colmo*) Gipfel *m*

acne ['aɣne] *m o f,* **acné** [aɣ'ne] *m o f sin pl* (MED) Akne *f*

acobardado, -a [akoβar'ðaðo, -a] *adj* verzagt, eingeschüchtert

acobardamiento [akoβarða'mjen̩to] *m* Kleinmut *m,* Verzagtheit *f*

acobardar [akoβar'ðar] **I.** *vt* ängstigen, Angst einjagen +*dat;* (*con palabras*) einschüchtern; **le acobarda el fuego** er hat Angst vor Feuer, Feuer macht ihm Angst **II.** *vr:* ~**se 1.** (*desanimarse*) verzagen (*ante/frente a* angesichts +*gen*), den Mut verlieren (*ante/frente a* angesichts +*gen*) **2.** (*intimidarse*) sich einschüchtern lassen; **se acobarda de sí misma** sie bekommt vor sich *dat* selbst Angst

acocarse [ako'karse] <c→qu> *vr* wurmstichig werden

acocharse [ako'ʧarse] *vr* sich ducken

acochinar [akoʧi'nar] **I.** *vt* (*fam*) **1.** (*matar*) kaltmachen, abmurksen; **lo** ~**on vilmente por la espalda** sie murksten ihn eiskalt von hinten ab **2.** (*atemorizar*) einschüchtern; **sus amenazas** ~**on a toda la familia** seine/ihre Drohungen schüchterten die ganze Familie ein **II.** *vr:* ~**se** (*fam: descuidarse*) verwahrlosen, verkommen

acocotar [akoko'tar] *vt* mit einem Genickschlag töten

acocullado, -a [akoku'ʎaðo, -a] *adj v.* **achispado**

acodado, -a [ako'ðaðo, -a] *adj* gebogen, winkelförmig

acodalar [akoða'lar] *vt* (ARQUIT) abstützen; **tuvimos que** ~ **la excavación antes de seguir construyendo** wir mussten den Schacht abstützen, bevor wir mit den Bauarbeiten fortfahren konnten

acodar [ako'ðar] *vt* **1.** (*doblar*) (winkelförmig) biegen **2.** (AGR) absenken

acodo [a'koðo] *m* (AGR) **1.** (*tallo*) Ableger; **a esta planta le ha salido un** ~ diese Pflanze hat einen Ableger bekommen **2.** (*acción*) Absenkung *f;* **todavía no hemos comenzado con el** ~ **de las plantas** wir haben noch nicht mit der Absenkung der Pflanzen begonnen

acogedor(a) [akoxe'ðor(a)] *adj* **1.** (*persona*) liebenswürdig **2.** (*lugar*) freundlich, gemütlich

acoger [ako'xer] <g→j> **I.** *vt* aufnehmen; (*recibir*) empfangen; **la acogieron amablemente** sie nahmen sie freundlich auf; **la acogieron con aplausos** sie empfingen sie mit Applaus **II.** *vr:* ~**se 1.** (*refugiarse*) sich flüchten (*en* in +*akk*) **2.** (*ampararse*) Schutz suchen (*a* bei +*dat*) **3.** (*basarse*) sich berufen (*a* auf +*akk*); (*como pretexto*) vorschieben (*a* +*akk*); **se acoge al contrato de trabajo** er/sie beruft sich auf den Arbeitsvertrag; **siempre se acoge a sus dolores de cabeza** er/sie schiebt immer seine/ihre Kopfschmerzen als Grund vor

acogida [ako'xiða] *f* Aufnahme *f;* (*recibimiento*) Empfang *m;* **encontrar una buena** ~ Zustimmung finden; **el cantante tuvo una buena** ~ der Sänger wurde mit Beifall empfangen; **el proyecto no tuvo una buena** ~ das Projekt fand keinen Beifall

acogollarse [akoɣo'ʎarse] *vr* (BOT) Köpfe bilden

acogotar [akoɣo'tar] *vt* **1.** (*oprimir*) unterwerfen, unterjochen **2.** (*intimidar*) einschüchtern **3.** (*derribar*) am Genick packen und zu Boden werfen

acohombrar [ako(o)m'brar] *vt* (AGR) mit

Erde aufschütten

acojinar [akoxi'nar] *vt* polstern

acojonado, **-a** [akoxo'naðo, -a] *adj* (*vulg*) **1.** (*asustado*) verängstigt; (*acobardado*) eingeschüchtert, feige; **ahora está ~** jetzt bekommt er kalte Füße **2.** (*impresionado*) beeindruckt; (*asombrado*) (völlig) baff *fam*

acojonante [akoxo'nan̪te] *adj* (*vulg*) **1.** (*fantástico*) toll, geil *argot* **2.** (*impresionante*) irre *argot*, tierisch *argot*

acojonar [akoxo'nar] **I.** *vt* (*vulg*) **1.** (*asustar*) Angst machen [*o* einjagen] *+dat;* (*intimidar*) einschüchtern **2.** (*impresionar*) beeindrucken; (*asombrar*) verblüffen **II.** *vr:* **~se** (*vulg*) **1.** (*asustarse*) Schiss haben [*o* kriegen] *vulg;* (*acobardarse*) sich einschüchtern lassen; **no ~se** sich nicht ins Bockshorn jagen lassen **2.** (*alucinar*) beeindruckt sein; (*asombrarse*) (völlig) baff sein *fam*

acojone [ako'xone] *m* (*vulg: miedo*) Schiss *m;* **cuando sacó la navaja me entró un ~ que no veas** als er/sie das Messer zog, habe ich einen Heidenschiss gekriegt

acolchado [akol'ʧaðo] *m* Polster *nt*

acolchar [akol'ʧar] *vt* polstern

acolchonar [akolʧo'nar] *vt* abpolstern; (*hacer llevadero*) erleichtern

acolia [a'kolja] *f* (MED) Cholestase *f*, Gallestauung *f*

acólito [a'kolito] *m* **1.** (REL) Akolyth *m* **2.** (*monaguillo*) Ministrant *m* **3.** (*pey: seguidor*) Getreuer *m*

acometedor(a) [akomete'ðor(a)] *adj* **1.** (*agresivo*) angriffslustig **2.** (*emprendedor*) unternehmungslustig

acometer [akome'ter] **I.** *vi* angreifen, losgehen (auf *+akk*) **II.** *vt* **1.** (*embestir*) anfallen, angreifen **2.** (*emprender*) in Angriff nehmen **3.** (*ataque de tos, fiebre*) befallen; (*risa, sueño*) überfallen, überkommen

acometida [akome'tiða] *f* **1.** (*embestida*) Angriff *m* **2.** (*acceso*) Anfall *m* **3.** (TÉC) Anschluss *m;* **~ del gas** Gasanschluss *m*

acometimiento [akometi'mjen̪to] *m* (TÉC) Rohrmündung *f*

acometividad [akometiβi'ða^ð] *f* **1.** (*agresividad*) Angriffslust *f;* **los leones se caracterizan por su ~** die Angriffslust ist für Löwen typisch **2.** (*fuerza emprendedora*) Tatkraft *f;* **se dedica a su comercio con gran ~** er/sie widmet sich seinem/ihrem Laden mit großer Tatkraft [*o* mit großem Schwung]

acomodable [akomo'ðaβle] *adj* anpassungsfähig

acomodación [akomoða'θjon] *f* **1.** (*a costumbres*) Anpassung *f* (*a* an *+akk*) **2.** (*de un piso*) Einrichtung *f;* (*de muebles*) Anordnung *f*

acomodadizo, **-a** [akomoða'ðiθo, -a] *adj* fügsam

acomodado, **-a** [akomo'ðaðo, -a] *adj* **1.** (*cómodo*) bequem **2.** (*rico*) wohlhabend; **tiene una vida acomodada** es fehlt ihm/ihr an nichts, er/sie lebt sehr gut **3.** (*apropiado*) passend, geeignet **4.** (*precio*) moderat **5.** (*Arg, Cuba, Chil, Méx: apoyado*) begünstigt

acomodador(a) [akomoða'ðor(a)] *m(f)* (TEAT, CINE) Platzanweiser(in) *m(f)*

acomodamiento [akomoða'mjen̪to] *m* **1.** (*adaptación*) Anpassung *f* **2.** (*convenio*) Abmachung *f*

acomodar [akomo'ðar] **I.** *vt* **1.** (*adaptar*) anpassen (*a +dat, a* an *+akk*) **2.** (*colocar*) (auf)stellen, anordnen **3.** (*albergar*) unterbringen **4.** (*proporcionar empleo*) anstellen (*de* als *+akk*), einstellen (*de* als *+akk*) **5.** (*Arg, Cuba, Chil, Méx: enchufar*) einen (ruhigen) Posten verschaffen *+dat* **6.** (*conciliar*) versöhnen; (*doctrinas*) in Einklang bringen **II.** *vi* passen; **si te acomoda** wenn es dir passt [*o* recht ist] **III.** *vr:* **~se 1.** (*adaptarse*) sich anpassen (*a* an *+akk, a +dat*); **~se con todo** mit allem zurechtkommen **2.** (*ponerse cómodo*) es sich *dat* bequem machen; **~se en un sillón** es sich *dat* in einem Sessel bequem machen **3.** (*Arg, Chil, Cuba, Méx: enchufarse*) einen (ruhigen) Posten annehmen

acomodaticio, **-a** [akomoða'tiθjo, -a] *adj* **1.** (*adaptable*) anpassungsfähig **2.** (*pey: oportunista*) opportunistisch

acomodo [ako'moðo] *m* **1.** (*adaptación*) Anpassung *f* **2.** (*alojamiento*) Unterkunft *f* **3.** (*ocupación*) Anstellung *f;* **buscar ~** eine Stelle suchen **4.** (*Arg, Cuba, Chil, Méx: enchufe*) (ruhiger) Posten *m* **5.** (*Am: soborno*) Bestechung *f*

acompañado, **-a** [akompa'ɲaðo, -a] *adj* **1.** (*concurrido*) belebt **2.** (*personas*) in Begleitung (*por +gen*); **bien/mal ~** in guter/schlechter Begleitung; **iba acompañada por su padre** sie war in Begleitung ihres Vaters

acompañamiento [akompaɲa'mjen̪to] *m* **1.** (*t.* MÚS) Begleitung *f* **2.** (*cortejo*) Gefolge *nt* **3.** (TEAT) Komparserie *f* **4.** (*de comidas*) Beilage *f*

acompañante [akompa'ɲan̪te] *mf* Begleiter(in) *m(f);* (*en el coche*) Beifahrer(in) *m(f)*

acompañar [akompa'ɲar] *vt* **1.** (*t.* MÚS) begleiten; **~ a alguien a casa/en un viaje** jdn nach Hause/auf einer Reise begleiten; **~ a alguien de compras** mit jdm einkaufen (gehen); **~ a alguien con la guitarra/al piano** jdn auf der Gitarre/auf dem Klavier begleiten; **~ el pollo con arroz y verduras** Reis und Gemüse als Beilage zum Hühnchen reichen; **te acompaño en el sentimiento** herzliches Beileid **2.** (*hacer compañía*) Gesellschaft leisten *+dat;* **su madre/la radio le acompaña** seine Mutter/das Radio leistet ihm Gesellschaft **3.** (*adjuntar*) beilegen, beifügen; **le acompaño el folleto solicitado** ich lege [*o* füge] Ihnen das gewünschte Formular bei; **el informe acompaña a la carta** der Bericht liegt dem Brief bei

acompasado, **-a** [akompa'saðo, -a] *adj* **1.** (MÚS) rhythmisch, im Takt **2.** (*pausado*) ruhig, gemessen

acompasar [akompa'sar] *vt* **1.** (MÚS) rhythmisch gestalten **2.** (*adaptar*) anpassen (*a/con* +*dat*); ~ **los gastos a** [*o* **con**] **los ingresos** die Ausgaben den Einnahmen anpassen

acomplejado, -a [akomple'xaðo, -a] *adj* komplexbeladen, voller Komplexe

acomplejamiento [akomplexa'mjen̦to] *m* Komplexbeladenheit *f*

acomplejar [akomple'xar] **I.** *vt* Komplexe verursachen +*dat* **II.** *vr:* ~**se** Komplexe bekommen

aconchabarse [akonʧa'βarse] *vr* (*fam*) paktieren (*con* mit +*dat*), sich verbünden (*con* mit +*dat*)

aconchar [akon'ʧar] **I.** *vt* **1.** (*guarecer*) schützen, in Sicherheit bringen **2.** (NÁUT) abtreiben; (*a la costa*) ans Ufer treiben **3.** (*Méx: reprender*) rügen **II.** *vr:* ~**se 1.** (*arrimarse*) sich unterstellen **2.** (NÁUT) auflaufen **3.** (*Chil, Perú: sedimentarse*) sich ablagern **4.** (*Chil, Perú: serenarse*) sich legen

acondicionado, -a [akon̦diθjo'naðo, -a] *adj:* **bien/mal** ~ in gutem/schlechtem Zustand; **la habitación tiene aire** ~ das Zimmer hat eine Klimaanlage

acondicionador [akon̦diθjona'ðor] *m* **1.** (*de aire*) Klimaanlage *f* **2.** (*para el pelo*) (Pflege)spülung *f*

acondicionamiento [akon̦diθjona'mjen̦to] *m* **1.** (*preparación*) Herrichtung *f;* (*transformación*) Umwandlung *f;* **el** ~ **de un piso en oficina** die Umwandlung einer Wohnung in ein Büro **2.** (*equipo*) Ausstattung *f*

acondicionar [akon̦diθjo'nar] *vt* **1.** (*preparar*) herrichten; (*transformar*) umwandeln; **una escuela acondicionada como hospital** eine in ein Lazarett umgewandelte Schule **2.** (*equipar*) ausstatten; **un hospital bien acondicionado** ein gut ausgestattetes Krankenhaus **3.** (*climatizar*) klimatisieren

aconfesional [akomfesjo'nal] *adj* konfessionslos

acongojante [akoŋgo'xan̦te] *adj* bedrückend, beklemmend; **la situación de los niños sin techo es** ~ die Situation der Straßenkinder ist bedrückend

acongojar [akoŋgo'xar] *vt* bekümmern, bedrücken

aconsejable [akonse'xaβle] *adj* ratsam, empfehlenswert

aconsejado, -a [akonse'xaðo, -a] *adj* (*prudente*) klug

aconsejar [akonse'xar] *vt* beraten; ~ **algo a alguien** jdm etw raten; **bien/mal aconsejado** gut/schlecht beraten; **te aconsejo que vayas a la conferencia** ich rate dir zu dem Vortrag zu gehen; **esto aconseja prudencia** das gebietet Vorsicht, hier ist Vorsicht geboten

aconsonantar [akonsonan̦'tar] *vt* (LIT) reimen; **lo más difícil de la poesía es** ~ **los versos** das Schwierigste an der Poesie ist das Reimen der Verse

aconstitucional [akonstituθjo'nal] *adj* (JUR) verfassungswidrig

acontecer [akon̦te'θer] *irr como crecer vi* geschehen, sich ereignen

acontecimiento [akon̦teθi'mjen̦to] *m* Ereignis *nt,* Begebenheit *f*

acopiar [ako'pjar] *vt* ansammeln, anhäufen

acopio [a'kopjo] *m* **1.** (*de comida, bienes*) Vorrat *m;* **hacer** ~ **de algo** einen Vorrat an etw anlegen; **hacer** ~ **de paciencia** sich mit Geduld wappnen; **hacer** ~ **de valor** all seinen Mut zusammennehmen **2.** (*compra*) Aufkauf *m*

acoplable [ako'plaβle] *adj* zusammensetzbar, zusammenfügbar

acoplado [ako'plaðo] *m* (*RíoPl*) Anhänger *m*

acoplamiento [akopla'mjen̦to] *m* **1.** (*de máquinas, vagones*) Kupp(e)lung *f,* Kopp(e)lung *f,* Ankopplung *f* **2.** (ELEC) Schaltung *f;* ~ **en serie** Reihenschaltung *f* **3.** (INFOR) Kopplung *f;* ~ **acústico** Akustikkopplung *f*

acoplar [ako'plar] **I.** *vt* **1.** (*ajustar*) anpassen (*a* an +*akk*); (*juntar*) zusammenfügen **2.** (*piezas, remolque*) koppeln **3.** (ELEC) schalten **4.** (*adaptar*) anpassen (*a* an +*akk, a* +*dat*) **II.** *vr:* ~**se** sich anpassen (*a* an +*akk, a* +*dat*)

acoplo [a'koplo] *m* (TÉC) Kopp(e)lung *f*

acoquinamiento [akokina'mjen̦to] *m* Einschüchterung *f*

acoquinar [akoki'nar] **I.** *vt* einschüchtern **II.** *vr:* ~**se** sich einschüchtern lassen

acorazado[1] [akora'θaðo] *m* (MIL) Panzerkreuzer *m*

acorazado, -a[2] [akora'θaðo, -a] *adj* gepanzert, Panzer-; **cámara acorazada** Panzerschrank *m*

acorazar [akora'θar] <z→c> **I.** *vt* panzern **II.** *vr:* ~**se** sich wappnen (*contra* gegen +*akk*)

acorazonado, -a [akoraθo'naðo, -a] *adj* herzförmig

acorchado, -a [akor'ʧaðo, -a] *adj* korkartig

acorchar [akor'ʧar] **I.** *vt* mit Kork verkleiden **II.** *vr:* ~**se 1.** (*alimentos*) einschrumpfen **2.** (*insensibilizarse*) abstumpfen; (*miembros*) gefühllos werden, einschlafen

acordado, -a [akor'ðaðo, -a] *adj* **1.** (*de acuerdo con*) vereinbart, beschlossen; **fecha acordada por todos los presentes** von allen Anwesenden vereinbarter Termin **2.** (*elev: prudente*) umsichtig, besonnen

acordar [akor'ðar] <o→ue> **I.** *vt* **1.** (*convenir*) vereinbaren, abmachen; ~ **un precio** einen Preis vereinbaren; ~**on intensificar las relaciones** sie vereinbarten, die Beziehungen auszubauen **2.** (*decidir*) beschließen **3.** (MÚS) stimmen **4.** (*Arg, Chil: conceder*) zugestehen **II.** *vr:* ~**se** sich erinnern (*de* an +*akk*); **si mal no me acuerdo** wenn ich mich recht erinnere; **¡acuérdate de decírselo!** denk daran es ihm/ihr zu sagen!

acorde [a'korðe] **I.** *adj* **1.** (*conforme*) übereinstimmend; ~ **con alguien** in Übereinstimmung mit jdm, in [*o* im] Einklang mit jdm; **estar ~ con alguien** mit jdm übereinstimmen; **~ con el medio ambiente** umweltgerecht **2.** (MÚS) harmonisch **II.** *m* (MÚS) Akkord *m;* **~ mayor/menor** Dur-/Mollakkord *m;* **a los ~s de un vals** zu den Klängen eines Walzers

acordeón [akorðe'on] *m* Ziehharmonika *f,* Akkordeon *nt*

acordeonista [akorðeo'nista] *mf* Akkordeonist(in) *m(f)*

acordonado, -a [akorðo'naðo, -a] *adj* **1.** (*con cordones*) mit Schnürung, zum Schnüren; **botines ~s** Schnürstiefel *mpl;* **suéter ~** Schnürpulli *m,* Pulli mit geschnürtem Ausschnitt **2.** (*con forma de cordón*) schnurförmig **3.** (*lugar*) abgesperrt; **después del atentado la zona estaba acordonada** nach dem Attentat war das Gebiet abgesperrt

acordonamiento [akorðona'mjen̩to] *m* Absperrung *f,* Abrieg(e)lung *f*

acordonar [akorðo'nar] *vt* **1.** (*botas*) schnüren **2.** (*un sitio*) absperren, abriegeln

acorralamiento [akorrala'mjen̩to] *m* **1.** (*del ganado*) Einpferchen *nt* **2.** (*cerco*) Einkreisung *f*

acorralar [akorra'lar] *vt* **1.** (*ganado*) einpferchen **2.** (*cercar*) einkreisen **3.** (*intimidar*) einschüchtern; (*con preguntas*) in die Enge treiben

acorrer [ako'rrer] *vt* (*acudir*) zu Hilfe eilen *+dat;* (*socorrer*) helfen *+dat*

acortamiento [akorta'mjen̩to] *m* Abkürzung *f,* Verkürzung *f*

acortar [akor'tar] **I.** *vt* (*hacer más corto*) kürzen; (*vestido*) kürzen, kürzer machen; (*camino*) abkürzen; (*duración*) verkürzen; (*distancia*) verringern; **~ un pantalón unos centímetros** eine Hose (um) ein paar Zentimeter kürzen **II.** *vr:* **~se** kürzer werden

acosar [ako'sar] *vt* **1.** (*perseguir*) hetzen, verfolgen **2.** (*asediar*) bedrängen; **~ a alguien a preguntas** jdn mit Fragen bombardieren

acosijar [akosi'xar] *vt* (*Méx*) *v.* **acosar**

acoso [a'koso] *m* Verfolgung *f,* Hetzjagd *f*

acostado, -a [akos'taðo, -a] *adj* liegend; **estar ~** im Bett sein [*o* liegen]

acostar [akos'tar] <o→ue> **I.** *vi* (NÁUT: *atracar*) anlegen; (*llegar a la costa*) die Küste erreichen **II.** *vt* ins Bett bringen **III.** *vr:* **~se 1.** (*ir a la cama*) ins Bett gehen, sich hinlegen; **¿a qué hora te acuestas?** um wie viel Uhr gehst du ins Bett?; **me voy a ~ un rato** ich lege mich einen Moment hin; **~se con alguien** mit jdm schlafen **2.** (*AmC, Méx: dar a luz*) entbinden

acostumbrado, -a [akostum'braðo, -a] *adj* gewohnt; **llegó a la hora acostumbrada** er/sie kam zur gewohnten Zeit; **mal ~** verwöhnt

acostumbrar [akostum'brar] **I.** *vi:* **~ a hacer algo** gewöhnlich etw tun, etw zu tun pflegen *elev;* **acostumbra a llegar sobre las ocho** er/sie pflegt gegen acht Uhr anzukommen [*o* kommt gewöhnlich gegen acht Uhr an]; **como se acostumbra a decir** wie man zu sagen pflegt **II.** *vt:* **~ a alguien a hacer algo** jdn daran gewöhnen etw zu tun **III.** *vr:* **~se 1.** (*soler*) sich *dat* angewöhnen (*a +akk*); **se acostumbró a tomar leche por la mañana** er/sie hat sich angewöhnt morgens Milch zu trinken **2.** (*no extrañar*) sich gewöhnen (*a* an *+akk*); **ya me acostumbré a los ruidos** ich habe mich schon an den Lärm gewöhnt

acotación [akota'θjon] *f* **1.** (*nota*) Randbemerkung *f* **2.** (TEAT) Bühnenanweisung *f* **3.** (*cota*) Höhenangabe *f*

acotado, -a [ako'taðo, -a] *adj* **1.** (*reservado*) abgegrenzt; **terreno ~** Privatbesitz *m* **2.** (*con notas*) gekennzeichnet

acotamiento [akota'mjen̩to] *m* Abgrenzung *f*

acotar [ako'tar] *vt* **1.** (*delimitar*) abstecken, eingrenzen; **recinto acotado** abgegrenzter Bereich **2.** (*un plano*) die Höhenangaben eintragen (in *+akk*) **3.** (*un texto*) mit Randbemerkungen versehen

acracia [a'kraθja] *f* **1.** (*anarquía*) Anarchie *f* **2.** (*anarquismo*) Anarchismus *m*

ácrata ['akrata] **I.** *adj* **1.** (*anárquico*) anarchisch **2.** (*anarquista*) anarchistisch **II.** *mf* Anarchist(in) *m(f)*

acre ['akre] *adj* <acérrimo> **1.** (*áspero*) herb **2.** (*ácido*) ätzend **3.** (*crítica, humor*) bissig; (*tono*) scharf

acrecentamiento [akreθen̩ta'mjen̩to] *m* Vermehrung *f,* Vergrößerung *f*

acrecentar [akreθen̩'tar] <e→ie> *vt* vermehren, vergrößern

acrecer [akre'θer] *irr como crecer vt* vermehren; **derecho de ~** (JUR) Anwachsungsrecht *nt*

acrecimiento [akreθi'mjen̩to] *m* (JUR) Anwachsung *f*

acreditación [akreðita'θjon] *f* Ausweis *m;* **~ de periodista** Presseausweis *m*

acreditado, -a [akreði'taðo, -a] *adj* **1.** (*reputado*) renommiert, angesehen **2.** (*diplomático*) akkreditiert (*en/ante* bei *+dat*)

acreditar [akreði'tar] **I.** *vt* **1.** (*atestiguar*) bestätigen, bekräftigen; **este documento acredita sus derechos** dieses Dokument bestätigt Ihre Rechte; **admitir como suficientemente acreditado** (JUR) als ausreichend bewiesen anerkennen **2.** (*autorizar*) befähigen, autorisieren; **esta carta le acredita para participar en la reunión** dieser Brief autorisiert Sie zur Teilnahme an der Versammlung **3.** (*diplomático*) akkreditieren (*en/ante* bei *+dat*); **el gobierno ha acreditado a Don Mario Gutiérrez como embajador en Bonn** die Regierung hat Herrn Mario Gutiérrez zum Botschafter in Bonn ernannt **4.** (*dar reputación*) Ansehen verleihen *+dat* **5.** (COM) gutschreiben **II.** *vr:* **~se 1.** (*adquirir reputación*) Ansehen erwerben **2.** (*dar crédito de uno mismo*) sich bewähren **3.** (*probar identidad*) sich ausweisen

acreditivo [akreði'tiβo] *m* (FIN, ECON) Beleg *m*

acreedor(a) [akre(e)'ðor(a)] **I.** *adj* würdig; **es ~a a tu confianza** sie ist deines Vertrauens würdig, sie verdient dein Vertrauen **II.** *m(f)* (FIN) Gläubiger(in) *m(f)*; ~ **cambiario** Wechselgläubiger *m*

acribillar [akriβi'ʎar] *vt* **1.** (*abrir agujeros*) durchlöchern, durchsieben *fam;* **estaba acribillado a balazos** er war von Kugeln durchsiebt **2.** (*importunar*) bedrängen; ~ **a alguien a preguntas** jdn mit Fragen überhäufen, jdn (mit Fragen) löchern *fam,* jdm Löcher in den Bauch fragen *fam*

acrílico, -a [a'kriliko, -a] *adj* (QUÍM) Acryl-, Akryl-; **fibra acrílica** Acryl *nt*

acriminar [akrimi'nar] *vt* (JUR: *acusar*): ~ **algo a alguien** jdn etw *gen* beschuldigen, jdm etw zur Last legen; **le ~on el delito aunque no lo había cometido** sie legten ihm/ihr die Tat zur Last, obwohl er/sie sie nicht begangen hatte

acrimonia [akri'monja] *f* Schärfe *f*

acrimonioso, -a [akrimo'njoso, -a] *adj* beißend; **sabor ~** beißender Geschmack

acriollarse [akrjo'ʎarse] *vr* (*Am*) *die Bräuche und Sitten der Einheimischen annehmen*

acrisolado, -a [akriso'laðo, -a] *adj* tadellos, untad(e)lig

acrisolar [akriso'lar] *vt* **1.** (*metales*) läutern **2.** (*poner de manifiesto*) erproben, auf die Probe stellen

acristalamiento [akristala'mjen̩to] *m* Verglasung *f*

acristalar [akrista'lar] *vt* verglasen

acristianar [akristja'nar] *vt* (*fam*) **1.** (*bautizar*) taufen; **el domingo van a ~ al recién nacido** am Sonntag wird das Neugeborene getauft **2.** (*cristianizar*) christianisieren; **se dedica a ~ ateos** er/sie widmet sich der Christianisierung von Atheisten

acritud [akri'tu^ð] *f* **1.** (*acrimonia*) Schärfe *f;* **contestó con ~** er/sie antwortete unwirsch **2.** (*de un dolor*) Heftigkeit *f*

acrobacia [akro'βaθja] *f* Akrobatik *f;* ~ **aérea** Kunstflug *m,* Kunstfliegerei *f*

acróbata [a'kroβata] *mf* Akrobat(in) *m(f)*

acrobático, -a [akro'βatiko, -a] *adj* akrobatisch

acrocefalia [akroθe'falja] *f* (MED) Akrozephalie *f*

acrofobia [akro'foβja] *f* (PSICO) Hypsiphobie *f,* Höhenangst *f*

acromático, -a [akro'matiko, -a] *adj* **1.** (*sin color*) farblos **2.** (*en óptica*) achromatisch

acromatismo [akroma'tismo] *m* **1.** (*falta de color*) Farblosigkeit *f* **2.** (*en óptica*) Achromatismus *m*

acromatopsia [akroma'toβsja] *f* (MED) Achromatopsie *f,* Farbenblindheit *f*

acrónico, -a [a'kroniko, -a] *adj* **1.** (ASTR) akronychisch, akronyktisch (*gegengleich zur Sonne auf- bzw. untergehend*) **2.** (*intemporal*) zeitlos

acrónimo [a'kronimo] *m* Akronym *nt*

ácrono, -a ['akrono, -a] *adj v.* **acrónico**

acroparestesia [akropares'tesja] *f* (MED) Akroparästhesie *f*

acrópolis [a'kropolis] *f inv* Akropolis *f*

acróstico [a'krostiko] *m* (LIT) Akrostichon *nt*

acta ['akta] *f* **1.** (*de una reunión*) Protokoll *nt;* ~ **de la reunión** Sitzungsprotokoll *nt;* **levantar ~ de algo** etw protokollieren, etw ins Protokoll aufnehmen; **hacer constar en ~** zu Protokoll geben **2.** (*certificado*) Urkunde *f;* ~ **de donación** Schenkungsurkunde *f;* ~ **de nacimiento** Geburtsurkunde *f;* ~ **notarial** notarielle Urkunde **3.** (JUR) Akte *f;* ~ **de acusación** Anklageschrift *f;* ~ **procesal** [*o* **de juicio**] Prozessakte *f;* **A~ Única Europea** Einheitliche Europäische Akte

actina [ak'tina] *f* (QUÍM) Aktin *nt*

actinauta [akti'nau̯ta] *f* (NÁUT) fernlenkbares Schiff *nt*

actinia [ak'tinja] *f* (ZOOL) Aktinie *f,* Seeanemone *f*

actinio [ak'tinjo] *m* (QUÍM) Actinium *nt*

actitud [akti'tu^ð] *f* **1.** (*postura corporal*) Haltung *f;* ~ **de ataque** Drohgebärde *f;* ~ **de extrema cautela en cuanto a algo** äußerste Zurückhaltung bei etw; **tomar** [*o* **adoptar**] **una ~ reservada** eine reservierte Haltung einnehmen **2.** (*disposición*) Einstellung *f;* **cambiar de ~** seine Einstellung ändern **3.** (*comportamiento*) Verhalten *nt,* Benehmen *nt;* **adoptar una ~ incomprensible** ein unverständliches Verhalten an den Tag legen

activación [aktiβa'θjon] *f* **1.** (*intensificación*) Belebung *f* **2.** (QUÍM, FÍS) Aktivierung *f*

activador[1] [aktiβa'ðor] *m* (QUÍM) Aktivator *m*

activador(a)[2] [aktiβa'ðor(a)] *adj* aktivierend; **medidas ~as de la economía** Maßnahmen zur Ankurbelung der Wirtschaft

activamente [aktiβa'men̩te] *adv* tatkräftig, energisch

activar [akti'βar] *vt* **1.** (*avivar*) beleben; ~ **las relaciones comerciales** die Handelsbeziehungen beleben **2.** (*acelerar*) beschleunigen; ~ **la digestión** die Verdauung fördern **3.** (QUÍM, FÍS, INFOR) aktivieren; ~ **una bomba** eine Bombe zünden

actividad [aktiβi'ða^ð] *f* **1.** (*general*) Tätigkeit *f,* Aktivität *f;* (*ocupación*) Beschäftigung *f;* ~ **docente** Lehrtätigkeit *f;* ~ **empresarial** (ECON) Unternehmensaktivitäten *fpl;* ~ **inversora** (ECON) Investitionstätigkeit *f;* ~ **profesional** Beruf *m;* **las ~es artísticas de una ciudad** das Kulturprogramm einer Stadt; **en ~** tätig; **un volcán en ~** ein tätiger [*o* aktiver] Vulkan; **entrar en ~** tätig werden **2.** (*diligencia*) Geschäftigkeit *f,* Betriebsamkeit *f* **3.** (QUÍM) Aktivität *f*

activismo [akti'βismo] *m sin pl* Aktivismus *m*

activista [akti'βista] *mf* Aktivist(in) *m(f)*
activo[1] [ak'tiβo] *m* (FIN) Aktivposten *m*, Aktiva *ntpl;* ~ **circulante** Umlaufvermögen *nt;* ~ **fijo** Anlagevermögen *nt*
activo, -a[2] [ak'tiβo, -a] *adj* **1.** (*persona, volcán*) aktiv, tätig; **muy** ~ geschäftig; **este general está todavía en** ~ dieser General steht noch im Dienst **2.** (*sustancia, medicamento*) wirksam
acto ['akto] *m* **1.** (*acción*) Handlung *f*, Tat *f;* ~ **de cortesía** Gefälligkeit *f;* ~**s de engaño** Täuschungshandlungen *fpl;* ~ **jurídico** (JUR: *válido*) Rechtshandlung *f;* (*negocio jurídico*) Rechtsgeschäft *nt;* ~ **penal** Straftat *f;* ~ **sexual** Geschlechtsakt *m;* ~ **de violencia** Gewalttat *f;* ~ **de voluntad** (JUR) Willenserklärung *f;* **cometer ~s de gamberrismo** randalieren; **hacer ~ de presencia** anwesend sein; ~ **seguido...** gleich darauf ..., anschließend ...; **en el** ~ auf der Stelle, sofort **2.** (*ceremonia solemne*) Festakt *m*, Feierlichkeit *f;* ~ **conmemorativo** Gedenkfeier *f;* ~ **estatal** Staatsakt *m;* ~ **necrológico** Trauerfeier *f;* ~ **público** öffentliche Feier **3.** (TEAT) Akt *m* **4.** (REL): **los A~s de los Apóstoles** die Apostelgeschichte
actor[1] [ak'tor] *m*, **actriz** [ak'triθ] *f* (TEAT, CINE) Schauspieler(in) *m(f);* ~ **de cine** Filmschauspieler *m;* **primer** ~ Hauptdarsteller *m*
actor(a)[2] [ak'tor(a)] *m(f)* (JUR) Kläger(in) *m(f)*
actuación [aktwa'θjon] *f* **1.** (*conducta*) Handeln *nt*, Vorgehen *nt;* **la** ~ **de la policía** das Vorgehen der Polizei **2.** (*actividad*) Tätigkeit *f*, Wirken *nt* **3.** (*desempeño de un cargo*) Amtstätigkeit *f* **4.** (TEAT, MÚS) Auftritt *m;* ~ **en directo** Liveauftritt *m* **5.** *pl* (JUR) Prozessakten *fpl*
actual [aktu'al] *adj* **1.** (*de ahora*) gegenwärtig, aktuell **2.** (FILOS) wirklich
actualidad [aktwali'ða^{d}] *f* **1.** (*presente*) Gegenwart *f;* **en la** ~ heutzutage **2.** (*cualidad de actual*) Aktualität *f;* **de** ~ aktuell; **estar de** ~ modern [*o* in] sein
actualización [aktwaliθa'θjon] *f* Aktualisierung *f;* ~ **de archivos** (INFOR) Dateiaktualisierung *f;* ~ **de (las) pensiones** Rentenanpassung *f*
actualizar [aktwali'θar] <z→c> *vt* aktualisieren, auf den neuesten Stand bringen; (INFOR) aktualisieren
actualmente [aktwal'mente] *adv* augenblicklich, zur Zeit
actuante [aktu'ante] **I.** *adj* wirkend **II.** *mf* Mitwirkende(r) *mf*
actuar [aktu'ar] <*1. pres:* actúo> *vi* **1.** (*obrar, hacer*) handeln; ~ **por cuenta propia** (ECON) als Eigenhändler auftreten; ~ **(en calidad) de apoderado** (ECON) als Bevollmächtigter auftreten **2.** (*tener efecto*) wirken (*sobre* auf *+akk*) **3.** (TEAT) auftreten; ~ **en directo** live auftreten; ~ **de Don Juan** den Don Juan spielen; **ella no actúa en esta función** sie spielt in dieser Aufführung nicht mit **4.** (JUR) auftreten (*de/como* als *+nom*); ~ **contra alguien** gegen jdn vorgehen
actuarial [aktwa'rjal] *adj:* **tabla** ~ (FIN) Versicherungstabelle *f;* **técnica** ~ (FIN) Versicherungstechnik *f*
actuario, -a [aktu'arjo, -a] *m, f* Schriftführer(in) *m(f);* ~ **de seguros** Versicherungskalkulator(in) *m(f)*
acuache [a'kwatʃe] *m* (*Méx: compinche*) Kumpel *m*
acuadrillar [akwaðri'ʎar] *vt* **1.** (*juntar*) zu einem Trupp zusammenschließen **2.** (*dirigir*) anführen
acuafortista [akwafor'tista] *mf* (ARTE) Radierer(in) *m(f)*
acuametría [akwame'tria] *f* (QUÍM) *Analyseverfahren zur Bestimmung von Mineralwässern*
acuamotor [akwamo'tor] *m* (TÉC) Strömungskraftmaschine *f*
acuarela [akwa'rela] *f* Aquarell *nt*
acuarelista [akware'lista] *mf* Aquarellmaler(in) *m(f)*
acuario [a'kwarjo] *m* Aquarium *nt*
Acuario [a'kwarjo] *m* (ASTR) Wassermann *m*
acuartelamiento [akwartela'mjento] *m* Einquartierung *f*
acuartelar [akwarte'lar] *vt* **1.** (MIL) einquartieren **2.** (*dividir*) vierteln
acuatar [akwa'tar] *vt* (*Méx: añadir*) hinzufügen
acuático, -a [a'kwatiko, -a] *adj* Wasser-; **ave acuática** Wasservogel *m;* **parque** ~ Freizeitbad *nt*
acuatinta [akwa'tinta] *f* (ARTE) Aquatinta *f*
acuatizar [akwati'θar] <z→c> *vi* (*descender a una superficie acuática*) wassern
acuchamarse [akutʃa'marse] *vr* (*Ven: entristecerse*) traurig werden
acucharado, -a [akutʃa'raðo, -a] *adj* löffelförmig
acuchillado [akutʃi'ʎaðo] *m* Abschleifen *nt*
acuchillar [akutʃi'ʎar] *vt* **1.** (*herir, matar*) erstechen, niederstechen **2.** (*parqué*) abziehen, glätten; (*muebles*) glatt schleifen
acuciado, -a [aku'θjaðo, -a] *adj* **1.** (*apremiado*) unter Zeitdruck stehend **2.** (*incitado, instigado*) angestachelt, angespornt
acuciante [aku'θjante] *adj* dringend
acuciar [aku'θjar] *vt* **1.** (*dar prisa*) drängen **2.** (*incitar, instigar*) anstacheln, anspornen
acuclillarse [akukli'ʎarse] *vr* sich niederkauern, in die Hocke gehen
acudir [aku'ðir] *vi* **1.** (*ir*) sich einfinden (*a* in *+dat*, *a* bei *+dat*); ~ **a una cita** zu einem Rendezvous gehen; ~ **al trabajo/a la puerta** zur Arbeit/an die Tür gehen; ~ **a las urnas** wählen gehen; ~ **a la memoria de alguien** jdm durch den Kopf gehen, jdm einfallen **2.** (*corriendo*) herbeieilen; ~ **en socorro (de alguien)** (jdm) zu Hilfe eilen **3.** (*enfermedad*) befallen **4.** (*desgracias*) heimsuchen; **las des-**

gracias la acuden sie wird vom Unglück heimgesucht **5.** (*recurrir*) sich wenden (*a* an +*akk*)

acueducto [akwe'ðukto] *m* Aquädukt *m o nt*

acuerdo [a'kwerðo] *m* **1.** (*convenio*) Übereinkommen *nt*, Vereinbarung *f*; ~ **verbal** mündliche Vereinbarung; **llegar a un** ~ sich einigen, eine Vereinbarung treffen **2.** (*político*) Abkommen *nt*; ~ **amistoso** gütliche Einigung; ~ **arancelario** Zollabkommen *nt*; ~ **de aumento de capital** (FIN) Kapitalerhöhungsbeschluss *m*; ~ **entre** [*o* **de**] **caballeros** Übereinkunft auf Treu und Glauben, Gentlemen's Agreement *nt*; ~ **comercial** Handelsabkommen *nt*; ~ **de compensación** Verrechnungsabkommen *nt*, Ausgleichsvereinbarung *f*; ~ **económico** Wirtschaftsvereinbarung *f*; **A**~ **Económico y Social** Sozialpakt *m*; ~ **de fusión** Fusionsvereinbarung *f*; **A**~ **General sobre Aranceles y Comercio** Allgemeines Zoll- und Handelsabkommen; ~ **marco** Rahmenabkommen *nt*; ~ **monetario** Währungsabkommen *nt*; **A**~ **Monetario Europeo** Europäisches Währungsabkommen; **A**~ **Nacional de Empleo** Beschäftigungsvereinbarung auf nationaler Ebene; ~ **pesquero** Fischereiabkommen *nt*; ~ **de** [*o* **sobre**] **precios** Preisabsprache *f*, Preisabrede *f*; ~ **preferencial** Präferenzabkommen *nt*; ~ **salarial** Lohnabkommen *nt*; ~ **sobre suspensión de pruebas (nucleares)** Teststoppvereinbarung *f*; ~ **de tipos de cambio** Wechselkursvereinbarung *f*; **el** ~ **entre sindicatos y patronal** die Vereinbarung zwischen Gewerkschaften und Arbeitgeberseite **3.** (*decisión*) Beschluss *m*; **tomar un** ~ einen Beschluss fassen **4.** (*conformidad*) Übereinstimmung *f*; **de** ~ einverstanden; **de común** ~ einmütig, in gegenseitigem Einverständnis; **de** ~ **con** nach +*dat*, gemäß +*dat*; **estar de** ~ **con alguien** mit jdm einer Meinung sein; **ponerse de** ~ sich einigen; **sin ponerse de** ~ ohne eine Einigung zu erzielen

acuícola [a'kwikola] **I.** *adj* Wasser-; **animal** ~ Wassertier *nt* **II.** *f* **1.** (BOT) Wasserpflanze *f* **2.** (ZOOL) Wassertier *nt*

acuicultivo [akwikuḷ'tiβo] *m* kommerzielle Züchtung *f* von Wassertieren und -pflanzen

acuicultor(a) [akwikuḷ'tor(a)] *m(f)* Fischzüchter(in) *m(f)*

acuicultura [akwikuḷ'tura] *f* **1.** (*en ríos, lagos*) Aquakultur *f* **2.** (*cultivo hidropónico*) Hydrokultur *f*

acuidad [akwi'ðaᵈ] *f* Sinnesschärfe *f*

acuífero¹ [a'kwifero] *m* (GEO) Grundwasservorkommen *nt*, wasserführende Schicht *f*

acuífero, -a² [a'kwifero, -a] *adj* wasserführend

acuitar [akwi'tar] *vt* betrüben

acular [aku'lar] *vt* (AUTO) rückwärts einparken

acullá [aku'ʎa] *adv* (*elev*) **1.** (*lugar*) dort **2.** (*dirección*) dorthin

acullicar [akuʎi'kar] *vi* (*Arg, Bol, Chil, Perú: mascar coca*) *die Blätter des Kokastrauchs kauen*

acullico [aku'ʎiko] *m* (*Arg, Bol, Perú: bola de coca*) Kügelchen *nt* aus Kokablättern

aculturación [akuḷtura'θjon] *f* Akkulturation *f*, kulturelle Anpassung *f*

acumuchar [akumu'ʧar] *vt* (*Chil*) *v.* **acumular**

acumulable [akumu'laβle] *adj* kumulierbar

acumulación [akumula'θjon] *f* **1.** (*amontonamiento*) Anhäufung *f*, Kumulierung *f elev*; (*t.* ECON) Akkumulation *f elev*; ~ **de beneficios** Gewinnakkumulation *f*; ~ **de capital** Kapitalakkumulation *f*; ~ **de existencias** Lagerhaltung *f*; ~ **de riesgos** Risikohäufung *f* **2.** (*de cosas reunidas*) Ansammlung *f* **3.** (JUR) Klagenhäufung *f*; ~ **de funciones** Ämterhäufung *f* **4.** (FIN: *intereses*) Zinseszins *m*; ~ **de intereses** Zinshäufung *f*

acumulador¹ [akumula'ðor] *m* (ELEC) Akkumulator *m*, Akku *m fam*

acumulador(a)² [akumula'ðor(a)] *adj* (*que almacena*) akkumulierend; **sistema** ~ **de energía** Energiespeichersystem *nt*

acumular [akumu'lar] *vt* **1.** (*acopiar*) anhäufen, (ak)kumulieren *elev* **2.** (*reunir*) ansammeln **3.** (ELEC) speichern **4.** (FIN: *intereses*) auflaufen lassen; **pérdidas acumuladas** aufgelaufene Verluste

acumulativo, -a [akumula'tiβo, -a] *adj* kumulativ; **dividendo** ~ (FIN) auflaufende Dividende; **intereses** ~**s** (FIN) anfallende [*o* auflaufende] Zinsen

acunar [aku'nar] *vt* wiegen

acuñación [akuɲa'θjon] *f* Prägung *f*; ~ **de moneda** Münzprägung *f*

acuñar [aku'ɲar] *vt* **1.** (*monedas, palabras*) prägen **2.** (TÉC) verkeilen

acuocultivo [akwokuḷ'tiβo] *m v.* **acuicultivo**

acuosidad [akwosi'ðaᵈ] *f* Wäss(e)rigkeit *f*

acuoso, -a [aku'oso, -a] *adj* wäss(e)rig; (*fruta*) saftig

acupuntor(a) [akupuṇ'tor(a)] *m(f)* Akupunkteur(in) *m(f)*

acupuntura [akupuṇ'tura] *f* Akupunktur *f*

acure [a'kure] *m* (ZOOL) Meerschweinchen *nt*

acurí [aku'ri] *m* (*Col, Ven:* ZOOL) Aguti *m o nt*

acurrucarse [akurru'karse] <c→qu> *vr* sich kauern; (*a causa del frío*) sich zusammenkauern; ~ **en un sillón** sich in einen Sessel kuscheln

acusación [akusa'θjon] *f* **1.** (*inculpación*) Beschuldigung *f*; ~ **de corrupción** Korruptionsvorwurf *m* **2.** (JUR: *en juicio*) Anklage *f*; (*escrito*) Anklageschrift *f*; ~ **constitucional** Verfassungsbeschwerde *f*; ~ **particular** Privatklage *f*, Nebenklage *f*

acusado, -a [aku'saðo, -a] **I.** *adj* **1.** (*claro, evidente*) klar **2.** (*marcado*) ausgeprägt **II.** *m, f* (JUR) Angeklagte(r) *mf*

acusador(a) [akusa'ðor(a)] *m(f)* (JUR) Ankläger(in) *m(f)*; ~ **público** öffentlicher Ankläger

acusar [aku'sar] *vt* **1.** (*culpar*) beschuldigen; **le acusan de asesinato** er wird des Mordes beschuldigt **2.** (*en juicio*) anklagen **3.** (*en la escuela*) verpetzen **4.** (*traslucir, indicar*) verraten, anzeigen; ~ **un déficit** (FIN) einen Fehlbetrag ausweisen; ~ **una tendencia alcista** (FIN) steigende Tendenz aufweisen [*o* verzeichnen] **5.** (TÉC) registrieren **6.** (ECON) bestätigen; ~ **recibo de algo** den Empfang von etw bestätigen; ~ **recibo de un pedido** einen Auftrag bestätigen

acusativo [akusa'tiβo] *m* (LING) Akkusativ *m*

acusatorio, -a [akusa'torjo, -a] *adj* Anklage-; (*mirada, tono*) anklägerisch

acuse [a'kuse] *m* (COM): ~ **de recibo** Empfangsbestätigung *f*; ~ **de recibo de pago** Zahlungsbestätigung *f*, Quittung *f*; ~ **de recibo de pedido** Auftragsbestätigung *f*

acusica [aku'sika] *mf*, **acusón, -ona** [aku'son, -ona] *m, f* (*fam*) Petze *f*

acústica [a'kustika] *f* Akustik *f*; **una sala con mala** ~ ein Saal mit schlechter Akustik

acústico, -a [a'kustiko, -a] *adj* akustisch; **señal acústica** Schallsignal *nt*

acutángulo [aku'taŋgulo] *adj* (MAT): **triángulo** ~ spitzwinkliges Dreieck *nt*

acutí [aku'ti] *m* (*Arg, Par, Urug:* ZOOL) Aguti *m o nt*

ada ['aða] *m* (INFOR) ADA

adagio [a'ðaxjo] *m* **1.** (*proverbio*) Spruch *m* **2.** (MÚS) Adagio *nt*

adalid [aða'liᵈ] *m* **1.** (*caudillo*) Anführer(in) *m(f)* **2.** (*de gente de guerra*) Befehlshaber(in) *m(f)*, Kommandant(in) *m(f)* **3.** (*precursor*) Vorkämpfer(in) *m(f)*

adamado, -a [aða'maðo, -a] *adj* **1.** (*pey: afeminado*) weibisch; **sus gestos delicados le hacen parecer un hombre** ~ durch seine zarte Gestik wirkt er feminin **2.** (*fino, elegante*) vornehm; **a mí me gustan las personas adamadas y elegantes** mir gefallen vornehme und elegante Menschen **3.** (*con apariencias de dama*) damenhaft; **es tan adamada que nadie diría que no pertenece a la nobleza** sie ist so damenhaft, dass keiner meinen würde, sie gehöre nicht dem Adel an

adamantino, -a [aðaman̩'tino, -a] *adj* hart (wie ein Diamant)

adamar [aða'mar] **I.** *vt* umwerben **II.** *vr:* ~**se** weibliche Züge entwickeln

adamascado, -a [aðamas'kaðo, -a] *adj* damastartig

adamascar [aðamas'kar] <c→qu> *vt* (*telas*) damastartig weben

adán [a'ðan] *m* schlampiger [*o* heruntergekommener] Mensch *m*; **vas hecho un** ~ du siehst sehr heruntergekommen aus

adaptabilidad [aðaptaβili'ðaᵈ] *f* Anpassungsfähigkeit *f* (*a* an +*akk*)

adaptable [aðap'taβle] *adj* anpassungsfähig (*a* an +*akk*)

adaptación [aðapta'θjon] *f* **1.** (*acomodación*) Anpassung *f* (*a* an +*akk*); ~ **laboral** Arbeitsanpassung *f* **2.** (LIT, MÚS, TEAT) Bearbeitung *f*; (CINE) Verfilmung *f*; ~ **escénica** Bühnenbearbeitung *f*; **la** ~ **de una obra de teatro al cine** die Verfilmung eines Theaterstückes **3.** (BIOL) Adaptation *f*

adaptador¹ [aðapta'ðor] *m* **1.** (TÉC) Adapter *m* **2.** (INFOR) Adapter *m*; ~ **gráfico** Grafikadapter *m*; ~ **de línea** Leitungsadapter *m*; ~ **de red** Netzadapter *m*

adaptador(a)² [aðapta'ðor(a)] *m(f)* (LIT, MÚS, TEAT, CINE) Bearbeiter(in) *m(f)*

adaptar [aðap'tar] **I.** *vt* **1.** (*acomodar*) anpassen (*a* an +*akk*, *a* +*dat*); **adaptado bien al grupo** gut in die Gruppe integriert **2.** (*edificio*) umbauen; ~ **un piso para oficina** eine Wohnung zum Büro umbauen **3.** (*ajustar*) einpassen; ~ **algo a algo** etw auf etw abstimmen **4.** (LIT, MÚS, TEAT, CINE) bearbeiten (*a* für +*akk*); ~ **una novela a la pantalla** einen Roman verfilmen **5.** (BIOL) adaptieren **II.** *vr:* ~**se** sich anpassen (*a* +*dat*, an +*akk*); (*a un grupo*) sich einfügen (*a* in +*akk*); **se han adaptado muy bien el uno al otro** sie sind sehr gut aufeinander eingespielt; ~**se a las costumbres** sich den [*o* an die] Sitten anpassen

adarga [a'ðarɣa] *f* Lederschild *m*

adarme [a'ðarme] *m* sehr kleine Menge *f*, Fitzchen *nt reg*, Fitzel *m o nt reg*; **un** ~ **de pan** eine Krume Brot; **no tiene un** ~ **de sentido común** er/sie hat kein bisschen gesunden Menschenverstand

adarve [a'ðarβe] *m* Mauergang *m*

adecenar [aðeθe'nar] *vt* in Zehnereinheiten aufteilen; **adecenó los huevos y los colocó en las hueveras** er/sie packte jeweils zehn Eier in die Eierkartons

adecentar [aðeθen̩'tar] **I.** *vt* herrichten **II.** *vr:* ~**se** sich zurechtmachen

adecuación [aðekwa'θjon] *f* **1.** (*conveniencia*) Angemessenheit *f* **2.** (*adaptación*) Anpassung *f*; ~ **al perfil del puesto** Erfüllen des Anforderungsprofils [*o* der Stellenanforderungen]

adecuado, -a [aðe'kwaðo, -a] *adj* angemessen, geeignet; **no encuentro** ~ **este método** ich halte diese Methode nicht für geeignet [*o* für ungeeignet]; **la decoración de tu casa es muy adecuada** die Ausstattung deiner Wohnung ist sehr zweckmäßig; **las palabras adecuadas** die passenden Worte

adecuar [aðe'kwar] **I.** *vt* anpassen (*a* an +*akk*) **II.** *vr:* ~**se** sich anpassen (*a* an +*akk*)

adefagia [aðe'faxja] *f* (MED) Vorazität *f*, Heißhunger *m*

adefesio [aðe'fesjo] *m* **1.** (*prenda*) lächerliches Kleidungsstück *nt*, Fummel *m fam* **2.** (*persona*) Vogelscheuche *f*; **estar hecho un** ~ wie eine Vogelscheuche aussehen

adehesar [aðe(e)'sar] **I.** *vt* (AGR) zu Weideland machen **II.** *vr:* ~**se** (AGR) zu Weideland werden

a. de (J)C. ['an̩tes ðe (xesu)'kristo] *abr de*

antes de (Jesu)cristo v. Chr., v. Chr. G.

adelantado, -a [aðelan̪'taðo, -a] *adj* **1.** (*precoz*) frühreif **2.** (*aventajado, avanzado*) fortgeschritten; **estar** [*o* **ir**] **muy** ~ weit fortgeschritten sein **3.** (ECON): **por** ~ im Voraus; **pagar por** ~ im Voraus bezahlen; **flete pagadero por** ~ (COM) Fracht zahlbar im Voraus

adelantamiento [aðelan̪ta'mjen̪to] *m* **1.** (*avance*) Vorrücken *nt;* (*progreso*) Fortschritt *m* **2.** (*del coche*) Überholen *nt;* **realizar un** ~ überholen

adelantar [aðelan̪'tar] **I.** *vi* **1.** (*reloj*) vorgehen **2.** (*progresar*) vorwärts kommen, Fortschritte machen; **no adelanto nada en sueco** ich mache keine Fortschritte im Schwedischen **3.** (*coche*) überholen; **prohibido** ~ Überholen verboten **II.** *vt* **1.** (*avanzar*) vorrücken; ~ **unos pasos** ein paar Schritte vorgehen **2.** (*coche, persona*) überholen **3.** (*reloj*) vorstellen **4.** (*viaje, partida*) vorverlegen **5.** (*idea*) vorwegnehmen **6.** (*paga*) vorstrecken, vorschießen *fam;* **¿me puedes ~ mil pesetas?** kannst du mir tausend Peseten vorstrecken? **7.** (*obtener ventaja*) gewinnen; **¿qué adelantas con esto?** was erreichst du damit?, was bringt dir das? **III.** *vr:* **~se** **1.** (*avanzarse*) vorangehen **2.** (*anticiparse*) früher eintreffen; (*aventajar*) zuvorkommen; **te has adelantado a mis deseos** du bist meinen Wünschen zuvorgekommen **3.** (*reloj*) vorgehen

adelante [aðe'lan̪te] *adv* vor(wärts); **¡~!** herein!; **de hoy en** ~ von heute an; **llevar un plan** ~ einen Plan in die Tat umsetzen; **sacar una familia** ~ eine Familie durchbringen; **seguir** ~ weitergehen; **véase más** ~ siehe unten

adelanto [aðe'lan̪to] *m* **1.** (*progreso*) Fortschritt *m,* Weiterentwicklung *f;* **~s técnicos** technische Neuerungen **2.** (*anticipo*) Vorschuss *m,* Vorauszahlung *f;* ~ **sobre letras** (FIN) Wechsellombard *m o nt;* ~ **sobre mercancías** (FIN) Warenlombard *m o nt*

adelfa [a'ðelfa] *f* (BOT) **1.** (*arbusto*) Rosenlorbeer *m,* Echter Oleander *m* **2.** (*flor*) Rosenlorbeerblüte *f*

adelgazamiento [aðelɣaθa'mjen̪to] *m* Abnehmen *nt*

adelgazante [aðelɣa'θan̪te] **I.** *adj* Abmagerungs-, Schlankheits- **II.** *m* Schlankheitsmittel *nt*

adelgazar [aðelɣa'θar] <z→c> **I.** *vi, vr:* **~se** abnehmen **II.** *vt* **1.** (*cosas*) dünner machen **2.** (*personas*) abnehmen; **adelgazó cinco kilos** er/sie hat fünf Kilo abgenommen

ademán [aðe'man] *m* **1.** (*gesto*) Gebärde *f;* **hizo** ~ **de salir** er/sie schickte sich an zu gehen **2.** (*actitud*) Haltung *f;* **en** ~ **de** bereit zu

además [aðe'mas] *adv* außerdem, ferner

ADENA [a'ðena] *f abr de* **Asociación para la Defensa de la Naturaleza** ≈Naturschutzverein *m*

adenalgia [aðe'nalxja] *f* (MED) Drüsenschmerzen *mpl*

adenda [a'ðen̪da] *f* Nachtrag *m*

adenia [a'ðenja] *f* (MED: *de los ganglios linfáticos*) Lymphadenie *f,* Lymphknotenwucherung *f*

adenitis [aðe'nitis] *f inv* (MED) Adenitis *f,* Drüsenentzündung *f;* (*de los ganglios linfáticos*) Lymphadenitis *f,* Lymphknotenentzündung *f*

adenología [aðenolo'xia] *f* (ANAT) *Teilbereich, der sich mit den Drüsen beschäftigt*

adenoma [aðe'noma] *f* (MED) Adenom(a) *nt,* (gutartige) Drüsengeschwulst *f*

adenomatosis [aðenoma'tosis] *f inv* (MED) Adenomatose *f*

adenopatía [aðenopa'tia] *f* (MED) Adenopathie *f,* Drüsenkrankheit *f;* (*de los ganglios linfáticos*) Lymphdrüsenkrankheit *f*

adensar [aðen'sar] **I.** *vt* **1.** (*convertir en líquido o sólido*) kondensieren **2.** (*hacer más denso*) komprimieren, verdichten **II.** *vr:* **~se** **1.** (*convertirse en líquido o sólido*) kondensieren **2.** (*hacerse más denso*) sich verdichten

adentellar [aðen̪te'ʎar] *vt* (*morder*): ~ **algo** an etw *dat* knabbern

adentrarse [aðen̪'trarse] *vr* **1.** (*penetrar*) hineingehen (*en* in +*akk*); (*en la selva*) eindringen (*en* in +*akk*) **2.** (*en un tema*) sich vertiefen (*en* in +*akk*)

adentro [a'ðen̪tro] *adv* **1.** (*lugar*) darin **2.** (*lugar y movimiento*) hinein; **mar** ~ seewärts; **tierra** ~ landeinwärts; **el grito le salió de muy** ~ sein/ihr Schrei kam aus tiefster Seele

adentros [a'ðen̪tros] *mpl* Innere *nt;* **para sus** ~ innerlich, im Stillen; **guardar algo para sus** ~ etw für sich behalten

adepto, -a [a'ðepto, -a] *m, f* **1.** (*afiliado*) Mitglied *nt* **2.** (*partidario*) Anhänger(in) *m(f);* **ganar ~s** Anhänger gewinnen

aderezar [aðere'θar] <z→c> *vt* **1.** (*preparar*) herrichten **2.** (*guisar*) kochen, zubereiten **3.** (*condimentar*) würzen; ~ **la ensalada** den Salat anmachen **4.** (*tejidos, pieles*) appretieren **5.** (*amenizar*) ausschmücken

aderezo [aðe'reθo] *m* **1.** (*de un guiso*) Zubereitung *f* **2.** (*condimentación*) Würzen *nt;* (*de una ensalada*) Anmachen *nt* **3.** (*condimento*) Gewürz *nt;* (*para ensalada*) Dressing *nt* **4.** (*joyas*) Schmuckgarnitur *f*

adeudado, -a [aðeu̯'ðaðo, -a] *adj* verschuldet

adeudante [aðeu̯'ðan̪te] *mf* (FIN) Zollschuldner(in) *m(f)*

adeudar [aðeu̯'ðar] **I.** *vt* **1.** (*deber*) schulden; **adeuda 7000 pesetas a su madre** er/sie schuldet seiner/ihrer Mutter 7000 Peseten **2.** (FIN: *cargar*) belasten, zur Last schreiben; ~ **una cantidad en cuenta** ein Konto mit einem Betrag belasten **II.** *vr:* **~se** sich verschulden, Schulden machen; **~se mucho** sich hoch verschulden

adeudo [a'ðeu̯ðo] *m* **1.** (*en aduana*) Zoll *m* **2.** (FIN) Lastschrift *f*

adherencia [aðe'ren̪θja] *f* **1.** (*cohesión*)

Haften *nt,* Haftung *f;* (AUTO) Bodenhaftung *f* **2.** (*condición de adherente*) Haftfähigkeit *f,* Klebefähigkeit *f* **3.** (*conexión*) Verbindung *f* **4.** (MED) Adhäsion *f*

adherente [aðe'reṇte] *adj* anhaftend, klebend

adherir [aðe'rir] *irr como sentir* **I.** *vt* (*sello*) (auf)kleben (*a* auf +*akk*); (*cartel, póster*) (an)kleben (*a* an +*akk*) **II.** *vr:* ~**se 1.** (*pegarse*) haften (*a* an +*dat, a* auf +*dat*), kleben (*a* an +*dat, a* auf +*dat*); **las pegatinas no se adhieren a piezas húmedas** auf feuchten Teilen haften Aufkleber nicht **2.** (*a una opinión*) zustimmen (*a* +*dat*); **¿te adhieres a lo que dijo?** stimmst du dem zu, was er/sie sagte? **3.** (*a un partido*) beitreten (*a* +*dat*), sich anschließen (*a* +*dat*)

adhesión [aðe'sjon] *f* **1.** (*adherencia*) Haften *nt,* Haftung *f* **2.** (*a una opinión*) Zustimmung *f* (*a* zu +*dat*); (*apoyo*) Unterstützung *f* (*a* +*gen*) **3.** (*a un partido, asociación*) Beitritt *m* (*a* zu +*dat*); **Tratado de A~ a la CE** Beitrittsvertrag zur EG; **la ~ a la Unión Europea** der Beitritt zur Europäischen Union **4.** (FÍS) Adhäsion *f* **5.** (JUR) Anschließung *f*

adhesivo[1] [aðe'siβo] *m* **1.** (*sustancia*) Klebstoff *m;* ~ **multiuso** Alleskleber *m* **2.** (*pegatina*) Aufkleber *m*

adhesivo, -a[2] [aðe'siβo, -a] *adj* Klebe-, klebend

ad hoc [að oᵏ] *adv* ad hoc

adiáfano, -a [aði'afano, -a] *adj* lichtundurchlässig

adiaforesis [aðjafo'resis] *f inv* (MED) mangelnde Schweißabsonderung *f*

adiamantado, -a [aðjamaṇ'taðo, -a] *adj* (*elev*) diamanten, einem Diamanten ähnlich; **su ~ corazón era invulnerable** sein/ihr diamantenes Herz war unverwundbar

adicción [aðiᵞ'θjon] *f* Sucht *f;* ~ **a las drogas** Drogenabhängigkeit *f,* Drogensucht *f*

adición [aði'θjon] *f* **1.** (*añadidura*) Zusatz *m* (*a* zu +*dat*) **2.** (MAT) Addition *f,* Addieren *nt* **3.** (JUR): ~ **de la herencia** Erbschaftsannahme *f* **4.** (*RíoPl: cuenta en un restaurante*) Rechnung *f*

adicional [aðiθjo'nal] *adj* Zusatz-, zusätzlich; **beneficios ~es** Nebengewinne *mpl;* **medida ~** begleitende Maßnahme; **poner una cláusula ~ en un contrato** eine zusätzliche Klausel in einen Vertrag aufnehmen

adicionar [aðiθjo'nar] *vt* hinzufügen (*a* zu +*dat*)

adictivo, -a [aðik'tiβo, -a] *adj* süchtig machend; **la heroína es una sustancia adictiva** Heroin macht süchtig

adicto, -a [a'ðikto, -a] **I.** *adj* **1.** (*leal*) ergeben, zugetan; **es ~ a su madre** er ist seiner Mutter sehr zugetan **2.** (*que tiene adicción*) süchtig; **es adicta a las drogas** sie ist drogensüchtig; **es ~ a la televisión** (*fam*) er ist fernsehsüchtig **II.** *m, f* **1.** (*dependiente*) Süchtige(r) *mf;* ~ **a las drogas** Drogensüchtiger *m* **2.** (*Arg, Par, Urug: adherente*) Anhänger(in) *m(f)* (*a* +*gen*); (*partidario*) Befürworter(in) *m(f)* (*a* +*gen*)

adiestrador(a) [aðjestra'ðor(a)] *m(f)* **1.** (*instructor*) Lehrer(in) *m(f),* Ausbilder(in) *m(f)* **2.** (*domador*) Dompteur(in) *m(f)*

adiestramiento [aðjestra'mjeṇto] *m* **1.** (*instrucción*) Schulung *f* **2.** (*de animales*) Dressur *f*

adiestrar [aðjes'trar] *vt* **1.** (*personas*) schulen (*en* in +*dat, para* für +*akk*) **2.** (*animales*) abrichten (*para* zu +*dat*), dressieren; (*caballos*) zureiten

adifés [aði'fes] **I.** *adj* (*Guat: difícil*) schwierig **II.** *adv* (*Ven: adrede*) mit Absicht, absichtlich

adinerado, -a [aðine'raðo, -a] *adj* vermögend

adintelado, -a [aðiṇte'laðo, -a] *adj* (ARQUIT) abgeflacht

adiós [a'ðjos] **I.** *interj* **1.** (*despedida*) auf Wiedersehen, tschüs *fam* **2.** (*sorpresa*) ach (Gott), oh; **¡~, he perdido la cartera!** ach Gott, ich habe meine Brieftasche verloren! **II.** *m* Abschied *m,* Lebewohl *nt;* **decir ~ a alguien/algo** von jdm/etw Abschied nehmen

adiposidad [aðiposi'ðaᵈ] *f* Fettleibigkeit *f*

adiposis [aði'posis] *f inv* (MED) Adipositas *f,* Fettleibigkeit *f*

adiposo, -a [aði'poso, -a] *adj* Fett-, fetthaltig; **tejido ~** Fettgewebe *nt*

adipsia [a'ðiβsja] *f* (MED) Adipsie *f,* mangelndes Trinkbedürfnis *nt*

aditamento [aðita'meṇto] *m* **1.** (*añadidura*) Zusatz *m* **2.** (*complemento*) Ergänzung *f*

aditivo[1] [aði'tiβo] *m* Zusatzstoff *m;* ~**s alimentarios** Lebensmittelzusatzstoffe *mpl*

aditivo, -a[2] [aði'tiβo, -a] *adj* Zusatz-, zusätzlich

adivinación [aðiβina'θjon] *f* **1.** (*del futuro*) Wahrsagung *f* **2.** (*de un enigma*) (Er)raten *nt*

adivinador(a) [aðiβina'ðor(a)] *m(f)* Rater(in) *m(f)*

adivinanza [aðiβi'naṇθa] *f* Rätsel *nt;* **resolver una ~** ein Rätsel lösen

adivinar [aðiβi'nar] *vt* **1.** (*el futuro*) wahrsagen **2.** (*acertar*) (er)raten; ~ **los pensamientos de alguien** jds Gedanken erraten; **¡adivina cuántos años tiene!** rat mal, wie alt er/sie ist! **3.** (*vislumbrar*) (er)ahnen; **al fondo se adivinan unas luces** im Hintergrund kann man einige Lichter erahnen

adivinatorio, -a [aðiβina'torjo, -a] *adj* hellseherisch

adivino, -a [aði'βino, -a] *m, f* Wahrsager(in) *m(f)*

adjetivación [aðxetiβa'θjon] *f* (LING) Adjektivierung *f*

adjetival [aðxeti'βal] *adj* (LING) adjektivisch; **el participio tiene una naturaleza ~** das Partizip wird adjektivisch verwendet

adjetivar [aðxeti'βar] *vt* (LING) adjektivieren

adjetivo[1] [aðxe'tiβo] *m* (LING) Adjektiv *nt,* Eigenschaftswort *nt;* ~ **numeral** Zahladjektiv *nt*

adjetivo, **-a²** [aðxe'tiβo, -a] *adj* (LING) adjektivisch

adjudicación [aðxuðika'θjon] *f* **1.** (*de un premio*) Verleihung *f;* (*de un encargo, una beca*) Vergabe *f;* ~ **bursátil** (FIN) Exekutionsverkauf *m;* ~ **de divisas** (FIN) Devisenzuteilung *f;* ~ **de la obra** Bauauftragsvergabe *f;* ~ **del pedido** Auftragsvergabe *f* **2.** (*en una subasta*) Zuschlag *m;* ~ **al mejor postor** Zuschlag an den Meistbietenden

adjudicar [aðxuði'kar] <c→qu> **I.** *vt* **1.** (*premio*) verleihen; (*encargo, beca*) vergeben; (*fondos*) zuweisen, zuteilen; (*contrato*) vergeben, erteilen; **se ha adjudicado la construcción de la autovía a "Cubiertas y Mzov"** "Cubiertas y Mzov" haben den Zuschlag für den Bau der Schnellstraße erhalten **2.** (*en una subasta*) zuschlagen; **el cuadro se adjudica a quien puja más alto** das Gemälde wird demjenigen zugeschlagen, der das höchste Gebot macht **II.** *vr:* **~se 1.** (*apropiarse*) sich *dat* aneignen **2.** (*victoria, premio*) erringen; **la atleta se adjudicó la victoria** die Athletin errang den Sieg

adjudicatario, **-a** [aðxuðika'tarjo, -a] *m, f* **1.** (*de un encargo*) Erwerber(in) *m(f);* (*de un premio*) Gewinner(in) *m(f)* **2.** (*en una subasta*) Ersteigerer, -in *m, f,* Zuschlagsempfänger(in) *m(f)*

adjuntar [aðxun̩'tar] *vt* beilegen, beifügen; **le adjunto un folleto informativo** ich lege Ihnen ein Informationsblatt bei

adjunto, **-a** [að'xun̩to, -a] *adj* **1.** (*junto*) beiliegend, anbei **2.** (*auxiliar*) stellvertretend; **director** ~ stellvertretender Direktor; **presidente** ~ stellvertretender Vorsitzender; **profesora adjunta** (UNIV) ≈Assistentin *f;* **secretario** ~ stellvertretender Sekretär

adlátere [að'latere] *m o f* (*pey*) Adlatus *m*

adminicular [aðminiku'lar] *vt* (JUR: *prueba*) zusätzlich erbringen [*o* beibringen]

adminículo [aðmi'nikulo] *m* (*elev*) Hilfsmittel *nt;* **llevar sus ~s de maquillaje** seine Schminkutensilien dabeihaben

administración [aðministra'θjon] *f* **1.** (*de una empresa, un organismo*) Verwaltung *f;* ~ **de una cuenta** Kontoführung *f;* ~ **de datos** (INFOR) Datenverwaltung *f;* ~ **de discos** (INFOR) Plattenverwaltung *f;* ~ **de la empresa** (ECON) Unternehmensführung *f;* ~ **de fincas** Haus- und Grundstücksverwaltung *f;* ~ **de memoria** (INFOR) Speicherverwaltung *f;* ~ **municipal** Stadtverwaltung *f;* ~ **patrimonial** Vermögensverwaltung *f;* ~ **de personal** Personalverwaltung *f;* ~ **pública** öffentliche Verwaltung; **consejo de** ~ Verwaltungsrat *m;* (*S. A.*) Vorstand *m;* **gastos de** ~ Verwaltungskosten *pl* **2.** (*órgano*) Behörde *f;* **la A~ central** die Zentralverwaltung; **la ~ de correos** die Post; **la ~ española** die spanischen Behörden; **la A~ local** die Lokalbehörde, die Gemeindeverwaltung; **A~ tributaria** Steuerverwaltung *f;* **las administraciones territoriales** die Gebietskörperschaften **3.** (*edificio*) Verwaltungsgebäude *nt,* Behörde *f* **4.** (*de medicamentos*) Verabreichung *f* **5.** (REL: *de sacramentos*) Spenden *nt* **6.** (*Arg: gobierno*) Regierung *f;* **bajo la ~ de...** unter der Regierung ... **7.** (*Cuba, PRico: extremaunción*) Letzte Ölung *f*

administrado, **-a** [aðminis'traðo, -a] *m, f* (Staats)bürger(in) *m(f)*

administrador(a) [aðministra'ðor(a)] *m(f)* **1.** (*general*) Verwalter(in) *m(f);* ~ **de aduanas** Zollamtsvorsteher *m;* ~ **de fincas** Grundstücksverwalter *m;* ~ **judicial** (JUR) gerichtlich bestellter Verwalter, Zwangsverwalter *m;* ~ **de la masa** Konkursverwalter *m* **2.** (*gerente*) Geschäftsführer(in) *m(f);* ~ **gerente** geschäftsführendes Mitglied **3.** (INFOR) Administrator(in) *m(f);* ~ **de datos** Dateimanager *m,* Datenverwaltungsprogramm *nt;* ~ **de memoria expandida** Erweiterungsspeicher-Manager *m;* ~ **de red** Netzadministrator *m,* Netzverwalter *m*

administrar [aðminis'trar] *vt* **1.** (*empresa, territorio, datos*) verwalten **2.** (*racionar*) einteilen; (*suministrar*) verteilen; ~ **sus fuerzas** seine Kräfte einteilen **3.** (*medicamentos*) verabreichen **4.** (REL: *sacramentos*) spenden **5.** (*loc*): ~ **justicia** Recht sprechen

administrativo, **-a** [aðministra'tiβo, -a] **I.** *adj* Verwaltungs-; **auxiliar** ~ Bürokraft *f;* **gastos ~s** Verwaltungskosten *pl;* **en este ayuntamiento trabajan muchos ~s** diese Gemeindeverwaltung beschäftigt viele Angestellte **II.** *m, f* Verwaltungsangestellte(r) *mf,* Sachbearbeiter(in) *m(f)*

admirable [aðmi'raβle] *adj* bewundernswert, erstaunlich

admiración [aðmira'θjon] *f* **1.** (*respeto, adoración*) Bewunderung *f;* **lleno de ~ por alguien/algo** voller Bewunderung für jdn/etw **2.** (*asombro*) Verwunderung *f,* Staunen *nt;* **causar ~** Verwunderung hervorrufen **3.** (*signo ortográfico*) Ausrufezeichen *nt;* (*frase admirativa*) Ausrufesatz *m*

admirado, **-a** [aðmi'raðo, -a] *adj* verwundert, erstaunt; **me quedé admirada de sus conocimientos** ich war erstaunt über seine/ihre Kenntnisse

admirador(a) [aðmira'ðor(a)] *m(f)* Bewunderer, -in *m, f,* Fan *m*

admirar [aðmi'rar] **I.** *vt* **1.** (*adorar, apreciar*) bewundern **2.** (*asombrar*) verwundern **II.** *vr:* **~se** sich wundern (*de* über +*akk*); **se admiró de que no lo hayas dicho** er/sie wunderte sich darüber, dass du es nicht gesagt hast

admirativo, **-a** [aðmira'tiβo, -a] *adj* bewundernd; **una mirada admirativa** ein bewundernder Blick

admisibilidad [aðmisiβili'ðaᵈ] *f* Zulässigkeit *f*

admisible [aðmi'siβle] *adj* zulässig, statthaft

admisión [aðmi'sjon] *f* **1.** (*en la universidad*) Zulassung *f* (*en* zu +*dat*); (*en una aso-*

ciación, un club) Aufnahme *f* (*en* in +*akk*); ~ **a cotización en bolsa** (FIN) Börsenzulassung *f;* ~ **de miembros** Aufnahme von Mitgliedern; ~ **temporal** (COM) zeitweilige Zulassung; (*aduana*) (Zoll)einfuhr auf Zeit **2.** (TÉC) Zufuhr *f,* Zulauf *m;* ~ **de aceite** Ölzufluss *m* **3.** (*contratación*) Einstellung *f;* ~ **de personal** Pesonaleinstellung *f*

admitancia [aðmi'tanθja] *f* (FÍS) Admittanz *f,* Leitwert *m* des Wechselstroms

admitir [aðmi'tir] *vt* **1.** (*en la universidad*) zulassen (*en* zu +*dat*); (*en una asociación, club*) aufnehmen (*en* in +*akk*) **2.** (*aceptar*) annehmen; (*aprobar*) billigen; ~ **a cotización** (FIN) zum Börsenhandel zulassen; ~ **una excusa/una propina** eine Entschuldigung/ein Trinkgeld annehmen; ~ **los métodos de alguien** jds Methoden billigen; ~ **en pago** (ECON) in Zahlung nehmen **3.** (*reconocer*) zugeben; **admito mi error** ich gebe meinen Fehler zu **4.** (*permitir*) zulassen; ~ **una queja** (JUR) einer Klage stattgeben; **el asunto no admite dilación** die Sache duldet keinen Aufschub [*o* muss unverzüglich erledigt werden]; **es cosa admitida que...** es ist allgemein anerkannt, dass ... **5.** (*tener capacidad*) fassen

admón. [aðministra'θjon] *abr de* **administración** Verw.

admonición [aðmoni'θjon] *f* Ermahnung *f;* (ADMIN) Verwarnung *f,* Abmahnung *f*

admonitorio, -a [aðmoni'torjo, -a] *adj* Mahn-, mahnend

ADN [aðe'ene] *m abr de* **ácido desoxirribonucleico** DNS *f*

adobado [aðo'βaðo] *m* (GASTR) **1.** (*carne*) eingelegtes (Schweine)fleisch *nt,* Pökelfleisch *nt;* **preparar el ~ de los embutidos** das Fleisch [*o* die Füllung] für die Würste zubereiten **2.** (*acción: carnes, pescados*) Pökeln *nt;* (*aceitunas*) Einlegen *nt*

adobar [aðo'βar] *vt* **1.** (GASTR: *con salsa*) marinieren; (*con sal*) pökeln **2.** (*piel*) gerben **3.** (*fam: amañar*) deichseln

adobe [a'ðoβe] *m* Luftziegel *m*

adobo [a'ðoβo] *m* **1.** (GASTR: *salsa*) Marinade *f,* Beize *f* **2.** (GASTR: *con salsa*) Marinieren *nt;* (*con sal*) Pökeln *nt* **3.** (*de pieles*) Gerben *nt*

adocenado, -a [aðoθe'naðo, -a] *adj* mittelmäßig

adocenarse [aðoθe'narse] *vr* mittelmäßig werden, nachlassen

adoctrinación [aðoktrina'θjon] *f* Indoktrinierung *f,* Indoktrination *f*

adoctrinamiento [aðoktrina'mjento] *m* Indoktrinierung *f*

adoctrinar [aðoktri'nar] *vt* indoktrinieren; ~ **a alguien sobre algo** jdm etw beibringen

adolecer [aðole'θer] *irr como crecer vi* **1.** (*ponerse enfermo*) erkranken (*de* an +*dat*); (*padecer*) leiden (*de* an +*dat*); **adolece de cáncer** er/sie ist an Krebs erkrankt; **este chico adolece de ser aburrido** dieser Junge ist einfach nur langweilig **2.** (*carecer*) nicht haben (*de* +*akk*); ~ **de fuerzas** keine Kraft mehr haben

adoleciente [aðole'θjente] *adj* (*que sufre alguna dolencia*) erkrankt; **los ~s de varicela** die an Windpocken Erkrankten

adolescencia [aðoles'θenθja] *f* Jugend *f*

adolescente [aðoles'θente] **I.** *adj* halbwüchsig **II.** *mf* Jugendliche(r) *mf,* Teenager *m*

adonde [a'ðonde] *adv* (*relativo*) wohin; **el pueblo ~ iremos es muy bonito** das Dorf, in das wir fahren werden, ist sehr schön; **podéis ir ~ queráis** ihr könnt gehen, wohin ihr wollt

adónde [a'ðonde] *adv* (*interrogativo*) wohin; **¿~ vas mañana?** wohin gehst du morgen?

adondequiera [aðonde'kjera] *adv:* ~ **que** +*subj* (*estado*) wo auch immer; (*dirección*) wohin auch immer

adonis [a'ðonis] *m inv* Adonis *m*

adopción [aðoβ'θjon] *f* **1.** (*de niños*) Adoption *f* **2.** (*de nacionalidad, religión*) Annahme *f* **3.** (*de medidas*) Ergreifen *nt* **4.** (*de actitudes*) Einnehmen *nt*

adopcionismo [aðoβθjo'nismo] *m sin pl* (REL: *herejía*) Adoptianismus *m*

adoptante [aðop'tante] *mf* Adoptivvater, -mutter *m, f*

adoptar [aðop'tar] *vt* **1.** (*niño*) adoptieren **2.** (*nacionalidad, costumbre, religión*) annehmen **3.** (*medida*) ergreifen; ~ **un acuerdo/una resolución** einen Beschluss/Entschluss fassen **4.** (*actitud*) einnehmen

adoptivo, -a [aðop'tiβo, -a] *adj* **1.** (*personas*) Adoptiv-; **hijo ~** Adoptivkind *nt;* (*chico*) Adoptivsohn *m;* **hija adoptiva** Adoptivtochter *f* **2.** (*cosas*) Wahl-; **patria adoptiva** zweite Heimat, Wahlheimat *f*

adoquín [aðo'kin] *m* **1.** (*piedra*) Pflasterstein *m* **2.** (*fam: persona*) Tölpel *m*

adoquinado [aðoki'naðo] *m* **1.** (*suelo*) Pflaster *nt* **2.** (*acción*) Pflastern *nt*

adoquinar [aðoki'nar] *vt* pflastern; **calles adoquinadas** gepflasterte Straßen

adorable [aðo'raβle] *adj* entzückend, bezaubernd

adoración [aðora'θjon] *f* (*t.* REL) Verehrung *f,* Anbetung *f*

adorador(a) [aðora'ðor(a)] *m(f)* Anbeter(in) *m(f),* Verehrer(in) *m(f)*

adorar [aðo'rar] *vt* **1.** (*t.* REL) anbeten, verehren **2.** (*idolatrar*) vergöttern

adormecer [aðorme'θer] *irr como crecer* **I.** *vt* **1.** (*personas*) einschläfern; (*cansar*) müde machen **2.** (*dolor*) stillen; (*sentidos*) beruhigen **II.** *vr:* ~**se** einschlafen; **se le adormeció el brazo** ihm/ihr ist der Arm eingeschlafen

adormecido, -a [aðorme'θiðo, -a] *adj* (*cansado*) schläfrig

adormecimiento [aðormeθi'mjento] *m* Schläfrigkeit *f;* ~ **bursátil** (FIN) Baisse *f*

adormidera [aðormi'ðera] *f* (BOT) Schlaf-

mohn *m*
adormilado, **-a** [aðormi'laðo, -a] *adj* (*cansado*) schläfrig
adormilarse [aðormi'larse] *vr* einnicken
adormitarse [aðormi'tarse] *vr v.* **adormilarse**
adornar [aðor'nar] **I.** *vt* schmücken (*con/de* mit +*dat*), verzieren (*con/de* mit +*dat*); **la gracia que le adorna** seine Anmut **II.** *vr:* **~se** sich schmücken (*con* mit +*dat*)
adorno [a'ðorno] *m* **1.** (*ornamento*) Schmuck *m*, Verzierung *f*; **árbol de ~** Zierbaum *m*; **la lámpara sólo está de ~, no funciona** die Lampe dient nur zur Zierde, sie funktioniert nicht; **estar de ~** (*fig*) fehl am Platz(e) sein, deplaziert sein **2.** (BOT) Balsamine *f*, Springkraut *nt*
adosado, **-a** [aðo'saðo, -a] *adj:* **casa adosada** Reihenhaus *nt*
adosar [aðo'sar] *vt* **1.** (*apoyar*) anlehnen (*a* an +*akk*) **2.** (ARQUIT) anbauen (*a* an +*akk*) **3.** (*Am: adjuntar*) beilegen, beifügen
adovelado, **-a** [aðoβe'laðo, -a] *adj* (ARQUIT: *arco, bóveda*) mit Keilsteinen; **arco ~** Bogen aus Keilsteinen
ADP [aðe'pe] *m abr de* **asistente digital personal** PDA *m*
adquirible [aðki'riβle] *adj* erwerbbar
adquirir [aðki'rir] *irr vt* **1.** (*lograr, conseguir*) erlangen; **~ un hábito** eine Gewohnheit annehmen **2.** (*comprar*) erwerben
adquisición [aðkisi'θjon] *f* **1.** (*acción*) Erwerb *m*; **~ de lenguas** Spracherwerb *m* **2.** (*compra*) Kauf *m*, Erwerb *m*; (*de una empresa*) Übernahme *f*; **~ de capital** Kapitalanschaffung *f*; **~ de empresas** (ECON) Ankauf von Firmen; **oferta de ~ de una empresa** (ECON) Übernahmeangebot eines Unternehmens; **oferta pública de ~** (FIN) öffentliches Übernahmeangebot; **este coche es una buena ~** mit diesem Auto haben wir einen guten Kauf gemacht
adquisidor(a) [aðkisi'ðor(a)] *m(f)* (ECON) Erwerber(in) *m(f)*
adquisitivo, **-a** [aðkisi'tiβo, -a] *adj* Erwerbs-, Kauf-; **poder ~** (ECON) Kaufkraft *f*; **título ~** (JUR) Erwerbsgrund *m*
adrede [a'ðreðe] *adv* mit Absicht, absichtlich
adrenalina [aðrena'lina] *f* Adrenalin *nt*
adrián [a'ðrjan] *m* (*juanete*) *hervorstehender Knöchel einer großen Zehe*
adriático, **-a** [a'ðrjatiko, -a] *adj:* **costa adriática** Adriaküste *f*; **mar A~** Adriatisches Meer, Adria *f*
Adriático [a'ðrjatiko] *m* Adria *f*, Adriatisches Meer *nt*
adscribir [aᵈskri'βir] *irr como escribir vt* **1.** (*atribuir*) zuschreiben; **~ algo a alguien** jdm etw zuschreiben **2.** (*destinar*) zuteilen, zuweisen; **la adscribieron al departamento de exportaciones** sie wurde der Exportabteilung zugeteilt
adscripción [aᵈskriβ'θjon] *f* **1.** (*atribución*) Zuschreibung *f* **2.** (*destino*) Zuteilung *f*, Zuweisung *f*
adsorbente [aðsor'βente] **I.** *adj* (FÍS) adsorptiv **II.** *m* (FÍS) Adsorbens *nt*, Adsorptionsmittel *nt*
adsorber [aðsor'βer] *vt* (FÍS) adsorbieren
adstrato [aᵈs'trato] *m* (LING) Adstrat *nt*
aduana [a'ðwana] *f* **1.** (*tasa*) Zoll *m*; **~ de entrada** Eingangszollamt *nt*; **~ de salida** Ausgangszollamt *nt*; **~ de tránsito** Durchgangszollstelle *f*; **~s interiores** Binnenzölle *mpl*; **corredor de ~s** Zollmakler *m*; **declaración de ~s** Zollerklärung *f*; **despachante de ~s** Zollagent *m*; **despacho de ~** Zollabfertigung *f*; **sin ~** zollfrei; **pagar ~** Zoll bezahlen **2.** (*oficina*) Zollamt *nt*; **pase por la ~, por favor** gehen Sie bitte durch den Zoll **3.** (*juego*) Würfelspiel *nt*
aduanal [aðwa'nal] *adj* (*Am*) zollamtlich, Zoll-
aduanar [aðwa'nar] *vt* verzollen
aduanero, **-a** [aðwa'nero, -a] **I.** *adj* Zoll-; **despacho ~** Zollamt *nt*; **exento de derechos ~s** zollfrei; **sujeto a derechos ~s** zollpflichtig; **unión aduanera** Zollunion *f* **II.** *m, f* Zollbeamte(r) *m*, Zollbeamtin *f*
aduar [a'ðwar] *m* (*de tiendas*) Zeltstadt *f*; (*de cabañas*) Hüttenstadt *f*
aducción [aðuᵞ'θjon] *f* (MED) Adduktion *f*
aducir [aðu'θir] *irr como traducir vt* (*razón, motivo*) anführen, vorbringen; (*prueba*) beibringen; **~ como atenuante** als Milderungsgrund geltend machen
aductor [aðuk'tor] *m* (MED) Adduktor *m*
adueñarse [aðwe'ɲarse] *vr* sich bemächtigen (*de* +*gen*), Besitz ergreifen (*de* von +*dat*); **~ del poder** die Macht an sich reißen; **el pánico se adueñó de él** Panik ergriff ihn
adujar [aðu'xar] **I.** *vt* (NÁUT: *cuerda, cable, vela*) aufschießen **II.** *vr:* **~se** sich zusammendrängen; **se ~on para caber todos en un único camarote** sie rückten eng zusammen, so dass sie alle in eine einzige Kajüte passten
adulación [aðula'θjon] *f* Schmeichelei *f*, Schönred(n)erei *f*
adulador(a) [aðula'ðor(a)] **I.** *adj* schmeichlerisch **II.** *m(f)* Schmeichler(in) *m(f)*, Schönredner(in) *m(f)*
adular [aðu'lar] *vt* schmeicheln; **~ a alguien** jdm schmeicheln
adulón, **-ona** [aðu'lon, -ona] **I.** *adj* (*fam pey*) lobhudlerisch, schleimig; **es un hombre ~** er ist ein Schleimer **II.** *m, f* (*fam pey*) Lobhudler(in) *m(f)*, Schleimer(in) *m(f)*
adulteración [aðul̩tera'θjon] *f* Verfälschung *f*; (*de bebidas*) Panschen *nt*; **~ de moneda** (FIN) Münzverschlechterung *f*
adulterador(a) [aðul̩tera'ðor(a)] *m(f)* Fälscher(in) *m(f)*; (*de bebidas*) Panscher(in) *m(f)*
adulterar [aðul̩te'rar] *vt* verfälschen; (*bebidas*) panschen; **~ la verdad** die Wahrheit verfälschen

adulterino, **-a** [aðul̪te'rino, -a] *adj* **1.** (*del adulterio*) ehebrecherisch **2.** (*falso*) verfälscht
adulterio [aðul̪'terjo] *m* Ehebruch *m*
adúltero, **-a** [a'ðul̪tero, -a] **I.** *adj* ehebrecherisch **II.** *m, f* Ehebrecher(in) *m(f)*
adultez [aðul̪'teθ] *f* Erwachsenenalter *nt*
adulto, **-a** [a'ðul̪to, -a] **I.** *adj* **1.** (*persona*) erwachsen; (*animal*) ausgewachsen **2.** (*desarrollado*) entwickelt **II.** *m, f* Erwachsene(r) *mf*
adunar [aðu'nar] **I.** *vt* **1.** (*juntar*) zusammenfügen **2.** (*unificar: personas o cosas*) vereinen; **era imposible ~ a tantas personas tan distintas** es war unmöglich, so viele derart unterschiedliche Personen unter einen Hut zu bringen **II.** *vr:* **~se 1.** (*juntarse*) sich zusammenfügen **2.** (*unificarse*) sich vereinen
adustez [aðus'teθ] *f* **1.** (*de una persona*) Barschheit *f* **2.** (*de un paisaje*) Rauheit *f*
adusto, **-a** [a'ðusto, -a] *adj* **1.** (*persona*) spröde **2.** (*paisaje*) rau **3.** (*región, casa*) finster **4.** (*clima*) heiß
ad valorem [að βa'loren] *adv* dem Werte nach, ad valorem; **impuesto/tarifa ~** Steuer/Zolltarif ad valorem
advección [aðβe^ɣ'θjon] *f* **1.** (*de aire*) Strömen *nt;* **las partículas de polvo fueron trasladadas por la ~ del aire** die Staubteilchen wurden durch die Luftströmung fortgetragen **2.** (*masa de aire*) Advektion *f;* **nieblas de ~** Advektionswolken *fpl*
advenedizo, **-a** [aðβene'ðiθo, -a] **I.** *adj* fremd, zugereist **II.** *m, f* **1.** (*forastero*) Fremde(r) *mf,* Zugereiste(r) *mf* **2.** (*pey: arribista*) Emporkömmling *m*
advenidero, **-a** [aðβeni'ðero, -a] *adj* (*próximo*) nächste(r, s), kommend; **en los días ~s lo decidiremos** in den nächsten [*o* kommenden] Tagen werden wir das entscheiden
advenimiento [aðβeni'mjen̪to] *m* Ankunft *f;* **~ de un monarca** Thronbesteigung *f;* **esperar algo como el santo ~** voller Ungeduld auf etw warten
advenir [aðβe'nir] *irr como venir vi* **1.** (*venir, llegar*) ankommen; (*entrar*) eintreten; (*suceder*) sich ereignen; (*guerra*) ausbrechen **2.** (*monarca*) den Thron besteigen
adventicio, **-a** [aðβen̪'tiθjo, -a] *adj* zufällig
adventismo [aðβen̪'tismo] *m sin pl* (REL) Adventismus *m*
adventista [aðβen̪'tista] **I.** *adj* (REL) adventistisch **II.** *mf* (REL) Adventist(in) *m(f)*
adverar [aðβe'rar] *vt* (JUR: *autentificar*) beglaubigen
adverbial [aðβer'βjal] *adj* (LING) adverbial
adverbializar [aðβerβjali'θar] <z→c> *vt* in ein Adverb umwandeln; **el adjetivo se adverbializa en numerosas ocasiones** das Adjektiv wird häufig als Adverb verwendet
adverbio [að'βerβjo] *m* (LING) Adverb *nt;* **~ de modo/de lugar/de tiempo** Modal-/Lokal-/Temporaladverb *nt*
adversario, **-a** [aðβer'sarjo, -a] *m, f* **1.** (*rival*) Gegner(in) *m(f),* Widersacher(in) *m(f)* **2.** (DEP: *jugador*) Gegenspieler(in) *m(f);* (*equipo*) Gegner *m*
adversativo, **-a** [aðβersa'tiβo, -a] *adj* (LING) adversativ
adversidad [aðβersi'ða^ð] *f* **1.** (*contrariedad*) Widrigkeit *f* **2.** (*desgracia*) Unglück *nt,* Schicksalsschlag *m*
adverso, **-a** [að'βerso, -a] *adj* widrig; (*enemigo*) feindlich; **un clima ~** ein ungünstiges Klima
advertencia [aðβer'ten̪θja] *f* **1.** (*amonestación*) Warnung *f,* Mahnung *f* **2.** (*indicación*) Bemerkung *f,* Hinweis *m*
advertido, **-a** [aðβer'tiðo, -a] *adj* (*experto*) erfahren; **estar ~ del peligro** sich *dat* der Gefahr bewusst sein
advertir [aðβer'tir] *irr como sentir vt* **1.** (*reparar*) bemerken; **advirtió mis intenciones** er/sie erriet meine Absichten **2.** (*indicar*) hinweisen (auf *+akk*); (*llamar la atención*) aufmerksam machen (auf *+akk*); **le advierto que...** *+subj* ich weise Sie darauf hin, dass ... **3.** (*amenazar*) warnen (*de* vor *+dat*); (*aconsejar*) raten; **te advierto que no vayas** ich rate dir, nicht hinzugehen
Adviento [að'βjen̪to] *m* Advent *m*
advocación [aðβoka'θjon] *f* Weiheakt *m,* Weihen *nt;* **estar bajo la ~ de San Pablo** dem heiligen Paulus geweiht sein
advocar [aðβo'kar] <c→qu> *vt* (*Am:* JUR) vor Gericht verteidigen
adyacencia [aðɟa'θen̪θja] *f* (*RíoPl: proximidad*) Nähe *f;* **en las ~s** in der Umgebung
adyacente [aðɟa'θen̪te] *adj* angrenzend, anliegend; **ángulo ~** Nebenwinkel *m*
AE ['ae] *f* (ECON) *abr de* **Asociación de Empresas** Unternehmensverband *m*
AEB [ae'βe] *f* (FIN) *abr de* **Asociación Española de Banca** Spanischer Bankenverband *m*
aedo [a'eðo] *m* (LIT: *elev*) Aöde *m*
AELC [a'el^k] *f* (COM) *abr de* **Asociación Europea de Libre Comercio** EFTA *f*
aeración [aera'θjon] *f* (*de salas*) Belüftung *f;* (*de la tierra*) Durchlüftung *f*
aéreo, **-a** [a'ereo, -a] *adj* **1.** (*del aire*) Luft-; **base aérea** (MIL) Luftstützpunkt *m;* **compañía aérea** Fluggesellschaft *f;* **puente ~** Luftbrücke *f;* **por vía aérea** per Luftpost **2.** (*ligero*) leicht
aerícola [ae'rikola] *adj* (BIOL): **organismos de vida ~** in der freien Luft lebende Organismen *mpl,* Lebewesen *ntpl* des freien Luftraums
aeróbic [ae'roβi^k] *m* (DEP) Aerobic *nt*
aeróbico, **-a** [ae'roβiko, -a] *adj* (BIOL) aerob
aerobio[1] [ae'roβjo] *m* (BIOL) Aerobier *m,* Aerobiont *m*
aerobio, **-a**[2] [ae'roβjo, -a] *adj* (BIOL) aerob
aerobiosis [aero'βjosis] *f inv* (BIOL) Aerobios *m*
aerobús [aero'βus] *m* Airbus *m*
aeroclub [aero'klu^β] <aeroclub(e)s> *m*

Aeroklub *m,* Luftsportverein *m*

aerocomercial [aerokomer'θjal] *adj* Luftverkehrs-, im Luftverkehrsgeschäft; **el mercado** ~ der Luftverkehrsmarkt

aerodeslizador [aeroðesliθa'ðor] *m* Luftkissenfahrzeug *nt,* Hovercraft *nt*

aerodinámica [aeroði'namika] *f* Aerodynamik *f*

aerodinámico, -a [aeroði'namiko, -a] *adj* aerodynamisch; (*vehículo*) stromlinienförmig

aeródromo [ae'roðromo] *m* Flugplatz *m*

aeroespacial [aeroespa'θjal] *adj* Luft- und Raumfahrt-; **industria** ~ Luft- und Raumfahrtindustrie *f*

aerofagia [aero'faxja] *f* (MED) Luftschlucken *nt,* Aerophagie *f*

aerofaro [aero'faro] *m* Leuchtfeuer *nt*

aerofobia [aero'foβja] *f* (MED) Aerophobie *f*

aerofotografía [aerofotoɣra'fia] *f* Luftaufnahme *f*

aerogenerador [aeroxenera'ðor] *m* (TÉC) Wind(kraft)generator *m,* Windkraftanlage *f*

aerógrafo [ae'roɣrafo] *m* (TÉC) Aerograph *m*

aerograma [aero'ɣrama] *m* Luftpostleichtbrief *m,* Aerogramm *nt*

aerolínea [aero'linea] *f* Fluggesellschaft *f,* Luftfahrtgesellschaft *f*

aerolito [aero'lito] *m* Meteorstein *m,* Meteorit *m*

aeromarítimo, -a [aeroma'ritimo, -a] *adj* Luft- und Seefahrt-; **el despliegue ~ fue impresionante** die Luft- und Seefahrtschau war beeindruckend

aeromedicina [aeromeði'θina] *f* (MED) Aeromedizin *f*

aeromodelismo [aeromoðe'lismo] *m sin pl* Modellflugzeugbau *m*

aeromodelista [aeromoðe'lista] *mf* Modellflugzeugbauer(in) *m(f)*

aeromodelo [aeromo'ðelo] *m* Modellflugzeug *nt*

aeromotor [aeromo'tor] *m* Luftmotor *m*

aeromoza [aero'moθa] *f* (*Méx, AmS: azafata*) Stewardess *f*

aeronauta [aero'nau̯ta] *mf* Pilot(in) *m(f),* Flugzeugführer(in) *m(f)*

aeronáutica [aero'nau̯tika] *f* Luftfahrt *f*

aeronáutico, -a [aero'nau̯tiko, -a] *adj* Luftfahrt-; **ingeniero** ~ Luftfahrtingenieur *m*

aeronaval [aerona'βal] *adj* (MIL) der Luftwaffe und Marine; **batalla** ~ Luft- und Seeschlacht *f*

aeronave [aero'naβe] *f* Luftfahrzeug *nt;* ~ **espacial** Raumschiff *nt*

aeronavegación [aeronaβeɣa'θjon] *f* Luftfahrt *f,* Aeronavigation *f*

aeroplano [aero'plano] *m* Flugzeug *nt*

aeroportuario, -a [aeropor'twarjo, -a] *adj* Flughafen-; **tasa aeroportuaria** Flughafensteuer *f*

aeropuerto [aero'pwerto] *m* Flughafen *m;* ~ **destinatario** Bestimmungsflughafen *m,* Zielflughafen *m*

aeroscopio [aeros'kopjo] *m* (FÍS) Luftstaubmessinstrument *nt*

aerosfera [aeros'fera] *f* (GEO: *atmósfera*) Atmosphäre *f*

aerosol [aero'sol] *m* **1.** (*partículas suspendidas en un gas*) Aerosol *nt* **2.** (*espray*) Spray *m o nt* **3.** (*recipiente*) Spraydose *f*

aerostática [aeros'tatika] *f* (FÍS) Aerostatik *f*

aerostático, -a [aeros'tatiko, -a] *adj* (FÍS) aerostatisch; **globo** ~ Ballon *m*

aerostato [aeros'tato] *m,* **aeróstato** [ae'rostato] *m* Ballon *m*

aerotaxi [aero'taˠsi] *m* Aerotaxi *nt,* Mietflugzeug *nt*

aerotecnia [aero'teɣnja] *f* Flugtechnik *f*

aerotécnico, -a [aero'teɣniko, -a] **I.** *adj* flugtechnisch **II.** *m, f* Flugtechniker(in) *m(f)*

aeroterapia [aerote'rapja] *f* (MED) Aerotherapie *f*

aeroterrestre [aerote'rrestre] *adj* (MIL) der Luftwaffe und Bodentruppe; **batalla** ~ Luft- und Bodenschlacht *f*

aerotransportar [aerotraⁿspor'tar] *vt* auf dem Luftweg transportieren

aerotransporte [aerotraⁿs'porte] *m* (COM) Luftfracht *f*

aerotrén [aero'tren] *m* Luftkissenzug *m,* Aerotrain *m*

aerovía [aero'βia] *f* (*aerolínea*) Fluglinie *f*

AES ['aes] *m* (ECON, POL) *abr de* **Acuerdo Económico y Social** Wirtschafts- und Sozialabkommen *nt*

a/f [a fa'βor] *abr de* **a favor** zugunsten, zu Gunsten

afabilidad [afaβili'ðaᵈ] *f* Umgänglichkeit *f*

afable [a'faβle] *adj* umgänglich (*con/para con* gegenüber +*dat*)

afamado, -a [afa'maðo, -a] *adj* berühmt

afamar [afa'mar] *vt* berühmt machen

afán [a'fan] *m* **1.** (*ahínco, fervor*) Eifer *m,* Streben *nt* (*de* nach +*dat*); ~ **de lucro** Gewinnstreben *nt;* **con** ~ eifrig; **con/sin ~ de lucro** mit Gewinnabsicht/gemeinnützig; **poner mucho ~ en algo** etw mit viel Eifer machen **2.** (*anhelo*) Sehnsucht *f* (*de* nach +*dat*), Verlangen *nt* (*de* nach +*dat*); ~ **de notoriedad** Geltungsbedürfnis *nt*

afanado, -a [afa'naðo, -a] *adj* strebsam, eifrig

afanador(a) [afana'ðor(a)] *m(f)* **1.** (*Arg: carterista*) Taschendieb(in) *m(f);* (*descuidero*) Gelegenheitsdieb(in) *m(f)* **2.** (*Méx: para la limpieza*) Putzhilfe *f*

afanaduaría [afanaðwa'ria] *f* (*Méx*) **1.** (*sala de primeros auxilios*) Ambulanz *f* **2.** (*morgue*) Leichenschauhaus *nt*

afanar [afa'nar] **I.** *vi* schwer arbeiten **II.** *vt* (*fam*) klauen **III.** *vr:* **~se 1.** (*esforzarse*) sich abmühen, sich anstrengen; **~se por conseguir algo** sich abmühen um etw zu erreichen **2.** (*atarearse*) sich abarbeiten, sich abplagen

afanoso, -a [afa'noso, -a] *adj* **1.** (*trabajoso*) mühsam, beschwerlich **2.** (*persona*) strebsam

afantasmado, -a [afan̪tas'maðo, -a] *adj*

(fam) eingebildet, selbstgefällig
afarolarse [afaro'larse] *vr* *(Chil, Perú)* sich ärgern
afasia [a'fasja] *f* (MED) Aphasie *f*
afásico, -a [a'fasiko, -a] *adj* (MED) an Aphasie leidend
AFE ['afe] *f abr de* **Asociación de Futbolistas Españoles** spanischer Fußballverband *m*
afeamiento [afea'mjento] *m* **1.** *(desfiguración)* Verunstaltung *f* **2.** *(censura)* Tadel *m*
afear [afe'ar] *vt* **1.** *(desfigurar)* verunstalten **2.** *(censurar)* tadeln
afeblecerse [afeβle'θerse] *irr como crecer* *vr* *(debilitarse)* schwach [*o* matt] werden, an Kraft verlieren
afección [afeᵞ'θjon] *f* **1.** *(enfermedad)* Leiden *nt;* ~ **pulmonar** Lungenleiden *nt* **2.** *(inclinación)* Zuneigung *f*
afeccionarse [afeᵞθjo'narse] *vr* *(Chil, RíoPl)* **1.** *(de algo)* (gern) mögen *(de +akk)* **2.** *(de alguien)* gern haben *(de +akk)*, mögen *(de +akk)*
afectable [afek'taβle] *adj* empfindlich, feinfühlig
afectación [afekta'θjon] *f* Geziertheit *f*, Affektiertheit *f;* ~ **de beneficios** (ECON) Gewinnverwendung *f;* ~ **de ingresos** (ECON) Zweckbindung von Einnahmen; **comportarse con** ~ sich affektiert benehmen
afectado, -a [afek'taðo, -a] *adj* **1.** *(amanerado)* geziert, affektiert **2.** *(perjudicado)* betroffen *(por* von *+dat);* ~ **por las críticas/las inundaciones** von der Kritik/den Überschwemmungen betroffen
afectar [afek'tar] **I.** *vt* **1.** *(aparentar)* vorspiegeln, heucheln; ~ **consternación** Betroffenheit vortäuschen **2.** *(atañer)* betreffen, angehen; ~ **a las reservas** (ECON) den Rücklagen zuführen; **estas decisiones no me afectan** diese Beschlüsse betreffen mich nicht **3.** *(dañar)* schädigen; (MED) angreifen **4.** *(impresionar)* nahe gehen, bewegen; **sus palabras me ~on mucho** seine/ihre Worte gingen mir sehr nahe [*o* bewegten mich sehr] **5.** *(una forma)* annehmen **6.** *(Am: destinar dinero)* bestimmen *(a* für *+akk)*; *(girar)* überweisen *(a* an *+akk)* **II.** *vr:* **~se** *(Am)* sich anstecken
afectísimo, -a [afek'tisimo, -a] *adj:* **suyo** ~ hochachtungsvoll
afectividad [afektiβi'ðaᵈ] *f* **1.** *(emoción)* Gemütsbewegung *f* **2.** *(cariño)* Zärtlichkeit *f* **3.** (PSICO) Affektivität *f*
afectivo, -a [afek'tiβo, -a] *adj* **1.** *(de afecto)* Gemüts-; **reacción afectiva** Gemütsbewegung *f* **2.** *(sensible)* sensibel, empfindsam **3.** *(cariñoso)* liebevoll
afecto¹ [a'fekto] *m* **1.** *(pasión)* Gemütsbewegung *f* **2.** *(cariño)* Zuneigung *f* *(a* für *+akk)*
afecto, -a² [a'fekto, -a] *adj* **1.** *(inclinado)* zugetan *(a +dat)* **2.** *(agregado)* zugeteilt *(a +dat)*, zugewiesen *(a +dat)* **3.** *(sujeto)*: **estar ~ al pago de impuestos** der Steuerpflicht unterliegen **4.** *(afectado)*: **estar ~ de algo** von etw betroffen sein
afectuosidad [afektwosi'ðaᵈ] *f* **1.** *(cariño)* Zärtlichkeit *f* **2.** *(cordialidad)* Herzlichkeit *f*
afectuoso, -a [afektu'oso, -a] *adj* **1.** *(cariñoso)* liebevoll, zärtlich **2.** *(cordial)* herzlich; **afectuosamente** mit freundlichen Grüßen
afeitada [afei̯'taða] *f* *(Arg)* *v.* **afeitado**
afeitado [afei̯'taðo] *m* Rasur *f*, Rasieren *nt;* ~ **húmedo** Nassrasur *f*
afeitadora [afei̯ta'ðora] *f* Rasierapparat *m*, Rasierer *m*
afeitar [afei̯'tar] **I.** *vt* **1.** *(persona)* rasieren; **máquina de** ~ Rasierapparat *m;* **navaja de** ~ Rasiermesser *nt* **2.** *(toro)* die Hörner stutzen *+dat* **II.** *vr:* **~se** sich rasieren
afeite [a'fei̯te] *m* **1.** *(cosmético)* Kosmetikum *nt*, Schönheitsmittel *nt* **2.** *(adorno)* Schmuck *m*
afelpado, -a [afel'paðo, -a] *adj* Plüsch-, plüschig; **sillón** ~ Plüschsessel *m*
afelpar [afel'par] *vt* mit Plüsch beziehen
afeminación [afemina'θjon] *f* Verweiblichung *f*
afeminado¹ [afemi'naðo] *m* *(como una mujer)* femininer Mann *m;* *(blando)* Weichling *m pey*, Waschlappen *m fam pey*
afeminado, -a² [afemi'naðo, -a] *adj* feminin, weibisch *pey*
afeminar [afemi'nar] *vt, vr:* **~se** *(hacer(se) afeminado)* verweiblichen; *(blando)* verweichlichen
afer [a'fer] *m* Affäre *f;* ~ **político** politischer Skandal
aferencia [afe'renθja] *f* (MED) Afferenz *f*
aferente [afe'rente] *adj* (MED) **1.** *(transmisor de sustancias)* afferent, zuführend **2.** *(sustancias transmitidas)* zugeführt
aféresis [a'feresis] *f inv* (LING) Aphärese *f*
aferrado, -a [afe'rraðo, -a] *adj* *(fig: empeñado)* beharrlich, hartnäckig; **vivir ~ a sus ideas** unbeirrt nach seinen Vorstellungen leben
aferramiento [aferra'mjento] *m* **1.** *(agarradero)* (An)packen *nt* **2.** *(obstinación)* Hartnäckigkeit *f*
aferrar [afe'rrar] **I.** *vt* (an)packen, fest halten **II.** *vr:* **~se** **1.** *(agarrarse)* sich fest halten *(a* an *+dat)* **2.** *(obstinarse)* hartnäckig bestehen *(a* auf *+dat)*, sich klammern *(a* an *+akk)*
afestonado, -a [afesto'naðo, -a] *adj* festoniert, mit Festons besetzt; **una blusa afestonada** eine mit Festons verzierte Bluse
affaire [a'fer] *m* Affaire *f;* **el ~ de los tanques** die Panzeraffaire, der Panzerskandal
affidávit [afi'ðaβiᵗ] *m inv* (JUR) eidesstattliche Versicherung *f*, Affidavit *nt*
af(f)mo., af(f)ma. [afek'tisimo, -a] *abr de* **afectísimo, -a** hochachtungsvoll
afgani [af'ɣani] *m* (FIN) Afghani *m*
afgano, -a [af'ɣano, -a] **I.** *adj* afghanisch **II.** *m, f* Afghane, -in *m, f*
afianzamiento [afjanθa'mjento] *m* **1.** *(sujeción)* Befestigung *f* **2.** *(aseguramiento)* Sicherung *f* **3.** *(firmeza)* Bestärkung *f* **4.** (JUR)

Bürgschaft *f;* ~ **de los cambios** (FIN) Wechselbürgschaft *f*

afianzar [afjaṇ'θar] <z→c> **I.** *vt* **1.** (*sujetar*) befestigen; (*con clavos*) annageln; (*con puntales*) abstützen; (*con tornillos*) anschrauben **2.** (*dar firmeza*) bestärken (*en* in +*dat*); (*relaciones comerciales*) absichern **II.** *vr:* ~**se** **1.** (*apoyarse*) sich stützen (*en* auf +*akk*) **2.** (*afirmarse*) sich behaupten

afiche [a'fiʧe] *m* (*Arg, Par, Urug*) Plakat *nt*

afición [afi'θjon] *f* **1.** (*inclinación*) Neigung *f,* Vorliebe *f;* **cobrar** [*o* **tomar**] **una** ~ **por** [*o* **a**] **algo** eine Vorliebe für etw entwickeln; **tener** [*o* **sentir**] **una** ~ **hacia** [*o* **a**] **algo** eine Vorliebe für etw haben **2.** (*pasatiempo*) Liebhaberei *f,* Steckenpferd *nt;* **de** ~ Amateur-, Hobby-; **hacer algo por** ~ etw als Hobby betreiben **3.** (*afecto*) Liebe *f,* Zuneigung *f* **4.** (*hinchada*) Anhängerschaft *f*

aficionado, -a [afiθjo'naðo, -a] **I.** *adj* **1.** (*no profesional*) Hobby-; **jardinero** ~ Hobbygärtner *m* **2.** (*que siente afición*): **ser** ~ **a algo** etw begeistert tun, sich für etw begeistern; **es aficionada a la arquitectura** sie begeistert sich für Architektur; **es aficionada a tocar la flauta** sie ist eine begeisterte Flötenspielerin **II.** *m, f* **1.** (*amante*) Liebhaber(in) *m(f);* (DEP) Sport(s)freund(in) *m(f);* ~ **a la ópera** Opernliebhaber *m* **2.** (*no profesional*) Amateur(in) *m(f)*

aficionar [afiθjo'nar] **I.** *vt:* ~ **a alguien a algo** bei jdm besonderes Interesse für etw wecken **II.** *vr:* ~**se a algo** (*acostumbrarse*) sich *dat* etw angewöhnen, sich an etw gewöhnen; (*prendarse*) etw gerne tun; ~**se a alguien** jdn lieb gewinnen

afiebrado, -a [afje'βraðo, -a] *adj* fiebrig; **estar** ~ Fieber haben

afijo [a'fixo] *m* (LING) Affix *nt*

afilado, -a [afi'laðo, -a] *adj* **1.** (*delgado: nariz*) spitz; (*dedos*) dünn; (*cara*) schmal; **tener uñas afiladas** (*fam fig*) gerne mal was mitgehen lassen **2.** (*mordaz*) bissig, spitz; **lengua afilada** spitze Zunge

afilador¹ [afila'ðor] *m* **1.** (*instrumento*) Schleifmaschine *f;* ~ **de acero** Wetzstahl *m* **2.** (*RíoPl: galán*) Verehrer *m*

afilador(a)² [afila'ðor(a)] *m(f)* **1.** (*que saca filo*) (Scheren)schleifer(in) *m(f)* **2.** (*Am: que flirtea*) *Person, die gerne flirtet;* (*mujer*) kokette Frau *f*

afilalápices [afila'lapiθes] *m inv* Bleistiftspitzer *m*

afilamiento [afila'mjeṇto] *m* (*de dedos*) Dünnerwerden *nt;* (*de la cara*) Schmalerwerden *nt*

afilar [afi'lar] **I.** *vt* **1.** (*cuchillo*) schärfen, schleifen; (*lápiz*) (an)spitzen **2.** (*sentidos*) schärfen **3.** (*Am: flirtear*) flirten **II.** *vr:* ~**se** **1.** (*sentido*) sich schärfen **2.** (*adelgazarse*) schmaler werden

afiliación [afilja'θjon] *f* Beitritt *m* (*a* zu +*dat*); ~ **política** Parteimitgliedschaft *f*

afiliado, -a [afi'ljaðo, -a] **I.** *adj* angeschlossen (*a* +*dat*) **II.** *m, f* Mitglied *nt;* ~ **a la Seguridad Social** Mitglied der Sozialversicherung; ~ **a un sindicato** Gewerkschaftsmitglied *nt*

afiliar [afi'ljar] **I.** *vt* als Mitglied werben; (*incorporar*) aufnehmen (*a* in +*akk*) **II.** *vr:* ~**se** eintreten (*a* in +*akk*), beitreten (*a* +*dat*)

afiligranado, -a [afiliɣra'naðo, -a] *adj* filigran

afiligranar [afiliɣra'nar] *vt* **1.** (*hacer filigrana*) zu einem Filigran verarbeiten **2.** (*fig: adornar*) verzieren, verschönern; **la modista afiligranó el traje charro** die Schneiderin verzierte die salmantinische Tracht

áfilo, -a ['afilo, -a] *adj* (BOT: *que carece de hojas*) blattlos

afilón [afi'lon] *m* **1.** (*correa engrasada*) Streichleder *nt,* Streichriemen *m* **2.** (*cilindro de acero*) Wetzstahl *m*

afilosofado, -a [afiloso'faðo, -a] *adj* den Intellektuellen mimend; **llevar una vida afilosofada** das Leben eines Philosophen führen

afín [a'fin] *adj* verwandt, ähnlich; (*palabra*) bedeutungsähnlich

afinación [afina'θjon] *f,* **afinado** [afi'naðo] *m* **1.** (*pulimiento*) Verfeinerung *f* **2.** (*de metales*) Läuterung *f* **3.** (MÚS) Stimmen *nt*

afinador¹ [afina'ðor] *m* (MÚS: *llave*) Stimmschlüssel *m*

afinador(a)² [afina'ðor(a)] *m(f)* (MÚS) Stimmer(in) *m(f)*

afinamiento [afina'mjeṇto] *m v.* **afinación**

afinar [afi'nar] **I.** *vi* (MÚS: *cantando*) richtig [*o* tonrein] singen; (*tocando*) richtig spielen **II.** *vt* **1.** (*hacer más fino*) verfeinern; (*perfeccionar*) ausfeilen, den letzten Schliff geben +*dat;* ~ **la puntería** sich einschießen **2.** (*lápiz*) (an)spitzen **3.** (*metales*) läutern **4.** (MÚS) stimmen

afincado, -a [afiŋ'kaðo, -a] **I.** *adj* (*t. Am*) **1.** (*que posee fincas*) ein Landgut besitzend **2.** (*establecido*) ansässig; **desde hace tiempo están** ~**s en Salamanca** seit einiger Zeit leben sie in Salamanca **II.** *m, f* (*t. Am*) Gutsbesitzer(in) *m(f);* **los grandes** ~**s** die Großgrundbesitzer

afincar [afiŋ'kar] <c→qu> **I.** *vi* Grundbesitz erwerben **II.** *vr:* ~**se** sich niederlassen (*en* in +*dat*), Fuß fassen (*en* in +*dat*)

afinidad [afini'ðaᵈ] *f* **1.** (*semejanza*) Ähnlichkeit *f,* Affinität *f;* ~ **de caracteres** Wesensverwandtschaft *f* **2.** (*por parentesco*) Verschwägerung *f;* **son parientes por** ~ sie sind verschwägert **3.** (QUÍM) Affinität *f*

afirmación [afirma'θjon] *f* **1.** (*confirmación*) Bestätigung *f;* (*de preguntas*) Bejahung *f;* **contestar algo con afirmaciones** etw bejahen **2.** (*aseveración*) Behauptung *f,* Feststellung *f*

afirmar [afir'mar] **I.** *vt* **1.** (*decir sí*) bejahen; (*dar por cierto*) bestätigen; **afirmó haber escuchado gritos** er/sie bestätigte, Schreie gehört zu haben; ~ **con la cabeza** zustimmend nicken **2.** (*aseverar*) behaupten **3.** (*asentar*) befestigen, festmachen **II.** *vr:* **~se 1.** (*confirmarse*) sich bestätigen **2.** (*ratificarse*) bekräftigen (*en* +*akk*), bestätigen (*en* +*akk*); **hoy se afirma en lo que dijo ayer** heute bekräftigt [*o* bestätigt] er/sie das gestern Gesagte

afirmativamente [afirmatiβa'mente] *adv* bejahend; **responder ~** ja sagen; **responder ~ a algo** etw bejahen, ja zu etw sagen

afirmativo, -a [afirma'tiβo, -a] *adj* bejahend; **en caso ~** gegebenenfalls; **respuesta afirmativa** positive Antwort

aflamencado, -a [aflameŋ'kaðo, -a] *adj* nach Flamenco-Art, im Flamenco-Stil; **el vestido de novia era muy ~** das Brautkleid war sehr dem Flamenco-Stil nachempfunden

aflatarse [afla'tarse] *vr* (*Hond, Nic*) sich grämen (*por* über +*akk*) *elev*, betrübt sein (*por* wegen +*gen*)

aflautado, -a [aflau̯'taðo, -a] *adj* flötenartig; **voz aflautada** Flötenstimme *f*

aflautar [aflau̯'tar] **I.** *vt* (*instrumento*) in der höchsten Stimmlage spielen; (*voz*) in der höchsten Stimmlage singen **II.** *vr:* **~se** in der höchsten Stimmlage klingen; **con el tiempo se le aflautó la voz** mit der Zeit erreichte seine Stimme den Diskant

aflicción [afliʸ'θjon] *f* Betrübnis *f* (*por* über +*akk*), Kummer *m* (*por* über +*akk*); **dar ~ a alguien** jdm Kummer bereiten

aflictivo, -a [aflik'tiβo, -a] *adj*, **afligente** [afli'xente] *adj* (*Am*) betrüblich

afligido, -a [afli'xiðo, -a] *adj* betrübt (*con/por/de* über +*akk*), bekümmert (*con/por/de* über +*akk*)

afligir [afli'xir] <g→j> **I.** *vt* **1.** (*atormentar*) quälen **2.** (*apenar*) betrüben **II.** *vr:* **~se** betrübt sein (*con/por/de* über +*akk*), sich grämen (*con/por/de* über +*akk*) *elev*

aflojamiento [afloxa'mjento] *m* **1.** (*distensión*) Lockern *nt* **2.** (*debilitación*) Nachlassen *nt*

aflojar [aflo'xar] **I.** *vi* nachlassen; (*viento*) abflauen; **la fiebre/tormenta aflojó** das Fieber/Gewitter hat nachgelassen; **aflojó en su entusiasmo** sein/ihr Enthusiasmus hat nachgelassen **II.** *vt* **1.** (*cuerda, nudo*) lockern **2.** (*fam: dinero*) herausrücken **3.** (*velocidad*) drosseln; **~ el paso** langsamer gehen; **un tira y afloja** ein Tauziehen **III.** *vr:* **~se** sich lockern, locker werden

afloración [aflora'θjon] *f:* **~ de plusvalías** (FIN) Aktivierung stiller Reserven

afloramiento [aflora'mjento] *m* (MIN) zutage [*o* zu Tage] tretendes Erz *nt*

aflorar [aflo'rar] *vi* **1.** (*salir a la superficie*) zutage [*o* zu Tage] treten; (*agua subterránea*) austreten **2.** (*apuntar*) sich abzeichnen

afluencia [a'flwenθja] *f* **1.** (*gente*) Zustrom *m*, Andrang *m;* **~ de capitales** (FIN) Kapitalzufluss *m;* **~ de divisas** (FIN) Devisenzufluss *m;* **~ del público** Publikumsandrang *m;* **~ de votantes** Wahlbeteiligung *f;* **ha disminuido la ~ de mano de obra del campo a la ciudad** die Wanderbewegung von Arbeitskräften vom Land in die Stadt hat abgenommen **2.** (*abundancia*) Fülle *f*

afluente [a'flwente] *m* Nebenfluss *m;* **el Laia es ~ del Bío-Bío** der Laia ist ein Nebenfluss des Bío-Bío

afluir [aflu'ir] *irr como huir vi* **1.** (*río, calle*) münden (*a* in +*akk*) **2.** (*gente*) herbeiströmen; **~ a un concierto/a un congreso/a Madrid** in ein Konzert/zu einem Kongress/nach Madrid strömen

aflujo [a'fluxo] *m* (MED) Flüssigkeitsansammlung *f* (*im Gewebe*)

afluxionarse [afluʸsjo'narse] *vr* **1.** (*AmC: hincharse*) anschwellen **2.** (*Col, Cuba: acatarrarse*) sich erkälten; **levemente afluxionado** leicht erkältet

afma. [afek'tisima], **afmo.** [afek'tisimo] *abr de* **afectísima, -o** hochachtungsvoll

afofarse [afo'farse] *vr* schwammig werden

afogarar [afoɣa'rar] **I.** *vt* **1.** (*agobiar*) beunruhigen **2.** (*abrasar: plantas, cultivos*) verdorren lassen; **la sequía afogaró los sembrados** die Dürre hat die Saatfelder ausgetrocknet [*o* vertrocknen lassen] **3.** (*abrasar: alimentos*) anbrennen lassen **II.** *vr:* **~se 1.** (*achicharrarse*) verbrennen; **a 40° creí que me afogaraba** bei 40° dachte ich, ich komme vor Hitze um **2.** (*abrasarse: plantas, cultivos*) verdorren; **en aquel verano se ~on los campos de trigo** in jenem Sommer sind die Weizenfelder verdorrt

afondar [afon'dar] **I.** *vt* (*hundir*) versenken **II.** *vi, vr:* **~se** (*hundirse*) sinken, untergehen

afonía [afo'nia] *f* Heiserkeit *f;* **tener ~** heiser sein

afónico, -a [a'foniko, -a] *adj* heiser; **estar/volverse ~** heiser sein/werden

áfono, -a ['afono, -a] *adj* tonlos

aforado, -a [afo'raðo, -a] **I.** *adj* privilegiert **II.** *m, f* Privilegierte(r) *mf*

aforador(a) [afora'ðor(a)] *m(f)* **1.** (*de una mercancía*) Zollbeschauer(in) *m(f)* **2.** (*de instrumentos*) Eichmeister(in) *m(f)*

aforamiento [afora'mjento] *m* (JUR) Verleihung *f* von Sonderrechten

aforar [afo'rar] *vt* **1.** (*cantidad, capacidad*) (ab)messen **2.** (*mercancía*) (ab)schätzen, taxieren **3.** (*instrumentos de medida*) eichen

aforismo [afo'rismo] *m* Aphorismus *m*, Sinnspruch *m*

aforística [afo'ristika] *f* **1.** (*colección de aforismos*) Aphorismensammlung *f* **2.** (*ciencia*) Aphoristik *f;* **la ~ medieval** die mittelalterliche Aphoristik

aforístico, -a [afo'ristiko, -a] *adj* aphoristisch

aforo [a'foro] *m* **1.** (*de una cantidad*) Mengenbestimmung *f*, Messung *f* **2.** (*de mercancías*) Zollwertermittlung *f* **3.** (*en un estadio, teatro*) Gesamtzahl *f* der Plätze, Kapazität *f;* **la sala tiene un ~ de 300 personas** [*o* **localidades**] der Saal hat eine Kapazität von 300

Plätzen [*o* fasst 300 Personen] **4.** (*de un instrumento de medida*) Eichung *f*

afortunado, **-a** [afortu'naðo, -a] *adj* **1.** (*feliz*) glücklich; **¡qué afortunada eres!** hast du ein Glück! **2.** (*acertado*) treffend, richtig

afoscarse [afos'karse] <c→qu> *vr* (*la atmósfera*) diesig werden; **el cielo se había afoscado** der Himmel war in Dunst gehüllt

afótico, **-a** [a'fotiko, -a] *adj* (GEO) aphotisch, lichtlos

afrailado, **-a** [afrai̯'laðo, -a] *adj* **1.** (TIPO) fehlerhaft gedruckt; **hay que repetir los ejemplares ~s** die fehlerhaft gedruckten Exemplare müssen neu gedruckt werden **2.** (*similar a un fraile*) mönchisch

afrancesado, **-a** [afran̪θe'saðo, -a] **I.** *adj* der französischen Art zugetan, frankophil **II.** *m, f* (HIST) *spanischer Anhänger/spanische Anhängerin Napoleons zur Zeit des Unabhängigkeitskrieges*

afrancesar [afran̪θe'sar] *vt* französieren

afranjado, **-a** [afraŋ'xaðo, -a] *adj* fransig

afrechero [afre'ʧero] *m* (*Arg, Bol, Col:* ZOOL) Kleienfink *m*

afrenta [a'fren̪ta] *f* **1.** (*vergüenza*) Schande *f*, Schimpf *m* **2.** (*ofensa*) Beleidigung *f*; **hacer ~ a alguien** jdn beleidigen

afrentar [afren̪'tar] **I.** *vt* beleidigen, kränken **II.** *vr:* **~se** sich schämen (*de/por* für +*akk*)

afrentoso, **-a** [afren̪'toso, -a] *adj* **1.** (*ofensivo*) beleidigend **2.** (*vergonzoso*) beschämend

afretar [afre'tar] *vt* (NÁUT: *limpiar*) gründlich reinigen (und von anhaftenden Mollusken befreien); **~ la barca** den Schiffsrumpf gründlich reinigen

África ['afrika] *f* Afrika *nt;* **~ central** Zentralafrika *nt;* **~ negra** Schwarzafrika *nt;* **~ del Norte** Nordafrika *nt*

africada [afri'kaða] *f* (LING) Affrikata *f*, Affrikate *f*

africanismo [afrika'nismo] *m* (LING) Afrikanismus *m*

africanista [afrika'nista] *mf* Afrikanist(in) *m(f)*

africanizar [afrikani'θar] <z→c> *vt* afrikanisieren

africano, **-a** [afri'kano, -a] **I.** *adj* afrikanisch **II.** *m, f* Afrikaner(in) *m(f)*

afrikaans ['afrikans] *m* Afrikaans *nt*

afrikander [afri'kan̪der] <afrikanders> *mf*, **afrikáner** [afri'kaner] *mf* Afrika(a)nder(in) *m(f)*

afro ['afro] *adj inv* afrikanisch; **música ~** afrikanische Musik; **peinado ~** Afrolook *m*

afroamericano, **-a** [afroameri'kano, -a] **I.** *adj* afroamerikanisch **II.** *m, f* Afroamerikaner(in) *m(f)*

afroasiático, **-a** [afroa'sjatiko, -a] *adj* afroasiatisch

afrocubano, **-a** [afroku'βano, -a] **I.** *adj* afrokubanisch **II.** *m, f* Afro-Kubaner(in) *m(f)*

afrodisiaco¹ [afroði'sjako] *m*, **afrodisíaco** [afroði'siako] *m* Aphrodisiakum *nt*

afrodisiaco, **-a²** [afroði'sjako, -a] *adj*, **afrodisíaco**, **-a** [afroði'siako, -a] *adj* aphrodisisch

afrodita [afro'ðita] *adj* (BOT) ungeschlechtlich, vegetativ; **los plátanos son plantas ~s** Bananenstauden vermehren sich ungeschlechtlich

afrontar [afron̪'tar] *vt* **1.** (*enfrentar*) einander gegenüberstellen **2.** (*hacer frente*) trotzen +*dat*, die Stirn bieten +*dat;* **~ un problema** ein Problem in Angriff nehmen

afrutado, **-a** [afru'taðo, -a] *adj* fruchtig

afta ['afta] *m* (MED) Aphthe *f*

after-shave [after'ʃei̯f/after'sei̯f] *m* After-Shave *nt*

aftosa [af'tosa] *f* (MED, ZOOL) Aphthenseuche *f*, Maul- und Klauenseuche *f*

afuera [a'fwera] *adv* **1.** (*estado*) draußen; **de ~** von draußen; **la parte de ~** der äußere Teil; **espéreme ~** warten Sie draußen auf mich **2.** (*movimiento*) hinaus, heraus; **¡~!** (*fam*) raus!; **vete ~** geh hinaus

afueras [a'fweras] *fpl* Umgebung *f;* **~ de la ciudad** Stadtrand *m*

agachadiza [aɣaʧa'ðiθa] *f* (ZOOL) Bekassine *f*

agachado, **-a** [aɣa'ʧaðo, -a] *adj* gebeugt

agachar [aɣa'ʧar] **I.** *vt* beugen **II.** *vr:* **~se** **1.** (*encogerse*) sich bücken **2.** (*Am: ceder*) nachgeben **3.** (*Cuba: escaparse*) fliehen **4.** (*Col, Méx: robar*) stehlen (*con* +*akk*)

agache [a'ɣaʧe] *m* **1.** (*Col: mentira*) Lüge *f* **2.** (*Cuba*): **andar de ~** auf der Flucht sein **3.** (*Ecua*): **de ~** wertlos

agalactia [aɣa'laktja] *f* (BIOL) Agalaktie *f*

agalla [a'ɣaʎa] *f* **1.** (BOT) Gallapfel *m* **2.** (*de un pez*) Kieme *f* **3.** (*de un ave*) Schläfenbein *nt* **4.** (*loc*): **tener ~s** Mut haben, Mumm haben *fam*

ágamo, **-a** ['aɣamo, -a] *adj* (BOT) agamisch, geschlechtslos

ágape ['aɣape] *m* **1.** (REL) Agape *f* **2.** (*banquete*) Festmahl *nt*

agarabatado, **-a** [aɣaraβa'taðo, -a] *adj* kritzelig

agar-agar [a'ɣar-a'ɣar] *m* Agar-Agar *m o nt*

agarrada [aɣa'rraða] *f* (*fam*) Zank *m*, Krach *m;* **tener una ~** sich zanken, Krach haben

agarradera [aɣarra'ðera] *f* (*Am*) *v.* **agarradero**

agarradero [aɣarra'ðero] *m* **1.** (*asidero*) Griff *m*, Henkel *m* **2.** (*enchufe*) Beziehung *f;* **tiene (buenos) ~s** er/sie hat (gute) Beziehungen **3.** (*excusa*) Vorwand *m*

agarrado¹ [aɣa'rraðo] *m* (*fam*) Schieber *m*

agarrado, **-a²** [aɣa'rraðo, -a] *adj* geizig

agarrador [aɣarra'ðor] *m* Griff *m;* (*para cosas calientes*) Topflappen *m*

agarrar [aɣa'rrar] **I.** *vi* **1.** (*echar raíces*) anwurzeln, Wurzeln schlagen **2.** (*comida*) anbrennen **3.** (*coche*) haften **4.** (*loc*): **agarró y salió** (*fam*) er/sie ging plötzlich hinaus **II.** *vt* **1.** (*asir*) (er)greifen, packen (*de/por* an +*dat*); (*tomar*) nehmen; **~ a alguien por la nuca**

jdn am Genick packen; **agarrados del brazo** Arm in Arm **2.** (*delincuente, oportunidad*) ergreifen **3.** (*enfermedad, rabieta*) bekommen; ~ **una borrachera** sich *dat* einen Rausch antrinken; ~ **una pulmonía** sich *dat* eine Lungenentzündung zuziehen **III.** *vr:* ~**se 1.** (*asirse*) sich fest halten (*a* an +*dat*); **agárrate a mi brazo** halt dich an meinem Arm fest; **¡agárrate! que te voy a contar qué me pasó ayer** (*fam*) halt dich fest, ich erzähl dir, was mir gestern passiert ist! **2.** (*reñir*) sich zanken **3.** (*comida*) anbrennen; **el asado se agarró a la olla** der Braten ist am Topf festgebrannt **4.** (*fam: tomar como pretexto*) zum Vorwand nehmen; **se agarra al retraso del tren para justificarse** er/sie entschuldigt sich mit der Verspätung des Zuges **5.** (*Am: coger*) ergreifen, fangen; (*frutas*) pflücken

agarre [a'ɣarre] *m* **1.** (*de neumáticos*) Haftung *f* **2.** (*excusa*) Vorwand *m*

agarrón [aɣa'rron] *m* kräftiger Ruck *m*

agarrotado, **-a** [aɣarro'taðo, -a] *adj* steif

agarrotamiento [aɣarrota'mjen̩to] *m* **1.** (*atadura*) (festes) Zusammenbinden *nt* **2.** (*opresión*) Unterdrückung *f* **3.** (*ejecución*) Hinrichtung *f* durch die Garotte, Garottieren *nt* **4.** (*paralización*) Lähmung *f*

agarrotar [aɣarro'tar] **I.** *vt* **1.** (*atar*) fest zusammenbinden **2.** (*ejecutar*) garottieren, durch die Garotte hinrichten **3.** (*entumecer*) lähmen **4.** (*oprimir*) unterdrücken, unterjochen **II.** *vr:* ~**se 1.** (*entumecerse*) steif werden **2.** (*por el miedo*) erstarren **3.** (TÉC) sich festfressen

agasajado, **-a** [aɣasa'xaðo, -a] *m, f* **1.** (*obsequiado*) Beschenkte(r) *mf* **2.** (*huésped de honor*) Ehrengast *m*

agasajar [aɣasa'xar] *vt* **1.** (*recibir*) liebenswürdig empfangen [*o* aufnehmen] **2.** (*con comida*) fürstlich bewirten (*con* mit +*dat*); **el embajador fue agasajado con un banquete** zu Ehren des Botschafters wurde ein Bankett gegeben **3.** (*con regalos*) reichlich beschenken (*con* mit +*dat*)

agasajo [aɣa'saxo] *m* **1.** (*recibimiento*) liebenswürdiger Empfang *m* **2.** (*con comida*) Bewirtung *f* **3.** (*regalo*) Geschenk *nt*

ágata ['aɣata] *f* Achat *m*

agatas [a'ɣatas] *adv* (*Par, RíoPl*) **1.** (*con dificultad*) mühsam **2.** (*casi no*) kaum, nicht einmal; ~ **sabe leer** er kann kaum [*o* noch nicht einmal] richtig lesen **3.** (*tan sólo, escasamente*) erst, knapp; ~ **hace una hora** vor knapp einer Stunde

agateador [aɣatea'ðor] *m* (ZOOL: *ave*) Baumläufer *m*

agaucharse [aɣau̯'ʧarse] *vr* (*AmS*) wie ein Gaucho werden; **tras tantos años de vida en el campo se agauchó mucho** während dieser vielen Jahre auf dem Lande hat er sich mehr und mehr die Lebensweise der Gauchos angeeignet

agavanzo [aɣa'βan̩θo] *m* (BOT: *escaramujo*) Hagebutte *f*; **hicimos una infusión de** ~ wir machten uns einen Hagebuttentee

agave [a'ɣaβe] *f* (BOT) Agave *f*

agavilladora [aɣaβiʎa'ðora] *f* Garbenbindemaschine *f*

agavillar [aɣaβi'ʎar] *vt* in Garben binden

agazaparse [aɣaθa'parse] *vr* **1.** (*fam: agacharse*) sich ducken, sich klein machen **2.** (*esconderse*) sich verstecken

agcha ['aɣʧa] *m* (*Col: cabello*) Haar *nt;* (*cabello en desorden*) zerzaustes Haar *nt*

age ['axe] *m* (*Cuba, Perú*) Süßkartoffel *f*

agencia [a'xen̩θja] *f* **1.** (*empresa*) Agentur *f*, Vertretung *f*; **A**~ **de Abastecimiento** (UE) Versorgungsagentur *f*; ~ **de aduana** Zollagentur *f*; ~ **de cambio** Wechselstube *f*; ~ **de cobro** Inkassobüro *nt;* ~ **de colocaciones** Stellenvermittlungsbüro *nt;* ~ **de empleo** Arbeitsvermittlung *f*, Arbeitsamt *nt;* ~ **inmobiliaria** Immobilienbüro *nt;* **A**~ **Internacional de la Energía** Internationale Energieagentur; ~ **marítima** Schifffahrtsagentur *f*; ~ **de marketing** Marketingfirma *f*; ~ **de noticias** Nachrichtenagentur *f*; ~ **de prensa** Presseagentur *f*; ~ **de publicidad** Werbeagentur *f*; ~ **de transportes** Spedition *f*; **A**~ **Tributaria** Finanzamt *nt* (*staatliches Informationsbüro für Steuerfragen*); ~ **de viajes** Reisebüro *nt* **2.** (*sucursal*) Zweigstelle *f* **3.** (*Chil: casa de empeños*) Leihhaus *nt*

agenciar [axen̩'θjar] **I.** *vt* beschaffen, verschaffen **II.** *vr:* ~**se** sich *dat* beschaffen, sich *dat* verschaffen; **agenciárselas** sich *dat* zu helfen wissen; **agénciatelas como puedas** sieh zu, wie du zurechtkommst

agenciero, **-a** [axen̩'θjero, -a] *m, f* **1.** (*Arg: de negocios*) Vertreter(in) *m(f)*; (*de lotería*) Lotterieeinnehmer(in) *m(f)* **2.** (*Chil: prestamista*) Pfandleiher(in) *m(f)*

agenda [a'xen̩da] *f* **1.** (*calendario*) Terminkalender *m;* ~ **de bolsillo** Taschenkalender *m;* **tener una** ~ **apretada** einen vollen Terminkalender haben **2.** (*cuaderno*) Notizbuch *nt* **3.** (*orden del día*) Tagesordnung *f*

agenesia [axe'nesja] *f* (MED) **1.** (*incapacidad de engendrar: de mujer*) Sterilität *f*; (*de hombre*) Impotenz *f* **2.** (*malformación*) Agenesie *f*

agente[1] [a'xen̩te] **I.** *adj* handelnd; **sujeto** ~ (LING) tätiges Subjekt **II.** *mf* **1.** (*que representa*) Agent(in) *m(f)*, Vertreter(in) *m(f)*; (*corredor*) Makler(in) *m(f)*; ~ **autorizado** Vertragshändler *m;* ~ **de bolsa** Börsenmakler *m;* ~ **de cambio (y bolsa)** Börsenmakler *m;* ~ **comercial** Handelsvertreter *m;* ~ **diplomático** diplomatischer Vertreter; ~ **económico** Wirtschaftssubjekt *nt;* ~ **exclusivo** Alleinvertreter *m;* ~ **fiduciario** Treuhänder *m;* ~ **fiscal** Finanzbeamter *m;* ~ **literario** Literaturagent *m;* ~ **marítimo** Schiffsmakler *m;* ~ **de la propiedad inmobiliaria** Immobilienmakler *m;* ~ **de publicidad** Werbefachmann *m;* (*de anuncios*) Anzeigenvermittler *m;* ~ **de seguros** Versicherungsvertreter *m;* ~ **de transportes**

Spediteur *m;* **los ~s económicos** die Wirtschaftsfaktoren; **~s mediadores** Makler *mpl;* **los ~s sociales** die Sozialpartner [*o* Tarifpartner] **2.** (*funcionario*): **~ de aduanas** Zollbeamter *m;* **~ judicial** Gerichtsvollzieher *m;* **~ de policía** Polizist *m* **3.** (*espía*) Agent(in) *m(f),* Spion(in) *m(f);* **~ doble** Doppelagent *m;* **~ secreto** Geheimagent *m*

agente[2] [a'xeṇte] *m* **1.** (*cosa*) wirkende Kraft *f* **2.** (MED) Erreger *m* **3.** (LING) Agens *nt*

agerasia [axe'rasja] *f* (MED) Agerasie *f,* Fehlen *nt* von Altersbeschwerden

agestado, -a [axes'taðo, -a] *adj:* **me respondió bien/mal ~** er antwortete mir mit freundlicher/unfreundlicher Miene

ageusia [a'xeu̯sja] *f* (MED) Ageusie *f*

agigantado, -a [axiɣaṇ'taðo, -a] *adj* riesig, riesenhaft; **a pasos ~s** mit Riesenschritten

agigantar [axiɣaṇ'tar] **I.** *vt* **1.** (*agrandar*) riesengroß machen **2.** (*exagerar*) maßlos übertreiben **II.** *vr:* **~se** ungeheuer wachsen

ágil ['axil] *adj* **1.** (*de movimiento*) flink, gewandt **2.** (*mental*) geistig agil [*o* rege] **3.** (*hábil*) geschickt; **en estilo ~** in gutem Stil

agilidad [axili'ðaᵈ] *f* **1.** (*física*) Flinkheit *f,* Gewandtheit *f;* **~ de dedos** Fingerfertigkeit *f* **2.** (*mental*) geistige Agilität *f,* geistige Wendigkeit *f* **3.** (*habilidad*) Geschick *nt*

agilipollado, -a [axilipo'ʎaðo, -a] *adj* (*vulg*) dämlich, saudumm

agilipollar [axilipo'ʎar] **I.** *vt* (*vulg*) ganz irre machen *fam* **II.** *vr:* **~se** (*vulg*) durchdrehen *fam,* durchknallen *fam;* **al ver a aquel chico tan guapo me agilipollé** als ich diesen tollen Typen sah, war ich völlig neben der Spur *fam*

agilización [axiliθa'θjon] *f* **1.** (*aceleración*) Beschleunigung *f* **2.** (*simplificación*) Vereinfachung *f*

agilizar [axili'θar] <z→c> *vt* **1.** (*facilitar*) erleichtern **2.** (*dar rapidez*) beschleunigen **3.** (*simplificar*) vereinfachen **4.** (*hacer ágil*): **~ el cuerpo** sich fit halten

agio ['axjo] *m* (FIN) **1.** (*beneficio*) Agio *nt,* Aufgeld *nt* **2.** (*agiotaje*) Kursspekulation *f*

agiotador(a) [axjota'ðor(a)] *m(f) v.* **agiotista**

agiotaje [axjo'taxe] *m* Börsenspekulation *f*

agiotista [axjo'tista] *mf* Börsenspekulant(in) *m(f)*

agitación [axita'θjon] *f* **1.** (*movimiento*) heftige Bewegung *f;* (*de un líquido*) Schütteln *nt* **2.** (*excitación*) Aufregung *f;* (*intranquilidad*) Unruhe *f* **3.** (POL) Unruhe *f* **4.** (PSICO) Agitiertheit *f*

agitado, -a [axi'taðo, -a] *adj* **1.** (*persona*) aufgeregt; (*vida*) hektisch **2.** (*mar, día*) stürmisch

agitador[1] [axita'ðor] *m* (*utensilio*) Schüttelbecher *m;* (TÉC) Rührwerk *nt*

agitador(a)[2] [axita'ðor(a)] **I.** *adj* **1.** (TÉC) Rühr- **2.** (POL) agitatorisch **II.** *m(f)* Agitator(in) *m(f),* Unruhestifter(in) *m(f)*

agitanado, -a [axita'naðo, -a] *adj* zigeunerhaft, zigeunerisch; **lucía su pelo ~** sein Haar leuchtete wie das eines Zigeuners

agitanar [axita'nar] **I.** *vt* zigeunerisch erscheinen lassen **II.** *vr:* **~se** zigeunerhaft werden; **tus ojos se han agitanado con el tiempo** deine Augen sind mit der Zeit denen von Zigeunern immer ähnlicher geworden

agitar [axi'tar] **I.** *vt* **1.** (*mover*) hin und her bewegen; (*bandera, pañuelo*) schwenken; (*botella*) schütteln; **agítese antes de usarlo** vor Gebrauch schütteln **2.** (*intranquilizar*) in Unruhe versetzen; (*excitar*) aufregen **3.** (*sublevar*) aufhetzen **II.** *vr:* **~se 1.** (*moverse*) sich hin und her bewegen; (*con el cuerpo*) zappeln; (*bandera*) flattern; (*mar*) stürmisch werden **2.** (*excitarse*) sich aufregen; (*preocuparse*) sich beunruhigen

aglomeración [aɣlomera'θjon] *f* **1.** (*amontonamiento*) Anhäufung *f;* **~ de gente** Menschenauflauf *m* **2.** (*complejo urbano*) Siedlung *f,* Ortschaft *f;* **~ urbana** Ballungsgebiet *nt*

aglomerado [aɣlome'raðo] *m* **1.** (TÉC) Pressmasse *f;* (*de madera*) Pressholz *nt;* **~ de carbón** Brikett *nt* **2.** (*en la construcción*) Fertigteil *nt*

aglomerante [aɣlome'raṇte] *m* (TÉC) Bindemittel *nt*

aglomerar [aɣlome'rar] **I.** *vt* **1.** (*amontonar*) anhäufen **2.** (*reunir*) sammeln **3.** (TÉC) brikettieren **II.** *vr:* **~se** sich ansammeln

aglutinación [aɣlutina'θjon] *f* **1.** (*unión*) Verbindung *f* **2.** (MED) Agglutination *f*

aglutinante [aɣluti'naṇte] **I.** *adj* **1.** (TÉC) Binde-; **sustancia ~** Bindemittel *nt* **2.** (LING) agglutinierend; **lengua ~** agglutinierende Sprache **II.** *m* (TÉC) Bindemittel *nt*

aglutinar [aɣluti'nar] *vt* **1.** (*pegar*) binden **2.** (*unir*) verknüpfen; **~ deseos/intereses** (unterschiedliche) Wünsche/Interessen miteinander verbinden, (unterschiedliche) Wünsche/Interessen unter einen Hut bringen *fam*

agnación [aɣna'θjon] *f* (*relación de parentesco*) Agnation *f,* (Bluts)verwandtschaft *f* über die männliche Linie

agnado, -a [aɣ'naðo, -a] *adj* (JUR: *persona*) blutsverwandt (in der männlichen Linie); (*principio*) Agnaten-

agnición [aɣni'θjon] *f* (LIT: *reconocimiento*) Anagnorisis *f*

agnosia [aɣ'nosja] *f* (MED) Agnosie *f*

agnosticismo [aɣnosti'θismo] *m sin pl* (FILOS) Agnostizismus *m*

agnóstico, -a [aɣ'nostiko, -a] **I.** *adj* (FILOS) agnostizistisch **II.** *m, f* (FILOS) Agnostiker(in) *m(f)*

agnus(déi) ['aɣnus('ðei̯)] *m inv* (REL) Agnus Dei *nt*

agobiado, -a [aɣo'βjaðo, -a] *adj* **1.** (*espalda*) gebeugt, gekrümmt; **estoy ~ de deudas** ich bin hoch verschuldet, ich stecke bis über die Ohren in Schulden *fam* **2.** (*cansado*) erschöpft; **~ por los años** altersschwach

agobiante [aɣo'βjaṇte] *adj* **1.** (*trabajo*) mühsam, schwer **2.** (*silencio*) bedrückend **3.** (*persona*) aufdringlich **4.** (*calor*) drückend

agobiar [aɣo'βjar] **I.** *vt* **1.** (*abrumar*) bedrücken, deprimieren; **le agobia su situación financiera** seine finanzielle Situation bedrückt ihn; **¡no me agobies!** lass mich in Ruhe!; ~ **a alguien con alabanzas** jdn mit Lobreden in Verlegenheit bringen **2.** (*de trabajo*) überlasten (*de* mit +*dat*), überhäufen (*de* mit +*dat*) **3.** (*encorvar*) krümmen, biegen; (*el cuerpo*) nach vorne beugen **II.** *vr:* ~**se 1.** (*encorvarse*) sich bücken, sich beugen **2.** (*sentirse confundido*) verlegen werden **3.** (*atarearse*) sich überarbeiten **4.** (*angustiarse*) deprimiert [*o* niedergeschlagen] sein (*con/por* wegen +*gen*)

agobio [a'ɣoβjo] *m* **1.** (*encorvamiento*) Beugen *nt,* Bücken *nt* **2.** (*carga*) Last *f;* (*pena*) Mühsal *f* **3.** (*de trabajo*) Überlastung *f;* (*cansancio*) Erschöpfung *f* **4.** (*angustia*) Niedergeschlagenheit *f,* Beklommenheit *f*

agolpamiento [aɣolpa'mjen̩to] *m* Andrang *m,* Auflauf *m*

agolparse [aɣol'parse] *vr* **1.** (*personas*) zusammenlaufen, sich drängen **2.** (*líquido*) strömen; **se agolparon las lágrimas en sus ojos** die Tränen stiegen ihm/ihr in die Augen **3.** (*sucesos, pensamientos*) sich überstürzen

agonía [aɣo'nia] *f* **1.** (*del moribundo*) Todeskampf *m,* Agonie *f;* **acompañante en la ~** Sterbebegleiter *m* **2.** (*angustia*) Kummer *m,* Schmerz *m* **3.** (*de una civilización*) Verfall *m,* Untergang *m*

agónico, -a [a'ɣoniko, -a] *adj* (*persona*) mit dem Tode ringend; **período ~** Todesstunde *f;* **estar ~** im Sterben liegen

agonista [aɣo'nista] **I.** *adj* (ANAT): **músculo ~** Agonist *m* **II.** *m* (ANAT) Agonist *m*

agonizante [aɣoni'θan̩te] **I.** *adj* mit dem Tode ringend, sterbend **II.** *mf* Sterbende(r) *mf*

agonizar [aɣoni'θar] <z→c> **I.** *vi* **1.** (*morir*) mit dem Tode ringen, im Sterben liegen **2.** (*terminar*) dem Ende zugehen **II.** *vt* bedrängen; **¡no me agonices con tantas preguntas!** löchere mich nicht mit so vielen Fragen!

ágora ['aɣora] *f* Agora *f*

agorafobia [aɣora'foβja] *f* (MED, PSICO) Agoraphobie *f,* Platzangst *f*

agorar [aɣo'rar] *irr vt* voraussagen

agorero, -a [aɣo'rero, -a] **I.** *adj* Unheil verkündend **II.** *m, f* Schwarzseher(in) *m(f)*

agorgojarse [aɣorɣo'xarse] *vr* (*semillas*) von Kornkäfern befallen werden

agostamiento [aɣosta'mjen̩to] *m* **1.** (*por el calor*) Austrocknen *nt,* Versengen *nt* **2.** (*malogro*) Verderben *nt*

agostar [aɣos'tar] **I.** *vt* **1.** (*plantas*) ausdörren, versengen **2.** (*malograr*) verderben, zunichte machen **II.** *vr:* ~**se** zerstört werden

agosteño, -a [aɣos'teɲo] *adj* August-

agosto [a'ɣosto] *m* **1.** (*mes*) August *m; v. t.* **marzo 2.** (*recolección*) Erntezeit *f;* **hacer su ~** sein Schäfchen ins Trockene bringen

agotado, -a [aɣo'taðo, -a] *adj* **1.** (*cansado*) erschöpft, abgespannt **2.** (*mercancía*) ausverkauft; (*libro*) vergriffen; **~ temporalmente** zur Zeit vergriffen [*o* nicht vorrätig] **3.** (*pilas*) leer

agotador(a) [aɣota'ðor(a)] *adj* anstrengend; **hace un calor ~** die Hitze macht einem zu schaffen, die Hitze macht einen fertig *fam*

agotamiento [aɣota'mjen̩to] *m* Erschöpfung *f;* **~ de las cuentas** (FIN) Rechnungsabschluss *m;* **~ de la duración de la prestación** Ablauf des Zahlungszeitraums; **~ de recursos** Erschöpfung der Ressourcen; **~ del terreno** (AGR) Bodenermüdung *f*

agotar [aɣo'tar] **I.** *vt* **1.** (*existencias*) aufbrauchen; **~ un contingente** (COM) ein Kontingent ausschöpfen **2.** (*mercancía*) ausverkaufen **3.** (*paciencia*) erschöpfen **4.** (*tema, posibilidad*) ausschöpfen, erschöpfen **5.** (*cansar*) erschöpfen **II.** *vr:* ~**se 1.** (*mercancía*) ausgehen; **esta edición se agotó enseguida** diese Ausgabe war sofort vergriffen **2.** (*pilas*) leer werden **3.** (*fuerzas, tema*) sich erschöpfen; (*conversación*) versiegen **4.** (*cansarse*) sich verausgaben

agraciado, -a [aɣra'θjaðo, -a] *adj* **1.** (*gracioso*) anmutig **2.** (*bien parecido*) gut aussehend, anziehend **3.** (*afortunado*) begünstigt, auserwählt; **~ por la suerte** vom Glück begünstigt; **salir ~ en la lotería** in der Lotterie gewinnen

agraciar [aɣra'θjar] *vt* **1.** (*vestido, adorno*) gut stehen +*dat;* **este traje le agracia la figura** in diesem Anzug hat er/sie eine gute Figur **2.** (*conceder*) auszeichnen (*con* mit +*dat*); **fue agraciado con un premio** er gewann einen Preis **3.** (ECON: *patentar*) patentieren

agradable [aɣra'ðaβle] *adj* **1.** (*ameno*) angenehm; (*lugar*) gemütlich; **~ al paladar** wohlschmeckend; **es ~ a la vista** das ist ein schöner Anblick **2.** (*persona*) freundlich (*con/para con* zu +*dat*), nett (*con/para con* zu +*dat*)

agradar [aɣra'ðar] *vi* gefallen +*dat,* behagen +*dat;* **me agrada oír música** ich höre gern Musik; **me agrada esta gente** ich finde diese Leute nett; **quiere ~ a todos** er/sie will es allen recht machen

agradecer [aɣraðe'θer] *irr como crecer vt* danken; **~ algo a alguien** jdm für etw danken; **te agradezco la invitación** ich danke dir für die Einladung; **les agradezco que me lo hayan dicho** ich danke Ihnen, dass Sie es mir gesagt haben; **le ~ía mucho si...** +*subj* ich wäre Ihnen sehr dankbar, wenn ...; **no sabe ~ tu trabajo** er/sie weiß deine Arbeit nicht zu schätzen; **el campo ha agradecido la lluvia** der Regen hat den Feldern gut getan

agradecido, -a [aɣraðe'θiðo, -a] *adj* **1.** (*que agradece*) dankbar (*por* für +*akk*); **le estaría muy ~ que me contestara lo antes posible** ich wäre Ihnen sehr dankbar, wenn Sie mir so schnell wie möglich antworten würden; **le estoy sumamente** ~ ich bin Ihnen unendlich dankbar; **le quedamos muy ~s** wir sind Ihnen sehr dankbar **2.** (*que compensa*) lohnend

agradecimiento [aɣraðeθi'mjen̪to] *m* Dank *m* (*por* für +*akk*), Dankbarkeit *f*

agrado [a'ɣraðo] *m* **1.** (*afabilidad*) Freundlichkeit *f*; **tratar a alguien con** ~ jdn freundlich behandeln **2.** (*complacencia*) Wohlgefallen *nt*; **decide según su** ~ er/sie entscheidet nach Belieben; **he recibido con** ~ **su carta** ich habe mich über ihren Brief sehr gefreut; **esto no es de mi** ~ das gefällt mir nicht

agrafia [a'ɣrafja] *f* (MED) Agraphie *f*

ágrafo, **-a** ['aɣrafo, -a] *adj* **1.** (*sin escritura*): **una cultura ágrafa** eine Kultur, die keine Schrift hat **2.** (MED) an Agraphie leidend; **tengo un hijo** ~ ich habe einen Sohn, der an Agraphie leidet

agramatical [aɣramati'kal] *adj* (LING) ungrammatisch

agrandamiento [aɣran̪da'mjen̪to] *m* Vergrößerung *f*

agrandar [aɣran̪'dar] **I.** *vt* vergrößern, erweitern; ~ **la importancia de algo** etw zu viel Bedeutung beimessen **II.** *vr:* **~se** sich vergrößern, sich erweitern

agranujado, **-a** [aɣranu'xaðo, -a] *adj* (*fam*) frech, unverschämt; **ese chiquillo** ~ **me trae loca** dieser Lausebengel raubt mir den letzten Nerv

agrario, **-a** [a'ɣrarjo, -a] *adj* Agrar-, landwirtschaftlich; **crédito** ~ Agrarkredit *m*; **población agraria** Landbevölkerung *f*

agrarismo [aɣra'rismo] *m sin pl* **1.** (POL) Agrarismus *m* **2.** (*intereses de los agricultores*) Interessenvertretung *f* der Landwirte

agravación [aɣraβa'θjon] *f* Verschlimmerung *f*; ~ **del riesgo** Risikoerhöhung *f*

agravamiento [aɣraβa'mjen̪to] *m* **1.** (MED) Verschlimmerung *f* **2.** (*recrudecimiento*) Verschärfung *f*; ~ **de la pena** (JUR) Strafverschärfung *f*

agravante[1] [aɣra'βan̪te] **I.** *adj* **1.** (*general*) erschwerend **2.** (JUR) strafverschärfend **II.** *m o f* erschwerender Umstand *m*

agravante[2] [aɣra'βan̪te] *f* (JUR) Strafverschärfungsgrund *m*

agravar [aɣra'βar] **I.** *vt* **1.** (*enfermedad*) verschlimmern **2.** (*situación*) verschärfen **II.** *vr:* **~se** **1.** (*enfermedad*) sich verschlimmern **2.** (*situación*) sich verschärfen

agravatorio, **-a** [aɣraβa'torjo, -a] *adj* **1.** (JUR) Mahn-; **despacho** ~ Mahnschreiben *nt* **2.** (*que agrava*) erschwerend, verschlimmernd; **a la situación caótica se añadió el hecho** ~ **de la epidemia** die ohnehin chaotische Lage wurde durch die Epidemie noch verschlimmert

agraviar [aɣra'βjar] **I.** *vt* **1.** (*ofender*) beleidigen **2.** (JUR) schädigen **II.** *vr:* **~se** beleidigt sein (*por* wegen +*gen*)

agravio [a'ɣraβjo] *m* **1.** (*ofensa*) Beleidigung *f* **2.** (JUR) Beeinträchtigung *f*; ~ **comparativo** Ungleichbehandlung *f*; ~ **material** materieller Schaden; **sufrir ~s** Unrecht erleiden

agraz [a'ɣraθ] *m* **1.** (*uva*) unreife Traube *f*; **en** ~ unreif **2.** (*zumo*) Saft *m* aus unreifen Trauben, Agrest *m* **3.** (*amargura*) Verdruss *m*

agrazar [aɣra'θar] <z→c> **I.** *vi* (*tener sabor agrio*) sauer schmecken; **el zumo de limón agraza** Zitronensaft ist sauer **II.** *vt* (*molestar*) ärgern, wurmen *fam*; **me agrazó que Miguel no me mirara siquiera** es hat mich geärgert, dass mich Miguel keines Blickes würdigte

agrazón [aɣra'θon] *m:* **mi vid sólo da agrazones** mein Weinstock bringt nur verkümmerte Trauben hervor

agredir [aɣre'ðir] *vt* angreifen, überfallen; ~ **a alguien de palabra** jdn beschimpfen

agregación [aɣreɣa'θjon] *f* Hinzufügung *f* (*a* zu +*dat*); ~ **de un municipio** Eingemeindung *f*

agregado[1] [aɣre'ɣaðo] *m* **1.** (*conglomerado*) Mischung *f* **2.** (*aditamento*) Zusatz *m* (*a* zu +*dat*)

agregado, **-a[2]** [aɣre'ɣaðo, -a] *m, f* **1.** (*en una embajada*) Attaché *m*; ~ **comercial** Handelsattaché *m*; ~ **diplomático** Attaché *m*; ~ **militar** Militärattaché *m* **2.** (*adjunto*) Gehilfe, -in *m, f* **3.** (UNIV) außerordentlicher Professor *m*, außerordentliche Professorin *f*

agregaduría [aɣreɣaðu'ria] *f* **1.** (*cargo diplomático*) Amt *nt* eines Attachés; **antes de ser embajador estuve mucho tiempo con una** ~ bevor ich Botschafter wurde, bekleidete ich lange Zeit das Amt eines Attachés **2.** (*profesor*) Stellung *f* eines außerordentlichen Professors; **Ana consiguió una** ~ Ana bekam eine Anstellung als außerordentliche Professorin

agregar [aɣre'ɣar] <g→gu> **I.** *vt* **1.** (*añadir*) hinzufügen (*a* +*dat*) **2.** (*destinar*) zuteilen (*a* +*dat*); **la ~on al departamento de ventas** sie wurde der Verkaufsabteilung zugeteilt **II.** *vr:* **~se** sich anschließen; **~se a alguien** sich jdm anschließen

agremiar [aɣre'mjar] **I.** *vt* in einem (Berufs)verband zusammenschließen **II.** *vr:* **~se** sich in einem (Berufs)verband zusammenschließen

agresión [aɣre'sjon] *f* Angriff *m*, Überfall *m*; ~ **armada** bewaffneter Angriff

agresividad [aɣresiβi'ða^{d}] *f* Aggressivität *f*, Angriffslust *f*

agresivo, **-a** [aɣre'siβo, -a] *adj* aggressiv, angriffslustig

agresor[1] [aɣre'sor] *m* (POL) Aggressor *m*

agresor(a)[2] [aɣre'sor(a)] *m(f)* Angreifer(in) *m(f)*

agreste [a'ɣreste] *adj* **1.** (*campestre*) ländlich, bäuerlich **2.** (*terreno*) holp(e)rig **3.** (*vegetación*) wild **4.** (*persona*) grob

agriado, **-a** [a'ɣrjaðo, -a] *adj* (*persona*) verbittert

agriar [a'ɣrjar] **I.** *vt* **1.** (*alimentos*) säuern **2.** (*persona*) verbittern **II.** *vr:* **~se 1.** (*alimentos*) sauer werden **2.** (*persona*) verbittert werden

agrícola [a'ɣrikola] *adj* Agrar-, landwirtschaftlich; **cooperativa ~** Agrargenossenschaft *f;* **crédito ~** (FIN) Agrarkredit *m;* **explotación ~** (*empresa*) landwirtschaftlicher Betrieb; (*aprovechamiento*) landwirtschaftliche Nutzung; **población ~** Agrarbevölkerung *f;* **Política A~ Común** (UE) Gemeinsame Agrarpolitik

agricultor(a) [aɣrikul̩'tor(a)] *m(f)* **1.** (*labrador*) Bauer *m,* Bäuerin *f* **2.** (*empresario*) Landwirt(in) *m(f)*

agricultura [aɣrikul̩'tura] *f* Ackerbau *m,* Landwirtschaft *f;* **~ ecológica** ökologische Landwirtschaft; **~ extensiva/intensiva** extensive/intensive Landwirtschaft

agridulce [aɣri'ðul̩θe] *adj* süß-sauer; **un plato ~** ein süß-saures Gericht; **un tono ~** ein süß-saurer Ton

agrietado, -a [aɣrje'taðo, -a] *adj* rissig; (*tela, pared*) brüchig; (*piel, labios*) aufgesprungen

agrietamiento [aɣrjeta'mjen̩to] *m* Spalten *nt*

agrietar [aɣrje'tar] **I.** *vt* rissig machen **II.** *vr:* **~se** rissig werden; (*tela, pared*) brüchig werden; (*piel, labios*) aufspringen

agrillarse [aɣri'ʎarse] *vr* (*tubérculos, semillas*) (aus)keimen; **las patatas se han agrillado en el sótano** die Kartoffeln haben [*o* sind] im Keller ausgekeimt

agrimensor(a) [aɣrimen'sor(a)] *m(f)* Vermessungsingenieur(in) *m(f)*

agrimensura [aɣrimen'sura] *f* Landvermessung *f*

agringarse [aɣriŋ'garse] <g→gu> *vr* (*Am*) sich wie ein Nordamerikaner verhalten

agrio, -a ['aɣrjo, -a] *adj* **1.** (*sabor*) sauer; **tener un sabor ~** sauer schmecken **2.** (*crítica*) herb **3.** (*carácter*) mürrisch

agrios ['aɣrjos] *mpl* Zitrusfrüchte *fpl*

agriparse [aɣri'parse] *vr* (*fam*) sich *dat* die Grippe holen

agrisado, -a [aɣri'saðo, -a] *adj* graulich, gräulich

agrisar [aɣri'sar] **I.** *vt* (*dar color gris*) grau machen **II.** *vr:* **~se** (*volverse gris*) ergrauen, grau werden; **los cabellos se le han agrisado con la edad** seine Haare sind mit den Jahren grau geworden

agro ['aɣro] *m* Acker *m*

agroalimentario, -a [aɣroalimen̩'tarjo, -a] *adj:* **industria agroalimentaria** Industrie zur Verarbeitung landwirtschaftlicher Produkte

agroindustria [aɣroin̩'dustrja] *f* Industrie *f* zur Verarbeitung landwirtschaftlicher Produkte

agroindustrial [aɣroin̩dus'trjal] *adj* agrarindustriell; **en el ámbito ~** auf dem Gebiet der Agrarindustrie

agrología [aɣrolo'xia] *f* (AGR) Agrologie *f*

agronomía [aɣrono'mia] *f* Agronomie *f,* Landwirtschaftswissenschaft *f*

agronómico, -a [aɣro'nomiko, -a] *adj* agronomisch, Landwirtschafts-

agrónomo, -a [a'ɣronomo, -a] *m, f* Agronom(in) *m(f),* Diplomlandwirt(in) *m(f)*

agropecuario, -a [aɣrope'kwarjo, -a] *adj* Landwirtschafts-, Agrar-; **industria agropecuaria** Agrarindustrie *f*

agropop [aɣro'poᵖ] *m* (MÚS) Agropop *m* (*ländlich geprägter spanischer Popmusik-Stil*)

agroquímica [aɣro'kimika] *f* (AGR, QUÍM) Agrochemie *f*

agroseguro [aɣrose'ɣuro] *m* Agrarversicherung *f*

agroturismo [aɣrotu'rismo] *m* Land-Tourismus *m,* Ferien *pl* auf dem Bauernhof

agrupación [aɣrupa'θjon] *f* **1.** (*agrupamiento*) Gruppierung *f,* Zusammenstellung *f;* **~ de acciones** (FIN) Zusammenlegung von Aktien **2.** (*conjunto*) Gruppe *f;* **~ de municipios** Gemeindeverband *m* **3.** (*asociación*) Verein *m,* Vereinigung *f;* **~ de productores** (ECON) Erzeugergemeinschaft *f* **4.** (MIL) Verband *m*

agrupamiento [aɣrupa'mjen̩to] *m* Gruppierung *f,* Zusammenstellung *f*

agrupar [aɣru'par] **I.** *vt* gruppieren, zusammenstellen; **~ algo por temas** etw nach Themen zusammenstellen **II.** *vr:* **~se** sich gruppieren

agua ['aɣwa] *m* **1.** (*líquido*) Wasser *nt;* **~ blanda/dura** weiches/hartes Wasser; **~ de Colonia** Kölnischwasser *nt;* **~ corriente** fließendes Wasser; **~ dentífrica** Mundwasser *nt;* **~s depuradas** Klärwasser *nt;* **~ dulce** Süßwasser *nt;* **~ con gas** kohlensäurehaltiges Wasser; **~ del grifo** Leitungswasser *nt;* **~ de mar** Meerwasser *nt;* **~ mineral** Mineralwasser *nt;* **~ de nieve** Schmelzwasser *nt;* **~ oxigenada** (QUÍM) Wasserstoffsuperoxyd *nt;* **~ potable** Trinkwasser *nt;* **~s residuales** Abwässer *ntpl;* **~ salada** Salzwasser *nt;* **~s territoriales** Hoheitsgewässer *ntpl;* **¡hombre al ~!** Mann über Bord!; **rompió ~s** ihre Fruchtblase ist geplatzt; **hacer ~** (*buque*) lecken; (*negocio*) den Bach runtergehen *fam;* **claro como el ~** sonnenklar; **como ~ de mayo** wie ein Geschenk des Himmels; **es ~ pasada** das ist Schnee von gestern; **estar entre dos ~s** zwischen zwei [*o* den] Stühlen sitzen; **estoy con el ~ hasta el cuello** das Wasser steht mir bis zum Hals; **no hallar ~ en el mar** sich dumm anstellen; **llevar el ~ a su molino** nur an sich selbst denken; **quedar en ~ de borrajas** ins Wasser fallen, nicht stattfinden; **sacar ~ a las piedras** aus nichts Geld machen; **~ pasada no mueve molino** (*prov*) was vorbei ist, ist vorbei **2.** (*lluvia*) Regen *m;* **~ nieve** Schneeregen *m;* **esta noche ha caído mucha ~** heute Nacht hat es viel geregnet **3.** (*Méx:* GASTR): **~ de Jamaica** Hibiskusblütenwasser *nt;* **~ de Lima** Limettenwasser *nt* **4.** *pl* (*mar, río*) Gewässer *nt;* **~s comunita-**

rias (UE) Gemeinschaftsgewässer *ntpl;* **~s interiores** Binnengewässer *nt;* **~s internacionales** internationale Gewässer; **~s jurisdiccionales** Hoheitsgewässer *nt;* **~s abajo/arriba** stromabwärts/-aufwärts **5.** *pl* (*orina*) Wasser *nt,* Urin *m;* **~s menores** Urin *m;* **hacer ~s** Wasser lassen **6.** *pl* (*manantial*) Quelle *f;* **~s termales** Thermalbad *nt;* **tomar las ~s** eine (Bade)kur machen

aguacatal [aɣwaka'tal] *m* Avocadoplantage *f*

aguacate [aɣwa'kate] *m* Avocado *f*

aguacero [aɣwa'θero] *m* Platzregen *m,* Wolkenbruch *m;* **cayó un ~** es ging ein Wolkenbruch nieder

aguachar [aɣwa'ʧar] **I.** *vt* (*Chil: domesticar*) zähmen **II.** *vr:* **~se** (*Chil: aquerenciarse*) sich eingewöhnen

aguacharnar [aɣwaʧar'nar] **I.** *vt* (*encharcar*) unter Wasser setzen **II.** *vr:* **~se** (*encharcarse*) sich mit Wasser füllen

aguachento, -a [aɣwa'ʧen̪to, -a] *adj* (*Am*) *v.* **aguado**

aguachirle [aɣwa'ʧirle] *f* (*pey: bebida sin sustancia*) Spülwasser *nt*

aguacil [aɣwa'θil] *m* (*Arg, Par, Urug:* ZOOL) Libelle *f,* Wasserjungfer *f*

aguada [a'ɣwaða] *f* **1.** (*lugar*) Wasserstelle *f* **2.** (*provisión de un buque*) Wasservorrat *m* **3.** (*pintura, cuadro*) Gouache *f*

aguadar [aɣwa'ðar] *vt* (*Guat*) **1.** (*aguar*) mit Wasser verdünnen **2.** (*debilitar*) schwächen

aguado, -a [a'ɣwaðo, -a] *adj* (*con agua*) verwässert, verdünnt; (*fruta*) wäss(e)rig

aguador(a) [aɣwa'ðor(a)] *m(f)* (*que lleva agua*) Wasserträger(in) *m(f);* (*que vende agua*) Wasserverkäufer(in) *m(f)*

aguaducho [aɣwa'ðuʧo] *m* Kiosk *m*

aguafiestas [aɣwa'fjestas] *mf inv* Spielverderber(in) *m(f),* Miesmacher(in) *m(f)*

aguafuerte [aɣwa'fwerte] *m* Radierung *f;* **grabar al ~** radieren

aguafuertista [aɣwafwer'tista] *mf* (ARTE) Radierer(in) *m(f)*

aguagoma [aɣwa'ɣoma] *f* (ARTE) Gummiarabikum *nt*

aguaitar [aɣwai̯'tar] *vt* **1.** (*Arg, Cuba: acechar*) belauern, ausspähen *fam* **2.** (*Col: esperar*) warten; **~ unos días** einige Tage warten; **~ algo/a alguien** auf etw/jdn warten, etw/jdn erwarten

aguamanil [aɣwama'nil] *m* **1.** (REL) Aquamanile *nt* **2.** (*vasija*) Waschkrug *m;* (*pila*) Waschschüssel *f*

aguamarina [aɣwama'rina] *f* Aquamarin *m*

aguamiel [aɣwa'mjel] *f* **1.** (*bebida*) Honigwasser *nt* **2.** (*Am: jugo del maguey*) *süßer Saft der Agave*

aguanieve [aɣwa'njeβe] *f* Schneeregen *m*

aguanoso, -a [aɣwa'noso, -a] *adj* (*fruta*) wäss(e)rig; (*suelo*) durchweicht

aguantable [aɣwan̪'taβle] *adj* erträglich

aguantaderas [aɣwan̪ta'ðeras] *fpl* Geduld *f;* **tener buenas/malas ~** viel/wenig Geduld haben

aguantadero [aɣwan̪ta'ðero] *m* (*Arg, Urug*) Schlupfwinkel *m*

aguantar [aɣwan̪'tar] **I.** *vt* **1.** (*sostener*) halten, tragen; (*sujetar*) fest halten **2.** (*soportar*) ertragen, aushalten; (*tolerar*) hinnehmen, sich *dat* gefallen lassen; **no aguanto más** mir reicht's; **no poder ~ a alguien** jdn nicht ausstehen können, jdn nicht abkönnen *reg;* **esta película no se aguanta** dieser Film ist unerträglich; **~ la mirada de alguien** jds Blick standhalten **3.** (*durar*) halten; **este abrigo ~á mucho** dieser Mantel wird lange halten **4.** (*contener*) zurückhalten; **~ la risa** sich *dat* das Lachen verkneifen **II.** *vr:* **~se 1.** (*contenerse*) sich beherrschen, sich zurückhalten **2.** (*soportar*) es aushalten; (*tener paciencia*) Geduld haben **3.** (*conformarse*) sich zufrieden geben (*con* mit *+dat*), sich begnügen (*con* mit *+dat*) **4.** (*sostenerse*) sich halten; **~se de pie** sich aufrecht halten

aguante [a'ɣwan̪te] *m* **1.** (*paciencia*) Geduld *f* **2.** (*tolerancia*) Duldsamkeit *f;* **tener mucho ~** ein dickes Fell haben **3.** (*resistencia*) Ausdauer *f*

aguapié [aɣwa'pje] *m* (*vino flojo*) Tresterwein *m*

aguar [a'ɣwar] <gu→gü> **I.** *vt* **1.** (*mezclar con agua*) verwässern, verdünnen **2.** (*frustrar*) verderben; **esta noticia me aguó las vacaciones** diese Nachricht hat mir die Ferien verdorben **II.** *vr:* **~se 1.** (*llenarse de agua*) sich mit Wasser füllen; **no pude evitar que se me ~an los ojos** ich konnte nicht verhindern, dass mir Tränen in die Augen traten; **nuestras vacaciones se ~on** unsere Ferien waren total verregnet **2.** (*estropearse*) ins Wasser fallen

aguará [aɣwa'ra] *m* (*Arg, Par, Urug:* ZOOL) *südamerikanische Fuchsart*

aguardadero [aɣwarða'ðero] *m v.* **aguardo**

aguardar [aɣwar'ðar] **I.** *vt* erwarten; **~ unos días** einige Tage warten; **~ algo/a alguien** auf etw/jdn warten, etw/jdn erwarten **II.** *vr:* **~se** (ab)warten

aguardentoso, -a [aɣwarðen̪'toso, -a] *adj* Schnaps-; **voz aguardentosa** Säuferstimme *f*

aguardiente [aɣwar'ðjen̪te] *m* Schnaps *m,* Branntwein *m*

aguardo [a'ɣwarðo] *m* Ansitz *m*

aguarrás [aɣwa'rras] *m* Terpentin *nt*

aguasca [a'ɣwaska] *f* (*Bol, Col*) Gewebe *nt*

aguatado[1] [aɣwa'taðo] *m* Wattierung *f*

aguatado, -a[2] [aɣwa'taðo, -a] *adj* wattiert

aguatero, -a [aɣwa'tero, -a] *m, f* (*Am*) *v.* **aguador**

aguatinta [aɣwa'tin̪ta] *f* (ARTE) Aquatinta *f*

aguayo [a'ɣwaɟo] *m* **1.** (*And: chal*) *Umschlag- und Tragetuch aus gewebter Wolle* **2.** (*AmC: lienzo fuerte*) derber Stoff *m*

aguazal [aɣwa'θal] *m* (*pequeño*) Pfütze *f,* Wasserlache *f;* (*más grande*) *Senke, in der* *sich Regenwasser gesammelt hat;* **después de tanta lluvia se había formado un** ~ nach dem starken Regen stand die Senke voller Wasser

aguazar [aɣwa'θar] <z→c> *vt* überfluten; (*encharcar*) mit Pfützen übersäen; **después de la tormenta el sótano se había aguazado** nach dem Gewitter stand der Keller unter Wasser

agudeza [aɣu'ðeθa] *f* **1.** (*del cuchillo, de la crítica*) Schärfe *f;* ~ **visual** Sehschärfe *f* **2.** (*perspicacia*) Scharfsinn *m* **3.** (*ingenio*) Geist *m,* Witz *m*

agudización [aɣuðiθa'θjon] *f* Verschärfung *f,* Zuspitzung *f*

agudizar [aɣuði'θar] <z→c> **I.** *vt* **1.** (*hacer agudo*) schärfen **2.** (*agravar*) verschärfen **II.** *vr:* ~**se** (*situación*) sich verschärfen, sich zuspitzen; (*enfermedad*) sich verschlimmern

agudo, -a [a'ɣuðo, -a] *adj* **1.** (*afilado*) spitz; **ángulo** ~ spitzer Winkel **2.** (*sagaz*) scharfsinnig; **vista aguda** scharfer Blick **3.** (*ingenioso*) findig, geistreich; **un comentario** ~ eine spitze Bemerkung **4.** (*intenso: dolor*) stechend; (*enfermedad*) akut; (*olor*) scharf **5.** (*sonido*) hoch **6.** (*grave*) schwer; **una crisis aguda** eine schwere Krise **7.** (LING): **palabra aguda** endbetontes Wort

agüero [a'ɣwero] *m* Vorbedeutung *f;* **de mal** ~ Unheil verkündend; **ser de buen** ~ Glück bringen

aguerrido, -a [aɣe'rriðo, -a] *adj* (*fuerte*) abgehärtet

aguerrir [aɣe'rrir] *irr como abolir vt* an den Krieg gewöhnen; (*fortalecer*) abhärten

aguijada [aɣi'xaða] *f* Stachel *m* zum Viehtreiben

aguijar [aɣi'xar] *vt* **1.** (*animales*) antreiben **2.** (*estimular, animar*) anstacheln, anspornen; ~ **el paso** den Schritt beschleunigen

aguijón [aɣi'xon] *m* **1.** (*punta*) Stachelspitze *f* **2.** (*de animal o planta*) Stachel *m* **3.** (*estímulo*) Ansporn *m*

aguijonazo [aɣixo'naθo] *m* (Stachel)stich *m*

aguijonear [aɣixone'ar] *vt* **1.** (*animales*) antreiben **2.** (*estimular*) anstacheln, anspornen **3.** (*inquietar*) beunruhigen

águila ['aɣila] *f* **1.** (*animal*) Adler *m;* ~ **real** Steinadler *m* **2.** (*persona*) As *nt;* **es un** ~ **para los negocios** er/sie ist ein erstklassiger Geschäftsmann/eine erstklassige Geschäftsfrau

aguileño, -a [aɣi'leɲo, -a] *adj* Adler-; **nariz aguileña** Adlernase *f;* **rostro** ~ kantiges Gesicht

aguilera [aɣi'lera] *f* Adlerhorst *m*

aguilucho [aɣi'lutʃo] *m* (ZOOL) Jungadler *m*

aguinaldo [aɣi'naldo] *m* ≈Weihnachtsgeld *nt*

agüita [a'ɣwita] *f* (*Perú*) Geld *nt*

agüitado, -a [aɣwi'taðo, -a] *adj* (*Méx*) traurig

aguja [a'ɣuxa] *f* **1.** (*general*) Nadel *f;* ~ **de coser** Nähnadel *f;* ~ **de gancho** Häkelnadel *f;* ~ **de punto** Stricknadel *f;* ~ **del tocadiscos** (Plattenspieler)nadel *f;* **buscar una** ~ **en un pajar** eine Stecknadel im Heuhaufen suchen **2.** (*de una jeringa*) Kanüle *f* **3.** (*del reloj*) Zeiger *m;* (*de otros instrumentos de medición*) Nadel *f* **4.** (NÁUT) Kreiselkompass *m;* ~ **de bitácora** [*o* **de marear**] Kreiselkompass *m* **5.** (FERRO) Weiche *f* **6.** (*de una torre*) (Turm)spitze *f;* ~ **de la iglesia** Kirchturmspitze *f;* **las torres de esa catedral terminan en** ~**s** die Türme dieser Kathedrale laufen spitz zu **7.** (*de una conífera*) Nadel *f;* ~ **de abeto** Tannennadel *f* **8.** (GASTR): **carne de** ~ Vorderrippenstück *nt*

agujereado, -a [aɣuxere'aðo, -a] *adj* (*perforado*) löcherig

agujerear [aɣuxere'ar] **I.** *vt* **1.** (*general*) lochen, ein Loch [*o* Löcher] machen (in +*akk*) **2.** (*hacer muchos agujeros*) durchlöchern **3.** (*con taladro*) durchbohren **II.** *vr:* ~**se** ein Loch [*o* Löcher] bekommen

agujero [aɣu'xero] *m* Loch *nt;* ~ (**en la capa**) **de ozono** Ozonloch *nt;* ~ **negro** (ASTR) schwarzes Loch; **un** ~ **en el presupuesto** ein Loch im Haushalt; **tapar un** ~ ein Loch stopfen

agujetas [aɣu'xetas] *fpl* Muskelkater *m*

agujón [aɣu'xon] *m* **1.** (*aguja grande*) Stopfnadel *f* **2.** (*pasador*) Haarnadel *f*

agusanado, -a [aɣusa'naðo, -a] *adj* wurmig, wurmstichig

agusanarse [aɣusa'narse] *vr* wurmstichig werden, von Würmern befallen werden

agustiniano, -a [aɣusti'njano, -a] **I.** *adj* (FILOS, REL) nach Augustinus, augustinisch **II.** *m, f* (FILOS, REL) Anhänger(in) *m(f)* der augustinischen Lehre

agustino[1] [aɣus'tino] *m* (REL) Augustiner(mönch) *m*

agustino, -a[2] [aɣus'tino, -a] *adj* (REL) augustinisch, Augustiner-; **orden agustina** Augustinerorden *m*

agutí [aɣu'ti] *m* (ZOOL) Aguti *m o nt*

aguzado, -a [aɣu'θaðo, -a] *adj* **1.** (*puntiagudo*) spitz **2.** (*sagaz*) scharfsinnig, gerissen

aguzanieves [aɣuθa'njeβes] *m inv* (ZOOL) Bachstelze *f*

aguzar [aɣu'θar] <z→c> *vt* **1.** (*afilar*) wetzen, schleifen **2.** (*sacar punta*) spitzen **3.** (*avivar*): ~ **la atención** die Aufmerksamkeit erhöhen; ~ **los sentidos** die Sinne schärfen; ~ **la vista** scharf hinsehen

ah [a] *interj* ah; (*asombrado*) ach, oh

ahebrado, -a [ae'βraðo, -a] *adj* (*con hebras*) faserig, faserhaltig; **no me gustan las verduras ahebradas** ich mag das faserige Gemüse nicht

ahechar [ae'tʃar] *vt* (AGR: *semilla, grano*) sieben; **después de** ~ **el grano hubo una fiesta** nach dem Kornsieben gab es ein Fest

ahembrado, -a [aem'braðo, -a] *adj* (*afeminado*) verweichlicht; **con los años se ha**

vuelto un poco ~ mit den Jahren ist er etwas schlapp [*o* weichlich] geworden

aherrojar [aerro'xar] *vt* unterdrücken

aherrumbrarse [aerrum'brarse] *vr* rosten

ahí [a'i] **I.** *adv* **1.** (*lugar*) da, dort; **vengo de** ~ ich komme von dort; **llámame de** ~ ruf mich von dort aus an; **me voy por** ~ ich gehe kurz spazieren **2.** (*loc*): **por** ~**, por** ~ ungefähr; **¡~ es nada!** nicht schlecht! **II.** *conj:* **de** ~ **que** +*ind/subj* daher, deshalb; **de** ~ **que no quiera cambiar nada** daher kommt es, dass er/sie nichts ändern will

ahijado, -a [ai'xaðo, -a] *m, f* **1.** (*hijo adoptivo*) Adoptivkind *nt* **2.** (*del padrino*) Patenkind *nt*

ahijar [ai'xar] *irr como airar vt, vr:* **~se** adoptieren

ahilado, -a [ai'laðo, -a] *adj* **1.** (*plantas y árboles*) hochstämmig **2.** (*personas*) abgemagert

ahilamiento [aila'mjen̪to] *m* **1.** (*de plantas y árboles*) Hochwachsen *nt* **2.** (*de personas*) Abmagern *nt*

ahilarse [ai'larse] *irr como airar vr* **1.** (*plantas y árboles*) in die Höhe wachsen **2.** (*personas*) abmagern

ahincar [aiŋ'kar] *irr* **I.** *vt* flehentlich bitten **II.** *vr:* **~se** sich beeilen

ahínco [a'iŋko] *m* **1.** (*afán*) Eifer *m* **2.** (*empeño*) Nachdruck *m* **3.** (*insistencia*) Beharrlichkeit *f*

ahíto, -a [a'ito, -a] *adj* (über)satt

ahogadero [aoɣa'ðero] *m* Gewühl *nt*

ahogado, -a [ao'ɣaðo, -a] **I.** *adj* **1.** (*estrecho*) eng; (*sin ventilación*) stickig **2.** (*loc*): **estar** ~ **de trabajo** mit Arbeit überhäuft sein **II.** *m, f* **1.** (*en el agua*) Ertrunkene(r) *mf* **2.** (*asfixiado*) Erstickte(r) *mf*

ahogamiento [aoɣa'mjen̪to] *m* **1.** (*morir en el agua*) Ertrinken *nt;* (*para matar*) Ertränken *nt* **2.** (*por asfixia*) Ersticken *nt*

ahogar [ao'ɣar] <g→gu> **I.** *vt* **1.** (*en el agua*) ertränken; ~ **las penas en alcohol** den Kummer in Alkohol ertränken **2.** (*estrangular*) erwürgen, erdrosseln **3.** (*asfixiar*) ersticken; ~ **las protestas** die Proteste ersticken [*o* unterdrücken] **4.** (*angustiar*) beklemmen, bedrücken **II.** *vr:* **~se 1.** (*en el agua*) ertrinken; **~se en un vaso de agua** (*fig*) wegen jeder Kleinigkeit den Mut verlieren **2.** (*asfixiarse*) ersticken; **~se de calor** vor Hitze umkommen **3.** (*motor*) absaufen *fam*

ahogo [a'oɣo] *m* **1.** (*sofocación*) Atemnot *f* **2.** (*asfixia*) Erstickung *f* **3.** (*angustia*) Beklemmung *f* **4.** (*apuro*) Bedrängnis *f;* **~s económicos** finanzielle Schwierigkeiten

ahombrado, -a [aom'braðo, -a] *adj* (*fam: hombruno*) männlich [*o* maskulin] (wirkend); **era una mujer ahombrada de espaldas muy anchas** sie war eine maskulin wirkende Frau mit sehr breiten Schultern

ahombrarse [aom'brarse] *vr* (*fam*) vermännlichen

ahondamiento [aon̪da'mjen̪to] *m* Vertiefung *f*

ahondar [aon̪'dar] **I.** *vi* **1.** (*raíces*) treiben (*en* in +*akk*) **2.** (*tema, cuestión*): ~ **en algo** sich intensiv mit etw beschäftigen **II.** *vt* **1.** (*profundizar*) vertiefen **2.** (*introducir*) tief hineinstecken **III.** *vr:* **~se** sich vertiefen, tiefer werden; **~se en un libro** sich in ein Buch vertiefen

ahora [a'ora] *adv* jetzt, nun; (*dentro de un momento*) gleich; ~ **bien** allerdings, jedoch; **de** ~ **en adelante** von nun an; **hasta** ~ bislang, bisher; **por** ~ einstweilen; ~ **ríe,** ~ **llora** bald lacht er/sie, bald weint er/sie; **¡~ (lo entiendo)!** jetzt begreife ich es!, ach so!; **¡~ sí que hemos tenido suerte!** da haben wir aber Glück gehabt!; ~ **mismo vengo** ich komme gleich [*o* schon]; **acaba de salir** ~ **mismo** er/sie ist gerade [*o* soeben] weggegangen; **¡ven** ~ **mismo!** komm sofort!; **¿y** ~ **qué?** was nun?

ahorca [a'orka] *f* (*Ven*) Geburtstagsgeschenk *nt*

ahorcado, -a [aor'kaðo, -a] *m, f* Erhängte(r) *mf;* (*en la horca*) Gehenkte(r) *mf*

ahorcajarse [aorka'xarse] *vr* sich rittlings setzen (*en* auf +*akk*)

ahorcamiento [aorka'mjen̪to] *m* Erhängen *nt*

ahorcar [aor'kar] <c→qu> **I.** *vt* (*colgar*) henken, erhängen; ~ **los libros** das Studium an den Nagel hängen **II.** *vr:* **~se** sich erhängen (*en/de* an +*dat*)

ahorita [ao'rita] *adv* (*Am*) *v.* **ahora**

ahormar [aor'mar] **I.** *vt* **1.** (*fig: persona*) Vernunft beibringen (*a* +*dat*); ~ **a un niño tan pequeño no es nada fácil** es ist nicht einfach, so ein kleines Kind zur Vernunft zu bringen **2.** (*cosa*) formen, einer Form anpassen; **en la zapatería intentaron** ~ **mis zapatos** in der Schusterwerkstatt versuchten sie, meine Schuhe etwas nachzuformen **II.** *vr:* **~se** (wieder) Form annehmen [*o* bekommen]

ahorquillar [aorki'ʎar] **I.** *vt* **1.** (*dar forma*) gabelförmig biegen **2.** (*ramas*) (mit Gabeln) (ab)stützen **II.** *vr:* **~se** sich gabeln

ahorrador(a) [aorra'ðor(a)] **I.** *adj* sparsam **II.** *m(f)* Sparer(in) *m(f)*

ahorrar [ao'rrar] **I.** *vt* sparen; (*economizar*) einsparen; ~ **fuerzas** seine Kräfte schonen; ~ **esfuerzos a alguien** jdm die Mühe ersparen; **ahórrame explicaciones** verschone mich mit Erklärungen **II.** *vr:* **~se 1.** (*evitar*) sich *dat* (er)sparen; **ahórrate tus consejos** spar dir deine Ratschläge **2.** (*Ecua: resistirse al trabajo*) die Arbeit verweigern

ahorrativo, -a [aorra'tiβo, -a] *adj* sparsam

ahorrista [ao'rrista] *mf* (*Am*) Sparer(in) *m(f)*

ahorro [a'orro] *m* **1.** (*acción*) Sparen *nt;* **libreta de** ~ Sparbuch *nt;* **medidas de** ~ **de energía** Energiesparmaßnahmen *fpl;* **plan de** ~ Sparplan *m* **2.** (*cantidad*) Ersparte(s) *nt;* ~ **energético** Energieeinsparung *f;* ~ **de impuestos** Steuerersparnis *f;* ~ **vivienda** Bausparen *nt;* **los ~s** die Ersparnisse

ahuacatl [awa'kaðl] *m* (*Méx:* BOT) Avocado *f*
ahuatli [a'waðli] *m* (*Méx:* ZOOL) *Eier der Wasserfliege*
ahuchar [au'ʧar] *vt* **1.** (*guardar en hucha*) in einer Spardose aufbewahren **2.** (*Col, Méx: a los perros*) (auf)hetzen; (*a las personas*) aufhetzen, aufstacheln
ahuecado [awe'kaðo] *m* **1.** (*acción*) Aushöhlen *nt* **2.** (*técnica*) Cloisonné *nt,* Zellenschmelz *m*
ahuecamiento [aweka'mjen̪to] *m* **1.** (*vaciado*) Aushöhlung *f* **2.** (*esponjamiento*) Auflockerung *f* **3.** (*de un ave*) Aufplustern *nt* **4.** (*envanecimiento*) Prahlerei *f*
ahuecar [awe'kar] <c→qu> **I.** *vt* **1.** (*vaciar*) aushöhlen **2.** (*tierra*) (auf)lockern; (*colchón*) aufschütteln **II.** *vr:* **~se 1.** (*aves*) sich aufplustern **2.** (*envanecerse*) sich aufblähen, prahlen **3.** (*papel pintado*) Blasen ziehen
ahulado [au'laðo] *m* **1.** (*AmC, Méx: mantel*) Wachstuch *nt,* Wachstischdecke *f;* **pon el ~ en la mesa** leg die Wachstischdecke auf **2.** *pl* (*AmC: zapatos*) Gummischuhe *mpl*
ahumadero [auma'ðero] *m* Räucherkammer *f,* Räucherschrank *m*
ahumado, -a [au'maðo, -a] *adj* **1.** (*color*) rauchfarben; (*cristal*) getönt **2.** (*fam: borracho*) beschwipst, besäuselt
ahumar [au'mar] **I.** *vi* rauchen; **la chimenea ahuma** der Schornstein raucht **II.** *vt* **1.** (GASTR) räuchern; **trucha ahumada** geräucherte Forelle **2.** (*llenar de humo*) verrauchen; **la chimenea no tira bien y ahuma toda la sala** der Kamin zieht nicht gut und verraucht den ganzen Raum; **~ una colmena** einen Bienenstock ausräuchern **III.** *vr:* **~se 1.** (*ennegrecerse*) vom Rauch schwarz werden **2.** (*un guiso*) Rauchgeschmack annehmen **3.** (*fam: emborracharse*) sich *dat* einen Schwips antrinken, sich besäuseln
ahusado, -a [au'saðo, -a] *adj* (*en forma de huso*) spindelförmig
ahuyentar [au̯ɟen̪'tar] *vt* **1.** (*espantar*) verscheuchen, vertreiben **2.** (*asustar*) abschrecken
ai [ai̯] *m* (*Arg, Par:* ZOOL) Faultier *nt*
AID [ai'ðe] *f* (ECON) *abr de* **Asociación Internacional de Desarrollo** IDA *f*
aimará[1] [ai̯ma'ra] *m,* **aimara** [ai̯'mara] *m sin pl* (*lengua*) Aimara *nt*
aimará[2] [ai̯ma'ra], **aimara** [ai̯'mara] **I.** *adj* Aimara-, der Aimara; **¿estuviste hablando con una nativa ~?** hast du mit einer Aimara-Indianerin gesprochen? **II.** *mf* Aimara *mf,* Aimara-Indianer(in) *m(f)*
aindiado, -a [ain̪'djaðo, -a] *adj* (*Am*) *mit dem Aussehen eines Indios*
airado, -a [ai̯'raðo, -a] *adj* zornig, erzürnt
airar [ai̯'rar] *irr* **I.** *vt* erzürnen **II.** *vr:* **~se** sich erzürnen, zornig werden
airbag ['erβaʏ] *m* (AUTO) Airbag *m*
aire ['ai̯re] *m* **1.** (*atmósfera*) Luft *f;* **~ acondicionado** Klimaanlage *f;* **~ fresco** frische Luft; **Ejército del A~** Luftwaffe *f;* **al ~ libre** unter freiem Himmel; **echar una moneda al ~** eine Münze werfen; **tomar el ~** Luft schnappen, an die frische Luft gehen; **dejar una pregunta en el ~** eine Frage offen lassen; **cambiar** [*o* **mudar**] **de ~s** umziehen; **¡~!** verschwinde! **2.** (*viento*) Wind *m;* **corriente de ~** Luftzug *m;* **golpe de ~** Windstoß *m;* **corre ~** es zieht; **hoy hace ~** heute ist es windig **3.** (*aspecto*) Aussehen *nt,* Eindruck *m;* **no me gusta el ~ de este hombre** irgendetwas an diesem Mann gefällt mir nicht; **tiene ~ de despistado** er sieht ziemlich zerstreut aus; **darse ~s de grandeza** großtun; **darse ~s de intelectual** den Intellektuellen spielen; **¡tiene unos ~s!** der/die macht immer ein Getue! **4.** (*garbo*) Anmut *f,* Grazie *f* **5.** (MÚS) Tempo *nt* **6.** (*Arg, Par*) steifer Hals *m;* **tener ~** gelähmt sein
aireación [ai̯rea'θjon] *f* (Be)lüftung *f*
aireado, -a [ai̯re'aðo, -a] *adj* (*lugar*) belüftet
airear [ai̯re'ar] **I.** *vt* lüften **II.** *vr:* **~se 1.** (*ventilarse*) an die (frische) Luft gehen **2.** (*coger aire*) im Zug sitzen; (*resfriarse*) sich erkälten
airón [ai̯'ron] *m* **1.** (ZOOL) Fischreiher *m* **2.** (*penacho, adorno de plumas*) Federbusch *m*
airosidad [ai̯rosi'ðaᵈ] *f* Anmut *f,* Grazie *f*
airoso, -a [ai̯'roso, -a] *adj* anmutig; **quedar** [*o* **salir**] **~ de algo** bei etw gut abschneiden
aislable [ai̯s'laβle] *adj* isolierbar
aislacionismo [ai̯slaθjo'nismo] *m sin pl* (POL) Isolationismus *m*
aislacionista [aslaθjo'nista] **I.** *adj* isolationistisch **II.** *mf* (POL) Isolationist(in) *m(f)*
aislado, -a [ai̯s'laðo, -a] *adj* **1.** (*apartado*) isoliert **2.** (*individual*) einzeln, vereinzelt; **casos ~s de difteria** einzelne [*o* vereinzelte] Fälle von Diphtherie
aislador[1] [ai̯sla'ðor] *m* Isolator *m*
aislador(a)[2] [ai̯sla'ðor(a)] *adj* isolierend
aislamiento [ai̯sla'mjen̪to] *m* **1.** (*apartamiento*) Vereinzelung *f,* Isolation *f* **2.** (*retiro*) Abgeschiedenheit *f* **3.** (TÉC) Isolation *f;* **~ acústico** Schalldämmung *f*
aislante [ai̯s'lan̪te] **I.** *adj* Isolier-, isolierend; **cinta ~** Isolierband *nt;* **material ~** Isoliermaterial *nt;* **lenguas ~s** (LING) isolierende Sprachen **II.** *m* Isolator *m*
aislar [ai̯s'lar] **I.** *vt* (*personas*) isolieren, absondern; (TÉC) isolieren; **aislado contra el ruido** schalldicht **II.** *vr:* **~se** sich isolieren, sich absondern
aizcolari [ai̯θko'lari] *m,* **aizkolari** [ai̯θko'lari] *m Sportler einer baskischen Sportart, bei der Holzstämme mit Äxten gespalten werden*
ajá [a'xa] *interj* aha
ajada [a'xaða] *f* (GASTR) Knoblauchsoße *f*
ajadizo, -a [axa'ðiθo, -a] *adj* (*piel*) pergamentartig, trocken und faltig; (*libro*) zerlesen; (*tela*) abgegriffen; **tienes unas manos muy ajadizas** die Haut deiner Hände fühlt sich an wie Pergament

ajado, **-a** [a'xaðo, -a] *adj* (*cosa*) abgegriffen, abgenutzt; (*persona*) verbraucht; (*cara*) faltig, verwelkt

ajamiento [axa'mjen̩to] *m* **1.** (*de una cosa*) Abnutzung *f* **2.** (*de la belleza*) Welken *nt*, Verblühen *nt*

ajamonarse [axamo'narse] *vr* (*fam pey*) mollig werden

ajar [a'xar] *vt* **1.** (*cosa*) abgreifen, abnutzen **2.** (*persona*) altern lassen

ajardinado, **-a** [axarði'naðo, -a] *adj* begrünt

ajardinamiento [axarðina'mjen̩to] *m* Begrünung *f*

ajardinar [axarði'nar] *vt* **1.** (*hacer un jardín*) einen Garten anlegen (in +*dat*) **2.** (*una ciudad*) Grünzonen anlegen (in +*dat*)

aje ['axe] *m* (*indisposición*) Beschwerden *fpl*, Gebrechen *nt*; **cuando se es tan mayor es lógico tener ~s** wenn man so alt ist, ist es logisch, dass man (Alters)beschwerden hat

ajedrecista [axeðre'θista] *mf* Schachspieler(in) *m(f)*

ajedrez [axe'ðreθ] *m sin pl* (DEP) Schach *nt*; (*tablero y figuras*) Schachspiel *nt*; **partida de ~** Schachpartie *f*; **tablero de ~** Schachbrett *nt*; **jugar al ~** Schach spielen

ajedrezado, **-a** [axeðre'θaðo, -a] *adj* schachbrettartig

ajenjo [a'xeŋxo] *m* Wermut *m*

ajeno, **-a** [a'xeno, -a] *adj* **1.** (*de otro*) anderen gehörig, fremd; **la felicidad ajena** das Glück anderer; **no me gusta meterme en cosas ajenas** ich mische mich nicht gern in fremde Angelegenheiten **2.** *ser* (*impropio*) nicht eigen, untypisch; **~ a la profesión** berufsfremd; **esto es ~ a su carácter** das ist nicht typisch für ihn/sie **3.** *estar* (*ignorante*) unwissend; **estar ~ a** [*o* **de**] **algo** von etw nichts wissen; **vivía ~ a todo lo que pasaba en el mundo** er führte ein abgeschiedenes Leben **4.** (*carente, exento*): **~ a** [*o* **de**] frei von +*dat*, ohne; **~ de piedad** unbarmherzig; **~ de preocupaciones** sorglos; **él es ~ a todo eso** er hat damit nichts zu tun

ajete [a'xete] *m* **1.** (*ajo tierno*) junger Knoblauch *m* **2.** (*ajipuerro*) Ackerknoblauch *m*, Sommerknoblauch *m*

ajetrear [axetre'ar] **I.** *vt* schinden **II.** *vr*: **~se** (*trabajar mucho*) sich abmühen; (*darse prisa*) sich abhetzen

ajetreo [axe'treo] *m* (*de personas*) Lauferei *f*, Hetze(rei) *f*; (*en un sitio*) geschäftiges Treiben *nt*; **el ~ del mercado** das lebhafte Treiben auf dem Markt

ají [a'xi] *m* (*AmS, Ant: arbusto*) Pfefferstrauch *m* (*Capsicum, Gattung mit 35 Arten*); (*pimentón*) Paprika *m*; (*pimiento de las Indias*) Cayennepfeffer *m*

ajiaceite [axja'θei̯te] *m* (GASTR) *v.* **ajoaceite**

ajilimoje [axili'moxe] *m*, **ajilimójili** [axili'moxili] *m* **1.** (GASTR) pikante Knoblauchtunke *f*; **con todos sus ~s** mit allem Drum und Dran **2.** (*Cuba, Méx, Cuba*) Wirrwarr *m*, Durcheinander *nt*

ajillo [a'xiʎo] *m* (GASTR): **al ~** mit gehacktem Knoblauch und Petersilie gebraten

ajimez [axi'meθ] *m* (ARQUIT: *ventana*) Bogenfenster *nt* mit Zwischenpfosten

ajipa [a'xipa] *f* (*And:* BOT) Topinambur *m o f*

ajipuerro [axi'pwerro] *m* (*puerro silvestre*) Ackerknoblauch *m*, Sommerknoblauch *m*

ajo ['axo] *m* **1.** (BOT) Knoblauch *m*; (*diente*) Knoblauchzehe *f* **2.** (*taco*) Fluch *m*; **andar** (**metido**) **en el ~**, **estar en el ~** seine Hände (mit) im Spiel haben; **andar tieso como un ~** die Nase hoch tragen

ajoaceite [axoa'θei̯te] *m* (GASTR) Knoblauch-Öl-Soße *f*

ajoarriero [axoa'rrjero] *m* (GASTR) *aragonisch-baskisches Gericht aus Stockfisch und Knoblauch*

ajonjolí [axoŋxo'li] <ajonjolíes> *m* (BOT) (Indischer) Sesam *m*

ajorca [a'xorka] *f* Armreif *m*, Armring *m*

ajornalar [axorna'lar] *vt* als Tagelöhner beschäftigen

ajotar [axo'tar] *vt* **1.** (*AmC, Ant: azuzar*) hetzen **2.** (*Cuba: desdeñar*) verschmähen

ajuar [a'xwar] *m* **1.** (*de la novia*) Aussteuer *f* **2.** (*de una casa*) Ausstattung *f*

ajuiciar [axwi'θjar] **I.** *vi* vernünftig werden, zur Vernunft [*o* Einsicht] kommen **II.** *vt* zur Vernunft bringen; **el accidente de tráfico lo ajuició** der Verkehrsunfall hat ihn zur Vernunft gebracht

ajumarse [axu'marse] *vr* (*fam: ligeramente*) sich *dat* einen Schwips antrinken; (*mucho*) sich betrinken

ajuntar [axun̩'tar] **I.** *vt* (*fam*) versammeln **II.** *vr*: **~se** (*fam*) in wilder Ehe leben

Ajuria Enea [a'xurja e'nea] *f* **1.** (*residencia*) *Sitz des Präsidenten der baskischen Regierung* **2.** (*gobierno*) autonome baskische Regierung *f*

ajustable [axus'taβle] *adj* einstellbar, verstellbar, regulierbar

ajustado, **-a** [axus'taðo, -a] *adj* **1.** (*ropa*) eng (anliegend); **un vestido ~** ein eng anliegendes Kleid **2.** (*adecuado*) passend, angemessen; **un presupuesto ~** ein angemessenes Budget

ajustador¹ [axusta'ðor] *m* (*corsé*) Mieder *nt*

ajustador(a)² [axusta'ðor(a)] *m(f)* Justierer(in) *m(f)*

ajustamiento [axusta'mjen̩to] *m v.* **ajuste**

ajustar [axus'tar] **I.** *vi* genau passen **II.** *vt* **1.** (*adaptar*) anpassen (*a* an +*akk*), angleichen (*a* an +*akk*); **~ precios** Preise absprechen; **~ los precios a la inflación** Preise an die Inflationsentwicklung angleichen; **~ un vestido** ein Kleid enger machen; **~ una correa** einen Riemen umschnallen **2.** (TÉC: *cámara, foco, encendido*) einstellen, justieren; **~ una balanza** eine Waage justieren **3.** (TÉC: *una pieza dentro de otra*) einpassen (*a* in +*akk*); (*una pieza a otra*) anpassen (*a* an +*akk*) **4.** (*acor-*

dar) vereinbaren; ~ **cuentas** abrechnen; ~ **las cuentas a alguien** (*fig*) jdm die Rechnung präsentieren **5.** (*contratar*) anstellen, einstellen **III.** *vr:* ~**se 1.** (*ponerse de acuerdo*) übereinkommen (*con* mit +*dat*) **2.** (*adaptarse*) sich anpassen (*a* an +*akk*); **no ~se al tema** vom Thema abschweifen; **~se a la verdad** sich an die Wahrheit halten

ajuste [a'xuste] *m* **1.** (*adaptación*) Anpassung *f* (*a* an +*akk*), Angleichung *f* (*a* an +*akk*); ~ **cambiario** (FIN) Wechselkursanpassung *f;* ~ **de deudas** (ECON, FIN) Schuldnervergleich *m;* ~ **económico** wirtschaftliche Anpassung; ~ **estructural** (ECON) Strukturanpassung *f;* ~ **de precios** (ECON) Angleichung der Preise; ~ **salarial** (ECON) Lohnausgleich *m;* **medidas de ~** (ECON) Regulierungsmaßnahmen *fpl* **2.** (TÉC: *graduación*) Einstellung *f,* Justieren *nt;* ~ **de brillo** Helligkeitseinstellung *f;* ~ **previo** Voreinstellung *f* **3.** (TÉC: *encaje*) Passung *f* **4.** (*acuerdo*) Vereinbarung *f,* Übereinkommen *nt;* ~ **de cuentas** Abrechnung *f;* ~ **con los acreedores** (ECON, FIN) Einigung mit den Gläubigern **5.** (ECON, FIN: *de una cuenta*) (Kosten)abrechnung *f*

ajusticiado, -a [axusti'θjaðo, -a] *m, f* Hingerichtete(r) *mf*

ajusticiamiento [axustiθja'mjen̪to] *m* Hinrichtung *f*

ajusticiar [axusti'θjar] *vt* hinrichten

al [al] = **a + el** *v.* **a**

ala ['ala] **I.** *f* **1.** (*del ave, avión, partido, edificio, de la tropa*) Flügel *m;* ~ **de la hélice** Propellerblatt *nt;* ~ **de la mesa** Tischklappe *f;* ~ **de la nariz** Nasenflügel *m;* ~ **del sombrero** Hutkrempe *f;* ~ **del tejado** Vordach *nt;* **ahuecar el ~** sich auf die Socken machen; **cortar las ~s a alguien** jdm die Flügel stutzen; **estar tocado del ~** (*fam*) einen Dachschaden haben, nicht (ganz) bei Trost sein **2.** (*flanco*) Flanke *f,* Seite *f* **3.** *pl* (*osadía*) Kühnheit *f;* **dar ~s a alguien** jdm Flügel verleihen, jdn beflügeln; **le faltan ~s para triunfar** ihm/ihr fehlt der Mut um Erfolg zu haben; **tiene demasiadas ~s** er/sie nimmt sich zu viel heraus **II.** *interj* **1.** (*sorpresa*) na, so was; **¡~! no seas exagerada** na komm, jetzt übertreibst du aber! **2.** (*prisa*) los, auf; **¡~, ven conmigo!** los, komm mit!

Alá [a'la] *m* (REL) Allah *m*

alabanza [ala'βan̪θa] *f* Lob *nt,* Loblied *nt;* **deshacerse en ~s para con alguien/algo** jdn/etw in den Himmel heben; **hacer una ~ de alguien** ein Loblied auf jdn singen

alabar [ala'βar] **I.** *vt* loben (*por* für +*akk*), preisen; **alabado sea el Señor** gepriesen sei der Herr **II.** *vr:* ~**se** prahlen (*de* mit +*dat*), sich rühmen (*de* +*gen*)

alabarda [ala'βarða] *f* (HIST) Hellebarde *f*

alabardero [alaβar'ðero] *m* (MIL) Hellebardier *m*

alabastrino, -a [alaβas'trino, -a] *adj* alabastern

alabastro [ala'βastro] *m* Alabaster *m*

álabe ['alaβe] *m* **1.** (TÉC: *de una turbina*) (Turbinen)schaufel *f* **2.** (*de una rueda*) Zahn *m*

alabeado, -a [alaβe'aðo, -a] *adj* krumm; (*madera*) verzogen

alabear [alaβe'ar] **I.** *vt* (ver)krümmen **II.** *vr:* ~**se** sich (ver)krümmen; (*madera*) sich verwerfen, sich verziehen

alabeo [ala'βeo] *m* Verkrümmung *f;* (*de madera*) Verwerfung *f*

alacena [ala'θena] *f* Speiseschrank *m*

alacrán [ala'kran] *m* **1.** (ZOOL) Skorpion *m;* **ser un ~** (*fig*) eine spitze Zunge haben **2.** (*gancho*) Öse *f* **3.** (*del caballo*) Kinnkettenhaken *m*

alacridad [alakri'ða^{ð}] *f* Munterkeit *f,* Fröhlichkeit *f*

ALADI [ala'ði] *f* (ECON) *abr de* **Asociación Latinoamericana de Integración** Lateinamerikanische Integrationsvereinigung *f*

alado, -a [a'laðo, -a] *adj* **1.** (*con alas*) beflügelt, geflügelt **2.** (*ligero*) flink

ALALC [a'lal^{k}] *f* (ECON) *abr de* **Asociación Latinoamericana de Libre Comercio** Lateinamerikanische Freihandelsvereinigung *f*

alalia [a'lalja] *f* (MED: *pérdida del lenguaje*) Alalie *f,* Sprechunfähigkeit *f*

álalo, -a ['alalo, -a] **I.** *adj* (MED) sprechunfähig, an Alalie leidend; **enseñar a niños ~s** Kinder mit Alalie unterrichten **II.** *m, f* (MED) an Alalie Leidende(r) *mf,* Sprechunfähige(r) *mf*

alambicado, -a [alambi'kaðo, -a] *adj* **1.** (*sutil*) ausgeklügelt **2.** (*rebuscado*) gekünstelt

alambicamiento [alambika'mjen̪to] *m* **1.** (*destilación*) Destillation *f* **2.** (*de una expresión*) Nuancierung *f,* (genaues) Abwägen *nt* **3.** (*de un método*) Verfeinerung *f*

alambicar [alambi'kar] <c→qu> *vt* **1.** (*destilar*) destillieren **2.** (*una expresión*) nuancieren; (*el lenguaje*) ausfeilen, feilen (an +*dat*); **diálogos alambicados** geschliffene Dialoge

alambique [alam'bike] *m* Destillierkolben *m*

alambrada [alam'braða] *f* Drahtgitter *nt;* (*con espinas*) Stacheldrahtgitter *nt;* (*con estacas*) Drahtverhau *m o nt;* ~ **eléctrica** Elektrozaun *m*

alambrado[1] [alam'braðo] *m* Drahtgitter *nt,* Drahtzaun *m*

alambrado, -a[2] [alam'braðo, -a] *adj* Draht-

alambrar [alam'brar] *vt* mit Draht einzäunen

alambre [a'lambre] *m* Draht *m;* ~ **de espinas** Stacheldraht *m*

alambrera [alam'brera] *f* **1.** (*de ventana*) Fliegenfenster *nt,* Fliegengitter *nt* **2.** (*de brasero, chimenea*) Ofenschirm *m* **3.** (*de alimentos*) Glocke *f*

alambrista [alam'brista] *mf* Seiltänzer(in) *m(f)*

alameda [ala'meða] *f* **1.** (*lugar*) Pappelwald *m* **2.** (*paseo*) Allee *f;* (*de álamos*) Pappelallee *f*

álamo ['alamo] *m* **1.** (BOT) Pappel *f;* ~ **alpino** [*o* **temblón**] Zitterpappel *f* **2.** (*madera*) Pappelholz *nt,* Pappel *f*

alancear [alaṇθe'ar] *vt* mit einer Lanze stechen (in +*akk*)

alano¹ [a'lano] *m* **1.** (HIST) Alane *m* **2.** (ZOOL) Hatzhund *m*

alano, -a² [a'lano, -a] *adj* (HIST) alanisch, Alanen-; **la aportación alana a la cultura hispánica** der Beitrag der Alanen zur hispanischen Kultur

alar [a'lar] *m* (*alero*) Dachfuß *m*, Traufe *f*

alarde [a'larðe] *m* Protzerei *f*, Prahlerei *f*; **hacer ~ de algo** (*presumir*) mit etw angeben; (*ostentar*) etw zur Schau tragen

alardear [alarðe'ar] *vi:* **~ de algo** (*presumir*) mit etw protzen; (*ostentar*) etw zur Schau tragen; **alardea de su victoria** er/sie gibt mit seinem/ihrem Sieg an

alardeo [alar'ðeo] *m* (*Méx*) *v.* **alarde**

alargadera [alarɣa'ðera] *f* Verlängerungsstück *nt*

alargado, -a [alar'ɣaðo, -a] *adj* länglich

alargador [alarɣa'ðor] *m* Verlängerungsstück *nt*; (*cable*) Verlängerungsschnur *f*

alargamiento [alarɣa'mjeṇto] *m* Verlängerung *f*; (*temporal t.*) Ausdehnung *f*

alargar [alar'ɣar] <g→gu> **I.** *vt* **1.** (*la extensión*) verlängern, länger machen; **~ el brazo/la pierna** den Arm/das Bein ausstrecken; **~ el cuello** den Hals recken; **~ la mano** die Hand hinhalten **2.** (*la duración*) ausdehnen, in die Länge ziehen **3.** (*retardar, diferir*) verzögern **4.** (*el dinero*) gut einteilen **II.** *vr:* **~se 1.** (*en la extensión*) länger werden; **no te alargues** fass dich kurz; **~se en cumplidos** Süßholz raspeln; **alárgate hasta la gasolinera a por tabaco** lauf zur Tankstelle und hol Zigaretten **2.** (*retardarse*) sich verzögern

alarido [ala'riðo] *m* Geschrei *nt*, Geheul *nt*

alarife [ala'rife] *m* **1.** (*arquitecto*) Baumeister *m* **2.** (*albañil*) Maurer *m* **3.** (*Arg: persona lista*) kluger Kopf *m*, Pfiffikus *m fam*

alarma [a'larma] *f* **1.** (*general*) Alarm *m*; **~ por ozono** Ozonalarm *m*; **falsa ~** blinder Alarm; **dar la ~** Alarm geben; **ha saltado la ~ del banco** der Alarm der Bank wurde ausgelöst; **la ~ aún no ha pasado** der Alarm dauert noch an **2.** (*susto*) Schrecken *m*; (*inquietud*) Unruhe *f*; **~ social** Unruhe in der Bevölkerung

alarmante [alar'maṇte] *adj* alarmierend, beunruhigend; **noticia ~** Schreckensbotschaft *f*, Schreckensnachricht *f*

alarmar [alar'mar] **I.** *vt* **1.** (*dar la alarma*) alarmieren **2.** (*inquietar*) beunruhigen; (*asustar*) erschrecken **II.** *vr:* **~se** (*inquietarse*) unruhig werden; (*asustarse*) sich erschrecken

alarmismo [alar'mismo] *m* Schwarzmalerei *f*, Panikmache *f*

alarmista [alar'mista] **I.** *adj* schreckenerregend **II.** *mf* Schwarzseher(in) *m(f)*, Panikmacher(in) *m(f)*

alavés, -esa [ala'βes, -esa] **I.** *adj* aus Álava **II.** *m, f* Einwohner(in) *m(f)* Álavas

alazán, -ana [ala'θan, -ana] *adj* zimtfarben, zimtfarbig; (*caballo*) rotbraun

alba ['alβa] *f* Morgendämmerung *f*, Tagesanbruch *m*; **al rayar** [*o* **romper**] **el ~** bei Tagesanbruch

albacea [alβa'θea] *mf* (JUR) Testamentsvollstrecker(in) *m(f)*

albaceazgo [alβaθe'aθɣo] *m* Amt *nt* des Testamentsvollstreckers

albaceteño, -a [alβaθe'teɲo, -a] **I.** *adj* aus Albacete **II.** *m, f* Einwohner(in) *m(f)* Albacetes

albacora [alβa'kora] *f* (*Chil, Perú, Méx*) weißer Thunfisch *m*

albada [al'βaða] *m* (MÚS, LIT) Morgenlied *nt*, Aubade *f*

albahaca [al'βaka/alβa'aka] *f* (BOT) Basilikum *nt*

albanés, -esa [alβa'nes, -esa] **I.** *adj* albanisch **II.** *m, f* Albaner(in) *m(f)*

Albania [al'βanja] *f* Albanien *nt*

albañal [alβa'ɲal] *m* **1.** (*conducto*) Kloake *f*, Abwasserkanal *m* **2.** (*lugar*) Saustall *m fam*

albañil [alβa'ɲil] *mf* Maurer(in) *m(f)*; **maestro ~** Maurermeister *m*

albañilear [alβaɲile'ar] *vi* sich mit Maurerarbeiten beschäftigen

albañilería [alβaɲile'ria] *f* Maurerhandwerk *nt*; **obra de ~** Maurerarbeit *f*

albar [al'βar] *adj* (*elev: blanco*) (schnee)weiß; **tomillo ~** weißer Thymian; **espino ~** Weißdorn *m*

albarán [alβa'ran] *m* (COM) Lieferschein *m*, Empfangsbescheinigung *f*

albarca [al'βarka] *f* Sandale *f*

albarda [al'βarða] *f* Packsattel *m*; **~ sobre ~** Redundanz *f*; **esto es un burro con dos ~s** das ist doppelt gemoppelt

albardar [alβarðar] *vt* **1.** (*caballería*) den Packsattel auflegen (+*dat*) **2.** (GASTR: *aves, pescados*) mit Speckscheiben umbinden, in ein Speckhemd hüllen

albardilla [alβar'ðiʎa] *f* **1.** (*de potros*) Reitsattel *m* für Fohlen **2.** (*almohadilla*) kleines Kissen *nt* **3.** (*de un muro*) Satteldach *nt* (*auf einer Mauer*)

albardón [alβar'ðon] *m* **1.** (*silla*) Packsattel *m* **2.** (*CSur, Bol: elevación*) Wall *m*

albaricoque [alβari'koke] *m* (BOT) Aprikose *f*

albaricoquero [alβariko'kero] *m* (BOT) Aprikosenbaum *m*

albariño [alβa'riɲo] *m* (*vino blanco*) Albariño *m* (*Weißwein aus Galicien*)

albatros [al'βatros] *m inv* (ZOOL) Albatros *m*

albayalde [alβa'ɟal̪de] *m* Bleiweiß *nt*

albazo [al'βaθo] *m* **1.** (*Ecua, Méx: acción de guerra*) *Kriegshandlung im Morgengrauen* **2.** (*Perú: serenata*) Serenade *f*

albear [alβe'ar] *vi* (*Arg*) (sehr) früh [*o* bei Tagesanbruch] aufstehen

albedrío [alβe'ðrio] *m* Willkür *f*; **libre ~** freier Wille; **a** [*o* **según**] **mi ~** nach meinem Belieben

alberca [al'βerka] *f* Wasserbecken *nt*, Bassin

nt

albérchigo [al'βertʃiɣo] *m* (*reg*) **1.**(*melocotón*) Pfirsich *m* **2.**(*albaricoque*) Aprikose *f*

alberchiguero [alβertʃi'ɣero] *m* (*reg*) **1.**(*melocotonero*) Pfirsichbaum *m* **2.**(*albaricoquero*) Aprikosenbaum *m*

albergar [alβer'ɣar] <g→gu> **I.** *vt* beherbergen, Obdach gewähren +*dat* **II.** *vr:* ~**se** absteigen, unterkommen; ~**se en una pensión** in einer Pension absteigen

albergue [al'βerɣe] *m* (*refugio*) Obdach *nt;* (*fonda*) Herberge *f;* ~ **juvenil** Jugendherberge *f;* ~ **de montaña** Berghütte *f,* Wanderhütte *f;* ~ **de refugiados** Flüchtlingsunterkunft *f;* ~ **transitorio** (*Arg*) Stundenhotel *nt*

albero [al'βero] *m* (*t.* TAUR) Arena *f;* **saltó al** ~ er/sie sprang in die Arena

albinismo [alβi'nismo] *m sin pl* (MED, BIOL) Albinismus *m*

albino, **-a** [al'βino, -a] **I.** *adj* (MED, BIOL) albinotisch **II.** *m, f* (MED, BIOL) Albino *m*

albo, **-a** ['alβo, -a] *adj* (*elev*) weiß

albóndiga [al'βon̪diɣa] *f* (GASTR: *de carne*) Fleischkloß *m;* (*de pescado*) Fischkloß *m*

albondiguilla [alβon̪di'ɣiʎa] *f* **1.**(GASTR) *v.* **albóndiga** **2.** *pl* (*moco seco*) Popel *m fam;* **hacer** ~**s** popeln *fam*

albor [al'βor] *m* **1.**(*luz*) Dämmerlicht *nt* **2.**(*blancor*) Weiße *f* **3.**(*comienzo*) Beginn *m,* Anfang *m;* **los** ~**es de la Edad Media** der Anbruch [*o* die Morgendämmerung] des Mittelalters

alborada [alβo'raða] *f* **1.**(*alba*) Morgendämmerung *f* **2.**(*canción*) Morgenlied *nt* **3.**(MIL) Weckruf *m* **4.**(*Méx: procesión*) nächtliche Prozession *f* **5.**(*PRico: serenata*) Serenade *f*

alborear [alβore'ar] *vi* **1.**(*por la mañana*) dämmern; **al** ~ **el día** bei Tagesanbruch **2.**(*acontecimiento*) sich ankündigen; **alborea una tormenta** ein Gewitter kündigt sich an

albornoz [alβor'noθ] *m* **1.**(*de baño*) Bademantel *m* **2.**(*de moro*) Burnus *m*

alboroque [alβo'roke] *m* (COM) **1.**(*regalo*) Draufgabe *f* **2.**(*reg: bebida*) Leikauf *m*

alborotado, **-a** [alβoro'taðo, -a] *adj* **1.**(*excitado*) aufgeregt **2.**(*irreflexivo*) unüberlegt, leichtfertig

alborotador(a) [alβorota'ðor(a)] *m(f)* Unruhestifter(in) *m(f)*

alborotar [alβoro'tar] **I.** *vi* lärmen; (*niños*) toben **II.** *vt* **1.**(*excitar*) erregen **2.**(*desordenar*) durcheinander bringen **3.**(*sublevar*) aufrühren, aufwühlen **III.** *vr:* ~**se** **1.**(*excitarse*) sich aufregen, sich erregen **2.**(*sublevarse*) sich erheben

alboroto [alβo'roto] *m* **1.**(*vocerío*) Stimmengewirr *nt;* (*ruido*) Krach *m* **2.**(*bulla*) Krawall *m;* (*disturbio*) Aufruhr *m,* Tumult *m* **3.**(*inquietud, zozobra*) Aufregung *f* **4.**(*AmC*) Popcorn *nt*

alborozado, **-a** [alβoro'θaðo, -a] *adj* freudig, vergnügt

alborozar [alβoro'θar] <z→c> **I.** *vt* sehr erfreuen; **veros me alboroza** es freut mich sehr euch zu sehen **II.** *vr:* ~**se** jubeln, in Jubel ausbrechen

alborozo [alβo'roθo] *m* Freude *f,* Jubel *m*

albricias [al'βriθjas] *fpl* (*fam*): **¡~!** super!, das ist ja spitze!

albufera [alβu'fera] *f* Lagune *f*

albugo [al'βuɣo] *m* (MED) **1.**(*ojo*) Albugo *f,* Leukom *nt* **2.**(*uña*) Leukonychie *f*

álbum ['alβun] *m* <álbum(e)s> Album *nt;* ~ **de fotos** Fotoalbum *nt;* ~ **infantil** Bilderbuch *nt*

albumen [al'βumen] *m* (BIOL) Albumen *nt,* Eiklar *nt*

albúmina [al'βumina] *f* (BIOL) Albumin *nt*

albuminar [alβumi'nar] *vt* (FOTO) mit Eiweiß behandeln

albuminoide [alβumi'noi̯ðe] *m* (QUÍM) Albuminoid *nt*

albuminoso, **-a** [alβumi'noso, -a] *adj* (BIOL) eiweißhaltig, albuminös

albuminuria [alβumi'nurja] *f* (MED) Albuminurie *f*

albur [al'βur] *m* **1.**(ZOOL) Weißfisch *m* **2.**(*Méx: juego de palabras*) Wortspiel *nt* **3.**(*PRico: mentira*) Lüge *f* **4.**(*loc*): **al** ~ aufs Geratewohl; **correr un** ~ ein Risiko eingehen

albura [al'βura] *f* **1.**(*elev: blancura*) blendendes Weiß *nt* **2.**(BOT) Splintholz *nt*

alburear [alβure'ar] **I.** *vt* (*CRi*) durcheinander bringen **II.** *vi* **1.**(*Col: recibir dinero*) Geld bekommen **2.**(*Cuba: engañar*) betrügen **3.**(*Méx: hacer juegos de palabras*) Wortspiele machen

alcacer [alka'θer] *m* (AGR) **1.**(*cebada verde*) grün geerntete Wintergerste *f* **2.**(*cebadal*) Gerstenfeld *nt*

alcachofa [alka'tʃofa] *f* **1.**(BOT) Artischocke *f* **2.**(*de ducha, regadera*) Brause *f*

alcachofal [alkatʃo'fal] *m* (*campo de alcachofas*) Artischockenfeld *nt*

alcachofera [alkatʃo'fera] *f* (BOT) Artischocke *f*

alcahuete, **-a** [alka'wete, -a] *m, f* **1.**(*trotaconventos*) Kuppler(in) *m(f)* **2.**(*encubridor*) Hehler(in) *m(f)* **3.**(*chismoso*) Klatschmaul *nt fam*

alcahuetear [alkawete'ar] *vi* **1.**(*servir, hacer de alcahuete*) kuppeln; **¿por qué consientes que él alcahuetee entre ti y ese muchacho?** warum lässt du es zu, dass er dich mit diesem Typen verkuppelt? **2.**(*chismorrear*) klatschen *fam*

alcahuetería [alkawete'ria] *f sin pl* **1.**(*celestineo*) Kuppelei *f* **2.**(*fam fig: encubrimiento*) Hehlerei *f*

alcaide [al'kai̯ðe] *m* **1.**(*de un castillo*) Burgvogt *m* **2.**(*de una cárcel*) Kerkermeister *m*

alcaldable [alkal̪'daβle] *adj rechtlich als Kandidat für die Bürgermeisterwahl in Frage kommend*

alcaldada [alkal̪'daða] *f* Amtsmissbrauch *m*

(seitens des Bürgermeisters)
alcalde(sa) [al'kal̩de, alkal̩'desa] *m(f)* Bürgermeister(in) *m(f)*; (*de una ciudad grande*) Oberbürgermeister(in) *m(f)*; ~ **de barrio** Bezirksbürgermeister *m*
alcaldía [alkal̩'dia] *f* Bürgermeisteramt *nt*
álcali ['alkali] *m* (QUÍM) Alkali *nt*
alcalinidad [alkalini'ðaᵈ] *f sin pl* (QUÍM) Alkalinität *f*
alcalinizar [alkalini'θar] <z→c> *vt* (QUÍM) alkalisieren
alcalino, **-a** [alka'lino, -a] *adj* (QUÍM) alkalisch
alcalizar [alkali'θar] <z→c> *vt* (QUÍM) *v.* **alcalinizar**
alcaloide [alka'loi̯ðe] *m* (QUÍM) Alkaloid *nt*
alcalosis [alka'losis] *f inv* (MED) Alkalose *f*
alcamonero, **-a** [alkamo'nero, -a] *adj* (*Ven: entrometido*) aufdringlich; (*de novedades*) sehr neugierig
alcance [al'kan̩θe] *m* **1.** (*distancia*) Reichweite *f*; **misil de corto** ~ Kurzstreckenrakete *f*; ~ **de un telescopio/de una pistola** Reichweite eines Teleskops/einer Pistole; **de** ~ **limitado** von geringer Reichweite; **al** ~ **de la mano** in Reichweite, erreichbar; **al** ~ **de todos los bolsillos** für jedermann erschwinglich; **tiene la victoria a su** ~ er/sie ist dem Sieg sehr nah **2.** (*importancia*) Tragweite *f*, Bedeutung *f*; **una teoría de mucho/poco** ~ eine bedeutende/unbedeutende Theorie **3.** (*déficit*) Fehlbetrag *m* **4.** (*loc*): **es persona de pocos ~s** er/sie ist ein einfältiger Mensch; **la noticia de último** ~ die letzte [*o* neueste] Meldung; **dar** ~ **a alguien** jdn einholen
alcancía [alkan̩'θia] *f* Sparbüchse *f*
alcanfor [alkaɱ'for] *m* (MED, QUÍM) Kampfer *m*
alcanforar [alkaɱfo'rar] **I.** *vt* **1.** (*untar*) mit Kampfer einreiben [*o* bestreichen] **2.** (*mezclar*) mit Kampfer mischen; **alcohol alcanforado** Kampferspiritus *m* **II.** *vr:* **~se** **1.** (*Col, Ven: evaporarse*) verduften **2.** (*Hond: perderse*) verloren gehen
alcantarilla [alkan̩ta'riʎa] *f* **1.** (*canal*) Abwasserkanal *m*, Kloake *f* **2.** (*sumidero*) Gully *m o nt*
alcantarillado [alkan̩tari'ʎaðo] *m* Kanalisationsnetz *nt*, Kanalisationssystem *nt*
alcantarillar [alkan̩tari'ʎar] *vt* kanalisieren
alcanzable [alkan̩'θaβle] *adj* erreichbar, möglich
alcanzado, **-a** [alkan̩'θaðo, -a] *adj:* **quedar** [*o* **resultar**] [*o* **salir**] ~ **de un negocio** bei einem Geschäft Pleite gehen; **ir** ~ verschuldet sein
alcanzar [alkan̩'θar] <z→c> **I.** *vi* reichen (*a/hasta* bis (zu) *+dat*, *para* für *+akk*); **este cañón alcanza 10 kilómetros** dieses Geschütz hat eine Reichweite von 10 Kilometern; **el dinero no alcanza para pagar la comida** das Geld reicht nicht für das Essen aus; **no alcanzo a todo el trabajo** ich komme mit der Arbeit nicht nach **II.** *vt* **1.** (*dar alcance*) einholen; **el ladrón fue alcanzado** der Dieb wurde gefasst; **ve tirando, ya te ~é** geh vor, ich komme nach **2.** (*llegar*) erreichen; ~ **un acuerdo** ein Abkommen schließen; **el disparo le alcanzó en la pierna** der Schuss traf ihn ins Bein; ~ **fama** berühmt werden; **mis padres ~on la guerra civil** meine Eltern haben den Bürgerkrieg miterlebt **3.** (*entender*) verstehen **III.** *vr:* **no se me alcanza qué intenta con ello** ich verstehe nicht, was er/sie damit beabsichtigt
alcaparra [alka'parra] *f* (BOT) Kapernstrauch *m*; (*fruto*) Kaper *f*
alcaraván [alkara'βan] *m* (ZOOL) Triel *m*
alcatraz [alka'traθ] *m* **1.** (ZOOL) Baßtölpel *m* **2.** (BOT) Aronstab *m*
alcaucil [alkau̯'θil] *m* **1.** (*alcachofa*) Artischocke *f* **2.** (*Arg: trotaconventos*) Kuppler(in) *m(f)*
alcaudón [alkau̯'ðon] *m* (ZOOL) Würger *m*
alcayata [alka'ɟata] *f* Hakennagel *m*
alcazaba [alka'θaβa] *f* Festung *f* (innerhalb einer befestigten Stadt)
alcázar [al'kaθar] *m* Festung *f*, Burg *f*
alce ['al̩θe] *m* (ZOOL) Elch *m*
alción [al̩'θjon] *m* **1.** (ZOOL: *ave*) Eisvogel *m* **2.** (ZOOL: *coral*) Mittelmeer-Meerhand *f* **3.** (ASTR) Alkyone *f*
alcista [al̩'θista] **I.** *adj* (FIN) Hausse-; **mercado** ~ **de la bolsa** Haussebörse *f*; **movimiento** ~ **de los precios** Preisauftrieb *m*; **tendencia** ~ Aufwärtstrend *m*, (konjunkturelle) Aufschwungbewegung **II.** *mf* (FIN) Haussier *m*, Haussespekulant(in) *m(f)*
alcoba [al'koβa] *f* Schlafzimmer *nt*
alcohol [al'kol/alko'ol] *m* Alkohol *m*; ~ **etílico** Äthylalkohol *m*; ~ **de quemar** Brennspiritus *m*; **una bebida sin** ~ ein alkoholfreies Getränk; **no toma** ~ er/sie trinkt keinen Alkohol; **estar bajo los efectos del** ~ unter Alkohol(einfluss) stehen
alcoholato [alko(o)'lato] *m* (MED, QUÍM) Alkoholpräparat *nt*
alcoholemia [alko(o)'lemja] *f* Blutalkohol *m*; **grado de** ~ Alkoholspiegel *m*; **prueba de** ~ Alkoholtest *m*
alcoholero, **-a** [alko(o)'lero, -a] *adj* Alkohol-; **industria alcoholera** Alkoholindustrie *f*
alcohólico, **-a** [al'koliko/alko'oliko, -a] **I.** *adj* **1.** (*con/del alcohol*) alkoholisch **2.** *v.* **alcoholizado** **II.** *m, f* Alkoholiker(in) *m(f)*; **~s anónimos** anonyme Alkoholiker
alcoholímetro [alko(o)'limetro] *m* Alkoholmesser *m*
alcoholismo [alko(o)'lismo] *m sin pl* Alkoholismus *m*, Trunksucht *f*
alcoholista [alko(o)'lista] **I.** *adj* (*Arg*) alkoholsüchtig; **un hombre** ~ ein Alkoholiker **II.** *mf* (*Arg*) Gewohnheitstrinker(in) *m(f)*, Alkoholiker(in) *m(f)*
alcoholizado, **-a** [alko(o)li'θaðo, -a] *adj* alkoholabhängig, alkoholsüchtig
alcoholizar [alko(o)li'θar] <z→c> **I.** *vt* al-

koholisieren **II.** *vr:* **~se** zum Alkoholiker werden

alcor [al'kor] *m* (GEO) Hügel *m,* Erhebung *f*

Alcorán [alko'ran] *m* (REL) Koran *m*

alcoránico, **-a** [alko'raniko, -a] *adj* (REL) Koran-; **los preceptos ~s** die Koranvorschriften

alcornocal [alkorno'kal] *m* Korkeichenwald *m*

alcornoque [alkor'noke] *m* **1.** (BOT) Korkeiche *f* **2.** (*madera*) Korkeichenholz *nt,* Korkeiche *f* **3.** (*persona*): (**pedazo de**) ~ Dummkopf *m*

alcorza [al'korθa] *f* (GASTR) **1.** (*pasta para recubrir dulces*) Zuckerglasur *f,* Zuckerguss *m* **2.** (*dulce recubierto*) Zuckerware *f;* (*pastel*) mit Zuckerglasur überzogener Kuchen *m*

alcorzar [alkor'θar] <z→c> *vt* **1.** (GASTR) mit Zuckerglasur überziehen **2.** (*decorar*) schmücken, verzieren

alcotán [alko'tan] *m* (ZOOL) Baumfalke *m*

alcotana [alko'tana] *f* Maurerhammer *m*

alcubilla [alku'βiʎa] *f* Wasserturm *m*

alcurnia [al'kurnja] *f* Abstammung *f;* **de** ~ von Adel, adlig; **de antigua** ~ von altem Adel

alcuza [al'kuθa] *f* (Speise)ölkanne *f*

alcuzcuz [alkuθ'kuθ] *m* (GASTR) Kuskus *m o nt*

aldaba [al̪'daβa] *f* **1.** (*picaporte*) Türklopfer *m* **2.** (*aldabilla: para ventanas*) Fensterriegel *m;* (*para puertas*) Türriegel *m* **3.** (*loc*): **tener buenas ~s** (*fam*) gute Beziehungen haben

aldabada [al̪da'βaða] *f* **1.** (*golpe*) Schlag *m* mit dem Türklopfer **2.** (*susto*) Schreck *m*

aldabazo [al̪da'βaθo] *m* (kräftiger) Schlag *m* mit dem Türklopfer

aldabilla [al̪da'βiʎa] *f* (*para ventanas*) Fensterriegel *m;* (*para puertas*) Türriegel *m*

aldabón [al̪da'βon] *m* **1.** (*aldaba grande*) (großer) Türklopfer *m* **2.** (*asa*) (Hand)griff *m*

aldabonazo [al̪daβo'naθo] *m* Schlag *m* mit dem Türklopfer

aldea [al̪'dea] *f* Dorf *nt,* Weiler *m;* ~ **global** (INFOR) globales Dorf

aldeanismo [al̪dea'nismo] *m* **1.** (*mentalidad*) Provinzialität *f;* (*tosquedad*) Grobschlächtigkeit *f* **2.** (*palabra*) Provinzialismus *m,* Mundartausdruck *m*

aldeano, **-a** [al̪de'ano, -a] **I.** *adj* **1.** (*de la aldea*) dörflich, ländlich **2.** (*ignorante*) ungeschliffen, grob **II.** *m, f* **1.** (*de la aldea*) Dorfbewohner(in) *m(f)* **2.** (*inculto*) ungehobelter Mensch *m*

aldehído [al̪de'iðo] *m* (QUÍM) Aldehyd *m*

aldehuela [al̪de'wela] *f* Dörfchen *nt*

alderredor [al̪derre'ðor] *adv* (*alrededor*) um ... herum, rings [*o* rund] um; **los pastores se reunieron ~ del portal** die Hirten versammelten sich um die Krippe

ale ['ale] *interj* auf, los; **¡~ vamos!** los, gehen wir!

aleación [alea'θjon] *f* Legierung *f;* ~ **ligera** Aluminiumlegierung *f*

alear [ale'ar] *vt* legieren; **ir aleando** (*fig*) auf dem Weg der Besserung sein

aleatoriamente [aleatorja'men̪te] *adv* nach dem Zufallsprinzip

aleatoriedad [aleatorje'ða^{d}] *f sin pl* Zufall *m,* Zufälligkeit *f*

aleatorio, **-a** [alea'torjo, -a] *adj* zufällig

alebrestado, **-a** [aleβes'traðo, -a] *adj* **1.** (*Hond: enamorado*) verliebt **2.** (*Méx: de mal humor*) schlecht gelaunt

alebrestar [aleβes'trar] <e→ie> **I.** *vt* warnen (*contra* vor +*dat*) **II.** *vr:* **~se 1.** (*Col, Ven: animal*) sich aufbäumen **2.** (*Col, Ven: persona*) wütend sein **3.** (*Hond: enamorarse*) sich verlieben **4.** (*Méx: inquietarse*) unruhig werden **5.** (*Méx, Ven: entusiasmarse*) sich begeistern

aleccionador(a) [ale^{ɣ}θjona'ðor(a)] *adj* (*instructivo*) instruktiv, lehrreich; (*ejemplar*) exemplarisch

aleccionamiento [ale^{ɣ}θjona'mjen̪to] *m* Unterweisung *f,* Anleitung *f*

aleccionar [ale^{ɣ}θjo'nar] *vt* unterweisen, anleiten; **esto te ~á para no volver a hacer lo mismo** das wird dich lehren nicht noch einmal das Gleiche zu tun

aledaño, **-a** [ale'ðaɲo, -a] *adj* anliegend, angrenzend

aledaños [ale'ðaɲos] *mpl* Umgebung *f*

alegación [aleɣa'θjon] *f* **1.** (JUR: *declaración*) Behauptung *f* (vor Gericht); (*escrito*) Beweisschrift *f;* ~ **de culpabilidad** Schuldigsprechung *f* **2.** (*Arg, Méx, PRico*) Wortwechsel *m,* Auseinandersetzung *f* **3.** *pl* Einwände *mpl*

alegal [ale'ɣal] *adj* illegal

alegar [ale'ɣar] <g→gu> **I.** *vt* vorbringen, geltend machen; ~ **pruebas** Beweise beibringen; **alegó dolor de cabeza para no ir a la reunión** er/sie schützte Kopfschmerzen vor um der Sitzung fernzubleiben **II.** *vi* (*Am*) Streit suchen; (*discutir*) streiten

alegato [ale'ɣato] *m* **1.** (JUR: *escrito*) Schriftsatz *m;* (*oral*) Plädoyer *nt;* **un ~ contra el aborto** ein Plädoyer gegen die Abtreibung **2.** (*Am: disputa*) Wortwechsel *m,* Auseinandersetzung *f;* **tener un ~ con alguien** eine Auseinandersetzung mit jdm haben **3.** (*Perú: argumento*) Argument *nt*

alegoría [aleɣo'ria] *f* Allegorie *f*

alegórico, **-a** [ale'ɣoriko, -a] *adj* allegorisch

alegorización [aleɣoriθa'θjon] *f* Allegorisierung *f,* Versinnbildlichung *f*

alegorizar [aleɣori'θar] <z→c> *vt* allegorisieren, versinnbildlichen

alegraesposas [aleɣraes'posas] *m inv* Hausfreund *m*

alegrar [ale'ɣrar] **I.** *vt* **1.** (*a personas*) erfreuen, erheitern **2.** (*cosas*) beleben **II.** *vr:* **~se 1.** (*sentir alegría*) sich freuen (*de/con* über +*akk*); **me alegro de verle de nuevo** ich freue mich (darauf) Sie wiederzusehen; **nos alegramos de que haya aceptado la invitación** wir freuen uns, dass Sie die Einladung angenommen haben; **me alegro** (**por ti**) das freut mich (für dich) **2.** (*beber un poco*) sich *dat* einen Schwips antrinken

alegre [a'leɣre] *adj* **1.** (*contento*) fröhlich, vergnügt; (*divertido*) lustig; **colores ~s** lebhafte Farben; **un espíritu/una cara ~** ein heiteres Gemüt/Gesicht; **una habitación ~** ein freundliches Zimmer; **estoy** [*o* **me siento**] **~ de que...** *+subj* ich freue mich, dass ...; **estar más ~ que unas pascuas** sich freuen wie ein Schneekönig **2.** (*frívolo*) leichtfertig, locker; **~ de cascos** leichtsinnig; **una vida ~** ein flottes Leben **3.** (*fam: achispado*) angeheitert; **estar ~** einen Schwips haben

alegremente [aleɣre'mente] *adv* **1.** (*satisfecho*) froh, fröhlich **2.** (*frívolamente*) leichthin, unbesonnen

alegreto [ale'ɣreto] *m o adv* (MÚS) *v.* **allegretto**

alegría [ale'ɣria] *f* **1.** (*gozo, satisfacción*) Freude *f*, Fröhlichkeit *f*, Heiterkeit *f*; (*alborozo*) Jubel *m*; **~ de la vida** Lebensfreude *f*; **estar loco de ~** außer sich *dat* vor Freude sein; **llevarse una gran ~** sich sehr freuen **2.** (BOT: *planta y simiente*) Sesam *m*

alegro [a'leɣro] *m* (MÚS) Allegro *nt*

alegrón[1] [ale'ɣron] *m* (*fam*) Riesenfreude *f*; **con esta noticia me has dado un ~** mit dieser Nachricht hast du mir eine riesige Freude bereitet; **con esta noticia me he llevado un ~** über diese Nachricht habe ich mich sehr gefreut

alegrón, -ona[2] [ale'ɣron, -ona] *adj* (*Arg*) beschwipst, besäuselt

alejado, -a [ale'xaðo, -a] *adj* (*lugar*) abgelegen; **vive ~ de la política** er ist nicht mehr politisch aktiv

alejamiento [alexa'mjento] *m* Entfernung *f*; **esto causó un ~ entre las familias** das führte zu einer Distanz zwischen den Familien

alejandrino [alexan'drino] *m* (LIT) Alexandriner *m*

alejar [ale'xar] **I.** *vt* **1.** (*distanciar*) entfernen (*de* von *+dat*) **2.** (*ahuyentar*) verscheuchen (*de* aus *+dat*), vertreiben (*de* aus *+dat*); **aleja estos pensamientos de tu cabeza** denk nicht länger darüber nach **II.** *vr:* **~se** sich entfernen (*de* von *+dat*); (*retirarse*) sich zurückziehen (*de* von *+dat*); **todos se alejan de él** alle gehen ihm aus dem Weg

alelado, -a [ale'laðo, -a] *adj* blöd, dumm

alelamiento [alela'mjento] *m* Verblöden *nt*, Verdummen *nt*

alelar [ale'lar] *vt, vr:* **~se** verblöden, verdummen

alelí [ale'li] <alelíes> *m* (BOT) *v.* **alhelí**

alelo [a'lelo] *m* (BIOL) Allel *nt*

aleluya[1] [ale'luɟa] **I.** *interj* halleluja **II.** *f* **1.** (*estampita*) Heiligenbild *nt* **2.** *pl* (*fam: versos*) schlechte Verse *mpl* **3.** (*persona*) abgemagerter Mensch *m* **4.** (BOT) Sauerklee *m*

aleluya[2] [ale'luɟa] *m o f* (REL) Halleluja *nt*; **estar de ~** jubeln

alema [a'lema] *f* (AGR) Wassermenge *f* pro Bewässerungsgang

alemán[1] [ale'man] *m* (*lengua*) Deutsch(e) *nt*; **alto ~** Hochdeutsch *nt*; **estudiar ~** Deutsch lernen; **traducir algo al ~** etw ins Deutsche übersetzen

alemán, -ana[2] [ale'man, -ana] **I.** *adj* deutsch; **la lengua alemana** die deutsche Sprache; **República Democrática Alemana** (HIST) Deutsche Demokratische Republik; **decir algo en ~** etw auf Deutsch sagen **II.** *m, f* Deutsche(r) *mf*; **~ del Este** Ostdeutsche(r) *m*, Ossi *m fam pey*; **~ del Oeste** Westdeutsche(r) *m*, Wessi *m fam pey*

Alemania [ale'manja] *f* Deutschland *nt*; **~ occidental/oriental** West-/Ostdeutschland *nt*; **República Federal de ~** Bundesrepublik *f* Deutschland

alemanita [alema'nita] *f* (*vulg*): **hacerse una ~** sich *dat* einen abwichsen

alentado, -a [alen'taðo, -a] *adj* **1.** (*valiente*) mutig **2.** (*Hond, Méx: repuesto*) wieder gesund **3.** (*Arg: vigorizado*) kraftvoll

alentador(a) [alenta'ðor(a)] *adj* ermutigend

alentar [alen'tar] <e→ie> **I.** *vi* **1.** (*respirar*) atmen **2.** (*estar vivo*) am Leben sein **II.** *vt* ermutigen, ermuntern **III.** *vr:* **~se 1.** (*animarse*) Mut fassen **2.** (*Hond, Méx: restablecerse*) sich erholen

alerce [a'lerθe] *m* (BOT) Lärche *f*

alérgeno [a'lerxeno] *m*, **alergeno** [aler'xeno] *m* Allergen *nt*

alergia [a'lerxia] *f* (MED) Allergie *f* (*a* gegen *+akk*); **~ alimentaria** Lebensmittelallergie *f*; **~ al polen** Heuschnupfen *m*; **esto me da** [*o* **produce**] **~** dagegen bin ich allergisch

alérgico, -a [a'lerxiko, -a] *adj* (MED) allergisch (*a* gegen *+akk*); **es ~ al polvo** er ist allergisch gegen Staub; **es ~ a estos temas** (*fam*) auf diese Themen reagiert er allergisch

alergología [alerɣolo'xia] *f* Allergologie *f*

alergólogo, -a [aler'ɣoloɣo, -a] *m, f* Allergologe, -in *m, f*

alero [a'lero] *m* **1.** (*del tejado*) Vordach *nt* **2.** (*de un coche*) Kotflügel *m* **3.** (DEP) Außenstürmer(in) *m(f)*

alerón [ale'ron] *m* **1.** (AERO) Querruder *nt* **2.** (AUTO) Spoiler *m*; **~ delantero** Frontspoiler *m*; **~ trasero** Heckspoiler *m*

alerta [a'lerta] **I.** *adj* wachsam, aufmerksam; **con ojo ~** mit wachsamem Auge; **estar ~ de algo** etw aufmerksam verfolgen **II.** *f* Alarm *m*; **dar la ~** Alarm schlagen; **poner en ~ a alguien** jdn in Alarmzustand versetzen **III.** *interj* Vorsicht, Achtung

alertar [aler'tar] *vt* warnen, alarmieren

aleta [a'leta] *f* **1.** (*de un pez, barco*) Flosse *f* **2.** (*de la nariz*) Nasenflügel *m* **3.** (*del coche*) Kotflügel *m* **4.** (*de un buzo*) Schwimmflosse *f*

aletada [ale'taða] *f* Flügelschlag *m*; **el pato dio una ~** die Ente schlug einmal mit den Flügeln

aletargado, -a [aletar'ɣaðo, -a] *adj* schläfrig

aletargamiento [aletarɣa'mjen̪to] *m* Schläfrigkeit *f*
aletargar [aletar'ɣar] <g→gu> **I.** *vt* einschläfern, müde machen **II.** *vr:* **~se** schläfrig werden
aletazo [ale'taθo] *m* Flügelschlag *m*
aletear [alete'ar] *vi* **1.** (*ave*) mit den Flügeln schlagen **2.** (*pez*) zappeln **3.** (*fam: cobrar fuerza*) zu Kräften kommen
aleteo [ale'teo] *m* **1.** (*de un ave*) Flügelschlag *m* **2.** (*de un pez*) Zappeln *nt*
alevín [ale'βin] *m* **1.** (*pez*) Fischbrut *f* **2.** (*principiante*) Neuling *m*
alevosía [aleβo'sia] *f* Hinterlist *f,* Heimtücke *f;* **con ~** hinterlistig, heimtückisch
alevoso, -a [ale'βoso, -a] *adj* hinterlistig, heimtückisch
alexia [a'leˠsja] *f* (MED) Alexie *f,* Leseschwäche *f*
aleya [a'leɟa] *f* Koranvers *m*
alfa ['alfa] *f* Alpha *nt;* **~ y omega** Anfang und Ende
alfabético, -a [alfa'βetiko, -a] *adj* alphabetisch; **estar por orden ~** nach dem Alphabet [*o* alphabetisch] geordnet sein
alfabetización [alfaβetiθa'θjon] *f* Alphabetisierung *f*
alfabetizar [alfaβeti'θar] <z→c> *vt* alphabetisieren
alfabeto [alfa'βeto] *m* Alphabet *nt;* **~ Morse** Morsealphabet *nt*
alfajor [alfa'xor] *m* (GASTR: *dulce similar al polvorón*) Mandel-Nuss-Honig-Kuchen *m;* (*rosquillas*) Mandel-Nuss-Honig-Kringel *m*
alfalfa [al'falfa] *f* (BOT) Luzerne *f*
alfanje [al'faŋxe] *m* Krummsäbel *m,* Kurzsäbel *m*
alfanumérico, -a [alfanu'meriko, -a] *adj* alphanumerisch
alfanúmero [alfa'numero] *m* (INFOR) alphanumerische Zahl *f*
alfaque [al'fake] *m* Sandbank *f*
alfar [al'far] *m* Töpferei *f*
alfarería [alfare'ria] *f* **1.** (*obrador*) Töpferei *f* **2.** (*oficio*) Töpferhandwerk *nt*
alfarero, -a [alfa'rero, -a] *m, f* Töpfer(in) *m(f)*
alféizar [al'fei̯θar] *m* (ARQUIT) **1.** (*reborde de una puerta*) (Tür)laibung *f;* (*de una ventana*) (Fenster)laibung *f* **2.** (*saliente de una ventana*) Fensterbrüstung *f*
alfeñique [alfe'ɲike] *m* **1.** (*persona*) Schwächling *m* **2.** (*reg:* BOT) Baldrian *m*
alferecía [alfere'θia] *f* (MED) Epilepsie *f*
alférez [al'fereθ] *m* **1.** (MIL) Leutnant *m;* **~ de fragata** Leutnant zur See; **~ de navío** Oberleutnant zur See **2.** (HIST) Fahnenträger *m*
alfil [al'fil] *m* (*en ajedrez*) Läufer *m*
alfiler [alfi'ler] *m* **1.** (*aguja*) Stecknadel *f;* **no caber un ~** (*fig*) vollgestopft sein **2.** (*broche*) Anstecknadel *f;* **~ de corbata** Krawattennadel *f;* **~ de gancho** (*Arg*) Sicherheitsnadel *f;* **ir de veinticinco ~es** geschniegelt und gebügelt sein **3.** (*pinza*) Wäscheklammer *f;* **llevo la lección prendida con ~es** (*fig*) ich habe mich auf die Prüfung schlecht vorbereitet
alfilerazo [alfile'raθo] *m* **1.** (*pinchazo*) Stich *m* mit der Stecknadel **2.** (*fig: pulla*) Stichelei *f;* **lanzar a alguien un ~** jdm einen (verbalen) Nadelstich versetzen
alfiletero [alfile'tero] *m* Nadelbüchse *f*
alfombra [al'fombra] *f* Teppich *m;* **~ de flores** Blumenteppich *m;* **~ persa** Perserteppich *m*
alfombrado [alfom'braðo] *m* **1.** (*acción*) Verlegen *nt* des Teppichbodens **2.** (*Am: alfombra*) Teppichboden *m*
alfombrar [alfom'brar] *vt* mit Teppich auslegen
alfombrilla [alfom'briʎa] *f* **1.** (*estera*) Fußmatte *f;* **~ de baño** Badematte *f* **2.** (MED) Röteln *pl*
alforja [al'forxa] *f* Tasche *f;* (*de caballería*) Satteltasche *f;* **sacar los pies de las ~s** (*fig*) aus sich *dat* herausgehen; **pasarse a la otra ~** (*Arg, Chil*) pampig werden
alga ['alɣa] *f* (BOT) Alge *f;* **~ marina** Meeresalge *f*
algar [al'ɣar] *m* Algenteppich *m*
algarabía [alɣara'βia] *f* **1.** (*gritería*) Gezeter *nt,* Geschrei *nt;* **se armó** [*o* **hubo**] **una ~** es gab ein Gezeter **2.** (*lengua*) Kauderwelsch *nt;* (*escritura*) unleserliche Schrift *f,* Klaue *f fam* **3.** (HIST: *lengua árabe*) arabische Sprache *f* **4.** (BOT) Besenheide *f*
algarada [alɣa'raða] *f* Straßenunruhen *fpl,* Krawall *m*
algarero, -a [alɣa'rero, -a] *m, f* Unruhestifter(in) *m(f)*
algarroba [alɣa'rroβa] *f* **1.** (BOT) Futterwicke *f* **2.** (*fruto del algarrobo*) Johannisbrot *nt*
algarrobo [alɣa'rroβo] *m* (BOT) Johannisbrotbaum *m*
algazara [alɣa'θara] *f* Geschrei *nt,* Krach *m;* (*de alegría*) Freudengeschrei *nt*
álgebra ['alxeβra] *f* (MAT) Algebra *f*
algebraico, -a [alxe'βrai̯ko, -a] *adj* (MAT) algebraisch
algebrista [alxe'βrista] *mf* Algebraiker(in) *m(f)*
algia ['alxja] *f* (MED) (nicht eindeutig lokalisierbarer) Schmerz *m,* Schmerzzustand *m*
algidez [alxi'ðeθ] *f* (MED) starkes Kältegefühl *nt;* **la ~ en el pie me impide andar** mein Fuß ist so eiskalt, dass ich nicht laufen kann
álgido, -a ['alxiðo, -a] *adj* **1.** (*muy frío*) eisig **2.** (MED): **fiebre álgida** Schüttelfrost *m* **3.** (*culminante, decisivo*): **el período ~ del Barroco** die Blütezeit des Barocks; **la crisis está en su momento más ~** die Krise hat ihren Höhepunkt erreicht
algo ['alɣo] **I.** *pron indef* etwas; **~ es ~** besser das als nichts; **¿quieres ~?** möchtest du (et)was?; **¿apostamos ~?** wollen wir wetten?; **esta película es ~ aparte** dieser Film ist ein Meisterstück; **me suena de ~** das

A

kommt mir irgendwie bekannt vor; **se cree** ~ er/sie macht sich wichtig; **por** ~ aus gutem Grund; **por** ~ **lo habrá dicho** er/sie wird es aus gutem Grund gesagt haben **II.** *adv* ein bisschen, ein wenig; **he dormido** ~ ich habe ein wenig geschlafen; **aún falta** ~ **hasta llegar** bis dahin fehlt noch ein Stückchen; **aún me queda** ~ **de dinero** ich habe noch ein bisschen Geld; ~ **así como** ungefähr, so (et)was wie

algodón [alɣo'ðon] *m* **1.** (*planta, tejido*) Baumwolle *f;* **una camisa de** ~ ein Baumwollhemd, ein Hemd aus Baumwolle **2.** (*de uso cosmético*) Watte *f;* ~ **hidrófilo** Verbandswatte *f;* **criado entre algodones** (*fig*) verhätschelt, verzärtelt **3.** (*dulce*) Zuckerwatte *f*

algodonal [alɣoðo'nal] *m* Baumwollfeld *nt*

algodonero, **-a** [alɣoðo'nero, -a] **I.** *adj* Baumwoll-; **industria algodonera** Baumwollindustrie *f* **II.** *m, f* **1.** (*comerciante*) Baumwollhändler(in) *m(f)* **2.** (*cultivador*) Baumwollpflanzer(in) *m(f)*

algodonoso, **-a** [alɣoðo'noso, -a] *adj* wollig, flauschig

algol [al'ɣol] *m* (INFOR) ALGOL *nt*

algorítmico, **-a** [alɣo'riᵈmiko, -a] *adj* (MAT) algorithmisch

algoritmo [alɣo'riᵈmo] *m* (MAT) Algorithmus *m*

algoso, **-a** [al'ɣoso, -a] *adj* mit Seetang [*o* Algen] bedeckt

alguacil [alɣwa'θil] *m* **1.** (*de un tribunal*) Gerichtsbote *m* **2.** (*de un ayuntamiento*) Gemeindediener *m* **3.** (*garfio*) Brechstange *f,* Brecheisen *nt* **4.** (*Arg, Par, Urug:* ZOOL) *v.* **aguacil**

alguerés[1] [alɣe'res] *m sin pl* (*lengua*) *in Alghero gesprochener katalanischer Dialekt*

alguerés, **-esa**[2] [alɣe'res, -esa] **I.** *adj* aus Alghero **II.** *m, f* Einwohner(in) *m(f)* von Alghero

alguien ['alɣjen] *pron indef* jemand; **¿hay ~ aquí?** ist da jemand?; ~ **me lo ha contado** irgendjemand hat es mir erzählt; **se cree** ~ er/sie macht sich wichtig, er/sie spielt sich auf; **es** ~ **en la empresa** er/sie ist jemand in der Firma

algún [al'ɣun] *adj v.* **alguno**[1]

alguno, **-a**[1] [al'ɣuno, -a] *adj* <algún> **1.** (*antepuesto: indef*) irgendein; **¿alguna pregunta?** irgendwelche Fragen?; **de alguna manera** auf irgendeine Weise, irgendwie; **en algún sitio** irgendwo; **alguna vez** gelegentlich; **algún día** eines Tages; **¿puedes dejarme algún jersey?** kannst du mir irgendeinen Pulli leihen? **2.** (*postpuesto: ninguno*) kein(e); **en sitio** ~ nirgendwo; **persona alguna** niemand

alguno, **-a**[2] [al'ɣuno, -a] *pron indef* jemand; ~**s de los presentes** einige der Anwesenden; ~**s ya se han ido** manche sind schon gegangen; **¿tienes caramelos? – sí, me quedan** ~**s** hast du Bonbons? – ja, ich habe noch welche übrig; **los niños han vuelto a hacer alguna de las suyas** die Kinder haben schon wieder etwas angestellt

alhaja [a'laxa] *f* **1.** (*de piedras preciosas*) Juwel *nt;* (*de bisutería*) Modeschmuck *m* **2.** (*objeto de valor*) Prachtstück *nt;* **¡esta chica es una ~!** dieses Mädchen ist ein Juwel!; **¡menuda ~, este niño!** dieser Junge ist ja ein sauberes Früchtchen!

alhajado, **-a** [ala'xaðo, -a] *adj* (*Col: rico*) vermögend

alhajar [ala'xar] *vt* **1.** (*con joyas*) mit Schmuck [*o* Juwelen] schmücken **2.** (*casa*) ausstatten

alhajera [ala'xera] *f* (*Arg, Chil*) Schmuckschatulle *f*

alhajero [ala'xero] *m v.* **alhajera**

alharaca [ala'raka] *f* Getue *nt*

alhelí [ale'li] *m* <alhelíes> (BOT) Levkoje *f,* Levkoie *f*

alheña [a'leɲa] *f* **1.** (BOT) Liguster *m,* Rainweide *f* **2.** (*polvo*) Henna *f o nt*

alhóndiga [a'lon̩diɣa] *f* Kornmarkt *m*

alhucema [alu'θema] *f* (BOT) Lavendel *m*

aliáceo, **-a** [a'ljaθeo, -a] *adj* knoblauchartig

aliado, **-a** [ali'aðo, -a] **I.** *adj* verbündet; (POL) alliiert **II.** *m, f* Verbündete(r) *mf;* **los ~s** (POL) die Alliierten

aliadófilo, **-a** [alja'ðofilo, -a] *adj* alliiertenfreundlich

aliaga [a'ljaɣa] *f* (BOT) Stechginster *m*

alianza [ali'an̩θa] *f* **1.** (*pacto*) Bündnis *nt,* Bund *m;* (POL) Bündnis *nt,* Allianz *f;* ~ **Atlántica** Atlantikpakt *m;* ~ **militar** Militärbündnis *nt* **2.** (*elev: por el casamiento*) Ehebund *m* **3.** (*anillo*) Ehering *m*

aliar [ali'ar] <*1. pres:* alío> **I.** *vt* verbinden (*con* mit +*dat*) **II.** *vr:* ~**se** sich verbünden (*con* mit +*dat*), sich alliieren (*con* mit +*dat*)

alias ['aljas] **I.** *adv* alias **II.** *m inv* Spitzname *m*

aliblanca [ali'βlaŋka] *f* **1.** (*Col: gandulería*) Faulheit *f;* (*de movimientos*) Trägheit *f,* Schwerfälligkeit *f* **2.** (*Cuba: paloma*) wilde Taube *f*

alicaído, **-a** [alika'iðo, -a] *adj* matt, schlaff; (*deprimido*) deprimiert

alicantino, **-a** [alikan̩'tino, -a] *adj* aus Alicante

alicatado [alika'taðo] *m* Kachelbelag *m*

alicatar [alika'tar] *vt* kacheln

alicates [ali'kates] *mpl* Greifzange *f;* ~ **redondos** Rundzange *f;* ~ **universales** Kombizange *f*

aliciente [ali'θjen̩te] *m* Lockmittel *nt,* Anreiz *m*

alicorto, **-a** [ali'korto, -a] *adj* **1.** (*corto de alas*) kurzflügelig; (*con alas cortadas*) mit gestutzten Flügeln **2.** (*fig: simple*) einfältig, beschränkt

alícuota [a'likwota] *adj* **1.** (MAT) aliquot **2.** (*proporcional*) proportional

alicuz(a) [ali'kuθ(a)] *adj* (*Hond*) **1.** (*vivo*) lebhaft, quirlig; (*despierto*) aufgeweckt **2.** (*venta-

jista) skrupellos

alienación [aljena'θjon] *f* **1.** (*de propiedades*) Veräußerung *f* **2.** (PSICO) Geistesgestörtheit *f* **3.** (*distanciamiento*) Entfremdung *f*

alienado, -a [alje'naðo, -a] **I.** *adj* **1.** (PSICO) geistesgestört **2.** (*distanciado*) entfremdet (*de* +*dat*) **II.** *m, f* (PSICO) Geistesgestörte(r) *mf*

alienante [alje'nan̪te] *adj* befremdlich, entfremdend

alienar [alje'nar] **I.** *vt* veräußern **II.** *vr:* **~se** **1.** (*distanciarse*) sich entfremden (*de* +*dat*) **2.** (PSICO) geistesgestört werden

alienígena [alje'nixena] *m* außerirdisches Wesen *nt*

alienismo [alje'nismo] *m* (PSICO, MED) **1.** (*ciencia*) Psychiatrie *f* **2.** (*profesión*) Beruf *m* des Psychiaters; **el ~ no está muy bien pagado** als Psychiater verdient man nicht besonders gut

alienista [alje'nista] *mf* Psychiater(in) *m(f)*

aliento [a'ljen̪to] *m* **1.** (*respiración*) Atem *m;* **mal ~** Mundgeruch *m;* **sin ~** außer Atem; **cobrar ~** wieder zu Atem kommen; **esto me quita el ~** das verschlägt mir den Atem; **tomar ~** Atem holen [*o* schöpfen] **2.** (*vaho*) Hauch *m* **3.** (*ánimo*) Mut *m,* Kraft *f;* **dar** [*o* **infundir**] **~ a alguien** jdm Mut einflößen

alifafe [ali'fafe] *m* (*fam*) Wehwehchen *nt*

aligátor [ali'ɣator] *m* (ZOOL) Alligator *m*

aligeramiento [alixera'mjen̪to] *m* **1.** (*de cargas*) Verminderung *f* **2.** (*alivio*) Erleichterung *f,* Linderung *f* **3.** (*aceleramiento*) Beschleunigung *f*

aligerar [alixe'rar] **I.** *vi* sich beeilen; **si no aligeras, llegarás tarde** wenn du dich nicht beeilst, wirst du zu spät kommen **II.** *vt* **1.** (*cargas*) erleichtern **2.** (*aliviar*) lindern, erleichtern **3.** (*acelerar*) beschleunigen; **~ el paso** schneller gehen

aligustre [ali'ɣustre] *m* (BOT) Liguster *m*

alijar [ali'xar] **I.** *m* **1.** (*dehesa*) Weide *f;* (*terreno inculto*) Brachland *nt* **2.** (*cortijo*) Gutshof *m* **II.** *vt* **1.** (NÁUT: *un barco*) löschen **2.** (*mercancías de contrabando*) an Land bringen

alijo [a'lixo] *m* Schmuggelware *f*

alilaya[1] [ali'laɟa] *mf* (*Méx*) **1.** (*persona lista*) gerissene Person *f* **2.** (*persona chismosa*) Klatschbase *f* **3.** (*persona embustera*) Flunkerer, -in *m, f fam*

alilaya[2] [ali'laɟa] *f* (*Col, Cuba: excusa*) faule Ausrede *f*

alimaña [ali'maɲa] *f* **1.** (*animal*) Raubzeug *nt* **2.** (*persona*) Schurke, -in *m, f*

alimañero [alima'ɲero] *m* (*cazador de alimañas*) Jäger *m* von Raubzeug

alimentación [alimen̪ta'θjon] *f* **1.** (*nutrición*) Ernährung *f;* (*aprovisionamiento*) Verpflegung *f,* Beköstigung *f;* **~ artificial/equilibrada** künstliche/ausgewogene Ernährung; **~ pobre en sodio** natriumarme Ernährung; **industria de la ~** Nahrungsmittelindustrie *f* **2.** (*de animales*) Füttern *nt,* Fütterung *f* **3.** (TÉC: *de un horno, caldera*) Beschicken *nt;* (*de una máquina*) Zufuhr *f* (*con* von +*dat*); **~ por agujas** (INFOR) Papierzuführung *f* (über einen Schubtraktor); **~ de energía** Energiezufuhr *f;* **~ de papel** (INFOR) Papierzuführung *f;* **~ por tractor** (INFOR) Papierzuführung *f* (über einen Zugtraktor); **rollo de ~** (INFOR) Führungsrolle *f*

alimentador[1] [alimen̪ta'ðor] *m* **1.** (TÉC: *para un horno*) Beschickungsvorrichtung *f;* (*para una máquina*) Zuführer *m;* **~ de hojas sueltas** (INFOR) Einzelblatteinzug *m* **2.** (ELEC) Speisekabel *nt*

alimentador(a)[2] [alimen̪ta'ðor(a)] *adj* (TÉC) Speise-, Zufuhr-; **tubo ~** Zuleitung *f*

alimentar [alimen̪'tar] **I.** *vi* nahrhaft sein **II.** *vt* **1.** (*nutrir*) ernähren; (*aprovisionar*) verpflegen; **con su trabajo alimenta a toda la familia** mit seiner/ihrer Arbeit ernährt er/sie die ganze Familie; **~ el odio** den Hass schüren **2.** (*animales*) füttern **3.** (TÉC: *horno, caldera*) beschicken; (*máquina*) speisen; **~ la máquina con energía** der Maschine Energie zuführen **4.** (INFOR): **~ un ordenador con datos** Daten in einen Computer eingeben **III.** *vr:* **~se** sich ernähren (*de* von +*dat*)

alimentario, -a [alimen̪'tarjo, -a] *adj* Ernährungs-; **industria alimentaria** Nahrungsmittelindustrie *f*

alimenticio, -a [alimen̪'tiθjo, -a] *adj* **1.** (*nutritivo*) nahrhaft **2.** (*alimentario*) Nahrungs-, Nähr-; **industria alimenticia** Nahrungsmittelindustrie *f;* **pensión alimenticia** Unterhalt *m;* **productos ~s** Nahrungsmittel *ntpl*

alimenticios [alimen̪'tiθjos] *mpl* Nahrungsmittel *ntpl;* **~ envasados** abgepackte Nahrungsmittel

alimentista [alimen̪'tista] *mf* Unterhaltsempfänger(in) *m(f)*

alimento [ali'men̪to] *m* **1.** (*sustancia*) Nahrung *f;* **los ~s** die Nahrungsmittel; **~ básico** Grundnahrungsmittel *nt;* **~s congelados** Tiefkühlkost *f;* **~ sólido/líquido** feste/flüssige Nahrung; **~ del espíritu** geistige Nahrung **2.** (*alimentación*) Ernährung *f;* **de mucho/poco ~** sehr/wenig nahrhaft **3.** *pl* (*asistencia financiera*) Alimente *pl,* Unterhalt *m*

alimoche [ali'motʃe] *m* (ZOOL) Schmutzgeier *m*

alimón [ali'mon] *m:* **al ~** mit vereinten Kräften, zusammen

alindar [alin̪'dar] **I.** *vi* angrenzen (*con* an +*akk*); **nuestras fincas alindan** unsere Landgüter grenzen aneinander **II.** *vt* abgrenzen, abstecken

alineación [alinea'θjon] *f,* **alineamiento** [alinea'mjen̪to] *m* **1.** (*general*) Ausrichtung *f* (*con* auf +*akk*); **no ~** (POL) Blockfreiheit *f* **2.** (DEP) Mannschaftsaufstellung *f*

alineamiento [alinea'mjen̪to] *m:* **~ de los precios** (ECON) Preisangleichung *f*

alinear [aline'ar] **I.** *vt* **1.** (*poner en línea*) aufreihen, in Reih und Glied (auf)stellen **2.** (DEP) in die Mannschaft aufnehmen; (*para un parti-*

do) aufstellen **3.** (POL): **país no alineado** blockfreies Land **II.** *vr:* **~se 1.** (*ponerse en fila*) sich (in Reih und Glied) aufstellen; (*estar en fila*) in einer Reihe stehen **2.** (POL) sich ausrichten (*con* auf +*akk*), sich anschließen (*con* +*dat*); (*orientarse*) sich orientieren (*con* an +*dat*)

aliñar [ali'ɲar] *vt* **1.** (*condimentar*) würzen; **~ la ensalada** den Salat anmachen **2.** (*preparar*) anrichten, zubereiten

aliño [a'liɲo] *m* **1.** (*acción*) Zubereitung *f* **2.** (*condimento*) Gewürz *nt;* (*para ensalada*) Salatsoße *f,* Dressing *nt*

alioli [ali'oli] *m* (GASTR) Knoblauchölsoße *f*

aliquebrado, -a [alike'βraðo, -a] *adj* flügellahm; (*fam fig*) saft- und kraftlos; **vino con el ánimo ~** er/sie kam mit hängenden Flügeln an

alirón [ali'ron] *m:* **cantar el ~** den Sieg feiern

alisador[1] [alisa'ðor] *m* **1.** (TÉC: *para superficies*) Glättwalze *f* **2.** (*para el pelo*) feiner Kamm *m*

alisador(a)[2] [alisa'ðor(a)] *m(f)* Polierer(in) *m(f)*

alisamiento [alisa'mjen̪to] *m* **1.** (*de una superficie*) Glätten *nt;* (*de un terreno*) Einebnen *nt* **2.** (*del pelo*) Auskämmen *nt*

alisar [ali'sar] *vt* **1.** (*una superficie*) glätten; (*un terreno*) einebnen **2.** (*el pelo*) auskämmen

aliseda [ali'seða] *f* Erlengehölz *nt,* Erlenwald *m*

alisio [a'lisjo] *adj:* **vientos ~s** Passatwinde *mpl*

aliso [a'liso] *m* **1.** (BOT) Erle *f* **2.** (*madera*) Erlenholz *nt,* Erle *f*

alistado, -a [alis'taðo, -a] *adj* gestreift; **camisa alistada** Streifenhemd *nt*

alistador(a) [alista'ðor(a)] *m(f)* Registerführer(in) *m(f)*

alistamiento [alista'mjen̪to] *m* **1.** (*inscripción*) Einschreibung *f;* (*lista*) Auflistung *f* **2.** (MIL) Erfassung *f,* Musterung *f;* (*en la marina*) Anheuerung *f*

alistar [alis'tar] **I.** *vt* **1.** (*en una lista*) einschreiben; (*enumerar*) auflisten **2.** (MIL) mustern; (*enrolar*) anwerben; (*en la marina*) anheuern **II.** *vr:* **~se 1.** (*inscribirse*) sich einschreiben **2.** (MIL) sich (freiwillig) melden, sich anwerben lassen; (*en la marina*) anheuern

aliteración [alitera'θjon] *f* Alliteration *f,* Stabreim *m*

aliviadero [aliβja'ðero] *m* Überlauf *m*

aliviar [ali'βjar] **I.** *vi* den Schritt beschleunigen **II.** *vt* **1.** (*carga*) leichter machen; **tienes que ~ la maleta** du musst das Gewicht des Koffers reduzieren **2.** (*persona*) entlasten; (*de una preocupación*) erleichtern **3.** (*dolor, pena*) mildern, lindern; **~ un bloqueo económico** eine Wirtschaftsblockade lockern **III.** *vr:* **~se 1.** (*dolor, pena*) nachlassen, erträglicher werden **2.** (*de una enfermedad*) sich erholen

alivio [a'liβjo] *m* **1.** (*aligeramiento*) Erleichterung *f,* Erlösung *f* **2.** (*de una enfermedad*) Erholung *f;* (*mejoría*) Besserung *f* **3.** (*loc*): **vestir de ~** Trauer tragen; **he pescado un catarro de ~** (*fam*) ich habe mich schwer erkältet; **sus amigos son de ~** (*fam*) seine Freunde sind bösartig

aljaba [al'xaβa] *f* Köcher *m*

aljama [al'xama] *f* **1.** (*reunión de moros*) Maurenversammlung *f;* (*de judíos*) Judenversammlung *f* **2.** (*morería*) Maurenviertel *nt;* (*judería*) Judenviertel *nt* **3.** (*mezquita*) Moschee *f;* (*sinagoga*) Synagoge *f*

aljamía [alxa'mia] *f* **1.** (HIST) *maurische Bezeichnung für das Kastilische* **2.** (*textos*) *altspanische Texte, die in arabischer Schrift abgefasst sind*

aljamiado, -a [alxa'mjaðo, -a] *adj in altspanischer Sprache und arabischer Schrift abgefasst*

aljarafe [alxa'rafe] *m* **1.** (GEO) Hochplateau *nt* **2.** (*terraza*) (Dach)terrasse *f*

aljibe [al'xiβe] *m* **1.** (*cisterna*) Zisterne *f* **2.** (*tanque*) Wassertank *m* **3.** (*barco*) Tanker *m*

aljofaina [alxo'fai̯na] *f* Waschschüssel *f*

aljófar [al'xofar] *m* kleine, unregelmäßige Perle *f*

allá [a'ʎa] *adv* **1.** (*lugar, estático*) dort, da; **~ arriba** dort oben; **el más ~** (REL) das Jenseits **2.** (*lugar, dirección*) dorthin; **¿cuánto se tarda de aquí ~?** wie lange braucht man bis dorthin?; **acabo de llegar de ~** ich komme gerade von dort; **ponte más ~** stelle dich weiter weg **3.** (*tiempo*) damals; **~ por el año 64** um das Jahr 1964 herum; **~ en mis mocedades** damals in meiner Jugend; **~ en tiempos de Maricastaña** anno dazumal **4.** (*loc*): **¡~ tú!** (*fam*) das ist deine Sache!

allanamiento [aʎana'mjen̪to] *m* **1.** (*de un terreno*) (Ein)ebnen *nt* **2.** (*de dificultades*) Behebung *f* **3.** (JUR): **~ de morada** Hausfriedensbruch *m*

allanar [aʎa'nar] **I.** *vt* **1.** (*terreno, camino*) ebnen, planieren **2.** (*construcción*) niederreißen, einebnen **3.** (*dificultades*) beheben **4.** (JUR): **~ una casa** Hausfriedensbruch begehen **II.** *vr:* **~se** sich anpassen (*a* an +*akk*), sich fügen (*a* +*dat*); **no se allana nunca** er/sie gibt nie nach; **~se a las órdenes** die Anordnungen befolgen

allegado, -a [aʎe'ɣaðo, -a] **I.** *adj* nahe stehend **II.** *m, f* Verwandte(r) *mf*

allegar [aʎe'ɣar] <g→gu> *vt* (*medios, recursos*) aufbringen; (*pruebas, datos*) zusammentragen, sammeln

allegretto [ale'ɣreto] **I.** *m* (MÚS) Allegretto *nt* **II.** *adv* (MÚS) allegretto

allegro [a'leɣro] *m* (MÚS) Allegro *nt*

allende [a'ʎen̪de] *adv* jenseits; **~ las montañas** jenseits der Berge; **~ de ser guapa, es agradable** sie ist nicht nur hübsch, sondern auch noch nett

allí [a'ʎi] *adv* **1.**(*lugar, estático*) dort, da; ~ **cerca, por** ~ dort in der Nähe **2.**(*lugar, dirección*) dorthin; **quiero ir** ~ ich möchte dorthin gehen; **acabo de llegar de** ~ ich komme gerade von dort; **hasta** ~ bis dahin; **¡~ viene!** da kommt er/sie!

alma ['alma] *f* **1.**(*espíritu, habitante, persona*) Seele *f;* ~ **de cántaro** Einfaltspinsel *m;* **un** ~ **de Dios** eine Seele von Mensch; ~ **en pena** armer Mensch; **¡~ mía!** mein Liebling!; **agradecer con el** ~ von Herzen danken; **no tener** ~ herzlos sein; **me arranca el** ~ das zerreißt mir das Herz; **me llega al** ~ das geht mir sehr nahe; **lo siento en el** ~ ich bedauere es von ganzem Herzen; **fue el** ~ **de la fiesta** er/sie brachte die Fete in Schwung; **se le cayó el** ~ **a los pies** er/sie warf die Flinte ins Korn; **como** ~ **que lleva el diablo** wie ein geölter Blitz; **estar con el** ~ **en un hilo** (wie) auf (glühenden) Kohlen sitzen **2.**(*ánimo*) Gemüt *nt* **3.**(TÉC) Kern *m*

almacén [alma'θen] *m* **1.**(*local*) Lager *nt;* ~ **aduanero** Zolllager *nt;* ~ **de diapositivas** Diamagazin *nt;* ~ **frigorífico** Kühlhaus *nt;* ~ **al por mayor** Großhandlung *f;* **franco en** ~ ab Lager; **precio franco** ~ (COM) Preis ab Lager; **tener en** ~ auf Lager haben **2.**(*tienda*): **grandes almacenes** Kaufhaus *nt* **3.**(*Arg, Par, Urug: abacería*) Lebensmittelladen *m* **4.**(TIPO) Matrizenrahmen *m* **5.**(INFOR) Speicher *m*

almacenable [almaθe'naβle] *adj* lagerfähig

almacenaje [almaθe'naxe] *m* **1.**(*de mercancías*) (Ein)lagerung *f* **2.**(*tasa*) Lagergebühr *f;* **costes de** ~ Lagerkosten *pl* **3.**(INFOR) Speicherung *f*

almacenamiento [almaθena'mjen̪to] *m* **1.**(*de mercancías*) (Ein)lagerung *f;* ~ **definitivo** Endlagerung *f;* ~ **temporal** Zwischenlagerung *f* **2.**(INFOR) Speicherung *f;* ~ **de acceso rápido** Schnellzugriffsspeicher *m;* ~ **de alta velocidad** Schnellspeicherung *f;* ~ **en fichero** Speichern in eine Datei; ~ **fuera de línea** rechnerunabhängiger Speicher; ~ **de información** Informationsspeicherung *f;* ~ **secundario** Sekundärspeicher *m;* ~ **virtual** virtuelle Speicherung **3.**(*tasa*) Lagergebühr *f*

almacenar [almaθe'nar] *vt* **1.**(*mercancías*) (ein)lagern **2.**(INFOR) (ab)speichern; ~ **datos** Daten speichern; ~ **en disco duro** auf der Festplatte (ab)speichern

almacenero, -a [almaθe'nero, -a] *m, f* (*Arg, Par, Urug: dueño*) Inhaber(in) *m(f)* eines Lebensmittelladens; (*auxiliar*) Aushilfe *f* in einem Lebensmittelladen

almacenista [almaθe'nista] *mf* Großhändler(in) *m(f)*, Grossist(in) *m(f)*

almáciga [al'maθiɣa] *f* **1.**(BOT: *resina*) Mastix *m* **2.**(*semillero*) Frühbeet *nt*, Treibbeet *nt* **3.**(*vivero*) Baumschule *f*

almácigo [al'maθiɣo] *m* **1.**(BOT) Mastixbaum *m* **2.**(*CSur, Méx*) *v.* **almáciga**

almádena [al'maðena] *f* Steinhammer *m*

almadía [alma'ðia] *f* Floß *nt*

almadraba [alma'ðraβa] *f* **1.**(*pesca*) Thunfischfischerei *f*, Thunfischfang *m* **2.**(*atunara*) thunfischreiches Gewässer *nt* **3.**(*red*) Thunfischnetz *nt*

almadreña [alma'ðreɲa] *f* Holzschuh *m*

almagre [al'maɣre] *m* Rötel *m*

almanaque [alma'nake] *m* Almanach *m*

almazara [alma'θara] *f* Ölmühle *f*

almeja [al'mexa] *f* (ZOOL) Venusmuschel *f*

almena [al'mena] *f* Zinne *f*

almenado[1] [alme'naðo] *m* Zinnenkranz *m*, Zinnenwerk *nt*

almenado, -a[2] [alme'naðo, -a] *adj* (*con almenas*) mit Zinnen

almenara [alme'nara] *f* Feuerzeichen *nt*

almendra [al'men̪dra] *f* **1.**(*fruta*) Mandel *f;* **~s garapiñadas** gebrannte Mandeln; **en forma de** ~ mandelförmig **2.**(*semilla*) Mandelkern *m* **3.**(*fam: guijarro*) Kieselstein *m*

almendrado[1] [almen̪'draðo] *m* (*AmC:* GASTR) Mandelsauce *f*

almendrado, -a[2] [almen̪'draðo, -a] *adj* mandelförmig; **ojos ~s** Mandelaugen *ntpl*

almendral [almen̪'dral] *m* Mandelbaumpflanzung *f*

almendro [al'men̪dro] *m* (BOT) Mandelbaum *m*

almendruco [almen̪'druko] *m* grüne Mandel *f*

almeriense [alme'rjense] *adj* aus Almería

almez [al'meθ] *m* **1.**(*árbol*) Südlicher Zürgelbaum *m* **2.**(*madera*) Zürgelholz *nt*

almeza [al'meθa] *f* (BOT: *fruto*) Zürgelfrucht *f*

almiar [al'mjar] *m* Heuhaufen *m*

almíbar [al'miβar] *m* Sirup *m;* **melocotón en** ~ Pfirsichkompott *nt*

almibarado, -a [almiβa'raðo, -a] *adj* (*persona*) schleimig; (*mirada, sonrisa*) süßlich

almibarar [almiβa'rar] *vt* in Sirup einlegen; ~ **a alguien** jdm schmeicheln, jdm Honig ums Maul [*o* um den Bart] schmieren *fam*

almidón [almi'ðon] *m* Stärke *f;* (*para telas*) (Wäsche)stärke *f;* (*alimento*) Stärkemehl *nt;* (*Méx: engrudo*) Kleister *m;* (*cola*) Leim *m*

almidonado, -a [almiðo'naðo, -a] *adj* **1.**(*acicalado*) geschniegelt **2.**(*estirado*) stolz, hochnäsig

almidonar [almiðo'nar] *vt* stärken

alminar [almi'nar] *m* Minarett *nt*

almirantazgo [almiran̪'taθɣo] *m* **1.**(*grado*) Admiralsrang *m* **2.**(*tribunal*) Admiralität *f*

almirante [almi'ran̪te] *m* Admiral *m*

almirez [almi'reθ] *m* Mörser *m*

almizcle [al'miθkle] *m* Moschus *m*

almizcleño, -a [almiθ'kleɲo, -a] *adj* moschusartig

almizclero [almiθ'klero] *m* (ZOOL) Moschustier *nt*

almodrote [almo'ðrote] *m* (GASTR) Öl-Knoblauch-Käse-Soße *f* (*für Auberginen*)

almohada [almo'aða] *f* **1.**(*de la cama*) Kopfkissen *nt;* **consultar algo con la** ~ (*fam*) etw überschlafen **2.** (*funda*) Kopfkissenbezug *m* **3.** (*almohadilla*) (kleines) Kissen *nt;* (*para sentarse*) (Sitz)kissen *nt,* Polster *nt*

almohadilla [almoa'ðiʎa] *f* (*cojín*) (kleines) Kissen *nt;* (*para sentarse*) Sitzkissen *nt,* Polster *nt;* (*acerico*) Nadelkissen *nt;* ~ **de montar** Sattelkissen *nt;* ~ **de tinta** Stempelkissen *nt*

almohadillado[1] [almoaði'ʎaðo] *m* **1.** (*con forma de almohadilla*) Kissen *nt,* Polster *nt* **2.** (ARQUIT: *sillar*) Bossenquader *m;* (*sillería*) Bossage *f,* Bossenwerk *nt*

almohadillado, -a[2] [almoaði'ʎaðo, -a] *adj* gepolstert

almohadillar [almoaði'ʎar] *vt* **1.** (*acolchar*) polstern; (*con algodón*) wattieren **2.** (ARQUIT) mit Bossenquadern versehen; **el propietario quiere que almohadillen la fachada** der Eigentümer wünscht, dass die Fassade mit Bossage ausgeführt wird

almohadón [almoa'ðon] *m* Kissen *nt;* (*del sofá*) Sofakissen *nt*

almoneda [almo'neða] *f* **1.** (*subasta*) Versteigerung *f* **2.** (*saldo*) Ausverkauf *m*

almorranas [almo'rranas] *fpl* (MED) Hämorrhoiden *fpl*

almorta [al'mortas] *f* (BOT) Saatplatterbse *f*

almorzar [almor'θar] *irr como forzar vi, vt* **1.** (*a mediodía*) zu Mittag essen; **almorzamos a las dos** wir essen um zwei zu Mittag; **los viernes almorzamos pescado** freitags essen wir Fisch zu Mittag **2.** (*reg: desayunar*) frühstücken

almuecín [almwe'θin] *m,* **almuédano** [al'mweðano] *m* Muezzin *m*

almuerzo [al'mwerθo] *m* **1.** (*al mediodía*) Mittagessen *nt;* ~**-coloquio** Arbeitsessen *nt;* ~ **de negocios** Geschäftsessen *nt;* **¿qué hay de ~?** was gibt es zum Mittagessen? **2.** (*reg: desayuno*) Frühstück *nt*

almunia [al'munja] *f* (*huerto*) (Nutz)garten *m;* (*granja*) Bauernhof *m*

alnado, -a [al'naðo, -a] *m, f* (*hijastro*) Stiefkind *nt,* Stiefsohn, -tochter *m, f*

aló [a'lo] *interj* (*AmC, AmS: conversación telefónica*) hallo; ~, **¿quién es?** hallo, wer spricht (da)?

alocado, -a [alo'kaðo, -a] *adj* **1.** (*loco*) verrückt **2.** (*imprudente*) leichtfertig **3.** (*revoltoso*) ausgelassen

alocarse [alo'karse] <c→qu> *vr* (*volverse loco*) verrückt werden; (*atolondrarse*) überschnappen

alocución [aloku'θjon] *f* kurze Rede *f,* Ansprache *f*

áloe ['aloe] *m,* **aloe** [a'loe] *m* (BOT) Aloe *f*

alófono [a'lofono] *m* (LING) Allophon *nt*

alógeno, -a [a'loxeno, -a] *adj* (*extranjero*) nicht einheimisch, fremder Herkunft; (*de raza minoritaria*) in der Minderheit; **los gitanos forman una comunidad alógena** die Zigeuner sind eine gesellschaftliche Minderheit

aloja [a'loxa] *f* **1.** (*bebida de miel y especias*) Met *m* **2.** (*Am: chicha*) Chicha *f*

alojado, -a [alo'xaðo, -a] *m, f* (MIL) Einquartierte(r) *mf*

alojamiento [aloxa'mjen̩to] *m* **1.** (*lugar*) Unterkunft *f,* Quartier *nt* **2.** (*acción*) Unterbringung *f;* (MIL) Einquartierung *f*

alojar [alo'xar] **I.** *vt* **1.** (*albergar*) beherbergen, unterbringen; (*tropa*) einquartieren **2.** (*cosa*) hineinstecken (*en* in +*akk*), einfügen (*en* in +*akk*) **II.** *vr:* ~**se 1.** (*hospedarse*) unterkommen, absteigen; (MIL) sich einquartieren; **el presidente se alojó en el hotel** der Präsident war im Hotel untergebracht **2.** (*meterse*) stecken (*en* in +*dat*); **la bala se alojó en la pierna** die Kugel steckte im Bein

alomorfo [alo'morfo] *m* (LING) Allomorph *nt*

alón [a'lon] *m* gerupfter [*o* federloser] Flügel *m*

alondra [a'lon̩dra] *f* (ZOOL) Lerche *f*

alongado, -a [aloŋ'gaðo, -a] *adj* (*alargado*) lang, länglich

alópata [a'lopata] *mf* (MED) Allopath(in) *m(f)*

alopatía [alopa'tia] *f* (MED) Allopathie *f*

alopecia [alo'peθja] *f sin pl* (MED) Haarausfall *m,* Alopezie *f*

alosoma [alo'soma] *m* (BIOL) Allosom *nt,* Heterochromosom *nt*

alotropía [alotro'pia] *f* (QUÍM) Allotropie *f*

alpaca [al'paka] *f* **1.** (ZOOL) Alpaka *nt* **2.** (*tela*) Alpaka *m* **3.** (*aleación*) Neusilber *nt*

alpargata [alpar'ɣata] *f* Leinenschuh *m* mit Hanfsohle, Espadrille *f;* **no tener ni para ~s** (*fig*) ein armer Schlucker sein

alpargatería [alparɣate'ria] *f* **1.** (*obrador*) (Leinen)schuhwerkstatt *f* **2.** (*zapatería*) (Leinen)schuhgeschäft *nt*

Alpes ['alpes] *mpl* Alpen *pl*

alpinismo [alpi'nismo] *m sin pl* Bergsteigen *nt,* Alpinismus *m*

alpinista [alpi'nista] *mf* Bergsteiger(in) *m(f),* Alpinist(in) *m(f)*

alpino, -a [al'pino, -a] *adj* Berg-, Alpen-; **club** ~ Alpenverein *m;* **refugio** ~ Alpenhütte *f*

alpiste [al'piste] *m* **1.** (BOT) Kanariengras *nt* **2.** (*comida para pájaros*) Vogelfutter *nt* **3.** (*loc*): **no tener para** ~ (*fam*) bettelarm sein; **le gusta mucho el** ~ er/sie ist ein Schluckspecht

ALPs ['alpes] *mpl* (FIN) *abr de* **activos líquidos en manos del público** (FIN) flüssige Aktiva *pl* in Händen von Privatpersonen

alquería [al'keria] *f* Aussiedlerhof *m*

alquibla [al'kiβla] *f* (REL): **los musulmanes rezan mirando hacia la** ~ die Moslems richten beim Gebet ihren Blick nach Mekka [*o* Richtung Mekka]

alquilado, -a [alki'laðo, -a] *m, f* (*PRico: sirviente*) Bedienstete(r) *mf*

alquilador(a) [alkila'ðor(a)] *m(f)* **1.** (*persona que toma en alquiler*) Mieter(in) *m(f)* **2.** (*persona que alquila*) Vermieter(in) *m(f)*

alquilar [alki'lar] **I.** *vt* **1.** (*dejar a otro*) vermieten **2.** (*tomar en alquiler*) mieten; **he alquilado un piso en la ciudad** ich habe eine Wohnung in der Stadt gemietet **II.** *vr:* ~**se 1.** (*piso*) zu vermieten sein; **se alquila** zu vermieten **2.** (*PRico: trabajar como sirviente*) als Bedienstete(r) arbeiten

alquiler [alki'ler] *m* **1.** (*acción*) Mieten *nt;* (*de parte del dueño*) Vermieten *nt;* ~ **de coches** Autoverleih *m;* ~ **con opción de compra** Leasing *nt* **2.** (*precio*) Miete *f;* ~ **mensual** Monatsmiete *f;* ~**es retrasados** Mietrückstände *mpl*

alquimia [al'kimja] *f* Alchimie *f*

alquimista [alki'mista] *mf* Alchimist(in) *m(f)*

alquitara [alki'tara] *f* Brennkolben *m*

alquitarar [alkita'rar] *vt* destillieren, brennen

alquitrán [alki'tran] *m* Teer *m*

alquitranado [alkitra'naðo] *m* **1.** (*acción*) Teerung *f,* Teeren *nt* **2.** (*capa*) Teerdecke *f*

alquitranar [alkitra'nar] *vt* teeren

alrededor [alrreðe'ðor] *adv* **1.** (*local*) ringsherum; ~ **de la plaza** um den Platz herum, rings um den Platz; **un viaje** ~ **de la tierra** eine Reise rund um die Welt **2.** (*aproximadamente*): ~ **de** ungefähr, um

alrededores [alrreðe'ðores] *mpl* Umgebung *f*

Alsacia [al'saθja] *f* Elsass *nt;* ~**-Lorena** Elsass-Lothringen *nt*

alsaciano, -a [alsa'θjano, -a] **I.** *adj* elsässisch **II.** *m, f* Elsässer(in) *m(f)*

alta ['al̯ta] *f* **1.** (*documento*) Entlassungsschein *m;* **dar el** ~ gesundschreiben; **dar de** ~ **del hospital** aus dem Krankenhaus entlassen **2.** (*inscripción*) Anmeldung *f;* (*ingreso*) Beitritt *m;* **darse de** ~ **en (el registro de) una ciudad** sich beim Einwohnermeldeamt anmelden; **darse de** ~ **en una asociación** einem Verein beitreten; **dar de** ~ **a alguien en un partido** jdn als Mitglied in eine Partei aufnehmen

altamente [al̯ta'men̯te] *adv* höchst, äußerst; ~ **contaminado** stark [*o* hochgradig] verseucht; ~ **cualificado** hochqualifiziert

altanería [al̯tane'ria] *f* Hochmut *m,* Überheblichkeit *f*

altanero, -a [al̯ta'nero, -a] *adj* hochmütig, überheblich

altano [al'tano] *m Wind, der wechselweise seewärts und landwärts weht*

altar [al'tar] *m* Altar *m;* ~ **mayor** Hochaltar *m;* **poner a alguien en los ~es** jdn über den grünen Klee loben; **quedarse para adornar ~es** eine alte Jungfer werden, als alte Jungfer enden; **tener a alguien en los ~es** jdm größte Hochachtung entgegenbringen

altavoz [al̯ta'βoθ] *m* Lautsprecher *m*

altea [al'tea] *f* (BOT) Althee *f,* Eibisch *m*

alterabilidad [al̯teraβili'ðað] *f* **1.** (*variabilidad*) Veränderlichkeit *f;* (*de alimentos*) Verderblichkeit *f* **2.** (*irritabilidad*) Erregbarkeit *f*

alterable [al̯te'raβle] *adj* **1.** (*plan*) (ver)änderbar, veränderlich; (*alimento*) verderblich **2.** (*irritable*) erregbar

alteración [al̯tera'θjon] *f* **1.** (*de planes*) (Ver)änderung *f;* ~ **del horario** Fahrplanänderung *f* **2.** (*perturbación*) Störung *f;* ~ **del orden público** Störung der öffentlichen Ordnung **3.** (*turbación*) Unruhe *f* **4.** (*irritación*) Erregung *f,* Aufregung *f* **5.** (*altercado*) Wortwechsel *m,* Auseinandersetzung *f* **6.** (*adulteración*) Verfälschung *f;* ~ **de billetes** (FIN) Banknotenverfälschung *f;* ~ **de precios** (ECON) Preismanipulation *f;* ~ **de la verdad** Verfälschung der Wahrheit **7.** (MÚS) Alteration *f* **8.** (FIN) Schwankung *f;* **alteraciones monetarias** Währungsschwankungen *fpl*

alterado, -a [al̯te'raðo, -a] *adj* **1.** (*aturdido*) durcheinander **2.** (*irritado*) erregt, aufgeregt **3.** (*demudado*) verstört

alterar [al̯te'rar] **I.** *vt* **1.** (*planes, proyectos*) ändern **2.** (*perturbar, trastornar*) stören **3.** (*aturdir, turbar*) in Unruhe versetzen; (*irritar*) aufregen **4.** (*adulterar*) verfälschen; **el periódico alteró las declaraciones del presidente** die Zeitung verfälschte die Aussagen des Präsidenten **5.** (*alimentos*) verderben; (*leche*) sauer werden lassen **II.** *vr:* ~**se 1.** (*planes, proyectos*) sich ändern **2.** (*aturdirse*) sich beunruhigen (*por* wegen +*gen*); (*irritarse*) sich aufregen (*por* über +*akk*) **3.** (*alimentos*) verderben; (*leche*) sauer werden

altercado [al̯ter'kaðo] *m* Wortwechsel *m,* Auseinandersetzung *f;* **tener un** ~ **con alguien** eine Auseinandersetzung mit jdm haben

altercar [al̯ter'kar] <c→qu> *vi* streiten, zanken

álter ego ['al̯ter 'eɣo] *m* Alter ego *nt*

alteridad [al̯teri'ðað] *f sin pl* (FILOS) Andersartigkeit *f,* Anderssein *nt*

alternador [al̯terna'ðor] *m* (ELEC) Wechselstromgenerator *m*

alternancia [al̯ter'nan̯θja] *f* **1.** (*cambio*) Abwechslung *f,* Wechsel *m* **2.** (LING) Alternation *f,* Alternanz *f*

alternante [al̯ter'nan̯te] *adj* abwechselnd

alternar [al̯ter'nar] **I.** *vi* **1.** (*turnarse*) sich abwechseln (*en* bei +*dat*); **los veranos cálidos han alternado con los lluviosos** heiße und regnerische Sommer haben sich abgewechselt; ~ **en el volante** sich beim Fahren abwechseln **2.** (*tratar*): ~ **con alguien** mit jdm verkehren; **es persona que alterna** er/sie verkehrt mit der Creme der Gesellschaft **3.** (*en un club nocturno*) animieren **II.** *vt* **1.** (*turnar*) abwechseln; ~ **el trabajo con la diversión** abwechselnd arbeiten und frei haben **2.** (MAT) alternieren **III.** *vr:* ~**se** sich abwechseln (*en* bei +*dat*)

alternativa [al̯terna'tiβa] *f* **1.** (*opción*) Alternative *f;* **poner en la** ~ vor die Alternative stellen; **optar por la** ~ sich für die Alternative entscheiden; **no le queda otra** ~ **que...** er/sie hat keine andere Wahl als ... **2.** (TAUR) Zulassung *f* als Matador; **dar la** ~ **a alguien para algo** (*fig*) jdn für reif genug für etw halten

alternativamente [aļternatiβa'meņte] *adv* abwechselnd, wechselweise

alternativo, **-a** [aļterna'tiβo, -a] *adj* **1.** (*opcional*) alternativ; **energías alternativas** alternative Energien **2.** (*con alternación*) wechselnd

alterne [aļ'terne] *m* Animieren *nt;* **chica de ~** Animierdame *f;* **bar de ~** Animierlokal *nt*

alterno, **-a** [aļ'terno, -a] *adj* wechselnd; **corriente alterna** (ELEC) Wechselstrom *m;* **cultivo ~** (AGR) Wechselwirtschaft *f;* **en días ~s** jeden zweiten Tag

alteza [aļ'teθa] *f* **1.** (*tratamiento*) Hoheit *f;* **Su A~ Real** Ihre Königliche Hoheit **2.** (*calidad*) Erhabenheit *f;* **se distingue por su ~ de pensamiento** er/sie sticht durch seine/ihre erhabenen Gedanken hervor

altibajos [aļti'βaxos] *mpl* **1.** (*de un terreno*) Unebenheiten *fpl* **2.** (*cambios*) Auf und Ab *nt;* **~ de la coyuntura** (ECON) Konjunkturschwankungen *fpl;* **los ~ de la vida** das Auf und Ab des Lebens; **es una persona con muchos ~s en su estado de ánimo** seine/ihre Stimmung ändert sich ständig

altillo [aļ'tiʎo] *m* **1.** (*piso*) Zwischengeschoss *nt* **2.** (*desván*) Mansarde *f*

altilocuencia [aļtilo'kweņθja] *f* gehobene Ausdrucksweise *f*

altilocuente [aļtilo'kweņte] *adj* hochtrabend

altímetro [aļ'timetro] *m* Höhenmesser *m*

altiplanicie [aļtipla'niθje] *f* Hochebene *f*

altiplano [aļti'plano] *m* Hochebene *f*

Altísimo [aļ'tisimo] *m:* **el ~** Gott *m*

altisonancia [aļtiso'naņθja] *f* (*pey*) schwülstig hochtrabender Stil *m*

altisonante [aļtiso'naņte] *adj* hochtrabend, hochtönend

altitud [aļti'tu^ð] *f* Höhe *f;* **a una ~ de 1500 metros** auf einer Höhe von 1500 Metern, in 1500 Meter Höhe; **Madrid está a una ~ de 640 metros sobre el nivel del mar** Madrid liegt 640 Meter über dem Meeresspiegel

altivez [aļti'βeθ] *f* Hochmut *m,* Überheblichkeit *f*

altivo, **-a** [aļ'tiβo, -a] *adj* **1.** (*soberbio*) hochmütig, überheblich **2.** (*erguido*) aufrecht

alto¹ ['aļto] **I.** *interj* halt; **¡~ el fuego!** Feuer einstellen! **II.** *m* **1.** (*detención*) Halt *m,* Rast *f;* **~ el fuego** Waffenstillstand *m;* **hacer un ~ en el trabajo** eine kurze Pause während der Arbeit machen; **dar el ~** zum Anhalten auffordern **2.** (*altura*) Höhe *f;* **mide** [*o* **tiene**] **8 metros de ~** es ist 8 Meter hoch **3.** (*collado*) Anhöhe *f* **4.** *pl* (*piso alto*) Obergeschoss *nt* **III.** *adv* **1.** (*en voz alta*) laut; **canta muy ~** er/sie singt sehr laut **2.** (*en un lugar elevado*) hoch; **ponlo en lo más ~** stell es ganz nach oben; **de ~ abajo** von oben nach unten **3.** (*loc*): **pasar un saludo por ~** eine Begrüßung übersehen; **pasar una pregunta por ~** eine Frage übergehen; **por todo lo ~** prächtig, glänzend

alto, **-a²** ['aļto, -a] *adj* **1.** (*casa, precio, temperatura, calidad, cargo*) hoch; **~s cargos** Führungskräfte *fpl;* **un ~ cargo** eine hohe Stellung; **notas altas** (MÚS) hohe Töne; **~s pensamientos** erhabene Gedanken; **acciones de ~ rendimiento** (FIN) Aktien mit hoher Rendite; **de alta calidad** von erstklassiger Qualität; **son ~s funcionarios** es sind hohe Beamte; **tener un ~ concepto de alguien** eine hohe Meinung von jdm haben; **este banco ofrece ~s tipos de interés** diese Bank bietet hohe Zinsen **2.** (*ser viviente*) groß; **un hombre ~** ein großer Mann; **este hombre es más ~ que yo** dieser Mann ist größer als ich **3.** (*en la parte superior*) obere(r, s); **clase alta** Oberschicht *f;* **los pisos ~s de un edificio** die oberen Stockwerke eines Gebäudes **4.** (GEO: *territorio*) Hoch-; (*río*) Ober-, obere(r, s); **el ~ Aragón** das Hocharagón; **la alta montaña** das Hochgebirge; **el ~ Rin** der Oberrhein; **el ~ Tajo** der Oberlauf des Tajos **5.** (*idioma, época*) Hoch-; **el ~ alemán** das Hochdeutsche; **la alta Edad Media** das hohe Mittelalter **6.** (*tiempo*) spät, vorgerückt; **a altas horas de la noche** spätabends **7.** (*crecido, río*) Hochwasser führend; (*mar*) aufgewühlt, stürmisch; **el río está ~** der Fluss ist gestiegen; **una mar alta** eine aufgewühlte See **8.** (*sonido*) laut; **hablar en voz alta** laut sprechen

altoparlante [aļtopar'laņte] *m* (*Am*) Lautsprecher *m*

altorrelieve [aļtorre'ljeβe] *m* Hochrelief *nt*

altozano [aļto'θano] *m* Anhöhe *f*

altramuz [aļtra'muθ] *m* (BOT) Lupine *f*

altruismo [aļtru'ismo] *m sin pl* Selbstlosigkeit *f,* Uneigennützigkeit *f,* Altruismus *m*

altruista [aļtru'ista] **I.** *adj* selbstlos, uneigennützig, altruistisch **II.** *mf* Altruist(in) *m(f)*

altura [aļ'tura] *f* **1.** (*altitud, de un sonido, del astro*) Höhe *f;* **de gran ~** hoch; **de poca ~** niedrig; **a gran ~** in großer Höhe; **una montaña de 2000 metros de ~** ein 2000 Meter hoher Berg; **el avión pierde ~** das Flugzeug verliert an Höhe; **rayar a gran ~** hervorragend sein; **estar a la ~ de Valencia** auf der Höhe von Valencia liegen; **estar a la ~ de las circunstancias** der Situation gewachsen sein; **estar a la ~ del betún** (*fam*) ein schlechtes Bild abgeben; **a estas ~s** zu diesem Zeitpunkt **2.** (*estatura*) Größe *f;* **colocar algo por orden de ~** etw der Größe nach aufstellen **3.** (*excelencia*) Erhabenheit *f* **4.** *pl* (*cielo*) Himmel *m;* **Dios está en las ~s** Gott ist im Himmel

alu ['alu] *f* (INFOR) ALU *f,* Arithmetik-Logik-Einheit *f*

alubia [a'luβja] *f* (BOT) Bohne *f;* **~s blancas** weiße Bohnen

alucinación [aluθina'θjon] *f* Sinnestäuschung *f,* Halluzination *f;* **provocar alucinaciones** Halluzinationen auslösen

alucinado, **-a** [aluθi'naðo, -a] **I.** *adj* **1.** (MED) an Halluzinationen leidend **2.** (*fam: asombra-*

do) platt, hin und weg; **miraba ~ a la chica** er starrte wie gebannt auf das Mädchen; **me quedé ~ al leerlo en el periódico** ich war ganz platt, als ich es in der Zeitung las **II.** *m, f* Visionär(in) *m(f)*

alucinante [aluθi'nan̩te] *adj* **1.**(*sustancia*) sinnestäuschend **2.**(*fam: fantástico*) klasse, irre; (*increíble*) unglaublich

alucinar [aluθi'nar] **I.** *vi* (*fam*) **1.**(*hablando*) halluzinieren; **¡tú alucinas!** red doch kein Unsinn! **2.**(*quedar fascinado*) baff sein *fam*, verblüfft sein; **aluciné con sus conocimientos de chino** ich war baff über seine/ihre Chinesischkenntnisse **II.** *vt* (*fam*) **1.**(*deslumbrar*) blenden; (*cautivar*) fesseln **2.**(*entusiasmar*) begeistern

alucine [alu'θine] *m* (*fam*): **algo es de ~** etw ist 'ne Wucht

alucinógeno[1] [aluθi'noxeno] *m* (MED) Halluzinogen *nt*

alucinógeno, -a[2] [aluθi'noxeno, -a] *adj* (MED) halluzinogen

alucinosis [aluθi'nosis] *f inv* (PSICO, MED: *enfermedad de la mente*) Halluzinose *f*

alud [a'lu^ð] *m* Lawine *f*; **un ~ de gente** eine große Menschenmenge

aludir [alu'ðir] *vi*: **~ a algo/a alguien** (*referirse*) auf etw/jdn anspielen; (*mencionar*) etw/jdn erwähnen; **la persona aludida** die erwähnte Person; **darse por aludido** sich betroffen fühlen; **no darse por aludido** sich *dat* nichts anmerken lassen

alumbrado[1] [alum'braðo] *m* Beleuchtung *f*; **~ público** Straßenbeleuchtung *f*

alumbrado, -a[2] [alum'braðo, -a] *adj* (*fam*) beschwipst

alumbramiento [alumbra'mjen̩to] *m* **1.**(*iluminación*) Beleuchtung *f* **2.**(*parto*) Entbindung *f* **3.**(*después del parto*) Nachgeburt *f*

alumbrar [alum'brar] **I.** *vi* **1.**(*iluminar*) leuchten; **la lámpara alumbra poco** die Lampe gibt wenig Licht **2.**(*parir*) entbinden **II.** *vt* **1.**(*iluminar*) er-, beleuchten; (*a alguien*) anleuchten **2.**(*parir*) zur Welt bringen; **alumbró gemelos** sie wurde von Zwillingen entbunden, sie brachte Zwillinge zur Welt **3.**(*agua*) erschließen **III.** *vr*: **~se** (*fam*) sich beschwipsen

aluminio [alu'minjo] *m* Aluminium *nt*; **papel de ~** Alufolie *f*

aluminosis [alumi'nosis] *f inv* (*en edificios*) Aluminose *f*

alumnado [alum'naðo] *m* (*de institutos, colegios*) Schülerschaft *f*; (*de universidad*) Studentenschaft *f*

alumno, -a [a'lumno, -a] *m, f* (*de EGB*) Schüler(in) *m(f)*; (*de instituto*) Gymnasiast(in) *m(f)*; (*de universidad*) Student(in) *m(f)*; **un antiguo ~ mío** einer meiner Ex-Schüler

alunado, -a [alu'naðo, -a] *adj* **1.**(*lunático*) verrückt **2.**(*Am: caballo*) verschlagen **3.**(*Arg: malhumorado*) schlecht gelaunt **4.**(*CRi: gata, perra*) läufig; (*hembras salvajes*) brünstig

alunizaje [aluni'θaxe] *m* Mondlandung *f*

alunizar [aluni'θar] <z→c> *vi* auf dem Mond landen

alusión [alu'sjon] *f* **1.**(*insinuación*) Anspielung *f* (*a* auf *+akk*), Andeutung *f* (*a* über *+akk*); **hacer una ~ a algo** etw andeuten, auf etw anspielen **2.**(*mención*) Erwähnung *f* (*a* *+gen*)

alusivo, -a [alu'siβo, -a] *adj* anspielend (*a* auf *+akk*); **dijo una frase alusiva a la situación** er/sie sagte kurz etwas über die Lage

aluvial [alu'βjal] *adj* Schwemm-, angeschwemmt; **arena ~** Schwemmsand *m*

aluvión [alu'βjon] *m* **1.**(*inundación*) Überschwemmung *f* **2.**(*sedimento*) Ablagerung *f*; **tierra de ~** Schwemmland *nt* **3.**(*cantidad*) Schwall *m*, Flut *f*; **un ~ de llamadas** eine Unmenge von Anrufen

álveo ['alβeo] *m* Flussbett *nt*

alveolar [alβeo'lar] *adj* **1.**(*forma*) wabenförmig **2.**(LING) alveolar

alveolo [alβe'olo] *m*, **alvéolo** [al'βeolo] *m* **1.**(ANAT) Alveole *f*; **~ pulmonar** Lungenbläschen *nt* **2.**(*del panal*) Bienenzelle *f*

alza ['al̩θa] *f* **1.**(*elevación*) Steigerung *f*, Erhöhung *f*; **~ abusiva de los precios** Preiswucher *m*; **~ de la bolsa** Hausse *f*; **~ de las cotizaciones** (FIN) Kursanstieg *m*; **~ en la facturación** (ECON) Umsatzsteigerung *f*; **~ de los precios** Preissteigerung *f*, Preisauftrieb *m*; **~ de (los) salarios** Lohnzuwachs *m*, Ansteigen der Löhne; **~ de la temperatura** Temperaturanstieg *m*; **tendencia al ~** (ECON) Aufwärtstrend *m*, (konjunktureller) Aufschwung; **ir** [*o* **estar**] **en ~** (*precios*) steigen; (*persona*) an Ansehen gewinnen; **jugar al ~** auf Hausse spekulieren **2.**(*de un zapato*) Leistenaufschlag *m* **3.**(*de un arma de fuego*) Visier *nt*

alzacristales [al̩θakris'tales] *m inv* Fensterheber *m*

alzacuello [al̩θa'kweʎo] *m* Halskrause *f*

alzada [al̩'θaða] *f* **1.**(*de un caballo*) Stockmaß *nt* **2.**(*contra resoluciones*) Einspruch *m*

alzado[1] [al̩'θaðo] *m* **1.**(ARQUIT) Aufriss *m* **2.**(*Guat, Hond, Méx: hurto*) Betrug *m*

alzado, -a[2] [al̩'θaðo, -a] *adj* **1.**(*fijado*) pauschal; **precio ~** Pauschalpreis *m*; **me pagan un tanto ~ por este trabajo** ich bekomme einen Pauschalbetrag für diese Arbeit **2.**(*sublevado*) aufständisch **3.**(*Am: montaraz*) wild; (*animales en celo*) brünstig

alzamiento [al̩θa'mjen̩o] *m* Aufstand *m*, Erhebung *f*

alzapaño [al̩θa'paɲo] *m* Gardinenhalter *m*

alzapié [al̩θa'pje] *m* **1.**(*para los pies*) Fußbank *f*, Fußschemel *m* **2.**(*para cazar*) Falle *f*

alzaprima [al̩θa'prima] *f* **1.**(*palanca*) Hebel *m*; (*más grande*) Hebebaum *m* **2.**(*cuña*) Keil *m* **3.**(MÚS) Steg *m*

alzar [al̩'θar] <z→c> **I.** *vt* **1.**(*levantar*) (er-, hoch)heben; (*precio*) erhöhen, anheben; ~ **la vista/la mano/el telón** die Augen/die Hand/den Vorhang heben; ~ **el puño** die Faust erheben; ~ **la voz** die Stimme erheben; ~ **pelo** (*AmC, Méx*) Angst haben **2.** (*poner vertical*) aufrichten, aufstellen **3.** (*sostener en alto*) hochhalten **4.** (*quitar*) abnehmen, wegnehmen; (*colcha, mantel*) abziehen; ~ **el campamento** das Lager abbrechen; ~ **la mesa** den Tisch abdecken [*o* abräumen]; ~ **un sello** ein Siegel entfernen **5.** (*construir*) errichten; ~**on un monumento a los perseguidos políticos** es wurde ein Denkmal für die politisch Verfolgten errichtet **6.** (AGR: *cosecha*) einbringen; (*tierra*) ackern **7.** (*loc*): ~ **el vuelo** (*pájaro*) losfliegen; (*persona*) das Elternhaus verlassen **II.** *vr:* ~**se 1.** (*levantarse, destacar*) sich erheben; ~**se del asiento** sich von seinem Stuhl erheben; **allí se alza la universidad** dort ragt das Universitätsgebäude empor; ~**se en armas contra el dictador** sich gegen den Diktator erheben **2.** (JUR) Einspruch erheben **3.** (*comerciante*) *sich durch eine Bankrotterklärung der eigenen Firma bereichern;* ~**se con la pasta** (*fam*) mit der Kohle durchbrennen **4.** (*Am: animales*) verwildern; (*sublevarse*) sich auflehnen (*contra* gegen +*akk*); (*robar*) stehlen

alzheimer [al̯'θei̯mer/al'sai̯mer] *m sin pl* (MED) Alzheimerkrankheit *f*

ama ['ama] *f* (*dueña*) Herrin *f;* (*propietaria*) Besitzerin *f;* ~ **de casa** Hausfrau *f;* ~ **de cría** Amme *f;* ~ **de llaves** Haushälterin *f*

amabilidad [amaβili'ðað] *f* Freundlichkeit *f,* Liebenswürdigkeit *f;* **tuvo la ~ de avisarme** er/sie war so freundlich mir Bescheid zu sagen; **le agradezco su ~** das ist sehr freundlich von Ihnen

amable [a'maβle] *adj* freundlich, liebenswürdig; **ser ~ (para) con alguien** freundlich zu jdm sein; **fue realmente muy ~ por su parte** das war wirklich sehr freundlich von Ihnen; **¿sería Ud. tan ~ de explicármelo?** wären Sie so freundlich es mir zu erklären?

amachetear [amatʃete'ar] *vt* mit der Machete abschlagen; **amacheteamos el monte bajo** wir entfernten den Unterwuchs mit der Machete

amado, -a [a'maðo, -a] **I.** *adj* (*elev*) geliebt, teuer; **me despedí de mi hijo ~** ich nahm Abschied von meinem geliebten Sohn **II.** *m, f* (*elev*) Geliebte(r) *mf,* Liebste(r) *mf*

amador(a) [ama'ðor(a)] *m(f)* Liebhaber(in) *m(f)*

amadrigar [amaðri'ɣar] <g→gu> *vt* beherbergen

amadrinar [amaðri'nar] *vt* Patin sein, Patin werden; **su tía amadrina al segundo hijo** seine/ihre Tante wird Patin des zweiten Sohnes

amaestrado, -a [amaes'traðo, -a] *adj* **1.** (*animal*) abgerichtet, dressiert **2.** (*pey: persona*) dressiert **3.** (*astuto*) geschickt

amaestrador(a) [amaestra'ðor(a)] *m(f)* Dresseur(in) *m(f)*

amaestramiento [amaestra'mjeṇto] *m* **1.** (*de animales*) Abrichten *nt,* Dressur *f* **2.** (*de personas*) Training *nt,* Unterweisung *f;* ~ **en el manejo de ordenadores** Unterweisung im Umgang mit Computern

amaestrar [amaes'trar] *vt* **1.** (*animales*) abrichten, dressieren; (*caballos*) zureiten **2.** (*pey: niños*) dressieren **3.** (*instruir*) unterweisen (*en* in +*dat*)

amagar [ama'ɣar] <g→gu> **I.** *vi* **1.** (*amenazar*) drohen; **estaba amagando la guerra cuando...** der Krieg stand bevor, als ... **2.** (*enfermedad*) sich andeuten **II.** *vt* **1.** (*indicar*) Anstalten machen; **amagó un golpe** er/sie machte Anstalten zuzuschlagen **2.** (*amenazar*) drohen; ~ **a alguien con algo** jdm mit etw drohen

amago [a'maɣo] *m* **1.** (*amenaza*) Drohung *f* **2.** (*síntoma, indicio*) Anzeichen *nt* (*de* für +*akk*) **3.** (DEP) Finte *f*

amainar [amai̯'nar] **I.** *vi* (*viento, lluvia, ira*) nachlassen; (*viento*) abflauen **II.** *vt* (NÁUT) einholen

amaine [a'mai̯ne] *m* **1.** (NÁUT) Einholen *nt* (des Segels) **2.** (*disminución*) Nachlassen *nt*

amalaya [ama'laʝa] *interj* (*Am*) hoffentlich

amalgama [amal'ɣama] *f* **1.** (QUÍM) Amalgam *nt* **2.** (*mezcla*) Amalgam *nt,* Gemisch *nt*

amalgamación [amalɣama'θjon] *f* Amalgamation *f*

amalgamador[1] [amalɣama'ðor] *m* (TÉC) Amalgamator *m,* Amalgamieranlage *f*

amalgamador(a)[2] [amalɣama'ðor(a)] *adj* amalgamierend

amalgamar [amalɣa'mar] **I.** *vt* **1.** (TÉC) amalgamieren **2.** (*mezclar*) verquicken, vermengen **II.** *vr:* ~**se** sich vermengen

amamantamiento [amamaṇta'mjeṇto] *m* (*de un bebé*) Stillen *nt;* (*de un cachorro*) Säugen *nt*

amamantar [amamaṇ'tar] *vt* (*bebé*) stillen; (*cachorro*) säugen

amancebamiento [amaṇθeβa'mjeṇto] *m* wilde Ehe *f*

amancebarse [amaṇθe'βarse] *vr* in wilder Ehe leben (*con* mit +*dat*)

amancillar [amaṇθi'ʎar] *vt* beflecken

amanecer [amane'θer] **I.** *irr como crecer vi* **1.** (*alborear*) dämmern, tagen *elev;* **está amaneciendo** es dämmert, es wird schon Tag **2.** (*despertarse*) aufwachen; **hoy he amanecido de buen humor** heute bin ich gut gelaunt [*o* mit dem richtigen Fuß] aufgestanden; **amanecí con dolores de garganta** ich bin mit Halsschmerzen aufgewacht **II.** *m* Tagesanbruch *m;* **al ~** bei Tagesanbruch

amanecida [amane'θiða] *f* (*Am*) Tagesanbruch *m*

amanerado, -a [amane'raðo, -a] *adj* **1.** (*persona*) geziert, gekünstelt **2.** (*estilo*) manieriert, gekünstelt

amaneramiento [amanera'mjento] *m* **1.** (*afectación*) Geziertheit *f,* Affektiertheit *f* **2.** (*de un estilo*) Manieriertheit *f*

amanerarse [amane'rarse] *vr* **1.** (*persona*) sich zieren **2.** (*estilo*) manieriert werden

amanezquera [amaneθ'kera] *f* (*Méx, PRico: alba*) (Morgen)dämmerung *f,* Tagesanbruch *m;* **en la** [*o* **de**] ~ früh morgens, am frühen Morgen

amansador [amansa'ðor] *m* (*Méx: domador*) Tierbändiger(in) *m(f),* Dompteur, -euse *m, f*

amansamiento [amansa'mjento] *m* **1.** (*doma*) Zähmung *f* **2.** (*sosegamiento*) Besänftigung *f*

amansar [aman'sar] **I.** *vt* **1.** (*animal*) zähmen **2.** (*persona*) bändigen; (*sosegar*) besänftigen **II.** *vr:* **~se** zahm werden

amante [a'mante] **I.** *adj* liebend; **es poco ~ de hablar en público** er/sie spricht nicht gerne vor Publikum **II.** *mf* **1.** (*querido*) Liebhaber(in) *m(f),* Geliebte(r) *mf* **2.** *pl* (*pareja*) Liebespaar *nt* **3.** (*aficionado*) Liebhaber(in) *m(f);* **~ del arte** Kunstliebhaber(in) *m(f);* **un ~ de la naturaleza** ein Naturfreund

amanuense [ama'nwense] *mf* **1.** (*secretario*) Sekretär(in) *m(f)* **2.** (*copista*) Schreiber(in) *m(f)*

amañar [ama'ɲar] **I.** *vt* **1.** (*plan, asunto*) geschickt ausführen, deichseln *fam;* **~ una solución** eine Notlösung finden **2.** (*resultado, documento*) fälschen **II.** *vr:* **~se con alguien** mit jdm gut auskommen; **amañárselas (para todo)** sich (bei allem) geschickt anstellen

amaño [a'maɲo] *m* Geschicklichkeit *f,* Geschick *nt;* **con ~** geschickt; **lo obtendremos con ~s** ein paar raffinierte Winkelzüge und wir haben es

amapola [ama'pola] *f* (BOT) Klatschmohn *m;* **ponerse como una ~** knallrot werden

amar [a'mar] *vt* lieben

amaraje [ama'raxe] *m* (AERO) Wasserung *f;* **efectuar el ~** wassern

amaranto [ama'ranto] **I.** *adj* amarant(en), dunkelrot; **el cielo está de color ~** der Himmel ist dunkelrot **II.** *m* **1.** (*color*) Dunkelrot *nt* **2.** (BOT) Amarant *m,* Fuchsschwanz *m*

amarar [ama'rar] *vi* (AERO) wassern (*en* auf +*dat*)

amargado, -a [amar'ɣaðo, -a] **I.** *adj* verbittert **II.** *m, f* verbitterter Mensch *m*

amargamente [amarɣa'mente] *adv* bitter, bitterlich

amargar [amar'ɣar] <g→gu> **I.** *vt* verbittern; **~ la vida a alguien** jdm das Leben schwer machen **II.** *vi* bitter schmecken; **este té amarga** dieser Tee schmeckt bitter; **la verdad amarga** die Wahrheit tut weh **III.** *vr:* **~se** verbittert werden

amargo¹ [a'marɣo] *m* **1.** *v.* **amargor** **2.** (*Arg, Par, Urug*) ungezuckerter Matetee *m*

amargo, -a² [a'marɣo, -a] **I.** *adj* **1.** (*gusto*) bitter; **una experiencia amarga** eine bittere Erfahrung; **sabor ~** bitterer Geschmack; **ser ~ de sabor** bitter schmecken **2.** (*Arg: cobarde*) feige **3.** (*Ven: incómodo*) unbequem **II.** *m, f* (*Am*) grober Mensch *m*

amargor [amar'ɣor] *m* **1.** (*sabor*) bitterer Geschmack *m* **2.** (*sentimiento*) Verbitterung *f,* Bitterkeit *f;* **quitarse el ~ de la boca** (*fig*) sich *dat* einen Wunsch erfüllen

amargura [amar'ɣura] *f* **1.** (*sabor*) bitterer Geschmack *m* **2.** (*sentimiento*) Verbitterung *f;* (*aflicción*) Betrübnis *f;* **llorar con ~** bitterlich weinen

amariconado, -a [amariko'naðo, -a] *adj* (*vulg pey*) weibisch

amariconarse [amariko'narse] *vr* (*vulg*) tuntenhaft [*o* tuntig] werden

amarillear [amariʎe'ar] *vi* vergilben, gelb werden

amarillecer [amariʎe'θer] *irr como crecer vi* gelb werden, vergilben; **las flores amarillecieron muy pronto** die Blumen haben sehr schnell gelbe Blätter bekommen

amarillento, -a [amari'ʎento, -a] *adj* **1.** (*color, luz*) gelblich **2.** (*fotografía, papel*) vergilbt

amarillez [amari'ʎeθ] *f* **1.** (*calidad de amarillo*) Gelb *nt* **2.** (*de una persona*) Blässe *f,* Bleichheit *f*

amarillismo [amari'ʎismo] *m sin pl* Sensationsmache *f*

amarillista [amari'ʎista] *adj* (PREN) Sensations-, Boulevard-; **prensa ~** Sensationspresse *f,* Boulevardpresse *f*

amarillo¹ [ama'riʎo] *m* Gelb *nt*

amarillo, -a² [ama'riʎo, -a] *adj* **1.** (*color*) gelb; **~ claro** hellgelb; **sindicato ~** arbeitgeberfreundliche Gewerkschaft; **pintar algo de ~** etw gelb anstreichen **2.** (*pálido*) blass, bleich

amariposado, -a [amaripo'saðo, -a] *adj* **1.** (*forma*) schmetterlingsförmig **2.** (*pey: hombre*) weibisch

amarizaje [amari'θaxe] *m* (AERO) *v.* **amaraje**

amarizar [amari'θar] <z→c> *vi* (AERO) *v.* **amarar**

amarra [a'marra] *f* **1.** (NÁUT) Tau *nt,* Trosse *f;* **soltar las ~s** die Trossen loswerfen **2.** *pl* (*apoyo*) Beziehungen *fpl,* Vitamin *nt* B *fam;* **tener buenas ~s** gute Beziehungen haben

amarradero [amarra'ðero] *m* **1.** (*poste*) Pfosten *m* **2.** (*argolla*) Metallring *m* **3.** (NÁUT) Anlegeplatz *m*

amarrado, -a [ama'rraðo, -a] *adj* **1.** (*Arg, Par, PRico, Urug: tacaño*) geizig; (*innoble*) gemein **2.** (*loc*): **estar** [*o* **ir**] **~** (*haber empollado*) gepaukt [*o* gebüffelt] haben; (*tener enchufe*) gute Beziehungen haben

amarraje [ama'rraxe] *m* (NÁUT) Hafengebühr *f*

amarrar [ama'rrar] **I.** *vt* **1.** (*atar*) festbinden (*a* an +*dat*); **tener a alguien muy amarrado** (*fig*) jdm wenig Freiraum lassen **2.** (NÁUT) vertäuen **3.** (*fam: empollar*) pauken, büffeln

II. *vr:* **~se** (*Am*) heiraten

amarre [a'marre] *m* **1.** (*sujeción*) Festbinden *nt* **2.** (NÁUT) Vertäuen *nt*

amarrete, **-a** [ama'rrete, -a] *adj* (*Arg, Par, Urug*) *v.* **amarrado**

amarronado, **-a** [amarro'naðo, -a] *adj* bräunlich

amartelado, **-a** [amarte'laðo, -a] *adj:* **iba muy ~ con su novia** er turtelte mit seiner Freundin

amartelamiento [amartela'mjen̪to] *m* (*enamoramiento*) heftige Verliebtheit *f;* (*actitud cariñosa*) Austausch *m* von Zärtlichkeiten

amartelarse [amarte'larse] *vr* **1.** (*enamorarse*) sich über beide Ohren verlieben (*de* in +*akk*) **2.** (*ponerse cariñoso*) turteln (*con* mit +*dat*)

amartillar [amarti'ʎar] *vt* **1.** (*arma de fuego*) spannen **2.** (*fam: negocio, trato*) absichern

amasadera [amasa'ðera] *f v.* **amasadora**

amasadora [amasa'ðora] *f* Knetmaschine *f*

amasandería [amasan̪de'ria] *f* (*Col, Chil, Ven*) Bäckerei *f*

amasar [ama'sar] *vt* **1.** (*masa, barro*) kneten; **~ a mano** von Hand kneten **2.** (*fortuna*) anhäufen **3.** (*pey: tramar*) anzetteln

amasiato [ama'sjato] *m* (*Méx, CRi, Perú: concubinato*) eheähnliche (Lebens)gemeinschaft *f,* Konkubinat *nt*

amasijar [amasi'xar] *vt* (*Am: dar paliza*) gehörig verprügeln; (*pegar brutalmente*) zusammenschlagen

amasijo [ama'sixo] *m* **1.** (*para hacer pan*) Knetteig *m* **2.** (*acción de amasar*) Kneten *nt* **3.** (*argamasa*) Mörtel *m* **4.** (*fam: mezcla*) Kuddelmuddel *m o nt* **5.** (*fam: intriga*) Machenschaft *f* **6.** (*Ven: pan de trigo*) Weizenbrot *nt* **7.** (*loc*): **~ de palos** Tracht *f* Prügel

amateur [ama'ter] **I.** *adj* Amateur-; **equipo ~** Amateurmannschaft *f* **II.** *mf* <amateurs> Amateur(in) *m(f)*

amateurismo [amate'rismo] *m sin pl* Amateursport *m*

amatista [ama'tista] *f* Amethyst *m*

amatorio, **-a** [ama'torjo, -a] *adj* Liebes-, erotisch

amaurosis [amau̯'rosis] *f inv* (MED) (vollständige) Erblindung *f,* Amaurose *f*

amauta [a'mau̯ta] *m* (*Bol, Perú*) **1.** (*mago y sabio de los incas*) *Magier und Gelehrter der Inkas* **2.** (*autoridad en pueblo indio*) Dorfälteste(r) *m*

amazacotado, **-a** [amaθako'taðo, -a] *adj* **1.** (*colchón*) hart **2.** (*recargado*) überladen; **un informe ~ de datos** ein mit Daten vollgepackter Bericht; **estuvimos ~s en el tranvía** wir standen dicht gedrängt in der Straßenbahn

amazona [ama'θona] *f* **1.** (*en la mitología, jinete*) Amazone *f* **2.** (*mujer varonil*) Amazone *f* **3.** (*traje*) Reitkostüm *nt,* Reitkleid *nt*

Amazonas [ama'θonas] *m* Amazonas *m*

amazónico, **-a** [ama'θoniko, -a] *adj* **1.** (*del Amazonas*) Amazonas- **2.** (*de las amazonas*) Amazonen-

ambages [am'baxes] *mpl* Umschweife *mpl;* **¡habla sin ~!** komm auf den Punkt!, red nicht um den heißen Brei herum!

ámbar ['ambar] **I.** *m* Bernstein *m* **II.** *adj inv* bernsteinfarben

ambarino, **-a** [amba'rino, -a] *adj* bernsteinartig; **de color ~** bernsteinfarben

Amberes [am'beres] *f* Antwerpen *nt*

ambición [ambi'θjon] *f* Ehrgeiz *m,* (ehrgeiziges) Streben *nt* (*de* nach +*dat*); **~ de poder** Machthunger *m;* **sin ambiciones** anspruchslos; **mi ~ en la vida es...** mein Lebensziel ist (es) ...

ambicionar [ambiθjo'nar] *vt* (ehrgeizig) streben (nach +*dat*), erstreben; **sólo ambiciono salud** ich wünsche mir nur Gesundheit

ambicioso, **-a** [ambi'θjoso, -a] **I.** *adj* ehrgeizig **II.** *m, f* ehrgeiziger Mensch *m*

ambidextro, **-a** [ambi'ðestro, -a], **ambidiestro**, **-a** [ambi'djestro, -a] **I.** *adj* beidhändig **II.** *m, f* Beidhänder(in) *m(f)*

ambientación [ambjen̪ta'θjon] *f* **1.** (LIT) Milieuschilderung *f* **2.** (TEAT) Bühnenbild *nt* **3.** (CINE) Szenenausstattung *f* **4.** (*adaptación*) Anpassung *f* (*a* an +*akk*)

ambientador [ambjen̪ta'ðor] *m* Raumspray *m o nt*

ambiental [ambjen̪'tal] *adj* Umwelt-; **organización ~** Umweltorganisation *f*

ambientar [ambjen̪'tar] **I.** *vt* **1.** (*novela*) ansiedeln; **~ la acción de una novela en el siglo pasado** die Handlung eines Romans ins vergangene Jahrhundert verlegen; **la novela está ambientada en Lima** der Roman spielt in Lima **2.** (TEAT, CINE) künstlerisch gestalten **3.** (*fiesta*) Stimmung machen (bei +*dat*) **II.** *vr:* **~se** **1.** (*aclimatarse*) sich gewöhnen (*a* an +*akk*), sich eingewöhnen (*en* in +*dat*) **2.** (*en una fiesta*) in Stimmung kommen

ambiente [am'bjen̪te] *m* **1.** (*aire*) Luft *f;* **~ cargado** stickige Luft **2.** (*medio*) Milieu *nt,* Umgebung *f;* **medio ~** Umwelt *f;* **nocivo para el medio ~** umweltschädlich; **causar daños al medio ~** der Umwelt schaden **3.** (*sector social*) Kreis *m;* **en ~s universitarios** in Universitätskreisen **4.** (*atmósfera*) Atmosphäre *f,* Stimmung *f;* **~ de trabajo** Arbeitsumfeld *nt;* **dar ~** Stimmung machen; **hay ~ para este proyecto** dieses Projekt hat gute Aussichten angenommen zu werden; **el proyecto no encontró buen ~** das Projekt fand keinen Anklang; **no había ~ en la calle** es war nicht viel los auf der Straße; **el ~ en la reunión estaba caldeado** es herrschte dicke Luft bei der Versammlung **5.** (*CSur: habitación*) Raum *m;* **un departamento de cuatro ~s** eine Vierzimmerwohnung

ambigú [ambi'ɣu] *m* <ambigús> kaltes Büfett *nt*

ambigüedad [ambiɣwe'ðaᵈ] *f* **1.** (*de doble significado*) Zweideutigkeit *f,* Doppeldeutigkeit *f;* **sin ~es** eindeutig, klar **2.** (*de más significados*) Mehrdeutigkeit *f,* Vieldeutigkeit *f*

ambiguo, -a [am'biɣwo, -a] *adj* **1.** (*de doble significado*) zweideutig, doppeldeutig; **dar una respuesta ambigua** eine doppeldeutige [*o* zweideutige] Antwort geben **2.** (*de más significados*) mehrdeutig, vieldeutig **3.** (LING) doppelgeschlechtig

ambil [am'bil] *m* (*Ven*) Tabakbrühe *f*

ámbito ['ambito] *m* **1.** (*contorno*) Umkreis *m* **2.** (*espacio*) Bereich *m;* **~ de responsabilidad** Zuständigkeitsbereich *m,* Verantwortungsbereich *m;* **en el ~ de mis atribuciones** in meinem Aufgabenbereich; **en el ~ nacional** auf nationaler Ebene

ambivalencia [ambiβa'leṇθja] *f* Zwiespältigkeit *f,* Ambivalenz *f*

ambivalente [ambiβa'leṇte] *adj* zwiespältig, ambivalent

ambladura [ambla'ðura] *f* Passgang *m*

amblar [am'blar] *vi* im Passgang gehen

ambo ['ambo] *m* (*Arg*) zweiteiliger Herrenanzug *m*

ambón [am'bon] *m* (*iglesia*) Ambo(n) *m,* Predigtpult *nt*

ambos, -as ['ambos, -as] *adj* beide; **¿cuál te gusta más? – me gustan ambas** welche gefällt dir am besten? – mir gefallen beide; **de ~ lados** von beiden Seiten

ambrosia [am'brosia] *f,* **ambrosía** [ambro'sia] *f* **1.** (*en la mitología*) Ambrosia *f* **2.** (*manjar*) Delikatesse *f,* Gaumenfreude *f;* **saber a ~** göttlich schmecken

ambulancia [ambu'laṇθja] *f* **1.** (*vehículo*) Krankenwagen *m,* Rettungswagen *m* **2.** (MIL) Ambulanz *f,* Feldlazarett *nt* **3.** (*en trenes*): **~ de correos** Bahnpost *f*

ambulante [ambu'laṇte] **I.** *adj* herumziehend, umherziehend; **circo ~** Wanderzirkus *m;* **vendedor ~** Hausierer *m,* Straßenverkäufer *m;* **venta ~** fahrendes Gewerbe **II.** *mf:* **~ de correos** Angestellte(r) der Bahnpost

ambulatorio[1] [ambula'torjo] *m* Poliklinik *f,* Ambulanz *f*

ambulatorio, -a[2] [ambula'torjo, -a] *adj* ambulant

AME [aeme'e] *m* (UE) *abr de* **Acuerdo Monetario Europeo** EWA *nt*

ameba [a'meβa] *f* Amöbe *f*

amechar [ame'ʧar] *vt* (GASTR) spicken

amedrentamiento [ameðreṇta'mjeṇto] *m* Angst *f,* Verängstigung *f;* **el peso de la responsabilidad le causó un enorme ~** die Last der Verantwortung erfüllte ihn mit ungeheurer Angst

amedrentar [ameðreṇ'tar] **I.** *vt* **1.** (*asustar*) einschüchtern, verschüchtern **2.** (*intimidar*) Angst machen *+dat,* verängstigen **II.** *vr:* **~se** **1.** (*asustarse*) sich erschrecken **2.** (*intimidarse*) sich ängstigen

amelar [ame'lar] <e→ie> *vi* Honig machen

amelcochar [amelko'ʧar] **I.** *vt* (*Arg, Méx, Par: almíbar*) eindicken **II.** *vi* **1.** (*Cuba: enamorarse*) sich verlieben **2.** (*Méx: reblandecerse*) sich geziert benehmen

amelga [a'melɣa] *f* Ackerbeet *nt*

amellar [ame'ʎar] *vt* schartig machen

amelocotonado, -a [amelokoto'naðo, -a] *adj* pfirsichähnlich; **tiene un color de pelo ~** er/sie hat pfirsichfarbene Haare; **este tejido tiene un tacto ~** dieser Stoff fühlt sich wie Pfirsichhaut an

amelonado, -a [amelo'naðo, -a] *adj* melonenförmig

amén [a'men] **I.** *m* Amen *nt;* **decir ~ a todo** zu allem ja und amen sagen; **no dijo ni ~** er/sie sagte kein Sterbenswörtchen; **en un decir ~** (*fam*) im Handumdrehen; **llegar a los amenes** sehr spät kommen, als Letzter kommen **II.** *prep:* **~ de** außer *+dat,* neben *+dat*

amenaza [ame'naθa] *f* (*intimidación*) Drohung *f;* (*peligro*) Gefahr *f,* Bedrohung *f;* **~ de bomba** Bombendrohung *f;* **bajo la ~ de violencia** unter der Androhung von Gewalt; **una ~ para la paz** eine Bedrohung des Friedens; **el tratado representa una ~ para la nación** das Abkommen stellt eine Gefahr für die Nation dar

amenazador(a) [amenaθa'ðor(a)] *adj* **1.** (*tono, voz*) drohend; **gesto ~** Drohgebärde *f* **2.** (*que anuncia peligro*) bedrohlich

amenazante [amena'θaṇte] *adj* drohend

amenazar [amena'θar] <z→c> **I.** *vt* (*intimidar*) drohen *+dat* (*con* mit *+dat*), bedrohen (*con* mit *+dat*); **el jefe le ha amenazado con despedirle** der Chef hat ihm angedroht ihn zu entlassen; **lo amenazó con un puñal** er/sie bedrohte ihn mit einem Dolch; **¿me está amenazando?** soll das eine Drohung sein?; **amenazado de extinción/de muerte** vom Aussterben/Tode bedroht **II.** *vi, vt* (*presagiar*) drohen; **amenaza tormenta** ein Gewitter droht; **está amenazando lluvia** es sieht nach Regen aus

amenguar [ameŋ'gwar] <gu→gü> **I.** *vi* (*empequeñecer*) kleiner werden; (*jersey, falda*) einlaufen, eingehen; (*intensidad, claridad*) abnehmen **II.** *vt* **1.** (*valor*) beeinträchtigen **2.** (*honor*) schänden

amenidad [ameni'ðaᵈ] *f* **1.** (*entretenimiento*) Unterhaltsamkeit *f* **2.** (*distracción*) Vergnügen *nt*

amenizar [ameni'θar] <z→c> *vt* **1.** (*hacer agradable*) angenehm machen, verschönern **2.** (*divertir, entretener*) (gut) unterhalten **3.** (*conversación, debate*) beleben, anregen

ameno, -a [a'meno, -a] *adj* **1.** (*agradable*) angenehm, nett; **un paisaje ~** eine liebliche Landschaft **2.** (*entretenido, divertido*) unterhaltsam

amenorrea [ameno'rrea] *f* (MED) Amenorrhö(e) *f*

amerengado, -a [amereŋ'gaðo, -a] *adj* **1.** (*de merengue*) in der Art einer Meringe **2.** (*empalagoso*) süßlich, schleimig

América [a'merika] *f* Amerika *nt;* **~ Central**

Mittelamerika *nt;* ~ **Latina** Lateinamerika *nt;* ~ **del Norte/del Sur** Nord-/Südamerika *nt;* **hacer las ~s** ein Vermögen machen, reich werden

americana [ameri'kana] *f* Jackett *nt,* Sakko *m o nt*

americanada [amerika'naða] *f* (*pey*) typisch amerikanischer Film *m;* **esto es una ~** (*fig*) das ist typisch amerikanisch

americanismo [amerika'nismo] *m* (LING) Lateinamerikanismus *m*

americanista [amerika'nista] *mf* Amerikanist(in) *m(f)*

americanizar [amerikani'θar] <z→c> **I.** *vt* amerikanisieren **II.** *vr:* **~se** den amerikanischen Lebensstil annehmen

americano¹ [ameri'kano] *m* (*Par: tela*) billiger Baumwollstoff *m*

americano, -a² [ameri'kano, -a] **I.** *adj* (*de América del Sur*) südamerikanisch; (*estadounidense*) (US-)amerikanisch; **inglés ~** amerikanisches Englisch; **el estilo de vida ~** der American way of life **II.** *m, f* (*de América del Sur*) Südamerikaner(in) *m(f);* (*estadounidense*) Amerikaner(in) *m(f)*

americio [ame'riθjo] *m* (QUÍM) Americium *nt*

amerindio, -a [ame'rin̩djo, -a] **I.** *adj* indianisch **II.** *m, f* Indianer(in) *m(f)*

amerizaje [ameri'θaxe] *m* (AERO) *v.* **amaraje**

amerizar [ameri'θar] <z→c> *vi* (AERO) *v.* **amarar**

amestizado, -a [amesti'θaðo, -a] *adj* mestizenähnlich

ametalado, -a [ameta'laðo, -a] *adj* metallähnlich

ametrallador(a) [ametraʎa'ðor(a)] *adj* (MIL) Maschinen-; **fusil ~** (leichtes) Maschinengewehr

ametralladora [ametraʎa'ðora] *f* Maschinengewehr *nt*

ametrallar [ametra'ʎar] *vt* mit dem Maschinengewehr beschießen; (*matando*) mit dem Maschinengewehr erschießen

ametropía [ametro'pia] *f* (MED) Ametropie *f*

amianto [a'mjan̩to] *m* Asbest *m*

amiba [a'miβa] *f v.* **ameba**

amida [a'miða] *f* (QUÍM) Amid *nt*

amigable [ami'ɣaβle] *adj* **1.** (*persona, relación*) freundschaftlich **2.** (*cosa, carácter*) freundlich

amigablemente [amiɣaβle'men̩te] *adv* freundschaftlich; **discutir ~** in aller Freundschaft diskutieren

amigacho, -a [ami'ɣatʃo, -a] *m, f* (*pey*) Kumpan(in) *m(f)*

amigarse [ami'ɣarse] <g→gu> *vr* (*fam*) ohne Trauschein zusammenleben, in wilder Ehe leben

amígdala [a'miɣðala] *f* (ANAT) Mandel *f*

amigdalitis [amiɣða'litis] *f inv* (MED) Mandelentzündung *f*

amigo, -a [a'miɣo, -a] **I.** *adj* **1.** (*que tiene la amistad*) befreundet; **es muy amiga mía** sie ist eine sehr gute Freundin von mir; **somos (muy) ~s desde la infancia** wir sind seit unserer Kindheit (sehr gut) befreundet; **¡y tan ~s!** und damit hat's sich! **2.** (*amistoso*) freundschaftlich, freundlich **3.** (*aficionado, partidario*): **ser ~ de algo** etw mögen [*o* gerne tun]; **soy más ~ de veranear en el campo que en la costa** ich verbringe den Sommer lieber auf dem Land als an der Küste; **soy ~ de decir las cosas claras** ich bin sehr dafür die Dinge beim Namen zu nennen; **este tipo es muy ~ de lucir** dieser Kerl glänzt gern nach außen hin **II.** *m, f* **1.** (*general*) Freund(in) *m(f);* **~ de lo ajeno** Dieb *m;* **~ por correspondencia** Brieffreund *m;* **~ de la escuela** Schulfreund *m;* **~ íntimo** enger Freund; **hacerse ~ de alguien** sich mit jdm anfreunden; **poner a alguien cara de pocos ~s** jdn mit verbissener Miene ansehen **2.** (*amante*) Geliebte(r) *mf* **3.** (*adepto*) Anhänger(in) *m(f)*

amigocracia [amiɣo'kraθja] *f sin pl* Vetternwirtschaft *f*

amiguete [ami'ɣete] *m* (*fam*) Kumpel *m,* Kumpan(in) *m(f)*

amiguismo [ami'ɣismo] *m sin pl* Vetternwirtschaft *f*

amilanamiento [amilana'mjen̩to] *m* **1.** (*intimidación*) Einschüchterung *f* **2.** (*desánimo*) Entmutigung *f*

amilanar [amila'nar] **I.** *vt* **1.** (*intimidar*) einschüchtern **2.** (*desanimar*) entmutigen **II.** *vr:* **~se 1.** (*acobardarse*) verzagen **2.** (*abatirse*) sich entmutigen lassen; **no te dejes ~ por tan poca cosa** lass dich von einer solchen Lappalie nicht aus der Fassung bringen

amilasa [ami'lasa] *f* (QUÍM) Amylase *f*

amina [a'mina] *f* (QUÍM) Amin *nt*

aminoácido [amino'aθiðo] *m* (QUÍM) Aminosäure *f*

aminoración [aminora'θjon] *f* Verringerung *f;* (*de los gastos*) Einschränkung *f;* (*del viento, de la fiebre*) Nachlassen *nt;* (*de la fiebre, del peligro*) Sinken *nt;* **~ de la velocidad** Verringerung der Geschwindigkeit, Abbremsen *nt*

aminorar [amino'rar] **I.** *vi* (*lluvia, viento, fiebre*) nachlassen; (*fiebre, peligro*) sinken **II.** *vt* verringern; (*los gastos*) einschränken; **~ la velocidad** die Geschwindigkeit drosseln [*o* verringern], abbremsen; **~ el paso** den Schritt verlangsamen

amistad [amis'taᵈ] *f* **1.** (*entre amigos*) Freundschaft *f;* **tener ~ con alguien** mit jdm befreundet sein; **trabar ~ con alguien** mit jdm Freundschaft schließen; **hacer las ~es con alguien** sich mit jdm versöhnen **2.** *pl* (*amigos*) Freunde *mpl,* Freundeskreis *m*

amistar [amis'tar] **I.** *vi* (*Méx*) Freundschaft schließen **II.** *vr:* **~se** (*Arg, Par, Urug*) sich anfreunden

amistoso, -a [amis'toso, -a] *adj* **1.** (*persona*)

freundlich **2.** (*cosa*) freundschaftlich; **partido** ~ Freundschaftsspiel *nt* **3.** (*discusión*) friedlich; **llegar a un acuerdo** ~ sich gütlich einigen

amitosis [ami'tosis] *f inv* (BIOL) Amitose *f*

amnesia [am'nesja] *f sin pl* (MED) Gedächtnisverlust *m,* Amnesie *f*

amnésico, -a [am'nesiko, -a] **I.** *adj* (MED) **1.** (*que padece amnesia*) Amnesie-; **pacientes ~s** Amnesiepatienten *mpl* **2.** (*de la amnesia*) amnestisch **II.** *m, f* (MED) an Amnesie Leidende(r) *mf*

amniografía [amnjoɣra'fia] *f* (MED) Amniographie *f*

amnios ['amnjos] *m inv* (ZOOL, MED) Amnion *nt,* Eihaut *f*

amnioscopia [amnjos'kopja] *f* (MED) Amnioskopie *f*

amniota [am'njota] *m* (ZOOL) Lebewesen *nt* aus der Gruppe der Amnioten; **los ~s** die Amnioten

amniótico, -a [am'njotiko, -a] *adj* **1.** (MED) amniotisch; (*del amnios*) Fruchtwasser-; **líquido** ~ Fruchtwasser *nt* **2.** (*de amniotas*) der Amnioten

amnistía [amnis'tia] *f* Amnestie *f;* **A~ Internacional** Amnesty International; **decretar/exigir una** ~ eine Amnestie erlassen/fordern; **conceder ~ a alguien** jdn amnestieren

amnistiar [amnis'tjar] <*1. pres:* amnistío> *vt* amnestieren

amo ['amo] *m* **1.** (*de la casa*) (Haus)herr *m* **2.** (*propietario*) Besitzer *m* **3.** (*patrón*) Arbeitgeber *m* **4.** (*loc*): **hacerse el ~ (de la asociación)** sich *dat* (im Verein) Autorität verschaffen; **ser el ~ en algo** der Beste in etw sein; **ser el ~ del cotarro** (*fam*) das Regiment führen

amodorrado, -a [amoðo'rraðo, -a] *adj* schläfrig, schlaftrunken *elev*

amodorramiento [amoðorra'mjeṇto] *m* Schläfrigkeit *f,* Schlaftrunkenheit *f elev*

amodorrarse [amoðo'rrarse] *vr* schläfrig werden

amodorrecer [amoðorre'θer] *irr como crecer vt* schläfrig machen

amohinar [amoi'nar] *irr como airar* **I.** *vt* (*enfadar*) ärgern **II.** *vr:* **~se** (*enfadarse*) sich ärgern

amojamar [amoxa'mar] **I.** *vt* (GASTR) einsalzen und trocknen (*Thunfisch*) **II.** *vr:* **~se** (*fig: debilitarse*) abmagern, mager werden; **en los últimos años se amojamó mucho** in den letzten Jahren ist er/sie stark abgemagert

amojonar [amoxo'nar] *vt* vermessen, abstecken

amolador(a) [amola'ðor(a)] *m(f)* Schleifer(in) *m(f)*

amolar [amo'lar] <o→ue> **I.** *vt* **1.** (*afilar*) schleifen **2.** (*fam: molestar*) auf die Nerven gehen, nerven *fam* **II.** *vr:* **~se 1.** (*vulg: críticas, sinsabores*) hinunterschlucken; **¡que se amuele!** zum Teufel mit ihm/ihr! **2.** (*Arg, Méx, Urug: enojarse*) sich stören (*por* an +*dat*)

amoldable [amol̦'daβle] *adj* **1.** (*moldeable*) formbar, modellierbar **2.** (*acomodaticio*) anpassungsfähig

amoldamiento [amol̦da'mjeṇto] *m* **1.** (*modelado*) Formgebung *f* **2.** (*acomodación*) Anpassung *f* (*a* an +*akk*)

amoldar [amol̦'dar] **I.** *vt* **1.** (*ajustar al molde*) einpassen (*a* in +*akk*); (*moldar*) formen **2.** (*acomodar*) anpassen (*a* +*dat*), abstimmen (*a* auf +*akk*) **II.** *vr:* **~se** sich anpassen (*a* +*dat*)

amomo [a'momo] *m* (BOT: *planta*) Amom *nt;* (*semilla*) Amom-Samen *m*

amonarse [amo'narse] *vr* (*fam*) sich *dat* einen antrinken

amonedación [amoneða'θjon] *f* (*acuñación*) Münzprägung *f*

amonedar [amone'ðar] *vt* münzen, prägen

amonestación [amonesta'θjon] *f* **1.** (*advertencia*) Ermahnung *f;* (*reprensión*) Verwarnung *f;* **tarjeta de** ~ (DEP) gelbe Karte **2.** (*de los novios en la iglesia*) Aufgebot *nt;* **correr las amonestaciones** das Aufgebot verlesen

amonestar [amones'tar] **I.** *vt* **1.** (*advertir*) ermahnen; (*reprender*) verwarnen **2.** (*los novios en la iglesia*) aufbieten **II.** *vr:* **~se** das Aufgebot bestellen

amoniacal [amonja'kal] *adj* (QUÍM) Ammoniak-, ammoniakhaltig

amoniaco [amo'njako] *m,* **amoníaco** [amo'niako] *m* (QUÍM) Ammoniak *nt*

amonio [a'monjo] *m* (QUÍM) Ammonium *nt*

amonita [amo'nita] *f* (ZOOL) Ammonit *m*

amontar [amoṇ'tar] *vi, vr:* **~se** (*a la montaña*) in die Berge fliehen; (*al bosque*) in den Wald fliehen

amontillado [amoṇti'ʎaðo] *m trockene Sherryart*

amontonadamente [amoṇtonaða'meṇte] *adv* haufenweise

amontonamiento [amoṇtona'mjeṇto] *m* **1.** (*de tierra, heno*) Aufhäufen *nt;* (*de periódicos, cajas*) (Auf)stapeln *nt;* (*montón*) Haufen *m* **2.** (*de conocimientos, dinero*) Anhäufung *f,* Ansammlung *f*

amontonar [amoṇto'nar] **I.** *vt* **1.** (*tierra, heno*) aufhäufen; (*periódicos, cajas*) (auf)stapeln **2.** (*conocimientos, dinero*) (an)häufen, ansammeln; **los refugiados estaban amontonados en el transbordador** die Flüchtlinge waren auf der Fähre zusammengepfercht **II.** *vr:* **~se 1.** (*cosas*) sich häufen **2.** (*personas*) sich drängen **3.** (*sucesos, noticias*) sich überstürzen

amor [a'mor] *m* Liebe *f;* ~ **maternal** Mutterliebe *f;* ~ **a la patria** Vaterlandsliebe *f;* ~ **platónico** platonische Liebe; ~ **al prójimo** Nächstenliebe *f;* ~ **propio** Ehrgefühl *nt,* Selbstachtung *f;* ~ **a primera vista** Liebe auf den ersten Blick; **¡~ mío!** mein Liebling!; **su gran ~ es el cine** seine/ihre große Leidenschaft ist der Film; **hacer el ~ con alguien** (*fam*) mit jdm schlafen; **hacer algo con ~** etw sorgfältig [*o* liebevoll] machen; **al ~ del fuego** am Feuer; **al ~ de la lumbre** am Kamin; **con** [*o* **de**] **mil ~es** herzlich gern, mit (dem größten) Vergnügen; **en ~ y compaña** in Frieden und Eintracht; **por ~ al arte** umsonst; **¡por ~ de Dios!** um Gottes willen!; **~ con ~ se paga** (*prov*) wie man in den Wald hineinruft, so schallt es heraus

amoral [amo'ral] *adj* amoralisch

amoralidad [amorali'ðaᵈ] *f* Amoralität *f*

amoratado, -a [amora'taðo, -a] *adj* dunkelviolett; **un ojo ~** ein blaues Auge; **tengo los labios ~s de frío** meine Lippen sind blau vor Kälte; **tengo el brazo ~ de la caída** ich haben von dem Sturz einen blauen Fleck am Arm

amoratarse [amora'tarse] *vr* **1.** (*una cosa*) dunkelviolett werden **2.** (*el cuerpo*) blau werden; **se le amoratό el muslo** er/sie bekam einen blauen Fleck am Oberschenkel

amorcillo [amor'θiʎo] *m* (ARTE) Amorette *f*

amordazar [amorða'θar] <z→c> *vt* **1.** (*poner mordaza*) knebeln **2.** (*hacer callar*) mundtot machen

amorfia [a'morfja] *f* **1.** (*sin forma*) Amorphie *f*, Formlosigkeit *f* **2.** (MED) Deformität *f*, Missgestaltung *f*

amorfismo [amor'fismo] *m* **1.** (*amorfia*) Amorphie *f*, Formlosigkeit *f* **2.** (FÍS) Amorphie *f*, amorpher Zustand *m*

amorfo, -a [a'morfo, -a] *adj* formlos, amorph

amorío(s) [amo'rio(s)] *m(pl)* (*pey*) Liebelei *f*, Affäre *f*

amoroso, -a [amo'roso, -a] *adj* **1.** (*de amor*) Liebes-; **carta amorosa** Liebesbrief *m* **2.** (*cariñoso*) zärtlich (*con/para con* zu +*dat*), liebevoll (*con/para con* zu +*dat*), gefühlvoll **3.** (*tierra, tela*) weich; **tener un tacto ~** sich weich anfühlen **4.** (*tiempo*) mild, freundlich

amorrar [amo'rrar] **I.** *vi* **1.** (*fam: bajar la cabeza*) den Kopf hängen lassen **2.** (*fam: mostrar enfado*) schmollen **3.** (NÁUT) buglastig sein **II.** *vr:* **~se 1.** (*fam: enfadarse*) mürrisch werden **2.** (NÁUT) buglastig werden **3.** (*loc*): **~se a la botella** die Flasche an die Lippen setzen; **~se a la ventana** sich *dat* die Nase am Fenster platt drücken

amorriñarse [amorri'ɲarse] *vr* melancholisch [*o* wehmütig] werden

amortajador(a) [amortaxa'ðor(a)] *m(f)* Leichenwäscher *m*, Leichenfrau *f*

amortajar [amorta'xar] *vt* (*difunto*) ankleiden

amortecer [amorte'θer] *irr como crecer* **I.** *vt* (*ruido, color, luz*) (ab)dämpfen; (*dolor*) mildern; (*pasión, sentimiento*) abtöten **II.** *vr:* **~se** ohnmächtig werden, in Ohnmacht fallen

amortecimiento [amorteθi'mjen̩to] *m* **1.** (*amortiguamiento*) Abschwächung *f*, Dämpfung *f* **2.** (*desvanecimiento*) Ohnmacht *f*

amortiguación [amortiɣwa'θjon] *f v.* **amortiguamiento**

amortiguador [amortiɣwa'ðor] *m* (AUTO) Stoßdämpfer *m*

amortiguamiento [amortiɣwa'mjen̩to] *m* **1.** (*del sonido, color*) Abschwächung *f*, Dämpfung *f*; (*de un golpe, una caída*) Auffangen *nt*; (*de la pena, del dolor*) Milderung *f*; (*de la pasión*) Abtötung *f* **2.** (FÍS) Dämpfung *f*

amortiguar [amorti'ɣwar] <gu→gü> *vt* (*sonido, color, ruido, luz*) dämpfen; (*golpe, caída*) auffangen; (*pena, dolor*) mildern; (*pasión, sentimiento*) abtöten; **~ los faros** (AUTO) abblenden

amortizable [amorti'θaβle] *adj* **1.** (ECON) rückzahlbar, tilgbar; **no ~** tilgungsfrei **2.** (FIN: *deducible*) abzugsfähig; **activo ~** abschreibungsfähiges Vermögen; **obligación ~** tilgbare Schuldverschreibung **3.** (*empleo*) kündbar

amortización [amortiθa'θjon] *f* **1.** (ECON) Rückzahlung *f*, Tilgung *f*; **~ anual** jährliche Tilgungsrate; **plan de ~** Tilgungsplan *m* **2.** (FIN: *de valores*) Amortisierung *f*, Abschreibung *f*; **~ acelerada** beschleunigte Abschreibung; **~ constante/creciente/decreciente** lineare/progressive/degressive Abschreibung; **~ de la Deuda Pública** Tilgung der öffentlichen Schuld; **~ financiera** Amortisierung des finanziellen Vermögens; **~ fiscal** steuerliche Abschreibung **3.** (*de contabilidad*) (buchhalterische) Abschreibung *f*; **~ anual** jährliche Abschreibung; **~ contable** buchhalterische Abschreibung **4.** (*de empleos*) Streichung *f*, Einsparung *f*

amortizar [amorti'θar] <z→c> *vt* (ECON) **1.** (*deuda*) tilgen, abbezahlen; (*fiscalmente*) abschreiben; **~ una hipoteca** eine Hypothek tilgen [*o* abzahlen] **2.** (*inversión*) amortisieren **3.** (*empleos*) abbauen

amoscarse [amos'karse] <c→qu> *vr*, **amostazarse** [amosta'θarse] <z→c> *vr* (*fam*) einschnappen

amotinado, -a [amoti'naðo, -a] **I.** *adj* aufständisch, meuternd; **las tropas amotinadas** die aufständischen Truppen **II.** *m, f* **1.** (MIL) Meuterer, -in *m, f* **2.** (*rebelde*) Aufrührer(in) *m(f)*

amotinamiento [amotina'mjen̩to] *m* **1.** (MIL) Meuterei *f* **2.** (*sublevación, levantamiento*) Aufstand *m*, Aufruhr *m*

amotinar [amoti'nar] **I.** *vt* aufhetzen **II.** *vr:* **~se** sich auflehnen, revoltieren

amovible [amo'βiβle] *adj* **1.** (*empleado*) kündbar; (*cambiando lugar*) versetzbar; (*sustituible*) austauschbar **2.** (*empleo*) kündbar

amovilidad [amoβili'ðaᵈ] *f sin pl* **1.** (*de un empleado*) Kündbarkeit *f*; (*cambiando de lugar*) Versetzbarkeit *f*; (*sustituible*) Austauschbarkeit *f* **2.** (*del empleo*) Kündbarkeit *f*

amparar [ampa'rar] **I.** *vt* (be)schützen (*contra/de* vor +*dat*); **~ a alguien** jdm Schutz gewähren; **~ en un conocimiento** (COM) in einem Konnossement verbriefen; **la constitu-**

ción ampara la libertad de religión die Verfassung gewährleistet die Religionsfreiheit **II.** *vr:* **~se** sich schützen (*contra/de* vor +*dat*); **~se bajo algo** unter etw Zuflucht suchen; **se ampara en una ley antigua** er/sie beruft sich auf ein altes Gesetz; **el espía se amparó en la oscuridad para escapar** der Spion entkam im Schutz der Dunkelheit

amparo [am'paro] *m* **1.** (*protección*) Schutz *m;* **estar al ~ de alguien** unter dem Schutz von jdm [*o* jds Schutz] stehen; **huir al ~ de la oscuridad** im Schutz der Dunkelheit flüchten; **ofrecer ~** Schutz bieten **2.** (*refugio*) Zuflucht *f*

amperaje [ampe'raxe] *m* (FÍS) Amperezahl *f*

amperímetro [ampe'rimetro] *m* (ELEC) Amperemeter *nt*

amperio [am'perjo] *m* (ELEC) Ampere *nt*

ampimpado, -a [ampim'paðo, -a] *adj* (*Am*) betrunken

ampliable [ampli'aβle] *adj* **1.** (*extensible*) ausdehnbar **2.** (*aumentable*) vergrößerungsfähig; (*ordenador*) erweiterbar

ampliación [amplja'θjon] *f* **1.** (*de un espacio, negocio, repertorio, una fotografía*) Vergrößerung *f;* (*de horizontes, conocimientos, del capital*) Erweiterung *f;* (*de un número, socios*) Erhöhung *f;* (*de un territorio*) Ausdehnung *f;* (*de un plazo*) Nachfrist *f;* **~ de capital** (FIN) Kapitalerhöhung *f;* **~ de RAM** (INFOR) RAM-Erweiterung *f;* **~ del surtido** (ECON) Sortimentserweiterung *f* **2.** (*de un edificio, una carretera*) Ausbau *m* **3.** (*de un sonido*) Verstärkung *f*

ampliador [amplja'ðor] *m* (INFOR): **~ del DOS** DOS-Extender *m*

ampliadora [amplja'ðora] *f* (FOTO) Vergrößerungsapparat *m*

ampliamente [amplja'mente] *adv* **1.** (*cumplidamente*) reichlich **2.** (*extensamente*) ausführlich; **tratamos el tema ~** wir haben das Thema eingehend behandelt; **las condiciones han mejorado ~** die Bedingungen haben sich weitgehend gebessert

ampliar [ampli'ar] <*1. pres:* amplío> *vt* **1.** (*espacio, negocio, repertorio, fotografía*) vergrößern; (*horizontes, conocimientos, capital*) erweitern; (*número, socios*) erhöhen; (*territorio*) ausdehnen; (*un plazo*) verlängern; **edición ampliada** erweiterte Ausgabe **2.** (*edificio, carretera*) ausbauen **3.** (*sonido*) verstärken

amplificación [amplifika'θjon] *f* **1.** (*de sonidos*) Verstärkung *f* **2.** (*en retórica*) Amplifikation *f,* Ausschmückung *f*

amplificador [amplifika'ðor] *m* Verstärker *m*

amplificar [amplifi'kar] <c→qu> *vt* verstärken

amplio, -a ['ampljo, -a] *adj* **1.** (*casa*) geräumig; (*jardín, parque*) weit, weitläufig **2.** (*vestido*) weit **3.** (*informe*) ausführlich, umfassend; (*experiencia, oferta*) reich, umfangreich; (*poderes, influencias*) weit reichend; (*red de comunicaciones*) weit verzweigt; (*interés*) breit gefächert, vielfältig; **una derrota amplia** eine schwere Niederlage; **amplias partes de la población** weite Teile der Bevölkerung; **en un sentido más ~** im weiteren Sinne

amplitud [ampli'tuᵈ] *f* **1.** (*extensión*) Weite *f,* Ausdehnung *f;* (*de conocimientos*) Umfang *m,* Ausmaß *nt;* (*de un informe*) Ausführlichkeit *f;* **~ de miras** (Welt)offenheit *f;* **~ del surtido** (ECON) Sortimentsbreite *f;* **de gran ~** weit reichend **2.** (*de una casa*) Geräumigkeit *f;* (*de un jardín, parque*) Weitläufigkeit *f* **3.** (FÍS) Amplitude *f*

ampolla [am'poʎa] *f* **1.** (*en la piel, burbuja*) Blase *f;* **tener ~s en los pies** Blasen an den Füßen haben; **algo levanta ~s** (*fig*) etw zieht Blasen **2.** (*garrafa*) Karaffe *f* **3.** (*para inyecciones*) Ampulle *f*

ampollar [ampo'ʎar] **I.** *vt* Blasen hervorrufen; **eso me ampolla las manos** davon bekomme ich Blasen an den Händen **II.** *vr:* **~se** Blasen bekommen; **se me ~on las manos** ich habe Blasen an den Händen bekommen

ampolleta [ampo'ʎeta] *f* (*Arg*) Glühbirne *f*

ampulosidad [ampulosi'ðaᵈ] *f* Schwülstigkeit *f*

ampuloso, -a [ampu'loso, -a] *adj* schwülstig

amputación [amputa'θjon] *f* Amputation *f*

amputar [ampu'tar] *vt* amputieren

amuchachado, -a [amuʧa'ʧaðo, -a] *adj* jungenhaft, jugendlich

amuchar [amu'ʧar] *vt* (*Arg, Bol, Chil*) multiplizieren, vervielfachen

amueblar [amwe'βlar] *vt* möblieren

amuermado, -a [amwer'maðo, -a] *adj* (*fam*) **1.** *ser* todlangweilig **2.** *estar* (zu Tode) gelangweilt

amuermar [amwer'mar] **I.** *vt* (*fam*) **1.** (*aburrir*) anöden, zu Tode langweilen **2.** (*droga*) bedröhnen **3.** (*calor*) schlaff [*o* schlapp] machen **II.** *vr:* **~se** (*fam*) sich anöden

amularse [amu'larse] *vr* (*Méx*) **1.** (*mercancía*) unverkäuflich werden **2.** (*persona*) störrisch werden

amulatado, -a [amula'taðo, -a] *adj* mulattenhaft

amuleto [amu'leto] *m* Amulett *nt*

amura [a'mura] *f* (NÁUT) **1.** (*de una embarcación*) Bug *m* **2.** (*cabo*) Hals *m*

amurallar [amura'ʎar] *vt* mit einer Mauer umgeben; (*castillo, ciudad*) befestigen

amurriarse [amu'rrjarse] *vr* traurig werden

amustiar [amus'tjar] **I.** *vt* welk machen **II.** *vr:* **~se** verwelken

anabaptismo [anaβap'tismo] *m sin pl* (REL) Anabaptismus *m*

anabaptista [anaβap'tista] *mf* (REL) Anabaptist(in) *m(f),* Wiedertäufer(in) *m(f)*

anabolismo [anaβo'lismo] *m* (BIOL) Anabolismus *m*

anabolizante [anaβoli'θante] *m* (MED) Anabolikum *nt*

anacarado, **-a** [anaka'raðo, -a] *adj* perlmutterfarben
anacardo [ana'karðo] *m* **1.** (BOT) Nierenbaum *m* **2.** (*fruto*) Cashewnuss *f*
anacoluto [anako'luto] *m* (LING) Anakoluth *nt o m,* Satzbruch *m*
anaconda [ana'koṇda] *f* (ZOOL) Anakonda *f*
anacoreta [anako'reta] *mf* Einsiedler(in) *m(f)*
anacreóntica [anakre'oṇtika] *f* (LIT) anakreontisches Gedicht *nt*
anacreóntico, **-a** [anakre'oṇtiko, -a] *adj* (LIT) anakreontisch
anacrónico, **-a** [ana'kroniko, -a] *adj* anachronistisch
anacronismo [anakro'nismo] *m* Anachronismus *m*
ánade ['anaðe] *mf* (ZOOL) Entenvogel *m*
anadón [ana'ðon] *m* (ZOOL) junger Erpel *m,* Erpelküken *nt*
anaeróbico, **-a** [anae'roβiko, -a] *adj,* **anaerobio**, **-a** [anae'roβjo, -a] *adj* (BIOL) anaerob
anafilaxis [anafi'laˠsis] *f inv* (MED) Anaphylaxie *f*
anáfora [a'nafora] *f* (LING) Anapher *f,* Anaphora *f*
anafrodisia [anafro'ðisja] *f* (MED) Anaphrodisie *f*
anagnórisis [anaɣ'norisis] *f inv* (LIT: *reconocimiento*) Anagnorisis *f*
anagrama [ana'ɣrama] *m* Anagramm *nt*
anagramatista [anaɣrama'tista] *mf* Anagrammatist(in) *m(f)*
anal [a'nal] *adj* (MED) anal
analepsia [ana'leβsja] *f* (MED) **1.** (*restablecimiento*) Wiederherstellung *f,* Genesung *f* **2.** (*efecto*) analeptische [*o* belebende] Wirkung *f*
analéptico, **-a** [ana'leptiko, -a] *adj* (MED) analeptisch, belebend
anales [a'nales] *mpl* **1.** (HIST) Annalen *pl* **2.** (*de una universidad, sociedad*) Jahrbuch *nt*
analfabetismo [analfaβe'tismo] *m sin pl* **1.** (*estado, calidad de analfabeto*) Analphabetismus *m* **2.** (*conjunto de analfabetos*) Analphabetentum *nt*
analfabeto, **-a** [analfa'βeto, -a] *m, f* Analphabet(in) *m(f)*
analgesia [anal'xesja] *f* (MED) Schmerzlosigkeit *f,* Analgesie *f*
analgésico[1] [anal'xesiko] *m* (MED) Schmerzmittel *nt,* Analgetikum *nt*
analgésico, **-a**[2] [anal'xesiko, -a] *adj* (MED) schmerzstillend
análisis [a'nalisis] *m inv* **1.** (*general*) Analyse *f;* ~ **ABC** (ECON) ABC-Analyse *f;* ~ **de beneficios** (ECON) Gewinnanalyse *f;* ~ **coste-beneficio** (ECON) Kosten-Nutzen-Analyse *f;* ~ **de costes** (ECON) Kostenstellenanalyse *f;* ~ **cualitativo/cuantitativo** (QUÍM) qualitative/quantitative Analyse; ~ **electoral** Wahlanalyse *f;* ~ **de mercado** Marktanalyse *f;* ~ **monetario** (FIN) monetäre Analyse; ~ **sintáctico** (LING) syntaktische Analyse; ~ **de sistemas** (INFOR) Systemanalyse *f;* ~ **de la situación económica** (ECON) Konjunkturanalyse *f;* ~ **de ventas** (COM) Umsatzstatistik *f,* Absatzanalyse *f;* **¿qué ~ haces de la situación?** wie beurteilst du die Lage? **2.** (MED) Untersuchung *f;* ~ **clínico** klinische Untersuchung; ~ **del grupo sanguíneo** Blutgruppenbestimmung *f;* ~ **de sangre** Blutuntersuchung *f* **3.** (MAT) Analysis *f*
analista [ana'lista] *mf* **1.** (*de anales*) Chronist(in) *m(f)* **2.** (*que analiza*) Analytiker(in) *m(f);* ~ **de bolsa** (FIN) Börsenfachmann *m;* ~ **de mercado** (ECON) Marktforscher *m;* ~ **de inversiones** (FIN) Anlageberater *m;* ~ **político** politischer Beobachter; ~ **de productos alimenticios** Lebensmittelchemiker(in) *m(f);* ~ **programador** (INFOR) Programmierer *m;* ~ **de sistemas** (INFOR) Systemanalytiker(in) *m(f);* **el médico mandó las pruebas al ~** der Arzt schickte die Proben ins Labor
analítica [ana'litika] *f* **1.** (*lógica*) Analytik *f* **2.** (MED) klinische Untersuchung *f*
analítico, **-a** [ana'litiko, -a] *adj* analytisch
analizable [anali'θaβle] *adj* analysierbar
analizador[1] [analiθa'ðor] *m* (FÍS) Analysator *m;* ~ **sintáctico** (INFOR) Parser *m*
analizador(a)[2] [analiθa'ðor(a)] *m(f)* Kritiker(in) *m(f)*
analizar [anali'θar] <z→c> *vt* **1.** (*examinar*) analysieren **2.** (MED) untersuchen **3.** (*situación*) beurteilen; (*resultado*) auswerten
analogía [analo'xia] *f* (*t.* BIOL) Analogie *f;* (LING) Analogiebildung *f;* **por ~ con** in Analogie zu; **establecer una ~ entre distintos fenómenos** eine Analogie zwischen verschiedenen Phänomenen aufzeigen; **presentar ~s** Analogien aufweisen
analógico, **-a** [ana'loxiko, -a] *adj* analog; (LING) analogisch; **computador ~** Analogrechner *m*
análogo, **-a** [a'naloɣo, -a] *adj* (*t.* BOT, ZOOL) analog; **ser ~ a algo** analog zu etw sein
anamnesis [anam'nesis] *f inv* (MED) Anamnese *f*
ananá(s) [ana'na(s)] *m* (*Arg, Urug, Ven*) Ananas *f*
anaplasia [ana'plasja] *f* (MED) Anaplasie *f*
anaplastia [ana'plastja] *f* (MED) Transplantation *f,* Anaplastik *f*
anaquel [ana'kel] *m* (*en la pared*) Wandbrett *nt;* (*de una estantería*) Regalbrett *nt;* (*de un armario*) Schrankbrett *nt*
anaquelería [anakele'ria] *f* Regal *nt*
anaranjado, **-a** [anaraŋ'xaðo, -a] *adj* orange(farbig), orange(farben)
anarco, **-a** [a'narko, -a] *m, f* (*fam*) Anarcho *m*
anarcosindicalismo [anarkosiṇdika'lismo] *m sin pl* (POL) Anarchosyndikalismus *m*
anarcosindicalista [anarkosiṇdika'lista] *mf* (POL) Anarchosyndikalist(in) *m(f)*
anarquía [anar'kia] *f* Anarchie *f*
anárquico, **-a** [a'narkiko, -a] *adj* **1.** (*desorga-*

nizado) anarchisch, gesetzlos **2.** (*relativo al anarquismo*) anarchistisch
anarquismo [anar'kismo] *m sin pl* Anarchismus *m*
anarquista [anar'kista] **I.** *adj* anarchistisch **II.** *mf* Anarchist(in) *m(f)*
anástrofe [a'nastrofe] *f* (LING) Anastrophe *f*
anatema [ana'tema] *m o f* **1.** (*maldición*) Verfluchung *f;* **lanzar ~s contra alguien** Verwünschungen gegen jdn ausstoßen **2.** (*excomunión*) Anathem(a) *nt,* Kirchenbann *m* **3.** (*condena*) Verdammung *f*
anatematizar [anatemati'θar] <z→c> *vt* **1.** (*maldecir*) verfluchen **2.** (*excomunicar*) aus der Kirche verbannen **3.** (*condenar, reprobar*) verdammen
anatomía [anato'mia] *f* (MED) Anatomie *f*
anatómico, -a [ana'tomiko, -a] *adj* **1.** (MED) anatomisch **2.** (*adaptado al cuerpo*) körpergerecht
anatomizar [anatomi'θar] <z→c> *vt* **1.** (MED) anatomieren, sezieren **2.** (ARTE) Muskeln und Knochen besonders herausarbeiten [*o* hervorheben] (bei +*dat*)
anca ['aŋka] *f* **1.** (*de animal*) Hinterbacke *f;* (*grupa*) Kruppe *f;* **~s de rana** Froschschenkel *mpl;* **montar a las ~s** hinten aufsitzen **2.** (*cadera*) Hüfte *f* **3.** (*fam: nalga*) Hinterbacke *f,* Gesäß *nt*
ancestral [an̪θes'tral] *adj* **1.** (*relativo a los antepasados*) Ahnen- **2.** (*tradicional*) überliefert; (*antiguo*) uralt; **costumbres ~es** überlieferte Bräuche
ancestro [an̪'θestro] *m* Vorfahr *m*
ancho[1] ['anʧo] *m* Breite *f;* **~ de vía** (AUTO, FERRO) Spurweite *f;* **tener** [*o* **medir**] **cinco metros de ~** fünf Meter breit sein
ancho, -a[2] ['anʧo, -a] *adj* **1.** (*vasto*) breit; (*vestidos*) weit; **~ de banda** (INFOR) Bandbreite *f;* **~ de espaldas** breitschult(e)rig; **a lo ~** der Breite nach; **un árbol tumbado a lo ~ de la calle** ein Baum, der quer auf der Straße liegt; **esta blusa te va** [*o* **está**] [*o* **viene**] **muy ancha** diese Bluse ist dir zu weit **2.** (*loc*): **se queda tan ~ cuando dice tonterías** es macht ihm nichts aus Blödsinn zu reden; **¡me quedé ~ después del examen!** nach der Prüfung war ich sehr erleichtert; **el trabajo le viene muy ~** er/sie ist dieser Arbeit nicht gewachsen; **me despaché a mis anchas con él** ich habe ihm die Wahrheit ins Gesicht gesagt; **está a sus anchas** er/sie ist ganz in seinem/ihrem Element; **en este pueblo estoy a mis anchas** ich fühle mich in diesem Dorf wie zu Hause [*o* so richtig wohl]
anchoa [an'ʧoa] *f* Anschovis *f*
anchura [an'ʧura] *f* Breite *f;* (*de un vestido*) Weite *f*
ancianidad [an̪θjani'ðaᵈ] *f* Greisenalter *nt*
anciano, -a [an̪'θjano, -a] **I.** *adj* bejahrt, betagt **II.** *m, f* Greis(in) *m(f)*
ancla ['aŋkla] *f* (NÁUT, ARQUIT) Anker *m;* **~ de salvación** Rettungsanker *m;* **echar ~s** den Anker auswerfen, vor Anker gehen; **levar ~s** den Anker lichten
ancladero [aŋkla'ðero] *m* (NÁUT) Ankerplatz *m*
anclaje [aŋ'klaxe] *m* **1.** (*acción*) Verankern *nt* **2.** (*fondeadero*) Ankerplatz *m* **3.** (*pago*) Hafengebühr *f,* Liegegebühr *f* **4.** (TÉC, NÁUT) Verankerung *f*
anclar [aŋ'klar] **I.** *vi* ankern; **estar anclado** vor Anker liegen **II.** *vt* verankern
áncora ['aŋkora] *f* (*t.* NÁUT) Anker *m;* **~ de salvación** Rettungsanker *m*
ancuviña [aŋku'βiɲa] *f* (*Chil*) **1.** (*sepelio*) Bestattung *f,* Begräbnis *nt* **2.** (*tumba*) Grab *nt;* **cavar una ~** ein Grab ausheben
anda ['an̪da] *interj* (*fam: sorpresa*) na, so was; (*admiración*) bravo, super; (*desconfianza*) also, ich weiß nicht; (*incredulidad*) ach, komm; (*estimulación*) los, auf (geht's); **¡~!, ¡ven conmigo!** los, komm mit!
andadas [an̪'daðas] *fpl:* **volver a las ~** in alte Gewohnheiten verfallen
andaderas [an̪da'ðeras] *fpl v.* **andador[1]**
andador[1] [an̪da'ðor] *m* (*para bebés*) Laufstuhl *m*
andador(a)[2] [an̪da'ðor(a)] *adj* wanderlustig; **ser buen/mal ~** gut/schlecht zu Fuß sein
andadura [an̪da'ðura] *f* **1.** (*acción*) Gehen *nt* **2.** (*modo*) Gang *m* **3.** (*trayecto recorrido*) Wegstrecke *f*
ándale ['an̪dale] *interj* (*Méx*) na, los, also los
andalón, -ona [an̪da'lon, -ona] *adj* (*Méx*) *v.* **andador[2]**
Andalucía [an̪dalu'θia] *f* Andalusien *nt*
andalucismo [an̪dalu'θismo] *m* **1.** (*expresión*) andalusischer Ausdruck *m;* (*costumbre*) andalusischer Brauch *m* **2.** (*amor*) Verbundenheit *f* mit Andalusien
andalucista [an̪dalu'θista] **I.** *adj* andalusisch (*mit lokalpatriotischer Färbung*) **II.** *mf* (POL) andalusischer Nationalist *m,* andalusische Nationalistin *f*
andalusí [an̪dalu'si] <andalusíes> **I.** *adj* (HIST) des maurischen [*o* muslimischen] Spanien; **las provincias ~es** die Provinzen des maurischen Spanien **II.** *mf* (HIST) muslimischer Spanier *m,* muslimische Spanierin *f*
andaluz(a) [an̪da'luθ(a)] **I.** *adj* andalusisch **II.** *m(f)* Andalusier(in) *m(f)*
andamiaje [an̪da'mjaxe] *m* (Bau)gerüst *nt*
andamiar [an̪da'mjar] *vt* (*construcción*) ein Gerüst anbringen (an +*dat*), einrüsten
andamio [an̪'damjo] *m v.* **andamiaje**
andana [an̪'dana] *f* Reihe *f;* **llamarse ~** einen Rückzieher machen
andanada [an̪da'naða] *f* (NÁUT) Breitseite *f;* **soltar una ~** (*fig*) eine Breitseite abfeuern; **lanzar una ~ contra alguien** jdm den Marsch blasen; **por ~s** (*Arg*) reichlich
andando [an̪'dan̪do] *interj* (*fam: afirmándose, recalcando el final*) basta; (*recalcando el comienzo*) na, dann los, auf geht's; **ya es la hora, así que ¡~!** es ist Zeit, also los!

andante [aṇ'daṇte] **I.** *adj* umherziehend; **parece un cadáver** ~ er/sie sieht aus wie eine wandelnde Leiche **II.** *adv* (MÚS) andante **III.** *m* (MÚS) Andante *nt*

andanza [aṇ'daṇθa] *f* **1.** (*correría*) Streifzug *m* **2.** (*peripecia*) Ereignis *nt*, Abenteuer *nt* **3.** (*suerte*): **buena** ~ Glück *nt;* **mala** ~ Unglück *nt*

andar [aṇ'dar] *irr* **I.** *vi* **1.** (*caminar*) (zu Fuß) gehen; ~ **a caballo** reiten; ~ **a gatas** auf allen Vieren gehen; (*bebés*) krabbeln; ~ **con paso majestuoso** stolzieren; ~ **de prisa** schnell gehen; ~ **detrás de** [*o* **tras**] **algo** hinter etw her sein; **desde la estación hay 10 minutos andando** vom Bahnhof aus sind es 10 Minuten zu Fuß; **esta niña andaba ya a los ocho meses** dieses Mädchen lief schon mit acht Monaten **2.** (*reloj*) gehen; (*coche*) laufen, fahren; (*máquina*) laufen **3.** (*tiempo*) vergehen **4.** (*estar*): **¿dónde está el periódico? – ~á por ahí** wo ist die Zeitung? – sie liegt da irgendwo herum; ~ **atareado** sehr beschäftigt sein, viel zu tun haben; ~ **haciendo algo** gerade dabei sein etw zu tun; ~ **metido en un asunto** in eine Sache verwickelt sein; **anda mucha gente buscando empleo** es gibt viele Leute, die eine Stelle suchen; **te anda llamando desde hace una hora** er/sie versucht dich seit einer Stunde anzurufen; ~ **con gente de bien** mit den oberen Zehntausend verkehren; **los precios andan por las nubes** die Preise sind unerschwinglich; **ando mal de dinero** ich bin schlecht bei Kasse; **ando mal de inglés** ich bin schlecht in Englisch **5.** (*loc*): ~ **a golpes** sich prügeln; ~ **a tiros** sich beschießen; ~ **a una** sich einig sein; ~ **a la que salta** die Gelegenheit beim Schopf(e) fassen [*o* packen]; ~ **a la greña con alguien** sich mit jdm balgen; ~ **con cuidado** sich vorsehen; **no hay que** ~ **con bromas con él** mit ihm ist nicht zu spaßen; ~ **con miramientos** rücksichtsvoll vorgehen; ~ **con rodeos** Umschweife machen; **no andes en mi escritorio** wühl nicht auf meinem Schreibtisch herum; ~ **en pleitos** einen Prozess führen; **~emos por los 30 grados** wir haben wohl ungefähr 30 Grad; **anda por los 30** er/sie ist so um die 30; **¡anda!** das gibt's doch nicht!, sag bloß!; **dime con quien andas y te diré quien eres** (*prov*) sage mir, mit wem du umgehst, und ich sage dir, wer du bist **II.** *vt* gehen, zurücklegen; **he andado toda la casa para encontrarte** ich habe das ganze Haus nach dir abgesucht **III.** *m* Gang *m*

andariego, **-a** [aṇda'rjeɣo, -a] **I.** *adj* wanderlustig **II.** *m, f* Wanderer, -in *m, f*

andarín, **-ina** [aṇda'rin, -ina] **I.** *adj* (*andador*) wanderlustig; **mi hijo pequeño es muy** ~ mein kleiner Sohn läuft gern **II.** *m, f* **1.** (*andador*) Wanderer, -in *m, f;* **mira, ahí van las andarinas** schau, da kommen die Wanderinnen **2.** (*mensajero*) Bote, -in *m, f*

andarivel [aṇdari'βel] *m* **1.** (*maroma*) Zugseil *nt* der Seilfähre **2.** (*cesta*) Fahrkorb *m*

andas ['aṇdas] *fpl* Traggestell *nt;* **llevar a alguien en** ~ (*fig*) jdn in Watte packen

ándele ['aṇdele] *interj* (*Méx*) *v.* **ándale**

andén [aṇ'den] *m* **1.** (FERRO) Bahnsteig *m* **2.** (*de muelle*) Kai *m* **3.** (*corredor*) Gang *m* **4.** (*de un puente*) Gehweg *m* **5.** (*Arg, Bol, Perú: bancal*) terrassiertes Feld *nt* **6.** (*Guat, Hond: acera*) Bürgersteig *m*

Andes ['aṇdes] *mpl* Anden *pl*

andinismo [aṇdi'nismo] *m sin pl* (*Am*) Bergsteigen *nt*

andinista [aṇdi'nista] *mf* (*Am*) Bergsteiger(in) *m(f)*

andino, **-a** [aṇ'dino, -a] *adj* Anden-, andin; **vegetación andina** andine Vegetation

Andorra [aṇ'dorra] *f* Andorra *nt*

andorrano, **-a** [aṇdo'rrano, -a] **I.** *adj* andorranisch **II.** *m, f* Andorraner(in) *m(f)*

andrajo [aṇ'draxo] *m* Lumpen *m*, Fetzen *m*

andrajoso, **-a** [aṇdra'xoso, -a] *adj* zerlumpt

androcéfalo, **-a** [aṇdro'θefalo, -a] *adj* mit Menschenkopf; **la pintura representa un león** ~ auf dem Gemälde ist ein Löwe mit Menschenkopf dargestellt

androcracia [aṇdro'kraθja] *f* (SOCIOL) Männerherrschaft *f*, Androkratie *f*

androgénesis [aṇdro'xenesis] *f inv* (BIOL) Androgenese *f*

andrógeno [aṇ'droxeno] *m* (BIOL) Androgen *nt*

androginia [aṇdro'xinja] *f* (BOT) Androgynie *f*, Zwitterbildung *f*

andrógino, **-a** [aṇ'droxino, -a] **I.** *adj* androgyn, zwittrig **II.** *m, f* Zwitter *m*, Hermaphrodit *m*

androide [aṇ'droi̯ðe] *m* Androide *m*

andropausia [aṇdro'pau̯sja] *f* Andropause *f*

andurrial [aṇdu'rrjal] *m* **1.** (*Arg, Ecua, Perú: paraje pantanoso*) Morast *m*, schlammiges Gelände *nt* **2.** *pl* (*paraje extraviado*) unwegsames Gelände *nt*

ANE [aene'e] *m* (ECON, POL) *abr de* **Acuerdo Nacional sobre Empleo** Nationales Beschäftigungsabkommen *nt*

anea [a'nea] *f* (BOT: *espadaña*) Rohrkolben *m*

aneblarse [ane'βlarse] <e→ie> *vr* neblig werden

anécdota [a'neɣðota] *f* Anekdote *f*

anecdotario [aneɣðo'tarjo] *m* Anekdotensammlung *f*

anecdótico, **-a** [aneɣ'ðotiko, -a] *adj* anekdotisch, anekdotenhaft

anegadizo, **-a** [aneɣa'ðiθo, -a] *adj* **1.** (*que se inunda*) überschwemmungsgefährdet **2.** (*pantanoso*) sumpfig

anegamiento [aneɣa'mjeṇto] *m* **1.** (*empantanamiento*) Versumpfung *f* **2.** (*inundación*) Überschwemmung *f*

anegar [ane'ɣar] <g→gu> **I.** *vt* **1.** (*inundar*) überschwemmen **2.** (*ahogar*) ertränken; ~ **una sublevación en sangre** einen Aufstand blutig niederschlagen **II.** *vr:* **~se** überschwemmt werden; ~**se en lágrimas** in Tränen aufgelöst sein

anejo[1] [a'nexo] *m* **1.** (*edificio*) Anbau *m,* Nebengebäude *nt* **2.** (*carta*) Anlage *f* **3.** (*libro, revista*) Beiheft *nt* **4.** (*en un libro*) Anhang *m* **5.** (*pueblo*) Gemeindebezirk *m*

anejo, -a[2] [a'nexo, -a] *adj* (*a edificios*) angebaut; (*a cartas*) anliegend, beigefügt, beiliegend

anélido[1] [a'neliðo] *m* (ZOOL) Ringelwurm *m,* Gliederwurm *m*

anélido, -a[2] [a'neliðo, -a] *adj* (ZOOL) Ringelwurm-, Gliederwurm-

anemia [a'nemja] *f sin pl* (MED) Blutarmut *f,* Anämie *f*

anémico, -a [a'nemiko, -a] *adj* (MED) blutarm, anämisch

anemografía [anemoɣra'fia] *f* (METEO) Anemographie *f*

anemometría [anemome'tria] *f* (METEO) Wind(stärke)messung *f,* Anemometrie *f*

anemómetro [ane'mometro] *m* Wind(geschwindigkeits)messer *m,* Anemometer *nt*

anémona [a'nemona] *f* (BOT) Anemone *f;* ~ **de mar** Seeanemone *f*

anemoscopio [anemos'kopjo] *m* (METEO) Anemoskop *nt*

anerobio [ane'roβjo] *m* (BIOL) *v.* **anaeróbico, anaerobio**

anestesia [anes'tesja] *f* (MED) Betäubung *f,* Anästhesie *f;* ~ **local** örtliche Betäubung

anestesiar [aneste'sjar] *vt* (MED) betäuben, anästhesieren

anestésico[1] [anes'tesiko] *m* (MED) Betäubungsmittel *nt,* Anästhetikum *nt*

anestésico, -a[2] [anes'tesiko, -a] *adj* (MED) anästhetisch

anestesiología [anestesjolo'xia] *f* (MED) Anästhesiologie *f*

anestesiólogo, -a [aneste'sjoloɣo, -a] *m, f* (MED) Anästhesiologe, -in *m, f*

anestesista [aneste'sista] *mf* (MED) Anästhesist(in) *m(f)*

aneurisma [aneu̯'risma] *m o f* (MED) Aneurysma *nt*

anexión [aneˠ'sjon] *f* (POL) Annexion *f*

anexionar [aneˠsjo'nar] *vt* (POL) annektieren

anexionismo [aneˠsjo'nismo] *m sin pl* (POL) Annexionismus *m*

anexo[1] [a'neˠso] *m v.* **anejo**[1]

anexo, -a[2] [a'neˠso, -a] *adj v.* **anejo**[2]

anfetamina [aɱfeta'mina] *f* (MED) Amphetamin *nt*

anfibio[1] [aɱ'fiβjo] *m* **1.** (ZOOL) Amphibie *f,* Amphibium *nt,* Lurch *m* **2.** (*vehículo*) Amphibienfahrzeug *nt;* (*avión*) Amphibienflugzeug *nt*

anfibio, -a[2] [aɱ'fiβjo, -a] *adj* amphibisch; **animal** ~ amphibisches Lebewesen; **vehículo** ~ Amphibienfahrzeug *nt*

anfibología [aɱfiβolo'xia] *f* Amphibolie *f,* Mehrdeutigkeit *f*

anfisbena [aɱfis'βena] *f* (ZOOL) Doppelschleiche *f*

anfiteatro [aɱfite'atro] *m* **1.** (*local*) Amphitheater *nt* **2.** (*piso de un teatro*) Rang *m*

anfitrión, -ona [aɱfi'trjon, -ona] *m, f* Gastgeber(in) *m(f)*

ánfora ['aɱfora] *f* **1.** (*cántaro*) Amphore *f,* Amphora *f* **2.** (*Méx: urna electoral*) Wahlurne *f*

angarillas [aŋga'riʎas] *fpl* **1.** (*andas*) Trage *f,* Traggestell *nt* **2.** (*vinagreras*) Menage *f*

angarrio, -a [aŋ'garrjo, -a] *adj* (*Col, Ven*) ausgemergelt

ángel ['aŋxel] *m* Engel *m;* ~ **de la guarda** Schutzengel *m;* **tener mucho** ~ viel Charme haben; **¡eres un ~!** du bist ein Engel!; **cantas como los ~es** du singst wie ein Engel; **¡ha pasado un ~!** *Ausspruch, mit dem man die plötzliche Stille in einem Gespräch zu füllen versucht*

angelical [aŋxeli'kal] *adj* Engel(s)-, engelhaft; **rostro** ~ Engelsgesicht *nt*

angelito [aŋxe'lito] *m* **1.** (*niño inocente*) kleines (unschuldiges) Kind *nt* **2.** (*niño muerto*) (gerade) verstorbenes Kind *nt;* **vengo del velatorio del** ~ ich komme von der Totenwache für das verstorbene Kind

angelote [aŋxe'lote] *m* (*fam*) **1.** (*niño obeso*) Dickerchen *nt* **2.** (*buenazo*) gutmütiger Mensch *m*

ángelus ['aŋxelus] *m inv* (REL) Angelus *m o nt*

angina [aŋ'xina] *f* (MED): ~ **de pecho** Angina pectoris; ~**s** Halsentzündung *f,* Angina *f*

angiocardiopatía [aŋxjokarðjopa'tia] *f* (MED) Angiokardiopathie *f*

angiografía [aŋxjoɣra'fia] *f* (MED) Angiographie *f*

angiología [aŋxjolo'xia] *f* (MED) Angiologie *f*

angioma [aŋ'xjoma] *m* (MED) Angiom *nt,* Gefäßgeschwulst *f*

angiospermas [aŋxjos'permas] *fpl* (BOT) Bedecktsamer *mpl,* Angiospermen *pl*

angiospermo, -a [aŋxjos'permo, -a] *adj* (BOT) bedecktsamig

anglicanismo [aŋglika'nismo] *m sin pl* Anglikanismus *m*

anglicano, -a [aŋgli'kano, -a] **I.** *adj* anglikanisch **II.** *m, f* Anglikaner(in) *m(f)*

anglicismo [aŋgli'θismo] *m* (LING) Anglizismus *m*

anglista [aŋ'glista] *mf* Anglist(in) *m(f)*

anglo, -a ['aŋglo, -a] **I.** *adj* (HIST) die Angeln betreffend; **los primeros pobladores ~s llegaron en el siglo V** die ersten Angeln gründeten im 5. Jahrhundert Siedlungen **II.** *m, f* (HIST) Angehörige(r) *mf* des Stammes der Angeln; **los ~s eran un pueblo germano** die Angeln waren ein germanisches Volk

angloamericano, -a [aŋgloameri'kano, -a] **I.** *adj* angloamerikanisch **II.** *m, f* Angloamerikaner(in) *m(f)*

anglocanadiense [aŋglokana'ðjense] **I.** *adj* anglokanadisch; **mi novia es** ~ meine Freundin ist Anglokanadierin **II.** *mf* Anglokana-

dier(in) *m(f)*
anglofilia [aŋglo'filja] *f* (*elev*) Anglophilie *f*
anglófilo, **-a** [aŋ'glofilo, -a] *adj* anglophil
anglofobia [aŋglo'foβja] *f* (*elev*) Anglophobie *f*
anglófobo, **-a** [aŋ'glofoβo, -a] *adj* anglophob
anglófono, **-a** [aŋ'glofono, -a] *adj* anglophon
anglohablante [aŋgloa'βlan̪te] *adj* englischsprachig
anglomanía [aŋgloma'nia] *f* Anglomanie *f*
anglonormando[1] [aŋglonor'man̪do] *m sin pl* (*dialecto*) Anglonormannisch(e) *nt*, Anglofranzösisch(e) *nt*
anglonormando, **-a**[2] [aŋglonor'man̪do, -a] **I.** *adj* anglonormannisch **II.** *m, f* Anglonormanne, -in *m, f*
angloparlante [aŋglopar'lan̪te] *adj v.* **anglohablante**
anglosajón, **-ona** [aŋglosa'xon, -ona] **I.** *adj* angelsächsisch **II.** *m, f* Angelsachse, -sächsin *m, f*
ango ['aŋgo] *m* (*Col*) **1.** (ANAT: *tendón*) Sehne *f* **2.** (*látigo*) Peitsche *f*
Angola [aŋ'gola] *f* Angola *nt*
angoleño, **-a** [aŋgo'leɲo, -a] **I.** *adj* angolanisch **II.** *m, f* Angolaner(in) *m(f)*
angora [aŋ'gora] **I.** *adj* Angora- **II.** *f* Angora *nt*; **gato de A~** Angorakatze *f*; **lana de A~** Angorawolle *f*
angorina [aŋgo'rina] *f* (*tejido*) Angorina *nt*; **un jersey de ~** ein Pullover aus Angorina
angostar [aŋgos'tar] **I.** *vt* enger machen, verengen **II.** *vr:* **~se** sich verengen
angosto, **-a** [aŋ'gosto, -a] *adj* eng, schmal
angostura [aŋgos'tura] *f* **1.** (*estrechez*) Enge *f*, Schmalheit *f*; **~ intelectual** Engstirnigkeit *f* **2.** (*paso estrecho*) Engpass *m*
ángstrom ['aŋs'trom] *m*, **angstromio** [aŋs'tromjo] *m* (FÍS) Angström *nt*
anguiforme [aŋgi'forme] *adj* schlangenförmig
anguila [aŋ'gila] *f* **1.** (ZOOL) Aal *m*; **~ ahumada** Räucheraal *m* **2.** (NÁUT) Stapel *m*
anguilero, **-a** [aŋgi'lero, -a] **I.** *adj* Aal-; **cesto ~** Aalkorb *m* **II.** *m, f* **1.** (*pescador*) Aalfischer(in) *m(f)* **2.** (*vendedor*) Aalverkäufer(in) *m(f)*
angula [aŋ'gula] *f* (ZOOL) Glasaal *m*
angular [aŋgu'lar] **I.** *adj* Winkel-; **forma ~** Winkelform *f* **II.** *m* **1.** (FOTO): **gran ~** Weitwinkelobjektiv *nt* **2.** (*herramienta*) Winkeleisen *nt*
ángulo ['aŋgulo] *m* **1.** (MAT) Winkel *m*; **~ agudo** spitzer Winkel; **~ complementario** Komplementwinkel *m*; **~ muerto** toter Winkel; **~ obtuso** stumpfer Winkel; **~ plano** [*o* **llano**] gestreckter Winkel; **~ recto** rechter Winkel; **~ suplementario** Supplementwinkel *m*; **en ~** winkelförmig, wink(e)lig **2.** (FOTO): **~ de abertura** Öffnungswinkel *m*; **~ focal** Bildwinkel *m* **3.** (DEP): **~ de tiro** Schusswinkel *m* **4.** (*rincón*) Ecke *f* **5.** (*arista, esquina*) Kante *f* **6.** (*punto de vista*) Blickwinkel *m*
angulosidad [aŋgulosi'ðaᵈ] *f* Eckigkeit *f*
anguloso, **-a** [aŋgu'loso, -a] *adj* **1.** (*calle, habitación*) wink(e)lig **2.** (*cara*) kantig
angurria [aŋ'gurrja] *f* (*Am: fam*) **1.** (*ganas*) Gelüste *ntpl*; (*hambre*) Heißhunger *m*; (*pey: glotonería*) Essgier *f*, Gefräßigkeit *f* **2.** (*codicia*) Habsucht *f*, Habgier *f*
angurriento, **-a** [aŋgu'rrjen̪to, -a] *adj* (*Am*) **1.** (*pey: glotón*) essgierig, gefräßig *fam*; (*hambriento*) heißhungrig; (*t. fig: devorador*) verzehrend **2.** (*codicioso*) habgierig, habsüchtig
angustia [aŋ'gustja] *f* **1.** (*aprieto*) Beklemmung *f* **2.** (*temor*) Angst *f*; **~ vital** Lebensangst *f* **3.** (*congoja, aflicción*) Betrübnis *f*, Kummer *m*; **estas noticias me dan ~** diese Nachrichten bedrücken mich **4.** (*sofoco*) Atembeklemmung *f*
angustiado, **-a** [aŋgus'tjaðo, -a] *adj* **1.** (*acongojado*) beklommen **2.** (*atemorizado*) verängstigt **3.** (*afligido, apenado*) bekümmert, betrübt
angustiar [aŋgus'tjar] **I.** *vt* **1.** (*acongojar*) beklemmen **2.** (*causar temor*) (ver)ängstigen, quälen **3.** (*afligir, apenar*) betrüben, bekümmern **II.** *vr:* **~se** **1.** (*afligirse*) beklommen werden **2.** (*atemorizarse*) sich ängstigen, sich quälen
angustioso, **-a** [aŋgus'tjoso, -a] *adj* **1.** (*lleno de angustia*) angstvoll **2.** (*inquietante*) beängstigend **3.** (*sofocante*) beklemmend
anhelante [ane'lan̪te] *adj* **1.** (*jadeante*) keuchend, schnaubend **2.** (*ansioso*) sehnsüchtig; **estar ~ por algo** etw herbeisehnen
anhelar [ane'lar] **I.** *vi* keuchen **II.** *vt* sich sehnen (nach +*dat*); **anhela regresar a Galicia** er/sie sehnt sich danach, nach Galicien zurückzukehren
anhelo [a'nelo] *m* Sehnsucht *f* (*de* nach +*dat*)
anheloso, **-a** [ane'loso, -a] *adj* **1.** (*ansioso*) sehnsüchtig **2.** (*jadeante*) keuchend; **respiración anhelosa** schwere Atmung
anhídrido [a'niðriðo] *m* (QUÍM) Anhydrid *nt*; **~ carbónico** Kohlendioxid *nt*
anhidro, **-a** [a'niðro, -a] *adj* (QUÍM: *que no contiene agua*) wasserfrei; (*deshidratado*) entwässert
anhidrosis [ani'ðrosis] *f inv* (MED) An(h)idrose *f*
anidamiento [aniða'mjen̪to] *m* (INFOR) Schachtelung *f*, Verschachtelung *f*
anidar [ani'ðar] **I.** *vi* **1.** (*hacer nido*) nisten **2.** (*morar*) wohnen; **el odio anida en su corazón** sein/ihr Herz ist von Hass erfüllt **II.** *vt* aufnehmen, beherbergen
aniegue [a'njeɣe] *m* (*Méx*) Überschwemmung *f*
anilina [ani'lina] *f* (QUÍM) Anilin *nt*
anilla [a'niʎa] *f* **1.** (*aro*) Ring *m*; (*de cortina*) Gardinenring *m*; (*para pájaros*) Fußring *m* **2.** (*de puro*) Bauchbinde *f* **3.** *pl* (DEP) Ringe

mpl

anillado[1] [ani'ʎaðo] *m* Beringen *nt*

anillado, -a[2] [ani'ʎaðo, -a] *adj* aus mehreren Ringen bestehend

anillar [ani'ʎar] *vt* **1.** (*dar forma*) ringförmig biegen **2.** (*sujetar*) an Ringen befestigen **3.** (*pájaros, puros*) beringen

anillo [a'niʎo] *m* **1.** (*aro pequeño*) Ring *m;* (*sortija*) (Finger)ring *m;* ~ **de boda** Ehering *m;* ~ **de compromiso** Verlobungsring *m;* **los ~s olímpicos** die Olympischen Ringe; **a alguien no se le caen los ~s** jdm bricht [*o* fällt] kein Zacken aus der Krone; **este vestido te viene como ~ al dedo** dieses Kleid passt dir wie angegossen; **esta solución me viene como ~ al dedo** diese Lösung kommt mir wir gerufen **2.** (BOT): ~ (**de crecimiento**) Jahresring *m*

ánima ['anima] *f* (*t.* TÉC: *alma*) Seele *f;* **a las ~s** am Abend, abends

animación [anima'θjon] *f* **1.** (*acción de animarse*) Belebung *f;* **dar ~ a algo** etw beleben **2.** (*viveza*) Lebhaftigkeit *f* **3.** (*actividad*) geschäftiges Treiben *nt,* Betrieb *m;* **había mucha ~ en la calle** die Straße war sehr belebt **4.** (CINE, INFOR) Animation *f;* ~ **por ordenador** Computeranimation *f* **5.** (*t.* ECON: *motivación*) Motivierung *f*

animado, -a [ani'maðo, -a] *adj* **1.** (*persona*) heiter, fröhlich; **últimamente no está muy ~** in letzter Zeit ist er nicht besonders bei Laune **2.** (*lugar, calle*) belebt **3.** (*circulación, actividad*) rege, lebhaft **4.** (*concurrido*) stark besucht **5.** (*tener ganas*): **estar ~ a hacer algo** Lust haben etw zu tun; **no estar muy ~** keine rechte Lust haben; **estoy ~ a continuar mis estudios** ich habe Lust mein Studium fortzusetzen **6.** (INFOR): ~ **por ordenador** computeranimiert

animador(a) [anima'ðor(a)] **I.** *adj* ermutigend, anregend **II.** *m(f)* **1.** (*artista*) Entertainer(in) *m(f),* Alleinunterhalter(in) *m(f)* **2.** (*de grupos, turistas*) Animateur(in) *m(f)* **3.** (*presentador*) Moderator(in) *m(f);* ~ **cultural** Kulturbeauftragter *m*

animadora [anima'ðora] *f* (*en bares*) Animierdame *f*

animadversión [animaðβer'sjon] *f* Abneigung *f,* Feindseligkeit *f;* **sentir ~ por alguien/algo** eine Abneigung gegen jdn/etw haben

animal [ani'mal] **I.** *adj* **1.** (*relativo a los animales*) Tier-, tierisch; **comportamiento ~** Tierverhalten *nt* **2.** (*grosero*) grob, roh; **el aspecto ~ del hombre** das Tier im Menschen **II.** *m* **1.** (*ser vivo no humano*) Tier *nt;* **~es de caza** Wild *nt;* ~ **de compañía** Haustier *nt;* **~es de engorde** Mastvieh *nt;* ~ **de matanza** Schlachttier *nt;* ~ **de presa** [*o* **de rapiña**] Raubtier *nt;* ~ **racional** rationales Wesen; ~ **de sangre caliente** Warmblüter *m;* ~ **de tiro** Zugtier *nt;* **no experimentado en ~s** ohne Tierversuche; **comes como un ~** (*fam*) du isst wie ein Scheunendrescher **2.** (*pey: persona ignorante*) Primitivling *m* **3.** (*persona bruta*) Rüpel *m;* **Juan está hecho un ~** Juan ist ein Rohling

animalada [anima'laða] *f* (*fam*) **1.** (*disparate*) Unsinn *m,* Blödsinn *m* **2.** (*barbaridad, salvajada*) Barbarei *f;* **¡qué ~!** was für ein Wahnsinn! **3.** (*cantidad excesiva*) Unmenge *f*

animalejo [anima'lexo] *m* Tierchen *nt*

animalidad [animali'ðað] *f* Tierhaftigkeit *f;* **a veces llega hasta la ~** manchmal benimmt er/sie sich geradezu animalisch

animalizarse [animali'θarse] <z→c> *vr* verrohen, vertieren

animalucho [anima'lutʃo] *m* (*pey*) Vieh *nt*

animar [ani'mar] **I.** *vt* **1.** (*infundir vida*) beleben, beseelen **2.** (*dar ánimo*) anregen, animieren; (*conversación, reunión*) beleben; (*algo aburrido*) in Schwung bringen **3.** (*alentar, estimular*) ermutigen; **la animó para que viajara a Latinoamérica** er/sie hat sie ermutigt nach Lateinamerika zu reisen **4.** (*persona triste*) aufmuntern, aufmöbeln *fam* **5.** (*habitación*) aufheitern; (*economía*) ankurbeln **II.** *vr:* **~se 1.** (*cobrar vida*) sich beleben; **sus chistes nos ~on** seine/ihre Witze heiterten uns wieder auf **2.** (*atreverse*) Mut fassen **3.** (*decidirse*) sich entschließen; **¡por fin te has animado a escribir (una carta)!** endlich hast du dich zu einem Brief durchgerungen [*o* aufgerafft]!; **¿te animas?** machst du mit? **4.** (*alegrarse*) in Stimmung [*o* Schwung] kommen

anímico, -a [a'nimiko, -a] *adj* seelisch, psychisch

animismo [ani'mismo] *m sin pl* (REL) Animismus *m*

animista [ani'mista] **I.** *adj* (REL) animistisch **II.** *mf* Animist(in) *m(f)*

ánimo ['animo] *m* **1.** (*alma, espíritu*) Gemüt *nt;* **calmar** [*o* **templar**] **los ~s** die Gemüter besänftigen; **no estoy con ~s de...** ich bin nicht in der Verfassung zu ... **2.** (*empuje, energía, valor*) Mut *m,* Kraft *f;* **¡~!** Kopf hoch!; **cobrar ~** Mut fassen; **dar ~** Mut einflößen, aufmuntern **3.** (*intención*) Absicht *f* (*de* zu +*dat*); ~ **de lucro** (ECON) Gewinnabsicht *f;* **con ~ de...** mit [*o* in] der Absicht zu ...; **sin ~ de lucro** gemeinnützig; **sin ~ de ofender a nadie** ohne jemandem zu nahe treten zu wollen

animosidad [animosi'ðað] *f* **1.** (*empuje, energía*) Tatkraft *f,* Mut *m* **2.** (*animadversión*) Abneigung *f,* Feindseligkeit *f*

animoso, -a [ani'moso, -a] *adj* tatkräftig, mutig

aniñado, -a [ani'ɲaðo, -a] *adj* kindlich; (*semejante a un niño*) jungenhaft; (*semejante a una niña*) mädchenhaft; (*pey*) kindisch

aniñarse [ani'ɲarse] *vr* kindlich werden; (*pey*) kindisch werden

anión [a'njon] *m* (FÍS, QUÍM) Anion *nt*

aniquilación [anikila'θjon] *f v.* **aniquilamiento**

aniquilador(a) [anikila'ðor(a)] *adj* vernichtend

aniquilamiento [anikila'mjeṇto] *m* Vernichtung *f;* **el ~ de la salud** die Zerstörung der Gesundheit

aniquilar [aniki'lar] **I.** *vt* **1.**(*destruir*) vernichten, auslöschen; **el enemigo fue aniquilado** der Feind wurde vernichtet; **~ todas las esperanzas** alle Hoffnungen zunichte machen **2.**(*salud*) ruinieren **3.**(*desanimar*) fertig machen **II.** *vr:* **~se** **1.**(*desaparecer*) vernichtet werden **2.**(*deteriorarse*) zerstört werden

anís [a'nis] <anises> *m* (BOT) Anis *m;* (*bebida*) Anislikör *m*

anisado[1] [ani'saðo] *m* Anis(schnaps) *m;* (*licor*) Anisette *m*

anisado, -a[2] [ani'saðo, -ɑ] *adj* Anis-, mit Anis; **una infusión anisada** ein Anistee

anisete [ani'sete] *m* Anisette *m,* Anislikör *m*

aniversario [aniβer'sarjo] *m* Jubiläum *nt,* Jahrestag *m;* **~ de bodas** Hochzeitstag *m;* **su ~ de muerte** sein/ihr Todestag

ano ['ano] *m* (ANAT) After *m;* **~ artificial** [*o* **contra natura**] künstlicher Darmausgang

anoche [a'notʃe] *adv* (*al atardecer*) gestern Abend; (*entrada la noche*) gestern Nacht; **antes de ~** vorgestern Abend; **~ no pude dormir** letzte Nacht konnte ich nicht schlafen

anochecer [anotʃe'θer] **I.** *irr como crecer vi* dunkel werden, Nacht werden; **anochecimos en Burgos** bei Einbruch der Dunkelheit waren wir in Burgos **II.** *m* Abenddämmerung *f,* Einbruch *m* der Nacht; **al ~** bei Einbruch der Dunkelheit

anochecida [anotʃe'θiða] *f* Einbruch *m* der Nacht, Abenddämmerung *f;* **a la ~ nos volvimos a casa** bei Einbruch der Nacht kehrten wir nach Hause zurück

anodinia [ano'ðinja] *f* (MED) Schmerzlosigkeit *f,* Analgesie *f*

anodino, -a [ano'ðino, -a] *adj* **1.**(*cosa*) nichts sagend, inhaltslos **2.**(*persona*) fade **3.**(MED) schmerzstillend

anodizar [anoði'θar] <z→c> *vt* eloxieren

ánodo ['anoðo] *m* (ELEC) Anode *f*

anofeles [ano'feles] *m inv* (ZOOL) Anopheles(mücke) *f*

anomalía [anoma'lia] *f* **1.**(*irregularidad*) Anomalie *f;* **¿has observado alguna ~ en mi actitud?** hast du an meinem Verhalten etwas Ungewöhnliches bemerkt? **2.**(BIOL) Anomalie *f,* Missbildung *f* **3.**(ASTR) Anomalie *f*

anómalo, -a [a'nomalo, -a] *adj* abnorm, anomal

anonadación [anonaða'θjon] *f,* **anonadamiento** [anonaða'mjeṇto] *m* **1.**(*aniquilamiento*) Vernichtung *f* **2.**(*pasmo*) Verblüffung *f* **3.**(*descorazonamiento*) Entmutigung *f*

anonadar [anona'ðar] **I.** *vt* **1.**(*aniquilar*) vernichten **2.**(*pasmar*) verblüffen; (*maravillar*) überwältigen; **la noticia me dejó anonadado** ich war über die Nachricht verblüfft **3.**(*descorazonar*) entmutigen **II.** *vr:* **~se** **1.**(*aniquilarse*) vernichtet werden **2.**(*descorazonarse*) entmutigt werden

anonimato [anoni'mato] *m* Anonymität *f;* **el autor del artículo ha mantenido el ~** der Autor des Artikels hat die Anonymität gewahrt

anonimia [ano'nimja] *f* Anonymität *f*

anónimo[1] [a'nonimo] *m* **1.**(*autor*) Anonymus *m* **2.**(*escrito*) anonymer Brief *m* **3.**(*anonimato*) Anonymität *f;* **guardar/conservar el ~** die Anonymität wahren

anónimo, -a[2] [a'nonimo, -a] *adj* anonym; **datos ~s** anonymisierte Daten; **encuesta anónima** anonyme Umfrage; **sociedad anónima** (ECON) Aktiengesellschaft *f*

anorak [ano'ra^{k}] <anoraks> *m* Anorak *m*

anorexia [ano'reˠsja] *f sin pl* (MED) Appetitlosigkeit *f,* Anorexie *f*

anoréxico, -a [ano'reˠsiko, -a] **I.** *adj* an Anorexie [*o* Appetitlosigkeit] leidend **II.** *m, f* (MED) an Anorexie [*o* Appetitlosigkeit] leidender Mensch *m*

anormal [anor'mal] **I.** *adj* (*no normal*) anormal; (*retrasado*) retardiert; (*físico*) körperlich zurückgeblieben; (*mental*) geistig zurückgeblieben **II.** *mf* retardierte Person *f*

anormalidad [anormali'ða^{ð}] *f* **1.**(*no normal*) Anormalität *f* **2.**(*anomalía*) Anomalie *f*

anosmia [a'nosmja] *f* (MED) Anosmie *f*

anotación [anota'θjon] *f* **1.**(*acción de anotar*) Aufschreiben *nt;* (*en un registro*) Eintragung *f;* **~ en cuenta** (JUR) Bucheintragung *f* **2.**(*nota*) Notiz *f,* Vermerk *m* **3.**(FIN) Buchung *f;* **~ de intereses** Zinsgutschrift *f*

anotador(a) [anota'ðor(a)] *m(f)* **1.**(DEP) Schütze, -in *m, f;* (*en baloncesto*) Korbschütze, -in *m, f;* (*en balonmano y fútbol*) Torschütze, -in *m, f* **2.**(CINE) Protokollführer(in) *m(f);* (*chica*) Skriptgirl *nt*

anotar [ano'tar] *vt* **1.**(*apuntar*) notieren **2.**(*en un registro*) eintragen; **~ operaciones (contables)** (FIN) (Buchungs)vorgänge verbuchen; **~ una orden** (ECON) eine Bestellung aufnehmen **3.**(DEP) einen Treffer erzielen; **~ una canasta** einen Korb werfen

anovelado, -a [anoβe'laðo, -a] *adj* romanhaft, romanesk

anovulatorio [anoβula'torjo] *m* (MED) Ovulationshemmer *m*

anoxemia [anoˠ'semja] *f* (MED) Anoxämie *f*

anoxia [a'noˠsja] *f* (MED) Anoxie *f*

anquilosamiento [aŋkilosa'mjeṇto] *m* **1.**(*de las articulaciones*) Versteifung *f* **2.**(*parálización*) Stockung *f,* Lähmung *f* **3.**(*mental*) Verknöcherung *f*

anquilosar [aŋkilo'sar] **I.** *vt* versteifen **II.** *vr:* **~se** **1.**(*las articulaciones*) steif werden **2.**(*paralizarse*) stocken, ins Stocken geraten **3.**(*mentalmente*) verknöchern

anquilosis [aŋki'losis] *f inv* (MED) Gelenkversteifung *f,* Ankylose *f*

ansa ['ansa] *f* (HIST) Hansa *f*

ánsar ['ansar] *m* (ZOOL) Gans *f*

anseático, **-a** [anse'atiko, -a] **I.** *adj* Hanse-, hanseatisch **II.** *m, f* Hanseat(in) *m(f)*

ansia ['ansja] *f* **1.** (*angustia*) (Seelen)angst *f*, Beklemmung *f* **2.** (*intranquilidad*) Unruhe *f* **3.** (*afán*) Sehnsucht *f* (*de* nach +*dat*), Verlangen *nt* (*de* nach +*dat*); ~ **de poder** Machthunger *m* **4.** (*náusea*) Übelkeit *f*

ansiar [an'sjar] <*1. pres:* ansío> *vt* sich sehnen (nach +*dat*), herbeisehnen; **el momento ansiado** der ersehnte Augenblick; **el equipo logró la tan ansiada copa** die Mannschaft gewann den heiß ersehnten Pokal; **ansiaba el regreso de su novio** sie wartete sehnsüchtig auf die Rückkehr ihres Freundes; **ansiaba el fin de la guerra** er/sie sehnte das Ende des Krieges herbei

ansiedad [ansje'ðaᵈ] *f* **1.** (*angustia*) (Seelen)angst *f*, Beklemmung *f* **2.** (PSICO): **estado de** ~ Angstzustand *m;* **neurosis de** ~ Angstneurose *f*

ansiolítico¹ [ansjo'litiko] *m* (MED) Anxiolytikum *nt*, angstlösendes Arzneimittel *nt*

ansiolítico, **-a²** [ansjo'litiko, -a] *adj* (MED) anxiolytisch, angstlösend

ansiosamente [ansjosa'mente] *adv:* **esperamos** ~ **su visita** wir können Ihren Besuch kaum erwarten; **la esperaba** ~ **en la estación** er/sie wartete sehnsüchtig am Bahnhof auf sie

ansioso, **-a** [an'sjoso, -a] *adj* **1.** (*intranquilo*) beunruhigt **2.** (*anheloso*) sehnsuchtsvoll **3.** (*impaciente*) ungeduldig; (*deseoso*) begierig **4.** (*codicioso*) gierig

anta ['anta] *f* **1.** (ZOOL) Elch *m* **2.** (HIST) Menhir *m*

antagónico, **-a** [anta'ɣoniko, -a] *adj* **1.** (*opuesto*) gegensätzlich, antagonistisch **2.** (*rival*) gegnerisch

antagonismo [antaɣo'nismo] *m* Gegensatz *m*, Antagonismus *m;* **el** ~ **entre el gerente y sus colaboradores** die Gegnerschaft zwischen dem Geschäftsführer und seinen Mitarbeitern

antagonista¹ [antaɣo'nista] *mf* (*rival*) Gegner(in) *m(f)*, Antagonist(in) *m(f)*

antagonista² [antaɣo'nista] *m* (ANAT) Antagonist *m*

antaño [an'taɲo] *adv* einst, früher

antártico, **-a** [an'tartiko, -a] *adj* antarktisch; **polo** ~ Südpol *m;* **Océano Glacial A~** Südpolarmeer *nt*

Antártida [an'tartiða] *f* Antarktis *f*

ante ['ante] **I.** *m* **1.** (ZOOL) Elch *m* **2.** (*piel*) Wildleder *nt* **II.** *prep* **1.** (*posición*) vor +*dat;* ~ **la casa hay un jardín** vor dem Haus ist ein Garten; **estamos sentados** ~ **el fuego** wir sitzen vor dem Feuer; **mostrar valentía** ~ **el enemigo** Tapferkeit vor dem Feind demonstrieren **2.** (*con movimiento*) vor +*akk;* **depositaron las ofrendas** ~ **el altar** sie legten ihre Gaben vor den Altar; **se presentó** ~ **el público** er/sie trat vor das Publikum; **se prosternó** ~ **el príncipe** er warf sich vor dem Fürsten nieder **3.** (*en vista de*) angesichts +*gen;* ~ **esta situación no nos queda otro remedio que...** angesichts der Situation bleibt uns nichts anderes übrig als ... **4.** (*en comparación con*) neben +*dat;* **mi amor palidece** ~ **el tuyo** meine Liebe verblasst neben deiner

anteanoche [antea'notʃe] *adv* vorgestern Abend

anteayer [antea'ɟer] *adv* vorgestern

antebrazo [ante'βraθo] *m* (ANAT) Unterarm *m*

antecámara [ante'kamara] *f* Vorzimmer *nt*

antecedente [anteθe'ðente] **I.** *adj* (*precedente*) vorangehend, vorhergehend **II.** *m* **1.** (LING) Bezugswort *nt* **2.** (FILOS) Antezedens *nt*, Ursache *f* **3.** *pl* (*circunstancias anteriores*) Vorgeschichte *f;* (*de una persona*) Vorleben *nt;* **~s penales** Vorstrafe *f;* **estar en ~s** (**de algo**) (über etw) im Bilde sein; **poner a alguien en ~s** (**de algo**) jdn (über etw) ins Bild setzen

anteceder [anteθe'ðer] *vt* vorangehen +*dat*, vorhergehen +*dat*

antecesor(a) [anteθe'sor(a)] *m(f)* **1.** (*en un cargo*) Vorgänger(in) *m(f)* **2.** (*antepasado*) Vorfahr(e), -in *m, f*, Ahn(e) *mf*

antecesores [anteθe'sores] *mpl* Vorfahren *mpl*, Ahnen *mpl*

antecos [an'tekos] *mpl* (GEO) Antöken *pl*

antedata [ante'ðata] *f* Zurückdatierung *f*

antedatar [anteða'tar] *vt* (zu)rückdatieren

antedicho, **-a** [ante'ðitʃo, -a] *adj* oben genannt, oben schon erwähnt

antediluviano, **-a** [anteðilu'βjano, -a] *adj* vorsintflutlich

antefirma [ante'firma] *f* Amtsbezeichnung *f*

anteguerra [ante'ɣerra] *f* Vorkriegszeit *f*

antelación [antela'θjon] *f:* **con** ~ im Voraus, vorher; **con la debida** ~ rechtzeitig

antemano [ante'mano] *adv:* **de** ~ im Voraus; **calcular de** ~ vorausberechnen

antena [an'tena] *f* **1.** (*de telecomunicaciones*) Antenne *f;* ~ **colectiva** Gemeinschaftsantenne *f;* ~ **interior** Zimmerantenne *f;* ~ **parabólica** Parabolantenne *f;* **estar en** ~ senden; **el programa lleva un año en** ~ das Programm wird seit einem Jahr ausgestrahlt **2.** (NÁUT) Rah(e) *f* **3.** (ZOOL) Fühler *m;* **estar con las ~s puestas** (*irón*) die Ohren spitzen

anteojeras [anteo'xeras] *fpl* Scheuklappen *fpl*

anteojo [ante'oxo] *m* **1.** (*catalejo*) Fernrohr *nt* **2.** *pl* (*gemelos*) Opernglas *nt;* (*prismáticos*) Fernglas *nt;* (*lentes*) Brille *f* **3.** *pl* (*anteojeras*) Scheuklappen *fpl*

antepalco [ante'palko] *m* Vorzimmer *nt* der Loge

antepasado, **-a** [antepa'saðo, -a] **I.** *adj* vorherig, vorhergehend **II.** *m, f* Vorfahr(e), -in *m, f*, Ahn(e) *mf;* **mis ~s por parte de mi padre** meine Vorfahren väterlicherseits

antepecho [ante'petʃo] *m* **1.** (*barandilla*)

Geländer *nt* **2.** (*pretil*) Brüstung *f;* (*de una ventana*) Fensterbrüstung *f*

antepenúltimo, -a [an̪tepe'nul̪timo, -a] **I.** *adj* vorvorletzte(r, s) **II.** *m, f* Vorvorletzte(r) *mf*

anteponer [an̪tepo'ner] *irr como poner* **I.** *vt* **1.** (*poner delante*): ~ **algo/alguien a algo/alguien** etw/jdn vor etw/jdn stellen **2.** (*dar preferencia*) den Vorrang geben +*dat* (*a* vor +*dat*) **II.** *vr:* **~se 1.** (*ponerse delante*): **~se a algo/alguien** sich vor etw/jdn stellen **2.** (*tener preferencia*) den Vorrang haben (*a* vor +*dat*)

anteportada [an̪tepor'taða] *f* (TIPO) Schmutztitel *m*

anteproyecto [an̪tepro'ɟekto] *m* Vorentwurf *m*

antera [an̪'tera] *f* (BOT) Anthere *f,* Staubbeutel *m*

anterior [an̪te'rjor] **I.** *adj* vorige(r, s); **la noche ~ había llovido** am Abend [*o* in der Nacht] zuvor hatte es geregnet; **en la página ~** auf der vorhergehenden Seite; **el presidente ~** der vorige Präsident **II.** *prep:* **~ a** vor +*dat;* **el año ~ a mi boda** das Jahr vor meiner Heirat

anterioridad [an̪terjori'ða^ð] **I.** *f* Vorzeitigkeit *f* **II.** *prep:* **con ~ a** vor +*dat*

anteriormente [an̪terjor'men̪te] *adv* früher, vorher; **lo dicho** [*o* **mencionado**] **~** das Vorhergehende, das Obengesagte [*o* oben Gesagte]

antes ['an̪tes] **I.** *adv* **1.** (*de tiempo*) vorher; (*hace un rato*) vorhin; (*antiguamente*) früher; (*primero*) zuerst; **poco ~** kurz vorher [*o* davor]; **piénsate ~ lo que dices** überlege dir vorher, was du sagst; **¿quién ha llamado ~?** wer hat vorhin angerufen?; **~ vivíamos en otra ciudad** früher wohnten wir in einer anderen Stadt; **¿quién llegará ~ a la mesa?** wer wird zuerst am Tisch sein?; **como ~** (*hace poco*) wie vorher; (*hace tiempo*) wie früher; **ahora como ~** nach wie vor; **~ con ~, cuanto ~** so schnell wie möglich; **~ de nada** als Erstes, zuerst; **~ que nada** vor allem, insbesondere; **los cardenales van ~ que los obispos** die Kardinäle kommen vor den Bischöfen **2.** (*comparativo*) lieber, eher; **~ hoy que mañana** lieber heute als morgen **II.** *prep:* **~ de** vor +*dat;* **~ del verano** vor dem Sommer; **~ de llegar tú** vor deiner Ankunft; **~ de salir** vor dem Hinausgehen **III.** *conj* **1.** (*temporal*) bevor; **~ (de) que llegue** bevor er/sie kommt, vor seiner/ihrer Ankunft; **~ que hables** bevor du sprichst; **~ que se dé cuenta** bevor er/sie etwas merkt **2.** (*adversativo*) sondern; **él no rehuye el peligro, ~ lo desea** er scheut nicht vor der Gefahr zurück, sondern stellt sich ihr; **no estoy satisfecho con el examen, ~ bien decepcionado** ich bin nicht zufrieden mit der Prüfung, um nicht zu sagen enttäuscht **IV.** *adj:* **ya habíamos visto a esta chica el día ~** wir hatten dieses Mädchen schon am Tag zuvor gesehen

antesala [an̪te'sala] *f* Vorzimmer *nt;* **hacer ~** im Vorzimmer warten

antetítulo [an̪te'titulo] *m* *zweitrangige Überschrift vor der eigentlichen Überschrift*

antevíspera [an̪te'βispera] *f* vorvoriger Tag *m*

antiabortista [an̪tjaβor'tista] **I.** *adj:* **campaña ~** Kampagne gegen die Abtreibung **II.** *mf* Abtreibungsgegner(in) *m(f)*

antiacadémico, -a [an̪tjaka'ðemiko, -a] *adj* antiakademisch, akademiefeindlich

antiácido[1] [an̪ti'aθiðo] *m* Mittel *nt* gegen Sodbrennen

antiácido, -a[2] [an̪ti'aθiðo, -a] *adj* säurebeständig

antiacné [an̪tjaɣ'ne] *adj:* **crema ~** Aknecreme *f*

antiadherente [an̪tjaðe'ren̪te] *adj* Anti-Haft-; **capa ~** Anti-Haft-Beschichtung *f*

antiaéreo, -a [an̪tja'ereo, -a] *adj* (MIL) Flugabwehr-; **artillería antiaérea** Flugabwehrartillerie *f;* **cañon ~** Flugabwehrkanone *f,* Flak *f*

antialcohólico, -a [an̪tjal'koliko, -a/an̪tjalko'oliko, -a] **I.** *adj* antialkoholisch **II.** *m, f* Antialkoholiker(in) *m(f),* Alkoholgegner(in) *m(f)*

antialérgico[1] [an̪tja'lerxiko] *m* (MED) Antiallergikum *nt*

antialérgico, -a[2] [an̪tja'lerxiko, -a] *adj* (MED) allergiehemmend

antiamericanismo [an̪tjamerika'nismo] *m sin pl* Antiamerikanismus *m*

antiapartheid [antjapar'xei̯^ð] *adj inv* Anti-apartheid-; **la lucha ~** der Kampf gegen die Apartheid

antiarrugas [an̪tja'rruɣas] *adj inv:* **crema ~** (Anti)faltencreme *f;* **programa ~** (*de una lavadora*) Waschgang mit Knitterschutz

antiatómico, -a [an̪tja'tomiko, -a] *adj:* **refugio ~** Atombunker *m*

antibalas [an̪ti'βalas] *adj inv* kugelsicher

antibelicismo [an̪tiβeli'θismo] *m sin pl* Pazifismus *m*

antibelicista [an̪tiβeli'θista] *mf* Kriegsgegner(in) *m(f),* Pazifist(in) *m(f)*

antibiosis [an̪ti'βjosis] *f inv* (BIOL) Antibiose *f*

antibiótico[1] [an̪ti'βjotiko] *m* (MED) Antibiotikum *nt*

antibiótico, -a[2] [an̪ti'βjotiko, -a] *adj* (MED) antibiotisch

antibloqueo [an̪tiβlo'keo] *m* (AUTO): **sistema ~ de frenos** Antiblockiersystem *nt*

antibomba [an̪ti'βomba] *adj inv* (*avión, cohete*) Bombenabwehr-; (*sistema*) Bombensicherungs-, Bombenschutz-

antibuque [an̪ti'βuke] *adj inv* (MIL) Schiffsabwehr-

anticalcáreo, -a [an̪tikal'kareo] *adj* entkalkend

anticancerígeno, -a [an̪tikan̪θe'rixeno, -a] *adj,* **anticanceroso, -a** [an̪tikan̪θe'roso, -a] *adj* (MED) antikanzerogen, krebshemmend;

hospital ~ Klinik zur Behandlung von Krebserkrankungen

anticapitalismo [an̪tikapita'lismo] *m* (POL) Antikapitalismus *m*

anticapitalista [an̪tikapita'lista] *adj* antikapitalistisch

anticarro [an̪ti'karro] *adj inv* (MIL) Panzerabwehr-; **cohete** ~ Panzerabwehrrakete *f*

anticaspa [an̪ti'kaspa] *adj inv* Antischuppen-; **champú** ~ Schuppenshampoo *nt;* **loción** ~ Antischuppenhaarwasser *nt*

anticatarral [an̪tikata'rral] **I.** *adj* zur Bekämpfung einer Erkältung; **vacuna** ~ Grippeimpfung *f* **II.** *m* (MED) Erkältungsmittel *nt*

anticatástrofe [an̪tika'tastrofe] *adj inv* Katastrophenschutz-

anticelulítico, -a [an̪tiθelu'litiko, -a] *adj:* **crema anticelulítica** Zellulitiscreme *f*

anticelulitis [an̪tiθelu'litis] *adj inv:* **crema** ~ Zellulitiscreme *f*

antichoque [an̪ti'tʃoke] *adj inv* stoßfest

anticíclico, -a [an̪ti'θikliko, -a] *adj* antizyklisch

anticiclón [an̪tiθi'klon] *m* (METEO) Antizyklone *f,* Hoch(druckgebiet) *nt*

anticiclónico, -a [an̪tiθi'kloniko, -a] *adj* (METEO) Hochdruck-; **situación anticiclónica** Hochdrucklage *f*

anticipación [an̪tiθipa'θjon] *f* **1.** (*de un viaje, una fecha*) Vorverlegung *f;* ~ **de la edad de jubilación** Vorruhestand *m* **2.** (*de un suceso*) Vorwegnahme *f* **3.** (*a la acción de otro*) Vorgriff *m* (*de* auf +*akk*) **4.** (*llegada adelantada*) Verfrühung *f;* **con** ~ im Voraus

anticipadamente [an̪tiθipaða'men̪te] *adv* im Voraus; **jubilar** ~ **a alguien** jdn vorzeitig in den Ruhestand versetzen

anticipado, -a [an̪tiθi'paðo, -a] *adj* (*elecciones*) vorgezogen; **por** ~ im Voraus; **pagar por** ~ vorauszahlen, im Voraus (be)zahlen

anticipar [an̪tiθi'par] **I.** *vt* **1.** (*viaje, fecha*) vorverlegen **2.** (*suceso*) vorwegnehmen; **no anticipemos los acontecimientos** lassen wir die Ereignisse auf uns zukommen **3.** (*dinero*) vorstrecken; ~ **una paga sobre el sueldo** einen Vorschuss auf das Gehalt geben **II.** *vr:* ~**se a alguien** jdm zuvorkommen, jdm vorgreifen; **el verano se ha anticipado este año** der Sommer hat früh angefangen; **los invitados se han anticipado** die Gäste haben sich verfrüht

anticipo [an̪ti'θipo] *m* **1.** (*del sueldo*) Vorschuss *m;* ~ **en efectivo** Barvorschuss *m;* ~ **de los gastos** Kostenvorschuss *m;* ~ **sobre el sueldo** Gehaltsvorschuss *m* **2.** (*de un pago*) Anzahlung *f;* ~**s de clientes** Kundenanzahlungen *fpl;* ~**s a proveedores** geleistete Anzahlungen

anticlerical [an̪tikleri'kal] *adj* antiklerikal, kirchenfeindlich

anticlericalismo [an̪tiklerika'lismo] *m sin pl* Antiklerikalismus *m*

anticlímax [an̪ti'klima^{y}s] *m inv* Antiklimax *f*

anticlinal [an̪tikli'nal] **I.** *adj* (GEO) antiklinal, sattelförmig **II.** *m* (GEO) Antiklinale *f,* Sattel *m*

anticoagulante [an̪tikoaɣu'lan̪te] **I.** *adj* (MED) blutgerinnungshemmend **II.** *m* (MED) Antikoagulans *nt*

anticolesterol [an̪tikoleste'rol] *adj* cholesterinarm

anticomercial [an̪tikomer'θjal] *adj* unkaufmännisch

anticompetitivo, -a [an̪tikompeti'tiβo, -a] *adj* (COM) wettbewerbswidrig

anticomunismo [an̪tikomu'nismo] *m sin pl* Antikommunismus *m*

anticomunista [an̪tikomu'nista] **I.** *adj* antikommunistisch **II.** *mf* Antikommunist(in) *m(f)*

anticomunitario, -a [an̪tikomuni'tarjo, -a] *adj* EU-feindlich

anticoncepción [an̪tikon̪θeβ'θjon] *f* Empfängnisverhütung *f*

anticonceptivo[1] [an̪tikon̪θep'tiβo] *m* Empfängnisverhütungsmittel *nt*

anticonceptivo, -a[2] [an̪tikon̪θep'tiβo, -a] *adj* empfängnisverhütend, Empfängnisverhütungs-; **píldora anticonceptiva** Antibabypille *f*

anticongelante [an̪tikoŋxe'lan̪te] **I.** *adj* Frostschutz-; **sustancia** ~ Frostschutzmittel *nt* **II.** *m* Frostschutzmittel *nt*

anticonstitucional [an̪tiko^{n}stituθjo'nal] *adj* verfassungswidrig

anticonstitucionalidad [an̪tiko^{n}stituθjonali'ða^{ð}] *f* Verfassungswidrigkeit *f*

anticontaminante [an̪tikon̪tami'nan̪te] *adj* umweltfreundlich

anticorrosivo[1] [an̪tikorro'siβo] *m* Rostschutzmittel *nt*

anticorrosivo, -a[2] [an̪tikorro'siβo, -a] *adj* Rostschutz-; **pintura anticorrosiva** Rostschutzfarbe *f*

anticresis [an̪ti'kresis] *f inv* (JUR) Antichrese *f*

anticristo [an̪ti'kristo] *m* Antichrist *m*

anticuado, -a [an̪ti'kwaðo, -a] *adj* **1.** (*método, ideas*) veraltet, überholt, antiquiert **2.** (*vestido, estilo, costumbre*) altmodisch, unmodern

anticuario, -a [an̪ti'kwarjo, -a] *m, f* **1.** (*vendedor*) Antiquitätenhändler(in) *m(f)* **2.** (*coleccionista*) Antiquitätensammler(in) *m(f)*

anticuarse [an̪ti'kwarse] *vr* **1.** (*método, ideas*) veralten, überholt werden **2.** (*vestido, estilo, costumbre*) aus der Mode kommen

anticucho [an̪ti'kutʃo] *m* (*Perú*) Fleischspieß *m*

anticuerpo [an̪ti'kwerpo] *m* (MED) Antikörper *m*

antidemócrata [an̪tiðe'mokrata] *mf* Antidemokrat(in) *m(f)*

antidemocrático, -a [an̪tiðemo'kratiko, -a] *adj* antidemokratisch

antideportivo, -a [an̪tiðepor'tiβo, -a] *adj* unsportlich, unfair

antidepresivo [an̪tiðepre'siβo] *m* (MED) An-

tidepressivum *nt*
antiderrapante [aṇtiðerra'paṇte] *adj* schleudersicher
antideslizante [aṇtiðesli'θaṇte] *adj* rutschfest
antideslumbrante [aṇtiðeslum'braṇte] I. *adj* (AUTO) Blendschutz-; **cristal** ~ Blendschutzglas *nt* II. *m* (AUTO) Blendschutz *m*
antidetonante [aṇtiðeto'naṇte] *adj* klopffest
antidiabético¹ [aṇtiðja'βetiko] *m* (MED) Antidiabetikum *nt*
antidiabético, -a² [aṇtiðja'βetiko, -a] *adj* (MED) antidiabetisch
antidiarreico¹ [aṇtiðja'rreḭko] *m* (MED) Antidiarrhoikum *nt*
antidiarreico, -a² [aṇtiðja'rreḭko, -a] *adj* (MED) antidiarrhöisch
antidisturbios [aṇtiðis'turβjos] *adj inv:* **fuerzas** ~ Antiterroreinheiten *fpl*
antidopaje [aṇtiðo'paxe] *adj inv,* **antidoping** [aṇti'ðopiŋ] *adj inv* (DEP) Doping-; **control** ~ Dopingkontrolle *f*
antídoto [aṇ'tiðoto] *m* **1.** (MED) Gegengift *nt*, Antidot(on) *nt* **2.** (*para evitar errores*) Gegenmittel *nt*
antidroga [aṇti'ðroɣa] *adj inv:* **legislación** ~ Drogengesetzgebung *f*
antidumping [anti'ðampiŋ] *adj inv* Antidumping-; **derechos** ~ (ECON) Antidumpingzölle *mpl;* **ley** ~ Antidumpinggesetz *nt*
antiecológico, -a [aṇtjeko'loxiko, -a] *adj* umweltschädlich, unökologisch
antieconómico, -a [aṇtjeko'nomiko, -a] *adj* unwirtschaftlich
antiemético¹ [aṇtje'metiko] *m* (MED) Antemetikum *nt*, Mittel *nt* gegen Erbrechen
antiemético, -a² [aṇtje'metiko, -a] *adj* (MED) antemetisch
antienzima [aṇtjeṇ'θima] *f* (BIOL) Antienzym *nt*
antier [aṇ'tjer] *adv* (*Am: fam*) vorgestern
antiespañol, -a [aṇtjespa'ɲol] *adj* spanienfeindlich
antiespasmódico¹ [aṇtjespas'moðiko] *m* (MED) Antispasmodikum *nt*, krampflösendes Mittel *nt*
antiespasmódico, -a² [aṇtjespas'moðiko, -a] *adj* (MED) antispastisch, krampflösend
antiestático, -a [aṇtjes'tatiko, -a] *adj* (FÍS) antistatisch
antiestatutario, -a [aṇtjestatu'tarjo, -a] *adj* satzungswidrig
antiestético, -a [aṇtjes'tetiko, -a] *adj* unästhetisch
antiestrés [aṇtjes'tres] *adj inv* Antistress-, stressvorbeugend, stressverhindernd
antieuropeísta [aṇtjeu̯rope'ista] I. *adj* EU-feindlich, gegen die EU gerichtet; **actitud** ~ europafeindliche Einstellung II. *mf* EU-Gegner(in) *m(f)*
antieuropeo [aṇtjeu̯ro'peo] *adj* EU-feindlich, gegen die EU gerichtet

antifascismo [aṇtifas'θismo] *m sin pl* Antifaschismus *m*
antifascista [aṇtifas'θista] I. *adj* antifaschistisch II. *mf* Antifaschist(in) *m(f)*
antifatiga [aṇtifa'tiɣa] *adj inv* gegen Müdigkeit vorbeugend [*o* wirkend]
antifaz [aṇti'faθ] *m* Augenmaske *f*
antifeminismo [aṇtifemi'nismo] *m sin pl* Antifeminismus *m*
antifeminista [aṇtifemi'nista] I. *adj* antifeministisch II. *mf* Antifeminist(in) *m(f)*
antífona [aṇ'tifona] *f* (REL, MÚS) Antiphon(e) *f*
antifonario¹ [aṇtifo'narjo] *m* (REL, MÚS) Antiphonar *nt*
antifonario, -a² [aṇtifo'narjo, -a] *adj* (REL, MÚS): **libro** ~ Antiphonar *nt*
antifranquismo [aṇtifraŋ'kismo] *m sin pl* *Widerstandsbewegung gegen Franco*
antifranquista [aṇtifraŋ'kista] *adj* gegen Franco gerichtet
antifraude [aṇti'frau̯ðe] *adj inv* Betrugsbekämpfungs-
antifricción [aṇtifriᵞ'θjon] *adj inv* reibungsarm, reibungsmindernd
antifris [aṇti'fris] *m inv* (*Am*) Frostschutzmittel *nt*
antigás [aṇti'ɣas] *adj inv:* **máscara** [*o* **careta**] ~ Gasmaske *f*
antígeno [aṇ'tixeno] *m* (BIOL) Antigen *nt*
antigolpes [aṇti'ɣolpes] *adj inv* stoßfest
antigolpista [aṇtiɣol'pista] *adj* putschfeindlich
antigramatical [aṇtiɣramati'kal] *adj* ungrammatisch
antigranizo [aṇtiɣra'niθo] *adj inv* Hagelschutz-
antigripal [aṇtiɣri'pal] *adj:* **remedio** ~ Grippemittel *nt*
antigualla [aṇti'ɣwaʎa] *f* (*pey*) **1.** (*objeto*) alter Plunder *m*, Kram *m* **2.** (*costumbre, estilo*) alter Zopf *m*
antiguamente [aṇtiɣwa'meṇte] *adv* früher, einst *elev*
antigubernamental [aṇtiɣuβernameṇ'tal] *adj* regierungsfeindlich
antigüedad [aṇtiɣwe'ðaᵈ] *f* **1.** (*edad antigua*) Altertum *nt;* **la** ~ **clásica** das klassische Altertum, die Antike **2.** *pl* (*objetos*) Altertümer *pl;* **tienda de ~es** Antiquitätengeschäft *nt* **3.** (*edad*) Alter *nt;* **esta casa tiene una ~ de 100 años** dieses Haus ist 100 Jahre alt **4.** (*en una empresa*) Betriebszugehörigkeit *f*, Dienstalter *nt;* **tengo 5 años de ~ (en el trabajo)** mein Dienstalter beträgt 5 Jahre
antiguerrilla¹ [aṇtiɣe'rriʎa] *adj inv* Antiguerrilla-, gegen die Guerilla
antiguerrilla² [aṇtiɣe'rriʎa] *f* Antiguerilla *f*, Guerilla-Abwehr *f*
antiguo, -a [aṇ'tiɣwo, -a] *adj* <antiquísimo> **1.** (*que tiene muchos años*) alt; **una relación antigua** eine langjährige Beziehung **2.** (*anticuado*) überholt, antiquiert; (*muy anticuado*) altertümlich, archaisch; **ideas anti-**

guas überholte Vorstellungen; **un edificio** ~ ein altertümliches Bauwerk; **a la antigua** nach alter Art; **está chapado a la antigua** er ist altmodisch **3.** (*de la antigüedad*) antik; **la mitología antigua** die antike Mythologie **4.** (*anterior*) ehemalig; **su novio** ~ ihr ehemaliger Verlobter **5.** (*que lleva mucho tiempo en un cargo*): **es el más** ~ **en esta empresa** er ist der Dienstälteste in dieser Firma

antiguos [aṇ'tiɣwos] *mpl:* **los** ~ die Alten *pl*

antihéroe [aṇti'eroe] *m* Antiheld *m*

antihigiénico, **-a** [aṇti(i)'xjeniko, -a] *adj* unhygienisch

antihistamínico [aṇti(i)sta'miniko] *m* (MED) Antihistaminikum *nt*

antiimperialismo [aṇti(i)mperja'lismo] *m* (POL) Antiimperialismus *m*

antiimperialista [aṇti(i)mperja'lista] **I.** *adj* antiimperialistisch **II.** *mf* Antiimperialist(in) *m(f)*

antiincendios [aṇti(i)ṇ'θeṇdjos] *adj inv* feuerfest

antiinflacionario, **-a** [aṇti(i)ɱflaθjo'narjo, -a] *adj* (ECON) antiinflationär; **política antiinflacionaria** Antiinflationspolitik *f*

antiinflacionista [aṇti(i)ɱflaθjo'nista] *adj* antiinflationistisch, antiinflationär; **lucha** ~ Inflationsbekämpfung *f*

antiinflamable [aṇti(i)ɱfla'maβle] *adj* nicht entflammbar

antiinflamatorio[1] [aṇti(i)ɱflama'torjo] *m* entzündungshemmendes Mittel *nt*

antiinflamatorio, **-a**[2] [aṇti(i)ɱflama'torjo, -a] *adj* entzündungshemmend

antiinsectos [aṇti(i)n'sektos] *adj inv* Insekten-; **espray** ~ Insektenspray *nt*

antillano, **-a** [aṇti'ʎano, -a] **I.** *adj* Antillen-, der Antillen; **la fauna antillana** die Fauna der Antillen **II.** *m, f* Antillenbewohner(in) *m(f)*

antilogaritmo [aṇtiloɣa'riᵈmo] *m* (MAT) Antilogarithmus *m*, Numerus *m*

antilogía [aṇtilo'xia] *f* Widerspruch *m*

antílope [aṇ'tilope] *m* (ZOOL) Antilope *f*

antiloquesea [aṇtiloke'sea] *adj inv* gegen alles

antimafia [aṇti'mafja] *adj inv* gegen die Mafia gerichtet

antimagnético, **-a** [aṇtimaɣ'netiko, -a] *adj* (FÍS) amagnetisch

antimanchas [aṇti'mantʃas] *adj inv* Schmutz abweisend

antimateria [aṇtima'terja] *f* (FÍS) Antimaterie *f*

antimicrobiano, **-a** [aṇtimikro'βjano, -a] *adj* (MED, BIOL) antimikrobiell

antimili [aṇti'mili] **I.** *adj inv* Antiwehrdienst-, Wehrdienstgegner-, (Kriegsdienst)verweigerer- **II.** *mf* Wehrdienstgegner(in) *m(f)*, Kriegsdienstverweigerer, -in *m, f*

antimilitar [aṇtimili'tar] *adj* antimilitaristisch

antimilitarismo [aṇtimilita'rismo] *m sin pl* Antimilitarismus *m*

antimilitarista [aṇtimilita'rista] **I.** *adj* antimilitaristisch **II.** *mf* Antimilitarist(in) *m(f)*

antimisil [aṇtimi'sil] *adj inv* (MIL) Antiraketen-; **cohete** ~ Antiraketenrakete *f*

antimonárquico, **-a** [aṇtimo'narkiko, -a] **I.** *adj* antimonarchisch **II.** *m, f* Monarchiegegner(in) *m(f)*

antimonio [aṇti'monjo] *m* (QUÍM) Antimon *nt*

antimonopolio, **-a** [aṇtimono'poljo, -a] *adj* monopolfeindlich

antimonopolista [aṇtimonopo'lista] *adj* (ECON) monopolfeindlich, Antimonopol-

antimosquitos [aṇtimos'kitos] *adj inv:* **crema** ~ Salbe gegen Moskitos

antinarco [aṇti'narko] *adj* Rauschgiftbekämpfungs-; **órgano** ~ Rauschgiftdezernat *nt*

antinatalista [aṇtinata'lista] *adj* geburtenschwach

antinatural [aṇtinatu'ral] *adj* unnatürlich, widernatürlich

antineurálgico, **-a** [aṇtineu̯'ralxiko, -a] *adj* (MED) antineuralgisch

antiniebla [aṇti'njeβla] *adj inv:* **faro** ~ Nebelscheinwerfer *m*

antinomia [aṇti'nomja] *f* (FILOS, JUR) Widerspruch *m*, Antinomie *f*

antinuclear [aṇtinukle'ar] *adj* Anti-Atom(kraft)-; **manifestación** ~ Anti-Atomkraft-Demonstration *f*

antioxidante [aṇtjoˠsi'ðaṇte] **I.** *adj* (QUÍM) die Oxidation verhindernd **II.** *m* (QUÍM) Antioxidationsmittel *nt*

antipalúdico, **-a** [aṇtipa'luðiko, -a] *adj* zur Bekämpfung der Malaria

antipapa [aṇti'papa] *m* Gegenpapst *m*

antipara [aṇti'para] *f* (*biombo*) Wandschirm *m*

antiparasitario, **-a** [aṇtiparasi'tarjo, -a] *adj*, **antiparásito**, **-a** [aṇtipa'rasito, -a] *adj* **1.** (RADIO): **dispositivo** ~ Entstörer *m* **2.** (*para bichos*): **lucha antiparasitaria** Schädlingsbekämpfung *f*

antiparlamentario, **-a** [aṇtiparlameṇ'tarjo, -a] *adj* antiparlamentarisch

antiparras [aṇti'parras] *fpl* (*fam*) Brille *f*

antipartícula [aṇtipar'tikula] *f* (FÍS) Antiteilchen *nt*

antipatía [aṇtipa'tia] *f* Antipathie *f* (*a/contra/hacia* gegen *+akk*), Abneigung *f* (*a/contra/hacia* gegen *+akk*)

antipático, **-a** [aṇti'patiko, -a] *adj* unsympathisch

antipatriótico, **-a** [aṇtipa'trjotiko, -a] *adj* unpatriotisch

antipatriotismo [aṇtipatrjo'tismo] *m sin pl* Antipatriotismus *m*

antipedagógico, **-a** [aṇtipeða'ɣoxiko, -a] *adj* unpädagogisch

antipirético [aṇtipi'retiko] *m* (MED), **antipirina** [aṇtipi'rina] *f* (*Am:* MED) fiebersenkendes Mittel *nt*, Antipyretikum *nt*

antípodas [aṇ'tipoðas] *mpl* (GEO) Antipoden

mpl

antipoético, -a [an̪tipo'etiko, -a] *adj* (LIT) poetische Regeln missachtend [*o* verletzend]; **escribes con un estilo** ~ du schreibst in einem Stil, der gegen die Regeln der Poetik verstößt

antipolilla(s) [an̪tipo'liʎa(s)] *adj inv* mottenfest; **bolas ~s** Mottenkugeln *fpl*

antipolio [an̪ti'poljo] *f* Polio-Schutzimpfung *f*, Schutzimpfung *f* gegen Kinderlähmung

antipopular [an̪tipopu'lar] *adj* volksfeindlich

antiprogresista [an̪tiproɣre'sista] **I.** *adj* fortschrittsfeindlich; (*reaccionario*) reaktionär; (*atrasado*) rückständig; **con tus ideas ~s no vamos a llegar muy lejos** mit deinen reaktionären Vorstellungen kommen wir nicht sehr weit **II.** *mf* Fortschrittsfeind(in) *m(f)*; (*reaccionario*) Reaktionär(in) *m(f)*

antiproteccionista [an̪tiproteᵞθjo'nista] *mf* Protektionismusgegner(in) *m(f)*

antirrábico, -a [an̪ti'rraβiko, -a] *adj*: **vacuna antirrábica** Tollwutimpfstoff *m*

antirracionalismo [an̪tirraθjona'lismo] *m* (FILOS, PSICO) Antirationalismus *m*

antirracista [an̪tirra'θista] *mf* Antirassist(in) *m(f)*

antirradar [an̪tirra'ðar] **I.** *adj inv* (TÉC) Radarschutz-; **aparatos** ~ Radarschutzeinrichtungen *fpl* **II.** *m* (TÉC) Radarschutzeinrichtung *f*, Radarschutzgerät *nt*

antirrechazo, -a [an̪tirre'ʧaθo, -a] *adj* (MED) immunsuppressiv

antirreculamiento [an̪tirrekula'mjen̪to] *m* Rückfahrsperre *f*

antirreflejo [an̪tirre'flexo] *adj inv* reflexmindernd; **unas gafas con cristales** ~ eine Brille mit entspiegelten Gläsern

antirreglamentario, -a [an̪tirreɣlamen̪'tarjo, -a] *adj* regelwidrig; **entrada antirreglamentaria** (DEP) Foul *nt*

antirreligioso, -a [an̪tirreli'xjoso, -a] *adj* religionsfeindlich

antirrepublicano, -a [an̪tirrepuβli'kano, -a] **I.** *adj* (POL) republikfeindlich; **la causa antirrepublicana** die Sache der Republikgegner **II.** *m, f* (POL) Republikgegner(in) *m(f)*; **los ~s consiguieron restaurar la monarquía** es gelang den Gegnern der Republik, die Monarchie wiederherzustellen

antirresbaladizo, -a [an̪tirresβala'ðiθo, -a] *adj* rutschfest, rutschsicher

antirreumático¹ [an̪tirreu̯'matiko] *m* (MED) Antirheumatikum *nt*

antirreumático, -a² [an̪tirreu̯'matiko, -a] *adj* antirheumatisch; **baño** ~ Rheumabad *nt*; **ropa interior antirreumática** Rheumaunterwäsche *f*

antirrevolucionario, -a [an̪tirreβoluθjo'narjo, -a] **I.** *adj* (POL) konterrevolutionär **II.** *m, f* (POL) Konterrevolutionär(in) *m(f)*

antirrobo [an̪ti'rroβo] *m* Diebstahlschutz *m*

antirruido [an̪ti'rrwiðo] *adj inv* Lärmschutz-; **pantalla** ~ Lärmschutzwand *f*

antisemita [an̪tise'mita] **I.** *adj* antisemitisch **II.** *mf* Antisemit(in) *m(f)*

antisemítico, -a [an̪tise'mitiko, -a] *adj* antisemitisch

antisemitismo [an̪tisemi'tismo] *m sin pl* Antisemitismus *m*

antisepsia [an̪ti'seβsja] *f* (MED) Antisepsis *f*

antiséptico¹ [an̪ti'septiko] *m* (MED) Antiseptikum *nt*, keimtötendes Mittel *nt*

antiséptico, -a² [an̪ti'septiko, -a] *adj* (MED) antiseptisch, keimtötend

antisida [an̪ti'siða] *adj inv*: **investigación** ~ Aidsforschung *f*

antisindicalista [an̪tisin̪dika'lista] *adj* gewerkschaftsfeindlich

antisísmico, -a [an̪ti'sismiko, -a] *adj* erdbebenfest, erdbebensicher

antisocial [an̪tiso'θjal] *adj* unsozial, asozial

antisolar [an̪tiso'lar] *adj* Sonnenschutz-

antisubmarino, -a [an̪tisuᵝma'rino, -a/an̪tisuᵐma'rino, -a] *adj* U-Boot-Abwehr-; **lucha antisubmarina** U-Boot-Abwehr *f*

antisudoral [an̪tisuðo'ral] *adj o m v.* **antitra(n)spirante**

antisuero [an̪ti'swero] *m* (MED) Antiserum *nt*

antitabaco [an̪tita'βako] *adj inv*: **campaña** ~ Antiraucherkampagne *f*

antitabaquista [an̪titaβa'kista] *mf* militanter Nichtraucher *m*, militante Nichtraucherin *f*

antitanque [an̪ti'taŋke] *adj inv* (MIL) Panzerabwehr-; **cañon** ~ Panzerabwehrkanone *f*

antitérmico¹ [an̪ti'termiko] *m* (MED) fiebersenkendes Mittel *nt*, Antipyretikum *nt*

antitérmico, -a² [an̪ti'termiko, -a] *adj* (MED) fiebersenkend, antipyretisch

antiterrorista [an̪titerro'rista] *adj* Antiterror-; **lucha** ~ Kampf gegen den Terrorismus

antítesis [an̪'titesis] *f inv* **1.** (LIT, FILOS) Antithese *f* **2.** (*contrario*) Gegenteil *nt*; **ser la ~ de alguien** das (genaue) Gegenteil von jdm sein

antitetánico, -a [an̪tite'taniko, -a] *adj* (MED): **suero** ~ Tetanusserum *nt*; **vacunación antitetánica** Tetanusschutzimpfung *f*

antitético, -a [an̪ti'tetiko, -a] *adj* gegensätzlich, antithetisch

antitoxina [an̪titoᵞ'sina] *f* (MED) Antitoxin *nt*, körpereigenes Gegengift *nt*

antitra(n)spirante [an̪titra⁽ⁿ⁾spi'ran̪te] **I.** *adj* schweißhemmend **II.** *m* schweißhemmendes Mittel *nt*

antitumoral [an̪titumo'ral] **I.** *adj* (MED) tumorhemmend, zytostatisch **II.** *m* (MED) Zytostatikum *nt*, tumorhemmendes Mittel *nt*

antivenéreo, -a [an̪tiβe'nereo, -a] *adj* gegen Geschlechtskrankheiten

antivirus [an̪ti'βirus] *m inv* Antivirus *nt*

antiyanqui [an̪ti'ɟaŋki] <antiyanquis> *adj* yankeefeindlich

antojadizo, -a [an̪toxa'ðiθo, -a] *adj* launenhaft

antojarse [an̪to'xarse] *vimpers* **1.** (*encapricharse*): **se le antojó comprarse un coche nuevo** er/sie wollte unbedingt ein neues Auto (kaufen); **se me antojó un helado** ich bekam Lust auf ein Eis; **hace siempre lo que se le antoja** er/sie macht immer, wozu [*o* worauf] er/sie Lust hat **2.** (*tener la sensación*): **se me antoja que no va a venir** ich habe das Gefühl, dass er/sie nicht kommen wird; **se me antoja que va a nevar** ich glaube, es wird bald schneien

antojitos [an̪to'xitos] *mpl* (*Méx:* GASTR) kleine Häppchen *ntpl*

antojo [an̪'toxo] *m* **1.** (*capricho*) Laune *f;* **a mi** ~ wie es mir gefällt **2.** (*de una embarazada*) Gelüst(e) *nt;* **tener ~s** (*tener ganas*) Gelüste haben; (*Arg, Par, Urug: estar embarazada*) schwanger sein **3.** (*mancha en la piel*) Muttermal *nt* **4.** (*Méx: apetito*) Appetit *m*

antología [an̪tolo'xia] *f* Anthologie *f;* **de** ~ hervorragend

antológico, **-a** [an̪to'loxiko, -a] *adj* **1.** (*relativo a la antología*) anthologisch **2.** (*extraordinario*) hervorragend

antonimia [an̪to'nimja] *f* (LING) Antonymie *f*

antónimo [an̪'tonimo] *m* (LING) Antonym *nt*

antonomasia [an̪tono'masja] *f:* **por** ~ schlechthin

antorcha [an̪'tortʃa] *f* Fackel *f*

antracita [an̪tra'θita] *f* Anthrazit *m*

ántrax ['an̪traˠs] *m inv* (MED) Anthrax *m,* Milzbrand *m*

antro ['an̪tro] *m* **1.** (*caverna*) Höhle *f* **2.** (*pey: local, habitación*) Spelunke *f;* **un** ~ **de corrupción** eine Lasterhöhle

antropobiología [an̪tropoβjolo'xia] *f* (BIOL) Anthropobiologie *f*

antropocéntrico, **-a** [an̪tropo'θen̪triko, -a] *adj* anthropozentrisch

antropocentrismo [an̪tropo'θen̪trismo] *m* (FILOS) Anthropozentrismus *m*

antropofagia [an̪tropo'faxja] *f sin pl* Kannibalismus *m*

antropófago, **-a** [an̪tro'pofaɣo, -a] *m, f* Kannibale, -in *m, f,* Anthropophage, -in *m, f*

antropofobia [an̪tropo'foβja] *f* Anthropophobie *f*

antropografía [an̪tropoɣra'fia] *f* Anthropographie *f*

antropoide [an̪tro'poi̯ðe] *m* (ZOOL) Anthropoid(e) *m*

antropología [an̪tropolo'xia] *f* Anthropologie *f*

antropológico, **-a** [an̪tropo'loxiko, -a] *adj* anthropologisch

antropólogo, **-a** [an̪tro'poloɣo, -a] *m, f* Anthropologe, -in *m, f*

antropomórfico, **-a** [an̪tropo'morfiko, -a] *adj* anthropomorphisch

antropomorfismo [an̪tropomor'fismo] *m* Anthropomorphismus *m*

antropomorfo, **-a** [an̪tropo'morfo] *adj* anthropomorph

antroponimia [an̪tropo'nimja] *f* Namenkunde *f*

antropónimo [an̪tro'ponimo] *m* Personenname *m*

anual [anu'al] *adj* **1.** (*que dura un año*) Jahres-; **abono** ~ Jahresabonnement *nt* **2.** (*que sucede cada año*) jährlich, Jahres-; **informe** ~ Jahresbericht *m* **3.** (*planta*) einjährig

anualidad [anwali'ðaᵈ] *f* Jahresrate *f;* ~ **de(l) seguro** Versicherungsjahr *nt;* ~ **vitalicia** lebenslängliche Annuität

anualmente [anwal'men̪te] *adv* jährlich

anuario [anu'arjo] *m* Jahrbuch *nt*

anubarrado, **-a** [anuβa'rraðo, -a] *adj* bewölkt

anublar [anu'βlar] **I.** *vt* **1.** (*ocultar*) verdecken; **las nubes anublan el sol** die Wolken verdecken die Sonne **2.** (*empañar*) trüben; ~ **la alegría** die Freude trüben **II.** *vr:* **~se 1.** (*el cielo*) sich bewölken, sich bedecken **2.** (*planta*) welken

anudar [anu'ðar] **I.** *vt* **1.** (*hacer un nudo*) (ver)knoten **2.** (*juntar*) verknüpfen (*a* mit +*dat*), anknüpfen (*a* an +*akk*) **II.** *vr:* **~se** sich verknoten; **se le anudó la voz** ihm/ihr versagte die Stimme

anuencia [a'nwen̪θja] *f* Zustimmung *f,* Einwilligung *f*

anuente [a'nwen̪te] *adj* zustimmend, einwilligend

anulable [anu'laβle] *adj* (ECON, JUR) aufhebbar

anulación [anula'θjon] *f* **1.** (*de una ley*) Aufhebung *f* **2.** (*de una sentencia, matrimonio*) Auflösung *f,* Annullierung *f* **3.** (*de un contrato*) Auflösung *f,* Stornierung *f;* (*de un pedido*) Stornierung *f* **4.** (*de una decisión, de un permiso, de un cheque*) Widerruf *m* **5.** (*de una subscripción*) Abbestellung *f,* Kündigung *f*

anular [anu'lar] **I.** *vt* **1.** (*ley*) aufheben, außer Kraft setzen **2.** (*sentencia, matrimonio*) auflösen, für ungültig erklären, annullieren **3.** (*contrato*) auflösen; (*pedido*) stornieren; (*partida contable*) ausbuchen, vollständig abschreiben; (*crédito*) streichen **4.** (*decisión, permiso*) widerrufen, rückgängig machen **5.** (*cita*) absagen **6.** (*tren, autobús*) streichen, ausfallen lassen **7.** (*subscripción*) kündigen, abbestellen **8.** (DEP: *gol*) nicht anerkennen **9.** (*persona*) unterjochen **II.** *vr:* **~se** sich erniedrigen **III.** *adj* **1.** (*relativo al anillo*) Ring-; **dedo** ~ Ringfinger *m* **2.** (*de forma de anillo*) ringförmig

anulativo, **-a** [anula'tiβo, -a] *adj* aufhebend

anunciación [anun̪θja'θjon] *f* Verkündigung *f;* **la A~ de María** die Verkündigung Marias

anunciador(a) [anun̪θja'ðor(a)] *adj* ankündigend

anunciante [anun̪'θjan̪te] *mf* Inserent(in) *m(f)*

anunciar [anun̪'θjar] **I.** *vt* **1.** (*dar noticia de algo*) bekannt geben, verkünden; (*de antemano*) ankündigen; (*por teléfono, radio*) durchsagen; **acaban de ~ la llegada del vuelo** die Ankunft des Fluges ist soeben gemeldet worden **2.** (*dar publicidad en la pantalla*) werben (für +*akk*); (*en el periódico*) inserieren, annoncieren **3.** (*concurso, oposiciones*) ausschreiben **4.** (*un visitante*) melden, ankündigen **5.** (*presagiar*) vorhersagen **II.** *vr:* **~se 1.** (*hacerse publicidad*) werben, Reklame machen **2.** (*el verano*) sich ankündigen

anuncio [a'nuṇθjo] *m* **1.** (*de una noticia*) Bekanntgabe *f*, Verkündigung *f;* (*de antemano*) Ankündigung *f* **2.** (*en la TV o en el cine*) (Werbe)spot *m* **3.** (*en un periódico*) Anzeige *f*, Inserat *nt*, Annonce *f;* **~ por palabras** Kleinanzeigen *fpl;* **~ publicitario** Werbeanzeige *f*

anuria [a'nurja] *f* (MED) Anurie *f*, Harnverhaltung *f*

anuro¹ [a'nuro] *m* (ZOOL) Froschlurch *m*

anuro, -a² [a'nuro, -a] *adj* (ZOOL) schwanzlos

anverso [am'berso] *m* **1.** (*de una moneda*) Vorderseite *f*, Bildseite *f* **2.** (*de una hoja*) Vorderseite *f*

anzuelo [aṇ'θwelo] *m* **1.** (*para pescar*) Angelhaken *m;* **echar el ~** den Köder auswerfen; **morder el ~** anbeißen **2.** (*fam: aliciente*) Köder *m;* **caer** [*o* **picar**] **en el ~, tragar** [*o* **morder**] **el ~** anbeißen, in die Falle gehen; **echar el ~ a alguien** jdn ködern

añada [a'ɲaða] *f* **1.** (*tiempo de un año*) (Ernte)jahr *nt;* **una ~ de lluvias** ein regnerisches Jahr **2.** (*cosecha*) Jahresernte *f*

añadido [aɲa'ðiðo] *m* **1.** (*cosa añadida*) Zusatz *m* **2.** (*postizo*) Haarteil *nt*

añadidura [aɲaði'ðura] *f* Zusatz *m* (*a* zu +*dat*); (*en una compra*) Zugabe *f* (*a* zu +*dat*); **por ~** außerdem

añadir [aɲa'ðir] *vt* **1.** (*agregar*) hinzufügen (*a* +*dat*); **a esto hay que ~ que...** hinzu kommt, dass ... **2.** (*alargar*) verlängern; **~ dos centímetros a las mangas** die Ärmel um zwei Zentimeter verlängern

añagaza [aɲa'ɣaθa] *f* **1.** (*para aves*) Lockvogel *m* **2.** (*ardid*) List *f*, Kniff *m*

añal [a'ɲal] **I.** *adj* **1.** (*anual*) jährlich **2.** (*cordero, becerro, carnero*) einjährig **II.** *m* **1.** (*cordero, becerro, carnero*) Jährling *m* **2.** (*ofrenda*) Jahrestagsopfer *nt* für einen Toten

añares [a'ɲares] *mpl* (*Arg*) lange Zeit *f*, viele Jahre *ntpl*

añejar [aɲe'xar] **I.** *vt* ausreifen lassen **II.** *vr:* **~se** altern

añejo, -a [a'ɲexo, -a] *adj* **1.** (*vino*) gealtert **2.** (*noticia, vicio*) alt

añicos [a'ɲikos] *mpl* Scherben *fpl*, Splitter *mpl;* **hacer algo ~** etw zertrümmern [*o* zerschlagen]; **estoy hecho ~** (*fam*) ich bin fix und fertig

añil [a'ɲil] *m* **1.** (BOT) Indigopflanze *f* **2.** (*color*) Indigoblau *nt*

año ['aɲo] *m* Jahr *nt;* **~ bisiesto** Schaltjahr *nt;* **~ civil** Kalenderjahr *nt;* **~ económico** Wirtschaftsjahr *nt;* **~ escolar** Schuljahr *nt;* **~ luz** Lichtjahr *nt;* **~ natural** Kalenderjahr *nt;* **~ nuevo** Neujahr *nt;* **~ presupuestario** (ECON, FIN) Haushaltsjahr *nt;* **~ de publicación** Erscheinungsjahr *nt;* **~ de servicio** Dienstjahr *nt;* **la víspera de ~ nuevo** der Silvesterabend; **los ~s 60** die sechziger Jahre, die Sechziger; **por los ~s 60** in den 60er-Jahren; **en el ~ 1960** (im Jahre) 1960; **el ~ pasado/próximo** [*o* **entrante**] letztes/nächstes Jahr; **el ~ de la pera** [*o* **de la nana**] anno dazumal; **cumplir ~s** Geburtstag haben; **cumplir 60 ~s** 60 Jahre alt werden; **¿cuántos ~s tienes? – 60** wie alt bist du? – ich bin 60 (Jahre alt); **Juan le saca cinco ~s a Pepe** Juan ist fünf Jahre älter als Pepe; **un hombre entrado en ~s** ein älterer [*o* bejahrter] Mann; **a mis ~s** in meinem Alter; **necesitar ~s** ewig brauchen; **los ~s no pasan en balde** die Zeit geht nicht spurlos vorbei; **los ~s corren que vuelan** die Jahre fliegen nur so dahin; **por él no pasan los ~s** er sieht für sein Alter jung aus; **quitarse ~s** sich jünger machen; **el ~ verde** (*Arg*) niemals; **estar de buen ~** (*saludable*) gut aussehen; (*gordo*) dick sein

añojo [a'ɲoxo] *m* **1.** (*de una oveja*) einjähriges Lamm *nt* **2.** (*de una vaca*) einjähriges Kalb *nt*

añoranza [aɲo'raṇθa] *f* Sehnsucht *f;* (*morriña*) Heimweh *nt*

añorar [aɲo'rar] *vt* sich sehnen (nach +*dat*); (*tener morriña*) Heimweh haben (*de* nach +*dat*); **~ los viejos tiempos** den alten Zeiten nachtrauern

añoso, -a [a'ɲoso, -a] *adj* sehr alt

AOD [ao'ðe] *f* (ECON) *abr de* **Ayuda Oficial al Desarrollo** Offizielle Entwicklungshilfe *f*

aojada [ao'xaða] *f* (*Col: tragaluz grande*) Dachfenster *nt;* (*pequeña*) Fensterluke *f*

aojar [ao'xar] *vt* **1.** (*echar mal de ojo*) mit einem bösen Blick verhexen **2.** (*una cosa*) verderben

aojo [a'oxo] *m* böser Blick *m*

aorta [a'orta] *f* (ANAT) Aorta *f*, Hauptschlagader *f*

aortitis [aor'titis] *f inv* (MED) Aortitis *f*

aovado, -a [ao'βaðo, -a] *adj* oval

aovar [ao'βar] *vi* Eier legen

aovillarse [aoβi'ʎarse] *vr* sich zusammenkauern

AP [a'pe] *f abr de* **Alianza Popular** *rechte Partei Spaniens zur Zeit des Übergangs zur Demokratie nach Franco*

APA¹ ['apa] *f abr de* **Asociación de Padres de Alumnos** Elternbeirat *m*

APA² ['apa] *f* (AERO) *abr de* **Aerovías Panamá** *panamaische Fluggesellschaft*

apabullante [apaβu'ʎaṇte] *adj* überwältigend

apabullar [apaβu'ʎar] *vt* **1.** (*achicar*) einschüchtern; (*confundir*) verwirren, verstören; (*abatir*) am Boden zerstören; **me quedé apabullado cuando oí la noticia** ich war einfach platt, als ich die Nachricht hörte **2.** (*ano-*

nadar, humillar) demütigen

apacentar [apaθen̪'tar] <e→ie> **I.** *vt* **1.** (*ganado*) auf die [*o* zur] Weide treiben **2.** (*pasiones, deseos*) schüren **II.** *vr:* **~se** weiden

apachar [apa'tʃar] *vt* (*Perú: robar*) rauben

apache [a'patʃe] **I.** *adj* Apachen- **II.** *mf* **1.** (*indio*) Apache, -in *m, f* **2.** (*bandido*) Großstadtganove, -in *m, f*

apacheta [apa'tʃeta] *f* (*Arg, Bol, Chil, Perú*) **1.** (*adoratorio incásico*) Kapelle *f* der Inkas **2.** (*amontonamiento*) Anhäufung *f;* ~ **de gente** Menschenauflauf *m* **3.** (*montón de dinero*) Haufen *m* Geld; **hacer la** ~ sich bereichern

apacibilidad [apaθiβili'ðaᵈ] *f sin pl* **1.** (*lugar*) Friedlichkeit *f* **2.** (*personas*) ruhige [*o* gelassene] Art *f* **3.** (*tiempo*) Milde *f*

apacible [apa'θiβle] *adj* **1.** (*persona*) sanftmütig, nett **2.** (*temperamento*) ruhig, sanft **3.** (*tiempo, viento*) mild

apaciguador(a) [apaθiɣwa'ðor(a)] *adj* beschwichtigend, besänftigend

apaciguamiento [apaθiɣwa'mjen̪to] *m* **1.** (*aplacamiento*) Beschwichtigung *f,* Besänftigung *f;* (*del dolor*) Milderung *f* **2.** (*calma*) Beruhigung *f*

apaciguar [apaθi'ɣwar] <gu→gü> **I.** *vt* **1.** (*aplacar*) besänftigen, beschwichtigen **2.** (*calmar*) beruhigen; (*dolor*) mildern **II.** *vr:* **~se** sich beruhigen

apadrinar [apaðri'nar] *vt* **1.** (*a alguien en un bautizo*) Pate stehen +*dat* (bei +*dat*) **2.** (*a alguien en una boda*) Trauzeuge sein (bei +*dat*) **3.** (*proteger*) protegieren **4.** (*patrocinar*) die Schirmherrschaft übernehmen (über +*akk*)

apagado, **-a** [apa'ɣaðo, -a] *adj* **1.** (*volcán*) erloschen **2.** (*sonido*) gedämpft **3.** (*persona*) niedergeschlagen, mutlos **4.** (*color*) trüb

apagador [apaɣa'ðor] *m* **1.** (*apagavelas*) Löschhütchen *nt* **2.** (MÚS) Dämpfer *m*

apagamiento [apaɣa'mjen̪to] *m* **1.** (*falta de luz*) (Aus)löschen *nt* **2.** (*fig: persona*) Mutlosigkeit *f,* Gedrücktheit *f;* **me alarmó el** ~ **de sus ojos** mich beunruhigte die Glanzlosigkeit seiner Augen [*o* der matte Blick seiner Augen]

apagar [apa'ɣar] <g→gu> **I.** *vt* **1.** (*luz, cigarrillo*) ausmachen, auslöschen **2.** (*fuego, cal*) löschen; ~ **el fuego con una manta** das Feuer mit einer Decke ersticken **3.** (*sed, hambre*) stillen **4.** (*protesta, disturbio*) ersticken **5.** (*televisor, radio*) ausmachen, ausschalten **6.** (*vela*) ausblasen **7.** (*color, bríos*) dämpfen **8.** (*loc*): **¡apaga y vámonos!** jetz reicht's aber!; **hoy está apagado** heute ist er nicht in Form **II.** *vr:* **~se** **1.** (*fuego, pipa, luz*) ausgehen **2.** (*sonido*) abklingen **3.** (*color*) verblassen

apagavelas [apaɣa'βelas] *m inv* Löschhütchen *nt*

apagón [apa'ɣon] *m* Stromausfall *m*

apaisado, **-a** [apai̯'saðo, -a] *adj* im Querformat

apalabrar [apala'βrar] *vt* absprechen, verabreden

apalancado, **-a** [apalaŋ'kaðo, -a] *adj* etabliert

apalancamiento [apalaŋka'mjen̪to] *m* Heben *nt* mit einer Brechstange; (ECON: *en una empresa*) Verhältnis *nt* von Eigenkapital zu Fremdkapital

apalancar [apalaŋ'kar] <c→qu> **I.** *vt* mit einer Brechstange hochheben **II.** *vr:* **~se** (*fam*) herumlungern

apaleada [apale'aða] *f* (*Arg, Méx*), **apaleamiento** [apalea'mjen̪to] *m* **1.** (*zurra*) Prügel *mpl* **2.** (*de una alfombra*) Ausklopfen *nt*

apalear [apale'ar] *vt* **1.** (*grano con la pala*) worfeln **2.** (*dinero*) scheffeln **3.** (*a alguien*) (ver)prügeln, schlagen **4.** (*una alfombra*) ausklopfen **5.** (*un árbol*) schlagen (gegen +*akk*); ~ **un manzano** Äpfel vom Baum abschlagen

apalizar [apali'θar] <z→c> *vt* verprügeln; **el equipo fue apalizado** (*fig*) die Mannschaft erlitt eine vernichtende Niederlage

apancle [a'paŋkle] *m* (*Méx*) Bewässerungsgraben *m*

apandillarse [apan̪di'ʎarse] *vr* eine Clique bilden

apandorgarse [apan̪dor'ɣarse] *vr* (*Perú*) **1.** (*emperezarse*) träge [*o* faul] werden **2.** (*repantingarse*) sich rekeln [*o* räkeln] **3.** (*vaguear*) faulenzen

apantallado, **-a** [apan̪ta'ʎaðo, -a] *adj* (*Méx*) dumm, blöd, töricht

apantallar [apan̪ta'ʎar] *vt* (ELEC) abschirmen

apantanar [apan̪ta'nar] **I.** *vt* in einen Sumpf verwandeln **II.** *vr:* **~se** versumpfen, zu einem Sumpf werden; **llovió tanto que se ~on los sembrados** es regnete derart, dass die frisch eingesäten Felder versumpften

apantuflado, **-a** [apan̪tu'flaðo, -a] *adj* pantoffelartig; **zapatillas apantufladas** Pantoffeln *mpl,* Hausschuhe *mpl*

apañado, **-a** [apa'ɲaðo, -a] *adj* **1.** (*hábil*) geschickt, gewandt **2.** (*adecuado*) zweckmäßig, geeignet **3.** (*fam: equivocado*): **estás** ~ **si crees que te voy a dejar el coche** wenn du glaubst, dass ich dir mein Auto ausleihe, bist du schief gewickelt [*o* täuschst du dich]; **aquí está** ~ hier hat er nichts zu lachen

apañar [apa'ɲar] **I.** *vt* **1.** (*remendar*) flicken, ausbessern **2.** (*Arg: ocultar*) hehlen **3.** (*Méx: perdonar*) entschuldigen **4.** (*loc*): **¡ya te ~é yo!** dir werde ich helfen! **II.** *vr:* **~se** **1.** (*darse maña*) sich geschickt anstellen **2.** (*arreglárselas*) klarkommen, zurechtkommen; **¿ya te apañas con esto?** kommst du damit klar [*o* zurecht]?; **no sé cómo te las apañas** ich weiß nicht, wie du das machst; **¡apáñatelas como puedas!** sieh selbst zu, wie du zurechtkommst!; **ya se las ~á** er/sie wird sich schon zu helfen wissen

apaño [a'paɲo] *m* **1.** (*acción de apañar*) Flicken *nt,* Ausbessern *nt* **2.** (*remiendo*) Flickarbeit *f* **3.** (*chanchullo*) Schiebung *f* **4.** (*amorío*) Verhältnis *nt* **5.** (*loc*): **encontrar un** ~ eine

Notlösung finden

aparador [apara'ðor] *m* **1.** (*mueble*) Anrichte *f*, Sideboard *nt* **2.** (*escaparate*) Schaufenster *nt* **3.** (*taller*) Werkstatt *f*, Werkstätte *f* **4.** (*Hond: refresco*) Erfrischung *f*; (*agasajo*) *kleine Feier mit Getränken und Süßigkeiten*

aparar [apa'rar] *vt* (*manos*) hinhalten, entgegenstrecken

aparato [apa'rato] *m* **1.** (*utensilio*) Gerät *nt*, Vorrichtung *f*; ~ **indicador** Zähler *m*; ~ **de precisión** Feinmessgerät *nt*, Feinmessinstrument *nt*; ~ **de televisión/de radio** Fernseh-/Radiogerät *nt*; ~ **para la ventilación** Lüftung *f* **2.** (TEL) Telefon *nt*, Apparat *m*; **ponerse al** ~ ans Telefon gehen; **el señor X está al** ~ Herr X ist am Apparat [*o* Telefon] **3.** (*avión*) Maschine *f* **4.** (DEP) Gerät *nt*; **gimnasia de** ~**s** Geräteturnen *nt* **5.** (MED: *vendaje*) Verband *m* **6.** (ANAT): ~ **digestivo/respiratorio** Verdauungs-/Atmungsapparat *m* **7.** (*pompa*) Prunk *m*, Gepränge *nt* **8.** (POL: *de un partido*) Apparat *m*

aparatosidad [aparatosi'ðaᵈ] *f* **1.** (*ostentación*) Prunk *m*, Pomp *m* **2.** (*desmesura*) Maßlosigkeit *f*

aparatoso, -a [apara'toso, -a] *adj* **1.** (*ostentoso*) prunkvoll, pompös **2.** (*desmedido*) maßlos; **un accidente** ~ ein spektakulärer Unfall

aparcamiento [aparka'mjen̩to] *m* **1.** (*acción de aparcar*) Parken *nt* **2.** (*lugar*) Parkplatz *m*

aparcar [apar'kar] <c→qu> *vt* **1.** (*coche*) parken **2.** (*decisión*) vertagen

aparcería [aparθe'ria] *f* Teilpacht *f*

aparcero, -a [apar'θero, -a] *m, f* Teilpächter(in) *m(f)*

apareamiento [aparea'mjen̩to] *f* Paarung *f*

aparear [apare'ar] **I.** *vt* **1.** (*animales*) paaren **2.** (*formar un par*) in Paaren [*o* paarweise] anordnen; ~ **personas** Paare bilden **II.** *vr*: ~**se** **1.** (*animales*) sich paaren **2.** (*formar un par*) ein Paar bilden

aparecer [apare'θer] *irr como crecer* **I.** *vi* erscheinen; (*algo inesperado*) auftauchen; ~ **ante la opinión pública** in der Öffentlichkeit auftreten; **han aparecido casos de difteria** es gab einige Diphtheriefälle **II.** *vr*: ~**se** erscheinen (*a* +*dat*)

aparecido [apare'θiðo] *m* Erscheinung *f*

aparejado, -a [apare'xaðo, -a] *adj* (*adecuado*) geeignet, zweckmäßig; **llevar** [*o* **traer**] ~ mit sich bringen, zur Folge haben

aparejador(a) [aparexa'ðor(a)] *m(f)* Baumeister(in) *m(f)*, Bauführer(in) *m(f)*

aparejar [apare'xar] *vt* **1.** (*una caballería*) anschirren **2.** (*un barco*) auftakeln **3.** (*imprimar*) grundieren

aparejo [apa'rexo] *m* **1.** (*arnés*) Pferdegeschirr *nt* **2.** (NÁUT: *sistema de poleas*) Flaschenzug *m*, Talje *f* **3.** (NÁUT: *jarcia*) Takelage *f* **4.** (*imprimación*) Grundierung *f* **5.** (*construcción*) Verband *m* **6.** *pl* (*utensilios*) Ausrüstung *f*

aparentar [aparen̩'tar] *vt* vorgeben; **trata de** ~ **que es rico** er tut so als sei er reich, er gibt vor reich zu sein; **aparenta estar enfermo** er stellt sich krank; **no aparenta la edad que tiene** er/sie sieht jünger aus als er/sie ist

aparente [apa'ren̩te] *adj* **1.** (*que parece y no es*) Schein-, scheinbar **2.** (*perceptible a la vista*) sichtbar **3.** (*adecuado*) passend **4.** (*de buen aspecto*) reizvoll

aparentemente [aparen̩te'men̩te] *adv* scheinbar, anscheinend, dem [*o* allem] Anschein nach

aparición [apari'θjon] *f* **1.** (*general*) Erscheinen *nt* **2.** (*de algo inesperado*) Auftauchen *nt* **3.** (TEAT) Auftritt *m*; **reparto por orden de** ~ Darsteller in der Reihenfolge ihres Erscheinens **4.** (*visión*) Erscheinung *f*

apariencia [apa'rjen̩θja] *f* **1.** (*exterior de una cosa*) Aussehen *nt* **2.** (*aspecto exterior de una persona*) Aussehen *nt*, Äußere(s) *nt*, äußere Erscheinung *f* **3.** (*signos exteriores de algo o alguien*) (An)schein *m*; **en** ~ dem Anschein nach, anscheinend; **guardar las** ~**s** den Schein wahren; **las** ~**s engañan** (*prov*) der Schein trügt

aparrado, -a [apa'rraðo, -a] *adj* **1.** (*árbol*) (weit) ausladend **2.** (*fig: persona*) untersetzt, gedrungen

aparragarse [aparra'ɣarse] *vr* **1.** (*Chil, Hond, Méx, Par: achaparrarse*) pummelig werden *fam* **2.** (*Chil: agazaparse*) sich ducken, sich klein machen

aparrandado, -a [aparran̩'daðo, -a] *adj* (*Col*) **1.** (*comida*) verdorben **2.** (*idea, plan*) überholt **3.** (*persona*) übernächtigt

aparrar [apa'rrar] *vt* (BOT: *ramas*) waagerecht ziehen

apartadero [aparta'ðero] *m* **1.** (*de un camino, canal*) Ausweiche *f* **2.** (FERRO) Ausweichgleis *nt*

apartadizo¹ [aparta'ðiθo] *m* Verschlag *m*

apartadizo, -a² [aparta'ðiθo, -a] *adj* ungesellig

apartado¹ [apar'taðo] *m* **1.** (*cuarto*) Hinterzimmer *nt* **2.** (*párrafo*) Absatz *m* **3.** (*de los toros*) Einstallen *nt* der Stiere **4.** (*en una oficina de correos*): ~ **de Correos** [*o* **postal**] Postfach *nt*

apartado, -a² [apar'taðo, -a] *adj* **1.** (*lugar*) abgelegen **2.** (*persona*) ungesellig

apartamento [aparta'men̩to] *m* Wohnung *f*, Appartement *nt*

apartamiento [aparta'mjen̩to] *m* **1.** (*separación*) Trennung *f*, Absonderung *f* **2.** (*apartamento*) Wohnung *f*, Appartement *nt* **3.** (JUR: *recurso*) Rücknahme *f*

apartar [apar'tar] **I.** *vt* **1.** (*separar*) trennen, (ab)sondern **2.** (*poner a un lado*) beiseite legen [*o* stellen]; ~ **a alguien para decirle algo** jdn zur Seite nehmen um ihm etw zu sagen; ~ **el plato** den Teller wegschieben; **¡aparta la mano del taladro!** komm mit deiner Hand nicht an den Bohrer! **3.** (*de un cargo*) entfernen (*de* aus +*dat*) **4.** (*de un propósito*) abbringen **5.** (*la vista*) abwenden **6.** (*la atención*) ablenken **II.** *vr:* **~se** **1.** (*separarse*) sich trennen **2.** (*de un camino*) abweichen; **¡apártate!** geh aus dem Weg! **3.** (*del tema*) abkommen, abschweifen **4.** (JUR: *recurso*) zurücknehmen

aparte [a'parte] **I.** *adv* (*en otro sitio*) beiseite, zur Seite; **por correo ~** mit getrennter Post; **poner algo ~** etw beiseite legen [*o* stellen]; **he sumado las pesetas y ~ los marcos** ich habe die Peseten und die D-Mark getrennt addiert; **esta cuestión debe tratarse ~** auf diese Frage muss gesondert eingegangen werden **II.** *prep* **1.** (*separado*): **él estaba ~ del grupo** er war abseits der Gruppe **2.** (*además de*): **~ de** abgesehen von +*dat;* **esta sopa ~ de mala está fría** diese Suppe schmeckt nicht nur schlecht, sondern sie ist auch noch kalt; **~ de esto el resto está en orden** bis auf das [*o* abgesehen davon] ist alles in Ordnung; **~ de esto perdí las llaves** darüber hinaus [*o* außerdem] verlor ich noch die Schlüssel **III.** *m* **1.** (TEAT): **hacer un ~** beiseite sprechen **2.** (*de un escrito*) Absatz *m;* **punto y ~** Punkt und (neuer) Absatz **IV.** *adj inv* **1.** (*singular*) einzigartig, einmalig **2.** (*separado*) separat; **una entrada ~** ein separater Eingang; **en un plato ~** auf einem extra Teller

apartheid [apar'xei̯ᵈ] *m sin pl* Apartheid *f*

aparthotel [aparto'tel] *m* Aparthotel *nt*

apartidismo [aparti'ðismo] *m sin pl* Parteilosigkeit *f*

apartidista [aparti'ðista] *adj* parteilos

apasionado, -a [apasjo'naðo, -a] **I.** *adj* **1.** (*con pasión*) leidenschaftlich **2.** (*entusiasta*) begeistert, enthusiastisch; **futbolista ~** begeisterter Fußballer **3.** (*temperamento*) sanguinisch, lebhaft **II.** *m, f* Anhänger(in) *m(f);* **~ del rock** Rock and Roll-Anhänger *m*

apasionamiento [apasjona'mjen̦to] *m* **1.** (*entusiasmo*) Begeisterung *f* **2.** (*vehemencia*) Leidenschaftlichkeit *f;* **con ~** mit Leib und Seele

apasionante [apasjo'nan̦te] *adj* **1.** (*juego, discurso*) begeisternd **2.** (*libro, película*) spannend, fesselnd **3.** (*música*) hinreißend, mitreißend **4.** (*sensación*) überwältigend, hinreißend

apasionar [apasjo'nar] **I.** *vt* begeistern **II.** *vr:* **~se** **1.** (*entusiasmarse*) sich begeistern (*por* für +*akk*), in Begeisterung geraten (*por* über +*akk*) **2.** (*enamorarse*) sich leidenschaftlich verlieben (*en* in +*akk*)

apatía [apa'tia] *f* Apathie *f,* Teilnahmslosigkeit *f,* Gleichgültigkeit *f*

apático, -a [a'patiko, -a] *adj* apathisch, teilnahmslos, gleichgültig

apátrida [a'patriða] *adj* staatenlos

apatusco [apa'tusko] *m* (*Ven*) **1.** (*intriga*) Intrige *f* **2.** (*fingimiento*) Schwindel *m*

apdo. [apar'taðo] *m abr de* **apartado** Postfach *nt*

apeadero [apea'ðero] *m* **1.** (*poyo*) Trittstein *m* **2.** (FERRO) Haltepunkt *m* **3.** (*en un camino*) Haltebucht *f*

apear [ape'ar] **I.** *vt* **1.** (*campo*) vermessen **2.** (*caballo*) Fußfesseln anlegen +*dat* **3.** (*árbol*) fällen **4.** (*coche*) verkeilen, mit einem Keil sichern **5.** (*dificultad*) überwinden **6.** (*apartar, disuadir*) abbringen (*de* von +*dat*) **7.** (ARQUIT: *apuntalar*) abstützen **II.** *vr:* **~se** **1.** (*de un vehículo*) aussteigen (*de* aus +*dat*) **2.** (*de un caballo*) absitzen (*de* von +*dat*), absteigen (*de* von +*dat*)

APEC ['apeᵏ] *f* (ECON) *abr de* **Cooperación Económica Asia-Pacífico** APEC *f*

apechar [ape'ʧar] *vi v.* **apechugar II.**

apechugar [apeʧu'ɣar] <g→gu> **I.** *vt* **1.** (*Chil, PRico: arrancar*) entreißen **2.** (*Ecua: sacudir*) rütteln (an +*dat*) **II.** *vi* sich abfinden (*con* mit +*dat*), über sich ergehen lassen (*con* +*akk*); **tendrás que ~ con las consecuencias** du wirst die Konsequenzen tragen müssen; **has apechugado con una tarea complicada** du hast dir eine schwere Arbeit aufgeladen

apechusques [ape'ʧuskes] *mpl* (*fam*) Zeug *nt*

apedazar [apeða'θar] <z→c> *vt* flicken, ausbessern

apedrear [apeðre'ar] **I.** *vi* (*granizar*) hageln **II.** *vt* **1.** (*lanzar piedras*) mit Steinen bewerfen **2.** (*lapidar*) steinigen **III.** *vr:* **~se** (*cosecha*) verhageln

apegado, -a [ape'ɣaðo, -a] *adj:* **estar ~ a algo/a alguien** an etw *dat*/jdm hängen

apegarse [ape'ɣarse] <g→gu> *vr* lieb gewinnen (*a* +*akk*)

apego [a'peɣo] *m* Zuneigung *f* (*a* zu +*dat*); **le tengo un gran ~ a este piso aunque sea pequeño** ich mag diese Wohnung sehr, obwohl sie klein ist

apelable [ape'laβle] *adj* (JUR) anfechtbar, berufungsfähig

apelación [apela'θjon] *f* **1.** (JUR: *recurso*) Berufung *f* **2.** (*invocación, llamamiento*) Appell *m* (*a* an +*akk*), Aufruf *m* (*a* an +*akk*) **3.** (FIN): **~ al crédito** Kreditaufnahme *f;* **~ a fondos** Zahlungsaufruf *m;* **~ al mercado de capitales** Inanspruchnahme des Kapitalmarktes **4.** (*loc*): **ésto no tiene ~** da ist nichts zu machen, das lässt sich nicht ändern; **este resultado no tiene ~** an diesem Ergebnis gibt es nichts zu rütteln

apelante [ape'lan̦te] *mf* (JUR) Berufungskläger(in) *m(f)*

apelar [ape'lar] *vi* **1.** (*invocar*) sich berufen (*a* auf +*akk*), appellieren (*a* an +*akk*); **~ a la razón** an die Vernunft appellieren; **apelo al testimonio de mi mujer** ich berufe mich auf die Aussage meiner Frau **2.** (*recurrir*) sich wenden (*a* an +*akk*), greifen (*a* zu +*dat*); **~ a todos los medios** kein Mittel unversucht lassen **3.** (JUR: *recurrir*) Berufung einlegen; **la**

sentencia ha sido apelada gegen das Urteil wurde Berufung eingelegt

apelativo[1] [apela'tiβo] *m* **1.** (*apellido*) Familienname *m,* Nachname *m* **2.** (*sobrenombre*) Beiname *m;* ~ **cariñoso** Kosename *m* **3.** (LING) Gattungsname *m,* Appellativ *nt*

apelativo, -a[2] [apela'tiβo, -a] *adj* (LING) appellativisch

apellidar [apeʎi'ðar] **I.** *vt* benennen **II.** *vr:* **~se** (mit Familiennamen) heißen; **se apellida Martínez** sein/ihr Familienname [*o* Nachname] ist Martínez

apellido [ape'ʎiðo] *m* Familienname *m,* Nachname *m;* ~ **de soltera** Mädchenname *m;* **primer** ~, ~ **paterno** Familienname des Vaters; **por el** ~ **no caigo** der Name sagt mir nichts

apelmazado, -a [apelma'θaðo, -a] *adj* **1.** (*cojín, colchón*) hart **2.** (*nieve*) pappig, verharscht **3.** (*harina*) klumpig **4.** (*escritura*) schwer lesbar **5.** (*pelo, lana*) verfilzt

apelmazar [apelma'θar] <z→c> **I.** *vt* zusammenpressen **II.** *vr:* **~se 1.** (*colchón, cojín*) hart werden **2.** (*nieve*) verharschen **3.** (*harina*) verklumpen **4.** (*lana, pelo*) verfilzen

apelotonar [apeloto'nar] **I.** *vt* **1.** (*cosas*) zusammenballen **2.** (*personas*) zusammenpferchen **II.** *vr:* **~se 1.** (*formarse grumos*) verklumpen **2.** (*nubes*) sich zusammenballen **3.** (*personas*) sich zusammendrängen; **la gente se apelotonaba en las entradas de la plaza de toros** die Leute drängten sich an den Eingängen der Stierkampfarena **4.** (*loc*): **en esta calle se apelotonan los coches** auf dieser Straße knäu(e)lt sich der Verkehr

apenar [ape'nar] **I.** *vt* bekümmern, betrüben **II.** *vr:* **~se 1.** (*afligirse*) sich grämen (*por* über +*akk*) **2.** (*Am: sentir vergüenza*) sich schämen (*por* für +*akk,* wegen +*gen*)

apenas [a'penas] **I.** *adv* **1.** (*casi no*) kaum, nicht einmal; ~ **había nadie** es war kaum jemand da; ~ **puede leer** er/sie kann kaum [*o* noch nicht einmal] richtig lesen **2.** (*tan sólo, escasamente*) erst, knapp; ~ **hace un mes que estudio alemán** ich lerne erst seit einem Monat Deutsch; ~ **hace una hora** vor knapp einer Stunde; **tengo** ~ **10 marcos en el bolsillo** ich habe gerade mal 10 DM in der Tasche; ~ **llegué a tiempo** ich kam gerade (noch) rechtzeitig an **II.** *conj* (*tan pronto como*) kaum, gerade; ~ **salí a la calle, se puso a llover** ich war gerade [*o* kaum] auf der Straße, als es anfing zu regnen; ~ **llegó, se tomó una ducha** er kam und nahm sofort [*o* schnurstracks] eine Dusche

apencar [apeŋ'kar] <c→qu> *vi* (*fam*): ~ **con algo** sich *dat* etw aufhalsen; **tienes que** ~ **(con) este trabajo** du musst diese Arbeit auf dich nehmen; **ahora tienes que** ~ **con las consecuencias** jetzt musst du die Konsequenzen tragen

apéndice [a'pen̪diθe] *m* **1.** (*de un libro*) Anhang *m,* Appendix *m;* (*tomo separado*) Ergänzungsband *m* **2.** (*complemento*) Anhängsel *nt;* **los trabajadores son simples ~s de los robots** die Arbeiter sind bloß [*o* nichts als] Helfer der Roboter **3.** (*satélite, acompañante*) Schatten *m* **4.** (ANAT): ~ **vermiforme** Wurmfortsatz *m,* Appendix *m*

apendicectomía [apen̪diθekto'mia] *f* (MED) Appendektomie *f,* Blinddarmoperation *f*

apendicitis [apen̪di'θitis] *f inv* (MED) Blinddarmentzündung *f,* Appendizitis *f*

apensionarse [apensjo'narse] *vr* **1.** (*Arg, Chil, Méx: entristecerse*) traurig werden, trübsinnig werden **2.** (*Col: inquietarse*) sich beunruhigen

apeo [a'peo] *m* **1.** (*de un árbol*) Fällen *nt* **2.** (*de un campo*) Vermessung *f* **3.** (*documento*) Vermessungsurkunde *f* **4.** (*de un edificio*) Abstützen *nt* **5.** (ARQUIT: *armazón*) Abstützung *f*

apepsia [a'peβsja] *f* (MED) Verdauungsstörung *f*

apercibimiento [aperθiβi'mjen̪to] *m* **1.** (*advertencia*) Warnung *f* **2.** (*amonestación*) Verwarnung *f,* Verweis *m* **3.** (JUR) gerichtliche Verwarnung *f*

apercibir [aperθi'βir] **I.** *vt* **1.** (*advertir*) warnen (*de* vor +*dat*), aufmerksam machen (*de* auf +*akk*); **nos han apercibido de la presencia de piquetes** sie haben uns auf die Anwesenheit von Streikposten aufmerksam gemacht **2.** (*amonestar*) tadeln (*por* wegen +*gen, por* für +*akk*), verwarnen (*por* wegen +*gen*); **le han apercibido con el despido** sie haben ihm mit seiner Entlassung gedroht **3.** (JUR) verwarnen **II.** *vr:* **~se 1.** (*prepararse*) sich vorbereiten (*a/para* auf +*akk*) **2.** (*percatarse*) sich *dat* bewusst werden (*de* +*gen*), sich *dat* klar werden (*de* über +*akk*); **~se de una cosa** sich *dat* einer Sache bewusst werden; **se ha apercibido de lo importante que es el examen** ihm/ihr ist die Wichtigkeit der Prüfung klar geworden

aperdigar [aperði'ɣar] <g→gu> *vt* (GASTR) (leicht) anbraten (zum Haltbarmachen)

apergaminado, -a [aperɣami'naðo, -a] *adj* pergamentartig

apergaminarse [aperɣami'narse] *vr* hager werden

aperiodicidad [aperjoðiθi'ðaᵈ] *f sin pl* Unregelmäßigkeit *f,* unregelmäßiges Auftreten *nt;* **la** ~ **del fenómeno lo hace totalmente imprevisible** durch sein unregelmäßiges Auftreten ist dieses Phänomen völlig unvorhersehbar

aperitivo[1] [aperi'tiβo] *m* **1.** (*bebida*) Aperitif *m;* **¡y ésto es tan solo el ~!** und das ist nur der Anfang! **2.** (*comida*) Appetithappen *m*

aperitivo, -a[2] [aperi'tiβo, -a] *adj* appetitanregend

aperos [a'peros] *mpl* **1.** (*utensilios*) Ackergeräte *ntpl* **2.** (*animales*) Zugtiere *ntpl*

aperreado, -a [aperre'aðo, -a] *adj* mühsam, mühselig; **una vida aperreada** ein mühseliges Leben; **un día** ~ ein anstrengender Tag

aperrear [aperre'ar] **I.** *vt* überanstrengen **II.** *vr:* **~se** **1.** (*fatigarse*) sich überanstrengen **2.** (*emperrarse*) hartnäckig bestehen (*en* auf +*dat*)

apersonamiento [apersona'mjeṇto] *m* (JUR) (persönliches) Erscheinen *nt*

apersonarse [aperso'narse] *vr* (JUR) (persönlich) erscheinen; **después de que se apersonara el juez** nach dem Erscheinen des Richters

apertura [aper'tura] *f* **1.** (*t.* POL: *acción*) Öffnung *f;* ~ **de la bolsa** Börseneröffnung *f;* ~ **de un mercado** (ECON) Markterschließung *f;* ~ **de las licitaciones** (FIN) Aufforderung zum Gebot; **precio de** ~ (**de la bolsa**) (Börsen)eröffnungskurs *m* **2.** (*de una reunión, un teatro, una cuenta*) Eröffnung *f;* ~ **de un testamento** Testamentseröffnung *f* **3.** (FIN): ~ **de un crédito** Krediteinräumung *f* **4.** (DEP: *ajedrez*) Eröffnung *f*

aperturismo [apertu'rismo] *m sin pl Politik der Öffnung während der Übergangszeit zur Demokratie in Spanien*

aperturista [apertu'rista] *mf* Verfechter(in) *m(f)* einer Öffnungspolitik

apesadumbrar [apesaðum'brar] **I.** *vt* bekümmern, betrüben; **me miraba con ojos apesadumbrados** er/sie sah mich mit bekümmertem Blick an **II.** *vr:* **~se** sich grämen (*por* über +*akk*), betrübt sein (*por* wegen +*gen*)

apestar [apes'tar] **I.** *vi* **1.** (*oler mal*) stinken (*a* nach +*dat*); **las basuras apestan** der Müll stinkt; **aquí apesta a podrido** hier stinkt es nach Moder **2.** (*estar lleno*) wimmeln (*de* von +*dat*); **el estanque apesta de peces** der Teich wimmelt von Fischen **II.** *vt* **1.** (*causar la peste*) mit der Pest anstecken **2.** (*fam: fastidiar*) auf die Nerven gehen; **los niños me apestan con sus peleas** die Kinder gehen mir mit ihren ständigen Streitereien auf die Nerven **3.** (*corromper*) verderben **4.** (*llenar*) überschwemmen (*con* mit +*dat*); **estar apestado de algo** nur so von etw wimmeln; **el mercado está apestado de gente** der Markt wimmelt nur so von Menschen **III.** *vr:* **~se** **1.** (*contagiarse con la peste*) sich mit der Pest anstecken **2.** (*Am: contagiarse*) sich anstecken **3.** (*Col: acatarrarse*) sich erkälten

apestoso, **-a** [apes'toso, -a] *adj* **1.** (*que apesta*) stinkend **2.** (*fastidioso*) lästig

apétalo, **-a** [a'petalo, -a] *adj* ohne Blütenblätter

apetecer [apete'θer] *irr como crecer vi* **1.** (*tener ganas de*) Lust haben (*de* auf +*akk*); **¿qué te apetece?** was möchtest du?, was hättest du gern?; **¿un viaje? – sí, me apetece la idea** eine Reise? – ja, ich habe Lust dazu; **me apetece un helado** ich habe Lust [*o* Appetit] auf ein Eis **2.** (*gustar*): **una copa de vino siempre apetece** ein Glas Wein schmeckt immer; **este libro me apetece más** dieses Buch sagt mir mehr zu

apetecible [apete'θiβle] *adj* wünschenswert; **un objetivo** ~ ein erstrebenswertes Ziel

apetencia [ape'teṇθja] *f* **1.** (*apetito*) Appetit *m* **2.** (*deseo*) Wunsch *m* (*de* nach +*dat*), Verlangen *nt* (*de* nach +*dat*)

apetito [ape'tito] *m* **1.** (*de comida*) Appetit *m* (*de* auf +*akk*); **no tengo** ~ ich habe keinen Appetit; **abrir el** ~ Appetit machen **2.** (*deseo*) Verlangen *nt* (*de* nach +*dat*), Bedürfnis *nt* (*de* nach +*dat*); ~ **sexual** Fleischeslust *f*

apetitoso, **-a** [apeti'toso, -a] *adj* **1.** (*que despierta el apetito*) appetitanregend, appetitlich **2.** (*sabroso*) schmackhaft, köstlich **3.** (*deseable*) wünschenswert

API ['api] *m abr de* **Agente de la Propiedad Inmobiliaria** Makler(in) *m(f)*

apiadar [apja'ðar] **I.** *vt* Mitleid erregen; **su mala suerte apiada a sus vecinos** sein Unglück erregt das Mitleid der Nachbarn **II.** *vr:* **~se** bemitleiden (*de* +*akk*), sich erbarmen (*de* +*gen*); **¡Dios, apiádate de nosotros!** Herr, erbarme dich unser; **Dios, apiádate de ellos porque no saben lo que hacen** Herr, erbarme dich ihrer, denn sie wissen nicht, was sie tun

apical [api'kal] **I.** *adj* (*t.* LING) apikal **II.** *f* (LING) Apikal(laut) *m*

ápice ['apiθe] *m* **1.** (*punta*) Spitze *f;* ~ **de la lengua** Zungenspitze *f* **2.** (*cúspide*) Gipfel *m;* **haber llegado al** ~ **de la gloria** auf dem Gipfel des Ruhms angelangt sein **3.** (*nada, en frases negativas*): **no ceder un** ~ keinen Zollbreit [*o* Fingerbreit] nachgeben; **no entendí un** ~ **de lo que dijo** ich habe nicht das Geringste von dem, was er/sie sagte, verstanden

apicultor(a) [apikul̩'tor(a)] *m(f)* Bienenzüchter(in) *m(f)*, Imker(in) *m(f)*

apicultura [apikul̩'tura] *f* Bienenzucht *f*, Imkerei *f*

apilamiento [apila'mjeṇto] *m* (*de tierra, melones*) Aufhäufen *nt;* (*de periódicos*) (Auf)stapelung *f;* (*de madera*) Aufschichtung *f;* (*de cajas*) (Auf)türmen *nt*

apilar [api'lar] **I.** *vt* (*tierra, melones*) aufhäufen; (*periódicos*) (auf)stapeln; (*madera*) (auf)schichten; (*cajas*) (auf)türmen **II.** *vr:* **~se** sich stapeln, sich türmen; **en el escritorio se apilan los libros** auf dem Schreibtisch türmen [*o* stapeln] sich die Bücher

apimpollarse [apimpo'ʎarse] *vr* Knospen treiben, austreiben

apiñamiento [apiɲa'mjeṇto] *m* Gedränge *nt*

apiñar [api'ɲar] **I.** *vt* **1.** (*cosas*) aufeinander stapeln; **apiñó las cosas en el maletero y partieron** er/sie stopfte die Sachen in den Kofferraum und sie fuhren los **2.** (*personas*) zusammendrängen; (*animales*) zusammenpferchen **II.** *vr:* **~se** sich (zusammen)drängen; **la gente se apiñaba en torno al rey** die Leute drängten sich um den König

apio ['apjo] *m* (BOT) Sellerie *m o f*

apiolar [apjo'lar] *vt* **1.**(*caza*) die Läufe zusammenbinden (+*dat*) **2.**(*fam fig: capturar*) schnappen, hochnehmen **3.**(*fam fig: matar*) umlegen, umbringen; **la ~on por la espalda** sie haben sie hinterrücks um die Ecke gebracht

apiparse [api'parse] *vr* (*fam: atiborrarse*) sich *dat* den Bauch voll schlagen

apirético, -a [api'retiko, -a] *adj* (MED: *de ausencia de fiebre*) fieberfrei; (*antitérmico*) fiebersenkend, antipyretisch

apirexia [api're^{ɣ}sja] *f* (MED) Apyrexie *f*

apirularse [apiru'larse] *vr* (*Chil*) sich herausputzen

apisonadora [apisona'ðora] *f* Straßenwalze *f*

apisonar [apiso'nar] *vt* walzen, (fest)stampfen

apitiguarse [apiti'ɣwarse] *vr* (*Chil*) mutlos werden, den Mut verlieren

aplacable [apla'kaβle] *adj* zu besänftigen, zu mildern; **su furia no es fácilmente ~** sein Zorn ist nicht leicht zu besänftigen; **dolor ~** zu lindernder Schmerz

aplacamiento [aplaka'mjen̩to] *m* **1.**(*de otra persona*) Besänftigung *f,* Beschwichtigung *f* **2.**(*del dolor*) Milderung *f,* Linderung *f* **3.**(*del hambre, la sed*) Stillen *nt* **4.**(*de uno mismo*) Beruhigung *f*

aplacar [apla'kar] <c→qu> **I.** *vt* **1.**(*persona*) besänftigen, beschwichtigen **2.**(*dolor*) mildern, lindern **3.**(*hambre, sed*) stillen **II.** *vr:* **~se** sich beruhigen

aplanamiento [aplana'mjen̩to] *m* **1.**(*allanamiento*) Einebnen *nt,* Planieren *nt* **2.**(*desánimo*) Entmutigung *f*

aplanar [apla'nar] **I.** *vt* **1.**(*allanar*) ebnen, planieren **2.**(*aplastar*) zerdrücken, platt drücken **3.**(*desanimar*) entmutigen **II.** *vi* (*Arg, Chil, PRico*) herumbummeln **III.** *vr:* **~se** mutlos werden, den Mut verlieren

aplantillar [aplan̩ti'ʎar] *vt* (*piedra, madera*) schablonieren

aplasia [a'plasja] *f* (MED) Aplasie *f*

aplastamiento [aplasta'mjen̩to] *m* (*t.* MED: *acción*) Zerquetschen *nt;* (*resultado*) Quetschung *f*

aplastante [aplas'tan̩te] *adj* (*mayoría*) überwältigend; (*derrota*) vernichtend; (*lógica, prueba*) zwingend

aplastar [aplas'tar] *vt* **1.**(*chafar*) zerquetschen, zermalmen; **el desprendimiento de piedras aplastó a dos personas** der Steinschlag erschlug zwei Menschen **2.**(*con la mano*) zerdrücken; **~ un cigarrillo** eine Zigarette ausdrücken **3.**(*con el pie*) zertreten **4.**(*derrotar*) (vernichtend) schlagen **5.**(*abatir*) entmutigen, den Mut nehmen (*a* +*dat*)

aplatanado, -a [aplata'naðo, -a] *adj* träge, phlegmatisch

aplatanamiento [aplatana'mjen̩to] *m* Apathie *f,* Trägheit *f*

aplatanarse [aplata'narse] *vr* **1.**(*entregarse a la indolencia*) sich gehen lassen, sich hängen lassen **2.**(*Cuba, PRico: adoptar las costumbres*) *die Bräuche und Sitten der Einheimischen annehmen*

aplaudir [aplau̯'ðir] **I.** *vi* (Beifall) klatschen, applaudieren; **el publico rompió a ~** das Publikum fing an zu klatschen **II.** *vt* **1.**(*palmear*) beklatschen, applaudieren +*dat* **2.**(*aprobar*) begrüßen; (*alabar*) loben; **~ una decisión** eine Entscheidung begrüßen; **~ el esfuerzo/el valor de alguien** jds Mühe/Mut loben; **~ una propuesta** einen Vorschlag begrüßen

aplauso [a'plau̯so] *m* Beifall *m,* Applaus *m;* **~ atronador** stürmischer Beifall; **salva de ~s** Beifallssturm *m;* **digno de ~** lobenswert; **ser recibido con ~s** mit Applaus [*o* Beifall] begrüßt werden

aplazable [apla'θaβle] *adj* (*fecha prevista*) verschiebbar, verlegbar; (*plazo*) aufschiebbar, verlängerungsfähig; (*pago*) stundbar

aplazamiento [aplaθa'mjen̩to] *m* **1.**(*viaje, partido*) Verschiebung *f* (*a/hasta* auf +*akk*) **2.**(*fecha*) Verlegung *f* (*a/hasta* auf +*akk*) **3.**(*decisión*) Aufschub *m* (*a/hasta* bis zu +*dat*); **~ de pago** Zahlungsaufschub *m* **4.**(*conferencia, negociación*) Vertagung *f* (*a/hasta* auf +*akk*)

aplazar [apla'θar] <z→c> *vt* **1.**(*viaje, partido*) verschieben (*a/hasta* auf +*akk*), verlegen (*a/hasta* auf +*akk*); (*fecha*) verlegen; (*decisión*) aufschieben, hinauszögern; (*conferencia, negociación*) vertagen (*a/hasta* auf +*akk*); **~ el viaje una semana** die Reise um eine Woche verschieben; **~ una decisión por tiempo indefinido/hasta el verano** eine Entscheidung auf unbestimmte Zeit/bis zum Sommer aufschieben; **la reunión se aplaza hasta nueva orden/hasta el próximo lunes** die Sitzung wird bis auf weiteres/auf den kommenden Montag vertagt **2.**(*Am: suspender*) durchfallen lassen

aplebeyado, -a [apleβe'ɟaðo, -a] *adj* pöbelhaft

aplestia [a'plestja] *f* (MED: *hambre*) (pathologischer) unstillbarer Hunger *m,* Unersättlichkeit *f*

aplicabilidad [aplikaβili'ða^{ð}] *f* Anwendbarkeit *f,* Verwendbarkeit *f*

aplicable [apli'kaβle] *adj* anwendbar (*a* auf +*akk*), verwendbar (*a* für +*akk*); **ser ~** Anwendung finden

aplicación [aplika'θjon] *f* **1.**(*pintura, crema*) Auftragen *nt* **2.**(*venda*) Anlegen *nt,* Auflegen *nt* **3.**(*teoría, método*) Anwendung *f;* **~ multimedia** Multimediaanwendung *f;* **~ de ordenador central** (INFOR) Host-Anwendung *f;* **campo de ~** Anwendungsbereich *m;* **las múltiples aplicaciones del plástico** die vielen Verwendungsmöglichkeiten von Kunststoffen **4.**(*conocimientos, habilidades*) Verwendung *f,* Gebrauch *m* **5.**(*en el estudio*) Fleiß *m* **6.**(*encaje*) Stickerei *f* **7.**(*Am: petición diligente*) Bitte *f,* Gesuch *nt;* (*petición* *formal*) Antrag *m* **8.** *pl* (*Am*) Applikation *f*

aplicado, -a [apli'kaðo, -a] *adj* (*trabajador*) fleißig

aplicar [apli'kar] <c→qu> **I.** *vt* **1.** (*pintura, crema*) auftragen (*a* auf +*akk*); ~ **dando un ligero masaje** leicht einmassieren; **aplicado con regularidad...** bei regelmäßiger Anwendung ... **2.** (*venda*) anlegen, auflegen **3.** (*teoría, método*) anwenden (*a* auf +*akk*), applizieren *elev;* **ciencias aplicadas** angewandte Wissenschaften; ~ **un método a la industria** eine Methode auf die Industrie anwenden **4.** (*conocimientos, habilidades*) verwenden (*a* für +*akk*), gebrauchen (*a* für +*akk*); ~ **una máquina para un trabajo** eine Maschine für eine Tätigkeit einsetzen **5.** (JUR): ~ **una sanción** eine Geldstrafe auferlegen; **la ley no se puede** ~ **en este caso** das Gesetz ist auf diesen Fall nicht anwendbar **6.** (ECON): ~ **impuestos** Steuern erheben; ~ **un precio** einen Preis berechnen; ~ **una tarifa** einen Tarif anwenden; ~ **un tipo de interés** einen Zinssatz in Anwendung bringen **7.** (*loc*): ~ **el freno** die Bremse ziehen; ~ **un lazo a un vestido** eine Schleife an ein Kleid annähen; ~ **el oído a la puerta** an der Tür horchen **II.** *vr:* ~**se** **1.** (*esforzarse*) sich bemühen; ~**se al estudio** sich dem Studium intensiv widmen **2.** (*emplearse*) zur Anwendung kommen, Anwendung finden

aplique [a'plike] *m* **1.** (*lámpara*) Wandleuchte *f* **2.** (TEAT) Requisit *nt*

aplomado, -a [aplo'maðo, -a] *adj* (*persona*) selbstsicher

aplomar [aplo'mar] **I.** *vt* **1.** (*comprobar la verticalidad*) loten **2.** (*construir verticalmente*) nach dem Lot ausrichten **II.** *vr:* ~**se** an Selbstsicherheit gewinnen, mit mehr Sicherheit auftreten

aplomo [a'plomo] *m* **1.** (*seguridad*) Selbstsicherheit *f,* Aplomb *m elev;* **perder el** ~ die Kontrolle über sich verlieren; **dio muestras de un** ~ **asombroso** er/sie legte eine erstaunliche Sicherheit an den Tag **2.** (*verticalidad*) lotrechter Verlauf *m*

apnea [aβ'nea] *f* (MED) Apnoe *f,* Atemstillstand *m*

apocado, -a [apo'kaðo, -a] *adj* verzagt, kleinmütig *elev*

apocalipsis [apoka'liβsis] *m sin pl* Apokalypse *f*

apocalíptico, -a [apoka'liptiko, -a] *adj* apokalyptisch

apocamiento [apoka'mjen̩to] *m* Verzagtheit *f,* Kleinmut *m elev*

apocar [apo'kar] <c→qu> **I.** *vt* einschüchtern **II.** *vr:* ~**se** den Mut verlieren, verzagen

apocopar [apoko'par] *vt* (LING) apokopieren

apócope [a'pokope] *f* (LING) Apokope *f*

apócrifo[1] [a'pokrifo] *m* (REL) Apokryph(on) *nt*

apócrifo, -a[2] [a'pokrifo, -a] *adj* **1.** (*supuesto*) vermeintlich **2.** (REL) apokryph

apodar [apo'ðar] **I.** *vt* (*dar un sobrenombre*) einen Beinamen geben (*a* +*dat*); (*dar un apodo*) einen Spitznamen geben (*a* +*dat*) **II.** *vr:* ~**se** (*tener el sobrenombre...*) den Beinamen ... haben; (*tener el apodo*) den Spitznamen ... haben

apoderado, -a [apoðe'raðo, -a] *m, f* (*t.* JUR) Bevollmächtige(r) *mf;* (COM) Prokurist(in) *m(f)*

apoderamiento [apoðera'mjen̩to] *m* **1.** (*t.* JUR: *autorización*) Vollmacht *f,* Bevollmächtigung *f* **2.** (COM) Erteilung *f* der Vollmacht **3.** (*apropiación*) Bemächtigung *f*

apoderar [apoðe'rar] **I.** *vt* (*t.* JUR) eine Vollmacht erteilen (*a* +*dat*), bevollmächtigen **II.** *vr:* ~**se** sich bemächtigen (*de* +*gen*); **el pánico se apoderó de él** die Panik bemächtigte sich seiner; **el espía se apoderó del maletín** der Spion brachte den Aktenkoffer an sich; **la empresa se apoderó de los clientes de la competencia** die Firma warb die Kunden der Konkurrenz ab; **se apoderó del liderato** er/sie übernahm die Führung

apodía [apo'dia] *f* (MED) Apodie *f*

apodíctico, -a [apo'ðiktiko, -a] *adj* unwiderlegbar, apodiktisch

apodo [a'poðo] *m* Spitzname *m*

ápodo[1] ['apoðo] *m* (ZOOL) Blindwühle *f*

ápodo, -a[2] ['apoðo, -a] *adj* (ZOOL) apod(isch), fußlos

apódosis [a'poðosis] *f inv* (LING) Apodosis *f*

apófisis [a'pofisis] *f inv* (ANAT) Knochenfortsatz *m,* Apophyse *f*

apofonía [apofo'nia] *f* (LING) Apophonie *f,* Ablaut *m*

apogeo [apo'xeo] *m* **1.** (*punto culminante*) Gipfel *m,* Höhepunkt *m;* **estar en el** ~ **de su carrera** auf dem Höhepunkt seiner Laufbahn stehen; **el** ~ **del Barroco** die Blütezeit des Barocks **2.** (ASTR) Apogäum *nt,* Erdferne *f*

apolillado, -a [apoli'ʎaðo, -a] *adj* **1.** (*de polilla*) mottenzerfressen **2.** (*anticuado*) altmodisch, überholt

apolilladura [apoliʎa'ðura] *f* Mottenloch *nt*

apolillar [apoli'ʎar] **I.** *vt* (*polilla*) zerfressen **II.** *vi* (*Arg: dormir*) schlafen **III.** *vr:* ~**se** von Motten zerfressen werden

apolillo [apo'liʎo] *m* (*Arg*) Schlaf *m*

apolíneo, -a [apo'lineo, -a] *adj* **1.** (*de Apolo*) apollinisch **2.** (*atractivo*) attraktiv, gut aussehend

apolismado, -a [apolis'maðo, -a] *adj* **1.** (*Am: magullado*) gequetscht **2.** (*Col, Méx, PRico: raquítico*) mick(e)rig *fam* **3.** (*CRi: holgazán*) faul **4.** (*Méx, Ven: deprimido*) bekümmert, bedrückt **5.** (*PRico: tonto*) dumm, albern; (*simple*) einfältig

apolismar [apolis'mar] **I.** *vt* (*Am: magullar*) quetschen **II.** *vr:* ~**se** **1.** (*CRi, PRico, Ven: acobardarse*) den Mut verlieren (*ante/frente a* vor +*dat,* angesichts +*gen*) **2.** (*AmC, Col, Cuba, PRico: consumirse*) ausgezehrt werden **3.** (*CRi: holgazanear*) faulenzen

apolítico, -a [apo'litiko, -a] *adj* unpolitisch,

apolitisch

Apolo [a'polo] *m* Apoll(o) *m*

apologética [apolo'xetika] *f* (REL) Apologetik *f*

apologético, -a [apolo'xetiko, -a] *adj* apologetisch

apología [apolo'xia] *f* (*justificación*) Apologie *f,* Verteidigung *f,* Rechtfertigung *f;* (*de palabra*) Verteidigungsrede *f;* (*por escrito*) Verteidigungsschrift *f*

apologista [apolo'xista] *mf* Apologet(in) *m(f)*

apologizar [apoloxi'θar] <z→c> *vt* apologisieren, rechtfertigen

apoltronarse [apoltro'narse] *vr* **1.** (*emperezarse*) träge werden **2.** (*repantigarse*) es sich *dat* bequem machen, sich rekeln; **se apoltronó en el sofa** er/sie machte es sich auf dem Sofa bequem

apoplejía [apople'xia] *f* (MED) Schlaganfall *m,* Apoplexie *f*

apopléjico, -a [apo'plexiko, -a], **apoplético, -a** [apo'pletiko, -a] **I.** *adj* (MED) apoplektisch **II.** *m, f* (MED) Apoplektiker(in) *m(f)*

apoquinar [apoki'nar] *vt* (*fam*) blechen, berappen; **apoquina lo que me debes** gib mir die Kohle, die du mir (noch) schuldest

aporía [apo'ria] *f* (FILOS) Aporie *f,* Ausweglosigkeit *f*

aporisma [apo'risma] *m* (MED) Hämatom *nt,* Bluterguss *m*

aporreamiento [aporrea'mjento] *m v.* **aporreo**

aporrear [aporre'ar] **I.** *vt* **1.** (*dar golpes*) heftig schlagen; ~ **el piano/la máquina de escribir** auf dem Klavier/auf der Schreibmaschine hämmern; ~ **la puerta** gegen die Tür hämmern **2.** (*molestar*) belästigen, stören; **esta música me aporrea los oídos** (*por estar muy alta*) bei dieser Musik platzt einem ja das Trommelfell; (*por ser mala*) diese Musik ist nicht zum Aushalten **3.** (*moscas*) verscheuchen **II.** *vr:* **~se** sich verprügeln

aporreo [apo'rreo] *m* **1.** (*con porra*) Prügeln *nt* **2.** (*en la puerta*) heftiges Klopfen *nt;* **me despertó el ~ insistente en la puerta** das hartnäckige Klopfen an der Tür weckte mich auf

aporretado, -a [aporre'taðo, -a] *adj* kurz und dick; **tengo los dedos ~s** ich habe kurze, dicke Finger

aportación [aporta'θjon] *f* **1.** (*contribución*) Beitrag *m* (*a/para* zu +*dat*); **hacer una ~ a un trabajo** einen Beitrag zu einer Arbeit leisten **2.** (*donación*) Spende *f* (*a/para* für +*akk*) **3.** (ECON: *capital*) Einlage *f,* Anteil *m;* ~ **adicional** Nachschuss *m;* ~ **de capital** Kapitaleinlage *f;* ~ **dineraria/no dineraria** Bar-/Sacheinlage *f;* ~ **en especie** Sacheinlage *f;* ~ **a fondo perdido** verlorener Zuschuss

aportar [apor'tar] **I.** *vt* **1.** (*traer*) (mit)bringen; **la novia aporta una fortuna al matrimonio** die Braut bringt ein Vermögen in die Ehe ein **2.** (*contribuir*) beitragen (*a* zu +*dat*), einen Beitrag leisten (*a* zu +*dat*); **he aportado algo a la fiesta** ich habe einen Beitrag zum Fest geleistet **3.** (*información*) liefern, geben **4.** (*evidencia, testigos*) beibringen **5.** (*argumento, propuesta*) vorbringen **6.** (*pruebas*) erbringen, liefern **7.** (*capital*) beisteuern, einbringen **8.** (*loc*): **no aporta nada ir a esa conferencia** es bringt nichts diese Konferenz zu besuchen **II.** *vi* **1.** (*llegar a puerto*) einlaufen **2.** (*recalar*) hingelangen; **hace tiempo que no aporta por aquí** er/sie hat sich schon lange nicht mehr hier sehen lassen

aporte [a'porte] *m* **1.** (*contribución*) Beitrag *m* (*a/para* zu +*dat*) **2.** (*donación*) Spende *f* (*a/para* für +*akk*) **3.** (ECON: *capital*) Einlage *f* **4.** (GEO) Ablagerung *f;* ~ **de un río** Flussablagerung *f*

aposentar [aposen'tar] **I.** *vt* unterbringen, beherbergen **II.** *vr:* **~se** sich einquartieren, unterkommen; **las tropas se ~on en tiendas de campaña** die Truppen haben sich in Zelten einquartiert

aposento [apo'sento] *m* **1.** (*hospedaje*) Unterkunft *f;* **nos dieron ~** sie nahmen uns bei sich auf **2.** (*cuarto*) Zimmer *nt;* (*de un rey*) Gemach *nt elev*

aposición [aposi'θjon] *f* (LING) Beisatz *m,* Apposition *f*

apositivo, -a [aposi'tiβo, -a] *adj* (LING) appositiv

apósito [a'posito] *m* (MED: *vendaje*) Wundverband *m;* (*vendaje adhesivo*) Heftpflaster *nt*

aposta [a'posta] *adv* absichtlich

apostadero [aposta'ðero] *m* **1.** (*lugar*) Posten *m* **2.** (MIL: *puerto*) Kriegshafen *m* **3.** (MIL: *departamento marítimo*) Marinestandort *m*

apostador(a) [aposta'ðor(a)] *m(f)* Wetter(in) *m(f);* **mi primo es un ~ compulsivo** mein Cousin ist ein zwanghafter Wetter

apostante [apos'tante] *mf* Wettteilnehmer(in) *m(f);* (*jugador*) Spieler(in) *m(f);* **~s de las quinielas** Totospieler *mpl*

apostar [apos'tar] <o→ue> **I.** *vi* setzen (*por* auf +*akk*); **apuesto por este galgo** ich setze auf diesen Windhund; **~las** [*o* **apostárselas**] **a** [*o* **con**] **alguien** gegen jdn antreten **II.** *vt, vr:* **~se** (*hacer una apuesta*) wetten (um +*akk*); **he apostado 1000 pesetas con él** ich habe mit ihm (um) 1000 Peseten gewettet; **¿qué/cuánto apostamos?** worum/um wie viel wetten wir?; **¿qué te apuestas a que no lo hace?** wetten, dass er/sie es nicht tut?; **apuesto cualquier cosa a que...** ich gehe jede Wette ein, dass ...; ~ **doble contra sencillo que...** zwei zu eins wetten, dass ...; **puedes ~ la cabeza que...** du kannst Gift darauf nehmen, dass ... **III.** *vt* (*poner*) aufstellen **IV.** *vr:* **~se** (*ponerse*) sich aufstellen

apostasía [aposta'sia] *f* Abfall *m,* Lossagung *f,* Apostasie *f*

apóstata [a'postata] *mf* Abtrünnige(r) *mf,* Renegat *m,* Apostat *m*

apostatar [aposta'tar] *vi* abfallen (*de* von +*dat*), sich lossagen (*de* von +*dat*); ~ **de la fe cristiana** vom christlichen Glauben abfallen; **he apostatado del partido** ich habe mich von der Partei losgesagt

a posteriori [a poste'rjori] *adv* nachträglich, a posteriori

apostilla [apos'tiʎa] *f* Randbemerkung *f*

apostillar [aposti'ʎar] *vt* mit Randbemerkungen versehen

apóstol [a'postol] *m* Apostel *m;* **Hechos** [*o* **Actos**] **de los A~es** Apostelgeschichte *f;* **el ~ de la paz** der Verfechter des Friedens; **ser un buen ~** (*fig*) mit allen Wassern gewaschen sein

apostolado [aposto'laðo] *m* (REL) Apostolat *nt*

apostólico, **-a** [apos'toliko, -a] *adj* apostolisch; **la Santa Sede Apostólica** der Apostolische Stuhl

apostrofar [apostro'far] *vt* **1.** (*insultar*) schmähen **2.** (LING) apostrophieren

apóstrofe [a'postrofe] *m o f* **1.** (*insulta*) Schmähung *f* **2.** (*figura retórica*) Apostrophe *f*

apóstrofo [a'postrofo] *m* (LING) Apostroph *m*

apostura [apos'tura] *f* stattliches Aussehen *nt*

apotegma [apo'teɣma] *m* Apophthegma *nt,* Sinnspruch *m*

apotema [apo'tema] *f* (MAT) Seitenachse *f*

apoteósico, **-a** [apote'osiko, -a] *adj* grandios, enorm; **éxito ~** Riesenerfolg *m,* Bombenerfolg *m fam*

apoteosis [apote'osis] *f inv* **1.** (*de un héroe*) Vergöttlichung *f,* Apotheose *f elev* **2.** (*de un espectáculo*) Höhepunkt *m*

apoyabrazos [apoɟa'βraθos] *m inv* Armstütze *f,* Armlehne *f*

apoyacabezas [apoɟaka'βeθas] *m inv* Kopfstütze *f*

apoyar [apo'ɟar] **I.** *vt* **1.** (*colocar*) stützen (*en* auf +*akk*), lehnen (*en* an +*akk*); ~ **la cabeza en el hombro** den Kopf an die Schulter lehnen; ~ **el codo en la mesa** den Ellbogen auf den Tisch aufstützen **2.** (*fundar*) stützen (*en* auf +*akk*); (*probar*) belegen; **apoya su decisión en razones concretas** seine/ihre Entscheidung ist gut fundiert; ~ **una opinión con pruebas** eine Meinung belegen **3.** (*confirmar*) bestätigen **4.** (*patrocinar*) unterstützen; ~ **una moción/un ascenso** einen Antrag/eine Beförderung befürworten; ~ **una reforma** für eine Reform eintreten; **siempre me ha apoyado cuando estaba en un apuro** er/sie hat mir immer beigestanden, wenn ich in Not war **5.** (MÚS: *nota*) aushalten **II.** *vi* (ARQUIT) ruhen (*sobre* auf +*dat*) **III.** *vr:* **~se** **1.** (*descansar sobre*) sich stützen (*en* auf +*akk*); **~se con los brazos** sich mit den Armen aufstützen; **~se con la mano** sich mit der Hand abstützen; **~se contra la pared** sich gegen [*o* an] die Wand lehnen; **la bóveda se apoya en una hilera de columnas** das Gewölbe ruht auf einer Säulenreihe **2.** (*fundarse*) beruhen (*en* auf +*dat*)

apoyatura [apoɟa'tura] *f* (MÚS) Vorschlag *m*

apoyo [a'poɟo] *m* **1.** (*sostén*) Halt *m,* Stütze *f;* **el alpinista no encontró ~ alguno** der Bergsteiger fand keinen Halt; **un ~ moral** ein moralischer Halt; **estas notas sirven de ~ para la interpretación** diese Notizen dienen als Stütze für das Dolmetschen **2.** (*respaldo*) Unterstützung *f,* Hilfe *f;* ~ **financiero** Finanzhilfe *f;* ~ **fiscal** (FIN) Steuererleichterung *f;* ~ **fiscal a la inversión** (FIN) steuerlicher Investitionsanreiz; ~ **a las rentas** (ECON) Einkommensstützung *f;* ~ **salarial** (ECON) Lohnstützung *f;* **medidas de ~ al empleo** (ECON, POL) Arbeitsbeschaffungsmaßnahmen *fpl;* **prestar ~ a un plan** einen Plan unterstützen; **tener un ~ en alguien** von jdm unterstützt werden; **cuenta con mi ~** du kannst dich auf mich verlassen, du kannst mit meiner Hilfe rechnen; **en ~ de** zur Unterstützung +*gen*

apraxia [a'praɣsja] *f* (MED) Apraxie *f*

apreciabilidad [apreθjaβili'ðað] *f sin pl* **1.** (*para los sentidos*) Vernehmbarkeit *f* **2.** (*cualidad*) Schätzbarkeit *f* **3.** (*cálculo*) Berechenbarkeit *f*

apreciable [apre'θjaβle] *adj* **1.** (*observable*) wahrnehmbar; ~ **al oído** hörbar, vernehmbar **2.** (*considerable*) beachtlich, beträchtlich; **una suma ~** eine stattliche [*o* ansehnliche] Summe; **una diferencia ~** ein merklicher Unterschied **3.** (*digno de estima*) schätzenswert

apreciación [apreθja'θjon] *f* **1.** (*de una moneda*) Bewertung *f* **2.** (*de una casa*) Schätzung *f,* Wertbestimmung *f* **3.** (*del tamaño*) Abschätzung *f* **4.** (*juicio*) Einschätzung *f,* Beurteilung *f;* **error de ~** Beurteilungsfehler *m;* **según mi ~** meiner Einschätzung nach **5.** (*captación*) Wahrnehmung *f*

apreciado, **-a** [apre'θjaðo, -a] *adj* **1.** (*encabezamiento de carta*): **~s Sres:** sehr geehrte Herren, **2.** (*persona*) geschätzt, angesehen

apreciar [apre'θjar] *vt* **1.** (*estimar*) schätzen, achten; **sé ~ tus palabras** ich weiß deine Worte zu schätzen; **aprecio mucho su amistad** ich schätze seine/ihre Freundschaft sehr; **aprecio los perros** ich mag Hunde gern; **si aprecias tu vida, ¡desaparece de aquí!** wenn dir dein Leben lieb ist, dann verschwinde von hier!; **ser apreciado por alguien** bei jdm beliebt sein; **aprecio la libertad** ich lege auf meine Freiheit großen Wert **2.** (*una moneda*) bewerten **3.** (*una casa*) schätzen, taxieren **4.** (*tamaño, distancia, herida*) abschätzen **5.** (*captar*) wahrnehmen; **de lejos no se aprecia ningún sonido** von weitem kann man nichts hören; **este cronómetro aprecia centésimas de un segundo** dieser Chronometer gibt Hundertstelsekunden an; **el médico apreció una contusión en el pecho** der Arzt stellte eine Prellung in der Brust fest **6.** (*valorar*) einschätzen, beurteilen

apreciativo, **-a** [apreθja'tiβo, -a] *adj* Schätzungs-, schätzend

aprecio [a'preθjo] *m* **1.** (*afecto*) Zuneigung *f;* **es mi amigo, le tengo un gran** ~ er ist mein Freund, ich mag ihn sehr **2.** (*estima*) Wertschätzung *f;* **gran** ~ Hochschätzung *f,* Hochachtung *f;* **tengo un gran** ~ **por este político** ich halte viel von diesem Politiker, ich schätze diesen Politiker sehr **3.** (*acción de apreciar*) (Ab)schätzung *f*

aprehender [apre(e)n̪'der] *vt* **1.** (*coger*) fassen, ergreifen **2.** (*botín, contrabando*) beschlagnahmen **3.** (*prisionero*) festnehmen, aufgreifen **4.** (*percibir*) wahrnehmen, begreifen

aprehensible [apre(e)n'siβle] *adj* wahrnehmbar, begreiflich

aprehensión [apre(e)n'sjon] *f* **1.** (*acción de coger*) (An)fassen *nt,* Ergreifung *f* **2.** (*del botín*) Beschlagnahmung *f* **3.** (*del prisionero*) Festnahme *f,* Aufgreifen *nt* **4.** (*percepción*) Wahrnehmung *f,* Begreifen *nt*

aprehensivo, **-a** [apre(e)n'siβo, -a] *adj* wahrnehmungsfähig

apremiante [apre'mjan̪te] *adj* dringend, dringlich

apremiar [apre'mjar] **I.** *vt* **1.** (*acuciar*) (be)drängen; **el tiempo apremia** die Zeit drängt; **me apremian los acreedores** die Gläubiger (be)drängen mich **2.** (*compeler*) zwingen (*a/para* zu +*dat*) **3.** (JUR) gerichtlich zwingen **II.** *vi* (*urgir*) eilen; **este envío apremia** diese Lieferung eilt

apremio [a'premjo] *m* **1.** (*situación apremiante*) Dringlichkeit *f;* **por** ~ **de tiempo** aus Zeitnot **2.** (*coacción*) Zwang *m,* Druck *m* **3.** (JUR) Mahnung *f*

aprender [apren̪'der] *vt* lernen; **fácil/difícil de** ~ leicht/schwer erlernbar; ~ **a leer/contar** lesen/zählen lernen; ~ **de la historia** aus der Geschichte lernen; ~ **de memoria** auswendig lernen; **estoy aprendiendo a conducir** ich lerne gerade Auto fahren; ~ **idiomas** Fremdsprachen (er)lernen; **este truco lo he aprendido de ella** diesen Trick habe ich von ihr; **¿dónde has aprendido estos malos modales?** wo hast du dir diese schlechten Manieren angewöhnt?; **siempre se aprende algo nuevo** man lernt nie aus

aprendiz(a) [apren̪'diθ(a)] *m(f)* Lehrling *m,* Auszubildende(r) *mf;* **entrar de** ~ in die Lehre gehen; **trabajar de** ~ in der Lehre sein; **ser** ~ **de mucho, maestro de nada** ein Hansdampf in allen Gassen sein

aprendizaje [apren̪di'θaxe] *m* **1.** (*acción de aprender*) (Er)lernen *nt;* ~ **asistido por ordenador** computergestütztes Lernen; ~ **de una lengua extranjera** Erlernen einer Fremdsprache **2.** (*formación profesional*) Lehre *f;* **contrato de** ~ Lehr(lings)vertrag *m;* **puesto de** ~ Lehrstelle *f;* **tiempo de** ~ Lehrzeit *f;* **terminar el** ~ auslernen

aprensión [apren'sjon] *f* **1.** (*recelo*) Bedenken *ntpl;* **tengo** ~ **de decírselo, me da** ~ **decírselo** ich traue mich nicht [*o* ich habe Bedenken] es ihm/ihr zu sagen **2.** (*asco*) Ekel *m;* **ha cogido** ~ **a la leche** er/sie findet Milch ek(e)lig; **me da** ~ **beber de su vaso** es ekelt mich aus seinem/ihrem Glas zu trinken **3.** (*temor*) Befürchtung *f;* **tiene la** ~ **de que algo malo ha sucedido** er/sie befürchtet, dass etwas Schlimmes vorgefallen ist; **tengo la** ~ **de que estas pastillas me sientan mal** ich habe des Gefühl, dass mir diese Tabletten schlecht bekommen **4.** (*figuración*) Einbildung *f;* **no le hagas caso, son aprensiones suyas** du musst nichts darauf geben, er/sie bildet sich das nur ein

aprensivo, **-a** [apren'siβo, -a] *adj* überängstlich; **es muy** ~ er macht sich ständig um seine Gesundheit Sorgen

apresamiento [apresa'mjen̪to] *m* **1.** (*de un delincuente*) Verhaftung *f,* Gefangennahme *f* **2.** (*de una nave*) Kapern *nt*

apresar [apre'sar] *vt* **1.** (*hacer presa*) packen, fangen; ~ **con las garras/los colmillos** mit den Krallen/Fangzähnen packen **2.** (*delincuente*) verhaften, gefangen nehmen **3.** (*nave*) kapern

après-ski [apres'ki] *m* Après-Ski *nt;* **traje** ~ Après-Ski-Kleidung *f,* Après-Ski *nt*

aprestar [apres'tar] **I.** *vt* **1.** (*preparar*) vorbereiten; (*habitación*) herrichten **2.** (*telas*) appretieren **II.** *vr:* **~se** sich vorbereiten (*para* auf/für +*akk*), sich bereit machen (*para* für +*akk, para* zu +*dat*)

apresto [a'presto] *m* **1.** (*preparación*) Vorbereitung *f* **2.** (*de una tela*) Appretur *f*

apresurado, **-a** [apresu'raðo, -a] *adj* **1.** (*con prisa*) hastig, eilig; **llegó con paso** ~ er/sie kam eiligen Schrittes **2.** (*con excesiva prisa*) übereilt

apresuramiento [apresura'mjen̪to] *m* **1.** (*rapidez*) Schnelligkeit *f* **2.** (*acción*) Beschleunigung *f*

apresurar [apresu'rar] **I.** *vt* **1.** (*dar prisa*) drängen, zur Eile treiben **2.** (*acelerar*) beschleunigen; ~ **el paso** das Tempo beschleunigen; **hemos apresurado la salida del viaje** wir sind übereilt abgereist **II.** *vr:* **~se** sich beeilen; **¡apresúrate!** beeil dich!; **¡no te apresures!** lass dir nur Zeit!

apretado, **-a** [apre'taðo, -a] *adj* **1.** (*oprimido*) dicht **2.** (*tapón, tornillo*) fest sitzend; (*vestido*) eng; (*cinta elástica, cuerda*) straff **3.** (*personas*) dicht gedrängt **4.** (*loc*): **un caso** ~ ein heikler [*o* schwieriger] Fall; **alguien está** [*o* **se ve**] **muy** ~ jd ist in großer Bedrängnis; **estar** ~ **de dinero** schlecht bei Kasse sein; **estar** ~ **de tiempo** keine Zeit haben

apretador [apreta'ðor] *m* (TÉC) Spannvorrichtung *f*

apretar [apre'tar] <e→ie> **I.** *vi* **1.** (*calor*) drückender werden; (*dolor*) schlimmer werden; (*lluvia*) heftiger werden **2.** (*vestido*) eng sitzen; **la americana me aprieta por detrás**

die Jacke spannt am Rücken **3.** (*deudas, problemas*) schwer lasten (*a* auf +*dat*) **4.** (*loc*): **tenemos que ~ si queremos aprobar** wenn wir durchkommen wollen, müssen wir uns mehr Mühe geben; **si aprietas un poco puedes ganar el partido** wenn du noch ein bisschen an Tempo zulegst, kannst du das Spiel gewinnen; **este profesor aprieta mucho en los exámenes** dieser Lehrer stellt sehr schwierige Prüfungen **II.** *vt* **1.** (*hacer presión*) drücken; ~ **el acelerador** das Gaspedal durchtreten; ~ **un botón/una tecla/el timbre** auf einen Knopf/eine Taste/die Klingel drücken; ~ **la cuerda de la guitarra** die Saite der Gitarre spannen; ~ **la goma del pantalón** das Gummiband der Hose straffen; ~ **las manos** die Hände zusammenpressen; ~ **un nudo/un tornillo** einen Knoten/eine Schraube fester anziehen; ~ **algo contra el pecho** etw an die Brust drücken; ~ **el puño** die Faust ballen; ~ **la ropa en la maleta** die Kleider in den Koffer stopfen; ~ **el tubo de la pasta de dientes** die Zahnpastatube ausdrücken **2.** (*acosar*) bedrängen, in die Enge treiben **3.** (*loc*): ~ **los dientes** die Zähne zusammenbeißen; ~ **filas** zusammenrücken; ~ **las letras** enger schreiben, die Reihen schließen; ~ **el paso** den Schritt beschleunigen **III.** *vr:* ~**se 1.** (*estrecharse*) enger werden; ~**se el cinturón** den Gürtel enger schnallen **2.** (*agolparse*) sich drängen

apretón [apre'ton] *m* **1.** (*presión fuerte*) heftiger Druck *m;* ~ **de manos** Händedruck *m* **2.** (*sprint*) Spurt *m* **3.** (*aprieto*) Bedrängnis *f* **4.** (*apretura*) Gedränge *nt*

apretujar [apretu'xar] **I.** *vt* (*fam*) zerknautschen **II.** *vr:* ~**se** drängeln

apretura [apre'tura] *f* **1.** (*de gente*) Gedränge *nt* **2.** (*de víveres, dinero*) Mangel *m,* Not *f* **3.** (*aprieto*) Bedrängnis *f,* Verlegenheit *f*

aprieto [a'prjeto] *m* Bedrängnis *f,* Verlegenheit *f;* **un ~ económico** ein finanzieller Engpass; **un ~ moral** eine innere Not; **estar en un** ~ in der Klemme [*o* Patsche] sein [*o* sitzen]; **me pones en un ~ con esa pregunta** du bringst mich mit dieser Frage in Verlegenheit; **sacar a alguien de un** ~ jdm aus der Klemme [*o* Patsche] helfen

a priori [a pri'ori] *adv* von vorn(e)herein, a priori

apriorismo [aprjo'rismo] *m sin pl* (FILOS) Apriorismus *m*

apriorístico, **-a** [aprjo'ristiko, -a] *adj* (FILOS) erfahrungsunabhängig, aprioristisch

aprisa [a'prisa] *adv* schnell, eilig

apriscar [apris'kar] <c→qu> *vt* (*en campo*) einpferchen, in den Pferch treiben; (*en establo*) einstallen, in den Stall treiben

aprisco [a'prisko] *m* (*campo*) Pferch *m;* (*establo, majada*) Stall *m*

aprisionar [aprisjo'nar] *vt* **1.** (*poner en prisión*) ins Gefängnis bringen, einsperren; **en esta ciudad me siento aprisionado** ich fühle mich in dieser Stadt wie eingesperrt **2.** (*sujetar con cadenas*) in Ketten legen **3.** (*atar*) festbinden **4.** (*inmovilizar*) festhalten; (*pillar*) einklemmen; **quedarse aprisionado en el barro** im Lehm festsitzen; **lo ha aprisionado en sus redes** er/sie hat ihn ins Netz gelockt

aproar [apro'ar] *vi* (NÁUT) Kurs nehmen (*a* auf +*akk*)

aprobación [aproβa'θjon] *f* **1.** (*de una decisión*) Billigung *f;* **un murmullo de ~** ein beifälliges Gemurmel; **encontrar la ~ de alguien** jds Zustimmung [*o* Beifall] finden **2.** (*de un proyecto*) Genehmigung *f* **3.** (*de una moción*) Annahme *f* **4.** (*de una ley*) Verabschiedung *f*

aprobado [apro'βaðo] *m* (*nota de examen*): **he sacado un ~ en mates** ich habe die Matheprüfung bestanden

aprobar [apro'βar] <o→ue> *vt* **1.** (*decisión, propuesta*) billigen, gutheißen; **apruebo las condiciones** ich bin mit den Bedingungen einverstanden; (**no**) **apruebo al nuevo presidente** ich bin mit ihm als neuem Vorsitzenden (nicht) einverstanden; **la censura no aprobaba muchas películas** die Zensur gab viele Filme nicht frei **2.** (*proyecto*) genehmigen; **la solicitud fue aprobada** der Antrag wurde genehmigt [*o* angenommen] **3.** (*moción*) annehmen **4.** (*examen*) bestehen; **he aprobado en mates** ich habe in Mathematik bestanden **5.** (*a un alumno*) bestehen lassen **6.** (*ley*) verabschieden

aprobatorio, **-a** [aproβa'torjo, -a] *adj* beifällig, anerkennend, zustimmend

aproches [a'protʃes] *mpl* (*Am*) **1.** (*proximidad*) Nähe *f* **2.** (*parentesco*) Verwandschaftsgrad *m* **3.** (*vía de acceso*) Zugang *m*

aprontar [apron̦'tar] *vt* **1.** (*disponer*) (sofort) bereitstellen, (sofort) beschaffen; ~ **dinero** Geld unverzüglich aufbringen **2.** (MIL: *tropas*) mobil machen, mobilisieren

apronte [a'pron̦te] *m* (*Am*) Vorbereitung *f*

apropiación [apropja'θjon] *f* **1.** (*adaptación*) Anpassung *f* **2.** (*aplicación adecuada*) angemessene Verwendung *f* **3.** (*apoderamiento*) Aneignung *f;* ~ **indebida** Unterschlagung *f*

apropiado, **-a** [apro'pjaðo, -a] *adj* **1.** (*adecuado*) geeignet (*a/para* für +*akk*), passend (*a/para* für +*akk*); (*para una tarea*) tauglich (*a/para* für +*akk*) **2.** (*oportuno*) angebracht; **un precio ~** ein angemessener Preis

apropiar [apro'pjar] **I.** *vt* **1.** (*adaptar*) anpassen (*a* +*dat*) **2.** (*Am: premio*) verleihen; (*encargo, beca*) vergeben **II.** *vr:* ~**se** sich *dat* aneignen (*de* +*akk*), sich bemächtigen (*de* +*gen*)

aprovechable [aproβe'tʃaβle] *adj* (*material*) brauchbar, verwendbar; (*restos, residuos*) verwertbar

aprovechado, **-a** [aproβe'tʃaðo, -a] *adj* **1.** (*alumno*) strebsam, lerneifrig **2.** (*trabajador*) tüchtig, arbeitsam **3.** (*calculador*) berechnend; **este hombre es un** ~ dieser Mann ist ein Nassauer

aprovechamiento [aproβetʃa'mjen̪to] *m* (Be)nutzung *f;* (*de una idea, residuos*) Verwertung *f;* ~ **de desperdicios** Abfallverwertung *f;* ~ **del espacio** Platzausnutzung *f;* ~ **del tiempo libre** Freizeitgestaltung *f;* ~ **de tierras** (AGR) Bodennutzung *f;* ~ **de la energía solar** Nutzung von Sonnenenergie; ~ **óptimo** optimale Ausnutzung

aprovechar [aproβe'tʃar] **I.** *vi* **1.** (*valer*) von Nutzen sein, gut bekommen; **¡que aproveche!** guten Appetit!; **esta comida no me ha aprovechado** dieses Essen ist mir nicht gut bekommen; **el tratamiento le ha aprovechado** die Kur ist ihnen gut bekommen [*o* hat bei ihnen gut angeschlagen] **2.** (*progresar*): **mi hijo no aprovecha en los estudios** mein Sohn kommt mit dem Studium nicht voran **II.** *vt* (*obtener provecho de*) ausnutzen, sich *dat* zunutze machen; ~ **una ventaja/una oportunidad/el tiempo** einen Vorteil/eine Gelegenheit/die Zeit nutzen; ~ **una idea** einen Einfall verwerten; ~ **un invento** sich *dat* eine Erfindung zunutze machen; ~ **el máximo de algo** den größtmöglichen Nutzen aus etw ziehen; **aprovechó la inexperiencia de su jefe para pedir un aumento** er/sie nutzte die Unerfahrenheit seines/ihres Chefs und forderte eine Gehaltserhöhung **III.** *vr:* ~**se** ausnutzen (*de* +*akk*), profitieren (*de* von +*dat*); ~**se de un trabajador** einen Arbeiter ausbeuten; **ellos hacen el trabajo sucio y luego los otros se aprovechan** sie machen die schmutzige Arbeit und die anderen profitieren dann davon; ~**se de una mujer** eine Frau missbrauchen

aprovisionamiento [aproβisjona'mjen̪to] *m* Versorgung *f*

aprovisionar [aproβisjo'nar] *vt* versorgen (*de/con* mit +*dat*), verproviantieren (*de/con* mit +*dat*)

aproximación [aproˠsima'θjon] *f* **1.** (*acercamiento*) Annäherung *f* (*a* an +*akk*); ~ **de legislaciones** (UE) Angleichung der Rechtsvorschriften **2.** (*en un cálculo*) (An)näherungswert *m* **3.** (*en una lotería*) Trostpreis *m*

aproximado, -a [aproˠsi'maðo, -a] *adj* ungefähr; **una fecha aproximada** ein ungefährer Termin

aproximar [aproˠsi'mar] **I.** *vt* (*arrimar*) heranbringen, heranrücken; **aproxima la silla a la mesa** rück den Stuhl an den Tisch (heran); ~ **opiniones** Meinungen einander annähern **II.** *vr:* ~**se 1.** (*acercarse*) sich (an)nähern (*a* +*dat, a* an +*akk*); **se aproximó con su silla a la ventana** er/sie rückte mit seinem/ihrem Stuhl näher an das Fenster; **ella se aproxima a los 50** sie geht auf die 50 zu; **se aproxima a la realidad** das kommt der Wirklichkeit sehr nahe **2.** (*ir hacia un punto*) herangehen (*a* an +*akk*), herantreten (*a* an +*akk*) **3.** (*venir hacia un punto*) herankommen, näher kommen; **se aproxima agosto** der August naht; **las tropas se aproximan** die Truppen rücken näher; **se aproxima una tormenta** ein Gewitter zieht auf

aproximativo, -a [aproˠsima'tiβo, -a] *adj* approximativ, angenähert; **valor** ~ Annäherungswert *m*

APSA ['aβsa] *f* (AERO) *abr de* **Aerolíneas Peruanas Sociedad Anónima** *peruanische Fluggesellschaft*

apsiquia [aβ'sikja] *f* (MED) Bewusstlosigkeit *f*

áptero, -a ['aptero, -a] *adj* (ZOOL) flügellos, ungeflügelt

aptitud [apti'tuᵈ] *f* Tauglichkeit *f* (*para* für +*akk, para* zu +*dat*), Befähigung *f* (*para* für +*akk, para* zu +*dat*); ~ **profesional** berufliche Qualifikation; ~ **para el servicio militar** Wehrdiensttauglichkeit *f;* **certificado de** ~ Befähigungsnachweis *m;* **certificado de** ~ **técnica** (ECON) Betriebserlaubnis *f;* **examen de** ~ Eignungsprüfung *f;* **tiene** ~**es físicas para la natación** er/sie bringt für den Schwimmsport alle körperlichen Voraussetzungen mit

apto, -a ['apto, -a] *adj* geeignet (*para* für +*akk, para* zu +*dat*); ~ **para el servicio militar** wehrdiensttauglich; **la película no es apta para menores** der Film ist nicht jugendfrei

apuesta [a'pwesta] *f* **1.** (*juego*) Wette *f;* **corredor de** ~**s** Buchmacher *m* **2.** (*cantidad apostada*) Einsatz *m*

apuesto, -a [a'pwesto, -a] *adj* gut aussehend, schmuck

apunarse [apu'narse] *vr* **1.** (*Arg, Bol, Perú: padecer mal de montaña*) höhenkrank werden **2.** (*Col: quedarse tieso*) erstarren

apuntado, -a [apun̪'taðo, -a] *adj* (*agudo*) spitz

apuntador(a) [apun̪ta'ðor(a)] *m(f)* (TEAT) Souffleur *m,* Souffleuse *f;* **concha del** ~ Souffleurkasten *m;* **en esta película no se salva ni el** ~ in diesem Film bleibt keiner verschont

apuntalamiento [apun̪tala'mjen̪to] *m* (ARQUIT) (Ab)stützen *nt*

apuntalar [apun̪ta'lar] *vt* (ARQUIT) (ab)stützen, abfangen

apuntamiento [apun̪ta'mjen̪to] *m* **1.** (*acción*) Aufzeichnung *f,* Niederschreiben *nt* **2.** (JUR) Aktenauszug *m*

apuntar [apun̪'tar] **I.** *vi* sich zeigen; (*día*) anbrechen; (*barba, trigo*) sprießen; (*estación*) beginnen; **apunta la primavera** es wird Frühling; **la recuperación económica empieza a** ~ es deutet sich eine Wiederbelebung der Wirtschaft an **II.** *vt* **1.** (*con un arma*) zielen (*a* auf +*akk*); **¡apunten!** legt an!; ~ **a un jabalí** ein Wildschwein anvisieren, auf ein Wildschwein zielen **2.** (*con el dedo*) zeigen (*a* auf +*akk*), deuten (*a* auf +*akk*) **3.** (*anotar*) (sich *dat*) aufschreiben, (sich *dat*) notieren **4.** (*en una lista*) eintragen (*en* in +*akk*); **me hice** ~ **en la lista** ich habe mich in die Liste eintragen lassen **5.** (*en un club*) einschreiben (*en* bei +*dat*) **6.** (*naipes*) setzen (*a* auf +*akk*) **7.** (*tela*) (an)heften **8.** (*dictar en voz baja*) vorsagen, zuflüstern; (TEAT) soufflieren **9.** (*insinuar*) andeuten; ~ **algo y no dar** etw versprechen und nicht halten **10.** (*indicar*) hinweisen (*a* auf +*akk*), hindeuten (*a* auf +*akk*); ~ **a que...** darauf hindeuten, dass ...; **todo apunta en esta dirección** alles weist in diese Richtung **11.** (*ambicionar*) abzielen (*a* auf +*akk*), anstreben (*a* +*akk*); ~ **alto** hoch hinauswollen **III.** *vr:* ~**se 1.** (*a un curso*) sich anmelden (*a* zu +*dat*) **2.** (*en una lista*) sich eintragen (*en* in +*akk*) **3.** (*a un club*) beitreten (*a* +*dat*) **4.** (*el vino*) einen Stich bekommen **5.** (*éxito, tanto*) verbuchen, verzeichnen **6.** (*victoria*) erringen **7.** (*fam: emborracharse*) sich *dat* einen ansäuseln

apunte[1] [a'puṇte] *m* **1.** (*escrito*) Notiz *f*, Aufzeichnung *f*; **tomar ~s** Notizen machen, mitschreiben; **¿me dejas los ~s de mates?** kannst du mir die Matheunterlagen leihen? **2.** (*bosquejo*) Skizze *f* **3.** (FIN) Buchung *f* **4.** (*Arg*): **llevar el** ~ (*fam: prestar atención*) aufmerksam zuhören; (*seguir un consejo*) einen Rat befolgen; (*responder al galanteo*) auf einen Flirt reagieren

apunte[2] [a'puṇte] *mf* (*apuntador*) Souffleur *m*, Souffleuse *f*

apuntillar [apuṇti'ʎar] *vt* (TAUR) den Gnadenstoß geben +*dat*

apuñalar [apuɲa'lar] *vt* erdolchen, erstechen

apuñar [apu'ɲar] **I.** *vi* die Faust ballen **II.** *vt* mit der Faust fassen

apuradamente [apuraða'meṇte] *adv* **1.** (*exactamente*) genau **2.** (*con dificultad*) mit Schwierigkeiten

apurado, **-a** [apu'raðo, -a] *adj* **1.** (*agotado*) erschöpft; ~ **de dinero** knapp bei Kasse **2.** (*con esmero*) sorgfältig **3.** (*dificultoso*) schwierig; **una situación apurada** eine ernste Lage; **verse** ~ in der Klemme sitzen **4.** (*Am: apresurado*) eilig; **estar** ~ es eilig haben; **hacer un trabajo a las apuradas** eine Arbeit stümperhaft ausführen

apurar [apu'rar] **I.** *vt* **1.** (*investigación*) genau [*o* eingehend] untersuchen **2.** (*vaso*) austrinken, leeren **3.** (*plato*) leer essen **4.** (*paciencia, reservas*) erschöpfen; ~ **todos los medios** nichts unversucht lassen **5.** (*angustiar*) quälen; (*atosigar*) plagen; **¡no me apures, mi paciencia tiene un límite!** treib es nicht auf die Spitze, meine Geduld hat bald ein Ende!; **ya vendrá cuando le apure el hambre** er/sie wird schon kommen, wenn er/sie hungrig ist **6.** (*con alabanzas*) verlegen machen; **me apura decirle que no tengo dinero** es ist mir peinlich ihm/ihr zu sagen, dass ich kein Geld habe **7.** (*Am: dar prisa*) drängen **II.** *vr:* ~**se 1.** (*preocuparse*) sich *dat* Sorgen machen; **¡no te apures por eso!** mach dir deswegen keine Sorgen! **2.** (*Am: darse prisa*) sich beeilen; **¡no te apures!** es eilt nicht!, es hat Zeit!

apuro [a'puro] *m* **1.** (*aprieto*) Bedrängnis *f*, Not *f*; (*dificultad*) Schwierigkeit *f*; **estar en un** ~ in der Patsche [*o* Klemme] sitzen; **sacar a alguien de un** ~ jdm aus der Patsche [*o* Klemme] helfen; **Boris Becker está poniendo en ~s a su contrincante** Boris Becker bringt seinen Gegner in Verlegenheit [*o* setzt seinem Gegner ganz schön zu]; **con esa pregunta, el profesor me puso en un** ~ mit dieser Frage hat mich der Lehrer in Verlegenheit gebracht **2.** (*estrechez*) finanzielle Notlage *f*; **la saqué de un ~ dándole 1000 pesetas** ich half ihr mit 1000 Peseten aus; **sufrir grandes ~s** große Not leiden **3.** (*vergüenza*) Scham *f*; **me da ~ pedirle el dinero** es ist mir peinlich ihn/sie um das Geld zu bitten **4.** (*Am: prisa*) Eile *f*, Hast *f*

aquaplanning [akwa'planiŋ] *m* (AUTO) Aquaplaning *nt*

aquárium [a'kwariun] <aquáriums> *m* Aquarium *nt*

aquejar [ake'xar] *vt* **1.** (*afligir*) bekümmern, betrüben **2.** (*enfermedad*) quälen; **le aqueja una enfermedad grave** er/sie leidet an einer schweren Krankheit

aquel[1] [a'kel] *m:* **no es guapo pero tiene un** ~ er ist zwar nicht hübsch, aber er hat das gewisse Etwas

aquel, **-ella**[2] [a'kel, -eʎa] **I.** *adj* <aquellos, -as> diese(r, s) (dort), der/die/das (dort), jene(r, s) *elev*; ~ **perro es el mío** dieser Hund dort ist meiner; **aquella casa es nuestra** das Haus dort gehört uns; **¿qué fue del hombre ~?** was ist aus diesem Mann geworden?; **¿estabais de acuerdo en ~ punto?** wart ihr euch in dem Punkt einig?; **sólo lo vi en aquella ocasión** ich habe ihn nur bei dieser Gelegenheit gesehen; **en aquellos tiempos** zu jener Zeit **II.** *pron dem v.* **aquél, aquélla, aquello**

aquél, **aquélla**, **aquello** [a'kel, a'keʎa, a'keʎo] *pron dem* <aquéllos, -as> diese(r, s) dort, der/die/das (dort), jene(r, s) *elev*, derjenige/diejenige/dasjenige; ~ **me gusta, éste no** der dort gefällt mir, dieser hier nicht; **¿qué es aquello?** was ist das (dort)?; **como decía** ~ wie jener sagte; **sólo pueden participar aquéllos que sepan inglés** nur diejenigen, die Englisch können, dürfen daran teilnehmen; **esta teoría se diferencia de aquélla** diese Theorie unterscheidet sich von jener; ~ **que colabore recibirá un premio** jeder, der mitmacht, bekommt eine Belohnung; **oye, ¿qué hay de aquello?** und, wie steht's damit?

aquelarre [ake'larre] *m* Hexensabbat *m*

aquella(s) [a'keʎa(s)] *adj o pron dem v.* **aquel**[2]

aquélla(s) [a'keʎa(s)] *pron dem v.* **aquél**

aquello(s) [a'keʎo(s)] *adj o pron dem v.* **aquel**[2]

aqueo, **-a** [a'keo, -a] **I.** *adj* (HIST) achäisch **II.** *m, f* (HIST) Achäer(in) *m(f)*

aquerenciarse [akereṇ'θjarse] *vr* sich eingewöhnen (*a* in +*dat*)

aquí [a'ki] *adv* **1.** (*de lugar*) hier, da; (*con movimiento*) hierher; (**por**) ~ **cerca** hier in der Nähe; ~ **dentro** hierin, darin; **éste de** ~ der hier [*o* da]; **¡ah,** ~ **estás!** da bist du ja!; **andar de** ~ **para allá** hin und her laufen; **mira** ~ **dentro** schau hier rein; **de** ~ **hasta allí hay 10 minutos a pie** bis dahin sind es 10 Minuten zu Fuß; **mejor ir por** ~ besser hier entlang **2.** (*de tiempo*): **de** ~ **en adelante** von nun an; **de** ~ **a una semana** heute in einer Woche; **hasta** ~ bis jetzt

aquiescencia [akjes'θeṇθja] *f* Zustimmung *f*

aquietar [akje'tar] **I.** *vt* **1.** (*apaciguar*) beruhigen; ~ **los ánimos** die Gemüter beruhigen **2.** (*aliviar*) lindern, mildern **II.** *vr:* ~**se** sich beruhigen; ~**se con una explicación** sich mit einer Erklärung zufrieden geben

aquilatar [akila'tar] *vt* **1.** (*perlas*) den Karatgehalt bestimmen +*gen* **2.** (*apreciar*) (richtig) einschätzen **3.** (*purificar*) läutern

aquilea [aki'lea] *f* (BOT) Schafgarbe *f*

Aquiles [a'kiles] *m* Achilles *m;* **talón de** ~ Achillesferse *f;* **argumento de** ~ schlagender Beweis

aquilón [aki'lon] *m* (*viento*) Nordwind *m*

Aquisgrán [akis'ɣran] *m* Aachen *nt*

ara[1] ['ara] *f* **1.** (*altar*) Altar *m* **2.** (REL: *piedra consagrada*) Altarstein *m* **3.** (*loc*): **acogerse a las** ~**s de alguien** bei jdm Zuflucht suchen; **en** ~**s de algo/alguien** um etw/jds willen; **en** ~**s de la paz/de mi hermano** um des Friedens/meines Bruders willen; **dar la vida en** ~**s de una idea** das Leben für eine Idee opfern

ara[2] ['ara] *m* (*Am:* ZOOL) Papagei *m*

árabe ['araβe] **I.** *adj* arabisch **II.** *mf* Araber(in) *m(f)*

arabesco[1] [ara'βesko] *m* (ARTE) Arabeske *f*

arabesco, -a[2] [ara'βesko, -a] *adj* arabisch

Arabia [a'raβja] *f* Arabien *nt;* ~ **Saudita** Saudiarabien *nt*

arábigo[1] [a'raβiɣo] *m* (*idioma*) Arabisch(e) *nt;* **hablar en** ~ Arabisch sprechen; (*fig*) unverständlich reden

arábigo, -a[2] [a'raβiɣo, -a] *adj* arabisch

arabismo [ara'βismo] *m* (LING) Arabismus *m*

arabista [ara'βista] *mf* Arabist(in) *m(f)*

arabización [araβiθa'θjon] *f* Arabisierung *f*

arabizar [araβi'θar] <z→c> *vt* arabisieren

arácnidos [a'raɣniðos] *mpl* (ZOOL) Spinnentiere *ntpl*

aracnofobia [araɣno'foβja] *f* (PSICO) Arachnophobie *f,* Angst *f* vor Spinnen

arado [a'raðo] *m* Pflug *m*

arador(a) [ara'ðor(a)] *m(f)* Pflüger(in) *m(f)*

Aragón [ara'ɣon] *m* Aragonien *nt*

aragonés, -esa [araɣo'nes, -esa] **I.** *adj* aragonisch **II.** *m, f* Aragonier(in) *m(f)*

aragonito [araɣo'nito] *m* Aragonit *m*

aralia [a'ralja] *f* (BOT) (Zimmer)aralie *f*

arameo, -a [ara'meo, -a] **I.** *adj* aramäisch **II.** *m, f* Aramäer(in) *m(f)*

arana [a'rana] *f* Betrug *m,* Schwindel *m*

arancel [araṇ'θel] *m* Tarif *m;* ~ **aduanero** Zoll(tarif) *m;* ~ **exterior/interior** Außen-/Innenzoll *m;* ~ **exterior común** (UE) gemeinsamer Außenzoll; ~ **financiero** Finanzzoll *m;* **exento de** ~**es** zollfrei

arancelario, -a [araṇθe'larjo, -a] *adj* Zoll-; **barreras no arancelarias** nichttarifäre Handelshemmnisse; **derechos** ~**s** Zollgebühren *fpl;* **no** ~ nichttarifär, nichttariflich; **partida arancelaria** Zollnummer *f;* **política arancelaria** Zollpolitik *f*

arándano [a'raṇdano] *m* (BOT: *planta y fruta*) Heidelbeere *f,* Blaubeere *f*

arandela [araṇ'dela] *f* **1.** (*disco*) Metallring *m;* (*para un tornillo*) Unterlegscheibe *f;* (*para una junta*) Dichtungsring *m* **2.** (*Méx, Perú: volante*) Volant *m*

aranés[1] [ara'nes] *m sin pl* (*lengua*) Aranesisch(e) *nt*

aranés, -esa[2] [ara'nes, -esa] **I.** *adj* aranesisch, von Aran **II.** *m, f* Araner(in) *m(f),* Araneser(in) *m(f)*

araña [a'raɲa] *f* **1.** (ZOOL) Spinne *f;* **tela de** ~ Spinnennetz *nt* **2.** (*candelabro*) Kronleuchter *m* **3.** (*aprovechado*) Nassauer *m fam* **4.** (*prostituta*) Prostituierte *f*

arañar [ara'ɲar] **I.** *vt* **1.** (*rasguñar*) kratzen; (*dañar*) verkratzen; **el gato me arañó en la cara** die Katze hat mich im Gesicht gekratzt; **el gato está arañando el sillón** die Katze kratzt am Sessel **2.** (*fam: reunir*) zusammenkratzen; **con un poco de suerte** ~**é un aprobado** mit ein bisschen Glück rutsche [*o* komme] ich bei der Prüfung durch **3.** (*loc*): ~ **la guitarra** Gitarre spielen; **conseguir algo arañando** (*Arg*) etw mit Mühe und Not erreichen **II.** *vi* kratzen; **este jersey araña** dieser Pulli kratzt **III.** *vr:* ~**se** sich *dat* zerkratzen; **me he arañado la cara** ich habe mir das Gesicht zerkratzt

arañazo [ara'ɲaθo] *m* Kratzer *m,* Schramme *f;* **dar un** ~ **a alguien** jdn kratzen; **defenderse a** ~ **limpio** sich hartnäckig verteidigen

arar [a'rar] **I.** *vt* pflügen, ackern **II.** *m* (BOT) **1.** (*alerce*) afrikanische Lärche *f* **2.** (*enebro*) Wacholder *m*

araucano, -a [arau̯'kano, -a] **I.** *adj* araukanisch **II.** *m, f* Araukaner(in) *m(f)*

araucaria [arau̯'karja] *f* (BOT) Araukarie *f*

arbitrable [arβi'traβle] *adj* entscheidbar; (JUR) schiedsgerichtlich entscheidbar

arbitraje [arβi'traxe] *m* **1.** (*juicio arbitral*) Schiedsspruch *m* **2.** (*facultad de arbitrar*) Schiedsgerichtbarkeit *f* **3.** (*de una disputa*) Schlichtung *f* **4.** (ECON) Arbitrage *f;* ~ **del cambio** Wechsel(kurs)arbitrage *f;* ~ **sobre los tipos de interés** Zinsarbitrage *f;* **comisión de** ~ Schlichtungskommission *f,* Vermittlungsausschuss *m*

arbitral [arβi'tral] *adj* schiedsrichterlich,

Schiedsrichter-; **jurisdicción** ~ Schiedsgerichtbarkeit *f*

arbitramento [arβitra'mento] *m* (JUR) **1.** (*facultad*) Schieds(gerichts)verfahren *nt* **2.** (*sentencia*) Schiedsspruch *m*

arbitrar [arβi'trar] **I.** *vt* **1.** (*disputa*) schlichten **2.** (*medios, recursos*) aufbringen, auftreiben **3.** (DEP) pfeifen **II.** *vi* (JUR) einen Schiedsspruch fällen

arbitrariedad [arβitrarje'ðað] *f* **1.** (*cualidad*) Willkür *f*, Eigenmächtigkeit *f* **2.** (*acción*) Willkürmaßnahme *f*

arbitrario, -a [arβi'trarjo, -a] *adj* **1.** (*inconsistente*) beliebig **2.** (*voluble*) willkürlich, eigenmächtig

arbitrio [ar'βitrjo] *m* **1.** (*decisión de un juez*) Schiedsspruch *m* **2.** (*albedrío, voluntad*) Belieben *nt*, Ermessen *nt*; **estar al ~ de alguien** in jds Ermessen liegen; **dejar al ~ de alguien** in jds Ermessen stellen **3.** (*medio, salida*) Ausweg *m* **4.** *pl* (*impuesto*): **~s municipales** Gemeindesteuer *f*

árbitro, -a ['arβitro, -a] *m, f* **1.** (JUR) Schiedsrichter(in) *m(f)* **2.** (*mediador*) Schlichter(in) *m(f)* **3.** (DEP) Schiedsrichter(in) *m(f)*; (*boxeo*) Ringrichter(in) *m(f)*; (*judo, wrestling*) Kampfrichter(in) *m(f)*

árbol ['arβol] *m* **1.** (BOT) Baum *m*; **~ de la ciencia** Baum der Erkenntnis; **~ de la cruz** Kreuz *nt*; **~ de directorios** (INFOR) Verzeichnisbaum *m*; **~ frutal** Obstbaum *m*; **~ genealógico** Stammbaum *m*; **~ de Navidad** Weihnachtsbaum *m*; **los ~es no le dejan ver el bosque** er/sie sieht den Wald vor lauter Bäumen nicht; **del ~ caído todos hacen leña** (*prov*) wenn der Baum fällt, bricht jedermann Holz **2.** (TÉC: *eje*) Welle *f*, Achse *f*; **~ del cigüeñal** Kurbelwelle *f*; **~ de levas** Nockenwelle *f* **3.** (NÁUT: *palo*) Mast *m*; **~ mayor** Großmast *m*

arbolado[1] [arβo'laðo] *m* Baumgruppe *f*

arbolado, -a[2] [arβo'laðo, -a] *adj*: **mar ~** aufgewühlte [*o* stürmische] See

arboladura [arβola'ðura] *f* (NÁUT) Takelage *f*

arbolar [arβo'lar] *vt* (NÁUT) bemasten

arboleda [arβo'leða] *f* Baumgruppe *f*, Baumpflanzung *f*

arbóreo, -a [ar'βoreo, -a] *adj* **1.** (*relativo al árbol*) Baum-; **masa arbórea** Baumbestand *m* **2.** (*parecido al árbol*) baumähnlich

arborescencia [arβores'θenθja] *f* Arboreszenz *f*, baumähnlicher Wuchs *m*

arborescente [arβores'θente] *adj* **1.** (*en forma de árbol*) baumartig **2.** (*ramificado*) verzweigt

arboreto [arβo'reto] *m*, **arboretum** [arβo'retun] *m* (BOT) Arboretum *nt*, Baumgarten *m*

arboricida [arβori'θiða] **I.** *adj* baumtötend **II.** *m* Arborizid *nt*

arborícola [arβo'rikola] **I.** *adj* (ZOOL) baumbewohnend **II.** *mf* (ZOOL) Baumbewohner *m*; **la mayoría de los monos son ~s** die meisten Affen sind Baumbewohner [*o* leben auf Bäumen]

arboricultor(a) [arβorikul'tor(a)] *m(f)* Baumzüchter(in) *m(f)*

arboricultura [arβorikul'tura] *f* Baumzucht *f*

arborizar [arβori'θar] <z→c> *vt* mit Bäumen bepflanzen

arbotante [arβo'tante] *m* (ARQUIT) Strebebogen *m*

arbustivo, -a [arβus'tiβo, -a] *adj* (BOT) Strauch-; **planta arbustiva** Strauchgewächs *nt*

arbusto [ar'βusto] *m* Strauch *m*, Busch *m*

arca ['arka] *f* **1.** (*para objetos*) Truhe *f*, Kiste *f*; **~ de la alianza** (REL) Bundeslade *f*; **~ de Noé** Arche Noah; **~ del pan** (*fam*) Bauch *m*; **ser un ~ cerrada** sehr verschlossen [*o* reserviert] sein **2.** (*para dinero*) Geldschrank *m*, Tresor *m*; **las ~s del estado** die Staatskasse

arcabucero [arkaβu'θero] *m* (MIL) **1.** (*soldado*) Arkebusier *m*, (Haken)büchsenschütze *m* **2.** (*fabricante*) Hersteller *m* von Arkebusen

arcabuz [arka'βuθ] *m* Arkebuse *f*, Hakenbüchse *f*

arcada [ar'kaða] *f* **1.** (*conjunto de arcos*) Bogengang *m*, Arkade *f* **2.** (*ojo de un puente*) Arkade *f* **3.** (*basca*) Brechreiz *m*

arcaico, -a [ar'kaiko, -a] *adj* **1.** (*anticuado*) veraltet, archaisch **2.** (GEO): **periodo ~** Archäozoikum *nt*

arcaísmo [arka'ismo] *m* (LING, ARTE) Archaismus *m*

arcaizante [arkai'θante] *adj* archaisierend

arcángel [ar'kaŋxel] *m* Erzengel *m*

arcano[1] [ar'kano] *m* Geheimnis *nt*; **~ insondable** unergründliches Geheimnis

arcano, -a[2] [ar'kano, -a] *adj* geheim

arce ['arθe] *m* (BOT) Ahorn *m*

arcediano [arθe'ðjano] *m* (REL) *v.* **archidiácono**

arcedo [ar'θeðo] *m* Ahornwald *m*

arcén [ar'θen] *m* (*margen*) Rand *m*; (*de carretera*) Randstreifen *m*; (*de un pozo*) Brunnenrand *m*

archiburgués, -esa [artʃiβur'ɣes, -esa] *m, f* Erzspießer(in) *m(f)*

archiconocido, -a [artʃikono'θiðo, -a] *adj* (*fam*) überall bekannt; **es ~** er ist bekannt wie ein bunter Hund

archidiácono [artʃiði'akono, -a] *m* (REL) Archidiakon *m*, Erzdiakon *m*

archidiócesis [artʃi'ðjoθesis] *f inv* Erzbistum *nt*

archiducado [artʃiðu'kaðo] *m* Erzherzogtum *nt*

archiduque(sa) [artʃi'ðuke, artʃiðu'kesa] *m(f)* Erzherzog(in) *m(f)*

archienemigo, -a [artʃiene'miɣo, -a] *m, f* Erzfeind(in) *m(f)*

archifamoso, -a [artʃifa'moso, -a] *adj* (*fam*) weltberühmt

archimillonario, -a [artʃimiʎo'narjo, -a] *m,*

f Multimillionär(in) *m(f)*

archipiélago [artʃi'pjelaɣo] *m* Archipel *m*, Inselgruppe *f*; **el ~ canario** die Kanarischen Inseln

archisabido, **-a** [artʃisa'βiðo, -a] *adj* (*fam*) äußerst bekannt; **esto está ya ~** wir können es schon nicht mehr hören

archivador [artʃiβa'ðor] *m* **1.** (*mueble*) Aktenschrank *m* **2.** (*carpeta*) (Akten)ordner *m*; **~ de correspondencia** Briefordner *m*

archivar [artʃi'βar] *vt* (*documentos*) ablegen; (*en una carpeta*) abheften; **~ un asunto** eine Sache zu den Akten legen; **~ en disco duro** (INFOR) auf Festplatte speichern

archivero, **-a** [artʃi'βero, -a] *m, f* **1.** (*de archivo histórico*) Archivar(in) *m(f)* **2.** (*de oficina*) Angestellte(r) *mf* in der Registratur

archivística [artʃi'βistika] *f sin pl* Archivistik *f*

archivo [ar'tʃiβo] *m* **1.** (*documentos, lugar*) Archiv *nt*; **~ fotográfico** Bildarchiv *nt*; **constar en los ~s** aktenkundig sein **2.** (INFOR) Datei *f*; **~ de comando** Befehlsdatei *f*; **~ de configuración** Konfigurationsdatei *f*; **~ ejecutable** ausführbare Datei; **~ de gráficas** Grafikdatei *f*; **~ de mensajes** Meldungsdatensatz *m*; **~ de texto** Textdatei *f*; **apertura de ~** Öffnen einer Datei; **separación entre ~s** Trennzeichen zwischen Dateien **3.** (*Col: oficina*) Büro *nt*

archivólogo, **-a** [artʃi'βoloɣo, -a] *m, f* Archivkundler(in) *m(f)*, Archivologe, -in *m, f*

archivolta [artʃi'βol̪ta] *f* (ARQUIT) *v.* **arquivolta**

arcilla [ar'θiʎa] *f* Ton *m*

arcilloso, **-a** [arθi'ʎoso, -a] *adj* **1.** (*con arcilla*) tonhaltig **2.** (*parecido a la arcilla*) tonartig

arciprestazgo [arθipres'taθɣo] *m* (REL) **1.** (*cargo*) Erzpriesteramt *nt* **2.** (*territorio*) Amtsbezirk *m* eines Erzpriesters

arcipreste [arθi'preste] *m* Erzpriester *m*

arco ['arko] *m* **1.** (*arma, t.* ARQUIT, ELEC) Bogen *m*; **~ apuntado** Spitzbogen *m*; **~ de medio punto** Rundbogen *m*; **~ parlamentario** Parteienspektrum *nt*; **~ de triunfo** Triumphbogen *m*; **~ voltaico** Lichtbogen *m* **2.** (MAT) Arkus *m*, Kreisbogen *m* **3.** (MÚS) (Geigen)bogen *m*; **golpe de ~** Bogenstrich *m*; **manejar bien el ~** eine gute Bogenführung haben **4.** (*de una cuba*) Fassreif(en) *m* **5.** (METEO): **~ iris** Regenbogen *m* **6.** (TÉC): **~ segueta** Laubsäge *f*

arcón [ar'kon] *m* große Truhe *f*

ardentía [arðen̪'tia] *f* **1.** (*calor*) Brennen *nt* **2.** (MED: *de estómago*) Pyrosis *f*, Sodbrennen *nt*

arder [ar'ðer] *vi* **1.** (*vela, casa, herida*) brennen; **~ con fuerza** lodern; **~ sin llama** glimmen; **la casa ardía por los cuatro costados** das Haus brannte lichterloh; **el niño arde de fiebre** das Kind ist ganz heiß **2.** (*abrasarse*): **~ de amor** von Liebe entbrannt sein; **~ de odio** von Hass erfüllt sein, Hass im Herzen tragen; **~ de pasión** von Leidenschaft entflammt sein; **~ de rabia** vor Wut rasen; **arde en deseos de conocerte** er/sie fiebert danach [*o* brennt darauf] dich kennenzulernen; **ardía por contárnoslo** er/sie brannte darauf es uns zu erzählen **3.** (*estar agitado*): **Valencia arde en fiestas** in Valencia herrscht festlicher Trubel; **el país arde en guerra** der Krieg wütet im Land; **la sesión parlamentaria está que arde** auf dieser Parlamentssitzung geht es heiß her; **le han robado la cartera y está que arde** er/sie ist wütend, weil man ihm/ihr die Geldbörse gestohlen hat

ardid [ar'ðið] *m* List *f*, Kniff *m*

ardiente [ar'ðjen̪te] *adj* **1.** (*sed*) brennend **2.** (*pasión, deseo, fiebre*) glühend **3.** (*seguidor, partidario*) leidenschaftlich, glühend **4.** (*temperamento*) sanguinisch **5.** (*amante*) feurig **6.** (*loc*): **rosa ~** feuerrote Rose

ardilla [ar'ðiʎa] *f* (ZOOL) Eichhörnchen *nt*

ardite [ar'ðite] *m* (HIST) *frühere Scheidemünze Kastiliens*; **no me importa un ~** (*fam*) das ist mir völlig wurscht; **no valer un ~** (*fam*) keinen Pfennig [*o* roten Heller] wert sein

ardor [ar'ðor] *m* **1.** (*calor*) Hitze *f*, Glut *f*; **~ de estómago** Sodbrennen *nt* **2.** (*apasionamiento, vehemencia*) Eifer *m*, Hitze *f*; **el ~ de su mirada** die Glut seines/ihres Blickes; **en el ~ del combate** in der Hitze des Gefechts

ardoroso, **-a** [arðo'roso, -a] *adj* **1.** (*calor*) sengend, glühend; (*verano*) heiß **2.** (*persona*) hitzig, lebhaft **3.** (*amante*) feurig, leidenschaftlich **4.** (*discusión*) leidenschaftlich, hitzig

arduo, **-a** ['arðwo, -a] *adj* mühsam, beschwerlich; **una vida ardua** ein mühseliges Leben

área ['area] *f* **1.** (*superficie, extensión*) Fläche *f*; **~ de memoria alta** (INFOR) oberer Speicherbereich; **~ superior de memoria** (INFOR) hoher Speicherbereich **2.** (*terreno delimitado*) Gelände *nt*, Areal *nt*; **~ de descanso** (AUTO) Rastplatz *m*; **las ~s olímpicas** das Olympiagelände **3.** (*zona*) Gebiet *nt*, Zone *f*; **~ de bajas presiones** (METEO) Tiefdruckgebiet *nt*; **~ comunitaria** (UE) Gemeinschaftsraum *m*, EU-Raum *m*; **~ del dólar** (ECON, FIN) Dollarraum *m*, Dollarblock *m*; **~ económica** (ECON) Wirtschaftsraum *m*; **~ industrial** (ECON) Industriegebiet *nt*; **~ de la libra** (ECON, FIN) Sterlingblock *m*; **~ de libre cambio** (COM) Freihandelszone *f*; **~ metropolitana** Großstadtgebiet *nt*; **~ de no fumar** Nichtraucherzone *f* **4.** (*ámbito*) Bereich *m*, Gebiet *nt*; **~ de influencia** Einflussbereich *m*; **~ temática** Themenbereich *m* **5.** (*100 metros²*) Ar *m o nt* **6.** (DEP): **~ de castigo** Strafraum *m* **7.** (MAT) Flächeninhalt *m*

AREA ['area] *f* (AERO) *abr de* **Compañía Ecuatoriana de Aviación** *ecuadorianische Fluggesellschaft*

arefacción [arefaᵞ'θjon] *f* (*secamiento: acción*) Austrocknen *nt*, Austrocknung *f*; (*resultado*) Trockenheit *f*

arel [a'rel] *m* (AGR) Weizensieb *nt*, Kornsieb *nt*

arelar [are'lar] *vt* (AGR) sieben

arena [a'rena] *f* **1.** (*material*) Sand *m;* **~s movedizas** Treibsand *m;* **grano de ~** Sandkorn *nt;* **reloj de ~** Sanduhr *f;* **edificar sobre ~** (*fig*) auf Sand bauen; **sembrar en ~** (*fig*) Holz in den Wald tragen **2.** (*lugar*) Arena *f;* **la ~ política** die politische Arena

arenal [are'nal] *m* Sandfläche *f*

arenga [a'reŋga] *f* **1.** (*discurso*) (kurze) Ansprache *f* **2.** (*fam: discurso tedioso*) Tirade *f*

arengar [areŋ'gar] <g→gu> *vt* durch eine Rede mitreißen

arenilla [are'niʎa] *f* **1.** (*para tinta*) Streusand *m* **2.** (MED) (Harn)grieß *m*

arenisca [are'niska] *f* Sandstein *m*

arenisco, -a [are'nisko, -a] *adj* sandhaltig

arenoso, -a [are'noso, -a] *adj* **1.** (*con arena*) Sand-, sandig **2.** (*parecido a la arena*) sandartig

arenque [a'reŋke] *m* (ZOOL) Hering *m*

aréola [a'reola] *f,* **areola** [are'ola] *f* **1.** (MED: *en torno a una herida*) geröteter Kreis *m,* Hof *m* **2.** (ANAT: *del pecho*) Areola *f,* Warzenhof *m*

areometría [areome'tria] *f* (FÍS) Aräometrie *f*

areómetro [are'ometro] *m* (FÍS) Aräometer *nt*

arepa [a'repa] *f* (*Am:* GASTR) Maiskuchen *m*

arequipa [are'kipa] *f* (*Col, Méx*) Milchreis *m*

ares y mares ['ares i 'mares] (*reg*): **hacer ~** wahre Wunder vollbringen

arete [a'rete] *m* Ohrring *m*

argamasa [arɣa'masa] *f* Mörtel *m*

Argel [ar'xel] *m* Algier *nt*

Argelia [ar'xelja] *f* Algerien *nt*

argelino, -a [arxe'lino, -a] **I.** *adj* algerisch **II.** *m, f* Algerier(in) *m(f)*

argentado, -a [arxen̪'taðo, -a] *adj* versilbert

argentar [arxen̪'tar] *vt* versilbern

argénteo, -a [ar'xen̪teo, -a] *adj* **1.** (*de plata*) silbern **2.** (*bañado de plata*) versilbert **3.** (*como la plata*) silberglänzend

argentero, -a [arxen̪'tero, -a] *m, f* Silberschmied(in) *m(f)*

argentífero, -a [arxen̪'tifero, -a] *adj* silberhaltig

Argentina [arxen̪'tina] *f* Argentinien *nt*

argentinismo [arxen̪ti'nismo] *m* (LING) Argentinismus *m,* Besonderheit *f* der spanischen Sprache in Argentinien

argentino, -a [arxen̪'tino, -a] **I.** *adj* argentinisch **II.** *m, f* Argentinier(in) *m(f)*

argo ['arɣo] *m* (QUÍM) Argon *nt*

argolla [ar'ɣoʎa] *f* **1.** (*aro*) Metallring *m;* **echar a alguien una ~** sich jdm verpflichten **2.** (TÉC) Klammer *f,* Schelle *f* **3.** (*juego*) Krocket *nt* **4.** (*Am: anillo*) Ring *m*

argón [ar'ɣon] *m* (QUÍM) *v.* **argo**

argonauta [arɣo'nau̯ta] *m* **1.** (ZOOL) Argonaut *m,* Tintenfisch *m* **2.** (*en la mitología*) Argonaut *m*

argot [ar'ɣo[t]] <argots> *m* Jargon *m,* Argot *nt o m*

argucia [ar'ɣuθja] *f* Spitzfindigkeit *f,* Sophismus *m*

argüende [ar'ɣwen̪de] *m* (*Méx*) **1.** (*chisme*) Klatsch *m,* Gerede *nt* **2.** (*haciendo pesquisas*) Ermittlung *f,* Untersuchung *f;* (*discurriendo*) Erforschung *f*

argüir [arɣu'ir] *irr como huir* **I.** *vt* **1.** (*deducir*) schließen (*de* aus +*dat*), folgern (*de* aus +*dat*) **2.** (*probar*) erkennen lassen **3.** (*echar en cara*) vorwerfen **4.** (*alegar*) anführen; **~ como excusa** als Entschuldigung anführen **II.** *vi* argumentieren; **~ en contra de algo** gegen etw argumentieren

argumentación [arɣumen̪ta'θjon] *f* Beweisführung *f,* Argumentation *f*

argumental [arɣumen̪'tal] *adj* Argumentations-; **el hilo ~** der Faden der Handlung; **la trama ~** die Handlung

argumentar [arɣumen̪'tar] **I.** *vt* schließen, folgern; **un caso bien argumentado** ein gut begründeter Fall **II.** *vi* argumentieren

argumentativo, -a [arɣumen̪ta'tiβo, -a] *adj* argumentativ

argumento [arɣu'men̪to] *m* **1.** (*razonamiento*) Argument *nt;* **los ~s en pro y en contra de una teoría** die Argumente für und gegen eine Theorie **2.** (LIT, CINE, TEAT) Handlung *f* **3.** (*Am: discusión*) Diskussion *f* **4.** (*Am: alegato*) Wortwechsel *m,* Auseinandersetzung *f;* **tener un ~ con alguien** eine Auseinandersetzung mit jdm haben

aria ['arja] *f* (MÚS) Arie *f*

aridez [ari'ðeθ] *f* Dürre *f,* Trockenheit *f;* (GEO) Aridität *f*

árido, -a ['ariðo, -a] *adj* **1.** (*terreno*) dürr, karg; **un paisaje ~** eine öde Landschaft **2.** (*clima*) trocken, arid **3.** (*tema, estilo*) trocken, langweilig

áridos ['ariðos] *mpl* Trockenobst *nt*

Aries ['arjes] *m* (ASTR) Widder *m*

ariete [a'rjete] *m* **1.** (HIST: *arma*) Sturmbock *m* **2.** (DEP) Mittelstürmer(in) *m(f)* **3.** (*vulg: pene*) Schwanz *m*

ario, -a ['arjo, -a] **I.** *adj* arisch **II.** *m, f* Arier(in) *m(f)*

ariscarse [aris'karse] <c→qu> *vr* sich ärgern, sich aufregen; **no te arisques por algo tan insignificante** reg dich doch nicht wegen so einer Lappalie auf

arisco, -a [a'risko, -a] *adj* widerspenstig

arista [a'rista] *f* **1.** (*de los cereales*) Granne *f* **2.** (*borde*) Kante *f* **3.** (ARQUIT: *línea*) Grat *m* **4.** (MAT) Schnittlinie *f* **5.** (*de una cordillera*) Gebirgskamm *m*

aristocracia [aristo'kraθja] *f* Aristokratie *f*

aristócrata [aris'tokrata] *mf* Aristokrat(in) *m(f)*

aristocrático, -a [aristo'kratiko, -a] *adj* aristokratisch

aristocratizar [aristokrati'θar] <z→c> **I.** *vt* adeln; **lo ~on esos amigos tan finos** es adelte ihn, diese vornehmen Freunde zu haben **II.** *vr:* **~se** geadelt werden

aristotélico, -a [aristo'teliko, -a] **I.** *adj* (FI-

LOS) aristotelisch **II.** *m, f* (FILOS) Aristoteliker(in) *m(f)*

aristotelismo [aristote'lismo] *m sin pl* (FILOS) Aristotelismus *m*

aritmética [ari^{ð}'metika] *f* (MAT) Arithmetik *f*

aritmético, **-a** [ari^{ð}'metiko, -a] **I.** *adj* arithmetisch **II.** *m, f* Arithmetiker(in) *m(f)*

aritmología [ari^{ð}molo'xia] *f* (MAT) Arithmologie *f*

aritmómetro [ari^{ð}'mometro] *m* (MAT) Arithmometer *nt*

arlequín [arle'kin] *m* **1.** (*personaje de la comedia*) Harlekin *m* **2.** (*persona ridícula*) Hanswurst *m*

arlequinada [arleki'naða] *f* Harlekinade *f*, Hanswurstiade *f*

arlequinesco, **-a** [arleki'nesko, -a] *adj* harlekinisch

arma ['arma] *f* **1.** (*pistola, puñal*) Waffe *f;* ~ **blanca** [*o* **punzante**] Stichwaffe *f;* ~ **de fuego** Schusswaffe *f;* ~ **homicida** Tatwaffe *f;* **~s de juguete** Spielzeugwaffen *fpl;* ~ **nuclear** Atomwaffe *f;* ~ **de reglamento** Dienstwaffe *f;* **alzarse en ~s** einen bewaffneten Aufstand durchführen; **¡apunten ~s!** legt an!; **¡descansen ~s!** Gewehr ab!; **llegar a las ~s** handgreiflich werden; **pasar por las ~s** standrechtlich erschießen; **rendir las ~s** die Waffen niederlegen; **tomar las ~s** zu den Waffen greifen **2.** (*sección del ejército*) Truppengattung *f* **3.** *pl* (*blasón*) Wappen *nt* **4.** *pl* (*fuerzas armadas*) Streitkräfte *fpl* **5.** (*loc*): **un hombre de ~s tomar** ein streitbarer Mann; **mi novio es de ~s tomar** mein Freund lässt sich nichts gefallen

armada [ar'maða] *f* **1.** (*fuerzas navales*) Kriegsmarine *f* **2.** (*escuadra*) Kriegsflotte *f;* (HIST) Armada *f*

armadía [arma'ðia] *f* Floß *nt*

armadijo [arma'ðixo] *m* **1.** (*caza*) Falle *f* **2.** (*construcción de palos*) (Holz)gestell *nt*

armadillo [arma'ðiʎo] *m* (ZOOL) Gürteltier *nt*

armado[1] [ar'maðo] *m Mann mit Harnisch in der Karwochenprozession*

armado, **-a**[2] [ar'maðo, -a] *adj* **1.** (*con armas*) bewaffnet **2.** (*provisto de*) ausgestattet (*de* mit +*dat*) **3.** (*loc*): **hormigón** ~ armierter Beton

armador(a) [arma'ðor(a)] *m(f)* Reeder(in) *m(f)*

armadura [arma'ðura] *f* **1.** (*de caballero*) (Ritter)rüstung *f* **2.** (*de un objeto*) Gestell *nt;* ~ **de la cama** Bettgestell *nt;* ~ **de las gafas** Brillengestell *nt*, Brillenfassung *f* **3.** (ARQUIT: *de una casa*) (Grund)gerippe *nt;* (*de un tejado*) Dachstuhl *m* **4.** (*de máquinas*) Armatur *f;* ~ **de imán** Magnetanker *m*

armamentismo [armamen̩'tismo] *m* Aufrüstung *f*

armamentista [armamen̩'tista] *adj* Rüstungs-; **carrera** ~ Wettrüsten *nt*, Rüstungswettlauf *m*

armamento [arma'men̩to] *m* **1.** (*de una persona*) Bewaffnung *f;* (*de un país*) Aufrüstung *f* **2.** (*conjunto de armas, equipo de un barco*) Ausrüstung *f*

armañac [arma'ɲa^{k}] <armañacs> *m* Armagnac *m*

armar [ar'mar] **I.** *vt* **1.** (*proveer de armas*) bewaffnen, ausrüsten; **estar armado hasta los dientes** bis an die Zähne bewaffnet sein **2.** (*bayoneta*) aufpflanzen **3.** (*embarcación*) ausrüsten, bestücken **4.** (TÉC) armieren **5.** (*cama*) aufstellen; (*tienda de campaña*) aufschlagen **6.** (*fam: jaleo, pelea*) anzetteln; **~la** (*fig*) Krach schlagen **7.** (*loc*): ~ **caballero** zum Ritter schlagen **II.** *vr:* **~se 1.** (*con armas*) sich bewaffnen **2.** (*de paciencia, de valor*) sich wappnen (*de* mit +*dat*) **3.** (*AmC, Méx, PRico: obstinarse*) sich kategorisch weigern **4.** (*Arg, Méx: hacerse de dinero*) sich schnell bereichern **5.** (*loc*): **se va a ~ la gorda** (*fam*) es wird einen Riesenkrach geben

armario [ar'marjo] *m* Schrank *m;* ~ **empotrado** Einbauschrank *m;* ~ **de luna** Glasschrank *m;* ~ **ropero** Kleiderschrank *m*

armatoste [arma'toste] *m* Trödel *m*, Kram *m*

armazón [arma'θon] *m o f* **1.** (*armadura*) Gestell *nt*, Gerüst *nt* **2.** (*esqueleto*) Skelet(t) *nt*

Armenia [ar'menja] *f* Armenien *nt*

armenio, **-a** [ar'menjo, -a] **I.** *adj* armenisch **II.** *m, f* Armenier(in) *m(f)*

armería [arme'ria] *f* **1.** (*tienda*) Waffenladen *m* **2.** (*museo*) Waffenmuseum *nt* **3.** (*arte*) Waffenschmiedekunst *f* **4.** (*heráldica*) Wappenkunde *f*

armero [ar'mero] *m* **1.** (*fabricante*) Waffenhersteller *m* **2.** (*vendedor*) Waffenhändler *m*

armiño [ar'miɲo] *m* **1.** (ZOOL) Hermelin *nt* **2.** (*piel*) (Hermelin)pelz *m*

armisticio [armis'tiθjo] *m* Waffenstillstand *m*

armonía [armo'nia] *f* **1.** (*consonancia*) Harmonie *f*, Wohlklang *m* **2.** (*relación armoniosa*) Eintracht *f;* **vivir en paz y ~ con alguien** in Frieden und Eintracht mit jdm zusammenleben; **falta de ~** Uneinigkeit *f*, Missstimmung *f;* **su comportamiento no estuvo en ~ con la solemnidad del acto** sein/ihr Benehmen entsprach nicht der Feierlichkeit des Aktes **3.** (MÚS) Harmonielehre *f*

armónica [ar'monika] *f* **1.** (*instrumento*) Mundharmonika *f* **2.** (*Ven: sinfonía*) Sinfonie *f*

armónico[1] [ar'moniko] *m* (MÚS) Oberton *m*

armónico, **-a**[2] [ar'moniko, -a] *adj* harmonisch

armonio [ar'monjo] *m* Harmonium *nt*

armonioso, **-a** [armo'njoso, -a] *adj* **1.** (*general*) harmonisch **2.** (*sonido, lengua*) wohlklingend

armonizable [armoni'θaβle] *adj* vereinbar, in Einklang zu bringen; **creo que tus ilusiones son ~s con las mías** ich glaube, deine Träume könnten mit meinen harmonieren

armonización [armoniθa'θjon] *f* Harmonisierung *f,* Vereinheitlichung *f;* ~ **fiscal** (FIN) Steuerharmonisierung *f;* ~ **de los tipos de IVA** (FIN) Angleichung der Mehrwertsteuersätze

armonizador(a) [armoniθa'ðor(a)] *adj* harmonisierend

armonizar [armoni'θar] <z→c> **I.** *vi* harmonieren, in Einklang stehen; **estos dos objetos armonizan** diese zwei Gegenstände passen zusammen **II.** *vt* harmonisieren; ~ **colores** Farben aufeinander abstimmen; ~ **ideas** Ideen miteinander in Einklang bringen

ARN [aerre'ene] *m* (BIOL) *abr de* **ácido ribonucleico** RNS *f*

arnés [ar'nes] *m* **1.** (*armadura*) Harnisch *m;* **blasonar del** ~ protzen, prahlen **2.** *pl* (*de los caballos*) (Pferde)geschirr *nt*

árnica ['arnika] *f* **1.** (BOT) Arnika *f* **2.** (*tintura*) Arnikatinktur *f;* **pedir** ~ (*fig*) das Handtuch werfen

aro ['aro] *m* **1.** (*arandela, argolla*) Ring *m,* Reifen *m;* **le haré pasar por el** ~ ich werde ihn schon dazu bringen; **ahora tienes que pasar por el** ~ nun musst du es durchstehen **2.** (BOT) Aron(s)stab *m* **3.** (*CSur, PRico: arete*) Ohrring *m*

aroma [a'roma] *m* Duft *m,* Wohlgeruch *m,* Aroma *nt*

aromar [aro'mar] *vt v.* **aromatizar**

aromaterapia [aromate'rapja] *f* (MED) Aromatherapie *f*

aromático, -a [aro'matiko, -a] *adj* duftend, aromatisch, wohlriechend; **comida aromática** würziges Essen

aromatizar [aromati'θar] <z→c> *vt* **1.** (*dar aroma*) aromatisieren **2.** (GASTR) würzen

arpa ['arpa] *f* (MÚS) Harfe *f*

arpado, -a [ar'paðo, -a] *adj* **1.** (*canto de un pájaro*) lieblich **2.** (*dentado*) ausgezackt

arpegiar [arpe'xjar] *vi* (MÚS) arpeggieren

arpegio [ar'pexjo] *m* (MÚS) Arpeggio *nt*

arpía [ar'pia] *f* **1.** (*figura mitológica*) Harpyie *f* **2.** (*bruja*) Hexe *f,* Xanthippe *f* **3.** (*mujer fea*) hässliche Frau *f*

arpillera [arpi'ʎera] *f* Sackleinen *nt,* Sackleinwand *f*

arpista [ar'pista] *mf* Harfenspieler(in) *m(f),* Harfenist(in) *m(f)*

arpón [ar'pon] *m* **1.** (*de pesca*) Harpune *f* **2.** (ARQUIT) Krampe *f*

arponear [arpone'ar] *vi, vt* harpunieren

arponero [arpo'nero] *m* Harpunier *m*

arqueada [arke'aða] *f* **1.** (MÚS) Bogenstrich *m* **2.** (*malestar estomacal*) Magenkrampf *m;* (*arcada*) Brechreiz *m;* **me dan unas ~s muy fuertes** ich bekomme sehr starke Magenkrämpfe

arqueado, -a [arke'aðo, -a] *adj* krumm, gewölbt

arquear [arke'ar] **I.** *vt* **1.** (*doblar*) biegen **2.** (*espalda, tubo*) krümmen; **el gato arqueó su lomo** die Katze machte einen Buckel **3.** (*cejas*) hochziehen **4.** (*techo, bóveda*) wölben **5.** (NÁUT) vermessen, die Tonnage bestimmen *+gen* **II.** *vr:* **~se** sich biegen

arqueo [ar'keo] *m* **1.** (*curvatura*) Biegung *f,* Krümmung *f* **2.** (*de un techo, una bóveda*) Wölbung *f* **3.** (NÁUT) Vermessung *f,* Bestimmung *f* der Tonnage

arqueolítico, -a [arkeo'litiko, -a] *adj* (HIST) archäolithisch, ursteinzeitlich; **el hombre** ~ der Mensch des Archäolithikums

arqueología [arkeolo'xia] *f* Archäologie *f*

arqueológico, -a [arkeo'loxiko, -a] *adj* archäologisch

arqueólogo, -a [arke'oloɣo, -a] *m, f* Archäologe, -in *m, f*

arqueozoología [arkeoθo(o)lo'xia] *f* (ZOOL) Archäozoologie *f*

arquería [arke'ria] *f* (ARQUIT) Säulenreihe *f;* (*pórtico*) Säulengang *m,* Kolonnade *f*

arquero, -a [ar'kero, -a] *m, f* **1.** (*soldado*) Bogenschütze, -in *m, f* **2.** (DEP: *que tira con arco*) Bogenschütze, -in *m, f* **3.** (DEP: *portero*) Torwart, -frau *m, f*

arqueta [ar'keta] *f* kleine Truhe *f,* Kästchen *nt*

arquetípico, -a [arke'tipiko, -a] *adj* archetypisch, urbildlich

arquetipo [arke'tipo] *m* Archetypus *m,* Urbild *nt*

arquitecto, -a [arki'tekto, -a] *m, f* Architekt(in) *m(f);* ~ **interiorista** Innenarchitekt *m*

arquitectónico, -a [arkitek'toniko] *adj* architektonisch

arquitectura [arkitek'tura] *f* Architektur *f,* Baukunst *f;* ~ **abierta/cerrada** (INFOR) offene/geschlossene Architektur; ~ **de ordenador** (INFOR) Rechnerarchitektur *f;* ~ **de red** (INFOR) Netzarchitektur *f*

arquitrabe [arki'traβe] *m* (ARQUIT) Architrav *m*

arquivolta [arki'βol̩ta] *f* (ARQUIT) Archivolte *f*

arrabal [arra'βal] *m* Vorstadt *f,* Außenbezirk *m* (einer Stadt)

arrabalero, -a [arraβa'lero, -a] **I.** *adj* **1.** (*de un arrabal*) vorstädtisch **2.** (*grosero*) ungehobelt **II.** *m, f* **1.** (*habitante*) Vorstädter(in) *m(f)* **2.** (*persona grosera*) Rohling *m,* Grobian *m*

arracachada [arraka'ʧaða] *f* (*Col*) Dummheit *f,* Unsinn *m;* **no dijeron más que ~s** sie haben nur Unsinn geredet

arracada [arra'kaða] *f* Ohrhänger *m,* Ohrgehänge *nt*

arracimado, -a [arraθi'maðo, -a] *adj* **1.** (*forma*) traubenförmig, traubig **2.** (*aglomerado*) dicht gedrängt

arracimarse [arraθi'marse] *vr* **1.** (*enracimarse*) Trauben bilden **2.** (*aglomerarse*) sich drängen

arraclán [arra'klan] *m* (BOT) Gemeiner Faulbaum *m*

arraigar [arrai̯'ɣar] <g→gu> **I.** *vi* **1.** (*echar raíces*) Wurzeln schlagen, (an)wurzeln **2.** (*vi-

cio, costumbre) zur festen Gewohnheit werden (*en* bei +*dat*) **II.** *vr:* ~**se** Wurzeln schlagen, sich festsetzen

arraigo [a'rraiɣo] *m* Einwurzelung *f,* Verwurzelung *f;* **tener** ~ einflussreich sein

arramblar [arram'blar] **I.** *vi* (*apoderarse*) an sich reißen (*con* +*akk*); **arrambló con todo lo que pudo** er/sie riss an sich, so viel er/sie konnte **II.** *vt* **1.**(*río*) Sand anspülen (an +*akk*) **2.**(*arrastrar*) mit sich *dat* reißen **III.** *vr:* ~**se** versanden

arrancaclavos [arraŋka'klaβos] *m inv* Nagelheber *m,* Nagelzieher *m*

arrancada [arraŋ'kaða] *f* **1.**(*de una máquina*) Anfahren *nt,* Starten *nt* **2.**(DEP) Reißen *nt*

arrancar [arraŋ'kar] <c→qu> **I.** *vi* **1.**(*vehículo*) starten **2.**(*embestir*) angreifen; **el toro arrancó** der Stier griff an **3.**(*iniciar*) anfangen, starten; ~ **a correr** zu laufen anfangen **4.**(*provenir*) ausgehen (*de* von +*dat*); (*comenzar*) beginnen (*de* in +*akk*); **la carretera arranca de Santiago** die Landstraße beginnt in Santiago **II.** *vt* **1.**(*plantas*) (her)ausreißen, (her)ausziehen; **el viento arrancó el árbol** der Wind entwurzelte den Baum **2.**(*pegatina, póster*) abreißen **3.**(*quitar con violencia*) entreißen; **le** ~**on el arma** sie entrissen ihm/ihr die Waffe; **el ladrón le arrancó el bolso de la mano** der Dieb riss ihr die Handtasche aus der Hand; **la granada le arrancó un brazo** die Granate zerfetzte ihm/ihr einen Arm; **la corriente arrancó el puente** die Strömung riss die Brücke fort **4.**(*muela*) ziehen **5.**(*poner en marcha*) anlassen, starten **6.**(*loc*): ~ **aplausos** Beifall auslösen; ~ **una promesa a alguien** jdm ein Versprechen abringen; ~ **un secreto** ein Geheimnis entlocken; ~ **una victoria** einen Sieg erzwingen

arranque [a'rraŋke] *m* **1.**(*acción*) Ausreißen *nt* **2.**(*energía*) Energie *f;* (*decisión*) Initiative *f;* **tomar** ~ Anlauf nehmen **3.**(*comienzo*) Beginn *m;* **punto de** ~ Ausgangspunkt *m* **4.**(*arrebato*) Anwandlung *f,* Aufwallung *f;* **no tengas esos** ~**s** reagier nicht so heftig **5.**(AUTO) Anlassen *nt,* Starten *nt;* **dispositivo de** ~ (**automático**) (elektrischer) Anlasser *m* **6.**(INFOR) Start *m;* ~ **caliente** Warmstart *m;* ~ **dual** Dualboot *m*

arrapar [arra'par] *vt* (*vulg*) aus der Hand reißen, wegreißen

arrapiezo [arra'pjeθo] *m* **1.**(*ropa*) Lumpen *m,* Fetzen *m* **2.**(*pey: muchacho, niño*) Rotzbengel *m*

arras ['arras] *fpl* Brautgeld *nt,* Brautgabe *f*

arrasado, -a [arra'saðo, -a] *adj* atlasartig, satinartig

arrasamiento [arrasa'mjen̩to] *m* **1.**(*allanamiento*) Einebnen *nt* **2.**(*de una ciudad, región*) Verwüstung *f* **3.**(*del cielo*) Aufklaren *nt*

arrasar [arra'sar] **I.** *vt* **1.**(*allanar*) einebnen **2.**(*edificio, ciudad*) dem Erdboden gleichmachen; (*región*) verwüsten **3.**(*vaso*) bis zum Rand füllen **II.** *vi* (*cielo*) aufklaren **III.** *vr:* ~**se** **1.**(*cielo*) aufklaren **2.**(*loc*): **se le** ~**on los ojos de lágrimas** er/sie zerfloss in Tränen

arrastrado, -a [arras'traðo, -a] **I.** *adj:* **una vida arrastrada** ein Hundeleben **II.** *m, f* elender Tropf *m*

arrastrar [arras'trar] **I.** *vt* **1.**(*tirar*) ziehen (*de* aus +*dat*); ~**on la caja montaña arriba** sie zogen die Kiste den Berg hinauf **2.**(*a un coche, tren*) (ab)schleppen **3.**(*algo pesado*) schleifen, schleppen; **el agua arrastra las piedras** das Wasser reißt die Steine mit, das Wasser schwemmt die Steine weg; **el viento arrastra las hojas** der Wind fegt die Blätter weg; ~ **a alguien a hacer algo** jdn dazu verleiten etw zu tun; **le pude** ~ **al cine** ich konnte ihn mit ins Kino schleifen **4.**(*acarrear*) mit sich *dat* bringen, nach sich *dat* ziehen; ~ **el saldo** (FIN) den Saldo ziehen; **la dimisión del ministro** ~**á las dimisiones de otras personas** der Rücktritt des Ministers wird weitere Rücktritte nach sich ziehen; **eso le arrastró dolores de cabeza** das verursachte ihm/ihr Kopfschmerzen **5.**(*arrebatar*) mitreißen **6.**(INFOR: *con el ratón*) ziehen **II.** *vi* (*cartas*) einen Trumpf ausspielen **III.** *vr:* ~**se** kriechen; **se arrastra ante el jefe** er/sie kriecht vor dem Chef

arrastre [a'rrastre] *m* **1.**(*acción*) Fortschleppen *nt,* Schleifen *nt;* **pesca de** ~ Trawler *m;* **estar para el** ~ (*fam: cosa*) kaputt [*o* schrottreif] sein; (*persona*) völlig erledigt sein **2.**(*de madera*) Abfuhr *f* **3.**(*en las cartas*) Trumpfausspielen *nt* **4.**(GEO) Transport *m* **5.**(INFOR) Übertrag *m* **6.**(*loc*): **tener mucho** ~ (*Arg*) sehr beliebt sein

arrayán [arra'ɟan] *m* (BOT) (Braut)myrte *f*

arre ['arre] *interj* hü

arreada [arre'aða] *f* (*Arg*) **1.**(*ganado*) Antreiben *nt* der Rinder **2.**(*redada policial*) Razzia *f*

arrear [arre'ar] **I.** *vt* **1.**(*ganado*) antreiben **2.**(*caballerías*) schmücken, zieren **3.**(*golpe*) versetzen; (*bofetada*) geben, verpassen **II.** *vi* sich beeilen; **¡arrea!** (*rápido*) Tempo!; (*atiza*) Donnerwetter!

arrebañaduras [arreβaɲa'ðuras] *fpl* Speisereste *mpl*

arrebañar [arreβa'ɲar] *vt* **1.**(*un plato, una fuente*) aufessen, leer essen **2.**(*objetos*) (zusammen)raffen

arrebatadamente [arreβataða'men̩te] *adv* **1.**(*precipitadamente*) überstürzt **2.**(*violentamente*) heftig **3.**(*loc*): **hablar** ~ (*apasionadamente*) voller Leidenschaft sprechen; (*rápidamente*) hastig sprechen

arrebatado, -a [arreβa'taðo, -a] *adj* **1.**(*alocado, aturdido*) hastig **2.**(*irreflexivo*) unüberlegt, unbesonnen **3.**(*impetuoso*) ungestüm, stürmisch **4.**(*irritado*) jähzornig, unbeherrscht; **con un rostro** ~ rot vor Zorn

arrebatador(a) [arreβata'ðor(a)] *adj* bezaubernd, entzückend

arrebatamiento [arreβata'mjen̩to] *m*

1.(*furor*) Wutanfall *m,* Zornausbruch *m;* **en un momento de** ~ in einem plötzlichen Zornesausbruch **2.**(*éxtasis*) Verzückung *f,* Ekstase *f*

arrebatar [arreβa'tar] **I.** *vt* **1.**(*arrancar*) entreißen; **el viento le arrebató el sombrero** der Wind riss seinen Hut fort; **fue arrebatado por la corriente** die Strömung trieb ihn ab; ~ **la vida a alguien** jdn umbringen; ~ **la victoria** den Sieg erringen **2.**(*extasiar*) bezaubern, entzücken **3.**(*conmover*) mitreißen **4.**(*mieses*) ausdörren **II.** *vr:* ~**se 1.**(*enfurecerse*) wütend werden (*por* auf/über +*akk*), in Fahrt kommen **2.**(*comida*) verbraten, anbrennen

arrebatiña [arreβa'tiɲa] *f* Gerangel *nt* (*por* um +*akk*)

arrebato [arre'βato] *m* **1.**(*arranque*) Anfall *m,* Ausbruch *m;* ~ **de cólera** Zornausbruch *m* **2.**(*éxtasis*) Ekstase *f,* Verzückung *f*

arrebol [arre'βol] *m* **1.**(*elev: nubes*) Rotfärbung *f;* (*de la mañana*) Morgenröte *f;* (*del atardecer*) Abendröte *f;* **¡mira el ~ de las nubes!** sieh mal das leuchtende Rot der Wolken! **2.**(*elev: rostro*) Rötung *f,* (Gesichts)röte *f* **3.**(*cosmético*) Rouge *nt*

arrebolarse [arreβo'larse] *vr* (*elev*) sich röten

arrebujar [arreβu'xar] **I.** *vt* zerknittern **II.** *vr:* ~**se** sich warm [*o* gut] zudecken

arrechucho [arre'ʧuʧo] *m* (*fam*) **1.**(*de mal humor*) Rappel *m* **2.**(*de salud*) Unpässlichkeit *f*

arreciar [arre'θjar] *vi* **1.**(*lluvia, tormenta*) heftiger [*o* stärker] werden, (an Heftigkeit) zunehmen **2.**(*críticas*) schärfer [*o* lauter] werden

arrecife [arre'θife] *m* Riff *nt*

arredrar [arre'ðrar] **I.** *vt* **1.**(*retraer*) zurückscheuen lassen, zurückschrecken lassen **2.**(*asustar*) erschrecken **II.** *vr:* ~**se 1.**(*echarse atrás*) zurückschrecken (*ante* vor +*dat*); ~**se ante alguien** vor jdm zurückweichen **2.**(*asustarse*) den Mut verlieren; **sin ~se** unverzagt, beherzt

arreglado, -a [arre'ɣlaðo, -a] *adj* **1.**(*ordenado*) ordentlich; **una vida arreglada** ein ordentliches [*o* geregeltes] Leben **2.**(*cuidado*) gepflegt **3.**(*moderado*) mäßig; **un precio ~** ein erschwinglicher Preis **4.**(*loc*): **¡estamos ~s!** jetzt sitzen wir ganz schön in der Tinte!

arreglar [arre'ɣlar] **I.** *vt* **1.**(*ordenar*) in Ordnung bringen, regeln; ~ **la habitación para los invitados** das Zimmer für die Gäste herrichten; ~ **la (desordenada) habitación** das Zimmer aufräumen; ~ **el jardín/la situación** den Garten/die Lage in Ordnung bringen **2.**(*acicalar*): ~ **una mesa con flores** einen Tisch mit Blumen schmücken; ~ **a los niños para salir** die Kinder zum Weggehen fertigmachen; **¡ya te ~é yo!** wenn ich dich erwische! **3.**(*acordar*) vereinbaren, abmachen; ~ **las cuentas con alguien** mit jdm abrechnen **4.**(*reparar*) reparieren, ausbessern; ~ **un vestido/un zapato** ein Kleid/einen Schuh flicken; ~ **la verja** den Zaun ausbessern; **esta sopa te ~á el estómago** diese Suppe wird deinem Magen gut tun **5.**(GASTR: *aliñar*) anmachen; (*condimentar*) würzen **6.**(MÚS) arrangieren **7.**(*loc*): **estás arreglado si crees que te ayudaré** wenn du glaubst, dass ich dir helfe, irrst du dich **II.** *vr:* ~**se 1.**(*vestirse, peinarse*) sich zurechtmachen **2.**(*componérsela*) zurechtkommen, fertig bringen; **no sé cómo te las arreglas** ich weiß nicht, wie du das machst; **¿cómo te has arreglado para convencerle?** wie hast du es geschafft [*o* wie ist es dir gelungen] ihn zu überreden? **3.**(*ponerse de acuerdo*) sich einigen (*con* mit +*dat*) **4.**(*avenirse*) auskommen (*con* mit +*dat*) **5.**(*loc*): **el día se está arreglando** der Himmel klärt sich auf

arreglista [arre'ɣlista] *mf* (MÚS) Arrangeur(in) *m(f)*

arreglo [a'rreɣlo] *m* **1.**(*ajuste*) Regelung *f;* **con ~ a lo convenido** gemäß der Vereinbarung; **obré con ~ a las normas** ich habe mich an die Regeln gehalten **2.**(*reparación*) Reparatur *f;* (*mejora*) (Ver)besserung *f;* **no tienes ~** bei dir ist Hopfen und Malz verloren; **este trabajo ya no tiene ~** diese Arbeit ist völlig verpfuscht **3.**(*de una habitación*) Einrichtung *f* **4.**(*acuerdo*) Vereinbarung *f,* Abmachung *f;* ~ **amistoso** gütliche Einigung, gütlicher Vergleich **5.**(*lío amoroso*) Liebschaft *f* **6.**(MÚS) Arrangement *nt*

arregostarse [arreɣos'tarse] *vr* Gefallen finden (*en* an +*dat*)

arrejuntarse [arrexuṇ'tarse] *vr* (*vulg*) in wilder Ehe leben

arrellanar [arreʎa'nar] **I.** *vt* einebnen **II.** *vr:* ~**se** es sich *dat* bequem machen, sich rekeln *fam*

arremangar [arremaŋ'gar] <g→gu> **I.** *vt, vr:* ~**se** aufkrempeln, hochkrempeln; ~**se la camisa** (sich *dat*) die Hemdsärmel hochkrempeln **II.** *vr:* ~**se** (*fam: esforzarse*) sich zusammenreißen, sich aufraffen

arremetedor(a) [arremete'ðor(a)] *adj* angriffslustig

arremeter [arreme'ter] *vi* **1.**(*atacar*) anstürmen (*contra* gegen +*akk*) **2.**(*despotricar*) wettern (*contra* gegen +*akk*), schimpfen (*contra* über +*akk*)

arremetida [arreme'tiða] *f* Ansturm *m,* Angriff *m*

arremolinarse [arremoli'narse] *vr* **1.**(*hojas, polvo*) aufgewirbelt werden **2.**(*agua*) strudeln **3.**(*gente*) sich zusammendrängen

arrendador(a) [arreṇda'ðor(a)] *m(f)* Verpächter(in) *m(f),* Vermieter(in) *m(f)*

arrendajo [arreṇ'daxo] *m* **1.**(ZOOL: *ave*) Eichelhäher *m* **2.**(*fam fig: imitador*) Nachäffer *m* **3.**(*fig: copia*) (schlechte) Kopie *f*

arrendamiento [arreṇda'mjeṇto] *m* **1.**(*arriendo*) Miete *f,* Pacht *f;* ~ **financiero** Leasingvertrag *m;* ~ **de un negocio** Verpachtung eines Geschäftes; **contrato de** ~ Mietvertrag *m,* Pachtvertrag *m;* **ley de ~s urbanos** Mietgesetz *nt;* ~ **rústico** Landpacht *f* **2.** (*contrato*) Pachtvertrag *m* **3.** (*precio*) Pachtzins *m*

arrendar [arreṇ'dar] <e→ie> *vt* **1.** (*ceder en arriendo*) verpachten **2.** (*tomar en arriendo*) pachten

arrendatario, -a [arreṇda'tarjo, -a] *m, f* Mieter(in) *m(f),* Pächter(in) *m(f)*

arrenquín [arreŋ'kin] *m* **1.** (*Am: persona de compañía*) ständiger Begleiter *m,* ständige Begleiterin *f* **2.** (*Am: caballo de guía*) Leitpferd *nt*

arreos [a'rreos] *mpl* (*de las caballerías*) Geschirr *nt*

arrepanchingarse [arrepanʧiŋ'garse] <g→gu> *vr* (*fam*) sich (hin)lümmeln, sich (hin)fläzen; **me arrepanchingué en el sillón** ich fläzte mich in den Sessel

arrepentido, -a [arrepeṇ'tiðo, -a] *adj* reuevoll

arrepentimiento [arrepeṇti'mjeṇto] *m* Reue *f*

arrepentirse [arrepeṇ'tirse] *irr como sentir vr* **1.** (*lamentar*) bereuen (*de* +*akk*), Reue empfinden (*de* über +*akk*) **2.** (*desdecirse*) zurücknehmen (*de* +*akk*), widerrufen (*de* +*akk*)

arrequives [arre'kiβes] *mpl* **1.** (*atavíos*) Putz *m,* Aufmachung *f;* **iba con todos sus** ~ er/sie hatte sich mächtig herausgeputzt **2.** (*formalidades*) Formalitäten *fpl;* (*circunstancias*) Umstände *mpl*

arrestado, -a [arres'taðo, -a] *adj* kühn, mutig

arrestar [arres'tar] **I.** *vt* festnehmen, verhaften **II.** *vr:* **~se** sich heranwagen (*a* an +*akk*)

arresto [a'rresto] *m* **1.** (*detención*) Festnahme *f,* Verhaftung *f* **2.** (*reclusión*) Arrest *m;* ~ **domiciliario** Hausarrest *m* **3.** (*arrojo*) Verwegenheit *f;* **tener ~s** Mut haben

arrevesado, -a [arreβe'saðo, -a] *adj* (*CSur, PRico*) verwickelt, verworren; **un crucigrama bastante** ~ ein ziemlich verzwicktes Kreuzworträtsel

arrevistado, -a [arreβis'taðo, -a] *adj* (TEAT) Revue-; **vimos un sainete** ~ wir sahen eine Posse mit Revueeinlagen

arria ['arrja] *f* (*Am*) Koppel *f* für Maultiere

arriamiento [arrja'mjeṇto] *m sin pl* (*t.* NÁUT) Einholen *nt*

arrianismo [arrja'nismo] *m sin pl* (REL) Arianismus *m*

arriano, -a [arri'ano, -a] *adj* (REL) arianisch

arriar [arri'ar] <*1. pres:* arrío> **I.** *vt* **1.** (*bandera*) einholen, niederholen **2.** (*cabo, cadena*) lockern **3.** (*inundar*) überschwemmen **II.** *vr:* **~se** überschwemmt werden

arriate [arri'ate] *m* **1.** (*bancal*) Blumenbeet *nt,* Rabatte *f* **2.** (*camino*) Weg *m*

arriba [a'rriβa] *adv* **1.** (*posición*) oben; **de** ~ von oben (her); **de ~ abajo** von oben nach unten; **hacia** ~ nach oben; **más** ~ weiter oben; **cayó por las escaleras de ~ abajo** er/sie stürzte die Treppe hinunter; **leer un libro de ~ abajo** ein Buch vom Anfang bis zum Ende lesen, ein Buch durchlesen; **ensuciarse de ~ abajo** sich von Kopf bis Fuß beschmutzen; **lo ~ mencionado** das Obenerwähnte [*o* oben Erwähnte], das Obengenannte [*o* oben Genannte]; **¡manos ~!** Hände hoch!; **los que están ~ (de la sociedad)** die oberen Zehntausend; **los que están ~ (de una empresa)** die Führungsspitze **2.** (*de encima*) darüber; **la habitación de** ~ das Zimmer darüber; **el piso de** ~ das oberste Stockwerk **3.** (*más de*) über *akk;* **tiene de 60 años para** ~ er/sie ist über 60 Jahre alt; **precios de 1000 pesetas para** ~ Preise ab 1000 Peseten (aufwärts) **4.** (*con movimiento*) aufwärts; **río** ~ flussaufwärts; **¡~!** auf!, los geht's! **5.** (*CSur*): **de** ~ (*gratis*) kostenlos; (*sin merecerlo*) grundlos

arribada [arri'βaða] *f* (NÁUT) Einlaufen *nt*

arribar [arri'βar] *vi* **1.** (*barco*) einlaufen **2.** (*elev: llegar*) ankommen

arribazón [arriβa'θon] *m* Fischschwarm *m*

arribismo [arri'βismo] *m* Karrierismus *m,* (rücksichtsloses) Streben *nt* nach Erfolg

arribista [arri'βista] *mf* Emporkömmling *m,* Aufsteiger(in) *m(f)*

arribo [a'rriβo] *m* **1.** (*llegada*) Ankunft *f* **2.** (*de una persona*) Eintreffen *nt*

arriendo [a'rrjeṇdo] *m* **1.** (*arrendamiento*) Pacht *f* **2.** (*precio*) Pachtzins *m*

arriero [a'rrjero] *m* Maultiertreiber *m*

arriesgado, -a [arrjes'ɣaðo, -a] *adj* **1.** (*peligroso*) gefährlich, riskant **2.** (*atrevido*) tollkühn

arriesgar [arrjes'ɣar] <g→gu> **I.** *vt* **1.** (*vida, reputación*) riskieren, aufs Spiel setzen **2.** (*en el juego*) setzen **3.** (*hipótesis, afirmación*) wagen **II.** *vr:* **~se** sich einer Gefahr aussetzen

arrimadero [arrima'ðero] *m* **1.** (*para montar*) Trittstein *m* **2.** (*arrimo*) Stütze *f*

arrimar [arri'mar] **I.** *vt* **1.** (*acercar*) heranrücken (*a* an +*akk*), näher heranbringen (*a* an +*akk*) **2.** (*apoyar*) anlehnen (*a* an +*akk*) **3.** (*golpe*) versetzen; (*bofetada*) geben, verpassen **4.** (*loc*): ~ **el ascua a su sardina** die Gelegenheit nutzen; ~ **el hombro** zupacken; ~ **los libros** das Studium abbrechen **II.** *vr:* **~se 1.** (*acercarse*) näher treten, nahe herangehen (*a* an +*akk*); **el niño se arrimó a su madre** das Kind schmiegte sich an seine Mutter; **~se al poder** sich von Regierungskreisen protegieren lassen; **~se al sol que más calienta** seine Fahne [*o* sein Fähnchen] nach dem Wind drehen **2.** (*apoyarse*) sich anlehnen (*a* an +*akk*) **3.** (*Am: amancebarse*) in wilder Ehe leben (*con* mit +*dat*)

arrimo [a'rrimo] *m* **1.** (*acción*) Annäherung *f* **2.** (*sostén*) Stütze *f* **3.** (*ayuda*) Hilfe *f;* **al ~ de alguien** unter jds Schutz; **buscar** ~ Schutz suchen

arrimón [arri'mon] *m:* **estar de** ~ sich *dat* die Beine in den Bauch [*o* Leib] stehen

arrinconado, -a [arriŋko'naðo, -a] *adj*

1.(*apartado*) abgelegen 2.(*desatendido*) vernachlässigt 3.(*olvidado*) vergessen

arrinconar [arriŋko'nar] I. *vt* 1.(*un objeto*) in die Ecke stellen 2.(*dinero*) beiseite legen 3.(*acosar*) in die Enge treiben 4.(*a alguien de un cargo*) aus dem Verkehr ziehen 5.(*rehuir a alguien*) links liegen lassen II. *vr:* **~se** sich zurückziehen

arriscado, **-a** [arris'kaðo, -a] *adj* 1.(*arriesgado*) riskant 2.(*escabroso*) felsig 3.(*atrevido*) kühn

arriscar [arris'kar] <c→qu> I. *vt* 1.(*Col, Chil, Méx: pantalones, mangas*) aufkrempeln, hochkrempeln 2.(*Perú, ElSal*) herausputzen, schniegeln *fam pey* II. *vr:* **~se** 1.(*Col: ponerse derecho*) sich aufrichten; (*levantarse*) sich erheben, aufstehen 2.(*Perú, ElSal: engalanarse*) sich herausputzen, sich schniegeln *fam pey*

arritmia [a'rriðmja] *f* (*t.* MED) A(r)rhythmie *f*

arrítmico, **-a** [a'rriðmiko, -a] *adj* a(r)rhythmisch

arroba [a'rroβa] *f* 1.(*medida de peso*) *Gewichtseinheit zwischen 11 und 12 Kilo* 2.(*medida de capacidad*) *Hohlmaß für Öl, um die 13 Liter;* **tener dinero por ~s** einen Haufen Geld haben, in Geld schwimmen

arrobador(a) [arroβa'ðor(a)] *adj* entzückend, bezaubernd

arrobamiento [arroβa'mjen̩to] *m* Entzückung *f,* Verzückung *f*

arrobar [arro'βar] I. *vt* entzücken, verzücken II. *vr:* **~se** entzückt [*o* verzückt] sein

arrobo [a'rroβo] *m* Entzückung *f,* Verzückung *f*

arrocero, **-a** [arro'θero, -a] I. *adj* Reis-; **campos ~s** Reisfelder *ntpl* II. *m, f* Reisbauer, -bäuerin *m, f*

arrodillarse [arroði'ʎarse] *vr* (sich) niederknien

arrodrigar [arroðri'ɣar] <g→gu> *vt,* **arrodrigonar** [arroðriɣo'nar] *vt* (AGR) anpfählen, mit einem Anbindepfahl versehen; **estuvimos arrodrigando las tomateras** wir haben die Tomatenpflanzen angebunden

arrogancia [arro'ɣan̩θja] *f* Arroganz *f,* Überheblichkeit *f*

arrogante [arro'ɣan̩te] *adj* 1.(*altivo*) arrogant, überheblich 2.(*apuesto*) stattlich

arrogarse [arro'ɣarse] <g→gu> *vr* sich *dat* anmaßen; **se arroga la facultad de juzgar a los demás** er/sie maßt sich an über andere zu urteilen

arrojadizo, **-a** [arroxa'ðiθo, -a] *adj* Wurf-; **arma arrojadiza** Wurfwaffe *f*

arrojado, **-a** [arro'xaðo, -a] *adj* verwegen, mutig

arrojar [arro'xar] I. *vt* 1.(*lanzar*) werfen; **el caballo arrojó al jinete** das Pferd warf den Reiter ab 2.(*emitir*) ausstoßen; **la chimenea arroja humo** der Schornstein raucht, aus dem Schornstein qualmt es; **esta comida arroja un mal olor** dieses Essen riecht schlecht 3.(*expulsar*) vertreiben 4.(*vomitar*) sich übergeben, erbrechen 5.(*un resultado*) ergeben; **~ un balance** eine Bilanz aufweisen; **~ beneficios** Gewinne abwerfen; **~ fallos** Fehler aufweisen; **~ ganancias/pérdidas** Gewinne/Verluste einbringen; **~ un superávit** einen Überschuss ausweisen; **mi cuenta arroja un saldo de 1000 pesetas** auf meinem Konto sind 1000 Peseten, mein Konto weist einen Saldo von 1000 Peseten auf II. *vr:* **~se** 1.(*lanzarse*) sich werfen, sich stürzen; **~se al agua** ins Wasser springen, sich ins Wasser stürzen 2.(*abalanzarse*) sich werfen (*sobre* auf *+akk*), sich stürzen (*sobre* auf *+akk*); **el policía se arrojó sobre el ladrón** der Polizist stürzte sich auf den Dieb

arrojo [a'rroxo] *m* Verwegenheit *f,* Elan *m*

arrollador(a) [arroʎa'ðor(a)] *adj* 1.(*fuerza*) umwerfend; (*mayoría*) überwältigend 2.(*persona*) hinreißend

arrollar [arro'ʎar] *vt* 1.(*enrollar*) aufwickeln, zusammenrollen 2.(*atropellar*) überfahren 3.(*al enemigo*) (vernichtend) schlagen, niederzwingen 4.(*las leyes*) missachten

arropar [arro'par] I. *vt* zudecken II. *vr:* **~se** 1.(*en la cama*) sich zudecken 2.(*abrigarse*) sich warm anziehen; **¡arrópate bien!** zieh dich warm an!; **¡arrópate con eso!** (*fam*) das kannst du dir an den Hut stecken!

arrope [a'rrope] *m* (*Arg, Chil, Perú*) Obstmus *nt*

arrorró [arro'rro] *m* (*AmS*) Schlaflied *nt*

arrostrado, **-a** [arros'traðo, -a] *adj:* **bien/mal ~** gut aussehend/hässlich

arrostrar [arros'trar] *vt* trotzen *+dat,* die Stirn bieten *+dat*

arroyo [a'rroɟo] *m* 1.(*río pequeño*) Bach *m;* **~s de sangre/lágrimas** Ströme von Blut/Tränen 2.(*cauce*) Bachbett *nt* 3.(*calzada*) Fahrbahn *f* 4.(*loc*): **plantar a alguien en el ~** jdn vor die Tür setzen; **salir del ~** (*fig*) aus der Gosse herauskommen

arroyuelo [arro'ɟwelo] *m* Rinnsal *nt,* Bächlein *nt*

arroz [a'rroθ] *m* Reis *m;* **~ con leche** Milchreis *m;* **habrá ~ y gallo muerto** (*fig*) es wird hoch hergehen

arrozal [arro'θal] *m* Reisfeld *nt*

arruga [a'rruɣa] *f* 1.(*en la piel*) Falte *f,* Runzel *f;* **~ en la frente** Stirnfalte *f* 2.(*en la ropa*) Falte *f,* Knitter *m;* **este vestido hace ~s** dieses Kleid knittert; **quitar una ~** eine Falte ausbügeln 3.(*Perú: deuda*) Schuld *f* 4.(*Perú: estafa*) Betrug *m*

arrugado, **-a** [arru'ɣaðo, -a] *adj* 1.(*vestido, papel*) zerknittert, verknittert 2.(*piel*) runz(e)lig, faltig

arrugar [arru'ɣar] <g→gu> I. *vt* 1.(*papel, vestido*) verknittern, zerknittern 2.(*piel*) runzeln; **~ la frente** die Stirn runzeln; **~ la nariz** die Nase rümpfen II. *vr:* **~se** 1.(*papel, vestido*) knittern 2.(*piel*) faltig werden 3.(*achicarse*) den Mut verlieren

arruinar [arrwi'nar] **I.** *vt* **1.** (*causar ruina*) ruinieren, zerstören; ~ **la carrera/la salud** die Karriere/die Gesundheit ruinieren **2.** (*destruir*) zerstören, verheeren; **el tornado arruinó el pueblo** der Tornado zerstörte [*o* verheerte] das Dorf **3.** (*fiesta, vacaciones*) verderben; **su decisión ha arruinado nuestros planes** seine/ihre Entscheidung hat unsere Pläne zunichte gemacht; **la competencia ha arruinado a esta empresa** die Konkurrenz hat diese Firma zugrunde [*o* zu Grunde] gerichtet **II.** *vr:* **~se 1.** (*quedarse en la ruina*) sich ruinieren **2.** (*malograrse*) sich *dat* verderben; **te ~ás la vista con tanta luz** du wirst dir bei dem grellen Licht die Augen verderben

arrullador(a) [arruʎa'ðor(a)] *adj* (*sonido, voz*) einlullend, beruhigend

arrullar [arru'ʎar] **I.** *vt* **1.** (*a un niño*) in den Schlaf wiegen, einlullen *fam* **2.** (*los enamorados*) den Hof machen +*dat* **II.** *vi* (*el palomo*) gurren **III.** *vr:* **~se** sich *dat* (gegenseitig) den Hof machen

arrullo [a'rruʎo] *m* **1.** (*de los palomos*) Gurren *nt* **2.** (*para niños*) Schlaflied *nt*

arrumaco [arru'mako] *m* **1.** (*zalamería*) Geschmuse *nt* **2.** (*arrequives*) Putz *m,* Aufmachung *f*

arrumaje [arru'maxe] *m* (NÁUT) Stauen *nt*

arrumar [arru'mar] **I.** *vt* (NÁUT: *carga*) stauen, verladen **II.** *vr:* **~se** (NÁUT: *cielo*) sich beziehen, sich bewölken

arrumbamiento [arrumba'mjen̪to] *m* (NÁUT) Kurs *m*

arrumbar [arrum'bar] *vt* **1.** (*una cosa*) aussondern, ausrangieren **2.** (*a alguien*) aus dem Weg gehen (*a* +*dat*)

arsenal [arse'nal] *m* **1.** (*de municiones*) (Waffen)arsenal *nt,* Zeughaus *nt;* **un ~ de revistas** ein Zeitschriftenarsenal **2.** (*de barcos*) Werft *f*

arsénico[1] [ar'seniko] *m* (QUÍM) Arsen *nt*

arsénico, -a[2] [ar'seniko, -a] *adj* (QUÍM) arsenig; **ácido ~** arsenige Säure

art. [ar'tikulo] *abr de* **artículo** Art.

art déco [arᵗ ðe'ko] *m sin pl* (ARTE) Art déco *m o nt*

arte ['arte] *m* **1.** (*pintura, escultura, facultad*) Kunst *f;* **las ~s** die Künste; **las bellas ~s** die schönen Künste; **~ culinario** Kochkunst *f;* **las ~s marciales** die Kampfkünste; **~ narrativo** Erzählkunst *f;* **las ~s plásticas** die bildenden Künste; **el séptimo ~** die Filmkunst; **escuela de ~s y oficios** Gewerbeschule *f;* **obra de ~** Kunstwerk *nt;* **el ~ por el ~** l'art pour l'art **2.** (*habilidad*) Geschick *nt,* Kunstfertigkeit *f* **3.** (LIT): **versos de ~ mayor/menor** Verse von mehr/nicht mehr als acht Silben **4.** (*maña, astucia*) Trick *m,* Schlich *m;* **como por ~ de magia** wie durch Hexerei; **conseguir algo por malas ~s** sich *dat* etw erschleichen; **desplegó todas sus ~s para convencerlo** er/sie ließ alle seine/ihre Künste spielen um ihn zu überzeugen; **no tener ~ ni parte en algo** mit etw nichts zu tun haben **5.** (*red de pesca*) Fischernetz *nt* **6.** (*caña de pesca*) Angelrute *f*

artefacto [arte'fakto] *m* Artefakt *nt,* Apparat *m,* Vorrichtung *f;* **~ explosivo** Sprengkörper *m*

artejo [ar'texo] *m* **1.** (ANAT: *nudillo*) (Finger)knöchel *m;* (*falange*) Fingerglied *nt* **2.** (ZOOL: *de artrópodos*) Glied *nt*

artemisa [arte'misa] *f* (BOT) Beifuß *m*

arteria [ar'terja] *f* **1.** (ANAT) Arterie *f,* Schlagader *f* **2.** (*de tráfico*) Verkehrsader *f*

artería [arte'ria] *f* (Hinter)list *f,* Verschlagenheit *f*

arterial [arte'rjal] *adj* arteriell

arterio(e)sclerosis [arterjo(e)skle'rosis] *f inv* (MED) Arteriosklerose *f*

arterio(e)sclerótico, -a [arterjo(e)skle'rotiko, -a] **I.** *adj* (MED) **1.** (*relativo a*) arteriosklerotisch; **terapia arterio(e)sclerótica** Arteriosklerosetherapie *f* **2.** (*que padece*) an Arteriosklerose leidend **II.** *m, f* an Arteriosklerose Erkrankte(r) *mf*

artero, -a [ar'tero, -a] *adj* (*pey*) verschlagen, durchtrieben *fam*

artesa [ar'tesa] *f* Backtrog *m,* Backmulde *f*

artesanado [artesa'naðo] *m* **1.** (*conjunto de artesanos*) Handwerkerschaft *f* **2.** (*clase social*) Handwerksstand *m*

artesanal [artesa'nal] *adj* Handwerks-, handwerklich

artesanía [artesa'nia] *f* **1.** (*arte*) Handwerkskunst *f* **2.** (*obra*) Kunsthandwerk *nt;* **jarrón de ~** in Handarbeit hergestellte Vase

artesano, -a [arte'sano, -a] *m, f* Handwerker(in) *m(f);* **maestro ~** Handwerksmeister *m*

artesiano, -a [arte'sjano, -a] *adj:* **pozo ~** artesischer Brunnen *m*

artesón [arte'son] *m* **1.** (*artesa*) Backtrog *m,* Backmulde *f* **2.** (ARQUIT) Kassette *f*

artesonado [arteso'naðo] *m* Kassettendecke *f,* Deckentafelung *f*

ártico, -a ['artiko, -a] *adj* arktisch; **polo ~** Nordpol *m*

articulación [artikula'θjon] *f* **1.** (*acoplamiento, unión*) bewegliches Glied *nt* **2.** (TÉC, ANAT) Gelenk *nt* **3.** (LING) Artikulation *f*

articulado[1] [artiku'laðo] *m* **1.** (*conjunto de artículos*) Artikel *mpl* **2.** (ZOOL) Gliedertier *nt*

articulado, -a[2] [artiku'laðo, -a] *adj* **1.** (*con articulación*) Gelenk-, gelenkig; **muñeco ~** Gelenkpuppe *f;* **vehículo ~** Gelenkfahrzeug *nt* **2.** (*lenguaje*) artikuliert

articular [artiku'lar] **I.** *vt* **1.** (*acoplar, encajar*) gliedern **2.** (*con una articulación*) miteinander verbinden **3.** (LING) artikulieren, aussprechen **4.** (*ley, reglamento*) in Artikeln abfassen **II.** *adj* Gelenk-; (MED) artikular

articulatorio, -a [artikula'torjo, -a] *adj* artikulatorisch

articulista [artiku'lista] *mf* Artikelschreiber(in) *m(f)*

artículo [ar'tikulo] *m* **1.** (COM: *mercancía*) (Verkaufs)artikel *m;* ~ **defectuoso** schadhafter Artikel; ~ **invendible** Ladenhüter *m;* ~ **de marca** Markenartikel *m;* ~ **de obsequio** Werbegeschenk *nt;* (*muestra*) Gratisprobe *f;* ~ **en oferta** Sonderangebot *nt;* ~ **de propaganda** Lockartikel *m;* ~**s comerciales** Handelsgut *nt;* ~**s de gran salida** zugkräftige Ware, Verkaufsschlager *mpl;* ~**s de primera necesidad** Güter des täglichen Bedarfs **2.** (*de periódico*) (Zeitungs)artikel *m* **3.** (JUR, LING) Artikel *m* **4.** (*en un diccionario*) Artikel *m,* Eintrag *m*

artífice [ar'tifiθe] *mf* **1.** (*autor*) Urheber(in) *m(f);* **el** ~ **de la victoria** der Urheber des Sieges **2.** (*artista*) Künstler(in) *m(f)* **3.** (*de una arte menor*) Kunsthandwerker(in) *m(f)*

artificial [artifi'θjal] *adj* **1.** (*no natural*) künstlich, Kunst-; **alimentación** ~ künstliche Ernährung; **inseminación** ~ künstliche Besamung; **seda** ~ Kunstseide *f* **2.** (*falso*) gekünstelt, unecht

artificiero [artifi'θjero] *m* (*pirotécnico*) Feuerwerker *m;* **los** ~**s de la policía** das Sprengkommando der Polizei

artificio [arti'fiθjo] *m* **1.** (*artefacto*) Vorrichtung *f,* Apparat *m* **2.** (*habilidad*) Geschick *nt;* (*truco*) Kniff *m;* **un** ~ **técnico** ein technischer Kunstgriff **3.** (*engaño, simulación*) Blendwerk *nt,* Trug *m*

artificiosidad [artifiθjosi'ðað] *f sin pl* Unnatürlichkeit *f,* Gekünsteltheit *f;* **no me gustó la** ~ **de sus declaraciones** mir gefiel der gestelzte Stil seiner/ihrer Erklärungen nicht

artificioso, **-a** [artifi'θjoso, -a] *adj* gekünstelt, unecht

artillería [artiʎe'ria] *f* (MIL) Artillerie *f;* ~ **antiaérea** Flugabwehrartillerie *f;* ~ **ligera/pesada** leichte/schwere Artillerie; **una** ~ **de medidas** eine ganze Batterie (von) Maßnahmen, ein ganzer Maßnahmenkatalog

artillero¹ [arti'ʎero] *m* Artillerist *m*

artillero, **-a²** [arti'ʎero, -a] *adj* artilleristisch

artilugio [arti'luxjo] *m* **1.** (*pey: artificio*) Ding *nt* **2.** (*ardid*) List *f,* Trick *m*

artimaña [arti'maɲa] *f* List *f,* Kniff *m*

artista [ar'tista] *mf* **1.** (*escultor, pintor*) Künstler(in) *m(f)* **2.** (*de circo*) Artist(in) *m(f)* **3.** (*de teatro*) Schauspieler(in) *m(f)* **4.** (*loc*): **es un** ~ **en su especialidad** er ist ein Meister seines Fachs

artístico, **-a** [ar'tistiko, -a] *adj* **1.** (*del arte*) künstlerisch, Kunst- **2.** (*del circo*) artistisch **3.** (*hecho con arte*) kunstvoll

art nouveau [arᵗ nu'βo] *m sin pl* (ARTE) Art nouveau *m o nt*

artrítico, **-a** [ar'tritiko, -a] **I.** *adj* arthritisch **II.** *m, f* (MED) Arthritiker(in) *m(f),* Gichtkranke(r) *mf*

artritis [ar'tritis] *f inv* (MED) Arthritis *f,* Gelenkentzündung *f*

artrografía [artroɣra'fia] *f* (ANAT) Arthrographie *f*

artrología [artrolo'xia] *f* (ANAT) Arthrologie *f*

artropatía [artropa'tia] *f* (MED) Arthropathie *f,* Gelenkerkrankung *f*

artroplastia [artro'plastja] *f* (MED) Arthroplastik *f,* Gelenkplastik *f*

artrópodos [ar'tropoðos] *mpl* (ZOOL) Arthropoden *pl,* Gliederfüßer *mpl*

artrosis [ar'trosis] *f inv* (MED) Arthrose *f*

artúrico, **-a** [ar'turiko, -a] *adj* (LIT) König Artus betreffend

Arturo [ar'turo] *m* ≈Art(h)ur *m;* **el rey** ~ König Artus

arveja [ar'βexa] *f* (BOT) Saatwicke *f*

arzobispado [arθoβis'paðo] *m* **1.** (*diócesis*) Erzbistum *nt,* Erzdiözese *f* **2.** (*edificio*) Sitz *m* des Erzbischofs

arzobispal [arθoβis'pal] *adj* erzbischöflich

arzobispo [arθo'βispo] *m* (REL) Erzbischof *m*

arzón [ar'θon] *m* (*fuste*) Sattelbaum *m*

as [as] *m* As *nt*

asa ['asa] *f* **1.** (*de taza, cesto, cacerola*) Henkel *m* **2.** (*de maleta*) Bügel *m,* Griff *m* **3.** (*pretexto*) Vorwand *m* **4.** (*jugo*) Saft *m* der Doldengewächse

asadero [asa'ðero] *m* heißer Ort *m;* **es un** ~ das ist der reinste Brutkasten

asado [a'saðo] *m* Braten *m*

asador [asa'ðor] *m* **1.** (*pincho*) Bratspieß *m* **2.** (*parrilla*) Grill *m;* **poner toda la carne en el** ~ (*fig*) alle Trümpfe ausspielen

asadura [asa'ðura] *f* **1.** (*de una res*) Innereien *fpl,* Eingeweide *ntpl* **2.** (*flema*) Phlegma *nt* **3.** (*persona*) Phlegmatiker(in) *m(f)*

asaetear [asaete'ar] *vt* **1.** (*lanzar saetas*) mit Pfeilen beschießen; **San Sebastián murió asaeteado** der heilige Sebastian wurde mit Pfeilen getötet **2.** (*mortificar*) belästigen (*con* mit +*dat*); ~ **con** [*o* **a**] **preguntas** mit Fragen überhäufen, mit Fragen bombardieren *fam*

asafétida [asa'fetiða] *f* (BOT) Stinkasant *m,* Teufelsdreck *m*

asainetado, **-a** [asai̯ne'taðo, -a] *adj* (TEAT) possenhaft

asalariado, **-a** [asala'rjaðo, -a] *m, f* **1.** (*que recibe un salario*) Lohnempfänger(in) *m(f)* **2.** (*pey: ayuda*) Handlanger(in) *m(f)*

asalariar [asala'rjar] *vt* Lohn zahlen (*a* +*dat*); (*servicio público*) besolden; **todavía no le han asalariado** sie haben ihm noch keinen Lohn gezahlt

asalmonado, **-a** [asalmo'naðo, -a] *adj* lachsfarben; (*rosado*) lachsrosa

asaltante [asal̦'tan̦te] **I.** *adj* angreifend **II.** *mf* Angreifer(in) *m(f)*

asaltar [asal̦'tar] *vt* **1.** (*fortaleza, ciudad*) stürmen, überfallen **2.** (*a una persona: robar*) überfallen, anfallen; (*atacar*) angreifen; **los periodistas** ~**on al político con preguntas** die Journalisten bestürmten den Politiker mit Fragen **3.** (*idea, pensamiento*) überkommen, überfallen; **me asaltó el pánico** ich wurde von Panik ergriffen, ich geriet in Panik

asalto [a'sal̦to] *m* **1.** (*a una fortaleza, ciudad*)

Sturm(angriff) *m* (*a* auf +*akk*); **tomar por** ~ in einem Handstreich einnehmen **2.** (*a un banco, una persona*) Überfall *m* (*a* auf +*akk*) **3.** (DEP: *boxeo*) Runde *f;* (*esgrima*) (Durch)gang *m* **4.** (*Arg, Cuba, Méx: fiesta*) spontane Fete *f*

asamblea [asam'blea] *f* Versammlung *f;* ~ **anual** Jahresversammlung *f;* ~ **general** Hauptversammlung *f;* ~ **ordinaria** ordentliche (Haupt)versammlung; ~ **plenaria** Vollversammlung *f;* ~ **de trabajadores** Betriebsversammlung *f*

asambleísta [asamble'ista] *mf* Versammlungsteilnehmer(in) *m(f)*

asar [a'sar] **I.** *vt* **1.** (GASTR) braten; **cochinillo asado** Spanferkel *nt,* Spanferkelbraten *m;* ~ **a fuego lento** schmoren; ~ **a la parrilla** grillen **2.** (*con preguntas*) löchern (*con* mit +*dat*) **II.** *vr:* ~**se** vor Hitze vergehen; **en esta casa se asa uno vivo** (*fam*) in diesem Haus kommt man um vor Hitze [*o* herrscht eine Affenhitze]

asaz [a'saθ] *adv* **1.** (*elev: bastante*) ziemlich **2.** (*elev: muy*) sehr, äußerst

asbesto [as'βesto] *m* Asbest *m*

asbestosis [asβes'tosis] *f sin pl* (MED) Asbestose *f*

ascalonia [aska'lonja] *f* (BOT, GASTR) Schalotte *f*

ascendencia [asθeṇ'deṇθja] *f* **1.** (*antepasados*) Vorfahren *mpl,* Ahnen *mpl* **2.** (*procedencia*) Abstammung *f,* Herkunft *f*

ascendente [asθeṇ'deṇte] **I.** *adj* aufsteigend; **en orden** ~ in aufsteigender Reihenfolge; **la carrera** ~ **de un pistón** der Aufwärtshub eines Kolbens **II.** *m* (ASTR) Aszendent *m*

ascender [asθeṇ'der] <e→ie> *vi* **1.** (*subir*) (hinauf)steigen; (*cuesta*) ansteigen; (DEP) aufsteigen; **el equipo ascendió a primera** die Mannschaft stieg in die erste Liga auf; **la calle asciende un poco** die Straße steigt leicht an; **la temperatura asciende** die Temperatur steigt; **Cristo ascendió a los cielos** Christus fuhr zum Himmel auf **2.** (*de empleo*) befördert werden (*a* zu +*dat*), aufsteigen (*a* zu +*dat*); ~ **a director** zum Direktor ernannt werden **3.** (COM: *cantidad, cuenta*) sich belaufen (*a* auf +*akk*), betragen (*a* +*akk*)

ascendiente[1] [asθeṇ'djeṇte] *mf* (*antepasado*) Vorfahr(e), -in *m, f,* Ahn(e) *mf;* **mis** ~**s** meine Vorfahren

ascendiente[2] [asθeṇ'djeṇte] *m* (*influencia*) Einfluss *m*

ascensión [asθen'sjon] *f* **1.** (*a una montaña*) Aufstieg *m* **2.** (*de Cristo*) Himmelfahrt *f;* **el día de la A**~ der Himmelfahrtstag **3.** (*del papa, rey*) Thronbesteigung *f*

ascensional [asθensjo'nal] *adj* Aufwärts-, nach oben; **fuerza** ~ Auftrieb *m,* Auftriebskraft *f*

ascensionista [asθensjo'nista] *mf* **1.** (DEP: *escalador*) Bergsteiger(in) *m(f)* **2.** (*en globo*) Ballonfahrer(in) *m(f)*

ascenso [as'θenso] *m* **1.** (*subida*) Anstieg *m,* Aufstieg *m;* **el** ~ **a primera** (DEP) der Aufstieg in die erste Liga **2.** (*promoción*) Beförderung *f*

ascensor [asθen'sor] *m* Aufzug *m,* Fahrstuhl *m;* **tomar el** ~ mit dem Aufzug fahren, den Aufzug benutzen

ascensorista [asθenso'rista] *mf* **1.** (*el que lo maneja*) Aufzugführer(in) *m(f),* Fahrstuhlführer(in) *m(f);* (*chico*) Liftboy *m* **2.** (*mecánico*) Aufzugmechaniker(in) *m(f),* Fahrstuhlmechaniker(in) *m(f)*

ascesis [as'θesis] *f sin pl* (REL) Askese *f*

asceta [as'θeta] *mf* Asket(in) *m(f)*

ascética [as'θetika] *f sin pl* Aszetik *f,* Asketik *f*

ascético, -a [as'θetiko, -a] *adj* asketisch

ascetismo [asθe'tismo] *m sin pl* **1.** (*modo de vida*) Askese *f* **2.** (*doctrina*) Aszetik *f,* Asketik *f*

ASCII ['asθi] *abr de* **american standard code for information interchange** (**código americano normalizado para el intercambio de la información**) ASCII; **archivo** ~ ASCII-Datei *f;* **ordenación** ~ ASCII-Sequenz *f;* **protocolo** ~ ASCII-Protokoll *nt*

asco ['asko] *m* **1.** (*de algo*) Ekel *m* (*de* vor +*dat*), Widerwille(n) *m* (*de* gegen +*akk*); **este olor me da** ~ bei diesem Geruch wird mir übel; **las espinacas me dan** ~ ich kann Spinat nicht ausstehen **2.** (*de alguien*) Abscheu *m o f* (*de* vor +*dat*); **este hombre me da** ~ dieser Mann stößt mich ab **3.** (*fam*): **¡qué** ~ **de gente!** diese Leute sind unerträglich!; **estoy hecho un** ~ ich bin dreckig; **estoy muerto de** ~ ich langweile mich zu Tode

ascua ['askwa] *f* Glut *f;* **estar limpio como un** ~ blitzsauber sein; **estar sobre** ~**s** (wie) auf glühenden Kohlen sitzen; **pasar algo sobre** ~**s** etw oberflächlich abhandeln; **tener a alguien en** ~**s** jdn zappeln lassen

aseadamente [aseaða'meṇte] *adv* säuberlich

aseado, -a [ase'aðo, -a] *adj* **1.** (*limpio, arreglado*) sauber, ordentlich **2.** (*cuidadoso*) sorgfältig

ASEAN [ase'an] *f* (POL) *abr de* **Asociación de Naciones del Sudeste Asiático** ASEAN *f*

asear [ase'ar] **I.** *vt* sauber machen **II.** *vr:* ~**se** sich zurechtmachen

asechanza [ase'ʧaṇθa] *f* **1.** (*trampa*) Falle *f* **2.** *pl* Intrigen *fpl,* Ränke *mpl elev;* **tender** ~**s** Ränke schmieden

asediador(a) [aseðja'ðor(a)] *m(f)* Belagerer, -in *m, f*

asediar [ase'ðjar] *vt* **1.** (*ciudad*) belagern **2.** (*con preguntas*) bestürmen (*con* mit +*dat*) **3.** (*con peticiones*) plagen (*con* mit +*dat*)

asedio [a'seðjo] *m* Belagerung *f*

asegurable [aseɣu'raβle] *adj* versicherbar

aseguración [aseɣura'θjon] *f* Versicherung *f*

asegurado, -a [aseɣu'raðo, -a] **I.** *adj* versichert **II.** *m, f* Versicherungsnehmer(in) *m(f),*

Versicherte(r) *mf*

asegurador(a) [aseɣura'ðor(a)] *m(f)* Versicherungsgeber(in) *m(f)*, Versicherer *m*

aseguramiento [aseɣura'mjen̩to] *m* **1.** (*de la paz, del puesto de trabajo*) Sicherung *f*, Sicherstellung *f*; ~ **de un crédito** (FIN) Sicherung einer Forderung; ~ **de datos** Datensicherung *f* **2.** (*afirmación*) Versicherung *f*

asegurar [aseɣu'rar] **I.** *vt* **1.** (*afianzar, fijar*) festmachen, befestigen; ~ **un nudo** einen Knoten festziehen; ~ **una puerta** eine Tür zumachen; (*con llave*) eine Tür zuschließen; ~ **una puerta con una cadena** eine Tür mit einer Kette sichern **2.** (*garantizar*) sichern, absichern; ~ **con una hipoteca** (FIN) durch eine Hypothek absichern, hypothekarisch sichern; ~ **la vida de alguien (con un seguro)** jds Leben (bei einer Versicherung) versichern; **tiene la vida asegurada** seine/ihre Zukunft ist gesichert **3.** (*afirmar*) versichern; **te aseguro que lo dijo** ich versichere dir, dass er/sie das gesagt hat; **aseguró que participaría** er/sie hat versprochen mitzumachen; **me ha asegurado su apoyo** er/sie hat mir seine/ihre Unterstützung zugesichert; **no te dejaré sola, te lo aseguro** ich lasse dich nicht allein [*o* im Stich], das verspreche ich dir **4.** (*concertar un seguro*) versichern (*contra* gegen +*akk*) **II.** *vr:* ~**se 1.** (*contra un peligro*) sich absichern (*contra* gegen +*akk*) **2.** (*comprobar*) nachsehen **3.** (*cerciorarse*) sich vergewissern **4.** (*hacerse un seguro*) sich versichern (*contra* gegen +*akk*)

asemejarse [aseme'xarse] *vr* ähneln (*a* +*dat*), ähnlich sein (*a* +*dat*)

asenso [a'senso] *m* (*formal*) Zustimmung *f*, Einwilligung *f*; **dar su** ~ zustimmen, einwilligen

asentada [asen̩'taða] *f* **1.** (*tiempo*) *Zeitraum, den jd sitzend verbringt;* **de una** ~ in einem Rutsch **2.** (*protesta*) Sitzstreik *m*, Sit-in *nt*

asentaderas [asen̩ta'ðeras] *fpl* (*fam*) Hintern *m;* **tener buenas** ~ Sitzfleisch haben

asentado, -a [asen̩'taðo, -a] *adj* **1.** (*juicioso*) vernünftig **2.** (*estable*) fest

asentador(a) [asen̩ta'ðor(a)] *m(f)* Zwischenhändler(in) *m(f)*

asentamiento [asen̩ta'mjen̩to] *m* Siedlung *f*

asentar [asen̩'tar] <e→ie> **I.** *vt* **1.** (*poner, colocar*) (hin)stellen; ~ **los cimientos** das Fundament legen; **la lluvia ha asentado el polvo** durch den Regen hat sich der Staub gelegt **2.** (*sentar*) (hin)setzen (*en* auf +*akk*); ~ **en el trono** auf den Thron erheben **3.** (*campamento*) aufschlagen **4.** (*población*) gründen **5.** (*piso, costuras*) glätten **6.** (*navaja*) schärfen **7.** (*afirmar*) behaupten **8.** (COM: *pedido*) (ver)buchen; ~ **una partida** eine Posten verbuchen **9.** (*tratado, paces*) schließen **10.** (*bases, condiciones*) schaffen **II.** *vi* **1.** (*vestido*) gut passen (*a* zu +*dat*), gut stehen +*dat* **2.** (*mesa*) stabil sein **III.** *vr:* ~**se 1.** (*en un sitio*) sich niederlassen, sesshaft werden **2.** (*polvo, líquidos*) sich setzen **3.** (*indigestarse*) sich *dat* den Magen verderben

asentimiento [asen̩ti'mjen̩to] *m* **1.** (*asenso*) Zustimmung *f* (*a* zu +*dat*), Beifall *m* (*a* zu +*dat*) **2.** (*consentimiento*) Einwilligung *f*, Zustimmung *f*

asentir [asen̩'tir] *irr como sentir vi* **1.** (*aprobar*) zustimmen +*dat*, beistimmen +*dat;* ~ **con la cabeza** nicken **2.** (*consentir*) einwilligen (*a* in +*akk*)

asentista [asen̩'tista] *mf v.* **asentador**

aseñorado, -a [aseɲo'raðo, -a] *adj* (*Am*) vornehm

aseo [a'seo] *m* **1.** (*acción*) Saubermachen *nt* **2.** (*estado*) Sauberkeit *f*, Gepflegtheit *f*; ~ **personal** Körperpflege *f*; (**cuarto de**) ~ Badezimmer *nt*

asépalo, -a [a'sepalo, -a] *adj* (BOT) asepal, kelchblattlos

asepsia [a'seβsja] *f sin pl* (MED) Asepsis *f*, Keimfreiheit *f*

aséptico, -a [a'septiko, -a] *adj* (MED) aseptisch, keimfrei

asequible [ase'kiβle] *adj* **1.** (*alcanzable*) erreichbar, möglich **2.** (*precio*) erschwinglich; **no** ~ unerschwinglich; **esta casa no es** ~ **para nosotros** wir können uns dieses Haus nicht leisten **3.** (*persona*) zugänglich

aserción [aser'θjon] *f* Versicherung *f*; (FILOS) Assertion *f*

aserradero [aserra'ðero] *m* Sägewerk *nt*

aserrado, -a [ase'rraðo, -a] *adj* (*t.* BOT) gesägt, gezähnt

aserrador(a) [aserra'ðor(a)] *m(f)* Sägewerker(in) *m(f)*

aserradora [aserra'ðora] *f* Sägemaschine *f*

aserrar [ase'rrar] <e→ie> *vt* sägen

aserrín [ase'rrin] *m* Sägemehl *nt*

asertivo, -a [aser'tiβo, -a] *adj* **1.** (*afirmativo*) behauptend, versichernd; **oración asertiva** (LING) Aussagesatz *m* **2.** (FILOS) assertorisch

aserto [a'serto] *m* Versicherung *f*

asesinar [asesi'nar] *vt* ermorden, umbringen

asesinato [asesi'nato] *m* Mord *m;* **robo con** ~ Raubmord *m;* **el** ~ **de un policía** der Mord an einem Polizisten; **estar acusado de** ~ des Mordes angeklagt sein

asesino, -a [ase'sino, -a] **I.** *adj* Mörder-; (*fig*) mörderisch **II.** *m, f* Mörder(in) *m(f);* ~ **a sueldo** [*o* **profesional**] Killer *m*

asesor(a) [ase'sor(a)] **I.** *adj* beratend **II.** *m(f)* **1.** (*consejero*) Berater(in) *m(f);* ~ **de empresas** (ECON) Unternehmensberater *m;* ~ **fiscal** (FIN) Steuerberater *m;* ~ **de imagen** Imageberater *m;* ~ **jurídico** (JUR) Rechtsberater *m*, Justitiar *m;* ~ **legal** [*o* **jurídico**] Rechtsberater *m;* ~ **de orientación profesional** Berufsberater *m*, Arbeitsberater *m;* ~ **publicitario** (ECON) Werbeberater *m* **2.** (JUR) Beisitzer(in) *m(f)*

asesoramiento [asesora'mjen̩to] *m* Beratung *f*; ~ **de empresas** (ECON) Unternehmensberatung *f;* ~ **fiscal** (FIN) Steuerberatung *f*

asesorar [aseso'rar] **I.** *vt* beraten, einen Rat geben *+dat* **II.** *vr:* ~**se** sich *dat* Rat holen (*con* bei *+dat*), zu Rate ziehen (*con +akk*), sich beraten (*con* mit *+dat, de* über *+akk*)

asesoría [aseso'ria] *f* **1.** (*oficio*) Beratung *f* **2.** (*oficina*) Beratungsstelle *f*

asestar [ases'tar] *vt* **1.** (*apuntar*) zielen (*a* auf *+akk*), richten (*a* auf *+akk*) **2.** (*propinar*) versetzen; ~ **un golpe/una puñalada a alguien** jdm einen Schlag/Dolchstoß versetzen; ~ **un tiro** einen Schuss abgeben

aseveración [aseβera'θjon] *f* (*afirmación*) Versicherung *f,* Beteuerung *f*

aseverar [aseβe'rar] *vt* (*afirmar*) versichern; (*afirmar con energía*) beteuern

aseverativo, **-a** [aseβera'tiβo, -a] *adj* (*t.* LING: *enunciativo*) aussagend, Aussage-; (*afirmativo*) bejahend, bestätigend

asexuado, **-a** [aseˠsu'aðo, -a] *adj* geschlechtslos

asexual [aseˠsu'al] *adj* asexuell, asexual

asfaltado [asfal̩'taðo] *m* **1.** (*acción*) Asphaltieren *nt* **2.** (*Am: capa de asfalto*) Asphaltdecke *f*

asfaltar [asfal̩'tar] *vt* asphaltieren

asfáltico, **-a** [as'fal̩tiko, -a] *adj* Asphalt-; **tela asfáltica** Dachpappe *f*

asfalto [as'fal̩to] *m* Asphalt *m*

asfixia [as'fiˠsja] *f* Erstickung *f,* Ersticken *nt*

asfixiado, **-a** [asfiˠ'sjaðo, -a] *adj* (*fam*) **1.** (*sin dinero*) blank, abgebrannt **2.** (*extenuado*) groggy, fix und fertig; **llegó de trabajar** ~ er kam völlig zerschlagen von der Arbeit

asfixiante [asfiˠ'sjan̩te] *adj* erstickend; **una atmósfera** ~ stickige Luft; **hace un calor** ~ es ist erstickend heiß

asfixiar [asfiˠ'sjar] *vt, vr:* ~**se** ersticken; ~ **de cuajo** im Keim ersticken

así [a'si] **I.** *adv* **1.** (*de modo*) so, auf diese Weise; ~ ~ einigermaßen; ~ **o** ~, ~ **que** ~, ~ **o asá** so oder so; ~ **y todo** trotz allem; **¿~ qué?** und nun?; ~**, ¿lo haces o no?** also, machst du es oder nicht?; **¡~ es!** ja, genau!, so geht das!; **¡ah,** ~ **es!** ach, so ist das!; ~ **está mejor** so ist es (schon) besser; ~ **sea** so sei es; **quizá era mejor** ~ vielleicht war es auch besser so; **soy** ~ so bin ich nun einmal; **no puedes decir esto** ~ **como** ~ du kannst das nicht ohne weiteres sagen; **no puedes tomar esta decisión** ~ **como** ~ du musst dir diese Entscheidung genau überlegen **2.** (*expresión de deseo*): ~ *+subj* hoffentlich; **¡~ reviente!** hoffentlich krepiert er/sie! **3.** (*de extrañeza*): **¿~ me dejas?** du verlässt mich wirklich? **4.** (*de cantidad*): ~ **de grande** so groß **5.** (*elev: temporal*): ~ **que se fueron, lavamos los platos** kaum waren sie gegangen, spülten wir das Geschirr **II.** *conj* **1.** (*concesiva*): ~ **lo ahorques no dará su brazo a torcer** da kannst du dich auf den Kopf stellen, er wird nicht nachgeben **2.** (*consecutiva*): **empezó a llover y** ~ **nos quedamos en casa** es fing an zu regnen und so [*o* daher] blieben wir zu Hause; **sólo hay una plaza libre,** ~ **(es) que decídete pronto** es ist nur noch ein Platz frei, entscheide dich also bald; **te esperaré en la calle;** ~ **pues, no te retrases** ich warte auf der Straße auf dich, komm also nicht zu spät **3.** (*comparativa*): ~ **el uno como el otro** der eine wie der and(e)re, sowohl der eine als auch der andere; ~ **en la tierra como en el cielo** wie im Himmel, so auf Erden **III.** *adj* derartig, solch; **un sueldo** ~ solch ein Gehalt, ein derartiges Gehalt; **una cosa** ~ etwas Derartiges

Asia ['asja] *f* Asien *nt;* ~ **menor** Kleinasien *nt*

asiático, **-a** [a'sjatiko, -a] **I.** *adj* asiatisch; **lujo** ~ orientalische Pracht **II.** *m, f* Asiat(in) *m(f)*

asibilar [asiβi'lar] *vt* (LING) assibilieren

asidero [asi'ðero] *m* **1.** (*agarradero*) Griff *m* **2.** (*pretexto*) Vorwand *m* **3.** (*influencia*) gute Beziehungen *fpl*

asiduidad [asiðwi'ðaᵈ] *f* **1.** (*frecuencia*) Häufigkeit *f* **2.** (*regularidad*) Regelmäßigkeit *f* **3.** (*perseverancia*) Beständigkeit *f*

asiduo, **-a** [a'siðwo, -a] *adj* **1.** (*frecuente*) häufig **2.** (*regular*) regelmäßig **3.** (*perseverante*) ausdauernd, beständig; **un** ~ **cliente de este local** ein Stammgast dieses Lokals

asiento [a'sjen̩to] *m* **1.** (*sitio*) Sitz *m;* ~ **del acompañante** Beifahrersitz *m;* ~ **delantero** Vordersitz *m;* ~ **lanzable** Schleudersitz *m;* **un culo de mal** ~ ein unruhiger Geist; ~ **trasero** Rücksitz *m;* **calentar el** ~ (*ocupar un cargo*) lange denselben Posten bekleiden; (*vaguear*) faulenzen; **tomar** ~ Platz nehmen **2.** (*localidad*) Sitzplatz *m* **3.** (*de una vasija, botella*) Boden *m* **4.** (ARQUIT) Aufsetzen *nt* **5.** (*poso*) (Boden)satz *m* **6.** (COM: *en una cuenta*) (Ver)buchung *f;* ~ **en el activo** Aktivierung *f;* ~ **de ajuste de balance** Bilanzausgleichsposten *m;* ~ **de cierre** Jahresabschlussbuchung *f;* ~ **en el pasivo** Passivierung *f;* ~**s contables** Buchungsposten *mpl,* Rechnungsposten *mpl*

asignación [asiɣna'θjon] *f* **1.** (*un trabajo, un sueldo*) Zuteilung *f* (*a* zu *+dat*), Zuweisung *f* (*a* zu *+dat*); ~ **de acciones** (FIN) Aktienzuteilung *f;* ~ **del pago** (FIN) Zahlungsanweisung *f;* ~ **publicitaria** (FIN) Werbeetat *m;* ~ **presupuestaria** (FIN) Haushaltsmittel *ntpl;* ~ **de recursos** Mittelzuweisung *f* **2.** (*de un sueldo, una fecha*) Festsetzung *f,* Bestimmung *f* **3.** (INFOR) Zuordnung *f* (*a* zu *+dat*); ~ **de memoria** Speicherzuweisung *f;* ~ **de una tecla** Tastenbelegung *f;* ~ **al teclado** Tastaturbelegung *f* **4.** (*subsidio*) Unterstützung *f;* **asignaciones especiales** Sonderzuwendungen *fpl*

asignar [asiɣ'nar] *vt* **1.** (*un trabajo, una tarea*) zuweisen (*a +dat*), zuteilen (*a +dat*); ~ **acciones** (FIN) Aktien zuteilen; ~ **fondos a un proyecto** (FIN) Mittel für ein Projekt zuweisen; ~**emos un 20 % de los beneficios a nuevas inversiones** 20 % der Gewinne werden wir für Neuinvestitionen verwenden; **le han asignado la dirección de la empresa** er/sie ist mit der Leitung der Firma betraut worden **2.** (*sueldo, fecha*) festsetzen, bestimmen

asignatura [asiɣna'tura] *f* Fach *nt;* ~ **pendiente** (ENS) noch zu bestehendes Fach; (*problema*) ungelöstes Problem

asilado, -a [asi'laðo, -a] *m, f* **1.** (POL) Asylant(in) *m(f)*, Asylbewerber(in) *m(f)* **2.** (*anciano*) Heiminsasse, -in *m, f*

asilar [asi'lar] **I.** *vt* **1.** (POL) Asyl gewähren +*dat* **2.** (*albergar en un asilo*) in ein Heim einweisen **II.** *vr:* ~**se** Asyl suchen

asilo [a'silo] *m* **1.** (POL) Asyl *nt* **2.** (*de ancianos*) Altenheim *nt* **3.** (*de huérfanos*) Waisenhaus *nt* **4.** (*refugio*) Zuflucht *f*, Schutz *m*

asilvestramiento [asilβestra'mjen̪to] *m sin pl* (*animales*) Verwilderung *f*

asilvestrarse [asilβes'trarse] *vr* (*animales*) verwildern

asimetría [asime'tria] *f* Asymmetrie *f*

asimétrico, -a [asi'metriko, -a] *adj* asymmetrisch

asimiento [asi'mjen̪to] *m* **1.** (*elev: acción de coger*) Greifen *nt;* **dio la voltereta sin ningún** ~ er machte die Rolle, ohne sich (mit den Händen) abzustützen **2.** (*fam: apego*) Zuneigung *f*

asimilable [asimi'laβle] *adj* **1.** (*equiparable*) angleichbar (*a* an +*akk*) **2.** (BOT, LING) assimilierbar

asimilación [asimila'θjon] *f* **1.** (*equiparación*) Angleichung *f* (*a* an +*akk*) **2.** (*nivelación*) Gleichstellung *f* (*a* mit +*dat*) **3.** (BOT, LING) Assimilation *f*

asimilar [asimi'lar] **I.** *vt* **1.** (*equiparar*) angleichen (*a* +*dat*, *a* an +*akk*), anpassen (*a* +*dat*, *a* an +*akk*) **2.** (*a nivel laboral*) gleichstellen (*a* mit +*dat*) **3.** (*conocimientos*) aufnehmen **4.** (BIOL: *alimentos*) assimilieren **II.** *vr:* ~**se** **1.** (*equipararse*) sich anpassen (*a* +*dat*, *a* an +*akk*), sich angleichen (*a* +*dat*, *a* an +*akk*); **se ha asimilado en todo a su mujer** er hat sich in allem seiner Frau angepasst **2.** (LING) assimilieren

asimilista [asimi'lista] **I.** *adj* (POL: *EE.UU.*) integrationistisch; (*España*) assimilationistisch **II.** *mf* (POL: *EE.UU.*) Integrationist(in) *m(f)*; (*España*) Assimil(ation)ist(in) *m(f)*

asimismo [asi'mismo] *adv* auch, ebenfalls, gleichfalls

asincrónico, -a [asiŋ'kroniko, -a] *adj* asynchron

asincronismo [asiŋkro'nismo] *m* Ungleichzeitigkeit *f*

asíncrono, -a [a'siŋkrono, -a] *adj* (*t.* INFOR) asynchron

asindético, -a [asin̪'detiko, -a] *adj* (LING) asyndetisch, unverbunden

asíndeton [a'sin̪deton] *m* (LING) Asyndeton *nt*

asinergia [asi'nerxja] *f* (MED) Asynergie *f*

asintomático, -a [asin̪to'matiko, -a] *adj* (MED) symptomfrei, asymptomatisch

asir [a'sir] *irr* **I.** *vt* **1.** (*sujetar*) fassen, (er)greifen **2.** (*con fuerza*) (an)packen **II.** *vi* (*plantas*) Wurzeln schlagen **III.** *vr:* ~**se** sich fest halten (*a* an +*dat*)

Asiria [a'sirja] *f* Assyrien *nt*

asirio, -a [a'sirjo, -a] **I.** *adj* assyrisch **II.** *m, f* Assyrer(in) *m(f)*

asísmico, -a [a'sismiko, -a] *adj* (GEO) erdbebensicher, aseismisch

asistencia [asis'ten̪θja] *f* **1.** (*ayuda*) Hilfe *f*, Beistand *m;* ~ **financiera** Beihilfe *f;* ~ **letrada** (JUR) juristischer Beistand; ~ **médica** ärztliche Betreuung; ~ **social** Sozialarbeit *f;* ~ **a la vejez** Altersfürsorge *f* **2.** (*presencia*) Anwesenheit *f;* **sin la** ~ **del presidente** ohne Beisein des Präsidenten, in Abwesenheit des Präsidenten **3.** (*participación*) Teilnahme *f;* **la** ~ **a clase es obligatoria** die Teilnahme am Unterricht ist Pflicht **4.** (*concurrencia*) Teilnehmerzahl *f*, Besucherzahl *f* **5.** (DEP: *básquet*) Pass *m* in den Freiwurfraum

asistencial [asisten̪'θjal] *adj* (*sanitaria*) Pflege-; (*social*) Fürsorge-; **servicios** ~**es** Pflegedienste *mpl*

asistenta [asis'ten̪ta] *f* **1.** (*para todo*) Haushaltshilfe *f* **2.** (*para limpiar*) Putzfrau *f*, Reinemachefrau *f*

asistente[1] [asis'ten̪te] *mf* **1.** (*auxiliar*) Helfer(in) *m(f)*, Assistent(in) *m(f);* ~ **social** Sozialarbeiter(in) *m(f)* **2.** (*participante*) Teilnehmer(in) *m(f)*

asistente[2] [asis'ten̪te] *m* (INFOR): ~ **personal digital** PDA *m*, persönlicher digitaler Assistent *m*

asistido, -a [asis'tiðo, -a] *adj:* ~ **por ordenador** (INFOR) computergestützt; **dirección asistida** Servolenkung *f;* **fecundación asistida** (MED) künstliche Befruchtung; **respiración asistida** (MED) künstliche Beatmung

asistir [asis'tir] **I.** *vi* (*participar*) teilnehmen (*a* an +*dat*), beiwohnen (*en* +*dat*); ~ **a clase** den Unterricht besuchen **II.** *vt* helfen +*dat*, beistehen +*dat;* **fue asistido de un tirón** er wurde wegen einer Muskelzerrung ärztlich behandelt; ~ **a un enfermo** einen Kranken pflegen; **esta señora se dedica a** ~ diese Frau arbeitet als Haushaltshilfe; **¡que Dios nos asista!** Gott steh uns bei!

asistolia [asis'tolja] *f* (MED) Asystolie *f*

asistólico, -a [asis'toliko, -a] *adj* (MED) asystolisch

asistolismo [asisto'lismo] *m* (MED) *v.* **asistolia**

askenazí [askena'θi] <askenazíes> **I.** *adj* aschkenasisch; **la emigración** ~ die Emigration der ost- und mitteleuropäischen Juden **II.** *mf* Angehörige(r) *mf* der Aschkenasim; **los** ~**es** die Aschkenasim

asma ['asma] *m sin pl* (MED) Asthma *nt*

asmático, -a [as'matiko, -a] **I.** *adj* asthmatisch **II.** *m, f* Asthmatiker(in) *m(f)*

asnada [as'naða] *f* (*fam: bobada*) Dummheit *f*, Eselei *f;* **ya tuvo que decir la** ~ natürlich musste er/sie (wieder) so einen Schwachsinn von sich *dat* geben

asnal [as'nal] *adj* **1.** (*del asno*) Esel(s)-; **rebuznos ~es** Eselsschreie *mpl* **2.** (*fam: persona, acción*) brutal, gewalttätig; (*lenguaje*) roh, gemein

asnilla [as'niʎa] *f* **1.** (*caballete*) Bock *m* **2.** (*albañilería*) Abstützbalken *m*

asno ['asno] *m* Esel *m;* **apearse de su ~** seinen Irrtum einsehen; **no ver siete** [*o* **tres**] **sobre un ~** die Hand vor seinen Augen nicht sehen

asocarronado, -a [asokarro'naðo, -a] *adj* schelmisch, schalkhaft

asociable [aso'θjaβle] *adj* vereinbar; (*combinable*) verknüpfbar; **su fobia es ~ a una mala experiencia infantil** seine/ihre Phobie ist auf ein schlimmes Kindheitserlebnis zurückzuführen

asociación [asoθja'θjon] *f* **1.** (*acción*) Vereinigung *f,* Verbindung *f* **2.** (*mental*) Assoziation *f;* **~ de ideas** Gedankenassoziation *f;* **siempre pienso en él en ~ con...** ich denke immer in Zusammenhang mit ... an ihn **3.** (*organización*) Verein *m,* Verband *m;* **A~ Europea de Libre Cambio** Europäische Freihandelszone; **A~ Internacional de Desarrollo** (ECON) Internationale Entwicklungsorganisation; **A~ Internacional de Transporte Aéreo** (AERO) Internationaler Luftverkehrsverband; **~ monetaria** (FIN) Währungsverbund *m;* **A~ de Naciones del Sudeste Asiático** (POL) Verband Südostasiatischer Staaten; **~ obrera** Arbeiterverband *m;* **A~ de Padres de Alumnos** Elternausschuss *m;* **~ de los países de ultramar** (UE) Assoziierung der überseeischen Länder; **~ de prensa** Presseverband *m;* **~ de vecinos** ≈Bürgerinitiative *f;* **derecho de ~** Vereinigungsrecht *nt*

asociacionismo [asoθjaθjo'nismo] *m sin pl* **1.** (SOCIOL) Vereinsbewegung *f* **2.** (FILOS, PSICO) Assoziationspsychologie *f*

asociacionista [asoθjaθjo'nista] **I.** *adj* **1.** (FILOS, PSICO) assoziationspsychologisch **2.** (SOCIOL) Vereins- **II.** *mf* **1.** (FILOS, PSICO) Anhänger(in) *m(f)* der Assoziationspsychologie **2.** (SOCIOL) Anhänger(in) *m(f)* der Vereinsbewegung

asociado, -a [aso'θjaðo, -a] *m, f* **1.** (*de una asociación*) Mitglied *nt* **2.** (COM: *de una sociedad, una empresa*) Gesellschafter(in) *m(f),* Teilhaber(in) *m(f)*

asocial [aso'θjal] *adj* asozial

asociar [aso'θjar] **I.** *vt* **1.** (*juntar*) vereinen (*a* zu +*dat*), verbinden (*a* zu +*dat*); (POL) assoziieren (*a/con* mit +*dat*); **la asocio con alguien** ich bringe sie mit jdm in Zusammenhang **2.** (*t.* PSICO: *ideas*) assoziieren **3.** (*a un negocio*) zum Gesellschafter machen **4.** (*a un cargo*) beiordnen **II.** *vr:* **~se** sich vereinigen, sich zusammenschließen, sich assoziieren; **me asocio con ellos** ich geselle mich zu ihnen

asociatividad [asoθjatiβi'ðaᵈ] *f sin pl* (MAT) assoziative Eigenschaft *f,* Assoziativität *f*

asociativo, -a [asoθja'tiβo, -a] *adj* Assoziations-, assoziativ

asolación [asola'θjon] *f v.* **asolamiento**

asolador(a) [asola'ðor(a)] *adj* verwüstend, verheerend

asolamiento [asola'mjen̦to] *m* Verwüstung *f,* Verheerung *f*

asolar [aso'lar] *vt* (*destruir*) verwüsten, verheeren, dem Erdboden gleichmachen; (*plantas, frutos*) ausdörren

asoleada [asole'aða] *f* (*Col, Chil, Guat: insolación*) Sonneneinstrahlung *f;* (METEO) Insolation *f*

asolear [asole'ar] **I.** *vt* der Sonne aussetzen **II.** *vr:* **~se 1.** (*acalorarse*) sich erhitzen **2.** (*ponerse moreno*) sich sonnen **3.** (*Arg, Méx: insolarse*) einen Sonnenstich bekommen

asomada [aso'maða] *f* **1.** (*breve aparición*) kurzes Erscheinen *nt;* **hizo una ~ por mi casa** er/sie stattete mir einen Kurzbesuch ab; **hacer una ~ a la terraza** kurz auf der Terrasse erscheinen **2.** (*lugar*) Aussichtspunkt *m*

asomar [aso'mar] **I.** *vt* **1.** (*mostrar*) zeigen **2.** (*parte del cuerpo*) hinausstrecken; **~ la cabeza por la ventana** den Kopf zum Fenster hinausstrecken [*o* hinauslehnen] **II.** *vi* (*aparecer*) sich abzeichnen, sichtbar werden; **asoman nuevos peligros medioambientales** neue Umweltgefahren zeichnen sich ab; **asoma el día** der Tag bricht an; **la cabeza asomó por la ventana** der Kopf ragte aus dem Fenster heraus; **el barco asomó entre la niebla** das Schiff tauchte aus dem Nebel (auf) **III.** *vr:* **~se 1.** (*mostrarse*) sich zeigen, erscheinen; **~se al balcón** auf dem Balkon erscheinen **2.** (*una parte del cuerpo*) hinausgestreckt werden, herausragen

asombrar [asom'brar] **I.** *vt* **1.** (*pasmar*) in (Er)staunen versetzen **2.** (*sombrear*) beschatten **II.** *vr:* **~se** sich wundern (*de* über +*akk*), erstaunen (*de* über +*akk*)

asombro [a'sombro] *m* Staunen *nt,* Erstaunen *nt;* **poner cara de ~** ein erstauntes Gesicht machen; **no salir de su ~** aus dem Staunen nicht herauskommen; **esta discoteca es el ~ de los turistas** diese Diskothek ist die Touristenattraktion schlechthin

asombroso, -a [asom'broso, -a] *adj* erstaunlich; **un sueldo ~** ein unglaubliches Gehalt; **su reacción fue asombrosa** seine/ihre Reaktion war überraschend

asomo [a'somo] *m* Anflug *m,* Spur *f;* **hay ~s de recuperación económica** es gibt Anzeichen für eine Wiederbelebung der Wirtschaft; **no pienso en ello ni por ~** ich denke nicht im Entferntesten daran; **¿tienes miedo? – ni por ~** hast du Angst? – keine Spur; **sin el menor ~ de...** ohne die leiseste Spur von ...

asonada [aso'naða] *f* Zusammenrottung *f*

asonancia [aso'nan̦θja] *f* (LING) Assonanz *f*

asonantar [asonan̦'tar] **I.** *vi* (LIT) eine Assonanz bilden (*con* mit +*dat*) **II.** *vt* (LIT) in Assonanz bringen (*con* mit +*dat*); **hay que ~ la primera palabra con la última** das erste Wort muss mit dem letzten eine Assonanz bilden

asonante [aso'nan̪te] *adj* (LIT) eine Assonanz bildend, assonant

asonar [aso'nar] <o→ue> *vi* assonieren

asorocharse [asoro'ʧarse] *vr* (*AmS*) an Bergkrankheit [*o* Höhenkrankheit] erkranken

aspa ['aspa] *f* **1.** (*figura*) Kreuz *nt,* Andreaskreuz *nt;* **marcar algo con un ~** etw ankreuzen **2.** (*de molino*) Flügel *m* **3.** (*para aspar el hilo*) Haspel *f* **4.** (*Arg, Ven: cuerno vacuno*) Rinderhorn *nt*

aspado, -a [as'paðo, -a] *adj* (*con forma de aspa*) in Form eines (Andreas)kreuzes, kreuzförmig; **molino ~** Windmühle *f*

aspamento [aspa'men̪to] *m* (*Arg*) *v.* **aspaviento**

aspar [as'par] **I.** *vt* **1.** (*el hilo*) haspeln **2.** (*tortura*) (an einem Andreaskreuz) kreuzigen **3.** (*mortificar*) quälen **II.** *vr:* **~se 1.** (*por enfado*) toben **2.** (*por dolor*) wie am Spieß schreien

aspaviento [aspa'βjen̪to] *m* übertriebene Gefühlsäußerung *f*

aspereza [aspe'reθa] *f* **1.** (*superficie*) Rauheit *f* **2.** (*terreno*) Unebenheit *f* **3.** (*trato*) Barschheit *f;* **nos trató con mucha ~** er/sie war sehr barsch zu uns

aspergear [asperxe'ar] *vt,* **asperjar** [asper'xar] *vt* (be)sprengen

aspermia [as'permja] *f* (MED) Aspermie *f*

áspero, -a ['aspero, -a] *adj* **1.** (*superficie*) rau, spröde **2.** (*terreno*) uneben, holp(e)rig **3.** (*sabor*) bitter **4.** (*persona*) barsch, brüsk **5.** (*lenguaje*) derb

aspersión [asper'sjon] *f* (Be)sprengung *f;* **riego por ~** Beregnung *f*

aspersor [asper'sor] *m* (Rasen)sprenger *m*

aspersorio [asper'sorjo] *m* (REL: *hisopo*) Weihwasserwedel *m,* Aspergill *nt*

áspid ['aspiᵈ] *m* (ZOOL) Aspisviper *f*

aspillera [aspi'ʎera] *f* Schießscharte *f*

aspiración [aspira'θjon] *f* **1.** (*inspiración*) Einatmen *nt,* Atemholen *nt* **2.** (*pretensión*) Streben *nt* (*a* nach +*dat*), Wunsch *m* (*a* nach +*dat*); **tener grandes aspiraciones** hoch hinauswollen; **su última ~ en la vida es...** sein/ihr letzter Wunsch im Leben ist ... **3.** (TÉC) Saugen *nt* **4.** (LING) Behauchung *f,* Aspiration *f*

aspirador¹ [aspira'ðor] *m* Staubsauger *m*

aspirador(a)² [aspira'ðor(a)] *adj* Saug-, (an)saugend

aspiradora [aspira'ðora] *f* Staubsauger *m*

aspirante [aspi'ran̪te] **I.** *adj* Saug-, (an)saugend **II.** *mf* Anwärter(in) *m(f)* (*a/para* auf +*akk*), Aspirant(in) *m(f)* (*a/para* für +*akk*)

aspirar [aspi'rar] *vt* **1.** (*inspirar*) einatmen; **salió a ~ aire fresco** er/sie ging raus um frische Luft zu schnappen **2.** (*aspirador*) saugen **3.** (LING) behauchen, aspirieren; **una p aspirada** ein behauchtes p **4.** (*pretender*) streben (*a* nach +*dat*), trachten (*a* nach +*dat*); **aspira a mucho en la vida** er/sie will im Leben hoch hinaus

aspirina® [aspi'rina] *f* Aspirin® *nt*

asqueado, -a [aske'aðo] *adj* überdrüssig (*de* +*gen*); **estoy asqueada de tanto estudiar** ich bin es leid, so viel zu studieren

asquear [aske'ar] **I.** *vt* **1.** (*dar asco*) anekeln, anwidern **2.** (*fastidiar*) anöden; **este trabajo me asquea** ich habe diese Arbeit satt **II.** *vi* Ekel empfinden

asquenazí [askena'θi] <asquenazíes> *adj o mf v.* **askenazí**

asquerosidad [askerosi'ðaᵈ] *f* Schweinerei *f*

asqueroso, -a [aske'roso, -a] *adj* **1.** (*repugnante*) ekelhaft, widerlich **2.** (*ordinario*) ordinär, primitiv

asta ['asta] *f* **1.** (*de lanza*) Schaft *m;* (*de martillo, pincel*) Stiel *m;* (*de bandera*) Fahnenstange *f,* Fahnenmast *m;* **a media ~** auf halbmast **2.** (*cuerno*) Horn *nt;* **dejar a alguien en las ~s del toro** jdn (in der Not) im Stich lassen; **verse en las ~s del toro** sich in großer Gefahr befinden

astado, -a [as'taðo, -a] *adj* Horn-; **animal ~** Horntier *nt*

astasia [as'tasja] *f* (MED) Astasie *f*

astato [as'tato] *m* (QUÍM) Astat *nt,* Astatin *nt*

astenia [as'tenja] *f* (MED) Kraftlosigkeit *f,* Asthenie *f*

asténico, -a [as'teniko, -a] **I.** *adj* kraftlos, asthenisch **II.** *m, f* (MED) Astheniker(in) *m(f)*

astenosfera [astenos'fera] *f* (GEO) Asthenosphäre *f*

asterisco [aste'risko] *m* (TIPO) Sternchen *nt,* Asteriskus *m*

asterismo [aste'rismo] *m* (ASTR) Sternbild *nt*

asteroide [aste'roi̯ðe] **I.** *adj* sternförmig **II.** *m* Asteroid *m,* Planetoid *m*

astifino [asti'fino] **I.** *adj* (TAUR) mit dünnen [*o* schlanken] Hörnern; **ser ~** schlanke Hörner haben **II.** *m* (TAUR) Stier *m* mit schlanken Hörnern

astigmático, -a [astiɣ'matiko, -a] *adj* astigmatisch

astigmatismo [astiɣma'tismo] *m sin pl* (MED) Astigmatismus *m*

astigmómetro [astiɣ'mometro] *m* (MED) Ophthalmometer *nt*

astil [as'til] *m* **1.** (*de azada*) Stiel *m* **2.** (*de pluma*) Federkiel *m* **3.** (*de la balanza*) Waagebalken *m*

astilla [as'tiʎa] *f* (*esquirla*) Splitter *m;* (*de madera*) Holzspan *m,* Holzsplitter *m;* **clavarse una ~** sich *dat* einen Splitter einreißen; **sacar ~s de algo** (*fig fam*) aus etw Nutzen ziehen; **de tal palo tal ~** (*prov*) der Apfel fällt nicht weit vom Stamm

astillado, -a [asti'ʎaðo, -a] *adj* splitt(e)rig

astillar [asti'ʎar] **I.** *vt* zersplittern **II.** *vr:* **~se 1.** (*hacerse astillas*) splittern **2.** (*rajarse*) sich spalten

astillero [asti'ʎero] *m* (Schiffs)werft *f*
astracán [astra'kan] *m* Astrachan *m*
astracanada [astraka'naða] *f* Posse *f*
astrágalo [as'traɣalo] *m* **1.** (BOT) Tragant *m* **2.** (ANAT) Talus *m*, Sprungbein *nt*
astral [as'tral] *adj* Sternen-; **año** ~ Sternjahr *nt*
astricción [astriᵞ'θjon] *f* (MED) Zusammenziehen *nt*
astringencia [astriŋ'xeṇθja] *f* Adstringenz *f*, zusammenziehende Wirkung *f*
astringente [astriŋ'xeṇte] **I.** *adj* zusammenziehend, adstringierend **II.** *m* (MED) adstringierendes Mittel *nt*, Adstringens *nt*
astringir [astriŋ'xir] <g→j> *vt* (MED) zusammenziehen, adstringieren
astriñir [astri'ɲir] <*3. pret:* **astriñó**> *vt v.* **astringir**
astro ['astro] *m* Stern *m*, Gestirn *nt;* **un ~ de la pantalla** ein Filmstar
astrobiología [astroβiolo'xia] *f* (BIOL) Astrobiologie *f*
astrocito [astro'θito] *m* (ANAT) Astrozyt *m*
astrodinámica [astroði'namika] *f* (ASTR) Astrodynamik *f*
astrofísica [astro'fisika] *f* Astrophysik *f*
astrofísico, -a [astro'fisiko, -a] **I.** *adj* astrophysisch **II.** *m, f* Astrophysiker(in) *m(f)*
astrolabio [astro'laβjo] *m* Astrolab(ium) *nt*
astrología [astrolo'xia] *f* Astrologie *f*
astrológico, -a [astro'loxiko, -a] *adj* astrologisch
astrólogo, -a [as'troloɣo, -a] *m, f* Astrologe, -in *m, f*
astrometría [astrome'tria] *f* (ASTR) Astrometrie *f*
astronauta [astro'nau̯ta] *mf* Raumfahrer(in) *m(f)*, Astronaut(in) *m(f)*
astronáutica [astro'nau̯tika] *f* Raumfahrt *f*, Astronautik *f*
astronáutico, -a [astro'nau̯tiko, -a] *adj* astronautisch
astronave [astro'naβe] *f* Raumschiff *nt*
astronomía [astrono'mia] *f* Astronomie *f*
astronómico, -a [astro'nomiko, -a] *adj* astronomisch
astrónomo, -a [as'tronomo, -a] *m, f* Astronom(in) *m(f)*
astroso, -a [as'troso, -a] *adj* **1.** (*sucio*) schmutzig **2.** (*vil*) widerlich *abw;* **tu marido es un ~** dein Mann ist ein Widerling
astucia [as'tuθja] *f* **1.** (*sagacidad*) Gewitztheit *f*, Schläue *f* **2.** (*ardid*) List *f*, Trick *m*
astur [as'tur] *adj* asturisch
asturiano, -a [astu'rjano, -a] **I.** *adj* asturisch **II.** *m, f* Asturier(in) *m(f)*
Asturias [as'turjas] *f* Asturien *nt;* **el Príncipe de ~** der spanische Kronprinz
asturleonés¹ [asturleo'nes] *m sin pl* (*dialecto*) Dialekt *m* von Asturien und Leon
asturleonés, -esa² [asturleo'nes, -esa] *adj* von Asturien und Leon
astuto, -a [as'tuto, -a] *adj* gewitzt, schlau
asueto [a'sweto] *m* schulfreier Tag *m;* **un rato de ~** eine kurze Pause; **una semana de ~** eine Woche Urlaub
asumir [asu'mir] *vt* **1.** (*hacerse cargo*) auf sich nehmen, übernehmen; **~ una carga/una deuda** sich *dat* eine Last/eine Schuld aufbürden; **~ un deber/una responsabilidad** eine Pflicht/Verantwortung auf sich nehmen [*o* übernehmen] **2.** (*alcanzar*) erreichen; **la catástrofe está asumiendo proporciones espantosas** die Katastrophe nimmt erschreckende Ausmaße an **3.** (*Am: suponer*) annehmen, voraussetzen
asunción [asuṇ'θjon] *f* Übernahme *f;* **~ del trabajo** Arbeitsantritt *m;* **la ~ de la deuda** die Schuldübernahme
Asunción [asuṇ'θjon] *f* (REL) Mariä Himmelfahrt *f*
asuntillo [asuṇ'tiʎo] *m* (*iron, pey*) **1.** (*relación amorosa*) Techtelmechtel *nt* **2.** (*negocio*) krummes Geschäft *nt*
asunto [a'suṇto] *m* **1.** (*cuestión*) Angelegenheit *f*, Sache *f;* **resolver un ~ en el banco** eine Angelegenheit auf der Bank erledigen; **esto es ~ mío** das ist meine Angelegenheit [*o* Sache]; **¿de qué ~ se trata?** um welche Angelegenheit handelt es sich?; **y ~ despachado** [*o* **terminado**] und damit ist die Angelegenheit [*o* Sache] erledigt, und damit hat's sich *fam* **2.** (*negocio*) Geschäft *nt;* **tiene ~s en el extranjero** er/sie betreibt Geschäfte im Ausland; **el ministro está envuelto en un ~ sucio** der Minister ist in eine dunkle Affäre verwickelt **3.** (LIT: *tema*) Thema *nt;* (*argumento*) Handlung *f* **4.** (ARTE) Motiv *nt* **5.** (*lío amoroso*) Liebschaft *f*, (Liebes)affäre *f* **6.** (POL): **Ministerio de A~s Exteriores** Auswärtiges Amt; **Ministro de A~s Exteriores** Außenminister *m*
asustadizo, -a [asusta'ðiθo, -a] *adj* schreckhaft, ängstlich
asustar [asus'tar] **I.** *vt* **1.** (*sobresaltar*) erschrecken; **el perro asustó al niño** der Hund erschreckte das Kind; **estar asustado** erschrocken sein **2.** (*atemorizar*) abschrecken, einschüchtern; **me quería ~ con amenazas** er/sie wollte mir Angst einjagen [*o* mich einschüchtern]; **las fuertes multas no asustan a los conductores imprudentes** rücksichtslose Fahrer lassen sich nicht durch hohe Geldstrafen abschrecken **3.** (*ahuyentar*) verscheuchen; **la alarma asustó a los ladrones** der Alarm verscheuchte die Diebe **4.** (*escandalizar*) Anstoß erregen (bei +*dat*) **II.** *vr:* **~se** **1.** (*sobresaltarse*) sich erschrecken (*por/de/con* vor +*dat, por/de/con* über +*akk*); **me asustó su cara** seine/ihre Miene erschreckte mich; **no te asustes** (hab) keine Angst **2.** (*atemorizarse*) sich abschrecken lassen, sich einschüchtern lassen; **la responsabilidad no me asusta** die Verantwortung schreckt mich nicht; **eso no me asusta** das schreckt mich nicht ab **3.** (*escandalizarse*) Anstoß nehmen

(*de* an +*dat*)

atabal [ata'βal] *m* (MÚS) 1. (*timbal*) Pauke *f* 2. (*tamboril*) Atabal *m o nt* 3. (*persona*) Atabal-Spieler *m*

atacado, -a [ata'kaðo, -a] *adj* 1. (*cohibido*) gehemmt, unsicher 2. (*cobarde*) feige 3. (*tacaño*) geizig, knaus(e)rig

atacador [ataka'ðor] *m* Stampfer *m*

atacante [ata'kan̩te] *mf* 1. (*asaltante*) Angreifer(in) *m(f)* 2. (DEP) Stürmer(in) *m(f)*

atacar [ata'kar] <c→qu> I. *vt* 1. (*embestir*) angreifen; ~ **al enemigo** den Feind angreifen; ~ **por la espalda** hinterrücks angreifen 2. (*criticar*) angreifen, kritisieren; **el periódico atacó la política del gobierno** die Regierungspolitik wurde von der Zeitung angegriffen 3. (QUÍM) angreifen, fressen; **el vinagre ataca el mármol** der Essig greift den Marmor an 4. (*sueño*) überkommen 5. (*tema*) in Angriff nehmen 6. (MÚS) anstimmen 7. (*recalcar*) stopfen II. *vi* (DEP) angreifen, stürmen; ~ **por las bandas** von der Flanke her angreifen [*o* stürmen]

attaché [ata'ʧe] *m* (*AmC, PRico*) Büroklammer *f*

atadero [ata'ðero] *m* 1. (*cuerda*) Seil *nt*, Leine *f*; (*gancho*) Haken *m*; (*anillo*) Ring *m* 2. (*loc*): **esto no tiene** ~ man wird nicht schlau daraus; **este hombre no tiene** ~ (*fam*) dieser Mann spinnt

atadijo [ata'ðixo] *m* (verschnürtes) Bündel *nt*

atado [a'taðo] *m* 1. (*paquete*) Bündel *nt* 2. (*Arg, Par, Urug: de cigarrillos*) Zigarettenschachtel *f*, Zigarettenpackung *f*

atadura [ata'ðura] *f* 1. (*acción*) Binden *nt* 2. (*cosa para atar*) Fessel *f*; **librarse de las ~s del matrimonio** sich aus den Fesseln der Ehe befreien

ATAI [a'tai̯] *f* (AERO) *abr de* **Asociación de Transporte Aéreo Internacional** IATA *f*

atajadero [ataxa'ðero] *m* Schütz *nt*

atajar [ata'xar] I. *vi* den Weg abkürzen; **por este camino atajamos mucho** dieser Weg kürzt die Strecke erheblich ab II. *vt* 1. (*agua*) eindämmen; ~ **un mal de raíz** ein Übel an der Wurzel bekämpfen 2. (*a un orador*) unterbrechen 3. (*cortar el paso*) den Weg versperren [*o* abschneiden] +*dat* 4. (*detener*) aufhalten III. *vr*: **~se** (*Arg, Par*) sich zurückhalten

atajo [a'taxo] *m* 1. (*camino*) Abkürzung *f*; **tomar un** ~ eine Abkürzung nehmen; **echar por el** ~ (*fam*) den schnellsten Weg nehmen 2. (*pey: cuadrilla*) Bande *f* 3. (*de ganado*) kleine Herde *f*

atalaje [ata'laxe] *m* 1. (*grupo de caballos*) (Pferde)gespann *nt* 2. (*fam fig: ajuar*) Aussteuer *f*; (*bienes*) (bewegliche) Habe *f*

atalaya [ata'laʝa] *f* 1. (*torre*) Wach(t)turm *m*, Aussichtsturm *m* 2. (*lugar elevado*) Aussichtspunkt *m*

atalayador(a) [atalaʝa'ðor(a)] *m(f)* Turmwächter(in) *m(f)*

atalayar [atala'ɟ͡ʝar] *vt* 1. (*observar*) (vom Aussichtsturm aus) beobachten 2. (*vigilar*) (vom Aussichtsturm aus) überwachen 3. (*espiar*) (aus)spähen (nach +*dat*)

ataludar [atalu'ðar] *vt* (*terreno*) abböschen; (*muro, pared*) abschrägen

atañer [ata'ɲer] <*3. pret:* atañó> *vimpers* angehen, betreffen; **eso no te atañe** das geht dich nichts an; **por lo que atañe a tu empleo** was deine Stelle angeht [*o* betrifft]

atapuzar [atapu'θar] <z→c> *vt* (*Ven*) voll stopfen

ataque [a'take] *m* 1. (*embestida*) Angriff *m*; ~ **por sorpresa** Überraschungsangriff *m*; **rechazar un** ~ einen Angriff abwehren 2. (*crítica*) Angriff *m*, Kritik *f* 3. (DEP: *delantera*) Sturm *m* 4. (MED: *acceso*) Anfall *m*; ~ **al** [*o* **del**] **corazón** Herzinfarkt *m*; ~ **de piedra** (*renal*) Nierenkolik *f*; ~ **de tos** Hustenanfall *m*; ~ **de celos** Anfall von Eifersucht 5. (MÚS) Einsatz *m*

atar [a'tar] I. *vt* 1. (*sujetar*) anbinden (*a* an +*akk*), festbinden (*a* an +*dat*); ~ **las manos a la espalda** (*fig*) die Hände hinter dem Rücken zusammenbinden; ~ **un paquete** ein Paket verschnüren; ~ **al perro** den Hund an die Leine legen; ~ **a un prisionero a la pared** einen Gefangenen an die Wand fesseln; ~ **un saco** einen Sack zubinden; ~ **los zapatos** die Schuhe zubinden; ~ **corto a alguien** jdn kurzhalten; **estoy atado de pies y manos** (*fig*) mir sind die Hände [*o* Hände und Füße] gebunden; **el espanto le ató de pies y brazos** das Entsetzen lähmte ihn/sie [*o* machte ihn/sie bewegungsunfähig] 2. (*comprometer*): **esta profesión ata mucho** dieser Beruf beansprucht einen sehr 3. (*loc*): **no ata ni desata** (*hablar sin concierto*) er/sie redet dummes Zeug; (*no resolver nada*) ihm/ihr gelingt nichts, er/sie bringt nichts auf die Reihe *fam*; **dejar algo atado y bien atado** etw unter Dach und Fach bringen; **está de** ~ er/sie ist total verrückt [*o* übergeschnappt] II. *vr*: **~se** 1. (*sujetarse*) sich festbinden (*a* an +*akk*) 2. (*comprometerse*) sich binden (*a* an +*akk*), sich verpflichten (*a* zu +*dat*)

ataraxia [ata'raʸsja] *f* (FILOS) Ataraxie *f*

atarazana [atara'θana] *f* Werft *f*

atardecer [atarðe'θer] I. *irr como crecer vimpers:* **atardece** es wird dunkel [*o* Abend] II. *m* (Abend)dämmerung *f*; **al** ~ bei Einbruch der Dunkelheit, gegen Abend

atareado, -a [atare'aðo, -a] *adj* beschäftigt; **andar muy** ~ sehr beschäftigt sein

atarear [atare'ar] I. *vt* beschäftigen; ~ **a alguien** jdm eine Arbeit [*o* Aufgabe] zuweisen II. *vr*: **~se** 1. (*trabajar mucho*) hart [*o* schwer] arbeiten 2. (*afanarse*) sich abmühen

atarquinar [atarki'nar] *vt, vr*: **~se** verschlammen

atarragarse [atarra'ɣarse] *vr* (*Méx, Ven*) sich voll stopfen (*de* mit +*dat*), sich überessen (*de* an +*dat*)

atarugar [ataru'ɣar] <g→gu> I. *vt* 1. (*car-*

pintería) verzapfen, verbolzen **2.** (*tapar*) verschließen; (*botella*) zustöpseln; (*agujero*) zustopfen **3.** (*fam fig: henchir*) voll stopfen; (*muñeca*) ausstopfen (*de* mit +*dat*) **4.** (*fam fig: turbar*) aus der Fassung bringen, irritieren **II.** *vr:* ~**se** (*fam fig*) durchdrehen

atascadero [ataska'ðero] *m* Morast *m*

atascamiento [ataska'mjen̩to] *m v.* **atasco**

atascar [atas'kar] <c→qu> **I.** *vt* **1.** (*cañería*) verstopfen **2.** (*rueda, proceso*) blockieren **II.** *vr:* ~**se 1.** (*cañería*) verstopfen; **el desagüe se ha atascado** der Ausguss ist verstopft **2.** (*coche*) stecken bleiben, sich festfahren **3.** (*mecanismo*) blockieren **4.** (*en un discurso*) stocken, ins Stocken kommen; **se le atascó la palabra** er/sie bekam das Wort nicht heraus **5.** (*negociaciones*) zum Stillstand kommen, sich festfahren

atasco [a'tasko] *m* **1.** (*de una cañería*) Verstopfung *f;* ~ **de papel** (INFOR) Papierstau *m* **2.** (*de un mecanismo*) Blockierung *f* **3.** (*traba*) Hindernis *nt* **4.** (*de tráfico*) (Verkehrs)stau *m*

ataúd [ata'uᵈ] *m* Sarg *m*

ataujía [atau̯'xia] *f* **1.** (ARTE) Tauschieren *nt* **2.** (*fig: labor primorosa*) vortreffliche Arbeit *f;* (*de difícil combinación*) Tüftelarbeit *f fam*

ataviar [ataβi'ar] <*1. pres:* (me) atavío> **I.** *vt* herausputzen, schmücken (*con* mit +*dat*) **II.** *vr:* ~**se** sich herausputzen, sich schmücken (*con* mit +*dat*)

atávico, -a [a'taβiko, -a] *adj* atavistisch

atavío [ata'βio] *m* **1.** (*adorno*) Putz *m,* Schmuck *m* **2.** (*atuendo*) Aufmachung *f,* Aufzug *m*

atavismo [ata'βismo] *m* Atavismus *m*

ataxia [a'taˠsja] *f* (MED) Ataxie *f*

atáxico, -a [a'taˠsiko, -a] **I.** *adj* (MED) ataktisch **II.** *m, f* (MED) an Ataxie Erkrankte(r) *mf*

ate ['ate] *m* (*Méx:* GASTR) Fruchtpaste *f*

ateísmo [ate'ismo] *m inv* Atheismus *m*

atejonarse [atexo'narse] *vr* (*Méx*) **1.** (*agacharse*) sich ducken, sich klein machen; (*esconderse*) sich verstecken **2.** (*volverse astuto*) verschlagen werden

atelaje [ate'laxe] *m v.* **atalaje**

atemorizar [atemori'θar] <z→c> **I.** *vt* ängstigen **II.** *vr:* ~**se** sich ängstigen

atemperación [atempera'θjon] *f* Mäßigung *f;* (*atenuación*) Milderung *f*

atemperar [atempe'rar] **I.** *vt* **1.** (*cólera*) mäßigen, mildern **2.** (*temperatura*) temperieren **3.** (*acomodar*) anpassen (*a* an +*akk*) **II.** *vr:* ~**se** sich anpassen (*a* an +*akk*), sich fügen (*a* +*dat*)

Atenas [a'tenas] *f* Athen *nt*

atenazar [atena'θar] <z→c> *vt* quälen, peinigen; **estaba atenazada por los remordimientos** sie wurde von Gewissensbissen gequält; **estaba atenazado por los nervios** seine Nerven waren zum Zerreißen gespannt

atención [aten̩'θjon] *f* **1.** (*vigilancia*) Aufmerksamkeit *f;* ~ **médica** ärztliche Betreuung; **falta de** ~ Unaufmerksamkeit *f,* Zerstreutheit *f;* **digno de** ~ beachtenswert; **en** ~ **a este hecho** in Anbetracht dieser Tatsache, im Hinblick auf diese Tatsache; **¡~, por favor!** Achtung, Achtung!; **el profesor me llamó la** ~ der Lehrer tadelte mich; **los coches no me llaman la** ~ ich mache mir nichts aus Autos; **estamos llamando la** ~ wir fallen auf; **llamar la** ~ **de alguien sobre** [*o* **a**] **algo** jds Aufmerksamkeit auf etw lenken, jdn auf etw aufmerksam machen; **mantener la** ~ **de alguien** jds Aufmerksamkeit fesseln; **prestar** ~ **al profesor** dem Lehrer zuhören; **no prestar** ~ **a alguien** (*por despiste*) jdn nicht beachten, jdm keine Aufmerksamkeit schenken; (*intencionadamente*) über jdn hinwegsehen **2.** (ECON: *cartas*): **a la** ~ **de...** zu Händen von ... **3.** *pl* (*cortesías*) Aufmerksamkeiten *fpl;* **colmar a alguien de atenciones** jdn mit Aufmerksamkeiten überhäufen **4.** *pl* (*obligaciones*) Verpflichtungen *fpl* **5.** (*trato*): ~ **al cliente** Bedienung des Kunden

atendedor(a) [aten̩de'ðor(a)] *m(f)* (TIPO) Fahnenkorrektor(in) *m(f)*

atender [aten̩'der] <e→ie> **I.** *vt* **1.** (*prestar atención*) beachten; (*escuchar*) zuhören +*dat;* **el alumno no atiende al profesor** der Schüler hört dem Lehrer nicht zu **2.** (*tener en cuenta*) berücksichtigen, beachten; ~ **un deseo/una petición** einem Wunsch/einer Bitte nachkommen, einen Wunsch/eine Bitte erfüllen; ~ **una letra** (FIN) einen Wechsel einlösen; ~ **un plazo** eine Frist einhalten; ~ **una solicitud** einem Antrag stattgeben; **atendiendo a las circunstancias actuales** unter den derzeitigen Umständen **3.** (*cuidar*) sich kümmern (*a* um +*akk*); ~ **a los invitados** sich um die Gäste kümmern; **el médico atiende a los enfermos** der Arzt behandelt die Kranken; ~ **a los pobres** sich der Armen annehmen **4.** (*despachar*) bedienen; **¿le atienden?** werden Sie schon bedient? **5.** (*llamada*) entgegennehmen; ~ **una llamada** einen Anruf entgegennehmen **II.** *vi* **1.** (*perro*): ~ **por...** auf den Namen ... hören **2.** (TIPO) Fahnen korrigieren **3.** (*tener en cuenta*) beachten (*a* +*akk*); (*concentrarse*) sich konzentrieren (*a* auf +*akk*); (*escuchar*) zuhören (*a* +*dat*)

atendible [aten̩'diβle] *adj* beachtlich

Atenea [ate'nea] *f* Athene *f*

ateneo [ate'neo] *m* Kulturverein *m*

atenerse [ate'nerse] *irr como tener vr* sich halten (*a* an +*akk*), sich richten (*a* nach +*dat*); **me he atenido a tus instrucciones** ich habe mich nach deinen Anweisungen gerichtet [*o* an deine Anweisungen gehalten]; ~ **a lo pactado** sich an die Abmachung halten; ~ **a lo seguro** auf Nummer Sicher gehen; **me atengo a lo que dije antes** ich bleibe bei meiner Meinung; **saber a qué** ~ mit sich *dat* selbst im Reinen sein; **si no lo haces, atente a las consecuencias** wenn du es nicht tust, musst du die Folgen tragen; **yo vivo atenido a mi sueldo** ich bin auf mein Gehalt angewiesen

ateniense [ate'njense] **I.** *adj* athenisch **II.** *mf* Athener(in) *m(f)*

atenorado, **-a** [ateno'raðo, -a] *adj* (MÚS) Tenor-, tenoral

atentado [aten̪'taðo] *m* Anschlag *m*, Attentat *nt*; ~ **terrorista** Terroranschlag *m*; ~ **contra un policía** Attentat [*o* Anschlag] auf einen Polizisten; **el autor de un** ~ der Attentäter; **ser víctima de un** ~ einem Attentat zum Opfer fallen; **esta ley es un** ~ **contra la libertad de expresión** dieses Gesetz verstößt gegen die Meinungsfreiheit, dieses Gesetz stellt eine Verletzung der Meinungsfreiheit dar

atentamente [aten̪ta'men̪te] *adv* (*final de carta*): (**muy**) ~ mit freundlichen Grüßen, hochachtungsvoll

atentar [aten̪'tar] *vi* **1.** (*cometer atentado*) einen Anschlag [*o* ein Attentat] begehen [*o* verüben] (*contra* auf *+akk*) **2.** (*infringir*) verletzen (*contra +akk*), verstoßen (*contra* gegen *+akk*); ~ **contra el buen gusto** gegen den guten Geschmack verstoßen

atentatorio, **-a** [aten̪ta'torjo, -a] *adj* verletzend; ~ **a la libertad** freiheitsgefährdend, freiheitsfeindlich

atento, **-a** [a'ten̪to, -a] *adj* **1.** (*observador*) aufmerksam; **estar** ~ **a la conversación** dem Gespräch aufmerksam folgen **2.** (*cortés*) aufmerksam, höflich; **es muy** ~ **de su parte** das ist sehr aufmerksam von Ihnen; **él es una persona muy atenta** er ist ein sehr höflicher [*o* zuvorkommender] Mensch; **estuvo muy** ~ **con nosotros** er hat sich sehr um uns gekümmert; **es muy** ~ **con las mujeres** er ist Frauen gegenüber sehr galant

atenuación [atenwa'θjon] *f* Abschwächung *f*, Milderung *f*; ~ **de la pena** (JUR) Strafmilderung *f*

atenuante [atenu'an̪te] **I.** *adj* (JUR) (straf)mildernd **II.** *m* **1.** (JUR) mildernder Umstand *m* **2.** (*Am: perdón*) Entschuldigung *f*

atenuar [atenu'ar] <*1. pres:* (me) atenúo> **I.** *vt* abschwächen, mildern; ~ **unas declaraciones** einige Äußerungen abschwächen [*o* abmildern] **II.** *vr:* ~**se** sich abschwächen, sich mildern

ateo, **-a** [a'teo, -a] **I.** *adj* atheistisch **II.** *m, f* Atheist(in) *m(f)*

aterciopelado, **-a** [aterθjope'laðo, -a] *adj* **1.** (*tela*) samtartig **2.** (*voz*) samtig

aterimiento [ateri'mjen̪to] *m* Erstarrung *f*

aterirse [ate'rirse] *irr como abolir vr* erstarren; **me quedé aterido esperándola en la calle** ich war vor Kälte erstarrt, als ich draußen auf sie wartete

atérmico, **-a** [a'termiko, -a] *adj* (FÍS) atherman, wärmeundurchlässig

aterosclerosis [ateroskle'rosis] *f inv* (MED) Arteriosklerose *f*

aterrador(a) [aterra'ðor(a)] *adj* schreckenerregend, schrecklich; **noticias** ~**as** Schreckensnachrichten *fpl*

aterraje [ate'rraxe] *m v.* **aterrizaje**

aterrar¹ [ate'rrar] **I.** *vt* (*asustar*) erschrecken, in Schrecken versetzen **II.** *vr:* ~**se** (sich) erschrecken

aterrar² [ate'rrar] <e→ie> **I.** *vt* **1.** (*tirar al suelo*) niederwerfen **2.** (*derribar*) niederreißen **3.** (*cubrir con tierra*) mit Erde bedecken, zuschütten **II.** *vi* landen

aterrizaje [aterri'θaxe] *m* Landung *f*; ~ **con daños** (**para el avión**) Bruchlandung *f*; ~ **forzoso** [*o* **de emergencia**] Notlandung *f*; **un** ~ **movido** [*o* **duro**]/**suave** eine harte/glatte Landung; **realizar un** ~ eine Landung vornehmen; **el** ~ **fue bien** die Landung gelang

aterrizar [aterri'θar] <z→c> *vi* landen

aterronar [aterro'nar] **I.** *vt* (*tierra*) klumpig machen, zusammenklumpen lassen **II.** *vr:* ~**se** (*tierra*) klumpig werden, klumpen

aterrorizar [aterrori'θar] <z→c> **I.** *vt* **1.** (POL, MIL) terrorisieren **2.** (*causar terror*) Angst und Schrecken einjagen (*a +dat*), in Angst und Schrecken versetzen; **me aterroriza volar** ich habe schreckliche Angst vor dem Fliegen; **me aterrorizó con historias de miedo** er/sie jagte mir mit Gruselgeschichten Angst ein **II.** *vr:* ~**se** sich erschrecken

atesoramiento [atesora'mjen̪to] *m* (ECON) Horten *nt*, Thesaurierung *f*

atesorar [ateso'rar] *vt* **1.** (*tesoros*) ansammeln, anhäufen; **este museo atesora pinturas de gran valor** dieses Museum hat eine Sammlung wertvoller Gemälde **2.** (ECON) horten, thesaurieren **3.** (*virtudes*) in sich *dat* vereinigen

atestación [atesta'θjon] *f* Zeugenaussage *f*

atestado [ates'taðo] *m* Protokoll *nt*; ~ **policial** Polizeiprotokoll *nt*

atestar [ates'tar] *vt* **1.** (JUR) bezeugen **2.** (*llenar por completo*) bis oben hin füllen (*de* mit *+dat*); **el maletero está atestado, no cabe nada más** der Kofferraum ist bis oben hin voll, es passt nichts mehr hinein; **el palacio de deportes estaba atestado de gente** die Sporthalle war brechend [*o* zum Bersten] voll

atestiguación [atestiɣwa'θjon] *f* (*t.* JUR) Bezeugung *f*; (*declaración*) (Zeugen)aussage *f*

atestiguar [atesti'ɣwar] <gu→gü> *vt* bezeugen; **estas fotos atestiguan la verdad de mis palabras** diese Fotos bezeugen die Wahrheit meiner Worte

atezado, **-a** [ate'θaðo, -a] *adj* **1.** (*color moreno*) braun gebrannt **2.** (*color negro*) (raben)schwarz

atezar [ate'θar] <z→c> **I.** *vt* **1.** (*alisar*) glätten **2.** (*broncear*) bräunen **3.** (*ennegrecer*) schwarz färben, schwärzen **II.** *vr:* ~**se** **1.** (*broncearse*) braun werden **2.** (*ennegrecerse*) schwarz werden

atibar [ati'βar] *vt* (MIN) auffüllen, zuschütten

atiborramiento [atiβorra'mjen̪to] *m* (*llenar espacio*) Vollpacken *nt*; (*comer*) Vollstopfen *nt;* **después del ~ de caramelos vomitó** nachdem er/sie sich mit Bonbons voll gestopft hatte, übergab er/sie sich

atiborrar [atiβo'rrar] **I.** *vt* voll stopfen (*de* mit +*dat*) **II.** *vr:* **~se** sich voll stopfen (*de* mit +*dat*)

ático¹ ['atiko] *m* **1.**(*piso*) Penthouse *nt* **2.**(ARQUIT) Attika *f*

ático, -a² ['atiko, -a] *adj* attisch; **sal ática** (*fig elev*) attisches Salz, attischer Witz

atiesar [atje'sar] **I.** *vt* (*almidonar*) stärken; (*planta*) befestigen (*con* mit +*dat*), anbinden (*con* an +*akk*) **II.** *vr:* **~se** steif werden, fest werden; (*planta*) standfest werden

atigrado, -a [ati'ɣraðo, -a] *adj* getigert

atildado, -a [atiḷ'daðo, -a] *adj* gepflegt, elegant

atildamiento [atiḷda'mjeṇto] *m* Gepflegtheit *f* (der Kleidung)

atildar [atiḷ'dar] **I.** *vt* zurechtmachen **II.** *vr:* **~se** sich zurechtmachen

atillo [a'tiʎo] *m* (*Arg, Ven*) (verschnürtes) Bündel *nt*

atinado, -a [ati'naðo, -a] *adj* richtig

atinar [ati'nar] **I.** *vi* **1.**(*a tiento*) ertasten (*con* +*akk*) **2.**(*por casualidad*) (zufällig) finden (*con* +*akk*), stoßen (*con* auf +*akk*); **atiné con la casa** ich fand das Haus durch Zufall **3.**(*acertar*) erraten (*con* +*akk*); **no atiné con la respuesta** die Antwort fiel mir nicht ein, ich kam nicht auf die Antwort **4.**(*al disparar*) ins Schwarze treffen **II.** *vt* finden

atípico, -a [a'tipiko, -a] *adj* untypisch, atypisch

atiplado, -a [ati'plaðo, -a] *adj:* **voz atiplada** Diskantstimme *f*

atiplarse [ati'plarse] *vr* (MÚS) umkippen

atirantar [atiraṇ'tar] **I.** *vt* **1.**(ARQUIT) versteifen, abstützen **2.**(*poner tirante*) (an)spannen **II.** *vr:* **~se** sich spannen, straff werden

atisbar [atis'βar] **I.** *vt* erspähen **II.** *vr:* **~se** sich abzeichnen, sich andeuten; **se atisba el fin de la crisis** das Ende der Krise zeichnet sich ab

atisbo [a'tisβo] *m* Fünkchen *nt,* Anzeichen *nt;* **un ~ de esperanza** ein Fünkchen Hoffnung; **en Marte hay ~s de vida** es gibt Lebenszeichen auf dem Mars

atizador [atiθa'ðor] *m* Schürhaken *m*

atizar [ati'θar] <z→c> **I.** *vt* **1.**(*fuego*) schüren, anfachen **2.**(*pasión*) schüren **3.**(*bofetada*) versetzen +*dat* **4.**(*loc*): **¡atiza!** Donnerwetter! **II.** *vr:* **~se un trago** einen Schluck nehmen

atlante [a^{ð}'laṇte] *m* (ARQUIT) Atlant *m*

atlántico, -a [a^{ð}'laṇtiko, -a] *adj* atlantisch; **el Océano A~** der Atlantische Ozean

Atlántico [a^{ð}'laṇtiko] *m* Atlantik *m*

Atlántida [a^{ð}'laṇtiða] *f* Atlantis *f*

atlantismo [a^{ð}laṇ'tismo] *m* (POL) NATO-Anhängerschaft *f,* NATO-freundliche Haltung *f*

atlantista [a^{ð}laṇ'tista] *mf* Befürworter(in) *m(f)* der NATO

atlas ['a^{ð}las] *m inv* Atlas *m*

atleta [a^{ð}'leta] *mf* (Leicht)athlet(in) *m(f)*

atlético, -a [a^{ð}'letiko, -a] *adj* athletisch

atletismo [a^{ð}le'tismo] *m sin pl* (DEP) Leichtathletik *f*

atmosfera [a^{ð}mos'fera] *f,* **atmósfera** [a^{ð}'mosfera] *f* **1.**(*t.* FÍS: *espacio*) Atmosphäre *f* **2.**(*aire*) Luft *f;* **~ viciada** verbrauchte Luft **3.**(*ambiente*) Atmosphäre *f,* Stimmung *f;* **una ~ cómoda** eine behagliche Atmosphäre

atmosférico, -a [a^{ð}mos'feriko, -a] *adj* atmosphärisch; **presión atmosférica** Luftdruck *m*

atoar [ato'ar] *vt* (NÁUT) ins Schlepptau nehmen

atoc [a'to^{k}] *m südamerikanische Fuchsart*

atocha [a'toʧa] *f* Esparto *m,* Espartogras *nt*

atocia [a'toθja] *f* (MED) Unfruchtbarkeit *f,* Sterilität *f* (*der Frau*)

atocinado, -a [atoθi'naðo, -a] *adj* (*pey*) **1.**(*obeso*) fett **2.**(*aborregado*) verblödet

atocinar [atoθi'nar] **I.** *vt* **1.**(*cerdo*) in Schlachthälften teilen **2.**(GASTR) einsalzen **II.** *vr:* **~se** (*pey*) **1.**(*engordar*) fett werden **2.**(*atontarse*) verblöden

atole [a'tole] *m* (*AmC*) *warmes Getränk aus Maismehl und Milch oder Wasser;* **dar ~ con el dedo a alguien** jdn foppen

atolladero [atoʎa'ðero] *m* **1.**(*atascadero*) Morast *m* **2.**(*apuro*) Verlegenheit *f,* Patsche *f;* **estar** [*o* **encontrarse**] **en un ~** in der Patsche sitzen, in großer Verlegenheit sein; **sacar a alguien de un ~** jdm aus der Patsche [*o* aus einer Verlegenheit] helfen

atollar [ato'ʎar] **I.** *vi* (im Schlamm) stecken bleiben **II.** *vr:* **~se** stecken bleiben, sich festfahren

atolli [a'toʎi] *m* (*Méx:* GASTR) *v.* **atole**

atolón [ato'lon] *m* Atoll *nt*

atolondrado, -a [atoloṇ'draðo, -a] *adj* unbesonnen, leichtfertig

atolondramiento [atoloṇdra'mjeṇto] *m* **1.**(*de los sentidos*) Betäubung *f,* Benommenheit *f* **2.**(*por una desgracia*) Bestürzung *f,* Verwirrung *f* **3.**(*irreflexión*) Gedankenlosigkeit *f,* Unbesonnenheit *f*

atolondrar [atoloṇ'drar] **I.** *vt* **1.**(*un golpe*) betäuben **2.**(*una desgracia*) bestürzen, verwirren **II.** *vr:* **~se 1.**(*los sentidos*) betäubt [*o* benommen] sein **2.**(*por una desgracia*) bestürzt sein **3.**(*pasmarse*) verblüfft sein

atomía [ato'mia] *f* (*Am*) Rohheit *f;* **decir ~s** (*decir tonterías*) Blödsinn reden; (*injuriar*) beleidigend werden

atómico, -a [a'tomiko, -a] *adj* atomar, Atom-; **refugio ~** Atombunker *m*

atomismo [ato'mismo] *m sin pl* (FILOS) Atomismus *m,* Atomistik *f*

atomista [ato'mista] **I.** *adj* (FILOS) atomistisch **II.** *mf* (FILOS) Atomist(in) *m(f)*

atomizador [atomiθa'ðor] *m* Zerstäuber *m,* Sprühdose *f*

atomizar [atomi'θar] <z→c> *vt* **1.**(*material*) atomisieren **2.**(*líquido*) (ver)sprühen, zerstäuben

átomo ['atomo] *m* Atom *nt*

atonal [ato'nal] *adj* (MÚS) atonal

atonalidad [atonali'ða^ð] *f* (MÚS) Atonalität *f*

atonía [ato'nia] *f* **1.** (MED) Atonie *f* **2.** (*apagamiento*) Lustlosigkeit *f*, Kraftlosigkeit *f*; ~ **del mercado** lustlose Stimmung auf dem Markt

atónito, **-a** [a'tonito, -a] *adj* verblüfft, sprachlos

átono, **-a** ['atono, -a] *adj* (LING) unbetont

atontado, **-a** [aton̩'taðo, -a] *adj* **1.** (*tonto*) dumm, einfältig **2.** (*distraído*) fahrig, zerstreut; **estaba ~ y no te he entendido** ich war nicht bei der Sache und habe dich nicht verstanden

atontamiento [aton̩ta'mjen̩to] *m* **1.** (*aturdimiento*) Betäubung *f* **2.** (*pasmo*) Verblüffung *f*, Sprachlosigkeit *f* **3.** (*entontecimiento*) Verdummung *f*

atontar [aton̩'tar] **I.** *vt* **1.** (*aturdir un golpe*) betäuben **2.** (*pasmar*) verblüffen, verdutzen **3.** (*entontecer*) verdummen **II.** *vr:* **~se** **1.** (*pasmarse*) verblüfft sein **2.** (*entontecer*) dumm [*o* einfältig] werden

atontolinado, **-a** [aton̩toli'naðo, -a] *adj* (*fam*) blöd, bescheuert

atontolinar [aton̩toli'nar] **I.** *vt* (*fam*) schwumm(e)rig [*o* benommen] machen; **con tus gritos me atontolinas** du machst mich ganz verrückt mit deinem Geschrei **II.** *vr:* **~se** (*fam*) benommen [*o* schwumm(e)rig] werden; **el abuelo se atontolinó un poco con la música** dem Opa wurde etwas schwummerig von der Musik

atorar [ato'rar] **I.** *vt* verstopfen **II.** *vr:* **~se** **1.** (*atascarse*) verstopfen **2.** (*al hablar*) stocken

atormentador(a) [atormen̩ta'ðor(a)] **I.** *adj* quälend, plagend **II.** *m(f)* Peiniger(in) *m(f)*

atormentar [atormen̩'tar] **I.** *vt* **1.** (*torturar*) foltern, quälen **2.** (*mortificar*) quälen, plagen; **no me atormentes con tus historias** quäl mich doch nicht mit deinen Geschichten; **este niño atormenta a sus padres** dieses Kind plagt seine Eltern **II.** *vr:* **~se** sich (ab)quälen

atornillable [atorni'ʎaβle] *adj* abschraubbar

atornillador [atorniʎa'ðor] *m* Schraubenzieher *m*

atornillar [atorni'ʎar] *vt* (fest)schrauben, (an)schrauben; ~ **algo en la pared** etw an der Wand festschrauben, etw an die Wand schrauben; ~ **la tapa de la caja** den Deckel auf den Kasten schrauben; ~ **fuertemente** die Schraube fest anziehen; ~ **dos piezas juntas** zwei Teile zusammenschrauben

atorozarse [atoro'θarse] *vr* (*AmC*) **1.** (*atascarse*) verstopfen **2.** (*al hablar*) stocken

atorrante [ato'rran̩te] *mf* (*Arg, Par, Urug: fam*) Trebegänger(in) *m(f)*, Penner(in) *m(f)* *pey*

atorrar [ato'rrar] *vi* (*Arg: fam*) sich herumtreiben, auf Trebe sein [*o* gehen]

atortolado, **-a** [atorto'laðo, -a] *adj* verliebt; **están ~s** sie sind die reinsten Turteltauben

atortolar [atorto'lar] **I.** *vt* (*fam: aturdir*) durcheinander bringen **II.** *vr:* **~se** sich verlieben (*en* in +*akk*)

atosigador(a) [atosiɣa'ðor(a)] *adj* drängend

atosigamiento [atosiɣa'mjen̩to] *m* Drängen *nt*, Hetze *f*

atosigar [atosi'ɣar] <g→gu> **I.** *vt* **1.** (*apremiar*) drängen, hetzen; **no se deja ~ por nada** er/sie lässt sich durch nichts drängen; **me atosiga para que acabe el trabajo** er/sie drängt mich, meine Arbeit abzuschließen **2.** (*importunar*) belästigen; **me atosiga con ruegos/preguntas** er/sie belästigt mich mit Bitten/Fragen **3.** (*inquietar*): **estos problemas me atosigan** diese Probleme beschäftigen mich sehr **II.** *vr:* **~se** **1.** (*apresurarse*) sich abhetzen; **no te atosigues, tenemos tiempo suficiente** immer mit der Ruhe, wir haben Zeit genug **2.** (*inquietarse*) beunruhigt sein

atóxico, **-a** [a'to^ɣsiko, -a] *adj* atoxisch, ungiftig

atrabancar [atraβaŋ'kar] <c→qu> *vt* überwinden

atrabiliario, **-a** [atraβi'ljarjo, -a] *adj* **1.** (MED) melancholisch, schwermütig **2.** (*carácter*) mürrisch, griesgrämig

atracada [atra'kaða] *f* (NÁUT) Anlegen *nt*

atracadero [atraka'ðero] *m* Anlegestelle *f*, Pier *m*

atracador(a) [atraka'ðor(a)] *m(f)* Straßenräuber(in) *m(f)*

atracar [atra'kar] <c→qu> **I.** *vi* (NÁUT) anlegen **II.** *vt* **1.** (NÁUT) festmachen **2.** (*asaltar*) überfallen **3.** (*fam: de comida*) voll stopfen (*de* mit +*dat*) **III.** *vr:* **~se** (*fam*) sich voll stopfen (*de* mit +*dat*), sich überessen (*de* an +*dat*)

atracción [atra^ɣ'θjon] *f* **1.** (FÍS) Anziehungskraft *f*; ~ **universal** Schwerkraft *f* **2.** (*de una persona*) Anziehungskraft *f*, Charme *m* **3.** (*circense*) Attraktion *f*; **la ~ principal del circo es...** die Glanznummer des Zirkus ist ... **4.** *pl* (*diversiones*) Vergnügungen *fpl*; **parque de atracciones** Vergnügungspark *m*

atraco [a'trako] *m* (Raub)überfall *m* (*a* auf +*akk*); ~ **a un banco** Banküberfall *m*; ~ **a mano armada** bewaffneter Überfall

atracón [atra'kon] *m* (*fam: de comida*) Schlemmerei *f*; **darse un ~ de dulces** unheimlich viele Süßigkeiten essen; **darse un ~ de televisión** bis zum Überdruss fernsehen

atractivo[1] [atrak'tiβo] *m* Anziehungskraft *f*, Charme *m*

atractivo, **-a**[2] [atrak'tiβo, -a] *adj* **1.** (*persona*) anziehend, attraktiv **2.** (*tarea*) reizvoll, verlockend **3.** (*moda*) ansprechend, reizvoll **4.** (*oferta*) verlockend **5.** (FÍS) Anziehungs-

atraer [atra'er] *irr como traer* **I.** *vt* **1.** (FÍS) anziehen; **el imán atrae el hierro** der Magnet zieht Eisen an; **el Sol atrae a la Tierra** die

Erde wird von der Sonne angezogen **2.** (*a algo o alguien*) anziehen, anlocken; ~ **a los inversores** die Investoren anlocken; ~ **a alguien a su bando** jdn auf seine Seite ziehen; **el cebo atrae a los peces** der Köder lockt die Fische an; **sentirse atraído hacia alguien/algo** sich zu jdm/etw *dat* hingezogen fühlen; **esta chica no me atrae** dieses Mädchen zieht mich nicht an [*o* reizt mich nicht]; **sabe ~ a los jóvenes** er/sie weiß die Jugendlichen für sich zu gewinnen **3.** (*atención*) auf sich ziehen [*o* lenken] **II.** *vr:* **~se las simpatías de alguien** jds Zuneigung gewinnen; **trata de ~se al catedrático** er/sie versucht den Professor für sich zu gewinnen; **se atrajo las iras del público** er/sie zog sich den Zorn des Publikums zu

atrafagarse [atrafa'ɣarse] <g→gu> *vr* sich abhetzen

atragantamiento [atraɣaṇta'mjeṇto] *m* Verschlucken *nt*

atragantar [atraɣaṇ'tar] **I.** *vr:* **~se 1.** (*al comer*) sich verschlucken (*con* an +*dat*); **me he atragantado con una espina** mir ist eine Gräte im Hals stecken geblieben **2.** (*fam: al hablar*) stecken bleiben **3.** (*trabucarse*) sich versprechen **4.** (*una persona*) nicht ausstehen können; **este profesor se me ha atragantado** ich mag diesen Dozenten [*o* Lehrer] nicht **II.** *vt* mühsam hinunterschlucken

atraillar [atrai'ʎar] *vt* (*perros*) koppeln

atrampar [atram'par] **I.** *vt* in einer Falle fangen **II.** *vr:* **~se 1.** (*atrancarse*) verstopfen; **últimamente las cañerías se atrampan todos los días** in letzter Zeit sind die Abflussrohre ständig verstopft **2.** (*pestillo*) zuschnappen **3.** (*fam fig: persona*) festsitzen, in der Patsche sitzen; (*caer en una trampa*) in eine Falle geraten

atrancar [atraŋ'kar] <c→qu> **I.** *vi* mit großen Schritten gehen **II.** *vt* zuriegeln, verriegeln **III.** *vr:* **~se 1.** (*tubo*) verstopfen **2.** (*un coche, al hablar*) stecken bleiben **3.** (*encerrarse*) sich einschließen

atranco [a'traŋko] *m* Verstopfung *f*

atranque [a'traŋke] *m v.* **atranco**

atrapamoscas [atrapa'moskas] *m inv* (BOT) Venusfliegenfalle *f*

atrapar [atra'par] *vt* **1.** (*fam: objeto*) halten, fangen; **el portero atrapó la pelota** der Torwart hielt den Ball; ~ **una novia** sich *dat* eine Frau [*o* Freundin] angeln; ~ **un empleo** eine Stelle kriegen **2.** (*fam: ladrón*) erwischen, fassen; **~on al ladrón en plena faena** der Dieb wurde auf frischer Tat ertappt **3.** (*animal escapado*) einfangen; ~ **una mosca al vuelo** eine Fliege im Flug fangen

atraque [a'trake] *m* (NÁUT) Anlegen *nt*

atrás [a'tras] *adv* **1.** (*hacia detrás*) nach hinten, rückwärts; **¡~!** zurück(treten)!; **contar ~** rückwärts zählen; **dar un paso ~** einen Schritt zurücktreten; **ir marcha ~** (**con el coche**) rückwärts fahren, im Rückwärtsgang fahren; **quedar ~** zurückfallen; **volver ~** umkehren; **volverse ~** umkehren; (*fig*) einen Rückzieher machen **2.** (*detrás*) hinten; **rueda de ~** Hinterrad *nt;* **dejó ~ a sus perseguidores** er/sie ließ die Verfolger hinter sich; **quedarse ~** zurückbleiben; **sentarse ~** hinten sitzen; **andar con las manos ~** beim Laufen die Hände hinter dem Rücken verschränken **3.** (*de tiempo*) vor; **días/años ~** vor Tagen/Jahren; **la amistad venía de ~** sie waren schon jahrelang befreundet **4.** (*loc*): **echarse ~ de un acuerdo** von einer Vereinbarung zurücktreten; **volver la vista ~** in die Vergangenheit zurückblicken

atrasado, **-a** [atra'saðo, -a] *adj* **1.** (*en el estudio, en su desarrollo*) zurückgeblieben; **un país ~** ein unterentwickeltes Land; **viven 20 años ~s** sie liegen in ihrer Entwicklung 20 Jahre zurück **2.** (*empeñado*) verschuldet **3.** (*no reciente*) veraltet **4.** (*tarde*) spät; (ECON, FIN: *pendiente de pago*) im Rückstand, ausstehend; **cuentas atrasadas** ausstehende Rechnungen, Außenstände *pl;* **intereses ~s** Zinsrückstände *mpl;* **lo más urgente es despachar los pedidos ~s** am dringendsten ist es, die noch ausstehenden Aufträge auszuführen; **llegué ~ a la reunión** ich kam zu spät zur Sitzung

atrasar [atra'sar] **I.** *vt* **1.** (*fecha*) aufschieben, verschieben; **hemos atrasado el viaje/la boda** wir haben die Reise/die Hochzeit verschoben; **la historia atrasa unos años esta batalla** die Geschichte siedelt diese Schlacht einige Jahre früher an **2.** (*posición*) zurückfallen (um +*akk*), verlieren; **el F.C. Barcelona ha atrasado tres puestos en la clasificación** der F.C. Barcelona ist in der Tabelle um drei Plätze zurückgefallen **3.** (*reloj*) zurückstellen; **en invierno atrasamos los relojes una hora** im Winter stellen wir die Uhr eine Stunde zurück **4.** (*progreso*) hemmen **II.** *vr:* **~se 1.** (*quedarse atrás*) zurückbleiben **2.** (*retrasarse*) sich verspäten; **el tren se ha atrasado** der Zug hatte Verspätung; **~se en los plazos** mit den Raten in Rückstand geraten

atraso [a'traso] *m* **1.** (*en una carrera*) Zeitrückstand *m* **2.** (*de un tren*) Verspätung *f* **3.** (*de un país*) Rückständigkeit *f* **4.** (FIN) Rückstand *m*

atravesado, **-a** [atraβe'saðo, -a] *adj* **1.** (*cruzado*) schräg; **un coche ~ en la calle** ein quer auf der Straße stehendes Auto **2.** (*bizco*) schielend **3.** (*persona*) böse **4.** (*animal*) gekreuzt

atravesar [atraβe'sar] <e→ie> **I.** *vt* **1.** (*persona*) überqueren, durchqueren; ~ **la calle** die Straße überqueren, über die Straße gehen; ~ **la sala/la ciudad** den Saal/die Stadt durchqueren; ~ **la frontera** die Grenze überschreiten, über die Grenze gehen; ~ **un río nadando** einen Fluss durchschwimmen; **hemos atravesado Alemania** (**con el coche**) wir sind quer durch Deutschland gefahren

2. (*cuerpo*) durchstoßen, durchstechen; ~ **algo con una aguja** etw mit einer Nadel durchstechen; ~ **algo taladrando** etw durchbohren; **la bala le atravesó el corazón** die Kugel hat ihm/ihr das Herz durchbohrt; **el avión atraviesa las nubes** das Flugzeug durchstößt die Wolken; **la lluvia atravesó el abrigo** der Regen drang durch den Mantel; **una cicatriz le atraviesa el pecho** eine Narbe verläuft quer über seine/ihre Brust **3.** (*poner de través*) quer legen; ~ **un coche en medio de la calle** ein Auto quer über die Straße stellen **4.** (*crisis*) durchmachen **5.** (*dinero en apuestas*): **en las carreras de galgos se atraviesan grandes sumas de dinero** beim Windhundrennen wird viel Geld gesetzt **II.** *vr:* ~**se 1.** (*ponerse entremedio*) in die Quere kommen; **no te atravieses en mi camino** komm mir nicht in die Quere; **se me ha atravesado una miga en la garganta** mir ist ein Stückchen Brot im Hals stecken geblieben; **cuando estoy nervioso se me atraviesan las palabras** wenn ich aufgeregt bin, bekomme ich kein Wort mehr heraus **2.** (*en una conversación*) sich einmischen (*en* in +*akk*) **3.** (*no soportar*): **se me atraviesa ese tipo** ich ertrage diesen Typ nicht **4.** (*alterar*): **de no haber atravesado por algunas dificultades...** wenn nicht einige Schwierigkeiten dazwischengekommen wären ...

atrayente [atra'ɟen̪te] **I.** *pp de* **atraer II.** *adj* **1.** (*persona*) anziehend, attraktiv **2.** (*tarea*) reizvoll, verlockend **3.** (*moda*) ansprechend, reizvoll **4.** (*oferta*) verlockend

atreverse [atre'βerse] *vr* **1.** (*osar*) (es) wagen, sich trauen; ~ **a hacer algo** es wagen [*o* sich trauen] etw zu tun; ~ **a afrontar un problema** sich an ein Problem heranwagen **2.** (*insolentarse*) sich *dat* erlauben, sich unterstehen; **¿cómo te atreves a hablarme así?** wie kannst du dir nur erlauben in so einem Ton mit mir zu sprechen?; **no me atrevería a decir nada malo de él** ich werde mich hüten [*o* unterstehen] etwas Schlechtes über ihn zu sagen; **¡no te atreverás!** du wirst dich hüten!

atrevido, **-a** [atre'βiðo, -a] *adj* **1.** (*audaz*) kühn, verwegen **2.** (*insolente*) frech, dreist; **un vestido** ~ ein gewagtes Kleid **3.** (*arriesgado*) waghalsig, riskant

atrevimiento [atreβi'mjen̪to] *m* **1.** (*audacia*) Kühnheit *f,* Verwegenheit *f* **2.** (*descaro*) Frechheit *f,* Unverschämtheit *f*

atrez(z)o [a'treᵈso] *m* (TEAT) Requisiten *fpl*

atribución [atriβu'θjon] *f* **1.** (*de un hecho*) Zuschreibung *f,* Beimessung *f;* ~ **de acciones** (FIN) Zuteilung von Aktien; ~ **de un puesto de trabajo** Zuweisung eines Arbeitsplatzes; ~ **de pedidos** (ECON) Auftragsvergabe *f* **2.** (*competencia*) Befugnis *f,* Zuständigkeit *f;* **atribuciones de un empleado** Amtsbefugnisse *fpl;* **tiene atribuciones mías para llevar las negociaciones** ich habe ihn/sie ermächtigt die Verhandlungen zu führen

atribuible [atriβu'iβle] *adj:* **ser** ~ **a alguien/algo** jdm/etw *dat* zuzuschreiben sein

atribuir [atriβu'ir] *irr como huir vt, vr:* ~**se 1.** (*hechos, a persona o cosa*) zuschreiben, beimessen; ~ **algo a alguien** jdm etw zuschreiben; ~ **la culpa de algo a alguien** jdm die Schuld an etw *dat* zuschreiben; ~ **a alguien grandes facultades** jdm große Fähigkeiten nachsagen; **atribuye el accidente a un defecto de los frenos** er/sie führt den Unfall auf einen Defekt der Bremsen zurück **2.** (*funciones*) übertragen; ~ **a alguien una tarea** jdm eine Aufgabe übertragen; **los militares se han atribuido todo el poder** die Militärs haben die Macht völlig übernommen [*o* an sich gerissen]

atribulación [atriβula'θjon] *f* **1.** (*aflicción*) Bedrückung *f,* Bedrücktheit *f;* **las atribulaciones de la vida** die Drangsale des Lebens **2.** (*preocupación*) Sorge *f,* Besorgnis *f* **3.** (*pena*) Kummer *m,* Leid *nt*

atribular [atriβu'lar] **I.** *vt* **1.** (*apesadumbrar*) betrüben, bekümmern **2.** (*atormentar*) quälen, bedrücken **II.** *vr:* ~**se 1.** (*apenarse*) sich grämen (*en/con/por* über +*akk, en/con/por* wegen +*gen*) **2.** (*atormentarse*) sich quälen (*en/con/por* mit +*dat*)

atributivo, **-a** [atriβu'tiβo, -a] *adj* (LING) attributiv; **oración atributiva** Attributsatz *m*

atributo [atri'βuto] *m* **1.** (*propiedad*) Eigenschaft *f,* (Wesens)merkmal *nt;* ~ **de archivo** (INFOR) Dateiattribut *nt;* ~ **de sólo lectura** (INFOR) Nur-Lese-Attribut *nt* **2.** (*emblema*) Attribut *nt;* **la balanza es un** ~ **de la Justicia** die Waage ist ein Attribut der Justitia **3.** (LING) Attribut *nt,* Beifügung *f*

atril [a'tril] *m* **1.** (*con pie*) Notenpult *nt,* Notenständer *m* **2.** (*de mesa*) Lesepult *nt*

atrincheramiento [atrintʃera'mjen̪to] *m* Verschanzung *f*

atrincherar [atrintʃe'rar] **I.** *vt* verschanzen **II.** *vr:* ~**se** sich verschanzen

atrio ['atrjo] *m* **1.** (*patio interior*) Atrium *nt* **2.** (*de un templo*) Vorhalle *f,* Vorhof *m*

atrocidad [atroθi'ðaᵈ] *f* **1.** (*cosa atroz*) Scheußlichkeit *f,* Grässlichkeit *f* **2.** (*crimen atroz*) Gräuel *m,* Gräueltat *f;* **las** ~**es de la guerra** die Gräuel(taten) des Krieges **3.** (*disparate*) Unsinn *m,* Unfug *m;* **¡no digas** ~**es!** red doch keinen Unsinn [*o* Unfug]!; **este artículo está lleno de** ~**es** in diesem Artikel stehen die unglaublichsten Dinge **4.** (*gran cantidad*): **tiene una** ~ **de dinero** er/sie hat unheimlich viel Geld, er/sie schwimmt in Geld

atrofia [a'trofja] *f* (MED) Atrophie *f,* Schwund *m;* ~ **muscular** Muskelschwund *m*

atrofiar [atro'fjar] **I.** *vt* schwinden lassen **II.** *vr:* ~**se** verkümmern; (MED) atrophieren; **no dejes que tu talento se atrofie** du darfst dein Talent nicht verkümmern lassen

atrófico, **-a** [a'trofiko, -a] *adj* (MED) atrophisch

atrompetado, **-a** [atrompe'taðo, -a] *adj* trichterförmig

atronado, **-a** [atro'naðo, -a] *adj* unbesonnen, leichtfertig

atronador(a) [atrona'ðor(a)] *adj* donnernd; (*ensordecedor*) ohrenbetäubend; **aplauso** ~ donnernder [*o* tosender] Beifall

atronamiento [atrona'mjen̩to] *m* **1.**(*trueno*) Donnern *nt;* (*estruendo*) Getöse *nt* **2.**(*confusión*) Benommenheit *f*

atronar [atro'nar] <o→ue> **I.** *vt* (*ruido a una persona*) betäuben, benommen machen; **me atruena con sus gritos** seine/ihre Schreie dröhnen mir im Kopf **II.** *vr:* ~**se** (*infolge eines Donnerschlages*) völlig benommen sein

atronerar [atrone'rar] *vt* die Luken öffnen (+*gen*); ~**on la torre para que entrara luz** sie öffneten die Luken im Turm, um das Licht hereinzulassen

atropar [atro'par] **I.** *vt* zusammenrufen, um sich scharen **II.** *vr:* ~**se** zusammenströmen

atropellado, **-a** [atrope'ʎaðo, -a] *adj* **1.**(*precipitado*) überstürzt, hastig; **voy muy ~ de tiempo** ich habe keine Zeit, ich bin in Eile **2.**(*persona*) heruntergekommen

atropellador(a) [atropeʎa'ðor] **I.** *adj* rücksichtslos **II.** *m(f)* rücksichtsloser Mensch *m*

atropellaplatos [atropeʎa'platos] *f inv* (*fam*) Trampel *m o nt*

atropellar [atrope'ʎar] **I.** *vt* **1.**(*vehículo*) überfahren; **por poco me atropellan** beinahe wäre ich überfahren worden **2.**(*empujar*) anrempeln **3.**(*derribar*) umrennen **4.**(*agraviar*) beleidigen, beschimpfen **5.**(*leyes*) missachten; ~ **la lengua** die Sprache vergewaltigen **6.**(*un trabajo*) übereilt [*o* hastig] erledigen **II.** *vi:* ~ **por todo** sich über alles hinwegsetzen **III.** *vr:* ~**se** sich überstürzen

atropello [atro'peʎo] *m* **1.**(*colisión*) Zusammenstoß *m* **2.**(*accidente*) Verkehrsunfall *m* **3.**(*empujón*) (An)rempeln *nt,* Schubs *m* **4.**(*derribo*) Umrennen *nt* **5.**(*insulto*) Beleidigung *f,* Beschimpfung *f* **6.**(*injusticia*) Ungerechtigkeit *f;* **¡esto es un ~!** das ist ein Unding! **7.**(*prisa*) Überstürzung *f;* **tomemos la decisión sin prisas ni ~s** wir sollten die Entscheidung nicht überstürzen

atropina [atro'pina] *f* (QUÍM) Atropin *nt*

atroz [a'troθ] *adj* **1.**(*horroroso*) grauenhaft, grässlich; **un crimen** ~ ein grässliches Verbrechen; **un dolor** ~ ein schrecklicher [*o* furchtbarer] Schmerz **2.**(*cruel*) grausam **3.**(*inhumano*) unmenschlich **4.**(*muy grande*) riesig

ATS [ate'ese] *mf abr de* **Asistente Técnico-Sanitario** MTA *mf*

attaché [ata'ʧe] *m* Attaché *m*

atte. [aten̩ta'men̩te] *adv abr de* **atentamente** hochachtungsvoll

atuendo [a'twen̩do] *m* **1.**(*atavío*) Aufmachung *f,* Aufzug *m* **2.**(*ostentación*) Prunk *m,* Pracht *f*

atufar [atu'far] **I.** *vt* **1.**(*un gas*) betäuben, bewusstlos machen **2.**(*enfadar*) ärgern **II.** *vr:* ~**se** **1.**(*con un gas*) sich betäuben **2.**(*enfadarse*) sich ärgern, einschnappen *fam*

atún [a'tun] *m* Thunfisch *m*

atunero¹ [atu'nero] *m* **1.**(*barco*) Thunfischboot *nt* **2.**(*pescador*) Thunfischfänger *m*

atunero, **-a²** [atu'nero, -a] *m, f* Thunfischhändler(in) *m(f)*

atuntunarse [atun̩tu'narse] *vr* (*fam*) (ganz) konfus sein, wie benommen sein; **los niños se atuntunaron con tantos regalos** die Kinder drehten vor lauter Geschenken durch

aturar [atu'rar] *vt* (*fam*) völlig abdichten

aturdido, **-a** [atur'ðiðo, -a] *adj* **1.**(*irreflexivo*) gedankenlos, unbesonnen **2.**(*pasmado*) verblüfft

aturdidor(a) [aturði'ðor(a)] *adj* betäubend

aturdimiento [aturði'mjen̩to] *m* **1.**(*por un golpe*) Betäubung *f,* Benommenheit *f* **2.**(*por una mala noticia*) Bestürzung *f,* Verwirrung *f* **3.**(*irreflexión*) Gedankenlosigkeit *f,* Unbesonnenheit *f*

aturdir [atur'ðir] **I.** *vt* **1.**(*los sentidos*) betäuben **2.**(*una mala noticia*) bestürzen, aus der Fassung bringen **3.**(*pasmar*) verblüffen **II.** *vr:* ~**se** **1.**(*los sentidos*) betäubt [*o* benommen] sein **2.**(*por una desgracia*) bestürzt sein, außer Fassung geraten **3.**(*pasmarse*) verblüfft sein

aturquesado, **-a** [aturke'saðo, -a] *adj* türkis(farben)

atur(r)ullamiento [atur(r)uʎa'mjen̩to] *m* **1.**(*confusión*) Verwirrung *f* **2.**(*atolondramiento*) Gedankenlosigkeit *f,* Unbesonnenheit *f*

atur(r)ullar [atur(r)u'ʎar] **I.** *vt* verwirren **II.** *vr:* ~**se** verwirrt sein; **cada vez que la veo me aturullo** jedesmal wenn ich sie treffe, bin ich ganz durcheinander

atusar [atu'sar] **I.** *vt* **1.**(*el peinado*) richten, ordnen **2.**(*la barba*) stutzen **3.**(*el pelo*) nachschneiden **II.** *vr:* ~**se** sich herausputzen

audacia [au̯'ðaθja] *f* Kühnheit *f,* Verwegenheit *f;* **dio muestras de gran** ~ er/sie legte große Kühnheit an den Tag, er/sie zeigte sich äußerst verwegen

audaz [au̯'ðaθ] *adj* kühn, verwegen

audible [au̯'ðiβle] *adj* hörbar

audición [au̯ði'θjon] *f* **1.**(*acción*) Hören *nt* **2.**(*facultad*) Gehör *nt,* Gehörsinn *m* **3.**(*concierto*) Konzert *nt,* Konzertdarbietung *f;* (*lectura*) Lesung *f* **4.**(TEAT) Vorsprechen *nt;* (*a un músico*) Vorspielen *nt;* (*a un cantante*) Vorsingen *nt;* **pasar una** ~ (*un actor*) vorsprechen; (*un instrumentista*) vorspielen; (*un cantante*) vorsingen

audiencia [au̯'ðjen̩θja] *f* **1.**(TEL, RADIO) Zuhörerschaft *f;* **nivel** [*o* **índice**] **de** ~ Einschaltquote *f* **2.**(POL) Audienz *f;* **dar ~ a alguien** jdm (eine) Audienz gewähren [*o* geben] **3.**(JUR: *sesión*) (Gerichts)sitzung *f,* Anhörung *f;* (*sala*) Gerichtssaal *m;* (*tribunal*) Gerichtshof *m;* **A~ Nacional** ≈Oberlandesgericht *nt* für zentrale Fragen; **A~ Provincial** ≈Landgericht *nt;* ~ **pública** öffentliche Sitzung; **A~ Territorial** ≈Oberlandesgericht *nt* **4.** (ECON: *grupo destinatario*) Zielgruppe *f;* ~ **publicitaria** Werbezielgruppe *f*

audífono [au̯'ðifono] *m* **1.** (*aparato para sordos*) Hörgerät *nt,* Audiphon *nt* **2.** (*Am: auricular*) (Telefon)hörer *m*

audímetro [au̯'ðimetro] *m* **1.** (MED) Audiometer *nt* **2.** (TÉC) Audimeter *m*

audio ['au̯ðjo] *adj inv* Audio-, Ton-; **materiales** ~ Tonmaterial *nt,* Audiomaterial *nt*

audiofrecuencia [au̯ðjofre'kwen̪θja] *f* (FÍS) Tonfrequenz *f*

audiograma [au̯ðjo'ɣrama] *m* Audiogramm *nt*

audiometría [au̯ðjome'tria] *f* Audiometrie *f*

audiómetro [au̯'ðjometro] *m* (MED) Audiometer *nt*

audiovisual [au̯ðjoβisu'al] *adj* audiovisuell

auditar [au̯ði'tar] *vt* (ECON, FIN) prüfen

auditivo[1] [au̯ði'tiβo] *m* (TEL) Hörmuschel *f*

auditivo, -a[2] [au̯ði'tiβo, -a] *adj* **1.** (*del oído*) Hör-, Gehör-; **conducto** ~ Gehörgang *m* **2.** (MED) auditiv

auditor[1] [au̯ði'tor] *m* **1.** (MIL): ~ **de guerra** Militärrichter *m;* ~ **de marina** Richter der Kriegsmarine **2.** (REL): ~ **de la Rota** Auditor *m;* ~ **de la Nunciatura** Rechtsberater der Nuntiatur

auditor(a)[2] [au̯ði'tor(a)] *m(f)* (ECON, FIN) Wirtschaftsprüfer(in) *m(f),* Rechnungsprüfer(in) *m(f);* ~ **externo** Außenprüfer *m;* ~ **interno** Innenprüfer *m*

auditoría [au̯ðito'ria] *f* **1.** (*de la contabilidad*) Wirtschaftsprüfung *f;* ~ **de cuentas** Rechnungsprüfung *f,* Wirtschaftsprüfung *f;* ~ **externa** Außenprüfung *f,* Betriebsprüfung *f;* ~ **financiera** Kassenprüfung *f;* ~ **fiscal** Steuerprüfung *f;* ~ **interna** Innenrevision *f,* betriebseigene Buchprüfung; ~ **de marketing** Marketingkontrolle *f;* **realizar una** ~ eine Rechungsprüfung vornehmen **2.** (*despacho*) Wirtschaftsprüfungsbüro *nt;* (*sociedad*) Wirtschaftsprüfungsgesellschaft *f*

auditorio [au̯ði'torjo] *m* **1.** (*público*) Zuhörerschaft *f* **2.** (*sala*) (Konzert)saal *m*

auditórium [au̯ði'torjun] <auditorios> *m* (Konzert)saal *m*

auge ['au̯xe] *m* **1.** (*de un momento*) Höhepunkt *m,* Gipfel *m;* (*de una época*) Blütezeit *f;* ~ **de contrataciones** (ECON) Umsatzmaximum *nt;* ~ **coyuntural** Konjunkturaufschwung *m;* ~ **de la economía** Wirtschaftsaufschwung *m;* ~ **de inversiones** (ECON) Investitionskonjunktur *f;* **estar en** ~ im Aufschwung begriffen sein; **en el** ~ **de su belleza** in der Blüte seiner/ihrer Schönheit **2.** (ASTR: *apogeo*) Apogäum *nt*

augur [au̯'ɣur] *m* **1.** (HIST) Augur *m* **2.** (*adivino*) Wahrsager(in) *m(f)*

augurar [au̯ɣu'rar] *vt* voraussagen, wahrsagen

augurio [au̯'ɣurjo] *m* Vorzeichen *nt,* Omen *nt*

augusto[1] [au̯'ɣusto] *m* dummer August *m*

augusto, -a[2] [au̯'ɣusto, -a] *adj* erlaucht

aula ['au̯la] *f* **1.** (*de escuela*) Klassenzimmer *nt* **2.** (*de universidad*) Hörsaal *m;* ~ **magna** Auditorium *nt* maximum, Audimax *nt*

aulaga [au̯'laɣa] *f* (BOT) Stechginster *m*

aulario [au̯'larjo] *m* (UNIV) Hörsaalgebäude *nt;* (*edificios*) Hörsaalkomplex *m*

áulico, -a ['au̯liko, -a] *adj* höfisch, Hof-; **consejero** ~ Hofrat *m*

aullador(a) [au̯ʎa'ðor(a)] *adj* heulend

aullar [au̯'ʎar] *irr vi* (*animal*) heulen, jaulen

aullido [au̯'ʎiðo] *m* Heulen *nt,* Geheul *nt*

aumentable [au̯men̪'taβle] *adj* **1.** (*de tamaño*) ausdehnbar, ausbaufähig **2.** (*de cantidad*) ausbaufähig, steigerungsfähig

aumentar [au̯men̪'tar] **I.** *vi* **1.** (*en intensidad*) zunehmen; (*lluvia t.*) stärker werden; (*miedo*) größer werden; (*temperatura*) steigen; (*aplausos*) anschwellen; (*resistencia*) wachsen; ~ **de volumen** umfangreicher werden; ~ **de velocidad** die Geschwindigkeit erhöhen, schneller werden **2.** (*en cantidad*) zunehmen (um +*akk*), sich vermehren; (*precios*) steigen (um +*akk*); ~ **de altura** höher werden; ~ **de peso** an Gewicht zunehmen; **los casos de SIDA siguen aumentando** die Zahl der Aidskranken steigt weiter an; **los disturbios aumentan** die Unruhen weiten sich aus; **los atracos han aumentado mucho** die Überfälle haben überhand genommen; **el tráfico aumenta constantemente** der Verkehr wächst ständig an **3.** (*en extensión*) vergrößern; **esta lupa aumenta mucho** diese Lupe vergrößert stark **II.** *vt* **1.** (*intensidad*) steigern; (*esfuerzos*) verstärken **2.** (*subir*) steigern; (*multiplicar*) vermehren; (*precios*) erhöhen, heraufsetzen; (*velocidad*) steigern, erhöhen; ~ **los precios a propósito** die Preise hochtreiben; ~ **la producción** die Produktion steigern; ~ **la productividad** die Produktivität steigern; ~ **el valor contable** (FIN) den Buchwert heraufsetzen; **las ventas han aumentado (en) un 5%** der Absatz wurde um 5% gesteigert **3.** (*de extensión*) vergrößern, ausweiten; ~ **un negocio/una foto/el repertorio** ein Geschäft/ein Foto/das Repertoire vergrößern; ~ **el poder/el dominio** die Macht/die Herrschaft ausweiten **III.** *vr:* ~**se 1.** (*en cantidad*) erhöht werden, sich vermehren; **se aumentó el sueldo** das Gehalt wurde erhöht **2.** (*en extensión*) sich vergrößern

aumentativo[1] [au̯men̪ta'tiβo] *m* (LING) Vergrößerungsform *f,* Augmentativ *nt*

aumentativo, -a[2] [au̯men̪ta'tiβo, -a] *adj* vergrößernd

aumento [au̯'men̪to] *m* **1.** (*en la intensidad*) Zunahme *f;* (*de los esfuerzos*) Verstärkung *f;* (*de las disputas*) Eskalation *f;* **ir en** ~ ständig zunehmen **2.** (*en la cantidad*) Zunahme *f* (*de* um +*akk*), Zuwachs *m* (*de* um +*akk*); (*de* *precio*) Erhöhung *f* (*de* um +*akk*), Steigerung *f* (*de* um +*akk*), Aufschlag *m* (*de* von +*dat*); (*en los negocios*) Vergrößerung *f*, Erweiterung *f*; (*de las ventas*) Steigerung *f* (*de* um +*akk*); (*de la temperatura*) Anstieg *m* (*de* um +*akk*); ~ **abusivo de los precios** (ECON) Preistreiberei *f*; ~ **de capacidad** (ECON) Kapazitätsausweitung *f*; ~ **de capital** Kapitalerhöhung *f*; ~ **de costos** (ECON) Kostenzuschlag *m*; ~ **de existencias** (ECON) Lagerbestandserhöhung *f*; ~ (**lineal**) **de sueldo** (allgemeine) Gehaltserhöhung; ~ **de población** Bevölkerungszuwachs *m*; ~ **de la rentabilidad** (ECON) Rentabilitätssteigerung *f*; ~ **de valor** Wertzuwachs *m*, Wertsteigerung *f*; (*encarecimiento*) Verteuerung *f* **3.** (*en la extensión*) Vergrößerung *f*; **cristal de** ~ Vergrößerungsglas *nt*

aun [au̯n] **I.** *adv* **1.** (*hasta, incluso*) sogar, selbst; **te dejo el coche y ~ el remolque si los necesitas** ich lasse dir den Wagen und sogar [*o* auch] den Anhänger, wenn du sie brauchst **2.** (*loc*): ~ **así** (aber) trotzdem; **ni** ~ nicht einmal **II.** *conj*: ~ **no comprando nada, no me llega el dinero** obwohl [*o* selbst wenn] ich nichts kaufe, reicht das Geld nicht aus; ~ **cuando** auch [*o* sogar] [*o* selbst] wenn

aún [a'un] *adv* **1.** (*todavía*) (immer) noch; ~ **llueve** es regnet (immer) noch; **¿ha venido? – ~ no** ist er/sie gekommen? – noch nicht **2.** (*con comparativo*) sogar, noch; **este es ~ mejor** dieses ist sogar noch besser

aunar [au̯'nar] *irr como aullar* **I.** *vt* **1.** (*unir*) verbinden, vereinen; ~ **esfuerzos** gemeinsame Anstrengungen machen **2.** (*unificar*) vereinigen **3.** (*armonizar*) harmonisieren, in Übereinstimmung bringen **II.** *vr*: ~**se** sich zusammentun (*con* mit +*dat*), sich verbünden (*con* mit +*dat*)

aunque ['au̯ŋke] *conj* **1.** (*concesiva*) obwohl, auch wenn; ~ **es viejo, aún puede trabajar** obwohl er alt ist, kann er immer noch arbeiten; **la casa,** ~ **pequeña, está bien** wenn das Haus auch klein ist, ist es doch schön; **tengo que conseguirte** ~ **me cueste la vida** ich muss dich haben, auch wenn es mich das Leben kostet; ~ **parezca extraño** so seltsam es auch scheinen mag; **tengo que regalarle** ~ **sea un boli** ich muss ihm/ihr unbedingt etwas schenken, und wenn es nur ein Kuli ist **2.** (*adversativa*) aber; **creo que está aquí,** ~ **no lo sé seguro** ich glaube, er/sie ist da, aber ich weiß es nicht ganz genau

aúpa [a'upa] *interj* auf, hoch; **alguien/algo es de** ~ jd/etw ist gefährlich

au pair [o'per] *mf* Aupairmädchen *nt*, Aupairboy *m*; **un puesto de** ~ eine Aupairstelle

aupar [au̯'par] *irr como aullar vt* **1.** (*a un niño*) hochheben **2.** (*ayudar a subir*) hinaufhelfen +*dat*; ~ **a alguien a la presidencia** jdn an die Präsidentschaft bringen, jdm zum Amt des Präsidenten verhelfen

aura ['au̯ra] *f* **1.** (*elev: brisa*) milder Wind *m*, Zephir *m* **2.** (FÍS, MED) Aura *f* **3.** (*reputación*) Aura *f*, Nimbus *m*; **tiene una** ~ **misteriosa** eine geheimnisvolle Aura umgibt ihn/sie; **exhala una** ~ **de tranquilidad** er/sie strömt [*o* strahlt] Ruhe aus

áureo, -a ['au̯reo, -a] *adj* golden

aureola [au̯re'ola] *f*, **auréola** [au̯'reola] *f* **1.** (*de un santo*) Heiligenschein *m*, Aureole *f* **2.** (*de un astro*) Aureole *f* **3.** (*de una persona*) Heiligenschein *m*, Nimbus *m*; **no hay nada que pueda dañar su** ~ nichts kann seinen/ihren Heiligenschein trüben

aureolar [au̯reo'lar] *vt* mit einem Heiligenschein umgeben, glorifizieren

aureomicina [au̯reomi'θina] *f* (QUÍM, MED) Aureomycin *nt*

aurícula [au̯'rikula] *f* **1.** (ANAT: *del corazón*) Vorhof *m*, Vorkammer *f* **2.** (ANAT: *de la oreja*) Ohrmuschel *f* **3.** (*planta*) Aurikel *f*, Öhrchen *nt*

auricular [au̯riku'lar] **I.** *adj* **1.** (*de la oreja*) Ohren-; (MED) aurikular; **testigo** ~ Ohrenzeuge *m*; **dedo** ~ kleiner Finger **2.** (*del corazón*) Vorhof-, Vorkammer- **II.** *m* **1.** (TEL: *auditivo y micrófono*) (Telefon)hörer *m*; **coger** [*o* **descolgar**] **el** ~ den Hörer abnehmen; **colgar el** ~ den Hörer auflegen [*o* einhängen] **2.** (TEL: *auditivo*) Hörmuschel *f* **3.** (*de música*) Kopfhörer *m*

aurífero, -a [au̯'rifero, -a] *adj* goldhaltig

auriga [au̯'riɣa] *m* (HIST) Wagenlenker *m*

Auriga [au̯'riɣa] *m* (ASTR) Fuhrmann *m*

aurora [au̯'rora] *f* **1.** (*alba*) Morgenröte *f*; ~ **austral** Südlicht *nt*; ~ **boreal** Nordlicht *nt* **2.** (*principios*) Anfänge *mpl*

auroterapia [au̯rote'rapja] *f* (MED) Aurotherapie *f*

auscultación [au̯skul̞ta'θjon] *f* (MED) Abhorchen *nt*, Auskultation *f*

auscultar [au̯skul̞'tar] *vt* **1.** (MED) abhorchen, auskultieren **2.** (*sondear*) ausloten

ausencia [au̯'sen̟θja] *f* **1.** (*estado de ausente*) Abwesenheit *f*; ~ **sin autorización** unerlaubtes Fehlen (am Arbeitsplatz); ~ **del trabajo** Arbeitsversäumnis *nt*; **brillar por su** ~ durch Abwesenheit glänzen; **hacer a alguien buenas/malas ~s** gut/schlecht über jdn reden; **tener buenas ~s** einen guten Leumund [*o* Ruf] haben; **en** ~ **del gato bailan los ratones** (*prov*) wenn die Katze aus dem Haus ist, tanzen die Mäuse (auf dem Tisch) **2.** (*falta*) Fehlen *nt* (*de* von +*dat*), Mangel *m* (*de* an +*dat*); ~ **de interés** mangelndes Interesse; ~ **de lluvias** Regenmangel *m*; ~ **de malicia** Mangel an Boshaftigkeit; **en** ~ **de algo mejor** in Ermangelung eines Besseren **3.** (JUR) Verschollenheit *f* **4.** (PSICO) (Geistes)abwesenheit *f* **5.** (MED) Absence *f*

ausentarse [au̯sen̪'tarse] *vr* abreisen, verreisen; ~ **de la ciudad** die Stadt verlassen

ausente [au̯'sen̪te] **I.** *adj* **1.** (*no presente*) abwesend; **estar** ~ nicht da sein; **estar** ~ **del**

trabajo am Arbeitsplatz fehlen **2.** (JUR) verschollen **3.** (*distraído*) (geistes)abwesend, zerstreut **II.** *mf* **1.** (*no presente*) Abwesende(r) *mf* **2.** (JUR) Verschollene(r) *mf*

ausoles [au̯'soles] *mpl* (*AmC*) Erdspalte *f* im vulkanischen Gebiet (*aus der Dampf und Thermalwasser austritt*)

auspiciador(a) [au̯spiθja'ðor(a)] *m(f)* Sponsor(in) *m(f)*, Förderer, -in *m, f*

auspiciar [au̯spi'θjar] *vt* **1.** (*presagiar*) vorhersagen, voraussagen **2.** (*patrocinar*) die Schirmherrschaft übernehmen (über +*akk*)

auspicio [au̯s'piθjo] *m* **1.** (*protección*) Schirmherrschaft *f*; **bajo los ~s del presidente** unter der Schirmherrschaft des Präsidenten **2.** *pl* (*presagio*) Vorzeichen *nt*, Omen *nt*

austeridad [au̯steri'ðaᶞ] *f* **1.** (*de las costumbres*) (Sitten)strenge *f* **2.** (*del modo de vida*) Enthaltsamkeit *f* **3.** (*de una habitación*) Kargheit *f*, Schmucklosigkeit *f* **4.** (*de un paisaje*) Kargheit *f* **5.** (*de un estilo*) Einfachheit *f*, Nüchternheit *f*

austero, -a [au̯s'tero, -a] *adj* **1.** (*costumbre*) (sitten)streng **2.** (*modo de vida*) enthaltsam **3.** (*habitación*) karg, schmucklos **4.** (*paisaje*) karg **5.** (*estilo*) einfach, nüchtern

austral [au̯s'tral] *adj* südlich, Süd-

Australia [au̯s'tralja] *f* Australien *nt*

australiano, -a [au̯stra'ljano, -a] **I.** *adj* australisch **II.** *m, f* Australier(in) *m(f)*

australopiteco [au̯stralopi'teko] *m* Australopithecus *m*

Austria ['au̯strja] *f* Österreich *nt*

austriaco, -a [au̯s'trjako, -a], **austríaco, -a** [au̯s'triako, -a] **I.** *adj* österreichisch **II.** *m, f* Österreicher(in) *m(f)*

austro ['au̯stro] *m* **1.** (*viento*) Südwind *m* **2.** (*sur*) Süden *m*

austrohúngaro, -a [au̯stro'uŋgaro, -a] *adj* (HIST) österreichisch-ungarisch

autarcía [au̯tar'θia] *f*, **autarquía** [au̯tar'kia] *f* Autarkie *f*

autárquico, -a [au̯'tarkiko, -a] *adj* (*t.* POL) autark, (wirtschaftlich) unabhängig

autenticar [au̯tenti'kar] <c→qu> *vt* **1.** (*legitimar*) beglaubigen, authentifizieren *elev* **2.** (JUR) authentisieren

autenticidad [au̯tentiθi'ðaᶞ] *f* Echtheit *f*, Authentizität *f*; **sobre la ~ de sus palabras tengo mis dudas** ich bezweifle den Wahrheitsgehalt seiner/ihrer Worte; **no creo en la ~ de esta información** ich glaube nicht, dass es sich hier um eine zuverlässige Information handelt

auténtico, -a [au̯'tentiko, -a] *adj* **1.** (*verdadero*) echt, wahr; **un ~ fracaso** ein glatter Fehlschlag; **hacía un calor ~** es war wirklich [*o* echt] warm; **es un ~ maestro en su especialidad** er ist ein wahrer Meister in seinem Fach; **el único Dios ~** der einzig wahre Gott **2.** (*palabra*) glaubwürdig **3.** (*información*) zuverlässig **4.** (*datos*) verbürgt

autentificar [au̯tentifi'kar] <c→qu> *vt v.* **autenticar**

autillo [au̯'tiʎo] *m* (ZOOL) Zwergohreule *f*

autismo [au̯'tismo] *m sin pl* (MED) Autismus *m*

autista [au̯'tista] **I.** *adj* autistisch **II.** *mf* Autist(in) *m(f)*

auto ['au̯to] *m* **1.** (JUR) Beschluss *m*, Entscheidung *f* **2.** (LIT, REL, HIST): **~ sacramental** Mysterienspiel *nt* **3.** (*loc*): **~ de fe** Autodafé *nt*; **hacer un ~ de fe con los libros** Bücher verbrennen **4.** *pl* (JUR) (Prozess)akten *fpl*; **constar en ~s** aktenkundig sein; **estar en ~s** im Bilde sein; **poner en ~s** ins Bild setzen **5.** (*automóvil*) Auto *nt*

autoabastecerse [au̯toaβaste'θer] *irr como crecer vr* sich selbst versorgen

autoabastecimiento [au̯toaβasteθi'mjento] *m* Selbstversorgung *f*; **~ energético** Selbstversorgung mit Energie

autoacusación [au̯toakusa'θjon] *f* Selbstanklage *f*, Selbstbeschuldigung *f*

autoacusarse [au̯toaku'sarse] *vr* sich selbst bezichtigen

autoadaptación [au̯toaðapta'θjon] *f* (INFOR) Selbstanpassung *f*

autoadhesión [au̯toaðe'sjon] *f sin pl* Autoadhäsion *f*, Selbsthaftung *f*

autoadhesivo, -a [au̯toaðe'siβo, -a] *adj* selbstklebend, selbsthaftend; **papel ~** Selbstklebefolie *f*

autoadministrarse [au̯toaðminis'trarse] *vr* sich selbst verwalten

autoafirmación [au̯toafirma'θjon] *f* Selbstbestätigung *f*

autoafirmarse [au̯toafir'marse] *vr* sich selbst bestätigen

autoagresión [au̯toaɣre'sjon] *f* Autoaggression *f*; **a base de ~es** mittels autoaggressiver Handlungen

autoalarma [au̯toa'larma] *f* automatischer Alarm *m*

autoanálisis [au̯toa'nalisis] *m inv* Selbstanalyse *f*

autoaprendizaje [au̯toaprendi'θaxe] *m* Selbststudium *nt*, Selbstunterricht *m*

autoarranque [au̯toa'rraŋke] *m* (TÉC) Selbststart *m*

autoavalúo [au̯toaβa'luo] *m*: **sistema de ~** (ECON, FIN) Selbstveranlagungssystem *nt*

autobanco [au̯to'βaŋko] *m* Autoschalter *m*

autobiografía [au̯toβjoɣra'fia] *f* Autobiografie *f*

autobiográfico, -a [au̯toβjo'ɣrafiko, -a] *adj* autobiografisch

autobombo [au̯to'βombo] *m* Selbstlob *nt*, Eigenlob *nt*; **se da mucho ~** er/sie lobt sich gerne selbst

autobronceador(a) [au̯toβronθea'ðor(a)] *adj*: **leche ~a** Selbstbräunungsmilch *f*

autobús [au̯to'βus] *m* (Auto)bus *m*, Omnibus *m*

autocalificarse [au̯tokalifi'karse] <c→qu>

vr sich selbst nennen (*de* +*akk*), sich selbst bezeichnen (*de* als +*akk*)

autocar [au̯to'kar] <autocares> *m* (Reise)bus *m*, (Reise)omnibus *m*

autocaravana [au̯tokara'βana] *f* Wohnmobil *nt*

autocarril [au̯toka'rril] *m* (*Bol, Chil, Nic: autovía*) Schnellstraße *f*

autocartera [au̯tokar'tera] *f* (FIN) *von der Bank gehaltener Bestand bankeigener Aktien*

autocensura [au̯toθen'sura] *f* Selbstzensur *f*

autochequeo [au̯totʃe'keo] *m* (*t.* INFOR) Selbsttest *m*

autochoque [au̯to'ʧoke] *m* (Auto)skooter *m*

autocine [au̯to'θine] *m* Autokino *nt*

autocinesia [au̯toθi'nesja] *f* (BIOL) Autokinese *f*

autoclave [au̯to'klaβe] *f* Autoklav *m*

autocompasión [au̯tokompa'sjon] *f* Selbstmitleid *nt*

autocomplacencia [au̯tokompla'θen̪θja] *f* Selbstgefälligkeit *f*

autocomplacerse [au̯tokompla'θerse] *irr como crecer vr* sich *dat* selbst gefallen

autocomplaciente [au̯tokompla'θjen̪te] *adj* selbstgefällig

autoconfesión [au̯tokoɱfe'sjon] *f* Selbstbekenntnis *nt*

autoconfianza [au̯tokoɱfi'an̪θa] *f* Selbstvertrauen *nt*

autoconservación [au̯tokonserβa'θjon] *f* Selbsterhaltung *f*

autoconsumo [au̯tokon'sumo] *m sin pl* Selbstverbrauch *m*

autocontemplación [au̯tokon̪templa'θjon] *f* Selbstbetrachtung *f*, Selbstbeobachtung *f*

autocontención [au̯tokon̪ten̪'θjon] *f* Selbstbeherrschung *f*

autocontrol [au̯tokon̪'trol] *m* Selbstbeherrschung *f*; (INFOR) Selbstkontrolle *f*, Selbsttest *m*

autocontrolarse [au̯tokon̪tro'larse] *vr* sich beherrschen

autoconvencerse [au̯tokomben̪'θerse] <c→z> *vr* sich selbst überzeugen

autocopista [au̯toko'pista] *f* Schablonendrucker *m*

autocracia [au̯to'kraθja] *f* Autokratie *f*

autócrata [au̯'tokrata] *mf* Autokrat(in) *m(f)*

autocrático, **-a** [au̯to'kratiko, -a] *adj* autokratisch

autocrítica [au̯to'kritika] *f* Selbstkritik *f*

autocrítico, **-a** [au̯to'kritiko, -a] *adj* selbstkritisch

auto-cross [au̯to'kros] *m sin pl* Autocross *nt*

autóctono, **-a** [au̯'toktono, -a] **I.** *adj* alteingesessen, autochthon *elev*; **especies autóctonas** einheimische Arten **II.** *m*, *f* Einheimische(r) *mf*

autodecepción [au̯toðeθeβ'θjon] *f* Enttäuschung *f* über sich selbst

autodeclaración [au̯toðeklara'θjon] *f* (POL) Selbsternennung *f*

autodeclarado, **-a** [au̯toðekla'raðo, -a] *adj* selbst ernannt, selbst erklärt

autodefensa [au̯toðe'fensa] *f* Selbstverteidigung *f*; **curso de** ~ Selbstverteidigungskurs *m*

autodefinición [au̯toðefini'θjon] *f* Selbstbezeichnung *f* (*como* als +*akk*)

autodefinirse [au̯toðefi'nirse] *vr*: **Amnistía Internacional se autodefine como una organización pacifista** Amnesty International versteht sich als eine pazifistische Organisation

autodenominarse [au̯toðenomi'narse] *vr* sich selbst nennen +*akk*, sich selbst bezeichnen (als +*akk*)

autodescalificarse [au̯toðeskalifi'karse] <c→qu> *vr* sich selbst disqualifizieren

autodespido [au̯toðes'piðo] *m* Kündigung *f* durch den Arbeitnehmer

autodestrucción [au̯toðestruʸ'θjon] *f* Selbstzerstörung *f*

autodestructivo, **-a** [au̯toðestruk'tiβo, -a] *adj* selbstzerstörerisch

ʃelbsto] *adj* selbstzerstörerisch

autodestruirse [au̯toðestru'irse] *irr como huir vr* sich selbst zerstören

autodeterminación [au̯toðetermina'θjon] *f* Selbstbestimmung *f*; **derecho de** ~ Selbstbestimmungsrecht *nt*

autodidacto, **-a** [au̯toði'ðakto, -a] **I.** *adj* autodidaktisch **II.** *m*, *f* Autodidakt(in) *m(f)*

autodirección [au̯toðireʸ'θjon] *f* **1.** (AERO) automatische Steuerung *f*, Selbststeuerung *f* **2.** (*misil*) Zielsuchlenkung *f*

autodisciplina [au̯toðisθi'plina] *f* Selbstdisziplin *f*

autodisolución [au̯toðisolu'θjon] *f* Selbstauflösung *f*

autodisolverse [au̯toðisol'βerse] *irr como volver vr* sich selbst auflösen

autodominarse [au̯toðomi'narse] *vr* sich selbst beherrschen

autodominio [au̯toðo'minjo] *m* Selbstbeherrschung *f*

autódromo [au̯'toðromo] *m* Autodrom *nt*

autoedición [au̯toeði'θjon] *f* Selbstverlag *m*; (INFOR) Desktoppublishing *nt*, DTP *nt*

autoempleo [au̯toem'pleo] *m* selb(st)ständige Erwerbstätigkeit *f*, berufliche Selb(st)ständigkeit *f*

autoencendido [au̯toen̪θen̪'diðo] *m* Selbstzündung *f*

autoenfoque [au̯toeɱ'foke] *m* (FOTO) Autofokus *m*

autoengaño [au̯toeŋ'gaɲo] *m* Selbstbetrug *m*, Selbsttäuschung *f*

autoentregarse [au̯toen̪tre'ɣarse] <g→gu> *vr* sich freiwillig stellen

autoescuela [au̯toes'kwela] *f* Fahrschule *f*

autoestima [au̯toes'tima] *f* Selbstwertgefühl *nt*, Selbstachtung *f*

autoestimación [au̯toestima'θjon] *f*

Selbsteinschätzung *f*

auto(e)stop [au̯to^(e)s'top] *m:* **viajar en** [*o* **hacer**] ~ per Anhalter fahren [*o* reisen], trampen

auto(e)stopista [au̯to^(e)sto'pista] *mf* Anhalter(in) *m(f)*, Tramper(in) *m(f)*

autoexcluirse [au̯toesklu'irse] *irr como huir vr* sich selbst ausschließen

auto-expreso [au̯toes'preso] *m* (FERRO) Autoreisezug *m*

autofagia [au̯to'faxja] *f* (BIOL) Autophagie *f*

autofecundación [au̯tofekuṇda'θjon] *f* (BIOL) Autogamie *f*, Selbstbefruchtung *f*

autofinanciación [au̯tofinaṇθja'θjon] *f* Selbstfinanzierung *f*, Eigenfinanzierung *f*

autofinanciado, -a [au̯tofinaṇ'θjaðo, -a] *adj* selbstfinanziert

autofinanciarse [au̯tofinaṇ'θjarse] *vr* sich selbst finanzieren

autofoco [au̯to'foko] *m*, **autofocus** [au̯to'fokus] *m inv* (FOTO) Autofokus *m*

autogenerador [au̯toxenera'ðor] *m* Generator *m* regenerativer Energieträger; ~ **eólico** Wind(kraft)generator *m*

autógeno, -a [au̯'toxeno, -a] *adj* autogen

autogestión [au̯toxes'tjon] *f* Selbstverwaltung *f*

autogiro [au̯to'xiro] *m* (AERO) Drehflügelflugzeug *nt*, Autogiro *nt*

autognosis [autoɣ'nosis] *f inv* Selbsterkenntnis *f*

autogobernarse [au̯toɣoβer'narse] <e→ie> *vr* sich selbst verwalten, autonom sein

autogobierno [au̯toɣo'βjerno] *m* Selbstverwaltung *f*, Autonomie *f*

autogol [au̯to'ɣol] *m* (DEP) Eigentor *nt*

autogolpe [au̯to'ɣolpe] *m* Staatsstreich *m* durch den Präsidenten, Putsch *m* von oben, Umsturz *m* von oben

autograbado [au̯toɣra'βaðo] *m* (INFOR) Selbstaufschreibung *f*

autógrafo[1] [au̯'toɣrafo] *m* **1.** (*firma*) Autogramm *nt;* **cazador de ~s** Autogrammjäger *m* **2.** (*texto*) Autograph *nt* **3.** (JUR) Originalurkunde *f*

autógrafo, -a[2] [au̯'toɣrafo, -a] *adj* eigenhändig geschrieben

autohipnosis [au̯toiβ'nosis] *f inv* Autohypnose *f*, Selbsthypnose *f*

autoimpuesto, -a [au̯toim'pwesto, -a] *adj* selbst auferlegt

autoinculpación [au̯toiŋkulpa'θjon] *f* Selbstanklage *f*

autoinculparse [au̯toiŋkul'parse] *vr* sich selbst bezichtigen, sich selbst anzeigen

autoinducción [au̯toiṇdu^(ɣ)'θjon] *f* (ELEC) Selbstinduktion *f*

autoinducido, -a [au̯toiṇdu'θiðo] *adj* selbst verursacht

autoinfección [au̯toiɱfe^(ɣ)'θjon] *f* (MED) Selbstansteckung *f*

autoinflamable [au̯toiɱfla'maβle] *adj* selbst entzündlich

autoinfligido, -a [au̯toiɱfli'xiðo, -a] *adj* **1.** (*herida*) sich *dat* selbst zugefügt [*o* beigebracht] **2.** (*castigo*) sich *dat* freiwillig auferlegt

autoinmolarse [au̯toi^(n)mo'larse/au̯toi^(m)mo'larse] *vr* sich aufopfern

autoinmunización [au̯toi^(n)muniθa'θjon/au̯toi^(m)muniθa'θjon] *f* (BIOL) Autoimmunisierung *f*

autointoxicación [au̯toiṇto^(ɣ)sika'θjon] *f* (MED) Autointoxikation *f*, Selbstvergiftung *f*

autojustificación [au̯toxustifika'θjon] *f* Rechtfertigung *f* vor sich selbst

autolavado [au̯tola'βaðo] *m* Selbstreinigung *f;* **túnel de** ~ (AUTO) Waschstraße *f*

autolesión [au̯tole'sjon] *f* sich *dat* selbst beigebrachte Verletzung *f;* (*graves lesiones*) Selbstverstümmelung *f*

autolesionarse [au̯tolesjo'narse] *vr* sich selbst verletzen

autolimitación [au̯tolimita'θjon] *f* Selbstbeschränkung *f*

autolimitarse [au̯tolimi'tarse] *vr* sich selbst beschränken

autolimpiable [au̯tolim'pjaβle] *adj* selbstreinigend

autoliquidación [au̯tolikiða'θjon] *f* **1.** (FIN: *impuestos*) Selbstveranlagung *f*, Selbstabführung *f* **2.** (COM: *disolución*) Selbstauflösung *f*

autolubricante [au̯toluβri'kaṇte] *adj* selbstschmierend

automación [au̯toma'θjon] *f* Automatisierung *f*, Automation *f*

automarginado, -a [au̯tomarxi'naðo, -a] *m, f* Aussteiger(in) *m(f)*

automarginarse [au̯tomarxi'narse] *vr* (aus der Gesellschaft) aussteigen

autómata [au̯'tomata] *m* **1.** (*aparato*) Automat *m;* ~ **de estado finito** (INFOR) endlicher Automat **2.** (*robot*) Roboter *m* **3.** (*pey: persona*) Marionette *f*

automática [au̯to'matika] *f* Automatik *f*

automático[1] [au̯to'matiko] *m* Druckknopf *m*

automático, -a[2] [au̯to'matiko, -a] *adj* **1.** (*mecánico*) automatisch, selbsttätig; **caja de cambios automática** (AUTO) Automatikgetriebe *nt;* **dispositivo** ~ Automatik *f;* **fusil** ~ Selbstladegewehr *nt;* **pistola automática** Selbstladepistole *f;* **la puerta se cierra de modo** ~ (*se cierra sola*) die Tür schnappt ins Schloss; (*en un metro*) die Tür schließt selbsttätig **2.** (*maquinal*) unwillkürlich, automatisch **3.** (*inmediato*): **su despido fue** ~ **después de descubrir el fraude** er/sie wurde fristlos entlassen, nachdem der Betrug aufgedeckt wurde

automatismo [au̯toma'tismo] *m* Automatismus *m*

automatización [au̯tomatiθa'θjon] *f* Automatisierung *f*, Automatisation *f*

automatizar [au̯tomati'θar] <z→c> *vt* automatisieren

automedicación [au̯tomeðika'θjon] *f* (MED) Selbstmedikation *f*

automoción [au̯tomo'θjon] *f* Kraftfahrzeugwesen *nt,* Kraftfahrzeugsektor *m;* **compañía de** ~ Automobilfirma *f;* **industria de la** ~ Automobilindustrie *f*

automodelismo [au̯tomoðe'lismo] *m sin pl* Modellrennwagensport *m*

automotor¹ [au̯tomo'tor] *m* (FERRO) Triebwagen *m*

automotor(a)² [au̯tomo'tor(a)] *adj* selbstangetrieben, mit Selbstantrieb

automóvil [au̯to'moβil] **I.** *adj* mit Eigenantrieb [*o* Selbstantrieb] **II.** *m* Auto *nt,* Kraftfahrzeug *nt;* ~ **de carreras** Rennwagen *m;* ~ **eléctrico** Elektroauto *nt;* ~ **todo terreno** Geländefahrzeug *nt;* **industria del** ~ Automobilindustrie *f;* **Salón del A**~ Automobilmesse *f*

automovilismo [au̯tomoβi'lismo] *m* **1.** (DEP) Rennsport *m* **2.** (*mundo del auto*) Kraftfahrzeugwesen *nt*

automovilista [au̯tomoβi'lista] *mf* Autofahrer(in) *m(f)*

automovilístico, -a [au̯tomoβi'listiko, -a] *adj* Auto(mobil)-, Kraftfahrzeug-; **carrera automovilística** Autorennen *nt;* **parque** ~ Fuhrpark *m*

autonivelarse [au̯toniβe'larse] *vr* sich automatisch (waagerecht) ausrichten

autonombrarse [au̯tonom'brarse] *vr* sich selbst ernennen (zu +*dat*)

autonomía [au̯tono'mia] *f* **1.** (POL) Autonomie *f,* Selbstverwaltung *f;* ~ **colectiva** Tarifautonomie *f;* ~ **municipal** kommunale Selbstverwaltung **2.** (*de una persona*) Unabhängigkeit *f;* **en esta empresa no tengo** ~ **para tomar decisiones** in dieser Firma kann ich keine eigenen Entscheidungen treffen **3.** (*de un avión*) Reichweite *f* **4.** (*territorio*) autonome Region *f* **5.** (ECON, FIN): ~ **presupuestal** Finanzhoheit *f*

autonómica [au̯to'nomika] *f* (TV) (unabhängiger) Regionalsender *m*

autonómico, -a [au̯to'nomiko, -a] *adj* autonom(isch); **proceso** ~ Autonomieprozess *m;* **política autonómica** Regionalpolitik *f;* **elecciones autonómicas** Wahlen in den autonomen Regionen

autonomista [au̯tono'mista] *mf* Autonomist(in) *m(f),* Anhänger(in) *m(f)* der Autonomie

autónomo, -a [au̯'tonomo, -a] *adj* **1.** (POL) autonom, selb(st)ständig; **la comunidad autónoma de Galicia** die autonome Region Galicien **2.** (*trabajador*) selb(st)ständig; **trabajar de** ~ selb(st)ständig arbeiten; **¿cuánto pagas de** ~**s?** wie viel zahlst du für deine private Krankenversicherung?

autopase [au̯to'pase] *m* (DEP) Eigenpass *m*

autopilotado, -a [au̯topilo'taðo, -a] *adj* (TÉC) selbststeuernd

autopiloto [au̯topi'loto] *m* (AERO) Autopilot *m*

autopista [au̯to'pista] *f* Autobahn *f;* ~ **de peaje** gebührenpflichtige Autobahn; ~ **de la información** (INFOR) Datenautobahn *f*

autoplastia [au̯to'plastja] *f* (MED) Autoplastik *f*

autoproclamarse [au̯toprokla'marse] *vr* sich selbst ernennen (zu +*dat*)

autoprogramable [au̯toproɣra'maβle] *adj* selbstprogrammierbar

autopromoción [au̯topromo'θjon] *f* Werbung *f* in eigener Sache, Eigenwerbung *f*

autopropulsión [au̯topropul'sjon] *f* (TÉC) Selbstantrieb *m,* Eigenantrieb *m*

autoprotección [au̯toproteʸ'θjon] *f* Selbstschutz *m*

autopsia [au̯'toβsja] *f* **1.** (MED) Obduktion *f,* Autopsie *f* **2.** (*análisis*) eingehende Prüfung *f,* Autopsie *f*

autopublicidad [au̯topuβliθi'ðaᵈ] *f* Eigenwerbung *f*

autor(a) [au̯'tor(a)] *m(f)* **1.** (*de un libro*) Verfasser(in) *m(f),* Autor(in) *m(f);* (*de una obra musical*) Komponist(in) *m(f),* Autor(in) *m(f);* **derechos de** ~ Urheberrechte *ntpl;* **película de** ~ Autorenfilm *m;* **una novela de** ~ **desconocido** ein Roman eines unbekannten Verfassers [*o* Schriftstellers] **2.** (*de un acto*) Urheber(in) *m(f)* **3.** (*de algo creativo*) Schöpfer(in) *m(f)* **4.** (*de una conspiración*) Initiator(in) *m(f),* Anstifter(in) *m(f)* **5.** (*de un crimen*) Täter(in) *m(f);* **el** ~ **del atentado** der Attentäter **6.** (*de un invento*) Erfinder(in) *m(f)* **7.** (*de un descubrimiento*) Entdecker(in) *m(f)*

autoría [au̯to'ria] *f* **1.** (*de un texto*) Urheberschaft *f;* **admite la** ~ **del artículo** er/sie bekennt [*o* gibt zu] den Artikel geschrieben zu haben **2.** (*de un acto*) Urheberschaft *f* **3.** (*de un crimen*) Täterschaft *f*

autoridad [au̯tori'ðaᵈ] *f* **1.** (*poder*) Staatsgewalt *f,* Macht *f;* **la** ~ **del estado** die Staatsgewalt; **la** ~ **judicial** die richterliche Gewalt; **la** ~ **espiritual/temporal en la Edad Media** die geistliche/weltliche Obrigkeit im Mittelalter **2.** (*de una persona*) Autorität *f;* **la** ~ **de los padres** die elterliche Autorität; **estar bajo la** ~ **de alguien** jdm unterstehen; **¡aquí soy yo la** ~**!** hier bestimme ich! **3.** (*estatal*) Behörde *f,* Amt *nt;* ~ **financiera** (FIN) Finanzbehörde *f,* Steuerbehörde *f;* ~ **monetaria** (FIN) Währungsbehörde *f;* ~ **sanitaria** Gesundheitsbehörde *f,* Gesundheitsamt *nt;* **Alta A**~ (UE) Hohe Behörde; **las** ~**es, la** ~ **pública** die Obrigkeit; **la** ~ **competente** die zuständige Behörde; **recurrir a las** ~**es** sich an die Behörden wenden **4.** (*prestigio*) Autorität *f,* Ansehen *nt;* **hablar con** ~ mit der Autorität eines Sachkundigen sprechen **5.** (*experto*) Autorität *f,* Fachmann *m;* **es una** ~ **en su campo** er/sie ist eine Autorität in seinem/ihrem Fach **6.** (*policía*): **entregarse a las** ~**es** sich der Polizei stellen; **¡llamen a la** ~**!** rufen Sie die Polizei!; **desacato a la** ~ Widerstand gegen die Staatsgewalt

autoritario, **-a** [au̯tori'tarjo, -a] *adj* **1.** (*persona*) autoritär, streng; **estado** ~ Obrigkeitsstaat *m* **2.** (*educación*) autoritär

autoritarismo [au̯torita'rismo] *m sin pl* Autoritarismus *m*

autorización [au̯toriθa'θjon] *f* **1.** (*permiso*) Genehmigung *f* (*para* zu +*dat*), Erlaubnis *f* (*para* zu +*dat*); ~ **para vender alcohol** Schankerlaubnis *f*, Schankkonzession *f* **2.** (*facultad*) Ermächtigung *f* (*para* zu +*dat*), Bevollmächtigung *f* (*para* zu +*dat*); ~ **bancaria** (FIN) Bankvollmacht *f*; ~ **de pago** (FIN) Zahlungsvollmacht *f* **3.** (*derecho*) Berechtigung *f* (*para* zu +*dat*), Recht *nt* (*para* auf +*akk*); ~ **de acceso** (INFOR) Zugriffsberechtigung *f* **4.** (*de un documento*) Beglaubigung *f*; (*de una firma*) Bestätigung *f*

autorizado, **-a** [au̯tori'θaðo, -a] *adj* **1.** (*facultado*) ermächtigt, befugt; **persona no autorizada** Unbefugte(r) *m*; ~ **para firmar** zeichnungsberechtigt **2.** (*competente*) kompetent; **de fuentes autorizadas** aus sicherer Quelle **3.** (*oficial*) offiziell; **precios ~s** offizielle Preise

autorizar [au̯tori'θar] <z→c> *vt* **1.** (*consentir*) genehmigen, gestatten; ~ **una manifestación/la apertura de un bar** eine Demonstration/die Eröffnung einer Kneipe genehmigen; **mi jefe me ha autorizado para ausentarme** mein Chef hat mir freigegeben **2.** (*facultar*) ermächtigen (*a/para* zu +*dat*), bevollmächtigen (*a/para* zu +*dat*); **estar autorizado para hacer algo** ermächtigt [*o* befugt] sein etw zu tun **3.** (*dar derecho*) berechtigen (*a/para* zu +*dat*), ermächtigen (*a/para* zu +*dat*); **que sea mi jefe no le autoriza para insultarme** auch wenn Sie mein Chef sind, haben Sie kein Recht mich zu beschimpfen; **este hecho nos autoriza a pensar que...** diese Tatsache berechtigt uns zu der Annahme, dass ... **4.** (*documentos*) beglaubigen

autorradio [au̯to'rraðjo] *m* Autoradio *nt*

autorrealización [au̯torrealiθa'θjon] *f* Selbstverwirklichung *f*

autorreflexión [au̯torrefleˠ'sjon] *f* selb(st)ständiges Denken *nt*

autorrefrigeración [au̯torrefrixera'θjon] *f* Selbstkühlung *f*

autorregulación [au̯torreɣula'θjon] *f* **1.** (MED) Autoregulation *f* **2.** (ELEC, COM) Selbstregelung *f*

autorregulador(a) [au̯torreɣula'ðor(a)] *adj* selbstregelnd, selbstregulierend

autorregularse [au̯torreɣu'larse] *vr* sich selbst regulieren

autorretrato [au̯torre'trato] *m* Selbstporträt *nt*, Selbstbildnis *nt*

autorreverse [au̯torre'βerse] *m* Autoreverse *nt*

autorreversible [au̯torreβer'siβle] *adj* mit Auto-Reverse-System

autorzuelo [au̯tor'θwelo] *m* (*pey*) Schreiberling *m*

autosacrificio [au̯tosakri'fiθjo] *m* Selbstaufopferung *f*

autosatisfacción [au̯tosatisfaˠ'θjon] *f* Selbstzufriedenheit *f*

autoservicio [au̯toser'βiθjo] *m* Selbstbedienung *f*; **tienda de** ~ Selbstbedienungsladen *m*

autosostenido, **-a** [au̯tososte'niðo, -a] *adj*: **crecimiento** ~ konstante Wachstumsrate, Wachstumsgleichgewicht *nt*

autostop [au̯tos'top] *m v.* **auto(e)stop**

autostopista [au̯tosto'pista] *mf v.* **auto(e)stopista**

autosubida [au̯tosu'βiða] *f* Diätenerhöhung *f*

autosuficiencia [au̯tosufi'θjen̯θja] *f* **1.** (*condición*) Selbstgenügsamkeit *f*; ~ **económica** (ECON) wirtschaftliche Selbstversorgung **2.** (*presunción*) Selbstgefälligkeit *f*

autosuficiente [au̯tosufi'θjen̯te] *adj* **1.** (*condición*) selbstgenügsam **2.** (*presuncioso*) selbstgefällig

autosugestión [au̯tosuxes'tjon] *f* Autosuggestion *f*

autosugestivo, **-a** [au̯tosuxes'tiβo, -a] *adj* autosuggestiv

autotest [au̯to'tesᵗ] <autotests> *m* (PSICO) Selbsttest *m*, Selbstversuch *m*

autotipia [au̯to'tipja] *f* (TIPO) Autotypie *f*

autotitularse [au̯totitu'larse] *vr* sich selbst bezeichnen (als +*akk*)

autótrofo, **-a** [au̯'totrofo, -a] *adj* (BIOL, BOT) autotroph

autovacuna [au̯toβa'kuna] *f* (MED) Autovakzine *f*, Eigenimpfstoff *m*

autovía [au̯to'βia] *f* **1.** (*carretera*) Schnellstraße *f* **2.** (FERRO) Triebwagen *m*

auxiliar¹ [au̯ˠsi'ljar] **I.** *adj* Hilfs-; **motor** ~ Hilfsmotor *m*; **profesor** ~ (UNIV) Assistent *m*; (*en la escuela*) Aushilfslehrer *m*; **verbo** ~ (LING) Hilfsverb *nt* **II.** *mf* **1.** (*ayudante*) Assistent(in) *m(f)*, Gehilfe, -in *m, f*; ~ **administrativo** Beamter im unteren Dienst; ~ **de cátedra** (*en Alemania*) wissenschaftliche Hilfskraft; ~ **de clínica** Krankenpfleger *m*, Krankenschwester *f*; ~ **técnico sanitario** medizinisch-technischer Assistent *m*; ~ **de vuelo** Steward *m*, Stewardess *f* **2.** (DEP: *de un árbitro*) Linienrichter(in) *m(f)* **III.** *vt* **1.** (*dar auxilio*) helfen +*dat*, beistehen +*dat* **2.** (*ayudar a bien morir*) versehen; ~ **a un enfermo** einen Kranken versehen

auxiliar² [au̯ˠsi'ljar] *m* (LING) Hilfsverb *nt*

auxilio [au̯ˠ'siljo] *m* Hilfe *f*, Beistand *m*; **¡~!** Hilfe!; **~s espirituales** (REL) Sterbesakramente *ntpl*; **primeros ~s** erste Hilfe; **pedir** ~ um Hilfe rufen [*o* schreien]; **pedir ~ a alguien** jdn zu Hilfe rufen

aval [a'βal] *m* (COM, JUR) Wechselbürgschaft *f*, Aval *m*; ~ **bancario** Bankbürgschaft *f*; ~ **de Estado** Staatsgarantie *f*

avalador(a) [aβala'ðor(a)] **I.** *adj* avalierend, Bürgschaft leistend **II.** *m(f)* (Wechsel)bürge,

-in *m, f,* Avalist(in) *m(f)*

avalancha [aβa'lanʧa] *f* Lawine *f*

avalante [aβa'lan̩te] *mf* (FIN) Wechselbürge, -in *m, f,* Avalist(in) *m(f)*

avalar [aβa'lar] *vt* **1.** (COM) eine (Wechsel)bürgschaft leisten (für *+akk*), avalieren; ~ **una deuda** eine Bürgschaft für eine Schuld leisten; ~ **una letra de cambio** für einen Wechsel bürgen **2.** (*a alguien*) bürgen (*a* für *+akk*)

avalentonado, **-a** [aβalen̩to'naðo, -a] *adj* prahlerisch, großmäulig

avalista [aβa'lista] *mf* (COM) (Wechsel)bürge, -in *m, f,* Avalist(in) *m(f)*

avaluar [aβalu'ar] <*1. pres:* avalúo> *vt* bewerten

avalúo [aβa'luo] *m* Bewertung *f,* Wertbestimmung *f*

avance [a'βan̩θe] *m* **1.** (*movimiento*) Vorrücken *nt;* (MIL) Vormarsch *m;* ~ **de líneas** (INFOR) Zeilenvorschub *m;* ~ **de papel** (INFOR) Papiervorschub *m;* ~ **de los precios** Preissteigerung *f* **2.** (*anticipo*) Vorschuss *m,* Vorauszahlung *f* **3.** (*progreso*) Fortschritt *m;* ~**s tecnológicos** technische Fortschritte **4.** (*avanzo*) Bilanz *f* **5.** (*presupuesto*) (Kosten)voranschlag *m* **6.** (CINE, TV) Vorschau *f* (*de* auf *+akk*); ~ **informativo** Nachrichtenüberblick *m;* ~ **de programa** Programmvorschau *f* **7.** (*Arg: propuesta*) verlockendes Angebot *nt;* (*contacto*) freundliche Kontaktaufnahme *f*

avante [a'βan̩te] *adv* (NÁUT): ~ **a toda/media máquina** volle/halbe Fahrt voraus

avanzada [aβan̩'θaða] *f,* **avanzadilla** [aβan̩θa'ðiʎa] *f* (MIL) Vorhut *f,* Vorposten *m*

avanzado, **-a** [aβan̩'θaðo, -a] *adj* **1.** (*nivel*) fortgeschritten; **en** ~ **estado de deterioro** im fortgeschrittenen Stadium des Verfalls **2.** (*método*) fortschrittlich **3.** (*modelo*) weiterentwickelt **4.** (*posición*) vorgeschoben, vorgerückt **5.** (*edad*) fortgeschritten, vorgerückt; **un hombre de avanzada edad** ein Mann im fortgeschrittenen Alter

avanzar [aβan̩'θar] <z→c> **I.** *vi* **1.** (*ir adelante*) vorwärts gehen, weitergehen; (MIL) vorrücken; ~ **por una calle** eine Straße entlanggehen; ~ **hacia alguien/algo** auf jdn/etw zugehen [*o* zukommen]; **la lava avanza un metro cada día** die Lava bewegt sich täglich einen Meter vorwärts; **a medida que el tiempo avanzaba** mit der Zeit **2.** (*progresar*) vorankommen, fortschreiten; **no avanzo nada** ich mache keine Fortschritte, ich komme nicht voran; **no avanzo con el trabajo** ich komme mit der Arbeit nicht voran; **esta tendencia está avanzando** dieser Trend ist auf dem Vormasch **II.** *vt* **1.** (*mover hacia adelante*) vorrücken, vorziehen; ~ **un metro la cómoda** die Komode einen Meter vorschieben [*o* vorrücken]; ~ **el peón** (*ajedrez*) den Bauern vorrücken; ~ **un pie** einen Fuß vorsetzen **2.** (*sueldo*) vorschießen, einen Vorschuss geben (auf *+akk*) **3.** (*propuesta*) vorbringen

avanzo [a'βan̩θo] *m* (ECON) **1.** (*balance*) Bilanz *f* **2.** (*presupuesto*) (Kosten)voranschlag *m*

avaricia [aβa'riθja] *f* **1.** (*codicia*) Habsucht *f,* Habgier *f;* **la** ~ **rompe el saco** (*prov*) ≈Habgier bringt den Sack zum Reißen **2.** (*tacañería*) Geiz *m*

avaricioso, **-a** [aβari'θjoso, -a] *adj,* **avariento**, **-a** [aβa'rjen̩to, -a] *adj* **1.** (*codicioso*) habgierig, habsüchtig **2.** (*tacaño*) geizig, knaus(e)rig

avaro, **-a** [a'βaro, -a] **I.** *adj* geizig, knaus(e)rig; **es muy** ~ **de sus conocimientos** er geizt mit seinem Wissen **II.** *m, f* Geizhals *m,* Geizkragen *m*

avasallador(a) [aβasaʎa'ðor(a)] *adj* überwältigend

avasallamiento [aβasaʎa'mjen̩to] *m* Unterwerfung *f*

avasallar [aβasa'ʎar] **I.** *vt* **1.** (*subyugar*) unterwerfen **2.** (*atropellar*) überrollen; **la oposición no se dejó** ~ die Opposition ließ sich nicht überrollen **II.** *vr:* ~**se** sich unterwerfen

avatar [aβa'tar] *m* **1.** (*del hinduismo*) Awatara *f* **2.** (*reencarnación*) Reinkarnation *f* **3.** *pl:* **los** ~**es de la vida** die Wechselfälle des Lebens; **los** ~**es de la suerte** die Launenhaftigkeit des Glücks

Avda. [aβe'niða] *f abr de* **avenida** Allee *f*

AVE ['aβe] *m abr de* **Alta Velocidad Española** *spanischer Hochgeschwindigkeitszug,* ≈ICE *m*

ave ['aβe] *f* Vogel *m;* ~ **acuática** Wasservogel *m;* ~**s de corral** Geflügel *nt;* **el A~ Fénix** der Phönix; ~ **lira** Leierschwanz *m;* ~ **del paraíso** Paradiesvogel *m;* ~ **de paso** Zugvogel *m;* ~ **rapaz** [*o* **de rapiña**] Raubvogel *m;* ~ **zancuda** Watvogel *m*

avechucho [aβe'ʧuʧo] *m* **1.** (*pajarraco*) hässlicher Vogel *m* **2.** (*persona*) Scheusal *nt*

avecilla [aβe'θiʎa] *f* Vöglein *nt*

avecinarse [aβeθi'narse] *vr* sich nähern, bevorstehen; **se avecina una tormenta** ein Gewitter zieht auf; **no sabía lo que se le avecinaba** er/sie wusste nicht, was ihm/ihr bevorstand; **se avecina el agosto** der August naht

avecindar [aβeθin̩'dar] **I.** *vt* ansiedeln **II.** *vr:* ~**se** sich niederlassen, sich ansiedeln

avefría [aβe'fria] *f* (ZOOL) Kiebitz *m*

avejentar [aβexen̩'tar] **I.** *vt* vorzeitig altern lassen **II.** *vr:* ~**se** vorzeitig altern; **se ha avejentado mucho en los últimos años** er/sie ist in den letzten Jahren stark gealtert

avejigar [aβexi'ɣar] <g→gu> **I.** *vt* Blasen verursachen **II.** *vi, vr:* ~**se** Blasen bekommen; **se le** ~**on las manos de tanto remar** vom vielen Rudern bekam er/sie Blasen an den Händen

avellana [aβe'ʎana] *f* Haselnuss *f*

avellanado[1] [aβeʎa'naðo] *m* (TÉC) (Ver)senkung *f*

avellanado, **-a**[2] [aβeʎa'naðo, -a] *adj* haselnussfarben

avellanal [aβeʎa'nal] *m* Haselnusspflanzung *f*

avellanar [aβeʎa'nar] **I.** *m* Haselnusspflanzung *f* **II.** *vt* (TÉC) versenken **III.** *vr:* **~se** sich runzeln

avellaneda [aβeʎa'neða] *f* Hasel(nuss)hain *m*

avellano [aβe'ʎano] *m* Hasel(nuss)strauch *m*

avemaría [aβema'ria] *f* **1.** (*oración*) Ave-Maria *nt* **2.** (*ángelus*) Angelus *m o nt* **3.** (*loc*): **al ~** bei Einbruch der Nacht; **en un ~** im Handumdrehen; **saberse algo como el ~** etw wie am Schnürchen können

Ave María (purísima) ['aβe ma'ria (pu'risima)] *interj* **1.** (*sorpresa*) ach du meine Güte, ach du lieber Gott **2.** (*saludo*) grüß Gott

avena [a'βena] *f* Hafer *m;* **harina de ~** Hafermehl *nt*

avenado, -a [aβe'naðo, -a] *adj* verrückt, wahnsinnig

avenamiento [aβena'mjen̪to] *m* Entwässerung *f,* Dränage *f*

avenar [aβe'nar] *vt* (durch Gräben) entwässern, dränieren

avenencia [aβe'nen̟θja] *f* **1.** (*acuerdo*) Übereinkunft *f* **2.** (*armonía*) Eintracht *f;* **en buena ~** in Eintracht **3.** (JUR) Vergleich *m*

avenida [aβe'niða] *f* **1.** (*de un río*) Hochwasser *nt* **2.** (*calle*) Allee *f,* Boulevard *m* **3.** (*de gente o cosas*) Zustrom *m*

avenido, -a [aβe'niðo, -a] *adj:* **dos personas bien avenidas** zwei gut befreundete Menschen; **una pareja mal avenida** ein unglückliches Paar

avenir [aβe'nir] *irr como venir* **I.** *vt* (*reconciliar*) versöhnen, einigen; **conseguí ~ a los dos hermanos** es gelang mir die beiden Brüder miteinander zu versöhnen; **el mediador avino a las partes litigantes** der Vermittler brachte einen Vergleich zwischen den streitenden Parteien zustande [*o* zu Stande] **II.** *vr:* **~se 1.** (*entenderse con alguien*) auskommen, sich verstehen; **yo y mi mujer nos avenimos bien** ich und meine Frau kommen gut miteinander aus **2.** (*ponerse de acuerdo*) sich einigen; **nos hemos avenido en el precio** wir haben uns über den Preis geeinigt **3.** (*conformarse*) einverstanden sein; **no se aviene a ser descendido** er ist nicht damit einverstanden degradiert zu werden **4.** (*armonizar*) in Einklang stehen; **sus palabras no se avienen con sus hechos** seine/ihre Worte und seine/ihre Taten stehen nicht miteinander in [*o* im] Einklang **5.** (*prestarse a*) sich bereit erklären; **el gobierno se avino a dialogar** die Regierung erklärte sich zu Gesprächen bereit

aventador [aβen̪ta'ðor] *m* **1.** (*pala*) Worfschaufel *f* **2.** (TÉC) Windsichter *m*

aventadora [aβen̪ta'ðora] *f* (AGR) Getreidereinigungsmaschine *f*

aventajado, -a [aβen̪ta'xaðo, -a] *adj:* **alumno ~** hervorragender [*o* begabter] Schüler; **de estatura aventajada** hochgewachsen

aventajar [aβen̪ta'xar] *vt* **1.** (*ser mejor*) übertreffen (*en* an *+dat*), überragen (*en* an *+dat*); **me aventaja en inteligencia** er/sie übertrifft mich an Intelligenz [*o* ist intelligenter als ich] **2.** (*en una carrera*) überholen, hinter sich *dat* lassen; **le aventajó en la recta final** er/sie überholte ihn auf der Zielgeraden; **en la última vuelta aventajó a todos** in der letzten Runde ließ er/sie alle hinter sich; **Induráin aventaja a todos en la clasificación** Indurain führt in der Gesamtwertung **3.** (*anteponer*) den Vorzug geben *+dat,* bevorzugen

aventar [aβen̪'tar] <e→ie> **I.** *vt* **1.** (*echar aire a algo*) belüften, Luft zuführen *+dat* **2.** (*dispersar el viento*) fortwehen, wegwehen **3.** (*echar al viento*) in den Wind streuen **4.** (*el grano*) worfeln **II.** *vr:* **~se 1.** (*fam: pirárselas*) abhauen **2.** (*las velas*) sich blähen

aventón [aβen̪'ton] *m* (*Méx: fam*) Mitnahme *f* im Auto; **dar un ~** eine Mitfahrgelegenheit bieten, (umsonst) mitfahren lassen; **ir de ~** per Anhalter (mit)fahren, (umsonst) mitfahren

aventura [aβen̪'tura] *f* **1.** (*suceso extraordinario*) Abenteuer *nt;* **espíritu de ~** Abenteuerlust *f;* **novela de ~s** Abenteuerroman *m;* **ir en busca de ~s** auf Abenteuer aus sein **2.** (*arriesgada*) Wagnis *nt;* **embarcarse en una ~** ein Wagnis unternehmen **3.** (*amorosa*) (Liebes)affäre *f*

aventurado, -a [aβen̪tu'raðo, -a] *adj* riskant, gewagt; **una suposición aventurada** eine gewagte Vermutung

aventurar [aβen̪tu'rar] **I.** *vt* **1.** (*arriesgar*) riskieren, aufs Spiel setzen **2.** (*algo atrevido*) wagen; **~ una suposición** eine Vermutung wagen; **me parece aventurado afirmar eso** mir scheint es gewagt das zu behaupten **II.** *vr:* **~se** sich wagen; **~se por el bosque** sich durch den Wald wagen; **~se a salir** sich aus dem Haus trauen; **perdieron dinero al ~se en el mundo editorial** sie verloren Geld bei dem Versuch ins Verlagswesen einzusteigen

aventurero, -a [aβen̪tu'rero, -a] **I.** *adj* abenteuerlich; **espíritu ~** Abenteuerlust *f;* **política aventurera** gewagte Politik **II.** *m, f* Abenteurer(in) *m(f)*

avergonzado, -a [aβerɣon̟'θaðo, -a] *adj* beschämt; **una sonrisa avergonzada** ein verschämtes Lächeln; **me siento ~** ich schäme mich

avergonzar [aβerɣon̟'θar] *irr* **I.** *vt* beschämen **II.** *vr:* **~se** sich schämen (*de/por* wegen *+dat*)

avería [aβe'ria] *f* **1.** (AUTO) Panne *f;* **servicio de ~s** Pannendienst *m;* **arreglar una ~** eine Panne beheben **2.** (*de una mercadería*) Beschädigung *f,* Schaden *m* **3.** (TÉC) (Betriebs)störung *f;* **una ~ técnica** eine technische Störung; (*en una central eléctrica*) Havarie *f* **4.** (NÁUT) Havarie *f;* **~ gruesa/simple** schwere/leichte Havarie

averiar [aβeri'ar] <*1. pres:* averío> **I.** *vt* beschädigen, Schaden anrichten (an *+dat*); **el**

granizo ha averiado la fruta der Hagel hat Schaden am Obst angerichtet **II.** *vr:* **~se** **1.** (AUTO) eine Panne haben **2.** (TÉC) gestört sein **3.** (NÁUT) havarieren

averiguable [aβeri'ɣwaβle] *adj* ermittelbar, erforschbar

averiguación [aβeriɣwa'θjon] *f* **1.** (*haciendo pesquisas*) Ermittlung *f*, Untersuchung *f*; **hacer averiguaciones** Ermittlungen anstellen **2.** (*discurriendo*) Erforschung *f*, Ergründung *f* **3.** (*al dar con*) Ausfindigmachen *nt*

averiguar [aβeri'ɣwar] <gu→gü> *vt* **1.** (*inquiriendo*) ermitteln **2.** (*discurriendo*) erforschen, ergründen **3.** (*dar con*) ausfindig machen, herausbekommen; **~ el paradero de alguien** jds Aufenthaltsort ausfindig machen; **averigua a qué hora sale el tren** sieh nach, um wie viel Uhr der Zug abfährt

averigüetas [aβeri'ɣwetas] *m inv* (*Méx*) Schnüffler(in) *m(f)*

averío [aβe'rio] *m* Geflügelbestand *m*

averno [a'βerno] *m* Hölle *f*

averroísmo [aβerro'ismo] *m sin pl* (FILOS) Averroismus *m*

averroísta [aβerro'ista] **I.** *adj* (FILOS) averroistisch **II.** *mf* (FILOS) Anhänger(in) *m(f)* des Averroismus

averrugado, -a [aβerru'ɣaðo, -a] *adj* warzig

averrugarse [aβerru'ɣarse] <g→gu> *vr* (*fam*) sich mit Warzen bedecken; **se me han averrugado los dedos** meine Finger sind voller Warzen [*o* total warzig]

aversión [aβer'sjon] *f* Abneigung *f* (*a* gegen +*akk*), Widerwille *m* (*a* gegen +*akk*)

avestruz [aβes'truθ] *m* (ZOOL) Strauß *m*; **la política del ~** die Vogel-Strauß-Politik

avezado, -a [aβe'θaðo, -a] *adj* erfahren; **~ en los negocios** geschäftstüchtig; **~ en política** in der Politik versiert

avezar [aβe'θar] <z→c> **I.** *vt* gewöhnen (*a* an +*akk*); **~ los soldados a las bajas temperaturas** die Soldaten gegen tiefe Temperaturen abhärten; **~ a los niños** den Kindern gute Manieren angewöhnen **II.** *vr:* **~se** sich gewöhnen (*a* an +*akk*); **~se a los peligros** sich an (die) Gefahren gewöhnen

aviación [aβja'θjon] *f* **1.** (*aeronáutica*) Luftfahrt *f*, Flugwesen *nt*; **~ civil** zivile Luftfahrt; **compañía de ~** Fluggesellschaft *f* **2.** (MIL) Luftwaffe *f*

AVIACO [aβi'ako] *f* (AERO) *abr de* **Aviación y Comercio** *spanische Fluggesellschaft*

aviador(a) [aβja'ðor(a)] *m(f)* **1.** (*piloto de avión*) Flieger(in) *m(f)*, Pilot(in) *m(f)* **2.** (MIL: *piloto*) Kampfflieger(in) *m(f)* **3.** (*Cuba, Chil, Perú: en labores de minas*) Bergbauunternehmer(in) *m(f)*

AVIANCA [aβi'aŋka] *f* (AERO) *abr de* **Aerolíneas Nacionales de Colombia** *kolumbianische Fluggesellschaft*

aviar [aβi'ar] <*1. pres:* avío> **I.** *vt* **1.** (*una habitación*) herrichten; (*maleta*) packen; (*comida*) zubereiten; (*mesa*) decken **2.** (*dar*) versehen (*de* mit +*dat*); **~ de ropa a alguien** jdn mit Kleidung versehen **3.** (*apresurar*) sich beeilen; **diles que vayan aviando** sag ihnen, sie sollen sich beeilen **4.** (*Cuba, Chil, Perú: dinero, herramientas*) (aus)leihen **5.** (*loc*): **estar aviado** in der Klemme sitzen **II.** *vr:* **~se** **1.** (*arreglarse*) sich zurechtmachen **2.** (*espabilarse*) auskommen **III.** *adj* Vogel-; **enfermedad ~** Vogelkrankheit *f*

AVIATECA [aβia'teka] *f* (AERO) *abr de* **Empresa Guatemalteca de Aviación** *guatemaltekische Fluggesellschaft*

avícola [a'βikola] *adj* Geflügel-; **granja ~** Geflügelfarm *f*

avicultor(a) [aβikul̪'tor] *m(f)* Geflügelzüchter(in) *m(f)*

avicultura [aβikul̪'tura] *f* Geflügelzucht *f*; **dedicarse a la ~** Geflügelzucht betreiben

avidez [aβi'ðeθ] *f* **1.** (*ansia*) Begierde *f* (*de* nach +*dat*), Gier *f* (*de* nach +*dat*) **2.** (*codicia*) Habgier *f*

ávido, -a ['aβiðo, -a] *adj* **1.** (*ansioso*) gierig (*de* nach +*dat*) **2.** (*en el comer*) (ess)gierig **3.** (*codicioso*) habgierig

aviejar [aβje'xar] **I.** *vt* (*fam*) vorzeitig altern lassen; **los disgustos la han aviejado mucho** durch den ständigen Kummer ist sie vorzeitig gealtert **II.** *vr:* **~se** (*fam*) vorzeitig altern

avieso, -a [a'βjeso, -a] *adj* **1.** (*objeto*) krumm, schief **2.** (*persona*) boshaft, gehässig

avifauna [aβi'fau̯na] *f* Vogelwelt *f*

avilantarse [aβilan̪'tarse] *vr* frech [*o* unverschämt] werden

avilantez [aβilan̪'teθ] *f* Unverschämtheit *f*, Frechheit *f*

avilés, -esa [aβi'les, -esa] **I.** *adj* aus Ávila **II.** *m, f* Einwohner(in) *m(f)* von Ávila

avillanado, -a [aβiʎa'naðo, -a] *adj* **1.** (*rústico*) bäu(e)risch, ungehobelt **2.** (*ruin*) niederträchtig, gemein

avillanarse [aβiʎa'narse] *vr* **1.** (*volverse rústico*) bäu(e)risch [*o* ungehobelt] werden **2.** (*volverse ruin*) niederträchtig [*o* gemein] werden

avinagrado, -a [aβina'ɣraðo, -a] *adj* missmutig, verdrossen

avinagrarse [aβina'ɣrarse] *vr* **1.** (*el vino*) sauer werden **2.** (*una persona*) verdrossen [*o* missmutig] werden

avío [a'βio] *m* **1.** (*de una habitación*) Herrichten *nt*, Aufräumen *nt* **2.** (*apresto*) Vorbereitung *f* **3.** (*provisión*) Proviant *m* **4.** (*Cuba, Chil, Perú: de dinero*) Darlehen *nt*; (*de utensilios*) Ausleihen *nt* **5.** *pl* (*utensilios*): **~s de coser** Nähzeug *nt*; **~s de escribir** Schreibwaren *fpl* **6.** (*loc*): **¡al ~!** an die Arbeit!

aviofobia [aβjo'foβja] *f* Flugangst *f*; **superar la ~** seine Flugangst überwinden

avión [aβi'on] *m* **1.** (*aeronave*) Flugzeug *nt*; **~ de carga** Frachtflugzeug *nt*; **~ de caza** (MIL) Jagdflugzeug *nt*; **~ de hélice** Propellerflugzeug *nt*; **~ de papel** Papierflugzeug *nt*; **~ de reacción** Düsenflugzeug *nt*; **~ supersónico**

Überschallflugzeug *nt;* **por** ~ (*correos*) per Luftpost; **voy en** ~ **a Mallorca** ich fliege nach Mallorca **2.** (ZOOL) Mauersegler *m*

avioneta [aβjo'neta] *f* Sportflugzeug *nt*

aviónica [a'βjonika] *f* (TÉC) Avionik *f,* Luftfahrtelektronik *f*

avión-nodriza [aβi'on (n)o'ðriθa] *m* (MIL) Tankflugzeug *nt*

avisado, -a [aβi'saðo, -a] *adj* **1.** (*prudente*) umsichtig **2.** (*sagaz*) gerissen, schlau; **mal** ~ unklug

avisador(a) [aβisa'ðor(a)] **I.** *adj* avisierend **II.** *m(f)* Bote, -in *m, f;* **trabajar de** ~ Botengänge machen

avisar [aβi'sar] *vt* **1.** (*dar noticia*) benachrichtigen, Bescheid sagen [*o* geben] +*dat;* **tenemos que** ~ **a la policía del robo** wir müssen die Polizei von dem Diebstahl benachrichtigen; **avísame cuando estés de vuelta** sag mir Bescheid, wenn du wieder da bist; **avisó que venía a cenar** er/sie kündigte sich zum Abendessen an; **llegó sin** ~ er/sie kam unangemeldet **2.** (*advertir*) aufmerksam machen (*de* auf +*akk*), hinweisen (*de* auf +*akk*); **nadie me avisó del mal estado de la carretera** keiner machte mich auf den schlechten Straßenzustand aufmerksam **3.** (*poner sobre aviso*) warnen, mahnen **4.** (*llamar*) rufen; (*taxi t.*) bestellen

aviso [a'βiso] *m* **1.** (*notificación*) Benachrichtigung *f,* Bescheid *m;* (*oficial*) Bekanntmachung *f;* (*en una cartelera*) Anschlag *m;* (*por el altavoz*) Durchsage *f;* ~ **de abono en cuenta** (FIN) Gutschriftanzeige *f;* ~ **de adeudo** (FIN) Lastschriftanzeige *f;* ~ **de despido** Kündigung *f;* ~ **de envío** [*o* **expedición**] (COM) Versandanzeige *f;* ~ **de giro** (FIN) Trattenavis *m o nt;* ~ **de huelga** Streikankündigung *f;* ~ **de llegada** (COM) Empfangsbestätigung *f;* ~ **de rescisión** Kündigungsschreiben *nt;* ~ **de salida** (FERRO) Abfahrtssignal *nt;* ~ **de siniestro** Schadensmeldung *f;* ~ **de transferencia** (FIN) Überweisungsschein *m;* **hasta nuevo** ~ bis auf Widerruf; **sin previo** ~ unangemeldet **2.** (*advertencia*) Warnung *f;* ~ **de bomba** Bombendrohung *f;* **estar** [*o* **andar**] **sobre** ~ auf der Hut sein; **poner sobre** ~ vor etw *dat* warnen; **servir a alguien de** ~ jdm eine Lehre sein **3.** (*consejo*) Rat *m* **4.** (*prudencia*) Umsicht *f* **5.** (NÁUT) Aviso *m* **6.** (*Am: en el periódico*) Anzeige *f;* (*en otros medios*) Werbung *f*

avispa [a'βispa] *f* Wespe *f*

avispado, -a [aβis'paðo, -a] *adj* aufgeweckt, gewitzt

avispar [aβis'par] **I.** *vt* **1.** (*caballo*) antreiben **2.** (*persona*) munter machen, aufrütteln **II.** *vr:* **~se 1.** (*hacerse avispado*) munter werden **2.** (*Méx: asustarse*) sich erschrecken (*de/por* bei/vor +*dat*)

avispero [aβis'pero] *m* **1.** (*nido de avispas*) Wespennest *nt;* **la calle era un** ~ **de rumores** auf der Straße gingen eine Menge Gerüchte um; **la plaza era un** ~ **de gente** der Platz wimmelte von Menschen; **meterse en un** ~ (*fig*) in ein Wespennest stechen **2.** (*conjunto de avispas*) Wespenschwarm *m* **3.** (MED) Karbunkel *m*

avispón [aβis'pon] *m* (ZOOL) Hornisse *f*

avistar [aβis'tar] *vt* sichten

avitaminosis [aβitami'nosis] *f inv* (MED) Avitaminose *f,* Vitaminmangelkrankheit *f*

avituallamiento [aβitwaʎa'mjen̩to] *m* Versorgung *f,* Verpflegung *f;* **zona de** ~ (DEP) Versorgungsstation *f*

avituallar [aβitwa'ʎar] *vt* versorgen, verpflegen

avivador [aβiβa'ðor] *m* (TÉC) Falzhobel *m*

avivamiento [aβiβa'mjen̩to] *m* Belebung *f*

avivar [aβi'βar] **I.** *vi* **1.** (*insectos*) ausschlüpfen **2.** (*cobrar vida*) sich beleben **II.** *vt* **1.** (*dar viveza*) beleben; ~ **el paso** den Schritt beschleunigen **2.** (*fuego*) schüren, anfachen **3.** (*pasión*) anfachen, schüren **4.** (*color*) aufhellen **5.** (*luz*) verstärken **6.** (*sentidos*) schärfen

avizor [aβi'θor] **I.** *adj:* **estar ojo** ~ auf der Hut sein **II.** *m* Späher *m*

avizorar [aβiθo'rar] *vt* belauern, ausspähen

avoceta [aβo'θeta] *f* (ZOOL) Säbelschnäbler *m*

avulsión [aβul'sjon] *f* (MED) Avulsion *f*

avutarda [aβu'tarða] *f* (ZOOL) Trappe *f*

axial [aᵞ'sjal] *adj* Achsen-, axial

axila [aᵞ'sila] *f* **1.** (ANAT) Achsel(höhle) *f* **2.** (BOT) Achsel *f*

axilar [aᵞsi'lar] *adj* (ANAT, BOT) axillar

axioma [aᵞ'sjoma] *m* Axiom *nt*

axiomática [aᵞsjo'matika] *f* (MAT) Axiomatik *f*

axiomático, -a [aᵞsjo'matiko, -a] *adj* axiomatisch

axiomatizar [aᵞsjomati'θar] <z→c> *vt* axiomatisieren

axis ['aᵞsis] *m inv* (ANAT) Axis *m,* zweiter Halswirbel *m*

axón [aᵞ'son] *m* (ZOOL) Axon *nt,* Neurit *m*

axonométrico [aᵞsono'metriko] *adj* (MAT) axonometrisch

ay [ai̯] **I.** *interj* **1.** (*de dolor físico*) autsch, au **2.** (*de pena*) ach **3.** (*de miedo*) oh, mein Gott **4.** (*de sorpresa*) oh; **¡~, qué divertido!** ach, wie lustig! **5.** (*de amenaza*) wehe; **¡~, si vienes tarde!** wehe dir, wenn du zu spät kommst!; **¡~ del que...!** +*subj* wehe dem, der ...! **II.** *m* Wehklage *f;* **estar en un** ~ ach und weh schreien

aya ['aɟa] *f v.* **ayo**

ayatolá [aɟato'la] *m,* **ayatollah** [aɟato'la] *m* Ajatollah *m*

ayer [a'ɟer] **I.** *adv* gestern; ~ **por la mañana/por la tarde/(por la) noche** gestern Morgen/Nachmittag/Abend; ~ **hace una semana** gestern vor einer Woche; **de** ~ **a hoy, de** ~ **acá** in kurzer Zeit; **¡parece que fue** ~**!** mir ist, als ob es erst gestern gewesen wäre!; **no he nacido** ~ ich bin nicht von gestern **II.** *m*

Gestern *nt*

ayermar [aɟer'mar] **I.** *vt* veröden lassen; **la sequía ayermó la cosecha** die Dürre ließ die Ernte vertrocknen, durch die Trockenheit ist die Ernte verdorrt **II.** *vr:* ~**se** zu Ödland werden

aymará¹ [ai̯ma'ra] *m,* **aymara** [ai̯'mara] *m sin pl v.* **aimará¹**

aymará² [ai̯ma'ra], **aymara** [ai̯'mara] *o adj o mf v.* **aimara²**

ayo, -a ['aɟo, -a] *m, f* **1.** (*que cuida de la educación*) Erzieher(in) *m(f);* (*que da clases*) Hauslehrer(in) *m(f)* **2.** (*niñera*) Kindermädchen *nt*

ayocote [aɟo'kote] *m* (*Méx:* GASTR) *dicke Bohnenart*

ayote [a'ɟote] *m* (*AmC, Méx*) Kürbis *m*

ayotera [aɟo'tera] *f* (*AmC*) Kürbispflanze *f*

ayotli [a'ɟoᵈli] *m* (*AmC*) *v.* **ayote**

ayto. [aɟun̪ta'mjen̪to] *m abr de* **ayuntamiento** Rathaus *nt*

ayuda¹ [a'ɟuða] *f* **1.** (*auxilio*) Hilfe *f,* Unterstützung *f,* Beistand *m;* ~ **comunitaria** (UE) Gemeinschaftshilfe *f;* ~ **para corrección ortográfica** (INFOR) Korrekturhilfe *f;* ~ **de** [*o* **al**] **desarrollo** Entwicklungshilfe *f;* ~ **exterior** (ECON) Auslandshilfe *f;* ~ **familiar** Familien(bei)hilfe *f;* ~ **financiera/material** [*o* **económica**] finanzielle/materielle Unterstützung; ~ **a fondo perdido** verlorener Zuschuss; ~ **en línea** (INFOR) Online-Hilfe *f;* **A~ Oficial al Desarrollo** (ECON) *amtliche Entwicklungshilfe;* ~ **social** Sozialhilfe *f;* ~ **técnica** technische Hilfe; **perro de** ~ Wachhund *m;* **prestar** ~ Hilfe leisten; **con** ~ **de vecino** mit fremder Hilfe; **con** ~ **de su amigo** mit (der) Hilfe seines/ihres Freundes; **eso no me sirve de ninguna** ~ das nützt mir nichts; **¡bonita** ~ **eres!** du bist ja eine schöne Hilfe! **2.** (MED: *lavativa*) Einlauf *m*

ayuda² [a'ɟuða] *m* Gehilfe *m;* ~ **de cámara** Kammerdiener *m*

ayudado, -a [aɟu'ðaðo, -a] *m, f* (*Col*) **1.** (*brujo*) Zauberer, -in *m, f,* Hexenmeister(in) *m(f);* (*de tribu*) Medizinmann *m,* Medizinfrau *f* **2.** (*endemoniado*) vom Teufel Besessene(r) *mf*

ayudanta [aɟu'ðan̪ta] *f* Hilfsarbeiterin *f*

ayudante [aɟu'ðan̪te] *mf* **1.** (*que presta ayuda*) Helfer(in) *m(f),* Gehilfe, -in *m, f* **2.** (*subalterno*) Beamte(r) *m* im unteren Dienst, Beamtin *f* im unteren Dienst **3.** (*en una escuela*) Hilfslehrer(in) *m(f);* (*en una universidad*) Assistent(in) *m(f)* **4.** (MIL) Adjutant(in) *m(f)*

ayudantía [aɟuðan̪'tia] *f* Assistentenstelle *f*

ayudar [aɟu'ðar] **I.** *vt* **1.** (*socorrer*) helfen +*dat,* unterstützen; ~ **a alguien en el trabajo** jdm bei der Arbeit helfen; ~ **a alguien a levantarse** jdm aufhelfen; ~ **a alguien a salir del coche** jdm aus dem Auto helfen; ~ **a pasar la calle** über die Straße helfen; ~ **a misa** ministrieren; ~ **a bien morir** einen Sterbenden versehen; **¡Dios me ayude!** so wahr mir Gott helfe!; **¿le puedo** ~ **en algo?** kann ich Ihnen behilflich sein?, kann ich Ihnen helfen?; **ayúdame a poner la mesa** hilf mir den Tisch zu decken; **me ayudó a conseguir un trabajo** er/sie verhalf mir zu einer Stellung **2.** (*echar una mano temporalmente*) aushelfen; **por el momento estoy ayudando en el taller** zur Zeit helfe ich in der Werkstatt aus **3.** (*a alguien a pasar por algo*) durchhelfen +*dat,* beistehen +*dat;* **me ha ayudado en tiempos difíciles** er/sie hat mir in schwierigen Zeiten beigestanden; **agradeció a todos los que le habían ayudado** er/sie dankte allen, die ihm/ihr beigestanden hatten **4.** (*contribuir*) beitragen (*a* zu +*dat*); **el tiempo ayudó al éxito de la fiesta** das Wetter trug zum Erfolg des Festes bei **II.** *vr:* ~**se 1.** (*colaborar mutuamente*) einander helfen **2.** (*valerse de*) sich bedienen; **se ayudó de un bastón para levantarse** er/sie bediente sich eines Stocks um aufzustehen

ayudita [aɟu'ðita] *f* (*limosna*) milde Gabe *f*

ayunar [aɟu'nar] *vi* fasten

ayunas [a'ɟunas] *adv:* **venga en** ~ **para el análisis** kommen Sie nüchtern zur Blutabnahme; **siempre está en** ~ (*fig*) er/sie kapiert nie etwas

ayuno¹ [a'ɟuno] *m* Fasten *nt*

ayuno, -a² [a'ɟuno, -a] *adj* nüchtern; **estar** ~ **de experiencia** keine Erfahrung haben; **estoy** ~ **de lo que aquí se dice** ich habe keine Ahnung, worum es hier geht

ayuntamiento [aɟun̪ta'mjen̪to] *m* **1.** (*corporación*) Gemeinderat *m,* Stadtrat *m* **2.** (*edificio*) Rathaus *nt*

ayuyunes [aɟu'ɟunes] *mpl* (*Chil*) Liebkosung *f*

azabachado, -a [aθaβa'ʧaðo, -a] *adj* pechschwarz

azabache [aθa'βaʧe] *m* Jet(t) *m o nt,* Gagat *m;* **ojos de** ~ rabenschwarze [*o* pechschwarze] Augen

azada [a'θaða] *f* Hacke *f*

azadilla [aθa'ðiʎa] *f* Jäthacke *f*

azadón [aθa'ðon] *m* (große) Hacke *f*

azadonada [aθaðo'naða] *f,* **azadonazo** [aθaðo'naθo] *m* Schlag *m* mit der Hacke

azafata [aθa'fata] *f* **1.** (*avión*) Stewardess *f;* ~ **de congresos** (Messe)hostess *f* **2.** (*Chil: bandeja*) Tablett *nt*

azafato [aθa'fato] *m* (*fam*) Steward *m*

azafrán [aθa'fran] *m* **1.** (*condimento*) Safran *m* **2.** (*color*) Safrangelb *nt*

azafranado, -a [aθafra'naðo, -a] *adj* safrangelb

azafranal [aθafra'nal] *m* Safranfeld *nt*

azafranar [aθafra'nar] *vt* **1.** (*comida*) mit Safran würzen **2.** (*tela*) mit Safran färben

azagaya [aθa'ɣaɟa] *f* (*dardo*) Wurfspeer *m*

azahar [a'θar/aθa'ar] *m* Orangenblüte *f*

azalea [aθa'lea] *f* Azalee *f*

azar [a'θar] *m* **1.** (*casualidad*) blinder Zufall *m;* **juegos de** ~ Glücksspiele *ntpl;* **elegir al** ~

aufs Geratewohl aussuchen; **di con él por** ~ ich traf ihn zufällig **2.** (*imprevisto*) Missgeschick *nt;* **los** ~**es de la vida** die Wechselfälle des Lebens

azaramiento [aθara'mjen̪to] *m* Scham *f*

azarante [aθa'ran̪te] *adj* beschämend

azarar [aθa'rar] **I.** *vt* (*avergonzar*) beschämen **II.** *vr:* ~**se** **1.** (*avergonzarse*) sich schämen **2.** (*ruborizarse*) erröten **3.** (*turbarse*) unruhig werden **4.** (*en el juego*) schief gehen

azarbe [a'θarβe] *m* Sammelgraben *m*

azaroso, **-a** [aθa'roso, -a] *adj* **1.** (*proyecto*) gefährlich; **una vida azarosa** ein Leben mit viele Höhen und Tiefen **2.** (*persona*) vom Pech verfolgt

Azerbaiján [aθerβai̯'xan] *m* Aserbaidschan *nt,* Aserbeidschan *nt*

azerbaijano, **-a** [aθerβai̯'xano, -a] **I.** *adj* aserbaidschanisch, aserbeidschanisch **II.** *m, f* Aserbaidschaner(in) *m(f),* Aserbeidschaner(in) *m(f)*

Azerbaiyán [aθerβa'ɟan] *m v.* **Azerbaiján**

azerbaiyano, **-a** [aθerβa'ɟano, -a] *adj o m, f v.* **azerbaijano**

azerí [aθe'ri] *adj* aserbaidschanisch, aserbeidschanisch

ázimo ['aθimo] *adj:* **pan** ~ ungesäuertes Brot

azimut [aθi'mu^t] <azimut(e)s> *m* (ASTR) Azimut *nt o m*

ázoe ['aθoe] *m* (QUÍM) Stickstoff *m*

azoemia [aθo'emja] *f* (MED) Azotämie *f*

azófar [a'θofar] *m* (*latón*) Messing *nt*

azogado, **-a** [aθo'ɣaðo, -a] *adj* unruhig, zappelig

azogamiento [aθoɣa'mjen̪to] *m* **1.** (*intoxicación*) Quecksilbervergiftung *f* **2.** (*turbación*) Unruhe *f*

azogar [aθo'ɣar] <g→gu> **I.** *vt* **1.** (*cubrir con azogue*) mit Quecksilber überziehen; (*espejo*) versilbern **2.** (*la cal*) löschen **II.** *vr:* ~**se** **1.** (*intoxicarse*) sich *dat* eine Quecksilbervergiftung zuziehen **2.** (*turbarse*) unruhig [*o* zappelig] werden

azogue [a'θoɣe] *m* (*mercurio*) Quecksilber *nt;* **tiene** ~ **en el cuerpo** (*fig*) er/sie hat Quecksilber im Leib, er/sie kann keine Minute ruhig sitzen; **ser un** ~ ein unruhiger Geist sein; **temblar como** ~ zittern wie Espenlaub

azoico, **-a** [a'θoi̯ko, -a] *adj* (GEO) azoisch

azor [a'θor] *m* (ZOOL) (Hühner)habicht *m*

azoramiento [aθora'mjen̪to] *m* **1.** (*nerviosismo*) Aufregung *f,* Unruhe *f;* (*ante un acto público*) Lampenfieber *nt* **2.** (*turbación*) Verwirrung *f*

azorar [aθo'rar] **I.** *vt* **1.** (*poner nervioso*) in Aufregung versetzen, beunruhigen **2.** (*turbar*) verwirren **II.** *vr:* ~**se** **1.** (*alterarse*) sich aufregen, unruhig werden; (*ante un acto público*) Lampenfieber bekommen **2.** (*turbarse*) in Verwirrung geraten

Azores [a'θores] *fpl* Azoren *pl*

azoro [a'θoro] *m* **1.** (*AmC: fantasma*) Kobold *m* **2.** (*AmC: aparición*) Gespenst *nt,* Geist *m* **3.** (*Méx, Perú, PRico*) *v.* **azoramiento**

azotaina [aθo'tai̯na] *f* Tracht *f* Prügel; **su padre le dio una** ~ sein/ihr Vater legte ihn/sie übers Knie

azotamiento [aθota'mjen̪to] *m* **1.** (*paliza*) Tracht *f* Prügel **2.** (*de un prisionero*) Auspeitschen *nt*

azotar [aθo'tar] *vt* **1.** (*con un látigo*) (aus)peitschen; (*con nudos*) geißeln; (*con la mano*) verprügeln; **los rehenes fueron azotados** die Geiseln wurden ausgepeitscht; **el viento me azota (en) la cara** der Wind peitscht mir ins Gesicht **2.** (*producir daños*) verwüsten; **la guerra azotó el país** der Krieg verwüstete das Land; **una epidemia azota la región** eine Seuche wütet in der Region; **el terremoto azotó la ciudad** das Erdbeben erschütterte die Stadt

azotazo [aθo'taθo] *m* Peitschenhieb *m,* Peitschenschlag *m*

azote [a'θote] *m* **1.** (*látigo*) Peitsche *f;* (*con nudos*) Geißel *f* **2.** (*golpe*) Peitschenhieb *m,* Peitschenschlag *m;* (*golpe en las nalgas*) Klaps *m* auf den Po **3.** (*plaga*) Plage *f,* Geißel *f* **4.** (*loc*): ~**s y galeras** eintöniges Essen

azotea [aθo'tea] *f* **1.** (ARQUIT) (Dach)terrasse *f* **2.** (*fam*): **estar** [*o* **andar**] **mal de la** ~ nicht alle Tassen im Schrank haben, einen Dachschaden haben

azotina [aθo'tina] *f v.* **azotaina**

azteca [aθ'teka] **I.** *adj* aztekisch **II.** *mf* Azteke, -in *m, f*

azúcar [a'θukar] *m* Zucker *m;* ~ **blanco/moreno** weißer/brauner Zucker; ~ **de caña** Rohrzucker *m;* ~ **de cortadillo** [*o* **cuadradillo**] Kandiszucker *m;* ~ **en polvo** Puderzucker *m;* **tiene Ud. el** ~ **muy alto** (MED) Sie haben einen sehr hohen Blutzuckerspiegel

azucarado, **-a** [aθuka'raðo, -a] *adj* gezuckert, zuckerig

azucarar [aθuka'rar] **I.** *vt* zuckern **II.** *vr:* ~**se** **1.** (*almibararse*) in Sirup einlegen **2.** (*el almíbar*) kristallisieren

azucarera [aθuka'rera] *f* **1.** (*recipiente*) Zuckerdose *f* **2.** (*fábrica*) Zuckerfabrik *f*

azucarero, **-a** [aθuka'rero] **I.** *adj* Zucker-; **industria azucarera** Zuckerindustrie *f* **II.** *m, f* Zuckerfabrikant(in) *m(f)*

azucarillo [aθuka'riʎo] *m* **1.** (*golosina*) Schaumzuckerstange *f* **2.** (*terrón*) Würfelzucker *m*

azucena [aθu'θena] *f* (BOT) Lilie *f*

azud [a'θu^ð] *m* **1.** (*aceña*) Wassermühle *f* **2.** (*presa*) Flussdamm *m*

azufaifa [aθu'fai̯fa] *f* (BOT) Brustbeere *f,* Chinesische Dattel *f*

azufaifo [aθu'fai̯fo] *m* (BOT) Jujube *f*

azufrado[1] [aθu'fraðo] *m* Schwefeln *nt,* Schwefelung *f*

azufrado, **-a**[2] [aθu'fraðo, -a] *adj* **1.** (*con azufre*) schwefelhaltig **2.** (*color*) schwefelgelb

azufrador [aθufra'ðor] *m* Schwefler *m*

azufrar [aθu'frar] *vt* (ein)schwefeln

azufre [a'θufre] *m* (QUÍM) Schwefel *m*

azufrera [aθu'frera] *f* Schwefelgrube *f*

azul [a'θul] **I.** *adj* blau; ~ **celeste** [*o* **cielo**] himmelblau; ~ (**ultra**)**marino** (ultra)marinblau; ~ **verdoso** blaugrün; **sangre** ~ blaues Blut **II.** *m* Blau *nt;* ~ **de Prusia** Preußischblau *nt*

azulado, **-a** [aθu'laðo, -a] *adj* bläulich

azular [aθu'lar] *vt* blau färben

azulear [aθule'ar] *vi* **1.** (*mostrarse azul*) blau werden **2.** (*tirar a azul*) ins Blaue übergehen [*o* spielen]

azulejar [aθule'xar] *vt* kacheln

azulejo[1] [aθu'lexo] *m* **1.** (*para pared*) Kachel *f;* (*para suelos*) Fliese *f* **2.** (ZOOL: *general*) blaugefiederter Vogel *m;* (*carraca*) Blauracke *f* **3.** (BOT: *aciano*) Kornblume *f*

azulejo, **-a**[2] [aθu'lexo, -a] *adj* bläulich

azulete [aθu'lete] *m* Waschblau *nt*

azulgrana [aθul'ɣrana] *adj* blau-rot; **el equipo** ~ (DEP) der F.C. Barcelona

azulino, **-a** [aθu'lino, -a] *adj* bläulich

azulón [aθu'lon] *m* (ZOOL) Stockente *f*

azúmbar [a'θumbar] *m* (BOT) Froschlöffel *m*

azumbrado, **-a** [aθum'braðo, -a] *adj* (*fam*) beschwipst

azumbre [a'θumbre] *m o f Flüssigkeitsmaß von rund zwei Litern*

azurita [aθu'rita] *f* (MIN) Azurit *m*

azuzar [aθu'θar] <z→c> *vt* **1.** (*a los perros*) aufhetzen **2.** (*a las personas*) aufhetzen, aufstacheln

B

B

B, b [be] *f* B, b *nt;* ~ **de Barcelona** B wie Berta

baba ['baβa] *f* **1.** (*de la boca, del hocico*) Geifer *m,* Sabber *m fam;* **caérsele a uno la ~** (*fam: embelesado*) hin und weg sein; (*tonto*) dämlich sein; **se le cae la ~ por algo** (*fam*) er/sie ist verrückt nach etw **2.** (*del caracol*) Schleim *m*

babada [ba'βaða] *f* **1.** (*músculos de la rodilla*) Kniemuskulatur *f* **2.** (*carne de vaca*) Kugel *f;* (*carne de ternera*) Nussstück *nt*

babarse [ba'βarse] *vr* (*babearse*) speicheln, geifern

babasfrías [baβas'frias] *m inv* (*Col: fam*) Trottel *m*

babastibias [baβas'tiβjas] *m inv* (*Ecua*) einfacher, lieber Mann *m*

babear [baβe'ar] *vi* geifern

babel [ba'βel] *mf* **1.** (*desorden*) Durcheinander *nt,* Wirrwarr *m* **2.** (*sitio*) Tollhaus *nt*

babélico, -a [ba'βeliko, -a] *adj* (*fig: confuso*) wirr

babero [ba'βero] *m* Lätzchen *nt*

babi ['baβi] *m* (*fam*) Kinderschürze *f*

Babia ['baβja] *f:* **estar en ~** geistesabwesend sein

babieca [ba'βjeka] **I.** *adj* schwachsinnig **II.** *mf* Dummkopf *m*

babilla [ba'βiʎa] *f* **1.** (*babada de vaca*) Kugel *f;* (*de ternera*) Nussstück *nt* **2.** (*mucosidad*) Schleim *m*

Babilonia [baβi'lonja] *f* Babylon *nt*

babilónico, -a [baβi'loniko, -a] *adj* babylonisch

babilonio, -a [baβi'lonjo, -a] **I.** *adj* babylonisch **II.** *m, f* Babylonier(in) *m(f)*

bable ['baβle] *m asturischer Dialekt*

babor [ba'βor] *m* (NÁUT) Backbord *nt;* **a ~** backbord(s)

babosa [ba'βosa] *f* **1.** (ZOOL) Nacktschnecke *f* **2.** (*Am: tontería*) Blödsinn *m*

babosada [baβo'saða] *f* (*AmC, Méx*) **1.** (*bobería*) Einfältigkeit *f* **2.** (*tontería*) Dummheit *f*

babosear [baβose'ar] **I.** *vt* begeifern, besabbeln *fam,* besabbern *fam* **II.** *vi* (*fam*) faseln

baboso, -a [ba'βoso, -a] **I.** *adj* **1.** (*lleno de baba*) voller Sabber [*o* Sabbel] *fam* **2.** (*zalamero*) schleimig **3.** (*Am: tonto*) dämlich **II.** *m, f* **1.** (*joven*) Grünschnabel *m* **2.** (*zalamero*) Schleimer(in) *m(f)*

babucha [ba'βutʃa] *f* Pantoffel *m;* **llevar algo/alguien a ~** (*RíoPl*) etw/jdn auf dem Rücken tragen

baby ['bei̯βi] *mf* Säugling *m,* Baby *nt*

baby crack ['bei̯βi krak] *m sin pl* Pillenknick *m*

baca ['baka] *f* **1.** (*portaequipajes*) (Dach)gepäckträger *m* **2.** (*cubierta*) (Wagen)plane *f* **3.** (*fruto*) Beere *f* (des Lorbeerbaums) **4.** (*de una cadena*) (Ketten)glied *nt*

bacalada [baka'laða] *f* (GASTR: *bacalao curado*) Klippfisch *m*

bacaladero [bakala'ðero] *m* Kabeljaufangschiff *nt*

bacaladilla [bakala'ðiʎa] *f* (ZOOL) Wittling *m*

bacalao [baka'lao] *m* **1.** (*pez, pescado*) Kabeljau *m;* (*salado*) Klippfisch *m,* Stockfisch *m;* **cortar el ~** (*fig*) den Ton angeben **2.** (MÚS: *argot*) Techno *m* **3.** (*Chil*) Geizhals *m*

bacán [ba'kan] *m* **1.** (*Arg, Urug, Col: rico*) reicher Mann *m* **2.** (*Cuba:* GASTR) Pastete *f*

bacanal [baka'nal] *f* (Trink)gelage *nt;* (*orgía*) Orgie *f*

bacante [ba'kan̪te] *f* wollüstige Frau *f*

baca(r)rá [baka'(r)ra] *m* Bakkarat *nt*

bacera [ba'θera] *f* (ZOOL) Milzbrand *m*

bachata [ba'tʃata] *f* (*Am*) Party *f,* Feier *f*

bachatear [batʃate'ar] *vi* (*Am*) eine Zechtour machen, einen draufmachen *fam*

bache ['batʃe] *m* **1.** (*en la calle, carretera*) Schlagloch *nt* **2.** (AERO) Luftloch *nt* **3.** (*en la producción, venta*) Rückgang *m;* (*para precios*) Senkung *f* **4.** (*psíquico*) Tief *nt,* Tiefpunkt *m;* **pasar un ~** einen (seelischen) Tiefpunkt haben, ein (seelisches) Tief durchleben **5.** (*de la economía*) Talsohle *f,* Tief *nt*

bacheado, -a [batʃe'aðo, -a] *adj* holp(e)rig, voller Schlaglöcher

bachear [batʃe'ar] *vt* Schlaglöcher einebnen [*o* beseitigen]; **tuvimos que exigir al ayuntamiento que ~a la carretera** wir mussten vom Gemeinderat die Beseitigung der Schlaglöcher in der Straße verlangen

bacheo [ba'tʃeo] *m* Einebnung *f* (von Schlaglöchern)

bachicha [ba'tʃitʃa] *mf* (*CSur, Perú: pey: italiano*) Italiener(in) *m(f)*

bachichas [ba'tʃitʃas] *fpl* (*Méx: colilla*) Zigarettenkippe *f*

bachiller [batʃi'ʎer] *mf* Abiturient(in) *m(f);* **título de ~** Reifezeugnis *nt,* Abiturzeugnis *nt*

bachillerato [batʃiʎe'rato] *m* Abitur *nt,* Reifeprüfung *f*

bacía [ba'θia] *f* **1.** (*recipiente*) Gefäß *nt,* Behälter *m* **2.** (*para animales*) (Fress)napf *m*

bacilar [baθi'lar] *adj* (BIOL) Bazillen-; **enfermedad ~** durch Bazillen hervorgerufene Erkrankung

bacilo [ba'θilo] *m* Bazillus *m*

bacín [ba'θin] *m,* **bacinica** [baθi'nika] *f,* **bacinilla** [baθi'niʎa] *f* **1.** (*orinal*) Nachttopf *m* **2.** (*recipiente para limosna*) Almosenschale *f*

backup [ba'ka^p] *m* <backups> (INFOR) Backup *nt*

bacón [ba'kon], **bacon** ['bei̯kon] *m sin pl* (GASTR) (geräucherter) Speck *m*, Bacon *m*

bacteria [bak'terja] *f* Bakterie *f*

bacteriano, -a [bakte'rjano, -a] *adj* bakteriell

bactericida [bakteri'θiða] **I.** *adj* keimtötend; (MED) bakterizid **II.** *m* keimtötendes Mittel *nt*; (MED) Bakterizid *nt*

bacteriología [bakterjolo'xia] *f* (BIOL) Bakteriologie *f*

bacteriológico, -a [bakterjo'loxiko, -a] *adj* bakteriologisch

bacteriólogo, -a [bakte'rjoloɣo, -a] *m, f* Bakteriologe, -in *m, f*

bacteriostático¹ [bakterjos'tatiko] *m* keimhemmendes Mittel *nt*

bacteriostático, -a² [bakterjos'tatiko, -a] *adj* keimhemmend

báculo ['bakulo] *m* **1.** (*bastón*) (Spazier)stock *m* **2.** (*del obispo*) Bischofsstab *m*, Hirtenstab *m* **3.** (*apoyo*) Stütze *f*

badajazo [baða'xaθo] *m* Glockenschlag *m*

badajo [ba'ðaxo] *m* **1.** (*de campana*) Klöppel *m*, Glockenschwengel *m* **2.** (*fam: persona*) Schwätzer(in) *m(f)*

badajocense [baðaxo'θense] **I.** *adj* aus Badajoz **II.** *mf* Einwohner(in) *m(f)* von Badajoz

badajoceño, -a [baðaxo'θeɲo, -a] *adj o m, f v.* **badajocense**

badana¹ [ba'ðana] *f* gegerbtes Schafleder *nt*; **zurrar la ~ a alguien** (*fam*) jdn verprügeln

badana(s)² [ba'ðana(s)] *m* (*inv*): **es un ~(s)** (*fam*) er/sie ist ein Faulenzer/eine Faulenzerin

badén [ba'ðen] *m* **1.** (*desnivel*) Unebenheit *f*, Mulde *f* **2.** (*en carreteras*) Querrinne *f* (*für Regenwasser*)

Baden-Wurtemberg ['baðem 'burtember^ɣ] *m* Baden-Württemberg *nt*

badián [ba'ðjan] *m* (BOT: *árbol*) Sternanisbaum *m*

badiana [ba'ðjana] *f* (BOT: *fruto*) Sternanis *m*

badil [ba'ðil] *m* Feuerschaufel *f*

bádminton ['baðminton] *m* (DEP) Badminton *nt*

badulaquear [baðulake'ar] *vi* **1.** (*hacer tonterías*) Dummheiten machen **2.** (*Arg, Col, Chil, Perú: engañar*) gaunern

bafle ['bafle] *m* Lautsprecher *m*

bagaje [ba'ɣaxe] *m* (MIL) Marschgepäck *nt*; **~ intelectual** Wissen *nt*

bagamán [baɣa'man] *m* (*Col, RDom*) Vagabund *m*, Landstreicher *m*

bagatela [baɣa'tela] *f* Bagatelle *f*, Kleinigkeit *f*

bagayo [ba'ɣaʝo] *m* **1.** (*Arg: fam: equipaje*) Gepäck *nt*; (*carga*) Last *f* **2.** (*Arg: fam: objetos robados*) heiße Ware *f* **3.** (*Arg: fam: prostituta*) Hure *f*

bagazo [ba'ɣaθo] *m* (AGR: *de caña*) Bagasse *f*; (*de frutas*) Trester *m*; (*de cervecería*) Treber *m*; **aguardiente de ~ de uva** Schnaps aus Traubentrester, Tresterbranntwein *m*

bagre ['baɣre] **I.** *adj* **1.** (*Bol, Col: cursi*) kitschig **2.** (*Guat, Hond, ElSal: inteligente*) klug, aufgeweckt **II.** *m* **1.** (*Am:* ZOOL) Wels *m* **2.** (*And: antipático*) unbeliebter Mensch *m* **3.** (*And: mujer fea*) Vogelscheuche *f* **4.** (*CRi: prostituta*) Hure *f*

bah [ba] *interj* **1.** (*incredulidad*) ach was **2.** (*desprecio*) bah, pah **3.** (*conformidad*) na gut

Bahamas [ba'amas] *fpl*: **Las (islas) ~** die Bahamas, die Bahamainseln

bahameño, -a [ba(a)'meɲo, -a] **I.** *adj* von den Bahamas, baham(a)isch **II.** *m, f* Baham(an)er(in) *m(f)*

bahía [ba'ia] *f* (Meeres)bucht *f*, Bai *f*

b.a.i. [bea'i] *abr de* **beneficio antes de impuestos** Gewinn *m* vor Steuern

bailable [bai̯'laβle] **I.** *adj* tanzbar, Tanz-; **música ~** Tanzmusik *f*; **esta música no es ~** zu dieser Musik kann man nicht tanzen **II.** *m* Tanz *m*, Tanzeinlage *f*

bailador(a) [bai̯la'ðor(a)] **I.** *adj* tanzlustig **II.** *m(f)* Tänzer(in) *m(f)*

bailaor(a) [bai̯la'or(a)] *m(f)* Flamencotänzer(in) *m(f)*

bailar [bai̯'lar] **I.** *vi* **1.** (*danzar*) tanzen; **sacar a ~ a alguien** jdn zum Tanz auffordern; **~ al son que tocan** (*fig*) das Mäntelchen nach dem Wind(e) hängen; **le tocó ~ con la más fea** (*fig*) er zog den Kürzeren **2.** (*caballo*) tänzeln **3.** (*objetos*) wackeln; (*peonza*) sich drehen; (TÉC) Spiel haben; **le baila un diente** ihm/ihr wackelt ein Zahn **II.** *vt* tanzen; **~ un tango** einen Tango tanzen; **hacer ~ una peonza** einen Kreisel drehen

bailarín, -ina [bai̯la'rin, -ina] **I.** *adj* tanzend, Tanz- **II.** *m, f* Tänzer(in) *m(f)*; (*de ballet*) Balletttänzer(in) *m(f)*; (*mujer*) Ballerina *f*

baile ['bai̯le] *m* **1.** (*acto*) Tanzen *nt* **2.** (*danza*) Tanz *m*; **~ popular** [*o* **regional**] Volkstanz *m* **3.** (*fiesta*) Tanzfest *nt*; (*de etiqueta*) Ball *m* **4.** (MED): **~ de San Vito** Veitstanz *m*; **tener el ~ de San Vito** zappelig sein

bailongo¹ [bai̯'loŋgo] *m* (*argot*) Schwof *m*, Tanzparty *f*

bailongo, -a² [bai̯'loŋgo, -a] *adj* (*argot*): **música bailonga** Tanzmusik *f*

bailotear [bai̯lote'ar] *vi* **1.** (*argot: bailar*) schwofen **2.** (*brincar*) herumhüpfen

baja ['baxa] *f* **1.** (*disminución*) Rückgang *m*; (*de temperatura*) Fallen *nt*, Rückgang *m*; (*de precio*) Senkung *f*; (*de valor*) Sinken *nt*, Fallen *nt*; **~ de** [*o* **en**] **los cambios** (FIN) Kursverfall *m*, Kursrückgang *m*; **~ de la demanda** (ECON) Nachfragerückgang *m*; **los beneficios de la empresa han experimentado una ~ en los últimos meses** die Gewinne der Firma sind in den letzten Monaten (merklich) zurückgegangen; **hay una tendencia a la ~**

en la economía mundial die Weltwirtschaft erlebt gegenwärtig einen Abwärtstrend; **ir de** [*o* **dar**] ~ (FIN) (im Wert) sinken **2.** (*cese de trabajo: temporal*) Beurlaubung *f*, Urlaub *m;* (*definitivo*) Entlassung *f*, Kündigung *f;* ~ **por maternidad** Erziehungsurlaub *m;* **dar de ~ a alguien** (*temporalmente*) jdn beurlauben; (*definitivamente*) jdn entlassen, jdm kündigen; **darse de** ~ (*temporalmente*) sich beurlauben lassen; (MED) sich krankmelden; (*definitivamente*) kündigen; **estar de ~** (**por enfermedad**) krankgeschrieben sein **3.** (*en una asociación, t.* ADMIN) Abmeldung *f;* **dar de** ~ (*a un miembro*) aus einer (Mitglieder)liste streichen; (ADMIN) aus einem Register [*o* einer Liste] streichen; **darse de** ~ sich abmelden (*en* von *+dat, en* bei *+dat*) **4.** (*documento del cese del trabajo*) Kündigungsschreiben *nt;* (*del médico*) Krankschreibung *f;* **número de ~s por enfermedad** Krankenstand *m* **5.** (MIL) Verlust *m* **6.** (FIN) Baisse *f;* **jugar a la** ~ auf Baisse spekulieren **7.** (GEO): **B~ Lusacia** Niederlausitz *f;* **B~ Sajonia** Niedersachsen *nt*

bajada [ba'xaða] *f* **1.** (*descenso*) Abstieg *m* **2.** (*camino*) (hinunterführender) Weg *m* **3.** (*pendiente*) Gefälle *nt;* **esta carretera tiene mucha** ~ diese Straße hat ein starkes Gefälle **4.** (*loc*): ~ **de las aguas** Regenrinne *f;* ~ **de bandera** Grundpreis *m* (im Taxi); ~ **de los precios** (ECON) Preissenkung *f;* ~ **de tipos** Zinssenkung *f*

bajamar [baxa'mar] *f* Ebbe *f*

bajante [ba'xante] *m o f* Fallrohr *nt,* Abfallrohr *nt*

bajar [ba'xar] **I.** *vi* **1.** (*ir hacia abajo*) hinuntergehen; (*escalando*) hinabsteigen; (*venir hacia abajo*) herunterkommen; (*escalando*) heruntersteigen; ~ **al primer piso/a la calle** in den ersten Stock/auf die Straße hinuntergehen; ~ **en ascensor/por la escalera** im Aufzug hinunterfahren/die Treppe hinuntergehen **2.** (*desmontar*) (ab)steigen (*de* von *+dat*); (*del coche, autobús*) (aus)steigen (*de* aus *+dat*); **bajamos en la próxima parada** wir steigen an der nächsten Haltestelle aus **3.** (*las aguas*) abfließen **4.** (*disminuir*) abnehmen, zurückgehen; (*temperatura, precios*) fallen, sinken; (*ventas*) nachlassen; (*tipos de interés*) sinken; (*hinchazón*) abschwellen; **ha bajado la luz** der Strom ist billiger geworden, der Strompreis ist gefallen; **la temperatura ~á a 5 grados** die Temperatur wird auf 5 Grad fallen; **te ha bajado la tripa** dein Bauch ist flacher geworden **5.** (*adelgazar*) abnehmen **II.** *vt* **1.** (*transportar*) herunterbringen, hinunterbringen; (*coger*) herunterholen; (INFOR: *de la Internet al ordenador*) herunterladen, downloaden; ~ **las persianas** die Rollläden herunterlassen **2.** (*escaleras, cuesta*) heruntergehen, hinuntergehen **3.** (*precios*) herabsetzen, senken **4.** (*voz*) senken; (*radio, televisión*) leise(r) stellen; (*ventas*) reduzieren; (*tipos de interés*) senken **5.** (*ojos*) niederschlagen **III.** *vr:* **~se 1.** (*desmontarse*) (ab)steigen (*de* von *+dat*); (*del coche, autobús*) (aus)steigen (*de* aus *+dat*) **2.** (*inclinarse*) sich bücken

bajativo [baxa'tiβo] *m* (*Am*) Verdauungslikör *m*

bajel [ba'xel] *m* (*elev*) Schiff *nt*

bajero, -a [ba'xero, -a] *adj* Unter-; **sábana bajera** ≈Matratzenschonbezug *m*

bajeza [ba'xeθa] *f* **1.** (*humildad*) Niedrigkeit *f*, Einfachheit *f;* ~ **de nacimiento** niedere Herkunft **2.** (*carácter*) Niedertracht *f* **3.** (*acción humillante*) Erniedrigung *f;* (*acción vil*) Gemeinheit *f;* **cometer una** ~ eine Gemeinheit begehen

bajinis [ba'xinis]: **por lo** ~ (*fam: a escondidas*) heimlich, im Geheimen; (*en voz baja*) im Flüsterton; **me lo dijo por lo** ~ er/sie hat es mir (heimlich) zugeflüstert

bajío [ba'xio] *m* **1.** (*banco de arena*) Sandbank *f* **2.** (*Am: terreno bajo*) Tiefland *nt*

bajista [ba'xista] **I.** *adj* (FIN) Baisse-; **mercado** ~ Baissemarkt *m;* **tendencia** ~ fallende Tendenz, Abwärtstrend *m* **II.** *mf* **1.** (MÚS) Bassist(in) *m(f)* **2.** (FIN) Baissier *m,* Baissespekulant(in) *m(f)*

bajo[1] ['baxo] **I.** *m* **1.** (*instrumento, voz*) Bass *m* **2.** (*persona*) Bassist *m* **3.** *pl* (*piso*) Erdgeschoss *nt* **4.** *pl* (*banco de arena*) Sandbank *f* **5.** *pl* (*parte inferior*) unterer Teil *m;* (*de una prenda*) Saum *m* **II.** *adv* **1.** (*posición*) niedrig, tief **2.** (*voz, tono*) leise **3.** (*loc*): **por lo** ~ unauffällig, geheim **III.** *prep* **1.** (*colocar debajo*) unter *+akk;* **pon los zapatos ~ la cama** stell die Schuhe unter das Bett **2.** (*debajo de, por debajo de*) unter *+dat;* **el gato está ~ la mesa** die Katze liegt unter dem Tisch; **tres grados ~ cero** drei Grad unter Null; ~ **Felipe IV** unter Philipp IV; ~ **llave** unter Verschluss; ~ **la lluvia** im Regen; ~ **fianza** gegen Kaution; **encontrarse ~ los efectos del alcohol** unter Alkoholeinfluss stehen; ~ **la condición de que...** *+subj* unter der Bedingung, dass ...

bajo, -a[2] ['baxo, -a] <más bajo *o* inferior, bajísimo> *adj* **1.** *estar* (*en lugar inferior*) tief (liegend); **valor ~ la par** (FIN) Wert unter pari **2.** *ser* (*de poca altura, precio, temperatura*) niedrig; (*de estatura*) klein(gewachsen); **baja tensión** (ELEC) Niederspannung *f;* **con la cabeza baja/los ojos ~s** mit hängendem Kopf/gesenktem Blick; **tener la moral baja** niedergeschlagen sein, deprimiert sein; **tener la tensión baja** (MED) einen niedrigen Blutdruck haben **3.** (*voz*) leise; (MÚS) tief **4.** (*color*) matt **5.** (*metal*) unedel **6.** (*comportamiento*) niederträchtig, gemein **7.** (*clase social*) untere; **pertenece a la clase baja** er/sie gehört der Unterschicht an **8.** (*calidad*) gering; **de baja calidad** von geringer Qualität

bajomedieval [baxomeðje'βal] *adj* spätmittelalterlich

bajón [ba'xon] *m* **1.** (*descenso, disminución*) (rapider) Rückgang *m;* (*de precios*) (Preis)sturz *m;* (FIN) (Kurs)sturz *m* **2.** (*de la sa-*

lud) Verschlechterung *f;* **dar un** ~ (*fig*) herunterkommen; (**su salud**) **ha dado un** ~ es geht ihm/ihr gesundheitlich schlechter, sein/ihr Gesundheitszustand hat sich verschlechtert **3.** (MÚS) Fagott *nt*

bajonazo [baxo'naθo] *m* **1.** (*fam: empeoramiento de la salud*) Verschlechterung *f;* (*disminución*) Niedergang *m;* **le dio tal ~ que tuvimos que ingresarle en urgencias** es ging ihm so mies, dass wir ihn zur Notaufnahme bringen mussten **2.** (TAUR: *estocada*) (*zu*) *tiefer Stich in den Hals des Stieres;* **aquello fue un ~ falto de toda ética taurina** dies war ein zu tief angesetzter Stich in den Hals ohne jede Stierkampfethik

bajoncillo [baxon̩'θiʎo] *m* (MÚS) Diskantfagott *nt*

bajorrelieve [baxorre'ljeβe] *m* (ARTE) Basrelief *nt*

bajuno, **-a** [ba'xuno, -a] *adj* gemein, niederträchtig

bajura [ba'xura] *f* Niedrigkeit *f*

bakalao [baka'lao] *m* (MÚS: *argot*) Techno *m*

bala ['bala] *f* **1.** (*proyectil*) (Gewehr)kugel *f,* Geschoss *nt;* ~ **rasa** (*fam fig*) Luftikus *m;* **como una** ~ blitzschnell; **disparar** [*o* **tirar**] **con** ~ (*fig*) sticheln **2.** (*fardo*) Ballen *m*

balacear [balaθe'ar] *vt* (*Am*) schießen (auf +*akk*)

balada [ba'laða] *f* Ballade *f*

baladí [bala'ði] *adj* nichtig, belanglos

baladrar [bala'ðrar] *vi* (*chillar*) kreischen; (*gritar*) schreien

baladre [ba'laðre] *m* (BOT) Oleander *m*

baladrero, **-a** [bala'ðrero, -a] *adj* laut, geräuschvoll

baladro [ba'laðro] *m* Schrei *m*

baladrón, **-ona** [bala'ðron, -ona] **I.** *adj* angeberisch, großtuerisch; **no conozco a nadie tan ~ como él** ich kenne niemanden, der so großspurig ist wie er **II.** *m, f* Angeber(in) *m(f),* Großsprecher(in) *m(f)*

baladronada [balaðro'naða] *f* Prahlerei *f*

bálago ['balaɣo] *m* (AGR) Langstroh *nt*

balalaica [bala'lai̯ka] *f* (MÚS) Balalaika *f*

balance [ba'lan̩θe] *m* **1.** (*vaivén*) Schwanken *nt;* (*en la danza*) Wiegen *nt;* (NÁUT) Schlingern *nt* **2.** (COM: *resultado*) Bilanz *f;* ~ **acreedor** Kreditorensaldo *m;* ~ **anual** Jahresabschluss *m,* Jahresbilanz *f;* ~ **de caja** Kassenabschluss *m;* ~ **de comprobación** [*o* **sumas**] Probebilanz *f,* Rohbilanz *f;* ~ **consolidado** konsolidierte Bilanz; ~ **dinámico** Bewegungsbilanz *f;* ~ **de empresa** Unternehmensbilanz *f;* ~ **energético** Energiebilanz *f;* ~ **de liquidación** Liquidationsbilanz *f;* ~ **de resultados** Erfolgsbilanz *f;* ~ **de situación** Rohbilanz (ohne Aufwand und Ertrag); **hacer** [*o* **confeccionar**] **un** ~ eine Bilanz aufstellen; **incluir** [*o* **hacer figurar**] **en el** ~ in die Bilanz aufnehmen **3.** (*comparación*) Gegenüberstellung *f,* Bilanz *f;* **hacer** (**el**) ~ Bilanz ziehen; **hacer** ~ **de lo bueno y malo** das Gute gegen das Schlechte abwägen **4.** (*vacilación*) Unentschlossenheit *f* **5.** (*Col: negocio*) Geschäft *nt;* (*asunto*) Angelegenheit *f* **6.** (*Cuba: mecedora*) Schaukelstuhl *m*

balancear [balan̩θe'ar] **I.** *vt* **1.** (*mecer*) schaukeln; (*acunar*) wiegen **2.** (*equilibrar*) ins Gleichgewicht bringen; (ECON, FIN) ausgleichen, verrechnen **3.** (*en contabilidad*) saldieren **II.** *vr:* **~se 1.** (*columpiarse*) schaukeln **2.** (NÁUT) schlingern

balanceo [balan̩'θeo] *m* **1.** (*vaivén*) Schwanken *nt;* (NÁUT) Schlingern *nt* **2.** (*vacilación*) Unentschlossenheit *f*

balancín [balan̩'θin] *m* **1.** (*de los equilibristas*) Balancierstange *f* **2.** (*columpio*) Wippe *f* **3.** (*silla*) Schaukelstuhl *m;* (*para varias personas*) Hollywoodschaukel *f* **4.** (*yugo*) Joch *nt* **5.** (TÉC) Pleuelstange *f* **6.** (NÁUT) Ausleger *m* **7.** (*para monedas*) Prägestock *m*

balandra [ba'lan̩dra] *f* Kutter *m*

balandrista [balan̩'drista] *mf* Schiffer(in) *m(f)*

balandro [ba'lan̩dro] *m* Jolle *f*

balanófago, **-a** [bala'nofaɣo, -a] *adj* (ZOOL) Eicheln fressend

balanza [ba'lan̩θa] *f* **1.** (*pesa*) Waage *f;* ~ **de cocina** Küchenwaage *f;* **inclinar el fiel de la** ~ (*fig*) den Ausschlag geben **2.** (COM) Bilanz *f;* ~ **de capital** Kapitalbilanz *f;* ~ **comercial** (Außen)handelsbilanz *f;* ~ **por cuenta corriente** Bilanz der laufenden Posten; ~ **por cuenta de capital** Kapitalbilanz *f;* ~ **exterior** Auslandsguthaben *nt;* ~ **de mercancías** Warenbilanz *f;* ~ **de pagos** Zahlungsbilanz *f;* ~ **de servicios** Dienstleistungsbilanz *f;* ~ **de transferencias** Übertragungsbilanz *f*

Balanza [ba'lan̩θa] *f* (ASTR) Waage *f*

balanzón [balan̩'θon] *m* (*orfebrería*) Schmelztiegel *m*

balar [ba'lar] *vi* (*oveja*) blöken; (*cabra*) meckern; (*ciervo*) röhren

balarrasa[1] [bala'rrasa] *mf* (*fam: persona alocada*) Luftikus *m,* Leichtfuß *m;* **es un ~ al volante** er ist ein leichtsinniger Autofahrer

balarrasa[2] [bala'rrasa] *m sin pl* (*aguardiente*) Rachenputzer *m fam*

balastar [balas'tar] *vt* (be)schottern

balasto [ba'lasto] *m sin pl,* **balastro** [ba'lastro] *m sin pl* Schotter *m*

balaustrada [balau̯s'traða] *f* Balustrade *f,* Brüstung *f*

balaustrado, **-a** [balau̯s'traðo, -a] *adj* (ARQUIT: *con forma de balaustre*) säulenförmig; (*que tiene balaustres*) mit einer Balustrade (umgeben), Balustraden-; **un balcón** ~ ein mit einer Balustrade umgebener Balkon

balazo [ba'laθo] *m* **1.** (*tiro*) Schuss *m;* **matar a alguien de un** ~ jdn erschießen **2.** (*herida*) Einschuss *m,* Einschussstelle *f*

balboa [bal'βoa] *m* (*unidad monetaria de Panamá*) Balboa *m*

balbucear [balβuθe'ar] *vi, vt v.* **balbucir**

balbuceo [balβu'θeo] *m* Stammeln *nt,* Ge-

stammel *nt;* (*de niños*) Lallen *nt*
balbuciente [balβu'θjen̩te] *adj* stammelnd, stotternd; (*niño*) lallend
balbucir [balβu'θir] *vi, vt* stammeln, stottern; (*niño*) lallen; ~ **una excusa** eine Entschuldigung stammeln
Balcanes [bal'kanes] *mpl* Balkan *m;* **la Península de los** ~ die Balkanhalbinsel
balcánico, **-a** [bal'kaniko, -a] *adj* balkanisch; **país** ~ Balkanland *nt*
balcanización [balkaniθa'θjon] *f* Balkanisierung *f*
balcanizar [balkani'θar] <z→c> *vt* (POL: *fig*) balkanisieren
balcón [bal'kon] *m* **1.** (*de casas, t.* TEAT) Balkon *m* **2.** (*mirador*) Aussichtspunkt *m*
balconada [balko'naðа] *f* Balkonreihe *f;* (*balcón corrido*) Galerie *f*
balconaje [balko'naxe] *m* Balkonreihe *f*
balconear [balkone'ar] *vi* (*Am: desde un balcón*) vom Balkon herunterschauen; (*desde una ventana*) aus dem Fenster schauen
balda ['bal̩da] *f* Regalbrett *nt*
baldado, **-a** [bal̩'daðo, -a] *adj* **1.** (*extremidades*) gelähmt **2.** (*muy cansado*) erschöpft; **la mudanza lo ha dejado** ~ der Umzug hat ihn völlig geschafft *fam*
baldaquín [bal̩da'kin] *m* Baldachin *m*
baldar [bal̩'dar] **I.** *vt* **1.** (*paralizar*) lähmen; (*lisiar*) zum Krüppel machen **2.** (*perjudicar*) schaden +*dat* **II.** *vi* (*naipes*) trumpfen
balde ['bal̩de] *m* **1.** (*cubo*) Kübel *m,* Eimer *m* **2.** (*loc*): **obtener algo de** ~ etw umsonst [*o* gratis] bekommen; **en** ~ umsonst, vergeblich; **estar de** ~ überflüssig sein
baldear [bal̩de'ar] *vt* (NÁUT) reinigen
baldeo [bal̩'deo] *m Reinigen mit Wassergüssen aus Eimern*
baldío[1] [bal̩'dio] *m* Brache *f*
baldío, **-a**[2] [bal̩'dio, -a] *adj* **1.** (*terreno*) brach, unbebaut **2.** (*inútil*) zwecklos, nutzlos; (*en balde*) vergeblich
baldón [bal̩'don] *m* (*acción*) Beleidigung *f;* (*situación*) Schande *f;* **ser el** ~ **de la familia** der Schandfleck der Familie sein
baldonar [bal̩do'nar] *vt* (*ofender*) verletzen, kränken; (*insultar*) beleidigen
baldosa [bal̩'dosa] *f* Fliese *f;* (*en el suelo*) (Boden)fliese *f*
baldosado [bal̩do'saðo] *m* (*Col, Chil: suelo*) Fliesenboden *m,* Fliesenbelag *m*
baldosar [bal̩do'sar] *vt* fliesen, mit Fliesen auslegen
baldosín [bal̩do'sin] *m* Kachel *f,* Fliese *f*
balear [bale'ar] **I.** *vt* **1.** (*AmC: engañar*) betrügen, prellen, beschwindeln *fam;* **la cajera me ha baleado el cambio** die Kassiererin hat mich um das Wechselgeld betrogen [*o* geprellt]; **me has baleado 1.000 pesetas** du hast mir 1.000 Peseten abgeschwindelt **2.** (*AmS: disparar*) schießen (auf +*akk*); (*herir*) anschießen; (*matar*) erschießen **II.** *vr:* **~se** (*AmS*) **1.** (*disparar*) sich gegenseitig beschießen, aufeinander schießen **2.** (*disputar*) sich herumstreiten **III.** *adj* von den Balearen, balearisch **IV.** *mf* Baleare, -in *m, f*
Baleares [bale'ares] *fpl:* **las islas** ~ die Balearen
baleárico, **-a** [bale'ariko, -a] *adj* balearisch
balénido, **-a** [ba'leniðo, -a] *adj* (ZOOL) Bartenwal-, der Bartenwale
baleo [ba'leo] *m* **1.** (*alfombrilla*) Matte *f* **2.** (*aventador*) Fächer *m* (*aus Espartogras*) **3.** (*tiroteo*) Schießerei *f*
balero [ba'lero] *m* **1.** (*Am: juego*) Boccia *nt* **2.** (*Arg: juguete*) *beliebtes Geschicklichkeitsspiel für Kinder* **3.** (*Arg: vulg: cabeza*) Birne *f*
balido [ba'liðo] *m* (*de la oveja*) Blöken *nt;* (*de la cabra*) Meckern *nt;* (*del ciervo*) Röhren *nt*
balín [ba'lin] *m* **1.** (*bala*) kleinkalibriges Geschoss *nt* **2.** (*bolita de plomo*) Schrotkugel *f*
balista [ba'lista] *f* (HIST, MIL) Balliste *f*
balística [ba'listika] *f sin pl* Ballistik *f*
balístico, **-a** [ba'listiko, -a] *adj* ballistisch
baliza [ba'liθa] *f* Bake *f;* (NÁUT) Boje *f;* (AERO) Leuchtfeuer *nt,* (Leucht)bake *f;* (FERRO) Lichtsignal *nt;* (AUTO) Warnsignal *nt*
balizaje [bali'θaxe] *m* Hafengebühr *f*
balizar [bali'θar] <z→c> *vt* **1.** (*con boyas*) mit Bojen markieren **2.** (*iluminar*) befeuern
ball [bal] *f* (*Am*) **1.** (DEP: *balón*) Ball *m;* ~ **de goma** Gummiball *m* **2.** (*proyectil*) Kugel *f*
ballena [ba'ʎena] *f* Wal(fisch) *m*
ballenato [baʎe'nato] *m* (ZOOL) Jungwal *m,* Waljunge(s) *nt*
ballenero[1] [baʎe'nero] *m* **1.** (*barco*) Walfänger *m,* Walfangschiff *nt* **2.** (*pescador*) Walfänger *m*
ballenero, **-a**[2] [baʎe'nero, -a] *adj:* **barco** ~ Walfangschiff *nt*
ballesta [ba'ʎesta] *f* **1.** (TÉC) Blattfeder *f* **2.** (HIST) Armbrust *f*
ballestero [baʎes'tero] *m* Armbrustschütze *m*
ballet [ba'le] <ballets> *m* Ballett *nt;* ~ **nacional** Staatsballett *nt*
balneario [balne'arjo] *m* **1.** (*baños*) (Heil)bad *nt* **2.** (*estación*) Kurort *m*
balneografía [balneoɣra'fia] *f* (MED) Balneographie *f*
balneología [balneolo'xia] *f* (MED) Balneologie *f*
balneoterapia [balneote'rapja] *f* Heilbadtherapie *f*
balompié [balom'pje] *m* Fußball *m*
balón [ba'lon] *m* **1.** (DEP) Ball *m;* ~ **de fútbol** Fußball *m* **2.** (*recipiente para gases*) Ballon *m* **3.** (*botella esférica*) Ballon *m,* Ballonflasche *f;* ~ **de oxígeno** (*fig*) Verschnaufpause *f* **4.** (NÁUT) Spinnaker *m* **5.** (*en los tebeos*) Sprechblase *f*
balonazo [balo'naθo] *m* Schuss *m* mit dem Ball
baloncestista [balon̩θes'tista] *mf* Basketballspieler(in) *m(f)*
baloncestístico, **-a** [balon̩θes'tistiko, -a]

adj Basketball-

baloncesto [baloṇ'θesto] *m* Basketball *m*

balonmano [baloⁿ'mano/baloᵐ'mano] *m* Handball *m*

balonvolea [balombo'lea] *m* Volleyball *m*

balota [ba'lota] *f* Kugel *f* (*die zu Abstimmungen verwendet wird*)

balotaje [balo'taxe] *m* (*Méx*) Stimmenauszählung *f*

balsa ['balsa] *f* **1.**(*charca*) Tümpel *m;* (*estanque*) Wasserbecken *nt;* **ser una ~ de aceite** (*fig*) vollkommen ruhig sein **2.**(NÁUT: *barca*) Fähre *f;* (*plataforma*) Floß *nt;* **~ neumática** Schlauchboot *nt*

balsadera [balsa'ðera] *f* Anlegeplatz *m* der Fähre

balsámico, -a [bal'samiko, -a] *adj* balsamisch

bálsamo ['balsamo] *m* Balsam *m*

balsear [balse'ar] *vt* mit einem Floß überqueren

báltico, -a ['baḷtiko, -a] **I.** *adj* baltisch; **el mar ~** die Ostsee; **los países ~s** das Baltikum **II.** *m, f* Balte, -in *m, f*

baluarte [ba'lwarte] *m* Schutzwall *m;* **un ~ de la libertad** ein Bollwerk der Freiheit

balumba [ba'lumba] *f* **1.**(*montón*) Haufen *m;* **una ~ de ropa** ein Haufen Wäsche [*o* Wäschehaufen] **2.**(*AmS: barullo*) großer Lärm *m,* Spektakel *m fam*

bamba ['bamba] *f* **1.**(*acierto casual*) Zufallstreffer *m* **2.**(*pastel*) ≈Windbeutel *m* **3.**(*reg: columpio*) Schaukel *f* **4.**(*baile*) *lateinamerikanischer Tanzrhythmus*

bambalear [bambale'ar] *vi, vr:* **~se** hin- und herschaukeln; **si continúas bambaleándote acabarás mareada** wenn du weiter so herumschaukelst, wird dir noch schlecht

bambalina [bamba'lina] *f* (TEAT) Soffitte *f;* **entre ~s** hinter den Kulissen

bamboleante [bambole'aṇte] *adj* (herab)baumelnd

bambolear [bambole'ar] **I.** *vt* schwingen, schwenken **II.** *vr:* **~se** schaukeln; (*desde arriba*) (herab)baumeln

bamboleo [bambo'leo] *m* Schaukeln *nt;* (*desde arriba*) (Herab)baumeln *nt*

bambolla [bam'boʎa] *f* Pomp *m,* Prunk *m*

bambollero, -a [bambo'ʎero, -a] **I.** *adj* protzig **II.** *m, f* Protz *m,* Angeber(in) *m(f)*

bambú [bam'bu] *m* Bambus *m;* (*caña*) Bambusrohr *nt*

banal [ba'nal] *adj* banal

banalidad [banali'ðaᵈ] *f* Banalität *f*

banalizar [banali'θar] <z→c> *vt* banalisieren

banana [ba'nana] *f* (*Am*) Banane *f*

bananero¹ [bana'nero] *m* **1.**(*plantación*) Bananenplantage *f* **2.**(*planta*) Bananenstaude *f*

bananero, -a² [bana'nero, -a] *adj* Bananen-; **república bananera** (*pey*) Bananenrepublik *f*

banano [ba'nano] *m* Bananenstaude *f*

banasta [ba'nasta] *f* (großer) Weidenkorb *m*

banasto [ba'nasto] *m* (großer runder) Weidenkorb *m*

banca ['baŋka] *f* **1.**(*en el mercado*) Verkaufstisch *m* **2.**(*asiento*) Schemel *m* **3.**(FIN) Bankwesen *nt;* **~ electrónica** Electronic Banking *nt;* **~ oficial** Staatsbanken *fpl;* **~ privada** Privatbanken *fpl;* **la gran ~** die Großbanken **4.**(*en juegos de azar*) Bank *f* **5.**(*Arg, Urug: influencia*) Beziehungen *fpl;* **tener (mucha) ~** (sehr) einflussreich sein

bancable [baŋ'kaβle] *adj* (FIN) bankfähig, diskontierbar

bancada [baŋ'kaða] *f* **1.**(NÁUT) Ruderbank *f* **2.**(TÉC) Unterbau *m,* Unterlage *f* **3.**(MIN) Schachtabsatz *m*

bancal [baŋ'kal] *m* (*en un jardín*) Beet *nt;* (*en una pendiente*) Terrasse *f,* Terrassenfeld *nt*

bancario, -a [baŋ'karjo, -a] *adj* Bank-; **cierre ~** Bankfeiertag *m;* **cuenta bancaria** Bankkonto *nt;* **hacer una transferencia bancaria** eine Banküberweisung vornehmen; **me he comprado un piso con un préstamo ~** ich habe mir mit einem Bankkredit eine Wohnung gekauft

bancarrota [baŋka'rrota] *f* Bankrott *m;* **declararse en ~** den Bankrott erklären

banco ['baŋko] *m* **1.**(*asiento*) (Sitz)bank *f* **2.**(TÉC) Werkbank *f;* **~ de pruebas** Prüfstand *m;* (*fig*) Bewährungsprobe *f* **3.**(FIN) Bank *f,* Geldinstitut *nt;* **~ en casa** Homebanking *nt;* **B~ Central Europeo** Europäische Zentralbank *f;* **~ comercial** Geschäftsbank *f;* **~ de compensación** Verrechnungsbank *f;* **~ corresponsal** Korrespondenzbank *f;* **~ de descuento** Diskontbank *f;* **~ directo** Direktbank *f;* **~ emisor** Notenbank *f;* **B~ de España** Spanische Staatsbank; **B~ Español de Crédito** Spanische Kreditbank; **B~ Europeo de Inversiones** Europäische Investitionsbank; **~ fiduciario** Treuhandbank *f;* **B~ Hipotecario** *offizielle spanische Bausparkasse;* **~ industrial** Industriebank *f;* **B~ Interamericano de Desarrollo** Interamerikanische Entwicklungsbank; **B~ Internacional de Pagos** Bank für Internationalen Zahlungsausgleich; **~ de inversión** Anlagebank *f;* **B~ Mundial** Weltbank *f;* **~ de negocios** Geschäftsbank *f;* **depositar en un ~** bei einer Bank einlegen **4.**(GEO) Schicht *f* **5.**(*de peces*) Schwarm *m* **6.**(*organismo*) Bank *f;* **~ de sangre** Blutbank *f;* **~ de semen** Samenbank *f* **7.**(*loc*): **~ de arena** Sandbank *f;* **~ de datos** (INFOR) Datenbank *f;* **~ de hielo** Eisberg *m;* **~ de memoria** (INFOR) Speicherbank *f*

bancocracia [baŋko'kraθja] *f sin pl* (FIN) Bankenherrschaft *f*

banda ['baṇda] *f* **1.**(*cinta*) Band *nt;* (*franja*) Streifen *m;* **~ nubosa** Wolkenband *nt;* **~ salarial** Lohnstreifen *m* **2.**(GEO: *de montaña*) (Hang)seite *f;* (*de río*) Ufer *nt;* **a la otra ~ del**

río an der anderen Uferseite **3.**(*pandilla*) Bande *f;* ~ **terrorista** Terrororganisation *f* **4.**(*de música*) (Musik)kapelle *f;* (*de música moderna*) Band *f;* ~ **de baile** Tanzkapelle *f* **5.**(FIN): ~ **de fluctuación** Bandbreite *f* **6.**(*billar*) Bande *f* **7.**(*como insignia*) Schärpe *f* **8.**(*loc*): ~ **ancha** (INFOR) Breitband *nt;* ~ **base** (INFOR) Basisband *nt;* ~ **de frecuencia** (RADIO) Frequenzskala *f;* ~ **magnética** (INFOR) Magnetband *nt;* ~ **sonora** [*o* **de sonido**] (CINE) Soundtrack *m;* **estar fuera de** ~ (DEP) im Aus sein

bandada [baṇ'daðа] *f* **1.**(*de peces, aves*) Schwarm *m* **2.**(*de personas*) Schar *f,* (große) Menge *f*

bandazo [baṇ'daθo] *m* **1.**(NÁUT) starke Schlingerbewegung *f;* **dar ~s** (*fam*) taumeln, schwanken **2.**(*cambio*) plötzlicher Umschwung *m;* ~ **hacia la derecha** (POL) Rechtsruck *m;* **dar un** ~ einen plötzlichen Umschwung erleben, eine plötzliche Kursänderung erfahren

bandeado, -a [baṇde'aðo, -a] *adj* gestreift

bandear [baṇde'ar] **I.** *vt* **1.**(*AmC: perseguir a alguien*) verfolgen; (*herir de gravedad*) schwer verletzen **2.**(*Arg, Par, Urug: taladrar*) durchbohren **3.**(*Arg, Par, Urug: un río*) überqueren **4.**(*Guat: pretender*) den Hof machen +*dat* **5.**(*Urug: herir con palabras*) im Innersten treffen; (*inculpar*) anschuldigen **II.** *vr:* **~se** **1.**(*mecerse*) schaukeln **2.**(*en la vida*) sich durchschlagen

bandeja [baṇ'dexa] *f* **1.**(*para servir*) Tablett *nt;* **pasar la** ~ (Geldspenden) sammeln; **servir algo a alguien en** ~ (**de plata**) (*fig*) jdm etw auf einem silbernen Tablett servieren **2.**(*en la maleta*) Fach *nt;* (*en muebles*) Schubfach *nt*

bandera [baṇ'dera] *f* (*de una nación*) Fahne *f,* Flagge *f;* (*en un barco*) Flagge *f;* ~ **de conveniencia** Billigflagge *f;* ~ **a media asta** Beflaggung auf halbmast; **dar a alguien la** ~ jdm den Vorrang geben; **de** ~ (*fam*) toll, spitze; **estar hasta la** ~ zum Brechen voll sein, gerammelt voll sein *fam;* **hacer algo a ~s desplegadas** etw in aller Öffentlichkeit tun; **izar la** ~ die Flagge hissen

banderazo [baṇde'raθo] *m* (DEP) (Flaggen)zeichen *nt;* ~ **de salida** Startzeichen *nt*

banderilla [baṇde'riʎa] *f* (TAUR) Banderilla *f;* **poner** [*o* **clavar**] [*o* **plantar**] **~s a alguien** (*fig*) jdn reizen

banderillear [baṇderiʎe'ar] *vt* (TAUR) mit den Banderillas reizen, Banderillas in den Nacken stoßen +*dat*

banderillero [baṇderi'ʎero] *m* (TAUR) Banderillero *m*

banderín [baṇde'rin] *m* **1.**(*bandera*) Banner *nt;* (*triangular*) Wimpel *m;* (DEP) Fähnchen *nt* **2.**(*persona*) Bannerträger *m* **3.**(MIL): ~ **de enganche** Aufnahmestelle für Rekruten

banderola [baṇde'rola] *f* **1.**(*como señal*) Wimpel *m* **2.**(MIL) Stander *m* **3.**(*Arg, Par, Urug: ventana*) Oberlicht *nt*

bandidaje [baṇdi'ðaxe] *m sin pl* Verbrechertum *nt*

bandido, -a [baṇ'diðo, -a] **I.** *adj* ruchlos **II.** *m, f* **1.**(*criminal*) Bandit *m,* Verbrecher(in) *m(f)* **2.**(*persona pilla*) Gauner(in) *m(f)*

bando ['baṇdo] *m* **1.**(*edicto*) Erlass *m* **2.**(*proclama*) Bekanntmachung *f,* Ausruf *m;* **echar** ~ öffentlich ausrufen [*o* bekannt machen] **3.**(*partido*) Partei *f* **4.**(*de peces, aves*) Schwarm *m*

bandola [baṇ'dola] *f* (MÚS) *kleines viersaitiges Zupfinstrument*

bandolera [baṇdo'lera] *f* **1.**(*correa*) Schulterriemen *m;* **llevar la escopeta/el bolso en** ~ das Gewehr schultern/die Tasche über der Schulter tragen **2.**(*mujer*) Gangsterbraut *f*

bandolerismo [baṇdole'rismo] *m sin pl* Gangstertum *nt*

bandolero [baṇdo'lero] *m* (Straßen)räuber *m*

bandolina [baṇdo'lina] *f* (MÚS) Mandoline *f*

bandolón [baṇdo'lon] *m* (MÚS) Bassbandurria *f*

bandoneón [baṇdone'on] *m* (MÚS) Bandoneon *nt*

bandurria [baṇ'durrja] *f* (MÚS) *zwölfseitiges Zupfinstrument*

bandurrista [baṇdu'rrista] *mf* (MÚS) Bandurriaspieler(in) *m(f)*

BANESTO [ba'nesto] *m* (FIN) *abr de* **Banco Español de Crédito** *frühere spanische Großbank*

bang [baŋ] *interj* peng

bangladesí [baŋglaðe'si] **I.** *adj* bangalisch **II.** *mf* Bangale, -in *m, f*

banjo ['baŋxo/'banʤo] *m* (MÚS) Banjo *nt*

banking ['baŋkiŋ] *m sin pl* Banking *nt;* ~ **por teléfono** Telefonbanking *nt*

BANKINTER [baŋ'kiṇter] *m* (FIN) *abr de* **Banco Intercontinental Español** *spanische Industriebank*

banquero, -a [baŋ'kero, -a] *m, f* **1.**(FIN) Bankier *m,* Banker(in) *m(f)* **2.**(*en juegos de azar*) Bankhalter(in) *m(f)*

banqueta [baŋ'keta] *f* **1.**(*taburete*) Schemel *m,* Hocker *m;* (*para los pies*) Fußschemel *m* **2.**(*Guat, Méx: acera*) Gehsteig *m*

banquete [baŋ'kete] *m* Bankett *nt,* Festessen *nt;* ~ **de gala** Galadiner *nt*

banquetear [baŋkete'ar] **I.** *vi* schlemmen **II.** *vt* festlich bewirten

banquillo [baŋ'kiʎo] *m* **1.**(*banco pequeño*) Bänkchen *nt;* (*para los pies*) Fußbank *f;* (*de los acusados*) Anklagebank *f;* **estar sentado en el** ~ **de los acusados** (*t. fig*) auf der Anklagebank sitzen **2.**(DEP) Reservebank *f*

bantú [baṇ'tu] **I.** *adj* bantuisch, Bantu- **II.** *mf* Bantu *mf*

banzo ['baṇθo] *m* (*lateral de armazón*) Holm *m*

bañada [ba'ɲaða] *f* **1.**(*Am: baño*) Bad(en) *nt,* Schwimmen *nt* **2.**(*de pintura*) Anstrich *m*

bañadera [baɲa'ðera] *f* (*Am*) Badewanne *f*

bañado [ba'ɲaðo] *m* (*Arg, Bol, Par*) sumpfiges Gebiet *nt*

bañador [baɲa'ðor] *m* (*de mujer*) Badeanzug *m;* (*de hombre*) Badehose *f*

bañar [ba'ɲar] **I.** *vt* **1.** (*lavar*) baden **2.** (*sumergir*) eintauchen **3.** (*río*) fließen (durch +*akk*); (*mar, lago*) angrenzen (an +*akk*) **4.** (*recubrir*) überziehen (*con/en* mit +*dat*); ~ **el pastel con chocolate** den Kuchen mit Schokolade überziehen; **bañado en sangre** blutüberströmt; **bañado en sudor** schweißgebadet **5.** (*iluminar*) scheinen (auf +*akk*) **II.** *vr:* ~**se 1.** (*lavarse*) (sich) baden **2.** (*en el mar, lago*) baden; **prohibido ~se** Baden verboten

bañera [ba'ɲera] *f* Badewanne *f*

bañero, -a [ba'ɲero, -a] *m, f* Bademeister(in) *m(f)*

bañista [ba'ɲista] *mf* **1.** (*en una playa*) Badende(r) *mf* **2.** (*en un balneario*) Badegast *m*

baño ['baɲo] *m* **1.** (*acto*) Bad *nt;* ~ **de espuma** [*o* **espumoso**] Schaumbad *nt;* ~ **de fijación** (FOTO) Fixierbad *nt;* ~ **(de) María** (GASTR) Wasserbad *nt;* ~ **de revelado** (FOTO) Entwicklerbad *nt;* ~ **de sangre** Blutbad *nt;* ~ **de sol** Sonnenbad *nt;* ~ **de vapor** Dampfbad *nt;* **tomar un** ~ ein Bad nehmen; **un** ~ **de masas** ein Bad in der Menge **2.** (*cuarto*) Bad(ezimmer) *nt;* **ir al** ~ auf die Toilette gehen **3.** (*capa de pintura*) Anstrich *m;* (*capa de chocolate, azúcar*) Glasur *f,* Überzug *m;* **dar un** ~ **de barniz a algo** etw lackieren **4.** *pl* (*balneario*) Badeanstalt *f;* ~**s termales** Thermalbad *nt,* Heilbad *nt;* **ir a los ~s** eine (Bade)kur machen

bao ['bao] *m* (NÁUT) Deckbalken *m*

baobab [bao'βaᵝ] <baobabs> *m* (BOT) Affenbrotbaum *m*

baptismo [bap'tismo] *m* (REL) Baptismus *m*

baptista [bap'tista] *mf* (REL) Baptist(in) *m(f)*

baptisterio [baptis'terjo] *m* **1.** (*pila bautismal*) Taufbecken *nt,* Baptisterium *nt elev* **2.** (*lugar*) Taufkapelle *f* **3.** (*edificio*) Taufkirche *f,* Baptisterium *nt elev*

baquear [bake'ar] *vi* (NÁUT) mit der Strömung segeln

baquelita [bake'lita] *f* Bakelit® *nt*

baqueta [ba'keta] *f* **1.** (*vara*) Gerte *f;* (*de los picadores*) Reitgerte *f;* **tratar a alguien a la** ~ jdn hart anfassen **2.** (MIL) Ladestock *m* **3.** (ARQUIT) Zierleiste *f* **4.** *pl* (*de tambor*) Trommelstöcke *mpl*

baquetazo [bake'taθo] *m* (Stock)schlag *m;* **darse un** ~ [*o* **pegarse un** ~] (*fam*) hinschlagen, stürzen

baqueteado, -a [bakete'aðo, -a] *adj* **1.** (*maltratado*) leidgeprüft **2.** (*experimentado*) erfahren

baquetear [bakete'ar] *vt* plagen, belästigen

baquía [ba'kia] *f* **1.** (*conocimiento de una región*) Ortskenntnis *f* **2.** (*Am: habilidad*) (handwerkliche) Geschicklichkeit *f*

baquiano, -a [ba'kjano, -a] **I.** *adj* (*experto*) sachkundig, versiert (*en* in +*dat*); (*en baquía*) ortskundig **II.** *m, f* ortskundiger Führer *m,* ortskundige Führerin *f*

báquico, -a ['bakiko, -a] *adj* bacchantisch

bar [bar] *m* **1.** (*café*) (Steh)café *nt;* (*tasca*) Kneipe *f;* ~ **del hotel** Hotelbar *f* **2.** (FÍS) Bar *nt*

bara(h)únda [bara'uṇda] *f* **1.** (*gran confusión*) Tumult *m,* lärmendes Durcheinander *nt;* **se armó una** ~ ein Tumult erhob sich [*o* entstand] **2.** (*mucho ruido*) Krach *m,* Radau *m*

baraja [ba'raxa] *f* Kartenspiel *nt;* **jugar a la** ~ Karten spielen; **jugar con dos ~s** (*fig*) ein falsches [*o* doppeltes] Spiel spielen; **una** ~ **de posibilidades** verschiedene Möglichkeiten

barajar [bara'xar] **I.** *vt* **1.** (*los naipes*) mischen **2.** (*mezclar*) durcheinander bringen **3.** (*varias posibilidades*) erwägen, in Betracht ziehen; **se barajan varios nombres** einige Namen sind im Gespräch **4.** (*caballo*) zügeln **5.** (*Arg, Par, Urug: agarrar*) auffangen; ~ **en el aire** (*fig*) schnell verstehen **6.** (*Chil, Méx: detener*) verhindern **7.** (*CSur: golpes*) abfangen **II.** *vr:* ~**se** (*Par*) sich schlagen

baranda [ba'raṇda] *f* **1.** (*de balcón, escaleras*) Geländer *nt* **2.** (*de billar*) Bande *f*

barandal [baraṇ'dal] *m* (ARQUIT) **1.** (*pasamano*) Handlauf *m* **2.** (*barandilla*) Geländer *nt*

barandilla [baraṇ'diʎa] *f* **1.** (*de balcón, escaleras*) Geländer *nt,* Balustrade *f* **2.** (*pasamanos*) Handlauf *m*

barata [ba'rata] *f* (ECON: *trueque*) Tausch *m;* (*usura*) Wuchergeschäft *nt*

baratear [barate'ar] *vt* **1.** (*vender*) verschleudern; **los agricultores, hartos de** ~ **sus productos, iniciaron una huelga** die Bauern waren es satt, ihre Waren zu Schleuderpreisen zu verkaufen, und begannen zu streiken **2.** (*regatear*) feilschen, handeln

baratija [bara'tixa] *f* (*de poco valor*) wertlose Sache *f;* (*de poco precio*) Billigware *f;* ~**s** Ramsch *m pey*

baratillero, -a [barati'ʎero, -a] *m, f* Trödler(in) *m(f)*

baratillo [bara'tiʎo] *m* **1.** (*tienda*) Trödelladen *m* **2.** (*puesto*) Sonderangebotstisch *m,* Ramschtisch *m* **3.** (*artículo*) Billigware *f,* Trödelware *f*

barato[1] [ba'rato] **I.** *m* **1.** (*venta*) Ausverkauf *m* **2.** (*artículos*) Trödelware *f* **II.** *adv* billig; **hacer** ~ billig abgeben; **salir** [*o* **resultar**] [*o* **ser**] ~ billig sein

barato, -a[2] [ba'rato, -a] *adj* billig, preisgünstig; **mano de obra barata** billige Arbeitskraft

barba ['barβa] *f* **1.** (*mentón*) Kinn *nt* **2.** (*pelos*) Bart *m;* ~ **corrida** Vollbart *m;* ~ **de tres días** Dreitagebart *m;* ~**s de chivo** Spitzbart *m;* **dejarse** ~ sich einen Bart wachsen lassen; **gastar** [*o* **llevar**] ~ einen Bart tragen; **hacer la** ~ rasieren; **por** ~ pro Nase; **en las ~s de alguien** (*fig*) in jds Gegenwart; **subirse a las ~s de alguien** sich jdm gegenüber respektlos benehmen **3.** (*de espiga*) Granne *f* **4.** *pl* (*de peces*) Barte *f* **5.** *pl* (*de papel*) ungleichmäßiger Rand *m* **6.** *pl* (TÉC) Grat *m*

barbacana [barβa'kana] *f* **1.** (*saetera*) Schießscharte *f* **2.** (*fortificación*) (Vor)werk *nt*
barbacoa [barβa'koa] *f* **1.** (*parrilla*) (Brat)rost *m,* Barbecue *nt* **2.** (*carne*) Grillfleisch *nt* **3.** (*fiesta*) Grillparty *f,* Barbecue *nt*
barbada [bar'βaða] *f* (MÚS) Kinnstütze *f,* Kinnhalter *m*
barbado[1] [bar'βaðo] *m* **1.** (*plantón*) Setzling *m* **2.** (*hijuelo*) Spross *m,* Trieb *m*
barbado, -a[2] [bar'βaðo, -a] *adj* bärtig
barbajas [bar'βaxas] *fpl* (BOT: *primeras raíces*) Faserwurzeln *fpl*
barbar [bar'βar] *vi* **1.** (*hombres*) einen Bart bekommen **2.** (*plantas*) Wurzeln treiben
barbárico, -a [bar'βariko, -a] *adj* (HIST) Barbaren-, barbarisch; **aquella fortificación barbárica** jene Festung der Barbaren
barbaridad [barβari'ða^{d}] *f* **1.** (*crueldad*) Barbarei *f,* Grausamkeit *f;* **¡qué ~!** wie schrecklich! **2.** (*temeridad*) Wahnsinn *m* **3.** (*disparate*) Unsinn *m,* Unfug *m;* **hacer/decir ~es** Unsinn machen/reden **4.** (*fam: cantidad*) (Riesen)menge *f,* Haufen *m;* **una ~ de...** eine Unmenge von ...; **habla una ~** er/sie redet sehr viel; **esto cuesta una ~** das kostet ein Vermögen
barbarie [bar'βarje] *f* Barbarei *f*
barbarismo [barβa'rismo] *m* (LING) Barbarismus *m*
barbarizar [barβari'θar] <z→c> *vi* (*fig*) Unsinn [*o* dummes Zeug] reden
bárbaro[1] ['barβaro] *adv* (*fam*) großartig, toll; **lo pasamos ~ en la fiesta** es war eine sagenhafte Fete
bárbaro, -a[2] ['barβaro, -a] **I.** *adj* **1.** (*cruel*) grausam, barbarisch **2.** (*fam: estupendo*) großartig, toll; **¡qué ~!** (*admiración*) super!, spitze!; (*extrañeza*) wie seltsam!, komisch!; **un tío ~** ein großartiger Kerl **3.** (HIST) barbarisch **II.** *m, f* **1.** (*grosero*) brutaler Mensch *m* **2.** (HIST) Barbar(in) *m(f)*
barbear [barβe'ar] *vt* **1.** (*afeitar*) rasieren **2.** (*alcanzar*) (mit dem Kinn) erreichen **3.** (*Guat, Méx: adular*) schmeicheln; **~ a alguien** jdm schmeicheln **4.** (*Guat, Méx: acariciar*) streicheln, liebkosen
barbechada [barβe'ʧaða] *f* (AGR: *tierra*) Brache *f,* Brachland *nt*
barbechar [barβe'ʧar] *vt* pflügen
barbecho [bar'βeʧo] *m* Brache *f,* Brachfeld *nt;* **estar** [*o* **quedar**] **en ~** brachliegen; (*Arg: fig*) in Vorbereitung sein
barbería [barβe'ria] *f* Herrensalon *m*
barbero [bar'βero] *m* Herrenfriseur *m*
barbián, -ana [bar'βjan, -ana] **I.** *adj* (*fam*) keck; (*descarado*) vorlaut **II.** *m, f* (*fam*) kecke Person *f*
barbiblanco, -a [barβi'βlaŋko, -a] *adj* weißbärtig
barbicano, -a [barβi'kano, -a] *adj* graubärtig
barbijo [bar'βixo] *m* **1.** (*RíoPl, Bol: barboquejo*) Kinnriemen *m* **2.** (*Arg, Bol: bofetada*) Ohrfeige *f* **3.** (*Arg:* MED) Mundschutz *m*
barbilampiño, -a [barβilam'piɲo, -a] **I.** *adj* bartlos **II.** *m, f* Grünschnabel *m*
barbilindo [barβi'lindo] *adj* geckenhaft
barbilla [bar'βiʎa] *f* **1.** (*mentón*) Kinn *nt* **2.** (*barba*) Kinnbart *m*
barbitúrico [barβi'turiko] *m* Barbiturat *nt*
barbo ['barβo] *m* (ZOOL) Barbe *f*
barbón [bar'βon] *m* **1.** (*barbudo*) vollbärtiger Mann *m* **2.** (*chivo*) Ziegenbock *m*
barboquejo [barβo'kexo] *m* Kinnriemen *m*
barbot(e)ar [barβote'ar/barβo'tar] *vi, vt* in seinen Bart (hinein)brummen *fam*
barbucha [bar'βuʧa] *f* (*fam pey: barba rala*) spärlicher Bart *m;* **será mejor que te afeites esa ~** du solltest dieses kümmerliche Gewächs besser abrasieren
barbudo, -a [bar'βuðo, -a] *adj* bärtig
barbullar [barβu'ʎar] *vt* (*fam: hablar demasiado rápido*) (unverständlich) brabbeln; (*con poca claridad*) nuscheln; **deja ya de ~** hör auf mit dem Gebrabbel
barca ['barka] *f* **1.** (*embarcación*) Kahn *m,* (Fischer)boot *nt;* **~ de pasaje** Fähre *f;* **dar un paseo en ~** eine Bootsfahrt machen **2.** *pl* (*columpio*) Schiffschaukel *f*
Barça ['barsa] *m* (DEP): **el ~** der F.C. Barcelona
barcaje [bar'kaxe] *m* (NÁUT) **1.** (*transporte*) Schiffstransport *m,* Bootstransport *m* **2.** (*flete*) Frachtgeld *nt*
barcarola [barka'rola] *f* (MÚS) Barkarole *f*
barcaza [bar'kaθa] *f* Leichter *m*
barcelonés, -esa [barθelo'nes, -esa] **I.** *adj* aus Barcelona **II.** *m, f* Einwohner(in) *m(f)* von Barcelona
barcelonista [barθelo'nista] *mf* Anhänger(in) *m(f)* des F.C. Barcelona
barchilón, -ona [barʧi'lon, -ona] *m, f* **1.** (*Arg, Bol, Perú: curandero*) Quacksalber(in) *m(f)* **2.** (*Perú*) Krankenpfleger(in) *m(f),* Krankenschwester *f;* (*camillero*) Sanitäter(in) *m(f)*
barco ['barko] *m* Schiff *nt;* **~ de cabotaje** Küsten(motor)schiff *nt;* **~ cisterna** Tanker *m;* **~ deportivo** Sportboot *nt;* **~ escuela** Schulschiff *nt;* **~ de guerra** Kriegsschiff *nt;* **~ mercante** Frachtschiff *nt;* **~ a motor** Motorboot *nt;* **~ de navegación interior** Binnenschiff *nt;* **~ de vapor/de vela** Dampf-/Segelschiff *nt;* **ir en ~** mit dem Schiff fahren
barda ['barða] *f* **1.** (*de paja*) Strohabdeckung *f* **2.** (NÁUT) dunkle Wolkenbank *f*
bardaguera [barða'ɣera] *f* (BOT) Korbweide *f*
bardal [bar'ðal] *m* (*valla o tapia cubierta de espinos*) Dornenabdeckung *f;* (*seto*) Dornenhecke *f;* **saltando ~es** (*fam fig*) Hals über Kopf
bardo ['barðo] *m* Barde *m*
baremar [bare'mar] *vt* nach einem Schlüssel [*o* einer Tabelle] berechnen
baremo [ba'remo] *m* **1.** (*tabla de cuentas*) Rechentafel *f* **2.** (*cuaderno*) Rechnungsbuch *nt* **3.** (*de tarifas*) Tariftabelle *f* **4.** (*escala de valores*) Kriterienkatalog *m;* **~ de distribu-**

ción Verteilerschlüssel *m;* ~ **salarial** Lohntabelle *f*

bargueño [bar'ɣeɲo] *m* kleine Kommode *f*

baria ['barja] *f* (FÍS) Bar *nt*

baricentro [bari'θeṇtro] *m* (FÍS) Schwerpunkt *m,* Baryzentrum *nt*

bario ['barjo] *m* (QUÍM) Barium *nt*

barisfera [baris'fera] *f* (GEO) Erdkern *m,* Barysphäre *f*

barita [ba'rita] *m* (QUÍM) Schwerspat *m,* Baryt *m*

barítono [ba'ritono] *m* (MÚS) **1.** (*voz*) Bariton *m* **2.** (*cantante*) Baritonist *m,* Bariton *m*

barlovento [barlo'βeṇto] *m* (NÁUT) Windseite *f,* Luv *f o nt;* **ganar el** ~ (*fig*) jdn in den Schatten stellen

barman ['barman] *m* <**bármanes**> Barmixer *m,* Barkeeper *m*

Barna. ['barna] *abr de* **Barcelona** Barcelona *nt*

barnacla [bar'nakla] *f* (ZOOL) Meergans *f;* ~ **carinegra** Ringelgans *f;* ~ **canadiense** Kanadagans *f;* ~ **cariblanca** [*o* **monjita**] Weißwangengans *f*

barniz [bar'niθ] *m* **1.** (*laca*) Lack *m;* (*para madera*) Firnis *m;* **dar una capa de** ~ **a algo** etw lackieren; **tener un** ~ **de conocimientos** (*fig*) oberflächliche Kenntnisse besitzen **2.** (*para loza*) Glasur *f* **3.** (*afeite*) Schminke *f*

barnizado [barni'θaðo] *m* (*efecto*) Lackierung *f;* (*acción*) Lackieren *nt*

barnizador(a) [barniθa'ðor(a)] **I.** *adj* Lackier-; **máquina** ~**a** Lackiermaschine *f* **II.** *m(f)* Lackierer(in) *m(f)*

barnizar [barni'θar] <z→c> *vt* **1.** (*pintar*) lackieren; (*madera*) firnissen **2.** (*loza*) glasieren

barógrafo [ba'roɣrafo] *m* (FÍS, METEO) Luftdruckschreiber *m,* Barograph *m*

barométrico, -a [baro'metriko, -a] *adj* (METEO) barometrisch; **altura barométrica** Barometerstand *m*

barómetro [ba'rometro] *m* Barometer *nt*

barón, -onesa [ba'ron, baro'nesa] *m, f* **1.** (*título*) Baron(in) *m(f)* **2.** (*en una asociación*) Boss *m,* (An)führer(in) *m(f)*

baronía [baro'nia] *f* Baronie *f*

barquero, -a [bar'kero, -a] *m, f* (*en un bote*) Ruderer, -in *m, f,* Rudrer(in) *m(f);* (*en una barca de pasaje*) Fährmann, -frau *m, f*

barquichuelo [barki'ʧwelo] *m* kleines Schiff *nt*

barquilla [bar'kiʎa] *f* **1.** (*barca*) kleiner Kahn *m,* Bötchen *nt* **2.** (*de un globo*) Gondel *f* **3.** (NÁUT) Log *nt* **4.** (*PRico, RDom: galleta*) (Eis)waffel *f*

barquillero[1] [barki'ʎero] *m* Waffeleisen *nt*

barquillero, -a[2] [barki'ʎero, -a] *m, f* Waffelverkäufer(in) *m(f)*

barquillo [bar'kiʎo] *m* (Eis)waffel *f*

barra ['barra] *f* **1.** (*pieza larga*) Stange *f;* ~ **combustible** Brennstab *m;* ~ **de ejercicios** (DEP) Schwebebalken *m;* ~ **de labios** Lippenstift *m;* ~ **de pegamento** Klebestift *m;* ~ **fija** (DEP) Reck *nt;* ~**s asimétricas** (DEP) Stufenbarren *m;* ~**s paralelas** (DEP) Barren *m* **2.** (*de pan*) Baguette *f o nt;* (*de chocolate*) Tafel *f* **3.** (*en un bar*) Tresen *m,* Theke *f;* **en la** ~ am Tresen; ~ **americana** intimes Nachtlokal **4.** (*raya*) Querstreifen *m;* (*signo gráfico*) Schrägstrich *m;* (MÚS) Taktstrich *m* **5.** (*de metales nobles*) Barren *m* **6.** (*barrera, t.* JUR) Schranke *f* (*im Gerichtssaal*) **7.** (*palanca*) Hebebaum *m* **8.** (*bajío estrecho*) Sandbank *f* **9.** (AUTO): ~ **de protección lateral** Seitenaufprallschutz *m* **10.** (INFOR): ~ **de botones** Buttonleiste *f;* ~ **de comandos** Befehlsleiste *f;* ~ **de desplazamiento** Schiebeleiste *f;* ~ **de enrollado** Bildlaufleiste *f;* ~ **espaciadora** Leertaste *f;* ~ **de estado** Statusleiste *f;* ~ **inclinada** Schrägstrich *m;* ~ **de inversa** Backslash *m;* ~ **de menú** Menüleiste *f;* ~ **de título** Titelleiste *f;* ~ **para el desplazamiento vertical** vertikale Schiebeleiste **11.** (*Am: de abogados*) Anwaltskammer *f* **12.** (*AmS: público*) Auditorium *nt* (*bei Gerichtsvehandlungen, Parlamentsdebatten usw.*) **13.** (*Arg: pandilla*) Clique *f* **14.** (*Chil, Perú: juego*) Wurfspiel *nt* **15.** (*Méx, RíoPl, Ven: desembocadura*) Flussmündung *f*

barrabás [barra'βas] *m* Schlingel *m;* **ser un** ~ ein Spitzbube [*o* Schlingel] sein

barrabasada [barraβa'saða] *f* Streich *m,* Spitzbüberei *f;* **hacerle una** ~ **a alguien** jdm einen Streich spielen

barraca [ba'rraka] *f* **1.** (*vivienda provisional*) Baracke *f* **2.** (*chabola*) Hütte *f* **3.** (*reg: vivienda rústica*) (mit Schilfrohr gedecktes) Bauernhaus *nt* **4.** (*Am:* MIL) Kaserne *f* **5.** (*Am: almacén*) Lager *nt* **6.** (*barracón*) Bude *f*

barracón [barra'kon] *m* Baracke *f;* (*en la feria*) (Jahrmarkts)bude *f;* ~ **de tiro al blanco** Schießbude *f*

barracuda [barra'kuða] *f* (ZOOL) Barrakuda *m,* Pfeilhecht *m*

barrado, -a [ba'rraðo, -a] *adj* gestreift

barragán [barra'ɣan] *m* **1.** (*tela*) Barchent *m* **2.** (*abrigo*) Barchentmantel *m*

barragana [barra'ɣana] *f* Konkubine *f*

barrancal [barraŋ'kal] *m* zerklüftetes Gelände *nt;* **aquellas montañas eran conocidas por sus peligrosos** ~**es** dieses Gebirge war bekannt für seine gefährlichen Steilabhänge und Schluchten

barranco [ba'rraŋko] *m* **1.** (*precipicio*) Abgrund *m;* (*despeñadero*) Schlucht *f* **2.** (*cauce*) Bachbett *nt* **3.** (*dificultad*) Hindernis *nt,* Schwierigkeit *f;* **estar en un** ~ in Schwierigkeiten stecken

barranquismo [barraŋ'kismo] *m* (DEP) *Kombination aus Steiluferklettern und Schwimmen*

barraquismo [barra'kismo] *m Existenz von Armenvierteln*

barrear [barre'ar] *vt* verbarrikadieren

barredera [barre'ðera] *f* (Straßen)kehrmaschine *f*

barredero[1] [barre'ðero] *m* Handfeger *m*
barredero, -a[2] [barre'ðero, -a] *adj* Schlepp-; **red barredera** Schleppnetz *nt*
barredor(a) [barre'ðor(a)] *m(f)* (Straßen)kehrer(in) *m(f)*
barredura [barre'ðura] *f* **1.** (*acción de barrer*) Kehren *nt* **2.** *pl* (*lo barrido*) Kehricht *m*
barreminas [barre'minas] *m inv* (MIL) Minensuchboot *nt*
barrena [ba'rrena] *f* **1.** (*taladrador*) Bohrer *m*, Bohrmaschine *f;* ~ **de mano** Handbohrer *m* **2.** (AERO) Trudeln *nt;* **entrar en** ~ ins Trudeln geraten
barrenado, -a [barre'naðo, -a] *adj* (*fam*) verrückt, übergeschnappt; **estar** ~ übergeschnappt sein, nicht mehr alle Tassen im Schrank haben
barrenar [barre'nar] *vt* **1.** (*perforar*) (durch)bohren **2.** (*planes*) durchkreuzen; (*leyes*) übertreten, missachten
barrendero, -a [barren̩'dero, -a] *m, f* Straßenkehrer(in) *m(f)*
barreno [ba'rreno] *m* **1.** (*barrena grande*) Bohrhammer *m* **2.** (*perforación*) Bohrloch *nt;* (*lleno de pólvora*) Sprengloch *nt* **3.** (*obsesión*) Zwangsvorstellung *f*
barreño [ba'rreɲo] *m* (Wasch)trog *m*
barrer [ba'rrer] *vt* **1.** (*habitación, calle*) kehren, fegen; ~ **hacia** [*o* **para**] **dentro** auf seinen eigenen Vorteil bedacht sein; **el viento barrió las nubes** der Wind fegte die Wolken fort; **tu vestido es tan largo que barre el suelo** du fegst mit deinem langen Kleid den Boden **2.** (*luz de un foco*) (hinweg)gleiten (über +*akk*), streifen **3.** (*un obstáculo*) beseitigen; ~ **con todo** mit allem fertig werden **4.** (*fam: derrotar*) haushoch schlagen
barrera [ba'rrera] *f* **1.** (*barra*) Schranke *f;* (*en la frontera*) Schlagbaum *m;* ~ **aduanera** Zollschranke *f;* ~ **comercial** Handelsschranke *f;* ~**s de entrada/de salida** (COM) Einfuhr-/Ausfuhrschranken *fpl;* ~ **lingüística** Sprachbarriere *f;* ~ **del sonido** Schallmauer *f;* **no reconocer ~s** (*fig*) keine Grenzen kennen; **levantar/suprimir ~s comerciales** (**a un producto**) Handelsschranken (für ein Produkt) errichten/beseitigen; **romper** [*o* **traspasar**] **la** ~ **de sonido** die Schallmauer durchbrechen **2.** (*valla*) Barriere *f,* Absperrung *f* **3.** (DEP) Mauer *f;* **formar** ~ eine Mauer bilden **4.** (TAUR) erste Sitzreihe *f*
barrero [ba'rrero] *m* **1.** (*alfarero*) Töpfer *m* **2.** (*barrizal*) Lehmgrube *f*
bar-restaurante [ba(r)-rrestau̯'ran̩te] *m* <bares-restaurante> (Speise)gaststätte *f*
barretear [barrete'ar] *vt* verriegeln
barretina [barre'tina] *f katalanische Mütze von ähnlicher Form wie die Jakobinermütze*
barriada [ba'rrjaða] *f* **1.** (*barrio*) (Stadt)viertel *nt* **2.** (*Am: barrio pobre*) Elendsviertel *nt*
barrica [ba'rrika] *f* kleines Fass *nt*
barricada [barri'kaða] *f* Barrikade *f;* **levantar ~s** Barrikaden errichten
barrido [ba'rriðo] *m* **1.** (*el barrer*) Kehren *nt;* **dar un** ~ **a algo** etw oberflächlich kehren; (*fam fig*) etw kurz wiederholen **2.** (*barreduras*) Kehricht *m;* **servir lo mismo para un** ~ **que para un fregado** (*fig*) in allen Sätteln gerecht sein, universell einsetzbar sein
barriga [ba'rriɣa] *f* **1.** (*vientre*) Bauch *m;* **echar** ~ einen Bauch ansetzen; **llenarse la** ~ sich *dat* den Bauch voll schlagen *fam;* **rascarse** [*o* **tocarse**] **la** ~ faulenzen, bummeln **2.** (*de una vasija*) Ausbauchung *f,* Wölbung *f* **3.** (*de una pared*) Ausbuchtung *f*
barrigón[1] [barri'ɣon] *m* dicker Bauch *m*
barrigón, -ona[2] [barri'ɣon, -ona] **I.** *adj* dickbäuchig; **volverse** ~ dick werden, Fett ansetzen; **al que nace** ~ **es al ñudo que lo fajen** (*Am: prov*) was einmal angeboren geht nicht mehr verloren **II.** *m, f* **1.** (*gordo*) Dicke(r) *mf,* Fettwanst *m fam pey* **2.** (*Ant: niño*) kleines Kind *nt*
barrigudo, -a [barri'ɣuðo, -a] *adj o m, f v.* **barrigón**[2]
barril [ba'rril] *m* **1.** (*cuba*) Fass *nt;* ~ **de cerveza** Bierfass *nt;* **cerveza de** ~ Fassbier *nt;* **ser un** ~ **de pólvora** (*fig*) einem Pulverfass gleichen **2.** (*unidad de medida*) Barrel *nt;* **el precio del** ~ **de petróleo ha subido** der Preis für das Barrel Erdöl ist gestiegen **3.** (*Am: cometa*) Drachen *m*
barrila [ba'rrila] *f* (*reg*) bauchiger Krug *m*
barrilería [barrile'ria] *f* Böttcherei *f,* Küferei *f*
barrilete [barri'lete] *m* **1.** (*barril pequeño*) Fässchen *nt* **2.** (*que usan los carpinteros*) Zwinge *f* **3.** (*en un revolver*) Trommel *f* **4.** (*Am: cometa*) Drachen *m*
barrilla [ba'rriʎa] *f* (BOT) Salzkraut *nt*
barrillo [ba'rriʎo] *m* Pickel *m*
barrio ['barrjo] *m* **1.** (*zona de una ciudad*) (Stadt)viertel *nt,* Stadtteil *m;* ~**s bajos** Armenviertel *ntpl;* ~ **chino** Rotlichtviertel *nt;* ~ **comercial** Einkaufsviertel *nt;* ~ **obrero** Arbeiterviertel *nt;* ~ **residencial** Wohnviertel *nt;* **irse al otro** ~ (*fam fig*) abkratzen; **mandar al otro** ~ (*fam fig*) ins Jenseits befördern **2.** (*arrabal*) Vorstadt *f*
barriobajero, -a [barrjoβa'xero, -a] *adj* **1.** (*de un barrio bajo*) aus einem Arbeiterviertel; (*en un barrio bajo*) in einem Arbeiterviertel **2.** (*común*) gewöhnlich **3.** (*vulgar*) vulgär
barrista [ba'rrista] *mf* (*circo*) Reckartist(in) *m(f)*
barritar [barri'tar] *vi* (*elefante*) trompeten
barrito [ba'rrito] *m* (*elefante*) Trompeten *nt*
barrizal [barri'θal] *m* Sumpf *m,* Morast *m*
barro ['barro] *m* **1.** (*lodo*) Schlamm *m* **2.** (*arcilla*) (Töpfer)ton *m;* **de** ~ irden, tönern, Ton-; **tener** ~ **a mano** (*fam*) Geld wie Heu haben **3.** (*granito*) Pickel *m*
barroco[1] [ba'rroko] *m sin pl* Barock *m o nt*
barroco, -a[2] [ba'rroko, -a] *adj* barock
barrón [ba'rron] *m* (BOT) Strandhafer *m*
barroquismo [barro'kismo] *m* barocker Stil *m,* barocke Art *f*

barroso, **-a** [ba'rroso, -a] *adj* **1.** (*lodoso*) schlammig **2.** (*granuloso*) pickelig

barrote [ba'rrote] *m* **1.** (*barra*) (Eisen)stange *f;* **entre ~s** (*fam*) hinter Gittern **2.** (*para reforzar*) Querlatte *f*

barruntar(se) [barrun̩'tar(se)] *vt, vr* ahnen, vermuten

barrunte [ba'rrun̩te] *m* Hinweis *m,* (An)zeichen *nt*

barrunto [ba'rrun̩to] *m* **1.** (*conjetura*) (Vor)ahnung *f,* Vermutung *f;* (*sospecha*) Verdacht *m;* **tener ~s de que...** vermuten, dass ... **2.** (*indicio*) (An)zeichen *nt*

bartola [bar'tola] *f* (*fam*): **echarse** [*o* **tumbarse**] **a la ~** sich auf die faule Haut legen; **tomarse algo a la ~** etw auf die leichte Schulter nehmen

bártulos ['bartulos] *mpl* (Sieben)sachen *fpl;* **liar los ~** (*fam*) seine Siebensachen packen

barullero, **-a** [baru'ʎero, -a] **I.** *adj* streitlustig **II.** *m, f* Unruhestifter(in) *m(f),* Quertreiber(in) *m(f)*

barullo [ba'ruʎo] *m* (*fam*) **1.** (*ruido*) Krach *m,* Lärm *m;* **armar ~** Krach machen, lärmen **2.** (*desorden*) Durcheinander *nt;* (*ruidoso*) Tumult *m* **3.** (*loc*): **a ~** in rauen Mengen

basa ['basa] *f* **1.** (*de una columna*) Basis *f,* Sockel *m* **2.** (*base*) Basis *f,* Grundlage *f*

basada [ba'saða] *f* (NÁUT) Ablaufschlitten *m*

basal [ba'sal] *adj* (BIOL, MED) Basal-, Grund-; **la temperatura ~ del paciente** die Grundtemperatur des Patienten

basalto [ba'sal̩to] *m* Basalt *m*

basamento [basa'men̩to] *m* (*de una columna*) Postament *nt,* Sockel *m;* (*de una casa*) Fundament *nt*

basar [ba'sar] **I.** *vt* **1.** (*asentar*) (auf)stellen, errichten (*sobre* auf +*dat*) **2.** (*fundar*) basieren (*sobre/en* auf +*dat*), (sich) stützen (*sobre/en* auf +*akk*); **basa sus argumentos en una teoría anticuada** seine/ihre Argumente basieren auf einer veralteten Theorie **II.** *vr:* **~se** (*teoría*) basieren (*en* auf +*dat*), sich gründen (*en* auf +*dat*); (*persona*) sich stützen (*en* auf +*akk*); **se basa en lo que aprendió en clase** er/sie stützt sich auf das, was er/sie im Unterricht gelernt hat

basca ['baska] *f* **1.** (MED: *espasmo*) Übelkeit *f;* **tener ~s** Brechreiz haben; **esto me produce** [*o* **da**] **~s** davon wird mir übel **2.** (*fam: arrebato*) Wutanfall *m;* **le entró la ~** er/sie bekam einen Wutanfall **3.** (*en animales*) Tollwut *f* **4.** (*fam: gentío*) Haufen *m* (Leute); **vino toda la ~** es kam die ganze Bande

bascosidad [baskosi'ða^ð] *f* **1.** (*suciedad*) Schmutz *m* **2.** (*Ecua: insulto*) Schimpfwort *nt*

bascoso, **-a** [bas'koso, -a] *adj* **1.** (MED) Übelkeit verspürend **2.** (*Col, Ecua: nauseabundo*) Ekel erregend **3.** (*Col, Ecua: indigno*) gemein, niederträchtig **4.** (*Col, Ecua: obsceno*) obszön

báscula ['baskula] *f* **1.** (*para medir pesos*) (Schnell)waage *f;* **~ de cocina** Küchenwaage *f* **2.** (*en una fortificación*) Hebebaum *m*

basculante [basku'lan̩te] *adj* kippbar; **camión ~** Kipper *m*

bascular [basku'lar] *vi* **1.** (*inclinarse*) kippen **2.** (*oscilar*) wippen, schwingen

base ['base] *f* **1.** (*lo fundamental*) Basis *f,* Grundlage *f;* **~ de cálculo** (*de los impuestos,* FIN) Bemessungsgrundlage *f;* (*de la seguridad social*) Berechnungsgrundlage *f;* **~ de cotización** Beitragsbemessungsgrundlage *f;* **~ de datos** (INFOR) Datenbank *f;* **~ de datos distribuida** (INFOR) verteilte Datenbank; **~ de datos relacional** (INFOR) relationale Datenbank; **~ de la discusión** Diskussionsgrundlage *f;* **~ imponible** [*o* **de imposición**] (FIN) Steuerbemessungsgrundlage *f,* Steuerbasis *f;* **~ liquidable** (FIN) zu versteuerndes Einkommen; **~ monetaria** (FIN) monetäre Basis, Geldbasis *f;* **documento ~** (INFOR) Basisdokument *nt;* **a ~ de** auf Grund [*o* aufgrund] von +*dat,* mittels +*gen;* **a ~ de bien** (*fam*) sehr gut; **carecer de ~** jeder Grundlage entbehren; **elaborado a ~ de...** hergestellt mit ... +*dat;* **partir de la ~ de que...** davon ausgehen, dass ...; **sentar las ~s para algo** die Grundlagen für etw schaffen; **mi sueldo ~ no es muy alto** mein Grundgehalt ist nicht sehr hoch **2.** (ARQUIT) Unterbau *m,* Sockel *m* **3.** (POL) Basis *f* **4.** (MAT) Basis *f,* Grundzahl *f;* (*superficie*) Grundfläche *f;* (*línea*) Grundlinie *f* **5.** (MIL) Basis *f,* Stützpunkt *m;* **~ aérea/naval** Luft-/Flottenstützpunkt *m* **6.** (QUÍM) Base *f* **7.** (DEP: *béisbol*) Mal *nt*

baseláceo, **-a** [base'laθeo, -a] *adj* (BOT) Basell-; **plantas baseláceas** Basellgewächse *ntpl*

BASIC ['beisi^k] *m abr de* **Beginners All Purpose Symbolic Instruction Code** (INFOR) BASIC *nt*

basicidad [basiθi'ða^ð] *f* (QUÍM) Basizität *f*

básico, **-a** ['basiko, -a] *adj* **1.** (*fundamental*) grundlegend, Grund-; **conocimientos ~s** Grundkenntnisse *fpl;* **productos ~s** (ECON) Grundprodukte *ntpl,* Rohstoffe *mpl* **2.** (QUÍM) basisch

Basilea [basi'lea] *f* Basel *nt*

basílica [ba'silika] *f* Basilika *f*

basilisco [basi'lisko] *m* (*Am:* ZOOL) Leguan *m;* **estar hecho un ~** fuchsteufelswild sein

basket ['baske^t] *m sin pl* Basketball *m*

basquear [baske'ar] **I.** *vi* Übelkeit verspüren **II.** *vt* Übelkeit hervorrufen

básquet(bol) ['basket(βol)] *m sin pl* Basketball *m*

basta ['basta] *f* **1.** (*hilván*) Heftstich *m;* (*línea*) Heftnaht *f,* Steppnaht *f* **2.** (*Am: bastilla*) Saum *m*

bastante [bas'tan̩te] **I.** *adj* genügend, ausreichend (*para* für +*akk,* um zu +*inf*); **no tengo ~ dinero para ir al cine** ich habe nicht genügend Geld um ins Kino zu gehen; **no tengo ~ dinero para un coche de lujo** ich habe nicht genügend Geld für einen Luxuswagen; **tengo ~ frío** mir ist ziemlich kalt **II.** *adv* (*sufi-*

cientemente) genug; (*considerablemente*) ziemlich; ~ **bien/mal** ziemlich gut/schlecht; **con esto tengo** ~ das genügt mir; **tardará** ~ das wird ziemlich lange dauern; **gana** ~ er/sie verdient ziemlich gut

bastantear [bastan̦te'ar] **I.** *vt* (JUR: *documento*) beglaubigen **II.** *vi* (JUR) die Vollmacht bestätigen

bastanteo [bastan̦'teo] *m* (FIN): ~ **de poderes** Überprüfung *f* von Vollmachten

bastar [bas'tar] **I.** *vi* (aus)reichen, genügen; **¡basta!** genug!, Schluss!; **basta de palabras** genug der Worte; **basta con...** +*inf* es genügt zu ... +*inf*, es reicht, wenn [*o* dass ...]; **basta con llamar por teléfono** es genügt, anzurufen; **basta y sobra** das ist mehr als genug; **me basta con 1.000 pesetas** 1.000 Peseten genügen mir **II.** *vr:* ~**se a sí mismo** sich *dat* selbst genug sein; ~**se (uno) solo** alleine zurechtkommen

bastardear [bastarðe'ar] **I.** *vi* **1.** (BOT: *plantas*) degenerieren **2.** (*personas*) degenerieren, entarten; ~ **de algo/alguien** etw/jdm abtrünnig werden **II.** *vt* verfälschen

bastardía [bastar'ðia] *f* **1.** (*degeneración*) Entartung *f* **2.** (*bajeza*) Gemeinheit *f*

bastardilla [bastar'ðiʎa] *f* **1.** (TIPO) Kursive *f*, Kursivschrift *f*; **escrito en** ~ kursiv (gedruckt) **2.** (*instrumento*) *eine Art Flöte*

bastardo, **-a** [bas'tarðo, -a] **I.** *adj* **1.** (*persona*) unehelich **2.** (BOT: *planta*) hybrid, gemischt **3.** (*vil, infame*) schändlich **II.** *m, f* Bastard *m*

bastear [baste'ar] *vt* heften

bastedad [baste'ðaᵈ] *f* Grobheit *f*

basteza [bas'teθa] *f* (*falta de delicadeza*) Plumpheit *f*; (*grosería*) Grobheit *f*

bastidor [basti'ðor] *m* **1.** (TÉC) Rahmen *m*, Gestell *nt*; (*de coche*) Fahrgestell *nt* **2.** (*de puerta*) Türrahmen *m*; (*de ventana*) Fensterrahmen *m*; (*de lienzo*) Rahmen *m*; (*de tela*) Stickrahmen *m* **3.** (TEAT) Kulisse *f*; **entre** ~**es** hinter den Kulissen **4.** (*Col, Chil: celosía*) Gitter *nt* **5.** (*Cuba, RDom: colchón*) Metallfederrost *m*

bastilla [bas'tiʎa] *f* Saum *m*

bastillar [basti'ʎar] *vt* (ein)säumen, einfassen

bastimento [basti'men̦to] *m* **1.** (*provisión*) Proviant *m* **2.** (*embarcación*) Schiff *nt*

bastión [bas'tjon] *m* Bastion *f*, Bollwerk *nt*

basto, **-a** ['basto, -a] *adj* **1.** (*grosero*) grob, roh; (*vulgar*) vulgär **2.** (*superficie*) rau **3.** (*mal hecho*) minderwertig

bastón [bas'ton] *m* **1.** (*para andar*) (Spazier)stock *m*; (*para esquiar*) (Ski)stock *m* **2.** (*de mando*) Stab *m*; **empuñar el** ~ das Kommando übernehmen; **meter el** ~ schlichtend eingreifen

bastonazo [basto'naθo] *m* Stockschlag *m*

bastoncillo [baston̦'θiʎo] *m dim de* **bastón** Stäbchen *nt*; ~**s de algodón** Wattestäbchen *ntpl*

bastonear [bastone'ar] *vt* prügeln, (mit einem Stock) schlagen

bastonera [basto'nera] *f* Schirmständer *m*

bastonero[1] [basto'nero] *m* (*Ven: chulo*) Zuhälter *m*; (*granuja*) Gauner *m*

bastonero, **-a**[2] [basto'nero, -a] *m, f* (*maestro de ceremonias*) Zeremonienmeister(in) *m(f)*

bastos ['bastos] *mpl spanische Spielkartenfarbe;* **as de** ~ ≈Kreuz-Ass *nt;* **pintar** ~ (*fam fig*) in Schwierigkeiten stecken

basura [ba'sura] *f* **1.** (*desperdicios*) Abfall *m*, Müll *m*; ~ **espacial** Weltraummüll *m*; ~ **del hogar** Hausmüll *m*; **echar** [*o* **tirar**] **algo a la** ~ etw in den Müll werfen, etw wegwerfen; **prohibido arrojar** ~ Müll abladen verboten **2.** (*lo despreciable*) Schund *m*; **esta película es una** ~ dieser Film ist großer Schund

basural [basu'ral] *m* (*Am*) Müll(ablade)platz *m*, Mülldeponie *f*

basurear [basure'ar] *vt* (*Arg, Urug*) **1.** (*vulg: tratar despectivamente*) wie (den letzten) Dreck behandeln **2.** (*vencer*) kleinkriegen

basurero[1] [basu'rero] *m* **1.** (*vertedero*) Müll(ablade)platz *m*, Mülldeponie *f* **2.** (*recipiente*) Mülleimer *m*, Abfalleimer *m*

basurero, **-a**[2] [basu'rero, -a] *m, f* Müllwerker(in) *m(f)*, Müllmann *m fam*

bata ['bata] *f* **1.** (*albornoz*) Morgenrock *m*, Morgenmantel *m* **2.** (*guardapolvos*) Kittel *m* **3.** (*vestido*) Kleid *nt*; ~ **de cola** *Kleid der Flamencotänzerin* **4.** (*Chil: para juegos*) Schläger *m* **5.** (*Chil: para ropa*) Wäscheschlägel *m*

batacazo [bata'kaθo] *m* **1.** (*golpe*) Bums *m fam*, dumpfer Schlag *m* **2.** (*caída*) Fall *m*, Sturz *m*; **se pegó** [*o* **dio**] **un** ~ (*fam: caerse*) es hat ihn/sie hingeschlagen; (*fracasar*) er/sie ist auf die Nase gefallen **3.** (*CSur: golpe de suerte*) Glückstreffer *m*

bataclán [bata'klan] *m* (*Am*) Stripteasevorführung *f*

bataclana [bata'klana] *f* (*Am*) Stripteasetänzerin *f*

batahola [bata'ola] *f* (*fam*) großer Lärm *m*, Spektakel *m*

batalla [ba'taʎa] *f* **1.** (MIL: *episodio bélico*) Schlacht *f*; (*combate*) Gefecht *nt*; ~ **campal** Feldschlacht *f*; (*fig*) heftige Auseinandersetzung; ~ **de almohadas** Kissenschlacht *f*; **dar** [*o* **librar una**] ~ sich eine Schlacht liefern **2.** (*lucha interior*) Kampf *m* **3.** (AUTO) Achsabstand *m*

batallador(a) [bataʎa'ðor(a)] **I.** *adj* kämpferisch **II.** *m(f)* Kämpfer(in) *m(f)*

batallar [bata'ʎar] *vi* **1.** (*con armas*) kämpfen (*con* mit +*dat*, *contra* gegen +*akk*) **2.** (*disputar*) streiten, zanken; ~ **por algo** um etw kämpfen, sich für etw einsetzen

batallita [bata'ʎita] *f* Anekdote *f*; **contar** ~**s** (*fam*) Anekdoten aus seinem Leben erzählen

batallón[1] [bata'ʎon] *m* **1.** (MIL) Bataillon *nt*; ~ **de castigo** [*o* **disciplinario**] Strafbataillon *nt* **2.** (*fam: grupo*) Horde *f*

batallón, **-ona**[2] [bata'ʎon, -ona] *adj* Streit-;

actitud batallona kämpferische Haltung; **una cuestión batallona** eine umstrittene [*o* viel diskutierte] Frage

batán [ba'tan] *m* **1.** (*máquina*) Walke *f* **2.** (*Am: piedra lisa*) Mühlstein *m* **3.** (*Chil: tintorería*) Färberei *f*

batanear [batane'ar] *vt* schlagen, (ver)prügeln

batata [ba'tata] **I.** *adj* **1.** (*PRico, Urug: tímido*) kleinmütig, zaghaft **2.** (*PRico: fam: rechoncho*) pumm(e)lig, rundlich **II.** *f* **1.** (*planta*) Batate *f* **2.** (*tubérculo*) Süßkartoffel *f* **3.** (*Arg, Par, Urug: susto*) Schreck(en) *m* **4.** (*Arg, Par, Urug: vergüenza*) Scham *f* **5.** (*Col, PRico, RDom, Ven: loc*): ~ **de la pierna** Wade *f*

batatar [bata'tar] *m* (AGR) Batatenfeld *nt*

batayola [bata'ɟola] *f* (NÁUT) Hängemattenkasten *m*

batazo [ba'taθo] *m* (DEP: *béisbol*) Schlag *m* (mit dem Baseballschläger)

bate ['bate] *m* **1.** (DEP) Schlagholz *nt;* ~ **de béisbol** Baseballschläger *m* **2.** (*Col: bebida*) Fruchtgetränk *nt* **3.** (*Cuba: buscavidas*) Schnüffler(in) *m(f)*

batea [ba'tea] *f* **1.** (*bandeja*) Tablett *nt* **2.** (*Am: artesa*) (Wasch)trog *m* **3.** (*barquichuelo*) Kahn *m* **4.** (FERRO) offener Güterwagen *m*

bateador(a) [batea'ðor(a)] *m(f)* (DEP) Schlagmann *m,* Schläger(in) *m(f)*

batear [bate'ar] *vt* (DEP) (mit dem Schlagholz) schlagen

batel [ba'tel] *m* (Paddel)boot *nt*

batelero, -a [bate'lero, -a] *m, f* (NÁUT) Bootsführer(in) *m(f)*

batería¹ [bate'ria] *f* **1.** (*t.* MIL, ELEC, TÉC) Batterie *f;* ~ **de cocina** (Koch)topf-Set *nt;* ~ **solar** Solarzelle *f;* **una** ~ **de medidas** (*fig*) eine ganze Batterie (von) Maßnahmen; **aparcar en** ~ quer parken **2.** (TEAT) Rampenlicht *nt* **3.** (MÚS) Schlagzeug *nt;* **tocar la** ~ Schlagzeug spielen **4.** (*Méx: loc*): **ese asunto me da** ~ diese Angelegenheit macht mir zu schaffen

batería² [bate'ria] *mf,* **baterista** [bate'rista] *mf* Schlagzeuger(in) *m(f)*

batial [ba'tjal] *adj* bathyal, Bathyal-; **la zona** ~ die Bathyalzone

batiborrillo [batiβo'rriʎo] *m,* **batiburrillo** [batiβu'rriʎo] *m* **1.** (*mezcla*) Mischmasch *m* **2.** (*desorden*) Durcheinander *nt*

batida [ba'tiða] *f* **1.** (*de los cazadores*) Treibjagd *f* **2.** (*de la policía*) Razzia *f;* **dar una** ~ eine Razzia veranstalten **3.** (*Perú, PRico: paliza*) Prügel *mpl,* Schläge *mpl* **4.** (*Perú: persecución*) Verfolgungsjagd *f*

batidera [bati'ðera] *f* (*azadón para batir argamasa*) Rührschaufel *f*

batidero [bati'ðero] *m* **1.** (*golpes incesantes*) ständiges Schlagen *nt;* (*de tambor*) ständiges Trommeln *nt;* **tanto** ~ **me producía un dolor de cabeza insoportable** dieses pausenlose Getöse bereitete mir unerträgliche Kopfschmerzen **2.** (*camino desigual*) holperiger Weg *m;* (*tramo*) holperige Strecke *f*

batido¹ [ba'tiðo] *m* **1.** (*bebida*) Shake *m,* Mixgetränk *nt;* ~ **de fresa** Erdbeershake *m;* ~ **de leche** Milchmixgetränk *nt,* Milchshake *m* **2.** (*masa*) (Flüssig)teig *m* **3.** (*de huevos*) geschlagene Eier *ntpl;* (*de claras*) Eischnee *m*

batido, -a² [ba'tiðo, -a] *adj* **1.** (*seda*) changeant, schillernd **2.** (*camino*) ausgetreten

batidor [bati'ðor] *m* **1.** (*instrumento para batir*) Schneebesen *m* **2.** (*en la caza*) Treiber *m* **3.** (*explorador*) Späher *m,* Kundschafter *m* **4.** (*peine*) großzinkiger Kamm *m* **5.** (*Arg: soplón*) Verräter(in) *m(f)*

batidora [bati'ðora] *f* Mixer *m*

batiente [ba'tjen̩te] **I.** *adj* schlagend **II.** *m* **1.** (*de ventanas*) Leiste *f;* (*de puertas*) (Tür)pfosten *m* **2.** (*hoja de puerta*) (Tür)flügel *m;* (*hoja de ventana*) (Fenster)flügel *m;* **ventana de un** ~ einflüg(e)liges Fenster **3.** (MÚS) Dämpfer *m* **4.** (*roca*) Klippe *f;* (*dique*) Wellenbrecher *m*

batifondo [bati'fon̩do] *m* (*CSur: fam: alboroto*) Krach *m;* (*disturbio*) Aufruhr *m,* Tumult *m;* (*zozobra*) Aufregung *f*

batik [ba'tik] *m sin pl* Batik *m o f*

batimetría [batime'tria] *f v.* **batometría**

batímetro [ba'timetro] *m v.* **batómetro**

batimiento [bati'mjen̩to] *m* Schlagen *nt*

batín [ba'tin] *m* Morgenrock *m* (*für Männer*)

batintín [batin̩'tin] *m* (MÚS) Gong *m*

batir [ba'tir] **I.** *vt* **1.** (*golpear*) schlagen; ~ **las alas** mit den Flügeln schlagen; ~ **las claras a punto de nieve** das Eiweiß steif schlagen; ~ **palmas** (Beifall) klatschen **2.** (*viento*) stürmen (gegen +*akk*); (*olas*) branden (an/gegen +*akk*); (*lluvia*) prasseln (auf/an/gegen +*akk*); **la lluvia bate las ventanas** der Regen prasselt an die Fenster **3.** (*metal*) schmieden **4.** (*moneda*) prägen **5.** (*casa*) abreißen, niederreißen **6.** (*toldo*) abbauen **7.** (*privilegio*) abschaffen **8.** (*enemigo, contrario*) besiegen, bezwingen, schlagen; ~ **un récord** einen Rekord brechen; **en natación bate a cualquiera** im Schwimmen schlägt er/sie jeden **9.** (MIL) unter Feuer nehmen **10.** (*un terreno*) erkunden; (*en busca de algo/alguien*) absuchen, durchkämmen **11.** (*Arg, Par, Urug: denunciar*) denunzieren **12.** (*Chil, Guat, Perú: aclarar*) ausspülen **II.** *vr:* ~**se 1.** (*combatir*) kämpfen **2.** (*en duelo*) sich schlagen

batiscafo [batis'kafo] *m* Bathyskaph *m*

batisfera [batis'fera] *f* (Tiefsee)tauchkugel *f,* Bathysphäre *f*

batista [ba'tista] *f* Batist *m*

bato¹ ['bato] *m* Tölpel *m*

bato, -a² ['bato, -a] *m, f* (*argot*) Alte(r) *mf;* **mi bata me dijo ayer...** meine Alte hat mir gestern gesagt ...

batojar [bato'xar] *vt* (AGR: *varear*) vom Baum schlagen

batolito [bato'lito] *m* (GEO) Batholith *m*

batometría [batome'tria] *f* Tiefenmessung *f,*

Bathymetrie *f*

batómetro [ba'tometro] *m* Bathometer *nt,* Tiefseelot *nt*

batracio [ba'traθjo] *m* Froschlurch *m*

batuda [ba'tuða] *f* (DEP) Sprungfolge *f* (*auf dem Trampolin*)

Batuecas [ba'twekas] *fpl:* **estar en las ~** in Gedanken verloren [*o* nicht bei der Sache] sein

baturrillo [batu'rriʎo] *m* Mischmasch *m*

baturro, -a [ba'turro, -a] **I.** *adj* **1.** (*testarudo*) dickköpfig **2.** (*aragonés*) aragonisch **II.** *m, f* **1.** (*aragonés*) aragonischer Bauer *m,* aragonische Bäuerin *f* **2.** (*persona tosca*) ungehobelte Person *f,* Tollpatsch *m,* Bauer *m fam*

batuta [ba'tuta] *f* (MÚS) Taktstock *m;* **bajo la ~ de** unter der Leitung von; **llevar la ~** (*fam fig*) den Takt [*o* Ton] angeben

baudio ['bau̯ðjo] *m* (INFOR) Baud *nt*

baúl [ba'ul] *m* **1.** (*mueble*) Truhe *f;* **~ de viaje** Schrankkoffer *m* **2.** (*Am: portamaletas*) Kofferraum *m* **3.** (*fam: vientre*) Wanst *m,* Bauch *m;* **henchir** [*o* **llenar**] **el ~** sich *dat* den Wanst voll schlagen

bausán, -ana [bau̯'san, -ana] **I.** *adj* **1.** (*tonto*) dumm **2.** (*Am: perezoso*) faul **II.** *m, f* Strohpuppe *f*

bautismal [bau̯tis'mal] *adj* Tauf-; **pila ~** Taufbecken *nt*

bautismo [bau̯'tismo] *m* Taufe *f;* **~ de fuego** Feuertaufe *f;* **~ de sangre** Märtyrertod *m;* **romper el ~ a alguien** (*fam*) jdm den Schädel einschlagen

bautista [bau̯'tista] *mf* Baptist(in) *m(f);* **San Juan B~** Johannes der Täufer

bautisterio [bau̯tis'terjo] *m* (*elev*) *v.* **baptisterio**

bautizar [bau̯ti'θar] <z→c> *vt* **1.** (REL) taufen; **la ~on con el nombre de Tabea** sie wurde auf den Namen Tabea getauft **2.** (*nombrar*) taufen, einen Namen geben; **lo ~on con el apodo de El Bigotes** sie haben ihm den Spitznamen El Bigotes gegeben **3.** (*fam: mojar*) bespritzen **4.** (*fam: vino, leche*) verwässern; **~ el vino** Wein panschen

bautizo [bau̯'tiθo] *m* Taufe *f;* (*ceremonia*) Taufakt *m;* (*fiesta*) Tauffeier *f*

bauxita [bau̯^{y}'sita] *f* Bauxit *m*

bávaro, -a ['baβaro, -a] **I.** *adj* bay(e)risch **II.** *m, f* Bayer(in) *m(f)*

Baviera [ba'βjera] *f* Bayern *nt*

baya ['baɟa] *f* **1.** (*fruto*) Beere *f* **2.** (*Chil: zumo*) Traubensaft *m*

bayeta [ba'ɟeta] *f* **1.** (*tela de lana*) grober Flanell *m* **2.** (*para fregar*) Scheuer-, Putzlappen *m*

bayetón [baɟe'ton] *m* Molton *m;* **con su abrigo de ~ parecía más gruesa** in ihrem Moltonmantel wirkte sie fülliger

bayo, -a ['baɟo] **I.** *adj* falb **II.** *m, f* Falbe *m*

bayón [ba'ɟon] *m* Sackleinen *nt*

bayoneta [baɟo'neta] *f* Bajonett *nt*

bayoya [ba'ɟoɟa] *m* (*PRico, RDom*) Tohuwabohu *nt*

baza ['baθa] *f* **1.** (*naipes*) Stich *m;* **hacer una ~** einen Stich machen; **meter ~** (*fam*) sich einmischen (*en* in +*akk*); **ganar todas las ~s** alle Stiche bekommen; **no dejar meter ~ a nadie** (*fam*) niemanden zu Wort kommen lassen **2.** (*provecho*) Nutzen *m;* **hacer ~** vorankommen; **sacar ~ de algo** seinen Vorteil aus etw ziehen

bazar [ba'θar] *m* **1.** (*mercado*) Basar *m;* **~ benéfico** Wohltätigkeitsbasar *m* **2.** (*gran almacén*) Warenhaus *nt*

bazo[1] ['baθo] *m* (ANAT) Milz *f*

bazo, -a[2] ['baθo, -a] *adj* gelbbraun

bazofia [ba'θofja] *f* **1.** (*restos de comida*) Speisereste *mpl* **2.** (*comida*) schlechtes Essen *nt,* Fraß *m fam* **3.** (*cosa*) Schund *m;* **la película es una ~** der Film ist großer Schund

bazuca [ba'θuka] *f* Bazooka *f*

bazucar [baθu'kar] <c→qu> *vt* schütteln; **bazuquear** [baθuke'ar] *vt v.* **bazucar**

bazuqueo [baθu'keo] *m* Schütteln *nt*

BBV [beβe'uβe] *m* (FIN) *abr de* **Banco Bilbao-Vizcaya** *spanische Großbank*

BC [be'θe] *m* (FIN) *abr de* **Banco Central** *frühere spanische Großbank*

BCH [beθe'atʃe] *m* (FIN) *abr de* **Banco Central Hispano** *spanische Großbank*

BCI [beθe'i] *m* (FIN) *abr de* **Banco de Crédito Industrial** *spanische Bank*

b.d.i. [beðe'i] (FIN) *abr de* **beneficio después de impuestos** Gewinn *m* nach Steuern

be [be] **I.** *interj* mäh **II.** *f* B *nt;* **~ por ~** in allen Einzelheiten; **tener las tres ~s** (*bueno, bonito y barato*) hervorragend sein

beat [bi^{t}] *adj inv* der Beat-Generation angehörend, Beat-Generation-

beata [be'ata] *f* **1.** (REL) Laienschwester *f* **2.** (*pey: mujer devota*) Betschwester *f,* Frömmlerin *f* **3.** (*fam: moneda*) Pesete *f*

beatería [beate'ria] *f* **1.** (*devoción exagerada*) Frömmelei *f* **2.** (*devoción falsa*) Scheinheiligkeit *f*

beaterio [bea'terjo] *m* (REL) Beginenhof *m*

beatificación [beatifika'θjon] *f* Seligsprechung *f*

beatificar [beatifi'kar] <c→qu> *vt* selig sprechen

beatífico, -a [bea'tifiko, -a] *adj* (glück)selig

beatitud [beati'tu^{ð}] *f* (Glück)seligkeit *f;* **Su B~** Seine Heiligkeit

beato, -a [be'ato, -a] **I.** *adj* **1.** (*elev: feliz*) glücklich **2.** (*beatificado*) selig **3.** (*piadoso*) fromm, frömmlich *pey* **II.** *m, f* **1.** (*persona beatificada*) Selige(r) *mf* **2.** (*exageradamente devota*) Frömmler(in) *m(f)*

bebe, -a ['beβe, -a] *m, f* (*Am*) Baby *nt*

bebé [be'βe] *m* Baby *nt*

bebedera [beβe'ðera] *f* (*Méx*) Besäufnis *f o nt*

bebedero[1] [beβe'dero] *m* **1.** (*para animales*) Tränke *f;* (*para animales domésticos*) Trinkschale *f* **2.** (*de jarro*) Schnabel *m*

bebedero, -a[2] [beβe'dero, -a] *adj* trinkbar

bebedizo[1] [beβe'ðiθo] *m* **1.** (*medicinal*) heilender Trank *m*, Heiltrunk *m* **2.** (*enamoradizo*) Liebestrank *m*, Zaubertrank *m*

bebedizo, -a[2] [beβe'ðiθo, -a] *adj* trinkbar

bebedor(a) [beβe'ðor(a)] **I.** *adj* trinkfreudig **II.** *m(f)* Trinker(in) *m(f)*; ~ **de cerveza** Biertrinker *m*

bebendurria [beβen̪'durrja] *f* (*Am: fam*) Trinkgelage *nt*

bebé-probeta [be'βe-pro'βeta] *m* <bebés-probeta> Retortenbaby *nt*

beber [be'βer] **I.** *vi, vt* **1.** (*personas*) trinken; (*animales*) saufen; ~ **a la salud de alguien** auf jds Wohl trinken; ~ **de la botella** aus der Flasche trinken; ~ **por el éxito** auf den Erfolg trinken; **dar de ~ a alguien/a un animal** jdm zu trinken geben/ein Tier tränken **2.** (*información*) begierig aufnehmen **II.** *vr:* **~se** trinken; (*completamente*) austrinken; **~se un vaso de leche** ein Glas Milch trinken; **bebérselo todo** ganz austrinken

bebestible [beβes'tiβle] **I.** *adj* trinkbar **II.** *m* Getränk *nt*

bebible [be'βiβle] *adj* trinkbar, genießbar

bebida [be'βiða] *f* **1.** (*lo que se bebe*) Getränk *nt*; ~ **refrescante** Erfrischungsgetränk *nt*; **~s alcohólicas** alkoholische Getränke **2.** (*el beber alcohol*) Trinken *nt*; (*como vicio*) Trunksucht *f*; **darse** [*o* **entregarse**] **a la ~** dem Trunk [*o* Alkohol] verfallen, (gewohnheitsmäßig) trinken

bebido, -a [be'βiðo, -a] *adj* angetrunken; **cuando va algo ~...** wenn er etwas angetrunken ist ...

bebienda [be'βjen̪da] *f* (*fam*) Getränk *nt*; (*bebida alcohólica*) alkoholisches Getränk *nt*; (*bebida combinada*) Mixgetränk *nt*

bebistrajo [beβis'traxo] *m sin pl* (*fam pey*) Gesöff *nt*; **¡vaya ~ que nos sirvieron ayer en la fiesta!** das war ja echt ein scheußliches Gesöff, das die uns gestern auf dem Fest ausgeschenkt haben!

beborrotear [beβorrote'ar] *vi* (*fam*) ständig nippen; **no paré de ~ durante toda la reunión** während der Versammlung nippte ich die ganze Zeit immer wieder an meinem Getränk

beca ['beka] *f* **1.** (*de estudios*) Stipendium *nt*; ~ **de investigación** Forschungsstipendium *nt*; **conceder una ~ a alguien** jdm ein Stipendium gewähren; **ofrecer una ~** ein Stipendium gewähren; **recibir/solicitar una ~** ein Stipendium erhalten/sich um ein Stipendium bewerben **2.** (*de capa*) Kapuze *f*

becada [be'kaða] *f* (ZOOL) Waldschnepfe *f*

becado, -a [be'kaðo, -a] *m, f v.* **becario**

becante [be'kan̪te] *mf* Stipendiumstifter(in) *m(f)*

becar [be'kar] <c→qu> *vt* ein Stipendium gewähren; **la han becado durante dos años/con 50.000 pesetas** ihr wurde ein zweijähriges Stipendium/ein Stipendium in Höhe von 50.000 Peseten gewährt

becario, -a [be'karjo, -a] *m, f* Stipendiat(in) *m(f)*; **hacer una carrera como ~** Stipendiat sein, (während des Studiums) ein Stipendium erhalten

becerrada [beθe'rraða] *f* (TAUR) *Stierkampf mit jungen Stieren*

becerrillo [beθe'rriʎo] *m* Kalb(s)leder *nt*

becerro[1] [be'θerro] *m* Kalb(s)leder *nt*

becerro, -a[2] [be'θerro, -a] *m, f* (*macho*) Bullenkalb *nt*; (*hembra*) Kuhkalb *nt*; **el ~ de oro** das Goldene Kalb; ~ **marino** Seehund *m*

bechamel [beʧa'mel] *f* Béchamelsoße *f*

becuadro [be'kwaðro] *m* (MÚS) Auflösungszeichen *nt*

bedel(a) [be'ðel(a)] *m(f)* Hausmeister(in) *m(f)* (*einer* (*Hoch*)*schule*)

bedelía [beðe'lia] *f* (*oficio*) Hausmeisteramt *nt*; (*empleo*) Hausmeisterstelle *f*; **la ~ de la universidad asciende a un total de 37 personas** die Universität beschäftigt 37 Personen als Hausmeister

bedelio [be'ðeljo] *m* (BOT) Gummiharz *nt*

beduino, -a [be'ðwino, -a] **I.** *adj* beduinisch **II.** *m, f* Beduine, -in *m, f*

BEE [bee'e] *m* (FIN) *abr de* **Banco Exterior de España** *spanische Außenhandelsbank*

befa ['befa] *f* Spott *m*, Hohn *m*; **hacer ~ de alguien/algo** seinen Spott mit jdm/etw treiben, jdn/etw verspotten, sich über jdn/etw lustig machen

befar [be'far] **I.** *vt* (*elev*) verspotten; **befan despiadadamente a los ancianos** sie verspotten die Alten erbarmungslos **II.** *vr:* **~se** (*elev*) sich lustig machen (*de* über +*akk*)

befarse [be'farse] *vr* spotten (*de* über +*akk*), verspotten

befedad [befe'ða(ð)] *f* (MED) X-Beinigkeit *f*; **padecer de ~** X-Beine haben

befo[1] ['befo] *m* Unterlippe *f* (*des Pferdes*)

befo, -a[2] ['befo, -a] *adj* **1.** (*belfo*) dicklippig **2.** (*zambo*) krummbeinig

begonia [be'ɣonja] *f* (BOT) Begonie *f*

behaviorismo [bexaβjo'rismo] *m sin pl* (PSICO) Behaviorismus *m*

BEI [bei̯] *m abr de* **Banco Europeo de Inversiones** EIB *f*

beicon ['bei̯kon] *m sin pl* Bacon *m*, Schinkenspeck *m*

beige [bei̯s] **I.** *adj* beige **II.** *m* Beige *nt*

beirutí [bei̯ru'ti] **I.** *adj* aus Beirut **II.** *mf* Einwohner(in) *m(f)* von Beirut

beis [bei̯s] *adj o m inv v.* **beige**

béisbol ['bei̯sβol] *m sin pl* (DEP) Baseball *m*

beisbolista [bei̯sβo'lista] *mf* (DEP) Baseballspieler(in) *m(f)*

bejuco [be'xuko] *m* Liane *f*

bel [bel] *m* (FÍS) Bel *nt*

Belcebú [bel̪θe'βu] *m* Beelzebub *m*

belcho ['belʧo] *m* (BOT) Meerträubel *nt*, Ephedra *f*

beldad [bel̪'da(ð)] *f* **1.** (*elev: cualidad*) Schönheit *f* **2.** (*mujer*) schöne Frau *f*, Schönheit *f*

beldar [beḷ'dar] *vt* (AGR) worfeln
belduque [beḷ'duke] *m* (*AmC, Col, Chil, Méx*) Hiebwaffe *f,* Dolch *m*
belén [be'len] *m* **1.** (*nacimiento*) (Weihnachts)krippe *f* **2.** (*fam: confusión*) Durcheinander *nt* **3.** *pl* (*enredo*) schwieriges Unterfangen *nt;* **meterse en belenes** sich in Schwierigkeiten bringen
Belén [be'len] *m* Bethlehem *nt;* **estar en ~** (*fig*) geistesabwesend sein
belenista [bele'nista] *mf* Krippenbauer(in) *m(f)*
belfo ['belfo] *m* **1.** (*de animales*) Unterlippe *f;* (*de perros*) Lefze *f* **2.** (*de personas*) dicke Unterlippe *f*
belga ['belɣa] **I.** *adj* belgisch **II.** *mf* Belgier(in) *m(f)*
Bélgica ['belxika] *f* Belgien *nt*
Belgrado [bel'ɣraðo] *m* Belgrad *nt*
Belice [be'liθe] *m* Belize *nt*
belicismo [beli'θismo] *m* kriegerische Gesinnung *f*
belicista [beli'θista] **I.** *adj* kriegshetzerisch **II.** *mf* Kriegstreiber(in) *m(f)*
bélico, **-a** ['beliko, -a] *adj* kriegerisch, Kriegs-; **conflicto ~** kriegerische Auseinandersetzung
belicosidad [belikosi'ðaᵈ] *f* Kampflust *f*
belicoso, **-a** [beli'koso, -a] *adj* (*población*) kriegerisch; (*persona*) kampflustig
beligerancia [belixe'ranθja] *f* Kriegszustand *m;* **dar** [*o* **conceder**] **~ a alguien** jds Ebenbürtigkeit anerkennen; **no dar** [*o* **conceder**] **~ a alguien** jdm keine Aufmerksamkeit schenken
beligerante [belixe'rante] **I.** *adj* kriegführend; **actitud ~** aggressive Haltung **II.** *mf* Kriegführende(r) *mf;* **los ~s** die Krieg führenden Mächte
belio ['beljo] *m* (FÍS) Bel *nt*
belitre [be'litre] **I.** *adj* (*fam*) schurkisch, niederträchtig **II.** *mf* (*fam*) Lump *m*
bellaco, **-a** [be'ʎako, -a] **I.** *adj* gemein, verschlagen **II.** *m, f* Schuft *m,* Schurke, -in *m, f*
belladona [beʎa'ðona] *f* (BOT) Tollkirsche *f,* Belladonna *f*
bellaquear [beʎake'ar] *vi* **1.** (*persona*) betrügen **2.** (*Am: caballo*) sich bäumen
bellaquería [beʎake'ria] *f* **1.** (*acción*) Gaunerei *f,* Betrügerei *f* **2.** (*cualidad*) Gemeinheit *f,* Niedertracht *f*
belleza [be'ʎeθa] *f* **1.** (*cualidad*) Schönheit *f* **2.** (*mujer*) schöne Frau *f,* Schönheit *f;* **~ ideal** Schönheitsideal *nt*
bello, **-a** ['beʎo, -a] *adj* schön; (*de forma*) wohlgeformt; **una bellísima persona** (*fig*) ein sehr netter Mensch
bellota [be'ʎota] *f* **1.** (*fruto*) Eichel *f* **2.** (*capullo*) Nelkenknospe *f*
bellote [be'ʎote] *m* großer Rundkopfnagel *m*
bellotero, **-a** [beʎo'tero, -a] *m, f* Eichelsammler(in) *m(f)*
beluga [be'luɣa] *f* (ZOOL) Weißwal *m,* Beluga *f*
bemba ['bemba] *f* (*Am: pey*) dicklippiger Mund *m* (*eines Schwarzen*)
bembo, **-a** ['bembo, -a] *adj* (*Am*) dumm, einfältig
bembudo, **-a** [bem'buðo, -a] *adj* (*Am*) dicklippig
bemol [be'mol] **I.** *adj* (MÚS) vermindert **II.** *m* (MÚS) Erniedrigungszeichen *nt;* **esto tiene (muchos) ~es** (*fam: es difícil*) das ist äußerst schwierig; (*es un abuso*) das ist ja allerhand
bemolar [bemo'lar] *vt* (MÚS) mit Erniedrigungszeichen [*o* B] versehen
benceno [ben̪'θeno] *m* (QUÍM) Benzol *nt*
bencina [ben̪'θina] *f* Benzin *nt;* **~ ligera** Leichtbenzin *nt;* **~ pesada** Schwerbenzin *nt*
bendecir [ben̪de'θir] *irr como decir vt* **1.** (*Dios, sacerdote*) segnen; **~ la mesa** das Tischgebet sprechen; **Dios te bendiga** Gott segne dich **2.** (*alabar*) preisen, loben **3.** (*consagrar*) weihen **4.** (*una cosa*) absegnen
bendición [ben̪di'θjon] *f* **1.** (*acto*) (Ein)segnung *f;* (*palabras*) Segensspruch *m;* **echar la ~ a algo/alguien** etw/jdn segnen; (*fig*) nichts mehr mit etw/jdm zu tun haben wollen **2.** (*efecto*) Segen *m;* **la ~ papal** der päpstliche Segen **3.** (*cosa magnífica*) Wohltat *f;* **ser una ~** eine Wohltat sein **4.** *pl* (REL) kirchliche Trauung *f;* **echar las bendiciones** kirchlich trauen
bendito, **-a** [ben̪'dito, -a] **I.** *adj* **1.** (REL) gesegnet; (*agua, tierra*) geweiht; (*santo*) heilig; **¡~ sea!** (*fam*) verflixt noch mal!; **¡~ sea Dios!** (*fam*) Gott sei Dank! **2.** (*dichoso*) (glück)selig, glücklich **3.** (*simple*) einfältig **II.** *m, f* (gutmütiger) Trottel *m*
benedícite [bene'ðiθite] *m,* **benedicite** [beneði'θite] *m* (REL) Tischgebet *nt;* **sin bendecir la mesa con el ~ no empezábamos a comer** wir begannen nicht zu essen, bevor wir das Tischgebet gesprochen hatten
benedictino, **-a** [beneðik'tino, -a] **I.** *adj* (REL) benediktinisch, Benediktiner-; **orden benedictina** Benediktinerorden *m* **II.** *m, f* (REL) Benediktiner(in) *m(f)*
benefactor(a) [benefak'tor(a)] **I.** *adj* wohltätig **II.** *m(f)* Wohltäter(in) *m(f)*
beneficencia [benefi'θen̪θja] *f* **1.** (*organización, asistencia*) Wohlfahrtspflege *f,* Sozialhilfe *f;* **vivir a cargo de la ~** von der Sozialhilfe leben **2.** (*virtud*) Wohltätigkeit *f*
beneficiado¹ [benefi'θjaðo] *m* (REL) Benefiziat *m*
beneficiado, **-a²** [benefi'θjaðo, -a] **I.** *adj* begünstigt **II.** *m, f* Begünstigte(r) *mf*
beneficiar [benefi'θjar] **I.** *vt* **1.** (*favorecer*) zustatten kommen *+dat,* nützen *+dat* **2.** (*tierra*) bebauen **3.** (*mina*) abbauen, ausbeuten **4.** (*mineral*) aufbereiten **5.** (*Am: animal*) (für den Verkauf) schlachten **6.** (FIN: *valores, efectos*) verwerten, Nutzen ziehen aus *+dat* **II.** *vr:* **~se 1.** (*sacar provecho*) Nutzen ziehen (*de/con* aus *+dat*) **2.** (*pey: enriquecerse*) sich bereichern (*de/con* an *+dat*)
beneficiario, **-a** [benefi'θjarjo, -a] *m, f*

Nutznießer(in) *m(f)*; (*de una letra de crédito*) Begünstigte(r) *mf*; ~ **del pago** Zahlungsempfänger *m*; ~ **de la pensión** Rentenbezieher *m*, Rentenberechtigter *m*

beneficio [bene'fiθjo] *m* **1.** (*bien*) Wohltat *f* **2.** (*provecho*) Nutzen *m*, Vorteil *m*; **a ~ de** zugunsten, zu Gunsten +*gen*, für +*akk*; ~ **fiscal** Steuervorteil *m*; **en ~ de alguien/algo** zum Nutzen [*o* Vorteil] von jdm/etw **3.** (COM, FIN) Gewinn *m*, Ertrag *m*; ~ **anual** Jahresgewinn *m*; ~ **bruto** Bruttogewinn *m*; ~ **contable** Buchgewinn *m*; ~ **neto** Nettogewinn *m*; ~ **antes/después de (deducir) impuestos** Ertrag vor/nach (Abzug der) Steuern; ~ **extraordinario** außerordentlicher Gewinn; ~ **libre de impuestos** steuerfreier Ertrag; ~ **marginal** Grenzertrag *m*; **rendir grandes ~s** große Gewinne abwerfen **4.** (*cargo eclesiástico*) Pfründe *f* **5.** (*espectáculo*) Benefizveranstaltung *f* **6.** (AGR) Anbau *m* **7.** (MIN) Abbau *m* **8.** (*Am: matanza*) Schlachten *nt* **9.** (*loc*): ~ **de inventario** beschränkte Erbenhaftung; **a ~ de inventario** unter Vorbehalt

beneficioso, **-a** [benefi'θjoso, -a] *adj* **1.** (*favorable*) vorteilhaft **2.** (*útil*) nützlich **3.** (*productivo*) einträglich

benéfico, **-a** [be'nefiko, -a] *adj* **1.** (*que hace bien*) wohl tuend **2.** (*caritativo*) wohltätig; **tómbola benéfica** Tombola für einen guten Zweck

Benelux [bene'lu^{ɣ}s] *m* Beneluxstaaten *mpl*

Benemérita [bene'merita] *f* Guardia civil *f*

benemérito, **-a** [bene'merito, -a] *adj* verdienstvoll, verdient

beneplácito [bene'plaθito] *m* **1.** (*permiso*) Genehmigung *f* **2.** (*consentimiento*) Einwilligung *f*, Zustimmung *f*; **dar su ~** seine Einwilligung geben

benevolencia [beneβo'len̪θja] *f* Wohlwollen *nt*; **con ~** wohlwollend

benevolente [beneβo'len̪te] *adj* wohlwollend

benévolo, **-a** [be'neβolo, -a] *adj* **1.** (*favorable*) wohlgesinnt **2.** (*clemente*) nachsichtig (*con* mit +*dat*)

bengala [beŋ'gala] *f* Leuchtrakete *f*; (*pequeña*) Wunderkerze *f*

Bengala [beŋ'gala] *f* Bengalen *nt*

bengalí[1] [beŋga'li] <bengalí(e)s> **I.** *adj* bengalisch **II.** *mf* Bengale, -in *m, f*

bengalí[2] [beŋga'li] <bengalí(e)s> *m* **1.** *sin pl* (*lengua*) Bengali *nt* **2.** (ZOOL) Tigerfink *m*

benignidad [beniɣniða^{ð}] *f* **1.** (*de una persona*) Güte *f* **2.** (*del clima*) Milde *f*

benigno, **-a** [be'niɣno, -a] *adj* **1.** (*persona*) gnädig, gütig (*con* zu +*dat*); **ser ~ en sus juicios** gütig [*o* mild] in seinen Urteilen sein **2.** (*clima*) mild **3.** (MED) gutartig

benjamín[1] [beŋxa'min] *m* Pikkolo *m*

benjamín, **-ina**[2] [beŋxa'min, -ina] *m, f* **1.** (*hijo menor*) Benjamin *m*, Nesthäkchen *nt* **2.** (*de un grupo*) Jüngste(r) *mf*

bentónico, **-a** [ben̪'toniko, -a] *adj* benthonisch

bentos ['ben̪tos] *m sin pl* (BIOL, ECOL) Benthos *nt*

benzol [ben̪'θol] *m sin pl* (QUÍM) Benzol *nt*

beodez [beo'ðeθ] *f* Trunkenheit *f*

beodo, **-a** [be'oðo, -a] **I.** *adj* betrunken **II.** *m, f* Trinker(in) *m(f)*

beque ['beke] *m* **1.** (NÁUT: *obra exterior de proa*) Bugfutter *nt* **2.** (NÁUT: *retrete*) Schiffsabort *m* **3.** (*orinal*) Nachttopf *m*

berbén [ber'βen] *m* (*Méx: escorbuto*) Skorbut *m*

berberecho [berβe'retʃo] *m* Herzmuschel *f*

berberí [berβe'ri] **I.** *adj* berberisch, Berber- **II.** *mf* Berber(in) *m(f)*

berberisco, **-a** [berβe'risko, -a] **I.** *adj* Berber-, berberisch; **una alfombra berberisca** ein Berberteppich **II.** *m, f* Berber(in) *m(f)*

berbiquí [berβi'ki] *m* Drillbohrer *m*

bereber [bere'βer], **beréber** [be'reβer] **I.** *adj* berberisch **II.** *mf* Berber(in) *m(f)*

berebere [bere'βere] *adj* berberisch

berenjena [bereŋ'xena] *f* (BOT) Aubergine *f*

berenjenal [bereŋxe'nal] *m* Auberginenfeld *nt*; **meterse en un ~** (*fig*) sich in die Nesseln setzen

berenjenín [bereŋxe'nin] *m* (BOT) *weiße oder weißgefleckte Varietät der Aubergine*

bergamota [berɣa'mota] *f* (BOT) **1.** (*lima*) Bergamotte *f* **2.** (*pera*) Bergamotte(birne) *f*

bergamoto [berɣa'moto] *m* (BOT) **1.** (*limero*) Bergamotte *f*, Bergamott(e)baum *m* **2.** (*peral*) Bergamotte(birn)baum *m*

bergante [ber'ɣan̪te] *m* Gauner *m*, Spitzbube *m*

bergantín [ber'ɣan̪te] *m* (NÁUT) Brigg *f*

beriberi [beri'βeri] *m sin pl* (MED) Beriberi *f*

berilio [be'riljo] *m* (QUÍM) Beryllium *nt*

berilo [be'rilo] *m* (GEO) Beryll *m*

berkelio [ber'keljo] *m* (QUÍM) *v.* **berquelio**

Berlín [ber'lin] *m* Berlin *nt*

berlina [ber'lina] *f* **1.** (*vehículo*) Limousine *f* **2.** (*Am: pastel*) Berliner *m* **3.** (*loc*): **poner a alguien en ~** jdn lächerlich machen

berlinés, **-esa** [berli'nes, -esa] **I.** *adj* berlinerisch, Berliner **II.** *m, f* Berliner(in) *m(f)*

bermejo, **-a** [ber'mexo, -a] *adj* (*color*) scharlachrot; (*de cabello*) rotblond; (*de animales*) rotbraun

bermejuela [berme'xwela] *f* (ZOOL) Bitterling *m*

bermellón [berme'ʎon] *m* Zinnober *m*

bermudas [ber'muðas] *mpl* Bermudashorts *pl*, Bermudas *pl*

Berna ['berna] *f* Bern *nt*

bernardo, **-a** [ber'narðo, -a] **I.** *adj* (REL) Zisterzienser-, Bernhardiner- **II.** *m, f* (REL) Zisterzienser(in) *m(f)*, Bernhardiner(in) *m(f)*

bernés, **-esa** [ber'nes, -esa] **I.** *adj* Berner, aus Bern **II.** *m, f* Berner(in) *m(f)*

berquelio [ber'keljo] *m* (QUÍM) Berkelium *nt*

berraza [be'rraθa] *f* (BOT) Schmalblättriger Merk *m*

berrea [be'rrea] *f* (ZOOL) Brunft(zeit) *f* der Hirsche

berrear [berre'ar] *vi* **1.** (*animal*) brüllen; (*oveja, becerro*) blöken **2.** (*llorar*) plärren **3.** (*fam: cantar desentonadamente*) grölen **4.** (*chillar*) kreischen

berrendo[1] [be'rrendo] *m* (ZOOL) Gabelbock *m*, Gabelantilope *f*

berrendo, **-a**[2] [be'rrendo, -a] *adj* (TAUR) gescheckt

berrera [be'rrera] *f* (BOT) *v.* **berraza**

berrido [be'rriðo] *m* **1.** (*de animales*) Brüllen *nt;* (*de ovejas, becerros*) Blöken *nt* **2.** (*lloro*) Plärren *nt* **3.** (*fam: canto desentonado*) Grölen *nt* **4.** (*chillido*) Kreischen *nt*

berrinche [be'rrintʃe] *m* **1.** (*fam: llorera*) Geplärre *nt* **2.** (*fam: enfado*) Wut *f*, Wutanfall *m;* **coger** [*o* **llevarse**] **un** ~ einen Wutanfall bekommen; **tener un** ~ eine Wut im Bauch haben **3.** (*Méx: hedor*) Gestank *m*

berrinchudo, **-a** [berrin'tʃuðo, -a] *adj* (*Am*) jähzornig

berrizal [berri'θal] *m* (BOT) *Standort mit reichem* (*Brunnen*)*kressevorkommen*

berro ['berro] *m* (BOT) (Brunnen)kresse *f*

berza ['berθa] *f* Kohl *m*, Kraut *nt*

berzal [ber'θal] *m* Kohlfeld *nt*

berzas ['berθas] *mf inv* (*fam*) Niete *f*, Flasche *f;* **eres una** ~ du bist eine Vollidiotin

berzotas [ber'θotas] *mf inv* (*fam*) *v.* **berzas**

besamanos [besa'manos] *m inv* **1.** (*recepción*) (königliche) Audienz *f* **2.** (*saludo*) Handkuss *m*

besamel(a) [besa'mel(a)] *f* Béchamelsoße *f*

besana [be'sana] *f* (AGR) **1.** (*labor*) Furchenziehen *nt* **2.** (*primer surco*) Richtfurche *f*

besar [be'sar] **I.** *vt* **1.** (*personas*) küssen; ~ **a alguien en la frente/en la boca** jdn auf die Stirn/auf den Mund küssen **2.** (*fam: objetos*) berühren; ~ **el suelo** (*fam fig*) der Länge nach hinfallen **II.** *vr:* ~**se** **1.** (*personas*) sich küssen **2.** (*tocarse dos objetos*) sich berühren; (*chocar*) aneinander stoßen

beso ['beso] *m* **1.** (*entre personas*) Kuss *m;* ~ **de tornillo** Zungenkuss *m;* **comerse a alguien a** ~**s** (*fam*) jdn abküssen; **echar** [*o* **tirar**] **un** ~ **a alguien** jdm eine Kusshand zuwerfen **2.** (*entre objetos*) Zusammenstoß *m*

bestia[1] ['bestja] **I.** *adj* brutal; **un tío** ~ (*fam*) ein brutaler Kerl; **hacer algo a lo** [*o* **en plan**] ~ (*sin contemplaciones*) etw aufs Geratewohl machen, bei etw nicht lange fackeln; (*con dureza*) etw mit roher Gewalt machen **II.** *mf* **1.** (*persona bruta*) Rohling *m;* (*grosera*) Flegel *m*, Rüpel *m* **2.** (*ignorante*) Dummkopf *m*

bestia[2] ['bestja] *f* **1.** (ZOOL) Vieh *nt*, Tier *nt;* ~ **de carga** Lasttier *nt;* **gran** ~ Tapir *m* **2.** (*animal salvaje*) Bestie *f*

bestial [bes'tjal] *adj* **1.** (*propio de una bestia*) viehisch **2.** (*muy brutal*) bestialisch **3.** (*fam: muy intensivo*) tierisch; (*muy grande*) riesengroß, wahnsinnig; (*muy bueno*) (wahnsinnig) toll; **tener una sed** ~ einen Riesendurst haben

bestialidad [bestjali'ða^{ð}] *f* **1.** (*cualidad*) Bestialität *f* **2.** (*crueldad*) Gräueltat *f* **3.** (*fam: gran cantidad*) Unmenge *f;* **trabaja una** ~ er/sie arbeitet unheimlich viel

bestializarse [bestjali'θarse] <z→c> *vr* (*hacerse bestial*) verwahrlosen, vertieren; (*vivir como un animal*) wie ein Tier leben; (*comportarse como un animal*) sich benehmen wie die Axt im Walde, sich unmenschlich aufführen

bestialmente [bestjal'mente] *adv* (*fam*) **1.** (*brutalmente*) bestialisch, grausam **2.** (*magníficamente, muy bien*) mordsmäßig, tierisch; **mis compañeros se lo pasaron** ~ **en mi cumpleaños** meine Kumpels haben auf meiner Geburtstagsfete einen Mordsspaß gehabt

best seller [be(s)'seler] *m inv*, **bestséller** [be(s)'seler] *m inv* Bestseller *m*

besucar [besu'kar] <c→qu> *vt* (*fam*) *v.* **besuquear**

besucón, **-ona** [besu'kon, -ona] *adj* (*fam*) verschmust

besugo [be'suɣo] *m* **1.** (ZOOL) Brasse *f* **2.** (*fam: persona*) Schwachkopf *m*

besuguera [besu'ɣera] *f* Fischbräter *m*

besuguete [besu'ɣete] *m* (GASTR, ZOOL) Rotbrasse *f*

besuquear [besuke'ar] *vt* (ab)knutschen *fam*, (ab)küssen

besuqueo [besu'keo] *m* Knutscherei *f fam*, Knutschen *nt fam*

beta ['beta] *f* Beta *nt;* **la** ~ **griega** der griechische Buchstabe Beta

betabel [beta'βel] *f* (*Méx: remolacha*) Rübe *f;* ~ **forrajera** Futterrübe *f*

betarraga [beta'rraɣa] *f* (*Am*) rote Beete *f*

betatrón [beta'tron] *m* (FÍS) Betatron *nt*

betel [be'tel] *m* (BOT) Betel *m*

bético, **-a** ['betiko, -a] *adj* (*elev*) andalusisch

betuminoso, **-a** [betumi'noso, -a] *adj v.* **bituminoso**

betún [be'tun] *m* **1.** (QUÍM) Bitumen *nt;* ~ **de Judea** Asphalt *m* **2.** (*para el calzado*) Schuhcreme *f;* **negro como el** ~ pechrabenschwarz

betunería [betune'ria] *f* **1.** (*fábrica de asfalto*) Teerfabrik *f*, Asphaltwerk *nt* **2.** (*fábrica de crema para el calzado*) Schuhcremefabrik *f*

betunero, **-a** [betu'nero, -a] **I.** *adj* Bitumen-; **la industria betunera** die Bitumenindustrie **II.** *m, f* **1.** (*que elabora asfalto*) Bitumenhersteller(in) *m(f)* **2.** (*que elabora crema para el calzado*) Schuhcremehersteller(in) *m(f)* **3.** (*limpiabotas*) Schuhputzer(in) *m(f)*

BEX [be^{γ}s] *m* (FIN) *abr de* **Banco Exterior de España** *spanische halbstaatliche Großbank*

bezo ['beθo] *m* **1.** (*labio abultado*) dicke Lippe *f* **2.** (*de una herida*) wildes Gewebe *nt*

bezudo, **-a** [be'θuðo, -a] *adj* dicklippig

BHE [beatʃe'e] *m* (FIN) *abr de* **Banco Hipotecario de España** *spanische Hypothekenbank*

biaba ['bjaβa] *f* (*Arg, Urug: cachetada*) Ohrfeige *f;* (*paliza*) Tracht *f* Prügel; **dar la** ~ (*pegar*) verprügeln; (*derrotar*) besiegen

biangular [biaŋgu'lar] *adj* zweiwink(e)lig

bianual [bianu'al] **I.** *adj* (*t.* BOT) zweijährig **II.** *m* (BOT) zweijährige Pflanze *f*

biarticulado, -a [biartiku'laðo, -a] *adj* zweigelenkig, mit Doppelgelenk

biatlón [biaᵈ'lon] *m* (DEP) Biathlon *nt*

biatómico, -a [bia'tomiko, -a] *adj* (QUÍM) zweiatomig, biatomisch

biauricular [biau̯riku'lar] *adj* (ANAT) beidohrig, bi(n)aural

biáxico, -a [bi'aˠsiko, -a] *adj* zweiachsig

biberón [biβe'ron] *m* (Saug)flasche *f;* **dar el ~ a un bebé** einem Baby die Flasche geben

Biblia ['biβlja] *f* Bibel *f*

bíblico, -a ['biβliko, -a] *adj* biblisch

bibliobús [biβljo'bus] *m* Bücherbus *m*

bibliofilia [biβljo'filja] *f* Bibliophilie *f*

bibliófilo, -a [bi'βljofilo, -a] *m, f* Bibliophile(r) *mf,* Bücherliebhaber(in) *m(f)*

bibliografía [biβljoɣra'fia] *f* Bibliografie *f*

bibliográfico, -a [biβljo'ɣrafiko, -a] *adj* bibliografisch

bibliógrafo, -a [bi'βljoɣrafo, -a] *m, f* Bibliograph(in) *m(f)*

bibliología [biβljolo'xia] *f* Bücherkunde *f,* Bibliologie *f*

bibliomancía [biβljoman̪'θia] *f,* **bibliomancia** [biβljo'man̪θja] *f* Bibliomantie *f*

bibliomanía [biβljoma'nia] *f* Bibliomanie *f*

bibliómano, -a [bi'bljomano, -a] *m, f* Büchernarr, -närrin *m, f,* Bibliomane, -in *m, f*

biblioteca [biβljo'teka] *f* **1.** (*local*) Bibliothek *f,* Bücherei *f;* ~ **de consulta** Präsenzbibliothek *f;* ~ **de préstamo** Leihbibliothek *f;* ~ **universitaria** Universitätsbibliothek *f;* **ser una ~ ambulante** (*fig fam*) ein wandelndes Lexikon sein **2.** (*mueble*) Bücherschrank *m* **3.** (*estantería*) Bücherregal *nt*

bibliotecario, -a [biβljote'karjo, -a] *m, f* Bibliothekar(in) *m(f)*

bibliotecología [biβljotekolo'xia] *f* Bibliothekskunde *f*

bibliotecólogo, -a [biβljote'koloɣo, -a] *m, f* Bibliothekar(in) *m(f)*

biblioteconomía [biβljotekono'mia] *f sin pl* Bibliothekskunde *f*

bicameral [bikame'ral] *adj* (POL) aus zwei Kammern bestehend, Zweikammer(n)-; **sistema ~** Zweikammersystem *nt*

bicampeón, -ona [bikampe'on, -ona] *m, f* zweifacher Champion *m*

bicapsular [bikaβsu'lar] *adj* (BOT) mit zwei Kapseln

bicarbonatado, -a [bikarβona'taðo, -a] *adj* (QUÍM) doppeltkohlensauer, Bikarbonat-

bicarbonato [bikarβo'nato] *m* (QUÍM) Bikarbonat *nt;* ~ **sódico** doppeltkohlensaures Natrium, Natron *nt*

bicarperal [bikarpe'ral] *adj* (BOT) mit zwei Fruchtblättern

bicéfalo, -a [bi'θefalo, -a] *adj* doppelköpfig

bicentenario¹ [biθen̪te'narjo] *m* zweihundertster Jahrestag *m*

bicentenario, -a² [biθen̪te'narjo, -a] *adj* zweihundertjährig

bíceps ['biθeβs] *m inv* (ANAT) Bizeps *m*

bicha ['biʧa] *f* **1.** (*fam: serpiente*) Schlange *f;* **mencionar la** ~ einen heiklen Punkt ansprechen **2.** (*figura*) Fabeltier *nt* (*in einem Fries*)

bichar [bi'ʧar] *vt v.* **bichear**

bicharraco [biʧa'rrako] *m* **1.** (*pey: bicho*) Vieh(zeug) *nt,* Viech *nt fam* **2.** (*persona*) Scheusal *nt*

bichear [biʧe'ar] *vt* (*observar a escondidas*) heimlich beobachten; (*espiar*) nachspionieren (*a* + *dat*); **¡deja ya de ~ a la vecina!** hör auf, die Nachbarin heimlich zu beobachten!

bichero [bi'ʧero] *m* (NÁUT) Bootshaken *m*

bicho ['biʧo] *m* **1.** (*animal*) (kleines) Tier *nt,* Viech *nt fam* **2.** (TAUR) (Kampf)stier *m* **3.** (*persona*) Kerl *m;* ~ **raro** komischer Kauz; **mal** ~ Aas *nt,* gemeiner Kerl; **cualquier** [*o* **todo**] ~ **viviente** (*fam*) jeder; **no había ~ viviente** (*fam*) es war kein Aas da **4.** (*vulg: pene*) Schwanz *m* **5.** *pl* (*insectos*) Ungeziefer *nt*

bichozno, -a [bi'ʧoθno, -a] *m, f* Urururenkel(in) *m(f),* Enkel(in) *m(f)* fünften Grades

bici ['biθi] *f* (*fam*) *abr de* **bicicleta** Rad *nt*

bicicleta [biθi'kleta] *f* Fahrrad *nt;* ~ **de carreras** Rennrad *nt;* ~ **de montaña** Mountainbike *nt;* ~ **estática** Hometrainer *m,* Heimtrainer *m;* **andar** [*o* **montar**] **en** ~ Rad fahren; **ir en** ~ mit dem Fahrrad fahren

biciclo [bi'θiklo] *m* Hochrad *nt;* **montarse en un** ~ auf dem Hochrad (umher)fahren

bicicross [biθi'kros] *m sin pl* Mountainbiking *nt*

bicilíndrico, -a [biθi'lin̪driko, -a] *adj* zweizylindrig

bicoca [bi'koka] *f* **1.** (*fam: pequeñez*) Lappalie *f,* Belanglosigkeit *f* **2.** (*fam: ganga*) Schnäppchen *nt* **3.** (*Am: de eclesiásticos*) (Scheitel)käppchen *nt*

bicolor [biko'lor] *adj* zweifarbig

bicóncavo, -a [bi'koŋkaβo, -a] *adj* (FÍS) bikonkav

biconvexo, -a [bikom'beˠso, -a] *adj* (FÍS) bikonvex

bicornio [bi'kornjo] *m* Zweispitz *m*

bicromía [bikro'mia] *f* (TIPO) Zweifarbendruck *m*

bicuadrado, -a [bikwa'ðraðo, -a] *adj* (MAT) vierten Grades, biquadratisch

BID [bei'ðe] *m abr de* **Banco Interamericano de Desarrollo** IDB *f*

bidé [bi'ðe] <bidés> *m* Bidet *nt*

bidente [bi'ðen̪te] **I.** *adj* (*elev*) zweizähnig **II.** *m* (AGR: *azada de dos dientes*) Zweizahnhacke *f*

bidet [bi'ðe] <bidets> *m v.* **bidé**

bidimensional [biðimensjo'nal] *adj* zweidimensional

bidireccional [biðireˠθjo'nal] *adj* (INFOR) bidirektional

bidón [bi'ðon] *m* Kanister *m,* Tonne *f;* ~ **de aceite** Ölkanister *m;* ~ **de basura** Mülltonne *f*

biela [bi'ela] *f* **1.** (TÉC) Pleuelstange *f* **2.** (*de la bicicleta*) Tretkurbel *f*

bielda ['bjel̩da] *f* (AGR) **1.** (*bieldo*) Strohgabel *f;* **recogió toda la paja con una** ~ er/sie nahm das gesamte Stroh mit einer Strohgabel auf **2.** (*acción de bieldar*) Worfeln *nt*

bieldar [bjel̩'dar] *vt* (AGR) worfeln

bieldo ['bjel̩do] *m* (*en forma de tenedor*) Heugabel *f,* Mistgabel *f;* (*en forma de rastrillo*) Rechen *m*

Bielorrusia [bjelo'rrusja] *f* Weißrussland *nt*

bielorruso, -a [bjelo'rruso, -a] **I.** *adj* weißrussisch **II.** *m, f* Weißrusse, -in *m, f*

bien ['bjen] **I.** *adv* **1.** (*de modo conveniente*) gut; (*correctamente*) richtig; **ahora** [*o* **pues**] ~ nun (gut), also; **y** ~ nun; **más** ~ eher; ~ **mirado** recht betrachtet, eigentlich; **de** ~ **en mejor** immer besser; **el vestido te está** ~ das Kleid steht dir gut; **estar** ~ **de salud** gesund sein; **estar** (**a**) ~ **con alguien** mit jdm auf gutem Fuß stehen; **¿estás ~?** geht es dir gut?; **habla muy** ~ **francés** er/sie spricht sehr gut Französisch; **hacer algo** ~ etw gut [*o* richtig] machen; **hacer** ~ **en...** *+inf* gut daran tun, zu ... *+inf;* **más** ~ eher; **oler** ~ duften; **para tantos kilómetros el coche está bastante** ~ für so viele Kilometer ist das Auto in einem ganz guten Zustand; **pasárselo** ~ sich gut amüsieren; **¡pórtate ~!** benimm dich!; **su nuevo piso está** ~ seine/ihre neue Wohnung ist ganz gut [*o* ganz in Ordnung]; **tener a ~...** *+inf* es für richtig halten, zu ... *+inf;* **te está** ~ das geschieht dir recht; **y** ~ nun **2.** (*con gusto*) wohl; (*agradable*) schön; **aquí se está** ~ hier ist es schön **3.** (*seguramente*) sicher, gut; **la maleta pesa** ~ **6 kilos** der Koffer wiegt gut (und gern) 6 Kilo **4.** (*muy*) sehr, ganz; (*bastante, mucho*) recht; **es** ~ **fácil** es ist ganz einfach; **llegas** ~ **tarde** du kommst recht spät **5.** (*asentimiento*) einverstanden; **¡está ~!** gut!, in Ordnung! **6.** (*loc*): ~ **es verdad que...** es ist wohl wahr, dass ...; ~ **lo decía yo** das habe ich gleich gesagt; ~ **podías habérmelo dicho** du hättest es mir aber wirklich sagen können; ~ **que mal** jedenfalls; **ya está** ~ **de tonterías** genug der Dummheiten **II.** *adj* fein, vornehm; **un restaurante** ~ ein (piek)feines Restaurant **III.** *m* **1.** (*bienestar*) Wohl *nt;* ~ **común** Gemeinwohl *nt;* ~ **público** öffentliches Wohl; **por tu** ~ zu deinem Wohl **2.** (*bondad moral*) Gute(s) *nt;* **hacer** ~ Gutes tun **3.** (*provecho*) Nutzen *m* **4.** (ECON) Gut *nt;* ~ **duradero** langlebiges Gut **5.** *pl* (*posesiones*) Besitz *m,* Güter *ntpl;* (*riqueza*) Vermögen *nt;* **~es de capital** Kapitalvermögen *nt;* **~es complementarios** komplementäre Güter; **~es de consumo** Konsumgüter *ntpl;* **~es duraderos** langlebige Wirtschaftsgüter; **~es de equipamiento** [*o* **de equipo**] Anlagegüter *ntpl,* Investitionsgüter *ntpl;* **~es gananciales** Zugewinn *m;* **~es de inversión** Anlagegüter *ntpl,* Investitionsgüter *ntpl;* **~es perecederos** verderbliche Waren; **~es de producción** Produktionsgüter *ntpl;* **~es y servicios** Waren und Dienstleistungen; **~es de la tierra** landwirtschaftliche Erzeugnisse; **~es inmuebles** [*o* **raíces**] Immobilien *fpl;* **~es muebles** persönliches Eigentum, Hab und Gut *nt;* **~es patrimoniales** Vermögenswerte *mpl;* **declaración de ~es** (FIN) Vermögenserklärung *f* **IV.** *conj* **1.** (*aunque*): ~ **que** obschon, obgleich; **si** ~ wenn auch, obwohl **2.** (*o... o*): **~... ~...** entweder ... oder ...; ~ **sea** beziehungsweise, oder vielmehr **3.** (*apenas*): **no ~...** (**cuando...**) kaum ... (als ...); **no** ~ **vimos las nubes** (**cuando**) **empezó a llover** kaum sahen wir die Wolken, (da) fing es auch schon an zu regnen [*o* als es auch schon zu regnen anfing] **V.** *interj* gut, schön; **¡~!** bravo!, gut!, prima!

bienal [bie'nal] **I.** *adj* (*durante dos años*) zweijährig; (*cada dos años*) zweijährlich **II.** *f* Biennale *f*

bienandante [bjenan̩'dan̩te] *adj* glücklich

bienandanza [bjenan̩'dan̩θa] *f* Glück *nt*

bienaventurado, -a [bjenaβen̩tu'raðo, -a] **I.** *adj* **1.** (*afortunado*) (über)glücklich, glückselig **2.** (REL) selig **3.** (*inocente*) einfältig **II.** *m, f* **1.** (REL) Selige(r) *mf* **2.** (*inocente*) Einfaltspinsel *m*

bienaventuranza [bjenaβen̩tu'ran̩θa] *f* **1.** (REL: *gloria*) Seligkeit *f* **2.** (*fortuna*) Glück *nt* **3.** *pl* (REL: *las ocho*) Seligpreisung *f*

bienestar [bjenes'tar] *m* **1.** (*estado*) Wohlbefinden *nt* **2.** (*sentimiento*) Wohlgefühl *nt* **3.** (*riqueza, holgura*) Wohlstand *m;* ~ **económico** wirtschaftlicher Wohlstand; ~ **social** gesellschaftlicher Wohlstand; **estado del** ~ Wohlfahrtsstaat *m*

bienhablado, -a [bjena'βlaðo, -a] *adj* redegewandt; **es muy** ~ er drückt sich sehr gepflegt aus

bienhadado, -a [bjena'ðaðo, -a] *adj* glücklich, vom Glück begünstigt; **era un hombre** ~ er war ein Glückspilz

bienhechor(a) [bjene'ʧor(a)] **I.** *adj* fürsorglich, wohltätig **II.** *m(f)* Wohltäter(in) *m(f)*

bienintencionado, -a [bjenin̩ten̩θjo'naðo, -a] *adj* wohlmeinend, gut gemeint

bienio [bi'enjo] *m* Zeitraum *m* von zwei Jahren, Biennium *nt*

bienmandado, -a [bjeⁿman̩'daðo, -a/ bjeᵐman̩'daðo, -a] *adj* (*fam*) gehorsam

bienoliente [bjeno'ljen̩te] *adj* wohlriechend

bienpensante [bjempen'san̩te] **I.** *adj* orthodox, strenggläubig **II.** *mf* strenggläubiger Mensch *m*

bienquerencia [bjeŋke'ren̩θja] *f* **1.** (*afecto*) Zuneigung *f* **2.** (*buena voluntad*) Wohlwollen *nt*

bienquerer [bjeŋke'rer] *irr como querer* **I.** *irr vt* mögen, schätzen **II.** *m* **1.** (*afecto*) Zuneigung *f* **2.** (*buena voluntad*) Wohlwollen *nt*

bienquistar [bjeŋkis'tar] **I.** *vt* beliebt machen (*con* bei +*dat*); **su comportamiento le bienquistó con su clase** sein/ihr Verhalten hat ihn/sie bei seiner/ihrer Klasse beliebt gemacht **II.** *vr:* **~se** (*hacer amistad*) sich anfreunden (*con* mit +*dat*); (*congraciar*) sich beliebt machen (*con* bei +*dat*)

bienquisto, -a [bjeŋ'kisto, -a] *adj* beliebt (*de/por* bei +*dat*), geschätzt (*de/por* von +*dat*)

bienvenida [bjembe'niðа] *f* **1.** (*llegada*) glückliche Ankunft *f* **2.** (*saludo*) Willkommen *nt;* **dar la ~ a alguien** jdn willkommen heißen

bienvenido, -a [bjembe'niðo, -a] **I.** *interj* willkommen; **¡~ a España/a casa!** willkommen in Spanien/zu Hause! **II.** *adj* willkommen; **es Ud. muy ~** Sie sind uns sehr willkommen

bienvivir [bjembi'βir] *vi* **1.** (*con holgura*) sein Auskommen haben **2.** (*con honradez*) ein anständiges Leben führen

bienza ['bjeṇθa] *f* (BIOL) *v.* **binza**

bies [bjes] *m* Besatzstreifen *m;* **al ~** schräg (zum Fadenlauf)

bifásico, -a [bi'fasiko, -a] *adj* (ELEC) zweiphasig

bife ['bife] *m* (*Am*) **1.** (*carne*) Steak *nt* **2.** (*sopapo*) Ohrfeige *f*

bífido, -a ['bifiðo, -a] *adj* (ZOOL, BOT) (in zwei Teile) gespalten

bifloro, -a [bi'floro, -a] *adj* (BOT) zweiblütig

bifocal [bifo'kal] *adj* bifokal

biforme [bi'forme] *adj* doppelgestaltig, biform

bifronte [bi'froṇte] *adj* doppelgesichtig

bifurcación [bifurka'θjon] *f* (*de una vía, carretera*) Abzweigung *f;* (*de un camino, río*) Gab(e)lung *f*

bifurcado, -a [bifur'kaðo, -a] *adj* gabelförmig

bifurcarse [bifur'karse] <c→qu> *vr* sich gabeln, sich teilen

bigamia [bi'ɣamja] *f* Bigamie *f,* Doppelehe *f*

bígamo, -a ['biɣamo, -a] **I.** *adj* bigamistisch, in Doppelehe lebend **II.** *m, f* Bigamist(in) *m(f)*

bigardo, -a [bi'ɣarðo, -a] **I.** *adj* **1.** (*vago*) müßig, untätig **2.** (*licencioso*) liederlich, ausschweifend **II.** *m, f* **1.** (*vago*) Müßiggänger(in) *m(f)* **2.** (*libertino*) ausschweifend lebender Mensch *m,* Wüstling *m pey*

bígaro ['biɣaro] *m* (GASTR, ZOOL) Strandschnecke *f*

big-bang [biᵞ βaŋ] *m* <big-bangs> Urknall *m*

bigenérico, -a [bixe'neriko, -a] *adj* (BIOL) Kreuzungs-, (aus zwei Gattungen) gekreuzt

bignonia [biɣ'nonja] *f* (BOT) Bignonie *f,* Kreuzrebe *f*

bigote [bi'ɣote] *m* **1.** (*de hombre*) Schnurrbart *m,* Schnauzbart *m;* **~s** Barthaare *ntpl,* Schnurrbart *m;* **dejarse ~** sich *dat* einen Schnurrbart wachsen lassen; **estar de ~(s)** (*fam*) toll [*o* großartig] sein **2.** *pl* (ZOOL) Schnurrhaare *ntpl* **3.** (*Am: croqueta*) Krokette *f*

bigotera [biɣo'tera] *f* **1.** (*bocera*) Trinkrand *m* **2.** (*puntera*) Vorderkappe *f,* Schuhkappe *f* **3.** (*compás*) Null(en)zirkel *m*

bigotudo, -a [biɣo'tuðo, -a] *adj* schnauzbärtig

bigudí [biɣu'ði] *m* Lockenwickler *m*

bija ['bixa] *f* (BOT) **1.** (*arbusto*) Orleanbaum *m,* Anattostrauch *m* **2.** (*fruto*) Frucht *f* des Orleanbaumes **3.** (*semilla*) Samen *m* des Orleanbaumes **4.** (*colorante*) Orlean *m*

bikini [bi'kini] *m* Bikini *m*

bilabial [bila'βjal] **I.** *adj* (LING) bilabial **II.** *f* (LING) Bilabial *m*

bilateral [bilate'ral] *adj* bilateral

bilbaíno, -a [bilβa'ino, -a] **I.** *adj* aus Bilbao **II.** *m, f* Einwohner(in) *m(f)* von Bilbao

bilbilitano, -a [bilβili'tano, -a] **I.** *adj* aus Calatayud **II.** *m, f* Einwohner(in) *m(f)* von Calatayud

biliar [bi'ljar] *adj* Gallen-

bilingüe [bi'liŋgwe] **I.** *adj* zweisprachig; **ha tenido una educación ~** er/sie ist zweisprachig aufgewachsen **II.** *mf* zweisprachige Person *f*

bilingüismo [biliŋ'gwismo] *m sin pl* Zweisprachigkeit *f,* Bilingualismus *m*

bilioso, -a [bi'ljoso, -a] *adj* **1.** (MED) Gallen- **2.** (*colérico*) cholerisch, reizbar

bilirrubina [bilirru'βina] *f* (BIOL) Bilirubin *nt*

bilis ['bilis] *f inv* **1.** (ANAT) Galle *f* **2.** (*cólera*) Wut *f;* **descargar la ~ contra alguien/algo** seine Wut an jdm/etw auslassen; **eso me exalta la ~** da kommt mir die Galle hoch; **tragar ~ con algo** (*fam*) an etw zu schlucken haben

billa ['biʎa] *f* (*billar*) *Treiben einer Kugel nach Karambolage in ein Loch*

billar [bi'ʎar] *m* **1.** (*juego*) Billard(spiel) *nt;* **~ americano** Pool(billard) *nt;* **jugar al ~** Billard spielen **2.** (*mesa*) Billardtisch *m*

billarista [biʎa'rista] *mf* Billardspieler(in) *m(f)*

billetaje [biʎe'taxe] *m* Kartenkontingent *nt*

billete [bi'ʎete] *m* **1.** (*pasaje*) Fahrschein *m,* Fahrkarte *f;* **~ circular** Rundreisefahrschein *m;* **~ de ida** einfacher Fahrschein; **~ de ida y vuelta** Rückfahrkarte *f;* **~ kilométrico** Kilometerheft *nt;* **~ múltiple** Mehrfahrtenkarte *f;* **medio ~** Kinderfahrschein *m;* **sacar un ~** eine (Fahr)karte lösen **2.** (*entrada*) Eintrittskarte *f* **3.** (FIN) Banknote *f,* (Geld)schein *m;* **~ de cien marcos** Hundertmarkschein *m;* **~s y monedas** Banknoten und Münzen **4.** (*en una rifa*) (Lotterie)los *nt;* **~ premiado** Treffer *m;* **~ no premiado** Niete *f* **5.** (*mensaje breve*) kurze Mitteilung *f*

billetera [biʎe'tera] *f,* **billetero** [biʎe'tero] *m* Brieftasche *f*

billón [bi'ʎon] *m* Billion *f;* **un ~ de pesetas**

eine Billion Peseten
billonario, **-a** [biʎo'narjo, -a] *m, f* Billionär(in) *m(f)*
bímano, **-a** ['bimano, -a], **bimano**, **-a** [bi'mano, -a] **I.** *adj* (ZOOL) zweihändig **II.** *m, f* (ZOOL) Zweihänder(in) *m(f)*
bimba ['bimba] *f* **1.** (*fam: sombrero*) Zylinder(hut) *m* **2.** (*Am: embriaguez*) Rausch *m*
bimbral [bim'bral] *m* (BOT) mit Korbweiden bewachsene Stelle *f*
bimembre [bi'membre] *adj* zweigliedrig
bimensual [bimensu'al] *adj* vierzehntäglich, zweimal im Monat stattfindend; **una revista** ~ eine zweimal im Monat [*o* alle vierzehn Tage] erscheinende Zeitschrift
bimestral [bimes'tral] *adj* (*duración*) zweimonatig; (*repetición*) zweimonatlich
bimestre [bi'mestre] **I.** *adj* (*duración*) zweimonatig; (*repetición*) zweimonatlich **II.** *m* **1.** (*período*) Zeitraum *m* von zwei Monaten **2.** (*pago*) zweimonatliche Zahlung *f*
bimetalismo [bimeta'lismo] *m* (ECON) Doppelwährung *f*, Bimetallismus *m*
bimetalista [bimeta'lista] *adj* (ECON) Doppelwährungs-, Bimetallismus-; **sistema** ~ Doppelwährung *f*, Bimetallismus *m*
bimilenario, **-a** [bimile'narjo, -a] *adj* zweitausendjährig
bimilenario [bimile'narjo] *m* zweitausendjähriges Bestehen *nt;* (*fiesta*) Zweitausendjahrfeier *f*
bimotor [bimo'tor] **I.** *adj* zweimotorig **II.** *m* zweimotoriges Flugzeug *nt*
bina ['bina] *f* (AGR) Zwiebrache *f*
binadura [bina'ðura] *f* (AGR) *v.* **bina**
binar [bi'nar] *vt* zum zweiten Male tun, wiederholen
binario, **-a** [bi'narjo, -a] *adj* **1.** (*dual*) binär; **sistema** ~ (MAT) binäres System **2.** (MÚS): **compás** ~ Zweivierteltakt *m*
bingo ['biŋgo] *m* Bingo *nt*
binguero, **-a** [biŋ'gero, -a] *m, f* Spielleiter(in) *m(f)* beim Bingo
binocular [binoku'lar] *adj* binokular
binoculares [binoku'lares] *mpl* Fernglas *nt*
binóculo [bi'nokulo] *m* Kneifer *m*
binomio [bi'nomjo] *m* (MAT) Binom *nt*
binza ['biṇθa] *f* (BIOL: *tejido orgánico*) Häutchen *nt*
bioactivo, **-a** [bioak'tiβo, -a] *adj* bioaktiv
bioacumulativo, **-a** [bioakumula'tiβo, -a] *adj* (ECOL) bioakkumulativ
bioagricultura [bioaɣrikuḷ'tura] *f* (AGR) biologische Landwirtschaft *f*, alternativer Landbau *m*
biobasura [bioβa'sura] *f* (ECOL) Biomüll *m*
biocenosis [bioθe'nosis] *f inv* (BIOL) Biozönose *f*, Lebensgemeinschaft *f* (in einem Biotop)
biocida [bio'θiða] *m* (AGR) Biozid *nt*, Pestizid *nt*
bioclimatología [bioklimatolo'xia] *f* (BIOL) Bioklimatologie *f*
biodegradable [bioðeɣra'ðaβle] *adj* biologisch abbaubar
biodegradación [bioðeɣraða'θjon] *f* biologische Abbaubarkeit *f*
biodegradar [bioðeɣra'ðar] *vt* (BIOL) biologisch [*o* bakteriell] abbauen
biodinámica [bioði'namika] *f* Biodynamik *f*
biodiversidad [bioðiβersi'ðaᵈ] *f* Artenvielfalt *f*; **Tratado de B~** Artenschutzabkommen *nt*
bioelectricidad [bioelektriθi'ðaᵈ] *f* (BIOL) Bioelektrizität *f*
bioelemento [bioele'meṇto] *m* (BIOL, QUÍM) Bioelement *nt*
bioestadística [bioesta'ðistika] *f* Biostatistik *f*
biofísica [bio'fisika] *f* Biophysik *f*
biofísico, **-a** [bio'fisiko, -a] **I.** *adj* (BIOL) biophysikalisch **II.** *m, f* (BIOL) Biophysiker(in) *m(f)*
biogas [bio'ɣas] *m* Biogas *nt*
biogénesis [bio'xenesis] *f inv* Biogenese *f*
biogenética [bioxe'netika] *f* Biogenetik *f*
biogenético, **-a** [bioxe'netiko, -a] *adj* biogenetisch
biogeografía [bioxeoɣra'fia] *f* (ECOL, GEO) Biogeographie *f*
biografía [bjoɣra'fia] *f* Biografie *f*, Lebensgeschichte *f*
biografiar [bjoɣrafi'ar] <*1. pres:* **biografío**> *vt* die Biografie schreiben (*a* von +*dat*)
biográfico, **-a** [bjo'ɣrafiko, -a] *adj* biografisch
biógrafo[1] [bi'oɣrafo] *m* (*Am*) Kino *nt*
biógrafo, **-a**[2] [bi'oɣrafo, -a] *m, f* Biograf(in) *m(f)*
bioingeniería [bioiŋxenje'ria] *f* Biotechnik *f*
biología [biolo'xia] *f* Biologie *f*; ~ **celular** Zytologie *f*; ~ **molecular** Molekularbiologie *f*
biológico, **-a** [bio'loxiko, -a] *adj* biologisch; **guerra biológica** biologische Kriegsführung
biólogo, **-a** [bi'oloɣo, -a] *m, f* Biologe, -in *m, f*; ~ **marino** Meeresbiologe *m*
bioluminiscencia [bioluminis'θeṇθja] *f* (BIOL) Biolumineszenz *f*
bioma [bi'oma] *m* (BIOL, ECOL) Biom *nt*, Bioregion *f*
biomasa [bio'masa] *f* (BIOL) Biomasse *f*
biombo [bi'ombo] *m* Wandschirm *m*, spanische Wand *f*
biomecánica [biome'kanika] *f* Biomechanik *f*
biomedicina [biomeði'θina] *f* Biomedizin *f*
biometría [biome'tria] *f* Biometrie *f*, Biometrik *f*
biónico, **-a** [bi'oniko, -a] *adj* bionisch
bioorgánico, **-a** [bio(o)r'ɣaniko, -a] *adj* bioorganisch, präbiologisch
biopsia [bi'oβsja] *f* (MED) Biopsie *f*
bioquímica [bio'kimika] *f* Biochemie *f*
bioquímico, **-a** [bio'kimiko, -a] *adj* biochemisch

biorritmo [bio'rri^{ð}mo] *m* Biorhythmus *m*
biosfera [bios'fera] *f* Biosphäre *f*
biosíntesis [bio'sintesis] *f inv* Biosynthese *f*
biosistema [biosis'tema] *m* Biosystem *nt*
biosociología [biosoθjolo'xia] *f* (SOCIOL) Biosoziologie *f*
biota [bi'ota] *f* (BIOL) *Fauna und Flora eines Gebietes*
biotecnología [bioteknolo'xia] *f* Biotechnologie *f*
biotecnológico, **-a** [biotekno'loxiko, -a] *adj* biotechnologisch
bioterapia [biote'rapja] *f* (MED) Biotherapie *f*
biótico, **-a** [bi'otiko, -a] *adj* biotisch
biotipo [bio'tipo] *m* (BOT, ZOOL) Biotyp(us) *m*
biotipología [biotipolo'xia] *f* (BIOL) Biotypologie *f*
biótopo [bi'otopo] *m* Biotop *m o nt*
bióxido [bi'o^{γ}siðo] *m* (QUÍM) Dioxyd *nt*
BIP [bei'pe] *m* (FIN) *abr de* **Banco Internacional de Pagos** BIZ *f*
bipartición [biparti'θjon] *f* Zweiteilung *f*
bipartidismo [biparti'ðismo] *m* (POL) Zweiparteiensystem *nt*
bipartidista [biparti'ðista] *adj*, **bipartito**, **-a** [bipar'tito, -a] *adj* Zweiparteien-; **sistema** ~ Zweiparteiensystem *nt*
bípedo, **-a** ['bipeðo, -a] **I.** *adj* zweibeinig **II.** *m, f* Zweibeiner(in) *m(f)*, Zweifüßer *m*
biplano [bi'plano] *m* Doppeldecker *m*
biplaza [bi'plaθa] **I.** *adj* zweisitzig **II.** *m* Zweisitzer *m*
bipolar [bipo'lar] *adj* (FÍS, ELEC) bipolar, zweipolig
bipolaridad [bipolari'ða^{ð}] *f* (FÍS, ELEC) Bipolarität *f*
bipolarización [bipolariθa'θjon] *f* (POL) Bipolarisierung *f*
biquini [bi'kini] *m* Bikini *m*
birdie ['berði] *m* (DEP: *golf*) Birdie *nt*
birimbao [birim'bao] *m* (MÚS) Maultrommel *f*
birlar [bir'lar] *vt* **1.** (*fam: matar*) umlegen **2.** (*fam: derribar*) niederschlagen **3.** (*fam: hurtar*) wegschnappen; **Carlos le birló la novia** Carlos hat ihm die Freundin ausgespannt; **me han birlado la cartera** mir wurde der Geldbeutel geklaut
birlibirloque [birliβir'loke] *m*: **por arte de** ~ wie durch ein Wunder, auf wundersame Art und Weise
birmano, **-a** [bir'mano, -a] **I.** *adj* aus Birma, birmanisch **II.** *m, f* Birmane, -in *m, f*
birome [bi'rome] *f* (*Arg*) Kugelschreiber *m*, Kuli *m fam*
birote [bi'rote] *m* (*AmC*) Weißbrot *nt*
birra ['birra] *f* (*argot*) Bier *nt*
birreactor [birreak'tor] **I.** *adj* zweistrahlig **II.** *m* zweistrahliges Düsenflugzeug *nt*
birrectángulo, **-a** [birrek'taŋgulo, -a] *adj* (MAT) mit zwei rechten Winkeln
birreta [bi'rreta] *f* (REL) Birett *nt*
birrete [bi'rrete] *m* **1.** (*de clérigos*) Birett *nt*; ~ **cardenalicio** Kardinalshut *m* **2.** (*de catedráticos, jueces*) Barett *nt*
birria ['birrja] *f* **1.** (*persona*) Vogelscheuche *f* **2.** (*objeto*) Plunder *m* **3.** (*obra*) Schund *m*; **la película es una** ~ der Film ist großer Schund **4.** (*Col: capricho*) Eigensinn *m*, Laune *f*; **a** ~ nach Belieben **5.** (*Méx:* GASTR) *Gericht aus Ziegenfleisch* **6.** (*loc*): **jugar de** ~ lustlos spielen
birriondo, **-a** [bi'rrjondo, -a] *adj* (*Méx*) **1.** (*callejero*) Straßen-; (*animales*) streunend; **disturbios** ~**s** Krawalle *mpl*; **perro** ~ Straßenköter *m* **2.** (*enamoradizo*) leicht entflammbar
biruje [bi'ruxe] *m* (*Am*), **biruji** [bi'ruxi] *m* eisiger Wind *m*
bis [bis] **I.** *interj* wiederholen, noch einmal **II.** *m* (MÚS, TEAT) Wiederholung *f* **III.** *adv* **1.** (MÚS) da capo **2.** (*añadido a un número*) a; **vivo en el 7** ~ ich wohne in Haus Nummer [*o* im Haus] 7a
bisabuelo, **-a** [bisa'βwelo, -a] *m, f* Urgroßvater, -mutter *m, f*; **los** ~**s** die Urgroßeltern
bisagra [bi'saγra] *f* **1.** (*charnela*) Scharnier *nt* **2.** (*quicio*) Türangel *f*
bisar [bi'sar] *vt* (MÚS, TEAT) wiederholen
bisbis(e)ar [bisβise'ar/bisβi'sar] *vt* (*fam*) **1.** (*musitar*) murmeln **2.** (*cuchichear*) flüstern
bisbiseo [bisβi'seo] *m* **1.** (*murmullo*) Murmeln *nt* **2.** (*cuchicheo*) Flüstern *nt*
biscorneta [biskor'neta] *adj* (*fam*) schielend
biscote [bis'kote] *m* Zwieback *m*
biscuit [bis'kwit] <biscuits> *m* **1.** (GASTR: *bizcocho*) Biskuit *nt o m* **2.** (*porcelana*) Biskuitporzellan *nt*
biscúter [bis'kuter] *m* (AUTO) Dreirad *nt*
bisecar [bise'kar] <c→qu> *vt* (MAT) halbieren
bisección [bise^{γ}'θjon] *f* (MAT) Halbierung *f*; **uno de los ejercicios consistía en la** ~ **de un ángulo** eine der Aufgaben bestand darin, einen Winkel zu halbieren
bisel [bi'sel] *m* Abschrägung *f*, abgeschrägte Kante *f*
biselado, **-a** [bise'laðo, -a] *adj* schrägkantig
biselar [bise'lar] *vt* abschrägen
bisemanal [bisema'nal] *adj* zweimal wöchentlich (stattfindend); **un periódico** ~ eine zweimal wöchentlich erscheinende Zeitung
bisemanario [bisema'narjo] *m* (PREN) vierzehntäglich erscheinende Publikation *f*; **muchas revistas son** ~**s** viele Zeitschriften erscheinen vierzehntäglich [*o* alle zwei Wochen]
bisexual [bise^{γ}su'al] *adj* **1.** (*persona*) bisexuell **2.** (BIOL) doppelgeschlechtig
bisexualidad [bise^{γ}swali'ða^{ð}] *f sin pl* **1.** (*de una persona*) Bisexualität *f* **2.** (BIOL) Doppelgeschlechtigkeit *f*
bisiesto [bi'sjesto] *adj*: **año** ~ Schaltjahr *nt*
bisílabo, **-a** [bi'silaβo, -a] *adj* zweisilbig
bisimétrico, **-a** [bisi'metriko, -a] *adj* (MAT) doppelt symmetrisch
bismuto [bis'muto] *m* (QUÍM) Wismut *nt*

bisnieto, **-a** [bis'njeto, -a] *m, f* Urenkel(in) *m(f)*
biso ['biso] *m* (ZOOL) Byssus *m*
bisojo, **-a** [bi'soxo, -a] *adj* schielend
bisonte [bi'soṇte] *m* (*americano*) Bison *m;* (*europeo*) Wisent *m*
bisoñé [biso'ɲe] *m* Toupet *nt,* Haarteil *nt*
bisoño, **-a** [bi'soɲo, -a] **I.** *adj* **1.** (*inexperto*) unerfahren **2.** (*nuevo*) neu **II.** *m, f* **1.** (*novato*) Neuling *m,* Grünschnabel *m* **2.** (*recluta nuevo*) neu einberufener Rekrut *m,* neu einberufene Rekrutin *f*
bisté [bis'te] *m* <bistés>, **bistec** [bis'te] *m* <bistecs> (Beef)steak *nt*
bisturí [bistu'ri] *m* Skalpell *nt*
bisunto, **-a** [bi'suṇto, -a] *adj* **1.** (*grasiento*) schmierig **2.** (*sucio*) schmutzig
bisutería [bisute'ria] *f* **1.** (*joyas*) Modeschmuck *m* **2.** (*tienda*) Geschäft *nt* für Modeschmuck **3.** (*industria*) Modeschmuckindustrie *f*
bit [bit] *m* <bits> (INFOR) Bit *nt;* ~ **de arranque** Startbit *nt;* ~ **de cabeza** führendes Bit; ~ **de parada** Stoppbit *nt;* ~ **de paridad** Paritätsbit *nt;* ~**s por pulgada** Bit pro Zoll; ~**s por segundo** Bit pro Sekunde; **conjunto de 8** ~**s** Achtbit-Einheit *f;* **velocidad de** ~**s** Bitgeschwindigkeit *f*
bita ['bita] *f* (NÁUT) Beting *f*
bitácora [bi'takora] *f* (NÁUT) Kompasshaus *nt;* **cuaderno de** ~ Logbuch *nt*
bite [bai̯t] *m v.* **byte**
bitensión [biten'sjon] *f* (ELEC) Doppelspannung *f*
bíter ['biter] <bíters> *m* (GASTR) Magenbitter *m*
bitio ['bitjo] *m* (INFOR) Bit *nt*
bitonalidad [bitonali'ðað] *f* (MÚS) Bitonalität *f*
bitoque [bi'toke] *m* **1.** (*tapón*) Spund *m* **2.** (*AmC: cloaca*) Kloake *f* **3.** (*Am: cánula de jeringa*) Kanüle *f* **4.** (*Méx, RíoPl: grifo*) Hahn *m* **5.** (*loc*): **ojos de** ~ schielende Augen
bítter ['biter] <bítters> *m* (GASTR) *v.* **bíter**
bituminoso, **-a** [bitumi'noso, -a] *adj* bituminös, teerartig
bivalente [biβa'leṇte] *adj* (QUÍM) bivalent, zweiwertig
bivalvo, **-a** [bi'βalβo, -a] *adj* zweischalig
biza ['biθa] *f* (GASTR, ZOOL) Bonito *m* (*Thunfischart*)
bizantino, **-a** [biθaṇ'tino, -a] **I.** *adj* **1.** (*de Bizancio*) byzantinisch **2.** (*fig: baldío*) überflüssig, unnütz; **discusión bizantina** Haarspalterei *f* **II.** *m, f* Byzantiner(in) *m(f)*
bizarría [biθa'rria] *f* **1.** (*valentía*) Tapferkeit *f;* (*valor*) Mut *m,* Schneid *m* **2.** (*gallardía*) Stattlichkeit *f* **3.** (*generosidad*) Großzügigkeit *f*
bizarro, **-a** [bi'θarro, -a] *adj* **1.** (*valiente*) tapfer; (*valeroso*) mutig **2.** (*apuesto*) stattlich **3.** (*generoso*) großzügig **4.** (*extravagante*) wunderlich, bizarr
bizcar [biθ'kar] <c→qu> **I.** *vi* schielen **II.** *vt* zublinzeln +*dat,* zuzwinkern +*dat;* ~ **un ojo a alguien** jdm zublinzeln [*o* zuzwinkern]
bizco, **-a** ['biθko, -a] *adj* schielend; **quedarse** ~ platt [*o* völlig überrascht] sein
bizcochada [biθko'ʧaða] *f* (GASTR) **1.** (*de biscotes*) Zwiebacksuppe *f* mit Milch **2.** (*de bizcochos*) Löffelbiskuitsuppe *f* mit Milch **3.** (*variedad de panecillo*) *längliches Brötchen mit Einschnitt*
bizcochar [biθko'ʧar] *vt* (GASTR) ein zweites Mal backen
bizcocho [biθ'koʧo] **I.** *adj* (*Méx*) feige **II.** *m* **1.** (*biscote*) Zwieback *m* **2.** (*biscuit*) Biskuit *m o nt* **3.** (*Am: torta*) (Rühr)kuchen *m;* ~ **borracho** *in Wein und Sirup getränkter Kuchen* **4.** (*porcelana*) Biskuitporzellan *nt*
bizcorneado, **-a** [biθkorne'aðo, -a] *adj* **1.** (*bizco*) schielend **2.** (TIPO) schief bedruckt
Bizkaia [biθ'kaɟa] *f* Biskaya *f*
bizna ['biθna] *f* (BOT) Fruchtinnenwand *f,* Scheidewand *f*
biznaga [biθ'naɣa] *f* Kugelkaktus *m*
biznieto, **-a** [biθ'njeto, -a] *m, f* Urenkel(in) *m(f)*
bizquear [biθke'ar] *vi* schielen
bizquera [biθ'kera] *f* (*Arg, Col, PRico*) Schielen *nt*
bla-bla-bla [blaβla'βla] *m* Blabla *nt,* leeres Gerede *nt*
blanca ['blaŋka] *f* **1.** (MÚS) halbe Note *f* **2.** (*pieza de dominó*) Null *f* **3.** (*moneda antigua*) *ehemalige spanische Kupfermünze;* **no tener** [*o* **estar sin**] ~ (*fam*) keinen Pfennig haben, blank sein
Blancanieves [blaŋka'njeβes] *f* Schneewittchen *nt*
blanco[1] ['blaŋko] *m* **1.** (*color*) Weiß(e) *nt;* **una película en** ~ **y negro** ein Schwarzweißfilm; **poner los ojos en** ~ die Augen verdrehen; **vestirse de** ~ Weiß tragen, sich weiß kleiden **2.** (*de animal*) Blesse *f* **3.** (*espacio en un escrito*) leerer Zwischenraum *m,* Lücke *f;* **cheque en** ~ (ECON) Blankoscheck *m;* **dejar algo en** ~ etw offen [*o* unausgefüllt] [*o* unbeschrieben] lassen; **tener la mente en** ~ ein Blackout haben **4.** (*diana*) Zielscheibe *f;* **dar en el** ~ ins Schwarze treffen; **errar el** ~ das Ziel verfehlen **5.** (*raza*): **los** ~**s** die Weißen **6.** (*loc*): **pasar la noche en** ~ eine schlaflose Nacht verbringen
blanco, **-a**[2] ['blaŋko, -a] **I.** *adj* **1.** (*de tal color*) weiß; ~ **como la nieve** schneeweiß **2.** (*cerveza*) hell **3.** (*tez*) bleich; **ponerse** ~ **como una pared** kreidebleich werden **II.** *m, f* (*persona*) Weiße(r) *mf*
blancura [blaŋ'kura] *f* Weiße *f*
blancuzco, **-a** [blaŋ'kuθko, -a] *adj* weißlich
blandear [blaṇde'ar] **I.** *vt* erweichen, umstimmen **II.** *vi, vr:* ~**se** weich werden, nachgeben; ~ **con alguien** jdm Zugeständnisse machen
blandengue [blaṇ'deŋge] *adj* (*pey*) weichlich, zu nachgiebig; **ser un** ~ ein Weichling [*o*

B

Schwächling] sein

blandicia [blaṇ'diθja] *f* **1.** (*adulación*) Schmeichelei *f* **2.** (*blandura, suavidad*) Weichheit *f*; (*delicadeza*) Zartheit *f*

blandiporno [blaṇdi'porno] *m* Softporno *m*

blandir [blaṇ'dir] **I.** *vt* schwingen; ~ **la espada** das Schwert schwingen **II.** *vi, vr:* ~**se** schwanken

blando¹ ['blaṇdo] *adv* sanft, weich

blando, -a² ['blaṇdo, -a] *adj* **1.** (*fácilmente deformable*) weich; ~ **al tacto** weich anzufühlen **2.** (*carácter: suave*) mild, nachsichtig; (*pey: blandengue*) nachgiebig, weichlich; (*cobarde*) feige; ~ **de corazón** weichherzig; **es demasiado** ~ **con sus alumnos** er ist seinen Schülern gegenüber zu nachgiebig [*o* weich] **3.** (*constitución*) kraftlos, schwach **4.** (*clima*) mild **5.** (*viento, lluvia, oleaje*) sanft, sacht(e) **6.** (*tono*) sanft, zart **7.** (*luz*) weich **8.** (ECON) günstig; **créditos** ~**s** günstige Kredite; **moneda blanda** (FIN) weiche Währung

blandón [blaṇ'don] *m* **1.** (*vela*) große Wachskerze *f* **2.** (*candelero*) Ständer *m* für große Kerzen

blandorro, -a [blaṇ'dorro, -a] *m, f* **1.** (*blandengue*) Schwächling *m* **2.** (*cobarde*) Feigling *m*

blanducho, -a [blaṇ'duʧo, -a] *adj* (*fam*) (ein wenig) weich, weichlich

blandura [blaṇ'dura] *f* **1.** (*cualidad de una cosa*) Weichheit *f* **2.** (*del carácter: suavidad*) Sanftheit *f*, Milde *f*; (*pey: blandenguería*) Weichlichkeit *f* **3.** (*lisonja*) Schmeichelei *f* **4.** (*del aire*) Tauwetter *nt* **5.** (*emplasto*) Zugpflaster *nt*

blanqueación [blaŋkea'θjon] *f v.* **blanqueo**

blanqueamiento [blaŋkea'mjeṇto] *m v.* **blanqueo**

blanquear [blaŋke'ar] **I.** *vi* **1.** (*volverse blanco*) weiß werden **2.** (*perder el color*) verbleichen, verblassen; (*el pelo*) ergrauen **3.** (*presentarse blanco*) weiß(lich) schimmern **II.** *vt* **1.** (*poner blanco*) weißen **2.** (*pared*) tünchen **3.** (*dinero*) waschen **4.** (*tejido*) bleichen **5.** (*metal*) blank putzen

blanquecino, -a [blaŋke'θino, -a] *adj* weißlich

blanqueo [blaŋ'keo] *m* **1.** (*el poner blanco*) Weißen *nt* **2.** (*de una pared*) Tünchen *nt* **3.** (*de tejido*) Bleichen *nt*; ~ **de dinero** Geldwäsche *f*

blanquete [blaŋ'kete] *m* weiße Schminke *f*

blanquiazul [blaŋkja'θul] **I.** *adj* blauweiß **II.** *m* Blauweiß *nt*

blanquillo¹ [blaŋ'kiʎo] *m* **1.** (*Chil, Perú: melocotón*) Pfirsich *m* (*mit weißlicher Haut*) **2.** (*Am: pez*) Weißfisch *m* **3.** (*Guat, Méx: huevo*) (Hühner)ei *nt*

blanquillo, -a² [blaŋ'kiʎo, -a] *adj* **1.** (*blanquecino*) weißlich **2.** (*pan, trigo*) weiß

blanquinegro, -a [blaŋki'neɣro, -a] *adj* schwarzweiß meliert

Blas [blas] *m:* **díjolo** [*o* **lo dijo**] ~**, punto redondo** (*fam irón*) dem bleibt wohl nichts hinzuzufügen

blasfemador(a) [blasfema'ðor(a)] *m(f)* (Gottes)lästerer, -in *m, f*

blasfemar [blasfe'mar] *vi* **1.** (REL) lästern, blasphemieren; ~ **contra Dios** Gott lästern **2.** (*hablar mal*) lästern; ~ **del régimen** über das Regime lästern **3.** (*maldecir*) verfluchen (*de* +*akk*,), fluchen (*de* auf/über +*akk*)

blasfemia [blas'femja] *f* **1.** (REL) Gotteslästerung *f*, Blasphemie *f* **2.** (*injuria*) Lästerung *f*, Schmähung *f* **3.** (*taco*) Fluch *m*

blasfemo, -a [blas'femo, -a] **I.** *adj* (gottes)lästerlich, blasphemisch **II.** *m, f* (Gottes)lästerer, -in *m, f*

blasón [bla'son] *m* **1.** (*escudo de armas*) Wappen(schild) *nt*, Blason *m* **2.** (*figura*) Wappenbild *nt* **3.** (*honor*) Ehre *f*; (*gloria*) Ruhm *m*; **hacer** ~ **de algo** mit etw prahlen **4.** *pl* (*abolengo*) adlige Herkunft *f*; **estar orgulloso de sus blasones** stolz auf seine adlige Herkunft sein

blasonar [blaso'nar] **I.** *vt* ein Wappen entwerfen **II.** *vi* prahlen, angeben (*de* mit +*dat*)

blastodermo [blasto'ðermo] *m* (BIOL) Blastoderm *nt*, Keimhaut *f*

blata ['blata] *f* (ZOOL) Küchenschabe *f*

blázer ['bleiser] *m* Blazer *m*

bledo ['bleðo] *m* **1.** (BOT) Amaranth *m* (*Getreidesorte aus Mexiko*) **2.** (*loc*): **(no) me importa** [*o* **(no) se me da**] **un** ~ das ist mir völlig schnuppe; **la película no vale un** ~ der Film taugt nichts

blenoftalmía [blenoftal'mia] *f* (MED) (Ophthalmo)blennorrhö(e) *f*

blenorragia [bleno'rraxja] *f* (MED) Blennorrhagie *f*

blenorrea [bleno'rrea] *f* (MED) Blennorrhö(e) *f*

blindado¹ [bliṇ'daðo] *m* (MIL) Panzer(wagen) *m*

blindado, -a² [bliṇ'daðo, -a] *adj* gepanzert; **cristal** ~ Panzerglas *nt*

blindaje [bliṇ'daxe] *m* Panzer *m*, Panzerung *f*

blindar [bliṇ'dar] *vt* panzern

blitz [bli^ts] *m sin pl* (HIST) Blitz(krieg) *m* (*deutsche Bombardierung Englands im Zweiten Weltkrieg*)

bloc [blo^k] *m* <blocs> **1.** (*cuaderno*) (Schreib)block *m*; ~ **de dibujo** Zeichenblock *m*; ~ **de notas** Notizblock *m* **2.** (*calendario*) Kalenderblock *m*

blocar [blo'kar] <c→qu> *vt v.* **bloquear**

blofear [blofe'ar] *vi* **1.** (*AmC, Méx, PRico: engañar*) bluffen **2.** (*AmC, Méx, PRico: exagerar*) aufschneiden

blofero, -a [blo'fero, -a] *m, f*, **blofista** [blo'fista] *mf* (*AmC, PRico*) Aufschneider(in) *m(f)*

blonda ['bloṇda] *f* Seidenspitze *f*, Blonde *f*

blondo, -a ['bloṇdo, -a] *adj* (*elev*) blond

bloque ['bloke] *m* **1.** (*t.* POL, ECON, TÉC, INFOR) Block *m;* ~ **de cilindros** Zylinderblock *m;* ~ **de entrada** (INFOR) Eingabeblock *m;* ~ **de hormigón** Betonblock *m;* ~ **de inicio** (INFOR) Header *m;* ~ **de mármol** Marmorblock *m;* ~ **de memoria** (INFOR) Speicherblock *m;* ~ **de motor** Motorblock *m;* ~ **de noticias** (TV) Nachrichtenblock *m;* ~ **de papel** Papierblock *m;* ~ **de piedra** Steinblock *m;* ~ **publicitario** (TV) Werbeblock *m;* ~ **superior de memoria** (INFOR) UMB-Speicher *m;* ~ **de teclas** Tastenblock *m;* ~ **de viviendas** Wohnblock *m;* **el** ~ **verde** (POL) der Block der Grünen **2.** (*de madera*) (Holz)klotz *m* **3.** (*loc*): **en** ~ in Bausch und Bogen, en bloc

bloqueante [bloke'an̪te] **I.** *adj* hemmend **II.** *m* Hemmstoff *m*

bloquear [bloke'ar] **I.** *vt* **1.** (*cortar el paso*) (ver)sperren, blockieren; ~**on el acceso al castillo** die Zufahrt zum Schloss wurde gesperrt **2.** (*aislar*) einschließen; **el terremoto bloqueó la población** das Erdbeben hat die Bevölkerung von der Außenwelt abgeschnitten **3.** (TÉC) blockieren **4.** (MIL: *asediar*) belagern **5.** (FIN: *cuenta, crédito*) sperren **6.** (DEP) (ab)blocken **7.** (*obstaculizar*) aufhalten, ins Stocken bringen; ~ **el desarrollo** die Entwicklung aufhalten **8.** (*interrumpir*) unterbrechen, unterbinden **9.** (*una plaza de trabajo*) streichen, sperren **II.** *vr:* ~**se 1.** (*una cosa*) blockieren **2.** (*una persona*) sich sperren

bloqueo [blo'keo] *m* **1.** (*de un paso*) Sperre *f,* Blockade *f;* ~ **comercial** (COM) Handelsembargo *nt;* ~ **de una cuenta** (FIN) Kontosperrung *f;* ~ **de fondos** Sperrung von Mitteln **2.** (*aislamiento*) Abgeschlossenheit *f* **3.** (TÉC: *de un mecanismo*) Blockierung *f;* (INFOR) Blockieren *nt;* ~ **de archivos y registros** (INFOR) Datei- und Datensatzsperre *f;* ~ **de teclado** Tastatursperre *f* **4.** (MIL) Blockade *f;* **violar** [*o* **romper**] **el** ~ die Blockade brechen **5.** (DEP) (Ab)blocken *nt* **6.** (*de un proceso: estancamiento*) Stockung *f;* (*interrupción*) Unterbrechung *f* **7.** (*mental*) Sperrung *f*

blues [blus] *m inv* Blues *m*

bluff [bluf] *m* <bluffs> **1.** (*finta*) Bluff *m;* **ser puro** ~ falsch sein **2.** (*Am: fanfarronería*) Prahlerei *f;* (*chulería*) Aufschneiderei *f*

blusa ['blusa] *f* **1.** (*de mujer*) Bluse *f;* ~ **camisera** Hemdbluse *f* **2.** (*bata*) Kittel *m*

blusón [blu'son] *m* Kittel *m*

boa ['boa] *f* Boa *f*

boalaje [boa'laxe] *m* **1.** (*dehesa para vacuno*) Rinderweide *f* **2.** (HIST: *impuesto*) Tribut *m* für die Nutzung von Weideland

boardilla [boar'ðiʎa] *f v.* **buhardilla**

boato [bo'ato] *m* Pomp *m,* Prunk *m*

bobada [bo'βaða] *f* Dummheit *f,* Albernheit *f;* **decir** ~**s** albernes Zeug reden; **¡~s!** dummes Zeug!

bobalicón, -ona [boβali'kon, -ona] **I.** *adj* **1.** (*tonto*) dumm **2.** (*simple*) einfältig **II.** *m, f* **1.** (*tonto*) Dummkopf *m* **2.** (*simplón*) Einfaltspinsel *m*

bobear [boβe'ar] *vi* **1.** (*hacer bobadas*) herumalbern **2.** (*decir bobadas*) dummes Zeug reden

bóbilis ['boβilis] *adv:* **de** ~ ~ (*fam*) mir nichts, dir nichts, einfach so

bobina [bo'βina] *f* **1.** (*t.* ELEC) Spule *f,* Rolle *f;* ~ **de hilo** Garnrolle *f;* ~ **de papel** Papierrolle *f* **2.** (FOTO) Filmspule *f* **3.** (CINE) Filmrolle *f,* Spule *f*

bobinado [boβi'naðo] *m* **1.** (*acción*) Aufspulen *nt* **2.** (ELEC: *conjunto de bobinas*) Wicklung *f*

bobinadora [boβina'ðora] *f* Spulmaschine *f*

bobinar [boβi'nar] *vt* (auf)spulen, (auf)wickeln

bobo[1] ['boβo] *m* (TEAT) Hanswurst *m*

bobo, -a[2] ['boβo, -a] **I.** *adj* **1.** (*tonto*) dumm, albern; **ser** ~ **de capirote** (*fam*) strohdumm sein **2.** (*simple*) einfältig **II.** *m, f* **1.** (*tonto*) Dummkopf *m;* ~ **de Coria** Dorftrottel *m;* **hacerse el** ~ sich dumm stellen **2.** (*simplón*) Einfaltspinsel *m*

bobsleigh ['boᵝsleɪ̯ɣ] *m* <bobsleighs> (DEP) Bob *m*

boca ['boka] *f* **1.** (ANAT) Mund *m;* (*de animal*) Maul *nt;* **a** ~ mündlich; ~ **abajo** bäuchlings, auf dem Bauch; ~ **arriba** rücklings, auf dem Rücken; **andar de** ~ **en** ~ in aller Munde sein; **callar la** ~ den Mund halten; **hablar por** ~ **de ganso** (alles) nachplappern; **le huele** [*o* **le hiede**] **la** ~ er/sie hat Mundgeruch; **no decir esta** ~ **es mía** den Mund nicht aufmachen; **partirle la** ~ **a alguien** (*vulg*) jdm die Visage polieren; **quedarse con la** ~ **abierta** mit offenem Mund dastehen; **se me hace la** ~ **agua** mir läuft das Wasser im Mund zusammen; **tapar la** ~ **a alguien** (*fig*) jdm den Mund stopfen; **tener que alimentar muchas** ~**s** viele Mäuler zu stopfen haben; **partirle la** ~ **a alguien** (*vulg*) jdm die Visage polieren; **en** ~ **cerrada no entran moscas** (*prov*) Schweigen ist Gold **2.** (*abertura*) Öffnung *f,* Eingang *m;* ~ **de buzón** Briefkastenschlitz *m;* ~ **de metro** Eingang zur Metrostation; ~ **de puerto** Hafeneinfahrt *f;* ~ **de riego** Hydrant *m* **3.** (*agujero*) Loch *nt;* ~ **de barril** Spundloch *nt;* ~ **de tierra** Erdloch *nt* **4.** (*de cañón*) Mündung *f* **5.** (*de río*) (Fluss)mündung *f;* **las** ~**s del Danubio** die Donaumündung **6.** (*de volcán*) Schlund *m* **7.** (*de vino*) Blume *f* **8.** (TÉC: *de herramienta*) Maul *nt* **9.** (ZOOL: *de crustáceo*) Schere *f* **10.** (MÚS) Mundstück *nt* **11.** (INFOR) Schnittstelle *f*

boca a boca [boka(a)'βoka] *m sin pl* Mund-zu-Mund-Beatmung *f;* **le hicieron el** ~ er/sie wurde Mund-zu-Mund beatmet

bocabajo [boka'βaxo] *adv* auf dem Bauch (liegend), bäuchlings

bocacalle [boka'kaʎe] *f* **1.** (*entrada de una calle*) Straßeneinmündung *f* **2.** (*calle secundaria*) Seitenstraße *f*

bocacaz [boka'kaθ] *m* (*presa*) Durchlass *m*

bocadillo [boka'ðiʎo] *m* **1.** (*sandwich*) belegtes Brötchen *nt* **2.** (*refrigerio*) Imbiss *m;* **hora del** ~ Frühstückspause *f*

bocadito [boka'ðito] *m* **1.** (*Cuba: cigarrillo*) (mit einem Tabakblatt gedrehte) Zigarette *f* **2.** (*Cuba, RíoPl: pastel*) Gebäck *nt* mit Cremefüllung

bocado [bo'kaðo] *m* **1.** (*mordisco*) Bissen *m,* Happen *m;* ~ **de Adán** Adamsapfel *m;* **un** ~ **de pan** ein Bissen Brot; **comer algo en un** ~ etw verschlingen; **no probar** ~ keinen Bissen anrühren; **no tener para un** ~ am Hungertuch nagen **2.** (*freno*) Zaum *m*

bocajarro [boka'xarro] *adv:* **a** ~ (*tiro*) aus nächster Nähe; **decir algo a** ~ etw geradeheraus sagen

bocallave [boka'ʎaβe] *f* Schlüsselloch *nt*

bocamanga [boka'maŋga] *f* **1.** (*abertura*) Ärmelloch *nt* **2.** (*puño*) Ärmelaufschlag *m*

bocamina [boka'mina] *f* (MIN) (Schacht)einfahrt *f,* Schachteingang *m*

bocana [bo'kana] *f* **1.** (*entrada*) schmale Hafeneinfahrt *f* **2.** (*Am: desembocadura*) Flussmündung *f*

bocanada [boka'naða] *f* **1.** (*de comida*) Mundvoll *m;* (*de bebida*) Schluck *m;* ~ **de gente** Gedränge *nt;* **echar** ~**s** prahlen, großtun; **hablar a** ~**s** wirr sprechen **2.** (*de humo*) Rauchwolke *f;* ~ **de aire** [*o* **de viento**] Windstoß *m*

bocanegra [boka'neɣra] *m* (ZOOL) Schwarzkopfhai *m,* Fleckhai *m*

bocarte [bo'karte] *m* **1.** (ZOOL, GASTR: *boquerón*) Sardelle *f* **2.** (MIN) Pochwerk *nt*

bocata [bo'kata] *m* (*fam*) *v.* **bocadillo**

bocatero, -a [boka'tero, -a] *m, f* (*Cuba, Ven*) *v.* **bocaza(s)**

bocaza(s) [bo'kaθa(s)] *mf* (*inv*) Großmaul *nt,* Angeber(in) *m(f);* **ser un** ~ ein Angeber/eine Angeberin sein

bocazo [bo'kaθo] *m* (MIN) Blindgänger *m*

bocear [boθe'ar] *vi* (ZOOL) (mahlende) Kaubewegungen machen

bocera [bo'θera] *f* **1.** (*restos de comida*) Speiserand *m* um den Mund; (*restos de bebida*) Trinkrand *m* um den Mund; **límpiate las** ~**s** wisch dir den Mund ab **2.** (*pupa*) Griebe *f*

boceras [bo'θeras] *mf inv* Quatschkopf *m,* Schwätzer(in) *m(f)*

boceto [bo'θeto] *m* Skizze *f,* Entwurf *m*

bocezar [boθe'θar] <z→c> *vi* (ZOOL) *v.* **bocear**

bocha ['boʧa] *f* **1.** (*juego*) Bocciakugel *f;* **juego de (las)** ~**s** Boccia(spiel) *nt* **2.** (*Arg, Par, Urug: fam: cabeza*) Birne *f*

bochar [bo'ʧar] *vt* (*fam*) **1.** (*RDom, Urug, Ven: rechazar*) eine Abfuhr erteilen +*dat* **2.** (*Arg: fracasar*) durchfallen lassen; **me** ~**on en física** ich bin in Physik durchgefallen

boche ['boʧe] *m* **1.** (*hoyo*) Mulde *f* (*zum Murmeln spielen*) **2.** (*Arg*) Deutsche(r) *m* **3.** (*And: fam: follón*) Durcheinander *nt* **4.** (*Chil, Perú: fam: bronca*) Ärger *m* **5.** (*Méx, Ven: fam: repulsa*) Abfuhr *f,* Abweisung *f;* **dar (un)** ~ **a alguien** jdm eine Abfuhr erteilen; **darse** [*o* **llevarse**] **un** ~ auf jdn Unerwünschten stoßen

bochinche [bo'ʧinʧe] *m* **1.** (*tumulto*) Tumult *m,* lärmendes Durcheinander *nt;* (*alboroto*) Aufruhr *m* **2.** (*Col, PRico: chisme*) Klatsch *m* **3.** (*Méx: fiesta*) Fete *f* **4.** (*Méx: taberna*) Kneipe *f*

bochinchero, -a [boʧin'ʧero, -a] **I.** *adj* (*fam*) aggressiv, streitsüchtig **II.** *m, f* (*fam*) Unruhestifter(in) *m(f),* Krawallmacher(in) *m(f)*

bochorno [bo'ʧorno] *m* **1.** (METEO) Schwüle *f;* **hoy hace mucho** ~ es ist sehr schwül heute **2.** (*sofocación*) (Hitze)wallung *f* **3.** (*vergüenza*) Scham *f;* **me causa** [*o* **me da**] ~ **que esté mirando** es ist mir peinlich, dass er/sie zuschaut; **sufrió un** ~ **espantoso** er/sie hat sich zu Tode geschämt

bochornoso, -a [boʧor'noso, -a] *adj* **1.** (METEO) schwül **2.** (*vergonzoso*) beschämend, peinlich

bocina [bo'θina] *f* **1.** (*caracola*) Muschel *f* **2.** (MÚS) Horn *nt;* ~ **de niebla** Nebelhorn *nt;* **sonar la** ~ das Horn blasen **3.** (*megáfono*) Megaphon *nt,* Sprachrohr *nt* **4.** (*de gramófono*) Schalltrichter *m* **5.** (AUTO) Hupe *f;* **tocar la** ~ hupen **6.** (*Arg, Col, Chil: trompetilla*) Hörrohr *nt*

bocinar [boθi'nar] *vi* **1.** (*por el cuerno*) ins Horn stoßen **2.** (*por el megáfono*) ins Megaphon sprechen **3.** (AUTO) hupen

bocinazo [boθi'naθo] *m* **1.** (*de cuerno*) Hornsignal *nt* **2.** (AUTO) Hupsignal *nt;* **dar** [*o* **pegar**] **un** ~ **a alguien** jdm ein Hupsignal geben

bocio ['boθjo] *m* Kropf *m*

bock [bo^k] *m* (1/4-Liter-)Bierkrug *m*

bocón, -ona [bo'kon, -ona] **I.** *adj* **1.** (*jactancioso*) großsprecherisch, angeberisch **2.** (*chismoso*) klatschsüchtig **II.** *m, f* **1.** (*jactancioso*) Großsprecher *m,* Angeber(in) *m(f)* **2.** (*charlatán*) Klatschmaul *nt fam,* Klatschtante *f fam*

bocudo, -a [bo'kuðo, -a] *adj* mit großem [*o* weitem] Maul, großmaulig

boda ['boða] *f* (*ceremonia*) Hochzeit *f;* (*fiesta*) Hochzeitsfest *nt;* ~**s de plata/de oro/de diamante** silberne/goldene/diamantene Hochzeit; **los invitados a la** ~ die Hochzeitsgäste; **noche de** ~**s** Hochzeitsnacht *f;* **vestido de** ~ Hochzeitskleid *nt*

bodega [bo'ðeɣa] *f* **1.** (*depósito de vino*) Weinkeller *m;* (*establecimiento*) (Wein)kellerei *f;* (*tienda*) Weinhandlung *f;* (*taberna*) Weinschänke *f,* Bodega *f;* **ser una** ~ (*fam*) sternhagelvoll sein **2.** (*despensa*) Vorratskammer *f* **3.** (NÁUT: *almacén en un puerto*) Lagerschuppen *m;* (*en un buque*) Frachtraum *m,* Laderaum *m*

bodegón [boðe'ɣon] *m* **1.** (*taberna*) (Wein)schänke *f,* Bodega *f* **2.** (*casa de comidas*) einfaches Speiselokal *nt* **3.** (ARTE) Stillleben *nt*

bodeguero, **-a** [boðe'ɣero, -a] *m, f* 1.(*en una bodega*) Kellermeister(in) *m(f)* 2.(*Am: en una abacería*) Lebensmittelhändler(in) *m(f)*

bodoque [bo'ðoke] *m* 1.(*en un bordado*) Noppe *f* 2.(*Méx: chichón*) Beule *f* 3.(*Méx: pelota de papel, de lana*) Knäuel *m o nt;* (*de lodo, de masa*) Klumpen *m* 4.(*Méx: cosa mal hecha*) Pfusch *m,* Pfuscharbeit *f* 5.(*fam: persona tonta*) Dummkopf *m*

bodorrio [bo'ðorrjo] *m* (*fam pey*) wüste Hochzeitsparty *f*

bodrio ['boðrjo] *m* 1.(*comida mala*) (Schlangen)fraß *m* 2.(*relleno de morcilla*) Blutwurstfüllung *f* 3.(*cosa de mala calidad*) Schund *m;* **el concierto es un** ~ das Konzert ist miserabel 4.(*confusión*) Durcheinander *nt,* Unordnung *f*

body ['boði] *m* <**bodies**> Body(suit) *m*

bodybuilding [boði'βilðiŋ] *m sin pl* (DEP) Bodybuilding *nt*

BOE ['boe] *m abr de* **Boletín Oficial del Estado** ≈Bundesgesetzblatt *nt*

bóer ['boer] I. *adj* burisch II. *mf* Bure, -in *m, f*

bofe ['bofe] *m* Lunge *f* (*vom toten Schlachttier*); **echar el** ~ [*o* **los** ~**s**] (**por algo**) sich (für etw) abrackern

bofetada [bofe'taða] *f* Ohrfeige *f;* **dar** [*o* **pegar**] **una** ~ **a alguien** jdn ohrfeigen; **arrear** [*o* **cascar**] **una** ~ **a alguien** (*fam*) jdm eine knallen; **darse una** ~ **contra el armario** (*fam*) sich am Schrank anschlagen

bofetón [bofe'ton] *m* kräftige Ohrfeige *f*

bofia[1] ['bofja] *m* (*vulg*) Bulle *m*

bofia[2] ['bofja] *f* (*vulg*) Polente *f,* Bullen *mpl*

boga[1] ['boɣa] I. *adj* (*Col*) ungezogen II. *f* 1.(NÁUT) Rudern *nt* 2.(*moda*) Mode *f;* **esta canción está en** ~ dieses Lied ist in; **vuelve a estar en** ~ **el bikini** der Bikini ist wieder in Mode (gekommen)

boga[2] ['boɣa] *mf* (*AmC*) *v.* **bogador**

bogada [bo'ɣaða] *f* (NÁUT) Ruderschlag *m*

bogador(a) [boɣa'ðor(a)] *m(f)* Ruderer, -in *m, f*

bogar [bo'ɣar] <g→gu> *vi* 1.(*remar*) rudern 2.(*navegar*) segeln

bogavante [boɣa'βan̪te] *m* 1.(NÁUT) erster Ruderer *m* (*auf einer Galeere*) 2.(ZOOL) Hummer *m*

bogey ['boɣi] *m* (DEP: *golf*) Bogey *nt*

bogotano, **-a** [boɣo'tano, -a] I. *adj* aus Bogotá II. *m, f* Einwohner(in) *m(f)* von Bogotá

bohardilla [boar'ðiʎa] *f v.* **buhardilla**

bohemia [bo'emja] *f* Boheme *f*

Bohemia [bo'emja] *f* Böhmen *nt*

bohemio, **-a** [bo'emjo, -a] I. *adj* 1.(GEO) böhmisch 2.(*gitano*) zigeunerhaft II. *m, f* 1.(GEO) Böhme, -in *m, f* 2.(*gitano*) Zigeuner(in) *m(f)* 3.(*artista*) Bohemien *m*

bohena [bo'ena] *f* 1.(*pulmón de res*) Lunge *f* 2.(GASTR) Lungenwurst *f*

bohío [bo'io] *m* (*Am*) Strohhütte *f*

boicot [boi̯'kot all] <**boicots**> *m* Boykott *m;* ~ **comercial** Handelsboykott *m*

boicotear [boi̯kote'ar] *vt* boykottieren

boicoteo [boi̯ko'teo] *m* Boykott *m,* Boykottieren *nt*

boina ['boi̯na] *f* Baskenmütze *f*

boite [bwat] *f,* **boîte** [bwat] *f* Nachtlokal *nt*

boj [box] *m* (BOT) Buchs(baum) *m*

bojar [bo'xar] I. *vt* (NÁUT: *isla, costa*) (den Umfang) ausmessen II. *vi* (NÁUT: *costear*) an der Küste entlangsegeln

bojear [boxe'ar] *vt, vi* (NÁUT) *v.* **bojar**

bol [bol] *m* 1.(*tazón*) Jumbotasse *f fam,* Schale *f* 2.(*red de pesca*) Schleppnetz *nt,* Zugnetz *nt;* (*lance de red*) Fischzug *m* 3.(*bolo*) Kegel *m*

bola ['bola] *f* 1.(*cuerpo esférico*) Kugel *f,* Ball *m;* ~ **de algodón** Wattebällchen *nt;* ~ **de billar** Billardkugel *f;* ~ **del mundo** Erdkugel *f;* ~ **de naftalina** Mottenkugel *f;* ~ **de nieve** Schneeball *m;* ~ **rodante** (INFOR) Rollkugel *f;* **dejar que ruede la** ~ den Dingen seinen Lauf lassen; **tragar la** ~ (*fig*) anbeißen, sich ködern lassen 2.(*canica*) Murmel *f;* **jugar a las** ~**s** (mit) Murmeln spielen, klickern 3.(*betún*) Schuhcreme *f* 4.(*en los naipes*) Schlemm *m* 5.(*fam: mentira*) Lüge *f;* (*rumor*) Gerücht *nt* 6.(*Méx: bullicio*) Tumult *m,* lärmendes Durcheinander *nt;* ~ **de gente** Menschenmenge *f* 7. *pl* (*vulg: testículos*) Eier *ntpl* 8.(*loc*): **a** ~ **vista** offenkundig; **en** ~ (*Méx*) haufenweise; **no dar pie con** ~ überhaupt nicht zurechtkommen; **no rascar** ~ keinen Schlag tun

bolada [bo'laða] *f* 1.(*en los bolos*) (Kugel)wurf *m;* (*en el billar*) Stoß *m* 2.(*Am: suerte*) Glücksfall *m* 3.(*Cuba, Guat, Méx: mentira*) Lüge *f*

bolado [bo'laðo] *m* 1.(*AmC, Chil, Méx: asunto*) Angelegenheit *f* 2.(*AmC: en el billar*) Stoß *m* 3.(*AmC: rumor*) Gerücht *nt* 4.(*Méx: aventura*) Liebesabenteuer *nt*

bolardo [bo'larðo] *m* (NÁUT) Poller *m*

bolazo [bo'laθo] *m* (*CSur: fam*) 1.(*disparate*) Quatsch *m* 2.(*mentira*) Lüge *f,* Bluff *m*

bolchevique [boltʃe'βike] I. *adj* (POL) bolschewistisch II. *mf* (POL) Bolschewist(in) *m(f)*

bolcheviquismo [boltʃeβi'kismo] *m,* **bolchevismo** [boltʃe'βismo] *m sin pl* (POL) Bolschewismus *m*

boleadoras [bolea'ðoras] *fpl* (*AmS*) Bola *f*

bolear [bole'ar] I. *vi* 1.(*en el billar*) zum Spaß spielen 2.(*contar mentiras*) flunkern II. *vt* 1.(*la pelota*) (zu)werfen, schleudern 2.(*CSur: cazar*) (mit einer Bola) jagen; (*atrapar*) (ein)fangen 3.(*alumno*) durchfallen lassen

bolera [bo'lera] *f* Kegelbahn *f*

boleras[1] [bo'leras] *fpl* (MÚS) Bolero(tanz) *m*

boleras[2] [bo'leras] *mf inv* (*fam*) Mogler(in) *m(f)*

bolero [bo'lero] *m* 1.(MÚS) Bolero *m* 2.(*chaqueta*) Bolero *m,* Bolerojäckchen *nt* 3.(*AmC,*

Méx: chistera) Zylinderhut *m* **4.** (*Méx: limpiabotas*) Schuhputzer *m*

boleta [bo'leta] *f* **1.** (*entrada*) Eintrittskarte *f* **2.** (*pase*) Passierschein *m* **3.** (*libranza*) Bezugsschein *m* **4.** (MIL) Quartierschein *m* **5.** (*Arg: contrato preliminar*) Vorvertrag *m;* (*Bol, Chil: borrador*) Vertragsentwurf *m* **6.** (*Arg: sanción policial*) Strafzettel *m* **7.** (*Am: documento*) Urkunde *f* **8.** (*Méx, Perú, PRico: para votar*) Stimmzettel *m* **9.** (*fam: loc*): **dar (la) ~ a alguien** jdm den Laufpass geben

boletería [bolete'ria] *f* (*Am*) Schalter *m;* (*de venta anticipada*) Kartenvorverkaufsstelle *f;* (*al comenzar*) Abendkasse *f*

boletero, **-a** [bole'tero, -a] *m, f* (*Am*) Kartenverkäufer(in) *m(f)*

boletín [bole'tin] *m* **1.** (*publicación*) Bulletin *nt;* **~ de cambios** (FIN) Kurszettel *m;* **~ informativo** Mitteilungsblatt *nt;* **B~ Oficial de las Comunidades Europeas** Amtsblatt der Europäischen Gemeinschaften; **B~ Oficial del Estado** *spanischer Staatsanzeiger* **2.** (*informe*) Bericht *m;* **~ escolar** (Schul)zeugnis *nt;* **~ médico** Krankenbericht *m;* **~ metereológico** Wetterbericht *m;* **~ de noticias** Nachrichten *fpl;* **~ de prensa** Pressebericht *m* **3.** (*cédula*) Schein *m;* **~ de inscripción** Anmeldeformular *nt;* **~ de pedido** Bestellschein *m*

boleto [bo'leto] *m* **1.** (*Am: entrada*) Eintrittskarte *f* **2.** (*Am: billete*) Fahrschein *m,* Fahrkarte *f;* **~ de ida y vuelta** Hin- und Rückfahrkarte *f* **3.** (*de quiniela*) Totoschein *m* **4.** (*Arg: mentira*) Lüge *f*

boli ['boli] *m* (*fam*) *abr de* **bolígrafo** Kuli *m*

boliche [bo'litʃe] *m* **1.** (*bola pequeña en las bochas*) kleine Bocciakugel *f* **2.** (*juego de bochas*) Boccia(spiel) *nt;* (*de bolos*) Kegelspiel *nt* **3.** (*bolera*) Kegelbahn *f* **4.** (*horno*) kleiner Schmelzofen *m* **5.** (*red de pesca*) kleines (Fang)netz *nt* **6.** (*Am: establecimiento*) Krämerladen *m* mit Ausschank **7.** (*Ven: loc*): **caerse de ~** der Länge nach hinfallen

bólido ['boliðo] *m* **1.** (ASTR) großer Meteor *m,* Bolid *m* **2.** (*coche de carreras*) Rennwagen *m,* Bolid(e) *m;* **es un ~** (*fig*) er/sie ist blitzschnell

bolígrafo [bo'liɣrafo] *m* Kugelschreiber *m*

bolilla [bo'liʎa] *f* **1.** (*Arg, Par, Urug: sorteo*) Ziehungskugel *f* **2.** (*Arg, Par, Urug: de un examen*) Prüfungsthema *nt;* **dar ~** aufpassen

bolillo [bo'liʎo] *m* **1.** (*para hacer encajes*) Klöppel *m;* **trabajar al ~** klöppeln **2.** (*Col: porra*) Schlagstock *m* **3.** (*Am: palillo de tambor*) Trommelstock *m* **4.** (*Am: panecillo*) kleines Weißbrot *nt*

bolina [bo'lina] *f* **1.** (NÁUT: *cabo*) Segelleine *f;* (*sonda*) Senkblei *nt,* Lot *nt;* **ir** [*o* **navegar**] **de ~** dicht am Wind segeln **2.** (*fam: jaleo*) Zänkerei *f,* Streit *m;* **se armó una ~** es kam zum Streit

bolinga [bo'liŋga] *adj* (*fam*) sternhagelvoll

bolita [bo'lita] *f* **1.** (*CSur: canica*) Murmel *f* **2.** (*Chil: balota*) Kugel *f* (*die zu Abstimmungen verwendet wird*)

bolívar [bo'liβar] *m* Bolivar *m*

Bolivia [bo'liβja] *f* Bolivien *nt*

bolivianismo [boliβja'nismo] *m* (LING) Bolivianismus *m*

boliviano[1] [boli'βjano] *m* Boliviano *m*

boliviano, **-a**[2] [boli'βjano, -a] **I.** *adj* bolivianisch **II.** *m, f* Bolivianer(in) *m(f)*

bollar [bo'ʎar] *vt* (*tejidos*) mit einem Fabriksiegel kennzeichnen

bollera [bo'ʎera] *f* Lesbierin *f,* Lesbe *f fam*

bollería [boʎe'ria] *f* Feinbäckerei *f*

bollo ['boʎo] *m* **1.** (*panecillo*) Brötchen *nt;* (*pastelillo*) Hefegebäck *nt* **2.** (*abolladura*) Ausbeulung *f;* (*chichón*) Beule *f;* **un ~ en la frente** eine Beule an der Stirn **3.** (*adorno*) Noppe *f* **4.** (*confusión*) Durcheinander *nt,* Wirrwarr *m;* **se armó** [*o* **se produjo**] **un gran ~** es gab ein Riesendurcheinander **5.** (*Hond, RíoPl: puñetazo*) Faustschlag *m* **6.** (*Col, Chil: excremento*) Wurst *f* **7.** (*loc*): **meter a alguien en el ~** jdn in die Sache mit hineinziehen; **no está el horno para ~s** das ist nicht der (geeignete) Moment dafür

bolo[1] ['bolo] *m* **1.** (DEP) Kegel *m* **2.** (*en los naipes*) Schlemm *m* **3.** (*píldora*) große Pille *f* **4.** (*tonto*) Dummkopf *m* **5.** (TEAT: *compañía*) Wandertruppe *f;* (*papel*) stumme Rolle *f* **6.** (ARQUIT) Spindel *f* **7.** (*Méx: regalo*) Taufgeschenk *nt* **8.** *pl* (*juego*) Kegeln *nt,* Kegelspiel *nt;* **jugar a los ~s** kegeln; **echar a rodar los ~s** (*fig*) die Puppen tanzen lassen

bolo, **-a**[2] ['bolo, -a] **I.** *adj* (*AmC*) blau, betrunken **II.** *m, f* **1.** (*AmC*) Betrunkene(r) *mf* **2.** (*Cuba: pey: ruso*) Russe, -in *m, f*

bolómetro [bo'lometro] *m* (FÍS) Bolometer *nt*

boloñés[1] [bolo'ɲes] *m* (*dialecto italiano*) bolognesische Mundart *f*

boloñés, **-esa**[2] [bolo'ɲes, -esa] **I.** *adj* bolognesisch, aus Bologna **II.** *m, f* Einwohner(in) *m(f)* von Bologna

bolsa ['bolsa] *f* **1.** (*saco, t.* ANAT, ZOOL) Beutel *m,* Sack *m;* **~ de agua caliente** Wärmflasche *f;* **~ de aseo** Kulturbeutel *m;* **~ de basura** Abfalltüte *f;* **~ de hielo** Eisbeutel *m;* **~ lacrimal** Tränensack *m;* **~ para tabaco** Tabakbeutel *m* **2.** (*monedero*) Geldbeutel *m* **3.** (*bolso*) (Trage)tasche *f;* **~ de la compra** Einkaufstasche *f;* **~ deportiva** Sporttasche *f;* **~ de plástico** Plastiktüte *f;* **~ portatrajes** Kleidersack *m;* **~ de tela** Stofftasche *f;* **tener algo como en la ~** etw so gut wie in der Tasche haben **4.** (*pliegue en la ropa*) Falte *f;* **hacer ~s** Falten werfen **5.** (*caudal*) Vermögen *nt,* Geld *nt;* **~ de estudios** Stipendium *nt;* **aflojar la ~** Geld lockermachen; **tiene la ~ llena** er/sie hat Vermögen, er/sie ist vermögend; **¡la ~ o la vida!** Geld oder Leben! **6.** (COM, FIN) Börse *f;* **~ de comercio** Handelsbörse *f;* **~ de la compra** Warenkorb *m;* **~ de contratación**

Warenbörse *f*, Produktenbörse *f*; ~ **de futuros** Terminbörse *f*; ~ **de mercancías** Warenbörse *f*; **B~ de la Propiedad** Grundstücksmarkt *m*; ~ **de trabajo** Jobbörse *f*, Stellenvermittlung *f*; ~ **de valores** Effektenbörse *f*, Wertpapierbörse *f*; **cierre de la ~** Börsenschluss *m*; **índice de la ~** Börsenindex *m*; **especular en la ~** an der Börse spekulieren; **operar en la ~** an der Börse agieren, Börsengeschäfte tätigen; **jugar a la ~** an der Börse spekulieren **7.** (*AmC, Méx, Perú: bolsillo*) Tasche *f*; ~ **negra** Schwarzmarkt *m*; **de su ~** (*Chil*) auf seine Kosten; **hacer ~ algo** (*Arg, Chil*) etw zerstören; **volver a uno ~** (*Méx*) jdn betrügen **8.** *pl* (ANAT) Hodensack *m*

bolsear [bolse'ar] *vt* (*AmC, Méx: fam*): ~ **a alguien** jds Taschen erleichtern; **~le algo a alguien** jdm etw aus der Tasche klauen

bolsillo [bol'siʎo] *m* **1.** (*en una prenda de vestir*) Tasche *f*; ~ **de la chaqueta/del pantalón** Jacken-/Hosentasche *f*; ~ **de parche** aufgesetzte Tasche; **edición de ~** Taschenausgabe *f*; **libro de ~** Taschenbuch *nt*; **tener a alguien en el ~** (*fig*) jdn in der Tasche haben **2.** (*monedero*) Geldbeutel *m*; **esto lo pagó de su ~** das hat er/sie aus eigener Tasche bezahlt; **rascarse el ~** (tief) in die Tasche greifen **3.** (*dinero*) Geld *nt*; **aflojar el ~** Geld lockermachen

bolsín [bol'sin] *m* (FIN) Nebenbörse *f*, Kulisse *f*

bolsiquear [bolsike'ar] *vt* (*AmS*) *v.* **bolsear**

bolsista [bol'sista] *mf* **1.** (FIN) Börsenspekulant(in) *m(f)* **2.** (*AmC, Méx: carterista*) Taschendieb(in) *m(f)*

bolso ['bolso] *m* **1.** (*bolsa pequeña*) Tasche *f*; ~ **de bandolera** Umhängetasche *f*; ~ **de mano** Handtasche *f*; ~ **de viaje** Reisetasche *f* **2.** (*en una vela*) Ausbauchung *f* (*eines Segels*)

boludez [bolu'ðeθ] *f* (*Arg, Urug: fam*) Idiotie *f*, Dummheit *f*

boludo, **-a** [bo'luðo, -a] **I.** *adj* (*Arg, Urug: fam: imbécil*) saudumm, idiotisch **II.** *m, f* (*Arg, Urug: fam: imbécil*) Idiot(in) *m(f)*, Schwachkopf *m*

bomba ['bomba] *f* **1.** (*t.* MIL) Bombe *f*; ~ **atómica** [*o* **nuclear**] Atombombe *f*; ~ **fétida** Stinkbombe *f*; ~ **de hidrógeno** Wasserstoffbombe *f*; ~ **de mano** (Hand)granate *f*; ~ **de neutrones** Neutronenbombe *f*; ~ **de relojería** Zeitbombe *f* **2.** (TÉC) Pumpe *f*; ~ **de agua/de aire** Wasser-/Luftpumpe *f*; ~ **aspiratoria** Saugpumpe *f*; ~ **de gasolina** Benzinpumpe *f*; ~ **de mano/de pie** Hand-/Fußpumpe *f*; ~ **neumática** Druckluftpumpe *f*; **dar a la ~** pumpen **3.** (*de lámpara*) (Glas)ballon *m* **4.** (*versos improvisados*) Stegreifdichtung *f* **5.** (INFOR): **~s lógicas** [*o* **de retardo**] Computerviren *mpl* **6.** (*Am: bola*) Kugel *f*, Ball *m*; ~ **de billar** Billardkugel *f* **7.** (*Col, Hond, RDom: pompa*) Seifenblase *f* **8.** (*AmC, Chil, Perú: borrachera*) Rausch *m* **9.** (*súper*): **éxito ~** Bombenerfolg *m*; **fiesta ~** (*fig fam*) Bombenfest *nt*; **noticia ~** Bombennachricht *f*; **a prueba de ~s** (*fig*) bombenfest, bombensicher; **está ~** (*una mujer*) sie sieht bombig aus; (*comida*) das schmeckt super [*o* klasse]; **pasarlo ~** sich bombig amüsieren; **la noticia cayó como una ~** die Nachricht ist wie eine Bombe eingeschlagen

bombacha [bom'batʃa] *f* (*Arg, Par, Urug: ropa interior*) Unterhose *f*; (*de mujer*) Schlüpfer *m*

bombacho [bom'batʃo] *adj*: **pantalón ~** Pumphose *f*

bombarda [bom'barða] *f* **1.** (HIST, MIL: *pieza de artillería*) Bombarde *f* **2.** (MÚS) Bombarde *f*, Bomhart *m*

bombardear [bombarðe'ar] *vt* **1.** (MIL) bombardieren **2.** (*abrumar*) bombardieren (*con* mit +*dat*), überhäufen (*con* mit +*dat*); ~ **a alguien a preguntas** jdn mit Fragen bombardieren **3.** (FÍS) beschießen

bombardeo [bombar'ðeo] *m* **1.** (MIL) Bombardierung *f*, Bombardement *nt*; ~ **aéreo** Luftangriff *m* **2.** (FÍS) Beschuss *m*

bombardero [bombar'ðero] *m* **1.** (*avión*) Bomber *m*, Bombenflugzeug *nt* **2.** (*soldado*) Artillerist *m*

bombástico, **-a** [bom'bastiko, -a] *adj* bombastisch

bombazo [bom'baθo] *m* **1.** (*explosión*) Bombenexplosion *f* **2.** (*fam: sensación*) Knüller *m*; **la fiesta ha sido un auténtico ~** das Fest war ein echter Knüller [*o* ein Riesenerfolg]

bombeador(a) [bombea'ðor(a)] *m(f)* (*Arg*) Feuerwehrmann, -frau *m, f*

bombear [bombe'ar] **I.** *vt* **1.** (MIL) bombardieren **2.** (*un líquido*) pumpen **3.** (*un balón*) hochschießen **4.** (*elogiar*) in den Himmel heben, übermäßig loben **5.** (*Bol, Perú, RíoPl: explorar*) auskundschaften, erkunden **6.** (*Col: despedir*) feuern *fam*, hinauswerfen **II.** *vr*: **~se 1.** (*persona*) sich aufspielen **2.** (*objeto*) sich wölben

bombeo [bom'beo] *m* **1.** (*de líquidos*) Pumpen *nt* **2.** (*convexidad*) Wölbung *f*

bombero [bom'bero] *m* **1.** (*oficio*) Feuerwehrmann *m* **2.** *pl* Feuerwehr *f* **3.** (*RíoPl: explorador*) Kundschafter *m*, Späher *m*

bombilla [bom'biʎa] *f* **1.** (ELEC) (Glüh)birne *f*, Glühlampe *f* **2.** (*Bol, CSur, Perú: caña*) Trinkhalm *m* (*für Mate*) **3.** (*Méx: cucharón*) Schöpflöffel *m*

bombillo [bom'biʎo] *m* **1.** (*de una cerradura*) Schließzylinder *m* **2.** (*Am: bombilla*) (Glüh)birne *f*, Glühlampe *f*

bombín [bom'bin] *m* **1.** (*sombrero*) Melone *f* **2.** (*bomba de aire*) Luftpumpe *f*

bombo ['bombo] *m* **1.** (MÚS: *tambor grande*) große Trommel *f*; (*timbal*) (Kessel)pauke *f*; **anunciar algo a ~ y platillo(s)** die Werbetrommel für etw rühren [*o* schlagen]; **recibir a alguien con ~(s) y platillos** [*o* **a ~ y platillo**] jdn mit Pauken und Trompeten empfangen; **tengo la cabeza hecha un** ~ mir dröhnt der Kopf **2.** (*en un sorteo*) (Los)trommel *f* **3.** (*elogio*) überschwängliches Lob *nt;* **dar mucho ~ a una cosa** viel Aufheben(s) von etw machen; **darse** ~ großtun, sich wichtig tun

bombón [bom'bon] *m* **1.** (*chocolatina*) (Schokoladen)bonbon *m o nt,* Praline *f;* **caja de bombones** Pralinenschachtel *f* **2.** (*chica guapa*) schönes Mädchen *nt;* **es un** ~ (*fig*) sie ist Zucker

bombona [bom'bona] *f* **1.** (*vasija*) Ballon *m,* Korbflasche *f* **2.** (*de gas*) Gasflasche *f*

bombonera [bombo'nera] *f* **1.** (*caja de bombones*) Bonbonniere *f,* Pralinenpackung *f* **2.** (*vivienda*) kleine hübsche Wohnung *f*

bombonería [bombone'ria] *f* Konfiserie *f*

bómper ['bomper] *m* (*Am: parachoques*) Stoßstange *f*

bonachón, -ona [bona'tʃon, -ona] *adj* **1.** (*buenazo*) gutmütig **2.** (*crédulo*) leichtgläubig, vertrauensselig **3.** (*cándido*) einfältig

bonaerense [bonae'rense] **I.** *adj* aus Buenos Aires **II.** *mf* Einwohner(in) *m(f)* von Buenos Aires

bonancible [bonaṇ'θiβle] *adj* (METEO: *elev: mar, tiempo*) ruhig; (*viento*) sanft

bonanza [bo'naṇθa] *f* **1.** (NÁUT) Flaute *f,* Windstille *f;* **hay** [*o* **hace**] ~ es herrscht völlige Windstille **2.** (MIN) reiche Erzader *f* **3.** (*prosperidad*) Wohlstand *m*

bondad [boṇ'dað] *f* **1.** (*cualidad de bueno*) Güte *f* **2.** (*amabilidad*) Freundlichkeit *f,* Liebenswürdigkeit *f;* **tenga la ~ de seguirme** seien Sie so freundlich und folgen Sie mir; **tuvo la ~ de ayudarme** er/sie war so freundlich mir zu helfen

bondadoso, -a [boṇda'ðoso, -a] *adj* gütig

bonete [bo'nete] *m* **1.** (*gorro eclesiástico*) Birett *nt* **2.** (*clérigo secular*) Weltgeistlicher *m* **3.** (ZOOL) Netzmagen *m* **4.** (*loc*): **gran** ~ (*fig*) hohes Tier; **a tente** ~ beharrlich, konstant; **tirarse los ~s** (*fam fig*) sich in den Haaren liegen

bonetería [bonete'ria] *f* (*Chil, Méx, RíoPl: mercería*) Kurzwarenhandlung *f*

bonetero [bone'tero] *m* (BOT) Spindelstrauch *m*

bóngalo ['boŋgalo] *m* (*Am*) Bungalow *m*

bongo ['boŋgo] *m* (*Am: canoa*) Kanu *nt;* (*balsa*) (Schlepp)kahn *m*

bongó [boŋ'go] <bongoes> *m* (*Cuba*) Bongo *nt,* Bongotrommel *f*

boniato [bo'njato] *m* Batate *f,* Süßkartoffel *f*

bonificación [bonifika'θjon] *f* **1.** (*abono*) Gutschrift *f* **2.** (*gratificación*) Vergütung *f;* ~ **especial** Sonderzuschlag *m;* ~ **de gastos** Kostenerstattung *f;* ~ **de Navidad** Weihnachtsgeld *nt;* **me han dado una ~ por el trabajo realizado** ich habe für die ausgeführte Arbeit eine Vergütung erhalten **3.** (*rebaja*) Preisnachlass *m,* Rabatt *m* **4.** (*en un seguro*) Beitragsrückgewähr *f;* **tengo ~ por baja siniestralidad** ich habe Anspruch auf Schadensfreiheitsrabatt

bonificar [bonifi'kar] <c→qu> *vt* **1.** (*abonar*) gutschreiben **2.** (*gratificar*) vergüten

bonísimo, -a [bo'nisimo, -a] *adj superl de* **bueno**

bonitero, -a [boni'tero, -a] *adj* Bonito-; **barco** ~ Bonitofangschiff *nt*

bonito[1] [bo'nito] **I.** *m* (ZOOL) Bonito *m, Art Thunfisch* **II.** *adv* (*Am*) gut; **pinta** ~ er/sie malt gut; **se te ve** ~ das steht dir gut

bonito, -a[2] [bo'nito, -a] *adj* hübsch, schön; **un color** ~ eine hübsche Farbe; **una bonita cantidad de dinero** eine hübsche Summe Geld; **eso sí que es** ~ (*fig*) das ist ja eine hübsche Geschichte, das ist ja allerhand

bonitura [boni'tura] *f* (*Am*) Schönheit *f*

bono ['bono] *m* **1.** (*vale*) Gutschein *m,* Bon *m;* ~ **de disfrute** Genussschein *m* **2.** (COM) Schuldverschreibung *f;* ~ **basura** Schundanleihe *f;* **~s de caja** Kassenanweisungen *fpl;* (*tique*) Kassenbons *mpl;* (*factura*) Kassenzettel *mpl;* ~ **convertible** Wandelschuldverschreibung *f;* **~s de disfrute** Genussscheine *mpl;* ~ **del Estado** Staatsanleihe *f;* **~s de fundador** Gründeraktien *fpl;* ~ **hipotecario** Pfandbrief *m;* ~ **matador** Killerbond *m;* ~ **de opción** Optionsanleihe *f;* ~ **de participación** (*fondo de inversión, cooperativa*) Anteilschein *m;* (*S. A.*) Partizipationsschein *m;* ~ **del Tesoro** Schuldverschreibung der öffentlichen Hand

bonobote [bono'βote] *m* Jackpot *m*

bonobús [bono'βus] *m* Fahrscheinheft *nt* für den Bus

bonoloto [bono'loto] *f* Dauerlos *nt* der Lotterie

bonometro [bono'metro] *m* Mehrfahrtenkarte *f* (für die U-Bahn)

bonotrén [bono'tren] *m Streifenkarte der RENFE für zehn Fahrten im Nahverkehr*

bonsai [bon'sai̯] *m* <bonsais> Bonsai *m*

bon vivant [bombi'βan] *m* Bonvivant *m*

bonzo ['boṇθo] *m* (REL) Bonze *m*

boñiga [bo'ɲiɣa] *f* Großviehmist *m;* (*de vaca*) Kuhfladen *m;* (*de caballo*) Pferdeapfel *m*

boñigo [bo'ɲiɣo] *m v.* **boñiga**

boogie-woogie [buɣi'βuɣi] *m sin pl* (MÚS) Boogie-Woogie *m*

boom [bun] *m* Boom *m,* Aufschwung *m*

bop [bop] *m* (MÚS) (Be)bop *m*

boqueada [boke'aða] *f* Öffnen *nt* des Mundes; **dar las ~s** in den letzten Zügen liegen

boquear [boke'ar] **I.** *vi* **1.** (*abrir la boca*) den Mund öffnen **2.** (*estar muriéndose*) im Sterben liegen **3.** (*estar acabándose*) zu Ende gehen **II.** *vt* (*palabras*) herausbringen, hervorbringen

boquera [bo'kera] *f* **1.** (*en un canal de riego*) Öffnung *f* für den Wasserablauf **2.** (*en un pajar*) Luke *f* **3.** (*en los labios*) Griebe *f*

boqueras [bo'keras] *mf inv* Quatschkopf *m fam,* Schwätzer(in) *m(f)*

boquerón [boke'ron] *m* **1.** (*abertura grande*)

weite Öffnung *f* **2.** (ZOOL) *Art Sardelle*
boquete [bo'kete] *m* (*abertura estrecha*) enge Öffnung *f;* (*en una pared*) Durchbruch *m,* durchgebrochene Öffnung *f;* **abrir un** ~ einen Durchbruch durch die Wand machen
boquiabierto, -a [bokja'βjerto, -a] *adj* **1.** (*con la boca abierta*) mit offenem Mund **2.** (*admirado*) verblüfft; **dejar a alguien** ~ jdn verblüffen; **quedarse** ~ (völlig) baff [*o* verblüfft] sein
boquifresco, -a [boki'fresko, -a] *adj* direkt, unverblümt; **es un** ~ er nimmt kein Blatt vor den Mund
boquilla [bo'kiʎa] *f* **1.** (MÚS) Mundstück *nt* **2.** (*de cigarrillos*) Zigarettenspitze *f;* (*de pipa*) Mundstück *nt;* ~ **de filtro** Filter *m* **3.** (*de un bolso*) Verschluss *m* **4.** (*de una lámpara*) Fassung *f* **5.** (TÉC) Düse *f* **6.** (*Ecua: rumor*) Gerücht *nt* **7.** (*loc*): **decir algo de** ~ etw unverbindlich sagen
boquinegro, -a [boki'neɣro, -a] *adj* (ZOOL: *con hocico negro*) schwarzrüsselig; (*con boca negra*) schwarzmäulig; (*perro, gato*) schwarzschnäuzig
boquirroto, -a [boki'rroto, -a] *adj* (*fam*) *v.* **boquirrubio²**
boquirrubio¹ [boki'rruβjo] *m* (*fam: que presume de lindo*) (eingebildeter) Schönling *m,* eitler Schnösel *m pey*
boquirrubio, -a² [boki'rruβjo, -a] **I.** *adj* (*fam*) **1.** (*charlatán*) schwatzhaft, geschwätzig **2.** (*ingenuo*) naiv, unerfahren **II.** *m, f* (*fam: charlatán*) Schwätzer(in) *m(f)*
boquituerto, -a [boki'twerto, -a] *adj* schiefmäulig
borano [bo'rano] *m* (QUÍM) Boran *nt*
borbolla [bor'βoʎa] *f* Luftblase *f*
borboll(e)ar [borβoʎe'ar/borβo'ʎar] *vi* sprudeln
borbollón [borβo'ʎon] *m* Sprudeln *nt;* **habla a borbollones** die Worte sprudeln nur so aus ihm/ihr heraus
Borbón [bor'βon] *m* (HIST) Bourbon *m;* **los Borbones** die Bourbonen
borbónico, -a [bor'βoniko, -a] *adj* bourbonisch
borbor [bor'βor] *m v.* **borboteo**
borborigmo [borβo'riɣmo] *m* Kollern *nt,* Rumoren *nt* (im Darm)
borbotar [borβo'tar] *vi v.* **borboll(e)ar**
borboteo [borβo'teo] *m* Sprudeln *nt*
borbotón [borβo'ton] *m v.* **borbollón**
borceguí [borθe'ɣi] *m* (*alt*) Schnürstiefel *m,* (hoher) Schnürschuh *m*
borda ['borða] *f* **1.** (NÁUT: *borde del costado*) Reling *f;* **motor fuera (de)** ~ Außenbordmotor *m;* **echar** [*o* **tirar**] **algo por la** ~ (*t. fig*) etw über Bord werfen **2.** (NÁUT: *vela mayor*) Großsegel *nt* **3.** (*choza*) (Berg)hütte *f*
bordada [bor'ðaða] *f* (NÁUT) Schlag *m;* **dar ~s** (*un barco*) kreuzen; (*una persona*) auf und ab gehen
bordado¹ [bor'ðaðdo] *m* Stickarbeit *f,* Stickerei *f*
bordado, -a² [bor'ðaðo, -a] *adj* **1.** (*adornado*) bestickt; (*motivo*) gestickt **2.** (*perfecto*) hervorragend, perfekt; **el dibujo te salió** ~ das Bild ist dir hervorragend gelungen
bordador(a) [borða'ðor(a)] *m(f)* Sticker(in) *m(f)*
bordar [bor'ðar] *vt* **1.** (*adornar*) (be)sticken; (*un motivo*) sticken; ~ **a mano** von Hand besticken; ~ **de** [*o* **en**] **oro** mit Gold besticken **2.** (*ejecutar con primor*) hervorragend ausführen; **ha bordado su cometido** er/sie hat seine/ihre Aufgabe hervorragend erledigt
borde ['borðe] **I.** *adj* **1.** (*planta*) wild; **manzano** ~ wilder Apfel **2.** (*hijo*) unehelich **3.** (*fam: torpe*) dumm, töricht **II.** *m* **1.** (*de camino, vasija*) Rand *m;* (*de mesa*) Kante *f;* **estar al** ~ **de la locura** am Rande des Wahnsinns sein **2.** (*de mar, río*) Ufer *nt* **3.** (*de vestido*) Saum *m;* (*como adorno*) Borte *f* **4.** (*de sombrero*) Krempe *f*
bordear [borðe'ar] **I.** *vt* **1.** (*ir por el borde*) entlanggehen; (*en coche*) entlangfahren; ~ **el bosque** (*a pie*) am Wald entlanggehen; (*en coche*) am Wald entlangfahren **2.** (*hallarse en el borde*) sich entlangziehen (an +*dat*); **el campo bordea la carretera** das Feld verläuft entlang der Straße **3.** (*aproximarse a un estado*) sich nähern; **bordea los cincuenta** er/sie nähert sich den Fünfzig; **su comportamiento bordea la locura** sein/ihr Benehmen grenzt an Wahnsinn **II.** *vi* (NÁUT) kreuzen
bordillo [bor'ðiʎo] *m* Bordstein *m*
bordo ['borðo] *m* **1.** (NÁUT, AERO) Bord *m;* **a** ~ an Bord; **franco a** ~ (COM) frei an Bord; **libre a** ~ **de vagón** (COM) frei Eisenbahn; **ir a** ~ sich einschiffen; **subir a** ~ an Bord gehen; **al** ~ längsseits; **navío de alto** ~ Hochseeschiff *nt;* **persona de alto** ~ Person von hohem Rang, hohes Tier *fam* **2.** (*Am: presa*) (Stau)wehr *nt*
bordón [bor'ðon] *m* **1.** (*bastón*) Pilgerstab *m* **2.** (*estribillo*) Refrain *m,* Kehrreim *m;* (*muletilla*) stereotype Redensart *f* **3.** (MÚS: *cuerda*) Basssaite *f;* (*de tripa*) Darmsaite *f* **4.** (TIPO) Leiche *f*
bordoncillo [borðon̩'θiʎo] *m* (LING: *palabra*) Füllwort *nt;* (*frase*) stereotype Wendung *f*
bordonear [borðone'ar] *vi* **1.** (*tocar la tierra*) mit dem Stock tastend gehen **2.** (*golpear*) mit dem Stock klopfen **3.** (*mendigar*) bettelnd herumziehen, auf Betteltour gehen **4.** (MÚS: *tocar el bordón*) die Basssaite (an)spielen
bordoneo [borðo'neo] *m* (MÚS) Klang *m* der Basssaite
bordonero, -a [borðo'nero, -a] **I.** *adj* Landstreicher-; **llevar una vida bordonera** wie ein Landstreicher leben **II.** *m, f* (*vagabundo*) Landstreicher(in) *m(f),* Herumtreiber(in) *m(f)*
boreal [bore'al] *adj* nördlich; (GEO) boreal; **hemisferio** ~ Nordhalbkugel *f*
bóreas ['boreas] *m inv* (METEO) Boreas *m*
borgoña [bor'ɣoɲa] *m* Burgunder(wein) *m*
bórico, -a ['boriko, -a] *adj* (QUÍM) Bor-; **ácido**

~ Borsäure *f*

borinqueño, **-a** [boriŋ'keɲo, -a] **I.** *adj* puertoricanisch **II.** *m, f* Puertoricaner(in) *m(f)*

borla ['borla] *f* **1.** (*adorno*) Quaste *f,* Troddel *f;* **tomar la** ~ (*fam fig*) seinen Doktor machen **2.** (*utensilio para empolvarse*) Puderquaste *f*

borlilla [bor'liʎa] *f* (BOT) Staubbeutel *m*

borne ['borne] *m* (ELEC) Klemme *f*

bornear [borne'ar] **I.** *vt* (*dar vuelta*) (um)drehen, wenden; (*torcer*) biegen, krümmen; (*ladear*) zur Seite neigen **II.** *vi* (NÁUT) schwojen **III.** *vr:* **~se** sich werfen, sich verziehen

boro ['boro] *m* (QUÍM) Bor *nt*

borona [bo'rona] *f* (*AmC, Col, RDom, Ven*) Brotkrümel *m*

borra ['borra] *f* **1.** (*relleno*) Ziegenhaar *nt,* Polsterfüllung *f* **2.** (*pelusa*) Flusen *fpl* **3.** (*sedimento*) Bodensatz *m* **4.** (*palabras sin sustancia*) leeres Gerede *nt;* **¿acaso es ~?** (*fig fam*) ist das etwa nichts?

borracha [bo'rratʃa] *f* lederne Weinflasche *f*

borrachera [borra'tʃera] *f* **1.** (*ebriedad*) Rausch *m;* **agarrar** [*o* **pescar**] [*o* **pillar**] **una** ~ sich betrinken **2.** (*banquete*) (Trink)gelage *nt* **3.** (*exaltación*) Taumel *m,* Rausch *m;* ~ **del triunfo** Siegesrausch *m* **4.** (*disparate grande*) großer Unsinn *m*

borrachín, **-ina** [borra'tʃin, -ina] *m, f* Trunkenbold *m,* Trinker(in) *m(f)*

borracho, **-a** [bo'rratʃo, -a] **I.** *adj* **1.** *ser* (*alcohólico*) trunksüchtig; **es un** ~ er ist ein Trinker **2.** *estar* (*ebrio*) betrunken, besoffen *fam;* **está** ~ **como una cuba** (*fam*) er ist sternhagelvoll **3.** (*exaltado*) trunken; **estar** ~ **de alegría** trunken von [*o* vor] Freude sein **4.** (*color*) violett **5.** (*pastel*) in Likör getränkt **II.** *m, f* **1.** (*alcohólico*) Trinker(in) *m(f)* **2.** (*ebrio*) Betrunkene(r) *mf*

borrador [borra'ðor] *m* **1.** (*primer escrito*) Konzept *nt,* (Text)entwurf *m,* (Roh)entwurf *m;* ~ **de un contrato** Vertragsentwurf *m* **2.** (*cuaderno*) Schmierheft *nt,* Kladde *f reg* **3.** (*para la pizarra: trapo*) Tafellappen *m;* (*esponja*) Tafelschwamm *m*

borradura [borra'ðura] *f* Streichung *f*

borraja [bo'rraxa] *f* (BOT, GASTR) Bor(r)etsch *m*

borrajear [borraxe'ar] *vi, vt* kritzeln

borrajo [bo'rraxo] *m* **1.** (*hojarasca*) Nadelstreu *f* **2.** (*brasa*) Aschenglut *f*

borrar [bo'rrar] **I.** *vt* **1.** (*con goma de borrar*) (aus)radieren; (*con esponja*) (aus)wischen **2.** (*tachar*) (durch)streichen; **le ~on de la lista** sie haben ihn/sie aus der Liste gestrichen; ~ **algo de la memoria** etw aus dem Gedächtnis streichen **3.** (INFOR) löschen; ~ **archivo** Datei löschen **4.** (*huellas*) tilgen, beseitigen **5.** (*difuminar*) verwischen **II.** *vr:* **~se 1.** (*volverse no identificable*) sich verwischen **2.** (*retirarse*) austreten (*de* aus +*dat*); **me borré del club de tenis** ich bin aus dem Tennisklub ausgetreten **3.** (*Arg: fam: desaparecer*) sich absetzen

borrasca [bo'rraska] *f* **1.** (*temporal*) Unwetter *nt,* Gewitter *nt;* (*tempestad*) Sturm *m;* (METEO) Sturmtief *nt* **2.** (*peligro*) Gefahr *f;* (*riesgo*) Risiko *nt;* (*contratiempo*) Rückschlag *m* **3.** (*orgía*) Orgie *f*

borrascoso, **-a** [borras'koso, -a] *adj* **1.** (*agitado, t.* METEO) stürmisch **2.** (*desenfrenado*) liederlich, ausschweifend

borregada [borre'ɣaða] *f* (ZOOL) Herde *f* von Jährlingsschafen, Lämmerherde *f*

borrego, **-a** [bo'rreɣo, -a] *m, f* **1.** (*cordero*) (ein- bis zweijähriges) Lamm *nt* **2.** (*persona*) Schafskopf *m pey* **3.** (*Am: pajarota*) Ente *f,* falsche Meldung *f*

borregos [bo'rreɣos] *mpl* **1.** (*nubes*) Schäfchenwolken *fpl* **2.** (*olas*) schäumende Wellen *fpl*

borreguero, **-a** [borre'ɣero, -a] **I.** *adj* Schaf(s)-; **el ganado pastaba en el prado** ~ das Vieh weidete auf der Schafweide **II.** *m, f* Lämmerhirt(in) *m(f)*

borreguez [borre'ɣeθ] *f* (TAUR) Sanftmut *f,* Lammfrommheit *f*

borreguil [borre'ɣil] *adj* lammfromm, sanft(mütig)

borricada [borri'kaða] *f* **1.** (ZOOL) Eselherde *f* **2.** (*fam: burrada*) Eselei *f;* **¡vaya ~ la tuya!** wie konntest du nur so blöd sein!

borrico[1] [bo'rriko] *m* Sägebock *m*

borrico, **-a**[2] [bo'rriko, -a] *m, f* (*t. fig*) Esel(in) *m(f)*

borricón [borri'kon], **borricote** [borri'kote] **I.** *adj* (*fam pey: demasiado sufrido*) pflaumenweich; (*crédulo*) leichtgläubig; **¡qué ~ eres!** wie treudoof du bist! **II.** *m* (*fam pey: hombre sufrido*) pflaumenweicher Typ *m,* Waschlappen *m;* (*crédulo*) treudoofer Mensch *m*

borriquero, **-a** [borri'kero, -a] **I.** *m, f* Eseltreiber(in) *m(f)* **II.** *adj* Esel(s)-; **su malhumor** ~ seine/ihre Missgestimmtheit

borriquete [borri'kete] *m* (Säge)bock *m*

borro, **-a** ['borro, -a] *m, f* (ZOOL) (ein- bis zweijähriges) Lamm *nt*

borrón [bo'rron] *m* **1.** (*mancha*) Klecks *m,* Fleck *m;* ~ **de tinta** Tintenfleck *m,* Tintenklecks *m* **2.** (*defecto*) Schandfleck *m* **3.** (*borrador*) Entwurf *m;* (*de un cuadro*) Skizze *f* **4.** (*loc*): ~ **y cuenta nueva** Schwamm drüber

borronear [borrone'ar] *vt* (*borrajear*) (hin)kritzeln; (*emborronar*) (hin)schmieren

borroso, **-a** [bo'rroso, -a] *adj* **1.** (*escrito, dibujo*) verschwommen, undeutlich; **una escritura borrosa** eine unleserliche Schrift **2.** (*foto*) unscharf **3.** (*líquido*) trübe

boruquear [boruke'ar] *vt* (*Méx*) durcheinander bringen

boscaje [bos'kaxe] *m* **1.** (*bosque denso*) Dickicht *nt* **2.** (*pintura*) Landschaft *f*

boscoso, **-a** [bos'koso, -a] *adj* bewaldet

Bósforo ['bosforo] *m* Bosporus *m*

Bosnia ['bosnja] *f* Bosnien *nt*

Bosnia-Herzegovina ['bosnja (x)erθeɣo'βina] *f* Bosnien-Herzegowina *nt*

bosnio, -a ['bosnjo, -a] I. *adj* bosnisch II. *m, f* Bosnier(in) *m(f)*

bosorola [boso'rola] *f* (*CRi, Méx*) *v.* **borra**

bosque ['boske] *m* 1. (*lugar*) Wald *m;* ~ **frondoso/mixto/de coníferas** Laub-/Misch-/Nadelwald *m;* ~ **pluvial** Regenwald *m* 2. (*barba*) dichter (Voll)bart *m*

bosquecillo [boske'θiʎo] *m* Hain *m,* Wäldchen *nt*

bosquejar [boske'xar] *vt* skizzieren, entwerfen

bosquejo [bos'kexo] *m* Skizze *f,* Entwurf *m*

bosquete [bos'kete] *m* (BOT) Boskett *nt,* Wäldchen *nt*

bosquimán, -ana [boski'man, -ana], **bosquimano, -a** [boski'mano, -a] I. *adj* Buschmann-; **una tribu bosquimana** ein Stamm aus dem Volk der Buschmänner II. *m, f* Buschmann *m,* Angehörige(r) *mf* des Volkes der Buschmänner

bossa(-)nova [bosa'noβa] *f sin pl* (MÚS) Bossa Nova *m*

bosta ['bosta] *f* 1. (*vacuna*) Kuhfladen *m* 2. (*Bol, CSur: caballar*) Pferdeapfel *m*

bostezar [boste'θar] <z→c> *vi* gähnen

bostezo [bos'teθo] *m* Gähnen *nt*

bota ['bota] I. *adj* (*Méx*) 1. (*torpe*) unbeholfen 2. (*borracho*) betrunken II. *f* 1. (*calzado*) Stiefel *m;* **~s de esquí/de fútbol** Ski-/Fußballstiefel *mpl;* **~s de goma** Gummistiefel *mpl;* **~s de media caña** Halbstiefel *mpl;* **~s de montar** Reitstiefel *mpl;* **estar de ~s** [*o* **con las ~s puestas**] (*fig*) abfahrtbereit sein; **ponerse las ~s** das große Geld machen 2. (*especie de botella*) *lederne Weinflasche* 3. (*cuba*) (Wein)fass *nt*

botado, -a [bo'taðo, -a] I. *adj* 1. (*AmC: malgastador*) verschwenderisch 2. (*Ecua: resignado*) resigniert; (*resuelto*) entschlossen 3. (*Guat: tímido*) kleinmütig 4. (*Méx: barato*) spottbillig II. *m, f* (*Méx*) ausgesetztes Kind *nt*

botador[1] [bota'ðor] *m* 1. (NÁUT) Stake *f* 2. (*instrumento*) Geißfuß *m*

botador(a)[2] [bota'ðor(a)] *m(f)* (*Am: derrochador*) verschwenderisch

botadura [bota'ðura] *f* Stapellauf *m*

botafumeiro [botafu'mei̯ro] *m* Weihrauchfass *nt*

botalón [bota'lon] *m* (NÁUT) Klüverbaum *m,* Ladebaum *m*

botamen [bo'tamen] *m sin pl* 1. (NÁUT) (Wasser)fässer *ntpl* 2. (MED: *conjunto de botes*) Arzneidosenbestand *m*

botana [bo'tana] *f* 1. (*Méx: tapa*) Appetithappen *m* 2. (*Am: vaina de cuero*) Sporenschutz *m* (*für Kampfhähne*) 3. (*remiendo*) Flicken *m* (*an einem Weinschlauch*); (*tarugo, tapón*) Stöpsel *m,* Spund(zapfen) *m*

botánica [bo'tanika] *f sin pl* Botanik *f*

botánico, -a [bo'taniko, -a] I. *adj* botanisch II. *m, f* Botaniker(in) *m(f)*

botar [bo'tar] I. *vi* 1. (*pelota*) aufprallen 2. (*persona*) (auf)springen, hüpfen; **está que bota** er/sie tobt vor Wut; **la niña botaba de alegría** das Mädchen hüpfte vor Freude 3. (*caballo*) tänzeln II. *vt* 1. (*lanzar*) schleudern, werfen; (*la pelota contra el suelo*) prellen 2. (NÁUT: *barco*) vom Stapel lassen; (*el timón*) herumwerfen; ~ **a babor** das Ruder nach Backbord legen 3. (*Am: tirar*) wegwerfen 4. (*Am: expulsar*) hinauswerfen, entlassen; **le ~on del colegio** er/sie ist von der Schule geflogen 5. (*Am: derrochar*) verschwenden 6. (*Am: extraviar*) verlieren III. *vr:* **~se** 1. (*caballo*) sich aufbäumen 2. (*Chil: largarse*) abhauen *fam;* (*irse de casa*) ausreißen

botaratada [botara'taða] *f* (*fam*) Unbedachtheit *f,* Unüberlegtheit *f*

botarate [bota'rate] *m* 1. (*hombre alborotado*) unbesonnener Mensch *m* 2. (*Am: derrochador*) Verschwender *m*

botarga [bo'tarɣa] *f* 1. (TEAT) Narrenkostüm *nt* 2. (*fam pey: vestido ridículo*) lächerlicher Aufzug *m;* **con aquella ~ no me hubiera atrevido a salir a la calle ni en Carnavales** in so einem lächerlichen Aufzug hätte ich mich noch nicht einmal an Karneval auf die Straße gewagt

botavara [bota'βara] *f* (NÁUT) Giekbaum *m*

bote ['bote] *m* 1. (*golpe*) Stoß *m* 2. (*salto*) Sprung *m,* Satz *m;* **dar ~s de alegría** Freudensprünge machen; **pegar un ~** mit einem Satz aufspringen 3. (*de pelota*) Aufprall *m;* **la pelota dio cuatro ~s** der Ball ist viermal aufgeprallt 4. (*vasija*) Dose *f;* ~ **de cerveza** Bierdose *f;* ~ **de cuestación** Sammelbüchse *f;* **leche de ~** Dosenmilch *f;* **chupar del ~** (*fam*) absahnen, sich schamlos bereichern; **tener a alguien en el ~** (*fam*) jdn in der Tasche haben 5. (*en la lotería*) Jackpot *m;* **este domingo hay 50.000 de ~** diesen Sonntag sind 50.000 im Jackpot 6. (*en los bares*) Trinkgeldkasse *f* 7. (*Méx: fam: cárcel*) Kittchen *nt* 8. (NÁUT) Boot *nt;* ~ **neumático** Schlauchboot *nt;* ~ **de remos** Ruderboot *nt;* ~ **salvavidas** Rettungsboot *nt* 9. (*loc*): **a ~ pronto** (*adj*) plötzlich; (*adv*) sofort; **de ~ y voleo** augenblicklich, unverzüglich; **darse el ~** abhauen, verschwinden; **dar el ~ a alguien** jdn hinauswerfen [*o* an die Luft setzen]; **el cine estaba de ~ en ~** das Kino war brechend voll

botella [bo'teʎa] *f* Flasche *f;* ~ **de cerveza** Flasche Bier; ~ **de oxígeno** Sauerstoffflasche *f;* ~ **retornable** Pfandflasche *f;* ~ **de un solo uso** Einwegflasche *f;* **cerveza de ~** Flaschenbier *nt*

botellazo [bote'ʎaθo] *m* Schlag *m* mit einer Flasche

botellería [boteʎe'ria] *f* 1. (*fábrica*) Flaschenfabrik *f* 2. (*conjunto*) Flaschenbestand *m;* **toda la ~** sämtliche Flaschen

botellero [bote'ʎero] *m* 1. (*fabricante*) Flaschenfabrikant *m* 2. (*estantería*) Flaschengestell *nt*

botellín [bote'ʎin] *m* Fläschchen *nt*

botepronto [bote'pronto] *m* (DEP) Volley *m*

botería [bote'ria] *f* (NÁUT: *botamen*) (Wasser)fässer *ntpl*

botero, **-a** [bo'tero, -a] *m, f* **1.** (*que hace botas*) Lederweinflaschenhersteller(in) *m(f)*; (*que hace pellejos*) Weinschlauchhersteller(in) *m(f)* **2.** (*dueño de un bote*) Bootsbesitzer(in) *m(f)*

botica [bo'tika] *f* **1.** (*farmacia*) Apotheke *f* **2.** (*tienda*) Kurzwarengeschäft *nt*; **hay de todo como en ~** alles ist in reicher Auswahl vorhanden

boticario, **-a** [boti'karjo, -a] *m, f* Apotheker(in) *m(f)*

botija[1] [bo'tixa] *f* **1.** (*vasija*) (Ton)krug *m* **2.** (*fam: persona gorda*) Dickwanst *m* **3.** (*AmC, PRico, Ven: tesoro*) vergrabener Schatz *m*

botija[2] [bo'tixa] *mf* (*Urug: fam*) Kind *nt*

botijo [bo'tixo] *m* **1.** (*vasija*) (Wasser)krug *m* **2.** (*tren*) Bummelzug *m*

botillero, **-a** [boti'ʎero, -a] *m, f* **1.** (*vendedor de refrescos o helados*) Eis- und Getränkeverkäufer(in) *m(f)* **2.** (*cocktelero*) Barmann, -dame *m, f*, Barmixer(in) *m(f)*

botillo [bo'tiʎo] *m* kleiner Weinschlauch *m*

botín [bo'tin] *m* **1.** (*calzado*) Schnürstiefel *m* **2.** (MIL) (Kriegs)beute *f*

botina [bo'tina] *f* Halbstiefel *m*

botiquín [boti'kin] *m* **1.** (*en casa*) Hausapotheke *f*; (*para el viaje*) Reiseapotheke *f* **2.** (*de emergencia*) Verband(s)kasten *m*

botón [bo'ton] *m* **1.** (*en vestidos*) Knopf *m* **2.** (ELEC, TÉC) (Druck)knopf *m*, Schalter *m*; **~ de alarma** Alarmschalter *m*; **~ giratorio** Drehknopf *m*; **~ de muestra** (*fig*) Beispiel *nt*, Muster *nt*; **~ de opciones** (INFOR) Optionsschalter *m*; **~ del timbre** Klingelknopf *m*; **apretar** [*o* **pulsar**] **un ~** einen Knopf drücken **3.** (*en instrumentos de viento*) Klappe *f* **4.** (BIOL: *brote*) Knopf *m*; (*capullo*) Knospe *f*; **~ de oro** Butterblume *f* **5.** (*CSur: pey: policía*) Bulle *m*

botonadura [botona'ðura] *f* Knopfreihe *f*

botonazo [boto'naθo] *m* (DEP) Fechtstoß *m*

botones [bo'tones] *m inv* **1.** (*en un hotel*) Page *m* **2.** (*pey: recadero*) Laufbursche *m*

Botsuana [boᵈ'swana] *f* Botswana *nt*

botulismo [botu'lismo] *m sin pl* Lebensmittelvergiftung *f*; (MED) Botulismus *m*

bou [bou̯] <bous> *m* (NÁUT) **1.** *sin pl* (*arte de pesca*) Grund(schlepp)netzfischerei *f* (*mit zwei Booten*) **2.** (*barca*) Trawler *m*

bouquet [bu'ke] *m* **1.** (*ramo de flores*) Blumenstrauß *m*; (*pequeño*) Sträußchen *nt* **2.** (*aroma del vino*) Bukett *nt*

boutique [bu'tiᵏ] *f* Boutique *f*

bóveda ['boβeða] *f* **1.** (ARQUIT) Gewölbe *nt*; **~ de arista** Kreuzgewölbe *nt*; **~ de cañón** Tonnengewölbe *nt*; **~ celeste** Himmelsgewölbe *nt* **2.** (*cripta*) Krypta *f* **3.** (*forma abombada*) Wölbung *f*; **~ craneal** Schädelwölbung *f*

bovedilla [boβe'ðiʎa] *f* **1.** (*bóveda pequeña*) kleines Gewölbe *nt*, Sparrenfeld *nt* **2.** (NÁUT: *parte de la fachada de popa*) Gilling *f*

bóvido, **-a** ['boβiðo, -a] *adj* (ZOOL) Horntier-, Hornträger-; **la cabra es un mamífero ~** die Ziege gehört zur Säugetierfamilie der Hornträger

bóvidos ['boβiðos] *mpl* (ZOOL) Horntiere *ntpl*, Hornträger *mpl*

bovino, **-a** [bo'βino, -a] *adj* Rind(er)-; **locura bovina** Rinderwahnsinn *m*

bovinos [bo'βinos] *mpl* (ZOOL) Rinder *ntpl*

bowling ['bou̯liŋ] *m sin pl* Bowling *nt*

box [boˠs] *m* **1.** (*para caballos, coches de carrera*) Box *f* **2.** (*Am: boxeo*) Boxkampf *m* **3.** (*AmC, PRico: postal*) Postfach *nt*

boxeador(**a**) [boˠsea'ðor(a)] *m(f)* Boxer(in) *m(f)*

boxear [boˠse'ar] *vi* boxen

boxeo [boˠ'seo] *m* Boxkampf *m*

bóxer ['boˠser] <bóxers> *m* (ZOOL: *raza canina*) Boxer *m*

boxístico, **-a** [boˠ'sistiko, -a] *adj* boxerisch, Box-

boy [boi̯] <boys> *m* Stripteasetänzer *m*, Stripper *m*

boya ['boɟa] *f* (NÁUT) Boje *f*; (*en una red*) Schwimmer *m*

boyal [bo'ɟal] *adj* (AGR) Rinder-; **pasto ~** Kuhweide *f*

boyante [bo'ɟan̪te] *adj* **1.** (*flotante*) schwimmend; (*barco*) mit geringem Tiefgang **2.** (*próspero*) erfolgreich; **andar ~** Erfolg haben; **el negocio va ~** das Geschäft floriert **3.** (*toro*) (leicht) lenkbar

boyar [bo'ɟar] *vi* **1.** (NÁUT) wieder flott werden **2.** (*Am: flotar*) treiben, obenauf schwimmen

boyarín [boɟa'rin] *m* (NÁUT) kleine Boje *f*, Schwimmer *m*

boycot [boi̯'koᵗ] <boycots> *m v.* **boicot**

boycotear [boi̯kote'ar] *vt v.* **boicotear**

boycoteo [boi̯ko'teo] *m v.* **boicoteo**

boyero [bo'ɟero] *m* **1.** (*cuidador*) Ochsenhirt *m* **2.** (*Col*) Morgenstern *m*

boy scout ['boi̯ es'kau̯ᵗ] <boy scouts> *mf* Pfadfinder(in) *m(f)*

bozal [bo'θal] **I.** *adj* **1.** (*sin domar*) ungebändigt, ungezähmt **2.** (*inexperto*) unerfahren **3.** (*imbécil*) dumm **II.** *m* **1.** (*de perro*) Maulkorb *m* **2.** (*Am: cabestro*) Halfter *m*; (*cuerda*) Halfterriemen *m*

bozo ['boθo] *m* **1.** (*labios*) Lippen *fpl* **2.** (*vello*) Flaum(bart) *m* **3.** (*cabestro*) Halfter *m*; (*cuerda*) Halfterriemen *m*

bps [bepe'ese] *mpl* (INFOR) *abr de* **bits por segundo** Bit/s

braceada [braθe'aða] *f* Armbewegung *f*; (*golpe*) kräftiger Schlag *m* mit dem Arm; (*nadando*) Schwimmstoß *m*; (*remando*) Zug *m*

braceaje [braθe'axe] *m v.* **brazaje**

bracear [braθe'ar] *vi* **1.** (*mover los brazos*) mit den Armen um sich schlagen, mit den Armen (herum)fuchteln *fam* **2.** (*nadar*) kraulen **3.** (*esforzarse*) ringen, sich bemühen **4.** (*forcejear*) sich wehren, sich widersetzen

5. (NÁUT) brassen
bracero[1] [bra'θero] *m* 1. (*jornalero*) Tagelöhner *m* 2. (*peón*) Handlanger *m*, Hilfsarbeiter *m* 3. (*loc*): **ir de** ~ Arm in Arm gehen
bracero, -a[2] [bra'θero, -a] *adj* Wurf-; **lanza bracera** Wurfspeer *m*
bracete [bra'θete] *m*: **ir de** ~ Arm in Arm gehen
bracista [bra'θista] *mf* (DEP) Brustschwimmer(in) *m(f)*
braco, -a ['brako, -a] I. *adj* (*fam*) stupsnasig II. *m, f* (*fam*) stupsnasige Person *f*
bradicardia [braði'karðja] *f* (MED) verlangsamte Herzschlagfolge *f*, Bradykardie *f*
bradipepsia [braði'peβsja] *f* (MED) verlangsamte Verdauungstätigkeit *f*, Bradypepsie *f*
bradipnea [braðiβ'nea] *f* (MED) verlangsamte Atmung *f*, Bradypnoe *f*
braga ['braγa] *f* 1. (*de bebé*) Windel *f* 2. (*cuerda*) Hebeseil *nt* 3. *pl* (*de mujer*) Schlüpfer *m* 4. *pl* (*de hombre*) Kniehose *f*; **calzarse las ~s** (*fig*) die Hosen anhaben; **dejar a alguien en ~s** (*fig fam*) jdn ausnehmen; **estar en ~s** (*fig fam*) völlig pleite sein
bragado, -a [bra'γaðo, -a] *adj* 1. (*malintencionado*) tückisch 2. (*decidido*) entschlossen, energisch
bragadura [braγa'ðura] *f* 1. (*entrepierna*) Innenseite *f* des Oberschenkels; (*de animales*) Mittelfleisch *nt* zwischen den Oberschenkeln 2. (*en prenda de vestir*) Schritt *m*; **al montar en la bicicleta se le estalló la** ~ beim Aufsteigen auf das Fahrrad ist ihm die Hose im Schritt geplatzt
bragapañal [braγapa'ɲal] *m* Windelhöschen *nt*
bragazas [bra'γaθas] *m inv* Pantoffelheld *m*
braguero [bra'γero] *m* (MED) Bruchband *nt*, Bracherium *nt*
bragueta [bra'γeta] *f* Hosenschlitz *m*; **estar como ~ de fraile** (*Arg, Urug*) ein ernstes Gesicht machen
braguetazo [braγe'taθo] *m* (*por parte del hombre*) Geldheirat *f*; **dar el** ~ eine gute Partie machen
brahmán [bra'man] *m* (REL) Brahmane *m*
brahmanismo [brama'nismo] *m* (REL) Brahmanismus *m*
braille ['brai̯le] *m* Blindenschrift *f*, Brailleschrift *f*
brainstorming [brei̯ⁿs'tormiŋ] *m sin pl* Brainstorming *nt*
brama ['brama] *f* (ZOOL) Brunft(zeit) *f*
bramadero [brama'ðero] *m* 1. (*del ciervo*) Brunftplatz *m* des Rotwildes 2. (*Am: estaca para atar animales*) Anbindepfahl *m*
bramante [bra'man̪te] *m* Bindfaden *m*
bramar [bra'mar] *vi* 1. (*animal*) brüllen; (*ciervo*) röhren 2. (*persona*) wüten, toben, rasen 3. (*viento*) heulen 4. (*oleaje*) tosen
bramido [bra'miðo] *m* 1. (*de animales*) Gebrüll *nt*, Brüllen *nt*; (*de ciervos*) Röhren *nt* 2. (*de una persona*) Wüten *nt*, Toben *nt*; **está que brama** er/sie tobt vor Wut 3. (*del viento*) Heulen *nt* 4. (*del oleaje*) Tosen *nt*
brancada [braŋ'kaða] *f* Stellnetz *nt*
brandar [bran̪'dar] *vi* (NÁUT) schlingern
Brandeburgo [bran̪de'βurγo] *m* Brandenburg *nt*
brandy ['bran̪di] *m* Weinbrand *m*, Brandy *m*
branquia ['braŋkja] *f* Kieme *f*
branquial [braŋ'kjal] *adj* Kiemen-; **respiración** ~ Kiemenatmung *f*
branquífero, -a [braŋ'kifero, -a] *adj* (ZOOL) mit Kiemen, Kiemen-; **los peces son animales ~s** Fische sind durch Kiemen atmende Tiere
braquial [bra'kjal] *adj* (ANAT) brachial
braquicéfalo, -a [braki'θefalo, -a] I. *adj* (ANAT) kurzköpfig, brachyzephal II. *m, f* (ANAT) Kurzköpfige(r) *mf*, Brachyzephale *mf*
braquigrafía [brakiγra'fia] *f* Brachygraphie *f*
brasa ['brasa] *f* (*de leña*) (Holz)glut *f*; (*de carbón*) (Kohlen)glut *f*; **a la** ~ gegrillt; **estar (como) en ~s** (wie) auf glühenden Kohlen sitzen; **estar hecho unas ~s** feuerrot (angelaufen) sein; **pasar como sobre ~s por algo** etw in kürzester Zeit abhandeln; **sacar la ~ con mano ajena** [*o* **de gato**] sich die Kastanien aus dem Feuer holen lassen
brasear [brase'ar] *vt* grillen
brasero [bra'sero] *m* 1. (*como calefacción*) Kohlenbecken *nt* 2. (*Am: fuego*) Feuerstelle *f*; (*hogar*) (Küchen)herd *m*
brasil [bra'sil] *m* (BOT) Brasilholz *nt*
Brasil [bra'sil] *m*: **(el)** ~ Brasilien *nt*
brasileño, -a [brasi'leɲo, -a] I. *adj* brasilianisch II. *m, f* Brasilianer(in) *m(f)*
brasilero, -a [brasi'lero, -a] I. *adj* brasilianisch II. *m, f* Brasilianer(in) *m(f)*
brava ['braβa] *f* (*Cuba: golpe*) Säbelhieb *m*; **dar una** ~ einschüchtern; **a la ~, por las ~s** (*Arg, Cuba, Méx, PRico*) mit Gewalt
bravata [bra'βata] *f* 1. (*amenaza*) leere Drohung *f*; **echar ~s** leere Drohungen machen 2. (*bravuconada*) Angeberei *f*, Prahlerei *f*; **echar ~s** angeben, prahlen
bravear [braβe'ar] *vi* (*chulear*) sich aufspielen, große Töne spucken; (*proferir amenazas*) leere Drohungen aussprechen; **sólo se atreve a ~ cuando va acompañado** er traut sich nur, große Töne zu spucken, wenn er in Begleitung ist
braveza [bra'βeθa] *f* 1. (*valentía*) Mut *m*, Tapferkeit *f* 2. (*fiereza*) Wildheit *f* 3. (*fuerza de los elementos*) Toben *nt*; (*ímpetu*) Heftigkeit *f*, Gewalt *f*
bravío[1] [bra'βio] *m* Wildheit *f*
bravío, -a[2] [bra'βio, -a] *adj* 1. (*animal: salvaje*) wild; (*sin domar*) ungebändigt, ungezähmt 2. (*planta*) wild (wachsend) 3. (*persona: indómita*) unbändig, ungestüm; (*rústica*) ungeschliffen, grob
bravo[1] ['braβo] I. *interj* bravo, gut II. *m* Bravo *nt*, Beifallsruf *m*
bravo, -a[2] ['braβo, -a] *adj* 1. (*valiente*) tapfer;

(*valeroso*) mutig **2.** (*bueno*) großartig, ausgezeichnet **3.** (*salvaje: animal*) wild, ungezähmt; (*persona*) wütend, wild; (*mar*) rau, stürmisch; (*terreno*) unwegsam; **ponerse ~ con alguien** mit jdm einen heftigen Streit anzetteln **4.** (*áspero*) grob, ungehobelt **5.** (*fanfarrón*) prahlerisch, angeberisch **6.** (*Am: picante*) scharf, stark gewürzt; **patatas bravas** (GASTR) *frittierte Kartoffeln mit scharf gewürzter Mayonnaise*

bravosía [braβo'sia] *f*, **bravosidad** [braβosi'ða^{d}] *f* **1.** (*valentía*) Mut *m* **2.** (*arrogancia*) Überheblichkeit *f*

bravucón, **-ona** [braβu'kon, -ona] **I.** *adj* prahlerisch, großtuerisch **II.** *m, f* Prahlhans *m*, Angeber(in) *m(f)*

bravuconada [braβuko'naða] *f* Großtuerei *f*, Prahlerei *f*

bravura [bra'βura] *f* **1.** (*de los animales*) Wildheit *f* **2.** (*de las personas*) Tapferkeit *f*, Mut *m* **3.** (*pey: bravata*) Prahlerei *f*

braza ['braθa] *f* **1.** (NÁUT: *unidad de longitud*) ≈Faden *m* (*1,80 m*); (*cabo*) Brasse *f* **2.** (DEP) Brustschwimmen *nt*; **nadar a ~** brustschwimmen

brazada [bra'θaða] *f* **1.** (*movimiento de los brazos*) Armbewegung *f*; (*al nadar, remar*) Zug *m* **2.** (*cantidad*) Armvoll *m*

brazaje [bra'θaxe] *m* Fadentiefe *f*

brazal [bra'θal] *m* **1.** (*brazalete*) Armbinde *f* **2.** (*embrazadura*) Handgriff *m* eines Schildes **3.** (AGR: *surco para regar*) Bewässerungsfurche *f*

brazalete [braθa'lete] *m* **1.** (*pulsera*) Armband *nt* **2.** (*banda*) Armbinde *f*

brazo ['braθo] *m* **1.** (ANAT, TÉC) Arm *m*; (*de una silla*) Armlehne *f*; **~ derecho** (ANAT) rechter Arm; (*persona imprescindible*) rechte Hand; **~ de gitano** (*pastel*) Biskuitrolle *f*; **a ~** mit Muskelkraft; **a ~ partido** (*sin armas*) Mann gegen Mann; (*a viva fuerza*) mit aller Kraft; **coger a alguien por el ~** jdn am Arm packen; **cruzarse de ~s** (*fig*) die Hände in den Schoß legen, sich untätig verhalten; **dar el ~ a alguien** jdm den Arm geben [*o* anbieten]; **dar el ~ a torcer** klein beigeben; **echarse en ~s de alguien** sich jdm in die Arme werfen; **ir cogidos del ~** Arm in Arm laufen; **llevar algo del ~** etw (auf dem Arm) tragen; **recibir a alguien con los ~s abiertos** jdn mit offenen Armen aufnehmen [*o* empfangen]; **tener un niño en ~s** ein Kind in den Armen halten **2.** (GEO: *del río*) (Fluss)arm *m*; (*del mar*) (Meeres)arm *m* **3.** (ZOOL) Vorderbein *nt* **4.** (BIOL) Ast *m*, Zweig *m* **5.** (*poder*) Gewalt *f*, Macht *f* **6.** *pl* (*jornaleros*) Arbeiter *mpl* **7.** *pl* (*protectores*) Beschützer *mpl*

brea ['brea] *f* **1.** (*alquitrán*) Teer *m*; **~ mineral** Steinkohlenteer *m* **2.** (*pez*) Pech *nt*

break [brei̯k] <breaks> *m* **1.** (MÚS: *baile*) Breakdance *m* **2.** (MÚS: *jazz*) Break *m o nt* **3.** (DEP: *boxeo*) Break *m*, Break-Kommando *nt* **4.** (AUTO) Kombi(wagen) *m*

breakdance [brei̯k'ðans] *m sin pl* (MÚS) Breakdance *m*

brear [bre'ar] *vt* **1.** (*maltratar*) plagen; **~ a alguien a golpes** jdn verprügeln **2.** (*burlarse*) sich lustig machen (*a* über +*akk*)

brebaje [bre'βaxe] *m* **1.** (*bebida*) Gesöff *nt* **2.** (*medicina*) Mixtur *f*

breca ['breka] *f* (GASTR, ZOOL) Rotbrasse *f*

brecha ['bretʃa] *f* **1.** (MIL) Bresche *f*; **abrir (una) ~ en una muralla** eine Bresche in eine (Wehr)mauer schlagen **2.** (*abertura*) Lücke *f*, Öffnung *f*; (*en una pared*) Mauerdurchbruch *m*; **~ inflacionaria** [*o* **inflacionista**] (ECON) inflatorische Lücke **3.** (*impresión*) Eindruck *m* **4.** (*herida en la cabeza*) klaffende Wunde *f* **5.** (GEO) Breccie *f* **6.** (*loc*): **estar en la ~** (sehr) engagiert sein

brechtiano, **-a** [brex'tjano, -a] *adj* Brecht'sche(r, s); **un realismo ~** eine Realismus Brecht'scher Prägung

brécol(es) ['brekol(es)] *m(pl)* Brokkoli *pl*

brega ['breɣa] *f* **1.** (*riña*) Streit *m* **2.** (*lucha*) Kampf *m* **3.** (*trabajo duro*) Rackerei *f*, harte Arbeit *f* **4.** (*burla*) Streich *m*; **dar ~ a alguien** jdm einen Streich spielen

bregar [bre'ɣar] <g→gu> **I.** *vi* **1.** (*reñir*) sich streiten (*con* mit +*dat*) **2.** (*luchar*) kämpfen (*con* gegen +*akk*); **bregó mucho para obtener esta plaza** er/sie hat sehr hart um diese Stelle gekämpft **3.** (*trabajar duro*) sich abrackern, sich abmühen **II.** *vt* einrühren

brema ['brema] *f* (GASTR, ZOOL) Brasse *f*; **~ común** Brachsen *m*; **~ del Danubio** Zobel *m*; **~ blanca** Güster *f*

bren [bren] *m* (AGR: *salvado*) Kleie *f*

brenca ['breŋka] *f* (BOT: *fibra*) Narbe *f*, Stigma *nt*

breque ['breke] *m* (FERRO) **1.** (*Am: freno*) Bremse *f*; **apretar el ~** (*fig*) sich bemühen **2.** (*Ecua, Perú, RíoPl: vagón*) Gepäckwagen *m*

bresca ['breska] *f* Honigwabe *f*

brescar [bres'kar] <c→qu> *vt* (*panales de miel*) ausnehmen, ausschneiden

bretaña [bre'taɲa] *f* **1.** (*lienzo*) bretonisches Feinleinen *nt* **2.** (BOT: *jacinto*) Hyazinthe *f*

Bretaña [bre'taɲa] *f* Bretagne *f*; **Gran ~** Großbritannien *nt*

brete ['brete] *m* **1.** (*grillete*) Fußfessel *f* **2.** (*prisión*) Verlies *nt*, Kerker *m* **3.** (*apuro*) Klemme *f*, schwierige Lage *f*; **estar en un ~** in der Patsche sitzen; **poner a alguien en un ~** jdn in eine schwierige Lage bringen

bretón, **-ona** [bre'ton, -ona] **I.** *adj* bretonisch **II.** *m, f* Bretone, -in *m, f*

breva ['breβa] *f* **1.** (*higo*) (frühe) Feige *f*; (*bellota*) (frühe) Eichel *f*; **poner a alguien como una ~** jdn grün und blau schlagen **2.** (*cigarro*) flache Zigarre *f*; (*Am: tabaco*) Kautabak *m* **3.** (*ganga*) Glücksfall *m*, glücklicher Zufall *m*; **no caerá esa ~** daraus wird nichts werden

breve ['breβe] **I.** *adj* **1.** (*de duración*) kurz; **en ~** in Kürze; **para ser ~** um es kurz zu machen **2.** (*de extensión*) knapp, kurz, bündig; **des-**

cribir algo en ~s palabras etw mit knappen Worten schildern; **ser ~** sich kurz fassen; **un estilo ~** ein knapper Stil **II.** *m* **1.** (PREN) Kurzmeldung *f* **2.** (*documento pontificio*) Breve *nt*

brevedad [breβe'ðaᵈ] *f* **1.** (*corta duración*) Kürze *f,* geringe Dauer *f;* **a la mayor ~ posible** baldmöglichst **2.** (*corta extensión*) Knappheit *f,* Kürze *f*

brevete [bre'βete] *m* **1.** (*membrete*) Notiz *f,* kurze Aufzeichnung *f* **2.** (*Perú: permiso de conducir*) Führerschein *m*

breviario [bre'βjarjo] *m* **1.** (*libro de rezos*) Brevier *nt* **2.** (*compendio*) Kompendium *nt,* Abriss *m*

brezo ['breθo] *m* (BOT) Heidekraut *nt*

briago, -a ['brjaɣo, -a] *adj* (*Méx: fam*) besoffen

briba ['briβa] *f* Faulenzerleben *nt;* **andar** [*o* **vivir**] **a la ~** ein müßiges Leben führen, herumgammeln *fam*

bribón, -ona [bri'βon, -ona] **I.** *adj* **1.** (*vago*) faul, träge **2.** (*pícaro*) verschlagen, schlau **II.** *m, f* **1.** (*bellaco*) Schuft *m,* Schurke, -in *m, f* **2.** (*pícaro*) Gauner(in) *m(f),* Spitzbube, -bübin *m, f* **3.** (*niño*) Strolch *m*

bribonada [briβo'naða] *f* Gaunerei *f*

bribonear [briβone'ar] *vi* ein Gaunerleben führen

bribonzuelo, -a [briβon̪'θwelo, -a] *adj o m, f* (*fam*) *dim de* **bribón**

bricolaje [briko'laxe] *m* Heimwerken *nt,* Basteln *nt*

brida [bri'ða] *f* **1.** (*de la caballería*) Zaumzeug *nt,* Zaum *m,* Zügel *mpl;* **a toda ~** in vollem Galopp; **tener a alguien a ~ corta** (*fig*) jdn an der Kandare haben **2.** (*del sombrero*) Kinnband *nt* **3.** (TÉC: *reborde*) Flansch *m;* (*arandela*) Schelle *f,* Klammer *f,* Bügel *m* **4.** *pl* (MED) Adhäsion *f,* Verwachsung *f*

bridge [britʃ] *m* Bridge *nt*

brie [brje] *m* (GASTR): (**queso**) **~** Brie(käse) *m*

brigada¹ [bri'ɣaða] *f* **1.** (MIL) Brigade *f* **2.** (*de obreros*) Trupp *m,* Kolonne *f* **3.** (*de policía*) Kommando *nt,* Einheit *f*

brigada² [bri'ɣaða] *m* (MIL) ≈Feldwebel *m*

brigadier [briɣa'ðjer] *m* (MIL) Brigadier *m*

brillante [bri'ʎan̪te] **I.** *adj* **1.** (*resplandeciente*) strahlend, funkelnd, glänzend **2.** (*admirable*) brillant, hervorragend, glänzend **II.** *m* Brillant *m*

brillantez [briʎan̪'teθ] *f* **1.** (*de un objeto*) Glanz *m* **2.** (*de un acto*) Brillanz *f*

brillantina [briʎan̪'tina] *f* (Haar)pomade *f,* Brillantine *f*

brillar [bri'ʎar] *vi* **1.** (*resplandecer*) strahlen, funkeln, glänzen **2.** (*destacar*) glänzen, auffallen, sich auszeichnen (*por* durch *+akk*); **~ por su ausencia** (*irón*) durch Abwesenheit glänzen

brillo ['briʎo] *m* **1.** (*reflejo de luz*) Glanz *m,* Funkeln *nt,* Schimmer *m;* **sacar** [*o* **dar**] **~ a algo** etw (auf Hochglanz) polieren **2.** (*gloria*) Ruhm *m* **3.** (*excelencia*) Vortrefflichkeit *f*

brincar [briŋ'kar] <c→qu> *vi* **1.** (*saltar*) hüpfen, (umher)springen; (*hacia arriba*) hochschnellen **2.** (*pasar de un tema a otro*) überspringen (*a* auf *+akk*), übergehen (*a* zu *+dat*) **3.** (*alterarse*) außer sich sein; **~ de alegría/de rabia** außer sich vor Freude/vor Wut sein; **está que brinca** er/sie tobt vor Wut

brinco ['briŋko] *m* Sprung *m,* Satz *m;* **dar ~s** hüpfen, springen; **dar ~s de alegría** Freudensprünge machen; **de un ~** mit einem Satz; **en un ~** (*fig*) im Nu; **pegar un ~** einen Satz machen

brindar [brin̪'dar] **I.** *vi* (*levantar la copa*) anstoßen (*con* mit *+dat*); **~ a la salud de alguien** auf jds Wohl anstoßen; **~ con vino** mit Wein anstoßen; **~ por alguien** auf jdn einen Trinkspruch [*o* Toast] ausbringen, auf jdn anstoßen [*o* trinken] **II.** *vt* **1.** (*ofrecer*) (an)bieten, darbieten; **me brindó su amistad** er/sie bot mir seine/ihre Freundschaft an; **viajar brinda la ocasión de conocer gente** das Reisen bietet die Möglichkeit, (andere) Menschen kennen zu lernen **2.** (TAUR) widmen; **brindó el primer toro al público** er/sie hat den ersten Stier dem Publikum gewidmet **III.** *vr:* **~se** sich anbieten; **se brindó a acompañarme** er/sie bot sich (mir) als Begleiter/Begleiterin an

brindis ['brin̪dis] *m inv* **1.** (*el levantar los vasos*) Zutrinken *nt* **2.** (*frase con que se brinda*) Trinkspruch *m,* Toast *m;* **echar un ~** einen Toast ausbringen **3.** (TAUR) *Zeremonie der Widmung des Stieres*

brío ['brio] *m* **1.** (*energía*) (Tat)kraft *f,* Energie *f;* **es una mujer de ~s** sie ist eine energische Frau **2.** (*pujanza*) Schwung *m,* Feuer *nt* **3.** (*garbo*) Anmut *f*

briología [briolo'xia] *f* (BOT) Mooskunde *f,* Bryologie *f*

brioso, -a [bri'oso, -a] *adj* **1.** (*con energía*) tatkräftig, energisch **2.** (*con pujanza*) schwungvoll **3.** (*con garbo*) anmutig

briqueta [bri'keta] *f* Brikett *nt*

brisa ['brisa] *f* Brise *f*

brisca ['briska] *f Kartenspiel*

británico, -a [bri'taniko, -a] **I.** *adj* britisch **II.** *m, f* Brite, -in *m, f*

brizna ['briθna] *f* **1.** (*hebra*) Fädchen *nt* **2.** (BOT) Faser *f;* (*de judías*) Faden *m* **3.** (*porción diminuta*) Krume *f;* **una ~ de tabaco** ein paar Krumen Tabak; **no tiene ni una ~ de humor** er/sie hat kein bisschen Humor **4.** (*Am: llovizna*) Sprühregen *m*

broca ['broka] *f* **1.** (TÉC) (Drill)bohrer *m* **2.** (*clavo*) Zwecke *f,* Schuhnagel *m* **3.** (*carrete*) Spule *f*

brocado [bro'kaðo] *m* Brokat *m*

brocal [bro'kal] *m* (Brunnen)rand *m*

brocha ['brotʃa] *f* **1.** (*pincel grueso*) (Maler)pinsel *m;* **pintor de ~ gorda** Maler *m,* Anstreicher *m;* **darle a la ~** malen, streichen **2.** (*de afeitar*) Rasierpinsel *m* **3.** (*fam: mal pin-*

tor) Pins(e)ler *m*

brochal [bro'ʧal] *m* Querholz *nt*, Wechsel(balken) *m*

brochazo [bro'ʧaθo] *m* (grober) Pinselstrich *m*

broche ['broʧe] *m* **1.** (*en la ropa*) Druckknopf *m*; (*de adorno*) Anstecknadel *f*, Brosche *f*; ~ **de oro** (*fig*) krönender Abschluss **2.** (*Arg: pinza*) Wäscheklammer *f* **3.** (*Chil, Perú, PRico: sujetapapeles*) Büroklammer *f* **4.** *pl* (*Am: gemelos*) Manschettenknöpfe *mpl*

brocheta [bro'ʧeta] *f* (Brat)spieß *m*

broker ['broker] *m* (FIN) Broker *m*, Effektenhändler *m*

brollar [bro'ʎar] *vi* sprudeln

broma ['broma] *f* (*gracia*) Scherz *m*, Spaß *m*, Witz *m*; (*tontería*) Unfug *m*; ~ **pesada** [*o* **de mal gusto**] schlechter Scherz; ~**s aparte...** Spaß beiseite ...; **estar de** ~ scherzen; **gastarle una** ~ **a alguien** sich mit jdm einen Scherz erlauben; **lo dije de** [*o* **en**] ~ das habe ich nur aus [*o* im] Spaß gesagt; **no estoy para** ~**s** ich bin nicht zum Scherzen aufgelegt; **tomar algo a** ~ etw nicht ernst nehmen

bromato [bro'mato] *m* (QUÍM) Bromat *nt*

bromatología [bromatolo'xia] *f* (MED) Bromatik *f*, Bromatologie *f*

bromazo [bro'maθo] *m* schlechter Scherz *m*

bromear [brome'ar] *vi* spaßen, scherzen

bromista [bro'mista] **I.** *adj* spaßig, witzig **II.** *mf* Spaßvogel *m*

bromo ['bromo] *m* (QUÍM) Brom *nt*

bromuro [bro'muro] *m* (QUÍM) Bromid *nt*

bronca ['broŋka] *f* **1.** (*riña*) Streit *m*, Krach *m*; **armar una** ~ einen Streit anzetteln; **buscar** ~ Streit suchen; **se armó una** ~ **tremenda** es gab einen Riesenkrach **2.** (*reprimenda*) Zurechtweisung *f*, Rüge *f*, Anpfiff *m fam*; **su jefe le echó una** ~ sein/ihr Chef hat ihn/sie zurechtgewiesen **3.** (*tumulto*) Krawall *m*; **se armó una** ~ **en el estadio** im Stadion kam es zu Krawallen [*o* Ausschreitungen] **4.** (*Am: enfado*) Ärger *m*; **me da** ~ das macht mich ärgerlich [*o* ärgert mich]

bronce ['broṇθe] *m* Bronze *f*; **edad de** ~ Bronzezeit *f*; **ser de** ~ (*objeto*) bronzen sein; (*persona*) hart [*o* unnachgiebig] sein

bronceado[1] [broṇθe'aðo] *m* **1.** (*de un objeto*) Bronzieren *nt* **2.** (*de la piel: efecto*) (Sonnen)bräune *f*; (*acción*) Bräunen *nt*

bronceado, -a[2] [broṇθe'aðo, -a] *adj* **1.** (*objeto*) bronzefarben, bronzefarbig **2.** (*piel*) (sonnen)gebräunt

bronceador [broṇθea'ðor] *m* Bräunungsmittel *nt*, Sonnenschutzmittel *nt*

broncear [broṇθe'ar] **I.** *vt* **1.** (*un objeto*) bronzieren **2.** (*la piel*) bräunen **II.** *vr:* ~**se** sich bräunen

broncíneo, -a [broṇ'θineo, -a] *adj* (*elev*) bronzen

bronco, -a ['broŋko, -a] *adj* **1.** (*voz*) rau, heiser **2.** (*metal: tosco*) roh, unbearbeitet; (*quebradizo*) spröde, brüchig **3.** (*genio*) schroff **4.** (*Am: caballo*) wild

broncoectasia [broŋkoek'tasja] *f* (MED) Bronchiektas(i)e *f*

broncofonía [bronkofo'nia] *f* (MED) Bronchophonie *f*

bronconeumonía [broŋkoneu̯mo'nia] *f* (MED) Bronchopneumonie *f*

broncorrea [broŋko'rrea] *f* (MED) Bronchorrhö(e) *f*

broncoscopio [broŋkos'kopjo] *m* (MED) Bronchoskop *nt*

bronquear [broŋke'ar] *vt* scharf zurechtweisen

bronquedad [broŋke'ðað] *f* **1.** (*de la voz*) Heiserkeit *f* **2.** (*tosquedad de metales*) Ungeschliffenheit *f*; (*delicadez*) Sprödigkeit *f*, Brüchigkeit *f* **3.** (*del genio*) Schroffheit *f*

bronquial [broŋ'kjal] *adj* (ANAT, MED) bronchial

bronquiectasia [broŋkiek'tasja] *f* (MED) *v.* **broncoectasia**

bronquio ['broŋkjo] *m* (ANAT) Bronchie *f*

bronquítico, -a [broŋ'kitiko, -a] *m, f* (MED) Bronchitiker(in) *m(f)*

bronquitis [broŋ'kitis] *f inv* (MED) Bronchitis *f*

brontosaurio [broṇto'sau̯rjo] *m* (ZOOL) Brontosaurus *m*

broquel [bro'kel] *m* **1.** (*escudo*) Schild *nt* **2.** (*amparo*) Schutz *m*

broqueta [bro'keta] *f* (Brat)spieß *m*

brota ['brota] *f* (BOT) Knospe *f*

brotar [bro'tar] **I.** *vi* **1.** (BOT) knospen, Knospen treiben; (*árbol*) ausschlagen; (*semilla*) aufkeimen, aufgehen **2.** (*agua*) (hervor)quellen (*de* aus +*dat*) **3.** (*enfermedad*) sichtbar werden, sich zeigen **II.** *vt* hervorbringen

brote ['brote] *m* **1.** (BOT) Knospe *f*; ~**s de bambú** Bambussprossen *fpl* **2.** (*comienzo*) Aufkeimen *nt* **3.** (*erupción*) Ausbruch *m*

brótola ['brotola] *f* (ZOOL) Gabeldorsch *m*

browser ['brou̯ser] *m* (INFOR) Browser *m*

broza ['broθa] *f* **1.** (*hojas*) dürres Laub *nt*; (*ramas*) Reisig *nt* **2.** (*arbustos*) Dickicht *nt*, Gestrüpp *nt* **3.** (*palabras inútiles*) leeres Gerede *nt* **4.** (*bruza*) Bürste *f*

brozar [bro'θar] <z→c> *vt v.* **bruzar**

brucelosis [bruθe'losis] *f sin pl* (MED, AGR) Brucellose *f*

bruces ['bruθes] *adv:* **caer de** ~ auf die Nase fallen; **darse de** ~ **con alguien** (*chocar*) mit jdm zusammenstoßen; (*hallar casualmente*) auf jdn stoßen, jdm plötzlich gegenüberstehen; **estar de** ~ auf dem Bauch liegen

brugo ['bruɣo] *m* (ZOOL) *Larve einer Blattlausart, die auf Eichen und Steineichen schmarotzt*

bruja ['bruxa] *f* **1.** (*hechizera*) Hexe *f* **2.** (*lechuza*) Eule *f*

Brujas ['bruxas] *f* Brügge *nt*

brujear [bruxe'ar] *vi* hexen

brujería [bruxe'ria] *f* Hexerei *f*, Zauberei *f*

brujo ['bruxo] *m* **1.** (*hechizero*) Hexenmeister *m*, Zauberer *m* **2.** (*Am: médico*) Medizin-

mann *m*

brújula ['bruxula] *f* **1.** (*compás*) Kompass *m;* (*aguja*) Magnetnadel *f;* **perder la** ~ (*t. fig*) die Orientierung verlieren **2.** (*mira*) Visier *nt*

brujulear [bruxule'ar] *vt* **1.** (*actuar con habilidad*) geschickt angehen; **brujuleando consiguió lo que aspiraba** durch geschicktes Vorgehen erreichte er/sie, was er/sie anstrebte **2.** (*descubrir*) herausbekommen; (*adivinar*) sich *dat* zusammenreimen

brulote [bru'lote] *m* (*AmS: taco*) Schimpfwort *nt*

bruma ['bruma] *f* leichter Nebel *m;* (NÁUT) Mist *m*

brumazón [bruma'θon] *m* (METEO: *niebla densa*) dichter Nebel *m;* (*niebla abundante*) Nebelbank *f*

brumoso, -a [bru'moso, -a] *adj* neblig; (NÁUT) mistig

bruno, -a ['bruno, -a] *adj* dunkel(braun)

bruñido[1] [bru'ɲiðo] *m* **1.** (*acto*) Polieren *nt* **2.** (*brillo*) Politur *f*

bruñido, -a[2] [bru'ɲiðo, -a] *adj* poliert

bruñir [bru'ɲir] <*3. pret:* bruñó> *vt* **1.** (*sacar brillo*) polieren **2.** (*fig fam: maquillar*) schminken **3.** (*Am: molestar*) belästigen

brusca ['bruska] *f* **1.** (*leña chamarasca*) dürres Holz *nt,* Reisig *nt* **2.** (BOT) Kassie *f*

brusco, -a ['brusko, -a] *adj* **1.** (*repentino*) plötzlich, jäh; **un** ~ **aumento** ein sprunghafter Anstieg **2.** (*áspero*) brüsk, schroff

Bruselas [bru'selas] *fpl* Brüssel *nt*

brusquedad [bruske'ðað] *f* **1.** (*de un suceso*) Plötzlichkeit *f,* Unvermitteltheit *f* **2.** (*de un comportamiento*) Schroffheit *f;* **con** ~ schroff

brut [brut] **I.** *adj* (GASTR) brut **II.** *m* (GASTR) Brut *m;* **brindemos con** ~ **por tu éxito** lass uns mit einem Brut auf deinen Erfolg anstoßen

brutal [bru'tal] *adj* **1.** (*violento*) brutal, roh, gewalttätig **2.** (*desconsiderado*) schonungslos **3.** (*fam: enorme*) ungeheuerlich; **una cantidad** ~ **de flores** eine ungeheuerliche Menge an Blumen **4.** (*fam: estupendo*) toll, unglaublich

brutalidad [brutali'ðað] *f* **1.** (*calidad*) Brutalität *f,* Rohheit *f,* Gewalttätigkeit *f* **2.** (*acción violenta*) Gewalttat *f;* (*cruel*) Ungeheuerlichkeit *f;* **es una** ~ **lo que ha pasado ahí** es ist eine Ungeheuerlichkeit, was da passiert ist **3.** (*fam: cantidad excesiva*) Übermaß *nt;* **trajo una** ~ **de comida** er/sie hat eine enorme Menge an Essen mitgebracht **4.** (*estupidez*) Dummheit *f*

bruto[1] ['bruto] *adj* **1.** (*tosco*) roh, unbearbeitet; **diamante en** ~ Rohdiamant *m* **2.** (*peso*) brutto

bruto, -a[2] ['bruto, -a] **I.** *adj* **1.** (*brutal*) brutal, roh **2.** (*rudo*) grob, derb **3.** (*estúpido*) dumm **4.** (ECON) Brutto-; **beneficio/margen** ~ Bruttogewinn *m*/Handelsspanne *f;* **rendimiento** ~ Bruttorendite *f;* **tonelaje** ~ Bruttotonnage *f* **II.** *m, f* **1.** (*persona brutal*) Rohling *m* **2.** (*idiota*) Dummkopf *m,* Idiot *m*

bruzar [bru'θar] <z→c> *vt* abbürsten

bu [bu] *m* (*fam*) Butzemann *m,* Schwarzer Mann *m*

buardilla [bwar'ðiʎa] *f v.* **buhardilla**

bubónico, -a [bu'βoniko, -a] *adj:* **peste bubónica** Beulenpest *f*

bucal [bu'kal] *adj* Mund-; **por vía** ~ oral

bucanero [buka'nero] *m* Bukanier *m,* Seeräuber *m*

búcaro ['bukaro] *m* **1.** (*arcilla olorosa*) duftender Lehm *m* **2.** (*jarra*) Wasserkrug *m;* (*florero*) (Blumen)vase *f*

buceador(a) [buθea'ðor(a)] *m(f)* (Sport)taucher(in) *m(f)*

bucear [buθe'ar] *vi* **1.** (*nadar*) tauchen **2.** (*investigar*) forschen (*en* in +*dat*)

buceo [bu'θeo] *m* (Sport)tauchen *nt*

buchada [bu'ʧaða] *f* (*de comida*) Mundvoll *m;* (*de bebida*) Schluck *m*

buche ['buʧe] *m* **1.** (*en las aves*) Kropf *m* **2.** (*fam: estómago*) Magen *m;* **llenar el** ~ sich den Magen voll schlagen **3.** (*bocanada*) Schluck *m* **4.** (*pliegue en la ropa*) Falte *f;* **hacer** ~ Falten werfen **5.** (*lo más íntimo*) Herz *nt;* **guardar algo en el** ~ mit etw hinter dem Berg halten; **no le cabe en el** ~ er/sie kann es nicht für sich behalten; **sacar el** ~ **a alguien** (*fam*) jdn zum Sprechen bringen

buchón, -ona [bu'ʧon, -ona] *adj* (ZOOL) Kropf-; **palomas buchonas** Kropftauben *fpl*

bucle ['bukle] *m* **1.** (*rizo de cabello*) (Ringel)locke *f* **2.** (*onda, t.* INFOR) Schleife *f;* ~ **anidado** verschachtelte Schleife; ~ **cerrado** geschlossene Schleife; ~ **sin fin** [*o* **sin terminar**] Endlosschleife *f*

buco ['buko] *m* (*argot*) (Heroin)schuss *m*

bucólica [bu'kolika] *f* Hirten-, Schäferdichtung *f;* (LIT) Bukolik *f*

bucólico, -a [bu'koliko, -a] *adj* Hirten-, Schäfer-; (LIT) bukolisch

buda ['buða] *m* Buddha *m*

budín [bu'ðin] *m* (GASTR) Pudding *m*

budismo [bu'ðismo] *m* Buddhismus *m*

budista [bu'ðista] **I.** *adj* buddhistisch **II.** *mf* Buddhist(in) *m(f)*

buen [bwen] *adj v.* **bueno[1]**

buenamente [bwena'mente] *adv* **1.** (*fácilmente*) bequem, leicht, mühelos **2.** (*voluntariamente*) freiwillig

buenaventura [bwenaβen'tura] *f* **1.** (*suerte*) Glück *nt* **2.** (*adivinación*) Wahrsagung *f;* **decir** [*o* **echar**] **la** ~ **a alguien** jdm die Zukunft voraussagen

buenazo, -a [bwe'naθo, -a] **I.** *adj* herzensgut, gutmütig **II.** *m, f* herzensguter Mensch *m*

bueno[1] ['bweno] **I.** *interj* na gut, von mir aus **II.** *m* (ENS) Note *f* 'befriedigend'

bueno, -a[2] ['bweno, -a] *adj* <mejor *fam:* más bueno, óptimo *o* bonísimo *fam:* buenísimo> *precediendo a un substantivo masculino singular:* buen **1.** (*calidad*) gut; (*tiempo*) schön; (*constitución*) stark, kräftig;

(*decisión*) richtig; **~s días** guten Morgen; **buenas (tardes/noches)** guten Tag/Abend; **buen viaje** gute Reise [*o* Fahrt]; **un buen maestro** ein guter [*o* kompetenter] Lehrer; **una película buena** ein guter Film; **hace buen tiempo** es ist schönes Wetter; **dar algo por ~** etw gutheißen; **estar de buenas** gut aufgelegt sein; **hacer algo por las buenas** etw im Guten tun; **lo que tiene de ~ es que...** das Gute daran ist, dass ...; **por las buenas o por las malas** wohl oder übel; **de buenas a primeras** mir nichts, dir nichts **2.** (*apropiado*) geeignet, passend, tauglich **3.** (*fácil*) gut, leicht; **el libro es ~ de leer** das Buch liest sich gut **4.** (*honesto*) anständig; (*bondadoso*) mild, gütig; (*niño*) lieb, brav, artig; **un maestro ~** ein milder Lehrer; **es buena gente** das sind anständige Leute; **es muy ~ conmigo** er ist sehr gut zu mir **5.** (*sano*) gesund **6.** (*fam: atractivo*) attraktiv, hübsch; **está buenísima** sie sieht klasse aus **7.** (*bastante*) beträchtlich, beachtlich (groß); **una buena cantidad de dinero** eine beträchtliche [*o* schöne] Summe Geld **8.** (*bonito*) schön; **¡buena la has hecho!** (*fig*) da hast du etwas Schönes angerichtet!; **¡estaría ~!** (*fig*) das wäre noch schöner!; **un buen día...** eines schönen Tages ...

buey [bwei̯] *m* **1.** (ZOOL) Ochse *m;* **~ marino** Seekuh *f;* **trabajar como un ~** schuften **2.** (*Méx, PRico: cornudo*) betrogener Ehemann *m,* Hahnrei *m* **3.** (*loc*): **no sabes con qué ~(es) aras** (*fam*) du weißt nicht mit wem du es zu tun hast; **conversar de ~es perdidos, hablar de ~es perdidos** (*RíoPl*) von alten Zeiten plaudern; **pegar ~es** (*AmC*) einschlafen

bufa ['bufa] *f* **1.** (*burla*) Spott *m* **2.** (*bufonada*) dummer Streich *m,* Unfug *m;* **estoy harta de tus ~s** ich habe deine Faxen satt

bufador [bufa'ðor] *m* (GEO) *Erdspalte in vulkanischem Gebiet, aus der Gase ausströmen*

búfalo ['bufalo] *m* Büffel *m*

bufanda [bu'fan̪da] *f* Schal *m*

bufar [bu'far] *vi* **1.** (*resoplar*) schnauben; (*gato*) fauchen; **~ de rabia** vor Wut schnauben; **está que bufa** er/sie ist außer sich [*o* entrüstet] **2.** (*Am: oler mal*) stinken

bufé [bu'fe] *m* **1.** (*comida*) (kaltes) Büffet *nt* **2.** (*mesa*) Anrichte *f,* Büffet *nt* **3.** (*local*) Bahnhofsrestaurant *nt*

bufeo [bu'feo] *m* (*Ant, Hond, Méx: delfín*) Delphin *m;* (*tonina*) Tümmler *m*

bufet [bu'fe] *m* (*Am*) **1.** (*aparador*) Büfett *nt* **2.** (*cena fría*) kaltes Büfett *nt* **3.** (*restaurante*) Restaurant *nt* eines Hotels

bufete [bu'fete] *m* **1.** (*escritorio*) Schreibtisch *m* **2.** (*despacho de abogado*) (Rechts)anwaltskanzlei *f;* **abrir ~** sich als Anwalt niederlassen **3.** (*clientela*) Klientel *f* **4.** (*aparador*) Büfett *nt,* Anrichtetisch *m*

buffer ['bafer] *m* (INFOR) Puffer *m;* **~ de impresión** Druckausgabepuffer *m*

bufido [bu'fiðo] *m* **1.** (*resoplido, t. fig*) (Wut)schnauben *nt* **2.** (*exabrupto*) Rüffel *m,* Anschnauzer *m fam*

bufo, -a ['bufo, -a] **I.** *adj* komisch, possenhaft **II.** *m, f* (MÚS) Buffo *m*

bufón, -ona [bu'fon, -ona] **I.** *adj* närrisch **II.** *m, f* **1.** (*bromista*) Clown *m,* Spaßmacher(in) *m(f)* **2.** (TEAT) (Hof)narr *m*

bufonada [bufo'naða] *f* **1.** (*burla*) Narrheit *f,* närrischer Streich *m* **2.** (TEAT) Posse *f*

bufonear [bufone'ar] **I.** *vi* Späße machen **II.** *vr:* **~se** seinen Spott treiben (*de* mit *+dat*), verspotten (*de +akk*)

bufonesco, -a [bufo'nesko, -a] *adj* buffonesk

buga ['buɣa] *m* (*fam: coche*) Karre *f,* Kiste *f*

buganvilla [buɣam'biʎa] *f* (BOT) Bougainvillea *f*

buggy ['buɣi] *m* Buggy *m*

bugle ['buɣle] *m* (MÚS) Bügelhorn *nt*

bugui(-)bugui ['buɣi 'βuɣi] *m sin pl* (MÚS) Boogie-Woogie *m*

buhardilla [bwar'ðiʎa] *f* **1.** (*ventana*) Dachluke *f* **2.** (*desván*) Dachboden *m* **3.** (*vivienda*) Mansarde *f*

búho ['buo] *m* **1.** (ZOOL) Uhu *m* **2.** (*persona*) mürrischer Mensch *m* **3.** (*línea de autobús*) Nachtbus *m*

buhonería [buone'ria] *f* Hausierhandel *m*

buhonero [buo'nero] *m* Hausierer *m*

buitre ['bwitre] *m* **1.** (ZOOL) (Aas)geier *m* **2.** (*persona*) Aasgeier *m*

buitrear [bwitre'ar] *vi* **1.** (*Am: cazar*) (Geier) jagen **2.** (*Chil, Perú: vomitar*) erbrechen

buitrón [bwi'tron] *m* **1.** (*aparato de pesca*) (Fisch)reuse *f* **2.** (*red para la caza de perdices*) Kescher *m*

bujarrón [buxa'rron] **I.** *adj* (*pey*) warm, schwul **II.** *m* (*pey*) Homo *m,* warmer Bruder *m*

buje ['buxe] *m* (TÉC) Nabe *f,* Buchse *f*

bujía [bu'xia] *f* **1.** (*vela*) (Wachs)kerze *f* **2.** (*candelero*) Leuchter *m* **3.** (AUTO) Zündkerze *f* **4.** (FÍS) Candela *f*

bula ['bula] *f* (päpstliche) Bulle *f;* **echar las ~s a alguien** die Last [*o* Verantwortung] auf jdn abwälzen; **no poder con la ~** am Ende (seiner Kräfte) sein; **tener ~ para algo** sich etw anmaßen; **no le vale la ~ de Meco** (*fam*) er/sie ist erledigt

bulario [bu'larjo] *m* (REL) Bullarium *nt,* Sammlung *f* päpstlicher Bullen

bulbo ['bulβo] *m* (BOT) (Blumen)zwiebel *f,* Knolle *f*

bulboso, -a [bul'βoso, -a] *adj* (BOT) Zwiebel-; **los tulipanes son plantas bulbosas** Tulpen sind Zwiebelpflanzen

buldog [bul̪'doɣ] <buldogs> *m* Bulldogge *f*

bule ['bule] *m* (*Méx:* BOT) Flaschenkürbis *m*

bulerías [bule'rias] *fpl andalusischer Volkstanz und Volkslied*

bulevar [bule'βar] *m* Boulevard *m,* Prachtstraße *f*

Bulgaria [bul'ɣarja] *f* Bulgarien *nt*
búlgaro[1] ['bulɣaro] *m* (*lengua*) Bulgarisch(e) *nt*
búlgaro, **-a**[2] ['bulɣaro, -a] **I.** *adj* bulgarisch **II.** *m, f* Bulgare, -in *m, f*
bulimia [bu'limja] *f sin pl* (MED) Bulimie *f*
bulímico, **-a** [bu'limiko, -a] **I.** *adj* (MED) Bulimie-; **la mayoría de los pacientes ~s son chicas jóvenes** die meisten Bulimiekranken sind junge Mädchen **II.** *m, f* Bulimiekranke(r) *mf*
bulla ['buʎa] *f* **1.** (*ruido*) Lärm *m*, Krach *m*; **armar** [*o* **meter**] ~ Krach machen **2.** (*aglomeración*) Gedränge *nt*; (*confusión*) lärmendes Durcheinander *nt*, Tumult *m* **3.** (*Arg, Col, Perú, PRico: pelea*) Handgemenge *nt*, Schlägerei *f*; **a la ~ de los cocos** (*Col*) aufs Geratewohl
bullabesa [buʎa'βesa] *f* (GASTR) Bouillabaisse *f*
bullaje [bu'ʎaxe] *m* Gedränge *nt*, (Menschen)gewühl *nt*
bullanguero, **-a** [buʎaŋ'gero, -a] **I.** *adj* aufrührerisch **II.** *m, f* Unruhestifter(in) *m(f)*
bull-dog [bul̩'doɣ] <bull-dogs> *m v.* **buldog**
bulldozer [bul̩'ðoθer] *m*, **bulldózer** [bul̩'ðoθer] *m* Bulldozer *m*
bullebulle [buʎe'βuʎe] *mf* (*fam: demasiado vivaz*) Zappelphilipp *m*; (*inquieto*) unruhiger Geist *m*; (*entremetido*) Nervensäge *f*
bullicio [bu'ʎiθjo] *m* **1.** (*ruido*) Lärm *m*, Getöse *nt* **2.** (*sedición*) Aufstand *m*, Aufruhr *m* **3.** (*tumulto*) Unruhe *f*, Tumult *m*
bullicioso, **-a** [buʎi'θjoso, -a] *adj* unruhig, laut
bullidor(a) [buʎi'ðor(a)] *adj* zapp(e)lig, unruhig
bullir [bu'ʎir] <*3. pret:* bulló> **I.** *vi* **1.** (*hervir*) kochen, sieden; (*borbotar*) sprudeln; **~le a alguien la sangre (en las venas)** (*fig*) voller Tatendrang sein **2.** (*agitarse*) sich (hin- und her) bewegen, sich tummeln; (*moverse*) sich regen; **los niños bullen en el jardín** die Kinder tummeln sich im Garten **3.** (*pulular, t. fig*) wimmeln; **la ciudad bulle de gente** die Stadt wimmelt von Menschen **II.** *vt* bewegen, rühren; **no bulle pie ni mano** (*fig*) er/sie rührt keinen Finger **III.** *vr:* **~se** sich bewegen
bulo ['bulo] *m* Gerücht *nt*
bulto ['bul̩to] *m* **1.** (*tamaño*) Umfang *m*, Ausmaß *nt*; **de ~** sperrig; **hacer ~** (viel) Platz wegnehmen **2.** (*importancia*) Bedeutung *f*; (*esencia*) Kern *m*; **un error de ~** ein bedeutender Fehler; **poner algo de ~** etw hervorheben; **ser de ~** offenkundig [*o* deutlich] sein **3.** (*cuerpo indistinguible*) undeutliche Gestalt *f* **4.** (*fardo*) Bündel *nt* **5.** (*paquete*) Gepäckstück *nt*; **~s voluminosos** (COM) Sperrgut *nt* **6.** (MED) Geschwulst *f*, (An)schwellung *f* **7.** (*estatua*) Standbild *nt*, Statue *f*; (*busto*) Büste *f* **8.** (*loc*): **a ~** ungefähr; **buscar a alguien el ~** (*fam*) jdm an den Kragen wollen; **escurrir** [*o* **guardar**] [*o* **huir**] **el ~** (*fam*) sich (ver)drücken [*o* dünn(e) machen]; **hablar a ~** ins Blaue (hinein)reden; **menear a alguien el ~** (*fam*) jdn verprügeln
bumerán [bume'ran] *m*, **bumerang** [bume'ran] *m* Bumerang *m*; **efecto ~** Bumerangeffekt *m*
bungaló [buŋga'lo] *m*, **bungalow** [buŋga'lo] *m* Bungalow *m*
bungee ['banʤi] *m* (SPORT) Bungeespringen *nt*
búnker ['buŋker] *m* (MIL) Bunker *m*
bunkerizado, **-a** [buŋkeri'θaðo, -a] *adj* eingebunkert
buñolería [buɲole'ria] *f Geschäft, in dem "buñuelos" hergestellt und verkauft werden*
buñuelo [bu'ɲwelo] *m* **1.** (*pastel*) ≈Krapfen *m* (*mit süßer oder salziger Füllung*); **~ de viento** Windbeutel *m* **2.** (*chapuza*) Pfusch *m*, Pfuscharbeit *f*
BUP [bup] *m abr de* **Bachillerato Unificado Polivalente** ≈(gymnasiale) Oberstufe *f*
buque ['buke] *m* **1.** (*barco*) Schiff *nt*; **~ aljibe** [*o* **cisterna**] Tanker *m*; **~ insignia** Flaggschiff *nt*; **~ mercante** Handelsschiff *nt*; **~ de pasajeros** Passagierdampfer *m*; **~ portacontenedores** Containerschiff *nt*; **fuera del ~** (COM) ab Schiff; **ir en ~** mit dem Schiff fahren **2.** (*casco*) Schiffsrumpf *m* **3.** (*cabida*) Fassungsvermögen *nt*, Raum *m*
buqué [bu'ke] *m* Bukett *nt*
buque-cisterna ['buke-θis'terna] *m* <buques-cisterna> Tanker *m*
buraco [bu'rako] *m* (*Arg, Par, Urug*) Loch *nt*
burata [bu'rata] *f* (*Ven*) Geld *nt*
burbuja [bur'βuxa] *f* (Luft)blase *f*; **~ de jabón** Seifenblase *f*
burbujeante [burβuxe'an̩te] *adj* sprudelnd
burbujear [burβuxe'ar] *vi* sprudeln
burbujeo [burβu'xeo] *m* Sprudeln *nt*
burchaca [bur'ʧaka] *f v.* **burjaca**
burdégano [bur'ðeɣano] *m* (ZOOL) Maulesel *m*
burdel [bur'ðel] *m* Bordell *nt*, Freudenhaus *nt*
burdeos [bur'ðeos] **I.** *adj* bordeaux(rot); **unos guantes (de color) ~** bordeauxrote Handschuhe **II.** *m inv* Bordeaux(wein) *m*
Burdeos [bur'ðeos] *m* Bordeaux *nt*
burdo, **-a** ['burðo, -a] *adj* (*tosco*) grob, rau; (*mentira, excusa*) plump
burén [bu'ren] *m* (*Cuba: plancha*) Tortenblech *nt*; (*cazoleta*) Stielpfanne *f*
bureo [bu'reo] *m* Vergnügen *nt*; **ir** [*o* **salir**] **de ~** einen draufmachen *fam*
bureta [bu'reta] *f* (QUÍM) Bürette *f*
burga ['burɣa] *f* (GEO) warme Quelle *f*, Thermalquelle *f*
burgalés, **-esa** [burɣa'les, -esa] **I.** *adj* aus Burgos **II.** *m, f* Einwohner(in) *m(f)* von Burgos
burgo ['burɣo] *m* **1.** (*aldea*) Weiler *m* **2.** (HIST: *castillo*) Burg *f*
burgomaestre [burɣoma'estre] *m* Bürger-

meister(in) *m(f)*

burgos ['buryos] *m inv* (GASTR) *Weichkäse aus Burgos*

burgués, **-esa** [bur'yes, -esa] **I.** *adj* **1.** (*de la clase media*) bürgerlich **2.** (*pey: mediocre*) spießerhaft, spießbürgerlich **II.** *m, f* **1.** (*ciudadano*) Bürger(in) *m(f)* **2.** (*persona mediocre*) Spießer(in) *m(f)*, Spießbürger(in) *m(f)*

burguesía [burye'sia] *f* Bürgertum *nt;* **alta** ~ Großbürgertum *nt;* **pequeña** ~ Kleinbürgertum *nt*

burguesismo [burye'sismo] *m* (SOCIOL) Bürgerlichkeit *f*, bürgerliche Lebensweise *f*

buriel [bu'rjel] *adj* rotbraun, rötlichbraun

buril [bu'ril] *m* Grabstichel *m*

buriladura [burila'ðura] *f* Gravierarbeit *f*, Gravieren *nt*

burjaca [bur'xaka] *f typische Tasche der Pilger und Bettler*

burla ['burla] *f* **1.** (*mofa*) Spott *m;* **hacer ~ de alguien** jdn verspotten, sich über jdn lustig machen; **hacer ~ de todo** alles ins Lächerliche ziehen **2.** (*broma*) Scherz *m*, Spaß *m;* **~s aparte** Spaß beiseite; **~ burlando consiguió lo que quería** er/sie hat unversehens erreicht was er/sie wollte; **entre ~s y veras** halb im Spaß; **gastar ~s con alguien** sich mit jdm einen Scherz erlauben **3.** (*engaño*) (übler) Streich *m*

burladero [burla'ðero] *m* (TAUR) *Schutzwand für den Stierkämpfer*

burlador(a) [burla'ðor(a)] **I.** *adj* spöttisch **II.** *m(f)* **1.** (*mofador*) Spötter(in) *m(f)* **2.** (*bromista*) Spaßmacher(in) *m(f)* **3.** (*seductor*) Verführer(in) *m(f)*

burlar [bur'lar] **I.** *vt* **1.** (*mofarse*) verspotten **2.** (*engañar*) hintergehen, täuschen **3.** (*frustrar*) zunichte machen, vereiteln **4.** (*eludir*) umgehen, (ver)meiden; (*orden*) missachten, nicht befolgen; (*bloqueo*) brechen **5.** (*seducir*) verführen **II.** *vr:* **~se** Spaß [*o* Witze] machen; **~se de alguien/algo** sich über jdn/etw lustig machen, jdn/etw verspotten

burlería [burle'ria] *f* **1.** (*engaño*) Schabernack *m;* (*burla*) Spott *m* **2.** (*cuento de viejas, fábula*) Märchen *nt;* **¡déjate ya de ~s!** hör auf, Geschichten zu erzählen!

burlesco, **-a** [bur'lesko, -a] *adj* **1.** (*jocoso*) spaßig, komisch **2.** (LIT) burlesk, possenhaft

burlete [bur'lete] *m* (*de la ventana*) Fensterabdichtung *f;* (*de la puerta*) Türabdichtung *f*

burlón, **-ona** [bur'lon, -ona] **I.** *adj* spöttisch, höhnisch **II.** *m, f* **1.** (*mofador*) Spötter(in) *m(f)* **2.** (*guasón*) Witzbold *m*

buró [bu'ro] *m* **1.** (*escritorio*) Schreibtisch *m* **2.** (*Am: mesa de noche*) Nachttisch *m*

burocracia [buro'kraθja] *f* Bürokratie *f*

burócrata [bu'rokrata] *mf* Bürokrat(in) *m(f)*

burocrático, **-a** [buro'kratiko, -a] *adj* bürokratisch

burocratismo [burokra'tismo] *m sin pl* Bürokratismus *m*

burocratización [burokratiθa'θjon] *f* Bürokratisierung *f*

burocratizar [burokrati'θar] <z→c> *vt* bürokratisieren

burrada [bu'rraða] *f* **1.** (*manada*) Eselherde *f* **2.** (*fam: disparate*) Blödsinn *m*, Unsinn *m;* **decir ~s** Unsinn [*o* dummes Zeug] reden **3.** (*fam: cantidad grande*) Unmenge *f;* **el coche gasta una ~ de gasolina** das Auto verbraucht Unmengen (von) Benzin

burreño [bu'rreɲo] *m* (ZOOL) *v.* **burdégano**

burro[1] ['burro] *m* **1.** (*armazón*) (Säge)bock *m* **2.** (*Cuba, Méx, PRico: escalera*) Zimmerleiter *f* **3.** (*Col, PRico: columpio*) Schaukel *f* **4.** *pl* (*Arg: carrera de caballos*) Pferderennen *nt*

burro, **-a[2]** ['burro, -a] **I.** *adj* **1.** (*tonto*) dumm, albern; **no seas burra** sei nicht albern **2.** (*obstinado*) stur, störrisch **II.** *m, f* **1.** (ZOOL) Esel(in) *m(f);* **~ de carga** (*t. fig*) Packesel *m* **2.** (*persona tonta*) Esel *m*, Trottel *m;* **~ cargado de letras** Fachidiot *m* **3.** (*persona obstinada*) Starrkopf *m* **4.** (*persona trabajadora*) Arbeitstier *nt* **5.** (*loc*): **apearse** [*o* **caer**] **del ~** nachgeben; **¡por fin caíste del ~!** endlich ist bei dir der Groschen gefallen!; **no ver tres en un ~** stockblind sein

bursátil [bur'satil] *adj* Börsen-; **agente ~** Börsenmakler *m;* **información ~** Börsenbericht *m;* **mercado ~** Wertpapierbörse *f*, Effektenmarkt *m;* **operación ~** Börsengeschäft *nt;* **sesión ~** Börsentag *m*

burundés, **-esa** [burun̪'des, -esa] *adj* burundisch

bus [bus] *m* (*t.* INFOR) Bus *m;* **~ de datos** Datenbus *m;* **~ de expansión** Erweiterungsbus *m;* **~ de interfaz** Schnittstellenbus *m;* **~ local** Local Bus *m;* **~ PC** PC-Bus *m*

busaca [bu'saka] *f* **1.** (*Col, Ven: bolsa*) Tasche *f* **2.** (*Ven: cartera*) Schulmappe *f*

busca[1] ['buska] *m* Piepser *m fam*

busca[2] ['buska] *f* Suche *f;* **en ~ de alguien/algo** auf der Suche nach jdm/etw

buscabullas [buska'βuʎas] **I.** *adj* Unruhe stiftend **II.** *mf inv* Unruhestifter(in) *m(f)*

buscador(a) [buska'ðor(a)] **I.** *adj* Such-, suchend **II.** *m(f)* Sucher(in) *m(f);* **los ~es de oro** die Goldsucher

buscapersonas [buskaper'sonas] *m inv* Piepser *m fam*

buscapié [buska'pje] *m* Stichwort *nt*, Bemerkung *f*

buscapleitos [buska'plei̯tos] *mf inv* (*Am*) Unruhestifter(in) *m(f)*

buscar [bus'kar] <c→qu> *vi, vt* **1.** (*intentar hallar*) suchen; **~ un empleo** eine (An)stellung suchen; **enviar a alguien a ~ algo** jdn nach etw schicken; **ir** [*o* **venir**] **a ~** (ab)holen; **¿me vienes a ~ a casa?** holst du mich zu Hause ab?; **se busca camarero** Kellner gesucht **2.** (*loc*): **buscársela** sich durchschlagen; **él se la ha buscado** er hat es nicht anders gewollt

buscarruidos [buska'rrwiðos] *mf inv* (*fam*) Unruhestifter(in) *m(f)*, Streithahn *m*

buscatesoros [buskate'soros] *mf inv* Schatzsucher(in) *m(f)*

buscavidas [buska'βiðas] *mf inv* 1. (*curioso*) Schnüffler(in) *m(f)* 2. (*diligente*) Lebenskünstler(in) *m(f)*

buscón, -ona [bus'kon, -ona] I. *adj* diebisch, betrügerisch II. *m, f* Dieb(in) *m(f)*, Gauner *m*

buscona [bus'kona] *f* Hure *f*

busilis [bu'silis] *m inv* Haken *m*, Schwierigkeit *f*; **¡ahí está el ~!** da liegt der Haken!; **dar en el ~** den Nagel auf den Kopf treffen

búsqueda ['buskeða] *f* (*t.* INFOR) Suche *f*; **~ binaria** (INFOR) Binärsuche *f*; **~ contextual** (INFOR) Kontextsuche *f*, kontextsensitive Suche; **~ de errores** Fehlersuche *f*; **~ en tabla** (INFOR) Tabellensuchen *nt*; **~ secuencial** (INFOR) sequenzielle Suche

bustier [bus'tje] *m* Bustier *nt*

busto ['busto] *m* 1. (*escultura*) Büste *f* 2. (*cuadro*) Porträt *nt* 3. (ANAT) Oberkörper *m*

butaca [bu'taka] *f* 1. (*silla*) Lehnstuhl *m* 2. (*de cine, de teatro*) Parkettsitz *m*

butacón [buta'kon] *m* Armsessel *m*

butano [bu'tano] I. *adj* orange(n), orange(n)farbig II. *m* 1. (QUÍM) Butan(gas) *nt* 2. (*color*) Orange *nt*

buten ['buten] *m*: **de ~** (*fam*) toll, großartig

butifarra [buti'farra] *f* 1. (*embutido*) *katalanische Presswurst* 2. (*salchicha*) Bratwurst *f* (*aus Hackfleisch*) 3. (*Perú: bocadillo*) Schinkensandwich *m o nt* 4. (*Am: media*) zu weiter Strumpf *m*

butilo [bu'tilo] *m* (QUÍM: *radical derivado del butano*) Butyl *nt*; (*caucho sintético*) Butylkautschuk *m*

butrón [bu'tron] *m* (*fam*) Einbruch *m*

buzo ['buθo] *m* 1. (*buceador*) Taucher *m* 2. (*mono*) Overall *m*

buzón [bu'θon] *m* 1. (*de correos*) Briefkasten *m*; **~ (electrónico)** (INFOR) Mailbox *f*; **~ de voz** (INFOR) Voicemail *f*; **echar una carta en el ~** einen Brief einwerfen 2. (*canal*) Abzugskanal *m* 3. (*tapón*) Stöpsel *m*

buzoneo [buθo'neo] *m* Briefkastenwerbung *f*, Postwerbung *f*

byte [bai̯t] *m* (INFOR) Byte *nt*; **~ de control** Prüfbyte *nt*

B

C

C, c [θe] *f* C, c *nt;* ~ **de Carmen** C wie Cäsar
C/ ['kaʎe] *abr de* **calle** Str.
caá [ka'a] *m* (*CSur*) **1.** (*planta*) Matestrauch *m* **2.** (*hojas*) (feingemahlener) Mate(tee) *m*
cabal [ka'βal] **I.** *adj* **1.** (*exacto*) genau **2.** (*completo*) vollständig **3.** (*persona*) redlich **II.** *m:* **no estar en sus ~es** nicht alle Tassen im Schrank haben *fam*
cábala ['kaβala] *f* **1.** (REL) Kabbala *f* **2.** (*intriga*) Intrige *f* **3.** *pl* (*suposición*) Mutmaßungen *fpl;* **¡deja ya de hacer ~s!** hör auf mit deinen ewigen Mutmaßungen!
cabalgada [kaβal'ɣaða] *f* **1.** (*jornada a caballo*) (Tages)ausritt *m;* **después de la ~ me dolían los huesos** nach dem Tag im Sattel taten mir alle Knochen weh **2.** (HIST, MIL) Reitertrupp *m*
cabalgadura [kaβalɣa'ðura] *f* (*de montura*) Reittier *nt;* (*de carga*) Lasttier *nt*
cabalgamiento [kaβalɣa'mjen̪to] *m* (LIT) Enjambement *nt*
cabalgar [kaβal'ɣar] <g→gu> **I.** *vi* reiten; ~ **a lomos de** [*o* **sobre**] **un camello** auf einem Kamel reiten; ~ **sobre una tapia** rittlings auf einer Mauer sitzen **II.** *vt* **1.** (*andar a caballo*) reiten; ~ **un camello** ein Kamel reiten **2.** (*montarse*) besteigen **3.** (*el macho a la hembra*) bespringen
cabalgata [kaβal'ɣata] *f* **1.** (*grupo*) Reitertrupp *m* **2.** (*paseo a caballo*) (Aus)ritt *m* **3.** (*desfile*) (Reiter)umzug *m;* ~ **de Reyes** *Umzug am Vortag des Dreikönigstages*
cabalista [kaβa'lista] *mf* **1.** (REL) Kabbalist(in) *m(f)* **2.** (*intrigante*) Intrigant(in) *m(f)*, Ränkeschmied *m*
cabalístico, -a [kaβa'listiko, -a] *adj* **1.** (*incomprensible*) unverständlich **2.** (*misterioso*) geheimnisvoll
caballa [ka'βaʎa] *f* Makrele *f*
caballada [kaβa'ʎaða] *f* **1.** (*manada*) Pferdeherde *f* **2.** (*Am: animalada*) Unfug *m*
caballar [kaβa'ʎar] *adj* Pferde-; **cría** ~ Pferdezucht *f*
caballear [kaβaʎe'ar] *vi* (*fam*) oft ausreiten; **anda todo el día caballeando por ahí** er/sie verbringt den ganzen Tag mit Reiten
caballerango [kaβaʎe'raŋgo] *m* (*Méx*) Stallbursche *m*, Pferdeknecht *m*
caballeresco, -a [kaβaʎe'resko, -a] *adj* **1.** (HIST) Ritter-; **torneos ~s** Ritterkampfspiele *ntpl* **2.** (*galante*) ritterlich, kavalier(s)mäßig
caballerete [kaβaʎe'rete] *m* (*pey*) Früchtchen *nt;* **¡~!** mein Freundchen!
caballería [kaβaʎe'ria] *f* **1.** (*montura*) Reittier *nt* **2.** (MIL) Kavallerie *f;* ~ **ligera** (MIL) leichte Kavallerie
caballeriza [kaβaʎe'riθa] *f* Reitstall *m*
caballerizo [kaβaʎe'riθo] *m* Stallbursche *m;* (HIST: *oficial*) Stallmeister *m*
caballero [kaβa'ʎero] *m* **1.** (*señor*) Herr *m;* **¡damas y ~s!** meine Damen und Herren! **2.** (*noble, galán*) Kavalier *m;* **es todo un ~** er ist ein richtiger Gentleman **3.** (HIST: *de una orden*) Ritter *m*
caballerosidad [kaβaʎerosi'ða^{ð}] *f* **1.** (*galantería*) Höflichkeit *f* **2.** (*generosidad*) Großmut *f*
caballeroso, -a [kaβaʎe'roso, -a] *adj* **1.** (*galante*) höflich, kavalier(s)mäßig **2.** (*generoso*) großmütig
caballeta [kaβa'ʎeta] *f* (ZOOL) Heuschrecke *f*
caballete [kaβa'ʎete] *m* **1.** (*para una plataforma*) Bock *m* **2.** (*para un cuadro*) Staffelei *f* **3.** (ARQUIT) Dachgiebel *m*
caballista [kaβa'ʎista] *mf* **1.** (*entendido en caballos*) Pferdekenner(in) *m(f)* **2.** (*buen jinete*) guter Reiter *m*, gute Reiterin *f*
caballito [kaβa'ʎito] *m* **1.** (ZOOL): ~ **del diablo** Libelle *f;* ~ **de mar** Seepferdchen *nt* **2.** (*juguete: mecedor*) Schaukelpferd *nt;* (*de palo*) Steckenpferd *nt* **3.** *pl* (*en una feria*) Karussell *nt*
caballo [ka'βaʎo] *m* **1.** (*animal*) Pferd *nt;* ~ **blanco** Schimmel *m;* ~ **de carreras/de cría** Renn-/Zuchtpferd *nt;* ~ **negro** Rappe *m;* **a ~** zu Pferde; **ir a ~** reiten **2.** (*ajedrez*) Springer *m*, Pferd *nt* **3.** (DEP): ~ **(de saltos)** (Sprung)pferd *nt* **4.** (*naipes*) ≈Dame *f* (*zweithöchste Karte im spanischen Kartenspiel*) **5.** (*argot: heroína*) Heroin *nt* **6.** (*loc*): ~ **de batalla** (*fig*) Kernpunkt *m*, Hauptsache *f;* ~ **de vapor** Pferdestärke *f;* **una dosis de ~** eine riesige Dosis; **a ~ regalado no le mires el diente** (*prov*) einem geschenkten Gaul schaut man nicht ins Maul
caballón [kaβa'ʎon] *m* (AGR) Furchenrücken *m*, Kamm *m*
caballuno, -a [kaβa'ʎuno, -a] *adj* **1.** (*relativo al/como un caballo*) Pferde- **2.** (*persona*) plump
cabaña [ka'βaɲa] *f* **1.** (*choza*) Hütte *f* **2.** (AGR) Viehbestand *m;* **la ~ vacuna española** der Rinderbestand in Spanien **3.** (*Arg: granja*) Farm *f*, Ranch *f* (*für Zuchtzwecke*)
cabañal [kaβa'ɲal] **I.** *adj* (*de ganado*) Vieh-; **vereda ~** Viehtrift *f* **II.** *m* Katendorf *nt*
cabañero, -a [kaβa'ɲero, -a] **I.** *adj* (*de casa pequeña*) Hütten-; (*de recua*) Herden- **II.** *m, f* Viehhirte, -in *m, f;* (*de ovejas*) Schäfer(in) *m(f)*

cabaré [kaβa're] *m*, **cabaret** [kaβa're] *m* <cabarets> Kabarett *nt;* (*local nocturno*) (zwielichtiges) Nachtlokal *nt*

cabaretera [kaβare'tera] *f* **1.** (*que trabaja en un cabaret*) Animierdame *f* **2.** (*de mala fama*) Lebedame *f*

cabecear [kaβeθe'ar] **I.** *vi* **1.** (*mover la cabeza*) den Kopf schütteln **2.** (*dormitar*) einnicken **3.** (*carga*) schaukeln, hin und her rutschen **4.** (NÁUT) stampfen **II.** *vt* (DEP) köpfen

cabeceo [kaβe'θeo] *m* Hin- und Herbewegung *f;* (NÁUT) Stampfen *nt;* (*con la cabeza*) Nicken *nt*

cabecera [kaβe'θera] *f* **1.** (*de una cama*) Kopfende *nt;* **médico de** ~ Hausarzt *m;* **estar a la** ~ **de alguien** (*fig*) jdn pflegen **2.** (*de la mesa*) Stirnseite *f;* (*plaza de honor*) Ehrenplatz *m* **3.** (*población principal*) Bezirkshauptstadt *f* **4.** (*del periódico*) Titelzeile *f*, Zeitungskopf *m* **5.** (*origen*) Ursprung *m;* (*de un río*) Oberlauf *m*

cabecero [kaβe'θero] *m* Kopfteil *m o nt*

cabeciduro, **-a** [kaβeθi'ðuro, -a] *adj v.* **cabezón²**

cabecilla [kaβe'θiʎa] *mf* Anführer(in) *m(f)*, Rädelsführer(in) *m(f)*

cabellera [kaβe'ʎera] *f* **1.** (*de la cabeza*) (Kopf)haar *nt*, Haare *ntpl;* (*abundante*) Mähne *f;* **arrancar la** ~ **a alguien** jdn skalpieren **2.** (ASTR) Schweif *m*

cabello [ka'βeʎo] *m* Haar(e) *nt(pl);* ~ **de ángel** (GASTR) *Kuchenfüllung aus kandiertem Kürbis;* **se le pusieron los ~s de punta** ihm/ihr standen die Haare zu Berge; **traído por los ~s** an den Haaren herbeigezogen

cabelludo, **-a** [kaβe'ʎuðo, -a] *adj* behaart; **cuero** ~ Kopfhaut *f*

caber [ka'βer] *irr vi* **1.** (*tener espacio*) (hinein)passen (*en* in +*akk*); **no** ~ **en sí de...** außer sich *dat* sein vor ...; **no cabe un alfiler** es ist brechend voll; **no me cabe en la cabeza** ich kann es nicht fassen; **no le cabe el corazón en el pecho** ihm/ihr geht das Herz über; **esta falda no me cabe** dieser Rock passt mir nicht **2.** (*pasar*) durchgehen (*por* durch +*akk*), durchpassen (*por* durch +*akk*) **3.** (*loc*): **cabe la posibilidad de que...** +*subj* es besteht die Möglichkeit, dass ...; **me cabe el honor de...** ich habe die Ehre zu ...; **dentro de lo que cabe** alles in allem, den Verhältnissen [*o* Umständen] entsprechend; **no cabe duda (de que...)** es steht außer Zweifel(, dass ...)

cabestrar [kaβes'trar] *vt* anhalftern

cabestrillo [kaβes'triʎo] *m* Schlinge *f;* **llevar un brazo en** ~ einen Arm in einer Schlinge tragen

cabestro [ka'βestro] *m* **1.** (*ronzal*) Halfter *m o nt* **2.** (*cuerda*) Strick *m* **3.** (*animal*) Leitochse *m* (*einer Stierherde*)

cabeza¹ [ka'βeθa] *f* **1.** (*t.* ANAT, TÉC) Kopf *m;* ~ **de ajo** Knoblauchknolle *f;* ~ **de alfiler** Stecknadelkopf *m;* ~ **atómica** Atomsprengkopf *m;* ~ **de chorlito** (*fam*) Wirrkopf *m;* ~ **de escritura** (INFOR) Schreibkopf *m;* ~ **láser** Laserkopf *m;* ~ **de lectura** [*o* **lectora**] (INFOR) Lesekopf *m;* ~ **de partido** Bezirkshauptstadt *f;* ~ **de serie** (DEP) Gruppenerste(r) *mf;* ~ **sonora** Tonkopf *m;* ~ **de turco** (*fam*) Sündenbock *m;* ~ **abajo** auf dem Kopf (stehend); ~ **arriba** aufrecht; **de** ~ kopfüber; (*fig*) Hals über Kopf; **abrirse** [*o* **romperse**] **la** ~ sich *dat* den Kopf einschlagen; (*en el suelo*) mit dem Kopf aufschlagen; **bajar la** ~ (*fam: avergonzarse*) (vor Scham) die Augen niederschlagen; (*acatar algo*) klein beigeben; **1000 pesetas por** ~ 1000 Peseten pro Kopf; **asentir/negar con la** ~ nicken/den Kopf schütteln; **con tanto griterío se me ha cargado la** ~ (*fam*) mir dröhnt der Schädel von diesem Geschrei; **darse con la** ~ **contra la pared** (*fam*) sich *dat* die Haare ausraufen; **el vino se me subió a la** ~ der Wein ist mir zu Kopf gestiegen; **se me va la** ~ mir wird schwindelig; **de la** ~ **a los pies** von Kopf bis Fuß; **romper la** ~ **a alguien** jdm auf die Nerven gehen, jdn nerven *fam;* **estar mal** [*o* **tocado**] **de la** ~ (*fam*) einen Vogel haben, nicht (mehr) alle Tassen im Schrank haben; **ir de** ~ **por algo** (*fam: tener problemas*) durch etw zu schaffen bekommen; (*desear*) auf etw scharf sein, sich *dat* nach etw *dat* die Finger lecken; **jugarse la** ~ Kopf und Kragen riskieren; **métetelo en la** ~ schreib's dir hinter die Ohren; **algo se le pasa a alguien por la** ~ jdm geht etw durch den Kopf; **perder la** ~ den Kopf verlieren; **esto no me cabe en la** ~ das kann ich nicht fassen; **quitar a alguien algo de la** ~ jdn von etw *dat* abbringen; **quitarse algo de la** ~ sich *dat* etw aus dem Kopf schlagen; **me arde la** ~ mir raucht der Kopf; **calentarse** [*o* **romperse**] **la** ~ **con algo** sich *dat* den Kopf über etw zerbrechen; **sentar (la)** ~ sich in geordnete Bahnen begeben; **tener buena/mala** ~ ein gutes/schlechtes Gedächtnis haben; **tener la** ~ **dura** dickköpfig sein; **tener la** ~ **llena de pájaros** (*fam*) ein Wirrkopf sein; **traer de** ~ Kummer machen; **levantar** ~ sein Tief überwinden; **escarmentar en** ~ **ajena** aus fremdem Schaden klug werden; **volver la** ~ **a alguien** (*ignorar*) jdn wie Luft behandeln; (*fam: negar ayuda*) jdn hängen lassen **2.** (*intelecto*) Kopf *m*, Verstand *m;* **este chico tiene** ~ dieser Junge ist ein kluger Kopf; **tener** ~ **para los negocios** Geschäftssinn haben, geschäftstüchtig sein **3.** (*extremo*) Spitze *f;* ~ **de puente** (MIL) Brückenkopf *m;* **estar a la** ~ **de algo** an der Spitze von etw *dat* stehen, etw *dat* vorstehen; **ir en** ~ (DEP) führen **4.** (AGR: *res*) Stück *nt*

cabeza² [ka'βeθa] *m* **1.** (*líder*) (An)führer *m*, Leiter *m;* ~ **de familia** Familienoberhaupt *nt;* ~ **de lista** Spitzenkandidat *m* **2.** (*loc*): ~ **rapada** Skinhead *m*

cabezada [kaβe'θaða] *f* Schlag *m* (auf den Kopf); **dar** [*o* **echar**] **una** ~ (*fam*) ein Nickerchen machen

cabezal [kaβe'θal] *m* **1.** (*almohada*) Kopfkissen *nt* **2.** (TÉC) Kopf *m,* Kopfstück *nt;* ~ **de escritura** (INFOR) Schreibkopf *m;* ~ **de grabación** (INFOR) Druckkopf *m;* **choque del** ~ (INFOR) Headcrash *m*

cabezalero, -a [kaβeθa'lero, -a] *m, f* (JUR) Testamentsvollstrecker(in) *m(f)*

cabezazo [kaβe'θaθo] *m* **1.** (*golpe*) Schlag *m* (auf den Kopf); **dar** [*o* **pegar**] **un** ~ **a alguien** jdm einen Schlag auf den Kopf versetzen; **darse** [*o* **pegarse**] **un** ~ sich *dat* den Kopf anstoßen; **me daría (de)** ~**s** (*fam*) ich könnte vor Wut in die Luft gehen **2.** (DEP) Kopfball *m*

cabezo [ka'βeθo] *m* Anhöhe *f*

cabezón[1] [kaβe'θon] *m* (*cabeza*) großer Kopf *m*

cabezón, -ona[2] [kaβe'θon, -ona] **I.** *adj* **1.** (*de cabeza grande*) großköpfig **2.** (*fam: obstinado*) dickköpfig, stur; **¡no seas ~!** sei doch nicht so dickköpfig! **II.** *m, f* Dickkopf *m,* Starrkopf *m*

cabezonada [kaβeθo'naða] *f* (*fam*), **cabezonería** [kaβeθone'ria] *f* (*fam*) Sturheit *f,* Dickköpfigkeit *f*

cabezota [kaβe'θota] *adj o mf v.* **cabezón**[2]

cabezudo[1] [kaβe'θuðo] *m Figur bei Festumzügen mit einem riesigem Pappkopf*

cabezudo, -a[2] [kaβe'θuðo, -a] *adj o m, f v.* **cabezón**[2]

cabezuela [kaβe'θwela] *f* **1.** (BOT) (Blüten)köpfchen *nt* **2.** (*vino*) (Hefe)trub *m,* Trubstoff *m* **3.** (*harina*) Kleienmehl *nt*

cabida [ka'βiða] *f* Fassungsvermögen *nt;* **el estadio da ~ a 7000 personas** das Stadion fasst 7000 Personen; **tener** ~ (*fig*) in Betracht kommen

cabila [ka'βila] *f* Kabylen *mpl*

cabildo [ka'βildo] *m* **1.** (*ayuntamiento*) Gemeinderat *m;* (*en las Islas Canarias*) Inselrat *m* **2.** (*en la Iglesia Católica*) Domkapitel *nt* **3.** (*cofradía*) Zunft *f*

cabilla [ka'βiʎa] *f* (NÁUT) **1.** (*barra de hierro*) Bolzen *m* **2.** (*barrita de madera o metal*) Handspeiche *f*

cabillo [ka'βiʎo] *m* (BOT) Stengel *m,* Stiel *m*

cabina [ka'βina] *f* **1.** (*pequeño departamento*) Kabine *f;* (*en la playa*) Umkleidekabine *f;* ~ **electoral** Wahlkabine *f;* ~ **de pasajeros** Passagierraum *m;* ~ **telefónica** [*o* **de teléfonos**] Telefonzelle *f* **2.** (AUTO) Führerhaus *nt;* ~ **del piloto** Cockpit *nt* **3.** (TÉC): ~ **de control** Regieraum *m;* ~ **de proyección** Filmvorführraum *m;* ~ **de radio** Funkraum *m*

cabinera [kaβi'nera] *f* (*Col*) Flugbegleiterin *f,* Stewardess *f*

cabizbajo, -a [kaβiθ'βaxo, -a] *adj* mit gesenktem Kopf; (*triste*) niedergeschlagen

cable ['kaβle] *m* **1.** (ELEC) Kabel *nt;* ~ **de alimentación** Zuleitung *f;* ~ **coaxial** Koaxialkabel *nt;* ~ **de conexión a tierra** Erdungskabel *nt;* ~ **de impresora** Druckerkabel *nt;* ~ **telefónico** Telefonkabel *nt;* **televisión por ~** Kabelfernsehen *nt;* **se le cruzaron los ~s** (*fam*) er/sie hat [*o* ist] durchgedreht **2.** (NÁUT) Seil *nt,* Tau *nt* **3.** (*del funicular*) Drahtseil *nt,* Kabel *nt* **4.** (*telegrama*) Telegramm *nt;* **echar un ~ a alguien** (*fam*) jdm aus der Klemme helfen

cableado [kaβle'aðo] *m* Verkabelung *f*

cablegrafiar [kaβleɣrafi'ar] <*1. pres:* **cablegrafío**> *vt* kabeln, telegrafieren

cablegráfico, -a [kaβle'ɣrafiko, -a] *adj* (TEL) Kabel-; **noticia cablegráfica** Kabeltelegramm *nt*

cablegrama [kaβle'ɣrama] *m* Überseetelegramm *nt*

cablero, -a [ka'βlero, -a] *adj* (NÁUT) Kabel-; **buque** ~ Kabelleger *m,* Kabelschiff *nt*

cablevisión [kaβleβi'sjon] *f* (TEL) Kabelfernsehen *nt*

cabo ['kaβo] *m* **1.** (*extremo, punta*) Ende *nt,* Extrem *nt;* **llevar a** ~ durchführen, vollbringen; **al fin y al** ~ letzten Endes; **de ~ a rabo** von A bis Z; **estar al ~ de la calle** (*fam*) dahinter gekommen sein **2.** (GEO) Kap *nt;* **C~ de Buena Esperanza** Kap der Guten Hoffnung; **C~ de Hornos** Kap Hoorn; **Ciudad del C~** Kapstadt *nt* **3.** (MIL) Gefreite(r) *m* **4.** (NÁUT) Seil *nt;* **no consigo atar** [*o* **reunir**] **~s** (*fam*) ich kann mir keinen Reim darauf machen; **no dejar ningún ~ suelto** keinen Punkt außer Acht lassen **5.** (*loc*): **al ~ de** nach +*dat;* **al ~ de tres años** nach drei Jahren, drei Jahre später

cabotaje [kaβo'taxe] *m* **1.** (NÁUT) Küstenschifffahrt *f* **2.** (JUR) Kabotage *f*

cabra ['kaβra] *f* Ziege *f;* ~ **montés** Steinbock *m;* **estar como una** ~ (*fam*) spinnen; **la ~ siempre tira al monte** (*prov*) die Katze lässt das Mausen nicht

cabracho [ka'βratʃo] *m* (ZOOL) Großer Drachenkopf *m,* Meersau *f*

cabrahigal [kaβrai'ɣal] *m* (BOT) Bocksfeigenhain *m*

cabrahígo [kaβra'iɣo] *m* (BOT) **1.** (*árbol*) Bocksfeigenbaum *m,* Caprifeige *f* **2.** (*fruto*) Bocksfeige *f,* Caprifeige *f*

cabrajo [ka'βraxo] *m* (ZOOL) Hummer *m*

cabrales [ka'βrales] *m inv asturischer Käse aus Kuh-, Schafs- und Ziegenmilch*

cabreante [kaβre'ante] *adj* (*fam*) (sehr) ärgerlich; **¡ésto sí que es ~!** das ist wirklich ärgerlich!

cabrear [kaβre'ar] **I.** *vt* (*fam*) wütend machen, auf die Palme bringen; **estar cabreado** stinksauer sein **II.** *vr:* **~se** (*fam*) wütend sein, auf der Palme sein

cabreo [ka'βreo] *m* (*fam*) Wut *f,* Ärger *m;* **¡qué ~!** so ein Ärger!; **cogió un ~ tremendo** er/sie wurde ganz schön sauer

cabrería [kaβre'ria] *f* **1.** (*local*) Ziegenmeierei *f* **2.** (*choza*) *v.* **cabreriza**

cabreriza [kaβre'riθa] *f* Ziegenstall *m* (*in dem Hirten und Herde übernachten*)

cabrero, **-a** [ka'βrero, -a] *m, f* Ziegenhirt(in) *m(f)*
cabrestante [kaβres'tan̩te] *m* **1.** (TÉC) Winde *f* **2.** (NÁUT) Spill *nt*
cabria ['kaβrja] *f* Hebekran *m*, Winde *f*
cabrilla [ka'βriʎa] *f* **1.** (ZOOL) Kleiner Sägebarsch *m* **2.** (*de los carpinteros*) Dreibein *nt*, dreibeiniger Bock *m* **3.** (*juego*) Kieselschnellen *nt* **4.** *pl* (*mar*) *kleine Wellen mit Schaumkämmen*
cabrillear [kaβriʎe'ar] *vi* **1.** (*olas*) kleine Wellen mit Schaumkämmen bilden **2.** (*reflejar una luz*) glitzern
cabrio ['kaβrjo] *m* (ARQUIT) **1.** (*madero del tejado*) (Dach)sparren *m* **2.** (*madero de construcción*) Deckenbalken *m*
cabrío, **-a** [ka'βrio, -a] *adj* Ziegen-; **macho** ~ Ziegenbock *m*
cabriola [ka'βrjola] *f* Kapriole *f*; **hacer ~s** herumspringen
cabriolar [kaβrjo'lar] *vi* (*danzando*) Luftsprünge machen; (*con contorsión*) Pirouetten springen; (*caballo*) Bocksprünge vollführen
cabriolé [kaβrjo'le] *m* Kabrio(lett) *nt*, Cabrio(let) *nt*
cabriolear [kaβrjole'ar] *vi v.* **cabriolar**
cabrita [ka'βrita] *f v.* **cabrito**
cabritilla [kaβri'tiʎa] *f* Glacéleder *nt*
cabritillo, **-a** [kaβri'tiʎo, -a] *m, f* Zicklein *nt*, Geißlein *nt*
cabrito, **-a** [ka'βrito, -a] *m, f* **1.** (*animal*) Zicklein *nt*, Geißlein *nt* **2.** (*vulg pey: persona*) Arschloch *nt*
cabro ['kaβro] *m* (*AmS*) Junge *m*
cabrón[1] [ka'βron] *m* **1.** (*animal*) Ziegenbock *m* **2.** (*vulg pey: cornudo*) Hahnrei *m*
cabrón, **-ona**[2] [ka'βron, -ona] *m, f* (*vulg pey*) Scheißkerl, -weib *m, f*, fiese Sau *f*, Arschloch *nt*
cabronada [kaβro'naða] *f* (*vulg pey*) Sauerei *f fam*, hundsgemeine Schikane *f fam*
cabronazo [kaβro'naθo] *m* (*vulg pey*) Riesenarschloch *nt*
cabroncete [kaβron̩'θete] *m* (*vulg pey*) kleiner Scheißer *m*, kleines Arschloch *nt*
cábula ['kaβula] *f* **1.** (*Arg, Par: amuleto*) Amulett *nt* **2.** (*Arg*) *v.* **cábala** **3.** (*Chil, Méx, Perú, PRico: ardid*) List *f*
caburé [kaβu're] *m* (ZOOL) Brasilianischer Sperlingskauz *m*
cabuya [ka'βuɟa] *f* **1.** (BOT: *agave*) Faseragave *f*; (*pita*) Pita *f* **2.** (BOT: *fibra de agave*) Agavenfaser *f*; (*de pita*) Pitafaser *f*
caca ['kaka] *f* (*fam*) **1.** (*excremento*) Kot *m*; (*lenguaje infantil*) Aa *nt*; **hacer** ~ Aa machen **2.** (*chapuza*) Mist *m*, Kacke *f*; **¡vaya ~!** so eine Kacke!, so ein Mist!; **¡~!** bä!, pfui!
cacahuate [kaka'wate] *m* (*Méx*) *v.* **cacahuete**
cacahuatl [kaka'waðl] *m sin pl* (*Méx*) Kakao *m*
cacahué [kaka'we] *m* (BOT) *v.* **cacahuete**
cacahuete [kaka'wete] *m* Erdnuss *f*
cacalote [kaka'lote] *m* (*AmC*) **1.** (GASTR) Popcorn *nt*, Puffmais *m* **2.** (*fam: disparate*) Quatsch *m*
cacao [ka'kao] *m* **1.** (*planta, polvo*) Kakao *m* **2.** (*fam: jaleo*) Radau *m*; (*confusión*) Wirrwarr *m*, Durcheinander *nt*; ~ **mental** Verwirrung *f* **3.** (*Am*): **pedir** ~ sich ergeben; **no valer un** ~ nichts wert sein
cacaotal [kakao'tal] *m* (BOT) Kakaoplantage *f*
cacarear [kakare'ar] **I.** *vi* **1.** (*gallinas*) gackern; (*gallo*) krähen **2.** (*pey: mujeres*) gackeln, gackern **3.** (*fam: presumir*) aufschneiden, sich aufspielen, sich aufblähen **II.** *vt* (*fam*) **1.** (*presumir*) angeben (mit *+dat*) **2.** (*pregonar*) herumerzählen, ausposaunen; **la tan cacareada puntualidad alemana** die viel gerühmte deutsche Pünktlichkeit
cacareo [kaka'reo] *m* (*gallina*) Gackern *nt*; (*gallo*) Krähen *nt*; **el** ~ **del gallo me despertó** vom Krähen des Hahns wurde ich wach
cacarizo, **-a** [kaka'riθo, -a] *adj* (*Méx*) pockennarbig
cacastle [ka'kasᵊle] *m* (*AmC, Méx*) Skelett *nt*
cacatúa [kaka'tua] *f* **1.** (ZOOL) Kakadu *m* **2.** (*fam: mujer*) Vogelscheuche *f*
cacear [kaθe'ar] *vt* (mit dem Schöpflöffel) umrühren
cacereño, **-a** [kaθe'reɲo, -a] **I.** *adj* aus Cáceres **II.** *m, f* Einwohner(in) *m(f)* von Cáceres
cacería [kaθe'ria] *f* **1.** (*partida*) Jagd *f* **2.** (*personas*) Jagdgesellschaft *f* **3.** (*piezas*) Jagdbeute *f*
cacerola [kaθe'rola] *f* (flacher) Kochtopf *m*, Kasserolle *f*; (*de barro*) Auflaufform *f*
cacerolada [kaθero'laða] *f Protestzug, bei dem mit Töpfen Radau gemacht wird*
cacha ['katʃa] *f* Ummantelung *f* (*eines Schaftes*)
cachaco[1] [ka'tʃako] *m* (*Perú: pey: policía*) Bulle *m*; (*militar*) Soldat *m*
cachaco, **-a**[2] [ka'tʃako, -a] **I.** *adj* **1.** (*Col: caballeroso*) manierlich; (*elegante*) elegant, modebewusst **2.** (*Col, Ecua, Ven: pey: engreído*) geckenhaft **II.** *m, f* (*PRico*) spanischer Landbesitzer *m*, spanische Landbesitzerin *f*
cachafaz [katʃa'faθ] *adj* (*AmS*) frech
cachalote [katʃa'lote] *m* (ZOOL) Pottwal *m*
cachano [ka'tʃano] *m* (*fam: demonio*) Teufel *m*
cachar [ka'tʃar] *vt* **1.** (*AmC, Col, Chil: cornear*) auf die Hörner nehmen, mit den Hörnern aufspießen **2.** (*Arg, Nic, Urug: asir*) (an)fassen, (er)greifen **3.** (*AmC: hurtar*) stehlen **4.** (*Arg, Chil: agarrar*) erwischen **5.** (*Am: al vuelo*) auffangen **6.** (*Chil: sospechar*) vermuten **7.** (*AmS: fam: burlarse*) foppen, verarschen *vulg*
cacharpas [ka'tʃarpas] *fpl* (*AmS*) Krempel *m fam*, Krimskrams *m fam*
cacharrazo [katʃa'rraθo] *m* **1.** (*golpe*) Aufprall *m*; **pegarse un** ~ **con el coche** einen Unfall bauen **2.** (*sonido*) Geklirr *nt*

C

cacharrería [katʃarre'ria] *f* **1.** (*tienda*) Töpferladen *m;* **como un elefante en una ~** wie ein Elefant im Porzellanladen **2.** (*trastos*) Krempel *m fam;* **vete con tu ~ a otra parte** scher dich mit deinem Krempel woandershin *fam*

cacharrero, -a [katʃa'rrero, -a] *m, f* (*oficio*) Töpferwarenhändler(in) *m(f)*

cacharro [ka'tʃarro] *m* **1.** (*recipiente*) Topf *m* **2.** (*fam pey: aparato*) Schrott *m;* **eso está hecho un ~** das ist nur noch Schrott **3.** (*fam pey: trasto*) Kram *m;* **¡quita ese ~ de ahí!** nimm das Zeug da weg!

cachas¹ ['katʃas] **I.** *adj inv* **1.** (*fam: fuerte*) kräftig, gut gebaut **2.** (*vulg: sexy*) scharf *fam,* heiß *fam;* **¡qué tía/tío más ~!** das ist aber eine scharfe Braut/ein scharfer Typ! **II.** *fpl* **1.** (*fam: trasero*) Hinterbacken *fpl,* Hintern *m;* **estar enamorado hasta las ~** bis über beide Ohren verliebt sein **2.** (*Chil: burla*) Spott *m*

cachas² ['katʃas] *mf inv* **1.** (*fam: hombre fuerte*) Muskelmann *m,* Muskelpaket *nt;* (*mujer*) muskulöse Frau *f* **2.** (*vulg: persona atractiva*) heißer Typ *m fam,* scharfe Braut *f fam*

cachava [ka'tʃaβa] *f* (*bastón*) Krummstab *m*

cachaza [ka'tʃaθa] *f* **1.** (*sosiego*) Gelassenheit *f;* **tener mucha ~** sehr gelassen sein, die Ruhe selbst sein **2.** (*flema*) Phlegma *nt*

cachazudo, -a [katʃa'θuðo, -a] *adj* **1.** (*sosegado*) gelassen **2.** (*flemático*) phlegmatisch

caché [ka'tʃe] *m* (INFOR) Cache-Speicher *m*

cachear [katʃe'ar] *vt* durchsuchen, filzen *argot*

cachelos [ka'tʃelos] *mpl* (GASTR) **1.** (*reg: patatas*) Salzkartoffeln *fpl* **2.** (*reg: guiso*) *galizisches Gericht aus Fleisch oder Fisch mit Kartoffeln und Paprikaschoten*

cachemir [katʃe'mir] *m,* **cachemira** [katʃe'mira] *f* **1.** (*tejido*) Kaschmir *m* **2.** (*estampado*) Paisley(muster) *nt*

cacheo [ka'tʃeo] *m* Leibesvisitation *f,* Filzen *nt argot*

cacheta [ka'tʃeta] *f* (*parte de la cerradura*) Zuhaltung *f*

cachetada [katʃe'taða] *f* Ohrfeige *f*

cachete [ka'tʃete] *m* **1.** (*golpe*) Klaps *m* **2.** (*carrillo*) Pausbacke *f*

cachetear [katʃete'ar] *vt* (*Am*) ohrfeigen

cachetina [katʃe'tina] *f* **1.** (*pelea*) Prügelei *f* (*mit Ohrfeigen*) **2.** (*zurra*) Tracht *f* Prügel, Hiebe *mpl;* **darle una ~ a alguien** jdn verprügeln

cachetón, -ona [katʃe'ton, -ona] *adj* (*Am: mofletudo*) pausbäckig

cachicán [katʃi'kan] *m* (*fam*) **1.** (*capataz*) Vorarbeiter *m* **2.** (*fig: astuto*) Schlauberger *m*

cachidiablo [katʃiði'aβlo] *m* (*fam*) Verkleidung *f* als Teufel; **me disfracé de ~** ich verkleidete mich als Teufel

cachifollar [katʃifo'ʎar] *vt* (*vulg*) in den Dreck ziehen *fam*

cachigordo, -a [katʃi'ɣorðo, -a] *adj* (*fam*) pummelig

cachimba [ka'tʃimba] *f* **1.** (*Am: pipa*) Pfeife *f* **2.** (*Am: cartucho vacío*) Patronenhülse *f* **3.** (*Cuba: pey: mujer*) Schlampe *f* **4.** (*Chil: revólver*) Pistole *f* **5.** (*Méx: vulva*) Scheide *f* **6.** (*Urug: fuente*) Brunnen *m*

cachipodar [katʃipo'ðar] *vt* (AGR) (leicht) zurückschneiden

cachipolla [katʃi'poʎa] *f* (ZOOL) (Gemeine) Eintagsfliege *f*

cachiporra [katʃi'porra] **I.** *adj* (*Arg, Chil: engreído*) eingebildet **II.** *f* Knüppel *m*

cachirulo [katʃi'rulo] *m* **1.** (*pañuelo*) *geknotetes Kopftuch der aragonischen Männertracht* **2.** (*recipiente: jarra*) Schnapskrug *m;* (*botella*) Schnapsflasche *f*

cachivache [katʃi'βatʃe] *m* (*fam*) **1.** (*pey: persona*) Trottel *m* **2.** *pl* (*trasto*) Krempel *m,* Kram *m*

cachivaches [katʃi'βatʃes] *mpl* Plunder *m,* Ramsch *m pey*

cacho¹ ['katʃo] *m* **1.** (*fam: pedazo*) Brocken *m,* Stückchen *nt;* (*de cristal*) Scherbe *f* **2.** (*Arg, Col, Méx, Perú: cuerno*) Horn *nt* **3.** (*CRi, Chil, Ecua, Ven: burla*) Spott *m*

cacho, -a² ['katʃo, -a] *adj* nach unten gebogen, (herunter)hängend

cachonda [ka'tʃoṇda] *adj o f v.* **cachondo**

cachondear [katʃoṇde'ar] **I.** *vi* (*vulg*) knutschen *fam* **II.** *vt* (*vulg*) aufgeilen *fam* **III.** *vr:* **~se** (*vulg*) verarschen (*de +akk*)

cachondeo [katʃoṇ'deo] *m* **1.** (*fam: broma*) Ulk *m,* Jux *m;* (*juerga*) Heidenspaß *m;* **¿estás de ~?** willst du mich auf den Arm nehmen?; **tomar algo a ~** etw auf die leichte Schulter nehmen; **estar** [*o* **ir(se)**] **de ~** eine Sause machen, einen draufmachen; **esto es un ~** hier geht es zu wie im Affenkäfig **2.** (*vulg: burla*) Hohn *m,* Spott und Hohn *m*

cachondo, -a [ka'tʃoṇdo, -a] **I.** *adj* **1.** (*vulg: sexual*) geil *fam;* **estar ~** aufgegeilt sein *fam;* **poner a alguien ~** jdn aufgeilen *fam* **2.** (*fam: gracioso*) witzig **3.** (*perra*) läufig **II.** *m, f* **1.** (*vulg: juerguista*) Lebemann *m,* Lebedame *f;* **ser un ~** auf allen Hochzeiten tanzen *fam;* **ésa es una cachonda** (*pey: lujuriosa*) die ist ja ein geiles Luder **2.** (*fam: gracioso*) Witzbold *m;* **es un ~** er ist immer zu Späßen aufgelegt; **es un ~ mental** der ist ja eine Stimmungskanone

cachorra [ka'tʃorra] *adj o f v.* **cachorro**

cachorrear [katʃorre'ar] **I.** *vi* (*Perú: dormitar*) dösen **II.** *vt* (*Col: atacar*) angreifen

cachorrillo [katʃo'rriʎo] *m* kleine Pistole *f*

cachorro, -a [ka'tʃorro, -a] **I.** *adj* **1.** (*Am: despreciable*) verächtlich **2.** (*Cuba, Ven: cabezota*) starrsinnig **3.** (*Cuba, PRico, Ven: pey: ineducado*) flapsig **II.** *m, f* Junge(s) *nt;* (*de perro, lobo o zorro*) Welpe *m*

cachucha [ka'tʃutʃa] *f* **1.** (*t. Am:* NÁUT) kleines Boot *nt* **2.** (*baile*) *andalusischer Volkstanz im Dreivierteltakt* **3.** (*música*) *andalusische Volksmusik im Dreivierteltakt*

cachucho [ka'tʃutʃo] *m* **1.** (*medida de aceite*)

Ölmaß: ca. 83 Deziliter **2.** (*hueco de la aljaba*) Köcheröffnung *f* **3.** (*alfiletero*) Nadelbüchse *f* **4.** (*barca*) kleines (Ruder)boot *nt*
cachudo, -a [ka'tʃuðo, -a] *adj* **1.** (*Am: animal*) langhörnig **2.** (*Méx: persona*) mürrisch
cachuela [ka'tʃwela] *f* **1.** (GASTR) *Gericht aus Kanincheninnereien* **2.** (*molleja*) Kaumagen *m*
cachuelo [ka'tʃwelo] *m* (ZOOL) *kleine Döbelart*
cachunde [ka'tʃun̩de] *f* (MED) Katechu *nt*
cachupinada [katʃupi'naða] *f* (*fam*) (langweiliges) Tanz- und Spielfest *nt*
cachureco, -a [katʃu'reko, -a] *adj* **1.** (*AmC: político*) konservativ **2.** (*Méx: torcido*) heuchlerisch
cacica [ka'θika] *f* **1.** (*mujer de cacique*) Frau *f* des Kaziken **2.** (*jefa*) Kazikin *f*
cacicada [kaθi'kaða] *f* Machtmissbrauch *m*
cacicato [kaθi'kato] *m v.* **cacicazgo**
cacicazgo [kaθi'kaθɣo] *m* **1.** (*cargo*) Amt *nt* eines Kaziken; (*rango*) Kazikenwürde *f* **2.** (*territorio*) Machtbereich *m* (eines Kaziken)
cacimba [ka'θimba] *f* **1.** (*hoyo en la playa*) *auf der Suche nach Trinkwasser gegrabene Grube im Strand* **2.** (*oquedad en la roca*) *Vertiefung im Felsen zum Auffangen von Regenwasser* **3.** (*cubo*) Wassereimer *m*
cacique [ka'θike] *m* **1.** (*jefe indio*) Kazike *m* **2.** (*en la política local*) Dorftyrann *m* **3.** (*persona importante*) Person *f* von hohem Rang, Bonze *m pey*, hohes Tier *nt fam*
caciquear [kaθike'ar] *vi* **1.** (POL: *pey*) herumkommandieren **2.** (*fam pey: entrometerse*) sich einmischen; **no caciquees más en mi vida** hör auf dich in mein Leben einzumischen
caciquismo [kaθi'kismo] *m* (*pey*) Bonzokratie *f*
caco ['kako] *m* (*argot*) Langfinger *m*
cacofonía [kakofo'nia] *f* **1.** (*disonancia*) Missklang *m* **2.** (LING) Kakophonie *f*
cacografía [kakoɣra'fia] *f* fehlerhafte Schreibweise *f*, Kakographie *f*; **las ~s son muy frecuentes en los alumnos de Primaria** Fehler beim Schreiben treten bei Grundschülern sehr häufig auf
cacomiztle [kako'miθᵈle] *m* (*Méx:* ZOOL) Katzenfrett *m*
cacosmia [ka'kosmja] *f* (MED) Kakosmie *f*
cactácea [kak'taθea] *f* (BOT) Kaktusgewächs *nt*
cactáceo, -a [kak'taθeo, -a] *adj* (BOT) Kaktus-, Kakteen-; **planta cactácea** Kaktusgewächs *nt*
cacto ['kakto] *m*, **cactus** ['kaktus] *m inv* Kaktus *m*
cacumen [ka'kumen] *m* (*fam: perspicacia*) Scharfsinn *m*; (*inteligencia*) Grips *m*
cada ['kaða] *adj* jede(r, s); **~ uno/una** jeder/jede; **~ quisque** (*fam*) jedermann; **libros a 1000 pesetas ~ uno** Bücher à 1000 Peseten (das Stück); **~ hora** stündlich; **~ día** täglich; (*fig*) immer wieder; **~ media hora** jede halbe Stunde; **~ tres días** jeden dritten Tag, alle drei Tage; **~ vez más/peor** immer mehr/schlimmer; **~ vez que...** immer wenn ...; **¿~ cuánto?** wie oft?; **a ~ paso** fortwährend; **¡hay que oír ~ cosa!** was man sich *dat* alles anhören muss!; **¡aquí hay ~ caso!** hier gibt es die unglaublichsten Fälle!
cadahalso [kaða'also/ka'ðalso] *m* Bretterschuppen *m*
cadalso [ka'ðalso] *m* **1.** (*tarima*) Podest *nt*, Podium *nt* **2.** (*patíbulo*) Schafott *nt*
cadañego, -a [kaða'ɲeɣo, -a] *adj* (BOT) reich tragend
cadañera [kaða'ɲera] *f* (*hembra*) jährlich gebärendes Weibchen *nt*
cadañero, -a [kaða'ɲero, -a] *adj* **1.** (*una vez al año*) (all)jährlich, Jahres- **2.** (*hembra*) jährlich gebärend
cadáver [ka'ðaβer] *m* (*de personas*) Leiche *f*, Leichnam *m*; (*de animales*) Kadaver *m*; **el herido ingresó ~** bei der Einlieferung konnte nur noch sein Tod festgestellt werden; **¡sobre mi ~!** nur über meine Leiche!
cadavérico, -a [kaða'βeriko, -a] *adj* **1.** (*muerto*) Leichen-; **rigidez cadavérica** Leichenstarre *f* **2.** (*pálido*) leichenblass
caddie ['kaði] *m* (DEP) Caddie *m*
cadejo [ka'ðexo] *m* **1.** (*enredón*) verwirrte (Haar)strähne *f* **2.** (*ovillo*) kleines Knäuel *nt* **3.** (*conjunto de hilos*) Strang *m*, Docke *f*
cadena [ka'ðena] *f* **1.** (*adorno, cerrojo, de tiendas, t. fig*) Kette *f*; **~ de agrimensor** Messkette *f*; **~ alimentaria** (BIOL) Nahrungskette *f*; **~ (antideslizante)** (AUTO) Schneekette *f*; **~ hotelera/de establecimientos** Hotel-/Ladenkette *f*; **~ humana** Menschenkette *f*; **~ de transmisión** Antriebskette *f*; **~ sin fin** geschlossene Kette; **atar un perro con ~** einen Hund an die Kette legen **2.** (*sucesión*) Serie *f*; **choque en ~** Massenkarambolage *f*; **reacción en ~** Kettenreaktion *f*; **una ~ de atentados** eine Serie von Attentaten **3.** (GEO) Bergkette *f* **4.** (RADIO, TV) (gemeinsames) Programm *nt*, (gemeinsamer) Sender *m* **5.** (*equipo de música*): **~ de sonido** Stereoanlage *f* **6.** (*impedimento*) Fesseln *fpl* **7.** (TÉC): **~ de montaje** Fließband *nt*; **trabajo en ~** Fließbandarbeit *f*; **trabajador de la ~ de montaje** Fließbandarbeiter *m* **8.** (JUR): **~ perpetua** lebenslängliche Gefängnisstrafe *f* **9.** (INFOR): **~ de caracteres** Zeichenkette *f*, String *m*
cadencia [ka'ðen̩θja] *f* **1.** (*ritmo*) Rhythmus *m* **2.** (*compás*) Takt *m*, Tempo *nt* **3.** (LING, MÚS) Kadenz *f*
cadencioso, -a [kaðen̩'θjoso, -a] *adj* **1.** (*acompasado*) rhythmisch **2.** (*movimiento, voz*) harmonisch
cadeneta [kaðe'neta] *f* **1.** (*en costura*) Kettenstich *m* **2.** (*adorno*) Girlande *f*; **~ de papel** Papiergirlande *f*
cadera [ka'ðera] *f* Hüfte *f*; **poner las manos**

C

en las ~s die Hände in die Hüften stemmen

caderamen [kaðe'ramen] *m* (*fam*) breite Hüften *fpl,* gebärfreudiges Becken *nt;* **¡vaya ~ tiene tu novia!** deine Freundin hat ja ganz schön breite Hüften!

cadete [ka'ðete] *m* **1.** (MIL) Kadett *m* **2.** (*CSur: aprendiz*) Lehrling *m*

cadi ['kaði] *m* (DEP: *golf*) Caddie *m*

cadí [ka'ði] *m* Kadi *m*

cadillo [ka'ðiʎo] *m* **1.** (*verruga*) Warze *f* **2.** (BOT: *planta umbelífera*) Haftdolde *f* **3.** (BOT: *planta compuesta*) Spitzklette *f* **4.** *pl* (*tela*) erste Kettfäden *mpl*

cadmio ['kaðmjo] *m* (QUÍM) Kadmium *nt*

cadoce [ka'ðoθe] *m* (ZOOL) Gründling *m*

cadozo [ka'ðoθo] *m* Wasserstrudel *m*

caducar [kaðu'kar] <c→qu> *vi* **1.** (*arruinarse*) verfallen **2.** (*persona: envejecer*) gebrechlich [*o* altersschwach] werden; (*chochear*) verkalken **3.** (*documento*) verfallen, ungültig werden; **este pasaporte está caducado** dieser Pass ist abgelaufen; **el plazo caduca dentro de dos días** die Frist läuft in zwei Tagen ab **4.** (*de productos*) verfallen; **la leche está caducada** das Haltbarkeitsdatum der Milch ist abgelaufen

caduceo [kaðu'θeo] *m* Merkurstab *m*

caducidad [kaðuθi'ða^{d}] *f* **1.** (*decadencia*) Verfall *m* **2.** (*envejecimiento*) Gebrechlichkeit *f* **3.** (*de un documento*) Gültigkeit *f;* **fecha de ~** Gültigkeitsdauer *f* **4.** (*de productos*) Haltbarkeit *f;* **fecha de ~** Haltbarkeitsdatum *nt,* Verfallsdatum *nt*

caducifolio, -a [kaðuθi'foljo, -a] *adj* Laub abwerfend; **bosque ~** Laubwald *m*

caduco, -a [ka'ðuko, -a] *adj* **1.** (*edificio*) baufällig **2.** (*personas*) altersschwach, gebrechlich; (*chocho*) verkalkt **3.** (*perecedero*) vergänglich **4.** (*anticuado*) altmodisch **5.** (JUR): **quedar ~** ablaufen, ungültig werden **6.** (*árbol*) Laub abwerfend

caedizo, -a [kae'ðiθo, -a] *adj* fallend; **fruta caediza** Fallobst *nt;* **tejado ~** Vordach *nt*

caer [ka'er] *irr* **I.** *vi* **1.** (*bajar, desplomarse*) (herunter)fallen, (hin)fallen, (ab)stürzen; **~ al suelo** auf den Boden fallen; **dejar ~** fallen lassen; **~ en la trampa** in die Falle gehen; **~ (en) redondo** (*fam*) ohnmächtig werden, umkippen; **~ como moscas** [*o* **chinches**] wie die Fliegen sterben; **~ en cama** [*o* **enfermo**] krank werden; **~ muy bajo** (*fig*) ganz tief fallen; **~ en manos de alguien** in jds Hände geraten; **la noticia nos cayó como un jarro de agua fría** die Nachricht traf uns wie ein Schlag; **~ en saco roto** auf taube Ohren stoßen; **dejarse ~** (*fam: abandonarse*) sich fallen lassen; (*presentarse*) auftauchen, sich sehen lassen; **~ de su propio peso** selbstverständlich sein, vorauszusetzen sein **2.** (*soldado, fecha, precio, trabajo*) fallen; **mi cumpleaños cae en lunes** mein Geburtstag fällt auf einen Montag; **esto no cae dentro de mis atribuciones** das fällt nicht in meine Zuständigkeit **3.** (*gobierno, presidente*) stürzen **4.** (*comida*) bekommen; **las lentejas me caen mal** Linsen bekommen mir nicht **5.** (*vestidos*) stehen; **el vestido te cae bien/mal** das Kleid steht dir gut/nicht **6.** (*fam: encontrarse*) liegen; **¿por dónde cae Jerez?** wo liegt Jerez?; **~ a mano** (*estar cerca*) in der Nähe sein; (*ir bien*) auf dem Weg liegen **7.** (*llegar a entender*) begreifen, kapieren *fam;* **~ en la cuenta** begreifen, auf den Trichter kommen *fam;* **¡ahora caigo!** (*fam*) jetzt hab ich's (kapiert)! **8.** (*atacar*) überfallen (*sobre +akk*) **9.** (*empezar*) beginnen; **cae la noche** die Nacht bricht an; **estar al ~** (*fam*) kurz bevorstehen **10.** (*incurrir*) verfallen (*en +dat*), erliegen (*en +dat*); **~ en la bebida** dem Alkohol verfallen; **~ en la tentación** der Versuchung erliegen; **~ en un error** einen Fehler begehen **11.** (*gustar, disgustar*): **~ bien/mal** gefallen/nicht gefallen; **tu amigo me cae bien/mal** ich kann deinen Freund gut leiden/nicht leiden; **me cae simpático/gordo** (*fam*) er ist mir sympathisch/unsympathisch **II.** *vr:* **~se 1.** (*desplomarse*) hinfallen, stürzen; **~se de culo/de espaldas** auf den Hintern/den Rücken fallen; **se ha caído un avión en Barajas** in Barajas ist ein Flugzeug abgestürzt; **esa casa se está cayendo** dieses Haus verfällt; **ese edificio se cae de viejo** dieses Gebäude ist baufällig; **se me ha caído el pañuelo** ich habe mein Taschentuch fallen lassen, mir ist mein Taschentuch heruntergefallen; **se me han caído dos dientes** mir sind zwei Zähne ausgefallen; **a Pepe se le cae el pelo** Pepe fallen die Haare aus; **el pobre hombre se cae de viejo** der arme Kerl ist schon völlig gebrechlich; **~se de sueño** [*o* **de cansancio**] zum Umfallen müde sein, todmüde sein; **~se (muerto) de risa** (*fam*) sich totlachen **2.** (*loc*): **~se de bueno/tonto** extrem gutmütig/blöd sein; **¡se te va a ~ el pelo!** (*fig*) dir wird man schon noch auf die Finger klopfen!; **se le cae la cara de vergüenza** er/sie schämt sich zu Tode; **se le cae la casa encima** (*fig*) ihm/ihr fällt die Decke auf den Kopf; **no tener dónde ~se muerto** (*fam*) arm wie eine Kirchenmaus sein

café [ka'fe] *m* **1.** (*bebida*) Kaffee *m;* **~ cortado** *Kaffee mit wenig Milch;* **~ instantáneo** [*o* **soluble**] Pulverkaffee *m;* **~ irlandés** Irish Coffee *m;* **~ con leche** Milchkaffee *m;* **~ negro** [*o* **solo**] schwarzer Kaffee, Espresso *m;* **color ~** kaffeebraun; **tomar un ~** einen Kaffee trinken **2.** (*local*) Café *nt* **3.** (*cafeto*) Kaffeestrauch *m,* Kaffee *m* **4.** (*semilla*) Kaffeebohne *f,* Kaffee *m;* (*producto*) Kaffee *m*

café-concierto [ka'fe koṇ'θjerto] *m* <cafés-concierto> Musikcafé *nt,* Café *nt* mit Livemusik

cafeína [kafe'ina] *f* Koffein *nt;* **con ~** koffeinhaltig; **sin ~** koffeinfrei

cafeísmo [kafe'ismo] *m* (MED) Koffeinismus *m,* Koffeinsüchtigkeit *f*

cafetal [kafe'tal] *m* Kaffeeplantage *f*
cafetear [kafete'ar] **I.** *vi* (*beber café*) (regelmäßig) Kaffee trinken; **después de la comida solemos ~ un ratito** nach dem Essen trinken wir gern ein paar Tassen Kaffee **II.** *tr* (*AmS: regañar*) eine Zigarre verpassen (*a +dat*) *fam*
café-teatro [ka'fe te'atro] *m* <cafés-teatro> Kulturcafé *nt*, Café *nt* mit Kleinkunstbühne
cafetera [kafe'tera] *f* Kaffeekanne *f*; **~ eléctrica** Kaffeemaschine *f*; **este coche es una ~** (*pey*) dieses Auto ist eine Schrottkarre
cafetería [kafete'ria] *f* **1.** (*local donde se bebe café*) Café *nt*, Kaffeehaus *nt* **2.** (*autoservicio*) Cafeteria *f* **3.** (*Cuba, PRico: tienda*) Kaffeegeschäft *nt*
cafetero, -a [kafe'tero, -a] *adj* Kaffee-; **es muy cafetera** (*fam*) sie ist eine richtige Kaffeetante
cafetín [kafe'tin] *m* kleines Café *nt*, Kaffeestube *f*
cafeto [ka'feto] *m* Kaffeepflanze *f*, Kaffee *m*
cafre ['kafre] *mf* Barbar(in) *m(f)*, Grobian *m*
caftán [kaf'tan] *m* Kaftan *m*
cafúa [ka'fua] *m* (*Arg, Urug: argot: cárcel*) Knast *m*
cagaaceite [kaɣa'θei̯te] *m* (ZOOL) Misteldrossel *f*
cagachín [kaɣa'ʧin] *m* (ZOOL) **1.** (*insecto*) *kleine Stechmückenart* **2.** (*ave*) Birkenzeisig *m*
cagada [ka'ɣaða] *f* (*vulg*) **1.** (*excremento*) Scheiße *f*; **~ de perro** Hundescheiße *f* **2.** (*acción*) Reinfall *m fam*; **mandarse una ~** (*AmS*) Scheiße bauen
cagado, -a [ka'ɣaðo, -a] **I.** *adj* (*vulg*) feige; **estar ~ (de miedo)** (*fam*) die Hose(n) voll haben, sich *dat* (vor Angst) in die Hose(n) machen **II.** *m, f* (*vulg*) Schisser *m fam*; **es un ~** er ist ein Schisser
cagajón [kaɣa'xon] *m* Pferdeapfel *m*
cagalaolla [kaɣala'oʎa] *m* (*fam pey*) Hanswurst *m*, Kasper *m*
cagalera [kaɣa'lera] *f* (*vulg*) **1.** (*diarrea*) Dünnschiss *m* **2.** (*miedo*) Schiss *m fam*; **le entró la ~** da kriegte er/sie Schiss
cagaluta [kaɣa'luta] *f* (*vulg*) *v.* **cagarreta**
cagar [ka'ɣar] <g→gu> **I.** *vi* (*vulg*) scheißen **II.** *vt* (*vulg*) versauen *fam*; **¡ya la hemos cagado!** jetzt ist alles im Arsch **III.** *vr:* **~se** (*vulg: de miedo*) Schiss haben [*o* kriegen] *fam*, sich *dat* (vor Angst) in die Hose(n) scheißen; **¡me cago en diez!, ¡me cago en tu padre** [*o* **tu madre**] [*o* **tus muertos**]**!** verdammt noch mal! *fam*; **hace un frío que te cagas** es ist arschkalt; **mi vecina está que te cagas** meine Nachbarin ist vielleicht eine heiße Braut *fam*
cagarrache [kaɣa'rraʧe] *m* (ZOOL) Misteldrossel *f*
cagarreta [kaɣa'rreta] *m* (*vulg*) Scheißhaufen *m*
cagarropa [kaɣa'rropa] *m* (ZOOL) *kleine Stechmückenart*
cagarruta [kaɣa'rruta] *m* (*fam*) Scheißhaufen *m*
cagatintas [kaɣa'tin̪tas] *mf inv* (*pey*) Federfuchser(in) *m(f)*
cagón, -ona [ka'ɣon, -ona] *m, f* (*fam*) Schisser(in) *m(f)*
caguama [ka'ɣwama] *f* (ZOOL) *Meeresschildkrötenart*
cagueta [ka'ɣeta] *mf* (*fam*) Angsthase *m*
caí [ka'i] *m* (*Arg:* ZOOL) Kapuzineraffe *m*
caída [ka'iða] *f* **1.** (*bajada brusca*) Fall *m*, Sturz *m*; (*de aviones*) Absturz *m*; **~ del cabello** Haarausfall *m*; **~ de la demanda** (ECON) Nachfragerückgang *m*; **~ de gobierno** Regierungssturz *m*; **~ del índice Dax** (FIN) Rückgang [*o* Nachgeben] des DAX; **~ en las inversiones** (ECON) Investitionsrückgang *m*; **~ libre** freier Fall; **~ de la peseta** (FIN) Kursverfall [*o* Kursrückgang] der Pesete; **~ de los precios** Preissturz *m*; **~ del sistema** (INFOR) Systemabsturz *m*; **~ de la temperatura** Temperatursturz *m*; **~ en picado (de la producción)** steiler Abfall (der Produktion); **la ~ del muro de Berlín** der Fall der Berliner Mauer; **tener** [*o* **sufrir**] **una ~** stürzen **2.** (*inclinación*) Abhang *m*; **esta calle tiene mucha ~** diese Straße ist sehr steil [*o* hat ein starkes Gefälle] **3.** (*de agua*) Wasserfall *m* **4.** (MED, TÉC) Abfall *m*; **~ de la tensión** Spannungsabfall *m* **5.** (FIN) Kursverfall *m* **6.** (*de un tejido*) Faltenwurf *m*; **las cortinas tienen una bonita ~** die Vorhänge fallen schön **7.** (*ocurrencia*) Einfall *m*; **¡qué ~s tiene este crío!** auf was für Sachen das Kind kommt! **8.** (*desaparición*) Untergang *m*; **la ~ del Imperio Romano** der Untergang des Römischen Reiches; **(a) la ~ del sol** (bei) Sonnenuntergang *m*, (bei/mit) Einbruch der Dämmerung
caído, -a [ka'iðo, -a] **I.** *adj* **1.** (*flojo*) schlaff; **~ de hombros** mit hängenden Schultern **2.** (*abatido*) niedergeschlagen **II.** *m, f* Gestürzte(r) *mf*; (*en la guerra*) Gefallene(r) *mf*; **monumento a los ~s** Gefallenendenkmal *nt*
caigo ['kai̯ɣo] *1. pres de* **caer**
caimán [kai̯'man] *m* **1.** (ZOOL: *cocodrilo*) Kaiman *m* **2.** (*Bol:* ZOOL: *iguana*) Iguana *f* **3.** (*Méx: persona*) hinterlistige Person *f*
caín [ka'in] *m* Barbar *m*, Unhold *m*; **C~** (*hermano de Abel*) Kain; **pasar las de C~** eine sehr schwere Zeit durchmachen
cairel [kai̯'rel] *m* **1.** (*adorno*) Franse *f* **2.** (*cristal*) Glasverzierung *f* **3.** (*peluquería: postizo*) Perückenunterlage *f* **4.** (*peluquería: hebra*) Perückennetz *nt*
Cairo ['kai̯ro] *m:* **El ~** Kairo *nt*
cairota [kai̯'rota] **I.** *adj* aus Kairo **II.** *mf* Einwohner(in) *m(f)* von Kairo
caja ['kaxa] *f* **1.** (*recipiente*) Kasten *m*; (*de madera*) (Holz)kiste *f*, (Holz)kasten *m*; (*de cartón: pequeña*) (Papp)schachtel *f*; (*grande*) Karton *m*; (*de lata*) Dose *f*; **~ blindada** [*o* **de**

seguridad] Panzerschrank *m;* ~ **de bombones** Pralinenschachtel *f;* ~ **de caudales** Geldschrank *m;* ~ **de CD** CD-Box *f;* ~ **de cerillas** [*o* **de fósforos**] Streichholzschachtel *f;* ~ **de diálogo** (INFOR) Dialogfeld *nt;* ~ **fuerte** Tresor *m,* Safe *m;* ~ **de herramientas** Werkzeugkasten *m;* (INFOR) Toolbox *f;* ~ **de muerto** Sarg *m;* ~ **de música** Spieldose *f;* ~ **negra** (AERO) Flugschreiber *m,* Blackbox *f;* **la** ~ **de Pandora** die Büchse der Pandora; ~ **tonta** (*fam*) Glotzkasten *m,* Glotze *f;* ~ **de verificación** (INFOR) Prüffeld *nt* **2.** (*carcasa*) Gehäuse *nt;* ~ **de cambios** (AUTO) Getriebe *nt;* ~ **de resonancia** Resonanzkörper *m;* ~ **torácica** (ANAT) Brustkorb *m* **3.** (FIN) Kasse *f;* ~ **de compensación** Verrechnungsstelle *f,* Ausgleichskasse *f;* ~ **del día** Tageskasse *f;* ~ **menor** Portokasse *f;* ~ **nocturna** Nachttresor *m;* ~ **de pensiones** Pensionskasse *f;* **C~ (Postal) de Ahorros** (Post)sparkasse *f;* ~ **registradora** Registrierkasse *f;* ~ **de reptiles** Reptilienfonds *m;* ~ **de resistencia** Streikkasse *f;* **C~ Rural** *landwirtschaftliche Darlehenskasse;* **contabilidad de** ~ Kassenbuchführung *f;* **fondo de** ~ Kassenfonds *m;* **movimiento de** ~ Kassenumsatz *m;* **saldo de** ~ Kassenbestand *m,* Kassensaldo *m;* **pague en** ~, **por favor** zahlen Sie bitte an der Kasse **4.** (*loc, fam*): **despedir** [*o* **echar**] **a alguien con** ~**s destempladas** jdn hochkant rausschmeißen

cajel [ka'xel] *adj* (AGR): **naranja** ~ Cajelorange *f*

cajero, -a [ka'xero, -a] *m, f* Kassierer(in) *m(f);* ~ **automático** [*o* **permanente**] Geldautomat *m*

cajeta [ka'xeta] *f* **1.** (*Arg: cepo*) Bettelkörbchen *nt* **2.** (*AmC:* GASTR) *Nachspeise aus Ziegenmilch*

cajetilla[1] [kaxe'tiʎa] **I.** *adj* (*Arg, Urug: pey*) geziert, eingebildet **II.** *mf* (*Arg, Urug: pey*) eingebildete, gezierte Person *f*

cajetilla[2] [kaxe'tiʎa] *f* (*caja pequeña*) Schachtel *f;* (*de cigarrillos*) (Zigaretten)schachtel *f;* **fuma tres** ~**s al día** er/sie raucht drei Schachteln am Tag

cajetín [kaxe'tin] *m* **1.** (*sello*) Aktenstempel *m;* (*anotación*) Aktenvermerk *m* **2.** (TIPO) (Lettern)fach *nt* **3.** (ELEC) Verteilerkasten *m;* ~ **del contador** Zählerkasten *m*

cajiga [ka'xiɣa] *f* (BOT) Bergeiche *f*

cajilla [ka'xiʎa] *f* **1.** (BOT) (Samen)kapsel *f* **2.** *pl* (ANAT) Kiefer *mpl*

cajista [ka'xista] *mf* (TIPO) (Schrift)setzer(in) *m(f)*

cajo ['kaxo] *m* (TIPO) Falz *m*

cajón [ka'xon] *m* **1.** (*caja grande*) (großer) Kasten *m,* (große) Kiste *f;* ~ **de sastre** (*fam*) Sammelsurium *nt* **2.** (*deslizante*) Schublade *f* **3.** (DEP): ~ **de salida** Startbox *f* **4.** (*CSur: ataúd*) Sarg *m* **5.** (*loc*): **eso es de** ~ das ist selbstredend, das versteht sich von selbst

cajonera [kaxo'nera] *f* **1.** (*mueble*) Schubladenschrank *m;* (*en sacristía*) Sakristeischrank *m* **2.** (ENS: *en pupitre*) Ablagefach *nt*

cajuela [ka'xwela] *f* (*Méx*) Kofferraum *m*

cake [kei̯ᵏ] *m* (*Am*) Kuchen *m*

cal [kal] *f* Kalk *m;* ~ **viva** Ätzkalk *m;* **cerrar a** ~ **y canto** fest verschließen; **dar una de** ~ **y otra de arena** (*fam*) einmal hü und einmal hott sagen

cala ['kala] *f* **1.** (*bahía*) Bucht *f* **2.** (*de fruta*) (Probier)stück *nt* **3.** (NÁUT) Kielboden *m* **4.** (*en el terreno*) Probebohrung *f* **5.** (BOT) Kalla *f*

calabacera [kalaβa'θera] *f* (BOT: *planta*) Kürbispflanze *f*

calabacín [kalaβa'θin] *m* Zucchini *f*

calabacinate [kalaβaθi'nate] *m* (GASTR) *Gericht aus Zucchini*

calabacino [kalaβa'θino] *m* Kalebasse *f*

calabaza [kala'βaθa] *f* **1.** (BOT) Kürbis *m;* ~ **de tacha** (GASTR) Kürbis in Zucker **2.** (*pey: persona*) Trottel *m* **3.** (*fam: suspenso*) Sechser *m;* **dar** ~**s a alguien** jdm einen Sechser geben; **llevarse** [*o* **recibir**] ~**s** bei einer Prüfung durchrasseln **4.** (*fam: negativa*): **dar** ~**s a alguien** jdm einen Korb geben; **llevarse** [*o* **recibir**] ~**s** einen Korb bekommen

calabazada [kalaβa'θaða] *f* (*fam: con la cabeza*) Schlag *m* mit dem Kopf; (*recibido en la cabeza*) Schlag *m* auf den Kopf; **me he dado una** ~ **contra la puerta** ich habe mir den Kopf an der Tür gestoßen

calabazate [kalaβa'θate] *m* (GASTR) **1.** (*dulce seco*) *getrocknetes und kandiertes Kürbisstückchen* **2.** (*dulce con miel*) *Kürbisschale in Honig oder Sirup*

calabazo [kala'βaθo] *m* Kalebasse *f*

calabobos [kala'βoβos] *m inv* (*fam*) Nieselregen *m*

calabozo [kala'βoθo] *m* **1.** (*mazmorra*) Kerker *m* **2.** (*celda*) Gefängniszelle *f*

calada [ka'laða] *f* **1.** (*de líquido: sumersión*) Eintauchen *nt;* (*penetración*) Durchdringung *f,* Durchnässung *f* **2.** (*fam: de cigarrillo*) Zug *m;* **¿me das una** ~**?** lässt du mich mal ziehen?

caladero [kala'ðero] *m* Fanggrund *m*

calado[1] [ka'laðo] *m* **1.** (*bordado*) Hohlsaum *m* **2.** (TÉC) Perforation *f* **3.** (NÁUT) Tiefgang *m* **4.** (*del motor*) Absaufen *nt fam*

calado, -a[2] [ka'laðo, -a] *adj* **1.** (*empapado*) durchnässt, patschnass *fam;* ~ **hasta los huesos** nass bis auf die Knochen **2.** (*adornado con calados*) durchbrochen

calador [kala'ðor] *m* (*Am*) Probenehmer *m*

caladre [ka'laðre] *f* (ZOOL) Heidelerche *f*

calafate [kala'fate] *m* **1.** (NÁUT: *calafateador*) Kalfaterer *m* **2.** (NÁUT: *carpintero de obras navales*) Schiffszimmermann *m* **3.** (BOT) Sauerdorn *m*

calafatear [kalafate'ar] *vt* **1.** (NÁUT) kalfatern **2.** (TÉC) abdichten

calagraña [kala'ɣraɲa] *f* (AGR) **1.** (*uva de mala calidad*) *minderwertige Traubensorte* **2.** (*uva torrontés*) *weiße, feinschalige Traubensorte mit kleinen Kernen*

calaguasca [kala'ɣwaska] *f* (*Col:* GASTR)

Branntwein *m*

calagurritano, -a [kalaɣurri'tano, -a] **I.** *adj* aus Calahorra; **el paisaje** ~ die Landschaft um Calahorra **II.** *m, f* Einwohner(in) *m(f)* von Calahorra

calaíta [kala'ita] *f* (GEO) Türkis *m*, Kallait *m*

calalú [kala'lu] *m* (*Cuba, PRico:* GASTR) *mit Salz, Essig und Butter gekochter Gemüseeintopf*

calamar [kala'mar] *m* Tintenfisch *m*; **~es a la romana** (GASTR) panierte Tintenfischringe; **~es en su tinta** (GASTR) *Tintenfische in ihrer eigenen Tinte gekocht*

calambrazo [kalam'braθo] *m* elektrischer Schlag *m*, Stromschlag *m*

calambre [ka'lambre] *m* **1.** (*muscular*) (Muskel)krampf *m*; ~ **de estómago** Magenkrampf *m*; **me ha dado** [*o* **tengo**] **un ~ en la pierna** ich habe einen Krampf im Bein **2.** (*eléctrico*) elektrischer Schlag *m*, Stromschlag *m*; **me ha dado un** ~ ich habe einen Schlag bekommen

calambur [kalam'bur] *m* (LIT) Calembour *m*

calamidad [kalami'ðaᵈ] *f* **1.** (*catástrofe*) Katastrophe *f*; (*desastre*) Unglück *nt* **2.** (*miseria*) Not *f*; **pasar ~es** Not leiden **3.** (*desgracia*) Unheil *nt* **4.** (*fam: persona torpe*) Pechvogel *m* **5.** (*fam: persona incapaz*) Niete *f*; **ser una** ~ eine Niete sein

calamina [kala'mina] *f* (MIN) Zinkspat *m*

calamitoso, -a [kalami'toso, -a] *adj* (*persona*) jämmerlich; (*efecto, situación*) schrecklich, katastrophal

cálamo ['kalamo] *m* (*elev*) (Schreib)feder *f*

calamón [kala'mon] *m* **1.** (ZOOL) Purpurhuhn *nt* **2.** (*clavo*) Polsternagel *m*

calandra [ka'laṇdra] *f* (AUTO: *parte del radiador*) Kühlergrill *m*

calandrajo [kalaṇ'draxo] *m* (*fam*) **1.** (*trapo*) Lumpen *m*; **con los ~s se hizo un disfraz de mendiga** aus den Lumpen schneiderte sie sich *dat* ein Bettlerkostüm **2.** (*fig: persona*) Trottel *m*, Schwachkopf *m*

calandrar [kalaṇ'drar] *vi* (TÉC) kalandern

calandria [ka'laṇdrja] *f* **1.** (ZOOL) Heidelerche *f* **2.** (*máquina*) Kalander *m*; (*para ropa*) Mangel *f*

calaña [ka'laɲa] *f* Art *f*, Sorte *f*; **ser de buena/mala** ~ gutartig/bösartig sein

cálao ['kalao] *m* (ZOOL) Nashornvogel *m*

calar [ka'lar] **I.** *vi* **1.** (*líquido*) durchdringen, eindringen **2.** (*material*) durchlässig sein; **estos zapatos calan** diese Schuhe sind nicht wasserdicht **3.** (NÁUT) Tiefgang haben **II.** *vt* **1.** (*líquido*) durchnässen; **el chaparrón me ha calado la chaqueta** der Regen ist durch meine Jacke gedrungen **2.** (*atravesar con una punta*) durchbohren **3.** (*afectar*) nahe gehen (*a +dat*); **la regañina no le ha calado** die Schelte ging ihm nicht zu Herzen [*o* hat ihn nicht weiter berührt] **4.** (*adornar con calados*) Verzierungen stanzen (in *+akk*); (*bordar*) mit Hohlsaum besticken **5.** (*cortar*) anschneiden **6.** (*fam: desenmascarar*) durchschauen; **te tengo ya muy calada** ich kenne dich schon zu gut **7.** (*motor*) abwürgen *fam* **III.** *vr:* **~se 1.** (*mojarse*) durchnässt [*o* nass] werden **2.** (*motor*) absaufen *fam* **3.** (*ponerse*) aufsetzen; **se caló la gorra** er/sie stülpte sich *dat* die Mütze auf

calasancio, -a [kala'saṇθjo, -a] *adj* (REL) Piaristen-; **escuela calasancia** Piaristenschule *f*

calato, -a ['ka'lato, -a] *adj* (*Perú*) nackt

calavera¹ [kala'βera] *f* Totenkopf *m*

calavera² [kala'βera] *m* übermütiger Mensch *m*, Schelm *m*

calaverada [kalaβe'raða] *f* (*fam*) übermütiger Streich *m*, Verrücktheit *f*

calavernario [kalaβer'narjo] *m* Ossarium *nt*, Beinhaus *nt*

calazón [kala'θon] *f* (NÁUT) Tiefgang *m*

calcado [kal'kaðo] *m* (Durch)pausen *nt*

calcáneo [kal'kaneo] *m* (ANAT) Fersenbein *nt*

calcañar [kalka'ɲar] *m* (ANAT) Ferse *f*

calcar [kal'kar] <c→qu> *vt* **1.** (*dibujar*) durchpausen, abpausen **2.** (*imitar*) nachahmen; **es calcado a su padre** er ist seinem Vater wie aus dem Gesicht geschnitten

calcáreo, -a [kal'kareo, -a] *adj* kalkig

calcedonia [kaḷθe'ðonja] *f* (GEO) Chalzedon *m*

calcemia [kaḷ'θemja] *f* (BIOL) Kalziumspiegel *m* des Blutes

calceta [kaḷ'θeta] *f* Strickarbeit *f*; **hacer** ~ stricken

calcetar [kaḷθe'tar] *vi* stricken

calcetín [kaḷθe'tin] *m* Socke *f*

cálcico, -a ['kaḷθiko, -a] *adj* (QUÍM) Kalzium-; **el aporte ~ de la leche** der Kalziumanteil der Milch

calcicosis [kaḷθi'kosis] *f inv* (MED) Kalkstaublunge *f*, Chalikose *f*

calcificación [kaḷθifika'θjon] *f* Verkalkung *f*

calcificar [kaḷθifi'kar] **I.** *vt* verkalken lassen **II.** *vr:* **~se** verkalken

calcillas [kaḷ'θiʎas] *m inv* (*fam*) **1.** (*tímido*) Hasenfuß *m* **2.** (*fig: bajo*) Zwerg *m*, Knirps *m*

calcinación [kaḷθina'θjon] *f* **1.** (*carbonización*) Verbrennung *f*; **quedar deshecho por ~** verbrennen **2.** (QUÍM) Kalzination *f*, Kalzinierung *f*

calcinar [kaḷθi'nar] **I.** *vt* **1.** (*carbonizar*) abbrennen, verbrennen **2.** (QUÍM) kalzinieren **II.** *vr:* **~se** abbrennen, verbrennen

calcinosis [kaḷθi'nosis] *f inv* (MED) Kalzinose *f*

calcio ['kaḷθjo] *m* Kalzium *nt*

calciotermia [kaḷθjo'termja] *f* (FÍS, QUÍM) Kalziothermie *f*

calcita [kaḷ'θita] *f* (GEO) Kalzit *nt*

calco ['kalko] *m* **1.** (*de dibujos*) Durchschlag *m* **2.** (*imitación*) Kopie *f*, Abklatsch *m pey* **3.** (LING) Lehnwort *nt*

calcógrafa [kal'koɣrafa] *f v.* **calcógrafo**

calcografía [kalkoɣra'fia] *f* Kupferstechkunst *f*

calcografiar [kaʎkoɣrafi'ar] <*1.pres:* calcografío> *vt* (TIPO) in Kupfer stechen

calcógrafo, **-a** [kal'koɣrafo, -a] *m, f* Kupferstecher(in) *m(f)*

calcolítico[1] [kalko'litiko] *m* (HIST) Kupferzeit *f*, Chalkolithikum *nt*

calcolítico, **-a**[2] [kalko'litiko, -a] *adj* (HIST) chalkolithisch; **el período ~** die Kupferzeit

calcomanía [kalkoma'nia] *f* Abziehbild *nt*

calcopirita [kalkopi'rita] *f* (MIN) Kupferkies *m*

calculable [kalku'laβle] *adj* (*t.* MAT) berechenbar; **ser ~** zu berechnen sein

calculador(a) [kalkula'ðor(a)] *adj* berechnend

calculadora [kalkula'ðora] *f* Rechenmaschine *f*; **~ de bolsillo** Taschenrechner *m*; **~ de oficina** Bürorechner *m*

calcular [kalku'lar] **I.** *vi* rechnen; **~ mentalmente** im Kopf rechnen **II.** *vt* **1.** (*computar*) berechnen; (*de antemano*) kalkulieren **2.** (*aproximadamente*) (ab)schätzen; **le calculo unos cincuenta años** ich schätze ihn/sie auf zirka Fünfzig **3.** (*pensar*) denken, schätzen; **calculo que llegaré sobre las diez** ich schätze, dass ich gegen zehn Uhr ankommen werde

cálculo ['kalkulo] *m* **1.** (*matemático*) Rechnen *nt*; **~ aritmético** Arithmetik *f*; **~ diferencial** Differenzialrechnung *f*; **~ infinitesimal** Infinitesimalrechnung *f*; **~ integral** Integralrechnung *f*; **~ logarítmico** Logarithmenrechnung *f*; **~ mental** Kopfrechnen *nt*; **~ de probabilidades** Wahrscheinlichkeitsrechnung *f* **2.** (*cómputo*) Berechnung *f*; **~ anticipado por muestreo** Hochrechnung *f*; **~ de costes** Kostenrechnung *f*; **~ estimativo** Voranschlag *m*, Überschlag *m*; **hacer un ~ de algo** etw berechnen **3.** (*t.* ECON) Kalkulation *f*; **~ erróneo** Fehlkalkulation *f* **4.** (*suposición*) (Ein)schätzung *f* **5.** (MED) Stein *m*; **~ biliar/urinario** Gallen-/Harnstein *m*; **~ de riñón** Nierenstein *m*

calda ['kaḷda] *f* **1.** (*caldear: acción*) Heizen *nt*, Wärmen *nt*; (*resultado*) Wärme *f*; **la ~ de la habitación llevó mucho tiempo** es dauerte sehr lange, bis es im Zimmer richtig warm war **2.** (*horno de fundición*) Befeuerung *f*, Beheizen *nt* **3.** *pl* (*baños*) Thermalbad *nt*, Thermalquellen *fpl*

caldear [kaḷde'ar] **I.** *vt* **1.** (*calentar*) erwärmen; (*con estufa, calefacción*) beheizen **2.** (*acalorar*) anheizen **II.** *vr:* **~se 1.** (*calentarse*) sich aufwärmen **2.** (*acalorarse*) sich erhitzen; **los ánimos se ~on** die Gemüter erhitzten sich [*o* gerieten in Wallung]

caldeo [kaḷ'deo] *m* Erhitzen *nt*, Erwärmen *nt*; (*con calefacción*) Heizen *nt*

caldera [kaḷ'dera] *f* (*t.* TÉC) Kessel *m*; **~ de calefacción** Heizkessel *m*; **~ de vapor** Dampfkessel *m*

calderada [kaḷde'raða] *f* **1.** (*medida*) Kessel *m* voll; **tráeme una ~ de arena** bring mir einen Kessel voll Sand **2.** (*fam: comida*) Riesenmenge *f*; **nos comimos una ~ de paella** wir aßen Unmengen (von) Paella [*o* eine Riesenmenge Paella]

calderería [kaḷdere'ria] *f* **1.** (*oficio*) Kesselschmiedehandwerk *nt*; **todo el pueblo vive de la ~** das ganze Dorf lebt vom Kesselschmieden **2.** (*producción*) Kesselschmieden *nt* **3.** (*comercio, barrio*) Kesselgeschäft *nt*; (*taller*) Kesselschmiede *f* **4.** (TÉC) Kesselbau *m*

calderero, **-a** [kaḷde'rero, -a] *m, f* Kesselschmied(in) *m(f)*, Kupferschmied(in) *m(f)*

caldereta [kaḷde'reta] *f* (GASTR: *de pescado*) ≈Fischragout *nt*; (*de cordero*) ≈Lammragout *nt*

calderilla [kaḷde'riʎa] *f* Kupfergeld *nt*, Kleingeld *nt*

caldero [kaḷ'dero] *m* (kleiner) Kessel *m*, (Koch)kessel *m*; **~ de legumbres** Gemüsepfanne *f*

calderón [kaḷde'ron] *m* **1.** (MÚS) Fermate *f* **2.** (ZOOL) Grindwal *m*

calderoniano, **-a** [kaḷdero'njano, -a] *adj* (LIT) von Calderón (de la Barca); **los dramas ~s son muy famosos** Calderóns Dramen sind sehr berühmt

caldo ['kaḷdo] *m* **1.** (*de carne, pescado*) Brühe *f*; **~ de carne** Bouillon *f*; **~ gallego** *galicischer Eintopf*; **hacer el ~ gordo a alguien** (*fam*) jdm ungewollt Vorteile verschaffen; **poner a alguien a ~** (*fam*) jdn (he)runtermachen **2.** (*vino*) Wein *m*; **esta región es famosa por sus ~s** diese Region ist für ihre Weine berühmt **3.** (BIOL): **~ de cultivo** Nährflüssigkeit *f*; (*fig*) Nährboden *m* (*de/para* für +*akk*)

caldoso, **-a** [kaḷ'doso, -a] *adj* wässerig

calducho [kaḷ'dutʃo] *m* (*fam pey*) fade [*o* wässrige] Brühe *f*

cale ['kale] *m* Klaps *m*

calé [ka'le] **I.** *adj* Zigeuner- **II.** *mf* Zigeuner(in) *m(f)*

calefacción [kalefaɣ'θjon] *f* Heizung *f*; **~ central** Zentralheizung *f*; **~ eléctrica** Elektroheizung *f*; **~ por gas** Gasheizung *f*

calefactor [kalefak'tor] *m* **1.** (*aparato*) Heizlüfter *m* **2.** (*persona*) Heizungsmonteur *m*

calefón [kale'fon] *m* (*Arg*) Boiler *m*

caleidoscópico, **-a** [kalei̯ðos'kopiko, -a] *adj* (FÍS) kaleidoskopisch

caleidoscopio [kalei̯ðos'kopjo] *m* Kaleidoskop *nt*

calenda [ka'leṇda] *f* **1.** (REL) Kalendarium *nt* **2.** *pl* (HIST) Kalenden *fpl*; **por las ~s de enero** in den Kalenden des Januar

calendario [kaleṇ'darjo] *m* Kalender *m*; **~ de bolsillo** Taschenkalender *m*; **~ gregoriano** Gregorianischer Kalender; **~ de pared** Wandkalender *m*; **~ de taco** Abreißkalender *m*; **~ de trabajo** Terminkalender *m*, Zeitplan *m*

calendarista [kaleṇda'rista] *mf* (*oficio*) Kalendermacher(in) *m(f)*

caléndula [ka'leṇdula] *f* Ringelblume *f*

calentador [kalenta'ðor] *m* Heizgerät *nt;* (*para la cama*) Wärmflasche *f;* ~ **de agua** Boiler *m;* ~ **de inmersión** Tauchsieder *m;* ~ **de piernas** Legwarmer *m*

calentamiento [kalenta'mjento] *m* **1.** (*caldeamiento*) Erwärmen *nt,* Erhitzen *nt;* ~ **del planeta** Erderwärmung *f* **2.** (DEP) Aufwärmen *nt*

calentar [kalen'tar] <e→ie> **I.** *vi* (*dar calor*) wärmen; **¡cómo calienta hoy el sol!** heute brennt die Sonne aber! **II.** *vt* **1.** (*caldear*) (er)wärmen, erhitzen; (*con calefacción*) heizen; ~ **agua/la sopa/el motor** Wasser heiß machen/die Suppe aufwärmen/den Motor warm laufen lassen; ~ **al rojo vivo** bis zur Glut erhitzen **2.** (*enfadar*) aufregen; (*excitar*) erregen; ~ **los ánimos** die Gemüter erhitzen **3.** (*vulg: sexualmente*) aufgeilen *fam* **4.** (*fam: pegar*) versohlen; **¡te voy a ~ el culo!** ich werde dir den Hintern versohlen! **III.** *vr:* **~se 1.** (*caldearse*) sich (er)wärmen; (*en exceso*) sich erhitzen **2.** (*enfadarse*) sich aufregen **3.** (DEP) sich aufwärmen, sich warm machen

calentito, -a [kalen'tito, -a] *adj* **1.** (*pan*) ofenfrisch, frisch gebacken **2.** (*noticia*) brandheiß **3.** (*agradable*) mollig warm

calentón [kalen'ton] *m* **1.** (*calentamiento*) schnelle Erhitzung *f;* **darse un ~** sich schnell aufwärmen; **el motor sufre un ~** der Motor ist heiß gelaufen **2.** (*vulg: pene*) Ständer *m fam;* **tener un ~** einen Ständer bekommen **3.** (*vulg: persona*) geiler Bock *m fam pey;* **es un ~** der ist ein geiler Bock

calentorro, -a [kalen'torro, -a] *adj* (*vulg*) sexhungrig, geil

calentura [kalen'tura] *f* **1.** (*fiebre*) Fieber *nt* **2.** (*en los labios*) Fieberbläschen *nt* **3.** (*Arg, Par: cachondez*) Geilheit *f* **4.** (*Col: rabia*) Wutanfall *m* **5.** (*Chil:* MED) Lungentuberkulose *f,* Schwindsucht *f*

calenturiento, -a [kalentu'rjento, -a] *adj* **1.** (*febril*) fieberkrank, fiebrig **2.** (*exaltado*) lebhaft; **imaginación calenturienta** überschäumende Fantasie; (*pey*) krankhafte Fantasie; **tener una mente calenturienta** eine krankhafte Fantasie haben

calera [ka'lera] *f* **1.** (*cantera*) Kalksteinbruch *m* **2.** (*horno*) Kalkofen *m*

calesa [ka'lesa] *f* Kalesche *f*

calesita [kale'sita] *f* (*Arg, Par*) Karussell *nt*

caleta [ka'leta] *f* **1.** (*cala*) kleine Bucht *f* **2.** (*Am: barco*) Küstenschiff *nt*

caletre [ka'letre] *m* (*fam*) Grips *m;* **tener mucho ~** Köpfchen haben

calibración [kaliβra'θjon] *f,* **calibrado** [kali'βraðo] *m* Kalibrierung *f*

calibrador [kaliβra'ðor] *m* (TÉC) Kalibermaß *nt;* ~ **exterior** Tastzirkel *m;* ~ **interior** Lochzirkel *m;* ~ **de profundidades** Tiefenmessschieber *m*

calibrar [kali'βrar] *vt* **1.** (*medir*) messen; (TÉC) kalibrieren **2.** (*calcular*) abschätzen, abwägen; **no calibra el peligro** er/sie unterschätzt die Gefahr

calibre [ka'liβre] *m* **1.** (*diámetro*) Kaliber *nt;* **de gran/pequeño ~** groß-/kleinkalibrig **2.** (*instrumento*) Lehre *f,* Kalibermaß *nt* **3.** (*importancia*) Bedeutung *f;* (*clase*) Art *f,* Kaliber *nt;* **eso es una mentira de ~** (*fam*) das ist eine ungeheure Lüge

calicanto [kali'kanto] *m* (ARQUIT) (Bruchstein)mauerwerk *nt;* **muro de ~** Mauer aus Bruchsteinen

calicata [kali'kata] *f* (GEO) Schürfen *nt*

caliche [ka'litʃe] *m* **1.** (*t. Arg: pared*) Kalkputz *m* **2.** (*piedrecilla*) *in Keramik* (*versehentlich*) *eingebranntes Kalkstückchen* **3.** (*maca en la fruta*) Druckstelle *f*

caliciforme [kaliθi'forme] *adj* (BOT) kelchförmig

caliculillo [kaliku'liʎo] *m,* **calículo** [ka'likulo] *m* (BOT) Außenkelch *m*

calidad [kali'ðaᵈ] *f* **1.** (*excelencia, superioridad*) Qualität *f,* Güte *f;* ~ **carta** (INFOR) Schönschrift *f;* ~ **de vida** Lebensqualität *f;* **de alta ~** hochwertig; **artículos de alta/de baja ~** Artikel hoher/geringer Qualität, hochwertige/geringwertige Artikel; **certificado de ~** Qualitätszeugnis *nt;* **control de ~** Qualitätskontrolle *f;* **de ~ inferior** minderwertig; **de primera ~** erstklassig **2.** (*característica*) Eigenschaft *f;* (*naturaleza*) Beschaffenheit *f;* **en ~ de** als; **en ~ de presidenta** in ihrer Eigenschaft als Vorsitzende **3.** (*prestigio, importancia*) Bedeutung *f;* **persona de ~** angesehene Person

calidez [kali'ðeθ] *f* **1.** (*cálido*) Wärme *f;* (*fig: de espíritu*) Warmherzigkeit *f* **2.** (MED) erhöhte Temperatur *f*

cálido, -a ['kaliðo, -a] *adj* **1.** (*caliente*) warm; **tonos ~s** warme Töne; **temperaturas cálidas** hohe Temperaturen **2.** (*afectuoso*) warm, herzlich

calidoscópico, -a [kaliðos'kopiko, -a] *adj* (FÍS) kaleidoskopisch

calidoscopio [kaliðos'kopjo] *m* Kaleidoskop *nt*

calientabraguetas [kaljentaβra'ɣetas] *f inv* (*fam*) *v.* **calientapollas**

calientafuentes [kaljenta'fwentes] *m inv* *v.* **calientaplatos**

calientapiés [kaljenta'pjes] *m inv* Fußwärmer *m*

calientaplatos [kaljenta'platos] *m inv* Warmhalteplatte *f,* Tellerwärmer *m*

calientapollas [kaljenta'poʎas] *f inv* (*vulg*) ≈Schnepfe *f*

calientasillas [kaljenta'siʎas] *m inv* (*fam*) fauler Bürokrat *m*

caliente [ka'ljente] *adj* **1.** (*cálido*) warm; (*ardiente*) heiß; **dinero ~** heißes Geld; **ducha con agua ~ en todas las habitaciones** Dusche mit Warmwasser in allen Zimmern **2.** (*acalorado*) hitzig, lebhaft; ~ **de cascos** hitzköpfig; **un debate ~** eine hitzige Debatte; **en ~** (*fig*) auf der Stelle **3.** (*vulg: sexualmen-*

te) aufgegeilt *fam;* **poner(se)** ~ (sich) aufgeilen *fam*

califa [ka'lifa] *m* Kalif *m*

califato [kali'fato] *m* Kalifat *nt*

calificable [kalifi'kaβle] *adj* bestimmbar, definierbar; **un acto ~ como traición** eine Tat, die als Verrat bezeichnet werden muss

calificación [kalifika'θjon] *f* **1.** (*denominación*) Bezeichnung *f;* (*evaluación*) Beurteilung *f* **2.** (*cualificación*) Qualifizierung *f;* **~ profesional** berufliche Qualifikation **3.** (*nota*) Note *f;* **obtuvo la ~ de sobresaliente** er/sie erhielt die Note „sehr gut" [*o* eine Eins]

calificado, -a [kalifi'kaðo, -a] *adj* **1.** (*cualificado, t.* JUR) qualifiziert; **obreras altamente calificadas** hochqualifizierte Arbeiterinnen **2.** (*reconocido*) angesehen

calificar [kalifi'kar] <c→qu> *vt* **1.** (*definir*) bezeichnen (*de* als *+akk*); (*evaluar*) beurteilen; **el ministro calificó la situación de preocupante** der Minister bezeichnete die Lage als beunruhigend **2.** (*atribuir una cualidad*) kennzeichnen (*de* als *+akk*) **3.** (ENS) bewerten, benoten; **el profesor calificó la redacción con sobresaliente** der Lehrer benotete den Aufsatz mit einer Eins [*o* mit der Note „sehr gut"]

calificativo¹ [kalifika'tiβo] *m* Bezeichnung *f;* **aplicar el ~ de incompetente** als unfähig bezeichnen; **no merece el ~ de médico** er/sie verdient es nicht als Arzt/Ärztin bezeichnet zu werden

calificativo, -a² [kalifika'tiβo, -a] *adj* bezeichnend; **adjetivo ~** (LING) erläuterndes Adjektiv

California [kali'fornja] *f* Kalifornien *nt*

californiano, -a [kalifor'njano, -a] **I.** *adj* kalifornisch **II.** *m, f* Kalifornier(in) *m(f)*

californio [kali'fornjo] *m* (QUÍM) Californium *nt*

calígrafa [ka'liɣrafa] *f v.* **calígrafo**

caligrafía [kaliɣra'fia] *f* Kalligraphie *f;* **escribir en letra de ~** (*fig*) in Schönschrift schreiben

caligrafiar [kaliɣrafi'ar] <*1.pres:* **caligrafío**> *vt* (TIPO) in Schönschrift abfassen

caligráfico, -a [kali'ɣrafiko, -a] *adj* (TIPO) kalligraphisch

calígrafo, -a [ka'liɣrafo, -a] *m, f* Kalligraph(in) *m(f);* **tiene letra de ~** er/sie hat eine schöne Schrift

caligrama [kali'ɣrama] *m* (LIT) Kalligramm *nt*

calima [ka'lima] *f v.* **calina**

calimba [ka'limba] *f* (*Am*) Brandeisen *nt*

calimocho [kali'motʃo] *m* (*fam*) Korea *nt* (*Mischgetränk aus Wein und Cola*)

calina [ka'lina] *f* **1.** (*neblina*) Dunst *m* **2.** (*polución*) Smog *m*

calinoso, -a [kali'noso, -a] *adj* dunstig, diesig

calitipia [kali'tipja] *f* (FOTO) Kal(l)itypie *f*

cáliz ['kaliθ] *m* **1.** (REL) Kelch *m;* **apurar el ~ de la amargura** den bitteren Kelch leeren **2.** (BOT) Blumenkelch *m*

caliza [ka'liθa] *f* Kalkstein *m*

calizo, -a [ka'liθo, -a] *adj* kalkhaltig

calla ['kaʎa] *f* (*Am:* AGR) Pflanzholz *nt*

callada [ka'ʎaða] *f* Stillschweigen *nt;* **dar la ~ por respuesta** keine Antwort geben

callado, -a [ka'ʎaðo, -a] *adj* **1.** *estar* (*sin hablar*) schweigend; (*silencioso*) still, ruhig; **¿por qué estás tan callado?** warum bist du so still? **2.** *ser* (*reservado*) schweigsam; **más ~ que un muerto** verschwiegen wie ein Grab; **¡qué ~ te lo tenías!** davon hattest du ja nie erzählt!

callampa [ka'ʎampa] *f* **1.** (*Col, Chil, Perú: seta*) Speisepilz *m* **2.** (*Chil: sombrero*) Filzhut *m*

callana [ka'ʎana] *f* **1.** (*AmS: vasija*) *grobes Tongefäß zum Rösten von Getreide* **2.** (*Chil: reloj*) große Taschenuhr *f* **3.** (*Perú: tiesto*) Blumentopf *m*

callar [ka'ʎar] **I.** *vi, vr:* **~se** schweigen (*de/por* vor/aus *+dat*); (*enmudecer*) verstummen (*de/por* vor/aus *+dat*); **se calló de** [*o* **por**] **miedo** er/sie schwieg vor [*o* aus] Angst; **¡a ~!** Ruhe jetzt!; **¡cállate de una vez!** halt endlich den Mund!; **matarlas callando** Taten statt Worte **II.** *vt* **1.** (*un asunto*) verschweigen; (*un secreto*) bewahren **2.** (*hacer ~*) zum Schweigen bringen; **¡calla la boca!** Mund zu!, halt den Mund!

calle ['kaʎe] *f* Straße *f;* (*arbolada*) Allee *f;* (*en la autopista*) Fahrbahn *f;* (DEP: *natación, atletismo*) Bahn *f;* **~ comercial** Geschäftsstraße *f,* Einkaufsstraße *f;* **~ de dirección única** Einbahnstraße *f;* **~ peatonal** Fußgängerzone *f;* **~ principal** Hauptstraße *f;* **~ de prioridad** Vorfahrtsstraße *f;* **~ secundaria** Nebenstraße *f;* **gente de la ~** Volk *nt,* Durchschnittsbürger *m;* **lenguaje de la ~** Umgangssprache *f;* **traje de ~** Straßenanzug *m;* **~ arriba/abajo** straßauf/straßab; **coger la ~** (*fam*) ausgehen; **dejar a alguien en** [*o* **echar a alguien a**] **la ~**, **poner a alguien de patitas en la ~** (*fig fam*) jdn auf die Straße setzen; **quedarse en la ~** (*fig fam*) auf der Straße sitzen; **echarse a la ~** auf die Barrikaden steigen; **hacer la ~** (*fam*) auf den Strich gehen; **llevarse de ~ a alguien** (*fam*) jdn um den Finger wickeln

calleja [ka'ʎexa] *f* Gässchen *nt*

callejear [kaʎexe'ar] *vi* herumbummeln

callejero¹ [kaʎe'xero] *m* Straßenverzeichnis *nt*

callejero, -a² [kaʎe'xero, -a] *adj* Straßen-; (*animales*) streunend; **disturbios ~s** Krawalle *mpl;* **perro ~** Straßenköter *m*

callejón [kaʎe'xon] *m* **1.** (*calle estrecha*) Gasse *f;* **~ sin salida** Sackgasse *f;* (*fig*) ausweglose Situation **2.** (TAUR) *Gang zwischen der Arena und den ersten Sitzreihen*

callejuela [kaʎe'xwela] *f* Gässchen *nt*

callicida [kaʎi'θiða] *m* Hühneraugenpflaster *nt*

callista [ka'ʎista] *mf* Fußpfleger(in) *m(f)*

callo ['kaʎo] *m* **1.** (*callosidad*) Hornhaut *f,*

Schwiele *f;* (*ojo de gallo*) Hühnerauge *nt;* **criar ~s** (*fig*) sich *dat* ein dickes Fell wachsen lassen; **dar el ~** (*fam*) schuften **2.** (*fam: persona*) Schreckschraube *f* **3.** *pl* (GASTR) Kaldaunen *fpl*

callosidad [kaʎosi'ðað] *f* Hornhaut *f,* Schwiele *f*

calloso, -a [ka'ʎoso, -a] *adj* schwielig; **manos callosas** schwielige Hände

calma ['kalma] *f* **1.** (*tranquilidad*) Ruhe *f;* (*silencio*) Stille *f;* **~ chicha** (NÁUT) Flaute *f;* **el lago está en ~** der See liegt ruhig da **2.** (*serenidad*) Gelassenheit *f;* **¡(con) ~!** immer mit der Ruhe!; **tomar algo con ~** etw gelassen nehmen; (*en exceso*) etw gemächlich angehen; **perder la ~** die Ruhe verlieren **3.** (COM) Flaute *f* **4.** (*fam: indolencia*) Trägheit *f*

calmante [kal'man̪te] **I.** *adj* (*que tranquiliza*) beruhigend; (*para dolores*) schmerzstillend **II.** *m* (*tranquilizante*) Beruhigungsmittel *nt;* (*analgésico*) Schmerzmittel *nt*

calmar [kal'mar] **I.** *vi* (*viento*) abflauen **II.** *vt* **1.** (*tranquilizar*) beruhigen; (*apaciguar*) besänftigen **2.** (*dolor, hambre*) stillen **III.** *vr:* **~se** **1.** (*tranquilizarse*) sich beruhigen **2.** (*dolor*) nachlassen

calmo, -a ['kalmo, -a] *adj* ruhig, still

calmoso, -a [kal'moso, -a] *adj* **1.** (*tranquilo*) ruhig **2.** (*fam: indolente*) träge

caló [ka'lo] *m* Zigeunersprache *f*

calobiótica [kalo'βjotika] *f* (*buen vivir*) Savoir-vivre *nt*

calocéfalo, -a [kalo'θefalo, -a] *adj* (*elev*) mit einem schönen Kopf

calología [kalolo'xia] *f* (FILOS) Ästhetik *f,* Kallologie *f*

calón [ka'lon] *m* **1.** (*río, canal, puerto*) Messstange *f* (*zum Messen der Wassertiefe*) **2.** (*pesca*) *Stab zum Offenhalten eines Fischernetzes*

calor [ka'lor] *m* **1.** (*de un cuerpo*) Wärme *f;* **~ de combustión** Verbrennungswärme *f;* **~ específico** spezifische Wärme; **entrar en ~** sich aufwärmen, warm werden **2.** (*clima*) Hitze *f;* **~ sofocante** Schwüle *f;* **hace mucho ~** es ist sehr heiß; **tengo** [*o* **siento**] **mucho ~** mir ist sehr heiß; **¡qué ~!** ist das eine Hitze!; **este jersey da demasiado ~** dieser Pulli ist zu warm; **morirse de ~** (*fam*) sich zu Tode schwitzen **3.** (*entusiasmo*) Eifer *m;* **aplaudir con ~** begeistert klatschen **4.** (*afecto*) Wärme *f,* Herzlichkeit *f;* **~ del hogar** Nestwärme *f;* **~ humano** menschliche Wärme; **acoger a alguien con ~** jdn herzlich aufnehmen

calorazo [kalo'raθo] *m* (*fam*) Gluthitze *f,* Affenhitze *f*

caloría [kalo'ria] *f* (*t.* FÍS) Kalorie *f;* **bajo en ~s** kalorienarm

calórico, -a [ka'loriko, -a] *adj* (FÍS) kalorisch

calorífero¹ [kalo'rifero] *m* Heizgerät *nt;* **~ de aire** Heizlüfter *m*

calorífero, -a² [kalo'rifero, -a] *adj* (*que conduce el calor*) Wärme leitend; (*que produce calor*) Wärme erzeugend

calorífico, -a [kalo'rifiko, -a] *adj* (*que distribuye calor*) Wärme abgebend; (*que produce calor*) Wärme erzeugend; **poder ~** Heizkraft *f*

calorífugo, -a [kalo'rifuɣo, -a] *adj* (FÍS) **1.** (*no conductor*) wärmedämmend, wärmeisolierend **2.** (*no inflamable*) feuerfest, nicht brennbar

calorimetría [kalorime'tria] *f* (FÍS) Wärmemengenmessung *f,* Kalorimetrie *f*

calorímetro [kalo'rimetro] *m* (FÍS) Kalorimeter *nt*

calostro [ka'lostro] *m* (BIOL) Kolostralmilch *f*

calote [ka'lote] *m* (*RíoPl*) Schwindel *m,* Betrug *m*

calotipia [kalo'tipja] *f* (FOTO) Kal(l)typie *f*

caluma [ka'luma] *f* (*Perú: desfiladero*) Schlucht *f* (*in den Anden*)

calumnia [ka'lumnja] *f* Verleumdung *f;* **levantar ~s contra alguien** jdn verleumden

calumniador(a) [kalumnja'ðor(a)] **I.** *adj* verleumderisch **II.** *m(f)* Verleumder(in) *m(f)*

calumniar [kalum'njar] *vt* verleumden

calumnioso, -a [kalum'njoso, -a] *adj* verleumderisch

calungo [ka'luŋgo] *m* (*Col, Ven:* ZOOL) *Hunderasse mit krausem Fell*

caluroso, -a [kalu'roso, -a] *adj* **1.** (*caliente*) heiß; **un día muy ~** ein sehr heißer Tag **2.** (*cálido*) warm **3.** (*entusiasta*) lebhaft **4.** (*afectuoso*) herzlich, warm; **un recibimiento ~** ein herzlicher Empfang

caluyo [ka'luɟo] *m* (*Bol: baile*) *Tanz der Indios*

calva ['kalβa] *f* **1.** (*en la cabeza*) Glatze *f* **2.** (*en un tejido, piel*) kahle Stelle *f* **3.** *v.* **calvo**

calvados [kal'βaðos] *m inv* (*bebida alcohólica*) Calvados *m*

calvar [kal'βar] *vt* (*fam: burlar*) reinlegen, hinters Licht führen

calvario [kal'βarjo] *m* **1.** (REL) Kreuzweg *m;* **Monte C~** Kalvarienberg *m* **2.** (*sufrimiento*) Leidensweg *m;* **pasar un ~** großes Leid erfahren

calvatrueno [kalβa'trweno] *m* **1.** (*calva*) Vollglatze *f* **2.** (*fam fig: insensato*) Schwachkopf *m,* Knallkopf *m*

calvero [kal'βero] *m* Lichtung *f*

calvicie [kal'βiθje] *f* Kahlköpfigkeit *f;* **~ prematura** vorzeitiger Haarausfall

calvinismo [kalβi'nismo] *m* Kalvinismus *m,* Calvinismus *m*

calvinista [kalβi'nista] **I.** *adj* kalvinistisch, calvinistisch **II.** *mf* Kalvinist(in) *m(f),* Calvinist(in) *m(f)*

calvo, -a ['kalβo, -a] **I.** *adj* **1.** (*en la cabeza*) kahlköpfig, kahl; **estar ~** eine Glatze haben; **quedarse ~** kahl werden, eine Glatze bekommen **2.** (*piel, tejido*) abgewetzt **3.** (*sin vegetación*) kahl **II.** *m, f* Kahlkopf *m fam,* Glatzkopf *m fam*

calza ['kal̟θa] *f* **1.** (*media*) Strumpf *m*

2. (*cuña*) (Stütz)keil *m*

calzada [kaḷ'θaða] *f* **1.** (*carretera*) (gepflasterte) Straße *f*; ~ **romana** Römerstraße *f* **2.** (*carril de coches*) Fahrbahn *f*; **salirse de la** ~ von der Fahrbahn abkommen

calzado¹ [kaḷ'θaðo] *m* Schuhwerk *nt*, Schuhe *mpl*

calzado, -a² [kaḷ'θaðo, -a] *adj* beschuht; **ir bien** ~ festes Schuhwerk tragen; **va** ~ **con zapatos de cuero** er trägt Lederschuhe

calzador [kaḷθa'ðor] *m* Schuhlöffel *m*

calzar [kaḷ'θar] <z→c> **I.** *vt* **1.** (*poner zapatos*) anziehen; (*esquís, patines*) anschnallen; **voy a** ~ **al niño** ich ziehe dem Kind die Schuhe an **2.** (*llevar puesto*) tragen; **¿qué número calza? – calzo un 36** welche Schuhgröße haben Sie? – ich habe Schuhgröße 36; **le gusta** ~ **zapatos rojos** er/sie trägt gerne rote Schuhe **3.** (*poner una cuña*) verkeilen, fixieren; ~ **la pata de la mesa** etwas unter das Tischbein legen **II.** *vr:* ~**se** (*zapatos*) (sich *dat*) anziehen; (*esquís, patines*) sich *dat* anschnallen; **¡cálzate las sandalias!** zieh (dir) die Sandalen an!; **¡me los calzo a todos!** (*fam*) ich stecke sie alle in die Tasche!

calzo ['kaḷθo] *m* **1.** (*calza*) Stützkeil *m*; (*de freno*) Unterlegkeil *m*; **hay que poner un** ~ **en la pata de la mesa** man muss etwas unter das Tischbein legen **2.** (AERO) Bremsklotz *m*, Hemmschuh *m* **3.** *pl* (*caballo*): **mi caballo es blanco con los** ~**s marrones** mein Pferd ist weiß mit braunen Fesseln

calzón [kaḷ'θon] *m* **1.** (*Am: pantalón*) Hose *f*; ~ **de baño** Badehose *f*; **llevar los calzones** die Hosen anhaben **2.** (*Arg: bragas*) Schlüpfer *m*

calzonarias [kaḷθo'narjas] *fpl* (*Col: tirantes*) Träger *mpl*; (*de pantalones*) Hosenträger *mpl*

calzonazos [kaḷθo'naθos] *m inv* (*pey*) **1.** (*débil*) Schwächling *m* **2.** (*marido*) Pantoffelheld *m*

calzoncillo(s) [kaḷθoṇ'θiʎo(s)] *m(pl)* Herrenunterhose *f*; **dejar a alguien en** ~**s** (*fam*) jdn bis aufs Hemd ausziehen

calzoneras [kaḷθo'neras] *fpl* (*Méx: pantalón de montar*) Reithose *f* (*an beiden Seiten durchgeknöpft*)

calzones [kaḷ'θones] *mpl* (*Am*) Hose *f*; ~ **de baño** Badehose *f*; **llevar los** ~ die Hosen anhaben

cama ['kama] *f* **1.** (*mueble*) Bett *nt*; ~ **de agua** Wasserbett *nt*; ~ **elástica** Trampolin *nt*; ~ **de matrimonio** Ehebett *nt*; ~ **plegable** Klappbett *nt*; ~ **redonda** (*fig*) Gruppensex *m*; **caer en** ~ krank werden; **estar en la** ~ im Bett liegen; **guardar** ~ das Bett hüten; **hacer la** ~ das Bett machen; **irse a la** ~ ins Bett [*o* schlafen] gehen; **irse a la** ~ **con alguien, llevarse a alguien a la** ~ mit jdm ins Bett gehen **2.** (*de animales*) Lager *nt*

camachuelo [kama'ʧwelo] *m* (ZOOL) Gimpel *m*, Dompfaff *m*

camada [ka'maða] *f* **1.** (*de animales*) Wurf *m* **2.** (*pey: cuadrilla*) Haufen *m*, Bande *f*

camafeo [kama'feo] *m* Kamee *f*

camaleón [kamale'on] *m* (*t. fig*) Chamäleon *nt*; **ese político es un** ~ (*fam*) dieser Politiker dreht sein Fähnchen nach dem Wind

camaleónico, -a [kamale'oniko, -a] *adj* (*persona*) unbeständig

camalero [kama'lero] *m* (*Perú*) Schlächter *m*, Fleischer *m*

camalote [kama'lote] *m* **1.** (*AmS*) ≈Wasserpflanze *f* **2.** (*CSur*) Wasserhyazinthe *f*

camamila [kama'mila] *f* (BOT) Kamille *f*

camanchaca [kaman'ʧaka] *f* (*Chil, Perú:* METEO) dichter Küstennebel *m*

camándula [ka'maṇdula] *f* **1.** (REL) Rosenkranz *m* (*mit einer oder drei Vaterunserperlen*) **2.** (*fam fig: astucia*) Gerissenheit *f*; **tu amigo tiene muchas** ~**s** dein Freund hat es faustdick hinter den Ohren

cama-nido ['kama 'niðo] *f* <camas-nido> Schlafsofa *nt*

cámara¹ ['kamara] *f* **1.** (FOTO) Kamera *f*; ~ **de cine** Filmkamera *f*; ~ **digital** (FOTO, INFOR) digitale Kamera, Digitalkamera *f*; ~ **fotográfica** [*o* **de fotos**] Fotoapparat *m*; ~ **de televisión** Fernsehkamera *f*; ~ **de vídeo** Videokamera *f*; **a** ~ **lenta** in Zeitlupe; **chupar** ~ (*fam*) sich aufspielen, sich in Szene setzen **2.** (*consejo*) Kammer *f*; ~ **agraria** Landwirtschaftskammer *f*; **C**~ **Alta** (POL) Oberhaus *nt*; **C**~ **Baja** (POL) Abgeordnetenhaus *nt*; **C**~ **de Comercio en el exterior** Außenhandelskammer *f*; **C**~ **de Comercio e Industria** Industrie- und Handelskammer *f*; **C**~ **de Comercio, Industria y Navegación** Industrie-, Handels- und Schifffahrtskammer *f*; **C**~ **de Comercio Internacional** Internationale Handelskammer; ~ **de compensación** Verrechnungsstelle *f* **3.** (*receptáculo*) Raum *m*, Kammer *f*; ~ **acorazada** Stahlkammer *f*; ~ **de aire** Schlauch *m*; ~ **de gas** Gaskammer *f*; ~ **frigorífica** Kühlhaus *nt*, Kühlraum *m*; ~ **mortuoria** Leichenhalle *f*; ~ **oscura** Dunkelkammer *f*; ~ **de tortura** Folterkammer *f* **4.** (*en un arma*) Patronenlager *nt* **5.** (*elev: habitación*) Gemach *nt*

cámara² ['kamara] *mf* (CINE) Kameramann, -frau *m, f*

camarada [kama'raða] *mf* **1.** (*compañero*) Freund(in) *m(f)*, Kamerad(in) *m(f)*; **me voy al cine con mis** ~**s** ich gehe mit meinen Kumpels ins Kino **2.** (POL) Parteifreund(in) *m(f)*; (*de socialistas*) Genosse, -in *m, f*

camaradería [kamaraðe'ria] *f* Kameradschaft *f*, Kameraderie *f pey*

camarera [kama'rera] *f* (*de la reina*) Hofdame *f*

camarero, -a [kama'rero, -a] *m, f* **1.** (*en restaurantes*) Kellner(in) *m(f)*, Bedienung *f*; **¡~!** Herr Ober! **2.** (*en la barra*) Barman, -dame *m, f* **3.** (*de habitación*) Zimmerkellner(in) *m(f)* **4.** (*en un barco*) Steward *m*, Stewardess *f*

camarilla [kama'riʎa] *f* (*pey t.* POL) Clique *f*

camarín [kama'rin] *m* **1.**(*vestuario*) Ankleideraum *m* **2.**(*camerino*) (Künstler)garderobe *f* **3.**(*para reliquias*) Schrein *m*

camarista [kama'rista] *mf* (*Arg*) Richter(in) *m(f)* am Berufungsgericht

camarlengo [kamar'leŋgo] *m* (REL) Camerlengo *m*, päpstlicher Kardinalkämmerer *m*

camarógrafo, **-a** [kama'roɣrafo, -a] *m, f* Kameramann, -frau *m, f*

camarón [kama'ron] *m* Garnele *f*

camarote [kama'rote] *m* Kajüte *f*; ~ **doble** Zweibettkabine *f*; ~ **individual** Einzelkabine *f*; ~ **de lujo** Luxuskabine *f*

camarotero [kamaro'tero] *m* (*Am: camarero de barco*) (Schiffs)steward *m*

camarroya [kama'rroɟa] *f* (BOT) Wegwarte *f*

camastro [ka'mastro] *m* Pritsche *f*

camastrón, **-ona** [kamas'tron, -ona] **I.** *adj* (*fam*) hinterlistig, intrigant **II.** *m, f* (*fam*) Intrigant(in) *m(f)*

cambalachar [kambala'ʧar] *vt* (*fam*) *v.* **cambalachear**

cambalache [kamba'laʧe] *m* **1.**(*trueque*) Tausch *m*, Schacher *m pey*; **todo lo ha conseguido con ~s** er/sie hat alles nur mit Schachereien erreicht **2.**(*Arg, Urug: almoneda*) Trödlerladen *m*, Trödelladen *m*

cambalachear [kambalaʧe'ar] *vt* (*fam*) eintauschen

cámbaro ['kambaro] *m* (ZOOL) Krebs *m*

cambiable [kam'bjaβle] *adj* **1.**(COM) umtauschbar **2.**(*intercambiable*) auswechselbar, austauschbar

cambiadiscos [kambja'ðiskos] *m inv* Plattenwechsler *m*

cambiador [kambja'ðor] *m* (*Chil*) Weichensteller(in) *m(f)*

cambiante [kam'bjan̦te] *adj* **1.**(*irisado*) schillernd **2.**(*inestable*) wechselhaft **3.**(*pey: veleidoso*) launisch

cambiar [kam'bjar] **I.** *vi* **1.**(*transformarse*) sich (ver)ändern; **no has cambiado nada** du hast dich gar nicht verändert; **mañana cambia el tiempo** morgen ändert sich das Wetter **2.**(*con 'de': alterar*) ändern; ~ **de casa** umziehen; ~ **de chaqueta** (*fig*) seinen Mantel nach dem Wind hängen; ~ **de coche** sich *dat* ein neues Auto kaufen; ~ **de dirección** die Richtung ändern; ~ **de manos** den Besitzer wechseln; ~ **de marcha** (AUTO) einen anderen Gang einlegen, schalten; ~ **de opinión** [*o* **de parecer**] seine Meinung ändern **II.** *vt* **1.**(*trocar*) auswechseln, austauschen; (*algo comprado*) umtauschen; ~ **una pieza** ein Teil auswechseln; ~ **dinero** Geld wechseln [*o* umtauschen]; **¿me puede ~ un billete de 50 marcos?** können Sie (mir) einen Fünfzigmarkschein wechseln?; **quisiera ~ este jersey por una camiseta** ich möchte diesen Pullover gegen ein T-Shirt umtauschen **2.**(*intercambiar*) austauschen; ~ **unas palabras con alguien** mit jdm ein paar Worte wechseln **3.**(*variar*) (ver)ändern; ~ **algo de lugar** etw umstellen; **han cambiado las horas de salida (de los aviones)** die Abflugzeiten wurden geändert **III.** *vr* **1.**(*transformarse*) sich verwandeln (*en* in +*akk*), sich (ver)ändern **2.**(*de ropa*) sich umziehen; **tengo que ~me antes de la cena** ich muss mich vor dem Abendessen umziehen; **~se de zapatos** sich *dat* andere Schuhe anziehen **3.**(*mudarse de casa*): **~se de casa** umziehen; **se ha cambiado de casa** er/sie ist ausgezogen [*o* umgezogen]; **~se a otra ciudad** in eine andere Stadt ziehen

cambiario, **-a** [kam'βjarjo, -a] *adj* (FIN): **mercado ~** Devisenmarkt *m*; **operación cambiaria** Wechselgeschäft *nt*, Devisenoperation *f*

cambiavía [kambja'βia] *m* (*Am*) Weichensteller(in) *m(f)*

cambiazo [kam'βjaθo] *m* (*fam*): **dar el ~ a alguien** jdn übers Ohr hauen; **te han dado el ~** da hast du dich aber auf einen schlechten Tausch eingelassen

cambio ['kambjo] *m* **1.**(*alteración*) (Ver)änderung *f*; ~ **climático** Witterungsänderung *f*; (*globalmente*) Klimaveränderung *f*; ~ **de domicilio** Wohnungswechsel *m*; ~ **de voz** Stimmwechsel *m*; **hay un ~ en el horario** der Zeitplan ändert sich; **en ~** dagegen, stattdessen; **sabe mal, pero en ~, es bueno para la salud** es schmeckt zwar nicht, ist dafür aber gesund; **a él le gustó la película, en ~ a mí no me gustó para nada** ihm hat der Film gefallen, mir dagegen überhaupt nicht; **a la primera de ~** bei der ersten Gelegenheit **2.**(*sustitución*) Auswechs(e)lung *f*, Austausch *m*; ~ **de aceite** (AUTO) Ölwechsel *m* **3.**(*transformación*) Wandel *m*; ~ **fonético** (LING) Lautwandel *m*; ~ **lingüístico** Sprachwandel *m*; ~ **tecnológico** technologischer Wandel; ~ **de tendencia** Trendwende *f* **4.**(*intercambio*) Austausch *m*; ~ **de impresiones** Meinungsaustausch *m*; **Libre ~** (COM) Freihandel *m*; **a ~ de** für +*akk* **5.**(*en un comercio*) Umtausch *m*; **no se admiten ~s** Umtausch ausgeschlossen **6.**(FIN) (Wechsel)kurs *m*; ~ **en bolsa** Börsenkurs *m*, Börsennotierung *f*; ~ **de cierre** Schlusskurs *m*; ~ **de compra** Geldkurs *m*; ~ **de divisa** [*o* **de moneda**] Geldwechsel *m*; ~ **del dólar** Dollarkurs *m*; ~ **fijo** fester Kurs; ~ **flotante** frei schwankender Wechselkurs; ~ **de intervención** Interventionskurs *m*; ~ **oficial** amtlicher Wechselkurs; ~ **de los valores bursátiles** Wertpapierkurs *m*; ~ **de venta** Briefkurs *m*; **al ~ del día** zum Tageskurs; **eliminar el riesgo de ~** das Währungsrisiko beseitigen [*o* ausschließen]; **mecanismo de ~s (del SME)** Wechselkursmechanismus *m* (des EWS) **7.**(*suelto*) Kleingeld *nt*, Wechselgeld *nt*; **no tengo ~** ich habe kein Wechselgeld, ich kann nicht herausgeben; **¿tiene ~ de 2000 pesetas?** können Sie 2000 Peseten wechseln? **8.**(TÉC) Schaltung *f*; ~ **de marchas** Gangschaltung *f* **9.**(DEP) Auswechs(e)lung *f* **10.**(TEL): **"~"** „over"

C

cambista [kam'bista] *mf* **1.** (*que cambia dinero*) Geldwechsler(in) *m(f)* **2.** (*en la banca*) Devisenhändler(in) *m(f)*

cámbium ['kambjun] <cámbiums> *m* (BOT) Kambium *nt*

Camboya [kam'boɟa] *f* Kambodscha *nt*

camboyano, **-a** [kambo'ɟano, -a] **I.** *adj* kambodschanisch **II.** *m, f* Kambodschaner(in) *m(f)*

cámbrico¹ ['kambriko] *m* Kambrium *nt*

cámbrico, **-a²** ['kambriko, -a] *adj* (GEO) kambrisch; **el período** ~ das Kambrium

cambrón [kam'bron] *m* (BOT: *arbusto*) Bocksdorn *m;* (*espino cerval*) Kreuzdorn *m;* (*zarza*) Brombeere *f*

cambucho [kam'butʃo] *m* (*Chil*) **1.** (*cesta: para papeles*) Papierkorb *m;* (*para ropa*) Wäschekorb *m* **2.** (*funda de paja*) Strohumhüllung *f* (*für Flaschen*) **3.** (*habitación*) ärmliche Behausung *f*

cambujo, **-a** [kam'buxo, -a] *adj* (*Am: persona morena*) dunkelhäutig

cambullón [kambu'ʎon] *m* **1.** (*AmS: engaño*) Intrige *f* **2.** (*Col: cambalache*) Tausch *m*

cambur [kam'bur] *m* (*Col, Ecua, Ven*) Banane *f;* (*para cocinar*) Kochbanane *f*

cambuto, **-a** [kam'buto] *adj* (*Perú: menudo y rechoncho*) pummelig

CAME ['kame] *m* (ECON) *abr de* **Consejo de Ayuda Mutua Económica** RGW *m*, COMECON *m o nt*

camedrio [ka'meðrjo] *m* (BOT) Edelgamander *m*

camelar [kame'lar] *vt* (*fam*) **1.** (*engañar*) beschwatzen, einseifen **2.** (*seducir*) verführen; **se la cameló enseguida** er kriegte sie schnell rum

camelia [ka'melja] *f* Kamelie *f;* **la dama de las ~s** die Kameliendame

camélido¹ [ka'meliðo] *m* (ZOOL) Kamel *nt*

camélido, **-a²** [ka'meliðo, -a] *adj* (ZOOL) zur Familie der Kamele gehörend

camelista [kame'lista] *mf* (*fam*) Hochstapler(in) *m(f)*

camella [ka'meʎa] *f* **1.** *v.* **camello 2.** (AGR) Kamm *m*, Furchenrücken *m* **3.** (*pesebre*) (Futter)trog *m*

camellear [kameʎe'ar] *vi, vt* (*argot*) pushen; ~ **(con) heroína** Heroin pushen

camelleo [kame'ʎeo] *m* (*argot*) (Drogen)pushen *nt*

camellero [kame'ʎero] *m* Kameltreiber *m*

camello, **-a** [ka'meʎo, -a] *m, f* **1.** (ZOOL) Kamel *nt;* (*hembra*) Kamelstute *f* **2.** (*argot: persona*) Pusher(in) *m(f)*

camellón [kame'ʎon] *m* (*recipiente*) Viehtränke *f*

camelo [ka'melo] *m* (*fam*) **1.** (*adulación*) Schmeichelei *f*, Süßholzraspeln *nt pey* **2.** (*timo*) Gaunerei *f*, Schwindel *m;* **dar el ~ a alguien** jdn hereinlegen **3.** (*noticia*) Ente *f*

camembert ['kamember] *m sin pl* (GASTR) Camembert *m*

cameralismo [kamera'lismo] *m sin pl* (ECON) Kameralismus *m*

cameraman [kame'raman] *mf* (CINE) Kameramann, -frau *m, f*

camerino [kame'rino] *m* (TEAT) Künstlergarderobe *f*

camero, **-a** [ka'mero] **I.** *adj:* **sábana camera** Bettlaken *nt* mit Überbreite **II.** *m, f* (*oficio*) Bettenhersteller(in) *m(f)*

Camerún [kame'run] *m* Kamerun *nt*

camerunés, **-esa** [kameru'nes, -esa] **I.** *adj* kamerunisch **II.** *m, f* Kameruner(in) *m(f)*

camicace [kami'kaθe] *m* (MIL) Kamikaze *m*

camilla [ka'miʎa] *f* **1.** (*angarillas*) Krankenbahre *f* **2.** (*cama de hospital*) Krankenbett *nt*

camillero, **-a** [kami'ʎero, -a] *m, f* Sanitäter(in) *m(f)*

camilo, **-a** [ka'milo, -a] **I.** *adj* (REL) Kamillianer-; **los religiosos ~s se dedican a los enfermos** die Kamillianermönche widmen sich kranken Menschen **II.** *m, f* (REL) Kamillianer(in) *m(f)*

camilucho, **-a** [kami'lutʃo, -a] **I.** *adj* (*Am*) eines indianischen Tagelöhners **II.** *m, f* (*Am*) indianischer Tagelöhner *m*, indianische Tagelöhnerin *f*

caminante [kami'nante] *mf* Wanderer, -in *m, f*

caminar [kami'nar] **I.** *vi* **1.** (*ir*) gehen; (*a pie*) zu Fuß gehen, wandern **2.** (*río*) strömen **3.** (*astro*) seine Bahn ziehen **4.** (*Am: funcionar*) gehen **II.** *vt* zurücklegen

caminata [kami'nata] *f* (beschwerlicher) langer Fußmarsch *m*

caminero, **-a** [kami'nero, -a] *adj* Straßen-, Wege-; **peón** ~ Straßenarbeiter *m*

camino [ka'mino] *m* **1.** (*senda*) Weg *m;* (*más estrecho*) Pfad *m;* ~ **de cabras** Ziegenpfad *m;* **C~ de Santiago** Jakobsweg *m;* ~ **trillado** ausgetretener Pfad; **a medio** ~ halbwegs; **de ~ a Magdeburgo** unterwegs nach Magdeburg, auf dem Weg nach Magdeburg; **abrir nuevos ~s** bahnbrechend wirken; **abrirse** ~ sich *dat* Raum schaffen; **ponerse en** ~ sich auf den Weg machen, aufbrechen; **quedarse en** [*o* **por**] **el** ~ mitten auf dem Weg stehen bleiben; (*fig*) nicht weiterkommen; **quedarse a medio** [*o* **a mitad de**] ~ auf halbem Weg stecken bleiben; (*fig*) etw nicht zu Ende bringen; **ir por buen/mal** ~ (*fig*) auf dem rechten/falschen Weg sein; **allanar el ~ a alguien** (*fig*) jdm alle Steine aus dem Weg räumen, jdm den Weg ebnen; **va** [*o* **lleva**] ~ **de fracasar** er/sie ist auf dem besten Weg zu scheitern, er/sie wird scheitern; **todos los ~s llevan a Roma** (*prov*) alle Wege führen nach Rom **2.** (*calle*) Straße *f;* **C~s, Canales y Puertos** Hoch- und Tiefbau *m* **3.** (*distancia*) Strecke *f;* **el ~ de casa a la oficina** der Weg von zu Hause bis ins Büro; **está a dos horas de** ~ es sind zwei Wegstunden von hier; **¿nos queda mucho ~ para acabar el trabajo?** brauchen wir noch lange, bis wir mit der Arbeit fertig sind? **4.** (*manera*) Art und Weise *f,* Weg *m;* **por este ~ no le convencerás** so wirst du ihn nicht überzeugen können **5.** (INFOR) Pfad *m;* ~ **de búsqueda** Suchpfad *m*

camión [ka'mjon] *m* **1.** (AUTO) Laster *m,* Last(kraft)wagen *m,* Lkw *m;* ~ **de la basura** Müllwagen *m;* ~ **blindado** Panzerwagen *m;* ~ **cisterna** Tankwagen *m;* ~ **frigorífico** Kühlwagen *m;* ~ **de juguete** Spielzeugauto *nt;* ~ **de riego** Sprengwagen *m;* ~ **volquete** Kipplaster *m;* **sobre ~ sin gastos** (COM) frei auf den Waggon **2.** (*Méx: autobús*) Bus *m* **3.** (*fam: sexy*): **está como un ~** die ist aber eine scharfe Braut

camionada [kamjo'naða] *f* Wagenladung *f*

camionaje [kamjo'naxe] *m* **1.** (*transporte*) Transport *m* mit LKW, Straßentransport *m* **2.** (*precio*) Roll(fuhr)geld *nt*

camionero, **-a** [kamjo'nero, -a] *m, f* Lastwagenfahrer(in) *m(f),* Lkw-Fahrer(in) *m(f)*

camioneta [kamjo'neta] *f* **1.** (*furgoneta*) Kleinlaster *m;* ~ **de reparto** Lieferwagen *m* **2.** (*Am: autobús*) Bus *m*

camión-grúa [ka'mjoŋ 'grua] *m* <camiones-grúa> Kranwagen *m*

camisa[1] [ka'misa] *f* **1.** (*prenda*) (Ober)hemd *nt;* ~ **de fuerza** Zwangsjacke *f;* **en ~** in Hemdsärmeln; (*fig*) ohne Mitgift; **cambiar de ~** (*fig*) den Mantel [*o* das Mäntelchen] nach dem Wind hängen; **dejar a alguien sin ~** (*fam*) jdn bis aufs Hemd ausziehen; **no me llegaba la ~ al cuerpo** (*fam*) ich machte mir vor Angst fast in die Hosen; **meterse en ~ de once varas** (*fam: sobreestimarse*) sich übernehmen; (*inmiscuirse*) sich einmischen **2.** (*funda*) Hülle *f* **3.** (*de reptil*) abgestreifte Haut *f*

camisa[2] [ka'misa] *mf* (POL): **~s azules** Falangisten *mpl;* **~s negras/pardas** Braun-/Schwarzhemden *ntpl*

camisera [kami'sera] *adj o f v.* **camisero**

camisería [kamise'ria] *f* **1.** (*tienda*) Hemdengeschäft *nt* **2.** (*taller*) Hemdenfabrik *f*

camisero, **-a** [kami'sero, -a] **I.** *adj* Hemd-; **vestido ~** Hemdblusenkleid *nt* **II.** *m, f* Hemdenschneider(in) *m(f)*

camiseta [kami'seta] *f* **1.** (*exterior*) T-Shirt *nt* **2.** (*interior*) Unterhemd *nt* **3.** (DEP) Trikot *nt*

camisola [kami'sola] *f* **1.** (DEP) Vereinstrikot *nt* **2.** (*camisa de hombre*) feines Herren(ober)hemd *nt* **3.** (*camisa con encajes*) Spitzenhemd *nt*

camisón [kami'son] *m* Nachthemd *nt*

camita [ka'mita] **I.** *adj* hamitisch **II.** *mf* Hamit(in) *m(f)*

camomila [kamo'mila] *f* Kamille *f*

camón [ka'mon] *m* **1.** (*mirador*) verglaster Balkon *m* **2.** (*edificación*) Lehrbogen *m,* Bogengerüst *nt* **3.** (*rueda hidráulica*) Radkranzstück *nt*

camorra [ka'morra] *f* **1.** (*fam pey: escándalo*) Krakeel *m;* (*pelea*) Rauferei *f;* **armar ~** krakeelen; **buscar ~** Streit anfangen **2.** (*mafia napolitana*) Kamorra *f*

camorrear [kamorre'ar] *vi* (*RíoPl*) sich streiten

camorrista [kamo'rrista] **I.** *adj* rauflustig **II.** *mf* (*pendenciero*) Raufbold *m;* (*escandaloso*) Krakeeler *m*

camote [ka'mote] *m* **1.** (*Am: batata*) Süßkartoffel *f* **2.** (*AmC: chichón*) Beule *f* **3.** (*Am: molestia*) Nervtöter *m;* **¡qué ~ es!** der/die tötet einem ja den letzten Nerv! **4.** (*Arg, Méx: enamoramiento*) Verliebtheit *f;* **tener** [*o* **tomar**] **un ~ con alguien** in jdn verliebt sein **5.** (*Am: amante*) Geliebte(r) *mf*

camotear [kamote'ar] *vi* (*Méx: vagabundear*) vergebens suchend umherirren

camotero, **-a** [kamo'tero, -a] *m, f* (*Méx*) Süßkartoffelhändler(in) *m(f)*

campal [kam'pal] *adj:* **batalla ~** Feldschlacht *f;* (*fig*) hitziges Gefecht *nt*

campamento [kampa'mento] *m* Lager *nt,* Lagerplatz *m;* ~ **de veraneo** Ferienlager *nt;* **levantar el ~** das Lager abbrechen

campana [kam'pana] *f* Glocke *f;* ~ **de cristal** Glasglocke *f;* ~ **extractora de humos** Dunstabzugshaube *f;* ~ **de inmersión** Taucherglocke *f;* **de ~** glockenförmig; **tocar las ~s** die Glocken läuten; **el coche dio tres vueltas de ~** das Auto überschlug sich dreimal; **echó las ~s a vuelo** (*fam*) er/sie hat es schon überall herumerzählt; **oír ~s y no saber dónde** (*fam*) nicht wissen, wo hinten und vorn(e) ist

campanada [kampa'naða] *f* **1.** (*sonido*) Glockenschlag *m* **2.** (*escándalo*): **dar la ~** den Vogel abschießen *fam*

campanario [kampa'narjo] *m* Glockenturm *m;* **de ~** engstirnig; **política de ~** Kirchturmpolitik *f*

campanear [kampane'ar] **I.** *vi* **1.** (*campana*) anhaltend läuten **2.** (*proyectil*) vom Kurs abweichen **II.** *vi, vr:* **~se** (*fig: oscilar, balancear*) schwankend gehen; (*contonearse*) sich in den Hüften wiegen; **las modelos se campaneaban en la pasarela** die Models gingen mit wiegenden Hüften über den Laufsteg

campaneo [kampa'neo] *m* **1.** (*campana*) ständiges Glockenläuten *nt* **2.** (*proyectil*) außergewöhnliche Flugbahn *f* **3.** (*fam: persona*) wiegender Gang *m*

campanero, **-a** [kampa'nero, -a] *m, f* **1.** (*fundidor*) Glockengießer(in) *m(f)* **2.** (*tañedor*) Glöckner(in) *m(f)*

campaniforme [kampani'forme] *adj* glockenförmig

campanil [kampa'nil] *m* (ARQUIT) Glockenturm *m*

campanilla [kampa'niʎa] *f* **1.** (*campana pequeña*) Glöckchen *nt;* (*de la puerta*) Klingel *f;* **de (muchas) ~s** (*persona*) von Rang; (*hotel*) erster Klasse **2.** (ANAT) Zäpfchen *nt* **3.** (BOT) Glockenblume *f;* ~ **blanca** Schneeglöckchen *nt*

campanillear [kampaniʎe'ar] *vi* anhaltend klingeln [*o* läuten]

campanilleo [kampani'ʎeo] *m* Geklingel *nt*

campanología [kampanolo'xia] *f* (MÚS) Glockenspielkunde *f;* **un especialista en** ~ ein Glockenspielspezialist

campanólogo, **-a** [kampa'noloɣo, -a] *m, f* (MÚS) Glockenspieler(in) *m(f)*

campante [kam'pan̪te] *adj* (*fam*) **1.** (*satisfecho*) zufrieden; **iba tan** ~ **con su abrigo nuevo** er/sie kam so stolz in seinem/ihrem neuen Mantel daher **2.** (*tranquilo*) ungerührt; **quedarse tan** ~ sich nicht erschüttern lassen; **siguió hablando tan** ~ er/sie sprach unbeirrt weiter

campanudo, **-a** [kampa'nuðo, -a] *adj* **1.** (*acampanado*) glockenförmig **2.** (*pey: pomposo*) schwülstig, hochtrabend

campánula [kam'panula] *f* (BOT) Glockenblume *f*

campanulácea [kampanu'laθea] *f* (BOT) Glockenblumengewächs *nt*

campanuláceo, **-a** [kampanu'laθeo, -a] *adj* (BOT) zu den Glockenblumengewächsen gehörend

campaña [kam'paɲa] *f* **1.** (*campo*) Feld *nt,* Land *nt;* **tienda de** ~ Zelt *nt* **2.** (MIL) Feldzug *m;* (POL) Kampagne *f;* ~ **antitabaco** Antiraucherkampagne *f;* ~ **electoral** Wahlkampf *m;* ~ **de promoción de ventas** Absatzkampagne *f;* ~ **publicitaria** [*o* **de publicidad**] Werbeaktion *f,* Werbekampagne *f;* **hacer** ~ eine Kampagne führen (*a favor de* für *+akk, en contra de* gegen *+akk*) **3.** (COM, FIN) Wirtschaftsjahr *nt* **4.** (AGR) Kampagne *f*

campañista [kampa'ɲista] *mf* (*Chil: pastor*) Hirte, -in *m, f*

campañol [kampa'ɲol] *m* (ZOOL: *roedor*) Feldmaus *f*

campar [kam'par] *vi* **1.** (*acampar*) lagern **2.** (*loc*): ~ **por sus respetos** eigenwillig handeln

campeador [kampea'ðor] **I.** *adj* (MIL) heldenhaft; **el Cid C~** *Beiname von El Cid* **II.** *m* (HIST) Kämpe *m*

campear [kampe'ar] *vi* **1.** (*pastar*) weiden **2.** (*trabajar*) auf dem Feld arbeiten **3.** (MIL: *reconocer el terreno*) das Gelände auskundschaften **4.** (*Am: ir de acampada*) zelten **5.** (*fam: arreglárselas*): **ir campeando** sich (gerade so) durchschlagen **6.** (*sobresalir*) vorherrschen

campechana [kampe'ʧana] *f* **1.** (*Méx, Cuba: bebida*) *aus verschiedenen Likören bestehender Cocktail* **2.** (NÁUT) Gräting *f*

campechanía [kampeʧa'nia] *f sin pl* **1.** (*carácter llano*) Leutseligkeit *f;* (*naturalidad*) Ungezwungenheit *f* **2.** (*cordialidad*) Freundlichkeit *f,* Herzlichkeit *f*

campechano, **-a** [kampe'ʧano, -a] *adj* **1.** (*llano*) leutselig **2.** (*cordial*) freundlich

campeche [kam'peʧe] *m* (*Perú: vino malo*) schlechter Wein *m*

campeón, **-ona** [kampe'on, -ona] *m, f* **1.** (*vencedor*) Sieger(in) *m(f);* (DEP) Meister(in) *m(f);* ~ **del mundo** [*o* **mundial**] Weltmeister *m;* ~ **de ventas** Bestseller *m* **2.** (*héroe*) Held(in) *m(f)* **3.** (*defensor*) Vorkämpfer(in) *m(f)*

campeonato [kampeo'nato] *m* Meisterschaft *f;* **de** ~ (*fam*) mordsmäßig; **he pillado un enfriamiento de** ~ ich habe mir eine Riesenerkältung geholt

campero, **-a** [kam'pero, -a] *adj* **1.** (*descubierto*) im Freien (stehend); **ganado** ~ Weidevieh *nt;* **es muy** ~ er ist ein Naturfreund **2.** (*para el campo*) Feld-; **traje** ~ Feldkleidung *f*

campesina [kampe'sina] *adj o f v.* **campesino**

campesinado [kampesi'naðo] *m* **1.** (*conjunto*) Bauern *mpl,* Bauernschaft *f* **2.** (*estamento*) Bauerntum *nt,* Bauernstand *m*

campesino, **-a** [kampe'sino, -a] **I.** *adj* **1.** (*del campo*) ländlich **2.** (*de la gente del campo*) bäuerlich **II.** *m, f* **1.** (*que trabaja*) Bauer *m,* Bäuerin *f;* **pequeño** ~ Kleinbauer *m* **2.** (*que vive*) Landbewohner(in) *m(f);* **los** ~**s** die Landbevölkerung

campestre [kam'pestre] *adj* Land-; **flor** ~ Wildblume *f;* **vida** ~ Landleben *nt*

campimetría [kampime'tria] *f* (MED) Kampimetrie *f*

camping ['kampiŋ] *m* **1.** (*campamento*) Campingplatz *m* **2.** (*acampada*) Zelten *nt;* **estar de** [*o* **hacer**] ~ zelten; **este año vamos de** ~ dieses Jahr gehen wir zelten

campiña [kam'piɲa] *f* (*campo*) Feld *nt;* (*de cultivo*) Ackerland *nt*

campirano, **-a** [kampi'rano, -a] *adj* **1.** (*Am: patán, rural*) ländlich **2.** (*Méx: campesino*) bäuerisch **3.** (*Méx: entendido en el campo*) auf landwirtschaftlichem Gebiet erfahren **4.** (*Méx: que maneja bien caballos*) geschickt im Umgang mit Pferden

campista [kam'pista] *mf* **1.** (*en las vacaciones*) Camper(in) *m(f);* (*en un camping*) Zeltler(in) *m(f)* **2.** (*Méx:* MIN) Grubenpächter(in) *m(f)*

campizal [kampi'θal] *m* (AGR) *stellenweise mit Rasen bewachsenes Gelände*

campo ['kampo] *m* **1.** (*opuesto a ciudad*) Land *nt;* (*de cultivo*) Acker *m,* Feld *nt;* ~ **abierto** offenes Land; **gente del** ~ Landbevölkerung *f;* **vivir en el** ~ auf dem Lande wohnen; **ir al** ~ ins Grüne fahren; **a** ~ **traviesa** [*o* **travieso**], ~ **a través** querfeldein; **dejar el** ~ **libre** (*fig*) das Feld räumen; **tener** ~ **libre** (*fig*) freie Bahn haben **2.** (*terreno*) Feld *nt,* Platz *m;* (DEP) (Sport)platz *m;* ~ **de aterrizaje** (AERO) Landeplatz *m;* ~ **de fútbol** Fußballplatz *m;* ~ **de golf** Golfplatz *m;* ~ **de juego** Sportplatz *m;* ~ **de vuelo** (AERO) Flugplatz *m* **3.** (*t.* POL, MIL: *campamento*) Lager *nt,* Camp *nt;* ~ **de acogida** Auffanglager *nt;* ~ **de concentración** (HIST) Konzentrationslager *nt;*

~ **de prisioneros** Gefangenenlager *nt;* ~ **de refugiados** Flüchtlingslager *nt;* ~ **de trabajo** (Jugend)workcamp *nt* **4.**(MIL: *terreno*) Feld *nt;* ~ **de batalla** Schlachtfeld *nt;* ~ **de minas** Minenfeld *nt;* ~ **de operaciones** Operationsgebiet *nt;* ~ **de tiro** Schießplatz *m* **5.**(FÍS) Feld *nt;* ~ **de acción** Wirkungsfeld *nt;* ~ **de gravitación** Schwerefeld *nt;* ~ **magnético** Kraftfeld *nt;* ~ **visual** Sichtfeld *nt* **6.**(*área del saber*) Bereich *m,* Gebiet *nt;* ~ **de actuación** Wirkungsbereich *m,* Tätigkeitsfeld *nt;* **profundizar sus conocimientos en un** ~ seine Kenntnisse auf einem Gebiet vertiefen **7.**(INFOR) Feld *nt;* ~ **binario** binäres Feld; ~ **calculado** berechnetes Feld; ~ **clave** Schlüsselfeld *nt;* ~ **para entradas** Eingabefeld *nt;* ~ **de extensión** Erweiterungsfeld *nt;* ~ **de opción** Optionsfeld *nt;* ~ **de operación** Operationsfeld *nt;* ~ **de selección** Auswahlfeld *nt*

camposanto [kampo'santo] *m* Friedhof *m*

CAMPSA ['kamsa] *f abr de* **Compañía Arrendataria del Monopolio de Petróleos, S.A.** *staatliche spanische Erdölgesellschaft*

campus ['kampus] *m inv* Campus *m,* Universitätsgelände *nt*

camuesa [ka'mwesa] *f* (BOT: *variedad de manzana*) Kalvill *m*

camueso [ka'mweso] *m* Kalvillbaum *m*

camuflaje [kamu'flaxe] *m* Tarnung *f*

camuflar [kamu'flar] *vt* tarnen; (*fig*) verbergen

camuza [ka'muθa] *f* (ZOOL) Gämse *f*

can [kan] *m* **1.**(*perro*) Hund *m* **2.**(*gatillo*) Hahn *m* **3.**(ASTR): **el C~ Mayor** der Große Hund

cana ['kana] *f* **1.**(*cabello*) graues/weißes Haar *nt;* **ya me están saliendo ~s** ich bekomme schon graue Haare; **Paco ya peina ~s** Paco wird langsam alt; **echar una ~ al aire** sich *dat* eine Eskapade leisten **2.**(*RíoPl: fam: policía*) Polente *f* **3.**(*RíoPl: fam: prisión*) Knast *m;* **ir en** ~ in den Knast kommen; **llevar en** ~ einlochen

canaca [ka'naka] *mf* **1.**(*Chil, Ecua, Perú: vulg pey: oriental*) Schlitzauge *nt* **2.**(*Chil: vulg: en un burdel*) Bordellwirt *m,* Puffmutter *f fam*

canaco, -a [ka'nako, -a] *m, f* Kanake *mf*

Canadá [kana'ða] *m:* (**el**) ~ Kanada *nt*

canadiense [kana'ðjense] **I.** *adj* kanadisch **II.** *mf* Kanadier(in) *m(f)*

canadillo [kana'ðiʎo] *m* (BOT) Meerträubel *m*

canal¹ [ka'nal] *m* **1.**(GEO: *paso natural*) Meerenge *f;* **el C~ de la Mancha** der Ärmelkanal **2.**(NÁUT): ~ (**de navegación**) Fahrrinne *f,* Fahrwasser *nt;* **C~ de Panamá** Panamakanal *m*

canal² [ka'nal] *m o f* **1.**(*cauce artificial*) Kanal *m;* ~ **de desagüe** Abflussgraben *m;* ~ **de drenaje** Entwässerungsrinne *f;* ~ **de riego** Bewässerungskanal *m;* **abrir en** ~ aufschlitzen **2.**(*canalón*) Dachrinne *f* **3.**(TV) Sender *m,* Kanal *m;* ~ **de televisión** Fernsehsender *m* **4.**(TEL: *frecuencia*) Kanal *m* **5.**(ANAT: *conducto*) Kanal *m* **6.**(TÉC: *ranura*) Nut *f* **7.**(ECON) Weg *m;* **~es de distribución** Vertriebskanäle *mpl* **8.**(INFOR) Kanal *m;* ~ **acústico** akustischer Kanal; ~ **de comunicaciones** Nachrichtenkanal *m;* ~ **dúplex** Duplexkanal *m;* ~ **libre de errores** fehlerfreier Kanal; ~ **selector** Selektorkanal *m;* ~ **de transmisión** Übertragungskanal *m*

canalado, -a [kana'laðo, -a] *adj* gerillt; (ARQUIT) ausgekehlt; **columnas canaladas** kannelierte Säulen

canaladura [kanala'ðura] *f* Riffelung *f;* (ARQUIT) Kannelüren *fpl*

canaleta [kana'leta] *f* (*AmS*) *v.* **canalón 1**

canaleto [kana'leto] *m* (ARQUIT) Kannelur *f*

canalizable [kanali'θaβle] *adj* kanalisierbar

canalización [kanaliθa'θjon] *f* **1.**(*construcción*) Kanalbau *m* **2.**(*de una zona, un río*) Kanalisierung *f* **3.**(*alcantarillado*) Kanalisation *f;* (*infraestructura*) Kanalisationsnetz *nt,* Kanalsystem *nt* **4.**(TÉC: *de electricidad, gas*) Leitung *f;* ~ **de cables** Kabelschacht *m* **5.**(ECON): ~ **de un producto** Produktvermarktung *f*

canalizar [kanali'θar] <z→c> *vt* **1.**(*un río, una zona*) kanalisieren **2.**(*encauzar*) gezielt lenken

canalla¹ [ka'naʎa] *mf* (*pey*) Schurke, -in *m, f,* Schuft *m*

canalla² [ka'naʎa] *f* (*pey*) Gesindel *nt,* Pöbel *m*

canallada [kana'ʎaða] *f* Gemeinheit *m;* **¡vaya ~!** so eine Gemeinheit!

canallesco, -a [kana'ʎesko, -a] *adj* schurkisch

canalón [kana'lon] *m* **1.**(*desagüe*) Dachrinne *f* **2.** *pl* (GASTR) Cannelloni *pl*

canana [ka'nana] *f* **1.**(*cinturón*) Patronengurt *m* **2.**(*Am: fam: canallada*) Schweinerei *f*

cananeo¹ [kana'neo] *m sin pl* (LING) kanaanäische Sprachen *fpl;* **el ~ engloba varias lenguas semíticas** zu den kanaanäischen Sprachen zählen verschiedene semitische Sprachen

cananeo, -a² [kana'neo, -a] **I.** *adj* kanaanitisch, kanaanäisch **II.** *m, f* Kanaaniter(in) *m(f)*

canapé [kana'pe] *m* Kanapee *nt*

canaria [ka'narja] *adj o f v.* **canario²**

Canarias [ka'narjas] *fpl:* **las Islas ~** die Kanaren, die Kanarischen Inseln

canaricultura [kanarikuḷ'tura] *f* (ZOOL) Kanarienvogelzucht *f*

canario¹ [ka'narjo] *m* Kanarienvogel *m*

canario, -a² [ka'narjo, -a] **I.** *adj* kanarisch **II.** *m, f* (*de Canarias*) Kanarier(in) *m(f)*

canasta [ka'nasta] *f* **1.**(*cesto*) (Henkel)korb *m,* Weidenkorb *m* **2.**(DEP) Korb *m* **3.**(*naipes*) Canasta *nt*

canastero, -a [kanas'tero, -a] *m, f* **1.**(*que fabrica canastas*) Korbflechter(in) *m(f)* **2.**(*Chil: panadería*) Bäckergehilfe, -in *m, f*

3. (*Chil: venta ambulante*) fliegender Obst- und Gemüsehändler *m*, fliegende Obst- und Gemüsehändlerin *f*

canastilla [kanas'tiʎa] *f* **1.** (*cestita*) Körbchen *nt*; ~ **para cubiertos** Besteckkorb *m* **2.** (*del bebé*) Babyausstattung *f* **3.** (*Arg, PRico: de la novia*) Aussteuer *f* **4.** (*en una freidora*) Frittierkorb *m*

canastillo [kanas'tiʎo] *m* länglicher, flacher Weidenkorb *m*

canasto [ka'nasto] **I.** *m v.* **canasta II.** *interj*: **¡~s!** Donnerwetter!

cancán [kaŋ'kan] *m* **1.** (MÚS) Cancan *m* **2.** (*enagua*) Cancanunterrock *m*

cáncana ['kaŋkana] *f* (ZOOL) Hausspinne *f*, Winkelspinne *f*

cancanear [kaŋkane'ar] *vi* **1.** (*fam: vagar*) herumschlendern **2.** (*Am: tartamudear*) stottern; (*hablar entrecortadamente*) stockend sprechen

cancel [kaṇ'θel] *m* **1.** (*en la puerta*) Windfang *m* **2.** (*mampara*) Wandschirm *m*

cancela [kaṇ'θela] *f* untere Türhälfte *f*

cancelación [kaṇθela'θjon] *f* **1.** (*anulación*) Streichung *f*; (*de una cita*) Absage *f* **2.** (FIN: *de una cuenta*) Löschung *f*; (*de una deuda*) Tilgung *f*; (*de un cheque*) Sperrung *f*; ~ **de un apunte** [*o* **asiento contable**] Storno *m o nt*; ~ **de un pedido** Stornierung eines Auftrags

cancelar [kaṇθe'lar] *vt* **1.** (*anular*) streichen **2.** (*rescindir*) aufheben, rückgängig machen; ~ **una cita con alguien** eine Verabredung mit jdm absagen **3.** (FIN: *una cuenta*) löschen; (*una deuda*) tilgen; (*un cheque*) sperren; ~ **un apunte** [*o* **asiento contable**] eine Buchung stornieren; ~ **una deuda** eine Schuld begleichen

cancelario [kaṇθe'larjo] *m* (*Bol*) Rektor *m* (*einer Universität*)

cáncer ['kaṇθer] *m* **1.** (MED: *enfermedad*) Krebs *m*; **padecer/morir de** ~ an Krebs leiden/sterben; **tener** ~ Krebs haben **2.** (*vicio*) Hauptübel *nt*, Krebsschaden *m elev*; **las drogas son el** ~ **de nuestra sociedad** Drogen sind das Hauptübel [*o* das Krebsgeschwür] unserer Gesellschaft **3.** (ASTR) Krebs *m*

cancerado, -a [kaṇθe'raðo, -a] *adj* verkrebst

cancerar [kaṇθe'rar] **I.** *vi, vr*: **~se** (*tumor*) bösartig werden **II.** *vt* **1.** (*minar*) untergraben **2.** (*mortificar*) zermürben

cancerbero [kaṇθer'βero] *m* **1.** (*mitología*) Zerberus *m*; (*portero*) Pförtner *m* **2.** (DEP) Torwart *m*

cancerígeno, -a [kaṇθe'rixeno, -a] *adj* Krebs erzeugend, Krebs erregend; (MED) kanzerogen

cancerología [kaṇθerolo'xia] *f* (MED) Onkologie *f*

cancerólogo, -a [kaṇθe'roloɣo, -a] *m, f* (MED) Onkologe(in) *m(f)*

canceroso, -a [kaṇθe'roso, -a] *adj* krebs(art)ig; (MED) kanzerös; **tumor** ~ Krebsgeschwulst *f*

cancha ['kanʧa] *f* **1.** (*terreno de juego*) Sportplatz *m*; ~ **de fútbol** Fußballplatz *m* **2.** (*Am: hipódromo*) Pferderennbahn *f* **3.** (*Am: de un río*) breites Flussbett *nt* **4.** (*Am: espacio*) Platz *m*, Raum *m*; **¡~!** Platz da!; **abrir** [*o* **dar**] [*o* **hacer**] ~ Platz machen; **estar en su** ~ (*fig*) sich wie ein Fisch im Wasser fühlen

canchear [kanʧe'ar] *vi* (*trepar*) über Felsen klettern

canchero, -a [kan'ʧero, -a] *m, f* (*Arg*) Angeber(in) *m(f)*

cancho ['kanʧo] *m* **1.** (*roca*) großer Felsen *m*, Felsblock *m* **2.** (*peñascal*) felsiges Gelände *nt* **3.** (*Chil: fam: propina*) Trinkgeld *nt* (*für einen geringfügigen Dienst*)

cancilla [kaṇ'θiʎa] *f* Gittertor *nt*

canciller [kaṇθi'ʎer] *mf* **1.** (*Jefe de Gobierno* (*Federal*)) (Bundes)kanzler(in) *m(f)* **2.** (HIST: *en el Imperio Alemán*) Reichskanzler *m*; **el C~ de Hierro** der Eiserne Kanzler **3.** (*en el Cuerpo Diplomático*) Kanzler(in) *m(f)* **4.** (*Am: de Asuntos Exteriores*) Außenminister(in) *m(f)*

cancilleresco, -a [kaṇθiʎe'resko, -a] *adj* **1.** (*relativo a la cancillería*) Kanzlei-; **lengua cancilleresca** Kanzleisprache *f* **2.** (*ceremonioso*) feierlich

cancillería [kaṇθiʎe'ria] *f* **1.** (*Jefatura del Gobierno* (*Federal*)) (Bundes)kanzleramt *nt* **2.** (*oficina*) Kanzlei *f* **3.** (*Am: Asuntos Exteriores*) Außenministerium *nt*

canción [kaṇ'θjon] *f* **1.** (*canto*) Lied *nt*; ~ **de amor** Liebeslied *nt*; ~ **de cuna** Wiegenlied *nt*; ~ **de moda** Schlager *m*; ~ **popular** Volkslied *nt*; **eso ya es otra** ~ (*fig*) das klingt schon ganz anders; **la eterna** ~ die alte Leier; (**es**) **siempre la misma** ~ es ist immer das alte Lied **2.** (LIT, MÚS) Kanzone *f*

cancioneril [kaṇθjone'ril] *adj* (LIT) im Stil der Cancións

cancionero [kaṇθjo'nero] *m* **1.** (MÚS) Liederbuch *nt* **2.** (LIT) Liederhandschrift *f*

canción-protesta [kaṇ'θjon pro'testa] *f* <canciones-protesta> Protestsong *m*

canco ['kaŋko] *m* **1.** (*Bol: nalga*) Hinterbacke *f* **2.** (*Chil: olla*) irdener Topf *m* **3.** (*Chil: tiesto*) Blumentopf *m*

cancona [kaŋ'kona] **I.** *adj* (*Chil*) mit breiten Hüften **II.** *f* (*Chil*) Frau *f* mit breiten Hüften

cancro ['kaŋkro] *m* **1.** (MED) Krebsgeschwulst *f* **2.** (BOT) Baumkrebs *m*

cancroide [kaŋ'kroi̯ðe] *m* (MED) Plattenepithelkarzinom *nt*

candado [kaṇ'daðo] *m* Vorhängeschloss *nt*; **poner algo bajo siete ~s** (*fig*) etw wie seinen Augapfel hüten; **poner ~ a la boca** sich in Schweigen hüllen

candar [kaṇ'dar] *vt* (*cerrar con llave*) zuschließen, abschließen

cande ['kaṇde] *adj v.* **candi**

candeal [kaṇde'al] *adj*: **pan** ~ Dinkelbrot *nt*; **trigo** ~ Dinkel *m*

candela [kan̪'dela] *f* **1.** (*vela*) Kerze *f;* **en ~** lotrecht, senkrecht; **arrimar** [*o* **atizar**] **~ a alguien** jdn verhauen; **estar con la ~ en la mano** (*fig*) im Sterben liegen **2.** (*Col, Cuba, PRico, Ven: fuego*) Feuer *nt;* **dar ~** (*fig*) stören **3.** (FÍS) Candela *f*
candelabro [kan̪de'laβro] *m* Kandelaber *m,* Kerzenleuchter *m;* **~ de mesa** Tafelleuchter *m;* **~ de pared** Wandleuchter *m*
Candelaria [kan̪de'larja] *f* Mariä Lichtmess *f*
candelejón, **-ona** [kan̪dele'xon, -ona] *adj* (*Chil, Col, Perú: inocente*) naiv, einfältig
candelero [kan̪de'lero] *m* Kerzenständer *m,* Leuchter *m;* **el ~ de los siete brazos** (REL) der siebenarmige Leuchter; **estar en el ~** (*fig*) hoch im Kurs stehen
candelilla [kan̪de'liʎa] *f* **1.** (MED) Dehnsonde *f,* Bougie *f* **2.** (BOT: *inflorescencia*) Kerzenblüte *f,* Blütenkerze *f* **3.** (BOT: *amento*) (Blüten)kätzchen *nt* **4.** (*Arg, Chil: fuego fatuo*) Irrlicht *nt* **5.** (*CRi, Chil, Hond: luciérnaga*) Glühwürmchen *nt* **6.** (*Cuba: hilván*) Heftnaht *f*
candente [kan̪'den̪te] *adj* **1.** (*al rojo*) glühend **2.** (*palpitante*) brennend; **cuestión ~** Brennpunkt *m;* **un tema ~** ein brennendes Thema
candi ['kan̪di] *adj:* **azúcar ~** Kandiszucker *m*
candidación [kan̪diða'θjon] *f* (*azúcar*) Auskristallisierung *f*
candidato, **-a** [kan̪di'ðato, -a] *m, f* **1.** (*aspirante*) Bewerber(in) *m(f),* Kandidat(in) *m(f);* **ser ~ a** sich bewerben um *+akk,* kandidieren für *+akk* **2.** (POL) Kandidat(in) *m(f);* **el Partido Socialdemócrata presenta a X como ~ a la presidencia** die SPD stellt X als Kanzleramtskandidaten auf **3.** (DEP) Wettkämpfer(in) *m(f),* Wettbewerbsteilnehmer(in) *m(f);* **~ al título** Titelanwärter *m*
candidatura [kan̪diða'tura] *f* **1.** (*presentación*) Bewerbung *f;* (POL) Kandidatur *f;* **presentar/retirar su ~ a** [*o* **para**]**...** seine Kandidatur für ... *+akk* anmelden/zurückziehen **2.** (*lista*) Kandidatenliste *f* **3.** (*papeleta*) Stimmzettel *m*
candidez [kan̪di'ðeθ] *f v.* **candor**
cándido, **-a** ['kan̪diðo, -a] *adj v.* **candoroso**
candiel [kan̪'djel] *m* (GASTR) *Süßspeise aus Weißwein, Eidotter, Zucker u. a.*
candil [kan̪'dil] *m* **1.** (*lámpara de aceite*) Öllampe *f,* Schnabellampe *f* **2.** (*Am: candelabro*) Kerzenleuchter *m* **3.** (*punta de la cuerna*) Sprosse *f*
candileja [kan̪di'lexa] *f* Rampenlicht *nt;* **se crió entre ~s** er/sie ist im Rampenlicht aufgewachsen
candinga [kan̪'diŋga] *f* **1.** (*Chil: necedad*) Dummheit *f* **2.** (*Hond: maraña*) Wirrwarr *m,* Durcheinander *nt*
candombe [kan̪'dombe] *m* (*baile*) Candombe(tanz) *m*
candonga [kan̪'doŋga] *f* **1.** (*fam: mofa*) Ulk *m,* Frotzelei *f* **2.** (*fam: mulo*) (Zug)maultier *nt* **3.** (NÁUT) Dreieckssegel *nt* **4.** (*Col: pendiente*) Ohrring *m*
candor [kan̪'dor] *m* **1.** (*blancura*) Weiße *f* **2.** (*inocencia*) Unschuld *f* **3.** (*ingenuidad*) Naivität *f;* (*simplicidad*) Einfalt *f*
candoroso, **-a** [kan̪do'roso, -a] *adj* **1.** (*blanco*) blütenweiß **2.** (*inocente*) unschuldig **3.** (*ingenuo*) naiv; (*simple*) einfältig
caneca [ka'neka] *f* **1.** (*licorera*) Likörflasche *f* (*aus glasierter Keramik*) **2.** (*Col: basurero*) Mülleimer *m* **3.** (*Cuba: agua caliente*) Wärmflasche *f* **4.** (*Am: barril*) Fass *nt;* (*balde*) Eimer *m*
canecillo [kane'θiʎo] *m* (ARQUIT) Kragstein *m;* (*cabeza del cabrio*) Sparrenkopf *m*
caneco, **-a** [ka'neko, -a] *adj* (*Bol: embriagado*) betrunken
canéfora [ka'nefora] *f* (HIST) Kanephore *f*
canela [ka'nela] *f* **1.** (*especia*) Zimt *m;* **~ en polvo** gemahlener Zimt, Zimtpulver *nt;* **~ en rama** Zimtstange *f;* **¡~!** wunderbar!; **¡esto es ~ fina!** (*fig*) das ist das Feinste vom Feinen! **2.** (*color*) Zimtfarbe *f*
canelácea [kane'laθea] *f* (BOT) Kaneelbaumgewächs *nt*
caneláceo, **-a** [kane'laθeo, -a] *adj* (BOT) zu den Kaneelbaumgewächsen gehörend
canelado, **-a** [kane'laðo, -a] *adj* (GASTR) rinnenförmig
canelina [kane'lina] *f* (QUÍM) Canellin *nt*
canelo¹ [ka'nelo] *m* **1.** (*canelero*) Zimtbaum *m* **2.** (*Chil: magnolio*) Magnolienbaum *m*
canelo, **-a**² [ka'nelo, -a] *adj* zimtfarben; **caballo ~** Falbe *m*
canelón [kane'lon] *m* **1.** (*desagüe*) Dachrinne *f* **2.** *pl* (GASTR) Cannelloni *pl* **3.** (*carámbano*) Eiszapfen *m* **4.** (*charretera*) Raupe *f*
canesú [kane'su] *m* **1.** (*en una prenda*) Koller *nt* **2.** (*AmS: escote*) Halsausschnitt *m*
canfín [kaɱ'fin] *m* (*AmC: petróleo*) (Erd)öl *nt*
cangallar [kaŋga'ʎar] *vt* (*Bol, Chil: hurtar de la mina*) aus Bergwerken stehlen
cangilón [kaŋxi'lon] *f* **1.** (*cántaro*) großer Krug *m* **2.** (*noria, draga*) Schöpfeimer *m,* Fördereimer *m;* (*rueda de molino*) Schaufelkammer *f*
cangrejero, **-a** [kaŋgre'xero, -a] *m, f* Krabbenfischer(in) *m(f)*
cangrejo [kaŋ'grexo] *m* (*crustáceo*) Krebs *m;* **~ de mar** Krabbe *f;* **~ de río** Flusskrebs *m;* **colorado** [*o* **rojo**] **como un ~** krebsrot; **ponerse como un ~** knallrot werden; **caminar como el ~** den Krebsgang gehen
cangrina [kaŋ'grina] *f* (*Col*) Beschwerde *f*
cangro ['kaŋgro] *m* (*Col, Guat:* MED: *cáncer*) Krebs *m*
canguelo [kaŋ'gelo] *m* (*fam*) Heidenangst *f*
canguil [kaŋ'gil] *m* (*Ecua:* AGR) *kleinkörnige, sehr geschätzte Maissorte*
canguis ['kaŋgis] *m inv v.* **canguelo**
canguro [kaŋ'guro] **I.** *m* (ZOOL) Känguru *nt* **II.** *mf* (*fam: persona*) Babysitter(in) *m(f);* **ha-**

cer de ~ babysitten

caníbal [ka'niβal] **I.** *adj* kannibalisch **II.** *mf* Kannibale, -in *m, f*

canibalismo [kaniβa'lismo] *m* **1.** (*antropofagia*) Kannibalismus *m* **2.** (*salvajismo*) Grausamkeit *f*

canica [ka'nika] *f* Murmel *f;* **jugar a las ~s** (mit) Murmeln spielen, klickern

caniche [ka'nitʃe] *m* Pudel *m*

canicie [ka'niθje] *f* graue Haarfarbe *f,* Grauhaarigkeit *f*

canícula [ka'nikula] *f* **1.** (*período*) Hundstage *mpl* **2.** (ASTR) Sirius *m*

canicular [kaniku'lar] *adj* hochsommerlich; **las ~es** die Hundstage; **calores ~es** Hundstagshitze *f*

cánido ['kaniðo] *m* (ZOOL) hundeartiges Tier *nt;* (*perro*) Hund *m;* **los ~s** die Kaniden

canijo, -a [ka'nixo, -a] *adj* **1.** (*pey: endeble*) kümmerlich; (*pequeñajo*) mick(e)rig **2.** (*Am: malvado*) bösartig

canilla [ka'niʎa] *f* **1.** (ANAT: *hueso alargado*) Röhrenknochen *m;* (*tibia*) Schienbein *nt;* (*de un ala*) Knöchelchen *nt* **2.** (*pierna muy delgada*) Storchenbein *nt fam* **3.** (TÉC: *carrete*) Spule *f* **4.** (*espita*) Zapfhahn *m;* **irse como una ~** (*fam*) Dünnpfiff haben **5.** (*Col, Perú: pantorrilla*) Wade *f* **6.** (*CSur: grifo*) Wasserhahn *m* **7.** (*Méx: fuerza*) Kraft *f*

canillera [kani'ʎera] *f* (*Am*) **1.** (*espinillera*) Schienbeinschutz *m* **2.** (*temblor*) Schlottern *nt*

canillita [kani'ʎita] *m* (*AmS*) Zeitungsjunge *m*

canino¹ [ka'nino] *m* **1.** (*humano*) Eckzahn *m* **2.** (*de animales*) Fang(zahn) *m*

canino, -a² [ka'nino, -a] *adj* Hunde-; **raza canina** Hunderasse *f;* **hambre canina** (*fig*) Wolfshunger *m fam,* Bärenhunger *m fam*

canje ['kaŋxe] *m* **1.** (*intercambio*) Austausch *m;* **~ de notas diplomáticas** (POL) Notenaustausch *m,* Notenwechsel *m;* **~ de prisioneros** (MIL) Gefangenenaustausch *m;* **~ de valores** (FIN) Umtausch von Wertpapieren **2.** (*de un vale*) Einlösen *nt*

canjeable [kaŋxe'aβle] *adj* umtauschbar (*por* gegen +*akk*)

canjear [kaŋxe'ar] *vt* **1.** (*intercambiar*) austauschen **2.** (*cambiar*) einlösen (*por* für/gegen +*akk*)

cannabis [ka'naβis] *m sin pl* Cannabis *m*

cano, -a ['kano, -a] *adj v.* **canoso**

canoa [ka'noa] *f* **1.** (*bote a remo*) Kanu *nt;* (*tronco*) Einbaum *m;* (DEP: *piragua*) Kajak *m o nt;* (*canadiense*) Kanadier *m* **2.** (*a motor*) Motorboot *nt;* **~ fuera borda** Außenborder *m* **3.** (*Am: artesa*) Trog *m* **4.** (*canal*) Rinne *f* **5.** (*pesebre*) (Futter)krippe *f*

canódromo [ka'noðromo] *m* Hunderennbahn *f*

canoero, -a [kano'ero, -a] *m, f* Kanuführer(in) *m(f),* Kanute, -in *m, f*

canon ['kanon] *m* **1.** (*precepto*) Gesetz *nt;* (REL) Kanon *m* **2.** (ARTE, LIT: *modelo*) Kanon *m;* **~ de belleza** Schönheitsmaßstab *m* **3.** *pl* (*reglas*) Vorschriften *fpl;* **como mandan los cánones** nach allen Regeln der Kunst **4.** (*renta*) Gebühr *f;* (*royalty*) Lizenzgebühr *f;* **~ de arrendamiento** Pachtzins *m* **5.** (MÚS) Kanon *m* **6.** *pl* (REL) katholisches Kirchenrecht *nt*

canonicato [kanoni'kato] *m* (REL) Domherrenwürde *f,* Kanonikat *nt*

canónico, -a [ka'noniko, -a] *adj* kanonisch

canóniga [ka'noniɣa] *f* **1.** (*sueñecito*) Schlummerstunde *f* (vor dem Mittagessen) **2.** (*fam: borrachera*): **coger una ~** einen über den Durst trinken

canónigo [ka'noniɣo] *m* (REL) Kanoniker *m,* Domherr *m;* **vivir como un ~** (*fam*) wie Gott in Frankreich leben

canonista [kano'nista] *mf* (JUR) Kirchenrechtler(in) *m(f)*

canonización [kanoniθa'θjon] *f* (REL) Heiligsprechung *f,* Kanonisierung *f*

canonizar [kanoni'θar] <z→c> *vt* (REL) heilig sprechen, kanonisieren; (*alabar*) in den Himmel heben

canonjía [kanoŋ'xia] *f* (REL) Kanonikat *nt;* (*t. fig*) Pfründe *f*

canoro, -a [ka'noro, -a] *adj* **1.** (ZOOL): **aves canoras** Singvögel *mpl* **2.** (*melodioso*) melodiös

canoso, -a [ka'noso, -a] *adj* grauhaarig; **de cabeza canosa** grauhaarig; **de barba canosa** graubärtig

cansado, -a [kan'saðo, -a] *adj* **1.** *estar* (*fatigado*) müde; **con voz cansada** mit schwacher Stimme **2.** *estar* (*harto*) überdrüssig (*de* +*gen*); **~ de vivir** lebensmüde; **ya estoy ~ de tus mentiras** ich kann deine Lügen nicht mehr hören **3.** *ser* (*fatigoso*) ermüdend; **un viaje ~** eine anstrengende Reise **4.** *ser* (*aburrido*) langweilig **5.** *ser* (*molesto*) lästig **6.** (*Am*): **a las cansadas** sehr spät, nach langem Warten

cansador(a) [kansa'ðor(a)] *adj* (*Arg*) **1.** *ser* (*fatigoso*) ermüdend, anstrengend **2.** *ser* (*aburrido*) langweilig **3.** *ser* (*molesto*) lästig

cansancio [kan'saṇθjo] *m* **1.** (*fatiga*) Müdigkeit *f;* (*agotamiento*) Ermüdung *f;* **estoy muerto de ~** ich bin todmüde **2.** (*hastío*) Überdruss *m;* **repetir algo hasta el ~** etw bis zum Überdruss wiederholen

cansar [kan'sar] **I.** *vi* **1.** (*fatigar*) anstrengend sein, müde machen **2.** (*hastiar*) langweilig werden **II.** *vt* **1.** (*fatigar*) müde machen, ermüden **2.** (*hastiar*) langweilen **III.** *vr:* **~se** **1.** (*fatigarse*) ermüden, müde werden **2.** (*hartarse*): **~se de algo** etw *gen* überdrüssig werden; **me canso de repetirte siempre lo mismo** ich bin es leid dir immer wieder dasselbe sagen zu müssen; **no ~se de hacer/decir algo** nicht müde werden etw zu tun/sagen

cansera [kan'sera] *f* **1.** (*fam: cansancio*) Ermüdung *f;* (*enojo*) Widerwille *m;* **sus quejas**

me causan ~ sein Gejammer geht mir auf den Wecker **2.** (*Col: tiempo malgastado*) Zeitverschwendung *f*

cansino, **-a** [kan'sino, -a] *adj* **1.** (*cansado*) kraftlos, matt **2.** (*lento*) langsam **3.** (*desganado*) lustlos

cantable [kan̪'taβle] **I.** *adj* singbar; (MÚS) kantabel **II.** *m* (MÚS) Kantabile *nt;* (*en la zarzuela*) Gesangstück *nt*

cántabra ['kan̪taβra] *adj o f v.* **cántabro**

Cantabria [kan̪'taβrja] *f* Kantabrien *nt*

cantábrico, **-a** [kan̪'taβriko, -a] *adj* kantabrisch; **el Mar C~** das Kantabrische Meer

cántabro, **-a** ['kan̪taβro, -a] **I.** *adj* kantabrisch **II.** *m, f* Kantabrer(in) *m(f)*

cantada [kan̪'taða] *f* (MÚS) Kantate *f*

cantador(a) [kan̪ta'ðor(a)] *m(f)* (MÚS) *v.* **cantaor**

cantal [kan̪'tal] *m v.* **cantizal**

cantaleta [kan̪ta'leta] *f* **1.** (*canción ruidosa*) lautes Spottlied *nt;* (*confusión*) Katzenmusik *f* **2.** (*chasco*) Enttäuschung *f;* (*sorpresa*) Verwunderung *f* **3.** (*pey: cantinela*) Leier *f fam;* **deja ya de repetir la misma** ~ hör auf, ständig mit derselben Leier zu kommen *fam*

cantaletear [kan̪talete'ar] *vt* (*Am*) ständig wiederholen

cantamañanas [kan̪tama'ɲanas] *mf inv* (*fam*) Luftikus *m,* Windhund *m*

cantante [kan̪'tan̪te] **I.** *adj* singend; **llevar la voz** ~ (*fig*) die erste Geige spielen, den Ton angeben **II.** *mf* Sänger(in) *m(f)*

cantaor(a) [kan̪ta'or(a)] *m(f)* Flamencosänger(in) *m(f)*

cantar [kan̪'tar] **I.** *vi, vt* **1.** (*personas, pájaros*) singen; (*gallo*) krähen; (*grillo*) zirpen; (*ranas*) quaken; ~ **los números de la lotería** die Gewinnzahlen ausrufen; **en menos que canta un gallo** (*fam*) im Nu; **esto es coser y** ~ das ist keine große Sache [*o* nicht der Rede wert]; ~**las claras** kein Blatt vor den Mund nehmen **2.** (*alabar*) (an)preisen; **está siempre cantando las bellezas de su país** er/sie schwärmt immer von der Schönheit seines/ihres Landes **3.** (*argot: confesar*) singen; ~ **de plano** auspacken **4.** (*en el juego*) ansagen; ~**le las cuarenta a alguien** jdm eine Standpauke halten **5.** (*fam: oler mal*) stinken; **te cantan los pies** deine Füße miefen **6.** (*ser evidente*) eindeutig sein; **las cifras cantan** die Zahlen sprechen für sich **II.** *m* Lied *nt;* (*copla popular*) Volkslied *nt;* ~ **de gesta** (LIT) Heldenlied *nt;* **el C~ de los C~es** das Hohelied

cántara ['kan̪tara] *f* **1.** (*medida*) *Flüssigkeitsmaß: ca. 16 Liter;* **muchas ~s de vino** hektoliterweise Wein **2.** (*recipiente*) (bauchiger) Krug *m;* (*con asas*) Henkelkrug *m*

cantarela [kan̪ta'rela] *f* (MÚS) höchste Saite *f* (*der Geige oder Gitarre*)

cantarero, **-a** [kan̪ta'rero, -a] *m, f* Töpfer(in) *m(f)*

cantárida [kan̪'tariða] *f* (ZOOL) Spanische Fliege *f*

cantarín, **-ina** [kan̪ta'rin, -ina] **I.** *adj* **1.** (*persona*) sangesfroh **2.** (*agua*) plätschernd **II.** *m, f* Sänger(in) *m(f)*

cántaro ['kan̪taro] *m* (Henkel)krug *m;* **está lloviendo a ~s** es gießt in Strömen; **tanto va el ~ a la fuente que, al final, se rompe** (*prov*) der Krug geht so lange zum Brunnen, bis er bricht

cantata [kan̪'tata] *f* **1.** (MÚS) Kantate *f* **2.** (*fam pey*) Leier *f*

cantautor(a) [kan̪tau̯'tor(a)] *m(f)* Liedermacher(in) *m(f)*

cante ['kan̪te] *m* **1.** (*general*) Volkslied *nt;* **dar el** ~ (*denunciar*) singen *fam;* (*llamar la atención*) hervorstechen; **dio el ~ con el color de su vestido** die Farbe ihres Kleides sprang ins Auge **2.** (*andaluz*) Flamenco *m;* ~ **jondo** *schwermütiger Flamenco arabisch-zigeunerischer Herkunft*

cantear [kan̪te'ar] *vt* **1.** (*piedra*) abschrägen; (*madera*) besäumen **2.** (*ladrillo*) hochkant legen

cantera [kan̪'tera] *f* **1.** (*pedrera*) Steinbruch *m* **2.** (*t.* DEP: *cuna*) Kaderschmiede *f*

cantería [kan̪te'ria] *f* **1.** *sin pl* (*técnica*) Steinhauerei *f;* **taller de** ~ Steinhauerwerkstatt *f* **2.** (*obra*) Mauerwerk *nt* aus behauenen Steinen **3.** (*piedra*) Quaderstein *m*

canterios [kan̪'terjos] *mpl* Deckenbalken *mpl,* Balkenwerk *nt*

cantero [kan̪'tero] *m* **1.** (*picapedrero*) Steinmetz *m* **2.** (*extremo*) Ende *nt;* ~ **de pan** (Brot)kanten *m* **3.** (*Am: sembradío*) Beet *nt*

cántica ['kan̪tika] *f* (LIT) volkstümliches Gedicht *nt*

cántico ['kan̪tiko] *m* (REL) Lobgesang *m;* **¡cantad al Señor un ~ nuevo!** singet dem Herrn ein neues Lied!

cantidad [kan̪ti'ðaᵈ] **I.** *f* **1.** (*porción*) Menge *f;* (*número*) Anzahl *f;* ~ **máxima** Höchstmenge *f;* ~ **mínima** Mindestmenge *f;* ~ **de movimiento** (FÍS) Moment *nt;* ~ **de producción** (ECON) Ausstoß *m,* Produktionsmenge *f;* **una determinada ~ de manzanas** eine bestimmte Anzahl Äpfel; **una gran ~ de plantas exóticas/de personas** eine Vielzahl exotischer Pflanzen/von Personen; **en** ~ in größerer Menge; **¿qué ~ necesitas?** wie viel brauchst du? **2.** (*suma de dinero*) Betrag *m,* Summe *f;* ~ **alzada** (ECON) veranschlagte Summe; ~ **fija** Pauschale *f* **3.** (LING, LIT) Quantität *f* **II.** *adv* (*fam*) sehr viel; **me gusta** ~ das gefällt mir voll gut, das finde ich echt spitzenmäßig; **conoce ~ de gente** er/sie kennt wahnsinnig viele Leute

cantiga [kan̪'tiɣa] *f höfisches oder religiöses Lied im Mittelalter*

cantilena [kan̪ti'lena] *f* **1.** (MÚS) Kantilene *f* **2.** (*pey*) *v.* **cantinela**

cantimplora [kan̪tim'plora] *f* **1.** (*botella de campaña*) Feldflasche *f* **2.** (*sifón*) Weinheber *m*

cantina [kaṇ'tina] *f* **1.**(*en estaciones, cuarteles*) Kantine *f* **2.**(*bodega*) Weinkeller *m* **3.**(*fiambrera*) Frischhaltedose *f* **4.**(*CSur, Méx: taberna*) Wirtshaus *nt*

cantinela [kaṇti'nela] *f* (*pey*) Leier *f*; **siempre la misma** ~ immer die alte Leier

cantinero [kaṇti'nero] *m* Kantinenwirt *m*; (*empleado*) Kellner *m*

cantizal [kaṇti'θal] *m* (*cantos*) Steinfeld *nt*; (*guijarros*) Kieselfläche *f*

canto ['kaṇto] *m* **1.**(*cantar*) Singen *nt*; (*canción*) Gesang *m*; ~ **del cisne** (*fig*) Schwanengesang *m*; ~ **fúnebre** Trauergesang *m*; ~ **gregoriano** Gregorianischer Gesang; ~ **del grillo** Grillenzirpen *nt*; ~ **nupcial** Hochzeitslied *nt*; ~ **de los pájaros** Vogelgesang *m*; **estudia** ~ er/sie studiert Gesang; **voy a clase de** ~ ich bekomme Gesangsunterricht; **al** [*o* **con el**] ~ **del gallo** beim ersten Hahnenschrei; **en** ~ **llano** schlicht und einfach **2.**(*alabanza*) Lob *nt*, Lobgesang *m*; **sus palabras fueron un** ~ **a la libertad humana** seine Worte waren ein Lobgesang auf die menschliche Freiheit **3.**(LIT) Gesang *m* **4.**(*arista*) Kante *f*; (*esquina*) Ecke *f*; ~ **de pan** (Brot)kanten *m* **5.**(*borde*) Rand *m*; (*de un vestido*) Saum *m*; **no te has caído por el** ~ **de un duro** um ein Haar wär(e)st du gestürzt **6.**(*en un cuchillo*) Rücken *m*; (*en un libro*) Schnitt *m*; **poner de** ~ hochkant stellen **7.**(*grosor*) Dicke *f* **8.**(*guijarro*) Kiesel(stein) *m*; ~**s rodados** Kies *m*; **darse con un** ~ **en los dientes** (*fam*) sich zufrieden geben; **cada vez que hablamos de política, discusión al** ~ immer wenn wir über Politik sprechen, gibt es todsicher Streit

cantón [kaṇ'ton] *m* **1.**(*esquina*) Ecke *f* **2.**(ADMIN, POL) Kanton *m* **3.**(MIL) Quartier *nt*

cantonal [kaṇto'nal] *adj* (ADMIN, POL) kantonal

cantonalismo [kaṇtona'lismo] *m* (POL) **1.**(*sistema*) Kantonalsystem *nt* **2.**(*debilitamiento*) *radikaler Föderalismus, der zur Zersetzung eines Staates führt*

cantonear [kaṇtone'ar] *vi* (*vagar*) herumschlendern, umherschweifen

cantonera [kaṇto'nera] *f* **1.**(*contera*) Kantenschutz *m*; (*de metal*) Eckbeschlag *m*; (*en una culata*) Kolbenbeschlag *m* **2.**(*rinconera*): **mueble de** ~ Eckschrank *m* **3.**(*fam: prostituta*) Straßenmädchen *nt*

cantonero, **-a** [kaṇto'nero, -a] **I.** *adj* herumlungernd; **es una desgracia tener un hijo** ~ es ist eine Schande, so einen Müßiggänger als Sohn zu haben **II.** *m, f* Herumtreiber(in) *m(f)*

cantonés, **-esa** [kaṇto'nes, -esa] **I.** *adj* kantonesisch **II.** *m, f* Kantonese, -in *m, f*

cantor(a) [kaṇ'tor(a)] **I.** *adj* **1.**(*canoro*) Sing-; **aves** ~**as** Singvögel *mpl* **2.**(*cantarín*) sangesfroh, sangesfreudig; **los canarios son muy** ~**es** Kanarienvögel singen viel **II.** *m(f)* (*elev*) Sänger(in) *m(f)*; **Dante fue el** ~ **de Beatriz** Dante war der Sänger der Beatrice; **los Maestros C~es de Nuremberg** die Meistersänger von Nürnberg

cantoral [kaṇto'ral] *m* (REL) Chorbuch *nt*

cantúa [kaṇ'tua] *f* (*Cuba:* GASTR) *getrocknete Süßigkeit aus Kokos, Batate, Sesam und Zucker*

cantueso [kaṇ'tweso] *m* (BOT) Schopflavendel *m*

canturía [kaṇtu'ria] *f* **1.**(MÚS: *cantar*) Singen *nt* **2.**(MÚS: *interpretación*) Stimmführung *f* **3.**(*cantinela*) eintöniger Gesang *m*, Singsang *m*

canturrear [kaṇturre'ar] *vi, vt* trällern

canturreo [kaṇtu'rreo] *m* Singsang *m*, Trällern *nt*

canturriar [kaṇtu'rrjar] *vi, vt* trällern

cánula ['kanula] *f* **1.**(*caña*) Röhrchen *nt* **2.**(MED) Drain *m*, Dränageröhre *f* **3.**(*jeringa*) Injektionsnadel *f*, Kanüle *f*

canutas [ka'nutas] *adj* (*fam*): **pasarlas** ~ allerhand durchmachen

canutillo [kanu'tiʎo] *m v.* **cañutillo**

canuto [ka'nuto] *m* **1.**(*tubo*) Röhre *f* **2.**(*argot: porro*) Joint *m*

caña ['kaɲa] *f* **1.**(AGR, BOT) Rohr *nt*; (*tallo de cereal*) Halm *m*; (*junco*) Schilf *nt*; ~ **de azúcar** Zuckerrohr *nt* **2.**(ANAT: *hueso largo*) Röhrenknochen *m*; (*de la pierna*) Schienbein *nt*; (*tuétano*) Mark *nt* **3.**(*de pescar*) Angel(rute) *f* **4.**(NÁUT) Pinne *f* **5.**(*de un arma, una columna*) Schaft *m* **6.**(*en el calzado*) Beinling *m* **7.**(*vaso estrecho*) (schmales) Glas *nt*, Stange *f reg*; (*de cerveza*) Glas *nt* gezapftes Bier **8.**(*CSur: aguardiente*) Schnaps *m* aus Zuckerrohr **9.**(*loc*): **dar** ~ **a alguien** (*fam: pegar*) jdm eins auf die Mütze geben; (*obligar a un esfuerzo*) jdm Feuer unter dem Hintern machen; **dar** ~ **al coche** Gas geben; **meter** ~ einen Streit vom Zaun brechen

cañacoro [kaɲa'koro] *m* (BOT) Indisches Blumenrohr *nt*, Canna *f*

cañada [ka'ɲaða] *f* **1.**(*barranco*) Hohlweg *m* **2.**(AGR: *camino de ganado*) Weideweg *m* **3.**(*CSur: terreno*) Ried *nt* **4.**(*Cuba, PRico: arroyo*) Bach *m*

cañadilla [kaɲa'ðiʎa] *f* (ZOOL) Purpurschnecke *f*

cañaheja [kaɲa'exa] *f* (BOT) Riesenfenchel *m*

cañahua [ka'ɲawa] *f* (*Perú:* BOT) *Hirseart aus Peru*

cañal [ka'ɲal] *m* **1.**(*terreno*) Röhricht *nt*; **en torno al lago hay muchos** ~**es** der See ist von zahlreichen Röhrichtbeständen gesäumt **2.**(*técnica pesquera: cerco*) Fischzaun *m*, Fischwehr *nt* **3.**(*técnica pesquera: canal*) Fischkanal *m*

cañamazo [kaɲa'maθo] *m* **1.**(*arpillera*) Sackleinen *nt* **2.**(*para bordar*) Stramin *m*

cañamelar [kaɲame'lar] *m* (AGR) Zuckerrohrplantage *f*

cañamiza [kaɲa'miθa] *f* Hanfabfall *m*, Schäbe *f*

cáñamo ['kaɲamo] *m* **1.**(*planta*) Hanf *m*; ~ **índico** Marihuana *nt* **2.**(*tejido*) Hanfgarn *nt*;

de ~ hanfen, hänfen
cañamón [kaɲa'mon] *m* Hanfsamen *m*
cañamoncillo [kaɲamon̥'θiʎo] *m* (*albañilería*) Feinsand *m*
cañareja [kaɲa'rexa] *f* (BOT) *v.* **cañaheja**
cañariego, **-a** [kaɲa'rjeɣo, -a] *adj* transhumant; **pastor** ~ Wanderhirte *m*
cañavera [kaɲa'βera] *f* (BOT) Schilfrohr *nt*
cañaveral [kaɲaβe'ral] *m* **1.** (*cañizar*) Ried *nt*, Röhricht *nt* **2.** (*plantío*) Zuckerrohrfeld *nt*
cañeo [ka'ɲeo] *m* (*fam*) Kneipenbummel *m* (*auf dem man in jedem Lokal ein Glas trinkt und dann weiterzieht*); **estuvimos toda la tarde de** ~ **por ahí** wir waren dort den ganzen Abend auf Kneipentour
cañería [kaɲe'ria] *f* Rohrleitung *f*; ~ **del agua/gas** Wasser-/Gasleitung *f*
cañero, **-a** [ka'ɲero, -a] *adj* (*caña de azúcar*) Zuckerrohr-
cañí [ka'ɲi] *adj* Zigeuner-, zigeunerisch; **la España** ~ *die folkloristische, klischeehafte Seite Spaniens*
cañizal [kaɲi'θal] *m*, **cañizar** [kaɲi'θar] *m* Ried *nt*, Röhricht *nt*
cañizo [ka'ɲiθo] *m* **1.** (*tejido de cañas*) Rohrgeflecht *nt* **2.** (ARQUIT) Putzträger *m*
caño ['kaɲo] *m* **1.** (*tubo*) Röhre *f* **2.** (*de la fuente*) Ausflussrohr *nt*; (*chorro*) Wasserstrahl *m* **3.** (*desagüe*) Abflussrohr *nt*; (*alcantarilla*) Abzugskanal *m* **4.** (MIN) Stollen *m* **5.** (MÚS: *del órgano*) Pfeife *f*
cañón [ka'ɲon] **I.** *m* **1.** (*tubo*) Rohr *nt*; ~ **de chimenea** Schornstein *m*; ~ **de escopeta** Gewehrlauf *m*; **de dos cañones** doppelläufig **2.** (MIL) Kanone *f*; (*artillería*) Geschütz *nt*; ~ **de agua** Wasserkanone *f*; ~ **antiaéreo** Flak *f*; ~ **antitanque** Pak *f*; ~ **multiusos** Allzielgeschütz *nt*; ~ **de nieve** Schneekanone *f*; **carne de** ~ Kanonenfutter *nt*; **al pie del** ~ Gewehr bei Fuß **3.** (*de la barba*) Stoppel *f* **4.** (*de una pluma*) Federkiel *m* **5.** (GEO) Graben *m*, Cañon *m*; **el C~ del Colorado** der Grand Canyon **II.** *adj* (*fam*) spitze; **¡está ~!** der/die ist aber Klasse!
cañonazo [kaɲo'naθo] *m* **1.** (*disparo*) Kanonenschuss *m* **2.** (*fam: en el fútbol*) Bombenschuss *m* **3.** (*estruendo*) Kanonenschlag *m* **4.** (*daños*) Einschussloch *nt*
cañonear [kaɲone'ar] *vt, vr:* ~**(se)** (sich) mit Kanonen beschießen
cañoneo [kaɲo'neo] *m* Kanonade *f*
cañonera [kaɲo'nera] *f* **1.** (*en una fortificación*) Schießscharte *f*; (*en un barco*) Geschützpforte *f* **2.** (*lancha*) Kanonenboot *nt* **3.** (*Am: pistolera*) Halfter *f o nt*
cañonería [kaɲone'ria] *f* **1.** (MIL) Artillerie *f* **2.** (MÚS) Pfeifenwerk *nt*
cañonero [kaɲo'nero] *m* (MIL, NÁUT) Kanonier *m*
cañota [ka'ɲota] *f* (BOT) Gemeines Schilfrohr *nt*
cañuela [ka'ɲwela] *f* (BOT) Schwingel *m*
cañutería [kaɲute'ria] *f* (MÚS) Pfeifenwerk *nt*
cañutillo [kaɲu'tiʎo] *m* **1.** (*pasamanería*) Glasröhrchen *nt* **2.** (*hilo de oro*) Golddraht *m*; (*de plata*) Silberdraht *m*
cañuto [ka'ɲuto] *m* **1.** (*cañas*) Rohrabschnitt *m*; (*tallos*) Stängelstück *nt*; (*sarmientos*) Rankenabschnitt *m* **2.** (*tubo*) Rohr *nt* **3.** (*fam: chivato*) Klatschmaul *nt*, Plaudertasche *f*
caoba [ka'oβa] **I.** *adj:* (**color**) ~ mahagonibraun **II.** *f* **1.** (*madera*) Mahagoni(holz) *nt* **2.** (*árbol*) Mahagonibaum *m*
caolín [kao'lin] *m* Kaolin *m o nt*, Kaolinerde *f*
caos ['kaos] *m inv* Chaos *nt*
caótico, **-a** [ka'otiko, -a] *adj* chaotisch; **es un tipo** ~ er ist ein Chaot
capa ['kapa] *f* **1.** *v.* **capo²** **2.** (*prenda*) Cape *nt*, Umhang *m*; (*con capucha*) Pelerine *f*; ~ **de agua** [*o* **de lluvia**] Regencape *nt*; **defender a** ~ **y espada** aufs Äußerste verteidigen; **andar** [*o* **estar de**] ~ **caída** heruntergekommen sein; **hacer de su** ~ **un sayo** (*fig*) in seinen eigenen Sachen frei entscheiden **3.** (TAUR) Capa *f* **4.** (*cobertura*) Auflage *f*; (*recubrimiento*) Belag *m*; (*baño*) Überzug *m*; ~ **aislante** Isolierschicht *f*; ~ **de nieve** Schneedecke *f*; ~ **protectora** [*o* **impermeable**] Schutzanstrich *m* **5.** (*estrato*) Schicht *f*, Lage *f*; ~ **freática** Grundwasser *nt*; ~ **de ozono** Ozonschicht *f*; **las diferentes ~s sociales** die verschiedenen Gesellschaftsschichten; **bajo la** ~ **del cielo** auf dem ganzen Erdkreis; **no hay otro más tonto bajo la** ~ **del cielo** auf der ganzen Welt gibt es keinen Dümmeren **6.** (GEO, MIN) Flöz *nt* **7.** (*máscara*) Maske *f*; **se esconde tras una** ~ **de honradez** er/sie verbirgt sich hinter einer Maske der Ehrlichkeit; **bajo** [*o* **so**] ~ **de...** +*inf* mit der Entschuldigung, dass ..., unter dem Vorwand, dass ...; **bajo** [*o* **so**] ~ **de tener que estudiar** unter dem Vorwand, lernen zu müssen
capacha [ka'patʃa] *f* Tragekorb *m*
capachero, **-a** [kapa'tʃero, -a] *m, f* **1.** (*fabricante*) Korbmacher(in) *m(f)* **2.** (*porteador*) Träger(in) *m(f)* (*von Waren in einem Korb*)
capacho [ka'patʃo] *m* Esparto(trage)korb *m*
capacidad [kapaθi'ðað] *f* **1.** (*cabida*) Fassungsvermögen *nt* **2.** (FÍS: *potencia*) Leistung(sfähigkeit) *f* **3.** (*aptitud*) Fähigkeit *f* (*para* zu +*dat*), Eignung *f* (*para* zu +*dat*); ~ **de absorción del mercado** (ECON) Aufnahmefähigkeit des Marktes; ~ **adquisitiva** [*o* **de compra**] Kaufkraft *f*; ~ **de almacenamiento** Lagerkapazität *f*; ~ **de convocatoria** Begeisterungsfähigkeit *f*; ~ **de endeudamiento** (FIN) Verschuldungsmöglichkeit *f*; ~ **negociadora** Verhandlungsgeschick *nt*; ~ **de persuasión** Überredungskunst *f*; ~ **productiva** (*t.* ECON) Leistungsfähigkeit *f*; (*de empresa,* ECON) Betriebskapazität *f*; **tienes mucha** ~ **para los idiomas** du bist sehr sprachbegabt **4.** (JUR) Berechtigung *f* **5.** (*Am: persona dotada*) Kapazität *f*; **es una** ~ **en su terreno** er/sie ist eine Kapazität auf seinem/ihrem Gebiet
capacitación [kapaθita'θjon] *f* (*capacidad*)

Befähigung *f;* (*formación*) Qualifikation *f;* (JUR: *habilitación*) Berechtigung *f;* **prácticas de ~** Traineeprogramm *nt*

capacitado, -a [kapaθi'taðo, -a] *adj* befähigt (*para* zu +*dat*), qualifiziert (*para* für +*akk*); **~ para contratar** (ECON) geschäftsfähig; **no estar ~ para un puesto** für eine Stelle nicht die nötigen Voraussetzungen mitbringen

capacitancia [kapaθi'taṇθja] *f* (ELEC) Kapazitanz *f*

capacitar [kapaθi'tar] **I.** *vt* **1.** (*formar*) schulen; (*preparar*) befähigen (*para* zu +*dat*) **2.** (*Am:* JUR: *habilitar*) bevollmächtigen **II.** *vr:* **~se** den Befähigungsnachweis erbringen (*para* für +*akk*)

capadocio, -a [kapa'ðoθjo, -a] **I.** *adj* kappadokisch, kappadozisch **II.** *m, f* Kappadozier(in) *m(f)*

capador(a) [kapa'ðor(a)] *m(f)* Verschneider(in) *m(f)*

capadura [kapa'ðura] *f* **1.** (*capar*) Verschneiden *nt,* Kastration *f* **2.** (*cicatriz*) Kastrationsnarbe *f* **3.** (*tabaco*) Tabak *m* minderer Qualität

capanga [ka'paŋga] *m* (*CSur*) Leibwächter *m*

capar [ka'par] *vt* **1.** (*fam: un pollo*) kappen; (*animal o persona*) kastrieren **2.** (*limitar*) schmälern, einschränken

caparazón [kapara'θon] *m* **1.** (*de una tortuga*) Panzer *m;* (*de insectos*) Deckflügel *mpl* **2.** (*protección*) Schutz *m;* (*capa*) (Schutz)schicht *f;* **se escondió tras un ~** er/sie zog sich in sein/ihr Schneckenhaus zurück **3.** (*de un ave*) Gerippe *nt* **4.** (*para tapar un caballo*) Schabracke *f*

caparidácea [kapari'ðaθea] *f* (BOT) Kapperngewächs *nt*

caparidáceo, -a [kapari'ðaθeo, -a] *adj* (BOT) zu den Kaperngewächsen gehörend

caparrón [kapa'rron] *m* (BOT) Knospe *f,* Auge *nt*

caparrosa [kapa'rrosa] *f* (GEO) Vitriol *nt*

capataz [kapa'taθ] *m* Vorarbeiter *m*

capaz [ka'paθ] *adj* **1.** (*con cabida*) geräumig; **la sala es ~ para 100 espectadores** der Saal fasst 100 Zuschauer **2.** (*apto*) fähig, befähigt; **es una profesora muy ~** sie ist eine sehr begabte Lehrerin; **para este puesto hace falta una persona ~** für diese Stelle brauchen wir eine geeignete Person **3.** (*en condiciones*) fähig, imstande, im Stande; **estos muchachos son capaces de todo** diese Burschen sind zu allem fähig; **no fui ~ de hacerlo** ich war nicht dazu fähig **4.** (JUR) geschäftsfähig, rechtsfähig; **~ de heredar** erbfähig **5.** (*Am: tal vez*) vielleicht; **(es) ~ que llueva** mag sein, dass es bald regnet, vielleicht regnet es bald

capazo [ka'paθo] *m* **1.** (*espuerta*) (geflochtener) Tragekorb *m* **2.** (*de bebé*) Babytragetasche *f*

capción [kaβ'θjon] *f* (JUR: *arresto*) Festnahme *f,* Verhaftung *f*

capciosidad [kaβθjosi'ðaᵈ] *f* Tücke *f*

capcioso, -a [kaβ'θjoso, -a] *adj* (*engañoso*) tückisch; (*insidioso*) verfänglich; **pregunta capciosa** Fangfrage *f*

capea [ka'pea] *f Amateurstierkampf mit jungen Rindern, die am Leben gelassen werden*

capear [kape'ar] *vt* **1.** (TAUR) mit der Capa reizen **2.** (*entretener*) hinhalten; (*engañar*) an der Nase herumführen *fam* **3.** (*esquivar*) meiden; **~ el temporal** ein Unwetter an sich *dat* vorüberziehen lassen

capellán [kape'ʎan] *m* **1.** (*con capellanía*) Kaplan *m;* **~ de la familia** Hauskaplan *m;* **~ del ejército** Militärgeistliche(r) *m* **2.** (*clérigo*) Geistliche(r) *m*

capellanía [kapeʎa'nia] *f* Kaplanstelle *f*

capelo [ka'pelo] *m* **1.** (*sombrero cardenalicio*) Kardinalshut *m* **2.** (*dignidad eclesiástica*) Kardinalswürde *f* **3.** (*Cuba, PRico, Ven: de doctor*) Doktorhut *m*

capeo [ka'peo] *m* (TAUR) **1.** (*toreo con capa*) Reizen *nt* mit der Capa **2.** *pl* (*lidia*) *Amateurstierkampf mit Jungstieren*

capeón [kape'on] *m* (TAUR) Jungstier *m* (*in einem Amateurkampf*)

capero¹ [ka'pero] *m* (*percha*) Garderobenständer *m;* (*gancho*) Garderobenhaken *m;* **deja el abrigo en el ~ de la entrada** häng den Mantel an die Garderobe am Eingang

capero, -a² [ka'pero, -a] *adj:* **tabaco ~** Deckblatttabak *m*

Caperucita (Roja) [kaperu'θita ('rroxa)] *f* Rotkäppchen *nt;* **no me cuentes el cuento de ~** (*fig*) erzähl mir keine Märchen

caperuza [kape'ruθa] *f* **1.** (*tocado*) Kappe *f* **2.** (*protección*) Haube *f,* Kappe *f;* (*del bolígrafo*) (Verschluss)kappe *f;* **~ de la chimenea** (*exterior*) Schornsteinkappe *f;* (*interior*) Kaminhaube *f*

capi ['kapi] *m* **1.** (*AmS: maíz*) Mais *m* **2.** (*Bol: harina*) weißes Maismehl *nt*

capia [ka'pja] *f* **1.** (*AmS: maíz*) Zuckermais *m* **2.** (*Arg, Col: pasta*) *Teig aus* (*Zucker*)*maismehl und Zucker* **3.** (*Bol: harina*) *Mehl aus geröstetem Mais*

capicúa [kapi'kua] *m* **1.** (*número*) symmetrische Zahl *f* **2.** (*palabra*) Palindrom *nt*

capilar [kapi'lar] **I.** *adj* **1.** (*del cabello*) Haar-; **tratamiento ~** Haarpflegesystem *nt* **2.** (*fino*) haarfein; **vasos ~es** Kapillargefäße *ntpl* **II.** *m* Kapillare *f*

capilaridad [kapilari'ðaᵈ] *f* **1.** (*finura extrema*) Haarfeinheit *f;* **la ~ de los vasos sanguíneos** die haarfeine Struktur der Blutgefäße **2.** (FÍS) Kapillarität *f*

capilla [ka'piʎa] *f* (REL) Kapelle *f;* **~ ardiente** Aufbahrung *f;* **estar en ~** (*un reo*) kurz vor der Hinrichtung sein; (*fam fig*) wie auf (glühenden) Kohlen sitzen

capillo [ka'piʎo] *m* **1.** (*bebé*) Babyhäubchen *nt* **2.** (REL: *bautizo*) Taufhäubchen *nt* **3.** (*cera*) Wachsfiltersack *m* **4.** (*calzado*) Vorderkappe *f* **5.** (*ave*) Falkenhaube *f*

capirotada [kapiro'taða] *f* (GASTR) **1.** (*Am*) *kreolisches Gericht aus Fleisch, Mais, Käse und Schmalz* **2.** (*rebozo*) *Panade aus Eiern, Knoblauch und Gewürzen* **3.** (*Méx*) *Dessert aus altem Weißbrot*

capirotazo [kapiro'taθo] *m* Kopfnuss *f*

capirote [kapi'rote] *m* Kappe *f;* ~ **de doctor** Doktorhut und -mantel; ~ **de halcón** Falkenhaube *f;* ~ **de nazareno** Kapuze *f;* **tonto de** ~ (*fam*) strohdumm

capisayo [kapi'saɟo] *m* **1.** (REL) Bischofsornat *nt* **2.** (*Col: camiseta*) Unterhemd *nt*

capital¹ [kapi'tal] **I.** *adj* wesentlich, Haupt-; **asunto** ~ Hauptpunkt *m;* **letra** ~ (*Am*) Großbuchstabe *m;* **pecado** ~ Todsünde *f;* **pena** ~ Todesstrafe *f;* **de** ~ **importancia** von höchster Wichtigkeit **II.** *m* (ECON, FIN) Kapital *nt;* ~ **en acciones** Aktienkapital *nt;* ~ **aportado** Kapitaleinlage *f;* ~ **circulante** Umlaufskapital *nt;* ~ **contable** Eigenkapital *nt;* ~ **desembolsado** einbezahltes Kapital; ~ **disponible** flüssiges Kapital; ~ **de explotación** Betriebskapital *nt;* ~ **fijo** festliegendes Kapital; ~ **humano** Humankapital *nt;* ~ **inicial** Grundwert *m;* ~ **inmobiliario** Immobiliarvermögen *nt;* ~ **mobiliario** bewegliches Kapital; ~ **a plazo** Termingeld *nt;* ~ **propio** Eigenkapital *nt;* ~ **social** Gesellschaftskapital *nt,* Stock *m;* **bienes de** ~ Kapitalvermögen *nt;* **fuga** [*o* **evasión**] **de** ~**es** Kapitalflucht *f*

capital² [kapi'tal] *f* (*ciudad*) Hauptstadt *f;* (*gran ciudad*) Großstadt *f;* ~ **de partido/de distrito/de provincia** Kreis-/Bezirks-/Provinzhauptstadt *f;* **vivo en Santa Cruz** ~ ich wohne direkt in Santa Cruz

capitalidad [kapitali'ðaᵈ] *f* Hauptstadtstatus *m*

capitalino, -a [kapita'lino, -a] **I.** *adj* hauptstädtisch **II.** *m, f* Hauptstadtbewohner(in) *m(f)*

capitalismo [kapita'lismo] *m* Kapitalismus *m;* ~ **de Estado** Staatskapitalismus *m;* ~ **salvaje** ungezügelter Kapitalismus

capitalista [kapita'lista] **I.** *adj* kapitalistisch; **el sistema** ~ das kapitalistische Wirtschaftssystem, der Kapitalismus **II.** *mf* Kapitalist(in) *m(f);* (ECON, FIN: *financiero*) Geldgeber(in) *m(f),* Finanzier *m*

capitalizable [kapitali'θaβle] *adj* (ECON, FIN) kapitalisierbar

capitalización [kapitaliθa'θjon] *f* (ECON, FIN) Kapitalisierung *f;* ~ **bursátil** Börsenkapitalisierung *f*

capitalizar [kapitali'θar] <z→c> *vt* **1.** (ECON, FIN) kapitalisieren **2.** (*copar*) an sich reißen; **el alcalde capitalizó el éxito de la fiesta** der Bürgermeister beanspruchte den Erfolg des Festes für sich **3.** (*en contabilidad*) aktivieren; ~ **los intereses** die Zinsen kapitalisieren

capitán [kapi'tan] *m* **1.** (MIL) Hauptmann *m;* ~ **general** Oberbefehlshaber *m* **2.** (NÁUT) Kapitän *m,* Kommandant *m;* (AERO) Flugkapitän *m;* ~ **de fragata** Fregattenkapitän *m;* ~ **de navío** Kapitän zur See **3.** (DEP) Mannschaftskapitän *m,* Spielführer *m* **4.** (*de una banda*) Anführer *m*

capitana [kapi'tana] *f* **1.** (DEP) Spielführerin *f* **2.** (*de un grupo*) Anführerin *f* **3.** (NÁUT: *buque insignia*) Flaggschiff *nt*

capitanear [kapitane'ar] *vt* **1.** (MIL) befehligen **2.** (*dirigir*) anführen

capitanía [kapita'nia] *f* **1.** (MIL) Kapitänsgrad *m;* ~ **general** Generalkapitanat *nt* **2.** (*liderazgo*) Führerschaft *f*

capitel [kapi'tel] *m* (ARQUIT) **1.** (*en una columna*) Kapitell *nt;* ~ **corintio/dórico/jónico** korinthisches/dorisches/ionisches Kapitell **2.** (*chapitel*) Turmspitze *f*

capitolio [kapi'toljo] *m* **1.** (HIST) Kapitol *nt* **2.** (*edificio*) Parlamentsgebäude *nt;* (*consistorio*) Rathaus *nt*

capitón [kapi'ton] *m* (ZOOL: *morragute*) Dünnlippige Meeräsche *f;* (*mújol*) Gestreifte Meeräsche *f*

capitulación [kapitula'θjon] *f* **1.** (MIL) Kapitulation *f* **2.** (*acuerdo*) Vereinbarung *f,* Übereinkunft *f;* **capitulaciones matrimoniales** Ehevertrag *m*

capitulado, -a [kapitu'laðo, -a] *adj* **1.** (*extractado*) exzerpiert; (*compendiado*) zusammengefasst **2.** (*en capítulos*) in Kapitel untergliedert

capitular [kapitu'lar] **I.** *adj* (REL) Kapitel-; **sala** ~ Kapitelsaal *m* **II.** *vi* **1.** (*acordar*) eine Vereinbarung treffen **2.** (*rendirse*) kapitulieren **III.** *m* **1.** (REL) Kapitular *m* **2.** (ADMIN, POL) Stadtrat *m*

capítulo [ka'pitulo] *m* **1.** (*parte de un libro*) Kapitel *nt;* **un triste** ~ **de nuestra vida** ein trauriges Kapitel unseres Lebens; **eso es** ~ **aparte** das ist ein anderes Kapitel; **esto merece** ~ **aparte** das ist ein Kapitel für sich **2.** (REL) Kapitel *nt* **3.** (ADMIN, POL) Gemeinderat *m*

capnomancia [kaβno'maṇθja] *f,* **capnomancía** [kaβnomaṇ'θia] *f* Kapnomantie *f* (*Weissagung nach der Konstellation von Rauch*)

capo¹ ['kapo] *m* (*jefe mafioso*) Pate *m*

capo, -a² ['kapo, -a] *m, f* (*Arg, Urug: jefe*) Führer(in) *m(f);* (*autoridad en la materia*) Experte, -in *m, f*

capó [ka'po, -a] *m* Motorhaube *f*

capón [ka'pon] **I.** *adj* kastriert, verschnitten; **caballo** ~ Wallach *m;* **carnero** ~ Hammel *m* **II.** *m* **1.** (*pollo*) Kapaun *m* **2.** (*coscorrón*) Kopfnuss *f*

caponar [kapo'nar] *vt* (AGR) hochbinden

caponera [kapo'nera] *f* **1.** (*jaula*) Mastkäfig *m* für Kapaune **2.** (*fam fig: prisión*) Kittchen *nt,* Knast *m*

caporal [kapo'ral] *m* **1.** (MIL) Korporal *m,* Gefreite(r) *m* **2.** (*jefe*) Anführer *m* **3.** (AGR) Viehaufseher *m*

capot [ka'po] *m* Motorhaube *f*

capota [ka'pota] *f* **1.** (*sombrero*) Kapotte *f*, Kapotthut *m;* (*con ala alta*) Schute *f* **2.** (AUTO) Verdeck *nt;* ~ **desmontable** Hardtop *nt o m;* ~ (**re**)**plegable** (zurück)klappbares Verdeck

capotar [kapo'tar] *vi* (*coche*) sich überschlagen; (*avión*) abstürzen

capotazo [kapo'taθo] *m* (TAUR) *mit der großen Capa ausgeführte Figur*

capote [ka'pote] *m* **1.** (*abrigo sin mangas*) Umhang *m*, Cape *nt;* ~ **de lluvia** Regenmantel *m;* ~ **militar** Offiziersmantel *m;* ~ **de monte** (*Am*) Poncho *m;* **decir para su** ~ in seinen Bart murmeln **2.** (TAUR) große Capa *f;* ~ **de brega/de paseo** Arbeits-/Prachtcapa *f;* **echar un** ~ **a alguien** (*fig*) jdm einen Rettungsanker zuwerfen

capotear [kapote'ar] *vt* **1.** (TAUR: *torear*) mit der Capa reizen **2.** (*fig: engañar*) hinhalten; **nos capoteaba diciéndonos que él siempre cumplía lo prometido** er vertröstete uns mit der Behauptung, er halte immer, was er versprochen habe **3.** (*fig: situación*) retten; (*dificultades, compromisos*) geschickt umgehen

capotera [kapo'tera] **I.** *adj:* **aguja** ~ dickste Nähnadel *f* (*der Schneider*) **II.** *f* (*Hond: percha*) Kleiderbügel *m;* (*perchero*) Garderobe *f*, Kleiderständer *m*

cappa ['kapa] *f* Kappa *nt*

caprario, **-a** [ka'prarjo, -a] *adj* (ZOOL) *v.* **caprino**

capricho [ka'pritʃo] *m* **1.** (*antojo*) Laune *f;* **un** ~ **de la naturaleza** eine Laune der Natur; **a** ~ nach Belieben; **por puro** [*o* **mero**] ~ aus einer puren Laune heraus; **darse un** ~ einer Laune nachgeben, sich *dat* etwas gönnen; **este niño no tiene más que** ~**s** dieses Kind ist ein Nimmersatt; **siempre actúa a su** ~ er/sie tut immer nur, was er/sie will **2.** (*adorno*) Zierrat *m;* (*pey*) Schnickschnack *m* **3.** (MÚS) Capriccio *nt*

caprichoso, **-a** [kapri'tʃoso, -a] *adj* **1.** (*antojadizo*) eigensinnig, eigenwillig; **¡qué niño más** ~**!** so ein eigensinniges Kind! **2.** (*pey: inconstante*) launenhaft **3.** (*diseño*): **formas caprichosas** verspielte Formen *fpl* **4.** (*pey: arbitrario*) willkürlich

Capricornio [kapri'kornjo] *m* (ASTR) Steinbock *m*, Capricornus *m*

caprifoliácea [kaprifo'ljaθea] *f* (BOT) Geißblattgewächs *nt*

caprifoliáceo, **-a** [kaprifo'ljaθeo, -a] *adj* (BOT) zu den Geißblattgewächsen gehörend

caprino, **-a** [ka'prino, -a] *adj* Ziegen-; **ganado** ~ Ziegenherde *f*, Ziegen *fpl*

cápsula ['kaβsula] *f* **1.** (*receptáculo*) Kapsel *f;* (QUÍM) Abdampfschale *f;* ~ **espacial** (AERO) Raumkapsel *f;* ~ **fulminante** Zündhütchen *nt;* ~ **de Petri** (BIOL) Petrischale *f* **2.** (BOT: *membrana*) Hülse *f;* ~ **del fruto** Fruchtkapsel *f;* ~ **de las semillas** Samenkapsel *f;* (*en frutos carnosos*) Kerngehäuse *nt* **3.** (ANAT) Kapsel *f;* ~ **sinovial** Gelenkkapsel *f* **4.** (*medicamento*) Kapsel *f* **5.** (*tapón*) Kronenkorken *m*

capsular [kaβsu'lar] *adj* kapselförmig

captación [kapta'θjon] *f* **1.** (*obtención*) Gewinnung *f;* ~ **de aguas** Wassergewinnung *f* **2.** (*registro*) Erfassung *f;* ~ **de datos** (INFOR) Datenerfassung *f* **3.** (*atracción*) Erschleichung *f*, Erschmeichelung *f;* ~ **de clientes** (ECON) Kundengewinnung *f;* ~ **de herencias** Erbschleicherei *f*

captador¹ [kapta'ðor] *m* (TÉC) Abtaster *m*

captador(a)² [kapta'ðor(a)] **I.** *adj* Abtast-; **un aparato** ~ **de ondas** eine Anlage zum Auffangen von Wellen **II.** *m(f)* Sammler(in) *m(f);* **en todas las sectas hay** ~**es de nuevos miembros** in allen Sekten gibt es Leute, deren Aufgabe es ist, neue Mitglieder zu werben

captar [kap'tar] **I.** *vt* **1.** (*recoger*) sammeln; (*aprovechar*) nutzbar machen; (*capital*) aufbringen **2.** (*percibir*) wahrnehmen **3.** (TEL) empfangen **4.** (CINE, FOTO) einfangen **5.** (INFOR) erfassen **6.** (JUR: *atraer*) erschleichen **7.** (*comprender*) begreifen; **¿lo captas?** hast du es verstanden?, hast du's gerafft [*o* kapiert]? *fam* **II.** *vr:* ~**se** gewinnen; (*pey*) erschmeicheln; ~**se la voluntad de alguien** jds Willen zu gewinnen wissen; **pronto se captó las simpatías de todos** bald machte er/sie sich bei allen beliebt

captor(a) [kap'tor(a)] **I.** *adj* **1.** (*que capta*) Abtast-; **un aparato** ~ **de ondas electromagnéticas** ein Gerät zum Auffangen elektromagnetischer Wellen **2.** (*que captura*) Fänger-, Fang- **II.** *m(f)* (*que captura*) Fänger(in) *m(f)*

captura [kap'tura] *f* **1.** (*apresamiento*) Ergreifung *f* **2.** (*detención*) Festnahme *f* **3.** (NÁUT) Aufbringen *nt* **4.** (*piezas cobradas*) Fang *m;* **la UE ha acordado limitar el número de** ~**s de bacalao** die EU hat beschlossen den Fang von Kabeljau zu beschränken

capturar [kaptu'rar] *vt* **1.** (*apresar*) ergreifen **2.** (*detener*) festnehmen **3.** (NÁUT) aufbringen **4.** (*cazar, pescar*) fangen

capucha [ka'putʃa] *f* **1.** *v.* **capuchón** **2.** (TIPO) Zirkumflex *m*

capuchina [kapu'tʃina] *f* **1.** (BOT) Kapuzinerkresse *f* **2.** (*lámpara*) Laterne *f* **3.** (GASTR) *Süßspeise aus Eigelb in Haubenform* **4.** (*cometa*) haubenförmiger Papierdrachen *m* **5.** (TIPO) Anlegemarke *f*

capuchino¹ [kapu'tʃino] *m* (*café*) Capuccino *m*

capuchino, **-a²** [kapu'tʃino, -a] **I.** *adj* Kapuziner-; **mono** ~ Kapuzineraffe *m* **II.** *m, f* Kapuziner(mönch) *m*, Kapuzinerin *f*

capuchón [kapu'tʃon] *m* **1.** (*para la cabeza*) Kapuze *f* **2.** (*tapa*) (Verschluss)kappe *f*

capuera [ka'pwera] *f* (*Arg, Par: sembrado*) *zur Kultivierung gerodete* (*Ur*) *waldfläche;* **los guaraníes convirtieron bosques en** ~**s** die Guaraní wandelten Wälder zu Kulturflächen um

capujar [kapu'xar] *vt* (*Arg: captar al vuelo*) im Flug fangen

capulí [kapu'li] *m,* **capulín** [kapu'lin] *m* (BOT) *Kirschbaumart aus Lateinamerika*

capulina [kapu'lina] *f* (*Méx:* ZOOL) Schwarze Witwe *f*

capullo [ka'puʎo] *m* **1.** (BOT: *de flor*) Knospe *f;* (*de la bellota*) Eichelnäpfchen *nt;* **en ~** knospig; (*fig*) im Ansatz **2.** (ZOOL) Kokon *m;* **hacer el ~** sich einspinnen; **salir del ~** ausschlüpfen **3.** (*fam: prepucio*) Vorhaut *f* **4.** (*vulg: canalla*) Arschloch *nt*

capuzar [kapu'θar] <z→c> *vt* **1.** (*introducir en el agua*) (mit dem Kopf) untertauchen **2.** (NÁUT) (*Schiff*) *so beladen, dass es mit dem Bug zu tief eintaucht*

caquexia [ka'keʸsja] *f* (MED) Kachexie *f*

caqui ['kaki] **I.** *adj* kakifarben **II.** *m* **1.** (*color*) Kaki *nt* **2.** (*tela*) Kaki *m;* **vestirse de ~** (*fig fam*) zum Militär gehen **3.** (BOT) Kakifrucht *f*

cara¹ ['kara] **I.** *f* **1.** (*rostro*) Gesicht *nt;* **~ a ~** von Angesicht zu Angesicht; **a ~ descubierta** unverhüllt; **de dos ~s** doppelzüngig; **por la** [*o* **su linda**] **~** (*fam*) um seiner/ihrer schönen Augen willen; **caérsele a alguien la ~ de vergüenza** sich in Grund und Boden schämen; **cruzar a alguien la ~** jdn ohrfeigen, jdm eine knallen *fam;* (**no**) **dar la ~** (nicht) zu etwas stehen; **no pienso dar** [*o* **sacar**] **la ~ por ti** ich werde meinen Kopf nicht für dich hinhalten; **decirle algo a alguien en la ~** jdm etw ins Gesicht sagen; **echar en ~** vorwerfen; **hacer** [*o* **plantar**] **~** die Stirn bieten; **no mirar a alguien a la ~** (*fam*) jdn nicht anschauen; **partir** [*o* **romper**] **la ~ a alguien** (*fam*) jdm die Fresse polieren; **se te nota** [*o* **ve**] **en la ~** es steht dir im Gesicht geschrieben **2.** (*expresión*) Miene *f;* **~ de póker** Pokerface *nt;* **una ~ de perro** [*o* **de vinagre**] eine saure Miene; **una ~ de juez** eine strenge Miene; **una ~ larga** ein langes Gesicht; **una ~ de palo** ein Gesicht wie drei Tage Regenwetter; **una ~ de pocos amigos** (*fam*) ein unfreundliches Gesicht; **la ~ es el espejo del alma** die Augen sind der Spiegel der Seele; **poner ~ de tonto** ein blödes Gesicht machen; **poner al mal tiempo buena ~** gute Miene zum bösen Spiel machen; **¡no pongas esa ~!** guck doch nicht so!; **salvar la ~** den Schein wahren **3.** (*aspecto*) Aussehen *nt;* **tener buena/mala ~** (*fam*) gut/schlecht aussehen; **tener ~ de sueño** müde aussehen **4.** (*lado*) Seite *f;* (*de una moneda*) Kopf *m;* **~ A/B** Seite A/B; **echar** [*o* **jugarse**] **algo a ~ o cruz** um etw die Münze werfen **5.** (*fam: osadía*) Stirn *f;* **tener mucha ~** [*o* **más ~ que espalda**] unverschämt sein; **¡qué ~!** was für eine Frechheit!; **¿y tiene usted ~ para** [*o* **la ~ de**] **decirme eso?** Sie haben noch die Stirn [*o* wagen es] mir das zu sagen?; **¿con qué ~ se lo digo yo a mi padre?** wie soll ich das meinem Vater sagen? **II.** *prep* (*en dirección a*): (**de**) **~ a** gegenüber; **~ al Norte/Sur** nord-/südwärts; **de ~ al futuro** in Hinblick auf die Zukunft; **de ~ a las circunstancias** angesichts der Umstände **III.** *conj:* **de ~ a** +*inf* um ... zu +*inf*

cara² ['kara] *mf* (*fam: desvergonzado*) unverschämter Mensch *m*

caraba [ka'raβa] *f* (*fam*): **¡esto es la ~!** das gibt's doch nicht!

cáraba ['karaβa] *f* (NÁUT) *großes, in der Levante gebräuchliches Schiff*

carabao [kara'βao] *m* (ZOOL) Asiatischer Hausbüffel *m,* Kerabau *m*

carabela [kara'βela] *f* (NÁUT) Karavelle *f*

carábido¹ [ka'raβiðo] *m* (ZOOL) Laufkäfer *m*

carábido, -a² [ka'raβiðo, -a] *adj* (ZOOL) zur Familie der Laufkäfer gehörend

carabina [kara'βina] *f* **1.** (*fusil*) Karabiner *m,* Stutzen *m;* **~ del calibre 22** Kleinkalibergewehr *nt* **2.** (*fam: acompañanta*) Anstandsdame *f;* **hacer de** [*o* **ir de**] **~** den Anstandswauwau spielen

carabinero [karaβi'nero] *m* Karabiniere *m*

cárabo ['karaβo] *m* Waldkauz *m*

carabritear [karaβrite'ar] *vi* (ZOOL: *macho cabrío montés*) *die weiblichen Bergziegen während der Brunst verfolgen*

caracal [kara'kal] *m* (ZOOL) Wüstenluchs *m,* Karakal *m*

caracará [karaka'ra] *m* (ZOOL) Geierfalke *m,* Karakara *m*

caracas [ka'rakas] *m inv* (*cacao*) Caracas-Kakao *m*

caracol [kara'kol] *m* **1.** (ZOOL) Schnecke *f* **2.** (*concha*) Schneckenhaus *nt* **3.** (ANAT) Schnecke *f* **4.** (*de pelo*) Löckchen *nt* **5.** (*Méx: camisón*) Nachthemd *nt* **6.** (*loc*): **¡~es!** ach, du grüne Neune!

caracola [kara'kola] *f* Meeresschnecke *f*

caracolada [karako'laða] *f* (GASTR) Schneckenpfanne *f*

caracolear [karakole'ar] *vi* tänzeln

caracolillo [karako'liʎo] *m* **1.** (*caracol pequeño*) kleine (essbare) Schnecke *f* **2.** (*Am: café*) Perlkaffee *m* **3.** (*de pelo*) Löckchen *nt*

carácter [ka'rakter] <caracteres> *m* **1.** (*personalidad*) Charakter *m,* Wesen *nt;* **rasgo del ~** Charaktereigenschaft *f,* Charakterzug *m;* **este poema tiene ~** dieses Gedicht hat was; **una experiencia así imprime ~** eine solche Erfahrung prägt den Charakter **2.** (*temperamento fuerte*) Charakterstärke *f;* **actor de ~** Charakterdarsteller *m;* **debilidad de ~** Charakterschwäche *f;* **falta de ~** Charakterlosigkeit *f;* **papel** [*o* **personaje**] **de ~** Charakterrolle *f;* **de ~** von Charakter, charakterfest; **sin ~** charakterlos; (**no**) **tiene ~** er/sie zeigt (keinen) Charakter; **tener buen/mal ~** einen guten/schlechten Charakter haben **3.** (*índole*) Art *f;* **con ~ de** als; **de ~ oficial/privado** offizieller/privater Art [*o* Natur] **4.** (BIOL) Merkmal *nt;* **~ adquirido/hereditario** ererbtes/erworbenes Merkmal; **~ dominante/recesivo** dominantes/rezessives

Merkmal **5.** (TIPO) Buchstabe *m,* Letter *f;* **en caracteres de imprenta** in Druckschrift **6.** (INFOR) Zeichen *nt;* ~ **alfanumérico** alphanumerisches Zeichen; ~ **blanco** Leerzeichen *nt,* Leerstelle *f;* ~ **de comprobación** Prüfzeichen *nt;* ~ **de control** Steuerzeichen *nt;* ~ **delimitador** Begrenzungszeichen *nt;* ~ **de escape** ESC-Zeichen *nt;* ~ **especial** Sonderzeichen *nt;* ~ **de interrupción** Unterbrechungszeichen *nt;* ~ **de separación** Trennzeichen *nt;* ~ **de tabulación** Tabulatorzeichen *nt;* **caracteres por pulgada** Zeichen pro Zoll; **caracteres por segundo** Zeichen pro Sekunde **7.** (*Am: personaje*) Rolle *f*

característica [karakte'ristika] *f* **1.** (*atributo*) Merkmal *nt* **2.** (*peculiaridad*) Eigenart *f,* Charakteristikum *nt elev;* ~ **de la profesión** Berufsbild *nt;* ~**s del puesto de trabajo** Arbeitsplatzbeschreibung *f* **3.** (*cualidad*) Eigenschaft *f;* ~**s técnicas** (TÉC) technische Daten

característico, -a [karakte'ristiko, -a] **I.** *adj* charakteristisch; **rasgo** ~ Merkmal *nt* **II.** *m, f* (CINE, TEAT) Charakterdarsteller(in) *m(f)*

caracterización [karakteriθa'θjon] *f* **1.** (*acción*) Charakterisierung *f* **2.** (*descripción*) Charakterbild *nt,* Charakteristik *f* **3.** (TEAT) Darstellung *f*

caracterizado, -a [karakteri'θaðo, -a] *adj* **1.** (*prestigioso*) anerkannt **2.** (*distinguido*) ausgezeichnet **3.** (*marcado*) gekennzeichnet (*por* durch +*akk*)

caracterizador(a) [karakteriθa'ðor(a)] **I.** *adj* kennzeichnend, charakteristisch **II.** *m(f)* (CINE, TEAT) Masken- und Kostümbildner(in) *m(f)*

caracterizar [karakteri'θar] <z→c> **I.** *vt* **1.** (*marcar*) charakterisieren; **te caracteriza tu paciencia** du bist ein geduldiger Mensch **2.** (*describir*) charakterisieren, schildern (*como* als +*akk*); **el autor caracteriza a su protagonista como un inadaptado** der Autor stellt seine Hauptfigur als Außenseiter dar **3.** (TEAT) darstellen **II.** *vr:* ~**se 1.** (*destacar*) sich auszeichnen (*por* durch +*akk*), gekennzeichnet sein (*por* durch +*akk*) **2.** (CINE, TEAT) eine Rolle überzeugend spielen

caracterología [karakterolo'xia] *f* (PSICO) Charakterkunde *f,* Charakterologie *f*

caracterológico, -a [karaktero'loxiko, -a] *adj* (PSICO) charakterologisch; **cambio** ~ Wesensänderung *f*

caracú [kara'ku] *m* (*CSur:* GASTR) Mark *nt*

caracul [kara'kul] **I.** *adj* (ZOOL: *raza de corderos*) Karakul- **II.** *m* (*vellón*) Persianer(pelz) *m*

caradura [kara'ðura] *mf* (*fam*) unverschämter Mensch *m*

caraísmo [kara'ismo] *m* (REL) Karäertum *nt*

carajillo [kara'xiʎo] *m Kaffee mit einem Schuss Kognak oder Schnaps*

carajo [ka'raxo] *m* (*vulg: pene*) Schwanz *m fam;* **¡~!** Scheiße!; **irse al** ~ (*fam*) vor die Hunde gehen; **¡véte al ~!** (*fam*) scher dich zum Teufel!; **me importa un** ~ (*fam*) es ist mir scheißegal; **no vale un** ~ (*fam*) es ist keinen Heller wert; **en el quinto** ~ (*fam*) am Arsch der Welt; **¿y tú qué ~ quieres?** (*fam*) und was zum Teufel willst du?; **del** ~ (*fam*) Mords-

caramanchel [karaman'tʃel] *m* **1.** (*Perú: cobertizo*) Regendach *nt,* Schutzdach *nt* **2.** (*Chil: taberna*) Gastwirtschaft *f* **3.** (*Ecua: puesto de venta ambulante*) Verkaufsstand *m;* (*caja*) Bauchladen *m* **4.** (NÁUT) Lukendecke *f*

caramañola [karama'ɲola] *f* (*AmS: recipiente con agua*) Feldflasche *f*

caramayola [karama'ɟola] *f* (*AmS*) *v.* **caramañola**

caramba [ka'ramba] *interj* (*fam*): **¡(qué) ~!** (*enfado*) verdammt noch mal!, zum Donnerwetter (noch einmal)!; (*extrañeza*) herrje!; (*admiración*) Donnerwetter!; **¡~ con este chico!** unglaublich, dieser Junge!

carámbano [ka'rambano] *m* Eiszapfen *m*

carambola [karam'bola] *f* **1.** (*fam: trampa*) Schwindel *m* **2.** (*en el billar*) Karambole *f;* **hacer una** ~ karambolieren; **de** [*o* **por**] ~ (*fam*) mit etwas Glück

carambolista [karambo'lista] *mf* Karambolagespieler(in) *m(f)*

carambolo [karam'bolo] *m* (BOT) Karambolabaum *m,* Karambole *f*

caramel [kara'mel] *m* (ZOOL: *espadín*) Sprotte *f;* (*picarel*) Schnauzenbrasse *f*

caramelizar [karameli'θar] <z→c> **I.** *vi* (GASTR: *el azúcar*) karamellieren **II.** *vt* (GASTR: *recubrir*) karamellisieren; ~ **el fondo de un molde** eine Form mit Karamellzucker ausgießen

caramelo [kara'melo] *m* **1.** (*azúcar quemado*) Karamell(zucker) *m;* **(de) color** ~ karamellfarben; **ser de** ~ (*fam fig*) Zucker sein **2.** (*golosina*) Bonbon *m o nt;* ~ **de menta** Pfefferminzbonbon *m o nt*

caramillo [kara'miʎo] *m* **1.** (*flauta*) Pfeife *f* **2.** (*fam: chisme*) Klatsch *m* **3.** (*fam: riña*) Zank *m*

carancho [ka'rantʃo] *m* (ZOOL) *v.* **caracará**

carandaí [karaṇda'i] *m,* **caranday** [karaṇ'dai̯] *m* (*Arg:* BOT) Karnaubawachspalme *f*

carantoña [karaṇ'toɲa] *f* **1.** (*carantamaula*) Fratze *f* **2.** (*mujer vieja pintada*) alte, aufgetakelte Frau *f* **3.** *pl* (*zalamería*) Schmuserei *f;* **hacer ~s** schmusen

caraña [ka'raɲa] *f* (*resina*) Elemi *nt*

caraota [kara'ota] *f* (*Ven: haba*) Bohne *f*

carapacho [kara'patʃo] *m* **1.** (ZOOL: *caparazón*) (Rücken)panzer *m* **2.** (*Cuba:* GASTR) *im eigenen Panzer zubereitetes Fleisch von Krebsen usw.*

carapopela [karapo'pela] *m* (ZOOL) Krustenechse *f*

caraqueño, -a [kara'keɲo, -a] **I.** *adj* aus Caracas **II.** *m, f* Einwohner(in) *m(f)* von Caracas

carasol [kara'sol] *m* **1.** (*en edificios*) Sonnenseite *f* **2.** (*galería*) Wintergarten *m*

carate [ka'rate] *m* (*AmC, Col*) *Hautkrankheit*

unter den Schwarzen Mittelamerikas

carátula [ka'ratula] *f* **1.** (*careta*) Maske *f* **2.** (*pey: farándula*) Schauspielervolk *nt* **3.** (*portada*) Titelblatt *nt;* (*de un disco*) Plattencover *nt*

caravana [kara'βana] *f* **1.** (*recua*) Karawane *f* **2.** (*embotellamiento*) Stau *m;* **hay** [*o* **tenemos**] ~ wir stehen im Stau **3.** (*vehículo*) Wohnmobil *nt;* (*remolque*) Wohnwagen *m* **4.** (*Méx: cortesía*) Schmeichelei *f;* **bailar** [*o* **hacer**] **la** ~ sich einschmeicheln

caravaning [kara'βaniŋ] *m sin pl* Caravaning *nt*

caray [ka'rai̯] *interj:* ¡~! Donnerwetter!

carbinol [karβi'nol] *m* (QUÍM) Methanol *nt*

carbógeno [kar'βoxeno] *m* (MED, QUÍM) Carbogen *nt*

carbohidrato [karβoi'ðrato] *m* Kohle(n)hydrat *nt*

carbol [kar'βol] *m* (QUÍM) Karbol *nt*

carbón [kar'βon] *m* Kohle *f;* ~ **activo** [*o* **activado**] (QUÍM) Aktivkohle *f;* ~ **de leña** [*o* **vegetal**] Holzkohle *f;* ~ **de piedra** [*o* **mineral**] Steinkohle *f;* ~ **positivo/negativo** (FOTO) Positiv-/Negativkohle *f;* **dibujo al** ~ (ARTE) Kohlezeichnung *f;* **papel** ~ Kohlepapier *nt,* Durchschlagpapier *nt;* **negro como el** ~ kohlrabenschwarz

carbonada [karβo'naða] *f* **1.** (*carga de carbón*) Ofenladung *f* **2.** (*CSur, Perú:* GASTR) Eintopf *m* (*mit Fleisch, Kürbis und Maiskolben als Hauptzutaten*)

carbonado¹ [karβo'naðo] *m* (GEO: *diamante*) Karbonado *m*

carbonado, -a² [karβo'naðo, -a] *adj* Kohlenstoff-, kohlenstoffhaltig

carbonatado, -a [karβona'taðo, -a] *adj* kohlensäurehaltig; **agua carbonatada** Mineralwasser mit Kohlensäure, Sprudel *m fam*

carbonatar [karβona'tar] **I.** *vt* (QUÍM) in Karbonat umwandeln, karbonisieren **II.** *vr:* **~se** (QUÍM) zu Karbonat werden

carbonato [karβo'nato] *m* (QUÍM) Karbonat *nt;* ~ **cálcico** Kalkspat *m;* ~ **potásico** Pottasche *f*

carboncillo [karβon̪'θiʎo] *m* Kohlestift *m;* **dibujo al** ~ Kohlezeichnung *f*

carbonear [karβone'ar] **I.** *vi* (NÁUT) kohlen, Kohle übernehmen **II.** *vt* verkohlen

carbonera [karβo'nera] *f* **1.** (*horno*) Kohlenmeiler *m* **2.** (*almacén*) Kohlenkeller *m;* (*en una mina*) (Roh)kohlenbunker *m*

carbonería [karβone'ria] *f* (COM) Kohlenhandlung *f*

carbonero¹ [karβo'nero] *m* (ZOOL) Kohlmeise *f*

carbonero, -a² [karβo'nero, -a] **I.** *adj* Kohlen-; **industria carbonera** Kohlenindustrie *f* **II.** *m, f* **1.** (*productor*) Köhler(in) *m(f)* **2.** (*vendedor*) Kohlenhändler(in) *m(f)*

carbónico, -a [kar'βoniko, -a] *adj* kohlensäurehaltig; (QUÍM) kohlensauer; **ácido** ~ Kohlensäure *f*

carbonífero, -a [karβo'nifero, -a] *adj* **1.** (MIN) Kohle führend; **capa carbonífera** Kohlenflöz *nt;* **zona carbonífera** Kohle(n)revier *nt* **2.** (GEO): **período** ~ Karbon *nt,* Steinkohlenzeit *f*

carbonilla [karβo'niʎa] *f* **1.** (*polvo de carbón*) Kohlenstaub *m,* Grus *m* **2.** (*Am: carboncillo*) Kohlestift *m*

carbonita [karβo'nita] *f* (QUÍM) Carbonit *nt*

carbonización [karβoniθa'θjon] *f* (MED, QUÍM) Karbonisation *f*

carbonizar [karβoni'θar] <z→c> **I.** *vt* **1.** (*abrasar*) verkohlen; **el edificio quedó carbonizado** das Gebäude lag in Schutt und Asche **2.** (QUÍM) karbonisieren **II.** *vr:* **~se** verbrennen

carbono [kar'βono] *m* (QUÍM) Kohlenstoff *m;* **dióxido de** ~ Kohlendioxyd *nt;* **método del** ~ **14** Radiokarbonmethode *f;* **monóxido de** ~ Kohlenmonoxyd *nt*

carbonoso, -a [karβo'noso, -a] *adj* (QUÍM: *que contiene carbón*) kohlehaltig; (*similar al carbón*) kohleartig

carborundo [karβo'run̪do] *m* (QUÍM) Karborund *nt*

carboxilo [karβoʸ'silo] *m* (QUÍM) Karboxyl *nt*

carbunclo [kar'βuŋklo] *m v.* **carbúnculo**

carbunco [kar'βuŋko] *m* (MED) Karbunkel *m*

carbúnculo [kar'βuŋkulo] *m* **1.** (*rubí*) Karfunkel *m* **2.** (*fam: forúnculos*) Karbunkel *m*

carburación [karβura'θjon] *f* **1.** (AUTO) Zerstäubung *f* **2.** (QUÍM) Aufkohlung *f*

carburador [karβura'ðor] *m* (TÉC) Vergaser *m;* ~ **descendente** Fallstromvergaser *m;* ~ **horizontal** Flachstromvergaser *m*

carburante [karβu'ran̪te] *m* (QUÍM, TÉC) Kraftstoff *m,* Treibstoff *m*

carburar [karβu'rar] **I.** *vt* (QUÍM, TÉC) karburieren **II.** *vi* (*fam: funcionar*) gehen, funktionieren; **el coche no carbura** das Auto läuft nicht; **la cabeza no le carbura** der/die tickt nicht richtig, der/die ist nicht ganz dicht

carburo [kar'βuro] *m* (QUÍM) Karbid *nt*

carca ['karka] *adj* (*fam pey*) erzkonservativ

carcaj [kar'kax] *m* **1.** (*para flechas*) Köcher *m* **2.** (*para el fusil*) Halfter *f o nt*

carcajada [karka'xaða] *f* Gelächter *nt,* Lachen *nt;* ~ **homérica** homerisches Gelächter; **estallar en ~s** in Gelächter ausbrechen; **reírse a ~s** aus vollem Halse [*o* lauthals] lachen; **soltar una** ~ laut auflachen

carcajear [karkaxe'ar] *vi, vr:* **~se** **1.** (*reírse a carcajadas*) aus vollem Halse [*o* lauthals] lachen **2.** (*fam: no respetar*) pfeifen (*de* auf +*akk*)

carcamal [karka'mal] *m* (*fam pey*) alter Knacker *m;* **está hecho un** ~ er ist ein Wrack

cárcamo ['karkamo] *m* (*foso*) Grube *f;* (*zanja*) Graben *m*

carcañal [karka'ɲal] *f* (ANAT) Ferse *f*

carcasa [kar'kasa] *f* (TÉC) Gehäuse *nt*

cárcava ['karkaβa] *f* **1.** (GEO: *garganta*) Schlucht *f* **2.** (*zanja*) Graben *m* **3.** (*fosa*) Grab

C

nt

carcavón [karka'βon] *m* (GEO: *río*) Kolk *m;* (*barranco*) von *Wasser ausgewaschene Schlucht*

cárcel ['karθel] *f* **1.** (*prisión*) Gefängnis *nt;* ~ **de alta** [*o* **máxima**] **seguridad** Hochsicherheitsgefängnis *nt;* ~ **del pueblo** *Geiselversteck der ETA;* ~ **de régimen abierto** offene Haft; ~ **transitoria** Untersuchungshaft *f;* **tres años de** ~ drei Jahre Gefängnis; **enviar a** [*o* **meter en**] **la** ~ **a alguien** jdn ins Gefängnis bringen; **estar en la** ~ im Gefängnis sitzen; **ir a parar a la** ~ ins Gefängnis kommen; **escapar de la** ~ aus dem Gefängnis ausbrechen; **salir de la** ~ aus der Haft entlassen werden **2.** (TÉC) Schraubzwinge *f*

carcelario, **-a** [karθe'larjo, -a] *adj* Gefängnis-; **régimen** ~ Gefängnisordnung *f*

carcelera [karθe'lera] *f* (MÚS) Carcelera *f* (*andalusisches, volkstümliches Klagelied der Gefangenen*)

carcelería [karθele'ria] *f* (JUR) **1.** (*prendimiento*) Gefangenschaft *f,* Haft *f* **2.** (*fianza*) Prozessbürgschaft *f*

carcelero, **-a** [karθe'lero, -a] *m, f* Gefängnisaufseher(in) *m(f),* Gefängniswärter(in) *m(f)*

carcinogénesis [karθino'xenesis] *f inv* (MED) Karzinogenese *f*

carcinógeno, **-a** [karθi'noxeno, -a] *adj* (MED) karzinogen

carcinología [karθinolo'xia] *f* (ZOOL, MED) Karzinologie *f*

carcinoma [karθi'noma] *m* (MED) Karzinom *nt*

carcoma [kar'koma] *f* **1.** (ZOOL) Holzwurm *m* **2.** (*polvillo*) Holzmehl *nt* **3.** (*preocupación*) Gram *m;* (*destrucción lenta*) Zermürbung *f*

carcomer [karko'mer] **I.** *vt* **1.** (*corroer*) zerfressen, zernagen; **le carcome la duda** ihn zermürbt der Zweifel **2.** (*minar*) untergraben **II.** *vr:* **~se 1.** (*arruinarse*) zerfallen **2.** (*concomerse*) sich zermürben (*de* vor +*dat*); **me carcomo de celos** ich sterbe vor Eifersucht

carda ['karða] *f* **1.** (*acción*) Kard(ier)en *nt* **2.** (*máquina, cepillo*) Krempel *f,* Karde *f* **3.** (*fam fig: reprimenda*) Anpfiff *m,* Anschnauzer *m;* **vaya** ~ **me ha echado mi madre** meine Mutter hat mich ganz schön angepfiffen **4.** (BOT) Blütenkopf *m* der Karde

cardado[1] [kar'ðaðo] *m* **1.** (*fibra textil*) Kard(ier)en *nt* **2.** (*cabello*) Bürsten *nt;* (*ahuecar*) Toupieren *nt*

cardado, **-a**[2] [kar'ðaðo, -a] *adj* **1.** (*fibra textil*) kardiert **2.** (*cabello*) (hoch)toupiert

cardador[1] [karða'ðor] *m* (ZOOL) Schnurfüßer *m*

cardador(a)[2] [karða'ðor(a)] *m(f)* (*oficio*) Wollkämmer(in) *m(f)*

cardal [kar'ðal] *m* Distelfeld *nt*

cardamina [karða'mina] *f* (BOT: *mastuerzo*) Gartenkresse *f;* (*berro*) Brunnenkresse *f*

cardamomo [karða'momo] *m* Kardamom *m o nt*

cardar [kar'ðar] *vt* **1.** (*proceso textil*) karden **2.** (*el pelo*) toupieren

cardenal [karðe'nal] *m* **1.** (*arzobispo*) Kardinal *m* **2.** (ZOOL) Kardinal *m* **3.** (*hematoma*) blauer Fleck *m*

cardenalicio, **-a** [karðena'liθjo, -a] *adj* Kardinals-; **capelo** ~ Kardinalshut *m;* **Colegio C~** Kardinalskollegium *nt*

cardenilla [karðe'niʎa] *f* (AGR: *tipo de uva*) *kleinbeerige, dunkelviolette späte Traube*

cardenillo [karðe'niʎo] *m* (QUÍM) Grünspan *m*

cárdeno, **-a** ['karðeno, -a] *adj* **1.** (*color*) dunkelviolett **2.** (TAUR): **toro** ~ graumelierter Stier *m*

cardiaco, **-a** [kar'ðjako, -a] *adj,* **cardíaco**, **-a** [kar'ðiako, -a] *adj* Herz-; (MED) Kardio-; **ataque** ~ Herzanfall *m,* Herzattacke *f;* **fallo** ~ Herzkollaps *m,* Herzversagen *nt;* **función cardíaca** Herzfunktion *f,* Herztätigkeit *f;* **insuficiencia cardíaca** Herzinsuffizienz *f,* Herzschwäche *f;* **lesión cardíaca** Herzfehler *m;* **masaje** ~ Herzmassage *f;* **paro** ~ Herzstillstand *m;* **alteración del ritmo** ~ Herzrhythmusstörung *f*

cardialgia [kar'ðjalxja] *f* (MED) Kardialgie *f*

cardias ['karðjas] *m inv* (ANAT) Magenmund *m,* Kardia *f*

cardinal [karði'nal] *adj* Haupt-, wesentlich; **los cuatro puntos ~es** die vier Himmelsrichtungen; (**números**) **~es** (LING) Kardinalzahlen *fpl,* Grundzahlen *fpl*

cardiocirujano, **-a** [karðjoθiru'xano, -a] *m, f* (MED) Herzchirurg(in) *m(f)*

cardiografía [karðjoɣra'fia] *f* (MED) Kardiographie *f*

cardiógrafo [kar'ðjoɣrafo] *m* (MED) Kardiograph *m*

cardiograma [karðjo'ɣrama] *m* (MED) Kardiogramm *nt*

cardióloga [kar'ðjoloɣa] *f v.* **cardiólogo**

cardiología [karðjolo'xia] *f* (MED) Kardiologie *f*

cardiólogo, **-a** [kar'ðjoloɣo, -a] *m, f* (MED) Herzspezialist(in) *m(f),* Kardiologe, -in *m, f*

cardiópata [kar'ðjopata] *mf* (MED) Herzkranke(r) *mf,* Herzpatient(in) *m(f)*

cardiopatía [karðjopa'tia] *f* (MED) Herzkrankheit *f,* Herzleiden *nt*

cardiopulmonar [karðjopulmo'nar] *adj* (MED) Herz-Lungen-; **máquina** ~ Herz-Lungen-Maschine *f*

cardiorrespiratorio, **-a** [karðjorrespira'torjo, -a] *adj* (MED) kardiorespiratorisch; **crisis cardiorrespiratoria** kardiorespiratorische Krise

cardiotomía [karðjoto'mia] *f* (MED) Herzschnitt *m*

cardiovascular [karðjoβasku'lar] *adj* (MED) kardiovaskulär, Herz- und Gefäß-

carditis [kar'ðitis] *f inv* (MED) Karditis *f*

cardizal [karði'θal] *m* Distelfeld *nt*

cardo ['karðo] *m* **1.** (*silvestre*) Distel *f;* ~ **bo-**

rriquero Eselsdistel *f* **2.** (*verdura*) Kardone *f* **3.** (*fam pey: desabrido*) kratzbürstige Person *f;* **¡qué ~!** so eine Kratzbürste!

cardón [kar'ðon] *m* (BOT) **1.** (*cardencha*) Wilde Karde *f,* Kardendistel *f* **2.** (*Méx, AmS: planta cactácea*) *Kaktusgewächs*

cardume(n) [kar'ðume(n)] *m* **1.** (*banco de peces*) Fischschwarm *m* **2.** (*CSur: abundancia*) Fülle *f*

carear [kare'ar] **I.** *vt* **1.** (JUR: *confrontar*) konfrontieren, gegenüberstellen **2.** (*cotejar*) gegeneinander halten **II.** *vr:* **~se** (*enfrentarse*) sich auseinander setzen (*con* mit *+dat*); (JUR) konfrontiert werden (*con* mit *+dat*)

carecer [kare'θer] *irr como crecer* **I.** *vi* nicht haben (*de +akk*), ermangeln (*de +gen*); **esa queja carece de fundamento** (*elev*) diese Beanstandung ermangelt jeglicher Grundlage; **carece de escrúpulos** er/sie kennt keine Skrupel; **carece de importancia/sentido** es ist belanglos/sinnlos; **tu afirmación carece de lógica** deine Behauptung entbehrt jeder Logik **II.** *vimpers* (*CSur: ser necesario*) notwendig sein; **carece encontrar una solución** es muss eine Lösung gefunden werden

carena [ka'rena] *f* **1.** (NÁUT: *parte de la nave*) Unterwasserteil *m* **2.** (NÁUT: *arreglo del casco*) Reparatur *f* am Schiffsrumpf **3.** (TÉC) aerodynamische Verkleidung *f* **4.** (*loc, fam*): **dar ~ a alguien** jdn auf die Schippe nehmen; **sufrir** [*o* **aguantar**] **una ~** auf die Schippe genommen werden

carenado [kare'naðo] *m* (AUTO, TÉC) stromlinienförmige Karosserie *f*

carenar [kare'nar] *vt* **1.** (NÁUT) kielholen **2.** (AUTO, TÉC) verkleiden

carencia [ka'reṇθja] *f* **1.** (*falta*) Fehlen *nt* (*de* von *+dat*) **2.** (*t.* ECON, MED: *escasez*) Mangel *m* (*de* an *+dat*)

carencial [kareṇ'θjal] *adj* (MED) Mangel-; **enfermedad ~** Mangelkrankheit *f;* **estado ~** Mangelzustand *m;* **síntoma ~** Mangelerscheinung *f*

carente [ka'reṇte] *adj* frei (*de* von *+dat*), ohne (*de +akk*); **~ de escrúpulos** skrupellos, hemmungslos; **~ de interés** uninteressant; **~ de medios** [*o* **de recursos**] mittellos

careo [ka'reo] *m* (*t.* JUR) Konfrontation *f*

carero, -a [ka'rero, -a] *adj* (*fam*) preistreibend; **ser (muy) ~** Wucherpreise verlangen, Wucher treiben; **en esa tienda son unos ~s** das ist reiner Wucher in diesem Geschäft

carestía [kares'tia] *f sin pl* **1.** (*escasez*) Mangel *m* (*de* an *+dat*); (*necesidad*) Not *f* **2.** (ECON: *encarecimiento*) (Über)teuerung *f,* Preisanstieg *m;* **tasa de ~** Teuerungsrate *f;* **la ~ de la vida** der Anstieg der Lebenshaltungskosten; **plus por ~ de vida** Teuerungszulage *f*

careta [ka'reta] *f* Maske *f;* **~ antigás** Gasmaske *f;* **quitar la ~ a alguien** jdm die Maske vom Gesicht reißen; (*fig*) jdn entlarven; **quitarse la ~** (*t. fig*) die Maske fallen lassen

careto[1] [ka'reto] *m* (*argot: cara*) Visage *f*

careto, -a[2] [ka'reto, -a] *adj* (*caballo, vaca*) mit Blesse

carey [ka'rei̯] *m* **1.** (ZOOL) Karettschildkröte *f* **2.** (*material*) Schildpatt *nt*

carga ['karɣa] *f* **1.** (*llenado*) Beladung *f;* **lavadora de ~ frontal/superior** Front-/Toplader *m;* **permitida ~ y descarga** Be- und Entladen gestattet **2.** (*cargamento*) Ladung *f,* (Trag)last *f;* (*flete*) Fracht *f,* Frachtgut *nt;* **~ fraccionada** Stückgut *nt;* **~ a granel** Schüttgut *nt,* Bulkladung *f;* **~ máxima** Höchstlast *f;* **~ peligrosa** gefährliche Ladung; **~ útil** Nutzlast *f;* **animal** [*o* **bestia**] **de ~** Lasttier *nt;* **buque de ~** Frachter *m* **3.** (*obligación*) Verpflichtung *f;* **la ~ de los años** die Bürde des Alters *elev;* **llevar una ~** eine Last tragen [*o* zu tragen haben]; **ser una ~ para alguien** jdm zur Last fallen **4.** (FOTO, MIL: *cargador*) Magazin *nt;* (*munición*) Ladung *f;* **~ explosiva** Sprengladung *f,* Sprengsatz *m* **5.** (FÍS, TÉC) Ladung *f;* **a plena ~** bei Volllast **6.** (DEP, MIL) Angriff *m;* **~ policial** Eingreifen der Polizei; **¡a la ~!** (MIL) zum Angriff!, Attacke!; **volver a** [*o* **sobre**] **la ~** (*fig*) auf etwas herumreiten **7.** (FIN) Belastung *f;* **~ económica** wirtschaftliche Belastung; **~ financiera** finanzielle Belastung; **~ fiscal** [*o* **impositiva**] Steuerlast *f;* **~s sociales** Soziallasten *fpl,* soziale Abgaben

cargada [kar'ɣaða] *f* **1.** (*Arg: broma*) Streich *m* **2.** (*Méx: loc*): **ir a la ~** auf den Favoriten setzen

cargadero [karɣa'ðero] *m* **1.** (*zona de carga*) Ladeplatz *m,* Umschlagplatz *m;* (*recinto*) Frachtraum *m* **2.** (ARQUIT) Türsturz *m*

cargadilla [karɣa'ðiʎa] *f* (*fam: incremento de una deuda*) *Anstieg einer Schuld durch Zinszuschlag*

cargado, -a [kar'ɣaðo, -a] *adj* **1.** (*con cargamento*) beladen; (*lleno*) voll (*con/de* mit *+dat*); **~ de años** hochbetagt; **~ de deudas** überschuldet; **~ de hijos** kinderreich; **~ de paquetes** mit Paketen beladen; **~ de problemas** problembeladen; **un árbol ~ de frutas** ein Baum voller Früchte **2.** (FÍS, TÉC) geladen; **la batería/pistola está cargada** die Batterie/Pistole ist geladen **3.** (*pesado*) drückend; **aire ~** schlechte Luft; **un ambiente ~** (*fig*) eine geladene Stimmung **4.** (*fuerte*) kräftig; **un café muy** [*o* **bien**] **~** ein sehr starker Kaffee **5.** (*fam: persona*) blau, besoffen, sternhagelvoll; **ése va bien ~** der ist sternhagelvoll [*o* stockbesoffen]

cargador [karɣa'ðor] *m* **1.** (*oficio*) (Ver)lader *m;* **~ del puerto** Schauermann *m;* (*máquina*) Lader *m* **2.** (*en un arma*) Magazin *nt* **3.** (TÉC) Ladegerät *nt* **4.** (INFOR) (Programm)lader *m;* **~ de datos** Datenkassette *f;* **~ de discos** Plattenkassette *f;* **~ de programa** (Programm)lader *m*

cargamento [karɣa'meṇto] *m* Ladung *f,* Fracht *f;* **~ a granel** Schüttgut *nt,* Bulkladung *f;* **~ flotante** schwimmende Ladung

C

cargante [kar'ɣan̪te] *adj* (*importuno*) aufdringlich; (*pesado*) lästig

cargar [kar'ɣar] <g→gu> **I.** *vi* **1.**(*llevar*) tragen (*con +akk*), mitnehmen (*con +akk*); **ya me toca a mí ~ con el paquete** (*fig*) ich muss es schon wieder ausbaden **2.**(MIL: *atacar*) angreifen (*contra/sobre +akk*) **3.**(*reposar*) lasten (*en/sobre* auf *+dat*); (ARQUIT) ruhen (*en/sobre* auf *+dat*); (LING: *acento*) liegen (*en/sobre* auf *+dat*); **~ en cuenta** (FIN) das Konto belasten **II.** *vt* **1.**(*para el transporte*) (be)laden; (MIL: *arma*) laden; **¡carguen (armas)!** (MIL) laden!; **~ las tintas** (*fig*) zu dick auftragen **2.**(*achacar*) belasten (*con* mit *+dat*), aufhalsen (*con +akk*) *fam;* **~ algo sobre sí** etw auf sich nehmen; **siempre me cargáis a mí con el trabajo** die Arbeit bleibt immer an mir hängen, ihr wälzt die Arbeit immer auf mich ab; **~ a alguien con las culpas** jdm die Schuld in die Schuhe schieben **3.**(FIN: *en una cuenta*) mit einem Betrag belasten; **cárguelo a mi cuenta** das geht auf meine Rechnung **4.**(FÍS: *almacenar*) (auf)laden **5.**(*fam: irritar*) reizen; **este tipo me carga** dieser Typ geht mir auf die Nerven **6.**(*argot: suspender*): **a Paco le han cargado las mates** Paco ist in Mathe durchgefallen [*o* durchgerasselt] **7.**(INFOR) hochladen; **~ en alta** hochladen; **~ y ejecutar** laden und starten **8.**(*Am: llevar*) tragen; **¿cargas dinero?** hast du Geld dabei? **III.** *vr:* **~se 1.**(*llenarse*) sich füllen (*con/de* mit *+dat*) **2.**(*fam: romper*) kaputtmachen; **¡te la vas a ~!** (*fig*) das wird dir noch leid tun! **3.**(*fam: matar*) umbringen, erledigen

cargareme [karɣa'reme] *m* (FIN) Kassenquittung *f*

cargazón [karɣa'θon] *f* **1.**(*cargamento*) Ladung *f;* (NÁUT) Kargo *m* **2.**(MED: *pesadez*) Schwere *f;* **~ de estómago** Magendruck *m;* **tengo ~ de cabeza** ich habe einen schweren Kopf

cargo ['karɣo] *m* **1.**(FIN: *cantidad debida*) Soll *nt,* Debet *nt;* **~ a cuenta** Lastschrift *f;* **los gastos van** [*o* **corren**] **a mi ~** die Kosten gehen zu meinen Lasten **2.**(*reproche*) Vorwurf *m;* **hacerle los ~s a alguien** jdm ins Gewissen reden; **me da ~ de conciencia** das macht mir ein schlechtes Gewissen [*o* Gewissensbisse]; **declarar a alguien libre de ~s** (JUR) jdn von jeglicher Schuld freisprechen; **presentar ~s contra alguien** jdm ein Vergehen anlasten **3.**(*puesto*) Amt *nt,* Posten *m;* **un alto ~ del Ministerio** eine führende Person des Ministeriums; **cesar en el ~** aus dem Amt scheiden; **desempeñar un ~** ein Amt innehaben **4.**(*responsabilidad*) Verantwortung *f;* (*deber*) Verpflichtung *f;* **hacerse ~ de algo** (*responsabilizarse*) (für) etw (die Verantwortung) übernehmen; (*calibrar*) sich *dat* über etw klar sein; (*adueñarse*) sich *dat* etw aneignen; **tener algo/a alguien a su ~** für etw/jdn verantwortlich sein; **los pagos están a ~ del contable** die Zahlungen unterstehen dem Buchhalter; **los aprendices se encuentran a ~ del maestro** die Lehrlinge sind dem Meister unterstellt; **estoy a ~ de las correcciones** ich bin für die Korrektur zuständig **5.**(FIN: *anotación*) Lastschrift *f;* **correr a ~ de alguien** zu Lasten [*o* zulasten] von jdm gehen; **con ~ a nosotros** auf unsere Kosten

cargoso, -a [kar'ɣoso, -a] *adj* **1.**(*fastidioso*) lästig **2.**(*costoso*) kostspielig; **su educación privada es demasiado cargosa** sein/ihr Privatunterricht ist zu teuer **3.**(*AmS: cargante*) aufdringlich, penetrant; **es un niño muy ~** dieser Junge ist eine Nervensäge *fam;* **ese tipo es realmente ~** dieser Kerl geht mir total auf den Wecker *fam*

carguero¹ [kar'ɣero] *m* **1.**(NÁUT) Frachter *m;* (*de contenedores*) Containerschiff *nt* **2.**(*Arg, Col, Par*): **tren ~** Güterzug *m*

carguero, -a² [kar'ɣero, -a] *adj* Last-, Fracht-

cariacontecido, -a [kariakon̪te'θiðo, -a] *adj* mit einem betrübten Gesicht

cariado, -a [ka'rjaðo, -a] *adj* (*diente, hueso*) kariös; **tiene los dientes ~s** er/sie hat kariöse Zähne

cariadura [karja'ðura] *f* (MED) kariöser Defekt *m*

cariar [kari'ar] <*1. pres:* carío> **I.** *vt* (MED) Karies verursachen (an *+dat*) **II.** *vr:* **~se** (MED) von Karies befallen werden

cariátide [ka'rjatiðe] *f* (ARQUIT) Karyatide *f*

caribe [ka'riβe] **I.** *adj* **1.**(*Am: caribeño*) karibisch **2.**(*Am: antropófago*) kannibalisch **3.**(*Am: cruel*) grausam **4.**(*Ant: furioso*) zornig; **ponerse ~** (sich) erzürnen **II.** *m* **1.**(*indígena*) Karibe *m* **2.**(*Am: cruel*) grausamer Mensch *m,* Unmensch *m* **3.**(*Ven:* ZOOL) Piranha *m*

Caribe [ka'riβe] *m:* **el (Mar) ~** die Karibik, das Karibische Meer

caribello [kari'βeʎo] *adj* (TAUR: *toro*) *mit dunklem Kopf und weißen Flecken auf der Stirn*

caribeño, -a [kari'βeɲo, -a] **I.** *adj* karibisch **II.** *m, f* Einwohner(in) *m(f)* der Karibik

caribú [kari'βu] *m* (ZOOL) Karibu *m o nt*

caricato [kari'kato] *m* (MÚS) Bassbuffo *m*

caricatura [karika'tura] *f* **1.**(*dibujo*) Karikatur *f* **2.** *pl* (*Méx: dibujos animados*) Zeichentrickfilm *m*

caricaturesco, -a [karikatu'resko, -a] *adj* karikaturistisch, karikaturesk *elev;* **una representación caricaturesca** eine karikaturistische Darstellung

caricaturista [karikatu'rista] *mf* Karikaturist(in) *m(f)*

caricaturizar [karikaturi'θar] <z→c> *vt* karikieren

caricia [ka'riθja] *f* Liebkosung *f;* **hacer ~s a alguien** jdn streicheln, jdn liebkosen; **la ~ del sol/del viento** das Streicheln der Sonnenstrahlen/des Windes

caridad [kari'ða^ð] *f* (*t.* REL) Karitas *f elev;*

(*amor al prójimo*) Nächstenliebe *f;* (*generosidad*) Wohltätigkeit *f;* (*limosna*) Almosen *nt;* **institución de** ~ karitative Einrichtung, Wohltätigkeitseinrichtung *f;* **hacer obras de** ~ Wohltätigkeit üben; **¡una limosna, por ~!** eine milde Gabe!; **la ~ bien entendida empieza por uno mismo** (*prov*) jeder ist sich selbst der Nächste

cariedón [karje'ðon] *m* (ZOOL) Nussbohrer *m*

caries ['karjes] *f inv* (MED) Karies *f;* ~ (**dental**) Zahnfäule *f,* Karies *f*

carilargo, -a [kari'laɣo, -a] *adj* mit langem Gesicht; (*fig: cariacontecido*) verdrossen, missmutig

carilla [ka'riʎa] *f* **1.** (*careta*) Maske *f* **2.** (TIPO: *página*) Seite *f*

carillón [kari'ʎon] *m* (*t.* MÚS) Glockenspiel *nt*

carimbo [ka'rimbo] *m* (*Bol*) Brandeisen *nt*

Carintia [ka'rintja] *f* Kärnten *nt*

cariñena [kari'ɲena] *m* (*vino*) *lieblicher Rotwein aus Cariñena in Aragonien*

cariño [ka'riɲo] *m* **1.** (*afecto*) Zuneigung *f;* (*amor*) Liebe *f;* **hacer algo con** ~ etw liebevoll [*o* mit Liebe] machen; **sentir ~ por alguien, tener ~ a alguien** jdn lieb haben; **coger** [*o* **tomar**] **~ a alguien/algo** jdn/etw lieb gewinnen; **le tengo mucho ~ a esta muñeca** ich hänge sehr an dieser Puppe **2.** (*persona querida*): **¡~ (mío)!** (mein) Liebling!, (mein) Liebes! **3.** (*mimo*) Liebkosung *f;* (*ternura*) Zärtlichkeit *f;* **hacer ~s** (*fam*) liebkosen

cariñoso, -a [kari'ɲoso, -a] *adj* liebevoll (*con* zu +*dat*), zärtlich (*con* zu +*dat*); **un ~ saludo** (*en una carta*) herzliche Grüße

carioca [ka'rjoka] **I.** *adj* aus Rio de Janeiro; (*brasileño*) brasilianisch **II.** *mf* Einwohner(in) *m(f)* von Rio de Janeiro

cariocinesis [karjoθi'nesis] *f inv* (BIOL) Mitose *f*

cariofilácea [karjofi'laθea] *f* (BOT) Nelkengewächs *nt*

cariofiláceo, -a [karjofi'laθeo, -a] *adj* (BOT) zu den Nelkengewächsen gehörend

cariogamia [karjo'ɣamja] *f* (BIOL) Kernverschmelzung *f,* Karyogamie *f*

cariópside [ka'rjoβsiðe] *f* (BOT) Karyopse *f*

carisma [ka'risma] *m* (*t.* REL) Charisma *nt,* Ausstrahlung *f*

carismático, -a [karis'matiko, -a] *adj* charismatisch; **un político ~** ein Politiker mit Ausstrahlung, ein charismatischer Politiker

caritativo, -a [karita'tiβo, -a] *adj* karitativ, wohltätig

cariz [ka'riθ] *m* **1.** (*aspecto*) Eindruck *m;* (*situación*) Lage *f;* **esto toma buen/mal ~** das sieht rosig/böse aus **2.** (METEO) Wetterlage *f*

carlanca [kar'laŋka] *f* **1.** (*de perro*) Stachelhalsband *nt* **2.** (*Chil, Hond: pesadez*) Verärgerung *f,* Unmut *m* **3.** (*Hond: persona pesada*) Nervensäge *f fam* **4.** (*Col, CRi: grillete*) Fußeisen *nt* **5.** *pl* (*picardía*) Durchtriebenheit *f;* **ten cuidado con tu cuñado, tiene muchas ~s** hüte dich vor deinem Schwager, der hat es faustdick hinter den Ohren

carleta [kar'leta] *f* (TÉC) Schruppfeile *f*

carlinga [kar'liŋga] *f* (AERO: *cabina*) Pilotenkabine *f,* Cockpit *nt*

carlismo [kar'lismo] *m* (HIST) Karlismus *m,* Karlistentum *nt*

carlista [kar'lista] **I.** *adj* (HIST) karlistisch, Karlisten-; **las Guerras C~s** die Karlistenkriege **II.** *mf* (HIST) Karlist(in) *m(f)*

Carlomagno [karlo'maɣno] *m* (HIST) Karl der Große

carlota [kar'lota] *f* (GASTR) Charlotte *f*

carmelita [karme'lita] **I.** *adj* (REL) Karmeliter- **II.** *mf* (REL) Karmeliter *m,* Karmelit(er)in *f;* **~ descalzo** Barfüßer *m*

carmelito, -a [karme'lito, -a] *adj* (*Am: marrón claro*) hellbraun

carmen ['karmen] *m* **1.** (LIT) Karmen *nt* **2.** (*en Granada*) *kleinere Villa mit Garten*

carmesí [karme'si] *adj* karmesinrot, karminrot

carmín [kar'min] **I.** *adj* karminrot, hochrot **II.** *m* **1.** (*color*) Karmin(rot) *nt,* Karmesinrot *nt* **2.** (*tinte*) Karmin *nt,* Karmesin *nt* **3.** (*pintalabios*): (**barra de**) ~ Lippenstift *m*

carminativo[1] [karmina'tiβo] *m* (MED) Karminativum *nt*

carminativo, -a[2] [karmina'tiβo, -a] *adj* (MED) blähungstreibend, karminativ

carmíneo, -a [kar'mineo, -a] *adj* (*elev*) karm(es)inrot, scharlachrot

carnaciones [karna'θjones] *fpl* (ARTE) Fleischton *m,* Karnation *f*

carnada [kar'naða] *f* Köder *m* (*aus Fisch oder Fleisch*)

carnadura [karna'ðura] *f* (MED): **tener buena/mala ~** gut/schlecht heilendes Gewebe haben

carnal [kar'nal] *adj* **1.** (REL) sinnlich, fleischlich; **comercio** [*o* **trato**] ~ Beischlaf *m* **2.** (*consanguíneo*) blutsverwandt, leiblich; **somos primos ~es** wir sind Cousins ersten Grades

carnalidad [karnali'ðaᵈ] *f sin pl* Fleischeslust *f*

carnaval [karna'βal] *m* Karneval *m,* Fasching *m;* **martes de ~** Fastnachtsdienstag *m*

carnavalada [karnaβa'laða] *f* **1.** (*carnaval*) Karnevalstreiben *nt* **2.** (*acto grotesco*) Farce *f*

carnavalesco, -a [karnaβa'lesko, -a] *adj* Karnevals-, Fastnachts-; **ambiente ~** Karnevalsstimmung *f*

carnavalito [karnaβa'lito] *m* (*Arg: baile*) *ausgelassener Gruppentanz*

carnaza [kar'naθa] *f* **1.** (*carnada*) Köder *m* **2.** (*pey: corpulencia*) Beleibtheit *f*

carne ['karne] *f* **1.** (*del cuerpo*) Fleisch *nt;* **de ~ y hueso** (*auténtico*) leibhaftig; (*humano*) menschlich; **en ~ viva** wund; **tengo la rodilla en ~ viva** mein Knie ist aufgeschürft; **se me pone la ~ de gallina** ich bekomme eine Gänsehaut; **se me abren las ~s** ich zittere am ganzen Körper; **ser uña y ~** ein Herz und

C

eine Seele sein **2.**(*alimento*) Fleisch *nt;* (*plato*) Fleischgericht *nt;* ~ **asada** Braten *m;* ~ **de cañón** (*fig*) Kanonenfutter *nt;* ~ **de cerdo/de vacuna** Schweine-/Rindfleisch *nt;* ~ **picada** [*o* **molida**] Hackfleisch *nt;* **poner toda la ~ en el asador** (*fig*) alles auf eine Karte setzen; **ni ~ ni pescado** (*fig*) weder Fisch noch Fleisch **3.**(*pulpa*) Fruchtfleisch *nt;* ~ **de membrillo** Quittenbrot *nt* **4.**(*obesidad*) Beleibtheit *f;* **echar ~s** Fett ansetzen; **entrado** [*o* **metido**] **en ~s** gut gepolstert; **de pocas ~s** dürr; **perder ~s** vom Fleisch(e) fallen **5.**(REL: *cuerpo*) Fleisch *nt;* **los placeres de la ~** die fleischlichen Wonnen; **la ~ es flaca, el espíritu es fuerte** (*prov*) der Geist ist willig, aber das Fleisch ist schwach

carné [kar'ne] *m* <carnés> *v.* **carnet**

carneada [karne'aða] *f* (*Am*) **1.**(*matanza*) Schlachten *nt* **2.**(*matadero*) Schlachtplatz *m*

carnear [karne'ar] *vt* **1.**(*CSur: matar: un animal*) schlachten; (*a alguien*) hinrichten **2.**(*Chil: engañar*) hereinlegen **3.**(*Méx: apuñalar*) erstechen

carnerada [karne'raða] *f* (ZOOL) Hammelherde *f*

carnerear [karnere'ar] *vt Vieh als Sühne für angerichteten Schaden töten*

carnero [kar'nero] *m* **1.**(ZOOL) Widder *m* **2.**(*CSur: débil*) Schwächling *m,* Niete *f;* (*desertor de huelga*) Streikbrecher *m*

carnet [kar'ne] *m* <carnets> Ausweis *m;* ~ **de estudiante/de identidad** Studenten-/Personalausweis *m;* ~ **de conducir,** ~ **de manejo** (*Am*) Führerschein *m*

carnicera [karni'θera] *adj o f v.* **carnicero**

carnicería [karniθe'ria] *f* **1.**(*tienda*) Metzgerei *f,* Fleischerei *f* **2.**(*masacre*) Blutbad *nt,* Gemetzel *nt*

carnicero, -a [karni'θero, -a] **I.** *adj* **1.**(*carnívoro*) Fleisch fressend; **animales ~s** Raubtiere *ntpl;* **ser muy ~** (*fam*) ein Fleischfresser sein **2.**(*sanguinario*) blutrünstig, blutdürstig **II.** *m, f* **1.**(*oficio*) Fleischer(in) *m(f),* Metzger(in) *m(f) AlS,* Schlachter(in) *m(f) AlN* **2.**(*pey: cirujano*) Metzger(in) *m(f)* **3.**(*pey: persona brutal*) Schinder(in) *m(f),* Schlachter(in) *m(f)*

cárnico, -a ['karniko, -a] *adj* Fleisch-; **industria cárnica** Fleischindustrie *f;* **productos ~s** Fleischwaren *fpl;* **empresa de productos ~s** Fleisch verarbeitendes Unternehmen

carnificación [karnifika'θjon] *f* (MED) Karnifikation *f*

carnina [kar'nina] *f* (QUÍM) Carnin *nt*

carnitas [kar'nitas] *fpl* (*AmC:* GASTR) *gebratenes Schweinefleisch*

carnívoro, -a [kar'niβoro, -a] *adj* Fleisch fressend; (BIOL) karnivor; **animal ~** Fleischfresser *m;* (ZOOL) Karnivore *m;* **planta carnívora** Fleisch fressende Pflanze; (BOT) Karnivore *f*

carnosidad [karnosi'ða^{d}] *f* **1.**(*gordura*) Fettpolster *nt* **2.**(MED) überschießendes Granulationsgewebe *nt*

carnoso, -a [kar'noso, -a] *adj* fleischig

caro[1] ['karo] *adv* teuer; **este panadero vende muy ~** dieser Bäcker verkauft sehr teuer; **en esta tienda todo cuesta ~** in diesem Geschäft ist alles teuer; **esto nos costará** [*o* **saldrá**] ~ (*fig*) das wird uns teuer zu stehen kommen

caro, -a[2] ['karo, -a] *adj* **1.**(*costoso*) teuer; **el paquete pequeño sale más ~** die kleinere Packung ist teurer **2.**(*elev: querido*) lieb, wert; ~ **amigo:...** (mein) teurer Freund, ...

caroca [ka'roka] *f* **1.**(*decorado*) Straßendekoration *f* (*bei Festzügen*) **2.**(LIT, TEAT: *género*) Posse *f,* Burleske *f*

carochar [karo'ʧar] *vi* (ZOOL) Eier ablegen

carolingio, -a [karo'liŋxjo, -a] *adj* (HIST) karolingisch; **el Imperio C~** das (Deutsche) Reich Karls des Großen

carolino, -a [karo'lino, -a] **I.** *adj* **1.**(*islas Carolinas*) von den Karolinen(inseln) **2.**(HIST) *aus der Regierungszeit eines Herrschers namens Karl;* **el arte del período ~** die Kunst aus der Zeit (König) Karls **II.** *m, f* (*islas Carolinas*) Bewohner(in) *m(f)* der Karolinen(inseln)

carosis [ka'rosis] *f inv* (MED) tiefe Bewusslosigkeit *f*

carota [ka'rota] *mf* (*fam*) unverschämter Mensch *m*

caroteno [karo'teno] *m* (BIOL, QUÍM) *v.* **carotina**

carótida [ka'rotiða] *f* (ANAT) Halsschlagader *f;* (MED) Karotis *f*

carotina [karo'tina] *f* (QUÍM) Karotin *nt*

carozo [ka'roθo] *m* (*Am*) Stein *m,* Kern *m*

carpa ['karpa] *f* **1.**(ZOOL) Karpfen *m* **2.**(*racimo pequeño*) Zweig *m* Trauben **3.**(*entoldado gigante*) Zelt *nt;* **la ~ del circo** das Zirkuszelt **4.**(*Am: tienda de campaña*) Zelt *nt* **5.**(*Am: puesto de mercado*) Marktstand *m*

carpanta [kar'pan̪ta] *f* (*fam: hambre*) Mordshunger *m,* Kohldampf *m;* **tengo una ~ que me muero** ich sterbe vor Hunger

Cárpatos ['karpatos] *mpl:* **los** (**Montes**) ~ die Karpaten

carpe ['karpe] *m* (BOT) Weißbuche *f,* Hainbuche *f*

carpelo [kar'pelo] *m* (BOT) Fruchtblatt *nt,* Karpell(um) *nt*

carpeta [kar'peta] *f* **1.**(*portafolios*) (Schreib)mappe *f;* ~ **de anillas** Ringbuch *nt* **2.**(*de un disco*) Plattencover *nt* **3.**(*cubierta*) Decke *f* **4.**(*Perú: escritorio*) Schreibtisch *m*

carpetazo [karpe'taθo] *m:* **dar ~ a un asunto** eine Angelegenheit ad acta legen, eine Angelegenheit in den Papierkorb wandern lassen *fam*

carpetovetónico, -a [karpetoβe'toniko, -a] *adj* (*elev*) *das erzkatholische und -konservative Spanien betreffend*

carpiano, -a [kar'pjano, -a] *adj* (ANAT) Handwurzel-; **los huesos ~s** die Handwurzelknochen

carpín [kar'pin] *m* (ZOOL) Karausche *f*, Moorkarpfen *m*
carpincho [kar'pintʃo] *m* (*Am:* ZOOL) Wasserschwein *nt*
carpintear [karpinte'ar] *vi* zimmern, tischlern; **en los momentos de ocio se dedica a** ~ in seinen Mußestunden zimmert er gerne
carpintera [karpin'tera] *f v.* **carpintero**
carpintería [karpinte'ria] *f* **1.** (*taller*) Tischlerei *f*, Schreinerei *f* **2.** (*oficio*) Tischlerei *f*
carpintero, **-a** [karpin'tero, -a] *m, f* Tischler(in) *m(f)*, Schreiner(in) *m(f)*; ~ **de obra** Zimmermann *m*; **pájaro** ~ Specht *m*
carpir [kar'pir] *vt* (*Am*) jäten
carpo ['karpo] *m* (ANAT) Handwurzel *f*
carpófago, **-a** [kar'pofaɣo, -a] *adj* (ZOOL) Früchte fressend, karpophag
carpología [karpolo'xia] *f* (BOT) Karpologie *f*
carquesa [kar'kesa] *f* (TÉC) Glasschmelzofen *m*, Frittofen *m* für Glas
carquesia [kar'kesja] *f* (BOT) Flügelginster *m*
carraca [ka'rraka] *f* **1.** (*pey: máquina, instrumento*) Schrott *m*; (*vehículo*) Klappermühle *f*, Schrotthaufen *m fam* **2.** (*carcamal*) Wrack *nt*; **está hecho una** ~ er ist recht klapprig geworden, er ist nur noch ein Wrack **3.** (*matraca*) Knarre *f* **4.** (ZOOL) Blauracke *f*
carracuca [karra'kuka] (*fam*): **estar más perdido que** ~ voll in der Patsche sitzen; **ser más feo que** ~ hässlich wie die Nacht sein
carral [ka'rral] *m* (*cuba*) (Wein)transportfass *nt*, Weintonne *f*
carraleja [karra'lexa] *f* (ZOOL) Maiwurm *m*
carramplón [karram'plon] *m* (*Col, Ven: arma*) Gewehr *nt*, Flinte *f*
carrancudo, **-a** [karraŋ'kuðo, -a] *adj* (*carácter*) stolz; (*pey*) hochmütig
carrara [ka'rrara] *m* (GEO: *mármol*) Carrara *m*, carrarischer Marmor *m*
carrasca [ka'rraska] *f v.* **carrasco**
carrascal [karras'kal] *m* Steineichenwäldchen *nt*
carrasco [ka'rrasko] *m* (buschartige) Steineiche *f*
carrascoso, **-a** [karras'koso, -a] *adj* (BOT) mit Steineichen bestanden; **los terrenos ~s** die Steineichenwälder
carraspada [karras'paða] *f* (GASTR) *Getränk aus Rotwein mit Wasser, Honig und Gewürzen*
carraspear [karraspe'ar] *vi* hüsteln, sich räuspern
carraspeño, **-a** [karras'peɲo, -a] *adj* rau, heiser
carraspeo [karras'peo] *m* Hüsteln *nt*, Räuspern *nt*
carraspera [karras'pera] *f* Heiserkeit *f*
carraspique [karras'pike] *f* (BOT) Schleifenblume *f*
carrasposo, **-a** [karras'poso, -a] *adj* **1.** (*ronco*) heiser **2.** (*Col, Ecua, Ven: áspero*) rau
carrasquilla [karras'kiʎa] *f* (BOT) Edelgamander *m*
carrera [ka'rrera] *f* **1.** (*movimiento*) Lauf *m*, Laufen *nt*; **a la(s)** ~**(s)** (*Am*) im Eiltempo, hastig; **traigo el periódico de una** ~ ich gehe schnell die Zeitung holen **2.** (*recorrido*) Lauf *m*, Weg *m*; (*de un astro*) Bahn *f* **3.** (DEP: *competición*) (Wett)rennen *nt*; ~ **de armamento (nuclear)** (atomares) Wettrüsten *nt*; ~ **de caballos/de coches** Pferde-/Autorennen *nt*; ~ **espacial** Wettlauf im All; ~ **de obstáculos** (*hípica*) Hindernisrennen *nt*; (*atletismo*) Hürdenlauf *m*; ~ **de relevos** Staffellauf *m*; ~ **tecnológica** Technologiewettlauf *m*; **caballo de ~s** Rennpferd *nt*; **coche de ~s** Rennwagen *m* **4.** (*profesión*) Karriere *f*, Laufbahn *f*; ~ **profesional** beruflicher Werdegang, Laufbahn *f*; **hacer** ~ Karriere machen; **no puedo hacer** ~ **de mi hijo** ich komme mit meinem Sohn nicht zurecht **5.** (*estudios superiores*) Studium *nt*; **persona de** ~ Akademiker(in) *m(f)*; **un médico de** ~ ein studierter Mediziner; **dar** ~ **a alguien** jdn studieren lassen, jdm das Studium ermöglichen; **hacer una** ~ studieren **6.** (*calle*) Straße *f*; (*Am: avenida*) Allee *f*; **hacer la** ~ (*fam*) auf den Strich gehen **7.** (*en un tejido*) Laufmasche *f*
carrerilla [karre'riʎa] *f*: **de** ~ (*fam*) (in- und) auswendig; **tomar** ~ Anlauf nehmen
carrerista [karre'rista] *mf* **1.** (DEP: *aficionado*) Liebhaber(in) *m(f)* von Pferderennen; (*corredor*) Rennreiter(in) *m(f)* **2.** (*apostador*) Wetter(in) *m(f)*
carrero, **-a** [ka'rrero, -a] *m, f v.* **carretero**
carreta [ka'rreta] *f* Karre *f*, Karren *m*
carretada [karre'taða] *f* **1.** (*carga*) Fuhre *f* **2.** (*cantidad*) Fuder *nt*; **a ~s** massenweise, fuderweise
carrete [ka'rrete] *m* (*t.* FOTO, TÉC: *bobina*) Rolle *f*, Spule *f*; ~ **de hilo/de película** Garn-/Filmrolle *f*; **dar** ~ **a alguien** (*fig*) jdn hinhalten
carretear [karrete'ar] **I.** *vt* **1.** (*transportar*) auf einem Karren transportieren; **¿esta es la mercancía que hay que ~?** ist das die Ware, die transportiert werden soll? **2.** (*dirigir*) fahren, lenken **II.** *vr*: **~se** (*buey, mula*) sich ins Geschirr legen
carretela [karre'tela] *f* (*carruaje*) viersitzige Kalesche *f*; **un paseo en** ~ eine Spazierfahrt in einer offenen Kutsche
carretera [karre'tera] *f* (Land)straße *f*, (Schnell)straße *f*; ~ **de circunvalación/de salida** Ring-/Ausfallstraße *f*; ~ **comarcal/nacional** ≈Kreis-/Bundesstraße *f*; ~ **principal/secundaria** Fern-/Landstraße *f*; **hotel de** ~ Motel *nt*; **restaurante de** ~ (Autobahn)raststätte *f*; **transporte por** ~ Straßentransport *m*
carretería [karrete'ria] *f* **1.** (*conjunto de carretas*) Fuhrpark *m* **2.** (*taller*) Stellmacherei *f*, Wagnerei *f*
carretero [karre'tero] *m* **1.** (*constructor de carros*) Wagenmacher *m* **2.** (*transportista*) Fuhrmann *m*; **jurar como un** ~ wie ein Kutscher fluchen

C

carretilla [karre'tiʎa] *f* **1.** (*carretón*) Schubkarre *f,* Schubkarren *m;* ~ **eléctrica** Elektrowagen *m;* ~ **elevadora/de horquilla** Hub-/Gabelstapler *m* **2.** (*loc*): **aprenderse algo de** ~ sich *dat* etw einpauken; **saberse algo de** ~ etw auswendig können

carretón [karre'ton] *m* **1.** (*carro*) offene Karre *f,* offener Karren *m* **2.** (TÉC: *en el ferrocarril*) Drehgestell *nt*

carretonero¹ [karreto'nero] *m* (*Col:* BOT) (Wiesen)klee *m*

carretonero, -a² [karreto'nero, -a] *m, f* (*conductor*) Karrenfahrer(in) *m(f)*

carricera [karri'θera] *f* (BOT) Seidengras *nt*

carricero [karri'θero] *m* (ZOOL) Rohrsänger *m*

carricoche [karri'kotʃe] *m* (*pey: vehículo viejo*) (alte) Karre *f,* Vehikel *nt*

carricuba [karri'kuβa] *f* (*líquidos*) Tankwagen *m;* (*riego*) Sprengwagen *m*

carriego [ka'rrjeɣo] *m* **1.** (*instrumento de pesca*) (Fisch)reuse *f* **2.** (*lino*) Korb *m* zum Flachsbleichen

carril [ka'rril] *m* **1.** (*en la carretera*) Spur *f;* ~ **de adelantamiento/lento** Überhol-/Kriechspur *f;* **un tramo de tres** ~**es** eine dreispurige Strecke **2.** (*raíl*) Schiene *f;* (*t.* TÉC: *riel*) Führungsschiene *f* **3.** (*Chil:* FERRO) Eisenbahn *f*

carrilano, -a [karri'lano, -a] *m, f* (*Chil*) **1.** (*ferroviario*) Bahnarbeiter(in) *m(f)* **2.** (*bandolero*) Bandit(in) *m(f)*

carril-bicicleta [ka'rril βiθi'kleta] *m* <carriles-bicicleta> (Fahr)radweg *m*

carril-bus [ka'rril βus] *m* <carriles-bus> Busspur *f*

carrillada [karri'ʎaða] *f* (*grasa del cerdo*) Backenfett *nt*

carrillo [ka'rriʎo] *m* (*fam*) Backe *f;* **comer a dos** ~**s** mampfen

carrilludo, -a [karri'ʎuðo, -a] *adj* pausbäckig

carriola [ka'rrjola] *f* **1.** (*cama, tarima*) Rollbett *nt* **2.** (HIST) leichter, dreirädriger Wagen *m* (*der königlichen Familie*)

carrito [ka'rrito] *m* Wägelchen *nt;* ~ **de la compra/del servicio** Einkaufs-/Servierwagen *m;* ~ **de equipajes** Gepäckwagen *m,* Kofferkuli *m*

carrizal [karri'θal] *m* (BOT) Röhricht *nt*

carrizo [ka'rriθo] *m* Binse *f*

carro ['karro] *m* **1.** (*vehículo*) Fuhrwerk *nt;* (*armazón*) Fahrgestell *nt;* (*carreta*) Karre *f,* Karren *m;* **¡para el** ~**!** (*fam*) mach mal halblang!; **tirar del** ~ (*fig fam*) den ganzen Laden schmeißen; **dejar pasar** [*o* **aguantar**] ~**s y carretas** (*fam*) sich *dat* auf der Nase herumtanzen lassen **2.** (*coche*) Wagen *m* **3.** (TÉC: *sobre rieles*) Laufkatze *f* **4.** (TÉC: *transportador*) Schlitten *m* **5.** (MIL: *tanque*) Panzer *m;* ~ **acorazado** [*o* **blindado**] Panzer *m;* ~ **anticarro** Kanonenjagdpanzer *m;* ~ **de combate** Kampfpanzer *m* **6.** (FOTO) Magazin *nt* **7.** (ASTR): **el C~ Mayor/Menor** der Große/Kleine Wagen

carrocería [karroθe'ria] *f* **1.** (TÉC) Karosserie *f* **2.** (*taller*) Stellmacherei *f*

carrochar [karro'tʃar] *vi* (ZOOL: *hembra de insecto*) Eier ablegen

carromato [karro'mato] *m* **1.** (*carro*) Karren *m,* Karriole *f;* (*entoldado*) Planwagen *m;* (*roulotte*) Wohnwagen *m;* (*pey: coche*) (alte) Karre *f,* Klapperkiste *f* **2.** (TAUR: *en forma de toro*) Stierattrappe *f*

carroña [ka'rroɲa] *f* Aas *nt*

carroñar [karro'ɲar] *vt* (BIOL) mit Schafräude infizieren

carroñero, -a [karro'ɲero, -a] *adj* aasfressend

carroza¹ [ka'rroθa] *f* Karosse *f,* Staatskutsche *f*

carroza² [ka'rroθa] *mf* (*pey, argot*): **ser un/una** ~ in der Steinzeit leben, von gestern sein

carrozar [karro'θar] <z→c> *vt* (AUTO) karossieren

carruaje [ka'rrwaxe] *m* Fuhrwerk *nt;* (*de caballos*) Kutsche *f*

carrujo [ka'rruxo] *m* (BOT) Baumkrone *f*

carrusel [karru'sel] *m* **1.** (*tiovivo*) Karussell *nt* **2.** (*exhibición ecuestre*) Kavalkade *f*

cársico, -a ['karsiko, -a] *adj* (GEO) *v.* **cárstico**

cárstico, -a [kars'tiko, -a] *adj* (GEO) karstig; **paisaje** ~ Karst *m,* Karstlandschaft *f*

cart [karᵗ] *m* <carts> **1.** (DEP) (Go)kart *m* **2.** *pl* (*competición*) Karting *nt*

carta ['karta] *f* **1.** (*misiva*) Brief *m;* (*escrito*) Schreiben *nt;* ~ **de amor** Liebesbrief *m;* ~ **certificada** Einschreibebrief *m;* ~ **comercial** Geschäftsbrief *m;* ~**s al director** Leserbriefe *mpl;* ~ **hipotecaria** (FIN) Hypothekenbrief *m;* ~ **normalizada** Standardbrief *m;* ~ **oficial** Amtsbrief *m;* ~ **de pésame** Kondolenzbrief *m;* ~ **de porte (aéreo)** (Luft)frachtbrief *m;* ~ **de presentación** [*o* **de recomendación**] Empfehlungsschreiben *nt;* ~ **de procuración** (JUR) Prozessvollmacht *f;* **papel de** ~ Briefpapier *nt;* **echar** [*o* **enviar**] **una** ~ einen Brief einwerfen [*o* abschicken] **2.** (*t.* JUR: *documento*) Urkunde *f;* ~ **credencial** Akkreditiv *nt;* **C~ Magna** Grundgesetz *nt;* ~ **de naturaleza** Einbürgerungsurkunde *f;* ~ **de porte** (COM) Frachtbrief *m;* **C~ Social Europea** (UE) Europäische Sozialcharta; **a** ~ **cabal** durch und durch; **es honrada a** ~ **cabal** sie ist grundehrlich; **dar** ~ **blanca a alguien** jdm eine unbeschränkte Vollmacht erteilen; (*fig*) jdm völlig freie Hand lassen; **tomar** ~**s en un asunto** sich in eine Angelegenheit einschalten **3.** (*naipes*) Spielkarte *f;* **jugar a las** ~**s** Karten spielen; **jugar sus** ~**s** seine Karten ausspielen; **jugárselo todo a una** ~ alles auf eine Karte setzen; **echar las** ~**s a alguien** jdm wahrsagen; **enseñar las** ~**s, poner las** ~**s boca arriba** (*fig*) die Karten aufdecken [*o* auf den Tisch legen]; **no saber a qué** ~ **quedarse** unschlüssig sein **4.** (GEO: *mapa*) Karte *f;* ~ **astral** (ASTR) Horoskop *nt;* ~ **meteorológica** Wetterkarte *f;* ~ **de navegación/de vientos** See-/Windkarte *f* **5.** (*menú*) Speisekarte *f;* ~ **de vinos**

Weinkarte *f;* **comer a la** ~ à la carte essen **6.** (TV): ~ **de ajuste** Testbild *nt*

carta-bomba ['karta 'βomba] *f* <cartas-bomba> Briefbombe *f*

cartabón [karta'βon] *m* Winkelmaß *nt*

cartagenero, **-a** [kartaxe'nero, -a] **I.** *adj* aus Cartagena **II.** *m, f* Einwohner(in) *m(f)* von Cartagena

cartaginés¹ [kartaxi'nes] *m sin pl* Punisch(e) *nt*

cartaginés, **-esa²** [kartaxi'nes, -esa] **I.** *adj* **1.** (HIST) karthagisch **2.** (*cartagenero*) aus Cartagena; **mi prima es cartaginesa** meine Kusine ist aus Cartagena **II.** *m, f* **1.** (HIST) Karthager(in) *m(f)* **2.** (*cartagenero*) Einwohner(in) *m(f)* von Cartagena

cártamo ['kartamo] *m* (BOT) Färberdistel *f*

cartapacio [karta'paθjo] *m* **1.** (*cuaderno*) Notizbuch *nt,* Schreibheft *nt* **2.** (*carpeta*) Schulmappe *f* **3.** (*en una mesa*) Schreibtischunterlage *f;* **estos documentos están en el** ~ **del jefe** diese Dokumente liegen dem Chef vor [*o* hat der Chef auf seinem Tisch]

cartear [karte'ar] **I.** *vi* (*juego*) niedrige Karten ausspielen **II.** *vr:* ~**se** sich *dat* (Briefe) schreiben., brieflich korrespondieren; **nos carteamos con frecuencia** wir schreiben uns oft

cartearse [karte'arse] *vr* korrespondieren, sich *dat* schreiben; ~ **con alguien** mit jdm im Briefwechsel stehen

cartel [kar'tel] *m* **1.** (*anuncio*) Plakat *nt;* (*aviso*) Anschlag *m;* (*rótulo*) Schild *nt;* ~ **electoral/publicitario** Wahl-/Werbeplakat *nt;* **poner un** ~ (*nota*) einen Aushang machen; **prohibido fijar** ~**es** Plakate anbringen verboten; **estar en** ~ (*espectáculo*) aufgeführt werden; (*fig*) hoch im Kurs stehen; **tener buen** ~ einen guten Ruf haben **2.** *v.* **cártel**

cártel ['kartel] *m* **1.** (ECON) Kartell *nt;* ~ **de precios** Preiskartell *nt;* ~ **de producción** Produktionskartell *nt* **2.** (*mafia colombiana*): **el** ~ **de Medellín** das Drogenkartell in Medellín

cartela [kar'tela] *f* **1.** (*tarjeta*) Kärtchen *nt* **2.** (ARQUIT: *ménsula*) Kragstein *m,* Konsole *f* **3.** (*balcón*) (Balkon)träger *m*

cartelera [karte'lera] *f* **1.** (*armazón*) Kinoplakatwand *f;* (*columna*) Litfasssäule *f* **2.** (*en el periódico*) Veranstaltungsprogramm *nt;* **estar en** ~ aufgeführt werden

cartelero, **-a** [karte'lero, -a] **I.** *adj* (*exitoso*) populär, publikumswirksam; **un artista** ~ ein beliebter Künstler **II.** *m, f* (*oficio*) Plakatkleber(in) *m(f)*

cartelista [karte'lista] *mf* (TIPO) Plakatmaler(in) *m(f)*

cartelización [karteliθa'θjon] *f* (ECON) Kartellbildung *f*

cartelizar [karteli'θar] <z→c> *vt* (ECON) kartellieren

carteo [kar'teo] *m* **1.** (*correspondencia*) Briefwechsel *m* **2.** (*en el juego*) Ausspielen *nt* niedriger Karten

cárter ['karter] *m* (TÉC: *carcasa*) Gehäuse *nt;* ~ **del aceite** (AUTO) Ölwanne *f;* ~ **del cigüeñal** Kurbelgehäuse *nt*

cartera [kar'tera] *f* **1.** *v.* **cartero 2.** (*de bolsillo*) Brieftasche *f;* **tener algo en** ~ (*fig*) etw vorhaben, mit etw *dat* schwanger gehen *fam* **3.** (*de mano*) (Damen)handtasche *f;* (*de herramientas*) Satteltasche *f* **4.** (*portafolios*) Aktenmappe *f,* Aktentasche *f;* (*escolar*) Schultasche *f;* (*mochila*) Schulranzen *m* **5.** (POL: *ministerio*) Ministeramt *nt;* **ministro sin** ~ Minister ohne Ressort **6.** (FIN): ~ **de valores** Anlagepapiere *ntpl,* Portfolio *nt;* ~ **de inversiones** Anlagekapital *nt;* **efectos en** ~ Wertpapierbestand *m* **7.** (ECON): ~ **de clientes** Kundenstamm *m,* Kundenbestand *m;* ~ **de pedidos** Auftragsbestand *m*

cartería [karte'ria] *f* **1.** (*oficio*) Arbeit *f* als Briefträger; **Rosa vive de la** ~ Rosa verdient ihren Lebensunterhalt als Briefträgerin **2.** (*oficina*) Post(hilfs)stelle *f;* **pregunta en** ~ frag in der Poststelle nach

carterista [karte'rista] *mf* Taschendieb(in) *m(f)*

cartero, **-a** [kar'tero, -a] *m, f* Briefträger(in) *m(f),* Postbote, -in *m, f;* (*repartidor*) Zusteller(in) *m(f)*

cartesianismo [kartesja'nismo] *m sin pl* (FILOS) Kartesianismus *m*

cartesiano, **-a** [karte'sjano, -a] *adj* (FILOS) kartes(ian)isch; **ejes** ~**s** (MAT) Koordinatensystem *nt*

cartilaginoso, **-a** [kartilaxi'noso, -a] *adj* knorpel(art)ig; **tejido** ~ Knorpelgewebe *nt;* **pez** ~ (ZOOL) Knorpelfisch *m*

cartílago [kar'tilaɣo] *m* Knorpel *m*

cartilla [kar'tiʎa] *f* **1.** (*catón*) (ABC-)Fibel *f;* **leerle la** ~ **a alguien** (*fig*) jdm die Leviten lesen **2.** (*cuaderno*) Notizbuch *nt;* ~ **de ahorros** Sparbuch *nt;* ~ **de racionamiento** Lebensmittelkarte *f;* ~ **de la Seguridad Social** ≈Krankenschein *m* **3.** (*tratado*) Handbuch *nt* **4.** (*Am: carnet*) Ausweis *m*

cartódromo [kar'toðromo] *m* (DEP) Kartbahn *f*

cartógrafa [kar'toɣrafa] *f v.* **cartógrafo**

cartografía [kartoɣra'fia] *f* Kartographie *f*

cartografiar [kartoɣrafi'ar] <*1. pres:* cartografío> *vt* (GEO) kartieren, kartographieren

cartográfico, **-a** [karto'ɣrafiko, -a] *adj* (GEO) kartographisch

cartógrafo, **-a** [kar'toɣrafo, -a] *m, f* Kartograph(in) *m(f)*

cartograma [karto'ɣrama] *m* (GEO) Kartogramm *nt*

cartomancia [karto'maṇθja] *f,* **cartomancía** [kartomaṇ'θia] *f* Kartenlegen *nt*

cartometría [kartome'tria] *f* (GEO) Kartometrie *f*

cartómetro [kar'tometro] *m* (GEO) Kurvimeter *nt*

cartón [kar'ton] *m* **1.** (*material*) Pappe *f;* ~ **de bingo** Bingokarte *f;* **caja de** ~ Karton *m;* **sin**

trampa ni ~ (*fig*) ohne doppelten Boden **2.** (*envase*) Packung *f;* ~ **de huevos** Eierschachtel *f;* ~ **de leche** Milchtüte *f;* **un** ~ **de tabaco** eine Stange Zigaretten **3.** (ARTE) Karton *m* **4.** (*Am: en periódicos, revistas*) Comic *m,* Cartoon *m o nt*

cartonaje [karto'naxe] *m* Kartonage *f*

cartoné [karto'ne] *m:* **en** ~ kartoniert

cartonería [kartone'ria] *f* **1.** (*fábrica*) Kartonfabrik *f* **2.** (*tienda*) Kartongeschäft *nt*

cartonista [karto'nista] *mf* Cartoonist(in) *m(f)*

cartón-piedra [kar'ton 'pjeðra] *m sin pl* Pappmaschee *nt*

cartuchera [kartu'ʧera] *f* **1.** (*canana*) Patronengurt *m;* (*bolsa*) Patronentasche *f* **2.** *pl* (*fam: michelines*) Fettpolster *nt*

cartucho [kar'tuʧo] *m* **1.** (*carga*) Patrone *f;* (MIL: *de artillería*) Kartusche *f;* ~ **de datos** Datenkassette *f;* ~ **de disco** Plattenkassette *f;* ~ **explosivo/de tinta** Spreng-/Tintenpatrone *f;* ~ **de fogeo** Platzpatrone *f;* ~ **de tipos** Schriftartenkassette *f;* **quemar el último** ~ (*fig*) seinen letzten Trumpf ausspielen **2.** (*envoltura: en forma de cucurucho*) Tüte *f;* (*en forma de tubo*) Rolle *f;* ~ **de monedas** Geldrolle *f;* ~ **de película** Film *m*

cartuja [kar'tuxa] *f* (*monasterio*) Kartause *f;* **la C~** der Kartäuserorden

cartujano, **-a** [kartu'xano, -a] *adj o m, f v.* **cartujo**

cartujo, **-a** [kar'tuxo, -a] **I.** *adj* Kartäuser- **II.** *m, f* Kartäuser(mönch) *m,* Kartäuserin *f;* **vivir como un** ~ (*fig*) wie ein Mönch leben

cartulina [kartu'lina] *f* (feine) Pappe *f,* (Foto)karton *m;* ~ **amarilla/roja** (DEP) gelbe/rote Karte

carúncula [ka'ruŋkula] *f* **1.** (ZOOL) Kamm *m* **2.** (ANAT) Fleischwärzchen *nt,* Karunkel *f;* ~ **lacrimal** Tränenwärzchen *nt*

carvajal [karβa'xal] *m* Eichenwald *m*

carvajo [kar'βaxo] *m* Eiche *f*

carvalledo [karβa'ʎeðo] *m* (BOT) Eichenwald *m*

carvallo [kar'βaʎo] *m v.* **carvajo**

casa ['kasa] *f* **1.** (*edificio*) Haus *nt;* ~ **adosada** Reihenhaus *nt;* ~ **de campo** Landhaus *nt;* ~ **de citas** Bordell *nt;* ~ **de comidas** Gaststätte *f;* ~ **consistorial** Rathaus *nt;* ~ **de Dios** Gotteshaus *nt;* ~ **de fieras** Tierhaus *nt;* ~ **flotante** Hausboot *nt;* ~ **de huéspedes** Gästehaus *nt;* ~ **de labor** [*o* **de labranza**] Bauernhof *m;* ~ **de muñecas** Puppenstube *f;* ~ **prefabricada** Fertighaus *nt;* ~ **señorial** Herrenhaus *nt;* ~ **de socorro** Unfallstation *f;* ~ **unifamiliar** Einfamilienhaus *nt;* **la C~ Blanca** das Weiße Haus; **como una** ~ haushoch; **de** ~ **en** ~, ~ **por** ~ von Haus zu Haus; **venta de** ~ **en** ~ Haus-zu-Haus-Verkauf *m;* **echar** [*o* **tirar**] **la** ~ **por la ventana** (*fam*) das Geld zum Fenster hinauswerfen; (*festejar por todo lo alto*) auf den Putz hauen; **empezar la** ~ **por el tejado** (*fam*) den Gaul beim Schwanz aufzäumen **2.** (*vivienda*) Wohnung *f;* **¿dónde está tu ~?** wo wohnst du? **3.** (*hogar*) Zuhause *nt;* ~ **paterna** Elternhaus *nt;* ~ **propia** Eigenheim *nt;* **a** ~ nach Haus(e); **¿vienes a mi ~?** kommst du zu mir?; **vengo de** ~ ich komme von zu Haus(e); **¿cuándo sales de ~?** wann musst du aus dem Haus?; **en** ~ zu Haus(e); **estoy en** ~ **de Paco** ich bin bei Paco; **ser muy de su** ~ häuslich sein; **sentirse en su** [*o* **como en**] ~ sich (wie) zu Hause fühlen; **está Ud. en su** ~ fühlen Sie sich wie zu Hause; **los de** ~ die Lieben zu Hause, die liebe Familie; **levantar** (**la**) ~ ausziehen; **llevar la** ~ den Haushalt führen; **no parar en** ~ immer unterwegs sein; **todo queda en** ~ es bleibt alles in der Familie; **entrar como Pedro por su** ~ ein- und ausgehen wie im eigenen Haus **4.** (ECON: *empresa*) Firma *f;* ~ **central** Stammhaus *nt;* ~ **comercial** Handelshaus *nt;* ~ **discográfica** Schallplattenfirma *f;* ~ **editorial** Verlagshaus *nt;* ~ **de empeños** Pfandhaus *nt;* ~ **matriz** Mutterfirma *f,* Stammhaus *nt;* ~ **de la moneda** Münzamt *nt,* Münzstätte *f;* ~ **proveedora** Lieferfirma *f* **5.** (*estirpe*): ~ **real** Dynastie *f,* Haus *nt;* **la** ~ **de Habsburgo** die Habsburger **6.** (*en un juego*) Haus *nt*

casabe [ka'saβe] *m* (*Am:* GASTR) Tapiokafladen *m*

casa-bote ['kasa 'βote] *f* <casas-bote> Hausboot *nt*

casaca [ka'saka] *f* (*de hombre*) Gehrock *m;* (*de mujer*) Kasack *m*

casación [kasa'θjon] *f* (JUR) Aufhebung *f* eines Gerichtsurteils; **interponer recurso de** ~ Revision einlegen

casa-cuartel ['kasa kwar'tel] *f* <casas-cuartel> *Kaserne mit Familienwohnbereich*

casadero, **-a** [kasa'ðero, -a] *adj* heiratsfähig; **una moza casadera** ein Mädchen im heiratsfähigen Alter

casal [ka'sal] *m* **1.** (AGR) Landhaus *nt;* (*de labranza*) Bauernhaus *nt* **2.** (*casa solariega*) Stammsitz *m,* Familiensitz *m* **3.** (*AmS: pareja*) Pärchen *nt;* **un** ~ **de águilas** ein Adlerpärchen

casalicio [kasa'liθjo] *m* (*edificio*) Gebäude *nt;* (*conjunto en el campo*) Gehöft *nt*

casamata [kasa'mata] *f* (MIL) Kasematte *f*

casamentero, **-a** [kasamen̩'tero, -a] *m, f* Kuppler(in) *m(f)*

casamiento [kasa'mjen̩to] *m* **1.** (*matrimonio*) Ehe *f* **2.** (*boda*) Trauung *f,* Eheschließung *f*

casamuro [kasa'muro] *m* (*muralla*) (freistehende) Mauer *f*

Casanova [kasa'noβa] *m* Casanova *m;* **ése es un verdadero** ~ der ist ein richtiger Casanova

casar [ka'sar] **I.** *vi* **1.** (*elev: casarse*) sich verehelichen (*con* mit +*dat*), den Bund der Ehe schließen (*con* mit +*dat*) **2.** (*combinar*) zusammenpassen; **estos zapatos no casan con el vestido** diese Schuhe passen nicht zum

Kleid **II.** *vt* **1.** (*unir en matrimonio*) verheiraten; **estar** [*o* **ser**] **casado** verheiratet sein; **los recién casados** die Frischverheirateten, das frisch vermählte Paar; **~on muy bien a sus dos hijas** sie haben ihre beiden Töchter gut verheiratet **2.** (*combinar*) kombinieren; (*piezas*) zusammenfügen **3.** (JUR: *anular*) aufheben, kassieren **III.** *vr:* **~se** heiraten (*con* +*akk*); **~se de blanco** in Weiß heiraten; **~se en** [*o* **por**] **la Iglesia** kirchlich heiraten; **~se por lo civil** standesamtlich heiraten; **~se en segundas nupcias** eine zweite Ehe eingehen; **no ~se con nadie** (*fig*) keine halbherzigen Kompromisse eingehen

casatienda [kasa'tjeṇda] *f* (COM) Wohnhaus *nt* mit Ladengeschäft

casca ['kaska] *f* **1.** (*hollejo, aguardiente*) Trester *m* **2.** (*corteza para teñir*) Gerberlohe *f* **3.** (*cáscara*) (Frucht)schale *f,* Hülse *f*

cascabel [kaska'βel] *m* **1.** (*sonaja*) Schelle *f;* **ponerle el ~ al gato** (*fam*) der Katze die Schelle umhängen **2.** (*de la serpiente*) Klapper *f;* **serpiente de ~** Klapperschlange *f*

cascabelear [kaskaβele'ar] **I.** *vi* **1.** (*tintinear*) schellen **2.** (*fam: hacer locuras*) herumspinnen **II.** *vt* (*fam*) breitschlagen

cascabeleo [kaskaβe'leo] *m* Schellengeläut(e) *nt*

cascabelero[1] [kaskaβe'lero] *m* Rassel *f*

cascabelero, -a[2] [kaskaβe'lero, -a] *adj* (*fam fig: frívolo*) gedankenlos, leichtfertig

cascada [kas'kaða] *f* Wasserfall *m;* (*artificial*) Kaskade *f;* **en ~** kaskadenförmig; **conexión en ~** (TÉC) Kaskadenschaltung *f*

cascado, -a [kas'kaðo, -a] *adj* **1.** (*roto*) zerbrochen; (*fam: estropeado*) kaputt **2.** (*decrépito*) hinfällig **3.** (*voz*) brüchig

cascajal [kaska'xal] *m* (*piedra*) Schotterfeld *nt,* Geröllhalde *f*

cascajo [kas'kaxo] *m* **1.** (*pedazo*) Scherbe *f* **2.** (*persona*) Wrack *nt;* **estar hecho un ~** ein altes Wrack sein **3.** (*cosa*) Plunder *m;* **~s** Schrott *m* **4.** (*gravilla*) Schotter *m*

cascajoso, -a [kaska'xoso, -a] *adj* Schotter-, voller Schotter; **sendero ~** Schotterweg *m*

cascanueces [kaska'nweθes] *m inv* Nussknacker *m*

cascapiñones [kaskapi'ɲones] *m inv* (*instrumento*) Nussknacker *m* (*für Pinienkerne*)

cascar [kas'kar] <c→qu> **I.** *vi* **1.** (*fam: charlar*) schwatzen **2.** (*vulg: morir*) verrecken *fam;* **~la** abkratzen *fam* **II.** *vt* **1.** (*romper*) zerschlagen; **~ un huevo** ein Ei aufschlagen; **~ una nuez** eine Nuss knacken **2.** (*fam: pegar*) (ver)hauen **III.** *vr:* **~se 1.** (*romperse*) zerbrechen; (*estropearse*) kaputtgehen *fam* **2.** (*fam: envejecer*) alt und grau werden

cáscara ['kaskara] *f* Schale *f;* **~ de huevo/de limón** Eier-/Zitronenschale *f;* **ser de la ~ amarga** (*fam: radical*) vom ganz harten Schlag sein; (*homosexual*) vom anderen Ufer sein; **no hay más ~s** (*fig*) es führt kein Weg daran vorbei; **¡~s!** (*fam*) Manometer!

cascarilla [kaska'riʎa] *f* **1.** (*pielecilla*) Häutchen *nt;* (*del grano*) Spelze *f* **2.** (*quina*) Kaskarillrinde *f* **3.** (TÉC) Zunder *m* **4.** (*CSur: fam: cascarrabias*) Meckertante *f*

cascarón [kaska'ron] *m* **1.** (*de huevo*) leere Eierschale *f;* **está recién salido del ~** (*fig*) er ist noch nicht trocken hinter den Ohren; **meterse en su ~** sich in sein Schneckenhaus zurückziehen **2.** (NÁUT) Nussschale *f*

cascarrabias [kaska'rraβjas] *mf inv* (*fam*) Meckerfritze *m,* Meckertante *f*

cascarria [kas'karrja] *f* Schlammspritzer *m*

cascarrojas [kaska'rroxas] *mpl Ungeziefer auf Schiffen*

cascarrón[1] [kaska'rron] *m* (NÁUT: *viento*) Sturm *m*

cascarrón, -ona[2] [kaska'rron, -ona] *adj* **1.** (*desabrido, desagradable*) barsch, mürrisch **2.** (*viento*) stark

cascarudo [kaska'ruðo] *m* (*Arg*) Käfer *m*

cascaruleta [kaskaru'leta] *f* (BOT) *andalusische Weizensorte*

casco ['kasko] *m* **1.** (*para la cabeza*) Helm *m;* **~ protector** Schutzhelm *m;* **~ secador** Trockenhaube *f;* **los ~s azules** die Blauhelme **2.** (*fam: cabeza*) Rübe *f,* Birne *f;* **estar mal del ~** nicht ganz richtig im Oberstübchen [*o* Kopf] sein; **ligero de ~s** leichtsinnig; **chica ligera de ~s** Flittchen *nt;* **calentarse** [*o* **romperse**] **los ~s** sich *dat* das Hirn zermartern **3.** (*pezuña*) Huf *m* **4.** (*de un avión/barco*) Rumpf *m* **5.** (*cascote*) Bauschutt *m* **6.** (*botella*) Leergut *nt,* (Pfand)flasche *f* **7.** (*centro ciudad*) Stadtmitte *f;* **~ antiguo** Altstadt *f;* **~ comercial** Einkaufsviertel *nt;* **~ urbano** Innenstadt *f* **8.** (TÉC: *cuerpo*) Körper *m;* **~ de presión** Druckkörper *m* **9.** (*Perú: pecho*) Brust *f* **10.** *pl* (*auriculares*) Kopfhörer *m*

cascol [kas'kol] *m* (BOT) *zur Herstellung von schwarzem Siegellack verwendetes Harz einer guayanischen Baumart*

cascote [kas'kote] *m* Schuttbrocken *m;* **~s** Schutt *m*

cascotería [kaskote'ria] *f* Schutthaufen *m*

caseación [kasea'θjon] *f* Verkäsung *f,* Käsebildung *f*

caseico, -a [ka'sei̯ko, -a] *adj* (*elev*) **1.** (*del queso*) Käse- **2.** (QUÍM) käsig

caseificación [kasei̯fika'θjon] *f* **1.** (*caseificar*) Käsebildung *f* **2.** (MED) Verkäsung *f*

caseificar [kasei̯fi'kar] <c→qu> **I.** *vt* (*transformar*) verkäsen, käsen lassen **II.** *vr:* **~se** (*separar la caseína*) verkäsen

caseína [kase'ina] *f* (QUÍM) Kasein *nt*

casera [ka'sera] *adj o f v.* **casero**

casería [kase'ria] *f* **1.** (AGR: *casa*) (einzeln stehendes) Gehöft *nt* **2.** (*administración del hogar*) Hauswirtschaft *f,* Haushaltsführung *f*

caserío [kase'rio] *m* **1.** (*granja*) Aussiedlerhof *m* **2.** (*aldea*) Weiler *m,* Gehöft *nt*

caserna [ka'serna] *f* (MIL) *bombensicheres Gewölbe unter einem Bollwerk*

casero, -a [ka'sero, -a] **I.** *adj* **1.** (*hecho en*

C

casa) hausgemacht, Hausmacher-; **cocina casera** Hausmannsküche *f;* **comida casera** Hausmannskost *f;* **remedio** ~ Hausmittel *nt* **2.** (*hogareño*) häuslich **II.** *m, f* **1.** (*propietario*) Hausbesitzer(in) *m(f),* Vermieter(in) *m(f)* **2.** (*administrador*) (Haus)verwalter(in) *m(f)*

caserón [kase'ron] *m* großes (verwahrlostes) Haus *nt*

caseta [ka'seta] *f* **1.** (*barraca*) Häuschen *nt;* (*de feria*) Jahrmarktsbude *f;* (*de muestras*) Messestand *m;* ~ **del guarda** Wärterhäuschen *nt;* ~ **del perro** Hundehütte *f;* ~ **de tiro** Schießbude *f* **2.** (*cabina*) Kabine *f;* ~ **de baño** Umkleidekabine *f;* ~ **del timón** (NÁUT) Steuerhaus *nt*

casete[1] [ka'sete] *m o f v.* **cassette**[1]

casete[2] [ka'sete] *m v.* **cassette**[2]

casetón [kase'ton] *m* (ARQUIT) Kassette *f;* **bóveda de casetones** Kassettengewölbe *nt*

cash-flow ['kaʃ flou̯] *m sin pl* (ECON, FIN) Cashflow *m*

casi ['kasi] *adv* fast, beinahe; ~ ~ so gut wie; **ya está** ~ (~) es ist schon fast soweit; ~ **se mata** um ein Haar hätte es ihn/sie erwischt; ~ **igual** annähernd gleich

casia ['kasja] *f* **1.** (BOT: *arbusto*) Kassie *f,* Sennespflanze *f* **2.** (*vaina y pulpa*) Sennesschote *f*

casida [ka'siða] *f* (LIT) Kasside *f*

casilla [ka'siʎa] *f* **1.** (*caseta*) Häuschen *nt;* **sacar a alguien de sus ~s** (*fig*) jdn aus dem Häuschen bringen; **salirse de sus ~s** (*fig*) aus der Haut fahren **2.** (*en la cuadrícula*) Kästchen *nt* **3.** (*en un tablero*) Feld *nt* **4.** (*en un casillero*) Fach *nt;* ~ **de correos** (*Arg*) Postfach *nt* **5.** (*Méx: quiosco*) Kiosk *m* **6.** (TEAT) Theaterkasse *f;* (CINE) Kinokasse *f*

casillero [kasi'ʎero] *m* Fächerregal *nt*

casimba [ka'simba] *f* (*Am: hoyo*) Wasserloch *nt;* (*manantial*) Brunnen *m;* (*vasija, barril*) Wassergefäß *nt*

casino [ka'sino] *m* **1.** (*casa de juego*) (Spiel)kasino *nt* **2.** (*club*) Klub *m*

casis [ka'sis] *f inv* schwarze Johannisbeere *f*

casita [ka'sita] *f* Häuschen *nt;* **jugar a las ~s** Vater-Mutter-Kind spielen; (*irón*) das Hausmütterchen spielen

caso ['kaso] *m* **1.** (*hecho*) (Vor)fall *m;* (*circunstancia*) Anlass *m,* Umstand *m;* (JUR) Rechtsfall *m;* ~ **aislado** Einzelfall *m;* ~ **clínico** (MED) Krankheitsfall *m;* ~ **de conciencia** Gewissensfrage *f;* ~ **extremo** [*o* **límite**] Grenzfall *m;* ~ **de fuerza mayor** höhere Gewalt; **el** ~ **Maier** (JUR) in Sachen Maier; **¡es un ~!** (*fam*) das ist schon einer/eine!; **¡eres un ~!** (*fam*) du bist mir einer/eine!; **este chico es un** ~ **perdido** dieser Junge ist ein hoffnungsloser Fall, bei diesem Jungen sind Hopfen und Malz verloren; **yo, en tu ~...** ich an deiner Stelle ...; **(en)** ~ **(de) que...** +*subj,* **en** ~ **de...** +*inf* im Fall(e), dass ..., falls ...; **en** ~ **de emergencia** im Notfall; **no sea** ~ **que...** +*subj* für den Fall, dass ..., falls ...; **se da el** ~ **de que...** es kommt vor, dass ...; **el** ~ **es que...** es ist nämlich so, dass ...; **no viene** [*o* **hace**] **al** ~ (*es inoportuno*) das ist nicht angebracht; (*no tiene que ver*) das steht nicht zur Debatte; **dado** [*o* **llegado**] **el** ~ gegebenenfalls; **dado el** ~ **de que...** +*subj* vorausgesetzt, dass ...; **en** ~ **contrario** ansonsten; **en** ~ **necesario** [*o* **de necesidad**] nötigenfalls; **en cualquier** ~ auf jeden Fall, auf alle Fälle; **en ningún** ~ auf keinen Fall; **en último** ~ notfalls; **en tal** ~ in diesem Fall; **en todo** ~ allenfalls; **para el** ~ **es lo mismo** es spielt hier keine Rolle; **pongamos por** ~ **que...** +*subj* gesetzt den Fall, dass ... **2.** (*atención*) Aufmerksamkeit *f;* **hacer** ~ **a alguien** (*considerar*) jdn beachten; (*obedecer*) jdm gehorchen, auf jdn hören; (*creer*) jdm glauben; **no hacen** ~ **de nada** sie nehmen von nichts Notiz; **hacer** ~ **omiso de algo/alguien** etw/jdn ignorieren; **si protestan, ni** ~ wenn sie meckern, lass dich davon nicht stören **3.** (LING: *flexión*) Kasus *m,* Fall *m;* ~ **oblicuo** (Kasus) Obliquus *m;* ~ **recto** (Kasus) Rectus *m*

casón [ka'son] *m,* **casona** [ka'sona] *f* alte Villa *f*

casorio [ka'sorjo] *m* (*fam pey*) Heiratstrara *nt*

caspa ['kaspa] *f* (Kopf)schuppen *fpl*

Caspio ['kaspjo] *m:* **(el) Mar** ~ das Kaspische Meer

caspiroleta [kaspiro'leta] *f* (*Am*) *Erfrischungsgetränk aus Milch, Eiern, Zimt, Zucker u. a.*

cáspita ['kaspita] *interj* (*admiración*) Donnerwetter; (*extrañeza*) herrje, potztausend

casposo, -a [kas'poso, -a] *adj* schuppig

casquería [kaske'ria] *f Laden, in dem Innereien verkauft werden*

casquero, -a [kas'kero, -a] *m, f* (COM) *Person, die mit Schlachtabfällen handelt*

casquetazo [kaske'taθo] *m* (*fam: golpe en la cabeza*) Stoß *m* an den Kopf; (*con la cabeza*) Stoß *m* mit dem Kopf; **se arreó un** ~ er/sie hat sich *dat* den Kopf angerempelt

casquete [kas'kete] *m* **1.** (*casco*) Helm *m* **2.** (*gorrilla*) Kappe *f,* Haube *f;* ~ **esférico** Kalotte *f;* ~ **polar** Polarzone *f*

casquijo [kas'kixo] *m* (*piedra pequeña*) (Beton)kies *m,* Schotter *m*

casquillo [kas'kiʎo] *m* (TÉC) Zwinge *f;* ~ **de bala** Patronenhülse *f;* ~ **de bombilla** Sockel *m;* ~ **roscado** Gewindebuchse *f*

casquivano, -a [kaski'βano, -a] *adj* (*fam*) leichtfertig

cassette[1] [ka'sete] *m o f* (*cinta*) Kassette *f;* ~ **de audio** (Tonband)kassette *f;* ~ **de vídeo** Videokassette *f*

cassette[2] [ka'sete] *m* (*aparato*) Kassettenrecorder *m,* Kassettendeck *nt*

casta ['kasta] *f* **1.** (*raza*) Rasse *f;* **de** ~ reinrassig; (TAUR) kampflustig; **de** ~ **le viene al galgo** (*fig*) das liegt in der Familie **2.** (*linaje*) Geschlecht *nt,* Stamm *m* **3.** (*clase social*) Kaste *f*

castálidas [kas'taliðas] *fpl* (*elev: musas*) Musen *fpl*

castaña [kas'taɲa] *f* **1.** (*fruto*) Kastanie *f*, Marone *f*; **~s asadas** heiße Maronen; **~ pilonga** Dörrkastanie *f*; **sacar a alguien las ~s del fuego** (*fig*) für jdn die Kastanien aus dem Feuer holen; **¡toma ~!** ach, du grüne Neune!; **¡vaya ~!** so was von langweilig! **2.** (*fam: golpe*) Bums *m*; **darse** [*o* **pegarse**] **una ~ con** [*o* **contra**] **algo** gegen etw knallen **3.** (*fam: bofetada*) Ohrfeige *f*; (*puñetazo*) (Faust)hieb *m*, Schlag *m*; **arrear una ~ a alguien** (*bofetada*) jdm eine runterhauen; (*puñetazo*) jdm einen Schlag verpassen **4.** (*fam: borrachera*) Rausch *m*; **cogerse una ~** einen über den Durst trinken **5.** (*fam: rápido*): **a toda ~** vollgas, volle Pulle

castañal [kasta'ɲal] *m*, **castañar** [kasta'ɲar] *m* Kastanienwald *m*

castañazo [kasta'ɲaθo] *m* (*fam*) Bums *m*; **darse** [*o* **pegarse**] **un ~ con** [*o* **contra**] **algo** gegen etw knallen

castañero, **-a** [kasta'ɲero, -a] *m, f* Maronenverkäufer(in) *m(f)*

castañeta [kasta'ɲeta] *f* **1.** (*castañuela*) Kastagnette *f* **2.** (*con los dedos*) Fingerschnalzen *nt*

castañetazo [kastaɲe'taθo] *m* **1.** (*con las castañuelas*) Klackern *nt*; (*con los dedos*) Schnalzen *nt*; (*con los huesos*) Knacken *nt* **2.** (*de las castañas*) *Geräusch der auf dem Feuer zerplatzenden Kastanien*

castañetear [kastaɲete'ar] *vi* **1.** (*chasquear*) (mit den Fingern) schnalzen; **me castañeteaban los dientes de frío** mir klapperten vor Kälte die Zähne **2.** (*tocar las castañuelas*) mit den Kastagnetten klappern

castañeteo [kastaɲe'teo] *m* Geklapper *nt*; (*con los dientes*) Zähneklappern *nt*; (*con los dedos*) (Finger)schnalzen *nt*

castaño[1] [kas'taɲo] *m* (Edel)kastanie *f*, Kastanienbaum *m*; **~ de Indias** Rosskastanie *f*

castaño, **-a**[2] [kas'taɲo, -a] *adj* kastanienbraun; **~ claro** hellbraun; **Ana es castaña** Ana ist brünett; **¡eso pasa de ~ oscuro!** (*fam*) jetzt schlägt's aber dreizehn!

castañuela [kasta'ɲwela] *f* Kastagnette *f*; **estar alegre como ~s**, **estar hecho unas ~s** (*fam*) quietschfidel sein

castellana [kaste'ʎana] *f* **1.** *v.* **castellano**[2] **2.** (LIT) *Vierzeiler mit achtsilbigen Versen*

castellanía [kasteʎa'nia] *f* (HIST) autonomer Bezirk *m*

castellanidad [kasteʎani'ðad] *f inv* (*carácter y condición de lo castellano*) typisch Kastilisches *nt*; **la ~ del paisaje** der kastilische Charakter der Landschaft

castellanismo [kasteʎa'nismo] *m* **1.** (LING: *modo de hablar*) kastilische Spracheigentümlichkeit *f* **2.** (LING: *vocablo, expresión*) *aus dem Kastilischen übernommener Ausdruck* **3.** (*apego a lo castellano*) kastilischer Nationalstolz *m*

castellanización [kasteʎaniθa'θjon] *f* (*conversión en castellano*) Hispanisierung *f*; **la ~ de los términos ingleses es muy frecuente** englische Begriffe werden sehr häufig hispanisiert

castellanizar [kasteʎani'θar] <z→c> *vt* hispanisieren

castellano[1] [kaste'ʎano] *m* **1.** (LING: *español*) Spanisch(e) *nt*; (*variedad*) kastilische Mundart *f* **2.** (HIST: *administrador*) Kastellan *m*; (MIL) Burgvogt *m*

castellano, **-a**[2] [kaste'ʎano, -a] **I.** *adj* kastilisch; **la lengua castellana** die spanische Sprache; **en ~** (*fig*) auf gut Deutsch **II.** *m, f* **1.** (*habitante*) Kastilier(in) *m(f)* **2.** (HIST: *señor*) Burgherr(in) *m(f)*

castellanohablante [kasteʎanoa'βlan̥te] *adj* Spanisch sprechend, spanischsprachig

castellanoleonés, **-esa** [kasteʎanoleo'nes] **I.** *adj* aus Kastilien-León **II.** *m, f* Einwohner(in) *m(f)* von Kastilien-León

castellanomanchego, **-a** [kasteʎanoman'ʧeɣo, -a] **I.** *adj* aus Kastilien-La Mancha; **el paisaje ~** die Landschaft von Kastilien-La Mancha **II.** *m, f* Einwohner(in) *m(f)* von Kastilien-La Mancha

castellonense [kasteʎo'nense] **I.** *adj* aus Castellón; **el comercio ~ está en expansión** in Castellón erlebt der Handel einen Aufschwung **II.** *mf* Einwohner(in) *m(f)* von Castellón

casticismo [kasti'θismo] *m* **1.** (*tipismo*) Urwüchsigkeit *f*; (*autenticidad*) Authentizität *f* **2.** (*purismo*) Purismus *m*

casticista [kasti'θista] *mf* (LING: *purista*) (Sprach)purist(in) *m(f)*

castidad [kasti'ðad] *f* Keuschheit *f*, Enthaltsamkeit *f*; **cinturón de ~** Keuschheitsgürtel *m*; **voto de ~** Keuschheitsgelübde *nt*

castigador(a) [kastiɣa'ðor(a)] *adj* verführerisch

castigar [kasti'ɣar] <g→gu> **I.** *vt* **1.** (*punir*) (be)strafen (*por* für +*akk*); **el tráfico de drogas está castigado con pena de cárcel** Drogenhandel wird mit Gefängnis bestraft; **¡castigado sin postre!** zur Strafe bekommst du keinen Nachtisch! **2.** (*físicamente*) züchtigen; (*dañar*) zurichten; **~ al toro** (TAUR) den Stier (durch Verwundungen) schwächen **3.** (*seducir*) verführen **II.** *vr*: **~se** sich kasteien

castigo [kas'tiɣo] *m* **1.** (*punición*) Bestrafung *f*, Strafe *f* **2.** (*aflicción*) Heimsuchung *f*

Castilla [kas'tiʎa] *f* Kastilien *nt*; **¡ancha es C~!** (*fig*) es wird schon werden!

Castilla-La Mancha [kas'tiʎa la 'manʧa] *f* Südkastilien *nt*

Castilla-León [kas'tiʎa le'on] *f* Nordkastilien *nt*

castillejo [kasti'ʎexo] *m* (*andamio*) Hebegerüst *nt*

castillete [kasti'ʎete] *m* **1.** (*pozo*) Schachtgerüst *nt* **2.** (*cables teleféricos*) Seilbahnstütze *f* **3.** (*línea de alta tensión*) Leitungsmast *m* **4.** (*mina*) Fördergerüst *nt* **5.** (*perforación*) Bohrturm *m*

castillo [kas'tiʎo] *m* **1.** (*fortaleza*) Burg *f*, Kastell *nt;* (*palacio*) Schloss *nt;* ~ **de arena** Sandburg *f;* ~ **de naipes** Kartenhaus *nt;* ~ **de pólvora** Feuerwerk *nt;* **un hombre como un** ~ ein Mann wie ein Baum; **hacer ~s en el aire** Luftschlösser bauen; **sus esperanzas se esfumaron como ~ de naipes** seine/ihre Hoffnungen stürzten ein wie ein Kartenhaus **2.** (NÁUT) Kastell *nt;* ~ **de proa/de popa** Vorder-/Achterkastell *nt*

casting ['kastiŋ] <castings> *m* (CINE, TEAT, TV) Casting *nt*

castizo, **-a** [kas'tiθo, -a] **I.** *adj* **1.** (*típico*) typisch, volkstümlich **2.** (*auténtico*) authentisch **II.** *m, f* (*Méx, PRico: mestizo*) Kastize, -in *m, f*

casto, **-a** ['kasto, -a] *adj* keusch, enthaltsam

castor [kas'tor] *m* Biber *m;* **aceite de** ~ (*AmS*) Kastoröl *nt*

castra ['kastra] *f* (*acción de castrar*) Kastrieren *nt;* (*poda*) Beschneiden *nt;* (*panales*) Zeideln *nt*

castración [kastra'θjon] *f* **1.** (AGR, MED) Kastration *f;* (*hombre*) Entmannung *f;* **complejo de** ~ (PSICO) Kastrationskomplex *m* **2.** (AGR: *panales*) Zeideln *nt*

castrado, **-a** [kas'traðo, -a] *adj* kastriert, verschnitten; **gato** ~ kastrierter Kater

castrador(a) [kastra'ðor(a)] *m(f)* Verschneider(in) *m(f)*

castrar [kas'trar] *vt* **1.** (*t.* AGR, MED) kastrieren; (*hombre*) entmannen **2.** (AGR: *podar*) beschneiden **3.** (AGR: *panales*) zeideln

castrense [kas'trense] *adj* soldatisch, Militär-; **médico** ~ Militärarzt *m*

castrismo [kas'trismo] *m sin pl* (HIST, POL) **1.** (*régimen político*) Castr(o)ismus *m* **2.** (*movimiento ideológico*) Castr(o)ismus *m*, Fidelismo *m*

castrista [kas'trista] *mf* (POL) *Anhänger(in) des kubanischen Staatsoberhauptes Fidel Castro*

castro ['kastro] *m keltische oder iberoromanische* (*befestigte*) *Siedlung*

casual [ka'swal] *adj* **1.** (*por casualidad*) zufällig; **por un** ~ (*fam*) zufällig(erweise) **2.** (LING) Kasus-; **desinencia** ~ Kasusendung *f*

casualidad [kaswali'ðaᵈ] *f* Zufall *m*, Zufälligkeit *f;* **de** [*o* **por**] ~ zufällig(erweise); **¡qué ~!** so ein Zufall!; **da la ~ que conozco a tu mujer** zufällig kenne ich deine Frau

casualismo [kaswa'lismo] *m* (FILOS) Kasualismus *m*

casualmente [kaswal'mente] *adv* (*Am*) **1.** (*por casualidad*) zufällig(erweise), durch Zufall **2.** (*precisamente*) genau; ~ **por eso** eben deshalb

casuario [ka'swarjo] *m* (ZOOL) Kasuar *m*

casuca [ka'suka] *f*, **casucha** [ka'sutʃa] *f* (*pey*) (kümmerliche) Hütte *f*

casuismo [ka'swismo] *m* (FILOS, REL) Kasuistik *f*

casuística [ka'swistika] *f* (FILOS, JUR, MED) Kasuistik *f*

casuístico, **-a** [ka'swistiko, -a] *adj* (FILOS, JUR, MED) kasuistisch

casulla [ka'suʎa] *f* **1.** (REL) Kasel *f* **2.** (*prenda femenina*) Chasuble *nt*

casullero, **-a** [kasu'ʎero, -a] *m, f* (REL: *oficio*) Paramentenmacher(in) *m(f)*

casus belli ['kasus 'βeli] *m* Casus belli *m*

cata ['kata] *f* **1.** (*prueba*) Kosten *nt*, Probieren *nt;* ~ **de vinos** Weinprobe *f* **2.** (MIN: *prospección*) Schurf *m* **3.** (*CSur:* ZOOL) Sittich *m*

catabólico, **-a** [kata'βoliko, -a] *adj* (BIOL, MED) katabolisch

catabolismo [kataβo'lismo] *m* (BIOL, MED) Katabolismus *m*

catabre [ka'taβre] *m* (*Col: vasija*) Kalebasse *f;* (*mimbre*) Korb *m*

catabro [ka'taβro] *m* (*Col*) *v.* **catabre**

catacaldos [kata'kaldos] *mf inv* (*fam*) **1.** (*inconstante*) Flattergeist *m* **2.** (*cotilla*) Klatschbase *f*

cataclismo [kata'klismo] *m* **1.** (GEO) Kataklysmus *m* **2.** (*desastre*) Katastrophe *f* **3.** (*alteración*) Umsturz *m*

catacresis [kata'kresis] *f inv* (LING, LIT) Katachrese *f*

catacroc [kata'kroᵏ] *interj* (*ruido*) krach, pardauz

catacumbas [kata'kumbas] *fpl* Katakomben *fpl*

catadióptrico, **-a** [kata'ðjoptriko, -a] *adj* (FÍS) katadioptrisch

catador(a) [kata'ðor(a)] *m(f)* **1.** (*que cata*) Weinprüfer(in) *m(f)* **2.** (*conocedor*) (Wein)kenner(in) *m(f)*

catadura [kata'ðura] *f* **1.** (*cata*) Kosten *nt*, Probieren *nt* **2.** (*expresión*) Gesichtsausdruck *m;* (*aspecto*) Aussehen *nt;* **sujeto de mala** ~ finsterer Typ

catafalco [kata'falko] *m* Katafalk *m*

cataforesis [katafo'resis] *f inv* (FÍS) Kataphorese *f*

catalán¹ [kata'lan] *m* (*lengua*) Katalanisch(e) *nt*

catalán, **-ana²** [kata'lan, -ana] **I.** *adj* katalanisch **II.** *m, f* Katalane, -in *m, f*

catalanidad [katalani'ðaᵈ] *f sin pl* typisch Katalanisches *nt*

catalanismo [katala'nismo] *m* **1.** (POL) *katalanischer Nationalismus* **2.** (LING) Katalanismus *m*, katalanischer Ausdruck *m*

catalanista [katala'nista] **I.** *adj* prokatalanisch **II.** *mf* **1.** (POL) katalanischer Nationalist *m*, katalanische Nationalistin *f* **2.** (LING) Katalanist(in) *m(f)*

catalanizar [katalani'θar] <z→c> *vt* katalanisieren

catalanoparlante [katalanopar'lante] *adj* Katalanisch sprechend, katalanischsprachig

catalasa [kata'lasa] *f* (BIOL, QUÍM) Katalase *f*

cataléctico [kata'lektiko, -a] **I.** *adj* (LIT) katalektisch **II.** *m* (LIT) katalektischer Vers *m*

catalejo [kata'lexo] *m* Fernrohr *nt*

catalepsia [kata'leβsja] *f* (MED) Katalepsie *f*

cataléptico, **-a** [kata'leptiko, -a] *adj* (MED) kataleptisch

catalisis [kata'lisis] *f inv*, **catálisis** [ka'talisis] *f inv* (QUÍM) Katalyse *f*

catalítico, **-a** [kata'litiko, -a] *adj* (QUÍM) katalytisch

catalizador [kataliθa'ðor] *m* (*t.* QUÍM, TÉC) Katalysator *m;* **actuar como** ~ als Katalysator wirken

catalizar [katali'θar] <z→c> *vt* (QUÍM) katalysieren

catalogable [katalo'ɣaβle] *adj* **1.** (*registrable*) katalogisierbar **2.** (*clasificable*) einstufbar

catalogación [kataloɣa'θjon] *f* **1.** (*registración*) Katalogisierung *f* **2.** (*clasificación*) Einstufung *f*

catalogador(**a**) [kataloɣa'ðor(a)] **I.** *adj* katalogisierend **II.** *m(f) Person, die Kataloge erstellt*

catalogar [katalo'ɣar] <g→gu> *vt* **1.** (*registrar*) katalogisieren **2.** (*clasificar*) einordnen; ~ **a alguien de algo** jdn als etw einstufen

catálogo [ka'taloɣo] *m* Katalog *m;* ~ **de expositores** Ausstellungsverzeichnis *nt,* Ausstellerkatalog *m;* ~ **ilustrado** bebilderter Katalog; ~ **de materias/por autores** Schlagwort-/Verfasserverzeichnis *nt;* ~ **de precios** Preisliste *f;* **casa de ventas por** ~ Versandhaus *nt;* **en** ~ lieferbar

Cataluña [kata'luɲa] *f* Katalonien *nt*

catamarán [katama'ran] *m* (DEP) Katamaran *m*

catamenial [katame'njal] *adj* (MED) Menstruations-, katamenial

cataplasma [kata'plasma] *f* **1.** (MED) Kataplasma *nt,* Wickel *m* **2.** (*fam: pesado*) Nervensäge *f*

cataplexia [kata'pleˠsja] *f* (MED) **1.** (*persona*) Schreckstarre *f,* Kataplexie *f* **2.** (*animal*) Starrkrampf *m,* Katalepsie *f*

cataplines [kata'plines] *mpl* (*fam*) Eier *ntpl,* Sack *m*

cataplum [kata'plun], **cataplún** [kata'plun] *interj* plumps

catapulta [kata'pul̦ta] *f* (*t.* AERO, TÉC) Katapult *m o nt*

catapultar [katapul̦'tar] *vt* katapultieren; **este libro le catapultó a la fama** mit diesem Buch gelang ihm der Durchbruch

catapum [kata'pun], **catapún** [kata'pun] **I.** (*fam*): **esto es del año** ~ das ist aus der Steinzeit; **en los tiempos de** ~ Anno dazumal **II.** *interj* plumps

catar [ka'tar] *vt* **1.** (*probar*) kosten, probieren; **hace un mes que no cata el vino** (*fam*) seit einem Monat rührt er/sie keinen Wein mehr an; **¡cata!** (*fam*) sieh da! **2.** (*experimentar*) erleben; **nunca ha catado lo que es ser amado** er weiß nicht [*o* hat nie erlebt], wie es ist, geliebt zu werden

catarata [kata'rata] *f* **1.** (*salto de agua*) Wasserfall *m,* Katarakt *m;* **las ~s del Iguazú/del Niágara** die Iguazu-/Niagarafälle **2.** (MED) Katarakt(a) *f,* grauer Star *m*

cátaro, **-a** ['kataro, -a] **I.** *adj* (REL) der Katharer, Katharer-; **el movimiento religioso** ~ die religiöse Bewegung der Katharer **II.** *m, f* (REL) Katharer(in) *m(f)*

cátaros ['kataros] *mpl* (REL) Katharer *pl*

catarral [kata'rral] *adj* (MED) katarrhalisch; **procesos ~es** katarrhalische Prozesse

catarro [ka'tarro] *m* (*enfriamiento*) Erkältung *f;* (MED) Katarrh *m;* ~ **de nariz** Schnupfen *m;* **coger** [*o* **pillar**] **un** ~ sich *dat* eine Erkältung zuziehen; (*de nariz*) sich *dat* einen Schnupfen holen

catarsis [ka'tarsis] *f inv* **1.** (LIT, PSICO) Katharsis *f* **2.** (MED) Entschlackung *f*

catártico, **-a** [ka'tartiko, -a] *adj* **1.** (LIT, PSICO) kathartisch **2.** (MED) entschlackend

catasalsas [kata'salsas] *mf inv* (*fam*) unbeständiger Mensch *m,* Flattergeist *m*

catástasis [ka'tastasis] *f inv* (LIT: *clímax*) Katastase *f*

catastral [katas'tral] *adj* Kataster-

catastro [ka'tastro] *m* Kataster *m o nt;* **oficina del** ~ Katasteramt *nt;* **inscribir en el** ~ katastrieren; **pagar al** ~ Katastersteuer zahlen

catástrofe [ka'tastrofe] *f* Katastrophe *f;* (*accidente*) Unglück *nt*

catastrófico, **-a** [katas'trofiko, -a] *adj* katastrophal; **zona catastrófica** Katastrophengebiet *nt*

catastrofismo [katastro'fismo] *m* Schwarzmalerei *f*

catastrofista [katastro'fista] *adj* schwarzmalerisch

catatipia [kata'tipja] *f* (FOTO) Katatypie *f*

catatónico, **-a** [kata'toniko, -a] **I.** *adj* (MED) katatonisch **II.** *m, f* (MED) Katatoniker(in) *m(f);* **un hospital especializado en ~s** ein Spezialkrankenhaus für Katatoniker

cataviento [kata'βjen̦to] *m* (NÁUT) Windfahne *f*

catavino [kata'βino] *m* (*tubo*) Probierschöpfkelle *f;* (*vaso*) Probierglas *nt*

catavinos [kata'βinos] *mf inv* **1.** (*catador*) Weinprüfer(in) *m(f)* **2.** (*irón fam: borracho*) Saufbold *m pey,* Schluckspecht *m*

catchup ['ketʃup] *m* <catchups> Ketschup *m o nt*

cate ['kate] *m* (*fam*) **1.** (*bofetada*) Backpfeife *f* **2.** (*suspenso*): **me han dado dos ~s** sie haben mich zweimal durchfallen [*o* durchrasseln] lassen

cateador[1] [katea'ðor] *m* (MIN) Schürfhammer *m*

cateador(**a**)[2] [katea'ðor(a)] *m(f)* (*Am*) Prospektor(in) *m(f)*

catear [kate'ar] *vt* (*fam: suspender*) durchfallen lassen; **me han cateado la Física** sie haben mich in Physik durchfallen lassen, ich bin in Physik durchgerasselt

catecismo [kate'θismo] *m* (REL) Katechismus *m*

catecúmena [kate'kumena] *f v.* **catecú-**

meno

catecumenado [katekume'naðo] *m* (REL) Katechumenat *m o nt*

catecúmeno, -a [kate'kumeno, -a] *m, f* **1.** (REL) Katechumene, -in *m, f* **2.** (*novato*) Neuling *m*

cátedra ['kateðra] *f* **1.** (ENS: *púlpito*) Katheder *m o nt* **2.** (ENS: *docencia*) Lehrstuhl *m*, Professur *f*; **la ~ de San Pedro** (REL) der Stuhl Petri; **ex ~** ex cathedra; (*irón*) von oben herab; **hacer oposiciones a ~** sich um einen Lehrstuhl bewerben; **sentar ~** neue Richtlinien setzen; (*irón*) schulmeisterlich reden

catedral [kate'ðral] *f* Kathedrale *f*, Dom *m*, Münster *nt o m*; **como una ~** (*fig*) riesig; (*alto*) haushoch

catedralicio, -a [kateðra'liθjo, -a] *adj* **1.** (ARQUIT, REL) Dom- **2.** (*enorme*) riesig; (*alto*) haushoch

catedrático, -a [kate'ðratiko, -a] *m, f* **1.** (ENS) Professor(in) *m(f)*; **~ de instituto** Studienrat *m*; **~ numerario** ordentlicher Professor **2.** (TAUR) *hervorragender Stierkämpfer*

categorema [kateɣo'rema] *m* (FILOS) Kategorem *nt*

categoría [kateɣo'ria] *f* **1.** (*clase, t.* FILOS) Kategorie *f*, Gruppe *f*; **~ fiscal** Steuerklasse *f* **2.** (*calidad*) Qualität *f*; **de primera ~** erstklassig; **de segunda ~** zweiter Klasse, zweitklassig **3.** (*rango*) (Dienst)rang *m*, Position *f*; **de ~** hochgestellt, von Rang; **dar ~** Prestige geben; **tener poca/mucha ~** unbedeutend/bedeutend sein

categórico, -a [kate'ɣoriko, -a] *adj* (*t.* FILOS) kategorisch; **un sí/no ~** ein kategorisches Ja/Nein

categorismo [kateɣo'rismo] *m* (FILOS) Kategoriensystem *nt*

categorización [kateɣoriθa'θjon] *f* (*organización en categorías*) Kategorisierung *f*

categorizar [kateɣori'θar] <z→c> *vt* kategorisieren, einordnen

catenaria [kate'narja] **I.** *adj* (MAT): **curva ~** Kettenlinie *f* **II.** *f* (ELEC, FERRO) Fahrdraht *m*; (*sistema*) Oberleitung *f*

catequesis [kate'kesis] *f inv* **1.** (REL) Katechese *f* **2.** (*clase*) Religionsunterricht *m*

catequista [kate'kista] *mf* (REL) Katechet(in) *m(f)*

catequístico, -a [kate'kistiko, -a] *adj* **1.** (REL) katechetisch **2.** (*organizado en preguntas y respuestas*) in Form von Frage und Antwort

catequizar [kateki'θar] <z→c> *vt* **1.** (REL) katechisieren **2.** (*t.* POL: *adoctrinar*) indoktrinieren, beeinflussen **3.** (*pey: persuadir*) breitschlagen

cateresis [kate'resis] *f inv* (MED) **1.** (*decaimiento*) *durch ein Medikament verursachte Schwächung* **2.** (*acción caústica*) leicht ätzende Wirkung *f*

catering ['kateriŋ] *m sin pl* Catering *nt*; **servicio de ~** Catering-Service *m*

caterva [ka'terβa] *f* (*pey*) Masse *f*; (*de personas*) Bande *f*

cateta [ka'teta] *f v.* **cateto²**

catetada [kate'taða] *f* (*pey*) Bauerntölpelei *f*

catete [ka'tete] *m* (*Chil*) **1.** (GASTR) *Mehlbrei mit Schweinsbrühe* **2.** (*diablo*) Teufel *m*

catéter [ka'teter] *m* (MED) Katheter *m*

cateterismo [katete'rismo] *m* (MED) Katheter(isier)ung *f*

cateto¹ [ka'teto] *m* (MAT) Kathete *f*

cateto, -a² [ka'teto, -a] *m, f* (*pey*) Bauer(ntölpel) *m*

catgut [kaᵈ'ɣuᵈ] <catguts> *m* (MED: *hilo*) Katgut *nt*

catilinaria [katili'narja] *f* (LIT) Schmähschrift *f*, Pamphlet *nt*

catinga [ka'tiŋga] *f* (*AmS*) **1.** (*olor de animales, plantas*) übler Geruch *m*, Gestank *m* **2.** (*olor humano*) Körpergeruch *m*, Schweißgeruch *m*

catino [ka'tino] *m* (*escudilla*) Schüssel *f*

catire, -a [ka'tire, -a] **I.** *adj* (*Col, Cuba, Ven: rubio*) blond (und grünäugig) **II.** *m, f* (*Col, Cuba, Ven: rubio*) Blonde(r) *mf* mit grünen Augen

catitear [katite'ar] *vi* (*Arg*) **1.** (*fig: temblar la cabeza*) mit dem Kopf wackeln **2.** (*estar sin dinero*) in Geldnot sein

catódico, -a [ka'toðiko, -a] *adj* (ELEC, FÍS) kathodisch; **rayos ~s** Kathodenstrahlen *mpl*

cátodo ['katoðo] *m* (ELEC, FÍS) Kathode *f*

católica [ka'tolika] *adj o f v.* **católico**

catolicismo [katoli'θismo] *m* (REL) Katholizismus *m*

católico, -a [ka'toliko, -a] **I.** *adj* (römisch-)katholisch; **no estar muy ~** (*fig fam*) nicht ganz auf dem Damm sein **II.** *m, f* Katholik(in) *m(f)*

catolizar [katoli'θar] <z→c> *vt* (REL) katholisieren

catón [ka'ton] *m* Lesefibel *f*

catonizar [katoni'θar] <z→c> *vi* (*censurar*) scharfe Kritik üben

catóptrica [ka'toptrika] *f* (FÍS) Katoptrik *f*

catóptrico, -a [ka'toptriko, -a] *adj* (FÍS) katoptrisch

catoptromancia [katoptro'man̪θja] *f*, **catoptromancía** [katoptroman̪'θia] *f* Spiegelwahrsagerei *f*, Katoptromantie *f*

catorce [ka'torθe] **I.** *adj inv* vierzehn **II.** *m* Vierzehn *f*; **el ~ de marzo** der vierzehnte März; *v. t.* **ocho**

catorceavo, -a [katorθe'aβo, -a] **I.** *adj* vierzehntel **II.** *m, f* Vierzehntel *nt*; *v. t.* **octavo²**

catorcena [kator'θena] *f* Einheit *f* aus 14 Stück

catorceno, -a [kator'θeno, -a] *adj* **1.** (*decimocuarto*) vierzehnte(r, s) **2.** (*que tiene catorce años*) vierzehnjährig

catorzavo, -a [kator'θaβo, -a] *adj o m, f v.* **catorceavo**

catre ['katre] *m* (*t. pey*) Pritsche *f*; (*de campaña*) Feldbett *nt*; (*fam: cama*) Falle *f*; **irse al ~** (*fam*) sich in die Falle hauen; **llevarse a alguien al ~** (*fam*) mit jdm ins Bett gehen

catrín, **-ina** [ka'trin, -ina] *adj* (*AmC, Méx: pey: petimetre, presuntuoso*) gefallsüchtig; (*elegante*) aufgedonnert

caturra [ka'turra] *f* (*Chil: cotorra*) Sittich *m*

caucasiano, **-a** [kau̯ka'sjano, -a] *adj* kaukasisch

caucásico, **-a** [kau̯'kasiko, -a] *adj* **1.** (GEO) kaukasisch **2.** (*raza*) arisch

Cáucaso ['kau̯kaso] *m*: **el** ~ der Kaukasus

cauce ['kau̯θe] *m* **1.** (GEO: *lecho*) Flussbett *nt* **2.** (*acequia*) Wassergraben *m* **3.** (*camino*) Bahn *f;* ~ **jurídico** [*o* **legal**] (JUR) Rechtsweg *m;* ~ **reglamentario** Dienstweg *m;* **volver las aguas a su** ~ (*fig*) wieder ins (rechte) Lot kommen

caucel [kau̯'θel] *m* (*AmC:* ZOOL) Ozelotkatze *f,* Zwergtigerkatze *f*

cauchal [kau̯'ʧal] *m* (*Am*) Kautschukplantage *f*

cauchero, **-a** [kau̯'ʧero, -a] **I.** *adj* Kautschuk-; **industria cauchera** Kautschukindustrie *f* **II.** *m, f* Kautschukarbeiter(in) *m(f)*

caucho ['kau̯ʧo] *m* **1.** (BOT) Kautschuk *m;* **árbol del** ~ Kautschukbaum *m,* Gummibaum *m* **2.** (*Col, Ven: impermeable*) Regencape *nt* **3.** (*Col, Ven: neumático*) Autoreifen *m*

caución [kau̯'θjon] *f* **1.** (*cautela*) Vorsicht *f* **2.** (JUR) Bürgschaft *f*

caucionar [kau̯θjo'nar] *vt* (JUR) bürgen (für +*akk*), eine Bürgschaft leisten (für +*akk*)

caudal [kau̯'ðal] **I.** *adj* Schwanz-; **aleta** ~ Schwanzflosse *f* **II.** *m* **1.** (*de agua*) Wassermenge *f;* (*de una fuente*) Ergiebigkeit *f;* **régimen de** ~ (GEO) Abflussregime *nt* **2.** (*dinero*) Vermögen *nt,* Reichtum *m;* ~**es** Geldmittel *ntpl;* **caja de** ~**es** Tresor *m* **3.** (*abundancia*) Fülle *f;* **un** ~ **de conocimientos** ein umfangreiches Wissen; **un** ~ **de gente** eine große Menschenmenge **4.** (INFOR) Rate *f;* ~ **de procesamiento** Verarbeitungsgeschwindigkeit *f*

caudaloso, **-a** [kau̯ða'loso, -a] *adj* **1.** (*río*) wasserreich **2.** (*rico*) reich **3.** (*cantidad*) reichlich

caudillaje [kau̯ði'ʎaxe] *m* **1.** (*t.* POL) Führerschaft *f* **2.** (*Arg, Chil, Perú: caciquismo*) Bonzokratie *f*

caudillo [kau̯'ðiʎo] *m* (MIL, POL) (An)führer *m,* Oberhaupt *nt;* **el C**~ *Beiname Francos während seiner Diktatur*

caudimano, **-a** [kau̯ði'mano, -a] *adj,* **caudímano**, **-a** [kau̯'ðimano, -a] *adj* (ZOOL) mit einem Greifschwanz (ausgerüstet)

caula ['kau̯la] *f* (*Am: amaño, estratagema*) List *f,* Trick *m*

caulífero, **-a** [kau̯'lifero, -a] *adj* (BOT) kauliflor

caurí [kau̯'ri] *m* (ZOOL) Kaurischnecke *f*

cauro ['kau̯ro] *m* (METEO) Nordwestwind *m*

causa ['kau̯sa] *f* **1.** (*origen*) Ursache *f;* (*motivo*) Grund *m;* ~ **del despido** Entlassungsgrund *m;* **por mi** ~ meinetwegen, um meinetwillen; **sin** ~ ohne Grund **2.** (*ideal, t.* POL) Ideal *nt;* **morir por la** ~ für seine Überzeugung sterben; **hacer** ~ **común con alguien** mit jdm gemeinsame Sache machen **3.** (JUR) Rechtssache *f;* (*asunto*) Angelegenheit *f;* ~ **del contrato** Vertragsgegenstand *m;* **entender en una** ~ einen Fall bearbeiten; **instruir una** ~ ein Verfahren leiten **4.** (*Chil, Perú: comida ligera*) Imbiss *m;* (*golosina*) Nascherei *f* **5.** (*loc*): **a** [*o* **por**] ~ **de** wegen +*gen/dat,* aufgrund [*o* auf Grund] +*gen*

causahabiente [kau̯sa(a)'βjen̩te] *mf* (JUR) Rechtsnachfolger(in) *m(f)*

causal [kau̯'sal] *adj* (LING) kausal, ursächlich; **oración** ~ Kausalsatz *m,* Bedingungssatz *m*

causalidad [kau̯sali'ðaᵈ] *f sin pl* (*t.* FILOS) Kausalität *f,* Ursächlichkeit *f*

causante [kau̯'san̩te] **I.** *adj* verursachend **II.** *mf* Urheber(in) *m(f);* (*culpable*) Verursacher(in) *m(f)*

causar [kau̯'sar] *vt* verursachen; ~ **alegría** Freude machen; ~ **daño** Schaden anrichten; ~ **efecto** wirken; ~ **buena/mala impresión** einen guten/schlechten Eindruck machen; ~ **inquietud** Unruhe stiften; ~ **la muerte** den Tod herbeiführen; ~ **problemas** Probleme bereiten; ~ **risa** zum Lachen bringen; ~ **trabajo** Arbeit machen

causativo, **-a** [kau̯sa'tiβo, -a] *adj* **1.** (*causante*) verursachend **2.** (LING) kausativ; **perífrasis causativa** Kausativkonstruktion *f*

causeo [kau̯'seo] *m* (*Chil:* GASTR: *refrigerio frío*) kalter Imbiss *m;* (*merienda*) Vesper *f*

causídica [kau̯'siðika] *f* (ARQUIT) Querschiff *nt*

causídico, **-a** [kau̯'siðiko, -a] *adj* (JUR) Prozess-

cáustica ['kau̯stika] *f* (FÍS) Brennfläche *f,* Kaustik *f*

causticidad [kau̯stiθi'ðaᵈ] *f* **1.** (QUÍM) ätzende Wirkung *f* **2.** (*mordacidad*) Bissigkeit *f*

cáustico, **-a** ['kau̯stiko, -a] *adj* **1.** (QUÍM) kaustisch, ätzend; **soda cáustica** kaustisches Soda, Ätznatron *nt* **2.** (*mordaz*) bissig

cautela [kau̯'tela] *f* **1.** (*precaución*) Vorsicht *f;* (*cuidado*) Behutsamkeit *f;* (*reserva*) Vorbehalt *m* **2.** (*malicia*) Arglist *f*

cautelar [kau̯te'lar] *adj* (JUR): **medida** ~ Vorsichtsmaßnahme *f;* **prisión** ~ Untersuchungshaft *f*

cauteloso, **-a** [kau̯te'loso, -a] *adj* **1.** (*prudente*) vorsichtig; (*cuidadoso*) behutsam; (*desconfiado*) misstrauisch **2.** (*malicioso*) arglistig

cauterio [kau̯'terjo] *m* (MED) **1.** *v.* **cauterización** **2.** (*instrumento*) Kauter *m*

cauterización [kau̯teriθa'θjon] *f* (MED) Kauterisation *f,* Kauterium *nt*

cauterizador(a) [kau̯teriθa'ðor(a)] *adj* (MED) kauterisierend

cauterizar [kau̯teri'θar] <z→c> *vt* (MED) kauterisieren

cautiva [kau̯'tiβa] *adj o f v.* **cautivo**

cautivador(a) [kau̯tiβa'ðor(a)] *adj* **1.** (*fascinante*) fesselnd **2.** (*seductor*) verführerisch

cautivar [kau̯ti'βar] *vt* **1.** (*apresar*) gefangen

nehmen **2.** (*fascinar*) bannen; ~ **al auditorio con un buen discurso** die Zuhörerschaft mit einem guten Vortrag fesseln **3.** (*seducir*) verführen

cautiverio [kaụti'βerjo] *m*, **cautividad** [kaụtiβi'ða^ð] *f* Gefangenschaft *f*; **animales en** ~ in Gefangenschaft lebende Tiere

cautivo, **-a** [kaụ'tiβo, -a] **I.** *adj* gefangen **II.** *m, f* Gefangene(r) *mf*

cauto, **-a** ['kaụto, -a] *adj* **1.** (*prudente*) vorsichtig; (*cuidadoso*) behutsam **2.** (*malicioso*) arglistig

cava[1] ['kaβa] **I.** *adj* (ANAT): **vena** ~ (**superior/inferior**) (obere/untere) Hohlvene *f* **II.** *f* Weinkellerei *f*

cava[2] ['kaβa] *m* (spanischer) Sekt *m*

cavadura [kaβa'ðura] *f* (*zanja*) Grube *f*; (*excavación*) Vertiefung *f*

cavalillo [kaβa'liʎo] *m* (AGR: *conducto de agua*) Verbindungsgraben *m* (*zwischen zwei Höfen*)

cavar [ka'βar] *vi, vt* graben

cavatina [kaβa'tina] *f* (MÚS) Kavatine *f*

caverna [ka'βerna] *f* **1.** (*cueva*) Höhle *f*; (*gruta*) Grotte *f*; **los hombres de las ~s** die Höhlenmenschen **2.** (MED) Kaverne *f*

cavernario, **-a** [kaβer'narjo, -a] *adj* (HIST) Höhlen bewohnend

cavernícola [kaβer'nikola] *mf* **1.** (*troglodita*) Höhlenbewohner(in) *m(f)* **2.** (*fam: retrógrado*) Reaktionär(in) *m(f)*; **son unos ~s** die haben Ansichten wie in der Steinzeit; (POL) sie sind ausgesprochen reaktionär

cavernidad [kaβerni'ða^ð] *f*, **cavernosidad** [kaβernosi'ða^ð] *f* Hohlraum *m*, Höhle *f*

cavernoso, **-a** [kaβer'noso, -a] *adj* **1.** (GEO) höhlenreich **2.** (MED) kavernös; **tos cavernosa** röchelnder Husten; **voz cavernosa** Grabesstimme *f*

caviar [ka'βjar] *m sin pl* Kaviar *m*

cavicornio[1] [kaβi'kornjo] *m* (ZOOL) Horntier *nt*, Hornträger *m*

cavicornio, **-a**[2] [kaβi'kornjo, -a] *adj* (ZOOL) horntragend

cavidad [kaβi'ða^ð] *f* **1.** (*oquedad*) Hohlraum *m*, Aushöhlung *f* **2.** (MED) Höhle *f*; ~ **abdominal** Bauchhöhle *f*; ~ **nasal** Nasenhöhle *f*; ~ **ocular** Augenhöhle *f*

cavilación [kaβila'θjon] *f* Grübelei *f*

cavilar [kaβi'lar] *vt* (nach)grübeln (über +*akk*), brüten (über +*dat*)

cavilosidad [kaβilosi'ða^ð] *f* **1.** (*calidad*) Argwohn *m*, Misstrauen *nt* **2.** (*sospecha*) unbegründeter Verdacht *m*

caviloso, **-a** [kaβi'loso, -a] *adj* **1.** (*sospechoso*) argwöhnisch, misstrauisch **2.** (*Col: quisquilloso*) überempfindlich **3.** (*Col: meticuloso*) pingelig **4.** (*CRi: chismoso*) klatschhaft

cavitación [kaβita'θjon] *f* (FÍS) Kavitation *f*

cay [kai̯] *m* (*Arg:* ZOOL) Kapuzineraffe *m*

cayada [ka'ɟaða] *f* (*bastón*) (Krück)stock *m*, Spazierstock *m*

cayado [ka'ɟaðo] *m* **1.** (*del pastor*) Hirtenstab *m* **2.** (*del prelado*) Stab *m*; ~ **pastoral** Bischofsstab *m* **3.** (MED: *curva*) Bogen *m*; ~ **de la aorta** Aortenbogen *m*

cayena [ka'ɟena] *f*: **pimienta** (**de**) ~ Cayennepfeffer *m*

cayo ['kaɟo] *m* (GEO) *kleine flache Inseln der Antillen und des Golfs von Mexiko*; **C~ Hueso** Key West

cayote [ka'ɟote] *m* (BOT) Chayote *f*

cayuco [ka'ɟuko] *m* (NÁUT) Kajak *m*

caz [kaθ] *m* (*canal*) Wassergraben *m*; ~ **de traída** Mühlgerinne *nt*

caza[1] ['kaθa] *f* **1.** (*montería*) Jagd *f*; ~ **furtiva** Wilderei *f*, Wilddieberei *f*; ~ **del jabalí** Wildschweinjagd *f*; ~ **de patos** Entenjagd *f*; ~ **submarina** Unterwasserjagd *f*; ~ **del zorro** Fuchsjagd *f*; **ir de** [*o* **a la**] ~ auf die [*o* zur] Jagd gehen; **dar** ~ **a alguien** jdn jagen, auf jdn Jagd machen; **dar** ~ **a algo** auf etw Jagd machen; **andar a la** ~ **de algo/alguien** auf der Suche nach etw *dat*/jdm sein; **ir a la** ~ **del jugador** (DEP) unfair spielen, foulen (*eher den gegnerischen Spieler treffen wollen als den Ball*) **2.** (*animales*) Wild *nt*, Beute *f*; ~ **mayor** Hochjagd *f*; ~ **menor** Niederjagd *f*; **carne de** ~ Wildbret *nt*; **levantar la** ~ (*fam*) alles auffliegen lassen

caza[2] ['kaθa] *m* (MIL) Jagdflugzeug *nt*, Jäger *m*

cazabombardero [kaθaβombar'ðero] *m* (MIL) Jagdbomber *m*

cazacerebros [kaθaθe'reβros] *mf inv* (ECON) Headhunter *m*

cazaclavos [kaθa'klaβos] *m inv* Nagelzieher *m*

cazador[1] [kaθa'ðor] *m* (MIL) Jäger *m*, Jagdflugzeug *nt*

cazador(a)[2] [kaθa'ðor(a)] **I.** *adj* Jagd- **II.** *m(f)* (*persona*) Jäger(in) *m(f)*; ~ **furtivo** Wilderer *m*, Wilddieb *m*; **~es y recolectores** Jäger und Sammler

cazadora [kaθa'ðora] *f* **1.** (*chaqueta*) (Wind)jacke *f*; (*de caza*) Jacke *f* des Jagdanzugs; (*de piloto*) Bomberjacke *f*; ~ **de piel** Lederjacke *f* **2.** *v.* **cazador**[2]

cazadotes [kaθa'ðotes] *m inv* Mitgiftjäger *m*

cazaetapas [kaθae'tapas] *mf inv* (DEP) Etappensieger(in) *m(f)*

cazafortunas [kaθafor'tunas] *mf inv* (*hombre*) Mitgiftjäger *m*; (*mujer*) *Frau, die einen reichen Ehemann sucht*

cazalla [ka'θaʎa] *f* (*bebida alcohólica*) Anisschnaps *m* (*aus Cazalla de la Sierra*)

cazamariposas [kaθamari'posas] *m inv* Schmetterlingskescher *m*

cazaminas [kaθa'minas] *m inv* (MIL) Minensucher *m*

cazamoscas [kaθa'moskas] *m inv* (ZOOL) Fliegenschnäpper *m*

cazar [ka'θar] <z→c> *vt* **1.** (*atrapar*) jagen; (*perseguir*) verfolgen; (*con una red, cuerda, trampa*) fangen; (*matar*) erlegen **2.** (*conseguir, obtener*) ergattern *fam*, einen guten Fang machen (mit +*dat*); **has cazado un**

buen marido mit deinem Ehemann hast du einen guten Fang gemacht; **no te dejes ~ tan fácilmente** lass dich nicht so leicht einfangen **3.** (*probar la culpabilidad*) fassen, schnappen *fam;* (*sorprender*) ertappen, überraschen; (*capturar*) überwältigen, fassen; **le ~on cuando estaba entrando por la ventana** sie ertappten ihn, als er gerade durch das Fenster stieg; **la policía pudo ~ al delincuente** die Polizei konnte den Verbrecher fassen **4.** (*fam: engañar*) hereinlegen, foppen; **¡cómo te ~on, eh!** die haben dich aber schön hereingelegt! **5.** (*apercibirse rápidamente*) mitbekommen, aufschnappen *fam* **6.** (NÁUT: *escotas*) dichtholen

cazarrecompensas [kaθarrekom'pensas] *mf inv* Kopfgeldjäger(in) *m(f)*

cazasubmarinos [kaθasuᵝma'rinos/kaθasuᵐma'rinos] *m inv* (MIL) U-Boot-Jäger *m*

cazatalentos [kaθata'lentos] *mf inv* (ECON) Headhunter *m*

cazatanques [kaθa'taŋkes] *m inv* (MIL) Jagdpanzer *m*

cazatorpedero [kaθatorpe'ðero] *m* (MIL) Torpedobootjäger *m*

cazaturistas [kaθatu'ristas] *mf inv* Touristennepper *m*

cazavirus [kaθa'βirus] *adj inv* (INFOR) Antiviren-; **programa ~** Antivirenprogramm *nt*

cazcalear [kaθkale'ar] *vi* (*fam*) wie schwer beschäftigt hin und her laufen; **desde que se jubiló se pasa el día cazcaleando** seitdem er/sie in Rente gegangen ist, läuft er/sie den ganzen Tag herum und tut schwer beschäftigt

cazcarria [kaθ'karrja] *f* Schlammspritzer *m* (*an Hosenbeinen, Stiefeln usw.*)

cazcarriento, -a [kaθka'rrjento, -a] *adj* (*fam*) mit Schlamm bespritzt

cazo ['kaθo] *m* **1.** (*puchero*) Topf *m* (mit Stiel) **2.** (*cucharón*) (Schöpf)kelle *f,* Schöpflöffel *m;* **sólo un ~, gracias** nur einen Löffel, bitte **3.** (*argot: chulo*) Zuhälter *m*

cazolada [kaθo'laða] *f* (GASTR) Topf *m* (voll); **una ~ de garbanzos** ein Topf Kichererbsen

cazoleta [kaθo'leta] *f* **1.** (*cacerola pequeña*) kleiner Topf *m* **2.** (*de pipa*) Pfeifenkopf *m* **3.** (*en la pistola de pintar*) Farbbehälter *m* **4.** (*del pedernal*) Pfanne *f* **5.** (*de un cañón de avancarga*) Zündloch *nt*

cazoletear [kaθolete'ar] *vi* (*fam*) seine Nase in fremde Angelegenheiten stecken

cazón [ka'θon] *m* (ZOOL) Hundshai *m*

cazuela [ka'θwela] *f* Kasserolle *f,* (Schmor)topf *m*

cazurrear [kaθurre'ar] *vi* (*fam: meter la pata*) sich tölpelhaft benehmen; (*actuar con malos modales*) sich danebenbenehmen

cazurro, -a [ka'θurro, -a] **I.** *adj* **1.** (*hosco*) mürrisch **2.** (*taciturno*) schweigsam, wortkarg; (*cerrado*) (nach außen hin) verschlossen; **ser ~** ein stilles Wasser sein **3.** (*torpe*) Bauerntölpel *m* **II.** *m, f* **1.** (*hosco*) Murrkopf *m,* Griesgram *m* **2.** (*taciturno*) wortkarger Mensch *m* **3.** (*astuto*) verschlossener Mensch *m,* stilles Wasser *nt*

cazuzo, -a [ka'θuθo, -a] *m, f* (*Chil: hambriento*) Hungernde(r) *mf*

c.c. ['kwenta korrjente], **C.C.** ['kwenta korrjente], **c/c** ['kwenta korrjente] *f* (COM) *abr de* **cuenta corriente** laufendes Konto *nt,* Kontokorrent *nt*

C

CC¹ ['kamara ðe ko'merθjo] *f* (COM) *abr de* **Cámara de Comercio** Handelskammer *f*

CC² ['koðiγo θi'βil] *m* (JUR) *abr de* **Código Civil** *spanisches bürgerliches Gesetzbuch*

CC.AA. [komuni'ðaðes au̯'tonomas] *abr de* **Comunidades Autónomas** Autonome Regionen

CCI [θeθe'i] *f* (ECON) *abr de* **Cámara de Comercio Internacional** Internationale Handelskammer *f*

CC.OO. [komi'sjones o'βreras] *fpl abr de* **Comisiones Obreras** *kommunistischer Gewerkschaftsverband Spaniens*

cd ['kompak ðisk] <cds> *m abr de* **Compact Disk** CD *f*

C.D. [θe'ðe], **CD** [θe'ðe] *m* **1.** (POL) *abr de* **Cuerpo Diplomático** CD *nt* **2.** (POL: *partido*) *abr de* **Centro Democrático** Demokratische Zentrumspartei *f* **3.** (DEP) *abr de* **Club Deportivo** SC *m,* SV *m*

cd-rom [θeðe'rron] <cd-roms> *m* (INFOR) *abr de* **Compact Disk – Read Only Memory** CD-ROM *f*

ce [θe] **I.** *f* C *nt;* **~ de Carmen** C wie Caesar; **por ~ o por be** so oder so; **~ por be** ganz genau, ohne auch nur das Geringste auszulassen **II.** *interj:* **¡~!** hey!, pst!, hör mal!

CE¹ [θe'e] *f* (HIST) *abr de* **Comunidad Europea** EG *f*

CE² [θe'e] *m abr de* **Consejo de Europa** Europarat *m*

cea ['θea] *f* (ANAT) Hüftbein *nt*

cearina [θea'rina] *f* (MED) Cearin *nt*

ceba ['θeβa] *f* **1.** (*engorde*) Mast *f,* Mästung *f* **2.** (*alimento*) Mastfutter *nt* **3.** (*de un horno*) Feuerung *f,* Feuern *nt*

cebada [θe'βaða] *f* (BOT) Gerste *f;* **~ para cerveza** Braugerste *f*

cebadal [θeβa'ðal] *m* Gerstenfeld *nt*

cebadar [θeβa'ðar] *vt* (AGR) mit Gerste füttern

cebadero¹ [θeβa'ðero] *m* **1.** (*animal de carga*) Futtergerste tragendes Maultier *nt* **2.** (*caballo, asno que guía*) Leittier *nt* **3.** (*engordadero*) Maststall *m* **4.** (*caza*) Luderplatz *m* **5.** (ARTE) *Gemälde mit einer Geflügelfütterungsszene* **6.** (MIN) Gicht *f*

cebadero, -a² [θeβa'ðero, -a] *m, f* **1.** (COM) Futter(gerste)händler(in) *m(f)* **2.** (*adiestrador de aves*) Falkner(in) *m(f)*

cebadilla [θeβa'ðiʎa] *f* (BOT) Mäusegerste *f*

cebado¹ [θe'βaðo] *m* (ELEC) Zündung *f*

cebado, -a² [θe'βaðo, -a] *adj* **1.** (*engordado*) gemästet **2.** (*temible*) *gefürchtetes Tier, weil es menschliches Blut geleckt hat*

cebador¹ [θeβa'ðor] *m* **1.** (ELEC) Glimmzünder *m*, Starter *m* **2.** (HIST, MIL) Pulverflasche *f*

cebador(a)² [θeβa'ðor(a)] *adj* Mast-

cebar [θe'βar] **I.** *vt* **1.** (*engordar*) mästen **2.** (*a alguien*) mästen, überfüttern **3.** (*horno*) feuern, heizen; (*encender*) anzünden **4.** (*un arma*) mit Zündmasse versehen **5.** (*el anzuelo, una trampa*) mit einem Köder versehen **6.** (ELEC: *máquina, motor*) starten, anlassen, zünden; (*cohete*) zünden, aktivieren **7.** (*esperanza, pasión*) nähren; (*cólera*) schüren **II.** *vi* (*clavo, tornillo*) eindringen (*en* in +*akk*) **III.** *vr:* **~se 1.** (*entregarse*) völlig aufgehen (*en* in +*dat*), sich weiden (*en* an +*dat*); **~se en la pintura** in der Malerei völlig aufgehen; **hoy hay tu comida favorita, vas a ~te** heute gibt es dein Lieblingsessen, da wirst du essen, bis du nicht mehr kannst **2.** (*ira*) seine Wut auslassen (*en* an +*dat*); **se cebó en él** er/sie ließ seine/ihre ganze Wut an ihm aus **3.** (*ensangrentarse*) sich weiden (*con* an +*dat*); **se cebó con la víctima** er/sie weidete sich am Blut des Opfers

cebellina [θeβe'ʎina] *f* (ZOOL) Zobel *m*

cebiche [θe'bitʃe] *m* (*AmS:* GASTR) *Gericht aus roh in Zitronensaft und Gewürzen eingelegten Stücken Fisch und Meeresfrüchte*

cebo ['θeβo] *m* **1.** (*alimento*) Mastfutter *nt* **2.** (*de una trampa, un anzuelo*) Köder *m*, Lockspeise *f elev* **3.** (*en un arma*) Zündpulver *nt*, Zündstoff *m* **4.** (*en un horno*) Brennstoff *m*, Brennmaterial *nt* **5.** (*algo atractivo*) Köder *m*, Lockmittel *nt;* (*fig*) Lockvogel *m* **6.** (*pábulo*) Nährboden *m;* (*comienzo*) Anlass *m;* (*alimento*) Anreiz *m*

cebolla [θe'βoʎa] *f* **1.** (BOT: *comestible*) (Gemüse)zwiebel *f;* ~ **escalonia** Schalotte *f* **2.** (BOT: *bulbo*) (Zwiebel)knolle *f*, Blumenzwiebel *f;* ~ **de tulipán** Tulpenzwiebel *f* **3.** (*argot: cabeza*) Birne *f*, Rübe *f*

cebollada [θeβo'ʎaða] *f* (GASTR) Zwiebelgericht *nt*

cebollar [θeβo'ʎar] *m* Zwiebelfeld *nt*

cebolleta [θeβo'ʎeta] *f* **1.** (BOT: *cebolla tierna*) Frühlingszwiebel *f;* (*cebollino*) Lauchzwiebel *f* **2.** (BOT: *tallo fino, muy aromático*) Schnittlauch *m* **3.** (*vulg: pene*) Schwanz *m fam*

cebollino [θeβo'ʎino] *m* (BOT) **1.** (*tallo*) Schnittlauch *m;* **¡anda, vete a escardar ~s!** ach, geh doch hin, wo der Pfeffer wächst! **2.** (*simiente*) Samenzwiebel *f*

cebollón¹ [θeβo'ʎon] *m* (*irón fam: reloj*) Zwiebel *f*

cebollón, -ona² [θeβo'ʎon, -ona] *m, f* (*CSur: solterón*) alter Junggeselle *m*, alte Jungfer *f*

cebón¹ [θe'βon] *m* (*puerco*) Mastschwein *nt*

cebón, -ona² [θe'βon, -ona] *adj* Mast-, gemästet

cebra ['θebra] *f* **1.** (ZOOL) Zebra *nt;* **paso de ~** (AUTO) Zebrastreifen *m* **2.** *pl* (AUTO) Zebrastreifen *m*

cebrado, -a [θe'βraðo, -a] *adj* (ZOOL) quergestreift

cebruno, -a [θe'βruno, -a] *adj* (ZOOL: *caballo, pelo del caballo*) hirschfarben

cebú [θe'βu] *m* (ZOOL) Zebu *m o nt*

ceca ['θeka] *f* **1.** (*casa de moneda*) Münze *f*, Münzstätte *f* **2.** (*fecha*) Münz(prägungs)datum *nt;* **esta moneda tiene la ~ del 48** diese Münze wurde '48 geprägt

Ceca ['θeka] *f* (*fam*): **andar de ~ en Meca, ir de la ~ a la Meca** von Pontius zu Pilatus laufen

CECA ['θeka] *f* (UE) *abr de* **Comunidad Europea del Carbón y del Acero** EGKS *f*

cecal [θe'kal] *adj* (ANAT) Blinddarm-; **el apéndice ~** der Wurmfortsatz des Blinddarms

cecear [θeθe'ar] *vi* **1.** (*en algunas regiones*) *„S" als „C" aussprechen* **2.** (*defecto*) lispeln, mit der Zunge anstoßen

ceceo [θe'θeo] *m* **1.** (*en algunas regiones*) *Aussprache von „S" als „C"* **2.** (*defecto*) Lispeln *nt*, Anstoßen *nt* (mit der Zunge)

ceceoso, -a [θeθe'oso, -a] *adj* **1.** (*en algunas regiones*) *„S" als „C" aussprechend* **2.** (*defecto*) lispelnd

cecial [θe'θjal] *m* (GASTR) Stockfisch *m*

cecina [θe'θina] *f luftgetrocknetes und gepökeltes Rindfleisch*

cecinar [θeθi'nar] **I.** *vt* (GASTR) räuchern und einsalzen **II.** *vr:* **~se** (*fig: adelgazar*) abmagern

cecografía [θekoɣra'fia] *f* Blindenschrift *f*

cecuciente [θeku'θjen̩te] **I.** *adj* (*elev*) erblindend **II.** *mf* (*elev*) Erblindende(r) *mf*

cedazo [θe'ðaθo] *m* **1.** (*para cribar*) Sieb *nt* **2.** (*para pescar*) großes Fischfangnetz *nt*

cedente [θe'ðen̩te] *m* (JUR) Veräußerer *m*

ceder [θe'ðer] **I.** *vi* **1.** (*renunciar*) verzichten (*de* auf +*akk*); (*de una pretensión*) abrücken (*de* von +*dat*); **cedió de sus derechos** er/sie verzichtete auf seine/ihre Rechte, er/sie sah von seinen/ihren Rechten ab **2.** (*disminuir*) abnehmen, zurückgehen; **cedió la fiebre** das Fieber ging zurück; **cedió la lluvia** der Regen ließ nach **3.** (*capitular*) nachgeben (*a/ante/en* +*dat*); **cedió a sus caprichos** er/sie gab seinen/ihren Launen nach **4.** (*aceptar*) nachkommen (*a/ante/en* +*dat*); **cedió ante sus pretensiones** er/sie kam seinen/ihren Forderungen nach **5.** (*cuerda, rama, roca*) nachgeben; (*edificio, puente*) einstürzen, zusammenfallen **6.** (*ser inferior*) nachstehen (*en* in +*dat*); **no cede a nadie en rapidez** es gibt niemanden, der schneller ist als er/sie **II.** *vt* **1.** (*dar*) abgeben (*a* an +*akk*), überlassen (*a* +*dat*); **por fin el niño cedió su juguete** endlich gab der Junge sein Spielzeug ab; **al anciano nadie le cedió su sitio en el metro** in der U-Bahn überließ niemand dem alten Mann seinen Platz **2.** (*transferir*) abtreten, überlassen; **~le algo a alguien** an jdn etw abtreten, jdm etw abtreten; **mi tío nos cedió parte de su terreno** mein Onkel überschrieb uns einen Teil seines Grundstücks

3. (DEP: *balón*) passen 4. (AUTO): **"ceda el paso"** „Vorfahrt gewähren"
cedilla [θe'ðiʎa] *f* Cedille *f*
cedizo, -a [θe'ðiθo, -a] *adj* (*alimento*) leicht verdorben, nicht mehr einwandfrei; (*fruto*) faulig; (*manteca*) ranzig
cedoaria [θeðo'arja] *f* (BOT) Gelbwurzel *f*, Kurkuma *f*
cédride ['θeðriðe] *f* (BOT: *fruto del cedro*) Zedernzapfen *m*
cedrino, -a [θe'ðrino, -a] *adj* (BOT) Zedern-
cedro ['θeðro] *m* (BOT) Zeder *f*
cedróleo [θe'ðroleo] *m* (QUÍM) Zedernöl *nt*
cedrón [θe'ðron] *m* (*AmS:* BOT) Zitronenstrauch *m*
cédula ['θeðula] *f* Urkunde *f*, Dokument *nt*; ~ **de aduana** Zollbescheinigung *f*; ~ **de ahorro** Sparbrief *m*; ~ **en blanco** Blankoscheck *m*; ~ **de cambio** Wechsel *m*; ~ **de citación** Vorladung *f*; ~ **hipotecaria** (FIN) Pfandbrief *m*, Hypothekenobligation *f*; ~ **de inversiones** (FIN) Investitionsbrief *m*; ~ **de notificación** Zustellungsurkunde *f*; ~ **personal** Personalausweis *m*; ~ **real** königliche Verfügung
CEE [θee'e] *f* (HIST) *abr de* **Comunidad Económica Europea** EWG *f*
CEEA [θeee'a] *f* (UE) *abr de* **Comunidad Europea de la Energía Atómica** EURATOM *f*
cefalalgia [θefa'lalxja] *f* (MED) Kephalgie *f*, Kopfschmerzen *mpl*
cefalea [θefa'lea] *f* (MED) einseitige Kephalgie *f*
cefálico, -a [θe'faliko, -a] *adj* (MED) Kopf-
cefalocordado, -a [θefalokor'ðaðo, -a] *adj* (ZOOL) zum Unterstamm der Schädellosen gehörend
cefalocordados [θefalokor'ðaðos] *mpl* (ZOOL) Schädellose *pl*, Cephalochordaten *pl*
cefalópodo [θefa'lopoðo] *m* (ZOOL) Zephalopode *m*, Kopffüßer *m*
cefalorraquídeo, -a [θefalorra'kiðeo, -a] *adj* (ANAT) zerebrospinal; **líquido** ~ Gehirn-Rückenmark-Flüssigkeit *f*
cefalotórax [θefalo'tora^ɣs] *m inv* (ZOOL) Kopfbrust *f*, Cephalothorax *m*
cefeida [θe'feiða] *f* (ASTR) Cepheide *m*
céfiro ['θefiro] *m* 1. (*poniente*) Zephir *m*, warmer Westwind *m* 2. (*tela*) Zephir *m*
cefo ['θefo] *m* (ZOOL) Blaumaul-Meerkatze *f*
cegador(a) [θeɣa'ðor(a)] *adj* blendend
cegar [θe'ɣar] *irr como fregar* I. *vi* erblinden, blind werden II. *vt* 1. (*quitar la vista*) blind machen, blenden; **le ciega la ira** er/sie ist blind vor Wut 2. (*alucinar*) verblüffen 3. (*ventana*) zumauern; (*con clavos*) zunageln; (*hoyo, foso, pozo*) aufschütten, zuschütten III. *vr:* **~se** 1. (*ofuscarse*) blind sein (*de/por* vor +*dat*), geblendet sein (*de/por* von +*dat*); **~se de ira** blind vor Wut sein; **~se por una chica** blind vor Liebe (zu einem Mädchen) sein 2. (*tubo*) (sich) verstopfen
cegato, -a [θe'ɣato, -a] *adj* (*fam*) blind wie ein Maulwurf
cegatón, -ona [θeɣa'ton, -ona] I. *adj* 1. (*corto de vista, fam pey*) kurzsichtig 2. (*Am: irón*) blind wie ein Maulwurf II. *m, f* (*fam pey*) Kurzsichtige(r) *mf*
cegesimal [θexesi'mal] *adj:* **sistema** ~ CGS-System *nt*
ceguedad [θeɣe'ða^ð] *f sin pl* 1. (MED: *pérdida de vista*) Erblindung *f*; (*ceguera*) Blindheit *f* 2. (*fam fig: de la razón*) Verblendung *f*
ceguera [θe'ɣera] *f* 1. (*invidencia*) Blindheit *f*; ~ **nocturna** Nachtblindheit *f* 2. (*de la razón*) Verblendung *f*
CEI ['θei] *f* (POL) *abr de* **Comunidad de Estados Independientes** GUS *f*
ceiba ['θeiβa] *f* (BOT) Kapokbaum *m*
Ceilán [θei'lan] *m* Ceylon *nt*
ceja ['θexa] *f* 1. (*entrecejo*) (Augen)braue *f*; **arquear las ~s** die Augenbrauen heben [*o* hochziehen]; **fruncir las ~s** die Augenbrauen zusammenziehen; **estar hasta las ~s** (*fam*) die Nase voll haben; **quemarse las ~s** (*fam*) pauken bis einem der Kopf raucht; **tener a alguien entre ~ y ~** (*fam*) jdn nicht leiden [*o* ausstehen] können; **meterse** [*o* **tener**] **algo entre ~ y ~** (*fam*) sich *dat* etw in den Kopf setzen 2. (*borde*) vorstehender Rand *m* 3. (MÚS: *instrumento de cuerda*) Sattel *m*; (*instrumento de teclado*) Drucksteg *m* 4. (MÚS: *para elevar el tono*) Kapodaster *m*
cejar [θe'xar] *vi* 1. (*en discusiones*) nachgeben, klein beigeben 2. (*cesar*) aufgeben (*en* +*akk*), aufhören (*en* mit +*dat*); **no ~ en fumar** das Rauchen nicht lassen; **sin ~** unermüdlich, unaufhörlich
cejijunto, -a [θexi'xunto, -a] *adj* 1. (*fisonomía*) mit eng beieinander liegenden Augenbrauen 2. (*adusto*) mürrisch, unwirsch
cejilla [θe'xiʎa] *f* (MÚS) 1. (*mecanismo en forma de pinza*) Kapodaster *m* 2. (*parte del instrumento*) Sattel *m* 3. (*posición de los dedos*) Barré *nt*, Barré-Griff *m*; **para poner fa mayor tienes que hacer ~ con el dedo índice** um F-Dur zu spielen, musst du mit dem Zeigefinger Barré greifen
cejudo, -a [θe'xuðo, -a] *adj* mit buschigen Augenbrauen
celacanto [θela'kanto] *m* (ZOOL) Quastenflosser *m*
celada [θe'laða] *f* 1. (*yelmo*) Helm *m* 2. (*emboscada*) Hinterhalt *m*, Falle *f*; **caer en una ~** in eine Falle gehen
celador(a) [θela'ðor(a)] *m(f)* Aufseher(in) *m(f)*, Inspektor(in) *m(f)*; (*de aparcamientos*) Parkwächter(in) *m(f)*; (*de cárcel*) Gefängniswärter(in) *m(f)*, Gefängnisaufseher(in) *m(f)*; (*de edificio*) Gebäudewächter(in) *m(f)*; (*de escuela*) Aufsichtführende(r) *mf*; (*de examen*) Prüfungsaufsichtführende(r) *mf*; (*de museo*) Museumsaufseher(in) *m(f)*; (FERRO: *de vías*) Streckenaufseher(in) *m(f)*
celaje [θe'laxe] *m* 1. (METEO) ≈Schleierwolken *fpl* 2. (ARQUIT) Oberlicht *nt*, Luke *f* 3. (*presagio*) Vorzeichen *nt* 4. (*Am: fantasma*) Geist

m; **como un** ~ wie der Blitz, sehr schnell

celante [θe'lante] *adj* (REL) observant

celar [θe'lar] *vt* **1.** (*encubrir*) verbergen, verstecken, überspielen; (*con malicia*) verheimlichen; **celó su dolor bajo una sonrisa** er/sie überspielte seinen/ihren Schmerz mit einem Lächeln **2.** (*vigilar*) überwachen, wachen (über +*akk*), ein wachsames Auge haben (auf +*akk*); **cela la observancia de las órdenes** er/sie überwacht [*o* wacht über] die Einhaltung der Anweisungen **3.** (*en metal*) eingravieren; (*en madera*) einschnitzen **4.** (*de piedra*) meißeln; (*de madera*) schnitzen **5.** (*por celos*) (aus Eifersucht) hinterherspionieren +*dat*

celastro [θe'lastro] *m* (BOT) Baumwürger *m*

celda ['θelda] *f* **1.** (*pequeño espacio*) Zelle *f;* (*en convento, colegio*) Klosterzelle *f;* (*en prisión*) Gefängniszelle *f;* ~ **de castigo** Einzelhaftzelle *f* **2.** (*de colmena*) Bienenzelle *f* **3.** (INFOR): ~ **de memoria** Speicherzelle *f*

celdilla [θel'diʎa] *f* **1.** (*de colmena*) Bienenzelle *f* **2.** (ARQUIT) Nische *f* **3.** (BOT) Samenkapsel *f*

celebérrimo, **-a** [θele'βerrimo, -a] *adj superl de* **célebre**

celebración [θeleβra'θjon] *f* **1.** (*acto*) Feiern *nt;* **la** ~ **de una fiesta** die Begehung eines Festes; **la** ~ **de una misa** die Abhaltung eines Gottesdienstes **2.** (*festividad*) Feier *f* **3.** (*aplausos*) Beifall *m,* Applaus *m;* (*elogio*) Lob *nt* **4.** (*organización*) Abhaltung *f,* Durchführung *f;* ~ **de elecciones** Abhaltung [*o* Durchführung] von Wahlen

celebrado, **-a** [θele'βraðo, -a] *adj* gefeiert, berühmt

celebrante [θele'βrante] *m* (REL) Zelebrant *m*

celebrar [θele'βrar] **I.** *vt* **1.** (*mérito*) feiern; **todos ~on su triunfo** alle feierten seinen/ihren Sieg **2.** (*aplaudir*) applaudieren +*dat,* Beifall klatschen +*dat* **3.** (*llegada*) willkommen heißen **4.** (*ventajas*) preisen, loben, hervorheben **5.** (*un chiste*) lachen (über +*akk*), sehr witzig finden **6.** (*acontecimiento*) feiern; ~ **la Navidad** Weihnachten feiern; ~ **la misa** den Gottesdienst (feierlich) begehen [*o* abhalten] [*o* feiern] **7.** (*sesiones, juntas, reuniones, audiencia*) abhalten; ~ **una subasta** eine Versteigerung durchführen **8.** (*alegrarse*) sich freuen (über +*akk*); **celebro que estés bien de salud** es freut mich, dass du bei guter Gesundheit bist; **celebramos haber tenido una niña** wir sind sehr glücklich [*o* freuen uns sehr] eine Tochter bekommen zu haben; **lo celebro mucho por ella** ich freue mich sehr für sie, ich gönne es ihr aus ganzem Herzen **9.** (*tratado*) abschließen **II.** *vi* (REL) Gottesdienst abhalten, Messe halten [*o* lesen] **III.** *vr:* **~se 1.** (*fiesta*) gefeiert werden; **la boda se ~á en un restaurante** die Hochzeit wird in einem Restaurant gefeiert **2.** (*reunión*) abgehalten werden, stattfinden; **la reunión de padres se ~á esta semana** der Elternabend wird diese Woche stattfinden **3.** (DEP: *partido*) stattfinden; **el encuentro que se celebró el domingo pasado entre el Atlético Madrid y la Real Sociedad...** die Begegnung zwischen Atlético Madrid und Real Sociedad, die letzten Sonntag stattfand, ...

célebre ['θeleβre] <celebérrimo> *adj* **1.** (*famoso*) berühmt (*por* für +*akk*); (*popular*) gefeiert; **un momento** ~ **para la historia** ein geschichtsträchtiger Augenblick **2.** (*fam: gracioso*) lustig, witzig; **¡la película fue ~!** der Film war zum Totlachen!

celebridad [θeleβri'ðað] *f* **1.** (*alguien ilustre*) Berühmtheit *f* **2.** (*renombre*) Ruhm *m* **3.** (*festejo*) Feierlichkeit *f,* Festlichkeit *f*

celemín [θele'min] *m* **1.** (*de los áridos*) Metze *f* (*4,625 l*) **2.** (AGR, HIST: *de superficie*) *altes kastilisches Flächenmaß* (*537 m²*)

celeque [θe'leke] *adj* (*AmC: fruta tierna*) unreif

celeridad [θeleri'ðað] *f* Schnelligkeit *f,* Geschwindigkeit *f;* **con** ~ (rasend) schnell, rasant

celesta [θe'lesta] *f* (MÚS) Celesta *f*

celeste [θe'leste] *adj* **1.** (*célico*) Himmels-; **cuerpos ~s** Himmelskörper *mpl* **2.** (*color*) hellblau, himmelblau

celestial [θeles'tjal] *adj* **1.** (*del cielo*) himmlisch, göttlich **2.** (*paradisíaco*) paradiesisch, himmlisch, göttlich; (*delicioso*) köstlich, himmlisch **3.** (*irón fam: tonto*) dumm, einfältig

celestina [θeles'tina] *f* **1.** (*alcahueta*) Kupplerin *f* **2.** (*de bordel*) Bordellbesitzerin *f* **3.** (QUÍM) Zölestin *m*

celestinazgo [θelesti'naθɣo] *m* Verkuppelung *f,* Kuppelei *f pey*

celestinesco, **-a** [θelesti'nesko, -a] *adj* kupplerisch

celfo ['θelfo] *m* (ZOOL) Blaumaul-Meerkatze *f*

celiaca [θe'ljaka] *f,* **celíaca** [θe'liaka] *f* (MED) *v.* **celiaquía**

celiaco, **-a** [θe'ljako, -a], **celíaco**, **-a** [θe'liako, -a] **I.** *adj* (MED) **1.** (*vientre, intestinos*) Bauch-; **arteria celiaca** Bauchhöhlenschlagader *f* **2.** (*relativo a la celiaquía*) Zöliakie- **II.** *m, f* Zöliakiekranke(r) *mf*

celiaquía [θelja'kia] *f* (MED) Zöliakie *f*

celibato [θeli'βato] *m* **1.** (REL) Zölibat *m o nt,* Ehelosigkeit *f* **2.** (*soltería*) Singledasein *nt,* Junggesellendasein *nt,* Junggesellenleben *nt* **3.** (*fam: solterón*) Junggeselle *m*

célibe ['θeliβe] **I.** *adj* **1.** (REL) zölibatär, ehelos **2.** (*soltero*) ledig, unverheiratet **II.** *mf* Junggeselle, -in *m, f*

celidonia [θeli'ðonja] *f* (BOT) Schöllkraut *nt*

celindrate [θelin'drate] *m* (GASTR) *mit Koriander gewürztes* (*Fleisch*)*gericht*

celioscopia [θeljos'kopja] *f* (MED) Laparoskopie *f,* Zölioskopie *f*

cella ['θeʎa] *f* **1.** (ARQUIT, REL: *edificios clásicos*) Zella *f* **2.** (HIST: *despensa*) Vorratsraum *m*

cellenco, **-a** [θe'ʎeŋko, -a] *adj* (*baldado*) gebrechlich, schwächlich; (*de vejez*) altersschwach

cellisca [θe'ʎiska] *f* (METEO) heftiger Schneeregen *m*

cellisquear [θeʎiske'ar] *vimpers:* **puede que hoy cellisquee** es kann heute Schneeregen und heftigen Wind geben

cello ['θeʎo] *m* Fassreifen *m,* Fassband *nt*

celo ['θelo] *m* **1.** (*afán*) Eifer *m,* Streben *nt* **2.** *pl* (*por amor*) Eifersucht *f;* **dar** [*o* **infundir**] **~s** eifersüchtig machen, Eifersucht erregen; **tener ~s** eifersüchtig sein **3.** *pl* (*sospecha*) Misstrauen *nt,* Argwohn *m* **4.** *pl* (*envidia*) Neid *m;* **tiene ~s de su hermano** er/sie ist neidisch auf seinen/ihren Bruder **5.** (*animales*) Brunstzeit *f;* **estar en ~** (*caza*) brünstig [*o* brunftig] sein; (*perra*) läufig sein; (*gata*) rollig sein **6.** (*autoadhesivo*): **papel ~** Klebeband *nt,* Tesafilm® *m*

celofán® [θelo'fan] *m* **1.** (*para envolver*) Cellophan® *nt* **2.** (*autoadhesivo*) Klebeband *nt,* Tesafilm® *m*

celoidina [θeloi̯'ðina] *f* (FOTO) Zelloidin *nt*

celosía [θelo'sia] *f* **1.** (*rejilla, en confesionarios*) Gitter *nt* **2.** (*contraventanas*) Fensterladen *m;* (*persianas*) Rollladen *m,* Jalousie *f*

celoso, -a [θe'loso, -a] *adj* **1.** (*con fervor*) eifrig (*en* bei +*dat*), emsig (*en* bei +*dat*); (*en el trabajo*) diensteifrig, dienstbeflissen **2.** (*con celos*) eifersüchtig (*de* auf +*akk*); **su marido es tremendamente ~** ihr Mann ist schrecklich eifersüchtig **3.** (*con envidia*) neidisch (*de* auf +*akk*); **está ~ de su hermano** er ist neidisch auf seinen Bruder **4.** (*con dudas*) misstrauisch, argwöhnisch **5.** (*exigente*) wachsam, sehr bedacht (*de* auf +*akk*); **es muy ~ de sus derechos** er ist sehr auf seine Rechte bedacht

celotipia [θelo'tipja] *f* (PSICO) krankhafte Eifersucht *f*

celta¹ ['θel̩ta] **I.** *adj* keltisch **II.** *mf* Kelte, -in *m, f*

celta² ['θel̩ta] *m* (*lengua*) Keltisch(e) *nt*

celtíbera [θel̩'tiβera] *adj o f v.* **celtíbero**

celtibérico, -a [θel̩ti'βeriko, -a] *adj v.* **celtíbero**

celtíbero, -a [θel̩'tiβero, -a] **I.** *adj* keltiberisch **II.** *m, f* Keltiberer(in) *m(f)*

céltico, -a ['θel̩tiko, -a] *adj* keltisch

celtismo [θel̩'tismo] *m* (*estudio de los celtas*) Keltistik *f,* Keltologie *f*

celtohispánico, -a [θel̩tois'paniko, -a] *adj* (HIST, LING) keltiberisch

célula ['θelula] *f* (BIOL, POL, FOTO, TÉC) Zelle *f;* **~ fotoeléctrica** Fotozelle *f;* **~ pigmentaria** Pigmentzelle *f;* **~ solar** Solarzelle *f;* **~ terrorista** terroristische Zelle

celular [θelu'lar] *adj* **1.** (BIOL) Zell-, zellulär; **crecimiento ~** Zellwachstum *nt* **2.** (*cárcel*): **prisión ~** Einzelhaft *f;* **coche ~** Polizeitransporter *m* (*zum Gefangenentransport*)

celulario, -a [θelu'larjo, -a] *adj* vielzellig

celulítico, -a [θelu'litiko, -a] *adj* (MED) Zellulitis-, Cellulitis-; **problema ~** Zellulitisproblem *nt*

celulitis [θelu'litis] *f inv* (MED) Zellulitis *f,* Cellulitis *f*

celuloide [θelu'loi̯ðe] *m* (QUÍM) Zelluloid *nt,* Zellhorn *nt*

celulosa [θelu'losa] *f* (QUÍM) Zellulose *f*

celulósico, -a [θelu'losiko, -a] *adj* Zellulose-

cementación [θemen̩ta'θjon] *f* (TÉC) Zementation *f,* Zementierung *f*

cementado, -a [θemen̩'taðo, -a] *adj* (TÉC) zementiert, gehärtet

cementar [θemen̩'tar] *vt* (TÉC) zementieren

cementerio [θemen̩'terjo] *m* **1.** (*camposanto*) Friedhof *m;* **~ de coches** Autofriedhof *m;* **~ de elefantes** Elefantenfriedhof *m* **2.** (*depósito*) Endlager *nt,* Endlagerstätte *f;* **~ nuclear** Endlager für atomare Abfälle

cementero, -a [θemen̩'tero, -a] *adj* Zement-

cemento [θe'men̩to] *m* **1.** (ARQUIT, TÉC) Zement *m;* **~ armado** [*o* **reforzado**] Stahlbeton *m;* **~ hidráulico** hydraulischer Zement; **~ portland** Portlandzement *m* **2.** (ANAT) Zement *nt*

cempasúchil [θempa'suʧil] *m* (*Méx:* BOT) Studentenblume *f*

cena ['θena] *f* **1.** (*última comida*) Abendmahlzeit *f,* Abendessen *nt,* Abendbrot *nt,* Abendmahl *nt;* **la Ultima C~** das heilige Abendmahl **2.** (*alimento*) Abendessen *nt,* Abendbrot *nt*

cenáculo [θe'nakulo] *m* **1.** (*tertulia*) Stammtisch *m;* (*reunión*) Treffen *nt* **2.** (*de literatura*) Literaturzirkel *m,* Literaturkreis *m* **3.** (*camarilla*) Clique *f* **4.** (*lugar*) Treffpunkt *m*

cenador [θena'ðor] *m* **1.** (*comedor*) Speisesaal *m* **2.** (*en el jardín*) Gartenlaube *f*

cenaduría [θenaðu'ria] *f* (*Méx*) billiges (Abend)restaurant *nt*

cena-espectáculo ['θena espek'takulo] *f* <cenas-espectáculo> *Abendessen bei gleichzeitiger Vorstellung oder Darbietung*

cenagal [θena'ɣal] *m* **1.** (*con cieno*) Morast *m,* Schlammloch *nt* **2.** (*fam: problema*) Schlamassel *m,* Patsche *f,* Klemme *f;* (*situación*) vertrackte Lage *f;* **estar en un ~** in der Patsche [*o* in der Klemme] sitzen; **sacar a alguien de un ~** jdm aus der Patsche [*o* Klemme] helfen

cenagoso, -a [θena'ɣoso, -a] *adj* schlammig, morastig

cena-homenaje ['θena ome'naxe] *f* <cenas-homenaje> förmliches [*o* offizielles] Abendessen *nt,* Souper *nt,* Diner *nt;* **ofrecer una ~ a alguien** jdm zu Ehren ein Abendessen geben

cenar [θe'nar] **I.** *vi* zu Abend essen; **invitar a alguien a ~** jdn zum Abendessen einladen **II.** *vt* zu Abend essen; **vengo cenado** ich habe schon zu Abend gegessen; **hoy hemos cenado lentejas** heute gab es Linsen zum Abendessen

cenceño, -a [θen̩'θeɲo, -a] *adj* (*personas, animales*) dünn, schlank; (*excesivamente*) dürr, knochig; (*vegetales*) dürr; (*pey*) mick(e)rig

cencerrada [θen̩θe'rraða] *f* **1.**(*de cencerros*) Kuhglockengeläute *nt* (*zu bestimmten Anlässen*) **2.**(*estruendo*) Lärm *m*, Getöse *nt*; (*música*) zu laute Musik *f*

cencerrear [θen̩θerre'ar] *vi* **1.**(*con cencerros*) läuten **2.**(*tocar mal*) völlig falsch spielen, (herum)klimpern *fam* **3.**(*bisagras*) quietschen; (*madera*) knarren **4.**(*traquetear*) rattern, klappern; (*golpetear*) schlagen **5.**(*estruendo*) Krach machen

cencerreo [θen̩θe'rreo] *m* **1.**(*de cencerros*) Kuhglockengeläute *nt* **2.**(*sonido discordante*) Klimperei *f fam*, Katzenmusik *f fam* **3.**(*de bisagras*) Quietschen *nt*; (*de madera*) Knarren *nt* **4.**(*traqueteo*) Rattern *nt*, Klappern *nt*; (*golpeteo*) Schlagen *nt* **5.**(*estruendo*) Krach *m*, Lärm *m*, Getöse *nt*

cencerro [θen̩'θerro] *m* (*de res*) Kuhglocke *f*; **a ~s tapados** (klamm)heimlich, verstohlen; **estar como un ~** (*fam*) völlig verrückt [*o* übergeschnappt] sein

cencerrón [θen̩θe'rron] *m* (AGR: *racimo de uvas*) *nach der Weinlese hängen gebliebene kümmerliche Traube*

cendal [θen̩'dal] *m* **1.**(*tela*) Zindeltaft *m* **2.**(*velo*) Schleier *m* **3.**(REL) Humerale *f*

cendra ['θen̩dra] *f* (QUÍM) Knochenaschepaste *f*

cenefa [θe'nefa] *f* **1.**(*adorno*) Borte *f*, Spitze *f*; (*encaje de bolillos*) Klöppelspitze *f*; **~ con flecos** Fransen *fpl* **2.**(*de techos, muros*) Stuckverzierung *f*

cenestesia [θenes'tesja] *f* (MED) Bewegungsgefühl *nt*, Kinästhesie *f*

cenia ['θenja] *f* Schöpfrad *nt*

cenicero [θeni'θero] *m* Aschenbecher *m*, Ascher *m fam*

cenicienta [θeni'θjen̩ta] *f*, **Cenicienta** [θeni'θjen̩ta] *f* Aschenbrödel *nt*, Aschenputtel *nt*; **es más esclava que la ~** sie muss schwer schuften

ceniciento, **-a** [θeni'θjen̩to, -a] *adj* aschfarben, aschgrau; **rubio ~** aschblond

cenit [θe'nit] *m* **1.**(ASTR) Zenit *m*, Scheitelpunkt *m* **2.**(*apogeo*) Zenit *m*, Höhepunkt *m*

cenital [θeni'tal] *adj* Zenit-

ceniza [θe'niθa] *f* **1.**(*residuo de algo quemado*) Asche *f*; **Miércoles de ~** Aschermittwoch *m*; **de color ~** aschfarben, aschgrau; **reducir algo a ~s** etw in Schutt und Asche legen, etw völlig zerstören; **renacer de sus propias ~s** wie ein Phönix aus der Asche steigen [*o* erstehen]; **huir de las ~s y caer en las brasas** vom Regen in die Traufe kommen; **tomar la ~** (REL) *am Aschermittwoch mit Asche bestreut werden oder damit ein Kreuz auf die Stirn gezogen bekommen* **2.** *pl* (*restos*) Überreste *mpl*; **las ~s radiactivas se echaron en una fosa** die radioaktiven Abfallstoffe wurden in einem Graben deponiert **3.** *pl* (*restos mortales*) Asche *f*

cenizo[1] [θe'niθo] *m* **1.**(BOT) Gänsefuß *m* **2.**(*que trae mala suerte*) Unglücksbringer *m*

cenizo, **-a**[2] [θe'niθo, -a] *adj* **1.**(*ceniciento*) aschfarben, aschgrau; **rubio ~** aschblond **2.**(*de mal augurio*) Unglücks-; **avión ~** Unglücksmaschine *f*

cenobial [θeno'βjal] *adj* (REL: *propio de monasterio*) klösterlich, Kloster-

cenobio [θe'noβjo] *m* (REL) Kloster *nt*

cenobita [θeno'βita] *m* (REL) Klostermönch *m*, Zönobit *m*

cenotafio [θeno'tafjo] *m* Zenotaph *m*, Kenotaph *m*

cenote [θe'note] *m* (*Méx:* GEO: *manantial*) unterirdisches Wasserreservoir *nt*

cenozoico[1] [θeno'θoi̯ko] *m* (GEO) Känozoikum *nt*

cenozoico, **-a**[2] [θeno'θoi̯ko, -a] *adj* (GEO) känozoisch

censal [θen'sal] *adj v.* **censual**

censar [θen'sar] **I.** *vi* eine Volkszählung durchführen **II.** *vt* zählen, erfassen

censo ['θenso] *m* **1.**(*de habitantes*) Volkszählung *f*, Zensus *m*; (*estadística*) statistische Erhebung *f*; **~ electoral** (POL) Wählerliste *f*; **~ de tráfico** Verkehrszählung *f* **2.**(FIN: *gravamen*) Pachtzins *m*; **~ con dominio** Erbpacht *f*; **~ hereditario** Erbzins *m*; **constituir un ~** eine Pacht vertraglich festlegen **3.**(*pensión*) Rente *f*; **~ vitalicio** [*o* **de vida**] Rente auf Lebenszeit **4.**(*recargo*) Belastung *f*; **ser algo un ~** eine finanzielle Belastung sein; (*fig*) ein Fass ohne Boden sein

censor(a) [θen'sor(a)] *m(f)* Zensor(in) *m(f)*; **~ jurado de cuentas** vereidigter Buchprüfer [*o* Wirtschaftsprüfer]

censorio, **-a** [θen'sorjo, -a] *adj* (*de la censura*) Zensur-; (*del censor*) Zensor-

censual [θensu'al] *adj* **1.**(*pensión*) Renten-, Rentenschuld- **2.**(*gravamen*) Erbzins-

censualista [θenswa'lista] *mf* **1.**(*gravamen*) Erbverpächter(in) *m(f)* **2.**(*pensión*) Renteninhaber(in) *m(f)*

censura [θen'sura] *f* **1.**(*dictamen, crítica*) Zensur *f*; **~ cinematográfica** Filmzensur *f*; **~ de libros/prensa** Buch-/Pressezensur *f*; **incurrir a la ~** unter die Zensur fallen; **ser sometido a la ~** durch die Zensur gehen; **someter a la ~** zensieren **2.**(*entidad*) Zensurbehörde *f* **3.**(FIN) Prüfung *f*; **~ de cuentas** Buchprüfung *f*, Revision *f* **4.**(POL): **moción de ~** Misstrauensantrag *m*, Misstrauensvotum *nt* **5.**(*vituperación*) Kritik *f*, Verurteilung *f*, Ablehnung *f*

censurable [θensu'raβle] *adj* (*reprobable*) tadelnswert

censurador(a) [θensura'ðor(a)] *adj* zensierend, Zensur-

censurar [θensu'rar] *vt* **1.**(*juzgar*) beurteilen, zensieren; (*suprimir*) zensieren; (*en películas, canciones*) herausschneiden, zensieren; (*en libros*) streichen, zensieren; (*prohibir*) verbieten; **~on todas las escenas vio-**

lentas alle Gewaltszenen wurden herausgeschnitten; ~**on todas sus obras** alle seine/ihre Werke wurden verboten **2.** (*vituperar*) kritisieren, verurteilen, ablehnen

centaur(e)a [θen̪'tau̯ra/θen̪tau̯'rea] *f* (BOT) Flockenblume *f*

centauro [θen̪'tau̯ro] *m* Zentaur *m*

centavo[1] [θen̪'taβo] *m* **1.** (*centésima parte*) Hundertstel *nt*, hundertster Teil *m* **2.** (*céntimo*) ≈Pfennig *m*; **estar sin un** ~ nicht einen Pfennig haben **3.** (*AmC, CSur:* FIN: *moneda*) Centavo *m*

centavo, -a[2] [θen̪'taβo, -a] *adj* hundertstel; *v. t.* **octavo**[1]

centella [θen̪'teʎa] *f* **1.** (*rayo*) Blitz *m*; **rápido como una** ~ schnell wie der [*o* ein geölter] Blitz **2.** (*chispa*) Funke *m* **3.** (*destello*) Funkeln *nt*

centelleante [θen̪teʎe'an̪te] *adj* (*brillante*) sprühend, funkelnd; **con una mirada** ~ mit strahlendem Blick; **ojos ~s de furor** vor Wut blitzende Augen

centell(e)ar [θen̪teʎe'ar/θen̪te'ʎar] *vi* **1.** (*relámpago*) blitzen **2.** (*fuego*) Funken sprühen **3.** (*estrella*) funkeln **4.** (*ojos*) glänzen, leuchten, strahlen **5.** (*gema*) glänzen, funkeln

centelleo [θen̪te'ʎeo] *m* **1.** (*del relámpago*) Blitzen *nt* **2.** (*de las llamas*) Funkensprühen *nt* **3.** (*de las estrellas*) Funkeln *nt* **4.** (*de los ojos*) Glänzen *nt*, Leuchten *nt* **5.** (*de una gema*) Glänzen *nt*, Funkeln *nt*

centena [θen̪'tena] *f* Hundert *nt*; **media** ~ ein halbes Hundert

centenada [θen̪te'naða] *f* Hundert *nt*; **vinieron a ~s** sie kamen zu Hunderten

centenal [θen̪te'nal] *m* (AGR) Roggenfeld *nt*

centenar [θen̪te'nar] *m* **1.** (*cien*) Hundert *nt*; **recibió ~es de telegramas** er/sie erhielt Hunderte [*o* hunderte] von Telegrammen; **vinieron a ~es** sie kamen zu Hunderten **2.** (*centenario*) Jahrhundert *nt* **3.** (AGR) Roggenfeld *nt*

centenario[1] [θen̪te'narjo] *m* (*conmemoración*) Jahrhundertfeier *f*, hundertjähriges Jubiläum *nt*

centenario, -a[2] [θen̪te'narjo, -a] **I.** *adj* hundertjährig **II.** *m, f* Hundertjährige(r) *mf*

centenaza [θen̪te'naθa] **I.** *adj* (AGR) Roggen-; **paja** ~ Roggenstroh *nt* **II.** *f* (AGR) Roggenstroh *nt*

centenero, -a [θen̪te'nero, -a] *adj* (AGR) für den Roggenanbau geeignet

centeno [θen̪'teno] *m* (BOT) Roggen *m*

centésima [θen̪'tesima] *adj o f v.* **centésimo**[2]

centesimal [θen̪tesi'mal] *adj* zentesimal, hundertteilig

centésimo[1] [θen̪'tesimo] *m* (*Chil, Pan, Urug:* FIN: *moneda*) Centésimo *m*

centésimo, -a[2] [θen̪'tesimo, -a] **I.** *adj* (*parte*) hundertstel; (*numeración*) hundertste(r, s); **la centésima parte de...** ein Hundertstel von ...; **por** ~ **vez te lo digo** ich sage es dir jetzt zum hundertsten Mal **II.** *m, f* Hundertstel *nt*; *v. t.* **octogésimo**

centiárea [θen̪ti'area] *f* Quadratmeter *m*

centígrado [θen̪'tiɣraðo] *m* Zentigrad *nt*, hundertstel Grad *nt*; **grado** ~ Celsiusgrad *nt*; **la temperatura es de 40 grados ~s** die Temperatur beträgt 40 Grad Celsius

centigramo [θen̪ti'ɣramo] *m* Zentigramm *nt*, hundertstel Gramm *nt*

centilitro [θen̪ti'litro] *m* Zentiliter *m*, hundertstel Liter *m*

centillero [θen̪ti'ʎero] *m* (REL: *candelabro*) siebenarmiger Leuchter *m*

centímetro [θen̪'timetro] *m* Zentimeter *m o nt*, hundertstel Meter *m o nt*

céntimo ['θen̪timo, -a] **I.** *adj* hundertstel **II.** *m* **1.** (*centésima parte*) Hundertstel *nt*, hundertster Teil *m* **2.** (FIN: *moneda*) hundertstel Peseta *f*; (*CRi, Par, Ven*) Céntimo *m*; **estar sin un** ~ nicht einen Pfennig haben; **no vale ni un** ~ das ist nicht einen Pfifferling wert *fam*

centinela [θen̪ti'nela] *mf* **1.** (*de museo, banco, parque*) Wächter(in) *m(f)*; **estar de** ~ Wache halten [*o* haben]; **hacer de** ~ (*en un atraco*) Schmiere stehen *fam* **2.** (MIL) Wach(t)posten *m*

centinodia [θen̪ti'noðja] *f* (BOT) Vogelknöterich *m*

centiplicado, -a [θen̪tipli'kaðo, -a] *adj* verhundertfach

centipondio [θen̪ti'pon̪djo] *m* Zentner *m*

centli ['θen̪ᵈli] *m* (*Méx*) Mais *m*

centollo, -a [θen̪'toʎo, -a] *m, f* (ZOOL) Meerspinne *f*

centón [θen̪'ton] *f* **1.** (*manta*) (bunte) Flickendecke *f* **2.** (LIT: *obra sapiencial*) Flickwerk *nt*; (*poema*) Cento *m*

centrado, -a [θen̪'traðo, -a] *adj* **1.** (*en el centro*) zentriert, mittig **2.** (*forma de ser*) ausgeglichen

central [θen̪'tral] **I.** *adj* **1.** (*en el centro*) Zentral-, Mittel-; **Europa C~** Mitteleuropa *nt* **2.** (*esencial*) zentral, wesentlich; **eso es de** ~ **importancia** das ist von wesentlicher Bedeutung **3.** (*principal*) Zentral-, Haupt-; **comité** ~ Zentralkomitee *nt*; **estación** ~ Hauptbahnhof *m* **II.** *f* **1.** (*oficina*) Zentrale *f*, Hauptstelle *f*; ~ **de Correos** Hauptpost *f*, Hauptpostamt *nt*; ~ **sindical** Gewerkschaftsverband *m*; ~ **telefónica** (TEL) Fern(sprech)amt *nt*, Fernvermittlungsstelle *f*; (*de una empresa*) Telefonzentrale *f*; ~ **telefónica manual** handvermittelndes Fernsprechamt **2.** (TÉC) Werk *nt*, Anlage *f*; ~ **azucarera** (*AmC, Ant*) Zuckerfabrik *f*; ~ **de bombeo** Pumpstation *f*; ~ **depuradora** Kläranlage *f*; ~ **de distribución** Schaltzentrale *f*; ~ **eléctrica** Elektrizitätswerk *nt*; ~ **hidroeléctrica** Wasserkraftwerk *nt*; ~ **nuclear** Kernkraftwerk *nt*, Atomkraftwerk *nt*; ~ **térmica** Wärmekraftwerk *nt*

centralidad [θen̪trali'ðaᵈ] *f* Zentralität *f*, Mittelpunktslage *f*

centralismo [θen̩tra'lismo] *m* (POL) Zentralismus *m*

centralista [θen̩tra'lista] I. *adj* (POL) zentralistisch II. *mf* 1. (POL) Zentralist(in) *m(f)* 2. (*AmC, Ant: del ingenio azucarero*) Zuckerfabrikant(in) *m(f)*

centralita [θen̩tra'lita] *f* (TEL) Telefonzentrale *f*

centralización [θen̩traliθa'θjon] *f* Zentralisierung *f*

centralizar [θen̩trali'θar] <z→c> *vt* zentralisieren

centrar [θen̩'trar] I. *vt* 1. (TÉC: *colocar*) zentrieren 2. (*aunar esfuerzos*) ausrichten (*en* auf +*akk*), konzentrieren (*en* auf +*akk*); **~on sus investigaciones en el desarrollo de una vacuna** ihre Forschung arbeitete gezielt auf die Entwicklung eines Impfstoffes hin 3. (*interés, atención, miradas*) anziehen, bündeln; **el mago centró todas las miradas** der Magier zog alle Blicke auf sich 4. (*lo esencial*) in den Mittelpunkt stellen; **centró su novela en el problema de la droga** sein Roman dreht sich um die Drogenproblematik II. *vi, vt* (DEP: *fútbol*) flanken III. *vr:* **~se** 1. (*basarse*) sich gründen (*en* auf +*dat*), beruhen (*en* auf +*dat*), ausgehen (*en* von +*dat*); **el problema se centra en la incapacidad de comunicación** das Problem beruht auf der Kommunikationsunfähigkeit 2. (*familiarizarse*) sich einleben (*en* in +*dat*); (*en un trabajo*) sich einarbeiten (*en* in +*akk*) 3. (*interés, atención, miradas*) sich richten (*en* auf +*akk*); **todos sus esfuerzos se ~on en el rescate de la chica** sie setzten alle ihre Kräfte daran, das Mädchen zu retten

céntrico, -a ['θen̩triko, -a] *adj* im Mittelpunkt (liegend); (TÉC) zentrisch; **punto ~** Mittelpunkt *m;* **piso ~** zentral gelegene Wohnung

centrífuga [θen̩'trifuɣa] *f* Schleuder *f,* Zentrifuge *f;* **pasar algo por la ~** etw schleudern

centrifugación [θen̩trifuɣa'θjon] *f* Schleudern *nt,* Zentrifugieren *nt;* **programa de ~** Schleudergang *m,* Schleuderprogramm *nt*

centrifugado[1] [θen̩trifu'ɣaðo] *m* Schleudern *nt,* Zentrifugieren *nt*

centrifugado, -a[2] [θen̩trifu'ɣaðo, -a] *adj* zentrifugiert, (aus)geschleudert

centrifugador(a) [θen̩trifuɣa'ðor(a)] *adj* Schleuder-, Zentrifugier-; **hormigón ~** Schleuderbeton *m*

centrifugadora [θen̩trifuɣa'ðora] *f* Schleuder *f,* Zentrifuge *f*

centrifugar [θen̩trifu'ɣar] <g→gu> *vt* schleudern, zentrifugieren; **~ la ropa** die Wäsche schleudern

centrífugo, -a [θen̩'trifuɣo, -a] *adj* Schleuder-, Zentrifugal-; **fuerza centrífuga** Schleuderkraft *f,* Zentrifugalkraft *f;* **ventilador ~** Schleudergebläse *nt,* Zentrifugalgebläse *nt*

centrina [θen̩'trina] *f,* **centrino** [θen̩'trino] *m* (ZOOL) Meersau *f,* Schweinshai *m*

centríolo [θen̩'triolo] *m* (BIOL) Zentriol *nt*

centrípeta [θen̩'tripeta] *f* (FÍS) Zentripetalkraft *f*

centrípeto, -a [θen̩'tripeto, -a] *adj* (FÍS) zentripetal, Zentripetal-

centrisco [θen̩'trisko] *m* (ZOOL) Schnepfenmesserfisch *m*

centrismo [θen̩'trismo] *m* (POL) Zentrismus *m*

centrista [θen̩'trista] I. *adj* (POL) Zentrums-; **partido ~** Zentrumspartei *f* II. *mf* (POL) Zentrumspolitiker(in) *m(f)*

centro ['θen̩tro] *m* 1. (*el medio*) Zentrum *nt,* Mitte *f,* Mittelpunkt *m;* (*de la ciudad*) Stadtzentrum *nt,* Innenstadt *f;* **~ de atracción** Hauptanziehungspunkt *m,* Hauptattraktion *f;* **~ comercial** Handelszentrum *nt;* (*tiendas*) Einkaufszentrum *nt;* **~ de gravedad** Schwerpunkt *m;* **~ industrial** Industriezentrum *nt;* **~s de inversión** (ECON) Investitionszentren *ntpl;* **estuvo en el ~ de las miradas** alle Blicke waren auf ihn/sie gerichtet; **vivimos en el ~** wir wohnen mitten in der Stadt; **estar en su ~** in seinem Element sein 2. (*institución*) Zentrum *nt,* Einrichtung *f;* **~ de cálculo** Rechenzentrum *nt;* **~ de computación** (INFOR) Rechenzentrum *nt;* **~ de enseñanza** Ausbildungsstätte *f;* **~ de planificación familiar** Familienberatungsstelle *f;* **~ de rehabilitación** Rehabilitationszentrum *nt* 3. (POL) Zentrum *nt,* Mitte *f;* **partido del ~** Zentrumspartei *f* 4. (DEP) Mitte *f;* **~ de(l) campo** Mittelfeld *nt* 5. (ANAT): **~ nervioso** [*o* **neurálgico**] Nervenzentrum *nt;* **este grupo es el ~ neurálgico de la organización** (*fig*) diese Gruppe ist der Kopf der Organisation 6. (*AmC: chaleco y pantalón*) *Hosen- und Westenkombination;* (*AmC, Méx: chaleco y chaqueta*) *Jacken- und Westenkombination*

centroafricano, -a [θen̩troafri'kano, -a] I. *adj* zentralafrikanisch II. *m, f* Zentralafrikaner(in) *m(f)*

Centroamérica [θen̩troa'merika] *f* Mittelamerika *nt*

centroamericano, -a [θen̩troameri'kano, -a] I. *adj* mittelamerikanisch II. *m, f* Mittelamerikaner(in) *m(f)*

centrobárico, -a [θen̩tro'βariko, -a] *adj* (FÍS) baryzentrisch

centrocampista [θen̩trokam'pista] *mf* (DEP) Mittelfeldspieler(in) *m(f)*

centroderecha [θen̩troðe'retʃa] *m* (POL: *de un partido*) rechter Flügel *m* (*einer Zentrumspartei*)

Centroeuropa [θen̩troeu̯'ropa] *f* Mitteleuropa *nt*

centroeuropeo, -a [θen̩troeu̯ro'peo, -a] I. *adj* mitteleuropäisch II. *m, f* Mitteleuropäer(in) *m(f)*

centroizquierda [θen̩troiθ'kjerða] *m* (POL: *de un partido*) linker Flügel *m* (*einer Zentrumspartei*)

centrosoma [θen̩tro'soma] *m* (BIOL) Zentrosom *nt*

centuplicado, -a [θeņtupli'kaðo, -a] *adj* verhundertfacht

centuplicar [θeņtupli'kar] <c→qu> *vt* verhundertfachen

céntuplo[1] ['θeņtuplo] *m* Hundertfache(s) *nt;* **un metro es el ~ de un centímetro** ein Meter ist das Hundertfache eines Zentimeters

céntuplo, -a[2] ['θeņtuplo, -a] *adj* hundertfach

centuria [θeņ'turja] *f* **1.** (*siglo*) Jahrhundert *nt* **2.** (MIL) Hundertschaft *f* **3.** (HIST: *en la antigua Roma*) Zenturie *f*

centurión [θeņtu'rjon] *m* **1.** (MIL) Befehlshaber *m* (einer Hundertschaft) **2.** (HIST: *en la antigua Roma*) Zenturio *m*

cenutrio [θe'nutrjo] *m* (*argot*) Depp *m,* Dummkopf *m*

cenzonte [θeņ'θoņte] *m,* **cenzontle** [θeņ'θoņ^{d}le] *m* (*Méx:* ZOOL) Spottdrossel *f*

ceñideras [θeɲi'ðeras] *fpl* Schürze *f*

ceñido, -a [θe'ɲiðo, -a] *adj* **1.** (*vestido*) eng (anliegend), knapp **2.** (*curva*) eng **3.** (*forma de expresión*) spärlich; **~ y corto** kurz und präzise, gerafft **4.** (*ahorrador*) sparsam

ceñidor [θeɲi'ðor] *m* **1.** (*faja*) Mieder *nt* **2.** (*cinturón*) Gürtel *m;* (*fajín*) Schärpe *f*

ceñiglo [θe'ɲiɣlo] *m* (BOT) Weißer Gänsefuß *m*

ceñir [θe'ɲir] *irr* **I.** *vt* **1.** (*rodear*) umgeben; (MIL) einkreisen **2.** (*ponerse*) umlegen, anlegen; (*cinturón*) umschnallen **3.** (*costura*) enger nähen, einnähen; (*acortar*) kürzen **4.** (*abreviar*) kürzen, raffen **II.** *vr:* **~se 1.** (*ajustarse*) sich eng [*o* strikt] halten (*a* an +*akk*), sich beschränken (*a* auf +*akk*); (*al hablar*) sich kurz fassen; **~se al presupuesto** sich strikt auf das Budget beschränken **2.** (*vestido*) eng anliegen (*a* um +*akk*); **este traje se ciñe demasiado al cuerpo** dieser Anzug ist zu eng **3.** (*ponerse*) anlegen; **se ciñó la espada** er/sie legte das Schwert an; **se ciñó el cinturón** er/sie schnallte sich *dat* den Gürtel um; **se ciñó la corona** er/sie setzte sich *dat* die Krone auf; (*fig*) er wurde König/sie wurde Königin; **~se más fuerte el cinturón** (*fam: ahorrar*) den Gürtel enger schnallen

ceño ['θeɲo] *m* Stirnrunzeln *nt;* **fruncir** [*o* **arrugar**] **el ~, mirar con ~** (*disgustado*) die Stirn runzeln; (*enojado*) finster dreinschauen [*o* dreinblicken]; **mirar algo/a alguien con ~** etw/jdn misstrauisch beäugen

ceñudo, -a [θe'ɲuðo, -a] *adj* **1.** (*mirada*) grimmig, finster **2.** (*persona: disgustada*) stirnrunzelnd; (*enojada*) grimmig [*o* finster] dreinblickend

ceo ['θeo] *m* (ZOOL) Heringskönig *m,* Petersfisch *m*

CEOE [θeeo'e] *f abr de* **Confederación Española de Organizaciones Empresariales** *Dachverband der spanischen Wirtschaftsverbände*

cepa ['θepa] *f* **1.** (BOT: *tronco*) Strunk *m;* (*en la vid*) (Wein)stock *m* **2.** (*origen*) Stamm *m,* Familie *f,* Geschlecht *nt;* **alguien de buena ~** jd aus gutem Hause; **algo de buena ~** etw von bester [*o* höchster] Qualität; **de pura ~** waschecht **3.** (*Méx: hoyo*) Graben *m,* ausgegrabenes Loch *nt*

CEPAL [θe'pal] *m* (HIST: ECON) *abr de* **Comisión Económica para América Latina** CEPAL *f,* Wirtschaftskommission *f* für Lateinamerika

CEPALC [θe'pal^{k}] *m* (HIST: ECON) *abr de* **Comisión Económica para América Latina y el Caribe** CEPALC *f,* Wirtschaftskommission *f* für Lateinamerika und die Karibik

cepellón [θepe'ʎon] *m* Erde *f* des Wurzelballens

cepillado [θepi'ʎaðo] *m* **1.** (*cabello, traje*) Bürsten *nt* **2.** (TÉC: *madera*) Hobeln *nt*

cepilladura [θepiʎa'ðura] *f* **1.** (*acción de cepillar*) Hobeln *nt* **2.** (*viruta*) Hobelspäne *mpl*

cepillar [θepi'ʎar] **I.** *vt* **1.** (*cabello, traje*) bürsten **2.** (TÉC: *madera*) hobeln **3.** (*argot: robar*) klauen, stehlen **4.** (*Am: argot: adular*) kriechen (*a* vor +*dat*) **5.** (*argot: ganar*) abzocken; **cepilla a todos jugando al póker** beim Pokern zieht er/sie alle über den Tisch **II.** *vr:* **~se 1.** (*argot: robar*) mitgehen lassen; **ya ha vuelto a ~se mi mechero** jetzt hat er/sie schon wieder mein Feuerzeug eingesteckt **2.** (*fam: devorar*) verschlingen, verdrücken; **se cepilló medio kilo de pasteles en diez minutos** er/sie verdrückte ein halbes Kilo Gebäck in zehn Minuten **3.** (*fam: gastarse dinero*) verschleudern, auf den Kopf hauen; **se cepilló toda la herencia en sólo tres meses** er/sie hat die ganze Erbschaft innerhalb von nur drei Monaten auf den Kopf gehauen **4.** (*argot: con pistola*) umlegen; (*con cuchillo*) abstechen; (*estrangular*) abmurksen **5.** (*vulg: seducir*) vernaschen *fam;* **~se a una chica** ein Mädchen flachlegen *fam*

cepillo [θe'piʎo] *m* **1.** (*para el cabello*) (Haar)bürste *f;* (*para un traje*) (Kleider)bürste *f;* (*de limpiar*) Schrubber *m;* **~ de barrer** Kehrbesen *m;* **~ de dientes** Zahnbürste *f;* **corte de pelo al ~** Bürsten(haar)schnitt *m,* Igel(haar)schnitt *m;* **pasar el ~** kehren **2.** (TÉC: *para madera*) Hobel *m* **3.** (*en misa*) Klingelbeutel *m,* Sammelbüchse *f* (*für Almosen*); **pasar el ~** den Klingelbeutel herumgeben **4.** (*argot: adulador*) Kriecher(in) *m(f),* Schleimer(in) *m(f)*

cepo ['θepo] *m* **1.** (BOT) Ast *m* **2.** (*caza*) Fangeisen *nt,* Tellereisen *nt;* (*emboscada*) Falle *f;* **caer en el ~** in die Falle gehen **3.** (*grilletes*) Fußschellen *fpl* **4.** (*para artesanos, cerrajeros y herreros*) Klotz *m,* Block *m* **5.** (*en misa*) Klingelbeutel *m,* Sammelbüchse *f* (*für Almosen*); **pasar el ~** den Klingelbeutel herumgeben **6.** (*para torturar*) Block *m*

ceporro[1] [θe'porro] *m Holz der Weinrebe*

ceporro, -a[2] [θe'porro, -a] **I.** *adj* **1.** (*ignorante*) einfältig, dumm **2.** (*torpe*) ungeschickt

C

3. (*tosco*) grob, plump **II.** *m, f* **1.** (*ignorante*) Dummkopf *m,* Idiot(in) *m(f) fam* **2.** (*tosco*) Grobian *m,* Rohling *m* **3.** (*fam*): **dormir como un ~** schlafen wie ein Murmeltier; **estar hecho un ~** dick und fett sein, gut im Futter sein

CEPSA ['θeβsa] *f* (ECON) *abr de* **Compañía Española de Petróleos, S.A.** *spanische Erdölgesellschaft*

CEPYME [θe'pime] *f abr de* **Confederación Española de la Pequeña y Mediana Empresa** Verband *m* der spanischen Mittelstandsunternehmen

cequí [θe'ki] *m* (HIST: *moneda*) Zechine *f*

cequia ['θekja] *f* Bewässerungsgraben *m*

cera ['θera] *f* **1.** (*sustancia*) Wachs *nt;* (*de vela*) (Kerzen)wachs *nt;* **~ de abeja** Bienenwachs *nt;* **~ de lustrar** Politurwachs *nt;* **~ de los oídos** Ohrenschmalz *nt;* **~ para suelos** Bohnerwachs *nt;* **~ virgen** Naturwachs *nt;* **museo de ~** Wachsfigurenkabinett *nt;* **blanco como la ~** kreidebleich; **blando como la ~** wachsweich; (*fig*) ängstlich; **hacer la ~** mit Wachs enthaaren; **sacar la ~ a algo** etw (mit Wachs) polieren; **no hay más ~ que la que arde** (*fig*) es steckt nichts weiter dahinter **2.** (*And, Méx: vela*) Wachskerze *f*

ceración [θera'θjon] *f* (QUÍM) Metallschmelzen *nt*

cerámica [θe'ramika] *f* **1.** (*material*) Keramik *f* **2.** (*técnica*) Keramik *f;* (*industria*) Keramikindustrie *f* **3.** (*objetos*) Keramik *f;* **colecciona ~ antigua** er/sie sammelt antike Keramiken

cerámico, -a [θe'ramiko, -a] *adj* keramisch

ceramista [θera'mista] *mf* Keramiker(in) *m(f)*

ceratias [θe'ratjas] *m inv* (ASTR) doppelschweifiger Komet *m*

cerato [θe'rato] *m* (MED) Wachssalbe *f,* Zerat *nt*

ceraunomancia [θerau̯no'man̪θja] *f,* **ceraunomancía** [θerau̯noman̪'θia] *f* Wahrsagen *nt* mit Hilfe von Gewittern

ceraunómetro [θerau̯'nometro] *m* (FÍS) Blitzmesser *m*

cerbatana [θerβa'tana] *f* **1.** (*para cazar, juguete*) Blasrohr *nt* **2.** (*para sordos*) Hörrohr *nt*

cerca ['θerka] **I.** *adv* **1.** (*en el espacio*) nah(e); **el hotel está muy ~** das Hotel ist ganz nah [*o* in der Nähe]; **aquí ~** hier in der Nähe; **por aquí ~** hier irgendwo (in der Nähe); **mirar de ~** aus der Nähe betrachten **2.** (*en el tiempo*) bald; **las Navidades están ~** bald ist Weihnachten, Weihnachten steht vor der Tür **II.** *prep* **1.** (*lugar*): **~ de** nahe bei +*dat,* in der Nähe von +*dat,* unweit von +*dat;* **estamos ~ del hotel** wir sind in der Nähe des Hotels; **ha estado ~ de llorar** er/sie war drauf und dran zu weinen; **prefiero tenerlo ~ de mí** ich habe ihn gerne in sicherer Nähe **2.** (*cantidad*) fast, annähernd; **el piso tiene ~ de 80 m^2** die Wohnung hat fast [*o* annähernd] 80 m^2; **son ~ de las dos** es ist fast zwei Uhr **3.** (POL) bei +*dat;* **es embajador ~ del Vaticano** er ist Botschafter beim Vatikan **III.** *f* Umzäunung *f,* Zaun *m;* **~ de alambre** Drahtzaun *m*

cercado [θer'kaðo] *m* **1.** (*valla*) Umzäunung *f,* Zaun *m;* **~ de alambre** Drahtzaun *m* **2.** (*recinto*) umzäuntes [*o* eingefriedetes] Grundstück *nt*

cercador [θerka'ðor] *m* (ARTE) Ziseliereisen *nt*

cercanía [θerka'nia] *f* **1.** (*proximidad*) Nähe *f;* (*vecindad*) Nachbarschaft *f* **2.** *pl* (*alrededores*) Umgebung *f;* **tren de ~s** Nahverkehrszug *m;* **en las ~s de una ciudad** im Vorstadtgebiet, im Stadtrandgebiet

cercano, -a [θer'kano, -a] *adj* nahe; **¿dónde está el hospital más ~?** wo ist das nächste Krankenhaus?

cercar [θer'kar] <c→qu> *vt* **1.** (*vallar*) einzäunen (*con* mit +*dat*); (*rodear*) umgeben (*con* mit +*dat*); **~on el jardín con un muro** sie bauten eine Mauer um den Garten **2.** (*rodear*) umringen, einkreisen; **los periodistas ~on al político** die Journalisten umringten den Politiker; **le ~on en un callejón oscuro** in einer dunklen Gasse umzingelten sie ihn; **no podía escaparse, le habían cercado ya** er konnte nicht mehr fliehen, sie hatten ihn schon eingekreist **3.** (MIL: *sitiar*) belagern; (*rodear*) einkesseln, umzingeln

cercaria [θer'karja] *f* (ZOOL) Zerkarie *f*

cercas ['θerkas] *mpl* (ARTE: *en primer término*) Objekte *ntpl* (im Bildvordergrund)

cercén [θer'θen] *adv:* **cortar a ~** ganz [*o* vollständig] abschneiden

cercenadura [θerθena'ðura] *f* **1.** (*acción*) Schneiden *nt* **2.** (*lo que se corta*) abgeschnittener Rand *m;* (*de ramas*) Schnittabfälle *mpl* **3.** (*huella*) Schnittrand *m,* Schnittkante *f*

cercenar [θerθe'nar] *vt* **1.** (*a cercén*) völlig [*o* ganz] abschneiden **2.** (MED: *miembro*) amputieren, abnehmen **3.** (*gasto, sueldo, texto*) kürzen

cerceta [θer'θeta] *f* (ZOOL) Krickente *f*

cercha ['θertʃa] *f* **1.** (*arco, bóveda*) Lehrbogen *m* **2.** (*listón, tabla*) Ringsegment *nt* **3.** (*aro de hierro*) (Metall)reif *m*

cerchar [θer'tʃar] *vt* **1.** (AGR) absenken **2.** (*curvar*) (zurecht)biegen

cerciorar [θerθjo'rar] **I.** *vt* überzeugen (*de* von +*dat*) **II.** *vr:* **~se** sich *dat* Gewissheit verschaffen (*de* über +*akk*)

cerco ['θerko] *m* **1.** (*círculo*) Kreis *m;* (*anillo*) Ring *m,* Reifen *m;* (*borde*) Rand *m;* (*de suciedad*) Schmutzrand *m* **2.** (*valla*) Zaun *m,* Umzäunung *f* **3.** (*de barril*) Fassband *nt,* Fassreifen *m* **4.** (ASTR, METEO) Hof *m* **5.** (MIL) Einkesselung *f,* Belagerung *f* **6.** (*grupo social*) (Gesellschafts)kreis *m* **7.** (BOT) Jahresring *m*

cercopiteco [θerkopi'teko] *m* (ZOOL) Meerkatze *f*

cerda ['θerða] *f* **1.** (ZOOL) Sau *f* **2.** (*pelo*) Borste *f;* (*de cerdo*) Schweinsborsten *fpl;* (*de caballo*) Rosshaar *nt*

cerdada [θer'ðaða] *f* (*fam pey*) Schweinerei *f*

cerdamen [θer'ðamen] *m sin pl* (*cerdas*) Borstenbüschel *nt*

cerdear [θerðe'ar] *vi* **1.** (*animal*) in [*o* mit] den Vorderbeinen einknicken **2.** (MÚS) schnarren **3.** (*fam fig: actuar de mala gana*) ein langes Gesicht machen; (*rezongar*) maulen **4.** (*fig fam: actuar con maldad*) ein Schwein sein, rücksichtslos sein; **para alcanzar la cumbre del poder tienes que saber** ~ um den Gipfel der Macht zu erreichen, musst du ein Schwein sein

Cerdeña [θer'ðeɲa] *f* Sardinien *nt*

cerdo, -a ['θerðo, -a] **I.** *adj* (*sucio*) schweinisch, schmutzig **II.** *m, f* **1.** (ZOOL) Schwein *nt;* (*hembra*) Sau *f;* **carne de** ~ Schweinefleisch *nt* **2.** (*insulto*) (Dreck)schwein *nt,* (Dreck)sau *f*

cerdoso, -a [θer'ðoso, -a] *adj* (*con cerdas*) borstig; (*barba*) stopp(e)lig

cereal [θere'al] *adj* Getreide-, Korn-

cereales [θere'ales] *mpl* Getreide *nt;* ~ **forrajeros** Futtergetreide *nt*

cerealista [θerea'lista] *adj* (AGR) Getreide-; **precios ~s** Getreidepreise *mpl*

cerebelo [θere'βelo] *m* (ANAT) Kleinhirn *nt*

cerebral [θere'βral] *adj* (ANAT) Gehirn-; **irrigación** ~ Gehirndurchblutung *f*

cerebrina [θere'βrina] *f* (MED) *koffein- und kokainhaltiges Schmerzmittel*

cerebro [θe'reβro] *m* **1.** (ANAT: *en su totalidad*) (Ge)hirn *nt* **2.** (ANAT: *parte mayor*) Großhirn *nt* **3.** (*inteligencia*) Intelligenz *f,* Verstand *m;* **ser (todo) un** ~ ein (wahres) Genie sein, ein schlaues Köpfchen sein *fam;* **el** ~ **de esta organización se compone de sólo tres miembros** der Kopf dieser Organisation besteht aus nur drei Mitgliedern

cerebroespinal [θereβroespi'nal] *adj* (ANAT) zerebrospinal

ceremonia [θere'monja] *f* **1.** (*acto*) Zeremonie *f;* (*celebración*) Feierlichkeiten *fpl;* (*misa*) Gottesdienst *m;* ~ **de casamiento** Trauungszeremonie *f;* ~ **de coronación** Krönungszeremonie *f* **2.** (*cortesía*) Höflichkeit *f,* Förmlichkeit *f;* **reunión de** ~ formelle [*o* offizielle] Zusammenkunft; **por** ~ der Form halber [*o* wegen]; **sin ~s** ohne viel Aufhebens, ungezwungen; **hablar sin** ~ (*fam*) reden, wie einem der Schnabel gewachsen ist

ceremonial [θeremo'njal] **I.** *adj* feierlich, förmlich **II.** *m* **1.** (*ritual*) Zeremoniell *nt,* Brauch *m* **2.** (*fórmulas*) Höflichkeitsformen *fpl*

ceremonioso, -a [θeremo'njoso, -a] *adj* **1.** (*solemne*) feierlich, zeremoniös; (*formal*) förmlich **2.** (*persona*) steif

cereño, -a [θe'reɲo, -a] *adj* (*color cera: perros*) wachsfarben, sandfarben

céreo, -a ['θereo, -a] *adj* (*elev*) wächsern, wachsbleich

cerera [θe'rera] *f v.* **cerero**

cerería [θere'ria] *f* **1.** (*taller*) Wachszieherei *f* **2.** (*artículos*) Wachswaren *fpl*

cerero, -a [θe'rero, -a] *m, f* Wachszieher(in) *m(f)*

cerevisina [θereβi'sina] *f* (MED) Bierhefe *f*

cereza [θe'reθa] *f* Kirsche *f;* ~ **silvestre** Wildkirsche *f;* **rojo** ~ kirschrot

cerezal [θere'θal] *m* Kirschgarten *m*

cerezo [θe'reθo] *m* **1.** (*árbol*) Kirschbaum *m* **2.** (*madera*) Kirschbaum *m,* Kirschholz *nt*

cerífica [θe'rifika] **I.** *adj* (ARTE) Wachs-; **pintura** ~ Wachsmalerei *f* **II.** *f* (ARTE) Wachsmalerei *f*

ceriflor [θeri'flor] *f* (BOT) **1.** (*planta*) Wachsblume *f* **2.** (*flor*) Wachsblumenblüte *f*

cerilla [θe'riʎa] *f* **1.** (*fósforo*) Streichholz *nt* **2.** (*vela*) sehr dünne Wachskerze *f* **3.** (*de oídos*) Ohrenschmalz *nt* **4.** (*juego*) *Spiel, bei dem ein brennendes Streichholz immer weitergegeben wird*

cerillero[1] [θeri'ʎero] *m* (*Am: cajita*) Streichholzschachtel *f*

cerillero, -a[2] [θeri'ʎero, -a] *m, f* (*vendedor*) Streichholzverkäufer(in) *m(f)*

cerillo [θe'riʎo] *m* **1.** (*Méx: fósforo*) Streichholz *nt* **2.** (*vela*) sehr dünne Wachskerze *f*

cerio ['θerjo] *m* (QUÍM) Cer(ium) *nt*

cernada [θer'naða] *f* **1.** (ARTE) *Grundierung aus Asche und Leim* **2.** (MED) *Breiumschlag aus Asche u. a.*

cerne ['θerne] **I.** *adj* (*resistente*) solide, widerstandsfähig **II.** *m* (*parte del tronco*) Kernholz *nt*

cernedor [θerne'ðor] *m* Siebzylinder *m*

cerneja [θer'nexa] *f* (ZOOL) Kötenschopf *m*

cerner [θer'ner] <e→ie> **I.** *vimpers* (*llover*) nieseln **II.** *vt* **1.** (*cribar*) sieben **2.** (*observar*) beobachten; ~ **el horizonte** den Horizont absuchen **III.** *vr:* **~se 1.** (*planear*) schweben, in der Luft segeln [*o* gleiten] **2.** (*amenazar*) schweben (*sobre* über +*dat*)

cernícalo [θer'nikalo] *m* **1.** (ZOOL) Turmfalke *m* **2.** (*persona*) Grobian *m* **3.** (*fam: loc*): **coger un** ~ einen in der Krone haben

cernidillo [θerni'ðiʎo] *m* **1.** (*lluvia ligera*) Nieselregen *m,* Sprühregen *m* **2.** (*fam fig: manera de andar*) wiegender Gang *m*

cernidor [θerni'ðor] *m* Sieb *nt*

cernir [θer'nir] *irr vt* **1.** (*cribar*) sieben **2.** (*observar*) beobachten; (*cielo, horizonte*) absuchen

cero ['θero] *m* **1.** (MAT) Null *f* **2.** (*punto inicial*) Nullpunkt *m;* **ocho grados bajo/sobre** ~ acht Grad unter/über Null; **la hora** ~ die Stunde Null; **partir de** ~ bei Null anfangen **3.** (*valor*) Null *f,* Niete *f;* **estamos a** ~ **de gasolina** (*fam*) wir haben keinen Tropfen Sprit mehr; **ser un** ~ **(a la izquierda)** (*fam*) eine Null [*o* Niete] sein, ein Looser sein *argot;* **estar a** ~ (*fam*) völlig fertig sein **4.** (*argot: coche policía*) Polizeiauto *nt*

ceroferario [θerofe'rarjo] *m* (REL) Leuchterträger *m,* Cerofer *m*

ceroleína [θerole'ina] *f* (QUÍM) Zerin *nt*

cerollo, -a [θe'roʎo, -a] *adj* (AGR: *mies*) unreif (bei der Ernte)

ceromancia [θero'man̩θja] *f,* **ceromancía** [θeroman̩'θia] *f* Wahrsagerei *f* aus Wachstropfen

ceroplástica [θero'plastika] *f* (ARTE) Wachsbildnerei *f,* Zeroplastik *f*

ceroso, -a [θe'roso, -a] *adj* wachsartig

cerote [θe'rote] *m* **1.** (*fam: miedo*) Muffe *f,* Muffensausen *nt* **2.** (TÉC: *cera y pez*) Schusterpech *nt* **3.** (*AmC, Méx: argot: excremento*) Scheiße *f;* **estar hecho un ~** völlig verdreckt sein

ceroto [θe'roto] *m* (MED) *v.* **cerato**

cerquillo [θer'kiʎo] *m* **1.** (*cabello*) Tonsur *f* **2.** (*calzado*) Brandsohle *f*

cerquita [θer'kita] *adv dim de* **cerca** ganz [*o* ziemlich] nah(e) (*de* bei *+dat*), ganz in der Nähe (*de* von *+dat*)

cerradizo, -a [θerra'ðiθo, -a] *adj* schließbar; (*con llave*) abschließbar, zuschließbar; (*ventana, puerta*) absperrbar, abschließbar

cerrado, -a [θe'rraðo, -a] *adj* **1.** *estar* (*no abierto*) geschlossen; (*con llave*) abgeschlossen, zugeschlossen, abgesperrt; **la puerta está cerrada** die Tür ist zu [*o* geschlossen]; **a ojos ~s** blind(lings); **a puerta cerrada** hinter verschlossenen Türen; **aquí huele a ~** hier muffelt es; **el semáforo está ~ aún** die Ampel ist noch auf Rot **2.** *estar* (METEO: *cielo*) (wolken)bedeckt, (wolken)verhangen **3.** *ser* (*actitud*) verschlossen, sehr ruhig **4.** *ser* (*espeso*) geschlossen, dicht; (*denso*) undurchdringlich; **barba cerrada** dichter [*o* voller] Bart; **noche cerrada** schwarze [*o* dunkle] Nacht; **en formación cerrada** (MIL) in geschlossenen Reihen **5.** *ser* (*característico*) typisch; (*acento*) stark, breit; **habla con un ~ acento gallego** er/sie spricht mit einem starken [*o* breiten] galicischen Akzent **6.** (LING: *fonética*) geschlossen **7.** *ser* (*curva*) scharf, eng **8.** *ser* (*dentro*) eingeschlossen (*de* von *+dat*), umschlossen (*de* von *+dat*); **un lago ~ por las montañas** ein von den Bergen umschlossener See **9.** *ser* (*tosco*) ungeschliffen, rau, grob; **~ de mollera** (*fam*) begriffsstutzig, schwer von Begriff

cerradura [θerra'ðura] *f* **1.** (*dispositivo*) Schloss *nt;* **~ antirrobo** Lenkradschloss *nt;* **~ de combinación** Kombinationsschloss *nt;* **~ de seguridad** Sicherheitsschloss *nt;* **violentar una ~** ein Schloss gewaltsam aufbrechen **2.** (*acción*) Schließen *nt;* (*con llave*) Abschließen *nt,* Zuschließen *nt;* (*puerta, ventana*) Absperren *nt,* Abschließen *nt*

cerraja [θe'rraxa] *f* Schloss *nt*

cerrajera [θerra'xera] *f v.* **cerrajero**

cerrajería [θerraxe'ria] *f* **1.** (*taller*) Schlosserei *f,* Schlosserwerkstatt *f* **2.** (*oficio*) Schlosserhandwerk *nt*

cerrajero, -a [θerra'xero, -a] *m, f* Schlosser(in) *m(f)*

cerramiento [θerra'mjen̩to] *m* **1.** (*acción*) Verschließen *nt,* Schließung *f* **2.** (*alrededor*) Umschließung *f*

cerrar [θe'rrar] <e→ie> **I.** *vt* **1.** (*paraguas, ojos, libro, sobre*) schließen, zumachen *fam;* (*pegar*) zukleben; **~ los ojos a causa del sol** die Augen wegen der Sonne zukneifen; **~ los ojos ante el peligro** die Augen vor der Gefahr verschließen; **~ los oídos** die Ohren verschließen, nicht hören wollen; **~ un sobre con lacre** einen Brief mit Wachs versiegeln; **~ el pico** (*fam*) den Schnabel halten; **~ archivo** (INFOR) Datei schließen **2.** (*con llave*) abschließen; **~ la puerta con llave** die Tür abschließen; **~ con siete llaves** doppelt und dreifach abschließen **3.** (*carretera, puerto*) sperren, schließen; **~ el paso a alguien** jdm den Weg versperren; **~ el paso a nivel** den Bahnübergang schließen; **han cerrado esta carretera por obras** diese Straße wurde wegen Bauarbeiten gesperrt **4.** (*agujero, brecha*) abdecken, schließen, zumachen *fam;* (*agua, gas*) abdrehen, zudrehen **5.** (*terreno, zona*) einschließen, umgeben; (*con un cerco*) einzäunen; **una tapia cierra el gallinero** eine Mauer umgibt den Hühnerstall **6.** (*establecimiento*) schließen, zumachen *fam,* dichtmachen *fam;* **tuvieron que ~ el negocio porque no funcionaba** sie mussten den Laden schließen, weil er nicht lief **7.** (*actividad, ciclo*) abschließen, beenden; **~ algo con broche de oro** etw zu einem krönenden Abschluss bringen **8.** (*ir detrás*) abschließen, das Schlusslicht bilden *+gen;* **~ una lista** eine Liste abschließen **9.** (*pacto, trato, negociación*) abschließen; **hizo una última oferta para ~ el trato** er/sie machte ein letztes Angebot, um die Vereinbarung zu schließen [*o* um zu einem Vertragsabschluss zu gelangen] **10.** (*echar cuentas*) abschließen; **hemos cerrado bien este mes** wir haben diesen Monat gut abgeschlossen **11.** (TÉC: *un circuito*) schließen **II.** *vi* **1.** (*puerta, ventana*) schließen; **esta puerta cierra automáticamente** diese Tür schließt automatisch **2.** (*atacar*) angreifen (*contra +akk*), geschlossen vorgehen (*contra* gegen *+akk*) **3.** (*acabar*) enden; **el partido cerró con dos a cero** das Spiel endete mit zwei zu null **III.** *vr:* **~se 1.** (*puerta*): **la puerta se cerró sola** die Türe ist von allein zugefallen [*o* ins Schloss gefallen] **2.** (*herida*) sich schließen, verheilen; **la herida se cerró bien** die Wunde ist gut verheilt **3.** (*obstinarse*) sich versteifen (*en* auf *+akk*) **4.** (*el cielo*) sich zuziehen, sich bewölken **5.** (*ser intransigente*) sich verschließen (*a* gegenüber *+dat*) **6.** (*agruparse*) sich (zusammen)schließen (*en torno a* um *+akk*)

cerrazón [θerra'θon] *f* **1.** (*torpeza*) Begriffsstutzigkeit *f* **2.** (*obstinación*) Eigensinn *m,* Halsstarrigkeit *f* **3.** (METEO: *nubes*) Gewitterwolken *fpl,* dichtes Wolkenband *nt* **4.** (*CSur:*

METEO: *niebla*) dichter Nebel *m*

cerrería [θerre'ria] *f* unverschämtes [*o* rücksichtsloses] Verhalten *nt*

cerreta [θe'rreta] *f* (NÁUT) Spiere *f*

cerril [θe'rril] *adj* **1.** (*terreno*) uneben **2.** (*obstinado*) eigensinnig, halsstarrig **3.** (*torpe*) begriffsstutzig, schwer von Begriff *fam* **4.** (*tosco*) ungeschliffen, rau, grob **5.** (*caballerías*) wild, ungezähmt

cerrilidad [θerrili'ða^{d}] *f sin pl* **1.** (*obstinación*) Dickköpfigkeit *f*, Sturheit *f* **2.** (*sin docilidad*) Wildheit *f*, Ungezähmtheit *f*

cerrilismo [θerri'lismo] *m* **1.** (*tosquedad*) Ungeschliffenheit *f*, Grobheit *f* **2.** (*obstinación*) Eigensinnigkeit *f*, Halsstarrigkeit *f*

cerro ['θerro] *m* **1.** (ZOOL: *cuello*) Tiernacken *m*; (*espinazo*) Tierrücken *m*; **montar a caballo en ~** ohne Sattel reiten **2.** (*alto*) Anhöhe *f*; (*colina*) Hügel *m*; (*peñasco*) felsige Erhebung *f*; **irse** [*o* **echarse**] **por los ~s de Úbeda** (*fam*) vom Thema abkommen [*o* abdriften]; (*decir tonterías*) eine Menge Unsinn reden **3.** (*fam: montón*) Haufen *m* (*de* +*gen*/*nom*, von +*dat*)

cerrojazo [θerro'xaθo] *m*: **echar ~ a algo** etw unverzüglich schließen; (*fig*) etw *dat* einen Riegel vorschieben; **echaron ~ a la tienda** das Geschäft wurde umgehend geschlossen; **dieron ~ al parlamento** die Parlamentssitzung wurde unvermittelt abgebrochen

cerrojillo [θerro'xiʎo] *m* (ZOOL: *herrerillo*) Blaumeise *f*; (*herreruelo*) Tannenmeise *f*

cerrojo [θe'rroxo] *m* Riegel *m*; **echar el ~ a la puerta** die Tür verriegeln

certamen [θer'tamen] *m* **1.** (*competición*) Wettbewerb *m*; **~ de belleza** Schönheitswettbewerb *m* **2.** (*exposición*) Ausstellung *f* **3.** (*feria*) Messe *f*

certero, **-a** [θer'tero, -a] *adj* **1.** (*acertado*) zutreffend, passend; **respuesta certera** treffende Antwort; **has dicho algo muy ~** da hast du etwas sehr Treffendes gesagt **2.** (*diestro en tirar*) treffsicher **3.** (*informado*) gut unterrichtet [*o* informiert]

certeza [θer'teθa] *f* Gewissheit *f*; **tener la ~ de que...** die Gewissheit haben, dass ...; **decir algo con ~** etw mit Bestimmtheit sagen

certidumbre [θerti'ðumbre] *f* Gewissheit *f*, Sicherheit *f*

certificación [θertifika'θjon] *f* **1.** (*acción*) Bescheinigung *f* **2.** (JUR: *atestación*) Beglaubigung *f* **3.** (*documento*) Bescheinigung *f*, Nachweis *m*

certificado[1] [θertifi'kaðo] *m* Bescheinigung *f*, Zertifikat *nt*; **~ de ahorro** (FIN) Sparbrief *m*; **~ de almacén** (ECON) Lagerschein *m*; **~ de aptitud** Befähigungsnachweis *m*; **~ de asistencia** Teilnahmebescheinigung *f*; **~ de calidad** Qualitätszeugnis *nt*; **~ de depósito** (FIN) Lager(haus)schein *m*; **~ de derecho a opción** (FIN) Optionsschein *m*; **~ de entrada aduanera** (COM) Zolleinfuhrschein *m*; **~ escolar** Schulzeugnis *nt*; **~ médico** ärztliches Attest; **~ de origen** Herkunftsbescheinigung *f*; **expedir** [*o* **extender**] **un ~** eine Bescheinigung ausstellen [*o* ausfertigen]

certificado, **-a**[2] [θertifi'kaðo, -a] *adj* **1.** (JUR) beglaubigt **2.** (*correos*) per Einschreiben; **carta certificada** Einschreibebrief *m*; **por correo ~** per Einschreiben

certificar [θertifi'kar] <c→qu> *vt* **1.** (*afirmar*) bescheinigen, bestätigen **2.** (JUR: *autenticar*) beglaubigen **3.** (*correos*) per Einschreiben verschicken

certificativo, **-a** [θertifika'tiβo, -a] *adj*, **certificatorio**, **-a** [θertifika'torjo, -a] *adj* (ADMIN) bestätigend, bescheinigend; **documento ~** (dokumentarischer) Nachweis *m*

certísimo, **-a** [θer'tisimo, -a] *adj superl de* **cierto**[2]

certitud [θerti'tu^{d}] *f* (*veracidad*) Richtigkeit *f*; (*certeza*) Gewissheit *f*

cerúleo, **-a** [θe'ruleo, -a] *adj* himmelblau

cerumen [θe'rumen] *m* Ohrenschmalz *nt*

cerusa [θe'rusa] *f* (QUÍM) Bleiweiß *nt*

cerusita [θeru'sita] *f* (MIN) Weißbleierz *nt*, Cerussit *nt*

cerval [θer'βal] *adj* (*relativo al ciervo*) Hirsch-; (*parecido al ciervo*) hirschähnlich; **tiene un miedo ~** er/sie hat eine Heidenangst *fam*

cervantino, **-a** [θerβan̪'tino, -a] *adj* Cervantes betreffend; **estilo ~** im Stil von Cervantes

cervantismo [θerβan̪'tismo] *m* (LIT) **1.** (*locución*) für Cervantes' Stil typische Formulierung *f* **2.** (*estudio*) Cervantesforschung *f* **3.** (*influencia*) Einfluss *m* von Cervantes

cervario, **-a** [θer'βarjo, -a] *adj* (ZOOL) *v.* **cervino**

cervato [θer'βato] *m* Hirschkalb *nt*

cerveceo [θerβe'θeo] *m* Bierfermentation *f*

cervecería [θerβeθe'ria] *f* **1.** (*fábrica*) Brauerei *f*, Brauhaus *nt* **2.** (*bar*) Kneipe *f*, Wirtschaft *f*

cervecero[1] [θerβe'θero] *m* Braumeister *m*

cervecero, **-a**[2] [θerβe'θero, -a] *adj* Bier-, Brauerei-

cerveza [θer'βeθa] *f* Bier *nt*; **~ de barril** Fassbier *nt*; **~ negra** dunkles Bier; **~ rubia** [*o* **clara**] helles Bier; **~ (servida) al grifo** gezapftes Bier

cervicabra [θerβi'kaβra] *f* (ZOOL) Hirschziegenantilope *f*

cervical [θerβi'kal] *adj* (ANAT) **1.** (*nuca*) Nacken-, Genick- **2.** (*útero*) zervikal, Gebärmutterhals-

cervicular [θerβiku'lar] *adj* (ANAT: *cervical*) zervikal, Nacken-

cérvidos ['θerβiðos] *mpl* hirschähnliche Tiere *ntpl*

cervigón [θerβi'ɣon] *m*, **cerviguillo** [θerβi'ɣiʎo] *m* (ANAT) Stiernacken *m*

Cervino [θer'βino] *m* (GEO): **Monte ~** Matterhorn *nt*

cervino, **-a** [θer'βino, -a] *adj* (ZOOL) Hirsch-

cerviz [θer'βiθ] *f* (ANAT) Nacken *m*, Genick *nt*;

de dura ~ halsstarrig, dickköpfig; **bajar** [*o* **doblar**] **la** ~ sich fügen, sich unterordnen; **levantar la** ~ (*engreírse*) die Nase [*o* den Kopf] hoch tragen; (*recobrarse*) sich aufrappeln

CES [θes] *m* (UE) *abr de* **Consejo Económico y Social** Wirtschafts- und Sozialausschuss *m*

cesación [θesa'θjon] *f,* **cesamiento** [θesa'mjeṇto] *m* **1.** (*que termina*) Beendigung *f,* Aufhören *nt* **2.** (*interrupción*) Aufhebung *f,* Unterbrechung *f;* ~ **del fuego** Waffenstillstand *m;* ~ **de pagos** Zahlungseinstellung *f*

cesante [θe'saṇte] **I.** *adj* **1.** (*suspendido*) des Amtes enthoben, (vom Dienst) suspendiert **2.** (*parado*) arbeitslos **II.** *mf* Beamte(r) *m*/Beamtin *f* im Wartestand

cesantía [θesaṇ'tia] *f* **1.** (*situación*) Wartestand *m;* (*paro*) Arbeitslosigkeit *f* **2.** (*suspensión*) Suspension *f,* (zeitweilige) Amtsentlassung *f* **3.** (*paga*) Wartegeld *nt,* Wartegehalt *nt*

cesar [θe'sar] **I.** *vi* **1.** (*parar*) enden, aufhören; **cesó la tempestad** der Sturm hat sich gelegt; **sin** ~ unaufhörlich, immerzu **2.** (*en una profesión*) sich zurückziehen (*en* aus *+dat*), (aus)scheiden (*en* aus *+dat*), aufhören (*en* mit *+dat*) **II.** *vt* **1.** (*pagos*) einstellen **2.** (*despedir*) entlassen, kündigen (*a +dat*); (*funcionario*) des Amtes entheben

César ['θesar] *m* (*nombre*) Caesar *m,* Cäsar *m;* (*emperador*) Kaiser *m;* **dar al** ~ **lo que es del** ~ **y a Dios lo que es de Dios** (*prov*) jedem das seine [*o* Seine], jedem, was ihm gebührt

cesaraugustano, **-a** [θesaraṷɣus'tano, -a] **I.** *adj* aus Zaragoza **II.** *m, f* Einwohner(in) *m(f)* von Zaragoza

cesárea [θe'sarea] *f* Kaiserschnitt *m;* (MED) Sectio *f*

cesáreo, **-a** [θe'sareo, -a] *adj* kaiserlich, cäsarisch *elev*

cesarismo [θesa'rismo] *m* (POL) Cäsarismus *m*

cesarista [θesa'rista] *mf* (POL) Cäsarist(in) *m(f)*

CESCE ['θesθe] *f abr de* **Compañía Española de Seguros de Créditos a la Exportación** spanische Exportkreditversicherungsgesellschaft *f*

cese ['θese] *m* **1.** (*que termina*) Beendigung *f,* Aufhören *nt;* (*interrupción*) Unterbrechung *f;* ~ **de alarma** Entwarnung *f;* ~ **de fuego** Waffenstillstand *m;* ~ **de pagos** Zahlungseinstellung *f;* ~ **de producción** Produktionseinstellung *f,* Produktionsstopp *m* **2.** (*de obrero*) Kündigung *f;* (*de funcionario*) Suspension *f,* (zeitweilige) Amtsentlassung *f;* **dar el** ~ **a alguien** jdm kündigen, jdn entlassen; ~ **en el cargo** Ausscheiden aus dem Amt **3.** (JUR: *proceso*) Einstellung *f*

cesio ['θesjo] *m* (QUÍM) Cäsium *nt*

cesión [θe'sjon] *f* **1.** (*entrega*) Abtretung *f,* Übertragung *f* **2.** (JUR) Zession *f*

cesionario, **-a** [θesjo'narjo, -a] *m, f* (JUR) Erwerber(in) *m(f),* Zessionär(in) *m(f)*

cesionista [θesjo'nista] *mf* (JUR) Überträger(in) *m(f)* (*eines Anspruches*)

césped ['θespeᵈ] *m* Rasen *m,* Grünfläche *f;* ~ **de quita y pon** Kunstrasen *m;* **"prohibido pisar el** ~**"** „Rasen betreten verboten"

cesta ['θesta] *f* Korb *m;* ~ **de la compra** (ECON) Warenkorb *m;* ~ **de monedas** (FIN) Währungskorb *m;* ~ **de ropa** Wäschekorb *m*

cestada [θes'taða] *f:* **una** ~ **de...** ein Korb voll ...

cestera [θes'tera] *f v.* **cestero**

cestería [θeste'ria] *f* **1.** (*tienda*) Korbwarengeschäft *nt* **2.** (*artesanía*) Korbflechtkunst *f* **3.** (*artículos*) Korbwaren *fpl*

cestero, **-a** [θes'tero, -a] *m, f* **1.** (*que fabrica*) Korbflechter(in) *m(f),* Korbmacher(in) *m(f)* **2.** (*que vende*) Korbhändler(in) *m(f)*

cestillo [θes'tiʎo] *m* **1.** (*cesto*) Körbchen *nt* **2.** (ZOOL): ~ **del polen** Pollenkörbchen *nt*

cesto ['θesto] *m* (großer) Korb *m;* (DEP) (Basketball)korb *m;* ~ **de los papeles** Papierkorb *m;* **ya no recuperarás la lección, la puedes echar al** ~ **de los papeles** die Lektion wirst du nicht mehr aufholen können, die kannst du abschreiben

cestodo[1] [θes'toðo] *m* (ZOOL) Bandwurm *m*

cestodo, **-a**[2] [θes'toðo, -a] *adj* (ZOOL) zur Klasse der Bandwürmer gehörend

cesura [θe'sura] *f* Einschnitt *m,* Zäsur *f*

ceta ['θeta] *f* Z *nt;* ~ **de Zaragoza** Z wie Zacharias

cetáceo[1] [θe'taθeo] *m* (ZOOL) Meeressäugetier *nt*

cetáceo, **-a**[2] [θe'taθeo, -a] *adj* (ZOOL) zu den Meeressäugetieren gehörend

cetárea [θe'tarea] *f,* **cetaria** [θe'tarja] *f* (ZOOL) Aufzuchtanlage *f* für Krustentiere

cetilo [θe'tilo] *m* (QUÍM) Cetyl *nt*

cetona [θe'tona] *f* (QUÍM) Keton *nt*

cetonia [θe'tonja] *f* (ZOOL) Rosenkäfer *m*

cetrería [θetre'ria] *f* **1.** (*amaestramiento*) Falknerei *f* **2.** (*caza*) Falkenjagd *f* **3.** (*cría*) Falkenzucht *f*

cetrero, **-a** [θe'trero, -a] *m, f* (*caza*) Falkner(in) *m(f)*

cetrino, **-a** [θe'trino, -a] *adj* **1.** (*amarillento, verdoso*) gelblich grün, gelbgrün **2.** (*melancólico*) schwermütig, traurig

cetro ['θetro] *m* **1.** (*vara*) Zepter *nt;* **empuñar el** ~ den Thron besteigen **2.** (*supremacía*) Zepter *nt,* Herrschaft *f* **3.** (DEP) Meistertitel *m;* **ostentar el** ~ den Meistertitel innehaben

ceugma ['θeṷɣma] *m* (LIT) Zeugma *nt*

Ceuta ['θeṷta] Ceuta *nt*

ceutí [θeṷ'ti] **I.** *adj* aus Ceuta **II.** *mf* Einwohner(in) *m(f)* von Ceuta

ceviche [θe'βiʧe] *m* (GASTR) *v.* **cebiche**

CFC [θe(e)fe'θe] *m* (QUÍM, ECOL) FCKW *nt;* **sin** ~ FCKW-frei

c.f.s. [θe(e)fe'ese] (COM) *abr de* **coste, flete y seguro** cif

cha [ʧa] *m* Schah *m*

chabacanería [ʧaβakane'ria] *f* **1.** (*cuali-*

dad) Vulgarität *f*, Geschmacklosigkeit *f* **2.** (*acción*) Vulgarität *f*; **decir una** ~ etwas Unanständiges sagen

chabacano, **-a** [ʧaβa'kano, -a] *adj* vulgär, unanständig

chabela [ʧa'βela] *f* (*Bol*) *Mischgetränk aus Wein und Maiswein*

chabola [ʧa'βola] *f* **1.** (*casucha*) Baracke *f*, Slumhütte *f* **2.** *pl* (*barrio*) Elendsviertel *nt*, Slums *mpl*

chabolismo [ʧaβo'lismo] *m* Verslumung *f*

chabolista [ʧaβo'lista] *mf* Slumbewohner(in) *m(f)*

chacal [ʧa'kal] *m* (ZOOL) Schakal *m*

chacalín [ʧaka'lin] *m* (*AmC:* ZOOL) Garnele *f*

chacanear [ʧakane'ar] *vt* (*Chil: montura*) kräftig die Sporen geben (+*dat*)

chácara ['ʧakara] *f* **1.** (*Am: granja*) Bauernhof *m*, Landgut *nt* **2.** (*Am:* MED) Geschwür *nt* **3.** (*AmC, Ant: bolso*) große Ledertasche *f*; (*And: maleta*) Koffer *m*

chacarera [ʧaka'rera] *f* **1.** (*baile*) *volkstümlicher argentinischer Tanz* **2.** (MÚS) *volkstümliche argentinische Tanzmusik*

chacarero[1] [ʧaka'rero] *m* (*CSur*) Sandwich *m o nt*

chacarero, **-a**[2] [ʧaka'rero, -a] *m, f* (*Am*) **1.** (*labriego*) Bauer *m*, Bäuerin *f* **2.** (*dueño*) Landbesitzer(in) *m(f)* **3.** (*trabajador*) Feldarbeiter(in) *m(f)* **4.** (*horticultor*) Gärtner(in) *m(f)*

chacarrachaca [ʧakarra'ʧaka] *f* (*fam*) Radau *m*

chacha ['ʧaʧa] *f* (*fam*) **1.** (*muchacha*) Kleine *f*; (*en lenguaje infantil*) große Schwester *f* **2.** (*niñera*) Kindermädchen *nt*; (*criada*) Dienstmädchen *nt*; (*de limpieza*) Putzfrau *f*

chachachá [ʧaʧa'ʧa] *m*, **cha-cha-chá** [ʧaʧa'ʧa] *m* (*baile*) Cha-Cha-Cha *m*

chachalaca [ʧaʧa'laka] *f* (*AmC, Méx:* ZOOL) Braunflügelguan *m*

cháchara ['ʧaʧara] *f* **1.** (*fam: charla*) Schwatz *m*, Schwätzchen *nt*; **andar** [*o* **estar**] **de** ~ ein Schwätzchen halten **2.** (*And: chiste*) Witz *m* **3.** *pl* (*CSur, Méx: trastos*) Trödel *m*, Gerümpel *nt*; (*basura*) Müll *m*

chacharear [ʧaʧare'ar] *vi* (*fam*) schwatzen, plappern

chacharero, **-a** [ʧaʧa'rero, -a] *m, f* (*fam*) Plaudertasche *f*, Plappermaul *nt*, Quasselstrippe *f*

chachi ['ʧaʧi] *adj* (*fam*) genial, geil

chacho ['ʧaʧo, -a] *m* (*fam: muchacho*) Kleine(r) *m*; (*en lenguaje infantil*) großer Bruder *m*

chacina [ʧa'θina] *f v.* **cecina**

chacolí [ʧako'li] <chacolí(e)s> *m leichter, spritziger Landwein aus dem Baskenland und Kantabrien*

chacolotear [ʧakolote'ar] *vi* klappern, scheppern *fam*

chacoloteo [ʧakolo'teo] *m* Klappern *nt*, Scheppern *nt fam*

chacona [ʧa'kona] *f* (*t.* MÚS) Chaconne *f*

chacota [ʧa'kota] *f* **1.** (*jolgorio*) Ausgelassenheit *f* **2.** (*broma*) Spaß *m*, Scherz *m*; **estar de** ~ zu Scherzen aufgelegt sein; **echar** [*o* **tomar**] **algo a** ~ etw nicht ernst nehmen; **hacer** ~ **de algo/alguien** seine Späße über etw/jdn machen, sich über etw/jdn lustig machen

chacotear [ʧakote'ar] **I.** *vi* ausgelassen sein, fröhlich sein **II.** *vr:* **~se de algo/alguien** seine Späße über etw/jdn machen, sich über etw/jdn lustig machen

chacra ['ʧakra] *f* (*Am: granja*) kleine Farm *f*; (*finca*) kleines (Land)gut *nt*

chacuaco [ʧa'kwako] *m* (*Méx: chimenea*) (Fabrik)schornstein *m*

Chad [ʧað] *m* Tschad *m*

chadiano, **-a** [ʧa'ðjano, -a] **I.** *adj* tschadisch **II.** *m, f* Tschader(in) *m(f)*

chafado, **-a** [ʧa'faðo, -a] *adj* (*fam*) **1.** (*aplastado*) zerquetscht, zerdrückt; (*roto*) kaputt **2.** (*bloqueado*) sprachlos, platt; **se quedaron ~s** sie waren völlig platt **3.** (*desanimado*) bedrückt, niedergeschlagen

chafaldita [ʧafal'dita] *f* Neckerei *f*, Scherz *m*

chafallar [ʧafa'ʎar] *vt* (*fam*) pfuschen

chafallo [ʧa'faʎo] *m* (*fam*) Pfusch *m*, Pfuscharbeit *f*

chafallón, **-ona** [ʧafa'ʎon, -ona] **I.** *adj* (*fam*) pfuscherhaft **II.** *m, f* (*fam*) Pfuscher(in) *m(f)*

chafar [ʧa'far] **I.** *vt* **1.** (*aplastar*) platt drücken; (*arrugar*) zerknittern, zerknautschen; (*deshacer*) zerdrücken, zerquetschen **2.** (*desmoralizar*) niederwerfen, erschüttern; **la noticia me ha chafado mucho** die Nachricht hat mich zutiefst getroffen **3.** (*confundir*) verwirren, durcheinander bringen; **le dejaste chafado con tu respuesta** du hast ihn mit deiner Antwort (völlig) verwirrt; **quedar(se) chafado** sprachlos sein **4.** (*estropear*) zunichte machen; **le ~on sus proyectos** sie haben seine/ihre Pläne über den Haufen geworfen **5.** (*CSur: engañar*) betrügen, täuschen **II.** *vr:* **~se** (*aplastarse*) platt gedrückt werden; (*deshacerse*) zerquetscht werden; (*arrugarse*) (zer)knittern

chafarrinada [ʧafarri'naða] *f* Klecks *m*

chafarrinar [ʧafarri'nar] *vt* beklecksen

chafarrinón [ʧafarri'non] *m* **1.** (*mancha*) Klecks *m*; **llenar de chafarrinones** vollklecksen, vollschmieren *fam*; **echar chafarrinones** klecksen, schmieren *fam* **2.** (*cuadro*) Kleckserei *f* **3.** (*deshonra*) Schandfleck *m*

chaflán [ʧa'flan] *m* **1.** (*bisel*) Schrägkante *f* **2.** (*plano*) Schräge *f*; **la línea ferroviaria hace ~ con la calle** die Bahnlinie verläuft schräg zur Straße hin **3.** (*en una calle*) Straßenecke *f*; (*en un edificio*) Hausecke *f*

chagra ['ʧaɣra] *mf* (*Ecua: labriego*) Bauer *m*, Bäuerin *f*

chagual [ʧa'ɣwal] *m* (*Arg, Chil, Perú:* BOT) *Tillandsienart*

cháguar ['ʧaɣwar] *m* (*AmS:* BOT) *Agavenart*

C

chagüí [tʃa'ɣwi] *m* (*Ecua*) *kleiner Strandvogel*
chahuistle [tʃa'wisᵊle] *m* (*Méx:* BOT) Maisrost *m*
chaira ['tʃai̯ra] *f* **1.** (*instrumento propio del zapatero*) Kneif *m*, Schustermesser *nt* **2.** (*instrumento para afilar*) Wetzstahl *m* **3.** (*navaja*) Klappmesser *nt*
chajuá(n) [tʃa'xwa(n)] *m* (*Col: bochorno*) Schwüle *f*
chal [tʃal] *m* **1.** (*pañoleta*) Schal *m*; (*pañuelo*) Halstuch *nt* **2.** (*mantón*) (Schulter)tuch *nt*
chala ['tʃala] *f* (*AmS*) **1.** (*hoja del maíz*) Lieschblatt *nt*; **las ~s** die Lieschen **2.** (*cigarrillo*) *mit einem Maisblatt umwickelte Zigarette*
chalado, **-a** [tʃa'laðo, -a] **I.** *adj* (*fam*) verrückt; **¡estás ~!** du bist ja verrückt!, du hast ja nicht alle Tassen im Schrank!; **estar ~ por alguien** verrückt auf jdn [*o* nach jdm] sein, in jdn vernarrt sein **II.** *m, f* (*fam*) Spinner(in) *m(f)*
chaladura [tʃala'ðura] *f* (*fam*) **1.** (*locura*) verrückter Einfall *m*, Verrücktheit *f*; **le ha dado la ~ de llamarme a las tantas de la noche** er/sie hatte den verrückten Einfall [*o* war so verrückt] mich mitten in der Nacht anzurufen **2.** (*enamoramiento*) Vernarrtheit *f*
chalán, **-ana** [tʃa'lan, -ana] **I.** *adj* gerissen **II.** *m, f* **1.** (*tratante*) (Pferde)händler(in) *m(f)* **2.** (*timador*) Preller(in) *m(f)*, Betrüger(in) *m(f)* **3.** (*Am: picador*) Zureiter(in) *m(f)*
chalana [tʃa'lana] *f* Kahn *m*
chalanear [tʃalane'ar] **I.** *vi* **1.** (*traficar*) handeln **2.** (*regatear*) schachern **II.** *vt* (*Am: un caballo*) zureiten; (*adiestrar*) dressieren
chalanería [tʃalane'ria] *f* (*fam pey: engaño*) Rosstäuschertrick *m*
chalar [tʃa'lar] **I.** *vt* (*fam*) verrückt machen; **me chalan las aceitunas** ich bin verrückt auf Oliven **II.** *vr:* **~se** (*fam*) verrückt werden; **~se por alguien** sich in jdn verknallen
chalaza [tʃa'laθa] *f* (BIOL) Hagelschnur *f*
chalchihuite [tʃaltʃi'wite] *m* **1.** (*Méx:* MIN) Rohsmaragd *m* **2.** (*AmC: baratija*) Flitterwerk *nt*, Flitter *m*
chalé [tʃa'le] *m* (*casa unifamiliar*) Einfamilienhaus *nt*; (*de campo*) Landhaus *nt*, Chalet *nt*; (*de recreo*) Ferienhaus *nt*; (*de verano*) Sommerhaus *nt*; (*villa*) Villa *f*
chaleco [tʃa'leko] *m* Weste *f*; **~ antibalas** kugelsichere [*o* schusssichere] Weste; **~ salvavidas** Schwimmweste *f*, Rettungsweste *f*
chalet [tʃa'le] *m* <chalets> *v.* **chalé**
chalina [tʃa'lina] *f* **1.** (*pañuelo*) feines Halstuch *nt* **2.** (*Arg, Col, CRi: chal*) schmaler Schal *m*
chalote [tʃa'lote] *m* Schalotte *f*
chalupa¹ [tʃa'lupa] *f* **1.** (*lancha*) Schaluppe *f* **2.** (*Méx: canoa*) Kanu *nt* **3.** (*Méx: tortilla*) (belegter) Maisfladen *m*
chalupa² [tʃa'lupa] **I.** *adj* (*fam*) **1.** (*loco*) verrückt; **estar ~** spinnen, nicht ganz dicht sein, nicht richtig ticken; **volver a alguien ~** jdn (völlig) verrückt machen **2.** (*enamorado*) bis über beide Ohren verliebt **II.** *mf* (*fam*) Spinner(in) *m(f)*
chamaco, **-a** [tʃa'mako, -a] *m, f* (*Méx*) **1.** (*muchacho*) Junge *m*; (*muchacha*) Mädchen *nt* **2.** (*novio*) Freund(in) *m(f)*
chamagoso, **-a** [tʃama'ɣoso, -a] *adj* (*Méx: mugriento*) schmuddelig
chamán [tʃa'man] *m* Schamane *m*
chamaril(l)ero, **-a** [tʃamari'lero, -a/tʃamari'ʎero, -a] *m, f* **1.** (*que vende objetos viejos*) Trödler(in) *m(f)*, Altwarenhändler(in) *m(f)* **2.** (*tahúr*) Falschspieler(in) *m(f)*
chamariz [tʃama'riθ] *m* (ZOOL) Gartenzeisig *m*
chamarón [tʃama'ron] *m* (ZOOL) Schwanzmeise *f*
chamarra [tʃa'marra] *f* (grobe) Wolljacke *f*
chambelán [tʃambe'lan] *m* Kammerherr *m*
chambergo [tʃam'berɣo] *m* **1.** (HIST) *breitkrempiger Hut mit Federschmuck* **2.** (*sombrero*) (Schlapp)hut *m*
chambón, **-ona** [tʃam'bon, -ona] **I.** *adj* (*fam*) **1.** (*torpe*) ungeschickt; (*chafallón*) pfuscherhaft; (*chapucero*) stümperhaft **2.** (*afortunado*) glücklich **3.** (*descuidado*) schlampig **II.** *m, f* (*fam*) **1.** (*chafallón*) Pfuscher(in) *m(f)*; (*chapucero*) Stümper(in) *m(f)* **2.** (*afortunado*) Glückspilz *m*
chambonada [tʃambo'naða] *f* (*fam*) **1.** (*acierto casual*) Glückstreffer *m*, Zufallstreffer *m* **2.** (*desatino*) Ungeschicktheit *f*, Tölpelhaftigkeit *f*
chamborote [tʃambo'rote] *adj* (*Ecua*) **1.** (*de nariz larga*) langnasig **2.** (*loc*): **pimiento ~** weißer Paprika *m*
chambra ['tʃambra] *f* **1.** (*bata*) Hausjacke *f* **2.** (*fam: blusa*) Bluse *f*
chambrana [tʃam'brana] *f* **1.** (ARQUIT: *puerta, ventana*) Einfassung *f* **2.** (*travesaño de un mueble*) Querstab *m*
chamicera [tʃami'θera] *f* verbranntes Waldstück *nt*
chamico [tʃa'miko] *m* (*Am:* BOT) Stechapfel *m*
chamiza [tʃa'miθa] *f* **1.** (*planta*) Schilfgras *nt*, Schilfrohr *nt* **2.** (*leña*) Reisig(holz) *nt*
chamizo [tʃa'miθo] *m* **1.** (*árbol*) versengter Baum *m*; (*leño*) verkohltes Holzscheit *nt* **2.** (*choza*) Hütte *f* (*mit Schilfdach*) **3.** (*pey: vivienda*) Spelunke *f*, Loch *nt*
chamorra [tʃa'morra] *f* (*fam*) kahl geschorener Kopf *m*, Glatzkopf *m*
chamorro, **-a** [tʃa'morro, -a] *adj* **1.** (*animal*) geschoren **2.** (*trigo*) bartlos
champán [tʃam'pan] *m* **1.** (*bebida*) Champagner *m* **2.** (*embarcación*) Sampan *m*
champaña [tʃam'paɲa] *m* Champagner *m*
Champaña [tʃam'paɲa] *f* Champagne *f*
champiñón [tʃam'piɲon] *m* Champignon *m*
champola [tʃam'pola] *f* **1.** (*AmC: bebida*) *Erfrischungsgetränk aus Stachelannonenmark und Milch* **2.** (*Chil: bebida*) *aus Chirimoya*

bereitetes Erfrischungsgetränk
champú [tʃam'pu] *m* Shampoo(n) *nt;* ~ **anticaspa** Shampoo gegen Schuppen, Anti-Schuppen-Shampoo *nt*
champurrado [tʃampu'rraðo] *m* (*Méx:* GASTR) *Mixgetränk mit Maisstärke und Schokolade*
chamullar [tʃamu'ʎar] *vi* (*fam: hablar*) schwatzen, quatschen; (*desbarrar*) quasseln
chamuscado, **-a** [tʃamus'kaðo, -a] *adj* **1.** (*quemado*) (an)gesengt, versengt **2.** (*fam: receloso*) argwöhnisch **3.** (*fam: amoscado*) eingeschnappt
chamuscar [tʃamus'kar] <c→qu> **I.** *vt* (*quemar*) (an-, ver)sengen; (*aves*) absengen **II.** *vr:* ~**se** **1.** (*quemarse*) (an-, ver)sengen **2.** (*fam: ponerse receloso*) argwöhnisch werden **3.** (*fam: amoscarse*) einschnappen
chamusquina [tʃamus'kina] *f* **1.** (*quemadura*) (An-, Ver)sengen *nt;* (*de aves*) Absengen *nt* **2.** (*fam: riña*) Streit *m;* (*pelea*) Balgerei *f,* Rauferei *f* **3.** (*loc*): **esto huele a** ~ (*sospechoso*) das sieht verdächtig aus; (*peligroso*) das ist [*o* wird] zu brenzlig
chanada [tʃa'naða] *f* **1.** (*engaño*) Schwindel *m,* Betrug *m* **2.** (*chasco*) Streich *m*
chancaca [tʃaŋ'kaka] *f* (*Am:* GASTR) *aus Melasse und gemahlenen Erdnüssen hergestellte Süßigkeit*
chancar [tʃaŋ'kar] <c→qu> *vt* **1.** (*Am: pulverizar*) zermahlen, zerkleinern **2.** (*Chil, Perú: golpear*) schlagen, misshandeln **3.** (*Chil, Perú: fig: abrumar*) bombardieren **4.** (*Chil, Ecua: hacer algo mal o incompleto*) herummurksen (an +*dat*) *fam,* herumstümpern (an +*dat*) *fam* **5.** (*Perú: fig: estudiar*) büffeln *fam,* pauken *fam*
chancear [tʃaṇθe'ar] **I.** *vi* scherzen, spaßen **II.** *vr:* ~**se** sich lustig machen (*de* über +*akk*)
chancero, **-a** [tʃaṇ'θero, -a] *adj* scherzhaft, spaßig
chanchería [tʃantʃe'ria] *f* (*Am*) Metzgerei *f* (für Schweinefleisch)
chanchi ['tʃantʃi] *adj inv* (*fam*) genial, geil
chancho[1] ['tʃantʃo] *m* (*Am*) Schwein *nt*
chancho, **-a**[2] ['tʃantʃo, -a] *adj* (*Am*) **1.** (*marrano*) schweinisch, schmutzig **2.** (*desaseado*) liederlich
chanchullero, **-a** [tʃantʃu'ʎero, -a] **I.** *adj* (*fam*) falsch, link; **no seas** ~ versuche nicht, mich reinzulegen **II.** *m, f* (*fam*) Gauner(in) *m(f)*
chanchullo [tʃan'tʃuʎo] *m* (*fam*) **1.** (*trampa*) Schwindel *m,* Betrug *m* **2.** (*manejo*) Machenschaft *f,* Schiebung *f*
chancla ['tʃaŋkla] *f* **1.** (*zapato viejo*) ausgetretener (Haus)schuh *m,* Galosche *f fam* **2.** (*zapatilla*) Pantoffel *m,* Hausschuh *m*
chancleta [tʃaŋ'kleta] *f* **1.** (*chinela*) Schlappen *m fam,* Latschen *m fam,* Latsche *f fam* **2.** (*Am: bebé*) Baby *nt* **3.** (*fam pey: persona inepta*) Tölpel *m* **4.** (*Am: pey: mujer*) Frauenzimmer *nt* **5.** (*loc*): **tirar la** ~ (*Arg: fig*) über die Stränge schlagen [*o* hauen]
chanclo ['tʃaŋklo] *m* **1.** (*zueco*) Holzschuh *m* **2.** (*zapato de goma*) Überschuh *m*
chancro ['tʃaŋkro] *m* (MED) Schanker *m*
chándal ['tʃaṇdal] *m* <chándals> Jogginganzug *m*
chanfaina [tʃaɱ'fai̯na] *f* (GASTR) *Gericht aus zerkleinerten Innereien bzw. Fleischstückchen*
chanflón, **-ona** [tʃaɱ'flon, -ona] *adj* **1.** (*clavo*) grob gearbeitet **2.** (*moneda*) gefälscht **3.** (*persona*) plump, grobschlächtig
changa ['tʃaŋga] *f* **1.** (*fam: trato*) (kleines) Geschäft *nt,* Deal *m argot* **2.** (*Arg: ocupación*) Gelegenheitsarbeit *f* **3.** (*AmS: transporte*) Tragen *nt* von Lasten **4.** (*AmS, Cuba: broma*) Scherz *m,* Spaß *m*
changador [tʃaŋga'ðor(a)] *m* **1.** (*AmS: cargador*) Lastenträger *m* **2.** (*Arg: temporero*) Gelegenheitsarbeiter *m*
changar [tʃaŋ'ɣar] <g→gu> *vt* (*romper*) zerbrechen; (*descomponer*) zerlegen; (*destrozar*) zerstückeln
chango[1] ['tʃaŋgo] *m* (*Méx: mono*) Affe *m*
chango, **-a**[2] ['tʃaŋgo, -a] **I.** *adj* (*Chil: pesado, latoso*) aufdringlich, lästig **II.** *m, f* **1.** (*Arg, Bol: niño*) Junge *m,* Mädchen *nt* **2.** (*Chil: pesado, latoso*) Nervensäge *f fam*
changüí [tʃaŋ'gwi] *m* **1.** (*fam: broma*) Scherz *m,* Spaß *m* **2.** (*fam: engaño*) Schwindel *m,* Betrug *m;* **dar** ~ **a alguien** (*engañar*) jdn hereinlegen; (*bromear*) seine Scherze mit jdm treiben **3.** (*Cuba: baile*) *alter Volkstanz*
changurro [tʃaŋ'gurro] *m* (GASTR) *in ihrem Panzer zubereitete Meerspinne*
chanquete [tʃaŋ'kete] *m* Weißfisch *m*
chantaje [tʃaṇ'taxe] *m* Erpressung *f;* **hacer** ~ **a alguien** jdn erpressen
chantajear [tʃaṇtaxe'ar] *vt* erpressen
chantajista [tʃaṇta'xista] *mf* Erpresser(in) *m(f)*
chantar [tʃaṇ'tar] *vt* **1.** (*poste*) einschlagen **2.** (*fam: vestir*) anziehen; ~ **el abrigo a alguien** jdn in den Mantel zwängen **3.** (*verdad, impertinencia*) ins Gesicht sagen; **se lo ha chantado** er/sie hat es ihm gesteckt *fam* **4.** (*Chil: golpe*) versetzen
chantillí [tʃaṇti'ʎi] *m* Schlagsahne *f*
chanza ['tʃaṇθa] *f* Scherz *m,* Spaß *m,* Witz *m;* **gastar una** ~ **a alguien** sich *dat* mit jdm einen Scherz [*o* Witz] erlauben; **estar de** ~ scherzen; **hablar de** [*o* **en**] ~ etw aus [*o* im] Spaß sagen
chanzoneta [tʃaṇθo'neta] *f* **1.** (MÚS: *de Navidad*) Weihnachtslied *nt;* (*de Pascua*) Osterlied *nt* **2.** (*broma*) Scherz *m*
chao ['tʃao] *interj* tschüs, ciao
chapa ['tʃapa] *f* **1.** (*metal*) Blech *nt;* ~ **ondulada** Wellblech *nt* **2.** (*lámina*) Platte *f;* (*de madera*) Furnier *nt* **3.** (*tapón*) Kron(en)korken *m* **4.** (*carmín*) Rouge *nt;* (*chapeta*) Wangenröte *f* **5.** (*placa*) Dienstmarke *f;* ~ **de identidad** Erkennungsmarke *f;* ~ **de matrícula** [*o*

de patente] (*CSur*) polizeiliches Kennzeichen **6.** (*Ecua: fam: policía*) Bulle *m* **7.** (*Am: cerradura*) (Tür)schloss *nt* **8.** (*fam: sensatez*) Besonnenheit *f;* (*juicio*) Vernunft *f;* **es un hombre de ~** er ist ein besonnener Mensch **9.** *pl* (*juego*) ≈Münzspiel *nt*

chapado, -a [ʧa'paðo, -a] *adj v.* **chapeado¹**

chapalear [ʧapale'ar] *vi* **1.** (*persona*) planschen **2.** (*agua*) plätschern **3.** (*objetos*) klappern, scheppern *fam*

chapaleta [ʧapa'leta] *f* (TÉC) Pumpenventil *nt*

chapaletear [ʧapalete'ar] *vi* platschen, plätschern

chapar [ʧa'par] *vt* **1.** (*con un metal*) plattieren, überziehen; (*con un metal precioso*) dublieren; (*con oro*) vergolden; (*con madera*) furnieren; (*con baldosines*) belegen (*con/de* mit +*dat*) **2.** (*comentario*) entgegenschleudern, an den Kopf werfen; **le chapó un no como una casa** er/sie ließ ihn/sie mit einem klaren Nein abblitzen

chaparra [ʧa'parra] *f* **1.** (*árbol*) Kermeseiche *f* **2.** *v.* **chaparro¹**

chaparrada [ʧapa'rraða] *f* (*chaparrón*) Regenguss *m,* Platzregen *m*

chaparral [ʧapa'rral] *m* (Kermes)eichenwald *m*

chaparrear [ʧaparre'ar] *vi, vimpers* (*llover mucho*) gießen, schütten

chaparreras [ʧapa'rreras] *fpl* (*Méx: pantalones para montar a caballo*) lederne Reithosen *fpl*

chaparro¹ [ʧa'parro] *m* Eichenstrauch *m*

chaparro, -a² [ʧa'parro, -a] **I.** *adj* (*fam*) pumm(e)lig **II.** *m, f* (*fam*) Pummel *m,* Pummelchen *nt*

chaparrón [ʧapa'rron] *m* **1.** (*lluvia fuerte*) Regenguss *m;* (*chubasco*) Platzregen *m* **2.** (*fam: cantidad grande*) Unmenge *f;* **un ~ de preguntas** eine Unmenge von [*o* an] Fragen **3.** (*And, PRico: fam: regaño*) Strafpredigt *f*

chapeado¹ [ʧape'aðo] *m* **1.** (*de metal*) Plattierung *f;* **~ de oro** Dublee(gold) *nt* **2.** (*de madera*) Furnier *nt,* Furnierung *f* **3.** (*de baldosines*) Belag *m*

chapeado, -a² [ʧape'aðo, -a] *adj* **1.** (*de metal*) plattiert, überzogen; (*de un metal precioso*) dubliert; (*de oro*) vergoldet; **un reloj ~ en oro** eine Uhr aus [*o* in] Dublee(gold) **2.** (*de madera*) furniert **3.** (*de baldosines*) belegt **4.** (*loc*): **~ a la antigua** altmodisch

chapear [ʧape'ar] **I.** *vt* **1.** (*con un metal*) plattieren, überziehen; (*con un metal precioso*) dublieren; (*con oro*) vergolden; (*con madera*) furnieren; (*con baldosines*) belegen (*con/de* mit +*dat*) **2.** (*Am: la tierra*) jäten **II.** *vi* (*chacolotear*) klappern, scheppern *fam* **III.** *vr:* **~se** (*Chil: prosperar*) gedeihen; (*situación económica*) sich günstig entwickeln

chapeca [ʧa'peka] *f* (*Arg*) **1.** (*trenza*) Zopf *m;* **recoger el pelo en ~s** das Haar zu Zöpfen flechten **2.** (*ristra de ajos*) Knoblauchzopf *m*

chapera [ʧa'pera] *f* (*albañilería*) Gehrampe *f*

chapero [ʧa'pero] *m* (*argot*) **1.** (*homosexual*) Schwule(r) *m* **2.** (*prostituto*) Stricher *m,* Strichjunge *m*

chapetón¹ [ʧape'ton] *m* (*Am: chaparrón*) Regenguss *m*

chapetón, -ona² [ʧape'ton, -ona] **I.** *adj* (*Am*) **1.** (*español recién llegado*) neu angekommen (*aus Spanien*) **2.** (*inexperto*) unerfahren **II.** *m, f* (*Am: español recién llegado*) Neuankömmling *m* (*aus Spanien*)

chapetonada [ʧapeto'naða] *f* **1.** (HIST, MED) *durch Klimawechsel hervorgerufene Erkrankung* **2.** (*Am: equivocación*) Versehen *nt,* Irrtum *m* (*durch Unkenntnis*) **3.** (*Ecua: novatada*) Streich *m* (*der einem Neuling gespielt wird*)

chapín [ʧa'pin] *m einst Damenschuh mit Korksohle und Korduanleder*

chapinizarse [ʧapini'θarse] <z→c> *vr* (*AmC*) *die guatemaltekischen Sitten annehmen*

chápiro ['ʧapiro] *m:* **¡por vida del ~ (verde)!, ¡voto al ~!** (*fam*) verdammt!

chapisca [ʧa'piska] *f* (*AmC:* AGR: *cosecha de maíz*) Maisernte *f*

chapista [ʧa'pista] *mf* **1.** (*planchista*) Blechschmied(in) *m(f)* **2.** (*de carrocería*) Karosseriebauer(in) *m(f)*

chapistería [ʧapiste'ria] *f* **1.** (*planchistería*) Blechschmiede *f* **2.** (*de carrocería*) Karosseriewerkstatt *f*

chapitel [ʧapi'tel] *m* (ARQUIT: *de una torre*) (Turm)helm *m;* (*de una columna*) Kapitell *nt*

chapó [ʧa'po] **I.** *interj:* **¡~!** Hut ab! **II.** *m Billardspiel mit in der Regel vier Mitspielern*

chapona [ʧa'pona] *f* (*RíoPl: chaqueta*) Jacke *f,* Sakko *m o nt*

chapopote [ʧapo'pote] *m* (*Ant, Méx: asfalto*) Asphalt *m*

chapotear [ʧapote'ar] **I.** *vi* (*persona*) planschen; (*agua*) plätschern **II.** *vt* anfeuchten

chapoteo [ʧapo'teo] *m* **1.** (*chapaleo*) Planschen *nt;* (*del agua*) Plätschern *nt* **2.** (*humidificación*) Anfeuchten *nt*

chapucear [ʧapuθe'ar] **I.** *vt* **1.** (*hacer mal y rápido*) stümperhaft erledigen, hinpfuschen *fam* **2.** (*engañar*) prellen, betrügen **II.** *vi* (*trabajar mal y rápido*) stümpern, pfuschen *fam*

chapucería [ʧapuθe'ria] *f* (*fam*) **1.** (*trabajo mal rematado*) Pfuscharbeit *f,* Pfuschwerk *nt* **2.** (*imperfección*) Mangel *m;* **el trabajo está lleno de ~s** die Arbeit ist sehr mangelhaft ausgeführt

chapucero, -a [ʧapu'θero, -a] **I.** *adj* **1.** (*mal y rápido*) pfuscherhaft *fam;* (*sin saber*) stümperhaft **2.** (*embustero*) lügnerisch, verlogen **II.** *m, f* **1.** (*chambón*) Pfuscher(in) *m(f) fam,* Stümper(in) *m(f)* **2.** (*embustero*) Lügner(in) *m(f)*

chapulín [ʧapu'lin] *m* **1.** (*Am: langosta*) Heuschrecke *f* **2.** (*AmC: niño*) (kleiner) Junge *m*, Knabe *m*

chapurrado [ʧapu'rraðo] *m* (*Cuba*) *Getränk aus gekochten Pflaumen mit Wasser, Zucker und Nelken*

chapurr(e)ar [ʧapurre'ar/ʧapu'rrar] *vt* **1.** (*idioma*) radebrechen; ~ **el** [*o* **en**] **español** (in) Spanisch radebrechen **2.** (*fam: bebidas*) mischen

chapuza [ʧa'puθa] *f* **1.** (*chapucería*) Pfusch *m fam*, Pfuscharbeit *f fam*, Stümperei *f* **2.** (*trabajo*) Gelegenheitsarbeit *f*; **se gana la vida haciendo ~s** er/sie verdient seinen/ihren Lebensunterhalt mit Gelegenheitsarbeiten

chapuzar [ʧapu'θar] <z→c> **I.** *vt* unter Wasser drücken, untertauchen **II.** *vi, vr:* **~se** kurz ins Wasser springen

chapuzón [ʧapu'θon] *m* Sprung *m* ins Wasser; **dar un ~ a alguien** jdn untertauchen; **darse un ~** kurz baden [*o* schwimmen] gehen

chaqué [ʧa'ke] *m* Cut(away) *m*

chaqueño, **-a** [ʧa'keɲo, -a] **I.** *adj* aus dem Chacogebiet (*bolivianische Provinz*) **II.** *m, f* Bewohner(in) *m(f)* des Chacogebietes

chaqueta [ʧa'keta] *f* (*cazadora*) Jacke *f*; (*americana*) Jackett *nt*, Sakko *m o nt*; ~ **de cuero** Lederjacke *f*; ~ **de pana** Cordjacke *f*; ~ **vaquera** Jeansjacke *f*; **cambiar de** [*o* **la**] ~ (*fig*) umschwenken, (plötzlich) eine Kehrtwendung machen

chaquete [ʧa'kete] *m* Backgammon *nt*

chaquetear [ʧakete'ar] *vi* **1.** (*cambiar de ideas*) umschwenken, (plötzlich) eine Kehrtwendung machen **2.** (*huir*) fliehen; (*acobardarse*) kneifen *fam*, sich drücken *fam*; **al percibir el peligro ~on** als sie die Gefahr bemerkten, kniffen sie

chaquetero, **-a** [ʧake'tero, -a] **I.** *adj* wetterwendisch, opportunistisch; **ser ~** sein Fähnchen nach dem Wind drehen **II.** *m, f* wetterwendischer Mensch *m*, Opportunist(in) *m(f)*

chaquetilla [ʧake'tiʎa] *f* (Bolero)jäckchen *nt*, Bolero *m*

chaquetón [ʧake'ton] *m* Winterjacke *f*; (*cazadora*) (Wind)jacke *f*; (*de loden*) Joppe *f*; ~ **de cuero** Lederjacke *f*; ~ **de piel** Pelzjacke *f*

chaquiñán [ʧaki'ɲan] *m* (*Ecua: atajo*) Abkürzung *f*

charabón [ʧara'βon] *m* (*RíoPl:* ZOOL: *ñandú*) junger Nandu *m*

charada [ʧa'raða] *f* Scharade *f*

charal [ʧa'ral] *m* (*Méx:* ZOOL) *Art Ährenfisch*

charamusca [ʧara'muska] *f* (*Méx:* GASTR) spiralförmige Zuckerstange *f*

charanga [ʧa'raŋga] *f* **1.** (*música*) Blechmusik *f*; (*militar*) Militärmusik *f* **2.** (*banda*) (kleine) Musikkapelle *f* **3.** (*Am: baile*) Tänzchen *nt*

charango [ʧa'raŋgo] *m* (*AmS*) *fünfsaitige Mandoline der Indianer*

charapa [ʧa'rapa] *f* (*Perú: tortuga*) Schienenschildkröte *f*

charca ['ʧarka] *f* Tümpel *m*

charcal [ʧar'kal] *m* mit Pfützen übersätes Gelände *nt*

charco ['ʧarko] *m* **1.** (*poza*) Pfütze *f*, Lache *f*; **cruzar** [*o* **pasar**] **el ~** über den großen Teich fahren **2.** (*Col: remanso*) Stauwasser *nt*

charcón, **-ona** [ʧar'kon, -ona] *adj* (*Arg, Bol, Urug: flaco*) mager, dünn

charcutería [ʧarkute'ria] *f* **1.** (*productos*) Wurstwaren *fpl* **2.** (*tienda*) Metzgerei *f*

charla ['ʧarla] *f* **1.** (*conversación*) Plauderei *f*, (zwanglose) Unterhaltung *f*; **programas de ~** (INFOR) Chatprogramme *ntpl*; **estar de ~** plaudern **2.** (*conferencia*) (unförmlicher) Vortrag *m*; **nos dio una ~ sobre la pintura contemporánea** er/sie erzählte uns von der zeitgenössischen Malerei

charlador(a) [ʧarla'ðor(a)] **I.** *adj* schwatzhaft **II.** *m(f)* Plauderer, -in *m, f*

charladuría [ʧarlaðu'ria] *f* Tratsch *m fam*, Klatsch *m fam*; **dejad ya esas ~s** hört auf mit dem Getratsche *fam*

charlar [ʧar'lar] *vi* **1.** (*conversar*) plaudern, sich (zwanglos) unterhalten **2.** (*parlotear*) schwatzen

charlatán, **-ana** [ʧarla'tan, -ana] **I.** *adj* **1.** (*hablador*) schwatzhaft **2.** (*chismoso*) klatschhaft **3.** (*embaucador*) schwindlerisch **II.** *m, f* **1.** (*hablador*) Schwätzer(in) *m(f)* **2.** (*chismoso*) Klatschmaul *nt* **3.** (*embaucador*) Schwindler(in) *m(f)*; (*engañador*) Scharlatan(in) *m(f)* **4.** (*vendedor*) Marktschreier(in) *m(f)* **5.** (*curandero*) Quacksalber(in) *m(f)*, Kurpfuscher(in) *m(f)*

charlatanear [ʧarlatane'ar] *vi* (*hablar mucho*) schwatzen, plappern *fam*

charlatanería [ʧarlatane'ria] *f* **1.** (*locuacidad*) Schwatzhaftigkeit *f* **2.** (*palabrería*) leeres Gerede *nt*, (hohles) Geschwätz *nt* **3.** (*embaucamiento*) Schwindelei *f*; (*engaño*) Scharlatanerie *f* **4.** (*curanderismo*) Quacksalberei *f*, Kurpfuscherei *f*

charlear [ʧarle'ar] *vi* (*croar*) quaken

charlestón [ʧarles'ton] *m* (*baile*) Charleston *m*

charlotada [ʧarlo'taða] *f* **1.** (TAUR) *komischer Stierkampf mit Clowns* **2.** (*actuación*) komisches Schauspiel *nt*

charlotear [ʧarlote'ar] *vi v.* **charlar**

charloteo [ʧarlo'teo] *m v.* **charla**

charnego, **-a** [ʧar'neɣo, -a] *m, f* (*pey*) *in Katalonien, Einwanderer aus südlichen spanischen Regionen*

charnela [ʧar'nela] *f* **1.** (*bisagra*) Scharnier *nt*; (*gozne*) (Tür)angel *f* **2.** (ZOOL: *de la valva*) Schließmuskel *m*

charol [ʧa'rol] *m* **1.** (*barniz*) Lack *m*; **darse ~** (*fig fam*) sich aufspielen, angeben **2.** (*cuero*) Lackleder *nt* **3.** (*Am: bandeja*) Tablett *nt*

charolado, **-a** [ʧaro'laðo, -a] *adj* **1.** (*de charol*) Lack-, lackiert; **cinturón ~** Lackgürtel *m* **2.** (*parecido al charol*) glänzend; **con ojos ~s** mit leuchtenden Augen

charolar [ʧaro'lar] *vt v.* **acharolar**

charpa ['ʧarpa] *f* (MED: *cabestrillo*) Schlinge *f*

charque ['tʃarke] *m* **1.** (GASTR: *carne*) luftgetrocknetes Dörrfleisch *nt* **2.** (GASTR: *fruta*) Dörrobst *nt*

charquecillo [tʃarke'θiʎo] *m* (*Perú:* GASTR) gedörrter und gesalzener Meeraal *m*

charqui ['tʃarki] *m* (*AmS*) *v.* **charque**

charra ['tʃarra] *adj o f v.* **charro, -a**

charrán [tʃa'rran] *m* **1.** (*pillo*) Gauner *m,* Schelm *m* **2.** (ZOOL) Seeschwalbe *f*

charranada [tʃarra'naða] *f* Gaunerei *f,* Spitzbüberei *f*

charranería [tʃarrane'ria] *f* (*pillería*) Gaunerei *f,* Schurkenstreich *m*

charretera [tʃarre'tera] *f* **1.** (*insignia*) Epaulett *nt,* Epaulette *f,* Achselklappe *f,* Schulterklappe *f* **2.** (*liga*) Strumpfband *nt,* Strumpfhalter *m*

charro¹ ['tʃarro] *m* (*Méx*) Reiter *m* (in mexikanischer Tracht)

charro, -a² ['tʃarro, -a] **I.** *adj* **1.** (*salmantino*) aus Salamanca **2.** (*pey: rústico*) bäu(e)risch, plump, unfein; (*habla*) ungeschliffen **3.** (*de mal gusto*) geschmacklos; (*chillón*) grell, schrill; (*demasiado adornado: objeto*) überladen; (*persona*) aufgedonnert **II.** *m, f* **1.** (*campesino*) Bauer *m*/Bäuerin *f* aus Salamanca **2.** (*pey: tosco*) Bauer(ntölpel) *m*

charrúa [tʃa'rrua] *f* (NÁUT) Schleppkahn *m*

chárter ['tʃarter] *adj inv* Charter-; **vuelo** ~ Charterflug *m*

chartreuse [tʃar'tres] *m* Chartreuse® *m*

chasca ['tʃaska] *f* **1.** (*ramaje*) Reisig *nt* **2.** (*Am: pelo*) wirres Haar *nt,* Zotteln *fpl fam*

chascar [tʃas'kar] <c→qu> **I.** *vi* **1.** (*con la lengua*) schnalzen; (*con el látigo*) knallen **2.** (*ramaje*) knacken; (*madera*) knarren; (*fuego*) knistern **II.** *vt* (*comida*) verschlingen

chascarrillo [tʃaska'rriʎo] *m* Anekdote *f,* witzige Geschichte *f*

chasco¹ ['tʃasko] *m* **1.** (*burla*) Streich *m;* **dar (un) ~ a alguien** jdm einen Streich spielen, jdn hereinlegen **2.** (*decepción*) Enttäuschung *f;* (*fracaso*) Reinfall *m fam;* **llevarse** [*o* **darse**] **un** ~ eine Enttäuschung erleben (*con* mit +*dat*), reinfallen (*con* mit +*dat*) *fam;* **la apertura ha sido un** ~ die Eröffnung war ein Reinfall

chasco, -a² ['tʃasko, -a] *adj* (*Am*) zott(e)lig, wirr, unordentlich

chasconear [tʃaskone'ar] *vt* (*Chil*) **1.** (*enredar*) durcheinander bringen, verwirren **2.** (*arrancar el pelo*) an den Haaren ziehen

chasis ['tʃasis] *m inv* **1.** (AUTO) Fahrgestell *nt,* Chassis *nt* **2.** (ELEC) Rahmen *m* **3.** (FOTO) Kassette *f* **4.** (*loc*): **quedarse en el** ~ (*fig*) nur [*o* bloß] noch Haut und Knochen sein

chasque ['tʃaske] *m* (*AmS: mensajero*) Bote *m*

chasquear [tʃaske'ar] **I.** *vt* **1.** (*burlar*) einen Streich spielen +*dat,* hereinlegen **2.** (*decepcionar*) enttäuschen **3.** (*faltar*) im Stich lassen **II.** *vi* **1.** (*con la lengua*) schnalzen; (*con el látigo*) knallen **2.** (*ramaje*) knacken; (*madera*) knarren; (*fuego*) knistern

chasqui ['tʃaski] *m* (*AmS*) *v.* **chasque**

chasquido [tʃas'kiðo] *m* **1.** (*de lengua*) Schnalzen *nt;* (*de látigo*) Knallen *nt* **2.** (*del ramaje*) Knacken *nt;* (*de la madera*) Knarren *nt*

chatarra [tʃa'tarra] *f* **1.** (*escoria*) Schlacke *f* **2.** (*metal viejo*) Schrott *m,* Alteisen *nt* **3.** (*irón: condecoraciones*) Lametta *nt*

chatarrera [tʃata'rrera] *f v.* **chatarrero**

chatarrería [tʃatarre'ria] *f* Schrotthandel *m*

chatarrero, -a [tʃata'rrero, -a] *m, f* Schrotthändler(in) *m(f)*

chateo [tʃa'teo] *m* (*fam*) Tavernenbummel *m;* **irse por los bares de** ~ einen Zug durch die Weinlokale machen

chato¹ ['tʃato] *m* (*fam*) niedriges (Wein)glas *nt;* **tomar unos ~s** ein paar Gläschen trinken

chato, -a² ['tʃato, -a] **I.** *adj* **1.** (*nariz*) platt, flach; (*redondeada*) stumpf **2.** (*persona*) plattnasig, stumpfnasig **3.** (*objeto*) flach; (*aplastado*) platt; (*bajo*) niedrig **II.** *m, f* (*fam: apelativo cariñoso*) Kleiner *m,* Kleine *f,* Kleines *nt*

chatre ['tʃatre] *adj* (*Chil, Ecua: elegante*) schick, herausgeputzt

chaucha ['tʃau̯tʃa] *f* (*AmS*) **1.** (*judía verde*) grüne Bohne *f* **2.** (*patata*) Pflanzkartoffel *f,* Saatkartoffel *f* **3.** *pl* (*calderilla*) (Kupfer)münzen *fpl,* Kleingeld *nt*

chauchera [tʃau̯'tʃera] *f* (*Chil, Ecua: monedero*) Geldbeutel *m,* Portemonnaie *nt*

chauvinismo [tʃoβi'nismo] *m* Chauvinismus *m*

chauvinista [tʃoβi'nista] **I.** *adj* chauvinistisch **II.** *mf* Chauvinist(in) *m(f)*

chaval(a) [tʃa'βal(a)] *m(f)* **1.** (*chico*) Junge *m,* Bursche *m;* (*chica*) Mädchen *nt;* (*joven*) junger Mann *m,* junge Frau *f;* **ser un** ~ (noch) ein Junge [*o* jung] sein; **está hecha una ~a** sie hat sich (recht) gut gehalten **2.** (*fam: novio*) Freund(in) *m(f)*

chavalería [tʃaβale'ria] *f* (*fam*) junge Leute *pl,* junges Gemüse *nt irón*

chavalín, -ina [tʃaβa'lin, -ina] *m, f* kleiner Junge *m,* kleines Mädchen *nt*

chavalongo [tʃaβa'loŋgo] *m* (*Arg, Chil*) **1.** (MED: *fiebre tifoidea*) Typhus *m* **2.** (MED: *pesadez de cabeza y fiebre*) fiebriger Kopfschmerz *m*

chaveta [tʃa'βeta] **I.** *f* **1.** (*remache*) Splint *m* **2.** (*pasador*) Bolzen *m,* Zapfen *m;* **estar mal de la** ~ (*fam*) nicht (ganz) richtig im Kopf sein, spinnen; **perder la** ~ (*el juicio*) den Verstand verlieren; (*la paciencia*) die Geduld verlieren **II.** *adj inv:* **estar** [*o* **ser**] ~ (*fam*) spinnen, nicht richtig ticken

chavo ['tʃaβo] *m* (*fam*): **no tener** [*o* **estar sin**] **un** ~ keinen roten [*o* lumpigen] Heller (mehr) haben

chaya ['tʃaɟa] *f* (*Arg, Chil*) **1.** (*bromas, juegos*) Karnevalsscherze *mpl* **2.** (*carnaval*) Karneval *m,* Karnevalstreiben *nt*

chayote [tʃa'ɟote] *m* **1.** (*fruto*) Stachelgurke *f* **2.** (*planta*) *v.* **chayotera**

chayotera [ʧaɟo'tera] *f* (BOT) Chayote(pflanze) *f,* Stachelgurke *f*

chazar [ʧa'θar] <z→c> *vt* (DEP: *detener*) halten

che [ʧe] **I.** *interj* (*AmS*) he **II.** *f Name des Buchstabens 'ch'*

checa ['ʧeka] *f* **1.** (HIST: *policía*) Tscheka *f* **2.** (*local*) Folterkammer *f* **3.** *v.* **checo**

chécheres ['ʧeʧeres] *mpl* (*Col, CRi*) Kram *m fam,* Krimskrams *m fam*

checo, **-a** ['ʧeko, -a] **I.** *adj* tschechisch; **República Checa** Tschechien *nt,* Tschechische Republik **II.** *m, f* Tscheche, -in *m, f*

checo(e)slovaco, **-a** [ʧeko(e)slo'βako, -a] **I.** *adj* tschechoslowakisch **II.** *m, f* Tschechoslowake, -in *m, f*

chef [ʧef] <chefs> *m* Küchenchef *m,* (Chef)koch *m*

cheira ['ʧei̯ra] *f v.* **chaira**

cheli ['ʧeli] *m Madrider Argot*

chelín [ʧe'lin] *m* (*moneda*) Schilling *m*

chelista [ʧe'lista] *mf* Cellist(in) *m(f)*

chelo ['ʧelo] *m* Cello *nt*

chepa ['ʧepa] *f* (*fam*) Buckel *m,* Höcker *m;* **tener** ~ einen Buckel haben

cheposo, **-a** [ʧe'poso, -a] **I.** *adj* (*fam*) buck(e)lig **II.** *m, f* (*fam pey*) Buck(e)lige(r) *mf*

cheque ['ʧeke] *m* Scheck *m;* ~ **para abonar en cuenta** Verrechnungsscheck *m;* ~ **abierto** offener Scheck; ~ **bancario** Bankscheck *m;* ~ **barrado** Verrechnungsscheck *m;* ~ **en blanco** Blankoscheck *m;* ~ **certificado** beglaubigter Scheck; ~ **conformado** bestätigter Scheck; ~ **al contado** Barscheck *m;* ~ **cruzado** Verrechnungsscheck *m;* ~ **al descubierto** ungedeckter Scheck; ~ **domiciliado** domizilierter Scheck; ~ **sin fondos** ungedeckter Scheck; ~ **nominativo** Namensscheck *m,* Rektascheck *m;* ~ **a la orden** Orderscheck *m;* ~ **al portador** Inhaberscheck *m;* ~ **de viaje** [*o* **de viajero**] Travellerscheck *m,* Reisescheck *m;* **dar a alguien un** ~ **en blanco** jdm einen Blankoscheck geben; (*fig*) jdm Blankovollmacht erteilen, jdm (völlig) freie Hand lassen; **bloquear un** ~ einen Scheck sperren; **cobrar un** ~ einen Scheck einlösen; **cruzar un** ~ einen Scheck kreuzen; **endosar un** ~ einen Scheck indossieren; **extender un** ~ **a alguien** jdm einen Scheck ausstellen; **librar** [*o* **extender**] **un** ~ einen Scheck ausstellen [*o* ausschreiben]; **ingresar un** ~ (**para abonar en cuenta**) einen Scheck (zur Gutschrift) einreichen

chequear [ʧeke'ar] **I.** *vi* (*AmC*) einen Scheck ausstellen **II.** *vt* **1.** (*la salud*) untersuchen; (*un documento*) prüfen; (*un mecanismo*) überprüfen, überholen **2.** (*AmC, PRico: equipaje*) aufgeben **3.** (*And: informaciones*) registrieren, eintragen **III.** *vr:* **~se** sich untersuchen lassen

chequeo [ʧe'keo] *m* (*de la salud*) Check-up *m o nt;* (*de un mecanismo*) Inspektion *f*

chequera [ʧe'kera] *f* (*Am*) Scheckheft *nt*

Chequia ['ʧekja] *f* Tschechien *nt*

chercán [ʧer'kan] *m* (*Chil:* ZOOL) Rio-de-la-Plata-Zaunkönig *m*

chercha ['ʧerʧa] *f* **1.** (*Hond: algazara*) Ausgelassenheit *f,* fröhlicher Radau *m* **2.** (*Ven: mofa*) Spott *m;* (*broma*) Scherz *m*

cherna [ʧerna] *f* (ZOOL) Wrackbarsch *m*

chévere ['ʧeβere] **I.** *adj* (*AmC: fam*) erstklassig, dufte **II.** *mf* (*Cuba, PRico, Ven*) Angeber(in) *m(f),* Prahler(in) *m(f)*

chevió [ʧe'βjo] *m* <cheviots>, **cheviot** [ʧe'βjo] *m* <cheviots> Cheviot *m*

chibalete [ʧiβa'lete] *m* (TIPO) Setzregal *nt*

chibcha[1] ['ʧiβʧa] *m sin pl* (LING) Chibcha *nt*

chibcha[2] ['ʧiβʧa] **I.** *adj* (HIST) Chibcha- **II.** *mf* (HIST) Chibcha *mf*

chibuquí [ʧiβu'ki] <chibuquíes> *m* (*pipa turca*) Tschibuk *m*

chic [ʧik] **I.** *adj inv* (*guapo*) schick, flott; (*elegante*) elegant; **una mujer muy** ~ eine sehr schicke Frau **II.** *m sin pl* Schick *m,* Eleganz *f;* **tiene** ~ er/sie hat Schick

chica ['ʧika] **I.** *adj* **1.** (*pequeña*) klein **2.** (*joven*) jung **II.** *f* **1.** (*niña*) Kind *nt,* Mädchen *nt,* Kleine *f fam* **2.** (*joven*) junge Frau *f;* (*tratamiento cariñoso*) Kleine *f fam;* ~ **de(l) conjunto** Revuegirl *nt;* **mira ~, haz lo que quieras** weißt du was, meine Liebe, mach doch, was du willst **3.** (*criada*) Dienstmädchen *nt,* Haushaltshilfe *f*

chicana [ʧi'kana] *f* **1.** (*artimaña*) Schikane *f* **2.** (*broma*) Scherz *m,* Spaß *m* **3.** *v.* **chicano**

chicanero, **-a** [ʧika'nero, -a] *adj* schikanös

chicano, **-a** [ʧi'kano, -a] **I.** *adj der Einwohner der USA mit mexikanischen Vorfahren* **II.** *m, f Einwohner(in) der USA mit mexikanischen Vorfahren*

chicarrón, **-ona** [ʧika'rron, -ona] **I.** *adj* stämmig, kräftig **II.** *m, f* kräftiger Junge *m,* kräftiges Mädchen *f*

chicazo [ʧi'kaθo] *m* Lümmel *m*

chicha ['ʧiʧa] **I.** *f* **1.** (*fam: carne*) Fleisch *nt;* **de** ~ **y nabo** bedeutungslos; **tener pocas ~s** (*delgado*) dürr sein; (*sin fuerzas*) schwächlich sein **2.** (*Am: bebida de maíz*) Maiswein *m;* (*de frutas*) Obstwein *m;* **no ser ni** ~ **ni limonada** (*fig*) weder Fisch noch Fleisch sein **II.** *adj:* **calma** ~ völlige Windstille *f*

chicharra [ʧi'ʧarra] *f* **1.** (ZOOL) Zikade *f;* **cantar la** ~ (*fig*) drückend heiß sein **2.** (*juguete*) Schnarre *f* **3.** (ELEC) Summer *m* **4.** (TÉC) Ratsche *f,* Knarre *f* **5.** (*fam: cotorra*) Plappermaul *nt;* **hablar como una** ~ wie ein Wasserfall reden

chicharrina [ʧiʧa'rrina] *f* drückende Hitze *f*

chicharro [ʧi'ʧarro] *m* **1.** (*chicharrón*) Griebe *f* **2.** (*jurel*) Stöker *m,* Stachelmakrele *f*

chicharrón [ʧiʧa'rron] *m* **1.** (*gorrón*) Griebe *f* **2.** (*carne*) *zu stark geröstetes Fleisch* **3.** (*fam: persona*) stark sonnengebräunter Mensch *m* **4.** (GASTR) *knusprig gebratene Schweineschwarten*

chichear [ʧiʧe'ar] *vi, vt* auszischen

chichi ['ʧiʧi] *adj* (*AmC: fácil*) leicht, einfach; **no fue muy** ~ es war nicht gerade einfach

chichimeca [ʧiʧi'meka] **I.** *adj* (HIST) Chichimeken-, der Chichimeken; **el pueblo** ~ das Volk der Chichimeken **II.** *mf* (HIST) Chichimeke, -in *m, f*

chichinabo [ʧiʧi'naβo]: **de** ~ (*fam fig: de poco valor*) lausig

chicholo [ʧi'ʧolo] *m* (*RíoPl:* GASTR) *in ein Maisblatt eingewickelte Süßigkeit*

chichón [ʧi'ʧon] *m* Beule *f*

chichonera [ʧiʧo'nera] *f* Kopfschutz *m*

chicle ['ʧikle] *m* Kaugummi *m o nt;* **mascar** ~ Kaugummi kauen

chiclé [ʧi'kle] *m,* **chicler** [ʧi'kler] *m* (TEC) Vergaserdüse *f*

chicloso, -a [ʧi'kloso, -a] *adj* kaugummiartig

chico ['ʧiko] **I.** *adj* **1.** (*pequeño*) klein **2.** (*joven*) jung **II.** *m* **1.** (*niño*) Kind *nt,* Junge *m,* Kleine(r) *m fam;* **como** ~ **con zapatos nuevos** (*fam fig*) quietschvergnügt **2.** (*joven*) junger Mann *m;* (*tratamiento cariñoso*) Kleiner *m fam;* **cuídate,** ~ pass auf dich auf, Junge; **ser (un) buen** ~ ein feiner [*o* lieber] Kerl sein; **oye** ~**, te lo digo por última vez** hör mal, mein Lieber, ich sage es dir jetzt zum letzten Mal **3.** (*para los recados*) Laufbursche *m* **4.** (*fam: medida*) *Weinmaß* (*168 Milliliter*)

chicolear [ʧikole'ar] *vi* (*fam: piropear*) Süßholz raspeln

chicoleo [ʧiko'leo] *m* (*piropo*) Kompliment *nt;* (*lisonja*) Schmeichelei *f;* **estar de** ~ kokettieren

chicoria [ʧi'korja] *f* (BOT) (Salat)zichorie *f,* Chicorée *m o f*

chicorro, -a [ʧi'korro, -a] *m, f* (*fam*) kräftiger Bursche *m,* strammes Mädchen *nt*

chicote [ʧi'kote] *m* **1.** (*fam: chico*) strammer Junge *m* **2.** (NÁUT) Tauende *nt* **3.** (*cigarro*) Zigarre *f;* (*colilla*) Zigarrenstummel *m* **4.** (*Am: látigo*) Peitsche *f*

chiflado, -a [ʧi'flaðo, -a] **I.** *adj* (*fam*) verrückt, übergeschnappt; **estás** ~ du hast (ja) einen Knall; **estar** ~ **por alguien** verrückt auf jdn [*o* nach jdm] sein, in jdn vernarrt sein **II.** *m, f* (*fam*) Verrückte(r) *mf,* Spinner(in) *m(f)*

chifladura [ʧifla'ðura] *f* **1.** (*locura*) Verrücktheit *f;* (*empeño*) Versessenheit *f;* **siente** ~ **por el motorismo** er/sie ist verrückt [*o* versessen] auf den Motorsport **2.** (*antojo*) Spinnerei *f fam;* **ese proyecto es una** ~ dieses Vorhaben ist die reinste Spinnerei

chiflar [ʧi'flar] **I.** *vi* pfeifen **II.** *vt* **1.** (*silbar*) auspfeifen; (*mofar*) verhöhnen **2.** (*fam: beber*) hinunterkippen **3.** (*fam: gustar*) gefallen; **esa chica le chifla** [*o* **le tiene chiflado**] er ist verrückt nach diesem Mädchen; **me chiflan las aceitunas** ich esse für mein Leben gerne Oliven **III.** *vr:* ~**se 1.** (*burlarse*) sich lustig machen (*de* über +*akk*) **2.** (*fam: pirrarse*) verrückt [*o* versessen] sein (*por* auf +*akk*) **3.** (*fam: volverse loco*) verrückt werden

chifle ['ʧifle] *m* **1.** (*silbato*) Pfeife *f* **2.** (*silbido*) Lockpfeife *f* **3.** (HIST) Pulverbüchse *f,* Pulverhorn *nt* **4.** (*Arg, Urug: cuerna*) Trinkhorn *nt*

chiflón [ʧi'flon] *m* (*Am*) **1.** (*viento*) leichter Wind *m;* (*corriente*) Zugluft *f;* **un** ~ **de aire** eine leichte Luftbewegung **2.** (MIN) Grubeneinsturz *m*

chigua ['ʧiɣwa] *f* (*AmS: cesto*) (ovaler) Rindenkorb *m*

chigüil [ʧi'ɣwil] *m* (*Ecua:* GASTR) *in einem Maisblatt gedämpfte Masse aus Mais, Eiern, Käse und Butter*

chigüín [ʧi'ɣwin] *m* (*AmC: chavalín*) mickriges Kerlchen *nt*

chihuahua [ʧi'wawa] *m* Chihuahua *m*

chiíta [ʧi'ita] **I.** *adj* schiitisch **II.** *mf* Schiit(in) *m(f)*

chijete [ʧi'xete] *m* (*Arg: fam*) **1.** (*agua*) (Wasser)schwall *m* **2.** (*aire*) Luftzug *m*

chilaba [ʧi'laβa] *f* Dschellaba *f*

chilaquil [ʧila'kil] *m* (*Méx:* GASTR) *Gericht aus in Butter gebratenen Tortillastücken mit Pökelfleisch und Chili*

chilate [ʧi'late] *m* (*AmC*) *Getränk aus Chili, geröstetem Mais und Kakao*

chilatole [ʧila'tole] *m* (*Méx:* GASTR) *Gericht aus Chili, Mais und Schweinefleisch*

chilco ['ʧilko] *m* (*Chil:* BOT) wilde Fuchsie *f*

chile ['ʧile] *m* **1.** (BOT) Chili *m;* (*especia*) Cayennepfeffer *m;* ~ **árbol** [*o* **cascabel**] [*o* **guajillo**] (*AmC:* GASTR) getrockneter, scharfer Chili; ~ **güero** (*AmC:* GASTR) frischer, milder Chili **2.** (*Guat: mentira*) Lüge *f;* (*cuento*) Märchen *nt*

Chile ['ʧile] *m* Chile *nt*

chilenismo [ʧile'nismo] *m* (LING) Chilenismus *m*

chileno, -a [ʧi'leno, -a] **I.** *adj* chilenisch **II.** *m, f* Chilene, -in *m, f*

chilindrina [ʧiliṇ'drina] *f* **1.** (*fam: cosa poco importante*) Lappalie *f* **2.** (*anécdota*) witzige Geschichte *f,* Anekdote *f* **3.** (*fam: mofa*) Neckerei *f*

chilindrón [ʧiliṇ'dron] *m* **1.** (*juego de cartas*) *ein Kartenspiel* **2.** (GASTR) *Gericht aus Hähnchen oder Fleischstücken mit Paprika, Tomaten und Zwiebeln;* **pollo/carne al** ~ *Hähnchen/Fleisch mit* (*scharfem*) *Gemüse*

chilinguear [ʧiliŋge'ar] *vt* (*Col: balancear*) (hin und her) wiegen

chilla ['ʧiʎa] *f* (*silbato de cazador*) Lockpfeife *f*

chillar [ʧi'ʎar] *vi* **1.** (*persona*) kreischen, schreien; **¡no me chilles!** schrei mich nicht an! **2.** (*animal salvaje*) heulen; (*cerdo*) quieken; (*ratón*) quieksen; (*ave*) kreischen **3.** (*frenos, puerta*) quietschen **4.** (*en la caza*) locken **5.** (*colores*) grell [*o* schreiend] sein **6.** (*Am: sollozar*) schluchzen

chilli ['ʧili] *m* (*Méx:* BOT) Chili *m*

chillido [ʧi'ʎiðo] *m* **1.** (*de persona*) Kreischen *nt,* gellender Schrei *m* **2.** (*de animal salvaje*) Heulen *nt;* (*de cerdo*) Quieken *nt;* (*de* *ratón*) Quieksen *nt;* (*de ave*) Kreischen *nt* **3.** (*de frenos, puerta*) Quietschen *nt* **4.** (*en la caza*) Lockpfiff *m* **5.** (*Am: sollozo*) Schluchzen *nt*

chillón, **-ona** [tʃi'ʎon, -ona] **I.** *adj* **1.** (*persona*) kreischend, schreiend **2.** (*voz*) schrill **3.** (*color*) grell **II.** *m, f* Schreier(in) *m(f),* Schreihals *m fam*

chilmole [tʃil'mole] *m* (*Méx:* GASTR) Chilisauce *f*

chilote [tʃi'lote] *m* (*Méx*) *Getränk aus Pulque mit Chili*

chilpayate [tʃilpa'ɟate] *m* (*Méx: muchacho*) kleiner Junge *m;* **los ~s** die kleinen Bengel

chilpe ['tʃilpe] *m* **1.** (*Chil: harapo*) Lumpen *m* **2.** (*Ecua: cuerda*) Schnur *f,* Strick *m* **3.** (*hoja*) trockenes Maisblatt *nt*

chimenea [tʃime'nea] *f* **1.** (*de un edificio, barco*) Schornstein *m* **2.** (*hogar*) Kamin *m;* (*tiro*) Rauchfang *m;* **caerle a alguien por la ~** (*fig*) jdm in den Schoss fallen **3.** (*t.* GEO) Schlot *m* **4.** (MIN) Wetterschacht *m* **5.** (TEAT) Bühnenschacht *m*

chimojo [tʃi'moxo] *m* (*Cuba:* MED) *krampflösendes Medikament aus Tabak, Bananenschale und Salbei*

chimpancé [tʃimpan̪'θe] *mf* Schimpanse, -in *m, f*

china ['tʃina] *f* **1.** *v.* **chino¹** **2.** (*piedra*) kleiner Stein *m,* Kieselstein *m* **3.** (*juego*): **echar (a la) ~** raten(, in welcher Hand der Stein versteckt ist); **le ha tocado la ~** (*fig*) er/sie hat Pech gehabt **4.** (*traba*) Hindernis *nt,* Schwierigkeit *f;* **poner ~s a alguien** jdm Steine in den Weg legen, jdm Schwierigkeiten bereiten **5.** (*fam: dinero*) Kies *m* **6.** (*porcelana*) chinesisches Porzellan *nt* **7.** (*seda*) Chinaseide *f* **8.** (*Am: india*) junge indianische Frau *f;* (*mestiza*) Mestizin *f* **9.** (*And, CSur: criada*) Dienstmädchen *nt;* (*niñera*) Kindermädchen *nt* **10.** (*Am: amante*) Geliebte *f*

China ['tʃina] *f:* (**la**) **~** China *nt*

chinampa [tʃi'nampa] *f Gemüsefelder in der Region von Mexiko Stadt*

chinchar [tʃin'tʃar] **I.** *vt* **1.** (*fam: molestar*) belästigen, stören; (*fastidiar*) nerven; **~ a alguien con sus problemas** jdn mit seinen Problemen belästigen; **me chincha tener que acompañarle** es nervt mich, ihn begleiten zu müssen **2.** (*argot: matar*) umlegen **II.** *vr:* **~se** (*fam*) sich ärgern; **¡chínchate!** da hast du's!, das hast du davon!; **¡para que te chinches!** dass du es nur weißt!

chinche¹ ['tʃintʃe] *m o f* **1.** (ZOOL) Wanze *f;* **caer** [*o* **morir**] **como ~s** (*fig*) wie die Fliegen umfallen [*o* sterben] **2.** (*chincheta*) Heftzwecke *f,* Reißzwecke *f,* Reißnagel *m*

chinche² ['tʃintʃe] *mf* (*fam*) Nervensäge *f*

chincheta [tʃin'tʃeta] *f* Heftzwecke *f,* Reißzwecke *f,* Reißnagel *m*

chinchilla [tʃin'tʃiʎa] *f* (ZOOL) Wollmaus *f,* Chinchilla *f;* (*piel*) Chinchilla *nt*

chinchín [tʃin'tʃin] *interj* prost

chinchinear [tʃintʃine'ar] *vi* (*brindar*) anstoßen

chinchón [tʃin'tʃon] *m* **1.** (*chichón*) Beule *f* **2.** (*bebida*) Anislikör *m* (*aus Chinchón*)

chinchorrear [tʃintʃorre'ar] **I.** *vi* klatschen *fam,* tratschen *fam* **II.** *vt* belästigen, stören

chinchorrería [tʃintʃorre'ria] *f* **1.** (*impertinencia*) Zudringlichkeit *f* **2.** (*habladuría*) Klatsch *m,* Gerede *nt*

chinchorro [tʃin'tʃorro] *m* **1.** (*embarcación*) kleines Ruderboot *nt;* (*a bordo*) Beiboot *nt* **2.** (*red*) Schleppnetz *nt* **3.** (*hamaca*) Hängematte *f*

chinchulín [tʃintʃu'lin] *m* (*AmS:* GASTR) *zusammengeflochtene und gebratene Schaf- oder Rinderdärme*

chincol [tʃiŋ'kol] *f* (*AmS:* ZOOL) Braunnacken-Ammer *f*

chinear [tʃine'ar] **I.** *vt* **1.** (*AmC: cargar en brazos*) (auf den Armen) tragen; (*llevar a cuestas*) auf dem Rücken tragen **2.** (*CRi: tratar con cuidado*) pflegen, pfleglich behandeln **3.** (*CRi, Guat: criar niños*) betreuen; **desde pequeña ha chineado hijos de otros** seit ihrer Kindheit passt sie auf anderer Leute Kinder auf **II.** *vr:* **~se** (*Guat: fig: obsesionarse*) sich *dat* große Sorgen machen (*por* um *+akk*)

chinela [tʃi'nela] *f* Hausschuh *m,* Latsche *f fam,* Latschen *m fam*

chinesco¹ [tʃi'nesko] *m* (MÚS) Schellenbaum *m*

chinesco, **-a²** [tʃi'nesko, -a] *adj* chinesisch; **a la chinesca** (*al uso de*) nach chinesischem Brauch; (*al modo de*) nach chinesischer Art

chingado, **-a** [tʃiŋ'gaðo, -a] *adj* **1.** (*fam: borracho*) besoffen **2.** (*Am: fam: frustrado*) misslungen, gescheitert **3.** (*Am: fam: estropeado*) kaputt; **estar ~** hinüber sein

chingar [tʃiŋ'gar] <g→gu> **I.** *vt* **1.** (*AmC: rabo*) stutzen **2.** (*fam: bebidas alcohólicas*) saufen **3.** (*fam: molestar*) auf die Nerven gehen *+dat* **4.** (*vulg: joder*) ficken **II.** *vi* (*Arg, Urug: un vestido*) schief fallen **III.** *vr:* **~se** **1.** (*fam: emborracharse*) sich besaufen **2.** (*Am: fam: frustrarse*) in die Hose gehen **3.** (*Am: fam: fallar*) versagen, den Geist aufgeben; **el motor se chingó** der Motor hat den Geist aufgeben

chingo, **-a** ['tʃiŋgo, -a] *adj* **1.** (*AmC: animal sin rabo*) schwanzlos, schweiflos **2.** (*AmC, Ven: chato*) plattnasig, stumpfnasig **3.** (*AmC: corto*) kurz **4.** (*CRi: desnudo*) nackt **5.** (*Ven: ansioso*) gespannt **6.** (*Col, Cuba: pequeño*) zierlich **7.** (*Nic: bajo*) kleinwüchsig

chingue ['tʃiŋge] *m* (*Chil:* ZOOL) Streifenskunk *m*

chínguere ['tʃiŋgere] *m* (*Méx: vulg*) Fusel *m fam*

chinita [tʃi'nita] *f* **1.** (*piedrecita*) Steinchen *nt,* (kleiner) Kieselstein *m;* **poner ~s a alguien** jdm Steine in den Weg legen **2.** (*Chil: insecto*) Marienkäfer *m*

chino¹ ['tʃino] *m* **1.** (*Am: indio*) junger indianischer Mann *m;* (*mestizo*) Mestize *m* **2.** (*And, CSur: criado*) Diener *m;* **engañar a alguien como a un** ~ (*fam*) jdn gewaltig übers Ohr hauen; **trabajar más que un** ~ sehr hart arbeiten, schuften *fam*

chino, -a² ['ʧino, -a] **I.** *adj* chinesisch **II.** *m, f* Chinese, -in *m, f*

chip [ʧip] *m* (INFOR) Chip *m;* ~ **de memoria** Speicherchip *m*

chipa ['ʧipa] *f* (*Col*) **1.** (*cesta*) Strohkorb *m;* (*rodillo*) Strohhülle *f* **2.** (*rodete*) Tragpolster *nt* **3.** (*rollo*) Rolle *f*

chipá [ʧi'pa] *m* (*AmS:* GASTR: *torta de mandioca*) Maniokkuchen *m;* (*de maíz*) Maiskuchen *m*

chipé(n) [ʧi'pe] *adj inv o adv* (*fam*): **(de)** ~ toll, klasse, prima; **un vestido (de)** ~ ein tolles Kleid; **lo he pasado (de)** ~ ich habe mich prima amüsiert

chipichipi [ʧipi'ʧipi] *m* (*Méx: llovizna*) Nieselregen *m,* Sprühregen *m*

chipirón [ʧipi'ron] *m* kleiner Tintenfisch *m*

Chipre ['ʧipre] *f* Zypern *nt*

chipriota [ʧi'prjota] **I.** *adj* zypriotisch, zyprisch **II.** *mf* Zypriot(in) *m(f),* Zypr(i)er(in) *m(f)*

chiquear [ʧike'ar] *vt* (*Cuba, Méx: mimar*) verwöhnen; (*de palabra*) schmeicheln (*a +dat*)

chiqueo [ʧi'keo] *m* **1.** (*Cuba, Méx: mimo*) Schmeichelei *f* **2.** (*AmC: contoneo*) wiegender Gang *m*

chiquero [ʧi'kero] *m* **1.** (TAUR) Pferch *m* (*für Kampfstiere*) **2.** (*para cerdos*) Koben *m,* Schweinestall *m*

chiquigüite [ʧiki'ɣwite] *m* (*Guat, Hond, Méx: cesta sin asas*) Korb *m* (ohne Griff oder Henkel)

chiquilicuatre [ʧikili'kwatre] *m* (*fam*), **chiquilicuatro** [ʧikili'kwatro] *m* (*fam*) vorlauter Bursche *m,* Naseweis *m*

chiquilín, -ina [ʧiki'lin, -ina] *m, f* süßer Fratz *m*

chiquilla [ʧi'kiʎa] *adj o f v.* **chiquillo**

chiquillada [ʧiki'ʎaða] *f* **1.** (*broma*) Kinderei *f* **2.** (*travesura*) Kinderstreich *m*

chiquillería [ʧikiʎe'ria] *f* Kinderschar *f*

chiquillo, -a [ʧi'kiʎo, -a] **I.** *adj* klein; **¡no seas ~!** hör auf dich wie ein kleines Kind zu benehmen! **II.** *m, f* (*niño*) (kleines) Kind *nt;* (*chico*) (kleiner) Junge *m,* Knirps *m fam;* (*chica*) (kleines) Mädchen *nt*

chiquirritín, -ina [ʧikirri'tin, -ina] **I.** *adj* (*fam*) winzig **II.** *m, f* (*fam*) Winzling *m*

chiquita [ʧi'kita] *adj o f v.* **chiquito¹**

chiquitín, -ina [ʧiki'tin, -ina] *adj o m, f* (*fam*) *v.* **chiquirritín**

chiquito¹ [ʧi'kito] *m* kleines Glas *nt* Wein

chiquito, -a² [ʧi'kito, -a] **I.** *adj* winzig, sehr klein **II.** *m, f* kleines Kind *nt,* Kleine(r) *mf;* **andarse con [*o* en] chiquitas** wie die Katze um den heißen Brei herumgehen; **no andarse con chiquitas** (*actuar sin miramiento*) den Stier bei den Hörnern packen; (*consecuentemente*) Nägel mit Köpfen machen; **dejar a alguien** ~ jdn übertrumpfen; **hacerse el** ~ sich bescheiden geben

chirapa [ʧi'rapa] *f* **1.** (*Bol: harapo*) Lumpen *m* **2.** (*Perú: lluvia*) Regenschauer *m* (bei Sonnenschein)

chiribita [ʧiri'βita] *f* **1.** (*chispa*) Funke(n) *m;* **echar ~s** (*fig*) fuchsteufelswild sein **2.** (BOT) Gänseblümchen *nt* **3.** *pl* (*fam: lucecillas*) Flimmern *nt;* **hacer(le) a alguien ~s los ojos** (*fig*) ein Flimmern vor den Augen haben

chirigota [ʧiri'ɣota] *f* Jux *m,* Scherz *m,* Spaß *m;* **tomarse algo a** ~ etw auf die leichte Schulter nehmen

chirimbolo [ʧirim'bolo] *m* (*fam*) **1.** (*chisme*) Ding *nt* **2.** *pl* () Kram *m,* Zeug *nt*

chirimía [ʧiri'mia] *f* (MÚS) Schalmei *f*

chirimoya [ʧiri'moɟa] *f* Rahmapfel *m,* Chirimoya *f*

chirimoyo [ʧiri'moɟo] *m* (BOT) Chirimoya *f,* Chirimoyabaum *m*

chiringo [ʧi'riŋgo] *m* **1.** (*Hond: jirón*) Lumpen *m* **2.** (*PRico: caballo*) (kleines) Pferd *nt*

chiringuito [ʧiriŋ'gito] *m* Imbiss(stand) *m*

chiripa [ʧi'ripa] *f* **1.** (*fam: suerte*) Glück *nt;* (*casualidad favorable*) glücklicher Zufall *m;* **tener** ~ Glück haben; **cogí el avión de [*o* por]** ~ ich habe das Flugzeug durch Zufall (noch) erreicht **2.** (*en el juego*) Zufallstreffer *m*

chiripá [ʧiri'pa] *m* (*Arg: pañal*) Windel *f*

chirivía [ʧiri'βia] *f* **1.** (BOT) Pastinak *m,* Pastinake *f* **2.** (ZOOL) Bachstelze *f*

chirla ['ʧirla] *f* (kleine) Venusmuschel *f*

chirlar [ʧir'lar] *vi* (*fam*) kreischen

chirle ['ʧirle] *adj* **1.** (*soso*) fad(e), geschmacklos; (*aguado*) wässrig; **una sopa** ~ eine wässrige Suppe **2.** (*fam: sin interés*) unbedeutend; (*sin substancia*) gehaltlos, nichts sagend

chirlería [ʧirle'ria] *f* (*pey: cháchara*) Gerede *nt,* Geschwätz *nt*

chirlo ['ʧirlo] *m* **1.** (*herida*) Schnittwunde *f* (im Gesicht) **2.** (*cicatriz*) Schmiss *m,* Schmarre *f fam*

chirola [ʧi'rola] *f* **1.** (*Arg: moneda*) *alte Nickelmünze* **2.** (*Chil: moneda*) Zwanzig-Centavo-Münze *f* **3.** *pl* (*Arg: calderilla*) (Kupfer)münzen *fpl,* Kleingeld *nt*

chirona [ʧi'rona] *f* (*fam*) Kittchen *nt,* Knast *m;* **estar en** ~ im Kittchen sitzen

chirote¹ [ʧi'rote] *adj* **1.** (*Perú: torpe*) unbedarft, einfältig **2.** (*CRi: grande, bonito*) stattlich, groß und prächtig

chirote² [ʧi'rote] *m* (*Ecua, Perú:* ZOOL) Soldatenstärling *m*

chirriante [ʧirri'aṇte] *adj* schrill

chirriar [ʧirri'ar] <*1. pres:* chirrío> *vi* **1.** (*al freír*) zischen **2.** (*metal*) quietschen; (*madera*) knarren **3.** (*pájaros*) zwitschern; (*gaviotas*) kreischen, schreien; (*grillos*) zirpen **4.** (*fam: personas*) falsch singen

chirrido [ʧi'rriðo] *m* **1.** (*al freír*) Zischen *nt*

2. (*del metal*) Quietschen *nt;* (*de la madera*) Knarren *nt* 3. (*de los pájaros*) Zwitschern *nt;* (*de las gaviotas*) Kreischen *nt,* Schreien *nt;* (*de los grillos*) Zirpen *nt*

chirusa [ʧi'rusa] *f* (*Arg, Urug*) ungebildete Frau *f*

chis [ʧis] *interj:* **¡~!** (*para llamar*) st!; (*para hacer callar*) pst!

chisa ['ʧisa] *f* (*Col:* ZOOL) Käferlarve *f* (*von Eingeborenen gebraten und gegessen*)

chiscar [ʧis'kar] <c→qu> *vt* Funken schlagen (aus +*dat*)

chischás [ʧis'ʧas] *m inv* Klirren *nt;* **el ~ de las espadas** das Klirren der Schwerter

chiscón [ʧis'kon] *m* (*fam*) Loch *nt,* Spelunke *f*

chisgarabís [ʧisɣara'βis] *m* (*fam*) Naseweis *m*

chisguete [ʧis'ɣete] *m* 1. (*trago*) Schluck *m* Wein; **echar un ~** einen Schluck trinken 2. (*chorro*) Strahl *m*

chismar [ʧis'mar] *vi* (*fam*) *v.* **chismear**

chisme ['ʧisme] *m* 1. (*habladuría*) Klatsch *m fam,* Gerede *nt;* **andar** [*o* **ir**] **con ~s** tratschen *fam* 2. (*objeto*) Ding *nt;* **¿me pasas el ~ ese?** reichst du mir das Ding da? 3. *pl* Kram *m,* Zeug *nt;* **recoge esos ~s** räum diesen Kram [*o* das Zeug] weg

chismear [ʧisme'ar] *vi* (*fam: cotillear*) klatschen, tratschen; **dedicarse a ~** tratschen, was das Zeug hält

chismografía [ʧismoɣra'fia] *f* 1. (*manía de chismorrear*) Klatschsucht *f* 2. (*chisme*) Gerede *nt,* Klatsch *m fam*

chismorrear [ʧismorre'ar] *vi* klatschen *fam,* tratschen *fam*

chismorreo [ʧismo'rreo] *m* Geklatsche *nt fam,* Getratsch(e) *nt fam*

chismoso, -a [ʧis'moso, -a] I. *adj* klatschhaft II. *m, f* Klatschmaul *nt fam,* Klatschbase *f fam*

chispa ['ʧispa] I. *f* 1. (*t.* ELEC) Funke(n) *m;* **echar ~s** Funken sprühen; (*fig*) fuchsteufelswild sein 2. (*rasgo de ingenio*) Geistesblitz *m;* (*ingenio*) Geist *m,* Esprit *m;* (*gracia*) Witz *m;* **dar ~(s)** Esprit zeigen, seinen Witz sprühen lassen; **tu amigo tiene mucha ~** dein Freund hat sehr viel Witz; **ser una ~** sehr helle [*o* aufgeweckt] sein 3. (*diamante*) kleiner Diamant *m* 4. (*gota*) (Regen)tropfen *m;* **empieza a caer ~** es fängt an zu regnen 5. (*fam: borrachera*) Schwips *m;* **coger** [*o* **pillar**] **una ~** sich *dat* einen Schwips antrinken; **tener una ~** einen Schwips haben 6. (*una pizca*): **una ~ de...** ein bisschen ..., ein Funke (von) ...; **ni ~...** kein bisschen ..., keinen Funken (von) ... II. *adj inv:* **estar ~** (*fam*) beschwipst sein III. *interj:* **¡~!** (*fam*) verdammt!

chisparse [ʧis'parse] *vr* (*fam*) sich beschwipsen

chispazo [ʧis'paθo] *m* 1. (*t.* ELEC) Funke(n) *m;* (*descarga*) Funkenentladung *f* 2. (*chisme*) Klatsch *m fam,* Gerede *nt*

chispeante [ʧispe'an̩te] *adj* 1. (*centelleante*) Funken sprühend 2. (*brillante*) funkelnd 3. (*ingenioso*) geistreich, voller Esprit, witzig

chispear [ʧispe'ar] I. *vi* 1. (*centellear*) Funken sprühen 2. (*brillar*) funkeln II. *vimpers* (*lloviznar*) nieseln; (*gotear*) tröpfeln

chispit(in)a [ʧis'pita/ʧispi'tina] *f* (*fam*): **una ~ de vino** ein Schlückchen [*o* Tropfen] Wein

chisporrotear [ʧisporrote'ar] *vi* (*despedir chispas*) Funken sprühen [*o* schlagen]; (*el fuego*) prasseln; (*el aceite*) spritzen

chisporroteo [ʧisporro'teo] *m* (*centelleo*) Sprühen *nt* (von Funken); (*del fuego*) Prasseln *nt;* (*del aceite*) Spritzen *nt*

chisquero [ʧis'kero] *m* 1. (*mechero*) (Taschen)feuerzeug *nt* 2. (*bolsa de cuero*) (lederne) Gürteltasche *f*

chist [ʧis] *interj v.* **chis**

chistar [ʧis'tar] *vi* mucksen *fam;* **no ~** keinen Mucks [*o* Ton] sagen *fam;* **obedeció sin ~** er/sie hat ohne einen Mucks gehorcht *fam;* **sin ~ ni mistar** (*fam*) ohne zu mucksen

chiste ['ʧiste] *m* 1. (*cuento*) Witz *m;* (*broma*) Scherz *m;* **~ verde** unanständiger Witz; **hacer ~ de algo** seine Scherze über etw machen; **no tiene ~ la cosa** das ist gar nicht witzig 2. (*gracia*) Pointe *f;* **caer en el ~** die Pointe erfassen; **dio en el ~** er/sie hat es begriffen

chistera [ʧis'tera] *f* 1. (*cesta*) (Fisch)korb *m* 2. (*fam: sombrero*) Zylinder *m* 3. (DEP) Pelotaschläger *m*

chistoso, -a [ʧis'toso, -a] I. *adj* witzig, spaßig II. *m, f* Witzbold *m fam*

chistu ['ʧistu] *m* Txistu *f* (*baskische Einhandflöte*)

chistulari [ʧistu'lari] *m* Txistuspieler *m*

chita ['ʧita] *f* 1. (ANAT) Sprungbein *nt* 2. (*juego*) *Kinderspiel, bei dem ein Tierknochen als Wurfziel aufgestellt wird* 3. (*loc*): **dar en la ~** (*fam*) den Nagel auf den Kopf treffen; **no importar una ~** (*fam*) (vollkommen) egal sein; **no me importa una ~** das ist mir (völlig) schnuppe; **no valer una ~** (*fam*) nichts taugen; **a la ~ callando** im Geheimen, heimlich

chiticalla [ʧiti'kaʎa] *mf* (*fam*) schweigsamer Typ *m*

chito ['ʧito], **chitón** [ʧi'ton] *interj:* **¡~!** pst!, still!

chiva ['ʧiβa] *f v.* **chivo**

chivar [ʧi'βar] I. *vt* 1. (*fastidiar*) ärgern; (*molestar*) belästigen 2. (*engañar*) betrügen, täuschen II. *vr:* **~se** (*fam*) 1. (*hablar*) petzen; **se chivó a** [*o* **con**] **la maestra** er/sie hat bei der Lehrerin gepetzt 2. (*Am: enojarse*) sich ärgern

chivata [ʧi'βata] *f v.* **chivato**

chivatada [ʧiβa'taða] *f* (*fam*) *v.* **chivatazo**

chivatazo [ʧiβa'taθo] *m* (*fam*) Tipp *m,* Wink *m;* **autor del ~** Verräter *m,* Denunziant *m;* **dar el ~** petzen

chivatear [ʧiβate'ar] I. *vi* 1. (*Arg, Chil: chillar*) *indianisches Kriegsgeheul imitieren* 2. (*AmS: alborotar los niños*) herumtollen

C

II. *vt* (*t. Am: delatar*) verpetzen, verraten

chivateo [tʃiβa'teo] *m* (*Am*) Lärm *m*, Getöse *nt*

chivato¹ [tʃi'βato, -a] *m* **1.** (*alarma*) Alarmsignal *nt*, Alarm *m*; **saltó el** ~ der Alarm wurde ausgelöst **2.** (ZOOL: *cabrito*) Zicklein *nt*

chivato, -a² [tʃi'βato] *m, f* (*fam: delator*) Petze *f*; (*más fuerte*) Verräter(in) *m(f)*

chivo, -a ['tʃiβo, -a] *m, f* Kitz *nt*, Zicklein *nt*; ~ **expiatorio** Sündenbock *m*; **estar como una chiva** (*fam*) spinnen

chiza ['tʃiθa] *f* (*Col*) *v.* **chisa**

choapino [tʃoa'pino] *m* (*Chil*) handgeknüpfter Teppich *m*

chocante [tʃo'kante] *adj* **1.** (*raro*) merkwürdig; (*sorprendente*) befremdend, verwunderlich, erstaunlich; **es** ~ **que todavía no haya venido** es ist komisch, dass er/sie immer noch nicht da ist **2.** (*escandaloso*) anstößig, schockierend **3.** (*Am: fastidioso*) ärgerlich, unangenehm; (*repugnante*) abstoßend, ekelhaft; **un tío** ~ ein ekelhafter Typ

chocar [tʃo'kar] <c→qu> **I.** *vi* **1.** (*vehículos*) kollidieren, zusammenprallen, zusammenstoßen; (*dar*) aufprallen (*contra* auf +*akk*); (*coches*) auffahren (*contra* auf +*akk*) **2.** (*proyectil*) auftreffen (*contra* auf +*akk*), knallen (*contra* gegen +*akk*) **3.** (*encontrarse*) stoßen (*con* auf +*akk*); (*opiniones*) aufeinander prallen, aufeinander stoßen; (*personas*) zusammenstoßen; (*discutir*) aneinander geraten; **chocó con dificultades** er/sie ist auf Schwierigkeiten gestoßen; **chocó con su jefe** er/sie hat sich mit seinem/ihrem Chef angelegt **II.** *vt* **1.** (*entrechocar*) aneinander stoßen; ~ **las copas** anstoßen; **¡chócala!** (*fam*) schlag ein! **2.** (*sorprender*) erstaunen, verwundern; **me choca que hayas venido** es erstaunt mich, dass du gekommen bist; **no es de** ~ das wundert mich nicht **3.** (*perturbar*) erschüttern; (*escandalizar*) Anstoß erregen (*a* bei +*dat*), schockieren; **ha chocado a la gente con su comportamiento** mit seinem/ihrem Verhalten hat er/sie Anstoß bei den Leuten erregt, sein/ihr Verhalten hat die Leute schockiert **4.** (*Am: repugnar*) abstoßen; **me chocan sus opiniones** ich finde seine/ihre Ansichten unmöglich

chocarrería [tʃokarre'ria] *f* **1.** (*chiste*) derber Witz *m*; (*dicho*) derber Spruch *m* **2.** (*acción*) Derbheit *f*

chocarrero, -a [tʃoka'rrero, -a] *adj* saftig, derb

chocha ['tʃotʃa] *f* (ZOOL) Schnepfe *f*

chochear [tʃotʃe'ar] *vi* **1.** (*por vejez*) senil werden; (*fam: atontar*) vertrotteln, trott(e)lig werden **2.** (*sentir cariño*) vernarrt sein; **chochea por su nieta** er/sie ist in seine/ihre Enkelin vernarrt

chochez [tʃo'tʃeθ] *f* **1.** (*senilidad*) Senilität *f* **2.** (*fam: tontería*) Trott(e)ligkeit *f*

chocho¹ ['tʃotʃo] *m* **1.** (*dulce*) ≈Zimtgebäck *nt* **2.** (*vulg: vulva*) Fotze *f* **3.** *pl* (*dulces*) Süßigkeiten *fpl*

chocho, -a² ['tʃotʃo, -a] *adj* **1.** (*senil*) senil; (*fam: lelo*) trott(e)lig **2.** (*chiflado*) vernarrt; **estar** ~ **por alguien** (vollkommen) in jdn vernarrt sein

choclo ['tʃoklo] *m* **1.** (*zueco*) Holzschuh *m* **2.** (*AmS: maíz*) Zuckermais *m*; (*mazorca tierna*) zarter Maiskolben *m* **3.** (*AmS:* GASTR) *Gericht aus Süßmais*

choclón [tʃo'klon] *m* (*Chil:* POL: *lugar de reunión*) Wahlveranstaltungslokal *nt*, Wahlversammlungsraum *m*

choco¹ ['tʃoko] *m* (ZOOL) **1.** (*molusco*) Gemeiner Tintenfisch *m* **2.** (*AmS: perro*) Pudel *m*

choco, -a² ['tʃoko, -a] *adj* **1.** (*Am: tuerto*) einäugig; (*falto de una oreja*) einohrig; (*falto de una pierna*) einbeinig **2.** (*Chil, Ecua: de pelo rizado*) kraushaarig

chocolate [tʃoko'late] *m* **1.** (*para comer*) Schokolade *f*; ~ **con leche** Milchschokolade *f* **2.** (*bebida*) Schokolade *f*; ~ **con nata** heiße Schokolade mit Sahne **3.** (*argot: hachís*) Shit *m o nt*, Dope *nt*

chocolatera [tʃokola'tera] *f* **1.** (*vasija*) Schokoladenkanne *f* **2.** (*fam: vehículo viejo*) Klapperkiste *f*, Schrotthaufen *m*

chocolatería [tʃokolate'ria] *f* **1.** (*fábrica*) Schokoladenfabrik *f* **2.** (*establecimiento*) ≈Café *nt*

chocolatina [tʃokola'tina] *f* **1.** (*barrita*) Schokoladenriegel *m* **2.** (*fam: moneda*) 100-Peseten-Münze *f*

chofer [tʃo'fer] *m*, **chófer** ['tʃofer] *m* (*de un automóvil*) Fahrer *m*; (*personal*) Chauffeur *m*; (*de un camión*) (Kraft)fahrer *m*

chola ['tʃola] *f v.* **cholo**

cholla ['tʃoʎa] *f* (*fam*) **1.** (*cabeza*) Birne *f*, Rübe *f* **2.** (*entendimiento*) Grips *m*

chollo ['tʃoʎo] *m* (*fam*) **1.** (*suerte*) Glück *nt*, Glücksfall *m*; **¡qué ~!** was für ein Glück! **2.** (*ganga*) Schnäppchen *nt*

cholo, -a ['tʃolo, -a] *m, f* (*Am*) **1.** (*indio*) *in die kreolische Gesellschaft integrierte(r) Indianer(in)* **2.** (*mestizo*) Mestize, -in *m, f*

chongo ['tʃoŋgo] *m* **1.** (*Méx: fam: trenza*) Zopf *m*; (*moño*) Haarknoten *m* **2.** (*Chil: cuchillo*) stumpfes Messer *nt*

chopa ['tʃopa] *f* (ZOOL) Streifenbrasse *f*

chope ['tʃope] *m* (*Chil*) **1.** (*garfio*) (eiserner) Fanghaken *m* (*für Austern, Napfschnecken usw.*) **2.** (*golpe*) (Faust)schlag *m*

chopera [tʃo'pera] *f* Pappelhain *m*

chopo ['tʃopo] *m* **1.** (BOT) Pappel *f* **2.** (*fam: fusil*) Knarre *f*; **cargar con el** ~ den Wehrdienst antreten

chop suey ['tʃoβ swei̯] *m* <chop sueys> (GASTR) Chopsuey *nt*

choque ['tʃoke] *m* **1.** (*golpe*) Stoß *m* **2.** (*impacto*) Aufprall *m*, Aufschlag *m* **3.** (*colisión*) Zusammenprall *m*, Zusammenstoß *m*, Kollision *f*; ~ **de frente** [*o* **frontal**] Frontalzusammenstoß *m* **4.** (*encuentro*) Zusammenstoß *m*; (*disputa*) Streit *m*, Reiberei *f* **5.** (*susto, t.* MED)

Schock *m;* ~ **eléctrico** Elektroschock *m*
choquezuela [tʃoke'θwela] *f* (ANAT) Kniescheibe *f*
chorar [tʃo'rar] *vt* (*argot: hurtar*) klauen
choricear [tʃoriθe'ar] *vt* (*fam*) klauen, mitgehen lassen
choricero, **-a** [tʃori'θero, -a] **I.** *adj* Chorizo-, Paprikawurst- **II.** *m, f* **1.** (*oficio: elaborador*) Wurstmacher(in) *m(f);* (*vendedor*) Wurstverkäufer(in) *m(f)* **2.** (*vulg: ladrón*) Taschendieb(in) *m(f)* **3.** (*fam fig: extremeño*) Einwohner(in) *m(f)* der Estremadura
choriza [tʃo'riθa] *f v.* **chorizo**[1]
chorizada [tʃori'θaða] *f* (*fam: engaño*) Schwindel *m,* Betrug *m;* (*hurto*) Diebstahl *m*
chorizar [tʃori'θar] <z→c> *vt* (*vulg*) *v.* **choricear**
chorizo[1] [tʃo'riθo] *m* **1.** (*embutido*) luftgetrocknete Paprikawurst *f* **2.** (*contrapeso*) Balancierstange *f* **3.** (*CSur: carne*) Rumpsteak *nt*
chorizo, **-a**[2] [tʃo'riθo, -a] *m, f* (*fam*) **1.** (*ladrón*) Dieb(in) *m(f),* Gauner(in) *m(f);* (*carterista*) Taschendieb(in) *m(f)* **2.** (*idiota*) Idiot(in) *m(f),* Dummkopf *m*
chorlito [tʃor'lito] *m* (ZOOL) Regenpfeifer *m;* **cabeza de** ~ (*fig*) Wirrkopf *m*
choro ['tʃoro] *m* **1.** (*Chil: mejillón*) Miesmuschel *f* **2.** (*AmS: argot: ladrón*) Taschendieb *m*
chorote [tʃo'rote] *m* **1.** (*Col: recipiente*) Schokoladenkanne *f* (*aus unglasiertem Steingut*) **2.** (*Cuba: bebida*) dickflüssiges Getränk *nt* **3.** (*Méx, Ven: chocolate*) *Schokolade aus in Wasser gekochtem Kakao und dunklem Zucker*
chorra ['tʃorra] **I.** *f* **1.** (*fam: suerte*) Glück *nt;* **¡qué ~!** was für ein Glück! **2.** (*vulg: pene*) Schwanz *m fam* **3.** (*argot: imbécil*) Vollidiot *m* **II.** *adv:* **de** ~ zufällig, durch Zufall
chorrada [tʃo'rraða] *f* **1.** (*como propina*) zusätzlicher [*o* extra] Schuss *m;* **con una ~ de leche** mit einem extra Schuss Milch **2.** (*fam: tontería*) Unsinn *m,* Unfug *m;* **¡qué ~!** so ein Unsinn!; **no dice más que ~s** er/sie redet nur Unsinn **3.** (*fam: cosa superflua*) unnützes Zeug *nt*
chorreada [tʃorre'aða] *f* Schuss *m*
chorreado, **-a** [tʃorre'aðo, -a] *adj* **1.** (*ganado vacuno*) mit dunklen Querstreifen **2.** (*Am: sucio*) befleckt
chorrear [tʃorre'ar] **I.** *vi* **1.** (*fluir*) triefen, rinnen; **chorrea la lluvia por el techo** das Regenwasser trieft von der Decke; **tu ropa está chorreando** deine Kleider sind triefnass **2.** (*gotear*) tropfen **3.** (*concurrir lentamente*) tröpfchenweise eintreffen **II.** *vt:* **la herida chorrea sangre** die Wunde blutet
chorreo [tʃo'rreo] *m* **1.** (*de agua*) Triefen *nt,* Rinnen *nt* **2.** (*fam: de dinero*) laufende Ausgaben *fpl;* **el mantenimiento del coche es un ~** die Haltung des Autos geht ganz schön ins Geld
chorrera [tʃo'rrera] *f* **1.** (*canalón*) Rinne *f;* (*hilo*) Rinnsal *nt* **2.** (*señal*) Wasserfleck *m* **3.** (*rápido*) Stromschnelle *f* **4.** (*adorno*) Jabot *nt*
chorretada [tʃorre'taða] *f* (plötzlicher) Schwall *m*
chorrillo [tʃo'rriʎo] *m* (*de agua*) (dünner) Strahl *m;* (*de un ingrediente*) (kleiner) Schuss *m*
chorro ['tʃorro] *m* **1.** (*hilo*) Strahl *m;* (*porción*) Guss *m;* (*de un ingrediente*) Schuss *m;* ~ **de arena** (TÉC) Sandstrahl *m;* ~ **de tinta** Tintenstrahl *m;* **echar un ~ de agua a las plantas** den Pflanzen einen Guss Wasser geben; **échame un ~ de leche** gieß mir ein bisschen Milch ein **2.** (*torrente*) Strom *m;* (*montón*) Schwall *m;* **un ~ de agua/de sangre/de lágrimas** ein Strom von Wasser/von Blut/von Tränen; ~ **de palabras** Wortschwall *m,* Redeschwall *m;* **beber a ~s** in großen Zügen trinken; **llover a ~s** in Strömen regnen; **tiene dinero a ~s** (*fam*) er/sie hat Geld wie Heu; **soltar el ~** (*fam: insultos, risa*) losplatzen **3.** (*fam: suerte*) Glück *nt;* **¡qué ~!** was für ein Glück! **4.** (*CSur: fam: ladrón*) (Taschen)dieb *m*
chota[1] ['tʃota] *f v.* **choto**
chota[2] ['tʃota] *mf* (*fam*) **1.** (*soplón*) Petze *f* **2.** (*parásito*) Schmarotzer(in) *m(f)* **3.** (*pelotillero*) Kriecher(in) *m(f)* **4.** (*PRico: flojo*) Schwächling *m;* (*cobarde*) Angsthase *m*
chotacabras [tʃota'kaβras] *m inv* (ZOOL) Ziegenmelker *m*
chotear [tʃote'ar] **I.** *vi* ausgelassen sein **II.** *vr:* **~se** (*fam*) spotten (*de* über +*akk*), sich lustig machen (*de* über +*akk*); **~se de alguien** jdn verspotten, jdn auf den Arm nehmen
choteo [tʃo'teo] *m* **1.** (*diversión*) Spaß *m,* Vergnügen *nt* **2.** (*burla*) Spott *m*
chotis ['tʃotis] *m inv* (*baile*) Schottisch(e) *m*
choto, **-a** ['tʃoto, -a] *m, f* **1.** (*cría de la cabra*) Zicklein *nt,* Kitz *nt;* **estar como una chota** (*fam*) verrückt sein **2.** (*de la vaca*) Kalb *nt*
chotuno, **-a** [tʃo'tuno, -a] *adj* (*cabrito que mama*) neugeboren; (*cordero enfermizo*) schwächlich; **oler a ~** (wie ein Bock) stinken
chova ['tʃoβa] *f* (ZOOL: *grajo*) Saatkrähe *f;* (*corneja negra*) Rabenkrähe *f;* (*corneja cenicienta*) Nebelkrähe *f*
chovinismo [tʃoβi'nismo] *m v.* **chauvinismo**
chovinista [tʃoβi'nista] *adj o mf v.* **chauvinista**
choya ['tʃoɟa] *f* **1.** (*Guat: indolencia*) Trägheit *f,* Lustlosigkeit *f* **2.** (*Méx: fam: cabeza*) Birne *f,* Rübe *f*
choza ['tʃoθa] *f,* **chozo** ['tʃoθo] *m* **1.** (*cabaña*) Hütte *f* **2.** (*vivienda miserable*) Bruchbude *f*
christma(s) ['krisma(s)] *m* (*inv*) Weihnachtskarte *f*
chubasco [tʃu'βasko] *m* **1.** (*aguacero*) Regenschauer *m;* (*chaparrón*) Platzregen *m* **2.** (METEO: *de viento*) (Sturm)bö(e) *f;* (*de agua*) Regenbö(e) *f* **3.** (*contratiempo*) schwierige

Phase *f;* (*revés*) Rückschlag *m*

chubasquear [tʃuβaske'ar] *vimpers* schauern; **lleva todo el día chubasqueando** es hat den ganzen Tag geschauert [*o* Regenschauer gegeben]

chubasquero [tʃuβas'kero] *m* Regenmantel *m,* Regencape *nt*

chuchear [tʃutʃe'ar] *vi* (*cazar pájaros*) (mit Falle, Schlinge oder Netz) Vogeljagd betreiben

chuchería [tʃutʃe'ria] *f* **1.**(*bocado*) Leckerei *f;* (*dulce*) Süßigkeit *f* **2.**(*menudencia*) Kleinigkeit *f* **3.**(*bibelots*) Nippes *m*

chucho ['tʃutʃo] **I.** *interj:* **¡~!** kusch! **II.** *m* **1.**(*fam: perro*) Köter *m* **2.**(*Cuba:* FERRO) Weiche *f* **3.**(*Am: escalofrío*) Schüttelfrost *m;* (*fiebre*) Wechselfieber *nt* **4.**(*RíoPl: fam: miedo*) Bammel *m,* Angst *f* **5.**(*Cuba, Ven: látigo*) Peitsche *f*

chuchurrido, -a [tʃutʃu'rriðo, -a] *adj,* **chuchurrío, -a** [tʃutʃu'rrio, -a] *adj* (*fam: estropeado*) ramponiert; (*ropa*) abgetragen, verschlissen; (*flor, planta*) verwelkt

chucrú [tʃu'kru] *m,* **chucrut** [tʃu'kru] *m,* **chucruta** [tʃu'kruta] *f sin pl* Sauerkraut *nt*

chueca ['tʃweka] *f* **1.**(*tocón*) Baumstumpf *m* **2.**(ANAT: *hueso*) Gelenkknochen *m;* (*cabeza, extremo*) Gelenkkopf *m* **3.**(*fam: mala pasada*) (übler) Streich *m;* **me jugaste una buena ~** du hast mich ganz schön reingelegt

chueco, -a ['tʃweko, -a] *adj* (*Am*) **1.**(*pies*) krummbeinig **2.**(*fam: torcido*) krumm, schief

chufa ['tʃufa] *f* **1.**(*tubérculo*) Erdmandel *f* **2.**(*fam: bofetada*) Ohrfeige *f* **3.**(*loc*): **echar ~s** leere Drohungen aussprechen

chufar [tʃu'far] **I.** *vi* (*fam: mentir*) lügen **II.** *vr:* **~se** (*fam: burlarse*) sich lustig machen (*de* über +*akk*)

chufla ['tʃufla] *f* Witz *m,* Scherz *m*

chula ['tʃula] *f* **1.** *v.* **chulo¹** **2.**(HIST) Dirne *f* (*junges freches Mädchen aus der Madrider Arbeiterklasse um die Jahrhundertwende*)

chulada [tʃu'laða] *f* **1.**(*insolencia*) Unverschämtheit *f,* Frechheit *f* **2.**(*fam: cosa estupenda*) tolle Sache *f;* **es una ~** das ist eine tolle Sache [*o* ein tolles Ding]; **¡qué ~ de coche!** was für ein Wahnsinnsauto!; **canta que es una ~** er/sie singt unglaublich gut

chulapo, -a [tʃu'lapo, -a] *adj,* **chulapón, -ona** [tʃu'lapon, -ona] *adj v.* **chulo¹**

chulear [tʃule'ar] **I.** *vi, vr:* **~se** (*jactarse*) angeben, prahlen; (*darse postín*) (sich) wichtig tun; **iba chuleándose por la calle** er/sie stolzierte die Straße entlang **II.** *vt* ausnutzen **III.** *vr:* **~se** sich lustig machen (*de* über +*akk*)

chulería [tʃule'ria] *f* **1.**(*jactancia*) Angeberei *f,* Prahlerei *f* **2.**(*frescura*) Dreistigkeit *f,* Frechheit *f*

chulesco, -a [tʃu'lesko, -a] *adj* (*pey*) großspurig, großkotzig

chuleta [tʃu'leta] **I.** *f* **1.**(*costilla*) Kotelett *nt;* **~ de cerdo/de cordero/de ternera** Schweine-/Lamm-/Kalbskotelett *nt* **2.**(*remiendo*) Flicken *m;* (*relleno*) Füllung *f* **3.**(*fam: apunte*) Spicker *m,* Spickzettel *m* **4.**(*fam: bofetada*) Ohrfeige *f* **5.** *pl* (*patillas*) Koteletten *pl* **II.** *adj* (*fam*) frech, unverschämt; **ponerse ~** frech werden

chuletada [tʃule'taða] *f* Barbecue *nt*

chuletar [tʃule'tar] *vi* (*fam*) spicken

chuletón [tʃule'ton] *m* (T-Bone-)Steak *nt*

chuli ['tʃuli] *adj* (*fam*) schick, flott

chullo¹ ['tʃuʎo] *m* (*AmS: gorro*) Wollmütze *f*

chullo, -a² ['tʃuʎo, -a] **I.** *adj* (*AmS: clase media*) Mittelschicht-; (*clase baja*) kleinbürgerlich, Unterschicht- **II.** *m, f* (*AmS: clase media*) Angehörige(r) *mf* der Mittelschicht; (*clase baja*) Angehörige(r) *mf* der Unterschicht

chulo¹ ['tʃulo] *m* **1.**(*gandul*) Tunichtgut *m;* (*charrán*) Gauner *m;* (*mal educado*) Flegel *m* **2.**(*argot: proxeneta*) Zuhälter *m* **3.**(*dandi*) Dandy *m* **4.**(TAUR) Helfer *m* (beim Stierkampf)

chulo, -a² ['tʃulo, -a] **I.** *adj* **1.**(*jactancioso*) angeberisch, prahlerisch; (*presumido*) eingebildet **2.**(*fresco*) dreist, frech, unverschämt; **ponerse ~** frech werden **3.**(*fam: elegante*) schick, flott; (*lindo*) hübsch; **iba muy chula** sie war sehr schick (angezogen); **¡qué zapatos más ~s!** was für hübsche Schuhe! **II.** *m, f* **1.**(*fanfarrón*) Angeber(in) *m(f)* **2.**(*exagerador*) Aufschneider(in) *m(f)*

chumacera [tʃuma'θera] *f* **1.**(TÉC) (Zapfen)lager *nt* **2.**(NÁUT) Dolle *f*

chumbera [tʃum'bera] *f* (BOT) Feigenkaktus *m*

chumbo ['tʃumbo] *m* **1.**(*fruto*) Kaktusfeige *f* **2.**(*Arg: fam: pistola*) Knarre *f;* (*bala*) Kugel *f;* (*balazo*) Schuss *m*

chuminada [tʃumi'naða] *f* (*fam*) **1.**(*bobada*) Blödsinn *m* **2.**(*objeto sin valor*) wertloses Ding *nt,* Schrott *m*

chumino [tʃu'mino] *m* (*vulg: vagina*) Fotze *f*

chuncho¹ ['tʃuntʃo] *m* (*Chil: lechuza*) Sumpfohreule *f;* (*búho*) Uhu *m*

chuncho, -a² ['tʃuntʃo, -a] *adj* **1.**(*Perú: huraño*) mürrisch, unwirsch **2.**(*Chil: gafe*) Unglück bringend

chunga ['tʃuŋga] *f* (*fam*) Scherz *m,* Spaß *m;* **decir algo de ~** etw aus [*o* im] Spaß sagen; **estar de ~** scherzen; **tomarse algo a** [*o* **en**] **~** etw nicht ernst nehmen

chungo, -a ['tʃuŋgo, -a] *adj* (*fam*) **1.**(*malo*) schlecht, mies; (*comida*) verdorben; **¡qué tiempo más ~!** so ein mieses Wetter! **2.**(*persona: rara*) komisch; (*enfermiza*) angeschlagen

chungón, -ona [tʃuŋ'gon, -ona] **I.** *adj* spaßig, witzig **II.** *m, f* Witzbold *m fam*

chunguearse [tʃuŋge'arse] *vr* (*bromear*) scherzen; (*embromar*) sich necken; (*burlarse*) sich lustig machen (*de* über +*akk*); **~ de alguien** jdn auf den Arm nehmen

chungueo [tʃuŋ'geo] *m* Neckerei *f,* Scherzen *nt*

chuño ['tʃuɲo] *m* (*AmS: fécula de patata*) Kartoffelstärke *f*

chupa ['tʃupa] *f* **1.**(HIST) Rock *m;* **poner a al-**

guien como ~ de dómine (*fam*) jdn heruntermachen **2.** (*chaqueta*) Jacke *f;* (*chaleco*) Weste *f* **3.** (*AmC: borrachera*) Rausch *m*

chupa-chups® [ʧupaˈʧuβs] *m inv* Lolli *m,* Lutscher *m*

chupacirios [ʧupaˈθirjos] *m inv* (*pey*) Frömmling *m*

chupada [ʧuˈpaða] *f* Zug *m;* **dar una ~ al cigarrillo** an der Zigarette ziehen; **¿me das una ~?** (*cigarrillo*) darf ich mal ziehen?; (*helado*) darf ich mal schlecken?

chupado, -a [ʧuˈpaðo, -a] *adj* **1.** (*flaco*) mager; (*consumido*) ausgemergelt **2.** (*vestido*) eng (anliegend), knapp **3.** (*fam: fácil*) (kinder)leicht, ganz einfach; **el examen está ~** das Examen habe ich so gut wie in der Tasche **4.** (*Am: borracho*) betrunken

chupaflor [ʧupaˈflor] *m* (*AmC:* ZOOL) Kolibri *m*

chupalla [ʧuˈpaʎa] *f* (*Chil*) **1.** (BOT) *in der Volksmedizin eingesetzte Bromelienart* **2.** (*sombrero*) (grober) Strohhut *m*

chupamirto [ʧupaˈmirto] *m* (*Méx:* ZOOL) Kolibri *m*

chupar [ʧuˈpar] **I.** *vt* **1.** (*extraer*) (aus)saugen; (*aspirar*) (ein)saugen; (*absorber*) aufsaugen **2.** (*caramelo*) lutschen **3.** (*helado*) schlecken; (*sello*) (ab)lecken **4.** (*cigarrillo*) ziehen; **~ el cigarrillo** an der Zigarette ziehen **5.** (*fam: bienes*) abknöpfen; **le han chupado todo el dinero** sie haben ihm/ihr das gesamte Geld abgeknöpft **6.** (*salud*) zehren (an +*dat*); (*debilitar*) schwächen; **las preocupaciones le chupan la salud** die Sorgen zehren an seiner/ihrer Gesundheit **II.** *vi* **1.** (*fam: mamar*) (an der Mutterbrust) saugen [*o* trinken] **2.** (*aprovecharse*) schmarotzen; **~ del bote** auf Kosten anderer leben **3.** (*Am: fam: beber*) trinken, saufen *pey;* (*fumar*) qualmen **III.** *vr:* **~se 1.** (*secarse*) abmagern; **se fue chupando hasta quedarse en los huesos** er/sie ist bis auf die Knochen abgemagert **2.** (*fam: permanecer*) absitzen; **se ha chupado dos años en la cárcel** er/sie hat zwei Jahre im Gefängnis gesessen **3.** (*loc*): **¡chúpate ésa!** da hast du's!; **~se el dedo** am Daumen lutschen; (*fig fam*) blauäugig sein; **~se los dedos** (*fig fam*) sich *dat* die Finger lecken

chuparruedas [ʧupaˈrrweðas] *mf inv* (DEP) Windschattenfahrer(in) *m(f)*

chupasangres [ʧupaˈsaŋgres] *m inv* Blutsauger *m*

chupatintas [ʧupaˈtiṇtas] *m inv* (*pey*) **1.** (*escritor*) Schreiberling *m* **2.** (*oficinista*) Bürohengst *m*

chupe [ˈʧupe] *m* **1.** (*fam: chupete*) Schnuller *m;* (*chupador*) Beißring *m* **2.** (*Am:* GASTR) *Gericht aus Kartoffeln mit Fleisch oder Fisch in einer Soße aus Meeresfrüchten, Paprika, Tomaten, Eiern, Cayennepfeffer usw.*

chuperretear [ʧuperreteˈar] *vi, vt* ausgiebig lutschen

chupete [ʧuˈpete] *m* **1.** (*del bebé*) Schnuller *m;* (*del biberón*) Sauger *m* **2.** (*Am: pirulí*) Lutscher *m,* Lolli *m* **3.** (*loc*): **de ~** prima, ausgezeichnet

chupetear [ʧupeteˈar] *vi, vt* lutschen

chupetilla [ʧupeˈtiʎa] *f* (NÁUT) Lukenabdeckung *f*

chupetón [ʧupeˈton] *m* **1.** (*chupada*) kräftiger Zug *m* **2.** (*fam: marca de un beso*) Knutschfleck *m*

chupi [ˈʧupi] **I.** *adj* (*fam*) prima, großartig **II.** *adv:* **pasarlo ~** (*fam*) sich prima amüsieren

chupinazo [ʧupiˈnaθo] *m* (*t.* DEP) gezielter Schuss *m*

chupito [ʧuˈpito] *m* (*de vino, licor*) Schlückchen *nt*

chupón[1] [ʧuˈpon] *m* **1.** (*pirulí*) Lutscher *m* **2.** (*fam: de un beso*) Knutschfleck *m* **3.** (BIOL) Ausläufer *m,* Seitenspross *m*

chupón, -ona[2] [ʧuˈpon, -ona] **I.** *adj* **1.** (*chupador*) saugend **2.** (*parásito*) schmarotzerisch **II.** *m, f* Schmarotzer(in) *m(f)*

chupóptero, -a [ʧuˈpoptero, -a] *m, f* (*fam*) Ausbeuter(in) *m(f)*

chuquisa [ʧuˈkisa] *f* (*Chil, Perú: prostituta*) Prostitutierte *f*

churrascado, -a [θurrasˈkaðo, -a] *adj v.* **churruscado**

churrascar [ʧurrasˈkar] <c→qu> **I.** *vt* anbrennen lassen **II.** *vr:* **~se** anbrennen

churrasco [ʧuˈrrasko] *m* **1.** (*barbacoa*) Barbecue *nt* **2.** (*carne*) gegrilltes Fleisch *nt*

churrasquear [ʧurraskeˈar] *vi* (*CSur*) gegrilltes Fleisch essen

churrasquería [ʧurraskeˈria] *f* ≈Steakhaus *nt*

churre [ˈʧurre] *m* (*fam*) Schmiere *f*

churrería [ʧurreˈria] *f Stand, an dem „churros" gemacht und verkauft werden*

churrero, -a [ʧuˈrrero, -a] *m, f* Churro-Bäcker(in) *m(f)*

churretada [ʧurreˈtaða] *f* (*mancha*) großer Fleck(en) *m*

churrete [ʧuˈrrete] *m* Fleck *m*

churretón [ʧurreˈton] *m aum de* **churrete**

churretoso, -a [ʧurreˈtoso, -a] *adj* beschmiert

churrigueresco, -a [ʧurriɣeˈresko, -a] *adj* im Stil des Churriguerismus; (*fig*) überladen

churriguerismo [ʧurriɣeˈrismo] *m* Churriguerismus *m* (*nach José de Churriguera benannter spanischer Barockstil*); (*fig*) überladene Ornamentik *f*

churritar [ʧurriˈtar] *vi* grunzen

churro[1] [ˈʧurro] *m* **1.** (*fritura*) *frittiertes Spritzgebäck;* **¡vete a freír ~s!** geh hin, wo der Pfeffer wächst!; **venderse como ~s** weggehen wie warme Semmeln **2.** (*chapuza*) Murks *m* **3.** (*suerte*) Glück *nt*

churro, -a[2] [ˈʧurro, -a] *adj* **1.** (*referente a la lana*) grob **2.** (*ternero, cordero*) einjährig

churrullero, -a [ʧurruˈʎero, -a] **I.** *adj* (*charlatán*) schwatzhaft **II.** *m, f* (*charlatán*) Schwätzer(in) *m(f)*

churruscado, **-a** [ʧurrus'kaðo, -a] *adj* (*quemado*) angebrannt; **se le han quedado las salchichas un poco churruscadas** er hat die Würstchen ein bisschen anbrennen lassen
churruscar [ʧurrus'kar] <c→qu> *vt, vr:* ~**se** anbrennen
churrusco [ʧu'rrusko] *m* angebranntes Brotstück *nt*
churumbel [ʧurum'bel] *m* (*voz gitana*) Kind *nt*
chusco¹ ['ʧusko] *m* **1.** (*mendrugo*) Stück *nt* trockenes Brot **2.** (*pan de munición*) Kommissbrot *nt*
chusco, **-a²** ['ʧusko, -a] **I.** *adj* drollig **II.** *m, f* **1.** (*gracioso*) Witzbold *m fam* **2.** (*Perú: híbrido*) Promenadenmischung *f*
chusma ['ʧusma] *f* **1.** (*galeotes*) Galeerensträflinge *mpl* **2.** (*gentuza*) Pöbel *m* **3.** (*muchedumbre*) Menschenmasse *f*
chut [ʧut] <chut(e)s> *m* (DEP: *fútbol*) Schuss *m*
chutar [ʧu'tar] **I.** *vt* schießen, kicken *fam;* **esto va que chuta** (*fam*) das klappt wie geschmiert **II.** *vr:* ~**se** (*argot*) sich *dat* einen Schuss setzen
chute ['ʧute] *m* (*argot*) Schuss *m;* **ponerse un** ~ sich *dat* einen Schuss setzen
chuza ['ʧuθa] *f* **1.** (*Arg, Urug: lanza*) Spieß *m* **2.** (*Arg: gallo*) Sporn *m* **3.** (*Méx: juego: bolos*) Neuner *m;* (*billar*) *Stoß, bei dem alle Kugeln bewegt werden* **4.** *pl* (*Arg: pelo*) langes, glattes, kräftiges Haar *nt*
chuzar [ʧu'θar] <z→c> *vt* (*Col: punzar*) stechen
chuzo ['ʧuθo] *m* **1.** (*pica*) Spieß *m* **2.** (*carámbano*) Eiszapfen *m;* **caen** ~**s** (*lluvia*) es regnet wie wild; (*nieve*) es schneit wie wild; (*granizo*) es hagelt wie wild; **llueve** ~**s** es gießt in Strömen, es regnet wie aus Eimern *fam;* **nieva** ~**s** es schneit wie wild; **¡graniza** ~**s!** es hagelt Taubeneier! *fam* **3.** (*Cuba: látigo*) Lederpeitsche *f*
chuzón¹ [ʧu'θon] *m* Spieß *m*
chuzón, **-ona²** [ʧu'θon, -ona] **I.** *adj* **1.** (*astuto*) schlau, gerissen *pey* **2.** (*burlón*) spöttisch **II.** *m, f* **1.** (*astuto*) Schlaukopf *m fam* **2.** (*burlón*) Spötter(in) *m(f)*
cía ['θia] *f* (*Arg*) Silo *m o nt*
Cía ['θia] *f abr de* **compañía** Co.
CIA ['θia] *m abr de* **Consejo Interamericano de Seguridad** Interamerikanischer Rat *m* für Sicherheit
ciaboga [θja'βoɣa] *f* (NÁUT) Wende *f*
cianamida [θjana'miða] *f* (QUÍM) Zyanamid *nt*
cianato [θja'nato] *m* (QUÍM) Zyanat *nt*
cianhídrico [θja'niðriko] *adj* (QUÍM): **ácido** ~ Blausäure *f*
ciánico, **-a** ['θjaniko, -a] *adj* (QUÍM): **ácido** ~ Zyansäure *f*
cianina [θja'nina] *f* (FOTO, QUÍM) Zyanin *nt*
cianita [θja'nita] *f* (MIN) Kyanit *m,* Disthen *m*
cianógeno [θja'noxeno] *m* (QUÍM) Zyan *nt*
cianosis [θja'nosis] *f inv* (MED) Zyanose *f*
cianótico, **-a** [θja'notiko, -a] **I.** *adj* (MED: *relativo a la cianosis*) zyanotisch, Zyanose- **II.** *m, f* (MED: *que padece cianosis*) an Zyanose Erkrankte(r) *mf*
cianuro [θja'nuro] *m* (QUÍM) Zyanid *nt;* ~ **potásico** Zyankali *nt*
ciar [θi'ar] <*1. pres:* cío> *vi* **1.** (*retroceder*) rückwärts fahren; (NÁUT) rückwärts rudern **2.** (*abandonar*) aufgeben
ciática [θi'atika] *f* (MED) Ischias *m o nt o f*
ciático, **-a** [θi'atiko, -a] *adj* (ANAT): **nervio** ~ Ischiasnerv *m,* Hüftnerv *m*
cibera [θi'βera] *f* **1.** (*grano*) Mahlkorn *nt* **2.** (*cebo*) Futterkorn *nt* **3.** (*residuo de la fruta*) Trester *m*
ciberespacio [θiβeres'paθjo] *m* (INFOR) Cyberspace *m*
cibernauta [θiβer'nau̯ta] *mf* (INFOR) Cybernaut(in) *m(f),* Netsurfer(in) *m(f)*
cibernética [θiβer'netika] *f* (ELEC, MED) Kybernetik *f*
cibernético, **-a** [θiβer'netiko, -a] **I.** *adj* (ELEC, MED) kybernetisch **II.** *m, f* (ELEC, MED) Kybernetiker(in) *m(f)*
cíbolo ['θiβolo] *m* (ZOOL) Bison *m*
ciborio [θi'βorjo] *m* **1.** (ARQUIT) Ziborium *nt* **2.** (HIST) Trinkbecher *m,* Kelch *m* **3.** (REL) Ziborium *nt,* Hostienkelch *m*
cicadácea [θika'ðaθea] *f* (BOT) Palmfarngewächs *nt*
cicadáceo, **-a** [θika'ðaθeo, -a] *adj* (BOT) zu den Palmfarngewächsen gehörend
cicatear [θikate'ar] *vi* (*fam*) knausern
cicatera [θika'tera] *adj o f v.* **cicatero**
cicatería [θikate'ria] *f* Knaus(e)rigkeit *f*
cicatero, **-a** [θika'tero, -a] **I.** *adj* geizig, knaus(e)rig *fam* **II.** *m, f* Knauser *m fam*
cicatriz [θika'triθ] *f* Narbe *f;* (*en el ánimo*) Spur *f*
cicatrización [θikatriθa'θjon] *f* Vernarbung *f*
cicatrizar [θikatri'θar] <z→c> **I.** *vi, vr:* ~**se** vernarben **II.** *vt* heilen lassen
cicerón [θiθe'ron] *m* (*fig*) glänzender Rhetoriker *m*
cicerone [θiθe'rone] *m* Cicerone *m*
ciclamato [θikla'mato] *m* (QUÍM: *edulcorante*) Cyclamat *nt,* Zyklamat *nt*
ciclamen [θi'klamen] *m* (BOT) Zyklame *f,* Alpenveilchen *nt*
ciclamor [θi'klamor] *m* (BOT) Judasbaum *m*
ciclar [θi'klar] *vt* (*piedras preciosas*) polieren
cíclico, **-a** ['θikliko, -a] *adj* zyklisch
ciclismo [θi'klismo] *m* (DEP) Radsport *m*
ciclista [θi'klista] **I.** *adj* Rad-; **vuelta** ~ Radrennen *nt,* Tour *f* **II.** *mf* Radfahrer(in) *m(f);* (DEP) Radsportler(in) *m(f)*
ciclo ['θiklo] *m* **1.** (*período, t.* ECON) Zyklus *m;* ~ **coyuntural** Konjunkturzyklus *m;* ~ **de desarrollo** (INFOR) Entwicklungszyklus *m;* ~ **de duración** (*de un producto*) Lebenszyklus *m;* ~ **económico** Wirtschaftszyklus *m;* ~ **de**

producción Produktionszyklus *m;* ~ **de un producto** Produkt(lebens)zyklus *m;* ~ **de trabajo** Arbeitsablauf *m;* (*motor*) Arbeitstakt *m;* ~ **de vida del sistema** (INFOR) Lebenszyklus des Systems; ~**s por segundo** (INFOR) Zyklen pro Sekunde **2.** (LIT) Sage *f;* ~ **del rey Arturo** Artussage *f* **3.** (QUÍM) Ring *m* **4.** (*Cuba: bicicleta*) Fahrrad *nt*

ciclocross [θiklo'kros] *m sin pl,* **ciclo-cross** [θiklo'kros] *m sin pl* (DEP) Querfeldeinrennen *nt*

ciclomotor [θiklomo'tor] *m* Moped *nt*

ciclón [θi'klon] *m* **1.** (METEO: *huracán*) Zyklon *m,* Wirbelsturm *m;* (*borrasca*) Bö(e) *f;* **es un** ~ (*fig*) er/sie ist ein richtiger Wirbelwind **2.** (TÉC) Zyklon® *m*

ciclónico, **-a** [θi'kloniko, -a] *adj* Wirbelsturm-, Zyklon-

ciclope [θi'klope] *m,* **cíclope** ['θiklope] *m* Zyklop *m*

ciclópeo, **-a** [θi'klopeo, -a] *adj* zyklopisch

ciclostil(o) [θiklos'til(o)] *m* Vervielfältigungsgerät *nt*

ciclotimia [θiklo'timja] *f* (PSICO) Zyklothymie *f*

ciclotrón [θiklo'tron] *m* (FÍS) Zyklotron *nt*

cicloturismo [θiklotu'rismo] *m* (Fahr)radtourimus *m,* Radwandern *nt;* **los alemanes son muy aficionados al** ~ die Deutschen sind begeisterte Fahrradtouristen

cicloturista [θiklotu'rista] *mf* Fahrradtourist(in) *m(f)*

cicuta [θi'kuta] *f* (BOT) Schierling *m*

cicutina [θiku'tina] *f* (QUÍM) Cicutoxin *nt*

cidra ['θiðra] *f* Zitronatzitrone *f;* ~ **confitada** Zitronat *nt*

cidrada [θi'ðraða] *f* (GASTR) Zitronat *nt*

cidral [θi'ðral] *m* Zitronatzitronenpflanzung *f*

cidro ['θiðro] *m* (BOT) Zitronatzitronenbaum *m*

ciega ['θjeɣa] *adj o adv o f v.* **ciego**

ciegamente [θjeɣa'men̩te] *adv* blindlings

ciego, **-a** ['θjeɣo, -a] **I.** *adj* **1.** (*privado de la vista*) blind; **quedarse** ~ erblinden; **es** ~ **de nacimiento** er ist von Geburt (an) blind; ~ **de amor** blind vor Liebe **2.** (*taponado*) verstopft **II.** *m, f* **1.** (*privado de la vista*) Blinde(r) *mf;* **esto lo ve un** ~ das sieht doch ein Blinder, das ist doch offensichtlich; **no tener que hacer cantar** [*o* **rezar**] **a un** ~ bettelarm sein **2.** (*RíoPl: en el juego*) *Spieler(in) mit schlechten Karten* **III.** *adv:* **a ciegas** blindlings; **cita a ciegas** Blinddate *nt;* **obrar a ciegas** unüberlegt handeln; **anduvo a ciegas por la oscuridad** er/sie tappte durch die Dunkelheit

cielito [θje'lito] *m* (*CSur:* MÚS) *langsamer volkstümlicher Gesang und reigenartiger Volkstanz*

cielo ['θjelo] **I.** *m* **1.** (*atmósfera*) Himmel *m;* **a** ~ **raso** unter freiem Himmel; **mover** ~ **y tierra** Himmel und Hölle in Bewegung setzen; **poner el grito en el** ~ sich auf die Hinterbeine stellen, aufbegehren; **estar en el séptimo** ~ im siebten Himmel sein; **se me ha ido el santo al** ~ das habe ich völlig vergessen, ich habe wirklich ein Gedächtnis wie ein Sieb *fam;* **como caído del** ~ wie gerufen!; **como llovido del** ~ (wie) aus heiterem Himmel **2.** (*bienaventuranza*) Seligkeit *f;* **el reino de los** ~**s** das Himmelreich **3.** (*clima*) Klima *nt* **4.** (*apelativo cariñoso*) Schatz *m,* Schätzchen *nt* **II.** *interj:* **¡**~**s!** (ach) du lieber Himmel!

ciemo ['θjemo] *m* (AGR) Dünger *m*

ciempiés [θjem'pjes] *m inv* **1.** (ZOOL) Tausendfüß(l)er *m* **2.** (*fam: caos*) Kuddelmuddel *m o nt*

cien [θjen] *adj inv* hundert; ~ **por** ~ hundert Prozent; **al** ~ **por** ~ hundertprozentig; **estar a** ~ (*fam*) auf hundert sein; *v. t.* **ochocientos**

ciénaga ['θjenaɣa] *f* Morast *m*

ciencia ['θjen̩θja] *f* **1.** (*saber*) Wissen *nt;* **a** [*o* **de**] ~ **cierta** mit Sicherheit; **ser un pozo de** ~ sehr weise sein; **eso no tiene** ~ das ist ganz einfach **2.** (*disciplina*) Wissenschaft *f;* ~**s económicas** Wirtschaftswissenschaften *fpl,* Volkswirtschaftslehre *f;* ~**s empresariales** Betriebswirtschaftslehre *f;* ~**s físicas** Physik *f;* ~**s políticas** Politikwissenschaft *f;* ~**s sociales** Sozialwissenschaften *fpl* **3.** (*habilidad*) Kunst *f* **4.** *pl:* ~**s** (**naturales**) Naturwissenschaften *fpl;* **Facultad de C**~**s** Naturwissenschaftliche Fakultät

ciencia-ficción ['θjen̩θja-fiʸ'θjon] *f sin pl* Sciencefiction *f*

cienmilésimo, **-a** [θjeⁿmi'lesimo, -a/θjeᵐmi'lesimo, -a] **I.** *adj* hunderttausendste(r,s) **II.** *m, f* Hunderttausendstel *nt;* **una cienmilésima de segundo** eine Hunderttausendstelsekunde

cienmilímetro [θjeⁿmi'limetro/θjeᵐmi'limetro] *m* Hundertstelmillimeter *m*

cienmillonésimo, **-a** [θjeⁿmiʎo'nesimo, -a/θjeᵐmiʎo'nesimo, -a] **I.** *adj* hundertmillionste(r,s) **II.** *m, f* Hundertmillionstel *nt*

cieno ['θjeno] *m* Schlick *m*

científica [θjen̩'tifika] *adj o f v.* **científico**

cientificismo [θjen̩tifi'θismo] *m* (*teoría*) Wissenschaftsgläubigkeit *f*

cientificista [θjen̩tifi'θista] **I.** *adj* wissenschaftsgläubig **II.** *mf* Wissenschaftsgläubige(r) *mf*

científico, **-a** [θjen̩'tifiko, -a] **I.** *adj* wissenschaftlich **II.** *m, f* Wissenschaftler(in) *m(f)*

ciento ['θjen̩to] **I.** *adj* <cien> *inv* hundert; *v. t.* **ochenta** **II.** *m:* ~**s de huevos** Hunderte [*o* hunderte] von Eiern; **el cinco por** ~ fünf Prozent; **a** ~**s** in Scharen; ~ **y la madre** (*fig fam: muchedumbre*) Himmel und Menschen; (*juego*) *Kartenspiel, bei dem hundert Punkte erreicht werden müssen*

cierna ['θjerna] *f* (BOT) Staubbeutel *m*

cierne ['θjerne] *m* **1.** (BOT: *tiempo de fecundación*) Bestäubung *f;* **estar en** ~(**s**) blühen; (*fig*) noch in den Kinderschuhen stecken **2.** *v.* **cierna**

cierre ['θjerre] *m* **1.** (*conclusión, t.* ECON, FIN)

Schließen *nt;* (*clausura*) Schließung *f;* (PREN) Redaktionsschluss *m;* ~ **de la bolsa** Börsenschluss *m;* ~ **de cuentas** Kontenabschluss *m,* Rechnungsabschluss *m;* ~ **del ejercicio** Jahresabschluss *m;* ~ **de una fábrica** Betriebsschließung *f,* Betriebsstilllegung *f;* ~ **de negocio** Geschäftsaufgabe *f;* **al** ~ **de la sesión, las acciones de la BASF habían ganado un punto** zu Börsenschluss hatten die BASF-Aktien einen Punkt zugelegt **2.** (*dispositivo*) Verschluss *m;* ~ **centralizado** (AUTO) Zentralverriegelung *f* **3.** (CINE): ~ **en fundido** Ausblendung *f* **4.** (*Arg: cremallera*): ~ (**relámpago**) Reißverschluss *m* **5.** (JUR): ~ **patronal** Aussperrung *f;* ~ **de un contrato** Vertragsabschluss *m*

cierro ['θjerro] *m* (*Chil: sobre*) Briefumschlag *m*

ciertamente [θjerta'mente] *adv* gewiss, sicherlich

cierto[1] ['θjerto] *adv* gewiss; **¡no, por** ~**!** gewiss nicht!; **¡sí, por** ~**!** aber gewiss!; **por** ~ apropos, übrigens; **puedes tener por** ~ **que te ayudaré** du kannst dich darauf verlassen, dass ich dir helfen werde

cierto, -a[2] ['θjerto, -a] *adj* <certísimo> **1.** (*verdadero*) wahr; (*seguro*) sicher, gewiss; **esto no es** ~ das ist nicht wahr, das stimmt nicht; **una información cierta** eine richtige Information; **de** ~ bestimmt, mit Sicherheit; **estar en lo** ~ Recht haben; **dejar lo** ~ **por lo dudoso** ein Risiko eingehen; **lo** ~ **es que...** ehrlich gesagt ...; **eso es tan** ~ **como dos y dos son cuatro** das ist so sicher wie das Amen in der Kirche **2.** (*alguno*) gewiss; ~ **día** eines Tages; **ciertas personas** gewisse Leute

ciervo, -a ['θjerβo, -a] *m, f* Hirsch *m,* Hirschkuh *f;* ~ **volante** Hirschkäfer *m*

cierzas ['θjerθas] *fpl* (BOT) Rebschössling *m*

cierzo ['θjerθo] *m* Nordwind *m*

CIF [θif] *abr de* **coste, seguro y flete** CIF

C.I.F. [θif] *abr de* **código de identificación fiscal** *Steueridentifikationsnummer für Gesellschaften*

cifosis [θi'fosis] *f inv* (MED) Kyphose *f,* Wirbelsäulenverkrümmung *f* nach hinten

cifra ['θifra] *f* **1.** (*guarismo*) Ziffer *f;* ~ **de negocios** (ECON) Umsatz *m;* ~ **récord** Rekordziffer *f;* ~ **de ventas** [*o* **de facturación**] (ECON) Umsatz *m* **2.** (*clave*) Kode *m;* **en** ~ verschlüsselt **3.** (*abreviatura*) Abkürzung *f* **4.** (*monograma*) Monogramm *nt* **5.** (*resumen*) Inbegriff *m* (*de* +*gen*)

cifrado [θi'fraðo] *m* Kryptographie *f*

cifrar [θi'frar] **I.** *vt* **1.** (*codificar*) verschlüsseln **2.** (*calcular*) berechnen **3.** (*resumir*) setzen (*en* auf +*akk*) **II.** *vr:* ~**se** sich belaufen (*en* auf +*akk*)

cigala [θi'ɣala] *f* (ZOOL) Kaisergranat *m,* Kronenhummer *m*

cigarra [θi'ɣarra] *f* **1.** (ZOOL) Zikade *f* **2.** (*bolsa*) Geldbeutel *m*

cigarral [θiɣa'rral] *m* (*reg*) Landgut *nt*

cigarrera [θiɣa'rrera] *f* **1.** (*vendedora*) Zigarrenverkäuferin *f* **2.** (*que elabora*) Zigarrendreherin *f* **3.** (*caja*) Zigarrenkiste *f* **4.** (*petaca*) Zigarrenetui *nt*

cigarrero, -a [θiɣa'rrero, -a] *m, f* (COM: *productor*) Zigarrenmacher(in) *m(f);* (*vendedor*) Zigarrenhändler(in) *m(f)*

cigarrillo [θiɣa'rriʎo] *m* Zigarette *f;* ~ **con filtro** Filterzigarette *f;* ~ **mentolado** Mentholzigarette *f*

cigarro [θi'ɣarro] *m* Zigarre *f*

cigarrón [θiɣa'rron] *m* (ZOOL) Heuschrecke *f*

cigoma [θi'ɣoma] *m* (ANAT) Jochbogen *m,* Zygoma *nt*

cigoñino [θiɣo'ɲino] *m* (ZOOL) Storchjunge(s) *nt*

cigoto [θi'ɣoto] *m* (BIOL) Zygote *f*

ciguata [θi'ɣwata] *f v.* **ciguato**

ciguatera [θiɣwa'tera] *f Fischkrankheit im Golf von Mexiko, die sich auf den Menschen übertragen kann*

ciguato, -a [θi'ɣwato, -a] *m, f an der „ciguatera" erkrankte Person*

cigüeña [θi'ɣweɲa] *f* **1.** (*ave*) Storch *m* **2.** (*manivela*) Kurbel *f*

cigüeñal [θiɣwe'ɲal] *m* (AUTO) Kurbelwelle *f*

cigüeñato [θiɣwe'ɲato] *m* (ZOOL) *v.* **cigoñino**

cigüeñuela [θiɣwe'ɲwela] *f* **1.** (ZOOL) Stelzenläufer *m* **2.** (TÉC: *manivela*) Kurbel *f*

cija ['θixa] *f* (AGR) **1.** (*cuadra*) Schafstall *m* **2.** (*pajar*) Strohscheune *f,* Strohschober *m*

cilantro [θi'landro] *m* Koriander *m*

cilicio [θi'liθjo] *m* Büßergürtel *m*

cilindrada [θilin'draða] *f* (AUTO) Hubraum *m*

cilindrar [θilin'drar] *vt* walzen; ~ **la masa** den Teig ausrollen

cilíndrico, -a [θi'lindriko, -a] *adj* zylindrisch

cilindro [θi'lindro] *m* Zylinder *m;* (*en un reloj*) Trommel *f*

cilio ['θiljo] *m* (BIOL) Flagelle *f*

cima ['θima] *f* **1.** (*cumbre*) Spitze *f;* ~ **del árbol** (Baum)wipfel *m;* ~ **del monte** (Berg)gipfel *m;* ~ **de una ola** Wellenberg *m;* **dar** ~ **a algo** etw beenden **2.** (*cúspide*) Höhepunkt *m*

cimacio [θi'maθjo] *m* (ARQUIT) **1.** (*moldura*) Kyma(tion) *nt* **2.** (*cornisa*) Traufleiste *f*

cimarrón, -ona [θima'rron, -ona] *adj* (*Am: animal salvaje*) wild (lebend); (*planta salvaje*) wild (wachsend); (*animales domésticos*) verwildert

cimarronada [θimarro'naða] *f* (*Am*) Rudel *nt* verwilderter Tiere

cimarronear [θimarrone'ar] *vi* verwildern

cimasa [θi'masa] *f* (BIOL) Zymase *f*

cimbalaria [θimba'larja] *f* (BOT) Zimbelkraut *nt*

cimbalero, -a [θimba'lero, -a] *m, f* (MÚS) Zimbelspieler(in) *m(f)*

cimbalillo [θimba'liʎo] *m* (MÚS) Glöckchen *nt*

cimbalista [θimba'lista] *mf* (MÚS) *v.* **cimbalero**

címbalo ['θimbalo] *m* (MÚS) Zimbel *f*
cimbel [θim'bel] *m* **1.**(*cuerda*) Lockvogelleine *f* **2.**(*señuelo*) Lockvogel *m*
cimbo(r)rio [θim'bo(r)rjo] *m* (ARQUIT) Kuppelgewölbe *nt*
cimbra ['θimbra] *f* **1.**(ARQUIT: *estructura*) Bogengerüst *nt*, Lehrgerüst *nt* **2.**(ARQUIT: *cara interior*) Bogenlaibung *f* **3.**(*curvatura*) Rundung *f*, Biegung *f* (*von Planken, Brettern*)
cimbrar [θim'brar], **cimbrear** [θimbre'ar] **I.** *vt* **1.**(*agitar*) schwingen **2.**(*golpear*) schlagen **3.**(*doblar*) biegen **II.** *vr:* **~se** **1.**(*agitarse*) schwingen **2.**(*doblarse*) sich biegen
cimbreño, **-a** [θim'breɲo, -a] *adj* schwingend
cimbreo [θim'breo] *m* **1.**(*agitación*) Schwingung *f* **2.**(*golpe*) Schlag *m*
cimbronazo [θimbro'naθo] *m* **1.**(*golpe*) Schlag *m* auf den Rücken **2.**(*Am: temblor nervioso*) Zusammenzucken *nt* **3.**(*Am: tirón del lazo*) plötzlicher Ruck *m* (*an Seil, Leine, Schlinge*)
cimentación [θimeṇta'θjon] *f* **1.**(*fundamento*) Fundamentierung *f* **2.**(*edificación*) Gründung *f*
cimentar [θimeṇ'tar] <e→ie> *vt* **1.**(*fundar*) gründen **2.**(*fundamentar*) fundamentieren **3.**(*afinar oro*) läutern **4.**(*consolidar*) begründen
cimero, **-a** [θi'mero, -a] *adj* krönend
cimiento [θi'mjeṇto] *m* Fundament *nt*
cimitarra [θimi'tarra] *f* Krummsäbel *m*
cimógeno¹ [θi'moxeno] *m* (BIOL, QUÍM) Zymogen *nt*, Proenzym *nt*
cimógeno, **-a²** [θi'moxeno, -a] *adj* (BIOL, QUÍM) zymogen, Zymogen-
cimógrafo [θi'moɣrafo] *m* (MED) Kymograph *m*
cimómetro [θi'mometro] *m* Wellenmesser *m*
cimpa ['θimpa] *f* (*Perú*) geflochtener Zopf *m*
cinabrio [θi'naβrjo] *m* Zinnober *m*
cinamomo [θina'momo] *m* **1.**(*árbol*) Zedrach *m* **2.**(*mirra*) Myrrhe *f* **3.**(*canela*) Zimt *m* **4.**(*Fili: alheña*) Liguster *m*
cinc [θiŋ] *m* Zink *nt*
cinca ['θiŋka] *f* (*en los bolos*) Fehlwurf *m*, Pudel *m fam*
cincado¹ [θiŋ'kaðo] *m* Verzinkung *f*
cincado, **-a²** [θiŋ'kaðo, -a] *adj* verzinkt
cincel [θiṇ'θel] *m* Meißel *m*
cincelado [θiṇθe'laðo] *m* Ziselierung *f*
cincelador(a) [θiṇθela'ðor(a)] *m(f)* (*metal*) Ziseleur(in) *m(f)*
cinceladura [θiṇθela'ðura] *f v.* **cincelado**
cincelar [θiṇθe'lar] *vt* ziselieren
cincha ['θintʃa] *f* **1.**(*faja*) Sattelgurt *m*; **a revienta ~s** (*Am*) in gestrecktem Galopp **2.**(*CRi: machete*) Machete *f*
cinchar [θin'tʃar] **I.** *vt* (*fajar*) gurten **II.** *vi* **1.**(*RíoPl: fam: realizar*) verwirklichen **2.**(*RíoPl: fam: trabajar*) (hart) arbeiten, schuften
cincho ['θintʃo] *m* **1.**(*faja*) Leibbinde *f*, Bauchbinde *f* **2.**(*espada*) Degengurt *m* **3.**(*de hierro*) (Eisen)reifen *m*; (*barril*) Fassreifen *m* **4.**(*molde del queso*) Band *nt* aus Esparto (*als Umrandung für eine Käseform*) **5.**(*Am: silla de montar*) Sattelgurt *m* **6.**(ARQUIT) auskragender Bogenteil *m* (*bei einem Tonnengewölbe*) **7.**(*caballería*) Hufverwachsung *f*
cinco ['θiŋko] **I.** *adj inv* fünf; **estar sin ~** (*fam*) blank sein **II.** *m* Fünf *f*; *v. t.* **ocho**
cincoenrama [θiŋkoen'rrama] *f* (BOT) Kriechendes Fingerkraut *nt*
cincograbado [θiŋkoɣra'βaðo] *m* (ARTE) Zinkätzung *f*
cincografía [θiŋkoɣra'fia] *f* (ARTE) Zinkographie *f*, Zinkotypie *f*
cincomesino, **-a** [θiŋkome'sino, -a] **I.** *adj* Fünfmonats- **II.** *m, f* Fünfmonatskind *nt*
cincuenta [θiŋ'kweṇta] *adj inv* fünfzig; *v. t.* **ochenta**
cincuentavo¹ [θiŋkweṇ'taβo] *m* Fünfzigstel *nt*; *v. t.* **octavo¹**
cincuentavo, **-a²** [θiŋkweṇ'taβo, -a] *adj* fünfzigstel; *v. t.* **octavo²**
cincuentena [θiŋkweṇ'tena] *f Einheit aus fünfzig Teilen;* **una ~ de personas** (etwa) fünfzig Personen
cincuentenario [θiŋkweṇte'narjo] *m* fünfzigster Jahrestag *m*
cincuentón, **-ona** [θiŋkweṇ'ton, -ona] **I.** *adj* in den Fünfzigern **II.** *m, f* Fünfzigjährige(r) *mf*
cine ['θine] *m* **1.**(*sala*) Kino *nt*; **~ de barrio** Vorstadtkino *nt*; **~ de estreno** Uraufführungskino *nt*; **~ de sesión continua** Nonstopkino *nt* **2.**(*séptimo arte*) Film *m*, Filmkunst *f*; **~ mudo** Stummfilm *m*; **~ sonoro** Tonfilm *m*
cineasta [θine'asta] *mf* Cineast(in) *m(f)*
cineclub [θine'kluᵝ] *m* <cineclubs> Filmklub *m*
cinefilia [θine'filja] *f* (CINE) Kinobegeisterung *f*
cinéfilo, **-a** [θi'nefilo, -a] *m, f* Kinoliebhaber(in) *m(f)*
cinefórum [θine'forun] <cinefórums> *m* (CINE) Filmvortrag *m* (*mit anschließender Diskussion*)
cinegética [θine'xetika] *f* Jagdkunst *f*
cinegético, **-a** [θine'xetiko, -a] *adj* Jagd-; **huésped ~** Jagdgast *m*
cinema [θi'nema] *m* **1.**(*cine*) Kino *nt* **2.**(*cinemática*) Kinematik *f*
cinemascope® [θinemas'kope] *m* Cinemascope® *nt*
cinemateca [θinema'teka] *f* Filmarchiv *nt*, Kinemathek *f*
cinemática [θine'matika] *f* Kinematik *f*
cinemático, **-a** [θine'matiko, -a] *adj* (FÍS) kinematisch
cinematografía [θinematoɣra'fia] *f* Filmkunst *f*, Kinematographie *f*
cinematografiar [θinematoɣrafi'ar]

<*1. pres:* cinematografío> *vt* (CINE) filmen, drehen

cinematográfico, -a [θinemato'ɣrafiko, -a] *adj* filmisch, kinematographisch

cinematógrafo [θinema'toɣrafo] *m* **1.** (*proyector*) Kinematograph *m* **2.** (*cine*) Kino *nt*, Lichtspieltheater *nt*

cinerama® [θine'rama] *m* Cinerama® *nt*

cinerario, -a [θine'rarjo, -a] *adj* Aschen-; **urna cineraria** Aschenurne *f*

cinéreo, -a [θi'nereo, -a] *adj* (*elev*) aschgrau

cinescopio [θines'kopjo] *m* (CINE, TV) Bild(wiedergabe)röhre *f*

cinesis [θi'nesis] *f inv* (BIOL) Kinese *f*

cinesiterapia [θinesite'rapja] *f* (MED) Heilgymnastik *f*, Kinesiotherapie *f*

cinestesia [θines'tesja] *f* (MED) Bewegungsgefühl *nt*, Kinästhesie *f*

cinética [θi'netika] *f* (ARTE, FÍS) Kinetik *f*

cinético, -a [θi'netiko, -a] *adj* (ARTE, FÍS) kinetisch

cingalés, -esa [θiŋga'les, -esa] **I.** *adj* ceylonesisch **II.** *m, f* Ceylonese, -in *m, f*

cíngaro, -a ['θiŋgaro, -a] **I.** *adj* zigeunerisch **II.** *m, f* Zigeuner(in) *m(f)*

cinglar [θiŋ'glar] *vt* **1.** (NÁUT) wricken, wrigge(l)n **2.** (TÉC) zängen, entschlacken

cínico, -a ['θiniko, -a] **I.** *adj* **1.** (*desvergonzado*) zynisch **2.** (FILOS) kynisch **II.** *m, f* **1.** (*desvergonzado*) Zyniker(in) *m(f)* **2.** (FILOS) Kyniker(in) *m(f)*

cinismo [θi'nismo] *m* **1.** (*desvergüenza*) Zynismus *m* **2.** (FILOS) Kynismus *m*

cinquén [θiŋ'ken] *m* (HIST: *moneda*) *alte kastilische Münze*

cinta ['θin̩ta] *f* **1.** (*tira*) Band *nt*; ~ **adhesiva** Klebeband *nt*; ~ **aislante** Isolierband *nt*; ~ **correctora** Korrekturband *nt*; ~ **sin fin** Fließband *nt*; ~ **magnética** Magnetband *nt*; ~ **magnetofónica** Tonband *nt*; ~ **mecanográfica** Farbband *nt*; ~ **métrica** Messband *nt*; ~ **del pelo** Haarband *nt*; ~ **perforada** (INFOR) Lochstreifen *m*; ~ **de video** Videoband *nt*; **en** ~ befestigt **2.** (*hilera de baldosas*) Abschlussleiste *f* (*aus Kacheln*) **3.** (*red de pesca*) Thunfischnetz *nt* **4.** (*planta*) Grünlilie *f*

cintarazo [θin̩ta'raθo] *m* **1.** (*latigazo*) Schlag *m* auf den Rücken (*mit einer Peitsche, einem Gurt o.Ä.*) **2.** (*sablazo*) Schwerthieb *m* (*mit der flachen Klinge*)

cinteado, -a [θin̩te'aðo, -a] *adj* mit Bändern geschmückt

cintilar [θin̩ti'lar] *vi* glänzen

cintillo [θin̩'tiʎo] *m* **1.** (*sombrero*) Hutband *nt* **2.** (*t. Am: sortija*) Ring *m*

cinto ['θin̩to] *m* **1.** (*cinturón*) Gürtel *m* **2.** (*cintura*) Taille *f* **3.** (*RíoPl: cinturón con monedero*) Geldgürtel *m*

cintrado, -a [θin̩'traðo, -a] *adj* (ARQUIT: *bóveda*) gekrümmt; (*arco*) gewölbt

cintura [θin̩'tura] *f* **1.** (*talle*) Taille *f*; ~ **de avispa** Wespentaille *f*; **meter a alguien en** ~ jdn in seine Schranken weisen **2.** (*pretinilla*) Bund *m* **3.** (ARQUIT) Kaminoberteil *nt*

cinturilla [θin̩tu'riʎa] *f* Band *nt*

cinturón [θin̩tu'ron] *m* **1.** (*ceñidor*) Gürtel *m*; ~ **de castidad** Keuschheitsgürtel *m*; ~ **de pobreza** (*fig*) Armenviertel *nt*; ~ **salvavidas** Rettungsring *m*; **apretarse el** ~ (*fig*) den Gürtel enger schnallen **2.** (*correa*) Gurt *m*; ~ **de seguridad** Sicherheitsgurt *m*; **ponerse el** ~ sich anschnallen **3.** (ASTR) Ring *m*; ~ **de Orión** Ring Orion **4.** (*carretera*) Ringstraße *f*; ~ **de Barcelona** Innenstadtring von Barcelona

cinzolín [θin̩θo'lin] *adj* rötlich violett

cipayo [θi'paɟo] *m* **1.** (*soldado indio*) Sepoy *m* **2.** (*pey: esbirro*) Lohnsklave, -in *m, f*

cipe ['θipe] *adj* (*AmC: enfermizo*) kränkelnd, kränklich

cipo ['θipo] *m* **1.** (*pilastra funeraria*) Grabstein *m* **2.** (*poste*) Meilenstein *m* **3.** (*mojón*) Grenzstein *m*

cipote [θi'pote] *m* **1.** (*mojón*) Grenzstein *m* **2.** (*torpe*) Tollpatsch *m* **3.** (*gordo*) beleibter Mann *m*, Dicke(r) *m fam* **4.** (*palillo del tambor*) Schlägel *m* **5.** (*vulg: pene*) Schwanz *m fam* **6.** (*ElSal, Hond, Nic: pilluelo*) Spitzbube *m*

ciprés [θi'pres] *m* **1.** (*árbol*) Zypresse *f* **2.** (*madera*) Zypressenholz *nt*

cipresal [θipre'sal] *m* Zypressenhain *m*

ciprínido[1] [θi'priniðo] *m* (ZOOL: *pez*) Karpfenfisch *m*

ciprínido, -a[2] [θi'priniðo, -a] *adj* (ZOOL: *pez*) zur Familie der Karpfenfische gehörend

ciprio, -a ['θiprjo] *adj o m, f v.* **chipriota**

cipriota [θi'prjota] *adj o mf v.* **chipriota**

circense [θir'θense] *adj* Zirkus-; **espectáculo** ~ Zirkusvorstellung *f*

circo ['θirko] *m* **1.** (*arena*) Zirkus *m*; ~ **ambulante** Wanderzirkus *m*; **de** ~ zum Lachen **2.** (GEO) Senke *f*

circonio [θir'konjo] *m* (QUÍM) Zirkonium *nt*

circuir [θirku'ir] *irr como huir vt* umgeben

circuito [θirku'ito] *m* **1.** (*perímetro*) Umkreis *m* **2.** (*trayecto de carrera*) Rennstrecke *f* **3.** (*recorrido*) Rundfahrt *f* **4.** (ELEC) Stromkreis *m*; ~ **combinatorio** (INFOR) kombinatorische Schaltung; ~ **digital** (INFOR) Digitalschaltung *f*; ~ **impreso** gedruckte Schaltung; ~ **integrado** integrierter Schaltkreis; **corto** ~ Kurzschluss *m*

circulación [θirkula'θjon] *f* **1.** (*ciclo*) Kreislauf *m*; ~ **sanguínea** Blutkreislauf *m* **2.** (*tránsito*) Verkehr *m*; ~ **giratoria** Kreisverkehr *m*; **impuesto de** ~ Kraftfahrzeugsteuer *f* **3.** (ECON) Umlauf *m*; ~ **monetaria** Geldumlauf *m*; **dinero en** ~ in Umlauf befindliches Geld; **libre** ~ **de mercancías** (COM) Warenfreiheit *f*; (UE) freier Warenverkehr; **libre** ~ **de personas, bienes, servicios y capitales** freier Personen-, Güter-, Dienstleistungs- und Kapitalverkehr; **poner en** ~ in Umlauf bringen; **retirar de la** ~ aus dem Verkehr ziehen

circulante [θirku'lan̩te] *adj* zirkulierend; **biblioteca** ~ Leihbibliothek *f*; **valor** ~ Umlaufwert *m*

circular [θirku'lar] **I.** *adj* kreisförmig **II.** *vi* **1.** (*recorrer*) zirkulieren **2.** (*personas*) hin und her gehen; **¡circulen!** (bitte) weitergehen! **3.** (*vehículos*) hin und her fahren **III.** *f* Rundschreiben *nt*

circulatorio, **-a** [θirkula'torjo, -a] *adj* (MED) Kreislauf-; **problemas ~s** Kreislaufprobleme *ntpl*

círculo ['θirkulo] *m* Kreis *m;* ~ **de amistades** Freundeskreis *m;* **~s financieros** Finanzkreise *mpl;* ~ **polar ártico/antártico** nördlicher/südlicher Polarkreis; ~ **vicioso** Teufelskreis *m;* **en ~s empresariales** in Unternehmerkreisen

circumpolar [θirkumpo'lar] *adj* Zirkumpolar-; **estrella** ~ Zirkumpolarstern *m*

circuncenital [θirkun̪θeni'tal] *adj* (ASTR) zirkumzenital

circuncidar [θirkun̪θi'ðar] *vt* beschneiden

circuncisión [θirkun̪θi'sjon] *f* Beschneidung *f*

circunciso[1] [θirkun̪'θiso] *m* **1.** (*circuncidado*) Beschnittene(r) *m* **2.** (*judío*) Jude *m*

circunciso, **-a**[2] [θirkun̪'θiso, -a] **I.** *pp de* **circuncidar** **II.** *adj* beschnitten

circundante [θirkun̪'dan̪te] *adj* umgebend; **mundo** ~ Umgebung *f*

circundar [θirkun̪'dar] *vt* umgeben

circunferencia [θirkuɱfe'ren̪θja] *f* (MAT) **1.** (*círculo*) Kreis *m* **2.** (*contorno*) Umfang *m*

circunferente [θirkuɱfe'ren̪te] *adj* (MAT) umgebend

circunferir [θirkuɱfe'rir] *irr como sentir vt* begrenzen

circunflejo [θirkuɱ'flexo] **I.** *adj:* **acento** ~ Zirkumflex *m* **II.** *m* Zirkumflex *m*

circunlocución [θirkunloku'θjon] *f* Umschreibung *f*, Periphrase *f*

circunloquio [θirkun'lokjo] *m* Umschweife *mpl*

circunnavegación [θirkunnaβeɣa'θjon] *f* (NÁUT) Umsegelung *f;* ~ **del mundo** Weltumsegelung *f*

circunnavegar [θirkunnaβe'ɣar] <g→gu> *vt* umsegeln

circunscribir [θirku^{n}skri'βir] *irr como escribir* **I.** *vt* **1.** (*concretar*) beschränken (*a* auf +*akk*) **2.** (MAT) umschreiben; ~ **al triángulo** ein Dreieck umschreiben **II.** *vr:* **~se** sich beschränken (*a* auf +*akk*)

circunscripción [θirku^{n}skriβ'θjon] *f* **1.** (*concreción*) Einschränkung *f* **2.** (MAT) Umschreibung *f* **3.** (*distrito*) Bezirk *m*

circunscrito, **-a** [θirku^{n}s'krito, -a] *pp de* **circunscribir**

circunspección [θirku^{n}speˠ'θjon] *f* Umsicht *f*

circunspecto, **-a** [θirku^{n}s'pekto, -a] *adj* umsichtig

circunstancia [θirku^{n}s'tan̪θja] *f* Umstand *m;* **en estas ~s** unter diesen Umständen; **poner cara de** ~ ein entsprechendes Gesicht machen; **vendaje de ~s** provisorischer Verband

circunstancial [θirku^{n}stan̪'θjal] *adj* Umstands-, umstandsbedingt

circunstanciar [θirku^{n}stan̪'θjar] *vt* detailliert schildern

circunstante [θirku^{n}s'tan̪te] **I.** *adj* **1.** (*rodeado*) umgebend **2.** (*presente*) anwesend **II.** *mf* Anwesende(r) *mf*

circunvalación [θirkumbala'θjon] *f* **1.** (*acción de circunvalar*) Umgehung *f;* **carretera de** ~ Umgehungsstraße *f* **2.** (MIL) Umwallung *f*

circunvalar [θirkumba'lar] *vt* umgehen

circunvecino, **-a** [θirkumbe'θino, -a] *adj* benachbart

circunvolar [θirkumbo'lar] <o→ue> *vt* umfliegen; ~ **la isla con un helicóptero** im Hubschrauber um eine Insel herumfliegen

circunvolución [θirkumbolu'θjon] *f* Windung *f;* ~ **cerebral** (Ge)hirnwindung *f*

circunyacente [θirkunɟa'θen̪te] *adj* umliegend

cirenaico, **-a** [θire'nai̯ko, -a] *adj* **1.** (*de Cirene*) aus Kyrene **2.** (FILOS): **escuela cirenaica** kyrenaische Schule

cireneo, **-a** [θire'neo, -a] *adj* aus Kyrene

cirílico, **-a** [θi'riliko, -a] *adj* kyrillisch

cirineo, **-a** [θiri'neo, -a] **I.** *adj* aus Kyrene **II.** *m, f* Helfer(in) *m(f)*, Samariter(in) *m(f)*

cirio ['θirjo] *m* **1.** (*vela*) (lange, dicke) Wachskerze *f;* ~ **pascual** Osterkerze *f* **2.** (*fam: jaleo*) Durcheinander *nt*, Wirrwarr *m;* **armar un** ~ Aufruhr verursachen

cirro ['θirro] *m* **1.** (MED) Knoten *m* **2.** (BOT) Ranke *f* **3.** (METEO) Zirruswolke *f*, Federwolke *f*

cirrosis [θi'rrosis] *f inv* (MED) Zirrhose *f*

cirroso, **-a** [θi'rroso, -a] *adj* (METEO: *elev*) mit Zirruswolken

cirrótico, **-a** [θi'rrotiko, -a] *adj* (MED) zirrhotisch

ciruela [θi'rwela] *f* Pflaume *f;* ~ **claudia** Reineclaude *f*, Reneklode *f;* ~ **damascena** Zwetsche *f;* ~ **pasa** Dörrpflaume *f;* ~ **de yema** Eierpflaume *f*

ciruelo [θi'rwelo] *m* **1.** (*pruno*) Pflaumenbaum *m* **2.** (*fam: tonto*) Dummkopf *m*

cirugía [θiru'xia] *f* (MED) Chirurgie *f;* ~ **estética** kosmetische Chirurgie; ~ **plástica** plastische Chirurgie

cirujano, **-a** [θiru'xano, -a] *m, f* (MED) Chirurg(in) *m(f)*

cisalpino, **-a** [θisal'pino] *adj* zisalpin(isch)

ciscar [θis'kar] <c→qu> **I.** *vt* (*fam*) besudeln, beschmutzen **II.** *vr:* **~se** (*fam*) sein großes Geschäft machen [*o* erledigen]

cisco ['θisko] *m* **1.** (*carbón*) (Kohlen)grus *m;* **hacerse** ~ zerbrechen; **estar hecho un** ~ (*fam*) fix und fertig sein **2.** (*jaleo*) Krach *m*

ciscón [θis'kon] *m* Schlacke *f*

císipedo, **-a** [θi'sipeðo, -a] *adj* (ZOOL) mit Zehen, in Zehen unterteilt

Cisjordania [θisxor'ðanja] *f* West-Bank *f*,

Westjordanland *nt*

cisma ['θisma] *m* **1.** (REL) Schisma *nt* **2.** (*desacuerdo*) Zwist *m*

cismar [θis'mar] *vt* (*reg*) Zwietracht stiften [*o* säen] (zwischen +*dat*)

cismático, **-a** [θis'matiko, -a] **I.** *adj* schismatisch **II.** *m, f* Schismatiker(in) *m(f)*

cismontano, **-a** [θismoṇ'tano, -a] *adj* diesseits der Berge

cisne ['θisne] *m* Schwan *m*

cispadano, **-a** [θispa'ðano, -a] *adj* zispadanisch

cisrenano, **-a** [θi(s)rre'nano, -a] *adj* (GEO) linksrheinisch

cistectomía [θistekto'mia] *f* (MED) Zystektomie *f*

cister [θis'ter] *m*, **císter** ['θister] *m* (REL) Zisterzienserorden *m*

cisterciense [θister'θjense] *adj* (REL) Zisterzienser-; **convento** ~ Zisterzienserkloster *nt*

cisterna [θis'terna] **I.** *adj* (*en vehículos y barcos*) Tank-; **barco** ~ Tankschiff *nt*, Tanker *m* **II.** *f* **1.** (*aljibe*) Zisterne *f* **2.** (*de un retrete*) Spülkasten *m*

cisticerco [θisti'θerko] *m* (ZOOL) Bandwurmfinne *f*, Zystizerkus *m*

cisticercosis [θistiθer'kosis] *f inv* (MED) Zystizerkose *f*

cistitis [θis'titis] *f inv* (MED) Blasenentzündung *f*

cistocele [θisto'θele] *m* (MED) Blasenvorfall *m*, Zystozele *f*

cistografía [θistoɣra'fia] *f* (MED) Zystographie *f*

cistoscopia [θistos'kopja] *f* (MED) Blasenspiegelung *f*, Zystoskopie *f*

cistoscopio [θistos'kopjo] *m* (MED) Blasenspiegel *m*, Zystoskop *nt*

cistotomía [θistoto'mia] *f* (MED) Zystotomie *f*

cisura [θi'sura] *f* **1.** (*fisura*) Riss *m* **2.** (*cicatriz*) Narbe *f* **3.** (*incisión*) Einstich *m*

cita ['θita] *f* **1.** (*convocatoria*) Termin *m*; **anular una** ~ einen Termin absagen; **concertar una** ~ einen Termin vereinbaren [*o* abmachen] **2.** (*encuentro*) Verabredung *f*; **una** ~ **anual** ein jährliches Treffen; **tener una** ~ **con alguien** mit jdm verabredet sein **3.** (*mención*) Zitat *nt*

citación [θita'θjon] *f* **1.** (JUR) Vorladung *f* **2.** (*el mencionar*) Zitieren *nt*; ~ **de nombre** Namensnennung *f*

citar [θi'tar] **I.** *vt* **1.** (*convocar*) zu einem Termin einladen **2.** (*mencionar*) zitieren **3.** (JUR) (vor)laden **4.** (TAUR) (den Stier) reizen **II.** *vr:* ~**se** sich verabreden

citara [θi'tara] *f* (dünne) Backsteinmauer *f*

cítara ['θitara] *f* (MÚS) Zither *f*

citarista [θita'rista] *mf* Zitherspieler(in) *m(f)*

citatoria [θita'torja] *f* (JUR) (Vor)ladung *f*

citatorio, **-a** [θita'torjo, -a] *adj* (JUR) (Vor)ladungs-; **notificación citatoria** Vorladungsschreiben *nt*

citerior [θite'rjor] *adj* diesseitig

citodiagnóstico [θitoðjaɣ'nostiko] *m* (MED: *procedimiento*) Zytodiagnostik *f*

citogenética [θitoxe'netika] *f* (BIOL, MED) Zytogenetik *f*

citología [θitolo'xia] *f* (BIOL, MED) Zytologie *f*

citológico, **-a** [θito'loxiko, -a] *adj* (MED) zytologisch

citopatología [θitopatolo'xia] *f* (BIOL) Zellpathologie *f*, Zytopathologie *f*

citoplasma [θito'plasma] *m* (BIOL) Zytoplasma *nt*, Zellplasma *nt*

citramontano, **-a** [θitramoṇ'tano, -a] *adj* diesseits der Berge

citrato [θi'trato] *m* (QUÍM) Zitrat *nt*

cítrico, **-a** ['θitriko, -a] *adj* Zitrus-; **aceite** ~ Zitrusöl *nt*; **ácido** ~ (QUÍM) Zitronensäure *f*

citrícola [θi'trikola] *adj* (AGR) Zitrusfruchtanbau-

cítricos ['θitrikos] *mpl* **1.** (*frutas*) Zitrusfrüchte *fpl* **2.** (*plantas*) Zitruspflanzen *fpl*

citricultura [θitrikuḷ'tura] *f* Anbau *m* von Zitrusfrüchten

citrina [θi'trina] *f* (QUÍM) Zitrin *nt*

citrón [θi'tron] *m* Zitrone *f*

ciudad [θju'ða^{d}] *f* Stadt *f*; ~ **dormitorio** Schlafstadt *f*; ~ **hermanada** Partnerstadt *f*; ~ **industrial** Industriestadt *f*; ~ **jardín** Gartenstadt *f*; ~ **de origen** Geburtsort *m*, Heimatstadt *f*; ~ **satélite** Satellitenstadt *f*, Trabantenstadt *f*; ~ **universitaria** Campus *m*; **la C~ condal** Barcelona *nt*; **la C~ eterna** die Ewige Stadt, Rom *nt*; **la C~ del oso y del madroño** Madrid *nt*; **la C~ Santa** die Heilige Stadt, Jerusalem *nt*; **la C~ del Turia** Valencia *nt*

ciudadana [θjuða'ðana] *adj o f v.* **ciudadano**

ciudadanía [θjuðaða'nia] *f* **1.** (*nacionalidad*) Staatsbürgerschaft *f*, Staatsangehörigkeit *f*, Nationalität *f*; **derecho de** ~ Bürgerrecht *nt* **2.** (*conjunto de ciudadanos*) Bürgerschaft *f* **3.** (*civismo*) Bürgersinn *m*

ciudadano, **-a** [θjuða'ðano, -a] **I.** *adj* **1.** (*de la ciudad*) städtisch **2.** (*del ciudadano*) bürgerlich; **deber** ~ Bürgerpflicht *f* **II.** *m, f* **1.** (*residente*) Städter(in) *m(f)* **2.** (*súbdito*) Staatsbürger(in) *m(f)*; (*referente a una ciudad*) Bürger(in) *m(f)*; **el** ~ **medio** der Durchschnittsbürger **3.** (*de la clase media*) Bürgerliche(r) *mf*

ciudadela [θjuða'ðela] *f* Zitadelle *f*

ciudad-estado [θju'ðað-es'taðo] <ciudades-estado> *f* Stadtstaat *m*

ciudadrealeño, **-a** [θjuða^{d}rrea'leɲo, -a] **I.** *adj* aus Ciudad Real **II.** *m, f* Einwohner(in) *m(f)* von Ciudad Real

civeta [θi'βeta] *f* (ZOOL) Zibetkatze *f*

civeto [θi'βeto] *m* Zibet *m*

cívico, **-a** ['θiβiko, -a] *adj* **1.** (*de la ciudad*) städtisch **2.** (*del ciudadano*) bürgerlich **3.** (*del civismo*) zivilisiert

civil [θi'βil] **I.** *adj* **1.** (*cívico*) bürgerlich, zivil; **derecho** ~ Zivilrecht *nt*; **guerra** ~ Bürgerkrieg *m;* **casarse por lo** ~ standesamtlich heiraten **2.** (*correcto*) zivilisiert, gesittet **II.** *mf* **1.** (*fam: guardia* ~) Angehörige(r) *mf* der Guardia civil **2.** (*paisano*) Zivilist(in) *m(f)*

civilidad [θiβili'ða^{d}] *f* **1.** (*civismo*) Bürgersinn *m* **2.** (*amabilidad*) Zuvorkommenheit *f*

civilista [θiβi'lista] *mf* (*abogado*) Zivilrechtler(in) *m(f)*

civilización [θiβiliθa'θjon] *f* **1.** (*progreso*) Zivilisation *f* **2.** (*cultura*) Kultur *f*

civilizador(a) [θiβiliθa'ðor(a)] *adj* zivilisatorisch

civilizar [θiβili'θar] <z→c> *vt* zivilisieren

civilmente [θiβil'mente] *adv* (JUR) zivilrechtlich

civismo [θi'βismo] *m* **1.** (*espíritu cívico*) Bürgersinn *m* **2.** (*cortesía*) Höflichkeit *f*

cizalla [θi'θaʎa] *f* **1.** (*recorte*) Verschnittblech *nt* **2.** *pl* (*tijeras*) Blechschere *f*

cizallar [θiθa'ʎar] *vt* schneiden

cizaña [θi'θaɲa] *f* **1.** (BOT) Taumellolch *m* **2.** (*adversidad*) Widrigkeit *f* **3.** (*enemistad*) Zwietracht *f;* **meter** [*o* **sembrar**] ~ Zwietracht säen [*o* stiften]

cizañar [θiθa'ɲar] *vt* Zwietracht säen [*o* stiften] (zwischen +*dat*)

cizañero, -a [θiθa'ɲero, -a] **I.** *adj* (*intrigante*) intrigant **II.** *m, f* **1.** (*intrigante*) Unruhestifter(in) *m(f)* **2.** (*pendenciero*) streitsüchtige Person *f*

cl [θenti'litro] *m abr de* **centilitro** cl

clac^{1} ['klak] <claques> *m* **1.** (*sombrero de copa*) Klappzylinder *m,* Chapeau claque *m* **2.** (*sombrero de tres picos*) Dreispitz *m*

clac^{2} [klak] <claques> *f* Claque *f*

cladodio [kla'ðoðjo] *m* (BOT) Kladodium *nt,* Phyllokladium *nt*

clamar [kla'mar] **I.** *vi* flehen; **esta injusticia clama al cielo** diese Ungerechtigkeit schreit zum Himmel, das ist eine himmelschreiende Ungerechtigkeit; **la tierra clama por agua** das Land schreit nach Wasser **II.** *vt* fordern, verlangen (nach +*dat*); **este crimen clama venganza** dieses Verbrechen schreit nach Rache

clamor [kla'mor] *m* **1.** (*lamento*) Klage *f,* Jammern *nt* **2.** (*clamoreo*) Geschrei *nt* **3.** (*toque de campana*) Totengeläut(e) *nt*

clamorear [klamore'ar] **I.** *vi* läuten **II.** *vt* **1.** (*gritar*) schreien **2.** (*rogar*) flehen (um +*akk*)

clamoreo [klamo'reo] *m* Geschrei *nt*

clamoroso, -a [klamo'roso, -a] *adj* **1.** (*acompañado de clamor*): **triunfo** ~ Triumphgeschrei *nt* **2.** (*sensacional*) grandios

clan [klan] *m* Clan *m*

clandestinidad [klandestini'ða^{d}] *f* **1.** (*secreto*) Heimlichkeit *f* **2.** (POL) Untergrund *m*

clandestino, -a [klandes'tino, -a] *adj* **1.** (*secreto*) heimlich; **reunión clandestina** geheimes Treffen **2.** (*ilegal*): **mercado** ~ Schwarzmarkt *m;* **movimiento** ~ Untergrundbewegung *f*

claque ['klake] *f* Claque *f*

claqué [kla'ke] *f* Stepp(tanz) *m*

claqueta [kla'keta] *f* (CINE) Klappe *f*

claquetista [klake'tista] *mf* (CINE) Klappenmann, -frau *m, f;* **ella hacía las funciones de** ~ sie bediente die Klappe

clara ['klara] *f* **1.** (*del huevo*) Eiweiß *nt;* ~ **batida a punto de nieve** Ei(er)schnee *m* **2.** (*del pelo*) kahle [*o* lichte] Stelle *f* **3.** (*del bosque*) Lichtung *f* **4.** (*fam: cerveza con gaseosa*) Radler *m AlS,* Alsterwasser *nt AlN*

claraboya [klara'βoɟa] *f* (*en el techo*) (Dach)luke *f;* (*en la pared*) Oberlicht *nt*

claramente [klara'mente] *adv* deutlich

clarea [kla'rea] *f Getränk aus Wein mit Zucker oder Honig, Zimt und anderen Gewürzen*

clarear [klare'ar] **I.** *vi* **1.** (*amanecer*) hell werden; **al** ~ **el día** bei Tagesanbruch **2.** (*despejarse*) aufklaren **3.** (*concretarse*) deutlich werden **II.** *vt* aufhellen **III.** *vr:* **~se** **1.** (*gastarse*) fadenscheinig werden **2.** (*transparentarse*) durchsichtig werden **3.** (*descubrirse*) sich verraten

clarecer [klare'θer] *irr como crecer vimpers* hell werden

clareo [kla'reo] *m* Lichten *nt*

clarete [kla'rete] **I.** *adj* Rosé-; **vino** ~ Rosé(wein) *m* **II.** *m* Rosé(wein) *m*

claretiano, -a [klare'tjano, -a] **I.** *adj* (REL) Claretianer- **II.** *m, f* (REL) Claretianer(in) *m(f)*

claridad [klari'ða^{d}] *f* **1.** (*luminosidad*) Helligkeit *f* **2.** (*pureza, lucidez*) Klarheit *f* **3.** (*claror*) fernes Leuchten *nt* **4.** *pl* (*verdades*) bittere Wahrheiten *fpl;* **decir cuatro ~es a alguien** jdm gehörig die Meinung sagen

clarificación [klarifika'θjon] *f* **1.** (*iluminación*) Erhellung *f* **2.** (*aclaración*) Klärung *f*

clarificador(a) [klarifika'ðor(a)] *adj* klärend

clarificar [klarifi'kar] <c→qu> *vt* **1.** (*iluminar*) erhellen **2.** (*aclarar*) klären

clarín [kla'rin] *m* **1.** (*instrumento*) Bügelhorn *nt* **2.** (*músico*) Bügelhornbläser *m* **3.** (*registro del órgano*) Clarino *nt* **4.** (*Chil: guisante de olor*) Spanische Wicke *f*

clarinazo [klari'naθo] *m* **1.** (MÚS: *fam*) Hornsignal *nt* **2.** (*aviso*) Warnsignal *nt* **3.** (*fam fig: desatino*) Dummheit *f,* Unsinn *m*

clarinete [klari'nete] *m* **1.** (*instrumento*) Klarinette *f* **2.** (*músico*) Klarinettist *m*

clarinetista [klarine'tista] *mf* Klarinettist(in) *m(f)*

clarioncillo [klarjon'θiʎo] *m* (ARTE) Pastellstift *m*

clarisa [kla'risa] **I.** *adj* (REL) Klarissen-; **orden** ~ Klarissenorden *m* **II.** *f* (REL) Klarissin *f,* Klarisse *f*

clarividencia [klariβi'ðenθja] *f* **1.** (*perspicacia*) Hellsichtigkeit *f* **2.** (*instinto*) Gespür *nt* **3.** (*percepción*) hellseherische Fähigkeit *f*

clarividente [klariβi'ðente] **I.** *adj* **1.** (*perspicaz*) hellsichtig **2.** (*que percibe*) hellseherisch **II.** *mf* **1.** (*persona perspicaz*) hellsichtige Person *f* **2.** (*persona que percibe*) Hellseher(in)

m(f)

claro¹ ['klaro] **I.** *interj* (na) klar, natürlich; **¡~ que no!** natürlich nicht!; **¡~ que sí!** ja, natürlich!, aber klar (doch)! **II.** *m* **1.** (*hueco*) Lücke *f* **2.** (*calvero*) Lichtung *f* **3.** (*calva*) kahle [*o* lichte] Stelle *f* **4.** (*luz, t.* FOTO) Licht *nt;* **~ de luna** Mondschein *m* **III.** *adv* deutlich

claro, -a² ['klaro, -a] *adj* **1.** (*iluminado*) hell **2.** (*ilustre*) berühmt **3.** (*pálido*) hell-; **azul ~** hellblau **4.** (*puro*) klar **5.** (*fino*) dünn **6.** (*evidente*) klar; **poner** [*o* **sacar**] **en ~** klarstellen; **cantarlas claras** Klartext reden; **¡las cosas claras y el chocolate espeso!** jetzt ist Klartext angesagt!; **esto está más ~ que el agua** das ist (doch) klar wie Kloßbrühe *fam* **7.** (*franco*) offen, freimütig

claror [kla'ror] *m* Leuchten *nt*

claroscuro [klaros'kuro] *m* **1.** (ARTE, FOTO) Helldunkel *nt* **2.** (*indecisión*) Unschlüssigkeit *f* **3.** (*en caligrafía*) *Kombination von groben und feinen Strichen*

clarucho, -a [kla'rutʃo, -a] *adj* (*pey*) **1.** (*aguado*) wässrig **2.** (*desvaído*) verwaschen; **un gris ~ bastante feo** ein ziemlich hässliches, verwaschenes Grau

clase ['klase] *f* **1.** (*tipo*) Sorte *f,* Art *f;* **sin ninguna ~ de...** ohne jegliche [*o* jede] Art von ...; **está dispuesto a hacer trabajos de toda ~** er ist bereit jederart Arbeit [*o* Arbeiten jeder Art] anzunehmen **2.** (BIOL) Klasse *f* **3.** (*grupo social*) (Gesellschafts)schicht *f;* **~ alta** Oberschicht *f;* **~ baja** Unterschicht *f;* **~ media** Mittelschicht *f;* **~s pasivas** nicht erwerbstätige Personen; (*jubilados*) Pensionsberechtigte *pl* **4.** (ENS: *grupo de alumnos*) Klasse *f;* (*curso*) Unterricht *m;* **dar ~** unterrichten **5.** (*categoría*) Klasse *f;* **~ impositiva** Steuerklasse *f;* **~ turista** Touristenklasse *f;* **viajar en primera ~** erster Klasse reisen **6.** (MIL) Unteroffiziersrang *m*

clásica ['klasika] *adj o f v.* **clásico**

clasicismo [klasi'θismo] *m* **1.** (ARTE, LIT) Klassik *f* **2.** (ARQUIT: *neoclasicismo*) Klassizismus *m*

clasicista [klasi'θista] **I.** *adj* **1.** (ARTE, LIT) klassizistisch **2.** (ARQUIT: *neoclasicista*) neoklassizistisch **II.** *mf* **1.** (ARTE, LIT) Vertreter(in) *m(f)* des Klassizismus **2.** (ARQUIT: *neoclasicista*) Vertreter(in) *m(f)* des Neoklassizismus

clásico, -a ['klasiko, -a] **I.** *adj* klassisch; **música clásica** klassische Musik **II.** *m, f* Klassiker(in) *m(f)*

clasificable [klasifi'kaβle] *adj* klassifizierbar

clasificación [klasifika'θjon] *f* **1.** (*ordenación*) Sortierung *f;* **~ de los clientes** (ECON) Klassifizierung der Kunden; **~ de patentes** Patentklassifikation *f;* **~ de primas** Prämienstaffelung *f;* **~ en grupos** Einteilung in Gruppen; **tecla de ~** (INFOR) Sortierschlüssel *m* **2.** (BIOL) Klassifikation *f*

clasificado¹ [klasifi'kaðo] *m* Anzeige *f,* Inserat *nt*

clasificado, -a² [klasifi'kaðo, -a] *adj* **1.** (*ordenado*) klassifiziert, sortiert; (DEP) qualifiziert **2.** (JUR, POL) vertraulich

clasificador¹ [klasifika'ðor] *m* **1.** (*archivador*) Aktenschrank *m* **2.** (*separación*) Register *nt* **3.** (*carpeta*) Ordner *m*

clasificador(a)² [klasifika'ðor(a)] **I.** *adj* **1.** (*ordenar*) sortierend **2.** (BIOL) klassifizierend **II.** *m(f)* (*persona*) Sortierer(in) *m(f)*

clasificadora [klasifika'ðora] *f* **1.** (*máquina*) Sortiervorrichtung *f* **2.** *v.* **clasificador²**

clasificar [klasifi'kar] <c→qu> **I.** *vt* **1.** (*ordenar*) sortieren (*por* nach +*dat*) **2.** (BIOL) klassifizieren (*por* nach +*dat*) **II.** *vr:* **~se** sich qualifizieren

clasificatorio, -a [klasifika'torjo, -a] *adj* **1.** (*ordenar*) sortierend **2.** (BIOL) klassifizierend

clasismo [kla'sismo] *m* Klassenbewusstsein *nt,* Standesdünkel *m pey*

clasista [kla'sista] **I.** *adj* **1.** (*peculiar de una clase*) schicht(en)spezifisch **2.** (*consciente de su clase*) klassenbewusst **II.** *mf* Anhänger(in) *m(f)* der Klassengesellschaft

claudia ['klau̯ðja] **I.** *adj:* **ciruela ~** Reineclaude *f,* Reneklode *f* **II.** *f* Reneklode *f*

claudicación [klau̯ðika'θjon] *f* **1.** (*falta*) Weichwerden *nt* **2.** (*cesión*) Nachgeben *nt*

claudicar [klau̯ði'kar] <c→qu> *vi* **1.** (*fallar*) weich [*o* schwach] werden **2.** (*ceder*) nachgeben

claustral [klau̯s'tral] **I.** *adj* klösterlich, Kloster-; **vida ~** Klosterleben *nt* **II.** *mf* Ordensbruder, -schwester *m, f*

claustro ['klau̯stro] *m* **1.** (*galería*) Kreuzgang *m* **2.** (*conjunto de profesores*) Lehrkörper *m* **3.** (*reunión de profesores*) Lehrerversammlung *f* **4.** (*junta universitaria*) Konzil *nt* **5.** (*estado monástico*) Klosterleben *nt* **6.** (*convento*) Kloster *nt* **7.** (*loc*): **~ materno** Mutterleib *m*

claustrofobia [klau̯stro'foβja] *f* (PSICO) Klaustrophobie *f*

claustrofóbico, -a [klau̯stro'foβiko, -a] *adj* (PSICO) klaustrophobisch

cláusula ['klau̯sula] *f* **1.** (JUR) Klausel *f;* **~ de estilo** Standardklausel *f;* **~ de exclusión** Ausschlussklausel *f;* **~ de franquicia (de un seguro)** Haftungsausschlussklausel *f* (einer Versicherung); **~ hipotecaria** (FIN) Hypothekenklausel *f;* **~ de indemnización** Abfindungsklausel *f;* **~ de nación más favorecida** Meistbegünstigungsklausel *f;* **~ penal** Konventionalstrafe *f;* **~ de revocación** Widerrufsklausel *f;* **~ de salvaguardia** (UE) Schutzklausel *f* **2.** (LING) Satz *m;* **~ compuesta** Satzgefüge *nt*

clausulado [klau̯su'laðo] *m* (*elev*) Vertragsbestimmungen *fpl*

clausular [klau̯su'lar] *vt* (*elev: finalizar*) zu Ende sprechen, abschließen

clausura [klau̯'sura] *f* **1.** (*cierre*) Schließung *f;* **sesión de ~** Schlusssitzung *f* **2.** (*en un convento*) Klausur *f*

clausurar [klau̯su'rar] *vt* schließen

clava ['klaβa] *f* Keule *f*

clavado, -a [kla'βaðo, -a] *adj* **1.** (*semejante*) sehr ähnlich; **ser ~ a alguien** jdm sehr ähnlich sehen **2.** (*exacto*) genau; **llegaron a las cinco clavadas** sie kamen um Punkt fünf Uhr an; **este pantalón te está ~** diese Hose passt dir genau [*o* passt perfekt] **3.** (*fijo*): **tener la vista clavada en algo** den Blick starr auf etw richten; **estar ~ en la cama (por enfermedad)** (wegen Krankheit) ans Bett gefesselt sein **4.** (*confuso*) verblüfft; **dejar ~ a alguien** jdn verblüffen **5.** (*guarnecido*) mit Nägeln verziert [*o* beschlagen]

clavadora [klaβa'ðora] *f* (TÉC) Nagelmaschine *f*, Nagelautomat *m*

clavadura [klaβa'ðura] *f* Hufverletzung *f* (durch Hufnagel)

clavar [kla'βar] **I.** *vt* **1.** (*hincar*) einschlagen **2.** (*enclavar*) annageln **3.** (*fijarse*) fixieren; **~ los ojos en algo/alguien** den Blick auf etw/jdn heften **4.** (*fam: engañar*) ausnehmen **5.** (*acertar*) treffen; **~ el problema** den Nagel auf den Kopf treffen **6.** (*engastar*) (ein)fassen **7.** (*causar una clavadura*) vernageln **8.** (*fam: dar*) verpassen; **la policía me ha clavado una multa** die Polizei hat mir ein Bußgeld aufgebrummt **9.** (*fam: cobrar*) abknöpfen; **por la reparación de la lavadora me han clavado 500 marcos** für die Reparatur der Waschmaschine haben sie mir 500 Mark abgeknöpft [*o* habe ich 500 Mark hingelegt] **II.** *vr:* **~se una astilla en el dedo** sich *dat* einen Span in den Finger treiben

clavazón [klaβa'θon] *f* Nagelbeschlag *m*

clave ['klaβe] **I.** *adj inv* Schlüssel-; **novela ~** Schlüsselroman *m* **II.** *f* **1.** (ARQUIT) Schlussstein *m* **2.** (*código*) Kode *m;* **~ de acceso** Passwort *nt;* **~ de distribución** Verteilerschlüssel *m;* **~ duplicada** (INFOR) doppelter Satz; **en ~** codiert, verschlüsselt **3.** (*secreto*) Schlüssel *m* (*de +gen*); **dar con [*o* en] la ~** dahinterkommen **4.** (MÚS) (Noten)schlüssel *m;* **~ de do** Altschlüssel *m;* **~ de fa** Bassschlüssel *m;* **~ de sol** Violinschlüssel *m* **5.** (*clavicémbalo*) Cembalo *nt*

clavecín [klaβe'θin] *m* (Clavi)cembalo *nt*

clavecinista [klaβeθi'nista] *mf* Cembalist(in) *m(f)*

clavel [kla'βel] *m* (BOT) Nelke *f*

clavelito [klaβe'lito] *m* (BOT) **1.** (*planta*) Prachtnelke *f* **2.** (*flor*) Prachtnelke(nblüte) *f*

clavellina [klaβe'ʎina] *f* (BOT) Bartnelke *f;* **~ de pluma** Federnelke *f*

claveque [kla'βeke] *m* (MIN) belgischer Bergkristall *m*

clavero [kla'βero] *m* (BOT) Gewürznelkenbaum *m*

claveta [kla'βeta] *f* Holzstift *m*, Holznagel *m*

clavetear [klaβete'ar] *vt* **1.** (*guarnecer*) beschlagen **2.** (*terminar*) abschließen **3.** (*clavar clavos*) vernageln

clavicembalista [klaβiθemba'lista] *mf* Cembalist(in) *m(f)*

clavicémbalo [klaβi'θembalo] *m* (Clavi)cembalo *nt*

clavicordio [klaβi'korðjo] *m* Klavichord *nt*

clavícula [kla'βikula] *f* (ANAT) Clavicula *f*, Schlüsselbein *nt*

claviculado, -a [klaβiku'laðo, -a] *adj* (ANAT) mit Schlüsselbein (ausgestattet)

clavicular [klaβiku'lar] *adj* (ANAT) Schlüsselbein-; **fractura ~** Schlüsselbeinbruch *m*

clavija [kla'βixa] *f* **1.** (TÉC) Stift *m* **2.** (MÚS: *en instrumentos de cuerda*) (Stimm)wirbel *m;* (*en instrumentos de teclado*) Stimmnagel *m* **3.** (*enchufe*) Stecker *m* **4.** (*loc*): **apretar las ~s a alguien** mit jdm ein ernstes Wörtchen reden

clavijero [klaβi'xero] *m* **1.** (MÚS) Stimmstock *m* **2.** (*perchero*) Kleiderhaken *m* **3.** (*enchufe*) Stecker *m*

clavillo [kla'βiʎo] *m* **1.** (TÉC) Stift *m* **2.** (*especia*) (Gewürz)nelke *f*

claviórgano [klaβi'orɣano] *m* (MÚS) Orgelklavier *nt*, Klaviorganum *nt*

clavo ['klaβo] *m* **1.** (*punta*) Nagel *m;* **agarrarse a [*o* de] un ~ ardiendo** sich an jeden Strohhalm klammern; **clavar un ~ con la cabeza** mit dem Kopf durch die Wand wollen; **dar en el ~** den Nagel auf den Kopf treffen; **dar una en el ~ y ciento en la herradura** oft danebenliegen; **remachar el ~** sich in etwas verrennen; **¡por los ~s de Cristo!** um Himmels willen!; **por un ~ se pierde una herradura** (*prov*) der Teufel steckt im Detail **2.** (*especia*) (Gewürz)nelke *f* **3.** (*callo*) Hühnerauge *nt* **4.** (*lechino*) Tampon *m* **5.** (*jaqueca*) Migräne *f* **6.** (*pena*) Kreuz *nt*, Bürde *f*

claxon ['klaˠson] *m* Hupe *f*

clearing ['kliriŋ] <clearings> *m* (ECON) Verrechnungsverfahren *nt*, Clearing *nt*

clemencia [kle'meṇθja] *f* Milde *f*, Nachsicht *f*

clemente [kle'meṇte] *adj* mild, nachsichtig

clementina [klemeṇ'tina] *f* Klementine *f*

clepsidra [kleβ'siðra] *f* Wasseruhr *f*

cleptómana [klep'tomana] *adj o f v.* **cleptómano**

cleptomanía [kleptoma'nia] *f* (PSICO) Kleptomanie *f*

cleptómano, -a [klep'tomano, -a] **I.** *adj* (PSICO) kleptomanisch **II.** *m, f* (PSICO) Kleptomane, -in *m, f*

clerecía [klere'θia] *f* **1.** (*clero*) Geistlichkeit *f;* (*sólo iglesia católica*) Klerus *m* **2.** (*profesión*) Priesteramt *nt*

clergyman ['klerdʒiman] *m* Alltagshabit *nt*

clerical [kleri'kal] *adj* geistlich

clericalismo [klerika'lismo] *m* (POL) Klerikalismus *m*

clericato [kleri'kato] *m sin pl*, **clericatura** [klerika'tura] *f sin pl* (REL) Priesterwürde *f*

clerigalla [kleri'ɣaʎa] *f* (*pey*) Pfaffen *mpl*, Schwarzröcke *mpl*

clérigo ['kleriɣo] *m* Geistliche(r) *m;* (*sólo iglesia católica*) Kleriker *m*

clero ['klero] *m* Geistlichkeit *f;* (*sólo iglesia católica*) Klerus *m*
clerofobia [klero'foβja] *f* Klerusfeindlichkeit *f*
clerófobo, -a [kle'rofoβo, -a] *adj* klerusfeindlich
clic [klik] *m* Klicken *nt;* **hacer ~** klicken (*sobre* auf *+akk*), anklicken (*sobre +akk*)
cliché [kli'tʃe] *m* **1.** (TIPO) Klischee *nt,* Druckstock *m* **2.** (FOTO) Negativ *nt* **3.** (*lugar común*) Klischee *nt*
cliente[1] ['kljente] *m* (INFOR) Client *m*
cliente, -a[2] ['kljente, -a] *m, f* Kunde, -in *m, f;* (*de un abogado*) Klient(in) *m(f),* Mandant(in) *m(f);* **~ fijo** Stammkunde *m;* **~ ordenante** (*en crédito documentario*) Auftraggeber *m;* **~ preferente** Vorzugskunde *m;* **cartera de ~s** Kundenkartei *f;* **departamento de atención al ~** Kundendienstabteilung *f;* **ser un ~ de la casa** Stammkunde sein
clientela [kljen'tela] *f* Kundschaft *f;* (*de un abogado*) Klientel *f;* **~ fija** Stammkundschaft *f;* **~ ocasional** [*o* **habitual**] Laufkundschaft *f;* **esta empresa nos está robando la ~** diese Firma wirbt [*o* jagt] uns die Kunden ab
clientelismo [kljente'lismo] *m* **1.** (*amparo*) Protektion *f* **2.** (POL) Filzokratie *f*
clima ['klima] *m* **1.** (*atmósfera*) Klima *nt;* **un ~ inversionista favorable** (ECON) ein günstiges Investitionsklima **2.** (GEO) Breitengrad *m*
climatérico, -a [klima'teriko, -a] *adj* (BIOL, ASTR) klimakterisch
climaterio [klima'terjo] *m* Klimakterium *nt,* Wechseljahre *ntpl*
climático, -a [kli'matiko, -a] *adj* klimatisch
climatización [klimatiθa'θjon] *f* Klimatisierung *f*
climatizador [klimatiθa'ðor] *m* Klimaanlage *f*
climatizar [klimati'θar] <z→c> *vt* klimatisieren
climatología [klimatolo'xia] *f* Klimatologie *f*
climatológico, -a [klimato'loxiko, -a] *adj* klimatologisch
clímax ['klima$^{\gamma}$s] *m inv* Klimax *f*
clinch [klintʃ] <clinchs> *m* (DEP) Clinch *m*
clínica ['klinika] *f* Klinik *f*
clínico[1] ['kliniko] *m* Krankenhaus *nt*
clínico, -a[2] ['kliniko, -a] **I.** *adj* klinisch; **tener ojo ~** (*fig*) ein gutes Auge haben **II.** *m, f* praktischer Arzt *m,* praktische Ärztin *f*
clinómetro [kli'nometro] *m* (GEO) Klinometer *nt*
clip [klip] *m* **1.** (*sujetapapeles*) Büroklammer *f* **2.** (*pinza*) Klipp *m* **3.** (TV) (Video)clip *m*
clíper ['kliper] *m* **1.** (NÁUT) Klipper *m* **2.** (AERO) Clipper® *m*
clisar [kli'sar] *vt* (TIPO) klischieren, mit Klischee drucken
clisé [kli'se] *m v.* **cliché**
clistel [klis'tel] *m,* **clister** [klis'ter] *m* (MED: *lavativa*) Einlauf *m,* Klistier *nt*
clisterizar [klisteri'θar] <z→c> *vt* (MED) einen Einlauf machen (bei *+dat*), klistieren; **el enfermero clisterizó a la embarazada antes de dar a luz** der Pfleger führte vor der Geburt bei der Schwangeren eine Darmspülung durch
clítoris ['klitoris] *m inv* (ANAT) Klitoris *f,* Kitzler *m*
cloaca [klo'aka] *f* (*t.* ZOOL) Kloake *f*
cloasma [klo'asma] *m* (MED) Chloasma *nt*
clocar [klo'kar] *irr como volcar vi* glucken
clon [klon] *m* **1.** (BIOL) Klon *m* **2.** (*payaso*) Clown *m*
clonación [klona'θjon] *f* (BIOL) Klonierung *f*
clonar [klo'nar] *vt* (BIOL) klonen, klonieren
clónico, -a ['kloniko, -a] *adj* (BIOL) geklont
cloquear [kloke'ar] *vi* glucken
cloqueo [klo'keo] *m* Glucken *nt*
cloquera [klo'kera] *f* (ZOOL) Brütigkeit *f*
cloración [klora'θjon] *f* (QUÍM) Chlorierung *f*
cloral [klo'ral] *m* (QUÍM) Chloral *nt*
cloramfenicol [kloraɱfeni'kol] *m,* **cloranfenicol** [kloraɱfeni'kol] *m* (MED) Chloramphenicol *nt*
clorar [klo'rar] *vt* (QUÍM) **1.** (*una síntesis*) chlorieren **2.** (*una piscina*) chloren
cloratado, -a [klora'taðo, -a] *adj* (QUÍM) chlorathaltig
cloratita [klora'tita] *f* (QUÍM) Chloratsprengstoff *m*
clorato [klo'rato] *m* (QUÍM) Chlorat *nt*
clorhidrato [klori'ðrato] *m* (QUÍM) Chlorhydrat *nt*
clorhídrico, -a [klo'riðriko, -a] *adj* (QUÍM) chlorwasserstoffhaltig
clórico, -a ['kloriko, -a] *adj* (QUÍM) chlorhaltig
cloro ['kloro] *m* (QUÍM) Chlor *nt*
clorofila [kloro'filja] *f* (BOT, QUÍM) Chlorophyll *nt,* Blattgrün *nt*
clorofílico, -a [kloro'filiko, -a] *adj* (BOT) durch Chlorophyll bewirkt
clorófilo, -a [klo'rofilo, -a] *adj* (BOT) Chlorophyll-
cloroformizar [kloroformi'θar] <z→c> *vt* (QUÍM) chloroformieren
cloroformo [kloro'formo] *m* (QUÍM) Chloroform *nt*
clorogás [kloro'ɣas] *m* (QUÍM) Chlorgas *nt*
cloromicetina [kloromiθe'tina] *f* (MED) *v.* **cloramfenicol**
cloroquina [kloro'kina] *f* (MED) Chloroquin *nt*
clorosis [klo'rosis] *f inv* **1.** (MED) Bleichsucht *f,* Chlorose *f* **2.** (BOT) Chlorose *f*
cloruro [klo'ruro] *m* (QUÍM) Chlorid *nt*
clown [klaun] <clowns> *m* Clown *m*
club [klu$^{\beta}$] <clubs *o* clubes> *m* Klub *m;* **~ de alterne** Animierlokal *nt;* **~ deportivo** Sportverein *m;* **el C~ de los Diez** (POL) der Zehnerklub; **el C~ de Roma** der Club of Rome
clubista [klu'βista] *mf* Klubmitglied *nt*
clueca ['klweka] *f* **1.** (*gallina*) Bruthenne *f,*

Glucke *f* **2.** (*fam: persona mayor*) Greis(in) *m(f)*

clueco, -a ['klweko, -a] *adj* **1.** (*la gallina*) gluckend **2.** (*fam: persona mayor*) betagt; (*débil por la vejez*) altersschwach

cluniacense [klunja'θense] **I.** *adj* kluniazensisch, aus Cluny **II.** *m* Kluniazenser *m*

clupeiforme [klupei̯'forme] **I.** *adj* (ZOOL) zur Familie der Heringsfische gehörend **II.** *m* (ZOOL) Heringsfisch *m*

cm [θen̪'timetro] *abr de* **centímetro** cm

CNMV [θe(e)ne(e)me'uβe] *f abr de* **Comisión Nacional del Mercado de Valores** (spanische) Börsenaufsichtsbehörde *f*

CNT [θene'te] *f abr de* **Confederación Nacional de Trabajadores** Nationaler Arbeiterbund *m* (*anarchistische Gewerkschaft*)

coa ['koa] *f* **1.** (*Chil: argot*) Gaunersprache *f* **2.** (*Ven:* AGR: *siembra*) Aussaat *f*

coacción [koaʸ'θjon] *f* (*coerción*) Zwang *m;* (JUR) Nötigung *f*

coaccionar [koaʸθjo'nar] *vt* (*coercer*) zwingen; (JUR) nötigen

coacreedor(a) [koakre(e)'ðor(a)] *m(f)* Mitgläubiger(in) *m(f)*

coactivo, -a [koak'tiβo, -a] *adj* Zwangs-

coacusado, -a [koaku'saðo, -a] **I.** *adj* mitangeklagt **II.** *m, f* Mitangeklagte(r) *mf*

coadjutor[1] [koaðxu'tor] *m* (REL) Koadjutor *m*

coadjutor(a)[2] [koaðxu'tor(a)] *m(f)* (*que ayuda*) Mithelfer(in) *m(f)*

coadquirir [koaðki'rir] *irr como adquirir vt* gemeinsam [*o* gemeinschaftlich] erwerben; **entre los hermanos coadquirimos una casa rural** gemeinsam mit meinen Brüdern erwarb ich ein Bauernhaus

coadquisición [koaðkisi'θjon] *f* gemeinschaftlicher Erwerb *m*

coadyutorio, -a [koaðʝu'torjo, -a] *adj* (*formal*) Hilfs-; **medios ~s** Hilfsmittel *ntpl*

coadyuvar [koaðʝu'βar] *vt* helfen *+dat,* unterstützen

coagente [koa'xen̪te] **I.** *adj* mitwirkend, unterstützend **II.** *mf* Mitwirkende(r) *mf;* **la alta velocidad ha sido un ~ del accidente** die hohe Geschwindigkeit war eine der Unfallursachen

coagulable [koaɣu'laβle] *adj* gerinnungsfähig, gerinnbar

coagulación [koaɣula'θjon] *f* **1.** (*sangre, leche*) Gerinnung *f,* Gerinnen *nt* **2.** (QUÍM) Koagulation *f,* Flockung *f*

coagulante [koaɣu'lan̪te] *m* (MED) Koagulans *nt,* Blutgerinnungsmittel *nt*

coagular [koaɣu'lar] **I.** *vt* (MED, QUÍM) koagulieren, gerinnen lassen **II.** *vr:* **~se** (MED) koagulieren, gerinnen

coágulo [ko'aɣulo] *m* (MED) Gerinnsel *nt*

coala [ko'ala] *m* (ZOOL) Koala *m*

coalescencia [koales'θen̪θja] *f* **1.** (QUÍM) Koaleszenz *f* **2.** (*propiedad de unirse*) Verschmelzungsfähigkeit *f,* Verbindungsfähigkeit *f*

coalición [koali'θjon] *f* Koalition *f*

coalicionista [koaliθjo'nista] *mf* (ECON, POL) Koalitionär(in) *m(f)*

coaligado, -a [koali'ɣaðo, -a] *adj* zusammengeschlossen, verbunden

coaligarse [koali'ɣarse] <g→gu> *vr* sich zusammenschließen (*con* mit *+dat*), sich verbünden (*con* mit *+dat*)

coana [ko'ana] *f* (ANAT) Choane *f,* hintere Nasenöffnung *f*

coaptación [koapta'θjon] *f* (MED) Wiedereinrichtung *f,* Reposition *f*

coarrendador(a) [koarren̪da'ðor(a)] *m(f)* Mitverpächter(in) *m(f)*

coarrendatario, -a [koarren̪da'tarjo, -a] *m, f* Mitpächter(in) *m(f)*

coartación [koarta'θjon] *f* **1.** (*coartar*) Beschränkung *f,* Einschränkung *f* **2.** (MED) Koarktation *f*

coartada [koar'taða] *f* Alibi *nt*

coartar [koar'tar] *vt* **1.** (*libertad, derechos*) einschränken **2.** (*persona*) einengen

coartífice [koar'tifiθe] *mf* Miturheber(in) *m(f)*

coasegurado, -a [koaseɣu'raðo, -a] *m, f* Mitversicherte(r) *mf*

coasegurador(a) [koaseɣura'ðor(a)] *m(f)* Mitversicherer, -in *m, f*

coaseguro [koase'ɣuro] *m* Mitversicherung *f*

coautor(a) [koau̯'tor(a)] *m(f)* **1.** (*de una acción*) Miturheber(in) *m(f);* (*de un libro*) Mitverfasser(in) *m(f)* **2.** (JUR) Mittäter(in) *m(f)*

coautoría [koau̯to'ria] *f* **1.** (*de un libro, de una acción*) Miturheberschaft *f* **2.** (JUR) Mittäterschaft *f*

coba ['koβa] *f* **1.** (*pequeña mentira*) harmlose Lüge *f;* (*truco*) kleine Betrügerei *f* **2.** (*carantoñas*) Schmeichelei *f;* **darle ~ a alguien** jdm Honig um den Bart schmieren *fam*

cobalto [ko'βal̪to] *m* (QUÍM) Kobalt *nt*

cobarde [ko'βarðe] **I.** *adj* feige **II.** *m* Feigling *m*

cobardear [koβarðe'ar] *vi* sich als Feigling erweisen; **parece muy valiente pero cobardea ante cualquier problema** er/sie wirkt sehr mutig, weicht aber vor jedem Problem ängstlich zurück

cobardía [koβar'ðia] *f* Feigheit *f*

cobardón, -ona [koβar'ðon, -ona] *m, f* (*fam*) Angsthase *m,* Schisser(in) *m(f)*

cobaya [ko'βaʝa] *m o f* Meerschweinchen *nt*

cobertera [koβer'tera] *f* **1.** (*de olla*) (Topf)deckel *m* **2.** (*celestina*) Kupplerin *f*

cobertizo [koβer'tiθo] *m* **1.** (*tejado*) Vordach *nt* **2.** (*cabaña*) Schuppen *m;* **~ de aviación** Hangar *m;* **~ de coche** Carport *m*

cobertor [koβer'tor] *m* Bettdecke *f*

cobertura [koβer'tura] *f* **1.** (*cobertor*) Decke *f;* (*que cubre*) Bedeckung *f;* (*que protege*) Abdeckung *f;* **~ de moneda extranjera** (FIN) Devisenpolster *nt* **2.** (COM: *acción*) Deckung *f;* **~ del déficit** Deckung des Defizits; **~ de gas-**

tos Kostendeckung *f;* ~ **mínima** Mindestdeckung *f;* ~ **a todo riesgo** volle Risikodeckung, voller Versicherungsschutz; ~ **de seguro** Versicherungsdeckung *f*

cobija [ko'βixa] *f* **1.** (*cubierta*) Bedeckung *f* **2.** (ARQUIT: *teja*) Firstziegel *m* **3.** *pl* (*Am: ropa de cama*) Bettwäsche *f;* **pegársele a alguien las ~s** verschlafen

cobijamiento [koβixa'mjen̩to] *m v.* **cobijo**

cobijar [ko'βixar] **I.** *vt* **1.** (*cubrir*) bedecken, zudecken **2.** (*proteger*) (be)schützen **3.** (*acoger*) Unterschlupf bieten [*o* gewähren] +*dat* **4.** (*albergar*) beherbergen **5.** (*sentimientos*) hegen **II.** *vr:* **~se** (*protegerse*) Unterschlupf finden (*bajo* unter +*dat*); (*bajo un tejado*) sich unterstellen (*bajo* unter +*dat*); (*de algún peligro*) in Deckung gehen (*de* vor +*dat*)

cobijo [ko'βixo] *m* (*protección concreta*) Deckung *f;* (*amparo*) Unterschlupf *m*

cobista [ko'βista] **I.** *adj* (*argot: adulador*) schmeichlerisch; (*pelotillero*) schleimig; (*servil*) kriecherisch **II.** *mf* (*argot: zalamero*) Schmeichler(in) *m(f);* (*pelotillero*) Schleimer(in) *m(f);* (*lameculos*) Kriecher(in) *m(f),* Arschkriecher(in) *m(f) vulg*

cobla ['koβla] *f* (*reg*) *katalanische Musikkapelle, die Sardanas spielt*

cobo ['koβo] *m* (*AmC, Ant*) **1.** (ZOOL) Seemuschel *f* **2.** (*persona*) Einsiedler *m;* **ser un ~** schüchtern sein

cobol ['koβol] *m sin pl* (INFOR) *abr de* **Common Business Oriented Language** COBOL *nt*

cobra ['koβra] *f* (ZOOL) Kobra *f*

cobrador[1] [koβra'ðor] *m* (*perro*) Apportierhund *m*

cobrador(a)[2] [koβra'ðor(a)] *m(f)* **1.** (COM: *que cobra*) Kassierer(in) *m(f);* ~ **de impuestos** Steuereinnehmer *m* **2.** (*de tranvía*) Schaffner(in) *m(f)*

cobranza [ko'βran̩θa] *f* **1.** *v.* **cobro** **2.** (*caza*) Apportieren *nt*

cobrar [ko'βrar] **I.** *vt* **1.** (*recibir*) erhalten; (*dinero*) einnehmen; (*suma*) kassieren; (*cheque*) einlösen; (*sueldo*) verdienen; **¿me cobra, por favor?** zahlen, bitte!; **¿cuánto cobras?** wie viel verdienst du? **2.** (*exigir*) verlangen, berechnen; (*tasas, intereses*) erheben; (*deudas*) eintreiben; **me han cobrado demasiado** sie haben mir zu viel berechnet **3.** (*conseguir*): ~ **ánimos** Kraft schöpfen; ~ **cariño a alguien** jdn lieb gewinnen; ~ **carnes** an Gewicht zulegen; ~ **fama** zu Ruhm gelangen; **este asunto cada vez cobra más importancia** dieses Thema gewinnt immer mehr an Bedeutung **4.** (*en la caza*) apportieren **5.** (*cuerda*) einholen **II.** *vi* **1.** (*sueldo*) Zahltag haben; **¿cuándo cobras?** wann wird dir dein Gehalt ausgezahlt? **2.** (*fam: paliza*) bekommen, kriegen; **¡que vas a ~!** du fängst dir gleich eine!, ich ziehe dir gleich die Hosen stramm! **III.** *vr:* **~se** abkassieren; (*fig*) fordern; **el accidente se cobró tres vidas** der Unfall forderte drei Menschenleben

cobre ['koβre] *m* **1.** (QUÍM) Kupfer *nt;* ~ **amarillo** Messing *nt;* **batir(se) el ~** (*fam*) malochen, schuften **2.** (*olla, cacerola*) Kupfertöpfe *mpl,* Kupfergeschirr *nt* **3.** *pl* (MÚS) Blechmusik *f* **4.** (*Am: moneda*) Kupfermünze *f;* **enseñar el ~** sein wahres Gesicht zeigen

cobreño, -a [ko'βreɲo, -a] *adj* kupfern, aus Kupfer

cobrizo, -a [ko'βriθo, -a] *adj* kupferfarben

cobro ['koβro] *m* **1.** (*como fuente financiera*) Einnahme *f* **2.** (*acto de cobrar*) (Ein)kassieren *nt,* Berechnung *f* **3.** (COM, FIN: *impuestos, tasas*) Erhebung *f;* (*pago*) Zahlung *f;* (*por el banco*) Einziehung *f;* ~ **por adelantado** Vorauszahlung *f;* ~ **de cheque** Scheckinkasso *nt;* ~ **a la entrega** Nachnahme *f;* **~s pendientes** (*en contabilidad*) Außenstände *mpl;* **a ~ revertido** zu Lasten [*o* zulasten] des Empfängers; **llamada a ~ revertido** R-Gespräch *nt* **4.** (*lugar seguro*) sicherer Ort *m;* **poner algo en ~** etw in Sicherheit bringen; **ponerse en ~** sich in Sicherheit bringen **5.** *pl* (COM) Außenstände *mpl* **6.** (JUR): ~ **de lo indebido** ungerechtfertigte Bereicherung *f*

coca ['koka] *f* **1.** (BOT) Kokastrauch *m,* Koka *f* **2.** (*droga*) Kokain *nt* **3.** (*de pelo*) Haarknoten *m,* Dutt *m* **4.** (*fruto en baya*) Beere *f* **5.** (*fam: cabeza*) Rübe *f* **6.** (*fam: golpe*) Kopfnuss *f* **7.** (*Méx*): **de ~** (*sin pagar*) umsonst, gratis

coca-cola® [koka'kola] *f* Coca-Cola® *f o nt*

cocada [ko'kaða] *f* (GASTR) *Nachspeise aus Kokosraspeln*

cocaína [koka'ina] *f* Kokain *nt*

cocainismo [kokai̯'nismo] *m sin pl* (MED) Kokainismus *m*

cocainomanía [kokai̯noma'nia] *f sin pl* (MED) Kokainsucht *f,* Kokainomanie *f*

cocainómano, -a [kokai̯'nomano, -a] *m, f* Kokainabhängige(r) *mf,* Kokainsüchtige(r) *mf*

cocción [koᵞ'θjon] *f* **1.** (*acto*) Kochen *nt* **2.** (*duración*) Kochzeit *f;* (*en el horno*) Backzeit *f*

cóccix ['koᵞθiᵞs] *m inv* (ANAT) Steißbein *nt*

cocear [koθe'ar] *vi* **1.** (*dar coces*) ausschlagen **2.** (*repugnar*) sich sträuben (*contra* gegen +*akk*), widerspenstig sein

cocedero[1] [koθe'ðero] *m* Kochstelle *f*

cocedero, -a[2] [koθe'ðero, -a] *adj* leicht zu kochen

cocedizo, -a [koθe'ðiθo, -a] *adj* (*fácil de cocer*) leicht zu kochen

cocer [ko'θer] *irr* **I.** *vt* **1.** (*cocinar*) kochen; (*hervir*) sieden; (*al horno*) backen; **en todos sitios cuecen habas** (*prov*) woanders wird auch nur mit Wasser gekocht **2.** (*cerveza*) brauen; (*ropa*) kochen; (*cerámica*) brennen **II.** *vi* **1.** (*hervir*) kochen; **ya cuece la sopa** die Suppe kocht schon **2.** (*fermentar*) (ver)gären **III.** *vr:* **~se** **1.** (*cocinarse*) gekocht werden; **estos guisantes se cuecen a fuego lento** diese Erbsen werden bei schwacher Hitze gekocht **2.** (*tramarse*) sich zusammenbrauen;

en este país se está cociendo una rebelión dem Land droht ein Aufstand **3.** (*sufrir*) unsäglich leiden **4.** (*fam: pasar calor*) vor Hitze eingehen

cocha ['kotʃa] *f* **1.** (MIN) Waschteich *m* **2.** (*AmS: laguna*) Lagune *f;* (*charco*) Teich *m*

cochambre [ko'tʃambre] *f* (*fam*) Dreck *m;* **caer en la ~** in der Gosse landen

cochambrería [kotʃambre'ria] *f* (*fam*) Dreckhaufen *m;* **tu habitación está tan sucia que parece una ~** dein Zimmer ist so dreckig, es sieht aus wie ein Saustall

cochambroso, -a [kotʃam'broso, -a] *adj* (*fam: sucio*) dreckig; (*asqueroso*) eklig; (*maloliente*) stinkig

cochayuyo [kotʃa'ɟuɟo] *m* (*AmS:* BOT) *essbare Meeresalge*

cochazo [ko'tʃaθo] *m* (*fam*) Wahnsinnsauto *nt*

coche ['kotʃe] *m* **1.** (*automóvil*) Auto *nt,* Wagen *m;* **~ blindado** gepanzerter Wagen; (*de lujo*) gepanzerte Limousine; **~ de bomberos** Feuerwehrwagen *m;* **~ de carreras** (DEP) Rennauto *nt,* Rennwagen *m;* **~ celular** Polizeitransporter *m;* **~ de correos** Postauto *nt;* (FERRO) Postwagen *m;* **~ deportivo** Sportwagen *m;* **~ fúnebre** Leichenwagen *m;* **~ de línea** Linienbus *m;* **~ utilitario** Nutzfahrzeug *nt,* Gebrauchsfahrzeug *nt;* **ir en ~** fahren; **ir con el ~ de San Fernando: un ratito a pie y otro andando** (*irón*) zu Fuß gehen **2.** (FERRO) Wagon *m,* Wagen *m;* **~ de equipajes** Gepäckwagen *m* **3.** (*de caballos*) Kutsche *f,* Droschke *f* **4.** (*Méx: taxi*) Taxi *nt*

coche-bomba ['kotʃe 'βomba] <coches-bomba> *m* Autobombe *f*

coche-cama ['kotʃe-'kama] <coches-cama> *m* (FERRO) Schlafwagen *m*

cochecito [kotʃe'θito] *m* Kinderwagen *m*

coche-litera ['kotʃe li'tera] <coches-litera> *m* (FERRO) Liegewagen *m*

coche-patrulla ['kotʃe-pa'truʎa] <coches-patrulla> *m* Streifenwagen *m*

cochera [ko'tʃera] *f* (*de coches*) Garage *f;* **~ de tranvías** (*almacén*) Straßenbahndepot *nt;* (*estación*) Straßenbahnhof *m*

coche-restaurante ['kotʃe-restau̯'ran̩te] <coches-restaurante> *m* (FERRO) Speisewagen *m*

cochero [ko'tʃero] *m* Kutscher *m*

coche-vivienda ['kotʃe βi'βjen̩da] <coches-vivienda> *m* Wohnwagen *m*

cochifrito [kotʃi'frito] *m* (GASTR) *vorgekochtes, gebratenes und gewürztes Lamm- oder Zickleinfleisch*

cochina [ko'tʃina] *adj o f v.* **cochino**

cochinada [kotʃi'naða] *f,* **cochinería** [kotʃine'ria] *f* (*fam*) Schweinerei *f*

cochinilla [kotʃi'niʎa] *f* **1.** (ZOOL: *insecto*) Koschenille(schildlaus) *f* **2.** (*colorante*) Koschenille *f* **3.** (ZOOL: *crustáceo*) Kellerassel *f*

cochinillo [kotʃi'niʎo] *m* Ferkel *nt*

cochino, -a [ko'tʃino, -a] **I.** *adj* **1.** (*fam: sucio, grosero*) schweinisch; **¡no seas ~!** benimm dich nicht wie ein Schwein! **2.** (*vulg: que repugna*) blöd(e) *fam,* Scheiß-; **esta cochina moto no arranca** dieses blöde Motorrad springt nicht an; **¡cochina vida!** Scheißleben! **II.** *m, f* **1.** (ZOOL: *macho*) Schwein *nt;* (*hembra*) Sau *f;* **~ montés** Wildschwein *nt;* **a cada ~ le llega su San Martín** (*justicia punitiva*) früher oder später kriegt jeder sein Fett ab **2.** (*fam: persona guarra*) (Dreck)schwein *nt,* (Dreck)sau *f*

cochizo [ko'tʃiθo] *m* (MIN) *ergiebigster Teil eines Bergwerks*

cocho ['kotʃo] *m* (*Chil*) **1.** (*bebida*) *Getränk aus geröstetem Mehl mit Wasser oder Milch sowie Zucker* **2.** (GASTR) *mit Johannisbrotmehl vermischtes, geröstetes Maismehl*

cochón, -ona [ko'tʃon, -ona] *m, f* (*argot: maricón*) Schwule(r) *m,* Schwuchtel *f pey;* (*tortillera*) Lesbe *f*

cochura [ko'tʃura] *f* **1.** (*conjunto de panes o tartas*) Schub *m* Backwaren **2.** (*cocer al horno*) Backen *nt* **3.** (*cerámica*) Brennen *nt*

cocido¹ [ko'θiðo] *m* Kichererbseneintopf *m*

cocido, -a² [ko'θiðo, -a] *adj* **1.** (*que ha hervido*) gekocht, gar **2.** (*en el horno*) gebacken **3.** (*erudito*) bewandert; (*experto*) erfahren; **estar ~ en...** bewandert sein in ... +*dat*

cociente [ko'θjen̩te] *m* (MAT) Quotient *m*

cocimiento [koθi'mjen̩to] *m* **1.** (MED: *desinfectar*) Abkochen *nt* **2.** (*infusión*) Abkochung *f,* Absud *m*

cocina [ko'θina] *f* **1.** (*habitación*) Küche *f;* **~ americana** Wohnküche *f;* **~ integral** Einbauküche *f* **2.** (*aparato*) Herd *m;* **~ eléctrica/de gas** Elektro-/Gasherd *m* **3.** (*arte*) Küche *f,* Kochkunst *f;* **la ~ alemana** die deutsche Küche; **~ casera** Hausmannskost *f;* **libro de ~** Kochbuch *nt*

cocinar [koθi'nar] **I.** *vt* (*guisar*) kochen; (*aderezar*) zubereiten **II.** *vi* **1.** (*guisar*) kochen; **los domingos cocina mi marido** sonntags kocht mein Mann **2.** (*fam: inmiscuirse*) sich einmischen, sich in fremde Angelegenheiten mischen, die Nase in Dinge stecken, die einen nichts angehen

cocinería [koθine'ria] *f* (*Chil, Perú*) Imbissstube *f*

cocinero, -a [koθi'nero, -a] *m, f* Koch *m,* Köchin *f*

cocinilla¹ [koθi'niʎa] *f* (*portátil*) Campingkocher *m;* (*de gas*) Gaskocher *m;* (*de gasolina, alcohol*) Spirituskocher *m*

cocinilla² [koθi'niʎa] *m* (*fam: hombre fisgón*) Topfgucker *m*

cocker ['koker] <cockers> **I.** *adj* (ZOOL) Cocker(spaniel)- **II.** *m* (ZOOL) Cockerspaniel *m*

coco ['koko] *m* **1.** (BOT: *fruto*) Kokosnuss *f* **2.** (BOT: *árbol*) Kokospalme *f* **3.** (*fam: cabeza*) Birne *f,* Schädel *m;* (*cerebro*) Hirn *nt;* **comerse el ~** sich *dat* den Kopf zerbrechen, sich *dat* das Hirn zermartern; **comer el ~ a alguien** jdm die Ohren voll schwätzen; **él le tiene co-**

mido el ~ **a ella** sie macht blindlings alles, was er sagt **4.** (*fam: ogro*) schwarzer Mann *m*, Kinderschreck *m* **5.** (ZOOL: *larva*) Kokon *m* **6.** (BIOL: *bacteria*) Kokke *f*, Kokkus *m* **7.** (*mueca*) Grimasse *f*; **hacer** ~**s** Grimassen [*o* Gesichter] schneiden; **hacerle** ~**s a alguien** (*con intención amorosa*) jdm schöne Augen machen

cocobacteria [kokoβak'terja] *f* (BIOL) Kugelbakterie *f*, Kokke *f*

cocobolo [koko'βolo] *m* (BOT) **1.** (*árbol*) Cocobolo(baum) *m* **2.** (*madera*) Cocobolo(holz) *nt*, Cocoholz *nt*

cococha [ko'kotʃa] *f* (GASTR) *aus den fleischigen Anhängen am Kopf von Seehecht oder Kabeljau zubereiteter Leckerbissen*

cocodrilo [koko'ðrilo] *m* (ZOOL) Krokodil *nt*; **lágrimas de** ~ Krokodilstränen *fpl*

cocoliche [koko'litʃe] *m* (*Arg, Urug:* LING) *Sprache der italienischen Einwanderer in der Río-de-la-Plata-Region*

cocorota [koko'rota] *f* (*fam*) Rübe *f*, Birne *f*

cocotal [koko'tal] *m* Kokospalmenpflanzung *f*

cocotero [koko'tero] *m* Kokospalme *f*

coctel [kok'tel] <coctels> *m*, **cóctel** ['koktel] <cócteles> *m* Cocktail *m*; ~ **molotow** Molotowcocktail *m*

coctelera [kokte'lera] *f* Cocktailbecher *m*

coctelería [koktele'ria] *f* Cocktailbar *f*

cocuma [ko'kuma] *f* (*Perú:* GASTR) gerösteter Maiskolben *m*

cocuy [ko'kuɟ] *m* (*Am*) **1.** (BOT) Agave *f* **2.** (*bebida alcohólica*) Agavenschnaps *m* **3.** (ZOOL) Cucujo *m*, Feuerfliege *f*

cocuyo [ko'kuɟo] *m* (*Am*) **1.** (ZOOL) Glühwürmchen *nt*, Leuchtkäfer *m* **2.** (AUTO) Rücklicht *nt*

coda ['koða] *f* **1.** (MÚS) Koda *f*, Coda *f* **2.** (ARQUIT) (Holz)keil *m*

codal [ko'ðal] **I.** *adj* Ell(en)bogen- **II.** *m* **1.** (AGR) Weinstockableger *m*, Weinstockabsenker *m* **2.** (ARQUIT: *tapial*) Spreizstange *f* **3.** (ARQUIT: *madero entre dos paredes*) Spreizbalken *m*, Versteifung *f* **4.** (MIN) Stützbogen *m* **5.** (*vela*) kurze, dicke Kerze *f*

codazo [ko'ðaθo] *m* Ellbogenstoß *m*

codear [koðe'ar] **I.** *vi* mit den Ellbogen stoßen **II.** *vr:* ~**se** verkehren (*con* mit +*dat*)

codecisión [koðeθi'sjon] *f* (*t.* UE) Mitentscheidung *f*

codeína [koðe'ina] *f* (QUÍM) Kodein *nt*

codelincuente [koðeliŋ'kweṇte] *mf* (JUR) Mittäter(in) *m(f)*, Mitschuldige(r) *mf*

codeo [ko'ðeo] *m* Ellbogenstoß *m*

codera [ko'ðera] *f* **1.** (MED) Ellbogenkrätze *f* **2.** (*en la ropa*) ausgebeulter Ellbogen *m* **3.** (*refuerzo*) Ellbogenflicken *m*

codeudor(a) [koðeu̯'ðor(a)] *m(f)* (FIN) Mitschuldner(in) *m(f)*

codezmero [koðeθ'mero] *m* (HIST) Mitempfänger *m* des Zehnten

códice ['koðiθe] *m* Handschrift *f*, Kodex *m*

codicia [ko'ðiθja] *f* **1.** (*de algo material*) Habsucht *f*, Habgier *f*; **la** ~ **rompe el saco** (*prov*) ≈Habgier bringt den Sack zum Reißen **2.** (*de algo inmaterial*) Begierde *f*, Gier *f* (*de* nach +*dat*); **la** ~ **de saber** der Wissensdrang

codiciable [koði'θjaβle] *adj* begehrenswert

codiciado, -a [koði'θjaðo, -a] *adj* begehrt, sehr gefragt

codiciar [koði'θjar] *vt* begehren

codicilar [koðiθi'lar] *adj* (JUR) das Kodizill betreffend

codicilo [koði'θilo] *m* (JUR) Testamentsdokument *nt*, Kodizill *nt*

codicioso, -a [koði'θjoso, -a] *adj* habgierig, habsüchtig; **estar** ~ **de algo** gierig sein nach etw *dat*

codificación [koðifika'θjon] *f* **1.** (JUR) Kodifizierung *f* **2.** (*con señales*) Kodierung *f*; (*t.* INFOR) Verschlüsselung *f*; ~ **de caracteres** (INFOR) Zeichenkodierung *f*; ~ (**de la**) **fuente** (INFOR) Quellkodierung *f*; ~ **real** (INFOR) Kodierung in Maschinensprache; ~ **relativa** (INFOR) relative Kodierung

codificador[1] [koðifika'ðor] *m* (INFOR) Kodierer *m*; ~**-decodificador** Coder-Decoder *m*; ~ (**en**) **numérico** Digitalisierer *m*; ~ **de teclado** Tastaturkodierer *m*

codificador(a)[2] [koðifika'ðor(a)] *adj* **1.** (JUR) Kodifizierungs- **2.** (*con señales*) Kodierungs-; (*t.* INFOR) Verschlüsselungs-

codificar [koðifi'kar] <c→qu> *vt* **1.** (JUR) kodifizieren **2.** (*con señales*) kodieren; (*t.* INFOR) verschlüsseln

código ['koðiɣo] *m* **1.** (JUR) Kodex *m*, Gesetzbuch *nt*; ~ **de circulación** Straßenverkehrsordnung *f*; **C**~ **Civil** Bürgerliches Gesetzbuch; **C**~ **de Comercio** Handelsgesetzbuch *nt*; ~ **deontológico** Ehrenkodex *m*; **C**~ **Penal** Strafgesetzbuch *nt* **2.** (*de señales*) Kode *m*, Verschlüsselung *f*; ~ **de barras** Balkenkode *m*; ~ **de error** Fehlerkode *m*; ~ **de seguridad** Sicherheitskode *m*; **mensaje en** ~ verschüsselte [*o* kodierte] Botschaft **3.** (*t.* ECON, FIN) Zahl *f*, Ziffer *f*; ~ **bancario** Bankleitzahl *f*; ~ **cuenta cliente** Kundenkennziffer *f*; ~ **postal** Postleitzahl *f* **4.** (INFOR) Kode *m*; ~ **de acceso** Zugriffskode *m*; ~ **de barras** Balkenkode *m*; ~ **binario** Binärkode *m*; ~ **de caracteres** Zeichenkode *m*; ~ **de sólo escritura** Nur-Schreib-Kode *m*; ~ **fuente** Quellkodierung *f*; ~ **universal de producto** UPC-Kode *m*

codillo [ko'ðiʎo] *m* **1.** (ZOOL) Ellbogen *m* **2.** (*de un árbol*) (Ast)stumpf *m* **3.** (TÉC: *doblez*) Bugstück *nt*, Knie *nt* **4.** (*Méx: de cerdo*) Spitzbein *nt* **5.** (GASTR) Eisbein *nt*

codirector(a) [koðirek'tor(a)] *m(f)* Mitleiter(in) *m(f)*

codirigir [koðiri'xir] *vt* mitleiten, gemeinsam leiten

codo ['koðo] *m* **1.** (ANAT) Ell(en)bogen *m*; ~ **de tenis** Tennisarm *m*; **dar a alguien con el** ~ jdn mit dem Ellbogen anstoßen; **cavar** [*o* **apretar**] **los** ~**s en algún trabajo** (*fam*) sich in eine Arbeit hineinknien; **alzar** [*o* **empinar**] **el** ~ (*fam*) einen heben, einen trinken; **llevarse a alguien ~ en** [*o* **con**] ~ (*fig*) jdn abführen, jdn verhaften; **trabajar ~ a** [*o* **con**] ~ Seite an Seite arbeiten, Schulter an Schulter arbeiten; **comerse** [*o* **roerse**] **los ~s de hambre** (*fam*) vor Hunger vergehen, am Hungertuch nagen; **desgastarse** [*o* **romperse**] **los ~s (estudiando)** (*fam*) (wie wild) büffeln [*o* pauken]; **hablar por los ~s** (*fam*) reden wie ein Wasserfall; **hasta los ~s** bis zum Hals; **mentir por los ~s** (*fam*) lügen wie gedruckt **2.** (TÉC: *doblez*) Knie *nt*, Bugstück *nt* **3.** (*de camino*) (Weg)biegung *f*, (Weg)krümmung *f* **4.** (*medida antigua*) Elle *f*

codorniz [koðor'niθ] *f* (ZOOL) Wachtel *f*

COE ['koe] *m abr de* **Comité Olímpico Español** Spanisches Olympia-Komitee *nt*

coedición [koeði'θjon] *f* Mitherausgabe *f*

coeditar [koeði'tar] *vt* mitherausgeben

coeducación [koeðuka'θjon] *f* Unterricht *m* in gemischten Klassen, Koedukation *f*

coeducacional [koeðukaθjo'nal] *adj* Koedukations-, koedukativ

coeficiencia [koefi'θjen̪θja] *f* Zusammenwirken *nt*

coeficiente [koefi'θjen̪te] *m* (MAT) Koeffizient *m*; ~ **de caja** (FIN) Liquiditätsquote *f*; ~ **de capital** (FIN) Kapitalkoeffizient *m*; ~ **de reducción del rendimiento** (FIN) Terminkostenfaktor *m*

coenzima [koen̪'θima] *m* (BIOL) Koenzym *nt*

coepíscopo [koe'piskopo] *m* (REL: *elev*) Mitbischof *m*

coercer [koer'θer] <c→z> *vt* **1.** (*obligar*) zwingen (*a* zu +*dat*); (JUR) nötigen (*a* zu +*dat*) **2.** (*cohibir*) abhalten (*de* von +*dat*), hindern (*de* an +*dat*) **3.** (*coartar*) einschränken

coercibilidad [koerθiβili'ðaᵈ] *f sin pl* (JUR) Erzwingbarkeit *f*

coerción [koer'θjon] *f* Zwang *m*; (JUR) Nötigung *f*

coercitividad [koerθitiβi'ðaᵈ] *f sin pl* (FÍS) Koerzitivkraft *f*, Koerzitivfeldstärke *f*

coercitivo, -a [koerθi'tiβo, -a] *adj* Zwangs-

coesposa [koes'posa] *f* (SOCIOL) Mitfrau *f*

coetáneo, -a [koe'taneo, -a] **I.** *adj* **1.** (*de la misma edad*) gleichaltrig **2.** (*contemporáneo*) zeitgenössisch **II.** *m, f* **1.** (*de la misma edad*) Gleichaltrige(r) *mf* **2.** (*contemporáneo*) Zeitgenosse, -in *m, f*

coexistencia [koeˠsis'ten̪θja] *f* Koexistenz *f*, Nebeneinanderbestehen *nt*

coexistente [koeˠsis'ten̪te] *adj* koexistent, gleichzeitig vorhanden

coexistir [koeˠsis'tir] *vi* koexistieren, nebeneinander existieren

coextenderse [koesten̪'derse] <e→ie> *vr* sich gleichzeitig ausbreiten [*o* verteilen] (*por* über +*akk*)

cofia ['kofja] *f* (*gorra, prenda*) Haube *f*

cofinanciación [kofinan̪θja'θjon] *f* (FIN) Mitfinanzierung *f*

cofrade [ko'fraðe] *m* Angehörige(r) *m* einer Laienbruderschaft

cofradía [kofra'ðia] *f* **1.** (*hermandad*) Laienbruderschaft *f* **2.** (*gremio*) Zunft *f* **3.** (*asociación*) Verein *m*; ~ **de ladrones** Verbrecherbande *f*

cofre ['kofre] *m* **1.** (*caja*) Truhe *f*; (*maleta*) Koffer *m* **2.** (*de joyas*) Schmuckkästchen *nt* **3.** (*Méx*: AUTO) Kofferraum *m*

cofrecillo [kofre'θiʎo] *m* Schatulle *f*, Kästchen *nt*

cofundador(a) [kofun̪da'ðor(a)] *m(f)* Mitbegründer(in) *m(f)*

coganador(a) [koɣana'ðor(a)] *m(f)* Mitgewinner(in) *m(f)*

cogedera [koxe'ðera] *f* **1.** (*para abejas*) Bienenkorb *m* **2.** (*palo largo*) Obstpflücker *m*

cogedero[1] [koxe'ðero] *m* (*mango*) Stiel *m*

cogedero, -a[2] [koxe'ðero, -a] *adj* (*fruto*) (pflück)reif

cogedor [koxe'ðor] *m* **1.** (*para basura*) (Kehricht)schaufel *f* **2.** (*recaudador*) Geldeintreiber *m*

coger [ko'xer] <g→j> **I.** *vt* **1.** (*agarrar*) fest halten (*de/por* an +*dat*), fassen (*de/por* an +*dat*); (*objeto caído*) aufheben; **le cogió del brazo** er/sie hielt ihn am Arm fest; **le cogió en brazos** er/sie nahm ihn hoch [*o* auf den Arm]; **me cogió por la cintura** er/sie fasste mich um die Taille; **no saber por dónde ~ a alguien** (*fig*) nicht wissen, wie man jdn anpacken soll; ~ **una ocasión por los pelos** eine Gelegenheit beim Schopfe packen; ~ **la palabra** das Wort ergreifen; ~ **la puerta** [*o* **las de Villadiego**] (*fam*) abdampfen, sich empfehlen, verschwinden **2.** (*tocar*) in die Hände nehmen, anrühren; **no ha cogido un libro en todas las vacaciones** er/sie hat während der ganzen Ferien nicht ein Buch angerührt **3.** (*quitar*) wegnehmen; **¿quién me ha cogido mis revistas?** wer hat mir meine Zeitschriften weggenommen? **4.** (*en la aduana: descubrir*) finden, entdecken; **al pasar la frontera le cogieron la pistola** beim Grenzübertritt fanden sie die Pistole bei ihm/ihr **5.** (*atrapar*) (auf)fangen; (*animales*) (ein)fangen; (*personas*) fangen, fassen; (*apresar*) festnehmen, verhaften; (*pescar*) erwischen *fam*, schnappen *fam*; **¡por fin te he cogido!** endlich habe ich dich!; **aún no sabe ~ la pelota** er/sie kann den Ball noch nicht (auf)fangen; **cogieron a los ladrones** sie haben die Diebe gefasst; **le cogieron por robar** sie nahmen ihn wegen Diebstahl fest; ~ **a alguien con las manos en la masa** [*o* **in fraganti**] jdn auf frischer Tat ertappen; **no se cogen truchas a bragas enjutas** (*prov*) ohne Fleiß, kein Preis **6.** (*frutos, flores*) pflücken; (*cosecha*) ernten **7.** (TAUR: *pillar*) auf die Hörner nehmen, erwischen *fam* **8.** (AUTO: *atropellar*) überfahren, anfahren **9.** (*trabajo*) annehmen **10.** (*emoción, vicio*) bekommen; ~ **un berrinche** einen Wutanfall bekommen; ~ **un enfado** sauer werden; ~**le cariño a alguien** jdn lieb gewinnen; ~**le miedo a algo/alguien** vor etw *dat*/jdm Angst bekommen; ~ **el hábito de fumar** mit dem Rauchen anfangen **11.** (*una noticia*) aufnehmen; **cogió la nueva con mucha calma** er/sie nahm die Neuigkeit mit Fassung auf **12.** (*sorprender*) antreffen, vorfinden; **le cogió desnudo** er/sie traf ihn nackt an [*o* fand ihn nackt vor]; ~ **a alguien de buen humor** jdn bei guter Laune antreffen; **su muerte nos cogió de nuevas** sein/ihr Tod traf uns völlig unvorbereitet **13.** (*adquirir*) nehmen; (*obtener*) besorgen; ~ **hora para el médico** sich *dat* einen Termin beim Arzt geben lassen; **¿vas a ~ el piso?** wirst du die Wohnung nehmen?, hast du dich für die Wohnung entschieden?; **cogió dos entradas para el cine** er/sie holte zwei Kinokarten **14.** (*retener*) annehmen; **la alfombra coge mucho polvo** der Teppich zieht den Staub an; **ha cogido acento andaluz** er/sie hat den andalusischen Akzent angenommen; **has cogido un bronceado precioso** du bist schön braun geworden **15.** (*contraer*) sich *dat* zuziehen, sich *dat* holen *fam*, bekommen; **ha cogido una gripe** er/sie hat sich eine Grippe eingefangen; ~ **frío** sich erkälten; ~ **el sueño** einschlafen; ~ **una mona** [*o* **cogorza**] [*o* **borrachera**] (*fam*) sich *dat* einen antrinken **16.** (*captar el sentido*) verstehen, mitkriegen *fam*; **no cogió la indirecta** er/sie hat die Anspielung nicht verstanden; ~**las al vuelo** es sofort kapieren *fam*; ~ **el truco** den Kniff [*o* Dreh] herausbekommen **17.** (RADIO) empfangen **18.** (*apuntes*) notieren **19.** (*elegir*) aussuchen, (aus)wählen; **has cogido el peor momento para decírselo** du hast den ungünstigsten Zeitpunkt gewählt, um es ihm/ihr zu sagen **20.** (*tomar*) nehmen; ~ **el tren/autobús** den Zug/Bus nehmen; ~ **a alguien bajo su manto** jdn in Schutz nehmen; ~ **a alguien la palabra** jdn beim Wort nehmen **21.** (*ocupar*) einnehmen; **la mesa cogió todo el sitio** der Tisch nahm den ganzen Platz ein; **el armario coge mucho sitio** der Schrank nimmt viel Platz weg **22.** (*Am: vulg: copular*) ficken **II.** *vi* **1.** (*arraigar*) wurzeln, Wurzeln schlagen; **esta planta no cogió bien** diese Pflanze ist nicht richtig angewachsen **2.** (*tener sitio*) Platz haben, hineingehen; **el Mercedes no coge en el garage** der Mercedes passt nicht in die Garage **3.** (*decidirse*): **cogió y se metió en el bar** ohne lange zu zögern verschwand er/sie in der Kneipe; **entonces cogí y le di una bofetada** und dann habe ich ihm/ihr einfach eine runtergehauen **4.** (*Am: vulg: copular*) ficken (*con* +*akk*) **III.** *vr* (*pillarse*): ~**se algo** sich *dat* etw einklemmen

cogestión [koxes'tjon] *f* Mitbestimmung *f*

cogida [ko'xiða] *f* **1.** (TAUR: *accidente*) Stierkampfunfall *m* (*, bei dem der Stierkämpfer vom Stier auf die Hörner genommen wird*) **2.** (*de frutas*) Ernte *f*

cogido[1] [ko'xiðo] *m* (*en vestidos, cortinas*) Falte *f*

cogido, -a[2] [ko'xiðo, -a] *adj* befestigt; **el póster está ~ con chinchetas** das Poster ist mit Reißzwecken befestigt; **ir ~s de la mano** Hand in Hand gehen; **está muy ~ por sus hijos** seine Kinder nehmen ihn sehr in Beschlag

cogitabundo, -a [koxita'βuṇdo, -a] *adj* nachdenklich

cognado, -a [koɣ'naðo, -a] *m, f* (Bluts)verwandte(r) *mf;* (JUR) Kognat *m;* (*por línea femenina*) (Bluts)verwandte(r) *mf* mütterlicherseits

cognaticio, -a [koɣna'tiθjo, -a] *adj* (bluts)verwandt; (*por línea femenina*) mütterlicherseits blutsverwandt

cognición [koɣni'θjon] *f* (*t.* PSICO: *percepción*) Wahrnehmung *f;* (FILOS) Erkenntnis *f*

cognitivo, -a [koɣni'tiβo, -a] *adj* (PSICO) kognitiv

cognoscitivo, -a [koɣnosθi'tiβo, -a] *adj* Erkenntnis-

cogollo [ko'ɣoʎo] *m* **1.** (*de col, lechuga*) Herz *nt;* (*de árbol*) Baumkrone *f* **2.** (*brote*) Knospe *f* **3.** (*algo selecto*) Elite *f;* **el ~ de la sociedad** die Crème de la Crème der Gesellschaft **4.** (*núcleo*) Innere(s) *nt*, Zentrum *nt* **5.** (*AmC, Ant: sombrero*) Strohhut *m*

cogorza [ko'ɣorθa] *f* (*argot*) Suff *m*

cogotazo [koɣo'taθo] *m* (*fam: golpe en la nuca*) Schlag *m* auf den Hinterkopf

cogote [ko'ɣote] *m* **1.** (*de la cabeza*) Hinterkopf *m* **2.** (*nuca*) Nacken *m;* **coger a alguien por el ~** jdn beim Kragen packen; **tieso de ~** hochmütig, eingebildet; **estar hasta el ~** (*fam*) die Nase voll haben

cogotudo[1] [koɣo'tuðo] *m* (*Am*) Emporkömmling *m*, Parvenü *m elev*

cogotudo, -a[2] [koɣo'tuðo, -a] *adj* **1.** (*de nuca gruesa*) stiernackig *pey* **2.** (*fam: engreído*) hochmütig, eingebildet **3.** (*AmC, Ant:* POL) mächtig, einflussreich **4.** (*Am: advenedizo*) neureich

coguionista [koɣjo'nista] *mf* Mitwirkende(r) *mf* am Drehbuch, Mitautor(in) *m(f)* eines Drehbuches

cogulla [ko'ɣuʎa] *f* (REL) **1.** (*capa*) Mönchskutte *f* **2.** (*capucha*) Mönchskapuze *f*

cohabitación [koaβita'θjon] *f* **1.** (*convivencia*) Zusammenleben *nt;* (JUR: *en el matrimonio*) eheliches Zusammenleben *nt* **2.** (*acto sexual*) Beischlaf *m*, Kohabitation *f formal*

cohabitar [koaβi'tar] *vi* **1.** (*convivir*) zusammenleben; (JUR: *en el matrimonio*) ehelich zusammenleben **2.** (*pey: amancebarse*) in wilder Ehe leben

cohechar [koe'ʧar] *vt* **1.** (AGR: *remover*) (die Erde vor dem Säen) umgraben **2.** (*sobornar*) bestechen, kaufen

cohecho [ko'eʧo] *m* Bestechung *f*, Korruption *f*

coheredar [koere'ðar] *vt* (JUR) miterben

coheredero, -a [koere'ðero, -a] *m, f* Miterbe, -in *m, f*

coherencia [koe'reṇθja] *f* Zusammenhang *m,* Kohärenz *f elev*

coherente [koe'reṇte] *adj* (in sich) logisch, zusammenhängend, kohärent *elev*

coherentemente [koereṇte'meṇte] *adv* konsequenterweise, folglich

cohesión [koe'sjon] *f* **1.** (*unión*) Zusammenhalt *m* **2.** (FÍS) Kohäsion *f*

cohesionador(a) [koesjona'ðor(a)] *adj* verbindend

cohesionar [koesjo'nar] *vt* zusammenhalten

cohesor [koe'sor] *m* (ELEC) Kohärer *m,* Fritter *m*

cohete [ko'ete] *m* **1.** (*explosivo*) Feuerwerkskörper *m* **2.** (*misil*) Rakete *f;* **salir como un** ~ (*fig*) abgehen wie eine Rakete

cohetería [koete'ria] *f* Raketentechnologie *f*

cohetero, -a [koe'tero, -a] *m, f* Feuerwerker(in) *m(f),* Pyrotechniker(in) *m(f)*

cohibición [koiβi'θjon] *f* **1.** (*intimidación*) Einschüchterung *f* **2.** (*prohibición*) Einschränkung *f*

cohibido, -a [koi'βiðo, -a] *adj* (*intimidado*) eingeschüchtert; (*tímido, incómodo*) verschüchtert; (*inhibido*) gehemmt; **sentirse** ~ sich befangen fühlen

cohibir [koi'βir] *irr como prohibir* **I.** *vt* (*intimidar*) einschüchtern; (*incomodar*) hemmen; (*refrenar*) befangen machen **II.** *vr:* ~**se** den Mut verlieren

cohombro [ko'ombro] *m* **1.** (BOT: *pepino*) *Gurkenart* **2.** (*churro*) ≈Spritzgebäck *nt*

cohonestar [ko(o)nes'tar] *vt* **1.** (*encubrir, justificar*) herunterspielen, beschönigen **2.** (*cosas incompatibles*) (miteinander) in Einklang bringen

cohorte [ko'orte] *f* **1.** (*en el ejército romano*) Kohorte *f* **2.** (*muchedumbre*) (große) Menschenmenge *f*

COI [koi̯] *m abr de* **Comité Olímpico Internacional** IOK *nt*

coima ['koi̯ma] *f* **1.** (HIST) Konkubine *f* **2.** (*pey: amante*) Geliebte *f* **3.** (*puta*) Hure *f* **4.** (*And, CSur: soborno*) Bestechung *f;* (*dinero*) Schmiergeld *nt*

coimear [koi̯me'ar] *vt* (*AmS: sobornar*) bestechen

coincidencia [koiṇθi'ðeṇθja] *f* **1.** (*simultaneidad*) Überschneidung *f,* Zusammenfallen *nt,* Koinzidenz *f elev;* **¡qué ~!** was für ein Zufall! **2.** (*acuerdo*) Absprache *f;* **en** ~ **con** nach Absprache mit +*dat* **3.** (*concordancia*) Übereinstimmung *f* **4.** (*encuentro*) Zusammentreffen *nt*

coincidente [koiṇθi'ðeṇte] *adj* **1.** (*simultáneo*) zusammenfallend, koinzident *elev* **2.** (*concordante*) übereinstimmend **3.** (*en el mismo lugar*) zusammentreffend

coincidir [koiṇθi'ðir] *vi* **1.** (*sucesos*) zusammenfallen, koinzidieren *elev* **2.** (*toparse*) zusammentreffen; ~ **con alguien** jdn zufällig treffen **3.** (*concordar*) sich decken, übereinstimmen; ~ **con alguien** mit jdm einer Meinung sein; **todos coinciden en que hay que hacer algo** alle stimmen darin überein [*o* sind der Meinung], dass etwas getan werden muss

coipo ['koi̯po] *m* (*Arg, Chil:* ZOOL) Nutria *f,* Sumpfbiber *m*

coito ['koi̯to] *m* Koitus *m,* Beischlaf *m*

coja ['koxa] *adj o f v.* **cojo**

cojear [koxe'ar] *vi* **1.** (*persona*) humpeln, hinken; (*animal*) lahmen; **cojean del mismo pie** (*fig*) sie haben den gleichen Fehler; **sabemos de qué pie cojea** (*fig*) wir kennen seine/ihre Schwachstellen [*o* Schwachpunkte] **2.** (*mueble*) wackeln

cojera [ko'xera] *f* Humpeln *nt,* Hinken *nt*

cojín [ko'xin] *m* **1.** (*almohada*) Kissen *nt* **2.** *pl* (*vulg: testículos*) Eier *ntpl fam*

cojinete [koxi'nete] *m* (TÉC) Lager *nt;* ~ **de bolas** Kugellager *nt;* ~ **de rodillos** Rollenlager *nt*

cojitranco, -a [koxi'traŋko, -a] **I.** *adj* (*pey*) umherhumpelnd **II.** *m, f* (*pey*) auffällig hinkende Person *f*

cojo, -a ['koxo, -a] **I.** *adj* **1.** (*persona*) hinkend, humpelnd; (*animal*) lahm; **a la pata coja** auf einem Bein **2.** (*mueble*) wack(e)lig **3.** (*verso, razonamiento*) hinkend **II.** *m, f* Hinkende(r) *mf,* Hinkebein *nt fam*

cojón [ko'xon] *m* (*vulg*) **1.** *pl* (*testículos*) Eier *ntpl fam* **2.** *pl* (*interjecciones*): **¡cojones!** Mist! *fam;* **es una música de cojones** das ist eine geile Musik *fam;* **hace un calor de cojones** es herrscht eine Bullenhitze [*o* Affenhitze] *fam;* **¡y, por cojones, esto es así!** und, verdammt noch mal, das ist eben so! *fam;* **¿qué cojones haces tú aquí?** was zum Teufel machst du hier? *fam;* **el coche de los cojones** das Scheißauto; **estar hasta los cojones de algo** etw bis oben hin satt haben *fam,* von etw *dat* die Nase [*o* Schnauze] (gestrichen) voll haben *fam;* **y le invito porque me sale de los cojones** und ich lade ihn trotzdem ein, weil mir das so passt *fam;* **hace lo que le sale por los cojones** er macht, worauf er Bock hat *fam;* **¡no estés tocándote los cojones y ayúdame!** steh nicht so blöd [*o* faul] herum und hilf mir gefälligst! *fam;* **¡anda ya! ¡tócame los cojones!** ach komm, leck mich doch am Arsch!; **esto me importa tres cojones** das geht mir am Arsch vorbei, das ist mir scheißegal **3.** *pl* (*coraje*): **tener cojones** Mumm haben *fam;* **echarle cojones a algo** bei etw nicht klein beigeben; **¡échale cojones!** da bleibt dir ja die Spucke weg!; **ponérsele a alguien los cojones de corbata** sich *dat* vor Angst in die Hosen machen *fam;* **dejar los cojones en casa** ein Weichei sein *fam*

cojonudo, -a [koxo'nuðo, -a] *adj* (*argot*) Super-, Wahnsinns-; **un tío** ~ (*estupendo*) ein Mordskerl; (*atractivo*) ein geiler Typ

cojudo, -a [ko'xuðo, -a] *adj* **1.** (AGR: *con cojones*) nicht kastriert, unverschnitten **2.** (*Am: tonto*) dumm; **hacerse el** ~ sich dumm stel-

C

len

col [kol] *m* (BOT) Kohl *m;* ~**es de Bruselas** Rosenkohl *m;* **entre ~ y ~, lechuga** ein bisschen Abwechslung muss sein

cola ['kola] *f* **1.** (ANAT: *rabo*) Schwanz *m;* (*de caballo*) Schweif *m;* (*de conejo*) Blume *f;* ~ **de caballo** (*peinado*) Pferdeschwanz *m* **2.** (*de vestido*) Schleppe *f;* **llevar la** ~ die Schleppe tragen **3.** (*al esperar*) Schlange *f;* ~ **de espera** Warteschlange *f;* ~ **de impresión** (INFOR) Druckerwarteschlange *f;* **hacer** ~ Schlange stehen; **ponerse a la** ~ sich (hinten) anstellen; **ir a la** ~ das Schlusslicht sein **4.** (*de un cometa*) Schweif *m* **5.** (*pegamento*) Leim *m,* Kleber *m;* **eso no pega ni con** ~ (*fam*) das passt ja absolut nicht zusammen, das passt wie die Faust auf's Auge **6.** (*consecuencias*) Folgen *fpl;* **traer** [*o* **tener**] ~ (*fam*) einen Rattenschwanz an Folgen nach sich ziehen **7.** (*vulg: pene*) Schwanz *m fam* **8.** (*Am: argot*): **pedir** ~ trampen **9.** (*bebida*) (koffeinhaltige) Limonade *f;* ~ **de naranja** Orangeade *f;* **nuez de** ~ Kolanuss *f*

colaboración [kolaβora'θjon] *f* Zusammenarbeit *f,* Mitwirkung *f;* **en** ~ **con** in Zusammenarbeit mit +*dat,* unter Mitwirkung +*gen*

colaboracionismo [kolaβoraθjo'nismo] *m* (POL) Kollaboration *f*

colaboracionista [kolaβoraθjo'nista] **I.** *adj* (POL) kollaborierend **II.** *mf* (POL) Kollaborateur(in) *m(f)*

colaborador(a) [kolaβora'ðor(a)] **I.** *adj* **1.** (*cooperativo*) zusammenarbeitend, mitwirkend **2.** (POL) kollaborierend **II.** *m(f)* Mitarbeiter(in) *m(f)*

colaborar [kolaβo'rar] *vi* **1.** (*cooperar*) zusammenarbeiten (*con* mit +*dat*), mitwirken (*en* an +*dat*) **2.** (POL) kollaborieren (*con* mit +*dat*)

colación [kola'θjon] *f* **1.** (JUR: *mención*) urkundliche Erwähnung *f;* (*de bienes*) Vergleich *m;* (*en la herencia*) Kollation *f* **2.** (*pey: mencionar*): **sacar a** ~ zur Sprache bringen; **siempre saca a** ~ **sus títulos** bei jeder Gelegenheit bringt er/sie seine/ihre Titel an, ständig reibt er/sie einem seine/ihre Titel unter die Nase *fam* **3.** (*comida*) leichte (Zwischen)mahlzeit *f,* Snack *m*

colacionar [kolaθjo'nar] *vt* **1.** (*cotejar*) gegenüberstellen, vergleichen **2.** (REL) verleihen **3.** (JUR) ausgleichen

colada [ko'laða] *f* **1.** (*de ropa*) Wäsche *f;* **tender la** ~ die Wäsche aufhängen **2.** (*blanquear con lejía*) (Weiß)waschen *nt* **3.** (QUÍM) Bleiche *f,* Lauge *f* **4.** (*montaña*) Engpass *m* **5.** (MIN) Abstich *m,* Abstechen *nt* **6.** (*loc*): **sacar a** ~ **algo** etw zur Sprache bringen, etw erwähnen; **sale todo en la** ~ (*fig*) die Sonne bringt es an den Tag

coladera [kola'ðera] *f* **1.** (*pasador*) Sieb *m,* Seiher *m* **2.** (*Méx: alcantarilla*) Abwasserkanal *m*

coladero [kola'ðero] *m* **1.** (*pasador*) Sieb *nt,* Seiher *m* **2.** (*camino*) schmaler Weg *m* **3.** (ENS: *argot*) *Prüfer oder Institution, bei dem oder der man die Prüfung mit Leichtigkeit besteht*

colado, -a [ko'laðo, -a] *adj* **1.** (*corriente*): **aire** ~ Zugluft *f* **2.** (*fam: enamorado*) verschossen (*por* in +*akk*), vernarrt (*por* in +*akk*), verknallt (*por* in +*akk*)

colador [kola'ðor] *m* (*para té*) Sieb *nt;* (*para espaguetis*) Seiher *m*

coladura [kola'ðura] *f* **1.** (*acto*) Sieben *nt,* Seihen *nt* **2.** *pl* (*resultado*) Seihe *f* **3.** (*de metal*) Abstich *m* **4.** (*loc*): **¡vaya ~!** (*equivocación*) so ein Reinfall!; (*indiscreción*) so ein Fauxpas!

colágeno [ko'laxeno] *m* (QUÍM) Kollagen *nt*

colapiscis [kola'pisθis] *f inv* (*gelatina*) Hausenblase *f*

colapsar [kolap'sar] **I.** *vt* (*tráfico, abastecimiento*) zum Erliegen bringen, lahm legen **II.** *vi, vr:* ~**se** **1.** (*tráfico*) zum Erliegen kommen **2.** (MED) kollabieren **3.** (*golpe de Estado*) scheitern

colapso [ko'lapso] *m* **1.** (MED) Kollaps *m,* Zusammenbruch *m;* ~ **cardíaco** Herzversagen *nt* **2.** (*destrucción, ruina*) Zusammenbruch *m;* (*paralización*) Stillstand *m*

colapsoterapia [kolapsote'rapja] *f* (MED) Kollapstherapie *f*

colar [ko'lar] <o→ue> **I.** *vt* **1.** (*filtrar*) filtern, seihen **2.** (*metal*) abstechen **3.** (*ropa: blanquear*) bleichen; (*en remojo*) einweichen **4.** (*fam: en la aduana*) (durch)schmuggeln; ~ **algo por un sitio** etw irgendwo hineinschmuggeln **5.** (*fam: engaño*) weismachen wollen (*a* +*dat*); **¡a mí no me la cuelas!** den Bären lasse ich mir von dir nicht aufbinden!, das kannst du deiner Großmutter erzählen! **II.** *vi* **1.** (*penetrar*) durchsickern; **el vino coló por todo el mantel** der Wein sickerte durch die ganze Tischdecke **2.** (*aire*) streichen (*por* durch +*akk*) **3.** (*fam: información*) glaubwürdig sein; **esa noticia es demasiado exagerada para** ~ diese Nachricht ist zu übertrieben, als dass sie für bare Münze genommen werden könnte **4.** (*fam: beber*) saufen **III.** *vr:* ~**se** **1.** (*fam: entrar*) sich durchschleichen, sich hineinschleichen **2.** (*en una cola*) sich vordrängeln **3.** (*fam: equivocarse*) falsch liegen; **¡te colaste!** völlig daneben! **4.** (*una moneda*) durchfallen; **no pude llamarte desde la cabina porque se me ~on todas las monedas** ich konnte dich nicht von der Telefonzelle aus anrufen, weil (mir) alle Münzen durchgefallen sind

colargol [kolar'ɣol] *m* (MED: *antiséptico*) Kollargol *nt,* kolloides Silber *nt*

colateral [kolate'ral] *adj* seitlich; **línea** ~ Seitenlinie *f;* **pariente** ~ entfernter Verwandter *m,* entfernte Verwandte *f*

colcha ['koltʃa] *f* Tagesdecke *f*

colchado, -a [kol'tʃaðo, -a] *adj* (*acolchado*) gefüttert, wattiert

colchar [kol'ʧar] *vt* polstern
colchón [kol'ʧon] *m* Matratze *f;* ~ **de agua** Wasserbett *nt;* ~ **de muelles** Federkernmatratze *f;* ~ **neumático** Luftmatratze *f;* **dormir en un** ~ **de plumas** (*fig*) wie Gott in Frankreich leben, auf Rosen gebettet sein
colchonera [kolʧo'nera] *f v.* **colchonero**
colchonería [kolʧone'ria] *f* Matratzengeschäft *nt*
colchonero, -a [kolʧo'nero, -a] *m, f* **1.** (*fabricante*) Matratzenhersteller(in) *m(f)* **2.** (*vendedor*) Matratzenverkäufer(in) *m(f)*
colchoneta [kolʧo'neta] *f* **1.** (*camping: colchón neumático*) Luftmatratze *f;* (*colchón isotermo*) Isomatte *f* **2.** (DEP: *gimnasia*) Matte *f*
cole ['kole] *m* (*fam*) Schule *f*
coleada [kole'aða] *f* **1.** (*Am: derribo*) Niederwerfen *nt;* **la** ~ **de la vaca fue fácil** es war leicht, die Kuh zu Boden zu reißen **2.** (*coletazo*) Schlagen *nt* mit dem Schwanz; **la** ~ **del delfín hizo perder el equilibrio al cuidador** als der Delphin mit dem Schwanz schlug, verlor der Pfleger das Gleichgewicht
colear [kole'ar] **I.** *vi* **1.** (*la cola*) (mit dem Schwanz) wedeln; **estar vivito y coleando** (*fig*) putzmunter sein **2.** (*durar*) andauern, anhalten; (*tener efecto*) noch wirken; **el resultado del asunto aún colea** der Ausgang der Angelegenheit ist noch in der Schwebe **II.** *vt* **1.** (TAUR) am Schwanz packen **2.** (*And: fastidiar*) belästigen **3.** (*AmC: seguir*) verfolgen, folgen *+dat* **III.** *vr:* **~se** (*AmC, Ant*) **1.** (*huésped*) uneingeladen [*o* unerwartet] auftauchen **2.** (*coche*) ins Schleudern kommen
colección [koleʸ'θjon] *f* **1.** (*recopilación*) Sammlung *f;* ~ **de sellos** Briefmarkensammlung *f* **2.** (*de moda*) Kollektion *f;* ~ **de invierno/de verano** Winter-/Sommerkollektion *f* **3.** (*fam: cantidad*) Menge *f*
coleccionar [koleʸθjo'nar] *vt* sammeln
coleccionismo [koleʸθjo'nismo] *m* Sammlerleidenschaft *f,* Sammelwut *f*
coleccionista [koleʸθjo'nista] *mf* Sammler(in) *m(f)*
colecistitis [koleθis'titis] *f inv* (MED) Gallenblasenentzündung *f,* Cholezystitis *f*
colecistopatía [koleθistopa'tia] *f* (MED) Gallenblasenleiden *nt,* Cholezystopathie *f*
colecta [ko'lekta] *f* **1.** (REL: *en misa*) Kollekte *f* **2.** (*recaudación*) Sammeln *nt* (für wohltätige Zwecke)
colectar [kolek'tar] *vt* **1.** (*reunir*) sammeln **2.** (LIT: *recopilar*) zusammenstellen, sammeln
colecticio, -a [kolek'tiθjo, -a] *adj* **1.** (*que recoge*) gesammelt, kompiliert **2.** (LIT) zusammengestellt **3.** (MIL) zusammengewürfelt
colectivamente [kolektiβa'men̩te] *adv* **1.** (*todos juntos*) gemeinschaftlich, kollektiv **2.** (*global*) insgesamt, zusammengenommen
colectividad [kolektiβi'ðaᵈ] *f* Gemeinschaft *f,* Kollektivität *f*
colectivismo [kolekti'βismo] *m* Kollektivismus *m*
colectivista [kolekti'βista] **I.** *adj* kollektivistisch **II.** *mf* Kollektivist(in) *m(f)*
colectivización [kolektiβiθa'θjon] *f* Kollektivierung *f*
colectivizar [kolektiβi'θar] <z→c> *vt* kollektivieren
colectivo[1] [kolek'tiβo] *m* **1.** (POL) Kollektiv *nt* **2.** (*And, CSur: microbús*) kleiner Bus *m;* (*And: taxi*) Taxi *nt*
colectivo, -a[2] [kolek'tiβo, -a] *adj* **1.** (*todos juntos*) kollektiv, gemeinschaftlich; **acción colectiva** gemeinsame Aktion **2.** (*global*) umfassend
colector [kolek'tor] *m* **1.** (ELEC) Kollektor *m* **2.** (*canalización*) Abzugskanal *m,* Gully *m* **3.** (*cobrador*) Steuereinnehmer *m* **4.** (*coleccionista*) Sammler *m*
colega [ko'leɣa] *mf* **1.** (*compañero*) Kollege, -in *m, f* **2.** (*homólogo*) Amtskollege, -in *m, f* **3.** (*argot: amigo*) Kumpel *m*
colegiación [kolexja'θjon] *f* **1.** (*afiliación*) Beitritt *m* zu einer Berufskammer **2.** (*organización*) Zusammenschluss *m* in einer Berufskammer
colegiado, -a [kole'xjaðo, -a] **I.** *adj* **1.** (*afiliado*) in einer Berufskammer organisiert **2.** (*coparticipación*) gemeinschaftlich, kollektiv; **decisión colegiada** gemeinsam getroffene Entscheidung **II.** *m, f* **1.** (*miembro*) Angehörige(r) *mf* einer Berufskammer **2.** (DEP: *árbitro*) Schiedsrichter(in) *m(f)*
colegial(a) [kole'xjal(a)] **I.** *adj* **1.** (*de un colegio*) Schul-, Schüler-; **lenguaje** ~ Schülersprache *f* **2.** (*persona inexperta*) unerfahren **II.** *m(f)* **1.** (*alumno*) Schüler(in) *m(f)* **2.** (*persona inexperta*) Grünschnabel *m*
colegialidad [kolexjali'ðaᵈ] *f* Kollegialität *f*
colegiarse [kole'xjarse] *vr* **1.** (*afiliarse*) einer Berufskammer beitreten **2.** (*organizarse*) sich in einer Berufskammer zusammenschließen
colegiata [kole'xjata] *f* Stiftskirche *f*
colegiatura [kolexja'tura] *f* Stipendium *nt*
colegio [ko'lexjo] *m* **1.** (ENS) Schule *f;* ~ **de internos** Internatsschule *f;* ~ **particular** Privatschule *f;* ~ **de párvulos** Vorschule *f;* ~ **de primera enseñanza** Volksschule *f;* ~ **de segunda enseñanza** ≈Mittelschule *f;* **ir al** ~ in die [*o* zur] Schule gehen **2.** (*Am: universidad*) Hochschule *f;* ~ **mayor** Studentenwohnheim *nt* **3.** (*corporación*) Berufsgenossenschaft *f;* (*conjunto*) Kollegium *nt;* ~ **de abogados** Anwaltskammer *f;* ~ **de agentes de cambio y Bolsa** Kurs- und Börsenmaklerkammer; ~ **de cardenales** Kardinalskollegium *nt;* ~ **de jueces** Richterkollegium *nt;* ~ **profesional** berufsständische Kammer, Berufsverband *m*
colegir [kole'xir] *irr como elegir vt* **1.** (*juntar*) zusammenbringen, zusammenlegen **2.** (*deducir*) schließen (*de/por* aus *+dat*); **... de lo cual colijo que...** ... woraus ich schließe, dass ...
colegislador(a) [kolexisla'ðor(a)] *adj* mit-

gesetzgebend; **cuerpos ~es** mitgesetzgebende Organe

colelitiasis [koleli'tjasis] *f inv* (MED) Gallensteinleiden *nt*, Cholelithiasis *f*

colemia [ko'lemja] *f* (MED) Cholämie *f*

coleóptero [kole'optero] *m* (ZOOL) Käfer *m*, Koleoptere *f*

cólera¹ ['kolera] *m* (MED) Cholera *f*

cólera² ['kolera] *f* **1.** (ANAT) Galle *f* **2.** (*ira*) Jähzorn *m*; **acceso de ~** Wutanfall *m*, Koller *m fam*; **descargar su ~ en alguien** an jdm seine Wut auslassen; **montar en ~** zornig werden

colérico, -a [ko'leriko, -a] **I.** *adj* **1.** (*de temperamento*) cholerisch, jähzornig **2.** (*furioso*) zornig, wütend **II.** *m, f* Choleriker(in) *m(f)*

colerina [kole'rina] *f* (MED) **1.** (*dolencia catarral*) Cholerine *f* **2.** (*diarrea*) Brechdurchfall *m*

colesteremia [koleste'remja] *f* (MED) Cholesterinämie *f*

colesterina [koleste'rina] *f* (BIOL, QUÍM) Cholesterin *nt*

colesterol [koleste'rol] *m* (MED, QUÍM) Cholesterin *nt*

coleta [ko'leta] *f* (*peinado*) Pferdeschwanz *m*; **gente de ~** (TAUR) Stierkämpfer *mpl*; **cortarse la ~** (TAUR) den Stierkampfberuf aufgeben, das Stierkämpfen an den Nagel hängen; (*fig*) alles aufgeben; **me cortaré la ~ si...** ich fresse einen Besen, wenn ... *fam*

coletazo [kole'taθo] *m* Schlag *m* mit dem Schwanz

coletero [kole'tero] *m* Haargummi *nt*

coletilla [kole'tiʎa] *f* **1.** (*peinado*) Zöpfchen *nt*; (TAUR) Stierkämpferzöpfchen *nt* **2.** (*de un escrito*) Postskriptum *nt* **3.** (*palabra*) Floskel *f*

coleto [ko'leto] *m* **1.** (*casaca*) Lederjacke *f* **2.** (*fregona*) Mopp *m* **3.** (*loc, fam*): **decir algo para su ~** etw zu sich *dat* selbst sagen; (*farfullar*) etw in seinen Bart murmeln; **echarse algo al ~** (*beber*) sich *dat* etw hinter die Binde kippen; (*comer*) sich *dat* etw zwischen die Kiemen schieben, etw verdrücken; **echarse un libro al ~** ein Buch verschlingen [*o* in einem Zug durchlesen]

coletudo, -a [kole'tuðo, -a] *adj einen oder mehrere Zöpfe tragend*

colgadero [kolɣa'ðero] *m* (*gancho*) Haken *m*; (*asa*) Henkel *m*; **~ de ropa** Kleiderhaken *m*

colgadizo¹ [kolɣa'ðiθo] *m* kleines Vordach *nt*

colgadizo, -a² [kolɣa'ðiθo, -a] *adj* Hänge-

colgado, -a [kol'ɣaðo, -a] *adj* **1.** (*cuadro, ropa*) aufgehängt; (*cuerda*) gespannt; **estar ~ de las palabras de alguien** an jds Lippen hängen [*o* kleben]; **dejar ~ a alguien** (*defraudado*) jdn im Stich lassen **2.** (*ahorcado*) (auf)gehängt, erhängt **3.** (*suspendido*) nicht bestanden; **tengo tres asignaturas colgadas** drei Fächer habe ich nicht bestanden, in drei Fächern bin ich durchgefallen

colgador [kolɣa'ðor] *m* (*en general*) Aufhängevorrichtung *f*; (*gancho*) Haken *m*; (*percha*) Bügel *m*

colgadura [kolɣa'ðura] *f* **1.** (*cortinaje*) Vorhang *m*; **~s de cama** Bettvorhang *m* **2.** (*de pared*) Wandbehang *m*; (*tapiz*) Wandteppich *m*

colgajo [kol'ɣaxo] *m* **1.** (*pey: trapo*) Fetzen *m*, Lumpen *m* **2.** (*de frutas*) Traube *f* **3.** (MED: *herida*) Lappen *m*; **~ de piel** Hautlappen *m*

colgante [kol'ɣan̪te] **I.** *adj* Hänge-, hängend; **puente ~** (*entre dos lados*) Hängebrücke *f*; (*de castillo*) Zugbrücke *f* **II.** *m* **1.** (ARQUIT: *festón*) Feston *nt* **2.** (*joya*) Anhänger *m*

colgar [kol'ɣar] *irr* **I.** *vt* **1.** (*pender*) hängen (*de/en* an +*akk*); (*decorar*) behängen (*de* mit +*dat*); **~ el cuadro en la pared** das Bild an die Wand hängen; **~ el teléfono** den (Telefon)hörer auflegen **2.** (*dejar*) aufgeben, an den Nagel hängen *fam*; **~ los hábitos** das Priesteramt aufgeben; **~ los libros** das Studium aufgeben **3.** (ENS: *fam: suspender*) durchfallen lassen (in +*dat*); **me ~án dos asignaturas** in zwei Fächern werden sie mich durchfallen lassen, zwei Fächer werde ich nicht bestehen **4.** (*atribuir*) anhängen, zuschieben; **le han colgado la culpa** sie haben ihm/ihr die Schuld angehängt [*o* zugeschoben] **5.** (*ahorcar*) hängen (*de* an +*dat*) *fam*, erhängen (*de* an +*dat*) **II.** *vi* **1.** (*pender*) hängen (*de/en* an/von +*dat*); (*de arriba para abajo*) herunterhängen (*de* von +*dat*); (*lengua del perro*) heraushängen; **el cuadro cuelga en [*o* de] la pared** das Bild hängt an der Wand; **las cerezas cuelgan en el [*o* del] árbol** die Kirschen hängen am Baum **2.** (TEL: *auricular*) aufhängen, auflegen; **¡cuelga ya!** leg endlich auf!, hör endlich auf zu telefonieren! **III.** *vr*: **~se** sich aufhängen [*o* erhängen] (*de/en* an +*dat*)

colibacilo [koliβa'θilo] *m* (BIOL) Kolibakterie *f*

colibrí [koli'βri] *m* (ZOOL) Kolibri *m*

cólico ['koliko] *m* (MED) Kolik *f*; **~ biliar [*o* hepático]** Gallenkolik *f*; **~ miserere** Darmverschluss *m*; **~ nefrítico** Nierenkolik *f*

colicuación [kolikwa'θjon] *f* **1.** (MED) Auszehrung *f* **2.** (*licuefacción simultánea de sustancias*) gleichzeitige Verflüssigung *f*, gleichzeitiges Zerfließen *nt*

colicuar [koli'kwar] **I.** *vt* gleichzeitig schmelzen **II.** *vr*: **~se** (*licuarse simultáneamente*) gleichzeitig zerfließen, sich gleichzeitig auflösen

colidir [koli'ðir] *vi* kollidieren, zusammenprallen

coliflor [koli'flor] *f* (BOT) Blumenkohl *m*

coligación [koliɣa'θjon] *f* Verbindung *f*, Bündnis *nt*

coligado, -a [koli'ɣaðo, -a] **I.** *adj* (*unido*) verbunden; (*aliado*) verbündet **II.** *m, f* Verbündete(r) *mf*

coligar [koli'ɣar] <g→gu> **I.** *vt* vereinen, verbinden **II.** *vr*: **~se** sich zusammenschließen, sich verbünden

coligarse [koli'ɣarse] <g→gu> *vr* sich verbünden (*con* mit +*dat*)

colilla [ko'liʎa] *f* (*de cigarrillo*) Zigarettenkippe *f*, Zigarettenstummel *m;* (*de puro*) Zigarrenkippe *f*, Zigarrenstummel *m*

colillero, **-a** [koli'ʎero, -a] *m, f* (*pey*) Kippen(auf)sammler(in) *m(f)*

colín [ko'lin] *m* (*AmC, Ant*) Machete *f*, Buschmesser *nt*

colina [ko'lina] *f* Hügel *m*

colinabo [koli'naβo] *m* (BOT) Kohlrabi *m*

colindancia [koliṇ'daṇθja] *f* gemeinsame Grenze *f;* **la ~ de sus jardines les ha traído muchos problemas** durch ihre aneinander grenzenden Gärten hatten sie viele Probleme

colindante [koliṇ'daṇte] **I.** *adj* angrenzend **II.** *mf* (JUR) Grundstücksnachbar(in) *m(f)*

colindar [koliṇ'dar] *vi* grenzen (*con* an +*akk*)

colirio [ko'lirjo] *m* Augentropfen *mpl*

colirrojo [koli'rroxo] *m* (ZOOL) Rotschwanz *m*

colisa [ko'lisa] *f* (NÁUT) **1.** (*plataforma*) Drehscheibenlafette *f* **2.** (*cañón*) Schiffskanone *f* (*auf einer Drehscheibenlafette montiert*)

coliseo [koli'seo] *m* Kolliseum *nt*

colisión [koli'sjon] *f* Zusammenstoß *m*, Kollision *f;* **~ frontal** Frontalzusammenstoß *m*

colisionar [kolisjo'nar] *vi* zusammenstoßen (*con/contra* mit +*dat*), kollidieren (*con/contra* mit +*dat*)

colista [ko'lista] *mf* (*irón*) *Person, die Schlange steht*

colitigante [koliti'ɣaṇte] *mf* (JUR) Gegenpartei *f*

colitis [ko'litis] *f inv* (MED) Dickdarmentzündung *f*, Kolitis *f*

coljoz [kol'xoθ] *m* Kolchos *m*

colla ['koʎa] *f* **1.** (METEO) *während der Monsunzeit im Gebiet der Philippinen wehender stürmischer Südwestwind* **2.** (HIST: *de la armadura*) Halsberge *f* **3.** (*cacería*) Koppel *f* **4.** (*pesca*) Reusenkette *f*

collada [ko'ʎaða] *f* (GEO) Bergsattel *m*, (Gebirgs)pass *m*

colladía [koʎa'ðia] *f* (GEO: *cerros*) hügeliges Gelände *nt;* (*pasos*) Passweg *m*

collado [ko'ʎaðo] *m* **1.** (*colina*) Hügel *m* **2.** (*puerto, paso*) (Gebirgs)pass *m*

collage [ko'laʃ] *m* (ARTE) Collage *f*

collar [ko'ʎar] *m* **1.** (*adorno*) Halskette *f;* (*de joyas o perlas*) Kollier *nt;* **~ de perlas** Perlenkette *f;* **~ de perro** Hundehalsband *nt* **2.** (*insignia*) Ordenskette *f* **3.** (TÉC: *aro*) Ring *m* **4.** (*de delincuente*) Halseisen *nt*

collarín [koʎa'rin] *m* Kollar *nt*, steifer Halskragen *m;* (MED) Halskrause *f*

colleja [ko'ʎexa] *f* (BOT) Lichtnelke *f*, Lichtrose *f*

collera [ko'ʎera] *f* **1.** (*de caballería*) Kummet *nt*, Kumt *nt* **2.** (*pareja*) Paar *nt;* **~ de pavos** Putenpaar *nt;* **~ de yeguas** Stutenkoppel *f*

collón, **-ona** [ko'ʎon, -ona] *adj* (*vulg: apocado*) feige

colmado¹ [kol'maðo] *m* Lebensmittelgeschäft *nt*

colmado, **-a²** [kol'maðo, -a] *adj* (*lleno*) voll (*de* mit +*dat*), voller (*de* +*dat*); (*repleto*) randvoll, übervoll; **un vaso ~ de vino** ein randvolles Glas Wein, ein bis an den Rand gefülltes Glas Wein; **un año ~ de felicidad** ein Glücksjahr, ein glückliches Jahr

colmar [kol'mar] **I.** *vt* **1.** (*vaso*) bis zum Rand (auf-, an)füllen (*de* mit +*dat*), randvoll einschenken (*de* mit +*dat*) **2.** (*alabanzas, honores*) überschütten (*de* mit +*dat*), überhäufen (*de* mit +*dat*); **~ de atenciones** mit Aufmerksamkeiten überschütten **3.** (*esperanzas*) erfüllen; **~ las esperanzas de alguien** jds Erwartungen erfüllen **II.** *vr:* **~se** sich erfüllen, in Erfüllung gehen

colmatar [kolma'tar] **I.** *vt* (AGR) aufschütten, auffüllen **II.** *vr:* **~se** (GEO) auflanden

colmena [kol'mena] *f* **1.** (ZOOL: *abejar*) Bienenstock *m* **2.** (*Méx: abeja*) Biene *f*

colmenar [kolme'nar] *m* Bienenstand *m*

colmenero, **-a** [kolme'nero, -a] *m, f* Imker(in) *m(f)*

colmenilla [kolme'niʎa] *f* (BOT) Morchel *f*

colmillo [kol'miʎo] *m* Eckzahn *m;* (*de elefante, morsa*) Stoßzahn *m;* (*de jabalí*) Hauer *m;* (*de perro*) Fangzahn *m;* **enseñar los ~s** (*fig*) die Zähne zeigen; **escupir por el ~** (*fam*) Blödsinn daherreden; **tener el ~ retorcido** (*fam*) gewieft sein, ein alter Fuchs sein; **¡ya tengo ~!** (*Méx*) ich bin schon trocken hinter den Ohren, ich bin kein Grünschnabel mehr

colmilludo, **-a** [kolmi'ʎuðo, -a] *adj* **1.** (*fisionomía: persona*) mit großen Eckzähnen; (*animal*) mit großen Fangzähnen **2.** (*Méx, PRico: fam: astuto*) gewieft, gerissen

colmo ['kolmo] *m* **1.** (*repleto*) Übermaß *nt*, Fülle *f;* **a ~** in Fülle, reichlich **2.** (*lo máximo*) Gipfel *m;* **el ~ de la frescura** der Gipfel der Unverschämtheit; **el ~ de la belleza** das Höchste [*o* Nonplusultra] an Schönheit; **para ~** (noch) obendrein, zu allem Unglück; **¡esto es el ~!** das ist (doch) der Gipfel!

colocación [koloka'θjon] *f* **1.** (*empleo*) (An)stellung *f* **2.** (*disposición*) Anordnung *f*, Aufstellung *f;* **~ de la primera piedra** Grundsteinlegung *f* **3.** (COM: *inversión*) Anlage *f*, Placement *nt;* **~ de ahorro** Spareinlage *f;* **~ de capital** Kapitalanlage *f* **4.** (DEP: *posición*) (Spieler)aufstellung *f* **5.** (ECON: *venta*) Absatz *m;* **de difícil ~** schwer verkäuflich

colocado, **-a** [kolo'kaðo, -a] *adj* (*argot: bebido*) blau; (*drogado*) high

colocar [kolo'kar] <c→qu> **I.** *vt* **1.** (*emplazar*) stellen; (*según un orden*) (an)ordnen; (*poner*) legen; (*cuadro, cartel*) anbringen; **~ los muebles de otra manera** die Möbel umstellen; **~ la primera piedra** den Grundstein legen; **~ un satélite en su órbita** einen Satelliten in seine Umlaufbahn bringen **2.** (DEP: *balón, flecha*) schießen; **colocó el balón en la**

red er/sie schoss den Ball ins Netz **3.** (COM: *invertir*) anlegen, platzieren; (*mercancías*) absetzen, verkaufen; ~ **un pedido** einen Auftrag vergeben **4.** (*empleo*) anstellen; ~ **a alguien de camarero** jdn als Kellner anstellen; **su padre la colocó en su empresa** ihr Vater brachte sie in seiner Firma unter; **su tío lo colocó en el ayuntamiento** sein Onkel verschaffte ihm eine Anstellung [*o* Stelle] im Rathaus **5.** (*casar*) verheiraten, unter die Haube bringen *fam* **6.** (*transferir*) übertragen; ~ **una responsabilidad a alguien** jdm eine Verantwortung übertragen **7.** (*argot: encarcelar*) einbuchten **8.** (ECON: *vender*) absetzen, verkaufen **II.** *vr:* ~**se 1.** (*empleo*) unterkommen, eine Anstellung finden; **por fin me coloqué en el banco** endlich habe ich eine Anstellung bei der Bank gefunden **2.** (*sombrero, gafas*) sich *dat* aufsetzen **3.** (*posicionarse*) sich hinstellen; (*sentarse*) Platz nehmen; (DEP: *en un rango*) sich platzieren; (*en el campo*) sich aufstellen; (MIL) Stellung beziehen **4.** (*argot: alcohol*) sich betrinken; (*drogas*) Drogen nehmen; (*heroína*) sich *dat* einen Schuss setzen

colocón [kolo'kon] *m* (*argot*) Rausch *m*

colodión [kolo'ðjon] *m* (QUÍM) Kollodium *nt*

colodrillo [kolo'ðriʎo] *m* Hinterkopf *m*

colofón [kolo'fon] *m* **1.** (*libro*) Schlussbemerkungen *fpl,* Schlussvermerk *m* **2.** (*fin*) Abschluss *m;* **para** ~ zum Schluss

colofonia [kolo'fonja] *f* (QUÍM) Kolophonium *nt*

coloide [ko'loi̯ðe] **I.** *adj* (QUÍM) kolloid(al) **II.** *m* (QUÍM) Kolloid *nt*

Colombia [ko'lombja] *f* Kolumbien *nt*

colombianismo [kolombja'nismo] *m* (LING) Kolumbianismus *m*

colombiano, -a [kolom'bjano, -a] **I.** *adj* kolumbianisch **II.** *m, f* Kolumbianer(in) *m(f)*

colombicultura [kolombikul'tura] *f* (ZOOL) Taubenzucht *f*

colombina [kolom'bina] *f* (TEAT) Kolombine *f*

colombino, -a [kolom'bino, -a] *adj* kolumbisch

colombofilia [kolombo'filja] *f* (Brief)taubenzucht *f*

colombófilo, -a [kolom'bofilo, -a] **I.** *adj* Taubenzucht- **II.** *m, f* Taubenzüchter(in) *m(f)*

colon [ko'lon] *m* (ANAT) Kolon *nt,* Grimmdarm *m*

Colón [ko'lon] *m* **1.** (*Cristóbal*) Kolumbus *m* **2.** (*moneda*) Colón *m*

colona [ko'lona] *f v.* **colono**

colonato [kolo'nato] *m sin pl* (ECON) Kolonisierungssystem *nt*

colonche [ko'lonʧe] *m* (*Méx:* GASTR) *Getränk aus Kaktusfeigen*

Colonia [ko'lonja] *f* (GEO) Köln *nt;* **agua de** ~ Kölnischwasser *nt,* Kölnisch Wasser *nt*

colonia [ko'lonja] *f* **1.** (BIOL, POL: *aglomeración*) Kolonie *f,* Ansiedlung *f* **2.** *pl* (*para niños*) Ferienlager *nt,* Ferienkolonie *f* **3.** (*barrio*) Stadtviertel *nt;* ~ **obrera** Arbeiterwohnsiedlung *f* **4.** (*perfume*) Kölnischwasser *nt,* Kölnisch Wasser *nt* **5.** (*AmC, Ant: de caña*) Zuckerrohrplantage *f*

coloniaje [kolo'njaxe] *m* (*Am*) **1.** (*período*) Kolonialzeit *f* **2.** (*sistema*) Kolonialsystem *nt* **3.** (*pey: esclavitud*) Sklaverei *f*

colonial [kolo'njal] *adj* Kolonial-; **productos** ~**es** Kolonialwaren *fpl,* Überseeprodukte *ntpl*

colonialismo [kolonja'lismo] *m* Kolonialismus *m*

colonialista [kolonja'lista] **I.** *adj* kolonialistisch **II.** *mf* Kolonialist(in) *m(f)*

colonización [koloniθa'θjon] *f* **1.** (POL: *conquista*) Kolonisierung *f,* Kolonisation *f* **2.** (*población*) Besied(e)lung *f*

colonizador(a) [koloniθa'ðor(a)] **I.** *adj* kolonisierend **II.** *m(f)* **1.** (*conquistador*) Kolonist(in) *m(f)* **2.** (*poblador, inmigrante*) Siedler(in) *m(f)*

colonizar [koloni'θar] <z→c> *vt* **1.** (*conquistar*) kolonisieren **2.** (*poblar*) besiedeln

colono, -a [ko'lono, -a] *m, f* **1.** (POL: *conquistador*) Kolonist(in) *m(f)* **2.** (*poblador*) Siedler(in) *m(f)* **3.** (AGR: *labrador*) Pachtbauer, -bäuerin *m, f*

coloquial [kolo'kjal] *adj* (LING) umgangssprachlich

coloquíntida [kolo'kin̪tiða] *f* (BOT) Koloquint(h)e *f*

coloquio [ko'lokjo] *m* **1.** (*conversación*) Gespräch *nt;* (*científico*) Kolloquium *nt;* (*reunión*) Besprechung *f;* **cinco personas participaron en el** ~ fünf Personen nahmen an der Gesprächsrunde teil **2.** (*congreso*) Kongress *m,* Konferenz *f*

color [ko'lor] *m* **1.** (*en general*) Farbe *f,* Farbton *m;* ~ **de alta densidad** Farbe mit hoher Dichte; ~ **base** Grundfarbe *f,* Grundton *m;* ~**es complementarios** Komplementärfarben *fpl;* ~**es nacionales** Nationalfarben *fpl,* Landesfarben *fpl;* **película en** ~ Farbfilm *m;* **un hombre de** ~ ein Farbiger; **un vestido de** ~**es** ein buntes Kleid; **un coche de** ~ **azul** ein blaues Auto; **un vino** ~ **fresa** ein erdbeerfarbener Wein; **huevos de** ~ (*Am*) braune Eier; **a todo** ~ farbenprächtig, in prächtigen Farben; **dar** ~ anmalen; **verlo todo** ~ **de rosa** alles durch die rosarote Brille sehen **2.** *pl* (ARTE: *conjunto*) Farbgestaltung *f,* Farbzusammenstellung *f* **3.** (*sustancia*) Farbe *f;* ~ **acuarela/a temple** Aquarell-/Temperafarbe *f* **4.** (POL: *ideología*) Färbung *f,* politische Überzeugung *f;* **cambiar de** ~ die Farbe wechseln **5.** (*aspecto*) Anschein *m;* **esto tiene mal** ~ das sieht schlecht aus **6.** (*tipismo*) Kolorit *nt;* ~ **local** Lokalkolorit *nt* **7.** (*animación*) Stimmung *f;* **una descripción llena de** ~ eine stimmungsvolle [*o* farbenprächtige] Beschreibung **8.** (*cara*) Gesichtsfarbe *f;* **mudar de** ~ (*palidecer*) erblassen, erbleichen; (*ruborizarse*) erröten; **ponerse de mil** ~**es** (*fam*) (knall)rot anlaufen, rot werden wie eine Tomate; **sacarle a alguien los ~es a la cara** (*comentario, hecho*) jdn erröten lassen; (*persona*) jdn zum Erröten bringen **9.** *pl* (DEP: *equipo*) Mannschaft *f*, Farbe *f*; **aquello significó el triunfo para nuestros ~es** das bedeutete den Sieg für unsere Mannschaft **10.** (*pretexto*) Vorwand *m;* (*insinceridad, doblez*) Schein *m;* **so ~ de...** *+inf* (*pretexto*) unter dem Vorwand, dass ...; (*aparentando*) unter dem Deckmantel *+gen* **11.** (*argot: droga*) Droge(n) *f(pl)* **12.** (*loc*): **subido de ~** (*frívolo*) pikant; (*grosero*) obszön

coloración [kolora'θjon] *f* **1.** (*resultado*) Färbung *f*, Farbe *f* **2.** (*acto*) Färben *nt* **3.** (*carácter*) Färbung *f*

colorado[1] [kolo'raðo] *m* **1.** (*AmC, Ant:* MED) Scharlachfieber *nt* **2.** (POL: *partido*): **los C~s** *Partei Uruguays*

colorado, -a[2] [kolo'raðo, -a] *adj* **1.** (*coloreado*) farbig, bunt **2.** (*rojo*) rot; **ponerse ~** erröten **3.** (*frívolo*) pikant; (*grosero*) obszön

coloradote, -a [kolora'ðote, -a] *adj* **1.** (*frescote*) mit gesunder Gesichtsfarbe **2.** (*rojizo*) mit rotem Kopf

colorante [kolo'ran̦te] **I.** *adj* färbend **II.** *m* Farbstoff *m*

colorar [kolo'rar] *vt* färben, kolorieren

coloratura [kolora'tura] *f* (MÚS: *cantante*) Koloratur *f*; **soprano ~** Koloratursopran *m*

coloreado, -a [kolore'aðo, -a] *adj* farbig

colorear [kolore'ar] **I.** *vt* **1.** (*dar color*) färben; (*pintar*) anmalen; **libro de ~** (*para niños*) Malbuch *nt* **2.** (*al relatar*) beschönigen, in schöneren Farben malen **II.** *vi* **1.** (*frutos*) Farbe bekommen, reifen **2.** (*tirar a rojo*) ins Rötliche (über)gehen

colorete [kolo'rete] *m* Rouge *nt*

colorido [kolo'riðo] *m* **1.** (*conjunto*) Färbung *f*, Farbgestaltung *f* **2.** (*tipismo*) (Lokal)kolorit *nt*

colorimetría [kolorime'tria] *f* (QUÍM) Kolorimetrie *f*

colorímetro [kolo'rimetro] *m* (QUÍM) Kolorimeter *nt*

colorín[1] [kolo'rin] *m* **1.** (*color vivo*) leuchtende Farbe *f*; **camiseta de muchos colorines** farbenfrohes Hemd; **¡qué colorines se te han puesto con el vino!** du hast schon richtig rote Wangen vom Wein! **2.** (ZOOL) Stieglitz *m* **3.** (MED) Masern *pl* **4.** (*loc*): **... y ~ colorado, este cuento se ha acabado** ... und wenn sie nicht gestorben sind, dann leben sie noch heute

colorín, -ina[2] [kolo'rin, -ina] *m, f* (*Chil: pelirrojo*) Rothaarige(r) *mf*, Rotblonde(r) *mf*

colorir [kolo'rir] **I.** *vt* **1.** (*dar color*) färben, kolorieren **2.** (*al relatar*) beschönigen, in schöneren Farben malen **II.** *vi* (sich) verfärben

colorismo [kolo'rismo] *m sin pl* **1.** (ARTE) Kolorismus *m* **2.** (LIT) überladener Stil *m*

colorista [kolo'rista] *mf* Kolorist(in) *m(f)*

colosal [kolo'sal] *adj* **1.** (*gigantesco*) kolossal, riesig **2.** (*fam: extraordinario*) kolossal, phänomenal

coloso [ko'loso] *m* **1.** (*estatua*) Koloss *m* **2.** (*persona*) außergewöhnlicher Mensch *m;* (*en un campo*) Größe *f*; **Einstein fue un ~ de la física** Einstein war eine Größe auf dem Gebiet der Physik

colostomía [kolosto'mia] *f* (MED) Kolostomie *f*

colt [kol̦ᵗ] <colts> *m* Colt *m*

coludir [kolu'ðir] *vi* (JUR) geheime Absprachen treffen, kolludieren

columbino, -a [kolum'bino, -a] *adj* **1.** (*de las palomas*) Tauben- **2.** (*fig: cándido*) unschuldig, aufrichtig **3.** (*rojo oscuro*) granatfarben

columbrar [kolum'brar] *vt* **1.** (*divisar*) ausmachen, von weitem erkennen **2.** (*solución*) erahnen, erraten; **columbro una salida del apuro** langsam sehe ich einen Ausweg aus dem Dilemma

columbrete [kolum'brete] *m* (GEO: *banco de arena*) Sandbank *f* (im Meer); (*arrecife*) aus dem Meer ragender Felsen *m*

columna [ko'lumna] *f* **1.** (*pilar*) Säule *f*; **~ termométrica** Quecksilbersäule *f* **2.** (*montón*) Stapel *m* **3.** (*periódico*) Kolumne *f*, (Druck)spalte *f* **4.** (MIL: *formación*) Kolonne *f*; **quinta ~** fünfte Kolonne **5.** (TÉC: *volante*): **~ de dirección** Steuersäule *f* **6.** (ANAT): **~ vertebral** Wirbelsäule *f*, Rückgrat *nt* **7.** (*fig: apoyo*) Rückgrat *nt*, Stütze *f*

columnata [kolum'nata] *f* (ARQUIT) Säulengang *m*, Kolonnade *f*

columnista [kolum'nista] *mf* Kolumnist(in) *m(f)*

columpiar [kolum'pjar] **I.** *vt* **1.** (*balancear*) schaukeln **2.** (*mecer*) wiegen **II.** *vr:* **~se 1.** (*balancearse*) schaukeln; **la niña aún no sabe ~se** das Mädchen kann noch nicht alleine schaukeln **2.** (*fam: al andar*) einen wiegenden Gang haben **3.** (*argot: meter la pata*) Mist bauen

columpio [ko'lumpjo] *m* **1.** (*para niños*) Schaukel *f* **2.** (*Am: mecedora*) Schaukelstuhl *m*

coluria [ko'lurja] *f* (MED) Cholurie *f*

coluro [ko'luro] *m* (ASTR) Himmelslängenkreis *m*, Kolur *m*

colusión [kolu'sjon] *f* (ECON) Preisabsprache *f*, Kollusion *f*

colutorio [kolu'torjo] *m* (MED) Mundwasser *nt*

colza ['kol̦θa] *f* (BOT) Raps *m*

coma[1] ['koma] *m* (MED) Koma *nt*

coma[2] ['koma] *f* (LING) Komma *nt;* **sin faltar una ~** (*fig*) sehr gewissenhaft, vollständig bis ins letzte Detail

comadrazgo [koma'ðraθɣo] *m indirektes Verwandtschaftsverhältnis zwischen (Tauf)patin und Mutter*

comadre [ko'maðre] *f* **1.** (*fam: comadrona*) Hebamme *f* **2.** (*madrina*) Taufpatin *f* **3.** (*fam: vecina*) (befreundete) Nachbarin *f* **4.** (*fam:*

C

amiga íntima) Busenfreundin *f* **5.** (*fam: alcahueta*) Klatschbase *f*, Lästermaul *nt* **6.** (*fam: celestina*) Kupplerin *f* **7.** (*argot: maricón*) Schwule(r) *m*

comadrear [komaðre'ar] *vi* (*fam*) klatschen, lästern

comadreja [koma'ðrexa] *f* **1.** (ZOOL) Wiesel *nt* **2.** (*fam: persona*) Langfinger *m*

comadreo [koma'ðreo] *m* (*fam pey: acción*) Klatscherei *f*, Tratscherei *f*; (*efecto*) Klatsch *m*, Tratsch *m*

comadrería [komaðre'ria] *f* (*fam pey*) Klatschgeschichten *fpl*

comadrón [koma'ðron] *m* (MED) Geburtshelfer *m*

comadrona [koma'ðrona] *f* (*partera*) Hebamme *f*; (MED) Geburtshelferin *f*

comal [ko'mal] *m* (*AmC, Méx:* GASTR) *flache, runde Kochplatte aus Ton* (*für Maistortillas, das Rösten von Kaffee- u. Kakaobohnen usw.*)

comanche [ko'mantʃe] *mf* Komantsche *mf*

comandancia [koman̪'dan̪θja] *f* **1.** (*mando*) Befehlsgewalt *f*, Kommando *nt* **2.** (*grado*) Kommandantur *f* **3.** (*cuartel*) Kommandantur *f* **4.** (MIL, NÁUT: *zona*) Marineprovinz *f*; ~ **de marina** Marinekommandantur *f*

comandanta [koman̪'dan̪ta] *f* **1.** (MIL) Kommandantin *f* **2.** (HIST: *esposa*) Kommandantin *f*, Obristin *f* **3.** (NÁUT) Flaggschiff *nt*

comandante [koman̪'dan̪te] *m* **1.** (MIL) Befehlshaber *m*, Kommandeur *m*; (*grado*) Kommandant *m*, Oberst *m*; ~ **en jefe** Oberbefehlshaber *m*, Chefkommandant *m* **2.** (NÁUT) Kommandant *m*, (Schiffs)kapitän *m* **3.** (AERO) (Flug)kapitän *m*; **segundo** ~ Vizekommandant *m*

comandar [koman̪'dar] *vi, vt* kommandieren; ~ **una flota** eine Flotte kommandieren [*o* befehligen]

comandita [koman̪'dita] *f* **1.** (COM): **sociedad en** ~ Kommanditgesellschaft *f*; **socio en** ~ Kommanditist *m* **2.** (*fam irón*): **todos en** ~ die ganze Bande

comanditar [koman̪di'tar] *vt* (ECON) als stiller Teilhaber finanzieren

comanditario, **-a** [koman̪di'tarjo, -a] **I.** *adj* (COM) Kommandit-; **sociedad comanditaria** Kommanditgesellschaft *f*; **socio** ~ Kommanditist *m* **II.** *m, f* (COM) Kommanditist(in) *m(f)*

comando [ko'man̪do] *m* **1.** (MIL) Kommando *nt*; ~ **legal** *Terroristenkommando, dessen Mitglieder nicht polizeilich registriert sind*; ~ **suicida** Himmelfahrtskommando *nt* **2.** (INFOR, TÉC) Befehl *m*; ~ **de arranque** Startbefehl *m*; ~ **de teclas** (INFOR) Tastenbefehl *m*

comarca [ko'marka] *f* (*zona*) Gegend *f*; (*región*) Gebiet *nt*; (ADMIN) (Land)kreis *m*

comarcal [komar'kal] *adj* Kreis-, Lokal-; **carretera** ~ Kreisstraße *f*

comarcano, **-a** [komar'kano, -a] *adj* benachbart

comarcar [komar'kar] <c→qu> **I.** *vi* (*colindar*) (an)grenzen (*con* an +*akk*) **II.** *vt* (*plantar en hilera*) *Bäume in geraden Linien pflanzen, um so Wege zu bilden*

comatoso, **-a** [koma'toso, -a] *adj* (MED) komatös; **estado** ~ Koma *nt*

comba ['komba] *f* **1.** (*curvatura*) Verbiegung *f*; (*de madera*) Verziehen *nt*; (*de una cuerda*) Durchhängen *nt* **2.** (*cuerda*) Hüpfseil *nt*, Springseil *nt*; (*juego*) Seilhüpfen *nt*, Seilspringen *nt*; **dar a la** ~ das Springseil schwingen; **saltar a la** ~ seilhüpfen, seilspringen

combadura [komba'ðura] *f* Verbiegung *f*; (*de madera*) Verziehen *nt*, Werfen *nt*; (*de una cuerda*) Durchhängen *nt*

combar [kom'bar] **I.** *vt* verbiegen; (*madera*) verziehen **II.** *vr*: **~se** sich biegen; (*madera*) sich verziehen, sich werfen; (*cuerda*) durchhängen

combate [kom'bate] *m* **1.** (*lucha*) Kampf *m*, Gefecht *nt*; (*batalla*) Schlacht *f*; ~ **naval** Seeschlacht *f*; ~ **singular** Zweikampf *m* **2.** (DEP: *competición*) Wettkampf *m*; (*partido*) Match *nt*; ~ **de boxeo** Boxkampf *m*; **fuera de** ~ kampfunfähig; **dejar** [*o* **poner**] **a alguien fuera de** ~ (*fig*) jdn außer Gefecht setzen

combatible [komba'tiβle] *adj* **1.** (*atacable*) bekämpfbar **2.** (*rebatible*) anfechtbar, bestreitbar

combatiente [komba'tjen̪te] **I.** *adj* **1.** (*contendiente*) kämpfend, Kampf- **2.** (*combativo*) kämpferisch, kombattant *elev* **II.** *mf* Kämpfer(in) *m(f)*; (MIL) Kombattant(in) *m(f)*; **no** ~ Nichtkämpfer(in) *m(f)*

combatir [komba'tir] **I.** *vi* kämpfen; ~ **con/contra el enemigo** mit dem/gegen den Feind kämpfen; ~ **por la patria** für das Vaterland kämpfen **II.** *vt* **1.** (*luchar*) bekämpfen; ~ **una enfermedad** eine Krankheit bekämpfen **2.** (*rebatir*) anfechten

combatividad [kombatiβi'ðað] *f* kämpferische Art *f*; (*agresividad*) Kampfeslust *f*; (MIL) Schlagkraft *f*

combativo, **-a** [komba'tiβo, -a] *adj* **1.** (*inclinado al combate*) kämpferisch; (*agresivo*) kampflustig **2.** (*t.* MIL: *relativo al combate*) Kampf(es)-

combi ['kombi] *m* **1.** (AUTO) Kombi(wagen) *m* **2.** (*frigorífico*) Kühlgefrierkombination *f*

combinable [kombi'naβle] *adj* kombinierbar, zusammenstellbar

combinación [kombina'θjon] *f* **1.** (*composición*) Zusammenstellung *f*, Zusammenfügung *f*; (*t.* MAT) Kombination *f*; ~ **de la caja fuerte** Tresorschlosskombination *f*; ~ **de cuatro cifras** Viererkombination *f*; ~ **ganadora** Gewinnerkombination *f* **2.** (QUÍM) Verbindung *f* **3.** (*de transportes*) Verbindung *f* **4.** (*lencería*) Unterrock *m* **5.** (*fam: truco*) Trick *m*; (*complot*) Komplott *nt*

combinado [kombi'naðo] *m* **1.** (*cóctel*) Cocktail *m* **2.** (*ropa*) Kombination *f* **3.** (ECON) Industriekombinat *nt* **4.** (*CSur:* DEP: *selección*) Auswahl(mannschaft) *f*

combinar [kombi'nar] **I.** *vi* **1.** (*armonizar*)

passen (*con* zu +*dat*); **el pañuelo no combina con la chaqueta** das Tuch passt nicht zur Jacke **2.** (DEP) kombinieren **II.** *vt* **1.** (*componer*) zusammenstellen, kombinieren **2.** (*unir*) zusammenfügen, verbinden, kombinieren; (QUÍM) verbinden; ~ **ideas** Gedanken verknüpfen; ~**on sus esfuerzos** sie arbeiteten mit vereinten Kräften **3.** (*coordinar*) kombinieren, abstimmen (*con* auf +*akk*); ~ **colores** Farben (miteinander) kombinieren, Farben aufeinander abstimmen **4.** (MAT) kombinieren **III.** *vr:* ~**se** sich verbinden; (*pey: compincharse*) paktieren

combinatoria [kombina'torja] *f* (*t.* MAT) Kombinationslehre *f,* Kombinatorik *f*

combinatorio, **-a** [kombina'torjo, -a] *adj* (*t.* MAT) kombinatorisch

combo¹ ['kombo] *m* **1.** (MÚS) Combo *f* **2.** (*Am: mazo de hierro*) Hammer *m* **3.** (*Chil, Perú: puñetazo*) Faustschlag *m*

combo, **-a²** ['kombo, -a] *adj* verbogen, krumm

comburente [kombu'ren̪te] *adj* (FÍS, QUÍM) verbrennungsfördernd

combustibilidad [kombustiβili'ða^ð^] *f* (FÍS, QUÍM) (Ver)brennbarkeit *f*

combustible [kombus'tiβle] **I.** *adj* (FÍS, QUÍM) (ver)brennbar; (*inflamable*) (leicht) entzündbar **II.** *m* **1.** (FÍS, QUÍM) Brennstoff *m* **2.** (AERO, AUTO, TÉC: *carburante*) Kraftstoff *m,* Treibstoff *m;* ~ **sólido** Festkraftstoff *m*

combustión [kombus'tjon] *f* (FÍS, QUÍM) Abbrennen *nt,* Verbrennung *f;* (*con llama*) Verfeuerung *f;* ~ **lenta** Glimmen *nt;* ~ **sin llama** Schwelen *nt;* **de difícil** ~ schwer brennbar

comecocos [kome'kokos] *m inv* **1.** (*fam: obsesión*) Kopfnuss *f* **2.** (INFOR: *juego*) Jump-And-Run-Spiel *nt*

COMECON [kome'kon] *m abr de* **Consejo de Asistencia Económica Mutua** COMECON *m*

comedero [kome'ðero] *m* Futtertrog *m;* (*en línea*) Futterrinne *f;* (*pesebre*) Futterkrippe *f;* (*exterior*) Futterstelle *f;* (*escudilla*) Futternapf *m*

comedia [ko'meðja] *f* **1.** (TEAT: *obra*) Schauspiel *nt;* (*divertida*) Lustspiel *nt,* Komödie *f;* ~ **en un acto** Einakter *m;* ~ **del arte** Commedia *f* dell'Arte; ~ **de capa y espada** Mantel- und Degenstück *nt;* ~ **de enredo** Intrigenstück *nt* **2.** (CINE) Komödie *f* **3.** (*fam: farsa*) Komödie *f,* Theater *nt,* Farce *f;* (*hipocresía*) Heuchelei *f;* **hacer** ~ schauspielern; **¡no hagas ~!** lass doch das Theater! **4.** (*fam: suceso*) Komödie *f,* Witz *m*

comediante, **-a** [kome'ðjan̪te, -a] *m, f* **1.** (CINE, TEAT) Schauspieler(in) *m(f);* (*en obras divertidas*) Komödiendarsteller(in) *m(f);* ~**s de la legua** Wanderschauspieler *mpl* **2.** (*farsante*) Komödiant(in) *m(f)*

comedido, **-a** [kome'ðiðo, -a] *adj* **1.** (*moderado*) gemäßigt (*en* in +*dat*); (*contenido*) zurückhaltend (*en* mit +*dat*) **2.** (*modesto*) bescheiden **3.** (*cortés*) höflich **4.** (*Am: servicial*) hilfsbereit

comedieta [kome'ðjeta] *f* leichte Komödie *f*

comedimiento [komeði'mjen̪to] *m* **1.** (*moderación*) Mäßigkeit *f;* (*contenimiento*) Zurückhaltung *f* **2.** (*modestia*) Bescheidenheit *f* **3.** (*cortesía*) Höflichkeit *f* **4.** (*Am: disposición*) Hilfsbereitschaft *f*

comediógrafo, **-a** [kome'ðjoɣrafo, -a] *m, f* Bühnenautor(in) *m(f)*

comedión [kome'ðjon] *m* (*pey*) langweilige [*o* triste] Komödie *f*

comedirse [kome'ðirse] *irr como pedir vr* **1.** (*moderarse*) sich mäßigen; (*contenerse*) sich zurückhalten (*en* mit +*dat*) **2.** (*Am: ofrecerse*) sich bereit erklären (*a* +*inf* zu +*inf*)

comedón [kome'ðon] *m* (MED: *espinilla*) Mitesser *m,* Komedo *m*

comedor¹ [kome'ðor] *m* **1.** (*sala*) Esszimmer *nt;* (*salón*) Speiseraum *m;* (*público*) Speisesaal *m;* (*en una empresa*) Kantine *f;* ~ **universitario** Mensa *f* **2.** (*mobiliario*) Essgruppe *f*

comedor(a)² [kome'ðor(a)] **I.** *adj* essfreudig; **ser** ~ gut essen **II.** *m(f)* **1.** (BIOL) Fresser *m;* ~**es de carne** Fleischfresser *mpl* **2.** (*persona*) guter Esser *m*

comedura [kome'ðura] *f* (*argot*): ~ **de coco** Kopfnuss *f*

comefuego [kome'fweɣo] *mf* Feuerschlucker(in) *m(f)*

comehostias [kome'ostjas] *mf inv* (*vulg pey*) Betbruder, -schwester *m, f*

comején [kome'xen] *m* (*Am*) **1.** (*termita*) Termite *f* **2.** (*zozobra*) bohrender Gedanke *m*

comemierdas [kome'mjerðas] *mf inv* (*vulg pey*) Mistvieh *nt fam*

comendador [komen̪da'ðor] *m* (HIST) Komtur *m*

comendatario, **-a** [komen̪da'tarjo, -a] **I.** *adj* (REL) Kommendatars- **II.** *m, f* (REL) Kommendatar(in) *m(f)*

comendatorio, **-a** [komen̪da'torjo, -a] *adj* empfehlend, Empfehlungs-; **escrito** ~ Empfehlungsschreiben *nt*

comensal [komen'sal] *mf* **1.** (*invitado*) (Tisch)gast *m* **2.** (*vecino de mesa*) Tischnachbar(in) *m(f)* **3.** (BIOL) Komensale *m*

comensalía [komensa'lia] *f sin pl* (*elev*) Haus- und Tischgemeinschaft *f*

comensalismo [komensa'lismo] *m sin pl* (BIOL) Kommensalismus *m*

comentador(a) [komen̪ta'ðor(a)] *m(f)* **1.** (*comentarista*) Kommentator(in) *m(f)* **2.** (*chismoso*) Klatschmaul *nt fam*

comentar [komen̪'tar] *vt* **1.** (*hablar sobre algo*) besprechen; (*hacer comentarios*) kommentieren; (*explicar*) erklären, erläutern; (*analizar*) auslegen, analysieren **2.** (*una obra: criticar*) rezensieren, besprechen; (*interpretar*) analysieren, interpretieren; (*incluir notas*) kommentieren **3.** (*pey: cotillear, criticar, murmurar*) klatschen (über +*akk*) *fam*

4. (*fam: contar*) erzählen; **me han comentado que te casas** es ist mir zu Ohren gekommen, dass du heiratest

comentario [komeṇ'tarjo] *m* **1.** (*general*) Kommentar *m;* (*aclaración*) Erläuterung *f;* (*observación*) Bemerkung *f;* (*explicación*) Erklärung *f;* (*nota*) Anmerkung *f;* (*análisis*) Auslegung *f;* ~ **de textos** (LIT) Textanalyse *f;* **¡sin ~s!** kein Kommentar! **2.** *pl* (*murmuraciones*) Geklatsche *nt fam,* Gerede *nt;* **dar lugar** [*o* **pie**] **a ~s** (*pey*) Stoff zum Reden liefern

comentarista [komeṇta'rista] *mf* (RADIO, TV) Kommentator(in) *m(f);* ~ **deportivo** Sportkommentator *m;* ~ **político** politischer Kommentator

comenzar [komeṇ'θar] *irr como empezar* **I.** *vi* anfangen (*con/por* mit +*dat*), beginnen (*con/por* mit +*dat*); ~ **a** +*inf* anfangen [*o* beginnen] zu +*inf;* ~ **por** +*inf* als Erstes +*inf,* zunächst (ein)mal +*inf;* **para** ~ als Erstes, zunächst mal **II.** *vt* **1.** (*iniciar*) anfangen, beginnen **2.** (*alimentos*) anschneiden; (*envases*) anbrechen

comer [ko'mer] **I.** *vi* **1.** (*alimentarse*) essen; (*animales*) fressen; **dar de ~ a alguien** jdm zu essen geben; (*mantener*) für jds Unterhalt sorgen; **dar de ~ a un animal** ein Tier füttern; ~ **caliente** eine warme Mahlzeit haben; ~ **por ~** (*fam*) aus Langeweile essen; ~ **como una lima** [*o* **una fiera**] (*fam*) wie ein Scheunendrescher (fr)essen; **¡come y calla!** sei still und iss!; **¿eso con qué se come?** (*fig*) und was soll das (darstellen)?; **ni come ni deja** ~ (*fig*) der/die gönnt sich *dat* selbst und anderen nichts **2.** (*almorzar*) zu Mittag essen; **antes/después de** ~ vor/nach dem (Mittag)essen **II.** *vt* **1.** (*ingerir*) essen; (*animales*) fressen; **sin ~lo ni beberlo** aus heiterem Himmel **2.** (*fig: consumir*) zehren (an +*dat*), nagen (an +*dat*) **3.** (*corroer*) zerfressen **4.** (*colores*) ausbleichen **5.** (*dilapidar*) verprassen **6.** (*en juegos*) wegnehmen; (*parchís*) hinausschmeißen **III.** *vr:* **~se 1.** (*ingerir*) (auf)essen; **me como una manzana** ich esse einen Apfel; **se comió (todo) el pan** er/sie aß das (ganze) Brot auf; **casi se lo come vivo** (*fig*) er/sie war stinksauer auf ihn; **~se a alguien a besos** jdn abküssen; **~se a alguien con los ojos** jdn mit den Augen verschlingen; **está para comérsela** sie ist zum Anbeißen; **con su pan se lo coma** (*fig*) es ist sein/ihr Bier; **¡no te comas el coco!** zerbrich dir nicht den Kopf! **2.** (*corroer*) zerfressen **3.** (*colores*) ausbleichen **4.** (*saltarse*) überspringen; (*palabras*) auslassen; (*al pronunciar*) verschlucken **IV.** *m* Essen *nt;* **ser de buen** ~ ein guter Esser sein; **el ~ y el rascar, todo es empezar** (*prov*) der Appetit kommt beim Essen

comerciable [komer'θjaβle] *adj* (COM: *vendible*) verkäuflich

comercial[1] [komer'θjal] **I.** *adj* Handels-, gewerblich; (*t. pey*) kommerziell; **calle** ~ Geschäftsstraße *f;* **centro** ~ Einkaufszentrum *nt;* **dirección** ~ Geschäftsleitung *f;* **director** ~ kaufmännischer Leiter; **factura** ~ Handelsrechnung *f;* **horario** ~ (Laden)öffnungszeiten *fpl;* **intercambio** ~ Handelsverkehr *m,* Warenumsatz *m;* **local** ~ Ladenlokal *nt;* **muestra sin valor** ~ Muster ohne Wert; **perito** ~ Kaufmann *m* **II.** *mf* (*profesión*) Außendienstmitarbeiter(in) *m(f),* Handelsvertreter(in) *m(f)*

comercial[2] [komer'θjal] *m* (*Am: anuncio*) Werbespot *m*

comercialismo [komerθja'lismo] *m* (ECON) Kommerzialismus *m*

comercializable [komerθjali'θaβle] *adj* (COM) marktfähig, vermarktungsfähig

comercialización [komerθjaliθa'θjon] *f* Vermarktung *f,* Kommerzialisierung *f;* (*puesta en circulación*) Inverkehrbringen *nt;* ~ **de productos** Produktvermarktung *f;* **método de** ~ Absatzmethode *f*

comercializador(a) [komerθjaliθa'ðor(a)] *adj* vertreibend, vermarktend, Vertriebs-; **la empresa ~a de este producto** die Firma, die dieses Produkt vertreibt

comercializar [komerθjali'θar] <z→c> *vt* vermarkten, kommerzialisieren

comerciante, -a [komer'θjaṇte, -a] *m, f* Händler(in) *m(f);* (*negociante*) Geschäftsmann, -frau *m, f;* (*perito*) Kaufmann, -frau *m, f;* ~ **al por mayor** Großhändler *m;* ~ **al por menor** Einzelhändler *m,* Kleinhändler *m*

comerciar [komer'θjar] *vi* handeln (*con* mit +*dat*); ~ **con un país** mit einem Land Handel treiben; ~ **en el sector de los frutos secos** mit Trockenfrüchten handeln; ~ **en vino** Weinhandel treiben, einen Weinhandel betreiben

comercio [ko'merθjo] *m* **1.** (*actividad*) Handel *m,* Kommerz *m;* (*venta*) Gewerbe *nt;* ~ **ambulante** Straßenverkauf *m;* ~ **bilateral** bilateraler Handel; ~ **clandestino** Schwarzhandel *m;* ~ **por cuenta propia** Eigenhandel *m;* ~ **exterior** Außenhandel *m;* ~ **extracomunitario** außergemeinschaftlicher Handel; ~ **interior** Binnenhandel *m;* ~ **internacional** Welthandel *m;* ~ **intracomunitario** innergemeinschaftlicher Handel; ~ **mundial** Welthandel *m;* ~ **al por mayor** [*o* **mayorista**] Großhandel *m;* ~ **al por menor** [*o* **minorista**] Einzelhandel *m;* ~ **con países terceros** Handel mit Drittländern; ~ **de tránsito** Transithandel *m;* **Escuela Superior de C~** Höhere Handelsschule; **libre** ~ Freihandel *m;* **el mundo del** ~ die Geschäftswelt; **usos de** ~ Handelsbräuche *mpl,* Handelsusancen *fpl;* **ser usual en el** ~ handelsüblich sein **2.** (*tienda*) Laden *m,* Geschäft *nt;* **poner un** ~ ein Geschäft eröffnen **3.** (*relaciones*) Verkehr *m,* Umgang *m;* ~ **carnal** [*o* **sexual**] Geschlechtsverkehr *m*

comestible [komes'tiβle] *adj* essbar

comestibles [komes'tiβles] *mpl* Lebensmittel *ntpl,* Esswaren *fpl;* ~ **finos** Feinkost *f,* Delikatessen *fpl;* **tienda de** ~ Lebensmittelgeschäft *nt*

cometa[1] [ko'meta] *m* (ASTR) Komet *m*

cometa[2] [ko'meta] *f* (*juguete*) Drachen *m*

cometario, -a [kome'tarjo, -a] *adj* (ASTR) Kometen-; **estela cometaria** Kometenschweif *m;* **trayectoria cometaria** Kometenbahn *f*

cometer [kome'ter] *vt* **1.** (*t.* JUR) begehen; (*perpetrar*) verüben; ~ **un asesinato/un crimen** einen Mord/ein Verbrechen begehen [*o* verüben]; ~ **un error** einen Irrtum begehen; ~ **una falta/tontería** einen Fehler/eine Dummheit begehen [*o* machen] **2.** (COM) in Kommission geben

cometido [kome'tiðo] *m* (*encargo*) Auftrag *m;* (*tarea*) Aufgabe *f;* (*obligación*) Pflicht *f;* (JUR) Obliegenheit *f;* **cumplir con su** ~ seine Aufgabe erfüllen

comezón [kome'θon] *f* **1.** (*picor*) Juckreiz *m* **2.** (*desasosiego*) Unruhe *f;* (*malestar*) Unbehagen *nt* **3.** (*ganas*) Kitzel *m,* Reiz *m*

comible [ko'miβle] *adj* (*fam*) essbar; **está** ~ man kann's essen

cómic ['komi^k] *m* <cómics> Comic *m*

cómica ['komika] *adj o f v.* **cómico**

comicastro [komi'kastro] *m* (*pey*) Schmierenkomödiant *m*

comicidad [komiθi'ða^d] *f* Komik *f*

comicios [ko'miθjos] *mpl* **1.** (HIST) Komitien *pl* **2.** (*elecciones*) Wahlen *fpl*

cómico, -a ['komiko, -a] **I.** *adj* (*relativo a la comedia*) komisch; (*divertido*) lustig, witzig, komisch; **actor** ~ Komiker *m;* **autor** ~ Komödienautor *m* **II.** *m, f* (CINE, TEAT) Komiker(in) *m(f);* ~**s de la legua** Wanderschauspieler *mpl*

comida [ko'miða] *f* **1.** (*alimento*) Essen *nt,* Nahrung *f;* (*comestibles*) Lebensmittel *ntpl;* (*plato*) Speise *f;* (*cocina*) Küche *f;* ~ **de** [*o* **para**] **animales** Tiernahrung *f,* Tierfutter *nt;* ~ **basura** Junkfood *nt;* ~ **casera** Hausmannskost *f;* ~ **francesa/italiana** französische/italienische Küche; ~ **preparada** Fertiggericht *nt;* ~ **rápida** Fastfood *nt,* Imbiss *m;* (*argot*) Junkfood *nt;* **casa de** ~**s** Gastwirtschaft *f;* **hacer** [*o* **preparar**] **la** ~ das Essen machen [*o* zubereiten]; **me gusta la** ~ **china** ich esse gerne chinesisch **2.** (*horario*) Mahlzeit *f;* ~ **principal** Hauptmahlzeit *f;* **dos comprimidos antes/después de las** ~**s** zwei Tabletten vor/nach dem Essen **3.** (*almuerzo*) Mittagessen *nt;* ~ **de negocios** Geschäftsessen *nt*

comidilla [komi'ðiʎa] *f* (*fam fig*) Stadtgespräch *nt;* **ser la** ~ **de todos** in aller Munde sein

comido, -a [ko'miðo, -a] *adj* **1.** (*satisfecho*) satt; **estar** ~ gegessen haben; **llegar** ~ nach dem Essen kommen; **salir** ~ **por servido** sich *dat* gleichbleiben; **ser pan** ~ (*fig*) eine leichte Sache sein **2.** (*fig: corroído*) zerfressen (*de/por* von +*dat*)

comienzo [ko'mjenθo] *m* (*principio*) Anfang *m,* Beginn *m;* **al** ~ am Anfang; **a** ~**s de mes/de año** Anfang des Monats/des Jahres; **dar** ~ (**a algo**) (etw) anfangen [*o* beginnen]; **desde el** ~ von Anfang an

comilitón [komili'ton] *m* (MIL) Kriegskamerad *m*

comilla [ko'miʎa] *f* (LING) Anführungszeichen *nt,* Gänsefüßchen *nt fam;* ~**s francesas** französische Anführungszeichen; ~ **de valor** Apostroph *m;* (**poner**) **entre** ~**s** in Anführungszeichen (setzen)

comilón, -ona [komi'lon, -ona] **I.** *adj* (*fam*) gefräßig, verfressen **II.** *m, f* (*fam*) Vielfraß *m*

comilona [komi'lona] *f* (*fam*) Fressgelage *nt,* Fressorgie *f*

cominería [komine'ria] *f* (*bagatela*) Nichtigkeit *f,* Banalität *f*

comino [ko'mino] *m* Kümmel *m;* **no valer un** ~ keinen [*o* nicht einen] Deut wert sein, keinen [*o* nicht einen] Pfifferling wert sein *fam;* **no me importa un** ~ das kümmert mich keinen [*o* nicht einen] Deut, das ist mir völlig egal

comisar [komi'sar] *vt* (JUR: *confiscar*) beschlagnahmen

comisaria [komi'sarja] *f v.* **comisario**

comisaría [komisa'ria] *f* **1.** (*cargo*) Kommissariat *nt* **2.** (*edificio*) (Polizei)wache *f;* ~ **de policía** Polizeirevier *nt*

comisariato [komisa'rjato] *m* (*Am*) Konsumgenossenschaft *f;* (*almacén*) Genossenschaftsladen *m*

comisario, -a [komi'sarjo, -a] *m, f* **1.** (*delegado*) Beauftragte(r) *mf;* (*representante*) Vertreter(in) *m(f);* ~ **del gobierno** Regierungskommissar *m;* ~ **parlamentario** parlamentarischer Beauftragter; ~ **político** Politkommissar *m* **2.** (*de policía*) Kommissar(in) *m(f);* ~ **de policía** Polizeikommissar *m;* ~ **europeo** europäischer Kommissar

comiscar [komis'kar] <c→qu> *vt* **1.** (*fam: picar*) naschen **2.** (*carcomer*) zerfressen

comisión [komi'sjon] *f* **1.** (*cometido*) Auftrag *m* **2.** (*delegación*) Kommission *f;* (*junta*) Ausschuss *m;* (*comité*) Komitee *nt;* ~ **de arbitraje** Schlichtungskommission *f,* Vermittlungsausschuss *m;* ~ **de conciliación** Schlichtungsstelle *f,* Vermittlungsausschuss *m;* ~ **de control** Kontrollausschuss *m;* **C~ Europea** (UE) Europäische Kommission; ~ **investigadora** Untersuchungsausschuss *m;* ~ **mixta** gemischter Ausschuss; ~ **parlamentaria** Parlamentsausschuss *m,* parlamentarischer Ausschuss; ~ **permanente** Ständiger Rat; ~ **de seguimiento** Überwachungskommission *f* **3.** (COM) Provision *f;* ~ **bancaria** Bankprovision *f;* ~ **de cambio** Umtauschgebühren *fpl;* ~ **de corretaje** Maklergebühr *f;* ~ **sobre la cifra de negocio** Umsatzprovision *f;* ~ **sobre las ventas** Absatzprovision *f,* Verkaufsprovision *f;* **a** ~ auf Provision(sbasis) **4.** (JUR) Begehung *f,* Verübung *f;* **delito de** ~ Kommissivdelikt *nt* **5.** (ADMIN): ~ **de servicios** Abordnung *f*

comisionado, **-a** [komisjo'naðo, -a] *m, f* **1.**(COM: *comisionista*) Kommissionär(in) *m(f)* **2.**(*encargado*) Beauftragte(r) *mf;* (*apoderado*) Bevollmächtigte(r) *mf* **3.**(*Am: comisario*) Kommissar(in) *m(f)*

comisionar [komisjo'nar] *vt* (*t.* FIN, JUR: *encargar*) beauftragen; (*apoderar*) bevollmächtigen

comisionista [komisjo'nista] *mf* (*t.* COM) Kommissionär(in) *m(f);* (*agente*) Agent(in) *m(f),* Makler(in) *m(f);* (*representante*) Vertreter(in) *m(f);* ~ **de transportes** Spediteur(in) *m(f);* ~ **de venta** Verkaufskommissionär *m*

comiso [ko'miso] *m* (JUR) **1.**(*confiscación*) Beschlagnahme *f* **2.**(*bienes*) Beschlagnahmte(s) *nt*

comisorio, **-a** [komi'sorjo, -a] *adj* (JUR) befristet

comisquear [komiske'ar] *vt v.* **comiscar**

comistrajo [komis'traxo] *m* (*fam pey*) Fraß *m*

comisura [komi'sura] *f* (ANAT: *del cráneo*) Kommissur *f;* ~ **de los labios** Mundwinkel *m;* ~ **de los ojos** [*o* **párpados**] Augen(lid)winkel *m*

comité [komi'te] *m* Komitee *nt;* (*junta*) Ausschuss *m;* ~ **administrativo** Verwaltungsausschuss *m;* ~ **central** Zentralkomitee *nt;* **C~ de Conciliación** (UE) Vermittlungsausschuss *m;* ~ **consultivo** beratender Ausschuss; ~ **de dirección** Direktorium *nt;* **C~ Económico y Social** (UE) Wirtschafts- und Sozialausschuss *m;* ~ **ejecutivo** Exekutivkomitee *nt;* ~ **de empresa** Betriebsrat *m;* ~ **investigador** Untersuchungsaussschuss *m;* ~ **monetario** (UE) Währungsausschuss *m;* ~ **negociador** Verhandlungsdelegation *f;* **C~ Olímpico Internacional** Internationales Olympisches Komitee; **C~ de las Regiones** (UE) Ausschuss der Regionen

comitiva [komi'tiβa] *f* Gefolge *nt;* ~ **fúnebre** Leichenzug *m*

como ['komo] **I.** *adv* **1.**(*del modo que*) wie; **hazlo ~ te he explicado** mach es so, wie ich es dir erklärt habe; **hazlo ~ quieras** mach es, wie du willst; ~ **quiera que sea** wie auch immer, egal wie; ~ **quien** [*o* **aquel que**] **dice** sozusagen **2.**(*a la manera de*) wie; **blanco ~ la nieve** weiß wie Schnee, schneeweiß; **me siento ~ culpable** ich fühle mich irgendwie schuldig; **esto huele ~ a gasolina** das riecht wie Benzin **3.**(*comparativo*) wie; **es ~ su padre** er/sie ist wie sein/ihr Vater; (*aspecto*) er/sie sieht aus wie sein/ihr Vater; **es tan alto ~ su hermano** er ist so groß wie sein Bruder **4.**(*aproximadamente*) ungefähr, gegen; **llegaron ~ a las cinco** sie kamen so gegen fünf Uhr an; **hace ~ un año** etwa vor einem Jahr **5.**(*por ejemplo*) wie; **algunas frutas, ~ la naranja o el limón, son ricas en vitamina C** einige Früchte, wie Apfelsinen oder Zitronen, sind reich an Vitamin C **6.**(*y también*) sowie, wie auch; **participaron** (**tanto**) **hombres ~ mujeres** Männer wie Frauen nahmen teil **7.**(*en calidad de*) als; **te lo digo ~ amigo** ich sage es dir als Freund; **trabaja ~ camarero** er arbeitet als Kellner; ~ **pintor es mediocre** als Maler ist er mittelmäßig **II.** *conj* **1.**(*causal*) da; ~ **no tengo tiempo, no voy con vosotros** da ich keine Zeit habe, gehe ich nicht mit; ~ (**quiera**) **que me lo encontré, tuve que saludarlo** da ich ihm nun schon einmal begegnete, musste ich ihn ja grüßen; **lo sé, ~ que lo vi** ich weiß es, weil ich es gesehen habe **2.**(*condicional*) wenn, falls; ~ **no estudies, suspenderás** wenn du nicht lernst, wirst du durchfallen **3.**(*con 'si' +subj o con 'que'*) als ob, als wenn; **hace ~ que no me conoce** [*o* ~ **si no me conociera**] er/sie tut so, als ob er/sie mich nicht kennen würde [*o* als würde er/sie mich nicht kennen]; **¡~ si no tuviera uno otra cosa que hacer!** als hätte man nichts Besseres zu tun! **4.**(*completiva*) dass; **verás ~ todo se arregla** du wirst sehen, alles kommt in Ordnung **5.**(*final*): ~ **para** um zu; **es ~ para volverse loco** es ist zum Verrücktwerden **6.**(*concesiva*): **cansado ~ estaba, aún salió** müde wie er war, ging er noch aus **7.**(*temporal*) sobald; (**así**) ~ **salimos, se puso a llover** sobald wir aus dem Haus gingen, fing es an zu regnen

cómo ['komo] **I.** *adv* **1.**(*modal*) wie; **¿~ estás?** wie geht's dir?; **¿~ te llamas?** wie heißt du?; **¿~** (**dice**)? wie bitte?; **no sé ~ decírselo** ich weiß nicht, wie ich es ihm/ihr sagen soll; **según y ~** je nachdem **2.**(*por qué*) wieso; **¿~** (**no**)? wieso (nicht)?; **¡~ no!** aber klar!; **¿~ es eso?** wieso das? **3.**(*exclamativo*) wie; **¡~ llueve!** wie es gießt!; **¡~ ha envejecido!** er/sie ist aber alt geworden! **II.** *m:* **el ~** das Wie; **explícame el ~ y el porqué de tus actos** erklär mir bitte das Wie und Warum deiner Handlung; **no me importa ni el ~ ni el cuándo** wie und wann ist mir egal

cómoda ['komoða] *f* Kommode *f*

comodable [komo'ðaβle] *adj* (JUR) (ver)leihbar

comodante [komo'ðan̦te] *mf* (JUR) Verleiher(in) *m(f)*

comodatario, **-a** [komoða'torjo, -a] *m, f* (JUR) Entleiher(in) *m(f)*

comodato [komo'ðato] *m* (JUR) (Gebrauchs)leihe *f*

comodidad [komoði'ða^ð] *f* **1.**(*confort*) Bequemlichkeit *f;* (*ambiente acogedor*) Gemütlichkeit *f,* Wohnlichkeit *f;* (*bienestar*) Wohlstand *m;* **~es** Annehmlichkeiten *fpl,* Komfort *m;* **por pura ~** aus reiner Bequemlichkeit **2.**(*conveniencia*) Nutzen *m;* (*beneficio*) Vorteil *m*

comodín [komo'ðin] *m* **1.**(*cómoda*) (kleine) Kommode *f* **2.**(*en juegos*) Joker *m* **3.**(*palabra*) Allerweltswort *nt* **4.**(INFOR) Platzhalterzeichen *nt,* Stellvertreterzeichen *nt* **5.**(*pretexto*) Ausflucht *f*

cómodo, **-a** ['komoðo, -a] *adj* **1.** *ser* (*cosa*) bequem; (*agradable*) behaglich; (*acogedor*) gemütlich, wohnlich; (*fácil*) leicht; **la cocina es muy cómoda** die Küche ist sehr praktisch **2.** *ser* (*persona*) bequem; (*perezoso*) faul **3.** *estar* (*a gusto*) bequem; **se está muy ~ en este sillón** man sitzt sehr bequem in diesem Sessel; **ponerse ~** es sich *dat* bequem machen; **¡ponte/póngase ~!** mach's dir/machen Sie es sich bequem!

comodón, **-ona** [komo'ðon, -ona] **I.** *adj* (*fam*) bequem; (*perezoso*) faul **II.** *m, f* (*fam*) Bequemlichkeitsmensch *m;* (*perezoso*) Faulpelz *m*

comodoro [komo'ðoro] *m* (MIL, NÁUT) Kommodore *m,* Geschwaderführer *m*

comoquiera [komo'kjera] **I.** *adv* irgendwie, wie auch immer **II.** *conj* **1.** (*causal*): **~ que** da ... ja; **~ que es mi jefe, no discutiré con él** da er ja mein Chef ist, werde ich mit ihm nicht diskutieren **2.** (*concesiva*): **~ que** auch wenn; **~ que sea** wie es auch sein mag

compa ['kompa] *mf* (*fam*) Kumpel *m*

compacidad [kompaθi'ða^{d}] *f* Kompaktheit *f;* (*densidad*) Dichtheit *f;* (*firmeza*) Festigkeit *f*

compactación [kompakta'θjon] *f* (ARQUIT, TÉC) Verdichtung *f;* (*fijación*) Verfestigung *f;* **~ por vibración** Rüttelverdichtung *f*

compactar [kompak'tar] **I.** *vt* (ARQUIT, TÉC) verdichten; (*fijar*) verfestigen **II.** *vr:* **~se** kompakt werden, sich verfestigen

compact (disc) ['kompak (ðis^{k})] *m* CD *f*

compactibilidad [kompaktiβili'ða^{d}] *f* Kompaktheit *f*

compacto[1] [kom'pakto] *m* **1.** (*disco*) CD *f* **2.** (*reproductor*) CD-Player *m* **3.** (*equipo*) Kompaktanlage *f*

compacto, **-a**[2] [kom'pakto, -a] *adj* **1.** (*textura*) kompakt; (*denso*) dicht; (*firme*) fest **2.** (*tamaño*) kompakt; **disco ~** CD *f* **3.** (*escritura*) eng; (*multitud*) dicht

compadecer [kompaðe'θer] *irr como crecer* **I.** *vt* bemitleiden, bedauern **II.** *vr:* **~se** (*sentir*) Mitleid haben (*de* mit +*dat*); (*actuar*) sich erbarmen (*de* +*gen*)

compadraje [kompa'ðraxe] *m* (*pey*) Kumpanei *f;* (*asociación*) Cliquenbildung *f*

compadrar [kompa'ðrar] *vi* **1.** (*emparentar*) *in ein Patenschaftsverhältnis mit jdm treten;* **mi jefe ha compadrado con mi tío** mein Chef ist Pate vom Kind meines Onkels geworden **2.** (*hacer amistad*) Freundschaft schließen, sich anfreunden

compadrazgo [kompa'ðraθɣo] *m* Gevatterschaft *f*

compadre [kom'paðre] *m* **1.** (*padrino*) Pate *m* **2.** (*amigo*) Freund *m;* (*compañero*) Kumpel *m*

compadrear [kompaðre'ar] *vi* **1.** (*de compadraje*) Kumpanei machen **2.** (*CSur: presumir*) großtun, angeben

compadreo [kompa'ðreo] *m* (*pey*) Kumpanei *f*

compadrería [kompaðre'ria] *f* (*entre amigos*) Freundschaft *f;* (*entre camaradas*) Kameradschaft *f;* **una relación de ~** eine freundschaftliche [*o* kameradschaftliche] Beziehung

compadrito [kompa'ðrito] *m* (*AmS: chulo, bravucón*) Angeber *m fam,* Großmaul *nt fam*

compaginable [kompaxi'naβle] *adj* kompatibel; **este trabajo es ~ con la educación de los niños** dieser Job lässt sich gut mit der Kindererziehung vereinbaren; **esa afirmación no es ~ con la anterior** diese Behauptung passt nicht zur vor(her)igen

compaginación [kompaxina'θjon] *f* **1.** (*paginación*) Seitenumbruch *m* **2.** (CINE) Filmrollenwechsel *m* **3.** (*compatibilización*) Vereinbaren *nt*

compaginada [kompaxi'naða] *f* (TIPO) Umbruchseite *f*

compaginado, **-a** [kompaxi'naðo, -a] *adj* (TIPO) umbrochen

compaginar [kompaxi'nar] **I.** *vt* **1.** (*paginar*) paginieren; (*separar*) (Seiten) umbrechen **2.** (*combinar*) vereinbaren, kombinieren; (*armonizar*) harmonisieren, in Einklang bringen **II.** *vr:* **~se** **1.** (*combinar*) zusammenpassen **2.** (*armonizar*) in Einklang stehen

compañera [kompa'ɲera] *f v.* **compañero**

compañerismo [kompaɲe'rismo] *m* Kollegialität *f;* (*camaradería*) Kameradschaftssinn *m;* **falta de ~** fehlende Kollegialität; **eso es una falta de ~** das ist unkollegial

compañero, **-a** [kompa'ɲero, -a] *m, f* **1.** (*persona*) Gefährte, -in *m, f;* (*amigo*) Freund(in) *m(f);* (*pareja*) Partner(in) *m(f),* Lebensgefährte, -in *m, f;* (*camarada*) Kamerad(in) *m(f);* (POL) Genosse, -in *m, f;* (*compadre*) Kumpel *m;* (*acompañante*) Begleiter(in) *m(f);* **~ de armas** Waffenbruder *m;* **~ de baile** Tanzpartner *m;* **~ de clase** Schulkamerad *m,* Mitschüler *m;* (UNIV) Kommilitone *m;* **~ de estudios** Studienkollege *m;* **~ de fatigas** Leidensgefährte *m;* **~ de juego** Mitspieler *m;* **~ de mesa** Tischnachbar *m;* **~ de piso** Mitbewohner *m;* **~ de trabajo** Arbeitskollege *m;* (*colaborador*) Mitarbeiter *m;* **~ de viaje** Mitreisende(r) *m,* Reisegefährte *m* **2.** (*cosa*) Gegenstück *nt;* **sólo encuentro un guante; ¿dónde está el ~?** ich kann nur einen Handschuh finden; wo ist der andere?

compañía [kompa'ɲia] *f* **1.** (*acompañamiento*) Gesellschaft *f;* **animal de ~** Haustier *nt;* **hacer ~ a alguien** jdm Gesellschaft leisten; **andar en malas ~s** sich in schlechter Gesellschaft befinden **2.** (*acompañante*) Begleitung *f;* **ir en ~** in Begleitung sein; **llegó en ~ de su esposo** sie kam in Begleitung ihres Gatten **3.** (TEAT) Ensemble *nt,* Truppe *f;* **~ ambulante** [*o* **de la legua**] Wanderbühne *f* **4.** (COM) Gesellschaft *f,* Firma *f;* **~ aérea** Fluggesellschaft *f;* **~ colectiva** offene Handelsgesellschaft; **~ fantasma** Scheinunternehmen *nt,* Briefkastenfirma *f;* **~ fiduciaria** Treuhandgesellschaft *f;* ~ **naviera** Schifffahrtsgesellschaft *f;* ~ **de seguros** Versicherungsgesellschaft *f;* **C~ Telefónica Nacional de España** Spanische Staatliche Telefongesellschaft **5.** (MIL) Kompanie *f* **6.** (REL) Orden *m;* **C~ de Jesús** Jesuitenorden *m*

comparabilidad [komparaβili'ðaᵈ] *f sin pl* Vergleichbarkeit *f*

comparable [kompa'raβle] *adj* vergleichbar (*a/con* mit +*dat*); **no es** ~ es ist nicht zu vergleichen

comparación [kompara'θjon] *f* **1.** (*contraste*) Vergleich *m;* **en** ~ **con** im Vergleich zu +*dat;* (**no**) **resistir la** ~ **con algo/alguien** dem Vergleich mit etw *dat/*jdm (nicht) standhalten **2.** (*cotejo*) Gegenüberstellung *f* **3.** (LING) Steigerung *f,* Komparation *f*

comparado, -a [kompa'raðo, -a] *adj* **1.** (*en comparación*) im Vergleich (*con* zu +*dat*), verglichen (*con* mit +*dat*) **2.** (*comparativo*) vergleichend; **gramática comparada** vergleichende [*o* komparative] Grammatik; **lingüística comparada** Komparativistik *f;* **literatura comparada** Komparatistik *f*

comparar [kompa'rar] **I.** *vt* vergleichen (*a/con* mit +*dat*); (*equiparar*) gleichstellen (*a/con* +*dat*); (*cotejar*) gegenüberstellen (*a/con* +*dat*) **II.** *vr:* ~**se** sich vergleichen (*a/con* mit +*dat*); (*equipararse*) sich gleichstellen (*a/con* +*dat*)

comparatista [kompara'tista] *mf* vergleichender Wissenschaftler *m,* vergleichende Wissenschaftlerin *f;* (LING, LIT) Komparatist(in) *m(f)*

comparatística [kompara'tistika] *f* **1.** (LING) Komparativistik *f* **2.** (LIT) Komparatistik *f*

comparativo¹ [kompara'tiβo] *m* (LING) Komparativ *m,* Steigerungsstufe *f*

comparativo, -a² [kompara'tiβo, -a] *adj* **1.** (*comparando*) vergleichend; (*t.* LING) komparativ; (*t.* LIT) komparatistisch; **derecho** ~ vergleichendes Recht; **estudio** ~ vergleichende Studie; **gramática comparativa** vergleichende [*o* komparative] Grammatik; **lingüística comparativa** Komparativistik *f;* **publicidad comparativa** vergleichende Werbung **2.** (*por comparación*): **agravio** ~ Herabsetzung *f* **3.** (LING) Vergleichs-, Komparativ-; **oración comparativa** Komparativsatz *m*

comparecencia [kompare'θeṇθja] *f* **1.** (JUR) Erscheinen *nt,* Komparition *f;* (*como testigo/experto*) Auftreten *nt;* **no** ~ Nichterscheinen *nt* **2.** (*llegada*) Erscheinen *nt,* Auftauchen *nt*

comparecer [kompare'θer] *irr como crecer vi* **1.** (JUR) erscheinen, auftreten, komparieren; (*como testigo/experto*) auftreten; ~ **ante un juez** vor Gericht erscheinen **2.** (*llegar*) erscheinen, auftauchen

compareciente [kompare'θjeṇte] *mf* (JUR) Erscheinende(r) *mf,* Komparent *m*

comparecimiento [kompareθi'mjeṇto] *m* (JUR) Vorführung *f*

comparendo [kompa'reṇdo] *m* (JUR: *disposición de comparecencia*) (Vor)ladung *f*

comparición [kompari'θjon] *f v.* **comparecencia**

comparsa¹ [kom'parsa] *f* **1.** (*mascarada*) Karnevalstruppe *f* **2.** (CINE, TEAT: *conjunto*) Komparserie *f*

comparsa² [kom'parsa] *mf* **1.** (CINE, TEAT) Komparse, -in *m, f,* Statist(in) *m(f)* **2.** (*fig*) Randfigur *f*

compartible [kompar'tiβle] *adj* akzeptabel; **tus ideas son** ~**s** ich kann deine Ansichten nachvollziehen

compartimentación [kompartimeṇta'θjon] *f* Aufteilung *f,* Einteilung *f;* (*en casillas*) Einteilung *f* in Fächer

compartimentar [kompartimeṇ'tar] *vt* aufteilen, einteilen

compartim(i)ento [komparti'm(j)eṇto] *m* Abteilung *f;* (*casilla*) Fach *nt;* (FERRO) Abteil *nt;* (AERO) Raum *m;* ~ **de alquiler** (*en un banco*) Bankschließfach *nt;* ~ **de carga** Laderaum *m;* ~ **de equipajes** Gepäckraum *m*

compartir [kompar'tir] *vt* **1.** (*tener en común*) teilen (*con* mit +*dat*); ~ **la opinión de alguien** jds Meinung teilen, mit jdm einer Meinung sein **2.** (*repartirse*) verteilen (*entre* unter +*dat*), teilen (*con* mit +*dat*)

compás [kom'pas] *m* **1.** (*en dibujo*) Zirkel *m;* ~ **de pizarra** Tafelzirkel *m* **2.** (AERO, NÁUT: *brújula*) Kompass *m* **3.** (*ritmo*) Rhythmus *m,* Tempo *nt;* (MÚS) Takt *m;* ~ **de compasillo** Viervierteltakt *m;* ~ **de espera** Pausentakt *m;* (*fig*) Zwangspause *f,* Wartezeit *f;* **al** ~ im Takt; **fuera de** ~ aus dem Takt; **llevar/perder el** ~ den Takt halten/aus dem Takt geraten; **marcar el** ~ den Takt schlagen; (*fig*) den Ton [*o* Takt] angeben **4.** (*mesura*) Maß *nt;* (*orden*) Ordnung *f*

compasado, -a [kompa'saðo, -a] *adj* **1.** (*acompasado*) taktmäßig **2.** (*mesurado*) maßvoll, gemäßigt; (*arreglado*) wohl geordnet

compasar [kompa'sar] *vt* **1.** (*medir*) (be)messen; (*t.* MAT: *con un compás*) abzirkeln **2.** (*ajustar*) justieren **3.** (MÚS) Taktstriche setzen (in +*dat*)

compasillo [kompa'siʎo] *m* (MÚS) Viervierteltakt *m*

compasión [kompa'sjon] *f* Mitleid *nt* (*de* mit +*dat*), Erbarmen *nt* (*de* mit +*dat*); **sin** ~ erbarmungslos, unbarmherzig; **mover a** ~ **a alguien** jds Mitleid erregen [*o* erwecken]; **sentir** [*o* **tener**] ~ **por alguien** mit jdm Mitleid haben, mit jdm fühlen

compasivo, -a [kompa'siβo, -a] *adj* mitleidig, teilnahmsvoll, mitfühlend

compatibilidad [kompatiβili'ðaᵈ] *f* (*t.* INFOR, MED) Kompatibilität *f;* (TÉC) Vereinbarkeit *f;* (LING) Kombinierbarkeit *f;* ~ **de dos puestos** (ADMIN) Vereinbarkeit zweier Ämter; ~ **de caracteres** Übereinstimmung der Charaktere

compatibilización [kompatiβiliθa'θjon] *f* Vereinbaren *nt*

compatibilizar [kompatiβili'θar] <z→c> *vt* vereinbaren

compatible [kompa'tiβle] *adj* zusammenpassend, harmonisierend; (*t.* INFOR, MED) kompatibel; (ADMIN, TÉC) vereinbar; (LING) kombinierbar; ~ **binario** (INFOR) binärkompatibel; ~ **hacia abajo** [*o* **hacia atrás**] (INFOR) abwärtskompatibel; ~ **hacia arriba** aufwärtskompatibel

compatriota [kompa'trjota] *mf* Landsmann, -männin *m, f;* **los** ~**s** die Landsleute

compatronato [kompatro'nato] *m* (ECON) gemeinsame Leitung *f*

compelación [kompela'θjon] *f* (JUR) Nötigung *f*

compeler [kompe'ler] *vt* nötigen (*a* zu +*dat*)

compendiar [kompen̪'djar] *vt* **1.** (*resumir*) zusammenfassen **2.** (*representar*) beinhalten, ausdrücken

compendio [kom'pen̪djo] *m* **1.** (*resumen*) Kurzfassung *f,* Zusammenfassung *f;* (*manual*) Abriss *m,* Kompendium *nt elev;* **en** ~ kurz gefasst **2.** (*epítome*) Inbegriff *m* (*de* +*gen*); **es un** ~ **de todas las virtudes** er/sie vereint alle Tugenden in sich, er/sie ist der Inbegriff der Tugendhaftigkeit

compenetración [kompenetra'θjon] *f* Seelengemeinschaft *f;* (*fusión*) Einswerdung *f,* Verschmelzung *f,* gegenseitige Durchdringung *f*

compenetrarse [kompene'trarse] *vr* **1.** (QUÍM: *fusionarse*) diffundieren **2.** (*identificarse*) sich identifizieren (*con* mit +*dat*), sich von Grund auf verstehen; (*fundirse*) eins werden (*con* mit +*dat*)

compensación [kompensa'θjon] *f* (JUR, MED, PSICO, TÉC) Kompensation *f;* (*equilibrio*) Ausgleich *m;* (*neutralización*) Aufhebung *f;* (*indemnización*) Entschädigung *f,* Schadensabfindung *f;* (*restitución*) Ersatz *m;* (COM) Clearing *nt,* Verrechnung *f;* ~ **bancaria** (ECON, FIN) Bankabrechnung *f,* Bankenclearing *nt;* ~ **de un cheque** (FIN) Scheckverrechnung *f;* ~ **por despido** Abfindung *f;* ~ **económica** Ausgleichszahlung *f;* ~ **de títulos-valores** (ECON, FIN) Wertpapierclearing *nt;* ~ **tributaria** (FIN) Steuerausgleich *m;* **acuerdo de** ~ (ECON, FIN) Clearingsabkommen *nt;* **en** ~ **por los daños** als Schadenersatz

compensador [kompensa'ðor(a)] *m* (*t.* ELEC, TÉC) Ausgleicher *m,* Kompensator *m;* (*del reloj*) Ausgleichspendel *nt*

compensar [kompen'sar] *vt* (JUR, MED, PSICO, TÉC) kompensieren; (*equilibrar*) ausgleichen, aufwiegen (*con* durch +*akk*); (*neutralizar*) aufheben; (COM: *indemnizar*) entschädigen (*de* für +*akk*); (*restituir*) ersetzen; ~ **un cheque** einen Scheck verrechnen; ~ **dividendos** Dividenden vergüten

compensativo, **-a** [kompensa'tiβo, -a] *adj* ausgleichend, Ausgleichs-

compensatorio, **-a** [kompensa'torjo, -a] *adj* ausgleichend, kompensatorisch; **gravamen** ~ (UE) Ausgleichsabgabe *f*

competencia [kompe'ten̪θja] *f* **1.** (*t.* COM, ECON: *competición*) Wettbewerb *m;* (DEP) Wettstreit *m;* (*rivalidad*) Konkurrenz *f;* ~ **desleal** unlauterer Wettbewerb; ~ **en materia de precios** Preiskonkurrenz *f;* ~ **perfecta/imperfecta** vollkommener/unvollkommener Wettbewerb, vollständige/unvollständige Konkurrenz; **estar en** ~ **con alguien/algo** mit jdm/etw *dat* im Wettbewerb stehen; **hacer la** ~ **a alguien/algo** mit jdm/etw *dat* konkurrieren, jdm/etw *dat* Konkurrenz machen; **sufrir la** ~ dem Wettbewerb ausgesetzt sein **2.** (*aptitud*) Fähigkeit *f,* Tauglichkeit *f;* (*t.* LING) Kompetenz *f;* (*especialidad*) Sachkenntnis *f* **3.** (*responsabilidad*) Zuständigkeit *f;* (*obligaciones*) Aufgabenbereich *m;* (*t.* ADMIN) Ressort *nt;* (*atribución*) Befugnis *f;* **esto (no) es de mi** ~ dafür bin ich (nicht) zuständig, das fällt (nicht) in meine Zuständigkeit *formal*

competencial [kompeten̪'θjal] *adj* (ADMIN, JUR, POL) Zuständigkeits-; **conflicto** ~ Zuständigkeitsstreit *m,* Kompetenzkonflikt *m;* **techo** ~ Kompetenzobergrenze *f*

competente [kompe'ten̪te] *adj* **1.** (*capaz*) fähig; (*apto*) tauglich; (*t.* LING) kompetent; (*versado*) sachkundig, sachverständig (*en* in +*dat*); (*dotado*) begabt (*para* für +*akk*); (*normativo*) maßgebend, kompetitiv **2.** (*correspondiente*) zuständig (*en* für +*akk*); (*autorizado*) befugt (*en* zu +*dat*); **la autoridad** ~ die zuständige Behörde

competer [kompe'ter] *vi* (*t.* JUR: *corresponder*) obliegen +*dat*

competición [kompeti'θjon] *f* (*t.* DEP) Wettbewerb *m,* Wettkampf *m;* ~ **de natación** Wettschwimmen *nt*

competidor(a) [kompeti'ðor(a)] **I.** *adj* mitbewerbend, kompetitiv; **empresa competidora** Konkurrenzunternehmen *nt* **II.** *m(f)* (*t.* ECON) Konkurrent(in) *m(f),* Mitbewerber(in) *m(f),* Wettbewerber(in) *m(f)*

competir [kompe'tir] *irr como pedir vi* **1.** (*enfrentarse*) konkurrieren (*con* mit +*dat, por* um +*akk*), in Wettbewerb stehen (*con* mit +*dat, por* um +*akk*), wetteifern (*con* mit +*dat, por* um +*akk*) **2.** (*igualarse*) konkurrieren (können) (*en* in +*dat*)

competitividad [kompetitiβi'ðaᵈ] *f* Konkurrenzfähigkeit *f,* Wettbewerbsfähigkeit *f;* (*espíritu*) Wettbewerbsgeist *m*

competitivo, **-a** [kompeti'tiβo, -a] *adj* konkurrenzfähig; (*dirigido*) konkurrenzorientiert; **economía competitiva** Wettbewerbswirtschaft *f;* **espíritu** ~ Wettbewerbsgeist *m;* **precio** ~ wettbewerbsfähiger Preis; **producto** ~ Konkurrenzprodukt *nt*

compilación [kompila'θjon] *f* Kompilation *f;* (INFOR) Kompilieren *nt*

compilador[1] [kompila'ðor] *m* (INFOR) Compiler *m;* ~ **de tipos** Typencompiler *m*

compilador(a)² [kompila'ðor(a)] **I.** *adj* kompilatorisch **II.** *m(f)* Kompilator(in) *m(f)*

compilar [kompi'lar] *vt* (*t.* INFOR) kompilieren

compilatorio, -a [kompila'torjo, -a] *adj* kompilatorisch

compincharse [kompin'ʧarse] *vr* (*fam pey*) paktieren, gemeinsame Sache machen; **estar compinchado con alguien** mit jdm unter einer Decke stecken

compinche [kom'pinʧe] *mf* (*fam pey*) Kumpan(in) *m(f),* Spießgeselle, -in *m, f*

complacencia [kompla'θeṇθja] *f* **1.** (*agrado*) (Wohl)gefallen *nt;* (*satisfacción*) Befriedigung *f,* Zufriedenheit *f;* (*placer*) Vergnügen *nt* **2.** (*atención*) Gefälligkeit *f* **3.** (*indulgencia*) Nachsicht *f*

complacer [kompla'θer] *irr como crecer* **I.** *vt* **1.** (*gustar*) gefallen *+dat* **2.** (*agradar*) freuen, Freude bereiten *+dat* **3.** (*hacer un favor*) eine Gefälligkeit erweisen *+dat;* (*satisfacer*) zufrieden stellen; ~ **a alguien** jdm (gegenüber) gefällig sein; ~ **un deseo/una petición** einen Wunsch/eine Bitte erfüllen; **me complace que te sientas bien aquí** es freut mich, dass du dich hier wohl fühlst; **quedar complacido de algo/alguien** von etw *dat/* jdm angetan sein **II.** *vr:* **~se 1.** (*gustar*) Gefallen finden (*en/de* an *+dat*) **2.** (*alegrarse*) sich freuen; **nos complacemos en comunicar a nuestros clientes que...** wir freuen uns unseren Kunden mitteilen zu dürfen, dass ...

complaciente [kompla'θjeṇte] *adj* (*servicial*) gefällig; (*atento*) aufmerksam (*para/con* gegenüber *+dat*), zuvorkommend (*para/con* gegenüber *+dat*); **un marido** ~ ein aufmerksamer Ehemann

complejidad [komplexi'ðaᵈ] *f* **1.** (*multifacetismo*) Vielschichtigkeit *f,* Komplexität *f* **2.** (*complicación*) Kompliziertheit *f;* (*dificultad*) Schwierigkeit *f*

complejo¹ [kom'plexo] *m* **1.** (*t.* QUÍM: *compuesto*) Komplex *m,* Verbindung *f;* (*todo*) Gesamtheit *f* **2.** (*t.* ECON, TÉC: *instalación*) Komplex *m,* Anlage *f;* ~ **deportivo** Sportzentrum *nt;* ~ **hospitalario** Klinikum *nt;* ~ **hotelero** Hotelkomplex *m;* ~ **industrial** Industriekomplex *m;* ~ **residencial** Wohnsiedlung *f;* ~ **turístico** touristische Anlage **3.** (PSICO) Komplex *m;* ~ **de culpabilidad** Schuldkomplex *m;* ~ **de Edipo** Ödipuskomplex *m;* ~ **de inferioridad** Minderwertigkeitskomplex *m;* ~ **de superioridad** übersteigertes Selbstbewusstsein

complejo, -a² [kom'plexo, -a] *adj* **1.** (*multifacético*) vielschichtig; (*t.* MAT) komplex **2.** (*complicado*) kompliziert; (*difícil*) schwierig

complementación [komplemeṇta'θjon] *f* Komplementierung *f,* Ergänzung *f;* (BIOL) Komplementation *f*

complementar [komplemeṇ'tar] **I.** *vt* komplementieren, ergänzen; (*completar*) vervollständigen **II.** *vr:* **~se** sich komplementieren, sich ergänzen

complementariedad [komplemeṇtarje'ðaᵈ] *f* (BIOL, FÍS, LING, QUÍM) Komplementarität *f*

complementario, -a [komplemeṇ'tarjo, -a] *adj* ergänzend; (*t.* LING) komplementär; **cláusula complementaria** Ergänzungsklausel *f;* **color** ~ Komplementärfarbe *f;* **número** ~ (*lotería*) Zusatzzahl *f*

complemento [komple'meṇto] *m* **1.** (*parte*) Komplement *nt,* Ergänzung *f* **2.** (*culminación*) Vollendung *f* **3.** (*ampliación*) Erweiterung *f* **4.** (*paga*) Zulage *f;* (*recargo*) Zuschlag *m;* ~ **salarial** Gehaltszulage *f,* Lohnzulage *f* **5.** (*accesorio*) Accessoire *nt* **6.** (LING) Objekt *nt;* ~ **directo/indirecto** direktes/indirektes Objekt, Akkusativ-/Dativobjekt *nt*

completamente [kompleta'meṇte] *adv* gänzlich, komplett *fam;* **estoy** ~ **de acuerdo contigo** ich bin ganz deiner Meinung; **está** ~ **loco** er ist völlig verrückt; **es** ~ **imposible** es ist vollkommen unmöglich

completar [komple'tar] **I.** *vt* **1.** (*añadir*) ergänzen, vervollständigen **2.** (*perfeccionar*) vollenden, vervollkommnen **II.** *vr:* **~se** sich ergänzen

completas [kom'pletas] *fpl* (REL) Komplet *f*

completivo, -a [komple'tiβo, -a] *adj* (LING) kompletiv, ergänzend; **oración completiva** Ergänzungssatz *m,* Kompletivsatz *m*

completo, -a [kom'pleto, -a] *adj* (*íntegro*) vollständig, komplett; (*perfecto*) vollkommen, vollendet; (*total*) ganz, total; (*lleno*) voll; (*hotel*) komplett; (*cine, espectáculo*) ausverkauft; **pensión completa** Vollpension *f;* **la obra completa de Lorca** Lorcas gesammelte Werke; **un** ~ **fracaso** ein totaler Misserfolg; **es una actriz muy completa** sie ist eine vielseitige Schauspielerin; **al** ~ vollständig; **por** ~ völlig, voll und ganz

complexidad [komplexi'ðaᵈ] *f v.* **complejidad**

complexión [kompleʸ'sjon] *f* **1.** (*constitución*) Körperbau *m,* Statur *f;* (MED) Konstitution *f;* **de** ~ **atlética** athletisch gebaut **2.** (*Am: tez*) Teint *m*

complexionado, -a [kompleʸsjo'naðo, -a] *adj* (ANAT) gebaut; **bien** ~ gut gebaut, wohlgeformt

complexional [kompleʸsjo'nal] *adj* (*t.* MED) konstitutionell

complexo, -a [kom'pleʸso, -a] *adj v.* **complejo²**

complicación [komplika'θjon] *f* **1.** (*t.* MED: *problema*) Komplikation *f,* Schwierigkeit *f;* **nos han surgido complicaciones** wir sind auf Komplikationen gestoßen **2.** (*complejidad*) Kompliziertheit *f* **3.** (*confusión*) Verwirrung *f;* (*enredo*) Verwicklung *f*

complicado, -a [kompli'kaðo, -a] *adj* **1.** (*difícil de entender*) kompliziert **2.** (*complejo*) vielschichtig, komplex **3.** (*persona*) schwierig, kompliziert

complicar [kompli'kar] <c→qu> **I.** *vt* **1.**(*dificultar*) erschweren, komplizieren **2.**(*implicar*) hineinziehen (*en* in +*akk*), verwickeln (*en* in +*akk*); **dejarse** ~ sich hineinziehen lassen **II.** *vr:* ~**se 1.**(*dificultarse*) kompliziert werden; (*agravarse*) sich verschlimmern, sich verschärfen; ~**se la vida** sich *dat* das Leben schwer machen **2.**(*embrollarse*) sich verstricken (*con/en* in +*akk*)

cómplice ['kompliθe] *mf* (*t.* JUR) Komplize, -in *m, f* (*de/en* bei +*dat*), Mittäter(in) *m(f)* (*de/en* bei +*dat*); (*encubridor*) Helfershelfer(in) *m(f)* (*de/en* bei +*dat*); **hacerse ~ de alguien/algo** jdm/bei etw *dat* Beihilfe leisten

complicidad [kompliθi'ða^{d}] *f* (JUR) Beihilfe *f*, Mittäterschaft *f*

compló [kom'plo] *m* <complós>, **complot** [kom'plo^{t}] *m* <complots> Komplott *nt, fam: m;* **urdir un** ~ ein Komplott schmieden [*o* anzetteln]

complutense [komplu'tense] **I.** *adj* aus Alcalá de Henares; **Universidad C~** *Madrider Universität, größte Universität Spaniens* **II.** *mf* Einwohner(in) *m(f)* von Alcalá de Henares

componedor[1] [kompone'ðor] *m* (TIPO) Winkelhaken *m*

componedor(a)[2] [kompone'ðor(a)] *m(f)* (*Méx, AmS: cirujano de huesos*) *auf Knochenbrüche spezialisierter Chirurg/spezialisierte Chirurgin*

componedora [kompone'ðora] *f* (INFOR) Composer *m*

componenda [kompo'nenda] *f* (*acuerdo*) Absprache *f;* (*pey: arreglo*) Machenschaft *f*

componente [kompo'nente] **I.** *adj* bildend **II.** *m* **1.**(*t.* TÉC) Bestandteil *m;* (FÍS, MAT, QUÍM) Komponente *f;* (*elemento*) Element *nt;* ~ **constructivo** Bauteil *nt;* ~ **discreto** (INFOR) diskrete Baueinheit; ~**s físicos** (INFOR) Baueinheiten *fpl;* ~**s lógicos** (INFOR) Software *f;* ~**s de motor** Motor(bestand)teile *mpl;* **viento de ~ norte/sur** (METEO) Wind aus nördlicher/südlicher Richtung **2.**(*miembro*) Mitglied *nt*

componer [kompo'ner] *irr como poner* **I.** *vt* **1.**(*formar*) zusammensetzen; (*ordenar*) ordnen; (*organizar*) einrichten; (*adecuar*) herrichten **2.**(*constituir*) bilden **3.**(*redactar*) verfassen; (MÚS) komponieren **4.**(TIPO) (ab)setzen **5.**(*realizar*) anfertigen **6.**(*recomponer*) zusammenfügen; (*reconstruir*) wieder aufbauen; (*arreglar*) reparieren; (*fig*) einrenken **7.**(*corregir*) berichtigen; (*disputas*) schlichten; (JUR) beilegen **8.**(*asear*) zurechtmachen, herausputzen **9.**(*Am: castrar*) kastrieren **10.**(*Am: curar*) einrenken **II.** *vr:* ~**se 1.**(*constituirse*) bestehen (*de* aus +*dat*) **2.**(*arreglarse*) sich zurechtmachen, sich herausputzen **3.**(*ponerse de acuerdo*) sich absprechen (*con* mit +*dat*) **4.**(*Am: mejorarse*) sich bessern **5.**(*loc*): **componérselas para...** es schaffen zu ..., es fertig bringen zu ...

componible [kompo'niβle] *adj* **1.**(*reparable*) reparabel **2.**(*reconciliable*) vereinbar **3.**(JUR) beilegbar

comporta [kom'porta] *f* (AGR: *cesta*) Lesekorb *m*, Weinbütte *f*

comportamiento [komporta'mjento] *m* Benehmen *nt*, Betragen *nt;* (*t.* PSICO, TÉC) Verhalten *nt;* ~ **de los consumidores** (ECON) Konsumverhalten *nt*, Verbraucherverhalten *nt;* ~ **económico** (ECON) Wirtschaftsentwicklung *f;* ~ **a largo plazo** Langzeitverhalten *nt;* ~ **del mercado** (ECON) Marktgeschehen *nt;* ~ **de los precios** (ECON) Preisentwicklung *f*

comportar [kompor'tar] **I.** *vt* **1.**(*conllevar*) miteinschließen; **esto (no) comporta que** +*subj* das bedeutet (nicht), dass ... **2.**(*CSur: causar*) verursachen **II.** *vr:* ~**se** sich benehmen, sich verhalten; ~**se bien/mal** sich gut/schlecht benehmen [*o* betragen]; **saber ~se** gute Manieren haben

comporte [kom'porte] *m* **1.**(*comportamiento*) Verhalten *nt*, Betragen *nt* **2.**(*porte*) Haltung *f*

composición [komposi'θjon] *f* **1.**(ARTE, LING, LIT, MÚS) Komposition *f;* (*obra*) Werk *nt;* (*arte*) Kompositionslehre *f*, Tonsetzkunst *f;* (*redacción*) Aufsatz *m*, Schularbeit *f;* ~ **ocupacional** (ECON) Beschäftigungsstruktur *f;* ~ **de palabras** Wortbildung *f;* ~ **de los precios** (ECON) Preisgefüge *nt* **2.**(*realización*) Anfertigung *f* **3.**(*t.* QUÍM) Verbindung *f* **4.**(*acuerdo*) Einigung *f;* (JUR) Beilegung *f*, Schlichtung *f* **5.**(TIPO) Satz *m;* **taller de** ~ Setzerei *f;* ~ **por ordenador** Computersatz *m* **6.**(*compostura*) Gemessenheit *f* **7.**(*loc*): **hacerse una ~ de lugar sobre algo** etw von allen Seiten betrachten

compositor(a) [komposi'tor(a)] *m(f)* **1.**(MÚS) Komponist(in) *m(f)* **2.**(*tipógrafo*) Setzer(in) *m(f)* **3.**(*CSur: curandero*) Kurpfuscher *m*

compost [kom'pos^{t}] *m sin pl* (ECOL) Kompost *m*

compostación [komposta'θjon] *f*, **compostaje** [kompos'taxe] *m* (ECOL) **1.**(*proceso*) Kompostierung *f* **2.**(*vertedero*) Kompostanlage *f*

compostelano, -a [komposte'lano, -a] **I.** *adj* aus Santiago de Compostela **II.** *m, f* Einwohner(in) *m(f)* von Santiago de Compostela

compostura [kompos'tura] *f* **1.**(*realización*) Anfertigung *f* **2.**(*corrección*) Berichtigung *f;* (TÉC: *reparación*) Reparatur *f* **3.**(*acuerdo*) Absprache *f* **4.**(*aspecto*) Adrettheit *f* **5.**(*comedimiento*) Mäßigkeit *f;* (*decencia*) Anstand *m;* **guardar la** ~ den Anstand wahren; **perder la** ~ sich vergessen, seine guten Manieren vergessen **6.**(*constitución*) Zusammensetzung *f*

compota [kom'pota] *f* Kompott *nt*

compra ['kompra] *f* Kauf *m*, Anschaffung *f*, Erwerb *m;* ~**s** Einkäufe *mpl;* ~**s de acaparamiento** Hamsterkäufe *mpl;* ~ **al contado**

Barkauf *m;* ~ **ficticia** Scheinkauf *m;* ~ **en firme** Festkauf *m;* ~ **impulsiva** Spontankauf *m;* ~ **a plazos** Ratenkauf *m;* ~ **y venta de moneda extranjera** Devisengeschäft *nt;* **bolsa de la** ~ Warenkorb *m;* **mala** ~ Fehlkauf *m;* **ir a la** ~ einkaufen gehen; **ir de ~s** einen Einkaufsbummel machen; **efectuar una** ~ (*elev*) einen Kauf tätigen

comprable [kom'praβle] *adj* käuflich

comprador(a) [kompra'ðor(a)] *m(f)* Käufer(in) *m(f);* (*cliente*) Kunde, -in *m, f;* (*comerciante*) Abnehmer(in) *m(f);* ~ **final** Endabnehmer *m,* Endverbraucher *m;* ~ **al por mayor** Großabnehmer *m*

comprar [kom'prar] **I.** *vt* **1.** (*adquirir*) (ein)kaufen; ~ **al contado/a plazos** bar/auf Raten kaufen; **voy a ~les dulces a mis hijos** ich werde meinen Kindern Süßigkeiten kaufen; **voy a ~le a Pepe su coche** ich werde Pepe sein Auto abkaufen; **ir a** ~ einkaufen gehen; ~ **de segunda mano** aus zweiter Hand kaufen; ~ **en firme** fest kaufen; ~ **por cuenta ajena/propia** auf fremde/eigene Rechnung kaufen **2.** (*corromper*) bestechen, kaufen *fam* **II.** *vr:* **~se** sich *dat* kaufen

compraventa [kompra'βen̩ta] *f* **1.** (*t.* JUR: *acción*) Kauf *m;* ~ **con aplazamiento de pago** Kaufgeschäft mit Zahlungsaufschub **2.** (*negocio*) An- und Verkauf *m;* (*tienda*) Gebrauchtwarenladen *m;* (*almoneda*) Trödlerladen *m*

comprender [kompren̩'der] *vt* **1.** (*contener*) enthalten, beinhalten; (*abarcar*) umfassen, in sich fassen; (*incluir*) einschließen; (*componerse*) bestehen (aus +*dat*); **comprendido** inbegriffen, einschließlich **2.** (*entender*) verstehen, begreifen; (*concebir*) auffassen; (*admitir*) einsehen; **hacer** ~ **algo a alguien** jdm etw begreiflich machen; **hacerse** ~ sich verständigen, sich verständlich machen; ~ **mal** missverstehen

comprensible [kompren'siβle] *adj* verständlich, begreiflich

comprensión [kompren'sjon] *f* **1.** (*inclusión*) Umfassung *f* **2.** (*capacidad*) Verständnis *nt;* (*entendimiento*) Auffassungsvermögen *nt,* Verstand *m;* (*conocimiento*) Erkenntnis *f;* ~ **auditiva/lectora** Hör-/Leseverständnis *nt,* Hör-/Leseverstehen *nt*

comprensivo, -a [kompren'siβo, -a] *adj* **1.** (*inclusivo*) einschließend **2.** (*benévolo*) verständnisvoll **3.** (*razonable*) einsichtig

compresa [kom'presa] *f* **1.** (*apósito, t.* MED) Kompresse *f* **2.** (*higiénica*) Damenbinde *f,* Monatsbinde *f*

compresibilidad [kompresiβili'ðað] *f* (FÍS) Kompressibilität *f,* Pressbarkeit *f;* (*de gases*) Zusammendrückbarkeit *f,* Verdichtbarkeit *f*

compresible [kompre'siβle] *adj* (FÍS) kompressibel; (*gas*) zusammendrückbar, verdichtbar

compresión [kompre'sjon] *f* **1.** (*t.* FÍS, MED) Kompression *f,* (Zusammen)pressen *nt;* (*de gases*) Verdichtung *f* **2.** (INFOR) Komprimierung *f;* ~ **de datos** Datenkomprimierung *f;* ~ **de líneas** Leitungskomprimierung *f;* ~ **con/sin pérdida** verlustbehaftete/verlustfreie Komprimierung

compresivo, -a [kompre'siβo, -a] *adj* pressend, verdichtend; (*fig*) beklemmend, bedrückend

compresor[1] [kompre'sor] *m* (FÍS, TÉC) Kompressor *m;* (*de gases*) Verdichter *m;* ~ **de aire** Luftpresser *m*

compresor(a)[2] [kompre'sor(a)] *adj v.* **compresivo**

comprimario, -a [kompri'marjo, -a] *m, f* (MÚS, TEAT) Sänger(in) *m(f)* in einer Nebenrolle

comprimente [kompri'mjen̩te] *adj* komprimierend; **el pistón es el elemento** ~ **de la mezcla** der Kolben hat die Funktion, das Gemisch zu verdichten

comprimible [kompri'miβle] *adj* (FÍS) komprimierbar, (zusammen)pressbar

comprimido [kompri'miðo] *m* Tablette *f*

comprimir [kompri'mir] **I.** *vt* **1.** (*t.* FÍS, TÉC) komprimieren, zusammenpressen; (*gas*) zusammendrücken, verdichten **2.** (*reprimir*) verdrängen, unterdrücken **II.** *vr:* **~se** sich beherrschen

comprobable [kompro'βaβle] *adj* nachprüfbar, nachweisbar; (*constatable*) feststellbar

comprobación [komproβa'θjon] *f* **1.** (*control*) Kontrolle *f,* (Über)prüfung *f;* (*al azar*) Stichprobe *f;* ~ **de bloques** (INFOR) Blockprüfung *f;* ~ **de edición** (INFOR) Ausgabeprüfung *f;* ~ **de paridad** (INFOR) Paritätsprüfung *f* **2.** (*verificación*) Nachweis *m;* (*constatación*) Feststellung *f;* (*confirmación*) Bestätigung *f;* (*prueba*) Beweis *m*

comprobador [komproβa'ðor] *m* (TÉC) Prüfgerät *nt,* Prüfer *m*

comprobante [kompro'βan̩te] **I.** *adj* (*justificante*) belegend, beweisend; (*de control*) Kontroll- **II.** *m* Beleg(schein) *m;* (*justificante*) Bescheinigung *f;* (*prueba*) Nachweis *m;* (JUR) Beweis *m;* ~ **de caja** [*o* **de compra**] Kassenbeleg *m*

comprobar [kompro'βar] <o→ue> *vt* **1.** (*controlar*) kontrollieren, (nach)prüfen, überprüfen **2.** (*verificar*) nachweisen; (*confirmar*) bestätigen; (*justificar*) belegen; (*constatar*) feststellen; (*probar*) beweisen; **como puede ~se** nachweislich

comprobatorio, -a [komproβa'torjo, -a] *adj* (JUR) beweiskräftig

comprometedor(a) [kompromete'ðor(a)] *adj* kompromittierend; (*comprometido*) heikel, verfänglich; (JUR) belastend

comprometer [komprome'ter] **I.** *vt* **1.** (*implicar*) hineinziehen (*en* in +*akk*), involvieren (*en* in +*akk*); (*complicar*) verwickeln (*en* in +*akk*); **dejarse** ~ **en un asunto** sich in eine Sache (mit) hineinziehen lassen; **verse comprometido** sich involviert [*o* verwickelt] sehen **2.** (*exponer*) kompromittieren; (*avergonzar*) bloßstellen, blamieren **3.** (*arriesgar*) gefährden, aufs Spiel setzen **4.** (*obligar*) verpflichten **5.** (JUR) übergeben, übertragen; ~ **las diferencias en jueces** die Klärung eines Streitfalles dem Gericht übertragen, ein Schiedsurteil vereinbaren **6.** (COM) vergeben, verkaufen **II.** *vr:* **~se 1.** (*implicarse*) sich involvieren; (*complicarse*) sich verwickeln (*en* in *+akk*) **2.** (*exponerse*) sich kompromittieren; (*ponerse en vergüenza*) sich bloßstellen, sich blamieren **3.** (*obligarse*) sich verpflichten (*a* zu *+dat, con* gegenüber *+dat*); (*vincularse*) sich engagieren; **comprometido políticamente** politisch engagiert; **~se (en matrimonio)** sich verloben **4.** (JUR) ein Schiedsurteil annehmen

comprometido, **-a** [komprome'tiðo, -a] *adj* **1.** (*expuesto*) riskant; (*delicado*) heikel **2.** (SOCIOL) (politisch) engagiert

compromisario, **-a** [kompromi'sarjo, -a] **I.** *adj* (JUR) schiedsrichterlich **II.** *m, f* (JUR) Kompromissar *m,* Schiedsrichter *m*

compromiso [kompro'miso] *m* **1.** (*vinculación*) Verbindlichkeit *f;* (*obligación*) Verpflichtung *f;* (COM, JUR) Obligo *nt;* ~ **de pago** Zahlungsverpflichtung *f;* ~ **de suministro** (COM) Lieferverpflichtung *f;* **contraer un** ~ sich verpflichten, eine Verpflichtung eingehen; **una carta/visita de** ~ ein Anstandsbrief/-besuch; **por** ~ formhalber; **sin** ~ unverbindlich; (**soltero y**) **sin** ~ ungebunden **2.** (*promesa*) Versprechen *nt;* (*vínculo*) Bindung *f;* ~ **matrimonial** Verlobung *f* **3.** (*acuerdo*) Vereinbarung *f,* Übereinkunft *f;* (*transacción*) Vertragsverhältnis *nt;* ~ **verbal** mündliche Vereinbarung; **llegar a un** ~ zu einer Übereinkunft kommen **4.** (*aprieto*) heikle [*o* verfängliche] Lage *f;* **encontrarse** [*o* **estar**] **en un** ~ sich in einer heiklen [*o* verfänglichen] Lage befinden; **poner a alguien en un** ~ jdn in eine heikle Lage bringen; **me vi en el** ~ **de negarme** ich geriet in die Verlegenheit, mich weigern zu müssen **5.** (*cita*) Verabredung *f,* Termin *m;* **tener un** ~ verabredet sein **6.** (*implicación*) Engagement *nt;* ~ **político/social** politisches/soziales Engagement **7.** (JUR: *de diferencias*) Schiedsvertrag *m,* Obligo *nt;* (*acuerdo*) Vereinbarung *f*

compromisorio, **-a** [kompromi'sorjo, -a] *adj* (*t.* JUR) schiedsrichterlich

comprovinciano, **-a** [komproβiṇ'θjano, -a] *m, f* Landsmann, -männin *m, f* (*aus derselben Gegend*)

compuerta [kom'pwerta] *f* Schütz *nt;* (*corredera*) Schieber *m;* (NÁUT) Schott *nt;* ~ **de acceso** (**de un banco**) Zugangsschleuse *f* (einer Bank); ~ **de esclusa** Schleusentor *nt;* ~ **de unidad** (INFOR) Geräteport *m*

compuesto[1] [kom'pwesto] *m* **1.** (*t.* QUÍM: *composición*) Verbindung *f* **2.** (LING) Kompositum *nt*

compuesto, **-a**[2] [kom'pwesto, -a] **I.** *pp de* **componer** **II.** *adj* **1.** (*formado*) bestehend (*de/por* aus *+dat*); **estar** ~ bestehen (*de/por* aus *+dat*) **2.** (LING, MAT, QUÍM) zusammengesetzt; **palabra compuesta** zusammengesetztes Wort, Kompositum *nt* **3.** (*aseado*) adrett; **muy** ~ herausgeputzt **4.** (*ordenado*) ordentlich

compulsa [kom'pulsa] *f* (JUR) Beglaubigung *f;* ~ **de documentos** Urkundenvergleich *m*

compulsar [kompul'sar] *vt* **1.** (JUR) beglaubigen **2.** (*cotejar*) vergleichen; **copia compulsada** beglaubigte Abschrift

compulsión [kompul'sjon] *f* Zwang *m;* (JUR) Nötigung *f,* Kompulsion *f*

compulsivo, **-a** [kompul'siβo, -a] *adj* nötigend, zwingend; (JUR) kompulsiv, Zwangs-

compulsorio[1] [kompul'sorjo] *m* (JUR) Ausfertigungsverfügung *f*

compulsorio, **-a**[2] [kompul'sorjo, -a] *adj* (JUR) Ausfertigungs-

compunción [kompuṇ'θjon] *f* **1.** (*contrición*) Zerknirschtheit *f* **2.** (*tristeza*) Verdruss *m* **3.** (*compasión*) Mitleid *nt*

compungido, **-a** [kompuŋ'xiðo, -a] *adj* **1.** (*contrito*) zerknirscht **2.** (*triste*) bedrückt

compungir [kompuŋ'xir] <g→j> **I.** *vt* **1.** (*provocar arrepentimiento*) mit Reue erfüllen, zur Reue bewegen **2.** (*entristecer*) bedrücken **3.** (*conmover*) rühren **II.** *vr:* **~se 1.** (*sentir arrepentimiento*) zerknirscht werden **2.** (*entristecerse*) bedrückt sein **3.** (*conmoverse*) gerührt werden

computable [kompu'taβle] *adj* **1.** (*calculable*) berechenbar **2.** (*computado*) angerechnet

computación [komputa'θjon] *f* **1.** (*cálculo*) Berechnung *f;* (*aproximada*) Überschlag *m;* ~ **distribuida** (INFOR) verteilte Berechnung **2.** (*consideración*) Anrechnung *f*

computador[1] [komputa'ðor] *m* (*Am*) Computer *m,* Rechner *m;* ~ **de escritorio** [*o* **sobremesa**] Desktop *nt;* ~ **personal** Personal Computer *m,* PC *m;* ~ **portátil** Notebook *nt;* ~ **de tipo cuaderno** Notebook *nt*

computador(a)[2] [komputa'ðor(a)] *adj* Computer-

computadora [komputa'ðora] *f* (*Am*) *v.* **computador**[1]

computadorizado, **-a** [komputaðori'θaðo, -a] *adj* computerisiert

computar [kompu'tar] *vt* **1.** (*calcular*) berechnen; (*aproximado*) überschlagen **2.** (*considerar*) anrechnen

computerización [komputeriθa'θjon] *f* Computerisierung *f*

computerizado, **-a** [komputeri'θaðo, -a] *adj* computerisiert

computerizar [komputeri'θar] <z→c> *vt* computerisieren

cómputo ['komputo] *m* Berechnung *f;* (*aproximado*) Überschlag *m;* ~ **de votos** Stimmenauszählung *f*

comulgante [komul'ɣaṇte] *mf* (REL) Kommunikant(in) *m(f)*

comulgar [komul'ɣar] <g→gu> *vi* **1.** (REL) zur Kommunion gehen, kommunizieren; **(no) ~ con ruedas de molino** (*fig fam*) sich *dat* (nicht) jeden Bären aufbinden lassen **2.** (*estar de acuerdo*) übereinstimmen (*con* mit +*dat*, *en* in +*dat*)

comulgatorio [komulɣa'torjo] *m* (REL) Kommunionbank *f*

común [ko'mun] **I.** *adj* **1.** (*conjunto*) gemeinsam (*a* mit +*dat*); (*de la comunidad*) gemeinschaftlich; **amistades comunes** gemeinsame Bekannte; **asignaturas comunes** (UNIV) Pflichtfächer *ntpl;* **intereses comunes** gemeinsame Interessen; **~ acuerdo** gegenseitiges Einvernehmen; **de ~ acuerdo** nach gegenseitiger Übereinkunft; **uso ~** Gemeingebrauch *m;* **en ~** gemeinsam; **tener algo/no tener nada en ~ con alguien** mit jdm etw/nichts gemeinsam haben **2.** (*normal*) gewöhnlich; (*abundante*) häufig (vorkommend); (*corriente*) geläufig, gängig; (*habitual*) üblich; (*cotidiano*) alltäglich; **sentido ~** gesunder Menschenverstand; **fuera de lo ~** außergewöhnlich; **poco ~** ungewöhnlich; **por lo ~** normalerweise, gewöhnlich **3.** (*vulgar*) gemein, gewöhnlich; (*calidad*) gering **II.** *m* **1.** (*generalidad*) Allgemeinheit *f;* (*gente*) Volk *nt;* **el ~ de las gentes** die breite Allgemeinheit **2.** (*retrete*) Abort *m* **3.** (POL): **los Comunes** die Abgeordneten; (*parlamento*) das Unterhaus

comuna [ko'muna] *f* **1.** (HIST) Kommune *f* **2.** (*Am: municipio*) Gemeinde *f* **3.** (*piso compartido*) Wohngemeinschaft *f,* WG *f;* (*en los sesenta*) Kommune *f*

comunal [komu'nal] *adj* (ADMIN, POL) Gemeinde-, Kommunal-; **elecciones ~es** Kommunalwahlen *fpl;* **política ~** Gemeindepolitik *f,* Kommunalpolitik *f*

comunero [komu'nero] *m* **1.** (*copropietario*) Miteigentümer *m* **2.** (*Am: aparcero*) Pächter *m* (eines Staatsgutes) **3.** (HIST) *kastilischer Aufständischer gegen den deutschen Kaiser Karl V.*

comunicable [komuni'kaβle] *adj* **1.** (*transmisible*) mitteilbar **2.** (*comunicativo*) mitteilsam; (*sociable*) leutselig

comunicación [komunika'θjon] *f* **1.** (*t.* TÉC, TEL) Kommunikation *f;* (*entendimiento*) Verständigung *f;* (*trato*) Umgang *m;* **~ de datos** (INFOR) Datenkommunikation *f;* **comunicaciones jerárquicas** (INFOR) hierarchische Kommunikationen; **problemas de ~** (PSICO) Kommunikationsschwierigkeiten *fpl;* **estar en ~ con alguien** mit jdm in Verbindung stehen; **poner(se) en ~ con alguien** (sich) mit jdm in Verbindung setzen **2.** (*comunicado*) Mitteilung *f;* (*ponencia*) Vortrag *m* **3.** (*conexión*) Anschluss *m;* **~ directa** Durchwahl *f;* **~ interurbana** Ferngespräch *nt;* **~ telefónica** Telefongespräch *nt,* Telefonverbindung *f;* **cortar la ~** die Verbindung unterbrechen; **establecer una ~ con alguien** eine (Gesprächs)verbindung mit jdm herstellen **4.** (*transmisión*) Übertragung *f,* Übermittlung *f* **5.** (*vía*) Verkehrsweg *m;* (*de transporte*) Verkehrsverbindung *f* **6.** *pl* (*sistema*) Verbindungen *fpl;* (TEL) Fernmeldewesen *nt,* Telefonverkehr *m;* (*tráfico*) Verkehrsnetz *nt;* **comunicaciones postales** Postverkehr *m,* Postwesen *nt*

comunicado[1] [komuni'kaðo] *m* Mitteilung *f;* (ADMIN, POL) Kommuniqué *nt;* (*en un periódico*) Eingesandte(s) *nt;* **~ oficial** offizielle [*o* amtliche] Mitteilung; **~ de prensa** Pressemitteilung *f*

comunicado, -a[2] [komuni'kaðo, -a] *adj* verbunden; **estar bien/mal ~** gute/schlechte (Verkehrs)verbindungen haben; **un pueblo mal ~** ein abgelegenes Dorf; **habitaciones comunicadas** Zimmer mit Verbindungstür

comunicador(a) [komunika'ðor(a)] *adj* **1.** (*comunicante*) mitteilend; (*t.* FÍS) kommunizierend **2.** (*carismático*) ansprechend

comunicante [komuni'kan̩te] **I.** *adj* mitteilend; (*t.* FÍS) kommunizierend; **vasos ~s** (FÍS) kommunizierende Röhren **II.** *mf* **1.** (*t.* LING) Kommunikant(in) *m(f)* **2.** (*de un periódico*) Einsender(in) *m(f)* **3.** (*ponente*) Vortragende(r) *mf,* Referent(in) *m(f)*

comunicar [komuni'kar] <c→qu> **I.** *vi* **1.** (*estar unido*) kommunizieren, verbunden sein; (*estar en contacto*) in Verbindung stehen; (*calles*) zusammenlaufen; (*cuartos*) ineinander übergehen **2.** (*conectar*) durchkommen (*con* zu +*dat*) **3.** (*teléfono*) besetzt sein; **está comunicando** es [*o* die Leitung] ist besetzt **II.** *vt* **1.** (*informar*) mitteilen (*por* über +*akk*); (*dar a conocer*) bekannt machen; (*anunciar*) verkünden; (*notificar*) notifizieren; **~ algo a alguien** jdn von etw *dat* benachrichtigen, jdn von etw *dat* in Kenntnis setzen **2.** (*transmitir*) übertragen, übermitteln **3.** (*unir*) verbinden; (*contactar*) in Verbindung setzen **4.** (*al teléfono*) verbinden **III.** *vr:* **~se 1.** (*entenderse*) kommunizieren; (*hacerse entender*) sich verständigen **2.** (*relacionarse*) umgehen (*con* mit +*dat*), verkehren (*con* mit +*dat*) **3.** (*traspasarse*) sich übertragen (*a* auf +*akk*)

comunicatividad [komunikatiβi'ðaᵈ] *f* (*t.* LING) Kommunikativität *f;* (*extroversión*) Mitteilsamkeit *f,* Gesprächigkeit *f;* (*accesibilidad*) Zugänglichkeit *f*

comunicativo, -a [komunika'tiβo, -a] *adj* (*t.* LING) kommunikativ; (*extrovertido*) mitteilsam; (*hablador*) gesprächig; (*accesible*) zugänglich

comunicóloga [komuni'koloɣa] *f v.* **comunicólogo**

comunicología [komunikolo'xia] *f* (*ciencia*) Kommunikationswissenschaft *f;* (*investigación*) Kommunikationsforschung *f*

comunicólogo, -a [komuni'koloɣo, -a] *m, f* Kommunikationswissenschaftler(in) *m(f),*

Kommunikationsforscher(in) *m(f)*

comunidad [komuni'ðaᵈ] *f* **1.**(*similtud*) Gemeinsamkeit *f* **2.**(*generalidad*) Allgemeinheit *f* **3.**(*colectividad*) Gemeinschaft *f;* ~ **de bienes** Gütergemeinschaft *f;* ~ **conyugal** Ehegemeinschaft *f;* ~ **doméstica** [*o* (**familiar**)] Haus(halts)gemeinschaft *f,* Haushalt *m;* **C~** (**Económica**) **Europea** Europäische (Wirtschafts)gemeinschaft; **C~ Europea de la Energía atómica** Europäische Atomgemeinschaft; ~ **internacional** Völker(rechts)gemeinschaft *f;* ~ **religiosa** (*convento*) Klostergemeinschaft *f;* (*confesión*) Glaubensgemeinschaft *f;* (*evangélica*) Kommunität *f;* ~ **de vecinos** Hausgemeinschaft *f;* **en** ~ gemeinsam **4.**(*municipio*) Gemeinde *f;* (*asociación*) Gemeindeverband *m;* ~ **autónoma** autonome Region; ~ **foral** Regionalrechtsgebiet *nt* **5.**(*loc*): **las C~es** (HIST) *der Aufstand Kastiliens gegen Karl V.*

comunión [komu'njon] *f* **1.**(*similtud*) Gemeinsamkeit *f* **2.**(*colectividad*) Gemeinschaft *f;* ~ **de almas** Seelengemeinschaft *f;* ~ **de los santos** Gemeinschaft der Heiligen **3.**(REL: *Eucaristía*) Kommunion *f,* (heiliges) Abendmahl *nt;* **hacer la** (**Primera**) **C~** die Erstkommunion empfangen; **tomar la** ~ zur Kommunion gehen, kommunizieren; **recibir la** ~ das Abendmahl empfangen

comunismo [komu'nismo] *m* (POL) Kommunismus *m*

comunista [komu'nista] **I.** *adj* (POL) kommunistisch **II.** *mf* (POL) Kommunist(in) *m(f)*

comunitario, -a [komuni'tarjo, -a] *adj* **1.**(*colectivo*) Gemeinschafts-; **intereses ~s** Gemeinschaftsinteressen *ntpl* **2.**(*municipal*) Gemeinde- **3.**(ECON, POL, UE) EU-; (*Comunidad Europea*) EG-; **los países ~s** (UE) die EU-Länder; (*Comunidad Europea*) die EG-Länder; **política comunitaria** (UE) EU-Politik *f;* (*Comunidad Europea*) EG-Politik *f*

con [kon] **I.** *prep* **1.**(*compañía*) mit +*dat;* (*relación*) (zusammen) mit +*dat;* **café ~ leche** Kaffee mit Milch, Milchkaffee *m;* **pan ~ queso** Käsebrot *nt;* **té ~ hielo** Eistee *m;* **Ana está ahora ~ Luis** Ana ist jetzt mit Luis zusammen; **estoy** (**de acuerdo**) ~ **ella** ich bin mit ihr einer Meinung; **estamos ~ vosotros** wir sind auf eurer Seite; **escribirse ~ alguien** mit jdm in Briefkontakt stehen; **hablar ~ alguien** mit jdm sprechen; (**no**) **tener** (**nada**) **que ver ~ algo/alguien** mit etw *dat*/jdm (nichts) zu tun haben; **voy ~ ellos** ich gehe/fahre mit (ihnen); **¿vienes ~ nosotros?** kommst du mit (uns)?; **vivo ~ mis padres/mi novia** ich wohne bei meinen Eltern/mit meiner Freundin (zusammen) **2.**(*instrumento*) mit +*dat,* durch +*akk;* **sujetar algo ~ clavos** etw mit Nägeln befestigen **3.**(*modo*) mit +*dat;* ~ **miedo** mit Angst, ängstlich; **lo hizo ~ mala intención** er/sie hat es absichtlich getan; **estar ~ la gripe** Grippe haben; ~ **el tiempo todo se arreglará** mit der Zeit wird sich alles geben **4.**(*edad*) mit +*dat;* **ha llegado a director ~ sólo 35 años** mit nur 35 ist er schon Direktor geworden **5.**(*tiempo*) mit +*dat;* ~ **una semana de retraso** mit einer Woche Verspätung; ~ **una semana de antelación** eine Woche im Voraus **6.**(MAT) Komma; **3 ~ 5** 3 Komma 5; **12 marcos ~ 70** 12 Mark 70 **7.**(*actitud*): (**para**) ~ zu +*dat,* gegenüber +*dat;* **siempre es muy agradable ~ nosotros** er/sie ist immer sehr freundlich zu uns; **es muy abierto** (**para**) ~ **los extranjeros** er ist Ausländern gegenüber sehr offen **8.**(*circunstancia*) bei +*dat;* (**ni**) ~ **mucho** bei weitem (nicht); ~ **este tiempo no se puede ir de excursión** bei diesem Wetter kann man keinen Ausflug machen; ~ **este tío nunca se sabe** (*fam*) bei diesem Typ weiß man nie; ~ **tanta gente, no te encontré** vor lauter Leuten konnte ich dich nicht finden; ~ **tanto trabajo no puedo salir** bei so viel [*o* vor lauter] Arbeit kann ich nicht ausgehen **9.**(*a pesar de*) trotz +*gen/dat;* ~ **todo** trotz allem; ~ **todo lo ocurrido** trotz all dem, was passiert ist **10.**(*exclamativa*): **¡~ lo** (**mucho**) **que** [*o* ~ **todo lo que**] **te quiero!** und dabei liebe ich dich doch so (sehr)!; **¡~ tanto como he trabajado!** bei der ganzen Arbeit, die ich mir gemacht habe!; **¡~ lo tonto que es, qué suerte tiene!** so blöd wie er ist, er hat ein Glück! **II.** *conj* **1.**(*completiva/condicional*): ~ +*inf* wenn ..., damit, dass ...; ~ **que** +*subj* wenn ...; ~ **hacerle un regalito, te perdonará** mach ihm/ihr ein kleines Geschenk, und er/sie wird dir verzeihen; ~ **que llames es suficiente** es reicht, wenn du anrufst; ~ **tener para vivir me basta** mir genügt es, wenn ich genug zum Leben habe; ~ **sólo que** +*subj* wenn ... nur ...; ~ **sólo que te esfuerces un poco, aprobarás** wenn du dich nur ein bisschen bemühst, wirst du bestehen; ~ **tal** (**de**) **que** +*subj,* ~ **la condición de que** +*subj* vorausgesetzt, dass ..., unter der Bedingung, dass ...; **te lo arreglaré ~ tal que encuentre la pieza** vorausgesetzt, dass ich das Teil finde, werde ich es dir reparieren **2.**(*concesiva*) obwohl; ~ (**todo y**) **ser hermanos, no se parecen en nada** obwohl sie Geschwister sind, ähneln sie einander gar nicht **3.**(*consecutiva*): ~ **que** so dass, also; **la fiesta era muy aburrida, ~ que nos fuimos** die Party war sehr langweilig, so dass wir gingen [*o* also gingen wir]; **no me llamó, ~ que me enfadé** er/sie rief mich nicht an, und das hat mich geärgert; **¡~ que tú eres el novio de María!** du bist also Marias Freund!

conativo, -a [kona'tiβo, -a] *adj* (*relativo al conato*) zielgerichet

conato [ko'nato] *m* **1.**(*intento*) (gescheiterter) Versuch *m,* Fehlschlag *m;* ~ **de homicidio** (JUR) versuchter Totschlag **2.**(*propensión*) Neigung *f* **3.**(*empeño*) Bestreben *nt*

concatenación [koŋkatena'θjon] *f* Verkettung *f;* ~ **de acontecimientos** Ereigniskette *f*

C

concatenar [koŋkate'nar] *vt, vr:* ~**se** (sich) verketten

concausa [koŋ'kau̯sa] *f* (*elev*) Mitursache *f*

concavidad [koŋkaβi'ðað] *f* Höhlung *f;* (FÍS) Konkavität *f*

cóncavo, **-a** ['koŋkaβo, -a] *adj* hohl, nach innen gewölbt; (FÍS) konkav; **espejo** ~ Hohlspiegel *m*

concebible [konθe'βiβle] *adj* **1.** (*comprensible*) begreifbar, fassbar **2.** (*imaginable*) denkbar, vorstellbar

concebir [konθe'βir] *irr como pedir* **I.** *vi* schwanger werden; (*animales*) trächtig werden **II.** *vt* **1.** (*engendrar*) empfangen **2.** (*imaginar*) begreifen, (auf)fassen; **no puedo ~lo** ich kann es nicht fassen [*o* begreifen] **3.** (*diseñar*) entwerfen; (*planear*) planen; (*idea*) sich *dat* ausdenken **4.** (*abrigar*) empfinden; ~ **esperanzas** sich *dat* Hoffnungen machen; ~ **sospechas** Verdacht schöpfen

conceder [konθe'ðer] **I.** *vt* **1.** (*otorgar*) verleihen; (*asignar*) gewähren, zugestehen; (*aprobar*) bewilligen, genehmigen; ~ **atención** Aufmerksamkeit schenken [*o* zollen]; ~ **una beca** ein Stipendium zusprechen; ~ **un descuento** einen Rabatt einräumen; ~ **una moratoria** stunden; ~ **la palabra** das Wort erteilen; ~ **un premio** einen Preis verleihen; ~ **valor** [*o* **importancia**] **a algo** auf etw Wert legen, etw *dat* Bedeutung beimessen; **¿me concede el honor de este baile?** geben Sie mir die Ehre, mit mir zu tanzen?, gewähren Sie mir diesen Tanz? **2.** (*admitir*) gestehen, zugeben; ~ **un crédito** einen Kredit gewähren [*o* einräumen]; ~ **una licencia** eine Lizenz vergeben; ~ **un plazo** eine (Zahlungs)frist einräumen; ~ **una rebaja** einen Nachlass gewähren, Rabatt geben **II.** *vr:* ~**se** sich *dat* gönnen

concejal(a) [konθe'xal(a)] *m(f)* Stadtrat, -rätin *m, f*

concejalía [konθexa'lia] *f* Stadtratsamt *nt*

concejil [konθe'xil] *adj* Stadtrats-, Gemeinde(rats)-

concejo [kon'θexo] *m* Stadtrat *m,* Gemeinderat *m*

concelebración [konθeleβra'θjon] *f* (REL) Konzelebration *f*

concelebrante [konθele'βrante] **I.** *adj* (REL) konzelebrierend **II.** *m* (REL) Konzelebrant *m*

concelebrar [konθele'βrar] *vt* (REL) konzelebrieren; **misa concelebrada** Konzelebration *f*

concentración [konθentra'θjon] *f* (*t.* MIL, QUÍM) Konzentration *f;* (*acumulación*) Zusammenballung *f;* (*manifestación*) Zusammenschluss *m;* (*agrupación*) Gruppierung *f;* (ADMIN) Zentralisierung *f;* ~ **de datos** (INFOR) Datenverdichtung *f;* ~ **económica** Monopolbildung *f;* ~ **de empresas** (ECON) Unternehmenszusammenschluss *m;* ~ **de masas** Massenkundgebung *f,* Massenversammlung *f;* ~ **parcelaria** Flurbereinigung *f;* ~ **de productos** (ECON) Produktkonzentration *f;* ~ **salina** Salzgehalt *m;* ~ **de tropas** Truppenansammlung *f;* **campo de** ~ Konzentrationslager *nt;* **de alta** ~ hochgradig, hochkonzentriert

concentrado[1] [konθen'traðo] *m* (*extracto*) Konzentrat *nt;* ~ **de tomate** Tomatenmark *nt*

concentrado, **-a**[2] [konθen'traðo, -a] *m, f* (POL: *manifestante*) Kundgebungsteilnehmer(in) *m(f),* Demonstrant(in) *m(f)*

concentrador [konθentra'ðor] *m* (INFOR) Konzentrator *m;* ~ **de datos** Datenkonzentrator *m*

concentrar [konθen'trar] **I.** *vt* **1.** (*t.* MIL, QUÍM) konzentrieren; (MIL) zusammenziehen; (*acumular*) zusammenballen; (*agrupar*) gruppieren; (ADMIN) zentralisieren **2.** (*centrar*) konzentrieren; (*dirigir*) lenken, richten; ~ **la atención en algo/alguien** die Aufmerksamkeit auf etw/jdn lenken [*o* richten] **II.** *vr:* ~**se** **1.** (*reunirse*) zusammenkommen; (POL) sich zusammenfinden; (*agruparse*) sich gruppieren, sich zusammenschließen **2.** (*centrarse*) sich konzentrieren (*en* auf +*akk*)

concéntrico, **-a** [kon'θentriko, -a] *adj* (MAT) konzentrisch

concepción [konθeβ'θjon] *f* **1.** (*embarazo*) Empfängnis *f;* (MED) Konzeption *f;* **la Inmaculada C~** die Unbefleckte Empfängnis **2.** (*idea*) Konzeption *f,* Konzept *nt;* ~ **del producto** Produktkonzeption *f* **3.** (*mentalidad*) Anschauung *f;* (*interpretación*) Auffassung *f;* ~ **del mundo** Weltanschauung *f* **4.** (*capacidad*) Auffassungsvermögen *nt*

conceptismo [konθep'tismo] *m* (LIT) Konzeptismus *m*

conceptista [konθep'tista] **I.** *adj* (LIT) konzeptistisch **II.** *mf* (LIT) Konzeptist(in) *m(f)*

concepto [kon'θepto] *m* **1.** (*noción*) Begriff *m;* (*plan*) Konzept *nt* **2.** (*opinión*) Auffassung *f;* (*imagen*) Image *nt;* **formarse un ~ de alguien/algo** sich *dat* ein Bild von jdm/etw *dat* machen; **tener un alto ~ de alguien/de sí mismo** von jdm/sich *dat* selbst eine hohe Meinung haben **3.** (*loc*): **bajo** [*o* **por**] **ningún** ~ keineswegs, unter keinen Umständen; **en ~ de** als, in der Eigenschaft als; (COM) für +*akk;* **se cargarán cinco marcos en ~ de gastos de envío** es werden fünf Mark für Porto erhoben

conceptuación [konθeptwa'θjon] *f* **1.** (*opinión*) Auffassung *f* **2.** (*noción*) Begriffsbildung *f* **3.** (*valoración*) Beurteilung *f*

conceptual [konθeptu'al] *adj* begrifflich, konzeptuell; **arte** ~ Konzeptkunst *f*

conceptualismo [konθeptwa'lismo] *m* (FILOS) Konzeptualismus *m*

conceptualización [konθeptwaliθa'θjon] *f* Konzeptualisierung *f*

conceptualizar [konθeptwali'θar] <z→c> *vt* konzeptualisieren

conceptuar [konθeptu'ar] <*1. pres:* conceptúo> *vt* halten (*como/de* für +*akk*)

concercano, -a [koṇθer'kano, -a] *adj* (*elev: contiguo*) benachbart

concerniente [koṇθer'njeṇte] *adj* betreffend (*a* +*akk*), bezüglich (*a* +*gen*), hinsichtlich (*a* +*gen*); **en lo ~ a algo/alguien...** was etw/jdn angeht [*o* betrifft] ...

concernir [koṇθer'nir] *irr como cernir vi* **1.** (*afectar*) angehen, betreffen; **en** [*o* **por**] **lo que concierne a algo/alguien...** was etw/jdn betrifft [*o* anbelangt] ... **2.** (*corresponder*) zustehen +*dat*

concertación [koṇθerta'θjon] *f* (ECON, POL) Vereinbarung *f*; **~ social** Solidarpakt *m*; **la ~ entre el gobierno y los sindicatos ha posibilitado la aprobación del presupuesto** durch die konzertierte Aktion zwischen Regierung und Gewerkschaften wurde die Verabschiedung des Haushaltes ermöglicht

concertante [koṇθer'taṇte] **I.** *adj* **1.** (*que concierta*) passend, harmonierend **2.** (MÚS) konzertant **II.** *m* (MÚS) Concertante *f*, Konzertante *f*

concertar [koṇθer'tar] <e→ie> **I.** *vi* **1.** (*armonizar*) passen (*con* zu +*dat*), zusammenpassen (*con* mit +*dat*), harmonieren (*con* mit +*dat*) **2.** (MÚS) (gleich) gestimmt sein **3.** (LING) übereinstimmen, kongruieren **II.** *vt* **1.** (*ordenar*) ordnen; (*arreglar*) regeln **2.** (MÚS: *afinar*) stimmen (*con* nach +*dat*) **3.** (*armonizar*) harmonisieren, in Einklang bringen; (*reconciliar*) versöhnen **4.** (*acordar*) vereinbaren, sich einigen (auf +*akk*); (*concretar*) absprechen, ausmachen; **~ una operación** ein Geschäft abschließen, einen Abschluss tätigen **III.** *vr:* **~se** **1.** (MÚS) sich nacheinander stimmen **2.** (*ponerse de acuerdo*) sich einigen, übereinkommen **3.** (*citarse*) sich verabreden **4.** (*pey: compincharse*) paktieren

concertina [koṇθer'tina] *f* (MÚS) Konzertina *f*

concertino [koṇθer'tino] *m* (MÚS) Konzertmeister *m*

concertista [koṇθer'tista] *mf* (MÚS) Konzertspieler(in) *m(f)*; **~ de piano** Konzertpianist(in) *m(f)*; **~ de violín** Geigensolist(in) *m(f)*

concesión [koṇθe'sjon] *f* **1.** (*acción*) Bewilligung *f*, Erteilung *f*; **~ de contratos** Vergabewesen *nt*; **~ de licencias** Lizenzerteilung *f*; **hacer una ~** konzessionieren **2.** (*efecto*) Erlaubnis *f*, Genehmigung *f*; (COM, JUR) Konzession *f*; (*lincencia*) Lizenz *f* **3.** (*de una beca, renta*) Gewährung *f*; (*de un premio*) Verleihung *f* **4.** (*consentimiento*) Zugeständnis *nt*; **sin concesiones** ohne Zugeständnisse, kompromisslos; **hacer concesiones** Zugeständnisse machen, Kompromisse eingehen

concesionario, -a [koṇθesjo'narjo, -a] **I.** *adj* (COM, JUR) konzessionsführend, konzessionstragend **II.** *m, f* (COM, JUR) Konzessionär(in) *m(f)*, Konzessionsinhaber(in) *m(f)*; (*de una licencia*) Lizenznehmer(in) *m(f)*

concesivo, -a [koṇθe'siβo, -a] *adj* (LING) einräumend, konzessiv; **oración concesiva** Konzessivsatz *m*

concha ['koṇʧa] *f* **1.** *v.* **concho²** **2.** (*del molusco*) Muschel(schale) *f*; (*caparazón*) Schale *f*; (*de cefalópodo*) Schulp *m*, Sepiaschale *f*; **~ del caracol** Schneckenhaus *nt*; **~ de Santiago** Jakobsmuschel *f*; **meterse en su ~** (*fig*) sich in sein Schneckenhaus zurückziehen **3.** (*de tortuga*) Schildkrötenpanzer *m*; (*carey*) Schildpatt *nt*; **tener muchas ~s, tener más ~s que un galápago** (*fig fam*) es faustdick hinter den Ohren haben, mit allen Wassern gewaschen sein **4.** (TEAT) Souffleurmuschel *f* **5.** (*Am: descaro*) Frechheit *f* **6.** (*Am: vulg: vulva*) Muschi *f fam*, Möse *f fam*

conchabar [koṇʧa'βar] **I.** *vt* **1.** (*mezclar*) panschen **2.** (*Am: contratar*) einstellen **II.** *vr:* **~se** (*fam*) paktieren (*con* mit +*dat*), sich verbünden (*con* mit +*dat*); **estar conchabado con alguien** mit jdm unter einer Decke stecken

conchado, -a [kon'ʧaðo, -a] *adj* (ZOOL) Schalen-; **moluscos ~s** Schalenweichtiere *ntpl*

concho¹ ['konʧo] *m* **1.** (*Ant, Cuba: taxi*) Taxi *nt* **2.** (*CSur: resto*) Rest *m*; (*poso*) Satz *m*; **irse al ~** (*vulg*) vor die Hunde gehen *fam* **3.** (*Am: vulg: vulva*) Muschi *f fam*, Möse *f fam*

concho, -a² ['konʧo, -a] **I.** *adj* (*AmC*) grob **II.** *m, f* **1.** (*AmC: campesino*) Bauer *m*, Bäuerin *f* **2.** (*CSur: niño*) Balg *m o nt* **III.** *interj* (*Am: fam*): **¡~!** verdammt noch mal!

conchudo, -a [kon'ʧuðo, -a] *adj* **1.** (*con conchas*) schuppig **2.** (*Am: fam: sinvergüenza*) frech, unverschämt **3.** (*Méx, Col: fam: indolente*) träge

concia ['koṇθja] *f* Schonung *f*, Schonwald *m*

conciencia [koṇ'θjeṇθja] *f* **1.** (*conocimiento*) Erkenntnis *f* **2.** (*consciencia*) Bewusstsein *nt*; **~ cívica** Gemeinschaftssinn *m*; **~ de clase** Klassenbewusstsein *nt*; **~ política/social** soziales/politisches Bewusstsein [*o* Gewissen]; **a ~** gewissenhaft; (*conscientemente*) bewusst; **perder la ~** das Bewusstsein verlieren; **tener (plena) ~ de algo** sich *dat* etw *gen* (völlig) bewusst sein; **tomar ~ de algo** sich *dat* etw *gen* bewusst werden **3.** (*moral*) Gewissen *nt*; (*rectitud*) Redlichkeit *f*; (*cuestión*) Gewissensfrage *f*; **libertad de ~** Gewissensfreiheit *f*; **(sin) cargo de ~** (ohne) schlechtes Gewissen; **en ~** mit gutem Gewissen; **apelar a la ~ de alguien** an jds Gewissen appellieren; **me remuerde la ~** ich habe Gewissensbisse, ich habe ein schlechtes Gewissen; **tener la ~ limpia** [*o* **tranquila**] ein reines [*o* ruhiges] Gewissen haben; **no tener ~** gewissenlos sein

concienciación [koṇθjeṇθja'θjon] *f* Bewusstmachung *f*; (ECOL, POL) Sensibilisierung *f*

concienciar [koṇθjeṇ'θjar] **I.** *vt* **1.** (*persuadir*) überzeugen (*de* von +*dat*) **2.** (*sensibilizar*) sensibilisieren (*de* für +*akk*), bewusst machen +*dat* (*de* +*akk*); **concienciado ecológicamente** umweltbewusst; **no concienciado ecológicamente** ohne Umweltbewusstsein **II.** *vr:* ~**se** **1.** (*convencerse*) sich überzeugen (*de* von +*dat*) **2.** (*sensibilizarse*) sensibilisiert werden (*de* für +*akk*); (*tomar conciencia*) sich *dat* bewusst machen (*de* +*akk*); **estar concienciado políticamente** politisch sensibilisiert sein

concienzudo, -a [koṇθjeṇ'θuðo, -a] *adj* gewissenhaft

concierto [koṇ'θjerto] *m* **1.** (*disposición*) Ordnung *f;* **sin orden ni** ~ planlos **2.** (*armonía*) Einklang *m* **3.** (*t.* ECON: *acuerdo*) Vereinbarung *f;* (*t.* JUR) Übereinkunft *f* **4.** (MÚS) Konzert *nt;* **dar un** ~ ein Konzert geben **5.** (POL) Konzert *nt*

conciliable [koṇθi'ljaβle] *adj* vereinbar; **nuestras opiniones son difícilmente** ~**s** unsere Ansichten lassen sich nur schwer unter einen Hut bringen; **tal actuación no es** ~ **con nuestros principios** eine solche Handlung verträgt sich nicht mit unseren Prinzipien

conciliábulo [koṇθi'ljaβulo] *m* geheime Versammlung *f;* (*conjura*) Verschwörung *f*

conciliación [koṇθilja'θjon] *f* Konziliation *f;* (*reconciliación*) Versöhnung *f;* (*de opiniones*) Einigung *f;* (JUR) Schiedsverfahren *nt,* Vergleich *m;* ~ **de cuentas** (FIN) Kontenabstimmung *f;* ~ **laboral** Schlichtung *f*

conciliador(a) [koṇθilja'ðor(a)] *adj* versöhnlich; (*amable*) verbindlich; (*pacífico*) friedlich; **adoptar una actitud** ~**a** eine versöhnliche Haltung einnehmen

conciliar [koṇθi'ljar] **I.** *adj* (REL) konziliar(isch) **II.** *vt* (*reconciliar*) versöhnen (*con* mit +*dat*); (*armonizar*) in Einklang bringen (*con* mit +*dat*); ~ **el sueño** einschlafen **III.** *vr:* ~**se** **1.** (*reconciliarse*) sich versöhnen (*con* mit +*dat*) **2.** (*granjearse*) sich *dat* zuziehen; ~**se el respeto de alguien** sich *dat* bei jdm Respekt verschaffen

conciliatorio, -a [koṇθilja'torjo, -a] *adj* konziliant, versöhnlich; (JUR) Sühne-; (*laboral*) schlichtend

concilio [koṇ'θiljo] *m* **1.** (*reunión*) Versammlung *f* **2.** (REL) Konzil *nt*

concisión [koṇθi'sjon] *f* Gedrängtheit *f;* (*brevedad*) Kürze *f,* Bündigkeit *f;* (*sobriedad*) Knappheit *f*

conciso, -a [koṇ'θiso, -a] *adj* (*breve*) kurz (gefasst), kurz und bündig, konzis *elev;* (*sobrio*) knapp

concitar [koṇθi'tar] **I.** *vt* aufwiegeln (*contra* gegen +*akk*) **II.** *vr:* ~**se** sich *dat* zuziehen; ~**se la enemistad/los odios de alguien** sich *dat* jds Feindseligkeit/Hass zuziehen

conciudadana [koṇθjuða'ðana] *f v.* **conciudadano**

conciudadanía [koṇθjuðaða'nia] *f* Mitbürgerschaft *f*

conciudadano, -a [koṇθjuða'ðano, -a] *m, f* Mitbürger(in) *m(f)*

conclave [koŋ'klaβe] *m,* **cónclave** ['koŋklaβe] *m* **1.** (REL) Konklave *nt* **2.** (*reunión*) Versammlung *f;* (POL) Klausurtagung *f*

conclavista [koŋkla'βista] *m* (REL) Konklavist *m*

concluir [koŋklu'ir] *irr como huir* **I.** *vi* enden, zu Ende gehen; ~ **por hacer algo** etw schließlich doch tun; **¡asunto concluido!** erledigt! **II.** *vt* **1.** (*terminar*) vollenden, zu Ende bringen; (*negocio*) (ab)schließen; ~ **un negocio** ein Geschäft zum Abschluss bringen **2.** (*deducir*) folgern (*de* aus +*dat*), schließen (*de* aus +*dat*); (FILOS) konkludieren (*de* aus +*dat*) **III.** *vr:* ~**se** zu Ende gehen, aufhören; ~**se bien/mal** zu einem guten/schlechten Ende kommen, gut/schlecht ausgehen

conclusión [koŋklu'sjon] *f* **1.** (*final*) (Ab)schluss *m;* ~ **de un contrato** Vertragsabschluss *m;* **en** ~ (*en suma*) kurz und gut; (*por último*) schließlich, letztendlich **2.** (*deducción*) (Schluss)folgerung *f,* Konklusion *f;* **sacar conclusiones** Schlüsse ziehen; **llegar a la** ~ **de que...** zu dem Schluss kommen, dass ...

conclusivo, -a [koŋklu'siβo, -a] *adj* abschließend, Schluss-

concluso, -a [koŋ'kluso, -a] *adj* (JUR) entscheidungsreif, spruchreif

concluyente [koŋklu'ɟeṇte] *adj* (*definitivo*) endgültig; (*determinante*) entscheidend; (*convincente*) überzeugend; (JUR) schlüssig, konkludent; **prueba** ~ schlagender Beweis

concomerse [koŋko'merse] *vr* **1.** (*fam: un hombro*) die Schulter hochziehen (*weil es juckt*) **2.** (*desesperarse*) sich verzehren (*de* vor +*dat*) *elev,* vergehen (*de* vor +*dat*)

concomitancia [koŋkomi'taṇθja] *f* Parallele *f*

concomitante [koŋkomi'taṇte] *adj* Begleit-; **efecto** ~ Begleiterscheinung *f*

concomitar [koŋkomi'tar] *vt* begleiten

concordancia [koŋkor'ðaṇθja] *f* **1.** (*correspondencia*) Übereinstimmung *f* **2.** (LING) Kongruenz *f* **3.** (MÚS) harmonische Klangwirkung *f* **4.** *pl* (*índice alfabético*) Konkordanz *f*

concordante [koŋkor'ðaṇte] *adj* konkordant

concordar [koŋkor'ðar] <o→ue> **I.** *vi* **1.** (*coincidir*) übereinstimmen (*con* mit +*dat,* *en* in +*dat*) **2.** (LING) kongruieren (*con* mit +*dat*) **II.** *vt* **1.** (*armonizar*) in Einklang bringen (*con* mit +*dat*) **2.** (LING) in Kongruenz setzen (*con* zu +*dat*)

concordato [koŋkor'ðato] *m* (POL, REL) Konkordat *nt*

concorde [koŋ'korðe] *adj* übereinstimmend, konform; **estar** ~ **con algo/alguien** mit etw *dat*/jdm übereinstimmen, mit etw *dat*/jdm einig sein; **no estar** ~ **en nada** in nichts übereinstimmen

concordia [koŋ'korðja] *f* **1.** (*conformidad*) Eintracht *f;* **reina la** ~ es herrscht Eintracht **2.** (*documento*) Schlichtungsvereinbarung *f* **3.** (*anillo*) Ring *m* (*aus zwei ineinader verschlungenen Ringen*)

concreción [koŋkre'θjon] *f* **1.** (*precisión*) Konkretisierung *f* **2.** (*acumulación*) Ablagerung *f*; (MED) Konkrement *nt* **3.** (*limitación*) Beschränkung *f*

concrecionarse [koŋkreθjo'narse] *vr* sich ablagern

concretar [koŋkre'tar] **I.** *vt* **1.** (*precisar*) konkretisieren **2.** (*combinar*) zusammensetzen **3.** (*limitar*) beschränken (*a* auf +*akk*) **II.** *vr:* ~**se** sich beschränken (*a* auf +*akk*)

concretización [koŋkretiθa'θjon] *f* Konkretisierung *f*

concretizar [koŋkreti'θar] <z→c> *vt* konkretisieren

concreto[1] [koŋ'kreto] *m* **1.** (*concreción*) Konkretisierung *f* **2.** (*Am: hormigón*) Beton *m*

concreto, -a[2] [koŋ'kreto, -a] *adj* konkret; **en** ~ konkret; **nada en** ~ nichts Konkretes

concubina [koŋku'βina] *f* Lebensgefährtin *f*

concubinato [koŋkuβi'nato] *m* eheähnliche Lebensgemeinschaft *f*

concúbito [koŋ'kuβito] *m* Beischlaf *m*

conculcación [koŋkulka'θjon] *f* Verletzung *f* (*de* +*gen*), Zuwiderhandlung *f* (*de* gegen +*akk*)

conculcar [koŋkul'kar] <c→qu> *vt* **1.** (*hollar*) mit Füßen treten **2.** (*infringir*) verletzen, zuwiderhandeln +*dat*

concuñado, -a [koŋku'ɲaðo, -a] *m, f* Schwippschwager, -schwägerin *m, f fam*

concuño, -a [koŋ'kuɲo, -a] *m, f* (*Am*) *v.* **concuñado**

concupiscencia [koŋkupis'θen̪θja] *f* (REL) Begehrlichkeit *f*, Konkupiszenz *f*

concupiscente [koŋkupis'θen̪te] *adj* begehrlich

concurrencia [koŋku'rren̪θja] *f* **1.** (*coincidencia*) Zusammentreffen *nt* **2.** (*asistencia*) Beteiligung *f* **3.** (*público*) Publikum *nt* **4.** (*ayuda*) Unterstützung *f* **5.** (*competencia*) Konkurrenz *f*

concurrente [koŋku'rren̪te] *mf* Teilnehmer(in) *m(f)*

concurrido, -a [koŋku'rriðo, -a] *adj* gut besucht

concurrir [koŋku'rrir] *vi* **1.** (*coincidir en el lugar*) zusammenkommen; (*coincidir en el tiempo*) zusammenfallen, zusammentreffen **2.** (*concursar*) konkurrieren (*por* um +*akk*) **3.** (*participar*) teilnehmen (*en* an +*dat*) **4.** (*presenciar*) beiwohnen (*en* +*dat*) **5.** (*contribuir*) mitwirken; (*con una cantidad*) sich beteiligen

concursado, -a [koŋkur'saðo, -a] *m, f* (JUR) Konkursschuldner(in) *m(f)*, Gemeinschuldner(in) *m(f)*

concursante [koŋkur'san̪te] *mf* **1.** (*aspirante*) Bewerber(in) *m(f)* **2.** (*participante*) (Wettbewerbs)teilnehmer(in) *m(f)*

concursar [koŋkur'sar] **I.** *vt, vi* **1.** (*competir*) (an einem Wettbewerb) teilnehmen **2.** (*concurrir*) sich bewerben **II.** *vt* (JUR) Konkurs eröffnen (*a* gegen +*akk*)

concurso [koŋ'kurso] *m* **1.** (*coincidencia*) Zusammentreffen *nt* **2.** (*oposición*) Ausschreibung *f*; (ARQUIT) Wettbewerb *m*, Ausschreibung *f* **3.** (*torneo*) Wettbewerb *m*; (DEP) Wettkampf *m*; ~ **hípico** Reitturnier *nt*; ~ **público** (*convocatoria*) öffentliche Ausschreibung; (*certamen*) Preisausschreiben *nt*; ~ **de televisión** Fernsehquiz *nt*; ~ **de ventas** (ECON) Verkaufswettbewerb *m* **4.** (*ayuda*) Unterstützung *f* **5.** (*asistencia de público*) Teilnahme *f* **6.** (JUR) Konkurs *m*; ~ **de acreedores** Gläubigerversammlung *f*

concurso-subasta [koŋ'kurso su'βasta] <concursos-subasta> *m* öffentliche Ausschreibung *f*

condado [kon̪'daðo] *m* **1.** (*título*) Grafentitel *m* **2.** (*territorio*) Grafschaft *f*

condal [kon̪'dal] *adj* gräflich

conde(sa) ['kon̪de, kon̪'desa] *m(f)* Graf *m*, Gräfin *f*

condecir [kon̪de'θir] *irr como decir vi* (*concordar*) harmonieren, zusammenpassen

condecoración [kon̪dekora'θjon] *f* **1.** (*distinción*) Auszeichnung *f*, Dekorierung *f* **2.** (*galardón*) Orden *m*

condecorar [kon̪deko'rar] *vt* auszeichnen, dekorieren

condena [kon̪'dena] *f* Verurteilung *f*; ~ **condicional** (JUR) Strafaussetzung zur Bewährung; **cumplir una** ~ eine Strafe verbüßen

condenable [kon̪de'naβle] *adj* verwerflich

condenación [kon̪dena'θjon] *f* Verurteilung *f*; ~ **eterna** (REL) ewige Verdammnis

condenado, -a [kon̪de'naðo, -a] **I.** *adj* (*fam*) verflixt, verdammt **II.** *m, f* **1.** (*reo*) Veurteilte(r) *mf* **2.** (REL) Verdammte(r) *mf*; **gritar como un** ~ (*fig*) wie am Spieß schreien **3.** (*fam: endemoniado*) verflixter Kerl *m*, verflixtes Weib *nt* **4.** (*fam: niño*) Racker *m*

condenar [kon̪de'nar] **I.** *vt* **1.** (*sentenciar, reprobar*) verurteilen (*a* zu +*dat*); ~ **a muerte** zum Tode verurteilen **2.** (REL) verdammen **3.** (*tapiar*) zumauern, vermauern **II.** *vr:* ~**se** **1.** (REL) verdammt werden, der Verdammnis anheim fallen *elev* **2.** (*acusarse*) sich (als [*o* für]) schuldig bekennen

condenatorio, -a [kon̪dena'torjo, -a] *adj* Schuld-; **veredicto** ~ Schuldspruch *m*

condensación [kon̪densa'θjon] *f* Kondensierung *f*

condensador[1] [kon̪densa'ðor] *m* (ELEC, TÉC) Kondensator *m*

condensador(a)[2] [kon̪densa'ðor(a)] *adj* verdichtend

condensar [kon̪den'sar] **I.** *vt* **1.** (*espesar*) kondensieren **2.** (*abreviar*) kürzen (*en* auf +*akk*) **II.** *vr:* ~**se** (sich) verdichten; (FÍS, TÉC) komprimieren

condesa [kon̪'desa] *f v.* **conde**

condescendencia [kon̪desθen̪'den̪θja] *f* **1.** (*dignación*) Entgegenkommen *nt*; (*irón*) Herablassung *f* **2.** (*transigencia*) Nachgiebigkeit *f* (*con* gegenüber +*dat*)

condescender [kondesθen'der] <e→ie> *vi* **1.** (*avenirse*) nachgeben (*con* +*dat*) **2.** (*rebajarse*) entgegenkommend sein; (*irón*) sich herablassen

condescendiente [kondesθen'djente] *adj* **1.** (*benévolo*) nachgiebig **2.** (*complaciente*) gefällig, entgegenkommend **3.** (*arrogante*) herablassend

condestable [kondes'taβle] *m* (MIL) ≈Marineunteroffizier *m*

condición [kondi'θjon] *f* **1.** (*índole de una cosa*) Beschaffenheit *f* **2.** (*genio*) Naturell *nt*, Charakter *m;* **ser de mala ~** einen schlechten Charakter haben **3.** (*estado*) Verfassung *f*, Zustand *m* **4.** (*situación*) Situation *f* (*de* als +*nom*) **5.** (*clase*) Stand *m;* **ser de ~** von Stand sein; **ser de condiciones humildes** aus bescheidenen Verhältnissen stammen **6.** (*requisito*) Bedingung *f;* **~ de cancelación** (INFOR) Abbruchbedingung *f;* **condiciones de entrega/de pago/de trabajo** Liefer-/Zahlungs-/Arbeitsbedingungen *fpl;* **condiciones generales de seguro** allgemeine Versicherungsbedingungen; **condiciones estipuladas contractualmente** (vereinbarte) Vertragsbedingungen; **reunir las condiciones** den Anforderungen entsprechen; **a ~ de que...** +*subj* unter der Bedingung [*o* Voraussetzung], dass ...; **sin condiciones** bedingungslos

condicionado, -a [kondiθjo'naðo, -a] *adj* (*t.* PSICO) bedingt, konditioniert; **estímulo ~** bedingter Reiz

condicional [kondiθjo'nal] **I.** *adj* **1.** (*sujeto a condiciones*) bedingt; **libertad ~** (JUR) Freilassung auf Bewährung **2.** (LING) konditional; **proposición ~** Bedingungssatz *m*, Konditionalsatz *m* **II.** *m* (LING) Konditional(is) *m*

condicionamiento [kondiθjona'mjento] *m* Konditionierung *f*

condicionante [kondiθjo'nante] *adj* bedingend

condicionar [kondiθjo'nar] *vt* **1.** (*supeditar*) abhängig machen (*a* von +*dat*) **2.** (*acondicionar*) konditionieren

cóndilo ['kondilo] *m* (ANAT) Gelenkkopf *m*, Kondylus *m*

condiloma [kondi'loma] *m* (MED) Kondylom *nt*

condimentación [kondimenta'θjon] *f* Würzen *nt*

condimentar [kondimen'tar] *vt* würzen

condimento [kondi'mento] *m* Gewürz *nt*

condiscípulo, -a [kondis'θipulo, -a] *m, f* Mitschüler(in) *m(f)*

condolecerse [kondole'θerse] *irr como crecer vr v.* **condolerse**

condolencia [kondo'lenθja] *f* Beileid *nt*

condolerse [kondo'lerse] <o→ue> *vr* Mitleid haben (*de* mit +*dat*)

condominio [kondo'minjo] *m* **1.** (JUR: *referente a cosas*) Gemeinschaftseigentum *nt;* (*referente a territorios*) Kondominium *nt* **2.** (*Am: piso*) Eigentumswohnung *f*

condómino [kon'domino] *m* (JUR) Miteigentümer(in) *m(f)*

condón [kon'don] *m* Kondom *m o nt*

condonación [kondona'θjon] *f* Erlass *m;* **~ de la deuda** Schuldenerlass *m*

condonar [kondo'nar] *vt* erlassen

cóndor ['kondor] *m* **1.** (ZOOL) Kondor *m* **2.** (*Chil, Col, Ecua: moneda*) *Goldmünze*

condotiero [kondo'tjero] *m* **1.** (HIST) Kondottiere *m* **2.** (MIL: *mercenario*) Söldner *m*

condritis [kon'dritis] *f inv* (MED) Knorpelentzündung *f*, Chondritis *f*

condrografía [kondroɣra'fia] *f* (ANAT) Chondrographie *f*

condrología [kondrolo'xia] *f* (ANAT) Chondrologie *f*

condroma [kon'droma] *m* (MED) Chondro(blasto)m *nt*

conducción [kondu^{y}'θjon] *f* **1.** (*transporte*) Transport *m*, Beförderung *f* **2.** (*conducto*) Leitung *f* **3.** (*administración*) Leitung *f*, Führung *f*

conducente [kondu'θente] *adj* geeignet

conducho [kon'duʧo] *m* **1.** (HIST) Tribut *m* **2.** (*fam: víveres*) Fressalien *pl;* **¿qué hay de ~?** was gibt's zu futtern [*o* spachteln]?

conducir [kondu'θir] *irr como traducir* **I.** *vt* **1.** (*llevar*) bringen; (*transportar*) befördern, transportieren **2.** (*guiar*) führen **3.** (*arrastrar*) leiten **4.** (*pilotar*) fahren, steuern, lenken **5.** (*mandar*) leiten, führen **II.** *vi* **1.** (*dirigir*) führen (*a* zu +*dat*); **no ~ a nada** zu nichts führen, nichts bringen *fam;* **esta discusión no conduce a ninguna parte** diese Diskussion bringt uns nicht weiter **2.** (*pilotar*) fahren **III.** *vr:* **~se** sich benehmen

conducta [kon'dukta] *f* **1.** (*comportamiento*) Benehmen *nt*, Betragen *nt;* (*de un prisionero*) Führung *f* **2.** (*mando*) Führung *f*

conductancia [konduk'tanθja] *f* (FÍS) Leitwert *m*, Konduktanz *f*

conductibilidad [konduktiβili'ða^{ð}] *f* (FÍS) Leitfähigkeit *f*

conductible [konduk'tiβle] *adj* (FÍS) leitfähig

conducticio, -a [konduk'tiθjo, -a] *adj* (JUR) Pachtzins-

conductismo [konduk'tismo] *m* (PSICO) Behaviorismus *m*

conductista [konduk'tista] **I.** *adj* (PSICO) behavioristisch **II.** *mf* (PSICO) Behaviorist(in) *m(f)*

conductividad [konduktiβi'ða^{ð}] *f* (FÍS) Leitfähigkeit *f*

conductivo, -a [konduk'tiβo, -a] *adj* (FÍS) leitfähig

conducto [kon'dukto] *m* **1.** (*tubo*) Leitung *f;* **~ de expendición del dinero** Geldausgabeschacht *m* **2.** (MED) Kanal *m;* **~ auditivo** Gehörgang *m* **3.** (*mediación*) Weg *m;* **por ~ de...** (*por mediación de*) durch Vermittlung ... +*gen;* (*a través de*) über ... +*akk*

conductor[1] [kon̪duk'tor] *m* **1.** (FÍS) Leiter *m* **2.** (INFOR): ~ **común** gemeinsamer Leiter; ~ **común de dirección** gemeinsamer Adressleiter; ~ **de entrada/de salida de un circuito** Eingangs-/Ausgangsleitung eines Schaltkreises

conductor(a)[2] [kon̪duk'tor(a)] **I.** *adj* leitend; **animal** ~ Leittier *nt;* **hilo** ~ Leitungsdraht *m* **II.** *m(f)* **1.** (*jefe*) Leiter(in) *m(f)* **2.** (*chófer*) Fahrer(in) *m(f);* ~ **suicida** Falschfahrer *m,* Geisterfahrer *m*

condueño, -a [kon̪'dweɲo, -a] *m, f* Miteigentümer(in) *m(f)*

condumio [kon̪'dumjo] *m* (*comida*) Essen *nt* (*mit Brot als Beilage*); **ganarse el** ~ (*fam irón*) seine Brötchen verdienen

conduplicación [kon̪duplika'θjon] *f* (LIT) Anapher *f*

condurango [kon̪du'raŋgo] *m* (BOT) Kondurangostrauch *m*

condutal [kon̪du'tal] *m* (*conducto de agua*) Regen(abfluss)rohr *nt*

conectador [konekta'ðor(a)] *m* Stecker *m;* ~ **adicional** Zusatzstecker *m*

conectar [konek'tar] **I.** *vt* **1.** (*enlazar*) verbinden **2.** (*enchufar*) anschließen **II.** *vi* Kontakt aufnehmen (*con* mit +*dat*); **estar conectado** (INFOR) Zugang haben

conectividad [konektiβi'ðað] *f* (INFOR) **1.** (*posibilidad*) Anschlussfähigkeit *f* **2.** (*de redes*) Vernetzung *f;* **tener** ~ vernetzt sein

conectivo, -a [konek'tiβo, -a] *adj* verbindend

conector [konek'tor] *m* (INFOR) Stecker *m,* Konnektor *m;* ~ **de canales** Kanalverbinder *m;* ~ **múltiple** Mehrfachstecker *m*

coneja [ko'nexa] *f* **1.** (*roedora*) weibliches Kaninchen *f* **2.** (*pey: mujer*) gebärfreudige Frau *f*

conejar [kone'xar] *m* Kaninchenstall *m*

conejera [kone'xera] *f* **1.** (*madriguera*) Kaninchenbau *m* **2.** (*t. fig: cueva*) Höhle *f*

conejillo [kone'xiʎo] *m:* ~ **de Indias** Meerschweinchen *nt;* (*fig*) Versuchskaninchen *nt*

conejo [ko'nexo] *m* **1.** (*roedor*) Kaninchen *nt;* ~ **de Indias** Meerschweinchen *nt;* (*fig*) Versuchskaninchen *nt* **2.** (*Arg: vulg: vagina*) Muschi *f fam,* Möse *f fam*

conexidades [konexi'ðaðes] *fpl* (JUR) Zubehör *nt*

conexión [koneʸ'sjon] *f* **1.** (*enlace*) Verbindung *f;* **modo de** ~ (INFOR) Verbindungsmodus *m* **2.** (*punto de enlace, del teléfono*) Anschluss *m;* ~ **de modem** Modemanschluss *m* **3.** *pl* (*amistades*) Beziehungen *fpl*

conexionar [koneʸsjo'nar] **I.** *vt* **1.** (*enchufar*) anschließen **2.** (*enlazar*) verbinden **II.** *vr:* ~**se** (*elementos*) sich verbinden

conexivo, -a [koneʸ'siβo, -a] *adj* (*t.* LING) verbindend

conexo, -a [ko'neʸso, -a] *adj* (miteinander) verknüpft

confabulación [komfaβula'θjon] *f* Verschwörung *f*

confabulador(a) [komfaβula'ðor(a)] *m(f)* Verschwörer(in) *m(f)*

confabularse [komfaβu'larse] *vr* sich verschwören

confección [komfeʸ'θjon] *f* Herstellung *f,* Anfertigung *f;* (*de vestidos*) Konfektion *f;* ~ **de un contrato** Ausarbeitung eines Vertrages; ~ **de un presupuesto** Erstellung eines Haushaltsplans

confeccionar [komfeʸθjo'nar] *vt* herstellen, anfertigen; (*plan*) aufstellen

confeccionista [komfeʸθjo'nista] *mf* Konfektionär *m,* Konfektioneuse *f*

confederación [komfeðera'θjon] *f* Bündnis *nt;* (*entre Estados*) Konföderation *f,* Staatenbund *m;* **C~ Empresarial Española** Spanischer Arbeitgeberverband; **C~ Española de Organizaciones Empresariales** Dachverband der Spanischen Arbeitgeberverbände

confederado, -a [komfeðe'raðo, -a] *m, f* Verbündete(r) *mf;* (*Estado*) Konföderierte(r) *mf*

confederal [komfeðe'ral] *adj* Konföderations-

confederar [komfeðe'rar] **I.** *vt* zusammenschließen **II.** *vr:* ~**se** sich verbünden, (sich) konföderieren

confederativo, -a [komfeðera'tiβo, -a] *adj* konföderalistisch

conferencia [komfe'ren̪θja] *f* **1.** (*charla*) Vortrag *m* **2.** (*encuentro*) Konferenz *f;* ~ **cumbre** Gipfeltreffen *nt,* Gipfelkonferenz *f;* **C~ Económica Mundial** Weltwirtschaftskonferenz *f;* **C~ Europea Intergubernamental** Konferenz der europäischen Regierungen; **C~ de las Naciones Unidas sobre el Comercio y el Desarrollo** Welthandelskonferenz der Vereinten Nationen; ~ **de prensa** Pressekonferenz *f;* **C~ sobre Seguridad y Cooperación en Europa** Konferenz über Sicherheit und Zusammenarbeit in Europa **3.** (*plática*) Besprechung *f* **4.** (*llamada telefónica*) Ferngespräch *nt*

conferenciante [komferen̪'θjan̪te] **I.** *adj* Teilnehmer-; **país** ~ Teilnehmerland *nt* **II.** *mf* Vortragende(r) *mf,* Redner(in) *m(f)*

conferenciar [komferen̪'θjar] *vi* verhandeln

conferencista [komferen̪'θista] *mf* (*Am*) Referent(in) *m(f),* Vortragende(r) *mf*

conferir [komfe'rir] *irr como sentir vt* **1.** (*otorgar*) verleihen; (*derechos*) zugestehen **2.** (*transferir*) übermitteln

confesa [kom'fesa] *adj o f v.* **confeso**

confesante [komfe'san̪te] **I.** *adj* (JUR) geständig **II.** *mf* (JUR) Geständige(r) *mf*

confesar [komfe'sar] <e→ie> **I.** *vt* **1.** (*admitir*) gestehen, zugeben **2.** (*manifestar algo oculto*) preisgeben, verraten **3.** (REL: *declarar*) beichten; (*oír*) die Beichte abnehmen +*dat* **II.** *vr:* ~**se** die Beichte ablegen; ~**se culpable** sich (für) schuldig bekennen

confesión [koɱfe'sjon] *f* **1.** (*declaración*) Geständnis *nt* **2.** (*sacramento*) Beichte *f* **3.** (*credo religioso*) Konfession *f*

confesional [koɱfesjo'nal] *adj* konfessionell

confesionalidad [koɱfesjonali'ðaᵈ] *f* Religion(szugehörigkeit) *f*, Konfession(szugehörigkeit) *f*

confes(i)onario [koɱfes(j)o'narjo] *m* Beichtstuhl *m*

confeso, **-a** [koɱ'feso, -a] **I.** *adj* geständig **II.** *m, f* Laienbruder, -schwester *m, f*

confesonario [koɱfeso'narjo, -a] *m* Beichtstuhl *m*

confesor [koɱfe'sor] *m* Beichtvater *m*

confesuría [koɱfesu'ria] *f* (REL) Amt *nt* des Beichtvaters

confeti [koɱ'feti] *m* Konfetti *nt*

confiabilidad [koɱfjaβili'ðaᵈ] *f sin pl* (*fiabilidad*) Zuverlässigkeit *f*, Verlässlichkeit *f*

confiable [koɱfi'aβle] *adj* (*fiable*) vertrauenswürdig; (*cumplido*) zuverlässig

confiado, **-a** [koɱfi'aðo, -a] *adj* **1.** *ser* (*crédulo*) vertrauensselig **2.** *estar* (*presumido*) zuversichtlich; (*de sí mismo*) selbstgefällig

confianza [koɱfi'an̪θa] *f* **1.** (*crédito*) Vertrauen *nt;* **de** ~ (*fiable*) vertrauenswürdig; (*cumplido*) zuverlässig; **en** ~ im Vertrauen; **amiga de** ~ enge Freundin, Vertraute *f* **2.** (*esperanza*) Zuversicht *f* **3.** (*presunción*) Selbstgefälligkeit *f* **4.** (*familiaridad*) Vertrautheit *f* **5.** *pl* (*familiaridad excesiva*) Freiheiten *fpl*

confianzudo, **-a** [koɱfjan̪'θuðo, -a] *adj* (*demasiado familiar*) (zu) vertraulich; (*crédulo*) vertrauensselig

confiar [koɱfi'ar] <*1. pres:* confío> **I.** *vi* vertrauen (*en* +*dat*) **II.** *vt* anvertrauen **III.** *vr:* **~se** **1.** (*entregarse*) sich verlassen (*a* auf +*akk*) **2.** (*sincerarse*) sich anvertrauen (*a* +*dat*)

confidencia [koɱfi'ðen̪θja] *f* **1.** (*secreto*) vertrauliche Mitteilung *f* **2.** (*revelación*) Enthüllung *f*

confidencial [koɱfiðen̪'θjal] *adj* vertraulich

confidencialidad [koɱfiðen̪θjali'ðaᵈ] *f* Vertraulichkeit *f*, Diskretion *f;* **se garantiza absoluta** ~ absolute Diskretion garantiert

confidente¹ [koɱfi'ðen̪te] **I.** *adj* zuverlässig **II.** *mf* **1.** (*cómplice*) Vertraute(r) *mf* **2.** (*espía*) Informant(in) *m(f)*

confidente² [koɱfi'ðen̪te] *m* (*mueble*) Zweiersofa *nt*, Zweiercouch *f*

configuración [koɱfiɣura'θjon] *f* **1.** (*formación*) Gestaltung *f;* ~ **del producto** (ECON) Produktgestaltung *f* **2.** (*forma*) Gestalt *f* **3.** (INFOR) Konfiguration *f;* ~ **del sistema** Systemkonfiguration *f*

configurar [koɱfiɣu'rar] **I.** *vt* **1.** (*formar*) gestalten, formen **2.** (INFOR) konfigurieren **II.** *vr:* **~se** sich herausbilden, sich formen

confín [koɱ'fin] **I.** *adj* angrenzend, Grenz- **II.** *m* **1.** (*frontera*) Grenze *f* **2.** (*final*) Ende *nt*

confinado, **-a** [koɱfi'naðo, -a] *m, f* Verbannte(r) *mf*

confinamiento [koɱfina'mjen̪to] *m* Verbannung *f*

confinante [koɱfi'nan̪te] *adj* (*colindante*) angrenzend (*con* an +*akk*); **las fincas ~s con el río** die an den Fluss grenzenden Grundstücke

confinar [koɱfi'nar] **I.** *vi* (an)grenzen (*con* an +*akk*) **II.** *vt* verbannen

confingir [koɱfiŋ'xir] <g→j> *vt* (MED) einrühren (*en* in +*akk*)

confinidad [koɱfini'ðaᵈ] *f* (*proximidad*) Nachbarschaft *f*, Nähe *f* (*con* zu +*dat*)

confirmación [koɱfirma'θjon] *f* **1.** (*ratificación*) Bestätigung *f;* ~ **del pedido** (ECON) Auftragsbestätigung *f* **2.** (REL: *iglesia católica*) Firmung *f;* (*iglesia protestante*) Konfirmation *f* **3.** (*argumentación*) Argumentation *f*

confirmador(a) [koɱfirma'ðor(a)] *adj* bestätigend, Bestätigungs-; **banco** ~ (FIN) bestätigende Bank

confirmando, **-a** [koɱfir'man̪do, -a] *m, f* (*iglesia católica*) Firmling *m;* (*iglesia protestante*) Konfirmand(in) *m(f)*

confirmar [koɱfir'mar] **I.** *vt* **1.** (*corroborar, t.* ECON, INFOR) bestätigen; ~ **un pedido** einen Auftrag bestätigen **2.** (*fortalecer*) bekräftigen **3.** (REL: *iglesia católica*) firmen; (*iglesia protestante*) konfirmieren **II.** *vr:* **~se** sich bestätigen

confirmativo, **-a** [koɱfirma'tiβo, -a] *adj* bestätigend, Bestätigungs-

confirmatorio¹ [koɱfirma'torjo] *m* (JUR) bestätigendes Urteil *nt*

confirmatorio, **-a²** [koɱfirma'torjo, -a] *adj* *v.* **confirmativo**

confiscación [koɱfiska'θjon] *f* Beschlagnahme *f*, Beschlagnahmung *f*, Konfiszierung *f*

confiscar [koɱfis'kar] <c→qu> *vt* beschlagnahmen, konfiszieren

confiscatorio, **-a** [koɱfiska'torjo, -a] *adj* Beschlagnahme-

confitado, **-a** [koɱfi'taðo, -a] *adj* **1.** (*azucarado*) gezuckert **2.** (*almibarado*) kandiert **3.** (*ilusionado*) hoffnungsvoll

confitar [koɱfi'tar] *vt* **1.** (*azucarar*) zuckern **2.** (*almibarar*) kandieren **3.** (*suavizar*) versüßen **4.** (*engolosinar*) falsche Hoffnungen machen +*dat*

confite [koɱ'fite] *m* Konfekt *nt*

confitera [koɱfi'tera] *f* **1.** (*vasija*) Bonbonniere *f* **2.** *v.* **confitero²**

confitería [koɱfite'ria] *f* Süßwarengeschäft *nt*

confitero¹ [koɱfi'tero] *m* (*confitera*) Bonbonniere *f*

confitero, **-a²** [koɱfi'tero, -a] *m, f* Konditor(in) *m(f)*, Zuckerbäcker(in) *m(f)*

confitura [koɱfi'tura] *f* Konfitüre *f*

conflagración [koɱflaɣra'θjon] *f* **1.** (*incendio*) Brand *m* **2.** (*hostilidades*) Konflikt *m;* (*guerra*) Krieg *m;* ~ **mundial** Weltkrieg *m*

conflictividad [koɱfliktiβi'ðaᵈ] *f* Brisanz *f*

conflictivo, **-a** [koɱflik'tiβo, -a] *adj* konflikt-

geladen, brisant
conflicto [koṃ'flikto] *m* Konflikt *m;* ~ **laboral** Arbeitskonflikt *m;* ~ **Norte-Sur** Nord-Süd-Konflikt *m*
confluencia [koṃflu'eṇθja] *f* Zusammenfluss *m*
confluente [koṃflu'eṇte] **I.** *adj* zusammenfließend **II.** *m* Zusammenfluss *m*
confluir [koṃflu'ir] *irr como huir vi* zusammenlaufen, zusammenfließen, sich vereinigen
conformación [koṃforma'θjon] *f* Gestaltung *f*
conformar [koṃfor'mar] **I.** *vt* **1.** (*formar*) formen **2.** (*ajustar*) anpassen (*a* an +*akk*) **3.** (*contentar*) zufrieden stellen (*con* mit +*dat*) **II.** *vi* übereinstimmen (*con* mit +*dat*) **III.** *vr:* ~**se 1.** (*ajustarse*) sich anpassen (*a* an +*akk*) **2.** (*contentarse*) sich zufrieden geben (*con* mit +*dat*), sich begnügen (*con* mit +*dat*)
conforme [koṃ'forme] **I.** *adj* (*adecuado*) angemessen; **estar** ~ **con** übereinstimmen mit +*dat;* **quedarse** ~ **con** (*contento*) zufrieden sein mit +*dat;* (*resignado*) sich zufrieden geben mit +*dat* **II.** *m* Genehmigung *f* **III.** *adv* **1.** (*como*) (so) wie **2.** (*según*) gemäß (*a* +*dat*)
conformidad [koṃformi'ða^ð] *f* **1.** (*afinidad*) Übereinstimmung *f;* **en** ~ **con** in Übereinstimmung mit +*dat* **2.** (*aprobación*) Genehmigung *f* **3.** (*paciencia*) Gelassenheit *f*
conformismo [koṃfor'mismo] *m* Konformismus *m*
conformista [koṃfor'mista] **I.** *adj* konformistisch **II.** *mf* Konformist(in) *m(f)*
confort [koṃ'for^t] *m sin pl* Komfort *m*
confortable [koṃfor'taβle] *adj* **1.** (*confortante*) aufmunternd **2.** (*cómodo*) komfortabel
confortante [koṃfor'taṇte] *adj* **1.** (*alentador*) aufmunternd **2.** (*vivificante*) stärkend
confortar [koṃfor'tar] **I.** *vt* **1.** (*vivificar*) stärken **2.** (*alentar*) aufmuntern; (*consolar*) trösten **II.** *vr:* ~**se 1.** (*reanimarse*) (wieder) zu Kräften kommen **2.** (*consolarse*) Trost finden; (*animarse*) Mut fassen
confortativo[1] [koṃforta'tiβo] *m* Anregungsmittel *nt*
confortativo, -a[2] [koṃforta'tiβo, -a] *adj v.* **confortante**
confraternar [koṃfrater'nar] *vi* sich verbrüdern, fraternisieren *elev*
confraternidad [koṃfraterni'ða^ð] *f,* **confraternización** [koṃfraterniθa'θjon] *f* Brüderlichkeit *f*
confraternizar [koṃfraterni'θar] <z→c> *vi* sich verbrüdern, fraternisieren *elev*
confrontación [koṃfroṇta'θjon] *f* **1.** (*comparación*) Vergleich *m* **2.** (*careo*) Gegenüberstellung *f* **3.** (*enfrentamiento*) Konfrontation *f*
confrontar [koṃfroṇ'tar] **I.** *vt* **1.** (*comparar*) vergleichen, gegenüberstellen **2.** (*carear*) gegenüberstellen (*con* +*dat*), konfrontieren (*con* mit +*dat*); ~ **a los dos delincuentes** die beiden Verbrecher einander gegenüberstellen **II.** *vi* aneinander grenzen **III.** *vr:* ~**se** (sich *dat*) gegenüberstehen; ~**se con alguien** jdm gegenüberstehen
confucianismo [koṃfuθja'nismo] *m* (FILOS) Konfuzianismus *m*
confuciano, -a [koṃfu'θjano, -a] *adj* (FILOS) konfuzianistisch
confucionismo [koṃfuθjo'nismo] *m* (FILOS) Konfuzianismus *m*
confucionista [koṃfuθjo'nista] **I.** *adj* (FILOS) konfuzianistisch **II.** *mf* (FILOS) Konfuzianer(in) *m(f)*
confundible [koṃfuṇ'diβle] *adj* verwechselbar
confundir [koṃfuṇ'dir] **I.** *vt* **1.** (*trastocar*) verwechseln **2.** (*mezclar*) durcheinander bringen **3.** (*embrollar*) verwirren **II.** *vr:* ~**se 1.** (*unirse*) sich unter die Menschenmenge mischen **2.** (*embrollarse*) sich täuschen (*de* in +*dat*), sich irren (*de* in +*dat*)
confusión [koṃfu'sjon] *f* **1.** (*trastoque*) Verwechslung *f* **2.** (*embrollo*) Verwirrung *f,* Konfusion *f;* ~ **mental** geistige Umnachtung *elev,* Verwirrung *f;* **estar en un mar de** ~ ganz konfus sein, völlig durcheinander sein
confusionismo [koṃfusjo'nismo] *m* Verworrenheit *f*
confuso, -a [koṃ'fuso, -a] *adj* konfus, verworren
confutación [koṃfuta'θjon] *f* (LIT) Widerlegung *f*
confutar [koṃfu'tar] *vt* widerlegen
conga ['koŋga] *f* **1.** (*Cuba: hutía*) Bisamratte *f* **2.** (MÚS) Conga *f* **3.** (*Col: hormiga*) giftige Ameise *f* **4.** *pl* (*tambores*) Congas *fpl*
congelación [koŋxela'θjon] *f* **1.** (*solidificación*) Gefrieren *nt* **2.** (*conservación*) Einfrieren *nt;* ~ **de capitales** (FIN) Kapitalstilllegung *f;* ~ **de salarios y precios** (ECON) Lohn- und Preisstopp *m* **3.** (*heladura*) Erfrierung *f*
congelado, -a [koŋxe'laðo, -a] *adj* (ein)gefroren; (*cuerpo*) erfroren; (*comestibles*) tiefgefroren
congelador [koŋxela'ðor] *m* **1.** (*electrodoméstico*) Gefrierschrank *m,* Gefriertruhe *f* **2.** (*compartimento en la nevera*) Gefrierfach *nt,* Eisfach *nt*
congelados [koŋxe'laðos] *mpl* (COM) Tiefkühlkost *f*
congelamiento [koŋxela'mjeṇto] *m v.* **congelación**
congelante [koŋxe'laṇte] **I.** *adj* Kühl- **II.** *m* Kühlmittel *nt*
congelar [koŋxe'lar] **I.** *vt* **1.** (*solidificar*) gefrieren (lassen) **2.** (*t.* ECON: *conservar*) einfrieren; ~ **los precios/los salarios** die Preise/die Löhne einfrieren **3.** (*helar*) erfrieren; **el frío le congeló el pie** durch die Kälte ist ihm/ihr der Fuß abgefroren **II.** *vr:* ~**se 1.** (*solidificarse*) gefrieren **2.** (*helarse*) erfrieren
congénere [koŋ'xenere] **I.** *adj* artverwandt **II.** *mf* Artgenosse, -in *m, f*
congeniar [koŋxe'njar] *vi* harmonieren
congénito, -a [koŋ'xenito, -a] *adj* angeboren

C

congestión [koŋxes'tjon] *f* **1.** (MED) Hyperämie *f*, Blutandrang *m*; ~ **pulmonar** Blutandrang in der Lunge **2.** (*aglomeración*) Stauung *f*, Stau *m*; ~ **de tráfico** Verkehrsstau *m*

congestionado, **-a** [koŋxestjo'naðo, -a] *adj* (*rostro*) hochrot

congestionar [koŋxestjo'nar] **I.** *vt* **1.** (MED) Blutandrang verursachen (in +*dat*) **2.** (*aglomerar*) verstopfen **II.** *vr:* ~**se** **1.** (MED) Blutandrang haben **2.** (*aglomerarse*) sich stauen

congestivo, **-a** [koŋxes'tiβo, -a] *adj* **1.** (*relativo a la congestión*) kongestiv, Kongestions- **2.** (*que causa congestión*) Blutandrang hervorrufend **3.** (MED: *propenso a la congestión*) anfällig für Bluthochdruck

conglobación [koŋgloβa'θjon] *f* **1.** (*amontonamiento*) Anhäufung *f*; (*t. fig: suma*) Summe *f*; **la ~ de tantos argumentos en su contra hizo que se rindiera** unter der Last so vieler Argumente gegen ihn/sie gab er/sie schließlich nach **2.** (*fig: sentimientos*) gehäuftes Auftreten *nt*

conglobar [koŋglo'βar] *vt* vereinen, versammeln

conglomeración [koŋglomera'θjon] *f* Bindung *f*

conglomerado [koŋglome'raðo] *m* (*t.* GEO) Konglomerat *nt*

conglomerante [koŋglome'ran̩te] *m* Bindemittel *nt*

conglomerar [koŋglome'rar] **I.** *vt* binden **II.** *vr:* ~**se** sich verbinden

conglutinante [koŋgluti'nan̩te] **I.** *adj* Binde- **II.** *m* Bindemittel *nt*

Congo ['koŋgo] *m* Kongo *m*

congoja [koŋ'goxa] *f* **1.** (*pena*) Schmerz *m* **2.** (*desconsuelo*) Mutlosigkeit *f*, Niedergeschlagenheit *f*

congojar [koŋgo'xar] *vt, vr:* ~**se** bekümmern, bedrücken

congojoso, **-a** [koŋgo'xoso, -a] *adj* **1.** *ser* (*angustioso*) beklemmend; **no soporto el ambiente ~ que rodea las despedidas** ich mag die trübselige Stimmung nicht, die beim Abschiednehmen aufkommt **2.** *estar* (*entristecido*) bekümmert, betrübt; **últimamente le encuentro muy ~** in letzter Zeit finde ich, dass seine Stimmung sehr gedrückt ist

congola [koŋ'gola] *f* (*Col: pipa de fumar*) (Tabaks)pfeife *f*

congoleño, **-a** [koŋgo'leɲo, -a], **congolés**, **-esa** [koŋgo'les, -esa] **I.** *adj* kongolesisch **II.** *m, f* Kongolese, -in *m, f*

congosto [koŋ'gosto] *m* Schlucht *f*

congraciamiento [koŋgraθja'mjen̩to] *m* Versöhnung *f*; (*pey: engatusamiento*) Einschmeichelung *f*

congraciar [koŋgra'θjar] **I.** *vt* beliebt machen (*con* bei +*dat*); **su éxito lo congració con su jefe** sein Erfolg brachte ihm die Gunst seines Chefs ein **II.** *vr:* ~**se** die Gunst erlangen (*con* +*gen*)

congratulación [koŋgratula'θjon] *f* Gratulation *f*

congratular [koŋgratu'lar] **I.** *vt* beglückwünschen **II.** *vr:* ~**se** sich freuen (*de/por* über +*akk*)

congregación [koŋgreɣa'θjon] *f* **1.** (*reunión*) Versammlung *f* **2.** (REL) Kongregation *f*; ~ **de los fieles** Gemeinschaft der Gläubigen

congregante [koŋgre'ɣan̩te] *mf* Kongregationist(in) *m(f)*

congregar [koŋgre'ɣar] <g→gu> **I.** *vt* versammeln **II.** *vr:* ~**se** sich versammeln, zusammenkommen

congresal [koŋgre'sal] *mf* (*Am*) Tagungsteilnehmer(in) *m(f)*

congresista [koŋgre'sista] *mf* Kongressteilnehmer(in) *m(f)*

congreso [koŋ'greso] *m* **1.** (*conferencia*) Kongress *m* **2.** (POL) Abgeordnetenhaus *nt*; **C~ de los Diputados** Abgeordnetenhaus *nt*

congrio ['koŋgrjo] *m* (ZOOL) Meeraal *m*

congruencia [koŋ'grwen̩θja] *f* **1.** (*coherencia*) Übereinstimmung *f* **2.** (MAT) Kongruenz *f*

congruente [koŋ'grwen̩te] *adj* **1.** (*coherente*) übereinstimmend **2.** (MAT) kongruent

conguito [koŋ'gito] *m* (*Am: pimiento*) Paprika *m*

conicidad [koniθi'ða^ð] *f sin pl* (*t.* MAT) Kegelform *f*, konische Form *f*

cónico, **-a** ['koniko, -a] *adj* konisch, kegelförmig

conífera [ko'nifera] *f* (BOT) Konifere *f*, Nadelbaum *m*; ~**s** Nadelhölzer *ntpl*

conífero, **-a** [ko'nifero, -a] *adj* Nadel-; **árbol ~** Nadelbaum *m*

coniforme [koni'forme] *adj* (*elev*) *v.* **cónico**

coniza [ko'niθa] *f* (BOT) Alant *m*

conjetura [koŋxe'tura] *f* Mutmaßung *f*, Vermutung *f*; **hacer ~s** Mutmaßungen [*o* Vermutungen] anstellen

conjeturable [koŋxetu'raβle] *adj* mutmaßlich

conjetural [koŋxetu'ral] *adj* auf Mutmaßungen beruhend, spekulativ

conjeturar [koŋxetu'rar] *vt* mutmaßen, vermuten

conjuez [koŋ'xweθ] *m* (JUR) Mitrichter *m*

conjugable [koŋxu'ɣaβle] *adj* (LING) konjugierbar

conjugación [koŋxuɣa'θjon] *f* **1.** (*combinación*) Vereinigung *f* **2.** (BIOL, LING) Konjugation *f*

conjugada [koŋxu'ɣaða] *f* (BOT) Jochalge *f*

conjugado, **-a** [koŋxu'ɣaðo, -a] *adj* **1.** (MAT) zugeordnet, konjugiert **2.** (LING) konjugiert **3.** (BOT) zur Klasse der Jochalgen gehörend

conjugar [koŋxu'ɣar] <g→gu> *vt* **1.** (*armonizar*) in Einklang bringen **2.** (LING) konjugieren

conjunción [koŋxuṇ'θjon] *f* **1.** (*unión*) Verbindung *f* **2.** (ASTR, LING) Konjunktion *f*

conjuntamente [koŋxun̩ta'men̩te] *adv* zusammen, gemeinsam

conjuntar [koŋxun̩'tar] **I.** *vi* zusammenpassen **II.** *vt* (aufeinander) abstimmen **III.** *vr:* ~**se** zusammenkommen

conjuntiva [koŋxun̩'tiβa] *f* (MED) Bindehaut *f*

conjuntivitis [koŋxun̩ti'βitis] *f inv* (MED) Bindehautentzündung *f*

conjuntivo, **-a** [koŋxun̩'tiβo, -a] *adj* **1.** (*unitivo*) Binde-; **tejido** ~ Bindegewebe *nt* **2.** (LING) konjunktional

conjunto[1] [koŋ'xun̩to] *m* **1.** (*unido*) Einheit *f,* Komplex *m;* ~ **de datos** (INFOR) Datensatz *m;* ~ **de instrucciones** (INFOR) Befehlssatz *m* **2.** (*totalidad*) Gesamtheit *f;* ~ **de medidas** Maßnahmenbündel *nt;* **en** ~ im Ganzen, insgesamt **3.** (*en representaciones artísticas*) Ensemble *nt* **4.** (*prenda de vestir*) Ensemble *nt* **5.** (MAT) Menge *f;* ~ **vacío** Leermenge *f*

conjunto, **-a**[2] [koŋ'xun̩to, -a] *adj* gemeinsam; **empresa conjunta** Gemeinschaftsunternehmung *f,* Jointventure *nt,* Joint Venture *nt*

conjura [koŋ'xura] *f,* **conjuración** [koŋxura'θjon] *f* Verschwörung *f*

conjurado, **-a** [koŋxu'raðo, -a] *m, f* Verschwörer(in) *m(f)*

conjurar [koŋxu'rar] **I.** *vi* konspirieren **II.** *vt* **1.** (*invocar*) beschwören **2.** (*alejar*) bannen **III.** *vr:* ~**se** sich verschwören (*con* mit +*dat, contra* gegen +*akk*)

conjuro [koŋ'xuro] *m* **1.** (*el conjurar*) Beschwörung *f* **2.** (*fórmula*) Beschwörungsformel *f*

conllevar [konʎe'βar] *vt* **1.** (*soportar*) ertragen **2.** (*implicar*) mit sich *dat* bringen

conllorar [konʎo'rar] *vi* (*elev*) gemeinsam trauern

conmemorable [ko^{n}memo'raβle/ko^{m}memo'raβle] *adj* denkwürdig; (*inolvidable*) unvergesslich

conmemoración [ko^{n}memora'θjon/ko^{m}memora'θjon] *f* Gedenken *nt;* **en** ~ **de** zum Gedenken an +*akk;* ~ **de los difuntos** Allerseelen

conmemorar [ko^{n}memo'rar/ko^{m}memo'rar] *vt* gedenken +*gen;* ~ **a los muertos** der Toten gedenken

conmemorativo, **-a** [ko^{n}memora'tiβo, -a/ko^{m}memora'tiβo, -a] *adj* Gedenk-, Gedächtnis-; **acto** ~ Gedenkfeier *f,* Gedächtnisfeier *f;* **sello** ~ Gedenkmarke *f*

conmensurabilidad [ko^{n}mensuraβili'ða^{d}/ko^{m}mensuraβili'ða^{d}] *f sin pl* Messbarkeit *f*

conmensurable [ko^{n}mensu'raβle/ko^{m}mensu'raβle] *adj* **1.** (*medible*) messbar **2.** (MAT) kommensurabel

conmensurar [ko^{n}mensu'rar/ko^{m}mensu'rar] *vt* **1.** (*determinar*) bemessen **2.** (*apreciar*) ermessen

conmigo [ko^{n}'miɣo/ko^{m}'miɣo] *pron pers* mit mir, bei mir; **¡ven ~!** komm mit mir!; **¡quédate ~!** bleib bei mir!; **es muy amable** ~ er/sie ist sehr nett zu mir

conmilitón [ko^{n}mili'ton/ko^{m}mili'ton] *m* Kriegskamerad *m*

conminación [ko^{n}mina'θjon/ko^{m}mina'θjon] *f* **1.** (*amenaza*) Drohung *f* **2.** (JUR) Aufforderung *f*

conminar [ko^{n}mi'nar/ko^{m}mi'nar] *vt* **1.** (*amenazar*) bedrohen **2.** (JUR) auffordern

conminatorio, **-a** [ko^{n}mina'torjo, -a/ko^{m}mina'torjo, -a] *adj* Droh-; **carta conminatoria** Drohbrief *m*

conminuta [ko^{n}mi'nuta/ko^{m}mi'nuta] *adj* (MED): **fractura** ~ Trümmerbruch *m,* Komminutivfraktur *f*

conmiseración [ko^{n}misera'θjon/ko^{m}misera'θjon] *f* Mitleid *nt*

conmistura [ko^{n}mis'tura/ko^{m}mis'tura] *f* (*mezcla*) Mixtur *f,* Gemisch *nt*

conmoción [ko^{n}mo'θjon/ko^{m}mo'θjon] *f* Erschütterung *f;* ~ **cerebral** Gehirnerschütterung *f*

conmocionar [ko^{n}moθjo'nar/ko^{m}moθjo'nar] **I.** *vt* erschüttern **II.** *vr:* ~**se** erschüttert sein

conmonitorio [ko^{n}moni'torjo/ko^{m}moni'torjo] *m* **1.** (*relación escrita*) Erinnerungsschreiben *nt* **2.** (JUR: *carta*) Denkschrift *f*

conmovedor(a) [ko^{n}moβe'ðor(a)/ko^{m}moβe'ðor(a)] *adj* **1.** (*conmocionando*) erschütternd **2.** (*sentimental*) rührend, ergreifend

conmover [ko^{n}mo'βer/ko^{m}mo'βer] <o→ue> **I.** *vt* **1.** (*emocionar*) bewegen; (*conmocionar*) erschüttern; (*enternecer*) rühren **2.** (*sacudir*) erschüttern **II.** *vr:* ~**se** **1.** (*emocionarse*) ergriffen sein; (*enternecerse*) gerührt sein; (*conmocionarse*) erschüttert sein **2.** (*sacudirse*) erschüttert werden

conmutabilidad [ko^{n}mutaβili'ða^{d}/ko^{m}mutaβili'ða^{d}] *f sin pl* Vertauschbarkeit *f;* **la ~ de los puestos de trabajo** die Möglichkeit des Arbeitsplatztausches

conmutable [ko^{n}mu'taβle/ko^{m}mu'taβle] *adj* **1.** (*permutable*) austauschbar **2.** (ELEC) (um)schaltbar

conmutación [ko^{n}muta'θjon/ko^{m}muta'θjon] *f* **1.** (*permuta*) Tausch *m;* ~ **de (la) pena** (JUR) Strafumwandlung *f* **2.** (LING) Kommutation *f* **3.** (INFOR) Vermittlung *f;* ~ **de bancos** Umschalten zwischen Speicherblöcken; ~ **de circuitos** Leitungsvermittlung *f;* ~ **de datos** Datenvermittlung *f*

conmutador [ko^{n}muta'ðor/ko^{m}muta'ðor] *m* **1.** (ELEC) Schalter *m;* ~ **de división en tiempo** (INFOR) Zeitscheibenschaltung *f;* ~ **de mensajes** (INFOR) Nachrichtenvermittlung *f* **2.** (*AmC, Arg, Col: centralita telefónica*) Telefonzentrale *f*

conmutar [ko^{n}mu'tar/ko^{m}mu'tar] *vt* **1.** (*cambiar*) tauschen; (*una pena*) umwandeln (*por* in +*akk*) **2.** (ELEC) umschalten; ~ **entre teléfono y fax** zwischen Telefon und Fax umschalten **3.** (*convalidar*) anrechnen

conmutatividad [ko^{n}mutatiβi'ða^{ð}/ko^{m}mutatiβi'ða^{ð}] *f sin pl* (*t.* MAT) Vertauschbarkeit *f*, Umstellbarkeit *f*

conmutativo, **-a** [ko^{n}muta'tiβo, -a/ko^{m}muta'tiβo, -a] *adj* (MAT) kommutativ

conmutatriz [ko^{n}muta'triθ/ko^{m}muta'triθ] *f* (ELEC) Stromwender *m*, Kommutator *m*

connato, **-a** [kon'nato, -a] *adj* (*elev*) zur gleichen Zeit geboren (*con* wie +*nom*)

connatural [konnatu'ral] *adj* angeboren

connaturalizar [konnaturali'θar] <z→c> **I.** *vt* gewöhnen (*con* an +*akk*) **II.** *vr:* **~se** sich gewöhnen (*con* an +*akk*)

connivencia [konni'βen̩θja] *f* **1.** (*t.* JUR: *tolerancia*) Nachsichtigkeit *f*, Konnivenz *f elev* **2.** (*confabulación*) Verschwörung *f*; **estar en ~ con alguien** mit jdm unter einer Decke stecken *fam*

connotación [konnota'θjon] *f* (LING) Konnotation *f*

connotar [konno'tar] *vt* (LING) implizieren

connotativo, **-a** [konnota'tiβo, -a] *adj* (LING) konnotativ

cono ['kono] *m* **1.** (*cuerpo geométrico*) Kegel *m*; **~ de luz** Lichtkegel *m*; **~ truncado** Kegelstumpf *m*; **C~ Sur** *Argentinien, Chile, Paraguay und Uruguay* **2.** (ANAT, BOT) Zapfen *m*

conocedor(a) [konoθe'ðor(a)] **I.** *adj* kundig (*de* +*gen*); **ser ~ de algo** etw *gen* kundig sein **II.** *m(f)* Kenner(in) *m(f)*

conocer [kono'θer] *irr como crecer* **I.** *vt* **1.** (*saber, tener trato*) kennen; **~ de nombre** dem Namen nach kennen; **~ de vista** vom Sehen kennen; **dar a ~** bekannt geben; **se conoce que...** (*fam*) es hat den Anschein, dass ..., es sieht so aus, als ob ...; **~ algo al dedillo** [*o* **palmo a palmo**] (*fam*) etw wie seine Westentasche kennen **2.** (*reconocer*) erkennen (*por/en* an +*dat*) **3.** (*descubrir*) kennen lernen; **mis padres quieren ~te** meine Eltern möchten dich kennen lernen **4.** (JUR) befinden (*de* über +*akk*), urteilen (*de* über +*akk*) **5.** (*advertir*) erkennen, sehen **6.** (*copular*) intim werden (mit +*dat*) **II.** *vi* sich auskennen (*de* mit +*dat*) **III.** *vr:* **~se 1.** (*tener trato*) sich kennen **2.** (*identificar*) sich wieder erkennen

conocible [kono'θiβle] *adj* erkennbar

conocido, **-a** [kono'θiðo, -a] **I.** *adj* bekannt **II.** *m, f* Bekannte(r) *mf*

conocimiento [konoθi'mjen̩to] *m* **1.** (*entendimiento*) Kenntnis *f* **2.** (*inteligencia*) Vernunft *f* **3.** (*consciencia*) Bewusstsein *nt*; **estar en pleno ~** bei vollem Bewusstsein sein **4.** *pl* (*nociones*) Kenntnisse *fpl* **5.** (*conocido*) Bekanntschaft *f* **6.** (COM: *de embarque*) Konnossement *nt*, Frachtbrief *m*; **~ aéreo** Luftfrachtbrief *m*

conoide [ko'noi̯ðe] *m* (MAT) Konoid *nt*

conopeo [kono'peo] *m* (REL) Konopeum *nt*

conque ['koŋke] *conj* (*fam*) also

conquense [koŋ'kense] **I.** *adj* aus Cuenca **II.** *mf* Einwohner(in) *m(f)* von Cuenca

conquiforme [koŋki'forme] *adj* muschelförmig

conquiliología [koŋkiljolo'xia] *f* (ZOOL) Konchyliologie *f*

conquista [koŋ'kista] *f* Eroberung *f*

conquistador(a) [koŋkista'ðor(a)] **I.** *adj* Eroberungs-; **guerra ~a** Eroberungskrieg *m* **II.** *m(f)* Eroberer, -in *m, f*; **~es (de las tierras americanas)** Konquistadoren *mpl*

conquistar [koŋkis'tar] *vt* erobern; **~ un mercado** einen Markt erobern [*o* erschließen]

consabido, **-a** [konsa'βiðo, -a] *adj* wohlbekannt, hinlänglich bekannt

consagración [konsaɣra'θjon] *f* **1.** (*bendición*) Weihe *f*; (*de la hostia*) Konsekration *f* **2.** (*dedicación*) Aufopferung *f* **3.** (*adquisición de fama*) Auszeichnung *f*

consagrar [konsa'ɣrar] **I.** *vt* **1.** (*bendecir*) heiligen, weihen; (*la hostia*) konsekrieren; **~ sacerdote a alguien** jdn zum Priester weihen **2.** (*dedicar*) widmen **3.** (*dedicar sacrificadamente*) opfern **4.** (*deificar*) vergöttern **5.** (*acreditar*) auszeichnen **II.** *vr:* **~se 1.** (*dedicarse*) sich verschreiben (*a* +*dat*) **2.** (*acreditarse*) sich auszeichnen

consanguíneo, **-a** [konsaŋ'gineo, -a] **I.** *adj* blutsverwandt **II.** *m, f* Blutsverwandte(r) *mf*

consanguinidad [konsaŋgini'ða^{ð}] *f* Blutsverwandtschaft *f*

consciencia [ko^{n}s'θjen̩θja] *f* (*t.* PSICO) Bewusstsein *nt*

consciente [ko^{n}s'θjen̩te] *adj* bewusst; **estar ~** bei Bewusstsein sein; **ser ~** (*meticuloso*) gewissenhaft sein; (*responsable*) vernünftig sein; **ser ~ de algo** sich *dat* etw *gen* bewusst sein

conscripción [ko^{n}skrip'θjon] *f* (*Arg: servicio militar*) Militärdienst *m*

conscripto [ko^{n}s'kripto] *m* (*AmS: quinto*) Rekrut *m*

consecución [konseku'θjon] *f* Erreichung *f*, Erlangung *f*

consecuencia [konse'kwen̩θja] *f* **1.** (*efecto*) Auswirkung *f*, Folge *f*, Konsequenz *f*; **a ~ de** infolge +*gen*; **en** [*o* **por**] **~** folglich; **sacar en ~** folgern **2.** (*coherencia*) Konsequenz *f*

consecuente [konse'kwen̩te] **I.** *adj* konsequent **II.** *m* **1.** (*conclusión*) Folgerung *f* **2.** (MAT) Ableitung *f* **3.** (LING) Anapher *f*

consecuentemente [konsekwen̩te'men̩te] *adv* folglich

consecutivamente [konsekutiβa'men̩te] *adv* nacheinander

consecutivo, **-a** [konseku'tiβo, -a] *adj* **1.** (*seguido*) aufeinander folgend; **tres días ~s** drei Tage hintereinander **2.** (LING) konsekutiv

conseguido, **-a** [konse'ɣiðo, -a] *adj* gelungen

conseguir [konse'ɣir] *irr como seguir vt* **1.** (*obtener*) erreichen, erlangen; **sin haber conseguido nada** unverrichteter Dinge

2. (*tener éxito*) gelingen; **consiguieron convencerme** es gelang ihnen mich zu überzeugen

conseja [kon'sexa] *f* (Ammen)märchen *nt*

consejera [konse'xera] *f v.* **consejero**

consejería [konsexe'ria] *f* Amt *nt* eines Ratsmitglieds; (*de una comunidad autónoma*) Ministeramt *nt*

consejero, **-a** [konse'xero, -a] *m, f* **1.** (*guía*) Berater(in) *m(f)*, Ratgeber(in) *m(f)*; **~ comercial** (COM) Handelsreferent *m*; **~ de marketing** (ECON) Marketingberater *m* **2.** (*miembro de un consejo*) Ratsmitglied *nt*, Rat *m*, Rätin *f*; **~ delegado** leitendes Verwaltungsratsmitglied; **~ de embajada** Botschaftsrat *m* **3.** (*ministro de un gobierno autonómico de España*) Minister(in) *m(f)*

consejo [kon'sexo] *m* **1.** (*recomendación*) Rat(schlag) *m*; **dar un ~ a alguien** jdm einen Rat geben; **entrar en ~** beratschlagen; **tomar ~ de alguien** sich von jdm beraten lassen; **nunca sigues mis ~s** du befolgst nie meinen Rat, du hörst nie auf mich **2.** (*organismo*) Rat *m*; **~ de administración** Verwaltungsrat *m*; **C~ del Atlántico Norte** Nordatlantikrat *m*; **~ consultivo** Beirat *m*; **C~ Económico y Social** Wirtschafts- und Sozialrat *m*; **C~ Europeo** Europäischer Rat; **C~ de Gobernadores** (UE) Gouverneursrat *m*; **C~ de Ministros** Ministerrat *m*; **~ rector** Vorstand *m*; **C~ de Seguridad de la ONU** Sicherheitsrat der UNO; **~ de supervisión** Aufsichtsrat *m* **3.** (*reunión*) Ratsversammlung *f* **4.** (*lugar de reunión*) Sitzungssaal *m*

conseller [konse'ʎer] *m* (*reg*) Minister *m* (*in der autonomen Regionalregierung*)

consellería [konseʎe'ria] *f* (*reg*) Ministeramt *nt* (*in der autonomen Regionalregierung*)

consenso [kon'senso] *m* Konsens *m*, Übereinstimmung *f*

consensual [konsensu'al] *adj* übereinstimmend, konsensuell

consensuar [konsensu'ar] <*1. pres:* consensúo> *vt* beschließen

consentido, **-a** [konsen̪'tiðo, -a] *adj* **1.** (*mimado*) verzogen, verwöhnt **2.** (*tolerante*) (überaus) duldsam, (zu) nachsichtig; **marido ~** gehörnter Ehemann

consentidor(a) [konsen̪ti'ðor(a)] *adj* nachsichtig

consentimiento [konsen̪ti'mjen̪to] *m* Zustimmung *f* (*para* zu *+dat*), Einwilligung *f* (*para* zu *+dat*), Einverständnis *nt* (*para* zu *+dat*); **dar el ~ para que...** *+subj* damit einverstanden sein, dass ...; **mis padres han dado el ~ para que nos casemos** meine Eltern haben ihr Einverständnis [*o* ihren Segen] zu unserer Heirat gegeben

consentir [konsen̪'tir] *irr como sentir* **I.** *vi* **1.** (*admitir*) zulassen, gestatten; (*tolerar*) dulden; **no ~é que...** *+subj* ich werde (es) nicht zulassen [*o* gestatten], dass ...; **~ en que...** *+subj* einwilligen, dass ... **2.** (*ceder*) nachgeben **II.** *vt* **1.** (*autorizar*) genehmigen; (*admitir*) erlauben, zulassen; (*tolerar*) dulden **2.** (*mimar*) verwöhnen **3.** (*aguantar*) zulassen

conserje [kon'serxe] *mf* Hausmeister(in) *m(f)*; (*en Francia*) Concierge *mf*

conserjería [konserxe'ria] *f* **1.** (*cargo*) Hausmeisterposten *m* **2.** (*oficina*) Hausmeisterloge *f*

conserva [kon'serβa] *f* **1.** (*enlatado*) Konserve *f*; **en ~** konserviert **2.** (*conservación*) Konservierung *f*, Haltbarmachung *f*

conservación [konserβa'θjon] *f* **1.** (*mantenimiento*) Erhaltung *f* **2.** (*guarda*) (Auf)bewahrung *f* **3.** (*conserva*) Konservierung *f*

conservacionismo [konserβaθjo'nismo] *m* Konservati(vi)smus *m*

conservador(a) [konserβa'ðor(a)] **I.** *adj* **1.** (*conservante*) erhaltend **2.** (*t.* POL: *tradicionalista*) konservativ **II.** *m(f)* **1.** (*guardador*) Konservator(in) *m(f)* **2.** (POL) Konservative(r) *mf*

conservaduría [konserβaðu'ria] *f* (*cargo*) Konservatorenamt *nt*

conservadurismo [konserβaðu'rismo] *m* *sin pl* (POL) Konservati(vi)smus *m*

conservante [konser'βan̪te] *m* Konservierungsmittel *nt*

conservar [konser'βar] **I.** *vt* **1.** (*mantener*) erhalten **2.** (*guardar*) (auf)bewahren **3.** (*guardar con esmero*) schonen **4.** (*hacer conservas*) konservieren **5.** (*continuar la práctica*) beibehalten **II.** *vr:* **~se** erhalten bleiben; (*mantenerse*) sich halten; **~se bien** sich gut halten; **con setenta años todavía se conserva bien** mit siebzig Jahren ist er/sie noch gut in Form, für seine/ihre siebzig Jahre hat er/sie sich gut gehalten

conservatorio[1] [konserβa'torjo] *m* Konservatorium *nt*

conservatorio, **-a**[2] [konserβa'torjo, -a] *adj* Konservierungs-

conservería [konserβe'ria] *f* (*técnica*) Konservenherstellung *f*

conservero, **-a** [konser'βero, -a] **I.** *adj* Konserven-; **industria conservera** Konservenindustrie *f* **II.** *m, f* Konservenfabrikant(in) *m(f)*

considerable [konsiðe'raβle] *adj* beachtlich, beträchtlich

considerablemente [konsiðeraβle'men̪te] *adv* deutlich, wesentlich

consideración [konsiðera'θjon] *f* **1.** (*reflexión*) Erwägung *f*, Überlegung *f*; **en ~ a** angesichts *+gen*, in Anbetracht *+gen*; **tomar** [*o* **tener**] **en ~** berücksichtigen **2.** (*respeto*) Achtung *f*, Respekt *m*; **de ~** beachtlich; **falta de ~** Respektlosigkeit *f* **3.** (*opinión*) Ansehen *nt*

considerado, **-a** [konsiðe'raðo, -a] *adj* **1.** (*tener en cuenta*) berücksichtigt **2.** (*apreciado*) angesehen **3.** (*atento*) rücksichtsvoll

considerando [konsiðe'ran̪do] *m* (JUR) Urteilsbegründung *f*

considerar [konsiðe'rar] **I.** *vt* **1.** (*reflexio-*

nar) erwägen, überdenken **2.** (*juzgar*) halten (für +*akk*), betrachten (als +*akk*) **3.** (*apreciar*) achten, respektieren **II.** *vr:* ~**se** sich halten (für +*akk*)

consigna [kon'siɣna] *f* **1.** (MIL) Losung *f* **2.** (POL) Weisung *f* **3.** (*depósito de equipajes*) Gepäckaufbewahrung *f*

consignación [konsiɣna'θjon] *f* **1.** (*asignación*) Anweisung *f* **2.** (*protocolo*) Niederschrift *f* **3.** (COM) Konsignation *f* **4.** (JUR) gerichtliche Hinterlegung *f*

consignar [konsiɣ'nar] *vt* **1.** (*asignar*) anweisen; ~ **en el presupuesto** in den Haushaltsplan einsetzen **2.** (*protocolar*) (schriftlich) niederlegen **3.** (*poner en depósito*) zur Aufbewahrung geben **4.** (COM) konsignieren **5.** (JUR) gerichtlich hinterlegen

consignatario, **-a** [konsiɣna'tarjo, -a] *m, f* **1.** (*destinatario*) Empfänger(in) *m(f)* **2.** (*depositario*) Verwahrer(in) *m(f)* **3.** (*representante de un armador*) Schiffsagent(in) *m(f)*

consigo [kon'siɣo] *pron pers* mit sich *dat*, bei sich *dat*; **a veces habla ~ mismo** manchmal spricht er mit sich selbst; **siempre lleva un libro ~** er/sie hat immer ein Buch bei sich [*o* dabei]

consiguiente [konsi'ɣjeṇte] **I.** *adj* dementsprechend, sich (daraus) ergebend, daraus folgend; **por ~** folglich **II.** *m* (LING) Anapher *f*

consiguientemente [konsiɣjeṇte'meṇte] *adv* folglich

consiliario, **-a** [konsi'ljarjo, -a] *m, f* Berater(in) *m(f)*

consistencia [konsis'teṇθja] *f* Konsistenz *f*

consistente [konsis'teṇte] *adj* konsistent

consistir [konsis'tir] *vi* **1.** (*componerse*) bestehen (*en* aus +*dat*) **2.** (*ser*) bestehen (*en* in +*dat*); **mi trabajo consiste en catalogar libros** meine Arbeit besteht darin, Bücher zu katalogisieren **3.** (*radicar*) beruhen (*en* auf +*dat*)

consistorial [konsisto'rjal] *adj* **1.** (REL) konsistorial **2.** (ADMIN, POL) Gemeinderats-; **decisión ~** Gemeinderatsbeschluss *m;* **casa ~** Rathaus *nt*

consistorio [konsis'torjo] *m* **1.** (REL) Konsistorium *nt* **2.** (*reg:* ADMIN, POL) Gemeinderat *m*

consocio, **-a** [kon'soθjo, -a] *m, f* Mitgesellschafter(in) *m(f);* (*copropietario*) Mitinhaber(in) *m(f)*

consola [kon'sola] *f* **1.** (*mesa*) Konsole *f* **2.** (ELEC) Schalttafel *f* **3.** (INFOR) Konsole *f*

consolación [konsola'θjon] *f* Trost *m;* **premio de ~** Trostpreis *m*

consolador[1] [konsola'ðor] *m* (*argot*) Vibrator *m*

consolador(a)[2] [konsola'ðor(a)] *adj* tröstlich

consolar [konso'lar] <o→ue> **I.** *vt* trösten **II.** *vr:* ~**se** sich trösten (*con* mit +*dat*)

consolidación [konsoliða'θjon] *f* **1.** (*intensificación*) Festigung *f*, Konsolidierung *f* **2.** (*robustecimiento*) Verstärkung *f* **3.** (ECON) Konsolidation *f*, Konsolidierung *f*

consolidar [konsoli'ðar] **I.** *vt* **1.** (*intensificar*) festigen, konsolidieren **2.** (*robustecer*) verstärken **3.** (ECON) konsolidieren **II.** *vr:* ~**se** sich festigen

consomé [konso'me] *m* Consommé *f o nt*, Bouillon *f*

consonancia [konso'naṇθja] *f* **1.** (*rima*) (End)reim *m;* **tener ~** sich reimen **2.** (*armonía*) Gleichklang *m*, Harmonie *f;* **en ~ con** in Einklang mit +*dat* **3.** (MÚS) Konsonanz *f*

consonante [konso'naṇte] **I.** *adj* **1.** (*que rima*) (sich) reimend; **ser ~ con** sich reimen mit +*dat* **2.** (*armonioso*) übereinstimmend **3.** (MÚS) konsonant **II.** *f* (LING) Konsonant *m*, Mitlaut *m*

consonántico, **-a** [konso'naṇtiko, -a] *adj* (LING) konsonantisch

consonantismo [konsonaṇ'tismo] *m* (LING) Konsonantenbestand *m*, Konsonantismus *m*

consonantizar [konsonaṇti'θar] <z→c> *vt* (LING) konsonantisieren

consonar [konso'nar] <o→ue> *vi* **1.** (MÚS: *elev*) harmonieren **2.** (*rimar*) sich reimen

cónsono, **-a** ['konsono, -a] *adj* (*t.* MÚS: *elev*) harmonisch

consorcio [kon'sorθjo] *m* **1.** (*participación conjunta*) Gemeinschaft *f* **2.** (ECON) Konsortium *nt;* ~ **bancario** Bankenkonsortium *nt;* ~ **financiero** Finanzkonsortium *nt* **3.** (*matrimonio*) (eheliche) Lebensgemeinschaft *f*

consorte [kon'sorte] *mf* **1.** (*partícipe*) Partner(in) *m(f)* **2.** (*cónyuge*) Ehegatte, -in *m, f* **3.** (JUR) Komplize, -in *m, f* **4.** (*pey argot: compinche*) Konsorte, -in *m, f*

conspicuo, **-a** [koⁿs'pikwo, -a] *adj* **1.** (*ilustre*) namhaft, berühmt **2.** (*obvio*) augenfällig

conspiración [koⁿspira'θjon] *f* Verschwörung *f*, Konspiration *f*

conspirador(a) [koⁿspira'ðor(a)] *m(f)* Verschwörer(in) *m(f)*

conspirar [koⁿspi'rar] *vi* **1.** (*conjurar*) konspirieren, sich verschwören **2.** (*intrigar*) intrigieren **3.** (*contribuir*) mitwirken (*a* bei +*dat*), beitragen (*a* zu +*dat*)

conspirativo, **-a** [koⁿspira'tiβo, -a] *adj* konspirativ

constancia [koⁿs'taṇθja] *f* **1.** (*firmeza*) Beständigkeit *f*, Konstanz *f* **2.** (*perseverancia*) Ausdauer *f*, Beharrlichkeit *f* **3.** (*certeza*) Gewissheit *f;* **tener ~ de que...** die Gewissheit haben, dass ... **4.** (*noticia*) Vermerk *m;* **dejar ~ de algo** etw vermerken

constante [koⁿs'taṇte] **I.** *adj* konstant (*en* in +*dat*), beständig (*en* in +*dat*) **II.** *f* (*t.* FÍS, MAT) Konstante *f*

Constanza [koⁿs'taṇθa] *f* Konstanz *nt;* **Lago de ~** Bodensee *m*

constar [koⁿs'tar] *vi* **1.** (*ser cierto*) feststehen; **me consta que...** für mich steht fest, dass ...; **que conste que...** es sei (hiermit) festgestellt, dass ... **2.** (*figurar*) aufgeführt sein; ~ **por escrito** schriftlich dokumentiert sein; **hacer ~ algo** etw bekunden **3.** (*componerse*) bestehen (*de* aus +*dat*)

constatación [koⁿstata'θjon] *f* Bestätigung *f*

constatar [koⁿsta'tar] *vt* bestätigen

constelación [koⁿstela'θjon] *f* **1.** (*conjunto de estrellas*) Sternbild *nt* **2.** (*grupo de famosos*) Aufgebot *nt* **3.** (ASTR) Konstellation *f*

consternación [koⁿsterna'θjon] *f* Bestürzung *f*

consternar [koⁿster'nar] **I.** *vt* bestürzen, konsternieren *elev* **II.** *vr:* ~**se** bestürzt sein

constipación [koⁿstipa'θjon] *f* (MED) **1.** (*catarro*) Atemwegskatarrh *m* **2.** (*estreñimiento*) Verstopfung *f*, Konstipation *f*

constipado [koⁿsti'paðo] *m* Erkältung *f;* ~ **nasal** Schnupfen *m*

constipar [koⁿsti'par] **I.** *vt* verstopfen **II.** *vr:* ~**se** sich erkälten

constitución [koⁿstitu'θjon] *f* **1.** (*formación*) Bildung *f* **2.** (*establecimiento*) Gründung *f* **3.** (*designación*) Einsetzung *f* **4.** (*composición*) Zusammensetzung *f* **5.** (*complexión*) Konstitution *f* **6.** (*estatuto*) Verfassung *f*

constitucional [koⁿstituθjo'nal] *adj* (JUR, POL) konstitutionell, Verfassungs-; **monarquía** ~ konstitutionelle Monarchie; **política** ~ Verfassungspolitik *f*

constitucionalidad [koⁿstituθjonali'ðaᵈ] *f* Verfassungsmäßigkeit *f*

constitucionalismo [koⁿstituθjona'lismo] *m sin pl* **1.** (JUR, POL) Konstitutionalismus *m* **2.** (POL: *régimen*) Verfassungsordnung *f*

constitucionalista [koⁿstituθjona'lista] **I.** *mf* (JUR, POL) Verfassungsexperte, -in *m, f* **II.** *adj* (JUR, POL) Verfassungs-

constitucionalizar [koⁿstituθjonali'θar] <z→c> *vt* (JUR, POL) in die Verfassung aufnehmen, verfassungsmäßig regeln

constituir [koⁿstitu'ir] *irr como huir* **I.** *vt* **1.** (*formar*) bilden **2.** (*ser*) darstellen **3.** (*establecer*) gründen **4.** (*designar*) einsetzen (*en* als +*akk*) **II.** *vr:* ~**se** auftreten (*en/por* als +*nom*)

constitutivo, **-a** [koⁿstitu'tiβo, -a] *adj* wesentlich, grundlegend

constituyente [koⁿstitu'ɟeṇte] **I.** *adj* **1.** (*que constituye*) konstituierend; **asamblea** ~ (POL) verfassungsgebende Versammlung **2.** (*esencial*) wesentlich, grundlegend, konstitutiv **II.** *m* Mitglied *nt* der verfassungsgebenden Versammlung

constreñimiento [koⁿstreɲi'mjeṇto] *m* Zwang *m*, Nötigung *f*

constreñir [koⁿstre'ɲir] *irr como ceñir vt* **1.** (*obligar*) zwingen (*a* zu +*dat*), nötigen (*a* zu +*dat*); **su situación económica la constriñó a aceptar ese empleo** aufgrund [*o* auf Grund] ihrer finanziellen Lage war sie gezwungen diese Arbeit anzunehmen **2.** (MED) zusammenschnüren, konstringieren **3.** (*cohibir*) hemmen, einschränken; **las reglas rígidas constriñen la imaginación** strenge Regeln schränken die Fantasie ein

constricción [koⁿstriᵞ'θjon] *f* **1.** (*obligación*) Zwang *m* **2.** (MED) Konstriktion *f;* (*venas*) Abschnürung *f* **3.** (*cohibición*) Hemmung *f*, Einschränkung *f*

constrictivo, **-a** [koⁿstrik'tiβo, -a] *adj* (*que aprieta*) beengend; (MED) verengend

constrictor(**a**) [koⁿstrik'tor(a)] *adj* zusammenschnürend; (**músculo**) ~ (ANAT) Konstriktor *m*, Schließmuskel *m;* **boa** ~ (ZOOL) Boa *f* Constrictor

constringente [koⁿstriŋ'xeṇte] *adj* beschränkend, einengend

construcción [koⁿstruᵞ'θjon] *f* **1.** (*acción*) Bau *m;* (*arte*) Baukunst *f;* ~ **de maquinaria/metálica/naval/de viviendas** Maschinen-/Stahl-/Schiffs-/Wohnungsbau *m;* **materiales de** ~ Baustoffe *mpl;* **plazo de** ~ Bauzeit *f;* **el polideportivo está en** ~ die Sporthalle ist in [*o* im] Bau **2.** (*sector*) Bauwesen *nt* **3.** (*edificio*) Gebäude *nt;* ~ **adicional** [*o* **aneja**] Anbau *m* **4.** (LING: *estructura*) Satzbau *m*, Satzbildung *f;* (*palabras*) Konstruktion *f*

constructivismo [koⁿstrukti'βismo] *m sin pl* (ARTE, MÚS) Konstruktivismus *m*

constructivista [koⁿstrukti'βista] **I.** *adj* (ARTE, MÚS) konstruktivistisch **II.** *mf* (ARTE, MÚS) Konstruktivist(in) *m(f)*

constructivo, **-a** [koⁿstruk'tiβo, -a] *adj* aufbauend, konstruktiv; **crítica constructiva** konstruktive Kritik

constructor(**a**) [koⁿstruk'tor(a)] **I.** *adj* Bau-; **empresa** ~**a** Bauunternehmen *nt* **II.** *m(f)* Bauunternehmer(in) *m(f);* ~ **de carreteras** Straßenbauer *m*

construir [koⁿstru'ir] *irr como huir vt* **1.** (*casa*) bauen; (*erigir*) errichten; (*producir*) herstellen **2.** (LING) bilden; **en este caso el verbo se construye en subjuntivo** in diesem Fall wird das Verb im Konjunktiv gebildet

consu(**b**)**stancial** [konsu⁽ᵝ⁾staṇ'θjal] *adj* **1.** (*connatural*) eigen; **la inteligencia es ~ al hombre** die Intelligenz ist dem Menschen eigen **2.** (REL) wesensgleich

consu(**b**)**stancialidad** [konsu⁽ᵝ⁾staṇθjali'ðaᵈ] *f sin pl* (REL) *Wesenseinheit Gottvaters und des Sohnes*

consuegro, **-a** [kon'sweɣro, -a] *m, f* (*del yerno*) Vater *m*/Mutter *f* des Schwiegersohnes; (*de la nuera*) Vater *m*/Mutter *f* der Schwiegertochter

consuelda [kon'sweḷda] *f* (BOT) Beinwell *m*, Comfrey *m*

consuelo [kon'swelo] *m* Trost *m;* (*alivio*) Erleichterung *f*

consueta [kon'sweta] *mf* (TEAT: *apuntador*) Souffleur *m*, Souffleuse *f*

consuetas [kon'swetas] *fpl* (REL) Fürbitten *fpl*

consuetudinario, **-a** [konswetuði'narjo, -a] *adj* gewohnheitsmäßig; **derecho** ~ (JUR) Gewohnheitsrecht *nt*

cónsul ['konsul] *mf* (HIST, POL) Konsul(in) *m(f)*; ~ **honorario** [*o* **honorífico**] Honorarkonsul *m*

consulado [konsu'laðo] *m* Konsulat *nt*

consular [konsu'lar] *adj* Konsulats-, konsularisch

consulta [kon'sul̪ta] *f* **1.** (*de un médico*) Praxis *f*; **hora de** ~ Sprechstunde *f*; **la ginecóloga tiene ~ de 4 a 6 de la tarde** die Frauenärztin hat von 16 bis 18 Uhr Sprechstunde **2.** (*asesoramiento*) Beratung *f*; ~ **popular** (POL) Volksbefragung *f*; **obra de** ~ Nachschlagewerk *nt*; **quisiera hacerle una** ~ ich würde mich gern beraten lassen

consultación [konsul̪ta'θjon] *f* Beratung *f*

consultante [konsul̪'tan̪te] *mf* Ratsuchende(r) *mf*

consultar [konsul̪'tar] *vt* **1.** (*aconsejarse*) um Rat fragen, sich beraten lassen (von +*dat*); **voy a ~ el problema con mi abogado, voy a ~ a mi abogado sobre el problema** ich werde mich mit meinem Anwalt beraten; ~ **con la almohada** überschlafen **2.** (*libro*) nachschlagen (in +*dat*); ~ **el atlas** im Atlas nachschlagen

consulting [kon'sul̪tiŋ] *m* <consultings> (*t.* ECON) Consulting *nt*, Beratung *f*

consultivo, **-a** [konsul̪'tiβo, -a] *adj* beratend, konsultativ; **comité** ~ beratender Ausschuss; **voto** ~ beratende Stimme

consultor(a) [konsul̪'tor(a)] **I.** *adj* beratend; (**empresa**) ~**a** Consultingfirma *f* **II.** *m(f)* Berater(in) *m(f)*; (*experto*) Gutachter(in) *m(f)*; ~ **de empresas** (ECON) Unternehmensberater *m*; ~ **de marketing** (ECON) Marketingberater *m*

consultoría [konsul̪to'ria] *f* Beratungsstelle *f*; (*empresa*) Beratungsfirma *f*, Consultingfirma *f*

consultorio [konsul̪'torjo] *m* **1.** (*establecimiento*) Beratungsstelle *f*; (*de un médico*) (Arzt)praxis *f* **2.** (*en la radio*) Fragestunde *f*

consumación [konsuma'θjon] *f sin pl* Vollendung *f*; **la ~ del matrimonio** (JUR) der Vollzug der Ehe; **la ~ de los siglos** (REL) das Ende der Welt

consumado, **-a** [konsu'maðo, -a] *adj* vollendet, vollkommen; **matrimonio** ~ (JUR) vollzogene Ehe; **es un bailarín** ~ er ist ein vollendeter Tänzer

consumar [konsu'mar] *vt* vollenden; ~ **un crimen** ein Verbrechen begehen; ~ **el matrimonio** (JUR) die Ehe vollziehen; ~ **un sacrificio** ein Opfer darbringen

consumible [konsu'miβle] *adj* (*que puede ser consumido*) für den Verbrauch bestimmt, Verbrauchs-

consumición [konsumi'θjon] *f* **1.** (*bar*) Verzehr *m*; **¿has pagado las consumiciones?** hast du bezahlt? **2.** (*agotamiento*) Verbrauch *m*

consumido, **-a** [konsu'miðo, -a] *adj* (*flaco*) mager; **la tiene consumida con sus mentiras** seine/ihre Lügerei hat sie fertig gemacht

consumidor(a) [konsumi'ðor(a)] *m(f)* Verbraucher(in) *m(f)*; (*cliente*) Gast *m*; **asociación de ~es** Verbraucherverband *m*; ~ **final** Endverbraucher *m*; ~ **en gran escala** Großverbraucher *m*; **Índice de Precios al C~** Verbraucherpreisindex *m*

consumir [konsu'mir] **I.** *vt* **1.** (*gastar*) verbrauchen **2.** (*acabar*) aufbrauchen; (*derrochar*) verprassen **3.** (*comer*) verzehren, essen **4.** (*destruir*) vernichten **5.** (*afligir*) quälen; **la espera me consume** die Warterei macht mich wahnsinnig **II.** *vi* (REL) den Kelch leeren **III.** *vr*: ~**se 1.** (*persona*) sich verzehren, sich quälen; ~**se con la enfermedad** von der Krankheit ausgezehrt werden **2.** (*gastarse*) ausgehen, zu Ende gehen; (*velas*) ausbrennen; **se ha consumido el agua** das Wasser ist verdampft

consumismo [konsu'mismo] *m sin pl* (übertriebenes) Konsumverhalten *nt*

consumista [konsu'mista] *mf* nur auf Konsum ausgerichteter Mensch *m*

consumo [kon'sumo] *m* **1.** (*gasto*) Verbrauch *m*, Konsum *m*; ~ **per cápita** Pro-Kopf-Verbrauch *m*; ~ **doméstico** [*o* **propio**] Eigenverbrauch *m*; ~ **de drogas** Drogenkonsum *m*; ~ **de energía** Energieverbrauch *m*; ~ **de gran escala** Massenkonsum *m*; ~ **privado** Privatverbrauch *m*; **bienes de** ~ Konsumgüter *ntpl*, Verbrauchsgüter *ntpl*; **sociedad de** ~ Konsumgesellschaft *f* **2.** *pl* (FIN) Verbrauchssteuer *f*

consunción [konsun̪'θjon] *f sin pl* Auszehrung *f*

consuntivo, **-a** [konsun̪'tiβo, -a] *adj* (*que consume*) verbrauchend, aufzehrend; (*enfermedad*) (aus)zehrend

consustancial [konsustan̪'θjal] *adj v.* **consu(b)stancial**

consustancialidad [konsustan̪θjali'ðað] *f sin pl* (REL) *v.* **consu(b)stancialidad**

contabilidad [kon̪taβili'ðað] *f* Buchhaltung *f*, Buchführung *f*; ~ **de costes** Betriebsbuchhaltung *f*, Kostenrechnung *f*; ~ **financiera** Finanzbuchhaltung *f*; ~ **fiscal** Steuerbuchhaltung *f*; ~ **de gestión** betriebliche Rechnungsprüfung; ~ **nacional** volkswirtschaftliche Gesamtrechnung; ~ **por partida doble** doppelte Buchführung; **departamento de** ~ Buchhaltung(sabteilung) *f*; **llevar la** ~ die Buchhaltung machen

contabilización [kon̪taβiliθa'θjon] *f* Buchführung *f*, Verbuchung *f*

contabilizar [kon̪taβili'θar] <z→c> *vt* buchen, verbuchen; ~ **al debe** auf der Sollseite buchen; ~ **al haber** auf der Habenseite buchen

contable [kon̪'taβle] **I.** *adj* **1.** (*que se puede contar*) zählbar **2.** (FIN) buchungstechnisch; **experto** ~ Wirtschaftsprüfer *m*, Rechnungsprüfer *m*; **saldo** ~ Rechnungssaldo *m*; **por motivos ~s** aus buchungstechnischen Gründen **II.** *mf* Buchhalter(in) *m(f)*

contactar [kon̪tak'tar] *vi, vt* Kontakt aufnehmen (*con/a* mit +*dat*), sich in Verbindung setzen (*con/a* mit +*dat*)

contacto [kon̪'takto] *m* **1.** (*tacto*) Berührung *f*, Kontakt *m* **2.** (*relación*) Verbindung *f*, Kontakt *m;* **entrar** [*o* **ponerse**] **en** ~ **con alguien/algo** sich mit jdm/etw *dat* in Verbindung setzen, mit jdm/etw *dat* Kontakt aufnehmen; **estar en** ~ **con alguien/algo** Verbindung mit jdm/etw *dat* haben, mit jdm/etw *dat* in Kontakt stehen; **perder el** ~ **con alguien/algo** den Kontakt zu jdm/etw *dat* verlieren; **tengo poco** ~ **con mi familia** ich habe wenig Kontakt zu meiner Familie **3.** (ELEC) Kontakt *m;* ~ **flojo** [*o* **intermitente**] Wackelkontakt *m;* ~ **a tierra** Erdschluss *m* **4.** (*persona*) Kontaktperson *f* **5.** (FOTO) Positiv *nt*

contactología [kon̪taktolo'xia] *f sin pl* **1.** (*técnica*) Kontaktlinsenherstellung *f* **2.** (COM) Kontaktlinsenindustrie *f*

contactólogo, -a [kon̪tak'toloɣo, -a] *m, f* Kontaktlinsenspezialist(in) *m(f)*

contado[1] [kon̪'taðo] *m:* **al** ~ bar; **pagar al** ~ bar (be)zahlen; **precio al** ~ Barpreis *m*

contado, -a[2] [kon̪'taðo, -a] *adj v.* **contados**

contador [kon̪ta'ðor] *m* **1.** (*del agua, de la luz*) Zähler *m*, Messgerät *nt;* ~ **del agua** Wasserzähler *m*, Wasseruhr *f;* ~ **del gas** Gasmesser *m;* ~ **de la luz** Stromzähler *m;* ~ **de revoluciones** Drehzahlmesser *m* **2.** (*contable*) Buchhalter *m* **3.** (INFOR) Zähler *m;* ~ **de datos** Datenzähler *m;* ~ **de programa** Programmzähler *m;* ~ **de tarjetas** Kartenzähler *m*

contados, -as [kon̪'taðos, -as] *adj* (*raro*) selten; **nos vemos en contadas ocasiones** wir sehen uns selten; **tiene los días** ~ seine/ihre Tage sind gezählt

contaduría [kon̪taðu'ria] *f* **1.** (*oficio*) Buchhaltung *f* **2.** (*oficina*) Buchhaltung(sabteilung) *f;* (*para otras instituciones*) Rechnungsamt *nt* **3.** (CINE, TEAT: *taquilla*) Vorverkaufsstelle *f*

contagiar [kon̪ta'xjar] **I.** *vt* anstecken (*con/por* durch +*akk*); **me ha contagiado la varicela** er/sie hat mich mit den Windpocken angesteckt **II.** *vr:* ~**se** sich anstecken (*de* mit +*dat, con/por* durch +*akk*)

contagio [kon̪'taxjo] *m* Ansteckung *f;* (*transmisión*) Übertragung *f*

contagioso, -a [kon̪ta'xjoso, -a] *adj* ansteckend

container [kon̪'teiner] <containers> *m* (*contenedor*) Container *m*

contaminación [kon̪tamina'θjon] *f* Verseuchung *f;* ~ **del aire** [*o* **atmosférica**] Luftverschmutzung *f;* ~ **ambiental** Umweltverschmutzung *f;* ~ **radiactiva** radioaktive Verseuchung

contaminador(a) [kon̪tamina'ðor(a)] *adj* (umwelt)verschmutzend

contaminante [kon̪tami'nan̪te] **I.** *adj* umweltverschmutzend **II.** *m* Schadstoff *m*

contaminar [kon̪tami'nar] **I.** *vt* **1.** (*infestar*) verseuchen, verschmutzen **2.** (*contagiar*) anstecken; **me has contaminado de tu pereza** du hast mich mit deiner Faulheit angesteckt **3.** (*empeorar, pervertir*) verderben **II.** *vr:* ~**se** **1.** (*infectarse*) verseucht werden, verschmutzen; **el agua se contaminó de radiactividad** das Wasser wurde radioaktiv verseucht **2.** (*contagiarse*) sich anstecken **3.** (*corromperse*) verderben; (*costumbres*) verfallen

contango [kon̪'taŋgo] *m* (ECON) Report *m*, Kursaufschlag *m*

contante [kon̪'tan̪te] *adj* bar; **pagar en dinero** ~ **y sonante** mit klingender Münze bezahlen

contar [kon̪'tar] <o→ue> **I.** *vi* **1.** (*hacer cuentas*) zählen; ~ **con los dedos** mit den Fingern zählen; **cuento hasta tres** ich zähle bis drei; **nueve días a** ~ **desde hoy** neun Tage von heute an **2.** (*importar, valer*) zählen, wichtig sein, gelten; **eso no cuenta** das zählt [*o* gilt] nicht; **para él lo que cuenta es el dinero** für ihn zählt nur das Geld **3.** (*con 'con': confiar*) zählen (*con* auf +*akk*), rechnen (*con* auf +*akk*), sich verlassen (*con* auf +*akk*); **puedes** ~ **conmigo** du kannst dich auf mich verlassen; **no puedes** ~ **con él** auf ihn kannst du nicht zählen **4.** (*con 'con': tener en cuenta*) rechnen (*con* mit +*dat*); **cuento con un buen resultado** ich rechne mit einem guten Ergebnis; **¿puedo** ~ **con vosotros para la fiesta?** kann ich damit rechnen, dass ihr auf die Party kommt?; **no** ~ **con la huéspeda** (*fam*) die Rechnung ohne den Wirt machen **II.** *vt* **1.** (*numerar*) zählen; **contamos los coches que pasan** wir zählen die vorbeifahrenden Autos; ~ **las ovejas** (*fam*) Schäfchen zählen **2.** (*calcular*) (be)rechnen **3.** (*narrar*) erzählen; ~ **un cuento** eine Geschichte erzählen; **¿qué me cuentas?** was sagst du dazu?; **¿qué cuentas?/¿qué cuenta Ud.?** (*saludo*) hallo, was gibt's Neues?; **¡eso cuéntaselo a tu abuela** [*o* **tía**]**!** (*fam*) das kannst du deiner Großmutter erzählen! **4.** (*incluir*) zählen (*entre* zu +*dat*); **te cuento entre mis mejores amigos** ich zähle dich zu meinen besten Freunden **5.** (*tener en cuenta*) bedenken; **y cuenta que eso no es todo** und bedenke, dass das noch nicht alles ist **6.** (*cantidad determinada*) haben, zählen *elev;* ~ **muchos/pocos años** sehr alt/nicht sehr alt sein; **la ciudad cuenta más de 200.000 habitantes** die Stadt hat [*o* zählt] über 200.000 Einwohner **III.** *vr:* ~**se** (sich) zählen (*entre* zu +*dat*); **Madrid se cuenta entre las ciudades más interesantes de Europa** Madrid zählt zu den interessantesten Städten Europas; **se puede** ~ **entre los actores mejor pagados de la actualidad** er kann sich zu den bestbezahlten Schauspielern der Gegenwart zählen

contemperar [kon̪tempe'rar] *vt* **1.** (*aplacar*) besänftigen, mildern **2.** (*acompasar*) anpassen (*con* an +*akk*)

C

contemplación [kon̪templa'θjon] *f* 1. (*observación*) Betrachtung *f;* (*espiritual*) Kontemplation *f elev* 2. (REL) Kontemplation *f,* Versenkung *f* 3. *pl* (*miramientos*) Rücksicht *f;* **ya sabes que él no se anda con muchas contemplaciones** du weißt, dass er nicht sehr rücksichtsvoll ist

contemplar [kon̪tem'plar] *vt* 1. (*mirar*) betrachten, anschauen 2. (*considerar*) berücksichtigen 3. (*complacer*) zuvorkommend behandeln 4. (REL) meditieren (über +*akk*)

contemplativo, -a [kon̪templa'tiβo, -a] *adj* 1. (*meditativo, inactivo*) beschaulich, besinnlich, kontemplativ *elev;* **lleva una vida contemplativa** er/sie führt ein beschauliches Leben 2. (*complaciente*) zuvorkommend, rücksichtsvoll

contemporaneidad [kon̪temporanei̯'ðaᵈ] *f sin pl* 1. (*coincidencia temporal*) Gleichzeitigkeit *f,* gleichzeitiges Auftreten *nt;* **las investigaciones confirmaron la ~ de las dos momias** die Forschungen bestätigten, dass die Mumien aus derselben Zeit stammten 2. (*actualidad*) Gegenwart *f,* Aktualität *f*

contemporáneo, -a [kon̪tempo'raneo, -a] I. *adj* zeitgenössisch II. *m, f* Zeitgenosse, -in *m, f*

contemporización [kon̪temporiθa'θjon] *f* Taktieren *nt;* (*transigencia*) Kompromissbereitschaft *f*

contemporizador(a) [kon̪temporiθa'ðor(a)] I. *adj* (*transigente*) nachgiebig; (*amoldado*) angepasst; (*capaz de amoldarse*) anpassungsfähig II. *m(f)* Anpasser(in) *m(f) pey*

contemporizar [kon̪tempori'θar] <z→c> *vi* (*amoldarse*) sich anpassen (*con* +*dat*), sich richten (*con* nach +*dat*); (*transigir*) sich fügen (*con* +*dat*); **no me queda más remedio que ~ con él** ich muss ihn wohl ertragen

contención [kon̪ten̪'θjon] *f* 1. (*moderación*) Beherrschung *f,* Mäßigung *f* 2. (ARQUIT): **muro de ~** Stützmauer *f*

contencioso, -a [kon̪ten̪'θjoso, -a] *adj* streitsüchtig; **recurso ~ administrativo** (JUR) Verwaltungsstreitverfahren *nt*

contender [kon̪ten̪'der] <e→ie> *vi* (*luchar*) kämpfen (*por* um +*akk, contra* gegen +*akk*); (*discutir*) streiten (*sobre* über +*akk*)

contendiente [kon̪ten̪'djen̪te] *mf* Gegner(in) *m(f),* Herausforderer, -in *m, f*

contenedor [kon̪tene'ðor] *m* Container *m;* (*de basura*) Mülltonne *f,* Müllcontainer *m;* **~ especial** Sammelcontainer *m;* **terminal de ~es** Containerterminal *m*

contener [kon̪te'ner] *irr como tener* I. *vt* 1. (*encerrar*) enthalten, beinhalten; **¿qué contiene esta caja?** was ist in dieser Schachtel?; **este libro contiene muchas informaciones** dieses Buch enthält eine Menge Informationen 2. (*refrenar*) zurückhalten; (*sentimientos*) unterdrücken, im Zaum halten *elev;* (*sangre*) stillen; (*respiración*) anhalten II. *vr:* **~se** sich beherrschen

contenido¹ [kon̪te'niðo] *m* 1. (*incluido, significado*) Inhalt *m;* **~ del contrato** Vertragsinhalt *m* 2. (*concentración*) Gehalt *m;* **~ en vitaminas** Vitamingehalt *m*

contenido, -a² [kon̪te'niðo, -a] *adj* (*sentimientos*) gemäßigt; (*persona*) zurückhaltend

contentadizo, -a [kon̪ten̪ta'ðiθo, -a] *adj* genügsam, leicht zufrieden zu stellen; **mal ~** schwer zufrieden zu stellen

contentamiento [kon̪ten̪ta'mjen̪to] *m* Freude *f,* Zufriedenheit *f*

contentar [kon̪ten̪'tar] I. *vt* erfreuen, zufrieden stellen; **~ a alguien con algo** jdm mit etw *dat* eine Freude machen [*o* bereiten] II. *vr:* **~se** sich begnügen (*con* mit +*dat*); **se contentó con un caramelo** er/sie gab sich mit einem Bonbon zufrieden

contentivo¹ [kon̪ten̪'tiβo] *m* (MED) Verband *m;* (*venda*) Binde *f;* (*gasa*) Verbandmull *m*

contentivo, -a² [kon̪ten̪'tiβo, -a] *adj* 1. (*elev: que contiene*) enthaltend 2. (MED) Verband-; (*hemostático*) blutstillend

contento¹ [kon̪'ten̪to] *m* 1. (*satisfacción*) Zufriedenheit *f;* **ser de buen/mal ~** leicht/schwer zufrieden zu stellen sein 2. (*alegría*) Freude *f*

contento, -a² [kon̪'ten̪to, -a] *adj* 1. (*alegre*) froh, fröhlich; **no caber de ~** vor Freude außer sich *dat* sein 2. (*satisfecho*) zufrieden; **darse por ~** sich zufrieden geben; **estoy muy ~ con mi coche** ich bin sehr zufrieden mit meinem Auto

contera [kon̪'tera] *f* (*de un bastón*) Zwinge *f;* (*de un bolígrafo*) Hülle *f;* **y por ~** und obendrein

contero [kon̪'tero] *m* (ARQUIT) Perlstab *m,* Astragal(us) *m*

contertulio, -a [kon̪ter'tuljo, -a] *m, f* Teilnehmer(in) *m(f)* an einer Gesprächsrunde; (*en un café*) ≈Stammtischkamerad(in) *m(f)*

contestable [kon̪tes'taβle] *adj* fragwürdig, strittig

contestación [kon̪testa'θjon] *f* 1. (*respuesta*) Antwort *f;* **en ~ a su carta** (*formal*) in Beantwortung Ihres Briefes; **dar una mala ~** eine unverschämte Antwort geben 2. (*protesta*) Protest *m*

contestador [kon̪testa'ðor] *m* Anrufbeantworter *m;* **~ automático** automatischer Anrufbeantworter

contestar [kon̪tes'tar] I. *vi* (*responder*) antworten; **~ por escrito** schriftlich antworten; **~ mal** eine unverschämte Antwort geben II. *vt* 1. (*responder*) antworten (*a* auf +*akk*), beantworten; **~ a las preguntas de alguien** jds Fragen beantworten; **llamé por teléfono pero nadie contestó** ich habe angerufen, aber niemand nahm ab 2. (*replicar*) widersprechen (*a* +*dat*); **haz lo que te dicen y no contestes** tu, was man dir sagt, und gib keine Widerworte 3. (*oponerse*) bestreiten, in Frage [*o* infrage] stellen 4. (*t.* JUR: *atestiguar*) bestätigen, bezeugen

contestatario, **-a** [kon̪testa'tarjo, -a] *m, f* Protestler(in) *m(f)*

contestón, **-ona** [kon̪tes'ton, -ona] *m, f* (*fam*) Besserwisser(in) *m(f)*

contexto [kon̪'testo] *m* Zusammenhang *m,* Kontext *m*

contextual [kon̪testu'al] *adj* **1.** (LING) kontextuell, Kontext- **2.** (*de la situación*): **circunstancias ~es** Gesamtumstände *mpl*

contextuar [kon̪testu'ar] <*1. pres:* contextúo> *vt* (*acreditar*) (mit Texten) belegen

contextura [kon̪tes'tura] *f* **1.** (*estructura*) Textur *f,* Anordung *f* **2.** (*complexión*) Körperbau *m*

contienda [kon̪'tjen̪da] *f* **1.** (*disputa*) Streit *m* **2.** (*batalla*) Kampf *m*

contignación [kon̪tiɣna'θjon] *f* (ARQUIT) Balkenwerk *nt;* (*techo*) Deckenkonstruktion *f;* (*tejado*) Dachstuhl *m*

contigo [kon̪'tiɣo] *pron pers* mit dir, bei dir; **voy ~** ich gehe mit (dir); **me gusta estar ~** ich bin gerne bei dir [*o* mit dir zusammen]; **se portó mal ~** er/sie war nicht nett zu dir; **me siento ~** ich setze mich zu dir; **¿puedo quedarme a comer ~?** darf ich bei dir zu Mittag essen?

contigüidad [kon̪tiɣwi'ðaᵈ] *f* Angrenzung *f,* Angrenzen *nt,* Nebeneinanderliegen *nt*

contiguo, **-a** [kon̪'tiɣwo, -a] *adj* angrenzend, nebeneinander liegend

continencia [kon̪ti'nen̪θja] *f* (*moderación*) Mäßigkeit *f,* Enthaltsamkeit *f;* (*castidad*) Keuschheit *f*

continental [kon̪tinen̪'tal] *adj* kontinental; **clima ~** Kontinentalklima *nt*

continente [kon̪ti'nen̪te] **I.** *adj* enthaltsam; (*casto*) keusch **II.** *m* **1.** (GEO) Kontinent *m,* Festland *nt* **2.** (*aspecto*) Haltung *f;* (*compostura*) Auftreten *nt* **3.** (*cosa*) Behälter *m*

contingencia [kon̪tiŋ'xen̪θja] *f* **1.** (*eventualidad*) Möglichkeit *f;* **~ asegurada** Versicherungsfall *m* **2.** (FILOS) Kontingenz *f* **3.** (*riesgo*) Gefahr *f*

contingentación [kon̪tiŋxen̪ta'θjon] *f* (*t.* ECON) Kontingentierung *f;* **~ de importaciones** Einfuhrkontingentierung *f*

contingentar [kon̪tiŋxen̪'tar] *vt* (*t.* ECON) kontingentieren, zuteilen

contingente [kon̪tiŋ'xen̪te] **I.** *adj* zufällig, möglich; (FILOS) kontingent **II.** *m* (ECON, MIL) Kontingent *nt,* Quote *f;* **~ arancelario** Zollkontingent *nt;* **~ comunitario** (UE) Gemeinschaftskontingent *nt;* **~s de importación/exportación** Import-/Exportkontingente *ntpl,* Einfuhr-/Ausfuhrbeschränkungen *fpl*

contingible [kon̪tiŋ'xiβle] *adj* (*elev: posible*) möglich, denkbar

continuación [kon̪tinwa'θjon] *f* (*acción*) Fortsetzung *f;* (*efecto*) Fortdauer *f;* **a ~** (*después*) dann, danach, anschließend; (*en un escrito*) nachstehend, im Folgenden; (*al lado*) daneben; **mi casa está a ~ de la suya** mein Haus steht neben seinem/ihrem

continuadamente [kon̪tinwaða'men̪te] *adv v.* **continuamente**

continuador(a) [kon̪tinwa'ðor(a)] *m(f)* Nachfolger(in) *m(f)*

continuamente [kon̪tinwa'men̪te] *adv* fortwährend, ständig, ununterbrochen

continuar [kon̪tinu'ar] <*1. pres:* continúo> **I.** *vi* **1.** (*perdurar*) fortdauern; **continúa lloviendo** es regnet immer noch; **continúan los disparos** es wird weiterhin geschossen; **continúa tan egoista como siempre** er/sie ist immer noch genau so ein Egoist/eine Egoistin wie früher; **¡esto no puede ~ así!** so geht das nicht weiter!; **~á** Fortsetzung folgt **2.** (*seguir*) fortfahren, weitermachen **3.** (*no detenerse*) fortfahren, weitergehen **4.** (*seguir estando*) (immer noch) sein; **mi hermano continúa en Inglaterra** mein Bruder ist immer noch in England **5.** (*prolongarse*) sich fortsetzen; **la carretera continúa por la costa** die Straße geht an der Küste weiter **II.** *vt* fortsetzen, weiterführen

continuidad [kon̪tinwi'ðaᵈ] *f* Kontinuität *f,* Fortdauer *f,* Fortbestand *m;* **sin solución de ~** ohne Unterbrechung

continuismo [kon̪ti'nwismo] *m sin pl* (POL) Kontinuität *f* einer Partei

continuista [kon̪ti'nwista] *adj* der Kontinuität verschrieben

continuo¹ [kon̪'tinwo] *m* Kontinuum *nt*

continuo, **-a**² [kon̪'tinwo, -a] *adj* ständig; (*ininterrumpido*) ununterbrochen; (*persistente*) anhaltend; **de ~** fortwährend; **bajo ~** (MÚS) Generalbass *m,* Basso *m* continuo; **corriente continua** Gleichstrom *m*

contonearse [kon̪tone'arse] *vr* sich in den Hüften wiegen

contoneo [kon̪to'neo] *m* wiegender Gang *m*

contorcerse [kon̪tor'θerse] *irr como cocer vr v.* **contorsionarse**

contornear [kon̪torne'ar] *vt* **1.** (*circundar*) umrunden, umfahren **2.** (ARTE) konturieren, umreißen **3.** (TÉC) einfassen, umgeben

contorno [kon̪'torno] *m* **1.** (*de una figura*) Kontur *f,* Umriss *m* **2.** (*de la cintura, las caderas*) Hüftumfang *m* **3.** *(pl)* (*territorio*) Umgebung *f*

contorsión [kon̪tor'sjon] *f* Kontorsion *f,* Verdrehung *f*

contorsionarse [kon̪torsjo'narse] *vr* sich winden; (*retorcerse*) sich verrenken

contorsionista [kon̪torsjo'nista] *mf* Schlangenmensch *m*

contra¹ ['kon̪tra] **I.** *prep* **1.** (*posición, dirección*) gegen *+akk,* an *+akk;* (*enfrente*) gegenüber *+dat;* **se estrelló ~ el árbol** er/sie prallte gegen den Baum; **se apoyó ~ la pared** er/sie lehnte sich an die Wand **2.** (*oposición, contrariedad*) gegen *+akk;* **yo he votado en ~** ich habe dagegen gestimmt; **he votado en ~ del proyecto de ley** ich habe gegen den Gesetzentwurf gestimmt; **sucedió ~ su vo-**

luntad es geschah wider seinen/ihren Willen; **tener algo en** ~ etwas dagegen haben **3.** (*a cambio de*) gegen +*akk;* ~ **reembolso** gegen [*o* per] Nachnahme **II.** *m:* **el pro y el** ~, **los pros y los** ~**s** das Für und Wider, das Pro und Kontra

contra[2] ['kon̪tra] *f* **1.** (*dificultad*) Problem *nt;* (*obstáculo*) Hindernis *nt* **2.** (*oposición*) Widerstand *m;* **llevar la** ~ **a alguien** jdm widersprechen, jdm Kontra geben; **llevar la** ~ **a todo el mundo** ein Besserwisser sein **3.** (*guerrilla*) Contras *pl*

contraalmirante [kon̪tra(a)lmi'ran̪te] *m* (NÁUT) Konteradmiral *m*

contraasiento [kon̪tra(a)'sjen̪to] *m* (FIN) Gegenbuchung *f,* Stornierung *f*

contraatacar [kon̪tra(a)ta'kar] <c→qu> *vi, vt* seinerseits angreifen

contraataque [kon̪tra(a)'take] *m* (MIL) Gegenangriff *m*

contraaviso [kon̪tra(a)'βiso] *m* Gegenbefehl *m*

contrabajista [kon̪traβa'xista] *mf* Kontrabassspieler(in) *m(f),* Kontrabassist(in) *m(f)*

contrabajo [kon̪tra'βaxo] *m* **1.** (*instrumento*) Kontrabass *m* **2.** (*músico*) Kontrabassist(in) *m(f),* Kontrabassspieler(in) *m(f)*

contrabajón [kon̪traβa'xon] *m* (MÚS) Kontrafagott *nt*

contrabajonista [kon̪traβaxo'nista] *mf* (MÚS) Kontrafagottist(in) *m(f)*

contrabalancear [kon̪trβalan̪θe'ar] *vt* **1.** (*un peso*) aufwiegen **2.** (*compensar*) ausgleichen, aufwiegen

contrabalanza [kon̪traβa'lan̪θa] *f* **1.** (*peso*) Gegengewicht *nt* **2.** (*compensación*) Ausgleich *m,* Gegengewicht *nt*

contrabandear [kon̪traβan̪de'ar] *vi* schmuggeln

contrabandeo [kon̪traβan̪'deo] *m* (*fam*) Schmuggelei *f,* Schmuggel *m*

contrabandista [kon̪traβan̪'dista] *mf* Schmuggler(in) *m(f)*

contrabando [kon̪tra'βan̪do] *m sin pl* **1.** (*comercio*) Schmuggel *m;* **tabaco de** ~ geschmuggelter Tabak; **pasar algo de** ~ etw durchschmuggeln **2.** (*mercancía*) Schmuggelware *f*

contrabarrera [kon̪traβa'rrera] *f* (TAUR) zweite Sperrsitzreihe *f*

contrabatería [kon̪traβate'ria] *f* (MIL) Gegenbatterie *f*

contrabatir [kon̪traβa'tir] *vt* (MIL) unter Beschuss nehmen, beschießen

contrabloqueo [kon̪traβlo'keo] *m* (MIL) Gegenblockade *f*

contracambio [kon̪tra'kambjo] *m* Tausch *m;* **en** ~ als Ersatz

contracarril [kon̪traka'rril] *m* (FERRO) Radlenker *m,* Sicherheitsschiene *f*

contracarta [kon̪tra'karta] *f* (JUR) *v.* **contracédula**

contracción [kon̪traʸ'θjon] *f* **1.** *(pl)* (MED) Wehen *fpl* **2.** (LIT) Kontraktion *f,* Verkürzung *f* **3.** (FIN) Rückgang *m,* Verminderung *f;* ~ **de los beneficios** Gewinnrückgang *m*

contracédula [kon̪tra'θeðula] *f* (JUR) Widerrufungsurkunde *f,* Revers *m*

contracepción [kon̪traθeβ'θjon] *f* (MED: *anticoncepción*) Empfängnisverhütung *f*

contraceptivo[1] [kon̪traθep'tiβo] *m* (MED: *formal*) (Empfängnis)verhütungsmittel *nt*

contraceptivo, -a[2] [kon̪traθep'tiβo, -a] *adj* (MED: *formal*) empfängnisverhütend

contrachap(e)ado [kon̪traʧape'aðo/kon̪traʧa'paðo, -a] *m* Sperrholz *nt*

contracifra [kon̪tra'θifra] *f* (Chiffre)schlüssel *m*

contracorriente [kon̪trako'rrjen̪te] *f sin pl* (*agua*) Gegenströmung *f;* (*electricidad*) Gegenstrom *m;* **un pensador a** ~ ein Querdenker

contractibilidad [kon̪traktiβili'ðaᶞ] *f sin pl* Zusammenziehbarkeit *f,* Kontraktilität *f*

contráctil [kon̪'traktil] *adj* zusammenziehbar; (MED) kontraktil

contractivo, -a [kon̪trak'tiβo, -a] *adj* (*que contrae*) zusammenziehend

contracto, -a [kon̪'trakto, -a] *adj* kontrahiert

contractual [kon̪traktu'al] *adj* vertraglich, vertragsmäßig

contractura [kon̪trak'tura] *f* **1.** (MED) Kontraktur *f,* (Muskel)versteifung *f* **2.** (ARQUIT) Verjüngung *f*

contracubierta [kon̪traku'βjerta] *f* (TIPO) **1.** (*interior de la cubierta*) Umschlaginnenseite *f* **2.** (*contraportada*) vierte Umschlagseite *f*

contracultura [kon̪trakul̪'tura] *f sin pl* Gegenkultur *f*

contracultural [kon̪trakul̪tu'ral] *adj* zur Gegenkultur gehörig

contradanza [kon̪tra'ðan̪θa] *f* Kontertanz *m*

contradecir [kon̪traðe'θir] *irr como decir* **I.** *vt* widersprechen; ~ **algo/a alguien** etw *dat*/jdm widersprechen **II.** *vr:* ~**se** sich *dat* widersprechen; **lo que dices ahora se contradice con lo anterior** was du jetzt sagst, steht im Widerspruch zu [*o* widerspricht] dem, was du vorher gesagt hast

contradicción [kon̪traðiʸ'θjon] *f* Widerspruch *m;* **espíritu de** ~ Widerspruchsgeist *m;* **estar en** ~ **con...** im Widerspruch stehen zu ... +*dat*

contradicho, -a [kon̪tra'ðiʧo, -a] *pp de* **contradecir**

contradictor(a) [kon̪traðik'tor(a)] **I.** *adj* (*elev*) widersprechend, im Widerspruch stehend **II.** *m(f)* (*elev*) Widersprechende(r) *mf;* **este ejemplo es un** ~ **de ese teorema** dieses Beispiel steht im Widerspruch zu dem Lehrsatz

contradictorio, -a [kon̪traðik'torjo, -a] *adj* widersprüchlich

contradique [kon̪tra'ðike] *m* Vordamm *m*

contraejemplo [kon̪trae'xemplo] *m* Ge-

genbeispiel *nt*

contraelectromotriz [kontraelektromo'triθ] *adj* (ELEC): **fuerza** ~ gegenelektromotorische Kraft *f*

contraendosar [kontraendo'sar] *vt* (COM) rückindossieren

contraer [kontra'er] *irr como traer* **I.** *vt* **1.** (*encoger*) zusammenziehen **2.** (*adquirir: deudas*) machen; (*compromisos*) eingehen; (*enfermedad*) bekommen; ~ **matrimonio** heiraten; ~ **nuevas nupcias** wieder heiraten; ~ **parentesco con...** verwandt werden mit ... +*dat* **3.** (*limitar*) beschränken (*a* auf +*akk*) **II.** *vr:* ~**se** **1.** (*encogerse*) sich zusammenziehen **2.** (*limitarse*) sich beschränken (*a* auf +*akk*)

contraescritura [kontraeskri'tura] *f* (JUR) *v.* **contracédula**

contraespionaje [kontraespjo'naxe] *m* **1.** (*servicio de defensa*) Spionageabwehr *f* **2.** (*actividad*) Gegenspionage *f*

contrafallar [kontrafa'ʎar] *vt* übertrumpfen

contrafigura [kontrafi'ɣura] *f* (TEAT) Ebenbild *nt*

contrafirmar [kontrafir'mar] *vt* (JUR) gegenzeichnen

contrafuero [kontra'fwero] *m* (JUR) Rechtsverletzung *f*

contrafuerte [kontra'fwerte] *m* **1.** (ARQUIT) Strebepfeiler *m* **2.** (*zapato*) Hinterkappe *f* **3.** (GEO) Gebirgsausläufer *m*

contrafuga [kontra'fuɣa] *f* (MÚS) Kontrafuge *f*

contragolpe [kontra'ɣolpe] *m* **1.** (*golpe dado en respuesta*) Gegenschlag *m* **2.** (DEP: *contraataque*) Konter *m*, Gegenangriff *m*

contraguerrilla [kontraɣe'rriʎa] *f* (MIL) Antiguerilla-Truppe *f*

contrahacer [kontra(a)'θer] *irr como hacer* *vt* nachmachen, nachahmen; (*falsificar*) fälschen

contrahecho, -a [kontra'etʃo, -a] *adj* **1.** (*falsificado*) gefälscht **2.** (*deforme*) verwachsen; (*persona*) bucklig

contrahechura [kontrae'tʃura] *f* (*falsificación*) Fälschung *f*

contraindicación [kontraindika'θjon] *f* (MED) Gegenanzeige *f*

contraindicado, -a [kontraindi'kaðo, -a] *adj* (MED) kontraindiziert

contraindicar [kontraindi'kar] <c→qu> *vt* (MED) abraten (von +*dat*)

contrainteligencia [kontrainteli'xenθja] *f* *sin pl* (Staats)sicherheitsdienst *m*

contralor [kontra'lor] *m* (*Am:* FIN) Leiter *m* des Rechnungsprüfungsamtes

contraloría [kontralo'ria] *f* (*Am*) Amt *nt* für Rechnungsprüfung

contralto[1] [kon'tralto] *m* (*voz*) Alt *m*, Altstimme *f*

contralto[2] [kon'tralto] *mf* Altist(in) *m(f)*

contraluz [kontra'luθ] *m o f* Gegenlicht *nt;* (FOTO) Gegenlichtaufnahme *f;* **a** ~ bei Gegenlicht

contramaestre [kontrama'estre] *m* **1.** (*capataz*) Meister *m*, Vorarbeiter *m* **2.** (NÁUT) Obermaat *m*

contramandar [kontraman'dar] *vt* **1.** (*mandar*) Gegenbefehl erteilen +*dat* **2.** (*desencargar*) abbestellen

contramano [kontra'mano]: **a** ~ in der Gegenrichtung

contramarca [kontra'marka] *f* **1.** (*segunda marca*) Kontrollmarke *f* **2.** (*moneda o medalla*) Gegenprägung *f*

contramarcha [kontra'martʃa] *f* **1.** (MIL) Gegenmarsch *m* **2.** (*marcha atrás*) Rückwärtsgang *m*

contramarchar [kontramar'tʃar] *vi* rückwärts marschieren

contramarea [kontrama'rea] *f* Gegenflut *f*

contramedida [kontrame'ðiða] *f* Gegenmaßnahme *f*

contramina [kontra'mina] *f* **1.** (*fig*) Vereitelung *f;* (*planes*) Durchkreuzung *f* **2.** (MIN) Verbindungsstollen *m*

contraminar [kontrami'nar] *vt* **1.** (*fig*) vereiteln; (*planes*) durchkreuzen **2.** (MIN) (einen) Verbindungsstollen anlegen

contra natura ['kontra na'tura] (*elev: antinatural*) unnatürlich, widernatürlich

contranatural [kontranatu'ral] *adj* unnatürlich, naturwidrig

contranota [kontra'nota] *f* (POL) Gegenerklärung *f*, Antwortnote *f*

contraofensiva [kontraofen'siβa] *f* Gegenoffensive *f*

contraoferta [kontrao'ferta] *f* Gegenangebot *nt*

contraorden [kontra'orðen] *f* Gegenbefehl *m;* **dar/recibir una** ~ einen Gegenbefehl geben/erhalten

contrapartida [kontrapar'tiða] *f* **1.** (*compensación*) Gegenleistung *f*, Ausgleich *m* **2.** (*contabilidad*) Gegenposten *m*

contrapasar [kontrapa'sar] *vi* (zum Gegner) überlaufen

contrapaso [kontra'paso] *m* Gegenschritt *m*

contrapear [kontrape'ar] *vt* (miteinander) verbinden

contrapelo [kontra'pelo]: **a** ~ (*t. fig*) gegen den Strich; **de este niño no conseguirás nada a** ~ mit Zwang wirst du bei diesem Kind nichts erreichen

contrapesar [kontrape'sar] *vt* **1.** (*equilibrar*) aufwiegen **2.** (*compensar*) ausgleichen, aufwiegen

contrapeso [kontra'peso] *m* **1.** (*peso*) Gegengewicht *nt* **2.** (*compensación*) Ausgleich *m*, Gegengewicht *nt* **3.** (*funámbulo*) Balancierstange *f*

contrapié [kontra'pje] *m* Beinstellen *nt*

contraponer [kontrapo'ner] *irr como poner* **I.** *vt* **1.** (*comparar*) vergleichen, gegenüberstellen **2.** (*oponer*) entgegenstellen **II.** *vr:* ~**se**

C

sich widersetzen

contraportada [kontrapor'taða] *f* letzte Seite *f*

contraposición [kontraposi'θjon] *f* Gegenüberstellung *f;* **en ~ a** im Gegensatz zu *+dat*

contraprestación [kontrapresta'θjon] *f* Gegenleistung *f*

contraproducente [kontraproðu'θente] *adj* unangebracht, fehl am Platz, kontraproduktiv; **sería ~** das würde das Gegenteil bewirken

contraproposición [kontraproposi'θjon] *f* Gegenvorschlag *m*

contrapropuesta [kontrapro'pwesta] *f* Gegenvorschlag *m*

contraprotesto [kontrapro'testo] *m* (ECON) Protest *m* beim Intervenienten

contraproyecto [kontrapro'ɟekto] *m* (*de una obra*) Gegenentwurf *m;* (*plan*) Gegenplan *m*

contraprueba [kontra'prweβa] *f* **1.** (MAT) Gegenprobe *f,* Gegenbeweis *m* **2.** (TIPO) Kontrollabzug *m*

contrapuerta [kontra'pwerta] *f* Vortür *f,* Doppeltür *f;* (*fortificación*) Vortor *nt*

contrapuntear [kontrapunte'ar] **I.** *vt* (MÚS) kontrapunktisch singen **II.** *vr:* **~se 1.** (*fig: pinchar*) sticheln **2.** (*Am: rivalizar*) sich verfeinden

contrapuntista [kontrapun'tista] *mf* (MÚS) Kontrapunktist(in) *m(f)*

contrapuntístico, -a [kontrapun'tistiko, -a] *adj* (MÚS) kontrapunktisch

contrapunto [kontra'punto] *m* (MÚS) Kontrapunkt *m,* Kontrapunktik *f*

contraria [kon'trarja] *adj o f v.* **contrario**

contrariado, -a [kontrari'aðo, -a] *adj* (*descontento*) missmutig, verdrossen

contrariar [kontrari'ar] <*1. pres:* **contrarío**> *vt* **1.** (*oponerse*) behindern, sich entgegenstellen *+dat;* (*plan*) durchkreuzen **2.** (*disgustar*) ärgern, missfallen *+dat;* **me ~ía mucho que...** *+subj* es täte mir sehr leid, wenn ...; **mostrarse muy contrariado** sehr ärgerlich sein

contrariedad [kontrarje'ðað] *f* **1.** (*inconveniente*) Zwischenfall *m,* Unannehmlichkeit *f* **2.** (*decepción*) Ärger *m,* Verdruss *m*

contrario, -a [kon'trarjo, -a] **I.** *adj* (*opuesto*) entgegengesetzt (*a +dat*); (*perjudicial*) schädlich (*a* für *+akk*); **al** [*o* **todo lo**] **~** (ganz) im Gegenteil; **en caso ~** andernfalls; **de lo ~** andernfalls, sonst; **~ a la ley** gesetzeswidrig; **eso es ~ a nuestros intereses** das schadet unseren Interessen; **dice lo ~ de lo que piensa** er/sie sagt das Gegenteil von dem, was er/sie denkt; **no tengo nada en ~** ich habe nichts dagegen; **llevar la contraria a alguien** jdm widersprechen; **salvo aviso en ~** vorbehaltlich anders lautender Mitteilungen **II.** *m, f* Gegner(in) *m(f)*

contrarreembolso [kontrarre(e)m'bolso] *m* Nachnahme *f;* **te envío los libros ~** ich schicke dir die Bücher per Nachnahme

contrarreforma [kontrarre'forma] *f sin pl* (HIST) Gegenreformation *f*

contrarreloj [kontrarre'lox] *f* (DEP) Wettrennen *nt* auf Zeit; (*ciclista*) Zeitfahren *nt*

contrarrembolso [kontrarrem'bolso] *m v.* **contrarreembolso**

contrarréplica [kontra'rreplika] *f* (JUR) Duplik *f*

contrarrestar [kontrarres'tar] **I.** *vt* **1.** (*resistir*) aufhalten **2.** (*neutralizar*) entgegenwirken *+dat;* **hemos logrado ~ el efecto del veneno** es ist uns gelungen, das Gift unschädlich zu machen **II.** *vi* (DEP) zurückschlagen

contrarrevolución [kontrarreβolu'θjon] *f* Gegenrevolution *f,* Konterrevolution *f*

contrarrevolucionario, -a [kontrarreβoluθjo'narjo, -a] **I.** *adj* gegenrevolutionär, konterrevolutionär **II.** *m, f* Gegenrevolutionär(in) *m(f),* Konterrevolutionär(in) *m(f)*

contrasalva [kontra'salβa] *f* (MIL) Gegensalve *f*

contraseguro [kontrase'ɣuro] *m* Rückversicherung *f,* Gegenversicherung *f*

contrasentido [kontrasen'tiðo] *m* **1.** (*contradicción*) Widerspruch *m* **2.** (*disparate*) Unsinn *m*

contraseña [kontra'seɲa] *f* **1.** (*santo y seña*) Kennwort *nt,* Losung *f,* Losungswort *nt;* (INFOR) Passwort *nt* **2.** (*marca*) (Gegen)zeichen *nt;* **~ de salida** Kontrollmarke *f*

contrastante [kontras'tante] *adj* kontrastierend, in Kontrast stehend (*con* zu *+dat*)

contrastar [kontras'tar] **I.** *vi* kontrastieren, im Gegensatz stehen (*con* zu *+dat*) **II.** *vt* (*comprobar*) prüfen; (*peso*) eichen

contraste [kon'traste] *m* **1.** (*t.* FOTO: *oposición*) Kontrast *m;* **~ de colores** Farbkontrast *m* **2.** (MED) Kontrastmittel *nt* **3.** (*persona*) Eichbeamte(r), -in *m, f;* (*oficina*) Eichamt *nt* **4.** (*señal*) Stempel *m*

contrata [kon'trata] *f* Vertrag *m;* (*de construcción*) Bauvertrag *m;* (*de servicios*) Lieferungsvertrag *m;* (*concurso público*) Ausschreibung *f*

contratación [kontrata'θjon] *f* Vertragsabschluss *m;* (*personal*) Einstellung *f;* **~ bursátil** (FIN) Börsenhandel *m;* **~ de valores** (FIN) Wertpapierhandel *m;* **bolsa** [*o* **lonja**] **de ~** Warenbörse *f*

contratante [kontra'tante] **I.** *adj* vertragschließend; **las partes ~s** die vertragschließenden Parteien, die Vertragspartner **II.** *mf* Vertragspartner(in) *m(f);* **~ del seguro** Versicherungsnehmer(in) *m(f)*

contratar [kontra'tar] *vt* **1.** (*trabajador*) einstellen, anstellen; (*artista*) engagieren; (*abogado*) beauftragen **2.** (*encargar*) beauftragen

contratecho [kontra'etʃo] *m* Gipsdecke *f*

contratenor [kontrate'nor] *m* Countertenor *m*

contraterrorismo [kontraterro'rismo] *m sin pl* (POL) Terrorismusbekämpfung *f*

contratiempo [kon̪tra'tjempo] *m* **1.** (*percance*) Zwischenfall *m;* **¡qué ~!** wie unangenehm!; **llegar sin ~s** gesund ankommen **2.** (*loc*): **a ~** (MÚS) gegen den Takt

contratista [kon̪tra'tista] *mf* Unternehmer(in) *m(f);* **~ de obras** Bauunternehmer(in) *m(f)*

contrato [kon̪'trato] *m* Vertrag *m;* **~ de alquiler** Mietvertrag *m;* **~ de aprendizaje** Lehrvertrag *m;* **~ colectivo** Tarifvertrag *m;* **~ de compraventa** [*o* **de compra y venta**] Kaufvertrag *m;* **~ en exclusiva** Ausschließlichkeitsvertrag *m;* **~ fijo** fester Vertrag; **~ a la gruesa** Bodmereibrief *m;* **~ indefinido** unbefristeter Arbeitsvertrag; **~ laboral** [*o* **de trabajo**] Arbeitsvertrag *m;* **~ de licencia** Lizenzvertrag *m;* **~ ante notario** notarieller Vertrag; **~ de obras** [*o* **por obra**] Werkvertrag *m;* **~ de prácticas** Praktikantenvertrag *m;* **~ de servicios** Dienstvertrag *m;* **~ social** Gesellschaftsvertrag *m;* **~ a tiempo completo** Vollzeitvertrag *m;* **~ a tiempo parcial** Teilzeitarbeitsvertrag *m;* **~ tipo** Standardvertrag *m;* **~ de trabajo temporal** Zeitvertrag *m;* **~ de transporte** Frachtvertrag *m,* Beförderungsvertrag *m;* **celebrar** [*o* **concertar**] [*o* **cerrar**] **un ~** einen Vertrag (ab)schließen; **rescindir el ~** den Vertrag kündigen; **el ~ expira la próxima semana** der Vertrag läuft nächste Woche aus

contratorpedero [kon̪trator'peðero] *m* (MIL) Torpedoboot(s)zerstörer *m*

contratuerca [kon̪tra'twerka] *f* (TÉC) Gegenmutter *f,* Sicherungsmutter *f*

contravalar [kon̪traβa'lar] *vt* (MIL) mit einem Belagerungswall umgeben

contravalor [kon̪traβa'lor] *m* Gegenwert *m*

contravención [kon̪traβen̪'θjon] *f* (JUR) Verstoß *m,* Zuwiderhandlung *f;* **~ de una norma** Verstoß gegen eine Vorschrift

contraveneno [kon̪traβe'neno] *m* Gegengift *nt*

contravenir [kon̪traβe'nir] *irr como venir vt, vi* verstoßen, übertreten; **~ (a) una ley** gegen ein Gesetz verstoßen, ein Gesetz übertreten, einem Gesetz zuwiderhandeln

contraventana [kon̪traβen̪'tana] *f* Fensterladen *m*

contraventor(a) [kon̪traβen̪'tor(a)] *m(f)* (JUR) Zuwiderhandelnde(r) *mf*

contravidriera [kon̪traβi'ðrjera] *f* Doppelfenster *nt*

contrayente [kon̪tra'ɟen̪te] **I.** *adj* (*que contrae*) vertragschließend; (*matrimonio*) eheschließend **II.** *mf* Vertragschließende(r) *mf;* (*de un matrimonio*) Eheschließende(r) *mf;* **~s** Vertragspartner *mpl;* (*de un matrimonio*) Brautleute *pl*

contri ['kon̪tri] *m* (*Chil*) **1.** (*molleja*) Muskelmagen *m* **2.** (*fig: entrañas*) Innerste(s) *nt,* Kern *m*

contribución [kon̪triβu'θjon] *f* **1.** (*aportación*) Beitrag *m;* **~ de guerra** Kontribution *f;* **~ neta** Nettobeitrag *m;* **aportar una ~ a...** einen Beitrag leisten zu ... *+dat* **2.** (*impuesto*) Steuer *f,* Abgabe *f;* **~ directa/indirecta** direkte/indirekte Steuer; **~ municipal** Gemeindesteuer *f;* **~ sobre la renta** Einkommen(s)steuer *f;* **~ rústica** Steuer auf landwirtschaftliche Grundstücke; **~ territorial** Grundsteuer *f;* **~ urbana** Steuer auf bebaute Grundstücke

contribuir [kon̪triβu'ir] *irr como huir* **I.** *vi* **1.** (*ayudar*) beitragen (*a* zu *+dat*), mithelfen (*a* bei *+dat*) **2.** (*tributar*) Steuern zahlen **II.** *vt* (*aportar*) beitragen (*a* zu *+dat*), beisteuern (*a* zu *+dat*); (*pagar*) (be)zahlen

contribulado, -a [kon̪triβu'laðo, -a] *adj* (*elev: apesadumbrado*) betrübt, bekümmert

contributario, -a [kon̪triβu'tarjo, -a] *m, f* (ECON) Steuerpflichtige(r) *mf*

contributivo, -a [kon̪triβu'tiβo, -a] *adj* Steuer-

contribuyente [kon̪triβu'ɟen̪te] *mf* Steuerzahler(in) *m(f)*

contrición [kon̪triʸ'θjon] *f sin pl* (REL) Reue *f,* Bußfertigkeit *f;* **acto de ~** Bußformel *f*

contrincante [kon̪triŋ'kan̪te] *mf* Gegner(in) *m(f),* Widersacher(in) *m(f)*

contristarse [kon̪tris'tarse] *vr* traurig werden

contrito, -a [kon̪'trito, -a] *adj* reumütig, zerknirscht

control [kon̪'trol] *m* Kontrolle *f,* Überwachung *f;* (*inspección*) Aufsicht *f;* (ELEC) Steuerung *f;* **~ de accesos** (INFOR) Zugangskontrolle *f;* **~ aduanero** Zollaufsicht *f,* Zollkontrolle *f;* **~ al azar** Stichprobe *f;* **~ de calidad** Qualitätskontrolle *f;* **~ de cambios** (FIN) Devisenbewirtschaftung *f;* **~ de la circulación monetaria** (FIN) Geldmengenkontrolle *f;* **~ a distancia** (TÉC) Fernsteuerung *f;* **~ de divisas** (FIN) Devisenbewirtschaftung *f;* **~ de flujo** (INFOR) Flusskontrolle *f;* **~ del mercado** (ECON) Marktbeherrschung *f;* **~ de natalidad** (POL) Geburtenkontrolle *f;* (*entre parejas*) Geburtenregelung *f;* **~ de pasaportes** Passkontrolle *f;* **~ de programas** (INFOR) Ablaufsteuerung *f;* **~ de seguridad** Sicherheitskontrolle *f;* **~ de sintaxis** (LING) Syntaxprüfung *f;* **~ de tráfico aéreo** Luftverkehrskontrolle *f;* **~ de ventas** (ECON) Absatzkontrolle *f;* **torre de ~** (AERO) Kontrollturm *m,* Tower *m;* **de ~ remoto** [*o* **a distancia**] ferngesteuert

controlador[1] [kon̪trola'ðor] *m* (INFOR) Treiber *m;* **~ automático** automatisches Steuerungsgerät; **~ por caché** Cachekontroller *m;* **~ de disco** Festkontroller *m;* **~ de dispositivo** Gerätekontroller *m;* **~ de la impresora** Druckertreiber *m*

controlador(a)[2] [kon̪trola'ðor(a)] *m(f)* Prüfer(in) *m(f);* **~ de vuelo** [*o* **de tráfico aéreo**] Fluglotse *m*

controlar [kon̪tro'lar] **I.** *vt* überwachen, kontrollieren, überprüfen; **controlado por comandos** (INFOR) befehlgesteuert; **controlado por menú** (INFOR) menügesteuert **II.** *vr:* **~se** sich beherrschen

C

controversia [kon̩tro'βersja] *f* Kontroverse *f,* Streit *m*

controvertible [kon̩troβer'tiβle] *adj* strittig, kontrovers

controvertido, -a [kon̩troβer'tiðo, -a] *adj* umstritten

controvertir [kon̩troβer'tir] *irr como sentir* **I.** *vi, vt* streiten (über +*akk*) **II.** *vt* (*dudar*) bestreiten

contubernio [kon̩tu'βernjo] *m* **1.** (*cohabitación*) wilde Ehe *f* **2.** (*maridaje*) Einheit *f*

contumacia [kon̩tu'maθja] *f sin pl* **1.** (*porfía*) Halsstarrigkeit *f* **2.** (JUR) Nichterscheinen *nt* (vor Gericht), Kontumaz *f*

contumaz [kon̩tu'maθ] *adj* **1.** (*porfiado*) halsstarrig, hartnäckig **2.** (JUR): **condenar por ~** in Abwesenheit verurteilen

contundencia [kon̩tun̩'den̩θja] *f sin pl* Schlagkraft *f*

contundente [kon̩tun̩'den̩te] *adj* schlagkräftig, überzeugend; **arma ~** Schlagwaffe *f;* **prueba ~** schlagender Beweis

contundir [kon̩tun̩'dir] *vt* (*dañar*) verwunden; (*pegar*) schlagen

conturbación [kon̩turβa'θjon] *f sin pl* innere Unruhe *f*

conturbar [kon̩tur'βar] **I.** *vt* (*intranquilizar*) beunruhigen; (*turbar*) durcheinander bringen, verwirren; (*ánimo*) bestürzen, erschüttern **II.** *vr:* **~se** (*asustarse*) erschrecken; (*turbarse*) verwirrt sein; (*ánimo*) bestürzt sein, erschüttert sein

contusión [kon̩tu'sjon] *f* (MED) Quetschung *f,* Kontusion *f*

contusionar [kon̩tusjo'nar] *vt* quetschen

contuso, -a [kon̩'tuso, -a] *adj* gequetscht

conurbación [konurβa'θjon] *f* Ballungsgebiet *nt*

convalecencia [kombale'θen̩θja] *f* Konvaleszenz *f,* Genesung *f*

convalecer [kombale'θer] *irr como crecer vi* sich erholen (*de* von +*dat*), genesen (*de* von +*dat*)

convaleciente [kombale'θjen̩te] *mf* Genesende(r) *mf,* Rekonvaleszent(in) *m(f)*

convalidación [kombaliða'θjon] *f* **1.** (*de un título*) Anerkennung *f* **2.** (*confirmación*) Bestätigung *f*

convalidar [kombali'ðar] *vt* **1.** (*título*) anerkennen **2.** (*confirmar*) bestätigen

convección [kombeʸ'θjon] *f* (FÍS) Konvektion *f*

convecino, -a [kombe'θino, -a] **I.** *adj* benachbart **II.** *m, f* **1.** (*vecino*) Nachbar(in) *m(f)* **2.** (*conciudadano*) Mitbürger(in) *m(f)*

convencedor(a) [komben̩θe'ðor(a)] *adj* überzeugend

convencer [komben̩'θer] <c→z> **I.** *vt* **1.** (*persuadir*) überzeugen (*de* von +*dat*); **se dejó ~ fácilmente** er/sie ließ sich leicht überzeugen **2.** (*satisfacer*) zufrieden stellen; **no me convence del todo ese piso** diese Wohnung gefällt mir nicht so recht **II.** *vr:* **~se** sich überzeugen (*de* von +*dat*); **me he convencido de que no congeniamos** ich habe eingesehen, dass wir nicht zueinander passen

convencido, -a [komben̩'θiðo, -a] *adj* überzeugt; **estoy ~ de que...** ich bin überzeugt, dass ...; **es un republicano ~** er ist überzeugter Republikaner

convencimiento [komben̩θi'mjen̩to] *m sin pl* Überzeugung *f;* **tengo el ~ de que...** ich bin davon überzeugt, dass ...; **he llegado al ~ de que...** ich bin zu der Überzeugung gelangt, dass ...

convención [komben̩'θjon] *f* **1.** (*acuerdo*) Vertrag *m,* Abkommen *nt;* **la C~ de Berna/Ginebra** die Berner/Genfer Konvention **2.** (*Am: de un partido*) Parteitag *m* **3.** (*norma*) Konvention *f* **4.** (*asamblea*) gesetzgebende Versammlung *f;* **la C~** (HIST) der Nationalkonvent (*französische Nationalversammlung, 1792 – 1795*)

convencional [komben̩θjo'nal] *adj* **1.** (*acostumbrado*) herkömmlich, üblich, konventionell; **armas ~es** konventionelle Waffen **2.** (*no espontáneo*) förmlich **3.** (*acordado*) (vertraglich) vereinbart

convencionalismo [komben̩θjona'lismo] *m sin pl* (HIST) Konventionalismus *m*

convencionalista [kombenθjona'lista] **I.** *adj* konventionalistisch **II.** *mf* Konventionalist(in) *m(f)*

convenible [kombe'niβle] *adj* **1.** (*precio*) annehmbar, vernünftig **2.** (*dócil*) flexibel **3.** (*conveniente*) angebracht

conveniencia [kombe'njen̩θja] *f* **1.** (*provecho*) Zweckmäßigkeit *f;* **matrimonio de ~** Vernunftehe *f;* **no es de mi ~** es passt mir nicht **2.** (*acuerdo*) Konvention *f;* **las ~s sociales** die gesellschaftlichen Konventionen **3.** (*oportunidad*) Angemessenheit *f* **4.** (*decencia*) Schicklichkeit *f*

conveniente [kombe'njen̩te] *adj* **1.** (*adecuado*) angemessen, angebracht **2.** (*provechoso*) zweckmäßig; (*útil*) nützlich **3.** (*decente*) schicklich

convenientemente [kombenjen̩te'men̩te] *adv* ordentlich, richtig

convenio [kom'benjo] *m* Abkommen *nt,* Konvention *f;* **C~ ACP** AKP-Abkommen *nt;* **~ colectivo** Tarifvertrag *m;* **~ de cooperación** Kooperationsvertrag *m;* **~ de doble imposición** Doppelbesteuerungsabkommen *nt;* **C~ de la Haya** Haager Konvention; **~ marco** Rahmenvertrag *m;* **~ de pesca** Fischereiabkommen *nt*

convenir [kombe'nir] *irr como venir* **I.** *vi, vt* **1.** (*acordar*) vereinbaren, abmachen, eine Vereinbarung treffen (*en* über +*akk*); **no hemos convenido en la fecha de la reunión** wir haben noch kein Datum für die Versammlung vereinbart [*o* festgelegt] **2.** (*concluir*) sich *dat* einig werden (über +*akk*); **hemos convenido que es un perfecto idiota** wir sind uns einig, dass er ein Vollidiot ist **3.** (*ser oportuno*) angebracht sein; (*ser bueno*) gut sein (*a* für +*akk*); **esa mujer no le conviene a ese muchacho** diese Frau passt nicht zu dem jungen Mann **4.** (*asentir*) zugeben; **convengo en que no siempre ocurre lo mismo, pero...** ich gebe zu, dass sich nicht alles wiederholt, aber ... **5.** (*corresponder*) zustehen +*dat* **II.** *vr:* **~se** sich einigen (*en* über +*akk*)

conventícula [kombeṇ'tikula] *f,* **conventículo** [kombeṇ'tikulo] *m* heimliche Zusammenkunft *f;* **en ~** bei einem heimlichen Treffen

convento [kom'beṇto] *m* Kloster *nt*

conventual [kombentu'al] **I.** *adj* klösterlich, Kloster- **II.** *m* Klosterbruder *m*

conventualidad [kombeṇtwali'ða^{ð}] *f sin pl* (REL) **1.** (*morada*) Klosterleben *nt* **2.** (*asignación a un convento*) Klosterzugehörigkeit *f*

convergencia [komber'xeṇθja] *f* **1.** (*coincidencia*) Übereinstimmung *f;* **~ económica** wirtschaftliche Konvergenz **2.** (MAT) Konvergenz *f* **3.** (*líneas*) Zusammenlaufen *nt,* Konvergenz *f*

convergente [komber'xeṇte] *adj* **1.** (MAT) konvergent **2.** (*línea*) konvergent, zusammenlaufend; **lente ~** Sammellinse *f* **3.** (*igual*) übereinstimmend, konvergierend *elev;* **opiniones ~s** übereinstimmende Meinungen

converger [komber'xer] <g→j> *vi,* **convergir** [komber'xir] <g→j> *vi* **1.** (*línea*) konvergieren, zusammenlaufen **2.** (*estar dirigido*) verfolgen, abzielen (auf +*akk*) **3.** (*ayudar*) beitragen (*a* zu +*dat*) **4.** (*coincidir*) übereinstimmen

conversa [kom'bersa] *f* **1.** *v.* **converso 2.** (*fam: conversación*) Gespräch *nt*

conversación [kombersa'θjon] *f* Gespräch *nt,* Konversation *f;* **~ telefónica** Telefongespräch *nt,* Telefonat *nt;* **dar ~ a alguien** sich mit jdm unterhalten; **dejar caer algo en la ~** unauffällig das Gespräch auf etw bringen; **trabar ~ con alguien** mit jdm ein Gespräch anknüpfen; **la ~ versa sobre...** das Gespräch dreht sich um ...; **reanudar la ~** das Gespräch wieder aufnehmen

conversacional [kombersaθjo'nal] *adj* **1.** (*relativo a la conversación*) Konversations-, Unterhaltungs- **2.** (*coloquial*) umgangssprachlich

conversador(a) [kombersa'ðor(a)] *m(f)* Plauderer, -in *m, f*

conversar [komber'sar] *vi* sich unterhalten; **~ con alguien** mit jdm sprechen, sich mit jdm unterhalten

conversión [komber'sjon] *f* **1.** (*transformación*) Verwandlung *f* **2.** (FÍS, INFOR, PSICO) Konversion *f;* (INFOR) Konvertierung *f;* **~ de datos** Datenkonvertierung *f* **3.** (REL) Bekehrung *f,* Konversion *f* **4.** (MAT) Umrechnung *f;* **tabla de ~** Umrechnungstabelle *f* **5.** (MIL) Schwenkung *f* **6.** (COM, FIN) Umtausch *m,* Konvertierung *f;* **~ de la deuda** Umschuldung *f*

converso, -a [kom'berso, -a] *m, f* (REL) Konvertit *m,* Bekehrte(r) *mf;* (HIST) Neuchrist(in) *m(f)*

conversor [komber'sor] *m v.* **convertidor**

convertibilidad [kombertiβili'ða^{ð}] *f sin pl* Konvertibilität *f,* Konvertierbarkeit *f*

convertible [komber'tiβle] **I.** *adj* konvertierbar, konvertibel **II.** *m* Kabrio(lett) *nt*

convertidor [komberti'ðor] *m* (TÉC) Konverter *m,* Umformer *m;* (INFOR) Umwandler *m;* **~ analógico/digital** Analog-/Digital-Wandler *m;* **~ Bessemer** Bessemerbirne *f*

convertir [komber'tir] *irr como sentir* **I.** *vt* **1.** (*transformar*) verwandeln (*en* in +*akk*); **~ en dinero** zu Geld machen **2.** (REL) bekehren (*a* zu +*dat*) **3.** (COM) umwandeln **4.** (TÉC) überführen **II.** *vr:* **~se 1.** (*transformarse*) sich verwandeln (*en* in +*akk*); (*deseo*) sich verwirklichen; **su sueño se convirtió en realidad** sein/ihr Traum ging in Erfüllung **2.** (REL) sich bekehren (*a* zu +*dat*)

convexidad [kombe^{ɣ}si'ða^{ð}] *f sin pl* **1.** (*calidad*) Konvexität *f* **2.** (*parte*) Krümmung *f*

convexo, -a [kom'be^{ɣ}so, -a] *adj* konvex; **lente convexa** Konvexlinse *f*

convicción [kombi^{ɣ}'θjon] *f* Überzeugung *f*

convicto, -a [kom'bikto, -a] *adj* (JUR) überführt; **~ y confeso** überführt und geständig

convictorio [kombik'torjo] *m* (*internado*) Jesuitenkonvikt *nt*

convidada [kombi'ðaða] *f* (*fam*) Umtrunk *m*

convidado, -a [kombi'ðaðo, -a] *m, f* Gast *m;* **como el ~ de piedra** wie versteinert

convidar [kombi'ðar] **I.** *vt* einladen (*a* zu +*dat*) **II.** *vr:* **~se 1.** (*invitarse*) sich einladen **2.** (*ofrecerse*) sich erbieten (*a* zu +*dat*)

convincente [kombiṇ'θeṇte] *adj* überzeugend; (*argumento, prueba*) stichhaltig, schlagend

convite [kom'bite] *m* **1.** (*invitación*) Einladung *f* (*a* zu +*dat*) **2.** (*banquete*) Festmahl *nt*

convivencia [kombi'βeṇθja] *f* Zusammenleben *nt*

conviviente [kombi'βjeṇte] *mf* Mitbewohner(in) *m(f)*

convivir [kombi'βir] *vi* zusammenleben, zusammenwohnen

convocación [komboka'θjon] *f v.* **convocatoria**

convocar [kombo'kar] <c→qu> *vt* **1.** (*citar para algo*) aufrufen; (*reunir*) zusammenrufen; (MIL) einberufen; **~ a la huelga** zum Streik aufrufen; **me ~on al examen** ich wurde zur Prüfung geladen **2.** (*concurso*) ausschreiben **3.** (*reunión*) einberufen, zusammenrufen; **~ elecciones** Wahlen einberufen; **~ una junta** eine Versammlung einberufen

convocatoria [komboka'torja] *f* **1.** (*citación*) Aufruf *m;* (MIL) Einberufung *f* **2.** (*documento*) Einladung *f;* (MIL) Einberufungsbefehl *m* **3.** (*de un concurso*) Ausschreibung *f* **4.** (*de una conferencia*) Einberufung *f*

convólvulo [kom'bolβulo] *m* **1.** (BOT) Winde *f* **2.** (ZOOL) Weinschwärmer *m*

convoy [kom'boi̯] *m* **1.** (MIL: *transporte*) Transport *m*, Konvoi *m* **2.** (MIL: *escolta*) Geleit *nt* **3.** (*fam: vinagreras*) Menage *f*

convoyar [kombo'ɟar] *vt* (*acompañar*) Geleitschutz geben (*a* +*dat*)

convulsión [kombul'sjon] *f* **1.** (MED) Zuckung *f*, (Schüttel)krampf *m*, Konvulsion *f* **2.** (*t.* POL) Unruhe *f*, Krise *f* **3.** (*t.* GEO) Beben *nt*, Erschütterung *f*

convulsionar [kombulsjo'nar] *vt* **1.** (MED) (Schüttel)krämpfe [*o* Zuckungen] verursachen **2.** (*t.* GEO, POL) erschüttern

convulsivo, **-a** [kombul'siβo, -a] *adj* zuckend, krampfartig, krampfhaft, konvulsiv(isch); **tos convulsiva** Krampfhusten *m*

convulso, **-a** [kom'bulso, -a] *adj* **1.** (MED) zuckend **2.** (*agitado*) zitternd; ~ **de rabia** bebend vor Wut

conyugal [konɟu'ɣal] *adj* ehelich, Ehe-; **amor** ~ Gattenliebe *f*

cónyuge ['konɟuxe] *mf* Ehemann, -frau *m, f*; **los** ~**s** die Eheleute

conyugicida [konɟuxi'θiða] *mf* Gattenmörder(in) *m(f)*

conyugicidio [konɟuxi'θiðjo] *m* Gattenmord *m*

coña ['koɲa] *f* (*vulg*) **1.** (*broma*) Verarschung *f*; **tomar a** ~ nicht ernst nehmen; **no me vengas con** ~**s** verarsch mich nicht **2.** (*lata*) Sauerei *f fam*, Schweinerei *f fam*; **ser la** ~ (*aburrir*) stinklangweilig [*o* ätzend] sein *fam*; (*molestar*) nervig [*o* ätzend] sein *fam*; (*lo último*) das (Aller)letzte sein *fam*; **¡esto es una** ~**!** das ist eine Sauerei! *fam*; **eres la** ~ du bist unmöglich *fam*

coñá [ko'ɲa] *m*, **coñac** [ko'ɲa^k] *m* <coñacs> Kognak *m*, Weinbrand *m*

coñazo [ko'ɲaθo] *m* (*vulg*) **1.** (*persona*) Nervensäge *f fam* **2.** (*cosa*) Schweinerei *f fam*, Sauerei *f fam*; **¡esto es un** ~**!** das ist ein Hammer! *fam*

coñearse [koɲe'arse] *vr* (*vulg*) sich lustig machen (*de* über +*akk*)

coñete [ko'ɲete] *adj* (*Chil, Perú: fam: tacaño*) geizig, knauserig

coño ['koɲo] **I.** *interj* verdammt, Scheiße **II.** *m* (*vulg*) Fotze *f*; **estar hasta el mismísimo** ~ die Schnauze (gestrichen) voll haben *fam*; **vive en el quinto** ~ er/sie wohnt am Arsch der Welt *fam*; **¿qué** ~ **te importa?** das geht dich einen feuchten Dreck an! *fam* **III.** *adj* (*Chil*) geizig

coñón [ko'ɲon] *m* (*vulg*) Scherzbold *m fam*

coopción [ko(o)β'θjon] *f* (FIN) Koop(ta)tion *f*

cooperación [ko(o)pera'θjon] *f* **1.** (*en común*) Zusammenarbeit *f*; (*t.* ECON, POL) Kooperation *f*; ~ **al desarrollo** Entwicklungszusammenarbeit *f*; ~ **económica** wirtschaftliche Zusammenarbeit; **acuerdo de** ~ (UE) Kooperationsabkommen *nt* **2.** (*participación*) Mitarbeit *f*

cooperador(**a**) [ko(o)pera'ðor(a)] *m(f)* Mitarbeiter(in) *m(f)*

cooperante [ko(o)pe'ran̪te] *mf* Entwicklungshelfer(in) *m(f)*

cooperar [ko(o)pe'rar] *vi* **1.** (*juntamente*) zusammenarbeiten; (*t.* POL, ECON) kooperieren; **he cooperado con él** ich habe mit ihm zusammengearbeitet **2.** (*participar*) mitarbeiten (*en* bei +*dat*); (*ayudar*) mithelfen (*en* bei +*dat*), beitragen (*en* zu +*dat*)

cooperatismo [ko(o)pera'tismo] *m* (ECON) *v.* **cooperativismo**

cooperativa [ko(o)pera'tiβa] *f* Genossenschaft *f*; ~ **agrícola** landwirtschaftliche Genossenschaft; ~ **de compra** Einkaufsgenossenschaft *f*; ~ **de consumo** Verbrauchergenossenschaft *f*; ~ **de crédito** Kreditgenossenschaft *f*; **C**~ **de Producción Agrícola** Landwirtschaftliche Produktionsgenossenschaft; ~ **de venta** Verkaufsgenossenschaft *f*; ~ **vitivinícola** Winzergenossenschaft *f*; ~ **de viviendas protegidas** Genossenschaft im sozialen Wohnungsbau

cooperativismo [ko(o)perati'βismo] *m* **1.** (*régimen cooperativo*) Genossenschaftswesen *nt* **2.** (*movimiento*) Genossenschaftsbewegung *f*

cooperativista [ko(o)perati'βista] *mf* Genossenschaftler(in) *m(f)*

cooperativo, **-a** [ko(o)pera'tiβo, -a] *adj* **1.** (*que coopera*) kooperativ; (*que colabora*) mitwirkend **2.** (*institución*) genossenschaftlich, Genossenschafts-; **sociedad cooperativa** Genossenschaft *f*

coordenada [ko(o)rðe'naða] *f* (MAT) Koordinate *f*; **sistema de** ~**s** Koordinatensystem *nt*

coordenado, **-a** [ko(o)rðe'naðo, -a] *adj* (*t.* MAT) zugeordnet; (*en un sistema*) Koordinaten-

coordinación [ko(o)rðina'θjon] *f* **1.** (*organización*) Koordination *f*, Koordinierung *f* **2.** (LING) Nebenordnung *f*, Beiordnung *f*

coordinado, **-a** [ko(o)rði'naðo, -a] *adj* **1.** (*organizado*) koordiniert **2.** (LING) nebengeordnet, beigeordnet

coordinador(**a**) [ko(o)rðina'ðor(a)] **I.** *adj* koordinierend **II.** *m(f)* Koordinator(in) *m(f)*; ~ **de marketing** (ECON) Marketingkoordinator *m*

coordinante [ko(o)rði'nan̪te] *adj* **1.** (*que coordina*) koordinierend **2.** (LING) koordinierend, nebenordnend; **conjunciones** ~**s** koordinierende Konjunktionen

coordinar [ko(o)rði'nar] *vt* **1.** (*organizar*) koordinieren **2.** (*armonizar*) aufeinander abstimmen, (miteinander) in Einklang bringen; **para aumentar los ingresos tienes que** ~ **mejor tu equipo** um die Einkünfte zu erhöhen, musst du dein Team besser aufeinander abstimmen

coorganizador(**a**) [ko(o)rɣaniθa'ðor(a)] *m(f)* Mitveranstalter(in) *m(f)*

copa ['kopa] *f* **1.** (*vaso*) (Stiel)glas *nt*; ~ **flauta**

Sektglas *nt;* ~ **graduada** Messglas *nt;* **una ~ de vino** ein Glas Wein; **una ~ para el vino** ein Weinglas; **ir** [*o* **salir**] **de ~s** etwas trinken gehen; **tener una ~ de más** beschwipst sein *fam;* **tomar unas ~s** ein paar Gläser trinken; **apurar la ~ del dolor** [*o* **de la desgracia**] (*elev*) den (bitteren) Kelch bis zur Neige leeren (müssen) **2.**(*de árbol*) (Baum)krone *f* **3.**(*de sujetador*) Körbchen *nt* **4.**(*de sombrero*) Kopf *m;* **sombrero de ~** Zylinder(hut) *m* **5.**(DEP: *trofeo*) Pokal *m;* (*partido*) Pokalspiel *nt;* (*competición*) Pokalwettbewerb *m,* Cup *m;* **ganar la ~** den Pokal gewinnen **6.** *pl* (*naipes*) *Kelch als Farbe des spanischen Kartenspiels*

copado, **-a** [ko'paðo, -a] *adj* dicht belaubt, mit dichter Baumkrone

copador [kopa'ðor(a)] *m* Holzhammer *m*

copal [ko'pal] **I.** *adj* Kopal- **II.** *m* **1.**(*resina*) Kopal *m,* Kopalharz *nt* **2.**(*árbol*) Kopalbaum *m*

copar [ko'par] *vt* **1.**(MIL: *rodear*) einkesseln; (*cortar la retirada*) den Rückzug abschneiden +*dat* **2.**(*acorralar*) in die Enge treiben; **estar copado** festsitzen; (*negociaciones*) festgefahren sein **3.**(*votos*) für sich gewinnen, erlangen; (*premios*) gewinnen, einheimsen *fam;* ~ **la banca** (*en un juego*) die Bank sprengen

coparticipación [kopartiθipa'θjon] *f* (Mit)beteiligung *f*

copartícipe [kopar'tiθipe] *mf* (*codueño*) Mitinhaber(in) *m(f);* (*socio*) Mitteilhaber(in) *m(f)*

copartidario, **-a** [koparti'ðarjo, -a] **I.** *adj* Parteigänger- **II.** *m, f* Parteigänger(in) *m(f);* (*del mismo partido*) Parteifreund(in) *m(f)*

copatrocinar [kopatroθi'nar] *vt* mitunterstützen, mitfördern

copazo [ko'paθo] *m* (*fam*) Drink *m*

COPCA ['kopka] *m* (ECON) *abr de* **Consorcio de Promoción Comercial de Cataluña** *katalonischer Absatzförderungsverband*

copear [kope'ar] *vi* **1.**(*fam: beber*) trinken, bechern, einen heben **2.**(*vender*) (glasweise) ausschenken

cópec ['kopek] *m* <copecks>, **copeca** [ko'peka] *f* Kopeke *f*

Copenhague [kope'naɣe] *m* Kopenhagen *nt*

copeo [ko'peo] *m:* **irse de ~** etwas trinken gehen

copernicano, **-a** [koperni'kano, -a] *adj* kopernikanisch; **este descubrimiento constituye un giro ~** diese Entdeckung stellt eine kopernikanische Wende dar

copero[1] [ko'pero] *m* **1.**(HIST) Mundschenk *m* **2.**(*mueble*) Gläserschrank *m*

copero, **-a**[2] [ko'pero, -a] *adj* Pokal-; **partido ~** Pokalspiel *nt*

copete [ko'pete] *m* **1.**(*de persona*) (Haar)tolle *f* **2.**(*de ave*) Haube *f;* (*de caballo*) Schopf *m* **3.**(*de un mueble*) Bekrönung *f* **4.**(*de un helado*) Sahnehäubchen *nt* **5.**(*de una montaña*) (Berg)gipfel *m* **6.**(*altanería*) Hochmut *m,* Einbildung *f;* **tener mucho ~** hochmütig [*o* eingebildet] sein; **bajar a alguien el ~** jdm den Kopf zurechtsetzen [*o* zurechtrücken] **7.**(*linaje*) Rang *m;* **ser de alto ~** von hohem Rang sein

copetín [kope'tin] *m* **1.**(*Méx: copa de licor*) Gläschen *nt* Likör; (*aperitivo*) Aperitif *m* **2.**(*Arg: cóctel*) Cocktail *m*

copetón, **-ona** [kope'ton, -ona] *adj* (*Col*) beschwipst *fam;* **estar ~** einen in der Krone haben *fam*

copetudo, **-a** [kope'tuðo, -a] *adj* **1.**(*objeto*) bekrönt **2.**(*carácter*) hochmütig, eingebildet **3.**(*linaje*) von hohem Rang, hochrangig, hochgestellt

copia ['kopja] *f* **1.**(*de un escrito*) Kopie *f,* Abschrift *f;* (*al carbón*) Durchschlag *m,* Durchschrift *f;* ~ **certificada** beglaubigte Kopie; ~ **en limpio** Reinschrift *f;* ~ **en papel carbón** Durchschlag *m;* ~ **de seguridad** (INFOR) Sicherheitskopie *f* **2.**(ARTE: *imagen*) Abbild *nt;* (*réplica*) Kopie *f,* Nachbildung *f,* Abklatsch *m pey* **3.**(FOTO) Abzug *m;* **¿puedes hacerme una ~ de esta fotografía?** kannst du mir einen Abzug von diesem Foto machen? **4.**(CINE) Kopie *f;* **sacar una ~** eine Kopie ziehen (*de* von +*dat*) **5.**(TIPO) Exemplar *nt* **6.**(*elev: abundancia*) Fülle *f* (*de* von +*dat*), große Menge *f* (*de* von +*dat*); **una gran ~ de razones** eine Fülle von Gründen

copiado [ko'pjaðo, -a] *m* (TÉC) Kopieren *nt*

copiador(a) [kopja'ðor(a)] *m(f)* Kopist(in) *m(f)*

copiadora [kopja'ðora] *f* Kopiergerät *nt,* Kopierer *m*

copiar [ko'pjar] *vt* **1.**(*un escrito*) abschreiben; (*a máquina*) abtippen; **la cogieron copiando** sie haben sie beim Abschreiben erwischt **2.**(ARTE: *representar*) abmalen; (*imitar*) kopieren, nachbilden; ~ **un paisaje** eine Landschaft abmalen; ~ **un Velázquez** einen Velázquez kopieren **3.**(*un comportamiento*) nachahmen, nachmachen; **siempre me copia en todo** er/sie macht mir immer alles nach

copichuela [kopi'ʧwela] *f* (*fam*) Gläschen *nt* (Bier, Wein, Schnaps o. ä.)

copiloto, **-a** [kopi'loto, -a] *m, f* (AERO) Kopilot(in) *m(f)*

copión, **-ona** [ko'pjon, -ona] *m, f* (*pey*) Nachmacher(in) *m(f)*

copiosidad [kopjosi'ða^{ð}] *f* (*exuberancia*) Üppigkeit *f;* (*abundancia*) Reichlichkeit *f*

copioso, **-a** [ko'pjoso, -a] *adj* (*exuberante*) üppig; (*abundante*) reichlich; **una comida copiosa** ein üppiges Essen

copista [ko'pista] *mf* Kopist(in) *m(f)*

copistería [kopiste'ria] *f* Copyshop *m*

copita [ko'pita] *f* Gläschen *nt;* **una ~ de ginebra** ein Gläschen Gin; **tomar una ~** ein Gläschen trinken, sich *dat* einen genehmigen *fam*

copla ['kopla] *f* **1.**(LIT: *estrofa*) (vierzeilige)

Strophe *f* **2.** (MÚS) (Volks)lied *nt* **3.** (*pareja*) Paar *nt* **4.** *pl* (*fam: versos*) Verse *mpl;* **~s de Calaínos** alte Geschichten; **~s de ciego** ≈Knittelvers *m;* **andar en ~s** (*fam*) ins Gerede geraten sein; **echar ~s a alguien** (*fam*) jdn heruntermachen

coplanario, **-a** [kopla'narjo, -a] *adj* (MAT) in der gleichen Ebene liegend, komplanar

coplear [kople'ar] *vi* (MÚS: *fam: hacer*) Lieder dichten; (*decir*) Lieder aufsagen; (*cantar*) Lieder singen

coplero, **-a** [ko'plero, -a] *m, f* (*pey: mal poeta*) Dichterling *m,* Versemacher(in) *m(f)*

copo ['kopo] *m* **1.** (*porción*) Flocke *f;* (*de pelo*) Büschel *nt;* **~s de avena** Haferflocken *fpl;* **~ de nieve** Schneeflocke *f* **2.** (*And: de árbol*) Wipfel *m*

copón [ko'pon] *m* (REL) Kelch *m;* **del ~** gewaltig, riesig; **se llevó un susto del ~** er/sie hat einen gewaltigen Schreck bekommen

coposesión [kopose'sjon] *f* (JUR) Mitbesitz *m*

coposesor(a) [kopose'sor(a)] *m(f)* (JUR) Mitbesitzer(in) *m(f)*

coposo, **-a** [ko'poso, -a] *adj* (BOT) *v.* **copado**

copra ['kopra] *f* Kopra *f*

copresidente, **-a** [kopresi'ðen̩te, -a] *m, f* Mitvorsitzende(r) *mf*

copresidir [kopresi'ðir] *vt* gemeinsam vorsitzen +*dat,* gemeinsam leiten [*o* präsidieren]

copretérito [kopre'terito] *m* (LING) Imperfekt *nt* (im Indikativ)

coprocesador [koproθesa'ðor] *m* (INFOR) Co-Prozessor *m;* **~ matemático** mathematischer Koprozessor

coprocultivo [koprokul̩'tiβo] *m* (BIOL) Koprokultur *f*

coproducción [koproðuᵞ'θjon] *f* (CINE) Gemeinschaftsproduktion *f,* Koproduktion *f*

coproducir [koproðu'θir] *vt* (CINE) in Gemeinschaftsarbeit produzieren, koproduzieren

coproductor(a) [koproðuk'tor(a)] *m(f)* (CINE) Koproduzent(in) *m(f)*

coprofagia [kopro'faxja] *f sin pl* (MED, ZOOL: *elev*) Koprophagie *f*

coprófago, **-a** [ko'profaɣo, -a] **I.** *adj* (ZOOL) kotfressend, koprophag **II.** *m, f* (ZOOL) Kotfresser *m,* Koprophage *m*

coprofilia [kopro'filja] *f* (MED) Koprophilie *f*

coprolalia [kopro'lalja] *f* (MED) Koprolalie *f*

coprología [koprolo'xia] *f* (QUÍM) Koprologie *f*

copropiedad [kopropje'ðaᵈ] *f* Miteigentum *nt*

copropietario, **-a** [kopropje'tarjo, -a] *m, f* Miteigentümer(in) *m(f)*

coprotagonista [koprotaɣo'nista] **I.** *adj* (CINE, TEAT) der zweiten Hauptrolle; **el actor ~ era japonés** der zweite Hauptdarsteller war Japaner **II.** *mf* (CINE, TEAT) zweiter Hauptdarsteller *m,* zweite Hauptdarstellerin *f*

copto[1] ['kopto] *m* (*lengua*) Koptisch(e) *nt*

copto, **-a**[2] ['kopto, -a] **I.** *adj* koptisch **II.** *m, f* Kopte, -in *m, f*

copucha [ko'putʃa] *f* (*Chil*) **1.** (*mentira*) Lüge *f* **2.** (*vejiga de animal*) Rindsblase *f*

copudo, **-a** [ko'puðo, -a] *adj* mit dichter (Baum)krone, dicht belaubt

cópula ['kopula] *f* **1.** (*unión*) Verbindung *f;* (BIOL) Paarung *f* **2.** (*coito*) Begattung *f,* Kopulation *f* **3.** (LING) Satzband *nt,* Kopula *f* **4.** (ARQUIT) Kuppel *f*

copulación [kopula'θjon] *f* Kopulation *f*

copular [kopu'lar] **I.** *vt* **1.** (*unir*) verbinden **2.** (BIOL) paaren, zur Begattung zusammenbringen **II.** *vi, vr:* **~se** sich paaren, kopulieren

copulativo, **-a** [kopula'tiβo, -a] *adj* (LING) kopulativ

copyright [kopi'rrai̯ᵗ] *m* Copyright *nt*

coque ['koke] *m* Koks *m*

coqueta [ko'keta] *f* **1.** (*chica*) kokettes Mädchen *nt;* (*mujer*) kokette Frau *f* **2.** (*mueble*) Frisierkommode *f* **3.** (*panecillo*) Brötchen *nt* **4.** (*fam: palmetazo*) Schlag *m* (*mit dem Rohrstock auf die flache Hand*)

coquetear [kokete'ar] *vi* **1.** (*flirtear*) flirten, kokettieren **2.** (*considerar*) kokettieren, liebäugeln; **estuvo un tiempo coqueteando con la idea de emigrar** er/sie kokettierte [*o* liebäugelte] eine Zeit lang mit dem Gedanken auszuwandern

coqueteo [koke'teo] *m* Flirten *nt,* Kokettieren *nt*

coquetería [kokete'ria] *f* **1.** (*hecho*) Koketterie *f;* **hacer ~s** kokettieren **2.** (*cualidad*) Koketterie *f,* Eitelkeit *f*

coqueto, **-a** [ko'keto, -a] *adj* **1.** (*que coquetea*) kokett **2.** (*encantador*) reizend **3.** (*vanidoso*) kokett, eitel **4.** (*objeto*) hübsch, nett; **un hotel ~** ein hübsches Hotel

coquetón[1] [koke'ton] *m* Schürzenjäger *m fam*

coquetón, **-ona**[2] [koke'ton, -ona] *adj* **1.** (*atractivo*) reizend, hübsch; (*gracioso*) niedlich; **lleva un vestido ~** sie trägt ein hübsches Kleid **2.** (*que coquetea*) kokett

coquito [ko'kito] *m* Fratze *f fam,* Grimasse *f;* **hacer ~s** Grimassen schneiden

coquizar [koki'θar] <z→c> *vt* (TÉC) verkoken

cora[1] ['kora] *f* (HIST) Verwaltungsbezirk *m* (im maurischen Spanien)

cora[2] ['kora] **I.** *adj* Cora- **II.** *mf* Cora *mf*

coracero [kora'θero] *m* **1.** (MIL) Kürassier *m* **2.** (*fam: cigarro*) Stinkadores *f*

coracha [ko'ratʃa] *f* (*Am*) Lederbeutel *m*

coracoides [kora'koi̯ðes] *f inv* (ANAT) Rabenschnabelfortsatz *m*

coraje [ko'raxe] *m* **1.** (*valor*) Mut *m,* Courage *f;* **tener ~** mutig [*o* couragiert] sein **2.** (*ira*) Wut *f,* Zorn *m;* **dar ~** wütend [*o* rasend] machen; **estar lleno de ~** wutentbrannt sein; **salió corriendo lleno de ~** er ist wutentbrannt hinausgelaufen; **tenerle ~ a alguien** auf [*o* über] jdn wütend sein

corajina [kora'xina] *f* Wutanfall *m*, Koller *m fam;* **le dio una** ~ er/sie kriegte einen Koller
corajudo, **-a** [kora'xuðo, -a] *adj* **1.** (*valeroso*) couragiert, beherzt; (*valiente*) mutig **2.** (*colérico*) hitzig, jähzornig
coral[1] [ko'ral] **I.** *adj* **1.** (*color*) korallen(rot); **llevaba una bufanda color** ~ er/sie trug einen korallenroten Schal **2.** (MÚS: *del coro*) Chor-; **música** ~ Chormusik *f* **II.** *m* **1.** (ZOOL) Korallentier *nt*, Koralle *f* **2.** (*materia*) Koralle *f* **3.** (*Cuba: arbusto*) Korallenbaum *m* **4.** (MÚS) Choral *m*
coral[2] [ko'ral] *f* (MÚS) Chor *m*
coralero, **-a** [kora'lero, -a] *m, f* (*pescador*) Korallenfischer(in) *m(f)*; (*comerciante*) Korallenhändler(in) *m(f)*
coralífero, **-a** [kora'lifero, -a] *adj* Korallen-; **isla coralífera** Koralleninsel *f*
coralillo [kora'liʎo] *m* **1.** (ZOOL) Korallenschlange *f* **2.** (BOT) Korallenbaum *m;* ~ **blanco** Korallenbäumchen *nt*
coralino, **-a** [kora'lino, -a] *adj* korallen
Corán [ko'ran] *m* (REL) Koran *m*
coránico, **-a** [ko'raniko, -a] *adj* (REL) koranisch
coraza [ko'raθa] *f* **1.** (MIL: *armadura*) Kürass *m*, Brustharnisch *m;* (*blindaje*) Panzerplatte *f* **2.** (ZOOL) Panzer *m* **3.** (*protección*) Schutz *m;* **su vanidad no es más que una** ~ seine/ihre Eitelkeit ist reiner Selbstschutz
coraznada [koraθ'naða] *f* **1.** (BOT: *pino*) Kern *m* einer Kiefer **2.** (GASTR) geschmortes Rinderherz *nt*
corazón [kora'θon] *m* **1.** (ANAT) Herz *nt;* **blando de** ~ weichherzig; **duro de** ~ hartherzig; **de todo** ~ von ganzem Herzen; **con el** ~ **en la mano** aufrichtig, offen; **abrir su** ~ **a alguien** jdm sein Herz ausschütten, sich jdm anvertrauen; **se me cubre el** ~ mir wird das Herz schwer; **hacer algo de** ~ etw von Herzen gern tun; **no caberle a alguien el** ~ **en el pecho** sehr großherzig sein; **llevar el** ~ **en la(s) mano(s)** das Herz auf der Zunge tragen; **con el** ~ **en las manos** offen(herzig); **meter a alguien el** ~ **en un puño** jdm einen Schrecken einjagen; **poner el** ~ **en alguien/algo** sein Herz an jdn/etw hängen; **tener un** ~ **de oro, ser todo** ~ herzensgut sein; **no tener** ~ herzlos sein; **la noticia le partió** [*o* **rompió**] **el** ~ die Nachricht brach ihm/ihr das Herz; **se me parte el** ~ **de no poder ayudarles** es zerreißt mir das Herz, ihnen nicht helfen zu können; **de ver el abismo se le encogió el** ~ beim Anblick des Abgrundes krampfte sich sein/ihr Herz zusammen; **ya me lo daba** [*o* **decía**] **el** ~ ich ahnte es bereits; **salir del** ~ von Herzen kommen **2.** (*centro*) Zentrum *nt*, Mittelpunkt *m* **3.** (*interior*) Innere(s) *nt*, Kern *m;* (*de la fruta*) Herz *nt* **4.** (*coraje*) Mut *m;* **abrir el** ~ **a alguien** jdm Mut zusprechen; **tener el** ~ **bien puesto** [*o* **en su sitio**] mutig sein; **no tener** ~ **para hacer algo** nicht das Herz [*o* den Mut] haben etw zu tun; **hacer de tripas** ~ sich *dat* ein Herz fassen **5.** (*apelativo cariñoso*) Liebling *m;* ~ (**mío**) mein Herz, (mein) Schatz
corazonada [koraθo'naða] *f* **1.** (*presentimiento*) Ahnung *f*, Vorgefühl *nt* **2.** (*impulso*) plötzlicher Impuls *m;* (*arrebato*) plötzliche Anwandlung *m;* **en una** ~ **vendió la casa** aus einer plötzlichen Anwandlung heraus [*o* einer plötzlichen Anwandlung folgend] verkaufte er/sie das Haus **3.** (*acto*) schneller Entschluss *m*
corbacho [kor'βatʃo] *m* Riemenpeitsche *f*, Karbatsche *f*
corbata [kor'βata] *f* **1.** (*chalina*) Krawatte *f*, Schlips *m fam* **2.** (MIL) Fahnenschleife *f*
corbatería [korβate'ria] *f* Krawattenladen *m*
corbatín [korβa'tin] *m* Fliege *f;* **irse** [*o* **salirse**] **por el** ~ (*fam*) eine Bohnenstange sein
corbeta [kor'βeta] *f* (MIL) Korvette *f*
Córcega ['korθeɣa] *f* Korsika *nt*
corcel [kor'θel] *m* (LIT) Ross *nt*
corcha ['kortʃa] *f* **1.** (*corcho*) Rohkork *m* **2.** (*recipiente*) Kühlbehälter *m* aus Kork **3.** (*colmena*) Bienenstock *m* **4.** (NÁUT) Flechten *nt* (*eines Taus*)
corchar [kor'tʃar] *vt* **1.** (*botellas*) verkorken **2.** (NÁUT) flechten
corchea [kor'tʃea] *f* (MÚS) Achtelnote *f*
corchera [kor'tʃera] *f* **1.** (DEP) Korkleine *f* **2.** (*recipiente*) Kühlbehälter *m* aus Kork
corchero, **-a** [kor'tʃero, -a] *adj* Kork-; **industria corchera** Korkindustrie *f*
corchete [kor'tʃete] *m* **1.** (*broche*) Haken *m* und Öse; (*pieza*) Haken *m* **2.** (TIPO) eckige Klammer *f* **3.** (*pey: alguacil*) Häscher *m*
corcho ['kortʃo] **I.** *m* **1.** (*material*) Kork *m;* **andar como el** ~ **sobre el agua** sich treiben lassen; **flotar** [*o* **sobrenadar**] **como el** ~ **en el agua** sich nicht unterkriegen lassen **2.** (*tapón*) Korken *m* **3.** (*en la pesca*) Schwimmer *m* **4.** (*colmena*) Bienenkorb *m* **II.** *interj:* **¡~!** Donnerwetter!
córcholis ['kortʃolis] *interj:* **¡~!** Donnerwetter!
corchoso, **-a** [kor'tʃoso, -a] *adj* korkähnlich, korkartig
corcino [kor'θino] *m* (ZOOL) Rehkitz *nt*
corcova [kor'koβa] *f* Buckel *m*, Höcker *m fam*
corcovado, **-a** [korko'βaðo, -a] **I.** *adj* buck(e)lig **II.** *m, f* Bucklige(r) *mf*
corcovar [korko'βar] *vt* krümmen
corcovear [korkoβe'ar] *vi* **1.** (*caballo*) bocken; (*gato*) buckeln **2.** (*fam: persona*) sich sträuben **3.** (*And, CSur: quejarse*) murren, nörgeln **4.** (*Méx: tener miedo*) Angst haben, sich fürchten
corcovo [kor'koβo] *m* **1.** (*brinco*) Sprung *m* **2.** (*curvatura*) Krümmung *f*
cordada [kor'ðaða] *f* Seilschaft *f*
cordado, **-a** [kor'ðaðo, -a] *adj* **1.** (ZOOL) mit einer Chorda ausgestattet **2.** (MÚS) besaitet
cordados [kor'ðaðos] *mpl* (ZOOL) Chordaten

pl

cordaje [kor'ðaxe] *m* **1.** (*de un instrumento*) Besaitung *f;* (*de una raqueta*) Bespannung *f* **2.** (*de una embarcación*) Takelwerk *nt*

cordal [kor'ðal] **I.** *adj:* **muela** ~ Weisheitszahn *m* **II.** *m* (MÚS) Saitenhalter *m*

cordel [kor'ðel] *m* **1.** (*cuerda delgada*) Schnur *f,* Bindfaden *m,* Kordel *f reg;* ~ **guía** Richtschnur *f;* **a** ~ schnurgerade; **a hurta** ~ plötzlich, unversehens; **apretar los ~es a alguien** jdm heftig zusetzen; **dar ~ a alguien** jdn quälen **2.** (*cañada*) Trift *f*

cordelado, -a [korðe'laðo, -a] *adj* schnurförmig

cordelar [korðe'lar] *vt* mit einer Schnur abstecken

cordelería [korðele'ria] *f* **1.** (*industria*) Seilerei *f* **2.** (*cordaje*) Takelwerk *nt*

cordelero[1] [korðe'lero] *m* (REL) Franziskaner(mönch) *m*

cordelero, -a[2] [korðe'lero, -a] **I.** *adj* Seiler- **II.** *m, f* Seiler(in) *m(f)*

cordera [kor'ðero] *f v.* **cordero**[2]

corderil [korðe'ril] *adj* Lamm-

corderillo [korðe'riʎo] *m* (*piel*) Lammfell *nt*

corderino, -a [korðe'rino, -a] *adj v.* **corderil**

cordero[1] [kor'ðero] *m* **1.** (*carne*) Lammfleisch *nt* **2.** (*piel*) Lammfell *nt*

cordero, -a[2] [kor'ðero, -a] *m, f* Lamm *nt;* ~ **asado** Lammbraten *m;* ~ **pascual** Osterlamm *nt;* **C~ de Dios** Lamm Gottes; **es manso como un ~** er ist lammfromm; **mirar como un ~ degollado** (*fam*) wie ein Unschuldslamm dreinblicken

cordial [kor'ðjal] **I.** *adj* **1.** (*persona*) freundlich, herzlich **2.** (MED) (herz)stärkend **II.** *m* (herz)stärkendes Mittel *nt,* Herztonikum *nt*

cordialidad [korðjali'ðaᵈ] *f* Freundlichkeit *f,* Herzlichkeit *f*

cordialmente [korðjal'mente] *adv* herzlich

cordiforme [korði'forme] *adj* (*elev*) herzförmig

cordila [kor'ðila] *f* (ZOOL) frisch geschlüpfter Thunfisch *m*

cordillera [korði'ʎera] *f* Gebirgskette *f*

cordillerano, -a [korðiʎe'rano, -a] *adj* (*Am:* GEO) Anden-, Kordilleren-

córdoba ['korðoβa] *m* (*Nic: moneda*) Córdoba *m*

Córdoba ['korðoβa] *f* Córdoba *nt*

cordobán [korðo'βan] *m* Korduan(leder) *nt*

cordobense [korðo'βense] **I.** *adj* aus Córdoba (Kolumbien) (*Kolumbien*); **el departamento ~** der Bezirk Córdoba (*Kolumbien*) **II.** *mf* Einwohner(in) *m(f)* von Córdoba (*Kolumbien*)

cordobés, -esa [korðo'βes, -esa] **I.** *adj* aus Córdoba **II.** *m, f* Einwohner(in) *m(f)* von Córdoba

cordón [kor'ðon] *m* **1.** (*cordel*) Schnur *f,* Kordel *f;* (*del uniforme*) Litze *f;* (*de zapatos*) Schnürsenkel *m* **2.** (ELEC, NÁUT) Kabel *nt* **3.** (MIL) Kordon *m,* Postenkette *f;* ~ **sanitario** Sperrgürtel *m* **4.** (ARQUIT) (Kranz)gesims *nt* **5.** (*CSur: de la acera*) Bordstein *m* **6.** (ANAT): ~ **espermático** Samenstrang *m;* ~ **umbilical** Nabelschnur *f*

cordoncillo [korðon'θiʎo] *m* **1.** (*en la tela*) Rippe *f;* (*una guarnición*) (schnurartiger) Besatz *m;* (*un ribete*) Paspel *f* **2.** (*de una moneda*) Münzrand *m* **3.** (*de un fruto*) Naht *f*

cordonería [korðone'ria] *f* **1.** (*producto*) Posamentierarbeit *f* **2.** (*oficio*) Posamentierhandwerk *nt* **3.** (*tienda*) Posamenterie *f*

cordubense [korðu'βense] *adj o mf v.* **cordobés**

cordura [kor'ðura] *f* (*razón*) Vernunft *f;* (*juicio*) Verstand *m;* (*prudencia*) Umsicht *f,* Besonnenheit *f;* **obró con ~** er/sie hat vernünftig gehandelt

corea [ko'rea] *f* (MED) Chorea *f,* Veitstanz *m*

Corea [ko'rea] *f* Korea *nt;* ~ **del Norte** Nordkorea *nt;* ~ **del Sur** Südkorea *nt*

coreano[1] [kore'ano] *m* (*lengua*) Koreanisch(e) *nt*

coreano, -a[2] [kore'ano, -a] **I.** *adj* koreanisch **II.** *m, f* Koreaner(in) *m(f)*

corear [kore'ar] *vt* **1.** (*acompañar*) (mit) einstimmen (in +*akk*); (*cantando*) mitsingen; **coreó el júbilo de las masas** er/sie stimmte in den Jubel der Massen ein; **la parroquia coreaba la canción** die Gemeinde sang das Lied mit **2.** (*asentir*) (begeistert) zustimmen +*dat;* **le coreaba todo lo que ella decía** er/sie stimmte allem, was sie sagte, zu

coreo [ko'reo] *m* **1.** (LIT) Choreus *m,* Trochäus *m* **2.** (MÚS) Einteilung *f* der Chorpartien (*in einem Musikstück*)

coreógrafa [kore'oγrafa] *f v.* **coreógrafo**

coreografía [koreoγra'fia] *f* Choreographie *f*

coreográfico, -a [koreo'γrafiko, -a] *adj* choreographisch

coreógrafo, -a [kore'oγrafo, -a] *m, f* Choreograph(in) *m(f)*

COREPER [kore'per] *m abr de* **Comité de Representantes Permanentes** Ausschuss *m* der ständigen Vertreter

cori ['kori] *m* (BOT) Johanniskraut *nt*

coriáceo, -a [ko'rjaθeo, -a] *adj* ledern, lederartig

coriambo [ko'rjambo] *m* (LIT) Choriambus *m*

corifeo [kori'feo] *m* **1.** (LIT) Chorführer *m,* Koryphäe *m* **2.** (*formal fig*) Wortführer *m,* Sprecher *m*

corindón [korin'don] *m* Korund *m*

corintio, -a [ko'rintjo, -a] **I.** *adj* korinthisch **II.** *m, f* Korinther(in) *m(f)*

corinto [ko'rinto] **I.** *adj* rosinfarben, rosinfarbig **II.** *m* Korinthe *f*

corista[1] [ko'rista] *f* (*de una revista*) Revuesängerin *f*

corista[2] [ko'rista] *mf* Chorsänger(in) *m(f)*

corma ['korma] *f* **1.** (*cepo*) Fußblock *m,* hölzerne Fußfessel *f* **2.** (*elev fig: obstáculo*) Hemmschuh *m,* Hindernis *nt*

cormorán [kormo'ran] *m* (ZOOL) Kormoran *m*

cornada [kor'naðа] *f* **1.** (*golpe*) Stoß *m* mit den Hörnern; **dar ~s** mit den Hörnern zustoßen; **no morir de ~ de burro** (*irón*) jeglicher Gefahr aus dem Weg gehen **2.** (*herida*) Verletzung *f* (*durch einen Hornstoß*)

cornaje [kor'naxe] *m* (MED) Kehlkopfpfeifen *nt*

cornal [kor'nal] *m* (*soga del yugo*) Jochriemen *m*

cornalón, -ona [korna'lon, -ona] *adj* (TAUR) großhornig

cornamenta [korna'meṇta] *f* **1.** (*de animales*) Gehörn *nt* **2.** (*del marido*) Hörner *ntpl;* **poner a alguien la ~** jdm Hörner aufsetzen *fam*

cornamusa [korna'musa] *f* **1.** (*trompeta*) Waldhorn *nt* **2.** (*gaita*) Dudelsack *m* **3.** (NÁUT) Klampe *f*

cornatillo [korna'tiʎo] *m* (AGR) *große hornförmig gebogene Olivensorte*

córnea ['kornea] *f* Hornhaut *f*

cornear [korne'ar] *vt* mit den Hörnern zustoßen; **~ a alguien** jdn auf die Hörner nehmen

corneja [kor'nexa] *f* Krähe *f*

cornejo [kor'nexo] *m* (BOT) Hartriegel *m*

córneo, -a ['korneo, -a] *adj* hornartig, Horn-

córner ['korner] *m* (DEP) Eckball *m*, Eckstoß *m*

corneta[1] [kor'neta] *f* **1.** (MÚS: *instrumento*) Horn *nt;* (*en el ejército*) Signalhorn *nt;* **~ de llaves** Klapp(en)horn *nt;* **~ de monte** Jagdhorn *nt;* **~ de posta** Posthorn *nt;* **hacer algo a toque de ~** (*fig*) etw auf Befehl tun **2.** (MÚS: *música*) Hornistin *f* **3.** (*de los sordos*) Hörrohr *nt* **4.** (MIL: *standarte*) Standarte *f*

corneta[2] [kor'neta] *m* **1.** (MÚS: *músico*) Hornist *m* **2.** (MIL) Fähnrich *m*, Kornett *m*

cornete [kor'nete] *m* **1.** (MED) Nasenmuschel *f* **2.** (GASTR) Eistüte *f*, Eishörnchen *nt*

cornetín[1] [korne'tin] *mf* Kornettist(in) *m(f)*

cornetín[2] [korne'tin] *m* (*instrumento*) Kornett *nt*

cornezuelo [korne'θwelo] *m* **1.** (AGR) *v.* **cornatillo 2.** (AGR: *cornicabra*) *große spitz zulaufende Olivensorte* **3.** (BOT) Mutterkorn *nt* **4.** (MED) Wundhaken *m*

cornflakes [ko'n'fleịks] *pl* Cornflakes *pl*

corniforme [korni'forme] *adj* **1.** (*en forma de cuerno*) hornförmig **2.** (ASTR): **cometa ~** Komet *m* mit gekrümmtem Schweif

cornisa [kor'nisa] *f* (Kranz)gesims *nt*

cornisamento [kornisa'meṇto] *m* (ARQUIT) Simswerk *nt*, Gesims *nt*

corno ['korno] *m* **1.** (BOT: *cornejo*) Hartriegel *m* **2.** (MÚS) Oboe *f* da caccia; **~ inglés** Englischhorn *nt*

cornucopia [kornu'kopja] *f* **1.** (*cuerno*) Füllhorn *nt* **2.** (*espejo*) Spiegel *m* (mit Leuchtern)

cornudo, -a [kor'nuðo, -a] **I.** *adj* gehörnt; **marido ~** Hahnrei *m;* **tras de ~ apaleado** vom Leben gebeutelt **II.** *m, f* Gehörnte(r) *mf*

coro ['koro] *m* (ARQUIT, MÚS, REL, TEAT) Chor *m;* **~ de la ópera** Opernchor *m;* **a ~** einmütig, einstimmig; **acordar algo a ~** etw einstimmig beschließen; **hablar a ~s** abwechselnd reden; **hacer ~ a alguien/algo** jdm/etw *dat* zustimmen

corografía [koroɣra'fia] *f* (GEO) Länderkunde *f*, Chorographie *f*

corográfico, -a [koro'ɣrafiko, -a] *adj* (GEO) länderkundlich, chorographisch; **la descripción corográfica** die Landschaftsbeschreibung

corógrafo, -a [ko'roɣrafo, -a] *m, f* (GEO) Länderkundler(in) *m(f)*

coroides [ko'roịðes] *f inv* (ANAT) Aderhaut *f*

corola [ko'rola] *f* (BOT) Korolla *f*

corolario [koro'larjo] *m* Korollar(ium) *nt*

corona [ko'rona] *f* **1.** (*adorno, t.* POL) Krone *f;* **la ~ de España** die spanische Krone; **~ de espinas** Dornenkrone *f* **2.** (*de flores*) Kranz *m;* **~ de laurel** Lorbeerkranz *m* **3.** (*de eclesiásticos*) Tonsur *f* **4.** (*de santos*) Heiligenschein *m* **5.** (*de los dientes*) (Zahn)krone *f* **6.** (ASTR) Korona *f* **7.** (FIN: *moneda*): **~ checa** tschechische Krone; **~ danesa** dänische Krone; **~ noruega** norwegische Krone; **~ sueca** schwedische Krone

coronación [korona'θjon] *f* **1.** (*de un rey*) Krönung *f* **2.** (*de una acción o obra*) (abschließender) Höhepunkt *m*, Krönung *f* **3.** (ARQUIT) Bekrönung *f*

coronado[1] [koro'naðo] *m* (ZOOL) Tiefseequalle *f*, Kronenqualle *f*

coronado, -a[2] [koro'naðo, -a] *adj* **1.** (*con corona*) gekrönt **2.** (ZOOL) Tiefseequallen-, Coronata-

coronal[1] [koro'nal] **I.** *adj* **1.** (ANAT) Stirnbein-; **hueso ~** Stirnbein *nt* **2.** (LING) Koronal-; **pronunciar una sibilante ~** einen Zischlaut als Koronallaut aussprechen **II.** *f* (LING) Koronallaut *m*

coronal[2] [koro'nal] *m* (ANAT) Stirnbein *nt*

coronamiento [korona'mjeṇto] *m* **1.** (*de una acción u obra*) (krönender) Abschluss *m* **2.** (ARQUIT) Bekrönung *f*

coronar [koro'nar] *vt* **1.** (*una persona*) krönen; (*con flores*) bekränzen **2.** (*una acción u obra*) den krönenden Abschluss bilden *+gen;* (*perfeccionarla*) vollenden, krönen; **este poema corona su obra** dieses Gedicht stellt den Höhepunkt seines Schaffens dar; **el éxito coronó sus esfuerzos** seine Bemühungen waren von Erfolg gekrönt; **para ~lo...** um der Sache die Krone aufzusetzen ... **3.** (ARQUIT) bekrönen

coronaria [koro'narja] *f* (TÉC) Sekundenrad *nt*

coronario, -a [koro'narjo, -a] *adj* **1.** (*de forma de corona*) kranzförmig **2.** (MED) koronar

coronel(a) [koro'nel(a)] *m(f)* Oberst *m*, Frau Oberst *f*

coronilla [koro'niʎa] *f* (Haar)wirbel *m;* **andar** [*o* **bailar**] **de ~** (*fam*) weder rechts noch links schauen; **estar hasta la ~ de algo** (*fam*) etw satt haben [*o* sein], von etw *dat* die Nase voll haben; **dar de ~** mit dem Kopf (auf dem Boden) aufschlagen

coronografía [koronoɣra'fia] *f* (MED) Koronar(angi)ographie *f*

coronógrafo [koro'noɣrafo] *m* (ASTR) Koronograph *m*

corotos [ko'rotos] *mpl* (*Am: bártulos*) Krempel *m fam*, Zeug *nt fam*

corpa(n)chón [korpa(n)'ʧon] *m* **1.** (*fam: de una persona*) (plumper) Körper *m* **2.** (*de un ave*) Rumpf *m*

corpiño [kor'piɲo] *m* **1.** (*justillo*) Mieder *nt*, Leibchen *nt* **2.** (*CSur: sujetador*) Büstenhalter *m*, BH *m*

corporación [korpora'θjon] *f* **1.** (*comunidad*) Körperschaft *f*, Korporation *f*; **~ de estudiantes** Studentenverbindung *f*; **~ municipal** kommunale Körperschaft, Kommune *f* **2.** (*de una profesión*) Innung *f*; (HIST) Zunft *f*, Gilde *f* **3.** (*cooperativa*) Genossenschaft *f*

corporal [korpo'ral] *adj* körperlich, Körper-, leiblich

corporales [korpo'rales] *mpl* (REL) Korporale *nt*

corporalidad [korporali'ðað] *f* Körperlichkeit *f*, Leiblichkeit *f*

corporativismo [korporati'βismo] *m* Körperschaftswesen *nt*, Korporativismus *m*

corporativo, **-a** [korpora'tiβo, -a] *adj* körperschaftlich, korporativ

corporeidad [korporei̯'ðað] *f* **1.** (*materialidad*) Körperhaftigkeit *f* **2.** (*corporalidad*) Körperlichkeit *f*

corporeizar [korporei̯'θar] <z→c> **I.** *vt* Gestalt verleihen [*o* geben] +*dat*; **~ un proyecto** ein Vorhaben (in die Tat) umsetzen **II.** *vr*: **~se** Gestalt annehmen [*o* gewinnen]

corpóreo, **-a** [kor'poreo , -a] *adj* **1.** (*material*) körperhaft **2.** (*corporal*) körperlich

corporificar [korporifi'kar] <c→qu> **I.** *vt* (*elev: dar forma*) umsetzen, verwirklichen **II.** *vr*: **~se** (*elev: tomar forma*) sich verwirklichen, Gestalt annehmen

corpulencia [korpu'leṇθja] *f* **1.** (*de alguien*) Beleibtheit *f*, Korpulenz *f* **2.** (*de algo*) Wuchtigkeit *f*

corpulento, **-a** [korpu'leṇto, -a] *adj* **1.** (*persona*) beleibt, dick, korpulent **2.** (*cosa*) wuchtig

corpus ['korpus] *m sin pl* (LING) Korpus *m*

Corpus ['korpus] *m sin pl* (REL) Fronleichnam *m*; **celebrar el ~** Fronleichnam feiern

corpuscular [korpusku'lar] *adj* Teilchen-, korpuskular

corpúsculo [kor'puskulo] *m* **1.** (FÍS) Teilchen *nt*, Korpuskel *nt*; **~ elemental** elementares Teilchen **2.** (BIOL) Körperchen *nt*

corral [ko'rral] *m* **1.** (*cercado*) Gehege *nt*; (*redil*) Pferch *m*; (*para la pesca*) Fischzaun *m*; (*para gallinas*) Hühnerhof *m* **2.** (HIST, TEAT) (Innen)hof *m* **3.** (*lugar sucio*) Saustall *m fig* **4.** (*para niños*) Laufstall *m* **5.** (*casa de alquiler*): **~ de vecindad** Miet(s)haus *nt* **6.** (*loc*): **hacer ~es** schwänzen *fam*; **antes el ~ que las cabras** was für ein Schildbürgerstreich!; **como gallina en ~ ajeno** eingeschüchtert; **oír cantar, sin saber en qué ~** von etwas läuten hören

corralera [korra'lera] *f* (MÚS) *andalusisches Tanzlied*

corralito [korra'lito] *m* Laufstall *m*

corraliza [korra'liθa] *f* Hühnerhof *m*

corralón [korra'lon] *m* **1.** (*patio*) (Hinter)hof *m*, (Innen)hof *m* **2.** (*casa de vecindad*) Miet(s)haus *nt* **3.** (*CSur: maderería*) Holzlager *nt*

correa [ko'rrea] *f* **1.** (*tira*) Lederriemen *m*; **besar ~** (*fig*) klein beigeben (müssen) **2.** (*cinturón*) (Leder)gürtel *m* **3.** (TÉC) Riemen *m*; **~ de transmisión** Treibriemen *m*; **~ trapezoidal** Keilriemen *m* **4.** (*afilador*) Streichriemen *m* **5.** (ARQUIT) Pfette *f* **6.** (*elasticidad*) Biegsamkeit *f*, Elastizität *f* **7.** (*fam: aguante*) Ausdauer *f*; **tener ~** zäh sein, Ausdauer haben

correaje [korre'axe] *m* (*t.* TÉC) Riemenwerk *nt*

correar [korre'ar] *vt* weich machen

correazo [korre'aθo] *m* Schlag *m* mit einem Lederriemen

corrección [korreᵞ'θjon] *f* **1.** (*t.* TIPO) Verbesserung *f*, Korrektur *f*, Berichtigung *f*; (*de ruta*) (Kurs)korrektur *f*; **~ inflacionaria** (ECON) Inflationsausgleich *m* **2.** (*represión*) Zurechtweisung *f* **3.** (*cualidad*) Korrektheit *f*; (*comportamiento*) korrektes Verhalten *nt*, korrektes Benehmen *nt*; **obró con gran ~** er/sie hat äußerst korrekt gehandelt

correccional [korreᵞθjo'nal] *m* Erziehungsanstalt *f*, Erziehungsheim *nt*

correccionalismo [korreᵞθjona'lismo] *m sin pl* (JUR) Besserungs(straf)theorie *f*

correctivo[1] [korrek'tiβo] *m* (*sanción*) Korrektiv *nt*; (*como compensación*) Ausgleich *m*; (*como atenuación*) Milderung *f*

correctivo, **-a**[2] [korrek'tiβo, -a] *adj* **1.** (*que corrige*) richtig stellend **2.** (*que compensa*) ausgleichend **3.** (*que reprende*) zurechtweisend

correcto, **-a** [ko'rrekto, -a] *adj* **1.** (*justo*) richtig, korrekt; **la respuesta es correcta** die Antwort ist richtig **2.** (*comedido*) korrekt; (*impecable*) tadellos, einwandfrei; **es demasiado ~ en su comportamiento** er ist zu korrekt in seinem Verhalten **3.** (*sin errores*) fehlerfrei, richtig; **tiene una pronunciación correcta** er/sie hat eine fehlerfreie [*o* korrekte] Aussprache **4.** (*apropiado*) angemessen; **un precio ~** ein angemessener Preis

corrector(a) [korrek'tor(a)] **I.** *adj* verbessernd, korrigierend **II.** *m(f)* (TIPO) Korrektor(in) *m(f)*

corredera [korre'ðera] *f* **1.** (TÉC) Schieber *m*; (*carro*) Schlitten *m*; **puerta de ~** Schiebetür *f* **2.** (*pista*) (Pferde)rennbahn *f* **3.** (NÁUT) Log *nt*

4. (*CSur: rápido*) Stromschnelle *f* 5. (*cucaracha*) Küchenschabe *f* 6. (*fam: alcahueta*) Kupplerin *f*

corredizo, **-a** [korre'ðiθo, -a] *adj*: **nudo ~** Schlinge *f*; **ventana corrediza** Schiebefenster *nt*

corredor¹ [korre'ðor] *m* 1. (*pasillo*) Flur *m*, Gang *m*, Korridor *m* 2. (*galería*) Galerie *f*

corredor(a)² [korre'ðor(a)] *m(f)* 1. (DEP: *a pie*) Läufer(in) *m(f)*; (*en coche*) Rennfahrer(in) *m(f)*; **~ de cortas distancias** Kurzstreckenläufer *m*, Sprinter *m*; **~ de fondo** Langstreckenläufer *m* 2. (COM) Makler(in) *m(f)*; **~ de bolsa** Börsenmakler *m*; **~ de comercio** Handelsvertreter *m*; **~ de fincas** Grundstücksmakler *m*; **~ de seguros** Versicherungsvertreter *m*, Versicherungsmakler *m*

corredoras [korre'ðoras] *fpl* (ZOOL) Laufvögel *mpl*

correduría [korreðu'ria] *f* 1. (*oficio*) Maklergeschäft *nt*; (*oficina*) Maklerbüro *nt* 2. (*comisión*) Maklergebühr *f*, (Makler)provision *f* 3. (*intervención*) Vermittlungsagentur *f*; **~ de bolsa** Börsenmaklerbüro *nt*

corregente [korre'xen̩te] I. *adj* (POL) mitregierend, als Mitregent fungierend II. *mf* (POL) Mitregent(in) *m(f)*

corregible [korre'xiβle] *adj* verbesserungsfähig

corregidor(a) [korrexi'ðor(a)] *m(f)* (HIST) Vogt *m*, Vögtin *f*

corregir [korre'xir] *irr como elegir* I. *vt* 1. (*t.* TIPO) verbessern, korrigieren, berichtigen 2. (*sacar de dudas*) richtig stellen 3. (*moderar*) zügeln; **~ su curiosidad** seine Neugier zügeln 4. (*reprender*) zurechtweisen II. *vr*: **~se** 1. (*mejorarse*) sich bessern 2. (*moderarse*) sich zügeln

correhuela [korre'wela] *f* (BOT) Ackerwinde *f*

correinado [korrei̯'naðo] *m* (POL) gleichzeitiges Regieren *nt* zweier Könige

correlación [korrela'θjon] *f* 1. (*correspondencia*) Wechselbeziehung *f*; **la inflación guarda ~ con la subida de precios** die Inflation steht in Wechselbeziehung zur [*o* mit der] Preissteigerung 2. (*t.* LING, MAT, MED) Korrelation *f*

correlacionar [korrelaθjo'nar] I. *vi* in Wechselbeziehung stehen (*con* mit/zu +*dat*), korrelieren (*con* mit +*dat*) *elev* II. *vt* in Wechselbeziehung bringen [*o* setzen] (*con* mit +*dat*)

correlativo, **-a** [korrela'tiβo, -a] *adj* 1. (*correspondiente*) gegenseitig, wechselseitig 2. (*de sucesión inmediata*) fortlaufend; **el dos y el tres son números ~s** die Zwei und die Drei sind fortlaufende Nummern 3. (*t.* LING, MAT, MED) korrelativ

correlato [korre'lato] *m* (*t.* LING) Korrelat *nt*

correligionario, **-a** [korrelixjo'narjo, -a] *m, f* 1. (REL) Glaubensgenosse, -in *m, f* 2. (POL) Gesinnungsgenosse, -in *m, f*

correntada [korren̩'taða] *f* (*Am*) reißende Strömung *f*; (*catarata*) Stromschnellen *fpl*

correo [ko'rreo] *m* 1. (*persona*) Kurier *m*; **~ de gabinete** (POL) diplomatischer Kurier; **~ de malas nuevas** Unglücksbote *m* 2. (*correspondencia*) Post *f*, Korrespondenz *f*; **~ aéreo** Luftpost *f*; **~ electrónico** elektronische Post, E-Mail *f*; **~ urgente** Eilzustellung *f*; **por correo separado** mit getrennter Post; **echar el ~** die Post einwerfen 3. (*servicio*) Post *f*, Postdienst *m*; **mandar algo por ~** etw mit der [*o* per] Post (ver)schicken; **a vuelta de ~** postwendend 4. (*buzón*) Briefkasten *m*; **echar al ~** in den Briefkasten werfen 5. (*coche*) Postauto *nt*; (*avión*) Postflugzeug *nt*; (*barco*) Postschiff *nt*; (*tren*) Postzug *m*

Correos [ko'rreos] *mpl* Postamt *nt*; **Administración General de ~** Hauptpostamt *nt*; **apartado de ~** Postfach *nt*; **en ~** auf dem Postamt; **ir a ~** aufs Postamt gehen, zur [*o* auf die] Post gehen

correoso, **-a** [korre'oso, -a] *adj* 1. (*elástico*) biegsam, elastisch 2. (*comida*) zäh, ledern 3. (*persona*) ausdauernd

correr [ko'rrer] I. *vi* 1. (*caminar*) rennen, laufen; **~ detrás de** [*o* **tras**] **alguien** jdm hinterherrennen [*o* hinterherlaufen], jdm nacheilen; **echarse a ~** (*partir*) losrennen, loslaufen; (*escaparse*) davon-, fort-, weglaufen; **salir corriendo** hinauslaufen; **¡no corras tanto!** renn nicht so!, lauf nicht so schnell!; **corrió a comprar** er/sie ist schnell einkaufen gegangen; **~ a la perdición** ins Verderben rennen; **era una película de echarse a ~** (*fig*) der Film war zum Davonlaufen 2. (*apresurarse*) eilen, sich beeilen; **a todo ~** in aller Eile; **¡corre, que van a cerrar los comercios!** beeil dich, die Läden schließen gleich! 3. (*conducir*) schnell fahren, rasen; **¡no corras tanto!** fahr nicht so schnell! 4. (*tiempo*) vergehen; **¡como corre el tiempo!** wie die Zeit vergeht!; **al ~ del tiempo** im Laufe der Zeit; **el mes que corre** der laufende Monat; **en los tiempos que corremos...** in unserer heutigen Zeit ... 5. (*líquido*) fließen, strömen 6. (*viento*) wehen; **~ mucho viento** es weht [*o* geht] ein starker Wind 7. (*camino*) verlaufen; **la cordillera corre de este a oeste** die Gebirgskette verläuft von Ost nach West 8. (*moneda*) in [*o* im] Umlauf sein 9. (*rumor*) umgehen; **corre la voz de que...** es geht das Gerücht um, dass ... 10. (*loc*): **~ con algo** (*un asunto*) sich um etw kümmern; (*una empresa*) etw führen [*o* leiten]; **eso corre de** [*o* **por**] **mi cuenta** (*gastos*) das geht auf meine Rechnung; (*un asunto*) dafür bin ich zuständig II. *vt* 1. (*un mueble*) (ver)rücken, (weg)rücken; (*una cortina*) zuziehen; (*un cerrojo*) vorschieben 2. (*un nudo*) lösen, aufbinden, aufknoten 3. (*un lugar*) bereisen; **corrió toda Alemania/todo el mundo** er/sie hat ganz Deutschland/die ganze Welt bereist; **~ mundo** in der Welt herumkommen 4. (MIL) einfallen (in +*akk*) **5.** (*un caballo*) (aus)reiten **6.** (*un toro*) kämpfen (mit +*dat*) **7.** (*la caza*) hetzen, jagen **8.** (*avergonzar*) beschämen **9.** (*confundir*) in Verlegenheit bringen **10.** (*loc*): **dejar ~ algo** (*fig*) etw laufen lassen; **~la** (*fam*) einen draufmachen; **~ peligro de hacer algo** Gefahr laufen etw zu tun; **corre prisa** es eilt; **~ riesgo** ein Risiko eingehen, Gefahr laufen (*de* zu +*inf*); **~ la misma suerte** das gleiche Schicksal erleiden **III.** *vr:* **~se 1.** (*moverse*) (zur Seite) rücken, rutschen *fam* **2.** (*excederse*) sich übernehmen **3.** (*exagerar*) übertreiben; **~se en la propina** es mit dem Trinkgeld übertreiben **4.** (*avergonzarse*) sich schämen **5.** (*argot: eyacular*) kommen **6.** (*colores*) verlaufen **7.** (*AmC: huir*) die Flucht ergreifen, fliehen **8.** (*loc, fam*): **~se una juerga** einen draufmachen

correría [korre'ria] *f* **1.** (MIL) Raubzug *m* **2.** *pl* (*recorridos*) Streifzüge *mpl;* **en mis ~s por los bosques...** bei meinen Streifzügen durch die Wälder ...

correspondencia [korrespoṇ'deṇθja] *f* **1.** (*correo*) Post *f,* Korrespondenz *f;* (ADMIN) Korrespondenz *f,* Schriftverkehr *m,* Schriftwechsel *m;* (*de cartas*) Briefwechsel *m;* **~ comercial** Handelskorrespondenz *f;* **~ de entrada** Posteingang *m;* **~ particular** Privatkorrespondenz *f;* **~ de salida** Postausgang *m;* **curso por ~** Fernkurs(us) *m;* **estar en ~ con alguien** mit jdm in Briefwechsel stehen, mit jdm korrespondieren; **entrar en ~ con alguien** mit jdm in Briefwechsel treten; **llevar la ~** die Korrespondenz führen [*o* erledigen] **2.** (*equivalente*) Entsprechung *f;* **¿hay en alemán ~ con este término castellano?** gibt es im Deutschen eine Enstprechung zu diesem spanischen Begriff? **3.** (*conformidad*) Übereinstimmung *f,* Einklang *m;* **te pagaron en ~ con tu trabajo** sie haben dich deinen Leistungen entsprechend bezahlt **4.** (*comunicación entre habitaciones*) Verbindung *f;* (*entre medios de transporte*) Anschluss *m*

corresponder [korrespoṇ'der] **I.** *vi* **1.** (*equivaler*) entsprechen (*a* +*dat*); **este lugar corresponde exactamente a su descripción** dieser Ort entspricht genau seiner/ihrer Beschreibung **2.** (*armonizar*) passen (*a* zu +*dat*); **las cortinas no corresponden a los muebles** die Gardinen passen nicht zu den Möbeln **3.** (*convenir*) übereinstimmen (*con* mit +*dat*), im Einklang stehen (*con* mit +*dat*); **los resultados no corresponden con mis ideas** die Ergebnisse stimmen nicht mit meinen Vorstellungen überein **4.** (*contestar*) erwidern (*a* +*akk*); **no puedo ~ a su generosidad** ich kann seine/ihre Großzügigkeit nicht erwidern; **correspondió a su regalo con un ramo de flores** er/sie schenkte ihr/ihm zum Dank für das Geschenk einen Blumenstrauß **5.** (*pertenecer*) gehören (*a* zu +*dat*); **esta pieza corresponde a tu bicicleta** dieses Ersatzteil gehört zu deinem Fahrrad **6.** (*incumbir*) zustehen +*dat,* zukommen +*dat,* Anspruch haben (auf +*akk*); **como hija te corresponde la herencia** als Tochter hast du Anspruch auf das Erbe; **a los padres le corresponde la educación de sus hijos** (*como derecho*) die Eltern sind für die Erziehung ihrer Kinder zuständig; (*como deber*) den Eltern obliegt es, ihre Kinder zu erziehen; **no me corresponde criticarlo** ich habe kein Recht ihn zu kritisieren **7.** (*comunicar*) verbunden sein (*con* mit +*dat*); (*medios de transporte*) Anschluss haben (*con* an +*akk*); **la sala de estar corresponde con la cocina** das Wohnzimmer hat einen Durchgang zur Küche **II.** *vr:* **~se 1.** (*ser equivalente*) sich entsprechen; (*armonizar*) zueinander passen; (*convenir*) übereinstimmen **2.** (*comunicarse*) miteinander verbunden sein; **estas tres habitaciones se corresponden** diese drei Zimmer sind miteinander verbunden **3.** (*escribirse*) in Briefwechsel stehen, (miteinander) korrespondieren

correspondiente [korrespoṇ'djeṇte] **I.** *adj* **1.** (*oportuno*) entsprechend; **recibió la indemnización ~** er/sie erhielt eine entsprechende Abfindung **2.** (*apropiado*) passend (*a* zu +*dat*); **¿tienes la llave ~ a este armario?** hast du den passenden Schlüssel zu diesem Schrank? **3.** (*respectivo*) jeweilig; **siempre se adapta a la situación ~** er/sie passt sich stets der jeweiligen Situation an **4.** (*que escribe*) korrespondierend **II.** *mf* korrespondierendes Mitglied *nt* (einer Akademie)

corresponsabilidad [korresponsaβili'ðað] *f* Mitverantwortlichkeit *f*

corresponsabilizar [korresponsaβili'θar] <z→c> **I.** *vt* mitverantwortlich machen **II.** *vr:* **~se** Mitverantwortung übernehmen

corresponsable [korrespon'saβle] *adj* mitverantwortlich

corresponsal [korrespon'sal] *mf* (PREN) Berichterstatter(in) *m(f),* Korrespondent(in) *m(f);* **~ de guerra** Kriegsberichterstatter(in) *m(f)*

corresponsalía [korresponsa'lia] *f* (PREN) Berichterstattung *f*

corretaje [korre'taxe] *m* **1.** (*negocio*) Maklergeschäft *nt* **2.** (*comisión*) Maklergebühr *f,* Courtage *f* **3.** (*intervención*) Vermittlung *f*

corretear [korrete'ar] *vi* **1.** (*vagar*) herumlaufen, umherlaufen **2.** (*niños*) herumtollen

correteo [korre'teo] *m* Herumlaufen *nt;* (*niños*) Herumtollen *nt*

corretón, -ona [korre'ton] *adj* (*t. pey: callejeador*): **ser ~** gern außer Haus sein; **es una corretona** sie ist ständig unterwegs [*o* auf Achse]

correveidile [korreβei'ðile] *mf inv* **1.** (*pey fam: chivato*) Petze *f* **2.** (*chismoso*) Klatschmaul *nt fam* **3.** (*alcahuete*) Kuppler(in) *m(f)*

corrida [ko'rriða] *f* **1.** (TAUR) Stierkampf *m,* Corrida *f* **2.** (*carrera*) Spurt *m,* Sprint *m;* **en una ~** ganz schnell; **decir algo de ~** (*de me-*

moria) etw fließend aufsagen; *(de forma rápida)* etw herunterrasseln; **dar una** ~ einen Sprint einlegen **3.** *(de un líquido)* Rinnen *nt* **4.** *(Méx: recorrido)* (Rund)reise *f* **5.** *(CSur: fila)* Reihe *f* **6.** *(vulg: orgasmo)* Orgasmus *m* **7.** *pl (canto) andalusisches Volkslied*

corrido[1] [ko'rriðo] *m* **1.** *(Am: romance)* Romanze *f* **2.** *(And: fugitivo)* Flüchtling *m*

corrido, -a[2] [ko'rriðo, -a] *adj* **1.** *(movido)* verschoben, verrückt **2.** *(t.* ARQUIT: *sin interrupción)* durchgehend, durchlaufend; **un friso** ~ ein durchlaufender Fries; **estuvimos festejando dos días ~s** wir haben zwei Tage (lang) durchgefeiert **3.** *(cantidad: larga)* reichlich; *(generosa)* großzügig; **un quilo** ~ ein gutes Kilo **4.** *estar (avergonzado)* beschämt; *(confuso)* verlegen; **(se) quedó ~ como una mona** er war tief beschämt **5.** *ser (astuto)* erfahren, bewandert

corriente [ko'rrjen̩te] **I.** *adj* **1.** *(fluente)* fließend; **no hay agua** ~ es gibt kein fließend Wasser **2.** *(actual)* laufend; *(moneda)* kursierend; **activo** ~ (ECON, FIN) Umlaufvermögen *nt;* **gastos ~s** (ECON, FIN) laufende Kosten, Betriebskosten *pl;* **el ocho del (mes)** ~ der Achte dieses Monats; **estar al** ~ **(en algo)** (mit etw *dat*) auf dem Laufenden sein; **mantenerse al** ~ auf dem Laufenden bleiben; **ponerse al** ~ sich (über das Neueste) informieren; **poner a alguien al** ~ **de algo** jdn über etw unterrichten; **tener a alguien al** ~ **de algo** jdn über etw auf dem Laufenden halten; **téngame al** ~ halten Sie mich auf dem Laufenden; **no estar al** ~ **de los pagos** mit den Zahlungen im Rückstand sein **3.** *(ordinario)* gewöhnlich; **un día** ~ ein Tag wie jeder andere **4.** *(normal)* üblich, normal; **ser** ~ **y moliente** gang und gäbe sein; **no es** ~ **que venga tanta gente** es ist nicht üblich, dass so viele Menschen kommen **5.** *(presente)* gegenwärtig, aktuell; **la publicación** ~ **de un libro** die aktuelle Ausgabe eines Buches **II.** *f* **1.** *(de agua, electricidad)* Strom *m;* ~ **alterna** Wechselstrom *m;* ~ **continua** Gleichstrom *m;* **le cortaron la** ~ man hat ihm/ihr den Strom abgestellt; **dejarse llevar de la** [*o* **por la**] ~ mit dem Strom schwimmen; **ir contra la** ~ gegen den Strom schwimmen; **seguir** [*o* **llevar**] **la** ~ **a alguien** jdm nach dem Mund reden **2.** *(de viento, agua)* Strömung *f;* ~ **de aire** Luftzug *m;* **hace** ~ es zieht; **se lo llevó la** ~ er wurde von der Strömung abgetrieben **3.** (ARTE, LIT: *tendencia)* Strömung *f*

corrillo [ko'rriʎo] *m* Gruppe *f,* Clique *f*

corrimiento [korri'mjen̩to] *m* **1.** *(movimiento)* Verschiebung *f* **2.** (GEO) Rutsch *m;* ~ **de tierras** Erdrutsch *m* **3.** (MED) Ausfluss *m,* Absonderung *f* **4.** *(vergüenza)* Scham *f; (timidez)* Verlegenheit *f,* Befangenheit *f*

corrivación [korriβa'θjon] *f* (AGR) Sammelkanal *m*

corro ['korro] *m* **1.** *(círculo)* Kreis *m,* Zirkel *m; (peña)* Runde *f;* **echar en (el)** ~ *(fam)* in die Runde sprechen; **escupir en** ~ sich (in ein Gespräch) einmischen; **hacer** ~ *(rodear)* einen Kreis bilden; *(apartar)* Platz machen [*o* schaffen]; **hacer** ~ **aparte** einen eigenen Zirkel bilden **2.** (AGR) kleine Parzelle *f* **3.** *(juego)* Ringelreigen *m;* **jugar al** ~ Ringelreigen spielen

corroboración [korroβora'θjon] *f* **1.** *(confirmación)* Bestätigung *f,* Bekräftigung *f* **2.** *(fortalecimiento)* Stärkung *f*

corroborante [korroβo'ran̩te] **I.** *adj* **1.** *(confirmante)* bestätigend, bekräftigend **2.** (MED) stärkend **II.** *m* (MED) Kräftigungsmittel *nt,* Roborans *nt*

corroborar [korroβo'rar] *vt* **1.** *(confirmar)* bestätigen, bekräftigen; **el resultado corroboró nuestras sospechas** das Ergebnis hat unseren Verdacht bestätigt **2.** *(fortalecer)* stärken

corroer [korro'er] *irr como roer* **I.** *vt* **1.** *(un material)* zerfressen, zersetzen, zerstören; *(por ácido)* korrodieren, zerfressen **2.** *(una persona)* zerfressen, nagen (an *+dat*); **los celos le corroen el corazón** die Eifersucht nagt an ihm/ihr **II.** *vr:* **~se** **1.** *(material)* korrodieren **2.** *(persona)* sich vor Gram verzehren

corromper [korrom'per] **I.** *vt* **1.** *(descomponer)* verderben; *(un texto)* verfälschen, entstellen **2.** *(sobornar)* bestechen, kaufen *fam,* korrumpieren **3.** *(enviciar)* verführen; *(pervertir)* verderben **4.** *(fam: enojar)* auf die Nerven gehen *+dat* **II.** *vi* stinken **III.** *vr:* **~se** **1.** *(descomponerse)* verderben, schlecht werden; *(alimentos)* verfaulen; *(cadáver)* verwesen **2.** *(degenerar)* (sittlich) verkommen

corrompido, -a [korrom'pido, -a] *adj* **1.** *(descompuesto)* verdorben; *(aguas)* faulig; *(cadáver)* verwest **2.** *(degenerado)* (sittlich) verkommen, verdorben **3.** (LIT) korrumpiert, verderbt

corronchoso, -a [korron'ʧoso, -a] *adj (Am: basto)* grob, ungehobelt

corrosca [ko'rroska] *f (Col)* großer Strohhut *m*

corrosión [korro'sjon] *f* **1.** *(de metal, t.* GEO) Korrosion *f* **2.** (QUÍM, TÉC) Ätzung *f*

corrosivo, -a [korro'siβo, -a] *adj* **1.** *(sustancia)* zerfressend, korrosiv **2.** *(estilo)* beißend

corrugar [korru'ɣar] <g→gu> *vt* riffeln, riefen

corrupción [korruβ'θjon] *f* **1.** *(descomposición)* Verwesung *f,* Zersetzung *f; (de alimentos)* Fäulnis *f* **2.** *(de la moral)* (Sitten)verfall *m; (efecto)* Verdorbenheit *f* **3.** *(soborno)* Bestechung *f,* Korruption *f* **4.** *(seducción)* Verführung *f;* ~ **de menores** Verführung Minderjähriger **5.** *(de un texto)* Verfälschung *f,* Entstellung *f*

corruptela [korrup'tela] *f* **1.** *(corrupción)* Korruption *f* **2.** *(abuso)* Missbrauch *m*

corruptibilidad [korruptiβili'ðaᵈ] *f* **1.** *(de alimentos)* Verderblichkeit *f* **2.** *(de personas)* Bestechlichkeit *f,* Käuflichkeit *f*

corruptible [korrup'tiβle] *adj* **1.** (*alimentos*) verderblich **2.** (*personas*) bestechlich, käuflich

corrupto, -a [ko'rrupto, -a] *adj* **1.** (*degenerado*) korrupt **2.** (*inmoral*) (sittlich) verkommen, verdorben

corruptor(a) [korrup'tor(a)] **I.** *adj* verderblich; **ejerce una influencia ~a sobre él** er/sie übt einen verderblichen Einfluss auf ihn aus **II.** *m(f)* Verführer(in) *m(f)*; ~ **de menores** Verführer Minderjähriger

corrusco [ko'rrusko] *m* (*fam*) Stück *nt* hartes Brot

corsa ['korsa] *adj o f v.* **corso**

corsario [kor'sarjo] *m* (HIST) **1.** (*pirata*) Freibeuter *m*, Korsar *m* **2.** (*embarcación*) Kaper *m*, Kaperschiff *nt*

corsé [kor'se] *m* Korsett *nt*

corsetería [korsete'ria] *f* **1.** (*fábrica*) Miederwarenfabrik *f* **2.** (*tienda*) Miederwarengeschäft *nt* **3.** (*prendas interiores*) Miederwaren *fpl*

corso ['korso] *m* (HIST) Freibeuterei *f*, Kaperei *f*; **ir** [*o* **salir**] **a ~** auf Kaperfahrt gehen

corso, -a ['korso, -a] **I.** *adj* korsisch **II.** *m, f* Korse, -in *m, f*

corta ['korta] *f* (*árboles*) Fällen *nt*, Holzeinschlag *m*

cortaalambres [korta(a)'lambres] *m inv* Drahtschneider *m*

cortacallos [korta'kaʎos] *m inv* Hühneraugenmesser *nt*

cortacésped [korta'θespeᵈ] *m* Rasenmäher *m*

cortacigarros [kortaθi'ɣarros] *m inv v.* **cortapuros**

cortacircuitos [kortaθirku'itos] *m inv* (ELEC) Sicherung *f*

cortada [kor'taða] *f* **1.** (*rebanada*) Scheibe *f*, Schnitte *f reg*; **una ~ de pan** eine Scheibe Brot **2.** (*Am: herida*) Schnittwunde *f* **3.** (*RíoPl: atajo*) Abkürzung *f*

cortadillo [korta'ðiʎo] *m* kleiner Becher *m*; **echar ~** (*hablar*) gekünstelt reden; (*beber*) Wein trinken

cortado¹ [kor'taðo] *m* **1.** (*café*) Kaffee *m* mit wenig Milch **2.** (*en la danza*) Sprung *m*

cortado, -a² [kor'taðo, -a] *adj* **1.** (*leche: mala*) sauer; (*cuajada*) geronnen **2.** (*estilo*) knapp, bündig **3.** (*persona: tímida*) verlegen; (*avergonzada*) verschämt; **quedarse ~** (vor Verlegenheit) verstummen, ganz verlegen werden

cortador(a) [korta'ðor(a)] **I.** *adj* schneidend **II.** *m(f)* Zuschneider(in) *m(f)*

cortadora [korta'ðora] *f* (*herramienta*) Schneidegerät *nt*, Schneidewerkzeug *nt*; (*máquina*) Schneidemaschine *f*; ~ **de pan** Brotschneidemaschine *f*

cortadura [korta'ðura] *f* **1.** (*corte*) Schnitt *m*; (*borde*) Schnittkante *f* **2.** (*herida*) Schnittwunde *f* **3.** (GEO) Hohlweg *m* **4.** *pl* (*recortes*) (Papier)schnipsel *mpl o ntpl*, (Papier)schnitzel *mpl reg*

cortafrío [korta'frio] *m* Schrotmeißel *m*

cortafuegos [korta'fweɣos] *m inv* **1.** (AGR) Feuerschneise *f* **2.** (ARQUIT) Brandmauer *f*

cortalápices [korta'lapiθes] *m inv* Bleistiftspitzer *m*

cortante [kor'tan̩te] **I.** *adj* schneidend *t. fig*; **un viento ~** ein schneidender Wind **II.** *m* Hackmesser *nt*

cortapapeles [kortapa'peles] *m inv* Brieföffner *m*

cortapisa [korta'pisa] *f* **1.** (*restricción*) Vorbehalt *m*, Einschränkung *f*; **poner ~s** einschränken; **tropezar con ~s** auf Vorbehalte stoßen **2.** (*obstáculo*) Hindernis *nt*; (*dificultad*) Schwierigkeit *f*; **hablar sin ~s** ungehemmt reden; **tropezar con ~s** auf Hindernisse stoßen; **poner ~s a alguien** jdm Schwierigkeiten machen **3.** (*gracia*) Witz *m*

cortaplumas [korta'plumas] *m inv* Federmesser *nt*

cortapuros [korta'puros] *m inv* Zigarrenabschneider *m*

cortar [kor'tar] **I.** *vt* **1.** (*tajar*) schneiden; (*por el medio*) durchschneiden; (*en pedazos*) zerschneiden; (*quitar*) abschneiden; (*un traje*) zuschneiden; (*una rama*) absägen; (*un árbol*) fällen; (*un arbusto*) beschneiden, verschneiden; (*la carne*) zerteilen, zerlegen; (*leña*) hacken, spalten; (*el césped*) mähen; (INFOR) ausschneiden; ~ **al rape** kahl scheren; ~ **algo por la mitad** etw in der Mitte durchschneiden; ~ **algo en dos** etw in zwei Teile schneiden, etw halbieren; **tener los labios cortados** (*del frío*) rissige [*o* aufgesprungene] Lippen haben **2.** (DEP: *la pelota*) (an)schneiden **3.** (*una bebida*) verdünnen **4.** (*una película*) kürzen **5.** (*cartas*) abheben **6.** (*el agua*) abdrehen, abstellen; (*la corriente*) abschalten **7.** (*una carretera*) sperren **8.** (*el contacto, la comunicación*) unterbrechen; ~ **la línea** das Telefon abstellen **9.** (*loc*): ~ **el bacalao** das Sagen haben; **en nuestra casa es mi madre la que corta el bacalao** bei uns zu Hause hat meine Mutter die Hosen an **II.** *vi* **1.** (*tajar*) schneiden; ~ **por lo sano** einen (endgültigen) Schlussstrich ziehen; **hace un frío que corta** es herrscht eine schneidende Kälte **2.** (*romper*) brechen; ~ **con el pasado/con sus padres** mit der Vergangenheit/mit seinen Eltern brechen; **cortó con su novio** sie hat mit ihrem Freund Schluss gemacht, sie hat sich von ihrem Freund getrennt **III.** *vr*: **~se 1.** (*t.* MAT) sich schneiden; **~se las uñas** sich *dat* die Fingernägel schneiden **2.** (*turbarse*) verlegen werden; **no se cortó ni un pelo** (*fam fig*) es war ihr/ihm kein bisschen peinlich [*o* unangenehm] **3.** (*leche*) sauer werden; (*cuajarse*) gerinnen **4.** (*piel*) rissig werden, aufspringen **5.** (*luz*) ausfallen; (TEL) unterbrochen werden

cortaúñas [korta'uɲas] *m inv* Nagelzwicker *m*

cortavidrios [korta'βiðrjos] *m inv* Glasschneider *m*

cortavientos [korta'βjen̦tos] *m inv* Windschutz *m*

corte[1] ['korte] *m* **1.** (*herida*) Schnittwunde *f* **2.** (*tajo*) Schnitt *m,* Einschnitt *m* **3.** (*filo*) Schneide *f* **4.** (*de un traje*) (Zu)schnitt *m;* **me gusta el ~ de tu vestido** der Schnitt deines Kleides gefällt mir; **dar** [*o* **hacer**] **a alguien un ~ de mangas** (*fig vulg*) jdm den Stinkefinger zeigen *fam* **5.** (*de pelo*) (Haar)schnitt *m* **6.** (ARQUIT) Aufriss *m* **7.** (*de un libro*) Schnitt *m* **8.** (ELEC) Abschaltung *f;* **~ de corriente** Stromsperre *f;* (*sin querer*) Stromausfall *m* **9.** (*loc*): **dar un ~ a alguien** jdm eine Abfuhr erteilen; **me da ~ tener que decírselo** es ist mir peinlich, es ihm/ihr sagen zu müssen

corte[2] ['korte] *f* **1.** (*residencia*) Hof *m;* **La C~** (HIST) Madrid *nt;* **~ celestial** (himmlische) Heerscharen *fpl;* **C~ Internacional de Justicia** Internationaler Gerichtshof; **hacer la ~ a alguien** jdm den Hof machen **2.** (*séquito*) Gefolge *nt* **3.** (*establo*) Stall *m* **4.** (*Am: tribunal de justicia*) Gerichtshof *m*

cortedad [korte'ðað] *f* **1.** (*pequeñez*) Kürze *f;* (*escasez*) Knappheit *f* **2.** (*timidez*) Befangenheit *f,* Schüchternheit *f* **3.** (*de poco entendimiento*) Beschränktheit *f*

cortejar [korte'xar] *vt* umwerben, den Hof machen *+dat*

cortejo [kor'texo] *m* **1.** (*halago*) Umwerben *nt* **2.** (*séquito*) Gefolge *nt* **3.** (*desfile*) Fest(um)zug *m;* **~ fúnebre/nupcial** Leichen-/Hochzeitszug *m* **4.** (*secuela*) Folge(erscheinung) *f*

Cortes ['kortes] *fpl* **1.** (POL) spanisches Parlament *nt;* **~ Constituyentes** verfassungsgebende Versammlung **2.** (HIST) Landstände *pl*

cortés [kor'tes] *adj* höflich, zuvorkommend

cortesana [korte'sana] *f* Kurtisane *f*

cortesanía [kortesa'nia] *f* Höflichkeit *f,* Zuvorkommenheit *f*

cortesano, -a [korte'sano, -a] *adj* **1.** (*palaciego*) höfisch **2.** (*cortés*) höflich

cortesano [korte'sano] *m* Höfling *m*

cortesía [korte'sia] *f* **1.** (*cortesanía*) Höflichkeit *f,* Zuvorkommenheit *f;* (*gentileza*) Freundlichkeit *f;* **fórmula de ~** Höflichkeitsfloskel *f;* **visita de ~** Höflichkeitsbesuch *m;* **estragar la ~ de alguien** jds Freundlichkeit ausnutzen; **me recibió con gran ~** er/sie hat mich außerordentlich freundlich empfangen **2.** (*merced*) Gunstbeweis *m,* Gunstbezeigung *f;* (*en una carta*) Grußformel *f* **3.** (*tratamiento*) Anrede *f;* (*título*) Titel *m* **4.** (*regalo*) Geschenk *nt*

cortex [kor'teˠs] *m,* **córtex** ['korteˠs] *m inv* (ANAT, BIOL) Rinde *f,* Kortex *m;* **~ cerebral** Gehirnrinde *f*

corteza [kor'teθa] *f* **1.** (*de un tronco, del queso*) Rinde *f;* (*de una fruta*) Schale *f;* (*del pan*) Kruste *f;* **~ atómica** (FÍS) Elektronenhülle *f;* **~ cerebral** (ANAT) Hirnrinde *f;* **~ terrestre** (GEO) Erdkruste *f* **2.** (*exterioridad*) Äußere(s) *nt;* (*rusticidad*) raue Schale *f,* Schroffheit *f;* **la quiero a pesar de su ~ áspera** ich mag sie trotz ihrer rauen Schale

cortezudo, -a [korte'θuðo, -a] *adj* (*de corteza dura*) mit harter Rinde; (*de corteza gruesa*) mit dicker Rinde

corticoide [korti'koi̯ðe] **I.** *adj* (BIOL, QUÍM) Kortiko- **II.** *m* (BIOL, QUÍM) Kortikoid *nt*

cortijada [korti'xaða] *f* **1.** (*habitaciones*) Gutswohnungen *fpl* **2.** (*cortijos*) Gruppe *f* von Landgütern

cortijero, -a [korti'xero, -a] *m, f* **1.** (*dueño*) Gutsbesitzer(in) *m(f)* **2.** (*mayoral*) Vorarbeiter(in) *m(f)* (*auf einem Gutshof*)

cortijo [kor'tixo] *m* (*finca*) Landgut *nt;* (*casa*) Landhaus *nt;* **alborotar el ~** (*fig*) Staub aufwirbeln

cortina [kor'tina] *f* Vorhang *m,* (Über)gardine *f;* **~ de hierro** (POL) Eiserner Vorhang; **~ de humo** (MIL) Rauchwand *f;* **~ de niebla** Nebelwand *f;* **correr la ~** den Vorhang zuziehen; **corramos la ~** (*fig*) reden wir nicht (mehr) davon [*o* darüber]; **descorrer la ~** den Vorhang aufziehen; (*descubrir un secreto*) das Geheimnis lüften; **dormir a ~s verdes** unter freiem Himmel schlafen

cortinaje [korti'naxe] *m* Vorhänge *mpl,* Gardinen *fpl*

cortinilla [korti'niʎa] *f* Scheibengardine *f*

cortisona [korti'sona] *f* (MED) Kortison *nt*

cortisquear [kortiske'ar] *vt* (*papel, tela*) zerschneiden

corto[1] ['korto] *m* **1.** (CINE) Kurzfilm *m* **2.** (*caña*) kleines Bier *nt*

corto, -a[2] ['korto, -a] *adj* **1.** (*pequeño*) kurz; **una falda corta** ein kurzer Rock; **una camisa de manga corta** ein kurzärm(e)liges Hemd; **te queda ~ el vestido** das Kleid ist dir zu kurz; **se ha casado de ~** sie hat in einem kurzen Kleid geheiratet **2.** (*breve*) kurz, knapp; **fue una llamada corta** das war ein kurzer Anruf **3.** (*escaso*) knapp; **las raciones son cortas** die Portionen sind knapp (bemessen); **de momento estoy algo ~ (de fondos)** zur Zeit bin ich etwas knapp bei Kasse **4.** (*de poco entendimiento*) beschränkt **5.** (*tímido*) schüchtern; **quedarse ~** nicht alles losgeworden sein; **ni ~ ni perezoso...** ohne auch nur einen Augenblick zu zögern ... **6.** (*loc*): **~ de oído** schwerhörig; **~ de vista** kurzsichtig; **a la corta o a la larga...** über kurz oder lang ...

cortocircuito [kortoθirku'ito] *m* (ELEC) Kurzschluss *m*

cortometraje [kortome'traxe] *m* (CINE) Kurzfilm *m*

coruja [ko'ruxa] *f* (ZOOL) Sumpfohreule *f*

Coruña [ko'ruɲa] *f:* **La ~** La Coruña *nt*

coruñés, -esa [koru'ɲes, -esa] **I.** *adj* aus La Coruña **II.** *m, f* Einwohner(in) *m(f)* von La Coruña

corva ['korβa] *f* (ANAT) Kniekehle *f*

corvadura [korβa'ðura] *f* **1.** (*curvatura*) Krümmung *f;* (*dobladura*) Biegung *f* **2.** (AR-

C

QUIT) Wölbung *f*

corval [kor'βal] *adj* langfruchtig

corvejón [korβe'xon] *m* Sprunggelenk *nt*

corveta [kor'βeta] *f* Kurbette *f*

corvetear [korβete'ar] *vi* (*caballo*) kurbettieren

corvina [kor'βina] *f* (ZOOL) Adlerfisch *m,* Seebarsch *m,* Meerrabe *m*

corvo[1] ['korβo] *m* (*gancho*) Haken *m*

corvo, -a[2] ['korβo, -a] *adj* **1.** (*curvo*) krumm, gekrümmt **2.** (*arqueado*) gebogen

corzo, -a ['korθo, -a] *m, f* Rehbock *m,* Rehgeiß *f*

cosa ['kosa] *f* **1.** (*objeto material*) Sache *f,* Gegenstand *m,* Ding *nt;* **tiene ~s muy bonitas a la venta** er/sie bietet sehr schöne Sachen zum Verkauf an; **la trata como una ~** er behandelt sie wie einen Gegenstand; **dame esa ~ que está ahí** gib mir mal das Ding da **2.** (*objeto inmaterial, asunto*) Angelegenheit *f,* Sache *f;* **eso es otra ~** das ist etwas anderes [*o* eine andere Sache]; **eso es ~ tuya/mía** das ist deine/meine Sache; **la ~ es que...** die Sache ist die, dass ...; **no te metas en mis ~s** misch dich nicht in meine Angelegenheiten; **¿sabes una ~?** weißt du was?; **~ rara que no haya venido** seltsam, dass er/sie nicht gekommen ist; **es ~ de dos minutos** das ist eine Sache von zwei Minuten; **es ~ juzgada** das ist beschlossene Sache; **no es ~ de risa** [*o* **de guasa**] das ist nicht zum Lachen; **¡no hay tal ~!** das stimmt nicht, dem ist nicht so; **no me queda otra ~ que...** mir bleibt keine andere Möglichkeit, als ...; **ser ~ de ver** sehenswert sein; **será ~ de ver** das wird sich zeigen; **ser una ~ nunca vista** einzigartig sein; **no sea ~ que...** +*subj* nicht, dass womöglich ...; **no ha sido ~ del otro mundo** [*o* **del otro jueves**] es ist nichts Weltbewegendes gewesen; **decir cuatro ~s a alguien** jdm gehörig die Meinung sagen; **a otra ~, mariposa** wechseln wir das Thema; **no valer gran ~** nicht viel taugen **3.** (*circunstancia*) Sache *f,* Ding *nt fam;* **tomar las ~s como vienen** die Dinge nehmen wie sie kommen; **dejar correr las ~s** den Dingen ihren Lauf lassen; **tal como están las ~s...** so wie die Dinge stehen ...; **me ha pasado una ~ increíble** mir ist etwas Unglaubliches [*o* ein unglaubliches Ding] passiert; **como si tal ~** als ob nichts geschehen wäre **4.** (*ocurrencia*) Einfall *m;* **¡tienes cada ~!** du hast vielleicht Einfälle!; **esas son ~s de Inés** das ist echt [*o* typisch] Inés **5.** *pl* (*pertinencias*) Sachen *fpl;* **toma tus ~s y vete** nimm deine Sachen und verschwinde

cosaco [ko'sako] *m* Kosak *m*

coscacho [kos'katʃo] *m* (*AmS: fam: capón*) Kopfnuss *f*

coscarse [kos'karse] <c→qu> *vr* (*fam*) **1.** (*aliviar un picor*) die Schultern hochziehen (weil es juckt) **2.** (*fig: angustiarse*) unruhig werden, sich beunruhigen **3.** (*fig: irritarse*) sich aufregen

coscoja [kos'koxa] *f* (BOT) Kermeseiche *f,* Scharlacheiche *f*

coscojal [kosko'xal] *m,* **coscojar** [kosko'xar] *m* (BOT) Kermeseichenbestand *m*

coscorrón [kosko'rron] *m* **1.** (*golpe*) Schlag *m* (auf den Kopf) **2.** (*contratiempo*) Rückschlag *m;* **darse** [*o* **llevarse**] **un ~** (*fam*) einen Rückschlag erleiden

coscurro [kos'kurro] *m* hartes Stück *nt* Brot

cosecha [ko'setʃa] *f* **1.** (AGR) Ernte *f;* (*conjunto de frutos*) (Ernte)ertrag *m;* **~ de trigo/de vino** Weizen-/Weinernte *f;* **de ~ propia** aus eigenem Anbau; **eso es de tu ~** (*fig*) das hast du erfunden **2.** (*temporada*) Erntezeit *f*

cosechadora [kosetʃa'ðora] *f* Mähdrescher *m*

cosechar [kose'tʃar] *vi, vt* ernten; **~ laureles** (*fig*) Lorbeeren ernten

cosechero, -a [kose'tʃero, -a] *m, f* **1.** (*trabajador*) Erntearbeiter(in) *m(f);* (*de algodón*) Pflücker(in) *m(f);* (*de vino*) Helfer(in) *m(f)* bei der Weinlese **2.** (*propietario*) Landwirt(in) *m(f);* (*de vino*) Winzer(in) *m(f)*

coseno [ko'seno] *m* (MAT) Kosinus *m*

coser [ko'ser] **I.** *vt* **1.** (*un vestido*) nähen; (*un botón*) annähen; (*un roto*) zunähen; (*una costura*) zusammennähen **2.** (*papeles*) (zusammen)heften **3.** (*producir heridas*): **~ a alguien a balazos** jdn mit Kugeln durchlöchern **II.** *vi* nähen; **~ a máquina** mit der Nähmaschine nähen; **esto es ~ y cantar** das ist kinderleicht **III.** *vr:* **~se con** [*o* **contra**] **alguien** sich an jdn anschmiegen; **se cose a mí durante todo el día** den ganzen Tag klebt er/sie an mir; **~se la boca** (*fig*) den Mund halten

cosicosa [kosi'kosa] *f* Rätsel *nt*

cosido [ko'siðo] *m* **1.** (*objeto*) Genähte(s) *nt,* Näharbeit *f* **2.** (*costura*) Naht *f* **3.** (*acción*) Nähen *nt*

cosificación [kosifika'θjon] *f* Vergegenständlichung *f*

cosificar [kosifi'kar] <c→qu> *vt* vergegenständlichen

cosmética [kos'metika] *f* Schönheitspflege *f,* Kosmetik *f*

cosmético[1] [kos'metiko] *m* Schönheits(pflege)mittel *nt,* Kosmetikum *nt*

cosmético, -a[2] [kos'metiko, -a] *adj* kosmetisch; **producto ~** Kosmetikum *nt*

cosmetólogo, -a [kosme'toloɣo, -a] *m, f* Kosmetologe, -in *m, f*

cósmico, -a ['kosmiko, -a] *adj* kosmisch

cosmódromo [kos'moðromo] *m* (AERO) (Weltraum)raketenstartplatz *m,* Kosmodrom *nt*

cosmofísica [kosmo'fisika] *f* (ASTR) Astrophysik *f*

cosmogonía [kosmoɣo'nia] *f* (ASTR) Kosmogonie *f*

cosmogónico, -a [kosmo'ɣoniko, -a] *adj* kosmogonisch

cosmógrafa [kos'moɣrafa] *f v.* **cosmógra-**

fo

cosmografía [kosmoɣra'fia] *f* (ASTR) Kosmographie *f*

cosmográfico, **-a** [kosmo'ɣrafiko, -a] *adj* (ASTR) kosmographisch

cosmógrafo, **-a** [kos'moɣrafo, -a] *m, f* (ASTR) Kosmograph(in) *m(f)*

cosmología [kosmolo'xia] *f* (ASTR) Kosmologie *f*

cosmológico, **-a** [kosmo'loxiko, -a] *adj* (ASTR) kosmologisch

cosmólogo, **-a** [kos'moloɣo, -a] *m, f* (ASTR) Kosmologe, -in *m, f*

cosmonauta [kosmo'nau̯ta] *mf* Astronaut(in) *m(f)*, Kosmonaut(in) *m(f)*

cosmonaútica [kosmo'nau̯tika] *f* (AERO) Kosmonautik *f*, Astronautik *f*

cosmonave [kosmo'naβe] *f* Raumschiff *nt*

cosmopolita [kosmopo'lita] **I.** *adj* kosmopolitisch **II.** *mf* Weltbürger(in) *m(f)*, Kosmopolit(in) *m(f)*

cosmopolitismo [kosmopoli'tismo] *m* Weltbürgertum *nt*, Kosmopolitismus *m*

cosmos ['kosmos] *m sin pl* Kosmos *m*

cosmovisión [kosmoβi'sjon] *f* Weltanschauung *f*

coso ['koso] *m* **1.** (*plaza*) Festplatz *m* **2.** (*reg: calle principal*) Hauptstraße *f* **3.** (TAUR: *elev*) Arena *f*; ~ **taurino** Stierkampfarena *f* **4.** (ZOOL) Holzwurm *m*

cosqui ['koski] *f* (*fam*) (leichte) Kopfnuss *f*

cosquillar [koski'ʎar] *vi, vt* (*hacer cosquillas*) kitzeln

cosquillas [kos'kiʎas] *fpl*: **hacer** ~ kitzeln; **tener** ~ kitz(e)lig sein; **buscar las** ~ **a alguien** (*fig*) jdn provozieren [*o* reizen]; **tener malas** [*o* **no sufrir**] ~ keinen Spaß verstehen, leicht reizbar sein; **me hace** ~ **la idea de pasar el verano contigo** der Gedanke, den Sommer mit dir zu verbringen, reizt mich

cosquillear [koskiʎe'ar] *vt* **1.** (*hacer cosquillas*) kitzeln **2.** (*atraer*) reizen; **me cosquillea el proyecto que me has presentado** das Vorhaben, das du mir unterbreitet hast, reizt mich

cosquilleo [koski'ʎeo] *m* Kitzeln *nt*

cosquilloso, **-a** [koski'ʎoso, -a] *adj* **1.** (*que siente cosquillas*) kitz(e)lig **2.** (*susceptible*) (leicht) reizbar, empfindlich

costa ['kosta] *f* **1.** (GEO) Küste *f*, Gestade *nt elev*; **C~ Azul** Côte d'Azur *f*; **C~ Brava** Costa Brava *f*; **C~ de Marfil** Elfenbeinküste *f*; **barajar la** ~ (NÁUT) an der Küste entlangfahren **2.** (FIN) Kosten *pl*; **a toda** ~ um jeden Preis; **vive a** ~ **de su hermana** er/sie lebt auf Kosten seiner/ihrer Schwester **3.** *pl* (JUR) Gerichtskosten *pl*; **condenar a alguien en ~s** jdn dazu verurteilen, die Gerichtskosten zu tragen

costabravense [kostaβra'βense] **I.** *adj* von der Costa Brava **II.** *mf* Einwohner(in) *m(f)* der Costa Brava

costado [kos'taðo] *m* **1.** (*t.* ANAT: *lado*) Seite *f*; (MIL) Flanke *f*; (*de un buque*) Breitseite *f*, Längsseite *f*; **con ventanas a los dos ~s** mit Fenstern auf beiden Seiten; **entrar de** ~ seitwärts hereinkommem; **por un** ~ **claro que tienes razón** einerseits hast du natürlich Recht **2.** *pl* (*en genealogía*) Verwandtschaftszweig *m*, Linie *f*; **es gallego por los cuatro ~s** (*por su genealogía*) seine Großeltern mütterlicherseits wie väterlicherseits sind Galicier; (*por sus ideas*) er ist durch und durch Galicier

costal [kos'tal] **I.** *adj* (ANAT) Rippen- **II.** *m* Sack *m*; **no parecer** ~ **de paja** (*irón*) nicht zu verachten sein; **vaciar el** ~ (*fig*) sein Innerstes nach außen kehren; **eso es harina de otro** ~ (*fig*) das ist etwas völlig anderes

costalada [kosta'laða] *f*: **pegarse una** ~ der Länge nach hinfallen

costalazo [kosta'laθo] *m*: **pegarse un** ~ der Länge nach hinfallen

costalearse [kostale'arse] *vr* (*Chil*) **1.** (*recibir un costalazo*) der Länge nach hinfallen **2.** (*fig: sufrir una decepción*) eine Enttäuschung erleben

costalero [kosta'lero] *m* (*reg*) *Träger eines Heiligenbildes bei der Prozession der Karwoche*

costanera [kosta'nera] *f* **1.** (*repecho*) Abhang *m*, Böschung *f* **2.** *pl* (*maderos*) Dachsparren *mpl* **3.** (*Arg: paseo marítimo*) Uferpromenade *f*

costanero, **-a** [kosta'nero, -a] *adj* **1.** (*pendiente*) steil; (*en cuesta*) ansteigend; (*descendiendo*) abfallend; **una casa costanera** ein Haus am Hang **2.** (*costero*) Küsten-; **pesca costanera** Küstenfischerei *f*

costanilla [kosta'niʎa] *f* abschüssige Straße *f*

costar [kos'tar] <o→ue> *vi, vt* **1.** (*valer*) kosten; ~ **caro** teuer sein; **cuesta 900 pesetas** es kostet 900 Peseten; **esto te va a** ~ **caro** das wird dir [*o* dich] teuer zu stehen kommen; **cueste lo que cueste** koste es, was es wolle; **me ha costado un ojo de la cara** [*o* **un riñón**] es hat mich ein Vermögen gekostet **2.** (*resultar difícil*) schwer fallen; **me cuesta (trabajo) olvidarlo** es fällt mir schwer, ihn zu vergessen

costarricense [kostarri'θense] *adj o mf v.* **costarriqueño**

costarriqueñismo [kostarrike'ɲismo] *m* **1.** (LING) in Costa Rica gebräuchlicher Ausdruck *m* **2.** (*cariño por Costa Rica*) Liebe *f* zu Costa Rica; **es un embajador del** ~ er sieht sich als Botschafter der costaricanischen Kultur

costarriqueño, **-a** [kostarri'keɲo, -a] **I.** *adj* costaricanisch **II.** *m, f* Costaricaner(in) *m(f)*

coste ['koste] *m* (*costo*) Kosten *pl*; (*precio*) Preis *m*; (*importe*) Betrag *m*; ~ **de adquisición** Beschaffungskosten *pl*, Anschaffungskosten *pl*; ~ **de distribución** Vertriebskosten *pl*; **~s de explotación** betriebliche Aufwendungen, Betriebsaufwand *m*; ~ **laboral** [*o* **de la**

mano de obra] Arbeitskosten *pl;* ~ **de la mano de obra** Personalkosten *pl;* ~ **de marketing** Vermarktungskosten *pl;* ~ **medio** Durchschnittskosten *pl;* ~ **de montaje** Montagekosten *pl;* ~ **de producción** Produktionskosten *pl;* ~**s de remoción** Umstaukosten *pl;* ~ **salarial** Lohnkosten *pl;* ~ **total** Gesamtkosten *pl;* ~ **de la vida** Lebenshaltungskosten *pl;* **ajustado al ~ de la vida** an die Lebenshaltungskosten angepasst; **índice del ~ de la vida** Lebenshaltungskostenindex *m;* **precio de** ~ Selbstkostenpreis *m;* **a precio de ~, a ~ y costas** zum Selbstkostenpreis; **teoría de los ~s comparativos** Theorie der komparativen Kosten

costear [koste'ar] **I.** *vt* **1.** (*pagar*) (be)zahlen, finanzieren; ~ **una formación (profesional)** eine Ausbildung finanzieren **2.** (NÁUT) an der Küste +*gen* entlangfahren; (*bordear*) umschiffen **II.** *vr:* ~**se** die Kosten decken; **la venta de este artículo no se costea** der Verkauf dieses Artikels deckt nicht die (Produktions)kosten

costeño, **-a** [kos'teɲo, -a] **I.** *adj* Küsten- **II.** *m, f* Küstenbewohner(in) *m(f)*

costera [kos'tera] *f* **1.** (*costado*) Seite *f* **2.** (*costa*) Küste *f* **3.** (*cuesta*) (Ab)hang *m* **4.** (*periodo de pesca*) Fangzeit *f;* ~ **del salmón** Fangzeit des Lachses

costero[1] [kos'tero] *m* (*de un tronco*) Schwarte *f*

costero, **-a**[2] [kos'tero, -a] *adj* Küsten-

costil [kos'til] *adj* Rippen-

costilla [kos'tiʎa] *f* **1.** (*t.* ANAT, ARQUIT, BOT) Rippe *f;* **a ~s** auf den Schultern; **todo carga sobre mis ~s** (*fig*) das gesamte Gewicht [*o* die ganze Verantwortung] lastet auf meinen Schultern; **medir** [*o* **moler**] **las ~s a alguien** (*fam*) jdn verprügeln; **pasearle a alguien las ~s** (*fam*) jdn treten **2.** (GASTR) Rippchen *nt;* ~ **de cerdo** Schweinerippchen *nt* **3.** (*irón: mujer*) bessere Hälfte *f;* **Carlos y su** ~ Carlos und seine bessere Hälfte

costillar [kosti'ʎar] *m* **1.** (*costillas*) Rippen *fpl* **2.** (*fam: tórax*) Brustkasten *m*

costo ['kosto] *m* **1.** (*coste*) Kosten *pl;* ~**s de almacenamiento** Lager(haltungs)kosten *pl;* ~**s estimativos** geschätzte Kosten; ~**s de fabricación** Herstellungskosten *pl;* ~**s de la inversión** Investitionskosten *pl;* ~**s de la maquinaria** Maschinenkosten *pl;* ~**s de publicidad** Werbekosten *pl;* ~ **social** Sozialkosten *pl;* ~ **de la vida** Lebenshaltungskosten *pl;* **a ~ y costas** zum Selbstkostenpreis **2.** (*Am: esfuerzo*) Mühe *f*

costoso, **-a** [kos'toso, -a] *adj* **1.** (*en dinero*) kostspielig, teuer **2.** (*en esfuerzo*) mühsam

costra ['kostra] *f* **1.** (*corteza*) Kruste *f,* Rinde *f* **2.** (MED) Schorf *m;* ~ **láctea** Milchschorf *m*

costrada [kos'traða] *f* (GASTR) *Pastete mit einer Kruste aus Semmelbrösel, Ei und Zucker*

costrón [kos'tron] *m* (GASTR) Croûton *m*

costroso, **-a** [kos'troso, -a] *adj* **1.** (*con costra*) verkrustet; (*un recubrimiento*) krustig **2.** (MED) schorfig **3.** (*fam: sucio*) dreckig, ungepflegt

costumbre [kos'tumbre] *f* **1.** (*hábito*) (An)gewohnheit *f,* Eigenheit *f;* **tener la ~ de hacer algo, tener por ~ hacer algo** die Angewohnheit haben etw zu tun; **de ~ se levanta bastante tarde** (für) gewöhnlich [*o* üblicherweise] steht er/sie ziemlich spät auf; **salió de casa a la hora de** ~ er/sie ist zur gewohnten [*o* üblichen] Uhrzeit (aus dem Haus) gegangen; **como de** ~ wie gewöhnlich, wie üblich; **más que de** ~ mehr als gewöhnlich, mehr als üblich **2.** (*tradición*) Sitte *f,* Brauch *m* **3.** *pl* (*conjunto de tradiciones*) Sitten und Gebräuche *pl;* **novela de ~s** (LIT) Sittenroman *m;* **¿conoces las ~s de los venezolanos?** kennst du die Sitten und Gebräuche der Venezolaner?

costumbrismo [kostum'brismo] *m* (LIT) Costumbrismo *m* (*literarische Strömung im ausgehenden 19. Jahrhundert, die die Sitten und Gebräuche der spanischen Gesellschaft schildert*)

costumbrista [kostum'brista] **I.** *adj* Sitten-; **obra** ~ Sittenstück *nt* **II.** *mf* Autor(in) *m(f)* des Costumbrismo

costura [kos'tura] *f* **1.** (*t.* MED) Naht *f;* **sentar las ~s** die Nähte glattbügeln; **sentar las ~s a alguien** (*fig*) jdn verdreschen *fam* **2.** (*confección*) Nähen *nt;* **alta** ~ Haute Couture *f* **3.** (*ropa*) Näharbeit *f* **4.** (*de un barco*) Fuge *f*

costurera [kostu'rera] *f* (*modista*) Schneiderin *f;* (*zurcidora*) Näherin *f*

costurero [kostu'rero] *m* **1.** (*mesita*) Nähtisch *m;* (*caja*) Nähkasten *m* **2.** (*modista*) Schneider *m*

costurón [kostu'ron] *m* **1.** (*zurcido*) grobe Naht *f* **2.** (*cicatriz*) Narbe *f,* Schmarre *f fam*

cota ['kota] *f* **1.** (*armadura*) Panzerhemd *nt,* Kettenhemd *nt* **2.** (*piel del jabalí*) Schwarte *f* **3.** (*t.* GEO: *altura*) Höhe *f* **4.** (*cuota*) Quote *f* **5.** (*Fili: fortificación*) Befestigung *f*

cotana [ko'tana] *f* (TÉC) **1.** (*agujero en la madera*) Zapfenloch *nt* **2.** (*herramienta de carpintería*) Lochbeitel *m*

cotangente [kotaŋ'xeṇte] *f* (MAT) Kotangens *m*

cotarrera [kota'rrera] *f* (*fam pey*) Schlampe *f*

cotarro [ko'tarro] *m* **1.** (HIST: *albergue*) Herberge *f;* **alborotar el** ~ (*fam*) Unruhe stiften; **dirigir el** ~ (*fam*) den Ton angeben; **ir de ~ en** ~ (*fam*) seine Zeit vertrödeln **2.** (*ladera*) (Ab)hang *m*

cotejar [kote'xar] *vt* (*comparar*) vergleichen; (*confrontar*) gegenüberstellen; ~ **datos** (ECON, INFOR) Daten abgleichen; ~ **una copia con el original** eine Kopie mit dem Original vergleichen

cotejo [ko'texo] *m* (*comparación*) Vergleich *m;* (*confrontación*) Gegenüberstellung *f*

coterráneo, **-a** [kote'rraneo, -a] *adj* aus derselben Gegend (stammend); **como éramos**

~**s en seguida nos entendimos bien** da wir aus derselben Gegend stammten, haben wir uns auf Anhieb gut verstanden
cotidian(e)idad [kotiðjanei̯'ðaᵈ/kotiðjani'ðaᵈ] *f* Alltäglichkeit *f*
cotidiano, **-a** [koti'ðjano, -a] *adj* **1.** (*corriente*) alltäglich, gewöhnlich **2.** (*diario*) täglich
cotiledón [kotile'ðon] *m* (BIOL) Kotyledone *f*, Keimblatt *nt*
cotilla [ko'tiʎa] *mf* (*fam pey*) Klatschmaul *nt*, Klatschbase *f*, Tratsche *f*
cotillear [kotiʎe'ar] *vi* (*fam pey*) klatschen, tratschen
cotilleo [koti'ʎeo] *m* (*fam pey*) Klatsch *m*, Tratsch *m*
cotillo, **-a** [ko'tiʎo, -a] *adj* klatschhaft, klatschsüchtig
cotillón [koti'ʎon] *m* **1.** (*danza*) Kotillon *m* **2.** (*fiesta*) Ball *m*
cotín [ko'tin] *m* (*tejido*) Drillich *m*
cotitular [kotitu'lar] *mf* (JUR) Mitinhaber(in) *m(f)*
cotizable [koti'θaβle] *adj* (COM) notierbar; ~ **en bolsa** börsenfähig, börsengängig
cotización [kotiθa'θjon] *f* **1.** (COM, FIN) Kurs *m*, Notierung *f*; ~ **del día** Tagesnotierung *f*; ~ **(oficial) en bolsa** (amtlicher) Börsenkurs *m*; **índice de** ~ Aktienindex *m* **2.** (*pago de una cuota*) Beitragszahlung *f*; **cotizaciones a la Seguridad Social** Sozialversicherungsbeiträge *mpl*
cotizante [koti'θan̩te] *mf* Beitragszahler(in) *m(f)*
cotizar [koti'θar] <z→c> **I.** *vt* **1.** (COM, FIN) notieren (*a* mit +*dat*) **2.** (*estimar*) schätzen; **en esta empresa se cotizan mucho los idiomas** in dieser Firma stehen Sprachen hoch im Kurs **II.** *vi* (*pagar*) Beiträge zahlen [*o* entrichten]; ~ **a la Seguridad Social** Sozialversicherungbeiträge zahlen [*o* entrichten] **III.** *vr:* ~**se 1.** (COM, FIN) notiert werden, stehen; **el marco se cotiza a 80 pesetas** die Mark wird mit 80 Peseten notiert, die Mark steht bei 80 Peseten **2.** (*ser popular*) hoch im Kurs stehen
coto ['koto] *m* **1.** (*vedado*) eingefriedetes Grundstück *nt*; ~ **de caza** Jagdrevier *nt* **2.** (*mojón*) Grenzstein *m* **3.** (*límite*) Grenze *f*; **poner** ~ **a algo/alguien** etw *dat*/jdm Einhalt gebieten **4.** (*tasa*) Taxe *f*, Gebühr *f* **5.** (COM) Preisabsprache *f* **6.** (*medida*) ≈halbe Spanne *f* **7.** (*AmS: bocio*) Kropf *m*
cotón [ko'ton] *m* Kattun *m*, (bedruckter) Baumwollstoff *m*
cotorra [ko'torra] *f* **1.** (*papagayo*) Sittich *m* **2.** (*urraca*) Elster *f* **3.** (*fam: persona habladora*) Plappermaul *nt*, Quasselstrippe *f*; **hablar como una** ~ reden wie ein Wasserfall **4.** (*fam pey: chivato*) Petze *f*
cotorrear [kotorre'ar] *vi* (*fam*) schwatzen, schnattern
cotorreo [koto'rreo] *m* (*fam*) Geschnatter *nt*
cotorrera [koto'rrera] *f* **1.** (ZOOL) Papageienweibchen *nt* **2.** (*fam fig: charlatana*) Plappermaul *nt*, Plaudertasche *f* **3.** (*fig: ramera*) Hure *f pey*
cototo [ko'toto] *m* (*Am: fam: chichón*) Beule *f*
cotufa [ko'tufa] *f* **1.** (*tubérculo*) Topinambur *m o f*; **pedir** ~**s en el golfo** (*fig fam*) Unmögliches verlangen **2.** (*gollería*) Leckerbissen *m*
coturno [ko'turno] *m* Kothurn *m*; **calzar el** ~ sich hochtrabend ausdrücken, auf hohem Kothurn (einher)schreiten *elev*; **de alto** ~ hochtrabend
COU [kou̯] *m abr de* **Curso de Orientación Universitaria** *einjähriger Vorbereitungskurs auf das Universitätsstudium*
coulomb [ku'lom] *m* (FÍS) Coulomb *nt*
country ['kau̯n̩tri] **I.** *adj inv* (MÚS) Country-; **la música** ~ die Countrymusic **II.** *m sin pl* (MÚS) Countrymusic *f*
covacha [ko'βaʧa] *f* **1.** (*cueva*) kleine Höhle *f* **2.** (*vivienda*) Loch *nt pey* **3.** (*trastero*) Rumpelkammer *f* **4.** (*perrera*) Hundehütte *f* **5.** (*Ecua: tienda*) ≈Gemischtwarenladen *m*
covachuela [koβa'ʧwela] *f* (*fam*) Amt *nt*
covachuelista [koβaʧwe'lista] *mf* (*fam*) Amtsdiener(in) *m(f)*
covalencia [koβa'len̩θja] *f* (QUÍM) Kovalenz *f*, kovalente Bindung *f*
covalonga [koβa'loŋga] *f* (BOT) Thevetia *f*
cowboy ['kau̯βoi̯] *m* <cowboys> Cowboy *m*
coxa ['koˠsa] *f* (ANAT) Hüfte *f*
coxal [koˠ'sal] *adj* (ANAT) Hüft-; **hueso** ~ Hüftbein *nt*, Hüftknochen *m*
coxalgia [koˠ'salxja] *f* (MED) Koxalgie *f*
coxartria [koˠ'sartrja] *f sin pl* (MED) Koxarthrose *f*
coxis ['koˠsis] *m inv* (ANAT) Steißbein *nt*
coxitis [koˠ'sitis] *f inv* (MED) Hüftgelenkentzündung *f*, Koxitis *f*
coxofemoral [koˠsofemo'ral] *adj* (ANAT) **1.** (*relativo al fémur y hueso coxal*) Oberschenkel-Hüft- **2.** (*relativo al hueso de la cadera*) Hüftgelenk(s)-
coy [koi̯] <coyes> *m* (NÁUT) Hängematte *f*
coyote [ko'ɟote] *m* Kojote *m*
coyotero[1] [koɟo'tero] *m* (*Am: cepo*) Kojotenfalle *f*
coyotero, **-a**[2] [koɟo'tero, -a] **I.** *adj* (*Am*) für die Kojotenjagd abgerichtet **II.** *m, f* (*Am: perro*) Kojotenhund, -hündin *m, f*
coyunda [ko'ɟun̩da] *f* **1.** (*cornal*) Jochriemen *m* **2.** (*carga*) Joch *nt* **3.** (*irón: matrimonio*) Joch *nt* der Ehe
coyuntero [koɟun̩'tero] *m* (AGR) *Bauer, der aus seinem Pferd und dem eines anderen ein Gespann zusammenstellt, mit dem beide ihr Land bestellen*
coyuntura [koɟun̩'tura] *f* **1.** (ANAT) Knochengelenk *nt* **2.** (*oportunidad*) Gelegenheit *f* **3.** (*circunstancias*) Umstände *mpl* **4.** (ECON) Konjunktur *f*
coyuntural [koɟun̩tu'ral] *adj* (ECON) konjunk-

turell

coyuyo [ko'ɟuɟo] *m* (*Arg:* ZOOL: *cigarra*) *große Zikadenart*

coz [koθ] *f* **1.** (*patada*) Ausschlagen *nt;* (*golpe*) Hufschlag *m;* (*de personas*) Fußtritt *m;* **dar coces** ausschlagen; **dar coces a alguien** (*caballo*) jdm einen Hufschlag versetzen; (*persona*) jdm Tritte versetzen; **dar coces contra el aguijón** (*fig*) sich auflehnen, wider [*o* gegen] den Stachel löcken *elev* **2.** (*culatada*) Rückstoß *m* **3.** (*retroceso*) Wasserstau *m* **4.** (*culata*) Kolben *m* **5.** (*parte de un árbol*) *unterer Teil des* (*Baum*)*stammes* **6.** (*grosería*) Grobheit *f;* **tratar a alguien a coces** jdn grob behandeln, jdn mit Füßen treten

CP [θe'pe] *m* **1.** (JUR) *abr de* **Código Penal** *spanisches Strafgesetzbuch* **2.** (*de una población*) *abr de* **Código Postal** PLZ *f* **3.** (FIN) *abr de* **Caja Postal** Postbank *f*

cpu [θepe'u] <cpus> *m* (INFOR) *abr de* **Central Processing Unit** CPU *f*

crac [kra^k] *m* (ECON) Crash *m;* ~ **financiero** Finanzkrise *f*

crack [kra^k] *m* **1.** (ECON) Crash *m* **2.** (*droga*) Crack *m*

cracker ['kraker] <crackers> *mf* (INFOR) Crasher(in) *m(f)*

craneal [krane'al] *adj* (ANAT) Schädel-; **cavidad** ~ Schädelhöhle *f*

craneano, -a [krane'ano, -a] *adj* (ANAT) *v.* **craneal**

cráneo ['kraneo] *m* (ANAT) Schädel *m*

craneología [kraneolo'xia] *f* (ANAT) Kraniologie *f*

craneometría [kraneome'tria] *f* (ANAT: *medición*) Schädelmessung *f,* Kraniometrie *f*

craneopatía [kraneopa'tia] *f* (MED) Kraniopathie *f*

craneoscopia [kraneos'kopja] *f* (MED) Kranioskopie *f*

craneotomía [kraneoto'mia] *f* (MED) Schädeleröffnung *f,* Kraniotomie *f*

crápula[1] ['krapula] *m* Wüstling *m*

crápula[2] ['krapula] *f* **1.** (*embriaguez*) Trunkenheit *f* **2.** (*libertinaje*) Lotterleben *nt*

crapuloso, -a [krapu'loso, -a] *adj* ausschweifend, zügellos

crascitar [krasθi'tar] *vi* (ZOOL: *graznar*) krächzen

crash [kraʃ] *m inv* (AERO, ECON, FIN) Crash *m;* ~ **de la bolsa** Börsencrash *m*

crasiento, -a [kra'sjen̩to, -a] *adj* (*grasiento*) fettig

crasitud [krasi'tu^ð] *f* Fettleibigkeit *f*

craso, -a ['kraso, -a] *adj* **1.** (*gordo*) fettleibig **2.** (*burdo*) gravierend

crasulácea [krasu'laθea] *f* (BOT) Dickblattgewächs *nt*

crasuláceo, -a [krasu'laθeo, -a] *adj* (BOT) zur Familie der Dickblattgewächse gehörend

cráter ['krater] *m* Krater *m*

crateriforme [krateri'forme] *adj* kraterförmig, trichterförmig; **abertura** ~ trichterförmige Öffnung

cratícula [kra'tikula] *f* **1.** (*ventana*) *kleines Fenster, durch das in Klausur lebende Nonnen die Kommunion empfangen* **2.** (FÍS) Spektralapparat *m*

crawl [krol] *m* (DEP) Kraul(schwimmen) *nt*

craza ['kraθa] *f* Schmelztiegel *m* (*für Gold und Silber*)

creación [krea'θjon] *f* **1.** (REL, ARTE) Schöpfung *f* **2.** (*elaboración*) Schaffung *f;* ~ **de capital** (FIN) Kapitalbildung *f;* ~ **de clientes** (ECON) Kundenakquisition *f;* ~ **de empleo** (ECON, POL) Schaffung von Arbeitsplätzen; ~ **de reservas** (FIN) Rücklagenbildung *f;* **medidas de ~ de puestos de trabajo** Arbeitsbeschaffungsmaßnahmen *fpl* **3.** (*en la moda*) Kreation *f* **4.** (*de una institución*) Einrichtung *f*

creacionismo [kreaθjo'nismo] *m* **1.** (REL) Kreatianismus *m* **2.** (LIT) schöpferische Freiheit *f*

creador(a) [krea'ðor(a)] **I.** *adj* schöpferisch; **Dios** ~ Gott, der Schöpfer **II.** *m(f)* Schöpfer(in) *m(f);* ~ **publicitario** Werbeschaffende(r) *m*

crear [kre'ar] **I.** *vt* **1.** (*hacer*) erschaffen **2.** (*fundar*) schaffen, einrichten **3.** (*representar*) darstellen **4.** (*elev: nombrar*) ernennen; **fue creado obispo** er wurde zum Papst ernannt **5.** (INFOR) anlegen, erstellen; ~ **archivo** Datei erstellen **II.** *vr:* **~se** sich *dat* schaffen

creatina [krea'tina] *f* (BIOL) Kreatin *nt*

creatividad [kreatiβi'ða^ð] *f* Kreativität *f*

creativo, -a [krea'tiβo, -a] *adj* kreativ

crecedero, -a [kreθe'ðero, -a] *adj* im Wachstum begriffen

crecepelo [kreθe'pelo] *m* Haarwuchsmittel *nt*

crecer [kre'θer] *irr* **I.** *vi* (*aumentar*) wachsen; (*relativo a la luna*) zunehmen; (*relativo al agua*) steigen; **los beneficios crecieron un 5 % el año pasado** die Gewinne sind im letzten Jahr um 5 % gestiegen **II.** *vr:* **~se** über sich selbst hinauswachsen

creces ['kreθes] *fpl* **1.** (*aumento*) Wachstum *nt* **2.** (*exceso*) Übermaß *nt;* **con** ~ reichlich

crecida [kre'θiða] *f* **1.** (*riada*) Hochwasser *nt* **2.** (*crecimiento*) (rasches) Wachstum *nt*

crecido, -a [kre'θiðo, -a] *adj* **1.** (*desarrollado*) erwachsen **2.** (*numeroso*) ansehnlich

crecidos [kre'θiðos] *mpl* Zunahmen *fpl*

creciente [kre'θjen̩te] **I.** *adj* zunehmend **II.** *f* Hochwasser *nt;* ~ **de luna** zunehmender Mond; ~ **del mar** Flut *f*

crecimiento [kreθi'mjen̩to] *m* (*t.* ECON) Wachstum *nt;* (*moneda*) Kursanstieg *m;* ~ **cero** Nullwachstum *nt;* ~ **demográfico** Bevölkerungswachstum *nt;* ~ **económico** Wirtschaftswachstum *nt;* ~ **de la facturación** Umsatzsteigerung *f;* ~ **interanual** jährliches Wachstum; ~ **de la productividad** Produktivitätssteigerung *f;* ~ **sostenido** anhaltendes Wachstum; **sector de gran** ~ Wachstumsbranche *f;* **tasa de ~** (**anual**) (jährliche) Zuwachsrate *f*

credencial [kreðeṇ'θjal] **I.** *adj* beglaubigend; **carta ~** Beglaubigungsschreiben *nt,* Akkreditiv *nt* **II.** *f* Ernennungsurkunde *f*

credibilidad [kreðiβili'ðaᵈ] *f* Glaubwürdigkeit *f*

crediticio, **-a** [kreði'tiθjo, -a] *adj* (FIN) Kredit-; **política crediticia** Kreditpolitik *f;* **restricción crediticia** Krediteinschränkung *f*

crédito ['kreðito] *m* **1.** (FIN: *préstamo*) Kredit *m;* **~ de** [*o* **contra**] **aceptación** Akzeptkredit *m;* **~ agrícola** Agrarkredit *m;* **~ bancario** Bankkredit *m;* **~ en blanco** Blankokredit *m;* **~ blando** Soft credit *m;* **~ cambiario** Wechselforderung *f;* **~ a la construcción** Baudarlehen *nt;* **~ en cuenta** Buchkredit *m;* **~ en cuenta corriente** Kontokorrentkredit *m;* **~ por descubierto** Dispositionskredit *m,* Überziehungskredit *m;* **~ documentario** Akkreditiv *nt;* **~ a la exportación** Exportkredit *m;* **~ exterior** Auslandskredit *m;* **~ hipotecario** Hypothekarkredit *m;* **~ oficial** Staatskredit *m;* **~ pignoraticio** Lombardkredit *m;* **~ puente** Überbrückungskredit *m;* **dar a ~** leihen; **pedir un ~** einen Kredit aufnehmen; **otorgar** [*o* **conceder**] **un ~** einen Kredit bewilligen; **abrir un ~ documentario** ein Dokumentenakkreditiv eröffnen; **abrir una cuenta de ~** ein Kreditkonto eröffnen **2.** (FIN: *deuda*) (Schuld)forderung *f;* **~ incobrable** uneintreibbare Forderung **3.** (*fama*) Renommee *nt;* **ser digno de ~** sehr angesehen sein **4.** (*confianza*) Glaube *m,* Vertrauen *nt;* **dar ~ a algo/alguien** etw *dat*/jdm Glauben schenken; **ser de ~** glaubwürdig sein

credit scoring ['kreðiᵗ es'kou̯riŋ] *m* (ECON, FIN) Credit-scoring *nt*

credo ['kreðo] *m* **1.** (*creencias*) Glaube *m* **2.** (*dogma*) Glaubensbekenntnis *nt,* Kredo *nt* **3.** (*loc*): **en un ~** im Nu; **que canta el ~** was das Zeug hält

credulidad [kreðuli'ðaᵈ] *f* Leichtgläubigkeit *f*

crédulo, **-a** ['kreðulo, -a] *adj* leichtgläubig

creederas [kre(e)'ðeras] *fpl* (*fam*) Leichtgläubigkeit *f*

creencia [kre'eṇθja] *f* Glaube *m*

creer [kre'er] *irr como leer* **I.** *vi* (*ser creyente*) glauben, gläubig sein **II.** *vt* **1.** (*dar por cierto*) glauben (*en* an *+akk*); **~ en Dios** an Gott glauben; **creo en tu buena voluntad** ich glaube an deinen guten Willen **2.** (*pensar*) glauben, denken; **creo que me estás mintiendo** ich glaube, du lügst mich an; **no te creo capaz de hacer eso** ich denke nicht, dass du dazu fähig bist; **¡ya lo creo!** das will ich wohl meinen!; **¡quién iba a ~lo!** wer hätte das für möglich gehalten! **3.** (*dar crédito*) glauben *+dat;* **~ a alguien a ciegas** (*fam*) jdm blind vertrauen; **no te creo** ich glaube dir nicht; **hacer ~ algo a alguien** jdm etw weismachen **III.** *vr:* **~se 1.** (*tener por probable*) glauben; **no te creas todo lo que te dicen** glaub nicht alles, was man dir sagt **2.** (*considerarse*) sich halten (für *+akk*); **se cree muy lista** sie hält sich für besonders schlau; **¡qué te has creído!** was fällt dir ein!

creíble [kre'iβle] *adj* glaubhaft

creído, **-a** [kre'iðo, -a] *adj* **1.** *ser* (*fam: vanidoso*) eingebildet **2.** *estar* (*seguro*) überzeugt

crema ['krema] **I.** *adj* cremefarben **II.** *f* **1.** (*nata*) Sahne *f* **2.** (*natillas, pasta*) Creme *f;* **~ catalana** *Vanillecreme mit karamelisierter Zuckerkruste;* **~ pastelera** Cremefüllung *f;* **la ~ y la nata** die Crème de la Crème **3.** (LING) Trema *nt*

cremá [kre'ma] *f in Valencia: Verbrennung der "fallas" (Pappmascheefiguren) am Sankt-Josefs-Tag (19. März)*

cremación [krema'θjon] *f* **1.** (*incineración*) Einäscherung *f,* Feuerbestattung *f,* Kremation *f* **2.** (*combustión de desechos*) Verbrennung *f*

cremallera [krema'ʎera] *f* **1.** (TÉC: *barra*) Zahnstange *f;* **tren de ~** Zahnradbahn *f* **2.** (*cierre*) Reißverschluss *m*

crematística [krema'tistika] *f* Volkswirtschaft(slehre) *f*

crematístico, **-a** [krema'tistiko, -a] *adj* wirtschaftlich

crematorio¹ [krema'torjo] *m* Krematorium *nt*

crematorio, **-a²** [krema'torjo, -a] *adj:* **horno ~** Verbrennungsofen *m*

cremería [kreme'ria] *f* (*Arg:* COM) Molkerei *f,* Käserei *f*

crémor ['kremor] *m* (QUÍM) Wein(stein)säure *f*

cremosidad [kremosi'ðaᵈ] *f* Cremigkeit *f*

cremoso, **-a** [kre'moso, -a] *adj* cremig

crencha ['krenʧa] *f* Scheitel *m*

crenoterapia [krenote'rapja] *f* (MED) Balneotherapie *f,* Krenotherapie *f*

creosota [kreo'sota] *f* (QUÍM) Kreosot *nt*

crep¹ [kreᵖ] *m* **1.** (*suela*) Kreppgummi *m o nt* **2.** (*tela*) Krepp *m;* **~ satén** Crêpe Satin *m,* Seidenkrepp *m*

crep² [kreᵖ] *f* (GASTR) Krepp *f*

crepe ['krepe] *f* Krepp *f*

crepé [kre'pe] *m* **1.** (*suela*) Kreppgummi *m o nt* **2.** (*postizo*) Haarteil *nt* **3.** (*tejido*) Krepp *m*

crepería [krepe'ria] *f* Krepperie *f*

crepetera [krepe'tera] *f* Crêpeeisen *nt,* Kreppeisen *nt*

crepitación [krepita'θjon] *f* **1.** (*crujido*) Knistern *nt* **2.** (MED) Krepitation *f;* (*de los huesos*) Knirschen *nt;* (*en el pulmón*) Rasseln *nt*

crepitante [krepi'taṇte] *adj* knisternd

crepitar [krepi'tar] *vi* knistern

crepuscular [krepusku'lar] *adj* dämm(e)rig

crepúsculo [kre'puskulo] *m* Dämmerung *f;* **~ matutino** Morgendämmerung *f;* **~ vespertino** Abenddämmerung *f*

cresa ['kresa] *f* **1.** (*huevos*) (Insekten)eier *ntpl* **2.** (*gusano*) Made *f*

crescendo [kre'ʃeṇdo] **I.** *adv* (MÚS) crescendo **II.** *m* (MÚS) Crescendo *nt*

creso ['kreso] *m* Krösus *m*

crespo¹ ['krespo] *m* Locke *f*
crespo, **-a²** ['krespo, -a] *adj* **1.** (*rizado*) kraus **2.** (*irritado*) gereizt **3.** (*estilo*) verschnörkelt
crespón [kres'pon] *m* **1.** (*gasa*) Flor *m* **2.** (*gasa de luto*) Trauerflor *m*
cresta ['kresta] *f* **1.** (*carnosidad*) Kamm *m*; (*del gallo*) (Hahnen)kamm *m* **2.** (*plumas*) Schopf *m* **3.** (*cabello*) Hahnenkamm *m fam*; **dar en la ~ a alguien** (*fig*) jdn demütigen **4.** (*de una ola*) (Wellen)kamm *m*; **estar en la ~ de la ola** (*fig*) auf dem Gipfel angelangt sein **5.** (*de una montaña*) Kamm *m*
crestomatía [krestoma'tia] *f* Chrestomathie *f*
creta ['kreta] *f* Kreide *f*
Creta ['kreta] *f* Kreta *nt*
cretáceo, **-a** [kre'taθeo, -a] *adj v.* **cretácico²**
cretácico¹ [kre'taθiko] *m* (GEO) Kreidezeit *f*
cretácico, **-a²** [kre'taθiko, -a] *adj* (GEO) kretaz(e)isch
cretense [kre'tense] **I.** *adj* kretisch **II.** *mf* Kreter(in) *m(f)*
crético, **-a** ['kretiko, -a] *adj* **1.** (*cretense*) kretisch, aus Kreta **2.** (LIT) Kretikus-
cretina [kre'tina] *f v.* **cretino**
cretinismo [kreti'nismo] *m* (MED) Kretinismus *m*
cretino, **-a** [kre'tino, -a] *m, f* (MED: *t. fig*) Kretin *m*
cretona [kre'tona] *f* Cretonne *m o f*
creyente [kre'ɟeṇte] **I.** *adj* gläubig **II.** *mf* Gläubige(r) *mf*
cría ['kria] *f* **1.** (*el criar*) Zucht *f* **2.** (*recién nacido*) Säugling *m* **3.** (*cachorro*) Junge(s) *nt* **4.** (*camada*) Wurf *m* **5.** (*insecto, reptil, pájaro*) Brut *f*
criada [kri'aða] *f v.* **criado**
criadero¹ [krja'ðero] *m* **1.** (*plantel*) Baumschule *f* **2.** (*vivero*) Zuchtstätte *f* **3.** (MIN) Vorkommen *nt*
criadero, **-a²** [krja'ðero, -a] *adj* fruchtbar
criadilla [krja'ðiʎa] *f* **1.** (GASTR: *testículo*) Hoden *m* **2.** (*patata*) Kartoffel *f* **3.** (*hongo*) Trüffel *f*
criado, **-a** [kri'aðo, -a] *m, f* Diener *m*, Dienstmädchen *nt*
criador¹ [krja'ðor] *m* (*Dios*) Schöpfer *m*
criador(a)² [krja'ðor(a)] *m(f)* **1.** (*de animales*) Züchter(in) *m(f)* **2.** (*de vinos*) Winzer(in) *m(f)*
criandera [krjaṇ'dera] *f* (*Am*) Amme *f*
crianestesia [krianes'tesja] *f* (MED) Kälteanästhesie *f*, Kryoanästhesie *f*
crianza [kri'aṇθa] *f* **1.** (*lactancia*) Aufzucht *f*; (*personas*) Stillzeit *f* **2.** (*educación*) Erziehung *f*
criar [kri'ar] <*1. pres:* crío> **I.** *vt* **1.** (*alimentar*) ernähren; (*mamíferos*) säugen **2.** (*reproducir y cuidar*) züchten **3.** (*ser propicio*) anziehen; **los perros crían garrapatas** Zecken schmarotzen gerne auf Hunden **4.** (*educar*) aufziehen, großziehen **5.** (*crear*) erschaffen; **Dios los cría y ellos se juntan** (*prov*) Gleich und Gleich gesellt sich gern **6.** (*fundar*) gründen **7.** (*referente al vino*) anbauen **II.** *vi* Junge bekommen **III.** *vr:* **~se** aufwachsen
criatura [krja'tura] *f* **1.** (*ser*) Kreatur *f*, Geschöpf *nt* **2.** (*niño*) Säugling *m* **3.** (*feto*) Fetus *m*, Fötus *m* **4.** (*hechura*) Kreatur *f*
criba ['kriβa] *f* **1.** (*tamiz*) Sieb *nt* **2.** (AGR) Dreschflegel *m*; (*mecánica*) Dreschmaschine *f* **3.** (MIN) Setzmaschine *f*
cribado [kri'βaðo] *m* Sieben *nt*
cribar [kri'βar] *vt* **1.** (*colar*) (aus)sieben **2.** (AGR) dreschen
cribellum [kri'βelun] *m*, **cribelo** [kri'βelo] *m* (ZOOL) Spinnplatte *f*, Cribellum *nt*
cribo ['kriβo] *m* (AGR: *cedazo*) (Körner)sieb *nt*
criboso, **-a** [kri'βoso, -a] *adj* **1.** (BOT) Sieb- **2.** (*agujereado*) siebartig, Sieb-
cric [kri^k] *m* Winde *f*; (AUTO) Wagenheber *m*
crica ['krika] *f* (*vulg: vulva*) Fotze *f*
cricket ['krike^t] *m* (DEP) Kricket *nt*
cricoides [kri'koi̯ðes] **I.** *adj inv* (ANAT) Ringknorpel- **II.** *m inv* (ANAT) Ringknorpel *m*
cri-cri [kri-kri] <cri-cris> *m* Zirpen *nt*
criestesia [kries'tesja] *f* Überempfindlichkeit *f* gegen Kälte, Kryästhesie *f*
Crimea [kri'mea] *f* Krim *f*
crimen ['krimen] *m* Verbrechen *nt*; **~ pasional** Verbrechen aus Leidenschaft
criminal [krimi'nal] **I.** *adj* **1.** (*delincuente*) verbrecherisch, kriminell **2.** (*policía*) Kriminal-; **brigada de investigación ~** Kriminalamt *nt* **II.** *mf* Kriminelle(r) *mf*; **~ de guerra** Kriegsverbrecher(in) *m(f)*
criminalidad [kriminali'ða^ð] *f* Kriminalität *f*
criminalista [krimina'lista] *mf* Strafrechtler(in) *m(f)*, Kriminalist(in) *m(f)*
criminalístico, **-a** [krimina'listiko, -a] *adj* kriminalistisch
criminar [krimi'nar] *vt* **1.** (*imputar*) beschuldigen; **le ~on el asesinato de dos niños** sie beschuldigten ihn/sie des Mordes an zwei Kindern **2.** (*fig: reprochar*) kritisieren; **me criminó que siempre llegara tarde** er/sie warf mir vor, dass ich immer zu spät kam
criminogénesis [krimino'xenesis] *f sin pl* (JUR) Kriminalätiologie *f*
criminología [kriminolo'xia] *f* Kriminologie *f*
criminológico, **-a** [krimino'loxiko, -a] *adj* kriminologisch
criminólogo, **-a** [krimi'noloɣo] *m, f* (JUR) Kriminologe, -in *m, f*
criminoso, **-a** [krimi'noso, -a] **I.** *adj* (JUR: *relativo al crimen*) kriminell, verbrecherisch **II.** *m, f* (JUR: *criminal*) (Straf)täter(in) *m(f)*, Delinquent(in) *m(f)*
crimno ['krimno] *m* (GASTR) *Mehl aus Dinkel und Weizen für die Zubereitung von Brei*
crin [krin] *f* **1.** (*cerda*) Mähne *f* **2.** (*filamento*) Seegras *nt*
crío, **-a** ['krio, -a] *m, f* Kleinkind *nt*; **ser un ~** (*fig*) sich wie ein Kind benehmen, kindisch

sein

criobiología [krioβjolo'xia] *f* (BIOL) Kryobiologie *f*

criocirugía [krioθiru'xia] *f* (MED) Kryochirurgie *f*

criogenia [krio'xenja] *f* (TÉC) **1.** (*producción de frío*) Tieftemperaturtechnik *f*, Kryotechnik *f* **2.** (*tratamiento mediante frío*) Kryogenik *f*

criollismo [krjo'ʎismo] *m* **1.** (*conjunto de criollos*) Kreolen *mpl;* **todo el ~ estaba reunido** alle Kreolen waren versammelt **2.** (*carácter*) kreolisches Temperament *nt*, kreolischer Charakter *m* **3.** (*exaltación de lo criollo*) Kreolentum *nt* **4.** (LING) im Kreolischen gebräuchlicher Ausdruck *m*, Kreolismus *m*

criollo, -a [kri'oʎo, -a] **I.** *adj* kreolisch **II.** *m, f* Kreole, -in *m, f*

criología [kriolo'xia] *f* (FÍS) Kältekunde *f*, Kryologie *f*

criomagnetismo [kriomaɣne'tismo] *m* (FÍS) Kryomagnetismus *m*

criometría [kriome'tria] *f* (FÍS) Tieftemperaturmessung *f*, Kryometrie *f*

crioterapia [kriote'rapja] *f* (MED) Kryotherapie *f*

cripta ['kripta] *f* Krypta *f*

criptestesia [kriptes'tesja] *f* außersinnliche Wahrnehmung *f*, Kryptästhesie *f;* **la ~ de la médium** die hellseherische Fähigkeit des Mediums

críptico, -a ['kriptiko, -a] *adj* kryptisch

criptoanálisis [kriptoa'nalisis] *m inv* Technik *f* der Entzifferung von verschlüsselten Botschaften

criptógama [krip'toɣama] *f* (BOT) Kryptogame *f*

criptógamo, -a [krip'toɣamo, -a] *adj* (BOT) kryptogam

criptografía [kriptoɣra'fia] *f* Geheimschrift *f*

criptógrafo [krip'toɣrafo] *m* Kryptograph *m*

criptograma [kripto'ɣrama] *m* Kryptogramm *nt*

criptón [krip'ton] *m* (QUÍM) Krypton *nt*

criptorquidia [kriptor'kiðja] *f* (MED) Kryptorchismus *m*

criquet ['kriket] *m* (DEP) Kricket *nt*

crisálida [kri'saliða] *f* (ZOOL) Puppe *f;* **salir de la ~** ausschlüpfen

crisantemo [krisaṇ'temo] *m* Chrysantheme *f*

crisis ['krisis] *f inv* (*t.* ECON, FIN, MED) Krise *f;* **~ bancaria** Bankenkrise *f;* **~ económica** Wirtschaftskrise *f;* **~ de endeudamiento** Schuldenkrise *f;* **~ nerviosa** Nervenzusammenbruch *m;* **salir de la ~** die Krise überwinden

crisma[1] ['krisma] *m* (REL) Chrisam *m o nt*, Chrisma *nt*

crisma[2] ['krisma] *f* (*fam: cabeza*) Rübe *f;* **romper la ~ a alguien** jdm die Rübe einschlagen

crismas ['krismas] *m inv* (*tarjeta navideña*) Weihnachtskarte *f*

crisol [kri'sol] *m* **1.** (*craza*) Schmelztiegel *m* **2.** (*prueba*) Prüfstein *m*

crisólito [kri'solito] *m* (MIN) Chrysolith *m*

crisopeya [kriso'peɟa] *f* (HIST) Alchimie *f*

crispación [krispa'θjon] *f* **1.** (*contracción*) Verkrampfung *f* **2.** (*irritación*) Gereiztheit *f;* **~ política** (POL) angespannte politische Lage

crispar [kris'par] **I.** *vt* **1.** (*contraer*) verkrampfen **2.** (*exasperar*) reizen **II.** *vr:* **~se 1.** (*contraerse*) sich verkrampfen **2.** (*exasperarse*) gereizt werden

crispatura [krispa'tura] *f* (MED) klonische (Muskel)verkrampfung *f*

cristal [kris'tal] *m* **1.** (*cuerpo*) Kristall *m;* **~ de cuarzo** Quarzkristall *m* **2.** (*vidrio*) Glas *nt;* **~ de la ventana** Fensterscheibe *f* **3.** (*espejo*) Spiegel *m* **4.** (*elev: agua*) Wasser *nt*

cristalera [krista'lera] *f* **1.** *v.* **cristalero 2.** (*aparador*) Vitrine *f* **3.** (*puerta*) Glastür *f*

cristalería [kristale'ria] *f* **1.** (*empresa*) Glashütte *f* **2.** (*objetos*) Kristall *nt*

cristalero, -a [krista'lero, -a] *m, f* **1.** (*colocador*) Glaser(in) *m(f)* **2.** (*limpiador*) Fensterputzer(in) *m(f)*

cristalino[1] [krista'lino] *m* (MED) Linse *f*

cristalino, -a[2] [krista'lino, -a] *adj* **1.** (*de cristal*) kristallin **2.** (*transparente*) kristallklar, glasklar

cristalización [kristaliθa'θjon] *f* Kristallisation *f*

cristalizar [kristali'θar] <z→c> **I.** *vi, vr:* **~se 1.** (*sustancia*) kristallisieren, Kristalle bilden **2.** (*ideas, sentimientos*) sich (heraus)kristallisieren, Gestalt annehmen **II.** *vt* kristallisieren lassen

cristalofísica [kristalo'fisika] *f* (GEO) Kristallophysik *f*

cristalografía [kristaloɣra'fia] *f* Kristallographie *f*

cristalográfico, -a [kristalo'ɣrafiko, -a] *adj* (GEO) kristallographisch

cristalógrafo, -a [krista'loɣrafo, -a] *m, f* (FÍS) Wissenschaftler(in) *m(f)* auf dem Gebiet der Kristallographie

cristaloquímica [kristalo'kimika] *f* (GEO) Kristallchemie *f*

cristiana [kris'tjana] *adj o f v.* **cristiano**

cristianar [kristja'nar] *vt* (*fam: bautizar*) taufen

cristiandad [kristjaṇ'dað] *f* **1.** (*fieles*) Christenheit *f* **2.** (*países*) christliche Länder *ntpl*

cristianismo [kristja'nismo] *m* Christentum *nt*

cristianización [kristjaniθa'θjon] *f* Christianisierung *f*

cristianizar [kristjani'θar] <z→c> *vt* christianisieren

cristiano, -a [kris'tjano, -a] **I.** *adj* christlich **II.** *m, f* **1.** (*fiel*) Christ(in) *m(f)* **2.** (*fam: persona*) Mensch *m;* **por la calle no pasa ni un ~** keine Menschenseele ist auf der Straße zu sehen **3.** (*fam: castellano*) Spanisch *nt;* **hablar en ~** (*fig*) Klartext reden

cristianodemócrata [kristjanoðe'mokrata] I. *adj* (POL) christlich-demokratisch II. *mf* (POL) Christdemokrat(in) *m(f)*

cristo ['kristo] *m* 1. (*crucifijo*) Kruzifix *nt* 2. (*fam*): **todo ~** jeder; **poner a alguien hecho un ~** jdn übel zurichten

Cristo ['kristo] *m* (Jesus) Christus *m;* **donde ~ perdió el gorro** am Ende der Welt; **donde ~ dio las tres voces** wo sich die Füchse [*o* Fuchs und Hase] gute Nacht sagen

cristología [kristolo'xia] *f* (REL) Christologie *f*

cristus ['kristus] *m inv in der ABC-Fibel, dem Alphabet vorangestelltes Kreuz*

crisuela [kri'swela] *f* Ölbehälter *m* (*einer Öllampe*)

criterio [kri'terjo] *m* 1. (*norma*) Kriterium *nt;* **~ de búsqueda** (INFOR) Suchkriterium *nt;* **~ de decisión** Entscheidungskriterium *nt;* **~s de convergencia** (ECON, POL) Konvergenzkriterien *ntpl* 2. (*discernimiento*) Urteilsvermögen *nt* 3. (*opinión*) Meinung *f*

criteriología [kriterjolo'xia] *f* (FILOS) Kriteriologie *f*

critérium [kri'teriun] <critérium(s)> *m* (DEP) Kriterium *nt,* inoffizielles Wettrennen *nt*

crítica ['kritika] *f* 1. *v.* **crítico** 2. (*arte de juzgar, juicio*) Kritik *f;* **verter ~s** Kritik üben [*o* aussprechen]

criticable [kriti'kaβle] *adj* kritisierbar

criticar [kriti'kar] <c→qu> I. *vt* kritisieren II. *vi* lästern

criticastro [kriti'kastro] *m* (*pey*) Kritikaster *m*

criticidad [kritiθi'ða^{d}] *f* kritischer Charakter *m;* (FÍS) Kritikalität *f*

criticismo [kriti'θismo] *m* (FILOS) Kritizismus *m*

crítico, -a ['kritiko, -a] I. *adj* (*t.* FÍS, MED) kritisch II. *m, f* Kritiker(in) *m(f)*

criticón, -ona [kriti'kon, -ona] *m, f* Nörgler(in) *m(f),* Kritt(e)ler(in) *m(f)*

critiquizar [kritiki'θar] <z→c> I. *vi* (*fam*) nörgeln, mäkeln, kritteln II. *vt* (*fam*) herumnörgeln (an +*dat*), bemäkeln, bekritteln

crizneja [kriθ'nexa] *f* 1. (*trenza*) Zopf *m* 2. (*soga*) Strick *m*

Croacia [kro'aθja] *f* Kroatien *nt*

croar [kro'ar] *vi* quaken

croata [kro'ata] I. *adj* kroatisch II. *mf* Kroate, -in *m, f*

crocante [kro'kante] *m* Krokant *m*

croché [kro'tʃe] *m* 1. (*ganchillo*) Häkelarbeit *f;* **hacer ~** häkeln 2. (DEP) Haken *m*

crocitar [kroθi'tar] *vi* (ZOOL) krächzen

croco ['kroko] *m* Safran *m*

croissant [krwa'san/kru'san] <croissants> *m* (GASTR) Croissant *nt*

croissantería [krusante'ria] *f* (COM) Croissant-Laden *m*

crol [krol] *m* (DEP) Kraul(schwimmen) *nt*

cromado [kro'maðo] *m* Verchromung *f*

cromar [kro'mar] *vt* verchromen

cromático, -a [kro'matiko, -a] *adj* (FÍS, MÚS) chromatisch

cromatina [kroma'tina] *f* (BIOL) Chromatin *nt*

cromatismo [kroma'tismo] *m* (FÍS, MÚS) Chromatik *f*

cromatóforo [kroma'toforo] *m* (BIOL) Chromatophor *nt*

cromatografía [kromatoɣra'fia] *f* (QUÍM) Chromatographie *f*

cromaturia [kroma'turja] *f* (MED) Chrom(at)urie *f*

crómico, -a ['kromiko, -a] *adj* chromhaltig

cromo ['kromo] *m* 1. (QUÍM) Chrom *nt* 2. *v.* **cromolitografía**

cromóforo, -a [kro'moforo, -a] I. *adj* (QUÍM) chromophor II. *m, f* (QUÍM) Chromophor *m*

cromógeno, -a [kro'moxeno, -a] *adj* (BIOL) chromogen

cromolitografía [kromolitoɣra'fia] *f* Farb(en)druck *m,* Chromolithographie *f*

cromolitografiar [kromolitoɣrafi'ar] <*1. pres:* cromolitografío> *vt* (TIPO) chromolithographieren

cromoplasto [kromo'plasto] *m* (BOT) Chromoplast *m*

cromosfera [kromos'fera] *f* Chromosphäre *f*

cromosoma [kromo'soma] *m* (BIOL) Chromosom *nt*

cromosómico, -a [kromo'somiko, -a] *adj* (BIOL) chromosomal; **anomalía cromosómica** Chromosomenanomalie *f*

cromoterapia [kromote'rapja] *f* (MED) Chromotherapie *f*

cromotipia [kromo'tipja] *f* Farb(en)druck *m*

cromotipografía [kromotipoɣra'fia] *f* (TIPO) (Mehr)farbendruck *m,* Chromotypie *f*

cromoxilografía [kromo^{ɣ}siloɣra'fia] *f* (TIPO) Farbholzschnitt *m,* Chromoxylographie *f*

crónica ['kronika] *f* 1. (*anales*) Chronik *f* 2. (*artículo*) Reportage *f*

cronicidad [kroniθi'ða^{d}] *f sin pl* chronischer Verlauf *m,* Chronizität *f*

crónico, -a ['kroniko, -a] *adj* (*t.* MED) chronisch

cronicón [kroni'kon] *m* kurze Chronik *f*

cronista [kro'nista] *mf* 1. (*historiador*) Chronist(in) *m(f)* 2. (*periodista*) Berichterstatter(in) *m(f)*

crono ['krono] *m* (DEP) 1. (*tiempo*) (gestoppte) Zeit *f;* **~ personal** persönliche Bestzeit 2. (*cronómetro*) Stoppuhr *f*

cronógrafa [kro'noɣrafa] *f v.* **cronógrafo^{2}**

cronografía [kronoɣra'fia] *f* Chronographie *f*

cronógrafo^{1} [kro'noɣrafo] *m* (TÉC) Chronograph *m*

cronógrafo, -a^{2} [kro'noɣrafo, -a] *m, f* Chronologe, -in *m, f*

cronograma [krono'ɣrama] *m* (TÉC) Chronogramm *nt*

cronóloga [kro'noloɣa] *f v.* **cronólogo**

cronología [kronolo'xia] *f* Chronologie *f*

cronológico, -a [krono'loxiko, -a] *adj* chronologisch

cronólogo, **-a** [kro'noloɣo, -a] *m, f* Chronologe, -in *m, f*

cronometrador(a) [kronometra'ðor(a)] *m(f)* (DEP) Zeitnehmer(in) *m(f)*

cronometraje [kronome'traxe] *m* (DEP) Zeitnahme *f*

cronometrar [kronome'trar] *vt* (DEP) stoppen; ~ **el tiempo** die Zeit stoppen

cronometría [kronome'tria] *f* Chronometrie *f*, Zeitmessung *f*

cronómetro [kro'nometro] *m* Chronometer *nt;* (DEP) Stoppuhr *f*

cronoscopio [kronos'kopjo] *m* (TÉC) Chronoskop *nt*

croquet ['kroke^{t}] *m* Krocket *nt*

croqueta [kro'keta] *f* Krokette *f*

croquis ['krokis] *m inv* Skizze *f*, Kroki *nt*

cross [kros] *m inv* (DEP) **1.** (*atletismo*) Cross-Country *nt*, Querfeldeinrennen *nt* **2.** (*boxeo*) Cross *m*

crótalo ['krotalo] *m* **1.** (ZOOL) Klapperschlange *f* **2.** (*instrumento*) Klapper *f*

crotorar [kroto'rar] *vi* (ZOOL: *cigüeñas*) klappern

cruasán [krwa'san/kru'san] *m* Croissant *nt*

cruce ['kruθe] *m* **1.** (*acción*) Kreuzen *nt* **2.** (*intersección*) Schnittpunkt *m* **3.** (*mezcla*, *t.* BIOL) Kreuzung *f* **4.** (*de caminos*) Kreuzung *f* **5.** (AUTO): ~ **de animales salvajes** Wildwechsel *m;* ~ **de peatones** Fußgängerüberweg *m* **6.** (*interferencia*) Überlagerung *f*, Interferenz *f;* ~ **de datos** (ECON, INFOR) Datenabgleich *m* **7.** (LING) Wortkreuzung *f*, Kontamination *f*

cruceiro [kru'θei̯ro] *m* Cruzeiro *m*

crucería [kruθe'ria] *f* (ARQUIT) Kreuzrippen *fpl*, Kreuzverzierung *f*

crucerista [kruθe'rista] *mf* Kreuzfahrtteilnehmer(in) *m(f)*

crucero[1] [kru'θero] *m* **1.** (ARQUIT) Vierung *f* **2.** (*cruciferario*) Kreuzträger *m* **3.** (*encrucijada*) Kreuzung *f* **4.** (NÁUT: *buque*) Kreuzer *m;* ~ **acorazado** Panzerkreuzer *m* **5.** (NÁUT: *maniobra*) Kreuzen *nt* **6.** (NÁUT: *lugar*) *Gebiet, in dem Schiffe kreuzen* **7.** (*viaje*) Kreuzfahrt *f* **8.** (*vigueta*) Querbalken *m* **9.** (GEO) Schichtverlauf *m*

crucero, **-a**[2] [kru'θero, -a] *adj* (ARQUIT): **arco** ~ Kreuzbogen *m*

cruceta [kru'θeta] *f* **1.** (*de líneas*) Gitter *nt* **2.** (*en la labor*) Kreuzstich *m*

crucial [kru'θjal] *adj* **1.** (*en forma de cruz*) kreuzförmig **2.** (*decisivo*) entscheidend

crucífera [kru'θifera] *f* (BOT) Kreuzblütler *m*

cruciferario [kruθife'rarjo] *m* Kreuzträger *m*

crucífero, **-a** [kru'θifero, -a] *adj* (BOT) zur Familie der Kreuzblütler gehörend

crucificado [kruθifi'kaðo] *m:* **el** ~ der Gekreuzigte, Christus

crucificar [kruθifi'kar] <c→qu> *vt* **1.** (*aspar*) kreuzigen **2.** (*atormentar*) peinigen, quälen

crucifijo [kruθi'fixo] *m* Kruzifix *nt*

crucifixión [kruθifi^{ɣ}'sjon] *f* Kreuzigung *f*

cruciforme [kruθi'forme] *adj* kreuzförmig

crucigrama [kruθi'ɣrama] *m* Kreuzworträtsel *nt*

crucigramista [kruθiɣra'mista] *mf* **1.** (*autor*) Verfasser(in) *m(f)* eines Kreuzworträtsels **2.** (*aficionado*) Fan *m* von Kreuzworträtseln

crudamente [kruða'meņte] *adv* rigoros, unerbittlich

crudelísimo, **-a** [kruðe'lisimo, -a] *adj superl irr de* **cruel**

crudeza [kru'ðeθa] *f* **1.** (*rigor*) Strenge *f*, Härte *f* **2.** (*rudeza*) Grobheit *f*, Schroffheit *f* **3.** (*crueldad*) Brutalität *f* **4.** *pl* (*alimentos*) schwer verdauliche Speisen *fpl*

crudo[1] ['kruðo] *m* Rohöl *nt*

crudo, **-a**[2] ['kruðo, -a] *adj* **1.** (*sin cocer, natural*) roh; **seda cruda** Rohseide *f* **2.** (*aplicado al tiempo*) streng, rau **3.** (*blanco-amarillento*) rohweiß **4.** (*despiadado*) brutal; **en** ~ rigoros, unerbittlich **5.** (*de difícil digestión*) schwer verdaulich

cruel [cru'el] *adj* <crudelísimo> grausam (*con* zu +*dat*, gegen +*akk*)

crueldad [krwel̩'da^{ð}] *f* Grausamkeit *f* (*con* gegenüber +*dat*)

cruento, **-a** [kru'eņto, -a] *adj* blutig

crujía [kru'xia] *f* **1.** (ARQUIT) Spannweite *f* **2.** (*pasillo*) Flur *m* **3.** (*en el hospital*) Krankensaal *m* **4.** (NÁUT) Reling *f*

crujido [kru'xiðo] *m* Knistern *nt;* (*de dientes*) Knirschen *nt*

crujiente [kru'xjeņte] *adj* knisternd; (*dientes*) knirschend; (*pan*) knusprig

crujir [kru'xir] *vi* knistern; (*dientes*) knirschen

crúor ['kruor] *m* **1.** (ANAT: *coágulo*) Blutgerinnsel *nt* **2.** (*elev: sangre*) Blut *nt*

crup [kru^{p}] *m* (MED) Krupp *m*

crupal [kru'pal] *adj* (MED) Krupp-; **tos** ~ Krupphusten *m*

crupier [kru'pjer] *m* Croupier *m*

crural [kru'ral] *adj* (ANAT) Oberschenkel-; **hueso** ~ Oberschenkelknochen *m*

crustáceo [krus'taθeo] *m* (ZOOL) Krebstier *nt*, Krustentier *nt*

cruz [kruθ] *f* **1.** (*aspa, crucifijo*) Kreuz *nt;* ~ **gamada** Hakenkreuz *nt;* **C~ Roja** Rotes Kreuz; ~ **de San Andrés** Andreaskreuz *nt;* **¡~ y raya!** und damit basta!, (und damit) Punktum! *elev;* **hacerse cruces** sprachlos sein **2.** (*de una moneda o medalla*) Rückseite *f*, Revers *m;* **¿cara o ~?** Kopf oder Zahl? **3.** (*de un árbol*) Kronenansatz *m* **4.** (*de un animal*) Widerrist *m* **5.** (ASTR) Kreuz *nt;* **C~ del Sur** Kreuz des Südens, Südliches Kreuz **6.** (*suplicio*) Kreuz *nt*, Last *f;* **llevar una** ~ eine schwere Last zu tragen haben

cruzada [kru'θaða] *f* Kreuzzug *m*

cruzado[1] [kru'θaðo] *m* Kreuzfahrer *m*

cruzado, **-a**[2] [kru'θaðo, -a] *adj* **1.** (BIOL): **animal** ~ Bastard *m* **2.** (*ropa*) Wickel-; **vestido** ~

Wickelkleid *nt;* **chaqueta cruzada** Zweireiher *m*

cruzamiento [kruθa'mjento] *m* **1.** (*condecoración*) Dekorierung *f* **2.** (BIOL) Kreuzung *f*

cruzar [kru'θar] <z→c> **I.** *vt* **1.** (*atravesar*) kreuzen; (*de un lado al otro*) überqueren; ~ **los brazos** die Arme verschränken; ~ **la calle** die Straße überqueren; ~ **un cheque** einen Scheck kreuzen; ~ **las piernas** die Beine übereinander schlagen; ~ **la vista** schielen; ~ **algo con una raya** etw durchstreichen **2.** (BIOL) kreuzen **3.** (*condecorar*) dekorieren **4.** (*loc*): ~ **la cara a alguien** jdn ohrfeigen **II.** *vi* **1.** (*t.* NÁUT: *pasar*) kreuzen **2.** (*juntarse*) zusammenpassen **III.** *vr:* ~**se 1.** (*atravesarse*) sich kreuzen; ~**se en el camino de alguien** sich jdm in den Weg stellen **2.** (*encontrarse*) begegnen (*con* +*dat*); ~**se con alguien** jdm begegnen, jds Weg kreuzen **3.** (*tomar la cruz*) das Kreuz nehmen (*in einem Kreuzzug*) **4.** (MAT) sich kreuzen **5.** (LING) verschmelzen (*en* zu +*dat*)

CSCE [θe(e)seθe'e] *f abr de* **Conferencia de Seguridad y Cooperación en Europa** KSZE *f*

CSIC [θe'sik] *m abr de* **Consejo Superior de Investigaciones Científicas** *oberster Forschungsrat in Spanien*

cta.cte. ['kwenta ko'rrjente] *f* (FIN) *abr de* **cuenta corriente** Girokonto *nt,* Kontokorrentkonto *nt*

CTNE [θete(e)ne'e] *f abr de* **Compañía Telefónica Nacional de España** *frühere Bezeichnung für die spanische Telefongesellschaft*

cu[1] [ku] *f* Q *nt*

cu[2] [ku] *m* Tempel *m* (*im alten Mexiko*)

cuácara ['kwakara] *f* **1.** (*Col, Ven: levita*) Gehrock *m* **2.** (*Chil: camisa ordinaria*) einfaches Hemd *nt;* (*chaqueta*) einfache Jacke *f*

cuache, -a ['kwatʃe, -a] **I.** *adj* (*Guat*) **1.** (*doble*) Doppel-; **escopeta** ~ doppelläufiges Gewehr **2.** (*gemelos*) Zwillings- **II.** *m, f* (*Guat: gemelo*) Zwilling *m*

cuaco ['kwako] *m* **1.** (*harina*) Yuccamehl *nt* **2.** (*reg: grosero*) Rüpel *m* **3.** (*Méx: fam: caballo*) Gaul *m*

cuaderna [kwa'ðerna] *f* **1.** (*en el juego de tablas*) Doppelpasch *m* **2.** (*en un buque*) Spant *nt*

cuadernillo [kwaðer'niʎo] *m* (TIPO) Lage *f* (*à 5 Bogen Papier*)

cuaderno [kwa'ðerno] *m* **1.** (*libreta*) Heft *nt;* ~ **de bitácora** (NÁUT) Logbuch *nt* **2.** (TIPO) Lage *f* (*à 4 Bogen Papier*)

cuadra ['kwaðra] *f* **1.** (*establo*) Stall *m;* (*de caballos*) (Pferde)stall *m* **2.** (*conjunto de caballos*) (Renn)stall *m* **3.** (*lugar sucio*) Saustall *m,* Schweinestall *m* **4.** (*sala*) großer Raum *m;* (*para dormir*) Schlafsaal *m* **5.** (*Am: manzana de casas*) Häuserblock *m* **6.** (*cuarto de milla*) Viertelmeile *f*

cuadradillo [kwaðra'ðiʎo] *m* **1.** (*regla*) Vierkantlineal *nt* **2.** (*pieza de tela*) Zwickel *m* **3.** (*barra*) kleiner Vierkant *m*

cuadrado[1] [kwa'ðraðo] *m* **1.** (*t.* ASTR, MAT) Quadrat *nt;* **al** ~ im [*o* zum] Quadrat; **elevar al** ~ ins Quadrat erheben **2.** (*regla*) Vierkantlineal *nt* **3.** (*trozo de tela*) Zwickel *m* **4.** (*barra*) Vierkant *m*

cuadrado, -a[2] [kwa'ðraðo, -a] *adj* **1.** (*rectangular*) quadratisch; **metro** ~ Quadratmeter *m;* **tener la cabeza cuadrada** einen Dickschädel haben *fam,* ein Dickschädel sein *fam* **2.** (*macizo*) klobig **3.** (*corpulento*) beleibt, korpulent

cuadrafonía [kwaðrafo'nia] *f* Quadrophonie *f*

cuadragenario, -a [kwaðraxe'narjo, -a] **I.** *adj* in den Vierzigern **II.** *m, f* Vierziger(in) *m(f)*

cuadragésima [kwaðra'xesima] *f* (REL) Fastenzeit *f,* Quadragesima *f*

cuadragesimal [kwaðraxesi'mal] *adj* Fasten-; **voto** ~ Fastengelübde *nt*

cuadragésimo[1] [kwaðra'xesimo] *m* Vierzigstel *nt; v. t.* **octavo**[2]

cuadragésimo, -a[2] [kwaðra'xesimo, -a] *adj* (*parte*) vierzigstel; (*numeración*) vierzigste(r, s); **la cuadragésima parte de** ein Vierzigstel von +*dat; v. t.* **octavo**[2]

cuadral [kwa'ðral] *m* Querholz *nt,* Querbalken *m*

cuadrangular [kwaðraŋgu'lar] *adj* viereckig

cuadrángulo [kwa'ðraŋgulo] *m* Viereck *nt*

cuadrante [kwa'ðrante] *m* **1.** (ASTR, MAT) Quadrant *m* **2.** (*reloj de sol*) Sonnenuhr *f* **3.** (RADIO) Einstellskala *f* **4.** (JUR) vierter Teil *m* des Erbes

cuadrar [kwa'ðrar] **I.** *vi* **1.** (*ajustarse, convenir*) passen (*con* zu +*dat*) **2.** (*coincidir*) ausgeglichen sein; **el balance del mes de abril no cuadra** die Bilanz für den Monat April ist nicht ausgeglichen **II.** *vt* **1.** (*dar figura de cuadro*) quadratisch machen; (*en carpintería*) (ab)vieren **2.** (ARTE, MAT) quadrieren **3.** (*una cuenta*) ausgleichen; ~ **las cuentas** die Konten abstimmen **III.** *vr:* ~**se 1.** (MIL) strammstehen, Haltung annehmen **2.** (*pararse un caballo*) auf allen Vieren stehen bleiben **3.** (*fam: plantarse*) sich auf die Hinterbeine stellen, sich sträuben

cuadrático, -a [kwa'ðratiko, -a] *adj* (MAT) quadratisch

cuadratura [kwaðra'tura] *f* (ASTR, MAT) Quadratur *f;* ~ **del círculo** Quadratur des Kreises

cuadricenal [kwaðriθe'nal] *adj* alle vierzig Jahre stattfindend

cuádriceps ['kwaðriθeβs] *adj inv* (ANAT: *músculo*) vierköpfig

cuadrícula [kwa'ðrikula] *f* Karierung *f;* **papel de** ~ kariertes Papier

cuadriculado, -a [kwaðriku'laðo, -a] *adj* **1.** (*con cuadrícula*) kariert; **papel** ~ kariertes Papier **2.** (*fig pey*) kleinkariert

cuadricular [kwaðriku'lar] **I.** *adj* kariert **II.** *vt* karieren
cuadrienal [kwaðrje'nal] *adj* (*que sucede*) vierjährlich, alle vier Jahre stattfindend; (*que dura*) vierjährig
cuadrienio [kwa'ðrjenjo] *m* Zeitraum *m* von vier Jahren
cuadriga [kwa'ðriɣa] *f* Viergespann *nt;* (*en la antigua Roma*) Quadriga *f*
cuadril [kwa'ðril] *m* **1.** (ZOOL: *hueso*) Hüftknochen *m* **2.** (ANAT: *cadera*) Hüfte *f*
cuadrilátero[1] [kwaðri'latero] *m* **1.** (*polígono*) Viereck *nt* **2.** (DEP) (Box)ring *m*
cuadrilátero, -a[2] [kwaðri'latero, -a] *adj* vierseitig
cuadrilla [kwa'ðriʎa] *f* **1.** (*brigada*) Gruppe *f,* Team *nt,* Kolonne *f* **2.** (*de amigos*) Clique *f* **3.** (*pey: de maleantes*) Rotte *f,* Bande *f*
cuadrilongo[1] [kwaðri'loŋgo] *m* Rechteck *nt*
cuadrilongo, -a[2] [kwaðri'loŋgo, -a] *adj* rechteckig
cuadringentésimo, -a [kwaðriŋxen̪'tesimo, -a] **I.** *adj* (*parte*) vierhundertstel; (*numeración*) vierhundertste(r,s) **II.** *m, f* (*parte*) Vierhundertstel *nt;* (*lugar*) Vierhundertste(r) *mf*
cuadrinieto, -a [kwaðri'njeto, -a] *m, f* Ururenkel(in) *m(f)*
cuadrinomio [kwaðri'nomjo] *m* (MAT) Quadrinom *nt*
cuadriplicar [kwaðripli'kar] <c→qu> *vt* vervierfachen
cuadrisílabo, -a [kwaðri'silaβo, -a] *adj* viersilbig
cuadrivio [kwa'ðriβjo] *m,* **cuadrivium** [kwa'ðriβjun] *m* (HIST) **1.** (*disciplinas*) Quadrivium *nt* **2.** (*encrucijada romana*) Kreuzweg *m*
cuadriyugo [kwaðri'ɟuɣo] *m* Vierspänner *m,* Viererzug *m*
cuadro ['kwaðro] *m* **1.** (*rectángulo*) Rechteck *nt;* **a ~s** kariert **2.** (*pintura*) Gemälde *nt,* Bild *nt* **3.** (*marco*) Rahmen *m* **4.** (*bancal*) Beet *nt* **5.** (*escena*) Szene *f* **6.** (*descripción*) Schilderung *f* **7.** (*gráfico*) (grafische) Darstellung *f,* Grafik *f;* ~ **de financiación** (ECON) Finanzierungsübersicht *f;* ~ **macroeconómico** (ECON) Volkswirtschaftsplan *m;* ~ **sinóptico** Übersicht *f* **8.** (*conjunto de mandos, t.* MIL) Stab *m;* ~ **de dirigentes** Führungsstab *m* **9.** (TÉC) Schalttafel *f* **10.** (TEAT) Szene *f*
cuadrumano [kwaðru'mano] *m,* **cuadrúmano** [kwa'ðrumano] *m* (ZOOL) Herrentier *nt,* Primat *m,* Vierhänder *m*
cuadrúpedo [kwa'ðrupeðo] *m* Vierbeiner *m*
cuádruple ['kwaðruple] **I.** *adj* vierfach; **parto** ~ Vierlingsgeburt *f* **II.** *m* Vierfache(s) *nt; v. t.* **óctuplo**
cuadruplicar [kwaðrupli'kar] <c→qu> **I.** *vt* vervierfachen **II.** *vr:* **~se** sich vervierfachen
cuádruplo[1] ['kwaðruplo] *m* Vierfache(s) *nt; v. t.* **óctuplo**
cuádruplo, -a[2] ['kwaðruplo, -a] *adj* vierfach; *v. t.* **óctuplo**
cuajada [kwa'xaða] *f* Quark *m*
cuajado, -a [kwa'xaðo, -a] *adj* (*fam*): **quedarse** ~ (*asustado*) (vor Schreck) erstarren; (*dormirse*) einpennen
cuajar [kwa'xar] **I.** *vi* **1.** (*espesarse*) gerinnen **2.** (*referente a la nieve*) liegen bleiben **3.** (*fam: realizarse*) klappen **II.** *vt* **1.** (*solidificar*) eindicken **2.** (*cubrir*) überhäufen **III.** *vr:* **~se 1.** (*coagularse*) gerinnen **2.** (*llenarse*) sich füllen (*de* mit +*dat*) **3.** (*solidificarse*) fest werden, eindicken **IV.** *m* (ZOOL) Labmagen *m*
cuajarón [kwaxa'ron] *m* **1.** (*sangre*) (Blut)gerinnsel *nt* **2.** (*otro líquido*) Klumpen *m* (*einer geronnenen Flüssigkeit*)
cuajo ['kwaxo] *m* **1.** (*sustancia*) Lab *nt* **2.** (*solidificación*) Eindickung *f,* Gerinnung *f* **3.** (ZOOL) Labmagen *m* **4.** (*loc, fam*): **de** ~ vollständig; **tener mucho** ~ die Ruhe weghaben
cuakerismo [kwake'rismo] *m* (REL) Quäkertum *nt*
cuákero, -a ['kwakero, -a] *adj* (REL) quäkerisch
cual [kwal] **I.** *pron rel* **1.** (*relativo explicativo*): **el/la** ~ der/die, welcher/welche; **lo** ~ was, welche(r, s); **los/las ~es** die, welche; **cada** ~ jede(r) (Einzelne); **te presentaré a Maribel y Ana, de las ~es te he hablado** ich werde dir Maribel und Ana vorstellen, von denen ich dir erzählt habe; **no fui a su fiesta, por lo ~ se enfadó** ich ging nicht auf seine/ihre Feier, weshalb er/sie sich ärgerte **2.** (*relativo correlativo*): **hazlo tal** ~ **te lo digo** mach es so, wie ich es dir sage; **la situación conflictiva,** ~ **es la que vivimos ahora** die Konfliktsituation, wie wir sie im Moment erleben; **tal o** ~ der/die/das eine oder andere; **sea** ~ **sea** [*o* **fuere**] **su intención** was er/sie auch immer vorhat **II.** *adv* (*elev: como*) (so) wie; ~ **si** +*subj* als ob; **tal** ~ so einigermaßen
cuál [kwal] **I.** *pron inter* welche(r, s); **¿~ es el tuyo?** welches ist deins?; **¿~es te gustan más?** welche gefallen dir am besten?; **¡~ no sería mi alegría al veros!** (*elev*) wie ich mich freute euch zu sehen! **II.** *adj* (*Am*) welche(r, s); **¿~es frutas son para comer?** welche Früchte sind zum Essen? **III.** *pron indef* **1.** (*distributivo*): ~ **más** ~ **menos** der eine mehr, der andere weniger, einige mehr, einige weniger **2.** (*ponderativo*): **tengo tres hermanas a** ~ **más bella** ich habe drei Schwestern, eine hübscher als die andere
cualesquier(a) [kwales'kjera] *pron indef pl de* **cualquiera**
cualidad [kwali'ða^ð] *f* Eigenschaft *f,* Qualität *f*
cualificación [kwalifika'θjon] *f* **1.** (*clasificación*) Klassifikation *f* **2.** (*calificación*) Qualifikation *f;* ~ **exigida: Formación Profesional** Voraussetzung: abgeschlossene Berufsaus-

bildung

cualificado, **-a** [kwalifi'kaðo, -a] *adj* **1.** (*apto*) befähigt, begabt **2.** (*especialista*) qualifiziert, kundig

cualificar [kwalifi'kar] <c→qu> *vt* qualifizieren

cualitativo, **-a** [kwalita'tiβo, -a] *adj* qualitativ

cualquier [kwal'kjer] *adj v.* **cualquiera**

cualquiera [kwal'kjera] **I.** *pron indef* (*delante de un substantivo: cualquier*) irgendein(e, er, s); **un día ~, cualquier día** irgendwann, an irgendeinem Tag; **en un lugar ~, en cualquier lugar** irgendwo; **a cualquier hora** jederzeit; **cualquier cosa** irgendwas; **de cualquier modo** irgendwie; (*de todas maneras*) jedenfalls; **en cualquier caso** in jedem Fall; **¡~ lo puede hacer!** das kann doch jeder!; **¡~ lo entiende!** (*irón*) das soll einer verstehen! **II.** *mf:* **ser un ~** (*pey*) ein Niemand sein; **ser una ~** (*pey*) eine Hure sein

cuan [kwan] *adv* so; **cayó ~ largo era** er fiel der Länge nach hin

cuán [kwan] *adv* (*elev*) wie; **¡~ felices fuimos!** wie glücklich waren wir (doch)!

cuando ['kwaṇdo] *conj* **1.** (*presente*) wenn; **los veo ~ voy a la ciudad** (immer) wenn ich in die Stadt fahre, treffe ich sie; **~ como mucho, me pongo enfermo** wenn ich sehr viel esse, werde ich krank; **de ~ en ~** ab und zu, von Zeit zu Zeit **2.** (*pasado: con imperfecto*) wenn; (*con indefinido*) als; **~ nos visitaba mi abuela, hacía comidas muy ricas** (immer) wenn unsere Großmutter zu Besuch kam, kochte sie sehr leckere Gerichte; **~ estuvo aquí el mes pasado fuimos al cine** als er/sie letzten Monat hier war, waren wir im Kino; **~ (era) niño viví en Madrid** als Kind habe ich in Madrid gelebt **3.** (*futuro; +subj*) sobald; **~ quiera** jederzeit; **~ termine de estudiar, me iré de viaje** wenn ich mit dem Studium fertig bin, werde ich eine Reise machen **4.** (*relativo*): **las horas ~ suelo dormir** die Stunden, in denen ich normalerweise schlafe; **el lunes es ~ no trabajo** montags arbeite ich nicht **5.** (*condicional*) wenn, falls; **~ más** [*o* **mucho**] höchstens; **~ menos** mindestens; **~ no** wenn nicht, andernfalls **6.** (*aunque*): **aun ~** auch wenn

cuándo ['kwaṇdo] **I.** *adv* wann; **¿~ llegaste?** wann bist du angekommen?; **¡~ vas a reconocerlo!** du solltest es endlich einsehen! **II.** *m* (*Arg: baile*): **el ~** *argentinischer Volkstanz*

cuantía [kwaṇ'tia] *f* **1.** (*suma*) Ausmaß *nt,* Umfang *m;* **~ litigiosa** (JUR) Streitwert *m* **2.** (*valía*) Bedeutung *f;* **de mayor ~** bedeutend; **de menor ~** (eher) unbedeutend

cuantiar [kwaṇti'ar] <*1. pres:* cuantío> *vt* (*evaluar*) bewerten; (*tasar*) schätzen

cuántica ['kwaṇtika] *f* (FÍS) Quantentheorie *f*

cuántico, **-a** ['kwaṇtiko, -a] *adj* (FÍS) Quanten-; **teoría cuántica** Quantentheorie *f*

cuantificable [kwaṇtifi'kaβle] *adj* zahlenmäßig erfassbar, quantifizierbar

cuantificación [kwaṇtifika'θjon] *f* zahlenmäßige Erfassung *f,* Quantifizierung *f*

cuantificador [kwaṇtifika'ðor] *m* (*t.* LING) Quantor *m,* Quantifikator *m*

cuantificar [kwaṇtifi'kar] <c→qu> *vt* **1.** (*expresar numéricamente*) in Zahlen beschreiben, quantifizieren **2.** (FÍS) quanteln

cuantioso, **-a** [kwaṇ'tjoso, -a] *adj* reichlich

cuantitativo, **-a** [kwaṇtita'tiβo, -a] *adj* quantitativ

cuanto[1] ['kwaṇto] **I.** *adv:* **~... tanto...** je ..., desto ..., je ..., umso ...; **~ antes** möglichst bald, so schnell wie möglich; **~ más que...** umso mehr, als ... **II.** *prep* (*por lo que se refiere a*): **en ~ a** bezüglich *+gen,* was ... betrifft **III.** *conj* **1.** (*temporal*): **en ~ (que)** +(*subj*) sobald **2.** (*puesto que*): **por ~ que** da; **no puedo venir por ~ que estoy enfermo** ich kann nicht kommen, da ich krank bin **IV.** *m* (FÍS) Quant *nt*

cuanto, **-a**[2] ['kwaṇto, -a] **I.** *pron rel* **1.** (*neutro*) alles, was ...; **tanto... ~** so viel ... wie; **dije (todo) ~ sé** ich habe alles gesagt, was ich weiß; **he perdido ~ tenía** ich habe alles verloren, was ich hatte **2.** *pl* alle, die ...; **la más hermosa de cuantas conozco** die Hübscheste von allen, die ich kenne **II.** *pron indef:* **unos ~s/unas cuantas** einige, ein paar

cuánto[1] ['kwaṇto] *adv* **1.** (*interrogativo*) wie viel; **¿a ~?** wie viel?, wie teuer?; **¿~ me quieres?** wie sehr liebst du mich? **2.** (*exclamativo*) wie sehr; **¡~ llueve!** wie stark es regnet!; **¡~ has de sufrir!** wie sehr du doch leiden musst!

cuánto, **-a**[2] ['kwaṇto, -a] **I.** *adj* wie viel; **~s/cuántas** wie viele; **¿~ tiempo?** wie lange?; **¿cuántas veces?** wie oft?; **¿~s años tienes?** wie alt bist du? **II.** *pron inter* wie viel; **¿~ hay de aquí a Veracruz?** wie weit ist es von hier bis nach Veracruz?; **¿~ hace que no vienes a verme?** wie lange hast du mich nicht mehr besucht?

cuaquerismo [kwake'rismo] *m* (REL) Quäkertum *nt*

cuáquero, **-a** ['kwakero, -a] **I.** *adj* (REL) quäkerisch **II.** *m, f* (REL) Quäker(in) *m(f)*

cuarcita [kwar'θita] *f* (GEO) Quarzit *m*

cuarenta [kwa'reṇta] **I.** *adj inv* vierzig **II.** *m* Vierzig *f;* **cantar las ~s a alguien** jdm den Kopf waschen *fig; v. t.* **ochenta**

cuarentavo[1] [kwareṇ'taβo] *m* Vierzigstel *nt; v. t.* **octavo**[2]

cuarentavo, **-a**[2] [kwareṇ'taβo, -a] *adj* vierzigstel; *v. t.* **octavo**[2]

cuarentena [kwareṇ'tena] *f* **1.** (*cuarenta unidades*) *Einheit aus vierzig Teilen;* **una ~ de veces** etwa vierzigmal **2.** (*aislamiento*) Quarantäne *f;* **poner en ~** unter Quarantäne stellen; (*fig*) in Zweifel ziehen

cuarentón, **-ona** [kwareṇ'ton, -ona] **I.** *adj* in den Vierzigern **II.** *m, f* Vierziger(in) *m(f)*

cuaresma [kwa'resma] *f* (REL) Fastenzeit *f*

cuaresmal [kwares'mal] *adj* (REL) Fasten(zeit)-

cuarta ['kwarta] *f* **1.**(*cuarta parte*) Viertel *nt* **2.**(*medida*) Spanne *f* **3.**(MÚS) Quarte *f*

cuartal [kwar'tal] *m* (GASTR) Viertellaib *m* Brot

cuartana [kwar'tana] *f* (MED) Quartanfieber *nt,* Quartana *f*

cuartar [kwar'tar] *vt* (AGR: *arar por cuarta vez*) das vierte Mal pflügen (bevor gesät wird)

cuartazo [kwar'taθo] *m* (*AmC, Méx: latigazo*) Peitschenhieb *m*

cuartear [kwarte'ar] **I.** *vt* **1.**(*dividir en cuartos*) vierteln **2.**(*despedazar*) zerlegen **3.**(*zigzaguear*) im Zickzack entlangfahren **II.** *vi* (TAUR) mit einer Vierteldrehung ausweichen (*wobei die Banderillas gestoßen werden*) **III.** *vr:* ~**se** rissig werden

cuartel [kwar'tel] *m* **1.**(*cuarta parte*) Viertel *nt* **2.**(MIL: *acuartelamiento*) Quartier *nt;* ~ **general** Hauptquartier *nt* **3.**(MIL: *edificio*) Kaserne *f* **4.**(*perdón*) Schonung *f;* **no dar ~ a alguien** mit jdm kein Pardon kennen **5.**(*bancal*) Beet *nt* **6.**(NÁUT) Luke *f*

cuartelada [kwarte'laða] *f* (Militär)putsch *m*

cuartelazo [kwarte'laθo] *m v.* **cuartelada**

cuartelero[1] [kwarte'lero] *m* (MIL) Stubendiensthabende(r) *m,* Stubendienst *m*

cuartelero, -a[2] [kwarte'lero, -a] *adj* **1.**(*referente al cuartel*) Kasernen-; **lenguaje** ~ Kasernenjargon *m* **2.**(*grosero*) unflätig

cuartelillo [kwarte'liʎo] *m* Revier *nt*

cuarteo [kwar'teo] *m* **1.**(*división*) Viertelung *f* **2.**(*grieta*) Riss *m* **3.**(TAUR) Ausweichen *nt* (*vor dem Stier*)

cuarterola [kwarte'rola] *f* **1.**(*barril*) Viertelfass *nt* **2.**(*medida*) *Flüssigkeitsmaß: 130 Liter* **3.**(*Chil: arma*) Kleinkalibergewehr *nt*

cuarterón, -ona [kwarte'ron, -ona] *m, f* Kastize, -in *m, f*

cuarteta [kwar'teta] *f* (LIT) Vierzeiler *m*

cuarteto [kwar'teto] *m* (LIT, MÚS) Quartett *nt*

cuartilla [kwar'tiʎa] *f* **1.**(*hoja de papel*) Quartblatt *nt,* kleines Blatt *nt* **2.**(*medida para áridos*) Metze *f* (*13,87 l*) **3.**(*medida para líquidos*) *Flüssigkeitsmaß: 4,03 l* **4.**(*medida de peso*) *Gewichtsmaß: 2,87 kg* **5.**(*del caballo*) Fessel *f*

cuartillo [kwar'tiʎo] *m* **1.**(*medida para líquidos*) *Flüssigkeitsmaß: 0,504 l* **2.**(*medida para áridos*) Metze *f* (*1,156 l*)

cuarto[1] ['kwarto] *m* **1.**(*habitación*) Zimmer *nt;* ~ **de aseo** Toilette *f;* ~ **de baño** Badezimmer *nt,* Bad *nt;* ~ **de estar** Wohnzimmer *nt;* ~ **trastero** Rumpelkammer *f* **2.** *(pl)* (*fam: dinero*) Knete *f;* **quedarse sin un** ~ ohne einen Pfennig dastehen, völlig blank sein; **tener cuatro ~s** jede Mark umdrehen müssen; **dio un ~ al pregonero** er/sie hat alles ausposaunt **3.**(*de un caballo*): ~**s delanteros/traseros** Vor(der)-/Hinterhand *f*

cuarto, -a[2] ['kwarto, -a] **I.** *adj* (*parte*) viertel; (*numeración*) vierte(r, s) **II.** *m, f* Viertel *nt;* ~ **creciente/menguante** erstes/letztes (Mond)viertel; ~ **de final** (DEP) Viertelfinale *nt;* ~ **de hora** Viertelstunde *f;* **es la una y/menos** ~ es ist Viertel nach/vor eins; **ser de tres ~s** dreiviertellang sein; **ser de tres al** ~ minderwertig sein; **echar su ~ a espadas** (*fam*) seinen Senf dazugeben; *v. t.* **octavo**[2]

cuartogénito, -a [kwarto'xenito, -a] **I.** *adj* viertgeborene(r, s) **II.** *m, f* Viertgeborene(r) *mf*

cuartón [kwar'ton] *m* **1.**(*madero*) Kantholz *nt* **2.**(*madero para la construcción*) Bauholz *nt,* Balken *m* **3.**(AGR) (viereckiger) Acker *m* **4.**(*medida de capacidad*) *Flüssigkeitsmaß*

cuartucho [kwar'tuʧo] *m* (*pey*) Loch *nt*

cuarzo ['kwarθo] *m* Quarz *m*

cuarzoso, -a [kwar'θoso, -a] *adj* (GEO) quarzhaltig, Quarz-; (*duro*) quarzig, hart wie Quarz

cuásar ['kwasar] *m* (ASTR) Quasar *m*

cuasia ['kwasja] *f* (BOT) Quassie *f*

cuasicontrato [kwasikon̩'trato] *m* (JUR) vertragsähnliches Verhältnis *nt*

cuasidelito [kwasiðe'lito] *m* (JUR) fahrlässige gesetzwidrige Handlung *f*

cuasi-dinero [kwasiði'nero] *m* (FIN) Quasigeld *nt*

cuasi-renta [kwasi'rren̩ta] *f* (FIN) Quasirente *f*

cuasiusufructo [kwasiusu'frukto] *m* (JUR) Nießbrauch *m* an verbrauchbaren Dingen

cuate, -a ['kwate, -a] *m, f* **1.**(*Méx: gemelo*) Zwilling *m* **2.**(*Guat, Méx: amigo*) Kamerad(in) *m(f)*

cuaterna [kwa'terna] *f* vier Richtige *mpl,* Vierer *m fam* (*im Lotto*)

cuaternario[1] [kwater'narjo] *m* (GEO) Quartär *nt*

cuaternario, -a[2] [kwater'narjo, -a] *adj* **1.**(*de cuatro piezas*) vierteilig **2.**(*de cuatro cifras*) vierstellig **3.**(GEO) quartär; **era cuaternaria** Quartär *nt*

cuaterno, -a [kwa'terno, -a] *adj* vierstellig

cuatorvirato [kwatorβi'rato] *m* (HIST) Quattuorvirat *nt*

cuatratuo, -a [kwa'tratwo, -a] **I.** *adj* Kastizen- **II.** *m, f* Kastize, -in *m, f*

cuatreño, -a [kwa'treɲo, -a] *adj* vierjährig

cuatrero, -a [kwa'trero, -a] *m, f* Viehdieb(in) *m(f)*

cuatricromía [kwatrikro'mia] *f* (TIPO) Vierfarbendruck *m*

cuatriduano, -a [kwatri'ðwano, -a] *adj* viertägig

cuatrienal [kwatrje'nal] *adj* **1.**(*repetición*) vierjährlich **2.**(*duración*) vierjährig

cuatrienio [kwatri'enjo] *m* Zeitraum *m* von vier Jahren

cuatrillizo, -a [kwatri'ʎiθo, -a] *m, f* Vierling *m*

cuatrillón [kwatri'ʎon] *m* Quadrillion *f*

cuatrimestral [kwatrimes'tral] *adj* **1.**(*repetición*) viermonatlich **2.**(*duración*) viermonatig

cuatrimestre [kwatri'mestre] *m* Zeitraum

C

m von vier Monaten

cuatrimotor [kwatrimo'tor] *adj* viermotorig

cuatrinca [kwa'triŋka] *f* **1.** (ADMIN: *lista de cuatro personas*) Vierergruppe *f* **2.** (*naipes*) *vier Karten gleichen Wertes*

cuatripartito, -a [kwatripar'tito, -a] *adj* vierteilig

cuatrirreactor [kwatrirreak'tor] **I.** *adj* (AERO) vierstrahlig **II.** *m* (AERO) vierstrahliges Flugzeug *nt*

cuatrisílabo, -a [kwatri'silaβo, -a] *adj* viersilbig

cuatro ['kwatro] *adj inv* vier; **más de** ~ einige; **apenas llueve, caen sólo** ~ **gotas** es regnet kaum, es fallen bloß drei Tropfen; *v. t.* **ocho**

cuatrocentista [kwatroθeṇ'tista] **I.** *adj* (ARTE) des 15. Jahrhunderts **II.** *mf* (ARTE) Künstler(in) *m(f)* des 15. Jahrhunderts

cuatrocientos, -as [kwatro'θjeṇtos, -as] *adj* vierhundert; *v. t.* **ochocientos**

cuatrodoblar [kwatroðo'βlar] *vt, vr:* ~**se** *v.* **cuadruplicar**

cuatrojos [kwa'troxos] *mf inv* (*argot*) Brillenschlange *f*

cuatrolatas [kwatro'latas] *m inv* (*fam*) Klapperkasten *m*, Blechkiste *f*

cuatropea [kwatro'pea] *f* **1.** (*animal cuadrúpedo*) Vierbeiner *m* **2.** (*puesto de venta de ganado*) Viehmarkt *m* **3.** (HIST: *impuesto*) Marktsteuer *f* für den Verkauf von Pferden

cuba ['kuβa] *f* Kübel *m;* **estar como** [*o* **hecho**] **una** ~ (*fam: borracho*) stockbesoffen [*o* sternhagelvoll] sein; **estar hecho una** ~ (*gordo*) eine Tonne sein

Cuba ['kuβa] *f* Kuba *nt*

cubalibre [kuβa'liβre] *m* Cubalibre *m*

cubanismo [kuβa'nismo] *m* **1.** (LING) in Kuba gebräuchlicher Ausdruck *m* **2.** (*afecto a lo cubano*) Liebe *f* für alles Kubanische; (*apego por Cuba*) Begeisterung *f* für Kuba

cubanización [kuβaniθa'θjon] *f* (ECON, POL) Kubanisierung *f*

cubano, -a [ku'βano, -a] **I.** *adj* kubanisch **II.** *m, f* Kubaner(in) *m(f)*

cubata [ku'βata] *m* (*fam*) Cubalibre *m*

cubeba [ku'βeβa] *f* (BOT) **1.** (*planta*) Kubebenpfeffer *m* **2.** (*fruto*) Kubebe *f*, Kubebenpfeffer *m*

cubero [ku'βero] *m* Böttcher *m;* **a ojo de buen** ~ über den Daumen gepeilt

cubertería [kuβerte'ria] *f* Besteck *nt*

cubeta [ku'βeta] *f* **1.** (*cubo*) Eimer *m* **2.** (FOTO, QUÍM) Wanne *f*, Schale *f* **3.** (*de un termómetro*) Kolben *m;* ~ **de mercurio** Quecksilberkolben *m*

cubicación [kuβika'θjon] *f* (MAT) **1.** (*elevación al cubo*) Kubatur *f*, Erheben *nt* in die dritte Potenz **2.** (*del volumen*) Volumenberechnung *f*, Rauminhaltsberechnung *f*

cubicar [kuβi'kar] <c→qu> *vt* (MAT) **1.** (*multiplicar*) kubieren, in die dritte Potenz erheben **2.** (*medir el volumen*) das Volumen berechnen +*gen*

cúbico, -a ['kuβiko, -a] *adj* **1.** (*de forma de cubo*) würfelförmig, kubisch **2.** (MAT) kubisch, Kubik-; **metro** ~ Kubikmeter *m*

cubículo [ku'βikulo] *m* Kammer *f*

cubierta [ku'βjerta] *f* **1.** (*cobertura*) Abdeckung *f;* (*de un libro*) Einband *m;* (*de una rueda*) Mantel *m;* ~ **de cama** Bettdecke *f;* ~ **sin cámara** schlauchloser Reifen; ~ **de mesa** Tischdecke *f* **2.** (NÁUT) (Schiffs)deck *nt* **3.** (ARQUIT) Dach *nt* **4.** (*pretexto*) Deckmantel *m*

cubierto[1] [ku'βjerto] *m* **1.** (*servicio de mesa*) Gedeck *nt;* **poner un** ~ ein Gedeck auflegen **2.** (*cubertería*) Besteck *nt;* ~ **para la ensalada** Salatbesteck *nt* **3.** (GASTR) Gedeck *nt* **4.** (*techumbre*) (Schutz)dach *nt;* **a** ~ **de** geschützt vor +*dat;* **ponerse a** ~ sich unterstellen

cubierto, -a[2] [ku'βjerto, -a] **I.** *pp de* **cubrir** **II.** *adj* **1.** (*tiempo*) bedeckt, bewölkt **2.** (FIN): **cheque** ~ gedeckter Scheck *m*

cubil [ku'βil] *m* **1.** (*refugio*) Schlupfwinkel *m* **2.** (*cauce*) (Fluss)bett *nt*

cubilete [kuβi'lete] *m* **1.** (*molde*) Backform *f* **2.** (*en juegos*) Würfelbecher *m* **3.** (GASTR) Pastete *f*

cubiletear [kuβilete'ar] *vi* **1.** (*juegos: agitar el cubilete*) den Würfelbecher schütteln **2.** (*fam fig: engatusar*) tricksen, Schmu machen

cubiletero [kuβile'tero] *m* **1.** (*jugador*) Würfelspieler *m* **2.** (*cubilete*) Backform *f*

cubismo [ku'βismo] *m* (ARTE) Kubismus *m*

cubista [ku'βista] **I.** *adj* (ARTE) kubistisch **II.** *mf* (ARTE) Kubist(in) *m(f)*

cubital [kuβi'tal] *adj* (ANAT) **1.** (*codo*) Ellenbogen-, kubital **2.** (*cúbito*) Ellen-, kubital

cubitera [kuβi'tera] *f* Eiswürfelschale *f*

cubito [ku'βito] *m* Eiswürfel *m*

cúbito ['kuβito] *m* (ANAT) Elle *f*

cubo ['kuβo] *m* **1.** (*recipiente*) Eimer *m* **2.** (*de una rueda*) Nabe *f* **3.** (*hexaedro*) Würfel *m* **4.** (MAT) dritte Potenz *f*, Kubikzahl *f*

cuboides [ku'βoi̯ðes] **I.** *adj inv* (ANAT) Würfelbein-, kuboid **II.** *m inv* (ANAT) Würfelbein *nt*, Kuboid *nt*

cubreasientos [kuβrea'sjeṇtos] *m inv* Schonbezug *m* (*für Autositze*)

cubrecabeza(s) [kuβreka'βeθa(s)] *m* (*inv*) Kopfbedeckung *f*

cubrecadena [kuβreka'ðena] *m* Kettenschutz *m*

cubrecama [kuβre'kama] *m* Tagesdecke *f*

cubrejunta(s) [kuβre'xuṇta(s)] *m* (*inv*) (Fugen)abdeckleiste *f*, Fugenleiste *f*

cubreobjetos [kuβreoβ'xetos] *m inv* Deckglas *nt*

cubrición [kuβri'θjon] *f* (ZOOL) Decken *nt*

cubrimiento [kuβri'mjeṇto] *m* Bedeckung *f*, Abdeckung *f*

cubrir [ku'βrir] *irr como abrir* **I.** *vt* **1.** (*tapar*) bedecken (*con/de* mit +*dat*), abdecken (*con/de* mit +*dat*) **2.** (*ocultar*) verdecken **3.** (*reco-*

rrer) zurücklegen **4.** *(techar un edificio)* mit einem Dach versehen, decken **5.** *(techar un espacio)* überdachen **6.** (DEP, MIL) decken; **¡cubridme!** gebt mir Deckung! **7.** *(rellenar)* (auf)füllen **8.** *(llenar)* überschütten *(de* mit *+dat)* **9.** *(compensar)* decken; ~ **un déficit** einen Fehlbetrag abdecken, eine Haushaltslücke schließen; ~ **los gastos** die Kosten decken; **cuando las ventas no cubren los costes se obtienen pérdidas** wenn die Verkäufe die Unkosten nicht decken, entstehen Verluste **10.** *(referente a una vacante)* besetzen **11.** *(pagar una deuda)* begleichen **12.** (ZOOL) decken **13.** *(proteger)* bewahren *(de* vor *+dat)* **14.** (PREN) berichten (über *+akk)* **II.** *vr:* **~se 1.** *(revestirse, llenarse)* sich bedecken; **~se de gloria** *(irón)* sich mit Ruhm bekleckern **2.** *(ponerse el sombrero)* seinen Hut aufsetzen **3.** *(referente al cielo)* sich bedecken, sich bewölken **4.** (MIL) in Deckung gehen **5.** *(protegerse)* sich schützen *(contra* vor *+dat)*; **~se las espaldas** sich absichern

cuca ['kuka] *f* **1.** *(chufa)* Erdmandel *f* **2.** *(oruga)* Raupe *f* **3.** *(fam: jugadora)* Spielsüchtige *f* **4.** *(vulg: pene)* Schwanz *m fam* **5.** *pl (fam: dinero)* Piepen *pl* **6.** *v.* **cuco²**

cucamonas [kuka'monas] *fpl (fam)* Schmeicheleien *fpl*

cucaña [ku'kaɲa] *f* **1.** *(en un juego) eingefettete oder eingeseifte Stange, die man hochklettern oder über die man laufen muss, um den am anderen Ende befestigten Preis zu gewinnen* **2.** *(fam: ganga)* Kinderspiel *nt*

cucar [ku'kar] <c→qu> **I.** *vt* **1.** *(guiñar)* zublinzeln *+dat*, zuzwinkern *+dat* **2.** *(mofar)* verspotten **II.** *vi (ganado)* durchgehen

cucaracha [kuka'ratʃa] *f* Küchenschabe *f*, Kakerlak *m*

cuchara [ku'tʃara] *f* Löffel *m;* ~ **del fundidor** (TÉC) Gießkelle *f;* ~ **de palo** Holzlöffel *m;* ~ **prensora con garras** (TÉC) Gabelgreifer *m;* ~ **sopera** [*o* **de sopa**] Suppenlöffel *m;* **ser media** ~ *(poco talentoso)* mittelmäßig (begabt) sein; **meter su** ~ *(entrometerse)* seinen Senf dazugeben *fam;* **meter algo a alguien con** ~ **(de palo)** *(hacer que comprenda)* jdm etw einpauken

cucharada [kutʃa'raða] *f (porción)* Löffel *m;* **una** ~ **grande/pequeña** ein Esslöffel/Teelöffel (voll); **una** ~ **de azúcar** ein Löffel (voll) Zucker; **sólo ha comido dos ~s** er/sie hat nur zwei Löffel (voll) gegessen; **a ~s** (ess)löffelweise; **meter su** ~ *(fig)* seinen Senf dazugeben *fam*

cucharadita [kutʃara'ðita] *f (porción)* Teelöffel *m;* **dos ~s de licor** zwei Teelöffel (voll) Likör

cucharear [kutʃare'ar] **I.** *vi (fig)* sich in fremde Angelegenheiten mischen **II.** *vt* löffeln; ~ **la sopa** die Suppe löffeln

cucharilla [kutʃa'riʎa] *f* Teelöffel *m*, Kaffeelöffel *m;* ~ **de postre** Dessertlöffel *m*

cucharón [kutʃa'ron] *m* Schöpflöffel *m;* **despacharse con el** ~ den Löwenanteil für sich behalten

cuché [ku'tʃe] *adj inv* (TIPO): **papel** ~ Kunstdruckpapier *nt*

cuchichear [kutʃitʃe'ar] *vi* tuscheln, flüstern

cuchicheo [kutʃi'tʃeo] *m* Getuschel *nt*, Geflüster *nt*

cuchilla [ku'tʃiʎa] *f* **1.** *(de afeitar)* Rasierklinge *f* **2.** *(cuchillo grande)* (breites) Messer *nt;* ~ **de arado** Pflugmesser *nt;* ~ **de carnicero** Fleischermesser *nt;* ~ **de picar** Hackmesser *nt;* ~ **de raspar** Schabmesser *nt* **3.** (LIT: *espada)* Schwert *nt*, Degen *m;* **la** ~ **de la ley** der (lange) Arm des Gesetzes **4.** *(de un peñasco)* (Fels)grat *m; (de una montaña)* Gebirgsrücken *m*

cuchillada [kutʃi'ʎaða] *f* **1.** *(navajazo)* Messerstich *m; (corte)* Schnitt *m* **2.** *(herida)* Stichwunde *f* **3.** *pl (riña)* Streit *m; (pelea)* Rauferei *f;* **andar a ~s con alguien** (mit) jdm spinnefeind sein; **andan a ~s** sie sind sich spinnefeind **4.** *(loc)*: ~ **de pícaro** hinterhältige Gemeinheit *f;* **dar** ~ die Gunst des Publikums gewinnen

cuchillazo [kutʃi'ʎaθo] *m v.* **cuchillada**

cuchillería [kutʃiʎe'ria] *f* **1.** *(fábrica)* Messerfabrik *f* **2.** *(tienda)* Messergeschäft *nt*

cuchillero [kutʃi'ʎero] *m* **1.** *(persona)* Messerschmied *m* **2.** *(abrazadera)* Klammer *f*

cuchillo [ku'tʃiʎo] *m* **1.** *(para cortar)* Messer *nt;* ~ **afilado** scharfes Messer; ~ **de bolsillo** Taschenmesser *nt;* ~ **de cocina** Küchenmesser *nt;* ~ **para cortar pan** Brotmesser *nt;* ~ **de monte** Hirschfänger *m;* ~ **patatero** Kartoffelmesser *nt;* ~ **romo** stumpfes Messer; **pasar a** ~ niedermetzeln; **matar con** ~ **de palo** *(mortificar)* piesacken *fam* **2.** *(de la ropa)* Zwickel *m* **3.** (ARQUIT) Stützbalken *m* **4.** *(del halcón)* Schwungfedern *fpl* **5.** (NÁUT) Gilling *f*

cuchipanda [kutʃi'paṇda] *f (fam)* Gelage *nt;* **andar de** ~ sich *dat* einen schönen Tag machen

cuchitril [kutʃi'tril] *m* **1.** *(pocilga)* Schweinestall *m* **2.** *(habitación, vivienda)* Loch *nt*, Spelunke *f*

cucho¹ ['kutʃo] *m* **1.** *(Chil:* ZOOL) Katze *f* **2.** *(Ecua, Perú: rincón)* Winkel *m*, Ecke *f* **3.** *(Col: cuarto)* Kammer *f*

cucho, -a² ['kutʃo, -a] *adj (Méx)* stumpfnasig

cuchuchear [kutʃutʃe'ar] *vi* (miteinander) tuscheln [*o* flüstern]

cuchuco [ku'tʃuko] *m (Col:* GASTR) Gerstensuppe *f* mit Schweinefleisch

cuchufleta [kutʃu'fleta] *f* Neckerei *f*, Scherz *m;* **estar de** ~ zum Scherzen aufgelegt sein

cuchufletero, -a [kutʃufle'tero, -a] *m, f* Spaßvogel *m*

cuchugo [ku'tʃuɣo] *m (AmS)* Satteltasche *f*

cuclillas [ku'kliʎas] *fpl:* **en** ~ hockend, niedergekauert; **estar en** ~ in der Hocke sitzen

cuclillo [ku'kliʎo] *m* Kuckuck *m*

cuco¹ ['kuko] *m* **1.** (ZOOL) Kuckuck *m;* **reloj de** ~ Kuckucksuhr *f* **2.** *(canto)* Kuckucksruf

C

m

cuco, -a² ['kuko, -a] **I.** *adj* **1.** (*astuto*) gerissen, schlau; **es muy ~** er ist ein alter Fuchs [*o* ganz schön gerissen] **2.** (*bonito*) hübsch, niedlich **II.** *m, f* (*Arg: fam*) Scheusal *nt,* Monster *nt*

cucú [ku'ku] *m v.* **cuco¹**

cucufato, -a [kuku'fato, -a] **I.** *adj* (*Bol, Perú*) frömmelnd **II.** *m, f* (*Bol, Perú*) Frömmler(in) *m(f)*

cucurucho [kuku'rutʃo] *m* **1.** (*de papel*) Papiertüte *f* **2.** (*de helado*) (Eis)hörnchen *nt* **3.** (*Cuba: azúcar*) minderwertiger Zucker *m* **4.** (*Am: para dibujos*) Zeichnungsrolle *f* **5.** (*gorro cónico*) spitze Mütze *f;* (*usado en las procesiones de Semana Santa*) Büßermütze *f*

cueceleches [kweθe'letʃes] *m inv* Milchtopf *m*

cuelga ['kwelɣa] *f* **1.** (*de frutas, comestibles*) Bündel *nt* (, *das zum Dörren aufgehängt wird*) **2.** (*fam: regalo*) Geburtstagsgeschenk *nt*

cuelgue ['kwelɣe] *m* **1.** (*argot: estado tras la ingestión de drogas*) Kick *m* **2.** (*fam: atontamiento*) Blödheit *f,* Dumpfheit *f* **3.** (*fam: dependencia afectiva*) emotionale Abhängigkeit *f;* **tiene un ~ grande por mi hermano** er/sie ist emotional stark auf meinen Bruder fixiert

cuellicorto, -a [kweʎi'korto, -a] *adj* kurzhalsig

cuellilargo, -a [kweʎi'larɣo, -a] *adj* langhalsig

cuello ['kweʎo] *m* **1.** (ANAT) Hals *m;* **~ uterino** Gebärmutterhals *m;* **alargar el ~** den Hals recken; **erguir el ~** (*fig*) hochmütig sein; **salvar el ~** (*fam*) mit heiler Haut davonkommen; **torcer el ~ a alguien** jdm den Hals umdrehen; **echar los brazos al ~** um den Hals fallen; **gritar a voz en ~** aus vollem Hals(e) schreien; **está con el agua al ~** ihm/ihr steht das Wasser bis zum Hals; **romper(le) el ~ a alguien** (*fig*) jdm das Genick brechen **2.** (*parte de una prenda*) Kragen *m;* **~ alto** Stehkragen *m;* **~ duro** gestärkter [*o* steifer] Kragen; **~ de encaje** Spitzenkragen *m;* **~ de marinero** Matrosenkragen *m;* **~ de pajarita** Vatermörder *m;* **~ de pieles** Pelzkragen *m;* **~ postizo** (loser) Kragen *m;* **~ vuelto** Umlegekragen *m,* Schillerkragen *m;* **pasador de ~** Kragenknopf *m* **3.** (*de un recipiente*) Hals *m;* **~ de botella** Flaschenhals *m;* (*Am: fig*) Engpass *m*

cuenca ['kweŋka] *f* **1.** (GEO) Becken *nt;* **la ~ del río** das Flussbecken **2.** (*región*) (Fluss)gebiet *nt;* **~ carbonífera** (Kohlen)revier *nt;* **la ~ (carbonífera) del Ruhr** das Ruhrgebiet **3.** (*recipiente*) Holznapf *m* **4.** (*de los ojos*) Augenhöhle *f*

cuenco ['kweŋko] *m* **1.** (*vasija*) Napf *m* **2.** (*concavidad*) Höhlung *f;* **el ~ de la mano** die hohle Hand

cuenta ['kwen̪ta] *f* **1.** (*cálculo*) (Be)rechnung *f;* (*calculación final*) Abrechnung *f;* **~ atrás** Countdown *m;* **~s atrasadas** Außenstände *mpl;* **~ de beneficios y pérdidas** Gewinn- und Verlustrechnung *f;* **~ corriente con el exterior** (ECON, FIN) Leistungsbilanz mit dem Ausland; **~ de explotación** (ECON, FIN) Betriebs(ergebnis)rechnung *f;* **~s galanas** (*por manipulación*) frisierte Rechnungen; (*pendientes*) unbezahlte Rechnungen; **~ de gastos** (ECON, FIN) (Un)kostenrechnung *f,* Spesenrechnung *f;* **~s pendientes** (ECON, FIN) Außenstände *mpl;* **~ pro-forma** [*o* **simulada**] Proformarechnung *f;* **~ de la vieja** Abzählen an den Fingern; **rendición de ~s** Rechnungslegung *f;* **tribunal de ~s** Rechnungshof *m;* **por ~ del Estado** auf Staatskosten; **echar la ~** nachrechnen, zusammenrechnen; **sacar la ~** ausrechnen; **pagar la ~** die Rechnung begleichen; **poner en ~** anrechnen, in Rechnung stellen; **poner algo en la ~** etw auf die Rechnung setzen; **pasar la ~ a alguien** jdm die Rechnung vorlegen; **por ~ ajena/propia** auf fremde/eigene Rechnung; **establecerse por su ~** sich selb(st)ständig machen; **figurar en la ~** auf der Rechnung erscheinen; **a ~ de alguien** auf jds Rechnung; (*fig*) auf jds Verantwortung; **echar ~s** überlegen; **rendir ~s** Rechenschaft ablegen; **pedirle ~s a alguien** jdn zur Verantwortung ziehen [*o* zur Rede stellen]; **dar ~ de algo** Bericht erstatten über etw; **ajustar las ~s a alguien** mit jdm abrechnen; **tenemos una ~ pendiente** wir haben noch eine Rechnung offen, wir haben noch ein Hühnchen miteinander zu rupfen *fam;* **habida ~ de...** wenn man bedenkt ...; **teniendo en ~ que...** im Hinblick auf ..., unter Berücksichtigung der Tatsache, dass ...; **entrar en ~** in Frage [*o* infrage] kommen; **entrar en ~s consigo** mit sich *dat* ins Reine kommen; **tener en ~** in Betracht ziehen, bedenken; **tomar en ~** berücksichtigen; **tomar por su ~** auf sich nehmen; **esto no me trae ~** das rentiert sich nicht für mich; **darse ~ de algo** etw (be)merken; **lo he hecho sin darme ~** ich habe es ganz unbewusst getan; **caer en la ~** wahrnehmen, plötzlich merken; **no dar ~ de sí** kein Lebenszeichen von sich *dat* geben; **por mi ~...** meines Erachtens ...; **hablar más de la ~** zu viel reden; **hacer ~** voraussetzen, annehmen; **hallar su ~** auf seine Kosten kommen; **a fin de ~s** letztendlich; **a la** [*o* **por la**] **~** offenbar, allem Anschein nach; **en resumidas ~s** kurz und gut; **hacer algo por su ~ y riesgo** etw auf eigenes Risiko hin machen; **no querer ~s con alguien** mit jdm nichts zu tun haben wollen; **perder la ~** sich nicht erinnern, den Faden verlieren; **¡la ~ es ~!** Geschäft ist Geschäft!; **echar la ~ sin la huéspeda** die Rechnung ohne den Wirt machen; **ser un hombre de ~** eine bedeutende Persönlichkeit sein; **ser un pájaro de ~** ein Gauner sein; **estar fuera de ~** (*una mujer*) die neun Monate der Schwangerschaft überschritten haben **2.** (*en el banco*) Konto *nt;* **~ de**

ahorro Sparkonto *nt;* ~ **de ahorro vivienda** (ECON, FIN) Bausparkonto *nt;* ~ **corriente** [*o* **de giros**] Girokonto *nt;* ~ **de crédito** Kreditkonto *nt;* ~ **de giros postales** Postgirokonto *nt;* ~ **nominal** persönliches Konto; ~ **a la vista** Sichteinlage *f;* **abonar en** ~ gutschreiben; **abrir una** ~ ein Konto eröffnen; **cargar en** ~ ein Konto belasten; **girar a una** ~ auf ein Konto überweisen; **rebasar** [*o* **sobregirar**] **una** ~ ein Konto überziehen; **saldar una** ~ ein Konto ausgleichen; **mi marido y yo tenemos una** ~ **conjunta** mein Mann und ich haben [*o* ich habe mit meinem Mann] ein Gemeinschaftskonto; **mi** ~ **está al descubierto** [*o* **tiene un saldo deudor**] mein Konto ist überzogen **3.** (*de un collar*) Perle *f;* ~**s de vidrio** Glasperlen *fpl* **4.** (*de hilo*) (Faden)dichte *f*

cuentacorrentista [kwen̩takorren̩'tista] *mf* Kontokorrentinhaber(in) *m(f)*

cuentacuentos [kwen̩ta'kwen̩tos] *mf inv* Geschichtenerzähler(in) *m(f)*

cuentagotas [kwen̩ta'ɣotas] *m inv* Pipette *f;* **con** [*o* **a**] ~ (*fig*) spärlich

cuentahabiente [kwen̩ta(a)'βjen̩te] *mf* (FIN) Kontoinhaber(in) *m(f)*

cuentakilómetros [kwen̩taki'lometros] *m inv* Kilometerzähler *m*

cuentapasos [kwen̩ta'pasos] *m inv* Schrittzähler *m,* Hodometer *nt*

cuentarrevoluciones [kwen̩tarreβolu'θjones] *m inv* Drehzahlmesser *m,* Umdrehungszähler *m*

cuentavueltas [kwen̩ta'βwel̩tas] *m inv* (DEP) Rundenzähler *m*

cuentista [kwen̩'tista] *mf* **1.** (*chismoso*) Klatschmaul *nt fam* **2.** (*fanfarrón*) Aufschneider(in) *m(f),* Angeber(in) *m(f);* (*chiflado*) Spinner(in) *m(f) fam* **3.** (*narrador*) (Geschichten)erzähler(in) *m(f);* (LIT) Verfasser(in) *m(f)* von Kurzgeschichten

cuentístico, **-a** [kwen̩'tistiko, -a] *adj* erzählerisch

cuento ['kwen̩to] *m* **1.** (LIT: *historieta*) (Kurz)geschichte *f,* Erzählung *f;* ~ **de aparecidos** [*o* **de fantasmas**] Geistergeschichte *f;* ~ **chino** Lüge *f,* unglaubliche Geschichte; ~ **chistoso** Humoreske *f;* ~ **corto** Novelle *f,* Kurzgeschichte *f;* ~ **de hadas** Märchen *nt;* ~ **de nunca acabar** endlose Geschichte; ~ **popular** Volksmärchen *nt;* ~ **verde** unmoralische [*o* schlüpfrige] Geschichte; ~ **de viejas** Altweibergeschwätz *nt,* Ammenmärchen *nt;* **libro de** ~**s** Märchenbuch *nt;* **es mucho** ~ da wird viel (zu viel) geredet; **tener mucho** ~ (*presumir*) angeben; (*exagerar*) übertreiben; **dejarse de** ~**s** zur Sache kommen; **estos son** ~**s chinos para mí** das sind böhmische Dörfer für mich; **¡todo eso son** ~**s!** das ist alles Quatsch!; **traer algo a** ~ etw zur Sprache bringen; **vivir del** ~ große Reden halten, aber nichts zustande [*o* zu Stande] bringen; **eso no viene a** ~ das hat damit nichts zu tun; **¡no me vengas con** ~**s!** das kannst du einem anderen/einer andern weismachen!; **al fin del** ~ schließlich; **ser de** ~ märchenhaft sein, wie im Märchen sein **2.** (ARQUIT, TÉC) Strebe *f,* Stütze *f* **3.** (*del ave*) Flügelgelenk *nt* **4.** (*cálculo*) Zählung *f;* **desgracias sin** ~ zahllose Unglücke

cuerda ['kwerða] *f* **1.** (*cordel*) Strick *m,* Leine *f;* ~ **de cáñamo** Hanfseil *nt;* ~ **de embalar** Verpackungsschnur *f;* ~ **floja** Seiltänzerdraht *m;* ~ **metálica** Draht *m;* ~ **métrica** Messschnur *f,* Messband *nt;* ~ **de presos** (Gefangenen)kette *f;* ~ **de tender ropa** Wäscheleine *f;* ~ **de tracción** Zugleine *f;* **andar en la** ~ **floja** einen Eiertanz aufführen *fam;* **poner a alguien contra las** ~**s** (*fig*) jdn in die Mangel nehmen *fam;* **ser de la misma** ~ (*fig*) aus dem gleichen Holz geschnitzt sein; **tener a alguien contra las** ~**s** (*fig*) jdn in der Mangel haben *fam* **2.** (*del reloj*) (Aufzug)feder *f;* **dar** ~ **al reloj** die Uhr aufziehen; **el reloj tiene** ~ die Uhr ist aufgezogen; **dar** ~ **a alguien** jdn animieren; **parece que le han dado** ~ er/sie redet wie aufgezogen; **esta persona tiene** ~ diese Person ist aber aufgekratzt; **esto tiene** ~ **para rato** das kann sich noch lange hinziehen **3.** (ANAT, MAT) Sehne *f;* ~ **de arco** Bogensehne *f;* ~ **de círculo** Kreissehne *f;* ~**s vocales** Stimmbänder *ntpl;* **estirar las** ~**s** (*fig*) sich recken **4.** (*de instrumentos de música*) Saite *f;* ~ **metálica** Stahlsaite *f;* ~ **de tripa** Darmsaite *f;* **juego de** ~**s** Saitenbezug *m;* **música de** ~**s** Streichmusik *f;* **alzar/bajar una** ~ höher/tiefer stimmen; **apretar las** ~**s** (*fig*) strengere Saiten aufziehen; **tocar la** ~ **sentimental** an das Gefühl appellieren; **tocar a alguien la** ~ **sensible** jds wunden Punkt berühren

cuerda-guía ['kwerða 'ɣia] *f* <cuerdas-guía> Schleppseil *nt*

cuerdamente [kwerða'men̩te] *adv* **1.** (*con sensatez*) besonnen, vernünftig **2.** (*con prudencia*) klug, umsichtig

cuerdo, **-a** ['kwerðo, -a] *adj* **1.** (*inteligente*) klug; **estar** ~ bei vollem Verstand sein **2.** (*razonable*) vernünftig

cueriza [kwe'riθa] *f* (*Am: zurra*) Tracht *f* Prügel

cuerna ['kwerna] *f* **1.** (*de animales*) Gehörn *nt;* (*de ciervo*) Geweih *nt* **2.** (*vasija*) Trinkhorn *nt*

cuernezuelo [kwerne'θwelo] *m* (MED) Wundhaken *m*

cuerno ['kwerno] *m* **1.** (MÚS, ZOOL) Horn *nt;* ~ **de la abundancia** Füllhorn *nt;* ~ **de los Alpes** Alphorn *nt;* ~ **de Amón** Ammonshorn *nt,* Ammonit *m;* ~ **de caza** Jagdhorn *nt;* ~**s de la luna** Spitzen der Mondsichel; **poner a alguien hasta los** ~**s de la luna** (*fam*) jdn in den Himmel heben, jdn über den grünen Klee loben **2.** (*loc, fam*): **ponerle a alguien los** ~**s** jdm Hörner aufsetzen; **¡**~**s!** Donnerwetter!; **¡y un** ~**!** ich pfeife darauf!; **me importa un** ~ es interessiert mich einen Dreck [*o* nicht die Bohne]; **irse al** ~ in die Hose(n) [*o* daneben] gehen; (*plan, proyecto*) den Bach runtergehen; **no valer un** ~ nichts wert sein; **¡que se vaya al** ~**!** der Teufel soll ihn/sie holen!; **verse en los ~s del toro** in größter Gefahr schweben; **romperse los ~s** sich abrackern; **algo le cae a alguien como un** ~ (*fam*) etw versetzt jdm einen (schweren) Schlag

cuero ['kwero] *m* **1.** (*piel*) Leder *nt;* ~ **artificial** Kunstleder *nt;* ~ **cabelludo** Kopfhaut *f;* ~ **curtido** gegerbtes Leder; ~ **charolado** Lackleder *nt,* Glanzleder *nt;* **estar en ~s** splitternackt sein; **ponerse en ~s** sich ausziehen; **dejar a alguien en ~s** jdn bis aufs Hemd ausziehen **2.** (*recipiente*) (Wein)schlauch *m;* **estar hecho un** ~ (*fam*) stockbetrunken [*o* sternhagelvoll] sein

cuerpazo [kwer'paθo] *m* (*fam*) Traumfigur *f*

cuerpear [kwerpe'ar] *vi* (*Arg, Urug: fam fig: esquivar*) ausweichen

cuerpo ['kwerpo] *m* **1.** (*del hombre o del animal*) Körper *m,* Leib *m;* (*sólo el tronco*) Rumpf *m;* **esta mujer tiene un** ~ **muy bonito** diese Frau hat eine gute Figur; **se han encontrado dos ~s en la playa** am Strand wurden zwei Leichen gefunden; **tener el** ~ **descompuesto** Verdauungsstörungen haben; **tener el** ~ **bien gobernado** eine gute Verdauung haben; **a** ~ **descubierto** ohne Waffenschutz; **salir a** ~ **(gentil)** ohne Mantel [*o* leicht bekleidet] ausgehen; **tener a alguien a** ~ **de rey** jdn wie einen Fürst behandeln; **de** ~ **entero** in voller Größe; **sacar una foto de** ~ **entero** eine Ganzaufnahme machen; **un soldado de** ~ **entero** (*fig*) ein ganzer Soldat, durch und durch ein Soldat; **luchar** ~ **a** ~ Mann gegen Mann kämpfen; **dar con el** ~ **en tierra** hinfallen; **esquivar** [*o* **falsear**] **el** ~ einem Schlag oder Stoß ausweichen; **dar** ~ **a algo** etw *dat* Gestalt geben; **tomar** ~ Gestalt annehmen; **estar de** ~ **presente** aufgebahrt sein; **echar el** ~ **fuera** sich vor etw *dat* drücken; **echarse algo al** ~ etw zu sich *dat* nehmen; **entregarse en** ~ **y alma a algo** sich etw *dat* mit Leib und Seele hingeben; **hacer de(l)** ~ seine Notdurft verrichten; **no quedarse con nada en el** ~ sich *dat* alles von der Seele reden; **ponerle a alguien el** ~ **negro** jdn grün und blau schlagen; **hay que sacarle cada palabra del** ~ man muss ihm/ihr jedes Wort aus der Nase ziehen; **con un** ~ **no se puede estar en todas partes** man kann nicht gleichzeitig an verschiedenen Orten sein; **mientras el** ~ **me haga sombra** solange ich noch am Leben bin; **esta persona es un** ~ **sin alma** das ist ein langweiliger Mensch; **ganar con su** ~ von der Prostitution leben; **haz lo que te pida el** ~ tu das, worauf du Lust hast **2.** (*objeto*) Körper *m,* Gegenstand *m;* ~ **amarillo** (MED) Gelbkörper *m;* ~ **de bomba** Pumpengehäuse *nt;* ~ **celeste** Himmelskörper *m;* ~ **del delito** (JUR) Beweisstück *nt,* Corpus delicti *nt;* ~ **extraño** Fremdkörper *m;* ~ **muerto** (NÁUT) Uferbalken *m,* Vertäupfahl *m;* ~ **sólido** Festkörper *m;* ~ **volador** Flugkörper *m* **3.** (*corporación*) Körperschaft *f,* Korps *nt;* ~ **(voluntario) de bomberos** (freiwillige) Feuerwehr *f;* ~ **diplomático** diplomatisches Korps; ~ **docente** Lehrkörper *m;* ~ **de ejército** Heereskorps *nt;* ~ **gubernamental** staatliches Organ; ~ **médico** Ärztegremium *nt;* ~ **municipal** städtische Behörden; ~ **técnico** (DEP) Betreuerteam *nt;* **formar un** ~ eine Körperschaft bilden **4.** (MAT) Körper *m* **5.** (*grosor*) Stärke *f;* ~ **de letra** (TIPO) Schriftgröße *f;* **tener poco** ~ dünn sein; (*líquido*) dünnflüssig sein **6.** (*colección*) Sammlung *f;* ~ **legal** Gesetzbuch *nt,* Gesetzessammlung *f* **7.** (*parte principal*) Hauptteil *m,* Kernstück *nt;* ~ **de iglesia** Hauptschiff der Kirche **8.** (ADMIN: *de una carta*) Textfeld *nt*

cuervo ['kwerβo] *m* Rabe *m;* ~ **marino** Kormoran *m;* **criar ~s** eine Schlange am Busen nähren; **cría ~s, que te sacarán los ojos** (*prov*) Undank ist der Welt Lohn

cuesco ['kwesko] *m* **1.** (*hueso de fruta*) Kern *m* **2.** (*vulg: pedo*) (lauter) Furz *m fam*

cuesta ['kwesta] *f* Abhang *m;* ~ **abajo/arriba** bergab/bergauf; **este coche toma bien las ~s** dieses Auto nimmt Steigungen problemlos; **un camino en** ~ ein ansteigender Weg; **llevar a alguien/algo a ~s** jdn/etw auf dem Rücken tragen; **tener una numerosa familia a ~s** (*fam*) eine große Familie am Hals haben; **se le cae la casa a ~s** die Decke fällt ihm/ihr auf den Kopf *fam;* **la** ~ **de enero** die leeren Kassen nach den Weihnachtsfeiertagen

cuestación [kwesta'θjon] *f* Kollekte *f,* Sammlung *f*

cuestión [kwes'tjon] *f* Frage *f,* Problem *nt;* ~ **de arbitrio** Ermessensfrage *f;* ~ **de competencia** Zuständigkeitsstreit *m;* ~ **de confianza** Vertrauensfrage *f;* ~ **en disputa** Streitfrage *f;* ~ **de forma** Formsache *f;* ~ **de gustos** Geschmackssache *f;* ~ **de pareceres** Ansichtssache *f;* ~ **secundaria** Nebensache *f;* **aclarar el problema en** ~ das anstehende Problem klären; **tuvieron una** ~ sie hatten eine Auseinandersetzung; **no es tan difícil, es** ~ **de intentarlo** es ist nicht so schwierig, man muss es einfach nur versuchen; **es** ~ **de tiempo nada más** es ist nur eine Frage der Zeit; **entrar en** ~ in Frage [*o* infrage] kommen; **en** ~ **de faldas es un especialista** in Liebesangelegenheiten ist er ein Ass; **la** ~ **es que no tengo tiempo** die Sache ist die, dass ich keine Zeit habe; **ahí está la** ~ hier liegt der Hase im Pfeffer *fam;* **eso es otra** ~ das ist etwas ganz anderes; **discutir por cuestiones de faldas** wegen einer Weibergeschichte streiten; **no quiero cuestiones con la policía** ich möchte mit der Polizei nichts zu tun haben; **la** ~ **es pasarlo bien** (die) Hauptsache (ist), man amüsiert sich

cuestionable [kwestjo'naβle] *adj* fraglich, zweifelhaft

cuestionamiento [kwestjona'mjento] *m* Diskussion *f,* Wortwechsel *m*
cuestionar [kwestjo'nar] *vt* diskutieren, erörtern
cuestionario [kwestjo'narjo] *m* Fragebogen *m*
cuete ['kwete] *m* (*Méx*) **1.** (*loncha de carne*) Fleischscheibe *f* aus der Hinterkeule **2.** (*borrachera*) Rausch *m;* **traer un** ~ betrunken sein
cueto ['kweto] *m* (*colina*) Anhöhe *f,* Hügel *m*
cueva ['kweβa] *f* Höhle *f;* (*sótano*) Keller *m;* ~ **de estalactitas** Tropfsteinhöhle *f;* ~ **de ladrones** (*fig*) Räuberhöhle *f;* **cae en la** ~ **el que a otro lleva a ella** (*prov*) wer anderen eine Grube gräbt, fällt selbst hinein
cuévano ['kweβano] *m* Tragkorb *m,* Kiepe *f reg*
cuezo ['kweθo] *m* Mörteltrog *m;* **meter el** ~ (*fam*) ins Fettnäpfchen treten
cúfico, -a ['kufiko, -a] *adj* (LING) kufisch
cuicacoche [kwika'kotʃe] *f* (ZOOL) Sichelspötter *m*
cuidado [kwi'ðaðo] *m* **1.** (*esmero y precaución*) Sorgfalt *f,* Vorsicht *f;* **¡~!** Achtung!, Vorsicht!; **¡~ con el escalón!** Vorsicht Stufe!; **¡~ que eres tonto!** du bist ganz schön dumm!; **¡~ contigo si no te portas bien!** wenn du dich nicht benimmst, kannst du was erleben!; **¡anda con ~!** sei vorsichtig!, pass auf!; **¡~ con lo que dices!** pass auf, was du sagst!; **¡allá ~s!** das ist mir ganz egal!; **¡pierda Ud. ~!** seien Sie unbesorgt!; **ser de** ~ gefährlich sein; **eso me tiene sin** ~ das lässt mich kalt; **¡tenga ~ al cruzar la calle!** passen Sie auf, wenn Sie die Straße überqueren!; **realizar un trabajo con mucho** ~ eine Arbeit mit großer Sorgfalt erledigen **2.** (*asistencia*) Pflege *f;* (*de maquinarias*) Wartung *f;* ~ **de animales** Tierpflege *f;* ~ **de educación** Erziehungshilfe *f;* ~ **médico** medizinische Betreuung; ~ **personal** Schönheitspflege *f;* ~ **preventivo** Vorbeugung *f;* **estar de** ~ schwer krank sein; **salir de** ~ (*mejorar*) außer Lebensgefahr sein; (*dar a luz*) gebären; **estar al** ~ **de alguien** in jds Obhut sein; **dejar a un niño al cuidado de alguien** ein Kind in jds Obhut geben; **al** ~ **de...** zu Händen von ...
cuidador [kwiða'ðor] *m* (*Arg*) Krankenpfleger *m*
cuidadora [kwiða'ðora] *f* (*Méx*) Kindermädchen *nt*
cuidadosamente [kwiðaðosa'mente] *adv* sorgfältig
cuidadoso, -a [kwiða'ðoso, -a] *adj* **1.** (*diligente*) sorgfältig, aufmerksam **2.** (*preocupado*) fürsorglich, sorgsam
cuidar [kwi'ðar] **I.** *vi* aufpassen (*de* auf +*akk*), sorgen (*de* für +*akk*); **cuida bien de tu abuela** pass gut auf deine Großmutter auf; **cuida de llegar a tiempo** sieh zu, dass du rechtzeitig kommst; **cuidaba de disimular su dolor** er/sie versuchte sich *dat* die Schmerzen nicht anmerken zu lassen **II.** *vt* pflegen, betreuen; ~ **a los niños** die Kinder betreuen; ~ **a un enfermo** einen Kranken pflegen; ~ **la casa** den Haushalt besorgen **III.** *vr:* **~se 1.** (*de un peligro*) sich hüten (*de* vor +*dat*), sich in Acht nehmen (*de* vor +*dat*); **~se del abuso del alcohol** sich vor Alhoholmissbrauch hüten; **¡cuídate de meterte en este asunto!** misch dich bloß nicht in diese Angelegenheit ein! **2.** (*preocuparse*) sich kümmern (*de* um +*akk*) **3.** (*no esforzarse*) sich schonen; (*por su salud*) auf seine Gesundheit achten; (*por su aspecto*) sich pflegen; (*darse buena vida*) es sich *dat* gut gehen lassen; **¡cuídate!** pass auf dich auf!, schone dich!
cuido ['kwiðo] *m* Pflege *f*
cuija ['kwixa] *f* (*Méx:* ZOOL) Blattfingergecko *m*
cuita ['kwita] *f* Kummer *m,* Sorgen *fpl*
cuitado, -a [kwi'taðo, -a] *adj* bekümmert, betrübt
culada [ku'laða] *f* **1.** (*fam: golpe en el culo*): **dar una** ~ **a alguien** jdm einen Tritt geben; **darse una** ~ auf den Hintern fallen **2.** (NÁUT) Grundberührung *f*
culantrillo [kulan'triʎo] *m* (BOT: *Adiantum*) Frauenhaarfarn *m;* (*Asplenium*) Mauerraute *f;* (*Polypodium*) Tüpfelfarn *m*
culantro [ku'lantro] *m* (BOT) Koriander *m*
cular [ku'lar] *adj* (*relativo al trasero*) Gesäß-
culata [ku'lata] *f* **1.** (*del fusil*) Gewehrkolben *m;* ~ **hombrera** Schulterstütze einer Waffe; **le salió el tiro por la** ~ (*fam*) der Schuss ging nach hinten los, er/sie schnitt sich *dat/akk* ins eigene Fleisch **2.** (TÉC): ~ **magnética** Magnetjoch *nt;* ~ **de transformador** Transformatorenjoch *nt* **3.** (*Arg: coche*) Hintergestell *nt* **4.** (*del caballo*) Kruppe *f*
culatazo [kula'taθo] *m* **1.** (*a una persona*) Schlag *m* mit dem Gewehrkolben **2.** (*del arma*) Rückstoß *m*
culebra [ku'leβra] *f* **1.** (*serpiente*) Schlange *f;* ~ **de cascabel** Klapperschlange *f;* ~ **ciega** Blindschleiche *f;* ~ **de Esculapio** Äskulapschlange *f;* **hacer** ~ sich schlängeln **2.** (TÉC) Kühlschlange *f* **3.** (*fam: alboroto*) Wirrwarr *m,* Unruhe *f*
culebrear [kuleβre'ar] *vi* sich schlängeln, sich winden; (*borrachos*) schwanken, taumeln
culebreo [kule'βreo] *m* Schlängeln *nt*
culebrilla [kule'βriʎa] *f* **1.** (MED) Schlangenflechte *f* **2.** (*armas de fuego*) Riss *m* im Geschützrohr **3.** (ZOOL): ~ **de agua** Ringelnatter *f*
culebrón [kule'βron] **I.** *m aum de* **culebra II.** *m* **1.** (*hombre cazurro*) gerissener Kerl *m* **2.** (*mujer intrigante*) hinterhältiges Weib *nt* **3.** (TV) Seifenoper *f*
culera [ku'lera] *f* **1.** (*en los pañales*) Kotfleck *m* **2.** (*de los pantalones*) Hosenboden *m* **3.** (*parche*) Flicken *m*
culero [ku'lero] *m* **1.** (*pañal*) Tuchwindel *f* **2.** (*fam: el último*) Bummelant(in) *m(f),* Bummler(in) *m(f)*

culigordo, **-a** [kuli'ɣorðo, -a] *adj* (*fam*) mit dickem Hinterteil

culinaria [kuli'narja] *f* (GASTR) Kochkunst *f*

culinario, **-a** [kuli'narjo, -a] *adj* kulinarisch

culmen ['kulmen] *m* (*elev: plenitud*) Höhepunkt *m*, Gipfel *m*

culminación [kulmina'θjon] *f* **1.** (*lo máximo*) Höhepunkt *m* **2.** (ASTR) Kulminationspunkt *m*

culminante [kulmi'nan̩te] *adj* überragend; **punto** ~ Höhepunkt *m*; (*fig*) Glanzpunkt *m*

culminar [kulmi'nar] *vi* gipfeln, den Höhepunkt erreichen

culo ['kulo] *m* **1.** (*trasero*) Gesäß *nt*, Hintern *m fam*, Po(po) *m fam*; **a** ~ **pajarero** mit nacktem Hintern; **caer de** ~ auf den Hintern fallen; **de** ~ (*al revés*) verkehrt herum; (*hacia atrás*) rückwärts; **andar con el** ~ **a rastras** (*fam*) pleite sein, aus dem letzten Loch pfeifen; **enseñar el** ~ (*fam*) sich feige benehmen; **lamer el** ~ **a alguien** (*vulg*) jdm in den Arsch kriechen; **no quiero tus regalos, ¡métetelos en el** ~**!** (*vulg*) deine Geschenke kannst du dir in den Arsch stecken!; **oír por el** ~ (*fam*) stocktaub sein; **perder el** ~ (*fam*) sich abhetzen; **poner el** ~ (*vulg*) der Arsch sein; **ser** ~ **de mal asiento** (*fam*) kein Sitzfleisch haben; **ser el** ~ **del fraile** (*fam*) ein Sündenbock sein; **¡vete a tomar por el** ~**!** (*vulg*) scher dich zum Teufel! *fam* **2.** (*fondo de vaso o botella*) Boden *m*; ~ **de vaso** (*fig*) falscher Edelstein

culombio [ku'lombjo] *m* (ELEC) Coulomb *nt*

culón, **-ona** [ku'lon, -ona] *adj* (*vulg*) mit großem [*o* dickem] Hintern *fam*

culote [ku'lote] *m* **1.** (MIL) Patronenboden *m*, Hülsenboden *m* **2.** (DEP: *pantalón corto*) Radlerhose *f*

culpa ['kulpa] *f* Schuld *f*; ~ **por abstención** schuldhaftes Unterlassen; ~ **contractual** Vertragsbruch *m*; ~ **personal** eigenes Verschulden; **asumir la** ~ die Schuld auf sich nehmen; **confesar una** ~ eine Schuld bekennen; **echar la** ~ **a alguien** die Schuld auf jdn schieben, jdm die Schuld geben [*o* zuschieben]; **murió por** ~ **del médico** er/sie starb durch Verschulden des Arztes; **pagar una** ~ eine Schuld sühnen; **sin** ~ unverschuldet, schuldlos; **tener la** ~ **de algo** Schuld an etw *dat* haben; **y ¿qué** ~ **tengo yo?** was kann ich denn dafür?

culpabilidad [kulpaβili'ðað] *f* Strafbarkeit *f*, Schuldhaftigkeit *f*; ~ **bélica** Kriegsschuld *f*; **sentimiento de** ~ Schuldgefühl *nt*; **incurrir en** ~ sich strafbar machen

culpabilizar [kulpaβili'θar] <z→c> *vt* beschuldigen

culpable [kul'paβle] **I.** *adj* schuldig; **declarar** ~ für schuldig erklären; **hacerse** ~ **de algo** sich *dat* etw zuschulden [*o* zu Schulden] kommen lassen; **ser** ~ **de algo** an etw *dat* Schuld haben, schuldig sein an etw *dat* **II.** *mf* Schuldige(r) *mf*

culpado, **-a** [kul'paðo, -a] **I.** *adj* beschuldigt **II.** *m, f* Angeschuldigte(r) *mf*, Beklagte(r) *mf*

culpar [kul'par] **I.** *vt* beschuldigen (*de/por* +*gen*) **II.** *vr:* ~**se** sich schuldig fühlen (*de* wegen +*gen/dat*)

culposo, **-a** [kul'poso, -a] *adj* (JUR: *culpable*) schuldhaft; (*negligente*) fahrlässig

cultamente [kul̩ta'men̩te] *adv* **1.** (*con cultura*) gebildet, kultiviert **2.** (*pey: con afectación*) affektiert, gestelzt

culterana [kul̩te'rana] *adj o f v.* **culterano**

culteranismo [kul̩tera'nismo] *m* (LIT) Kultismus *m*, Gongorismus *m*

culterano, **-a** [kul̩te'rano, -a] **I.** *adj* schwülstig, geziert **II.** *m, f* (LIT) Gongorist(in) *m(f)*

cultiparlar [kul̩tipar'lar] *vi* (*pey*) hochtrabend [*o* affektiert] reden; **el político pensó que cultiparlando convencería a los votantes** der Politiker dachte, er könne die Wähler durch geschwollene Reden überzeugen

cultismo [kul̩'tismo] *m* **1.** (*palabra culta*) gehobener [*o* bildungssprachlicher] Ausdruck *m* **2.** (LIT: *culteranismo*) Kultismus *m*, Gongorismus *m*

cultivable [kul̩ti'βaβle] *adj* anbaufähig

cultivado, **-a** [kul̩ti'βaðo, -a] *adj* (*culto y refinado*) kultiviert, gebildet

cultivador(a) [kul̩tiβa'ðor(a)] *m(f)* **1.** (*persona*) Landwirt(in) *m(f)*; ~ **de algodón** Baumwollpflanzer *m*; ~ **de vino** Winzer *m*, Weinbauer *m* **2.** (*instrumento*) Grubber *m*, Kultivator *m*

cultivar [kul̩ti'βar] **I.** *vt* **1.** (AGR) anbauen, anpflanzen, kultivieren; ~ **tabaco** Tabak anbauen; ~ **la tierra** das Land bestellen **2.** (*bacterias*) züchten **3.** (*conservar*) kultivieren, pflegen; ~ **una amistad** eine Freundschaft pflegen; ~ **un estilo** einen Stil verfeinern [*o* pflegen] **II.** *vr:* ~**se** sich bilden

cultivo [kul̩'tiβo] *m* **1.** (AGR) Anbau *m*, Pflanzung *f*; ~ **de agotamiento** Raubbau *m*; ~**s de naranjo** Orangenpflanzungen *fpl*; ~ **de regadío** Bewässerungskultur *f*; ~ **de secano** Trockenanbau *m*; ~ **del suelo** Bodenbearbeitung *f*; ~ **de la vid** Weinbau *m*; **poner en** ~ urbar machen, bebauen **2.** (*de bacterias*) Kultur *f*, Züchtung *f*; ~ **de bacterias** Bakterienkultur *f*; ~ **de levadura** Hefezüchtung *f* **3.** (*de animales*) Zucht *f*; ~ **de peces** Fischzucht *f* **4.** (*de la amistad o de un arte*) Pflege *f*; **el** ~ **de la mente** die Schulung des Geistes

culto ['kul̩to] *m* **1.** (*veneración*) Kult *m*; ~ **de la personalidad** Personenkult *m*; **rendir** ~ **a la belleza** die Schönheit verehren **2.** (REL) Kult(us) *m*; ~ **disidente** nichtkatholische Religion; ~ **divino** Gottesdienst *m*

culto, **-a** ['kul̩to, -a] *adj* gebildet, kultiviert

cultual [kul̩tu'al] *adj* (REL) kultisch, Kult-

cultura [kul̩'tura] *f* Kultur *f*; ~ **ambiental** Umweltpflege *f*; ~ **científica** wissenschaftliche Bildung; ~ **general** Allgemeinbildung *f*; ~ **física** Sport *m*, Körperkultur *f*; **una persona**

de gran ~ ein hochgebildeter Mensch
cultural [kul̦tu'ral] *adj* kulturell, Kultur-
culturar [kul̦tu'rar] *vt* (AGR: *labrar*) bestellen, kultivieren
culturismo [kul̦tu'rismo] *m* Bodybuilding *nt*
culturista [kul̦tu'rista] *mf* Bodybuilder(in) *m(f)*; **es** ~ er/sie macht Bodybuilding
culturización [kul̦turiθa'θjon] *f* Zivilisierung *f*
culturizar [kul̦turi'θar] <z→c> *vt* zivilisieren
cuma ['kuma] *f* **1.** (*AmC: machete*) Machete *f* **2.** (*Perú: comadre*) (Tauf)patin *f*
cumarú [kuma'ru] *m* (*Am:* BOT) Tonkabohnenbaum *m*
cumbarí [kumba'ri] *adj* (*Arg: ají*) *kleine, sehr scharfe rote Pfefferschote*
cumbia ['kumbja] *f kolumbianischer Volkstanz*
cumbre ['kumbre] *f* **1.** (*cima*) Gipfel *m;* ~ **de la montaña** Berggipfel *m,* Bergkuppe *f;* **llegar a la** ~ den Gipfel erreichen **2.** (*reunión*) Gipfeltreffen *nt,* Gipfel *m;* ~ **Económica Occidental** Weltwirtschaftsgipfel *m;* ~ **ministerial** Ministertreffen *nt;* **conferencia** ~ Gipfelkonferenz *f* **3.** (*culminación*) Gipfel *m,* Höhepunkt *m;* **estar en la** ~ ganz oben sein, sich auf dem Höhepunkt seiner Karriere befinden
cúmel ['kumel] *m* (*aguardiente*) Aquavit *m,* Kümmel(branntwein) *m*
cumiche [ku'mitʃe] *m* (*AmC*) Jüngste(r) *m,* Benjamin *m*
cuminol [kumi'nol] *m* (QUÍM) Kümmelöl *nt*
cum laude [kum 'lau̯ðe] (UNIV: *elev*) cum laude
cumpleañero, **-a** [kumplea'ɲero, -a] *m, f* Geburtstagskind *nt*
cumpleaños [kumple'aɲos] *m inv* Geburtstag *m*
cumplidamente [kumpliða'men̦te] *adv* (*totalmente*) gänzlich, völlig
cumplidero, **-a** [kumpli'ðero, -a] *adj* **1.** (*que sirve*) zweckdienlich **2.** (*plazos*) ablaufend
cumplido[1] [kum'pliðo] *m* Aufmerksamkeit *f,* Höflichkeitsbezeugung *f;* **fórmulas de** ~ Höflichkeitsfloskeln *fpl;* **visita de** ~ Höflichkeitsbesuch *m;* **no gastar ~s** nicht viel Federlesen(s) machen; **por** ~ aus Höflichkeit [*o* Anstand]; **hacer algo por** ~ etw tun, weil es sich gehört [*o* um der Form zu genügen]; **sin ~s** ohne Umstände; **conseguir algo a fuerza de ~s** etw mit Schmeicheleien erreichen
cumplido, **-a**[2] [kum'pliðo, -a] *adj* **1.** (*acabado*) erledigt, vollendet; **tener 40 años ~s** das 40. Lebensjahr vollendet haben; **¡misión cumplida!** Auftrag erfüllt! **2.** (*abundante*) weit; **un vestido** ~ ein zu weites Kleid **3.** (*cortés*) höflich **4.** (*un soldado*) ausgedient
cumplidor(a) [kumpli'ðor(a)] **I.** *adj* pflichtbewusst; ~ **de la ley** gesetzestreu **II.** *m(f)* pflichtbewusster Mensch *m*
cumplimentar [kumplimen̦'tar] *vt* **1.** (*felicitar*) beglückwünschen **2.** (*visita de cumplido*) seine Aufwartung machen (+*dat*) **3.** (*una orden*) ausführen, vollstrecken **4.** (*un impuesto*) ausfüllen
cumplimentero, **-a** [kumplimen̦'tero, -a] **I.** *adv* (*fam*) übertrieben höflich **II.** *m, f* (*fam*) Ausbund *m* an Höflichkeit
cumplimiento [kumpli'mjen̦to] *m* **1.** (*observación*) Einhaltung *f,* Erfüllung *f;* ~ **de armisticio** Einhaltung des Waffenstillstands; ~ **de la condena** Strafverbüßung *f;* ~ **de un deber** Pflichterfüllung *f;* ~ **de la ley** Befolgung des Gesetzes; ~ **del plazo de entrega** Einhaltung *f* der Lieferfrist; **no** ~ Nichterfüllung *f* **2.** (*cumplido*) Höflichkeitsbezeugung *f;* **hacer algo por puro** ~ etw nur der Form halber tun
cumplir [kum'plir] **I.** *vi* **1.** (*hacer su deber*) pflichtbewusst sein; **esta chica no cumple bien** dieses Mädchen nimmt seine Pflichten nicht ernst; ~ **con su deber/su promesa** seine Pflicht/sein Versprechen erfüllen; ~ **con alguien** sich jdm gegenüber korrekt verhalten; **hay que** ~ **con los amigos** man muss sich seinen Freunden erkenntlich zeigen; **hacer algo sólo por** ~ etw nur der Form halber tun; **~é por ti** ich werde für dich eintreten **2.** (*soldado*) ausdienen, seinen Militärdienst beenden **3.** (*plazo*) ablaufen, zu Ende gehen **II.** *vt* **1.** (*una orden*) ausführen **2.** (*un encargo*) erledigen **3.** (*una promesa, condición o deseo*) erfüllen **4.** (*un plazo*) einhalten **5.** (*el servicio militar*) ableisten **6.** (*una prestación*) erbringen **7.** (*una pena*) verbüßen **8.** (*las leyes*) befolgen **9.** (*años*): **en mayo cumplo treinta años** im Mai werde ich dreißig (Jahre alt) **III.** *vr:* **~se** in Erfüllung gehen
cumular [kumu'lar] *vt* anhäufen
cumulativo, **-a** [kumula'tiβo, -a] *adj* kumulativ
cúmulo ['kumulo] *m* **1.** (*amontonamiento*) Haufen *m,* Menge *f* **2.** (METEO) Kumuluswolke *f*
cumulonimbo [kumulo'nimbo] *m* (METEO) Kumulonimbus *m*
cuna ['kuna] *f* **1.** (*camita*) Wiege *f;* **canción de** ~ Wiegenlied *nt;* **la** ~ **de la humanidad** (*fig*) die Wiege der Menschheit; **conocer a alguien desde la** ~ jdn schon von klein auf kennen; **lo que se aprende en la ~, siempre dura** früh gelernt, nie vergessen; **de la** ~ **a la sepultura** von der Wiege bis zur Bahre, das ganze Leben hindurch; **ser de** ~ **humilde/ilustre** aus einfacher/vornehmer Familie stammen **2.** (NÁUT) Schlitten *m* **3.** (*del toro*) Hörnerweite *f*
cunar [ku'nar] *vt* wiegen
cundir [kun̦'dir] *vi* **1.** (*una mancha*) sich ausbreiten, größer werden **2.** (*una epidemia*) sich ausbreiten **3.** (*un rumor*) herumgehen, sich ausbreiten **4.** (*una noticia*) sich verbreiten **5.** (*un trabajo*) vorankommen **6.** (*dar mucho de sí*) (sehr) ergiebig sein; (*el arroz*) (auf)quellen; **esta comida cunde mucho**

C

dieses Essen ist sehr nahrhaft; **esta clase de lino cunde mucho** diese Art Leinen ist sehr ergiebig

cunear [kune'ar] **I.** *vt* (*acunar*) wiegen **II.** *vr:* **~se** (*fam fig*) hin- und herschaukeln

cuneco, **-a** [ku'neko, -a] *m, f* (*Ven*) Jüngste(r) *mf,* Benjamin *m*

cuneiforme [kunei̯'forme] *adj* keilförmig; **escritura** ~ Keilschrift *f*

cúneo ['kuneo] *m* (MIL) Keilformation *f*

cunero, **-a** [ku'nero, -a] **I.** *adj* **1.** (*expósito*) ausgesetzt, Findel- **2.** (TAUR: *toro*) unbekannter Herkunft **II.** *m, f* (*expósito*) Findelkind *nt*

cuneta [ku'neta] *f* Straßengraben *m*

cunicultor(a) [kunikul̯'tor(a)] **I.** *adj* Kaninchenzüchter- **II.** *m(f)* Kaninchenzüchter(in) *m(f)*

cunicultura [kunikul̯'tura] *f* Kaninchenzucht *f*

cunnilingus [kuni'liŋgus] *m inv* Cunnilingus *m*

cuña ['kuɲa] *f* **1.** (*traba*) Keil *m;* ~ **para calzar las ruedas** Unterlegkeil *m;* ~ **de partir madera** Spaltkeil *m;* ~ **publicitaria** (Radio)werbespot *m;* **meter** ~ Unruhe stiften **2.** (*fig: enchufe*) (gute) Beziehungen *fpl;* **meterle a alguien una** ~ jdm helfen

cuñado, **-a** [ku'ɲaðo, -a] *m, f* Schwager *m,* Schwägerin *f*

cuñete [ku'ɲete] *m* **1.** (*barril: líquidos*) Fässchen *nt;* (*cubeto*) Eimer *m* **2.** (*barril: aceitunas, preparados*) (Konservierungs)fass *nt*

cuño ['kuɲo] *m* **1.** (*troquel*) Prägestempel *m,* Münzstempel *m* **2.** (*impresión, señal*) Prägung *f;* (*fig*) Gepräge *nt;* **de nuevo** ~ (ganz) neu; **una expresión de nuevo** ~ ein neu geprägter [*o* neuer] Ausdruck

cuota ['kwota] *f* **1.** (*porción*) Quote *f,* Anteil *m;* ~ **de amortización** Abschreibungsrate *f;* (*de una deuda*) Tilgungsrate *f;* ~ **de crecimiento** Zuwachsrate *f;* ~ **de ganancia** Gewinnanteil *m;* ~ **del mercado** Marktanteil *m;* ~ **de natalidad/mortalidad** Geburten-/Sterblichkeitsrate *f;* ~ **de pesca** (Fisch)fangquote *f;* ~ **salarial** Lohnquote *f;* **~s de venta** Verkaufsanteil *m* **2.** (*contribución*) Beitrag *m,* Gebühr *f;* ~ **de agua** Wassergeld *nt;* ~ **básica** Grundgebühr *f;* ~ **escolar** Schulgeld *nt;* ~ **obligatoria** Pflichtbeitrag *m;* ~ **sindical** Gewerkschaftsbeitrag *m;* ~ **de socio** Mitgliedsbeitrag *m*

cuotalitis [kwota'litis] *f inv* (JUR) Erfolgshonorar *nt*

cupé [ku'pe] *m* Coupé *nt*

cupido [ku'piðo] *m* **1.** (*de la mitología romana*) Cupido *m* **2.** (*fig: mujeriego*) Frauenheld *m*

cuplé [ku'ple] *m* Couplet *nt,* Lied *nt*

cupletista [kuple'tista] *mf* (Couplet)sänger(in) *m(f)*

cupo ['kupo] **I.** *3. pret de* **caber II.** *m* **1.** (*cuota*) Kontingent *nt;* ~ **arancelario** Zollkontingent *nt;* ~ **de crédito** Kreditgrenze *f;* ~ **de importación/exportación** Einfuhr-/Ausfuhrkontingent *nt* **2.** (*Méx: fam: cárcel*) Knast *m*

cupón [ku'pon] *m* Kupon *m,* Abschnitt *m;* (*de lotería*) Lotterieanteilschein *m;* ~ **de descuento** Rabattmarke *f;* ~ **de dividendos** (FIN) Dividendenschein *m,* Gewinnanteilschein *m;* ~ **de intereses** Zins(anteil)schein *m,* Zinsanweisung *f;* **cupones en rama** abgeschnittene Kupons

cuponazo [kupo'naθo] *m* (*de la ONCE*) Supertreffer *m fam* (*der spanischen Blindenlotterie*)

cupón-respuesta [ku'pon-res'pwesta] *m* <cupones-respuesta> Antwortschein *m*

cúprico, **-a** ['kupriko, -a] *adj* kupfern; (QUÍM) Kupfer(II)-; **óxido** ~ Kupfer(II)-Oxid

cuprífero, **-a** [ku'prifero, -a] *adj* kupferhaltig

cuproníquel [kupro'nikel] *m* (QUÍM) Kupfer-Nickel-Legierung *f*

cuproso, **-a** [ku'proso, -a] *adj* kupferartig; (QUÍM) Kupfer(I)-; **óxido** ~ Kupfer(I)-Oxid *nt;* **carbonato** ~ Kupfercarbonat *nt*

cúpula ['kupula] *f* **1.** (*media esfera*) Kuppel *f;* ~ **bizantina** Zwickelkuppel *f;* ~ **de escape de vahos** Dunst(abzugs)haube *f;* ~ **transparente** Lichtkuppel *f* **2.** (*máximos dirigentes*) Spitze *f;* ~ **administrativa** Verwaltungspyramide *f;* ~ **dirigente** [*o* **directiva**] Führungsspitze *f;* ~ **militar** (*fig*) militärische Führungsspitze *nt* **3.** (BOT) Becher *m* **4.** (NÁUT) Geschützturm *m*

cupulino [kupu'lino] *m* (ARQUIT) Laterne *f*

cuquería [kuke'ria] *f* (*fam: picardía*) Durchtriebenheit *f,* Verschlagenheit *f*

cuquero, **-a** [ku'kero, -a] *m, f* (*fam: pícaro*) Schlawiner(in) *m(f),* Schlitzohr *nt*

cura[1] ['kura] *m* Pfarrer *m,* Priester *m;* ~ **castrense** Feldkaplan *m;* **un** ~ **de misa y olla** ein biederer Landpfarrer

cura[2] ['kura] *f* **1.** (*curación*) Heilung *f;* **no tener** ~ unheilbar sein; (*fig*) unverbesserlich sein **2.** (*tratamiento*) Kur *f,* Behandlung *f;* ~ **para adelgazar** Abmagerungskur *f;* ~ **de almas** Seelsorge *f;* ~ **de deshabituación** Entziehungskur *f;* ~ **de hambre** Hungerkur *f;* **primera** ~ erste Hilfe; **alargar la** ~ (*fig*) eine Angelegenheit (zum eigenen Vorteil) hinauszögern

curable [ku'raβle] *adj* heilbar

curación [kura'θjon] *f* Heilung *f;* ~ **espontánea** Selbstheilung *f*

curado, **-a** [ku'raðo, -a] *adj* **1.** (*sanado*) geheilt; **estar** ~ **de espantos** abgebrüht sein *fam* **2.** (*endurecido*) gehärtet; **piel curada** gegerbte Haut **3.** (*salado*) gepökelt; (*ahumado*) geräuchert; **jamón** ~ luftgetrockneter Schinken; **el salchichón no está bien** ~ die Salami ist noch etwas zu weich **4.** (*Am: borracho*) betrunken **5.** (*loc*): **beneficio** ~ Pfarrpfründe *f*

curador(a) [kura'ðor(a)] **I.** *adj* heilend **II.** *m(f)* **1.** (*sanador*) (Kranken)pfleger(in) *m(f)* **2.** (*tutor*) Pfleger(in) *m(f)*, Fürsorger(in) *m(f)*; ~ **ad bona** Vermögenspfleger *m*; ~ **ad litem** Prozesspfleger *m* **3.** (*de carne*) Fleischverarbeiter(in) *m(f)*; (*de pescado*) Fischverarbeiter(in) *m(f)*

curaduría [kuraðu'ria] *f* (JUR) Vormundschaft *f*

cural [ku'ral] *adj* (REL) Pfarr-; **casa** ~ Pfarrhaus *nt*

curalotodo [kuralo'toðo] *m inv* (*fam*) Allheilmittel *nt*

curandera [kuran̪'dera] *f v.* **curandero**

curanderismo [kuran̪de'rismo] *m* Kurpfuscherei *f*

curandero, -a [kuran̪'dero, -a] *m, f* **1.** (*mago*) Medizinmann *m* **2.** (*charlatán*) Kurpfuscher(in) *m(f)*

curanto [ku'ran̪to] *m* (*Chil:* GASTR) *auf heißen Steinen in einer abgedeckten Grube gegartes Gericht aus Meeresfrüchten, Fleisch und Gemüse*

curar [ku'rar] **I.** *vi* genesen **II.** *vt* **1.** (*a un enfermo: tratar*) behandeln; (*sanar*) heilen **2.** (*ahumar*) räuchern; (*salar*) pökeln, einsalzen **3.** (*pieles*) gerben **4.** (*madera*) trocknen lassen **5.** (*plástico*) aushärten **6.** (*hilos y lienzos*) bleichen **III.** *vr:* ~**se 1.** (*sanarse*) genesen, gesund werden; ~**se en salud** vorbeugen **2.** (*Chil: fam: emborracharse*) sich betrinken

curare [ku'rare] *m* Kurare *nt*

curasao [kura'sao] *m* Curaçao® *m*

curativa [kura'tiβa] *f* Heilmethode *f*

curativo, -a [kura'tiβo, -a] *adj* heilend, Heil-; **método** ~ Heilmethode *f*, Heilverfahren *nt*

curato [ku'rato] *m* (REL) **1.** (*dignidad de párroco*) Pfarramt *nt*; **a lo largo de todo su** ~ während seiner gesamten Amtszeit als Pfarrer **2.** (*territorio*) Pfarrbezirk *m*, Sprengel *m*

cúrcuma ['kurkuma] *f* (BOT) Gelbwurzel *f*, Curcuma *f*

curcuncho, -a [kur'kunʧo, -a] *adj* (*Am: corcovado*) buck(e)lig

curda ['kurða] *f* (*fam: borrachera*) Rausch *m*, Schwips *m*; **estar** ~ beschwipst sein, einen Schwips haben; **agarrar una** ~ sich *dat* einen antrinken

curdela[1] [kur'ðela] *f* (*fam: embriaguez*) Besoffenheit *f*

curdela[2] [kur'ðela] **I.** *adj* (*fam*) besoffen **II.** *mf* (*fam*) Besoffene(r) *mf*; **vino un** ~ **pidiendo dinero para vino** ein Saufbruder (kam und) bettelte um Geld für Wein

curdo, -a ['kurðo, -a] **I.** *adj* kurdisch **II.** *m, f* Kurde, -in *m, f*

curia ['kurja] *f* **1.** (REL) Kurie *f*, geistliches Gericht *nt*; ~ **romana** Römische Kurie **2.** (*tribunal*) Gerichtshof *m*

curial [ku'rjal] **I.** *adj* Kurien- **II.** *m* Kuriale *m*

curiche[1] [ku'riʧe] *m* (*Bol: pantano*) Sumpf *m*, Morast *m*

curiche[2] [ku'riʧe] *mf* (*Chil: persona negra*) Schwarze(r) *mf*

curio ['kurjo] *m* **1.** (QUÍM) Curium *nt* **2.** (FÍS) Curie *nt*

curiosa [ku'rjosa] *adj o f v.* **curioso**

curiosamente [kurjosa'men̪te] *adv* **1.** (*sorprendentemente*) erstaunlicherweise **2.** (*aseadamente*) sorgfältig, säuberlich

curiosear [kurjose'ar] *vi* (neugierig) herumschnüffeln *fam*

curiosidad [kurjosi'ðað] *f* **1.** (*indiscreción*) Neugier(de) *f*; **despertar la** ~ die Neugier wecken; **satisfacer la** ~ die Neugier befriedigen **2.** (*cosas poco corrientes*) Sehenswürdigkeiten *fpl*, Merkwürdigkeiten *fpl* **3.** (*pulcritud*) Sauberkeit *f*, Sorgfalt *f*

curioso, -a [ku'rjoso, -a] **I.** *adj* **1.** (*indiscreto*) neugierig; **estar** ~ **por saber algo** auf etw gespannt sein; **estoy** ~ **de sus noticias** ich warte sehr auf seine Nachricht **2.** (*interesante*) kurios, sonderbar; **¡qué** ~**!** wie merkwürdig! **3.** (*aseado*) sorgfältig, reinlich **II.** *m, f* **1.** (*indiscreto*) neugieriger Mensch *m*, Naseweis *m fam* **2.** (*Am: curandero*) Kurpfuscher(in) *m(f)*

curiosón, -ona [kurjo'son, -ona] *m, f* (*fam*) Schnüffelnase *f*, Naseweis *m*

currante [ku'rran̪te] *mf* (*fam*) Arbeiter(in) *m(f)*

currar [ku'rrar] *vi* (*fam*) arbeiten, schaffen

curre ['kurre] *m* (*fam: trabajo*) Maloche *f*; (*profesión*) Job *m*; **tengo mucho** ~ ich hab viel am Hals [*o* um die Ohren]; **llegó tarde al** ~ er/sie kam zu spät zur Maloche

currelar [kurre'lar] *vi* (*fam*) *v.* **currar**

curricular [kurriku'lar] *adj* (UNIV) den Studienplan betreffend; (ENS) den Lehrplan betreffend; **cambios** ~**es** Änderungen im Studien-/Lehrplan

currículo [ku'rrikulo] *m* **1.** (UNIV) Studienplan *m*; (ENS) Lehrplan *m* **2.** (*currículum*) Lebenslauf *m*; **un** ~ **escrito a mano** ein handgeschriebener Lebenslauf

curriculum (vitae) [ku'rrikulun ('βite)] *m*, **currículum (vitae)** [ku'rrikulun ('βite)] *m* Lebenslauf *m*

currinche [ku'rrinʧe] *mf* (*argot*) **1.** (*periodista principiante*) unerfahrener Journalist *m*, unerfahrene Journalistin *f* **2.** (*pey: pelagatos*) Niete *f*, Versager(in) *m(f)*

currito [ku'rrito] *m* (*fam: trabajador poco importante*) einfacher Arbeiter *m*

curro[1] ['kurro] *m* (*fam*) *v.* **curre**

curro, -a[2] ['kurro, -a] *adj* (*fam*) selbstsicher

curruca [ku'rruka] *f* (*pájaro insectívoro*) Grasmücke *f*

curruscante [kurrus'kan̪te] *adj* knusprig

currutaco, -a [kurru'tako, -a] **I.** *adj* (*fam*) übertrieben modisch, affig *pey* **II.** *m, f* (Mode)geck *m*, Modepuppe *f*

curry ['kurri] *m* Curry *nt*

cursado, -a [kur'saðo, -a] *adj* bewandert, erfahren

cursante [kur'san̪te] *mf* Kursteilnehmer(in) *m(f)*

cursar [kur'sar] *vt* **1.** (*frecuentar*) häufig aufsuchen **2.** (*una orden*) erteilen; (*un telegrama*) aufgeben; (*una solicitud*) weiterleiten; (*un mensaje*) durchgeben; (*un pedido*) erteilen, aufgeben **3.** (*cursos*) belegen; (*carrera*) studieren; ~ **matemáticas** Mathematik studieren

cursi ['kursi] **I.** *adj* (*fam*) **1.** (*una persona*) affektiert, affig **2.** (*una cosa*) kitschig, geschmacklos **II.** *mf* (*fam*) affektierte Person *f*, Lackaffe *m*

cursilada [kursi'laða] *f* (*fam*), **cursilería** [kursile'ria] *f* (*fam*) **1.** (*acción cursi*) Abgeschmacktheit *f*, Getue *nt* **2.** (*calidad de cursi*) Kitsch *m*

cursilería [kursile'ria] *f* **1.** (*cualidad de cursi*) Kitschigkeit *f* **2.** (*cursilada*) Kitsch *m*; **ese lazo rosa es una** ~ dieses rosa Band ist kitschig [*o* geschmacklos]

cursillista [kursi'ʎista] *mf* Kursteilnehmer(in) *m(f)*, Teilnehmer(in) *m(f)* an einem Kurzlehrgang

cursillo [kur'siʎo] *m* Kurzlehrgang *m*, Kurs *m*; ~ **básico** Grundlehrgang *m*; ~ **de empresa** Betriebslehrgang *m*; ~ **de socorrismo** Erste-Hilfe-Kurs *m*

cursilón, **-ona** [kursi'lon, -ona] *m, f aum de* **cursi**

cursiva [kur'siβa] *f* Kursivschrift *f*

cursivo, **-a** [kur'siβo, -a] *adj* kursiv

curso ['kurso] *m* **1.** (*transcurso*) (Ver)lauf *m*, Ablauf *m*; ~ **de la administración** Verwaltungsablauf *m*; ~ **de agua** Wasserlauf *m*; ~ **temporal** zeitlicher Verlauf; ~ **del tráfico** Verkehrsablauf *m*; ~ **por vía aérea** Beförderung auf dem Luftweg; **estar en** ~ in Bearbeitung sein; **en el** ~ **del año** im Laufe des Jahres; **en el** ~ **de las negociaciones** im Zuge der Verhandlungen; **tomar un** ~ **favorable** einen günstigen Verlauf nehmen; **este asunto sigue su** ~ **como se esperaba** diese Angelegenheit verläuft erwartungsgemäß; **dar** ~ **a una solicitud** ein Gesuch weiterleiten; **dejar** ~ **a una instancia** einem Ersuchen stattgeben; **dar** ~ **a su indignación** seiner Empörung offen Ausdruck geben; **dar** ~ **a su fantasía** seiner Fantasie freien Lauf lassen **2.** (FIN: *circulación*) Umlauf *m*; **estar en** ~ im Umlauf sein **3.** (FIN: *cambio*) Kurs *m*; ~ **del cambio** Wechselkurs *m*; ~ **de compensación** Verrechnungskurs *m*; ~ **del día** Tageskurs *m*; ~ **de divisas** Devisenkurs *m* **4.** (*de enseñanza*) Kurs(us) *m*, Lehrgang *m*; ~ **acelerado** Schnellkurs *m*; ~ **de actualización** [*o* **de capacitación**] Fortbildungslehrgang *m*; ~ **de adiestramiento** Schulungslehrgang *m*; ~ **diurno** Direktstudium *nt*; ~ **escolar** Schuljahr *nt*; ~ **de orientación universitaria** *zur Hochschulreife führender Kurs*; ~ **para principiantes** Anfängerkurs *m*; ~ **de reorientación profesional** Umschulungslehrgang *m*; **asistir a un** ~ an einem Lehrgang teilnehmen; **dar un** ~ einen Kurs abhalten; **perder el** ~ nicht versetzt werden; **aprobar/suspender un** ~ die Abschlussprüfung bestehen/nicht bestehen

cursómetro [kur'sometro] *m* (TÉC, FERRO) Geschwindigkeitsmesser *m* für Eisenbahnen

cursor [kur'sor] *m* **1.** (TÉC) Läufer *m*; ~ **de contacto** Stromabnehmerschlitten *m* **2.** (INFOR) Cursor *m*

curtido[1] [kur'tiðo] *m* **1.** (*cuero*) Leder *nt* **2.** (*cutis*) gegerbte Haut *f*

curtido, **-a**[2] [kur'tiðo, -a] *adj* **1.** (*una persona*) abgehärtet **2.** (*pieles*) gegerbt; **tenía la cara curtida por el sol** sein/ihr Gesicht war von der Sonne gegerbt

curtidor(a) [kurti'ðor(a)] *m(f)* Gerber(in) *m(f)*

curtiduría [kurtiðu'ria] *f* Gerberei *f*

curtiembre [kur'tjembre] *f* (*Am: taller*) Gerberei *f*; (*acción*) Gerben *nt*

curtir [kur'tir] **I.** *vt* **1.** (*tratar pieles*) gerben **2.** (*tostar el cutis*) bräunen; **el aire del mar curte el rostro** die Seeluft bräunt das Gesicht **3.** (*acostumbrar a la vida dura*) abhärten **II.** *vr:* ~**se 1.** (*ponerse moreno*) braun werden **2.** (*acostumbrarse a la vida dura*) sich abhärten **3.** (*AmC: ensuciarse*) sich schmutzig machen

cururo[1] [ku'ruro] *m* (*Chil:* ZOOL) Cururo *m*

cururo, **-a**[2] [ku'ruro, -a] *adj* (*Chil:* ZOOL) schwarz

curva ['kurβa] *f* Kurve *f*; ~ **de calle** Straßenbiegung *f*; ~ **de natalidad** Geburtenentwicklung *f*, Geburtenkurve *f*; ~ **de precios** (ECON) Preiskurve *f*; **una** ~ **muy cerrada** eine scharfe Kurve; **en** ~ gebogen, kurvenförmig; **¡vaya** ~**s tiene esta mujer!** diese Frau hat aber aufregende Kurven!

curvado, **-a** [kur'βaðo, -a] *adj* gebogen

curvar [kur'βar] *vt, vr:* ~**se** (sich) biegen, (sich) krümmen

curvatura [kurβa'tura] *f* Krümmung *f*, Biegung *f*

curvilíneo, **-a** [kurβi'lineo, -a] *adj* bogenförmig, krummlinig

curvímetro [kur'βimetro] *m* (MAT) Kurvimeter *nt*

curvo, **-a** ['kurβo, -a] *adj* krumm, gebogen

cusca ['kuska] *f* **1.** (*Méx: prostituta*) Hure *f* *pey* **2.** (*Col: embriaguez*) (Be)trunkenheit *f* **3.** (*Col: colilla de cigarro*) Zigarrenstummel *m* **4.** (*loc*): **hacer la** ~ **a alguien** (*fam*) jdn nerven, jdm auf den Wecker gehen

cuscurro [kus'kurro] *m* (*fam*) Stück *nt* hartes Brot

cuscús [kus'kus] *m inv* Kuskus *m*

cusma ['kusma] *f* (*AmS*) *ärmelloses Hemd der Hochlandindios*

cúspide ['kuspiðe] *f* Spitze *f*, Gipfel *m*; (*fig*) Höhepunkt *m*; ~ **jurisdiccional** oberste Gerichtsinstanz

custodia [kus'toðja] *f* **1.** *v.* **custodio 2.** (*guarda*) Verwahrung *f*; ~ **de los autos** Aktenaufbewahrung *f*; ~ **de la persona** (JUR) Personensorgerecht *nt*; ~ (**protectora**) Polizeischutz *m;* ~ **de pasajeros** Passagierabfertigung *f;* **bajo** ~ in Gewahrsam; **tener en** ~ verwahren; **estar bajo la** ~ **de alguien** unter jds Obhut stehen **3.** (*ostensorio*) Monstranz *f*

custodiado, -a [kusto'ðjaðo, -a] **I.** *adj* **1.** (*persona*) beaufsichtigt **2.** (*cosa*) verwahrt **II.** *m, f* Schützling *m*

custodiar [kusto'ðjar] *vt* **1.** (*una cosa*) verwahren **2.** (*una persona*) beaufsichtigen

custodio[1] [kus'toðjo] *m* (REL: *ángel*) Schutzengel *m*

custodio, -a[2] [kus'toðjo, -a] *m, f* **1.** (*guardián*) Wächter(in) *m(f)* **2.** (*protector*) Pfleger(in) *m(f)*

cususa [ku'susa] *f* (*AmC*) Zuckerrohrschnaps *m*

cutacha [ku'tatʃa] *f* (*AmC*) langes, gerades Messer *nt*

cutama [ku'tama] *f* (*Chil*) **1.** (*saco*) Sack *m* **2.** (*persona inhábil y pesada*) Tollpatsch *m*

cutáneo, -a [ku'taneo] *adj* Haut-; **reacción cutánea** Hautreaktion *f*

cúter ['kuter] <cúter(e)s> *m* **1.** (*cuchilla*) Papiermesser *nt* **2.** (NÁUT) Kutter *m;* ~ **pesquero** Fischkutter *m*

cutícula [ku'tikula] *f* Haut *f;* (*epidermis*) (Ober)haut *f;* (BOT, ZOOL) Kutikula *f;* ~ **de la célula** Zellhaut *f*

cuticular [kutiku'lar] *adj* Oberhaut-

cutis ['kutis] *m inv* (Gesichts)haut *f;* **crema para el** ~ Gesichtscreme *f*

cutre ['kutre] **I.** *adj* geizig, knaus(e)rig; **ropa** ~ billige Kleidung **II.** *mf* Geizhals *m,* Knauser *m*

cutrería [kutre'ria] *f,* **cutrez** [ku'treθ] *f* Geiz *m*

cuyo, -a ['kuɟo, -a] *pron rel* dessen, deren; **la mujer** ~ **conocido es médico** die Frau, deren Bekannter Arzt ist; **por cuya causa** weshalb

cúyo, -a ['kuɟo, -a] *pron inter* (*elev*) wessen; **¿cúya casa es ésta?** wessen Haus ist das?

cuzco ['kuθko] *m* kleiner Hund *m*

cuzma ['kuθma] *f v.* **cusma**

cuzqueño, -a [kuθ'keɲo, -a] **I.** *adj* aus Cuzco **II.** *m, f* Einwohner(in) *m(f)* von Cuzco

C.V. [ka'βaʎo ðe βa'por] *m abr de* **caballo (de) vapor** PS *nt*

C

D

D, d [de] *f* D, d *nt;* ~ **de Dolores** D wie Dora
D. [don] *abr de* **Don** Hr.
Dª ['doɲa] *abr de* **Doña** Fr.
D/A [de'a] (ECON) *abr de* **documentos contra aceptación** d/a
dable ['daβle] *adj* möglich
dabuti [da'βuti] *adj* (*fam*) spitze, klasse
daca ['daka]: **toma y** ~ Kuhhandel *m*
dacha ['datʃa] *f* Datscha *f*
dación [da'θjon] *f* (JUR: *entrega*) Übergabe *f;* (*cesión*) Abtretung *f*
dacriocistitis [dakrjoθis'titis] *f inv* (MED) Tränensackentzündung *f*, Dakryozystitis *f*
dactilado, -a [dakti'laðo, -a] *adj* daumenförmig
dactilar [dakti'lar] *adj* Finger-; **huellas ~es** Fingerabdrücke *mpl*
dactílico, -a [dak'tiliko, -a] *adj* (LIT) daktylisch
dáctilo ['daktilo] *m* (LIT) Daktylus *m*
dactilógrafa [dakti'loɣrafa] *f v.* **dactilógrafo**
dactilografía [daktiloɣra'fia] *f* Maschinenschreiben *nt*
dactilografiar [daktiloɣrafi'ar] <*1. pres:* dactilografío> *vt* mit der Maschine schreiben
dactilográfico, -a [daktilo'ɣrafiko, -a] *adj* **1.** (*relativo a la dactilografía*) maschinenschriftlich **2.** (*escrito a máquina*) mit der Maschine geschrieben
dactilógrafo, -a [dakti'loɣrafo, -a] *m, f* Maschinenschreiber(in) *m(f)*
dactilograma [daktilo'ɣrama] *m* (JUR) Fingerabdruck *m*, Daktylogramm *nt*
dactilología [daktilolo'xia] *f* Finger- und Gebärdensprache *f*, Daktylologie *f*
dactiloscopia [daktilos'kopja] *f* Daktyloskopie *f*
dadaísmo [daða'ismo] *m* (ARTE, LIT) Dadaismus *m*
dadaísta [daða'ista] **I.** *adj* (ARTE, LIT) dadaistisch **II.** *mf* (ARTE, LIT) Dadaist(in) *m(f)*
dádiva ['daðiβa] *f* Gabe *f;* (*regalo*) Geschenk *nt*
dadivosidad [daðiβosi'ðaᵈ] *f* Freigebigkeit *f*
dadivoso, -a [daði'βoso, -a] *adj* freigebig
dado¹ ['daðo] *m* **1.** (*cubo*) Würfel *m;* **tirar el** ~ würfeln **2.** *pl* (*juego*) Würfelspiel *nt;* **jugar a los ~s** würfeln; **se jugaron una cerveza a los ~s** sie haben um ein Bier gewürfelt
dado² ['daðo] *conj* **1.** (*ya que*): ~ **que** da (ja); ~ **que llueve...** da es (ja) regnet ... **2.** (*supuesto que*): ~ **que** +*subj* wenn, angenommen dass; ~ **que sea demasiado difícil, te ayudaré** wenn es zu schwierig ist, werde ich dir helfen
dado, -a³ ['daðo, -a] *adj* **1.** (*supuesto*) gegeben; **bajo las circunstancias dadas...** unter den gegebenen Umständen ...; **dada la coyuntura actual...** angesichts der aktuellen Konjunkturlage ...; **en el caso** ~ gegebenenfalls **2.** (*determinado*) bestimmt; **en situaciones dadas** in bestimmten Situationen **3.** (*loc*): **ser** ~ **a algo** zu etw *dat* neigen; **este es** ~ **a las bromas pesadas** der neigt zu dummen Späßen; **no ser** ~ (*Méx*) mutig sein
dador [da'ðor] *m* (COM) Aussteller *m;* ~ **del crédito** (FIN) Darlehensgeber *m*
daga ['daɣa] *f* Dolch *m;* (*PRico: machete*) Machete *f*, Buschmesser *nt*
daguerrotipo [daɣerro'tipo] *m* (FOTO) **1.** (*procedimiento*) Daguerreotypie *f* **2.** (*aparato*) Daguerreotypie-Kamera *f*
daiquiri [dai̯'kiri] *m* (*Cuba*) Daiquiri *m* (*Cocktail aus Limonensaft, Rum und Zucker*)
dalai-lama [da'lai̯ 'lama] *m* Dalai-Lama *m*
dalia ['dalja] *f* (BOT) Dahlie *f*
dalla ['daʎa] *f* Sense *f*
dallar [da'ʎar] *vt* (AGR: *segar con guadaña*) mit der Sense mähen; **aún no habían dallado los campos** die Felder waren noch nicht abgemäht
Dalmacia [dal'maθja] *f* Dalmatien *nt*
dálmata ['dalmata] **I.** *adj* dalmatinisch **II.** *mf* **1.** (*persona*) Dalmatiner(in) *m(f)* **2.** (*perro*) Dalmatiner *m*, Dalmatinerhündin *f*
dalmático¹ [dal'matiko] *m sin pl* (LING) Dalmat(in)isch(e) *nt;* **ya casi no quedan hablantes de** ~ es wird kaum noch Dalmatinisch gesprochen
dalmático, -a² [dal'matiko, -a] *adj* dalmat(in)isch; **el paisaje** ~ die Landschaft Dalmatiens
daltoniano, -a [dal̪to'njano, -a], **daltónico, -a** [dal̪'toniko, -a] **I.** *adj* farbenblind **II.** *m, f* Farbenblinde(r) *mf*
daltonismo [dal̪to'nismo] *m* Farbenblindheit *f*
dama ['dama] *f* **1.** (*señora*) Dame *f;* ~ **de honor** (*de la reina*) Hofdame *f;* (*de la novia*) Brautjungfer *f;* **primera** ~ (POL) First Lady *f* **2.** (*pieza*) Dame *f* **3.** *pl:* (**juego de**) **~s** Damespiel *nt*
damajuana [dama'xwana] *f* große Korbflasche *f*
damasco [da'masko] *m* **1.** (*tejido*) Damast *m* **2.** (*Am: fruta*) Aprikose *f*
Damasco [da'masko] *m* Damaskus *nt*
damasquinado¹ [damaski'naðo] *m* Tau-

schierung *f*, Tauschierarbeit *f*
damasquinado, -a² [damaski'naðo, -a] *adj* tauschiert
damasquinar [damaski'nar] *vt* (ARTE) damaszieren
damasquino, -a [damas'kino, -a] *adj* **1.** (*procedente de Damasco*) aus Damaskus (stammend), Damaszener- **2.** (*arma blanca*) damasziert
damero [da'mero] *m* Dame(spiel)brett *nt*
damisela [dami'sela] *f* **1.** (*pey: joven*) junge Dame *f* **2.** (*prostituta*) Dirne *f*
damnificación [damnifika'θjon] *f* Schädigung *f*
damnificado, -a [damnifi'kaðo, -a] **I.** *adj* geschädigt; (*en la guerra*) kriegsbeschädigt **II.** *m, f* Geschädigte(r) *mf;* (*de guerra*) Kriegsbeschädigte(r) *mf;* **los ~s por el huracán** die Orkangeschädigten
damnificar [damnifi'kar] <c→qu> *vt* schädigen
dan [dan] *m* (DEP) Dan *m*
dancing ['dansiŋ] *m* <dancings> (*fam*) **1.** (*baile*) Tanz *m* **2.** (*lugar*) Tanzlokal *nt* **3.** (*cabaret*) Nachtlokal *nt*
dandi ['dan̪di] <dandis> *m* Dandy *m*
dandismo [dan̪'dismo] *m* **1.** (*calidad*) Dandytum *nt* **2.** (HIST: *moda*) Dandyismus *m elev*
danés¹ [da'nes] *m* **1.** (*idioma*) Dänisch(e) *nt* **2.** (*perro*): **gran ~** (dänische) Dogge *f*
danés, -esa² [da'nes, -esa] **I.** *adj* dänisch **II.** *m, f* Däne, -in *m, f*
danone® [da'none] *m* (*fam*) Danone® *m*, Danone®-Joghurt *m o nt*
danta ['dan̪ta] *f* (*Ven*) Tapir *m*
dantesco, -a [dan̪'tesko, -a] *adj* **1.** (*de Dante*) dantisch, dantesk **2.** (*espantoso*) dantesk, grauenvoll
dantismo [dan̪'tismo] *m* (LIT) **1.** (*inclinación por Dante*) Vorliebe *f* für Dante **2.** (*influjo de Dante*) Dantes Einfluss *m*
danto ['dan̪to] *m* (*AmC:* ZOOL) Schirmvogel *m*
danubiano, -a [danu'βjano, -a] *adj* Donau-; **la cuenca danubiana** das Donautal
Danubio [da'nuβjo] *m* Donau *f*
danza ['dan̪θa] *f* Tanz *m;* (*acción*) Tanzen *nt;* **~ del vientre** Bauchtanz *m;* **en ~** (*fam*) in Aktion, beschäftigt
danzante [dan̪'θan̪te] **I.** *adj* **1.** (*intrigante*) zudringlich **2.** (*fam: botarate*) unzuverlässig, leichtfertig **II.** *mf* Tänzer(in) *m(f)*
danzar [dan̪'θar] <z→c> **I.** *vi* **1.** (*bailar, girar*) tanzen; (*moverse*) herumtanzen, herumhüpfen **2.** (*entremeterse*) sich einmischen **II.** *vt* tanzen
danzarín, -ina [dan̪θa'rin, -ina] **I.** *adj* tänzerisch geübt **II.** *m, f* (geübter) Tänzer *m*, (geübte) Tänzerin *f*
danzón [dan̪'θon] *m* Danzón *m* (*kubanischer Tanz*)
dañado, -a [da'ɲaðo, -a] *adj* verwüstet, (stark) beschädigt; (*fruta*) verdorben
dañar [da'ɲar] **I.** *vi* schaden **II.** *vt* beschädigen; (*reputación*) schädigen; **~ la imagen** dem Image schaden **III.** *vr:* **~se** beschädigt werden; (*fruta, cosecha*) verderben
dañero, -a [da'ɲero, -a] *adj* (*Ven: embaucador*) betrügerisch
dañino, -a [da'ɲino, -a] *adj* schädlich
daño ['daɲo] *m* **1.** (*perjuicio*) Schaden *m;* **~s ecológicos** Umweltschäden *mpl;* **~s por granizo** Hagelschäden *mpl;* **~s marítimos** Seeschäden *mpl;* **~ material** Sachschaden *m;* **~s parciales** Teilschäden *mpl;* **~s y perjuicios** (JUR) Schadensersatz *m;* **~s por tempestad** Sturmschäden *mpl;* **~ total** Totalschaden *m;* **causar ~** Schaden verursachen **2.** (*dolor*) Verletzung *f;* **hacer ~ a alguien** jdm wehtun; **hacerse ~** sich *dat* wehtun, sich verletzen; **no hace ~** es tut nicht weh **3.** (*Am: maleficio*) Behexung *f;* (*mal de ojo*) böser Blick *m*
dañoso, -a [da'ɲoso, -a] *adj* schädlich; **~ para la salud** gesundheitsschädlich
dar [dar] *irr* **I.** *vt* **1.** (*regalar, donar*) geben, schenken; **mi madre dio la ropa vieja a la Cruz Roja** meine Mutter hat die alten Kleider dem Roten Kreuz gegeben **2.** (*entregar*) geben, überreichen; (*repartir*) austeilen; **~ un abrazo/la mano a alguien** jdn umarmen/jdm die Hand geben; **~ las cartas** die Karten austeilen; **¿a quién le toca ~ (las cartas)?** wer gibt?; **dale la llave a Juan** gib Juan den Schlüssel; **le doy 100.000 pesetas por el coche** ich gebe Ihnen 100.000 Peseten für das Auto **3.** (*administrar*) geben, verabreichen; **~ de beber al sediento** dem Durstigen zu trinken geben **4.** (*asestar*) geben, versetzen, austeilen; **~ una bofetada a alguien** jdm eine Ohrfeige geben; **~ una patada a alguien** jdm einen Fußtritt versetzen **5.** (*producir*) geben, hervorbringen, erzeugen; **la vaca da leche** die Kuh gibt Milch; **este árbol da naranjas** dieser Baum trägt Orangen **6.** (*proporcionar, asignar*) geben, erteilen; (*celebrar*) veranstalten; **~ clases** Unterricht geben; **~ una conferencia** einen Vortrag halten; **~ una explicación a alguien** jdm eine Erklärung geben; **~ una fiesta** eine Party geben; **~ forma a algo** etw gestalten, etw *dat* Gestalt verleihen; **~ (mucha) importancia a un problema** einem Problem (große) Bedeutung beimessen; **~ permiso** die Erlaubnis erteilen **7.** (*causar*) hervorrufen, verursachen; **~ curso a algo** etw bearbeiten; **~ gusto** Freude [*o* Spaß] machen; **esta película me da miedo** dieser Film macht mir Angst; **~ pena** [*o* **lástima**] Mitleid erregen; **me das pena** du tust mir leid **8.** (*presentar*) geben, zeigen, aufführen; **~ una película** einen Film zeigen; **¿dónde dan la película?** wo läuft der Film?; **¿qué dan en la ópera?** was wird in der Oper aufgeführt? **9.** (*expresar*) aussprechen; **~ las buenas noches** eine gute Nacht wünschen; **~ la conformidad** die Einwilligung geben (*a* zu +*dat*); **~ la enhorabuena** Glückwünsche aussprechen; **~ garantías** Garantien geben; ~

instrucciones Anweisungen erteilen; ~ **el pésame a alguien** jdm sein Beileid aussprechen; ~ **recuerdos** Grüße ausrichten **10.** (*comunicar*) überbringen, übermitteln; ~ **una buena/mala noticia** eine gute/schlechte Nachricht überbringen **11.** (*hacer*) machen; ~ **un paseo** einen Spaziergang machen; **no ~ golpe** (*fam*) keinen Schlag tun **12.** (*encender*) einschalten; **da el agua** dreh den Wasserhahn auf; **da la luz, por favor** mach bitte das Licht an **13.** (*tocar, sonar*) schlagen; **el reloj ha dado las dos** die Uhr hat zwei geschlagen **14.** (*aplicar, untar*) auftragen; **tienes que ~le una mano de pintura todavía** du musst noch eine Schicht Farbe auftragen **15.** (*con 'de'*): ~ **de alta** gesundschreiben; ~ **de baja** (*doctor*) krankschreiben; (*persona*) abmelden **16.** (*con 'a'*): ~ **a conocer algo** etw bekannt geben; ~ **a entender algo a alguien** jdm etw zu verstehen geben **17.** (*loc*): **me da el corazón que saldrá todo bien** mein Herz sagt mir [*o* ich spüre], dass alles gut ausgehen wird; **me has dado el día** (*fam*) du hast mir den Tag vermasselt; **está dale que dale con el mismo tema** (*fam*) er/sie kommt immer wieder mit der alten Leier **II.** *vi* **1.** (*con 'a'*) liegen (*a* nach/zu +*dat*), gehen (*a* nach/zu +*dat*, auf +*akk*); **el balcón da a la calle/al norte** der Balkon liegt zur Straße (hin)/nach Norden; **la ventana da al patio** das Fenster geht auf den Hof **2.** (*con 'con'*) treffen (*con* +*akk*), stoßen (*con* auf +*akk*); **he dado con ella en la calle** ich habe sie auf der Straße getroffen; **no doy con la solución** ich komme nicht auf die Lösung **3.** (*con 'contra'*) stoßen (*contra* an/gegen +*akk*), schlagen (*contra* an/gegen +*akk*); **la piedra ha dado contra el cristal** der Stein ist gegen die Scheibe geflogen **4.** (*con 'en': caer*) fallen (*en* auf/in +*akk*); (*con 'de': modo de caer*) fallen (*de* auf +*akk*); **dio de espaldas/narices en el suelo** er/sie fiel rückwärts/vornüber auf den Boden; **dio en la trampa** er/sie ist in die Falle gegangen **5.** (*con 'en'*) zielen (*en* auf/in +*akk*), treffen (*en* auf/in +*akk*); ~ **en el blanco** [*o* **en la diana**] (*fig*) ins Schwarze treffen; ~ **en el clavo** (*fig*) den Nagel auf den Kopf treffen; ~ **en arrendamiento** vermieten, verpachten; **dio positivo en el test de alcoholemia** sein/ihr Alkoholtest war positiv **6.** (*con 'para'*) (aus)reichen (*para* für +*akk*); **esta tela da para dos vestidos** dieser Stoff reicht für zwei Kleider; **su sueldo da para vivir** sein/ihr Lohn reicht zum Leben **7.** (*con 'por' + adjetivo*) betrachten (*por* als +*akk*), ansehen (*por* als +*akk*); (*suponer*) voraussetzen (*por* als +*akk*); ~ **por hecho que...** davon ausgehen, dass ...; ~ **por inocente a alguien** jdn für unschuldig halten; ~ **por muerto a alguien** jdn für tot erklären; **damos por concluida la prueba** wir betrachten den Versuch als abgeschlossen; **da el libro por leído** er/sie setzt das Buch als gelesen voraus **8.** (*con 'por' + verbo*) beschließen, sich versteifen (*por* auf +*akk*); **le ha dado por dejarse el pelo largo** nun will er/sie unbedingt das Haar lang tragen **9.** (*con 'que' + verbo*) Anlass geben zu +*dat*; ~ **que decir** Anlass zu Gerede geben; ~ **que hablar** von sich *dat* reden machen; ~ **que hacer** Arbeit machen; ~ **que** [*o* **en qué**] **pensar** zu denken geben **10.** (*loc*): (**me**) **da igual** das ist (mir) egal; **¡qué más da!** (*fam*) was soll's!; **no me da la gana** (*fam*) ich habe keine Lust; ~ **de sí** (*jersey*) weiter werden, ausleiern *fam;* (*persona*) aus sich *dat* herausholen *fam;* **su sueldo no da mucho de sí** sein/ihr Gehalt gibt nicht viel her **III.** *vr:* **~se 1.** (*suceder*) geschehen, vorkommen; **estos casos se dan a menudo** solche Fälle treten häufig auf **2.** (*frutos*) gedeihen, wachsen **3.** (*con 'a': consagrarse*) sich widmen +*dat;* (*entregarse*) verfallen +*dat;* **~se a la bebida** dem Alkohol verfallen, sich der Trunksucht hingeben **4.** (*con 'contra'*) (sich) stoßen (*contra* an +*dat*) **5.** (*con 'por' + adjetivo*) sich halten (*por* für +*akk*); **~se por aludido** sich angesprochen fühlen; **~se por vencido** sich geschlagen geben; **no se dieron por enterados** sie taten, als ob sie von nichts wüssten **6.** (*con 'a' + verbo*): **~se a conocer** (*persona*) sich zu erkennen geben; (*noticia*) bekannt werden; **~se a entender** sich verständlich machen **7.** (*con 'de'*): **~se de baja/alta** sich krank-/gesundschreiben lassen; **~se de alta en Hacienda** sich als Steuerpflichtige(r) anmelden **8.** (*con sustantivo*): **~se un baño** ein Bad nehmen; **~se cuenta de algo** etw merken; **~se prisa** sich beeilen; **~se un susto** sich erschrecken **9.** (*loc*): **dárselas de valiente** (*fam*) sich als Held aufspielen; **~se corte** (*CSur*) sich aufspielen; **~se pronto** (*CRi, RDom*) sich beeilen; **~se vuelta** (*Arg, Par*) die Partei wechseln

dardo ['darðo] *m* (*arma*) Speer *m;* (*del juego: flecha*) (Wurf)pfeil *m;* **jugar a los ~s** (eine Partie) Darts spielen

dársena ['darsena] *f* (*t.* NÁUT: *fondeadero*) Hafenbecken *nt;* (*dique*) Dock *nt*

dartros ['dartros] *m inv* (MED) schorfiger Hautausschlag *m*

darviniano, -a [darβi'njano, -a] *adj* darwinistisch, Darwin-

darvinismo [darβi'nismo] *m* Darwinismus *m*

darvinista [darβi'nista] **I.** *adj* darwinistisch **II.** *mf* Darwinist(in) *m(f),* Anhänger(in) *m(f)* Darwins

dasonomía [dasono'mia] *f* Forstwirtschaft *f*

dasonómico, -a [daso'nomiko, -a] *adj* forstwirtschaftlich

data ['data] *f* Ort *m* und Datum *nt,* Orts- und Datumsangabe *f*

datable [da'taβle] *adj* datierbar

datación [data'θjon] *f* Datierung *f*

datar [da'tar] **I.** *vi* stammen (*de* aus +*dat*); **la Alhambra de Granada data de tiempos de**

los árabes die Alhambra in Granada stammt aus der Zeit der Araber **II.** *vt* datieren

dátil ['datil] *m* Dattel *f*

datilera [dati'lera] **I.** *adj* Dattel- **II.** *f* (BOT) Dattelpalme *f*

datilero, -a [dati'lero, -a] *adj* (BOT) Dattel-; **las ganancias del sector ~ han sido cuantiosas** der finanzielle Ertrag bei der Dattelernte war reichlich

datismo [da'tismo] *m* (LIT) Synonymenhäufung *f*

dativo [da'tiβo] *m* (LING) Dativ *m*

dato ['dato] *m* **1.** (*circunstancia*) Angabe *f;* **~s fiscales** Steuerangaben *fpl;* **~s personales** Personalien *pl,* Angaben zur Person; **~s técnicos** technische Daten **2.** (*cantidad*) Zahl *f* **3.** (*fecha*) Datum *nt* **4.** *pl* (INFOR) Daten *pl;* **~s de entrada/de salida** Eingabe-/Ausgabedaten *pl;* **~s fijos** Stammdaten *pl;* **~s fuente** Quelldaten *pl;* **administrador de ~s** Dateimanager *m,* Datenverwaltungsprogramm *nt;* **banco** [*o* **base**] **de ~s** Datenbank *f;* **bus** [*o* **colector**] **de ~s** Datenbus *m;* **casete de ~s** Datenkassette *f;* **centro de ~s** Rechenzentrum *nt;* **código de ~s** Datenkode *m;* **compresión de ~s** Datenkomprimierung *f;* **delimitador de ~s** Begrenzungszeichen *nt;* **elaboración** [*o* **procesamiento**] **de ~s** Datenverarbeitung *f;* **elemento de ~s** Datenelement *nt;* **flujo de ~s** Datenfluss *m;* **modelo de ~s** Datenmodell *nt;* **módulo de ~s** Datenmodul *nt;* **programa de entrada de ~s** Eingabeprogramm *nt;* **recogida de ~s** Datenerfassung *f;* **soporte de ~s** Datenträger *m;* **elaborar ~s** Daten bearbeiten; **meter** [*o* **introducir**] **~s** Daten eingeben

dBASE® [de 'βase] *m* (INFOR) *abr de* **sistema de administración de bases de datos** dBASE® *nt*

DBMS [deβe(e)me'ese] *m* (INFOR) *abr de* **database management system** (**sistema de gestión de bases de datos**) DBMS *nt*

dcha. [de'reʧa] *abr de* **derecha** re.

DD [de'ðe] *abr de* **disco de doble densidad** DD

d. de J.C. [des'pwes ðe xesu'kristo] *abr de* **después de Jesucristo** n. Chr.

ddt® [deðe'te] <sin pl> *m* (QUÍM) *abr de* **dicloro-difenil-tricloroetano** DDT® *nt*

de [de] *prep* **1.** (*posesión*) von +*dat;* **el reloj ~ mi padre** die Uhr meines Vaters [*o* von meinem Vater]; **los hijos ~ Ana** Anas Kinder, die Kinder von Ana **2.** (*origen*) von +*dat,* aus +*dat;* **son ~ Italia/~ Lisboa/~ las Islas Canarias** sie kommen aus Italien/aus Lissabon/von den Kanarischen Inseln; **~ Málaga a Valencia** von Málaga nach Valencia; **el avión procedente ~ Lima** das Flugzeug aus Lima; **un libro ~ Goytisolo** ein Buch von Goytisolo; **~ ti a mí** unter uns **3.** (*material*) aus +*dat;* **una camiseta ~ algodón** ein T-Shirt aus Baumwolle; **un anillo ~ oro** ein Ring aus Gold, ein goldener Ring **4.** (*cualidad, característica*) mit +*dat;* **un hombre ~ buen corazón** ein Mensch mit einem guten Herzen **5.** (*temporal*) von +*dat;* **cerrado ~ una a tres** von eins bis drei geschlossen **6.** (*finalidad*): **máquina ~ escribir** Schreibmaschine *f;* **hora ~ comer** Essenszeit *f* **7.** (*causa*) vor +*dat;* **llorar ~ alegría/frío/miedo** vor Freude/Kälte/Angst weinen **8.** (*con valor partitivo*): **dos platos ~ sopa** zwei Teller Suppe; **un kilo ~ tomates** ein Kilo Tomaten; **un vaso ~ agua** ein Glas Wasser **9.** (*con nombre propio*): **la ciudad ~ Cuzco** die Stadt Cuzco; **el tonto ~ Luis lo ha roto** Luis, der Trottel, hat es kaputtgemacht; **pobre ~ mí** ich Arme(r) **10.** (*loc*): **~ niño/niña** als Kind; **más ~ 5.000 pesetas** mehr als 5.000 Peseten; **~ no** (*Am*) ansonsten

deambular [deambu'lar] *vi* herumstreifen (*por* in/auf +*dat*)

deambulatorio [deambula'torjo] *m* (ARQUIT) Chorumgang *m*

deán [de'an] *m* (REL) Dekan *m,* Dechant *m*

deanato [dea'nato] *m* (REL) **1.** (*cargo*) Dechanat *nt,* Dekanat *nt* **2.** (*territorio*) Kirchenbezirk *m*

debacle [de'βakle] *f* Debakel *nt*

debajo [de'βaxo] **I.** *adv* unten; **ellos viven ~** sie wohnen unten **II.** *prep* **1. ~ de** (*local: bajo*) unter +*dat;* **viven ~ de un matrimonio con cinco hijos** sie wohnen unter einem Ehepaar mit fünf Kindern; **tiene que pasar por ~ del puente** Sie müssen unter der Brücke hindurchfahren **2. ~ de** (*con movimiento*) unter +*akk;* **el mecánico se tumba ~ del coche** der Mechaniker legt sich unter das Auto

debate [de'βate] *m* Debatte *f;* (*altercado*) Disput *m;* **~ presupuestario** Haushaltsdebatte *f;* **~ televisado** [*o* **televisivo**] Fernsehdebatte *f*

debatir [deβa'tir] **I.** *vt* debattieren, erörtern **II.** *vr:* **~se** ankämpfen (*contra* gegen +*akk*); **~se entre la vida y la muerte** mit dem Tode ringen

debe ['deβe] *m* Soll *nt;* (FIN) Sollseite *f;* **~ y haber** (FIN) Soll und Haben

deber [de'βer] **I.** *vi* (*suposición*): **~ de** +*inf* müssen; **debe de llegar dentro de poco** er/sie muss demnächst ankommen; **deben de ser las nueve** es muss neun Uhr sein **II.** *vt* **1.** (*estar obligado*) müssen +*inf;* **debo verlo inmediatamente** ich muss ihn sofort sehen; **~ías haberlo dicho** du hättest es sagen müssen [*o* sollen]; **no ~ías haberlo dicho** du hättest es nicht sagen sollen [*o* dürfen] **2.** (*tener que dar*) schulden; **me debes todavía 2.500 pesetas** du schuldest mir noch 2.500 Peseten; **me debe una explicación** er/sie ist mir eine Erklärung schuldig **III.** *vr:* **~se 1.** (*tener por causa*) zurückzuführen sein (*a* auf +*akk*); (*agradeciendo algo*) zu verdanken sein (*a* +*dat*); **estos daños se deben a la tormenta de ayer** diese Schäden sind auf das gestrige

Gewitter zurückzuführen; **la construcción de la piscina se debe a una promesa electoral** der Bau des Schwimmbads ist einem Wahlversprechen zu verdanken **2.** (*estar obligado*) sich einsetzen (*a* für *+akk*), sich verpflichten *+dat;* **~se a la patria** sich dem Vaterland verpflichten; **se debe a su profesión** sein/ihr Beruf ist sein/ihr ein und alles **IV.** *m* **1.** (*obligación*) Pflicht *f,* Verpflichtung *f;* **~ de conciencia** moralische Verpflichtung; **es mi ~ decirle que...** es ist meine Pflicht Ihnen zu sagen, dass ... **2.** *pl* (*tareas*) Hausaufgaben *fpl;* **hacer los ~es** die Hausaufgaben machen; **tener muchos ~es** viel aufhaben; **el profesor nos ha dado muchos ~es** der Lehrer hat uns viel aufgegeben

debidamente [deβiða'men̩te] *adv* vorschriftsmäßig, ordnungsgemäß; **la solicitud debe estar ~ cumplimentada** der Antrag soll vorschriftsgemäß ausgefüllt sein

debido[1] [de'βiðo] *prep:* **~ a** aufgrund [*o* auf Grund] von *+dat,* aufgrund [*o* auf Grund] *+gen,* wegen *+gen;* **~ al mal tiempo** wegen des schlechten Wetters

debido, -a[2] [de'βiðo, -a] *adj* **1.** (*conveniente*) richtig, angemessen; **como es ~** wie es sich gehört **2.** (*necesario*) nötig, gebührend; **con el ~ respeto** mit dem nötigen Respekt

débil ['deβil] *adj* **1.** *ser* (*enfermizo*) schwach, schwächlich; (*indulgente*) nachsichtig (*con* gegen *+akk*), nachgiebig (*con* gegenüber *+dat*) **2.** *estar* (*delicado*) schwach, geschwächt **3.** (*poco intenso*) matt, schwach; **el plan tiene algunos puntos ~es** der Plan hat einige Schwachstellen

debilidad [deβili'ða^{d}] *f* Schwäche *f;* **~ del dólar** Dollarschwäche *f;* **~ mental** Geistesschwäche *f;* **tener ~ por algo/por alguien** eine Schwäche für etw/jdn haben; **su ~ es el fútbol** seine/ihre Schwäche ist der Fußball

debilitación [deβilita'θjon] *f* **1.** (*debilitamiento*) Schwächung *f;* **durante la enfermedad su cuerpo sufrió un proceso de ~** im Verlauf der Krankheit wurde sein Körper schwächer **2.** (*fig: flojedad de ánimo*) Trägheit *f;* **~ del carácter** Charakterschwäche *f* **3.** (FÍS) Schwächezustand *m,* Entkräftung *f*

debilitamiento [deβilita'mjen̩to] *m* Schwächung *f*

debilitante [deβili'tan̩te] **I.** *adj* abschwächend; **no llegó a tomar un somnífero, sino sólo una sustancia ~** er/sie nahm kein Schlafmittel, sondern nur ein Beruhigungsmittel **II.** *m* Abschwächung *f*

debilitar [deβili'tar] *vt* schwächen

debilucho, -a [deβi'lutʃo, -a] *adj* kränkelnd, schwächlich

debitar [deβi'tar] *vt* (*Am*) **1.** (*anotar*) im Soll buchen; **~ al debe** im Soll buchen; **~ una suma en cuenta** ein Konto mit einer Summe belasten **2.** (*adeudar*) schulden

débito ['deβito] *m* Schuld *f,* Soll *nt;* **~s bancarios** Bankverbindlichkeiten *fpl;* **~ conyugal** eheliche Pflicht; **~ en cuenta** Kontobelastung *f*

debocar [deβo'kar] <c→qu> *vi* (*Arg, Bol*) erbrechen

debut [de'βu$^{(t)}$] <debuts> *m* Debüt *nt;* **hacer su ~** sein Debüt geben

debutante [deβu'tan̩te] *mf* Debütant(in) *m(f)*

debutar [deβu'tar] *vi* debütieren (*como* als *+nom*)

década ['dekaða] *f* Dekade *f,* Jahrzehnt *nt;* **la última ~ del s. XIX** das letzte Jahrzehnt des 19. Jhs.; **la ~ de los 40** die 40er-Jahre

decadencia [deka'ðen̩θja] *f* **1.** (*decaimiento*) Dekadenz *f* **2.** (*de una época*) Niedergang *m,* Verfall *m*

decadente [deka'ðen̩te] *adj* dekadent

decadentismo [dekaðen̩'tismo] *m* **1.** (*periodo*) Zeitalter *nt* der Dekadenz **2.** (LIT) Dekadenz-Dichtung *f*

decadentista [dekaðen̩'tista] **I.** *adj* dekadent, entartet; **la poesía ~** die Dekadenzdichtung **II.** *mf* (ARTE, LIT) Dekadenzdichter(in) *m(f)*

decaedro [deka'eðro] *m* (MAT) Dekaeder *nt,* Zehnflächner *m*

decaer [deka'er] *irr como caer vi* abnehmen, nachlassen; (*imperio*) in Verfall geraten, verfallen; **~ en fuerza** an Kraft verlieren; **el ánimo decae** der Mut schwindet; **decae de ánimo** er/sie verliert den Mut

decagonal [dekaɣo'nal] *adj* **1.** (MAT: *relativo al decágono*) zehneckig, dekagonal; **fórmulas ~es** Zehneck-Formeln *fpl* **2.** (*semejante al decágono*) dem Zehneck ähnlich; **estructura ~** zehneckige Struktur

decágono[1] [de'kaɣono] *m* (MAT) Zehneck *nt,* Dekagon *nt*

decágono, -a[2] [de'kaɣono, -a] *adj* (MAT) zehneckig, dekagonisch

decagramo [deka'ɣramo] *m* Dekagramm *nt*

decaído, -a [deka'iðo, -a] *adj* **1.** (*abatido*) niedergeschlagen, mutlos **2.** (*débil*) kraftlos, matt

decaimiento [dekai̯'mjen̩to] *m* **1.** (*afligimiento*) Niedergeschlagenheit *f* **2.** (*debilidad*) Kraftlosigkeit *f*

decalcificación [dekal̩θifika'θjon] *f* (*acción*) Entkalkungsprozess *m,* Entkalkung *f;* (*resultado*) Entkalktheit *f*

decalitro [deka'litro] *m* Dekaliter *m*

decálogo [de'kaloɣo] *m* (REL) Zehn Gebote *ntpl,* Dekalog *m*

decámetro [de'kametro] *m* Dekameter *m o nt*

decampar [dekam'par] *vi* (MIL) das Lager abbrechen

decana [de'kana] *adj o f v.* **decano**

decanato [deka'nato] *m* **1.** (*cargo*) Dekanswürde *f* **2.** (*despacho*) Dekanat *nt*

decano, -a [de'kano, -a] **I.** *adj* älteste(r) **II.** *m, f* Dekan(in) *m(f)*

decantación [dekan̩ta'θjon] *f* **1.** (*inclina-*

ción) Neigung *f* **2.** (*de líquidos*) Abgießen *nt*

decantador [dekanta'ðor] *m* (QUÍM) Dekantiergefäß *nt*

decantar [dekan'tar] **I.** *vt* abgießen, dekantieren **II.** *vr:* ~**se** sich (nach reiflicher Überlegung) entscheiden (*por* für +*akk*), sich zuwenden (*por/hacia* +*dat*); **se decantó por el liberalismo** er/sie wandte sich dem Liberalismus zu

decapar [deka'par] *vt* (QUÍM) dekapieren

decapitación [dekapita'θjon] *f* Enthauptung *f*

decapitar [dekapi'tar] *vt* enthaupten

decárea [de'karea] *f* (AGR) zehn Ar *nt o m;* **ocho** ~**s** achtzig Ar

decasílabo, **-a** [deka'silaβo, -a] **I.** *adj* (LIT) zehnsilbig **II.** *m, f* (LIT) Dekasyllabus *m*

decatlón [dekað'lon] *m* (DEP) Zehnkampf *m*

deceleración [deθelera'θjon] *f* (FÍS) Verlangsamung *f,* negative Beschleunigung *f;* (*con frenos*) Abbremsung *f*

decelerar [deθele'rar] *vi* langsamer werden

decena [de'θena] *f* zehn Stück *ntpl;* ~**s** (MAT) Zehner *mpl;* ~**s de miles** Zehntausende *pl;* **una** ~ **de huevos** zehn Eier

decenal [deθe'nal] *adj* **1.** (*cada diez años*) zehnjährlich, alle zehn Jahre **2.** (*de una duración de diez años*) zehnjährig, zehn Jahre lang

decenario[1] [deθe'narjo] *m* **1.** (*unidad temporal*) Jahrzehnt *nt* **2.** (*rosario*) Rosenkranz *m* mit zehn Kugeln

decenario, **-a**[2] [deθe'narjo, -a] *adj* zehnteilig

decencia [de'θenθja] *f* Anstand *m*

decenio [de'θenjo] *m* Jahrzehnt *nt*

decentar [deθen'tar] <e→ie> **I.** *vt* **1.** (*alimentos*) anschneiden **2.** (*dañar*) schaden *dat;* **las preocupaciones** ~**on su vitalidad** die Sorgen beeinträchtigten seine Vitalität **3.** (*violar*) schänden **II.** *vr:* ~**se** (MED: *llagarse*) sich wundliegen

decente [de'θente] *adj* **1.** (*honesto, limpio*) anständig **2.** (*suficiente*) angemessen, recht gut; **gana un sueldo** ~ er/sie bekommt ein ganz anständiges Gehalt

decentemente [deθente'mente] *adv* **1.** (*sin miseria*) erträglich, angemessen **2.** (*guardando la compostura*) anständig **3.** (*iron: en exceso*) asketisch, sehr genügsam; **desde luego tu amigo come** ~ wie man sieht, isst dein Freund sehr bescheidene Mengen

decepción [deθeβ'θjon] *f* Enttäuschung *f;* **llevarse una** ~ enttäuscht werden

decepcionante [deθeβθjo'nante] *adj* enttäuschend

decepcionar [deθeβθjo'nar] *vt* enttäuschen

deceso [de'θeso] *m* Tod *m,* Ableben *nt elev*

dechado [de'ʧaðo] *m* **1.** (*para labores*) Vorlage *f,* Muster *nt* **2.** (*modelo*) Inbegriff *m* (*de* +*gen*); **es un** ~ **de fealdad** er/sie ist der Inbegriff der Hässlichkeit

decibel(io) [deθi'βel(jo)] *m* (FÍS) Dezibel *nt*

decible [de'θiβle] *adj* sagbar

decididamente [deθiðiða'mente] *adv* **1.** (*resueltamente*) entschieden, entschlossen **2.** (*definitivamente*) definitiv, auf jeden Fall

decidido, **-a** [deθi'ðiðo, -a] *adj* energisch, entschlossen; **con paso** ~ mit festem Schritt

decidir [deθi'ðir] **I.** *vi* entscheiden (*sobre* über +*akk*); **el juez ha decidido a favor/en contra del acusado** der Richter hat zugunsten [*o* zu Gunsten] des/gegen den Angeklagten entschieden; **el decano no ha decidido sobre esa cuestión** der Dekan hat über diese Frage noch nicht entschieden **II.** *vt* **1.** (*determinar*) entscheiden **2.** (*acordar*) beschließen; **decidieron fundar un partido** sie beschlossen eine Partei zu gründen **3.** (*mover a*) veranlassen; **el despido le decidió a abrir la tienda** die Entlassung war für ihn der Anlass, den Laden aufzumachen **III.** *vr:* ~**se** sich entscheiden (*por* für +*akk, en contra de* gegen +*akk*); ~**se a** +*inf* sich entschließen zu +*inf;* **se ha decidido por/en contra de este candidato** er/sie hat sich für/gegen diesen Kandidaten entschieden

decigramo [deθi'ɣramo] *m* Dezigramm *nt*

decilitro [deθi'litro] *m* Deziliter *m*

décima ['deθima] *f* Zehntel *nt;* **tener** ~**s** erhöhte Temperatur haben, leichtes Fieber haben

decimal [deθi'mal] *adj* dezimal, Dezimal-; **número** ~ Dezimalzahl *f*

decímetro [de'θimetro] *m* Dezimeter *m o nt*

décimo, **-a** ['deθimo, -a] **I.** *adj* (*parte*) zehntel; (*numeración*) zehnte(r, s); **en** ~ **lugar** zehntens, an zehnter Stelle **II.** *m, f* **1.** (*parte*) Zehntel *nt* **2.** (*de lotería*) Zehntellos *nt; v. t.* **octavo**[2]

decimoctavo, **-a** [deθimok'taβo, -a] **I.** *adj* (*parte*) achtzehntel; (*numeración*) achtzehnte(r, s); **en** ~ **lugar** achtzehntens, an achtzehnter Stelle **II.** *m, f* Achtzehntel *nt; v. t.* **octavo**[2]

decimocuarto, **-a** [deθimo'kwarto, -a] **I.** *adj* (*parte*) vierzehntel; (*numeración*) vierzehnte(r, s); **en** ~ **lugar** vierzehntens, an vierzehnter Stelle **II.** *m, f* Vierzehntel *nt; v. t.* **octavo**[2]

decimonónico, **-a** [deθimo'noniko, -a] *adj* aus dem 19. Jahrhundert; **ideas decimonónicas** (*pey*) veraltete Ansichten

decimonono, **-a** [deθimo'nono, -a], **decimonoveno**, **-a** [deθimono'βeno, -a] **I.** *adj* (*parte*) neunzehntel; (*numeración*) neunzehnte(r, s); **en** ~ **lugar** neunzehntens, an neunzehnter Stelle **II.** *m, f* Neunzehntel *nt; v. t.* **octavo**[2]

decimoquinto, **-a** [deθimo'kinto, -a] **I.** *adj* (*parte*) fünfzehntel; (*numeración*) fünfzehnte(r, s); **en** ~ **lugar** fünfzehntens, an fünfzehnter Stelle **II.** *m, f* Fünfzehntel *nt; v. t.* **octavo**[2]

decimoséptimo, **-a** [deθimo'septimo, -a] **I.** *adj* (*parte*) siebzehntel; (*numeración*) siebzehnte(r, s); **en ~ lugar** siebzehntens, an siebzehnter Stelle **II.** *m, f* Siebzehntel *nt; v. t.* **octavo²**

decimosexto, **-a** [deθimo'sesto, -a] **I.** *adj* (*parte*) sechzehntel; (*numeración*) sechzehnte(r, s); **en ~ lugar** sechzehntens, an sechzehnter Stelle **II.** *m, f* Sechzehntel *nt; v. t.* **octavo²**

decimotercero, **-a** [deθimoter'θero, -a], **decimotercio**, **-a** [deθimo'terθjo, -a] **I.** *adj* (*parte*) dreizehntel; (*numeración*) dreizehnte(r, s); **en ~ lugar** dreizehntens, an dreizehnter Stelle **II.** *m, f* Dreizehntel *nt; v. t.* **octavo²**

decir [de'θir] *irr* **I.** *vi* **1.** (*expresar*) sagen (*de* über +*akk*); **~ que sí/no** ja/nein sagen; **diga, dígame** sagen Sie (mal); (TEL) ja, hallo; **es** [*o* **quiere**] **~** das heißt, also; **¡no me diga/digas!** (*fam*) was Sie nicht sagen/du nicht sagst!; **~ por ~** (nur so) daherreden, leeres Stroh dreschen *fam;* **por ~lo así** sozusagen, gewissermaßen; **el qué dirán** was die Leute sagen; **¡quién lo diría!** wer hätte das gedacht!; **y que lo digas** du sagst es; **dicen de él que es un buen profesor** man sagt, er sei ein guter Lehrer; **~ a alguien cuántas son cinco** (*fam*) jdm gehörig die Meinung sagen **2.** (*contener*) besagen; **la Geometría de Euclides dice que...** die euklidische Geometrie besagt, dass ...; **la regla dice lo siguiente:...** die Regel lautet wie folgt: ... **3.** (*armonizar*) passen (*con* zu +*dat*); **el pantalón no dice con esta camisa** die Hose passt nicht zu diesem Hemd **II.** *vt* **1.** (*expresar*) sagen; (*comunicar*) mitteilen; **~ algo para sí** etw vor sich hin sagen; **¡no digas tonterías!** (*fam*) red keinen Blödsinn! **2.** (*mostrar*) zeigen, bekunden; **su cara dice alegría** aus seinem/ihrem Gesicht spricht Freude **3.** (*loc*): **no es muy guapa, que digamos** sie ist nicht gerade hübsch **III.** *vr:* **~se** sagen; **¿cómo se dice en alemán?** wie sagt man es auf Deutsch?, wie heißt das auf Deutsch?; **¿cómo se dice "ropa" en alemán?** was heißt „ropa" auf Deutsch? **IV.** *m* Redensart *f;* **es un ~** wie man so sagt

decisión [deθi'sjon] *f* **1.** (*resolución*) Entscheidung *f;* (POL) Beschluss *m;* **~ de compra** Kaufentscheidung *f;* **~ errónea** Fehlentscheidung *f;* **~ de inversión** Investitionsentscheidung *f;* **~ mayoritaria** Mehrheitsbeschluss *m;* **tomar una ~** eine Entscheidung treffen, einen Beschluss fassen **2.** (*firmeza*) Entschlossenheit *f;* **tener ~** entschlossen sein

decisivo, **-a** [deθi'siβo, -a] *adj* entscheidend

decisorio, **-a** [deθi'sorjo, -a] *adj* bestimmend, ausschlaggebend; (*comisión*) mit Entscheidungsbefugnis

declamación [deklama'θjon] *f* **1.** (*discurso*) Vortrag *m,* Ansprache *f* **2.** (LIT) Vortragskunst *f,* Deklamation *f*

declamador(a) [deklama'ðor(a)] **I.** *adj* vortragend, deklamierend **II.** *m(f)* Vortragskünstler(in) *m(f),* Rezitator(in) *m(f)*

declamar [dekla'mar] *vi, vt* vortragen, deklamieren; **el actor declamó excelentemente** der Schauspieler bot einen ausgezeichneten Vortrag

declamatorio, **-a** [deklama'torjo, -a] *adj* deklamatorisch

declaración [deklara'θjon] *f* Erklärung *f;* (*de impuestos*) Steuererklärung *f;* (JUR) Aussage *f;* **~ de aduana** Zollerklärung *f;* **~ de amor** Liebeserklärung *f;* **~ de bienes** Vermögens(steuer)erklärung *f;* **D~ de los Derechos Humanos** Menschenrechtserklärung *f;* **~ de expedición** Versanderklärung *f;* **~ de exportación** Ausfuhrdeklaration *f;* **~ final** Schlusskommuniqué *nt;* **~ jurada** eidesstattliche Erklärung; **~ de quiebra** Konkurserklärung *f;* **~ de la renta** Einkommensteuererklärung *f;* **~ tributaria** Steuererklärung *f;* **~ de valor** Wertangabe *f;* **hacer declaraciones** Erklärungen abgeben; **presentar la ~ de la renta** die Einkommensteuererklärung einreichen; **prestar ~** aussagen; **tomar ~ a alguien** jdn vernehmen

declarado, **-a** [dekla'raðo, -a] *adj* deutlich, offenkundig

declarante [dekla'ran̩te] *mf* **1.** (*de impuestos*) Steuerzahler(in) *m(f)* **2.** (JUR) Aussagende(r) *mf*

declarar [dekla'rar] **I.** *vi* **1.** (*testigo*) aussagen, eine Aussage machen **2.** (*a la prensa*) erklären, eine Erklärung abgeben **II.** *vt* **1.** (*manifestar*) erklären; **~ abierta la reunión** die Versammlung eröffnen; **~ a alguien culpable** jdn für schuldig erklären; **~ el concurso** (JUR) den Konkurs eröffnen; **~ la guerra/la huelga** den Krieg erklären/den Streik ausrufen; **~ algo de utilidad pública** etw für gemeinnützig erklären **2.** (*ingresos*) deklarieren; (*a aduanas*) verzollen; **¿tiene algo que ~?** haben Sie etwas zu verzollen? **III.** *vr:* **~se** **1.** (*aparecer*) ausbrechen; **la epidemia se ha declarado en la costa oeste** die Epidemie ist an der Westküste ausgebrochen **2.** (*manifestarse, reconocerse*) sich erklären; (*amor*) eine Liebeserklärung machen; **~se en huelga** streiken; **~se inocente** sich für unschuldig erklären; **~se insolvente** sich für zahlungsunfähig erklären; **~se en quiebra** Konkurs anmelden; **ayer se le declaró** gestern hat er ihr seine/sie ihm ihre Liebe gestanden

declinable [dekli'naβle] *adj* (LING) deklinierbar, deklinabel

declinación [deklina'θjon] *f* **1.** (*disminución*) Abnahme *f,* Sinken *nt* **2.** (LING) Deklination *f*

declinar [dekli'nar] **I.** *vi* **1.** (*disminuir*) sinken, nachlassen; **la fiebre declinaba poco a poco** das Fieber klang nach und nach ab; **las fuerzas declinan con la edad** mit dem Alter lassen die Kräfte nach **2.** (*extinguirse*) zu

Ende gehen, sich dem Ende zuneigen; **el día declinaba** der Tag ging zur Neige **II.** *vt* **1.** (*rechazar*) ablehnen; (*invitación*) ausschlagen; **declinan toda responsabilidad** sie lehnen jegliche Verantwortung ab **2.** (LING) deklinieren

declive [de'kliβe] *m* **1.** (*del terreno*) Gefälle *nt;* **en** ~ (*terreno*) abschüssig; (*tejado*) geneigt; **en fuerte** ~ steil abfallend **2.** (*decadencia*) Niedergang *m;* **en** ~ im Niedergang begriffen

decodificación [dekoðifika'θjon] *f* (INFOR) Dekodierung *f*

decodificador [dekoðifika'ðor] *m* (INFOR) Decoder *m;* ~ **de sonido** Sound-Decoder *m*

decodificar [dekoðifi'kar] <c→qu> *vt* entziffern; (INFOR) dekodieren

decolaje [deko'laxe] *m* (*Arg, Chil, Col, Ecua*) Start *m,* Abheben *nt*

decolar [deko'lar] *vi* (*Arg, Chil, Col, Ecua*) starten, abheben

decoloración [dekolora'θjon] *f* **1.** (*con sustancias químicas*) Entfärbung *f* **2.** (*a causa del sol*) Ausbleichen *nt*

decolorar [dekolo'rar] *vt* **1.** (*con sustancias químicas*) entfärben **2.** (*el sol*) ausbleichen

decomisar [dekomi'sar] *vt* beschlagnahmen

decomiso [deko'miso] *m* **1.** (*objeto*) beschlagnahmtes Gut *nt* **2.** (*acción*) Beschlagnahme *f*

decoración [dekora'θjon] *f* **1.** (*adorno*) Dekoration *f* **2.** (*de una casa, habitación*) Einrichtung *f* **3.** (TEAT) Bühnenbild *nt*

decorado [deko'raðo] *m* (TEAT) (Bühnen)dekoration *f,* Bühnenbild *nt*

decorador(a) [dekora'ðor(a)] *m(f)* Dekorateur(in) *m(f);* (TEAT) Bühnenbildner(in) *m(f);* ~ **de interiores** Raumausstatter *m*

decorar [deko'rar] *vt* **1.** (*adornar*) dekorieren, schmücken; (*un pastel*) verzieren **2.** (*con muebles*) einrichten; ~ **con moqueta** mit Teppichboden auslegen

decorativo, -a [dekora'tiβo, -a] *adj* dekorativ

decoro [de'koro] *m* **1.** (*dignidad*) Würde *f;* (*respeto*) Respekt *m;* **con** ~ würdevoll; **guardar el** ~ die Form wahren; **vivir con** ~ standesgemäß leben **2.** (*pudor*) Anstand *m,* Sittsamkeit *f;* **con** ~ anständig; **tener** ~ Anstand haben

decoroso, -a [deko'roso, -a] *adj* anständig, ehrenvoll

decrecer [dekre'θer] *irr como crecer vi* (*interés, cantidad, poder*) abnehmen; (*río, fiebre, nivel*) fallen, sinken; ~ **en intensidad** an Stärke verlieren

decreciente [dekre'θjente] *adj* abnehmend, fallend

decrecimiento [dekreθi'mjento] *m,* **decremento** [dekre'mento] *m* Abnahme *f,* Rückgang *m*

decrépito, -a [de'krepito, -a] **I.** *adj* **1.** (*persona*) altersschwach, gebrechlich **2.** (*cosa*) heruntergekommen **3.** (*sociedad*) dekadent **II.** *m, f* Tattergreis(in) *m(f) fam*

decrepitud [dekrepi'tu^ð] *f* **1.** (*de personas*) Altersschwäche *f,* Gebrechlichkeit *f* **2.** (*de cosas, culturas*) Verfall *m*

decretar [dekre'tar] *vt* anordnen, verfügen

decreto [de'kreto] *m* Verordnung *f,* Verfügung *f;* ~ **gubernamental** Regierungserlass *m;* **real** ~ königlicher Erlass

decreto-ley [de'kreto lei] *m* <decretos-ley> Gesetzesverordnung *f*

decúbito [de'kuβito] *m* Lage *f,* Liegen *nt;* ~ **lateral/prono/supino** Seiten-/Bauch-/Rückenlage *f*

decuplar [deku'plar] *vt* verzehnfachen

decuplicar [dekupli'kar] <c→qu> *vt* verzehnfachen

décuplo, -a ['dekuplo, -a] **I.** *adj* zehnfach **II.** *m, f* Zehnfache(s) *nt*

decurso [de'kurso] *m* Verlauf *m,* Lauf *m;* **con** [*o* **en**] **el** ~ **de los años** im Lauf(e) der Jahre

dedada [de'ðaða] *f* Fingerspitze(voll) *f;* ~ **de miel** (*fam*) Trostpflaster *nt*

dedal [de'ðal] *m* Fingerhut *m*

dédalo ['deðalo] *m* **1.** (*laberinto*) Labyrinth *nt* **2.** (*lío*) Wirrwarr *m*

dedear [deðe'ar] *vt* (*Méx*) befingern, fingern (an +*dat*)

dedicación [deðika'θjon] *f* **1.** (*dedicatoria*) Widmung *f* **2.** (*consagración*) (Ein)weihung *f* **3.** (*entrega*) Hingabe *f;* ~ **exclusiva** [*o* **plena**] (*trabajo*) Ganztagsbeschäftigung *f*

dedicar [deði'kar] <c→qu> **I.** *vt* **1.** (*aplicar, destinar*) widmen; **dedica todo su tiempo a la música** er/sie widmet seine/ihre ganze Zeit der Musik; **dedicó el libro a sus hermanos** er/sie widmete das Buch seinen/ihren Geschwistern **2.** (*consagrar*) weihen **II.** *vr:* ~**se** sich widmen (*a* +*dat*); (*profesionalmente*) tätig sein (*a* in +*dat*); **se dedica a la enseñanza** er/sie ist als Lehrer(in) [*o* im Schulwesen] tätig; **¿a qué se dedica Ud.?** was machen Sie beruflich?

dedicatoria [deðika'torja] *f* Widmung *f*

dedicatorio, -a [deðika'torjo, -a] *adj* Widmungs-

dedillo [de'ðiʎo] *m* (*fam*): **saberse algo al** ~ etw aus dem Effeff können

dedo ['deðo] *m* (*de mano*) Finger *m;* (*de pie*) Zehe *f,* Zeh *m;* ~ **anular** Ringfinger *m;* ~ **gordo** [*o* **pulgar**] Daumen *m;* ~ **índice** Zeigefinger *m;* ~ **medio** [*o* **del corazón**] Mittelfinger *m;* ~ **meñique** kleiner Finger; **chuparse el** ~ am Daumen lutschen; (*fig fam*) blauäugig sein; **la comida está para chuparse los** ~**s** (*fam*) das Essen ist köstlich; **cogerse** [*o* **pillarse**] **los** ~**s** (*fig*) sich *dat* die Finger verbrennen; **estar a dos** ~**s de algo** einen Fingerbreit von etw *dat* entfernt sein; **ir a** [*o* **hacer**] ~ (*fam*) trampen; **está haciendo** ~ **en la autopista** er/sie ist per Anhalter auf der Autobahn unterwegs; **nombrar a** ~ willkürlich nominieren; **señalar a alguien con el** ~ mit

D

dem Finger auf jdn zeigen; **poner el ~ en la llaga** (*fig*) den Finger auf die Wunde legen; **con esa pregunta le ha puesto el ~ en la llaga** mit dieser Frage hat er/sie seine/ihre wunde Stelle getroffen; **no tener dos ~s de frente** (*fam*) begriffsstutzig sein, schwer von Begriff sein *fam*

deducción [deðuˠ'θjon] *f* **1.** (*derivación*) Ableitung *f*, Folgerung *f* **2.** (FILOS) Deduktion *f* **3.** (ECON) Abzug *m;* (*de los impuestos*) Abschreibung *f;* ~ **estándar** Pausch(al)betrag *m;* **deducciones fiscales sobre inversiones** steuerliche Abschreibungen auf Investitionen; ~ **por hijo** Kinderfreibetrag *m;* ~ **impositiva** Steuerabzug *m*

deducible [deðu'θiβle] *adj* ableitbar; (*de los impuestos*) absetzbar

deducir [deðu'θir] *irr como traducir vt* **1.** (*derivar*) folgern (*de* aus +*dat*), schließen (*de* aus +*dat*); (FILOS) deduzieren; **deducimos de** [*o* **por**] **ello que...** wir schließen daraus, dass ... **2.** (*descontar*) abziehen; (*de impuestos*) absetzen; **deducidos los impuestos** nach Steuerabzug; **sin ~ algo** ohne Abzug von etw

deductivo, **-a** [deðuk'tiβo, -a] *adj* (FILOS) deduktiv

de facto [de 'fakto] *adv* de facto

defecación [defeka'θjon] *f* Stuhlgang *m*

defecar [defe'kar] <c→qu> **I.** *vt* (QUÍM) klären **II.** *vi* Stuhlgang haben

defección [defeˠ'θjon] *f* (*de un partido*) Austritt *m;* (*de una idea*) Abtrünnigwerden *nt*

defectible [defek'tiβle] *adj* entbehrlich, abkömmlich

defectivo, **-a** [defek'tiβo, -a] *adj* **1.** (*defectuoso*) unvollständig, mangelhaft **2.** (LING) defektiv

defecto [de'fekto] *m* **1.** (*carencia*) Mangel *m;* **en ~ de** in Ermangelung +*gen;* **en su ~** bei Fehlen, bei Nichtvorhandensein **2.** (*falta*) Fehler *m*, Defekt *m;* ~ **de fabricación** Herstellungsfehler *m*, Fabrikationsfehler *m;* ~ **físico** Gebrechen *nt;* ~ **genético** Erbschaden *m;* ~ **de material** Materialfehler *m*

defectuoso, **-a** [defektu'oso, -a] *adj* fehlerhaft, schadhaft

defender [defen̪'der] <e→ie> **I.** *vt* **1.** (*contra ataques, t.* JUR) verteidigen (*de/contra* vor +*dat*) **2.** (*proteger*) (be)schützen (*de/contra* vor +*dat*) **3.** (*ideas*) eintreten (für +*akk*) **II.** *vr:* **~se 1.** (*contra ataques*) sich verteidigen **2.** (*arreglárselo*) sich durchschlagen, zurechtkommen (*con* mit +*dat*); **me defiendo con el sueldo que tengo** mit meinem Gehalt komme ich einigermaßen zurecht; **¿hablas francés? – me defiendo** sprichst du Französisch? – ich kann mich verständigen

defendible [defen̪'diβle] *adj* vertretbar

defendido, **-a** [defen̪'dido, -a] *m, f* (JUR) Mandant(in) *m(f)*

defenestración [defenestra'θjon] *f* Fenstersturz *m;* **la ~ de Praga** (HIST) der Prager Fenstersturz

defenestrar [defenes'trar] *vt* **1.** (*tirar por la ventana*) aus dem Fenster stürzen **2.** (*de un cargo*) absetzen; (*de un partido*) ausschließen; **el recientemente defenestrado fiscal general del Estado** der kürzlich abgesetzte Generalstaatsanwalt

defensa¹ [de'fensa] *f* **1.** (*contra ataques, t.* JUR) Verteidigung *f;* ~ **antimisil** (MIL) Raketenabwehr *f;* ~ **propia** Selbstverteidigung *f;* **en legítima ~** (JUR) in Notwehr; **acudir en ~ de alguien** jdm zu Hilfe eilen **2.** (*protección*) Schutz *m;* ~ **del medio ambiente** Umweltschutz *m* **3.** (*fortificación*) Verteidigungsanlage *f* **4.** (BIOL) Abwehrkräfte *fpl;* **tener ~s** immun sein **5.** (DEP) Abwehr *f* **6.** (*Méx: paragolpes*) Stoßstange *f*

defensa² [de'fensa] *mf* (DEP) Verteidiger(in) *m(f)*

defensiva [defen'siβa] *f* Defensive *f;* **estar a la ~** in der Defensive sein

defensivo, **-a** [defen'siβo, -a] *adj* defensiv, Verteidigungs-

defensor(a) [defen'sor(a)] **I.** *adj* verteidigend, Verteidigungs- **II.** *m(f)* (*t.* JUR) Verteidiger(in) *m(f);* (*de ideas*) Verfechter(in) *m(f);* ~ **de la naturaleza** Naturschützer *m;* ~ **del pueblo** Ombudsmann *m*

deferencia [defe'ren̪θja] *f* Rücksicht *f*, Entgegenkommen *nt;* (*cortesía*) Höflichkeit *f;* **por ~ a** aus Rücksicht auf +*akk;* **tener la ~ de...** +*inf* so höflich sein und ...

deferente [defe'ren̪te] *adj* rücksichtsvoll, zuvorkommend

deferir [defe'rir] *irr como sentir vi* nachgeben, sich fügen

deficiencia [defi'θjen̪θja] *f* Mangel *m;* **~s estructurales** Strukturschwächen *fpl;* ~ **mental** Geistesschwäche *f*

deficiente [defi'θjen̪te] **I.** *adj* mangelhaft, unzulänglich **II.** *mf:* ~ **mental** geistig Behinderte(r) *mf*

déficit ['defiθit] *m inv* **1.** (ECON) Defizit *nt*, Fehlbetrag *m;* ~ **de la balanza por cuenta corriente** Leistungsbilanzdefizit *nt;* ~ **de la balanza de pagos** Handelsbilanzdefizit *nt;* ~ **comercial** Handels(bilanz)defizit *nt;* ~ **inflacionario** inflatorische Lücke; ~ **público** Defizit im Staatshaushalt; ~ **presupuestario** Haushaltsdefizit *nt* **2.** (*escasez*) Mangel *m* (*de* an +*dat*); ~ **de viviendas** Wohnungsdefizit *nt;* ~ **de vitaminas** Vitaminmangel *m*

deficitario, **-a** [defiθi'tarjo, -a] *adj* defizitär

definible [defi'niβle] *adj* definierbar

definición [defini'θjon] *f* **1.** (*aclaración, t.* REL) Definition *f;* (*declaración*) Erklärung *f;* (*descripción*) Beschreibung *f;* ~ **del puesto de trabajo** Arbeitsplatzbeschreibung *f* **2.** (TV) Auflösung *f* **3.** (INFOR): ~ **de campo** Felddefinition *f;* ~ **de datos** Datendefinition *f*

definido¹ [defi'niðo] *m* Definierte(s) *nt*

definido, **-a²** [defi'niðo, -a] *adj* **1.** (*nítido, claro*) deutlich **2.** (LING) bestimmt; **artículo ~** bestimmter Artikel

definir [defi'nir] **I.** *vt* **1.** (*aclarar*) definieren **2.** (*explicar*) erklären; (*determinar*) festlegen; **definido por el usuario** (INFOR) benutzerdefiniert **II.** *vi* (DEP) *einen Spielzug zum erfolgreichen Abschluss bringen* **III.** *vr:* **~se** sich entscheiden (*en* in +*dat*), sich festlegen (*en* in +*dat*); **no es fácil ~se en ese asunto** es ist nicht leicht, sich in dieser Angelegenheit zu entscheiden

definitivo, **-a** [defini'tiβo, -a] *adj* **1.** (*irrevocable*) endgültig, definitiv; **en definitiva** letzten Endes **2.** (*decisivo*) ausschlaggebend

definitorio, **-a** [defini'torjo, -a] *adj* entscheidend

deflación [defla'θjon] *f* (ECON, GEO) Deflation *f*

deflacionario, **-a** [deflaθjo'narjo, -a] *adj*, **deflacionista** [deflaθjo'nista] *adj* (ECON) deflatorisch, Deflations-

deflagración [deflaɣra'θjon] *f* schnelle Verbrennung *f*, Verpuffung *f*

deflagrar [defla'ɣrar] *vi* verpuffen

defoliación [defolja'θjon] *f* vorzeitiger Laubfall *m;* (*provocado*) Entlaubung *f*

deforestación [deforesta'θjon] *f* (*acción*) Rodung *f*, Abholzung *f;* (*efecto*) Entwaldung *f*

deforestar [defores'tar] *vt* entwalden, roden

deformable [defor'maβle] *adj* verformbar

deformación [deforma'θjon] *f* **1.** (*alteración*) Verformung *f* **2.** (*desfiguración*) Entstellung *f*

deformante [defor'man̩te] *adj* verformend; (MED) deformierend

deformar [defor'mar] **I.** *vt* **1.** (*alterar*) verformen; (*imágenes*) verzerren **2.** (*desfigurar*) entstellen; **~ la verdad** die Wahrheit entstellen **II.** *vr:* **~se** sich verformen; **el jersey se ha deformado al lavarlo** der Pullover ist beim Waschen aus der Form geraten

deforme [de'forme] *adj* verzerrt, entstellt

deformidad [deformi'ða^{ð}] *f* (MED) Missbildung *f;* **~ congénita** angeborene Missbildung

defraudación [defrau̯ða'θjon] *f* **1.** (*fraude*) Betrug *m;* (*malversación*) Unterschlagung *f;* **~ fiscal** Steuerhinterziehung *f* **2.** (*decepción*) Enttäuschung *f*

defraudador(a) [defrau̯ða'ðor(a)] **I.** *adj* betrügerisch **II.** *m(f)* Betrüger(in) *m(f);* **~ de impuestos** Steuerhinterzieher *m*

defraudar [defrau̯'ðar] *vt* **1.** (*estafar*) betrügen; (*dinero*) unterschlagen; **~ a Hacienda** Steuern hinterziehen **2.** (*decepcionar*) enttäuschen

defraudatorio, **-a** [defrau̯ða'torjo, -a] *adj* betrügerisch

defunción [defun̩'θjon] *f* Tod *m*, Todesfall *m;* **cerrado por ~** wegen Todesfall(e)s geschlossen

DEG [dee'xe] (FIN) *abr de* **derechos especiales de giro** Sonderziehungsrechte *ntpl*

degeneración [dexenera'θjon] *f* Degeneration *f*, Verfall *m*

degenerado, **-a** [dexene'raðo, -a] **I.** *adj* degeneriert; (*vicioso*) verkommen **II.** *m, f* **1.** (*vicioso*) verkommene Person *f* **2.** (*pervertido*) Triebtäter(in) *m(f)*

degenerar [dexene'rar] *vi* degenerieren; **~ en** ausarten in +*akk*, sich entwickeln zu +*dat*

degenerativo, **-a** [dexenera'tiβo, -a] *adj* degenerativ

deglución [deɣlu'θjon] *f* Schlucken *nt*

deglutir [deɣlu'tir] *vt* (hinunter)schlucken

degollación [deɣoʎa'θjon] *f* Enthauptung *f*, Köpfen *nt*

degolladero [deɣoʎa'ðero] *m* **1.** (*cuello*) Nacken *m* (*des Schlachtviehs*) **2.** (*matadero*) Schlachthof *m* **3.** (*cadalso*) Schafott *nt;* **llevar a alguien al ~** (*fig*) jdn zur Schlachtbank führen

degollar [deɣo'ʎar] <o→ue> *vt* **1.** (*decapitar*) enthaupten, köpfen **2.** (*cortar un escote*) ausschneiden **3.** (*fam: malograr*) verhunzen

degollina [deɣo'ʎina] *f* **1.** (*matanza*) Gemetzel *nt*, Blutbad *nt* **2.** (*fam: en exámenes*) hohe Durchfallquote *f*, Schlachtfest *nt argot;* **en los exámenes hubo una ~** bei den Prüfungen sind fast alle durchgerasselt

degradación [deɣraða'θjon] *f* **1.** (*humillación*) Demütigung *f*, Erniedrigung *f* **2.** (*en el cargo*) Degradierung *f;* (*deterioro*) Verschlechterung *f;* **~ del medio ambiente** Verschlechterung der Umweltbedingungen **3.** (*en pintura*): **~ de color** Farbabstufung *f*

degradante [deɣra'ðan̩te] *adj* erniedrigend, demütigend

degradar [deɣra'ðar] *vt* **1.** (*en el cargo*) degradieren, zurückstufen; (*calidad*) verschlechtern; **~ el medio ambiente** die Umwelt verpesten **2.** (*humillar*) demütigen

degredo [de'ɣreðo] *m* (*Ven*) **1.** (*hospital*) Infektionsabteilung *f* **2.** (*lugar para trastos*) Rumpelkammer *f;* **estar en el ~** völlig heruntergekommen sein

degüello [de'ɣweʎo] *m* Enthauptung *f;* **tirar a alguien a ~** (*fig fam*) jdn mit allen Mitteln fertig machen

degustación [deɣusta'θjon] *f* Kosten *nt;* (*de vino*) Verkostung *f;* **~ de vinos** Weinprobe *f*

degustador(a) [deɣusta'ðor(a)] *m(f)* Verkoster(in) *m(f)*

degustar [deɣus'tar] *vt* kosten; (*vino*) verkosten

dehesa [de'esa] *f* Weide *f*, Koppel *f*

deicida [dei̯'θiða] *adj* gottesmörderisch, Gottesmörder-

deicidio [dei̯'θiðjo] *m* Gottesmord *m*

deidad [dei̯'ða^{ð}] *f* **1.** (*dios*) Gottheit *f* **2.** (*esencia divina*) Göttlichkeit *f*

deificación [ðei̯fika'θjon] *f* **1.** (*divinización*) Vergöttlichung *f* **2.** (*ensalzamiento*) Vergötterung *f*, Verherrlichung *f*

deificar [dei̯fi'kar] <c→qu> *vt* **1.** (*divinizar*) vergöttlichen **2.** (*ensalzar*) vergöttern, verherrlichen

deífico, **-a** [de'ifiko, -a] *adj* göttlich

deísmo [de'ismo] *m* Deismus *m*
dejación [dexa'θjon] *f* **1.** (*renuncia*) Verzicht *m* **2.** (JUR: *de un pleito*) Klagerücknahme *f*; (*de bienes*) Überlassung *f*, Abtretung *f* **3.** (*abandono*) Vernachlässigung *f*; ~ **de los deberes** Vernachlässigung der Pflichten
dejada [de'xaða] *f* **1.** (*renuncia*) Verzicht *m*, Abtretung *f* **2.** (DEP) Stoppball *m* **3.** *v.* **dejado**
dejadez [dexa'ðeθ] *f* Nachlässigkeit *f*, Trägheit *f*
dejado, **-a** [de'xaðo, -a] **I.** *adj* **1.** *estar* (*abatido*) niedergeschlagen **2.** *ser* (*descuidado*) nachlässig, schlampig *fam* **II.** *m, f* Schlampe(r) *mf fam pey*
dejar [de'xar] **I.** *vi:* ~ **de** +*inf* aufhören zu +*inf;* **no** ~ **de** +*inf* nicht vergessen zu +*inf;* ~ **de fumar** aufhören zu rauchen, nicht mehr rauchen; **no dejes de escribirme** vergiss nicht mir zu schreiben; **¡no deje de venir!** Sie müssen unbedingt kommen! **II.** *vt* **1.** (*no hacer*) lassen; (*omitir*) unterlassen; ~**on el coche sin lavar** sie wuschen das Auto nicht; **podemos** ~**lo aparte** das können wir beiseite lassen; **¡déjalo ya!** lass es endlich sein!, hör auf damit! **2.** (*soltar*) loslassen; ~ **caer** (*una cosa*) fallen lassen; (*una indirecta*) nebenbei bemerken, wie zufällig bemerken; ~ **a alguien en libertad** jdn freilassen **3.** (*abandonar*) verlassen; ~ **la carrera** das Studium aufgeben [*o* abbrechen]; **dejó a su familia** er/sie verließ seine/ihre Familie **4.** (*poner*) stehen lassen, liegen lassen; **déjalo sobre la mesa** leg's auf den Tisch **5.** (*causar, producir*) verursachen, bewirken; (*ganancia*) einbringen; **la llamada la dejó triste** der Anruf stimmte sie traurig **6.** (*permitir*) (zu)lassen; **no dejes que suceda esto** du darfst nicht zulassen, dass das geschieht; **no me dejan salir** sie lassen mich nicht ausgehen **7.** (*encargar, entregar*) überlassen; (*en herencia*) hinterlassen; (*prestar*) (ver)leihen; ~ **un recado** eine Nachricht hinterlassen; ~ **algo en manos de alguien** jdm etw überlassen; **dejo el asunto en tus manos** ich vertraue dir die Angelegenheit an; **me ha dejado su libro de geografía** er/sie hat mir sein/ihr Geographiebuch geliehen **8.** (*loc*): ~ **acabado** zum Abschluss bringen; ~ **claro** klarstellen; ~ **constancia** protokollieren; ~ **a deber** anschreiben lassen; ~ **a dos velas a alguien** (*fig*) jdm nichts lassen als unerfüllte Wünsche; ~ **en paz** in Ruhe lassen; ~ **mucho que desear** viel zu wünschen übrig lassen; ~ **algo para mañana** etw auf morgen verschieben **III.** *vr:* ~**se 1.** (*descuidarse*) sich gehen lassen **2.** (*olvidar*) vergessen; **¿dónde me habré dejado el paraguas?** wo habe ich nur den Regenschirm vergessen? **3.** (*no hacer*): ~**se de** aufhören mit +*dat;* **¡déjate de tonterías!** hör auf mit dem Blödsinn! **4.** (*loc*): ~**se caer** sich fallen lassen; ~**se llevar por algo** sich von etw *dat* mitreißen lassen, sich von etw *dat* [*o* durch etw] beeinflussen lassen; ~**se querer** sich hofieren lassen; ~**se ver** sich sehen lassen
dejativo [dexa'tiβo] *m* (*Col*) *v.* **dejo**
deje ['dexe] *m* Akzent *m;* **se le nota un** ~ **catalán** er/sie hat einen katalanischen Akzent
dejo ['dexo] *m* **1.** (*entonación*) Tonfall *m;* (*acento*) Akzent *m* **2.** (*regusto*) Nachgeschmack *m;* ~ **amargo** (*fig*) bitterer Nachgeschmack **3.** (*descuido*) Nachlässigkeit *f*
del [del] = **de** + **el** *v.* **de**
delación [dela'θjon] *f* Anzeige *f;* (*denuncia*) Denunziation *f*
delantal [delan̩'tal] *m* Schürze *f*
delante [de'lan̩te] **I.** *adv* **1.** (*ante*) vorn(e); **de** ~ von vorn **2.** (*en la parte delantera*) an der vorderen Seite, vorn(e); **abierto por** ~ vorne offen **3.** (*enfrente*) davor **II.** *prep* **1.** ~ **de** (*local*) vor +*dat;* (*en presencia de*) in Gegenwart von +*dat;* ~ **de la casa hay un jardín** vor dem Haus gibt es einen Garten; **hablar** ~ **de alguien** in jds Gegenwart sprechen; ~ **mío** [*o* **de mí**] in meiner Gegenwart **2.** ~ **de** (*movimiento*) vor +*akk;* **pon el jarrón** ~ **de los libros** stell die Vase vor die Bücher
delantera [delan̩'tera] *f* **1.** (*parte anterior*) Vorderteil *nt* **2.** (*primera fila*) Vorderreihe *f* **3.** (*distancia*) Vorsprung *m;* **coger** [*o* **tomar**] **la** ~ **a alguien** jdm zuvorkommen; **llevar la** ~ **a alguien** einen Vorsprung vor jdm haben **4.** (DEP) Angriff *m*, Angriffsspieler *mpl*
delantero[1] [delan̩'tero] *m* **1.** (*parte anterior*) Vorderteil *nt* **2.** (DEP) Stürmer(in) *m(f);* ~ **centro** Mittelstürmer(in) *m(f)*
delantero, **-a**[2] [delan̩'tero, -a] *adj* vordere(r), Vorder-; **línea delantera** vordere Linie
delatador(**a**) [delata'ðor(a)] *adj* verräterisch, viel sagend
delatar [dela'tar] **I.** *vt* **1.** (*denunciar*) anzeigen, denunzieren **2.** (*manifestar*) verraten **II.** *vr:* ~**se** sich verraten; **se delató con su sonrisa** er/sie verriet sich durch sein/ihr Lächeln
delator(**a**) [dela'tor(a)] **I.** *adj* denunziatorisch **II.** *m(f)* Denunziant(in) *m(f)*
delco® ['delko] *m* Zündverteiler *m*
deleble [de'leβle] *adj* tilgbar
delectación [delekta'θjon] *f* Freude *f*, Entzücken *nt*
delegación [deleɣa'θjon] *f* **1.** (*atribución*) Auftrag *m;* ~ **de poderes** Übertragung von Befugnissen, Vollmachterteilung *f;* **actuar por** ~ **de alguien** in jds Auftrag handeln **2.** (*comisión*) Delegation *f*, Abordnung *f;* ~ **comercial** Handelsdelegation *f* **3.** (*oficina*) Amt *nt*, Behörde *f;* (*filial*) Zweigstelle *f*, Außenstelle *f*, Niederlassung *f;* **D**~ **de Hacienda** Finanzamt *nt* **4.** (*Méx: comisaría*) Polizeirevier *nt;* (*ayuntamiento*) Stadthaus *nt*
delegado, **-a** [dele'ɣaðo, -a] **I.** *adj* delegiert, beauftragt **II.** *m, f* Delegierte(r) *mf*, Beauftragte(r) *mf;* ~ **gubernamental** Regierungsvertreter *m;* ~**s del personal** Personalvertretung *f*
delegar [dele'ɣar] <g→gu> **I.** *vi* bevollmächtigen (*en* +*akk*), delegieren (*en* an +*akk*)

II. *vt* **1.**(*encargar*) delegieren; ~ **algo en alguien** jdn mit etw *dat* beauftragen **2.**(*transferir*) übertragen

deleitable [deleị'taβle] *adj* köstlich, wonnevoll

deleitación [deleịta'θjon] *f* Wonne *f*, Ergötzen *nt*

deleitar [deleị'tar] **I.** *vt* ergötzen **II.** *vr:* ~**se** sich ergötzen (*con/en* an +*dat*)

deleite [de'leịte] *m* Wonne *f*, Vergnügen *nt;* **con** ~ genussvoll, genüsslich

deleitoso, **-a** [deleị'toso, -a] *adj* beglückend, wonnevoll

deletéreo, **-a** [dele'tereo, -a] *adj* (*venenoso*) giftig; (*mortal*) tödlich

deletrear [deletre'ar] *vt* buchstabieren

deletreo [dele'treo] *m* Buchstabieren *nt*

deleznable [deleθ'naβle] *adj* **1.**(*frágil*) brüchig, zerbrechlich **2.**(*inconsistente*) vergänglich

delfín [del'fin] *m* **1.**(ZOOL) Delphin *m* **2.**(*título*) Dauphin *m*

delfinario [delfi'narjo] *m* Delphinarium *nt*

delgadez [delɣa'ðeθ] *f* Dünnheit *f*, Dünne *f*, Schlankheit *f*

delgado, **-a** [del'ɣaðo, -a] *adj* **1.**(*persona*) dünn, schlank **2.**(*cosa*) dünn, fein

deliberación [deliβera'θjon] *f* Beratschlagung *f*, Beratung *f*

deliberado, **-a** [deliβe'raðo, -a] *adj* **1.**(*tratado*) (wohl) überlegt; (*considerado*) erwogen **2.**(*intencionado*) absichtlich

deliberar [deliβe'rar] *vi, vt* abwägen; (*discutir*) beratschlagen (*sobre/acerca de* über +*akk*)

deliberativo, **-a** [deliβera'tiβo, -a] *adj* beratend, Beratungs-

delicadeza [delika'ðeθa] *f* **1.**(*finura*) Feinfühligkeit *f*, Fingerspitzengefühl *nt;* **con** ~ feinfühlig **2.**(*debilidad*) Empfindlichkeit *f*, Zartheit *f* **3.**(*miramiento, condescendencia*) Zuvorkommenheit *f;* **tuvo la** ~ **de...** er/sie war so zuvorkommend und ...

delicado, **-a** [deli'kaðo, -a] *adj* **1.**(*fino, suave*) fein, zart **2.**(*exquisito*) lecker, köstlich **3.**(*atento, amable*) feinfühlig, rücksichtsvoll **4.**(*frágil, quebradizo*) zart, zerbrechlich; (*enfermizo*) anfällig, kränklich; **ser** ~ **de salud** eine schwache Gesundheit haben **5.**(*asunto, situación*) heikel, misslich **6.**(*exigente*) anspruchsvoll

delicatessen [delika'tesen] *fpl* (GASTR) Delikatesse *f;* **tienda de** ~ Delikatessengeschäft *nt*

delicia [de'liθja] *f* Wonne *f*, Entzücken *nt*

delicioso, **-a** [deli'θjoso, -a] *adj* **1.**(*persona*) reizend, anmutig **2.**(*cosa*) wunderbar; (*comida*) köstlich, delikat

delictivo, **-a** [delik'tiβo, -a] *adj* kriminell, Straf-; **acto** ~ Straftat *f*

delicuescente [delikwes'θeṇte] *adj* (QUÍM) zerfließend

delimitación [delimita'θjon] *f* Begrenzung *f*, Abgrenzung *f*

delimitador¹ [delimita'ðor] *m* (TÉC, INFOR) Begrenzer *m*

delimitador(a)² [delimita'ðor(a)] *adj* begrenzend, Begrenzungs-

delimitar [delimi'tar] *vt* begrenzen, abgrenzen

delincuencia [deliŋ'kweṇθja] *f* Straffälligkeit *f*, Kriminalität *f;* ~ **juvenil** Jugendkriminalität *f*

delincuente [deliŋ'kweṇte] **I.** *adj* straffällig, verbrecherisch **II.** *mf* Straftäter(in) *m(f)*, Verbrecher(in) *m(f);* ~ **reincidente** Wiederholungstäter(in) *m(f)*

delineación [delinea'θjon] *f* **1.**(*acción*) Skizzieren *nt;* (*efecto*) Umriss *m* **2.**(*esbozo*) Entwurf *m*

delineador [delinea'ðor] *m* (*cosmética*) Eyeliner *m*

delineante [deline'aṇte] *mf* technischer Zeichner *m*, technische Zeichnerin *f;* ~ **proyectista** Planzeichner(in) *m(f)*

delinear [deline'ar] *vt* skizzieren, entwerfen

delinquir [deliŋ'kir] <qu→c> *vi* straffällig werden, eine Straftat begehen

deliquio [de'likjo] *m* **1.**(*desmayo*) (kurzer) Schwächeanfall *m*, Ohnmachtsanfall *m* **2.**(*éxtasis*) Ekstase *f*

delirante [deli'raṇte] *adj* wahnsinnig

delirar [deli'rar] *vi* **1.**(*desvariar*) fantasieren, (wie) im Fieber reden **2.**(*disparatar*) Unsinn reden **3.**(*gustar*) verrückt sein (*por* nach +*dat*), stehen (*por* auf +*akk*) *fam*

delirio [de'lirjo] *m* **1.**(*enfermedad*) Delirium *nt* **2.**(*ilusión*) Wahnvorstellung *f;* ~ **de grandezas** Größenwahn(sinn) *m* **3.**(*pasión*) große Begeisterung *f*, Schwäche *f;* **¡ésto es el ~!** (*fam*) das ist einsame Spitze!

delírium trémens [de'liriuṇ 'tremens] *m sin pl* (MED) Delirium tremens *nt*

delito [de'lito] *m* Straftat *f*, Delikt *nt;* ~ **contra los derechos humanos** Menschenrechtsverletzung *f;* ~ **de cohecho** (JUR) Bestechungsvergehen *nt;* ~ **doloso** vorsätzliche Straftat; ~ **económico** Wirtschaftsvergehen *nt;* ~ **fiscal** Steuervergehen *nt;* ~ **de guerra** Kriegsverbrechen *nt;* ~ **de lesa humanidad** Verbrechen gegen die Menschheit; ~**s monetarios** Devisenvergehen *ntpl;* ~ **sexual** Sexualdelikt *nt;* **cuerpo del** ~ Beweisstück *nt;* **cometer un** ~ eine Straftat begehen

delta ['deḷta] *m* **1.**(GEO) Delta *nt* **2.**(DEP): **ala** ~ Drachenfliegen *nt*

deltoides [deḷ'toịðes] **I.** *adj inv* **1.**(*forma*) deltaförmig, dreieckig **2.**(ANAT) Delta- **II.** *m inv* (ANAT) Deltamuskel *m*

deludir [delu'ðir] *vt* (*elev*) täuschen

delusorio, **-a** [delu'sorjo, -a] *adj* betrügerisch

demacración [demakra'θjon] *f* Auszehrung *f*, Entkräftung *f*

demacrado, **-a** [dema'kraðo, -a] *adj* ausgemergelt, abgezehrt

demacrarse [dema'krarse] *vr* abmagern

D

demagoga [dema'ɣoɣa] *f v.* **demagogo**

demagogia [dema'ɣoxja] *f* Demagogie *f*

demagógico, **-a** [dema'ɣoxiko, -a] *adj* demagogisch

demagogo, **-a** [dema'ɣoɣo, -a] *m, f* Demagoge, -in *m, f*

demanda [de'maṇda] *f* **1.** (*petición*) Forderung *f,* Ersuchen *nt;* ~ **de empleo** Stellengesuch *nt;* ~ **de extradicción** (JUR) Auslieferungsgesuch *nt;* ~ **salarial** Lohnforderung *f;* **acceder a una** ~ einer Forderung nachkommen; **en** ~ **de** auf der Suche nach *+dat* **2.** (COM) Nachfrage *f* (*de* nach *+dat*), Bedarf *m* (*de* an *+dat*); ~ **adicional** Mehrbedarf *m;* ~ **agregada** Gesamtnachfrage *f;* ~ **de crédito** Kreditnachfrage *f;* ~ **de dinero** Geldnachfrage *f;* ~ **energética** Energiebedarf *m;* ~ **excesiva** Nachfrageüberhang *m;* ~ **exterior** Auslandsnachfrage *f;* ~ **interna** Inlandsnachfrage *f;* ~ **de mano de obra** Arbeitskräftebedarf *m;* **este libro tiene mucha** ~ es besteht eine große Nachfrage nach diesem Buch; ~ **turística** Nachfrage in der Touristikbranche **3.** (JUR) Klage *f,* Klageschrift *f;* ~ **accesoria** Nebenklage *f;* ~ **de daños y perjuicios** Schadensersatzklage *f;* ~ **de desahucio** Räumungsklage *f;* **presentar una** ~ **contra alguien** Klage gegen jdn erheben

demandado, **-a** [demaṇ'daðo, -a] **I.** *adj* gesucht, begehrt **II.** *m, f* Beklagte(r) *mf*

demandante [demaṇ'daṇte] **I.** *adj* antragstellend; (JUR) klagend **II.** *mf* Antragsteller(in) *m(f);* (JUR) Kläger(in) *m(f)*

demandar [demaṇ'dar] *vt* **1.** (*pedir*) fordern; (*solicitar*) beantragen; ~ **asilo** Asyl beantragen **2.** (JUR) verklagen (*ante* vor *+dat, por* wegen *+gen*), gerichtlich belangen (*por* wegen *+gen*)

demarcación [demarka'θjon] *f* **1.** (*delimitación*) Abgrenzung *f,* Demarkation *f elev;* **línea de** ~ Demarkationslinie *f* **2.** (*terreno*) Bezirk *m;* ~ **postal** Postbezirk *m*

demarcar [demar'kar] <c→qu> *vt* (neu) ausmessen, abgrenzen

demarrar [dema'rrar] *vi* starten, anfahren

demás [de'mas] **I.** *adj* übrige(r, s), weitere(r, s); **lo** ~ (**era muy barato**) das Übrige (war sehr billig); **los/las** ~ die Übrigen; **los/las** ~ **presentes** die übrigen Anwesenden; **visitamos el Prado, El Escorial y** ~ **monumentos** wir besichtigten den Prado, den Escorial und weitere Sehenswürdigkeiten; **y** ~ und so weiter; **por lo** ~ ansonsten, im Übrigen **II.** *adv:* **por** ~ vergebens; **está por** ~ **que...** es ist überflüssig zu ...

demasía [dema'sia] *f* **1.** (*exceso*) Übermaß *nt;* **en** ~ im Übermaß, zu viel **2.** (*insolencia*) Dreistigkeit *f*

demasiado[1] [dema'sjaðo] *adv* (all)zu, zu viel; **preguntas** ~ du fragst zu viel; **vas** ~ **deprisa** du fährst zu schnell

demasiado, **-a**[2] [dema'sjaðo, -a] *adj* zu viel; **había demasiada gente** es waren zu viele Leute dort; **hace** ~ **calor** es ist zu heiß

demasié [dema'sje] *adj* (*argot*) spitze, affengeil

demencia [de'meṇθja] *f* Wahnsinn *m;* (MED) Demenz *f,* Schwachsinn *m;* ~ **persecutoria** Verfolgungswahn *m;* ~ **precoz** Schizophrenie *f;* ~ **senil** senile Demenz, Altersschwachsinn *m;* **déjate de** ~**s** hör auf mit dem Schwachsinn

demencial [demeṇ'θjal] *adj* (*t.* MED) schwachsinnig

demente [de'meṇte] **I.** *adj* schwachsinnig, geistesgestört; **enfermo** ~ Geisteskranke(r) *m* **II.** *mf* Schwachsinnige(r) *mf,* Geistesgestörte(r) *mf*

demérito [de'merito] *m* **1.** (*falta de mérito*) Unwürdigkeit *f* **2.** (*perjuicio*) Nachteil *m;* **aquella decisión obró en** ~ **suyo** diese Entscheidung gereichte ihm/ihr zum Nachteil

demeritorio, **-a** [demeri'torjo, -a] *adj* unverdient

demiurgo [demi'urɣo] *m* (FILOS) Demiurg *m,* Weltenschöpfer *m*

democracia [demo'kraθja] *f* Demokratie *f;* ~ **parlamentaria** parlamentarische Demokratie; ~ **popular** Volksdemokratie *f;* ~ **presidencial** Präsidialdemokratie *f;* ~ **representativa** repräsentative Demokratie

demócrata [de'mokrata] **I.** *adj* demokratisch **II.** *mf* Demokrat(in) *m(f)*

democratacristiano, **-a** [demokratakris'tjano, -a] *adj o m, f v.* **democristiano**

democrático, **-a** [demo'kratiko, -a] *adj* demokratisch

democratización [demokratiθa'θjon] *f* Demokratisierung *f*

democratizador(a) [demokratiθa'ðor(a)] *adj* Demokratisierungs-; **proceso** ~ Demokratisierungsprozess *m*

democratizar [demokrati'θar] <z→c> **I.** *vt* demokratisieren **II.** *vr:* ~**se** demokratisch werden

democristiano, **-a** [demokris'tjano, -a] **I.** *adj* christlich-demokratisch **II.** *m, f* Christdemokrat(in) *m(f)*

demodé [demo'ðe] *adj* (*fam*) altmodisch

demodulación [demoðula'θjon] *f* (INFOR) Demodulation *f*

demodulador [demoðula'ðor] *m* (INFOR) Demodulator *m*

demodular [demoðu'lar] *vt* (INFOR) demodulieren

demografía [demoɣra'fia] *f* Bevölkerungswissenschaft *f,* Demografie *f*

demográfico, **-a** [demo'ɣrafiko, -a] *adj* demografisch, Bevölkerungs-; **explosión demográfica** Bevölkerungsexplosion *f*

demoledor(a) [demole'ðor(a)] *adj* **1.** (*destructor*) zerstörend, Abriss-; **piqueta** ~**a** Spitzhacke *f* **2.** (*ataque*) heftig; (*argumento*) vernichtend

demoler [demo'ler] <o→ue> *vt* **1.** (*un edificio*) abreißen **2.** (*una idea*) zerstören

demolición [demoli'θjon] *f* **1.** (*edificio*) Abriss *m,* Abbruch *m,* Demolierung *f* **2.** (*argumentos, ideas*) Zerstören *nt*

demonetización [demonetiθa'θjon] *f* (FIN) Demonetisierung *f*

demoniaco, **-a** [demo'njako, -a], **demoníaco**, **-a** [demo'niako, -a] **I.** *adj* **1.** (*satánico*) dämonisch, teuflisch **2.** (*endemoniado*) besessen **II.** *m, f* Besessene(r) *mf*

demonio [de'monjo] *m* **1.** (*espíritu*) Dämon *m;* **¡~(s) (con...)!** zum Teufel (mit ...)!; **~ de mujer** Teufelsweib *nt;* **~ de niño/niña** Teufelskind *nt;* **como el** [*o* **un**] **~** wie der Teufel; **del ~, de mil ~s** ungeheuer; **tenía un carácter de mil ~s** er/sie hatte einen äußerst schwierigen Charakter; **darse a los ~s, ponerse como un ~** fuchsteufelswild werden; **oler/saber a ~s** scheußlich riechen/schmecken; **ser el mismo** [*o* **mismísimo**] **~** der leibhaftige Teufel sein; **tener el ~ en el cuerpo** den Teufel im Leib haben; **tentar al ~** den Teufel an die Wand malen; **¡vete al ~!** zum Teufel mit dir!, scher dich zum Teufel! **2.** (REL) Teufel *m,* Satan *m* **3.** (*vicio*) Laster *nt* **4.** (INFOR) Dämon *m*

demontre [de'mon̪tre] **I.** *interj* (*fam*) Teufel auch **II.** *m* (*fam*) Teufel *m*

demora [de'mora] *f* **1.** (*dilación*) Verspätung *f,* Verzögerung *f* **2.** (*tardanza*) Verzug *m;* **~ en la entrega** Lieferverzug *m;* **~ en el pago** Zahlungsverzug *m* **3.** (NÁUT) Richtung *f,* Kurs *m*

demorar [demo'rar] **I.** *vt* hinauszögern **II.** *vr:* **~se 1.** (*detenerse*) sich aufhalten **2.** (*retrasarse*) sich verspäten

demoscopia [demos'kopja] *f* Demoskopie *f,* Meinungsforschung *f*

demostrable [demos'traβle] *adj* beweisbar

demostración [demostra'θjon] *f* **1.** (*prueba*) Beweis *m* (*de +gen, de* für *+akk*) **2.** (*argumentación*) Beweisführung *f* **3.** (*explicación*) Erklärung *f,* Darlegung *f* **4.** (*exteriorización*) Bekundung *f* **5.** (*exhibición*) Vorführung *f*

demostrar [demos'trar] <o→ue> *vt* **1.** (*probar*) beweisen, belegen **2.** (*mostrar*) zeigen **3.** (*explicar*) erklären, darlegen **4.** (*expresar*) bekunden **5.** (*exhibir*) vorführen, demonstrieren

demostrativo, **-a** [demostra'tiβo, -a] *adj* **1.** (*probatorio*) einen Beweis erbringend; **documento ~ del pago** Zahlungsbeleg *m* **2.** (LING) demonstrativ, Demonstrativ-; **pronombre ~** Demonstrativpronomen *nt*

demudado, **-a** [demu'ðaðo, -a] *adj* **1.** (*cambiado*) verändert; (*de color*) verfärbt **2.** (*desfigurado*) entstellt, verzerrt

demudar [demu'ðar] **I.** *vt* **1.** (*variar*) verändern; **la mala noticia le demudó el rostro** aufgrund [*o* auf Grund] der schlechten Nachricht verdüsterte sich seine/ihre Miene **2.** (*desfigurar*) entstellen, verzerren; **el cólico le demudó por un momento el rostro** der Krampf verzerrte einen Augenblick lang sein/ihr Gesicht **II.** *vr:* **~se 1.** (*cambiar el rostro de color*) sich im Gesicht verfärben; **se demudó al ver el cadáver** beim Anblick der Leiche wurde er/sie ganz blass im Gesicht **2.** (*desfigurarse*) das Gesicht verzerren

demultiplexar [demuḷtipleˠ'sar] *vt* (INFOR) entmultiplexen

dendrografía [den̪droɣra'fia] *f* Abhandlung *f* über Bäume

dendrología [den̪drolo'xia] *f* Dendrologie *f,* Gehölzkunde *f*

denegación [deneɣa'θjon] *f* Verweigerung *f;* **~ de auxilio** (JUR) unterlassene Hilfeleistung

denegar [dene'ɣar] *irr como fregar vt* verweigern, ablehnen; **~ un derecho a alguien** jdm ein Recht absprechen

denegatorio, **-a** [deneɣa'torjo, -a] *adj* ablehnend

dengoso, **-a** [deŋ'goso, -a] **I.** *adj* (*fam*) geziert **II.** *m, f* (*fam*) Person *f,* die sich ziert

dengue ['deŋge] *m* **1.** (*melindre*) Ziererei *f;* **hacer ~s** sich zieren, sich anstellen; **¡no hagas ~s!** sei kein Frosch! **2.** (*fam: persona*) Person *f,* die sich ziert **3.** (*prenda de vestir*) Pelerine *f* **4.** (MED) Denguefieber *nt,* Siebentagefieber *nt* **5.** (*Col: contoneo*) wiegender Gang *m* **6.** (*Chil: planta*) Wunderblume *f*

denguear [deŋge'ar] *vi* **1.** (*melindrear*) sich zieren, sich anstellen **2.** (*Col: contonearse*) die Hüften wiegen

denguero, **-a** [deŋ'gero, -a] *adj* geziert

denigración [deniɣra'θjon] *f* **1.** (*humillación*) Erniedrigung *f* **2.** (*calumnia*) Diffamierung *f* **3.** (*injuria*) Beleidigung *f*

denigrante [deni'ɣran̪te] *adj* erniedrigend, herabwürdigend

denigrar [deni'ɣrar] *vt* **1.** (*humillar*) erniedrigen **2.** (*calumniar*) in Verruf bringen **3.** (*injuriar*) beleidigen

denigratorio, **-a** [deniɣra'torjo, -a] *adj v.* **denigrante**

denodado, **-a** [deno'ðaðo, -a] *adj* (*elev*) kühn

denominación [denomina'θjon] *f* **1.** (*nombre*) Benennung *f,* Bezeichnung *f,* Name *m;* **~ de origen** Herkunftsbezeichnung *f* **2.** (COM) Nennwert *m,* Stückelung *f* von Wertpapieren

denominador [denomina'ðor] *m* (MAT) Nenner *m;* **reducir a un común ~** auf einen gemeinsamen Nenner bringen

denominar [denomi'nar] **I.** *vt* (be)nennen; **lo denominamos "Pichi"** wir nennen ihn „Pichi"; **denominamos la escuela en homenaje a su fundadora** wir haben die Schule nach ihrer Gründerin benannt **II.** *vr:* **~se** sich nennen; **la taberna se denomina "La Casa"** die Taverne nennt sich [*o* heißt] „La Casa"; **en medicina la infección del apéndice se denomina "apendicitis"** in der Medizin wird eine Blinddarmentzündung „Appendizitis" genannt

denominativo [denomina'tiβo, -a] *m* (LING) Denominativ(um) *nt*

denostar [denos'tar] <o→ue> *vt* (*elev*)

schmähen

denotación [denota'θjon] *f* 1. (*nombre*) Bezeichnung *f* 2. (LING) Denotation *f*

denotar [deno'tar] *vt* (*t.* LING: *significar*) bedeuten

denotativo, **-a** [denota'tiβo, -a] *adj* (LING) denotativ

densidad [densi'ðaᵈ] *f* (*t.* FÍS) Dichte *f;* ~ **de escritura** (TIPO, INFOR) Schreibdichte *f;* ~ **de grabación** (INFOR) Speicherdichte *f;* ~ **de población** Bevölkerungsdichte *f;* ~ **de puntos** (INFOR) Punktdichte *f;* **alta** ~ hohe Dichte; **el hierro es un metal de mucha** ~ Eisen hat eine hohe Dichte

denso, **-a** ['denso, -a] *adj* 1. (*compacto*) dicht 2. (*espeso*) dick 3. (*t. fig: pesado*) schwer

dentado¹ [deṇ'taðo] *m* (TÉC) Verzahnung *f*

dentado, **-a²** [deṇ'taðo, -a] *adj* 1. (*con dientes*) gezähnt; **rueda dentada** (TÉC) Zahnrad *nt* 2. (BOT) gezackt

dentadura [deṇta'ðura] *f* (MED) Gebiss *nt;* ~ **de leche** Milchgebiss *nt;* ~ **postiza** künstliches Gebiss

dental¹ [deṇ'tal] I. *adj* 1. (MED) Zahn-, dental; **prótesis** ~ Zahnersatz *m,* Zahnprothese *f;* **técnico** ~ Zahntechniker *m* 2. (LING) dental II. *f* (LING) Dental *m,* Zahnlaut *m*

dental² [deṇ'tal] *m* 1. (*arado*) Pflugsterz *m* 2. (*trillo*) Dreschstein *m*

dentar [deṇ'tar] <e→ie> I. *vt* (*t.* TÉC) verzahnen II. *vi* (MED) zahnen

dentellada [deṇte'ʎaða] *f* 1. (*mordisco*) Biss *m;* **a ~s** mit den Zähnen; **comer a ~s** sehr gierig essen; **matar a ~s** (*fiera*) reißen; **pelearse a ~s** einander beißen (im Kampf) 2. (*herida*) Bisswunde *f*

dentellado, **-a** [deṇte'ʎaðo, -a] *adj* 1. (*dentado*) gezähnt 2. (*con forma de diente*) zahnförmig; (BOT) gezackt 3. (*herido a dentelladas*) zerbissen

dentellar [deṇte'ʎar] *vi* mit den Zähnen klappern

dentellear [deṇteʎe'ar] *vt* beißen

dentera [deṇ'tera] *f* 1. (*sensación*) *unangenehmes Gefühl an den Zähnen* 2. (*fam: envidia*) Neid *m;* **dar** ~ neidisch machen

dentición [deṇti'θjon] *f* 1. (*aparición de los dientes*) Zahndurchbruch *m;* (MED) Dentition *f;* (*de los primeros dientes*) Zahnen *nt* 2. (ZOOL) Gebiss *nt,* Zahnsystem *nt*

dentífrico¹ [deṇ'tifriko] *m* Zahncreme *f,* Zahnpasta *f*

dentífrico, **-a²** [deṇ'tifriko, -a] *adj:* **agua dentífrica** Mundwasser *nt;* **pasta dentífrica** Zahncreme *f,* Zahnpasta *f*

dentina [deṇ'tina] *f* (MED) Zahnbein *nt,* Dentin *nt*

dentista [deṇ'tista] I. *adj* zahnärztlich, Zahnarzt- II. *mf* Zahnarzt, -ärztin *m, f*

dentro ['deṇtro] I. *adv* (dr)innen; **a** ~ innen, innen drin *fam;* **desde** ~ von innen heraus; (*t. fig*) aus dem Inneren; **por** ~ innen; (*fig*) im Herzen II. *prep* 1. ~ **de** (*local*) in +*dat,* innerhalb +*gen;* ~ **del bolso/de la casa** in der Tasche/im Haus(e); ~ **de lo posible** im Rahmen des Möglichen 2. (*con movimiento*) in +*akk;* **pasó/miró** ~ **de la habitación** er/sie ging/schaute ins Zimmer rein 3. (*temporal*) binnen +*gen,* in +*dat;* ~ **de poco** bald; ~ **de una semana** in einer Woche

dentudo¹ [deṇ'tuðo] *m* (*Cuba:* ZOOL) Heringshai *m*

dentudo, **-a²** [deṇ'tuðo, -a] *adj* großzahnig

denudación [denuða'θjon] *f* Entblößung *f*

denudar [denu'ðar] I. *vt* 1. (MED) freilegen 2. (GEO: *suelo*) abtragen, bloßlegen II. *vr:* **~se** (BIOL) die Rinde verlieren

denuedo [de'nweðo] *m* (*elev*) Kühnheit *f*

denuesto [de'nwesto] *m* (*elev*) Schmähung *f*

denuncia [de'nuṇθja] *f* 1. (JUR: *acusación*) (Straf)anzeige *f;* ~ **obligatoria** Anzeigepflicht *f;* **hacer** [*o* **presentar**] **una** ~ Anzeige erstatten (*ante* bei +*dat, por* wegen +*gen*); **hizo una ~ en la comisaría por el robo del bolso** er/sie zeigte auf der Polizeiwache den Raub der Tasche an; **hacer una ~ por falta de pago** eine Klage auf Zahlung erheben 2. (*de una injusticia*) Anklage *f;* **ese reportaje es una ~ estremecedora del hambre en el Tercer Mundo** dieser Bericht klagt in erschütternder Weise den Hunger in der Dritten Welt an 3. (JUR: *tratado*) Kündigung *f;* ~ **del contrato** Vertragskündigung *f;* ~ **con/sin (pre)aviso** fristgebundene/fristlose Kündigung

denunciable [denuṇ'θjaβle] *adj:* **el maltrato de esta madre a sus hijos es** ~ man müsste diese Mutter wegen Kindesmisshandlung anzeigen; **la casa está en un estado** ~ das Haus befindet sich in einem erbärmlichen Zustand

denunciación [denuṇθja'θjon] *f* Denunziation *f pey*

denunciante [denuṇ'θjaṇte] I. *adj* (JUR): **parte** ~ Kläger *m* II. *mf* 1. (*que presenta una denuncia*) Anzeigeerstatter(in) *m(f)* 2. (*que delata*) Denunziant(in) *m(f) pey*

denunciar [denuṇ'θjar] *vt* 1. (JUR: *acusar*) anzeigen (*por* wegen +*gen, ante* bei +*dat*), Anzeige erstatten (*por* wegen +*gen, ante* bei +*dat*); **la ~on por ladrona** sie wurde wegen Diebstahls angezeigt 2. (*delatar*) denunzieren, öffentlich verurteilen 3. (*indicar*) zeigen; (*hacer público*) an die Öffentlichkeit bringen; **sus modales denuncian su deficiente educación** seine/ihre Manieren lassen erkennen, dass er/sie keine gute Erziehung genossen hat 4. (JUR: *tratado*) kündigen 5. (MIN) muten

denuncio [de'nuṇθjo] *m* 1. (*And: denuncia*) Anzeige *f* 2. (MIN) Muten *nt*

deontología [deoṇtolo'xia] *f* Pflichtenlehre *f,* Deontologie *f*

deontológico, **-a** [deoṇto'loxiko, -a] *adj* die Deontologie betreffend

Dep. [departa'meṇto] *m abr de* **departa-**

mento Abt.

deparar [depa'rar] *vt* bescheren; **nunca se sabe lo que a uno le ~á el destino** man weiß nie, was einen erwartet

departamental [departamen̪'tal] *adj* Abteilungs-; **jefe** ~ Abteilungsleiter *m*

departamento [departa'men̪to] *m* **1.** (*de un establecimiento*) Abteilung *f;* (*de un objeto*) Fach *nt;* ~ **de compras** Einkaufsabteilung *f;* ~ **de contabilidad** Buchhaltung *f;* ~ **de estudios de mercado** Marktforschungsabteilung *f;* ~ **de exportación** Exportabteilung *f;* ~ **jurídico** Rechtsabteilung *f;* ~ **personal** Personalabteilung *f;* **la caja de herramientas tiene un ~ para tornillos** der Werkzeugkasten hat ein Fach für Schrauben **2.** (ADMIN: *ministerio*) Ministerium *nt;* (*EE.UU.*) Department *nt;* ~ **de estado** Staatsministerium *nt* **3.** (ADMIN: *distrito*) Bezirk *m;* (*Francia*) Departement *nt* **4.** (UNIV) Fachbereich *m;* (*EE.UU., Gran Bretaña*) Department *nt* **5.** (FERRO) Abteil *nt;* ~ **de fumadores** Raucherabteil *nt* **6.** (*Am: apartamento*) Wohnung *f,* Appartement *nt*

departir [depar'tir] *vi* debattieren, plaudern (*acerca de/de/sobre* über +*akk*)

depauperación [depau̯pera'θjon] *f* **1.** (*empobrecimiento*) Verarmung *f* **2.** (MED) Entkräftung *f*

depauperar [depau̯pe'rar] **I.** *vt* **1.** (*empobrecer*) arm machen **2.** (MED) entkräften **II.** *vr:* **~se 1.** (*empobrecerse*) verarmen **2.** (MED) entkräften

dependencia [depen̪'den̪θja] *f* **1.** (*sujeción*) Abhängigkeit *f;* ~ **de drogas** Drogenabhängigkeit *f;* **vivir en** [*o* **bajo la**] ~ **de alguien** von jdm abhängig sein **2.** (COM: *sucursal*) Niederlassung *f,* Zweigstelle *f* **3.** (COM: *empleados*) Angestellte *pl,* Belegschaft *f* **4.** (*sección*) Abteilung *f* **5.** *pl* (*habitaciones*) Räumlichkeiten *fpl;* **las ~s de los sirvientes** die Räumlichkeiten der Bediensteten

depender [depen̪'der] *vi* abhängig sein (*de* von +*dat*), abhängen (*de* von +*dat*); **eso depende de Ud.** das liegt an Ihnen; **¡depende!** es kommt darauf an!

dependiente[1] [depen̪'djen̪te] *adj* abhängig (*de* von +*dat*)

dependiente, -a[2] [depen̪'djen̪te, -a] *m, f* Angestellte(r) *mf;* (*de una tienda*) Verkäufer(in) *m(f)*

depilación [depila'θjon] *f* Enthaarung *f;* (MED) Epilation *f;* ~ **a la cera negra** Enthaarung mit schwarzem Wachs

depilado [depi'laðo] *m v.* **depilación**

depiladora [depila'ðora] *f* Epiliergerät *nt*

depilar [depi'lar] *vt, vr:* **~se** (sich) enthaaren; **~se las cejas** sich *dat* die Augenbrauen zupfen

depilatorio[1] [depila'torjo] *m* Enthaarungsmittel *nt*

depilatorio, -a[2] [depila'torjo, -a] *adj* Enthaarungs-; **crema depilatoria** Enthaarungscreme *f*

deplorable [deplo'raβle] *adj* bedauerlich; **espectáculo** ~ jämmerliche Vorstellung

deplorar [deplo'rar] *vt* (zutiefst) bedauern

deponente [depo'nen̪te] *mf* **1.** (FIN: *depositante*) Einzahler(in) *m(f)* **2.** (JUR: *testigo*) Zeuge, -in *m, f*

deponer [depo'ner] *irr como poner* **I.** *vt* **1.** (*destituir*) absetzen; ~ **de un cargo** eines Amtes entheben; **el depuesto rey** der abgesetzte König **2.** (*deshacerse de*) ablegen; ~ **el luto** die Trauerkleidung ablegen; ~ **las armas** die Waffen niederlegen, sich ergeben; ~ **su actitud** seine Haltung ändern **3.** (*bajar*) herabnehmen; ~ **una estatua** eine Statue vom Sockel heben **II.** *vi* **1.** (JUR) aussagen (*vor Gericht*) **2.** (*defecar*) Stuhlgang haben

deport [de'port] <deports> *m* (FIN) Deportgeschäft *nt*

deportación [deporta'θjon] *f* Deportation *f*

deportar [depor'tar] *vt* deportieren

deporte [de'porte] *m* Sport *m;* ~ **acuático** [*o* **náutico**] Wassersport *m;* ~ **de** (**alta**) **competición** (Hoch)leistungssport *m;* ~ **hípico** Reitsport *m;* **~s de alto riesgo** Risikosportarten *fpl;* **~s de invierno** Wintersportarten *fpl;* **el ~ rey** die beliebteste Sportart; **hacer** [*o* **practicar**] ~ Sport treiben

deportista [depor'tista] **I.** *adj* sportlich **II.** *mf* Sportler(in) *m(f);* ~ **aficionado** Hobbysportler *m,* Amateur(sportler) *m;* ~ **de élite** Spitzensportler(in) *m(f);* ~ **profesional** Berufssportler *m,* Profi(sportler) *m*

deportividad [deportiβi'ðaᵈ] *f* (DEP) Sportlichkeit *f,* Fairness *f*

deportivo[1] [depor'tiβo] *m* **1.** (*club*) Sportverein *m* **2.** (*automóvil*) Sportwagen *m*

deportivo, -a[2] [depor'tiβo, -a] *adj* **1.** (*relativo al deporte*) Sport-; (*deportista*) sportlich; **coche** ~ Sportwagen *m;* **noticias deportivas** Sportnachrichten *fpl* **2.** (*actitud*) sportlich, fair

deposición [deposi'θjon] *f* **1.** (*el dejar*) Ablegen *nt* **2.** (*cargo*) Amtsenthebung *f,* Absetzung *f* **3.** (JUR) (gerichtliche) Aussage *f;* ~ **testifical** [*o* **de los testigos**] Zeugenaussage *f* **4.** (*defecación*) Stuhlgang *m*

depositador(a) [deposita'ðor(a)] *adj o m(f) v.* **depositante**

depositante [deposi'tan̪te] **I.** *adj* (FIN) Einleger-; **parte** ~ Einleger *m* **II.** *mf* (FIN) Deponent(in) *m(f);* (*dinero*) Einleger(in) *m(f);* (*caución, objetos de valor*) Hinterleger(in) *m(f);* **cupón para el** ~ Hinterlegungsschein *m*

depositar [deposi'tar] **I.** *vt* **1.** (*colocar*) absetzen (*en/sobre* auf +*dat*), deponieren (*en/sobre* auf +*dat*) **2.** (*dar para cuidar*) in Verwahrung geben (*en* bei/in +*dat*), deponieren (*en* bei/in +*dat*); ~ **su confianza en alguien/algo** sein Vertrauen auf [*o* in] jdn/etw setzen **3.** (FIN) einlegen, hinterlegen **4.** (JUR) an einen sicheren Ort bringen **5.** (*cadáver*) aufbahren **II.** *vr:* **~se** sich absetzen (*en* auf/an +*dat*), sich ablagern (*en* in +*dat*)

depositaria [deposi'tarja] *f v.* **depositario**

depositaría [deposita'ria] *f* Aufbewahrungsort *m*, Hinterlegungsstelle *f*

depositario, -a [deposi'tarjo, -a] *m, f* **1.** (*de valores*) Depositar(in) *m(f)*, Depositär(in) *m(f)*, Verwahrer(in) *m(f)*; ~ **judicial** Sequester *m* **2.** (*de sentimientos*) Vertraute(r) *mf*

depositario-administrador [deposi'tarjo aðministra'ðor] *m* (ECON) vorläufiger Konkursverwalter *m*

depósito [de'posito] *m* **1.** (*acción*) Aufbewahrung *f*, Lagerung *f*; **en** ~ in Verwahrung **2.** (*lugar*) Depot *nt*, Lager *nt*; ~ **central** Zentrallager *nt*; ~ **de equipajes** (FERRO) Gepäckaufbewahrung *f* **3.** (*recipiente*) Behälter *m*, Tank *m*; ~ **de agua** Wasserspeicher *m*; ~ **elevado de agua** Wasserturm *m*; ~ **de un arma de fuego** Magazin *nt* **4.** (FIN: *acción*) Einlegen *nt*; (*dinero*) Einlage *f*, Hinterlegungssumme *f*; ~ **a término** Termingeld *nt*; ~ **a corto/a medio plazo** kurzfristige/mittelfristige Einlage; ~ **de garantía** Sicherheitshinterlegung *f*; ~ **a plazo fijo** Festgeld *nt*; ~ **para siniestros** Hinterlegung für den Schadensfall; ~ **de títulos-valor** Wertpapierdepot *nt*; ~ **a la vista** Sichteinlage *f* **5.** (*el poner al cuidado*) Deponieren *nt*, Hinterlegen *nt* **6.** *pl* (*dinero*) Depositen(gelder) *pl*; **~s de ahorro** Spareinlagen *fpl* **7.** (*sedimento*) Ablagerung *f*; (*del vino*) Depot *nt* **8.** (*publicaciones*): ~ **legal** (*ejemplares*) Abgabe von Pflichtexemplaren; (*derechos*) alle Rechte vorbehalten **9.** (*morgue*): ~ **de cadáveres** Leichenhaus *nt*; ~ **judicial** Leichenschauhaus *nt*

depravación [depraβa'θjon] *f* Verderbtheit *f*, Verkommenheit *f*; ~ **de las costumbres** Sittenverfall *m*

depravar [depra'βar] **I.** *vt* verderben **II.** *vr:* **~se** verkommen

depre[1] ['depre] *f* (*fam*): **estar con la** ~ down sein

depre[2] ['depre] *mf* (*fam*): **ser un/una** ~ depressiv sein

deprecación [depreka'θjon] *f* Flehen *nt*, inständige Bitte *f*

deprecar [depre'kar] <c→qu> *vt* flehen (um +*akk*), inständig bitten (um +*akk*)

deprecatorio, -a [depreka'torjo, -a] *adj* flehend

depreciación [depreθja'θjon] *f* **1.** (*desvalorización*) Wertminderung *f*, Abwertung *f*, Entwertung *f*; ~ **monetaria** [*o* **de la moneda**] Geldentwertung *f* **2.** (*abaratamiento*) Senkung *f*

depreciar [depre'θjar] **I.** *vt* **1.** (*desvalorizar*) den Wert mindern; (*moneda*) abwerten **2.** (*abaratar*) den Preis senken; **la buena cosecha ~á el precio de reventa de la uva** die gute Ernte wird den Wiederverkaufspreis der Trauben senken **II.** *vr:* **~se** an Wert verlieren

depredación [depreða'θjon] *f* **1.** (*saqueo*) Plünderung *f* **2.** (*malversación*) Veruntreuung *f* **3.** (*caza*) Reißen *nt*

depredador(a) [depreða'ðor(a)] **I.** *adj* **1.** (*saqueador*) plündernd **2.** (ZOOL) räuberisch **II.** *m(f)* **1.** (*saqueador*) Plünderer, -in *m, f* **2.** (*malversador*) Veruntreuer(in) *m(f)*

depredar [depre'ðar] *vt* **1.** (*saquear*) plündern **2.** (*malversar*) veruntreuen **3.** (ZOOL) reißen

depresión [depre'sjon] *f* **1.** (*tristeza*) Niedergeschlagenheit *f*, Depression *f* **2.** (*hundimiento*) Absenkung *f* **3.** (GEO) Senke *f* **4.** (ECON) Depression *f*; ~ **cíclica** Konjunktureinbruch *m*; ~ **económica** Wirtschaftskrise *f* **5.** (*en los precios*) Senkung *f* **6.** (METEO) Tief(druckgebiet) *nt*, Depression *f*

depresivo, -a [depre'siβo, -a] *adj* **1.** (*que deprime*) deprimierend **2.** (MED: *propenso a la depresión*) depressiv

deprimente [depri'mente] *adj* deprimierend, niederdrückend

deprimido, -a [depri'miðo, -a] *adj* deprimiert, bedrückt, niedergeschlagen; **región deprimida** entwicklungsschwache Region

deprimir [depri'mir] **I.** *vt* **1.** (*hundir*) (herunter)drücken **2.** (*disminuir el volumen*) zusammenpressen **3.** (*abatir*) deprimieren **II.** *vr:* **~se** **1.** (*disminuirse el volumen*) an Volumen abnehmen **2.** (*abatirse*) Depressionen bekommen

deprisa [de'prisa] *adv* schnell; ~ **y corriendo** so schnell wie möglich

depuración [depura'θjon] *f* **1.** (*purificación*) Reinigung *f*, Läuterung *f* **2.** (POL) Säuberung *f* **3.** (INFOR) Debugging *nt*; ~ **de datos** Datenbereinigung *f*; **programa de** ~ Debugger *m*

depurado, -a [depu'raðo, -a] *adj* gereinigt, geläutert; (*de tóxicos*) entgiftet; **estilo** ~ gewählte Ausdrucksweise

depurador[1] [depura'ðor] *m* Reiniger *m*; (INFOR) Debugger *m*, Fehlersuchprogramm *nt*; ~ **de aire** Luftreiniger *m*; ~ **de gas** (QUÍM) Gaswäscher *m*

depurador(a)[2] [depura'ðor(a)] *adj* reinigend, Reinigungs-

depuradora [depura'ðora] *f* **1.** (*estación*) Kläranlage *f* **2.** (*piscina*) Umwälzanlage *f*

depurar [depu'rar] **I.** *vt* **1.** (*purificar*) reinigen, läutern; ~ **el estilo** an der Ausdrucksweise feilen; ~ **la sangre** das Blut reinigen **2.** (POL) säubern **3.** (INFOR) debuggen, bereinigen **II.** *vr:* **~se** **1.** (*purificarse*) sich reinigen **2.** (*refinarse*): **gracias a la lectura de los clásicos se depuró su estilo** dank der Lektüre der Klassiker hat sich sein/ihr Stil gefestigt

depurativo[1] [depura'tiβo] *m* (MED) Entschlackungsmittel *nt*; (*sangre*) Blutreinigungsmittel *nt*

depurativo, -a[2] [depura'tiβo, -a] *adj* (MED) entschlackend

dequeísmo [deke'ismo] *m* (LING) *falsche Verwendung der Präposition 'de' vor einem Nebensatz, der durch 'que' eingeleitet wird*

derbi ['derβi] *m* (DEP) Lokalderby *nt*

derecha [de'reʧa] *f* **1.** (*diestra*) rechte Hand *f*, Rechte *f* **2.** (*lado*) rechte Seite *f*; **doblar a la ~** (nach) rechts abbiegen; **tenía a su madre a la ~** ihre/seine Mutter stand rechts von ihr/ihm; **el autobús la rebasó por la ~** der Bus überholte sie von rechts; **¡~!** (MIL) rechtsum! **3.** (POL) Rechte *f*, Rechtspartei *f*; **de ~(s)** rechtsorientiert

derechamente [dereʧa'mente] *adv* **1.** (*directamente*) gerade(n)wegs **2.** (*correctamente*) aufrecht

derechazo [dere'ʧaθo] *m* **1.** (*boxeo*) Rechte *f* **2.** (TAUR) *Stierkampffigur mit dem roten Tuch in der rechten Hand*

derechista [dere'ʧista] **I.** *adj* (POL) rechtsorientiert, rechtsgerichtet **II.** *mf* (POL) Anhänger(in) *m(f)* einer Rechtspartei

derechización [dereʧiθa'θjon] *f* (POL) Rechtsruck *m*

derechizar [dereʧi'θar] <z→c> **I.** *vt* (POL) einen Rechtsruck bewirken; **el desempleo derechiza muchas veces a los afectados** Arbeitslosigkeit führt bei den Betroffenen oft zur Verstärkung rechter Ansichten **II.** *vr:* **~se** (POL) nach rechts rücken; **el estudiantado se ha derechizado en los últimos 10 años** in den letzten 10 Jahren fand unter den Studenten ein Ruck nach rechts statt

derecho[1] [de'reʧo] **I.** *adv* direkt **II.** *m* **1.** (*legitimidad*) Recht *nt* (*a* auf +*akk*), Anrecht *nt* (*a* auf +*akk*), Anspruch *m* (*a* auf +*akk*); **~ de acceso** Zugriffsrecht *nt;* **~ de acuñación** Münzhoheit *f*, Münzrecht *nt;* **~ de asilo** Recht auf Asyl; **~ de asociación** Vereinigungsfreiheit *f*, Koalitionsfreiheit *f;* **~ de autodeterminación** Selbstbestimmungsrecht *nt;* **~ de caza** Jagdberechtigung *f;* **~ de explotación** Verwertungsrecht *nt;* **~ de libre circulación** Recht auf Freizügigkeit; **~ de libertad de conciencia y culto** Gewissens- und Religionsfreiheit *f;* **~ de opción** Vorkaufsrecht *nt;* **~ prendario** Pfandrecht *nt;* **~ de primogenitura** Erstgeburtsrecht *nt;* **~ de propiedad industrial** Urheberrecht *nt;* **~ de propiedad intelectual** Urheberrecht *nt;* **~ de sucesión** (JUR, HIST) Erbfolgerecht *nt;* **~ sucesorio** Erbrecht *nt;* **~ de sufragio** [*o* **de voto**] Stimmrecht *nt;* **con ~ a** berechtigt zu +*dat;* **de pleno ~** mit vollem Recht; **miembro de pleno ~** vollberechtigtes Mitglied; **ejercer un ~** ein Recht ausüben; **estar en su (perfecto) ~** (voll) im Recht sein; **hacer uso de un ~** ein Recht in Anspruch nehmen; **tener ~ a** berechtigt sein zu +*dat;* **¡no hay ~!** (*fam*) das gibt es nicht!; **~ al pataleo** (*fam*) Recht auf Widerrede **2.** (JUR: *jurisprudencia*) Recht *nt;* (*ciencia*) Rechtswissenschaft *f*, Jura; **~ administrativo** Verwaltungsrecht *nt;* **~ aduanero** Zollrecht *nt;* **~ canónico** (REL) kanonisches Recht, katholisches Kirchenrecht; **~ civil** bürgerliches Recht, Zivilrecht *nt;* **~ de la competencia** Wettbewerbsrecht *nt;* **~ comunitario** (UE) Gemeinschaftsrecht *nt;* **~ consuetudinario** Gewohnheitsrecht *nt;* **~ criminal** [*o* **penal**] Strafrecht *nt;* **~ fiscal** [*o* **tributario**] Steuerrecht *nt;* **~ de gentes** Völkerrecht *nt;* **~s del hombre** [*o* **humanos**] Menschenrechte *ntpl;* **~ internacional** internationales Recht; **~ laboral** Arbeitsrecht *nt;* **~ mercantil** Handelsrecht *nt;* **~ político** Staatsrecht *nt;* **~ procesal** Prozessrecht *nt;* **estudiante de ~** Jurastudent(in) *m(f);* **estudiar ~** Jura studieren; **conforme a** [*o* **según**] **~** rechtmäßig; **conforme a** [*o* **según**] **~ vigente** nach geltendem Recht; **de ~** von Rechts wegen; **por ~ propio** kraft seines Amtes **3.** (*lado bueno de un papel, tela*) rechte Seite *f* **4.** *pl* (*impuestos*) Gebühren *fpl;* **~s de alquiler** Leihgebühr *f;* **~s arancelarios** [*o* **de aduana**] Zölle *mpl*, Zollgebühren *fpl;* **~s compensatorios** Ausgleichsabgaben *fpl;* **~s de entrada/salida** Einfuhr-/Ausfuhrzölle *mpl;* **~s de exportación** [*o* **de salida**] Exportzölle *mpl*, Ausfuhrzölle *mpl;* **~s de importación** [*o* **de entrada**] Importzölle *mpl*, Einfuhrzölle *mpl;* **~s de patentes** Patent(lizenz)gebühren *fpl;* **~s portuarios** Hafengeld *nt;* **~s de regalía** *Einfuhrgebühren für den Tabak in Spanien;* **libre de/sujeto a ~s** gebührenfrei/gebührenpflichtig **5.** *pl* (*honorarios*) Honorar *nt;* **~s de mediación** Courtage *f*, Vermittlungsprovision *f;* **~s de pago de indemnización** Schaden(s)ersatzansprüche *mpl*

derecho, -a[2] [de'reʧo, -a] *adj* **1.** (*diestro*) rechte(r, s) **2.** (*recto*) gerade **3.** (*erguido*) aufrecht; **ponerse ~** sich aufrichten **4.** (*justo*) aufrecht, rechtschaffen; **hecho y ~** von echtem Schrot und Korn; **a derechas** wie es sich gehört **5.** (*directo*) direkt

derechohabiente [dereʧoa'βjente] *mf* (JUR) Rechtsnachfolger(in) *m(f)*

derechura [dere'ʧura] *f* Geradheit *f;* **en ~** (*derecho*) geradeaus; (*sin rodeos*) ohne Umschweife; **ir siempre en ~** immer der Nase nach gehen

deriva [de'riβa] *f* **1.** (NÁUT) Abdrift *f;* **estar** [*o* **ir**] **a la ~** (NÁUT) abdriften; (*fig*) sich treiben lassen **2.** (GEO): **~ continental** Kontinentaldrift *f*, Kontinentalverschiebung *f*

derivación [deriβa'θjon] *f* **1.** (*t.* LING: *deducción*) Ableitung *f* **2.** (*consecuencia*) Folge *f* **3.** (FERRO) Nebenbahn *f* **4.** (*conexión de corriente, agua*) Zuleitung *f* **5.** (ELEC: *pérdida de fluido*) Stromverlust *m;* **~ a tierra** Erdung *f*

derivada [deri'βaða] *f* (MAT) Differenzialquotient *m*

derivado [deri'βaðo] *m* (LING, QUÍM) Derivat *nt*

derivar [deri'βar] **I.** *vi* **1.** (*proceder*) hervorgehen (*de* aus +*dat*) **2.** (*tornar*) sich umwandeln (*hacia* zu +*dat*) **3.** (NÁUT) abdriften **II.** *vt* **1.** (*t.* MAT) ableiten **2.** (*desviar*) umleiten;

D

(*conversación*) in andere Bahnen lenken; **derivó la conversación hacia un tema menos complicado** er/sie lenkte das Gespräch auf ein weniger heikles Thema **3.** (LING) ableiten (*de* von +*dat*) **4.** (ELEC) abzweigen **III.** *vr:* **~se 1.** (*proceder*) sich ableiten (*de* aus +*dat*), hervorgehen (*de* aus +*dat*) **2.** (LING) sich ableiten (*de* aus +*dat*)

derivativo, **-a** [deriβa'tiβo, -a] *adj* Ableitungs-; **el substantivo ~ de 'casero' es 'casa'** 'casero' ist von dem Substantiv 'casa' abgeleitet

dermatóloga [derma'toloɣa] *f v.* **dermatólogo**

dermatología [dermatolo'xia] *f* (MED) Dermatologie *f*

dermatológico, **-a** [dermato'loxiko, -a] *adj* (MED) dermatologisch

dermatólogo, **-a** [derma'toloɣo, -a] *m, f* (MED) Dermatologe, -in *m, f,* Hautarzt, -ärztin *m, f*

dérmico, **-a** ['dermiko, -a] *adj* Haut-; **hongo ~** Hautpilz *m*

dermis ['dermis] *f inv* (ANAT) Lederhaut *f*

dermohidratante [dermoiðra'tan̪te] *adj* der Haut Feuchtigkeit spendend; **crema ~** Feuchtigkeitscreme *f*

dermoprotector(a) [dermoprotek'tor(a)] *adj* hautschützend

derogación [deroɣa'θjon] *f* **1.** (JUR: *de una ley*) Aufhebung *f* **2.** (*disminución*) Minderung *f*

derogar [dero'ɣar] <g→gu> *vt* **1.** (JUR: *una ley*) aufheben, außer Kraft setzen **2.** (*destruir*) zerstören **3.** (*reformar*) verändern, reformieren

derogatorio, **-a** [deroɣa'torjo, -a] *adj* aufhebend, Aufhebungs-; **cláusula derogatoria** (JUR) Aufhebungsklausel *f*

derrama [de'rrama] *f* **1.** (*gasto*) Umlage *f* **2.** (*tributo extraordinario*) außerordentliche Abgabe *f*

derramamiento [derrama'mjen̪to] *m* **1.** (*vertimiento voluntario*) Schütten *nt;* (*vertimiento involuntario*) Verschütten *nt* **2.** (*de líquidos*) Vergießen *nt;* **~ de sangre** Blutvergießen *nt*

derramar [derra'mar] **I.** *vt* **1.** (*verter voluntariamente*) schütten; (*verter sin querer*) verschütten; (*todo*) ausschütten **2.** (*líquidos*) vergießen; **~ lágrimas** Tränen vergießen **3.** (*repartirse*): **~ un gasto** eine Abgabe umlegen **4.** (*publicar*) verbreiten **II.** *vr:* **~se 1.** (*esparcirse: líquidos*) auslaufen; (*otros*) rieseln **2.** (*desaguar*) münden (*en* in +*akk*) **3.** (*diseminarse*) sich ausbreiten

derrame [de'rrame] *m* **1.** *v.* **derramamiento 2.** (*desbordamiento*) Überlaufen *nt* **3.** (MED) Erguss *m;* **~ cerebral** Gehirnschlag *m* **4.** (ARQUIT) Laibung *f*

derrapante [derra'pan̪te] *adj* rutschig

derrapar [derra'par] *vi* schleudern, ins Schleudern geraten

derrape [de'rrape] *m* Schleudern *nt*

derredor [derre'ðor] *m* Umkreis *m;* **en ~** ringsherum; **en ~ de la mesa** rings um den Tisch herum

derrengado, **-a** [derreŋ'gaðo, -a] *adj* **1.** (*deslomado*) verrenkt **2.** (*torcido*) krumm **3.** (*exhausto*) zerschlagen, völlig erschöpft

derrengar [derreŋ'gar] <g→gu> **I.** *vt* **1.** (*deslomar*) verrenken; **tu peso me derrengó al llevarte a cuestas** durch dein Gewicht habe ich mir eine Verrenkung zugezogen, als ich dich getragen habe; **derrengó al caballo a palos** er/sie prügelte mit dem Stock auf das Pferd ein **2.** (*torcer*) biegen **3.** (*fam: agotar*) auspowern **II.** *vr:* **~se 1.** (*deslomarse*) sich verrenken **2.** (*agotarse*) sich abarbeiten

derretido[1] [derre'tiðo] *m* Beton *m*

derretido, **-a**[2] [derre'tiðo, -a] *adj* **1.** (*deshecho*) geschmolzen **2.** (*enamorado*) verliebt; **estar ~ por alguien** bis über beide Ohren in jdn verliebt sein; **está ~ de amor por ella** er vergeht vor Liebe zu ihr

derretimiento [derreti'mjen̪to] *m* **1.** (*disolución*) Schmelzen *nt* **2.** (*pasión*) Hingabe *f*

derretir [derre'tir] *irr como pedir* **I.** *vt* **1.** (*deshacer*) schmelzen, zergehen lassen; (*algo helado*) auftauen **2.** (*derrochar*) verschleudern **3.** (*cambiar la moneda*) wechseln **II.** *vr:* **~se 1.** (*deshacerse*) schmelzen, zergehen **2.** (*consumirse*): **~se de calor** (*fam*) vor Hitze vergehen; **~se de gusto** (*fam*) sich pudelwohl fühlen **3.** (*fam: estar enamorado*) vor Liebe vergehen (*por* zu +*dat*)

derribar [derri'βar] *vt* **1.** (*edificio, muro*) niederreißen; (*puerta*) einschlagen; (*árbol*) fällen; **~ a tiros** [*o* **de un tiro**] (*avión, pájaro*) abschießen; **~ de una pedrada** [*o* **a pedradas**] mit Steinen abschießen **2.** (*jinete*) abwerfen; (*boxeador*) niederwerfen **3.** (*del cargo, poder*) stürzen; (*humillar*) demütigen

derribo [de'rriβo] *m* **1.** (*caída provocada*) Umwerfen *nt;* (*de un avión*) Abschuss *m;* (*de un futbolista*) Foul *nt* **2.** (*demolición*) Abriss *m* **3.** (*escombro*) Abbruchmaterial *nt*

derrocadero [derroka'ðero] *m* Felshang *m*

derrocamiento [derroka'mjen̪to] *m* **1.** (*despeñamiento*) Herabstürzen *nt* **2.** (*destitución*) Sturz *m*

derrocar [derro'kar] <c→qu> *vt* **1.** (*despeñar*) herabstürzen **2.** (*destituir*) stürzen

derrochador(a) [derroʧa'ðor(a)] **I.** *adj* verschwenderisch **II.** *m(f)* Verschwender(in) *m(f)*

derrochar [derro'ʧar] *vt* **1.** (*despilfarrar*) verschwenden, vergeuden **2.** (*fam: tener en abundancia*) strotzen (vor +*dat*); **~ salud** vor Gesundheit strotzen

derroche [de'rroʧe] *m* Verschwendung *f,* Vergeudung *f*

derrota [de'rrota] *f* **1.** (*fracaso*) Niederlage *f;* **sufrir una ~** eine Niederlage erleiden **2.** (NÁUT) Kurs *m;* **caseta de ~** Navigationsraum *m* **3.** (*senda*) Pfad *m*

derrotado, **-a** [derro'taðo, -a] *adj* **1.** (*fracasado*) geschlagen **2.** (*harapiento*) zerlumpt **3.** (*deprimido*) deprimiert

derrotar [derro'tar] **I.** *vt* **1.** (*vencer*) schlagen, besiegen **2.** (*desmoralizar*) zugrunde [*o* zu Grunde] richten **II.** *vr:* **~se** (NÁUT) vom Kurs abkommen

derrotero [derro'tero] *m* **1.** (NÁUT: *rumbo*) Kurs *m* **2.** (NÁUT: *libro*) Logbuch *nt* **3.** (*dirección*) Weg *m;* **ir por nuevos ~s** neue Wege beschreiten

derrotismo [derro'tismo] *m* Defätismus *m*

derrotista [derro'tista] **I.** *adj* defätistisch **II.** *mf* Defätist(in) *m(f)*

derrubiar [derru'βjar] *vt* (GEO) auswaschen

derrubio [de'rruβjo] *m* (GEO) Auswaschung *f*

derruir [derru'ir] *irr como huir vt* **1.** (*derribar*) niederreißen **2.** (*destruir*) zerstören

derrumbadero [derrumba'ðero] *m* **1.** (*precipicio*) Absturz *m,* steiler Abhang *m* **2.** (*peligro*) Gefahr *f*

derrumbamiento [derrumba'mjen̩to] *m* **1.** (*de una construcción*) Einsturz *m* **2.** (*moral*) Zusammenbruch *m*

derrumbar [derrum'bar] **I.** *vt* **1.** (*despeñar*) herabstürzen **2.** (*derruir*) niederreißen **3.** (*moralmente*) deprimieren **II.** *vr:* **~se** (*edificio*) einstürzen; (*sentimientos*) sich zerschlagen

derrumbe [de'rrumbe] *m* **1.** (*derrumbamiento*) Einsturz *m* **2.** (*precipicio*) Abgrund *m*

derviche [der'βitʃe] *m* Derwisch *m*

desabastecido, **-a** [desaβaste'θiðo, -a] *adj* unterversorgt

desabastecimiento [desaβasteθi'mjen̩to] *m* Unterversorgung *f*

desabonarse [desaβo'narse] *vr* ein Abonnement kündigen

desaborido, **-a** [desaβo'riðo, -a] **I.** *adj* **1.** (*insípido*) fade **2.** (*fam: inexpresivo*) langweilig **II.** *m, f* Langweiler(in) *m(f)*

desabotonar [desaβoto'nar] **I.** *vt, vr:* **~se** aufknöpfen; **me desabotono el abrigo** ich knöpfe mir den Mantel auf **II.** *vi* (*fig: las flores*) aufblühen

desabrido, **-a** [desa'βriðo, -a] *adj* **1.** (*comida*) fade **2.** (*tiempo*) ungemütlich **3.** (*persona*) unwirsch

desabrigado, **-a** [desaβri'ɣaðo, -a] *adj* ungeschützt; **estar ~** (*persona*) zu leicht gekleidet sein

desabrigar [desaβri'ɣar] <g→gu> *vt, vr:* **~se** (*manta*) (sich) aufdecken; (*abrigo*) (sich *dat*) den Mantel ausziehen; **siempre se desabriga al dormir** er/sie deckt sich im Schlaf immer auf

desabrigo [desa'βriɣo] *m* **1.** (*descubrimiento*) Entblößen *nt* **2.** (*desamparo*) Verlassenheit *f,* Schutzlosigkeit *f*

desabrimiento [desaβri'mjen̩to] *m* **1.** (*insipidez*) Fadheit *f* **2.** (*inclemencia del clima*) Rauheit *f;* (*inclemencia del invierno*) Strenge *f* **3.** (*dureza de carácter*) Barschheit *f* **4.** (*disgusto*) Verdruss *m*

desabrochar [desaβro'tʃar] *vt, vr:* **~se** (*botones*) aufknöpfen; (*cordones*) aufschnüren; (*ganchos*) aufhaken; (*hebillas*) aufschnallen

desacatar [desaka'tar] *vt* missachten

desacato [desa'kato] *m* Missachtung *f* (*a* +*gen*)

desaceleración [desaθelera'θjon] *f* Verlangsamung *f*

desacelerar [desaθele'rar] *vt* verlangsamen

desacertado, **-a** [desaθer'taðo, -a] *adj* verfehlt; **una política desacertada** eine verfehlte Politik

desacertar [desaθer'tar] <e→ie> *vi* (*no acertar*) fehlgreifen; (*equivocarse*) sich irren; **hizo el diagnóstico correcto, pero desacertó al prescribir el medicamento** die Diagnose stimmte, aber er/sie beging einen Fehler bei der Verschreibung des Medikaments

desacierto [desa'θjerto] *m* (*falta de acierto*) Missgriff *m;* (*equivocación*) Irrtum *m*

desacomodado, **-a** [desakomo'ðaðo, -a] *adj* **1.** (*pobre*) arm **2.** (*desempleado*) arbeitslos

desacomodar [desakomo'ðar] **I.** *vt* **1.** (*incomodar*) belästigen **2.** (*dejar sin empleo*) entlassen **3.** (*Arg: desordenar*) in Unordnung bringen **II.** *vr:* **~se** (*perder el empleo*) entlassen werden; (*abandonar el empleo*) kündigen

desacomodo [desako'moðo] *m* **1.** (*incomodidad*) Ungemütlichkeit *f* **2.** (*despido o abandono*) Kündigung *f* **3.** (*desempleo*) Arbeitslosigkeit *f*

desacompasado, **-a** [desakompa'saðo, -a] *adj* außer Takt; **el baterista está tocando totalmente ~** der Schlagzeuger ist völlig aus dem Takt gekommen

desaconsejable [desakonse'xaβle] *adj* nicht empfehlenswert, nicht ratsam, unratsam

desaconsejado, **-a** [desakonse'xaðo, -a] *adj* (*desacertado*) verfehlt; (*desaconsejable*) unangebracht

desaconsejar [desakonse'xar] *vt* abraten (von +*dat*); **te desaconsejo la compra de ese coche** ich rate dir davon ab, diesen Wagen zu kaufen

desacoplar [desako'plar] *vt* abkoppeln

desacordar [desakor'ðar] <o→ue> **I.** *vt* (*t.* MÚS) verstimmen **II.** *vi* (MÚS: *instrumento*) verstimmt sein; (*desentonar cantando*) falsch singen; (*desentonar tocando*) falsch spielen **III.** *vr:* **~se** (*olvidarse*) vergessen (*de* +*akk*)

desacorde [desa'korðe] *adj* **1.** (MÚS) verstimmt **2.** (*desconforme*) uneinig, uneins; **estar ~ con algo/alguien** etw *dat*/jdm nicht zustimmen

desacostumbrado, **-a** [desakostum'braðo] *adj* (*fuera de la rutina*) ungewohnt; (*no común*) ungewöhnlich; **tiene un vocabulario ~ en un niño de su edad** für ein Kind seines Alters ist sein Wortschatz ungewöhnlich

desacostumbrar [desakostum'brar] **I.** *vt* abgewöhnen; **desacostumbré a mi hija a chuparse el dedo** ich habe meiner Tochter das Daumenlutschen abgewöhnt **II.** *vr:* **~se** sich *dat* abgewöhnen (*a/de +akk*); **me he desacostumbrado a ir de compras los sábados** ich habe mir abgewöhnt samstags einkaufen zu gehen

desacralizar [desakrali'θar] <z→c> *vt* ≈entweihen

desacreditar [desakreði'tar] **I.** *vt* in Verruf bringen, diskreditieren **II.** *vr:* **~se** in Verruf kommen

desactivación [desaktiβa'θjon] *f* (MED, QUÍM, INFOR) Inaktivierung *f;* (*de explosivos*) Entschärfen *nt*

desactivador [desaktiβa'ðor] *m* Entaktivierungsmittel *nt*

desactivar [desakti'βar] *vt* inaktivieren; (*explosivos*) entschärfen

desacuerdo [desa'kwerðo] *m* **1.** (*discrepancia*) Unstimmigkeit *f;* **estar en ~** nicht übereinstimmen (*con* mit *+dat*) **2.** (*error*) Missgriff *m*

desafección [desafeˠ'θjon] *f* Widerwille *m*

desafecto¹ [desa'fekto] *m* Abneigung *f;* **tratar a alguien con ~** jdn lieblos behandeln

desafecto, -a² [desa'fekto, -a] *adj* abgeneigt

desafiador(a) [desafja'ðor(a)] **I.** *adj* herausfordernd **II.** *m(f)* Herausforderer, -in *m, f*

desafiante [desafi'ante] *adj* herausfordernd

desafiar [desafi'ar] <*1. pres:* desafío> **I.** *vt* (*retar*) herausfordern (*a* zu *+dat*); (*hacer frente*) trotzen (*a +dat*); **te desafío a que no lo intentas** ich wette mit dir, dass du es nicht wagst **II.** *vr:* **~se** sich (gegenseitig) herausfordern (*a* zu *+dat*)

desafiliarse [desafi'ljarse] *vr* austreten (*de* aus *+dat*)

desafinado, -a [desafi'naðo, -a] *adj* (MÚS: *instrumento*) verstimmt; (*tono*) falsch

desafinar [desafi'nar] **I.** *vi* (MÚS: *al cantar*) falsch singen; (*al tocar*) falsch spielen; (*instrumento*) verstimmt sein [*o* klingen]; **desafinas al cantar** du singst falsch; **la guitarra desafina** die Gitarre ist verstimmt **II.** *vr:* **~se** (MÚS) sich verstimmen

desafío [desa'fio] *m* (*reto, prueba*) Herausforderung *f;* (*duelo*) Zweikampf *m,* Duell *nt*

desaforado, -a [desafo'raðo, -a] *adj* (*fuera de la ley*) gesetzwidrig; (*desmedido*) maßlos

desaforar [desafo'rar] <o→ue> **I.** *vt* (*privar de sus fueros*) die Zuständigkeit entziehen (*a +dat*) **II.** *vr:* **~se** die Fassung verlieren

desafortunado, -a [desafortu'naðo, -a] **I.** *adj* unglücklich **II.** *m, f* Unglücksmensch *m*

desafuero [desa'fwero] *m* Übergriff *m*

desagradable [desaɣra'ðaβle] *adj* **1.** (*no agradable*) unangenehm (*a* für *+akk*); **es ~ al tacto** es fühlt sich unangenehm an **2.** (*repulsivo*) widerlich (*a* für *+akk*); **~ al gusto** ekelhaft schmeckend

desagradar [desaɣra'ðar] *vi* missfallen

desagradecer [desaɣraðe'θer] *irr como crecer vt* nicht danken, undankbar sein (*für*); **~ algo alquien** jdm für etw nicht dankbar sein

desagradecido, -a [desaɣraðe'θiðo, -a] **I.** *adj* undankbar **II.** *m, f* Undankbare(r) *mf;* **de ~s está el infierno** [*o* **el mundo**] **lleno** (*prov*) Undank ist der Welt Lohn

desagradecimiento [desaɣraðeθi'mjento] *m* Undankbarkeit *f*

desagrado [desa'ɣraðo] *m* Missfallen *nt*

desagraviar [desaɣra'βjar] **I.** *vt* **1.** (*excusarse*) sich entschuldigen (*a* bei *+dat*) **2.** (*compensar*) entschädigen **II.** *vr:* **~se** sich schadlos halten (*de* an *+dat*)

desagravio [desa'ɣraβjo] *m* Wiedergutmachung *f,* Entschädigung *f;* **envió flores en ~ por lo sucedido** er/sie schickte Blumen als Wiedergutmachung für das, was vorgefallen war

desagrupar [desaɣru'par] *vt* entblocken

desaguar [desa'ɣwar] <gu→gü> **I.** *vi* **1.** (*desembocar*) münden (*en* in *+akk*) **2.** (*verterse*) abfließen **3.** (*fam: orinar*) Wasser lassen **II.** *vt* **1.** (*desecar*) entwässern, trockenlegen; **~ el sótano** den Keller auspumpen **2.** (*derrochar dinero*) verschwenden **III.** *vr:* **~se** **1.** (*verterse*) abfließen **2.** (*evacuar el intestino, el estómago*) sich entleeren

desagüe [de'saɣwe] *m* Abfluss *m*

desaguisado¹ [desaɣi'saðo] *m* **1.** (*agravio*) Beleidigung *f* **2.** (*fam: lío*) Durcheinander *nt;* **¡menudo ~ has montado** [*o* **armado**]**!** da hast du aber ein schönes Durcheinander angerichtet!

desaguisado, -a² [desaɣi'saðo, -a] *adj* (*contra la ley*) gesetzwidrig; (*contra la razón*) unvernünftig

desahijar [desai'xar] *vt* (*las crías*) vom Muttertier trennen

desahogado, -a [desao'ɣaðo, -a] *adj* **1.** (*no estrecho: lugar*) geräumig; (*prenda de vestir*) weit (geschnitten), bequem **2.** (*adinerado*) auskömmlich **3.** (*descarado*) unverschämt; **eres ~ en tu conducta** dein Benehmen ist unverschämt

desahogar [desao'ɣar] <g→gu> **I.** *vt* (*desfogar*) Erleichterung verschaffen **II.** *vr:* **~se** **1.** (*desfogarse*) sich *dat* Erleichterung verschaffen **2.** (*confiarse*) sich aussprechen (*de* über *+akk, con* bei *+dat*), sich anvertrauen (*con +dat*); **se desahogó del disgusto con su hermana** er/sie wurde bei seiner/ihrer Schwester seinen/ihren Ärger los **3.** (*recuperarse*) sich erholen

desahogo [desa'oɣo] *m* **1.** (*alivio*) Erleichterung *f* **2.** (*reposo*) Erholung *f* **3.** (*holgura económica*) Auskommen *nt* **4.** (*descaro*) Dreistigkeit *f*

desahorro [desa'orro] *m* (FIN) Rückgang *m* der Spareinlagen

desahuciado, -a [desau̯'θjaðo, -a] *adj* **1.** (*enfermo*) todkrank, sterbenskrank, unheilbar krank **2.** (*inquilino*) gekündigt

desahuciar [desau̯'θjar] **I.** *vt* **1.** (*quitar la esperanza*) entmutigen **2.** (*enfermo*) aufgeben, für sterbenskrank erklären **3.** (*inquilino*) kündigen +*dat* **II.** *vr:* ~**se** verzweifeln

desahucio [de'sau̯θjo] *m* Zwangsräumung *f*

desairado, -a [desai̯'raðo, -a] *adj* **1.** (*humillado*) gekränkt **2.** (*desgarbado*) linkisch, ungeschickt; (*ropa*) schlecht sitzend

desairar [desai̯'rar] *irr como airar vt* **1.** (*humillar*) kränken **2.** (*desestimar*) gering schätzen **3.** (*rechazar*) verschmähen

desaire [de'sai̯re] *m* **1.** (*humillación*) Kränkung *f* **2.** (*desprecio*) Geringschätzung *f* **3.** (*desatención*) Unhöflichkeit *f*

desajustar [desaxus'tar] **I.** *vt* **1.** (*desencajar*) zerlegen; (*desordenar*) in Unordnung bringen **2.** (TÉC: *máquina*) verstellen; (*tornillos*) lösen **II.** *vr:* ~**se** **1.** (*desavenir*) sich distanzieren (*von einer Vereinbarung*) **2.** (TÉC: *tornillos*) locker werden, sich lösen

desajuste [desa'xuste] *m* **1.** (*desorden*) Unordnung *f* **2.** (*desconcierto*) Diskrepanz *f* **3.** (TÉC: *máquinas, aparatos*) Verstellung *f*, Fehleinstellung *f*; (*tornillos*) Lösen *nt*

desalar [desa'lar] **I.** *vt* **1.** (*sal*) entsalzen **2.** (*alas*) die Flügel stutzen +*dat* **II.** *vr:* ~**se** **1.** (*andar*) hasten; (*correr*) (schnell) rennen, fliegen *elev* **2.** (*afanarse*) sich eifrig bemühen (*por* um +*akk*), aus sein (*por* auf +*akk*)

desalentador(a) [desalen̪ta'ðor(a)] *adj* entmutigend

desalentar [desalen̪'tar] <e→ie> **I.** *vt* **1.** (*fatigar*) außer Atem bringen **2.** (*desesperanzar*) entmutigen **II.** *vr:* ~**se** den Mut verlieren

desaliento [desa'ljen̪to] *m* **1.** (*falta de valor*) Mutlosigkeit *f* **2.** (*falta de fuerzas*) Schwäche *f*

desalinear [desaline'ar] **I.** *vt* aus der Richtung bringen **II.** *vr:* ~**se** aus der Richtung kommen

desalinización [desaliniθa'θjon] *f* Entsalzung *f*

desalinizador(a) [desaliniθa'ðor(a)] *adj* Entsalzungs-; **planta ~a** Entsalzungsanlage *f*

desalinizadora [desaliniθa'ðora] *f* Entsalzungsanlage *f*

desaliñado, -a [desali'ɲaðo, -a] *adj* ungepflegt

desaliñar [desali'ɲar] **I.** *vt* (*aseo personal*) vernachlässigen; **desaliña su apariencia día a día** er/sie vernachlässigt zunehmend seine/ihre Erscheinung **II.** *vr:* ~**se** sich vernachlässigen; **se desaliña totalmente** er/sie pflegt sein/ihr Äußeres gar nicht

desaliño [desa'liɲo] *m* **1.** (*desarreglo*) (äußerliche) Verwahrlosung *f* **2.** (*negligencia*) Nachlässigkeit *f*

desalmado, -a [desal'maðo, -a] **I.** *adj* barbarisch, gewissenlos **II.** *m, f* Barbar(in) *m(f)*, Unmensch *m*

desalojamiento [desaloxa'mjen̪to] *m* (*voluntario*) Auszug *m;* (*obligatorio*) Räumung *f*

desalojar [desalo'xar] **I.** *vi* ausziehen **II.** *vt* **1.** (*abandonar: casa*) räumen; (*puesto*) verlassen; (*persona*) kündigen (*de* +*dat*) **2.** (*agua, aire*) verdrängen

desalojo [desa'loxo] *m v.* **desalojamiento**

desalquilado, -a [desalki'laðo, -a] *adj* unvermietet

desalquilar [desalki'lar] **I.** *vt* **1.** (*dejar libre algo alquilado*) aufgeben **2.** (*poner fin a un alquiler*) entmieten **II.** *vr:* ~**se** frei werden

desamarrar [desama'rrar] **I.** *vt* **1.** (NÁUT) die Trossen loswerfen **2.** (*liberar*) befreien **II.** *vr:* ~**se** ablegen; **el buque se desamarró anoche del muelle** gestern Abend legte das Schiff vom Kai ab

desamor [desa'mor] *m* **1.** (*falta de amor*) Lieblosigkeit *f* **2.** (*aborrecimiento*) Abneigung *f*, Aversion *f*

desamortización [desamortiθa'θjon] *f* Privatisierung *f*; ~ **de bienes eclesiásticos** Säkularisierung [*o* Enteignung] von Kirchengut

desamortizar [desamorti'θar] <z→c> *vt* **1.** (*privatizar*) privatisieren **2.** (*préstamo*) tilgen **3.** (*bienes*) der toten Hand entziehen; (*bienes eclesiásticos*) säkularisieren

desamparado, -a [desampa'raðo, -a] *adj* (*persona*) verlassen, schutzlos, hilflos; (*vagabundo*) obdachlos; (*lugar*) ungeschützt; (*casa*) verlassen

desamparar [desampa'rar] *vt* **1.** (*desasistir*) im Stich lassen **2.** (*dejar en soledad*) verlassen **3.** (JUR: *persona*) verlassen; (*posesiones*) aufgeben; ~ **la apelación** die Berufung zurücknehmen

desamparo [desam'paro] *m* **1.** (*falta de protección*) Schutzlosigkeit *f* **2.** (*abandono*) Verlassenheit *f* **3.** (JUR) Aufgabe *f* eines Rechts

desamueblado, -a [desamwe'βlaðo, -a] *adj* unmöbliert

desamueblar [desamwe'βlar] *vt* ausräumen

desanclar [desaŋ'klar] *vt*, **desancorar** [desaŋko'rar] *vt* (NÁUT) den Anker lichten [*o* hieven]

desandar [desan̪'dar] *irr como andar vt* (denselben Weg) wieder zurückgehen; **encontramos la cadena perdida desandando el camino a la escuela** als wir den Weg zur Schule zurückliefen, fanden wir die verlorene Kette wieder; ~ **lo andado** (*fig*) wieder von vorne beginnen; **no se puede ~ lo andado** (*prov*) was geschehen ist, kann man nicht mehr ungeschehen machen

desangelado, -a [desaŋxe'laðo, -a] *adj* (*persona*) langweilig; (*habitación*) kahl

desangramiento [desaŋgra'mjen̪to] *m* **1.** (*muerte*) Verbluten *nt* **2.** (*pérdida de sangre*) Blutverlust *m*

desangrar [desaŋ'grar] **I.** *vt* **1.** (*animales*) ausbluten lassen (*a* +*akk*); (*personas*) viel Blut abnehmen (*a* +*dat*) **2.** (*pantanos, lagos*)

D

trockenlegen **3.**(*arruinar*) ausbeuten **II.** *vr:* **~se** verbluten

desanimación [desanima'θjon] *f* **1.**(*desánimo*) Mutlosigkeit *f* **2.**(*falta de público*): **hubo ~ en los primeros días de la muestra** während der ersten Tage fand die Ausstellung wenig Zuspruch

desanimado, -a [desani'maðo, -a] *adj* **1.**(*persona*) mutlos **2.**(*lugar*) wenig besucht

desanimar [desani'mar] **I.** *vt* entmutigen **II.** *vr:* **~se** den Mut verlieren

desánimo [de'sanimo] *m* Mutlosigkeit *f*

desanudar [desanu'ðar] *vt* (*nudo*) aufknoten, entknoten; (*Problem*) lösen

desapacible [desapa'θiβle] *adj* (*persona*) unfreundlich; (*sonidos*) unangenehm; (*tiempo*) ungemütlich

desaparecer [desapare'θer] *irr como crecer vi* **1.**(*esfumarse*) verschwinden (*de* aus/von +*dat*); **abre la ventana para que desaparezca este mal olor** mach das Fenster auf, damit dieser Gestank abzieht **2.**(*morir*) sterben

desaparecido, -a [desapare'θiðo, -a] **I.** *adj* **1.**(*perdido*) vermisst **2.**(*muerto*) verstorben, tot **II.** *m, f* **1.**(*perdido*) Vermisste(r) *mf;* (*Arg:* POL) Verschwundene(r) *mf* **2.**(*muerto*) Verstorbene(r) *mf,* Tote(r) *mf*

desaparición [desapari'θjon] *f* **1.**(*el perderse*) Verschwinden *nt;* **~ de puestos de trabajo** Stellenabbau *m* **2.**(*muerte*) Ableben *nt* **3.**(*Arg: paradero desconocido*): **la ~ de personas ha sido un instrumento de las dictaduras latinoamericanas** es war ein Instrument der lateinamerikanischen Diktaturen Menschen verschwinden zu lassen

desapasionado, -a [desapasjo'naðo, -a] *adj* leidenschaftslos

desapego [desa'peɣo] *m* Abneigung *f* (*hacia* gegen +*akk*)

desapercibido, -a [desaperθi'βiðo, -a] *adj* **1.**(*inadvertido*) unbemerkt; **pasar ~** nicht auffallen **2.**(*desprevenido*) unvorbereitet; **tu visita me cogió ~** dein Besuch traf mich völlig unvorbereitet

desaplicación [desaplika'θjon] *f* Trägheit *f*

desaplicado, -a [desapli'kaðo, -a] *adj* faul, träge

desapoderado, -a [desapoðe'raðo, -a] *adj* entfesselt, zügellos

desapoderar [desapoðe'rar] **I.** *vt* **1.**(*desposeer*) enteignen (*de* +*akk*); **~ de la herencia a alguien** jdn enterben **2.**(*quitar el poder*) entmachten **II.** *vr:* **~se** verzichten (*de* auf +*akk*)

desapolillar [desapoli'ʎar] **I.** *vt* von Motten befreien **II.** *vr:* **~se** (*fam*) (nach langer Zeit wieder) ausgehen

desaprensión [desapren'sjon] *f* Rücksichtslosigkeit *f*

desaprensivo, -a [desapren'siβo, -a] **I.** *adj* rücksichtslos **II.** *m, f* rücksichtslose Person *f*

desapretar [desapre'tar] <e→ie> **I.** *vt* lockern; (*freno, tornillo*) lösen **II.** *vr:* **~se** sich lösen

desaprobación [desaproβa'θjon] *f* Missbilligung *f*

desaprobar [desapro'βar] <o→ue> *vt* missbilligen

desaprovechado, -a [desaproβe'ʧaðo, -a] *adj* (*infructuoso*) vergeblich, fruchtlos; (*malogrado*) gescheitert

desaprovechar [desaproβe'ʧar] *vt* **1.**(*malgastar*): **~ una oportunidad** eine Gelegenheit ungenutzt lassen **2.**(*despreciar*) sich *dat* entgehen lassen

desarbolado, -a [desarβo'laðo, -a] *adj* **1.**(*sin árboles, estéril*) kahl **2.**(*destartalado*) defekt **3.**(*nervioso*) hektisch

desarbolar [desarβo'lar] *vt* **1.**(*zona*) kahl schlagen **2.**(NÁUT): **~ una embarcación** den Mast [*o* die Masten] eines Schiffes kappen

desarmable [desar'maβle] *adj* zerlegbar

desarmador [desarma'ðor] *m* **1.**(*gatillo*) Abzug *m* (*an Schusswaffen*) **2.**(*Méx: destornillador*) Schraubenzieher *m*

desarmamentista [desarmamen̪'tista] *adj* Abrüstungs-; **política ~** Abrüstungspolitik *f*

desarmar [desar'mar] **I.** *vi* (POL) abrüsten **II.** *vt* **1.**(*dejar sin armas*) entwaffnen **2.**(*dejar sin argumentos*) entwaffnen; **lo desarmó con una sonrisa** er/sie entwaffnete ihn durch sein/ihr Lächeln **3.**(*desmontar*) auseinander nehmen, zerlegen; **~ aranceles** Zölle abbauen **III.** *vr:* **~se 1.**(*persona*) die Waffen niederlegen; (*país*) entmilitarisieren **2.**(*ser desarticulable*) zerlegbar sein

desarme [de'sarme] *m* **1.**(*dejar, quedarse sin armas*) Entwaffnung *f;* (POL) Abrüstung *f* **2.**(*desmontaje*) Zerlegen *nt,* Auseinandernehmen *nt;* **~ arancelario** Zollabbau *m*

desarraigar [desarrai̯'ɣar] <g→gu> **I.** *vt* **1.**(*árbol, persona*) entwurzeln **2.**(*extirpar una costumbre, una creencia*) ausrotten; (*apartar de sus costumbres, sus creencias*) abbringen (*de* von +*dat*) **II.** *vr:* **~se** (*perder sus raíces*) sich (seiner Wurzeln) entfremden

desarraigo [desa'rrai̯ɣo] *m* **1.**(*de árbol, de persona*) Entwurzelung *f* **2.**(*de una pasión, una creencia*) Ausrottung *f*

desarrapado, -a [desarra'paðo, -a] **I.** *adj* (*vestido de harapos*) zerlumpt; (*muy pobre*) bettelarm **II.** *m, f* bettelarmer Mensch *m,* Verwahrloste(r) *mf*

desarreglado, -a [desarre'ɣlaðo, -a] *adj* (*sin orden*) unordentlich; (*sin regularidad*) unstet

desarreglar [desarre'ɣlar] **I.** *vt* **1.**(*desordenar*) in Unordnung bringen, durcheinander bringen **2.**(*perturbar*) stören **II.** *vr:* **~se** (*desaliñarse*) sein Äußeres vernachlässigen

desarreglo [desa'rreɣlo] *m* **1.**(*desorden*) Unordnung *f* **2.**(*desperfecto, molestia*) Störung *f;* (*coche*) Panne *f;* **~s menstruales** Menstruationsstörungen *fpl*

desarrendar [desarren̪'dar] <e→ie> *vt*

(FIN) die Pacht kündigen +*dat*

desarrollador(a) [desarroʎa'ðor(a)] *m(f)* Entwickler(in) *m(f);* ~ **de aplicaciones** (INFOR) Anwendungsentwickler *m*

desarrollar [desarro'ʎar] **I.** *vt* **1.** (*desplegar, aumentar*) entwickeln, entfalten; ~ **relaciones comerciales** Handelsbeziehungen ausbauen **2.** (*tratar en detalle*) darlegen **3.** (*negocios*) abwickeln **4.** (*desenrollar*) entrollen **5.** (*aportar al crecimiento*) fördern **6.** (MAT: *superficie*) abwickeln; (*función*) lösen **II.** *vr:* **~se** **1.** (*aumentar de tamaño, de importancia*) sich entwickeln, sich entfalten **2.** (*tener lugar*) sich abspielen

desarrollismo [desarro'ʎismo] *m* (ECON) **1.** (*período de expansión económica*) wirtschaftlicher Aufschwung *m* **2.** (*escuela de pensamiento económico*) Modernisierungstheorie *f* (*in den fünfziger Jahren aufgestellte Wachstumstheorie für die Entwicklungsländer*)

desarrollo [desa'rroʎo] *m* **1.** (*de un rollo*) Entrollen *nt* **2.** (*de un país, una empresa, una persona*) Entwicklung *f,* Entfaltung *f,* Wachstum *nt;* ~ **físico/intelectual** körperliche/geistige Entwicklung; ~ **profesional** berufliches Fortkommen; **ayuda al** ~ Entwicklungshilfe *f;* **índice de** ~ Wachstumsrate *f;* **país en vías de** ~ Entwicklungsland *nt;* **impulsar el** ~ der Entwicklung Auftrieb geben **3.** (*proceso*) Ablauf *m,* Abwicklung *f*

desarropar [desarro'par] *vt, vr:* **~se** (sich) ausziehen

desarrugar [desarru'ɣar] <g→gu> *vt, vr:* **~se** (sich) glätten; ~ **el ceño** [*o* **el entrecejo**] wieder ein freundliches Gesicht machen

desarticulación [desartikula'θjon] *f* **1.** (*desencajadura*) Zerlegung *f;* (MED) Ausrenken *nt* **2.** (*desorganización*) Auflösen *nt,* Aushebung *f;* ~ **de un comando paramilitar** Aushebung eines paramilitärischen Kommandos

desarticular [desartiku'lar] **I.** *vt* **1.** (*piezas*) zerlegen **2.** (*articulación*) ausrenken **3.** (*grupo*) auflösen; (*banda, pandilla*) zerschlagen **II.** *vr:* **~se** **1.** (*piezas*) auseinander gehen **2.** (*articulación*) sich *dat* ausrenken **3.** (*grupo, tren*) sich auflösen

desaseado, -a [desase'aðo, -a] *adj* unsauber, ungepflegt

desaseo [desa'seo] *m* Unsauberkeit *f,* Ungepflegtheit *f*

desasignar [desasiɣ'nar] *vt* (INFOR) freigeben

desasimiento [desasi'mjen̩to] *m* **1.** (*aflojamiento*) Loslassen *nt* **2.** (*generosidad*) Großzügigkeit *f* **3.** (*desinterés*) Gleichgültigkeit *f*

desasir [desa'sir] *irr como asir* **I.** *vt* loslassen **II.** *vr:* **~se** **1.** (*desprenderse*) sich lösen (*de* von +*dat*) **2.** (*desacostumbrarse*) aufgeben **3.** (*evitar una obligación, un compromiso*) ausweichen (*de* +*dat*)

desasistencia [desasis'ten̩θja] *f:* **la** ~ **de la familia** die fehlende Fürsorge der Familie

desasistir [desasis'tir] *vt* im Stich lassen

desasnar [desas'nar] **I.** *vt* (*fam*) den nötigen Schliff verpassen (*a* +*dat*) **II.** *vr:* **~se** (*fam*) den nötigen Schliff kriegen

desasosegante [desasose'ɣan̩te] *adj* beunruhigend

desasosegar [desasose'ɣar] *irr como fregar vt, vr:* **~se** (sich) beunruhigen

desasosiego [desaso'sjeɣo] *m* Beunruhigung *f,* Unruhe *f;* **estar invadido por el** ~ von innerer Unruhe befallen sein

desastrado, -a [desas'traðo, -a] **I.** *adj* **1.** (*infortunado*) unglücklich **2.** (*desaliñado*) ungepflegt; (*harapiento*) zerlumpt **II.** *m, f* **1.** (*persona infortunada*) Unglücksmensch *m* **2.** (*persona desaliñada*) Gammler(in) *m(f)* *fam*

desastre [de'sastre] *m* Katastrophe *f;* **ser un** ~ (*algo*) eine Katastrophe sein; (*fam: alguien*) ungeschickt [*o* chaotisch] sein

desastroso, -a [desas'troso, -a] *adj* katastrophal; **mi madre es desastrosa para cocinar** meine Mutter ist eine katastrophale Köchin, als Köchin ist meine Mutter eine einzige Katastrophe

desatado, -a [desa'taðo, -a] *adj* **1.** (*desligado*) ungebunden, frei **2.** (*desenfrenado*) entfesselt; **estar** ~ wild sein

desatar [desa'tar] **I.** *vt* **1.** (*soltar*) losbinden; (*nudos*) lösen; (*paquete, zapatos*) aufschnüren; **le desaté la lengua a mi amiga** ich konnte meine Freundin zum Sprechen bringen **2.** (*causar*) auslösen, entfesseln **3.** (*aclarar: una solución*) verdünnen; (*un malentendido*) aufklären **4.** (*de una obligación*) entbinden (*de* von +*dat*) **II.** *vr:* **~se** **1.** (*soltarse*) sich losbinden; (*nudo*) aufgehen **2.** (*desligarse*) sich lösen **3.** (*perder la timidez*) auftauen **4.** (*desencadenarse*) sich entfesseln; **~se en improperios** sich in Schmähungen ergehen

desatascador [desataska'ðor] *m* **1.** (*utensilio*) Saugglocke *f* **2.** (*producto químico*) Abflussreiniger *m*

desatascar [desatas'kar] <c→qu> **I.** *vt* **1.** (*desobstruir*) frei machen; **el fontanero desatascó las tuberías del baño** der Klempner machte im Badezimmer die Leitung frei **2.** (*sacar del atascadero*) aus dem Schlamm ziehen; ~ **un coche** ein Auto aus dem Schlamm ziehen; ~ **a un amigo** einem Freund aus der Bedrängnis helfen **3.** (*activar*) ankurbeln **II.** *vr:* **~se** **1.** (*desobstruirse*) frei werden **2.** (*salir del atascadero*) sich vom Schlamm befreien **3.** (*avivarse*) sich beleben

desatención [desaten̩'θjon] *f* **1.** (*distracción*) Unaufmerksamkeit *f* **2.** (*descortesía*) Unhöflichkeit *f*

desatender [desaten̩'der] <e→ie> *vt* außer Acht lassen; ~ **a alguien/un deber** jdn/eine Pflicht vernachlässigen

desatento, -a [desa'ten̩to, -a] *adj* **1.** (*distraído*) unaufmerksam; (*negligente*) nachlässig **2.** (*descortés*) unhöflich (*con* zu +*dat*)

desatesoramiento [desatesora'mjento] *m* Enthortung *f*

desatinado, **-a** [desati'naðo, -a] *adj* **1.** (*desacertado*) ungeschickt **2.** (*irreflexivo*) unbesonnen

desatinar [desati'nar] *vi* **1.** (*fallar*) fehlgreifen **2.** (*conducta*) Unsinn treiben; (*palabras*) Unsinn reden

desatino [desa'tino] *m* **1.** (*error*) Fehlgriff *m* **2.** (*torpeza*) Ungeschick *nt* **3.** (*improcedencia*) Ungereimtheit *f*; (*tontería*) Unsinnigkeit *f*; **descolgarse con un** ~ mit einem Unsinn herausplatzen

desatornillador [desatorniʎa'ðor] *m* (*Am*) Schraubenzieher *m*

desatornillar [desatorni'ʎar] *vt* abschrauben; ~ **un tornillo** eine Schraube lösen

desatracar [desatra'kar] <c→qu> *vi* (NÁUT) ablegen, wegfahren

desatrancar [desatraŋ'kar] <c→qu> *vt* **1.** (*puerta*) aufriegeln, entriegeln **2.** (*desatascar*) eine Verstopfung beseitigen; **no pudimos** ~ **el sifón** wir konnten die Verstopfung im Siphon nicht beseitigen [*o* beheben]

desautorización [desau̯toriθa'θjon] *f* **1.** (*inhabilitación*) Aberkennung *f* der Befugnis **2.** (*refutación*) Desavouierung *f*

desautorizado, **-a** [desau̯tori'θaðo, -a] *adj* unbefugt

desautorizar [desau̯tori'θar] <z→c> *vt* **1.** (*inhabilitar*) die Befugnis aberkennen (*a* +*dat*) **2.** (*refutar*) desavouieren

desavecindarse [desaβeθin̪'darse] *vr* den Wohnsitz wechseln

desavenencia [desaβe'nen̪θja] *f* **1.** (*desacuerdo*) Uneinigkeit *f*; (*disensión*) Misshelligkeit *f* **2.** (*discordia*) Streitigkeit *f*, Zwistigkeit *f* *elev*

desavenir [desaβe'nir] *irr como venir* **I.** *vt* entzweien **II.** *vr:* ~**se** (*elev*) sich entzweien (*con* mit +*dat*); **están desavenidos** sie sind zerstritten

desaventajado, **-a** [desaβen̪ta'xaðo, -a] *adj* **1.** (*poco ventajoso*) ungünstig, nachteilig **2.** (*inferior*) unzureichend

desayunar [desaɟu'nar] *vi, vt* frühstücken; ~ **fuerte** gut frühstücken; **¿y ahora te desayunas de eso?** (*fig*) und das ist erst jetzt zu dir durchgedrungen?

desayuno [desa'ɟuno] *m* Frühstück *nt*; ~ **continental** kontinentales Frühstück

desazón [desa'θon] *f* **1.** (*insipidez*) Fadheit *f* **2.** (*desasosiego*) innere Unruhe *f*, Unbehagen *nt* **3.** (*malestar*) Unpässlichkeit *f*, Unwohlsein *nt* **4.** (*picor*) Juckreiz *m*

desazonar [desaθo'nar] **I.** *vt* verstimmen; **me desazona que tarde tanto** es beunruhigt mich, dass er/sie so spät kommt **II.** *vr:* ~**se** sich unbehaglich fühlen; **se desazonó** ihm/ihr war unbehaglich zumute [*o* zu Mute]

desbancar [desβaŋ'kar] <c→qu> *vt* verdrängen (*de* aus/von +*dat*)

desbandada [desβan̪'daða] *f* überstürzte Flucht *f*; **hubo una** ~ **general** es gab eine allgemeine Fluchtwelle; **salir en** ~ in wilder Flucht davonjagen

desbarajustar [desβaraxus'tar] **I.** *vt* durcheinander bringen **II.** *vr:* ~**se** durcheinander geraten

desbarajuste [desβara'xuste] *m* Durcheinander *nt*, Wirrwarr *m*; **¡esto es un** ~ **total!** hier geht alles drunter und drüber!

desbaratamiento [desβarata'mjen̪to] *m* **1.** (*desorden*) Durcheinander *nt* **2.** (*de proyectos*) Vereitelung *f*

desbaratar [desβara'tar] **I.** *vt* **1.** (*desunir*) auseinander bringen; (*dispersar*) auseinander treiben; (*desmontar*) auseinander nehmen **2.** (*arruinar*) vereiteln **II.** *vr:* ~**se** **1.** (*separarse*) auseinander gehen **2.** (*estropearse*) kaputtgehen **3.** (*fracasar*) danebengehen

desbarate [desβa'rate] *m* **1.** (*desbaratamiento*) Durcheinander *nt*; (*desorden*) Unordnung *f* **2.** (*descomposición*): ~ (**de vientre**) Durchfall *m*

desbarato [desβa'rato] *m v.* **desbaratamiento**

desbarbar [desβar'βar] **I.** *vt* **1.** (*afeitar*) rasieren **2.** (TÉC) abgraten **II.** *vr:* ~**se** sich rasieren

desbarrar [desβa'rrar] **I.** *vi* (*t. fig*) ausrutschen; **¡ya están desbarrando otra vez!** da spinnen sie schon wieder! **II.** *vt* (*quitar la barra*) entriegeln

desbastar [desβas'tar] *vt* **1.** (TÉC) schruppen, grob bearbeiten **2.** (*fig: persona*): ~ **a alguien** jdm Schliff beibringen

desbloquear [desβloke'ar] *vt* freilegen; (*t.* FIN) freigeben; (POL) eine Blockade aufheben; (TÉC) enthemmen, von einer Blockierung befreien

desbloqueo [desβlo'keo] *m* (*t.* FIN) Freigabe *f*; (POL) Aufhebung *f* einer Blockade; (TÉC) Beseitigung *f* einer Blockierung, Enthemmung *f*

desbocado, **-a** [desβo'kaðo, -a] *adj* **1.** (*cacharro*) am Rand beschädigt; **esta jarra está desbocada** dieser Krug hat eine Macke am Rand **2.** (*deslenguado*) pöbelhaft **3.** (*t. fig: enloquecido*) ausgerastet; **un caballo** ~ ein durchgegangenes Pferd

desbocar [desβo'kar] <c→qu> **I.** *vt* **1.** (*cacharro*) am Rand beschädigen **2.** (*enloquecer*) rasend machen **II.** *vr:* ~**se** (*t. fig: enloquecer*) ausrasten; (*caballo*) durchgehen

desbordamiento [desβorða'mjen̪to] *m* Überflutung *f*; (INFOR) Overflow *m*

desbordante [desβor'ðan̪te] *adj* überquellend; ~ **de alegría** überaus froh; **una alegría** ~ eine überquellende [*o* überschäumende] Freude

desbordar [desβor'ðar] **I.** *vi* über die Ufer treten; ~ **de alegría** vor Freude ganz aus dem Häuschen sein; ~ **de emoción** ganz gerührt sein **II.** *vt* (*exceder*) überschreiten; **esto desborda mi paciencia** gleich verliere ich die Geduld, da reißt mir gleich der Geduldsfaden

III. *vr:* **~se** austreten, überströmen; (*fig*) aus dem Ruder laufen

desborde [des'βorðe] *m* Überschreitung *f;* **~ de poder** Machtüberschreitung *f*

desbravar [desβra'βar] **I.** *vt* (*domar*) zähmen; (*dominar*) bändigen; (*caballo*) zureiten **II.** *vr:* **~se** sich zähmen lassen; (*bebida*) den Alkoholgehalt verlieren

desbroce [des'βroθe] *m* **1.**(AGR) Rodung *f;* (*árbol*) Ausputzen *nt* **2.**(*broza*) Reisig *nt*

desbrozar [desβro'θar] <z→c> *vt* (AGR) roden; (*árbol*) ausputzen; **~ el camino** (*fig*) den Weg bahnen

desbrozo [des'βroθo] *m v.* **desbroce**

desburocratizar [desβurokrati'θar] <z→c> *vt* entbürokratisieren

descabal [deska'βal] *adj v.* **descabalado**

descabalado, **-a** [deskaβa'laðo, -a] *adj* zusammengestückelt; **tazas descabaladas** zusammengewürfelte Tassen

descabalar [deskaβa'lar] **I.** *vt* stückweise zerbrechen; **~ los planes a alguien** jdm einen Strich durch die Rechnung machen **II.** *vr:* **~se** stückweise zu Bruch gehen

descabalgar [deskaβal'ɣar] <g→gu> *vi* absitzen, vom Pferd absteigen

descabellado, **-a** [deskaβe'ʎaðo, -a] *adj* wahnwitzig; **un plan ~** ein hirnrissiger Plan

descabellar [deskaβe'ʎar] *vt* **1.**(*desgreñar*) zerzausen **2.**(TAUR) mit einem Genickstoß töten

descabezado, **-a** [deskaβe'θaðo, -a] *adj* hirnlos

descabezar [deskaβe'θar] <z→c> *vt* **1.**(*decapitar*) köpfen, enthaupten **2.**(*podar*) kappen **3.**(*loc*): **~ un sueñecito** (*fig*) ein Nickerchen machen [*o* halten]

descacharrante [deskatʃa'rran̪te] *adj* (*fam*) zum Kaputtlachen, zum Kringeln

descacharrar [deskatʃa'rrar] **I.** *vt* kaputtmachen **II.** *vr:* **~se** kaputtgehen; **~se de risa** sich kaputtlachen, sich vor Lachen kringeln

descafeinar [deskafei̯'nar] <*1. pres:* descafeíno> *vt* entkoffeinieren; **descafeinado** entkoffeiniert, koffeinfrei; (*fig*) fade

descalabrar [deskala'βrar] **I.** *vt* (*herir*) (am Kopf) verletzen [*o* verwunden]; **salir descalabrado** (*t. fig*) schlecht davonkommen **II.** *vr:* **~se** sich am Kopf verletzen; (*fig*) schlecht davonkommen

descalabro [deska'laβro] *m* Schaden *m;* (*fig: revés*) Reinfall *m;* **sufrir un ~** eine Schlappe einstecken

descalcificación [deskal̪θifika'θjon] *f* (MED, QUÍM) Entkalkung *f;* (*de agua*) Enthärtung *f*

descalcificar [deskal̪θifi'kar] <c→qu> **I.** *vt* (MED, QUÍM) entkalken; (*agua*) enthärten **II.** *vr:* **~se** (MED, QUÍM) sich entkalken

descalificación [deskalifika'θjon] *f* **1.**(*desacreditación*) Diskreditierung *f* **2.**(*t.* DEP: *eliminación*) Disqualifikation *f*

descalificar [deskalifi'kar] <c→qu> *vt* **1.**(*desacreditar*) diskreditieren **2.**(*t.* DEP: *eliminar*) disqualifizieren

descalza [des'kal̪θa] *adj o f v.* **descalzo**

descalzar [deskal̪'θar] <z→c> **I.** *vt* die Schuhe ausziehen (*a +dat*); (*una rueda*) den Bremsklotz wegziehen (von *+dat*) **II.** *vr:* **~se** (sich *dat*) die Schuhe ausziehen; (*caballo*) ein Hufeisen verlieren

descalzo, **-a** [des'kal̪θo, -a] **I.** *adj* barfuß; (*fig: pobre*) bettelarm **II.** *m, f* (REL) Barfüß(l)er(in) *m(f)*

descamar [deska'mar] *vt, vr:* **~se** (sich) (ab)schuppen

descambiar [deskam'bjar] *vt* (*fam*) umtauschen

descaminar [deskami'nar] **I.** *vt* irreführen; **andar** [*o* **ir**] **descaminado** (*t. fig*) irregehen *elev;* **no vas descaminado al suponer que...** du irrst dich nicht, wenn du meinst, dass ... **II.** *vr:* **~se 1.**(*perderse*) sich verirren **2.**(*descarriarse*) auf Abwege geraten

descamisado, **-a** [deskami'saðo, -a] *adj* ohne Hemd; (*desharrapado*) zerlumpt; **los ~s** (*Arg:* POL) die Peronisten

descampado [deskam'paðo] *m* offenes Feld *nt;* **en ~** auf freiem Feld

descansabrazos [dseskansa'βraθos] *m inv* Armlehne *f*

descansado, **-a** [deskan'saðo, -a] *adj* **1.** *estar* erholt; (*bien dormido*) ausgeschlafen **2.** *ser* mühelos; (*cómodo*) bequem; **una vida descansada** ein gemächliches Leben

descansapié(s) [deskansa'pje(s)] *m* (*inv*) Fußstütze *f;* (*en una moto*) Fußraste *f*

descansar [deskan'sar] **I.** *vi* **1.**(*reposar*) sich ausruhen; (*recuperarse*) sich erholen (*de* von *+dat*); (*en una marcha*) rasten **2.**(*dormir*) schlafen; **¡que descanses!** schlaf gut [*o* schön]!; **¡que Ud. descanse!** angenehme Ruhe!; **descanse en paz** (*fig: yacer*) er/sie ruhe in Frieden; **~ eternamente** (*fig*) auf ewig ruhen **3.**(*t. fig: apoyar*) ruhen (*en/sobre* auf *+dat*); **¡descansen armas!** (MIL) Gewehr ab! **4.**(*confiar*) sich verlassen (*en* auf *+akk*) **II.** *vt* **1.**(*apoyar*) stützen (*en/sobre* auf *+akk*) **2.**(*aliviar*) entlasten (*de* von *+dat*) **III.** *vr:* **~se** (*confiarse*) sein Herz ausschütten (*en* bei *+dat*)

descansillo [deskan'siʎo] *m* Treppenabsatz *m*

descanso [des'kanso] *m* **1.**(*reposo*) Ausruhen *nt;* (*recuperación*) Erholung *f;* (*tranquilidad*) Ruhe *f;* **día de ~** Ruhetag *m* **2.**(*pausa*) Pause *f;* (*alto*) Rast *f;* (DEP) Halbzeit *f;* **sin ~** ununterbrochen **3.**(*alivio*) Erleichterung *f* **4.**(*apoyo*) Stütze *f* **5.**(*descansillo*) Treppenabsatz *m*

descapitalización [deskapitaliθa'θjon] *f* **1.**(ECON, FIN) Unterkapitalisierung *f;* (*falta de liquidez*) Illiquidität *f* **2.**(SOCIOL) Kulturverlust *m*

descapitalizar [deskapitali'θar] <z→c> *vt* **1.**(ECON, FIN) unterkapitalisieren **2.**(SOCIOL)

Kulturgut verlieren; **la guerra descapitalizó mucho a este país** durch den Krieg hat dieses Land viel Kulturgut verloren

descapotable [deskapo'taβle] **I.** *adj* (AUTO) aufklappbar; **coche** ~ Kabriolett *nt* **II.** *m* (AUTO) Kabrio(lett) *nt*

descarado, **-a** [deska'raðo, -a] *adj* **1.** (*desvergonzado*) dreist **2.** (*evidente*) unverhüllt

descararse [deska'rarse] *vr* **1.** (*insolentarse*) frech werden (*con* zu +*dat*) **2.** (*violentarse*) *sich zu etwas Peinlichem zwingen müssen;* **y aún tuve que descararme para pedir que me devolviera el dinero** und ich musste es mir auch noch antun, mein Geld von ihm/ihr zurückzuverlangen

descarga [des'karɣa] *f* **1.** (*de mercancías*) Abladen *nt*, Ablad *m Suiza;* (NÁUT) Löschung *f;* **recibir una ~ de golpes** eine Tracht Prügel bekommen **2.** (*disparos*) Salve *f* **3.** (*t.* ELEC, FÍS) Entladung *f;* ~ **eléctrica** elektrischer Schlag **4.** (*t.* FIN: *alivio*) Entlastung *f*

descargadero [deskarɣa'ðero] *m* Abladeplatz *m*

descargador [deskarɣa'ðor] *m* **1.** (*trabajador*) Ablader *m* **2.** (TÉC) Entlader *m;* (ELEC) Ableiter *m*

descargar [deskar'ɣar] <g→gu> **I.** *vi* **1.** (*desembocar*) auslaufen (*en* in +*akk*); (*río*) münden (*en* in +*akk*) **2.** (*tormenta*) sich entladen **II.** *vt* **1.** (*carga*) abladen, ausladen; (NÁUT) löschen; ~ **el vientre** seine Notdurft verrichten **2.** (*t.* ELEC, FÍS) entladen; (*corriente*) ableiten **3.** (*disparar*) abfeuern; ~ **un golpe sobre...** einen Schlag versetzen ... +*dat* **4.** (*desahogar*) auslassen; ~ **su ira/su mal genio en** [*o* **sobre**] **alguien** seinen Zorn/seine schlechte Laune an jdm auslassen **5.** (*aliviar*) erleichtern; (FIN) entlasten **6.** (JUR) freisprechen; (*t.* FIN: *librar*) entlasten (*de* von +*dat*) **7.** (INFOR) herunterladen, downloaden **III.** *vr:* **~se 1.** (*vaciarse*) sich leeren; (ELEC, FÍS) sich entladen **2.** (*librarse*) sich entledigen (*de* +*gen*) **3.** (*desahogarse*) sich abreagieren; (*con movimiento*) sich austoben

descargo [des'karɣo] *m* **1.** (*descarga*) Entladen *nt* **2.** (FIN) Gutschrift *f* **3.** (*liberación*) Entlastung *f* **4.** (*justificación*) Rechtfertigung *f;* **tengo que decir en mi ~ que...** zu meiner Verteidigung muss ich sagen, dass ... **5.** (JUR: *absolución*) Freisprechung *f;* **testigo de ~** Entlastungszeuge *m*

descargue [des'karɣe] *m* Entladen *nt*

descarnado, **-a** [deskar'naðo, -a] *adj* **1.** (*sin carne*) fleischlos; (*huesudo*) knochig; (*flaco*) abgemagert **2.** (*fig: acre*) gnadenlos

descarnar [deskar'nar] *vt* entfleischen

descaro [des'karo] *m* Dreistigkeit *f;* **¡qué ~!** so eine Frechheit!; **¿y tiene Ud. el ~ de decir eso?** und Sie besitzen noch die Dreistigkeit, das zu sagen?

descarriar [deskarri'ar] <*1. pres:* **descarrío**> **I.** *vt* **1.** (*dispersar*) versprengen **2.** (*descaminar*) irreführen **II.** *vr:* **~se 1.** (*perderse*) sich verirren; **un niño descarriado** ein Straßenkind **2.** (*descaminarse*) auf Abwege geraten

descarrilamiento [deskarrila'mjen̩to] *m* (FERRO) Entgleisung *f*

descarrilar [deskarri'lar] *vi* (FERRO: *t. fig*) entgleisen

descarrío [deska'rrio] *m* Verirrung *f*

descartar [deskar'tar] **I.** *vt* ausschließen; **puedes ~ esa posibilidad** diese Möglichkeit kannst du ausschließen **II.** *vr:* **~se** (*naipes*) Karten abwerfen

descartelización [deskarteliθa'θjon] *f* (COM, ECON) Entkartellisierung *f*

descartelizar [deskarteli'θar] <z→c> *vt* (COM, ECON) entkartellisieren

descascarar [deskaska'rar] *vt, vr:* **~se** (sich) (ab)schälen

descascarillar [deskaskari'ʎar] **I.** *vt* polieren; (TÉC: *decapar*) entzundern **II.** *vr:* **~se** abbröckeln

descastado, **-a** [deskas'taðo, -a] *adj* unartig; (*maleducado*) ungeraten

descendencia [desθen̩'den̩θja] *f* Nachkommenschaft *f;* **tener ~** Nachwuchs bekommen

descendente [desθen̩'den̩te] *adj* absteigend; (*en caída*) fallend; (*en disminución*) rückläufig; (INFOR) top-down

descender [desθen̩'der] <e→ie> **I.** *vi* **1.** (*bajar*) hinuntergehen, heruntergehen; (*una montaña, una mina*) hinuntersteigen, heruntersteigen; (*t. fig*) herunterkommen; (*de un vehículo*) absteigen; ~ **la escalera** die Treppe herabsteigen; ~ **a hacer algo** (*fig*) sich herablassen etw zu tun **2.** (*proceder*) abstammen (*de* von +*dat*) **II.** *vt* herunternehmen

descendiente [desθen̩'djen̩te] *mf* Nachkomme *m;* (JUR) Abkömmling *m;* **los ~s** die Nachkommenschaft

descendimiento [desθen̩di'mjen̩to] *m* Herunternehmen *nt;* (ARTE, REL) Kreuzabnahme *f*

descenso [des'θenso] *m* **1.** (*bajada*) Abstieg *m;* ~ **en paracaídas** (DEP) Fallschirmabsprung *m;* **carrera de ~** (DEP) Abfahrtslauf *m* **2.** (*cuesta*) Abhang *m;* (*pendiente*) Gefälle *nt* **3.** (*disminución*) Rückgang *m;* (*caída*) Abfall *m;* (FIN) Baisse *f;* ~ **de la natalidad** Geburtenrückgang *m* **4.** (MED) Senkung *f;* ~ **del útero** Gebärmuttersenkung *f*

descentralización [desθen̩traliθa'θjon] *f* (ADMIN, ECON, POL) Dezentralisierung *f,* Dezentralisation *f;* ~ **administrativa** (ADMIN, POL) Dezentralisierung der Verwaltung

descentralizar [desθen̩trali'θar] <z→c> *vt* (ADMIN, ECON, POL) dezentralisieren

descentrar [desθen̩'trar] **I.** *vt* (*t.* TÉC) dezentrieren; (*fig*) aus dem Takt bringen; **hoy estoy muy descentrado** heute bin ich nicht ganz bei der Sache **II.** *vr:* **~se** aus dem Takt geraten

descerebrado, **-a** [desθere'βraðo, -a] *adj* (*fam*) hirnverbrannt

descerrajar [desθerra'xar] *vt* aufbrechen; ~ **una puerta/un coche** eine Tür/ein Auto aufbrechen; ~ **un tiro a alguien** auf jdn einen Schuss abfeuern

descifrar [desθi'frar] *vt* entziffern, entschlüsseln; (*código*) dechiffrieren

desclasar [deskla'sar] *vt* (SOCIOL) deklassieren

desclasificación [desklasifika'θjon] *f* (ADMIN: *publicación*) Verlautbarung *f*

desclasificar [desklasifi'kar] <c→qu> *vt* (ADMIN: *hacer público*) verlautbaren

desclavar [deskla'βar] **I.** *vt* einen Nagel herausziehen; ~ **algo** aus etw *dat* die Nägel herausziehen **II.** *vr:* ~**se** die Nägel verlieren; **la tapa se ha desclavado** die Nägel haben sich vom Deckel gelöst

descocado, **-a** [desko'kaðo, -a] *adj* frech; (*indecente*) flittchenhaft

descoco [des'koko] *m* Frechheit *f;* (*indecencia*) Flittchenart *f*

descodificador [deskoðifika'ðor] *m* (RADIO, TÉC, TV) Decoder *m*

descodificar [deskoðifi'kar] <c→qu> *vt* (ELEC, RADIO, TV) decodieren

descojonante [deskoxo'nante] *adj* (*argot*) zum Schieflachen

descojonarse [deskoxo'narse] *vr* (*argot*) **1.** (*reír*) sich schieflachen (*de* über +*akk*) **2.** (*golpearse*) dagegenkrachen

descolgar [deskol'ɣar] *irr como colgar* **I.** *vt* **1.** (*quitar*) abhängen, herabnehmen, herunternehmen; **andar descolgado** (*fig*) rumhängen **2.** (*teléfono*) abnehmen **3.** (*bajar*) herunterlassen **II.** *vr:* ~**se 1.** (*bajar*) sich herunterlassen **2.** (*aparecer*) sich ab und zu blicken lassen **3.** (*separarse*) den Kontakt verlieren; **últimamente te has descolgado del grupo** (*fam*) in letzter Zeit hast du dich von der Gruppe abgeseilt **4.** (*dejar caer*) herausplatzen (*con* mit +*dat*)

descollar [desko'ʎar] <o→ue> *vi* herausragen, hervorragen (*entre/sobre* über +*akk*); **Goya descolló en la pintura de su tiempo** Goya war ein hervorragender Maler seiner Zeit; **descuella por sus conocimientos** er/sie ragt durch seine/ihre Kenntnisse hervor

descolocar [deskolo'kar] <c→qu> **I.** *vt* in Unordnung bringen; **estar descolocado** (*desordenado*) unordentlich sein; (*mal colocado*) verstellt sein; (*fig*) fehl am Platz sein **II.** *vr:* ~**se** außer Ordnung geraten

descolonización [deskoloniθa'θjon] *f* (POL) Dekolonisation *f,* Entkolonisation *f*

descolonizar [deskoloni'θar] <z→c> *vt* (POL) dekolonisieren, entkolonisieren

descolorar(se) [deskolo'rar(e)] *vt, vr v.* **descolorir**

descolorir [deskolo'rir] **I.** *vt* bleichen, entfärben; **estar descolorido** ausgeblichen sein; (*lavado*) ausgewaschen sein **II.** *vr:* ~**se** (aus)bleichen, verschießen

descombrar [deskom'brar] *vt* entrümmern, von Schutt säubern

descomedido, **-a** [deskome'ðiðo, -a] *adj* **1.** (*excesivo*) übermäßig **2.** (*insolente*) ungehörig, ungebührlich

descomedimiento [deskomeði'mjento] *m* Ungehörigkeit *f,* Ungebührlichkeit *f*

descomedirse [deskome'ðirse] *irr como pedir vr* sich ungehörig aufführen; (*descararse*) sich erdreisten

descompaginar [deskompaxi'narse] *vt* durcheinander bringen; **este trabajo descompagina todo mi horario** dieser Job bringt meinen ganzen Stundenplan durcheinander

descompasarse [deskompa'sarse] *vr* **1.** (*descomedirse*) sich unmöglich aufführen **2.** (*perder el compás*) aus dem Takt geraten

descompensación [deskompensa'θjon] *f* Unausgeglichenheit *f,* Unausgewogenheit *f;* (MED) Dekompensation *f*

descompensar [deskompen'sar] **I.** *vt* aus dem Gleichgewicht bringen; **estar descompensado** unausgeglichen [*o* unausgewogen] sein **II.** *vr:* ~**se** aus dem Gleichgewicht geraten

descomponer [deskompo'ner] *irr como poner* **I.** *vt* **1.** (*desordenar*) in Unordnung bringen **2.** (*t.* QUÍM: *separar*) zersetzen, zerlegen (*en* in +*akk*) **3.** (*corromper*) zersetzen **4.** (*enfurecer*) außer sich *dat* bringen **II.** *vr:* ~**se 1.** (*desmembrarse*) zerfallen **2.** (*corromperse*) verwesen **3.** (*enfermar*) Durchfall bekommen **4.** (*encolerizarse*) außer sich *dat/akk* geraten

descomposición [deskomposi'θjon] *f* **1.** (*separación*) Zerfall *m;* (*t.* QUÍM) Zersetzung *f* **2.** (*corrupción*) Verwesung *f;* **en (estado de)** ~ in Verwesung **3.** (*diarrea*): ~ **(de vientre)** Durchfall *m* **4.** (INFOR) Zerlegung *f;* ~ **de programa** Programmzerlegung *f;* ~ **funcional** funktionale Auflösung

descompostura [deskompos'tura] *f* **1.** (*desarreglo*) Ungepflegtheit *f* **2.** (*descomedimiento*) Ungehörigkeit *f*

descompresión [deskompre'sjon] *f* **1.** (FÍS, TÉC) Dekompression *f* **2.** (INFOR) Dekomprimierung *f*

descomprimir [deskompri'mir] *vt* (FÍS, TÉC, INFOR) dekomprimieren

descomprometido, **-a** [deskomprome'tiðo, -a] *adj* unverbindlich; (POL) politisch nicht engagiert

descompuesto, **-a** [deskom'pwesto, -a] **I.** *pp de* **descomponer II.** *adj* **1.** (*desordenado*) unordentlich **2.** (*podrido*) verfault **3.** (*alterado*) verzerrt; **con el rostro** ~ mit verzerrtem Gesicht; **me puse** ~ **de rabia** ich geriet außer mich [*o* mir] vor Wut **4.** (*enfermo*) an Durchfall leidend

descomunal [deskomu'nal] *adj* übermäßig, ungeheuerlich

desconcentración [deskonθentra'θjon] *f* **1.** (ECON) Dekonzentration *f,* Entflechtung *f*

2. (*desatención*) Konzentrationsmangel *m*

desconcentrar [deskon̩θen̩'trar] **I.** *vt* **1.** (ECON) entflechten, dekonzentrieren **2.** (*distraer*) aus dem Konzept bringen **II.** *vr:* **~se** aus dem Konzept kommen, abschalten *fam*

desconceptuar [deskon̩θeptu'ar] < *1. pres:* desconceptúo> *vt* entsinnlichen

desconcertante [deskon̩θer'tan̩te] *adj* verblüffend

desconcertar [deskon̩θer'tar] <e→ie> *vt* **1.** (*desbaratar*) durcheinander bringen; (*planes*) vereiteln **2.** (*pasmar*) verblüffen; **estar desconcertado** verblüfft sein; **eso le dejó desconcertado** das hat ihn verblüfft

desconchado [deskon'ʧaðo] *m* abgebröckelte Stelle *f;* (*proceso*) Abbröck(e)lung *f*

desconchar [deskon'ʧar] **I.** *vt* abbröckeln lassen **II.** *vr:* **~se** abbröckeln

desconchón [deskon'ʧon] *m* abgebröckelte Stelle *f*

desconcierto [deskon̩'θjerto] *m* **1.** (*desarreglo*) Unordnung *f* **2.** (*desorientación*) Verlorenheit *f*

desconectar [deskonek'tar] **I.** *vi, vt* **1.** (ELEC, RADIO) ausschalten, abschalten **2.** (*fig: desconcentrarse*) abschalten *fam* **II.** *vr:* **~se 1.** (ELEC, RADIO) sich abschalten **2.** (*fig: desligarse*) den Kontakt verlieren (*de* zu +*dat*)

desconexión [deskone^ɣ'sjon] *f* (ELEC, RADIO) Ausschalten *nt,* Abschalten *nt*

desconfiado, **-a** [deskoɱfi'aðo, -a] *adj* misstrauisch; (*receloso*) argwöhnisch

desconfianza [deskoɱfi'an̩θa] *f* Misstrauen *nt;* (*recelo*) Argwohn *m;* **producir** [*o* **provocar**] ~ Misstrauen hervorrufen, misstrauisch machen

desconfiar [deskoɱfi'ar] < *1. pres:* desconfío> *vi* misstrauen (*de* +*dat*); (*recelar*) argwöhnen (*de* +*akk*); **desconfío de tus palabras** ich schenke deinen Worten keinen Glauben; **desconfío de conseguirlo** ich bezweifle, dass es mir gelingt

descongelación [deskoŋxela'θjon] *f* Auftauen *nt;* (TÉC) Enteisung *f;* (FIN) Freigabe *f*

descongelar [deskoŋxe'lar] **I.** *vt* auftauen; (*el frigorífico*) abtauen; (TÉC) enteisen; (FIN) freigeben, entsperren; ~ **los salarios** den Lohnstopp aufheben **II.** *vr:* **~se** auftauen

descongestión [deskoŋxes'tjon] *f* Entlastung *f;* (ECON) Entflechtung *f;* (*de población*) Entballung *f;* (MED) Entstauung *f*

descongestionar [deskoŋxestjo'nar] **I.** *vt* entlasten; (MED) entstauen; (ECON) entflechten; ~ **el tráfico** den Straßenverkehr entlasten **II.** *vr:* **~se** sich entlasten; (*de gente*) sich entleeren; (MED) sich entstauen

desconocer [deskono'θer] *irr como crecer vt* **1.** (*ignorar*) nicht wissen; (*subestimar*) verkennen; **desconozco cuáles son sus intenciones** ich weiß nicht, welche Absichten er/sie hat **2.** (*no conocer*) nicht kennen; (*fig: no reconocer*) nicht wieder erkennen; **me desconozco en esta foto** auf diesem Foto erkenne ich mich nicht wieder **3.** (*negar*) verleugnen; (JUR) aberkennen; ~ **la paternidad** die Vaterschaft leugnen

desconocido, **-a** [deskono'θiðo, -a] **I.** *adj* unbekannt; (*correos*) Empfänger unbekannt; **esa expresión me es desconocida** dieser Ausdruck ist mir nicht bekannt; **¡chico, sin barba estás ~!** Junge, ohne Bart bist du nicht mehr wieder zu erkennen! **II.** *m, f* Unbekannte(r) *mf;* **un completo** ~ ein wildfremder Mensch; **este autor es un gran** ~ dieser Autor ist ein verkanntes Genie

desconocimiento [deskonoθi'mjen̩to] *m* Unkenntnis *f;* (*ignorancia*) Unwissenheit *f;* **por ~ de los hechos** in Verkennung der Tatsachen

desconsideración [deskonsiðera'θjon] *f* Rücksichtslosigkeit *f;* (*desprecio*) Missachtung *f*

desconsiderado, **-a** [deskonsiðe'raðo, -a] *adj* rücksichtslos

desconsolado, **-a** [deskonso'laðo, -a] *adj* trostlos; (*inconsolable*) untröstlich

desconsolador(a) [deskonsola'ðor(a)] *adj* betrüblich; **una situación ~a** eine trostlose Lage

desconsolar [deskonso'lar] <o→ue> **I.** *vt* betrüben **II.** *vr:* **~se** sich trostlos fühlen

desconsuelo [deskon'swelo] *m* Trostlosigkeit *f,* Trübsal *f;* **daba ~ verlo** es/er sah trostlos aus

descontado, **-a** [deskon̩'taðo, -a] *adj* **1.** (*descartado*) ausgeschlossen **2.** (*seguro*): **por ~** selbstverständlich; **dar algo por ~** etw für selbstverständlich halten

descontaminación [deskon̩tamina'θjon] *f* (ECOL) Dekontamination *f,* Entseuchung *f*

descontaminar [deskon̩tami'nar] *vt* (ECOL) dekontaminieren, entseuchen

descontar [deskon̩'tar] <o→ue> *vt* **1.** (COM, FIN) abrechnen, abschreiben; (*restar*) abziehen (*de* von +*dat*); (*por pago al contado*) skontieren; (*reducir*) herabsetzen **2.** (ECON, FIN) diskontieren **3.** (*descartar*) ausschließen; **descontando que...** +*subj* ungeachtet dessen, dass ...

descontentadizo, **-a** [deskon̩ten̩ta'ðiθo, -a] *adj* wählerisch; (*pey*) mäk(e)lig

descontento[1] [deskon̩'ten̩to] *m* Unzufriedenheit *f;* **expresar su ~** seine Unzufriedenheit [*o* sein Missfallen] zum Ausdruck bringen; **producir ~** Unzufriedenheit erregen; **sembrar el ~** für Unzufriedenheit sorgen (*en/entre* unter +*dat*)

descontento, **-a**[2] [deskon̩'ten̩to, -a] *adj* unzufrieden (*con* mit +*dat*); **los ~s** die unzufriedene Menge

descontextualizar [deskon̩testwali'θar] <z→c> *vt* aus dem Zusammenhang reißen

descontrol [deskon̩'trol] *m* Mangel *m* an Kontrolle, unkontrollierte Lage *f;* (*desbarajuste*) Durcheinander *nt;* **esto es un ~** hier geht alles drunter und drüber

descontrolar [deskontro'lar] **I.** *vi* (*argot: perder el control*) spinnen; **Paco descontrola mogollón** Paco ist voll ausgeflippt **II.** *vr:* **~se** (*máquina*) außer Kontrolle geraten; (*persona*) außer sich *dat/akk* geraten, sich nicht beherrschen (können)

desconvocar [deskombo'kar] <c→qu> *vt* absagen; (*un acto ya iniciado*) abbrechen; **~ la huelga/la manifestación** den Streik/die Demonstration abblasen

desconvocatoria [deskomboka'torja] *f* Abbruch *m;* **los huelguistas votaron contra la ~** die Streikenden stimmten gegen den Streikabbruch

descoordinación [desko(o)rðina'θjon] *f* Mangel *m* an Koordinierung, unkoordinierte Lage *f*

descoque [des'koke] *m v.* **descoco**

descorazonador(a) [deskoraθona'ðor(a)] *adj* entmutigend

descorazonamiento [deskoraθona'mjento] *m* Entmutigung *f;* (*desaliento*) Verzagtheit *f;* (*desánimo*) Mutlosigkeit *f*

descorazonar [deskoraθo'nar] **I.** *vt* entmutigen; (*desalentar*) verzagt machen **II.** *vr:* **~se** verzagen

descorbatado, -a [deskorβa'taðo, -a] *adj* ohne Krawatte

descorchador [deskortʃa'ðor] *m* Korkenzieher *m*

descorchar [deskor'tʃar] *vt* **1.** (AGR: *alcornoque*) (die Korkeiche) entrinden **2.** (*botella*) entkorken

descorche [des'kortʃe] *m* **1.** (AGR: *del alcornoque*) Entrindung *f* **2.** (*de una botella*) Entkorken *nt*

descornar [deskor'nar] <o→ue> **I.** *vt* die Hörner stutzen *+dat;* (*argot: confesar*) auspacken **II.** *vr:* **~se 1.** (*fam: golpearse*) dagegenkrachen **2.** (*esforzarse*) sich abrackern

descorrer [desko'rrer] **I.** *vt* zurückziehen; (*cortinas*) aufziehen; (*cerrojo*) zurückschieben **II.** *vr:* **~se** sich von selbst öffnen

descortés [deskor'tes] *adj* unhöflich

descortesía [deskorte'sia] *f* Unhöflichkeit *f*

descortezar [deskorte'θar] <z→c> *vt* entrinden

descoser [desko'ser] **I.** *vt* (*costura*) auftrennen; (*grapas*) Heftklammern entfernen; **tengo la manga descosida** mein Ärmel hat sich gelöst **II.** *vr:* **~se** (*costura*) aufgehen; **se me ha descosido un botón** mein Knopf ist ab

descosido[1] [desko'siðo] *m* aufgetrennte Stelle *f*

descosido, -a[2] [desko'siðo, -a] *adj:* **como un ~** (*fig*) wie ein Wilder; **Pepa habla como una descosida** Pepa plappert alles aus

descoyuntar [deskoɟun'tar] *vt* **1.** (*dislocar*) ausrenken, verrenken; **me he descoyuntado la muñeca, tengo la muñeca descoyuntada** ich habe mir das Handgelenk verrenkt; **estoy descoyuntado** (*fig*) ich bin fix und fertig **2.** (*falsear*) verdrehen

descrédito [des'kreðito] *m* Verruf *m;* **caer en ~** in Misskredit [*o* Verruf] geraten; **ser motivo de ~ para alguien** jdn in Misskredit [*o* Verruf] bringen

descreer [deskre'er] *irr como leer* **I.** *vi* (REL) nicht glauben **II.** *vt* keinen Glauben schenken *+dat*

descreído, -a [deskre'iðo, -a] *adj* (REL) ungläubig; (*pey*) gottlos

descreimiento [deskrei̯'mjento] *m* (REL) Ungläubigkeit *f;* (*pey*) Gottlosigkeit *f*

descremar [deskre'mar] *vt* entrahmen; **leche descremada** entrahmte Milch

describir [deskri'βir] *irr como escribir vt* beschreiben; (*caracterizar*) schildern; (*presentar*) darstellen; (*movimiento*) beschreiben; **~ una curva** eine Kurve beschreiben; **~ algo con todo detalle** etw in allen Einzelheiten beschreiben; **no se puede ~** es spottet jeder Beschreibung

descripción [deskriβ'θjon] *f* Beschreibung *f;* (*caracterización*) Schilderung *f;* (*presentación*) Darstellung *f*

descriptivo, -a [deskrip'tiβo, -a] *adj* deskriptiv, beschreibend

descriptor [deskrip'tor] *m* (INFOR) Deskriptor *m*

descrismar [deskris'mar] **I.** *vt* (*fam*): **~ a alguien** jdm eins überziehen, jdm eins über den Schädel ziehen **II.** *vr:* **~se** (*fam*) **1.** (*romperse la cabeza*) sich *dat* den Schädel einrennen **2.** (*enfadarse*) aus der Haut fahren

descrispado, -a [deskris'paðo, -a] *adj* (POL) entspannt

descuadrado, -a [deskwa'ðraðo, -a] *adj* unausgeglichen

descuajaringar [deskwaxariŋ'gar] <g→gu> **I.** *vt* kaputtmachen **II.** *vr:* **~se** (*fam*) schlappmachen; **~ de risa** sich schieflachen

descuartizar [deskwarti'θar] <z→c> *vt* **1.** (*en cuatro*) vierteln; (*como castigo*) vierteilen **2.** (*despedazar*) zerlegen, zerteilen

descubierta [desku'βjerta] *f* **1.** (NÁUT) Absuchen *nt* des Horizonts **2.** (MIL) Erkundung *f* **3.** (GASTR) ungedeckter Kuchen *m*

descubierto[1] [desku'βjerto] *m* **1.** (FIN) Kontoüberziehung *f;* **al ~** (*cuenta*) überzogen; (*cheque*) ungedeckt; **crédito al ~** Überziehungskredit *m;* **en ~** im Rückstand; **quedarse en ~** sein Konto überziehen **2.** (*en evidencia*): **poner al ~** an den Tag bringen, entlarven; **quedar al ~** entlarvt werden **3.** (*loc*): **al ~** (MIN) über Tage; **dormir al ~** unter freiem Himmel übernachten

descubierto, -a[2] [desku'βjerto, -a] **I.** *pp de* **descubrir II.** *adj* unbedeckt; (*sin techo*) unüberdacht; (*cielo*) heiter; (*cabeza*) barhäuptig; (*paisaje*) unbewaldet; **a pecho ~** unbewaffnet; (*fig*) waghalsig

descubridor(a) [deskuβri'ðor(a)] *m(f)* **1.** (*general*) Entdecker(in) *m(f)* **2.** (JUR) Finder(in) *m(f)* **3.** (MIL) Kundschafter(in) *m(f)*

descubrimiento [deskuβri'mjento] *m* Entdeckung *f;* (*desenmascaramiento*) Aufdeckung *f,* Enthüllung *f;* **el D~** die Entdeckung Amerikas

descubrir [desku'βrir] *irr como abrir* **I.** *vt* **1.** (*destapar*) entdecken, enthüllen **2.** (*averiguar*) herausfinden **3.** (*inventar*) erfinden **4.** (*revelar*) offenbaren **5.** (*desenmascarar*) entlarven, enttarnen **II.** *vr:* **~se 1.** (*saludo*) den Hut ziehen **2.** (*traicionarse*) sich bloßstellen **3.** (*desenmascararse*) sich entlarven (*como* als *+akk*) **4.** (*salir a la luz*) an den Tag kommen

descuento [des'kwen̪to] *m* **1.** (COM) Abrechnung *f,* Abzug *m;* (*rebaja*) Rabatt *m,* Nachlass *m;* (*reducción*) Ermäßigung *f;* (*por pago al contado*) Skonto *m o nt;* **~ por cantidad** Mengenrabatt *m;* **~ al por mayor** Großhandelsrabatt *m;* **~ en nómina** Lohnabzug *m;* **conceder un ~** Rabatt gewähren **2.** (FIN, ECON) Diskont *m;* **~ de letras** Wechseldiskontierung *f* **3.** (DEP) Nachspielzeit *f*

descuidado, **-a** [deskwi'ðaðo, -a] *adj* **1.** *ser* (*falto de atención*) unachtsam; (*desinteresado*) nachlässig, fahrlässig; (*desaseado*) schlampig; (*desaliñado*) liederlich **2.** *estar* (*abandonado*) vernachlässigt; (*desprevenido*) unvorbereitet; **aspecto ~** ungepflegtes Äußeres; **coger** [*o* **pillar**] **~** überfallen, überrumpeln

descuidar [deskwi'ðar] **I.** *vi:* **¡descuida/descuide Ud.!** lass/lassen Sie das nur meine Sorge sein! **II.** *vt* **1.** (*desatender*) vernachlässigen **2.** (*ignorar*) unbeachtet lassen **III.** *vr:* **~se 1.** (*abandonarse*) sich vernachlässigen **2.** (*distraerse*) nicht aufpassen

descuidero, **-a** [deskwi'ðero, -a] *m, f* Gelegenheitsdieb(in) *m(f)*

descuido [des'kwiðo] *m* **1.** (*falta de atención*) Versehen *nt,* Unachtsamkeit *f;* **por ~** aus Versehen, versehentlich **2.** (*falta de cuidado*) Fahrlässigkeit *f,* Nachlässigkeit *f;* **al ~** betont sorglos **3.** (*error*) Fehltritt *m*

desculpabilizar [deskulpaβili'θar] <z→c> *vt* von jeder Schuld freisprechen

desculturización [deskul̪turiθa'θjon] *f* (SOCIOL) Entkulturisierung *f*

desde ['desðe] **I.** *prep* **1.** (*temporal*) seit *+dat;* (*a partir de*) ab *+dat;* **~... hasta...** von ... bis ...; **~ ahora** (**en adelante**) von nun an; **¿~ cuándo?** seit wann?; **¿~ cuándo vives aquí?** wie lange wohnst du schon hier?; **~ entonces** seitdem; **~ hace un mes** seit einem Monat; **~ hace poco/mucho** seit kurzem/langem; **~ hoy/mañana** ab heute/morgen; **~ el principio** von Anfang an; **~ ya** ab sofort **2.** (*local*) von ... (aus); **~... hasta.../hacia...** von ... bis.../nach ...; **te llamo ~ una cabina** ich rufe von einer Telefonzelle (aus) an **II.** *adv:* **~ luego** selbstverständlich, aber natürlich; **¿vienes con nosotros? – ¡~ luego!** kommst du mit uns? – aber klar!; **hace un tiempo horroroso – ¡~ luego!** das ist aber ein Sauwetter – allerdings! **III.** *conj:* **~ que** seit(dem); **~ que te conozco** seit(dem) ich dich kenne

desdecir [desðe'θir] *irr como decir* **I.** *vi* nicht entsprechen (*de +dat*); **~ de los suyos** aus der Art schlagen **II.** *vr:* **~se** zurücknehmen (*de +akk*), widerrufen (*de +akk*); **~se de una promesa** ein Versprechen nicht halten

desdén [des'ðen] *m* Geringschätzung *f;* (*desprecio*) Verachtung *f*

desdentado, **-a** [desðen̪'taðo, -a] *adj* zahnlos

desdeñable [desðe'ɲaβle] *adj* verachtenswert; **nada ~** nicht zu verachten

desdeñar [desðe'ɲar] *vt* **1.** (*despreciar*) gering schätzen **2.** (*rechazar*) verschmähen

desdeñoso, **-a** [desðe'ɲoso, -a] *adj* geringschätzig; (*soberbio*) hochmütig

desdibujado, **-a** [desðiβu'xaðo, -a] *adj* verschwommen, unscharf

desdibujar [desðiβu'xar] **I.** *vt* verschwimmen lassen **II.** *vr:* **~se** verschwimmen; **con la niebla, las montañas se desdibujan** die Berge verschwimmen im Nebel

desdicha [des'ðiʧa] *f* **1.** (*desgracia*) Unglück *nt;* (*suceso*) Un(glücks)fall *m* **2.** (*miseria*) Elend *nt*

desdichado, **-a** [desði'ʧaðo, -a] *adj* unglücklich; **es un ~** er ist ein armer Teufel; **¿qué haces, ~?** was machst du da, du Unglücksrabe?

desdoblamiento [desðoβla'mjen̪to] *m* **1.** (*extensión*) Ausbreitung *f,* Entfaltung *f* **2.** (*división*) Spaltung *f;* (QUÍM) Zersetzung *f;* (BIOL) Verdoppelung *f;* **~ de la personalidad** (MED, PSICO) Bewusstseinsspaltung *f*

desdoblar [desðo'βlar] **I.** *vt* **1.** (*desplegar*) auseinander falten; (*extender*) ausbreiten; (*t. fig*) entfalten **2.** (*dividir*) spalten; (QUÍM) abbauen **II.** *vr:* **~se 1.** (*abrirse*) sich auseinander falten; (*t. fig*) sich entfalten **2.** (*dividirse*) sich spalten

desdoro [des'ðoro] *m* (*vergüenza*) Schande *f;* (*mancha*) Schandfleck *m;* (*deshonor*) Unehre *f*

desdramatizar [desðramati'θar] <z→c> *vt* entdramatisieren; (*minimizar*) herunterspielen

deseable [dese'aβle] *adj* wünschenswert; (*t. sexualmente*) begehrenswert

desear [dese'ar] *vt* wünschen; (*t. sexualmente*) begehren; **~ feliz Navidad a alguien** jdm frohe Weihnachten wünschen; **hacerse ~** auf sich warten lassen; **¿desea algo más?** haben Sie noch einen Wunsch?; **siempre he deseado algo así** ich habe mir immer so was gewünscht; **dejar mucho que ~** viel zu wünschen übrig lassen

desecación [deseka'θjon] *f* **1.** (*secado*) Austrocknung *f;* (*del aire*) Entfeuchtung *f* **2.** (*de un pantano*) Trockenlegung *f* **3.** (*de alimentos*) Dörren *nt* **4.** (QUÍM) Exsikkation *f,* Austrocknung *f*

desecador [deseka'ðor] *m* **1.** (TÉC) Trockner *m;* **~ de aire** Entfeuchter *m* **2.** (QUÍM) Exsikkator *m*

desecamiento [deseka'mjen̪to] *m v.* **desecación**

desecante [dese'kan̪te] *m* (QUÍM) Exsikkator *m*

desecar [dese'kar] <c→qu> **I.** *vt* **1.** (*secar*) austrocknen; (*aire*) entfeuchten **2.** (*pantano*) trockenlegen **3.** (*alimentos*) dörren **II.** *vr:* **~se** austrocknen

desecativo, -a [deseka'tiβo, -a] *adj* austrocknend

desechable [dese'ʧaβle] *adj* **1.** (*de un solo uso*) Wegwerf-, Einweg-; **guantes ~s** Einmalhandschuhe *mpl* **2.** (*despreciable*) verachtenswert; **nada ~** gar nicht zu verachten

desechar [dese'ʧar] *vt* **1.** (*tirar*) wegwerfen; (*ropa*) ablegen **2.** (*descartar*) ausschließen; (JUR: *desestimar*) ablehnen, zurückweisen **3.** (*desdeñar*) verschmähen **4.** (*fam: cerrojo*) zurückschieben; (*llave*) zum Öffnen umdrehen; **~ el cerrojo** [*o* **la llave**] aufschließen

desecho [de'seʧo] *m* **1.** (*basura*) Abfall *m;* **~s caseros** Hausmüll *m;* **~s industriales** Industriemüll *m;* **~s radiactivos** Atommüll *m;* **~s tóxicos** Giftmüll *m;* **productos de ~** Abfallprodukte *ntpl* **2.** (*restos*) Ausschuss *m,* Ausschussware *f;* **de ~** ausgemustert; **el ~ de la sociedad** (*fig*) der Abschaum der Gesellschaft

deseconomía [desekono'mia] *f sin pl* (ECON) Unwirtschaftlichkeit *f*

deselectrizar [deselektri'θar] <z→c> *vt, vr:* **~se** (ELEC) (sich) entladen

desembalaje [desemba'laxe] *m* Auspacken *nt*

desembalar [desemba'lar] *vt* auspacken

desembarazado, -a [desembara'θaðo, -a] *adj* **1.** (*expedito*) unbehindert, frei (*de* von +*dat*) **2.** (*desenvuelto*) ungezwungen, zwanglos

desembarazar [desembara'θar] <z→c> **I.** *vt* **1.** (*ordenar*) räumen **2.** (*despejar*) frei machen (*de* von +*dat*); (*librar*) befreien (*de* von +*dat*) **II.** *vr:* **~se** sich frei machen (*de* von +*dat*), sich befreien (*de* von +*dat*) **III.** *vi* (*Chil: dar a luz*) entbinden

desembarazo [desemba'raθo] *m* **1.** (*despejo*) Räumung *f* **2.** (*desenvoltura*) Ungezwungenheit *f,* Zwanglosigkeit *f*

desembarcadero [desembarka'ðero] *m* (NÁUT) Landungsplatz *m;* (*puente*) Anlegesteg *m;* (*descargadero*) Ausladeplatz *m,* Löschplatz *m*

desembarcar [desemβar'kar] <c→qu> **I.** *vi* landen; (*la escalera*) enden **II.** *vt* (*transportar*) ausschiffen; (*descargar*) ausladen

desembarco [desem'barko] *m* **1.** (*arribada, t.* MIL) Landung *f;* **~ aéreo** Luftlandung *f* **2.** (*transporte*) Ausschiffung *f;* (*descarga*) Ausladung *f* **3.** (*descansillo*) Treppenvorplatz *m*

desembargar [desembar'ɣar] <g→gu> *vt* (JUR) freigeben

desembargo [desem'barɣo] *m* (JUR) Aufhebung *f* der Beschlagnahme

desembarque [desem'barke] *m* **1.** (*arribada*) Landung *f* **2.** (*transporte*) Ausschiffung *f;* (*descarga*) Ausladung *f*

desembarrancar [desembarraŋ'kar] <c→qu> *vt* (NÁUT) flottmachen

desembocadura [desemboka'ðura] *f* (*de un río*) (Ein)mündung *f;* (*desagüe*) Auslauf *m*

desembocar [desembo'kar] <c→qu> *vi* **1.** (*río*) (ein)münden (*en* in +*akk*) **2.** (*situación*) führen (*en* zu +*dat*)

desembolsar [desembol'sar] *vt* **1.** (*sacar*) aus der Tasche nehmen **2.** (*pagar*) (aus)zahlen; (*gastar*) ausgeben; (ECON, FIN: *acciones*) einzahlen

desembolso [desem'bolso] *m* (*pago*) (Aus)zahlung *f;* (*gasto*) Ausgabe *f;* **~ inicial** (ECON, FIN) Einzahlung *f;* **hacer un ~** eine Ausgabe machen

desembozar [desembo'θar] <z→c> **I.** *vt* **1.** (*descubrir, t. fig*) enthüllen **2.** (*desatrancar*) eine Verstopfung beseitigen; **~ un conducto** die Verstopfung in einem Rohr beseitigen **II.** *vr:* **~se 1.** (*descubrirse, t. fig*) sich enthüllen **2.** (*desatrancarse*) (von einer Verstopfung) frei werden

desembragar [desembra'ɣar] <g→gu> *vi, vt* auslösen; (TÉC) ausrücken; (AUTO) auskuppeln

desembrague [desem'braɣe] *m* Auslösung *f;* (TÉC) Ausrückung *f;* (AUTO) Auskupp(e)lung *f*

desembriagar [desemβrja'ɣar] <g→gu> **I.** *vt* ernüchtern, nüchtern machen **II.** *vr:* **~se** wieder nüchtern werden

desembridar [desembri'ðar] *vt* abzäumen

desembrollar [desembro'ʎar] *vt* (*fam*) entwirren; (*aclarar*) klären

desembrujar [desembru'xar] *vt* von einem Zauber befreien, entzaubern

desembuchar [desembu'ʧar] *vi, vt* **1.** (*aves*) aus dem Kropf würgen **2.** (*fam: confesar*) auspacken; **¡desembucha de una vez!** nun schieß schon los!

desemejante [deseme'xan̪te] *adj* ungleich

desemejanza [deseme'xan̪θa] *f* Ungleichheit *f*

desemejar [deseme'xar] **I.** *vi* nicht ähneln (*en* +*dat*); **los dos libros desemejan en estilo** die beiden Bücher unterscheiden sich im Stil **II.** *vt* (*desfigurar*) entstellen

desempacar [desempa'kar] <c→qu> **I.** *vt* (*desempaquetar*) auspacken **II.** *vr:* **~se** (*apaciguarse*) sich beruhigen

desempachar [desempa'ʧar] **I.** *vt* (*estómago*) (den übersättigten Magen) erleichtern **II.** *vr:* **~se 1.** (*quitarse el empacho*) sich von der Übersättigung befreien **2.** (*perder la vergüenza*) alle Scheu ablegen

desempacho [desem'paʧo] *m* (*desenvoltura*) Ungeniertheit *f*

desempadronar [desempaðro'nar] **I.** *vt* **1.** (*dar de baja*) (beim Einwohnermeldeamt) abmelden **2.** (*argot: matar*) umbringen **II.** *vr:* **~se** (*darse de baja*) sich (beim Einwohnermeldeamt) abmelden

desempalmar [desempal'mar] *vt* (ELEC) eine Verbindung lösen

desempañar [desempa'ɲar] **I.** *vt* (*cristal*) klar machen; (AUTO) entfrosten **II.** *vr:* **~se** klar werden

desempapelar [desempape'lar] *vt* die Tapete von der Wand entfernen; **tenemos que ~ el comedor** wir müssen im Esszimmer die Tapete von der Wand entfernen

desempaque [desem'pake] *m* Auspacken *nt*

desempaquetar [desempake'tar] *vt* auspacken

desemparejado, **-a** [desempare'xaðo, -a] *adj* **1.** (*sin pareja*) einzeln, unpaarig **2.** (*desigualado*) ungleich; **las perneras del pantalón están desemparejadas** die Hosenbeine sind ungleich lang

desemparejar [desempare'xar] **I.** *vt* trennen, auseinander bringen; **me desemparejé los calcetines** ich habe einen der zwei Socken verloren **II.** *vr:* **~se** getrennt werden; **los calcetines se me desemparejan sin que yo me dé ni cuenta** ich verliere immer wieder einzelne Socken, ohne es zu merken

desemparentado, **-a** [desemparen̪'taðo, -a] *adj* allein stehend, ohne Angehörige

desempastar [desempas'tar] *vt* eine (Zahn)plombe entfernen (aus +*dat*); **~ un diente** die Plombe aus einem Zahn entfernen

desempaste [desem'paste] *m* Entfernen *nt* einer Zahnplombe

desempatar [desempa'tar] *vi, vt* (DEP) stechen; (*votación*) durch Stichwahl entscheiden

desempate [desem'pate] *m* (DEP) Stichkampf *m;* (*votación*) Stichwahl *f*

desempedrar [desempe'ðrar] <e→ie> *vt* das Pflaster (einer Straße) aufbrechen; (*fig: apresurarse*) die Beine in die Hand nehmen

desempeñar [desempe'ɲar] *vt* **1.** (*préstamo*) einlösen **2.** (*cargo*) ausüben; (*trabajo*) ausführen; **~ un papel** [*o* **una función**] eine Rolle spielen

desempeño [desem'peɲo] *m* **1.** (*de un préstamo*) Einlösung *f* **2.** (*ejercicio*) Ausübung *f;* (*realización*) Ausführung *f*

desempleado, **-a** [desemple'aðo, -a] **I.** *adj* arbeitslos **II.** *m, f* Arbeitslose(r) *mf*

desempleo [desem'pleo] *m* Arbeitslosigkeit *f;* **~ coyuntural** konjunkturelle Arbeitslosigkeit; **~ estacional** saisonbedingte Arbeitslosigkeit; **~ estructural** strukturelle Arbeitslosigkeit; **~ juvenil** Jugendarbeitslosigkeit *f;* **~ permanente** Langzeitarbeitslosigkeit *f;* **seguro de ~** Arbeitslosenversicherung *f*

desempolvar [desempol'βar] *vt* **1.** (*limpiar*) abstauben, entstauben **2.** (*volver a usar*) auffrischen; **~é mis conocimientos de inglés** ich werde meine Englischkenntnisse auffrischen **3.** (*traer a la memoria*) wieder in Erinnerung bringen

desempuñar [desempu'ɲar] *vt* niederlegen; **~ las armas** die Waffen fallen lassen

desenamorarse [desenamo'rarse] *vr* aufhören zu lieben (*de* +*akk*), nicht mehr hängen (*de* an +*dat*)

desencadenador(a) [deseŋkaðena'ðor(a)] *adj* auslösend; **se desconoce el factor ~ del accidente** die Unfallursache ist unbekannt

desencadenamiento [deseŋkaðena'mjen̪to] *m* Entfesselung *f*

desencadenante [deseŋkaðe'nan̪te] **I.** *adj* auslösend **II.** *m* Auslöser *m*

desencadenar [deseŋkaðe'nar] **I.** *vt* **1.** (*soltar*) losketten **2.** (*provocar*) entfesseln, auslösen; **~ una huelga** einen Streik auslösen **II.** *vr:* **~se** ausbrechen, losbrechen

desencajar [deseŋka'xar] **I.** *vt* (*sacar*) lösen; (MED) verrenken; (*cara*) verzerren; **rostro desencajado** verzerrtes Gesicht **II.** *vr:* **~se** (*salirse, t.* TÉC) ausrasten; (MED) sich *dat* verrenken

desencajonar [deseŋkaxo'nar] *vt* (TAUR): **~ a los toros** die Stiere von den Transportfahrzeugen laden

desencallar [deseŋka'ʎar] **I.** *vi* (NÁUT) wieder flott werden **II.** *vt* (NÁUT) flottmachen

desencaminar [deseŋkami'nar] **I.** *vt* irreführen; **andar** [*o* **ir**] **desencaminado** (*t. fig elev*) irregehen; **no vas desencaminado al suponer que...** du irrst dich nicht, wenn du denkst, dass ... **II.** *vr:* **~se 1.** (*perderse*) sich verirren **2.** (*descarriarse*) auf Abwege geraten

desencantamiento [deseŋkan̪ta'mjen̪to] *m* **1.** (*desilusión*) Enttäuschung *f,* Ernüchterung *f* **2.** (*acto de deshacer un embrujo*) Entzauberung *f*

desencantar [deseŋkan̪'tar] **I.** *vt* **1.** (*desembrujar*) entzaubern **2.** (*desilusionar*) ernüchtern; **estar desencantado** enttäuscht sein (*de* von +*dat*) **II.** *vr:* **~se** enttäuscht werden

desencanto [deseŋ'kan̪to] *m* Enttäuschung *f,* Ernüchterung *f*

desencapotarse [deseŋkapo'tarse] *vr* **1.** (*despejarse el cielo*) aufklaren, sich aufhellen **2.** (*quitarse la capa*) den Umhang abnehmen

desencapricharse [deseŋkapri'ʧarse] *vr* Vernunft annehmen; **~ de algo** sich *dat* etw aus dem Kopf schlagen

desencarcelar [deseŋkarθe'lar] *vt* aus der Haft entlassen

desencarecer [deseŋkare'θer] *irr como crecer* **I.** *vt* verbilligen **II.** *vr:* **~se** billiger werden

desencargar [deseŋkar'ɣar] <g→gu> *vt* abbestellen

desencarpetar [deseŋkarpe'tar] *vt* **1.** (*documento*) (heraussuchen und) vorlegen **2.** (*asunto*) wieder hervorholen

desencerrar [desen̪θe'rrar] <e→ie> *vt*

1. (*persona, animal*) herauslassen, freilassen 2. (*problema*) lösen; (*secreto*) lüften

desenchufar [desentʃu'far] *vt* den Stecker herausziehen; **¿has desenchufado la radio?** hast du den Stecker vom Radio herausgezogen?

desencintar [deseṇθiṇ'tar] *vt* 1. (*quitar cintas*) die Bänder abnehmen (von +*dat*); **cuando acabó la fiesta desencintó la sala** als das Fest zu Ende war, entfernte er/sie die Girlanden 2. (TÉC) *die Randsteine entfernen*

desenclavar [deseŋkla'βar] *vt* 1. (*desclavar*) einen Nagel herausziehen (aus +*dat*) 2. (*arrancar*) losreißen (*de* von +*dat*), fortreißen (*de* von +*dat*)

desenclavijar [deseŋklaβi'xar] *vt* 1. (*de un instrumento*) die Wirbel herausziehen 2. (*desasir*) auseinander reißen

desencofrado [deseŋko'fraðo] *m* (ARQUIT) Ausschalung *f*

desencofrar [deseŋko'frar] *vt* (ARQUIT) ausschalen

desencoger [deseŋko'xer] <g→j> I. *vt* 1. (*extender*) ausbreiten 2. (*estirar*) ausstrecken II. *vr:* ~**se** 1. (*extenderse*) sich ausbreiten 2. (*estirarse*) sich ausstrecken 3. (*desempacharse*) jede Scheu ablegen

desencolar [deseŋko'lar] I. *vt* (Geleimtes) auseinander nehmen II. *vr:* ~**se** aus dem Leim gehen

desencolerizar [deseŋkoleri'θar] <z→c> I. *vt:* ~ **a alguien** jds Zorn besänftigen [*o* mildern] II. *vr:* ~**se** sich beruhigen, sich besänftigen

desenconamiento [deseŋkona'mjeṇto] *m* 1. (MED) Entzündungslinderung *f* 2. (*apaciguamiento*) Besänftigung *f*, Beschwichtigung *f*

desenconar [deseŋko'nar] I. *vt* (*calmar*) lindern; (*inflamación*) zum Abschwellen bringen; (*conciliar*) beschwichtigen II. *vr:* ~**se** sich lindern; (*tranquilizarse*) sich beruhigen

desencordar [deseŋkor'ðar] <o→ue> *vt* die Saiten abnehmen [*o* entfernen] (von +*dat*)

desencrespar [deseŋkres'par] I. *vt* 1. (*desrizar*) entkräuseln, glätten 2. (*apaciguar*) besänftigen, beschwichtigen; ~ **los ánimos** die Gemüter beschwichtigten II. *vr:* ~**se** 1. (*desrizarse*) sich glätten 2. (*apaciguarse*) sich besänftigen, sich beruhigen

desencuadernar [deseŋkwaðer'nar] I. *vt* (*libro*) vom Einband lösen II. *vr:* ~**se** sich vom Einband lösen, auseinander fallen; (*t. fig*) zusammenbrechen

desencuentro [deseŋ'kweṇtro] *m* 1. (*encuentro decepcionante*) missstimmiges Zusammentreffen *nt;* **nuestra última cita fue un** ~ unser letztes Treffen verlief nicht gerade harmonisch 2. (*desacuerdo*) Unstimmigkeit *f*

desendemoniar [deseṇdemo'njar] *vt* Dämonen austreiben (aus +*dat*), exorzieren

desendiosar [deseṇdjo'sar] I. *vt* von seinem hohen Ross herunterholen II. *vr:* ~**se** von seinem hohen Ross heruntersteigen

desendurecer [deseṇdure'θer] *irr como crecer* I. *vt* 1. (*ablandar*) erweichen 2. (*agua*) enthärten II. *vr:* ~**se** erweichen, weich werden

desenfadaderas [deseɱfaða'ðeras] *fpl* (*fam*) Findigkeit *f*, Gewitztheit *f;* **tener buenas** ~ sich *dat* zu helfen wissen

desenfadado, **-a** [deseɱfa'ðaðo, -a] *adj* (*desenvuelto*) ungezwungen; (*relajado*) locker

desenfadar [deseɱfa'ðar] I. *vt* besänftigen II. *vr:* ~**se** sich besänftigen, sich beruhigen

desenfado [deseɱ'faðo] *m* Ungezwungenheit *f*, Zwanglosigkeit *f*

desenfardar [deseɱfar'ðar] *vt* (*abrir*) öffnen; (*desatar*) aufschnüren

desenfilada [deseɱfi'laða] *f* (MIL) Deckung *f*

desenfilar [deseɱfi'lar] I. *vt* (MIL) decken, in Deckung bringen II. *vr:* ~**se** (MIL) in Deckung gehen

desenfocar [deseɱfo'kar] <c→qu> *vt* 1. (FOTO) nicht scharf stellen, nicht fokussieren; **esta foto está desenfocada** dieses Foto ist unscharf 2. (*fig: tema*) aus einem falschen Blickwinkel betrachten

desenfoque [deseɱ'foke] *m* (FOTO) falsche Einstellung *f;* (*fig*) falscher Blickwinkel *m*

desenfrenado, **-a** [deseɱfre'naðo, -a] *adj* ungestüm; **llevar una vida desenfrenada** ein ungezügeltes Leben führen

desenfrenar [deseɱfre'nar] I. *vt* (*caballo*) abzäumen II. *vr:* ~**se** (*desmandarse*) sich nicht zügeln

desenfreno [deseɱ'freno] *m* Zügellosigkeit *f*, Ungestüm *nt*

desenfundar [deseɱfuṇ'dar] *vt* aus dem Futteral ziehen; ~ **el revólver** den Revolver ziehen

desenfurecer [deseɱfure'θer] *irr como crecer* I. *vt:* ~ **a alguien** jds Zorn besänftigen [*o* mildern] II. *vr:* ~**se** sich beruhigen

desenfurruñar [deseɱfurru'ɲar] I. *vt:* ~ **a alguien** jds schlechte Laune vertreiben II. *vr:* ~**se** bessere Laune bekommen

desenganchar [deseŋgan'tʃar] I. *vt* aushaken, loshaken; (*soltar*) losmachen; (*caballos*) abspannen; (FERRO) abkoppeln II. *vr:* ~**se** sich aushaken; (*argot: de la droga*) von den Drogen loskommen, clean werden *fam*

desenganche [deseŋ'gantʃe] *m* Aushängen *nt*, Aushaken *nt;* **el mozo procedió al ~ de los caballos** der Gehilfe begann mit dem Ausspannen der Pferde

desengañadamente [deseŋgaɲaða'meṇte] *adv* 1. (*claramente*) aufrichtig, offen 2. (*fam: malamente*) erbärmlich

desengañado, **-a** [deseŋga'ɲaðo, -a] *adj* desillusioniert, ernüchtert

desengañador(a) [deseŋgaɲa'ðor(a)] *adj* desillusionierend, ernüchternd; **sus ~as palabras desilusionaron a todo el auditorio**

seine/ihre ernüchternden Worte nahmen den Zuhörern jegliche Illusion

desengañar [deseŋga'ɲar] **I.** *vt* ernüchtern; (*desilusionar*) die Illusion nehmen (*a +dat*); (*abrir los ojos*) die Augen öffnen (*a +dat*) **II.** *vr:* ~**se** enttäuscht werden (*de* von *+dat*); **pronto te ~ás** dir werden bald die Augen aufgehen

desengaño [deseŋ'gaɲo] *m* Enttäuschung *f;* **sufrir un ~ amoroso** sich unglücklich verliebt haben

desengarzar [deseŋgar'θar] <z→c> *vt, vr,*

desengastar [deseŋgas'tar] *vt, vr:* ~**se** (*brillantes*) (sich) aus der Fassung lösen

desengrasado [deseŋgra'saðo] *m* Entfettung *f*

desengrasante [deseŋgra'san̪te] **I.** *adj* Fett lösend **II.** *m* Fettlöser *m,* Fettlösungsmittel *nt*

desengrasar [deseŋgra'sar] *vt* entfetten

desengrase [deseŋ'grase] *m* Entfettung *f*

desenguantarse [deseŋgwan̪'tarse] *vr* die Handschuhe ausziehen

desenhebrar [desene'βrar] *vt* ausfädeln

desenhornar [desenor'nar] *vt* (GASTR) aus dem Ofen nehmen

desenjaular [deseŋxau̯'lar] *vt* aus dem Käfig freilassen

desenjaule [deseŋ'xau̯le] *m* Befreien *nt* aus dem Käfig

desenlace [desen'laθe] *m* (*fin*) Ende *nt;* (*t.* TEAT) Ausgang *m;* **no se pudo evitar el fatal ~** das tragische Ende konnte nicht verhindert werden; **la película tiene un ~ feliz** der Film hat ein Happyend

desenladrillar [desenlaðri'ʎar] *vt* die Ziegelsteine entfernen (aus *+dat*)

desenlazar [desenla'θar] <z→c> **I.** *vt* **1.** (*desatar*) losbinden **2.** (*resolver, t.* TEAT) (auf)lösen **II.** *vr:* ~**se** (*resolverse*) sich lösen; (*t.* TEAT) ausgehen

desenlodar [desenlo'ðar] *vt* von Schlamm und Schmutz befreien

desenlosar [desenlo'sar] *vt* die Fliesen [*o* Bodenplatten] entfernen (aus *+dat*)

desenlutar [desenlu'tar] **I.** *vt* die Trauerkleidung ausziehen (*a +dat*) **II.** *vr:* ~**se** die Trauer(kleidung) ablegen

desenmallar [deseⁿma'ʎar/deseᵐma'ʎar] *vt* aus dem Netz nehmen

desenmarañar [deseⁿmara'ɲar/deseᵐmara'ɲar] *vt* **1.** (*desenredar*) entzausen **2.** (*desentrañar*) herausbekommen

desenmarcar [deseⁿmar'kar/deseᵐmar'kar] <c→qu> *vt* (*cuadro*) entrahmen

desenmascarar [deseⁿmaska'rar/deseᵐmaska'rar] **I.** *vt* demaskieren; (*fig*) die Maske vom Gesicht reißen (*a +dat*) **II.** *vr:* ~**se** sich demaskieren; (*fig*) sich entpuppen (*como* als *+nom*)

desenmohecer [deseⁿmoe'θer/deseᵐmoe'θer] *irr como crecer vt* **1.** (*quitar los hongos*) von Schimmel befreien; (*quitar el óxido*) entrosten **2.** (*fig*) auffrischen, aufpolieren *fam*

desenmudecer [deseⁿmuðe'θer/deseᵐmuðe'θer] *irr como crecer* **I.** *vi* (*quitar de ser mudo*) die Sprache wieder erlangen; (*volver a hablar*) sein Schweigen brechen **II.** *vt* wieder zum Sprechen bringen

desenojar [deseno'xar] **I.** *vt* besänftigen, beruhigen **II.** *vr:* ~**se** sich beruhigen

desenojo [dese'noxo] *m* Besänftigung *f,* Beruhigung *f*

desenojoso, -a [deseno'xoso, -a] *adj* beschwichtigend, besänftigend

desenredante [desenrre'ðan̪te] *adj:* **el acondicionador es ~** die Spülung macht das Haar leicht kämmbar

desenredar [desenrre'ðar] **I.** *vt* (*t. fig*) entwirren; (*pelo*) durchkämmen **II.** *vr:* ~**se** (*fam: librarse*) heil herauskommen (*de* aus *+dat*)

desenredo [desen'rreðo] *m* **1.** (*acción de desenredar*) Entwirren *nt;* **el ~ del cabello es más sencillo si se utiliza un suavizante** das Haar lässt sich leichter durchkämmen, wenn man eine Spülung benutzt **2.** (LIT, CINE: *desenlace*) Ausgang *m,* Ende *nt*

desenrollar [desenrro'ʎar] **I.** *vt* ausrollen; (*desenvolver*) auswickeln **II.** *vr:* ~**se** sich auseinander rollen, sich loswickeln

desenroscar [desenrros'kar] <c→qu> **I.** *vt* **1.** (*desenrollar*) ausrollen **2.** (*sacar de la rosca*) abschrauben; (*abrir*) aufschrauben **II.** *vr:* ~**se 1.** (*desenrollarse*) sich auseinander rollen **2.** (*salirse de la rosca*) sich von der Schraube lösen

desenrudecer [desenrruðe'θer] *irr como crecer* **I.** *vt* Schliff beibringen [*o* verpassen] (*a +dat*) **II.** *vr:* ~**se** Schliff bekommen

desensamblador [desensambla'ðor] *m* (INFOR) Disassembler *m*

desensamblar [desensam'blar] **I.** *vt* zerlegen, auseinander nehmen **II.** *vr:* ~**se** auseinander gehen, aus dem Leim gehen

desensañar [desensa'ɲar] **I.** *vt* beruhigen, besänftigen **II.** *vr:* ~**se** sich beruhigen, sich besänftigen

desenseñar [desense'ɲar] *vt:* ~ **algo a alguien** jdm etw abgewöhnen

desensibilización [desensiβiliθa'θjon] *f sin pl* (MED, FOTO) Desensibilisierung *f*

desensibilizador [desensiβiliθa'ðor] *m* (FOTO) Desensibilisator *m*

desensibilizante [desensiβili'θan̪te] *adj* desensibilisierend

desensibilizar [desensiβili'θar] <z→c> **I.** *vt* unempfindlich machen; (FOTO, MED) desensibilisieren; **nuestra sociedad está desensibilizada frente al Tercer Mundo** unsere Gesellschaft ist gegen das Leid in der Dritten Welt abgestumpft **II.** *vr:* ~**se** unempfindlich werden

desensillar [desensi'ʎar] *vt* absatteln

desentablar [desen̪ta'βlar] **I.** *vt* **1.** (*tablones*) Bretter abreißen **2.** (*desencadenar*) entfesseln **II.** *vr:* ~**se** losbrechen

desentenderse [deseņteņ'derse] <e→ie> *vr* **1.** (*fingir ignorancia*) sich unwissend stellen; **hacerse el desentendido** so tun, als wüsste man von nichts **2.** (*despreocuparse*) sich nicht (mehr) kümmern (*de* um +*akk*); ~ **de un problema** von einem Problem nichts mehr wissen wollen

desentendido, **-a** [deseņteņ'diðo, -a] *adj*: **hacerse el** ~ sich taub stellen

desentendimiento [deseņteņdi'mjeņto] *m* (*inhibición*) Zurückhaltung *f*, Nichteinmischung *f*

desenterrador(a) [deseņterra'ðor(a)] *m(f)* Ausgräber(in) *m(f)*

desenterramiento [deseņterra'mjeņto] *m* Ausgrabung *f*

desenterrar [deseņte'rrar] <e→ie> *vt* ausgraben; (*fig: encontrar*) ausfindig machen; ~ **el hacha de guerra** das Kriegsbeil ausgraben; ~ **viejos recuerdos** alte Erinnerungen auffrischen

desentierramuertos [deseņtjerra'mwertos] *mf inv* (*fam*) *jd, der/die schlecht über Tote redet*

desentonar [deseņto'nar] *vi* **1.** (MÚS: *t. fig*) einen Misston bringen; **sonar desentonado** unharmonisch klingen **2.** (*no combinar*) nicht passen (*con* zu +*dat*); **con esa ropa desentonas en la fiesta** in diesem Aufzug bist du auf dem Fest fehl am Platz

desentono [deseņ'tono] *m* **1.** (MÚS: *acción*) Misstönen *nt*; (*resultado*) Misston *m* **2.** (*fig*) Ungehörigkeit *f*

desentorpecer [deseņtorpe'θer] *irr como crecer vt* **1.** (*desembarazar*) frei machen **2.** (*desentumecer*) recken **3.** (*fig: afinar*) Schliff beibringen (*a* +*dat*)

desentrampar [deseņtram'par] **I.** *vt* (*fam*) von Schulden befreien **II.** *vr*: **~se** (*fam*) seine Schulden tilgen

desentrañar [deseņtra'ɲar] *vt* **1.** (*destripar*) ausweiden **2.** (*descubrir*) ergründen

desentrenamiento [deseņtrena'mjeņto] *m* Untrainiertheit *f*, fehlende Kondition *f*

desentrenar [deseņtre'nar] **I.** *vt* aus der Übung bringen; (*hacer perder la fuerza*) die Kondition verringern; **estar desentrenado** keine Kondition haben **II.** *vr*: **~se** (*t.* DEP) aus der Übung kommen; (*perder su fuerza*) an Kondition verlieren

desentronizar [deseņtroni'θar] <z→c> *vt* entthronen

desentumecer [deseņtume'θer] *irr como crecer vt, vr*: **~se** (sich) recken

desentumecimiento [deseņtumeθi'mjeņto] *m* Lockern *nt*, Aufheben *nt* der Erstarrung; **para conseguir el ~ de los músculos ...** zur Lockerung der Muskulatur ...

desenvainar [desembai̯'nar] *vi, vt* (*pelear*) vom Leder ziehen; (*descubrir*) an den Tag bringen; ~ **la espada** das Schwert aus der Scheide ziehen

desenvelejar [desembele'xar] *vt* (NÁUT) die Segel einholen (+*gen*)

desenvoltura [desembol'tura] *f* Ungezwungenheit *f*, Zwanglosigkeit *f*; (*descaro*) Frechheit *f*

desenvolver [desembol'βer] *irr como volver* **I.** *vt* **1.** (*desempaquetar*) auspacken **2.** (*desenrollar*) ausrollen, auswickeln; (*desdoblar*) entfalten **3.** (*t. fig: descubrir*) enthüllen **4.** (*desarrollar*) entwickeln **II.** *vr*: **~se 1.** (*desarrollarse*) sich entwickeln **2.** (*manejarse*) sich *dat* zu helfen wissen, zurechtkommen; **~se bien con alguien/algo** mit jdm/etw *dat* gut umgehen können; **~se mal con alguien/algo** mit jdm/etw *dat* nicht umgehen können

desenvolvimiento [desembolβi'mjeņto] *m* **1.** (*desembalaje*) Auspacken *nt* **2.** (*desenvoltura*) Zwanglosigkeit *f* **3.** (*desarrollo*) Entwicklung *f*

desenvuelto, **-a** [desem'bwel̦to, -a] **I.** *pp de* **desenvolver** **II.** *adj* ungezwungen, zwanglos; (*descarado*) frech

desenzarzar [deseņθar'θar] <z→c> *vt* **1.** (*sacar de las zarzas*) aus den Dornen befreien **2.** (*fam: separar*) auseinander bringen

deseo [de'seo] *m* Wunsch *m*; (*necesidad*) Verlangen *nt*; (*ansia*) Begehren *nt*; (*t. sexual*) Begierde *f*, Lust *f*; (*impulso*) Drang *m*; **~s de gloria** Ruhmsucht *f*; ~ **imperioso** dringender Wunsch; **~s de venganza** Rachsucht *f*; **con el ~ de agradar** mit der Absicht zu gefallen; **con mis mejores ~s** mit besten Wünschen; **según sus/nuestros ~s** Ihrem/unserem Wunsch entsprechend, wunschgemäß; **tengo grandes ~s de que vengan** ich wünsche mir sehr, dass sie kommen

deseoso, **-a** [dese'oso, -a] *adj* begehrlich; (*ansioso*) begierig; **estoy ~ de conocerle** ich würde Sie gerne einmal kennen lernen

desequilibrado, **-a** [desekili'βraðo, -a] *adj* unausgeglichen; (*trastornado*) geistig gestört; (PSICO) labil

desequilibrar [desekili'βrar] **I.** *vt* **1.** (*descompensar*) aus dem Gleichgewicht bringen **2.** (*trastornar*) verstören; (PSICO, MED) verwirren **II.** *vr*: **~se 1.** (*descompensarse*) aus dem Gleichgewicht geraten **2.** (*psíquicamente*) verstört [*o* verwirrt] werden

desequilibrio [deseki'liβrjo] *m* **1.** (*falta de equilibrio*) Ungleichgewicht *nt*; (*descompensación*) Unausgeglichenheit *f*, Unausgewogenheit *f*; (*desproporción*) Missverhältnis *nt*; ~ **estructural** Strukturungleichheit *f* **2.** (TÉC) Unwucht *f* **3.** (*trastorno*) Verstörung *f*; ~ **mental** (PSICO, MED) Geistesverwirrung *f*, Geistesstörung *f*

deserción [deser'θjon] *f* (MIL) Desertion *f*, Fahnenflucht *f*; (*fig*) Abtrünnigkeit *f*

desertar [deser'tar] *vi* (MIL) desertieren (*de* von +*dat*), fahnenflüchtig werden; (*pasarse al enemigo*) zum Feind überlaufen; (*fig*) abtrünnig werden

desértico, **-a** [de'sertiko, -a] *adj* Wüsten-;

clima ~ Wüstenklima *nt*

desertícola [deser'tikola] *adj* in der Wüste lebend, Wüsten-

desertificación [desertifika'θjon] *f sin pl* (GEO) Desertifikation *f*, Wüstenbildung *f*

desertización [desertiθa'θjon] *f* Versteppung *f;* (GEO) Desertifikation *f*

desertizar [deserti'θar] <z→c> **I.** *vt* versteppen, zur Wüste machen **II.** *vr:* **~se** zur Wüste werden

desertor(a) [deser'tor(a)] *m(f)* (MIL) Deserteur(in) *m(f)*, Fahnenflüchtige(r) *mf;* (*traidor*) Überläufer(in) *m(f);* (*fig*) Abtrünnige(r) *mf*

deservicio [deser'βiθjo] *m* Verletzung *f* der Dienstpflichten

desescalada [deseska'laða] *f* Deeskalation *f*

desescolarización [deseskolariθa'θjon] *f* fehlende Einschulung *f*

desescolarizado, -a [deseskolari'θaðo, -a] *adj:* **niños ~s** *schulpflichtige Kinder, die nicht eingeschult werden (können)*

desescombrar [deseskom'brar] *vt* enttrümmern, von Schutt säubern

desescombro [deses'kombro] *m* **1.** (*quitar escombros*) Trümmerbeseitigung *f*, (Auf)räumungsarbeiten *fpl;* (*quitar obstáculos*) Räumung *f*, (Auf)räumungsarbeiten *fpl;* (MIN) Abraumbeseitigung *f* **2.** *pl* (*limpieza*) Säuberung *f*

desespaldar [desespal̪'dar] **I.** *vt* eine Rückenverletzung beibringen (*a +dat*) **II.** *vr:* **~se** sich *dat* eine Rückenverletzung zuziehen

desespañolizar [desespaɲoli'θar] <z→c> **I.** *vt etw oder jdm die spanische Eigenart nehmen* **II.** *vr:* **~se** seine spanischen Eigenart ablegen

desesperación [desespera'θjon] *f* **1.** (*desmoralización*) Verzweiflung *f*, Mutlosigkeit *f;* **intentar algo con ~** etw verzweifelt versuchen; **caer en la ~** verzweifeln **2.** (*enojo*) Wut *f*, Rage *f* **3.** (*que desespera*) Ärgernis *nt;* **ser una ~** zum Verzweifeln sein; **su manera de trabajar es mi ~** seine/ihre Arbeitsweise treibt mich zur Verzweiflung

desesperado, -a [desespe'raðo, -a] *adj* **1.** (*desmoralizado*) verzweifelt, trostlos; (*situación*) hoffnungslos; **correr como un ~** auf Teufel komm raus laufen; **gritó como un ~** er brüllte wie besessen [*o* verrückt]; **hacer algo a la desesperada** etw als letzten Ausweg versuchen, in letzter Verzweiflung etw tun **2.** (*enojado*) wütend, zornerfüllt

desesperante [desespe'ran̪te] *adj* **1.** (*que quita toda esperanza*) entmutigend; (*sin esperanza*) hoffnungslos, trostlos; **resulta ~ querer cambiar su opinión** es ist ein hoffnungsloses Unterfangen, seine/ihre Meinung ändern zu wollen; **eres ~** du bist ein hoffnungsloser Fall **2.** (*exasperante*) nervenaufreibend; **su comportamiento es ~** sein/ihr Verhalten treibt mich zur Verzweiflung

desesperanza [desespe'ran̪θa] *f* **1.** (*falta de esperanza*) Hoffnungslosigkeit *f*, Trostlosigkeit *f* **2.** (*estado de ánimo*) Mutlosigkeit *f*, Verzweiflung *f;* **crece la ~ entre la población** das Volk ist zunehmend entmutigt

desesperanzador(a) [desesperan̪θa'ðor(a)] *adj* entmutigend

desesperanzar [desesperan̪'θar] <z→c> **I.** *vt* (*quitar la esperanza*) entmutigen, die Hoffnung nehmen (*a +dat*) **II.** *vi, vr:* **~se** verzweifeln (*de* an *+dat*), die Hoffnung verlieren [*o* aufgeben]; **no (te) desesperances de encontrarlos** gib die Hoffnung, sie noch zu finden, nicht auf; **aunque está muy enferma, nunca se desesperanza** obwohl sie sehr krank ist, verliert sie nie den Mut

desesperar [desespe'rar] **I.** *vt* **1.** (*quitar la esperanza*) entmutigen, die Hoffnung nehmen (*a +dat*) **2.** (*exasperar*) nerven *fam;* **me desesperas** du gehst mir auf die Nerven *fam;* **me desespera que me vengas siempre con las mismas excusas** deine ewig gleichen Ausreden treiben mich zur Verzweiflung **II.** *vi* verzweifeln (*de* an *+dat*), die Hoffnung aufgeben [*o* verlieren]; **no desesperes de que sigan vivos** verlier nicht die Hoffnung, dass sie noch am Leben sind; **no desesperes ante la difícil situación en el mercado de trabajo** verlier angesichts der schwierigen Lage auf dem Arbeitsmarkt nicht den Mut **III.** *vr:* **~se 1.** (*perder la esperanza*) verzweifeln (*de* an *+dat*), die Hoffnung verlieren [*o* aufgeben], den Mut verlieren; **¡no te desesperes!** nur Mut!, Kopf hoch!; **no te desesperes de volver a verlos** gib die Hoffnung auf ein Wiedersehen nicht auf **2.** (*lamentarse*) bedauern, sich ärgern; **ahora me desespero por no haber aceptado la oferta** jetzt reut es mich, das Angebot nicht angenommen zu haben **3.** (*despecharse*) (völlig) verzweifeln, den Lebensmut verlieren

desespero [deses'pero] *m v.* **desesperación**

desespinar [desespi'nar] *vt* (GASTR) entgräten

desestabilidad [desestaβili'ða^{ð}] *f sin pl* Instabilität *f;* **la ~ política de un país** die instabile politische Lage eines Landes

desestabilización [desestaβiliθa'θjon] *f* Destabilisierung *f*

desestabilizador(a) [desestaβiliθa'ðor(a)] *adj* destabilisierend

desestabilizar [desestaβili'θar] <z→c> *vt* destabilisieren, aus dem Gleichgewicht bringen

desestacionalización [desestaθjonaliθa'θjon] *f* (ECON) Saisonbereinigung *f*

desestacionalizado, -a [desestaθjonali'θaðo, -a] *adj* saisonbereinigt; **en cifras desestacionalizadas** saisonbereinigt

desestancar [desestaŋ'kar] <c→qu> *vt* freisetzen; **~ una mercancía** (COM) die Handelsbeschränkung für eine Ware aufheben, ein Monopol auf eine Ware aufgeben; **~ un río** einem Fluss freien Lauf lassen

desestanco [deses'taŋko] *m* (ECON) Monopolauflösung *f*

desestiba [deses'tiβa] *f* (NÁUT) Ausladen *nt,* Löschen *nt* der Ladung

desestibar [desesti'βar] *vt* (NÁUT) entladen, löschen

desestimable [desesti'maβle] *adj* minderwertig; (*persona*) verachtenswert, unwürdig; (*cosa*) geringwertig, wertlos

desestimación [desestima'θjon] *f* **1.** (*falta de estima*) Geringschätzung *f,* Verachtung *f* **2.** (JUR: *recurso, instancia*) Abweisung *f,* Verwerfung *f*

desestimar [desesti'mar] *vt* **1.** (*despreciar*) gering schätzen, verachten; **desestima a su jefe** er/sie hat eine geringe Meinung von seinem/ihrem Chef **2.** (*rechazar*) ablehnen, zurückweisen; ~ **una demanda/una reclamación** eine Klage/eine Beschwerde abweisen; ~ **un recurso** (JUR) einem Rechtsmittel nicht stattgeben, ein Rechtsmittel nicht zulassen

desestructuración [desestruktura'θjon] *f* **1.** (*pérdida de la estructura*) Strukturverfall *m;* **la ~ de la familia** der Verfall der Familienstruktur **2.** (MED) Zerstörung *f* der Persönlichkeitsstruktur

desestructurado, -a [desestruktu'raðo, -a] *adj* unstrukturiert

desestructurar [desestruktu'rar] **I.** *vt* die Struktur zerstören (+*gen*) **II.** *vr:* **~se** seine Struktur verlieren

desexcitación [desesθita'θjon] *f* (FÍS) Aberregung *f,* Entregung *f*

desfachatez [desfatʃa'teθ] *f* Frechheit *f,* Unverschämtheit *f*

desfalcador(a) [desfalka'ðor(a)] **I.** *adj* betrügerisch **II.** *m(f)* Veruntreuer(in) *m(f),* Betrüger(in) *m(f)*

desfalcar [desfal'kar] <c→qu> *vt* **1.** (*dinero*) hinterziehen, unterschlagen; ~ **dinero** Gelder veruntreuen **2.** (*derrocar*) eines Amtes entheben; (*un ministro*) stürzen **3.** (*quitar el favor*) die Gunst entziehen (*a* +*dat*); (*quitar la amistad*) die Freundschaft kündigen (*a* +*dat*) **4.** (*descabalar*) auseinander nehmen, etwas wegnehmen (von +*dat*); **los ladrones han desfalcado la colección de sellos** nach dem Einbruch ist die Briefmarkensammlung nicht mehr vollständig

desfalco [des'falko] *m* Unterschlagung *f,* Hinterziehung *f,* Veruntreuung *f;* ~ **aduanero** Zollhinterziehung *f*

desfallecer [desfaʎe'θer] *irr como crecer* **I.** *vi* (*debilitarse*) ermüden, nachlassen; (*colapsar*) zusammenklappen, zusammenbrechen; (*desmayarse*) ohnmächtig werden, in Ohnmacht fallen; (*perder el ánimo*) den Mut verlieren, aufgeben; ~ **de agotamiento** vor Erschöpfung zusammenbrechen; **sin ~** unermüdlich, ausdauernd; **después de diez kilómetros empezó a ~** nach zehn Kilometern ließen seine/ihre Kräfte nach [*o* schwanden ihm/ihr die Kräfte] **II.** *vt* **1.** (*debilitar*) schwächen, ermüden **2.** (*desanimar*) entmutigen

desfallecido, -a [desfaʎe'θiðo, -a] *adj* schwach, ermattet

desfallecimiento [desfaʎeθi'mjeṇto] *m* **1.** (*de las fuerzas*) Ermüdung *f,* Kräfteschwund *m,* Schwäche *f;* (*desmayo*) Ohnmacht *f;* (*colapso*) Zusammenbruch *m* **2.** (*de ánimo*) Entmutigung *f,* Mutlosigkeit *f;* **poco antes de llegar a la meta le sobrevino el ~** kurz vor dem Ziel ließen seine/ihre Kräfte nach [*o* schwanden ihm/ihr die Kräfte]

desfasado, -a [desfa'saðo, -a] *adj* **1.** (*anticuado*) altmodisch; (*cosa*) überholt, veraltet; **estar ~** (*persona*) nicht mit der Zeit gehen; (*cosa*) nicht auf dem neuesten Stand sein **2.** (ELEC) phasenverschoben **3.** (*imagen*) unscharf, gestört; (*proceso*) gestört, unregelmäßig

desfasar [desfa'sar] **I.** *vt* (ELEC) in der Phase verschieben **II.** *vr:* **~se 1.** (ELEC) eine Phasenverschiebung aufweisen **2.** (*no adaptarse*) sich nicht anpassen (*a* an +*akk, a* +*dat*); (*retrasarse*) den Anschluss verlieren, zurückbleiben; (*ser anticuado*) nicht auf dem neuesten Stand sein; (*persona*) nicht mit der Zeit gehen

desfase [des'fase] *m* **1.** (FÍS) Phasenverschiebung *f* **2.** (*falta de adecuación*) mangelnde Übereinstimmung *f,* mangelnde Abstimmung *f,* Divergenz *f;* (ECON) Verzerrung *f;* ~ **con la realidad** Abweichung von der Realität; ~ **de tesorería** (FIN) Deckungslücke *f*

desfavorable [desfaβo'raβle] *adj* (*perjudicial*) nachteilig, schädlich; (*negativo*) negativ, ungünstig; (*opinión*) ablehnend, abfällig

desfavorecedor(a) [desfaβoreθe'ðor(a)] *adj* ungünstig, nachteilig; **se ha comprado un vestido ~** sie hat sich *dat* ein Kleid gekauft, das ihr nicht steht

desfavorecer [desfaβore'θer] *irr como crecer vt* **1.** (*sentar mal*) schaden (*a* +*dat*); **este color te desfavorece** diese Farbe steht dir nicht [*o* passt nicht zu deinem Typ]; **este clima me desfavorece** dieses Klima tut mir nicht gut **2.** (*perjudicar*) benachteiligen, schaden (*a* +*dat*); **la nueva ley desfavorece a las mujeres** durch das neue Gesetz werden Frauen benachteiligt **3.** (*oponerse*) ablehnen; (*dejar de favorecer*) die Gunst entziehen (*a* +*dat*); **la suerte me desfavoreció en aquella situación** in dieser Situation war mir das Glück nicht hold *elev*

desfavorecido, -a [desfaβore'θiðo, -a] *adj* **1.** (*perjudicado*) benachteiligt; **sentirse ~** sich schlecht [*o* ungerecht] behandelt fühlen **2.** (*rechazado*) abgelehnt; (*persona*) ungeliebt

desfibrado [desfi'βraðo] *m* (*acción*) Zerfaserung *f;* (*resultado*) zerfasertes Gewebe *nt*

desfibrador[1] [desfiβra'ðor] *m* Zerfaserungsmaschine *f,* Defibrator *m*

desfibrador(a)[2] [desfiβra'ðor(a)] *adj* zerfasernd, defibrierend

desfibrar [desfi'βrar] *vt* zerfasern

desfibrilación [desfiβrila'θjon] *f* (MED) Defibrillation *f*

desfibrinación [desfiβrina'θjon] *f* (MED) Defibrinieren *nt*

desfiguración [desfiɣura'θjon] *f,* **desfiguramiento** [desfiɣura'mjento] *m* **1.** (*deformación*) Verformung *f;* (*de las facciones, de una imagen*) Verzerrung *f;* (*de un texto*) Verstümmelung *f;* (*de un sonido*) verzerrte Wiedergabe *f;* (*de la realidad*) falsche Darstellung *f* **2.** (*afeamiento*) Verunstaltung *f;* (*de las facciones*) Entstellung *f;* (*del cuerpo*) Verstümmelung *f* **3.** (*disfraz*) Tarnung *f;* (*traje*) Verkleidung *f*

desfigurar [desfiɣu'rar] **I.** *vt* **1.** (*afear*) verunstalten; (*las facciones*) entstellen; (*el cuerpo*) verstümmeln; (*el tipo*) ruinieren **2.** (*deformar*) verformen, verändern; (*una imagen, un sonido*) verzerrt wiedergeben, verzerren; (*un texto*) verstümmeln; ~ **la realidad** die Wirklichkeit verdrehen [*o* falsch darstellen] **3.** (*disfrazar*) verkleiden, unkenntlich machen **4.** (*ocultar*) verbergen; ~ **su verdadera intención** seine wahre Absicht verheimlichen, mit seinen wahren Absichten hinter dem Berg halten **II.** *vr:* ~**se 1.** (*inmutarse*) zusammenzucken, die Miene verziehen **2.** (*deformarse*) sich verformen; (*una imagen*) verschwimmen **3.** (*disfrazarse*) sich verkleiden; ~**se las facciones** sein Gesicht unkenntlich machen; ~**se hasta resultar irreconocible** sich bis zur Unkenntlichkeit verkleiden

desfiguro [desfi'ɣuro] *m* (*Méx: cosa ridícula*) Lächerlichkeit *f;* **hacer un** ~ sich lächerlich machen, dummes Zeug machen

desfiladero [desfila'ðero] *m* **1.** (GEO) (Berg)pass *m,* Schlucht *f* **2.** (MIL) Hohlweg *m*

desfilar [desfi'lar] *vi* **1.** (*marchar en fila*) (in Reih und Glied) vorbeiziehen; (MIL) vorbeimarschieren; (*ante un personaje importante*) defilieren, eine Parade abhalten **2.** (*salir*) (hintereinander) herauskommen

desfile [des'file] *m* **1.** (*acción de desfilar*) Vorbeiziehen *nt;* (*de tropas*) Vorbeimarschieren *nt;* (*parada*) (Militär)parade *f;* (*de modelos*) Modenschau *f;* (POL) Marsch *m,* Umzug *m;* (*en una fiesta*) Umzug *m* **2.** (*personas que desfilan*) Zug *m,* Kolonne *f;* **participar en el** ~ im Zug mitmarschieren

desflemar [desfle'mar] *vi* (MED) abhusten, auswerfen; (QUÍM) dephlegmieren

desfloración [desflora'θjon] *f* **1.** (*de una mujer*) Entjungferung *f;* (MED) Defloration *f* **2.** (*de una cosa*) Beschädigung *f;* (*desgaste*) Abnutzung *f*

desflorar [desflo'rar] **I.** *vt* **1.** (*a una mujer*) entjungfern; (MED) deflorieren **2.** (*estropear*) ruinieren; (*gastar*) abnutzen; (*metal*) den Glanz nehmen +*dat;* ~ **una cosa** einer Sache übel zusetzen; (*fig*) einer Sache den Reiz nehmen **3.** (*tratar superficialmente*) oberflächlich behandeln, kurz abhandeln; (*tema*) streifen **4.** (TÉC) abnarben, schlichten **II.** *vr:* ~**se** Schaden nehmen; (*metal*) stumpf werden; (*plata*) anlaufen

desflorecimiento [desfloreθi'mjento] *m* (BOT) Verblühen *nt*

desfogar [desfo'ɣar] <g→gu> **I.** *vt* **1.** (*un fuego*) (das Feuer) schüren; ~ **el horno** den Ofen schüren **2.** (*cal*) löschen **3.** (*un sentimiento*) freien Lauf lassen +*dat;* ~ **su ira** seinem Ärger Luft machen; **no desfogues tu ira/tu mal humor en mí** [*o* **conmigo**] reagier deine Wut/deine schlechte Laune nicht an mir ab, lass deine Wut/deine schlechte Laune nicht an mir aus **II.** *vi* (*tormenta*) losbrechen, sich entladen **III.** *vr:* ~**se** (*expresar su irritación*) Luft ablassen, seinem Ärger Luft machen; (*expresar su frustración*) sich *dat* Luft machen, sich ausheulen; ~**se en** [*o* **con**] **alguien** (*expresar su irritación*) seine Wut an jdm auslassen, sich an jdm abreagieren; (*expresar su frustración*) sich bei jdm ausweinen

desfogue [des'foɣe] *m* **1.** (*estado de ánimo*) Abreagieren *nt* **2.** (*cal viva*) Löschen *nt* **3.** (*tormenta*) Ausbruch *m*

desfoliadora [desfolja'ðora] *f* (AGR) Entblätterungsmaschine *f* für Rüben, Blattschläger *m*

desfondado, -a [desfon'daðo, -a] *adj* **1.** (*sin fondo*) bodenlos; (*agujereado*) (am Boden) durchlöchert; (NÁUT) leck **2.** (DEP: *sin fuerza*) kraftlos, schlapp; (*fam: desmoralizado*) entmutigt, demotiviert **3.** (AGR) umgepflügt, umgegraben

desfondar [desfon'dar] **I.** *vt* **1.** (*quitar el fondo*) den Boden wegnehmen; (*romper el fondo*) den Boden einschlagen; (*agujerar*) den Boden durchlöchern; ~ **un barco** ein Leck in den Schiffsboden schlagen; ~ **una botella** den Boden einer Flasche zertrümmern **2.** (DEP: *quitar la fuerza*) schwächen, ermüden; (*fam: desmoralizar*) entmutigen, demotivieren **3.** (AGR) rigolen, (tief) umpflügen [*o* umgraben] **II.** *vr:* ~**se 1.** (*perder el fondo*) den Boden verlieren; (NÁUT) leckschlagen, zu lecken beginnen **2.** (DEP: *perder fuerza*) ermüden, schlappmachen *fam;* (*perder el empuje*) aufgeben; (*colapsar*) zusammenklappen, zusammenbrechen

desfonologización [desfonoloxiθa'θjon] *f* (LING) Entphonologisierung *f*

desforestación [desforesta'θjon] *f* Rodung *f;* (*con herramientas*) Abholzung *f;* (*con fuego*) Brandrodung *f*

desforestar [desfores'tar] *vt* roden, abholzen; (*quemando*) brandroden

desforrar [desfo'rrar] *vt* das Futter entfernen (aus +*dat*); (*libro*) den Einband entfernen (von +*dat*)

desfragmentar [desfraɣmen'tar] *vt* defragmentieren

desgaire [des'ɣai̯re] *m* **1.** (*desaliño*) (Nach)lässigkeit *f;* **al** ~ nachlässig; **andar con** ~ (betont) lässig gehen; **vestir con** ~ sich (betont) nachlässig kleiden; **me saludó con** ~ er/sie grüßte mich mit einer lässigen Handbewegung **2.** (*ademán*) abwertende Geste *f;* **hacer un ~ con la cara** das Gesicht verziehen

desgajadura [desɣaxa'ðura] *f* (*rama*) gewaltsames Abreißen *nt* (vom Baumstamm)

desgajar [desɣa'xar] **I.** *vt* **1.** (*arrancar*) abreißen; (*romper*) abbrechen; (*ramas*) abknicken; **~ una página de un libro** eine Seite aus einem Buch herausreißen **2.** (*separar*) trennen **3.** (*despedezar*) zerschlagen, zertrümmern **II.** *vr:* **~se 1.** (*desprenderse*) abfallen; (*romperse*) abbrechen; (*rama*) abknicken; (*piedra*) sich lösen **2.** (*apartarse*) sich lossagen (*de* von +*dat*), sich lösen (*de* von +*dat*); **~se de su patria** seiner Heimat den Rücken kehren

desgalichado, -a [desɣali'ʧaðo, -a] *adj* **1.** (*desaliñado*) ungepflegt, schlampig **2.** (*desgarbado*) ungelenk, plump; **ser ~** keine Anmut besitzen

desgana [des'ɣana] *f* (*fam*) **1.** (*inapetencia*) Appetitlosigkeit *f;* **la cena me ha sentado mal porque comí con ~** das Abendessen ist mir nicht bekommen, weil ich keinen Appetit hatte [*o* weil ich mich zum Essen gezwungen habe] **2.** (*falta de interés*) Unlust *f;* **hacer algo con ~** etw ohne Lust tun, etw widerwillig tun

desganado, -a [desɣa'naðo, -a] *adj* **1.** (*sin apetito*) appetitlos; **no sé porqué estoy hoy tan desganada** ich weiß nicht, warum ich heute gar keinen Appetit habe **2.** (*sin interés*) lustlos, unwillig; **estar ~** keine Lust haben; **estar ~ de algo** etw *gen* überdrüssig sein, auf etw keine Lust mehr haben

desganar [desɣa'nar] **I.** *vt* **1.** (*apetito*) den Appetit verderben (*a*+*dat*) **2.** (*ganas*) die Lust nehmen (*a* +*dat*) **II.** *vr:* **~se 1.** (*apetito*) den Appetit verlieren **2.** (*ganas*) die Lust verlieren

desganarse [desɣa'narse] *vr* **1.** (*perder el apetito*) den Appetit verlieren; **si bebes mucho antes de comer te desganarás** wenn du vor dem Essen viel trinkst, hast du später keinen Appetit mehr [*o* vergeht dir der Appetit] **2.** (*cansarse*) überdrüssig werden (*de* +*gen*), die Lust verlieren (*de* auf +*akk*), das Interesse verlieren (*de* an +*dat*); **me he desganado de ir a las discotecas** ich habe keine Lust mehr auf Diskos

desgañitarse [desɣaɲi'tarse] *vr* (*gritar*) sich *dat* die Kehle [*o* Lunge] aus dem Hals schreien; (*enronquecerse*) sich heiser schreien

desgarbado, -a [desɣar'βaðo, -a] *adj* **1.** (*sin garbo*) ungelenk, plump; **ser ~** keine Anmut besitzen **2.** (*larguirucho*) schlacksig

desgarbo [des'ɣarβo] *m* fehlende Anmut *f,* Tölpelhaftigkeit *f;* **andar con ~** staksen *fam;* **moverse con ~** sich ungelenk bewegen

desgarrado, -a [desɣa'rraðo, -a] *adj* unverschämt, dreist

desgarrador(a) [desɣarra'ðor(a)] *adj* herzzerreißend, erschütternd

desgarradura [desɣarra'ðura] *f* Riss *m*

desgarramiento [desɣarra'mjen̩to] *m* **1.** (*acción*) Einreißen *nt* **2.** (*rotura*) (Ein)riss *m*

desgarrar [desɣa'rrar] **I.** *vt* (*romper*) zerreißen; (*en muchos pedazos*) zerfetzen; **~ un paquete** ein Paket aufreißen; **estas imágenes desgarran el corazón** das sind herzzerreißende Bilder; **esto me desgarra el corazón** das bricht mir das Herz **II.** *vr:* **~se 1.** (*romperse*) (zer)reißen; **se me desgarra el corazón al pensar que no voy a verte nunca más** der Gedanke, dich nie wieder zu sehen, bricht mir das Herz **2.** (*desgajarse*) sich lossagen (*de* von +*dat*), sich lösen (*de* von +*dat*); **~se de su familia** seiner Familie den Rücken kehren

desgarro [des'ɣarro] *m* **1.** (*rotura*) (Ein)riss *m* **2.** (*descaro*) Unverschämtheit *f,* Frechheit *f;* **contestar con ~** eine freche [*o* dreiste] Antwort geben **3.** (*fanfarronada*) Prahlerei *f,* Angeberei *f* **4.** (*desenvoltura*) Ungezwungenheit *f,* souveränes Auftreten *nt;* **hablar con ~** wortgewandt sein **5.** (*Am: esputo*) Auswurf *m;* (MED) Sputum *nt*

desgarrón [desɣa'rron] *m* **1.** (*rotura*) (Ein)riss *m* **2.** (*tira*) Fetzen *m*

desgasificar [desɣasifi'kar] <c→qu> *vt* entgasen

desgastamiento [desɣasta'mjen̩to] *m* Überschäumen *nt,* Überfluss *m,* Überfülle *f*

desgastar [desɣas'tar] **I.** *vt* **1.** (*estropear*) abnutzen, verschleißen; (*tela*) abwetzen; (*zapatos*) ablaufen; **ese pantalón está desgastado por las rodillas** diese Hose ist an den Knien durchgescheuert **2.** (*consumir*) aufbrauchen, verbrauchen; (*comida*) aufessen **3.** (*cansar*) auslaugen, aufreiben; **el trabajo en la mina lo ha desgastado mucho** die Arbeit im Bergwerk hat ihm sehr zugesetzt **II.** *vr:* **~se 1.** (*consumirse*) sich abnutzen; (*tela*) verschleißen; (*color*) verblassen, verschießen **2.** (*acabarse*) ausgehen; (*una mercancía*) auslaufen **3.** (*debilitarse*) abbauen; **se ha desgastado mucho en los últimos años** mit ihm/ihr ist es in den letzten Jahren bergab gegangen

desgaste [des'ɣaste] *m* **1.** (*fricción*) Abnutzung *f,* Verschleiß *m* **2.** (*consumo*) Verbrauch *m* **3.** (*de una persona*) Zermürbung *f,* Beanspruchung *f*

desglaciación [desɣlaθja'θjon] *f* (GEO) Gletscherrückgang *m,* Gletscherabschmelzen *nt*

desglosar [desɣlo'sar] *vt* **1.** (*separar*) trennen; (*una hoja*) heraustrennen; (*una cuestión*) getrennt behandeln; **~ los gastos** die Kosten (einzeln) aufschlüsseln [*o* aufgliedern], eine Aufstellung der einzelnen Kosten anfertigen; **~ un documento de un expediente** (JUR) eine Urkunde aus einer Akte (ent)nehmen, die Entnahme eines Schriftstücks aus einer Akte vermerken; **~ un tema** ein Thema untergliedern [*o* unterteilen] **2.** (*quitar la glosa*): **~ una disertación** die Anmerkungen aus einem Aufsatz entfernen

desglose [des'ɣlose] *m* **1.** (*de una página*) Entnahme *f;* ~ **de documentos** (JUR) Herausnahme von Urkunden aus den Akten **2.** (*de los gastos*) Aufschlüsselung *f,* (Einzel)aufstellung *f,* Aufgliederung *f;* (*de un tema*) (Unter)gliederung *f* **3.** (*quitar la glosa*) Entfernen *nt* von Anmerkungen

desgobernadura [desɣoβerna'ðura] *f* (MED) Ausrenkung *f*

desgobernar [desɣoβer'nar] <e→ie> **I.** *vt* **1.** (*un país*) schlecht regieren, herunterwirtschaften; (*una institución*) schlecht leiten, schlecht verwalten; (*una nave*) schlecht steuern, nicht unter Kontrolle haben; ~ **un asunto** eine Angelegenheit nicht in den Griff bekommen **2.** (*los huesos*) ausrenken **3.** (*perturbar el orden*) stören, aus dem Lot bringen **II.** *vr:* ~**se 1.** (*perder el control*) außer Kontrolle geraten **2.** (*llevar mala vida*) ein ausschweifendes Leben führen, einen schlechten Lebenswandel haben

desgobierno [desɣo'βjerno] *m* **1.** (*de un país, de una institución*) fehlende Kontrolle *f* (*de* über +*akk*), Misswirtschaft *f* **2.** (*desorden*) Unordnung *f,* Chaos *nt* **3.** (*comportamiento*) Zügellosigkeit *f*

desgolletar [desɣoʎe'tar] **I.** *vt* (*una botella*) den (Flaschen)hals abschlagen **II.** *vr:* ~**se** den Hals freimachen, die oberen Hemdknöpfe [*o* Blusenknöpfe] öffnen; ~**se la corbata** die Krawatte lockern

desgomar [desɣo'mar] *vt* degummieren

desgracia [des'ɣraθja] *f* **1.** (*suerte adversa*) Pech *nt,* Unglück *nt;* **por** ~ leider, unglücklicherweise; **¡qué** ~**!** so ein Pech!; **este año estoy de** ~ dieses Jahr läuft bei mir alles schief [*o* habe ich nur Pech]; **llevar una temporada de** ~**s** in letzter Zeit kein Glück haben; **no he tenido más que** ~**s** ich habe immer nur Pech gehabt; **tuve la** ~ **de perder todo mi dinero en el bingo** zu meinem Pech habe ich mein ganzes Geld beim Bingo verspielt; **tiene la** ~ **de ser sordo** er ist leider taub **2.** (*acontecimiento trágico*) Unglück *nt,* Unheil *nt;* ~ **personal** (JUR) Personenschaden *m;* **en el accidente no hubo** ~**s personales** bei dem Unfall waren keine Opfer [*o* Toten] zu beklagen, bei dem Unfall kam niemand ums Leben; **ha tenido la** ~ **de perder a toda su familia en un accidente** ihm/ihr ist das große Unglück widerfahren, seine/ihre ganze Familie bei einem Unfall zu verlieren; **es una** ~ **que tanta gente tenga que pasar hambre en el mundo** es ist schrecklich, dass auf der Welt so viele Leute Hunger leiden müssen; **eres una verdadera** ~ dir gelingt einfach gar nichts **3.** (*pérdida de gracia*) Ungnade *f;* **caer en** ~ in Ungnade fallen **4.** (*falta de gracia*) Schwerfälligkeit *f,* Unbeholfenheit *f*

desgraciada [desɣra'θjaða] *adj o f v.* **desgraciado**

desgraciadamente [desɣraθjaða'mente] *adv* unglücklicherweise, leider

desgraciado, -a [desɣra'θjaðo, -a] **I.** *adj* **1.** (*sin suerte*) glücklos, vom Pech verfolgt, Pech-; **ser** ~ (*tener mala suerte*) Pech [*o* kein Glück] haben, ein Pechvogel sein; (*no llegar a nada*) es zu nichts bringen; ~ **en el juego, afortunado en amores** (*prov*) Pech im Spiel, Glück in der Liebe **2.** (*infeliz*) unglücklich, vom Schicksal gebeutelt **3.** (*que implica desgracia*) tragisch, unheilvoll; **un accidente** ~ ein schwerer [*o* schrecklicher] Unfall; **fue una intervención desgraciada** das Eingreifen richtete nur Schaden an **4.** (*pobre*) arm(selig) **5.** (*sin gracia*) unbeholfen, schwerfällig **6.** (*desagradable*) unsympathisch, unangenehm; (*feo*) hässlich, reizlos **II.** *m, f* **1.** (*sin suerte*) Pechvogel *m,* Unglücksrabe *m* **2.** (*infeliz*): **es un** ~ ihm hat das Schicksal übel mitgespielt **3.** (*pobre*) armer Schlucker *m* **4.** (*persona sin valor*) Schwächling *m,* Nichtsnutz *m* **5.** (*pey: miserable*) Schuft *m,* Schwein *nt fam*

desgraciar [desɣra'θjar] **I.** *vt* **1.** (*estropear*) ruinieren, zunichte machen; (*malograr*) verderben; **estos lazos desgracian el vestido** diese Schleifen nehmen dem Kleid jeden Reiz **2.** (*disgustar*) verärgern, verdrießen **3.** (*herir*) übel zurichten; (*la cara*) entstellen **4.** (*asesinar*) umbringen **II.** *vr:* ~**se 1.** (*estropearse*) verderben, kaputtgehen; **se ha desgraciado mucho en los últimos años** in den letzten Jahren hat sein/ihr Aussehen sehr gelitten **2.** (*hacerse daño*) sich übel zurichten **3.** (*malograrse*) scheitern, missglücken; (*una amistad*) in die Brüche gehen; **corre peligro de que se le desgracie el niño que espera** sie läuft Gefahr, das Kind, das sie erwartet, zu verlieren **4.** (*perder el favor*) in Ungnade fallen

desgramar [desɣra'mar] *vt* vom Hundszahngras befreien

desgranado, -a [desɣra'naðo, -a] *adj:* **una de las ruedas está desgranada** an einem Zahnrad fehlen (mehrere) Zähne

desgranadora [desɣrana'ðora] *f* (AGR) Entkörnungsmaschine *f*

desgranar [desɣra'nar] **I.** *vt* **1.** (*maíz*) entkörnen; (*habas*) aushülsen, ausschälen; (*trigo*) dreschen; (*un racimo*) abbeeren; ~ (**las cuentas de**) **un rosario** (*fig*) einen Rosenkranz abbeten **2.** (*repetir*): ~ **insultos** einen Sturm von Beleidigungen ablassen; ~ **mentiras** Lügen vom Stapel lassen; ~ **palabrotas** mit Schimpfwörtern um sich werfen **II.** *vr:* ~**se 1.** (*un collar*) reißen, die Perlen verlieren **2.** (*una espiga*) ausfallen; (*una vaina*) aufplatzen; **con la tormenta se han desgranado los girasoles** durch das Gewitter haben die Sonnenblumen ihre Körner verloren

desgrane [des'ɣrane] *m* Enthülsen *nt,* Entkörnen *nt*

desgrasadora [desɣrasa'ðora] *f* (*para lanas*) Entschweißungskübel *m*

desgrasar [desɣra'sar] *vt* **1.** (*una superficie*) entfetten **2.** (*lanas*) entschweißen

desgrase [des'ɣrase] *m* **1.** (*desengrase*) Entfetten *nt* **2.** (BIOL) Fettverlust *m*

desgravable [desɣra'βaβle] *adj* abzugsfähig, (von der Steuer) abziehbar

desgravación [desɣra'βaθjon] *f* **1.** (*reducción de un impuesto*) Steuererleichterung *f*, Steuersenkung *f*; (*de un arancel*) Zollminderung *f*; ~ **fiscal** Steuererleichterung *f*; ~ **por hijo** Kinderfreibetrag *m* **2.** (*abolición de un impuesto*) Steuerbefreiung *f*, Erlass *m* von Steuern; (*de un arancel*) Zollfreiheit *f*; **la oposición exige la ~ de los salarios bajos** die Opposition fordert, dass geringe Einkommen steuerfrei sind [*o* fordert die Steuerbefreiung für geringe Einkommen] **3.** (*de un gasto*) Abzug *m*; ~ **sobre bienes de capital** Anlagenabschreibung *f*; ~ **por cargas familiares** Kinderfreibetrag *m*

desgravar [desɣra'βar] *vt* **1.** (*suprimir un impuesto*) von der Steuer befreien; (*un derecho arancelario*) von den Zollgebühren befreien; ~ **una mercancía** keine Zollgebühren auf eine Ware erheben; **el gobierno ha decidido ~ los intereses** die Regierung hat beschlossen, dass Zinsen steuerfrei sind [*o* keine Steuern auf Zinsen zu erheben] **2.** (*reducir un impuesto, un arancel*): ~ **el tabaco** (*bajar el impuesto*) die Tabaksteuer senken, eine Steuererleichterung für Tabakwaren gewähren; (*el arancel*) keine Zollgebühren auf Tabakwaren erheben **3.** (*deducir de un impuesto*) (von der Steuer) abziehen; ~ **los gastos de teléfono del impuesto sobre la renta** die Telefonkosten von der Einkommenssteuer abziehen

desgreñado, -a [desɣre'ɲaðo, -a] *adj* ungekämmt, zerzaust

desgreñar [desɣre'ɲar] **I.** *vt* (*despeinar*) zerzausen **II.** *vr:* **~se 1.** (*despeinarse*) sein Haar in Unordnung bringen, sich *dat* die Haare zerzausen **2.** (*reñir*) sich in die Haare kriegen, sich streiten; (*pelearse*) sich raufen, sich prügeln

desguace [des'ɣwaθe] *m* (*total*) Verschrottung *f*; (*parcial*) Ausschlachten *nt*; **estar para el ~** (*fig fam: cosa*) schrottreif sein; (*fig fam: persona*) abgewrackt sein

desguarnecer [desɣwarne'θer] *irr como crecer vt* **1.** (*quitar el adorno*) von Zierrat [*o* Schmuck] befreien; ~ **un uniforme** den Besatz von einer Uniform entfernen **2.** (*un caballo*) abschirren **3.** (MIL) die Truppen abziehen (von +*dat*); **fue un error ~ la ciudad** es erwies sich als Fehler, die Stadt ohne militärischen Schutz zurückzulassen **4.** (*quitar algo esencial*) unbrauchbar machen; **¿por qué has desguarnecido de cuerdas la guitarra?** warum hast du die Gitarrensaiten entfernt?

desguazar [desɣwa'θar] <z→c> *vt* **1.** (*desmontar*) auseinander nehmen, zerlegen **2.** (*deshacer completamente*) verschrotten; (*un buque*) abwracken; (*quitar las partes útiles*) ausschlachten **3.** (*madera*) abhobeln

deshabitado, -a [desaβi'taðo, -a] *adj* verlassen, leer; (*edificio*) unbewohnt, leer stehend; (*zona*) unbesiedelt; **una ciudad deshabitada** eine Geisterstadt; **una región muy deshabitada** ein nur spärlich besiedeltes Gebiet

deshabitar [desaβi'tar] *vt* **1.** (*dejar de habitar*) verlassen; (*un edificio*) räumen; ~ **un piso** aus einer Wohnung ausziehen **2.** (*dejar sin habitantes*) entvölkern; **la emigración a las ciudades ha deshabitado los pueblos** die Landflucht hat die Dörfer entvölkert

deshabituación [desaβitwa'θjon] *f* Abgewöhnung *f*

deshabituar [desaβitu'ar] <*1. pres:* deshabitúo> **I.** *vt* entwöhnen; ~ **a alguien de algo** jdm etw abgewöhnen, jdn etw *gen* entwöhnen *elev* **II.** *vr:* **~se** sich *dat* abgewöhnen (*de* +*akk*); **~se de beber** vom Alkohol loskommen; **~se de una droga** einen (Drogen)entzug machen; **quiero ~me de fumar** ich will mir das Rauchen abgewöhnen

deshacer [desa'θer] *irr como hacer* **I.** *vt* **1.** (*un paquete*) auspacken; (*una costura*) auftrennen; (*un nudo*) lösen, aufmachen; (*la cama*) zerwühlen; (*un aparato*) auseinander bauen, zerlegen; (INFOR: *una orden*) rückgängig machen; ~ **una maleta** einen Koffer wieder auspacken; ~ **los puntos** das Gestrickte wieder auftrennen; **no intentes ~ lo hecho** versuch nicht das Geschehene ungeschehen zu machen; **no sé cómo ~ mi error** ich weiß nicht, wie ich meinen Fehler wieder gutmachen soll; **ser el que hace y deshace** (*fig*) die erste Geige spielen **2.** (*destruir*) kaputtmachen, zerstören; (*en pedazos*) zerstückeln, zerbröckeln; (*cortar*) zerhacken, zerstückeln; (*una res*) zerlegen; (*una tela*) zerreißen, in Stücke reißen; (*a golpes*) zerschlagen; **los niños han deshecho el sofa** die Kinder haben das Sofa kaputtgemacht [*o* völlig ruiniert]; **la tormenta ha deshecho toda la cosecha** das Gewitter hat die gesamte Ernte vernichtet; **me has deshecho mis planes** du hast meine Pläne zunichte gemacht; **la guerra le ha deshecho la vida** der Krieg hat sein/ihr Leben ruiniert; **el perro ha deshecho el periódico** der Hund hat die Zeitung zerfetzt [*o* in Stücke gerissen] **3.** (*disolver*) auflösen; (*hielo*) schmelzen (lassen), zum Schmelzen bringen; ~ **una casa** (*fig*) eine Wohnung [*o* einen Haushalt] auflösen; ~ **un contrato** einen Vertrag lösen [*o* rückgängig machen]; ~ **un negocio** ein Geschäft rückgängig machen [*o* stornieren]; **hay que ~ la pastilla en agua** man muss die Tablette in Wasser auflösen **4.** (MIL) in die Flucht schlagen **II.** *vr:* **~se 1.** (*descomponerse*) sich auflösen; **se deshace en cumplidos/en alabanzas** er/sie überschüttet mich mit Komplimenten/Lob; **~se de impaciencia** vor lauter Ungeduld vergehen, es vor Ungeduld nicht mehr aushalten; **~se en lágrimas** sich in Tränen auflösen, in Tränen zerfließen; **~se en llanto** in Gejammer ausbrechen; **~se de nervios** übernervös sein; **~se**

por algo (ganz) verrückt nach etw *dat* sein; **se deshace por complacernos** er/sie tut alles, um uns zufrieden zu stellen; **~se a trabajar** wie besessen arbeiten, sich abrackern *fam;* **se me ha deshecho el helado** das Eis ist mir weggeschmolzen; **aunque me he deshecho empollando, no he aprobado el examen** obwohl ich wie verrückt gebüffelt habe, habe ich die Prüfung nicht bestanden **2.** (*romperse*) kaputtgehen, in die Brüche gehen; (*una costura, un nudo*) aufgehen; (*un pastel*) zerbröckeln; (*una silla*) aus dem Leim gehen **3.** (*desprenderse*) sich entledigen (*de +gen*), loswerden; (*de gente*) abwimmeln (*de*); **~se de alguien** sich *dat* jdn vom Hals schaffen; (*asesinar*) jdn umbringen; **~se de un empleado** einen Angestellten entlassen; **me he deshecho de mi coche** ich habe mein Auto verkauft **4.** (*enflaquecerse*) abmagern **5.** (*desaparecer*) verschwinden; **no sé dónde está, se ha deshecho** ich weiß nicht, wo er/sie ist, er/sie hat sich wohl in Luft aufgelöst

deshalogenar [desaloxe'nar] *vt* (QUÍM) ein Halogen (aus einer Verbindung) abspalten, dehalogenieren

deshambrido, **-a** [desam'briðo, -a] *adj* sehr hungrig, ausgehungert

desharrapado, **-a** [desarra'paðo, -a] **I.** *adj* zerlumpt, abgerissen, schäbig **II.** *m, f* Bettler(in) *m(f),* Penner(in) *m(f) fam;* **hatajo de ~s** Lumpenpack *nt pey,* Lumpengesindel *nt pey*

deshebillar [deseβi'ʎar] *vt* lösen, abschnallen

deshebrar [dese'βrar] *vt* **1.** (*un tejido*) ausfasern, ausfransen **2.** (*una cosa*) zerstückeln

deshechizar [desetʃi'θar] <z→c> *vt* von einem Zauber befreien; **el príncipe consiguió ~ a la princesa** es gelang dem Prinzen, den Zauber, der auf der Prinzessin lag, zu brechen

deshecho, **-a** [de'setʃo, -a] **I.** *pp de* **deshacer** **II.** *adj* **1.** (*deprimido*) am Boden zerstört; **estar ~** am Boden zerstört sein, völlig fertig sein *fam;* **dejar a alguien ~** jdn fertig machen *fam* **2.** (*cansado*) erschöpft; **estar ~** völlig erledigt sein, fix und fertig sein *fam* **3.** (*tormenta*) heftig, stürmisch; (*lluvia*) strömend

deshelar [dese'lar] <e→ie> **I.** *vt* (*hielo*) schmelzen (lassen), tauen (lassen); (*una nevera*) abtauen **II.** *vr:* **~se** (*nieve*) schmelzen, tauen; (*nevera*) abtauen; **la nieve en las montañas se está deshelando** es taut in den Bergen, in den Bergen hat Tauwetter eingesetzt

desherbar [deser'βar] <e→ie> *vt* (aus)jäten, von Unkraut befreien

desheredado, **-a** [desere'ðaðo, -a] **I.** *adj* **1.** (*excluido de una herencia*) enterbt **2.** (*pobre*) benachteiligt, arm **II.** *m, f* **1.** (*excluido de una herencia*) Enterbte(r) *mf* **2.** (*pobre*) Arme(r) *mf,* Benachteiligte(r) *mf*

desheredar [desere'ðar] **I.** *vt* enterben **II.** *vr:* **~se** seiner Familie Schande machen; **con tu comportamiento te has desheredado** aufgrund [*o* auf Grund] deines Verhaltens gehörst du nun nicht mehr zur Familie

desherrar [dese'rrar] <e→ie> **I.** *vt* **1.** (*persona*) die Fesseln abnehmen (*a +dat*) **2.** (*caballería*) die Hufeisen entfernen (*+dat*) **II.** *vr:* **~se** **1.** (*persona*) sich aus den Fesseln befreien **2.** (*caballería*) ein Hufeisen verlieren

desherrumbrar [deserrum'brar] *vt* entrosten

deshidratación [desiðrata'θjon] *f* **1.** (*extracción de agua*) Wasserentzug *m,* Entwässerung *f;* (*de alimentos*) Trocknung *f,* Dehydratation *f elev;* **este medicamento produce ~** dieses Medikament entzieht dem Körper Wasser **2.** (QUÍM) Dehydrierung *f* **3.** (MED) Dehydration *f*

deshidratado, **-a** [desiðra'taðo, -a] *adj* **1.** (*sin agua*) trocken; (*campos, personas*) ausgedörrt; (*alimentos*) getrocknet, dehydriert; (*elev: huevos, leche*) pulverisiert; (*piel*) feuchtigkeitsarm **2.** (QUÍM) dehydratisiert **3.** (MED) dehydriert

deshidratador(a) [desiðrata'ðor(a)] *adj* dehydratisierend, Wasser entziehend; **el calor es un agente ~** Hitze wirkt dehydratisierend

deshidratadora [desiðrata'ðora] *f* (AGR) Trocknungsanlage *f*

deshidratar [desiðra'tar] **I.** *vt* Wasser entziehen *+dat;* (*suelo, cuerpo*) entwässern; (*alimentos*) trocknen, dehydratisieren; (*elev: huevos, leche*) pulverisieren; **el sol deshidrata los campos** die Sonne dörrt die Felder aus; **el calor deshidrató a los jugadores** die Hitze entzog den Spielern viel Wasser; **este jabón deshidrata la piel** diese Seife trocknet die Haut aus **II.** *vr:* **~se** (aus)trocknen; (*tierra*) ausdörren, ausdorren; **como sudaba tanto, su cuerpo se deshidrató** weil er/sie so viel schwitzte, verlor sein/ihr Körper viel Flüssigkeit

deshidrogenar [desiðroxe'nar] *vt* (QUÍM) dehydrieren, Wasserstoff entziehen (*+dat*)

deshidrogenasa [desiðroxe'nasa] *f* (BIOL) Dehydrase *f,* Dehydrogenase *f*

deshielo [des'ɟelo] *m* **1.** (*acción de deshelar(se)*) Schmelzen *nt,* Tauen *nt;* (*de la nevera*) Abtauen *nt* **2.** (*clima*) Tauwetter *nt* **3.** (POL) Tauwetter *nt;* (*entre personas*) Entspannung *f;* **mi intervención provocó un cierto ~ (en su relación)** mein Eingreifen bewirkte, dass sich die Lage zwischen ihnen etwas entspannte

deshijar [desi'xar] *vt* (*Arg, Chil*) *v.* **desahijar**

deshilachado, **-a** [desila'tʃaðo, -a] *adj* **1.** (*ropa*) fadenscheinig, abgetragen **2.** (*persona*) zerlumpt, schäbig

deshilachar [desila'tʃar] **I.** *vt* **1.** (*sacar hilos de*) ausfransen, zerfransen; (*reducir a hilos*) ausfasern **2.** (*deshacer puntos*) auftrennen; **deshilaché el jersey para hacerme una chaqueta con la lana** ich trennte den Pullover auf um mir aus der Wolle eine Jacke zu stricken **II.** *vr:* **~se** zerfransen, ausfransen; **tira ya este abrigo, está completamente deshilachado** wirf doch den Mantel endlich weg, er ist schon völlig abgetragen

deshilada [desi'laða]: **a la ~** (*en fila*) hintereinander, in einer Reihe; (*con disimulo*) heimlich; **marchar a la ~** im Gänsemarsch marschieren

deshilvanado, -a [desilβa'naðo, -a] *adj* **1.** (*discurso*) zusammenhanglos, wirr **2.** (*vestido*) ohne Heftfaden, ohne Heftnaht

deshilvanar [desilβa'nar] **I.** *vt:* **~ un pantalón** die Heftnähte einer Hose auftrennen, den Heftfaden aus einer Hose entfernen **II.** *vr:* **al probarme la blusa se deshilvanó** als ich die Bluse anprobierte, platzte die Heftnaht [*o* löste sich der Heftfaden]

deshinchadura [desintʃa'ðura] *f* Abschwellung *f*

deshinchar [desin'tʃar] **I.** *vt* **1.** (*sacar el aire*) die Luft herauslassen (aus +*dat*) **2.** (*una inflamación*) zum Abschwellen bringen **3.** (*fig: cólera*) ablassen, freien Lauf lassen +*dat* **4.** (*hacer perder la vanidad*) von seinem hohen Ross herunterholen; **~ a alguien** jdm einen Dämpfer aufsetzen *fam* **II.** *vr:* **~se 1.** (*perder aire*) Luft verlieren; **se me ha deshinchado la rueda de la bici** mein Fahrradreifen ist platt **2.** (*una inflamación*) abschwellen, zurückgehen; **ya se está deshinchando la herida** die Wunde schwillt allmählich ab, die Wundschwellung geht allmählich zurück **3.** (*fam: deponer la vanidad*) von seinem hohen Ross herunterkommen, einen Dämpfer abbekommen *fam*

deshipotecar [desipote'kar] <c→qu> *vt* von einer Hypothek befreien; **~ una casa** die auf einem Haus lastende Hypothek tilgen [*o* abtragen]

deshojado, -a [deso'xaðo, -a] *adj* **1.** (*árbol*) kahl, entblättert **2.** (*libro*) zerfleddert

deshojar [deso'xar] **I.** *vt* **1.** (BOT) entblättern; (*un árbol*) entlauben; **~ una flor** die Blütenblätter abzupfen **2.** (*arrancar las páginas*) die Blätter herausreißen (aus +*dat*); (*un calendario*) die (Kalender)blätter abreißen **II.** *vr:* **~se 1.** (BOT) sich entblättern, die Blätter verlieren; (*un árbol*) das Laub verlieren; (*perder los pétalos*) die Blüten verlieren **2.** (*un libro*) aus dem Leim gehen

deshoje [des'oxe] *m* Abblättern *nt,* Abfallen *nt* der Blätter; (*de los árboles en otoño*) Laubfall *m,* Entlaubung *f*

deshollejar [desoʎe'xar] *vt* schälen

deshollinadera [desoʎina'ðera] *f* Schornsteinfegerbesen *m*

deshollinador¹ [desoʎina'ðor] *m* **1.** (*persona*) Schornsteinfeger *m,* Kaminkehrer *m,* Kaminfeger *m reg* **2.** (*instrumento para deshollinar*) Kaminkehrbesen *m* **3.** (*escoba*) Stielbesen *m*

deshollinador(a)² [desoʎina'ðor(a)] **I.** *adj* **1.** (*para limpiar el hollín*) Entrußungs- **2.** (*curioso*) neugierig **II.** *m(f)* Schnüffler(in) *m(f)*

deshollinar [desoʎi'nar] *vt* **1.** (*quitar el hollín*) entrußen; **~ una chimenea** einen Schornstein fegen **2.** (*limpiar*) putzen, sauber machen **3.** (*curiosear*) herumschnüffeln (in +*dat*)

deshonestidad [desonesti'ðað] *f* **1.** (*carácter inmoral*) Unehrbarkeit *f,* Unanständigkeit *f* **2.** (*carácter tramposo*) Unehrlichkeit *f,* Unredlichkeit *f* **3.** (*acto licencioso*) Unzucht *f* **4.** (*fraude*) Betrug *m* **5.** (*dicho*) unanständige Bemerkung *f*

deshonesto, -a [deso'nesto, -a] *adj* **1.** (*inmoral*) unanständig, unmoralisch, unsittlich; (*impúdico*) schamlos; (*licencioso*) unzüchtig; **llevar una vida deshonesta** einen unmoralischen [*o* anrüchigen] Lebenswandel haben **2.** (*tramposo*) unehrlich, unredlich; **acto ~** Betrug *m,* betrügerische Handlung

deshonor [deso'nor] *m* **1.** (*pérdida del honor*) Entehrung *f,* Schmach *f elev* **2.** (*acto*) Schande *f;* **tu comportamiento es** [*o* **supone**] **un ~ para la familia** dein Benehmen gereicht der Familie zur Schande [*o* macht der Familie Schande]

deshonorar [desono'rar] **I.** *vt* **1.** (*quitar el empleo*) seines Amtes entheben **2.** (*quitar el honor*) entehren **II.** *vr:* **~se** (*quitar el honor*) sich unwürdig benehmen

deshonra [des'onrra] *f* **1.** (*acto*) Schande *f;* **tener algo a ~** (*juzgar como insulto*) etw als Kränkung empfinden; (*juzgar como humillante*) etw als Demütigung empfinden **2.** (*pérdida de la honra*) Schmach *f elev;* **ser una ~ para la empresa** den Ruf [*o* das Ansehen] der Firma ruinieren **3.** (*de una mujer*) Verführung *f,* Entehrung *f;* (*elev: violación*) Schändung *f*

deshonrar [deson'rrar] *vt* **1.** (*quitar la honra*) entehren; **~ a alguien** jds Ansehen [*o* Ruf] ruinieren; **has deshonrado el nombre de la familia** du hast den Namen der Familie geschändet [*o* in den Schmutz gezogen] **2.** (*una mujer*) verführen, entehren; (*elev: violar*) schänden, vergewaltigen **3.** (*ofender*) kränken **4.** (*humillar*) demütigen **5.** (*quitar el cargo a*) seines Amtes entheben; (MIL) degradieren

deshonroso, -a [deson'rroso, -a] *adj* **1.** (*que causa deshonra*) schändlich, unsittlich, skandalös **2.** (*poco honroso*) unehrenhaft, ehrlos, schmählich *elev*

deshora [de'sora] *f* Unzeit *f;* **hablar a ~(s)** dazwischenreden, sich ungefragt zu Wort melden; **venir a ~(s)** (*en un momento inconveniente*) zu einem unpassenden Zeitpunkt kommen, ungelegen kommen; (*demasiado tarde*) zu spät kommen; **hace una vida muy irregular, comiendo y durmiendo siempre a ~(s)** er/sie führt ein sehr unregelmäßiges Leben und isst und schläft zu den unmöglichsten Zeiten

deshornado [desor'naðo] *m sin pl* Herausnehmen *nt* aus dem Ofen

deshuesado, **-a** [deswe'saðo, -a] *adj* **1.** (*fruta*) entkernt, entsteint **2.** (*carne*) ohne [*o* frei von] Knochen

deshuesadora [deswesa'ðora] *f* (*máquina*) Entsteinungsmaschine *f;* (*instrumento*) Entsteiner *m,* Entkerner *m*

deshuesar [deswe'sar] *vt* (*fruto*) entsteinen, entkernen; (*carne*) ausbeinen

deshumanización [desumaniθa'θjon] *f* Entmenschlichung *f,* Dehumanisation *f elev*

deshumanizado, **-a** [desumani'θaðo, -a] *adj* entmenschlicht, dehumanisiert *elev*

deshumanizar [desumani'θar] <z→c> *vt* entmenschlichen, dehumanisieren *elev*

deshumedecer [desumeðe'θer] *irr como crecer vt* entfeuchten, trocknen

deshumidificación [desumiðifika'θjon] *f sin pl* Entfeuchtung *f*

deshumidificador[1] [desumiðifika'ðor] *m* (Luft)entfeuchter *m*

deshumidificador(a)[2] [desumiðifika'ðor(a)] *adj* entfeuchtend, Entfeuchtungs-; **aparato** ~ Entfeuchtungsgerät *nt*

deshumidificar [desumiðifi'kar] <c→qu> *vt* entfeuchten

desideologizado, **-a** [desiðeoloxi'θaðo, -a] *adj* ideologiefrei; **un discurso** ~ eine in keinster Weise ideologisch gefärbte Rede

desideologizar [desiðeoloxi'θar] <z→c> *vt* (POL) entideologisieren

desiderativo, **-a** [desiðera'tiβo, -a] *adj* (LING) Wunsch-, einen Wunsch ausdrückend; **oración desiderativa** Wunschsatz *m*

desiderátum [desiðe'ratun] *m* Desiderat(um) *nt,* Erwünschte(s) *nt;* **su máximo ~ era tener un hijo** sein/ihr sehnlichster Wunsch war ein Kind, mehr als alles andere (auf der Welt) wünschte er/sie sich *dat* ein Kind; **mi máximo ~ sería no tener que trabajar nunca más** mein sehnlichster Wunsch ist es, nie wieder arbeiten zu müssen

desidia [de'siðja] *f* **1.** (*descuido*) Nachlässigkeit *f,* Schlampigkeit *f;* **me molesta su ~ en el trabajo** mich stört seine/ihre schlampige Arbeitsweise **2.** (*pereza*) Trägheit *f,* Faulheit *f*

desidioso, **-a** [desi'ðjoso, -a] *adj* **1.** (*descuidado*) nachlässig, schlampig **2.** (*perezoso*) faul, träge

desierto[1] [de'sjerto] *m* **1.** (*lugar árido*) Wüste *f;* ~ **rocoso** Geröllwüste *f;* ~ **salino** Salzwüste *f* **2.** (*lugar despoblado*) Einöde *f;* **predicar en el ~** in den Wind reden, tauben Ohren predigen; **hablarle de los peligros del tabaco para la salud es predicar en el ~, nunca dejará de fumar** es ist sinnlos [*o* ein sinnloses Unterfangen], ihm/ihr zu erzählen, wie gesundheitsschädlich Zigaretten sind; er/sie wird das Rauchen nie aufgeben

desierto, **-a**[2] [de'sjerto, -a] *adj* **1.** (*sin gente*) (menschen)leer, verlassen; (*zona*) unbesiedelt **2.** (*como un desierto*) öde, wüst **3.** (*sin participantes*): **una subasta desierta** eine Auktion ohne Bieter; **el premio fue declarado** [*o* **quedó**] ~ der Preis wurde nicht vergeben; **dar por desierta una apelación** (JUR) ein Rechtsmittel nicht zulassen; **dar por ~ un concurso** einen Wettbewerb mangels Teilnehmer absagen

designación [desiɣna'θjon] *f* **1.** (*nombramiento*) Ernennung *f,* Berufung *f;* ~ **de candidatos** Aufstellung von Kandidaten (zur Wahl); ~ **de letrado** Anwaltsbestellung *f;* ~ **presidencial** Ernennung durch den Präsidenten **2.** (*nombre*) Bezeichnung *f,* Benennung *f;* (*símbolo*) Kennzeichnung *f,* Markierung *f;* ~ **colectiva** Sammelbezeichnung *f;* ~ **del contenido** Inhaltsangabe *f;* ~ **genérica** Gattungsbezeichnung *f*

designar [desiɣ'nar] *vt* **1.** (*denominar*) kennzeichnen, markieren; (*dar un nombre*) benennen, bezeichnen (*por* als *+akk*); ~ **a alguien con un apodo** jdm einen Spitznamen verpassen **2.** (*nombrar*) ernennen (*para* zu *+dat*); ~ **un abogado** einen Anwalt benennen; ~ **un candidato** einen Kandidaten aufstellen; ~ **un representante** einen Vertreter bestellen; **la ~on para vicepresidente** sie wurde zur Vizepräsidentin ernannt **3.** (*elegir*) auswählen, bestimmen; **¿qué ciudad habéis designado como sede del congreso?** welche Stadt habt ihr als Austragungsort für den Kongress gewählt?; **todavía tenemos que ~ la fecha para la boda** wir müssen noch das Hochzeitsdatum festsetzen **4.** (*formar un designio*) planen, beabsichtigen, vorhaben

designio [de'siɣnjo] *m* (*plan*) Vorhaben *nt,* Plan *m;* (*propósito*) Absicht *f,* Ziel *nt;* (*deseo*) Wunsch *m;* **su ~ es convertirse en multimilionario** er will es zum Multimillionär bringen

desigual [desi'ɣwal] *adj* **1.** (*no igual*) ungleich, verschieden; (*lucha*) unfair, ungleich; (*tratamiento*) ungerecht, unfair; **las dos hermanas son muy ~es** die beiden Schwestern sind völlig verschieden [*o* ähneln sich *dat* überhaupt nicht] **2.** (*irregular*) uneben, rau; (*carretera*) holp(e)rig, unwegsam **3.** (*inconstante*) unbeständig; (*tiempo*) wechselhaft; (*carácter*) unausgeglichen, wechselhaft **4.** (*loc*): **salir ~** missraten

desigualar [desiɣwa'lar] **I.** *vt* **1.** (*hacer desigual*) ungleich machen; ~ **a alguien** jdn benachteiligen; **aquí no desigualamos a nadie** hier sind alle gleich, hier werden alle gleich behandelt **2.** (*hacer irregular*) uneben machen, aufrauen **II.** *vr:* **~se 1.** (*desemejarse*) auseinander driften; **nuestras opiniones se van desigualando cada vez más** unsere Meinungen weichen immer mehr voneinander ab **2.** (*sobresalir*) herausragen, die Nase vorn haben *fam*

desigualdad [desiɣwal'da^{ð}] *f* **1.** (*diferencia*) Verschiedenheit *f,* Ungleichheit *f;* (*en el trato*) Ungerechtigkeit *f;* ~ **social** soziale Ungleichheit **2.** (*irregularidad*) Unebenheit *f* **3.** (*del carácter*) Unausgeglichenheit *f,* Wankelmut *m;* (*t. del tiempo*) Wechselhaftigkeit *f*

desilusión [desilu'sjon] *f* **1.** (*desengaño*) Enttäuschung *f;* **sufrir una** ~ enttäuscht werden **2.** (*desencanto*) Ernüchterung *f;* **caer en la** ~ in Hoffnungslosigkeit verfallen

desilusionante [desilusjo'nante] *adj* **1.** (*que desengaña*) enttäuschend **2.** (*que desencanta*) ernüchternd, desillusionierend

desilusionar [desilusjo'nar] **I.** *vt* **1.** (*quitar la ilusión*) ernüchtern, die Illusionen rauben (*a* +*dat*); **la vida me ha desilusionado mucho** das Leben hat mir all meine Illusionen geraubt **2.** (*desengañar*) enttäuschen **II.** *vr:* ~**se 1.** (*perder la ilusión*) seine Illusionen verlieren; **ya se ~á y cambiará de opinión** er/sie wird schon noch die Wahrheit erkennen und seine/ihre Meinung ändern **2.** (*sufrir un desengaño*) eine Enttäuschung erleiden; **como te diga la verdad te vas a** ~ wenn ich dir die Wahrheit sage, wirst du enttäuscht sein

desimanación [desimana'θjon] *f v.* **desimantación**

desimanar [desiman'tar] *vt v.* **desimantar**

desimantación [desimanta'θjon] *f* Entmagnetisierung *f*

desimantar [desiman'tar] **I.** *vt* entmagnetisieren **II.** *vr:* ~**se** seine Anziehungskraft verlieren

desincentivación [desinθentiβa'θjon] *f sin pl* (*anulación de incentivos*) Streichung *f* von Anreizen; (*desanimación*) Entmutigung *f*

desincentivar [desinθenti'βar] *vt* entmutigen

desincronización [desiŋkroniθa'θjon] *f sin pl* **1.** (*falta de sincronía*) Verlust *m* der Synchronität; (*máquina*) Nichtsynchronlauf *m* **2.** (MED) Desynchronisation *f*

desincronizar [desiŋkroni'θar] <z→c> **I.** *vt* die Synchronisation aufheben (+*gen*), desynchronisieren; **desincronizó los relojes** er/sie stellte die Uhren auf verschiedene Zeiten **II.** *vr:* ~**se** zeitlich nicht aufeinander abgestimmt sein

desincrustante [desiŋkrus'tante] **I.** *adj* (*que descalcifica*) Kalk lösend; (*que limpia calderas*) Kesselstein lösend **II.** *m* (*para descalcificar*) Kalkreiniger *m;* (*para calderas*) Kesselsteinlösemittel *nt,* Kesselsteinentferner *m;* (*para el tártaro de cerveza*) Biersteinentfernungsmittel *nt*

desincrustar [desiŋkrus'tar] *vt* von Ablagerungen befreien; (*descalcificar*) entkalken, von Kalk befreien; (*una caldera*) von Kesselstein befreien; **un aparato para** ~ **calderas** eine Maschine zum Ausklopfen [*o* zur Entfernung] von Kesselstein

desindexación [desindeʸsa'θjon] *f sin pl* (INFOR) Indexauflösung *f*

desindexar [desindeʸ'sar] *vt* (INFOR) den Index aufheben

desindustrialización [desindustrjaliθa'θjon] *f* Entindustrialisierung *f*

desindustrializar [desindustrjali'θar] <z→c> *vt* entindustrialisieren

desinencia [desi'nenθja] *f* (LING) Endung *f;* ~ **nominal** Substantivendung *f*

desinencial [desinen'θjal] *adj* (LING) Endungs-

desinfartar [desiɱfar'tar] **I.** *vt* (MED) dem Infarkt (eines Organs) entgegenwirken **II.** *vr:* ~**se** (MED) sich von einem Infarkt erholen

desinfección [desiɱfeʸ'θjon] *f* Desinfizierung *f,* Desinfektion *f*

desinfectante [desiɱfek'tante] **I.** *adj* desinfizierend, Desinfektions-; **líquido** ~ Desinfektionsmittel *nt,* Desinfiziens *nt* **II.** *m* Desinfektionsmittel *nt,* Desinfiziens *nt*

desinfectar [desiɱfek'tar] *vt* desinfizieren

desinflación [desiɱfla'θjon] *f* (ECON) Deflation *f*

desinflado, **-a** [desiɱ'flaðo, -a] *adj* (*rueda*) platt

desinflamación [desiɱflama'θjon] *f sin pl* (MED) Abklingen *nt* einer Entzündung

desinflamar [deiɱfla'mar] **I.** *vt* (MED) eine Entzündung abklingen lassen (+*gen*) **II.** *vr:* ~**se** (MED): **la herida se desinflamó muy lentamente** die Entzündung der Wunde klang nur langsam ab

desinflar [desiɱ'flar] **I.** *vt* **1.** (*sacar el aire*) die Luft herauslassen [*o* ablassen] (aus +*dat*) **2.** (*disminuir*) vermindern, verringern **3.** (*desanimar*) entmutigen **4.** (*hacer perder la pretensión*) von seinem hohen Ross herunterholen; ~ **a alguien** jdm einen Dämpfer aufsetzen *fam* **II.** *vr:* ~**se 1.** (*perder aire*) die Luft verlieren; **se me ha desinflado la rueda de atrás de la bici** mein hinterer Fahrradreifen ist platt **2.** (*disminuir*) abnehmen, zurückgehen; (*inflamación*) abschwellen; **el rumor se está desinflando** das Gerücht verliert langsam an Boden **3.** (*desanimarse*) den Mut [*o* die Lust] verlieren, aufgeben; **me desinflé al enterarme que había 50 solicitantes para cada plaza** ich verlor die Hoffnung, als ich hörte, dass auf jeden Platz 50 Bewerber kamen **4.** (*perder la presunción*) von seinem hohen Ross herunterkommen

desinformación [desiɱforma'θjon] *f* Desinformation *f*

desinformar [desiɱfor'mar] *vt* falsch informieren

desinformativo, **-a** [desiɱforma'tiβo, -a] *adj* irreführend

desinhibición [desiniβi'θjon] *f* Enthemmung *f*

desinhibido, **-a** [desini'βiðo, -a] *adj* **1.** (*persona*) ungehemmt, natürlich **2.** (*órgano*) funktionsfähig

desinhibir [desini'βir] **I.** *vt* **1.** (*a una persona*) enthemmen **2.** (*un órgano*) von einer Blockierung befreien **II.** *vr:* ~**se 1.** (*un órgano*) seine Funktion wieder aufnehmen; (MED) spontan reagieren **2.** (*persona*) seine Hemmungen verlieren, sich ungezwungen [*o* natürlich] verhalten

desinsectación [desinsekta'θjon] *f sin pl* Insektenvernichtung *f*

desinsectador(a) [desinsekta'ðor(a)] *adj* Insektenvernichtungs-; **producto** ~ Insektenvernichtungsmittel *nt*, Insektizid *nt*

desinsectar [desinsek'tar] *vt* von Insekten befreien; ~ **un campo** die Insekten in einem Feld vernichten, ein Feld mit Insektenvernichtungsmitteln besprühen

desinserción [desinser'θjon] *f* (SOCIOL) (soziale) Ausgrenzung *f*

desinsertar [desinser'tar] **I.** *vt* (SOCIOL) (sozial) ausgrenzen **II.** *vr:* ~**se** (SOCIOL) (sozial) ausgegrenzt werden

desintegración [desin̩teɣra'θjon] *f* Auflösung *f*, Desintegration *f*; (*de un territorio*) Teilung *f*; (*de una ruina*) Zerfall *m*; (*de un grupo*) Trennung *f*; (*de una institución*) Auflösung *f*; (*debido al clima*) Verwitterung *f*; (FÍS) Spaltung *f*; (QUÍM) Zersetzung *f*, Auflösung *f*; ~ **nuclear** Kernspaltung *f*

desintegrar [desin̩te'ɣrar] **I.** *vt* (in seine Bestandteile) auflösen, desintegrieren; (*una piedra*) zerbröckeln; (*un grupo*) auflösen; (*un país*) teilen; (FÍS) spalten; (QUÍM) zersetzen; (*por radiación*) zerstrahlen; ~ **un Estado** einen Staat teilen, ein Gebiet aus einem Staat ausgliedern **II.** *vr:* ~**se** zerfallen; (*un edificio*) einstürzen; (*un muro*) zerbröckeln; (*grupo*) sich auflösen; (FÍS) sich spalten; (QUÍM) sich auflösen; **el partido se desintegró a causa de la discusión sobre el nuevo programa** die Partei spaltete sich infolge [*o* zerbrach an] der Diskussion über das Programm

desinterés [desin̩te'res] *m* **1.** (*indiferencia*) Gleichgültigkeit *f*, Desinteresse *nt* (*por* an +*dat*) *elev*; **sentir** ~ **por algo** an etw *dat* kein Interesse haben **2.** (*altruismo*) Uneigennützigkeit *m*, Selbstlosigkeit *f*; (*generosidad*) Freigebigkeit *f*; **hacer algo con** ~ etw ohne Eigennutz tun

desinteresado, **-a** [desin̩tere'saðo, -a] *adj* **1.** (*indiferente*) gleichgültig, unbeteiligt, desinteressiert *elev*; (*en un conflicto*) unvoreingenommen, unparteiisch **2.** (*altruista*) uneigennützig, selbstlos; (*generoso*) freigebig

desinteresar [desin̩tere'sar] **I.** *vt* nicht interessieren **II.** *vr:* ~**se 1.** (*no tener interés*) kein Interesse haben (*de* an +*dat*); (*inhibirse*) sich heraushalten (*de* aus +*dat*), sich nicht einmischen (*de* in +*akk*); **se desinteresa de tus problemas** deine Probleme sind ihm/ihr egal **2.** (*perder el interés*) das Interesse verlieren (*de* an +*dat*)

desintoxicación [desin̩toˠsika'θjon] *f* Entgiftung *f*; (*de una droga*) (Drogen)entzug *m*, Entziehung *f*; **someterse a un proceso de** ~ sich einer Entziehungskur unterziehen

desintoxicar [desin̩toˠsi'kar] <c→qu> **I.** *vt* entgiften; (*de una droga*) von einer Sucht heilen **II.** *vr:* ~**se** seinen Körper entgiften; (*de una droga*) sich einer Entziehung [*o* einem (Drogen)entzug] unterziehen

desinversión [desimber'sjon] *f* (ECON) Desinvestition *f*, Anlageschwund *m*; ~ **en acciones** Aktienverkauf *m*

desionización [desioniθa'θjon] *f* (FÍS) Entionisierung *f*

desistimiento [desisti'mjen̩to] *m* (*abandono*, *t.* JUR) Verzicht *m* (*de* auf +*akk*); ~ **de un contrato** (JUR) Rücktritt vom Vertrag; ~ **de la demanda** (JUR) (ausdrückliche) Klagerücknahme

desistir [desis'tir] *vi* **1.** (*de un proyecto*) aufgeben (*de* +*akk*), ablassen (*de* von +*dat*); ~ **de un plan** von einem Plan Abstand nehmen; **no ~é de convencerte** ich werde weiterhin versuchen dich zu überzeugen; **no hay manera de hacerle** ~ **de su propósito** er/sie ist durch nichts von seinem/ihrem Vorhaben abzubringen; **tuvimos que** ~ **poco antes de llegar a la meta** wir mussten kurz vor dem Ziel aufgeben **2.** (*de un derecho*) verzichten (*de* auf +*akk*); ~ **de un cargo** von einem Amt zurücktreten; ~ **de un contrato** von einem Vertrag zurücktreten; ~ **de la demanda/de la petición** die Klage/den Antrag zurücknehmen; **Eduardo III desistió de su derecho al trono** Edward III. verzichtete auf den Thron

desjuntar [desxun̩'tar] **I.** *vt* trennen; (*romper*) zerbrechen; (*dividir*) (zer)teilen; (*papel*) zerreißen **II.** *vr:* ~**se** auseinander gehen, sich voneinander lösen; (*romperse*) auseinander brechen

deslastrar [deslas'trar] *vt* von Ballast befreien; ~ **un avión/un globo** Ballast aus einem Flugzeug/Ballon abwerfen; ~ **un barco** Ballast über Bord werfen

deslavar [desla'βar] *vt* **1.** (*lavar mal*) nicht gründlich waschen **2.** (*debilitar*) schwächen, strapazieren; (GEO) auswaschen, ausschwemmen; ~ **una prenda** (*lavándola*) ein Kleidungsstück verwaschen; (*exponiéndola al sol*) ein Kleidungsstück ausbleichen

deslavazado, **-a** [deslaβa'θaðo, -a] *adj* **1.** (*lacio*) formlos, schlaff; **este traje te queda** ~ dieser Anzug sitzt nicht **2.** (*incoherente*) zusammenhanglos, wirr; **un discurso** ~ eine konfuse [*o* zusammenhanglose] Rede **3.** (*insulso*) fade

deslavazar [deslaβa'θar] <z→c> *vt* wässern; ~ **las lentejas** die Linsen wässern

deslazar [desla'θar] <z→c> *vt* losbinden

desleal [desle'al] *adj* (*infiel*) untreu, treulos; (*traidor*) verräterisch; (*injusto*) unfair, unredlich; (POL) illoyal; **competencia** ~ unlauterer Wettbewerb; **publicidad** ~ irreführende Werbung; **ser** ~ **a su patria** sein Land verraten; **fue** ~ **con** [*o* **a**] **su partido** er/sie verhielt sich seiner/ihrer Partei gegenüber illoyal; **has sido** ~ **a tu familia** du hast das Vertrauen deiner Familie missbraucht; **ten cuidado con lo que le cuentes, es una persona muy** ~ achte darauf, was du ihm/ihr erzählst, denn man kann ihm/ihr nicht vertrauen; **has sido muy** ~ **con** [*o* **a**] **tus amigos al chivarte al**

director als du deine Freunde beim Direktor verpetzt hast, hast du dich ihnen gegenüber sehr unfair benommen

deslealtad [desleal̯'taᵈ] *f* (*infidelidad*) Untreue *f*, Treulosigkeit *f;* (*injusticia*) unfaires Verhalten *nt,* Unredlichkeit *f;* (*de la competencia*) Unlauterkeit *f;* (POL) Illoyalität *f* (*con* gegenüber +*dat*)

deslegalizar [desleɣali'θar] <z→c> *vt* (JUR) verbieten, die gesetzliche Grundlage entziehen +*dat;* ~ **el aborto** das Gesetz über die Zulässigkeit des Schwangerschaftsabbruches abschaffen

deslegitimar [deslexiti'mar] *vt* die Legitimation entziehen +*dat*

desleimiento [deslei̯'mjen̪to] *m* Auflösung *f*

desleír [desle'ir] *irr como reír* **I.** *vt* **1.** (*disolver*) (auf)lösen, zergehen lassen; ~ **el cacao en la leche** den Kakao mit der Milch verrühren; ~ **la pastilla en agua** die Tablette in Wasser (auf)lösen **2.** (*una idea*) breittreten, auswalzen; **el traductor ha desleído algunos párrafos** der Übersetzer hat einige Absätze zu umständlich wiedergegeben **II.** *vr:* ~**se** sich (auf)lösen, zergehen; **esta sustancia no se deslíe en agua** diese Substanz ist nicht wasserlöslich

deslendrar [deslen̪'drar] <e→ie> *vt* von Nissen befreien

deslenguado, **-a** [desleŋ'gwaðo, -a] **I.** *adj* **1.** (*chismoso*) klatschhaft; **ser** ~ eine böse Zunge haben; **¡no seas ~!** hör auf zu lästern! **2.** (*desvergonzado*) vulgär, ordinär; **ser** ~ ein schmutziges Mundwerk haben **II.** *m, f* **1.** (*chismoso*) Lästerer, -in *m, f;* (*pey*) Lästerzunge *f*, Lästermaul *nt* **2.** (*desvergonzado*): **ser un** ~ ein schmutziges Mundwerk haben, eine ordinäre Ausdrucksweise haben

deslenguarse [desleŋ'gwarse] <gu→gü> *vr* (*fam*) **1.** (*desvergonzarse*) ausfallend werden, fluchen, schimpfen; ~ **contra alguien** jdn beschimpfen **2.** (*chismorrear*) lästern (*contra* über +*akk*)

desliar [desli'ar] <*1. pres:* deslío> **I.** *vt* **1.** (*un paquete*) auspacken; (*un lío*) öffnen, aufmachen **2.** (*vino*) abklären, vom Bodensatz befreien **II.** *vr:* ~**se** aufgehen, sich lösen

desligado, **-a** [desli'ɣaðo, -a] *adj* **1.** (*nudo*) offen; (*enredo*) entwirrt **2.** (*separado*) getrennt; (TÉC) unterbrochen, abgeschaltet **3.** (*persona*) frei (von Fesseln)

desligadura [desliɣa'ðura] *f* **1.** (*de una persona*) Losbinden *nt;* (*de un nudo*) Aufmachen *nt,* Lösen *nt;* (*de un enredo*) Entwirrung *f* **2.** (*separación*) Trennung *f;* (TÉC) Unterbrechung *f* **3.** (*de un asunto*) (Auf)klärung *f*

desligar [desli'ɣar] <g→gu> **I.** *vt* **1.** (*un nudo*) lösen, aufmachen; (*un enredo*) entwirren; (*una persona*) losbinden **2.** (*un asunto*) (auf)klären; **tenemos que** ~ **este caso** wir müssen Licht in diesen Fall bringen **3.** (*separar*) trennen; (TÉC) abschalten, unterbrechen; **tienes que** ~ **tus intereses particulares de los de la empresa** du musst persönliche und Firmeninteressen auseinander halten **4.** (*de un compromiso*) befreien (*de* von +*dat*), entbinden (*de* von +*dat*); ~ **a alguien de una promesa** jdn von einem Versprechen entbinden **5.** (MÚS) staccato spielen **II.** *vr:* ~**se 1.** (*un nudo*) aufgehen, sich lösen; (*persona*) sich losmachen; (*un enredo*) sich auflösen **2.** (TÉC) abbrechen, unterbrochen werden **3.** (*un asunto*) sich (von selbst) aufklären **4.** (*liberarse*) sich befreien (*de* von +*dat*), sich entziehen (*de* +*gen*); ~**se de un compromiso** sich einer Verpflichtung entziehen; **no poder ~se de algo** um etw nicht herumkommen

deslindar [deslin̪'dar] *vt* **1.** (*un lugar*) abgrenzen, abstecken; ~ **una finca** die Grundstücksgrenze festsetzen; ~ **dos provincias** die Grenze zwischen zwei Provinzen festlegen **2.** (*determinar*) (klar) umreißen [*o* definieren]; ~ **dos temas** zwei Themen voneinander abgrenzen

deslinde [des'lin̪de] *m* **1.** (*delimitación*) Abgrenzung *f;* **el** ~ **de las ideas principales de su conferencia es difícil** es ist schwierig, die Hauptgedanken seines Vortrags voneinander abzugrenzen **2.** (JUR) Abmarkung *f*

desliz [des'liθ] *m* **1.** (*error*) Ausrutscher *m,* Fauxpas *m;* (*indiscreción*) Entgleisung *f* **2.** (*argot: relación fuera del matrimonio*) Seitensprung *m*

deslizable [desli'θaβle] *adj* gleitfähig

deslizamiento [desliθa'mjen̪to] *m* (Aus)rutschen *nt,* (Aus)gleiten *nt;* ~ **de tierra** Erdrutsch *m*

deslizante [desli'θan̪te] **I.** *adj* **1.** (*que hace deslizar*) rutschig, schlüpfrig, glatt **2.** (*que se desliza*) gleitend, Gleit- **II.** *m* Gleitmittel *nt*

deslizar [desli'θar] <z→c> **I.** *vt* **1.** (*pasar*) gleiten lassen; ~ **la mano sobre algo** mit der Hand über etw streichen; ~ **un sobre por debajo de una puerta** einen Umschlag unter einer Tür durchschieben **2.** (*incluir con disimulo*) hineingleiten lassen; (*en una conversación*) einfließen lassen; **deslizó algunas alusiones en su discurso** er/sie ließ einige Anspielungen in seine/ihre Rede einfließen; **desliza el sobre en el bolsillo de mi chaqueta** lass den Umschlag unauffällig in meine Jackentasche gleiten [*o* in meiner Jackentasche verschwinden] **II.** *vi* (dahin)gleiten (*sobre/por* über +*akk*) **III.** *vr:* ~**se 1.** (*resbalarse*) (aus)gleiten; ~**se por un tobogán** eine Rutschbahn hinunterrutschen; **me deslicé por el suelo mojado** ich rutschte auf dem nassen Boden aus; **la barca se deslizaba sobre el mar** das Boot glitt über das Meer; **las lágrimas se deslizaban por sus mejillas** die Tränen liefen ihm/ihr die Wangen hinunter; **con la tormenta se han deslizado algunas tejas** durch das Gewitter haben sich einige Ziegel gelöst; **el coche se deslizó en la curva** das Auto geriet in der Kurve ins Schleudern **2.** (*escaparse*) (unbemerkt) verschwinden, sich davonschleichen; **el ladrón se deslizó entre los clientes** der Dieb mischte sich unter die Kunden **3.** (*el tiempo*) verstreichen; **la noche se deslizó sin problemas** die Nacht verlief problemlos **4.** (*cometer un error*) einen Ausrutscher [*o* Fauxpas] begehen, sich *dat* einen Fehltritt leisten; (*una indiscreción*) entgleisen

deslomadura [desloma'ðura] *f* **1.** (*agobio*) Strapaze *f* **2.** (*daño de la espalda*) Kreuzlahmheit *f*

deslomar [deslo'mar] **I.** *vt* **1.** (*dañar la espalda*) kreuzlahm schlagen; ~ **a alguien** jdm das Kreuz brechen **2.** (*agotar*) zermürben, strapazieren, fertig machen *fam;* **este trabajo me desloma** diese Arbeit setzt mir sehr zu **II.** *vr:* ~**se 1.** (*dañarse la espalda*) kreuzlahm werden; **se ha deslomado trabajando en las minas** er hat sich *dat* durch die Arbeit im Bergwerk den Rücken kaputtgemacht [*o* ruiniert] **2.** (*trabajar mucho*) sich abrackern

deslucido, **-a** [deslu'θiðo, -a] *adj* **1.** (*sin lustre*) abgenutzt; (*ropa*) abgetragen, schäbig; (*sin brillo*) glanzlos, stumpf; (*color*) verblichen, verblasst **2.** (*actuación*) nichts sagend, farblos, mittelmäßig **3.** (*sin gracia*) unscheinbar, reizlos; (*sin gusto*) ohne Geschmack

deslucimiento [desluθi'mjen̩to] *m* **1.** (*de un metal*) Glanzlosigkeit *f*, Mattheit *f;* (*de un color*) Blässe *f;* (*de una prenda*) Schäbigkeit *f* **2.** (*de una actuación*) Mittelmäßigkeit *f*, Reizlosigkeit *f;* **la lluvia fue la causa del ~ del desfile** der Regen nahm der Parade ihren Glanz, der Regen ruinierte die Parade **3.** (*de una persona*) Unscheinbarkeit *f*, Reizlosigkeit *f*

deslucir [deslu'θir] *irr como lucir* **I.** *vt* **1.** (*estropear*) verderben, ruinieren; **esta corbata desluce el traje** diese Krawatte nimmt dem Anzug seinen Reiz; **la lluvia deslució la procesión** wegen des Regens fiel die Prozession ins Wasser; **con tu comportamiento has deslucido la reputación de nuestra familia** mit deinem Verhalten hast du das Ansehen der Familie ruiniert **2.** (*quitar el lustre*) abnutzen; (*una prenda*) abtragen; (*un tejido*) verschleißen, abwetzen; (*colores*) ausbleichen; (*metal*) stumpf [*o* glanzlos] werden lassen **3.** (*desacreditar*) in Verruf bringen **II.** *vr:* ~**se 1.** (*perder el lustre*) sich abnutzen; (*perder el brillo*) stumpf werden, glanzlos werden; (*colores*) verblassen, ausbleichen; (*metal*) anlaufen **2.** (*desacreditarse*) in Verruf geraten, seinen guten Ruf verlieren

deslumbrador(a) [deslumbra'ðor(a)] *adj* **1.** (*cegador*) blendend; (*sol*) grell; **cristal ~** blendungsarmes Glas **2.** (*impresionante*) beeindruckend, fantastisch, überwältigend; (*mujer*) hinreißend, atemberaubend **3.** (*que intenta engañar*) trügerisch

deslumbramiento [deslumbra'mjen̩to] *m* **1.** (*ofuscamiento*) Blendung *f;* **producir ~ a alguien** jdn blenden **2.** (*pasmo*): **no puedes imaginarte mi ~** du kannst dir gar nicht vorstellen, wie hingerissen [*o* überwältigt] ich war **3.** (*engaño*) Täuschung *f*

deslumbrante [deslum'bran̩te] *adj v.* **deslumbrador(a)**

deslumbrar [deslum'brar] **I.** *vt* blenden; **no puedes ~me con tu riqueza** ich lasse mich von deinem Reichtum nicht blenden [*o* täuschen]; **quedé deslumbrado por su belleza** ich war von seiner/ihrer Schönheit geblendet [*o* überwältigt]; **cierra las persianas para que no nos deslumbre tanto el sol** lass die Jalousien herunter, damit uns die Sonne nicht so blendet **II.** *vr:* ~**se 1.** (*con la luz*) geblendet werden **2.** (*pasmarse*) hingerissen sein, überwältigt sein **3.** (*dejarse engañar*) geblendet sein, sich täuschen lassen; **me deslumbré con sus promesas** ich fiel auf seine/ihre Versprechungen herein, ich ließ mich durch seine/ihre Versprechungen blenden

deslustrado, **-a** [deslus'traðo, -a] *adj* **1.** (*sin brillo*) matt, stumpf, glanzlos; (*cristal*) mattiert **2.** (*estropeado*) ruiniert; (*ropa*) abgetragen, schäbig; (*colores*) verblasst; (*tela*) abgewetzt, verschlissen; **la empresa tiene que mejorar su deslustrada imagen** die Firma muss ihr angekratztes Image verbessern

deslustrar [deslus'trar] **I.** *vt* **1.** (*quitar el brillo*) den Glanz nehmen *+dat;* (*seda*) dekatieren; **este detergente para los platos ha deslustrado los cubiertos** dieses Spülmittel hat dem Besteck jeden Glanz genommen **2.** (*gastar*) abnutzen; (*una prenda*) abtragen; (*un tejido*) verschleißen, abwetzen; (*colores*) ausbleichen **3.** (*estropear*) ruinieren **4.** (*un vidrio*) mattieren **5.** (*desacreditar*) in Verruf bringen; ~ **a alguien** jds guten Ruf schädigen **II.** *vr:* ~**se 1.** (*perder el brillo*) stumpf [*o* glanzlos] werden, den Glanz verlieren; (*metal*) anlaufen, sich verfärben **2.** (*gastarse*) sich abnutzen, verschleißen; (*colores*) verblassen

desmadejado, **-a** [desmaðe'xaðo, -a] *adj* kraftlos, schwach, schlapp *fam*

desmadejamiento [desmaðexa'mjen̩to] *m* Schwäche *f*, Kraftlosigkeit *f;* **el trabajo en el campo le produce fuerte ~** die Arbeit auf dem Feld zehrt sehr an seinen/ihren Kräften [*o* ist sehr Kraft raubend]

desmadejar [desmaðe'xar] **I.** *vt* schwächen; **su enfermedad la ha desmadejado mucho** ihre Krankheit hat ihr viel Kraft geraubt [*o* hat sehr an ihren Kräften gezehrt] **II.** *vr:* ~**se** zusammenbrechen, einen Schwächeanfall erleiden

desmadrado, **-a** [desma'ðraðo, -a] *adj* **1.** (*animal*) (von der Mutter) verstoßen **2.** (*desenfrenado*) hemmungslos, unkontrolliert **3.** (*río*) über die Ufer getreten

desmadrar [desma'ðrar] **I.** *vt* (*animal*) von der Mutter trennen **II.** *vr:* ~**se 1.** (*desenfrenarse*) aus der Rolle fallen, sich ungehörig benehmen, ausflippen *fam;* **¡no te desmadres!**

jetzt krieg dich bitte wieder ein! *fam;* **cuando bebe demasiado, se desmadra** wenn er/sie zuviel getrunken hat, schlägt er/sie über die Stränge; **se desmadró en insultos hacia el árbitro** er/sie verlor die Fassung und beschimpfte den Schiedsrichter **2.** (*un río*) über die Ufer treten

desmadre [des'maðre] *m* **1.** (*comportamiento*) ungehöriges Benehmen *nt;* **la policía acabó con el ~ entre los fans** die Polizei wies die Fans in ihre Schranken **2.** (*caos*) Chaos *nt,* Durcheinander *nt* **3.** (*juerga*) ausschweifendes Fest *nt,* wilde Party *f;* **sus fiestas acaban siendo un ~** seine/ihre Feste arten immer aus

desmagnetización [desmaɣnetiθa'θjon] *f sin pl* Entmagnetisierung *f*

desmagnetizador [desmaɣnetiθa'ðor] *m* (INFOR) Entmagnetisierer *m*

desmagnetizar [desmaɣneti'θar] <z→c> *vt* entmagnetisieren

desmalezar [desmale'θar] <z→c> *vt* (*Am*) von Unkraut und Gestrüpp befreien

desmamar [desma'mar] *vt* (*a un niño*) abstillen, entwöhnen; (*a un animal*) absetzen

desmamonar [desmamo'nar] *vt* (AGR) ausgeizen

desmán [des'man] *m* **1.** (*salvajada*) Ausschreitung *f,* Gewalttat *f* (*con* gegen +*akk*), Übergriff (*con* auf +*akk*); **cometer desmanes contra alguien** sich gegen jdn vergehen; **la ONU criticó los desmanes cometidos por los soldados** die UNO kritisierte das gewaltsame Vorgehen der Soldaten **2.** (*exceso*) Ausschweifung *f,* Unmäßigkeit *f,* Exzess *m;* **perdió su puesto de trabajo debido a sus desmanes con la bebida** er/sie verlor seine/ihre Arbeit, weil er/sie unmäßig viel trank **3.** (*desgracia*) Unglück *nt;* **ha sufrido muchos desmanes** ihm/ihr ist viel Leid widerfahren **4.** (ZOOL) Desman *m,* Bisamrüssler *m*

desmandado, -a [desman̪'daðo, -a] *adj* **1.** (*rebelde*) ungehorsam, aufsässig, rebellisch; (*caballo*) scheu, störrisch **2.** (*violento*) gewaltsam, brutal **3.** (*desmadrado*) hemmungslos, unkontrolliert

desmandarse [desman̪'darse] *vr* **1.** (*rebelarse*) rebellieren, sich widersetzen; (*un caballo*) durchgehen, scheuen **2.** (*insolentarse*) aus der Rolle fallen, sich ungehörig benehmen; (*insultar*) ausfallend werden, unverschämt werden; (*cometer actos violentos*) gewalttätig werden, ausrasten *fam* **3.** (*apartarse*) sich trennen (*de* von +*dat*); **~ del rebaño** aus einer Herde ausbrechen, von der Herde abkommen

desmano [des'mano]: **a ~** (*fuera del alcance*) außer Reichweite; (*remoto*) abgelegen; **no puedo darte el libro porque lo tengo a ~** ich kann dir das Buch nicht geben, weil ich es gerade nicht zur Hand habe; **aunque su casa me pilla muy a ~, siempre voy a buscarla para ir al trabajo** obwohl ihr Haus nicht gerade auf meinem Weg liegt, hole ich sie immer auf dem Weg zur Arbeit ab

desmanotado, -a [desmano'taðo, -a] **I.** *adj* ungeschickt, linkisch; **ser ~** zwei linke Hände haben, ein Tölpel sein **II.** *m, f* Tölpel *m,* Nichtsnutz *m;* **este pintor es un ~** dieser Maler ist ein Stümper

desmantecar [desman̪te'kar] <c→qu> *vt* entsahnen, entfetten; (*leche*) ausbuttern; (*cacao*) entölen

desmantelamiento [desman̪tela'mjen̪to] *m* **1.** (*destrucción*) Zerstörung *f,* Vernichtung *f;* (*de muros*) Abriss *m* **2.** (*desarme*) Zerlegung *f;* (*de una construcción*) Abbau *m;* **~ arancelario** (*fig*) Zollabbau *m* **3.** (*de una casa*) Räumung *f;* (*de una fábrica*) Demontage *f;* (*de una vivienda*) Auflösung *f;* **~ de una tienda** Geschäftsauflösung *f* **4.** (NÁUT: *quitar el árbol*) Abtakeln *nt;* (*desguace*) Abwracken *nt*

desmantelar [desman̪te'lar] *vt* **1.** (*derribar*) niederreißen, zerstören; **~ un edificio** ein Gebäude abreißen; **~ una fortificación** eine Festung schleifen [*o* niederreißen] **2.** (*desmontar*) zerlegen, auseinander bauen, demontieren; (*planta*) stilllegen; **~ una bomba** eine Bombe entschärfen; **~ el escenario** die Bühne abbauen **3.** (*desguarnecer*) räumen; **~ una fábrica** eine Fabrik demontieren; **~ una vivienda** eine Wohnung [*o* einen Haushalt] auflösen; **tuvieron que ~ la casa** sie mussten das Haus vollständig räumen; **desmanteló la tienda y lo vendió todo** er/sie räumte den Laden aus und verkaufte alles **4.** (NÁUT: *desarbolar*) abtakeln; (*desguarnecer*) abwracken, ausschlachten

desmañado, -a [desma'ɲaðo, -a] **I.** *adj* ungeschickt, linkisch; **es muy ~ para trabajos manuales** er hat kein Talent für handwerkliche Arbeiten **II.** *m, f* (*torpe*) Tölpel *m,* Nichtsnutz *m;* (*chapucero*) Stümper *m;* **ser un ~** zwei linke Hände haben

desmaquillador[1] [desmakiʎa'ðor] *m* Abschminkcreme *f;* **~ para los ojos** Augen-Make-up-Entferner *m*

desmaquillador(a)[2] [desmakiʎa'ðor(a)] *adj* Abschmink-; **leche ~a** Reinigungsmilch *f*

desmaquillante [desmaki'ʎan̪te] *adj:* **loción ~** Make-up-Entferner *m*

desmaquillar [desmaki'ʎar] *vt, vr:* **~se** (sich) abschminken

desmarañar [desmara'ɲar] *vt* entwirren

desmarcado, -a [desmar'kaðo, -a] *adj* (DEP) ungedeckt, frei

desmarcar [desmar'kar] <c→qu> **I.** *vt* von Markierungen befreien **II.** *vr:* **~se 1.** (DEP) sich freilaufen **2.** (*escaparse*) sich absetzen; **esperó el momento ideal para ~se del grupo** er/sie wartete auf den besten Zeitpunkt um sich von der Gruppe abzusetzen **3.** (*no simpatizar*) sich distanzieren (*de* von +*dat*)

desmarojar [desmaro'xar] *vt* welke Blätter entfernen (von *dat*)

D

desmaterialización [desmaterjaliθa'θjon] *f sin pl* **1.** (FÍS) Zerstrahlung *f,* Annihilation *f* **2.** (*fenómeno paranormal*) Dematerialisierung *f*

desmayado, -a [desma'ɟaðo, -a] *adj* **1.** (*sin conocimiento*) ohnmächtig, bewusstlos **2.** (*sin fuerza*) schwach, kraftlos **3.** (*color*) blass, unscheinbar

desmayar [desma'ɟar] **I.** *vt* **1.** (*desanimar*) entmutigen **2.** (*chocar*) bestürzen, niederschmettern **3.** (*debilitar*) schwächen; **el calor me desmaya** die Hitze macht mir schwer zu schaffen [*o* setzt mir sehr zu] **II.** *vi* aufgeben, den Mut verlieren, das Handtuch werfen *fam* **III.** *vr:* **~se 1.** (*desvanecerse*) in Ohnmacht fallen, ohnmächtig werden; **se desmayó en mis brazos** er/sie sank ohnmächtig in meine Arme **2.** (*fig: caer*) herabsinken, herunterhängen; **el árbol se desmaya sobre el río** die Äste des Baumes senken sich über den Fluss

desmayo [des'maɟo] *m* **1.** (*desvanecimiento*) Ohnmacht *f* **2.** (*desánimo*) Mutlosigkeit *f* **3.** (*debilidad*) Schwäche *f,* Kraftlosigkeit *f*

desmedido, -a [desme'ðiðo, -a] *adj* exzessiv, übermäßig, maßlos; **ambición desmedida** krankhafter [*o* maßloser] Ehrgeiz; **tener un apetito ~** übermäßig viel essen; **su afición desmedida por la bebida destrozó su matrimonio** sein/ihr krankhafter Hang zum Alkohol zerstörte seine/ihre Ehe

desmedirse [desme'ðirse] *irr como pedir vr* **1.** (*excederse*) das gesunde Maß überschreiten; **~ en la bebida** exzessiv trinken, unmäßig viel trinken, saufen *fam* **2.** (*insolentarse*) aus der Rolle fallen, sich ungehörig benehmen; (*insultar*) ausfallend werden, unverschämt werden

desmedrado, -a [desme'ðraðo, -a] *adj* **1.** (*mal desarrollado*) unterentwickelt; (*pequeño*) klein; (*parte del cuerpo, de una planta*) verkümmert; (*mentalmente atrasado*) zurückgeblieben **2.** (*estropeado*) beschädigt, kaputt **3.** (*sin fuerza*) schlaff; (*persona*) abgezehrt, verfallen, kraftlos **4.** (*flaco*) abgemagert, abgezehrt

desmedrar [desme'ðrar] **I.** *vt* beschädigen, ruinieren; **el sol ha desmedrado el cuadro** die Sonne hat dem Bild sehr geschadet **II.** *vi* **1.** (*estropearse*) kaputtgehen; (*monumento*) verfallen; **el negocio ha desmedrado mucho** mit dem Geschäft ist es steil bergab gegangen **2.** (*debilitarse*) abbauen, an Substanz verlieren; (*persona*) verfallen, schwächer werden; (*planta*) verkümmern; **con la infección ha desmedrado mucho** die Entzündung hat sehr an ihm/ihr gezehrt [*o* hat ihm/ihr sehr zugesetzt], durch die Entzündung hat sich ihr/sein (Gesundheits)zustand verschlechtert; **por falta de ejercicio sus músculos van desmedrando cada vez más** seine/ihre Muskeln verkümmern zusehends mangels Bewegung; **va desmedrando cada vez más** seine/ihre Kräfte schwinden zunehmend **3.** (*adelgazar*) abmagern **III.** *vr:* **~se 1.** (*adelgazarse*) abmagern **2.** (*debilitarse*) abbauen, an Substanz verlieren; (*persona*) verfallen; (*planta*) verkümmern; **en los últimos meses te has desmedrado mucho** in den letzten Monaten hat sich dein Zustand sehr verschlechtert; **si no comes vas a ~te completamente** wenn du nicht isst, hast du bald gar keine Kraft mehr; **el armario se ha desmedrado con el transporte** der Schrank hat unter dem Transport sehr gelitten

desmejora [desme'xora] *f* Verschlechterung *f*

desmejoramiento [desmexora'mjento] *m* **1.** (*acción de estropear*) Beschädigung *f;* (*efecto*) Schaden *m;* (*desgaste*) Verschleiß *m,* Abnutzung *f;* **sufrir un ~** Schaden nehmen; **el bosque ha sufrido un ~ considerable debido a la contaminación atmosférica** der Wald hat unter der Luftverschmutzung beträchtlich gelitten **2.** (*de un enfermo*) Verfall *m;* **su ~ me preocupa mucho** die Verschlechterung seines/ihres Gesundheitszustandes beunruhigt mich sehr

desmejorar [desmexo'rar] **I.** *vt* (*estropear*) beschädigen, kaputtmachen, ruinieren; (*gastar*) verschleißen, abnutzen; (*ropa*) abtragen **II.** *vi* schwächer werden, verfallen; **ha desmejorado mucho** sein/ihr (Gesundheits)zustand hat sich drastisch verschlechtert, er/sie hat stark abgebaut; **con la gripe has desmejorado mucho** die Grippe hat dir sehr zugesetzt [*o* hat sehr an deinen Kräften gezehrt] **III.** *vr:* **~se 1.** (*estropearse*) Schaden nehmen, kaputtgehen; (*gastarse*) verschleißen, sich abnutzen; (*tejido*) schäbig werden **2.** (*perder la salud*) abbauen, verfallen

desmelenado, -a [desmele'naðo, -a] *adj* **1.** (*despeinado*) zerzaust, ungekämmt **2.** (*desmadrado*) ungehobelt, unverschämt **3.** (*nervioso*) nervös, unruhig, zappelig *fam*

desmelenar [desmele'nar] **I.** *vt* (das Haar) zerzausen; **el viento me ha desmelenado** der Wind hat mir die Haare zerzaust [*o* meine Frisur durcheinander gebracht] **II.** *vr:* **~se 1.** (*el pelo*) sein Haar in Unordnung bringen; **subí la ventanilla del coche para no ~me** ich kurbelte das Autofenster hoch, damit meine Frisur [*o* mein Haar] nicht durcheinander geriet **2.** (*fig: desmadrarse*) aus der Rolle fallen; (*en la conducta*) sich ungehörig benehmen, über die Stränge schlagen *fam;* (*en el lenguaje*) ausfallend werden; (*enfurecerse*) die Fassung verlieren, in Rage geraten, ausrasten *fam* **3.** (*ponerse nervioso*) hektisch werden, rotieren *fam*

desmembración [desmembra'θjon] *f* (*división*) Teilung *f;* (*separación*) Zerlegung *f*

desmembrar [desmem'brar] <e→ie> **I.** *vt* **1.** (*desunir*) (zer)teilen; (*una institución*) spalten; (*un cuerpo*) zerstückeln, zerlegen; **la bomba le desmembró la mano** die Bombe zerfetzte ihm/ihr die Hand **2.** (*escindir*) abspalten (*de* von +*dat*), (ab)trennen (*de* von +*dat*) **II.** *vr:* **~se** **1.** (*desunirse*) sich spalten (*de* von +*dat*), sich auflösen **2.** (*escindirse*) sich abspalten, sich trennen (*de* von +*dat*)

desmemoriado, -a [desmemo'rjaðo, -a] **I.** *adj* **1.** (*olvidadizo*) vegesslich, zerstreut; **es muy ~** er hat ein Gedächtnis wie ein Sieb **2.** (*que ha perdido la memoria*) unter Gedächtnisschwund leidend **3.** (JUR) unzurechnungsfähig **II.** *m, f* **1.** (*descabezado*) vergesslicher Mensch *m*, Schussel *m fam* **2.** (*que ha perdido la memoria*) unter Gedächtnisschwund leidender Mensch *m* **3.** (JUR) unzurechnungsfähige Person *f*

desmemoriarse [desmemo'rjarse] *vr* **1.** (*no acordarse*) sich nicht erinnern können **2.** (*perder la memoria*) das Gedächtnis verlieren

desmentido [desmen̩'tiðo] *m* **1.** (*negación*) (Ab)leugnen *nt*, (Ab)leugnung *f*; (*de una noticia*) Dementi *nt* **2.** (*demostración de la falsedad*) Widerlegung *f*, Widerlegen *nt*

desmentir [desmen̩'tir] *irr como sentir* **I.** *vt* **1.** (*negar*) (ab)leugnen, abstreiten; (*una noticia*) dementieren; **~ a alguien** (*contradecir*) jdm widersprechen; (*decir que miente*) jdn als Lügner darstellen; **este artículo desmiente tu historia** dieser Artikel behauptet, deine Geschichte sei nicht wahr; **el ministro desmintió la noticia sobre su dimisión** der Minister dementierte die Meldung über seinen Rücktritt **2.** (*demostrar que es falso*) widerlegen; **~ una sospecha** einen Verdacht zerstreuen; **las pruebas desmienten tus palabras** die Beweise strafen deine Worte Lügen; **el abogado logró ~ los indicios** es gelang dem Anwalt, die Indizien zu entkräften **3.** (*disimular*) überspielen, verbergen; **intenta ~ su miedo** er/sie versucht sich *dat* seine/ihre Angst nicht anmerken zu lassen **4.** (*desdecir*) im Widerspruch stehen (zu +*dat*), widersprechen +*dat*; **con su comportamiento desmiente a su familia** man sollte nicht meinen, dass er/sie aus dieser Familie stammt; **este vino desmiente su marca** dieser Wein ist schlechter, als es die Marke vermuten lässt **II.** *vi* sich neigen, abweichen

desmenuzable [desmenu'θaβle] *adj* brüchig, mürbe

desmenuzar [desmenu'θar] <z→c> **I.** *vt* **1.** (*deshacer*) zerkleinern; (*con un cuchillo*) zerstückeln; (*con los dedos*) zerbröckeln; (*raspar*) reiben; (*molir*) zermahlen, zerreiben; (*papel*) zerpflücken, zerreißen; (*pan*) zerkrümeln **2.** (*analizar*) auseinander nehmen, zerpflücken, unter die Lupe nehmen **II.** *vr:* **~se** (zer)bröckeln, (ab)bröckeln

desmeollar [desmeo'ʎar] *vt* (MED) das Knochenmark entfernen (aus +*dat*)

desmerecedor(a) [desmereθe'ðor(a)] *adj* unwürdig

desmerecer [desmere'θer] *irr como crecer* **I.** *vt* (*no merecer*) nicht verdienen; **desmereces su amor** du bist seiner/ihrer Liebe nicht würdig **II.** *vi* **1.** (*decaer*) sich verschlechtern, an Qualität verlieren; (*belleza*) verblühen **2.** (*ser inferior*) sich negativ abheben (*de* von +*dat*), schlechter sein (*de* als +*nom*); **~ de algo** im Vergleich zu etw *dat* schlecht [*o* minderwertig] sein; **no ~ de algo** im Vergleich zu etw *dat* gleichwertig sein; **desmerece en talento de su hermano** er/sie ist weniger talentiert als sein/ihr Bruder; **su último libro no desmerece de los anteriores** sein/ihr letztes Buch steht den vorangehenden in nichts nach [*o* ist genauso gut wie die vorangehenden]; **desmereces de tu familia** du fällst innerhalb deiner Familie negativ aus dem Rahmen

desmesura [desme'sura] *f* **1.** (*falta de mesura*) Unmäßigkeit *f*, Maßlosigkeit *f*, Unmaß *nt* **2.** (*descomedimiento*) Unverschämtheit *f*, Frechheit *f*

desmesurado, -a [desmesu'raðo, -a] *adj* **1.** (*enorme*) riesig, übermäßig groß; **tiene un apetito ~** er/sie hat einen ungeheuren Appetit **2.** (*excesivo*) exzessiv, maßlos; (*ambición*) krankhaft, grenzenlos; (*pretensiones*) überzogen; **beber de una forma desmesurada** übermäßig (viel) trinken, exzessiv trinken **3.** (*desvergonzado*) frech, unverschämt, dreist; (*descortés*) unhöflich; (*ofensivo*) ausfallend, beleidigend

desmesurarse [desmesu'rarse] *vr* aus der Rolle fallen, sich ungehörig benehmen, zu weit gehen; (*atreverse*) frech [*o* unverschämt] werden; (*insultar*) ausfallend werden

desmigajar [desmiɣa'xar] **I.** *vt* zerbröckeln; (*pan*) zerkrümeln **II.** *vr:* **~se** zerfallen, (zer)bröckeln; (*pan*) (zer)krümeln

desmigar [desmi'ɣar] <g→gu> *vt* zerbröckeln, zerkrümeln

desmilitarización [desmilitariθa'θjon] *f* Entmilitarisierung *f*, Demilitarisierung *f*

desmilitarizar [desmilitari'θar] <z→c> *vt* entmilitarisieren, demilitarisieren; **zona desmilitarizada** entmilitarisierte Zone

desmineralización [desmineraliθa'θjon] *f* (MED) Verarmung *f* an Mineralstoffen, Demineralisation *f*

desmineralizarse [desminerali'θarse] <z→c> *vr* (MED) Mineralstoffe verlieren, demineralisieren

desmirriado, -a [desmi'rrjaðo, -a] *adj* (*flaco*) abgezehrt, dürr; (*raquítico*) schmächtig

desmitificación [desmitifika'θjon] *f* Entmythisierung *f*, Entmythologisierung *f*

desmitificar [desmitifi'kar] <c→qu> *vt* entmythisieren, entmythologisieren

desmochadora [demotʃa'ðora] *f* (AGR) Mähdrescher *m*

desmochar [desmo'tʃar] *vt* **1.** (*depuntar*) stutzen; (*plantas*) zurückschneiden, beschneiden; **~ un toro** einem Stier die Hörner stutzen **2.** (*mutilar*) verstümmeln **3.** (*un asunto*) oberflächlich behandeln, streifen

desmoche [des'motʃe] *m* **1.** (*despunte*) Stutzen *nt;* (*de una planta*) Zurückschneiden *nt,* Beschneiden *nt* **2.** (*mutilación*) Verstümmelung *f* **3.** (*fam: despidos*) Serie *f* von Entlassungen

desmocho [des'motʃo] *m* (AGR: *de trigo*) Ausdrusch *m;* (*ramas*) Baumschnitt *m*

desmolasa [desmo'lasa] *f* (BIOL) Desmolase *f*

desmoldar [desmol̩'dar] *vt* aus der Form lösen

desmonetización [desmonetiθa'θjon] *f sin pl* **1.** (*devaluación*) Geldentwertung *f* **2.** (*abolición de un metal*) Abschaffung *f* der Metallwährung

desmonetizar [desmoneti'θar] <z→c> **I.** *vt* entwerten; ~ **un metal** eine Metallwährung abschaffen; ~ **una moneda** Geld für ungültig erklären [*o* außer Kurs setzen]; ~ **el oro** die Goldwährung abschaffen **II.** *vr:* ~**se** im Wert fallen

desmonopolizar [desmonopoli'θar] <z→c> *vt* (ECON) das Monopol auflösen

desmontable [desmon̩'taβle] **I.** *adj* **1.** (*que se puede quitar*) abnehmar, abmontierbar, herausnehmbar **2.** (*que se puede deshacer*) zerlegbar, auseinandernehmbar, auseinanderbaubar **3.** (*que se dobla*) zusammenklappbar **II.** *m* (AUTO) (Reifen)montiereisen *nt*

desmontadura [desmon̩ta'ðura] *f* **1.** (*de una pieza*) Auseinanderbauen *nt,* Demontage *f* **2.** (*de un terreno*) Rodung *f*

desmontaje [desmon̩'taxe] *m* **1.** (*de un arma*) Sicherung *f* **2.** (*de un mecanismo*) Zerlegung *f,* Demontage *f* **3.** (*de una pieza*) Ausbau *m* **4.** (*de una estructura*) Abbau *m;* (*de un edificio*) Abriss *m;* ~ **social** Sozialabbau *m* **5.** (MIL) Zerstörung *f*

desmontar [desmon̩'tar] **I.** *vt* **1.** (*un mecanismo*) zerlegen, auseinander bauen, auseinander nehmen, demontieren *elev;* ~ **un reloj** eine Uhr auseinander bauen [*o* zerlegen] **2.** (*una pieza*) abmontieren, ausbauen, demontieren *elev;* ~ **el motor** den Motor ausbauen; ~ **una rueda** ein Rad abmontieren **3.** (*una estructura*) abbauen, demontieren; (*un edificio*) abreißen; ~ **una fábrica** eine Fabrik demontieren; ~ **una tienda de campaña** ein Zelt abbauen **4.** (*un bosque*) abholzen, ausroden **5.** (*un terreno*) (ein)ebnen, planieren **6.** (*un montón de tierra*) abtragen **7.** (*un buque*) abwracken **8.** (*una pistola*) sichern **9.** (MIL) zerstören, außer Gefecht setzen; ~ **un cañón antiaéreo** eine Luftabwehrrakete außer Gefecht setzen **10.** (*de un caballo, de una moto*) herunterstoßen (*de* von +*dat*) **II.** *vi* (*de un caballo*) vom Pferd (ab)steigen; (*de una moto*) vom Motorrad (ab)steigen **III.** *vr:* ~**se** absteigen (*de* von +*dat*)

desmonte [des'mon̩te] *m* **1.** (*de un terreno*) Planierung *f,* (Ein)ebnung *f* **2.** (*de un bosque*) Rodung *f,* Abholzung *f;* ~ **de áreas** Flächenrodung *f* **3.** (*escombros*) Schutt *m,* Trümmer *mpl;* (MIN) Abraum *m* **4.** *pl* (AGR) Lichtung *f*

desmoralización [desmoraliθa'θjon] *f* **1.** (*desánimo*) Entmutigung *f,* Demoralisierung *f;* **no sé a qué se debe su** ~ ich weiß nicht, worauf seine/ihre Mutlosigkeit zurückzuführen ist [*o* warum er/sie so mutlos ist] **2.** (*de las costumbres*) Untergrabung *f* der Moral, Untergrabung *f* von Sitte und Ordnung, Demoralisation *f;* (*efecto*) Sittenlosigkeit *f,* Zuchtlosigkeit *f,* Demoralisierung *f,* Demoralisation *f;* **va aumentando la** ~ **en este colegio** die Sitten an dieser Schule verfallen zunehmend, an dieser Schule ist ein zunehmender Verfall der Sitten zu beobachten

desmoralizador(a) [desmoraliθa'ðor(a)] *adj* **1.** (*que desanima*) entmutigend, demoralisierend **2.** (*que corrompe*) verderblich, demoralisierend

desmoralizante [desmorali'θan̩te] *adj* entmutigend, demoralisierend

desmoralizar [desmorali'θar] <z→c> **I.** *vt* **1.** (*desanimar*) entmutigen, demoralisieren; **la crítica la ha desmoralizado mucho** die Kritik hat an ihrem Selbstvertrauen genagt **2.** (*corromper*) verderben, demoralisieren; ~ **a alguien** jds Moral untergraben **II.** *vr:* ~**se** **1.** (*desanimarse*) den Mut [*o* die Zuversicht] verlieren; **con el frío y la lluvia las tropas se iban desmoralizando cada vez más** bei Kälte und Regen sank die Moral der Truppe zunehmend; **después de haber perdido cinco partidos seguidos, el equipo se ha desanimado mucho** nachdem sie fünf Spiele in Folge verloren hat, hat die Mannschaft ihr Selbstvertrauen verloren **2.** (*corromperse*) sittlich verfallen

desmoronadizo, -a [desmorona'ðiθo, -a] *adj* brüchig, mürbe; (*edificio*) baufällig

desmoronamiento [desmorona'mjen̩to] *m* **1.** (*arruinamiento*) Zerfall *m,* Verfall *m;* (*de un edificio*) Einsturz *m;* ~ **de las rocas** Erdrutsch *m* **2.** (*disminución*) Schwinden *nt;* (*de un sentimiento*) Abflauen *nt;* (*de un imperio*) Untergang *m;* (*de una ideología*) Scheitern *nt;* **la crisis económica produjo el** ~ **de mi fortuna** die Wirtschaftskrise kostete mich mein gesamtes Vermögen

desmoronar [desmoro'nar] **I.** *vt* (*deshacer*) zerbröckeln; (*edificio*) abreißen; **el viento ha desmoronado el muro** der Wind hat die Mauer abgetragen; ~ **la fe de alguien** (*fig*) jdm dem Glauben an der Sache nehmen **II.** *vr:* ~**se** **1.** (*deshacerse*) zerfallen; (*un edificio*) einstürzen; (*un muro*) (zer)bröckeln; (QUÍM) sich zersetzen **2.** (*disminuir*) schwinden; (*sentimiento*) abflauen; (*imperio*) untergehen; (*ideología*) scheitern; **su poder se iba desmoronando cada vez más** seine/ihre Macht schwand zunehmend **3.** (*persona*) am Boden zerstört sein

desmotivación [desmotiβa'θjon] *f* Demotivation *f*

desmotivar [desmoti'βar] **I.** *vt* demotivieren; **has conseguido** ~**me con tu pesimis-**

mo durch deinen Pessimismus ist mir die Lust vergangen **II.** *vr:* **~se** das Interesse verlieren, die Lust verlieren

desmovilización [desmoβiliθa'θjon] *f* Demobilisierung *f;* (*de tropas*) Truppenabbau *m;* (*de un soldado*) Entlassung *f* aus dem Kriegsdienst

desmovilizar [desmoβili'θar] <z→c> **I.** *vt* (aus dem Kriegsdienst) entlassen **II.** *vi* demobilisieren, Truppen abbauen

desmultiplicación [desmu̥ltiplika'θjon] *f* (TÉC) Untersetzung *f*

desmultiplicar [desmu̥ltipli'kar] <c→qu> *vt* (TÉC) untersetzen, ins Langsame übersetzen

desnacionalización [desnaθjonaliθa'θjon] *f* **1.** (*de una empresa*) (Re)privatisierung *f,* Entnationalisierung *f* **2.** (*de una persona*) Ausbürgerung *f,* Aberkennung *f* der Staatsangehörigkeit

desnacionalizado, -a [desnaθjonali'θaðo, -a] *adj* **1.** (*industria*) (re)privatisiert, entnationalisiert; **una empresa desnacionalizada** ein Privatunternehmen **2.** (*persona*) staatenlos

desnacionalizar [desnaθjonali'θar] <z→c> **I.** *vt* **1.** (*a una persona*) ausbürgern, entnationalisieren; **~ a alguien** jdm die Staatsbürgerschaft aberkennen **2.** (*una empresa*) (re)privatisieren, entnationalisieren **II.** *vr:* **~se 1.** (*empresa*) in Privateigentum übergehen **2.** (*persona*) sich ausbürgern lassen, seine Entlassung aus der Staatsbürgerschaft beantragen

desnarigado, -a [desnari'ɣaðo, -a] **I.** *adj:* **ser ~** (*no tener nariz*) keine Nase haben; (*ser chato*) eine kleine Nase haben **II.** *m, f* (*chato*) Mensch *m* mit einer kleinen Nase; (*persona sin nariz*) Mensch *m* ohne Nase

desnarigar [desnari'ɣar] <g→gu> **I.** *vt* (*herir*) die Nase brechen (*a +dat*), die Nase einschlagen (*a +dat*); (*fam: operar*) die Nase entfernen (*a +dat*); **como no tengas cuidado te va a ~** wenn du nicht aufpasst, bricht er/sie dir noch die Nase **II.** *vr:* **~se** sich *dat* die Nase brechen

desnatado, -a [desna'taðo, -a] *adj* **1.** (*leche*) entrahmt; **leche desnatada** Magermilch *f,* fettarme Milch **2.** (*metal*) frei von Schlacke

desnatadora [desnata'ðora] *f* Milchzentrifuge *f,* Milchseparator *m*

desnatar [desna'tar] *vt* **1.** (*la leche*) entrahmen, abrahmen **2.** (*metal*) von der Schlacke befreien **3.** (*escoger lo mejor*) das Beste für sich beanspruchen (von *+dat*)

desnaturalización [desnaturaliθa'θjon] *f sin pl* **1.** (*de una persona*) Ausbürgerung *f* **2.** (*de una cosa*) Zweckentfremdung *f* **3.** (QUÍM) Vergällung *f,* Denaturierung *f*

desnaturalizado, -a [desnaturali'θaðo, -a] *adj* **1.** (*expatriado*) ausgebürgert, denaturalisiert *elev* **2.** (*desvirtuado*) denaturiert, unnatürlich; (*animal*) entartet; (*alimentos*) ungenießbar, denaturiert; (*aspecto*) entstellt; (*alcohol*) vergällt, denaturiert **3.** (*hijo*) missraten, ungeraten; **madre desnaturalizada** Rabenmutter *f*

desnaturalizante [desnaturali'θan̪te] *adj* (QUÍM) vergällend

desnaturalizar [desnaturali'θar] <z→c> **I.** *vt* **1.** (*expatriar*) ausbürgern, aus der Staatsbürgerschaft entlassen, denaturalisieren **2.** (*desvirtuar*) denaturieren; (*alcohol*) vergällen, denaturieren; (*aspecto*) entstellen; **~ un alimento** ein Lebensmittel für den Genuss unbrauchbar machen; **~ la competencia** den Wettbewerb verfälschen; **~ el carácter de alguien** jds Charakter verderben **II.** *vr:* **~se 1.** (*expatriarse*) auf die Staatsangehörigkeit verzichten, seine Ausbürgerung beantragen **2.** (*faltar a sus deberes*) wider seine Natur handeln

desnicotización [desnikotiθa'θjon] *f sin pl* Nikotinentzug *m,* Entnikotinisierung *f*

desnicotizar [desnikoti'θar] <z→c> *vt* das Nikotin entziehen (*a +dat*), entnikotinisieren

desnivel [desni'βel] *m* **1.** (*diferencia de altura*) Gefälle *nt,* Höhenunterschied *m* **2.** (*desequilibrio*) Ungleichgewicht *nt,* Gefälle *nt;* (*disparidad*) Unterschied *m,* Abweichung *f;* **~ cultural** Kulturgefälle *nt;* **~ de fuerzas** Kräfteungleichgewicht *nt;* **~ salarial** Lohnunterschied *m,* Lohngefälle *nt* **3.** (*altibajo*) Unebenheit *f* **4.** (*de una superficie*) Neigung *f,* Abweichung *f* von der Waagerechten; (*pendiente*) Steigung *f*

desnivelación [desniβela'θjon] *f* Missverhältnis *nt,* Ungleichheit *f;* **la ~ de la calidad de los jugadores** das ungleiche Leistungsniveau der Spieler

desnivelado, -a [desniβe'laðo, -a] *adj* **1.** (*terreno*) uneben, holperig **2.** (*torcido*) schräg, schief **3.** (*desequilibrado*) nicht im Gleichgewicht befindlich; (*fig*) unausgeglichen

desnivelar [desniβe'lar] **I.** *vt* **1.** (*una pared*) aus der waagerechten Lage bringen **2.** (*un terreno*) uneben machen **3.** (*desequilibrar*) aus dem Gleichgewicht bringen; **~ una balanza** eine Waage manipulieren **II.** *vr:* **~se 1.** (*torcerse*) aus der waagerechten Lage geraten, schräg werden; (*calle*) abfallen **2.** (*perder el equilibrio*) aus dem Gleichgewicht geraten

desnucamiento [desnuka'mjen̪to] *m* Genickbruch *m*

desnucar [desnu'kar] <c→qu> **I.** *vt* **1.** (*descalabrar*) die Halswirbel ausrenken (*a +dat*); **~ a alguien de un golpe** jdm einen Schlag ins Genick versetzen **2.** (*matar*) den Hals brechen (*a +dat*), das Genick brechen (*a +dat*); **~ una gallina** einem Huhn den Hals umdrehen; **desnucó el conejo de un golpe en el cogote** er tötete den Hasen durch einen Schlag ins Genick; **no te metas con él, que te va a ~** leg dich nicht mit ihm an, er bricht dir noch das Genick **II.** *vr:* **~se 1.** (*dislocarse* *la nuca*) sich *dat* die Halswirbel ausrenken, sich *dat* den Hals ausrenken **2.** (*matarse*) sich *dat* das Genick brechen, sich *dat* den Hals brechen

desnuclearización [desnukleariθa'θjon] *f* **1.** (*eliminación de armas nucleares*) Abzug *m* von Atomwaffen; (*de un lugar*) Schaffung *f* einer atomwaffenfreien Zone; (*de un ejército*) atomare Abrüstung *f* **2.** (*eliminación de centrales nucleares*) Ausstieg *m* aus der Atomkraft, Schließung *f* von Atomkraftwerken

desnuclearizado, -a [desnukleari'θaðo, -a] *adj* atomwaffenfrei

desnuclearizar [desnukleari'θar] <z→c> *vt* **1.** (*eliminar las armas nucleares: un lugar*) zur atomwaffenfreien Zone erklären; (*un ejército*) atomar abrüsten; **el Gobierno quiere ~ las costas** die Regierung will die Atomwaffen von den Küsten abziehen **2.** (*eliminar las centrales nucleares*): **la oposición quiere ~ el país** die Opposition will die Atomkraftwerke im Land abschaffen, die Opposition fordert den Ausstieg aus der Atomenergie

desnudamiento [desnuða'mjen̩to] *m* **1.** (*quitar la ropa*) Entblößung *f* **2.** (*quitar el dinero*) Ausplündern *nt*

desnudar [desnu'ðar] **I.** *vt* **1.** (*desvestir*) ausziehen, entkleiden **2.** (*descubrir*) entblößen, freilegen; **~ los altares** die Altare abräumen; **~ un bosque de árboles** einen Wald kahl schlagen; **voy a ~ la casa de cuadros** ich werde alle Bilder im Haus abhängen; **el viento desnuda los árboles** der Wind fegt die Blätter von den Bäumen [*o* entblättert die Bäume] **3.** (*desplumar*) schröpfen, bis aufs Hemd ausziehen *fam;* **los ladrones la ~on de sus joyas** die Diebe beraubten sie ihres Schmuckes; **me han desnudado jugando al póker** sie haben mir beim Pokern das Hemd über den Kopf gezogen **4.** (*una espada*) zücken, ziehen **II.** *vr:* **~se 1.** (*desvestirse*) sich ausziehen, sich entkleiden **2.** (*rechazar*) ablegen (*de* +*akk*), entsagen (*de* +*dat,*); **~se de una costumbre** sich *dat* eine Gewohnheit abgewöhnen; **se desnudó de su fortuna** er/sie verzichtete auf sein/ihr Vermögen; **se ha desnudado de todos sus vicios** er/sie hat all seine/ihre Laster aufgegeben; **tienes que ~te de tu timidez** du musst deine Schüchternheit ablegen; **los monjes tienen que ~se de sus posesiones mundanas** die Mönche müssen ihren irdischen Besitztümern entsagen

desnudez [desnu'ðeθ] *f* **1.** (*de una persona*) Nacktheit *f,* Blöße *f* **2.** (*de una cosa*) Kahlheit *f,* Blöße *f;* (*de una habitación*) Nüchternheit *f,* Leere *f* **3.** (*necesidad*) Armut *f,* Mittellosigkeit *f*

desnudismo [desnu'ðismo] *m* Nudismus *m,* Freikörperkultur *f;* **playa de ~** FKK-Strand *m*

desnudista [desnu'ðista] **I.** *adj* dem Nudismus verschrieben **II.** *mf* Nudist(in) *m(f),* Anhänger(in) *m(f)* der Freikörperkultur

desnudo¹ [des'nuðo] *m* (ARTE) Akt *m*

desnudo, -a² [des'nuðo, -a] *adj* **1.** (*desvestido*) nackt, entblößt, bloß **2.** (*con poca ropa*) halb nackt, spärlich bekleidet **3.** (*despojado*) unbedeckt, bloß; (*pared, paisaje*) kahl, leer; (*árbol*) unbelaubt, kahl; (*cable*) nicht isoliert; (*habitación*) spärlich möbliert, leer; (*espada, suelo*) blank **4.** (*pobre*) mittellos; **este mes me he quedado ~** (*fam*) diesen Monat bin ich völlig blank **5.** (*claro*) offensichtlich, eindeutig; **al ~** offen; **quedar ~** offensichtlich werden; **decir a alguien la verdad desnuda** jdm die nackte Wahrheit sagen **6.** (*desprovisto*): **~ de méritos** unverdient; **quedar ~ de compañía** alleine sein; **estoy ~ de ropa elegante** ich habe nichts Elegantes zum Anziehen

desnutrición [desnutri'θjon] *f* Unterernährung *f*

desnutrir [desnu'trir] **I.** *vt* unzureichend ernähren **II.** *vr:* **~se** unterernährt sein, an Unterernährung leiden

desobedecer [desoβeðe'θer] *irr como crecer* **I.** *vi* ungehorsam sein, nicht gehorchen; (MIL, POL) den Gehorsam verweigern **II.** *vt* (*una orden*) nicht befolgen; (*a una autoridad*) nicht gehorchen (*a* +*dat*); (MIL, POL) den Gehorsam verweigern (*a* +*dat*); **~ a alguien** jdm nicht gehorchen; **~ una ley** einem Gesetz zuwiderhandeln; **desobedeció al rey** er/sie verweigerte dem König den Gehorsam; **este niño siempre desobedece a su madre** dieses Kind ist seiner Mutter gegenüber ständig ungehorsam [*o* hört nie auf seine Mutter]; **los soldados desobedecieron la orden de disparar** die Soldaten leisteten dem Schießbefehl nicht Folge

desobediencia [desoβe'ðjen̩θja] *f* Ungehorsam *m;* (MIL, POL) Gehorsamsverweigerung *f;* (JUR) Zuwiderhandlung *f;* **~ civil** ziviler Ungehorsam; **~ y resistencia** Ungehorsam gegenüber der Staatsgewalt

desobediente [desoβe'ðjen̩te] *adj* ungehorsam; (POL, MIL) rebellisch

desobstrucción [deso^βstru^ɣ'θjon] *f* **1.** Behebung *f* einer Verstopfung; (*de una carretera*) Räumung *f* **2.** (MED) Beheben *nt* einer Obstruktion

desobstruir [deso^βstru'ir] *irr como huir vt* frei machen; (*una carretera*) räumen, von Hindernissen befreien; (*un desagüe*) reinigen; **~ las vías respiratorias** die Atemwege frei machen

desocupación [desokupa'θjon] *f* **1.** (*desembarazo*) Räumung *f;* (*evacuación*) Evakuierung *f;* (*de un paso*) Freigabe *f* **2.** (*paro*) Arbeitslosigkeit *f,* Beschäftigungslosigkeit *f* **3.** (*ociosidad*) Untätigkeit *f*

desocupado, -a [desoku'paðo, -a] **I.** *adj* **1.** (*parado*) arbeitslos **2.** (*vacío*) leer; (*vivienda*) leer stehend, unbewohnt; (*paso*) frei; (*plaza*) unbesetzt, frei **3.** (*ocioso*) unbeschäftigt; **estoy ~** ich habe nichts zu tun **II.** *m, f*

Arbeitslose(r) *mf*

desocupar [desoku'par] **I.** *vt* **1.** (*desembarazar*) frei machen; (*carretera*) räumen; (*evacuar*) evakuieren; ~ **una vivienda** aus einer Wohnung ausziehen, eine Wohnung räumen; **los manifestantes ~on las vías** die Demonstranten gaben die Gleise frei [*o* räumten die Gleise] **2.** (*vaciar*) leeren **II.** *vr:* **~se 1.** (*quedar libre de una ocupación*) freihaben; **cuando pueda ~me iré a verte** wenn ich mich freimachen kann, besuche ich dich **2.** (*quedarse vacante*) frei werden **III.** *vi* (*Am: parir*) gebären

desodorante [desoðo'ran̩te] **I.** *adj* (*para el hogar*) geruchtilgend; (*para el cuerpo*) de(s)odorierend; **espray** ~ (*para el cuerpo*) Deospray *nt;* (*para el hogar*) Raumspray *nt* **II.** *m* (*para el cuerpo*) De(s)odorant *nt,* Deo *nt;* (*para el hogar*) geruchtilgendes Mittel *nt*

desodorizante [desoðori'θan̩te] *adj* de(s)odorierend

desodorizar [desoðori'θar] <z→c> *vt* de(s)odorieren

desoír [deso'ir] *irr como oír vt* nicht hören (auf *+akk*), überhören; ~ **una advertencia** eine Warnung ignorieren [*o* nicht beachten]; ~ **el consejo de alguien** jds Rat nicht befolgen, nicht auf jds Rat hören [*o* auf jdn hören]

desojar [deso'xar] **I.** *vt* das (Nadel)öhr beschädigen (*+gen*) **II.** *vr:* **~se 1.** (*romperse el agujero*): **la aguja se ha desojado** das Nadelöhr ist gebrochen **2.** (*buscar con ahínco*) sich *dat* die Augen aus dem Kopf sehen [*o* gucken] *fam* **3.** (*perder agudeza visual*) sich *dat* die Augen verderben

desolación [desola'θjon] *f* **1.** (*devastación*) Verwüstung *f* **2.** (*desconsuelo*) Trostlosigkeit *f,* Verzweiflung *f*

desolado, -a [deso'laðo, -a] *adj* **1.** (*destruido*) verwüstet **2.** (*desierto*) trostlos **3.** (*desconsolado*) erschüttert, verzweifelt; **está completamente** ~ er ist völlig am Boden zerstört

desolador(a) [desola'ðor(a)] *adj* **1.** (*trágico*) erschütternd, bewegend **2.** (*asolador*) verheerend

desolar [deso'lar] <o→ue> **I.** *vt* **1.** (*destruir*) verwüsten **2.** (*afligir*) erschüttern, bewegen **II.** *vr:* **~se** erschüttert sein, aufgewühlt sein

desollada [deso'ʎaða] *adj o f v.* **desollado**

desolladero [desoʎa'ðero] *m* Schlachthof *m,* Abdeckerei *f*

desollado, -a [deso'ʎaðo, -a] **I.** *adj* **1.** (*descarado*) frech, unverschämt **2.** (*animal*) abgehäutet **3.** (*piel*) abgeschürft **II.** *m, f* unverschämter Mensch *m*

desollador[1] [desoʎa'ðor] *m* (ZOOL) (Raub)würger *m*

desollador(a)[2] [desoʎa'ðor(a)] **I.** *adj* **1.** (*que desuella*) Abhäutungs- **2.** (*tramposo*) betrügerisch; **precio** ~ Wucherpreis *m* **3.** (*cruel*) grausam **II.** *m(f)* **1.** (*oficio*) Abdecker(in) *m(f)* **2.** (*que engaña*) Halsabschneider(in) *m(f),* Wucherer, -in *m, f*

desolladura [desoʎa'ðura] *f* **1.** (*de un animal*) Abhäutung *f* **2.** (*de la piel*) Abschürfung *f* **3.** (*engaño*) Wucher *m,* Betrug *m*

desollar [deso'ʎar] <o→ue> **I.** *vt* **1.** (*quitar la piel*) abhäuten; ~ **un cordero** ein Lamm häuten, einem Lamm die Haut [*o* das Fell] abziehen; ~ **a alguien vivo** jdm das Fell [*o* die Haut] über die Ohren ziehen **2.** (*causar daño económico*) ausnehmen, schröpfen; (*engañar*) prellen **3.** (*maltratar*) schikanieren, schinden **4.** (*criticar*) verreißen; ~ **a alguien** kein gutes Haar an jdm lassen *fam* **5.** (*fig fam*): ~ **el lobo, ~la** seinen Rausch ausschlafen **II.** *vr:* **~se** sich *dat* die Haut aufschürfen

desopilación [desopila'θjon] *f* (MED) Behebung *f* einer Verstopfung

desopilar [desopi'lar] *vt* (MED) die Verstopfung beheben (*+gen*)

desopilativo[1] [desopila'tiβo] *m* (MED) Abführmittel *nt*

desopilativo, -a[2] [desopila'tiβo, -a] *adj* (MED) abführend

desopinar [desopi'nar] *vt* verleumden, in Misskredit bringen

desopresión [desopre'sjon] *f sin pl* Befreiung *f* von der Unterdrückung

desoprimir [desopri'mir] *vt* von der Unterdrückung befreien

desorbitado, -a [desorβi'taðo, -a] *adj* **1.** (*satélite*) von der Umlaufbahn abgekommen, aus der Umlaufbahn geraten **2.** (*ojos*) weit aufgerissen **3.** (*exagerado*) übertrieben; (*desmedido*) maßlos

desorbitante [desorβi'tan̩te] *adj* exorbitant, enorm, ungeheuer; **precios ~s** Wucherpreise *mpl*

desorbitar [desorβi'tar] **I.** *vt* **1.** (*hacer salir de la órbita*) aus der Umlaufbahn bringen [*o* befördern] **2.** (*exagerar*) übertreiben; (*dar demasiada importancia*) überbewerten **II.** *vr:* **~se** (*satélite*) aus der Umlaufbahn geraten; (*asunto*) außer Kontrolle geraten; **se le ~on los ojos** (*fig*) ihm/ihr fielen die Augen aus dem Kopf

desorden [de'sorðen] *m* **1.** (*desarreglo*) Unordnung *f,* Durcheinander *nt,* Chaos *nt;* (*confusión*) Verwirrung *f;* ~ **público** Störung der öffentlichen Ordnung; **el piso está en** ~ in der Wohnung herrscht Unordnung, die Wohnung ist nicht aufgeräumt **2.** (*exceso*) Ausschweifung *f,* Exzess *m* **3.** *pl* (*alboroto*) Unruhen *fpl,* Tumult *m;* **en Hamburgo se produjeron desórdenes** in Hamburg kam es zu Ausschreitungen **4.** (MED) Störung *f*

desordenado, -a [desorðe'naðo, -a] *adj* **1.** (*desorganizado*) unordentlich; (*persona*) schlampig, liederlich; (*cosa*) durcheinander, ungeordnet; (*vida*) ungeregelt **2.** (*excesivo*) ausschweifend, zügellos

desordenar [desorðe'nar] **I.** *vt* (*turbar*) durcheinander bringen, in Unordnung bringen; ~ **el pelo** das Haar zerzausen **II.** *vr:* **~se** **1.**(*turbarse*) in Unordnung geraten **2.**(*excederse*) aus der Rolle fallen, sich ungehörig benehmen; (*insultar*) ausfallend werden

desorejado, -a [desore'xaðo, -a] **I.** *adj* **1.**(*fam: vil*) gemein, niederträchtig **2.**(*AmS: desasado*) henkellos **3.**(*AmS, Pan: con mal oído musical*) unmusikalisch **4.**(*Arg, Urug: irresponsable*) unverantwortlich **5.**(*Arg, Cuba, Urug: derrochador*) verschwenderisch **6.**(*Col, AmC: tonto*) dumm, einfältig **II.** *m, f* (*fam: vil*) Schurke, -in *m, f,* Schuft *m*

desorganización [desoryaniθa'θjon] *f* Unordnung *f,* Chaos *nt,* Desorganisation *f* *elev;* ~ **de la personalidad** (PSICO) Persönlichkeitsspaltung *f;* **en esta empresa llevan una ~ increíble** in dieser Firma fehlt jegliche Organisation [*o* Planung], in dieser Firma herrscht ein unglaubliches Chaos

desorganizar [desoryani'θar] <z→c> **I.** *vt* desorganisieren; ~ **una empresa** die Organisation einer Firma auflösen [*o* zerstören]; **ha desorganizado nuestros planes** er/sie hat unsere Pläne zunichte gemacht **II.** *vr:* **~se** **1.**(*persona*) den Überblick verlieren **2.**(*organización*) in Unordnung geraten

desorientación [desorjenta'θjon] *f* **1.**(*extravío*) Irreführung *f* **2.**(*confusión*) Verwirrung *f,* Desorientierung *f* **3.**(*falta de orientación*) Orientierungslosigkeit *f;* **crece la ~ entre los jóvenes** die Jugendlichen wissen immer weniger, woran sie sich orientieren sollen **4.**(PSICO) Desorientierung *f,* Orientierungsunfähigkeit *f*

desorientar [desorjen'tar] **I.** *vt* **1.**(*extraviar*) irreführen **2.**(*confundir*) verwirren, irritieren **II.** *vr:* **~se** **1.**(*extraviarse*) sich verirren, die Orientierung verlieren, vom Weg abkommen **2.**(*confundirse*) verwirrt sein, irritiert sein

desosar [deso'sar] *irr vt* **1.**(*fruta*) entkernen, entsteinen **2.**(*carne*) entbeinen; ~ **el pollo** das Huhn von den Knochen befreien

desovadero [desoβa'ðero] *m* (ZOOL) **1.**(*tiempo*) Laichzeit *f* **2.**(*lugar*) Laichplatz *m*

desovar [deso'βar] *vi* laichen

desove [de'soβe] *m* **1.**(*acción*) Laichen *nt* **2.**(*época*) Laichzeit *f,* Laiche *f*

desovillar [desoβi'ʎar] **I.** *vt* **1.**(*un hilo*) abwickeln; (*un ovillo*) aufziehen, auflösen **2.**(*un misterio*) (auf)klären; (*un enredo*) entwirren; ~ **un asunto** Licht in eine Sache bringen **3.**(*a una persona*) ermutigen **II.** *vr:* **~se** **1.**(*ovillo*) aufgehen **2.**(*situación*) sich (auf)klären

desoxidable [desoˠsi'ðaβle] *adj* desoxydierbar

desoxidación [desoˠsiða'θjon] *f* Entrostung *f*

desoxidante [desoˠsi'ðante] **I.** *adj* **1.**(*que quita el oxígeno*) desoxidierend, desoxydierend **2.**(*contra el óxido*) Antirost-, Entrostungs- **II.** *m* **1.**(*para quitar el oxígeno*) Reduktionsmittel *nt,* Desoxidationsmittel *nt* **2.**(*contra el óxido*) Rostentferner *m*

desoxidar [desoˠsi'ðar] **I.** *vt* **1.**(*quitar el oxígeno*) desoxidieren, reduzieren **2.**(*quitar el óxido*) entrosten, von Rost befreien **3.**(*fig: un conocimiento*) aufbessern, aufpolieren *fam;* **quiero ~ mi español** ich möchte mein Spanisch aufbessern **II.** *vr:* **~se** Sauerstoff freigeben

desoxigenación [desoˠsixena'θjon] *f* (QUÍM) Sauerstoffentzug *m,* Desoxydation *f*

desoxigenar [desoˠsixe'nar] **I.** *vt* (QUÍM) desoxydieren, Sauerstoff entziehen (+*dat*) **II.** *vr:* **~se** (QUÍM) Sauerstoff freigeben

despabilado, -a [despaβi'laðo, -a] *adj* **1.**(*listo*) aufgeweckt, clever **2.**(*despierto*) wach, munter

despabilador(a) [despaβila'ðor(a)] **I.** *adj* aufmunternd; **una sustancia ~a** ein Muntermacher **II.** *m(f) Person, die in alten Theaterhäusern bzw. Kirchen damit beauftragt war, die verkohlten Dochtenden zu entfernen*

despabilar [despaβi'lar] **I.** *vt* **1.**(*una luz*) putzen; ~ **una vela** den Docht einer Kerze kürzen **2.**(*despertar*) munter machen; **la ducha me ha despabilado** die Dusche hat mich munter gemacht **3.**(*avivar*) aufrütteln; **en la mili ya lo ~án** beim Militär werden sie ihm schon zeigen, wo es langgeht *fam;* **es muy perezosa, pero en el colegio ya la ~án** sie ist sehr faul, aber in der Schule werden sie ihr schon Dampf machen *fam* **4.**(*acabar deprisa*) schnell erledigen; (*fortuna*) durchbringen, verschwenden; (*comida*) verdrücken *fam,* verputzen *fam* **5.**(*robar*) stehlen, stibitzen *fam* **6.**(*matar*) erledigen **II.** *vi* **1.**(*darse prisa*) sich beeilen; **despabila y vístete, vienen a buscarte en cinco minutos** mach schnell [*o* beeil dich] und zieh dich an, du wirst in fünf Minuten abgeholt **2.**(*avivarse*): **si quiere empezar a trabajar por su cuenta, tiene que ~** wenn er/sie sich selb(st)ständig machen will, muss er/sie noch einiges lernen **III.** *vr:* **~se** **1.**(*sacudir el sueño*) munter werden, wach werden; (*la pereza*) sich aufrappeln *fam;* **tómate un café para ~te** trink einen Kaffee, damit du munter wirst [*o* damit du richtig wach wirst] **2.**(*darse prisa*) sich beeilen; **despabílate que vas a llegar tarde** beeil dich [*o* mach schnell], du kommst sonst noch zu spät **3.**(*avivarse*): **se ha despabilado desde que va al colegio** seit er/sie zur Schule geht, ist er/sie viel aufgeweckter **4.**(*Am: marcharse*) abhauen, sich aus dem Staub machen

despachaderas [despatʃa'ðeras] *fpl* (*fam*) Barschheit *f,* Schroffheit *f*

despachado, -a [despa'tʃaðo, -a] *adj* **1.**(*fresco*) frech, unverschämt **2.**(*listo*) einfallsreich, geschickt **3.**(*libre*) frei; **estar ~** nichts zu tun haben

despachante [despa'tʃante] *mf* (*RíoPl:* COM) Verkäufer(in) *m(f)*

despachar [despa'tʃar] **I.** *vt* **1.**(*enviar*) abschicken, absenden; ~ **un mensajero** einen Boten entsenden **2.** (*concluir*) erledigen; ~ **un buque** ein Schiff abfertigen; ~ **la correspondencia** die Korrespondenz erledigen; ~ **un pedido** einen Auftrag ausführen **3.** (*resolver*) regeln; ~ **un asunto** eine Sache besprechen; ~ **con alguien** sich mit jdm beraten [*o* besprechen], mit jdm eine Besprechung haben **4.** (*atender*) bedienen **5.** (*vender*) verkaufen, absetzen **6.** (*matar*) erledigen **7.** (*comer*) verputzen *fam*, verdrücken *fam;* (*beber*) hinuntergießen, hinunterkippen *fam;* ~**on una botella de vino entre los dos** sie haben zu zweit eine Flasche Wein niedergemacht *fam* **8.** (*despedir*) hinauswerfen; (*de un empleo*) entlassen, hinauswerfen, feuern *fam* **II.** *vi* **1.** (*acabar*) fertig werden **2.** (*atender*) bedienen; **por las tardes no despachan en esta tienda** am Nachmittag ist dieser Laden geschlossen **III.** *vr:* ~**se 1.** (*darse prisa*) sich beeilen; **despáchate ya, que tenemos que marcharnos** beeil dich [*o* mach schnell], wir müssen gehen! **2.** (*desahogarse*) sich *dat* [*o* seinem Herzen] Luft machen; ~**se a (su) gusto con alguien** (*decir lo que uno piensa*) jdm (frei von der Leber weg) seine Meinung sagen; (*decir lo que uno siente*) jdm sagen, was man auf dem Herzen hat **3.** (*parir*) gebären **4.** (*desembarazarse*) sich entledigen (*de* +*gen*), loswerden (*de* +*akk*)

despachero, **-a** [despaʧa'ðero, -a] *m, f* (*Chil:* COM) Krämer(in) *m(f)*

despacho [des'paʧo] *m* **1.** (*de un pedido*) Ausführung *f,* Bearbeitung *f;* (*de la correspondencia*) Erledigung *f;* (*de un buque*) Abfertigung *f;* ~ **de aduana** Zollabfertigung *f;* ~ **de equipajes** Gepäckabfertigung *f;* **la nueva secretaria tiene buen** ~ die neue Sekretärin erledigt alles schnell und zuverlässig **2.** (*envío*) (Ver)sendung *f,* Versand *m;* ~ **de artículos** Warenversand *m* **3.** (*de un asunto*) Regelung *f,* Besprechung *f;* **mañana tengo un** ~ **con el jefe** morgen habe ich eine Besprechung mit dem Chef **4.** (*de clientes*) Bedienung *f* **5.** (*venta*) Verkauf *m,* Absatz *m;* ~ **de billetes** Kartenausgabe *f;* **géneros sin** ~ unverkäufliche Güter; **no tener buen** ~ ein Ladenhüter sein; **este modelo tiene buen** ~ dieses Modell verkauft sich gut [*o* ist ein Verkaufsschlager] **6.** (*despido*) Kündigung *f,* Entlassung *f* **7.** (*oficina*) Büro *nt;* (*en casa*) Arbeitszimmer *nt;* ~ **de abogado** Anwaltskanzlei *f;* ~ **de aduana** Zollamt *nt;* ~ **de patentes** Patentbüro *nt;* **mesa de** ~ Schreibtisch *m;* **sólo tenemos** ~ **por las mañanas** wir haben nur morgens geöffnet **8.** (*muebles*) Büroeinrichtung *f;* **me he comprado un** ~ **nuevo** ich habe mein Büro neu eingerichtet **9.** (*taquilla*) Schalter *m,* Verkaufsstelle *f;* (*tienda*) Laden *m;* (*Chil: pulpería*) Krämerladen *m;* ~ **de billetes** (*de tren*) Fahrkartenschalter *m;* (*de teatro*) Theaterkasse *f;* (*de cine*) Kinokasse *f;* ~ **de información** Informationsschalter *m,* Information *f,* Auskunft *f;* ~ **de localidades** Vorverkaufsstelle *f* **10.** (*parte*) Mitteilung *f,* Nachricht *f;* (*telegrama*) Telegramm *nt,* Depesche *f elev* **11.** (*resolución*) Bescheid *m,* Beschluss *m;* ~ **judicial** richterliche Verfügung **12.** (POL: *entre gobiernos*) Kommuniqué *nt;* (*de/para un agente diplomático*) Note *f*

despachurramiento [despaʧurra'mjen̪to] *m* (*fam*) **1.** (*estropearse*) Kaputtgehen *nt* **2.** (*aplastar*) Zerquetschen *nt,* Zerdrücken *nt*

despachurrar [despaʧu'rrar] **I.** *vt* **1.** (*aplastar*) zerquetschen, zerdrücken; (*reventar*) zerschlagen, kaputtschlagen **2.** (*embrollar*) durcheinander bringen; ~ **una historia** eine Geschichte falsch erzählen, bei einer Geschichte alles durcheinander bringen; **despachurras todos los chistes** du kannst keine Witze erzählen **3.** (*apabullar*): **me dejó despachurrado** ich war sprachlos, mir blieb die Sprache weg; **lo despachurró con sus argumentos** er konnte seinen/ihren Argumenten nichts entgegensetzen, er/sie machte ihn mit seinen/ihren Argumenten fertig *fam* **II.** *vr:* ~**se** kaputtgehen; (*fruta*) matschig werden

despacio [des'paθjo] **I.** *adv* **1.** (*lentamente*) langsam; **trabaja bien pero muy** ~ er/sie arbeitet gut, aber gemächlich [*o* lässt sich aber viel Zeit]; **por allí viene caminando** ~ da hinten kommt er/sie gemächlichen Schrittes daher; **en esta oficina las cosas van** ~ in diesem Büro dauert alles etwas länger; ~, **que te vas a caer** nicht so hastig [*o* sachte, sachte], du fällst sonst noch hin **2.** (*calladamente*) leise **3.** (*por tiempo dilatado*) lange (Zeit); **luego hablaremos más** ~ später können wir uns länger [*o* in aller Ruhe] unterhalten **II.** *interj* immer mit der Ruhe

despacioso, **-a** [despa'θjoso, -a] *adj* **1.** (*lento*) langsam; (*persona*) behäbig, gemütlich **2.** (*espacioso*) umfangreich, umfassend

despacito [despa'θito] **I.** *adv* ganz langsam; **levántalo** ~ hebe es ganz langsam [*o* vorsichtig] hoch **II.** *interj* immer mit der Ruhe

despampanante [despampa'nan̪te] *adj* fantastisch, unglaublich; (*mujer*) atemberaubend; **estás** ~ du siehst fabelhaft [*o* toll] aus

despancar [despaŋ'kar] <c→qu> *vt* (*AmS: maíz*) entblättern

despanchurrar [despanʧu'rrar] *vt* (*fam*) zerdrücken, zerquetschen

despanzurrar [despan̪θu'rrar] **I.** *vt* **1.** (*destripar*) aufschlitzen **2.** (*reventar*) zum Platzen [*o* Bersten] bringen; (*romper*) zertrümmern **3.** (*argot: matar*) kaltmachen **II.** *vr:* ~**se** (*reventar*) aufplatzen, zerbersten; (*romperse*) zerschellen, auseinander brechen; ~**se contra una pared** an einer Wand zerschellen

desparasitar [desparasi'tar] *vt* von Ungeziefer befreien

desparejado, **-a** [despare'xaðo, -a] *adj* **1.** (*sin pareja*) einzeln; **este calcetín está** ~ zu dieser Socke fehlt das Gegenstück **2.** (*dispar*) ungleich; **estos calcetines están** ~**s** diese Socken passen [*o* gehören] nicht zusammen **3.** (*irregular*) uneben, ungleichmäßig

desparejar [despare'xar] **I.** *vt* trennen; ~ **los calcetines** ein Paar Socken voneinander trennen **II.** *vr:* ~**se** getrennt werden, nur einzeln vorliegen; **estos calcetines se han desparejado** zu diesen Socken fehlt jeweils das Gegenstück

desparejo, -a [despa'rexo, -a] *adj* verschieden, unterschiedlich; **ser ~ a algo** sich von etw *dat* unterscheiden

desparpajo [despar'paxo] *m* **1.** (*desenvoltura*) Ungezwungenheit *f;* (*en el hablar*) Redegewandtheit *f;* **con ~** ungezwungen, locker **2.** (*habilidad*) Geschicklichkeit *f,* Souveränität *f;* **manejó el problema con ~** er/sie bewältigte das Problem souverän [*o* gekonnt] **3.** (*frescura*) Frechheit *f,* Unverfrorenheit *f;* **con ~** frech, dreist **4.** (*Am: desorden*) Chaos *nt,* Unordnung *f*

desparramado, -a [desparra'maðo, -a] *adj* **1.** (*extendido*) ausgedehnt, weitläufig; (*ancho*) weit **2.** (*abierto*) (weit) offen

desparramamiento [desparrama'mjen̩to] *m* verstreutes Umherliegen *nt,* Unordnung *f;* **el ~ de todos los juguetes por el suelo daba una sensación de desorden** durch die über den Fußboden verstreuten Spielsachen sah es unordentlich aus

desparramar [desparra'mar] **I.** *vt* **1.** (*dispersar*) zerstreuen; **~ su atención** sich verzetteln, sich zu vielen Dingen auf einmal widmen; **~ los juguetes sobre el suelo** das Spielzeug über den ganzen Boden verteilen; **~ pápiros** (*argot*) Blüten in Umlauf bringen **2.** (*un líquido*) verschütten **3.** (*malgastar*) verschwenden, verprassen **4.** (*una noticia*) verbreiten **5.** (*Arg: diluir*) verdünnen **II.** *vr:* ~**se** **1.** (*dispersarse*) sich verteilen, sich zerstreuen; **el rebaño se desparramó por el campo** die Herde war über das Feld zerstreut; **al pasar el coche los pájaros se ~on** als der Wagen vorbeifuhr, stoben die Vögel auseinander **2.** (*un líquido*) fließen; **el vino se desparramó sobre el mantel** der Wein floss [*o* verteilte sich] über die Tischdecke **3.** (*divertirse excesivamente*) sich wild amüsieren, die Sau rauslassen *fam* **4.** (*dispersar su atención*) sich verzetteln

desparramo [despa'rramo] *m* **1.** (*Chil, Cuba: desparramiento*) Unordnung *f* **2.** (*Chil, Urug: desbarajuste*) Durcheinander *nt,* Wirrwarr *m*

despatarrado, -a [despata'rraðo, -a] *adj* **1.** (*espatarrado*) breitbeinig **2.** (*pasmado*) verblüfft; **me quedé ~** ich war sprachlos **3.** (*asustado*) angsterfüllt, starr vor Schreck

despatarrante [despata'rran̩te] *adj* **1.** (*pasmante*) verblüffend, unglaublich **2.** (*terrible*) schrecklich, Angst einflößend

despatarrar [despata'rrar] **I.** *vt* **1.** (*asombrar*) verblüffen **2.** (*asustar*) erschrecken **II.** *vr:* ~**se** **1.** (*espatarrarse*) die Beine spreizen; **se despatarró sobre la cama** er/sie fiel aufs Bett und streckte alle viere von sich *dat* **2.** (*pasmarse*) völlig verdutzt sein, sprachlos sein **3.** (*caerse*) stürzen, auf den Hintern fallen; ~**se de risa** sich kaputtlachen, sich vor Lachen biegen **4.** (*argot: una mujer*) die Beine breit machen

despavesar [despaβe'sar] *vt* **1.** (*despabilar*) die verkohlten Dochtenden entfernen (+*gen*) **2.** (*ceniza*) die Asche wegblasen (von +*dat*)

despavorido, -a [despaβo'riðo, -a] *adj* angsterfüllt, entsetzt

despechado, -a [despe'ʧaðo, -a] *adj* empört, verbittert, sauer *fam*

despechar [despe'ʧar] **I.** *vt* **1.** (*indignar*) empören, verärgern **2.** (*destetar*) abstillen **3.** (FIN) zu hoch besteuern **II.** *vr:* ~**se** sich empören (*contra* über +*akk*), sich ärgern (*contra* über +*akk*); ~**se contra alguien** auf jdn wütend sein, gegen jdn einen Groll hegen

despecho [des'peʧo] *m* **1.** (*animosidad*) Groll *m,* Zorn *m,* Verbitterung *f* **2.** (*desesperación*) Verzweiflung *f* **3.** (*destete*) Abstillen *nt* **4.** (*loc*): **a ~ de** trotz +*gen;* **lo hizo a ~ de tus advertencias** er/sie tat es ungeachtet [*o* trotz] deiner Warnungen

despechugado, -a [despeʧu'ɣaðo, -a] *adj* **1.** (*con el pecho desnudo*) mit nackter Brust; **hace frío, no salgas a la calle tan ~** es ist kalt, geh nicht mit offenem Hemd auf die Straße **2.** (*que luce mucho escote*) tief dekolletiert; **hoy vienes muy despechugada** heute trägst du aber einen gewagten Ausschnitt **3.** (*vestido*) tief ausgeschnitten, tief dekolletiert

despechugar [despeʧu'ɣar] <g→gu> **I.** *vt* das Brustfleisch entfernen (von +*dat*) **II.** *vr:* ~**se** seine Brust entblößen

despechugarse [despeʧu'ɣarse] <g→gu> *vr* **1.** (*descubrirse el pecho*) die Brust freimachen **2.** (*lucir mucho escote*) einen gewagten Ausschnitt tragen

despectivo¹ [despek'tiβo] *m* (LING) Pejorativum *nt,* pejoratives Wort *nt*

despectivo, -a² [despek'tiβo, -a] *adj* **1.** (*despreciativo*) verächtlich, geringschätzig, despektierlich; (*elev: desdeñoso*) herablassend; (*tono*) abfällig, abschätzig; **tratar a alguien de manera despectiva** jdn von oben herab [*o* herablassend] behandeln **2.** (LING) pejorativ, abwertend

despedazamiento [despeðaθa'mjen̩to] *m* Zerstörung *f;* (*explosión*) Zerfetzen *nt;* (*cuchillo*) Zerschneiden *nt,* Zerstückeln *nt*

despedazar [despeða'θar] <z→c> **I.** *vt* (*hacer pedazos*) zerstören, kaputtmachen; (*en mil pedazos*) zertrümmern; (*con un cuchillo*) zerstückeln, zerhacken; (*con una tijera*) zerschneiden; (*con las manos*) zerbröckeln; (*pan*) zerkrümeln; **la bomba le despedazó la mano** die Bombe zerfetzte ihm/ihr die Hand; **su muerte le despedazó el corazón** sein/ihr Tod brach ihm/ihr das Herz

II. *vr:* ~**se** kaputtgehen; (*en mil pedazos*) zerschellen; (*pan*) zerkrümeln; (*muro*) zerbröckeln; (*cristal*) zersplittern; (*globo*) zerplatzen; **se me despedazó el alma cuando vi tanta miseria** (*fig*) beim Anblick von so viel Leid zerriss es mir das Herz, ich war erschüttert beim Anblick von so viel Leid

despedida [despe'ðiða] *f* **1.** (*separación*) Abschied *m*, Verabschiedung *f*; **visita de** ~ Abschiedsbesuch *m*; **no me gustan las** ~**s** ich hasse es, Abschied zu nehmen **2.** (*acto oficial*) Verabschiedung *f*; (*fiesta*) Abschiedsfeier *f*; ~ **de soltero** [*o* **soltera**] Polterabend *m*; **cena de** ~ Abschiedsessen *nt*; **mañana le dan la** ~ **en el palacio** morgen wird er/sie (offiziell) im Palast verabschiedet **3.** (*en una carta*) Schlussformel *f* **4.** (MÚS) ≈Abschiedsstrophe *f*

despedir [despe'ðir] *irr como pedir* **I.** *vt* **1.** (*decir adiós*) verabschieden; ~ **un testigo** (*fig*) einen Zeugen entlassen; ~ **las tropas** die Truppen wegtreten lassen; **lo/la despidieron con una fiesta** sie gaben ihm/ihr zu Ehren ein Abschiedsfest; **salió a** ~**me a mi coche** er/sie begleitete mich bis zu meinem Auto; **vinieron a** ~**me al aeropuerto** sie brachten mich zum Flughafen **2.** (*echar*) hinauswerfen; (*de un empleo*) entlassen; **su jefe la ha despedido por llegar siempre tarde al trabajo** ihr Chef hat ihr gekündigt, weil sie immer zu spät zur Arbeit kommt; ~ **a alguien con cajas destempladas** (*fig*) jdn in hohem Bogen hinauswerfen **3.** (*difundir*) verbreiten; (*emitir*) ausstoßen; (*un olor*) verströmen; **la chimenea despide humo** der Kamin stößt Rauch aus; **el volcán despide fuego** der Vulkan speit Feuer; **esta lámpara despide una luz agradable** diese Lampe verbreitet ein angenehmes Licht [*o* strahlt ein angenehmes Licht aus] **4.** (*lanzar*) schleudern; (*flecha*) abschießen; **el mar despidió el barco contra las rocas** das Meer schleuderte das Schiff gegen die Felsen **5.** (*apartar de sí*) loswerden; **no poder** ~ **de sí un pensamiento** einen Gedanken einfach nicht loswerden **II.** *vr:* ~**se 1.** (*decir adiós*) sich verabschieden (*de* von +*dat*), Abschied nehmen (*de* von +*dat*); ~**se a la francesa** ohne ein Abschiedswort weggehen **2.** (*dejar un empleo*) kündigen, seine Kündigung einreichen; ~**se de un trabajo** eine Stelle aufgeben **3.** (*de obtener, de conseguir algo*): **despídete de ese dinero** (*fig*) das Geld siehst du nie wieder; **despídete este mes de salir por las noches** diesen Monat darfst du abends nicht mehr ausgehen; **se despidió de ir de viaje** er/sie gab seine/ihre Reisepläne auf, er/sie schminkte sich *dat* das mit der Reise ab *fam*

despedregar [despeðre'ɣar] <g→gu> *vt* von Steinen befreien [*o* säubern]

despegable [despe'ɣaβle] *adj* ablösbar, abtrennbar

despegado, **-a** [despe'ɣaðo, -a] *adj* **1.** (*poco cariñoso*) kühl, distanziert, lieblos **2.** (*áspero*) unfreundlich, schroff

despegar [despe'ɣar] <g→gu> **I.** *vt* (*desprender*) abmachen, ablösen; (*una pegatina*) abziehen; (*algo cosido*) abtrennen; ~ **dos hojas** zwei Blätter voneinander lösen [*o* trennen]; **me obedeció sin** ~ **los labios** er/sie gehorchte mir wortlos; **ha estado toda la tarde sin** ~ **los labios** er/sie hat den ganzen Abend kein Wort gesagt **II.** *vi* starten, abheben; **los hidroaviones pueden** ~ **del suelo o del agua** Wasserflugzeuge können vom Boden oder vom Wasser aus starten; **la economía no despega** (*fig*) die Wirtschaft kommt nicht in Gang **III.** *vr:* ~**se 1.** (*desprenderse*) sich (ab)lösen (*de* von +*dat*); (*deshacerse*) auseinander gehen, auseinander fallen; **se ha despegado el sello** die Briefmarke hat sich gelöst [*o* ist abgegangen]; **se ha despegado el libro** das Buch ist aus dem Leim gegangen **2.** (*perder el afecto*) sich abwenden (*de* von +*dat*), sich distanzieren (*de* von +*dat*) **3.** (*desentonar*) nicht passen (*de* zu +*dat*); (*desdecir*) widersprechen (*con* +*dat*), im Widerspruch stehen (*con* zu +*dat*); **esto se despega con lo que dijiste ayer** das widerspricht dem, was du gestern gesagt hast

despego [des'peɣo] *m* **1.** (*falta de cariño*) Distanz *f*, Kühle *f*, Lieblosigkeit *f* **2.** (*falta de afecto*) Abneigung *f* (*por* gegen +*akk*); **sentir** ~ **por alguien** jdn nicht mögen **3.** (*falta de interés*) Gleichgültigkeit *f*

despegue [des'peɣe] *m* **1.** (AERO) Start *m*; ~ **de emergencia** Notstart *m*; ~ **vertical** Senkrechtstart *m* **2.** (ECON) wirtschaftlicher Aufschwung *m*

despeinado, **-a** [despei̯'naðo, -a] *adj* ungekämmt, zerzaust

despeinar [despei̯'nar] **I.** *vt* das Haar zerzausen (*a* +*dat*); **¡no me despeines!** ruinier mir nicht die Frisur!, zerzaus mir nicht das Haar! **II.** *vr:* ~**se** in Unordnung geraten

despejado, **-a** [despe'xaðo, -a] *adj* **1.** (*sin nubes*) blau, wolkenlos; (*día*) wolkenlos, heiter **2.** (*sin obstáculos*) frei, leer **3.** (*ancho*) breit; **una habitación despejada** ein großer Raum **4.** (*listo*) aufgeweckt, schlau **5.** (*despierto*) munter; **para ya de beber, tienes que tener la cabeza despejada para la entrevista** hör auf zu trinken, du brauchst für das Gespräch einen klaren Kopf

despejar [despe'xar] **I.** *vt* **1.** (*un lugar*) frei machen, räumen; ~ **la calle de nieve** den Schnee von der Straße räumen; ~ **una mesa** einen Tisch abräumen; ~ **una sala** einen Saal räumen **2.** (*una situación*) klären; (*un misterio*) aufklären, aufdecken; ~ **un asunto** Licht in eine Sache bringen **3.** (*una persona*) munter machen; **el aire fresco despejó su mente** durch die frische Luft bekam er/sie wieder einen klaren Kopf; **la ducha fría me despejó** die kalte Dusche hat mich munter gemacht **4.** (MAT) berechnen; ~ **la incógnita** die Unbekannte bestimmen; (*fig*) ein Geheimnis lüften

5. (DEP) abwehren; **el defensa despejó el tiro a córner** der Abwehrspieler kickte den Ball ins Toraus **II.** *vr:* ~**se 1.** (*el cielo*) sich aufklären, sich aufhellen, sich aufheitern; **el cielo se ha despejado** die Wolken haben sich verzogen; **parece que se va a ~ el día** es sieht so aus, als ob sich die Bewölkung heute noch auflöst [*o* sich das Wetter heute noch bessert] **2.** (*despabilarse*) munter werden, einen klaren Kopf bekommen; **tómate una taza de café para ~te** trink eine Tasse Kaffee um wach zu werden; **una ducha fría por la mañana es lo mejor para ~se** eine kalte Dusche am Morgen ist der ideale Muntermacher; **había bebido demasiado y salí al jardín para ~me** ich hatte zuviel getrunken und ging in den Garten um wieder einen klaren Kopf zu bekommen [*o* um wieder zu mir zu kommen] **3.** (*misterio*) sich aufklären **4.** (*adquirir desenvoltura*) seine Befangenheit ablegen, sich ungezwungen [*o* locker] geben **5.** (*un enfermo*): **se ha despejado un poco** sein/ihr Fieber ist leicht gesunken **6.** (*divertirse*) sich amüsieren

despeje [des'pexe] *m* (DEP: *en fútbol*) weiter Abwehrschuss *m;* (*en hockey sobre hielo*) Befreiungsschlag *m*

despejo [des'pexo] *m* **1.** (*de un lugar*) Räumung *f* **2.** (*en el trato*) Ungezwungenheit *f,* Lockerheit *f;* **te envidio por el ~ que muestras con tus superiores** ich beneide dich um deine ungezwungene [*o* lockere] Art, mit deinen Vorgesetzten umzugehen **3.** (*claro entendimiento*) Aufgewecktheit *f,* klarer Verstand *m*

despellejado, -a [despeʎe'xaðo, -a] *adj* **1.** (*animal*) abgehäutet **2.** (*piel*) abgeschürft **3.** (*tela*) zerschlissen, abgewetzt **4.** (*fam: sin dinero*) blank, pleite, abgebrannt

despellejar [despeʎe'xar] **I.** *vt* **1.** (*desollar*) (ab)häuten, (ent)häuten **2.** (*fam: maldecir*) lästern (*a* über *+akk*), kein gutes Haar lassen (*a* an *+dat*) **3.** (*fam: desvalijar*): **~ a alguien** jdm das Hemd über den Kopf ziehen **II.** *vr:* ~**se** sich häuten

despelotado, -a [despelo'taðo, -a] *adj* zerzaust

despelotarse [despelo'tarse] *vr* (*fam*) **1.** (*desnudarse*) sich ausziehen; **se despelotó delante de todos** er/sie zog sich einfach vor allen aus **2.** (*morirse de risa*) sich totlachen **3.** (*desmadrarse*) ausschweifen, zügellos leben

despelote [despe'lote] *m* (*fam*) Chaos *nt,* Durcheinander *nt;* **¡qué ~!** so ein Chaos!

despeluchar(se) [despelu'ʧar(se)] *vt, vr v.* **despeluzar**

despeluzar [despelu'θar] <z→c> *vt, vr v.* **despeluznar**

despeluznante [despeluθ'nan̪te] *adj* haarsträubend, entsetzlich

despeluznar [despeluθ'nar] *vt, vr:* ~**se 1.** (*felpa, pelo*) zerzausen **2.** (*erizar el cabello*) das Fell sträuben; **el perro se despeluz(n)ó del miedo que tenía** dem Hund sträubten sich vor Angst die Haare **3.** (*Cuba: desplumar*) ausplündern; **me asaltaron y me ~on** sie haben mich überfallen und völlig ausgeraubt

despenalización [despenaliθa'θjon] *f* Legalisierung *f*

despenalizar [despenali'θar] <z→c> *vt* legalisieren; **~ el aborto** die Abtreibung legalisieren

despenar [despe'nar] *vt* **1.** (*consolar*) trösten **2.** (*fam: matar*) abmurksen **3.** (*Am: rematar*) den Gnadenstoß geben *+dat*

despendolarse [despen̪do'larse] *vr* (*fam*) verrückt spielen, ausflippen

despendole [despen̪'dole] *m* (*fam*) Ausflippen *nt,* Durchdrehen *nt*

despensa [des'pensa] *f* **1.** (*fresquera*) Speisekammer *f* **2.** (*provisiones*) Vorrat *m* **3.** (*comestibles*) Nahrungsmittel *ntpl* **4.** (*Arg: almacén*) Lager *nt*

despensero, -a [despen'sero, -a] *m, f* Wirtschafter(in) *m(f);* (*bodeguero*) Kellermeister(in) *m(f)*

despeñadero¹ [despeɲa'ðero] *m* **1.** (GEO) Abgrund *m,* steiler Abhang *m* **2.** (*riesgo*) Wagnis *nt;* **meterse en un ~** sich in ein gefährliches Unterfangen stürzen

despeñadero, -a² [despeɲa'ðero, -a] *adj* abschüssig

despeñamiento [despeɲa'mjen̪to] *m* **1.** (*caída*) Herabstürzen *nt,* Absturz *m* **2.** (*pérdida económica*) finanzieller Ruin *m* **3.** (*diarrea*) Durchfall *m,* Diarrhoe *f*

despeñar [despe'ɲar] **I.** *vt* (herab)stürzen; **~ a alguien por un precipicio** jdn in den Abgrund stürzen **II.** *vr:* ~**se** (*caer*) (ab)stürzen; **el motorista se despeñó por el talud** der Motorradfahrer stürzte die Rampe herab; **~se a un vicio** einem Laster völlig verfallen

despepitar [despepi'tar] **I.** *vt* (*deshuesar*) entkernen, entkörnen **II.** *vr:* ~**se 1.** (*desgargantarse*) sich *dat* den Hals ausschreien **2.** (*loc*): **~se por algo** für etw schwärmen

desperdiciado, -a [desperði'θjaðo, -a] *adj* verschwenderisch

desperdiciar [desperði'θjar] *vt* (*ocasión*) verpassen; (*tiempo*) verschwenden, vertrödeln *fam;* (*dinero*) verschwenden, vergeuden; **¡cómo desperdicias el tiempo!** wie du deine Zeit vertrödelst!

desperdicio [desper'ðiθjo] *m* **1.** (*residuo*) Abfall *m,* Reststoff *m;* **~s biológicos** biologische Abfälle, Biomüll *m* **2.** (*malbaratamiento*) Verschwendung *f;* **no tener ~** sehr nützlich [*o* wertvoll] sein

desperdigado, -a [desperði'ɣaðo, -a] *adj* zerstreut, verteilt

desperdigamiento [desperðiɣa'mjen̪to] *m* Auseinandergehen *nt;* **el ~ descontrolado de los niños por el parque puso nerviosa a la cuidadora** die Kindergärtnerin wurde nervös, da sich die Kinder im Park in alle Richtungen zerstreuten

desperdigar [desperði'ɣar] <g→gu> **I.** *vt* (*gente*) zerstreuen; (*rebaño*) auseinander bringen **II.** *vr:* ~**se** sich zerstreuen, auseinander gehen

desperezarse [despere'θarse] <z→c> *vr* sich recken, sich strecken

desperezo [despe'reθo] *m* Recken *nt,* Strecken *nt*

desperfecto [desper'fekto] *m* **1.** (*deterioro*) Schaden *m,* Beschädigung *f* **2.** (*defecto*) Mangel *m,* Fehler *m;* ~ **de fabricación** Fabrikationsfehler *m;* **la mercancía tiene graves ~s** die Ware weist schwere Fehler auf; **esta máquina tiene un pequeño ~** diese Maschine ist leicht defekt [*o* hat einen leichten Defekt]

despersonalización [despersonaliθa'θjon] *f sin pl* **1.** (*pérdida de la identidad*) Persönlichkeitsverlust *m* **2.** (MED) Bewusstseinsspaltung *f,* Depersonalisation *f*

despersonalizar [despersonali'θar] <z→c> **I.** *vt* **1.** (*a una persona*) die Identität [*o* persönliche Note] nehmen (*a* +*dat*) **2.** (*una cosa*) entpersönlichen, das Persönliche ausschalten (bei +*dat*) **II.** *vr:* ~**se** seine persönliche Note verlieren

despertador[1] [desperta'ðor] *m* **1.** (*reloj*) Wecker *m,* Weckuhr *f* **2.** (*estímulo*) Aufmunterung *f*

despertador(a)[2] [desperta'ðor(a)] *adj* (auf)weckend

despertamiento [desperta'mjeṇto] *m* Erwachen *nt*

despertar [desper'tar] <e→ie> **I.** *vt* (*persona*) (auf)wecken; (*interés*) (er)wecken **II.** *vr:* ~**se** aufwachen **III.** *m* Erwachen *nt*

despezuñarse [despeθu'ɲarse] *vr* **1.** (*dañarse en la pezuña*) sich *dat* die Klauen verletzen **2.** (*AmS, PRico: ir con prisa*) eilig schreiten, eilen **3.** (*AmS, PRico: desvivirse*) sich *dat* ein Bein ausreißen, sich sehr bemühen

despiaco, **-a** [des'pjako, -a] *adj* (*Arg*) **1.** (*animal*) mit empfindlichen Pfoten **2.** (*persona*) gehbehindert

despiadado, **-a** [despja'ðaðo, -a] *adj* (*inhumano*) unbarmherzig, mitleid(s)los; (*cruel*) erbarmungslos, schonungslos

despichar [despi'ʧar] *vi* (*fam*) krepieren, abkratzen

despidiente [despi'ðjeṇte] *m* (TÉC: *andamio*) Trennstange *f*

despido [des'piðo] *m* **1.** (*despedida*) Abschied *m* **2.** (*descontratación*) Kündigung *f,* Entlassung *f;* ~ **colectivo** Massenentlassung *f;* ~ **improcedente** ungerechtfertigte Kündigung; ~ **masivo** (ECON) Massenentlassung *f;* ~ **pactado** Kündigung in gegenseitigem Einvernehmen (*meist mit Zahlung einer Abfindung*); ~ **súbito** fristlose Entlassung [*o* Kündigung]

despiece [des'pjeθe] *m* Zerlegung *f*

despierto, **-a** [des'pjerto, -a] *adj* **1.** (*insomne*) wach **2.** (*listo*) aufgeweckt, rege; **tienes una mente despierta** du hast einen regen [*o* wachen] Verstand

despiezar [despje'θar] <z→c> *vt* auseinander nehmen, zerlegen; ~ **una máquina** eine Maschine auseinander bauen

despigmentación [despiɣmeṇta'θjon] *f* Depigmentierung *f*

despilarar [despila'rar] *vt* (MIN) die Pfeiler abbauen (+*gen*), abpfeilern

despilfarrador(a) [despilfarra'ðor(a)] **I.** *adj* verschwenderisch **II.** *m(f)* Verschwender(in) *m(f)*

despilfarrar [despilfa'rrar] *vt* (*fam*) verplempern, verschwenden

despilfarro [despil'farro] *m* **1.** (*derroche*) Verschwendung *f,* Vergeudung *f;* **esto es un ~ de tiempo** das ist reine Zeitverschwendung [*o* Zeitvergeudung], du vergeudest nur deine Zeit **2.** (*descuido*) Liederlichkeit *f,* Schlamperei *f*

despimpollar [despimpo'ʎar] *vt* (AGR) ausgeizen

despinochar [despino'ʧar] *vt* (AGR) *v.* **despancar**

despintar [despiṇ'tar] **I.** *vt* **1.** (*un tejido*) entfärben; (*colores*) auswaschen **2.** (*desfigurar*) entstellen; **esta película despinta la realidad** dieser Film verzerrt die Wirklichkeit **3.** (*Col, Chil, PRico: apartar la mirada*) den Blick abwenden; (*perder de vista*) aus den Augen verlieren **II.** *vi* (*diferenciarse*) aus der Art schlagen; **esta niña despinta de su familia** dieses Mädchen schlägt nicht nach seiner Familie **III.** *vr:* ~**se** **1.** (*borrarse*) verblassen, verschießen; **la tela se despinta con el sol** der Stoff verblasst [*o* verschießt] in der Sonne **2.** (*fam: borrarse de la memoria*) aus dem Gedächtnis verlieren; **este asunto no se me despinta** (*fam*) diese Sache geht mir nicht aus dem Kopf [*o* lässt mir keine Ruhe]

despiojador [despjoxa'ðor] *m* Entlausungsgerät *nt*

despiojar [despjo'xar] *vt* entlausen

despioje [des'pjoxe] *m* Entlausung *f*

despiporre(n) [despi'porre(n)] *m* (*fam*) Wirrwarr *m*

despistado, **-a** [despis'taðo, -a] **I.** *adj* verwirrt, zerstreut, geistesabwesend **II.** *m, f:* **eres un ~** wo hast du nur deine Gedanken?

despistar [despis'tar] **I.** *vt* **1.** (*de la pista*) von der Fährte abbringen, irreleiten **2.** (*engañar*) täuschen, irreführen **II.** *vr:* ~**se** **1.** (*perderse*) sich verirren **2.** (*desconcertarse*) durcheinander kommen

despiste [des'piste] *m* Verwirrung *f,* Kopflosigkeit *f;* **un ~ lo tiene cualquiera** das kann jedem mal passieren

despitorrado, **-a** [despito'rraðo, -a] *adj* (TAUR) mit abgebrochenen Hörnern

desplacer [despla'θer] *irr como crecer* **I.** *vt* missfallen; **eso me desplace** das missfällt mir

II. *m* Missfallen *nt,* Unbehagen *nt*

desplanchar [desplan'tʃar] I. *vt* (wieder) zerknittern II. *vr:* **~se** knittern

desplantación [desplan̪ta'θjon] *f* (AGR) Entwurzeln *nt*

desplantar [desplan̪'tar] I. *vt* 1. (*planta*) verpflanzen, versetzen 2. (*desplomar*) aus dem Lot [*o* der Senkrechten] bringen II. *vr:* **~se** (*desplomarse*) aus dem Lot [*o* der Senkrechten] geraten

desplante [des'plan̪te] *m* (*insolencia*) Frechheit *f,* Dreistigkeit *f*

desplayado [despla'ɟaðo, -a] *m* 1. (*Arg: playa*) *nur bei Ebbe trockenfallender Sandstrand* 2. (*Arg, Guat: descampado*) freies Gelände *nt*

desplazado, -a [despla'θaðo, -a] *adj* deplatziert, fehl am Platz; **en esta fiesta me siento ~** auf dieser Party fühle ich mich fehl am Platz [*o* deplatziert]

desplazamiento [desplaθa'mjen̪to] *m* 1. (*traslado*) Umzug *m;* **gastos de ~** (ECON, FIN) Fahrtkosten *pl* 2. (*remoción*) Verschiebung *f,* Verrückung *f;* **~ de aire** Luftzug *m* 3. (INFOR) Verschieben *nt;* **tecla de ~** Richtungstaste *f* 4. (NÁUT) Wasserverdrängung *f*

desplazar [despla'θar] <z→c> *vt* 1. (*muebles*) verschieben, verrücken; (*enfermos*) verlagern; **~ línea a línea** (INFOR) scrollen 2. (*suplantar*) aus dem Amt verdrängen

desplegable [desple'ɣaβle] *adj* (*silla*) aufklappbar; (*cartón*) auseinanderfaltbar; **silla ~** Klappstuhl *m*

desplegar [desple'ɣar] *irr como fregar vt* 1. (*abrir*) öffnen; (*desdoblar*) auseinander falten, entfalten 2. (MIL) ausschwärmen lassen 3. (*desarrollar*) entfalten; **desplegó toda su fantasía para este trabajo** für diese Arbeit hat er/sie seine/ihre ganze Fantasie eingesetzt

despleguetear [despleɣete'ar] *vt* (AGR) die Ranken entfernen (+*gen*)

despliegue [des'pljeɣe] *m* Entfaltung *f,* Ausbreitung *f;* (MIL) Aufmarsch *m*

desplomarse [desplo'marse] *vr* 1. (*casa*) einstürzen 2. (*persona*) zusammensinken, zusammenbrechen 3. (*desviarse*) aus dem Lot geraten

desplome [des'plome] *m* Abweichung *f* vom Lot, Sichsenken *nt;* **el ~ de un edificio** das Sichsenken eines Gebäudes; **el ~ del oro** der Goldpreissturz; **el ~ de los precios** der Preiseinbruch

desplomo [des'plomo] *m* Abweichung *f* vom Lot, Sichsenken *nt*

desplumadura [despluma'ðura] *f* 1. (*extracción de las plumas*) Rupfen *nt* 2. (*pérdida de las plumas*) Ausfallen *nt* der Federn 3. (*fam: robo*) Ausrauben *nt*

desplumar [desplu'mar] *vt* 1. (*plumas*) rupfen 2. (*robar*) ausrauben, ausplündern; **me ~on jugando a las cartas** sie haben mir beim Kartenspiel das Hemd über den Kopf gezogen

despoblación [despoβla'θjon] *f* Entvölkerung *f*

despoblado¹ [despo'βlaðo] *m* (*yermo*) Einöde *f*

despoblado, -a² [despo'βlaðo, -a] *adj* unbewohnt, menschenleer; **un sitio ~** ein verlassener Ort

despoblar [despo'βlar] <o→ue> *vt* entvölkern, veröden; **~ un bosque** einen Wald abholzen; **~ el mar pescando** das Meer völlig ausfischen; **el huracán despobló la zona de árboles** der Orkan riss alle Bäume in dem Gebiet mit sich *dat*

despoetizar [despoeti'θar] <z→c> *vt* des poetischen Charakters berauben, entpoetisieren

despojar [despo'xar] I. *vt* rauben; **~ de un derecho a alguien** jdm ein Recht entziehen; **la ~on de todo lo que tenía** sie haben ihr alles weggenommen, was sie besaß II. *vr:* **~se** 1. (*desistir*) verzichten (*de* auf +*akk*); **se despojó de su fortuna** er/sie verzichtete auf sein/ihr Vermögen 2. (*quitar*) ablegen (*de* +*akk*), abstreifen (*de* +*akk*); **se despojó de su traje** er entledigte sich seines Anzugs; **no se puede ~ de sus angustias** (*fig*) er/sie kann sich seiner/ihrer Ängste nicht entledigen

despojo [des'poxo] *m* 1. (*presa*) Beute *f;* **~ del mar** Strandgut *nt* 2. *pl* (*matadero*) Schlachtabfall *m* 3. *pl* (*restos*) Überreste *mpl,* Abfall *m;* **los ~s de la comida** die Essensreste 4. *pl* (*escombros*) Bauschutt *m;* **construir una casa con ~s** ein Haus aus Abbruchsteinen bauen 5. *pl* (*restos mortales*) sterbliche Überreste *mpl*

despolarización [despolariθa'θjon] *f sin pl* (FÍS) Depolarisation *f*

despolarizador¹ [despolariθa'ðor] *m* (FÍS) Depolarisator *m*

despolarizador(a)² [despolariθa'ðor(a)] *adj* (FÍS) depolarisierend

despolarizante [despolari'θan̪te] I. *adj* (QUÍM) depolarisierend II. *m* (QUÍM) Depolarisationsstoff *m,* Depolarisator *m*

despolarizar [despolari'θar] <z→c> *vt* (FÍS) depolarisieren

despolimerización [despolimeriθa'θjon] *f* (QUÍM) Depolymerisation *f*

despolitización [despolitiθa'θjon] *f* Entpolitisierung *f*

despolitizar [despoliti'θar] <z→c> *vt* entpolitisieren

despolvorear [despolβore'ar] *vt* abstauben, entstauben

despopularización [despopulariθa'θjon] *f* (SOCIOL) Popularitätsverlust *m*

despopularizar [despopulari'θar] <z→c> I. *vt* unpopulär machen, die Popularität nehmen (*a* +*dat*) II. *vr:* **~se** unpopulär werden, an Popularität verlieren

desporrondingarse [desporron̪di'ɣarse] <g→gu> *vr* (*Col, Ven: derrochar*) verschwenderisch sein, sein Geld verschleudern

desportilladura [desportiʎa'ðura] *f* Randbruch *m,* Randscharte *f*

desportillar [desporti'ʎar] *vt* den Rand ausbrechen +*gen,* schartig machen

desposado, -a [despo'saðo, -a] *adj* **1.** (*recién casado*) jung [*o* frisch] verheiratet **2.** (*llevar esposas*) mit Handschellen gefesselt; **lo han** ~ sie haben ihn in Handschellen gelegt

desposar [despo'sar] **I.** *vt* verheiraten, trauen **II.** *vr:* ~**se** heiraten; ~**se con alguien** jdn heiraten

desposeer [despose'er] *irr como leer* **I.** *vt* **1.** (*expropiar*) enteignen; **el Estado desposeyó a los propietarios** der Staat hat die Grundbesitzer enteignet **2.** (*no reconocer*) aberkennen (*de* +*akk*); **la desposeyeron de sus derechos** ihre Rechte wurden ihr aberkannt **3.** (*destituir*) absetzen, aus dem Amt entfernen; **desposeyeron al ministro de su cargo** der Minister wurde abgesetzt **4.** (*fam: desplumar*) berauben **II.** *vr:* ~**se 1.** (*renunciar*) entsagen (*de* +*dat*); **se desposeyó voluntariamente del mando** er/sie verzichtete freiwillig auf die Herrschaft **2.** (*desapropiarse*) aufgeben (*de* +*akk*); **se desposeyó de todo lo que tenía** er/sie gab seinen/ihren gesamten Besitz auf

desposeído, -a [despose'iðo, -a] **I.** *pp de* **desposeer II.** *adj* besitzlos, arm; **estar ~ de una cosa** einer Sache verlustig gehen

desposeimiento [desposei̯'mjen̩to] *m* **1.** (*privación*) Enteignung *f,* Besitzentzug *m* **2.** (*renuncia*) Besitzaufgabe *f* **3.** (*destitución*) Absetzung *f*

desposorio(s) [despo'sorjo(s)] *m(pl)* **1.** (*esponsales*) Eheversprechen *nt* **2.** (*matrimonio*) Heirat *f*

despostador(a) [desposta'ðor(a)] *m(f)* (*Arg*) Person *f,* die Schlachtvieh zerlegt

despostar [despos'tar] *vt* (*AmS*) zerlegen

despostillar [desposti'ʎar] *vt* (*Am*) *v.* **desportillar**

déspota ['despota] *mf* Despot(in) *m(f),* Tyrann(in) *m(f)*

despótico, -a [des'potiko, -a] *adj* despotisch, tyrannisch

despotismo [despo'tismo] *m* **1.** (*sistema*) Despotismus *m,* Gewaltherrschaft *f,* Diktatur *f* **2.** (*tiranía*) Despotie *f,* Tyrannei *f*

despotizar [despoti'θar] <z→c> *vt* (*AmS*) tyrannisieren

despotricar [despotri'kar] <c→qu> *vi* **1.** (*fam: chochear*) quasseln, faseln **2.** (*fam: maldecir*) dumm anmachen (*contra* +*akk*), anschnauzen (*contra* +*akk*)

despreciable [despre'θjaβle] *adj* verwerflich, verächtlich

despreciar [despre'θjar] **I.** *vt* **1.** (*menospreciar*) verachten **2.** (*desairar*) verschmähen, gering schätzen **3.** (*oferta*) ausschlagen; **hemos despreciado su oferta** wir haben sein/ihr Angebot in den Wind geschlagen **II.** *vr:* ~**se** sich herabwürdigen; **no se desprecia de hacer cualquier trabajo** er/sie ist sich *dat* für keine Arbeit zu schade

despreciativo, -a [despreθja'tiβo, -a] *adj* verächtlich, geringschätzig, herabsetzend

desprecintar [despreθin̩'tar] *vt* entplomben

desprecio [des'preθjo] *m* Verachtung *f,* Geringschätzung *f*

desprender [despren̩'der] **I.** *vt* **1.** (*soltar*) abmachen, (los)lösen; ~ **el broche de la camisa** die Brosche von der Bluse lösen **2.** (*deducir*) schließen (*de* aus +*dat*); **de su aviso desprendemos que...** ihrer Nachricht entnehmen wir, dass ... **II.** *vr:* ~**se 1.** (*soltarse*) sich (ab)lösen; **se desprendió el gancho** der Haken hat sich gelöst **2.** (*deshacerse*) weggeben (*de* +*akk*), sich lösen (*de* von +*dat*); **me desprendí de la colección de monedas** ich habe die Münzsammlung weggegeben; **se desprendió de cualquier duda** er/sie löste sich von jeglichen Zweifeln **3.** (*deducirse*) sich ableiten (lassen) (*de* aus +*dat*), sich ergeben (*de* aus +*dat*); **de su comportamiento se desprende que está resentido** aus seinem Verhalten lässt sich schließen, dass er beleidigt ist

desprendido, -a [despren̩'diðo, -a] *adj* freigebig, großzügig

desprendimiento [despren̩di'mjen̩to, -a] *m* **1.** (*separación*) (Los)lösung *f,* (Ab)lösung *f;* ~ **de tierras** Erdrutsch *m;* ~ **de gas** (TÉC) Gasabgabe *f,* Gasentwicklung *f* **2.** (*generosidad*) Großzügigkeit *f,* Freigebigkeit *f*

despreocupación [despreokupa'θjon] *f* **1.** (*indiferencia*) Unbekümmertheit *f* **2.** (*insensatez*) Unvernunft *f*

despreocupado, -a [despreoku'paðo, -a] *adj* **1.** (*descuidado*) leichtsinnig, unbekümmert **2.** (*ingenuo*) unbefangen

despreocuparse [despreoku'parse] *vr* **1.** (*tranquilizarse*) sich von Sorgen befreien, sich entspannen; **me despreocupé con la lectura** das Lesen entspannte mich [*o* ließ mich meine Sorgen vergessen] **2.** (*desatender*) vernachlässigen (*de* +*akk*); **después de casarse se despreocupó de sus amigos** nach seiner/ihrer Heirat kümmerte er/sie sich nicht mehr um seine/ihre Freunde

despresar [despre'sar] *vt* (*AmS*) zerlegen

desprestigiar [despresti'xjar] **I.** *vt* entehren, herabwürdigen **II.** *vr:* ~**se 1.** (*rebajarse*) sich erniedrigen **2.** (*perder reputación*) sein Ansehen verlieren

desprestigio [despres'tixjo] *m* Verlust *m* des Ansehens

despresurización [despresuriθa'θjon] *f sin pl* (AERO) Luftdrucksenkung *f,* Druckentlastung *f*

despresurizar [despresuri'θar] <z→c> *vt* (AERO) den Luftdruck senken (+*gen,* in +*dat*)

desprevención [despreβen̩'θjon] *f* Achtlosigkeit *f,* Mangel *m* an Vorsorge

desprevenido, **-a** [despreβe'niðo, -a] *adj* unvorbereitet, ahnungslos; **coger** [*o* **pillar**] ~ überraschen, überrumpeln

desprivatización [despriβatiθa'θjon] *f* Entprivatisierung *f,* Vergesellschaftung *f*

desprivatizar [despriβati'θar] <z→c> *vt* entprivatisieren, der Öffentlichkeit zugänglich machen

desprofesionalizar [desprofesjonali'θar] <z→c> *vt* entprofessionalisieren

desproporción [despropor'θjon] *f* Missverhältnis *nt*

desproporcionado, **-a** [desproporθjo'naðo, -a] *adj* unverhältnismäßig

desproporcionar [desproporθjo'nar] *vt* ungleich machen

despropósito [despro'posito] *m* Ungereimtheit *f,* Unsinn *m;* **sólo dices ~s** du redest nur Unsinn

desprotección [desproteᵞ'θjon] *f* Schutzlosigkeit *f*

desprotegido, **-a** [desprote'xiðo, -a] *adj* schutzlos

desproveer [desproβe'er] *irr como proveer vt* nicht versorgen (*de* mit +*dat*); ~ **de libertad a alguien** jdn seiner Freiheit berauben *elev*

desprovisto, **-a** [despro'βisto, -a] **I.** *pp de* **desproveer II.** *adj* bar +*gen,* frei von +*dat;* **el viejo estadio está ~ de las normas de seguridad necesarias** der Sicherheitsstandard des alten Stadions ist nicht ausreichend

despueble [des'pweβle] *m* Entvölkerung *f;* **el ~ del campo** die Landflucht

después [des'pwes] **I.** *adj* danach; **una hora** ~ eine Stunde danach [*o* später] **II.** *adv* **1.** (*de tiempo*) nach, nachher; **¡hasta ~!** bis nachher!, bis dann!, auf Wiedersehen!; ~ **de todo** trotz allem; ~ **te lo cuento** nachher [*o* später] erzähle ich es dir; ~ **de la cena salimos** nach dem Essen gehen wir aus; ~ **(de) que vino** nachdem [*o* als] er/sie kam **2.** (*de espacio*) nach, hinter; ~ **de las montañas viene el mar** hinter den Bergen liegt das Meer

despulpado [despul'paðo] *m* Entnahme *f* des Fruchtfleisches

despulpar [despul'par] *vt* das Fruchtfleisch entnehmen (+*gen*)

despuntadura [despunta'ðura] *f* Entfernen *nt* der Spitze

despuntar [despun'tar] **I.** *vt* **1.** (*gastar la punta*) stumpf machen, abstumpfen **2.** (*quitar la punta*) die Spitze abbrechen **3.** (*colmena*) zeideln **4.** (NÁUT: *doblar una punta*) umfahren **II.** *vi* **1.** (*brotar*) knospen; **ya empiezan a ~ los narcisos** die Narzissen haben bereits Knospen **2.** (*amanecer*) anbrechen; **al ~ la aurora** bei Tagesanbruch **3.** (*fig: distinguirse*) überragen; **despunta en inglés** in Englisch ist er/sie besonders gut **III.** *vr:* **~se** (*gastarse la punta*) stumpf werden; (*perderse la punta*) die Spitze verlieren

desqueje [des'kexe] *m* (BOT) Verpflanzen *nt* von Stecklingen

desquiciado, **-a** [deski'θjaðo, -a] *adj* **1.** (*desordenado*) unordentlich **2.** (*fam: trastornado*) zerrüttet; **una familia desquiciada** eine zerrüttete Familie

desquiciamiento [deskiθja'mjento] *m* Zerrüttung *f*

desquiciante [deski'θjante] *adj* zerrüttend, erschütternd

desquiciar [deski'θjar] **I.** *vt* **1.** (*desencajar*) aus den Angeln heben **2.** (*fig: alterar*) aus der Fassung bringen; **esta tragedia le ha desquiciado** diese Tragödie hat ihn innerlich aus dem Gleichgewicht gebracht **3.** (*dar importancia excesiva*) überbewerten **II.** *vr:* **~se** den Halt verlieren

desquitar [deski'tar] *vt, vr:* **~se 1.** (*resarcir(se)*) wiedergewinnen; **~se de una pérdida** den Verlust wieder einbringen **2.** (*desagraviar(se)*) sich schadlos halten (*de* an +*dat*)

desquite [des'kite] *m* **1.** (*juego de cartas*) Wiedergewinnen *nt* **2.** (*desagravio*) Genugtuung *f,* Vergeltung *f;* **tomar(se) el** ~ sich rächen, sich schadlos halten

desraspado [desrras'paðo] *m* (AGR) Entrappen *nt*

desraspar [desrras'par] *vt* (AGR) entrappen

desratización [desrratiθa'θjon] *f* Bekämpfung *f* von Ratten und Mäusen

desratizar [desrrati'θar] <z→c> *vt* von Ratten und Mäusen befreien

desrazonable [desrraθo'naβle] *adj* unvernünftig, irrational

desreglamentación [desrreɣlamenta'θjon] *f* Deregulierung *f*

desregulación [desrreɣula'θjon] *f* Regellosigkeit *f,* Unordnung *f*

desrielar [desrrje'lar] *vi* (*Am*) entgleisen

desriñonar [desrriɲo'nar] **I.** *vt* lendenlahm schlagen **II.** *vr:* **~se** sich *dat* das Rückgrat brechen

desrizar [desrri'θar] <z→c> **I.** *vt* **1.** (*cabello*) entkräuseln, glätten **2.** (NÁUT: *velas*) entfalten **II.** *vr:* **~se** (*rizos*) aufgehen; (*pelo*) sich glätten

destacable [desta'kaβle] *adj* erwähnenswert

destacado, **-a** [desta'kaðo, -a] *adj* herausragend; **es uno de los actores de cine más ~s** er ist einer der hervorragendsten Leinwandschauspieler; **elementos ~s** (*Am*) führende Persönlichkeiten

destacamento [destaka'mento] *m* **1.** (MIL) Detachement *nt,* abgesonderte Truppenabteilung *f* **2.** (*policía*) Polizeieinheit *f*

destacar [desta'kar] <c→qu> **I.** *vi* überragen, hervorstechen; **destaca en el deporte** im Sport ist er/sie ein Ass **II.** *vt* **1.** (*realzar*) hervorheben, hervortreten lassen; **de entre todos los participantes hay que ~ a los argentinos** von allen Teilnehmern sind die Argentinier besonders zu erwähnen **2.** (MIL) abkommandieren (*Truppe*) **III.** *vr:* **~se 1.** (*des-*

collar) sich abheben (*de/entre* von +*dat*); **se destacaba entre los demás por su tranquilidad** er/sie hob sich von den anderen durch seine/ihre ruhige Art ab **2.** (MIL) sich von der Truppe absondern

destajador [destaxa'ðor] *m* Schmiedehammer *m*, Setzhammer *m*

destajar [desta'xar] *vt* **1.** (*trabajo*) Arbeitsbedingungen festlegen **2.** (*naipes*) abheben

destajista [desta'xista] *mf* Akkordarbeiter(in) *m(f)*

destajo [des'taxo] *m* Akkordarbeit *f*; **a ~** auf [*o* im] Akkord; **trabajar a ~** (*fam*) arbeiten wie ein Pferd; **hablar a ~** (*fam*) reden wie ein Wasserfall; **a ~** (*Arg, Chil: a ojo*) aufs Geratewohl

destallar [desta'ʎar] *vt* (AGR) die Triebe zurückschneiden (+*gen*)

destapar [desta'par] **I.** *vt* **1.** (*abrir*) öffnen, den Deckel abnehmen (von +*dat*); **~ una botella de vino** eine Weinflasche entkorken; **~ la olla** den Deckel vom Topf nehmen **2.** (*desabrigar*) aufdecken; **lo destapó para despertarlo** er/sie hat ihm die Bettdecke weggenommen um ihn aufzuwecken **3.** (*secretos*) aufdecken, enthüllen; **ha destapado el secreto** er/sie hat den Schleier des Geheimnisses gelüftet **4.** (*vulg: matar*) abmurksen *fam* **5.** (*Méx: animales*) loslaufen **II.** *vr:* **~se 1.** (*perder la tapa*) den Deckel verlieren, sich öffnen **2.** (*desabrigarse*) sich aufdecken; **te has destapado durmiendo** du hast dich im Schlaf aufgedeckt **3.** (*fam: desnudarse*) sich ausziehen **4.** (*fig: descubrirse*) sich bloßstellen; **se destapó con su amigo** er/sie sprach sich bei seinem/ihrem Freund aus, er/sie schüttete seinem/ihrem Freund sein/ihr Herz aus

destape [des'tape] *m* (*fam*) Striptease *m o nt*

destapiar [desta'pjar] *vt* eine (Umfassungs)mauer abreißen

destaponar [destapo'nar] *vt* **1.** (*botellas*) entkorken **2.** (*Perú: abrir*) öffnen

destartalado, -a [destarta'laðo, -a] *adj* **1.** (*desmantelado*) verwahrlost, baufällig; **casa destartalada** altes Gemäuer *elev* **2.** (*desproporcionado*) krumm und schief

destechar [deste'tʃar] *vt* abdecken

destejar [deste'xar] *vt* abdecken

destejer [deste'xer] *vt* **1.** (*tejido*) auftrennen, aufräufeln **2.** (*fig: desbaratar*) zerstören

destellante [deste'ʎan̩te] *adj* leuchtend, strahlend

destellar [deste'ʎar] *vi* aufleuchten, funkeln

destello [des'teʎo] *m* **1.** (*rayo de luz*) Strahl *m* **2.** (*reflejo*) Abglanz *m* **3.** (*resplandor*) Schimmer *m* **4.** (*fig: indicio*) Anzeichen *nt*, Anflug *m*; **tener ~s de inteligencia** vor Intelligenz sprühen

destemplado, -a [destem'plaðo, -a] *adj* **1.** (*sonido*) verstimmt, klanglos **2.** (*voz*) rau, unangenehm **3.** (*acero*) enthärtet **4.** (*pintura*) unharmonisch **5.** (*tiempo*) unfreundlich **6.** (*persona*) unpässlich **7.** (*loc*): **echar con cajas destempladas** barsch abweisen

destemplanza [destem'plan̩θa] *f* **1.** (*inmoderación*) Unmäßigkeit *f* **2.** (*tiempo*) Unbeständigkeit *f* **3.** (*malestar*) Unpässlichkeit *f*, leichtes Fieber *nt*

destemplar [destem'plar] **I.** *vt* **1.** (*acero*) enthärten **2.** (*sonido*) verstimmen **3.** (*perturbar*) stören **II.** *vr:* **~se 1.** (*alterarse*) heftig werden **2.** (*indisponerse*) unpässlich werden

destemple [des'temple] *m* **1.** (*música*) Missklang *m*, Verstimmung *f* **2.** (*indisposición ligera*) Unwohlsein *nt*, leichte Unpässlichkeit *f* **3.** (*fig: desconcierto*) Verwirrung *f*, Unordnung *f*

destensar [desten'sar] *vt* lockern

desteñido, -a [deste'ɲiðo, -a] *adj* entfärbt, verwaschen

desteñir [deste'ɲir] *irr como ceñir* **I.** *vi* abfärben; **si lavas la camisa con agua muy caliente se ~á** wenn du das Hemd mit heißem Wasser wäschst, färbt es ab **II.** *vt* **1.** (*quitar el color*) entfärben **2.** (*manchar con color*) verfärben **III.** *vr:* **~se** verblassen; **los tatuajes se destiñen con el tiempo** die Tätowierungen verlieren mit der Zeit an Farbe

desternillante [desterni'ʎan̩te] *adj* zum Totlachen

desternillarse [desterni'ʎarse] *vr:* **~ de risa** sich totlachen, zwerchfellerschütternd lachen

desterrado, -a [deste'rraðo, -a] **I.** *adj* **1.** (*exiliado*) verbannt **2.** (*desechado*) nicht mehr üblich; **la pena de muerte es una práctica desterrada de este país** in diesem Land wird die Todesstrafe nicht mehr angewandt **II.** *m, f* Verbannte(r) *mf*

desterrar [deste'rrar] <e→ie> **I.** *vt* **1.** (*exiliar*) verbannen; **lo ~on del país** er wurde des Landes verwiesen **2.** (*quitar la tierra*) die Erde entfernen; **~ una planta** die Erde an den Wurzeln einer Pflanze entfernen **3.** (*alejar*) vertreiben, bannen; **~ la enfermedad** die Krankheit beschwören; **~ los malos pensamientos** böse Gedanken vertreiben **II.** *vr:* **~se** auswandern

destetar [deste'tar] **I.** *vt* abstillen, entwöhnen; **la madre destetó a su bebé a los ocho meses** die Mutter hat ihr Baby mit acht Monaten abgestillt **II.** *vr:* **~se con algo** (*fig*) etw mit der Muttermilch einsaugen

destete [des'tete] *m* Abstillen *nt*, Entwöhnung *f* (*von der Muttermilch*)

destiempo [des'tjempo] *m:* **a ~** ungelegen

destierre [des'tjerre] *m* (MIN) Säuberung *f* des Gesteins

destierro [des'tjerro] *m* **1.** (*pena*) Verbannung *f*, Landesverweisung *f* **2.** (*lugar*) Exil *nt*, Verbannungsort *m* **3.** (*fig: lugar muy alejado*) abgelegener Ort *m*

destilación [destila'θjon] *f* Destillation *f*

destilado [desti'laðo] *m* (QUÍM) Destillat *nt*

destilador[1] [destila'ðor] *m* Destillierapparat *m*

destilador(a)[2] [destila'ðor(a)] *m(f)* Branntweinbrenner(in) *m(f),* Destillateur(in) *m(f)*

destilar [desti'lar] **I.** *vi* tröpfeln **II.** *vt* **1.**(*alambicar*) destillieren **2.**(*filtrar*) filtrieren **3.**(*soltar*) absondern; **la herida destila sangre** die Wunde blutet **4.**(*sentimiento*) offenbaren; **la crítica destila mala leche** die Kritik steckt voller Bosheiten

destilatorio[1] [destila'torjo] *m* Destillierapparat *m*

destilatorio, -a[2] [destila'torjo, -a] *adj* Destillier-; **procedimiento** ~ Destillierverfahren *nt*

destilería [destile'ria] *f* Spiritusbrennerei *f,* Destillieranlage *f*

destinado, -a [desti'naðo, -a] *adj* berufen; **desde que nació estaba ~ a ser un gran sacerdote** seit seiner Geburt war er dazu bestimmt, Priester zu werden

destinar [desti'nar] *vt* **1.**(*dedicar*) bestimmen (*a* für *+akk*), zuweisen (*a +dat*) **2.**(*enviar*) versetzen; **el ministerio lo ha destinado a Berlín** das Ministerium hat ihn nach Berlin versetzt **3.**(*designar*) ernennen, berufen; **lo han destinado para Ministro de Defensa** er wurde zum Verteidigungsminister ernannt

destinatario, -a [destina'tarjo, -a] *m, f* Empfänger(in) *m(f),* Adressat(in) *m(f)*

destino [des'tino] *m* **1.**(*hado*) Schicksal *nt,* Los *nt;* **tuvo un ~ muy triste** ihm/ihr war ein schweres Los beschieden **2.**(*empleo*) Amt *nt,* Anstellung *f;* **el derecho a ~** die Anstellungsberechtigung; **pedir un importante ~ en el gobierno** sich um einen wichtigen Regierungsposten bewerben **3.**(*destinación*) Bestimmungsort *m;* **la estación de ~** die Endstation; **el puerto de ~** der Bestimmungshafen; **este barco sale con ~ a México** dieses Schiff fährt nach Mexiko **4.**(*finalidad*) Zweckbestimmung *f,* Bestimmung *f;* **esta caja la uso para varios ~s: para mesa, para taburete, etc.** ich verwende diesen Kasten gleichzeitig als Tisch, als Hocker, usw.

destitución [destitu'θjon] *f* Entlassung *f,* Amtsenthebung *f;* **la ~ del cargo** die Absetzung vom Amt; **la ~ disciplinaria** die Entfernung aus dem Dienst

destituible [destitu'iβle] *adj* absetzbar; **ser ~ el cargo de uno** von seinem Amt absetzbar sein

destituido, -a [destitu'iðo, -a] *adj* **1.**(*despedido*) abgesetzt, entlassen **2.**(*falto de*) frei von *+dat;* **~ de fundamento** grundlos; **una tarea destituida de importancia** eine bedeutungslose Aufgabe

destituir [destitu'ir] *irr como huir vt* **1.**(*despedir*) absetzen, entlassen; **~ al jefe de gobierno** den Regierungschef absetzen **2.**(*elev: privar*): **~ a alguien de algo** jdm etw entziehen

destorcer [destor'θer] *irr como cocer* **I.** *vt* aufdrehen **II.** *vr:* **~se 1.**(*cable*) sich aufdrehen **2.**(NÁUT) vom Kurs abkommen

destornillado, -a [destorni'ʎaðo, -a] *adj* (*fig*) kopflos, unbesonnen

destornillador [destorniʎa'ðor] *m* Schraubenzieher *m*

destornillar [destorni'ʎar] **I.** *vt* abschrauben, losschrauben **II.** *vr:* **~se** (*fig*) den Kopf verlieren, ausrasten *fam*

destoserse [desto'serse] *vr* sich räuspern, hüsteln

destoxicación [destoɣsika'θjon] *f* **1.**(QUÍM) Entgiftung *f,* Detoxikation *f* **2.**(TÉC) Abfallentgiftung *f*

destrabar [destra'βar] **I.** *vt* **1.**(*desatar*) losbinden **2.**(*Am*) eine Sperrung ausklinken **II.** *vr:* **~se** sich losmachen

destral [des'tral] *m* Handbeil *nt*

destrenzar [destren̪'θar] <z→c> **I.** *vt* entflechten **II.** *vr:* **~se** sich *dat* den Zopf lösen

destreza [des'treθa] *f* Geschicklichkeit *f;* **la ~ manual** die Handfertigkeit; **con ~** geschickt

destripacuentos [destripa'kwen̪tos] *mf inv* (*fam*) *jd, der/die eine Erzählung an unangebrachten Stellen unterbricht*

destripador(a) [destripa'ðor(a)] *m(f)* (*fig*) Mörder(in) *m(f);* **Jack el ~** Jack the Ripper

destripamiento [destripa'mjen̪to] *m* **1.**(*extracción de las tripas*) Ausweiden *nt,* Ausnehmen *nt* der Eingeweide **2.**(*espachurramiento*) Ausquetschen *nt,* Ausdrücken *nt;* **el ~ del tubo dentrífico** das Ausdrücken der Zahnpastatube

destripar [destri'par] *vt* **1.**(*despanzurrar*) ausweiden, ausnehmen **2.**(*fig: vaciar*) den Inhalt [*o* die Füllung] entfernen; **~ un cigarrillo** den Tabak aus der Zigarettenhülse ziehen **3.**(*despachurrar, t. fig*) zerquetschen **4.**(*estropear*) vereiteln, voreilig unterbrechen; **si sigues interrumpiéndome me ~ás la historia** wenn du mich weiter unterbrichst, vermasselst du mir noch die Geschichte **5.**(*Méx: abandonar los estudios*) das Studium abbrechen

destripaterrones [destripate'rrones] *mf inv* (*fam*) Feldarbeiter(in) *m(f);* **ser un ~** plump und grobschlächtig sein

destrísimo, -a [des'trisimo, -a] *adj superl de* **diestro, -a**

destronamiento [destrona'mjen̪to] *m* Absetzung *f,* Entthronung *f*

destronar [destro'nar] *vt* absetzen, entthronen

destroncadora [destroŋka'ðora] *f* Rodemaschine *f,* Ausroder *m*

destroncar [destroŋ'kar] <c→qu> **I.** *vt* **1.**(*árbol*) fällen, umhauen **2.**(*discurso, ensayo*) verpatzen **3.**(*dañar*) Schaden zufügen (*a +dat*) **4.**(*cuerpo de una persona*) zerlegen **5.**(*derrengar*) zu Grunde richten **II.** *vr:* **~se** (*derrengar*) sich abarbeiten, sich kaputt arbeiten

destronque [des'troŋke] *m* Bäumefällen *nt*

destrozar [destro'θar] <z→c> **I.** *vt* **1.** (*despedazar*) zerstören; ~ **un libro** ein Buch zerreißen [*o* zerfetzen]; ~ **la ropa** die Kleider abtragen; ~ **un vehículo** ein Auto zu Schrott fahren **2.** (*destruir física o moralmente*) zerstören, ruinieren; **estar destrozado** am Boden zerstört sein; **he trabajado todo el día y estoy destrozado** ich habe den ganzen Tag geschuftet und jetzt bin ich fix und fertig; **el viaje me ha destrozado** von der langen Reise bin ich völlig gerädert; **con el alma destrozada** mit gebrochenem Herzen **3.** (*aniquilar*) vereiteln; ~**on nuestros planes** sie haben unsere Pläne vereitelt [*o* zunichte gemacht] **4.** (MIL) besiegen **II.** *vr:* ~**se** in Stücke gehen

destrozo [des'troθo] *m* **1.** (*daño*) Schaden *m* **2.** (MIL) Niederlage *f*

destrozón, **-ona** [destro'θon, -ona] *adj o m, f* (*fam*): **este niño es un** ~ dieses Kind macht alles kaputt

destrucción [destruɣ'θjon] *f* Zerstörung *f*, Vernichtung *f*

destructibilidad [destruktiβili'ðað] *f sin pl* Zerstörbarkeit *f*

destructible [destruk'tiβle] *adj* zerstörbar

destructividad [destruktiβi'ðað] *f* Zerstörungstrieb *m*, Destruktivität *f*

destructivo, **-a** [destruk'tiβo, -a] *adj* zerstörend, destruktiv

destructor[1] [destruk'tor] *m* (MIL) Zerstörer *m*

destructor(a)[2] [destruk'tor(a)] *m(f)* Zerstörer(in) *m(f)*

destruible [destru'iβle] *adj* zerstörbar

destruir [destru'ir] *irr como huir* **I.** *vt* **1.** (*destrozar*) zerstören, vernichten; **el granizo destruyó la cosecha** der Hagel vernichtete die Ernte **2.** (*arruinar física o moralmente*) ruinieren, zugrunde [*o* zu Grunde] richten **3.** (*aniquilar*) vereiteln, zunichte machen; **me destruyeron las esperanzas** meine Hoffnungen wurden zunichte gemacht **4.** (*malbaratar*) abwirtschaften; **destruyó la empresa familiar** er/sie hat den Familienbetrieb heruntergewirtschaftet **II.** *vr:* ~**se 1.** (*destrozarse*) sich ruinieren **2.** (MAT) sich aufheben

destusar [destu'sar] *vt* (*AmC*) *v.* **despancar**

desubicado, **-a** [desuβi'kaðo, -a] *adj* (*Am*) desorientiert; (*fig*) zerstreut, träumerisch

desuello [de'sweʎo] *m* **1.** (*desolladura*) Abhäuten *nt*, Enthäutung *f* **2.** (*descaro*) Unverschämtheit *f*, Frechheit *f*

desuerar [deswe'rar] *vt* (*mantequilla, yogur*) Molke ablaufen lassen [*o* abgießen] (von +*dat*)

desulfuración [desulfura'θjon] *f* (QUÍM) Entschwefelung *f*

desulfurar [desulfu'rar] *vt* (QUÍM) entschwefeln

desuncir [desun̦'θir] <c→z> *vt* (*animales*) abspannen, ausspannen

desunión [desu'njon] *f* **1.** (*separación*) Trennung *f*, Lösung *f* **2.** (*discordia*) Uneinigkeit *f*, Zwietracht *f elev*

desunir [desu'nir] *vt, vr:* ~**se 1.** (*separar(se)*) (sich) trennen **2.** (*enemistar(se)*) (sich) entzweien, (sich) verfeinden

desuñarse [desu'ɲarse] *vr* sich plagen, sich abmühen; ~ **para alimentar a sus hijos** sich abmühen um seine Kinder zu ernähren

desurbanización [desurβaniθa'θjon] *f* Verwilderung *f*

desurbanizar [desurβani'θar] <z→c> *vt* Gewerbe auf der grünen Wiese ansiedeln, *Ackerland in Industrieland umwandeln*

desurdir [desur'ðir] *vt* **1.** (*tejido*) auftrennen **2.** (*fig: trama*) vereiteln

desusado, **-a** [desu'saðo, -a] *adj* ungebräuchlich, unüblich

desuso [de'suso] *m:* **caer en** ~ aus dem Gebrauch [*o* aus der Mode] kommen

desvahar [desβa'ar] *vt* (AGR) welkes Laub entfernen (von +*dat*)

desvaído, **-a** [desβa'iðo, -a] *adj* **1.** (*colores*) verwaschen **2.** (*persona*) sehr groß und dünn, ohne Anmut; **es una mujer desvaída** sie ist eine richtige Hopfenstange *fam*

desvainadura [desβai̯na'ðura] *f* Enthülsen *nt*

desvainar [desβai̯'nar] *vt* enthülsen

desvaírse [desβa'irse] *irr como embaír vr* ausbleichen, verblassen

desvalido, **-a** [desβa'liðo, -a] *adj* schutzlos, hilfsbedürftig

desvalijamiento [desβalixa'mjen̦to] *m* Ausplünderung *f*

desvalijar [desβali'xar] *vt* ausplündern, ausrauben

desvalimiento [desβali'mjen̦to] *m* Schutzlosigkeit *f*, Hilfsbedürftigkeit *f*

desvalorar [desβalo'rar] *vt v.* **desvalorizar**

desvalorización [desβaloriθa'θjon] *f* Entwertung *f*, Abwertung *f*, Wertminderung *f*; ~ **monetaria** Geldentwertung *f*

desvalorizar [desβalori'θar] <z→c> *vt* entwerten, abwerten; ~**on el dólar** der Dollar wurde abgewertet

desván [des'βan] *m* Dachboden *m*; ~ **gatero** [*o* **perdido**] unbewohnbarer Dachboden

desvanecer [desβane'θer] *irr como crecer* **I.** *vt* **1.** (*color*) verwischen, verschwimmen lassen **2.** (*dudas*) beseitigen, verscheuchen; ~ **una duda** einen Zweifel beseitigen [*o* zerstreuen]; ~ **las sospechas de alguien** den Verdacht von jdm ablenken **II.** *vr:* ~**se 1.** (*disiparse*) verschwinden, sich auflösen; **el alcohol se desvanece** Alkohol verdunstet; **el sol se desvaneció tras las montañas** die Sonne verschwand hinter den Bergen; **si usas mucha agua para la acuarela, los colores se desvanecen** wenn du für das Aquarell zu viel Wasser verwendest, verschwimmen die Farben; **desde que me debe dinero se ha desvanecido** seitdem er/sie mir Geld schuldet, hat er/sie sich in Luft aufgelöst; **el entusiasmo se desvaneció rápidamente** die Begeisterung war schnell wieder verflogen; **mis esperanzas se desvanecieron** meine Hoffnungen sind (in nichts) zerronnen; **poco a poco se desvaneció su enojo** langsam verrauchte sein/ihr Ärger **2.** (*desmayarse*) ohnmächtig werden **3.** (*Chil: entibiar el agua*) das Wasser lauwarm machen

desvanecido, **-a** [desβane'θiðo, -a] *adj* **1.** (*desmayado*) bewusstlos **2.** (*vanidoso*) selbstgefällig

desvanecimiento [desβaneθi'mjen̩to] *m* **1.** (*desaparición*) Verschwinden *nt*, Auflösen *nt* **2.** (*mareo*) Schwindel *m*; **tener un** ~ ohnmächtig werden **3.** (*vanidad*) Selbstgefälligkeit *f* **4.** (RADIO) schlechter Empfang *m*

desvarar [desβa'rar] *vt* (NÁUT) flott machen

desvariado, **-a** [desβari'aðo, -a] *adj* **1.** (*incoherente*) unvernünftig **2.** (AGR) ins Holz geschossen (*Zweige*)

desvariar [desβari'ar] <*1. pres:* desvarío> *vi* fantasieren, wirr reden; **la fiebre alta hace** ~ hohes Fieber verursacht Fieberträume

desvarío [desβa'rio] *m* **1.** (*locura*) Wahnsinn *m*, Irrsinn *m*; **los ~s de una imaginación enfermiza** die Fantastereien eines verwirrten Geistes **2.** (*delirio*) Fieberwahn *m* **3.** (*monstruosidad*) Ungeheuerlichkeit *f* **4.** (*capricho*) Launenhaftigkeit *f*

desvedar [desβe'ðar] *vt* ein Verbot aufheben (+*gen*); **desvedaron la caza de liebres en la temporada de primavera** im Frühjahr wurde die Schonzeit der Feldhasen aufgehoben

desvelado, **-a** [desβe'laðo, -a] *adj* **1.** (*sin sueño*) schlaflos, wach **2.** (*despabilado*) munter, aufgeweckt **3.** (*atento*) wachsam

desvelar [desβe'lar] **I.** *vt* **1.** (*sueño*) wach halten, wecken; **el café desvela** der Kaffee hält wach; **el sol de la mañana me desveló** die Morgensonne hat mich geweckt **2.** (*revelar*) offenbaren, aufdecken **II.** *vr:* **~se 1.** (*despertarse*) aufwachen **2.** (*esmerarse*) sich einsetzen (*por* für +*akk*), sich bemühen (*por* um +*akk*); **siempre se desvelaba por el bienestar de los demás** er/sie setzte sich immer für das Wohlergehen der anderen ein; **esta madre se desvela día y noche por sus hijos** diese Mutter müht sich rund um die Uhr für ihre Kinder ab

desvelo [des'βelo] *m* **1.** (*insomnio*) Schlaflosigkeit *f* **2.** (*despabilamiento*) Munterkeit *f* **3.** *(pl)* (*celo*) Eifer *m*, Sorgfalt *f* **4.** *(pl)* (*atención*) Sorge *f*, Fürsorge *f*

desvencijado, **-a** [desβen̩θi'xaðo, -a] *adj* klapp(e)rig, wack(e)lig; **una mesa desvencijada** ein wack(e)liger Tisch

desvencijar [desβen̩θi'xar] **I.** *vt* auseinander nehmen **II.** *vr:* **~se** aus den Fugen geraten, auseinander fallen

desvendar [desβen̩'dar] **I.** *vt* die Binde entfernen (von +*dat*, *a* +*dat*) **II.** *vr:* **~se** sich *dat* die Binde abnehmen; **se desvendó la pierna** er/sie entfernte den Verband an seinem/ihrem Bein

desventaja [desβen̩'taxa] *f* Nachteil *m*

desventajoso, **-a** [desβen̩ta'xoso, -a] *adj* nachteilig; **apariencia desventajosa** unvorteilhaftes Auftreten; **condiciones de pago desventajosas** ungünstige Zahlungsbedingungen; **consecuencias desventajosas** nachteilige Folgen

desventura [desβen̩'tura] *f* Missgeschick *nt*, Unglück *nt*

desventurado, **-a** [desβen̩tu'raðo, -a] **I.** *adj* unglücklich, unheilvoll; **es una familia desventurada, sufre una tragedia tras otra** die Familie wird vom Pech verfolgt, sie erleidet eine Tragödie nach der anderen; **fue un verano muy** ~ in diesem Sommer häuften sich die unangenehmen Vorfälle **II.** *m, f* Unglückliche(r) *mf*, Pechvogel *m*

desvergonzado, **-a** [desβerɣon̩'θaðo, -a] **I.** *adj* schamlos, unverschämt **II.** *m, f* Schamlose(r) *mf*

desvergonzarse [desβerɣon̩'θarse] *irr como avergonzar vr* unverschämt werden; ~ **con alguien** jdm gegenüber unverschämt werden

desvergüenza [desβer'ɣwen̩θa] *f* Unverschämtheit *f*, Frechheit *f*, Dreistigkeit *f*

desvertebrado, **-a** [desβerte'βraðo, -a] *adj* ohne Rückgrat

desvertebrar [desβerte'βrar] *vt* das Rückgrat brechen (*a* +*dat*)

desvestir [desβes'tir] *irr como pedir vt, vr:* **~se** (sich) ausziehen, (sich) entkleiden

desviación [desβja'θjon] *f* **1.** (*torcedura*) Abweichung *f*, Richtungsänderung *f*; ~ **de la aguja magnética** Missweisung der Magnetnadel; ~ **del barco** Abdrift des Schiffes; ~ **de la columna vertebral** Rückgratverkrümmung *f*; ~ **jurídica** Rechtsfehler *m*; ~ **magnética** magnetische Ablenkung; ~ **del péndulo** der Ausschlag des Pendels; ~ **del tráfico** Umleitung des Verkehrs **2.** (*aberración*) Verirrung *f*

desviacionismo [desβjaθjo'nismo] *m* (FILOS, POL) Abweichlertum *nt*

desviacionista [desβjaθjo'nista] *mf* Abweichler(in) *m(f)*

desviado, **-a** [desβi'aðo, -a] *adj* **1.** (*diferente*) abweichend (*de* von +*dat*) **2.** (*tráfico*) umgeleitet

desviar [desβi'ar] <*1. pres:* desvío> **I.** *vt* umleiten, umlenken; (*en su opinión*) umstimmen; ~ **a alguien de la intención de hacer algo** jdn davon abbringen etw zu tun; ~ **a alguien del buen camino** jdn vom rechten Weg abbringen; ~ **el agua por una zanja** das Wasser abgraben; ~ **el avión** das Flugzeug entführen; ~ **una cuestión** einer Frage ausweichen; ~ **el dinero** das Geld abzweigen; ~ **el rayo de luz** den Lichtstrahl umlenken; ~ **un río** einen Fluss umleiten **II.** *vr:* **~se**

1.(*cambiar de dirección*) abkommen, abschwenken; ~**se del camino** vom Weg abkommen; ~**se de una idea** von einer Idee Abstand nehmen; **la brigada se desvió hacia la izquierda** die Kolonne schwenkte nach links ab **2.**(*extraviarse*) abhanden kommen, verloren gehen

desvinculación [desβiŋkula'θjon] *f* Loslösung *f,* Auflösen *nt* der Bindung

desvincular [desβiŋku'lar] **I.** *vt* **1.**(*perder el vínculo*) die Verbindung lösen (*de* mit/zwischen +*dat*) **2.**(*Am:* ECON: *amortizar*) der toten Hand entziehen **II.** *vr:* ~**se** sich lösen (*de* von +*dat*); **se ha desvinculado del grupo** er/sie hat sich von der Gruppe gelöst

desvío [des'βio] *m* **1.**(*desviación*) Abweichung *f* **2.**(*tráfico*) Umgehungsstraße *f,* Nebenstraße *f;* (*temporal*) Umleitung *f* **3.**(NÁUT) Abweichung *f* vom Kurs **4.**(*CSur, PRico:* FERRO) Ausweichgleis *nt,* Seitengleis *nt* **5.**(*despego*) Abneigung *f*

desvirgar [desβir'ɣar] <g→gu> *vt* **1.**(*persona*) entjungfern **2.**(*fig fam: estrenar*) einweihen

desvirtuar [desβirtu'ar] <*1. pres:* desvirtúo> **I.** *vt* entkräften, widerlegen; ~ **una prueba** einen Beweis entkräften; ~ **la competencia** den Wettbewerb verfälschen; ~ **un rumor** ein Gerücht widerlegen **II.** *vr:* ~**se** an Kraft verlieren, den Halt verlieren

desvitrificación [desβitrifika'θjon] *f* (TÉC) Entglasung *f*

desvivirse [desβi'βirse] *vr* versessen sein (*por* auf +*akk*), schmachten (*por* nach +*dat*); **el niño se desvive por las golosinas** das Kind ist auf Süßigkeiten ganz versessen; **el hombre se desvive por esta mujer** der Mann ist unsterblich in diese Frau verliebt; **se desvivió por conseguir este documento** nach diesem Dokument hat er/sie sich *dat* die Beine abgelaufen; **se desvivieron conmigo** sie haben alles für mich getan

desyemar [desɟe'mar] *vt* **1.**(*planta*) die Knospen entfernen (von +*dat*) **2.**(*huevo*) das Eigelb vom Eiweiß trennen

desyerbar [desɟer'βar] *vt* (AGR) jäten

desyugar [desɟu'ɣar] <g→gu> *vt* das Joch entfernen (von +*dat*)

detallado, **-a** [deta'ʎaðo, -a] *adj* ausführlich, detailliert

detallar [deta'ʎar] *vt* **1.**(*pormenorizar*) einzeln aufführen, detaillieren **2.**(COM) im Einzelhandel verkaufen

detalle [de'taʎe] *m* **1.**(*pormenor*) Detail *nt,* Einzelaufstellung *f;* **en** [*o* **al**] ~ ausführlich, genau; **venta al** ~ (COM) Einzelverkauf *m;* **dar** ~**s** genau schildern, detailliert berichten; **entrar en** ~**s** ins Detail gehen **2.**(*finura*) Liebenswürdigkeit *f,* Aufmerksamkeit *f;* **has tenido un** ~ **regalándome las flores** es war sehr aufmerksam [*o* liebenswürdig] von dir, mir die Blumen zu schenken

detallista [deta'ʎista] **I.** *adj* genau; (*pey*) kleinlich, pedantisch **II.** *mf* **1.**(*minucioso*) Kleinigkeitskrämer(in) *m(f),* Pedant(in) *m(f)* **2.**(*minorista*) Einzelhändler(in) *m(f)*

detasa [de'tasa] *f* (COM) Gebührenermäßigung *f;* (FERRO) Frachtrabatt *m*

detección [deteɣ'θjon] *f* **1.**(*reconocimiento*) Erkennung *f;* **la** ~ **precoz** die Früherkennung **2.**(RADIO) Demodulation *f,* Gleichrichtung *f* **3.**(NÁUT): **la** ~ **de incendios** Feueranzeige *f*

detectable [detek'taβle] *adj* erkennbar

detectar [detek'tar] *vt* entdecken, erkennen, ausfindig machen; ~**on la presencia de radiactividad en el suelo** sie haben entdeckt, dass der Boden radioaktiv belastet ist; **los astrónomos** ~**on un astro desconocido** die Astronomen haben einen unbekannten Himmelskörper entdeckt [*o* ausfindig gemacht]

detective [detek'tiβe] *mf* Detektiv(in) *m(f)*

detectivesco, **-a** [detekti'βesko, -a] *adj* detektivisch; **sagacidad detectivesca** detektivischer Scharfsinn

detector [detek'tor] *m* Detektor *m,* Spürgerät *nt;* ~ **de humo** Rauchgasanzeiger *m;* ~ **de mentiras** Lügendetektor *m;* ~ **de minerales y metales** Metall- und Erzsuchgerät *nt*

detención [deteṇ'θjon] *f* **1.**(*parada*) Anhalten *nt;* **palanca de** ~ Arretierhebel *m;* **la** ~ **de la correspondencia** das Zurückhalten der Korrespondenz; **la** ~ **del crecimiento** die Wachstumshemmung; **la** ~ **de un tren** das Anhalten eines Zuges **2.**(*encarcelamiento*) Verhaftung *f,* Festnahme *f;* ~ **ilegal** Freiheitsberaubung *f;* ~ **previa** [*o* **preventiva**] Untersuchungshaft *f;* **detenciones masivas** (POL) Massenverhaftungen *fpl* **3.**(*dilación*) Verzögerung *f;* **venga sin** ~ kommen Sie unverzüglich **4.**(*prolijidad*) Ausführlichkeit *f;* **lo describió con** ~ er/sie beschrieb es in allen Einzelheiten; **ha corregido el examen con** ~ er/sie hat die Klausur mit großer Sorgfalt korrigiert

detener [dete'ner] *irr como tener* **I.** *vt* **1.**(*parar*) anhalten, zurückhalten; ~ **la máquina** die Maschine anhalten; ~ **los progresos de una enfermedad** das Fortschreiten einer Krankheit bremsen [*o* aufhalten]; **la policía me detuvo para pedirme la documentación** die Polizei hielt mich an und verlangte meine Papiere **2.**(*encarcelar*) verhaften, festnehmen; ~ **ilegalmente** rechtswidrig in Haft halten; ~ **provisionalmente** vorläufig in Haft halten **3.**(*retener*) einbehalten, beschlagnahmen; ~ **un objeto en su poder** eine Sache einbehalten, eine Sache beschlagnahmen **II.** *vr:* ~**se** **1.**(*pararse*) innehalten; **se detuvieron un momento ante los escaparates** sie hielten einen Moment vor den Schaufenstern inne **2.**(*entretenerse*) sich aufhalten (*en* mit +*dat*), verweilen

detenido, **-a** [dete'niðo, -a] **I.** *adj* **1.**(*minucioso*) gründlich, eingehend; **un** ~ **examen del problema** eine eingehende Untersuchung des Problems **2.** (*apocado*) schüchtern, unentschlossen, zurückhaltend **3.** (*escaso*) karg **4.** (*arrestado*) verhaftet, festgenommen; **¡está ~!** Sie sind verhaftet! **II.** *m, f* Häftling *m,* Verhaftete(r) *mf,* Gefangene(r) *mf*

detenimiento [deteni'mjento] *m* **1.** (*minuciosidad*) Ausführlichkeit *f;* **con ~** ausführlich **2.** (*tardanza*) Verzögerung *f;* **con ~** umständlich **3.** (*encarcelamiento*) Verhaftung *f*

detentador(a) [detenta'ðor(a)] *m(f)* (JUR) unrechtmäßiger Besitzer *m,* unrechtmäßige Besitzerin *f*

detentar [deten'tar] *vt* unrechtmäßig besitzen; **el general pudo ~ el poder gracias a un golpe de Estado** der General konnte die Macht durch einen Staatsstreich an sich reißen

detergente [deter'xente] **I.** *adj* reinigend **II.** *m* Reinigungsmittel *nt;* **~ para lavar la ropa** Waschmittel *nt,* Waschpulver *nt;* **~ lavavajillas** Spülmittel *nt*

deterger [deter'xer] <g→j> *vt* **1.** (MED) säubern **2.** (*limpiar*) reinigen

deteriorar [deterjo'rar] **I.** *vt* verschlechtern, beschädigen; **~ los muebles** die Möbel abnutzen **II.** *vr:* **~se 1.** (*empeorarse*) sich verschlimmern, sich verschlechtern; **si no te cuidas se ~á aún más tu salud** wenn du dich nicht schonst, wird sich deine Gesundheit weiter verschlechtern **2.** (*estropearse*) verderben; **mercancía deteriorada** schadhafte Ware; **los cerales se han deteriorado por el frío** das Getreide ist ausgewintert

deteriorativo, -a [deterjora'tiβo, -a] *adj* (MED) geistig abbauend, degenerativ

deterioro [dete'rjoro] *m* **1.** (*desmejora*) Verschlechterung *f;* **~ de calidad** Qualitätsminderung *f;* **el ~ de la situación política parece haber remitido** die politische Lage scheint sich nicht weiter zu verschlechtern; **~ del turismo** Beeinträchtigung des Tourismus **2.** (*daño*) Schaden *m,* Beschädigung *f;* **sin ~** unbeschädigt; **~ debido al amacenamiento** Lagerschaden *m* **3.** (*desgaste*) Abnutzung *f,* Verschleiß *m* **4.** (*echarse a perder*) Verderben *nt;* **sujeto a ~** verderblich; **de fácil ~** leicht verderblich

determinabilidad [determinaβili'ðaᵈ] *f sin pl* **1.** (*propiedad de ser determinable*) Bestimmbarkeit *f* **2.** (FILOS) Determiniertheit *f*

determinable [determi'naβle] *adj* bestimmbar

determinación [determina'θjon] *f* **1.** (*fijación*) Bestimmung *f,* Beschluss *m;* **~ ambiental** Umweltgestaltung *f;* **~ de los daños** Schadensfestsetzung *f;* **~ de objetivos** Zielsetzung *f* **2.** (*decisión*) Entschluss *m;* **tomar una ~** eine Entscheidung treffen **3.** (*audacia*) Unerschrockenheit *f,* Bestimmtheit *f*

determinado, -a [determi'naðo, -a] *adj* **1.** (*cierto*) bestimmt; **artículo ~** (LING) bestimmter Artikel; **determinada gente** bestimmte [*o* gewisse] Leute; **un día ~** ein bestimmter Tag **2.** (*atrevido*) kühn, entschlossen; **un soldado ~** ein kühner Soldat

determinante [determi'nante] **I.** *adj* bestimmend, entscheidend; **verbo ~** (LING) modifizierende Verbform; **palabra ~** (LING) Bestimmungswort *nt* **II.** *m* Bestimmungsgröße *f;* (MAT) Determinante *f*

determinar [determi'nar] **I.** *vt* **1.** (*fijar*) festlegen, bestimmen; **~ el plazo de entrega** den Liefertermin festlegen; **~ los precios** die Preise bestimmen **2.** (*decidir*) beschließen; **~ un pleito** einen Prozess entscheiden; **ayer había determinado salir de paseo, pero después se me quitaron las ganas** gestern hatte ich beschlossen spazieren zu gehen, doch dann habe ich die Lust dazu verloren **3.** (*causar*) verursachen; **la falta de alimentos determinó el pánico entre la población** der Mangel an Lebensmitteln verursachte Panik unter der Bevölkerung **4.** (*motivar*): **~ a alguien a hacer algo** jdn zu etw *dat* bewegen [*o* veranlassen]; **esto le determinó a ayudarme** das hat ihn dazu bewogen, mir zu helfen **II.** *vr:* **~se** sich entschließen (*a* zu +*dat*), sich entscheiden (*por* für +*akk*); **se determinó a comprarse un coche nuevo** er/sie hat beschlossen sich *dat* ein neues Auto zu kaufen; **se determinó por la camisa roja** er/sie hat sich für das rote Hemd entschieden

determinismo [determi'nismo] *m* (FILOS) Determinismus *m*

determinista [determi'nista] **I.** *adj* (FILOS) deterministisch **II.** *mf* (FILOS) Determinist(in) *m(f)*

detersorio¹ [deter'sorjo] *m* Reinigungsmittel *nt*

detersorio, -a² [deter'sorjo, -a] *adj* reinigend

detestable [detes'taβle] *adj* abscheulich, ekelhaft

detestar [detes'tar] *vt* **1.** (*abominar*) verabscheuen; **detesto a esta persona** ich hasse diese Person **2.** (*maldecir*) verwünschen

detonación [detona'θjon] *f* Detonation *f,* Knall *m*

detonador [detona'ðor] *m* Sprengstoffzünder *m,* Zündkapsel *f*

detonante [deto'nante] *adj* **1.** (*explosivo*) knallend, explosiv; **explosivo ~** brisanter Sprengstoff; **mezcla ~** Sprengmischung *f* **2.** (*Am: que molesta*) störend

detonar [deto'nar] **I.** *vi* explodieren, detonieren **II.** *vt* zünden; **~on la mina** sie zündeten die Mine

detorsión [detor'sjon] *f* (ANAT) Zerrung *f*

detracción [detraᵞ'θjon] *f* Verleumdung *f*

detractor(a) [detrak'tor(a)] **I.** *adj* lästerlich **II.** *m(f)* Verleumder(in) *m(f)*

detraer [detra'er] *irr como traer* **I.** *vt* **1.** (*restar*) abziehen **2.** (*desacreditar*) herabwürdigen **II.** *vr:* **~se** sich fern halten (*de* von +*dat*), sich abwenden (*de* von +*dat*); **~se de un grupo** sich einer Gruppe entziehen

detrás [de'tras] **I.** *adv* **1.** (*local*) hinten; **allí** ~ dahinter; **tienes una mancha** ~ du hast hinten [*o* auf dem Rücken] einen Fleck; **tienes que entrar por** ~ du musst hinten(he)rum hereinkommen; **me asaltaron por** ~ sie haben mich hinterrücks angegriffen **2.** (*en el orden*): **el que está** ~ der Hintermann; **primero estás tu y** ~ **van mis amigos** (*fig*) du bist für mich am wichtigsten und dann erst kommen meine Freunde **II.** *prep* **1.** (*local: tras*): ~ **de** hinter +*dat;* (*con movimiento*) hinter +*akk;* **el niño se esconde** ~ **de la casa** das Kind versteckt sich hinter dem Haus; **ponte** ~ **de tu hermano** stell dich hinter deinen Bruder; ~ **de la carta pone la dirección** auf der Rückseite des Briefes steht die Adresse; **quedar** ~ **de los otros** hinter den anderen zurückbleiben; **ir** ~ **de alguien** jdm nachfolgen, hinter jdm hergehen; **¿no te da vergüenza hablar mal (por)** ~ **de ella?** (*fig*) schämst du dich nicht hinter ihrem Rücken schlecht über sie zu reden? **2.** (*en el orden*): **uno** ~ **de otro** einer nach dem anderen, nacheinander

detrición [detri'θjon] *f* (GEO) Zerreiben *nt* des Gesteins, Zertrümmerung *f* des Gesteins

detrimento [detri'me̞n̪to] *m* **1.** (*daño*) Schaden *m;* **causar gran** ~ **a alguien** jdm großen Schaden zufügen; ~ **de la salud** Gesundheitsschaden *m,* Beeinträchtigung der Gesundheit **2.** (*perjuicio*) Nachteil *m;* **en** ~ **de alguien** zu jds Schaden; **en** ~ **de la salud** auf Kosten der Gesundheit

detrítico[1] [de'tritiko] *m* (GEO) Gesteinsschutt *m,* Detritus *m*

detrítico, -a[2] [de'tritiko, -a] *adj* (GEO) locker, detritisch, klastisch

detritívoro[1] [detri'tiβoro] *m* (ZOOL) Abfallfresser *m*

detritívoro, -a[2] [detri'tiβoro, -a] *adj* (ZOOL) Abfälle fressend

detrito [de'trito] *m,* **detritus** [de'tritus] *m inv* **1.** (GEO, BIOL, MED) Detritus *m* **2.** (*desechos*) Ausschuss *m*

detumescencia [detumes'θen̪θja] *f* (MED) Abschwellung *f,* Detumeszens *f*

detumescente [detumes'θen̪te] **I.** *adj* (MED) abschwellend **II.** *m* (MED) abschwellendes Medikament *nt*

deuda ['deu̯ða] *f* **1.** (*débito*) Schuld *f,* Verschuldung *f;* ~ **activa** Geldforderung *f;* ~ **amortizable** tilgbare Schuld; ~ **bancaria** Bankschuld *f;* ~ **consolidada** konsolidierte Schuld; ~ **contraída** Verschuldung *f;* ~ **del Estado** Staatsschuld *f,* Staatsverschuldung *f;* ~ **externa** Auslandsschuld *f;* ~ **fiscal** Steuerschuld *f;* ~ **flotante** schwebende Schuld; ~ **impositiva** Steuerschuld *f;* ~ **interna** Inlandsschuld *f;* ~ **de juego** Spielschuld *f;* ~ **pública** Verschuldung der öffentlichen Hand; ~ **a pagar** fällige Schuld; ~ **pendiente** ausstehende Schuld; ~ **vencida** überfällige Schuld; **cobrar una** ~ eine Schuld einziehen; **liquidar una** ~ eine Schuld abtragen; **saldar una** ~ eine Schuld begleichen **2.** *pl* (*deudas*) Schulden *fpl;* **cargado de ~s** überschuldet; **contraer** [*o* **hacer**] **~s** Schulden machen; **gravar con ~s** mit Schulden belasten; **sin ~s** schuldenfrei **3.** (*obligación moral*) moralische Verpflichtung *f;* **estar en** ~ **con alguien** in jds Schuld stehen; **lo prometido es** ~ was man verspricht, muss man auch halten **4.** (*pecado*) Sünde *f;* **y perdónanos nuestras ~s...** und vergib uns unsere Schuld ...

D

deudor(a) [deu̯'ðor(a)] **I.** *adj* schuldnerisch, schuldig, Schuldner-; **saldo** ~ Sollsaldo *m;* **nación ~a** Schuldnerland *nt* **II.** *m(f)* Schuldner(in) *m(f);* (JUR) Debitor(in) *m(f);* ~ **alimentario** Unterhaltspflichtige(r) *m;* ~ **moroso** säumiger Schuldner; ~ **solidario** Mitschuldner *m*

deuterio [deu̯'terjo] *m* (QUÍM) Deuterium *nt,* schwerer Wasserstoff *m*

deuterogamia [deu̯tero'ɣamja] *f* Zweitehe *f,* Wiederheirat *f*

deutón [deu̯'ton] *m* (FÍS) Deuteron *nt*

deutoneurona [deu̯toneu̯'rona] *f* (ANAT) Deutero-Neuron *nt*

deutoplasma [deu̯to'plasma] *m* (BIOL) Deutoplasma *nt*

devaluación [deβalwa'θjon] *f* Abwertung *f;* ~ **monetaria** Geldabwertung *f*

devaluar [deβalu'ar] <*1. pres:* **devalúo**> *vt* abwerten

devanadera [deβana'ðera] *f* **1.** (TÉC: *máquina para devanar*) Aufspulgerät *nt,* Garnwinde *f* **2.** (TEAT) Abwickelmaschine *f* **3.** (TÉC: *para mangas contra incendios*) Schlauchtrommel *f* **4.** (*pesca*) Logrolle *f*

devanado [deβa'naðo] *m* **1.** (*resultado de devanar*) Haspeln *nt* **2.** (ELEC) Wicklung *f*

devanador(a) [deβana'ðor(a)] *m(f)* Haspler(in) *m(f)*

devanadora [deβana'ðora] *f* Haspel *f*

devanar [deβa'nar] **I.** *vt* haspeln, aufwickeln; (*en un carrete*) aufspulen **II.** *vr:* **~se 1.** (*Cuba: reírse mucho*) sich vor Lachen krümmen **2.** (*loc*): **~se los sesos** (*fig*) sich *dat* den Kopf zerbrechen

devaneo [deβa'neo] *m* **1.** (*locura*) Hirngespinst *nt* **2.** (*distracción*) Ablenkung *f,* unnützer Zeitvertreib *m* **3.** (*amorío pasajero*) Liebelei *f*

devastación [deβasta'θjon] *f* Verwüstung *f,* Verheerung *f*

devastador(a) [deβasta'ðor(a)] **I.** *adj* verheerend **II.** *m(f)* Zerstörer(in) *m(f)*

devastar [deβas'tar] *vt* verwüsten, verheeren

devengado, -a [deβeŋ'gaðo, -a] *adj:* **interés** ~ angefallener Zins *m*

devengar [deβeŋ'gar] <g→gu> *vt* **1.** (*salario*) beziehen, verdienen **2.** (*intereses*) abwerfen, einbringen

devengo [de'βeŋgo] *m* **1.** (FIN): ~ **de intereses** Zinsertrag *m* **2.** *pl* (FIN) Auslagen *fpl*

devenir [deβe'nir] *irr como venir* **I.** *vi*

1. (*acaecer*) geschehen, vorkommen 2. (FILOS) werden, in Erscheinung treten II. *m* (FILOS) Dasein *nt*

deverbal [deβer'βal] *adj* (LING) deverbativ

devoción [deβo'θjon] *f* 1. (REL: *religión*) Frömmigkeit *f*, Gottergebenheit *f*; **fingir** ~ frömmeln; **los objetos de** ~ die Devotionalien; **no tener a alguien como santo de su** ~ jdm nicht grün sein 2. (*oración*) Andacht *f*, Gebet *nt* 3. (*profundo respeto*) Ehrfurcht *f*; **rezar con** ~ andächtig beten 4. (*sujeto a obediencia*) Ergebenheit *f*; **estar a la** ~ **de alguien** jdm völlig ergeben sein 5. (*fervor*) Hingabe *f*; **amar a alguien con** ~ jdn abgöttisch lieben; **hacer algo con** ~ etw mit Hingabe tun; **tener** ~ **a un santo** einen Heiligen verehren 6. (*afición*) Zuneigung *f*

devocionario [deβoθjo'narjo] *m* Gebetbuch *nt*, Andachtsbuch *nt*

devolución [deβolu'θjon] *f* Rückgabe *f*, Rückzahlung *f*; ~ **del impuesto** Steuererstattung *f*; ~ **del importe** Rückerstattung des Rechnungsbetrages; ~ **a origen** Rücksendung *f*

devolutivo, **-a** [deβolu'tiβo, -a] *adj* (JUR) rückerstattend, Devolutiv-

devolver [deβol'βer] *irr como volver* I. *vt* zurückgeben, wiedergeben; ~ **bien por mal** Böses mit Gutem vergelten; ~ **la comida** sich übergeben, (sich) erbrechen; ~ **dinero** Geld herausgeben; ~ **un favor** eine Gefälligkeit erwidern; ~ **un libro** ein Buch zurückgeben; ~ **la visita** einen Gegenbesuch machen; **devuélvase al remitente** (*en cartas*) zurück an Absender; **esta máquina no devuelve cambio** dieser Automat gibt kein Wechselgeld heraus; **le devolvió la pelota al defensa** er/sie schoss den Ball zum Verteidiger zurück; **ha devuelto la ciudad a su antiguo encanto** er/sie hat der Stadt ihren einstigen Zauber wiedergegeben II. *vr*: ~**se** (*Am: volver*) zurückkehren; **se devolvió a casa** er/sie ist nach Hause zurückgegangen

devorador(a) [deβora'ðor(a)] *adj* verschlingend; **hambre** ~**a** Heißhunger *m*

devorar [deβo'rar] *vt* verschlingen; ~ **la comida** das Essen in großer Hast verschlingen [*o* hinunterschlingen]; ~ **una novela** ein Buch verschlingen; ~ **a alguien con los ojos** jdn mit den Augen verschlingen; **el león devora a la cebra** der Löwe frisst das Zebra; **la enfermedad devoró sus fuerzas** die Krankheit hat ihm/ihr seine/ihre Kraft genommen; **el fuego devoró la casa** das Feuer verschlang das Haus; **me devora la impaciencia** ich vergehe vor Ungeduld

devoto, **-a** [de'βoto, -a] I. *adj* 1. (*religioso*) gläubig, gottergeben, fromm 2. (*adicto*) ergeben (*de* + *dat*), zugetan (*de* + *dat*); **es una devota admiradora de los Beatles** sie ist eine leidenschaftliche Anhängerin der Beatles II. *m, f* 1. (*creyente*) Gläubige(r) *mf* 2. (*admirador*) Anhänger(in) *m(f)*; **es un** ~ **de San Francisco de Asís** Franz von Assisi ist sein Lieblingsheiliger

dexiocardia [deʸsjo'karðja] *f* (MED) Herzrechtslage *f*, Dextrokardie *f*

dextrina [des'trina] *f* (QUÍM) Dextrin *nt*, Stärkegummi *nt*

dextrosa [des'trosa] *f* (QUÍM) Dextrose *f*, Traubenzucker *m*

deyección [deɟeʸ'θjon] *f* 1. (*volcán*) Auswurf *m* 2. (*defecación*) Darmentleerung *f*, Stuhlgang *m* 3. *pl* (*heces*) Kot *m*, Stuhl *m*

dezmar [deθ'mar] *vt* (HIST: *diezmar*) den Zehnten entrichten (+*gen*)

DF [de'efe] *m abr de* **Distrito Federal** Bundesbezirk *m*

DG [de'xe] *f abr de* **Dirección General** GD *f*, Generaldirektion *f*; (POL) Ministerialabteilung *f*

DGT [dexe'te] *f* 1. *abr de* **Dirección General de Turismo** *spanisches Fremdenverkehrsamt* 2. *abr de* **Dirección General del Tesoro** *Abteilung Staatsvermögen des spanischen Finanzministeriums*

día ['dia] *m* Tag *m*; ~ **anual** [*o* **natural**] [*o* **civil**] Kalendertag *m*; ~ **de año nuevo** Neujahrstag *m*; ~ **de baja** Ausfalltag *m*; ~ **de Bolsa** Börsentag *m*; ~ **de cumpleaños** Geburtstag *m*; ~ **de descanso** Ruhetag *m*; ~ **de los difuntos** Allerseelentag *m*; ~ **festivo** Feiertag *m*; ~ **hábil** Arbeitstag *m*, Werktag *m*; **el** ~ **a** ~ der Alltag; **el** ~ **del juicio final** das Jüngste Gericht; ~ **laborable** Arbeitstag *m*, Werktag *m*; ~ **lectivo** Unterrichtstag *m*; ~ **de liquidación** Liquidationstermin *m*; ~ **de paga** Zahltag *m*; ~ **puente** Brückentag *m*; ~ **de Reyes** Dreikönigstag *m*; ~ **del santo** Namenstag *m*; **cambio del** ~ Tageskurs *m*; **a** ~**s** unregelmäßig; **al abrir** [*o* **romper**] [*o* **rayar**] **el** ~ bei Tagesanbruch; **al caer el** ~ am späten Nachmittag; **al otro** ~ tags darauf, am nächsten Tag; **antes del** ~ vor Tagesanbruch, vor dem Morgengrauen; **¡buenos** ~**s!** guten Tag!; (*por la mañana*) guten Morgen!; **cada** ~ jeden Tag; **cualquier** ~ irgendwann; **de** ~ tagsüber; **del** ~ aktuell, vom Tage; **de** ~**s** nicht mehr neu; **de** ~ **para** ~ Tag für Tag; **de** ~ **en** ~ von Tag zu Tag; **de hoy en ocho** ~**s** heute in acht Tagen; **de un** ~ **a otro** von einem Tag auf den anderen; **una diferencia como del** ~ **a la noche** ein Unterschied wie Tag und Nacht; ~ **a** ~ tagtäglich; ~ **por** [*o* **tras**] ~ tagaus, tagein; ~ **por medio** (*Am*) einen um den anderen Tag; ~ **y noche** fortwährend; **durante** ~**s enteros** tagelang; **el** ~ **de hoy** heute; **el** ~ **de mañana** in der Zukunft; **el** ~ **menos pensado** eines schönen Tages; **el** ~ **que...** als ...; **el otro** ~ neulich; **en** ~**s de Dios** [*o* **de la vida**] [*o* **del mundo**] noch nie; **en su** ~ zum rechten Zeitpunkt; **¡no en mis** ~**s!** nie und nimmer!; **entrado en** ~**s** in die Jahre gekommen; **entre** ~ irgendwann an diesem Tag; **¡hasta otro** ~**!** bis bald!; **hoy (en)** ~ heutzutage; **un buen** ~ eines schönen Tages; **un** ~ **de estos** in den nächsten Tagen; **un** ~ **u otro** irgendwann einmal; **un ~ y otro ~** immer wieder; **todo el santo ~** den lieben langen Tag; **alcanzar a alguien en ~s** jdn überleben; **cerrarse el ~** Abend werden; **dar a alguien el ~** jdm den Tag verderben; **dar los ~s** (*el día de su santo*) zum Namenstag gratulieren; (*el día de su cumpleaños*) zum Geburtstag gratulieren; **estar al ~** auf dem Laufenden sein; **hay más ~s que longanizas** (*fam*) die Zeit läuft doch nicht weg; **hace buen ~** heute ist schönes Wetter; **no pasar los ~s por alguien** die Jahre gehen an jdm vorüber; **un ~ es un ~** einmal ist keinmal; **mañana será otro ~** morgen ist auch noch ein Tag; **tener ~s** (*viejo*) betagt sein; (*de mal humor*) launisch sein; **tiene los ~s contados** seine/ihre Tage sind gezählt; **vivir al ~** nur für den Tag leben

diabetes [dja'βetes] *f inv* (MED) Diabetes (mellitus) *m*, Zuckerkrankheit *f*

diabético, **-a** [dja'βetiko, -a] **I.** *adj* (MED) diabetisch, zuckerkrank **II.** *m, f* (MED) Diabetiker(in) *m(f)*, Zuckerkranke(r) *mf*

diabetómetro [djaβe'tometro] *m* (MED) Messgerät *nt* für Zuckerwerte im Urin

diabla [di'aβla] *f* **1.** (*diablo mujer*) Teufelsweib *nt* **2.** (*instrumento textil*) Reißwolf *m* **3.** (*carro*) Planwagen *m* **4.** (TEAT) Kulissenlicht *nt*

diablear [djaβle'ar] *vi* (*fam: niños*) Unfug treiben, Dummheiten machen, herumalbern

diablesa [dja'βlesa] *f* Teufelin *f*

diablesco, **-a** [dja'βlesko, -a] *adj* **1.** (*del diablo*) teuflisch **2.** (*muy malo*) verteufelt

diablillo [dja'βliʎo] *m* **1.** (*disfraz*) Teufelsmaske *f* **2.** (*fam*) Lausejunge *m*, Bengel *m*

diablo [di'aβlo] *m* **1.** (*demonio*) Teufel *m*, Satan *m*; **¡~s!** Donnerwetter!; **¡al ~ con él!** zum Teufel mit ihm!; **anda el ~ suelto** (*fam*) der Teufel ist los; **aquí anda el ~** hier geht es nicht mit rechten Dingen zu; **aquí hay mucho ~** (*fam*) hier hat der Teufel seine Hand im Spiel; **¿cómo ~s...?** wie zum Teufel ...?; **¡con mil ~s!** Teufel noch (ein)mal!; **dar al ~** (*fam*) zum Teufel schicken; **dar de comer al ~** (*fam*) lästern; **darse al ~** (*fam*) sich grün und blau ärgern; **del ~, de mil ~s, de todos los ~s** verteufelt; **donde el ~ perdió el poncho** (*Am*) wo sich die Füchse gute Nacht sagen; **duele como el ~** das tut höllisch weh; **hágase el milagro y hágalo el ~** möge das Wunder geschehen, selbst wenn es der Teufel täte; **llevarse el ~** zum Teufel gehen; **pobre ~** armer Teufel; **¡qué ~s!** zum Teufel!; **¿qué ~s pasa aquí?** was zum Teufel ist hier los!; **tener el ~ en el cuerpo** den Teufel im Leib haben; **¡vete al ~!** scher dich zum Teufel!; **~s azules** (*Am*) Delirium tremens *nt*; **es el ~ encarnado** er ist ein ausgesprochener Fiesling; **es un ~ de hombre** er ist ein Teufelskerl **2.** (*hilandería*) Reißwolf *m*

diablura [dja'βlura] *f* böser Streich *m*

diabólico, **-a** [dja'βoliko, -a] *adj* **1.** (*maligno*) teuflisch, satanisch; **un plan ~** ein teuflischer Plan **2.** (*complicado*) vertrackt, verteufelt; **una situación diabólica** eine vertrackte Situation

diábolo [di'aβolo] *m* Diabolo(spiel) *nt*

diaconal [djako'nal] *adj* (REL) Diakonats-

diaconato [djako'nato] *m* (REL) Diakonat *nt*

diaconisa [djako'nisa] *f* (REL) Diakonisse *f*

diácono [di'akono] *m* (REL) Diakon *m*

diacrítico, **-a** [dja'kritiko, -a] *adj* **1.** (LING) diakritisch **2.** (MED) diakritisch, unterscheidend

diacronía [djakro'nia] *f* **1.** (*sucesión en el tiempo*) zeitliche Abfolge *f* **2.** (LING) Diachronie *f*

diacrónico, **-a** [dja'kroniko, -a] *adj* diachronisch

diacústica [dja'kustika] *f* (FÍS) Diakustik *f*

Diada [di'aða] *f katalanisches Nationalfest am 11. September*

díada ['diaða] *f* (FILOS, PSYCHO) Dyade *f*

diadema [dja'ðema] *f* Diadem *nt*, Kopfschmuck *m*

diádico, **-a** [di'aðiko, -a] *adj* dyadisch

diadococinesia [djaðokoθi'nesja] *f* (MED) Diadochokinese *f*

diafanidad [djafani'ða^ð] *f* Durchsichtigkeit *f*

diáfano, **-a** [di'afano, -a] *adj* **1.** (*transparente*) durchsichtig **2.** (*translúcido*) durchscheinend **3.** (*claro*) klar, eindeutig; **un argumento ~** ein einleuchtendes Argument

diáfisis [di'afisis] *f sin pl* **1.** (ANAT) Diaphyse *f*, Mittelstück *nt* eines Röhrenknochens **2.** (BOT) *wilde Triebe*

diafonía [djafo'nia] *f* **1.** (TV, RADIO) Mitsprechen *nt*, Übersprechen *nt* **2.** (TEL) Nebensprechen *nt* **3.** (MÚS) Diaphonie *f*

diaforesis [djafo'resis] *f inv* (MED) Schweißsekretion *f*, Diaphorese *f*

diafragma [dja'fraɣma] *m* **1.** (ANAT) Zwerchfell *nt* **2.** (FOTO) Blende *f* **3.** (FÍS) Diaphragma *nt* **4.** (*mecánica*) Membran(e) *f*, Zwischenwand *f* **5.** (*preservativo*) Diaphragma *nt*

diagénesis [dja'xenesis] *f inv* (GEO) Diagenese *f*

diagnosis [djaɣ'nosis] *f inv* (MED, BIOL) Diagnose *f*

diagnosticar [djaɣnosti'kar] <c→qu> *vt* (MED) diagnostizieren

diagnóstico[1] [djaɣ'nostiko] *m* **1.** (MED) Diagnose *f*, Befund *m*; **~ precoz** Früherkennung *f* **2.** (MED) Diagnostik *f* **3.** (*fig: análisis*) Analyse *f*

diagnóstico, **-a**[2] [djaɣ'nostiko, -a] *adj* (MED) diagnostisch

diagonal [djaɣo'nal] **I.** *adj* diagonal, schräg laufend; **en ~** übereck **II.** *f* Diagonale *f*, Diagonallinie *f*

diágrafo [di'aɣrafo] *m* Diagraph *m*

diagrama [dja'ɣrama] *m* Diagramm *nt*, Schaubild *nt*, grafische Darstellung *f*; **~ de barras** Balkendiagramm *nt*; **~ de bloques** Blockdiagramm *nt*; **~ de curvas** Kurvendiagramm *nt*; **~ esquemático** Schema *nt*, schematische Darstellung; ~ **de flujo de datos** Datenflussdiagramm *nt;* ~ **de puntos** Streudiagramm *nt*

dial [di'al] **I.** *adj* Tag- **II.** *m* **1.** (*indicador*) ≈Anzeige *f;* ~ **de velocidad** (AUTO) Geschwindigkeitsmesser *m* **2.** (*del teléfono*) Wählscheibe *f* **3.** *pl* (*efemérides*) Tagebuch *nt*

dialectal [djalek'tal] *adj* dialektisch, dialektal, mundartlich

dialectalismo [djalekta'lismo] *m* Dialektausdruck *m,* Mundartwort *nt*

dialectalización [djalektaliθa'θjon] *f sin pl* (LING) Herausbildung *f* von Mundarten

dialéctica [dja'lektika] *f* (*t.* FILOS) Dialektik *f*

dialéctico, -a [dja'lektiko, -a] **I.** *adj* (FILOS) dialektisch **II.** *m, f* (*t.* FILOS) Dialektiker(in) *m(f)*

dialecto [dja'lekto] *m* Dialekt *m,* Mundart *f*

dialectología [djalektolo'xia] *f* Dialektologie *f,* Mundartforschung *f*

dialectólogo, -a [djalek'toloɣo, -a] **I.** *adj* (LING) dialektologisch; **experto** ~ Dialektologieexperte, -in *m, f* **II.** *m, f* (LING) Dialektologe, -in *m, f*

diálisis [di'alisis] *f inv* (QUÍM, MED) Dialyse *f*

dializador [djaliθa'ðor] *m* (QUÍM) Dialysator *m*

dializar [djali'θar] <z→c> *vt* (QUÍM, MED) dialysieren

dialogador(a) [djaloɣa'ðor(a)] **I.** *adj* gesprächsbereit, gesprächsoffen **II.** *m(f)* Gesprächsteilnehmer(in) *m(f)*

dialogante [djalo'ɣante] *adj* dialogisch, in Gesprächsform

dialogar [djalo'ɣar] <g→gu> *vi* miteinander sprechen, ein Zwiegespräch führen; **escrito en forma dialogada** in Dialogform geschrieben

diálogo [di'aloɣo] *m* **1.** (*conversación*) Gespräch *nt,* Dialog *m,* Wechselrede *f* **2.** (LIT) Dialog *m*

dialoguista [djalo'ɣista] *mf* Verfasser(in) *m(f)* von Dialogen, Dialogautor(in) *m(f)*

diamagnético¹ [djamaɣ'netiko] *m* (FÍS) Diamagnetikum *nt*

diamagnético, -a² [djamaɣ'netiko, -a] *adj* (FÍS) diamagnetisch

diamagnetismo [djamaɣne'tismo] *m* (FÍS) Diamagnetismus *m*

diamantado, -a [djaman'taðo, -a] *adj* diamantartig

diamante [dja'mante] *m* Diamant *m;* **bodas de** ~ diamantene Hochzeit; ~ **brillante** Brillant *m;* ~ **(en) bruto** ungeschliffener Diamant

diamantina [djaman'tina] *f* **1.** (*polvo abrasivo*) Diamantin *nt* **2.** (ZOOL) Diamant-Klapperschlange *f*

diamantino, -a [djaman'tino, -a] *adj* **1.** (*como el diamante*) diamanten **2.** (*persona*) unbeugsam, eisern **3.** (*cosas*) steinhart

diamantista [djaman'tista] *mf* (*labrador*) Diamantenarbeiter(in) *m(f),* Diamantenschleifer(in) *m(f);* (*vendedor*) Diamantenhändler(in) *m(f)*

diametral [djame'tral] *adj* diametral

diametralmente [djametral'mente] *adv* diametral, von einem Ende zum gegenüberliegenden; ~ **opuesto** genau [*o* diametral] entgegengesetzt

diámetro [di'ametro] *m* Durchmesser *m*

diana [di'ana] *f* **1.** (MIL) Weckruf *m,* Reveille *f;* **a toque de** ~ (*fig*) sehr diszipliniert [*o* streng] **2.** (*blanco de tiro*) Zentrum *nt* einer Zielscheibe; **hacer** ~ ins Schwarze treffen

diantre [di'antre] *m* (*fam*) Teufel *m*

diapasón [djapa'son] *m* (MÚS) Stimmgabel *f;* ~ **normal** Kammerton *m;* **bajar o subir el** ~ leiser oder lauter sprechen

diapausa [dja'pawsa] *f* (ZOOL) Diapause *f*

diapédesis [dja'peðesis] *f inv* (BIOL) Diapedese *f*

diaporama [djapo'rama] *m* Tonbildschau *f,* Diaporama *nt*

diapositiva [djaposi'tiβa] *f* (FOTO) Dia(positiv) *nt*

diariamente [djarja'mente] *adv* täglich

diariero, -a [dja'rjero, -a] *m, f* (*AmS*) Zeitungshändler(in) *m(f)*

diario¹ [di'arjo] *m* **1.** (*periódico*) Tageszeitung *f,* Tageblatt *nt;* ~ **de avisos** Anzeigenblatt *nt* **2.** (*dietario*) Journal *nt,* Tagebuch *nt;* ~ **de navegación** (NÁUT) Logbuch *nt* **3.** (*memorias*) Tagebuch *nt* **4.** (*gastos*) Tagesaufwand *m,* Tageskosten *pl*

diario, -a² [di'arjo, -a] *adj* täglich; **a** ~ (all)täglich; **uniforme de** ~ Dienstuniform *f*

diarismo [dja'rismo] *m* (*Am: periodismo*) Journalistik *f,* Publizistik *f*

diarquía [djar'kia] *f* **1.** (HIST) Doppelherrschaft *f* **2.** (POL) Dualismus *m*

diarrea [dja'rrea] *f* Durchfall *m;* (MED) Diarrhö *f*

diarreico, -a [dja'rreiko, -a] *adj* (MED) durchfallartig, diarrhöisch

diascopia [djas'kopja] *f* (MED) Röntgenaufnahme *f*

diáspora [di'aspora] *f* Diaspora *f*

diastasa [djas'tasa] *f* (BIOL) Amylase *f,* Diastase *f*

diastimómetro [djasti'mometro] *m* (TÉC) Entfernungsmesser *m*

diástole [di'astole] *f* (MED) Diastole *f*

diastólico, -a [djas'toliko, -a] *adj* (MED) diastolisch

diastrofia [djas'trofja] *f* (MED) Verrenkung *f,* Verzerrung *f*

diatermia [dja'termja] *f* (MED) Diathermie *f*

diatómico, -a [dja'tomiko, -a] *adj* (QUÍM) zweiatomig

diatónico, -a [dja'toniko, -a] *adj* (MÚS) diatonisch

diatriba [dja'triba] *f* Streitschrift *f,* Diatribe *f*

dibujante [diβu'xante] *mf* Zeichner(in) *m(f);* ~ **proyectista** Entwurfszeichner(in) *m(f);* ~ **técnico** technischer Zeichner

dibujar [diβu'xar] **I.** *vt* **1.** (*trazar*) zeichnen; ~

copiando abzeichnen; ~ **según modelo** nach Vorlagen zeichnen; ~ **a pulso** freihändig zeichnen; ~ **a lápiz/con tinta** mit dem Bleistift/mit Tinte zeichnen **2.** (*describir*) schildern, ausmalen **II.** *vr:* ~**se** sich abzeichnen, sichtbar werden

dibujo [di'βuxo] *m* **1.** (*acción*) Zeichnen *nt* **2.** (*resultado*) Zeichnung *f;* ~ **acotado** Maßzeichnung *f;* ~**s animados** Zeichentrickfilm *m;* **meterse en ~s** (*fig*) sich in die Nesseln setzen **3.** (*muestra*) Muster *nt;* **tejido con ~s** gemusterter Stoff

dicción [diˠ'θjon] *f* **1.** (*declamación*) Vortrag *m* **2.** (*pronunciación*) Aussprache *f* **3.** (*manera de hablar, escribir*) Ausdrucksweise *f*

diccionario [diˠθjo'narjo] *m* **1.** (*obra de consulta*) Lexikon *nt;* ~ **de artes y ciencias** Reallexikon *nt;* ~ **dialectal** Idiotikon *nt;* ~ **enciclopédico** Enzyklopädie *f* **2.** (*vocabulario*) Wörterbuch *nt;* ~ **de alemán-español** deutsch-spanisches Wörterbuch

diccionarista [diˠθjona'rista] *mf* Lexikograph(in) *m(f)*

dicha ['diʧa] *f* **1.** (*suerte*) Glück *nt;* **por** ~ zum Glück, glücklicherweise **2.** (*estado de ánimo*) Glücksgefühl *nt;* **la ~ conyugal** das Eheglück **3.** (*Chil*) *Name verschiedener Stachelpflanzen*

dicharachero, **-a** [diʧara'ʧero, -a] **I.** *adj* spaßhaft **II.** *m, f* Spaßmacher(in) *m(f),* Zotenreißer(in) *m(f) pey*

dicho¹ ['diʧo] *m* **1.** (*ocurrencia*) Einfall *m,* Witz *m* **2.** (*refrán*) Sprichwort *nt* **3.** (JUR) (Zeugen)aussage *f* **4.** *pl* (*al casarse*) Jawort *nt;* **tomarse los ~s** sich verloben

dicho, **-a²** ['diʧo, -a] **I.** *pp de* **decir II.** *adj* genannt, erwähnt; **dicha gente** besagte Leute; ~ **y hecho** gesagt, getan; ~ **sea de paso** nebenbei gesagt; **lo ~,** ~ es bleibt dabei; **¡lo ~!** es bleibt beim Gesagten!; **mejor** ~ besser gesagt; **como se ha** ~ wie gesagt; **del ~ al hecho hay mucho trecho** (*prov*) Versprechen und Halten ist zweierlei

dichoso, **-a** [di'ʧoso, -a] *adj* **1.** (*feliz*) glücklich (*con/de* mit *+dat,* über *+akk*) **2.** (*maldito*) verdammt; **esta dichosa silla no se puede abrir** dieser verflixte Stuhl lässt sich nicht aufklappen

diciembre [di'θjembre] *m* Dezember *m; v. t.* **marzo**

dicotomía [dikoto'mia] *f* **1.** (BOT, FILOS) Dichotomie *f* **2.** (*práctica entre médicos*) *Art Provisionszahlung eines Arztes an einen anderen, der einen Patienten zu ihm überwiesen hat*

dicotómico, **-a** [diko'tomiko, -a] *adj* dichotom

dicromático, **-a** [dikro'matiko, -a] *adj* zweifarbig, dichromatisch

dicrotismo [dikro'tismo] *m* (MED) Doppelschlägigkeit *f* des Pulses, Dikrotie *f*

dícroto, **-a** ['dikroto, -a] *adj* (MED) zweigipflig, dikrot

dictado [dik'taðo] *m* **1.** (*escuela*) Diktat *nt* **2.** (*título de dignidad*) Ehrentitel *m* **3.** *pl* (*fig: inspiración*) Eingebung *f;* **seguir los ~s de la conciencia** der Stimme des Gewissens folgen

dictador(a) [dikta'ðor(a)] *m(f)* (POL) Diktator(in) *m(f),* Gewaltherrscher(in) *m(f)*

dictadura [dikta'ðura] *f* (POL) Diktatur *f,* Gewaltherrschaft *f*

dictáfono [dik'tafono] *m* Diktiergerät *nt,* Diktaphon *nt*

dictamen [dik'tamen] *m* **1.** (*peritaje*) Gutachten *nt;* ~ **facultativo** ärztliches Gutachten; ~ **judicial** Gerichtsurteil *nt;* ~ **en juicio** gerichtliches Gutachten; ~ **pericial** Sachverständigengutachten *nt;* **dar** ~ ein Gutachten abgeben **2.** (*informe*) Stellungnahme *f;* ~ **favorable** befürwortende Stellungnahme **3.** (*opinión*) Meinung *f;* **tomar ~ de alguien** von jdm einen Rat(schlag) annehmen

dictaminar [diktami'nar] *vi* ein Gutachten abgeben (*sobre* über *+akk*); **los arquitectos ~on que el edificio se había derrumbado porque...** die Architekten kamen in ihrem Gutachten zu dem Schluss, dass das Gebäude eingestürzt war, weil ...

dictar [dik'tar] *vt* **1.** (*un dictado*) diktieren **2.** (*una sentencia*) verkünden, fällen **3.** (*una ley*) erlassen, verabschieden **4.** (*un discurso*) halten **5.** (*Am: clases*) (ab)halten **6.** (*fig: sugerir*) eingeben

dictatorial [diktato'rjal] *adj* diktatorisch

didáctica [di'ðaktika] *f* Didaktik *f*

didáctico, **-a** [di'ðaktiko, -a] *adj* didaktisch, Lehr-; **material** ~ Lehrmaterial *nt*

didactismo [diðak'tismo] *m* didaktische Methode *f*

diecinueve [djeθi'nweβe] *adj inv* neunzehn; *v. t.* **ocho**

dieciochesco, **-a** [djeθio'ʧesko] *adj* aus dem 18. Jahrhundert

dieciochismo [djeθio'ʧismo] *m sin pl* Brauchtum *nt* des 18. Jahrhunderts

dieciocho [djeθi'oʧo] *adj inv* achtzehn; *v. t.* **ocho**

dieciséis [djeθi'sei̯s] *adj inv* sechzehn; *v. t.* **ocho**

dieciseisavo¹ [djeθisei̯'saβo] *m* (TIPO): **en** ~ im Sedez(format)

dieciseisavo, **-a²** [djeθisei̯'saβo, -a] **I.** *adj* sechzehnte(r, s) **II.** *m, f* Sechzehntel *nt; v. t.* **octavo²**

diecisiete [djeθi'sjete] *adj inv* siebzehn; *v. t.* **ocho**

diecisieteavo, **-a** [djeθisjete'aβo, -a] **I.** *adj* siebzehnte(r, s) **II.** *m, f* Siebzehntel *nt; v. t.* **octavo²**

diedro [di'eðro] **I.** *adj* (MAT) zweiflächig **II.** *m* (MAT) Zweiflächner *m,* Dieder *nt*

diente ['dje̯nte] *m* **1.** (*muela*) Zahn *m;* ~ **canino** [*o* **columelar**] Eckzahn *m;* **~s de embustero** (*fam*) weit auseinander stehende Zähne; ~ **incisivo** Schneidezahn *m;* ~ **de leche** [*o* **mamón**] Milchzahn *m;* ~ **molar** Backenzahn *m;* **alargársele a alguien los ~s** (*fig*) es unbedingt haben wollen; **armado hasta los ~s** bis an die Zähne bewaffnet; **crujirle a alguien los ~s** (*fig fam*) großen Kummer haben; **dar ~ con ~** (*de frío*) vor Kälte mit den Zähnen klappern; (*de miedo*) vor Angst mit den Zähnen klappern; **decir algo entre ~s** etw zwischen den Zähnen murmeln; **enseñar los ~s a alguien** (*fig*) jdm die Zähne zeigen; **limpiarse los ~s** sich *dat* die Zähne putzen; **no haber para untar un ~, no llegar a un ~** nichts zu beißen haben; **pelar un ~** (*Am: fam*) kokett lächeln; **tener buen ~** ein guter Esser sein **2.** (TÉC) Zacke *f,* Zinken *m;* **~ de horquilla** Gabelzinke *f;* **~ de sierra** Zahn einer Säge; **de dos ~s** zweizackig **3.** (BOT): **~ de ajo** Knoblauchzehe *f;* **~ de león** Löwenzahn *m*

diéresis ['djeresis] *f inv* (LING) Diärese *f,* Diäresis *f*

diesel ['djesel] *m* (AUTO) Diesel *m;* **motor ~** Dieselmotor *m*

dies irae ['dies i'rae] (REL) Dies irae *nt*

diestramente [djestra'mente] *adv* mit Geschick, geschickt

diestro[1] ['djestro] *m* **1.** (*esgrimidor*) Fechtkünstler *m* **2.** (TAUR: *torero*) Stierkämpfer *m,* Matador *m* **3.** (*del caballo*) Halfter *nt o m,* Zaumzeug *nt*

diestro, -a[2] ['djestro, -a] <destrísimo *o* diestrísimo> *adj* **1.** (*a la derecha*) rechte(r, s); **a ~ y siniestro** (*fig*) kreuz und quer **2.** (*hábil*) geschickt, gewandt **3.** (*astuto*) schlau, listig **4.** (*que usa la mano derecha*) rechtshändig

dieta [di'eta] *f* **1.** (*para adelgazar*) Diät *f,* Schonkost *f;* **~ absoluta** Hungerkur *f,* Nulldiät *f;* **~ alimenticia** Ernährungsweise *f;* **~ básica** Grundnahrung *f;* **~ mediterránea** (GASTR, MED) mediterrane Kost; **estar a ~** fasten, Diät halten; **poner alguien a ~** jdm eine Diät verordnen, jdn auf Diät setzen *fam* **2.** (*parlamento*) Parlament *nt,* Landtag *m;* **~ confederal** Bundesversammlung *f;* **D~ Federal** Bundestag *m;* **D~ Imperial** Reichstag *m;* **~ regional** Landtag *m* **3.** *pl* (*retribución*) Diäten *pl,* Tagegelder *ntpl;* **~s de asistencia** Sitzungsgelder *ntpl,* Präsenzgelder *ntpl;* **~s de desplazamiento** [*o* **de viaje**] Reisespesen *pl*

dietario [dje'tarjo] *m* **1.** (*agenda*) Haushaltsbuch *nt,* Agenda *f* **2.** (HIST) *Chronik der Chronisten von Aragón*

dietética [dje'tetika] *f* Diätetik *f,* Ernährungswissenschaft *f*

dietético, -a [dje'tetiko, -a] *adj* diätetisch; **régimen ~** Diätkur *f*

dietista [dje'tista] *mf* Ernährungsspezialist(in) *m(f)*

diez [djeθ] **I.** *adj inv* zehn; **hacer las ~ de últimas** (*fam*) *sich so dumm anstellen, dass man das Gegenteil von dem erreicht, was man erreichen wollte; v. t.* **ocho II.** *m* **1.** (*número*) Zehn *f* **2.** (*oración*) Gebete *ntpl* des Rosenkranzes (*jeweils zehn Ave-Marias und ein Vaterunser*)

diezmar [djeθ'mar] *vt* **1.** (*aniquilar*) dezimieren **2.** (HIST, REL) den Zehnten zahlen [*o* entrichten], verzehnten

diezmero, -a [djeθ'mero, -a] *m, f* **1.** (*pagador*) Zehntentrichter(in) *m(f)* **2.** (*cobrador*) Zehntempfänger(in) *m(f)*

diezmesino, -a [djeθme'sino, -a] *adj* zehnmonatig

diezmilésimo, -a [djeθmi'lesimo, -a] **I.** *adj* (*parte*) zehntausendstel; (*numeración*) zehntausendste(r,s) **II.** *m, f* Zehntausendstel *nt*

diezmillonésimo, -a [djeθmiʎo'nesimo, -a] **I.** *adj* (*parte*) zehnmillionstel; (*numeración*) zehnmillionste(r,s) **II.** *m, f* Zehnmillionstel *nt*

diezmilmillonésimo, -a [djeθmilmiʎo'nesimo, -a] **I.** *adj* (*parte*) zehnmilliardstel; (*numeración*) zehnmilliardste(r,s) **II.** *m, f* Zehnmilliardstel *nt*

diezmo ['djeθmo] *m* (REL) Zehnt *m*

difamación [difama'θjon] *f* Verleumdung *f,* üble Nachrede *f,* Diffamation *f elev*

difamador(a) [difama'ðor(a)] **I.** *adj* diffamierend, verleumdend **II.** *m(f)* Verleumder(in) *m(f)*

difamar [difa'mar] *vt* diffamieren, in Verruf bringen

difamatorio, -a [difama'torjo, -a] *adj* diffamatorisch, verleumderisch

difásico, -a [di'fasiko, -a] *adj* (ELEC) zweiphasig

diferencia [dife'renθja] *f* **1.** (*desigualdad*) Unterschied *m,* Verschiedenheit *f;* **~ de calidad** Qualitätsunterschied *m,* Qualitätsabweichung *f;* **~ de precios** Preisunterschied *m;* **~ de los tipos de interés** Zinsgefälle *nt;* **a ~ de** im Unterschied zu +*dat* **2.** (*desacuerdo*) Meinungsverschiedenheit *f,* Differenz *f;* **arreglar (las) ~s** einen Streit schlichten **3.** (MAT) Differenz *f,* Rest(betrag) *m;* **~ al cuadrado** quadrierte Differenz **4.** (*en contabilidad*) Fehlbetrag *m;* **~ de caja** Kassendefizit *nt*

diferenciable [diferen'θjaβle] *adj* unterscheidbar, differenzierbar

diferenciación [diferenθja'θjon] *f* **1.** (*distinción*) Differenzierung *f,* Unterscheidung *f;* **~ de productos** (COM) Produktdifferenzierung *f;* **~ de los precios** Preisstaffelung *f* **2.** (MAT) Differenziation *f*

diferenciador [diferenθja'ðor(a)] *m* (INFOR) Differenziergerät *nt,* Differenziator *m;* **~ de frecuencia** Frequenzdiskriminator *m*

diferencial[1] [diferen'θjal] **I.** *adj* **1.** (*variable*) unterscheidend, differenziell *elev* **2.** (MAT) Differenzial-; **cálculo ~** Differenzialrechnung *f* **II.** *f* (MAT) Differenzial *nt*

diferencial[2] [diferen'θjal] *m* (*1,* AUTO) Differenzial(getriebe) *nt,* Ausgleichsgetriebe *nt;* (*2,* FIN); **~ de inflación** Inflationsgefälle *nt;* **~ de intereses** Zinsgefälle *nt*

diferenciar [diferen'θjar] **I.** *vi* verschiedener Meinung sein **II.** *vt* **1.** (*distinguir*) unterscheiden, differenzieren **2.** (MAT) ableiten, differenzieren **III.** *vr:* **~se** sich unterscheiden (*de* von +*dat*)

diferendo [dife'rendo] *m* (*AmS*) Streitigkeit *f*, Konflikt *m*

diferente [dife'rente] **I.** *adj* verschieden; **~s calidades** unterschiedliche Qualitäten; **~s veces** mehrere Male; **España es ~** Spanien ist anders; **las hermanas son muy ~s** die Schwestern sind sehr verschieden; **tenemos en almacén ~s piezas** wir haben verschiedene Teile auf Lager **II.** *adv* anders; **piensa muy ~** er/sie denkt ganz anders

diferido, **-a** [dife'riðo, -a] *adj* aufgeschoben; **llamada diferida** zurückgestellter Anruf

diferir [dife'rir] *irr como sentir* **I.** *vi* abweichen, verschieden sein; **el tema de su última novela difiere mucho del de sus anteriores** das Thema seines/ihres neuesten Romanes unterscheidet sich grundlegend von den vorherigen **II.** *vt* aufschieben, verschieben; **~ el pago** die Zahlung stunden

difícil [di'fiθil] *adj* schwer, schwierig; **un crucigrama muy ~** ein sehr schwieriges Kreuzworträtsel; **un niño ~** ein schwieriges Kind; **tiempos ~es** schwere [*o* harte] Zeiten; **~ de explicar** schwer zu erklären; **de ~ acceso** schwer zugänglich

difícilmente [difiθil'mente] *adv* schwerlich, kaum; **un material ~ soluble** ein schwer lösliches Material; **me acuerdo ~ de todos los nombres** ich erinnere mich kaum an alle Namen

dificultad [difikul'taᵈ] *f* (*problema*) Schwierigkeit *f*; (*disgusto*) Unannehmlichkeit *f*; **~es económicas** wirtschaftliche Schwierigkeiten; **~es de orden monetario** Währungsschwierigkeiten *fpl*; **~es de pago** Zahlungsschwierigkeiten *fpl*; **~es de venta** Absatzschwierigkeiten *fpl*; **encontrarse con ~es** auf Schwierigkeiten stoßen; **estar en ~es** in Schwierigkeiten stecken; **expresarse con ~** sich schwer ausdrücken können; **herir en la ~** den schwierigen Punkt treffen; **poner ~es a alguien** jdm Schwierigkeiten machen, jdm Unannehmlichkeiten bereiten; **provocar ~es** Schwierigkeiten hervorrufen; **superar las ~es iniciales** die Anfangsschwierigkeiten überwinden; **tropezar con ~es** auf Schwierigkeiten stoßen; **ahí está la ~** hier liegt das Problem

dificultar [difikul'tar] *vt* erschweren; **~ la circulación** den Verkehr behindern

dificultoso, **-a** [difikul'toso, -a] *adj* schwierig, mühsam; **un cargo ~** ein mühsames Amt

difracción [difraʸ'θjon] *f* (FÍS) Beugung *f*, Diffraktion *f*; **~ de luz** Lichtbeugung *f*; **~ de los rayos X** Röntgenstrahlenbeugung *f*

difractar [difrak'tar] **I.** *vt* (FÍS) ableiten, beugen (*Schwingungen*) **II.** *vr:* **~se** (FÍS) gebeugt werden

difteria [dif'terja] *f* (MED) Diphtherie *f*

difteritis [difte'ritis] *f inv* (MED) Diphtherie *f*

difuminado [difumi'naðo] *m* (*de colores*) Verwischen *nt* der Farben, Schummerung *f*

difuminar [difumi'nar] *vt* (*colores*) verlaufen lassen; (*en mapas geográficas*) schummern

difumino [difu'mino] *m* (ARTE) Wischer *m*

difundir [difun'dir] **I.** *vt* **1.** (*cosas*) ausbreiten; (*líquidos*) ausschütten **2.** (*noticias*) verbreiten; **~ por la radio** im Rundfunk senden **II.** *vr:* **~se 1.** (*cosas*) sich ausbreiten, sich verbreiten; **la niebla se difundió por todo el valle** der Nebel hüllte das ganze Tal ein **2.** (*noticias*) sich verbreiten, bekannt werden; **la novedad se ha difundido por toda la vecindad** die Neuigkeit hat sich in der ganzen Nachbarschaft herumgesprochen

difunto, **-a** [di'funto, -a] **I.** *adj* verstorben, verschieden **II.** *m, f* Verstorbene(r) *mf*; **día de ~s** Allerseelentag *m*; **misa de ~s** Totenmesse *f*

difusión [difu'sjon] *f* **1.** (*expansión, divulgación*) Verbreitung *f*, Ausbreitung *f*; **~ de productos** Erzeugnisvertrieb *m*; **~ de programas de televisión** Sendung von Fernsehprogrammen, Übertragung von Fernsehprogrammen; **~ de publicaciones pornográficas** Verbreitung pornografischer Schriften **2.** (*fig: prolijidad*) Weitschweifigkeit *f* **3.** (FÍS, QUÍM) Diffusion *f*

difusionismo [difusjo'nismo] *m sin pl* (SOCIOL) Diffusionismus *m*

difusionista [difusjo'nista] **I.** *adj* (SOCIOL) diffusionistisch, des Diffusionismus **II.** *mf* (SOCIOL) Anhänger(in) *m(f)* des Diffusionismus

difuso, **-a** [di'fuso, -a] *adj* **1.** (*extendido*) ausgedehnt, weitläufig **2.** (*vago*) unklar, verschwommen **3.** (*fig: prolijo*) weitschweifig, umständlich

difusor [difu'sor] *m* **1.** (*de perfume*) Zerstäuber *m* **2.** (*en fábricas de azúcar*) Diffuseur *m* **3.** (FÍS) Diffusor *m*

difusora [difu'sora] *f* Vertrieb *m*, Vertriebsunternehmen *nt*

digerible [dixe'riβle] *adj* verdaulich

digerir [dixe'rir] *irr como sentir vt* **1.** (*la comida*) verdauen **2.** (*fig: a una persona*) ertragen; (*una noticia*) verarbeiten, verdauen; (*un libro*) verdauen; **a este profesor no lo digiero** ich kann diesen Dozenten nicht ertragen [*o* ausstehen]; **cuesta ~ este libro** dieses Buch ist schwer zu verdauen **3.** (QUÍM) digerieren, auslaugen

digestibilidad [dixestiβili'ðaᵈ] *f sin pl* Verdaulichkeit *f*

digestible [dixes'tiβle] *adj* verdaulich

digestión [dixes'tjon] *f* **1.** (*de alimentos*) Verdauung *f*; **tener mala ~** eine schlechte Verdauung haben **2.** (QUÍM) Auslaugen *nt*

digestivo, **-a** [dixes'tiβo, -a] *adj* verdaulich, Verdauungs-; **aparato ~** (ANAT) Verdauungsapparat *m*

digestólogo, **-a** [dixes'toloɣo, -a] *m, f* (MED) Gastroenterologe, -in *m, f*, Facharzt, -ärztin

D

m,f für Erkrankungen des Verdauungsapparates

digitación [dixita'θjon] *f* (MÚS) Fingersatz *m*

digitado, -a [dixi'taðo, -a] *adj* **1.** (BIOL) fingerförmig **2.** (ZOOL) gefingert

digital [dixi'tal] **I.** *adj* **1.** (*dactilar*) digital, Finger-; **huellas ~es** Fingerabdrücke *mpl* **2.** (INFOR, TÉC) digital; **ingreso ~** Digitaleingabe *f;* **ordenador** [*o* **computador**] **~** Digitalrechner *m;* **reloj ~** Digitaluhr *f* **II.** *m* (BOT) Fingerhut *m,* Digitalis *f*

digitalina [dixita'lina] *f* (QUÍM) Digitalin *nt*

digitalización [dixitaliθa'θjon] *f* (INFOR) Digitalisierung *f*

digitalizador [dixitaliθa'ðor] *m* (INFOR): **~** (**de mano**) Digitalisierer *m,* Digitalisiergerät *nt;* **~ de rodillo** Einzugsscanner *m;* **~ de sobremesa** Desktopscanner *m*

digitalizar [dixitali'θar] <z→c> *vt* digitalisieren

dígito ['dixito] **I.** *adj* einstellig **II.** *m* **1.** (MAT) einstellige Zahl *f;* (INFOR) Ziffer *f;* **~ binario** Binärziffer *f;* **~ de control** Kontrollziffer *f;* **~ de paridad** Paritätszeichen *nt;* **~ de signo** Vorzeichenziffer *f;* **~ de verificación** Prüfziffer *f* **2.** (ASTR) Zwölftel *nt*

digitoplastia [dixito'plastja] *f* (MED) plastische Rekonstruktion *m* eines Fingers/mehrerer Finger

diglosia [di'ɣlosja] *f* **1.** (ANAT) Spaltzunge *f* **2.** (LING) Diglossie *f*

dignamente [diɣna'men̪te] *adv* **1.** (*con dignidad*) würdevoll **2.** (*con justicia*) anständig, rechtschaffen

dignarse [diɣ'narse] *vr* sich herablassen ((*de*) zu +*inf*), geruhen ((*de*) zu +*inf*) *elev irón;* **Su Majestad se dignó (de) declarar su conformidad** Seine Majestät haben geruht zuzustimmen; **se dignó invitarnos a su fiesta** (*irón*) er/sie hatte die Güte, uns zu seinem/ihrem Fest einzuladen; **no se dignó respondernos** er/sie ließ sich nicht dazu herab, uns zu antworten

dignatario, -a [diɣna'tarjo, -a] *m, f* Würdenträger(in) *m(f);* (REL) Dignitar *m,* Dignitär *m*

dignidad [diɣni'ðað] *f* **1.** (*decencia*) Würde *f,* Dignität *f;* **~ humana** (*elev*) Menschenwürde *f* **2.** (*cargo honorífico*) Ehrenamt *nt;* **~ nobiliaria** Adelsprädikat *nt* **3.** (*comportamiento*) Anstand *m,* würdiges Benehmen *nt;* **hablar con ~** würdevoll sprechen **4.** (REL) Dignität *f*

dignificable [diɣnifi'kaβle] *adj* würdig

dignificación [diɣnifika'θjon] *f* Ausstattung *f* mit Würde, Erlangung *f* von Würde

dignificar [diɣnifi'kar] <c→qu> *vt* mit Würden ausstatten

digno, -a ['diɣno, -a] *adj* **1.** (*merecedor*) würdig, wert; **~ de compasión** bemitleidenswert; **~ de confianza** vertrauenswürdig; **~ de fe** glaubwürdig; **~ de mención** erwähnenswert; **~ de protección** schützenswert; **~ de ver** sehenswert; **fue considerado ~ de ser elogiado públicamente** er wurde einer öffentlichen Belobigung (für) wert erachtet **2.** (*adecuado*) passend, angemessen; **representación digna de un cargo** angemessene Vertretung eines Amtes **3.** (*noble*) anständig, ehrenwert; **una persona digna** eine ehrenwerte Person

digrafía [diɣra'fia] *f* (COM) doppelte Buchführung *f*

digresión [diɣre'sjon] *f* **1.** (*del tema*) Abschweifung *f* **2.** (ASTR) Digression *f*

dihueñe [di'weɲe] *m* (*Chil*) *essbarer Eichenpilz*

dije ['dixe] *m* (*colgante*) Anhänger *m;* **ser un ~** (*fig fam*) ein Juwel sein

dilacerar [dilaθe'rar] **I.** *vt* (*elev: lacerar*) zerfetzen, zerfleischen **II.** *vr:* **~se** (*elev*) sich *dat* eine Fleischwunde zuziehen

dilación [dila'θjon] *f* Aufschub *m,* Verzögerung *f;* (JUR) Dilation *f;* **sin ~** unverzüglich

dilapidación [dilapiða'θjon] *f* Verschwendung *f,* Vergeudung *f*

dilapidador(a) [dilapiða'ðor(a)] **I.** *adj* verschwenderisch **II.** *m(f)* Verschwender(in) *m(f)*

dilapidar [dilapi'ðar] *vt* verschwenden, vergeuden; **~ una fortuna** ein Vermögen verschleudern

dilatabilidad [dilataβili'ðað] *f sin pl* Dehnbarkeit *f*

dilatable [dila'taβle] *adj* dehnbar

dilatación [dilata'θjon] *f* **1.** (*ampliación*) (Aus)dehnung *f,* Erweiterung *f;* (FÍS) Dilatation *f;* **~ del corazón** (MED) Herzerweiterung *f;* **~ del mercado** (COM) Markterweiterung *f;* **~ térmica** (FÍS) Wärme(aus)dehnung *f* **2.** (*fig: desahogo*) Erleichterung *f*

dilatado, -a [dila'taðo, -a] *adj* ausgedehnt, weit(läufig); **una dilatada llanura** eine ausgedehnte Ebene; **un ~ número de participantes** eine große Anzahl von Teilnehmern

dilatador[1] [dilata'ðor] *m* (MED) Dilatator *m*

dilatador(a)[2] [dilata'ðor(a)] *adj* erweiternd

dilatar [dila'tar] **I.** *vt* **1.** (*extender*) erweitern, (aus)dehnen; **~ tubos** Rohre ausweiten **2.** (*aplazar*) aufschieben, verschieben; **~ la reunión** die Besprechung vertagen **3.** (*retrasar*) verzögern, hinausschieben; **no podemos ~ más la decisión** wir können die Entscheidung nicht länger hinauszögern, wir müssen uns nun endlich entscheiden **4.** (*propagar*) verbreiten, (überall) bekannt machen **5.** (*prolongar*) verlängern **II.** *vr:* **~se 1.** (*extenderse*) sich ausdehnen, sich ausweiten **2.** (*en un discurso*) weitschweifig werden, sich verbreiten (*sobre* über +*akk*) **3.** (*Am: demorar*) sich aufhalten

dilatorio, -a [dila'torjo, -a] *adj* (JUR) aufschiebend, Verzögerungs-; **moción dilatoria** Verzögerungsantrag *m*

dilección [dileʸ'θjon] *f* aufrichtige Zuneigung *f*

dilema [di'lema] *m* Dilemma *nt;* **encontrar-**

se en un ~ in der Zwickmühle [*o* Klemme] sitzen *fam*

dilemático, **-a** [dile'matiko, -a] *adj* **1.** (*relativo al dilema*) verfahren, ausweglos **2.** (FILOS) dilemmatisch; **argumentación dilemática** dilemmatische Argumentation

diletante [dile'tan̪te] **I.** *adj* dilettantisch, stümperhaft *pey* **II.** *mf* Dilettant(in) *m(f)*; (*aficionado*) Amateur(in) *m(f)*, Laie, -in *m, f*; (*chapucero*) Stümper(in) *m(f) pey*

diletantismo [diletan̪'tismo] *m sin pl* Kunstliebhaberei *f* ohne Fachausbildung, Dilettantismus *m*

diligencia [dili'xen̪θja] *f* **1.** (*esmero*) Sorgfalt *f*, Genauigkeit *f*; **con la debida** ~ mit der gebührenden Sorgfalt; **proceder con** ~ **razonable** mit angemessener Sorgfalt handeln **2.** (*agilidad*) Eifer *m*, Schnelligkeit *f* **3.** (*trámite*) Erledigung *f*, Schritt *m*; **~s policíacas** [*o* **policiales**] polizeiliche Ermittlungen; **evacuar una** ~ ein Geschäft erledigen; **hacer ~s** Schritte unternehmen, Maßnahmen ergreifen; **hacer las ~s de cristiano** beichten und das Abendmahl entgegennehmen; **hacer una** ~ (*fig fam*) seine Notdurft verrichten **4.** (*asunto administrativo*) Amtshandlung *f*; (JUR) Prozesshandlung *f*; ~ **judicial** gerichtliche Maßnahme; ~ **policial** polizeiliche Maßnahme; ~ **probatoria** Beweisaufnahmehandlung *f*; **~s preparatorias** Ermittlungsverfahren *nt*; **~s de prueba** Beweisaufnahme *f* **5.** (*nota oficial*) Verfügung *f* (*der Geschäftsstelle*); ~ **notarial** Verfügung des Notars; ~ **de notificación** Benachrichtigung *f*; ~ **de lanzamiento** Räumungsanordnung *f* **6.** (*vehículo*) Eilpostkutsche *f*, Diligence *f*

diligenciamiento [dilixen̪θja'mjen̪to] *m* **1.** (*tramitación*) Erledigung *f*, Bearbeitung *f* **2.** (*formal*) amtlicher Vermerk *m*

diligenciar [dilixen̪'θjar] *vt* **1.** (*resolver*) erledigen, in die Wege leiten **2.** (JUR: *en el proceso*) verfügen **3.** (*documentación*) ausstellen, bearbeiten

diligente [dili'xen̪te] *adj* **1.** (*cuidadoso*) sorgfältig, aufmerksam **2.** (*aplicado*) fleißig, emsig **3.** (*ágil*) flink, flott *fam*

dilucidación [diluθiða'θjon] *f* Aufklärung *f*, Erläuterung *f*

dilucidador(a) [diluθiða'ðor(a)] *adj* aufklärend, aufschlussreich

dilucidar [diluθi'ðar] *vt* aufklären, erläutern

dilución [dilu'θjon] *f* **1.** (*de líquidos, colores*) Verdünnung *f* **2.** (*de sólidos*) Auflösung *f*

diluir [dilu'ir] *irr como huir* **I.** *vt* **1.** (*líquidos, colores*) verdünnen; **sin** ~ unverdünnt **2.** (*sólidos*) auflösen; **dejar** ~ **algo en la boca** etw im Munde zergehen lassen **II.** *vr:* **~se** sich auflösen

diluviano, **-a** [dilu'βjano, -a] *adj* sintflutartig

diluviar [dilu'βjar] *vimpers* in Strömen regnen [*o* gießen]

diluvio [di'luβjo] *m* **1.** (*lluvia abundante*) Sintflut *f* **2.** (*fig fam: abundancia excesiva*) Flut *f*, Schwall *m*; **un** ~ **de balas** ein Kugelhagel **3.** (GEO) Pleistozän *nt*, Diluvium *nt*

diluyente [dilu'ɟen̪te] **I.** *adj* auflösend, Verdünnungs-; **producto** ~ Verdünnungsmittel *nt* **II.** *m* Verdünnungsmittel *nt*, Streckmittel *nt*

dimanación [dimana'θjon] *f* Ursprung *m*, Herkunft *f*

dimanar [dima'nar] *vi* **1.** (*del manantial*) ausfließen, entspringen **2.** (*fig: proceder*) herrühren (*de* von +*dat*), entspringen (*de* +*dat*); **su éxito dimana de su constancia** sein/ihr Erfolg ist auf seine/ihre Stetigkeit zurückzuführen

dimensión [dimen'sjon] *f* **1.** (*extensión*) Ausdehnung *f*, Dimension *f*; **de dos/tres dimensiones** zwei-/dreidimensional; **una superficie tiene dos dimensiones** eine Fläche hat zwei Dimensionen **2.** (*tamaño, t. fig*) Ausmaß *nt*, Umfang *m*, Größe(nordnung) *f*; ~ **básica** Grundmaß *nt*; ~ **de una empresa** Betriebsgröße *f*; ~ **de la imagen** (TV) Bildgröße *f*; ~ **de palabra** (INFOR) Wortumfang *m*; ~ **de la pila** Stapelgröße *f*; **indique las dimensiones en medidas métricas** geben Sie die Abmessungen in metrischen Maßen an; **un macizo montañoso de grandes dimensiones** ein Bergmassiv von gewaltigen Ausmaßen; **un escándalo de grandes dimensiones** (*fig*) ein Skandal größten Ausmaßes; **este asunto está alcanzando dimensiones inesperadas** diese Angelegenheit nimmt ungeahnte Dimensionen an **3.** (MÚS) Taktmaß *nt*

dimensionado [dimensjo'naðo] *m* (INFOR) Dimensionierung *f*

dimensional [dimensjo'nal] *adj* Ausdehnungs-, dimensional

dimensionamiento [dimensjona'mjen̪to] *m* (INFOR) Dimensionierung *f*

dimensionar [dimensjo'nar] *vt* (*formal*) abmessen, dimensionieren

dimes ['dimes] *mpl:* ~ **y diretes** (*fam*) Wortgefecht *nt*, Wortwechsel *m*; **andar en** ~ **y diretes** hadern

diminuendo [dimi'nwen̪do] *m* (MÚS) Diminuendo *nt*

diminutivo¹ [diminu'tiβo] *m* (LING) Diminutiv *nt*, Verkleinerungsform *f*

diminutivo, **-a²** [diminu'tiβo, -a] *adj* verkleinernd; **lente diminutiva** Verkleinerungsglas *nt*

diminuto, **-a** [dimi'nuto, -a] *adj* winzig

dimisión [dimi'sjon] *f* Rücktritt *m*; ~ **del gobierno** Regierungsrücktritt *m*; ~ **de un ministro** Rücktritt eines Ministers; ~ **de un parlamentario** Niederlegung des Mandats eines Abgeordneten; **hacer** ~ **de algo** auf etw verzichten; **presentar la** ~ abdanken, zurücktreten

dimisionario, **-a** [dimisjo'narjo, -a] **I.** *adj* (*que va a dimitir*) zurücktretend; (*que ha dimitido*) zurückgetreten, abgedankt **II.** *m, f* Zurückgetretene(r) *mf*, Abgedankte(r) *mf*

D

dimitir [dimi'tir] *vt* zurücktreten, ein Amt niederlegen [*o* aufgeben]; ~ **del cargo** aus dem Dienst ausscheiden; **dimitió de presidente del club** er gab sein Amt als Präsident des Vereins auf

dina ['dina] *f* (FÍS) Dyn *nt*

Dinamarca [dina'marka] *f* Dänemark *nt*

dinamarqués, **-esa** [dinamar'kes, -esa] **I.** *adj* dänisch **II.** *m, f* Däne, -in *m, f*

dinámica [di'namika] *f* Dynamik *f;* ~ **de grupos** (PSICO) Gruppendynamik *f;* ~ **de la población** (ECON) Bevölkerungsentwicklung *f*

dinámico, **-a** [di'namiko, -a] *adj* dynamisch; **buscamos jóven** ~ **y con experiencia** wir suchen einen dynamischen jungen Mann mit Erfahrung

dinamismo [dina'mismo] *m* **1.** (*fig: energía*) Schwung *m,* Dynamik *f* **2.** (FILOS) Dynamismus *m*

dinamita [dina'mita] *f* Dynamit *nt*

dinamitar [dinami'tar] *vt* (mit Dynamit) sprengen

dinamitazo [dinami'taθo] *m* Dynamitexplosion *f,* Dynamitsprengung *f*

dinamitero, **-a** [dinami'tero, -a] *m, f* Sprengmeister(in) *m(f)*

dinamización [dinamiθa'θjon] *f sin pl* **1.** (*dinamizar*) Dynamisieren *nt,* Antreiben *nt;* ~ **de las relaciones comerciales** die Beschleunigung der Handelsbeziehungen **2.** (MED) Dynamisierung *f,* Potenzierung *f*

dinamizador(a) [dinamiθa'ðor(a)] *adj* beschleunigend, vorantreibend

dinamizar [dinami'θar] <z→c> *vt* dynamisieren, vorantreiben

dinamo [di'namo] *f,* **dínamo** ['dinamo] *f* Dynamo *m;* (AUTO) Lichtmaschine *f*

dinamogénesis [dinamo'xenesis] *f inv* (MED) Energieentwicklung *f,* Kraftentfaltung *f*

dinamometría [dinamome'tria] *f* (FÍS) Kraftmessung *f,* Dynamometrie *f*

dinamómetro [dina'mometro] *m* (FÍS) Dynamometer *nt,* Kraftmesser *m*

dinar [di'nar] *m* (ECON) Dinar *m*

dinastía [dinas'tia] *f* Dynastie *f,* Herrschergeschlecht *nt*

dinástico, **-a** [di'nastiko, -a] *adj* dynastisch

dinastismo [dinas'tismo] *m sin pl* Dynastietreue *f*

dinerada [dine'raða] *f v.* **dineral**

dineral [dine'ral] *m* große Geldmenge *f,* Unsumme *f;* **costar un** ~ (*fam*) ein Heidengeld kosten

dinerillo [dine'riʎo] *m* (*fam*) kleine Geldsumme *f,* Sümmchen *nt;* **la criada tiene algunos ~s** die Hausangestellte hat ein hübsches Sümmchen zurückgelegt; **mis padres me dieron un** ~ **para pasar el fin de semana** meine Eltern gaben mir ein wenig Geld für das Wochenende

dinero [di'nero] *m* Geld *nt;* ~ **bancario** Bankgeld *nt,* Buchgeld *nt;* ~ **blanco** Silbergeld *nt;* ~ **en caja** Kassenbestand *m;* ~ **contante y sonante** Bargeld *nt,* klingende Münze *fam;* ~ **de curso legal** gesetzliches Zahlungsmittel; ~ **a un día** Tagesgeld *nt;* ~ **en efectivo** [*o* **en metálico**] Bargeld *nt;* ~ **falso** Falschgeld *nt;* ~ **metálico** Hartgeld *nt,* Bargeld *nt;* ~ **negro** Schwarzgeld *nt;* ~ **plástico** Plastikgeld *nt;* ~ **de rescate** Lösegeld *nt;* ~ **en reserva** Notgroschen *m;* ~ **suelto** Kleingeld *nt,* Wechselgeld *nt;* ~ **de San Pedro** Peterspfennig *m;* **hacer** ~ (das große) Geld machen; **pagar en** ~ bar bezahlen; ~ **llama** ~ wer einmal viel Geld hat, kann leicht mehr bekommen; **estar (alguien) mal de** ~ schlecht bei Kasse sein; **ser (alguien) de** ~ wohlhabend [*o* reich] sein; **poderoso caballero es don D~** mit Geld kann man alles erreichen

dingui ['diŋgi] *m* **1.** (NÁUT) Beiboot *nt,* Ding(h)i *nt* **2.** (AERO) Rettungsboot *nt*

dinodo [di'noðo] *m* (ELEC) Dynode *f*

dinomanía [dinoma'nia] *f* Dinomanie *f*

dinosaurio [dino'saurjo] *m* Dinosaurier *m*

dinosaurólogo, **-a** [dinosau'roloɣo, -a] *m, f* Dinosaurierexperte, -in *m, f*

dintel [din'tel] *m* (*de ventana*) Fenstersturz *m;* (*de puerta*) Türsturz *m*

dintelar [dinte'lar] *vt* **1.** (*puerta, ventana*) einen Tür-/Fenstersturz errichten (+*gen*) **2.** (*casa*) eine Oberschwelle errichten (an +*dat*)

diñar [di'ɲar] *vt* (*fam*) geben; **~la** (*fam*) abkratzen, ins Gras beißen

dio [djo] *3. pret de* **dar**

diocesano¹ [djoθe'sano] *m* Diözesan *m;* (*obispo*) Diözesanbischof *m,* Ordinarius *m*

diocesano, **-a**² [djoθe'sano, -a] *adj* diözesan, Diözesan-; **sínodo** ~ Diözesansynode *f*

diócesis [di'oθesis] *f inv* Diözese *f;* ~ **sede plena/sede vacante** besetzte/unbesetzte Diözese

diodo [di'oðo] *m* (ELEC) Diode *f;* ~ **láser** Laserdiode *f*

dionisiaco, **-a** [djoni'sjako, -a] *adj,* **dionisíaco**, **-a** [djoni'siako, -a] *adj* dionysisch, ekstatisch

dioptría [djop'tria] *f* (*unidad de óptica*) Dioptrie *f*

dióptrica ['djoptrika] *f* (FÍS) Lichtbrechungskunde *f,* Dioptrik *f*

diorama [djo'rama] *m* Diorama *nt*

dios(a) [djos, 'djosa] *m(f)* (heidnischer) Gott *m,* (heidnische) Göttin *f;* **la ~a del amor** die Göttin der Liebe; **los ~es de la mitología** die Götter der Mythologie

Dios [djos] *m* Gott *m;* ~ **Hombre** Jesus Christus; ~ **Padre, Hijo y Espíritu Santo** Gott Vater, Sohn und Heiliger Geist; ~ **mediante** mit Gottes Hilfe; **¡~ mío!** mein Gott!, ach du lieber Gott!; **¡~ nos asista** [*o* **nos coja confesados**]**!** Gott steh uns bei!; **¡~ sabe!** wer weiß?, Gott weiß!; **¡~ te oiga!** dein Wort in Gottes Ohr!; ~ **sabe que estuve ahí** selbstverständlich war ich da, Gott ist Zeuge, dass ich da war; **¡~ nos libre!** Gott behüte!; ~ **te bendi-**

ga [*o* **te lo pague**] vergelt's Gott!; **¡a ~!** auf Wiedersehen!; **¡alabado sea ~!** gottlob!; **a la buena de ~** aufs Geratewohl; **armar la de ~ es Cristo** (*fam*) einen Mordsradau machen; **así ~ me asista** (JUR) so wahr mir Gott helfe; **¡ay ~!** oh Gott!; **hacer algo como ~ le da a alguien a entender** (*fam*) etw so gut wie nur möglich machen; **como ~ manda** wie es sich gehört; **costar ~ y ayuda lograr algo** alle Kraft kosten etw zu erreichen; **cuando ~ quiera** mal sehen, ich weiß noch nicht; **dar a ~ a alguien** (REL) jdm die Sterbesakramente geben; **dejado de la mano de ~** gottverlassen, völlig vernachlässigt; **de menos nos hizo ~** (*fam*) vielleicht schaffe auch ich es; **~ dirá** das liegt in Gottes Hand; **~ lo llamó** Gott hat ihn zu sich geholt [*o* gerufen]; **~ te la depare buena** (*fam*) wir wollen das Beste hoffen!; **donde ~ es servido** (*fam*) wo sich die Füchse gute Nacht sagen; **estar de ~** unvermeidlich sein; **estar fuera de ~** (*fig*) (ganz und gar) von Gott verlassen sein; **gozar** (**alguien**) **de ~** im Himmel sein; **pongo a ~ por testigo** Gott soll mein Zeuge sein; **ponerse a bien con ~** mit Gott ins Reine kommen, beichten; **¡por ~!** um Gottes willen!; **¡que de ~ goce!** Gott hab ihn/sie selig!; **que sea lo que ~ quiera** wie's kommt, so kommt's; **recibir a ~** (REL) das heilige Abendmahl empfangen; **¡santo ~!** Gott im Himmel!; **si ~ quiere** so Gott will; **sin encomendarse ni a ~ ni al diablo** völlig unbedacht, ohne Überlegung; **todo ~** Gott und die Welt; **¡válgame ~!** Gott steh mir bei!, Gott bewahre!; **¡vaya por ~!** es ist nicht zu fassen!; **venga ~ y lo vea** das ist himmelschreiend; **¡vive ~!** so wahr Gott lebt!; **vivir como ~** leben wie Gott in Frankreich; **~ aprieta, pero no ahoga** (*fam*) Gott lässt sinken, aber nicht ertrinken; **dar a ~ lo que es de ~ y al César lo que es de César** (*prov*) jedem das Seine; **~ los cría y ellos se juntan** (*prov fam*) Gleich und Gleich gesellt sich gern

diosa ['djosa] *f v.* **dios**

dióxido [di'oˠsiðo] *m* (QUÍM) Dioxid *nt;* **~ de azufre** Schwefeldioxid *nt;* **~ de carbono** Kohlendioxid *nt*

dioxina [dioˠ'sina] *f* (QUÍM) Dioxin *nt*

diplacusia [dipla'kusja] *f* (MED) Diplakusis *f,* Doppelthören *nt*

diplejía [diple'xia] *f* (MED) beidseitige Lähmung *f,* Diplegie *f*

diplococo [diplo'koko] *m* (BIOL) Diplokokkus *m*

diploe [di'ploe] *m* (ANAT) Diploe *f,* poröse Knochensubstanz *f*

diploma [di'ploma] *m* Diplom *nt;* **~ de asistencia** Teilnahmebescheinigung *f;* **~ de bachiller**(**ato**) Abiturzeugnis *nt;* **~ de capitán** Kapitänspatent *nt;* **~ de maestría** Meisterbrief *m;* **~ de reconocimiento** Prüfungszeugnis *nt;* **~ universitario** Hochschuldiplom *nt*

diplomacia [diplo'maθja] *f* **1.**(*política, tacto*) Diplomatie *f* **2.**(*cuerpo*) diplomatisches Korps *nt* **3.**(*carrera*) Diplomatenlaufbahn *f*

diplomado, **-a** [diplo'maðo, -a] **I.** *adj* diplomiert, mit akademischem Grad; **traductora diplomada** Diplomübersetzerin *f* **II.** *m, f* Diplomierte(r) *mf*

diplomar [diplo'mar] **I.** *vt* (*Arg*) einen akademischen Grad verleihen (*a +dat*) **II.** *vr:* **~se** einen akademischen Grad erlangen [*o* erhalten]

diplomático, **-a** [diplo'matiko, -a] **I.** *adj* **1.**(*de diplomacia*) diplomatisch **2.**(*fig: circunspecto*) diplomatisch, taktisch geschickt **3.**(*de diploma*) urkundlich **II.** *m, f* Diplomat(in) *m(f)*

diplomatura [diploma'tura] *f* Diplomierung *f*

dipolio [di'poljo] *m* (COM, ECON) Dyopol *nt*

dipolo [di'polo] *m* (BIOL, QUÍM) Dipol *m*

dipsomanía [diβsoma'nia] *f* (PSICO) periodisch auftretende Trunksucht *f,* Dipsomanie *f*

díptero[1] ['diptero] *m* **1.**(ARQUIT) Dipteros *m,* Gebäude *nt* mit doppelter Säulenreihe **2.** *pl* (ZOOL) Dipteren *pl,* Zweiflügler *mpl*

díptero, **-a**[2] ['diptero, -a] *adj* (ARQUIT, ZOOL) zweiflügelig

díptico ['diptiko] *m* (ARTE) Diptychon *nt*

diptongación [diptoŋga'θjon] *m* (LING) Diphthongierung *f*

diptongar [diptoŋ'gar] <g→gu> **I.** *vt* (LING) diphthongieren **II.** *vr:* **~se** (LING) zu einem Diphthong werden

diptongo [dip'toŋgo] *m* (LING) Diphthong *m*

diputación [diputa'θjon] *f* **1.**(*delegación*) Abordnung *f,* Deputation *f;* **~ permanente de Cortes** Parlamentspräsidium *nt;* **~ provincial** Provinzialrat *m,* Bezirksrat *m* **2.**(*personas*) Abgeordnetenversammlung *f* **3.**(*cargo*) Abgeordnetenmandat *nt* **4.**(*Méx: edificio*) Rathaus *nt*

diputado, **-a** [dipu'taðo, -a] *m, f* Abgeordnete(r) *mf;* **~ en** [*o* **a**] **Cortes** Abgeordneter bei den Cortes; **~ independiente** Fraktionslose(r) *m;* **~ regional** Landtagsabgeordnete(r) *m*

diputar [dipu'tar] *vt* **1.**(*elegir como representante*) abordnen, als Vertretung wählen **2.**(*nombrar*) ernennen **3.**(*tener por*) befinden (für *+akk*), halten (für *+akk*); **me han diputado apto** sie halten mich für geeignet

dique ['dike] *m* **1.**(*rompeolas*) Damm *m,* Deich *m;* **~ de abrigo** Schutzdamm *m* **2.**(NÁUT) Dock *nt;* **~ flotante** Schwimmdock *nt;* **~ seco** Trockendock *nt* **3.**(*fig: freno*) Hindernis *nt,* Sperre *f;* **poner un ~ a algo** etw *dat* einen Riegel vorschieben

dirección [direˠ'θjon] *f* **1.**(*rumbo*) Richtung *f;* **~ de la circulación** Verkehrslauf *m;* **~ de marcha** Fahrtrichtung *f;* **~ visual** Blickrichtung *f;* **en ~ longitudinal** längs laufend; **en ~ opuesta** in umgekehrter Richtung; **el viento soplaba en ~ oeste** der Wind blies gen Westen; **salió con ~ a España** er reiste nach Spanien **2.**(*administración, mando*) Direktion *f,*

Leitung *f;* **alta** ~ Management *nt;* ~ **central** Zentralverwaltung *f;* ~ **comercial** Geschäftsführung *f;* ~ **competente** zuständiges Direktorat; ~ **general** Generaldirektion *f;* (POL) Ministerialabteilung *f;* ~ **regional** Filialdirektion *f;* ~ **de ventas** Vertriebsleitung *f* **3.** (*orientación, guía*) (An)führung *f,* (An)leitung *f;* ~ (**artística**) (TEAT) künstlerische Leitung, Regie *f;* ~ **de la campaña electoral** Wahlkampfführung *f;* ~ **del Estado** Staatsführung *f;* ~ **de personal** Personalführung *f;* ~ **política** politische Führung; ~ **de la vista** [*o* **de la causa**] (JUR) Sachleitung *f;* **bajo la** ~ **de** unter der Leitung von **4.** (*señas, t.* INFOR) Adresse *f,* Anschrift *f;* ~ **abreviada** Telegrammanschrift *f;* ~ **comercial** Geschäftsadresse *f;* ~ **codificada** Chiffreanschrift *f;* ~ **completa** vollständige Anschrift; ~ **de Internet** Internetadresse *f;* **mensaje de** ~ **múltiple** (INFOR) Mehradressnachricht *f* **5.** (*conducción*) Lenkung *f,* Steuerung *f;* ~ **delantera** (AUTO) Frontlenkung *f;* ~ **a la derecha** (AUTO) Rechtssteuerung *f,* Rechtslenkung *f;* ~ **a distancia** (TÉC) Fernsteuerung *f;* ~ **por rayos infrarrojos** (MIL) Infrarotlenkung *f*

direccionable [direˠθjo'naβle] *adj* (INFOR) adressierbar

direccional [direˠθjo'nal] *adj* (ELEC) gerichtet

direccionamiento [direˠθjona'mjen̪to] *m* (INFOR) Adressierung *f;* ~ **de base** Basisadressierung *f;* ~ **diferido** indirekte Adressierung; ~ **inherente** indizierte Adressierung; ~ **real** absolute Adressierung; **modo de** ~ Adressierungsmodus *m*

direccionar [direˠθjo'nar] *vt* (INFOR) adressieren

directa [di'rekta] *f* (AUTO) direkter Gang *m;* **poner la** ~ (*fam*) Vollgas geben

directiva [direk'tiβa] *f* **1.** (*dirección*) Vorstand *m,* Präsidium *nt* **2.** (*instrucción*) Richtlinie *f,* Direktive *f;* ~ **comunitaria** Gemeinschaftsrichtlinie *f*

directivo, -a [direk'tiβo, -a] **I.** *adj* leitend, Direktions-; **junta directiva** Vorstand *m,* Präsidium *nt* **II.** *m, f* **1.** (*alto ejecutivo*) Manager(in) *m(f);* ~ **de la empresa** leitender Angestellter **2.** (*miembro de la junta directiva*) Vorstandsmitglied *nt*

directo[1] [di'rekto] *m* **1.** (*tren*) durchgehender Zug *m* **2.** (DEP: *boxeo*) Gerade *f* **3.** (TV, RADIO) Livedarbietung *f*

directo, -a[2] [di'rekto, -a] *adj* **1.** (*recto*) gerade, geradlinig **2.** (*inmediato*) direkt, unmittelbar; **transmisión en** ~ (TV, RADIO) Direktübertragung *f;* **un tren** ~ ein durchgehender Zug; **seguir el camino más** ~ den kürzesten Weg nehmen **3.** (*fig: franco*) offen, unverblümt; **una pregunta directa** eine direkte Frage

director(a) [direk'tor(a)] **I.** *adj* leitend **II.** *m(f)* Direktor(in) *m(f),* Leiter(in) *m(f);* ~ **adjunto** stellvertretender Direktor; ~ **administrativo** geschäftsführender Direktor, Verwaltungsleiter *m;* ~ **comercial** kaufmännischer Direktor; ~ **de departamento** Abteilungsleiter *m;* ~ **de escena** (CINE, TEAT) Regisseur *m;* ~ **de escuela** [*o* **instituto**] Rektor *m;* ~ **espiritual** Beichtvater *m,* Seelsorger *m;* ~ **de exportación** Exportleiter *m;* ~ **de fábrica** Werksleiter *m;* ~ **financiero** Finanzdirektor *m;* ~ **general** Generaldirektor *m;* ~ **gerente** geschäftsführender Direktor; ~ **de la obra** Bauleiter *m;* ~ **de orquesta** Dirigent *m;* ~ **de sucursal** Filialleiter *m;* ~ **técnico** technischer Leiter, Betriebsleiter *m;* ~ **de la tesis** Doktorvater *m*

directorio[1] [direk'torjo] *m* **1.** (*conjunto de direcciones*) Adressenliste *f* **2.** (*normativa*) Leitfaden *m,* Richtlinien *fpl* **3.** (*junta directiva*) Verwaltungsrat *m,* Direktorium *nt* **4.** (INFOR) Verzeichnis *nt;* ~ **actual** aktuelles Verzeichnis; ~ **destino** Zielverzeichnis *nt;* ~ **principal** Hauptverzeichnis *nt;* ~ **raíz** [*o* **maestro**] Stammverzeichnis *nt;* ~ **de trabajo** Arbeitsverzeichnis *nt* **5.** (*en establecimientos públicos*) Informationstafel *f*

directorio, -a[2] [direk'torjo, -a] *adj* bestimmend, angebend

directriz [direk'triθ] *f* **1.** (*orientación*) Richtlinie *f;* **fijar directrices** Richtlinien festlegen **2.** (MAT) Leitlinie *f,* Direktrix *f*

dirigente [diri'xen̪te] **I.** *adj* leitend, führend **II.** *mf* Leiter(in) *m(f),* Manager(in) *m(f);* (POL) Führer(in) *m(f);* ~ **estudiantil** Studentenführer(in) *m(f);* ~ **sindical** Gewerkschaftsführer(in) *m(f);* **los** ~**s** die führenden Persönlichkeiten; **preparar a los** ~**s** Führungskräfte heranbilden

dirigible [diri'xiβle] **I.** *adj* lenkbar, steuerbar **II.** *m* (*globo*) (lenkbares) Luftschiff *nt*

dirigido, -a [diri'xiðo] *adj* (*sistemas*) ferngesteuert

dirigir [diri'xir] <g→j> **I.** *vt* **1.** (*un coche*) fahren, lenken; (*t.* INFOR) steuern **2.** (*el tráfico*) regeln **3.** (*un envío*) richten (*a* an +*akk*), senden (*a* an +*akk*); ~ **la palabra a alguien** das Wort an jdn richten **4.** (*la vista*) richten (*hacia* auf +*akk*); **dirige todas sus atenciones a...** (*fig*) er/sie richtet seine/ihre ganze Aufmerksamkeit auf ... +*akk* **5.** (*una nación*) regieren; (*una empresa, un debate*) leiten, führen **6.** (*por un camino*) führen, (ge)leiten **7.** (*la orquesta*) dirigieren **8.** (CINE, TEAT, TV) Regie führen; **una película dirigida por...** Regie führte: ... **9.** (*una casa*) wirtschaften, den Haushalt führen; (*una finca*) bewirtschaften **10.** (*el tiro*) zielen (*a* auf +*akk*) **II.** *vr:* ~**se 1.** (*a un lugar*) sich begeben (*a/hacia* nach +*dat*) **2.** (*a una persona*) sich wenden (*a* an +*akk*)

dirigismo [diri'xismo] *m* (POL) Dirigismus *m;* ~ **económico** Wirtschaftslenkung *f;* ~ **estatal** Staatsplanung *f*

dirigista [diri'xista] *mf* Anhänger(in) *m(f)* der Planwirtschaft

dirimente [diri'men̪te] **I.** *adj* ausschlaggebend; (JUR) die Ehe aufhebend **II.** *m* (POL) Dezisivstimme *f*

dirimible [diri'miβle] *adj* aufhebbar, auflösbar

dirimir [diri'mir] *vt* **1.** (*un contrato, el matrimonio*) aufheben, auflösen **2.** (*una disputa*) schlichten, beilegen; (*un asunto*) entscheiden; ~ **las competencias** den Zuständigkeitsstreit entscheiden; ~ **divergencias** Meinungsverschiedenheiten schlichten; ~ **los empates** bei Stimmengleichheit entscheiden

disagio [di'saxjo] *m* (FIN) Disagio *nt*

disarmonía [disarmo'nia] *f* **1.** (*falta de armonía*) Uneinigkeit *f*, Disharmonie *f* **2.** (MED) *Funktionsstörung bei körperlichen Bewegungsabläufen*

disarmónico, **-a** [disar'moniko, -a] **I.** *adj* **1.** (MÚS) disharmonisch **2.** (MED) entwicklungsstörend **3.** (MED) entwicklungsgestört **II.** *m, f* (MED) *Person, die unter Entwicklungsstörungen leidet*

discante [dis'kan̪te] *m* (MÚS) Diskantgitarre *f*

discapacidad [diskapaθi'ðaᵈ] *f* (Körper)behinderung *f*; ~ **mental** geistige Behinderung

discapacitado, **-a** [diskapaθi'taðo, -a] **I.** *adj* (körper)behindert **II.** *m, f* (Körper)behinderte(r) *mf*; ~ **mental** geistig Behinderter

discernible [disθer'niβle] *adj* erkennbar, deutlich

discernimiento [disθerni'mjen̪to] *m* **1.** (*acción de distinguir*) Unterscheidung *f*; (*capacidad de distinguir*) Unterscheidungsvermögen *nt* **2.** (*juicio*) Überlegung *f*, Urteilsvermögen *nt*; **obrar sin** ~ unüberlegt [*o* uneinsichtig] handeln **3.** (JUR: *apoderamiento judicial*) gerichtliche Bestellung *f*; (*de la tutela*) Ernennung *f* (*de* zu +*dat*); ~ **de (un) cargo** gerichtliche Ermächtigung zu einem Amt; ~ **de la curatela** Pflegerbestellung *f*

discernir [disθer'nir] *irr como cernir vt* **1.** (*diferenciar*) unterscheiden (können); ~ **lo bueno de lo malo** [*o* **entre lo bueno y lo malo**] das Gute vom Bösen unterscheiden können **2.** (JUR: *tutela*) (gerichtlich) bestellen, ernennen; (*cargos*) übertragen (*a* +*dat*)

discinesia [disθi'nesja] *f* (MED) Dyskinesie *f*

disciplina [disθi'plina] *f* **1.** (*obediencia y orden*) Disziplin *f*, Zucht *f*; ~ **militar** militärische Disziplin **2.** (*asignatura*) Lehrfach *nt*, Disziplin *f* **3.** *pl* (*látigo*) Geißel *f*

disciplinado, **-a** [disθipli'naðo, -a] *adj* diszipliniert

disciplinar [disθipli'nar] **I.** *vt* **1.** (*someter, educar*) disziplinieren **2.** (*enseñar*) unterrichten, unterweisen **3.** (*azotar*) geißeln **II.** *vr:* **~se 1.** (*someterse*) sich disziplinieren **2.** (*azotarse*) sich geißeln

disciplinario, **-a** [disθipli'narjo, -a] *adj* disziplinarisch, Disziplinar-; **batallón** ~ (MIL) Strafbataillon *nt*; **medida disciplinaria** Disziplinarmaßnahme *f*; **sanción disciplinaria** Ordnungsstrafe *f*

discipulado [disθipu'laðo] *m* **1.** (*condición de discípulo*) Schülerdasein *nt* **2.** (*doctrina*) Ausbildung *f*, Wissensvermittlung *f* **3.** (*conjunto de discípulos*) Schülerschaft *f*

discípulo, **-a** [dis'θipulo, -a] *m, f* **1.** (*alumno*) Schüler(in) *m(f)*, Lehrling *m* **2.** (*seguidor*) Jünger(in) *m(f)*, Anhänger(in) *m(f)*

disc-jockey [dis 'ɟokei̯] <dis yoqueis> *mf* Diskjockey *m*

disco ['disko] *m* **1.** (*lámina circular*) Scheibe *f*; (*en el teléfono*) Wählscheibe *f*; ~ **de freno** Bremsscheibe *f*; ~ **de horario** Parkscheibe *f*; ~ **de señales** (FERRO) Signalscheibe *f* **2.** (MÚS) Schallplatte *f*; ~ **compacto** Compactdisc *f*; ~ **de larga duración** Langspielplatte *f*; **siempre pones el mismo** ~ (*fam*) immer dieselbe Leier!; **¡cambia el** ~ **ya!** (*fam*) leg mal eine andere Platte auf! **3.** (DEP) Diskus *m* **4.** (AUTO) Verkehrsampel *f* **5.** (INFOR) Platte *f*; ~ **duro** Festplatte *f*; ~ **intercambiable** Wechselplatte *f*; ~ **magnético** Magnetplatte *f*; ~ **óptico** optische Speicherplatte; ~ **RAM** RAM-Laufwerk *nt* **6.** (ASTR: *de la luna*) Mondscheibe *f*; (*del sol*) Sonnenscheibe *f*

discóbolo [dis'koβolo] *m* (HIST, LIT) Diskuswerfer *m*

discófilo, **-a** [dis'kofilo, -a] **I.** *adj* (MÚS) für Schallplatten begeistert **II.** *m, f* (MÚS) Schallplattenfan *m*, Liebhaber(in) *m(f)* von Schallplatten, Diskophile(r) *mf*

discografía [diskoɣra'fia] *f* **1.** (*impresión y reproducción*) Schallplattenschneiden *nt* **2.** (*colección*) Diskografie *f*

discográfica [disko'ɣrafika] *f* Plattenfirma *f*

discográfico, **-a** [disko'ɣrafiko, -a] *adj* (Schall)platten-

discoidal [diskoi̯'ðal] *adj* scheibenförmig

díscolo, **-a** ['diskolo, -a] *adj* unfolgsam, widerspenstig

disconforme [diskoɱ'forme] *adj* nicht einverstanden; **se mostró** ~ **ante mis ideas** er/sie zeigte sich mit meinen Vorstellungen nicht einverstanden

disconformidad [diskoɱformi'ðaᵈ] *f* **1.** (*de una persona*) Ablehnung *f*; (*entre personas*) Uneinigkeit *f*; **se le nota en la cara su** ~ **con la decisión** man kann ihm/ihr vom Gesicht ablesen, dass er/sie mit der Entscheidung nicht einverstanden ist **2.** (*de cosas*) Ungleichheit *f*, Disharmonie *f*

discontinuar [diskon̪tinu'ar] < *1. pres:* **discontinúo**> *vt* unterbrechen

discontinuidad [diskon̪tinwi'ðaᵈ] *f* **1.** (*inconstancia*) Unstetigkeit *f* **2.** (*interrupción*) Unterbrechung *f*

discontinuo, **-a** [diskon̪'tinwo, -a] *adj* **1.** (*inconstante*) unstetig **2.** (*interrumpido*) unzusammenhängend, diskontinuierlich *elev*

discordancia [diskor'ðan̪θja] *f* **1.** (*disconformidad*) Uneinigkeit *f*, Unstimmigkeit *f*; **hubo ~s a la hora de elegir un representante** man war sich *dat* über die Ernennung eines Vertreters nicht einig **2.** (MÚS) Missklang *m*, Diskordanz *f* **3.** (GEO) Diskordanz *f*

discordante [diskor'ðan̪te] *adj* **1.** (*opinión*)

abweichend, nicht übereinstimmend **2.** (MÚS) misstönend, unharmonisch **3.** (GEO) diskordant

discordar [diskor'ðar] <o→ue> *vi* **1.** (*cosas*) nicht zusammenpassen; **la corbata a rayas y la camisa a topos discuerdan mucho** die gestreifte Krawatte sticht sich mit dem gepunkteten Hemd **2.** (*personas*) uneinig sein, nicht übereinstimmen (*de* mit +*dat*) **3.** (MÚS) verstimmt sein, disharmonieren

discorde [dis'korðe] *adj* **1.** (*persona*) nicht einverstanden **2.** (MÚS) verstimmt

discordia [dis'korðja] *f* Zwietracht *f*

discoteca [disko'teka] *f* **1.** (*local de baile*) Diskothek *f* **2.** (*discos*) Schallplattensammlung *f* **3.** (*mueble donde se guardan*) Schallplattenschrank *m* **4.** (*fonoteca*) Schallplattenarchiv *nt,* Diskothek *f*

discotequero, -a [diskote'kero, -a] *adj* Diskotheken-, Disko- *fam;* **es un chico muy** ~ er ist ein begeisterter Diskogänger, er ist ein Diskofan

discreción [diskre'θjon] *f* Diskretion *f;* (*tacto*) Feingefühl *nt,* Takt *m;* (*moderación*) Zurückhaltung *f;* (*reserva*) Verschwiegenheit *f;* (*prudencia*) Umsicht *f;* **a** ~ nach Belieben, nach Gutdünken; **bajo** ~ vertraulich; **con** ~ umsichtig; **entregarse a** ~ (MIL) sich auf Gnade und Ungnade ergeben

discrecional [diskreθjo'nal] *adj* beliebig, Ermessens-; **cuestión** ~ Ermessensfrage *f;* **parada** ~ Bedarfshaltestelle *f*

discrecionalidad [diskreθjonali'ða^{ð}] *f sin pl* Ermessensspielraum *m,* Ermessen *nt*

discrepancia [diskre'paṇθja] *f* **1.** (*entre cosas*) Missverhältnis *nt,* Diskrepanz *f* **2.** (*entre personas*) Unstimmigkeit *f,* Meinungsverschiedenheit *f*

discrepante [diskre'paṇte] *adj* nicht übereinstimmend, diskrepant

discrepar [diskre'par] *vi* **1.** (*diferenciarse*) abweichen (*de* von +*dat*), nicht übereinstimmen (*con* mit +*dat*) **2.** (*disentir*) anderer Meinung sein (*de* als +*nom*); **discrepo de lo que Ud. piensa sobre eso** ich stimme Ihrer Meinung darüber nicht zu

discreto, -a [dis'kreto, -a] *adj* (*t.* FÍS, TÉC, MAT) diskret; (*prudente*) umsichtig; (*mesurado*) zurückhaltend, unaufdringlich; (*ingenioso*) geistreich; (*reservado*) verschwiegen

discriminación [diskrimina'θjon] *f* **1.** (*diferenciación*) Unterscheidung *f;* **de difícil** ~ schwer feststellbar **2.** (*perjuicio*) Diskriminierung *f;* ~ **racial** Rassendiskriminierung *f*

discriminado, -a [diskrimi'naðo, -a] **I.** *adj* diskriminiert **II.** *m, f* Diskriminierte(r) *mf*

discriminador[1] [diskrimina'ðor] *m* (ELEC) Diskriminator *m*

discriminador(a)[2] [diskrimina'ðor(a)] *adj* diskriminierend, herabsetzend

discriminar [diskrimi'nar] *vt* **1.** (*cosas*) unterscheiden **2.** (*personas*) diskriminieren

discriminatorio, -a [diskrimina'torjo, -a] *adj* diskriminierend

discromía [diskro'mia] *f* (MED) Hautverfärbung *f,* Dyschromie *f*

disculpa [dis'kulpa] *f* **1.** (*perdón*) Entschuldigung *f;* **admitir una** ~ eine Entschuldigung gelten lassen; **pedir ~s** sich entschuldigen; **eso no tiene** ~ das ist unverzeihlich **2.** (*pretexto*) Ausrede *f;* **¡qué ~ más tonta!** so eine faule Ausrede!; **¡no valen ~s!** keine Ausreden!

disculpable [diskul'paβle] *adj* entschuldbar, verzeihlich

disculpar [diskul'par] **I.** *vt* **1.** (*perdonar*) verzeihen (*a* +*dat*); **discúlpame por no haberte escrito** entschuldige, dass ich dir nicht geschrieben habe; **discúlpala de su falta** verzeih ihr ihren Fehler **2.** (*justificar*) rechtfertigen; **tu inexperiencia no disculpa ese comportamiento** deine Unerfahrenheit ist keine Entschuldigung für dieses Verhalten **II.** *vr:* **~se** sich entschuldigen; **~se con alguien por algo** sich bei jdm wegen etw +*gen/dat* entschuldigen

discurrir [disku'rrir] **I.** *vi* **1.** (*pensar*) nachgrübeln (*sobre* über +*akk*), sich *dat* den Kopf zerbrechen (*sobre* über +*akk*) *fam* **2.** (*elev: pasar*) durchlaufen; (*río*) fließen; **los niños discurrían por la feria** die Kinder liefen über den Rummelplatz **3.** (*transcurrir*) verlaufen; (*tiempo*) verstreichen, vergehen **4.** (*andar por diversas partes*) umherlaufen **II.** *vt* ausdenken, ersinnen; ~ **poco** nicht ganz hell im Kopf sein

discursante [diskur'saṇte] **I.** *adj* Reden schwingend **II.** *mf* (*fam*) Redner(in) *m(f)*

discursear [diskurse'ar] *vi* (*fam*) große Reden halten

discursista [diskur'sista] *mf* (*pey*) Schwätzer(in) *m(f)*

discursivo, -a [diskur'siβo, -a] *adj* diskursiv

discurso [dis'kurso] *m* **1.** (*arenga*) Rede *f,* Ansprache *f;* ~ **de apertura** [*o* **de inauguración**] Eröffnungsansprache *f;* ~ **de clausura** Schlussrede *f;* ~ **de recepción** [*o* **de bienvenida**] Begrüßungsansprache *f;* ~ **solemne** Festansprache *f;* **pronunciar un** ~ eine Rede halten **2.** (*plática*) Gespräch *nt,* Unterhaltung *f;* **perder el hilo del** ~ den Faden des Gespräches verlieren **3.** (*disertación escrita*) Abhandlung *f;* (*oral*) Vortrag *m* **4.** (*raciocinio*) Gedankengang *m;* (*reflexión*) Überlegung *f,* Nachdenken *nt;* (*facultad de racionar*) Urteilsfähigkeit *f* **5.** (*transcurso*) (Ver)lauf *m;* (*de la vida*) Lebenslauf *m* **6.** (LING) sprachliche Äußerung *f*

discusión [disku'sjon] *f* Diskussion *f;* ~ **colectiva** (PSICO) Gruppenberatung *f;* ~ **del presupuesto** (POL) Haushaltsdebatte *f;* ~ **pública** öffentliche Aussprache, Podiumsdiskussion *f;* **la ~ del asunto exigirá algún tiempo** die Erörterung der Angelegenheit wird eine gewisse Zeit in Anspruch nehmen; **ayer tuvimos una ~ muy fuerte** gestern hatten wir eine heftige Auseinandersetzung; **entablar una** ~ sich auf eine Diskussion einlassen; **sin** ~ ohne Zweifel

discutible [disku'tiβle] *adj* **1.** (*disputable*) erwägenswert, diskutabel *elev* **2.** (*dudoso*) zweifelhaft, fraglich

discutido, **-a** [disku'tiðo, -a] *adj* umstritten

discutidor(a) [diskuti'ðor(a)] **I.** *adj* (*fam*) diskussionsfreudig **II.** *m(f)* (*fam*) Diskussionsfreudige(r) *mf*

discutir [disku'tir] *vi, vt* diskutieren; ~ **un asunto** eine Frage erörtern; ~ **algo punto por punto** etw durchsprechen; **quisiera** ~ **el plan a fondo contigo** ich möchte mit dir den Plan eingehend besprechen; **están discutiendo el recorte del presupuesto** sie debattieren die Kürzung des Etats; **están discutiendo sobre el precio del coche** sie verhandeln über den Preis des Wagens; **siempre discuten de lo mismo** sie streiten immer über das gleiche Thema; **siempre que tocamos el tema discutimos** immer wenn wir auf das Thema zu sprechen kommen, kommt es zu Streit; **siempre me discutes lo que digo** du stellst immer alles, was ich sage, in Frage [*o* infrage]

disecación [diseka'θjon] *f* **1.** (*preparación de animales*) Ausstopfen *nt* (von Tieren); (*de plantas*) Trocknen *nt* (von Pflanzen) **2.** (*autopsía*) Sezieren *nt*, Sektion *f*

disecado [dise'kaðo] *m* Trocknung *f*, Trocknen *nt*

disecar [dise'kar] <c→qu> *vt* **1.** (*cortar, abrir: un cuerpo*) sezieren; (*un animal, una planta*) zerlegen, zerschneiden **2.** (*preparar un animal muerto*) ausstopfen, präparieren **3.** (*secar una planta*) trocknen

disección [diseɣ'θjon] *f* **1.** (ANAT) Sektion *f*, Sezieren *nt* **2.** (*fig: análisis pormenorizado*) eingehende Analyse *f*, eingehende Untersuchung *f*

diseccionar [diseɣθjo'nar] *vt* **1.** (*un animal, una planta*) zerlegen, zerschneiden **2.** (*fig: analizar*) eingehend analysieren [*o* untersuchen]

diseminación [disemina'θjon] *f* (Weiter)verbreitung *f*, Ausstreuung *f*; ~ **de informaciones** Weiterverbreitung von Informationen

diseminado, **-a** [disemi'naðo, -a] *adj* verstreut, verteilt

diseminar [disemi'nar] **I.** *vt* **1.** (*semillas*) verstreuen, ausstreuen **2.** (*noticias*) (weiter)verbreiten **II.** *vr:* **~se** sich verstreuen, sich verbreiten

disensión [disen'sjon] *f* **1.** (*desavenencia*) Meinungsverschiedenheit *f*, Uneinigkeit *f* **2.** (*riña*) Zwist *m*, Streitigkeit *f*

disenso [di'senso] *m* Meinungsverschiedenheit *f*, Dissens *m*

disentería [disen̪te'ria] *f* (MED) Ruhr *f*, Dysenterie *f*

disentérico, **-a** [disen̪'teriko, -a] *adj* (MED) dysenterisch, ruhrartig

disentimiento [disen̪ti'mjen̪to] *m* Meinungsverschiedenheit *f*

disentir [disen̪'tir] *irr como sentir vi* anderer Meinung sein (*de* als +*nom*); **disiento de tu opinión** ich bin nicht deiner Meinung, ich teile deine Ansicht nicht; **en religión disentimos profundamente** was die Religion angeht, gehen unsere Meinungen grundsätzlich auseinander

diseñador(a) [diseɲa'ðor(a)] *m(f)* **1.** (*dibujante*) Zeichner(in) *m(f)* **2.** (*decorador*) Designer(in) *m(f)*

diseñar [dise'ɲar] *vt* **1.** (*dibujar*) zeichnen **2.** (*proyectar*) entwerfen **3.** (*delinear*) skizzieren

diseño [di'seɲo] *m* **1.** (*dibujo*) Zeichnung *f*; (*esbozo*) Entwurf *m*, Skizze *f*; ~ **asistido por ordenador** computergestütztes Zeichnen; ~ **de construcción** Grundriss *m*; ~ **de maqueta** Modellzeichnung *f*; ~ **de página** (*t.* INFOR) Seitenaufbau *m* **2.** (*forma*) Design *nt*; ~ **ergonómico** ergonomische Form, ergonomische Gestaltung; ~ **industrial** Industriedesign *nt*; ~ **del producto** Produktdesign *nt* **3.** (*en tejidos*) Muster *nt*, Dessin *nt* **4.** (*fig: descripción*) Umreißen *nt*, Skizzieren *nt*

disertación [diserta'θjon] *f* (*escrita*) (wissenschaftliche) Abhandlung *f*; (*oral*) Vortrag *m*

disertador(a) [diserta'ðor(a)] *adj* wortgewandt

disertar [diser'tar] *vi* (*por escrito*) abhandeln (*sobre* +*akk*), eine Abhandlung schreiben (*sobre* über +*akk*); (*oralmente*) vortragen (*sobre* +*akk*), einen Vortrag halten (*sobre* über +*akk*)

disfonía [disfo'nia] *f* (MED) Stimmstörung *f*, Dysphonie *f*

disforme [dis'forme] *adj* (*deforme*) unförmig, disproportioniert

disfraz [dis'fraθ] *m* **1.** (*máscara*) Verkleidung *f*; (*para tapar la cara*) Maske *f*; (MIL) Tarnung *f* **2.** (*fig: disimulación*) Verstellung *f*; **presentarse sin** ~ sein wahres Gesicht zeigen

disfrazar [disfra'θar] <z→c> **I.** *vt* **1.** (*enmascarar*) verkleiden; (*la cara*) maskieren; (MIL) tarnen **2.** (*fig: ocultar, disimular*) verschleiern; ~ **su embarazo** seine Verlegenheit kaschieren; ~ **un escándalo** einen Skandal verschleiern; ~ **la voz** die Stimme verstellen; **disfrazó su tristeza con una sonrisa** er/sie versteckte seine/ihre Trauer hinter einem Lächeln **II.** *vr:* **~se** (*enmascararse*) sich verkleiden (*de* als +*nom*)

disfrutar [disfru'tar] *vi, vt* **1.** (*gozar*) genießen (*de* +*akk*); ~ **de excelente salud** sich bester Gesundheit erfreuen; ~ **de licencia** Urlaub haben; ~ **de la vida** das Leben genießen **2.** (*poseer*) haben (*de* +*akk*), verfügen (*de* über +*akk*); **esta coche disfruta de muchas comodidades** dieses Auto hat viel Komfort **3.** (*utilizar*) Nutzen ziehen ((*de*) aus +*dat*), nutznießen ((*de*) von +*dat*) *elev*; ~ **un derecho** ein Recht nutzen

disfrute [dis'frute] *m* **1.** (*goce*) Genuss *m* **2.** (*aprovechamiento*) Nutzung *f,* Nutznießung *f;* ~ **de la posesión** Besitzausübung *f*

disfunción [disfun̪'θjon] *f* (*t.* MED) Funktionsstörung *f;* (MED) Dysfunktion *f*

disfuncionalidad [disfun̪θjonali'ða^{ð}] *f* Funktionsunfähigkeit *f*

disgregación [disɣreɣa'θjon] *f* Zerstreuung *f,* Zerlegung *f;* (QUÍM) Zersetzung *f;* (FÍS) Spaltung *f;* (GEO) Verwitterung *f*

disgregar [disɣre'ɣar] <g→gu> **I.** *vt, vr:* ~**se** (sich) zerstreuen, (sich) auflösen; (QUÍM) (sich) zersetzen; (FÍS) (sich) spalten; **el público se disgregó al terminar el espectáculo** das Publikum zerstreute sich nach der Vorstellung in alle Richtungen **II.** *vr:* ~**se** zerfallen; **con el tiempo el monumento se va disgregando** mit der Zeit zerfällt das Denkmal immer mehr

disgustado, -a [disɣus'taðo, -a] *adj* **1.** (*apenado*) bekümmert **2.** (*enfadado*) verärgert, erzürnt

disgustar [disɣus'tar] **I.** *vt* missfallen (*a* +*dat*); (*comida*) anekeln; ~ **a alguien** jdn erzürnen, jdm zu nahe treten; **me disgusta que salgas tan tarde** es passt mir nicht [*o* es missfällt mir], dass du so spät noch ausgehst **II.** *vr:* ~**se** sich ärgern (*por/de* über +*akk,* wegen +*gen/dat*), Ärger haben (*con* mit +*dat*); **se ha disgustado por tus comentarios** deine Äußerungen haben ihn/sie verletzt [*o* verärgert]; **se disgustó con tu hermano** er/sie ist mit deinem Bruder aneinander geraten

disgusto [dis'ɣusto] *m* **1.** (*desagrado*) Missfallen *nt;* (*repugnancia*) Ekel *m,* Abneigung *f;* **estar** [*o* **sentirse**] **a** ~ sich unbehaglich fühlen **2.** (*aflicción*) Kummer *m;* (*molestia*) Schererei *f,* Unannehmlichkeit *f;* (*enfado*) Ärger *m;* **dar un** ~ **a alguien** jdm Kummer machen, jdm Unannehmlichkeiten bereiten **3.** (*pelea*) Streit *m,* Auseinandersetzung *f*

disidencia [disi'ðen̪θja] *f* **1.** (*apostasía*) Abspaltung *f;* (*de un partido*) Abtrünnigkeit *f* **2.** (*desavenencia*) Uneinigkeit *f*

disidente [disi'ðen̪te] **I.** *adj* anders denkend, abtrünnig **II.** *mf* Dissident(in) *m(f),* Abtrünnige(r) *mf*

disidir [disi'ðir] *vi* (*creencia*) abfallen (*de* von +*dat*); (*doctrina*) abschwören (+*gen*); ~ **de un partido** aus einer Partei austreten

disímbolo, -a [di'simbolo, -a] *adj* (*Méx: diferente*) ungleich, verschieden

disimetría [disime'tria] *f* Asymmetrie *f*

disimétrico, -a [disi'metriko, -a] *adj* asymmetrisch, unsymmetrisch

disímil [di'simil] *adj* (*elev*) unterschiedlich, verschieden

disimilación [disimila'θjon] *f* (LING) Dissimilation *f*

disimilitud [disimili'tu^{ð}] *f* Unähnlichkeit *f,* Verschiedenartigkeit *f*

disimulación [disimula'θjon] *f* **1.** (*fingimiento*) Verstellung *f;* (*simulación*) Vortäuschung *f,* Vorspiegelung *f* **2.** (*ocultación*) Verheimlichung *f,* Verschleierung *f* **3.** (*tolerancia*) Nachsicht *f* **4.** (JUR) Scheingeschäft *nt*

disimulado, -a [disimu'laðo, -a] **I.** *adj* **1.** (*fingido*) verstellt, vorgespiegelt **2.** (*encubierto*) heimlich, unauffällig **3.** (*engañoso*) verlogen; (*hipócrita*) heuchlerisch **II.** *m, f* Heuchler(in) *m(f);* **hacerse el** ~ sich dumm stellen

disimular [disimu'lar] **I.** *vi* **1.** (*aparentar*) heucheln, sich verstellen **2.** (*ocultar*) sich *dat* nichts anmerken lassen **3.** (*tolerar*) nachsichtig sein **II.** *vt* **1.** (*ocultar*) verstecken, verbergen; ~ **el miedo** sich *dat* die Angst nicht anmerken lassen; **no** ~ **algo** keinen Hehl aus etw *dat* machen; **no podía** ~ **su alegría** er/sie konnte seine/ihre Freude nicht verbergen; **la falda disimulaba su barriga** der Rock ließ sie schlanker aussehen **2.** (*paliar*) beschönigen; ~ **sus fallos** seine Fehler beschönigen **3.** (JUR) verschleiern **4.** (*tolerar*) dulden, vergeben; ~ **algo a alguien** jdm etw nachsehen

disimulo [disi'mulo] *m* **1.** (*fingimiento*) Verstellung *f;* (*engaño*) Verschleierung *f;* **con** ~ unauffällig, heimlich **2.** (*tolerancia*) Nachsicht *f,* Duldung *f* **3.** (JUR) Scheingeschäft *nt*

disipable [disi'paβle] *adj* auflösbar; **duda** ~ ausräumbarer Zweifel

disipación [disipa'θjon] *f* **1.** (*desvanecimiento*) Auflösung *f,* Zerstreuung *f;* (*volatilización*) Verflüchtigung *f;* (FÍS) Dissipation *f* **2.** (*libertinaje*) Zügellosigkeit *f,* Ausschweifung *f* **3.** (*derroche*) Verschwendung *f,* Vergeudung *f*

disipado, -a [disi'paðo, -a] **I.** *adj* **1.** (*libertino*) zügellos, ausschweifend **2.** (*que derrocha*) verschwenderisch **II.** *m, f* Prasser(in) *m(f)*

disipador(a) [disipa'ðor(a)] **I.** *adj* verschwenderisch **II.** *m(f)* Verschwender(in) *m(f)*

disipar [disi'par] **I.** *vt* **1.** (*nubes, nieblas*) zerstreuen, auflösen; (*dudas*) beseitigen, verscheuchen; **el sol disipa las nieblas** die Sonne vertreibt den Nebel; ~ **el cansancio** die Müdigkeit verscheuchen **2.** (*derrochar*) verschwenden, vergeuden **II.** *vr:* ~**se** sich auflösen; (*dudas*) verschwinden; ~**se en humo** verrauchen

diskette [dis'kete] *m* (INFOR) *v.* **disquete**

dislalia [dis'lalja] *f* (MED) Stammeln *nt,* Dyslalie *f*

dislate [dis'late] *m* Unsinn *m,* Ungereimtheit *f*

dislexia [dis'le^{ɣ}sja] *f* (MED) Legasthenie *f*

disléxico, -a [dis'le^{ɣ}siko, -a] **I.** *adj* (MED) legasthenisch **II.** *m, f* (MED) Legastheniker(in) *m(f)*

dislocación [disloka'θjon] *f* **1.** (*desplazamiento*) Verlagerung *f,* Verschiebung *f* **2.** (MED) Verrenkung *f,* Ausrenkung *f* **3.** (GEO) Verschiebung *f,* Verwerfung *f* **4.** (FÍS) Dislokation *f* **5.** (*fig: desfiguración*) Entstellung *f,* Ver-

zerrung *f*
dislocado, **-a** [dislo'kaðo, -a] *adj* **1.** (*desplazado*) verlagert, verschoben **2.** (MED) verrenkt, ausgerenkt **3.** (*fam: loco*) verrückt
dislocar [dislo'kar] <c→qu> **I.** *vt* **1.** (*desplazar*) verlagern, verschieben **2.** (MED) verrenken, ausrenken **3.** (*fig: desfigurar*) entstellen, verzerren **II.** *vr:* **~se** **1.** (*deshacerse*) auseinander gehen, auseinander laufen **2.** (*desarticularse*) sich *dat* verstauchen, sich *dat* verrenken; **~se un pie** sich den Fuß verstauchen
disloque [dis'loke] *m* (*fig fam*) Höhepunkt *m;* **¡es el ~!** das ist der Gipfel!
disminución [disminu'θjon] *f* Verminderung *f,* Verringerung *f;* (ARQUIT) Verjüngung *f;* **~ de los gastos** Kostensenkung *f;* **~ de la longitud de (las) onda(s)** (RADIO) Wellenverkürzung *f;* **~ de la natalidad** Geburtenrückgang *m;* **~ de la pena** (JUR) Strafmilderung *f;* **~ de peso** Gewichtabnahme *f;* **~ de los precios** Preissenkung *f;* **~ de la presión** (TÉC) Druckabfall *m;* **~ de la producción** Produktionsrückgang *m;* **~ de riesgo** Risikominderung *f;* **~ de tamaño** Verkleinerung *f;* **~ de la tasa de ganancia** (ECON) rückläufige Ertragslage; **~ de la tensión** Entspannung *f;* **~ del valor** Wertminderung *f;* **~ de las ventas** Absatzstockung *f,* Absatzrückgang *m*
disminuido, **-a** [disminu'iðo, -a] **I.** *adj* **1.** (*fig: achicado*) eingeschüchtert **2.** (*discapacitado*) behindert **II.** *m, f* Behinderte(r) *mf;* **~ físico** Körperbehinderte(r) *m;* **~ mental** geistig Behinderter
disminuir [disminu'ir] *irr como huir* **I.** *vi* nachlassen, zurückgehen; **~ de tamaño** kleiner werden; **nuestras existencias disminuyen rapidamente** unser Warenvorrat nimmt rasch ab; **ha disminuido el viento** der Wind ist abgeflaut **II.** *vt* verringern, vermindern; (ARQUIT) verjüngen; **~ de tamaño** verkleinern; **~ en duración** zeitlich verkürzen; **~ la ganancia** den Gewinn schmälern; **~ los precios** die Preise ermäßigen [*o* senken] [*o* herabsetzen]; **~ el sueldo** den Lohn senken; **~ la velocidad** die Geschwindigkeit drosseln
dismnesia [dis'nesja] *f* (MED) Gedächtnisschwäche *f,* Hypomnesie *f*
disnea [dis'nea] *f* (MED) Atemnot *f,* Kurzatmigkeit *f,* Dyspnoe *f*
disociable [diso'θjaβle] *adj* trennbar, auflösbar; (QUÍM) dissoziierbar, spaltbar
disociación [disoθja'θjon] *f* (*separación*) Trennung *f;* (*disgregación*) Auflösung *f;* (QUÍM) (Auf)spaltung *f,* Dissoziation *f;* **~ térmica** (QUÍM) Thermolyse *f,* thermische Dissoziation
disociador(a) [disoθja'ðor(a)] **I.** *adj* dissoziierend, aufspaltend; **sustancia ~a** Trennmittel *nt* **II.** *m(f)* Trennmittel *nt*
disociar [diso'θjar] **I.** *vt* **1.** (*disgregar*) (auf)lösen; (*separar*) trennen **2.** (QUÍM) (auf)spalten, (ab)spalten **II.** *vr:* **~se** sich auflösen, zerfallen
disociativo, **-a** [disoθja'tiβo, -a] *adj* (MED) dissoziativ
disolubilidad [disoluβili'ða^{d}] *f sin pl* (QUÍM) Löslichkeit *f,* (Auf)lösbarkeit *f*
disoluble [diso'luβle] *adj* löslich, auflösbar
disolución [disolu'θjon] *f* Auflösung *f;* (*fig*) (sittliche) Zerrüttung *f,* Sittenverfall *m;* (QUÍM) Lösung *f;* **~ de contrato** Vertragsaufhebung *f;* **~ de matrimonio** Auflösung der Ehe; **~ del parlamento** Parlamentsauflösung *f;* **~ de sales ferrosas** (QUÍM) Eisensalzlösung *f*
disolutivo, **-a** [disolu'tiβo, -a] *adj* auflösend
disoluto, **-a** [diso'luto, -a] **I.** *adj* zügellos, ausschweifend **II.** *m, f* Wüstling *m*
disolvente [disol'βente] **I.** *adj* auflösend; (*t. fig*) zersetzend **II.** *m* (QUÍM) Lösemittel *nt*
disolver [disol'βer] *irr como volver* **I.** *vt* auflösen; **~ el matrimonio/el contrato** die Ehe/den Vertrag auflösen; **~ la pastilla en agua** die Tablette in Wasser auflösen **II.** *vr:* **~se** sich auflösen
disonancia [diso'nanθja] *f* **1.** (MÚS) Dissonanz *f,* Missklang *m* **2.** (*desproporción*) Missverhältnis *nt* **3.** (*discordancia*) Unstimmigkeit *f*
disonante [diso'nante] *adj* missklingend, dissonant; (*fig*) unharmonisch
disonar [diso'nar] <o→ue> *vi* **1.** (MÚS) misstönen, dissonieren **2.** (*fig: discrepar*) abweichen (*de* von +*dat*); **~ de alguien** jds Ansicht nicht teilen **3.** (*fig: disgustar algo*) missfallen
disosmia [di'sosmja] *f* (MED) Dysosmie *f,* Beeinträchtigung *f* des Geruchssinns
dispar [dis'par] *adj* ungleich
disparada [dispa'raða] *f* (*AmS, Méx, Guat: fuga precipitada*) Davonlaufen *nt,* heillose Flucht *f;* (*caballo*) Durchgehen *nt*
disparadero [dispara'ðero] *m* (*arma de fuego*) Abzugshebel *m,* Drücker *m;* **poner a alguien en el ~** jdn auf die Folter spannen
disparado, **-a** [dispa'raðo, -a] *adj:* **salir ~** sich blitzschnell davonmachen
disparador[1] [dispara'ðor] *m* **1.** (*en armas de fuego*) Abzug *m,* Drücker *m* **2.** (FOTO) Auslöser *m;* **~ automático** Selbstauslöser *m* **3.** (TÉC) Ausrücker *m*
disparador(a)[2] [dispara'ðor(a)] *m(f)* Schütze, -in *m, f*
disparar [dispa'rar] **I.** *vt* **1.** (*un tiro, flechas*) abschießen, schießen (*a/contra* auf +*akk*); (*un proyectil*) abfeuern; (*accionar el arma*) abdrücken; **~ una bala con el fusil** eine Kugel mit dem Gewehr abfeuern; **disparó contra el enemigo** er/sie schoss auf den Feind; **~ una flecha con el arco** einen Pfeil mit dem Bogen abschießen; **~ una piedra contra alguien** jdn mit einem Stein bewerfen; **~ la pistola** die Pistole abdrücken **2.** (*hacer una foto*) knipsen *fam* **II.** *vi* **1.** (*Am: caballo*) durchgehen **2.** (*un arma*) losgehen; **esta pistola no dispara bien** diese Pistole schießt nicht gut **3.** (FOTO) auslösen **III.** *vr:* **~se** **1.** (*arma*) losgehen; (*flecha*) abschnellen; (*re-*

sorte) ausschnappen **2.** (*salir corriendo*) losrennen, lossausen; (*caballo*) durchgehen **3.** (*desbocarse*) losplatzen, loslegen

dispara(ta)damente [dispara(ta)ða'mente] *adv* unsinnig, absurd

disparatado, -a [dispara'taðo, -a] *adj* **1.** (*absurdo*) unsinnig, absurd **2.** (*fam: desmesurado*) ungeheuer, riesig

disparatar [dispara'tar] *vi* (*hablar*) Unsinn reden, albernes Zeug sagen; (*obrar*) töricht [*o* unüberlegt] handeln

disparate [dispa'rate] *m* **1.** (*insensatez*) Unsinn *m*, Quatsch *m fam;* **¡qué ~!** was für ein Quatsch! **2.** (*fam: demasía*) Übermaß *nt;* **me gusta un ~** er/sie gefällt mir wahnsinnig gut

disparejo, -a [dispa'rexo, -a] *adj* unterschiedlich, verschieden; **sus comportamientos son muy ~s** ihr Verhalten ist sehr verschieden

disparidad [dispari'ðað] *f* Unterschiedlichkeit *f*, Ungleichheit *f;* **~ de culto** (REL) Glaubensverschiedenheit *f;* **~ de precios** (ECON) Preisdisparität *f*, Preisgefälle *nt*

disparo [dis'paro] *m* **1.** (*acción de disparar*) Abschuss *m;* (*tiro*) Schuss *m;* **~ al aire** Warnschuss *m;* **~ de partida** Startschuss *m* **2.** (*de un mecanismo, t.* FOTO) Auslösung *f;* **~ automático** Selbstauslösung *f;* **~ de alarma** Alarmauslösung *f* **3.** (*de un resorte*) Ausschnappen *nt* **4.** (*fig: disparate*) Albernheit *f*

dispendio [dis'pendjo] *m* Verschwendung *f*

dispendioso, -a [dispen'djoso, -a] *adj* **1.** (*costoso*) kostspielig, teuer **2.** (*derrochador*) verschwenderisch

dispensa [dis'pensa] *f* **1.** (*excepción, gracia*) Befreiung *f*, Erlass *m*, Dispens *m;* (REL) Dispens *f;* **~ de edad** (JUR) Altersdispens *f*, Ehemündigkeitserklärung *f;* **~ matrimonial** (REL) Ehedispens *f* **2.** (*documento*) Dispensbescheinigung *f*

dispensabilidad [dispensaβili'ðað] *f sin pl* Verzeihlichkeit *f*, Entschuldbarkeit *f*

dispensable [dispen'saβle] *adj* erlässlich

dispensación [dispensa'θjon] *f* **1.** (*concesión*) Bewilligung *f*, Zugeständnis *nt* **2.** (REL) Dispens *m*, Dispenserteilung *f* **3.** (JUR) Befreiung *f*, Entbindung *f*

dispensador [dispensa'ðor] *m*, **dispensadora** [dispensa'ðora] *f* (*aparato*) Spender *m;* **~(a) de jabón** Seifenspender *m*

dispensar [dispen'sar] **I.** *vt* **1.** (*otorgar*) erteilen, gewähren; **~ cuidados a alguien** jdn gut pflegen; **~ favores/atención a alguien** jdm seine Gunst/Beachtung schenken; **~ ovaciones/elogios a alguien** jdm Beifall/Lob spenden [*o* zollen]; **le ~on un tratamiento privilegiado** ihm/ihr wurde eine bevorzugte Behandlung zuteil **2.** (*librar*) befreien (*de* von +*dat*), entbinden (*de* von +*dat*); (*de molestias*) verschonen (*de* mit +*dat*); **~ a alguien de su cargo** jdn von seinem Amt entbinden; **~ a alguien del servicio militar** jdn vom Wehrdienst freistellen; **me ~on del castigo** mir wurde die Strafe erlassen **3.** (*excusar*) entschuldigen, verzeihen; **dispénseme que le interrumpa** verzeihen Sie bitte, wenn ich störe **4.** (*despachar* (*medicamentos*)) austeilen, ausgeben **II.** *vr:* **~se de algo** sich lossagen von etw *dat*, sich hinwegsetzen über etw *akk;* **no poder ~se de...** nicht umhinkönnen zu ...

dispensaría [dispensa'ria] *f* (*Chil, Perú*) Poliklinik *f*, Ambulanz *f*

dispensario [dispen'sarjo] *m* medizinische Beratungsstelle *f*, Ambulanz *f*, Poliklinik *f;* **~ sanitario** Sanitätsstelle *f*

dispepsia [dis'peβsja] *f* (MED) Dyspepsie *f*, Verdauungsstörung *f*

dispéptico, -a [dis'peptiko, -a] *adj* (MED) dyspeptisch

dispersar [disper'sar] **I.** *vt* zerstreuen, ausstreuen; (MIL) zersprengen, zersplittern; (FÍS) streuen; **~ sus energías** seine Kräfte verzetteln [*o* zersplittern]; **~ una manifestación** eine demonstrierende Menge auseinander sprengen; **~ un rebaño** eine Herde auseinander treiben **II.** *vr:* **~se** (*semillas*) verwehen; (*personas, animales*) auseinander laufen, auseinander stieben; (MIL) sich zersplittern

dispersión [disper'sjon] *f* Zerstreuung *f;* (FÍS) Streuung *f;* (QUÍM) Dispersion *f;* (COM: *distribución*) Vertrieb *m;* **~ cromática** Farbenzerstreuung *f;* **~ de esfuerzos** Kräftezersplitterung *f;* **~ de la luz** Lichtstreuung *f;* **~ de la nubosidad** (METEO) Bewölkungsauflockerung *f;* **pintura de ~** Dispersionsfarbe *f;* **la ~ de las tropas** die Zersprengung der Truppen; **la ~ de los manifestantes** das Auseinandertreiben der Demonstranten

dispersivo, -a [disper'siβo, -a] *adj* zerstreuend

disperso, -a [dis'perso, -a] *adj* zerstreut; (MIL) versprengt

displasia [dis'plasja] *f* (MED) Dysplasie *f*, Fehlbildung *f*

display [dis'plai̯] *m sin pl* **1.** (INFOR) Display *nt* **2.** (*anuncio*) Werbeschild *nt*

displicencia [displi'θenθja] *f* **1.** (*desagrado*) Unfreundlichkeit *f;* **tratar a alguien con ~** jdn barsch [*o* unfreundlich] behandeln **2.** (*desaliento*) Missmut *m*, Unlust *f*

displicente [displi'θente] *adj* unfreundlich, mürrisch

disponer [dispo'ner] *irr como poner* **I.** *vi* verfügen (*de* über +*akk*); **dispongo de dinero suficiente** ich verfüge über genügend Geld; **puedes ~ de mí cuando quieras** ich stehe dir jederzeit zur Verfügung **II.** *vt* **1.** (*colocar*) (an)ordnen, aufstellen; **~ las sillas en círculo** die Stühle im Kreis aufstellen; **~ por docenas** dutzendweise anordnen **2.** (*preparar*) vorbereiten, (ein)richten; **~ la mesa** den Tisch decken; **~ las camas para los huéspedes** die Betten für die Gäste richten **3.** (*determinar*) verfügen, beschließen; **~ en testamento** testamentarisch verfügen **III.** *vr:* **~se 1.** (*colocar-*

se) sich aufstellen; **los soldados se dispusieron en fila/en filas de a cinco** die Soldaten stellten sich in Reih und Glied/in Fünferreihen auf **2.** (*prepararse*) sich anschicken (*a* zu +*inf*) *elev,* sich vorbereiten (*a* auf +*akk*); **me disponía a escribir la carta cuando...** ich war im Begriff den Brief zu schreiben, als ...

disponibilidad [disponiβili'ða^{d}] *f* **1.** (*disposición*) Verfügbarkeit *f* **2.** *pl* (*de dinero*) finanzielle Mittel *ntpl,* finanzielle Möglichkeiten *fpl,* Barvermögen *nt;* **nuestras ~es no nos permitirán nunca comprar una casa** aufgrund [*o* auf Grund] unserer finanziellen Möglichkeiten werden wir nie in der Lage sein, eine Eigentumswohnung zu kaufen

disponible [dispo'niβle] *adj* verfügbar; **~ en almacén** (COM) vorrätig

disposición [disposi'θjon] *f* **1.** (*colocación*) Anordnung *f,* Aufstellung *f;* **~ del espacio** Raumaufteilung *f;* **~ de registros** (INFOR) Anordnung von Einträgen **2.** (*estado de ánimo*) Verfassung *f,* Stimmung *f;* (*de salud*) Gesundheitszustand *m* **3.** (*para algún fin*) Bereitschaft *f;* **~ para el consumo** Konsumbereitschaft *f;* **~ de servicio** Betriebsbereitschaft *f;* **estar en ~ de hacer algo** bereit sein etw zu tun **4.** (*disponibilidad*) Verfügung *f;* **de libre ~** zur freien Verfügung; **estoy a tu ~** ich stehe dir zur Verfügung; **poner a ~** zur Verfügung stellen **5.** (*talento*) Talent *nt,* Veranlagung *f;* **tener ~ para la música** musikalisch begabt sein **6.** (*resolución*) Bestimmung *f,* Verordnung *f;* **disposiciones de un contrato** Vertragsbestimmungen *fpl;* **~ legal** gesetzliche Vorschrift; **última ~** letzter Wille, testamentarische Verfügung; **dictar disposiciones** Bestimmungen erlassen; **tomar las disposiciones precisas** die notwendigen Vorkehrungen treffen

dispositivo [disposi'tiβo] *m* Vorrichtung *f,* Gerät *nt;* **~ de activación** (INFOR) Auslösegerät *nt;* **~ adicional** [*o* **opcional**] Zusatzeinrichtung *f;* **~ de alarma** Alarmanlage *f;* **~ de almacenamiento** (INFOR) Speichergerät *nt;* **~ de almacenamiento de acceso directo** (INFOR) Direktzugriffsspeicher *m;* **~ antirrobo** Diebstahlsicherung *f;* **~ apuntador** (INFOR) Zeiger *m;* **~ de cambio de velocidades** (AUTO) Gangschaltung *f;* **~ de entrada/salida** (INFOR) Eingabe-/Ausgabegerät *nt;* **~ de seguridad** Sicherheitseinrichtung *f;* **~ sensitivo** (TÉC) Tastgerät *nt;* **~ de televisión** Videoüberwachungssystem *nt;* **~ de visualización** (INFOR) Datensichtgerät *nt*

dispuesto, -a [dis'pwesto, -a] **I.** *pp de* **disponer II.** *adj* **1.** (*preparado*) bereit, fertig; **~ para el uso** gebrauchsfertig; **estar ~ a trabajar/a negociar** arbeitswillig/verhandlungsbereit sein; **estar ~ para salir** bereit zum Ausgehen sein; **estar ~ para salir de viaje** reisefertig sein **2.** (*habilidoso*) geschickt, fähig **3.** (*de buen cuerpo*) gut gebaut, stattlich; **ser bien ~** ein stattliches Aussehen haben **4.** (*de ánimo, salud*) aufgelegt, gelaunt; **estar bien/mal ~** gut/schlecht aufgelegt sein, in guter/schlechter Verfassung sein **5.** (*colocado*) angeordnet; **~ plano** (TÉC) flachkant gelegt; **la mesa está dispuesta** es ist angerichtet *elev*

disputa [dis'puta] *f* Streitgespräch *nt,* Disput *m;* **~ legal** Rechtsstreit *m;* **sin ~** unbestreitbar

disputable [dispu'taβle] *adj* fraglich, strittig

disputado, -a [dispu'taðo, -a] *adj* umstritten

disputador(a) [disputa'ðor(a)] *m(f)* Streitsüchtige(r) *mf,* Streithammel *m fam*

disputar [dispu'tar] **I.** *vi* streiten (*de/sobre* über +*akk*), disputieren *elev* **II.** *vt* **1.** (*controvertir*) (be)streiten, streitig machen **2.** (*competir*) kämpfen (*por* um +*akk*); **~ una carrera** ein Rennen austragen; **~ por la copa mundial** um den Weltcup kämpfen **III.** *vr:* **~se** sich reißen (um +*akk*), sich streiten (um +*akk*); **todos se disputan una foto con Schumacher** alle reißen sich um eine Foto mit Schumacher

disquete [dis'kete] *m* (INFOR) Diskette *f;* **~ de 3.5"** 3,5-Zoll-Diskette *f;* **~ de arranque** Bootdiskette *f;* **~ de destino** Zieldiskette *f;* **~ para instalación** Installationsdiskette *f;* **~ original** Originaldiskette *f;* **~ del programa** Programmdiskette *f*

disquetera [diske'tera] *f* (INFOR) Diskettenlaufwerk *nt*

disquinesia [diski'nesja] *f* (MED) Dyskinesie *f*

disquisición [diskisi'θjon] *f* Studie *f,* (wissenschaftliche) Untersuchung *f*

disrupción [disrruβ'θjon] *f* (ELEC: *interrupción*) Stromkreisunterbrechung *f;* (*apertura*) Durchschlag *m*

distal [dis'tal] *adj* (ANAT) distal

distancia [dis'taṇθja] *f* Entfernung *f;* (*fig*) Entfremdung *f;* **~ focal** (FÍS) Brennweite *f;* **~ entre ruedas** (AUTO) Radspur *f,* Spurweite *f;* **~ de seguridad** Sicherheitsabstand *m;* **~ visual** Sichtweite *f;* **a ~** (*lejos*) in der Ferne; (*desde lejos*) aus der Ferne; **cubrir ~s** Entfernungen zurücklegen; **guardar las ~s** (*fig*) auf Distanz achten; **tener a alguien a ~** sich *dat* jdn vom Leibe halten

distanciado, -a [distaṇ'θjaðo, -a] *adj* entfernt; (*fig*) distanziert; **están ~s** (*fig*) sie sind nicht mehr befreundet

distanciamiento [distaṇθja'mjeṇto] *m* (*fig*) Distanzierung *f*

distanciar [distaṇ'θjar] **I.** *vt* voneinander trennen, voneinander entfernen **II.** *vr:* **~se** **1.** (*de una persona*) sich distanzieren (*de* von +*dat*) **2.** (*de un lugar*) sich entfernen (*de* von +*dat*)

distante [dis'taṇte] *adj* **1.** (*lugar*) entfernt, abgelegen **2.** (*persona*) distanziert

distar [dis'tar] *vi* (*t. fig*) entfernt sein (*de* von +*dat*); **disto mucho de creerlo** ich bin weit davon entfernt, es zu glauben

distender [disteṇ'der] <e→ie> *vt* **1.** (*estirar, t.* MED) strecken, dehnen **2.** (TÉC: *t. fig*) entspannen, lockern

distensión [disten'sjon] *f* Streckung *f,* Dehnung *f;* (MED) Zerrung *f;* (POL, TÉC) Entspannung *f*

distermia [dis'termja] *f* (MED) Dysthermie *f*

dístico ['distiko] *m* (LIT) Distichon *nt*

distinción [distin̪'θjon] *f* **1.** (*diferenciación*) Unterscheidung *f;* **a ~ de** im Unterschied zu +*dat;* **no hacer ~** keinen Unterschied machen **2.** (*claridad*) Deutlichkeit *f,* Klarheit *f* **3.** (*honor*) Auszeichnung *f,* Orden *m* **4.** (*elegancia*) Vornehmheit *f,* Distinguiertheit *f;* (*educación*) feine Erziehung *f,* Anstand *m;* **persona de ~** Standesperson *f*

distingo [dis'tiŋgo] *m* **1.** (*reparo*) Vorbehalt *m* **2.** (*distinción*) Unterscheidung *f*

distinguible [distiŋ'giβle] *adj* **1.** (*diferenciable*) unterscheidbar **2.** (*visible*) erkennbar

distinguido, **-a** [distiŋ'giðo, -a] *adj* **1.** (*ilustre*) angesehen **2.** (*elegante*) distinguiert **3.** (*en cartas*) hochverehrte(r), sehr geehrte(r); **~ amigo:...** hochverehrter Freund, ...

distinguir [distiŋ'gir] <gu→g> **I.** *vt* **1.** (*diferenciar*) unterscheiden, auseinander halten; **no ~ lo blanco de lo negro** (*fam*) sehr beschränkt sein **2.** (*señalar*) kennzeichnen **3.** (*divisar*) erkennen, ausmachen **4.** (*condecorar*) auszeichnen (*con* mit +*dat*); (*tratar mejor*) bevorzugt behandeln; **~ a alguien con su confianza** jdn durch sein [*o* mit seinem] Vertrauen ehren **II.** *vr:* **~se 1.** (*poder ser visto*) deutlich [*o* sichtbar] werden **2.** (*ser diferente de otros*) sich auszeichnen, sich hervortun

distintivo[1] [distin̪'tiβo] *m* Merkmal *nt,* Kennzeichen *nt*

distintivo, **-a**[2] [distin̪'tiβo, -a] *adj* Unterscheidungs-, Erkennungs-; **característica distintiva** Unterscheidungsmerkmal *nt*

distinto, **-a** [dis'tin̪to, -a] *adj* **1.** (*diferente*) unterschiedlich, verschieden; **es ~ a** [*o* **de**] **los demás** er ist anders als die anderen; **hay opiniones muy distintas** es gibt ganz unterschiedliche Ansichten; **operaciones distintas a la actividad de la empresa** betriebsfremde Aktivitäten **2.** (*nítido*) klar, deutlich

distocia [dis'toθja] *f* (MED) Dystokie *f,* komplizierte Geburt *f*

distonía [disto'nia] *f* (MED) Dystonie *f,* Spannungsstörung *f*

distorsión [distor'sjon] *f* **1.** (MED) Verstauchung *f,* Distorsion *f* **2.** (FÍS, TV) Bildverzerrung *f,* Distorsion *f* **3.** (*fig: falseamento*) Verfälschung *f,* Verdrehung *f;* **distorsiones de competencia** Wettbewerbsverzerrungen *fpl;* **~ de los precios** (ECON) Preisverzerrung *f*

distorsionador(**a**) [distorsjona'ðor(a)] *adj,* **distorsionante** [distorsjo'nan̪te] *adj* (*t. fig*) verzerrend

distorsionar [distorsjo'nar] **I.** *vt* (*fig*) verfälschen, deformieren **II.** *vt, vr:* **~se 1.** (MED) (sich *dat*) verstauchen **2.** (FÍS) (sich) verzerren

distracción [distraɣ'θjon] *f* **1.** (*entretenimiento*) Ablenkung *f,* Zeitvertreib *m* **2.** (*falta de atención*) Unaufmerksamkeit *f,* Zerstreutheit *f* **3.** (JUR): **~ de fondos** Unterschlagung *f,* Veruntreuung *f*

distraer [distra'er] **I.** *vt* **1.** (*desviar*) ablenken; **el paseo distrae** der Spaziergang bringt einen auf andere Gedanken **2.** (*entretener*) unterhalten **3.** (*fig fam: dinero*) unterschlagen, veruntreuen **II.** *vr:* **~se 1.** (*entretenerse*) sich ablenken (*con* mit +*dat*), sich unterhalten; **el niño se distrae sólo** das Kind beschäftigt sich mit sich *dat* selbst **2.** (*no atender*) unaufmerksam sein, nicht Acht geben

distraído, **-a** [distra'iðo, -a] **I.** *adj* **1.** (*desatento*) zerstreut, unaufmerksam **2.** (*entretenido*) unterhaltsam **3.** (*Chil, Méx: mal vestido*) zerlumpt **II.** *m, f* zerstreuter Professor *m fam,* zerstreute Professorin *f fam;* **hacerse el ~** sich dumm stellen

distribución [distriβu'θjon] *f* **1.** (*repartición*) Verteilung *f,* Austeilung *f;* (*disposición*) Einteilung *f,* Anordnung *f;* (*de correo*) Zustellung *f,* Briefausgabe *f;* **~ de agua** Wasserversorgung *f;* **~ per cápita** Pro-Kopf-Verteilung *f;* **~ de los costes** (COM) Kostenaufteilung *f;* **~ de datos** (INFOR) Datenvermittlung *f;* **~ de equipajes** Gepäckausgabe *f;* **~ del espacio** Raumaufteilung *f;* **~ de funciones** Zuständigkeitsverteilung *f;* **~ de información** Informationsverbreitung *f;* **~ de la renta** Einkommensverteilung *f* **2.** (COM) Vertrieb *m,* Absatz *m;* **~ exclusiva** Alleinvertrieb *m;* **~ directa** Direktvertrieb *m;* **~ mayorista** Großhandelsvertrieb *m* **3.** (ECON) Ausschüttung *f;* **~ de beneficios** Gewinnausschüttung *f;* **~ de capital** Kapitalausschüttung *f* **4.** (CINE) Filmverleih *m* **5.** (TÉC) Steuerung *f;* **armario de ~** (ELEC) Schaltschrank *m* **6.** (TIPO) Ablegen *nt;* **~ de tipos** Satzablegen *nt*

distribuido, **-a** [distriβu'iðo, -a] *adj* verteilt, ausgeteilt; **beneficio ~** ausgeschütteter Gewinn

distribuidor[1] [distriβwi'ðor] *m* **1.** (TÉC) Verteiler *m;* **~ automático** Warenautomat *m;* **~ automático de billetes** Fahrkartenautomat *m;* **~ de corriente** Stromverteiler *m;* **~ de gasolina** Tankstelle *f;* **~ de ignición** (AUTO) Zündverteiler *m* **2.** (COM) Lieferfirma *f* **3.** (INFOR) Zuteiler *m*

distribuidor(**a**)[2] [distriβwi'ðor(a)] *m(f)* **1.** (COM) Vertreter(in) *m(f);* **~ exclusivo** Alleinvertreter *m;* **~ industrial** Industriekaufmann *m;* **~ oficial** Vertragshändler *m* **2.** (CINE) Filmverleiher(in) *m(f)*

distribuidora [distriβwi'ðora] *f* **1.** (COM) Vertrieb *m* **2.** (AGR) Streumaschine *f;* **~ de abono** Düngerstreumaschine *f*

distribuir [distriβu'ir] *irr como huir* **I.** *vt* **1.** (*repartir*) verteilen, aufteilen; (*disponer*) einteilen, anordnen; (*información*) verbreiten; (*un trabajo, una tarea*) zuweisen, zuteilen; (*el correo*) zustellen, austragen; (*comida*) ausgeben (*a* an +*akk*) **2.** (COM) vertreiben

3. (ECON) ausschütten 4. (TIPO) den Satz ablegen **II.** *vr:* **~se** sich verteilen, sich verbreiten

distributivo, **-a** [distriβu'tiβo, -a] *adj* verteilend, austeilend; **conjunciones distributivas** (LING) trennende [*o* distributive] Partikel [*o* Konjunktionen]; **justicia distributiva** (*fig*) ausgleichende Gerechtigkeit

distrito [dis'trito] *m* Bezirk *m;* ~ **administrativo** Verwaltungsbezirk *m;* ~ **electoral** Wahlkreis *m;* ~ **federal** Stadtgebiet *nt,* Bundesgebiet *nt* (*einiger Hauptstädte wie Mexiko und Buenos Aires*); ~ **gubernamental** Regierungsbezirk *m;* ~ **industrial** Industriegebiet *nt;* ~ **judicial** Gerichtsbezirk *m;* ~ **de policía** Polizeirevier *nt;* ~ **postal** Post-, Zustellbezirk *m*

distrofia [dis'trofja] *f* (MED) Dystrophie *f,* Ernährungsstörung *f*

disturbar [distur'βar] *vt* (*elev*) stören, beeinträchtigen

disturbio [dis'turβjo] *m* Unruhe *f,* (Ruhe)störung *f;* **~s estudiantiles** Studentenunruhen *fpl;* **~s raciales** Rassenunruhen *fpl*

disuadir [diswa'ðir] *vt* umstimmen, abraten (*a* +*dat, de* von +*dat*); ~ **a alguien de su plan** jdn von seinem Plan abbringen, jdm seinen Plan ausreden

disuasión [diswa'sjon] *f* Überredung *f,* Abraten *nt;* (POL, MIL) Abschreckung *f*

disuasivo, **-a** [diswa'siβo, -a] *adj,* **disuasorio**, **-a** [diswa'sorjo, -a] *adj* Überredungs-; (POL, MIL) Abschreckungs-; **poder** ~ Überredungskunst *f;* **armas disuasivas** Abschreckungswaffen *fpl*

dis yoqueis [dis 'ɟokei̯s] *pl de* **disc-jockey**

disyunción [disɟuṇ'θjon] *f* **1.** (*separación*) Trennung *f* **2.** (*decisión*) Option *f,* Wahlmöglichkeit *f* **3.** (FILOS) Disjunktion *f*

disyuntiva [disɟuṇ'tiβa] *f* Alternative *f*

disyuntivo, **-a** [disɟuṇ'tiβo, -a] *adj* trennend; (LING) disjunktiv, ausschließend; **conjunción disyuntiva** (LING) disjunktive Konjunktion

disyuntor [disɟuṇ'tor] *m* (ELEC) Ausschalter *m,* Unterbrecher *m*

dita ['dita] *f* **1.** (*AmC, Chil*) Schulden *fpl* **2.** (ECON: *cosa*) Bürgschaft *nt;* (*persona*) Bürge, -in *m, f*

diteísmo [dite'ismo] *m sin pl* (REL) Ditheismus *m*

DIU ['diu] *f* (MED) *abr de* **Dispositivo Intra-Uterino** Intrauterinpessar *nt,* IUP

diuresis [dju'resis] *f inv* (MED) Harnausscheidung *f,* Diurese *f*

diurético, **-a** [dju'retiko, -a] *adj* harntreibend, diuretisch

diurno, **-a** [di'urno, -a] *adj* täglich, Tag(e)-, Tages-; **trabajo** ~ Tagesarbeit *f;* **luz diurna artificial** künstliches Tageslicht

diva ['diβa] *f* **1.** (CINE, TEAT) Diva *f* **2.** (LIT) Göttin *f*

divagación [diβaɣa'θjon] *f* Abschweifung *f;* (*fig*) unzusammenhängendes Gerede *nt*

divagador(**a**) [diβaɣa'ðor(a)] **I.** *adj* abschweifend, faselnd **II.** *m(f)* Schwafler(in) *m(f),* Faselhans *m*

divagar [diβa'ɣar] <g→gu> *vi* abschweifen; (*fig*) irrereden

diván [di'βan] *m* Diwan *m*

diver ['diβer] *adj inv* (*fam*) lustig

divergencia [diβer'xeṇθja] *f* Abweichung *f;* (*t.* MAT) Divergenz *f*

divergente [diβer'xeṇte] *adj* entgegengesetzt, unterschiedlich verlaufend; (*t.* MAT) divergent; **opiniones ~s** auseinander gehende [*o* abweichende] Meinungen

divergir [diβer'xir] <g→j> *vi* auseinander streben, voneinander abweichen; (*t.* MAT) divergieren

diversidad [diβersi'ðaᵈ] *f* Vielfalt *f,* Mannigfaltigkeit *f*

diversificación [diβersifika'θjon] *f* **1.** (*variedad*) Vielfalt *f,* Abwechslung *f* **2.** (ECON) Diversifikation *f,* Erweiterung *f;* ~ **de cultivos** Erweiterung der Anbaukulturen; ~ **de la economía nacional** Diversifizierung der Volkswirtschaft; ~ **horizontal/vertical** horizontale/vertikale Diversifikation; ~ **de los productos** Produktdifferenzierung *f*

diversificar [diβersifi'kar] <c→qu> **I.** *vt* verschiedenartig [*o* vielseitig] gestalten; (ECON) diversifizieren; ~ **su horizonte** seinen Horizont erweitern **II.** *vr:* **~se** sich verschiedenartig [*o* vielseitig] gestalten

diversión [diβer'sjon] *f* **1.** (*entretenimiento*) Vergnügen *nt* **2.** (*pasatiempo*) Zeitvertreib *m,* Unterhaltung *f* **3.** (MIL) Ablenkungsmanöver *nt*

diverso, **-a** [di'βerso, -a] *adj* **1.** (*distinto*) verschieden(artig), unterschiedlich; (*desemejante*) unähnlich; **se han escuchado las más diversas opiniones** man hörte die unterschiedlichsten [*o* diversesten] Meinungen **2.** (*variado*) vielseitig, vielfältig; **tiene un estilo muy** ~ er/sie hat einen sehr mannigfaltigen Stil **3.** *pl* (*varios, muchos*) verschiedene, mehrere; **practica ~s deportes** er/sie betreibt mehrere Sportarten; **hay diversas clases de vino** es gibt verschiedene Weinsorten

divertido, **-a** [diβer'tiðo, -a] *adj* **1.** (*alegre*) lustig **2.** (*Arg, Chil, Guat, Perú: achispado*) angeheitert

divertimento [diβerti'meṇto] *m* **1.** (*diversión*) Vergnügen *nt* **2.** (MÚS) Divertimento *nt* **3.** (*obra literaria*) Trivialliteratur *f*

divertimiento [diβerti'mjeṇto] *m* **1.** (*diversión*) Vergnügen *nt* **2.** (*distracción*) Ablenkung *f*

divertir [diβer'tir] *irr como sentir* **I.** *vt* **1.** (*entretener*) unterhalten; **sus bromas me divierten** seine/ihre Scherze erheitern mich **2.** (*apartar*) ablenken (*de* von +*dat*) **3.** (MED) ableiten **4.** (MIL: *distraer al enemigo*) ablenken **II.** *vr:* **~se** **1.** (*alegrarse*) sich amüsieren (*con* mit +*dat, en* über +*akk*); **¡que te diviertas!** viel Spaß! **2.** (*distraerse*) sich ablenken

dividendo [diβi'ðeṇdo] *m* **1.** (MAT) Dividend *m* **2.** (ECON) Dividende *f;* ~ **activo** Aktivdividende *f;* ~ **final** Schlussdividende *f;* ~ **pasivo** Passivdividende *f;* **arrojar ~s** Dividenden ausschütten

divididero, **-a** [diβi'ðero, -a] *adj* zu teilen; **el importe** ~ der zu teilende [*o* aufzuteilende] Betrag

dividir [diβi'ðir] **I.** *vt* **1.** (*partir*) teilen (*con* mit *+dat, en* in *+akk*); ~ **por la mitad** halbieren **2.** (*distribuir*) aufteilen (*entre* unter *+dat*) **3.** (*separar*) trennen; (*sembrando discordia*) entzweien **4.** (*agrupar*) einteilen (*en* in *+akk*) **5.** (MAT) teilen (*entre/por* durch *+akk*), dividieren (*entre/por* durch *+akk*); **divide 200 entre** [*o* **por**] **10** teile 200 durch 10 **II.** *vr:* **~se 1.** (*partirse*) sich teilen; **el camino se divide aquí** der Weg teilt sich hier **2.** (*agruparse*) unterteilt sein; **la escala se divide en 10 grados** die Skala ist in 10 Grade unterteilt **3.** (*enemistarse*) sich trennen, sich entzweien; **se han dividido por una tontería** sie haben sich wegen einer Kleinigkeit entzweit

divieso [di'βjeso] *m* (MED) Furunkel *m o nt*

divinidad [diβini'ðað] *f* **1.** (*ser divino*) Divinität *f,* Göttlichkeit *f* **2.** (*deidad*) Gottheit *f* **3.** (*fam: preciosidad*) Prachtstück *nt;* **esta mujer es una** ~ diese Frau ist göttlich (schön)

divinización [diβiniθa'θjon] *f sin pl* **1.** (*deificación*) Vergöttlichung *f* **2.** (*elogio*) Verherrlichung *f*

divinizar [diβini'θar] <z→c> *vt* **1.** (*deificar*) vergöttlichen **2.** (*santificar*) heiligen **3.** (*glorificar*) verherrlichen

divino, **-a** [di'βino, -a] *adj* **1.** (*relativo a Dios*) göttlich **2.** (*fam: precioso*) göttlich, himmlisch

divisa [di'βisa] *f* **1.** (*insignia*) Abzeichen *nt,* Erkennungszeichen *nt* **2.** (TAUR) *bunte Bänder als Kennzeichen der Stierzüchter* **3.** (*mote*) Devise *f,* Wahlspruch *m* **4.** (*lema en el escudo*) Wappenspruch *m* **5.** *pl* (*moneda*) Devisen *fpl;* **~s convertibles** konvertierbare Währungen

divisar [diβi'sar] *vt* **1.** (*percibir*) ausmachen, erblicken *elev;* **divisó a lo lejos un vehículo** er/sie konnte in der Ferne ein Fahrzeug ausmachen **2.** (*armas de familia*) mit einem Wappenspruch versehen

divisible [diβi'siβle] *adj* teilbar; **ser** ~ **por dos** durch zwei teilbar sein

división [diβi'sjon] *f* **1.** (MAT) Division *f* **2.** (*partición*) Teilung *f;* ~ **celular** Zellteilung *f;* ~ **del trabajo** Arbeitsteilung *f* **3.** (*separación*) Trennung *f* **4.** (*parte*) Teil *m* **5.** (MIL) Division *f;* ~ **acorazada** [*o* **blindada**] Panzerdivision *f* **6.** (*desavenencia*) Uneinigkeit *f* **7.** (*de un discurso*) Gliederung *f* **8.** (LING) Trennungsstrich *m*

divisionario, **-a** [diβisjo'narjo, -a] *adj* (ECON) Teilungs-; **moneda divisionaria** Scheidemünze *f*

divisionismo [diβisjo'nismo] *m sin pl* **1.** (ARTE) Divisionismus *m,* Pointillismus *m* **2.** (POL) Spaltungstendenz *f*

divismo [di'βismo] *m* Vergötterung *f*

divisor[1] [diβi'sor] *m* (MAT) **1.** (*submúltiplo*) Teiler *m;* ~ **de intereses** (FIN) Zinsdivisor *m* **2.** (*componente de la división*) Divisor *m;* **máximo común** ~ größter gemeinschaftlicher Teiler *m*

divisor(a)[2] [diβi'sor(a)] *adj* (MAT) teilend, dividierend

divisoria [diβi'sorja] *f* Trennungslinie *f;* (GEO) Wasserscheide *f*

divisorio, **-a** [diβi'sorjo, -a] *adj* Trennungs-; **línea divisoria** Trennungslinie *f;* **línea divisoria de las aguas** Wasserscheide *f*

divo[1] ['diβo] *m* (*elev: deidad*) Gottheit *f*

divo, **-a**[2] ['diβo, -a] **I.** *adj* **1.** (*elev: divino*) göttlich **2.** (*pey: arrogante*) arrogant **II.** *m, f* (*artista*) (Opern)star *m;* (*mujer*) Diva *f*

divorciado, **-a** [diβor'θjaðo, -a] **I.** *adj* geschieden **II.** *m, f* Geschiedene(r) *mf*

divorcialidad [diβorθjali'ðað] *f sin pl* Scheidungsrate *f*

divorciar [diβor'θjar] **I.** *vt* (*matrimonio*) scheiden; (*opiniones*) auseinander gehen **II.** *vr:* **~se** sich scheiden lassen; **se ha divorciado de él** sie hat sich von ihm scheiden lassen

divorcio [di'βorθjo] *m* **1.** (*separación*) (Ehe)scheidung *f* **2.** (*discrepancia*) Diskrepanz *f;* ~ **de opiniones** Meinungsverschiedenheiten *fpl* **3.** (*Col: cárcel de mujeres*) Frauengefängnis *nt*

divorcista [diβor'θista] *mf* Scheidungsanwalt, -wältin *m, f*

divulgación [diβulɣa'θjon] *f* (*propagación*) Verbreitung *f;* (*publicación*) Bekanntmachung *f;* (*popularización*) Popularisierung *f;* **libro de** ~ populärwissenschaftliches Buch

divulgador(a) [diβulɣa'ðor(a)] *m(f)* Verbreiter(in) *m(f)*

divulgar [diβul'ɣar] <g→gu> **I.** *vt* (*propagar*) verbreiten; (*dar a conocer*) bekannt geben; (*popularizar*) popularisieren, der breiten Masse zugänglich machen **II.** *vr:* **~se** (*propagarse*) (sich) verbreiten; (*conocerse*) bekannt werden, in die Öffentlichkeit dringen

divulgativo, **-a** [diβulɣa'tiβo, -a] *adj:* **medios ~s** ≈Massenmedien *ntpl*

DM [de'eme] *m abr de* **Derecho Mercantil** Handelsrecht *nt*

Dn. [don] *m abr de* **don** ≈Hr.

DNA [de(e)ne'a] *m* (BIOL, QUÍM) *abr de* **Desoxyribo Nucleic Acid** DNS *f,* Desoxyribonukleinsäure *f*

DNI [de(e)ne'i] *m abr de* **Documento Nacional de Identidad** Personalausweis *m*

Dña. ['doɲa] *f abr de* **doña** ≈Fr.

do [do] <does> **I.** *adv* (*elev*) wo **II.** *m* (MÚS) c *nt,* C *nt;* ~ **bemol** ces *nt,* Ces *nt;* ~ **de pecho** eingestrichenes C, hohes C; ~ **sostenido** cis *nt,* Cis *nt*

dóberman ['doβerman] **I.** *adj* Dobermann-; **perro** ~ Dobermann *m* **II.** *m* (ZOOL) Dober-

mann *m*

dobla ['doβla] *f* **1.**(HIST) *altspanische Goldmünze* **2.**(*Chil:* MIN) Tagesschürflohn *m* **3.**(*Chil: fam*) Gratisessen *nt*

dobladamente [doβlaða'mente] *adv* **1.**(*al doble*) doppelt, zweifach **2.**(*con doblez*) doppelzüngig, falsch

dobladillar [doβlaði'ʎar] *vt* säumen

dobladillo [doβla'ðiʎo] *m* **1.**(*pliegue*) Saum *m* **2.**(*hilo*) Strumpfgarn *nt*

doblado[1] [do'βlaðo] *m Tuchmaß*

doblado, -a[2] [do'βlaðo, -a] *adj* **1.**(*persona*) stämmig, gedrungen **2.**(*terreno*) uneben **3.**(*hipócrita*) falsch

doblador(a) [doβla'ðor(a)] *m(f)* (CINE) Synchronsprecher(in) *m(f)*

doblaje [do'βlaxe] *m* (CINE) Synchronisation *f*

doblamiento [doβla'mjento] *m* Biegung *f*

doblar [do'βlar] **I.** *vt* **1.**(*arquear*) biegen, krümmen **2.**(*plegar*) falten; **no** ~ nicht knicken **3.**(*duplicar*) verdoppeln; **mi madre me dobla en edad** meine Mutter ist doppelt so alt wie ich **4.**(CINE) synchronisieren **5.**(*rodear*) umfahren; ~ **la esquina** um die Ecke biegen **6.**(*convencer*) umstimmen **II.** *vi* **1.**(*redoblar*) (Totenglocke) läuten **2.**(*torcer*) abbiegen (*a* nach +*dat*) **3.**(CINE, TEAT: *hacer dos papeles*) eine Doppelrolle spielen **4.**(CINE: *sustituir a un actor*) doubeln **5.**(REL) zwei Messen an einem Tag halten **III.** *vr:* ~**se 1.**(*inclinarse*) sich biegen **2.**(*ceder*) sich beugen

doble[1] ['doβle] **I.** *adj inv* **1.**(*duplo*) doppelt, Doppel-; ~ **clic** Doppelklick *m;* ~ **fila** Doppelreihe *f;* **contabilidad por partida** ~ (FIN) doppelte Buchführung **2.**(*robusto*) robust **3.**(*hipócrita*) falsch; **Pedro es muy** ~ Pedro kann man nicht (über den Weg) trauen **II.** *mf* Doppelgänger(in) *m(f);* (CINE) Double *nt*

doble[2] ['doβle] *m* **1.**(*duplo*) Doppelte(s) *nt* **2.**(*pliegue*) Saum *m* **3.**(*toque de campanas*) Totengeläut *nt* **4.**(DEP: *tenis*): (**partido de**) ~**s** Doppel *nt*

doble[3] ['doβle] *f* Pasch *m*

doblegable [doβle'ɣaβle] *adj* **1.**(*fácil de torcer*) biegsam; (*fácil de doblar*) faltbar **2.**(*fig: fácil de someter*) nachgiebig, gefügig; **un carácter** ~ ein willensschwacher Charakter

doblegadizo, -a [doβleɣa'ðiθo, -a] *adj* (*elev*) biegsam

doblegar [doβle'ɣar] <g→gu> *vt, vr:* ~**se 1.**(*torcer*) (sich) biegen **2.**(*ceder*) (sich) beugen (*a* +*dat*); **se doblegó a sus súplicas** er/sie gab seinem/ihrem Bitten nach

doblemente [doβle'mente] *adv* **1.**(*al doble*) doppelt; **incrementó** ~ **el precio del apartamento** der Mietpreis des Appartements stieg um das Doppelte **2.**(*mucho más*) umso mehr **3.**(*con doblez*) hinterhältig, falsch

doblete [do'βlete] *m* (*t.* LING) Dublette *f*

doblez[1] [do'βleθ] *m* (*pliegue*) Falte *f*

doblez[2] [do'βleθ] *m o f* (*hipocresía*) Falschheit *f*

doblón [do'βlon] *m* (HIST) Dublone *f*

doce ['doθe] **I.** *adj inv* zwölf **II.** *m* Zwölf *f; v. t.* **ocho**

doceavo, -a [doθe'aβo, -a] *adj* zwölftel; *v. t.* **octavo**[2]

docemesino, -a [doθeme'sino, -a] *adj* zwölfmonatig; **año** ~ zwölfmonatiges Jahr *nt*

docena [do'θena] *f* Dutzend *nt;* **una** ~ **de huevos** ein Dutzend Eier

docencia [do'θenθja] *f* Lehrtätigkeit *f;* **dedicarse a la** ~ unterrichten

doceno, -a [do'θeno, -a] *adj* zwölfte(r, s); **en** ~ **lugar** zwölftens, an zwölfter Stelle; *v. t.* **octavo**[2]

docente [do'θente] **I.** *adj* Lehr-; **cuerpo** ~ Lehrkörper *m;* **plan** ~ Lehrplan *m* **II.** *mf* Unterrichtende(r) *mf;* (*en el colegio*) Lehrer(in) *m(f);* (*en la universidad*) Dozent(in) *m(f)*

docetismo [doθe'tismo] *m sin pl* (FILOS, REL) Doketismus *m*

dócil ['doθil] *adj* **1.**(*inteligente*) gelehrig **2.**(*sumiso*) fügsam **3.**(*manso*) zahm **4.**(*metal*) geschmeidig

docilidad [doθili'ða[d]] *f* **1.**(*inteligencia*) Gelehrigkeit *f* **2.**(*sumisión*) Fügsamkeit *f* **3.**(*mansedumbre*) Zahmheit *f* **4.**(*del metal*) Geschmeidigkeit *f*

docimasia [doθi'masja] *f* **1.**(MIN) Probierkunde *f,* Dokimastik *f* **2.**(MED) Prüfung *f,* Untersuchung *f*

docimasiología [doθimasjolo'xia] *f* (MED) Untersuchungskunst *f,* Dokimasiologie *f*

docto, -a ['dokto, -a] *adj* gelehrt; ~ **en leyes** rechtsgelehrt

doctor(a) [dok'tor(a)] *m(f)* Doktor(in) *m(f)*

doctorado [dokto'raðo] *m* **1.**(*grado*) Doktorwürde *f;* ~ **honorario** Ehrendoktortitel *m* **2.**(*estudios*): **curso de** ~ ≈Doktorandenkolloquium *nt*

doctoral [dokto'ral] *adj* **1.**(*relativo al grado de doctor*) Doktor-; **tesis** ~ Doktorarbeit *f,* Dissertation *f* **2.**(*pomposo*) feierlich; (*serio*) ernst; **dirigirse a alguien en tono** ~ jdn in einem ernsten Ton anreden

doctoramiento [doktora'mjento] *m sin pl* Erlangung *f* der Doktorwürde, Promotion *f*

doctorando, -a [dokto'rando, -a] *m, f* (UNIV) Doktorand(in) *m(f),* Promovend(in) *m(f)*

doctorar [dokto'rar] *vt, vr:* ~**se** promovieren; ~**se en historia/en medicina** zum Doktor der Geschichte/der Medizin promovieren

doctrina [dok'trina] *f* **1.**(*teoría*) Doktrin *f;* ~ **económica** Wirtschaftsdoktrin *f* **2.**(*sabiduría*) Wissen *nt* **3.**(*catecismo*) Religion *f*

doctrinal [doktri'nal] *adj* doktrinell

doctrinar [doktri'nar] *vt* indoktrinieren

doctrinario, -a [doktri'narjo, -a] **I.** *adj* doktrinär **II.** *m, f* Doktrinär(in) *m(f)*

doctrinarismo [doktrina'rismo] *m sin pl* (FILOS, POL) Doktrinarismus *m*

doctrinero [doktri'nero] *m* (REL) Katechet *m*

docudrama [doku'ðrama] *m* Dokudrama *nt*

D

documentación [dokumen̩ta'θjon] *f* **1.** (*estudio*) Dokumentation *f* **2.** (*documentos*) Unterlagen *fpl;* ~ **del coche** Kraftfahrzeugpapiere *ntpl*
documentado, -a [dokumen̩'taðo, -a] *adj* **1.** (*probado*) beurkundet, belegt **2.** (*identificado*) (mit Papieren) ausgewiesen **3.** (*informado*) (gut) unterrichtet
documental [dokumen̩'tal] **I.** *adj* dokumentarisch **II.** *m* Dokumentarfilm *m*
documentalista [dokumen̩ta'lista] *mf* **1.** (CINE, TV) Dokumentarist(in) *m(f)* **2.** (*especialista en documentos*) Dokumentar(in) *m(f),* Dokumentalist(in) *m(f)*
documentar [dokumen̩'tar] **I.** *vt* **1.** (*probar*) belegen, dokumentieren **2.** (*instruir*) unterrichten **II.** *vr:* **~se** sich unterrichten (*sobre* über *+akk*)
documento [doku'men̩to] *m* Dokument *nt;* **~s contra aceptación** (COM, FIN) Dokumente gegen Akzept; ~ **base** (INFOR) Basisdokument *nt;* ~ **de embarque** (COM) Verschiffungsdokument *nt;* **~s de envío** Versandpapiere *ntpl;* **~s de expedición** [*o* **de transporte**] (COM) Frachtpapiere *ntpl;* ~ **fuente** (INFOR) Quelldokument *nt;* ~ **justificado** (JUR) Beweisunterlage *f;* **D~ Nacional de Identidad** Personalausweis *m;* ~ **de salida** (INFOR) Ausgangsdokument *nt;* ~ **de texto** (INFOR) Textdokument *nt;* **D~ Único Aduanero** (UE) Europäisches Einheitspapier
dodecaedro [doðeka'eðro] *m* (MAT) Zwölfflächner *m,* Dodekaeder *nt*
dodecafonía [doðekafo'nia] *f* (MÚS) Dodekaphonie *f,* Zwölftonmusik *f*
dodecafónico, -a [doðeka'foniko, -a] *adj* dodekaphonisch
dodecafonismo [doðekafo'nismo] *m sin pl* (MÚS) Zwölftonmusik *f*
dodecagonal [doðekaɣo'nal] *adj* zwölfeckig
dodecágono [doðe'kaɣono] *m* Zwölfeck *nt*
dodecasílabo[1] [doðeka'silaβo] *m* (LIT) Zwölfsilbner *m* (*Vers*)
dodecasílabo, -a[2] [doðeka'silaβo, -a] *adj* (LIT) zwölfsilbig; **verso** ~ Zwölfsilbenvers *m*
dodotis® [do'ðotis] *m inv* Pampers® *f*
doga ['doɣa] *adj o f v.* **dogo**
dogal [do'ɣal] *m* (Galgen)strick *m;* **está con el** ~ **al cuello** ihm/ihr steht das Wasser bis zum Hals
dogma ['doɣma] *m* Dogma *nt*
dogmática [doɣ'matika] *f* Dogmatik *f*
dogmáticamente [doɣmatika'men̩te] *adv* **1.** (*conforme al dogma*) dogmatisch **2.** (*atribuyendo calidad de dogma*) beharrlich, unbeirrbar
dogmático, -a [doɣ'matiko, -a] **I.** *adj* dogmatisch **II.** *m, f* Dogmatiker(in) *m(f)*
dogmatismo [doɣma'tismo] *m* **1.** (*dogma*) Dogma *nt* **2.** (*intolerancia*) Dogmatismus *m*
dogmatista [doɣma'tista] *mf* (REL) Dogmatiker(in) *m(f),* Glaubenslehrer(in) *m(f)*
dogmatizar [doɣmati'θar] <z→c> *vi, vt* dogmatisieren
dogo, -a ['doɣo] **I.** *adj:* **perro** ~ Dogge *f* **II.** *m, f* Dogge *f*
dogre ['doɣre] *m* (NÁUT) Dogger *m*
dólar ['dolar] *m* Dollar *m*
dolencia [do'len̩θja] *f* Leiden *nt;* ~ **crónica** chronisches Leiden; ~ **respiratoria** Atemwegserkrankung *f*
doler [do'ler] <o→ue> **I.** *vi* schmerzen; **me duele la cabeza** ich habe Kopfschmerzen; **le duelen mucho sus comentarios** seine/ihre Bemerkungen schmerzen ihn/sie sehr **II.** *vr:* **~se 1.** (*quejarse*) klagen (*de* über *+akk*) **2.** (*arrepentirse*) bereuen (*de +akk*), bedauern (*de +akk*)
dolido, -a [do'liðo, -a] *adj* gekränkt; **estoy** ~ **por tus palabras** deine Worte haben mich gekränkt
doliente [do'ljen̩te] *adj* **1.** (*enfermo*) krank **2.** (*afligido*) trauernd
dolmen ['dolmen] *m* Dolmen *m*
dolo ['dolo] *m* **1.** (*engaño*) Täuschung *f* **2.** (JUR) Dolus *m,* (böser) Vorsatz *m*
dolomía [dolo'mia] *f* (GEO) Dolomit *m*
dolomita [dolo'mita] *f* (GEO) *v.* **dolomía**
dolor [do'lor] *m* Schmerz *m;* ~ **de cabeza** Kopfschmerzen *mpl;* **estar con ~es** in den Wehen liegen; **tiene** ~ **de barriga** ihm/ihr tut der Bauch weh; **tengo** ~ **en las piernas** mir schmerzen die Beine; **con gran** ~ **de mi corazón, tuve que negarles el permiso** es tat mir in der Seele weh, aber ich musste ihnen die Erlaubnis verweigern
dolorido, -a [dolo'riðo, -a] *adj* **1.** (*dañado*) schmerzend; **tengo la rodilla dolorida desde el accidente** seit dem Unfall habe ich Schmerzen im Knie **2.** (*apenado*) traurig
dolorosa [dolo'rosa] *f* **1.** (REL) Dolorosa *f* **2.** (*fam*) Rechnung *f*
doloroso, -a [dolo'roso, -a] *adj* **1.** (*lastimador*) schmerzhaft **2.** (*lamentable*) traurig
doloso, -a [do'loso, -a] *adj* (JUR) vorsätzlich
doma ['doma] *f* Zähmung *f,* Bändigung *f*
domable [do'maβle] *adj* zähmbar
domador(a) [doma'ðor(a)] *m(f)* Tierbändiger(in) *m(f),* Dompteur, -euse *m, f*
domar [do'mar] *vt* zähmen, bändigen
domeñable [dome'ɲaβle] *adj* beherrschbar, bezwingbar
domeñar [dome'ɲar] *vt* bändigen
doméstica [do'mestika] *adj o f v.* **doméstico**
domesticable [domesti'kaβle] *adj* zähmbar
domesticación [domestika'θjon] *f* Domestizierung *f*
domesticado, -a [domesti'kaðo, -a] *adj:* **animal** ~ Haustier *nt*
domesticar [domesti'kar] <c→qu> **I.** *vt:* **~se 1.** (*referente a animales*) domestizieren **2.** (*referente a personas*) bändigen **II.** *vr:* **~se 1.** (*animales*) zahm werden **2.** (*personas*) umgänglich(er) werden

domesticidad [domestiθi'ðaᵈ] *f sin pl* **1.**(*condición de doméstico*) häusliches Wesen *nt* **2.**(*de los animales domésticos*) Haustierhaltung *f;* (*mansedumbre*) Zahmheit *f*

doméstico, **-a** [do'mestiko, -a] **I.** *adj* Haus-; **animal** ~ Haustier *nt;* **trabajo** ~ Hausarbeit *f* **II.** *m, f* Diener(in) *m(f)*

domiciliación [domiθilja'θjon] *f* (COM) Dauerauftrag *m;* (*de una letra de cambio*) Domizilierung *f;* ~ **bancaria** (FIN) Einzugsermächtigung *f;* ~ **de recibos** Abbuchungsverfahren *nt*

domiciliar [domiθi'ljar] **I.** *vt* **1.**(*dar domicilio*) unterbringen **2.**(*asignar un cobro*) einen Dauerauftrag einrichten; ~ **la nómina** das Gehalt monatlich auf ein Gehaltskonto überweisen lassen; ~ **un recibo** abbuchen lassen **II.** *vr:* ~**se** ansässig werden (*en* in +*dat*)

domiciliario, **-a** [domiθi'ljarjo, -a] **I.** *adj* Haus-; **arresto** ~ Hausarrest *m* **II.** *m, f* Ortsansässige(r) *mf*

domicilio [domi'θiljo] *m* Wohnsitz *m;* (*a efectos legales*) Sitz *m;* ~ **civil** zivilrechtlicher Wohnsitz; ~ **fiscal** steuerlicher Wohnsitz *m;* ~ **social** Sitz einer Gesellschaft; **franco** ~ frei Haus

dominación [domina'θjon] *f* **1.**(*el dominar*) Beherrschung *f* **2.**(*poder*) Herrschaft *f;* ~ **extranjera** Fremdherrschaft *f*

dominador(a) [domina'ðor(a)] *m(f)* Herrscher(in) *m(f)*

dominancia [domi'naṇθja] *f sin pl* (BIOL) Dominanz *f*

dominanta [domi'naṇta] **I.** *adj* (*fam*) herrschsüchtig **II.** *f* (*fam*) herrschsüchtige Frau *f*

dominante [domi'naṇte] **I.** *adj* **1.**(*persona*) dominant, herrschsüchtig **2.**(BIOL) dominant **3.**(*que predomina*) (vor)herrschend, führend; ~ **en el mercado** marktführend **II.** *f* (MÚS) Dominante *f*

dominar [domi'nar] **I.** *vi* **1.**(*imperar*) herrschen **2.**(*sobresalir*) emporragen (*sobre* über +*akk*) **3.**(*predominar*) vorherrschen **II.** *vt* **1.**(*conocer*) beherrschen; ~ **el alemán** die deutsche Sprache beherrschen **2.**(*reprimir*) bezwingen; ~ **el odio** den Hass unterdrücken **3.**(*sobresalir*) überragen **4.**(*divisar*) überblicken **III.** *vr:* ~**se** sich beherrschen

dómine ['domine] *m* (*fam*) **1.**(*preceptor*) Lateinpauker *m* **2.**(*pey: pedante*) Schulmeister *m*

domingas [do'miŋgas] *fpl* (*vulg*) Titten *fpl*

domingo [do'miŋgo] *m* Sonntag *m;* ~ **de Cuasimodo** Weißer Sonntag; ~ **de Ramos** Palmsonntag *m;* **hacer** ~ sich *dat* einen freien Tag nehmen; *v. t.* **lunes**

dominguero, **-a** [domiŋ'gero, -a] **I.** *adj* Sonntags-; **traje** ~ Sonntagsanzug *m* **II.** *m, f* (*pey*) Sonntagsfahrer(in) *m(f)*

dominica [domi'nika] *adj o f v.* **dominico**

dominical [domini'kal] **I.** *adj* Sonntags-; **descanso** ~ Sonntagsruhe *f;* **oración** ~ (REL) Vaterunser *nt* **II.** *m* (PREN) Sonntagsbeilage *f*

dominicanismo [dominika'nismo] *m* (LING) Dominikanismus *m,* in der Dominikanischen Republik gebräuchlicher Ausdruck *m*

dominicano, **-a** [domini'kano, -a] **I.** *adj* **1.**(REL) dominikanisch **2.**(*de Santo Domingo*) aus Santo Domingo **3.**(*de la República Dominicana*) aus der Dominikanischen Republik **II.** *m, f* **1.**(REL) Dominikaner(in) *m(f)* **2.**(*de Santo Domingo*) Einwohner(in) *m(f)* Santo Domingos **3.**(*de la República Dominicana*) Einwohner(in) *m(f)* der Dominikanischen Republik

dominico, **-a** [domi'niko, -a] **I.** *adj* (REL) dominikanisch **II.** *m, f* (REL) Dominikaner(in) *m(f)*

dominio [do'minjo] *m* **1.**(*dominación*) Beherrschung *f;* ~ **de sí mismo** Selbstbeherrschung *f* **2.**(*poder*) Herrschaft *f* **3.**(*territorio*) Gebiet *nt;* (*del Imperio Británico*) Dominion *nt* **4.**(*campo*) Bereich *m;* ~ **Internet** (INFOR, TEL) Internet-Domain *f* **5.**(*posesión*) Eigentum *nt,* Besitz *m;* ~ **público** öffentliches Eigentum; **ser del** ~ **público** allgemein bekannt sein

dominó [domi'no] <dominós> *m* **1.**(*juego*) Domino(spiel) *nt* **2.**(*traje talar*) Domino *m*

don¹ [don] *m* Gabe *f;* **tener** ~ **de gentes** gut mit Menschen umgehen können

don² [don, 'doɲa] *m,* **doña** *f* Don *m,* Doña *f* (*in Verbindung mit dem Vornamen gebrauchte spanische Anrede für Herr/Frau*)

donación [dona'θjon] *f* Spende *f;* (JUR) Schenkung *f;* ~ **entre vivos** Schenkung unter Lebenden

donado, **-a** [do'naðo, -a] *m, f* Laienbruder, -schwester *m, f*

donador(a) [dona'ðor(a)] *m(f)* Spender(in) *m(f)*

donaire [do'nai̯re] *m* **1.**(*gracia*) Anmut *f* **2.**(*chiste*) Witz *m,* Esprit *m*

donante [do'naṇte] *mf* Stifter(in) *m(f),* Spender(in) *m(f);* ~ **de sangre** Blutspender(in) *m(f)*

donar [do'nar] *vt* spenden, stiften

donativo [dona'tiβo] *m* Spende *f*

doncel [doṇ'θel] **I.** *adj* mild **II.** *m* **1.**(*joven no armado*) Knappe *m* **2.**(*elev: muchacho*) Jüngling *m*

doncella [doṇ'θeʎa] *f* **1.**(*criada*) Zofe *f* **2.**(*elev: muchacha*) Mädchen *nt*

donde ['doṇde] *adv* wo; **a** [*o* **hacia**] ~ wohin; **de** ~ woher; **en** ~ wo; **la calle** ~ **vivo** die Straße, wo [*o* in der] ich wohne; **estuve** ~ **Luisa** ich war bei Luisa

dónde ['doṇde] *pron inter o pron rel* wo; **¿a** [*o* **hacia**] **~?** wohin?; **¿de ~?** woher?; **¿en ~?** wo?; **¿~ se habrá enterado?** woher weiß er/sie das wohl?

dondequiera [doṇde'kjera] *adv* irgendwo, wo immer; ~ **que estés** wo immer du (auch) sein magst

donjuán [doŋ'xwan] *m* Don Juan *m,* Frauenheld *m*

donjuanesco, **-a** [doŋxwa'nesko, -a] *adj* donjuanesk

donjuanismo [doŋxwa'nismo] *m* Donjuanismus *m*

donosidad [donosi'ða^{ð}] *f v.* **donosura**

donoso, **-a** [do'noso, -a] *adj* **1.**(*garboso*) anmutig; **criatura donosa** anmutiges Geschöpf **2.**(*chistoso*): **¡donosa humorada!** (*irón*) schöner Scherz!

Donostia [do'nostja] *f baskischer Name für die Stadt San Sebastián*

donostiarra [donos'tjarra] **I.** *adj* aus San Sebastián **II.** *mf* Einwohner(in) *m(f)* von San Sebastián

donosura [dono'sura] *f* **1.**(*garbo*) Anmut *f* **2.**(*gracia*) Witz *m,* Esprit *m*

donut ['donu^{t}] *m* <donuts> (GASTR) Schmalzkringel *m,* Doughnut *m*

doña ['doɲa] *f v.* **don**[2]

dopado, **-a** [do'paðo, -a] *adj* (DEP) gedopt

dopaje [do'paxe] *m v.* **doping**

dopar [do'par] **I.** *vt* (ELEC) dotieren **II.** *vt, vr:* **~se** (DEP) (sich) dopen

doping ['dopiŋ] *m sin pl* (DEP) Doping *nt*

doquier(a) [do'kjer(a)] *adv* (*elev*) wo immer, irgendwo; **por ~a que voy me lo encuentro** überall, wo ich hingehe, treffe ich ihn

dorada [do'raða] *f* **1.**(*pez*) Goldbrasse *f* **2.**(*Cuba: mosca*) *giftige Fliegenart*

dorado[1] [do'raðo] *m* **1.**(*doradura*) Vergoldung *f* **2.** *pl Beschläge aus Gold oder Messing*

dorado, **-a**[2] [do'raðo, -a] *adj* golden; **aquellos fueron tiempos ~s** das waren goldene Zeiten

doradura [dora'ðura] *f* Vergoldung *f*

dorar [do'rar] **I.** *vt* **1.**(*sobredorar*) vergolden **2.**(*tostar*) anbräunen **3.**(*suavizar*) beschönigen, vergolden *elev* **II.** *vr:* **~se** braun werden

doria ['dorja] *adj o f v.* **dorio**

dórico, **-a** ['doriko, -a] *adj* dorisch

dorio, **-a** ['dorjo, -a] **I.** *adj* dorisch **II.** *m, f* Dorier(in) *m(f)*

dormida [dor'miða] *f* **1.**(*sueño*) Schlaf *m* **2.**(*fam: siesta*) Nickerchen *nt;* **echar una ~** ein Nickerchen machen **3.**(*del gusano de seda*) Erstarrung *f* **4.**(*dormidero*) Schlafstätte *f*

dormidera [dormi'ðera] *f* **1.**(*adormidera*) (Schlaf)mohn *m;* **tener buenas ~s** (*fam*) einen guten Schlaf haben **2.**(*Cuba, PRico: sensitiva*) Mimose *f*

dormidero[1] [dormi'ðero] *m* Schlafstätte *f* des Viehs

dormidero, **-a**[2] [dormi'ðero, -a] *adj* einschläfernd

dormido [dor'miðo] *m typischer Kuchen, der in Cuenca an Fronleichnam gebacken wird*

dormilón, **-ona** [dormi'lon, -ona] *m, f* (*fam*) Schlafmütze *f*

dormilona [dormi'lona] *f* **1.**(*sillón*) Schlafsessel *m* **2.** *pl* (*pendiente*) *Ohrring mit Stein oder Perle* **3.**(*AmC: sensitiva*) Mimose *f* **4.**(*Ven: camisón*) Nachthemd *nt*

dormir [dor'mir] *irr* **I.** *vi* **1.**(*descansar*) schlafen; **~ con alguien** mit jdm schlafen; **~ a pierna suelta** wie ein Murmeltier schlafen; **~ de un tirón** durchschlafen; **~ sobre algo** (*fig*) sich *dat* etw durch den Kopf gehen lassen, etw überschlafen; **quedarse dormido** einschlafen **2.**(*pernoctar*) übernachten; **durmió en casa de Juan** er/sie hat bei Juan übernachtet [*o* geschlafen] **3.**(*reposar*) ruhen; **dejar ~ un asunto** eine Angelegenheit ruhen lassen **4.**(*descuidarse*) unaufmerksam sein, schlafen *fam* **II.** *vt* (*a un niño*) zum (Ein)schlafen bringen; (*a un paciente*) betäuben; **~ la borrachera** seinen Rausch ausschlafen; **~ la siesta** eine Siesta machen; **¡no hay quien duerma a este niño!** das Kind will einfach nicht einschlafen!; **esta monotonía me duerme** diese Eintönigkeit schläfert mich ein **III.** *vr:* **~se** **1.**(*adormecerse*) einschlafen; **se me ha dormido el brazo** mein Arm ist (mir) eingeschlafen **2.**(*descuidarse*) unaufmerksam sein, schlafen *fam;* **~se en los laureles** sich auf seinen Lorbeeren ausruhen

dormitar [dormi'tar] *vi* dösen *fam*

dormitivo [dormi'tiβo] *m* Schlafmittel *nt*

dormitorio [dormi'torjo] *m* (*habitación*) Schlafzimmer *nt;* (*muebles*) Schlafzimmermöbel *pl*

dorsal[1] [dor'sal] **I.** *adj* **1.**(*relativo al dorso*) Rücken-; (ANAT) dorsal; **aleta ~** Rückenflosse *f;* **espina ~** (ANAT) Rückgrat *nt* **2.**(LING) dorsal **II.** *m* (DEP) Startnummer *f*

dorsal[2] [dor'sal] *f* **1.**(LING) Dorsal(laut) *m* **2.**(GEO) Rücken *m*

dorsalgia [dor'salxja] *f* (MED) Rückenschmerzen *mpl,* Dorsodynie *f*

dorso ['dorso] *m* **1.**(*espalda, lomo*) Rücken *m;* **~ de la mano** Handrücken *m* **2.**(*reverso*) Rückseite *f*

dos [dos] **I.** *adj inv* zwei; **~ puntos** Doppelpunkt *m;* **cada ~ por tres** dauernd, ständig; **de ~ en ~** paarweise; **en un ~ por tres** im Nu; **están a ~** (DEP) es steht zwei zu zwei; **no hay ~ sin tres** (*fam*) ≈aller guten Dinge sind drei **II.** *m* Zwei *f; v. t.* **ocho**

DOS [dos] (INFOR) *abr de* **sistema operativo en disco** DOS

dosañal [dosa'ɲal] *adj* (*duración*) zweijährig; (*repetición*) zweijährlich

doscientos, **-as** [dos'θjen̩tos, -as] *adj* zweihundert; *v. t.* **ochocientos**

dosel [do'sel] *m* **1.**(*baldaquín*) Baldachin *m,* Himmel *m;* **cama con ~** Himmelbett *nt* **2.**(*tapiz*) Wandbehang *m* **3.**(*antepuerta*) Türvorhang *m*

dosificable [dosifi'kaβle] *adj* dosierbar

dosificación [dosifika'θjon] *f* Dosierung *f*

dosificador [dosifika'ðor] *m* Dosierer *m*

dosificar [dosifi'kar] <c→qu> *vt* dosieren

dosillo [do'siʎo] *m* **1.** (*juego de cartas*) *zu zweit gespieltes Kartenspiel, ähnlich dem Lomber* **2.** (MÚS) Duole *f*
dosimetría [dosime'tria] *f* (MED) Strahlungsmessung *f*, Dosimetrie *f*
dosímetro [do'simetro] *m* (FÍS) Strahlungsmesser *m*, Dosimeter *nt*
dosis ['dosis] *f inv* Dosis *f*; **una buena ~ de paciencia** eine ganze Menge Geduld
dosología [dosolo'xia] *f* (MED) Posologie *f*
dossier [do'sjer] *m* Dossier *nt*
dotación [dota'θjon] *f* **1.** (*dote*) Aussteuerung *f* **2.** (*donación*) Stiftung *f* **3.** (*financiación*) Finanzierung *f* **4.** (*equipamiento*) (personelle und materielle) Ausstattung *f* **5.** (*personal: de un buque*) Mannschaft *f*; (*de una fábrica*) Belegschaft *f*; (*de una oficina*) Personal *nt*
dotado, **-a** [do'taðo, -a] *adj* begabt (*para* für +*akk*)
dotar [do'tar] *vt* **1.** (*constituir dote*) aussteuern **2.** (*equipar*) ausstatten (*de/con* mit +*dat*) **3.** (*señalar bienes*) stiften **4.** (*financiar*) finanzieren **5.** (*asignar personal y medios*) personell und materiell ausstatten **6.** (*asignar sueldo*) dotieren (*con* mit +*dat*)
dote¹ ['dote] *m o f* (*ajuar*) Aussteuer *f*, Mitgift *f*
dote² ['dote] *f* (*aptitud*) Begabung *f*, Gabe *f*; **~ de mando** Führungsgeschick *nt*
dote³ ['dote] *m* (*en el juego*) Punktzahl *f*
dovela [do'βela] *f* (ARQUIT: *piedra*) Keilstein *m*; (*superficie*) Wölbung *f*
dovelar [doβe'lar] *vt* (*piedras*) zu Keilsteinen formen
doy [doi̯] *1. pres de* **dar**
dozavo, **-a** [do'θaβo, -a] *adj* zwölftel; *v. t.* **octavo**
Dpto. [departa'mento] **1.** *abr de* **departamento** (*sección*) Abt. **2.** (*Am*) *abr de* **departamento** (*distrito*) *Gebietskörperschaft in einigen lateinamerikanischen Ländern*
Dr(a). [dok'tor(a)] *abr de* **doctor(a)** Dr.
dracma ['draɣma] *f* Drachme *f*
draconiano, **-a** [drako'njano, -a] *adj* drakonisch
DRAE ['drae] *m abr de* **Diccionario de la Real Academia Española** Wörterbuch der spanischen Sprachakademie
draga ['draɣa] *f* Nassbagger *m*
dragado [dra'ɣaðo] *m* Ausbaggerung *f*
dragador¹ [draɣa'ðor] *m* (NÁUT) Baggerschiff *nt*
dragador(a)² [draɣa'ðor(a)] *m(f)* Baggerarbeiter(in) *m(f)*
dragaminas [draɣa'minas] *m inv* Minensuchboot *nt*
dragar [dra'ɣar] <g→gu> *vt* ausbaggern
drago ['draɣo] *m* (BOT) Drachenbaum *m*
dragón [dra'ɣon] *m* **1.** (*monstruo*) Drache *m* **2.** (*reptil*) Flugdrache *m*; **~ marino** (*pez*) Drachenfisch *m* **3.** (*soldado*) Dragoner *m* **4.** (*del caballo*) *milchiger Fleck im Auge der Pferde oder anderer Vierfüßler*
dragoncillo [draɣon'θiʎo] *m* **1.** (*arma*) *alte Handfeuerwaffe* **2.** (BOT) Estragon *m* **3.** *pl* (BOT) Drachenkraut *nt*
dragonear [draɣone'ar] **I.** *vi* (*Am*) **1.** (*cargo*) ein Amt unbefugt bekleiden **2.** (*alardear*) prahlen, angeben **II.** *vt* (ARG, URUG: *a una mujer*) umwerben, den Hof machen (+*dat*)
drag queen [draɣ kwin] <drag queens> *f* Drag queen *f*
drama ['drama] *m* Drama *nt*
dramáticamente [dramatika'mente] *adv* **1.** (LIT) dramatisch, die Dramaturgie betreffend **2.** (*trágicamente*) tragischerweise; **se tomó su expulsión ~** er/sie empfand den Verweis als tragisch
dramático, **-a** [dra'matiko, -a] *adj* dramatisch; **autor ~** Dramatiker *m*
dramatismo [drama'tismo] *m* Dramatik *f*
dramatización [dramatiθa'θjon] *f* Dramatisierung *f*
dramatizar [dramati'θar] <z→c> **I.** *vt* dramatisieren **II.** *vi* (*fam*) dramatisieren, viel Trara machen (um +*akk*)
dramaturga [drama'turɣa] *f v.* **dramaturgo**
dramaturgia [drama'turxja] *f* Dramaturgie *f*
dramaturgo, **-a** [drama'turɣo, -a] *m, f* Dramatiker(in) *m(f)*
dramón [dra'mon] *m* (*fam*) Schnulze *f*
drapeado [drape'aðo] *m* Faltenwurf *m*, Draperie *f*
drapear [drape'ar] *vt* drapieren
drástico¹ ['drastiko] *m* (MED) Drastikum *nt*, starkes Abführmittel *nt*
drástico, **-a²** ['drastiko, -a] *adj* **1.** (*draconiano*) drastisch **2.** (MED) abführend
drenaje [dre'naxe] *m* (*t.* MED) Dränage *f*; **~ de liquidez** (FIN) Liquiditätsabschöpfung *f*
drenar [dre'nar] *vt* (*t.* MED) dränieren
Dresde ['dresðe] *m* Dresden *nt*
dríada ['driaða] *f*, **dríade** ['driaðe] *f* Dryade *f*, Baumnymphe *f*
driblar [dri'βlar] *vi, vt* (DEP) dribbeln; **~ a un contrario** einen Gegenspieler umspielen
dril [dril] *m* **1.** (*tela*) Drill(ich) *m* **2.** (ZOOL: *mono*) Drill *m*
drino ['drino] *m* (ZOOL) grüne Baumschlange *f*
drive ['drai̯f] *m* (DEP) Drive *m*
droga ['droɣa] *f* Droge *f*; **~ blanda/dura** weiche/harte Droge; **~ de diseño** Designerdroge *f*
drogadicción [droɣaðiᵞ'θjon] *f* Drogenabhängigkeit *f*, Drogensucht *f*
drogadicto, **-a** [droɣa'dikto, -a] **I.** *adj* drogenabhängig **II.** *m, f* Drogenabhängige(r) *mf*
drogado, **-a** [dro'ɣaðo, -a] *adj* unter (dem Einfluss von) Drogen stehend, high *argot*
drogar [dro'ɣar] <g→gu> **I.** *vt* Drogen verabreichen (*a* +*dat*) **II.** *vr:* **~se** Drogen nehmen
drogata [dro'ɣata] *mf* (*fam*) User *m*
drogodelincuencia [droɣoðeliŋ'kwenθja] *f* Beschaffungskriminalität *f*

drogodependencia [droɣoðepeṇ'deṇθja] *f v.* **drogadicción**
drogodependiente [droɣoðepeṇ'djeṇte] *adj o mf v.* **drogadicto**
drogota [dro'ɣota] *mf* (*vulg*) *v.* **drogata**
droguera [dro'ɣera] *f v.* **droguero**
droguería [droɣe'ria] *f* Drogerie *f*
droguero, -a [dro'ɣero, -a] *m, f,* **droguista** [dro'ɣista] *mf* Drogist(in) *m(f)*
dromedario [drome'ðarjo] *m* (ZOOL) Dromedar *nt*
dropar [dro'par] *vt* (DEP) droppen
drosofila [droso'fila] *f,* **drosófila** [dro'sofila] *f* (ZOOL) Taufliege *f,* Drosophila *f*
drosómetro [dro'sometro] *m* (TÉC) Taumessgerät *nt,* Drosometer *nt*
druida ['drwiða] *m* Druide *m*
druídico, -a ['drwiðiko, -a] *adj* (REL) druidisch, Druiden-
druidismo [drwi'ðismo] *m sin pl* (REL) Druidentum *nt,* Druidismus *m*
drupa ['drupa] *f* (BOT) Steinfrucht *f*
druso, -a ['druso, -a] **I.** *adj* drusisch **II.** *m, f* Druse, -in *m, f*
dto. [des'kweṇto] *abr de* **descuento** Skto.
Dtor(a). [direk'tor(a)] *m(f) abr de* **director(a)** Dir. *mf*
dual [du'al] **I.** *adj* dual; **sistema** ~ Dualsystem *nt,* Zweiersystem *nt;* **tarjeta** ~ Verbundlochkarte *f* **II.** *m* (LING) Dual(is) *m*
dualidad [dwali'ða^ð] *f* **1.** (*duplicidad*) Dualität *f* **2.** (QUÍM) Dimorphie *f*
dualismo [dwa'lismo] *m* (*t.* FILOS, REL) Dualismus *m*
dualista [dwa'lista] **I.** *adj* dualistisch **II.** *mf* Dualist(in) *m(f)*
dubitable [duβi'taβle] *adj* (*elev*) zweifelhaft
dubitación [duβita'θjon] *f* **1.** (*elev: duda*) Zweifel *m,* Bedenken *ntpl* **2.** (LIT) Dubitatio *f*
dubitativo, -a [duβita'tiβo, -a] *adj* dubitativ
dublinés, -esa [duβli'nes, -esa] **I.** *adj* aus Dublin **II.** *m, f* Einwohner(in) *m(f)* Dublins
ducado [du'kaðo] *m* **1.** (*título*) Herzogswürde *f* **2.** (*territorio*) Herzogtum *nt* **3.** (*moneda*) Dukaten *m*
ducal [du'kal] *adj* herzoglich
duce ['duʧe] *m* (POL) Duce *m*
ducha ['duʧa] *f* **1.** (*para ducharse*) Dusche *f;* **recibir una ~ de agua fría** (*fig*) eine kalte Dusche bekommen **2.** (MED) Guss *m*
duchar [du'ʧar] *vt, vr:* **~se** (sich) duschen
ducho, -a ['duʧo, -a] *adj* bewandert (*en* in +*dat*); **~ en negocios** geschäftstüchtig
dúctil ['duktil] *adj* **1.** (*condescendiente*) fügsam **2.** (*dilatable*) dehnbar; (*flexible*) geschmeidig; (TÉC) duktil
ductilidad [duktili'ða^ð] *f* **1.** (*condescendencia*) Fügsamkeit *f* **2.** (*dilatabilidad*) Dehnbarkeit *f;* (*flexibilidad*) Geschmeidigkeit *f;* (TÉC) Duktilität *f*
duda ['duða] *f* **1.** (*indecisión*) Unschlüssigkeit *f* **2.** (*incredulidad*) Zweifel *m;* **salir de ~s** Gewissheit erlangen; **sin ~ (alguna)** zweifellos; **no cabe la menor ~** es besteht nicht der geringste Zweifel; **poner algo en ~** etw in Zweifel ziehen [*o* stellen]
dudable [du'ðaβle] *adj* zweifelhaft
dudar [du'ðar] **I.** *vi* **1.** (*desconfiar*) zweifeln (*de* an +*dat*) **2.** (*vacilar*) (sich *dat*) unschlüssig sein **II.** *vt* bezweifeln
dudosamente [duðosa'meṇte] *adv* kaum, schwerlich
dudoso, -a [du'ðoso, -a] *adj* **1.** (*inseguro*) zweifelhaft **2.** (*indeciso*) unschlüssig
duela ['dwela] *f* **1.** (*de tonel*) Daube *f* **2.** (*Méx: de un entarimado*) (Fußboden)latte *f,* Laufdiele *f* **3.** (ZOOL) Großer Leberegel *m*
duelista [dwe'lista] *mf* **1.** (*experto en duelos*) Duellexperte, -in *m, f* **2.** (*participante en un duelo*) Duellant(in) *m(f)*
duelo ['dwelo] *m* **1.** (*desafío*) Duell *nt;* **retar a ~** zum Duell (heraus)fordern **2.** (*pesar*) Trauer *f* **3.** (*funerales*) Trauerfeier *f* **4.** (*cortejo*) Trauerzug *m,* Trauergefolge *nt*
duende ['dweṇde] *m* **1.** (*fantasma*) Kobold *m* **2.** (*loc*): **tener ~** das gewisse Etwas haben
dueño, -a ['dweɲo, -a] *m, f* **1.** (*propietario*) Besitzer(in) *m(f);* (*amo*) Herr(in) *m(f);* **hacerse ~ de algo** (*apropiarse*) sich einer Sache bemächtigen; (*dominar*) einer Sache Herr werden; **ser ~ de sí mismo** sein eigener Herr sein; **ella no es dueña de sí misma** sie ist nicht mehr Herr ihrer Sinne; **poner a alguien como no digan dueñas** (*fam*) über jdn herziehen **2.** (*jefe de familia*) Familienoberhaupt *nt*
duermevela [dwerme'βela] *m o f* (*sueño ligero*) Halbschlaf *m,* Dämmerschlaf *m;* (*sueño agitado*) unruhiger Schlaf *m*
Duero ['dwero] *m* Duero *m*
duetista [dwe'tista] *mf* (MÚS) Duettist(in) *m(f)*
dueto ['dweto] *m* (MÚS) Duett *nt*
dula ['dula] *f* **1.** (AGR) Bewässerungsparzelle *f* **2.** (*rastrojal*) Stoppelweide *nt* **3.** (*ganado*) Gemeindeweide *f*
dulcamara [dulka'mara] *f* (BOT) Bittersüß *nt,* Bittersüßer Nachtschatten *m*
dulce ['duḷθe] **I.** *adj* **1.** (*referente al sabor*) süß; **agua ~** Süßwasser *nt* **2.** (*suave*) sanft **3.** (*agradable*) angenehm **4.** (*metal*) weich; **acero ~** Weichstahl *m,* Flussstahl *m* **II.** *m* **1.** (*postre*) Süßspeise *f* **2.** (*almíbar*) Gelee *nt* **3.** (*golosina*) Süßigkeit *f;* **a nadie le amarga un ~** (*fam*) warum sollte man die Gelegenheit ungenutzt lassen?
dulcera [duḷ'θera] *f* Einmachglas *nt,* Marmeladentopf *m;* (*de almíbar*) Sirupgefäß *nt*
dulcería [duḷθe'ria] *f* (COM) Konditorei *f*
dulcero, -a [duḷ'θero, -a] **I.** *adj:* **ser ~** eine Naschkatze sein **II.** *m, f* Zuckerbäcker(in) *m(f),* Konditor(in) *m(f)*
dulcificar [duḷθifi'kar] <c→qu> **I.** *vt* **1.** (*azucarar*) süßen **2.** (*suavizar*) mildern; (*hacer más grato*) versüßen **II.** *vr:* **~se** (*persona*) milder werden; (*cosa*) sich mildern

dulcinea [dulθi'nea] *f* (*fam*) Angebetete *f,* Herzensdame *f*

dulzaina [dul'θaina] *f* **1.** (MÚS) ≈Flageolett *nt* **2.** (*fam pey: dulces*) süßes Zeug *nt*

dulzaino, -a [dul'θaino, -a] *adj* (*fam*) übersüß, widerlich süß

dulzarrón, -ona [dulθa'rron, -ona] *adj* (*fam*) widerlich süß

dulzón, -ona [dul'θon, -ona] *adj* **1.** (*dulzarrón*) übersüß **2.** (*sentimental*) schmalzig, schnulzig

dulzor [dul'θor] *m,* **dulzura** [dul'θura] *f* **1.** (*sabor dulce*) Süße *f* **2.** (*suavidad*) Sanftheit *f* **3.** (*bondad*) Wärme *f,* Warmherzigkeit *f*

duma ['duma] *f* (POL) Duma *f*

dumdum [dum'ðun] *f* Dumdum(geschoss) *nt*

dumping ['dampiŋ] *m* <dumpings> (COM) Dumping *nt*

duna ['duna] *f* Düne *f*

dundera [dun'dera] *f* (*Am: bobada*) Dummheit *f,* Einfältigkeit *f*

dundo, -a ['dundo, -a] *adj* (*Am: bobo*) einfältig, dumm

Dunquerque [duŋ'kerke] *m* Dünkirchen *nt*

dúo ['duo] *m* (MÚS) Duo *nt;* **cantar a ~** im Duett singen

duodecimal [duoðeθi'mal] *adj* **1.** (*duodécimo: parte*) zwölftel; (*numeración*) zwölfte(r,s) **2.** (MAT) duodezimal

duodécimo, -a [duo'ðeθimo, -a] **I.** *adj* (*parte*) zwölftel; (*numeración*) zwölfte(r, s); **en ~ lugar** zwölftens, an zwölfter Stelle **II.** *m, f* Zwölftel *nt; v. t.* **octavo**

duodécuplo, -a [duo'dekuplo, -a] *adj* **1.** (*que contiene un número doce veces*) zwölfmal **2.** (*que se repite doce veces*) zwölfmalig **3.** (*compuesto de doce elementos*) zwölfteilig

duodenal [duoðe'nal] *adj* (MED) Zwölffingerdarm-, duodenal; **úlcera ~** Zwölffingerdarmgeschwür *nt*

duodenario, -a [duoðe'narjo, -a] *adj* zwölftägig

duodeno[1] [duo'ðeno] *m* (MED) Zwölffingerdarm *m,* Duodenum *nt*

duodeno, -a[2] [duo'ðeno, -a] *adj v.* **duodécimo**[1]

duopolio [duo'poljo] *m* (COM, ECON) Duopol *nt,* Dyopol *nt*

duopsonio [duoβ'sonjo] *m* (ECON) Dyopson *nt*

dúplex ['dupleˠs] *m* **1.** (*transmisión telegráfica*) Duplexbetrieb *m* **2.** (*vivienda*) Maison(n)ette *f*

dúplica ['duplika] *f* (JUR) Gegenerwiderung *f,* Duplik *f*

duplicación [duplika'θjon] *f* Verdopp(e)lung *f*

duplicado [dupli'kaðo] *m* Duplikat *nt,* Doppel *nt,* Zweitausfertigung *f;* **por ~** in doppelter [*o* zweifacher] Ausfertigung

duplicador[1] [duplika'ðor] *m* Vervielfältigungsgerät *nt,* Kopiergerät *nt*

duplicador(a)[2] [duplika'ðor(a)] *adj* Verdoppelungs-; **un sistema ~** ein Verdoppelungssystem

duplicar [dupli'kar] <c→qu> *vt, vr:* **~se** (sich) verdoppeln

duplicativo, -a [duplika'tiβo, -a] *adj* verdoppelnd

duplicidad [dupliθi'ðaᵈ] *f* **1.** (*calidad de doble*) doppeltes Vorhandensein *nt,* Duplizität *f* **2.** (*falsedad*) Doppelzüngigkeit *f*

duplo[1] ['duplo] *m* Doppelte(s) *nt,* Zweifache(s) *nt; v. t.* **óctuplo**

duplo, -a[2] ['duplo, -a] *adj* doppelt, zweifach

duque(sa) ['duke, du'kesa] *m(f)* Herzog(in) *m(f)*

durabilidad [duraβili'ðaᵈ] *f* Dauerhaftigkeit *f;* (*de materiales*) Haltbarkeit *f*

durable [du'raβle] *adj* dauerhaft, haltbar, durabel *elev*

duración [dura'θjon] *f* Dauer *f;* (FIN: *de un préstamo*) Laufzeit *f;* **~ del contrato** Vertragsdauer *f;* **~ máxima** Höchstdauer *f;* **~ del seguro** Dauer des Versicherungsschutzes

duradero, -a [dura'ðero, -a] *adj* dauerhaft, haltbar

duralex® [dura'leˠs] *m zur Herstellung von Geschirr verwendetes glasähnliches Plastikmaterial*

duraluminio® [duralu'minjo] *m* Duralumin® *nt*

duramen [du'ramen] *m* (BOT) Kernholz *nt*

durante [du'rante] *prep* während +*gen;* **~ la guerra** während des Krieges; **habló ~ una hora** er/sie sprach eine Stunde lang

durar [du'rar] *vi* **1.** (*extenderse*) (an)dauern **2.** (*permanecer*) (sich) halten

durativo, -a [dura'tiβo, -a] *adj* (LING) durativ

durazno [du'raθno] *m* (*Am:* BOT) Pfirsisch *m*

Durero [du'rero] (*pintor alemán*) Dürer

dureza [du'reθa] *f* **1.** (*rigidez*) Härte *f;* **~ de vientre** Verstopfung *f* **2.** (*callosidad*) Verhärtung *f*

durmiente[1] [dur'mjente] **I.** *adj* schlafend **II.** *mf* Schlafende(r) *mf;* **la Bella D~** Dornröschen *nt*

durmiente[2] [dur'mjente] *m* **1.** (*travesaño*) Querbalken *m,* Traverse *f* **2.** (*Am: traviesa*) (Bahn)schwelle *f*

duro[1] ['duro] **I.** *m* Fünfpesetenstück *nt;* **no valer dos ~s** (*fam*) keinen Pfifferling wert sein; **no tener ni un ~** (*fam*) pleite sein; **que le den dos ~s** (*fam*) vergiss es; **no querer cobrar ni un ~ por algo** (*fam*) für etw keine müde Mark haben wollen **II.** *adv* hart, schwer; **¡dale** [*o* **pégale**] **~!** (*fam*) schlag (kräftig) zu!; (*a personas*) gib's ihm/ihr!

duro, -a[2] ['duro, -a] *adj* hart; **~ de corazón** hartherzig; **a duras penas** mit Müh und Not; **estoy contigo a las duras y las maduras** ich gehe mit dir durch dick und dünn

DVD [deuβe'ðe] *m* (INFOR) *abr de* **videodisco digital** DVD

E

E, e [e] *f* E, e *nt;* ~ **de España** E wie Emil
e [e] *conj* (*ante* ⌈*h*)*i*⌉) und; **Pedro** ~ **Ignacio** Pedro und Ignacio
E ['este] *abr de* **Este** O
ea ['ea] *interj* los, komm(t)
ebanista [eβa'nista] *mf* Möbeltischler(in) *m(f)*
ebanistería [eβaniste'ria] *f* Möbeltischlerei *f*
ébano ['eβano] *m* **1.** (*planta*) Ebenholzgewächs *nt* **2.** (*madera*) Ebenholz *nt*
ebonita [eβo'nita] *f* (TÉC) Hartgummi *m o nt,* Ebonit *nt*
ebria ['eβrja] *adj o f v.* **ebrio**
ebriedad [eβrje'ðaᵈ] *f* (*elev*) Trunkenheit *f,* Rausch *m*
ebrio, **-a** ['eβrjo, -a] **I.** *adj* (*elev*) **1.** (*borracho*) betrunken, berauscht **2.** (*exaltado*) trunken (*de* vor +*dat*), blind (*de* vor +*dat*); ~ **de alegría** trunken vor Freude; ~ **de ira** blind vor Wut **II.** *m, f* (*formal*) Betrunkene(r) *mf*
ebullición [eβuʎi'θjon] *f* **1.** (*de líquidos*) Aufkochen *nt,* Sieden *nt* **2.** (*agitación*) Aufruhr *m;* **estar en** ~ in Aufruhr sein
ebullómetro [eβu'ʎometro] *m* (FÍS) Siedepunktmesser *m,* Ebullioskop *nt*
eburnación [eβurna'θjon] *f* (MED) Verknöcherung *f,* Eburnifikation *f*
ebúrneo, **-a** [e'βurneo, -a] *adj* (*elev*) Elfenbein-, elfenbeinern
eccehomo [eᵞθe'omo] *m* Ecce-Homo *nt;* **estar hecho un** ~ erbärmlich aussehen
eccema [eᵞ'θema] *m* (MED) Ekzem *nt,* Ausschlag *m*
eccematoso, **-a** [eᵞθema'toso, -a] *adj* (MED) ekzematös
echacuervos [etʃa'kwerβos] *m inv* (*fam*) **1.** (*alcahuete*) Zuhälter *m* **2.** (*bribón*) Gauner *m,* Betrüger *m*
echada [e'tʃaða] *f* **1.** (*lanzamiento*) Wurf *m;* (*acción*) Werfen *nt* **2.** (*medida*) ≈(Vorsprung von einer) Länge *f* **3.** (*Arg, Méx: bola*) Ente *f* **4.** (*Méx: fanfarronada*) Prahlerei *f,* Aufschneiderei *f*
echado¹ [e'tʃaðo] *m* (MIN) Neigung *f* (*des Flözes*)
echado, **-a²** [e'tʃaðo, -a] *adj* **1.** (*postrado*) liegend; **estar** ~ liegen **2.** (*Nic, CRi: indolente*) träge **3.** (*AmC, PRico*) gut verdienend **4.** (*loc*): ~ **a perder** verdorben; ~ **para adelante** mutig, kühn; **la suerte está echada** die Würfel sind gefallen
echador¹ [etʃa'ðor] *m* (*camarero*) Servierer *m*
echador(a)² [etʃa'ðor(a)] *m(f)* **1.** (*lanzador*) Werfer(in) *m(f);* ~**a de cartas** Kartenlegerin *f* **2.** (*Cuba, Méx, RDom*) Angeber(in) *m(f)*
echar [e'tʃar] **I.** *vt* **1.** (*tirar, lanzar*) werfen; **lo echó a la basura/al suelo** er/sie hat es in den Müll/auf den Boden geworfen; ~ **una carta** einen Brief einwerfen **2.** (*verter*) eingießen (*en* in +*akk*), einschenken (*en* in +*akk*); **échame un poco de vino** gieß mir etwas Wein ein **3.** (*fam: aparecer*) bekommen; ~ **los dientes** Zähne bekommen, zahnen; ~ **barriga** einen Bauch bekommen **4.** (*despedir*) entlassen; **lo ~on de la empresa** er wurde entlassen **5.** (*expulsar*) hinauswerfen (*de* aus +*dat*); **¡échala de aquí!** wirf sie hinaus! **6.** (*emitir*) ausstoßen; **la chimenea echa humo** der Schornstein raucht **7.** (*poner en posición horizontal*) legen; **la ~on en la cama** sie legten sie ins Bett **8.** (*proyectar*) zeigen; (*obra de teatro*) aufführen; **en el cine echan 'Rocky IV'** im Kino läuft 'Rocky IV' **9.** (*calcular*) schätzen (auf +*akk*); **le echo 30 años** ich schätze ihn/sie auf 30 **10.** (*invertir tiempo o esfuerzo*): **echó dos horas en acabar** er/sie brauchte zwei Stunden, um fertig zu werden **11.** (*loc: con objeto directo*): ~ **abajo** (*destruir*) niederreißen, abreißen; (*rechazar*) ablehnen; ~ **un brindis** einen Trinkspruch ausbringen; ~ **chispas** (*fam*) vor Wut schnaufen; ~ **cuentas** rechnen; ~ **cuerpo a tierra** (MIL) sich hinwerfen; ~ **la culpa a alguien** die Schuld auf jdn schieben; ~ **un discurso** eine Rede halten; ~ **gasolina** tanken; ~ **leña al fuego** Öl ins Feuer gießen; ~ **una mano a alguien** (*fam*) jdm zur Hand gehen; ~ **una ojeada a** [*o* **sobre**] **alguien/algo** einen Blick auf jdn/etw werfen; ~ **pestes** (*fam*) fluchen; ~ **un pitillo** (*fam*) eine rauchen; ~ **raíces** Wurzeln schlagen; ~ **un trago** (*fam*) einen trinken; ~**las** (*Chil*) davonlaufen; ~**le** (*Perú*) sich (ständig) betrinken **12.** (*loc: a*): ~ **a perder** verderben; ~ **a pique** versenken; ~ **a suertes** losen **13.** (*loc: de*): ~ **de menos** vermissen **14.** (*loc: en*): ~ **algo en cara a alguien** jdm etw vorwerfen; ~ **en falta** vermissen **15.** (*loc: por*): ~ **por tierra** zunichte machen **II.** *vi* **1.** (*lanzar*) werfen, schleudern **2.** (*verter*) einschenken **3.** (*empezar*) anfangen (*a* zu), beginnen (*a* zu); **echó a correr** er/sie lief los **III.** *vr:* ~**se** **1.** (*postrarse*) sich hinlegen; **me eché en la cama** ich legte mich ins Bett **2.** (*lanzarse*) sich stürzen (*sobre* auf +*akk*); ~**se a los pies de alguien** sich jdm zu Füßen werfen **3.** (*empezar*) anfangen (*a* zu), beginnen (*a* zu); ~**se a llorar** in Tränen ausbrechen **4.** (*fam: iniciar una relación*): **se echó un novio** sie hat sich *dat* einen Freund

zugelegt **5.** (*loc*): **~se a perder** verderben
echarpe [e'ʧarpe] *m* Schultertuch *nt;* (*Am*) Halstuch *nt*
echón, -ona [e'ʧon, -ona] **I.** *adj* (*Ven*) prahlerisch, angeberisch **II.** *m, f* (*Ven*) Angeber(in) *m(f),* Prahler(in) *m(f)*
eclampsia [e'klamsja] *f* (MED) Eklampsie *f*
ecléctica [e'klektika] *adj o f v.* **ecléctico**
eclecticismo [eklekti'θismo] *m* (*t.* FILOS) Eklektizismus *m*
ecléctico, -a [e'klektiko, -a] **I.** *adj* eklektisch **II.** *m, f* Eklektiker(in) *m(f)*
eclesial [ekle'sjal] *adj* kirchlich, Kirchen-
eclesiástico[1] [ekle'sjastiko] *m* Geistlicher *m*
eclesiástico, -a[2] [ekle'sjastiko, -a] *adj* kirchlich, Kirchen-; **derecho** ~ Kirchenrecht *nt;* **impuesto** ~ Kirchensteuer *f*
eclesiología [eklesjolo'xia] *f sin pl* (REL) Ekklesiologie *f,* Ekklesiastik *f*
eclímetro [e'klimetro] *m* Neigungsmesser *m*
eclipsable [ekliβ'saβle] *adj* in den Schatten zu stellen
eclipsar [ekliβ'sar] **I.** *vt* **1.** (ASTR) verfinstern **2.** (*oscurecer*) in den Schatten stellen; **eclipsa incluso a su jefe** er/sie stellt sogar seinen/ihren Chef in den Schatten **II.** *vr:* **~se 1.** (*desaparecer*) verschwinden **2.** (*decaer*) schwinden
eclipse [e'kliβse] *m* **1.** (ASTR) Finsternis *f,* Verfinsterung *f;* ~ **de luna** Mondfinsternis *f;* ~ **parcial/total** partielle/totale Finsternis **2.** (*desaparición*) Verschwinden *nt*
eclíptica [e'kliptika] *f* (ASTR) Ekliptik *f*
eclíptico, -a [e'kliptiko, -a] *adj* (ASTR) ekliptisch
eclisa [e'klisa] *f* (FERRO) Schienenlasche *f*
eclosión [eklo'sjon] *f* **1.** (BOT) Aufblühen *nt* **2.** (ZOOL) Ausschlüpfen *nt* **3.** (*brote, manifestación*) Ausbruch *m;* (*aparición*) Auftauchen *nt*
eclosionar [eklosjo'nar] *vi* **1.** (BOT) aufblühen **2.** (ZOOL) ausschlüpfen **3.** (*surgir*) ausbrechen
eco ['eko] *m* **1.** (*de sonidos*) Echo *nt,* Widerhall *m;* **ser el ~ de alguien** (*fam*) jds Echo sein; **hacer** ~ Aufsehen erregen; **hacerse ~ de algo** etw weitergeben, etw weiterverbreiten; **tener** ~ Anklang finden **2.** (*repercusión*) Nachklang *m*
ecodesarrollo [ekoðesa'rroʎo] *m* (ECOL) ökologische Entwicklung *f*
ecoencefalograma [ekoen̪θefalo'ɣrama] *m* (MED) Echoenzephalogramm *nt*
ECOFIN [eko'fin] *m abr de* **Consejo de Ministros de Economía y Finanzas** (UE) Ministerrat *m* für Wirtschaft und Finanzen
ecofisiología [ekofisjolo'xia] *f* (ECOL) Ökophysiologie *f*
ecografía [ekoɣra'fia] *f* **1.** (MED: *técnica*) Echographie *f,* Ultraschall *m* **2.** (*imagen*) Ultraschallbild *nt*
ecóloga [e'koloɣa] *f v.* **ecólogo**
ecología [ekolo'xia] *f* Ökologie *f*
ecológico, -a [eko'loxiko, -a] *adj* ökologisch; **daños ~s** Umweltschäden *mpl;* **producción ecológica** (AGR) biologischer Anbau
ecologismo [ekolo'xismo] *m sin pl* Umweltschutz *m*
ecologista [ekolo'xista] **I.** *adj* Umweltschutz-; **movimiento** ~ Umwelt(schutz)bewegung *f* **II.** *mf* Umweltschützer(in) *m(f)*
ecólogo, -a [e'koloɣo, -a] *m, f* Ökologe, -in *m, f,* Umweltforscher(in) *m(f)*
ecómetro [e'kometro] *m* (TÉC) Echolot *nt*
econdrosis [ekon̪'drosis] *f inv* (MED) Knorpelwucherung *f,* Ecchondrosis *f*
economato [ekono'mato] *m* Konsumgenossenschaft *f,* Konsumverein *m;* ~ **de la empresa** betriebseigener Laden
econometra [eko'nometra] *mf* (ECON) Ökonometriker(in) *m(f)*
econometría [ekonome'tria] *f* (ECON) Ökonometrie *f*
econométrico, -a [ekono'metriko, -a] *adj* (ECON) ökonometrisch
economía [ekono'mia] *f* **1.** (*situación, sistema*) Wirtschaft *f;* ~ **abierta** offene Wirtschaft; ~ **agraria** Landwirtschaft *f;* ~ **agropecuaria** Agrarwirtschaft *f;* ~ **clandestina** Schattenwirtschaft *f;* ~ **competitiva** Wettbewerbswirtschaft *f;* ~ **de consumo** konsumorientierte Wirtschaft; ~ **de desechos** Entsorgungswirtschaft *f;* ~ **dirigida** [*o* **planificada**] Planwirtschaft *f;* ~ **doméstica** Hauswirtschaft *f;* ~ **exterior** Außenwirtschaft *f;* ~ **forestal** Forstwirtschaft *f;* ~ **de guerra** Kriegswirtschaft *f;* ~ **intervenida** Planwirtschaft *f;* ~ **de mercado** Marktwirtschaft *f;* ~ **mixta** Mischwirtschaft *f;* ~ **monetaria** Geldwirtschaft *f;* ~ **mundial** Weltwirtschaft *f;* ~ **de planificación central** zentralistische Planwirtschaft; ~ **de plantación** Plantagenwirtschaft *f;* ~ **rural** (bäuerliche) Landwirtschaft; ~ **social de mercado** soziale Marktwirtschaft; ~ **sumergida** Schattenwirtschaft *f* **2.** (*ciencia*) Wirtschaftswissenschaft *f;* ~ **de la empresa** Betriebswirtschaft *f;* ~ **política** Volkswirtschaft(slehre) *f* **3.** (*ahorro*) Sparsamkeit *f;* (*cosa ahorrada*) Ersparnis *f;* **~s de escala** Kosteneinsparungen durch Betriebsvergrößerung; ~ **de tiempo** Zeitersparnis *f* **4.** *pl* Ersparnisse *fpl;* **hacer ~s** sparen
economicidad [ekonomiθi'ðað] *f* Sparsamkeit *f*
economicista [ekonomi'θista] **I.** *adj* (ECON, HIST, POL) ökonomistisch **II.** *mf* (ECON, HIST, POL) Anhänger(in) *m(f)* des Ökonomismus
económico, -a [eko'nomiko, -a] *adj* **1.** (ECON) wirtschaftlich, Wirtschafts-; **año** ~ Geschäftsjahr *nt;* **bloqueo** ~ Wirtschaftsblockade *f;* **boicot** ~ Wirtschaftsboykott *m;* **ciencias económicas** Wirtschaftswissenschaften *fpl;* **derecho** ~ Wirtschaftsrecht *nt;* **embargo** ~ Wirtschaftsembargo *nt;* **espacio** ~ Wirtschaftsraum *m;* **Espacio E~ Europeo** Euro-

päischer Wirtschaftsraum; **milagro** ~ Wirtschaftswunder *nt;* **sección económica** (**de un periódico**) Wirtschaftsteil *m* (einer Tageszeitung); **situación económica** Wirtschaftslage *f;* **teoría económica** Wirtschaftstheorie *f;* **estudiar** (**ciencias**) **económicas** Wirtschaftswissenschaften studieren **2.** (*barato*) preiswert, billig; **clase económica** (AERO) Economyclass *f;* **un hotel** ~ ein preiswertes Hotel **3.** (*ahorrador*) sparsam

económico-social [eko'nomiko-so'θjal] *adj* sozioökonomisch

economismo [ekono'mismo] *m sin pl* (ECON, HIST, POL) Ökonomismus *m*

economista [ekono'mista] *mf* Volkswirt(in) *m(f)*, Volkswirtschaftler(in) *m(f)*, Wirtschaftswissenschaftler(in) *m(f)*, Ökonom(in) *m(f)*

economizador [ekonomiθa'ðor(a)] *m* Spargerät *nt*

economizar [ekonomi'θar] <z→c> **I.** *vi* sparen **II.** *vt* (ein)sparen, sparsam umgehen (mit +*dat*); **no** ~ **esfuerzos** keine Mühe scheuen; ~ **esfuerzos** seine Kräfte schonen

ecónomo [e'konomo] *m* Vermögensverwalter *m*

ecopacifismo [ekopaθi'fismo] *m sin pl* (ECOL, SOCIOL) Ökopaxbewegung *f*

ecosistema [ekosis'tema] *m* Ökosystem *nt*

ecosonda [eko'sonda] *f* (NÁUT) Echolot *nt*

ecotasa [eko'tasa] *f* Ökosteuer *f*

ecotipo [eko'tipo] *m* (BIOL) Ökotypus *m*

ecotono [eko'tono] *m* (BIOL) *Grenze zwischen zwei verschiedenen Naturgebieten*

ecoturismo [ekotu'rismo] *m* (ECOL) Ökotourismus *m*, „Sanfter Tourismus" *m*

ectodermo [ekto'ðermo] *m* (BIOL) Hautblatt *nt*, Ektoderm *nt*

ectopia [ek'topja] *f* (MED) Spaltbildung *f*, Ektopie *f*

ectoplasma [ekto'plasma] *m* (BIOL) Ektoplasma *nt*

ecu ['eku] *m* Ecu *m o f*, ECU *m o f*

ecuación [ekwa'θjon] *f* (MAT) Gleichung *f;* ~ **cúbica** [*o* **de tercer grado**] Gleichung dritten Grades; **resolver una** ~ eine Gleichung lösen

ecuador [ekwa'ðor] *m* (GEO) Äquator *m*

Ecuador [ekwa'ðor] *m* Ecuador *nt*

ecualizador [ekwaliθa'ðor] *m* (TÉC) Equalizer *m*

ecuánime [e'kwanime] *adj* **1.** (*justo*) gerecht; (*imparcial*) unparteiisch **2.** (*sereno*) gleichmütig, gelassen

ecuanimidad [ekwanimi'ðaᵈ] *f* **1.** (*imparcialidad*) Unparteilichkeit *f* **2.** (*calma*) Gleichmut *m*, Gelassenheit *f*

ecuatoguineano, **-a** [ekwatoɣine'ano, -a] **I.** *adj* äquatorialguineisch **II.** *m, f* Äquatorialguineer(in) *m(f)*

ecuatorial [ekwato'rjal] *adj* äquatorial, Äquatorial-

ecuatoriano, **-a** [ekwato'rjano, -a] **I.** *adj* ecuadorianisch, aus Ecuador **II.** *m, f* Ecuadorianer(in) *m(f)*

ecuestre [e'kwestre] *adj* (*jinete*) Reiter-; (*hidalgo*) Ritter-; **estatua** ~ Reiterstandbild *nt*

ecumenicidad [ekumeniθi'ðaᵈ] *f sin pl* (REL) *Universalität des katholischen Konzils*

ecuménico, **-a** [eku'meniko, -a] *adj* ökumenisch

ecumenismo [ekume'nismo] *m sin pl* (*doctrina*) Ökumenismus *m;* (*movimiento*) ökumenische Bewegung *f*, Ökumene *f*

ecumenista [ekume'nista] **I.** *adj* (REL) ökumenisch **II.** *mf* (REL) Anhänger(in) *m(f)* des Ökumenismus

eczema [eˠ'θema] *m* (MED) Ekzem *nt*, Ausschlag *m*

eczematoso, **-a** [eˠθema'toso, -a] *adj* (MED) ekzematös

ed. [eðito'rjal] *abr de* **editorial** Verl.

edad [e'ðaᵈ] *f* **1.** (*años*) Alter *nt;* ~ **del chivateo**, ~ **de la punzada** (*AmS, Cuba*) Pubertät *f;* ~ **para jubilarse** Pensionsalter *nt;* ~ **del pavo** Flegeljahre *ntpl;* **la tercera** ~ das Rentenalter; **mayor de** ~ volljährig; **menor de** ~ minderjährig; **a la** ~ **de...** im Alter von ... +*dat;* **¿qué** ~ **tiene?** wie alt sind Sie?; **es de mi** ~ er/sie ist in meinem Alter **2.** (*época*) Zeitalter *nt;* ~ **media** Mittelalter *nt;* ~ **de piedra** Steinzeit *f*

edáfico, **-a** [e'ðafiko, -a] *adj* (BIOL) edaphisch

edafogénesis [eðafo'xenesis] *f inv* (BIOL) Bodenbildung *f*, Pedogenese *f*

edafología [eðafolo'xia] *f* Bodenkunde *f*

edafológico, **-a** [eðafo'loxiko, -a] *adj* bodenkundlich

edafólogo, **-a** [eða'foloɣo, -a] *m, f* (BIOL) Bodenkundler(in) *m(f)*

edecán [eðe'kan] *m* **1.** (MIL) (Feld)adjutant *m* **2.** (*fam irón: acompañante*) Adlatus *m* **3.** (*fam: correveidile*) Klatschbase *f*

edelweiss [eðel'βais] *m inv* (BOT) Edelweiß *nt*

edema [e'ðema] *m* (MED) Ödem *nt*

edematoso, **-a** [eðema'toso, -a] *adj* (MED) ödematös

edén [e'ðen] *m* (*t. fig*) Eden *nt*, Paradies *nt*

edible [e'ðiβle] *adj* (*elev*) essbar

edición [eði'θjon] *f* **1.** (*impresión*) Ausgabe *f;* ~ **de bolsillo** Taschenausgabe *f;* ~ **pirata** Raubdruck *m;* ~ **príncipe** Erstausgabe *f* **2.** (*conjunto de ejemplares*) Auflage *f;* **tercera** ~ dritte Auflage; **ser la segunda** ~ **de algo** (*fig*) ein Abbild von etw *dat* sein

edicto [e'ðikto] *m* **1.** (*decreto*) Erlass *m* **2.** (JUR) Aufgebot *nt;* ~ **matrimonial** Eheaufgebot *nt* **3.** (HIST) Edikt *nt*

edificabilidad [eðifikaβili'ðaᵈ] *f sin pl* Bebaubarkeit *f*

edificable [edifi'kaβle] *adj* bebaubar, baureif

edificación [eðifika'θjon] *f* **1.** (*construcción*) Gebäude *nt*, Bau *m;* **permiso de** ~ Baugenehmigung *f* **2.** (*moral*) Erbauung *f*

edificante [eðifi'kante] *adj* erbaulich; **fue una charla** ~ es war ein erbaulicher Vortrag

edificar [eðifi'kar] <c→qu> *vt* **1.** (*construc-*

ción) (er)bauen, errichten **2.** (*moral*) erbauen

edificio [eði'fiθjo] *m* Gebäude *nt*, Bauwerk *nt*, Bau *m*; ~ **administrativo** Verwaltungsgebäude *nt*; ~ **público** öffentliches Gebäude

edil [e'ðil] *m* (*elev*) Ratsherr *m*, Stadtrat *m*

edilidad [eðili'ða^{d}] *f sin pl* (POL) **1.** (*cargo*) Ratsherrenamt *nt* **2.** (*duración del cargo*) Ratsherrenzeit *f*

edípico, -a [e'ðipiko, -a] *adj* (PSICO, MED) ödipal

Edipo [e'ðipo] *m* Ödipus *m*; **complejo de** ~ Ödipuskomplex *m*

editar [eði'tar] *vt* herausgeben, verlegen

editor[1] [eði'tor] *m* (INFOR) Editor *m*; ~ **de pantalla** Bildschirmeditor *m*; ~ **de software** Softwareeditor *m*; ~ **de texto** Texteditor *m*

editor(a)[2] [eði'tor(a)] *m(f)* Herausgeber(in) *m(f)*, Verleger(in) *m(f)*

editorial[1] [eðito'rjal] **I.** *adj* Verlags-, verlegerisch; **casa** ~ Verlagshaus *nt*; **éxito** ~ Bestseller *m* **II.** *f* Verlag *m*; **la** ~ **tuvo grandes pérdidas** der Verlag machte hohe Verluste

editorial[2] [eðito'rjal] *m* Leitartikel *m*

editorialista [eðitorja'lista] *mf* Leitartikler(in) *m(f)*

editorializar [eðitorjali'θar] <z→c> *vi* Leitartikel schreiben

Edo. [es'taðo] (*Méx, Ven*) *abr de* **Estado** Staat *m*

edredón [eðre'ðon] *m* **1.** (*plumón*) Daune *f* **2.** (*cobertor*) Federbett *nt*; (*con pespuntes*) Steppdecke *f*, gestepptes Federbett *nt*

educable [eðu'kaβle] *adj* bildungsfähig; (*crianza*) lernfähig

educación [eðuka'θjon] *f* **1.** (*enseñanza*) (Aus)bildung *f*; (*de crianzas*) Erziehung *f*; ~ **de adultos** Erwachsenenbildung *f*; ~ **básica** Grundbildung *f*; ~ **física** (ENS) Turnen *nt*, Sportunterricht *m*; ~ **general** Allgemeinbildung *f*; **E~ General Básica** Grund- und Hauptschulwesen *nt* (*in Spanien*); ~ **preescolar** Vorschulerziehung *f*; **Ministerio de E~ y Ciencia** Kultusministerium *nt* **2.** (*comportamiento*) Erziehung *f*, Benehmen *nt*; **el niño no tiene** ~ das Kind ist unerzogen

educacional [eðukaθjo'nal] *adj v.* **educativo**

educacionista [eðukaθjo'nista] **I.** *adj* Erziehungs-; **teoría** ~ Erziehungstheorie *f* **II.** *mf* Erzieher(in) *m(f)*

educado, -a [eðu'kaðo, -a] *adj* gebildet; **bien** ~ wohlerzogen; **mal** ~ unerzogen, schlecht erzogen

educador(a) [eðuka'ðor(a)] *m(f)* Erzieher(in) *m(f)*

educando, -a [eðu'kaṇdo, -a] *m, f* (*elev*) Zögling *m*, Schüler(in) *m(f)*

educar [edu'kar] <c→qu> *vt* **1.** (*dar instrucción*) ausbilden **2.** (*dirigir*) erziehen; **los padres educan a los hijos** die Eltern erziehen ihre Kinder **3.** (*cultivar facultades*) schulen; **debes** ~ **tu oído** du musst dein Gehör schulen

educativo, -a [eðuka'tiβo, -a] *adj* Bildungs-, Erziehungs-; **sistema** ~ Bildungswesen *nt*

edulcoración [eðulkora'θjon] *f* Süßen *nt*

edulcorante [eðulko'raṇte] **I.** *adj* süßend **II.** *m* Süßstoff *m*

edulcorar [eðulko'rar] *vt* süßen

EEE [ee'e] *m abr de* **Espacio Económico Europeo** EWR *m*

EE.UU. [es'taðos u'niðos] *mpl abr de* **Estados Unidos** USA *pl*

efabilidad [efaβili'ða^{d}] *f sin pl* (*elev*) **1.** (*posibilidad de expresión*) Ausdrucksmöglichkeit *f*, Wortgewandtheit *f* **2.** (*capacidad expresiva*) Expressivität *f*, Ausdrucksfähigkeit *f*

efable [e'faβle] *adj* (*elev*) wortstark

efe ['efe] *f* **1.** (*letra*) F, f *nt* **2.** (*prensa*) *spanische Nachrichtenagentur*

efebo [e'feβo] *m* **1.** (*elev*) Jüngling *m* **2.** (HIST) Ephebe *m*

efectismo [efek'tismo] *m* Effekthascherei *f*

efectista [efek'tista] **I.** *adj* effekthascherisch **II.** *mf* Effekthascher(in) *m(f)*

efectivamente [efektiβa'meṇte] *adv* wirklich, tatsächlich

efectividad [efektiβi'ða^{d}] *f* **1.** (*efecto*) Wirkung *f*, Wirksamkeit *f*; ~ **jurídica** Rechtswirkung *f*, Rechtswirksamkeit *f*; **la** ~ **del medicamento** die Wirksamkeit des Medikaments **2.** (*autenticidad*) Wirklichkeit *f* **3.** (*empleo*) feste Anstellung *f*

efectivo[1] [efek'tiβo] *m* **1.** (*dinero*) Bargeld *nt*; ~ **en caja** Kassenbestand *m*; ~ **electrónico** Electronic Cash *nt*; **crédito en** ~ Kassenkredit *m*; **descuento en** ~ Bardiskont *m*; **existencias en** ~ Barbestand *m*; **(pagar) en** ~ bar (bezahlen) **2.** *pl* (MIL) Kräfte *fpl*; **~s de guerra** Kriegsstärke *f* **3.** (*personal*) Personalbestand *m*

efectivo, -a[2] [efek'tiβo, -a] *adj* **1.** (*que hace efecto*) wirksam **2.** (*auténtico*) wirklich, tatsächlich; **salario** ~ Effektivlohn *m*; **un éxito** ~ ein echter Erfolg; **hacer** ~ in die Tat umsetzen; **hacer** ~ **un cheque** einen Scheck einlösen **3.** (*no interino*) fest angestellt

efecto [e'fekto] *m* **1.** (*consecuencia, impresión*) Wirkung *f*, Effekt *m*; (*resultado*) Ergebnis *nt*; ~ **boomerang** Bumerangeffekt *m*; ~ **invernadero** Treibhauseffekt *m*; **hacer** ~ wirken; **hacer buen/mal** ~ einen guten/schlechten Eindruck machen; **tener** ~ stattfinden; **llevar a** ~ zustande [*o* zu Stande] bringen; **al** ~ **de hacer algo** zu dem Zweck, etw zu tun; **en** ~ tatsächlich; **con ~s retroactivos** rückwirkend **2.** (COM) Wertpapier *nt*; ~ **anticipado** Vorschusswechsel *m*; ~ **bancario** Bankwechsel *m*; ~ **cambiario descontable** Diskontwechsel *m*; ~ **comercial** Handelswechsel *m*; ~ **descontable** diskontfähiges Papier; ~ **documentario** Dokumententratte *f*; ~ **negociable** bankfähiger Wechsel; ~ **nominal** Namenspapier *nt*; ~ **a pagar** Wechselverbindlichkeiten *fpl*; **~s financieros** Finanzwechsel *mpl*; **~s públicos** öffentliche Schuldverschreibungen **3.** (*loc*): **para los ~s** praktisch; **a ~s legales** (JUR) im Sinne des Gesetzes

efectuar [efektu'ar] <*1. pres:* **efectúo**> **I.** *vt* ausführen, durchführen; (*viaje*) unternehmen; ~ **un asiento** einen Eintrag vornehmen; ~ **una compra** einen Kauf tätigen; ~ **un desembolso** eine Einzahlung vornehmen; ~ **una llamada** anrufen; ~ **retenciones** Quellenabzüge vornehmen **II.** *vr:* **~se** (*tener lugar*) stattfinden; (*realizarse*) verwirklicht werden, geschehen; **ayer se efectuó el sorteo** gestern fand die Verlosung statt

efeméride [efe'meriðe] *f* **1.** (*conmemoración*) Jahrestag *m* **2.** *pl* (ASTR) Ephemeriden *pl,* astronomisches Jahrbuch *nt* **3.** *pl* (*libro*) Tagebuch *nt*

eferencia [efe'reṇθja] *f* (MED) Efferenz *f*

eferente [efe'reṇte] *adj* (MED) efferent

efervescencia [eferβes'θeṇθja] *f* **1.** (*de un líquido*) Aufwallen *nt,* Brodeln *nt;* **entrar en ~** sprudeln **2.** (*agitación*) Aufruhr *m,* Erregung *f;* **la ~ política** der politische Aufruhr

efervescente [eferβes'θeṇte] *adj* **1.** (*líquido*) brodelnd **2.** (*agitado*) in Aufruhr

efesio, -a [e'fesjo, -a] **I.** *adj* ephesisch; **cultura efesia** ephesische Kultur **II.** *m, f* Epheser(in) *m(f)*

eficacia [efi'kaθja] *f* **1.** (*resultado positivo*) Wirksamkeit *f,* Wirkung *f;* ~ **económica** Wirtschaftlichkeit *f;* ~ **jurídica** Rechtswirksamkeit *f;* ~ **publicitaria** Werbewirksamkeit *f;* **con ~** erfolgreich; **sin ~** erfolglos **2.** (TÉC) Leistung *f,* Leistungsfähigkeit *f*

eficaz [efi'kaθ] *adj* **1.** (*eficiente*) wirksam; (TÉC) leistungsfähig; (JUR) rechtswirksam; **un medicamento ~** ein wirksames Medikament **2.** (*persona*) tatkräftig

eficiencia [efi'θjeṇθja] *f* **1.** (*eficacia*) Wirksamkeit *f;* (TÉC) Leistungsfähigkeit *f;* (JUR) Rechtswirksamkeit *f* **2.** (*persona*) Tüchtigkeit *f,* Tatkraft *f*

eficiente [efi'θjeṇte] *adj* wirksam; (TÉC) leistungsfähig; (*persona*) tüchtig, tatkräftig

efigie [e'fixje] *f* **1.** (*representación*) Bildnis *nt,* Abbild *nt* **2.** (*personificación*) Verkörperung *f;* **esta pobre madre es la ~ del dolor** diese arme Mutter ist die Verkörperung des Leidens

efímero, -a [e'fimero, -a] *adj* kurzlebig, vorübergehend, flüchtig

efluente [e'flweṇte] **I.** *adj* ausströmend; **gas ~** ausströmendes Gas **II.** *m* Abfallprodukt *nt*

efluir [eflu'ir] *irr como huir vi* ausfließen, ausströmen

efluvio [e'fluβjo] *m* Ausdünstung *f;* (*agradable*) Duft *m,* Aroma *nt;* **le rodea un ~ de simpatía** er strömt Sympathie aus

efusión [efu'sjon] *f* **1.** (*manifestación vehemente*) Herzlichkeit *f;* **me abrazó con gran ~** er/sie umarmte mich herzlich **2.** (*derramamiento*) Vergießen *nt,* Ausfließen *nt;* ~ **de sangre** Blutvergießen *nt*

efusividad [efusiβi'ða^{d}] *f* Herzlichkeit *f,* Innigkeit *f;* **su ~ no era auténtica** seine/ihre Herzlichkeit war nicht ehrlich gemeint

efusivo, -a [efu'siβo, -a] *adj* herzlich, innig; (*con mucha emoción*) überschwänglich

EGB [exe'βe] *f* (ENS) *abr de* **Educación General Básica** (spanisches) Grundschulwesen *nt*

Egeo [e'xeo] *m* Ägäis *f;* **el mar ~** das Ägäische Meer

egesta [e'xesta] *f* (BIOL) Egesta *pl*

egida [e'xiða] *f,* **égida** ['exiða] *f* Schutz *m,* Ägide *f;* **bajo la ~ de…** unter der Schirmherrschaft von … *+dat*

egipcio, -a [e'xiβθjo, -a] **I.** *adj* ägyptisch **II.** *m, f* Ägypter(in) *m(f)*

Egipto [e'xipto] *m* Ägypten *nt*

egiptología [exiptolo'xia] *f* Ägyptologie *f*

eglefino [eɣle'fino] *m* (ZOOL) Schellfisch *m*

égloga ['eɣloɣa] *f* (LIT) Ekloge *f,* Hirtengedicht *nt*

ego ['eɣo] *m:* **el ~** (PSICO) das Ich, das Ego

egocéntrico, -a [eɣo'θeṇtriko, -a] **I.** *adj* egozentrisch **II.** *m, f* Egozentriker(in) *m(f)*

egocentrismo [eɣoθeṇ'trismo] *m sin pl* Egozentrik *f,* Ichbezogenheit *f*

egoísmo [eɣo'ismo] *m sin pl* Egoismus *m,* Selbstsucht *f*

egoísta [eɣo'ista] **I.** *adj* egoistisch, selbstsüchtig **II.** *mf* Egoist(in) *m(f)*

ególatra [e'ɣolatra] **I.** *adj* selbstverherrlichend, egozentrisch **II.** *mf* Egozentriker(in) *m(f)*

egolatría [eɣola'tria] *f sin pl* Selbstverherrlichung *f,* Egozentrik *f*

egolátrico, -a [eɣo'latriko, -a] *adj* selbstverherrlichend

egotismo [eɣo'tismo] *m sin pl* Egotismus *m*

egotista [eɣo'tista] **I.** *adj* den Egotismus betreffend; **actitud ~** Egotisteneinstellung *f* **II.** *mf* Egotist(in) *m(f)*

egregio, -a [e'ɣrexjo, -a] *adj* (*elev*) illuster, erlaucht

egresado, -a [eɣre'saðo, -a] **I.** *adj* graduiert **II.** *m, f* (*Arg, Chil: universidad*) Hochschulabsolvent(in) *m(f),* Graduierte(r) *mf;* (*escuela*) Schulabgänger(in) *m(f)*

egresar [eɣre'sar] *vi* (*Arg, Chil: escuela*) die Schule absolvieren; (*universidad*) die Hochschule absolvieren

egreso [e'ɣreso] *m* (*Arg, Chil*) **1.** (*universidad*) Studienabschluss *m;* (*escuela*) Schulabschluss *m* **2.** (*dinero*) Ausgabe *f* **3.** (*salida*) Ausgang *m*

eh [e] *interj* **1.** (*advertencia*) he; **¡~, no me oyes!** he! hörst du mich nicht?; **no vuelvas a hacerlo, ¿~?** tu das bloß nicht noch mal! **2.** (*susto, incomprensión*): **¿~?** wie?, was?

éider [e'iðer] <**eideres**> *m* (ZOOL) Eiderente *f*

eidetismo [ei̯ðe'tismo] *m sin pl* (PSICO) Eidetik *f*

einstenio [ei̯^{n}s'tenjo] *m* (QUÍM) Einsteinium *nt*

ej. [e'xemplo] *abr de* **ejemplo** Bsp.; **p.~** z. B.

eje ['exe] *m* **1.** (TÉC) Achse *f,* Welle *f;* ~ **anterior** Vorderachse *f;* ~ **cigüeñal** Kurbelwelle *f*

2. (MAT) Achse *f;* ~ **de abcisas** Abszissenachse *f* **3.** (*centro, punto más importante*): ~ **de la conversación** Hauptgesprächsthema *nt;* **ella siempre es el** ~ **de atención** sie steht immer im Mittelpunkt **4.** (HIST) Achse *f;* **potencias del** ~ Achsenmächte *fpl* **5.** (*loc*): **partir por el** ~ **a alguien** jdn zugrunde [*o* zu Grunde] richten

ejecución [exeku'θjon] *f* **1.** (*realización*) Ausführung *f,* Durchführung *f;* ~ **de un contrato** Vertragserfüllung *f;* ~ **parcial** Teilerfüllung *f;* ~ **de un pedido** Auftragserledigung *f;* ~ **de la sentencia** (JUR) Urteilsvollstreckung *f;* **no** ~ Nichterfüllung *f;* **retraso en la** ~ Leistungsverzug *m;* **poner en** ~ **algo** etw ausführen; **la** ~ **del proyecto es imposible** die Durchführung des Projekts ist nicht möglich **2.** (*sentencia de muerte*) Hinrichtung *f;* **pelotón de** ~ Erschießungskommando *nt* **3.** (JUR: *de un pago*) Vollstreckung *f;* ~ **de la deuda** Schuldvollstreckung *f;* ~ **forzosa** Zwangsvollstreckung *f;* ~ **hipotecaria** Hypothekenzwangsvollstreckung *f*

ejecutable [exeku'taβle] *adj* **1.** (*realizable*) durchführbar; (*t.* INFOR) ausführbar **2.** (JUR) vollstreckbar **3.** (MÚS) spielbar

ejecutante [exeku'tan̩te] **I.** *adj* ausführend; **acreedor** ~ (JUR) Vollstreckungsgläubiger *m* **II.** *mf* **1.** (*quien ejecuta*) Ausführende(r) *mf,* ausführende Person *f* **2.** (*arte*) Künstler(in) *m(f)*

ejecutar [exeku'tar] *vt* **1.** (*realizar, t.* INFOR) ausführen; ~ **un contrato** einen Vertrag erfüllen; ~ **una orden** einen Auftrag ausführen **2.** (*ajusticiar*) hinrichten **3.** (JUR: *llevar a efecto*) vollstrecken; ~ **una hipoteca** eine Hypothek pfänden

ejecutiva [exeku'tiβa] *f* Führungsgremium *nt;* **la** ~ **del partido** die Parteispitze

ejecutivo, -a [exeku'tiβo, -a] **I.** *adj* **1.** (*que ejecuta decisiones*) ausübend, ausführend; **poder** ~ (POL) Exekutive *f,* Exekutivgewalt *f* **2.** (JUR) vollstreckbar **3.** (*urgente*) dringend; **una medida ejecutiva** eine dringende Maßnahme **II.** *m, f* Manager(in) *m(f);* (*en cargo directivo*) Führungskraft *f,* leitende(r) Angestellte(r) *mf;* ~ **de marketing** Marketingmanager *m*

ejecutor(a) [exeku'tor(a)] **I.** *adj* ausführend **II.** *m(f)* **1.** (*quien pone en práctica*) Ausführende(r) *mf,* Vollstrecker(in) *m(f),* Vollzieher(in) *m(f)* **2.** (*verdugo*) Scharfrichter(in) *m(f),* Henker(in) *m(f)*

ejecutoria [exeku'torja] *f* **1.** (JUR) Vollstreckungsbefehl *m* **2.** (*documento*) Adelsbrief *m* **3.** (*mérito*) Ruhmestat *f*

ejecutoriedad [exekutorje'ðaᵈ] *f sin pl* (JUR) Vollstreckbarkeit *f*

ejecutorio, -a [exeku'torjo, -a] *adj* (JUR) vollstreckbar, rechtskräftig

ejem [e'xem] *interj* hm

ejemplar [exem'plar] **I.** *adj* **1.** (*que sirve de ejemplo*) musterhaft, vorbildlich **2.** (*que sirve de escarmiento*) exemplarisch, abschreckend; **castigo** ~ exemplarische Strafe **II.** *m* Exemplar *nt;* ~ **de un contrato** Vertragsabschrift *f;* ~ **duplicado** Duplikat *nt;* ~ **de muestra** Probeexemplar *nt,* Prüfstück *nt;* ~ **original** Original *nt,* Originalausfertigung *f;* **es un buen** ~ das ist ein schönes Exemplar

ejemplaridad [exemplari'ðaᵈ] *f* **1.** (*calidad de ejemplar*) Mustergültigkeit *f;* **una** ~ **de vida** ein vorbildliches Leben **2.** (*escarmiento*) Abschreckung *f*

ejemplarizante [exemplari'θan̩te] *adj* abschreckend

ejemplarizar [exemplari'θar] <z→c> *vi* (*Am*) ein Beispiel geben

ejemplificación [exemplifika'θjon] *f sin pl* Exemplifikation *f,* Exemplifizierung *f*

ejemplificar [exemplifi'kar] <c→qu> *vt* an Beispielen erklären, mit Beispielen belegen

ejemplo [e'xemplo] *m* Beispiel *nt,* Vorbild *nt;* **dar buen/mal** ~ mit gutem/schlechtem Beispiel vorangehen; **poner de** [*o* **por**] ~ als Beispiel anführen; **por** ~ zum Beispiel; **predicar con el** ~ mit gutem Beispiel vorangehen; **tomar por** ~ zum Beispiel nehmen; **servir de** ~ **a alguien** jdm als Beispiel dienen

ejercer [exer'θer] <c→z> **I.** *vt* ausüben; ~ **un cargo** ein Amt bekleiden; **ejerce su profesión de médico** er übt seinen Beruf als Arzt aus; **sólo ejerce sus derechos** er/sie macht nur seine/ihre Rechte geltend; ~ **influencia** Einfluss ausüben **II.** *vi* arbeiten (*de/como* als +*nom*); **ejerce de profesor** er arbeitet als Lehrer; ~ **de médico** praktizieren

ejercicio [exer'θiθjo] *m* **1.** (*de una profesión*) Ausübung *f;* **en** ~ ausübend, im aktiven Dienst; **abogado en** ~ praktizierender Anwalt **2.** (DEP) (Leibes)übung *f;* (*entrenamiento*) Training *nt;* **el médico le recomendó hacer** ~ der Arzt empfahl ihm/ihr sich mehr zu bewegen; **tener falta de** ~ nicht genug Bewegung haben **3.** (ENS) Übung *f,* (Prüfungs)aufgabe *f;* ~**s espirituales** Exerzitien *pl;* **haced el** ~ **dos de deberes** macht Übung zwei als Hausaufgabe **4.** (MIL) Waffenübung *f;* ~ **de las armas** Waffendienst *m;* ~ **de combate** Gefechtsübung *f* **5.** (ECON): ~ **contable** Rechnungsjahr *nt;* ~ **deficitario** Verlustjahr *nt;* ~ **económico** Geschäftsjahr *nt;* **cierre del** ~ Jahresabschluss *m*

ejerciente [exer'θjen̩te] *adj* ausübend, im aktiven Dienst

ejercitación [exerθita'θjon] *f sin pl* Üben *nt;* **la** ~ **de los dedos es necesaria para poder tocar bien el piano** Fingerübungen sind für das Klavierspielen wichtig

ejercitante [exerθi'tan̩te] **I.** *adj* ausübend; **persona** ~ ausübende Person **II.** *mf* **1.** (*practicante de una actividad*) Ausübende(r) *mf* **2.** (*oposiciones, pruebas*) Prüfling *m,* (Prüfungs)kandidat(in) *m(f)* **3.** (REL: *ejercicios espirituales*) Teilnehmer(in) *m(f)* an Exerzitien

ejercitar [exerθi'tar] **I.** *vt* **1.** (*profesión*) ausüben; (*actividad, comercio*) (be)treiben; **ejercita la cirugía** er/sie ist als Chirurg(in) tätig **2.** (*desarrollar*) trainieren, üben; ~ **los músculos** seine Muskeln trainieren **II.** *vr:* ~**se** sich üben (*en* in +*dat*), Übungen machen; ~**se en natación** schwimmen lernen

ejército [e'xerθito] *m* **1.** (MIL) Heer *nt,* Armee *f;* ~ **del aire** Luftwaffe *f;* ~ **profesional** Berufsarmee *f;* ~ **de Salvación** Heilsarmee *f* **2.** (*grupo de gente*) Schwarm *m,* Menge *f*

ejidatario, **-a** [exiða'tarjo, -a] *m, f* (*Méx*) Mitglied *nt* eines kommunalen landwirtschaftlichen Betriebs

ejido [e'xiðo] *m* **1.** (*tierra*) Gemeindeflur *f* **2.** (*Méx: finca*) kommunaler landwirtschaftlicher Betrieb *m*

ejión [e'xjon] *m* (ARQUIT) Knagge *f*

ejote [e'xote] *m* (*AmC, Méx*) grüne Bohne *f*

el, **la**, **lo** [el, la, lo] <los, las> *art det* der, die, das; **el perro/puente/niño** der Hund/die Brücke/das Kind; **la mujer/mesa/chica** die Frau/der Tisch/das Mädchen; **lo bueno/malo** das Gute/das Schlechte; **el Pepe/la María** (*vulg*) der Pepe/die Maria; **el Canadá** Kanada; **la China/India** China/Indien; **los amigos/las amigas** die Freunde/die Freundinnen; **¡la de gente que vino!** die Leute kamen in Massen!; **ni lo uno, ni lo otro** weder das eine, noch das andere; **lo antes posible** schnellstmöglich; **lo más pronto posible** so bald wie möglich, möglichst bald; **hazlo lo mejor que puedas** mach es so gut wie du kannst; **lo mío** das Mein(ig)e

él [el] *pron pers 3. sg m* **1.** (*sujeto*) er; ~ **es el culpable** er ist der Schuldige **2.** (*tras preposición*) ihn, ihm; **llámale a** ~ ruf ihn an; **lo he comprado para** ~ das habe ich ihm gekauft; **lo recibí de** ~ ich habe es von ihm bekommen; **salgo con** ~ ich gehe mit ihm aus; **el libro es de** ~ das Buch ist seins; **se lo di a** ~ ich habe es ihm gegeben

elaboración [elaβora'θjon] *f* **1.** (*fabricación*) Herstellung *f;* (*tratamiento*) Verarbeitung *f;* ~ **de datos** Datenverarbeitung *f;* ~ **electrónica de datos** elektronische Datenverarbeitung; ~ **del petróleo** Erdölaufbereitung *f* **2.** (*de comidas*) Zubereitung *f;* **de** ~ **casera** hausgemacht **3.** (*desarrollo de una idea*) Ausarbeitung *f;* (*de una obra*) Bearbeitung *f;* (*de un inventario, balance*) Aufstellung *f;* (*de un documento*) Ausfertigung *f*

elaborador(a) [elaβora'ðor(a)] *adj* verarbeitend

elaborar [elaβo'rar] *vt* **1.** (*fabricar*) herstellen, anfertigen; (*trabajar*) verarbeiten **2.** (*una idea*) ausarbeiten; (*una obra*) bearbeiten; **tú puedes** ~ **el plan** du kannst den Plan ausarbeiten

elación [ela'θjon] *f* (*Am*) Jubel *m,* Heiterkeit *f*

elasticidad [elastiθi'ða^{d}] *f* Dehnbarkeit *f,* Elastizität *f;* ~ **de la demanda/de la oferta/de los precios** Nachfrage-/Angebots-/Preiselastizität *f*

elástico[1] [e'lastiko] *m* Gummiband *nt;* (*de calcetín*) Bündchen *nt*

elástico, **-a**[2] [e'lastiko, -a] *adj* elastisch, dehnbar; **es un concepto** ~ das ist ein dehnbarer Begriff

elastina [elas'tina] *f* (QUÍM, BIOL) Elastin *nt*

Elba ['elβa] *m* **1.** (*río*): **el** ~ die Elbe **2.** (*isla*) Elba *nt*

Eldorado [eldo'raðo] *m* Eldorado *nt*

ele ['ele] **I.** *f* L, l *nt* **II.** *interj* richtig so!

eleático, **-a** [ele'atiko, -a] **I.** *adj* (FILOS) eleatisch **II.** *m, f* (FILOS) Eleate, -in *m, f*

eleatismo [elea'tismo] *m sin pl* (FILOS) Eleatismus *m*

elección [ele^{y}'θjon] *f* **1.** (*selección*) Wahl *f;* **libertad de** ~ Wahlfreiheit *f;* **lo dejo a su** ~ ich überlasse Ihnen die Wahl **2.** (*alternativa*) Auswahl *f;* ~ **de la profesión** Berufswahl *f* **3.** *pl* (POL) Wahlen *fpl;* **elecciones legislativas** Parlamentswahlen *fpl*

electa [e'lekta] *adj o f v.* **electo**

electivo, **-a** [elek'tiβo, -a] *adj* Wahl-; (*persona*) durch Wahl bestimmt

electo, **-a** [e'lekto, -a] **I.** *adj* gewählt; **los diputados** ~**s** die gewählten Abgeordneten **II.** *m, f* Gewählte(r) *mf*

elector(a) [elek'tor(a)] **I.** *adj* wahlberechtigt **II.** *m(f)* **1.** (*quien vota*) Wähler(in) *m(f),* Wahlberechtigte(r) *mf* **2.** (HIST) Kurfürst(in) *m(f)*

electorado [elekto'raðo] *m* **1.** (POL) Wählerschaft *f;* ~ **fluctuante** Wechselwähler *mpl* **2.** (HIST) Kurfürstentum *nt,* Elektorat *nt*

electoral [elekto'ral] *adj* **1.** (POL) Wahl-, Wähler-; **colegio** ~ Wahllokal *nt;* **derecho** ~ Wahlrecht *nt* **2.** (HIST) kurfürstlich

electoralismo [elektora'lismo] *m* (POL) Wahlpropaganda *f,* Wahlkampf *m*

electoralista [elektora'lista] *adj* Wahlkampf-; **discurso** ~ Wahlkampfrede *f*

electricidad [ele^{k}triθi'ða^{d}] *f* Elektrizität *f,* Strom *m;* ~ **estática** statische Elektrizität

electricista [ele^{k}tri'θista] **I.** *adj* Elektro-; **ingeniero** ~ Elektroingenieur *m* **II.** *mf* Elektriker(in) *m(f),* Elektroinstallateur(in) *m(f)*

eléctrico, **-a** [e'le^{k}triko, -a] *adj* elektrisch, Elektro-; **máquina eléctrica** Elektrogerät *nt*

electrificación [ele^{k}trifika'θjon] *f* Elektrifizierung *f*

electrificar [ele^{k}trifi'kar] <c→qu> *vt* elektrifizieren

electrizable [ele^{k}tri'θaβle] *adj* (FÍS, ELEC) elektrisierbar

electrización [ele^{k}triθa'θjon] *f sin pl* (FÍS, ELEC) Elektrisierung *f*

electrizador(a) [ele^{k}triθa'ðor(a)] *adj* (FÍS, ELEC) elektrisierend

electrizante [ele^{k}tri'θante] *adj* elektrisierend; **pronunció un discurso** ~ er/sie hat mit seiner/ihrer Rede alle elektrisiert [*o* mitgerissen]

electrizar [ele^{k}tri'θar] <z→c> **I.** *vt* elektrisieren; (*emocionar*) begeistern; **sus palabras me han electrizado** ich war von seinen/ihren Worten begeistert **II.** *vr:* ~**se 1.** (*cargarse de electricidad*) sich elektrisieren **2.** (*emocionarse*) sich begeistern (*con* für +*akk*), sich mitreißen lassen (*con* von +*dat*)
electroacústica [ele^{k}troa'kustika] *f sin pl* (FÍS) Elektroakustik *f*
electroafinidad [ele^{k}troafini'ða^{ð}] *f* (QUÍM) Elektroaffinität *f*
electroanálisis [ele^{k}troa'nalisis] *m inv* (QUÍM) Elektroanalyse *f*
electrocardioencefalograma [ele^{k}trokarðjoeṇθefalo'ɣrama] *m* (MED) Elektrokardioenzephalogramm *nt*
electrocardiografía [ele^{k}trokarðjoɣra'fia] *f* (MED) Elektrokardiographie *f*
electrocardiograma [ele^{k}trokarðjo'ɣrama] *m* (MED) Elektrokardiogramm *nt*
electrochoque [ele^{k}tro'ʧoke] *m* Elektroschock *m*
electrocirugía [ele^{k}troθiru'xia] *f* (MED) Elektrochirurgie *f*
electrocución [ele^{k}troku'θjon] *f* Tötung *f* durch den elektrischen Stuhl
electrocutar [ele^{k}troku'tar] **I.** *vt* durch elektrischen Strom hinrichten; (*en la silla eléctrica*) auf dem elektrischen Stuhl töten **II.** *vr:* ~**se** durch elektrischen Strom sterben; (*en la silla eléctrica*) durch den elektrischen Stuhl sterben
electrodiagnóstico [ele^{k}troðjaɣ'nostiko] *m* (MED) Elektrodiagnose *f*
electrodiálisis [ele^{k}troði'alisis] *f inv* (QUÍM) Elektrodialyse *f*
electrodinámica [ele^{k}troði'namika] *f sin pl* (FÍS) Elektrodynamik *f*
electrodinámico, **-a** [ele^{k}troði'namiko, -a] *adj* elektrodynamisch
electrodinamismo [ele^{k}troðina'mismo] *m sin pl* (FÍS) Elektrodynamismus *m*
electrodinamómetro [ele^{k}troðina'mometro] *m* (FÍS) Elektrodynamometer *nt*
electrodo [ele^{k}'troðo] *m*, **eléctrodo** [e'le^{k}troðo] *m* (FÍS) Elektrode *f;* ~ **negativo** Kathode *f;* ~ **positivo** Anode *f*
electrodoméstico [ele^{k}troðo'mestiko] *m* (elektrisches) Haushaltsgerät *nt*, Elektrogerät *nt*
electroencefalografía [ele^{k}troeṇθefaloɣra'fia] *f* (MED) Elektroenzephalographie *f*
electroencefalógrafo [ele^{k}troeṇθefa'loɣrafo] *m* (MED) Elektroenzephalograph *m*
electroencefalograma [ele^{k}troeṇθefalo'ɣrama] *m* (MED) Elektroenzephalogramm *nt*
electróforo [ele^{k}'troforo] *m* (FÍS) Elektrophor *m*
electrofotográfico, **-a** [ele^{k}trofoto'ɣrafiko, -a] *adj* fotoelektrisch
electrógeno, **-a** [ele^{k}'troxeno, -a] *adj* (ELEC) elektrizitätserzeugend
electroimán [ele^{k}troi'man] *m* (ELEC) Elektromagnet *m*
electrólisis [ele^{k}'trolisis] *f*, **electrolisis** [ele^{k}tro'lisis] *f inv* (QUÍM) Elektrolyse *f*
electrolito [ele^{k}tro'lito] *m*, **electrólito** [ele^{k}'trolito] *m* (QUÍM) Elektrolyt *m*
electrolización [ele^{k}troliθa'θjon] *f sin pl* (QUÍM) Elektrolyse *f*
electrolizar [ele^{k}troli'θar] <z→c> *vt* (QUÍM) elektrolysieren
electroluminiscente [ele^{k}troluminis'θeṇte] *adj* Elektrolumineszenz-
electromagnético, **-a** [ele^{k}tromaɣ'netiko, -a] *adj* (FÍS) elektromagnetisch
electromagnetismo [ele^{k}tromaɣne'tismo] *m sin pl* (FÍS) Elektromagnetismus *m*
electromecánica [ele^{k}trome'kanika] *f sin pl* (TÉC) Elektromechanik *f*
electromecánico, **-a** [ele^{k}trome'kaniko, -a] *adj* (ELEC) elektromechanisch
electromedicina [ele^{k}tromeði'θina] *f sin pl* (MED) Elektromedizin *f*
electrometalurgia [ele^{k}trometa'lurxja] *f sin pl* (TÉC) Elektrometallurgie *f*
electrometría [ele^{k}trome'tria] *f sin pl* (FÍS) Elektrizitätsmessung *f*
electrómetro [ele^{k}'trometro] *m* (ELEC) Elektrometer *nt*
electromontaje [ele^{k}tromoṇ'taxe] *m* (ELEC) Elektromontage *f*
electromotor [ele^{k}tromo'tor] *m* (TÉC) Elektromotor *m*
electromotriz [ele^{k}tromo'triθ] *adj* (TÉC): **fuerza** ~ elektromotorische Kraft
electrón [ele^{k}'tron] *m* (FÍS) Elektron *nt*
electronegativo, **-a** [ele^{k}troneɣa'tiβo, -a] *adj* (FÍS) elektronegativ
electrónica [ele^{k}'tronika] *f* Elektronik *f*
electrónico, **-a** [ele^{k}'troniko, -a] *adj* (FÍS) elektronisch, Elektronen-; **microscopio** ~ Elektronenmikroskop *nt;* **movimiento** ~ **de pagos** elektronischer Zahlungsverkehr
electronuclear [ele^{k}tronukle'ar] *adj* (FÍS) elektronuklear
electrón-voltio [ele^{k}'tron-'βoḷtjo] *m sin pl* (FÍS) Elektron(en)volt *nt*
electropositivo, **-a** [ele^{k}troposi'tiβo, -a] *adj* (FÍS) elektropositiv
electropuntura [ele^{k}tropuṇ'tura] *f sin pl* (MED) Elektropunktur *f*
electroquímica [ele^{k}tro'kimika] *f sin pl* (QUÍM, FÍS) Elektrochemie *f*
electroquímico, **-a** [ele^{k}tro'kimiko, -a] *adj* (QUÍM) elektrochemisch
electrorradiología [ele^{k}trorraðjolo'xia] *f sin pl* (MED) Elektroradiologie *f*
electroscopio [ele^{k}tros'kopjo] *m* (FÍS) Elektroskop *nt*
electroshock [ele^{k}tro'ʃo^{k}] *m* <electroshocks> (MED) Elektroschock *m*
electrosolar [ele^{k}troso'lar] *adj* (FÍS) elektrosolar
electrostática [ele^{k}tros'tatika] *f sin pl* (FÍS)

E

Elektrostatik *f*

electrostático, **-a** [ele^{k}tros'tatiko, -a] *adj* (FÍS) elektrostatisch

electrotecnia [ele^{k}tro'teɣnja] *f* Elektrotechnik *f*

electrotécnico, **-a** [ele^{k}tro'teɣniko, -a] *adj* elektrotechnisch

electroterapia [ele^{k}trote'rapja] *f* (MED) Elektrotherapie *f*

electrotren [ele^{k}tro'tren] *m Zugart der spanischen Eisenbahn* (*RENFE*)

electrovalencia [ele^{k}troβa'leṇθja] *f* (QUÍM) Elektrovalenz *f*

electroválvula [ele^{k}tro'βalβula] *f* (TÉC) Elektroventil *nt*

elefante, **-a** [ele'faṇte, -a] *m, f* **1.** (ZOOL) Elefant *m,* Elefantenkuh *f;* ~ **marino** Walross *nt;* **ver ~s volando** (*fig*) weiße Mäuse sehen **2.** (*Arg, Chil, Méx, Perú*): ~ **blanco** (nutzloser) Luxusgegenstand *m*

elefantiasis [elefaṇ'tjasis] *f inv,* **elefantíasis** [elefaṇ'tiasis] *f inv* (MED) Elefantiasis *f*

elefantino, **-a** [elefaṇ'tino, -a] *adj* Elefanten-

elegancia [ele'ɣaṇθja] *f* **1.** (*distinción*) Eleganz *f* **2.** (*buen gusto*) Geschmack *m*

elegante [ele'ɣaṇte] *adj* **1.** (*con armonía en las formas*) elegant, fein; (*noble*) vornehm; **vestido** ~ elegantes Kleid **2.** (*que tiene buen gusto*) geschmackvoll **3.** (*actitud honrada*) rühmlich; (*actitud generosa*) großzügig

elegantoso, **-a** [eleɣaṇ'toso, -a] *adj* (*t. Am: fam*) vornehm, elegant

elegía [ele'xia] *f* Elegie *f,* Klagelied *nt*

elegiaco, **-a** [ele'xjako, -a] *adj,* **elegíaco**, **-a** [ele'xiako, -a] *adj* elegisch

elegibilidad [elexiβili'ðaᵈ] *f* Wählbarkeit *f*

elegible [ele'xiβle] *adj* wählbar

elegido, **-a** [ele'xiðo, -a] **I.** *adj* gewählt, ausgesucht; **la candidata elegida** die gewählte Kandidatin **II.** *m, f* Auserwählte(r) *mf*

elegir [ele'xir] *irr vi, vt* wählen (*de/entre* zwischen *+dat*); (POL) wählen; (INFOR) auswählen; **a** ~ nach Wahl, nach Belieben

elementado, **-a** [elemeṇ'taðo, -a] *adj* (*Chil, Col: alelado*) einfältig, dumm

elemental [elemeṇ'tal] *adj* **1.** (*fundamental*) grundlegend, elementar; **conocimientos ~es** Grundkenntnisse *fpl* **2.** (*sencillo*) selbstverständlich, elementar

elemento [ele'meṇto] *m* **1.** (*parte*) Element *nt,* Bestandteil *m;* ~ **del activo/pasivo** (*en contabilidad*) Aktiv-/Passivposten *m;* ~ **base** Grundbestandteil *m;* ~ **de datos** (INFOR) Datenelement *nt;* ~ **de entrada/salida** (INFOR) Eingabe-/Ausgabeelement *nt;* ~ **fundamental** Grundelement *nt;* ~ **de imagen** (INFOR) Bildelement *nt,* Pixel *nt;* ~ **de texto** (INFOR, LING) Textelement *nt;* **los ~s químicos** die chemischen Elemente; **el líquido** ~ (*elev*) das nasse Element; **estar en su** ~ in seinem Element sein; **tener ~s de juicio** urteilsfähig sein **2.** (*persona*) Element *nt;* **~s subversivos** subversive Elemente; **es un ~ de cuidado** vor ihm/ihr muss man sich in Acht nehmen **3.** *pl* (*fuerzas naturales*) Naturgewalten *fpl,* Naturkräfte *fpl* **4.** *pl* (*nociones fundamentales*) Grundkenntnisse *fpl;* **~s de matemáticas** Grundkenntnisse der Mathematik **5.** *pl* (*medios*) Mittel *ntpl;* **contar con ~s para hacer algo** über Mittel verfügen etw zu tun

elenco [e'leŋko] *m* **1.** (*catálogo*) Verzeichnis *nt,* Liste *f* **2.** (TEAT) Besetzung *f* **3.** (*Am: personal*) Personal *nt;* (*Chil, Perú: equipo*) Mannschaft *f*

elepé [ele'pe] *m* (MÚS) Langspielplatte *f*

elevación [eleβa'θjon] *f* **1.** (*subida*) Steigerung *f,* Anhebung *f,* Erhöhung *f;* ~ **de aranceles** Zollerhöhung *f;* ~ **del nivel de vida** Verbesserung des Lebensstandards; ~ **de precios** Preissteigerung *f* **2.** (GEO) Bodenerhebung *f,* Hügel *m*

elevado, **-a** [ele'βaðo, -a] *adj* **1.** (*alto*) hoch; (*nivel*) gehoben; **los precios son ~s** die Preise sind hoch; **elevadas sumas de dinero** erhebliche Geldbeträge; **su estilo es muy** ~ sein/ihr Stil ist sehr gehoben **2.** (MAT): **tres ~ a cuatro** drei hoch vier

elevador¹ [eleβa'ðor] *m* (TÉC) **1.** (*AmC: ascensor*) Aufzug *m* **2.** (*Arg: para cargas*) Lastenaufzug *m*

elevador(a)² [eleβa'ðor(a)] *adj* Hebe-; **músculo** ~ (ANAT) Heber *m*

elevalunas [eleβa'lunas] *m inv* (AUTO) Fensterheber *m;* ~ **eléctrico** elektrischer Fensterheber

elevamiento [eleβa'mjeṇto] *m* Heben *nt;* **el ~ de tanto peso es perjudicial para la salud** das Heben von so viel Gewicht kann gesundheitliche Schäden hervorrufen

elevar [ele'βar] **I.** *vt* **1.** (*subir*) heben, erhöhen, steigern; ~ **a los altares** heiligsprechen; ~ **la tasa** den Diskontsatz heraufsetzen; ~ **el tipo de interés** den Zinssatz erhöhen; ~ **al trono** auf den Thron erheben; **elevan los precios continuamente** sie erhöhen ständig die Preise **2.** (MAT): ~ **a una potencia** in eine Potenz erheben, potenzieren **3.** (*enviar*) einreichen (*a* bei *+dat*), richten (*a* an *+akk*); ~ **una instancia** ein Gesuch einreichen; ~ **una protesta** protestieren **II.** *vr:* **~se 1.** (*tener altura*) eine Höhe haben (*a* von *+dat*); **el monte se eleva a 4.000 metros** der Berg hat eine Höhe von 4.000 Metern **2.** (*tener precio*) betragen (*a*); (*cotización*) steigen (*a* auf *+akk*); **el precio se eleva a dos millones de pesetas** der Preis beträgt zwei Millionen Peseten; **el marco se elevó a 120 pesetas** die Mark ist auf 120 Peseten gestiegen **3.** (*hallarse*) sich erheben, emporragen; **allí se eleva el edificio más alto de la ciudad** dort ragt das höchste Gebäude der Stadt empor **4.** (*envanecerse*) eingebildet werden; **se ha elevado por las nubes** er/sie ist mächtig eingebildet geworden

elfo ['elfo] *m* Elf *m*

elidir [eli'ðir] *vt* (LING) elidieren

eliminable [elimi'naβle] *adj* entfernbar
eliminación [elimina'θjon] *f* **1.** (*supresión*) Beseitigung *f,* Entfernung *f;* ~ **de errores** (*t.* INFOR) Fehlerbehebung *f;* ~ **de residuos** Müllbeseitigung *f;* **la** ~ **de los aranceles** die Abschaffung der Zölle; **la** ~ **de un producto** die Ausmusterung eines Produktes **2.** (MED, DEP) Ausscheidung *f;* **la** ~ **del equipo fue una sorpresa** das Ausscheiden der Mannschaft kam überraschend **3.** (POL) Ausschaltung *f,* Eliminierung *f*
eliminar [elimi'nar] *vt* **1.** (*suprimir*) entfernen (*de* von +*dat, de* aus +*dat*), beseitigen (*de* von +*dat*); ~ **barreras aduaneras** Zollschranken beseitigen; ~ **errores** (*t.* INFOR) Fehler beheben **2.** (INFOR: *borrar*) löschen **3.** (MED) ausscheiden; **está eliminando toxinas** er/sie scheidet Giftstoffe aus **4.** (DEP) besiegen; **la** ~**on enseguida** sie wurde sofort besiegt; **fueron eliminados en la cuarta prueba** sie schieden in der vierten Runde aus **5.** (*matar*) beseitigen, eliminieren; **debemos** ~ **al espía** wir müssen den Spion aus dem Weg räumen **6.** (*para fallos*) beheben **7.** (COM) verdrängen; **el año próximo** ~**emos a la competencia** nächstes Jahr werden wir die Konkurrenz verdrängen **8.** (MAT) eliminieren
eliminatoria [elimina'torja] *f* (DEP) Ausscheidungskampf *m,* Vorrunde *f*
eliminatorio, **-a** [elimina'torjo, -a] *adj* (DEP, MED) Ausscheidungs-; **partido** ~ Ausscheidungsspiel *nt*
elipse [e'liβse] *f* (MAT) Ellipse *f*
elipsis [e'liβsis] *f inv* (LING) Auslassung *f,* Ellipse *f*
elipsoidal [eliβsoi̯'ðal] *adj* ellipsoid
elipsoide [eliβ'soi̯ðe] *m* (MAT) Ellipsoid *nt*
elíptico, **-a** [e'liptiko, -a] *adj* elliptisch, ellipsenförmig
elisabetano, **-a** [elisaβe'tano, -a] *adj* (ARTE, HIST) elisabethanisch
elisión [eli'sjon] *f* (LING) Elision *f,* Auslassung *f*
elite [e'lite] *f,* **élite** ['elite] *f* Elite *f*
elitismo [eli'tismo] *m sin pl* Elitismus *m*
elitista [eli'tista] *adj* elitär
élitro ['elitro] *m* (ZOOL) Deckflügel *m,* Flügeldecke *f*
elixir [eliᵞ'sir] *m,* **elíxir** [e'liᵞsir] *m* Elixier *nt,* Wundermittel *nt,* Zaubertrank *m;* ~ **bucal** Mundwasser *nt*
ella ['eʎa] *pron pers 3. sg f* **1.** (*sujeto*) sie; ~ **es su hermana** sie ist seine/ihre Schwester **2.** (*tras preposición*) sie, ihr; **llámala a** ~ ruf sie an; **debes cuidar de** ~ du sollst dich um sie kümmern; **voy a hablar con** ~ ich werde mit ihr sprechen; **el abrigo es de** ~ der Mantel ist ihrer; **he pensado en** ~ ich habe an sie gedacht; **el regalo se lo compré a** ~ das Geschenk habe ich ihr gekauft; **lo recibí de** ~ das habe ich von ihr bekommen
ellas ['eʎas] *pron pers 3. pl f* **1.** (*sujeto: varias mujeres*) sie *pl;* ~ **son arquitectas** sie sind Architektinnen **2.** (*tras preposición*) sie, ihnen; **hoy voy a comer con** ~ ich werde heute mit ihnen zu Mittag essen; **no sé qué decirte de** ~ ich weiß nicht, was ich dir über sie sagen soll; **el coche es de** ~ das Auto gehört ihnen; **¿trabajas para** ~**?** arbeitest du für sie?
elle ['eʎe] *f* Ll, ll *nt*
ello ['eʎo] *pron pers 3. sg nt* **1.** (*sujeto*) es, das, dieses; ~ **no quiere decir que...** das bedeutet nicht, dass ... **2.** (*tras preposición*): **para** ~ dafür; **por** ~ darum, deshalb; **estar en** ~ schon dabei sein; **¡a** ~**!** nur zu!
ellos ['eʎos] *pron pers 3. pl m* **1.** (*sujeto*) sie *pl;* ~ **son estudiantes** sie sind Studenten; **si** ~ **no pueden venir, iré yo** wenn sie nicht kommen können, werde ich selbst hingehen **2.** (*tras preposición*) sie, ihnen; **¿sabes algo de** ~**?** hast du was von ihnen gehört?; **puedes preguntarles a** ~ du kannst sie fragen; **estos niños son de** ~ das sind ihre Kinder, diese Kinder sind von ihnen; **quiero invitarlos a** ~ ich möchte sie einladen
elocución [eloku'θjon] *f* Ausdrucksweise *f,* Sprechweise *f*
elocuencia [elo'kweṇθja] *f* Beredsamkeit *f,* Rednergabe *f;* **con** ~ beredt
elocuente [elo'kweṇte] *adj* **1.** (*que tiene elocuencia*) beredt **2.** (*claro*) viel sagend; **las pruebas son** ~**s** die Beweise sprechen für sich
elogiable [elo'xjaβle] *adj* lobenswert, rühmenswert
elogiar [elo'xjar] *vt* loben, preisen, rühmen
elogio [e'loxjo] *m* Lob *nt;* **digno de** ~ lobenswert; **hacer** ~**s** loben; **recibir** [*o* **cosechar**] ~**s** Lob ernten
elogioso, **-a** [elo'xjoso, -a] *adj* lobend; **palabras elogiosas** lobende Worte
elongación [eloŋga'θjon] *f* **1.** (*elev: alargamiento*) Verlängerung *f,* Streckung *f* **2.** (MED) Dehnung *f,* Zerrung *f* **3.** (ASTR) Elongation *f*
elote [e'lote] *m* (*AmC*) Maiskolben *m;* **torta de** ~ (GASTR) Maisauflauf *m;* **coger a alguien asando** ~**s** (*fig*) jdn auf frischer Tat ertappen
elucidación [eluθiða'θjon] *f* (*formal*) Erläuterung *f,* Erklärung *f*
elucidar [eluθi'ðar] *vt* (*formal*) erläutern, erklären
elucubración [elukuβra'θjon] *f* (sinnlose) Überlegung *f*
elucubrar [eluku'βrar] *vi, vt* (sinnlose) Überlegungen anstellen (über +*akk*)
eludible [elu'ðiβle] *adj* vermeidlich; **esa ley es** ~ dieses Gesetz lässt sich umgehen
eludir [elu'ðir] *vt* **1.** (*evitar*) ausweichen +*dat,* meiden, umgehen; **eludió su responsabilidad** er/sie hat sich seiner/ihrer Verantwortung entzogen; ~ **las leyes** die Gesetze umgehen **2.** (*declinar*) ablehnen; ~ **una invitación** eine Einladung ablehnen
elusión [elu'sjon] *f* Umgehen *nt;* **la** ~ **sistemática de cualquier trabajo** das systematische Umgehen jeder Art von Arbeit
elusivo, **-a** [elu'siβo, -a] *adj* ausweichend;

E

dio una respuesta elusiva er/sie gab eine ausweichende Antwort

e-mail [i'mei̯l] *m abr de* **electronic mail** E-Mail *f*

emanación [emana'θjon] *f* Ausströmung *f,* Emanation *f;* (*de un líquido*) Ausfluss *m*

emanantismo [emanan̪'tismo] *m sin pl* (REL) Emanationslehre *f*

emanar [ema'nar] **I.** *vi* **1.** (*escaparse*) ausströmen; (*líquido*) ausfließen; **el gas emana de este depósito** das Gas strömt aus diesem Tank aus **2.** (*tener su origen*) hervorgehen (*de* aus +*dat*); **de la carta emanan dudas** aus dem Brief gehen Zweifel hervor **II.** *vt* ausstrahlen; **su persona emanaba tranquilidad** von seiner/ihrer Person ging Ruhe aus

emancipación [eman̪θipa'θjon] *f* Emanzipation *f*

emancipador(a) [eman̪θipa'ðor(a)] **I.** *adj* befreiend, emanzipatorisch **II.** *m(f)* Befreier(in) *m(f)*

emancipar [eman̪θi'par] **I.** *vt* **1.** (*feminismo*) emanzipieren, gleichstellen; **una mujer emancipada** eine emanzipierte Frau **2.** (*liberar*) befreien **3.** (JUR) mündig sprechen, für volljährig erklären **II.** *vr:* **~se** selb(st)ständig werden, sich emanzipieren (*de* von +*dat*)

emancipatorio, -a [eman̪θipa'torjo, -a] *adj* befreiend, emanzipatorisch

emasculación [emaskula'θjon] *f* (*elev: castración*) Entmannung *f,* Kastrierung *f*

emascular [emasku'lar] *vt* entmannen, kastrieren

embadurnamiento [embaðurna'mjen̪to] *m* Ausschmieren *nt,* Beschmieren *nt;* **es imprescindible el ~ de la fuente con aceite de oliva** die Backform muss unbedingt mit Olivenöl ausgeschmiert werden

embadurnar [embaður'nar] **I.** *vt* **1.** (*manchar*) beschmieren (*con/de* mit +*dat*), verschmieren **2.** (*pintar mal*) kritzeln, schmieren **II.** *vr:* **~se** sich beschmieren (*de/con* mit +*dat*)

embaimiento [embai̯'mjen̪to] *m* (*elev*) Blendwerk *nt*

embaír [emba'ir] *irr vt* (*elev*) anschwindeln, beschwindeln

embajada [emba'xaða] *f* **1.** (*edificio, cargo*) Botschaft *f;* **¿dónde está la E~ Española?** wo ist die spanische Botschaft? **2.** (*mensaje*) Botschaft *f,* Nachricht *f*

embajador(a) [embaxa'ðor(a)] *m(f)* **1.** (*diplomático*) Botschafter(in) *m(f)* **2.** (*mensajero*) Gesandte(r) *mf,* Bote, -in *m, f*

embalado, -a [emba'laðo, -a] *adj* (AUTO) auf Hochtouren

embalador(a) [embala'ðor(a)] *m(f)* Packer(in) *m(f)*

embalaje [emba'laxe] *m* Verpackung *f,* Verpackungsmaterial *nt;* **~ automático** maschinelle Verpackung; **~ de presentación** Geschenkverpackung *f;* **~ reutilizable** wieder verwendbare Verpackung; **~ vacío** Leergut *nt;* **gastos de ~** Verpackungskosten *pl*

embalar [emba'lar] **I.** *vt* **1.** (*empaquetar*) einpacken, verpacken **2.** (AUTO) auf Touren bringen **II.** *vr:* **~se 1.** (*correr*) lossausen **2.** (*poner mucho empeño*) sich hinreißen lassen

embaldosado [embal̪do'saðo, -a] *m* **1.** (*suelo*) Fliesenboden *m,* Fliesenbelag *m* **2.** (*acción*) Fliesen(legen) *nt*

embaldosar [embal̪do'sar] *vt* fliesen

embalsadero [embalsa'ðero] *m* Sumpf *m*

embalsamador(a) [embalsama'ðor(a)] **I.** *adj* balsamierend **II.** *m(f)* (Ein)balsamierer(in) *m(f)*

embalsamamiento [embalsama'mjen̪to] *m* Einbalsamierung *f*

embalsamar [embalsa'mar] *vt* **1.** (*cadáveres*) einbalsamieren **2.** (*perfumar*) parfümieren

embalsar [embal'sar] *vt, vr:* **~se** (sich) stauen

embalse [em'balse] *m* **1.** (*acción de embalsar*) (An)stauen *nt* **2.** (*pantano*) Stausee *m* **3.** (*Arg: presa*) Talsperre *f*

embanastar [embanas'tar] *vt* **1.** (*meter en banasta*) in einen Korb legen **2.** (*gente*) zusammenpferchen

embancarse [embaŋ'karse] <c→qu> *vr* (NÁUT) auflaufen

embanderar [emban̪de'rar] **I.** *vt* mit Fahnen schmücken **II.** *vr:* **~se** mit Fahnen geschmückt werden; **la ciudad se embanderó para recibir al rey** die Stadt wurde zum Empfang des Königs mit Fahnen geschmückt

embarazada [embara'θaða] **I.** *adj* schwanger; **está ~ de seis meses** sie ist im sechsten Monat schwanger **II.** *f* Schwangere *f*

embarazado, -a [embara'θaðo, -a] *adj* verlegen, gehemmt

embarazar [embara'θar] <z→c> **I.** *vt* **1.** (*estorbar*) stören, belästigen **2.** (*cohibir*) in Verlegenheit bringen **3.** (*dejar encinta*) schwängern **II.** *vr:* **~se 1.** (*quedarse encinta*) schwanger werden **2.** (*cohibirse*) in Verlegenheit geraten

embarazo [emba'raθo] *m* **1.** (*gravidez*) Schwangerschaft *f;* **interrupción del ~** Schwangerschaftsabbruch *m* **2.** (*cohibición*) Verlegenheit *f;* **causar ~ a alguien** jdn in Verlegenheit bringen **3.** (*molestia*) Störung *f;* (*impedimento*) Hindernis *nt*

embarazoso, -a [embara'θoso, -a] *adj* **1.** (*molesto*) hinderlich, störend **2.** (*desagradable*) peinlich, unangenehm; **es una situación embarazosa** das ist eine peinliche Lage **3.** (COM): **mercancías embarazosas** Sperrgut *nt*

embarbascar [embarβas'kar] <c→qu> *vt* **1.** (*Bol, Ecua, Méx, Ven*) mit einem Zaubertrank verhexen **2.** (*Méx: peces*) vergiften

embarcable [embar'kaβle] *adj* verschiffbar

embarcación [embarka'θjon] *f* Wasserfahrzeug *nt,* Schiff *nt,* Boot *nt*

embarcadero [embarka'ðero] *m* Landungsbrücke *f*

embarcar [embar'kar] <c→qu> **I.** *vi* an Bord gehen **II.** *vt* **1.** (*en barco*) einschiffen, verladen, an Bord nehmen **2.** (*en asunto arriesgado*) verwickeln (*en* in +*akk*), hineinziehen (*en* in +*akk*) **III.** *vr:* ~**se** **1.** (*en barco*) sich einschiffen, an Bord gehen; **se embarcó para América** er/sie reiste (mit dem Schiff) nach Amerika **2.** (*en asunto arriesgado*) sich einlassen (*en* auf +*akk*); **se embarcó en un extraño negocio** er/sie ließ sich auf ein seltsames Geschäft ein

embarco [em'barko] *m* Einschiffung *f;* (*t. avión*) An-Bord-Gehen *nt*

embargabilidad [embarɣaβili'ðaᵈ] *f sin pl* (JUR) Pfändbarkeit *f*

embargable [embar'ɣaβle] *adj* (JUR) pfändbar

embargar [embar'ɣar] <g→gu> *vt* **1.** (*retener*) beschlagnahmen **2.** (*absorber*) gefangen nehmen, völlig beanspruchen **3.** (*molestar*) hindern, stören

embargo [em'barɣo] **I.** *m* **1.** (*retención de bienes*) Embargo *nt;* ~ **de armas** Waffenembargo *nt;* ~ **comercial** Handelsembargo *nt;* **imponer** [*o* **decretar**] **un** ~ ein Embargo verhängen; **levantar un** ~ ein Embargo aufheben; **suavizar un** ~ ein Embargo lockern **2.** (*confiscación*) Beschlagnahmung *f* **II.** *conj:* **sin** ~ trotzdem, dennoch

embarque [em'barke] *m* **1.** (*de material*) Einschiffung *f,* Verladung *f;* **documentos de** ~ (COM) Verschiffungsdokumente *ntpl* **2.** (*de personas*) An-Bord-Gehen *nt;* **tarjeta de** ~ Bordkarte *f*

embarrada [emba'rraða] *f* (*Cuba, PRico, And*) **1.** (*desliz*) Peinlichkeit *f* **2.** (*tontería*) Albernheit *f,* Dummheit *f*

embarradilla [embarra'ðiʎa] *f* (*Méx:* GASTR) *mit süßer Milch, Kokos, Ei und anderen Zutaten gefülltes Pastetchen*

embarrancamiento [embarraŋka'mjen̪to] *m* Stranden *nt,* Strandung *f*

embarrancar [embarraŋ'kar] <c→qu> **I.** *vi* **1.** (*barcos*) stranden, auf Grund laufen **2.** (*atascarse*) stecken bleiben **II.** *vr:* ~**se** stecken bleiben, nicht vorwärtskommen

embarrar [emba'rrar] **I.** *vt* **1.** (*ensuciar*) (mit Schlamm) beschmieren **2.** (*AmC: implicar*) verwickeln **3.** (*Cuba, PRico, CSur: mancillar*) schänden; (*fam: cometer un error*) verbocken **4.** (*reg: blanquear*) tünchen **II.** *vr:* ~**se** **1.** (*ensuciarse*) sich (mit Schlamm) beschmieren **2.** (*AmC*) sich verwickeln

embarrilado [embarri'laðo] *m sin pl* Abfüllen *nt* in Fässer

embarrilar [embarri'lar] *vt* in Fässer füllen

embarrizarse [embarri'θarse] <z→c> *vr* sich (mit Schlamm) beschmutzen [*o* beschmieren]

embarullar [embaru'ʎar] **I.** *vt* (*fam*) durcheinander bringen, durcheinander werfen **II.** *vr:* ~**se** (*fam*) durcheinander geraten

embasamiento [embasa'mjen̪to] *m* (ARQUIT) Haussockel *m*

embatada [emba'taða] *f* (NÁUT) *durch die Brandung oder heftigen Wind verursachte Kursänderung*

embate [em'bate] *m* **1.** (*golpe de mar*) (starke) Brandung *f,* Wellenschlag *m* **2.** (*golpe fuerte*) Schlag *m;* **los** ~**s del destino** die Schicksalsschläge

embaucador(a) [embau̯ka'ðor(a)] **I.** *adj* betrügerisch **II.** *m(f)* Betrüger(in) *m(f),* Schwindler(in) *m(f)*

embaucamiento [embau̯ka'mjen̪to] *m* Betrug *m,* Schwindel *m*

embaucar [embau̯'kar] <c→qu> *vt* betrügen

embaulado, -a [embau̯'laðo, -a] *adj* (*fig*) voll gestopft; **había diez personas embauladas en un apartamento de dos habitaciones** die Zweizimmerwohnung war mit 10 Personen voll gestopft

embazar [emba'θar] <z→c> **I.** *vi* in Erstaunen geraten **II.** *vt* **1.** (*teñir*) braun färben **2.** (*estorbar*) hindern, hemmen **3.** (*sorprender*) erstaunen **III.** *vr:* ~**se** **1.** (*indigestarse*) Schmerzen an der Milz haben **2.** (*cansarse*) überdrüssig werden +*gen,* genug haben (von +*dat*) **3.** (*estar fastidiado*) verärgert sein (*por* wegen +*gen/dat*)

embebecer [embeβe'θer] *irr como crecer* **I.** *vi, vt* begeistern, entzücken; **su voz (me) embebece** er/sie hat eine entzückende Stimme **II.** *vr:* ~**se** sich begeistern (*de/con* für +*akk*)

embebecimiento [embeβeθi'mjen̪to] *m* (*elev*) Begeisterung *f,* Verzückung *f*

embeber [embe'βer] **I.** *vi* einlaufen, eingehen **II.** *vt* **1.** (*absorber*) aufsaugen **2.** (*empapar*) tränken (*de* mit +*dat*), tauchen (*en* in +*akk*) **3.** (*contener*) enthalten **III.** *vr:* ~**se** **1.** (*empaparse*) sich voll saugen (*de* mit +*dat*) **2.** (*enfrascarse*) sich vertiefen (*en* in +*akk*), sich versenken (*en* in +*akk*); **se embebió en la lectura** er/sie hat sich in das Buch vertieft

embebido, -a [embe'βiðo, -a] *adj* vertieft (*en* in +*akk*), versunken (*en* in +*akk*), geistesabwesend

embecadura [embeka'ðura] *f* (ARQUIT) Hängezwickel *m* einer Kuppel (*Dreiecke, die durch einen in einem Quadrat gezeichneten Kreis entstehen*)

embejucar [embexu'kar] <c→qu> **I.** *vt* **1.** (*Ant, Col, Ven: envolver con bejucos*) mit Lianen umschlingen **2.** (*Col: desorientar*) verwirren **II.** *vr:* ~**se** (*Col*) abmagern

embelecar [embele'kar] <c→qu> *vt* betrügen, beschwindeln

embelesamiento [embelesa'mjen̪to] *m* Entzücken *nt,* Begeisterung *f*

embelesar [embele'sar] **I.** *vi, vt* begeistern, entzücken; **su voz (me) embelesa** er/sie hat eine entzückende Stimme **II.** *vr:* ~**se** sich begeistern (*de/con* für +*akk*)

E

embeleso [embe'leso] *m* Begeisterung *f,* Entzücken *nt*

embellaquecerse [embeʎake'θerse] *irr como crecer vr* gemein werden, schurkisch werden

embellecedor[1] [embeʎeθe'ðor] *m* Schmuck *m;* (*en los coches*) Zierkappe *f*

embellecedor(a)[2] [embeʎeθe'ðor(a)] *adj* verschönernd, schmückend

embellecer [embeʎe'θer] *irr como crecer vt* **1.** (*hacer más bonito*) verschönern, schmücken **2.** (*idealizar*) idealisieren

embellecimiento [embeʎeθi'mjen̪to] *m* **1.** (*adorno*) Verschönerung *f,* Verzierung *f* **2.** (*idealización*) Idealisierung *f*

embeodar [embeo'ðar] **I.** *vt* betrunken machen **II.** *vr:* ~**se** sich betrinken

embero [em'bero] *m* **1.** (BOT) *in Westafrika vorkommender Baum* **2.** (*madera*) *Holz eines in Westafrika vorkommenden Baumes, das als Edelholz für Zimmerarbeiten verwendet wird*

emberrenchinarse [emberren̪ʧi'narse] *vr,* **emberrincharse** [emberrin'ʧarse] *vr* (*fam*) einen Wutanfall bekommen

embestida [embes'tiða] *f* heftiger Angriff *m,* Ansturm *m*

embestir [embes'tir] *irr como pedir* **I.** *vi* schlagen (*contra* gegen +*akk*); **las olas embestían contra el muro** die Wellen schlugen gegen die Mauer **II.** *vt* **1.** (*atacar*) angreifen, anfallen; **el toro embistió al torero** der Stier griff den Stierkämpfer an **2.** (*fam: acometer pidiendo*) anbetteln, bestürmen (mit der Bitte um Geld)

embetunar [embetu'nar] *vt* (*calzado*) eincremen, wichsen

embichar [embi'ʧar] **I.** *vt* (*Arg*) verhexen **II.** *vr:* ~**se** (*Arg: agusanarse*) wurmstichig werden, von Würmern befallen werden; (*abicharse*) madig werden

emblandecer [emblan̪de'θer] *irr como crecer* **I.** *vi* (*viento, frío*) nachlassen **II.** *vt* **1.** (*poner blando*) weich machen; (*suelo*) aufweichen **2.** (*calmar*) besänftigen **3.** (*hacer ceder*) erweichen **III.** *vr:* ~**se 1.** (*dejarse calmar*) sich besänftigen lassen **2.** (*conmoverse*) weich werden

emblanquecer [emblaŋke'θer] *irr como crecer* **I.** *vt* tünchen, weiß machen **II.** *vr:* ~**se** weiß werden

emblanquecimiento [emblaŋkeθi'mjen̪to] *m* Tünchen *nt*

emblema [em'blema] *m* Emblem *nt,* Wahrzeichen *nt,* Sinnbild *nt;* ~ **comercial** Warenzeichen *nt*

emblemático, -a [emble'matiko, -a] *adj* sinnbildlich; **producto** ~ Vorzeigeprodukt *nt*

embobamiento [emboba'mjen̪to] *m* (*asombro*) Verblüffung *f,* Staunen *nt;* (*fascinación*) Faszination *f*

embobar [embo'βar] **I.** *vt* (*asombrar*) verblüffen, erstaunen; (*fascinar*) faszinieren; **me emboba** er/sie macht mich ganz verrückt **II.** *vr:* ~**se** (*de asombro*) erstaunt sein (*con/en* über +*akk*); (*de fascinación*) fasziniert sein (*con/en* von +*dat*)

embobecer [emboβe'θer] *irr como crecer* **I.** *vt* verdummen **II.** *vr:* ~**se** blöd werden

embocadura [emboka'ðura] *f* **1.** (*entrada*) Einfahrt *f;* (*de un río*) Mündung *f;* ~ **del puerto** Hafeneinfahrt *f* **2.** (*de los caballos*) Gebiss *nt,* Mundstück *nt* **3.** (*del vino*) Geschmack *m* **4.** (*habilidad*) Begabung *f* **5.** (MÚS) Mundstück *nt;* **tener buena** ~ einen guten Ansatz haben

embocar [embo'kar] <c→qu> *vt* **1.** (*enfilar*) (hin)einfahren (in +*akk*); **el barco emboca el puerto** das Schiff fährt in den Hafen ein **2.** (*meter*) hineinstecken **3.** (*coger con la boca*) schnappen; (*meter por la boca*) in den Mund stecken **4.** (MÚS) ansetzen **5.** (*una mentira*) weismachen; ~ **a alguien una historia** (*fam*) jdm einen Bären aufbinden **6.** (*empezar*) anfangen, einleiten

embodegar [emboðe'ɣar] <g→gu> *vt* (*vinos*) einkellern

emboinado, -a [emboi̯'naðo, -a] *adj eine Boina oder Baskenmütze tragend*

embolado [embo'laðo] *m* **1.** (*mentira*) Lüge *f;* **meter a alguien en un** ~ jdn in Verlegenheit bringen **2.** (*t.* TEAT) Nebenrolle *f* **3.** (TAUR) *Stier mit Holzkugeln an den Hörnern*

embolar [embo'lar] **I.** *vt* **1.** (TAUR) *einem Stier Holzkugeln auf die Hörner stecken* **2.** (*embetunar*) eincremen **II.** *vr:* ~**se** (*Arg*) sich langweilen

embolatar [embola'tar] **I.** *vt* **1.** (*Col, Pan: engañar*) belügen **2.** (*Col: dilatar una acción*) hinausschieben, verzögern **3.** (*Col, Pan: embrollar una situación*) komplizieren **II.** *vr:* ~**se 1.** (*Col: concentrarse*) sich vertiefen (*en* in +*akk*) **2.** (*Col: perderse*) sich verlaufen **3.** (*Col, Pan: entregarse al jolgorio*) sich dem Vergnügen hingeben

embolia [em'bolja] *f* (MED) Embolie *f;* ~ **cerebral** Gehirnschlag *m*

émbolo ['embolo] *m* **1.** (TÉC) Kolben *m* **2.** (MED) Embolus *m,* Gefäßpfropf *m*

embolsar [embol'sar] **I.** *vt* **1.** (*meter en bolsa*) einpacken, in eine Tüte [*o* einen Beutel] stecken **2.** (*dinero*) verdienen **II.** *vr:* ~**se** verdienen; **con este negocio se embolsó dos millones** an diesem Geschäft hat er/sie zwei Millionen verdient

embolso [em'bolso] *m* Einnahme *f,* Einnehmen *nt*

embonar [embo'nar] *vt* (*Cuba, Ecua, Méx: acomodar cosas*) anpassen; (*caer bien una cosa*) (gut) stehen +*dat*

emboque [em'boke] *m* **1.** (*fam: engaño*) Betrug *m;* (*mentira*) Lüge *f* **2.** (*por un orificio*) Durchzwängen *nt*

emboquillado [emboki'ʎaðo] **I.** *adj* (*cigarrillo*) mit Filter, Filter- **II.** *m* Filterzigarette *f*

emboquillar [emboki'ʎar] *vt* **1.** (*cigarrillo*)

mit Filter drehen **2.** (MIN) mit der Bohrung beginnen (an +*dat*)

emborrachamiento [emborratʃa'mjen̩to] *m* (Be)trunkenheit *f*

emborrachar [emborra'tʃar] **I.** *vt* **1.** (*a alguien*) betrunken machen **2.** (*repostería*) Alkohol zugeben +*dat* **II.** *vr:* ~**se 1.** (*beber*) sich betrinken (*con/de* mit +*dat*) **2.** (*correrse los colores*) ineinander laufen

emborrar [embo'rrar] *vt* **1.** (*rellenar de borra*) polstern (*de* mit +*dat*), ausstopfen (*de* mit +*dat*) **2.** (*comida*) verschlingen

emborrascarse [emborras'karse] <c→qu> *vr* **1.** (METEO) stürmisch werden **2.** (*negocio*) scheitern

emborronar [emborro'nar] *vt* **1.** (*de tachaduras*) beklecksen, verschmieren **2.** (*escribir mal*) hinkritzeln

emboscada [embos'kaða] *f* Hinterhalt *m,* Falle *f;* **tender una ~ a alguien** jdm eine Falle stellen

emboscar [embos'kar] <c→qu> **I.** *vt* in einen Hinterhalt locken **II.** *vr:* ~**se 1.** (*atacar*) im Hinterhalt lauern [*o* liegen] **2.** (*buscar lo más cómodo*) sich drücken

embosquecer [emboske'θer] *irr como crecer vi* sich bewalden

embotado, -a [embo'taðo, -a] *adj* **1.** (*herramienta*) stumpf **2.** (*persona*) abgestumpft

embotamiento [embota'mjen̩to] *m* **1.** (*herramienta*) Stumpfwerden *nt* **2.** (*persona*) Abstumpfen *nt*

embotar [embo'tar] **I.** *vt* **1.** (*herramienta*) stumpf machen, abstumpfen **2.** (*tabaco*) in eine (Tabak)dose füllen **3.** (*sentidos*) benebeln; **este olor me embota** dieser Geruch benebelt mich (völlig) **II.** *vr:* ~**se 1.** (*herramienta*) stumpf werden **2.** (*aturdirse*) benommen werden **3.** (*gracia, desenvoltura*) nachlassen **4.** (*fam: las botas*) die Stiefel anziehen

embotellado¹ [embote'ʎaðo] *m* Flaschenabfüllung *f*

embotellado, -a² [embote'ʎaðo, -a] *adj* **1.** (*bebida*) abgefüllt; **vino ~** Flaschenwein *m* **2.** (*discurso*) vorbereitet, ausgearbeitet **3.** (*tráfico*) lahm gelegt

embotellador(a) [emboteʎa'ðor(a)] *adj* (Ab)füll-; **máquina ~a** (Ab)füllmaschine *f*

embotelladora [emboteʎa'ðora] *f* (Ab)füllmaschine *f;* **~ circular** Rundfüller *m*

embotellamiento [emboteʎa'mjen̩to] *m* **1.** (*de vino*) Flaschenabfüllung *f* **2.** (*de tráfico*) (Verkehrs)stau *m;* **siempre hay ~s en esta carretera** auf dieser Landstraße staut sich immer der Verkehr

embotellar [embote'ʎar] **I.** *vt* **1.** (*líquido*) in Flaschen abfüllen **2.** (*tráfico*) lahm legen **3.** (*a alguien*) in die Enge treiben **4.** (*negocio*) hemmen, behindern **5.** (MIL: *naves*) am Auslaufen hindern **6.** (*fam: lección*) pauken **II.** *vr:* ~**se 1.** (*fam: lección*) pauken **2.** (*tráfico*) sich stauen; **el tráfico se embotelló en la autopista** auf der Autobahn bildete sich ein (Verkehrs)stau

embotijar [emboti'xar] **I.** *vt* in Tonkrüge abfüllen **II.** *vr:* ~**se 1.** (*hincharse*) (an)schwellen **2.** (*fam: encolerizarse*) hochgehen, in die Luft gehen

embovedado¹ [emboβe'ðaðo] *m* (ARQUIT) Wölbung *f*

embovedado, -a² [emboβe'ðaðo, -a] *adj* (ARQUIT) gewölbt

embovedar [emboβe'ðar] *vt* (ARQUIT: *abovedar*) wölben

embozalar [emboθa'lar] *vt* (*a un perro*) den Maulkorb anlegen (*a* +*dat*); (*a un caballo*) den [*o* das] Halfter anlegen (*a* +*dat*)

embozar [embo'θar] <z→c> **I.** *vt* **1.** (*rostro*) vermummen, verhüllen **2.** (*hecho*) vertuschen, verheimlichen, unter den Teppich kehren *fam* **3.** (*cañería*) verstopfen **II.** *vr:* ~**se 1.** (*rostro*) sich vermummen **2.** (*una cañería*) verstopfen

embozo [em'boθo] *m* **1.** (*de la capa*) Kragen *m* **2.** (*de la sábana*) *am Kopfende umgeschlagener Teil eines Bettlakens;* **asomó la cabeza sobre el ~** er/sie streckte den Kopf unter dem Bettlaken hervor **3.** *pl* (*tapujos*) Verhüllung *f;* **déjate de ~s y ve al grano** red nicht um den heißen Brei herum und komm (endlich) zur Sache

embragar [embra'ɣar] <g→gu> **I.** *vi* (AUTO) kuppeln **II.** *vt* **1.** (AUTO) einkuppeln **2.** (*fardo*) verschnüren; (*sujetar*) festbinden; **~ un bulto** ein Seil um ein Bündel binden

embrague [em'braɣe] *m* **1.** (*mecanismo*) Kupplung *f* **2.** (*pedal*) Kupplung *f,* Kupplungspedal *nt;* **quitar el pie del ~** den Fuß von der Kupplung nehmen

embravecer [embraβe'θer] *irr como crecer* **I.** *vi* (*plantas*) gut gedeihen **II.** *vt* **1.** (*a un animal*) reizen **2.** (*mar*) aufwühlen, aufpeitschen; **la tormenta embraveció el mar** der Sturm wühlte die See auf **III.** *vr:* ~**se 1.** (*animal*) aggressiv werden **2.** (*mar, viento*) toben

embravecido, -a [embraβe'θiðo, -a] *adj* **1.** (*animal*) aggressiv, gereizt **2.** (*viento*) stürmisch, brausend; (*mar*) stürmisch, aufgewühlt

embravecimiento [embraβeθi'mjen̩to] *m* (*cólera*) heftiger Zorn *m;* (*t. fig*) Toben *nt;* **el ~ del mar provocó problemas a los marineros** das Toben des Meeres brachte die Seeleute in Schwierigkeiten

embrear [embre'ar] *vt* (*con brea*) teeren; (*con pez*) verpichen

embriagado, -a [embrja'ɣaðo, -a] *adj* betrunken

embriagador(a) [embrjaɣa'ðor(a)] *adj* berauschend; **aroma ~** betörendes Aroma; **música ~a** bezaubernde Musik

embriagar [embrja'ɣar] <g→gu> **I.** *vi, vt* **1.** (*emborrachar*) betrunken machen **2.** (*enajenar*) berauschen, entzücken; **esta música embriaga** diese Musik ist berauschend; **este perfume embriaga** das ist ein betörendes

Parfum **II.** *vr:* ~**se 1.** (*emborracharse*) sich betrinken (*con* mit +*dat*) **2.** (*enajenarse*) sich berauschen (*de* an +*dat*), sich begeistern (*de* für +*akk*)

embriaguez [embrja'ɣeθ] *f* **1.** (*borrachera*) (Be)trunkenheit *f;* **en estado de** ~ in betrunkenem Zustand **2.** (*enajenación*) Rausch *m,* (Sinnes)taumel *m*

embridar [embri'ðar] *vt* **1.** (*caballos*) aufzäumen **2.** (*pasión*) im Zaum halten **3.** (TÉC): ~ **una tubería** an einem Rohr Schellen befestigen

embriogénesis [embrjo'xenesis] *f inv* (BIOL) Embryonalentwicklung *f*

embriogenia [embrjo'xenja] *f* (BIOL) Embryogenese *f,* Embryonalentwicklung *f*

embriología [embrjolo'xia] *f sin pl* (BIOL) Embryologie *f*

embriólogo, -a [embri'oloɣo, -a] *m, f* (BIOL) Embryologe, -in *m, f*

embrión [embri'on] *m* **1.** (BIOL) Embryo *m* **2.** (*principio*) Keim *m*

embrional [embrjo'nal] *adj* embryonal, embryonisch

embrionario, -a [embrjo'narjo, -a] *adj* embryonisch, embryonal; **estadio** ~ Embryonalstadium *nt*

embriopatía [embrjopa'tia] *f* (MED) Embryopathie *f*

embriotomía [embrjoto'mia] *f* (MED) Embryotomie *f*

embrocar [embro'kar] <c→qu> **I.** *vt* **1.** (*líquido*) umfüllen **2.** (TÉC: *hilos*) (auf eine Spindel) spulen **3.** (*suelas*) annageln **4.** (TAUR) zwischen die Hörner nehmen **II.** *vr:* ~**se** (*Méx*) über den Kopf ziehen; ~**se un vestido** sich *dat* ein Kleid über den Kopf ziehen

embrollar [embro'ʎar] **I.** *vt* **1.** (*cosas*) verwirren, verwickeln; **la situación está embrollada** die Lage ist verworren; **embrolla todo lo que toca** er/sie bringt alles durcheinander; **lo embrollas más de lo necesario** du machst die Sache komplizierter als nötig **2.** (*hilos*) verwirren **3.** (*Chil, Urug: engañar*) betrügen **II.** *vr:* ~**se 1.** (*cosas*) sich verwirren, in Unordnung gebracht werden; ~**se en un negocio** in ein Geschäft verwickelt [*o* hineingezogen] werden **2.** (*hilos*) sich verwirren, sich verheddern *fam*

embrollo [em'broʎo] *m* **1.** (*lío*) Wirrwarr *m,* Durcheinander *nt;* (*confusión*) Konfusion *f;* **meterse en un** ~ sich in eine verzwickte Lage bringen **2.** (*hilos*) Gewirr *nt* **3.** (*embuste*) Lüge *f;* **no me vengas con** ~**s** sag mir die Wahrheit **4.** (*chanchullo*) Machenschaft *f,* Intrige *f;* **este negocio seguro que es un** ~ an diesem Geschäft ist mit Sicherheit etwas faul

embrollón, -ona [embro'ʎon, -ona] *m, f* **1.** (*enredador*) Intrigant(in) *m(f)* **2.** (*mentiroso*) Lügner(in) *m(f),* Schwindler(in) *m(f)*

embromado, -a [embro'maðo, -a] *adj* (*Am: fam*) **1.** (*difícil*) schwierig **2.** (*molesto*) lästig

embromar [embro'mar] *vt* **1.** (*gastar una broma*) hochnehmen, verarschen *vulg;* (*cariñosamente*) necken, aufziehen **2.** (*engatusar*) beschwatzen **3.** (*Am: fastidiar*) ärgern

embroncarse [embroŋ'karse] <c→qu> *vr* (*Arg: fam*) sich ärgern

embrujado, -a [embru'xaðo, -a] *adj* Geister-; **un castillo** ~ ein Spukschloss

embrujar [embru'xar] *vt* **1.** (*haciendo brujería*) verhexen **2.** (*embelesar*) bezaubern; **lo ha embrujado totalmente** er/sie hat ihn völlig bezirzt

embrujo [em'bruxo] *m* **1.** (*acción*) Verhexung *f* **2.** (*encanto*) Zauber *m*

embrutecedor(a) [embruteθe'ðor(a)] *adj* verrohend, brutal; **se crió en un ambiente** ~ er/sie wuchs in einem von Gewalt geprägten Milieu auf

embrutecer [embrute'θer] *irr como crecer* **I.** *vt* **1.** (*volverse bruto*) verrohen lassen, brutalisieren **2.** (*entontecer*) verdummen lassen **II.** *vr:* ~**se 1.** (*volverse bruto*) verrohen **2.** (*volverse insensible*) gefühllos werden, abstumpfen

embrutecido, -a [embrute'θiðo, -a] *adj* **1.** (*bruto*) verroht, brutal **2.** (*insensible*) gefühllos, abgestumpft

embrutecimiento [embruteθi'mjen̪to] *m* **1.** (*de bruto*) Verrohen *nt,* Brutalisierung *f* **2.** (*de tonto*) Verdummung *f* **3.** (*de insensible*) Abstumpfung *f*

embuchado [embu'ʧaðo] *m* **1.** (GASTR) Wurst *f* **2.** (*para ocultar*) Ablenkungsmanöver *nt* **3.** (*fam: enojo*) heimlicher Groll *m* **4.** (POL) Wahlschwindel *m,* Wahlbetrug *m* **5.** (TEAT) Extempore *nt,* Einlage *f*

embuchar [embu'ʧar] *vt* **1.** (*cebar*) kröpfen, mästen **2.** (*embutir*) füllen **3.** (*engullir*) schlingen

embudar [embu'ðar] *vt* **1.** (*un embudo*) einen Trichter aufsetzen (auf +*akk*) **2.** (*engañar*) beschwindeln **3.** (*la caza*) einschließen, umzingeln

embudo [em'buðo] *m* **1.** (*aparato, t.* MIL) Trichter *m;* **en forma de** ~ trichterförmig **2.** (*trampa*) Schwindel *m,* Mogelei *f fam;* **aplicar la ley del** ~ mit zweierlei Maß messen

embuste [em'buste] *m* **1.** (*mentira*) Lüge *f;* **¡esto es un** ~**!** das ist gelogen! **2.** (*estafa*) Betrug *m,* Schwindel *m* **3.** *pl* (*adornos*) Flitter *m*

embustero, -a [embus'tero, -a] **I.** *adj* verlogen; **¡qué tío más** ~**!** der lügt ja wie gedruckt! **II.** *m, f* **1.** (*mentiroso*) Lügner(in) *m(f);* (*mentirosillo*) Schwindler(in) *m(f)* **2.** (*estafador*) Betrüger(in) *m(f)*

embute [em'bute] *m* (*Méx: fam: soborno*) Bestechung *f*

embutido [embu'tiðo] *m* **1.** (GASTR) Wurst *f;* ~**s** Wurstwaren *fpl* **2.** (TÉC) Pressen *nt* **3.** (*taracea*) Einlegearbeit *f,* Intarsie *f* **4.** (*Am: bordado*) Spitzeneinsatz *m*

embutidora [embuti'ðora] *f* (TÉC) Tiefziehpresse *f*

embutir [embu'tir] **I.** *vt* **1.** (*cosas*) (hinein)stopfen (*en* in +*akk*), hineinpressen (*en* in +*akk*); (*personas*) hineinzwängen (*en* in +*akk*); ~ **lana en un cojín** ein Kissen mit Wolle füllen; **íbamos embutidos en el tranvía** wir waren in der Straßenbahn zusammengepfercht **2.** (*el embutido*) füllen **3.** (TÉC: *una chapa*) treiben; (*golpeando*) (zurecht)hämmern; (*madera*) einlegen; ~ **una viga en la pared** einen Balken in die Wand treiben **4.** (*fam: comer*) in sich hineinstopfen **II.** *vr:* ~**se 1.** (*de comida*) sich voll stopfen (*de* mit +*dat*); ~**se de chocolate** sich mit Schokolade voll stopfen **2.** (*en un vestido*) sich (hinein)zwängen (*en* in +*akk*)

eme ['eme] *f* M, m *nt;* **mandar a alguien a la** ~ (*fam: mierda*) jdn zum Teufel schicken

emergencia [emer'xeṇθja] *f* **1.** (*acción*) Auftauchen *nt* **2.** (*suceso*) Notfall *m;* **estado de** ~ Notstand *m;* **plan de** ~ Notstandsplan *m;* **declarar el estado de** ~ **en una zona** eine Zone zum Notstandsgebiet erklären

emergente [emer'xeṇte] *adj* **1.** (*del agua*) auftauchend (*de* aus +*dat*) **2.** (*de la superficie*) hervorragend (*de* aus +*dat*); **año** ~ Jahresfrist *f;* **daño** ~ (JUR) eingetretener Schaden; **país** ~ Schwellenland *nt*

emerger [emer'xer] <g→j> *vi* **1.** (*del agua*) auftauchen (*de* aus +*dat*) **2.** (*de la superficie*) hervorragen (*de* aus +*dat*), emporragen (*de* über +*dat*); **mi jefe emergió de la nada** mein Chef hat sich von ganz unten emporgearbeitet

emeritense [emeri'tense] **I.** *adj* aus Mérida **II.** *mf* Einwohner(in) *m(f)* von Mérida

emérito, -a [e'merito, -a] *adj* emeritiert, emeritus; **profesor** ~ Emeritus *m*

emersión [emer'sjon] *f* (ASTR) Emersion *f*

emético[1] [e'metiko] *m* (MED) Brechmittel *nt,* Emetikum *nt*

emético, -a[2] [e'metiko, -a] *adj* (MED) emetisch

emetropía [emetro'pia] *f* (MED) Normalsichtigkeit *f,* Emmetropie *f*

emigración [emiɣra'θjon] *f* Auswanderung *f* (*a* nach +*dat,* in +*akk*), Emigration *f* (*a* nach +*dat,* in +*akk*); **vivir en la** ~ in der Emigration leben

emigrado, -a [emi'ɣraðo, -a] **I.** *adj* ausgewandert, emigriert **II.** *m, f* Ausgewanderte(r) *mf,* Emigrant(in) *m(f)*

emigrante [emi'ɣraṇte] **I.** *adj* auswandernd, emigrierend **II.** *mf* Auswanderer, -in *m, f,* Emigrant(in) *m(f);* **los ~s españoles en Alemania** die spanischen Emigranten in Deutschland

emigrar [emi'ɣrar] *vi* auswandern (*a* nach +*dat,* in +*akk*), emigrieren (*a* nach +*dat,* in +*akk*)

emigratorio, -a [emiɣra'torjo, -a] *adj* Auswanderungs-, Emigrations-

eminencia [emi'neṇθja] *f* **1.** (GEO) Anhöhe *f,* Erhebung *f* **2.** (*virtud*) Würde *f,* Erhabenheit *f* **3.** (*título*) Eminenz *f;* ~ **gris** graue Eminenz **4.** (*talento*) Meister *m* (*en* +*gen*), Genie *nt;* **es una** ~ **en su campo** er/sie ist ein Meister seines/ihres Fachs [*o* auf seinem/ihrem Gebiet]; **es una** ~ **en literatura contemporánea** er/sie ist ein Experte/eine Expertin für zeitgenössische Literatur

eminente [emi'neṇte] *adj* **1.** (*elevado*) hoch (gelegen) **2.** (*sobresaliente*) hervorragend, herausragend

eminentemente [emineṇte'meṇte] *adv* **1.** (*de forma eminente*) hevorragend **2.** (*especialmente*) besonders **3.** (*esencialmente*) im Wesentlichen, besonders; **una clase** ~ **práctica** ein vor allen Dingen praktischer Unterricht

emir [e'mir] *m* Emir *m*

emirato [emi'rato] *m* Emirat *nt;* **E~s Árabes Unidos** Vereinigte Arabische Emirate

emisario, -a [emi'sarjo, -a] *m, f* Agent(in) *m(f),* Abgesandte(r) *mf;* ~ **para la recepción** Empfangsbote *m*

emisión [emi'sjon] *f* **1.** (TEL, RADIO) Übertragung *f,* Ausstrahlung *f;* (*programa*) Sendung *f;* **la** ~ **de un concierto** die Übertragung eines Konzerts **2.** (*de luz*) Ausstrahlung *f,* Abstrahlung *f;* (*de radiación*) Abgabe *f,* Emission *f;* (*de calor*) Ausstrahlung *f,* Abgabe *f* **3.** (*de contaminantes*) Ausstoß *m;* **emisiones contaminantes** Schadstoffemissionen *fpl* **4.** (FIN: *de billetes*) Ausgabe *f,* Emission *f;* ~ **de acciones** Aktienemission *f;* ~ **de deuda pública** öffentliche Schuldverschreibung *f,* Staatsanleihe *f;* ~ **de dinero** Ausgabe von Geld; ~ **de un empréstito** Begebung einer Anleihe; ~ **de obligaciones** Ausstellung von Schuldverschreibungen; **tipo de** ~ Ausgabekurs *m*

emisor[1] [emi'sor] *m* **1.** (LING, TÉC) Sender *m* **2.** (FIN) Emittent *m*

emisor(a)[2] [emi'sor(a)] *adj* **1.** (TEL, RADIO) Sende- **2.** (FIN): **banco** ~ Notenbank *f,* Emissionsbank *f*

emisora [emi'sora] *f* Sender *m;* ~ **clandestina** Piratensender *m;* ~ **de radio** Rundfunkstation *f,* (Rundfunk)sender *m;* ~ **de televisión** Fernsehstation *f,* (Fernseh)sender *m*

emitir [emi'tir] *vt* **1.** (TEL, RADIO) senden, ausstrahlen; **la radio emite el concierto** das Konzert wird vom Rundfunk übertragen **2.** (*luz*) ausstrahlen; (*radiación*) abgeben, emittieren; (*calor, olor*) ausstrahlen, abgeben; (*humo*) ausstoßen **3.** (*grito*) ausstoßen, von sich *dat* geben **4.** (*dictamen*) abgeben, äußern **5.** (FIN) ausgeben, emittieren; ~ **billetes de banco** Banknoten in Umlauf bringen [*o* ausgeben]

emment(h)al [emeṇ'tal] *m* (GASTR) Emmentaler (Käse) *m*

emoción [emo'θjon] *f* **1.** (*conmoción*) Rührung *f,* Emotion *f;* **lleno de emociones** emotionsgeladen; **palabras llenas de** ~ sehr bewegte Worte; **sin** ~ emotionslos; **sentir una honda** ~ tief bewegt [*o* gerührt] sein; **hacer llorar de** ~ **a alguien** jdn zu Tränen rühren **2.** (*expresión*) Gefühlsregung *f;* **dio rienda**

suelta a sus emociones er/sie ließ seinen/ihren Gefühlen freien Lauf **3.** (*turbación*) Aufregung *f,* Erregung *f;* **los enfermos del corazón no deben ser expuestos a emociones** herzkranke Menschen sollten jede Form von Aufregung vermeiden

emocionable [emoθjo'naβle] *adj* **1.** (*emotivo*) rührselig, gefühlsbetont; **persona** ~ Gefühlsmensch *m* **2.** (*excitable*) leicht erregbar

emocional [emoθjo'nal] *adj* emotional, emotionell; **fue una reacción** ~ er/sie reagierte völlig emotional; **trastorno** ~ Störung des Gefühlslebens

emocionalidad [emoθjonali'ðaᵈ] *f* Emotionalität *f*

emocionante [emoθjo'nan̪te] *adj* **1.** (*conmovedor*) rührend, bewegend **2.** (*excitante*) packend, spannend; **una historia** ~ eine spannende Geschichte

emocionar [emoθjo'nar] **I.** *vt* (be)rühren, bewegen; **este libro no me emociona** dieses Buch lässt mich kalt; **los espectadores estaban emocionados** die Zuschauer waren ergriffen; **sus palabras la ~on** seine/ihre Worte gingen ihr zu Herzen; **sólo la idea ya lo emocionaba** der Gedanke allein versetzte ihn in freudige Erregung **II.** *vr:* **~se 1.** (*conmoverse*) gerührt [*o* bewegt] sein **2.** (*excitarse, turbarse*) in Aufregung geraten, freudig erregt sein

emolumentos [emolu'men̪tos] *mpl* Einkünfte *fpl,* Bezüge *mpl;* (*de un libro*) Tantiemen *fpl;* **este abogado cobra unos ~ muy altos** dieser Rechtsanwalt verlangt ein sehr hohes Honorar

emotividad [emotiβi'ðaᵈ] *f* Emotivität *f,* (erhöhte) Erregbarkeit *f*

emotivo, -a [emo'tiβo, -a] *adj* **1.** (*persona*) gefühlsbetont **2.** (*reacción*) emotiv, emotional **3.** (*atmósfera*) emotionsgeladen **4.** (*escena*) rührend, bewegend

empacado [empa'kaðo] *m* **1.** (*envoltorio*) Verpackung *f;* (*paquete*) Bündel *nt* **2.** *sin pl v.* **empaquetado**

empacadora [empaka'ðora] *f* (TÉC) Verpackungsmaschine *f*

empacamiento [empaka'mjen̪to] *m* Verpackung *f*

empacar [empa'kar] <c→qu> **I.** *vi* (den Koffer) packen; **empacó y se fue** er/sie schnürte sein/ihr Bündel und ging **II.** *vt* (ein)packen **III.** *vr:* **~se 1.** (*fam: emperrarse*) beharren (*en* auf +*dat*), (hartnäckig) bestehen (*en* auf +*dat*) **2.** (*turbarse*) in Verlegenheit geraten **3.** (*Am: animal*) bocken

empachado, -a [empa'ʧaðo, -a] *adj* **1.** (*indigesto*): **estoy** ~ (*me he indigestado*) ich habe mir den Magen verdorben; (*he comido demasiado*) ich habe mir den Magen voll geschlagen **2.** (*apocado*) schüchtern, kleinmütig

empachar [empa'ʧar] **I.** *vt* **1.** (*estorbar*) behindern **2.** (*indigestar*) zu einer Verstopfung führen (*a* bei +*dat*) **3.** (*turbar*) verlegen machen; **para decirlo no me empacha que estés delante** deine Anwesenheit hindert mich nicht daran, es zu sagen **II.** *vr:* **~se 1.** (*indigestarse*) sich *dat* den Magen verderben; (*comer demasiado*) sich *dat* den Magen voll schlagen **2.** (*turbarse*) in Verlegenheit geraten; **no se empachó de expresar sus sentimientos** er/sie schämte sich nicht seine/ihre Gefühle zu offenbaren

empacho [em'paʧo] *m* **1.** (*indigestión*) Magenverstimmung *f;* **tengo un ~ de dulces** ich habe mir den Magen mit Süßigkeiten verdorben; **tengo un ~ de televisión** ich habe das Fernsehen satt **2.** (*estorbo*) Hindernis *nt* **3.** (*turbación*) Verlegenheit *f;* **no tengo ~ en decirte la verdad** es macht mir nichts aus, dir die Wahrheit zu sagen

empachoso, -a [empa'ʧoso, -a] *adj* **1.** (*indigesto*) schwer verdaulich **2.** (*vergonzoso*) beschämend

empadrado, -a [empa'ðraðo, -a] *adj:* **este niño está** ~ (*con su padre*) dieses Kind hängt sehr an seinem Vater; (*con sus padres*) dieses Kind hängt sehr an seinen Eltern

empadrarse [empa'ðrarse] *vr sich zu sehr auf seinen Vater oder auf seine Eltern fixieren*

empadronamiento [empaðrona'mjen̪to] *m* Eintragung *f* in das Einwohnerregister; (*en Alemania*) Meldung *f* beim Einwohnermeldeamt; **oficina de** ~ Einwohnermeldeamt *nt*

empadronar [empaðro'nar] **I.** *vt* (ins Einwohnerregister) eintragen; (*en Alemania*) beim Einwohnermeldeamt melden, anmelden **II.** *vr:* **~se** sich ins Einwohnerregister eintragen; (*en Alemania*) sich anmelden

empalagamiento [empalaɣa'mjen̪to] *m v.* **empalago**

empalagar [empala'ɣar] <g→gu> **I.** *vt* **1.** (*alimento*) zu süß sein (*a* +*dat*); **el anís me empalaga** der Anislikör ist mir zu süß **2.** (*persona*) lästig sein (*a* +*dat*); **tanta cortesía me empalaga** so viel Höflichkeit ist mir zuwider; **esta película empalaga** dieser Film ist zu sentimental **II.** *vr:* **~se 1.** (*empacharse*) sich *dat* den Magen verderben (*con* mit +*dat*) **2.** (*hastiarse*) überdrüssig werden (*de/con* +*gen*); **me empalago de oírlo contar chistes** ich kann seine Witze nicht mehr hören

empalago [empa'laɣo] *m* **1.** (*dulzonería*) Süßlichkeit *f* **2.** (*pesadez*) Aufdringlichkeit *f* **3.** (*hastío*) Überdruss *m* **4.** (*empacho*) Magenverstimmung *f* **5.** (*loc*): **hablar con** ~ gekünstelt reden

empalagoso, -a [empala'ɣoso, -a] *adj* **1.** (*alimento*) süßlich **2.** (*persona*) lästig, aufdringlich **3.** (*película*) (zu) sentimental, schmalzig *pey*

empalamiento [empala'mjen̪to] *m* Pfählen *nt*

empalar [empa'lar] **I.** *vt* (DEP: *con la pelota*) schlagen **II.** *vr:* **~se** (*Chil*) beharren (*en* auf +*dat*)

empalidecer [empaliðe'θer] *irr como crecer*

cer vi **1.**(*persona*) erbleichen, erblassen; (*color*) blass werden **2.**(*un hecho*) verblassen; **su fama empalideció ante el nuevo récord mundial** angesichts des neuen Weltrekords verblasste sein/ihr Ruhm

empalizada [empali'θaða] *f* **1.**(*valla*) (Garten)zaun *m* **2.**(*de fortificación*) Palisade *f;* ~ **de nieve** Schneezaun *m*

empalizar [empali'θar] <z→c> *vt* mit einem Palizadenzaun umgeben

empalmado, -a [empal'maðo, -a] *adj* (*vulg*) geil, mit einem Ständer *fam*

empalmar [empal'mar] **I.** *vi* **1.**(*dos trenes*) Anschluss haben (*con* an +*akk*) **2.**(*dos caminos*) sich kreuzen; (*dos ríos*) zusammenfließen; **esta carretera empalma con la nacional** über diese Landstraße kommt man zur Bundesstraße; **esta película empalma con la otra** (*retoma el argumento*) dieser Film knüpft an den anderen an; (*se pasa después de la otra*) dieser Film wird direkt nach dem anderen gezeigt **II.** *vt* (*maderos, tubos*) aneinander fügen, zusammenfügen; (NÁUT: *cabos*) spleißen; (*teléfono*) anschließen; ~ **a puerta** (DEP) direkt aufs Tor schießen; ~ **ideas** eine Idee nach der anderen haben **III.** *vr:* ~**se** (*vulg*) steif werden

empalme [em'palme] *m* **1.**(*acción: de maderos, tubos*) Zusammenfügen *nt,* Verbindung *f;* (NÁUT: *de cabos*) Spleiß *m;* (*del teléfono*) Anschluss *m* **2.**(*punto: de maderos, tubos*) Verbindungsstelle *f;* (NÁUT: *de cabos*) Spleißstelle *f;* (*del teléfono*) Anschlussstelle *f;* **estación de** ~ (FERRO) Umsteigebahnhof *m*

empamparse [empam'parse] *vr* (*AmS: desorientarse en la pampa*) sich in der Pampa verlaufen

empanada [empa'naða] *f* **1.**(GASTR) gefüllte Teigpastete *f* **2.**(*timo*) Betrug *m,* Schwindel *m;* **tengo una** ~ **mental** mir ist ganz wirr im Kopf

empanadilla [empana'ðiʎa] *f* (GASTR) Pastetchen *nt,* Pastete *f*

empanado[1] [empa'naðo] *m* schlecht belüftetes Zimmer *nt*

empanado, -a[2] [empa'naðo, -a] *adj* **1.**(*carne*) paniert **2.**(*habitación*) schlecht belüftet

empanar [empa'nar] **I.** *vt* **1.**(*rellenar*) (eine Pastete) füllen **2.**(*rebozar*) panieren **3.**(*tierra*) mit Weizen bepflanzen **II.** *vr:* ~**se** (*siembra*) (durch zu dichtes Säen) eingehen

empanizar [empani'θar] <z→c> *vt* (*Méx:* GASTR) panieren

empantanar [empaṇta'nar] **I.** *vt* **1.**(*un terreno*) überschwemmen, unter Wasser setzen **2.**(*a una persona*) in einen Sumpf stoßen **3.**(*un proyecto*) hemmen **II.** *vr:* ~**se** **1.**(*terreno*) versumpfen, sumpfig werden **2.**(*proyecto*) ins Stocken geraten, stocken

empañado, -a [empa'ɲaðo, -a] *adj* (*cristal*) angelaufen; (*ojos*) trüb, glanzlos; (*metal*) matt, glanzlos; (*voz*) belegt

empañamiento [empaɲa'mjeṇto] *m* Beschlagen *nt* der Scheiben

empañar [empa'ɲar] **I.** *vt* **1.**(*ventana*) trüben, beschlagen; (*metal*) matt [*o* glanzlos] machen; **las lágrimas le empañan los ojos** Tränen verschleiern ihm/ihr die Augen **2.**(*nombre*) beflecken; (*hazaña*) den Glanz nehmen +*dat* **3.**(*niño*) wickeln **II.** *vr:* ~**se** (*ventana*) anlaufen, beschlagen; (*metal*) anlaufen; (*ojos*) sich trüben, glanzlos werden; (*voz*) belegt klingen

empañetar [empaɲe'tar] *vt* (*Am: encalar*) verputzen

empapamiento [empapa'mjeṇto] *m* Durchtränken *nt,* Vollsaugen *nt*

empapar [empa'par] **I.** *vt* **1.**(*humedecer*) eintauchen, tunken *reg;* ~ **la galleta en la leche** den Keks in die Milch eintauchen **2.**(*absorber*) aufsaugen; ~ **el agua con una esponja** das Wasser mit einem Schwamm aufsaugen **3.**(*mojar*) durchnässen; **zapatos empapados** durchnässte Schuhe; **la lluvia ha empapado el suelo** der Regen hat den Boden aufgeweicht; **el vendaje está empapado de sangre** der Verband ist von Blut durchtränkt **II.** *vr:* ~**se** **1.**(*mojarse*) (völlig) nass werden, bis auf die Knochen nass werden *fam* **2.**(*un tema*) in sich aufsaugen [*o* aufnehmen]; ~**se de una idea** von einer Idee durchdrungen sein

empapelado [empape'laðo] *m* **1.**(*acción*) Tapezieren *nt* **2.**(*papel*) Tapete *f*

empapelador(a) [empapela'ðor(a)] *m(f)* Tapezierer(in) *m(f)*

empapelar [empape'lar] **I.** *vi, vt* (*las paredes*) tapezieren **II.** *vt* **1.**(*objeto*) (in Papier) verpacken [*o* einpacken] **2.**(*fam: encausar*) vor Gericht bringen, den Prozess machen (*a* +*dat*); **le** ~**on por prostitución** er wurde wegen Prostitution angeklagt; ~**on al funcionario por negligencia** gegen den Beamten wurde ein Disziplinarverfahren wegen Nachlässigkeit eröffnet

empapuciar [empapu'θjar] **I.** *vt* (*fam*) voll stopfen, mästen **II.** *vr:* ~**se** (*fam*) sich voll stopfen

empapuzar [empapu'θar] <z→c> **I.** *vt* voll stopfen **II.** *vr:* ~**se** sich überessen (*de* an +*dat*), sich voll stopfen (*de* mit +*dat*)

empaque [em'pake] *m* **1.**(*de empaquetar*) Verpacken *nt,* Einpacken *nt* **2.**(*semblante*) Aussehen *nt;* (*expresión del rostro*) Gesichtsausdruck *m;* **su** ~ **era grave** er/sie machte ein ernstes Gesicht **3.**(*gravedad*) Würde *f,* Gemessenheit *f;* **andaba con gran** ~ er/sie ging gemessenen Schrittes **4.**(*Am: desfachatez*) Unverschämtheit *f* **5.**(*Am: de un animal*) Bocken *nt*

empaquetado [empake'taðo] *m* Verpacken *nt,* Einpacken *nt*

empaquetador(a) [empaketa'ðor(a)] *m(f)* Packer(in) *m(f)*

empaquetar [empake'tar] **I.** *vt* **1.**(*objetos*) verpacken, einpacken **2.**(*personas*) zusam-

E

menpferchen (*en* in +*dat*) **3.** (*emperejilar*) herausputzen **4.** (MIL) bestrafen **II.** *vr:* **~se** sich herausputzen

emparamentar [emparamen̩'tar] *vt* schmücken

emparchar [empar'ʧar] *vt* mit einem Pflaster versehen

emparedado¹ [empare'ðaðo] *m* belegtes Brötchen *nt,* belegtes Brot *nt,* Sandwich *m o nt;* **un ~ de jamón** ein Schinkenbrötchen [*o* Schinkenbrot]

emparedado, -a² [empare'ðaðo, -a] *adj* (*encerrado*) eingesperrt; (*aislado*) isoliert

emparedamiento [empareða'mjen̩to] *m* Einmauern *nt;* **la muerte por ~ conlleva un enorme sufrimiento** der Tod durch Einmauern ist mit unendlichem Leiden verbunden

emparedar [empare'ðar] **I.** *vt* einmauern **II.** *vr:* **~se 1.** (*encerrarse*) sich einsperren **2.** (*aislarse*) sich (von der Außenwelt) zurückziehen [*o* abkapseln]

emparejamiento [emparexa'mjen̩to] *m* **1.** (*acción*) Paarung *f,* Paarbildung *f* **2.** (*pareja*) Paar *nt*

emparejar [empare'xar] **I.** *vi* **1.** (*ponerse al lado*): **~ con alguien** jdn einholen **2.** (*formar pareja*) ein Paar bilden (*con* mit +*dat*); **en el siguiente partido quedé emparejado con Juan** in der folgenden Runde spielte ich mit Juan zusammen **3.** (*ponerse al nivel*) gleichziehen (*con* mit +*dat*) **II.** *vt* **1.** (*dos cosas*) (miteinander) paaren, paarweise zusammenstellen [*o* anordnen]; **ya estoy emparejado** ich habe bereits einen Partner; **me quieren ~ con ella** sie wollen mich mit ihr verkuppeln **2.** (*nivelar*) auf dieselbe Höhe setzen [*o* bringen] **3.** (*ventana*) anlehnen **III.** *vr:* **~se** ein Paar bilden

emparentado, -a [emparen̩'taðo, -a] *adj* angeheiratet, verschwägert; **está bien ~** er hat in eine vermögende Familie eingeheiratet

emparentar [emparen̩'tar] <e→ie> **I.** *vi* **1.** (*por matrimonio*) in eine Familie einheiraten, sich verschwägern (*con* mit +*dat*) **2.** (*tener afinidad*) verwandt sein (*con* mit +*dat*), Ähnlichkeiten haben (*con* mit +*dat*) **II.** *vt* halten (*con* für +*akk*); **me emparentan con alemanes porque tengo el pelo rubio** ich werde für einen Deutschen/eine Deutsche gehalten, weil ich blond bin

emparrado [empa'rraðo] *m* Pergola *f,* Laubengang *m*

emparrar [empa'rrar] **I.** *vt* wachsen lassen (*alrededor de* um +*akk*) **II.** *vr:* **~se** sich ranken

emparrillado [emparri'ʎaðo] *m* (ARQUIT) Pfahlgründung *f*

emparrillar [emparri'ʎar] *vt* **1.** (*asar*) grillen **2.** (ARQUIT) verpfählen

emparvar [empar'βar] *vt* (AGR): **~ las mieses** das Getreide auf der Tenne ausbreiten

empastador¹ [empasta'ðor] *m* Impastierpinsel *m*

empastador(a)² [empasta'ðor(a)] *m(f)* (*Am*) Buchbinder(in) *m(f)*

empastar [empas'tar] **I.** *vt* **1.** (*rellenar con pasta*) (mit Paste) füllen; (*cubrir*) (mit Paste) bestreichen; **~ un diente** einen Zahn mit einer Füllung [*o* Plombe] versehen; **~ la cara con crema** (sich *dat*) das Gesicht (dick) eincremen **2.** (*libro*) kartonieren **3.** (ARTE: *cuadro*) impastieren **4.** (*Am: terreno*) zu Weideland machen **II.** *vr:* **~se** (*Am*) **1.** (*terreno*) als Weideland genutzt werden **2.** (*ganado*) an Meteorismus leiden

empaste [em'paste] *m* **1.** (*relleno*) Füllen *nt;* (*cubrir*) Bestreichen *nt* **2.** (*de un libro*) Impastieren *nt* **3.** (MED) (Zahn)füllung *f,* (Zahn)plombe *f;* **tengo dos muelas con ~** ich habe zwei plombierte Backenzähne **4.** (ARTE) Impasto *nt*

empatar [empa'tar] **I.** *vi* **1.** (DEP) unentschieden enden [*o* ausgehen]; **~ a uno** eins zu eins unentschieden spielen; **cuando iban empatados uno a uno...** beim Gleichstand von eins zu eins ...; **estar empatados a puntos en la clasificación** auf demselben Tabellenplatz sein **2.** (POL) Stimmengleichheit erreichen **II.** *vt* **1.** (*una resolución*) hemmen, blockieren **2.** (*Am: cuerdas*) miteinander verbinden; **~ mentiras** Lügen vom Stapel lassen **3.** (*CRi: amarrar*) festmachen, befestigen **4.** (*Ven: importunar*) belästigen

empate [em'pate] *m* **1.** (DEP) Unentschieden *nt;* **gol del ~** Ausgleichstreffer *m* **2.** (POL) Stimmengleichheit *f*

empatía [empa'tia] *f* Empathie *f*

empático, -a [em'patiko, -a] *adj* empathisch

empavesada [empaβe'saða] *f* **1.** (MIL) Verschanzung *f* mit Schildern **2.** (NÁUT) Beflaggung *f*

empavesado [empaβe'saðo] *m* **1.** (MIL) mit einem Schild bewaffneter Soldat **2.** (NÁUT) Wimpel *mpl*

empavesar [empaβe'sar] *vt* **1.** (*monumento*) verhüllen **2.** (NÁUT) bewimpeln

empavonar [empaβo'nar] **I.** *vt* **1.** (TÉC) brünieren **2.** (*Am: pringar*) beschmieren **II.** *vr:* **~se** (*AmC*) sich herausputzen

empecatado, -a [empeka'taðo, -a] *adj* **1.** (*incorregible*) unverbesserlich **2.** (*malintencionado*) übel wollend, böswillig **3.** (*maldito*) verdammt

empecinado, -a [empeθi'naðo, -a] *adj* stur, hartnäckig

empecinamiento [empeθina'mjen̩to] *m* Sturheit *f,* Hartnäckigkeit *f*

empecinarse [empeθi'narse] *vr* stur beharren (*en* auf +*dat*), hartnäckig bestehen (*en* auf +*dat*)

empedar [empe'ðar] **I.** *vt* (*Méx: vulg: emborrachar*) besoffen machen *fam* **II.** *vr:* **~se** (*Méx: vulg: emborracharse*) sich besaufen *fam*

empedernido, -a [empeðer'niðo, -a] *adj* **1.** (*insensible*) herzlos, unbarmherzig **2.** (*costumbre*) erklärt, unverbesserlich; **be-**

bedor ~ Gewohnheitstrinker *m;* **fumador** ~ Kettenraucher *m;* **jugador** ~ unverbesserlicher Spieler; **solterón** ~ eingefleischter Junggeselle

empedrado¹ [empe'ðraðo] *m* **1.**(*acción*) Pflastern *nt* **2.**(*adoquinado*) Pflaster *nt*

empedrado, -a² [empe'ðraðo, -a] *adj* **1.**(*calle*) gepflastert **2.**(*caballo*) scheckig **3.**(*cielo*) leicht bewölkt

empedramiento [empeðra'mjen̪to] *m* Pflasterung *f*

empedrar [empe'ðrar] <e→ie> *vt* **1.**(*pavimentar*) (be)pflastern **2.**(*plagar*) reichlich versehen (*de* mit +*dat*); ~ **un libro con citas** ein Buch mit Zitaten spicken; **pastel empedrado de almendras** mit Mandeln bestreuter Kuchen

empeine [em'pei̯ne] *m* **1.**(ANAT: *del pie*) Spann *m,* Rist *m* **2.**(ANAT: *del vientre*) Unterleib *m* **3.**(*de la bota*) Blatt *nt* **4.**(MED) Impetigo *f,* Eiterflechte *f*

empelar [empe'lar] *vi* **1.**(*criar pelo*) Haare bekommen **2.**(*caballerías*) das gleiche Fell haben

empelazgarse [empelaθ'ɣarse] <g→gu> *vr* (*fam: pelearse*) sich in die Haare kriegen

empella [em'peʎa] *f* (*del zapato*) Blatt *nt*

empellar [empe'ʎar] *vt* stoßen, schubsen *fam*

empellón [empe'ʎon] *m* Stoß *m,* Schubs(er) *m fam;* **mover algo a empellones** etw stoßweise bewegen; **pasar a través de la multitud a empellones** sich durch die Menge boxen

empelotado, -a [empelo'taðo, -a] *adj* **1.**(*confuso*) verwirrt **2.**(*Am: fam: desnudo*) nackt

empelotarse [empelo'tarse] *vr* **1.**(*fam: enredarse*) konfus werden **2.**(*Am: fam: desnudarse*) sich ganz [*o* nackt] ausziehen

empenachar [empena'ʧar] *vt* mit Federbüschen schmücken

empenaje [empe'naxe] *m* (AERO) Leitwerk *nt*

empentón [empen̪'ton] *m* (*reg*) *v.* **empellón**

empeñado, -a [empe'ɲaðo, -a] *adj* **1.**(*obstinado*) hartnäckig, stur; **estar ~ en...** hartnäckig darauf bestehen zu ...; **lo vi ~ en invitarme** er bestand hartnäckig darauf, mich einzuladen **2.**(*endeudado*) verschuldet **3.**(*discusión*) hitzig, erregt

empeñar [empe'ɲar] **I.** *vt* **1.**(*objetos*) verpfänden; ~ **la palabra** sein Wort geben **2.**(*discusión, lucha*) beginnen **3.**(FIN: *títulos valor*) lombardieren **II.** *vr:* **~se 1.**(*insistir*) stur beharren (*en* auf +*dat*), hartnäckig bestehen (*en* auf +*dat*); **se empeña en hablar contigo** er/sie will unbedingt mit dir sprechen; **no te empeñes** hör auf zu drängen; **si te empeñas en beber este vino asqueroso...** wenn du unbedingt diesen ekelhaften Wein trinken willst ... **2.**(*endeudarse*) sich verschulden **3.**(*entablarse*) beginnen, entstehen; **se ha empeñado en una discusión de fútbol** er/sie hat sich in ein Gespräch über Fußball verwickeln lassen **4.**(*mediar*) sich einsetzen (*por* für +*akk*)

empeño [em'peɲo] *m* **1.**(*de objetos*) Verpfändung *f;* **casa de ~s** Pfandhaus *nt* **2.**(*compromiso*) Verpflichtung *f* **3.**(*afán*) Streben *nt,* Eifer *m;* **hacer algo con ~** etw hartnäckig [*o* beharrlich] tun; **tengo ~ por** [*o* **en**] **sacar la mejor nota** ich strebe danach, die beste Note zu erhalten; **pondré ~ en hacerlo mejor** ich werde alles daransetzen, es besser zu machen **4.**(*empresa*) Vorhaben *nt,* Unternehmen *nt;* **se dejó la piel en el ~** er/sie verausgabte sich bei dem Unterfangen völlig

empeoramiento [empeora'mjen̪to] *m* Verschlechterung *f,* Verschlimmerung *f;* ~ **de la coyuntura** Konjunkturverschlechterung *f*

empeorar [empeo'rar] **I.** *vt* verschlechtern; **con tus palabras lo has acabado de ~** mit deinen Worten hast du es nur noch schlimmer gemacht **II.** *vi, vr:* **~se** sich verschlechtern, schlechter werden

empequeñecer [empekeɲe'θer] *irr como crecer* **I.** *vt* **1.**(*disminuir*) verkleinern **2.**(*quitar importancia*) herabsetzen, schmälern **II.** *vr:* **~se** sich verkleinern, kleiner werden; **a su lado sentí ~me** ich kam mir neben ihm/ihr ziemlich klein vor

empequeñecimiento [empekeɲeθi'mjen̪to] *m* **1.**(*de talla*) Verkleinerung *f* **2.**(*de importancia*) Herabsetzung *f,* Schmälerung *f*

emperador [empera'ðor] *m* **1.**(POL) Kaiser *m* **2.**(ZOOL) Schwertfisch *m*

emperatriz [empera'triθ] *f* Kaiserin *f*

emperchado [emper'ʧaðo] *m* grüner Flechtzaun *m*

emperchar [emper'ʧar] **I.** *vt* auf den Bügel hängen **II.** *vr:* **~se** sich in einer Schlinge verfangen

emperejilar [emperexi'lar] *vt, vr:* **~se** (*fam*) (sich) herausputzen, (sich) schniegeln *pey*

emperezar [empere'θar] <z→c> **I.** *vt* (*fig: retardar*) aufschieben **II.** *vr:* **~se** faul werden, träge werden

empergaminar [emperɣami'nar] *vt* in Pergament binden

empericarse [emperi'karse] <c→qu> *vr* (*Méx: encaramarse*) hochklettern (*a* +*akk*)

emperifollar [emperifo'ʎar] *vt, vr:* **~se** (*fam*) *v.* **emperejilar**

empero [em'pero] *conj* (*elev*) **1.**(*pero*) aber; (*sin embargo*) jedoch, dennoch; **lo he hecho mal, ~, no es culpa mía** ich habe es schlecht gemacht; es ist jedoch nicht meine Schuld **2.**(*sin embargo*) hingegen

emperramiento [emperra'mjen̪to] *m* (*fam*) **1.**(*obstinación*) Sturheit *f,* Hartnäckigkeit *f* **2.**(*capricho*) Vernarrtheit *f* **3.**(*cólera*) Wut *f,* Zorn *m*

emperrarse [empe'rrarse] *vr* (*fam*) **1.**(*obstinarse*) stur beharren (*en* auf +*dat*), hartnäckig bestehen (*en* auf +*dat*) **2.** (*encapricharse*) vernarrt sein (*en* in +*akk*) **3.** (*no ceder*) sich widersetzen, Widerstand leisten **4.** (*encolerizarse*) hochgehen, in die Luft gehen

empesgar [empes'ɣar] <g→gu> *vt* (*prensar*) beschweren

empesgue [em'pesɣe] *m* **1.** (*empesgar*) Beschweren *nt* **2.** (*prensado de la aceituna*) Auspressen *nt* der Oliven **3.** (*palanca*) Olivenpresse *f*

empestillarse [empesti'ʎarse] *vr* (*fam: obstinarse*) beharren (*en* auf +*dat*)

empezar [empe'θar] *irr vi, vt* beginnen (*con* mit +*dat*), anfangen (*con* mit +*dat*); ~ **a hacer algo** beginnen etw zu tun; ~ **una botella** eine Flasche anbrechen; **¿quién empieza el pastel?** wer schneidet den Kuchen an?; **la carrera ha empezado** das Rennen hat begonnen; **empezó de la nada** er/sie hat sich von ganz unten hochgearbeitet; **¡no empieces!** fang nicht schon wieder damit an!; **para ~ me leeré el periódico** zunächst einmal werde ich die Zeitung lesen; **para ~ no tengo dinero y, además, no tengo ganas** erstens habe ich kein Geld und zweitens keine Lust

empicotar [empiko'tar] *vt* an den Pranger stellen

empiece [em'pjeθe] *m* (*fam*) Beginn *m*, Anfang *m*

empiezo [em'pjeθo] *m* (*Col, Ecua, Guat: comienzo*) Beginn *m*, Anfang *m*

empiltrarse [empil̩'trarse] *vr* (*fam*) sich hinlegen, sich in die Falle hauen

empinado, -a [empi'naðo, -a] *adj* **1.** (*edificio*) hoch (ragend) **2.** (*pendiente*) steil, abschüssig **3.** (*persona*) hochnäsig, eingebildet

empinar [empi'nar] **I.** *vt* **1.** (*poner vertical*) aufstellen, senkrecht stellen **2.** (*alzar*) hochheben; ~ **una botella** eine Flasche (zum Trinken) ansetzen; ~ **la cabeza** den Kopf heben; ~ **el codo** (*fam*) saufen **II.** *vr:* ~**se 1.** (*persona*) sich auf die Fußspitzen stellen; (*animal*) sich auf die Hinterbeine stellen [*o* setzen] **2.** (*un edificio*) (empor)ragen; **la antena se empina hasta el cielo** die Antenne ragt bis in den Himmel; **no se me empina** (*vulg*) ich kriege keinen hoch *fam*

empingorotado, -a [empiŋgoro'taðo, -a] *adj* **1.** (*fam: engreído*) hochnäsig, eingebildet **2.** (*en la sociedad*) (gesellschaftlich) angesehen

empingorotarse [empiŋgoro'tarse] *vr* (*fam*) arrogant werden

empiñonado [empiɲo'naðo] *m* (GASTR) Pinienkernkuchen *m*

empiojarse [empjo'xarse] *vr* (*Méx*) Läuse bekommen, sich *dat* Läuse zuziehen

empipada [empi'paða] *f* (*Am*) Schlemmerei *f*; **darse una ~ de chocolate** Unmengen von Schokolade essen

empiparse [empi'parse] *vr* (*Am*) sich satt essen

empíreo¹ [em'pireo] *m* (*elev: cielo*) Himmel *m*, Empyreum *nt*

empíreo, -a² [em'pireo, -a] *adj* (*elev: relativo al cielo*) himmlisch, empyreisch

empírico, -a [em'piriko, -a] **I.** *adj* empirisch **II.** *m, f* Empiriker(in) *m(f)*

empirismo [empi'rismo] *m sin pl* **1.** (*científico*) Empirie *f* **2.** (FILOS) Empirismus *m*

empirista [empi'rista] *mf* Empiriker(in) *m(f)*

empitonar [empito'nar] *vt* (TAUR) mit den Hörnern aufspießen

empizarrado [empiθa'rraðo] *m* Schieferdach *nt*

empizarrar [empiθa'rrar] *vt* mit Schiefer(platten) decken

emplastadura [emplasta'ðura] *f Versorgung einer Wunde mit Salbe und Pflaster oder Verband*

emplastar [emplas'tar] **I.** *vt* **1.** (MED) ein Pflaster kleben (auf +*akk*, über +*akk*) **2.** (*objeto*) beschmieren **3.** (*fam: negocio*) hemmen, ins Stocken bringen **4.** (*maquillar*) schminken **II.** *vr:* ~**se 1.** (*ensuciarse*) sich schmutzig machen; ~**se con lodo** sich mit Schlamm einschmieren **2.** (*maquillarse*) sich schminken

emplaste [em'plaste] *m* Gips *m*

emplasto [em'plasto] *m* (MED) (Heft)pflaster *nt*; **aplicar un ~** ein Pflaster über eine Wunde kleben

emplazamiento [emplaθa'mjen̩to] *m* **1.** (JUR) Vorladung *f* **2.** (*lugar*) Platz *m*, Ort *m*; ~ **industrial** (COM, ECON) Industriestandort *m*; **la empresa busca un nuevo ~ para su filial española** die Firma sucht einen neuen Standort für ihre spanische Niederlassung **3.** (MIL) Emplacement *nt*, Stellung *f*

emplazar [empla'θar] <z→c> *vt* **1.** (*citar*) zitieren; (JUR) vorladen; **le emplazo para darme una respuesta mañana** ich fordere Sie hiermit auf mir morgen eine Antwort zu geben **2.** (*situar*) platzieren, einen Platz zuweisen +*dat*; **los misiles emplazados en Europa** die in Europa stationierten Raketen; **este monumento no está bien emplazado aquí** dieses Denkmal ist hier fehl am Platz; **los científicos han emplazado el galeón hundido** die Wissenschaftler haben die versunkene Galeone geortet **3.** (MIL) stationieren

empleado, -a [emple'aðo, -a] *m, f* Angestellte(r) *mf*; ~ **administrativo** Verwaltungsangestellte(r) *m*; ~ **de una agencia de viajes** Reisebürokaufmann *m*; ~ **de banca** Bankangestellte(r) *m*; ~ **de correos** Postangestellte(r) *m*; **empleada de hogar** Hausangestellte *f*; ~ **de oficina** Sachbearbeiter *m*; ~ **de plantilla** Festangestellte(r) *m*; ~ **de ventanilla** Schalterbeamte(r) *m*; **los ~s de una empresa** die Belegschaft einer Firma

empleador(a) [emplea'ðor(a)] *m(f)* (*Am*) Arbeitgeber(in) *m(f)*

emplear [emple'ar] **I.** *vt* **1.** (*colocar*) anstellen, einstellen, beschäftigen; **en estos momentos no estoy empleado** zur Zeit habe ich keine Anstellung **2.** (*usar*) benutzen, gebrauchen, verwenden; (*fuerza, tiempo*) aufwenden; (*medio, técnica, método, conocimientos*) anwenden, einsetzen; (*razón*) walten lassen; **¡podrías ~ mejor el tiempo!** du könntest mit deiner Zeit etwas Besseres anfangen!; **¡ya te está bien empleado!** das geschieht dir (ganz) recht!; **dar algo por bien empleado** etw nicht bereuen **3.** (*dinero*) ausgeben (*en* für *+akk*), verwenden (*en* für *+akk*); **he empleado todo el dinero en la casa** ich habe das ganze Geld in das Haus gesteckt **II.** *vr:* **~se 1.** (*colocarse*) eine Anstellung finden (*como/de* als *+nom*), einen Job finden (*como/de* als *+nom*) *fam* **2.** (*usarse*) benutzt [*o* gebraucht] werden; **~se a fondo** sein Möglichstes [*o* Bestes] tun

empleo [em'pleo] *m* **1.** (*trabajo*) Stelle *f*, Job *m fam;* (*ocupación*) Beschäftigung *f;* **~ estacional** Saisonbeschäftigung *f;* **~ eventual** Gelegenheitsarbeit *f;* **~ fijo** feste Anstellung; **~ a jornada completa** Vollzeitbeschäftigung *f;* **~ a media jornada** Halbtagsbeschäftigung *f;* **~ de oficina** Bürotätigkeit *f;* **~ vacante** offene Stelle; **medidas creadoras de ~** Arbeitsbeschaffungsmaßnahmen *fpl;* **oferta de ~** Stellenangebot *nt;* **pleno ~** Vollbeschäftigung *f;* **política de ~** Beschäftigungspolitik *f;* **tasa de ~** Beschäftigungsgrad *m;* **no tener ~** arbeitslos sein; **crear ~** neue Arbeitsplätze schaffen; **suspender de ~ y sueldo** vom Dienst suspendieren **2.** (*uso*) Benutzung *f*, Gebrauch *m;* (*de fuerza, tiempo*) Aufwendung *f;* (*de medio, técnica, método, conocimientos*) Anwendung *f*, Einsatz *m;* **modo de ~** Gebrauchsanweisung *f;* **el ~ de materias primas y energía** der Einsatz von Rohstoffen und Energie

empleomanía [empleoma'nia] *f* (*fam*) Stellenjagd *f*

emplomado [emplo'maðo] *m* Bleifuge *f* an Fensterscheiben

emplomadura [emploma'ðura] *f* **1.** (*cubrimiento*) Verbleiung *f* **2.** (*precinto*) Plombierung *f*, Verplombung *f* **3.** (*plomo*) Blei(stück) *nt* **4.** (*Am: empaste*) (Zahn)füllung *f*

emplomar [emplo'mar] *vt* **1.** (*cubrir*) verbleien **2.** (*precintar*) plombieren, verplomben **3.** (*Am: empastar*) mit einer Füllung [*o* Plombe] versehen **4.** (*Col, Guat: enredar*) betrügen

emplumar [emplu'mar] **I.** *vi* **1.** (*ave*) Federn ansetzen [*o* bekommen] **2.** (*AmC: fugarse*) fliehen **3.** (*Guat, Cuba: engañar*) betrügen **II.** *vt* **1.** (*sombrero, flecha*) mit Federn schmücken **2.** (HIST) teeren und federn **3.** (*Cuba: despedir*) entlassen **4.** (*Ecua, Ven: enviar*) zur Strafe wegschicken **5.** (*fam: condenar*) verknacken; **le han emplumado diez años** er/sie ist zu zehn Jahren Haft verknackt worden **6.** (*fam: detener*) schnappen **7.** (*fam: castigar*) bestrafen

empobrecedor(a) [empoβreθe'ðor(a)] *adj:* **algo es** [*o* **resulta**] **~ para alguien** etw macht jdn arm

empobrecer [empoβre'θer] *irr como crecer* **I.** *vt* arm machen; **la edad empobrece los reflejos** mit dem Alter werden die Reflexe schlechter **II.** *vi, vr:* **~se** verarmen; **la mina se ha ido empobreciendo con los años** die Mine ist mit der Zeit völlig abgebaut worden; **este terreno se ha empobrecido** dieser Acker ist ausgelaugt

empobrecimiento [empoβreθi'mjen̩to] *m* **1.** (*depauperación*) Verarmung *f* **2.** (*empeoramiento*) Verschlechterung *f* **3.** (*de una mina*) völliger Abbau *m;* (*de un terreno*) Auslaugung *f*

empodrecer [empoðre'θer] *irr como crecer* **I.** *vt* verderben, ungenießbar machen **II.** *vr:* **~se** faulig werden, verfaulen

empolladura [empoʎa'ðura] *f* **1.** (*fam: de los estudiantes*) Pauken *nt*, Büffeln *nt* **2.** (*de las abejas*) Bienenbrut *f*

empollar [empo'ʎar] **I.** *vi* **1.** (*fam: estudiante*) pauken, büffeln **2.** (*abejas*) ihre Brut bekommen **3.** (*Am: ampollar*) Blasen bilden **II.** *vt* **1.** (*ave*) ausbrüten, bebrüten **2.** (*fam: lección*) pauken, büffeln; **estar empollado de algo** etw aus dem Effeff können

empollón, **-ona** [empo'ʎon, -ona] *m, f* (*fam*) Streber(in) *m(f)*

empolvar [empol'βar] **I.** *vt* (ein)pudern **II.** *vr:* **~se 1.** (*el rostro*) sich pudern **2.** (*un objeto*) einstauben, verstauben; **la mesa se ha empolvado** der Tisch ist staubig geworden; **los libros están completamente empolvados** die Bücher sind vollkommen verstaubt

emponchado, **-a** [empon'ʧaðo, -a] *adj* **1.** (*Am: astuto*) schlau, clever *fam* **2.** (*Arg, Ecua, Perú, Urug: con poncho*) mit einem Poncho bekleidet

emponzoñador(a) [empon̩θoɲa'ðor(a)] *adj* **1.** (*venenoso*) giftig **2.** (*fig: perjudicial*) schädlich

emponzoñamiento [empon̩θoɲa'mjen̩to] *m* Vergiftung *f*

emponzoñar [empon̩θo'ɲar] *vt* vergiften; **estas declaraciones emponzoñan la atmósfera política** diese Äußerungen verpesten die politische Atmosphäre

empopada [empo'paða] *f* (NÁUT) **1.** (*navegación*) *Segeln bei starkem Heckwind* **2.** (*distancia*) *Streckenvorsprung dank des Heckwindes*

emporcar [empor'kar] *irr como volcar vt v.* **empuercar**

emporio [em'porjo] *m* **1.** (*ciudad*) Handelsstadt *f;* (*centro*) (Handels)zentrum *nt* **2.** (*centro cultural*) Hochburg *f;* **Roma fue ~ de escultores y pintores** Rom war die Hochburg der Malerei und Bildhauerei **3.** (*AmC: almacén*) Warenhaus *nt*, Kaufhaus *nt*

emporrado, **-a** [empo'rraðo, -a] *adj* (*argot*): **estar ~** high sein

emporrarse [empo'rrarse] *vr* (*argot*) einen Joint rauchen, kiffen

empotrable [empo'traβle] *adj* Einbau-

E

empotrado, -a [empo'traðo, -a] *adj* eingebaut; **muebles ~s** Einbaumöbel *ntpl*

empotramiento [empotra'mjen̩to] *m* (*encastramiento*) Einbau *m;* (*de obra*) Einmauerung *f*

empotrar [empo'trar] **I.** *vt* einbauen (*en* in +*akk*), einlassen (*en* in +*akk*); (*en una pared*) einmauern (*en* in +*akk*) **II.** *vr:* **~se** sich (ineinander) verkeilen; **el coche se empotró en la pared** der Wagen prallte gegen die Mauer; **las dos máquinas de tren se ~on en la colisión** bei dem Zusammenstoß verkeilten sich die zwei Lokomotiven ineinander

empotrerar [empotre'rar] *vt* (*Am*) (zum Weiden) auf die Koppel treiben

empozar [empo'θar] <z→c> **I.** *vi* (*Am*) Pfützen bilden **II.** *vt* **1.** (*persona, cosa*) in einen Brunnen werfen **2.** (*cáñamo, lino*) einweichen **III.** *vr:* **~se** (*fam*) unerledigt zu den Akten gelegt werden, unerledigt bleiben

emprendedor(a) [empren̩de'ðor(a)] *adj* unternehmungslustig, aktiv

emprender [empren̩'der] *vt* **1.** (*trabajo*) in Angriff nehmen, angehen; (*negocio*) gründen; **~ la marcha** [*o* **el camino**] sich auf den Weg machen, aufbrechen; **~ la vuelta** den Rückweg antreten; **~ el vuelo** abfliegen; **~ la traducción del Quijote** mit der Übersetzung des Don Quijote anfangen; **al anochecer la emprendimos hacia el refugio** (*fam*) als es dunkel wurde, kehrten wir in die Berghütte zurück **2.** (*fam*): **~la con alguien** es mit jdm aufnehmen; **la emprendió a bofetadas con el borracho** er/sie fing eine Prügelei mit dem Betrunkenen an; **la emprendió a insultos con su vecina** er/sie bombardierte seine/ihre Nachbarin mit Beschimpfungen

empresa [em'presa] *f* **1.** (*operación*) Vorhaben *nt,* Unternehmung *f;* (*iniciativa*) Initiative *f* **2.** (COM) Betrieb *m;* (*privada*) Unternehmen *nt,* Firma *f;* **~ agrícola** Landwirtschaftsbetrieb *m;* **~ con ánimo de lucro** Erwerbsunternehmen *nt;* **~ autogestionada** selbstverwaltetes Unternehmen; **~ cogestionada** mitbestimmter Betrieb; **~ comercial** kaufmännischer Betrieb; **~ concesionaria** konzessionierter Betrieb; **~ editorial** Verlagshaus *nt;* **~ familiar** Familienbetrieb *m;* **~ de mensajería** Paketdienst *m;* **~ de mensajería y paquetería** Kurier- und Paketdienst *m;* **~ naviera** Schifffahrtsunternehmen *nt;* **~ privada** Privatunternehmen *nt;* **~ pública** Staatsunternehmen *nt;* **~ de servicios** Dienstleistungsunternehmen *nt;* **~ de transportes** Transportunternehmen *nt;* **~ de utilidad pública** gemeinnütziges Unternehmen; **~ de venta por correo** Versandhaus *nt;* **agrupación de ~s** Unternehmensgruppe *f;* **antigüedad en la ~** Dauer der Betriebszugehörigkeit; **cierre de una ~** Betriebsschließung *f;* **comité de ~** Betriebsrat *m;* **espíritu de ~** Unternehmungsgeist *m;* **fusión de ~s** Firmenzusammenschluss *m;* **gestión de ~** Betriebsführung *f;* **gran ~** Großbetrieb *m;* **libertad de ~** Handels- und Gewerbefreiheit *f;* **mediana ~** mittelständischer Betrieb; **pequeña ~** Kleinbetrieb *m*

empresaria [empre'sarja] *f v.* **empresario**

empresariado [empresa'rjaðo] *m* Unternehmertum *nt,* Unternehmerschaft *f*

empresarial [empresa'rjal] *adj* **1.** (*del empresario*) Unternehmer-, unternehmerisch; **actividad ~** unternehmerische Aktivität **2.** (*de la empresa*) Betriebs-, Unternehmens-; **estudiar E~es** (*fam*) BWL studieren

empresario, -a [empre'sarjo, -a] *m, f* **1.** (COM) Unternehmer(in) *m(f);* (*patrón*) Arbeitgeber(in) *m(f);* **pequeño ~** Kleinunternehmer *m* **2.** (TEAT) Intendant(in) *m(f)*

emprestar [empres'tar] *vt* (*vulg*) (ver)leihen

empréstito [em'prestito] *m* Anleihe *f;* **~ amortizable** Tilgungsanleihe *f;* **~ bancario** Bankanleihe *f;* **~ estatal** [*o* **público**] Staatsanleihe *f,* Bundesanleihe *f Austr;* **~ hipotecario** Hypothekenanleihe *f;* **emisión de un ~** Begebung einer Anleihe; **mercado de ~s** Anleihemarkt *m;* **suscribir un ~** eine Anleihe zeichnen

empringar [empriŋ'gar] <g→gu> **I.** *vt* (*vulg*) einsauen *fam* **II.** *vr:* **~se** sich einsauen *fam*

empuercar [empwer'kar] <c→qu> **I.** *vt* versauen *fam* **II.** *vr:* **~se** sich versauen *fam*

empujador(a) [empuxa'ðor(a)] *adj* Schub-, schiebend

empujar [empu'xar] *vi, vt* **1.** (*dar empujón*) schieben; (*con violencia*) stoßen, schubsen *fam;* (*multitud*) drängen; (*puerta*) drücken; **me empujó hacia atrás** er/sie stieß mich zurück; **me empujó contra la pared** er/sie drückte mich gegen die Wand **2.** (*empleado*) entlassen **3.** (*instar*) drängen; **su familia le empuja a que se case** seine Familie drängt ihn zur Heirat **4.** (*intrigar*) intrigieren; **ha empujado mucho para conseguir el puesto** er/sie hat einige Intrigen gesponnen, um sich *dat* den Posten zu sichern

empuje [em'puxe] *m* **1.** (*acción*) Stoß *m,* Schubs *m fam;* **~ de costes** (COM) Kostenauftrieb *m;* **~ inflacionista** (ECON) Inflationsdruck *m* **2.** (FÍS) Schub *m,* Druck *m;* **~ ascensional** Auftrieb *m* **3.** (*energía*) Schwung *m,* Elan *m;* (*resolución*) Durchsetzungsvermögen *nt;* **una persona de ~** ein(e) Draufgänger(in); **no tiene el ~ suficiente para llevar la empresa** er/sie hat nicht den nötigen Schwung, um die Firma zu leiten

empujón [empu'xon] *m* **1.** (*empellón*) Stoß *m,* Schubs *m fam;* (*en la bolsa*) Schub *m,* Aufwärtsbewegung *f;* **dar un ~** stoßen, schubsen *fam;* **entrar en un local a empujones** sich in ein Lokal (hinein)drängen; **la carretera se está construyendo a empujones** die Straßenbauarbeiten werden ständig unterbrochen **2.** (*impulso*) Schub *m,* Ruck *m;* **si no le damos un ~ al trabajo no lo acabaremos** wenn wir jetzt nicht Druck machen, werden wir mit der Arbeit nie fertig

empulgarse [empul'ɣarse] <g→gu> *vr* Flöhe bekommen, sich *dat* Flöhe zuziehen

empuntar [empuṇ'tar] **I.** *vi* **1.** (*irse*) (weg)gehen **2.** (*Col: fam*): **~las** sich auf die Socken machen **II.** *vt* **1.** (TAUR: *empitonar*) mit den Hörnern aufspießen **2.** (*Col, Ecua: encarrilar*) anbahnen **III.** *vr:* **~se** (*Ven: obstinarse*) stur bleiben

empuñadura [empuɲa'ðura] *f* **1.** (*de herramienta*) (Hand)griff *m;* (*de un bastón*) Knauf *m* **2.** (*fam: de un cuento*) Einleitung *f*

empuñar [empu'ɲar] *vt* **1.** (*tomar*) ergreifen; (*asir*) fest halten; **~ las armas** zu den Waffen greifen **2.** (*un puesto*) erreichen, bekommen **3.** (*Chil: la mano*) ballen

empurrarse [empu'rrarse] *vr* (*AmC*) zornig werden, wütend werden

emputecer [empute'θer] *irr como crecer vt, vr:* **~se** (sich) prostituieren

emú [e'mu] *m* Emu *m*

émula ['emula] *f v.* **émulo**

emulación [emula'θjon] *f* **1.** (*imitación*) Nacheiferung *f* **2.** (*competencia*) Wetteifer *m* **3.** (INFOR) Emulation *f;* **~ de dispositivos** Geräteemulation *f;* **~ de terminal** Terminalemulation *f*

emulador¹ [emula'ðor] *m* (INFOR) Emulator *m;* **~ de memoria expandida** Expansionsspeicher-Emulator *m*

emulador(a)² [emula'ðor(a)] *m(f)* **1.** (*imitador*) Nachahmer(in) *m(f)* **2.** (*competidor*) Rivale, -in *m, f,* Konkurrent(in) *m(f)*

emular [emu'lar] *vt* **1.** (*imitar*) nacheifern +*dat* (*en* in +*dat*); **intenta ~ a su profesor** er/sie versucht, es seinem/ihrem Dozenten gleichzutun **2.** (*competir*) wetteifern (mit +*dat*) **3.** (INFOR) emulieren

emulgente [emul'xeṇte] *adj* (ANAT): **arteria ~** Nierenarterie *f;* **vena ~** Nierenvene *f*

émulo, -a ['emulo, -a] *m, f* **1.** (*imitador*) Nachahmer(in) *m(f)* **2.** (*oponente*) Rivale, -in *m, f,* Gegner(in) *m(f)*

emulsión [emul'sjon] *f* Emulsion *f*

emulsionante [emulsjo'naṇte] **I.** *adj* emulgierend **II.** *m* Emulgator *m*

emulsionar [emulsjo'nar] *vt* emulgieren

en [en] *prep* **1.** (*lugar*) in +*dat,* auf +*dat,* an +*dat;* (*con movimiento*) in +*akk,* auf +*akk,* an +*akk;* **el libro está ~ el cajón** das Buch ist in der Schublade; **pon el libro ~ el cajón** leg das Buch in die Schublade; **he dejado las llaves ~ la mesa** ich habe die Schlüssel auf dem Tisch liegen lassen; **coloca el florero ~ la mesa** stell die Blumenvase auf den Tisch; **~ la pared hay un cuadro** an der Wand hängt ein Bild; **pon el póster ~ la pared** kleb das Poster an die Wand; **estar ~ el campo/~ la ciudad/~ una isla** auf dem Lande/in der Stadt/auf einer Insel sein; **~ Alemania/~ Turquía/~ Irak** in Deutschland/in der Türkei/im Irak; **vacaciones ~ el mar** Urlaub an der See; **jugar ~ la calle** auf der Straße spielen; **vivo ~ la calle Mozart** ich wohne in der Mozartstraße; **estoy ~ casa** ich bin zu Hause; **estoy ~ casa de mis padres** ich bin bei meinen Eltern; **trabajo ~ una empresa japonesa** ich arbeite bei einer japanischen Firma **2.** (*tiempo*) in +*dat;* **~ el año 2000** im Jahre 2000; **~ el año 1995 Kobe sufrió un terremoto** Kobe wurde (im Jahre) 1995 von einem Erdbeben heimgesucht; **~ otra ocasión** bei einer anderen Gelegenheit; **~ aquellos tiempos** damals, zu jener Zeit; **~ un mes/dos años** innerhalb eines Monats/von zwei Jahren; **lo terminaré ~ un momento** ich mache es gleich [*o* sofort] fertig; **no ha dicho nada ~ todo el día** er/sie hat den ganzen Tag den Mund nicht aufgemacht **3.** (*modo, estado*): **~ venta** zu verkaufen; **~ flor** in Blüte; **estar ~ proyecto** im Werden (begriffen) sein; **estar ~ poder de algo** im Besitz von etw *dat* sein; **estar ~ poder de alguien** in jds Gewalt sein; **el periódico está ~ prensa** die Zeitung wird gerade gedruckt [*o* befindet sich noch im Druck]; **~ construcción** im Bau (befindlich); **~ vida** am Leben; **~ absoluto** auf (gar) keinen Fall; **de tres ~ tres** (jeweils) zu dritt; **llegaron de dos ~ dos** sie kamen paarweise; **pagué ~ marcos** ich habe in [*o* mit] Mark bezahlt; **hablar ~ voz alta/baja** laut/leise sprechen; **decir algo ~ español** etw auf Spanisch sagen **4.** (*medio*): **papá viene ~ tren/coche** Papa kommt mit dem Zug/Auto; **he venido ~ avión** ich bin geflogen; **lo reconocí ~ la voz** ich erkannte ihn an der Stimme **5.** (*ocupación*): **doctor ~ filosofía** Doktor der Philosophie; **trabajo ~ ingeniería genética** ich arbeite als Genetiker(in); **está ~ la policía** er/sie ist bei der Polizei; **está ~ la mili/el ejército** er/sie ist beim Militär/bei der Bundeswehr; **trabajo ~ Correos/~ una fábrica** ich arbeite bei der Post/in einer Fabrik **6.** (*con verbo*): **pienso ~ ti** ich denke an dich; **no confío ~ él** ich vertraue ihm nicht, ich verlasse mich nicht auf ihn; **ingresar ~ un partido** in eine Partei eintreten; **ganar ~ importancia** an Bedeutung gewinnen **7.** (*cantidades*): **aumentar la producción ~ un 5 %** die Produktion um 5 % steigern; **me he equivocado sólo ~ 1.000 pts.** ich habe mich nur um 1.000 Peseten verrechnet **8.** (ECON): **~ fábrica** ab Werk; **franco ~ almacén** ab Lager **9.** (HIST: *con gerundio*): **~ viéndola llegar** als er/sie sie kommen sah

enaceitar [enaθei̯'tar] **I.** *vt* ölen, schmieren **II.** *vr:* **~se** sich einölen

ENAGAS [ena'ɣas] *f abr de* **Empresa Nacional de Gas** *staatliche Gasbetriebe*

enagua(s) [e'naɣwa(s)] *f(pl)* Unterrock *m,* Petticoat *m*

enaguar [ena'ɣwar] <gu→gü> *vt* unter Wasser setzen

enaguazar [enaɣwa'θar] <z→c> **I.** *vt* schlammig machen **II.** *vr:* **~se** schlammig werden

enagüillas [ena'ɣwiʎas] *fpl* Lendenschurz *m*

enajenable [enaxe'naβle] *adj* veräußerlich, veräußerbar, verkäuflich

enajenación [enaxena'θjon] *f* **1.** (*de una propiedad*) Veräußerung *f,* Verkauf *m* **2.** (*de la mente*) Verwirrung *f;* ~ **mental** Geistesgestörtheit *f* **3.** (*embeleso*) Verzückung *f* **4.** (*distracción*) Zerstreutheit *f* **5.** (*entre personas*) Entfremdung *f* (*de* von +*dat*)

enajenado, -a [enaxe'naðo, -a] *adj* verrückt; ~ **mental** geistesgestört

enajenador(a) [enaxena'ðor(a)] *m(f)* Veräußerer, -in *m, f,* Verkäufer(in) *m(f)*

enajenamiento [enaxena'mjen̩to] *m v.* **enajenación**

enajenar [enaxe'nar] **I.** *vt* **1.** (*una posesión*) veräußern, verkaufen **2.** (*enloquecer*) verrückt machen **3.** (*turbar*) entzücken, bezaubern; **su manera de bailar me enajena** seine/ihre Art zu tanzen fasziniert mich **4.** (*de alguien*) entfremden; **su carácter lo enajena de mucha gente** sein Charakter macht ihn vielen Leuten unsympathisch **II.** *vr:* ~**se 1.** (*de una posesión*) veräußern (*de* +*akk*), verkaufen (*de* +*akk*); ~**se de una casa** ein Haus veräußern **2.** (*enloquecer*) verrückt werden, den Verstand verlieren **3.** (*de alguien*) sich entfremden (*de* von +*dat*)

enalbardar [enalβar'ðar] *vt* **1.** (*caballería*) den Packsattel auflegen (+*dat*) **2.** (GASTR: *rebozar*) panieren **3.** (GASTR: *envolver en tocino*) in Speckscheiben einwickeln

enaltecedor(a) [enal̩teθe'ðor(a)] *adj* lobend, preisend; (*de hechos*) verherrlichend; **palabras** ~**as** Lob *nt*

enaltecer [enal̩te'θer] *irr como crecer vt* **1.** (*ensalzar*) loben, preisen; **el capitán enalteció la conducta de la tripulación** der Kapitän lobte [*o* hielt eine Lobrede auf] die Leistung der Mannschaft **2.** (*dignificar*) Würde verleihen +*dat,* erheben; **tus palabras te enaltecen** deine Worte verleihen dir Würde

enaltecimiento [enal̩teθi'mjen̩to] *m* Lob *nt,* Preis *m elev*

enamorada [enamo'raða] *adj o f v.* **enamorado**

enamoradizo, -a [enamora'ðiθo, -a] *adj* leicht entflammbar; **es un joven** ~ er fängt leicht Feuer, er lässt sich leicht hinreißen

enamorado, -a [enamo'raðo, -a] **I.** *adj* verliebt (*de* in +*akk*); **sí, estamos** ~**s** ja, wir lieben uns; **estuvimos un tiempo** ~**s** wir waren einige Zeit ein Paar **II.** *m, f* **1.** (*amante*) Liebhaber(in) *m(f),* Geliebte(r) *mf;* **día de los** ~**s** Valentinstag *m* **2.** (*aficionado*) Freund(in) *m(f),* Liebhaber(in) *m(f);* **un** ~ **de la música** ein Musikfreund; **un** ~ **de los coches deportivos** ein Liebhaber von Sportwagen

enamoramiento [enamora'mjen̩to] *m* Verliebtsein *nt*

enamorar [enamo'rar] **I.** *vt* **1.** (*conquistar*) verliebt machen, entflammen; **mi profesora me ha enamorado** ich habe mich in meine Lehrerin verliebt **2.** (*cortejar*) den Hof machen (*a* +*dat*) **3.** (*gustar*) lieben; **me enamora el flamenco** ich mag den Flamenco über alles **II.** *vr:* ~**se 1.** (*de alguien*) sich verlieben (*de* in +*akk*) **2.** (*de una cosa*) sehr gern mögen, lieben; **me he enamorado de su manera de traducir** ich mag seine/ihre Art zu übersetzen sehr

enamori(s)carse [enamori(s)'karse] <c→qu> *vr* sich ein bisschen verlieben (*en* in +*akk*)

enana [e'nana] *adj o f v.* **enano**

enancar [enaŋ'kar] <c→qu> **I.** *vt* (*Am*) auf die Kruppe des Pferdes setzen **II.** *vr:* ~**se** (*Am*) **1.** (*montarse sobre las ancas*) sich (hinter jdm) auf die Kruppe des Pferdes setzen **2.** (*entrometerse*) sich ungefragt einmischen (in +*akk*)

enangostar [enaŋgos'tar] **I.** *vt* verengen, schmaler machen; ~ **una carretera** eine Straße verschmälern **II.** *vr:* ~**se** sich verengen, schmaler werden

enanismo [ena'nismo] *m sin pl* (MED) Zwergwuchs *m,* Nanismus *m*

enanito, -a [ena'nito, -a] *m, f* Zwerg(in) *m(f);* **Blancanieves y los siete** ~**s** Schneewittchen und die sieben Zwerge

enano, -a [e'nano, -a] **I.** *adj* **1.** (*persona*) zwerg(en)haft **2.** (*objeto, árbol*) Zwerg- **3.** (MED) zwergwüchsig **II.** *m, f* **1.** (*liliputiense*) Liliputaner(in) *m(f)* **2.** (*de un cuento*) Zwerg(in) *m(f)* **3.** (*fam: criatura*) Kleine(r) *mf* **4.** (*pey: granuja*) elender Wicht *m* **5.** (*loc*): **disfrutar como un** ~ sich köstlich amüsieren

enantema [enan̩'tema] *m* (MED) Schleimhautausschlag *m,* Enanthem *nt*

enarbolado [enarβo'laðo] *m* (ARQUIT) Gerüst *nt,* Gebälk *nt*

enarbolar [enarβo'lar] **I.** *vt* **1.** (*bandera*) hissen; (*cartel*) hoch halten; (*espada*) schwingen **2.** (*razón*) anführen, vorbringen **II.** *vr:* ~**se 1.** (*caballo*) sich aufbäumen **2.** (*persona*) aufbrausen

enarcar [enar'kar] <c→qu> **I.** *vt* **1.** (*arquear*) biegen; (*las cejas*) hochziehen **2.** (*tonel*) bereifen **II.** *vr:* ~**se 1.** (*arquearse*) sich wölben **2.** (*encogerse*) sich ducken **3.** (*Méx: caballo*) sich aufbäumen

enardecedor(a) [enarðeθe'ðor(a)] *adj* begeisternd

enardecer [enarðe'θer] *irr como crecer* **I.** *vt* **1.** (*pasiones*) entfachen; **el vino los enardeció** der Wein brachte sie in Stimmung; **la arenga del capitán enardeció los ánimos de los viajeros** die Ansprache des Kapitäns bewegte die Gemüter der Reisenden **2.** (*enfervorizar*) begeistern **3.** (*sexualmente*) erregen **II.** *vr:* ~**se 1.** (*pasiones*) sich entflammen **2.** (*entusiasmarse*) sich begeistern (*por* für +*akk*) **3.** (MED: *inflamarse*) sich entzünden **4.** (*sexualmente*) erregt werden

enardecimiento [enarðeθi'mjen̩to] *m* **1.** (*de una pasión*) Entflammen *nt* **2.** (*entu-*

siasmo) Begeisterung *f*

enarenar [enare'nar] **I.** *vt* mit Sand bestreuen **II.** *vr:* ~**se** (NÁUT) auflaufen, stranden

encabalgamiento [eŋkaβalɣa'mjeṇto] *m* **1.**(*armazón*) Traggerüst *nt* **2.**(LIT) Enjambement *nt*

encabalgar [eŋkaβal'ɣar] <g→gu> **I.** *vi* **1.**(*montar*) reiten **2.**(*apoyar*) anlehnen, auflegen **II.** *vt* **1.**(*proveer de caballos*) mit Pferden versehen **2.**(LIT) ein Enjambement machen (bei/in +*dat*) **III.** *vr:* ~**se** ruhen (*en* auf +*dat*)

encabestrar [eŋkaβes'trar] *vt* **1.**(*cabestro*) (an)halftern **2.**(*persona*) bewegen, bringen; ~ **a alguien para que haga algo** jdn dazu bewegen [*o* bringen], etw zu tun

encabezado [eŋkaβe'θaðo] *m* (*Guat, Méx: titular*) Überschrift *f*, Schlagzeile *f*

encabezamiento [eŋkaβeθa'mjeṇto] *m* **1.**(*de un escrito, libro*) Kopf *m;* (*de un artículo*) Überschrift *f* **2.**(*de una carta: parte superior*) Briefkopf *m;* (*tratamiento*) Anrede *f;* (*primeras líneas del texto*) Einleitung *f* **3.**(INFOR, TIPO) Kopfzeile *f* **4.**(*registro*) Eintrag *m*, Registrierung *f* **5.**(*impuesto*) Pauschalbetrag *m* einer Steuergruppe

encabezar [eŋkaβe'θar] <z→c> **I.** *vt* **1.**(*lista, grupo*) anführen, an oberster Stelle [*o* der Spitze] stehen +*gen;* **él encabeza la lista** er ist der Erste auf der Liste, er führt die Liste an; **mi padre encabeza esta institución** mein Vater leitet diese Institution **2.**(*un escrito*) einleiten; (*un artículo*) überschreiben; **el autor encabeza el libro con una cita de Cervantes** der Autor stellt dem Buch ein Zitat von Cervantes voran **3.**(*una carta: la parte superior*) den Briefkopf schreiben +*gen;* (*el tratamiento*) die Anrede schreiben +*gen;* (*las primeras líneas*) einleiten **4.**(*vino*) den Grad erhöhen +*gen* **5.**(*Am: motín*) anführen **6.**(*registrar*) eintragen, registrieren **7.**(*dos tableros*) miteinander verbinden **II.** *vr:* ~**se** **1.**(*contentarse*) das kleinere Übel wählen **2.**(*en una cantidad*) sich auf einen Betrag einigen

encabritarse [eŋkaβri'tarse] *vr* **1.**(*animal*) sich aufbäumen **2.**(*persona*) wütend sein

encabronarse [eŋkaβro'narse] *vr* wütend werden (*con* über +*akk*)

encachado [eŋka'ʧaðo] *m* (Fluss)befestigung *f*

encadenación [eŋkaðena'θjon] *f v.* **encadenamiento**

encadenado[1] [eŋkaðe'naðo] *m* **1.**(ARQUIT: *armazón*) Traggebälk *nt* **2.**(*mina*) Abstrebung *f*

encadenado, -a[2] [eŋkaðe'naðo, -a] *adj* **1.**(*con cadena*) angekettet (*a* an +*dat*) **2.**(*estrofa*) verkettet; **verso** ~ Kettenvers *m*

encadenamiento [eŋkaðena'mjeṇto] *m* **1.**(*acción*) Anketten *nt* (*a* an +*akk/dat*) **2.**(*a un trabajo*) Bindung *f* (*a* an +*akk*) **3.**(*de hechos*) Verkettung *f*

encadenar [eŋkaðe'nar] **I.** *vt* **1.**(*bicicleta, persona*) anketten (*a* an +*akk/dat*); (*un perro t.*) an die Kette legen **2.**(*hechos, t.* INFOR) verketten; (*razonamientos*) miteinander verknüpfen **3.**(*a un trabajo, lugar*) binden (*a* an +*akk*); **los recuerdos la encadenan a esta casa** die Erinnerungen binden sie an dieses Haus **II.** *vr:* ~**se** **1.**(*con cadenas*) sich anketten (*a* an +*akk/dat*) **2.**(*hechos*) sich verketten **3.**(*a un trabajo, lugar*) sich binden (*a* an +*akk*)

encajadura [eŋkaxa'ðura] *f* **1.**(*acción*) Einpassung *f*, Einfügung *f* **2.**(*ranura*) Falz *m*, Nut *f* **3.**(*de joya*) Fassung *f*

encajamiento [eŋkaxa'mjeṇto] *m* (BIOL, MED: *feto*) Senkung *f* ins Becken

encajar [eŋka'xar] **I.** *vi* **1.**(*ajustar, t.* TÉC) passen; (*cerradura*) einrasten, einschnappen; **la puerta encaja mal** die Tür klemmt; **esta puerta no encaja con este marco** diese Tür passt nicht in diesen Rahmen **2.**(*datos, hechos*) passen (*con* zu +*dat*); **las dos declaraciones encajan** die zwei Aussagen stimmen überein; **¡ves como todo encaja!** sieh mal, wie alles zusammenpasst!; **este chiste no encaja aquí** dieser Witz ist hier fehl am Platz **II.** *vt* **1.**(*ajustar, t.* TÉC) einpassen (*en* in +*akk*), einfügen (*en* in +*akk*); ~ **dos piezas** zwei Stücke ineinander fügen [*o* miteinander verbinden]; ~ **la ventana en el marco** das Fenster in den Fensterrahmen einsetzen; ~ **el sombrero en la cabeza** den Hut aufsetzen [*o* auf den Kopf setzen]; ~ **la funda en la máquina** den Überzug über die Maschine stülpen **2.**(*fam: disparo*) abgeben; (*golpe*) versetzen **3.**(*fam: aceptar*) annehmen; **no ha encajado su muerte** er/sie hat seinen/ihren Tod nicht verkraftet; **no sabes ~ una broma** du verstehst keinen Spaß **4.**(DEP: *golpe*) abbekommen; (*gol*) kassieren **5.**(*fam: soltar*) loslassen, vom Stapel lassen; **le encajó una reprimenda** er/sie hat ihm/ihr die Leviten gelesen; **me encajó todas sus vacaciones** ich musste die Schilderung seines/ihres gesamten Urlaubes über mich ergehen lassen **6.**(*fam: endilgar*) andrehen; **el vendedor me ha encajado una máquina de coser** der Verkäufer hat mir eine Nähmaschine angedreht; **me han encajado esta tarea** sie haben diese Aufgabe auf mich abgeschoben **7.**(*insertar*) einfügen; **tenemos que ~ esta historia en la edición de mañana** wir müssen diese Geschichte in der Ausgabe von morgen unterbringen **III.** *vr:* ~**se** **1.**(*empotrarse*) stecken bleiben (*en* in +*dat*) **2.**(*fam: ponerse*) sich *dat* anziehen **3.**(*atascarse*) klemmen; (*acción*) sich verklemmen; **la puerta se ha encajado** die Tür klemmt

encaje [eŋ'kaxe] *m* **1.**(*acción*) Einpassung *f* (*en* in +*akk*), Einfügung *f* (*en* in +*akk*) **2.**(*ranura*) Falz *m*, Nut *f* **3.**(*lo insertado*) Einsatz *m* **4.**(*tejido*) Spitze *f;* ~ **de bolillos** Klöppelspitze *f* **5.**(*taracea*) Einlegearbeit *f*, Intarsie *f*

E

6. (FIN: *bancario*) Kassenbestand *m;* ~ **oro** Goldreserve *f*

encajera [eŋka'xera] *f* Spitzenklöpplerin *f*

encajetillar [eŋkaxeti'ʎar] *vt* (*cigarrillos*) abpacken

encajonado [eŋkaxo'naðo] *m* Lehmmauer *f*

encajonamiento [eŋkaxona'mjen̪to] *m* **1.** (*en cajones*) Einpacken *nt* (*in Kartons/Kisten*) **2.** (*a la fuerza*) Hineinzwängen *nt* **3.** (*de un muro*) Abstützung *f*

encajonar [eŋkaxo'nar] **I.** *vt* **1.** (*poner en cajones*) (ein)packen (*in Kartons/Kisten*) **2.** (*a la fuerza*) (hinein)zwängen; (*personas*) zusammenpferchen; **estábamos encajonados en el ascensor** wir standen zusammengepfercht [*o* eingezwängt] im Aufzug **3.** (*cimientos*) in Caissons mauern **4.** (*un muro*) abstützen **II.** *vr:* ~**se** **1.** (*apretarse*) sich hineinzwängen (*en* in +*akk*) **2.** (*un río*) eine Enge bilden

encalabozar [eŋkalaβo'θar] <z→c> *vt* einkerkern

encalabrinar [eŋkalaβri'nar] **I.** *vt* **1.** (*olores*) benebeln **2.** (*irritar*) reizen, ärgern; **este tipo me encalabrina los nervios** dieser Kerl geht mir auf die Nerven **II.** *vr:* ~**se** **1.** (*irritarse*) sich ärgern **2.** (*encapricharse*) sich vernarren (*en* in +*akk*) **3.** (*enamorarse*) sich verlieben (*con* in +*akk*), sich vernarren (*con* in +*akk*)

encalado [eŋka'laðo] *m* Tünchen *nt,* Kalken *nt*

encalador(a) [eŋkala'ðor(a)] *m(f)* Maler(in) *m(f),* Tüncher(in) *m(f) reg*

encaladura [eŋkala'ðura] *f v.* **encalado**

encalambrarse [eŋkalam'brarse] *vr* (*Am*) **1.** (*calambre*) einen Krampf haben **2.** (*de frío*) erstarren

encalamocar [eŋkalamo'kar] <c→qu> *vt, vr:* ~**se** (*Col, Ven: embobar*) verdummen, verblöden *fam*

encalar [eŋka'lar] *vt* tünchen, kalken

encalladero [eŋkaʎa'ðero] *m* (NÁUT) Sandbank *f*

encalladura [eŋkaʎa'ðura] *f* (NÁUT) Stranden *nt*

encallar [eŋka'ʎar] **I.** *vi* **1.** (*barco*) stranden, auf Grund laufen **2.** (*asunto*) ins Stocken geraten, nicht vorankommen; (*negociaciones*) sich festfahren **II.** *vr:* ~**se** **1.** (*barco*) festsitzen **2.** (*alimentos*) hart werden

encallecer [eŋkaʎe'θer] *irr como crecer* **I.** *vi* (*piel*) verhornen, schwielig werden **II.** *vt* **1.** (*piel*) schwielig werden lassen **2.** (*corazón*) verhärten; **un alma encallecida** eine abgestumpfte Seele **III.** *vr:* ~**se** **1.** (*piel*) verhornen, schwielig werden **2.** (*persona*) abstumpfen; **se encallece en la bebida desde muy joven** er/sie ist seit seiner/ihrer Jugend ein Gewohnheitstrinker/eine Gewohnheitstrinkerin **3.** (*alimentos*) hart werden

encallejonar [eŋkaʎexo'nar] *vt* in eine Gasse treiben

encalmada [eŋkal'maða] *f* (NÁUT) Flaute *f,* Windstille *f*

encalmarse [eŋkal'marse] *vr* (*viento, negocios*) abflauen

encalvecer [eŋkalβe'θer] *irr como crecer vi* kahl werden

encamada [eŋka'maða] *f* (*Arg, Urug*) *Geschlechtsakt im Bett*

encamado [eŋka'maðo] *m* (AGR) Getreideumlegen *nt*

encamar [eŋka'mar] **I.** *vt* (*poner*) auf den Boden stellen **II.** *vr:* ~**se** **1.** (*persona*) ins [*o* zu] Bett gehen **2.** (AGR: *mieses*) sich biegen; (*mucho*) umknicken **3.** (*animal*) sich (hin)kauern

encamarar [eŋkama'rar] *vt* in der Speisekammer aufbewahren

encaminador [eŋkamina'ðor] *m* (INFOR) Router *m*

encaminar [eŋkami'nar] **I.** *vt* **1.** (*orientar*) auf den richtigen Weg bringen (*a* nach/zu +*dat*); **¿me puede ~ al pueblo más próximo, por favor?** können Sie mir bitte erklären, wie ich zum nächsten Dorf komme? **2.** (*dirigir*) lenken (*hacia* auf +*akk*); **encaminó sus pasos hacia el pueblo** er/sie machte sich auf den Weg ins Dorf; ~ **la mirada/la conversación hacia un punto** den Blick/das Gespräch auf einen Punkt lenken; ~ **los esfuerzos hacia una meta** die Bemühungen auf ein Ziel richten; **medidas encaminadas a reducir el paro** Maßnahmen zur Senkung der Arbeitslosigkeit; ~ **los negocios** die Geschäfte in Gang bringen **II.** *vr:* ~**se** sich begeben (*a/hacia* nach/zu +*dat*), sich aufmachen (*a/hacia* nach/zu +*dat*); ~**se a la meta** direkt aufs Ziel zugehen

encamisado [eŋkami'saðo] *m* (TÉC) Ummantelung *f,* Umhüllung *f*

encamotarse [eŋkamo'tarse] *vr* (*Am*) sich verlieben (*en* in +*akk*)

encanalar [eŋkana'lar] *vt* kanalisieren

encanallamiento [eŋkanaʎa'mjen̪to] *m* Verwahrlosung *f* (*der Sitten*)

encanallar [eŋkana'ʎar] **I.** *vt* (sittlich) verwahrlosen lassen **II.** *vr:* ~**se** (sittlich) verwahrlosen

encanarse [eŋka'narse] *vr* **1.** (*envararse*) erstarren **2.** (*Col: argot: ser encarcelado*) hinter Gitter kommen

encanastar [eŋkanas'tar] *vt* in einen Korb legen

encancerarse [eŋkan̪θe'rarse] *vr* (MED) bösartig werden

encandecer [eŋkan̪de'θer] *irr como crecer* **I.** *vt* zum Weißglühen bringen; **el fuego encandece el hierro** das Feuer bringt das Eisen zum Weißglühen **II.** *vr:* ~**se** sich zur Weißglut erhitzen

encandilado, -a [eŋkan̪di'laðo, -a] *adj* **1.** (*fam: erguido*) aufrecht, gerade **2.** (*fam: enamorado*) verschossen (*con* in +*akk*), verliebt (*con* in +*akk*); **está ~ con su vecina** er schwärmt für seine Nachbarin **3.** (*deslumbra-*

do) geblendet
encandilar [eŋkan̪di'lar] **I.** *vt* **1.**(*deslumbrar*) blenden; **su belleza lo encandiló** er war von seiner/ihrer Schönheit ganz geblendet; **la gente escuchaba encandilada al orador** die Leute hörten dem Redner wie gebannt zu **2.**(*fam: la lumbre*) schüren, anfachen **3.**(*excitar*) aufregen **II.** *vr:* **~se 1.**(*deslumbrarse*) geblendet werden **2.**(*ojos*) funkeln, glänzen **3.**(*Am: asustarse*) Angst haben **4.**(*PRico: enfadarse*) sich ärgern
encanecer [eŋkane'θer] *irr como crecer vi, vr:* **~se 1.**(*pelo*) ergrauen; **pelo encanecido** graumeliertes Haar **2.**(*persona*) alt werden
encanecimiento [eŋkaneθi'mjen̪to] *m* Ergrauen *nt,* Canities *f*
encanijado, -a [eŋkani'xaðo, -a] *adj* **1.**(*enfermizo*) kränklich **2.**(*esmirriado*) mickerig
encanijamiento [eŋkanixa'mjen̪to] *m* Verkümmern *nt*
encantado, -a [eŋkan̪'taðo, -a] *adj* **1.**(*satisfecho*) (hoch)erfreut (*de/con* über *+akk*), entzückt (*de/con* über *+akk*); **¡~ de conocerle!** sehr angenehm!, hocherfreut!; **estoy ~ con mi nuevo trabajo** ich bin mit meiner neuen Arbeit sehr zufrieden; **estoy ~ de la vida** ich fühle mich sehr wohl **2.**(*distraído*) zerstreut, geistesabwesend **3.**(*príncipe, casa*) verzaubert; **bosque ~** Zauberwald *m*
encantador(a) [eŋkan̪ta'ðor(a)] **I.** *adj* **1.**(*persona*) reizend, bezaubernd; (*bebé*) niedlich, goldig **2.**(*fiesta, lugar*) zauberhaft, wunderbar **3.**(*música*) entzückend, bezaubernd **II.** *m(f)* Zauberer, -in *m, f;* **~ de serpientes** Schlangenbeschwörer *m*
encantamiento [eŋkan̪ta'mjen̪to] *m* Verzauberung *f;* **lo hizo como por arte de ~** er/sie tat es wie durch Zauberei
encantar [eŋkan̪'tar] *vt* **1.**(*hechizar*) verzaubern, verhexen; (*serpientes*) beschwören **2.**(*gustar*) erfreuen, große Freude bereiten *+dat;* **me encanta viajar** ich reise sehr gern; **le encantan los dulces** er/sie isst unheimlich gern Süßes; **me encanta que te preocupes por mí** es freut mich sehr, dass du dich um mich kümmerst **3.**(*cautivar*) begeistern, entzücken; **me ha encantado cómo toca el piano** sein/ihr Klavierspiel hat es mir angetan; **este cantante me encanta** dieser Sänger fasziniert mich
encanto [eŋ'kan̪to] *m* **1.**(*encantamiento*) Verzauberung *f;* (*hechizo*) Zauber *m;* **romper el ~** den Zauber [*o* Bann] brechen **2.**(*atractivo*) Reiz *m,* Charme *m;* **¡es un ~ de niño!** das ist ein goldiges Kind! **3.**(*distracción*) Zerstreutheit *f*
encañado [eŋka'ɲaðo] *m* **1.**(*tubos*) Rohrleitung *f* **2.**(*cañas*) Rohrgestell *nt*
encañar [eŋka'ɲar] **I.** *vt* **1.**(*agua*) durch Rohre leiten **2.**(*tierra*) entwässern **3.**(*plantas*) hochbinden **4.**(*leña*) stapeln **II.** *vi* (*cereales*) Halme entwickeln
encañonar [eŋkaɲo'nar] **I.** *vt* **1.**(*agua*) durch Rohre leiten **2.**(*arma*) zielen (auf *+akk, con* mit *+dat*), richten (auf *+akk*); **la encañonó con su pistola** er/sie richtete seine/ihre Pistole auf sie **3.**(*cartones, prendas*) fälteln **4.**(*seda*) spulen **II.** *vi* Federn ansetzen
encapirotar [eŋkapiro'tar] **I.** *vt* eine Kappe aufsetzen (*a +dat*) (*u. a. die Kapuze der Büßenden in der Karwoche*) **II.** *vr:* **~se** sich *dat* eine Kappe aufsetzen (*u. a. die Kapuze der Büßenden in der Karwoche*)
encapotado, -a [eŋkapo'taðo, -a] *adj* bedeckt; **el cielo está muy ~** der Himmel ist verhangen
encapotar [eŋkapo'tar] **I.** *vt* (*con el capote*) einen Umhang umhängen *+dat* **II.** *vr:* **~se 1.**(*capote*) sich *dat* einen Umhang umhängen **2.**(*cielo*) sich bedecken, sich bewölken **3.**(*persona*) ein düsteres Gesicht machen
encapricharse [eŋkapri'ʧarse] *vr* **1.**(*con una cosa*) hartnäckig wollen (*con +akk*); **se ha encaprichado con el sofá que vimos ayer** er/sie will unbedingt das Sofa, das wir gestern gesehen haben **2.**(*con una persona*) sich vernarren (*con* in *+akk*), einen Narren gefressen haben (*con* an *+dat*); **se ha encaprichado con ella** sie hat es ihm/ihr angetan
encapsulación [eŋkaβsula'θjon] *f sin pl* Einkapselung *f*
encapsular [eŋkaβsu'lar] *vt* einkapseln
encapuchado, -a [eŋkapu'ʧaðo, -a] *adj* (*monje*) mit Kapuze; (*atracador*) maskiert, vermummt
encapuchar [eŋkapu'ʧar] *vt, vr:* **~se 1.**(*poner(se) capucha*) (sich *dat*) eine Kapuze aufsetzen **2.**(*tapar(se) el rostro*) (sich) vermummen
encarado, -a [eŋka'raðo, -a] *adj:* **bien/mal ~** (*aspecto*) mit einem hübschen/hässlichen Gesicht; (*humor*) gut/schlecht gelaunt; **cuando está mal ~ es mejor no hablarle** wenn er schlecht gelaunt ist, sollte man ihn besser nicht ansprechen
encaramar [eŋkara'mar] **I.** *vt* **1.**(*alzar*) hochheben, emporheben; **~ a alguien a la fama mundial** jdn weltberühmt machen **2.**(*alabar*) loben, herausstreichen **II.** *vr:* **~se 1.**(*subir*) hinaufklettern (*a/en +akk*), hochklettern (*a/en +akk*); **~se a un árbol** (auf) einen Baum hinaufklettern; **~se a una escalera** eine Leiter hochklettern **2.**(*de categoría*) sich emporarbeiten, sich hocharbeiten; **se ha encaramado a lo más alto de la empresa** er/sie hat sich in der Firma ganz nach oben gearbeitet
encaramiento [eŋkara'mjen̪to] *m* Gegenüberstellung *f;* (*enfrentamiento*) Konfrontation *f*
encarar [eŋka'rar] **I.** *vt* **1.**(*persona, cosa*) (einander) gegenüberstellen **2.**(*riesgo*) ins Auge sehen [*o* blicken] *+dat* **3.**(*fusil*) zielen (*a* auf *+akk*), richten (*a* auf *+akk*) **II.** *vr:* **~se 1.**(*dos personas*) einander gegenüberstehen **2.**(*a una dificultad*) ins Auge sehen (*a/con +dat*);

el gobierno se encara a [*o* **con**] **una gran dificultad** die Regierung sieht sich mit einem großen Problem konfrontiert **3.** (*fam: a un superior*) die Stirn bieten (*a* +*dat*); **~se a la jefa** der Chefin die Stirn bieten

encarcelación [eŋkarθela'θjon] *f*, **encarcelamiento** [eŋkarθela'mjen̪to] *m* **1.** (*acción*) Inhaftierung *f* **2.** (*efecto*) Haft *f*

encarcelar [eŋkarθe'lar] *vt* inhaftieren, einsperren; **estar encarcelado** sich in Haft befinden

encarecedor(a) [eŋkareθe'ðor(a)] *adj* preistreibend, verteuernd; **factor ~ de los precios** preissteigernder Faktor

encarecer [eŋkare'θer] *irr como crecer vt* **1.** (COM: *precio*) erhöhen **2.** (*alabar*) loben **3.** (*subrayar*) hervorheben, betonen; **encareció la necesidad de aprender idiomas** er/sie unterstrich immer wieder, wie wichtig es ist, Sprachen zu lernen **4.** (*insistir*) eindringlich bitten; **me encareció que, si iba a su ciudad, no dejara de visitarla** sie bat mich eindringlich sie zu besuchen, falls ich in ihre Stadt käme; **nos encarecieron que guardáramos el secreto** man schärfte uns ein das Geheimnis zu wahren

encarecidamente [eŋkareθiða'men̪te] *adv* eindringlich, mit Nachdruck; **le ruego ~...** ich bitte Sie inständig ...

encarecimiento [eŋkareθi'mjen̪to] *m* **1.** (COM: *de los precios*) Preissteigerung *f*, Preiserhöhung *f*, Verteuerung *f* **2.** (*acentuación*) Hervorhebung *f*, Betonung *f* **3.** (*insistencia*) Eindringlichkeit *f*, Nachdruck *m*; **con ~** eindringlich, mit Nachdruck

encargado, -a [eŋkar'ɣaðo, -a] **I.** *adj* beauftragt (*de* mit +*dat*), betraut (*de* mit +*dat*) **II.** *m*, *f* Beauftragte(r) *mf*; (*oficial*) Sachbearbeiter(in) *m(f)*; (*de un taller*) Werkmeister(in) *m(f)*; **~ de curso** Lehrbeauftragte(r) *m*; **~ de negocios** Geschäftsträger *m*; **~ de obras** Polier *m*; **~ de prensa** Pressesprecher *m*

encargar [eŋkar'ɣar] <g→gu> **I.** *vt* **1.** (*encomendar*) anvertrauen; (*cargo*) übertragen; **lo ~on del departamento de ventas** ihm wurde die Leitung der Verkaufsabteilung übertragen; **encargó a su hijo a una vecina** er/sie vertraute das Kind der Obhut einer Nachbarin an **2.** (*recomendar*) empfehlen, raten; **le encargué que fuera discreta** ich riet ihr zur Diskretion **3.** (COM: *pedir*) bestellen **4.** (*trabajo*) in Auftrag geben; **me han encargado que ocupe la presidencia** man hat mich beauftragt [*o* mir aufgetragen] den Vorsitz zu führen **II.** *vr*: **~se** übernehmen, sich kümmern (*de* um +*akk*); **yo me ~é de eso** ich kümmere mich schon darum; **¿quién se encarga de este departamento?** wer betreut diese Abteilung?; **tengo que ~me aún de un par de cosas** ich muss noch ein paar Sachen erledigen

encargo [eŋ'karɣo] *m* **1.** (COM: *pedido*) Bestellung *f*; **~ por anticipado** Vorbestellung *f*; **~ por catálogo** Katalogbestellung *f*; **~ por correo** Bestellung per Post; **~ por correspondencia** Versandbestellung *f*; **hacer un nuevo ~** nachbestellen **2.** (*trabajo*) Auftrag *m*; **obra de ~** (TEAT) Auftragswerk *nt*; **~ a empresa ajena** Fremdleistungsauftrag *m*; **traje de ~** Maßanzug *m*; **de ~** im Auftrag; **por ~ de...** im Auftrag von ..., auf Bestellung von ...; **hacer ~s** Besorgungen machen; **tener ~ de hacer algo** den Auftrag haben, etw zu tun; **este vestido te viene como hecho de ~** dieses Kleid passt dir [*o* sitzt] wie angegossen

encariñado, -a [eŋkari'ɲaðo, -a] *adj*: **estar ~ con algo** etw (gern) mögen; **estar ~ con alguien** jdm zugetan sein, jdn gern haben

encariñar [eŋkari'ɲar] **I.** *vt*: **~ a alguien** jds Zuneigung wecken; **la madre intenta ~ a los niños con su nuevo padre** die Mutter versucht die Zuneigung der Kinder zu dem neuen Vater zu wecken **II.** *vr*: **~se 1.** (*con algo*) (gern) mögen (*con* +*akk*) **2.** (*con alguien*) gern haben (*con* +*akk*); **me he encariñado con el pequeño** ich habe den Kleinen lieb gewonnen; **el hijo mayor se ha encariñado con su madre** das älteste Kind hängt sehr an seiner Mutter

encarnación [eŋkarna'θjon] *f* **1.** (REL) Inkarnation *f* **2.** (*personificación*) Verkörperung *f*; **la ~ del horror** der Inbegriff des Schreckens

encarnado[1] [eŋkar'naðo] *m* (*color carne*) Fleischfarbe *f*; (*rojo*) Rot *nt*; (ARTE) Inkarnat *nt*

encarnado, -a[2] [eŋkar'naðo, -a] *adj* **1.** (*color carne*) fleischfarben; (*rojo*) rot; (ARTE) inkarnat **2.** (REL) inkarniert, Fleisch geworden **3.** (*persona*) leibhaftig; **era Alejandro Magno ~** er war Alexander der Große in Person

encarnadura [eŋkarna'ðura] *f* (MED): **tener buena/mala ~** gut/schlecht heilendes Gewebe haben

encarnar [eŋkar'nar] **I.** *vi* **1.** (REL) zu Fleisch werden **2.** (*arma*) (in das Fleisch) eindringen **3.** (*herida*) heilen **4.** (*impresionar*) beeindrucken **5.** (*perros*) sich verbeißen **II.** *vt* **1.** (*un personaje*) verkörpern, darstellen; **esta persona encarna la opresión** dieser Mensch verkörpert die Unterdrückung **2.** (ARTE) im Inkarnat malen **III.** *vr*: **~se 1.** (REL) Fleisch werden, Mensch werden **2.** (*en una persona*) sich verkörpern

encarnecer [eŋkarne'θer] *irr como crecer vi* Fett ansetzen, dick werden

encarnizado, -a [eŋkarni'θaðo, -a] *adj* **1.** (*herida*) entzündet; (*ojo*) blutunterlaufen **2.** (*lucha*) erbittert, blutig

encarnizamiento [eŋkarniθa'mjen̪to] *m* Grausamkeit *f*; (*de la lucha*) Schärfe *f*, Heftigkeit *f*

encarnizar [eŋkarni'θar] <z→c> **I.** *vt* (*perro*) scharf machen; (*persona*) aufhetzen **II.** *vr*: **~se 1.** (*perro*) sich verbeißen (*con* in +*akk/dat*) **2.** (*recrudecerse*) grausam werden; (*en un combate*) verbissen kämpfen

3. (*ensañarse*) seine Wut auslassen (*con/en* an +*dat*)

encarpetar [eŋkarpe'tar] *vt* in eine Mappe legen; (*encuadernar*) abheften; (*Am: dar carpetazo*) ad acta legen

encarriladera [eŋkarrila'ðera] *f* (FERRO) Aufgleisungsgerät *nt*

encarrilar [eŋkarri'lar] *vt* 1. (FERRO) aufgleisen; **ir encarrilado** auf Gleisen laufen 2. (*dirigir*) auf den rechten Weg bringen; (*de nuevo*) wieder ins (rechte) Gleis bringen

encartado, -a [eŋkar'taðo, -a] *m, f* (JUR) 1. (*procesado*) Beschuldigte(r) *mf* 2. (*ausente*) in Abwesenheit Verurteilte(r) *mf*

encartamiento [eŋkarta'mjen̪to] *m* (JUR) Verurteilung *f* in Abwesenheit

encartar [eŋkar'tar] *vt* (JUR) in Abwesenheit verurteilen

encarte [eŋ'karte] *m* Werbebeilage *f*

encartonado [eŋkarto'naðo] *m* (TIPO) Kartonierung *f*

encartonar [eŋkarto'nar] *vt* 1. (*empaquetar*) in Pappe verpacken 2. (*encuadernar*) kartonieren

encascabelar [eŋkaskaβe'lar] *vt* Schellen umhängen (*a* +*dat*); **~on al gato para que no se perdiera** der Katze wurde ein Glöckchen umgehängt, damit sie nicht verloren ging

encasillado [eŋkasi'ʎaðo] *m* (*de un crucigrama*) Kästchen *ntpl*

encasillamiento [eŋkasiʎa'mjen̪to] *m* 1. (*encasillado*) Kästchen *ntpl* 2. (*colocación en casillas*) Verteilung *f* in einzelne Fächer 3. (*pey: clasificación*) Abstempeln *nt*

encasillar [eŋkasi'ʎar] I. *vt* 1. (*meter en casillas*) in Fächer verteilen 2. (*clasificar*) einordnen (*en* in +*akk*), in eine Schublade stecken *pey* II. *vr:* **~se** sich festlegen (*en* auf +*akk*); **este actor se ha encasillado en los papeles de héroe** dieser Schauspieler spielt nur Heldenrollen

encasquetar [eŋkaske'tar] I. *vt* 1. (*sombrero*) aufstülpen 2. (*golpe*) versetzen 3. (*una idea*) einreden 4. (*endilgar*) aufhalsen; **me encasquetó un rollo tremendo** er/sie traktierte mich mit seinem/ihrem fürchterlichen Geschwätz II. *vr:* **~se** (*sombrero*) sich *dat* aufstülpen; **se te ha encasquetado esa idea** diese Idee hast du dir in den Kopf gesetzt

encasquillamiento [eŋkaskiʎa'mjen̪to] *m* Klemmen *nt;* (*de un arma*) Ladehemmung *f*

encasquillar [eŋkaski'ʎar] I. *vt* 1. (TÉC) einbuchsen 2. (*Am: herrar*) beschlagen II. *vr:* **~se** 1. (*atascarse*) klemmen; (*arma*) Ladehemmungen haben 2. (*irón: al hablar*) einen Kloß im Hals haben

encastillamiento [eŋkastiʎa'mjen̪to] *m* (*obstinación*) Beharren *nt* (*en* auf +*dat*)

encastillar [eŋkasti'ʎar] I. *vt* (MIL: *fortificar*) befestigen II. *vr:* **~se** 1. (MIL) sich verschanzen 2. (*obstinarse*) beharren (*en* auf +*dat*), sich versteifen (*en* auf +*akk*); **se encastilló en su silencio** er/sie schwieg beharrlich

encastrable [eŋkas'traβle] *adj* (*empotrable*) einbaubar; **pila** ~ Einbauspüle *f*

encastrar [eŋkas'trar] *vt* 1. (*empotrar*) einbauen 2. (TÉC) verzahnen

encauchado[1] [eŋkau̯'ʧaðo] *m* (*Am: poncho*) wasserdichter Poncho *m*

encauchado, -a[2] [eŋkau̯'ʧaðo, -a] *adj* (*Am*) mit Gummi überzogen, gummiert

encauchar [eŋkau̯'ʧar] *vt* kautschutieren

encausado, -a [eŋkau̯'saðo, -a] *m, f* (JUR) Angeklagte(r) *mf*

encausar [eŋkau̯'sar] *vt* (JUR) belangen; (*acusar*) verklagen

encáustico[1] [eŋ'kau̯stiko] *m* (*para madera*) Beize *f;* (*cera*) Bienenwachs *nt;* (*para dar brillo*) Politur *f*

encáustico, -a[2] [eŋ'kau̯stiko, -a] *adj* (ARTE) enkaustisch

encausto [eŋ'kau̯sto] *m* (ARTE) Enkaustik *f*

encauzamiento [eŋkau̯θa'mjen̪to] *m* (*corriente*) Eindämmen *nt;* (*debate*) Lenkung *f*

encauzar [eŋkau̯'θar] <z→c> *vt* (*corriente*) eindämmen; (*debate*) lenken; **tuvo que ~ su vida después del divorcio** nach der Scheidung musste er/sie sein/ihr Leben neu ordnen

encebollado, -a [en̪θeβo'ʎaðo, -a] *adj* (GASTR) *mit viel Zwiebeln in Öl geschmort*

encebollar [en̪θeβo'ʎar] *vt* (GASTR) mit viel Zwiebeln in Öl schmoren

encefalalgia [en̪θefa'lalxja] *f* (MED) Kephalgie *f*, Kopfschmerzen *mpl*

encefálico, -a [en̪θe'faliko, -a] *adj* Gehirn-; **masa encefálica** Hirnmasse *f*

encefalitis [en̪θefa'litis] *f inv* (MED) Enzephalitis *f*, Gehirnentzündung *f*

encéfalo [en̪'θefalo] *m* (MED) Gehirn *nt*

encefalografía [en̪θefaloɣra'fia] *f* (MED) Enzephalographie *f*

encefalograma [en̪θefalo'ɣrama] *m* (MED) Enzephalogramm *nt*

encefalopatía [en̪θefalopa'tia] *f sin pl* (MED) Enzephalopathie *f;* ~ **bovina** Rinderwahnsinn *m*

enceguecer [en̪θeɣe'θer] *irr como crecer* I. *vi* (*quedarse ciego*) blind werden, erblinden II. *vt* 1. (*cegar*) blenden 2. (*fig: ofuscar*) verblenden III. *vr:* **~se** 1. (*ofuscarse*) aus der Fassung geraten; **se enceguеció de furia** er/sie wurde blind vor Wut 2. (*quedarse ciego*) erblinden, blind werden

encelar [en̪θe'lar] I. *vt* eifersüchtig machen II. *vr:* **~se** 1. (*sentir celos*) eifersüchtig werden (*de* auf +*akk*) 2. (*fam: enamorarse*) sich bis über beide Ohren verlieben (*de* in +*akk*); **estar encelado** verschossen sein 3. (ZOOL) brünstig werden

encella [en̪'θeʎa] *f* (GASTR) Käseform *f*

encenagado, -a [en̪θena'ɣaðo, -a] *adj* verschlammt, verdreckt

encenagar [en̪θena'ɣar] <g→gu> I. *vt* mit Schlamm bedecken II. *vr:* **~se** 1. (*con barro*) verschlammen **2.** (*pervertirse*) versumpfen

encendajas [eṇθeṇ'daxas] *fpl* Reisig *nt* (zum Feueranmachen)

encendedor [eṇθeṇde'ðor] *m* Anzünder *m;* (*mechero*) Feuerzeug *nt*

encender [eṇθeṇ'der] <e→ie> **I.** *vi* zünden; **este mechero no enciende** dieses Feuerzeug zündet nicht **II.** *vt* **1.** (*llama*) anzünden, anstecken; ~ **una vela/la chimenea** eine Kerze/den Kamin anzünden; ~ **un conflicto** einen Konflikt heraufbeschwören **2.** (*conectar*) anmachen, anschalten; ~ **la luz** das Licht anmachen **3.** (*pasiones*) entflammen **4.** (AUTO, TÉC) zünden **III.** *vr:* **~se 1.** (*desencadenarse*) aufflammen **2.** (*inflamarse*) sich entzünden **3.** (*ruborizarse*) erröten

encendido[1] [eṇθeṇ'diðo] *m* (AUTO, TÉC: *proceso*) Zündung *f;* (*instalación*) Zündanlage *f;* ~ **automático** Selbstzündung *f;* ~ **defectuoso** Fehlzündung *f*

encendido, -a[2] [eṇθeṇ'diðo, -a] *adj* **1.** (*conectado*) angeschaltet; **la luz está encendida** das Licht ist an **2.** (*ardiente*) brennend; (*apasionado*) inbrünstig, feurig **3.** (*rojo*) feuerrot

encendimiento [eṇθeṇdi'mjeṇto] *m* **1.** (*encendido*) Zünden *nt* **2.** (*calentamiento*) Erhitzen *nt* **3.** (*ardor*) Glut *f;* (*pasión*) Inbrunst *f*

encenizar [eṇθeni'θar] <z→c> **I.** *vt* mit Asche bedecken **II.** *vr:* **~se** mit Asche bedeckt werden

encepar [eṇθe'par] **I.** *vi* (AGR) tiefe Wurzeln treiben **II.** *vt* **1.** (HIST: *meter en el cepo*) in den Block spannen **2.** (*madera*) mit einem Baumast befestigen **3.** (*armas de fuego*) schäften **III.** *vr:* **~se 1.** (AGR) sich verwurzeln **2.** (NÁUT: *ancla*) sich verhaken

encerado [eṇθe'raðo] *m* **1.** (*tratamiento con cera*) Wachsen *nt;* (*abrillantado*) Bohnern *nt* **2.** (*pizarra*) Wandtafel *f* **3.** (NÁUT) Persenning *f*

enceradora [eṇθera'ðora] *f* Bohnermaschine *f*

encerar [eṇθe'rar] *vt* wachsen; (*lustrar*) bohnern

encerradero [eṇθerra'ðero] *m* **1.** (*majada*) Pferch *m* **2.** (TAUR: *toril*) Stierzwinger *m*

encerramiento [eṇθerra'mjeṇto] *m* **1.** (*acción*) Einschließen *nt,* Einsperren *nt* **2.** (*lugar*) Gehege *nt,* Käfig *m*

encerrar [eṇθe'rrar] <e→ie> **I.** *vt* **1.** (*recluir*) einschließen (*en* in *+akk/dat*), einsperren (*en* in *+akk/dat*); (*argot: encarcelar*) einlochen (*en* in *+dat*); ~ **una palabra entre paréntesis** ein Wort einklammern **2.** (*contener*) enthalten, umfassen; **su oferta encerraba una trampa** hinter seinem/ihrem Angebot verbarg sich eine Falle **3.** (*en el juego*) mauern **II.** *vr:* **~se** sich zurückziehen (*en* in *+akk*)

encerrona [eṇθe'rrona] *f* (*trampa*) Falle *f;* **preparar** [*o* **tender**] **una** ~ **a alguien** jdm eine Falle stellen

encespedar [eṇθespe'ðar] *vt* mit Rasen bedecken

encestador(a) [eṇθesta'ðor(a)] **I.** *adj* (DEP) den Korb treffend **II.** *m(f)* (DEP) Korbwerfer(in) *m(f)*

encestar [eṇθes'tar] *vi* (DEP) einen Korb werfen

enceste [eṇ'θeste] *m* (DEP) Korb *m*

enchancletar [entʃaŋkle'tar] **I.** *vt* (*poner chancletas*) Hausschuhe anziehen (*a +dat*) **II.** *vr:* **~se 1.** (*ponerse chancletas*) (sich *dat*) Hausschuhe anziehen **2.** (*a modo de chancletas*) in Halbschuhe wie in Schlappen schlüpfen

encharcamiento [entʃarka'mjeṇto] *m* Überflutung *f;* (*charco*) große Wasserpfütze *f*

encharcar [entʃar'kar] <c→qu> **I.** *vt* Pfützen hinterlassen (auf *+dat*) **II.** *vr:* **~se 1.** (*empantanarse*) zum See werden **2.** (MED): **tener los pulmones encharcados** Wasser in der Lunge haben

enchastrar [entʃas'trar] *vt, vr:* **~se** (*CSur: ensuciar(se)*) (sich) beschmutzen

enchastre [en'tʃastre] *m* (*CSur: chanchada*) Schweinerei *f*

enchilada [entʃi'laða] *f* (*AmC:* GASTR) Enchilada *f,* gefüllter Fladen *m*

enchilado, -a [entʃi'laðo, -a] *adj* (*Méx*) **1.** (*bermejo*) blutrot **2.** (*colérico*) cholerisch; (*rabioso*) zornig

enchilar [entʃi'lar] **I.** *vt* (*AmC*) **1.** (GASTR) mit Chili würzen **2.** (*molestar*) belästigen **3.** (*decepcionar*) enttäuschen **II.** *vr:* **~se** (*AmC: enfurecerse*) wütend werden

enchinar [entʃi'nar] **I.** *vt* (*Méx: enrizar el cabello*) locken, in Locken drehen **II.** *vr:* **~se** (*Méx*) **1.** (*ponerse carne de gallina*) eine Gänsehaut bekommen **2.** (*acobardarse*) den Mut verlieren

enchinchar [entʃin'tʃar] **I.** *vt* **1.** (*Guat, RDom: incomodar*) belästigen **2.** (*Méx: hacer perder el tiempo*) hinhalten **II.** *vr:* **~se 1.** (*Arg: malhumorarse*) schlechte Laune bekommen; **¿estás enchinchado?** welche Laus ist dir denn über die Leber gelaufen? **2.** (*Guat, Méx, Perú, PRico: llenarse de chinches*) verwanzen, von Wanzen befallen werden

enchiquerar [entʃike'rar] *vt* **1.** (TAUR) *den Kampfstier in die Stallbox sperren* **2.** (*argot: encarcelar*) einlochen

enchironar [entʃiro'nar] *vt* (*argot*) einlochen

enchisterado, -a [entʃiste'raðo, -a] *adj* (*t. pey*) mit Zylinderhut gekleidet

enchivarse [entʃi'βarse] *vr* (*Col, Ecua: emberrincharse*) wütend werden

enchufado, -a [entʃu'faðo, -a] **I.** *adj* (*fam*): **está bien** ~ er hat gute Beziehungen **II.** *m, f* (*fam*) Günstling *m,* Filzokrat(in) *m(f)*

enchufar [en'tʃufar] *vt* **1.** (ELEC) einstecken **2.** (TÉC: *conectar*) anschließen; (*empalmar*) verbinden **3.** (*acoplar*) ineinander stecken **4.** (*fam: persona*) ein Pöstchen verschaffen (*a +dat*)

enchufe [en'ʧufe] *m* **1.** (ELEC: *clavija*) Stecker *m* **2.** (ELEC, TÉC: *toma*) Steckdose *f* **3.** (TÉC: *conexión*) Anschluss *m;* (*manguito*) Buchse *f,* Muffe *f* **4.** (*fam pey: relaciones*) Beziehungen *fpl,* Vitamin B *nt;* **tener** ~ Beziehungen haben; **Pepa tiene** ~ **con el profesor** Pepa hat bei dem Lehrer einen Stein im Brett

enchufillo [entʃu'fiʎo] *m* (*fam*) Pöstchen *nt*

enchufismo [entʃu'fismo] *m* Günstlingswirtschaft *f,* Filzokratie *f*

enchutar [entʃu'far] *vt* (*AmC*) **1.** (*embutir*) füllen (*de* mit +*dat*) **2.** (*introducir*) einführen

encía [en̪'θia] *f* Zahnfleisch *nt*

encíclica [en̪'θiklika] *f* (REL) Enzyklika *f*

enciclopedia [en̪θiklo'peðja] *f* Enzyklopädie *f,* Lexikon *nt;* ~ **en varios volúmenes** mehrbändiges Lexikon; **la E~** (HIST) die französische 'Encyclopédie'; **es una** ~ **viviente** [*o* **andante**] er/sie ist ein wandelndes Lexikon

enciclopédico, -a [en̪θiklo'peðiko, -a] *adj* enzyklopädisch; **diccionario** ~ Reallexikon *nt,* Sachwörterbuch *nt;* **tiene conocimientos** ~**s** er/sie ist ein wandelndes Lexikon

enciclopedista [en̪θiklope'ðista] **I.** *adj* **1.** (HIST) die französische 'Encyclopédie' betreffend **2.** (*ilustrado*) aufgeklärt **II.** *mf* (HIST) Enzyklopädist(in) *m(f)*

encierro [en̪'θjerro] *m* **1.** (*reclusión*) Einsperren *nt;* (*prisión*) Haft *f;* (*aislamiento*) Zurückgezogenheit *f;* (*como protesta*) Sitzblockade *f* **2.** (*lugar*) Gefängnis *nt;* (*cercado*) Gehege *nt* **3.** (TAUR) *Eintreiben in die Arenastallungen* **4.** (TAUR) *Volksfest, bei dem die Kampfstiere auf die Straßen gelassen werden*

encima [en̪'θima] **I.** *adv* **1.** (*arriba*) obendrauf; **llevar** [*o* **tener**] ~ dabei [*o* bei sich *dat*] haben; **tener algo/a alguien** ~ (*fig*) etw/jdn auf dem Hals(e) haben; **ya tenemos bastante** ~ wir tragen schon genug mit uns herum; **no poderse quitar algo/a alguien de** ~ etw/jdn nicht loswerden können; **quitar a alguien un peso de** ~ jdm einen Stein vom Herzen nehmen; **se me ha quitado un peso de** ~ mir ist ein Stein vom Herzen gefallen; **echarse** ~ **de alguien** (*fig*) jdn überfallen; **se nos echa el tiempo** ~ die Zeit rennt uns davon **2.** (*además*) obendrein; **le dio el dinero y** ~ **una botella de vino** er/sie gab ihm/ihr das Geld und dazu noch eine Flasche Wein **3.** (*superficialmente*): **por** ~ oberflächlich **II.** *prep* **1.** (*local: sobre*): ~ **de** auf +*dat;* (**por**) ~ **de** (*sin contacto*) über +*dat;* **el libro está** ~ **de la mesa** das Buch liegt auf dem Tisch; **viven** ~ **de nosotros** sie wohnen über uns; **estar** ~ **de algo/alguien** (*fig*) ein Auge auf etw/jdn haben **2.** (*con movimiento*) auf +*akk;* (**por**) ~ **de** (*sin contacto*) über +*akk;* **pon esto** ~ **de la cama** leg das auf das Bett; **cuelga la lámpara** ~ **de la mesa** hänge die Lampe über den Tisch; **¡por** ~ **de mí** [*o* **de mi cadáver**]**!** nur über meine Leiche!; **ése pasa por** ~ **de todo** der geht über Leichen **3.** (*más alto*): **por** ~ **de** höher als +*nom;* **este rascacielos está por** ~ **de la catedral** dieser Wolkenkratzer ist noch höher als die Kathedrale; **estar** (**muy**) **por** ~ **de algo/alguien** (*fam fig*) über etw/jdn erhaben sein **4.** (*en contra de*): **salió, por encima de su padre** er/sie ging weg, obwohl sein/ihr Vater dagegen war

encimera [en̪θi'mera] *f* Arbeitsfläche *f*

encimero, -a [en̪θi'mero, -a] *adj* Über-; **colcha encimera** Überdecke *f*

encina [en̪'θina] *f* **1.** (*árbol*) Steineiche *f* **2.** (*madera*) Steineichenholz *nt*

encinal [en̪θi'nal] *m,* **encinar** [en̪θi'nar] *m* Steineichenhain *m*

encinta [en̪'θin̪ta] *adj* schwanger; **dejar** ~ schwängern; **quedar**(**se**) ~ schwanger werden

encintado [en̪θin̪'taðo, -a] *m* (*bordillo*) Bordstein *m*

encintar [en̪θin̪'tar] *vt* **1.** (*engalanar con cintas*) mit Bändern schmücken **2.** (*bordillo*) mit einem Bordstein versehen

encizañar [en̪θiθa'ɲar] *vt* Zwietracht säen (unter +*dat*)

enclaustramiento [eŋklau̯stra'mjen̪to] *m* Absonderung *f*

enclaustrar [eŋklau̯s'trar] **I.** *vt* in ein Kloster einschließen; (*aislar*) absondern **II.** *vr:* ~**se** ins Kloster gehen; (*aislarse*) sich absondern

enclavado, -a [eŋkla'βaðo, -a] *adj* eingeschlossen (*en* in +*dat*); **estar** ~ **en...** (GEO) liegen in ... +*dat,* sich befinden in ... +*dat;* **Madrid está** ~ **en el centro de la Península** Madrid befindet sich in der Mitte der Halbinsel

enclave [eŋ'klaβe] *m* Enklave *f;* ~ **aduanero** Zollanschlussgebiet *nt*

enclenque [eŋ'kleŋke] *adj* mick(e)rig

enclisis [eŋ'klisis] *f inv* (LING) Enklise *f,* Enklisis *f*

enclítico, -a [eŋ'klitiko, -a] *adj* (LING) enklitisch

enclocarse [eŋklo'karse] *irr como volcar vr* glucken

encochado, -a [eŋko'ʧaðo, -a] *adj* (*fam*) an das Auto gewöhnt; **está tan** ~ **que no es capaz de ir a pie a ninguna parte** er ist so an das Autofahren gewöhnt, dass er nirgendwo zu Fuß hingeht

encocorar [eŋkoko'rar] **I.** *vt* (*fam*) auf die Palme bringen **II.** *vr:* ~**se** (*fam*) auf die Palme gehen

encofrado [eŋko'fraðo] *m* (Ver)schalung *f*

encofrar [eŋko'frar] *vt* (ver)schalen

encoger [eŋko'xer] <g→j> **I.** *vi* (*tejido*) einlaufen; (*madera*) schrumpfen **II.** *vt* **1.** (*contraer*) zurückziehen **2.** (*reducir*) verkürzen **3.** (*desalentar*) einschüchtern; **verlo así me encoge el ánimo** mir sinkt der Mut, wenn ich ihn so sehe **III.** *vr:* ~**se 1.** (*contraerse*) sich zusammenziehen; (*persona*) zusammenzucken; ~**se de hombros** die [*o* mit den] Achseln zucken **2.** (*reducirse*) (ein)schrumpfen **3.** (*acobardarse*) verzagen

E

encogido, **-a** [eŋko'xiðo, -a] *adj* gehemmt, scheu

encogimiento [eŋkoxi'mjen̪to] *m* **1.** (*contracción*) Zusammenziehen *nt;* (*de un tejido*) Einlaufen *nt* **2.** (*timidez*) Kleinmut *m,* Verzagtheit *f*

encolado [eŋko'laðo] *m,* **encoladura** [eŋkola'ðura] *f* Verleimung *f*

encolar [eŋko'lar] *vt* **1.** (*pegar*) (zusammen)leimen **2.** (*engomar*) (auf)leimen

encolerizar [eŋkoleri'θar] <z→c> **I.** *vt* erzürnen **II.** *vr:* **~se** in Zorn geraten

encomendar [eŋkomen̪'dar] <e→ie> **I.** *vt* (*recomendar*) empfehlen; (*confiar*) anvertrauen; (*encargar*) übergeben; **~ algo a alguien** jdn mit etw *dat* beauftragen **II.** *vr:* **~se** sich anvertrauen; **sin ~se ni a Dios ni al diablo** Hals über Kopf

encomendería [eŋkomen̪de'ria] *f* (*Perú:* COM) Lebensmittelgeschäft *nt,* Krämerladen *m reg*

encomendero¹ [eŋkomen̪'dero] *m* Bevollmächtigte(r) *mf*

encomendero, **-a²** [eŋkomen̪'dero, -a] *m, f* **1.** (*Perú: tendero de comestibles*) Lebensmittelverkäufer(in) *m(f),* Krämer(in) *m(f) reg* **2.** (*Cuba: suministrador de carne*) Fleischlieferant(in) *m(f)*

encomiable [eŋko'mjaβle] *adj* lobenswert

encomiar [eŋko'mjar] *vt* loben, lobpreisen; (*irón*) ein Loblied singen (auf +*akk*)

encomiástico, **-a** [eŋko'mjastiko, -a] *adj* Lob-; (*irón*) lobrednerisch; **palabras encomiásticas** Lobpreisung *f*

encomienda [eŋko'mjen̪da] *f* **1.** (*encargo*) Auftrag *m* **2.** (*encomio*) Lob *nt* **3.** (*recomendación*) Empfehlung *f* **4.** (*Am: paquete postal*) Postpaket *nt* **5.** (HIST) Kommende *f,* Komturei *f*

encomio [eŋ'komjo] *m* Lob *nt,* Lobpreisung *f;* (*irón*) Lobrede *f;* **digno de ~** lobenswert

enconadura [eŋkona'ðura] *f* (MED) Vereiterung *f*

enconamiento [eŋkona'mjen̪to] *m* **1.** (MED) Entzündung *f* **2.** (*rencor*) Groll *m;* (*odio*) Hass *m*

enconar [eŋko'nar] **I.** *vt* **1.** (MED: *inflamar*) entzünden **2.** (*agravar*) verschlimmern; (*agudizar*) verschärfen; (*espolear*) anstacheln, schüren **3.** (*exasperar*) reizen **II.** *vr:* **~se** **1.** (MED: *inflamarse*) sich entzünden **2.** (*agravarse*) sich verschlimmern; (*agudizarse*) sich verschärfen **3.** (*ensañarse*) seine Wut auslassen (*con* an +*dat*)

encono [eŋ'kono] *m* **1.** (MED: *inflamación*) Entzündung *f* **2.** (*rencor*) Groll *m*

encontradizo, **-a** [eŋkon̪tra'ðiθo, -a] *adj:* **hacerse el ~** jdm scheinbar zufällig über den Weg laufen

encontrado, **-a** [eŋkon̪'traðo, -a] *adj* (*opuesto*) entgegengesetzt; **opiniones encontradas** gegensätzliche Meinungen

encontrar [eŋkon̪'trar] <o→ue> **I.** *vt* **1.** (*hallar*) finden; **~ a alguien** jdm begegnen, jdn treffen **2.** (*considerar*) finden; (*notar*) merken; **lo encuentro muy aburrido** ich finde es sehr langweilig **II.** *vr:* **~se** **1.** (*estar*) sich befinden; (*sentirse*) sich fühlen **2.** (*citarse*) sich treffen (*con* mit +*dat*) **3.** (*conocerse*) zusammenkommen (*con* mit +*dat*); (*coincidir*) begegnen (*con* +*dat*); **~se con algo** etw vorfinden; **me encontré con que el coche se había estropeado** ich fand mein Auto kaputt vor; **~se con un problema** auf ein Problem stoßen; **~se con una sorpresa desagradable** eine böse Überraschung erleben; **no sé lo que me ~é cuando llegue** ich weiß nicht, was mich bei meiner Ankunft erwartet; **~se todo hecho** (*fam*) sich ins gemachte Bett legen, sich an den gedeckten Tisch setzen

encontrón [eŋkon̪'tron] *m,* **encontronazo** [eŋkon̪tro'naθo] *m* (*fam*) Zusammenstoß *m;* **darse un ~** sich anrempeln; **tener un ~ con alguien** mit jdm zusammenstoßen; (*enfrentamiento*) einen Zusammenstoß mit jdm haben

encoñado, **-a** [eŋko'ɲaðo, -a] *adj* (*vulg*): **estar ~ con alguien** (*enamorado*) in jdn verschossen sein *fam*

encoñarse [eŋko'ɲarse] *vr* (*vulg*) in den Arsch kriechen (*con* +*dat*); (*enamorarse*) sich total verknallen (*con* in +*akk*) *fam*

encopetado, **-a** [eŋkope'taðo, -a] *adj* **1.** (*fam: noble*) vornehm, nobel *fam* **2.** (*pey: pretencioso*) hochgestochen

encorajinarse [eŋkoraxi'narse] *vr* (*fam*) eine Wut haben (*con* auf +*akk*)

encorar [eŋko'rar] <o→ue> **I.** *vi* zuheilen **II.** *vt* **1.** (*cubrir con cuero*) mit Leder überziehen **2.** (*líquido*) in eine Lederflasche füllen **III.** *vr:* **~se** zuheilen

encorbatado, **-a** [eŋkorβa'taðo, -a] *adj* **1.** (*con corbata*) mit Krawatte **2.** (*fam: elegante*) herausgeputzt; **vino todo ~** er hatte sich in Schale geworfen

encorchadora [eŋkorʧa'ðora] *f* (TÉC) Flaschenverkorkmaschine *f*

encorchadura [eŋkorʧa'ðura] *f* an Fischernetzen angebrachte Korken *mpl*

encorchar [eŋkor'ʧar] *vt* **1.** (*botella*) zukorken **2.** (*enjambre*) in den Bienenstock bringen

encordadura [eŋkorða'ðura] *f* (MÚS) Besaitung *f*

encordar [eŋkor'ðar] <o→ue> **I.** *vt* **1.** (*atar*) zusammenschnüren; (*acordonar*) (mit Stricken, Schnüren) abgrenzen **2.** (MÚS) besaiten **II.** *vr:* **~se** (DEP: *escalador*) sich anseilen

encornadura [eŋkorna'ðura] *f* Gehörn *nt;* **tener buena ~** (*t.* TAUR) gut gehörnt sein

encorsetado, **-a** [eŋkorse'taðo, -a] *adj* staksig

encorsetar [eŋkorse'tar] **I.** *vt* **1.** (*poner corsé*) ein Korsett anlegen (+*dat*), (ein)schnüren **2.** (*constreñir*) einschränken **II.** *vr:* **~se** sich (ein)schnüren

encortinar [eŋkorti'nar] *vt* Vorhänge anbringen (in +*dat*)

encorvado, **-a** [eŋkor'βaðo, -a] *adj* krumm; **un hombrecillo** ~ ein buckliges Männlein

encorvadura [eŋkorβa'ðura] *f* (Ver)krümmung *f*, Biegung *f*

encorvar [eŋkor'βar] **I.** *vt* (*combar*) (ver)krümmen; (*torcer*) biegen; (*doblar*) beugen **II.** *vr:* **~se** sich krümmen, sich bücken; **~se** [*o* **andar encorvado**] **bajo una carga** gebückt unter einer Last laufen

encostarse [eŋkos'tarse] *vr* (NÁUT) sich der Küste nähern

encrespado, **-a** [eŋkres'paðo, -a] *adj* **1.** (*cabello*) kraus; (*erizado*) gesträubt **2.** (*t. fig: crispado*) tobend, schäumend; **el mar ~ impedía a los turistas el acceso a la playa** das tobende Meer versagte den Touristen den Zugang zum Strand

encrespamiento [eŋkrespa'mjen̩to] *m* **1.** (*cabello*) Kräuseln *nt;* (*erizamiento*) Sträuben *nt* **2.** (*mar*) Toben *nt*, Schäumen *nt* **3.** (*crispación*) Gereiztheit *f* **4.** (*complicación*) verzwickte Situation *f*

encrespar [eŋkres'par] **I.** *vt* **1.** (*rizar*) kräuseln; **el viento encrespó las aguas** der Wind kräuselte die Wasseroberfläche **2.** (*erizar*) sträuben **3.** (*irritar*) reizen; (*excitar*) aufrühren **II.** *vr:* **~se 1.** (*rizarse*) sich kräuseln **2.** (*erizarse*) sich sträuben **3.** (*irritarse*) sich aufregen

encrestado, **-a** [eŋkres'taðo, -a] *adj* (*fam fig: altivo*) hochnäsig

encrestarse [eŋkres'tarse] *vr* (*gallo*) den Kamm stellen

encriptación [eŋkripta'θjon] *f* Chiffrierung *f*; ~ **de datos** (INFOR) Datenchiffrierung *f*

encristalar [eŋkrista'lar] *vt* verglasen

encrucijada [eŋkruθi'xaða] *f* (*cruce*) Kreuzung *f*; **estar** [*o* **encontrarse**] **en una** ~ am Scheideweg stehen

encuadernable [eŋkwaðer'naβle] *adj* einbindfähig; **fascículos ~s** Loseblattsammlung *f*

encuadernación [eŋkwaðerna'θjon] *f* **1.** (*encuadernado*) (Buch)binden *nt* **2.** (*cubierta*) Einband *m;* ~ **en rústica** Pappeinband *m;* ~ **en tela** Leineneinband *m* **3.** (*taller*) Buchbinderei *f*

encuadernador(a) [eŋkwaðerna'ðor(a)] *m(f)* Buchbinder(in) *m(f)*

encuadernadora [eŋkwaðerna'ðora] *f* Buchbindemaschine *f*

encuadernar [eŋkwaðer'nar] *vt* (ein)binden; ~ **en piel/en tela** in Leder/in Leinen binden; **encuadernado en cartoné** [*o* **en rústica**] kartoniert; **sin** ~ nicht gebunden

encuadrable [eŋkwa'ðraβle] *adj:* **algo es ~ en** [*o* **dentro de**] **algo** etw lässt sich etw *dat* zuordnen, etw kann etw *dat* zugeordnet werden

encuadrar [eŋkwa'ðrar] **I.** *vt* **1.** (*enmarcar*) einrahmen **2.** (CINE, FOTO, TEL) einstellen **3.** (*clasificar*) zuordnen (*en/dentro de* +*dat*) **II.** *vr:* **~se 1.** (*clasificarse*) sich zuordnen lassen (*en/dentro de* +*dat*) **2.** (*incorporarse*) beitreten (*en* +*dat*), eintreten (*en* in +*akk*)

encuadre [eŋ'kwaðre] *m* **1.** (*enmarque*) Einrahmung *f* **2.** (CINE, FOTO, TEL) Bildausschnitt *m* **3.** (*clasificación*) Zuordnung *f*

encuartelar [eŋkwarte'lar] *vt* (MIL: *acuartelar*) einquartieren

encubado [eŋku'βaðo] *m* Abfüllen *nt* in Fässer

encubar [eŋku'βar] *vt* (*vino*) in Fässer füllen

encubierta [eŋku'βjerta] *f* **1.** (*ocultación*) Verheimlichung *f* **2.** (JUR: *de un delito*) Begünstigung *f* **3.** (JUR: *receptación*) Hehlerei *f*

encubierto, **-a** [eŋku'βjerto, -a] **I.** *pp de* **encubrir II.** *adj* **1.** (*oculto*) verhüllt, verdeckt **2.** (*velado*) verschleiert; **tus palabras son una acusación encubierta** hinter deinen Worten verbirgt sich eine Anklage

encubridor(a) [eŋkuβri'ðor(a)] *m(f)* **1.** (JUR: *de un delito*) Begünstiger(in) *m(f)* **2.** (JUR: *receptador*) Hehler(in) *m(f)*

encubrimiento [eŋkuβri'mjen̩to] *m* **1.** (*cubierta*) Bedeckung *f* **2.** (*ocultación*) Verbergung *f;* (*silenciamiento*) Verheimlichung *f* **3.** (JUR: *de un delito*) Begünstigung *f* **4.** (JUR: *receptación*) Hehlerei *f*

encubrir [eŋku'brir] *irr como abrir vt* **1.** (*cubrir*) verdecken, bedecken **2.** (*ocultar*) verbergen; (*silenciar*) verheimlichen **3.** (JUR: *un delito*) begünstigen **4.** (JUR: *receptar*) verhehlen

encuentro [eŋ'kwen̩tro] *m* **1.** (*fortuito*) Begegnung *f;* (*previsto*) Zusammenkunft *f;* **ir** [*o* **salir**] **al ~ de alguien** jdn abpassen **2.** (*cita*) Treffen *nt*, Verabredung *f* **3.** (*reunión*) Treffen *nt*, Zusammenkunft *f;* **el ~ está marcado para las siete** das Treffen ist für sieben (Uhr) angesetzt **4.** (*encontronazo*) Zusammenstoß *m* **5.** (MIL) Gefecht *nt* **6.** (DEP) Begegnung *f;* ~ **amistoso** Freundschaftsspiel *nt*

encuerado, **-a** [eŋkwe'raðo, -a] *adj* (*Cuba, Méx*) **1.** (*desharrapado*) zerlumpt **2.** (*semidesnudo*) halb nackt

encuerar [eŋkwe'rar] **I.** *vt* (*Am*) ausziehen **II.** *vr:* **~se** (*Am*) sich ausziehen

encuerista [eŋkwe'rista] *mf* (*Am*) Stripper(in) *m(f)*

encuesta [eŋ'kwesta] *f* **1.** (*sondeo*) Befragung *f* (*sobre* über +*akk*), Umfrage *f* (*sobre* über +*akk*), Erhebung *f* (*sobre* über +*akk*); ~ **estadística** statistische Erhebung; ~ **de mercado** Marktforschung *f;* ~ **por muestreo** Stichprobenerhebung *f;* ~ **de población activa** Volksbefragung *f;* **hacer una** ~ eine Umfrage machen [*o* durchführen] **2.** (ECON, POL) Enquete *f* **3.** (*investigación*) Nachforschung *f;* ~ **judicial** (JUR) gerichtliche Untersuchung

encuestado, **-a** [eŋkwes'taðo, -a] *m, f* Befragte(r) *mf*

encuestador(a) [eŋkwesta'ðor(a)] *m(f)* Befrager(in) *m(f);* (*entrevistador*) Interviewer(in) *m(f)*

encuestar [eŋkwes'tar] **I.** *vi* eine Umfrage

erstellen **II.** *vt* befragen; (*entrevistar*) interviewen

encuitarse [eŋkwi'tarse] *vr* betrübt sein

encularse [eŋku'larse] *vr* (*Arg: fam*) **1.** (*ofenderse*) sich beleidigt fühlen (*por* wegen +*gen/dat*) **2.** (*enojarse*) in Zorn geraten, wütend werden

enculturación [eŋkul̥tura'θjon] *f sin pl* Inkulturation *f*

encumbramiento [eŋkumbra'mjen̥to] *m* **1.** (*elevación*) Erhebung *f* **2.** (*en la sociedad*) Aufstieg *m* **3.** (*envanecimiento*) Überheblichkeit *f* **4.** (*superioridad*) Erhabenheit *f*

encumbrar [eŋkum'brar] **I.** *vt* **1.** (*levantar*) emporheben **2.** (*socialmente*) aufsteigen lassen, den Aufstieg ermöglichen (*a* +*dat*); ~ **a alguien a la fama** jdm Ruhm einbringen **3.** (*exaltar*) erheben **4.** (*un monte*) ersteigen **II.** *vr:* ~**se** **1.** (*elevarse*) emporragen **2.** (*engrandecerse*) emporkommen, aufsteigen **3.** (*envanecerse*) überheblich werden

encurtidos [eŋkur'tiðos] *mpl* (GASTR) *in Essig eingelegtes Gemüse,* ≈Mixpickles *pl*

encurtir [eŋkur'tir] *vt* in Essig einlegen

ende ['en̥de] *adv:* **por** ~ folglich

endeble [en̥'deβle] *adj* **1.** (*débil*) schwach; (*enfermizo*) schwächlich **2.** (*inconsistente*) haltlos

endeblez [en̥de'βleθ] *f* **1.** (*debilidad*) Schwäche *f;* (*calidad de enfermizo*) Schwächlichkeit *f;* ~ **de una moneda frente a otra** Schwäche einer Währung gegenüber einer anderen **2.** (*inconsistencia*) Haltlosigkeit *f*

endeca- [en̥deka] Elf-

endecasílabo[1] [en̥deka'silaβo] *m* (LING, LIT) Elfsilber *m*

endecasílabo, -a[2] [en̥deka'silaβo, -a] *adj* (LING, LIT) elfsilbig

endecha [en̥'detʃa] *f* Klagelied *nt;* (LIT) Endecha *f*

endemia [en̥'demja] *f sin pl* (MED) Endemie *f*

endémico, -a [en̥'demiko, -a] *adj* **1.** (MED) endemisch **2.** (*continuo*) wiederkehrend, häufig; **el golpismo es un mal** ~ **en Latinoamérica** in Lateinamerika sind Putsche ein immer wiederkehrendes Übel

endemismo [en̥de'mismo] *m* (BIOL, ECOL) Endemismus *m*

endemoniado, -a [en̥demo'njaðo, -a] *adj* **1.** (*poseso*) vom Teufel besessen; (*demoníaco*) teuflisch **2.** (*difícil*) verflixt; **tiene un genio** ~ er/sie hat einen verdammt schwierigen Charakter **3.** (*tremendo*) verteufelt; **tengo un hambre endemoniada** ich habe einen teuflischen Hunger **4.** (*fam: travieso*) unartig; **¡~s chiquillos!** Satansbrut!

endemoniar [en̥demo'njar] **I.** *vt* (*fam fig: encolerizar*) zornig machen, wütend machen **II.** *vr:* ~**se** (*fam fig*) zornig werden, wütend werden

endenantes [en̥de'nan̥tes] *adv* (*Am: fam: antes*) früher

enderezar [en̥dere'θar] <z→c> **I.** *vt* **1.** (*poner derecho*) gerade biegen **2.** (*poner vertical*) aufrichten **3.** (AERO, NÁUT) trimmen **4.** (*dirigir*) lenken; (*encarrilar*) in die Wege leiten **5.** (*corregir*) wieder gutmachen; (*enmendar*) berichtigen; (*castigar*) züchtigen; ~ **entuertos** (*irón*) Unrecht einrenken **II.** *vr:* ~**se** **1.** (*ponerse derecho*) sich aufrichten **2.** (*disponerse*) sich bereit machen (*a* zu +*dat*) **3.** (*dirigirse*) sich wenden (*a/hacia* nach +*dat*)

ENDESA [en̥'desa] *f abr de* **Empresa Nacional de Electricidad Sociedad Anónima** *staatliche Strombetriebe*

endeudado, -a [en̥deu̯'ðaðo, -a] *adj* verschuldet; **fuertemente** [*o* **muy**] ~ hoch verschuldet

endeudamiento [en̥deu̯ða'mjen̥to] *m* (ECON, FIN) Verschuldung *f;* (COM) Passiva *ntpl;* ~ **excesivo, exceso de** ~ Überschuldung *f*

endeudarse [en̥deu̯'ðarse] *vr* sich verschulden, in Schulden geraten; ~ **hasta las cejas** sich bis über beide Ohren verschulden

endiablado, -a [en̥dja'βlaðo, -a] *adj v.* **endemoniado**

endiablar [en̥dja'βlar] *vt, vr:* ~**se** *v.* **endemoniar**

endíadis [en̥'diasis] *f inv* (LIT) Hendiadys *nt*

endibia [en̥'diβja] *f* Chicorée *m o f*

endilgar [en̥dil'ɣar] <g→gu> *vt* (*fam*) **1.** (*encaminar*) einfädeln **2.** (*una tarea*) hinpfuschen **3.** (*cargar*) aufhalsen (*a* +*dat*); (*culpa*) in die Schuhe schieben (*a* +*dat*) **4.** (*calificar*) abstempeln (als +*nom*); **le han endilgado el cartel de reaccionario** er ist als reaktionär abgestempelt worden

endiñar [en̥di'ɲar] *vt* (*fam*) **1.** (*golpear*) einen Schlag verpassen (*a* +*dat*); ~**le una a alguien** jdm eine knallen **2.** (*endosar*) aufhalsen (*a* +*dat*)

endiosamiento [en̥djosa'mjen̥to] *m* **1.** (*altivez*) Dünkel *m* **2.** (*ensimismamiento*) Verzücktheit *f*

endiosar [en̥djo'sar] **I.** *vt* (*divinizar*) vergöttlichen **II.** *vr:* ~**se** **1.** (*envanecerse*) Dünkel bekommen; **está muy endiosada** sie ist sehr dünkelhaft **2.** (*embelesarse*) in Verzücktheit geraten

endivia [en̥'diβja] *f v.* **endibia**

endocardio [en̥do'kardjo] *m* (MED) Endokard *nt,* Herzinnenhaut *f*

endocarditis [en̥dokar'ðitis] *f inv* (MED) Endokarditis *f*

endocrino, -a [en̥do'krino, -a] **I.** *adj* (MED) endokrin **II.** *m, f* (*fam*) Endokrinologe, -in *m, f*

endocrinóloga [en̥dokri'noloɣa] *f v.* **endocrinólogo**

endocrinología [en̥dokrinolo'xia] *f sin pl* (MED) Endokrinologie *f*

endocrinológico, -a [en̥dokrino'loxiko, -a] *adj* (MED) endokrinologisch

endocrinólogo, -a [en̥dokri'noloɣo, -a] *m, f* (MED) Endokrinologe, -in *m, f*

endocrinopatía [eṇdokrinopa'tia] *f* (MED) Endokrinopathie *f*
endodoncia [eṇdo'ðoṇθja] *f* (MED) Endodontie *f*
endogamia [eṇdo'ɣamja] *f* (BIOL) Endogamie *f*
endógeno, **-a** [eṇ'doxeno, -a] *adj* **1.** (*t.* MED) endogen **2.** (PSICO) anlagebedingt
endometrio [eṇdo'metrjo] *m* (ANAT, MED) Endometrium *nt*, Gebärmutterschleimhaut *f*
endomingarse [eṇdomiŋ'garse] <g→gu> *vr* Sonntagskleidung anziehen, sich in Schale werfen *fam;* **todos los paseantes iban endomingados** die Spaziergänger waren alle sonntäglich gekleidet
endomorfismo [eṇdomor'fismo] *m* **1.** (MAT) Endomorphismus *m* **2.** (GEO) Endomorphose *f*
endoplasma [eṇdo'plasma] *m* (BIOL) Endoplasma *nt*
endorfina [eṇdor'fina] *f* (QUÍM) Endorphin *nt*
endosable [eṇdo'saβle] *adj* (FIN) indossabel; **no** ~ nicht übertragbar
endosado, **-a** [eṇdo'saðo, -a] *m, f* (FIN) Indossat(in) *m(f)*, Indossatar(in) *m(f)*
endosante [eṇdo'saṇte] *mf* (FIN) Indossant(in) *m(f)*, Indossent(in) *m(f)*
endosar [eṇdo'sar] *vt* **1.** (FIN) indossieren; (*traspasar*) übertragen; ~ **una letra** einen Wechsel girieren **2.** (*fam: endilgar*) aufhalsen (*a* +*dat*)
endosatario, **-a** [eṇdosa'tarjo, -a] *m, f v.* **endosado**
endoscopia [eṇdos'kopja] *f* (MED) Endoskopie *f*
endoscopio [eṇdos'kopjo] *m* (MED) Endoskop *nt*
endosfera [eṇdos'fera] *f* (GEO) Endosphäre *f*
endoso [eṇ'doso] *m* (FIN) Indossament *nt*, Indosso *nt;* ~ **en blanco** Blankoindossament *nt;* ~ **al** [*o* **para el**] **cobro** Inkassoindossament *nt;* ~ **completo** Vollindossament *nt;* ~ **de una letra** Wechselindossament *nt;* **sin** ~ nicht übertragbar; **ceder por** ~ durch Indossament [*o* Giro] übertragen
endotérmico, **-a** [eṇdo'termiko, -a] *adj* (FÍS, QUÍM) endotherm
endovenoso, **-a** [eṇdoβe'noso, -a] *adj* (MED) intravenös; **por vía endovenosa** intravenös
endrina [eṇ'drina] *f* Schlehe *f*
endrino[1] [eṇ'drino] *m* Schlehdorn *m*, Schwarzdorn *m*
endrino, **-a**[2] [eṇ'drino, -a] *adj* blauschwarz
endrogarse [eṇdro'ɣarse] <g→gu> *vr* **1.** (*Am: drogarse*) Drogen nehmen **2.** (*Méx, Perú: endeudarse*) sich verschulden, Schulden machen (*con* bei +*dat*)
endulzante [eṇduḷ'θaṇte] **I.** *adj* versüßend **II.** *m* Süßmittel *nt*
endulzar [eṇduḷ'θar] <z→c> **I.** *vt* **1.** (*poner dulce*) süßen **2.** (*suavizar*) versüßen **II.** *vr:* **~se 1.** (*ponerse dulce*) süß werden **2.** (*suavizarse*) sanfter werden; **con los años se ha endulzado su carácter** mit den Jahren ist er/sie sanfter geworden
endurecedor [eṇdureθe'ðor] *m* Härter *m*
endurecer [eṇdure'θer] *irr como crecer* **I.** *vt* **1.** (*poner duro*) (ver)härten **2.** (*hacer resistente*) abhärten (*con/en/por* durch +*akk*) **3.** (*extremar*) verschärfen **II.** *vr:* **~se 1.** (*ponerse duro*) verhärten, hart werden; (*sentimientos*) hartherzig werden **2.** (*hacerse resistente*) sich abhärten (*con/en/por* durch +*akk*); **ya estoy endurecido** ich bin schon abgehärtet **3.** (*agudizarse*) sich verschärfen
endurecimiento [eṇdureθi'mjeṇto] *m* **1.** (*dureza*) Härte *f* **2.** (*proceso*) Verhärtung *f;* ~ **de las arterias** (MED) Arterienverkalkung *f* **3.** (*resistencia*) Abhärtung *f* **4.** (*agudizamiento*) Verschärfung *f*
ene ['ene] **I.** *adj inv* zig; (MAT) n; ~ **veces** n-mal **II.** *f* **1.** (*letra*) N, n *nt* **2.** (*fam: horca*): ~ **de palo** Galgen *m*
enea [e'nea] *f* (BOT) Rohrkolben *m*
eneagonal [eneaɣo'nal] *adj* (MAT) neuneckig
eneágono [ene'aɣono] *m* (MAT) Neuneck *nt*
enebrina [ene'βrina] *f* Wacholderbeere *f*
enebro [e'neβro] *m* Wacholder *m;* **bayas de** ~ Wacholderbeeren *fpl*
eneldo [e'neḷdo] *m* Dill *m*
enema [e'nema] *m* **1.** (MED: *antihemorrágico*) Hämostyptikum *nt* **2.** (MED: *lavado intestinal*) Klistier *nt*, Einlauf *m;* **poner un** ~ **a alguien** jdn klistieren, jdm einen Einlauf machen
enemigo, **-a** [ene'miɣo, -a] <enemicísimo> **I.** *adj* feindlich, feindselig; **país** ~ Feindesland *nt;* **en manos enemigas** in Feindeshand **II.** *m, f* Feind(in) *m(f);* (*contrario*) Gegner(in) *m(f);* ~ **acérrimo** Erzfeind *m;* **~s mortales** Todfeinde *mpl;* **pasarse al** ~ zum Feind(e) überlaufen; **ser** ~ **de algo** gegen etw sein
enemistad [enemis'ta^ð] *f* Feindschaft *f* (*entre* zwischen +*dat*), Feindseligkeit *f*
enemistar [enemis'tar] **I.** *vt* verfeinden (*con* mit +*dat*) **II.** *vr:* **~se** sich verfeinden (*con* mit +*dat*)
energético, **-a** [ener'xetiko, -a] *adj* energetisch, Energie-; **balanza energética** Energiebilanz *f;* **consumo** ~ Energieverbrauch *m;* **crisis energética** Energiekrise *f;* **fuentes energéticas** Energiequellen *fpl;* **política energética** Energiepolitik *f;* **reparto** ~ Energieverteilung *f;* **reservas energéticas** Energiereserven *fpl;* **riqueza energética** Energiereichtum *m;* **sector** ~ Energiesektor *m*, Energiewirtschaft *f*
energía [ener'xia] *f* (*t.* FÍS) Energie *f;* (*fuerza*) Kraft *f;* **~s alternativas** alternative Energien; ~ **atómica** [*o* **nuclear**] Atomenergie *f*, Kernkraft *f;* ~ **eléctrica** elektrische Energie; ~ **eólica** Windenergie *f;* ~ **hidráulica** [*o* **hidroeléctrica**] Wasserkraft *f;* ~ **mareomotriz** Gezeitenenergie *f;* **~s renovables** erneuerbare

Energien; ~ **de respaldo** [*o* **de seguridad**] (INFOR) unterbrechungsfreie Stromversorgung; ~ **solar** Solarenergie *f;* ~ **térmica** Wärmeenergie *f;* **consumo de** ~ Energieverbrauch *m;* **fuente de** ~ Energiequelle *f;* **suministro de** ~ Energieversorgung *f;* **con** ~ (tat)kräftig; **con toda su** ~ mit aller Kraft; **sin** ~ kraftlos; **producir** ~ Energie erzeugen; **la glucosa da** ~ Traubenzucker spendet Energie; **emplear todas las ~s en algo** alle Kraft auf etw verwenden

enérgico, **-a** [e'nerxiko, -a] *adj* **1.** (*fuerte*) energisch, kräftig **2.** (*decidido*) entschlossen, tatkräftig **3.** (*estricto*) streng; **ponerse** ~ **con alguien** jdm gegenüber strengere Saiten aufziehen **4.** (*efectivo*) wirksam, wirkungsvoll

energúmeno, **-a** [ener'ɣumeno, -a] *m, f* (*fam*) Besessene(r) *mf;* **se puso a gritar como un** ~ er fing an wie verrückt zu schreien

enero [e'nero] *m* Januar *m; v. t.* **marzo**

enervación [enerβa'θjon] *f,* **enervamiento** [enerβa'mjen̪to] *m* Schwächung *f;* (MED) Enervierung *f,* nervöse Erschöpfung *f*

enervante [ener'βan̪te] *adj* **1.** (*agotador*) entnervend, strapazierend; (MED) enervierend **2.** (*fam: irritante*) nervtötend

enervar [ener'βar] **I.** *vt* **1.** (*debilitar*) entnerven, schwächen; (MED) enervieren **2.** (*fam: poner nervioso*) nervös machen **II.** *vr:* **~se** **1.** (*debilitarse*) entnervt sein **2.** (*fam: ponerse nervioso*) nervös werden

enésimo, **-a** [e'nesimo, -a] *adj* **1.** (MAT) n-te; **elevar a la enésima potencia** in die n-te Potenz erheben **2.** (*fam*) zigste; **por enésima vez** zum zigsten Mal

enfadadizo, **-a** [eɱfaða'ðiθo, -a] *adj* leicht reizbar

enfadar [eɱfa'ðar] **I.** *vt* **1.** (*irritar*) ärgern (*con* durch +*akk,* mit +*dat*); **estar enfadado con alguien** jdm böse sein **2.** (*Am: aburrir*) langweilen **II.** *vr:* **~se** **1.** (*irritarse*) sich ärgern (*con* über +*akk*), böse werden (*por* über +*akk*); **~se con alguien** auf jdn böse werden **2.** (*Am: aburrirse*) sich langweilen

enfado [eɱ'faðo] *m* **1.** (*enojo*) Ärger *m* **2.** (*desagrado*) Widerwille *m* **3.** (*esfuerzo*) Plagerei *f*

enfadoso, **-a** [eɱfa'ðoso, -a] *adj* **1.** (*irritante*) ärgerlich **2.** (*molesto*) widerwärtig **3.** (*enojoso*) umständlich; (*trabajoso*) mühsam

enfaldado, **-a** [eɱfal̦'daðo, -a] *adj* (*fam pey*) am Rockzipfel der Mutter hängend

enfangar [eɱfaŋ'gar] <g→gu> **I.** *vt* **1.** (*manchar*) mit Schlamm beschmutzen **2.** (*fama*) besudeln **II.** *vr:* **~se** **1.** (*embarrarse*) sich mit Schlamm beschmutzen **2.** (*pervertirse*) versumpfen

enfardadora [eɱfarða'ðora] *f* Packmaschine *f*

enfardar [eɱfar'ðar] *vt,* **enfardelar** [eɱfarðe'lar] *vt* zu Ballen packen; (*empaquetar*) einpacken

énfasis ['eɱfasis] *m o f inv* Emphase *f,* Eindringlichkeit *f;* (*insistencia*) Nachdruck *m;* **poner** ~ **en algo** Nachdruck auf etw legen

enfático, **-a** [eɱ'fatiko, -a] *adj* emphatisch, eindringlich; (*insistente*) nachdrücklich

enfatizar [eɱfati'θar] <z→c> **I.** *vi* Nachdruck legen (*en* auf +*akk*) **II.** *vt* betonen

enfebrecido, **-a** [eɱfeβre'θiðo, -a] *adj* fieberhaft

enferma [eɱ'ferma] *adj o f v.* **enfermo**

enfermar [eɱfer'mar] **I.** *vi, vr:* **~se** erkranken (*de* an +*dat*); ~ **de cáncer** an Krebs erkranken **II.** *vt* krank machen; **este niño me enferma** dieses Kind macht mich ganz krank

enfermedad [eɱferme'ðaᵈ] *f* Krankheit *f;* (*dolencia*) Leiden *nt;* (*afección*) Erkrankung *f;* ~ **contagiosa** [*o* **infecciosa**] ansteckende Krankheit; ~ **degenerativa** degenerative Erkrankung; ~ **grave** schwere Krankheit; ~ **hereditaria** Erbkrankheit *f;* ~ **del hígado** Leberleiden *nt;* ~ **del legionario** Legionärskrankheit *f;* ~ **leve** leichte Krankheit; ~ **profesional** Berufskrankheit *f;* ~ **venérea** Geschlechtskrankheit *f;* **ausencia por** ~ krankheitsbedingte Abwesenheit; **certificado de** ~ (*del medico*) ärztliches Attest; (*para el patrono*) Krankmeldung *f;* **seguro obligatorio de** ~ gesetzliche Krankenversicherung; **seguro privado de** ~ private Krankenversicherung; **subsidio de** [*o* **por**] ~ Krankengeld *nt;* **contagiar una** ~ **a alguien** jdn mit einer Krankheit anstecken; **costar una** ~ graue Haare kosten; **darse de baja por** ~ sich krankmelden; **padecer la** ~ **de los directivos** an der Managerkrankheit leiden; **tener seguro de** ~ krankenversichert sein

enfermera [eɱfer'mera] *f* Krankenschwester *f;* (*en una consulta*) Arzthelferin *f,* Sprechstundenhilfe *f*

enfermería [eɱferme'ria] *f* **1.** (*sala con camas*) Krankensaal *m;* (MIL) Revier *nt;* (*en guerra*) Lazarett *nt* **2.** (*primeros auxilios*) Krankenstation *f*

enfermero [eɱfer'mero] *m* Krankenpfleger *m;* (*camillero*) Sanitäter *m*

enfermizo, **-a** [eɱfer'miθo, -a] *adj* **1.** (*de mala salud*) kränklich **2.** (*morboso*) krankhaft

enfermo, **-a** [eɱ'fermo, -a] **I.** *adj* krank; ~ **del corazón** herzkrank; ~ **grave** [*o* **de gravedad**] schwer krank; ~ **del hígado** leberkrank; **caer** ~ erkranken (*de* an +*dat*); **ponerse** ~ krank werden; **esta situación me pone** ~ diese Situation macht mich ganz krank **II.** *m, f* Kranke(r) *mf;* (*paciente*) Patient(in) *m(f);* ~ **del corazón** Herzkranke(r) *m*

enfermucho, **-a** [eɱfer'muʧo, -a] *adj* (*fam*) kränklich; **estar** ~ kränkeln

enfervorizador(a) [eɱferβoriθa'ðor(a)] **I.** *adj* begeisternd, antreibend **II.** *m(f)* Antreiber(in) *m(f)*

enfervorizar [eɱferβori'θar] <z→c> *vt, vr:* **~se** (sich) begeistern

enfilar [eɱfi'lar] **I.** *vi* sich begeben (*hacia* nach +*dat*) **II.** *vt* **1.** (*poner en fila*) aneinander reihen **2.** (*enhebrar*) einfädeln; (*cuentas*) aufreihen; (*atravesar*) aufspießen; ~ **la aguja** den Faden einfädeln **3.** (*llegar*) gelangen (auf +*akk*); (*en vehículo*) einfahren (in +*akk*); **enfilamos la carretera** wir fuhren auf die Schnellstraße

enfisema [eɱfi'sema] *m* (MED) Emphysem *nt;* ~ **pulmonar** Lungenemphysem *nt*

enfiteusis [eɱfi'teu̯sis] *f inv* (JUR) Erbpacht *f*

enfiteuta [eɱfi'teu̯ta] *mf* (JUR) Erbpächter(in) *m(f)*

enflaquecer [eɱflake'θer] *irr como crecer* **I.** *vi, vr:* **~se** abmagern (*de/por* durch +*akk*); (*debilitarse*) ermatten, erschlaffen **II.** *vt* abmagern lassen; (*debilitar*) ermatten

enflaquecimiento [eɱflakeθi'mjen̪to] *m* Abmagerung *f,* Abmagern *nt;* (*debilitamiento*) Schlaffheit *f,* Mattigkeit *f*

enfocar [eɱfo'kar] <c→qu> *vt* **1.** (CINE, FOTO: *ajustar*) einstellen, fokussieren **2.** (CINE, FOTO: *en el visor*) (an)visieren **3.** (*iluminar*) anleuchten, beleuchten, den Lichtstrahl richten (auf +*akk*) **4.** (*una cuestión*) beleuchten; (*concebir*) konzipieren; **no enfocas bien el problema** dieses Problem betrachtest du vom falschen Standpunkt aus

enfollonar [eɱfoʎo'nar] **I.** *vt* (*fam*) **1.** (*complicar*) verwirren **2.** (*implicar*) verwickeln (*en* in +*akk*) **II.** *vr:* **~se** verwickelt werden (*en* in +*akk*)

enfondar [eɱfon̪'dar] *vt* (GASTR: *molde*) auslegen, belegen

enfoque [eɱ'foke] *m* **1.** (CINE, FOTO: *ajuste*) Einstellung *f,* Fokussierung *f* **2.** (CINE, FOTO: *en el visor*) Visieren *nt* **3.** (*de una cuestión*) Standpunkt *m;* (*planteamiento*) Fragestellung *f;* (*concepción*) Konzept *nt;* ~ **industrial** Industriekonzept *nt*

enfoscar [eɱfos'kar] <c→qu> **I.** *vt* verputzen **II.** *vr:* **~se** **1.** (*enojarse*) sich ärgern **2.** (*cielo*) sich bedecken

enfrailar [eɱfrai̯'lar] **I.** *vi, vr:* **~se** Mönch werden **II.** *vt* zum Mönch machen

enfrascar [eɱfras'kar] <c→qu> **I.** *vt* in eine Flasche [*o* ein Schraubglas] füllen **II.** *vr:* **~se** sich versenken (*en* in +*akk*), sich vertiefen (*en* in +*akk*); **~se en la lectura** sich in die Lektüre versenken

enfrenar [eɱfre'nar] *vt* **1.** (*caballo*) zäumen; (*domar*) zügeln **2.** (TÉC) (ver)laschen

enfrentamiento [eɱfren̪ta'mjen̪to] *m* Konfrontation *f* (*con* mit +*dat*); (*encontronazo*) Zusammenstoß *m* (*con* mit +*dat*); (*pelea*) Streit *m* (*con* mit +*dat*); **un** ~ **entre colegas** ein Zusammenstoß unter Kollegen; **tener un** ~ einen Zusammenstoß haben; **se registraron ~s callejeros** es kam zu Straßenschlachten

enfrentar [eɱfren̪'tar] **I.** *vt* **1.** (*encarar*) gegenüberstellen +*dat;* (*confrontar*) konfrontieren (*con* mit +*dat*) **2.** (*hacer frente*) sich stellen +*dat;* ~ **un peligro** sich einer Gefahr stellen; ~ **los hechos** den Tatsachen ins Auge blicken **3.** (*enemistar*) entzweien **II.** *vr:* **~se** **1.** (*encararse*) sich gegenüberstehen; (DEP: *equipos*) aufeinander treffen **2.** (*afrontar*) zusammenstoßen (*con* mit +*dat*); (*pelearse*) sich *dat* eine Schlacht liefern (*con* mit +*dat*); **los manifestantes se ~on con la policía** es kam zu Zusammenstößen zwischen Demonstranten und der Polizei **3.** (*confrontar*) sich auseinander setzen (*con* mit +*dat*); **~se a la demanda** die Nachfrage befriedigen **4.** (*oponerse*) die Stirn bieten (*a* +*dat*); **estar enfrentado a alguien** mit jdm überworfen sein

enfrente [eɱ'fren̪te] **I.** *adv* **1.** (*en el lado opuesto*) gegenüber; **allí** ~ dort drüben; **la casa de** ~ das Haus gegenüber **2.** (*en contra*) entgegen; **tendrás a tu familia** ~ deine Familie wird sich dir entgegenstellen **II.** *prep* (*local: frente a*): ~ **de** gegenüber +*dat/gen,* gegenüber von +*dat;* ~ **mío** [*o* **de mí**] mir gegenüber; ~ **del teatro** gegenüber des Theaters; **vive** ~ **del parque** er/sie wohnt gegenüber vom Park; **ponerse** ~ **de alguien** sich jdm entgegenstellen

enfriadero [eɱfrja'ðero] *m* Kühlraum *m*

enfriamiento [eɱfrja'mjen̪to] *m* **1.** (*pérdida de temperatura*) Abkühlung *f;* ~ **económico** (ECON, FIN) Konjunkturtief *nt* **2.** (*resfriado*) Erkältung *f;* **pillar un** ~ (*fam*) sich erkälten

enfriar [eɱfri'ar] <*1. pres:* enfrío> **I.** *vi* kühlen; **este frigorífico no enfría** dieser Kühlschrank kühlt nicht **II.** *vt* (ab)kühlen; (*con agua*) abschrecken **III.** *vr:* **~se** **1.** (*perder calor*) kalt werden; (*refrescar*) abkühlen, kühler werden **2.** (*acatarrarse*) sich erkälten **3.** (*apaciguarse*) abkühlen

enfrijolada [eɱfrixo'laða] *f* (*Méx:* GASTR) *Maisomelette mit verschiedenen Zutaten und einer Paste aus roten Bohnen*

enfundar [eɱfun̪'dar] **I.** *vt* in ein Futteral stecken **II.** *vr:* **~se** sich (ein)hüllen (*en* in +*akk*)

enfurecer [eɱfure'θer] *irr como crecer* **I.** *vt* rasend machen, wütend machen **II.** *vr:* **~se** **1.** (*encolerizarse*) (vor Wut) rasen, wütend werden (*con/contra* auf +*akk*) **2.** (*mar*) tosen

enfurecimiento [eɱfureθi'mjen̪to] *m* (*cólera*) Wut *f*

enfurruñamiento [eɱfurruɲa'mjen̪to] *m* (*malhumor*) Mürrischkeit *f*

enfurruñarse [eɱfurru'ɲarse] *vr* mürrisch werden (*por* wegen +*gen/dat*); **estar enfurruñado** mürrisch sein

engaitar [eŋgai̯'tar] *vt* (*fam*) beschwatzen

engajado, -a [eŋga'xaðo, -a] *adj* (*Col: rizado*) lockig

engalanar [eŋgala'nar] **I.** *vt* verzieren (*con* mit +*dat*); (*adornar*) schmücken (*con* mit +*dat*) **II.** *vr:* **~se** sich herausputzen; (*adornarse*) sich schmücken (*con* mit +*dat*)

enganchado, -a [eŋgan'ʧaðo, -a] **I.** *adj* drogenabhängig **II.** *m, f* Drogenabhängige(r) *mf*

enganchar [eŋgan'ʧar] **I.** *vt* **1.** (*sujetar*) anhaken; (*remolque*) einhängen; (*caballerías*) anspannen (*de* an +*akk*) **2.** (*prender*) verhaken; (TAUR) auf die Hörner nehmen **3.** (*fam: atrapar*) einfangen, sich *dat* schnappen; (*convencer*) bequatschen **4.** (MIL) anwerben **5.** (FERRO, TÉC) koppeln **II.** *vr:* **~se** **1.** (*sujetarse*) sich festhaken (*de* an +*dat*) **2.** (*prenderse, t.* TÉC) sich verhaken (*de/con* an/in/mit +*dat*), hängen bleiben (*de/con* an +*dat*) **3.** (*enredarse*) sich verheddern (*en* in +*dat*); **~se en una pelea** in Streit geraten **4.** (MIL) sich anwerben lassen, Soldat werden **5.** (*argot: drogarse*) drogensüchtig werden; **estar enganchado** an der Nadel hängen

enganche [en'ganʧe] *m* **1.** (*gancho*) Haken *m* **2.** (*sujeción*) Kupplung *f* **3.** (MIL) Anwerbung *f* **4.** (*enganchón*) gezogener Faden *m*

enganchón [eŋgan'ʧon] *m* **1.** (*en un tejido*) gezogener Faden *m* **2.** (*riña*) Schlägerei *f*

engañabobos¹ [eŋgaɲa'βoβos] *mf inv* **1.** (*fam: timador*) Bauernfänger(in) *m(f)* **2.** (*reg: chotacabras*) Ziegenmelker(in) *m(f)*

engañabobos² [eŋgaɲa'βoβos] *m inv* Bauernfängerei *f*

engañadizo, -a [eŋgaɲa'ðiθo, -a] *adj* **1.** (*que engaña*) trügerisch **2.** (*fácil de engañar*) leicht zu überlisten

engañador(a) [eŋgaɲa'ðor(a)] *adj v.* **engañoso**

engañanecios¹ [eŋgaɲa'neθjos] *mf inv v.* **engañabobos¹**

engañanecios² [eŋgaɲa'neθjos] *m inv v.* **engañabobos²**

engañar [eŋga'ɲar] **I.** *vi* trügen; **las apariencias engañan** der Schein trügt **II.** *vt* **1.** (*mentir*) betrügen **2.** (*estafar*) überlisten **3.** (*fam: sentimiento*) überlisten; **~ el hambre** einen Happen essen **4.** (*ser infiel*) betrügen **III.** *vr:* **~se** **1.** (*equivocarse*) sich irren, sich täuschen **2.** (*hacerse ilusiones*) sich *dat* Illusionen machen; **¡no te engañes con esta oferta!** mach dir nichts vor, prüf das Angebot erst!

engañifa [eŋga'ɲifa] *f* (*fam*), **engañifla** [eŋga'ɲifla] *f* (*Chil*) Gaunerei *f*

engaño [eŋ'gaɲo] *m* **1.** (*mentira*) Betrug *m* **2.** (*truco*) List *f;* (*estafa*) Hinterhältigkeit *f;* **llamarse a ~** sich auf Betrug berufen **3.** (*error*) Irrtum *m* **4.** (*ilusión*) Täuschung *f*

engañoso, -a [eŋga'ɲoso, -a] *adj* (*falaz*) (be)trügerisch; (*equívoco*) täuschend; **publicidad engañosa** irreführende Werbung

engaratusar [eŋgaratu'sar] *vt* (*AmC, Col: engatusar*) umschmeicheln

engarce [eŋ'garθe] *m* **1.** (*engarzado*) Einfassen *nt* **2.** (*montura*) Fassung *f*

engarzar [eŋgar'θar] <z→c> **I.** *vt* **1.** (*trabar*) verketten **2.** (*montar*) einfassen **II.** *vr:* **~se** (*Am*) sich verwickeln (*en* in +*akk*)

engastado [eŋgas'taðo] *m* Einfassen *nt* (*en* in +*akk*)

engastar [eŋgas'tar] *vt* einfassen (*en* in +*akk*)

engaste [eŋ'gaste] *m* **1.** (*engastado*) Einfassen *nt* **2.** (*montura*) Fassung *f* **3.** (*piedra*) *zum Fassen bestimmter Stein*

engatusamiento [eŋgatusa'mjento] *m* Umgarnen *nt*

engatusar [eŋgatu'sar] *vt* umgarnen; (*a un hombre*) bezirzen; (*algo*) aufschwatzen (*a* +*dat*)

engavetar [eŋgaβe'tar] *vt* (*Guat*) in eine Schatulle stecken; **~ a alguien** jdn auf Eis legen

engendrador(a) [eŋxendra'ðor(a)] **I.** *adj* erzeugend; (*t. fig: provocador*) auslösend **II.** *m(f)* Erzeuger(in) *m(f);* (*t. fig: causante*) Auslöser(in) *m(f)*

engendramiento [eŋxendra'mjento] *m* Zeugung *f;* (*t. fig: desencadenamiento*) Entstehung *f;* **las causas que llevaron al ~ de una cruenta guerra civil** die Ursachen, die zu einem grausamen Bürgerkrieg führten

engendrar [eŋxen'drar] *vt* **1.** (*concebir*) zeugen **2.** (*t.* MAT: *generar*) generieren **3.** (*causar*) erzeugen; **la pobreza engendra violencia** Armut führt zu Gewalt

engendro [eŋ'xendro] *m* **1.** (*feto*) Leibesfrucht *f* **2.** (*aborto*) Missgeburt *f;* (*deforme*) Ausgeburt *f* **3.** (*persona fea*) Kreatur *f* **4.** (*idea, plan*) Auswuchs *m*

engibar [eŋxi'βar] **I.** *vt* buckelig machen, krumm machen **II.** *vr:* **~se** buckelig werden

englobar [eŋglo'βar] **I.** *vt* **1.** (*incluir*) umfassen **2.** (*reunir*) einbeziehen (*en* in +*akk*) **3.** (*resumir*) zusammenfassen **II.** *vr:* **~se** inbegriffen sein (*en* in +*dat*); **la medida se engloba dentro del programa previsto** die Maßnahme ist Teil des vorgesehenen Programms

engolado, -a [eŋgo'laðo, -a] *adj* **1.** (*con gola*) mit Halskrause **2.** (*afectado*) geschwollen **3.** (*fatuo*) geckenhaft

engolamiento [eŋgola'mjento] *m* (*afectación*) Einbildung *f,* Dünkel *m*

engolfarse [eŋgol'farse] *vr* **1.** (*enfrascarse*) sich versenken (*en* in +*akk*) **2.** (*arrebatarse*) Feuer fangen

engolillarse [eŋgoli'ʎarse] *vr* **1.** (*Cuba: contraer deudas*) Schulden machen (*con* bei +*dat*) **2.** (*Perú: encolerizarse*) wütend werden

engolosinar [eŋgolosi'nar] **I.** *vt* (*atraer*) locken (*con* mit +*dat*); (*engatusar*) ködern (*con* mit +*dat*) **II.** *vr:* **~se** Geschmack finden (*con* an +*dat*); (*encariñarse*) lieb gewinnen (*con* +*akk*)

engomado [eŋgo'maðo] *m,* **engomadura** [eŋgoma'ðura] *f* Gummierung *f*

engomar [eŋgo'mar] *vt* **1.** (*cubrir*) gummieren **2.** (*cabello*) festigen

engominar [eŋgomi'nar] **I.** *vt* (*cabello*) festigen **II.** *vr:* **~se** Festiger in die Haare geben; (*engalanarse*) sich herausputzen

engorda [eŋ'gorða] *f* **1.** (*Col, Chil, Méx: en-*

gorde del ganado) Mästen *nt* **2.** (*Chil, Méx: ganado engordado*) Mastvieh *nt*

engordar [eŋgor'ðar] **I.** *vi* **1.** (*ponerse gordo*) dick werden; (*ensanchar*) aufquellen **2.** (*poner gordo*) dick machen; **el chocolate engorda** Schokolade macht dick **3.** (*fam: enriquecerse*) Geld anhäufen **II.** *vt* (AGR) mästen

engorde [eŋ'gorðe] *m* (AGR) Mast *f;* **animales de** ~ Mastvieh *nt*

engorro [eŋ'gorro] *m* **1.** (*impedimento*) Hindernis *nt* **2.** (*molestia*) Belästigung *f*

engorroso, **-a** [eŋgo'rroso, -a] *adj* **1.** (*dificultoso*) hinderlich; (*complicado*) umständlich **2.** (*molesto*) lästig

engoznar [eŋgoθ'nar] <z→c> *vt* (*ventana, puerta*) einhängen

engrama [eŋ'grama] *f* (PSICO) Folgeschäden *mpl*

engranaje [eŋgra'naxe] *m* **1.** (TÉC: *encaje*) Verzahnung *f* **2.** (TÉC: *mecanismo*) Räderwerk *nt* **3.** (*sistema*) Getriebe *nt*

engranar [eŋgra'nar] **I.** *vi* (TÉC) ineinander greifen **II.** *vt* **1.** (TÉC: *endentar*) verzahnen **2.** (*enlazar*) verbinden

engrandar [eŋgran̪'dar] *vt* (*agrandar*) vergrößern

engrandecer [eŋgran̪de'θer] *irr como crecer* **I.** *vt* **1.** (*aumentar*) vergrößern; (*acrecentar*) vermehren; (*elevar*) steigern **2.** (*exagerar*) übertreiben **3.** (*enaltecer*) verherrlichen **II.** *vr:* **~se** **1.** (*aumentar*) sich vergrößern; (*en importancia*) an Größe gewinnen **2.** (*ascender*) aufsteigen

engrandecimiento [eŋgran̪deθi'mjen̪to] *m* **1.** (*aumento*) Vergrößerung *f;* (*en número*) Vermehrung *f;* (*subida*) Steigerung *f* **2.** (*exageración*) Übertreibung *f* **3.** (*enaltecimiento*) Verherrlichung *f* **4.** (*ascenso*) Aufstieg *m*

engrasado [eŋgra'saðo] *m* Einfetten *nt;* (AUTO, TÉC) Schmierung *f*

engrasador[1] [eŋgrasa'ðor] *m* (AUTO, TÉC) Schmiervorrichtung *f*

engrasador(a)[2] [eŋgrasa'ðor(a)] *adj* fettend; (AUTO, TÉC) schmierend

engrasar [eŋgra'sar] *vt* **1.** (*t.* TÉC: *con grasa*) einfetten; (*enaceitar*) einölen; (AUTO, TÉC: *lubricar*) schmieren; ~ **la bandeja** das Backblech einfetten **2.** (*manchar*) voll schmieren

engrase [eŋ'grase] *m* **1.** (*engrasado*) Einfetten *nt;* (AUTO, TÉC) Schmierung *f,* Abschmieren *nt* **2.** (*grasa*) Fett *nt;* (*lubricante*) Schmiermittel *nt*

engravar [eŋgra'βar] *vt* Kies streuen (auf +*akk*)

engreído, **-a** [eŋgre'iðo, -a] *adj* **1.** (*envanecido*) dünkelhaft, eingebildet **2.** (*Am: mimado*) verwöhnt

engreimiento [eŋgrei̯'mjen̪to] *m* Dünkel *m;* (*presunción*) Angeberei *f*

engreír [eŋgre'ir] *irr como reír* **I.** *vt* **1.** (*envanecer*) eingebildet machen **2.** (*Am: mimar*) verhätscheln **II.** *vr:* **~se** **1.** (*envanecerse*) eingebildet werden, dünkelhaft werden; (*presumir*) angeben (*con* mit +*dat*) **2.** (*Am: hacerse mimado*) verhätschelt werden

engrescar [eŋgres'kar] <c→qu> **I.** *vt* (*fam*) aufstacheln **II.** *vr:* **~se** (*fam*) sich in die Haare kriegen

engrifarse [eŋgri'farse] *vr* **1.** (*Col: volverse altivo*) hochnäsig werden, viel von sich *dat* halten **2.** (*Méx: irritarse*) böse werden (*con* auf +*akk*); (*malhumorarse*) schlechte Laune bekommen

engringarse [eŋgriŋ'garse] <g→gu> *vr* (*Am*) amerikanisiert werden

engrosar [eŋgro'sar] <o→ue> **I.** *vi, vr:* **~se** **1.** (*engordar*) zunehmen **2.** (*aumentar*) wachsen, größer werden **II.** *vt* **1.** (*engordar*) dick machen **2.** (*aumentar*) vergrößern; (*multiplicar*) vermehren; ~ **las filas del partido** die Reihen der Partei verstärken

engrudo [eŋ'gruðo] *m* Kleister *m;* (*cola*) Leim *m*

engrumecerse [eŋgrume'θerse] *irr como crecer vr* verklumpen

engualichar [eŋgwali'ʧar] *vt* (*Arg*) **1.** (*endemoniar*) verhexen **2.** (*someter al amante*) bezirzen

enguandos [eŋ'gwan̪dos] *mpl* (*Col*) **1.** (*cosas superfluas*) Kram *m* **2.** (*evasivas*) Vorwand *m*

enguandujar [eŋgwan̪du'xar] *vt* (*Col: adornar*) schmücken; (*recargar de adornos*) überladen

enguantarse [eŋgwan̪'tarse] *vr* (sich *dat*) Handschuhe anziehen; **enguantado** behandschuht, mit Handschuhen

enguaracarse [eŋgwara'karse] <c→qu> *vr* (*AmC: esconderse*) sich verbergen, sich verstecken

enguaraparse [eŋgwara'parse] *vr* (*AmC: fermentar*) vergären, fermentieren

enguatar [eŋgwa'tar] *vt* wattieren

engubiar [eŋgu'βjar] *vt* (*Urug: derrotar*) schlagen, besiegen

engüerar [eŋgwe'rar] *vi, vr:* **~se** (*corromperse*) schlecht werden, verderben

engullir [eŋgu'ʎir] <*3. pret:* engulló> **I.** *vi* **1.** (*atropelladamente*) schlingen **2.** (*pey: comer*) fressen **II.** *vt* (*tragar*) hinunterschlucken; (*atropelladamente*) verschlingen

enharinar [enari'nar] *vt* (GASTR) in Mehl wenden; (*espolvorear*) mit Mehl bestreuen

enhebillar [eneβi'ʎar] *vt* festschnallen

enhebrar [ene'βrar] *vt* (*hilo y aguja*) einfädeln; (*cuentas*) auffädeln

enhiesto, **-a** [e'njesto, -a] *adj* **1.** (*derecho*) gerade; (*erguido*) aufrecht, emporgerichtet **2.** (*alto*) hoch ragend

enhorabuena [enora'βwena] *f* Glückwunsch *m;* **dar la** ~ **a alguien** jdn beglückwünschen, jdm gratulieren; **estar de** ~ sich *dat* gratulieren können; **¡~!** herzlichen Glückwunsch!, gratuliere!; **pues...,** ~ tja, von mir aus

enigma [e'niɣma] *m* Rätsel *nt;* **descifrar/**

plantear un ~ ein Rätsel lösen/aufgeben
enigmático, **-a** [eniɣ'matiko, -a] *adj* rätselhaft; (*misterioso*) geheimnisvoll
enjabonado [eŋxaβo'naðo] *m* Einseifen *nt*
enjabonadura [eŋxaβona'ðura] *f* Einseifen *nt*
enjabonar [eŋxaβo'nar] *vt* **1.** (*al lavar*) einseifen **2.** (*fam: dar coba*) um den Bart gehen (*a* +*dat*), sich lieb Kind machen (*a* bei +*dat*) **3.** (*regañar*) rüffeln
enjaezamiento [eŋxaeθa'mjen̩to] *m* Anschirren *nt*
enjaezar [eŋxae'θar] <z→c> *vt* anschirren; (*enganchar*) anspannen
enjalbegado¹ [eŋxalβe'ɣaðo] *m* Weißung *f*
enjalbegado, **-a²** [eŋxalβe'ɣaðo, -a] *adj* weiß getüncht, geweißt
enjalbegadura [eŋxalβeɣa'ðura] *f sin pl* Tünchen *nt*
enjalbegar [eŋxalβe'ɣar] <g→gu> *vt* weißen
enjalma [eŋ'xalma] *f* leichter Packsattel *m*
enjambre [eŋ'xambre] *m* **1.** (*de abejas*) (Bienen)schwarm *m* **2.** (*muchedumbre*) Menschenmenge *f*
enjarciar [eŋxar'θjar] *vt* (NÁUT) auftakeln
enjardinar [eŋxarði'nar] *vt* **1.** (*hacer un jardín*) einen Garten anlegen (auf +*dat*) **2.** (*poner plantas*) begrünen
enjaretar [eŋxare'tar] *vt* **1.** (*costura*) durch einen Bund ziehen **2.** (*fam: una chapuza*) hinschludern, zusammenschustern **3.** (*fam: endilgar*) aufhalsen (*a* +*dat*)
enjarje [eŋ'xarxe] *m* (ARQUIT) **1.** (*pared, muro*) Verzahnung *f* **2.** (*bóveda*) (Bogen)knoten *m*
enjaular [eŋxau̯'lar] *vt* in einen Käfig sperren; (*encerrar*) einsperren; (*argot: encarcelar*) einlochen
enjetarse [eŋxe'tarse] *vr* (*Arg, Méx*) **1.** (*enojarse*) zornig werden **2.** (*ofenderse*) beleidigt sein
enjoyar [eŋxo'ɟar] **I.** *vt* Juwelen anlegen (*a* +*dat*) **II.** *vr:* **~se** sich mit Juwelen schmücken; **iban todas enjoyadas** sie waren mit Juwelen bedeckt
enjuagado [eŋxwa'ɣaðo] *m v.* **enjuague**
enjuagar [eŋxwa'ɣar] <g→gu> *vt* ausspülen; (*aclarar*) abspülen
enjuague [eŋ'xwaɣe] *m* **1.** (*t.* TÉC) Spülung *f;* ~ **bucal** Mundspülung *f* **2.** (*manejo*) List *f,* Ränke *mpl*
enjugamanos [eŋxuɣa'manos] *m inv* (*Am*) Handtuch *nt*
enjugar [eŋxu'ɣar] <g→gu> **I.** *vt* **1.** (*secar*) abtrocknen; (*limpiar*) abwischen **2.** (*una deuda*) erlassen (*a* +*dat*) **II.** *vr:* **~se 1.** (*secarse*) sich (ab)trocknen; **~se el sudor/las lágrimas** sich *dat* den Schweiß/die Tränen trocknen **2.** (*adelgazar*) abmagern
enjuiciable [eŋxwi'θjaβle] *adj* beurteilbar; (JUR) gerichtlich verfolgbar
enjuiciamiento [eŋxwiθja'mjen̩to] *m* **1.** (*juicio*) Beurteilung *f* **2.** (JUR: *proceso*) Prozess *m;* (*instrucción*) Einleitung *f* eines Gerichtsverfahrens; ~ **civil** Zivilprozess *m;* ~ **criminal** Strafprozess *m*
enjuiciar [eŋxwi'θjar] *vt* **1.** (*juzgar*) beurteilen; (*censurar*) verurteilen **2.** (JUR: *procesar*) den Prozess machen (*a* +*dat*); (*sentenciar*) das Urteil fällen (*a* über +*akk*)
enjundia [eŋ'xun̩dja] *f* **1.** (*unto*) Tierfett *nt* **2.** (*substancia*) Substanz *f;* (*núcleo*) Kern *m;* **de** ~ von Bedeutung; **de poca** ~ belanglos, substanzlos **3.** (*vigor*) Kraft *f* **4.** (*característica*) Eigenart *f*
enjundioso, **-a** [eŋxun̩'djoso, -a] *adj* bedeutsam
enjutarse [eŋxu'tarse] *vr* (*Guat, Ven*) **1.** (*enflaquecerse*) abmagern **2.** (*achicarse*) sich verkleinern; (*encogerse*) zusammenschrumpfen
enjuto, **-a** [eŋ'xuto, -a] *adj* dürr; **a pie** ~ trockenen Fußes; ~ **de carnes** knochendürr
enlace [en'laθe] *m* **1.** (*conexión*) Verbindung *f;* (*empalme*) Verknüpfung *f;* (*unión*) Bindung *f;* (*t.* ELEC, FERRO) Anschluss *m;* ~ **ferroviario** Bahnanschluss *m* **2.** (*entrelazado*) Verflechtung *f* **3.** (*boda*) Vermählung *f* **4.** (*contacto*) Verbindungsmann, -frau *m, f;* ~ **policial** V-Mann *m* **5.** (INFOR: *en la Internet*) Link *m;* ~ **cero** Null-Link *m;* ~ **de datos** Datenleitung *f*
enlaciar [enla'θjar] **I.** *vt* schlaff machen; **el clima seco y la falta de cuidados ~on su pelo** das trockene Klima und der Mangel an Pflege machten sein/ihr Haar schlaff **II.** *vi, vr:* **~se** erschlaffen, kraftlos werden; **se le enlació el pelo por falta de cuidados** aufgrund mangelnder Pflege erschlaffte sein/ihr Haar
enladrillado [enlaðri'ʎaðo] *m* **1.** (*pavimento*) Backsteinpflaster *nt* **2.** (*acción*) Pflasterung *f*
enladrillar [enlaðri'ʎar] *vt* mit Backsteinen pflastern
enlagunar [enlaɣu'nar] **I.** *vt* überschwemmen **II.** *vr:* **~se** überschwemmt werden
enlanado, **-a** [enla'naðo, -a] *adj* mit Wolle bedeckt; **cojín** ~ mit Wolle gefülltes Kissen
enlardar [enlar'ðar] *vt* (GASTR) spicken
enlatar [enla'tar] *vt* eindosen; **un programa enlatado** (TV) ein Programm aus der Konserve
enlazar [enla'θar] <z→c> **I.** *vi* **1.** (*transporte*) Anschluss haben (*con* an +*akk*) **2.** (*relacionarse*) einheiraten (*con* in +*akk*) **II.** *vt* **1.** (*atar*) verbinden (*con* mit +*dat*); (*unir*) verknüpfen (*con* mit +*dat*); (*entrelazar*) verflechten (*con* mit +*dat*) **2.** (*empalmar*) anknüpfen (*con* an +*akk*); (ELEC, TÉC) anschließen (*con* an +*akk*) **3.** (*cazar con lazo*) mit dem Lasso fangen **III.** *vr:* **~se 1.** (*enrollarse*) sich schlingen (*en* um +*akk*) **2.** (*desposarse*) sich vermählen
enlistonado [enlisto'naðo] *m* Leistenwerk *nt*
enlistonar [enlisto'nar] *vt* mit Leisten versehen

enlodar [enlo'ðar] *vt, vr v.* **enfangar**

enloquecedor(a) [enlokeθe'ðor(a)] *adj* zum Verrücktwerden; (*fam: extraordinario*) wahnsinnig

enloquecer [enloke'θer] *irr como crecer* **I.** *vi, vr:* **~se** verrückt werden; **~ de dolor** vor Schmerzen verrückt werden; **~ de rabia** vor Wut außer sich *dat/akk* geraten; **~ por alguien** auf jdn [*o* nach jdm] verrückt sein **II.** *vt* in den Wahnsinn treiben; **me enloquecen los pasteles** ich bin verrückt auf Kuchen

enloquecimiento [enlokeθi'mjen̪to] *m* Wahnsinn *m,* Verrücktheit *f;* (*proceso*) Irrewerden *nt*

enlosado [enlo'saðo] *m* **1.** (*pavimento*) Fliesenboden *m* **2.** (*operación*) Bodenplattenverlegung *f,* Fliesen *nt*

enlosar [enlo'sar] *vt* fliesen

enlozado [enlo'θaðo] *m* (*Am: esmaltado*) Emaillierung *f*

enlozar [enlo'θar] <z→c> *vt* (*Am: esmaltar*) emaillieren

enlucido [enlu'θiðo] *m* (Ver)putz *m*

enlucir [enlu'θir] *irr como lucir vt* **1.** (*con yeso*) verputzen **2.** (*lustrar*) bohnern

enlutar [enlu'tar] **I.** *vt* **1.** (*en el vestir*) Trauer anlegen (*a +dat*); **mujeres enlutadas** Frauen in Trauerkleidern **2.** (*ensombrecer*) verdüstern; (*entristecer*) betrüben **II.** *vr:* **~se** Trauerkleidung anziehen, Trauer anlegen

enmaderado [e^{n}maðe'raðo/e^{m}maðe'raðo] *m* **1.** (*enmaderamiento*) Vertäfelung *f* **2.** (*maderamen*) Gebälk *nt*

enmaderar [e^{n}maðe'rar/e^{m}maðe'rar] *vt* **1.** (*cubrir con madera*) vertäfeln **2.** (*hacer el maderamen*) das Balkenwerk erstellen (*+gen*)

enmadrarse [e^{n}ma'ðrarse/e^{m}ma'ðrarse] *vr* ein Mamakind werden; (PSICO) sich auf die Mutter fixieren; **este niño está muy enmadrado** dieses Kind hängt immer am Rockzipfel seiner Mutter

enmarañar [e^{n}mara'ɲar/e^{m}mara'ɲar] **I.** *vt* **1.** (*enredar*) zersausen **2.** (*confundir*) verwirren; (*complicar*) verwickeln **II.** *vr:* **~se 1.** (*enredarse*) sich zersausen **2.** (*confundirse*) sich verwirren; (*complicarse*) sich verwickeln

enmarcar [e^{n}mar'kar/e^{m}mar'kar] <c→qu> **I.** *vt* einrahmen, umrahmen; (*ribetear*) umranden **II.** *vr:* **~se** im Rahmen sein (*en/dentro de* von *+dat*)

enmascarado, -a [e^{n}maska'raðo, -a/e^{m}maska'raðo, -a] **I.** *adj* maskiert **II.** *m, f* Maskierte(r) *mf*

enmascaramiento [e^{n}maskara'mjen̪to/e^{m}maskara'mjen̪to] *m* **1.** (*disfraz*) Maskierung *f* **2.** (*ocultación*) Verschleierung *f;* (*encubrimiento*) Tarnung *f* **3.** (INFOR) Maskierung *f*

enmascarar [e^{n}maska'rar/e^{m}maska'rar] **I.** *vt* **1.** (*poner máscara*) maskieren; (*disfrazar*) verkleiden **2.** (*ocultar*) verschleiern; (*encubrir*) tarnen **II.** *vr:* **~se 1.** (*ponerse una máscara*) sich maskieren; (*disfrazarse*) sich verkleiden **2.** (*encubrirse*) sich tarnen

enmasillar [e^{n}masi'ʎar/e^{m}masi'ʎar] *vt* **1.** (*pared*) verkitten **2.** (*madera*) einkitten

enmendable [e^{n}men̪'daβle/e^{m}men̪'daβle] *adj* (*corregible*) korrigierbar

enmendar [e^{n}men̪'dar/e^{m}men̪'dar] <e→ie> **I.** *vt* **1.** (*corregir*) verbessern, korrigieren; (*rectificar*) berichtigen; (**querer**) **~ la plana a alguien** jdn übertreffen (wollen) **2.** (JUR: *modificar*) abändern; (*una ley*) novellieren **II.** *vr:* **~se** sich bessern

enmicado [e^{n}mi'kaðo/e^{m}mi'kaðo] *m* (*Méx: funda de plástico*) Plastikhülle *f*

enmicar [e^{n}mi'kar/e^{m}mi'kar] <c→qu> *vt* (*Méx: cubrir con plástico*) laminieren

enmienda [e^{n}'mjen̪da/e^{m}'mjen̪da] *f* **1.** (*corrección*) Verbesserung *f,* Korrektur *f;* (*rectificación*) Berichtigung *f;* **sin ~s ni tachaduras** (ADMIN, JUR) ohne Änderungen und Streichungen; **va sin ~** die Abschrift stimmt mit dem Original überein; **no tener ~** ein hoffnungsloser Fall sein **2.** (JUR) (Ab)änderung *f;* (POL: *de una ley*) Novellierung *f;* **presentar ~** (POL) einen Abänderungsantrag stellen

enmohecer [e^{n}moe'θer/e^{m}moe'θer] *irr como crecer* **I.** *vi, vr:* **~se 1.** (*cubrirse de moho*) verschimmeln; (*pudrirse*) vermodern **2.** (*caer en desuso*) veralten **II.** *vt* verschimmeln lassen

enmohecimiento [e^{n}moeθi'mjen̪to/e^{m}moeθi'mjen̪to] *m* Verschimmeln *nt*

enmoquetar [e^{n}moke'tar/e^{m}moke'tar] **I.** *vi* Teppichboden verlegen **II.** *vt* mit Teppichboden auslegen; **suelo enmoquetado** Teppichboden *m*

enmudecer [e^{n}muðe'θer/e^{m}muðe'θer] *irr como crecer* **I.** *vi* **1.** (*perder el habla*) verstummen; **enmudeció de miedo** er/sie war sprachlos vor Angst **2.** (*callar*) schweigen **II.** *vt* verstummen lassen

enmudecimiento [e^{n}muðeθi'mjen̪to/e^{m}muðeθi'mjen̪to] *m* Verstummen *nt,* Sprachlosigkeit *f*

enmugrecer [e^{n}muɣre'θer/e^{m}muɣre'θer] *irr como crecer* **I.** *vt* beschmutzen **II.** *vr:* **~se** beschmutzt werden

enmustiar [e^{n}mus'tjar/e^{m}mus'tjar] **I.** *vt* welk machen **II.** *vr:* **~se** welk werden

ennegrecer [enneɣre'θer] *irr como crecer* **I.** *vt* **1.** (*poner negro*) schwärzen **2.** (*oscurecer*) verfinstern; (*ensombrecer*) überschatten **II.** *vr:* **~se 1.** (*ponerse negro*) schwarz werden **2.** (*oscurecerse*) sich verfinstern; (*ensombrecer*) sich verdüstern

ennegrecimiento [enneɣreθi'mjen̪to] *m* Schwärzung *f,* Schwarzwerden *nt;* (*ensombrecimiento*) Verdüsterung *f*

ennoblecer [ennoβle'θer] *irr como crecer* **I.** *vt* **1.** (*conceder el título*) adeln **2.** (*mejorar*) veredeln; (*refinar*) verfeinern **3.** (*enaltecer*) verherrlichen **II.** *vr:* **~se** geadelt werden, einen Adelstitel erwerben

E

ennoblecimiento [ennoβleθi'mjeṇto] *m* **1.** (*nobleza*) Adel *m* **2.** (*mejora*) Veredelung *f;* (*refinamiento*) Verfeinerung *f* **3.** (*enaltecimiento*) Verherrlichung *f*

ennoviarse [enno'βjarse] *vr* (*fam*) sich *dat* einen Freund/eine Freundin zulegen

enojadizo, **-a** [enoxa'ðiθo, -a] *adj* reizbar

enojar [eno'xar] **I.** *vt* ärgern, böse machen **II.** *vr:* **~se** sich ärgern (*con* über *+akk*); **estar enojado** böse sein

enojo [e'noxo] *m* Ärger *m,* Unmut *m;* **con ~** unwillig

enojón, **-ona** [eno'xon, -ona] **I.** *adj* (*Chil, Ecua, Méx: enojadizo*) reizbar **II.** *m, f* (*Chil, Ecua, Méx: enojadizo*) reizbarer Mensch *m*

enojoso, **-a** [eno'xoso, -a] *adj* **1.** (*enfadoso*) ärgerlich **2.** (*molesto*) widerwärtig **3.** (*complicado*) umständlich; (*trabajoso*) mühsam

enóloga [e'noloɣa] *f v.* **enólogo**

enología [enolo'xia] *f sin pl* Önologie *f,* Weinkunde *f*

enológico, **-a** [eno'loxiko, -a] *adj* önologisch

enólogo, **-a** [e'noloɣo, -a] *m, f* Önologe, -in *m, f,* Weinfachmann, -frau *m, f;* (*conocedor*) Weinkenner(in) *m(f)*

enometría [enome'tria] *f Bestimmung des Alkoholgrades des Weines*

enómetro [e'nometro] *m Apparat zur Bestimmung des Alkoholgrades des Weines*

enorgullecer [enorɣuʎe'θer] *irr como crecer* **I.** *vt* stolz machen, mit Stolz erfüllen **II.** *vr:* **~se** stolz sein (*de* auf *+akk*)

enorgullecimiento [enorɣuʎeθi'mjeṇto] *m* Stolz *m*

enorme [e'norme] *adj* **1.** (*grande*) enorm; (*gigantesco*) gewaltig; (*desmedido*) übermäßig, ungeheuer **2.** (*fam: extraordinario*) ungeheuer, wahnsinnig

enormidad [enormi'ða^ð] *f* **1.** (*gran tamaño*) Enormität *f,* Übermaß *nt* **2.** (*gran cantidad*) Unmenge *f*

enotecnia [eno'teɣnja] *f* Weinbereitungstechnik *f*

enquistamiento [eŋkista'mjeṇto] *m* (BIOL) Einkapselung *f,* Abkapselung *f*

enquistarse [eŋkis'tarse] *vr* **1.** (MED) sich abkapseln, sich einkapseln **2.** (*fosilizarse*) erstarren

enrabiar [enrra'βjar] **I.** *vt* wütend machen **II.** *vr:* **~se** wütend werden, in Wut geraten

enrabietarse [enrraβje'tarse] *vr* (*fam*) bocken, bockig werden

enraizado, **-a** [enrrai̯'θaðo, -a] *adj* verwurzelt; **una costumbre muy enraizada** eine fest verwurzelte Sitte

enraizamiento [enrrai̯θa'mjeṇto] *m* Verwurzelung *f*

enraizar [enrrai̯'θar] *irr vi* Wurzeln schlagen

enralecer [enrrale'θer] *irr como crecer vi* licht werden, sich lichten; **sus pelos enralecieron rápidamente** sein/ihr Haar wurde schnell licht

enramado [enrra'maðo] *m* (NÁUT) Spanten *ntpl*

enranciamiento [enrraṇθja'mjeṇto] *m* Ranzigwerden *nt*

enranciar [enrraṇ'θjar] **I.** *vt* ranzig machen **II.** *vr:* **~se** ranzig werden

enrarecer [enrrare'θer] *irr como crecer* **I.** *vt* (*hacer que escasee*) reduzieren; (*gas*) verdünnen **II.** *vr:* **~se** (*relaciones*) sich verschlechtern

enrarecido, **-a** [enrrare'θiðo, -a] *adj* (*aire*) verbraucht, schlecht

enrarecimiento [enrrareθi'mjeṇto] *m* **1.** (*escasez*) Knappheit *f* **2.** (*gas*) Verdünnung *f* **3.** (*relaciones*) Verschlechterung *f*

enrastrojarse [enrrastro'xarse] *vr* (*Am: cubrirse de malezas*) verwildern

enredadera [enrreða'ðera] *f* (BOT) Schlingpflanze *f,* Kletterpflanze *f;* **~ de campanillas** Winde *f*

enredador(a) [enrreða'ðor(a)] **I.** *adj* (*fam*) **1.** (*chismoso*) geschwätzig, klatschsüchtig **2.** (*embustero*) verlogen; (*niño*) ungezogen **II.** *m(f)* **1.** (*fam: chismoso*) Klatschbase *f;* (*embustero*) Lügner(in) *m(f),* Flunkerer, -in *m, f* **2.** (*fam: niño travieso*) Frechdachs *m;* (*pendenciero*) Streithahn *m,* Zänker(in) *m(f)* **3.** (*elev: intrigante*) Intrigant(in) *m(f)*

enredar [enrre'ðar] **I.** *vi* (*niño*) Unfug treiben; **¡no andes enredando con las cerillas!** spiel nicht mit den Streichhölzern herum! **II.** *vt* **1.** (*liar*) verwickeln, verstricken; (*confundir*) durcheinander bringen **2.** (*enemistar*) aufhetzen **3.** (*prender*) mit Netzen fangen **III.** *vr:* **~se 1.** (*cuerda*) sich verwickeln; (*asunto*) sich verwickeln, sich verstricken **2.** (*planta*) hinaufklettern (*por/a* an *+dat*) **3.** (*fam: amancebarse*) anbändeln (*con* mit *+dat*)

enredo [en'rreðo] *m* **1.** (*de alambres*) Wirrwarr *m* **2.** (*mentira*) Lüge *f* **3.** (*tinglado*) Affäre *f,* Intrige *f* **4.** (*amorío*) Techtelmechtel *nt* **5.** *pl* (*fam: trastos*) Kram *m*

enredoso, **-a** [enrre'ðoso, -a] *adj* verwickelt, verstrickt

enrejado [enrre'xaðo] *m* **1.** (*de hierro*) Gitterwerk *nt,* Gitter *ntpl* **2.** (*de caña*) Geflecht *nt*

enrejar [enrre'xar] *vt* **1.** (*ventana*) vergittern; (*huerta*) einzäunen **2.** (*madera*) kreuzweise stapeln **3.** (*argot: encarcelar*) einbuchten

enrevesado, **-a** [enrreβe'saðo, -a] *adj* verwickelt, verworren; **era un crucigrama bastante ~** es war ein ziemlich verzwicktes Kreuzworträtsel

enriquecedor(a) [enrrikeθe'ðor(a)] *adj* bereichernd; **fue una experiencia muy ~a** es war eine sehr positive Erfahrung

enriquecer [enrrike'θer] *irr como crecer* **I.** *vi* (*prosperar*) blühen **II.** *vt* **1.** (*hacer rico*) reich machen **2.** (*engrandecer*) bereichern **3.** (*metal, tierra*) anreichern (*con/de* mit *+dat*) **4.** (*adornar*) verzieren **III.** *vr:* **~se** reich werden, sich bereichern; **se enriqueció a costa ajena** er/sie hat sich auf fremde Kosten

bereichert
enriquecido, **-a** [enrrike'θiðo, -a] *adj* angereichert; **cereales ~s con vitaminas** mit Vitaminen angereicherte Cerealien
enriquecimiento [enrrikeθi'mjen̩to] *m* **1.** (*fortuna, ennoblecimiento*) Bereicherung *f;* **~ injusto** (JUR) ungerechtfertigte Bereicherung **2.** (*de uranio*) Anreicherung *f*
enristrar [enrris'trar] *vt* **1.** (*ajos, cebollas*) *zu einem Zopf zusammenbinden* **2.** (*poner la lanza*) einlegen; (*coger la lanza*) ergreifen **3.** (*un problema*) in Angriff nehmen; (*una dificultad*) fertig werden (mit *+dat*)
enrocar [enrro'kar] <c→qu> **I.** *vi, vt* (*ajedrez*) rochieren; **~ el rey** rochieren **II.** *vr:* **~se** am Felsen hängenbleiben
enrodrigar [enrroðri'ɣar] <g→gu> *vt* (AGR) pfählen, mit einem Pfahl stützen
enrojecer [enrroxe'θer] *irr como crecer* **I.** *vi* erröten; **enrojeció de ira** er/sie wurde rot vor Wut **II.** *vt* (*cielo*) rot färben **III.** *vr:* **~se** (*persona*) erröten; (*cielo*) sich röten, sich rot färben
enrojecido, **-a** [enrroxe'θiðo, -a] *adj* rot
enrojecimiento [enrroxeθi'mjen̩to] *m* (*efecto*) Röte *f;* (*acción*) Erröten *nt*
enrolamiento [enrrola'mjen̩to] *m* (*Arg, Par: el alistarse al ejército*) *Eintragung der Ausgelosten in die Wehrdienstlisten;* **libreta de ~** Wehrpass *m*
enrolar [enrro'lar] **I.** *vt* **1.** (NÁUT) anheuern; **enroló a un cocinero** er/sie heuerte einen Schiffskoch an **2.** (MIL) einberufen, einziehen **II.** *vr:* **~se** **1.** (MIL) sich anwerben lassen **2.** (*participar*) mitmachen, teilnehmen **3.** (NÁUT) anheuern; **se enroló en un mercante** er/sie heuerte auf einem Handelsschiff an
enrollable [enrro'ʎaβle] *adj* (INFOR) rollbar
enrollado, **-a** [enrro'ʎaðo, -a] *adj* (*argot*) voll dabei; **es una profesora muy enrollada** die Lehrerin ist voll stark [*o* geil]
enrollamiento [enrroʎa'mjen̩to] *m* Bildlauf *m*
enrollar [enrro'ʎar] **I.** *vt* **1.** (*cartel*) (ein)rollen, zusammenrollen, aufrollen **2.** (*liar*) verwirren; **él siempre me enrolla con sus cuentos** er bringt mich mit seinen Geschichten immer ganz durcheinander **3.** (*argot: gustar*) irre gefallen (*a +dat*), antörnen; **esta música me enrolla muchísimo** diese Musik macht mich unheimlich [*o* tierisch] an **II.** *vr:* **~se** ausschweifen; **se enrolla como una persiana** er/sie redet wie ein Buch
enronquecer [enrroŋke'θer] *irr como crecer* **I.** *vi* heiser machen **II.** *vr:* **~se** heiser werden
enronquecimiento [enrroŋkeθi'mjen̩to] *m* Heiserkeit *f*
enroñar [enrro'ɲar] **I.** *vt* rostig machen **II.** *vr:* **~se** rostig werden
enroque [en'rroke] *m* (*ajedrez*) Rochade *f*
enroscamiento [enrroska'mjen̩to] *m* **1.** (*tornillo*) Aufschrauben *nt* **2.** (*enrollar*) Zusammenrollen *nt*
enroscar [enrros'kar] <c→qu> **I.** *vt* **1.** (*enrollar*) zusammenrollen; **he enroscado el hilo en el palo** ich habe den Faden um den Stock gewickelt **2.** (*tornillo*) einschrauben **II.** *vr:* **~se** sich zusammenrollen (*a/alrededor de* um *+akk*); **la serpiente se enroscó a la rama** die Schlange wand sich um den Ast
enrostrar [enrros'trar] *vt* (*Am*) vorwerfen
enrular [enrru'lar] *vt* (*CSur: hacer rizos*) locken, in Locken legen
ensacado[1] [ensa'kaðo] *m* (AGR) Einsacken *nt,* Abfüllen *nt* in Säcke
ensacado, **-a**[2] [ensa'kaðo, -a] **I.** *adj* im Sack, eingesackt **II.** *m, f* Sackhüpfer(in) *m(f)*
ensacar [ensa'kar] <c→qu> *vt* (AGR) in Säcke füllen, einsacken
ensaimada [ensai̯'maða] *f Blätterteiggebäck aus Mallorca*
ensalada [ensa'laða] *f* **1.** (GASTR) Salat *m;* **~ de berros** Kressesalat *m;* **~ de frutas** Obstsalat *m;* **~ italiana** italienischer Salat; **~ mixta** gemischter Salat **2.** (*mezcla*) Mischmasch *m,* Salat *m fam* **3.** (*Cuba: bebida*) *Getränk mit Zitrone und Ananas*
ensaladera [ensala'ðera] *f* **1.** (*bol*) Salatschüssel *f,* Salatschale *f* **2.** (DEP: *fam*) Daviscup *m*
ensaladilla [ensala'ðiʎa] *f* (*dulces*) gemischtes Konfekt *nt;* **~ rusa** *Kartoffelsalat mit Erbsen, Karotten, gekochten Eiern, Majonäse*
ensalivar [ensali'βar] *vt* einspeicheln
ensalmo [en'salmo] *m* (*conjuro*) Beschwörung *f;* (*exorcismo*) Besprechung *f;* **desapareció (como) por ~** er/sie war wie weggezaubert
ensalobrarse [ensalo'βrarse] *vr* brackig werden, salzig werden
ensalzamiento [ensal̩θa'mjen̩to] *m* Preisen *nt,* Rühmen *nt*
ensalzar [ensal̩'θar] <z→c> *vt, vr:* **~se** (sich) preisen, (sich) rühmen
ensamblador [ensambla'ðor] *m* (INFOR) Assembler *m*
ensamblaje [ensam'blaxe] *m* Montage *f,* Zusammenbau *m;* (*de madera*) Verzapfung *f*
ensamblar [ensam'blar] *vt* zusammenfügen, verbinden; (*madera*) verzapfen
ensanchamiento [ensanʧa'mjen̩to] *m* Erweiterung *f;* (*hacer más ancho*) Verbreiterung *f*
ensanchar [ensan'ʧar] **I.** *vt* erweitern, ausdehnen; (*hacer más ancho*) verbreitern; (*vestido*) weiter machen; **~on las aceras** die Bürgersteige sind verbreitert worden **II.** *vr:* **~se** **1.** (*fam: ocupar lugar*) sich breit machen; **si no os ensancháis tanto, cabré yo también en el banco** wenn ihr euch nicht so breit macht, passe ich auch noch auf die Bank **2.** (*vestido*) ausweiten
ensanche [en'sanʧe] *m* **1.** (*ampliación*) Erweiterung *f;* (*de anchura*) Verbreiterung *f*

2. (*ciudad*) neues Stadtviertel *nt;* **zona de ~** Neubaugebiet *nt;* **el E~ barcelonés** *schachbrettartig angelegtes Stadtviertel in Barcelona* **3.** (*vestido*) Einschlag *m*

ensandecer [ensan̪de'θer] *irr como crecer* **I.** *vi* verrückt werden, wahnsinnig werden **II.** *vt* verrückt machen, wahnsinnig machen

ensangrentar [ensaŋgren̪'tar] <e→ie> *vt* mit Blut beflecken

ensañamiento [ensaɲa'mjen̪to] *m* Grausamkeit *f*

ensañarse [ensa'ɲarse] *vr* seine Wut auslassen (*con/en* an +*dat*); **se ensañó con los más inocentes** er/sie hat seine/ihre Wut an den Unschuldigen ausgelassen, seine/ihre Wut entlud sich auf die Unschuldigen

ensarnecer [ensarne'θer] *irr como crecer vi* krätzig [*o* räudig] werden

ensartamiento [ensarta'mjen̪to] *m* (INFOR) Einfädelung *f*

ensartar [ensar'tar] *vt* **1.** (*perlas*) auffädeln **2.** (*pinchar*) aufspießen

ensayar [ensa'ɟar] **I.** *vt* **1.** (*probar*) versuchen, (aus)probieren; (*examinar*) prüfen **2.** (TEAT) proben, üben; **están ensayando el acto final de la ópera** sie proben den Schlussakt der Oper **II.** *vr:* **~se** sich üben (*en* in +*dat*)

ensayismo [ensa'ɟismo] *m* (LIT) Essayistik *f*

ensayista [ensa'ɟista] *mf* Essayist(in) *m(f)*

ensayístico, **-a** [ensa'ɟistiko, -a] *adj* essayistisch

ensayo [en'saɟo] *m* **1.** (TEAT) Probe *f;* **~ general** Generalprobe *f* **2.** (LIT) Essay *m o nt* **3.** (*prueba*) Probe *f,* Versuch *m,* Test *m;* (*experimento*) Experiment *nt;* **~ de materiales** Werkstoffprüfung *f;* **a manera de ~** probeweise; **tubo de ~** Reagenzglas *nt* **4.** (MIN) Metallprobe *f*

enseguida [ense'ɣiða] *adv* sofort; **voy ~** ich komme sofort

ensenada [ense'naða] *f* **1.** (*mar*) Bucht *f* **2.** (*Arg: corral*) Stall *m*

enseña [en'seɲa] *f* Fahne *f;* (*estandarte*) Banner *nt*

enseñable [ense'ɲaβle] *adj* lehrbar, unterrichtbar

enseñado, **-a** [ense'ɲaðo, -a] *adj* (*persona*) erzogen; (*animales*) abgerichtet

enseñante [ense'ɲan̪te] *mf* Lehrer(in) *m(f)*

enseñanza [ense'ɲan̪θa] *f* **1.** (*sistema*) Bildungswesen *nt,* Bildungssystem *nt;* **~ primaria** Volksschulwesen *nt;* **~ privada** Privatschulwesen *nt;* **~ pública** öffentliches Schulwesen; **~ secundaria** Sekundarschulwesen *nt;* **~ superior** Hochschulwesen *nt;* **ha sido fiel a las ~s de su maestro** er/sie ist den Gedanken seines/ihres Meisters treu geblieben **2.** (*clase*) Unterricht *m;* **~ asistida por ordenador** computergestützter Unterricht; **~ a distancia** Fernstudium *nt;* **~ de inglés** Englischunterricht *m;* **libertad de ~** Lehrfreiheit *f;* **se dedica a la ~** er/sie ist in der Lehre tätig; **es un nuevo método de ~** das ist eine neue Unterrichtsmethode **3.** (*lección*) Lehre *f;* **de lo ocurrido en el pasado no ha sacado ninguna ~** er/sie hat aus der Vergangenheit keine Lehren gezogen

enseñar [ense'ɲar] *vt* **1.** (*profesor*) lehren, unterrichten; (*explicar*) erklären; (*mostrar*) zeigen; **~ alemán** Deutsch unterrichten; **él fue quien me enseñó la poca química que sé** er hat mir das wenige an Chemie beigebracht, das ich weiß; **ella me enseñó a tocar la flauta** sie hat mich Flöte spielen gelehrt; **hay que ~ con el ejemplo** man muss mit gutem Beispiel vorangehen; **¡la vida le ~á!** das Leben wird ihn/sie zur Räson bringen!; **le enseñó a hacer las camas** er/sie hat ihm/ihr gezeigt, wie man die Betten macht; **¡ya te ~é yo a obedecer!** ich werde dich schon Gehorsam lehren! **2.** (*mostrar*) (vor)zeigen; (*exhibir*) (vor)führen; **en la frontera tuve que ~ mi equipaje** an der Grenze musste ich mein Gepäck vorzeigen; **me enseñó su colección de sellos** er/sie hat mir seine/ihre Briefmarkensammlung gezeigt; **nos enseñó el camino** er/sie zeigte uns den Weg

enseñoramiento [enseɲora'mjen̪to] *m* Bemächtigung *f*

enseñorearse [enseɲore'arse] *vr* sich bemächtigen (*de* +*gen*)

enseres [en'seres] *mpl* Gerätschaften *fpl;* (*útiles*) Werkzeug *nt;* (*mobiliario*) Einrichtung *f;* **~ de labranza** landwirtschaftliche Geräte; **~ de oficina** Büroeinrichtung *f*

ensilado [ensi'laðo] *m* (AGR) Silieren *nt*

ensillada [ensi'ʎaða] *f* (GEO) Bergsattel *m*

ensillar [ensi'ʎar] *vt* satteln

ensimismado, **-a** [ensimis'maðo, -a] *adj* in Gedanken vertieft; (*ausente*) geistesabwesend; **estaba ~ en la lectura** er war in seine Lektüre vertieft

ensimismamiento [ensimisma'mjen̪to] *m* Nachdenklichkeit *f,* Versunkenheit *f*

ensimismarse [ensimis'marse] *vr* **1.** (*absorberse*) sich vertiefen (*en* in +*akk*); (*pensar*) grübeln **2.** (*Col, Chil: engreírse*) eingebildet werden

ensoberbecerse [ensoβerβe'θerse] *irr como crecer vr* **1.** (*persona*) hochmütig werden (*de* durch +*akk*) **2.** (*mar*) brausen, toben

ensoberbecido, **-a** [ensoβerβe'θiðo, -a] *adj* hochmütig, dünkelhaft

ensoberbecimiento [ensoβerβeθi'mjen̪to] *m* Hochmut *m*

ensombrecer [ensombre'θer] *irr como crecer* **I.** *vt* (*oscurecer*) verdüstern; (*ofuscar*) überschatten **II.** *vr:* **~se** **1.** (*entristecerse*) traurig werden, trübsinnig werden **2.** (*oscurecerse*) sich verdüstern

ensoñación [ensoɲa'θjon] *f* Träumerei *f,* Traum *m;* (*ilusión*) Trugbild *nt,* Illusion *f*

ensoñar [enso'ɲar] <o→ue> *vt* träumen; (*entusiasmarse*) schwärmen (für +*akk*)

ensopar [enso'par] **I.** *vt* **1.** (*pan*) eintunken, eintauchen **2.**(*AmS: empapar*) einweichen **II.** *vr:* ~**se** (*AmS*) durchnässt [*o* (klatsch)nass] werden

ensordecedor(a) [ensorðeθe'ðor(a)] *adj* (ohren)betäubend

ensordecer [ensorðe'θer] *irr como crecer* **I.** *vi* **1.**(*anciano*) ertauben *elev,* taub werden **2.**(*elev: callar*) schweigen **II.** *vt* **1.**(*ruido*) betäuben **2.**(*sordina*) dämpfen **3.**(LING) stimmlos machen

ensordecimiento [ensorðeθi'mjen̪to] *m sin pl* Taubheit *f*

ensortijado, -a [ensorti'xaðo, -a] *adj* gekräuselt, kraus, gekringelt

ensortijar [ensorti'xar] **I.** *vt* **1.**(*pelo*) kräuseln, locken **2.**(*animal*) mit einem Nasenring versehen **II.** *vr:* ~**se** (*cabello*) sich locken; (*mar*) sich kräuseln

ensuciamiento [ensuθja'mjen̪to] *m* Beschmutzung *f,* Verunreinigung *f*

ensuciar [ensu'θjar] **I.** *vt* (*manchar*) beschmutzen (*con/de* mit +*dat*), beflecken (*con/de* mit +*dat*); **ensució el nombre de su padre** er beschmutzte den Namen seines Vaters **II.** *vr:* ~**se 1.**(*mancharse*) sich schmutzig machen (*con/de* mit +*dat*), sich beschmutzen (*con/de* mit +*dat*); ~**se las manos** sich *dat* die Hände schmutzig machen; **ensuciarse de** ~ **abajo** sich von Kopf bis Fuß dreckig machen **2.**(*fam: excremento*) sich voll machen, sich *dat* in die Hosen machen

ensueño [en'sweɲo] *m* Traum *m,* Träumerei *f;* (*ilusión*) Trugbild *nt;* **hemos visto una casa de** ~ wir haben ein traumhaftes Haus gesehen

entabacarse [en̪taβa'karse] <c→qu> *vr* (*fam*) wie ein Schlot rauchen

entablamento [en̪taβla'men̪to] *m* **1.**(ARQUIT) Sims *m* **2.**(*techo*) Dielendecke *f*

entablar [en̪ta'βlar] *vt* **1.**(*conversación*) anfangen; (*negociaciones*) aufnehmen; (*amistad*) (an)knüpfen; (*juicio*) einleiten; (*negocios*) unternehmen; ~ **relaciones comerciales** Geschäftsbeziehungen aufnehmen **2.**(*suelo*) dielen **3.**(*ajedrez*) aufstellen

entablillamiento [en̪taβliʎa'mjen̪to] *m* (MED) Schienen *nt*

entablillar [en̪taβli'ʎar] *vt* (ein)schienen

entalegar [en̪tale'ɣar] <g→gu> *vt* **1.**(*meter en un talego*) einpacken, in einen Beutel stecken **2.**(*argot: encarcelar*) einsperren, in den Knast stecken

entallado, -a [en̪ta'ʎaðo, -a] *adj* tailliert

entalladura [en̪taʎa'ðura] *f* (*incisión*) Kerbe *f;* (*resina*) Einschnitt *m*

entallar [en̪ta'ʎar] **I.** *vt* **1.**(*tallar*) einmeißeln, ausmeißeln **2.**(*en árbol*) einkerben, einschneiden **3.**(*carpintero*) einblatten **4.**(*vestido*) auf Taille arbeiten **II.** *vi, vr:* ~**se** in der Taille anliegen; **la chaqueta entalla bien** die Jacke liegt in der Taille an

entalpía [en̪tal'pia] *f* (FÍS) Enthalpie *f*

entapetado, -a [en̪tape'taðo, -a] *adj* mit einem Deckchen bedeckt

entarimado [en̪tari'maðo] *m* Parkett *nt;* (*en barcos*) Bodenplatte *f*

ente ['en̪te] *m* **1.**(FILOS) Wesen *nt* **2.**(*autoridad*) Amt *nt,* Behörde *f;* ~**s autonómicos** autonome Gebietskörperschaften; **el E~ Público** das öffentliche Fernsehen

entecarse [en̪te'karse] <c→qu> *vr* (*Chil: emperrarse*) hartnäckig werden

enteco, -a [en̪'teko, -a] *adj* kränklich, schwächlich

entejar [en̪te'xar] *vt* das Dach decken (+*gen*)

entelequia [en̪te'lekja] *f* **1.**(FILOS) Entelechie *f* **2.**(*fantasía*) Illusion *f*

entenado, -a [en̪te'naðo, -a] *m, f* (JUR) Stiefsohn, -tochter *m, f,* Stiefkind *nt*

entendederas [en̪ten̪de'ðeras] *fpl* (*fam*) Grips *m,* Verstand *m;* **es muy corto de** ~ er hat eine lange Leitung, er ist schwer von Begriff

entendedor(a) [en̪ten̪de'ðor(a)] **I.** *adj* Kenner-, bewandert **II.** *m(f)* Kenner(in) *m(f);* **a buen** ~**...** (**con pocas palabras basta**) Sie verstehen schon ...

entender [en̪ten̪'der] <e→ie> **I.** *vi* **1.**(*saber de*) verstehen (*de* von +*dat*); **él entiende mucho de flores** er versteht viel von Blumen; **no entiende nada de organización** er/sie versteht nichts von Organisation **2.**(*ocuparse con*) sich beschäftigen (*en* mit +*dat*); ~ **en ordenadores** sich mit Computern befassen **II.** *vt* **1.**(*comprender*) verstehen, begreifen, kapieren *fam;* **lo entendieron mal** sie haben es missverstanden; **si entiendo bien Ud. quiere decir que...** wenn ich Sie recht verstehe, wollen Sie sagen, dass ...; **no entendí la explicación** ich habe die Erklärung nicht begriffen; **¿entendido?** verstanden?; **¿qué entiende Ud. por acuerdo?** was verstehen Sie unter Abmachung?; **ellos ya se harán** ~ sie werden sich schon verständlich machen; **no entiende una broma** er/sie versteht keinen Spaß; **le dio a** ~ **a su novia que...** er gab seiner Freundin zu verstehen, dass ... **2.**(*creer*) glauben; **yo entiendo que sería mejor si...** +*subj* ich glaube, es wäre besser, wenn ...; **yo no lo entiendo así** ich bin (da) anderer Meinung; **tengo entendido que...** (*según creo*) soweit ich weiß, ...; (*según he oído*) ich habe gehört, dass ... **3.**(*saber*) können, verstehen; **¿entiendes francés?** verstehst [*o* kannst] du Französisch?; **lo hicieron como Dios les dio a** ~ sie machten es so gut sie konnten **III.** *vr:* ~**se 1.**(*llevarse*) sich verstehen (*con* mit +*dat*); **el presidente y el secretario se entienden muy bien** der Präsident und der Schriftführer verstehen sich sehr gut; **yo no me entiendo con mi padre** ich verstehe mich nicht mit meinem Vater **2.**(*ponerse de acuerdo*) sich verständigen; **para el precio entiéndete con mi socio** über den Preis musst du mit meinem Partner verhandeln **3.**(*fam: liarse*) ein Liebesverhältnis haben (*con* mit +*dat*) **4.** (*fam: desenvolverse*) zurechtkommen (*con* mit +*dat*); **no me entiendo con este lío de cables** bei diesem Kabelwirrwarr steige ich nicht durch; **¡que se las entienda!** das ist seine/ihre Sache! **5.** (*loc*): **¡yo me entiendo!** ich weiß (schon), was ich sage!; **pero ¿cómo se entiende?** (*fam*) aber was soll das heißen?; **eso se entiende por sí mismo** das versteht sich von selbst **IV.** *m* Meinung *f;* **a mi ~** meiner Meinung nach, meines Erachtens

entendido, -a [en̪ten̪'diðo, -a] **I.** *adj* **1.** (*listo*) klug, geschickt; (*experto*) bewandert (*en* in +*dat*), erfahren (*en* in +*dat*); **no se dio por ~** er stellte sich dumm **2.** (*loc*): **bien ~ que...** vorausgesetzt, dass ..., unter der Voraussetzung, dass ...; **lo haremos, bien ~ que nos tendréis que pagar antes** wir werden es machen, vorausgesetzt, dass ihr uns vorher bezahlt; **queda ~ que...** es ist selbstverständlich, dass ...; **queda ~ que te acompaño a casa** selbstverständlich begleite ich dich nach Hause **II.** *m, f* Kenner(in) *m(f);* (*experto*) Sachverständige(r) *mf;* **es un gran ~ en informática** er versteht viel von Informatik; **era una entendida en la materia** sie war Expertin in dem Bereich; **hacerse el ~** den Klugen spielen

entendimiento [en̪ten̪di'mjen̪to] *m sin pl* **1.** (*razón*) Verstand *m;* (*facilidad de comprensión*) Begriffsvermögen *nt,* Auffassungsgabe *f;* **obrar con ~** überlegt handeln; **es un hombre de mucho ~** er ist ein sehr intelligenter Mann **2.** (*acuerdo*) Verständigung *f*

entenebrecer [en̪teneβre'θer] *irr como crecer* **I.** *vt* verfinstern, verdunkeln; (*fig*) überschatten **II.** *vr:* **~se** sich verfinstern; **su alma se entenebreció al saber que ya nunca volvería a verle** bei dem Gedanken daran, dass sie ihn nie wieder sehen würde, wurde ihr weh ums Herz

entenebrecimiento [en̪teneβreθi'mjen̪to] *m* Verdunklung *f,* Verfinsterung *f*

entente [en̪'ten̪te] *f* (HIST) Entente *f*

enteradillo, -a [en̪tera'ðiʎo, -a] **I.** *adj* (*pey*) besserwisserisch **II.** *m, f* (*pey*) Besserwisser(in) *m(f),* Schlaumeier(in) *m(f) fam*

enterado, -a [en̪te'raðo, -a] *adj* (*iniciado*) eingeweiht (*de* in +*akk*); (*conocedor*) vertraut (*de* mit +*dat*); **yo ya estaba ~ del incidente** ich wusste schon von dem Zwischenfall, ich war schon über den Zwischenfall informiert (worden); **no se dio por ~** er stellte sich dumm

enteralgia [en̪te'ralxja] *f* (MED) Darmschmerzen *mpl*

enteramente [en̪tera'men̪te] *adv* ganz, völlig; **queremos satisfacer ~ a nuestros clientes** wir wollen unsere Kunden ganz zufrieden stellen

enterar [en̪te'rar] **I.** *vt* **1.** (*informar*) informieren (*de* über +*akk*); **lo enteramos de la conjura** wir haben ihn über die Verschwörung informiert **2.** (*Col, Méx, CRi:* COM) (ein)zahlen **II.** *vr:* **~se** (*saber de algo*) erfahren (*de* von +*dat*); **me enteré de la explosión por la radio** ich habe aus dem Radio von der Explosion erfahren; **no me enteré de nada hasta que me lo dijeron** ich bekam nichts (davon) mit, bis sie es mir sagten; **pasa las hojas sin ~se de lo que lee** er/sie blättert herum, ohne zu verstehen, was er/sie gerade liest; **¡para que se entere!** (*fam*) damit Sie das endlich kapieren!

entereza [en̪te'reθa] *f sin pl* (*determinación*) Beharrlichkeit *f;* (*aplomo*) Sicherheit *f;* (*integridad*) Standhaftigkeit *f;* **a la muerte de su madre demostró mucha ~** er/sie war sehr tapfer, als seine/ihre Mutter starb

enteritis [en̪te'ritis] *f inv* (MED) Darmentzündung *f,* Enteritis *f*

enternecedor(a) [en̪terneθe'ðor(a)] *adj* rührend

enternecer [eterne'θer] *irr como crecer* **I.** *vt* rühren, erweichen **II.** *vr:* **~se** weich werden

enternecimiento [en̪terneθi'mjen̪to] *m* **1.** (*sentimiento de ternura*) Rührung *f* **2.** (*reblandecimiento*) Zartwerden *nt,* Weichwerden *nt*

entero¹ [en̪'tero] *m* **1.** (MAT) ganze Zahl *f* **2.** (FIN: *cotización*) Punkt *m*

entero, -a² [en̪'tero, -a] *adj* **1.** (*completo*) ganz, vollständig; **por ~** völlig, vollständig; **el mundo ~ lo sabía** die ganze Welt wusste es; **nos dio una tarta entera para nosotros** er/sie hat uns eine ganze Torte geschenkt; **un año ~ se lo pasó en la selva** er/sie verbrachte ein volles Jahr im Dschungel; **se pasa días ~s sin decir ni una palabra** er/sie kann tagelang schweigen; **el espejo salió ~ de aquí** der Spiegel wurde unversehrt von hier mitgenommen; **la comisión entera se declaró a favor** die Kommission sprach sich geschlossen dafür aus; **el juego de café no está ~** das Kaffeeservice ist nicht vollständig **2.** (*persona integra*) redlich **3.** (BOT) ganzrandig **4.** (*no castrado*) unverschnitten **5.** (MAT) ganz; **número ~** ganze Zahl

enterrador¹ [en̪terra'ðor] *m* (ZOOL) Totengräber *m*

enterrador(a)² [en̪terra'ðor(a)] *m(f)* **1.** (*sepulturero*) Totengräber(in) *m(f)* **2.** (TAUR) *Gehilfe des Matadors*

enterramiento [en̪terra'mjen̪to] *m* **1.** (*entierro*) Begräbnis *nt,* Beerdigung *f* **2.** (*sepultura*) Grab *nt;* (*sepulcro*) Grabstätte *f;* **se han descubierto unos ~s prehistóricos** man hat prähistorische Grabstätten gefunden

enterrar [en̪te'rrar] <e→ie> **I.** *vt* **1.** (*a un muerto*) begraben, bestatten; **¡ésa nos ~á a todos!** (*fam*) sie wird uns alle überleben! **2.** (*un objeto*) vergraben, eingraben; (*no muy profundo*) verscharren **3.** (*ilusiones, esperanzas*) begraben **II.** *vr:* **~se** (*recluirse*) sich vergraben; **él se fue a su aldea y se enterró en vida** er ging in sein Dorf und brach alle Brücken hinter sich *dat* ab [*o* und zog sich von der Welt zurück]

enterratorio [enterra'torjo] *m* (*AmS: cementerio*) Friedhof *m*

entibar [enti'βar] *vt* (MIN) abstützen, ausbauen

entibiar [enti'βjar] **I.** *vt* **1.** (*líquido*) lau machen **2.** (*entusiasmo*) mäßigen; (*amistad*) abkühlen **II.** *vr:* ~**se 1.** (*líquido*) lau werden, abkühlen **2.** (*entusiasmo*) sich mäßigen; (*amistad*) sich abkühlen

entidad [enti'ða^{ð}] *f* **1.** (FILOS) Wesenheit *f*, Entität *f*; (*ser*) Wesen *nt* **2.** (*elev: importancia*) Gewichtigkeit *f*; **no era asunto de bastante ~ como para interrumpir el viaje** die Sache war nicht bedeutend genug, um die Reise zu unterbrechen **3.** (*asociación*) Vereinigung *f*, Körperschaft *f*; ~ **aseguradora** Versicherungsgesellschaft *f*; ~ **crediticia** Kreditbank *f*; ~ **jurídica** Körperschaft *f*

entierro [en'tjerro] *m* **1.** (*ceremonia*) Beerdigung *f*, Bestattung *f*, Begräbnis *nt*; **el ~ de la sardina** *Beerdigung des Karnevals-Löffels am Aschermittwoch;* **¡no pongas esa cara de ~!** mach doch nicht so eine Trauermiene! **2.** (*comitiva*) Leichenzug *m* **3.** (*enterramiento*) Vergraben *nt*; (*en poca profundidad*) Verscharren *nt*

entintado [entin'taðo] *m* (TIPO) Einfärben *nt*

entintar [entin'tar] *vt* **1.** (*manchar*) mit Tinte beschmieren; (*teñir*) färben **2.** (TIPO) einfärben

entitativo, -a [entita'tiβo, -a] *adj* (FILOS) zur Entität gehörig

entoldado [entol'daðo] *m* (*para terrazas*) Markise *f*, Sonnendach *nt*; (*para fiestas*) Festzelt *nt*

entoldar [entol'dar] *vt* mit einem Sonnendach versehen

entomatada [entoma'taða] *f* (*Méx:* GASTR) *gefüllter Maisfladen mit Tomatensoße*

entomóloga [ento'moloɣa] *f v.* **entomólogo**

entomología [entomolo'xia] *f sin pl* Entomologie *f*, Insektenkunde *f*

entomológico, -a [entomo'loxiko, -a] *adj* (ZOOL) entomologisch

entomólogo, -a [ento'moloɣo, -a] *m, f* Entomologe, -in *m, f*, Insektenforscher(in) *m(f)*

entonación [entona'θjon] *f* **1.** (MÚS) Intonation *f*; (*canto*) Anstimmen *nt* **2.** (LING) Tonfall *m*, Intonation *f*

entonado, -a [ento'naðo, -a] *adj* hochmütig, dünkelhaft

entonar [ento'nar] **I.** *vi* **1.** (*canción*) richtig singen, den Ton halten **2.** (*armonizar*) passen (*con* zu +*dat*); **los colores de las cortinas no entonan con los de la pared** die Farben der Vorhänge beißen sich mit denen der Wand **3.** (*órgano*) die Bälge treten **II.** *vt* **1.** (*canción*) anstimmen; **entonó un cántico a la paz** er/sie stimmte ein Loblied auf den Frieden an **2.** (*fortalecer*) kräftigen; **este caldo te ~á** diese Brühe wird dich stärken

entonces [en'tonθes] *adv* **1.** (*temporal*) damals, zu jener Zeit; **desde ~** seitdem; **desde ~ nos avergonzamos** seitdem schämen wir uns; **hasta ~** bis dahin; **hasta ~ no supimos la verdad** bis dahin kannten wir die Wahrheit nicht; (**en** [*o* **por**] **aquel**) **~ lo aceptamos sin rechistar** damals haben wir es ohne Widerspruch akzeptiert **2.** (*modal*) dann; **¿y ~ qué pasó?** na, und was geschah dann?; **¿pues ~ por qué te extraña si no vienen?** ja, dann brauchst du dich nicht zu wundern, wenn sie nicht kommen!; **¡~!** also das will ich meinen!; **si lo amas ¿~ por qué no se lo dices?** wenn du ihn liebst, warum sagst du es ihm dann nicht?

entonelar [entone'lar] *vt* eintonnen, in Fässer füllen

entontecer [entonte'θer] *irr como crecer* **I.** *vi, vr:* ~**se** verdummen, verblöden **II.** *vt* verdummen

entontecimiento [entonteθi'mjento] *m* Verdummung *f*, Verblödung *f*

entorchado [entor'ʧaðo] *m* (*cuerda, hilo*) *seidener Faden, um den ein anderer gewickelt ist;* (*bordado de oro*) Goldstickerei *f*; (*bordado de plata*) Silberstickerei *f*

entorilar [entori'lar] *vt* (TAUR) in den Zwinger sperren

entornar [entor'nar] **I.** *vt* **1.** (*puerta*) halb öffnen, anlehnen **2.** (*ojos*) halb öffnen **3.** (*ladear*) umkippen **II.** *vr:* ~**se** umkippen

entorno [en'torno] *m* Umgebung *f*; (*medio ambiente*) Umwelt *f*; (*mundillo*) Milieu *nt*; (*condiciones*) Rahmenbedingungen *fpl*; ~ **heterogéneo** (INFOR) heterogene Umgebung; ~ **Windows** (INFOR) Windowsumgebung *f*

entorpecedor(a) [entorpeθe'ðor(a)] *adj* behindernd, störend

entorpecer [entorpe'θer] *irr como crecer* **I.** *vt* **1.** (*movimiento*) lähmen; **el frío me entorpecía los dedos** die Kälte ließ meine Finger erstarren **2.** (*dificultar*) behindern, stören; (*retrasar*) verzögern; **la maleza entorpecía la marcha** das Gestrüpp behinderte das Vorwärtskommen **3.** (*sentidos*) betäuben, abstumpfen **II.** *vr:* ~**se** benommen werden

entorpecimiento [entorpeθi'mjento] *m sin pl* **1.** (*torpeza*) Zerfahrenheit *f*, Benommenheit *f* **2.** (*obstáculo*) Hindernis *nt*

entrabar [entra'βar] *vt* (*AmS*) behindern, hemmen

entrada [en'traða] *f* **1.** (*puerta*) Eingang *m*; (*para coche*) Zufahrt *f*, Einfahrt *f*; ~ **a la autopista** Autobahnauffahrt *f*; ~ **trasera** Hintereingang *m* **2.** (*traspaso*) Eintritt *m*; (MIL) Einmarsch *m*; **se prohibe la ~** Zutritt verboten!; **los deportistas hicieron su ~ en la ciudad** die Sportler liefen in die Stadt ein; **su ~ en escena tranquilizó a la comunidad internacional** sein/ihr Auftreten beruhigte die Völkergemeinschaft **3.** (*comienzo*) Beginn *m*; (*en un cargo*) Antritt *m*; ~ **en funciones** Amtsantritt *m*; ~ **en vigor** Inkrafttreten *nt*; **discurso**

E

de ~ Antrittsrede *f* **4.** (*cine, teatro*) Eintrittskarte *f;* ~ **gratuita** Freikarte *f;* ~ **libre** Eintritt frei; **dos ~s, por favor** zwei Eintrittskarten, bitte **5.** (*público*) Zuschauer *mpl;* (*hospital*) Zugänge *mpl;* **en el estreno hubo una gran** ~ bei der Uraufführung war viel Publikum anwesend **6.** (GASTR) Vorspeise *f,* Entree *nt;* **¿qué quieres de ~?** was möchtest du als Vorspeise? **7.** (*pelo*) Geheimratsecken *fpl fam* **8.** (MÚS) Einsatz *m;* **dar la** ~ den Einsatz geben **9.** (*en diccionario*) Eintrag *m* **10.** (*pago*) Anzahlung *f;* **ya hemos dado la** ~ **para el piso** wir haben schon die erste Rate für die Wohnung bezahlt **11.** (COM) Eingang *m;* ~ **en aduana** Einfuhr *f;* ~ **en caja** Kasseneingang *m;* ~ **de capitales** Kapitalzufluss *m;* ~ **de pedidos** Auftragseingang *m;* **~s y salidas** Einnahmen und Ausgaben; **libro de ~s** Einnahmebuch *nt* **12.** (INFOR) Eingabe *f;* ~ **de datos** Dateneingabe *f;* ~ **de datos por lotes** Dateneingabe im Stapelbetrieb; ~ **directa** Direkteingabe *f;* ~ **de identificación** Kennungseingabe *f;* ~ **en paralelo** Paralleleingabe *f;* ~ **de tarea remota** Aufgabenferneingabe *f;* **dispositivo de** ~ Eingabegerät *nt* **13.** (*loc*): **de** ~ auf den ersten Blick; **así de** ~ **su idea no me pareció mal** zunächst schien mir seine/ihre Idee gar nicht schlecht; **la joven celebró su** ~ **en sociedad** das Mädchen feierte seinen Eintritt in die Gesellschaft; **tengo** ~ **con este local** in diesem Lokal gehe ich ein und aus [*o* bin ich Stammgast]

entradilla [en̩tra'ðiʎa] *f* (PREN) Einführungsresumée *nt* (einer Nachricht)

entrado, **-a** [en̩'traðo, -a] *adj:* **un señor** ~ **en años** ein älterer Herr; **llegamos entrada la noche** wir kamen erst in der Nacht an; **hasta muy** ~ **el siglo XVII** bis spät ins XVII. Jahrhundert hinein

entrador(a) [en̩tra'ðor(a)] *adj* **1.** (*AmS: animoso*) tapfer; (*atrevido*) mutig **2.** (*Arg: simpático*) nett **3.** (*Am: enamoradizo*) schwärmerisch **4.** (*Chil: entremetido*) zudringlich **5.** (*Guat, Nic: compañero*) kameradschaftlich

entramado [en̩tra'maðo] *m* **1.** (INFOR) Verflechtung *f* **2.** (ARQUIT) Fachwerk *nt,* Bindwerk *nt;* ~ **del tejado** Dachstuhl *m* **3.** (*relaciones*) Verflechtung *f*

entrampar [en̩tram'par] **I.** *vt* **1.** (*animal*) in eine Falle locken **2.** (*engañar*) betrügen, überlisten **3.** (*fam: embrollar*) komplizieren **4.** (*fam: deudas*) mit Schulden belasten **II.** *vr:* **~se** in Schulden geraten

entrante [en̩'tran̩te] **I.** *adj* **1.** (*próximo*) kommend; **a primeros del mes** ~ Anfang nächsten Monats **2.** (*ángulo*) einspringend **II.** *m* Einschnitt *m,* Kerbe *f*

entraña [en̩'traɲa] *f* **1.** (*órganos*) Eingeweide *ntpl;* **te voy a arrancar las ~s** ich werde dir das Herz aus dem Leibe reißen; **echó las ~s** (*fam*) er/sie hat stark erbrochen; **¡hijo de mis ~s!** (*fam*) mein Herzblatt!; **por mis hijos doy las ~s** (*fam*) für meine Kinder würde ich alles hergeben **2.** (*lo esencial*) Kern *m;* **la** ~ **del problema** der Kern des Problems **3.** *pl* (*carácter*) Charakter *m;* **es persona de buenas ~s** er/sie ist ein gutherziger Mensch **4.** *pl* (*interior*) Innerste(s) *nt;* **las ~s de la tierra** das Erdinnere

entrañable [en̩tra'ɲaβle] *adj* innig, herzlich; **nos unía una amistad** ~ uns verband eine innige Freundschaft; **es para mí un recuerdo** ~ das ist mir eine sehr liebe Erinnerung

entrañar [en̩tra'ɲar] *vt* mit sich *dat* bringen, bedeuten; **otros criterios ~ían una pérdida de poder** andere Kriterien würden zu Machtverlust führen; **la aventura entrañaba graves peligros** das Abenteuer barg große Risiken in sich *dat*

entrar [en̩'trar] **I.** *vi* **1.** (*pasar*) hineingehen (*a/en* in +*akk*), eintreten (*a/en* in +*akk*); (*vehículo*) hineinfahren (*a/en* in +*akk*); (*barco*) einlaufen (*a/en* in +*akk*); **¡entras en la habitación!** du gehst in das Zimmer hinein!; **~on por la ventana** sie sind durch das Fenster eingestiegen; **el tren entra en la estación** der Zug fährt in den Bahnhof ein; **¡entre!** herein!; **yo en eso no entro** [*o* **ni entro ni salgo**] (*fam*) damit habe ich nichts zu schaffen; **le entró por un oído y le salió por otro** das ist ihm/ihr zum einen Ohr hineingegangen und zum anderen wieder hinaus; **en su discurso no entró en detalles** in seiner/ihrer Rede ist er/sie nicht auf Einzelheiten eingegangen; **para ir entrando en materia** zum Einstieg in das Thema, um zur Sache zu kommen **2.** (*caber*) (hinein)passen (*en* in +*akk*), (hinein)gehen (*en* in +*akk*); **el cajón no entra en el armario** die Schublade passt nicht in den Schrank; **en la lata no entran más que dos tomates** in die Dose passen nur zwei Tomaten; **no me entra el anillo** der Ring passt mir nicht; **el corcho no entra en la botella** der Korken geht nicht in die Flasche; **por fin he hecho** ~ **el tapón** endlich habe ich den Stöpsel hineinbekommen **3.** (*zapato, ropa*) passen; **la falda me entra bien** der Rock passt mir gut; **a las hermanastras no les entró el zapatito** die Stiefschwestern kamen in den kleinen Schuh nicht hinein **4.** (*con autorización*) Zutritt haben (*en* zu +*dat*) **5.** (*empezar*) beginnen, anfangen; **el verano entra el 21 de junio** der Sommer beginnt am 21. Juni; ~ **en calor** warm werden; ~ **en relaciones con alguien** Beziehungen zu jdm aufnehmen; **después entré a trabajar en una casa más rica** dann begann ich in einem reicheren Haushalt zu arbeiten; **cuando entró de alcalde hizo muchas promesas** als er als Bürgermeister antrat, machte er viele Versprechungen; **me entró la tentación** es überkam mich die Versuchung; **me entró un mareo** mir wurde schwindlig; **le entró el sueño** der Schlaf überwältigte [*o* übermannte] ihn/sie; **me entró el hambre** ich bekam Hunger; **esperemos que no te entre la gripe** hoffentlich bekommst du keine Grippe; **le ha entrado la costumbre de levantarse tarde** er/sie hat es sich *dat* zur Gewohnheit gemacht, spät aufzustehen; ~ **en un empleo** eine Stellung antreten; ~ **en funciones** ein Amt übernehmen; ~ **en un negocio** in ein Geschäft einsteigen; ~ **como socio** als Teilhaber eintreten **6.** (*penetrar*) hineingehen (*en* in +*akk*); **el clavo entró en la pared** der Nagel ging in die Wand; **¡no me entra en la cabeza cómo pudo hacer eso!** es will mir nicht in den Kopf, warum er/sie das getan hat!, ich begreife nicht, wie er/sie so etwas tun konnte! **7.** (*formar parte*) eintreten; **casi todos ~on en el partido** fast alle sind in die Partei eingetreten; **entró en el ejército** er/sie ist in das Heer eingetreten; **entró en la Academia de Ciencias** er/sie wurde in die Akademie der Wissenschaften aufgenommen; **en un kilo entran tres panochas** auf ein Kilo kommen drei Maiskolben; **eso no entraba en mis cálculos** damit habe ich nicht gerechnet; **en esta receta no entran huevos** bei diesem Rezept sind keine Eier vorgesehen **8.** (MÚS) einsetzen **9.** (MIL) einmarschieren (*en* in +*akk*), einrücken (*en* in +*akk*) **10.** (TIPO) einziehen **11.** (*loc*): **las matemáticas no me entran** (*fam*) Mathematik begreife ich einfach nicht; **su hermano no me entra** (*fam*) ich kann seinen/ihren Bruder nicht leiden; **a él no sabes como ~le** man weiß nicht, wie man an ihn rankommen kann **II.** *vt* hineinbringen (*en* in +*akk*); (*vehículo*) (hinein)fahren (*en* in +*akk*); ~ **el coche en el garaje** das Auto in die Garage (hinein)fahren

entre ['eṇtre] *prep* **1.** (*local, temporal*) zwischen +*dat;* **la casa está ~ el ayuntamiento y Correos** das Haus liegt zwischen dem Rathaus und der Post; **salió de ~ las ramas** er/sie kam aus den Zweigen hervor; **pasó por ~ las mesas** er/sie ging zwischen den Tischen durch; ~ **semana no puedo ayudarte** unter der Woche kann ich dir nicht helfen; **ven ~ las cinco y las seis** komm zwischen fünf und sechs; ~ **tanto** inzwischen; **le cuento ~ mis amigos** ich zähle ihn zu meinen Freunden; **este es un ejemplo ~ muchos** das ist ein Beispiel unter vielen; **es el peor ~** [*o* **de**] **todos** er ist der Schlimmste von allen; **llegaron veinte ~ hombres y mujeres** es kamen zwanzig, teils Männlein, teils Weiblein; **se la llevaron ~ cuatro hombres** sie trugen sie zu viert heraus; **lo hablaremos ~ nosotros** wir werden unter uns darüber sprechen; ~ **el taxi y la entrada me quedé sin dinero** das Taxi und die Eintrittskarte raubten mir mein ganzes Geld; **lo dije ~ mí** ich sagte es für mich **2.** (*con movimiento*) zwischen +*akk;* **¡guárdalo ~ los libros!** leg es zwischen die Bücher!; **me senté ~ los dos** ich setzte mich zwischen die beiden **3.** (MAT) durch +*akk;* **cuatro dividido ~ dos es igual a dos** vier geteilt durch zwei ist zwei

entreabierto, **-a** [eṇtrea'βjerto, -a] *adj* halb offen

entreabrir [eṇtrea'βrir] *irr como abrir vt* halb öffnen, halb aufmachen

entreacto [eṇtre'akto] *m* **1.** (TEAT: *intermedio*) Zwischenakt *m*, Entreakt *m;* (*música*) Zwischenaktsmusik *f* **2.** (*cigarro*) Zigarillo *m o nt*

entrecano, **-a** [eṇtre'kano, -a] *adj* halbgrau, graumeliert

entrecavar [eṇtreka'βar] *vt* (AGR) überackern

entrecejo [eṇtre'θexo] *m Raum zwischen den Augenbrauen;* (*ceño*) Stirnrunzeln *nt;* **fruncir** [*o* **arrugar**] **el ~** die Stirn runzeln

entrecerrar [eṇtreθe'rrar] <e→ie> *vt* anlehnen

entrechocar [eṇtretʃo'kar] <c→qu> *vi, vr:* **~se** aneinander stoßen, aufeinander prallen

entrecomillar [eṇtrekomi'ʎar] *vt* in Anführungszeichen setzen

entrecortado, **-a** [eṇtrekor'taðo, -a] *adj* (*respiración*) stoßweise; (*voz*) stockend; **ella me lo dijo con una voz entrecortada por los sollozos** sie sagte es mir mit einer von Schluchzern erstickten Stimme

entrecortar [eṇtrekor'tar] *vt* unterbrechen

entrecot [entre'ko^t] *m* <entrecots> (GASTR) Entrecote *nt*

entrecruzamiento [eṇtrekruθa'mjeṇto] *m* Überschneidung *f;* (*genética*) Kreuzung *f*

entrecruzar [eṇtrekru'θar] <z→c> **I.** *vt* **1.** (*cruzar, t.* BIOL) kreuzen **2.** (*cintas*) flechten **II.** *vr:* **~se** sich kreuzen; **sus caminos se ~on** ihre Wege kreuzten sich

entrecubierta [eṇtreku'βjerta] *f* (NÁUT) Zwischendeck *nt*

entredicho [eṇtre'ðitʃo] *m* **1.** (*prohibición*) Verbot *nt* **2.** (REL) Interdikt *nt;* (*excomunión*) Kirchenbann *m* **3.** (*loc*): **poner algo en ~** etw in Zweifel ziehen; **esta noticia pone en ~ la veracidad de las otras** diese Nachricht stellt die Glaubwürdigkeit anderer Meldungen in Frage [*o* infrage]

entredós [eṇtre'ðos] *m* **1.** (*bordado*) Spitzeneinsatz *m* **2.** (*mueble*) niedriges Wandschränkchen *nt*

entrefino, **-a** [eṇtre'fino, -a] *adj* (*entre fino y basto*) mittelfein, halbfein; **una tela entrefina** ein mittelfeiner Stoff

entreforro [eṇtre'forro] *m* Zwischenfutter *nt*

entrega [eṇ'treɣa] *f* **1.** (*dedicación*) Engagement *nt* **2.** (*fascículo*) Lieferung *f;* **novela por ~s** Fortsetzungsroman *m* **3.** (*de documentos*) Übergabe *f;* (*ceremonia*) Überreichung *f;* ~ **de premios** Preisverleihung *f;* **durante la ~ de títulos** während der Diplomverleihung; **le hicieron ~ de las llaves de la ciudad** man überreichte ihm/ihr die Schlüssel der Stadt **4.** (COM) Lieferung *f;* ~ **en aduana** (Zoll)gestellung *f;* ~ **anticipada** vorzeitige Lieferung; ~ **domiciliaria**, ~ **a domicilio** Zustellung (frei Haus), Lieferung frei Haus; ~ **franco domicilio** Lieferung frei Haus; ~ **llave en mano** ≈schlüsselfertige Anlage; ~ **en propia mano** eigenhändige Zustellung; **gastos de** ~ Lieferkosten *pl;* **lugar de la** ~ Erfüllungsort *m;* **orden de** ~ Lieferauftrag *m;* **pagadero a la** ~ zahlbar bei Lieferung; **plazo de** ~ Lieferfrist *f;* **talón de** ~ Lieferschein *m* **5.** (MIL) Übergabe *f;* (*de prisioneros*) Auslieferung *f*

entregar [eṇtre'ɣar] <g→gu> **I.** *vt* **1.** (*dar*) abgeben (*a* bei +*dat*), aushändigen (*a* +*dat*); (*en ceremonia*) überreichen (*a* +*dat*); (*premio*) verleihen (*a* +*dat*); **entrega la carta a la portera** er/sie händigt den Brief der Hausmeisterin aus; **le ~on el Premio Nobel** ihm/ihr wurde der Nobelpreis verliehen **2.** (COM) abliefern, ausliefern; ~ **a domicilio** ins Haus liefern **3.** (MIL: *ciudad*) übergeben; (*prisioneros*) ausliefern **4.** (*loc*): **~la** (*fam*) ins Gras beißen **II.** *vr:* **~se 1.** (*desvivirse*) sich widmen (*a* +*dat*); **se entregó a la música** er/sie widmete sich der Musik; **se entregó a los placeres del mundo** er/sie hat sich in Vergnügungen gestürzt; **se entregó a la bebida** er/sie begann zu trinken **2.** (*delincuente*) sich stellen (*a* +*dat*) **3.** (MIL) sich ergeben (*a* +*dat*); **los soldados se ~on a las fuerzas enemigas** die Soldaten haben sich dem Feind ergeben **4.** (*sexo*) sich hingeben (*a* +*dat*)

entreguerras [eṇtre'ɣerras]: **período de** ~ Zwischenkriegszeit *f*

entreguismo [eṇtre'ɣismo] *m sin pl* Defätismus *m*

entrelazamiento [eṇtrelaθa'mjeṇto] *m* Verflechtung *f;* ~ **de memorias** (INFOR) Speicherverschränkung *f*

entrelazar [eṇtrela'θar] <z→c> **I.** *vt* verflechten, ineinander weben **II.** *vr:* **~se** sich verflechten

entrelínea [eṇtre'linea] *f* **1.** (*lo escrito entre líneas*) Zwischenzeile *f* **2.** (TIPO) Durchschuss *m*

entremedias [eṇtre'meðjas] *adv* **1.** (*local*) dazwischen; ~ **de...** zwischen ... +*dat* **2.** (*temporal*) währenddessen

entremés [eṇtre'mes] *m* **1.** (TEAT) Zwischenspiel *nt* **2.** (GASTR) Vorspeise *f*

entremeterse [eṇtreme'θerse] *vr* sich einmischen (*en* in +*akk*)

entremetido, -a [eṇtreme'tiðo, -a] **I.** *adj* zudringlich, naseweis **II.** *m, f* Naseweis *m*

entremezclar [eṇtremeθ'klar] *vt* vermischen

entrenador[1] [eṇtrena'ðor] *m:* ~ **domiciliario** Hometrainer *m;* ~ **de pilotaje** Flugsimulator *m*

entrenador(a)[2] [eṇtrena'ðor(a)] *m(f)* (DEP) Trainer(in) *m(f);* ~ **de fútbol** Fußballtrainer *m*

entrenamiento [eṇtrena'mjeṇto] *m* **1.** (DEP) Training *nt* **2.** (*práctica*) Übung *f*

entrenar [eṇtre'nar] **I.** *vt* trainieren; (*perro*) abrichten **II.** *vr:* **~se** trainieren; **se están entrenando para el campeonato** sie trainieren für die Meisterschaft

entreoír [eṇtreo'ir] *irr como oír vt* erlauschen

entrepaño [eṇtre'paɲo] *m* **1.** (ARQUIT) Getäfel *nt,* Tafelwerk *nt* **2.** (*de estantería*) Fach *nt*

entrepierna [eṇtre'pjerna] *f* **1.** (*muslo*) Innenseite *f* des Oberschenkels; **esto se me pasa por la** ~ (*vulg*) das geht mir am Arsch vorbei **2.** (*del pantalón*) Hosenkreuz *nt,* (Hosen)zwickel *m* **3.** (*Chil: traje de baño*) Badehose *f*

entrepiso [eṇtre'piso] *m* Zwischenetage *f,* Zwischengeschoss *nt*

entreplanta [eṇtre'plaṇta] *f* Zwischenstock *m,* Zwischengeschoss *nt*

entrepuente [eṇtre'pweṇte] *m* (NÁUT) Zwischendeck *nt*

entrepunzar [eṇtrepuṇ'θar] <z→c> *vi* (MED) leicht schmerzen

entresacar [eṇtresa'kar] <c→qu> *vt* **1.** (*elegir*) heraussuchen (*de* aus +*dat*); **entresacó algunos párrafos del discurso** er/sie wählte einige Abschnitte aus der Rede aus **2.** (*pelo*) ausdünnen **3.** (*bosque*) aushauen; (*semillero*) lichten

entresijo [eṇtre'sixo] *m* **1.** (ANAT) Gekröse *nt* **2.** *pl* (*cosas escondidas*) Geheimnisse *ntpl;* **la cuestión tiene más ~s de lo que parece a primera vista** die Sache ist verzwickter, als es auf Anhieb scheint; **tiene muchos ~s: es imposible saber lo que piensa** er/sie ist schwer zu durchschauen: Es ist unmöglich, zu wissen, was er/sie denkt

entresuelo [eṇtre'swelo] *m* Zwischengeschoss *nt*

entresueño [eṇtre'sweɲo] *m* **1.** (*estado entre la vigilia y el sueño*) Dämmerzustand *m* **2.** (*duermevela*) Halbschlaf *m*

entretanto [eṇtre'taṇto] *adv* inzwischen, unterdessen

entretecho [eṇtre'tetʃo] *m* (*CSur: desván*) Dachboden *m,* Speicher *m*

entretejer [eṇtrete'xer] *vt* einweben, verflechten; (*incluir*) einflechten

entretela [eṇtre'tela] *f* Zwischenfutter *nt*

entretelar [eṇtrete'lar] *vt* **1.** (*ropa*) mit einem Zwischenfutter versehen **2.** (TIPO) glätten

entretener [eṇtrete'ner] *irr como tener* **I.** *vt* **1.** (*detener*) aufhalten; **llego tarde porque me ha entretenido un amigo** ich komme zu spät, weil ich von einem Freund aufgehalten wurde **2.** (*divertir*) unterhalten, zerstreuen; **sabe como ~ a los niños** er/sie kann Kinder gut bei Laune halten **3.** (*asunto*) hinauszögern, verschieben; **desde hace un mes está entreteniendo a los acreedores con excusas** seit einem Monat vertröstet er/sie die Gläubiger mit Ausreden **II.** *vr:* **~se** sich *dat* die Zeit vertreiben; **si tengo que esperar me entretendré con las revistas** wenn ich warten muss, vertreibe ich mir die Zeit mit Zeitschriftenlesen; **¡no te entretengas!** lass dich nicht ablenken!

entretenida [entrete'niða] *f* (*amante*) Geliebte *f;* **dar la ~ a alguien** jdn vertrösten

entretenido, -a [entrete'niðo, -a] *adj* unterhaltsam, lustig

entretenimiento [entreteni'mjento] *m* **1.** (*diversión*) Unterhaltung *f,* Zeitvertreib *m;* **en el bosque hay mucho ~ para los niños** im Wald gibt es viele interessante Dinge für die Kinder **2.** (*conservación*) Erhaltung *f,* Pflege *f*

entretiempo [entre'tjempo] *m sin pl* Übergangszeit *f;* **ropa de ~** Kleidung für die Übergangszeit

entreventana [entreβen'tana] *f* Fensterzwischenraum *m*

entrever [entre'βer] *irr como ver vt* **1.** (*objeto*) undeutlich sehen **2.** (*sospechar*) ahnen; (*intenciones*) durchschauen; **le dejó ~ la posibilidad de un ascenso** er/sie hat ihm/ihr eine Beförderung in Aussicht gestellt

entreverado, -a [entreβe'raðo, -a] *adj* (*carne*) durchwachsen

entreverar [entreβe'rar] **I.** *vt* durcheinander werfen **II.** *vr:* **~se** (*Arg, Perú*) durcheinander geraten

entrevero [entre'βero] *m* (*CSur*) **1.** (*confusión*) Durcheinander *nt* **2.** (*riña*) Streit *m* **3.** (*escaramuza*) Geplänkel *nt*

entrevía [entre'βia] *f* Gleisabstand *m*

entrevista [entre'βista] *f* **1.** (PREN) Interview *nt;* **hacer una ~ a alguien** jdn interviewen **2.** (*reunión*) Besprechung *f;* **~ de trabajo** Vorstellungsgespräch *nt*

entrevistado, -a [entreβis'taðo, -a] *m, f* Interviewpartner(in) *m(f)*

entrevistador(a) [entreβista'ðor(a)] *m(f)* Interviewer(in) *m(f)*

entrevistar [entreβis'tar] **I.** *vt* interviewen **II.** *vr:* **~se** sich treffen (*con* mit +*dat*), zusammenkommen (*con* mit +*dat*)

entristecedor(a) [entristeθe'ðor(a)] *adj* betrüblich, traurig

entristecer [entriste'θer] *irr como crecer* **I.** *vt* traurig machen, betrüben **II.** *vr:* **~se** traurig werden

entristecimiento [entristeθi'mjento] *m* Traurigkeit *f*

entrojar [entro'xar] *vt* (AGR) speichern

entrometerse [entrome'terse] *vr* sich einmischen (*en* in +*akk*)

entrometido, -a [entrome'tiðo, -a] **I.** *adj* zudringlich **II.** *m, f* zudringlicher Mensch *m*

entrometimiento [entrometi'mjento] *m* Einmischen *nt*

entromparse [entrom'parse] *vr* sich betrinken

entroncamiento [entroŋka'mjento] *m* (*relación*) verwandtschaftliche Beziehung *f*

entroncar [entroŋ'kar] <c→qu> **I.** *vi* **1.** (*parentesco*) sich verschwägern (*con* mit +*dat*); **la física entronca en este punto con las matemáticas** die Physik und die Mathematik treffen sich in diesem Punkt **2.** (*Am: tren*) Anschluss haben (*con* an +*akk*) **II.** *vt* in eine (verwandtschaftliche) Beziehung bringen; **algunos lo entroncan con la familia real inglesa** einige behaupten, er sei mit dem englischen Königshaus verwandt

entronización [entroniθa'θjon] *f* Thronerhebung *f*

entronizar [entroni'θar] <z→c> **I.** *vt* auf den Thron erheben **II.** *vr:* **~se** eingebildet werden

entronque [en'troŋke] *m* **1.** (*parentesco*) Verwandtschaft *f* **2.** (*Am: tren*) Anschluss *m,* Verbindung *f*

entropía [entro'pia] *f sin pl* (FÍS) Entropie *f*

entrucharse [entru'tʃarse] *vr* (*Méx*) **1.** (*entremeterse*) sich einmischen **2.** (*enamorarse*) sich unsterblich verlieben

entrullado, -a [entru'ʎaðo, -a] *adj* (*argot: encarcelado*) eingesperrt, hinter Gittern

entubación [entuβa'θjon] *f* (MED) Intubation *f*

entubado [entu'βaðo] *m* (MED) Intubation *f*

entubar [entu'βar] *vt* (MED) intubieren

entuerto [en'twerto] *m* **1.** (*agravios*) Unrecht *nt;* **desfacedor de ~s** (*irón*) Weltverbesserer *m* **2.** *pl* (*dolores puerperales*) Nachwehen *fpl*

entumecerse [entume'θerse] *irr como crecer vr* gefühllos werden, einschlafen; **se me ha entumecido la pierna** mein Bein ist (mir) eingeschlafen

entumecido, -a [entume'θiðo, -a] *adj* (*pierna*) taub; (*rígido*) erstarrt

entumecimiento [entumeθi'mjento] *m* Taubheit *f;* (*rigidez*) Erstarren *nt*

enturbiamiento [enturβja'mjento] *m* Trübung *f*

enturbiar [entur'βjar] *vt* (*agua*) trüben; **los acontecimientos ~on su alegría** die Ereignisse trübten seine/ihre Freude

entusiasmar [entusjas'mar] **I.** *vt* begeistern, entzücken **II.** *vr:* **~se** sich begeistern (*con/por* für +*akk*), in Entzücken geraten (*con/por* über +*akk*); **se entusiasma con cualquier cosa** er/sie kann sich für alles begeistern

entusiasmo [entu'sjasmo] *m sin pl* Begeisterung *f,* Enthusiasmus *m*

entusiasta [entu'sjasta] **I.** *adj* begeistert, enthusiastisch; **le tributaron un recibimiento ~** sie bereiteten ihm/ihr einen begeisterten Empfang **II.** *mf* Enthusiast(in) *m(f),* Begeisterte(r) *mf;* **soy una ~ del ballet** ich bin eine große Anhängerin des Balletts

entusiástico, -a [entu'sjastiko, -a] *adj v.* **entusiasta**

enumeración [enumera'θjon] *f* Aufzählung *f*

enumerar [enume'rar] *vt* aufzählen, nennen; (*escrito*) aufführen; **fue enumerando los motivos de su dimisión** er/sie nannte der Reihe nach die Gründe für seinen/ihren Rücktritt

enumerativo, -a [enumera'tiβo, -a] *adj* aufzählend; **hizo un resumen ~ de los proyectos** er/sie zählte zusammenfassend alle Projekte auf

enunciado [enun̟'θjaðo] *m* **1.** (*de problema*) Exposition *f*, Darlegung *f* **2.** (*texto*) Wortlaut *m* **3.** (LING) Aussage *f*

enunciar [enun̟'θjar] *vt* äußern, ausdrücken; (LING) aussagen; **enunció con sencillez el teorema** er/sie erläuterte den Lehrsatz mit sehr einfachen Worten

enunciativo, -a [enun̟θja'tiβo, -a] *adj* aussagend; **oración enunciativa** Aussagesatz *m*

envainar [embai̯'nar] *vt* einstecken; (*espada*) in die Scheide stecken

envalentonar [embalen̟to'nar] **I.** *vt* ermutigen **II.** *vr:* **~se** großtun, prahlen

envalijar [embali'xar] *vt* in Koffer packen

envanecer [embane'θer] *irr como crecer* **I.** *vt* stolz machen **II.** *vr:* **~se 1.** (*enorgullecerse*) stolz sein (*de* auf +*akk*) **2.** (*engreírse*) eingebildet werden

envanecido, -a [embane'θiðo] *adj* stolz; (*arrogante*) anmaßend, überheblich

envanecimiento [embaneθi'mjen̟to] *m sin pl* Anmaßung *f*; (*orgullo*) Stolz *m*

envarado, -a [emba'raðo, -a] *adj* steif, starr, erstarrt; (*estirado*) hochnäsig

envaramiento [embara'mjen̟to] *m* **1.** (*persona*) Steifheit *f* **2.** (*músculo, parte del cuerpo*) Starre *f*

envarar [emba'rar] **I.** *vt* lähmen **II.** *vr:* **~se 1.** (*miembro*) starr werden **2.** (*persona*) hochmütig werden

envasado [emba'saðo] *m* Verpackung *f*, Verpacken *nt*

envasador [embasa'ðor] *m* Abfülltrichter *m*

envasar [emba'sar] *vt* **1.** (*líquido*) einfüllen, abfüllen; **~ en latas** in Dosen abfüllen **2.** (*verdura*) verpacken

envase [em'base] *m* **1.** (*objeto*) Verpackung *f*; **~ no retornable** [*o* **no recuperable**] Einwegverpackung *f* **2.** (*acción*) Einfüllen *nt*; **~ al vacío** Vakuumverpackung *f*

envejecer [embexe'θer] *irr como crecer* **I.** *vt* alt machen **II.** *vr:* **~se** altern, alt werden

envejecimiento [embexeθi'mjen̟to] *m sin pl* Älterwerden *nt*, Altern *nt*

envenenador(a) [embenena'ðor(a)] *m(f)* Giftmischer(in) *m(f)*; (*asesino*) Giftmörder(in) *m(f)*

envenenamiento [embenena'mjen̟to] *m* Vergiftung *f*

envenenar [embene'nar] *vt* vergiften

enverdecer [emberðe'θer] *irr como crecer vi* (*reverdecer*) ergrünen

envergadura [emberɣa'ðura] *f* **1.** (NÁUT) Segelbreite *f* **2.** (AERO) Flügelspannweite *f* **3.** (*importancia*) Umfang *m*, Bedeutung *f*; **de gran ~** von einschneidender Bedeutung

enverjado [ember'xaðo] *m* Zaungitter *nt*

envés [em'bes] *m* (BOT) Rückseite *f*

enviado, -a [embi'aðo, -a] *m, f* Abgesandte(r) *mf*, Sendbote, -in *m, f*; **~ especial** Sonderberichterstatter *m*; **el E~ de Dios en la Tierra** (REL) Gottes Gesandter auf Erden

enviar [embi'ar] <*1. pres:* envío> *vt* (*mandar*) schicken; (*despachar*) absenden, versenden; **~ (a) por algo a alguien** jdn etw holen lassen; **~ por correo** mit der Post schicken; **le envié un ramo de flores** ich habe ihm/ihr einen Blumenstrauß geschickt; **la ONU ~á a un mediador** die UNO wird einen Vermittler entsenden; **~ una circular** ein Rundschreiben versenden; **~ un telegrama** ein Telegramm aufgeben

enviciar [embi'θjar] **I.** *vi* (AGR) (ins Kraut) schießen **II.** *vt* moralisch verderben **III.** *vr:* **~se** sich dem Laster ergeben; **se envició en el juego** er/sie gab sich der Spielleidenschaft hin

envidar [embi'ðar] *vt* (*naipes*) bieten, setzen; **~ en** [*o* **de**] **falso** bluffen

envidia [em'bidja] *f* Neid *m*, Missgunst *f*; **~ profesional** Konkurrenzneid *m*; **tener ~ a alguien** jdn beneiden; **tener ~ de algo** auf etw neidisch sein; **daba ~ verlo de lo guapo que iba** er sah beneidenswert gut aus; **lo corroe la ~** er wird vom Neid zerfressen

envidiable [embi'ðjaβle] *adj* beneidenswert; **tiene una tranquilidad ~** er/sie hat eine beneidenswerte Ruhe an sich *dat*

envidiar [embi'ðjar] *vt* neidisch sein (*por* auf +*akk*), beneiden (*por* um +*akk*); **todos lo envidian por su suerte** alle beneiden ihn um sein Glück; **¡mucho tienes tú que ~le a ella!** (*irón*) du hast gar keinen Grund sie zu beneiden!

envidioso, -a [embi'djoso, -a] *adj* neidisch (*de* auf +*akk*), missgünstig

envigado [embi'ɣaðo] *m* Gebälk *nt*

envilecer [embile'θer] *irr como crecer* **I.** *vt* herabwürdigen **II.** *vr:* **~se** verkommen; (*humillarse*) sich erniedrigen

envilecimiento [embileθi'mjen̟to] *m* Verkommenheit *f*, Entartung *f*; (*humillación*) Erniedrigung *f*

envinagrar [embina'ɣrar] *vt* mit Essig versetzen

envío [em'bio] *m* Sendung *f*; (*expedición*) Versand *m*; **~ por adelantado** Voreinsendung *f*; **~ por avión** Luftpostsendung *f*; **~ certificado** Einschreib(e)sendung *f*; **~ devuelto** unzustellbare Sendung; **~ de dinero** Geldsendung *f*; **~ a domicilio** Lieferung frei Haus; **~ exprés** Eilsendung *f*; **~ de muestras** Sendung zur Ansicht; **~ parcial** Teilsendung *f*; **~ a portes pagados** portofreie Sendung; **~ contra reembolso** Nachnahmesendung *f*; **~ urgente** Eilsendung *f*; **~ con valor declarado** Wertsendung *f*; **gastos de ~** Versandkosten *pl*

envite [em'bite] *m* **1.** (*en juegos: apuesta*) Gebot *nt* **2.** (*fig: ofrecimiento*) Angebot *nt* **3.** (*empujón*) Stoß *m*; **al primer ~** auf einmal

enviudar [embju'ðar] *vi* verwitwen; (*hombre*) Witwer werden; (*mujer*) Witwe werden

envoltorio [embol̥'torjo] *m* 1.(*lío*) Bündel *nt* 2.(*embalaje*) Verpackung *f*

envoltura [embol̥'tura] *f* 1.(*embalaje*) Verpackung *f;* ~ **hermética** luftdichte Verpackung; **en** ~ **original** originalverpackt 2.(MED) Wickel *m* 3.(TÉC) Umhüllung *f,* Mantel *m* 4. *pl* (*pañales*) Windeln *fpl*

envolvente [embol'βen̥te] *adj* einhüllend; **curva** ~ (MAT) Hüllkurve *f*

envolver [embol'βer] *irr como volver vt* 1.(*en tela, papel*) einpacken (*en/con* in +*akk,* mit +*dat*), einhüllen (*con/en* in +*akk,* mit +*dat*), einwickeln (*con/en* in +*akk,* mit +*dat*); **¿me lo puede ~ en papel de regalo?** können Sie es mir als Geschenk verpacken?; **el crimen quedó envuelto en el misterio** das Geheimnis um das Verbrechen konnte nicht gelüftet werden; **la niebla envuelve la ciudad** (*elev*) Nebel hüllt die Stadt ein 2.(*mezclar*) verwickeln; **envolvieron también en el proceso al hijo del acusado** auch der Sohn des Angeklagten wurde in den Prozess verwickelt 3.(*hilo*) aufwickeln 4.(MIL) umzingeln

envuelto¹ [em'bwel̥to] *m* (*Méx*) *gefüllte Maisrolle*

envuelto, **-a²** [em'bwel̥to, -a] *pp de* **envolver**

enyesado [enɟe'saðo] *m* Eingipsen *nt*

enyesar [enɟe'sar] *vt* eingipsen

enzarzar [en̥θar'θar] <z→c> I. *vt* 1.(*muro*) mit Dornen bedecken 2.(*enemistar*) in einen Streit verwickeln II. *vr:* **~se** 1.(*enredarse*) im Gestrüpp hängen bleiben 2.(*tener dificultades*) sich in Ungelegenheiten bringen; **se ~on en una discusión que no llevaba a nada** sie haben sich in eine Diskussion verbissen, die zu nichts führte; **se ~on en una pelea** sie sind aneinander geraten

enzima [en̥'θima] *m o f* (BIOL) Enzym *nt*

enzimático, **-a** [en̥θi'matiko, -a] *adj* (BIOL) enzymatisch, Enzym-

enzimología [en̥θimolo'xia] *f* (BIOL, QUÍM) Enzymologie *f*

enzimopatía [en̥θimopa'tia] *f* (MED) Enzymopathie *f*

eñe ['eɲe] *f* Ñ, ñ *nt*

eoceno¹ [eo'θeno] *m* (GEO) Eozän *nt*

eoceno, **-a²** [eo'θeno, -a] *adj* (GEO) eozän

eólico, **-a** [e'oliko, -a] *adj* 1.(*aire*) Wind-; **central eólica** Windkraftwerk *nt;* **energía eólica** Windenergie *f* 2.(*dialecto griego*) äolisch

eolito [eo'lito] *m* (HIST) Eolith *m,* Feuerstein *m*

eón [e'on] *m* (FILOS) Äon *m*

epa ['epa] *interj* (*Am*) he, hallo; (*Chil*) auf

epanáfora [epa'nafora] *f* (LIT) Epanaphora *f*

epatante [epa'tan̥te] *adj* beeindruckend, überwältigend

epatar [epa'tar] *vt* in Staunen versetzen, verblüffen

epéntesis [e'pen̥tesis] *f inv* (LING) Epenthese *f*

épica ['epika] *f sin pl* Epik *f*

epiceno, **-a** [epi'θeno, -a] *adj grammatische Bezeichnung für ein Wort, das beide Geschlechter bezeichnet, z. B. "Ameise"*

epicentro [epi'θen̥tro] *m* Epizentrum *nt*

épico, **-a** ['epiko, -a] *adj* episch; (*heroico*) Helden-, heroisch; **autor** ~ Epiker *m;* **personaje** ~ epische Figur; **poema** ~ Epos *nt*

epicureísmo [epikure'ismo] *m* (FILOS) Epikureismus *m*

epicúreo, **-a** [epi'kureo, -a] I. *adj* epikur(e)isch II. *m, f* Epikureer(in) *m(f)*

epidemia [epi'ðemja] *f* Epidemie *f,* Seuche *f*

epidémico, **-a** [epi'ðemiko, -a] *adj* epidemisch, Seuchen-

epidemiología [epiðemjolo'xia] *f sin pl* Epidemiologie *f*

epidemiológico, **-a** [epiðemjo'loxiko, -a] *adj* epidemiologisch

epidérmico, **-a** [epi'ðermiko, -a] *adj* epidermal, Oberhaut-; (*superficial*) äußerlich

epidermis [epi'ðermis] *f inv* (ANAT, BOT) Epidermis *f,* Oberhaut *f*

Epifanía [epifa'nia] *f sin pl* Dreikönigsfest *nt*

epigastrio [epi'ɣastrjo] *m* (ANAT) Magengrube *f*

epiglotis [epi'ɣlotis] *f inv* (ANAT) Kehldeckel *m*

epígono [e'piɣono] *m* (LIT) Epigone *m*

epígrafe [e'piɣrafe] *m* 1.(*inscripción*) Inschrift *f,* Epigraph *nt* 2.(*título*) Überschrift *f* 3.(*consigna*) Motto *nt*

epigrafía [epiɣra'fia] *f sin pl* Inschriftenkunde *f,* Epigraphik *f*

epigráfico, **-a** [epi'ɣrafiko, -a] *adj* epigraphisch

epigrafista [epiɣra'fista] *mf* Inschriftenforscher(in) *m(f),* Epigraphiker(in) *m(f)*

epigrama [epi'ɣrama] *m* 1.(*en piedra*) Inschrift *f* 2.(*poema*) Epigramm *nt,* Spottgedicht *nt*

epigramático, **-a** [epiɣra'matiko, -a] I. *adj* epigrammatisch II. *m, f* Epigrammatiker(in) *m(f)*

epilepsia [epi'leβsja] *f* (MED) Epilepsie *f*

epiléptico, **-a** [epi'leptiko, -a] I. *adj* epileptisch II. *m, f* Epileptiker(in) *m(f)*

epilogismo [epilo'xismo] *m* (ASTR) Epilogismus *m*

epílogo [e'piloɣo] *m* 1.(*de libro*) Nachwort *nt,* Epilog *m* 2.(*elev: final*) Schluss *m;* **la fiesta tuvo un ~ triste** das Fest hatte ein trauriges Nachspiel

epirogénesis [epiro'xenesis] *f inv* (GEO) Epirogenese *f*

epirogénico, **-a** [epiro'xeniko, -a] *adj* (GEO) epirogenetisch

episcopado [episko'paðo] *m* 1.(*cargo*) Bischofsamt *nt* 2.(*comunidad*) Episkopat *nt*

episcopal [episko'pal] I. *adj* bischöflich, Bischofs-; **conferencia** ~ Bischofskonferenz *f;* **sede** ~ Bischofssitz *m* II. *m* Ritenbuch *nt*

episcopalismo [episkopa'lismo] *m sin pl*

(REL) Episkopalismus *m*
episódico, -a [epi'soðiko, -a] *adj* episodisch, gelegentlich
episodio [epi'sodjo] *m* **1.**(*suceso*) Ereignis *nt*, Episode *f*; (LIT, MÚS) Episode *f*; **los E~s nacionales** *Romanzyklus von B. Pérez Galdós;* **ese fue un importante ~ de la última guerra** das war eine wichtige Episode des letzten Krieges **2.**(*parte*) Teil *m;* **mañana dan el último ~ de la película** morgen wird der letzte Teil des Films gezeigt
epistemología [epistemolo'xia] *f sin pl* (FILOS) Epistemologie *f*, Erkenntnistheorie *f*
epistemológico, -a [epistemo'loxiko, -a] *adj* (FILOS) epistemologisch
epistemólogo, -a [episte'moloɣo, -a] *m, f* (FILOS) Epistemologe, -in *m, f*
epístola [e'pistola] *f* **1.**(REL: *carta*) Brief *m;* **~s de San Pablo** Briefe des Apostels Paulus **2.**(*subdiácono*) Unterdiakonat *nt* **3.**(LIT) Epistel *f*
epistolar [episto'lar] *adj* brieflich, Brief-; **relación ~** Brieffreundschaft *f*
epistolario [episto'larjo] *m* **1.**(*correspondencia*) Briefwechsel *m*, gesammelte Briefe *mpl* **2.**(REL) Epistolarium *nt*
epitafio [epi'tafjo] *m* Epitaph *m*, Grabschrift *f*
epitalamio [epita'lamjo] *m* (LIT) Epithalamion *nt*
epitelio [epi'teljo] *m* (ANAT) Epithel(gewebe) *nt*
epíteto [e'piteto] *m* (LING) Epitheton *nt*, Beiwort *nt*
epítome [e'pitome] *m* (LING) Epitome *f*, Auszug *m*
época ['epoka] *f* Epoche *f*; (*período*) Zeitraum *m*, Zeitabschnitt *m;* **~ industrial** Industriezeitalter *nt;* **~ de las lluvias** Regenzeit *f;* **muebles de ~** Stilmöbel *ntpl;* **desde aquella ~ no nos hemos vuelto a ver** seit jener Zeit haben wir uns nicht mehr gesehen; **es la ~ más calurosa del año** das ist die wärmste Jahreszeit; **en aquella ~ no se había inventado todavía el cine** damals gab es das Kino noch nicht; **en el baile de disfraces había muchos trajes de ~** auf dem Maskenball gab es viele historische Trachten; **los coches de ~ son muy apreciados** Oldtimer sind sehr beliebt; **fue un invento que hizo ~** das war eine epochemachende Erfindung
epónimo, -a [e'ponimo, -a] *m, f* Namensgeber(in) *m(f)*
epopeya [epo'peɟa] *f* Epos *nt*, Heldengedicht *nt;* **la travesía del desierto fue una verdadera ~** die Durchquerung der Wüste war ein richtiges Abenteuer
equidad [eki'ða^ð] *f sin pl* **1.**(JUR) Rechtlichkeit *f;* **~ fiscal** Steuergerechtigkeit *f* **2.**(*de precios*) Mäßigkeit *f*
equidistancia [ekiðis'tan̪θja] *f* (MAT) Äquidistanz *f*
equidistante [ekiðis'tan̪te] *adj* (MAT, GEO) gleich weit entfernt (*de* von *+dat*), äquidistant
equidistar [ekiðis'tar] *vi* gleich weit entfernt sein (*de* von *+dat*)
equidna [e'ki^ðna] *m* (ZOOL) Ameisenigel *m*
équido[1] ['ekiðo] *m* (ZOOL) Einhufer *m*, Equide *m*
équido, -a[2] ['ekiðo, -a] *adj* (ZOOL) einhufig
equilátero, -a [eki'latero, -a] *adj* (MAT) gleichseitig
equilibrado, -a [ekili'βraðo, -a] *adj* ausgeglichen, ausgewogen; (*sensato*) vernünftig; (*coche*) ausgewuchtet; **una dieta equilibrada es muy importante para la salud** eine ausgewogene Diät ist sehr wichtig für die Gesundheit
equilibrador[1] [ekiliβra'ðor] *m* (ELEC) Ausgleicher *m*, Ausgleichselement *nt*
equilibrador(a)[2] [ekiliβra'ðor(a)] *adj* ausgleichend
equilibrar [ekili'βrar] **I.** *vt* **1.**(*compensar*) ausgleichen, ins Gleichgewicht bringen **2.**(*coche*) auswuchten **3.**(*balanza*) tarieren **4.**(*avión, barco*) trimmen **II.** *vr:* **~se** sich ausgleichen
equilibrio [eki'liβrjo] *m* **1.**(*estabilidad*) Gleichgewicht *nt;* **~ de la balanza comercial** Ausgeglichenheit der Handelsbilanz; **~ ecológico** ökologisches Gleichgewicht; **~ de las fuerzas** Gleichgewicht der Kräfte; **~ del mercado** Marktausgleich *m;* **mantener/perder el ~** das Gleichgewicht halten/verlieren; **alguien le hizo perder el ~** jemand brachte ihn aus dem Gleichgewicht **2.**(*contrapeso*) Gegengewicht *nt* **3.**(*armonía, mesura*) Ausgewogenheit *f* **4.**(*loc*): **hacer ~s** sich auf einer Gratwanderung befinden; **para llegar a fin de mes tengo que hacer muchos ~s** (*fam*) es wird für mich ganz schön schwierig werden, diesen Monat über die Runden zu kommen
equilibrismo [ekili'βrismo] *m sin pl* Gleichgewichtskunst *f*
equilibrista [ekili'βrista] *mf* Seiltänzer(in) *m(f)*
equimosis [eki'mosis] *f inv* (MED) Blutunterlaufung *f*, Ekchymose *f*
equinismo [eki'nismo] *m sin pl* (MED: *malformación del pie*) Pferdefuß *m*, Spitzfuß *m*
equino[1] [e'kino] *m* **1.**(*caballo*) Pferd *nt* **2.**(*erizo*) Seeigel *m* **3.**(ARQUIT) Echinus *m*
equino, -a[2] [e'kino, -a] *adj* Pferde-
equinoccial [ekino^(ɣ)'θjial] *adj* äquinoktial; **línea ~** Äquator *m*
equinoccio [eki'no^(ɣ)θjo] *m* (ASTR) Tag-und-Nacht-Gleiche *f*, Äquinoktium *nt*
equinodermo[1] [ekino'ðermo] *m* (ZOOL) Echinoderme *m*, Stachelhäuter *m*
equinodermo, -a[2] [ekino'ðermo, -a] *adj* (ZOOL) stachelhäutig
equipaje [eki'paxe] *m* **1.**(*maletas*) (Reise)gepäck *nt;* **~ de mano** Handgepäck *nt;* **entrega de ~s** Gepäckausgabe *f;* **exceso de ~** Übergepäck *nt;* **franquicia de ~s** Gepäckfreigrenze

f; **registro de** ~ Zollkontrolle *f;* **seguro de ~s** Reisegepäckversicherung *f;* **facturar el** ~ das Gepäck aufgeben **2.** (*tripulación*) Schiffsbesatzung *f*

equipal [eki'pal] *m* (*Méx*) **1.** (*silla de mimbre*) Korbstuhl *m* **2.** (*silla de cuero*) Stuhl *m* mit Lederpolster

equipamiento [ekipa'mjento] *m* Ausstattung *f,* Ausrüstung *f;* ~ **industrial** Industrieanlagen *fpl;* ~ **técnico** technische Anlagen

equipar [eki'par] *vt, vr:* **~se** (sich) ausrüsten (*con/de* mit +*dat*), (sich) ausstatten (*con/de* mit +*dat*); **se han equipado tres clínicas con instrumental quirúrgico** drei Kliniken wurden mit chirurgischem Instrumentarium ausgestattet; **lo equipó con todo lo necesario** er/sie hat ihn mit allem Nötigen versehen

equiparable [ekipa'raβle] *adj* vergleichbar (*a/con* mit +*dat*)

equiparación [ekipara'θjon] *f* Angleichung *f* (*con* an +*akk*)

equiparar [ekipa'rar] *vt* angleichen (*con* an +*akk*), gleichstellen (*con* mit +*dat*); (*comparar*) vergleichen (*con* mit +*dat*)

equipo [e'kipo] *m* **1.** (*grupo*) Team *nt,* Arbeitsgruppe *f;* (*turno*) Schicht *f;* ~ **de colaboradores** Mitarbeiterstab *m;* ~ **gestor** Management *nt;* ~ **ideal** Dreamteam *nt,* ideales Gespann; **jefe de** ~ Teamchef *m;* **trabajo en** ~ Teamarbeit *f;* **con un único** ~ **de investigadores no avanzaremos** mit nur einer Forschungsgruppe werden wir nicht vorankommen **2.** (DEP) Mannschaft *f;* ~ **de fútbol** Fußballmannschaft *f;* ~ **nacional** Nationalmannschaft *f;* **carrera por ~s** Mannschaftsrennen *nt;* **se cayó con todo el** ~ (*fam*) er/sie ist völlig gescheitert **3.** (*utensilios*) Ausstattung *f,* Ausrüstung *f;* (*de novia*) Aussteuer *f,* Brautausstattung *f;* ~ **de alta fidelidad** Hi-Fi-Anlage *f;* ~ **productivo** Produktionsapparat *m;* **bienes de** ~ Investitionsgüter *ntpl*

equis ['ekis] **I.** *adj inv* x; **rayos** ~ Röntgenstrahlen *mpl;* **supongamos que necesito** ~ **pesetas** nehmen wir mal an, ich brauche X Peseten; **el señor** ~ **está dispuesto a prestármelas** Herr XY [*o* Sowieso] ist bereit sie mir zu leihen **II.** *f inv* **1.** (*letra*) X, x *nt;* **su proyecto de construcción tenía forma de** ~ sein/ihr Bauprojekt war x-förmig angelegt **2.** (*Col: serpiente*) Giftviper *f*

equiseto [eki'seto] *m* (BOT) Schachtelhalm *m*

equitación [ekita'θjon] *f sin pl* Reitkunst *f,* Reitsport *m;* (*montar*) Reiten *nt;* **escuela de** ~ Reitschule *f*

equitativamente [ekitatiβa'mente] *adv* billigerweise, gerechterweise

equitativo, -a [ekita'tiβo, -a] *adj* gerecht, gleichmäßig; **hicieron un reparto** ~ **de las ganancias** der Gewinn wurde gleichmäßig aufgeteilt

equivalencia [ekiβa'lenθja] *f* Gleichwertigkeit *f,* Äquivalenz *f*

equivalente [ekiβa'lente] **I.** *adj* äquivalent, gleichwertig (*a* mit +*dat*); (*significado*) gleichbedeutend (*a* mit +*dat*); (*correspondiente*) entsprechend; **era una cantidad** ~ **a diez dólares** es war eine Summe, die zehn Dollar entsprach **II.** *m* Äquivalent *nt,* Gegenwert *m;* ~ **químico** Äquivalentgewicht *nt;* **me dio el** ~ **a diez días de trabajo** er/sie gab mir das Äquivalent für zehn Arbeitstage

equivaler [ekiβa'ler] *irr como valer vi* gleichwertig sein (*a* mit +*dat*), gleichkommen (*a* +*dat*), entsprechen (*a* +*dat*); **la negativa equivaldría a la ruptura de las negociaciones** eine Absage käme einem Abbruch der Beziehungen gleich; **lo que equivale a decir que...** was nichts anderes bedeutet, als dass ..., was darauf hinausläuft, dass ...

equivocación [ekiβoka'θjon] *f* Irrtum *m;* (*error*) Fehler *m;* (*malentendido*) Missverständnis *nt;* (*confusión*) Verwechslung *f;* **por** ~ aus Versehen

equivocadamente [ekiβokaða'mente] *adv* irrtümlicherweise, irrtümlich, aus Versehen; **yo creía** ~ **que quien lo había hecho era él** ich dachte irrtümlicherweise, er hätte es getan

equivocar [ekiβo'kar] <c→qu> **I.** *vt* verwechseln; **equivoqué los sobres de las cartas** ich habe die Briefumschläge vertauscht; **si habláis mientras cuento, me equivocáis** wenn ihr redet, während ich zähle, bringt ihr mich durcheinander **II.** *vr:* **~se** sich irren (*de/en* in +*dat*), sich täuschen (*de/en* in +*dat*); **~se de camino** sich verlaufen; **~se de carretera** sich verfahren; **~se al escribir** sich verschreiben; **~se al escribir** (**a máquina**) sich vertippen; **~se al hablar** sich versprechen; **~se al hacer una cuenta** sich verrechnen; **~se al leer** sich verlesen; **~se de número** (**de teléfono**) sich verwählen; **~se de tranvía** in die falsche Straßenbahn einsteigen; **¡se equivoca Ud.!** da irren Sie sich!; **me equivoqué de puerta** ich habe mich in der Tür geirrt

equivocidad [ekiβoθi'ða^{d}] *f sin pl* Zweideutigkeit *f*

equivoco [eki'βoko] *m* (*Am*) Irrtum *m,* Fehler *m*

equívoco[1] [e'kiβoko] *m* Doppelsinn *m,* Zweideutigkeit *f*

equívoco, -a[2] [e'kiβoko, -a] *adj* doppelsinnig, zweideutig; **es una mujer de vida equívoca** diese Frau führt ein zweifelhaftes Leben

era[1] ['era] *f* **1.** (*período*) Ära *f,* Zeitalter *nt;* ~ **atómica** Atomzeitalter *nt;* **la** ~ **del capitalismo** die Ära des Kapitalismus; ~ **cristiana** [*o* **común**] christliches Zeitalter; ~ **de los descubrimientos** Zeitalter der Entdeckungen; ~ **industrial** Industriezeitalter *nt;* ~ **postcomunista** postkommunistische Ära; ~ **terciaria** (GEO) Tertiär *nt* **2.** (*para trigo*) Tenne *f* **3.** (*para flores*) (Garten)beet *nt;* (*huerta*) Ackerbeet *nt* **4.** (*de albañil*) Mörtelmischplatz *m*

era[2] ['era] *3. imp de* **ser**

erario [e'rarjo] *m* Fiskus *m;* **el ~ público** die Staatskassen
erasmismo [eras'mismo] *m sin pl* (FILOS) *Lehre des Erasmus von Rotterdam*
erasmista [eras'mista] **I.** *adj* erasmisch; **escritos ~s** erasmische Schriften **II.** *mf* Anhänger(in) *m(f)* der erasmischen Lehre
erbio ['erβjo] *m sin pl* (QUÍM) Erbium *nt*
ere ['ere] *f* R, r *nt*
erección [ere^Y'θjon] *f* **1.** (*del pene*) Erektion *f* **2.** (*de monumentos*) Errichtung *f*
eréctil [e'rektil] *adj* erektil, aufrichtbar; **púas ~es** aufrichtbare Stacheln
erecto, **-a** [e'rekto, -a] *adj* steif; **vimos un erizo con las púas erectas** wir sahen einen Igel mit aufgestellten Stacheln
eremita [ere'mita] *mf* Einsiedler(in) *m(f),* Eremit(in) *m(f)*
eremítico, **-a** [ere'mitiko, -a] *adj* einsiedlerisch; **vida eremítica** Einsiedlerleben *nt*
eres ['eres] *2. pres de* **ser**
ergástula [er'ɣastula] *f* Sklavenunterkunft *f*
ergativo [erɣa'tiβo] *m* (LING) Ergativ *m*
ergio ['erxjo] *m* (FÍS) Erg *nt*
ergo ['erɣo] *conj* (*elev t. irón*) also, ergo
ergonomía [erɣono'mia] *f sin pl* Ergonomie *f,* Ergonomik *f*
ergonómico, **-a** [erɣo'nomiko, -a] *adj* ergonomisch; **teclado ~** ergonomische Tastatur
ergoterapeuta [erɣotera'peu̯ta] *mf* Ergotherapeut(in) *m(f)*
ergoterapia [erɣote'rapja] *f sin pl* Ergotherapie *f*
erguido, **-a** [er'ɣiðo, -a] *adj* **1.** (*derecho*) aufrecht, gerade **2.** (*creído*) eingebildet, hochnäsig
erguir [er'ɣir] *irr* **I.** *vt* (hoch)heben, aufrichten; **~ el cuello** den Hals (lang) strecken; **con la cabeza erguida** hocherhobenen Hauptes; **puedes llevar erguida la cabeza** du brauchst dich nicht zu schämen **II.** *vr:* **~se 1.** (*ponerse derecho*) sich aufrichten, sich strecken; **~se en una silla** sich gerade hinsetzen; **el perro se irguió sobre las patas traseras** der Hund stellte sich auf die Hinterpfoten **2.** (*levantarse*) sich erheben, aufstehen **3.** (*engreírse*) eingebildet sein, hochnäsig sein **4.** (*edificio*) in die Höhe ragen
erial [eri'al] **I.** *adj* brach(liegend), unbestellt **II.** *m* Brache *f*
erigir [eri'xir] <g→j> **I.** *vt* **1.** (*construir*) errichten, (er)bauen; **~ un andamio** ein Gerüst aufstellen; **~ un monumento en honor a alguien** jdm zu Ehren ein Denkmal errichten **2.** (*fundar*) (be)gründen, ins Leben rufen **3.** (*nombrar*) ernennen (zu +*dat*), erklären (zu +*dat*), bestimmen (zu +*dat*); **la erigieron presidente** sie wurde zur Präsidentin ernannt; **lo erigieron sucesor del director** er wurde zum Nachfolger des Direktors bestimmt **II.** *vr:* **~se** (*declararse*) sich (selbst) erklären (*en* zu +*dat*), sich (selbst) bestimmen (*en* zu +*dat*); (*hacer de*) auftreten (*en* als +*nom*); **~se en demandante** (JUR) als Kläger auftreten; **~se en juez** (*pey*) sich als Richter aufspielen
eritema [eri'tema] *m* (MED) Erythem *nt*
erizado, **-a** [eri'θaðo, -a] *adj* **1.** (BOT) stachelig **2.** (*pelo*) borstig, struppig
erizar [eri'θar] <z→c> **I.** *vt* **1.** (*el pelo*) sträuben; **el frío me erizó el vello** ich bekam vor Kälte eine Gänsehaut; **el miedo le erizó los cabellos** ihm/ihr standen vor Angst die Haare zu Berge **2.** (*un asunto*) erschweren; **estar erizado de dificultades** mit Schwierigkeiten gespickt sein; **la vida está erizada de espinas** das Leben ist voller Dornen; **el camino está erizado de obstáculos** der Weg ist mit Hindernissen gepflastert **II.** *vr:* **~se 1.** (*pelo*) sich sträuben; **mis cabellos se ~on del susto** mir standen vor Schreck die Haare zu Berge, mir sträubten sich vor Schreck die Haare; **se me erizó el vello de tanto frío** ich bekam vor lauter Kälte eine Gänsehaut **2.** (*persona*) nervös [*o* unruhig] werden
erizo [e'riθo] *m* **1.** (*mamífero*) Igel *m* **2.** (*pez*) Igelfisch *m* **3.** (*del castaño*) Kastanienschale *f* **4.** (*de mar*) Seeigel *m* **5.** (*fam: persona*) Brummbär *m,* übellauniger Mensch *m* **6.** (MIL: *defensa*) Stacheldraht *m;* (*obstáculo*) ≈spanischer Reiter *m*
ermita [er'mita] *f* **1.** (*capilla*) Kapelle *f;* (*de peregrinación*) Wallfahrtskirche *f* **2.** (*reg: taverna*) Kneipe *f*
ermitaño¹ [ermi'taɲo] *m* (ZOOL) Einsiedlerkrebs *m*
ermitaño, **-a²** [ermi'taɲo, -a] *m, f* **1.** (*asqueta*) Einsiedler(in) *m(f),* Eremit(in) *m(f)* **2.** (*persona poco sociable*) Einzelgänger(in) *m(f);* **ser un ~** sehr zurückgezogen leben **3.** (*que cuida de una ermita*) Wächter(in) *m(f)* einer Kapelle
erogación [eroɣa'θjon] *f* **1.** (*Arg, Méx, Par: pago*) Zahlung *f* **2.** (*Ven: donativo*) Spende *f*
erogar [ero'ɣar] <g→gu> *vt* (*Arg: pagar*) zahlen; (*bienes*) verteilen
erógeno, **-a** [e'roxeno, -a] *adj* erogen
eros ['eros] *m* Eros *m*
erosión [ero'sjon] *f* **1.** (*desgaste*) Abnutzung *f,* Verschleiß *m;* (*desaparición*) Schwinden *nt;* **~ monetaria** Geldwertschwund *m;* **~ del poder adquisitivo** (ECON) Kaufkraftverlust *m* **2.** (GEO) Erosion *f,* Abtragung *f;* (*causada por el agua*) Auswaschung *f;* **~ eólica** Winderosion *f* **3.** (*de la piel*) (Haut)abschürfung *f;* (MED) Erosion *f* **4.** (*de alguien*) Schädigung *f;* **sufrir ~** Schaden nehmen; (*perder influencia*) an Einfluss verlieren; (*perder prestigio*) an Ansehen verlieren
erosionable [erosjo'naβle] *adj* erodierbar
erosionar [erosjo'nar] **I.** *vt* **1.** (*desgastar*) abnutzen, verschleißen **2.** (GEO) erodieren, abtragen; **el agua erosiona las rocas** das Wasser wäscht die Felsen aus **3.** (*la piel*) abschürfen **4.** (*a alguien*) schädigen; **el artículo erosionó al partido** der Artikel hat dem Ruf der Par-

tei geschadet **II.** *vr:* **~se** Schaden nehmen; (*perder prestigio*) an Ansehen verlieren; (*perder influencia*) an Einfluss verlieren

erosivo, **-a** [ero'siβo, -a] *adj* **1.** (*relativo a la erosión*) Abnutzungs-; (GEO) erosiv, Erosions- **2.** (*que causa erosión*) abnutzend; (GEO) erodierend

erótica [e'rotika] *f* Erotikon *nt*, erotische Dichtung *f*

erótico, **-a** [e'rotiko, -a] *adj* erotisch

erotismo [ero'tismo] *m* **1.** (*amor sensual*) Erotik *f* **2.** (*exaltado*) Erotizismus *m*, Erotismus *m*

erotización [erotiθa'θjon] *f* Erotisierung *f*

erotizar [eroti'θar] <z→c> *vt* erotisieren

erotólogo, **-a** [ero'toloɣo, -a] *m, f* Sexualforscher(in) *m(f)*

erotomanía [erotoma'nia] *f* (MED, PSICO) Erotomanie *f*

erotómano, **-a** [ero'tomano, -a] **I.** *adj* (MED, PSICO) erotomanisch **II.** *m, f* (MED, PSICO) Erotomane, -in *m, f*

erque ['erke] *m* **1.** (*Arg:* MUS) *Saiteninstrument* **2.** (*Arg, Bol: quena*) *indianische Flöte*

errabundo, **-a** [erra'βun̪do, -a] *adj* umherziehend, umherstreifend; (*sin orientación*) umherirrend; (*vagabundo*) vagabundierend

erradicación [erraðika'θjon] *f* Ausrottung *f*, Ausmerzung *f*; (*de una institución*) Abschaffung *f*; ~ **de una epidemia** Seuchenbekämpfung *f*

erradicar [erraði'kar] <c→qu> *vt* ausrotten, ausmerzen; (*una planta*) entwurzeln, ausreißen; (*una institución*) abschaffen

errado, **-a** [e'rraðo, -a] *adj* **1.** (*cosa*) falsch **2.** (*persona*): **estar** [*o* **andar**] ~ sich irren

errante [e'rran̪te] *adj* umherschweifend, umherziehend; (*sin orientación*) umherirrend; (*vagabundo*) vagabundierend; **capitales ~s** heißes Geld; **pájaro** ~ Zugvogel *m*

errar [e'rrar] *irr* **I.** *vi* **1.** (*equivocarse*) sich irren (*en* in +*dat*); ~ **en la respuesta** eine falsche Antwort geben, falsch antworten; ~ **en el camino** sich verlaufen; (*fig*) auf dem Holzweg sein **2.** (*andar vagando*) umherziehen (*por* in +*dat*); (*sin orientación*) umherirren (*por* in +*dat*); (*vagabundear*) vagabundieren; **ir errando por las calles** durch die Straßen ziehen [*o* irren] **II.** *vt* **1.** (*no acertar*) verfehlen; ~ **el blanco** das Ziel verfehlen; ~ **el golpe** danebenschlagen; ~ **el tiro** danebenschießen; ~ **la vocación** den Beruf verfehlen **2.** (*no cumplir*) falsch handeln; **erró a su superior** er/sie kam seinen/ihren Verpflichtungen gegenüber seinem/ihrem Vorgesetzten nicht nach **III.** *vr:* **~se** sich irren (*en* in +*dat*)

errata [e'rrata] *f* (TIPO) Druckfehler *m*; **fe de ~s** Druckfehlerverzeichnis *nt*

errático, **-a** [e'rratiko, -a] *adj* umherziehend; (*sin orientación*) umherirrend; (*vagabundo*) vagabundierend; (*dolor*) wandernd; (GEO) erratisch; **estrella errática** Planet *m*

erre ['erre] *f* R, r *nt*; ~ **que** ~ (*fam*) stur, halsstarrig; **seguir ~ que ~** unbeirrt weitermachen; **por mucho que le digamos, él está, ~ que ~, empeñado a subir a la montaña** so sehr wir ihm auch zureden, er will auf Teufel komm raus den Berg besteigen; **estar ~, hacer** [*o* **tropezar en las**] **~s** blau sein

erróneo, **-a** [e'rroneo, -a] *adj* falsch; **decisión errónea** Fehlentscheidung *f*; **juicio** [*o* **veredicto**] ~ Fehlurteil *nt*

error [e'rror] *m* **1.** (*falta*) Fehler *m*; ~ **en la calculación de los costes** Fehler bei der Kostenberechnung; ~ **de cálculo** Rechenfehler *m*; ~ **contable** Buch(halt)ungsfehler *m*; ~ **de desbordamiento** (INFOR) Überlauffehler *m*; ~ **de escritura** (INFOR) Schreibfehler *m*; ~ **fatal** (INFOR) unbehebbarer Fehler; ~ **de forma** (JUR) Formfehler *m*; ~ **de hardware** (INFOR) Hardwarefehler *m*; ~ **de imprenta** Druckfehler *m*; ~ **de lectura** (INFOR) Lesefehler *m*; ~ **de manejo** Bedienungsfehler *m*; ~ **de operación** (INFOR) Betriebsfehler *m*; ~ **ortográfico** Rechtschreibfehler *m*; ~ **de planificación** Fehlplanung *f*; ~ **de sintaxis** Syntaxfehler *m*; ~ **de software** (INFOR) Softwarefehler *m*; **~es no eliminables** nicht behebbare Fehler; **cometer un** ~ einen Fehler machen; **has cometido un ~ muy grave** dir ist ein gravierender Fehler unterlaufen **2.** (*equivocación*) Irrtum *m*; (*descuido*) Versehen *nt*; ~ **obstativo** (JUR) Erklärungsirrtum *m*; **estar en el** [*o* **un**] ~ sich irren **3.** (FÍS, MAT: *diferencia*) Abweichung *f* **4.** (*conducta reprochable*) Verirrung *f*

ertzaina [er'ʧai̯na] *mf baskische(r) Polizist(in)*

Ertzaintza [er'ʧanʧa] *f sin pl autonome baskische Polizei*

eructar [eruk'tar] *vi* aufstoßen, rülpsen *fam*

eructo [e'rukto] *m* (*acción*) Aufstoßen *nt*; (*efecto*) Rülpser *m fam*

erudición [eruði'θjon] *f* Gelehrtheit *f*, (umfassende) Bildung *f*; (*sabiduría*) Weisheit *f*

erudito, **-a** [eru'ðito, -a] **I.** *adj* **1.** (*persona*) gelehrt, gebildet; (*sabio*) weise **2.** (*obra*) gelehrt, wissenschaftlich; **conocimientos ~s** fundierte Kenntnisse **II.** *m, f* (*con amplio conocimiento*) Gelehrte(r) *mf*; (*sabio*) Weise(r) *mf*; (*experto*) Experte, -in *m, f*; **es un ~ en filosofía** er ist eine Kapazität auf dem Gebiet der Philosophie; **sólo es un ~ a la violeta** er ist nur ein Pseudogelehrter, er verfügt nur über ein sehr oberflächliches Wissen

erupción [eruβ'θjon] *f* **1.** (GEO) Eruption *f*; ~ **solar** Sonneneruption *f*; ~ **volcánica** Vulkanausbruch *m* **2.** (MED) Ausschlag *m*, Eruption *f*; ~ **cutánea** Hautausschlag *m*

eruptivo, **-a** [erup'tiβo, -a] *adj* **1.** (GEO) eruptiv, durch Eruption entstanden; **rocas eruptivas** Eruptivgestein *nt* **2.** (MED) eruptiv; **el sarampión es una enfermedad eruptiva** Masern sind eine Krankheit, die sich durch einen Hautausschlag äußert

erutar [eru'tar] *vi v.* **eructar**

es [es] *3. pres de* **ser**

esa ['esa] *adj v.* **ese**, **-a**

ésa ['esa] *pron dem v.* **ése**

ESADE [e'saðe] *f abr de* **Escuela Superior de Administración y Dirección de Empresas** *betriebs- und verwaltungstechnische Hochschule*

esbeltez [esβel̩'teθ] *f* (*delgadez*) Schlankheit *f;* (*altura*) hoher Wuchs *m;* (*gracia*) Anmut *f;* (*elegancia*) Eleganz *f*

esbelto, **-a** [es'βel̩to, -a] *adj* (*delgado*) schlank; (*alto*) hoch gewachsen; (*grácil*) anmutig; (*elegante*) elegant; **un hombre** ~ ein stattlicher Mann

esbirro [es'βirro, -a] *m* **1.** (*alguacil*) Gerichtsdiener *m* **2.** (*de las autoridades*) Ordnungshüter *m,* Scherge *m pey,* Handlanger *m pey* **3.** (*fam: que comete actos violentos*) Schläger *m;* (*sicario*) Killer *m;* **ser un** ~ ein Schläger(typ) sein

esbozar [esβo'θar] <z→c> *vt* **1.** (*dibujo*) skizzieren, entwerfen; ~ **un plano** einen Plan skizzieren **2.** (*un tema*) umreißen; (*un escrito*) entwerfen; ~ **un discurso** eine Rede in Stichwörtern notieren **3.** (*una sonrisa*) andeuten; **esbozó una sonrisa** ein Lächeln huschte über sein/ihr Gesicht; ~ **una sonrisa irónica** sein Gesicht zu einem spöttischen Grinsen verziehen

esbozo [es'βoθo] *m* **1.** (*dibujo*) Skizze *f,* Entwurf *m* **2.** (*de un proyecto*) Entwurf *m* **3.** (*de una sonrisa*) Andeutung *f* **4.** (BIOL) Anlage *f*

escabechado, **-a** [eskaβe'ʧaðo, -a] *adj* (*maquillado*) geschminkt; (*que se tiñe el pelo*) mit gefärbten Haaren

escabechar [eskaβe'ʧar] *vt* **1.** (GASTR) marinieren, einlegen **2.** (*teñir*) färben, tönen **3.** (*fam: suspender*) durchrasseln lassen **4.** (*fam: matar*) abmurksen

escabeche [eska'βeʧe] *m* **1.** (GASTR: *adobo*) Marinade *f;* **atún en** ~ marinierter Thunfisch; **poner algo en** ~ etw marinieren [*o* einlegen] **2.** (*alimento*) marinierte Speise *f;* (*pescado*) marinierter Fisch *m;* ~ **de pollo** mariniertes Huhn **3.** (*para teñir*) Haarfärbemittel *nt* **4.** (*Arg: fruta*) sauer eingelegtes Obst *nt;* (*legumbre*) sauer eingelegtes Gemüse *nt*

escabechina [eskaβe'ʧina] *f* **1.** (*fam: en un examen*) *große Anzahl Durchgefallener;* **en el examen hubo gran** ~ bei der Prüfung fielen reihenweise Leute durch; **hacer una** ~ viele Prüflinge durchfallen lassen **2.** (*destrozo*) Zerstörung *f,* Verwüstung *f;* (*carnicería*) Gemetzel *nt,* Massaker *nt;* **hacer una** ~ großen Schaden anrichten, Unheil anrichten

escabel [eska'βel] *m* **1.** (*taburete*) Schemel *m;* (*para los pies*) Fußbank *f* **2.** (*persona, circunstancia*) Sprungbrett *nt*

escabroso, **-a** [eska'βroso, -a] *adj* **1.** (*áspero*) rau, uneben; (*terreno*) holperig, unwegsam; (*carácter*) schwierig **2.** (*espinoso*) dornig **3.** (*comprometido*) heikel, kritisch **4.** (*indecente*) unanständig, anstößig, schlüpfrig; (*obsceno*) obszön

escabullirse [eskaβu'ʎirse] <3. *pret:* escabulló> *vr* **1.** (*desaparecer*) sich wegschleichen (*de* von +*dat, fuera de* aus +*dat*), entwischen, sich aus dem Staub machen *fam;* ~ (**por**) **entre la multitud** in der Menge untertauchen **2.** (*escurrirse*) entgleiten; **la trucha se me escabulló** (**de entre las manos**) die Forelle rutschte [*o* glitt] mir aus der Hand

escachar [eska'ʧar] **I.** *vt* (*fam: aplastar*) zerdrücken, zerquetschen **II.** *vr:* ~**se** (*fam: quedar aplastado*) zerdrückt werden

escacharrado, **-a** [eskaʧa'rraðo, -a] *adj* (*plan*) gescheitert; (*proyecto, día*) misslungen

escacharrar [eskaʧa'rrar] **I.** *vt* ruinieren; (*cosa*) zerstören, kaputtmachen *fam;* (*plato*) zerbrechen, zerschlagen; (*proyecto*) zunichte machen, vereiteln; **me has escacharrado el dibujo** du hast meine Zeichnung verpfuscht; **la lluvia nos escacharró la fiesta** der Regen verdarb uns das ganze Fest; **escacharró nuestros planes** er/sie machte uns einen Strich durch die Rechnung **II.** *vr:* ~**se** (*cosa*) ruiniert sein, kaputtgehen *fam;* (*plato*) zerbrechen; (*proyecto*) scheitern, misslingen; (*plan*) sich zerschlagen; **nuestros planes se** ~**on por culpa de la lluvia** unsere Pläne fielen buchstäblich ins Wasser; **se me ha escacharrado la escultura** die Skulptur ist mir nicht gelungen

escafandra [eska'fan̩dra] *f* Taucheranzug *m;* ~ **autónoma** Tauchgerät *nt;* ~ **espacial** Raumanzug *m*

escafandrista [eskafan̩'drista] *mf* Taucher(in) *m(f)*

escala [es'kala] *f* **1.** (*serie*) Skala *f,* Staffel *f;* ~ **de colores** Farbskala *f;* ~ **de cuotas** Beitragsstaffelung *f;* ~ **de descuentos** Rabattstaffel *f;* ~ **impositiva** Steuersatz *m;* ~ **de intereses** Zinsstaffel *f;* ~ (**móvil**) **de salarios** (gleitende) Lohnskala; ~ **de precios** Preisskala *f* **2.** (*musical*) Tonleiter *f;* ~ **diatónica** diatonische Tonleiter; **hacer** ~**s** Läufe üben **3.** (*proporción*) Verhältnis *nt;* (*de un mapa*) Maßstab *m;* ~ **de reproducción** Abbildungsmaßstab *m;* **a** ~ maßstabsgerecht; **un mapa a** ~ **1:100.000** eine Karte im Maßstab (von) 1:100.000 **4.** (*de medición*) Skala *f;* ~ **de altura** Höhenskala *f;* ~ **de celsio/Fahrenheit** Celsius-/Fahrenheitskala *f;* ~ **de grados** Gradeinteilung *f;* ~ **milimétrica** Millimetereinteilung *f;* ~ **de Richter** Richterskala *f* **5.** (*medida*) Größe *f,* Maß *nt;* **a** ~ **mundial** weltweit; **a** ~ **nacional** landesweit; **en gran** ~ in großem Umfang; **comprar en gran** ~ in großen Mengen einkaufen; **fabricación en gran** ~ Massenproduktion *f;* **ser de mayor** ~ größer sein **6.** (*parada*) Zwischen(aufent)halt *m;* (*de un avión*) Zwischenlandung *f;* ~ **forzada** (*de un avión*) Notlandung *f;* **el avión tuvo que hacer** ~ **en París** das Flugzeug musste in Paris zwischenlanden; **hacer** ~ **en un puerto** einen Hafen anlaufen **7.** (*puerto*) Anlaufhafen *m* **8.** (*escalera*) Leiter *f;* ~ **de cuerda** Strickleiter *f*

9. (MIL) (Dienst)rangliste *f,* Stammrolle *f;* ~ **cerrada** Beförderungssystem nach Dienstalter; ~ **de reserva** Reserve(liste) *f*

escalabrar [eskala'βrar] **I.** *vt* verletzen **II.** *vr:* ~**se** sich verletzen

escalada [eska'laða] *f* **1.** (*subida*) Klettern *nt* (*de* auf +*akk*), Hinaufsteigen *nt* (*de* auf +*akk*); (*de una montaña*) Aufstieg *m* (*de* auf +*akk*), Besteigung *f;* (*de un muro*) Überwindung *f;* (*de una pared*) Erklimmen *nt* **2.** (*alpinismo*) Bergsteigen *nt* **3.** (*de un edificio*) Einstieg *m* (*de* in +*akk*); (*violentamente*) Eindringen *nt* (*de* in +*akk*); (*robo*) Einbruch *m* (*de* in +*akk*); (MIL) Erstürmung *f* **4.** (*a una posición social*) (gesellschaftlicher) Aufstieg *m;* (*a un cargo*) (beruflicher) Aufstieg *m* **5.** (*aumento*) (rapider) Anstieg *m;* (*de un conflicto, la violencia*) Eskalation *f;* ~ **de precios** Preisanstieg *m,* Preissteigerung *f* **6.** (MIL) Eskalierung *f* **7.** (*del pescado*) Ausnehmen *nt*

escalador(a) [eskala'ðor(a)] **I.** *adj* Bergsteiger-; **tres jóvenes ~es quedaron sepultados por la avalancha** die Lawine begrub drei junge Bergsteiger unter sich **II.** *m(f)* **1.** (*alpinista*) Bergsteiger(in) *m(f)* **2.** (*ladrón*) Fassadenkletterer, -in *m, f,* Einbrecher(in) *m(f)*

escalafón [eskala'fon] *m* (*lista de cargos*) (Dienst)rangliste *f,* Personalregister *nt;* (MIL) Stammrolle *f;* (*lista de sueldos*) Besoldungsliste *f;* ~ **cerrado** Beförderungssystem nach Dienstalter; **cambio de** ~ (*de nivel*) Wechsel in eine andere Rangstufe; (*de sueldo*) Einstufung in eine andere Besoldungsgruppe; **subir** [*o* **ascender**] **en el** ~ befördert werden; **tener uno de los primeros números del** ~ (*cargo*) in der gehobenen Laufbahn tätig sein; (*sueldo*) in die oberste Besoldungsgruppe fallen

escalar [eska'lar] **I.** *adj* (FÍS, MAT) skalar **II.** *m* (FÍS, MAT) Skalar *m* **III.** *vi* **1.** (*en las montañas*) bergsteigen **2.** (*socialmente*) (gesellschaftlich) aufsteigen; (*profesionalmente*) (beruflich) aufsteigen **IV.** *vt* **1.** (*subir*) (hinauf)steigen (auf +*akk*), klettern (auf +*akk*), besteigen; ~ **una montaña** einen Berg besteigen [*o* erklimmen]; ~ **un muro** über eine Mauer klettern; ~ **una pared** eine Wand hochklettern; **ha escalado las cimas del poder** er/sie ist auf dem Gipfel der Macht angelangt **2.** (*entrar*) (ein)steigen (in +*akk*), (hinein)klettern (in +*akk*); (*violentamente*) eindringen (in +*akk*); (*ladrón*) einbrechen (in +*akk*); (MIL) (er)stürmen; ~**on la habitación por la ventana** sie stiegen durch das Fenster ins Zimmer **3.** (*una acequia*) öffnen **4.** (*una posición*) erlangen; **escaló el cargo más alto de la empresa** er/sie arbeitete sich bis zum höchsten Posten in der Firma hoch **5.** (*el pelo*) stufig schneiden **6.** (*pescado*) ausnehmen

escalaris [eska'laris] *m* (ZOOL) Skalar *m*

escaldado, -a [eskal̩'daðo, -a] *adj* **1.** (GASTR) abgebrüht **2.** (*inflamado*) entzündet, wund; (*quemado*) verbrannt; (*con agua hirviendo*) verbrüht; **tener la piel escaldada del sol** einen Sonnenbrand haben **3.** (*hierro*) glühend heiß **4.** (*escarmentado*) vorsichtig; **quedar** [*o* **salir**] ~ schlechte Erfahrungen gemacht haben; **gato ~ del agua fría huye** (*prov*) gebranntes Kind scheut das Feuer **5.** (*mujer*) schamlos

escaldadura [eskal̩da'ðura] *f* (*Arg: lastimadura*) Schürfwunde *f*

escaldamiento [eskal̩da'mjen̩to] *m* Verbrühung *f*

escaldar [eskal̩'dar] **I.** *vt* **1.** (GASTR) abbrühen **2.** (MED) verbrennen; (*con agua hirviendo*) verbrühen; (*inflamar*) entzünden **3.** (*hierro*) zum Glühen bringen, glühen **4.** (*humillar*) demütigen, verletzen **II.** *vr:* ~**se** **1.** (*persona*) sich verbrennen; (*con agua hirviendo*) sich verbrühen **2.** (*piel*) sich entzünden

escaldo [es'kal̩do] *m* (LIT) Skalde *m*

escaleno [eska'leno] **I.** *adj* (MAT) **1.** (*triángulo*) ungleichseitig **2.** (*cono, pirámide*) schief **II.** *m* **1.** (MAT) ungleichseitiges Dreieck *nt* **2.** (ANAT) Skalenus *m*

escalera [eska'lera] *f* **1.** (*escalones*) Treppe *f;* (AERO) Gangway *f;* ~ **abajo** treppab; ~ **arriba** treppauf; ~ **automática** Rolltreppe *f;* ~ **de caracol** Wendeltreppe *f;* ~ **mecánica** Rolltreppe *f;* ~ **de servicio** Hintertreppe *f;* **en** ~ stufig angeordnet **2.** (*pasillo*) Treppenhaus *nt* **3.** (*escala*) Leiter *f;* ~ **de bomberos** Feuerwehrleiter *f;* ~ **de cuerda** Strickleiter *f;* ~ **doble** Trittleiter *f;* ~ **de incendios** Feuerleiter *f;* ~ **de mano** Leiter *f;* ~ **de tijera** Trittleiter *f;* **subir la** ~ auf die Leiter steigen **4.** (*listones*) Gerüst *nt;* (*de un carro*) (leiterartiges) Seitenteil *nt* **5.** (*naipes*) Sequenz *f;* (*poker*) Straße *f;* ~ **de color** (*poker*) Straight Flush *m* **6.** (*en el pelo*) Stufe *f;* **flequillo con ~s** fransig geschnittener Pony, Fransenpony *m*

escalerilla [eskale'riʎa] *f* **1.** (*escalones*) kleine Treppe *f;* (AERO) Gangway *f;* **en** ~ staffelförmig **2.** (*escala*) kurze Leiter *f* **3.** (*naipes*) Sequenz *f* von drei Karten **4.** (*listones*) Gitter *nt* **5.** (*de un veterinario*) Spekulum *nt*

escalfado, -a [eskal'faðo, -a] *adj* (*pared*) blasig

escalfar [eskal'far] **I.** *vt* **1.** (GASTR) pochieren; **huevos escalfados** pochierte Eier **2.** (*pan*) zu heiß backen; **pan escalfado** Brot voller Luftblasen **II.** *vr:* ~**se** (*pan*) Blasen werfen

escalibar [eskali'βar] *vt* **1.** (*fuego*) schüren **2.** (*discusión*) beleben, in Schwung bringen

escalinata [eskali'nata] *f* Freitreppe *f*

escalo [es'kalo] *m* **1.** (*subida*) Klettern *nt* (*de* auf +*akk*), Hinaufsteigen *nt* (*de* auf +*akk*); (*de una montaña*) Aufstieg *m* (*de* auf +*akk*); (*de un muro*) Überwindung *f* **2.** (*penetración*) Einstieg *m* (*de* in +*akk*); (*violentamente*) Eindringen *nt* (*de* in +*akk*); (*robo*) Einbruch *m* (*de* in +*akk*); (MIL) Erstürmung *f* **3.** (*boquete*) (Schlupf)loch *nt,* (Durch)gang *m*

escalofriante [eskalo'frjan̩te] *adj* **1.** (*pavoroso*) schaurig, unheimlich; **película** ~ Gruselfilm *m* **2.** (*asombroso*) haarsträubend, unglaublich

escalofriar [eskalo'frjar] **I.** *vi* frösteln **II.** *vt* schaudern lassen; **sus palabras me ~on** seine/ihre Worte ließen mich schaudern **III.** *vr:* **~se** frösteln; **me escalofrié al oír sus palabras** mich fröstelte, als ich seine/ihre Worte hörte

escalofrío [eskalo'frio] *m* **1.** (*sensación*) Schauder *m;* **al abrir la ventana sentí ~s** beim Öffnen des Fensters überlief mich ein Schauder; **la película me produjo ~s** der Film erfüllte mich mit Schauder; **cierra la puerta, tengo ~s** mach die Tür zu, mir ist es kalt [*o* es fröstelt mich] **2.** (MED) Schüttelfrost *m*

escalón [eska'lon] *m* **1.** (*de una escala*) (Leiter)sprosse *f;* **~ de chimenea** Steigeisen *nt* (am Schornstein) **2.** (*de una escalera*) (Treppen)stufe *f;* (*en un terreno*) Stufe *f,* (stufenförmiger) Absatz *m;* (*fam: en el pelo*) Stufe *f;* **~ de descansillo** Treppenabsatz *m;* **~ lateral** Standspur *f;* **cortar el pelo en escalones** die Haare stufig schneiden **3.** (*de un grado*) Stufe *f,* Grad *m;* (*del escalafón*) (Dienst)grad *m;* **~ de velocidad** Geschwindigkeitsstufe *f;* **subir un ~** befördert werden, aufsteigen **4.** (*paso*) Schritt *m;* **subir/descender un ~** einen Schritt nach oben/unten machen; **este libro es un ~ hacia el éxito** dieses Buch ist ein erster Schritt auf dem Weg zum Erfolg; **descender un ~ en la opinión pública** in der öffentlichen Meinung sinken **5.** (*medio para conseguir algo*) Sprungbrett *nt* **6.** (MIL) Staffel *f;* **~ de combate** Gefechtsstaffel *f*

escalonado, -a [eskalo'naðo, -a] *adj* **1.** (*terreno*) stufenförmig, terrassenförmig, abgestuft **2.** (*precio*) gestaffelt; **tarifa escalonada** Staffeltarif *m*

escalonamiento [eskalona'mjen̩to] *m* **1.** (*de personas, cosas*) Formation *f* **2.** (*graduación*) Abstufung *f,* Staffelung *f;* **~ de los pagos** Staffelung der Zahlungen; **~ de los precios** Preisstaffelung *f;* **~ de presión** Druckabstufung *f;* **~ de los salarios** Staffelung der Gehälter; **sin ~** stufenlos **3.** (*de un terreno*) Abstufung *f*

escalonar [eskalo'nar] **I.** *vt* **1.** (*situar*) formieren; **~ puestos de vigilancia** in regelmäßigen Abständen Wachposten aufstellen **2.** (*graduar*) abstufen, staffeln; **~ los sueldos** die Gehälter staffeln **3.** (*distribuir*) zeitlich staffeln [*o* einteilen]; **~ la entrega del material** das Material zu bestimmten Zeiten ausgeben **4.** (*un terreno*) abstufen, terrassenförmig gestalten **II.** *vr:* **~se** sich formieren

escalonia [eska'lonja] *f* (BOT, GASTR) Schalotte *f*

escalopa [eska'lopa] *f,* **escalope** [eska'lope] *m* Schnitzel *nt;* **~ de ternera** Kalbsschnitzel *nt;* **~ a la vienesa** Wiener Schnitzel *nt*

escalpar [eskal'par] *vt* skalpieren

escalpelo [eskal'pelo] *m* (MED) Skalpell *nt*

escama [es'kama] *f* **1.** (ZOOL, BOT) Schuppe *f;* **tener más ~s que un besugo** auf der Hut sein **2.** (*placa*) Schuppe *f,* Plättchen *nt;* **~s de jabón** Seifenflocken *fpl* **3.** (*fam: recelo*) Misstrauen *nt,* Argwohn *m;* **sentir ~** argwöhnisch sein, stutzen; **sentí ~ de que no llamaras** dass du nicht anriefst, machte mich misstrauisch [*o* stutzig]; **le salieron ~s** er/sie wurde misstrauisch

escamada [eska'maða] *f* schuppenartige Stickerei *f*

escamado[1] [eska'maðo] *m* **1.** (*conjunto de escamas*) Schuppen *fpl* **2.** (*de una obra*) schuppenartige Struktur *f*

escamado, -a[2] [eska'maðo, -a] *adj* **1.** (*piel, superficie*) schuppig **2.** (*fam: receloso*) misstrauisch, argwöhnisch

escamar [eska'mar] **I.** *vt* **1.** (*el pescado*) (ab)schuppen **2.** (*fam: inquietar*) misstrauisch machen, stutzig machen; **~ a alguien** jds Misstrauen wecken **3.** (*adornar*) mit Schuppen verzieren **II.** *vr:* **~se** (*fam*) stutzen, misstrauisch werden; **me escamé al oír la noticia** die Nachricht ließ mich stutzen [*o* weckte mein Misstrauen]; **me escamé de tu respuesta** deine Antwort machte mich stutzig [*o* weckte mein Misstrauen]

escamocha [eska'motʃa] *f* (*Méx: sobras de comida*) Essensreste *mpl*

escamón, -ona [eska'mon, -ona] **I.** *adj* misstrauisch, argwöhnisch **II.** *m, f* misstrauischer [*o* argwöhnischer] Mensch *m*

escamoso, -a [eska'moso, -a] *adj* schuppig

escamoteable [eskamote'aβle] *adj* (AERO) einziehbar

escamoteador(a) [eskamotea'ðor(a)] *m(f)* **1.** (*ilusionista*) Zauberer, -in *m, f* **2.** (*ladrón*) Dieb(in) *m(f)*

escamotear [eskamote'ar] *vt* **1.** (*ilusionista*) verschwinden lassen, wegzaubern **2.** (*quitar*) wegnehmen; (*robar*) entwenden, stibitzen, klauen *fam* **3.** (*ocultar*) verbergen, verschleiern; (*hacer desaparecer*) unterschlagen; **~ la verdad** die Wahrheit verheimlichen [*o* verschweigen]; **~ un asunto** eine Angelegenheit unter den Tisch fallen lassen

escamoteo [eskamo'teo] *m* **1.** (*prestidigitación*) Zaubertrick *m* **2.** (*robo*) Diebstahl *m* **3.** (*encubrimiento*) Verbergung *f,* Verbergen *nt;* (*de una información*) Unterschlagung *f*

escampada [eskam'paða] *f* (*fam*) trockener Moment *m* (*an einem Regentag*)

escampado, -a [eskam'paðo, -a] *adj* (*lugar*) frei, leer; (*sin vegetación*) öde; (*sin edificios*) unbesiedelt

escampar [eskam'par] **I.** *vi* **1.** (*dejar de insistir*) aufgeben **2.** (*Col, PRico: ampararse*) sich unterstellen **II.** *vt* räumen **III.** *vimpers* aufhören zu regnen; **espera hasta que escampe** warte, bis es nicht mehr regnet

escanciador(a) [eskan̩θja'ðor(a)] *m(f)* Getränkekellner(in) *m(f);* (*de vino*) Weinkellner(in) *m(f)*

escanciar [eskan̪'θjar] **I.** *vi* Wein trinken **II.** *vt* einschenken

escandalera [eskan̪da'lera] *f* (*fam*) Krach *m,* Radau *m;* **armar una** ~ einen Heidenlärm machen; **armó una ~ porque le habían robado el monedero** er/sie erhob ein riesiges Geschrei, weil ihm/ihr der Geldbeutel geklaut worden war

escandalizar [eskan̪dali'θar] <z→c> **I.** *vi* Krach [*o* Lärm] machen **II.** *vt* **1.** (*indignar*) empören; **su comportamiento escandalizó a los profesores** sein/ihr Verhalten erregte bei den Lehrern Anstoß **2.** (*horrorizar*) entsetzen, schockieren **3.** (*alborotar*) Unruhe stiften (bei +*dat,* in +*dat*); **escandalizó la discusión con sus gritos** er/sie veranstaltete bei der Diskussion ein Riesengeschrei; **ayer por la noche escandalizaste la casa con tus gritos** gestern Nacht hast du mit deinem Geschrei das ganze Haus aufgeweckt **III.** *vr:* **~se** **1.** (*indignarse*) sich empören (*de/por* über +*akk*), Anstoß nehmen (*de/por* an +*dat*) **2.** (*estar horrorizado*) entsetzt sein (*de/por* über +*akk*), schockiert sein (*de/por* über +*akk*)

escándalo [es'kan̪dalo] *m* **1.** (*ruido*) Lärm *m,* Krach *m,* Radau *m;* (*fam: gritos*) Geschrei *nt;* **armar un** [*o* **dar el**] ~ Lärm [*o* Krach] machen; **se armó un** ~ (*fam*) ein Riesenlärm brach los **2.** (*manifestación*) Tumult *m,* Aufruhr *m;* **se armó un** ~ es kam zu Tumulten; **dar el** ~ Aufsehen erregen **3.** (*desvergüenza*) Anstößigkeit *f,* anstößiges Benehmen *nt;* **la piedra del** ~ der Stein des Anstoßes; **causar** [*o* **dar**] **un** ~ sich anstößig benehmen, Anstoß erregen; **su comportamiento es un** ~ er/sie verhält sich unmöglich **4.** (*que provoca indignación*) Ärgernis *nt;* (*abuso*) Unverschämtheit *f,* Frechheit *f;* ~ **público** öffentliches Ärgernis; **de** ~ skandalös, unmöglich; **estos precios son un** ~ diese Preise sind eine Frechheit **5.** (*suceso inmoral*) Skandal *m;* ~ **financiero** Finanzskandal *m;* **dar un** ~ einen Skandal verursachen **6.** (*admiración*) Bewunderung *f;* (*pasmo*) Verwunderung *f;* **¡qué ~!** das ist ja unglaublich [*o* kaum zu fassen]!

escandalosa [eskan̪da'losa] *f* (NÁUT) Toppsegel *nt;* **echar la** ~ ausfallend werden, fluchen

escandaloso, -a [eskan̪da'loso, -a] *adj* **1.** (*ruidoso*) laut, lärmend; (*alborotado*) turbulent **2.** (*inmoral*) unanständig, skandalös **3.** (*contra las convenciones sociales*) skandalös, Aufsehen erregend; **proceso** ~ Skandalprozess *m* **4.** (*irritante*) ärgerlich, unverschämt; **precios ~s** Wucherpreise *mpl* **5.** (*revoltoso*) unruhig; **es un niño muy** ~ er ist ein sehr lebhaftes Kind

escandinava [eskan̪di'naβa] *adj o f v.* **escandinavo**

Escandinavia [eskan̪di'naβja] *f* Skandinavien *nt*

escandinavo, -a [eskan̪di'naβo, -a] **I.** *adj* skandinavisch **II.** *m, f* Skandinavier(in) *m(f)*

escandio [es'kan̪djo] *m* (QUÍM) Skandium *nt*

escanear [eskane'ar] *vt* scannen

escáner [es'kaner] *m* Scanner *m;* ~ **de mano** Handscanner *m;* **hacer una pasada con el** ~ einen Durchgang mit dem Scanner machen

escaño [es'kaɲo] *m* **1.** (*banco*) (Sitz)bank *f;* (*en el parlamento*) Abgeordnetenbank *f* **2.** (*acta de diputado*) (Abgeordneten)sitz *m;* (*en el parlamento*) (Parlaments)sitz *m;* (*en el senado*) (Senats)sitz *m*

escapada [eska'paða] *f* **1.** (*de un lugar*) Entwischen *nt,* Entkommen *nt;* (*de un encierro*) Flucht *f,* Ausbruch *m;* (*de casa*) Ausreißen *nt;* **hacer una** ~ (*del trabajo*) Urlaub machen; (*de la rutina*) aus der Routine ausbrechen; (*de la vida cotidiana*) dem Alltag entfliehen **2.** (*loc*): **en una** ~ in Windeseile; **¿te importaría ir en una ~ a traerme cigarillos?** könntest du mir mal kurz Zigaretten holen?

escapar [eska'par] **I.** *vt* **1.** (*un caballo*) antreiben, abhetzen **2.** (*a alguien*) retten (*de* vor +*dat*), bewahren (*de* vor +*dat*) **II.** *vi, vr:* **~se** **1.** (*de un encierro*) fliehen (*de* aus +*dat*), entkommen (*de* aus +*dat*); (*de la cárcel*) ausbrechen (*de* aus +*dat*) **2.** (*de un peligro*) entrinnen (*de* +*dat*); **(se) escapó de la muerte** er/sie ist dem Tod entronnen; **logré** ~ ich kam ungeschoren davon **3.** (*deprisa, ocultamente*) entwischen, entkommen; **~se de casa** von zu Hause ausreißen; **el ladrón (se) escapó por la ventana** der Dieb entkam durch das Fenster **4.** (*quedar fuera del alcance*) sich entziehen (*a* +*dat*); **algunas cosas se escapan al poder de la voluntad** manche Dinge kann man nicht beeinflussen; **es imposible ~ a esta ley** man kann dieses Gesetz nicht umgehen **III.** *vr:* **~se** **1.** (*agua, gas*) entweichen (*de* aus +*dat*), ausströmen (*de* aus +*dat*) **2.** (*decir*) herausrutschen *fam;* **se me ha escapado que te vas a casar** ich habe aus Versehen gesagt, dass du heiratest **3.** (*soltarse*) entwischen; **se me ha escapado un punto** ich habe eine Masche verloren; **se escapó un tiro** ein Schuss löste sich **4.** (*no poder retener*): **se me ha escapado su nombre** mir ist sein/ihr Name entfallen; **se me ha escapado el negocio** das Geschäft ist mir entgangen; **se me ha escapado el autobús** ich habe den Bus verpasst; **se le ha escapado la mano** ihm/ihr ist die Hand ausgerutscht; **se me ha escapado la risa** ich konnte mir das Lachen nicht verkneifen; **se le escapó un suspiro** ihm/ihr entfuhr ein Seufzer **5.** (*no advertir*) entgehen; **no se le escapa ni una** ihm/ihr entgeht nichts

escaparate [eskapa'rate] *m* **1.** (*de una tienda*) Schaufenster *nt,* Auslage *f;* **estar en el** ~ (*fig*) im Rampenlicht stehen **2.** (*estantería*) Vitrine *f* **3.** (*Am: armario*) Schrank *m* **4.** (*argot: pecho*) Busen *m;* **tener mucho** ~ viel Holz vor der Hütte haben

escaparatista [eskapara'tista] *mf* Schaufensterdekorateur(in) *m(f)*

escapatoria [eskapa'torja] *f* **1.** (*de un lugar*) Entwischen *nt,* Entkommen *f;* (*de un encierro*) Flucht *f;* (*de casa*) Ausreißen *nt;* ~ **fiscal** Steuerflucht *f,* Steuerhinterziehung *f;* **hacer una** ~ (*del trabajo*) Urlaub machen; (*de la rutina*) aus der Routine ausbrechen; (*de la vida cotidiana*) dem Alltag entfliehen **2.** (*lugar*) Fluchtweg *m;* **no hay** ~ es gibt kein Entrinnen **3.** (*excusa*) Ausflucht *f,* Ausrede *f* **4.** (*solución*) Ausweg *m;* **es la única** ~ **que tienes** es bleibt dir nur dieser Ausweg, du hast keine andere Wahl; **no tener** ~ sich in einer ausweglosen Lage befinden

escape [es'kape] *m* **1.** (*de un gas, líquido*) Ausströmen *nt,* Entweichen *nt* **2.** (*de un lugar*) Entwischen *nt,* Entkommen *nt;* (*de un encierro*) Flucht *f;* (*de casa*) Ausreißen *nt* **3.** (*de una amenaza*) Entrinnen *nt;* (*solución*) Ausweg *m;* **no tenía** ~ es gab kein Entrinnen; **no había ningún** ~ **a la situación** die Situation war ausweglos **4.** (*de una máquina*) Abzug *m;* (*de un motor*) Auspuff *m;* ~ **de aire** Entlüftung *f;* **tubo de** ~ Auspuffrohr *nt* **5.** (*de un reloj*) Hemmung *f* **6.** (*loc*): **a** ~ in Windeseile; **dame a** ~ **las tijeras** gib mir bitte ganz schnell die Schere

escapismo [eska'pismo] *m sin pl* (PSICO) Eskapismus *m*

escápula [es'kapula] *f* Schulterblatt *nt*

escapulario [eskapu'larjo] *m* (REL) Skapulier *nt*

escaquearse [eskake'arse] *vr* **1.** (*eludir*) umgehen (*de* +*akk*), vermeiden (*de* +*akk*); ~ **de una situación comprometida** einer heiklen Situation aus dem Weg gehen **2.** (*fam: no cumplir*) sich drücken (*de* vor +*dat*)

escara [es'kara] *f* Schorf *m*

escarabajo [eskara'βaxo] *m* **1.** (ZOOL) Käfer *m;* (*coleóptero*) Skarabäus *m,* Pillendreher *m;* ~ **de corteja** Borkenkäfer *m;* ~ **patatero** [*o* **de la patata**] Kartoffelkäfer *m* **2.** (*fam: enano*) Gnom *m,* Knirps *m;* (*persona fea*) Scheusal *nt;* (*persona despreciable*) Wicht *m,* Abschaum *m* **3.** (*en un tejido*) Webfehler *m;* (*en un metal*) Gussblase *f* **4.** *pl* (*fam: rasgos confusos*) Gekritzel *nt*

escarabeo [eskara'βeo] *m* (ARTE, HIST) Skarabäus *m*

escaramujo [eskara'muxo] *m* Hagebutte *f*

escaramuza [eskara'muθa] *f* **1.** (*lucha*) Scharmützel *nt,* Geplänkel *nt* **2.** (*discusión*) Wortgefecht *nt,* Geplänkel *nt*

escarapela [eskara'pela] *f* **1.** (*cucarda*) Kokarde *f* **2.** (*riña*) Zänkerei *f*

escarapelar [eskarape'lar] **I.** *vt* **1.** (*Col, CRi, Méx: descascarar*) schälen **2.** (*Col: manosear*) befühlen; (*ajar*) zerknüllen **II.** *vr:* ~**se** (*Méx, Perú*) **1.** (*atemorizarse*) sich ängstigen **2.** (*temblar*) zittern

escarbadientes [eskarβa'ðjentes] *m inv* Zahnstocher *m*

escarbar [eskar'βar] **I.** *vi* **1.** (*en la tierra*) scharren (*en* in +*dat*) **2.** (*escudriñar*) herumstochern (*en* in +*dat*) **II.** *vt* **1.** (*la tierra*) aufscharren, aufwühlen; ~ **la arena** im Sand scharren **2.** (*la lumbre*) schüren **3.** (*tocar*) herumstochern (in +*dat*); ~ **la mantequilla** in der Butter herumstochern **4.** (*limpiar*) reinigen; ~ **los dientes** die Zähne von Speiseresten befreien **5.** (*investigar*) erforschen, auskundschaften; ~ **una cuestión** einer Sache nachgehen [*o* auf den Grund gehen] **III.** *vr:* ~**se** herumstochern (in +*dat*); **no te escarbes la herida** hör auf an der Wunde herumzufummeln; ~**se las orejas** sich *dat* die Ohren reinigen; ~**se los dientes** sich *dat* Speisereste aus den Zähnen entfernen

escarcear [eskarθe'ar] *vi* (*caballo*) tänzeln

escarceo [eskar'θeo] *m* **1.** (*oleaje*) Strudel *m,* (leichte) Wellenbewegung *f* **2.** *pl* (*vueltas*) Tänzeln *nt;* **el caballo dio** ~**s** das Pferd drehte sich im Kreis **3.** *pl* (*divagaciones*) Abschweifung *f,* Exkurs *m;* ~**s políticos** [*o* **por el mundo de la política**] Abstecher in die Politik; **sin** ~**s** ohne Umschweife **4.** *pl* (*actividad*) Zeitvertreib *m,* Spielerei *f;* ~**s amorosos** Affäre *f*

escarcha [es'kartʃa] *f* (Rau)reif *m*

escarchada [eskar'tʃaða] *f* (BOT) Eiskraut *nt*

escarchado[1] [eskar'tʃaðo] *m* (*de oro*) Goldstickerei *f;* (*de plata*) Silberstickerei *f*

escarchado, -a[2] [eskar'tʃaðo, -a] *adj* **1.** (*paisaje*) mit Reif überzogen, bereift *elev* **2.** (*frutas*) kandiert **3.** (*licor*) kristallisiert; **ron** ~ Rum mit einem kandierten Aniszweig **4.** (*arcilla*) geschlämmt

escarchar [eskar'tʃar] **I.** *vi* kristallisieren **II.** *vt* **1.** (*frutas*) kandieren **2.** (*salpicar*) überpudern, bestreuen; ~ **azúcar glas sobre un pastel** einen Kuchen mit Puderzucker bestreuen **3.** (*aguardiente*) kristallisieren lassen; ~ **un licor** *bei einem Likör bewirken, dass der Zucker einen Aniszweig kandiert* **4.** (*arcilla*) schlämmen **III.** *vimpers* reifen; **ha escarchado** es hat gereift

escardar [eskar'ðar] *vt* **1.** (*desherbar*) jäten **2.** (*limpiar*) säubern; ~ **un libro de errores** ein Buch von Fehlern befreien **3.** (*separar*) aussondern, auslesen; ~ **palabrotas de un texto** Schimpfworte aus einem Text herausnehmen

escardillo [eskar'ðiʎo] *m* **1.** (AGR) Hackwerkzeug *nt* **2.** (BOT) Distelblüte *f* **3.** (*reflejo del sol*) Widerschein *m*

escarlata [eskar'lata] **I.** *adj* scharlachrot, scharlachfarben **II.** *m* **1.** (*color*) Scharlach(rot) *nt* **2.** (*tela*) Scharlach *m* **3.** (MED) Scharlach *m,* Scharlachfieber *nt fam*

escarlatina [eskarla'tina] *f* **1.** (MED) Scharlach *m,* Scharlachfieber *nt fam* **2.** (*tela*) Scharlach *m*

escarlatinoso, -a [eskarlati'noso, -a] **I.** *adj* (MED) scharlachartig **II.** *m, f* (MED) Scharlachkranke(r) *mf*

escarmenar [eskarme'nar] *vt* **1.** (*desenre-*

dar) entwirren; (*pelo, lana*) auskämmen **2.** (MIN) auslesen, aussieben

escarmentado, **-a** [eskarmen̩'taðo, -a] *adj* **1.** (*desengañado*) zurückhaltend, vorsichtig **2.** (*enmendado*) geläutert; (*niño*) brav

escarmentar [eskarmen̩'tar] <e→ie> **I.** *vi* **1.** (*desengañarse*) dazulernen, aus Schaden klug werden; **quedar** [*o* **estar**] **escarmentado de algo** von etw *dat* nichts mehr wissen wollen; ~ **en cabeza ajena** aus dem Schaden anderer klug werden **2.** (*enmendarse*) sich bessern **II.** *vt* **1.** (*castigar*) bestrafen **2.** (*reprender*) zurechtweisen; ~ **a alguien** (*fam*) jdm den Kopf waschen, jdm die Leviten lesen **3.** (*desengañar*) lehren; **aquella experiencia lo escarmentó** diese Erfahrung war ihm eine Lehre

escarmiento [eskar'mjen̩to] *m* **1.** (*lección*) Lektion *f*, Lehre *f*; **espero que esto te sirva de** ~ das soll dir eine Lehre sein; **me sirvió de** ~ das war mir eine Lehre **2.** (*penalización*) Bestrafung *f*; (*pena*) Strafe *f* **3.** (*corrección*) Rüge *f*, Rüffel *m*; **dar un** ~ **a alguien** jdm einen Rüffel [*o* eine Rüge] erteilen **4.** (*enmienda*) Besserung *f*

escarnecedor(a) [eskarneθe'ðor(a)] *adj* spöttisch, höhnisch

escarnecer [eskarne'θer] *irr como crecer vt* (*burlarse*) verspotten, verhöhnen; (*ridiculizar*) lächerlich machen, zum Gespött machen

escarnio [es'karnjo] *m* Spott *m*, Hohn *m*; **con** ~ spöttisch, höhnisch

escaro [es'karo] *m* (ZOOL) Seepapagei *m*

escarola [eska'rola] *f* (BOT) Endivie *f*; (*ensalada*) Endiviensalat *m*

escarolado, **-a** [eskaro'laðo, -a] *adj* (*fam*) gekräuselt, kraus

escarpa [es'karpa] *f* **1.** (*pendiente*) Steilhang *m* **2.** (*albañilería*) Mauerböschung *f*

escarpado, **-a** [eskar'paðo, -a] *adj* (*terreno*) steil, abschüssig; (*montaña*) schroff

escarpadura [eskarpa'ðura] *f* (*pendiente*) (Ab)hang *m*; (*de una montaña*) schroffe Felswand *f*

escarpia [es'karpja] *m* (Wand)haken *m*

escarpín [eskar'pin] *m* **1.** (*zapato*) Slipper *m*; (*mocasín*) Mokassin *m* **2.** (*calzado interior*) Füßling *m* **3.** (*Arg, Urug: calzado de lana*) ≈Hüttenschuh *m*; (*para bebés*) Babyschuh *m*; (*para dormir*) Bettsocke *f*

escasamente [eskasa'men̩te] *adv* **1.** (*con escasez*) kaum, spärlich **2.** (*apenas*) kaum, gerade einmal; **hace** ~ **dos horas que se han ido** sie sind vor knapp zwei Stunden gegangen

escasear [eskase'ar] **I.** *vi* **1.** (*faltar*) spärlich vorhanden sein, knapp sein; **escasea la leche** es mangelt an Milch **2.** (*ir a menos*) knapp werden **II.** *vt* **1.** (*dar con escasez*) knausern (mit +*dat*), sparen (an +*dat*); (*una cantidad*) knapp bemessen; **escasea las visitas a su familia** er/sie besucht seine/ihre Familie nur selten **2.** (*espaciar*) seltener werden lassen; **escaseó las visitas al médico** er/sie ging immer seltener zum Arzt **3.** (*cortar*) abschrägen

escasez [eska'seθ] *f* **1.** (*insuficiencia*) Knappheit *f*; ~ **de capital** Kapitalknappheit *f*; ~ **en el suministro** Versorgungsengpass *m*; **comprar con** ~ nur das Nötigste einkaufen **2.** (*falta*) Mangel *m* (*de* an +*dat*); ~ **de lluvias** spärliche Regenfälle; ~ **de personal** Personalknappheit *f*; ~ **de viviendas** Wohnungsmangel *m*, Wohnungsnot *f*; **una región con** ~ **de agua** ein wasserarmes Gebiet **3.** (*pobreza*) Bedürftigkeit *f*, Armut *f*; **vivir con** ~ Mangel leiden

escaso, **-a** [es'kaso, -a] *adj* **1.** (*insuficiente*) spärlich, gering; (*recursos*) knapp, beschränkt; ~ **de palabras** wortkarg; **quedar** ~ nicht ausreichen; **viento** ~ Flaute *f*; **andar** ~ **de dinero** knapp bei Kasse sein; **estar** ~ **de tiempo** kaum Zeit haben; **tiene escasas posibilidades de ganar** er/sie hat kaum Chancen zu gewinnen; **el oro es un bien** ~ Gold ist ein knappes Gut **2.** (*tiempo, cantidad*) knapp; **hizo el recorrido en dos horas escasas** er/sie lief die Strecke in knapp zwei Stunden **3.** (*mezquino*) knausrig

escatimar [eskati'mar] *vt* sparen (an +*dat*), geizen (mit +*dat*); **me escatimó parte del dinero** er/sie enthielt mir einen Teil des Geldes vor; **no** ~ **gastos/medios** keine Kosten/Mühen scheuen; ~ **el aplauso a alguien/algo** jdm/etw *dat* nicht den gebührenden Tribut zollen

escatología [eskatolo'xia] *f* **1.** (REL) Eschatologie *f* **2.** (MED, PSICO) Skatologie *f* **3.** (*del lenguaje*) Vulgarität *f*

escatológico, **-a** [eskato'loxiko, -a] *adj* **1.** (*relativo a los excrementos*) Fäkal-; (*expresión*) vulgär; **lenguaje** ~ Fäkalsprache *f* **2.** (PSICO, MED) skatologisch **3.** (REL) eschatologisch

escay [es'kai̯] *m* Kunstleder *nt*, Skai® *nt*

escayola [eska'ɟola] *f* **1.** (*yeso*) Gips *m*; ~ **para modelar** Modellgips *m*; **¿cuándo te quitan la escayola?** wann nehmen sie dir den Gips ab? **2.** (*estuco*) Stuck(gips) *m*

escayolar [eskaɟo'lar] *vt* (MED) (ein)gipsen; **lleva el brazo escayolado** er/sie hat den Arm in Gips

escayolista [eskaɟo'lista] *mf* Gipser(in) *m(f)*

escena [es'θena] *f* **1.** (*parte del teatro*) Bühne *f*; **aparecer en** ~ auftreten; **poner en** ~ inszenieren; **puesta en** ~ Inszenierung *f*; **salir a la** ~ auftreten; **salir de la** ~ abtreten **2.** (*lugar*) Schauplatz *m*, Szene *f*; ~ **del crimen** Tatort *m*; **desaparecer de** ~ (*marcharse*) von der Bildfläche verschwinden; (*morirse*) sterben; **poner en** ~ arrangieren, in Szene setzen; **salir a** ~ (*aparecer*) in Erscheinung treten; (*ante el público*) an die Öffentlichkeit treten; **el cuadro representa una** ~ **bíblica** das Bild stellt eine Bibelszene dar **3.** (*parte de una obra*) Szene *f*; (*de una película*)

E

(Film)szene *f;* ~ **final** Schlussszene *f;* **cambio de** ~ Szenenwechsel *m* **4.** (*arte*) Schauspielerei *f,* Theater *nt;* **dedicarse a la** ~ zur Bühne gehen **5.** (LIT) Theater *nt,* Drama *nt* **6.** (*suceso*) Szene *f,* Schauspiel *nt;* (*espectáculo*) Spektakel *nt* **7.** (*reproche, amenaza*) Szene *f;* ~ **de celos** Eifersuchtsszene *f;* **hacer una** ~ **a alguien** jdm eine Szene machen; **hacer** [*o* **dar**] **una** ~ **ridícula** sich unmöglich aufführen

escenario [esθe'narjo] *m* **1.** (*parte del teatro*) Bühne *f* **2.** (*lugar*) Schauplatz *m,* Szenerie *f;* ~ **del crimen** Tatort *m* **3.** (*situación*) Umstände *mpl,* Situation *f;* (*situación hipotética*) Szenarium *nt*

escénico, -a [es'θeniko, -a] *adj* szenisch, Bühnen-; **efectos ~s** Bühneneffekte *mpl;* **escuela de arte** ~ Schauspielschule *f;* **palco** ~ Bühne *f*

escenificable [esθenifi'kaβle] *adj* **1.** (*novela*) bühnentauglich **2.** (*drama*) bühnenwirksam

escenificación [esθenifika'θjon] *f* **1.** (*representación*) Inszenierung *f* **2.** (*dramatización*) Dramatisierung *f*

escenificar [esθenifi'kar] <c→qu> *vt* **1.** (*representar*) inszenieren **2.** (*dramatizar*) dramatisieren

escenógrafa [esθe'noɣrafa] *f v.* **escenógrafo**

escenografía [esθenoɣra'fia] *f* **1.** (*decoración*) Bühnendekoration *f,* Ausstattung *f;* (*pintura*) Bühnenbild *nt* **2.** (*arte de decorar*) Bühnenbildnerei *f;* (*de pintar*) Bühnenmalerei *f*

escenográfico, -a [esθeno'ɣrafiko, -a] *adj* (TEAT) szenisch, bühnenmäßig

escenógrafo, -a [esθe'noɣrafo, -a] *m, f* (*decorador*) Bühnenbildner(in) *m(f);* (*pintor*) Bühnenmaler(in) *m(f)*

escenotecnia [esθeno'teɣnja] *f* Bühnentechnik *f*

escéptica [es'θeptika] *adj o f v.* **escéptico**

escepticismo [esθepti'θismo] *m sin pl* **1.** (*desconfianza*) Skepsis *f* **2.** (FILOS) Skeptizismus *m*

escéptico, -a [es'θeptiko, -a] **I.** *adj* **1.** (*desconfiado*) skeptisch; **ser** ~ **respecto a algo** an etw *dat* Zweifel hegen **2.** (FILOS: *relativo al escepticismo*) den Skeptizismus betreffend; (*persona*) den Skeptizismus vertretend **II.** *m, f* Skeptiker(in) *m(f);* **es un** ~ **de la homeopatía** er glaubt nicht an die Homöopathie

escindir [esθin'dir] **I.** *vt* (*dividir*) teilen (*en* in +*akk*); (*t.* FÍS) spalten (*en* in +*akk*); (*separar*) abspalten; (*cortar*) herausschneiden; **la discusión sobre el candidato escindió el partido** die Diskussion um den Kandidaten spaltete die Partei **II.** *vr:* **~se** (*dividirse*) sich teilen (*en* in +*akk*), sich spalten (*en* in +*akk*); (*abrirse*) aufplatzen; (*separarse*) sich abspalten; **el partido se escindió en dos bandos** die Partei zerbrach in zwei Lager

escirro [es'θirro] *m* (MED) Faserkrebs *m,* Szirrhus *m*

escisión [esθi'sjon] *f* (*división*) Teilung *f,* Spaltung *f;* (*separación*) Trennung *f;* (MED) Entfernung *f;* ~ **celular** Zellteilung *f;* ~ **nuclear** Kernspaltung *f*

escisionista [esθisjo'nista] *adj* (POL): **grupo** ~ Splittergruppe *f,* kleine Fraktion *f*

escita [es'θita] **I.** *adj* (HIST) skythisch **II.** *mf* (HIST) Skythe, -in *m, f*

esclarecedor(a) [esklareθe'ðor(a)] *adj* **1.** (*luz*) erhellend, erleuchtend **2.** (*que explica*) erklärend; (*que aclara*) klärend; (*que revela*) aufklärend **3.** (*que afama*) verdienstvoll, ruhmreich

esclarecer [esklare'θer] *irr como crecer* **I.** *vt* **1.** (*iluminar*) erhellen, erleuchten **2.** (*afamar*) berühmt machen; ~ **a alguien** jdm zu Ruhm verhelfen **3.** (*aclarar*) (auf)klären; (*explicar*) erklären; ~ **un asunto** Licht in eine Angelegenheit bringen; ~ **un crimen** ein Verbrechen aufklären **II.** *vimpers* tagen, dämmern; **está esclareciendo** es dämmert, der Tag bricht an

esclarecido, -a [esklare'θiðo, -a] *adj* **1.** (*lugar*) hell, erleuchtet **2.** (*ilustre*) herausragend, verdient; (*famoso*) berühmt **3.** (*asunto*) klar, geklärt; (*crimen*) aufgeklärt

esclarecimiento [esklareθi'mjento] *m* **1.** (*iluminación*) Erleuchtung *f* **2.** (*aclaración*) Klärung *f;* (*explicación*) Erklärung *f;* (*de un crimen*) Aufklärung *f* **3.** (*fama*) Ruhm *m,* Ansehen *nt*

esclava [es'klaβa] *f* **1.** (*pulsera*) Armreif *m* **2.** (*persona*) Sklavin *f*

esclavina [eskla'βina] *f* **1.** (*capa*) Pelerine *f,* (Schulter)cape *nt* **2.** (*manteleta*) Stola *f,* Schultertuch *nt*

esclavismo [eskla'βismo] *m sin pl* (HIST, SOCIOL) Sklaventum *nt,* Sklaverei *f*

esclavista [eskla'βista] **I.** *adj* die Sklaverei befürwortend **II.** *mf* Befürworter(in) *m(f)* der Sklaverei

esclavitud [esklaβi'tuᵈ] *f* **1.** (*sistema*) Sklaverei *f;* **someter a la** ~ versklaven **2.** (*dependencia*) Abhängigkeit *f;* (*de la voluntad de alguien*) Hörigkeit *f* **3.** (REL: *cofradía*) Bruderschaft *f*

esclavización [esklaβiθa'θjon] *f sin pl* **1.** (*cautivar*) Versklavung *f* **2.** (*dominar*) Unterjochung *f*

esclavizar [esklaβi'θar] <z→c> **I.** *vt* **1.** (*cautivar*) versklaven **2.** (*dominar*) unterjochen; ~ **a alguien** jdn von sich *dat* abhängig machen; **la empresa te ha esclavizado** du lebst nur für die Firma **II.** *vr:* **~se** sich unterwerfen

esclavo, -a [es'klaβo, -a] **I.** *adj* **1.** (*cautivo*) versklavt; ~ **del trabajo** Workaholic *m* **2.** (*dominado*) abhängig, hörig; **eres esclava de tu familia** du lebst nur für deine Familie; **ser** ~ **del alcohol** dem Alkohol verfallen sein **II.** *m, f* **1.** (*de alguien/algo*) Sklave, -in *m, f;* **ser el** ~ **de alguien** (*obedecer*) jdm hörig sein;

(*estar enamorado*) jdm verfallen sein; **ser un** ~ hart arbeiten; **eres un** ~ **del alcohol** du bist dem Alkohol verfallen; **es un** ~ **de su ambición** er ist der Sklave seines Ehrgeizes **2.** (*de una hermandad*) Mitglied *nt* einer Bruderschaft

escleroscopio [eskleros'kopjo] *m* (TÉC) Rückprallhärteprüfer *m*, Skleroskop *nt*

esclerósico, -a [eskle'rosiko, -a] *adj* (MED): **enfermedad esclerósica** Sklerose *f*

esclerosis [eskle'rosis] *f inv* **1.** (MED) Sklerose *f*; ~ **múltiple** multiple Sklerose **2.** (*inmobilismo*) Unbeweglichkeit *f*, mangelnde Flexibilität *f*; ~ **mental** geistige Unbeweglichkeit

escleroso, -a [eskle'roso, -a] **I.** *adj* (MED) sklerotisch, verhärtet **II.** *m, f* (MED) Sklerosekranke(r) *mf*

esclerótica [eskle'rotika] *f* (ANAT) Sklera *f*

esclerótico, -a [eskle'rotiko, -a] *adj* **1.** (MED) sklerotisch, Sklerose- **2.** (*inmóvil*) unbeweglich, unflexibel

esclerotizado, -a [eskleroti'θaðo, -a] *adj* (MED) sklerotisch, verhärtet

esclusa [es'klusa] *f* **1.** (*recinto*) Schleuse *f*; ~ **de navegación** Schiffschleuse *f*; ~ **neumática** [*o* **de aire**] Luftschleuse *f* **2.** (*puerta*) Schleusentor *nt*

escoba [es'koβa] *f* **1.** (*para barrer*) Besen *m*; **no vender ni una** ~ (*fam*) auf keinen grünen Zweig kommen **2.** (BOT) Ginster *m* **3.** (*fam: mujer*) Bohnenstange *f* **4.** (*juego*) *spanisches Kartenspiel*

escobajo [esko'βaxo] *m* **1.** (*escoba*) alter Besen *m* **2.** (*de un racimo*) Kamm *m*

escobazo [esko'βaθo] *m* **1.** (*golpe*) Besenhieb *m*; **echar a alguien a ~s** (*fam*) jdn in hohem Bogen hinauswerfen **2.** (*Arg, Chil: barredura*): **dar un** ~ **al suelo** kurz über den Boden fegen

escobero¹ [esko'βero] *m* Besenschrank *m*

escobero, -a² [esko'βero, -a] *m, f* Besenbinder(in) *m(f)*

escobilla [esko'βiʎa] *f* **1.** (*cepillo*) Bürste *f*; (*de alambre*) Drahtbürste *f*; (*para la ropa*) Kleiderbürste *f* **2.** (*escoba*) Handfeger *m*, Handbesen *m*; (*para limpiar el polvo*) Staubwedel *m* **3.** (BOT: *brezo*) Besenheide *f*, Heidekraut *nt* **4.** (BOT: *cardencha*) Karde *f* **5.** (ELEC) Bürste *f*, Stromabnehmer *m* **6.** (*del limpiaparabrisas*) Wischblatt *nt* **7.** (*barreduras*) *Kehricht mit Edelmetallpartikeln*

escobillar [eskoβi'ʎar] **I.** *vi* (*Am: zapatear*) aufstampfen **II.** *vt* bürsten

escobillón [eskoβi'ʎon] *m* **1.** (*para el suelo*) Schrubber *m* **2.** (*para un arma de fuego*) Rohrbürste *f*

escobón [esko'βon] *m* **1.** (*de mango largo*) langstieliger Besen *m*; (*para deshollinar*) Kaminbesen *m* **2.** (*de mango corto*) Handfeger *m*, Handbesen *m* **3.** (BOT) Ginster *m*

escocedura [eskoθe'ðura] *f* **1.** (*picor*) Brennen *nt* **2.** (*irritación*) Entzündung *f*

escocer [esko'θer] *irr como cocer* **I.** *vi* **1.** (*picar*) brennen; **este champú escuece en los ojos** dieses Shampoo brennt in den Augen **2.** (*ofender*) kränken, verletzen; (*irritar*) ärgern; **me ha escocido que me criticara delante de todos** es hat mich getroffen, dass er/sie mich vor allen kritisiert hat; **no me escuece que no me hayan invitado** es macht mir nichts aus, dass ich nicht eingeladen wurde **II.** *vr:* ~**se 1.** (*inflamarse*) sich entzünden **2.** (*dolerse*) sich gekränkt fühlen; (*enfadarse*) sich ärgern

escocés¹ [esko'θes] *m* **1.** (*lengua*) Schottisch(e) *nt* **2.** (*tela*) Schotten *m* **3.** (*dibujo*) Schottenmuster *nt* **4.** (*bebida*) Scotch *m* **5.** (*fam: helado*) *Eis mit Kaffee und Whisky*

escocés, -esa² [esko'θes, -esa] **I.** *adj* schottisch, Schotten-; **bufanda escocesa** Schal mit Schottenmuster; **cuadros escoceses** Schottenmuster *nt;* **falda escocesa** Kilt *m;* (*para mujeres*) Schottenrock *m* **II.** *m, f* Schotte, -in *m, f*

Escocia [es'koθja] *f* Schottland *nt*

escocimiento [eskoθi'mjen̩to] *m* (*picor*) Brennen *nt*

escofina [esko'fina] *f* Raspel *f*

escoger [esko'xer] <g→j> **I.** *vi* sich *dat* das Beste herauspicken; **no has sabido** ~ du hast die falsche Wahl getroffen **II.** *vt* **1.** (*elegir*) (aus)wählen (*de* aus +*dat*, *de entre* unter +*dat*), aussuchen (*de* aus +*dat*, *de entre* unter +*dat*) **2.** (*decidirse*) wählen (*entre* zwischen +*dat*) **3.** (*seleccionar*) auslesen; (*persona*) auserwählen; (MIN) klauben; **ha escogido las mejores piezas** er/sie hat die besten Stücke aussortiert

escogido, -a [esko'xiðo, -a] *adj* **1.** *ser* (*selecto*) ausgewählt, erlesen; (*persona*) auserwählt; **mercancías escogidas** Artikel erster Wahl **2.** *estar* (*elegido*) ausgesucht; **estos plátanos están ya muy ~s** bei diesen Bananen sind die besten bereits aussortiert worden

escolanía [eskola'nia] *f* **1.** (*coro*) Knabenchor *m* **2.** (*escuela*) Kloster(musik)schule *f*

escolano [esko'lano] *m* **1.** (*niño*) Chorknabe *m*, Sängerknabe *m* **2.** (ZOOL) Leng *m*

escolapio, -a [esko'lapjo, -a] **I.** *adj* Piaristen-; **alumno** ~ Piaristenschüler *m* **II.** *m, f* **1.** (*miembro de la orden*) Piarist(in) *m(f)* **2.** (*alumno de los escolapios*) Piaristenschüler(in) *m(f)*

escolar [esko'lar] **I.** *adj* schulisch, Schul-; **curso** [*o* **año**] ~ Schuljahr *nt;* **vacaciones ~es** Schulferien *pl;* **en edad** ~ schulpflichtig **II.** *mf* Schüler(in) *m(f)*

escolaridad [eskolari'ða^ð] *f* **1.** (*en una escuela*) Schulzeit *f*, Schulausbildung *m;* **libro de** ~ Zeugnisheft *nt;* **la** ~ **es obligatoria** es besteht Schulpflicht **2.** (*en un centro de enseñanza*) Ausbildung(szeit) *f;* **perder la** ~ von einem Kurs ausgeschlossen werden

escolarización [eskolariθa'θjon] *f* Einschulung *f;* ~ **obligatoria** Schulpflicht *f;* **esta región tiene una tasa de** ~ **muy baja** in die-

E

ser Gegend besuchen nur wenige Kinder die Schule
escolarizar [eskolari'θar] <z→c> *vt* einschulen; ~ **una región** die Möglichkeit des Schulbesuchs in einer Gegend gewährleisten
escolástica [esko'lastika] *f* (FILOS) Scholastik *f*
escolástico, **-a** [esko'lastiko, -a] **I.** *adj* **1.** (FILOS) scholastisch **2.** (*academicista*) spitzfindig, scholastisch *elev* **II.** *m, f* **1.** (FILOS) Scholastiker(in) *m(f)* **2.** (*academicista*) Haarspalter(in) *m(f)*, Scholastiker(in) *m(f) elev*
escolero, **-a** [esko'lero, -a] *m, f* (*Perú: escolar*) Schüler(in) *m(f)*
escólex [es'koleˠs] *m inv* (ZOOL) Bandwurmkopf *m*, Skolex *m*
escolio [es'koljo] *m* **1.** (*nota*) Glosse *f*, Anmerkung *f*; (HIST, LING) Scholion *nt* **2.** (HIST: *canción*) Skolion *nt*
escoliosis [esko'ljosis] *f inv* (MED) Skoliose *f*
escoliótico, **-a** [esko'ljotiko, -a] **I.** *adj* (MED) skoliotisch **II.** *m, f* (MED) Skoliosekranke(r) *mf*
escollar [esko'ʎar] *vi* **1.** (*barco*) stranden **2.** (*Arg, Chil: proyecto*) scheitern, misslingen
escollera [esko'ʎera] *f* (*dique, fundamento*) Damm *m*, Wall *m*; (*rompeolas*) Wellenbrecher *m*; (*en un puerto*) (Hafen)mole *f*
escollo [es'koʎo] *m* **1.** (*peñasco*) Klippe *f*; **sortear un** ~ (*fig*) eine Klippe umschiffen **2.** (*dificultad*) Klippe *f*, Stolperstein *m fam* **3.** (*riesgo*) Gefahr *f*, Fallstrick *m fam*
escolopendra [eskolo'peṇdra] *f* (ZOOL) Skolopender *m*
escolta [es'koḷta] *f* **1.** (MIL) Eskorte *f*; ~ **real** königliche Leibgarde; **buque de** ~ Geleitboot *nt* **2.** (*acompañamiento*) Geleit *nt*; (*acompañante*) Begleiter(in) *m(f)*; (*fam: asiduo*) ständiger Begleiter *m*; **dar** ~ **a alguien** jdn geleiten **3.** (*guardaespaldas*) Leibwächter *f*; (*guardia*) Leibwache *f* **4.** (*guardias civiles*) Streife *f* der Guardia civil
escoltar [eskoḷ'tar] *vt* **1.** (*acompañar*) geleiten; (MIL, POL) eskortieren **2.** (*cortejar*) umwerben; **lleva escoltándola más de un año** er macht ihr schon seit über einem Jahr den Hof
escombrar [eskom'brar] *vt* **1.** (*limpiar*) säubern; (*desembarazar*) (frei) räumen; (*una obra*) von Schutt befreien; ~ **las calles de nieve** die Straßen von Schnee befreien **2.** (*pasas*) auslesen, klauben **3.** (*un pimiento*) vom Strunk befreien
escombrera [eskom'brera] *f* **1.** (*cascotes*) Schutt(haufen) *m*; (*ruinas*) Trümmer *ntpl*; (MIN) Abraum *m* **2.** (*depósito*) (Schutt)abladeplatz *m*; (*en la guerra*) Trümmerberg *m*; (MIN) Halde *f*
escombro [es'kombro] *m* **1.** (MIN) Abraum *m* **2.** (ZOOL) Makrele *f* **3.** (*de un racimo*) verschrumpelte Trauben *fpl* **4.** (*de un pimiento*) Strunk *m* **5.** *pl* (*de una obra*) (Bau)schutt *m*; (*de una ruina*) Trümmer *ntpl* **6.** (*loc*): **hacer** ~ (*Arg*) Staub aufwirbeln
esconder [eskoṇ'der] **I.** *vt* **1.** (*ocultar*) verstecken (*de* vor +*dat*); (*de las miradas*) verbergen (*de* vor +*dat*) **2.** (*tapar*) verdecken **3.** (*encerrar*) verbergen, beinhalten; **su comportamiento esconde alguna intención** hinter seinem/ihrem Verhalten steckt irgendeine Absicht; **el fondo del mar esconde muchas riquezas** der Meeresgrund birgt große Schätze **II.** *vr:* ~**se 1.** (*persona*) sich verstecken (*de* vor +*dat*) **2.** (*cosas*) verborgen sein, im Verborgenen liegen; **en esta cueva se esconde oro** diese Höhle birgt Gold
escondidas [eskoṇ'diðas] *adv:* **a** ~ heimlich, unbemerkt; **lo hizo a** ~ **del profesor** er/sie machte es, ohne dass der Lehrer es merkte
escondidizo, **-a** [eskoṇdi'ðiθo, -a] *adj* (*fam*) scheu
escondido, **-a** [eskoṇ'diðo, -a] *adj* **1.** (*secreto*) geheim; **en** ~ heimlich, unbemerkt **2.** (*retirado*) abgelegen, entlegen
escondido(s) [eskoṇ'diðo(s)] *m(pl)* (*Am*) Versteckspiel *nt*
escondite [eskoṇ'dite] *m* **1.** (*juego*) Versteckspiel *nt*; **jugar al** ~ Versteck(en) spielen **2.** (*lugar*) Versteck *nt*; (*pey: de delincuentes*) Schlupfwinkel *m*
escondrijo [eskoṇ'drixo] *m* Versteck *nt*
escoñado, **-a** [esko'ɲaðo, -a] *adj* (*vulg*) **1.** (*roto*) kaputt *fam*; **estar** ~ im Arsch sein **2.** (*herido*) verletzt; (*maltrecho*) fix und fertig *fam*
escoñar [esko'ɲar] **I.** *vt* (*vulg*) **1.** (*una cosa*) kaputtmachen *fam* **2.** (*un proyecto*) vermasseln *fam*, verpatzen *fam* **II.** *vr:* ~**se** (*vulg*) **1.** (*cosa*) kaputtgehen *fam* **2.** (*proyecto*) schief gehen *fam*, in die Hose gehen *fam* **3.** (*hacerse daño*) sich *dat* weh tun
escopeta [esko'peta] *f* **1.** (*arma*) Gewehr *nt*; ~ **de caza** Jagdgewehr *nt*; ~ **neumática** [*o* **de aire comprimido**] Luftgewehr *nt*; **aquí te quiero (ver)** ~ (*fam*) jetzt wird's brenzlig **2.** (*cazador*) Jäger(in) *m(f)*; ~ **negra** Berufsjäger(in) *m(f)* **3.** (*vulg: pene*) Schwanz *m*
escopetazo [eskope'taθo] *m* **1.** (*tiro*) Schuss *m* **2.** (*herida*) Schusswunde *f* **3.** (*bomba*) Überrraschung(snachricht) *f*; (*golpe*) Schlag *m*; **ser un** ~ **para alguien** jdn schwer treffen; **la novedad fue un gran** ~ die Neuigkeit schlug ein wie eine Bombe
escopeteado, **-a** [eskopete'aðo, -a] *adj* blitzschnell, (schnell) wie der Blitz
escopetear [eskopete'ar] *vt* **1.** (*Méx: enojar con indirectas*) sticheln **2.** (*Ven: contestar mal*) barsch antworten (*a* +*dat*), über den Mund fahren (*a* +*dat*) *fam*
escoplo [es'koplo] *m* Meißel *m*; (*para madera*) Beitel *m*; ~ **de cantería** (Stein)meißel *m*
escora [es'kora] *f* **1.** (*anchura*) maximale Schiffsbreite *f* **2.** (*puntal*) Stütze *f*, (Stütz)pfosten *m* **3.** (*inclinación*) Krängung *f*
escoraje [esko'raxe] *m* (NÁUT: *inclinación*) Krängung *f*
escorar [esko'rar] **I.** *vi* **1.** (*barco*) krängen

2. (*marea*) den tiefsten Stand erreichen **II.** *vt* abstützen **III.** *vr:* ~**se** (*Cuba, Hond: resguardarse*) Schutz suchen; (*esconderse*) sich verstecken

escorbuto [eskor'βuto] *m* (MED) Skorbut *m*

escorchar [eskor'ʧar] *vt* (*Arg: molestar*) stören; (*enfadar*) ärgern; **¡no me escorches la paciencia!** lass mich in Ruhe!

escoria [es'korja] *f* **1.** (*del volcán, metal fundido, carbón*) Schlacke *f* **2.** (*del hierro martillado*) Hammerschlag *m,* Zunder *m* **3.** (*hez*) Abschaum *m* **4.** (*basura*) Abfall *m*

escoriación [eskorja'θjon] *f sin pl* (MED) Abschürfung *f*

escorial [esko'rjal] *m* Schlackenhalde *f*

Escorpio [es'korpjo] *m* (ASTR) Skorpion *m*

escorpión [eskor'pjon] *m* **1.** (*alacrán*) Skorpion *m* **2.** (*pez*) Drachenkopf *m* **3.** (*azote*) Stachelgeißel *f*

Escorpión [eskor'pjon] *m* (ASTR) Skorpion *m*

escorrocho, -a [esko'rroʧo, -a] *m, f* (*CRi: persona fea y ridícula*) Vogelscheuche *f*

escorzar [eskor'θar] <z→c> *vt* perspektivisch zeichnen

escorzo [es'korθo] *m* **1.** (*representación*) perspektivische Zeichnung *f;* **en** ~ (perspektivisch) verkürzt **2.** (*posición*) Schräglage *f*

escotado[1] [esko'taðo] *m* Ausschnitt *m*

escotado, -a[2] [esko'taðo, -a] *adj* **1.** (*vestido*) ausgeschnitten; **lleva un vestido muy** ~ sie trägt ein (tief) dekolletiertes Kleid **2.** (*mujer*) dekolletiert; **va muy escotada** sie trägt ein (tiefes) Dekolletee

escotadura [eskota'ðura] *f* **1.** (*en el cuello*) (Hals)ausschnitt *m* **2.** (*en una armadura*) Armloch *nt* **3.** (TEAT) Versenkung *f* **4.** (*cortadura*) Aussparung *f*

escotar [esko'tar] **I.** *vt* **1.** (*cortar un escote*) mit einem Ausschnitt versehen **2.** (*ajustar*) zurechtschneiden **3.** (*pagar*) anteilig bezahlen **4.** (*un río*) entwässern, das Wasser ableiten (aus +*dat*) **II.** *vi:* ~ **entre todos** zusammenlegen **III.** *vr:* ~**se** sich *dat* den Kragen öffnen

escote [es'kote] *m* **1.** (*en el cuello*) (Hals)ausschnitt *m;* ~ **en pico** V-Ausschnitt *m* **2.** (*busto*) Dekolletee *nt* **3.** (*dinero*) Anteil *m;* **comprar algo a** ~ für etw zusammenlegen, gemeinsam etw kaufen; **pagaron la cena a** ~ jeder bezahlte seinen Teil des Essens **4.** (*para las mangas*) Armloch *nt* **5.** (*adorno*) Spitzeneinsatz *m*

escotilla [esko'tiʎa] *f* (NÁUT) Luke *f*

escotillón [eskoti'ʎon] *m* **1.** (*trampilla*) Falltür *f* **2.** (TEAT) Versenkung *f*

escotoma [esko'toma] *m* (MED) Skotom *nt*

escozor [esko'θor] *m* **1.** (*picor*) Juckreiz *m* **2.** (*resentimiento*) Groll *m,* Verbitterung *f* **3.** (*pena*) Schmerz *m,* Gram *m*

escrachar [eskra'ʧar] *vt* **1.** (*Am: tachar*) streichen; ~ **la candidatura** die Kandidatur zurückziehen; ~ **un caballo** ein Pferd aus einem Rennen zurückziehen **2.** (*PRico: estropear*) beschädigen **3.** (*Arg: fam: arruinar*) kaputtmachen

escracho [es'kraʧo] *m* (*RíoPl*) **1.** (*cara fea*) Fratze *f,* Visage *f pey* **2.** (*esperpento*) Vogelscheuche *f*

escriba [es'kriβa] *m* **1.** (HIST) Schriftgelehrte(r) *m* **2.** (*fam: escribiente*) Schreibkraft *f*

escribanía [eskriβa'nia] *f* **1.** (*juego*) Schreibtischset *nt* **2.** (*oficio del secretario judicial*) Gerichtsschreiberamt *nt;* (*oficina*) Kanzlei *f,* Schreibstube *f* **3.** (*mueble*) Schreibtisch *m,* Sekretär *m* **4.** (*Am: notaría*) Notariat *nt*

escribano [eskri'βano] *m* **1.** (*notario*) Notar *m* **2.** (*secretario judicial*) Gerichtsschreiber *m* **3.** (*amanuense*) Schreibkraft *f* **4.** (*ave*) Ammer *f o m*

escribidor(a) [eskriβi'ðor(a)] *m(f)* (*fam pey*) Schreiberling *m*

escribiente [eskri'βjente] *mf* Schreibkraft *f*

escribir [eskri'βir] *irr* **I.** *vi, vt* **1.** (*apuntar*) schreiben; ~ **algo a mano/a máquina** etw von Hand/mit [*o* auf] der Maschine schreiben; **un texto escrito a mano/a máquina** ein handgeschriebener/maschinengeschriebener Text; **¿cómo se escribe tu nombre?** wie wird dein Name geschrieben? **2.** (*redactar*) verfassen, schreiben; ~ **una carta** einen Brief abfassen; **escribe para** [*o* **en**] **dos periódicos** er/sie schreibt (Artikel) für zwei Zeitungen; ~ **una canción** ein Lied komponieren **3.** (*comunicar*): ~ **a alguien** jdm schreiben, jdm einen Brief schicken **II.** *vr:* ~**se** **1.** (*comunicarse*) korrespondieren, in Briefwechsel stehen; **se escriben mucho** sie schreiben sich *dat* oft **2.** (*loc*): **no se escribe lo bella que es** ihre Schönheit lässt sich nicht in Worte fassen; **estaba escrito que acabarían casándose** ihre Heirat war vom Schicksal vorbestimmt

escrito[1] [es'krito] *m* **1.** (*texto*) Schreiben *nt,* Schriftstück *nt;* (*nota*) Notiz *f;* ~ **de amenazas** Drohbrief *m;* **por** ~ schriftlich **2.** (*obra literaria/científica*) Schrift *f* **3.** (ADMIN, POL) Schriftstück *nt,* Erklärung *f* **4.** (JUR) Schriftsatz *m,* Schrift *f;* ~ **de acusación** Anklageschrift *f;* ~ **de agravios** Berufungsschrift *f;* ~ **de calificación** (*parte demandante*) Anklageschrift *f;* (*parte demandada*) Verteidigungsschrift *f*

escrito, -a[2] [es'krito, -a] **I.** *pp de* **escribir** **II.** *adj* schriftlich, in schriftlicher Form; **examen** ~ schriftliche Prüfung

escritor(a) [eskri'tor(a)] *m(f)* (*autor*) Verfasser(in) *m(f),* Urheber(in) *m(f);* (*de obras literarias*) Schriftsteller(in) *m(f),* Autor(in) *m(f)*

escritorio [eskri'torjo] *m* **1.** (*mesa*) Schreibtisch *m* **2.** (*oficina*) Büro *nt;* (*de un abogado, notario*) Kanzlei *f;* **gastos de** ~ Kosten für Bürobedarf **3.** (INFOR) Arbeitsoberfläche *f* **4.** (*para joyas*) Schmuckkommode *f*

escritorzuelo, -a [eskritor'θwelo, -a] *m, f* (*pey*) Schreiberling *m*

escritura [eskri'tura] *f* **1.** (*acto de escribir*) Schreiben *nt* **2.** (*signos*) Schrift *f;* ~ **agrupada** (INFOR) sammelndes Schreiben; ~ **fonética**

E

Lautschrift *f* **3.** (*documento*) Schriftstück *nt,* Dokument *nt;* (*documento notarial*) Urkunde *f;* ~ **de apoderamiento** Vollmachtsurkunde *f;* ~ **de compraventa** Verkaufsurkunde *f;* ~ **de fundación** Gründungsurkunde *f;* ~ **de hipoteca** Hypothekenbrief *m;* ~ **de propiedad** Eigentumsurkunde *f;* ~ **pública** öffentliche Urkunde; ~ **de seguro** Versicherungspolice *f;* ~ **social** Gesellschaftsvertrag *m;* **mediante** ~ urkundlich **4.** (REL): **las Sagradas E~s** die Heilige Schrift

escriturar [eskritu'rar] *vt* (öffentlich [*o* notariell]) beurkunden

escriturario, -a [eskritu'rarjo, -a] **I.** *adj* (JUR) amtlich ausgefertigt **II.** *m, f* (REL) Bibelkenner(in) *m(f)*

escrófula [es'krofula] *f* (MED) Drüsengeschwulst *f,* Skrofel *f*

escrofulismo [eskrofu'lismo] *m* (MED) Skrofulose *f*

escroto [es'kroto] *m* (ANAT) Hodensack *m*

escrúpulo [es'krupulo] *m* **1.** (*duda*) Skrupel *m;* **~s de conciencia** Gewissensbisse *mpl;* **no tener ~s, ser una persona sin ~s** skrupellos sein **2.** (*escrupulosidad*) Gewissenhaftigkeit *f* **3.** (*aprensión*) Ekel *m;* **me da ~ beber de latas** es ekelt mich an [*o* ich finde es eklig], aus Dosen zu trinken **4.** (*piedra*) (spitzes) Steinchen *nt* **5.** (ASTR) Minute *f*

escrupulosidad [eskrupulosi'ða^ð] *f* Gewissenhaftigkeit *f,* Genauigkeit *f*

escrupuloso, -a [eskrupu'loso, -a] *adj* **1.** (*meticuloso*) gewissenhaft, genau **2.** (*honrado*) anständig **3.** (*delicado*) empfindlich **4.** (*que causa escrúpulos*) bedenklich

escrutador(a) [eskruta'ðor(a)] **I.** *adj* prüfend, musternd **II.** *m(f)* (*que recuenta votos*) Wahlhelfer(in) *m(f);* (*que examina los votos*) Wahlprüfer(in) *m(f)*

escrutar [eskru'tar] *vt* **1.** (*mirar*) mustern, in Augenschein nehmen **2.** (*controlar*) prüfen **3.** (*recontar*) auszählen

escrutinio [eskru'tinjo] *m* **1.** (*examen*) Musterung *f,* eingehende Betrachtung *f;* (*control*) Prüfung *f;* (*de una elección*) Wahlprüfung *f* **2.** (*recuento*) Stimmenauszählung *f* **3.** (*votación*) Wahl *f,* Abstimmung *f;* ~ **mayoritario** Mehrheitswahl *f*

escuadra [es'kwaðra] *f* **1.** (*para dibujar*) Zeichendreieck *nt;* ~ **de delineante** Reißschiene *f;* ~ **falsa** Schmiege *f;* **a** ~ rechtwinklig **2.** (*de apoyo, fijación*) (Stütz)winkel *m,* (Befestigungs)winkel *m* **3.** (MIL: *de infantería*) Trupp *m;* (*de caballería*) Schwadron *f;* (*de aviones, naves*) Geschwader *nt* **4.** (MIL: *cargo*) Korporal *m* **5.** (MIL: *flota*) (Kriegs)flotte *f* **6.** (*cuadrilla*) Trupp *m,* Mannschaft *f*

escuadrilla [eskwa'ðriʎa] *f* **1.** (*fuerzas navales*) Flotille *f* **2.** (*fuerzas aéreas*) Staffel *f*

escuadrón [eskwa'ðron] *m* **1.** (*caballería*) Schwadron *f;* **escuadrones de la muerte** Todesschwadronen *fpl* **2.** (*fuerzas aéreas*) Geschwader *nt*

escualidez [eskwali'ðeθ] *f sin pl* (*delgadez extrema*) Dürrheit *f*

escuálido¹ [es'kwaliðo] *m* Hai(fisch) *m*

escuálido, -a² [es'kwaliðo, -a] *adj* **1.** (*flaco*) abgemagert, dürr; (*macilento*) abgezehrt **2.** (*sucio*) schmutzig; (*asqueroso*) widerlich

escualo [es'kwalo] *m v.* **escuálido¹**

escucha¹ [es'kutʃa] *m* (MIL) Späher *m,* Kundschafter *m*

escucha² [es'kutʃa] *f* **1.** (*acción de escuchar*) (An)hören *nt,* Zuhören *nt;* (*en secreto*) (Be)lauschen *nt,* Horchen *nt;* (*de conversaciones*) Abhören *nt;* ~ **telefónica** Abhören eines Telefons; **servicio de** ~ (militärischer) Abhördienst *m;* **estar a la** ~ ganz Ohr sein **2.** (*en un convento*) Aufpasserin *f* bei Gesprächen mit Besuchern

escuchar [esku'tʃar] **I.** *vi* **1.** (*atender*) zuhören **2.** (*en secreto*) lauschen, horchen; **el que escucha su mal oye** (*prov*) der Lauscher an der Wand hört seine eigene Schand' **3.** (*obedecer*) folgen, gehorchen **II.** *vt* **1.** (*oír*) (an)hören; (*en secreto*) belauschen; ~ **un concierto** sich *dat* ein Konzert anhören; ~ **una conversación telefónica** ein Telefongespräch abhören; ~ **(la) radio** Radio hören **2.** (*prestar atención*) zuhören (*a* +*dat*); **no me estás escuchando** du hörst mir ja gar nicht zu; **¡escúchame bien!** pass gut auf! **3.** (*obedecer*) hören (auf +*akk*); **tu hija no te escucha** deine Tochter hört nicht auf dich **III.** *vr:* **~se** sich gerne reden hören

escuchimizado, -a [eskutʃimi'θaðo, -a] *adj* (*flaco*) dürr, abgemagert; (*raquítico*) schwächlich, kränklich

escudar [esku'ðar] **I.** *vt* **1.** (*proteger*) beschützen (*de* vor +*dat*) **2.** (*con el escudo*) mit dem Schild decken **II.** *vr:* **~se** **1.** (*excusarse*) sich herausreden (*en* mit +*dat*), sich verschanzen (*en* hinter +*dat*); **siempre te escudas en tu trabajo** du schiebst immer deine Arbeit als Ausrede vor **2.** (*ampararse*) sich wappnen (*con/de* mit +*dat*)

escudería [eskuðe'ria] *f* (DEP) Rennstall *m,* Rennteam *nt*

escudero¹ [esku'ðero] *m* **1.** (*que lleva el escudo*) (Schild)knappe *m* **2.** (*sirviente*) Diener *m,* Page *m* **3.** (*noble*) Ritter *m* **4.** (*fabricante*) Schildhersteller *m* **5.** (*jabalí*) Jungkeiler *m*

escudero, -a² [esku'ðero, -a] *adj* Schildknappen-

escudilla [esku'ðiʎa] *f* Suppenschale *f*

escudo [es'kuðo] *m* **1.** (*arma*) (Schutz)schild *m* **2.** (*amparo*) Schutz *m;* (*persona*) Beschützer *m* **3.** (*emblema*) Wappen *nt;* ~ **de armas** Wappen *nt;* ~ **cortado** Spiegelwappen *nt* **4.** (*de una cerradura*) Schlüssellochblech *nt* **5.** (*moneda portuguesa*) Escudo *m* **6.** (HIST: *de oro*) Goldmünze *f;* (*de plata*) Silbermünze *f*

escudriñador(a) [eskuðriɲa'ðor(a)] *m(f)* (*pey*) Schnüffler(in) *m(f)*

escudriñamiento [eskuðriɲa'mjento] *m* (*examen*) Untersuchung *f*

escudriñar [eskuðri'ɲar] *vt* **1.** (*examinar*) untersuchen, unter die Lupe nehmen *fam;* (*fam: una habitación*) durchsuchen; ~ **en la intimidad de alguien** in jds Privatleben herumschnüffeln **2.** (*mirar*) absuchen, den Blick [*o* die Augen] gleiten lassen (über +*akk*); **escudriñó el cielo en busca de aviones** er/sie suchte den Himmel nach Flugzeugen ab

escuela [es'kwela] *f* **1.** (*institución*) Schule *f;* (*de enseñanza primaria*) Grundschule *f;* **E~ de Bellas Artes** Kunstakademie *f;* ~ **de conducir** Fahrschule *f;* ~ **de idiomas** Sprachschule *f;* ~ **normal** pädagogische Hochschule; ~ **de párvulos** Kindergarten *m;* ~ **privada** Privatschule *f;* **E~ Superior de Comercio** Höhere Handelsschule; ~ **superior técnica** technische Hochschule; ~ **taller** Lehrwerkstatt *f* **2.** (*edificio*) Schulgebäude *nt,* Schule *f* **3.** (*método de enseñanza*) Unterricht *m,* Unterrichtsmethode *f* **4.** (*conocimientos*) (Schul)bildung *f;* **ha tenido buena** ~ er/sie hat eine ausgezeichnete Ausbildung genossen; **la vida es la mejor** ~ das Leben ist die beste Schule **5.** (*profesores, alumnos*) Schule *f* **6.** (*estilo, seguidores*) Schule *f;* **la** ~ **holandesa/de Dürer** die flämische/dürersche Schule; **su ejemplo ha hecho** ~ sein/ihr Beispiel hat Schule gemacht **7.** (*doctrina*) Lehre *f*

escuerzo [es'kwerθo] *m* **1.** (ZOOL) Kröte *f* **2.** (*fam: feo*) Scheusal *nt;* (*raquítico*) Knirps *m,* Schwächling *m*

escueto, -a [es'kweto, -a] *adj* **1.** (*sin adornos*) nüchtern, schlicht **2.** (*lenguaje*) sachlich, knapp; (*pey*) trocken; **explicar algo de forma escueta** etw mit knappen Worten schildern **3.** (*desembarazado*) frei

escuincle, -a [es'kwiŋkle, -a] *m, f* (*Méx: fam: chiquillo*) Junge *m;* (*chiquilla*) Mädchen *nt*

esculcar [eskul'kar] <c→qu> *vt* (*AmC, Col, Méx: registrar*) durchsuchen; ~ **los bolsillos** die Taschen durchsuchen

esculpir [eskul'pir] *vt* **1.** (*modelar*) (bildhauerisch) gestalten; ~ **a cincel** meißeln; ~ **en madera** (in Holz) schnitzen; ~ **una figura en mármol** eine Figur aus Marmor hauen **2.** (*grabar*) (ein)gravieren (*en* in +*akk*), meißeln (*en* in +*akk*)

escultor(a) [eskuḷ'tor(a)] *m(f)* Bildhauer(in) *m(f);* ~ **de madera** Holzschnitzer *m*

escultórico, -a [eskuḷ'toriko, -a] *adj* bildhauerisch, plastisch; **arte** ~ Bildhauerkunst *f,* Plastik *f*

escultura [eskuḷ'tura] *f* **1.** (*obra*) Skulptur *f,* Plastik *f;* ~ **de madera** Holzschnitzerei *f* **2.** (*arte*) Bildhauerkunst *f,* Plastik *f;* ~ **en madera** Holzschnitzerei *f*

escultural [eskuḷtu'ral] *adj* **1.** *v.* **escultórico 2.** (*bello*) bildschön; **tener un cuerpo** ~ einen wohlgeformten Körper haben; **esta chica tiene medidas ~es** dieses Mädchen hat Idealmaße

escupidera [eskupi'ðera] *f* **1.** (*para escupir*) Spucknapf *m* **2.** (*orinal*) Nachttopf *m* **3.** (*Am: loc*): **pedir la** ~ (*acobardarse*) Angst bekommen; (*considerarse vencido*) sich geschlagen geben, das Handtuch werfen

escupidura [eskupi'ðura] *f* **1.** (*saliva*) Speichel *m,* Spucke *f fam* **2.** (*pupa*) Fieberbläschen *nt*

escupir [esku'pir] **I.** *vi* **1.** (*por la boca*) spucken **2.** (*vulg: cantar*) singen *fam,* auspacken *fam* **II.** *vt* **1.** (*por la boca*) (aus)spucken; ~ **sangre** Blut spucken **2.** (*soltar*) abgeben **3.** (*arrojar*) ausstoßen; ~ **fuego** Feuer speien; **el volcán escupe lava** der Vulkan spuckt Lava; **su piel escupió pústulas** (MED) auf ihrer/seiner Haut bildeten sich Pusteln **4.** (*despreciar*) ablehnen, zurückweisen; (*tratar mal*) mit Füßen treten; ~ **al cielo** (*fam*) sich *dat/akk* ins eigene Fleisch schneiden; ~ **a alguien a la cara** jdn schwer beleidigen **5.** (*vulg: decir*) ausspucken *fam;* **escupe lo que sabes** jetzt spuck schon aus, was du weißt

escupitajo [eskupi'taxo] *m* **1.** (*saliva*) Speichel *m,* Spucke *f fam;* (*flema*) Auswurf *m;* (MED) Sputum *nt* **2.** (*fam: persona*) Ebenbild *nt;* **ser el** ~ **de alguien** jdm zum Verwechseln ähnlich sehen, jdm aus dem Gesicht geschnitten sein

escurialense [eskurja'lense] *adj* aus El Escorial; (*del monasterio*) das Kloster in El Escorial betreffend

escurreplatos [eskurre'platos] *m inv* Geschirrständer *m,* Abtropfgestell *nt*

escurridero [eskurri'ðero] *m* Abtropfgestell *nt*

escurridizo, -a [eskurri'ðiθo, -a] *adj* **1.** (*objeto*) schlüpfrig, glatt; (*terreno*) rutschig, glatt **2.** (*persona*) aalglatt; (*respuesta*) ausweichend; (*problema*) schwer fassbar

escurrido¹ [esku'rriðo] *m* Schleudern *nt;* **no funciona el** ~ **de la lavadora** das Schleuderprogramm der Waschmaschine funktioniert nicht

escurrido, -a² [esku'rriðo, -a] *adj* **1.** (*flaco*) mager, dürr; ~ **de caderas** schmalhüftig; ~ **de pecho** flachbrüstig **2.** (*ropa*) eng anliegend, hauteng; **una mujer escurrida** eine Frau, die einen engen Rock trägt **3.** (*Méx, PRico: avergonzado*) peinlich berührt, beschämt

escurridor [eskurri'ðor(a)] *m* **1.** (*colador*) (Abtropf)sieb *nt* **2.** (*escurreplatos*) Geschirrständer *m;* (*escurridero*) Abtropfgestell *nt* **3.** (*de una lavadora*) (Wäsche)schleuder *f*

escurriduras [eskurri'ðuras] *fpl* **1.** (*de un líquido*) Neige *f* **2.** (*resto*) Überbleibsel *ntpl*

escurrir [esku'rrir] **I.** *vi* (*gotear*) tropfen; (*ropa, verdura*) abtropfen **II.** *vt* **1.** (*una vasija*) völlig entleeren; ~ **la (botella de) cerveza** die Bierflasche bis zur Neige [*o* bis auf den letzten Tropfen] leeren **2.** (*ropa*) auswringen; (*platos, verdura*) abtropfen lassen **3.** (*deslizar*) gleiten lassen; ~ **la mano por encima de algo** die Hand über etw gleiten lassen;

deslizó el dinero en mi bolsillo er/sie ließ das Geld unauffällig in meine Tasche gleiten **III.** *vr:* ~**se 1.** (*resbalar*) ausrutschen **2.** (*desaparecer*) entwischen; ~**se (por) entre la gente** in der Menge untertauchen **3.** (*escaparse*) entgleiten; **el pez se me escurrió de (entre) las manos** der Fisch glitt mir aus den Händen; ~**se por un agujero** durch ein Loch rutschen; **las perlas se me escurren entre los dedos** die Perlen gleiten [*o* rutschen] mir durch die Finger **4.** (*gotear*) tropfen; (*soltar agua*) abtropfen **5.** (*fam: dar*) sich vertun; **me he escurrido en la propina** ich habe aus Versehen zu viel Trinkgeld gegeben **6.** (*fam: decir*) sich verplappern

escusado, **-a** [esku'saðo, -a] *adj v.* **excusado**[2]

escúter [es'kuter] *m* Motorroller *m*

esdrújulo[1] [es'ðruxulo] *m* (LING) auf der drittletzten Silbe betontes Wort *nt*

esdrújulo, **-a**[2] [es'ðruxulo, -a] *adj* auf der drittletzten Silbe betont

ese[1] ['ese] *f* S, s *nt;* **ir** [*o* **andar**] **haciendo** ~**s** (*fam*) torkeln

ese, **-a**[2] ['ese, -a] **I.** *adj* <**esos**, **-as**> diese(r, s), der/die/das (da); (*Am*) jene(r, s); **¿~ coche es tuyo?** gehört dieses Auto dir?, ist das dein Auto?; **esas sillas están en el paso** die Stühle da stehen im Weg; **el chico ~ no me cae bien** der Typ da ist mir nicht sympathisch **II.** *pron dem v.* **ése, ésa, eso**

ése, **ésa**, **eso** ['ese, 'esa, 'eso] *pron dem* <**ésos**, **-as**> diese(r, s), der/die/das (da); **eso no me lo creo** das glaube ich nicht; **me lo ha dicho ésa** die da hat es mir erzählt; **ya me he decidido, o ésa o ninguna** ich habe mich entschieden, entweder die oder keine; **¿por qué no vamos a otro bar? – ~ no me gusta** lass uns doch in eine andere Kneipe gehen – die da drüben gefällt mir nicht; **llegaré a eso de las doce** ich komme so gegen zwölf Uhr an; **le ofrecieron mucho dinero pero, ¡ni por ésas!** sie boten ihm/ihr viel Geld, aber da war nichts zu wollen; **estaba trabajando, en eso (que) tocaron al timbre** ich war gerade am Arbeiten, da klingelte es an der Tür; **siempre está sin un duro, ¡y eso que gana mucho dinero!** er/sie ist immer blank, obwohl er/sie sehr gut verdient; **¡a ~!** haltet den Dieb!; **eso mismo le acabo de decir** genau das habe ich soeben zu ihm/ihr gesagt; **aun con eso prefiero quedarme en casa** ich bleibe trotzdem lieber zu Hause; **lejos de eso** ganz im Gegenteil; **no es eso** darum geht es doch gar nicht; **por eso (mismo)** (gerade) deswegen; **¿y eso?** wieso das?; **¿y eso qué?** na und?; **¡eso sí que no!** das kommt nicht in die Tüte! *fam; v. t.* **ese, -a**

esencia [e'seṇθja] *f* **1.** (*naturaleza*) Wesen *nt,* Natur *f,* Essenz *f elev;* **se dice que el alemán es por ~ trabajador** es heißt, der Deutsche sei von Natur aus fleißig **2.** (*fondo*) Kern *m,* Wesentliche(s) *nt,* Essenz *f;* **quinta ~** Quintessenz *f;* **ser de ~** wesentlich sein; **ser en ~ lo mismo** im Grunde (genommen) [*o* im Wesentlichen] dasselbe sein; **me contó en ~ lo que había pasado** er/sie erzählte mir im Wesentlichen, was passiert war **3.** (QUÍM) Essenz *f;* ~ **de café** Kaffeeextrakt *m;* ~ **de rosas** Rosenöl *nt* **4.** (*colmo*) Inbegriff *m;* **es la ~ de la arrogancia** er/sie ist die Arroganz in Person

esencial [eseṇ'θjal] *adj* **1.** (*sustancial*) wesentlich, grundlegend, essenziell; **elemento ~** Hauptbestandteil *m* **2.** (*indispensable*) unerlässlich (*a/para* für *+akk*), notwendig (*a/para* für *+akk*); **alimento ~** Grundnahrungsmittel *nt* **3.** (*loc*): **aceite ~** ätherisches Öl *nt*

esencialidad [eseṇθjali'ðaᵈ] *f sin pl* (*cualidad de esencial*) Wesentlichkeit *f,* Essentia *f*

esencialismo [eseṇθja'lismo] *m sin pl* (FILOS) Essentialismus *m*

esencialmente [eseṇθjal'meṇte] *adv* im Wesentlichen, im Grunde (genommen)

esenciero [eseṇ'θjero] *m* Flakon *m o nt*

esfenoidal [esfenoi̯'ðal] *adj* (ANAT) Keilbein-

esfenoides [esfe'noi̯ðes] **I.** *adj inv* (ANAT) keilförmig; **hueso ~** keilförmiger Knochen **II.** *m inv* (ANAT) Keilbein *nt*

esfenoiditis [esfenoi̯'ðitis] *f inv* (MED) Keilbeinhöhlensinusitis *f*

esfera [es'fera] *f* **1.** (MAT) Kugel *f;* ~ **terrestre** Erdkugel *f* **2.** (*del reloj*) Zifferblatt *nt;* ~ **luminosa** Leuchtzifferblatt *nt* **3.** (*ámbito*) Sphäre *f,* Bereich *m;* ~ **de actividad** Wirkungskreis *m;* ~ **de influencia** Einflussbereich *m* **4.** (ASTR) Sphäre *f* **5.** (*clase*) Gesellschaftsschicht *f;* **las altas ~s de la sociedad** die besseren Kreise

esfericidad [esferiθi'ðaᵈ] *f sin pl* Kugelförmigkeit *f*

esférico[1] [es'feriko] *m* (DEP) (Spiel)ball *m*

esférico, **-a**[2] [es'feriko, -a] *adj* **1.** (*redondo*) kugelförmig **2.** (*de la esfera*) sphärisch

esferográfico [esfero'ɣrafiko, -a] *m* (*AmS: bolígrafo*) Kugelschreiber *m*

esferoide [esfe'roi̯ðe] *m* (MAT) Sphäroid *nt,* Rotationsellipsoid *nt*

esferómetro [esfe'rometro] *m* (TÉC) Sphärometer *nt*

esfigmógrafo [esfiɣ'moɣrafo] *m* (MED) Pulsschreiber *m,* Sphygmograph *m*

esfigmomanómetro [esfiɣmoma'nometro] *m* (MED) Blutdruckmesser *m,* Sphygmomanometer *nt*

esfinge [es'fiŋxe] *f* **1.** (*animal fabuloso*) Sphinx *f;* **ser una ~** ein undurchschaubarer Mensch sein **2.** (ZOOL) Nachtfalter *m,* Nachtschwärmer *m*

esfínter [es'fiṇter] *m* (ANAT) Ringmuskel *m,* Schließmuskel *m*

esforzado, **-a** [esfor'θaðo, -a] *adj* kühn, tapfer

esforzar [esfor'θar] *irr como forzar* **I.** *vt* **1.** (*forzar*) anstrengen, beanspruchen; ~ **demasiado la vista** die Augen überanstrengen

2. (*dar fuerza*) (ver)stärken; ~ **la voz** die Stimme heben **3.** (*dar ánimo*) ermutigen **II.** *vr:* ~**se** sich *dat* Mühe geben (*en* bei +*dat*), sich bemühen (*por/para* zu +*inf*); **se esforzó para ganar** er/sie strengte sich an, um zu gewinnen

esfuerzo [es'fwerθo] *m* **1.** (*acción de esforzarse*) Anstrengung *f,* Mühe *f;* ~ **fiscal** Steuerlast *f;* **sin** ~ mühelos; **hacer un** ~ sich anstrengen; **me ha costado muchos** ~**s conseguirlo** es hat mich viel Mühe gekostet, das zu erreichen; **no lo conseguiremos si tú no haces un** ~ **por tu parte** ohne dein Dazutun schaffen wir es nicht **2.** (*económico*) (finanzielles) Opfer *nt;* **está haciendo un** ~ **para pagar el piso** er/sie schränkt sich (finanziell) ein, um die Wohnung zu bezahlen **3.** (*valor*) Mut *m* **4.** (*vigor*) Kraft *f,* Energie *f* **5.** (*de una máquina*) Beanspruchung *f;* ~ **excesivo** Überbeanspruchung *f*

esfumado [esfu'maðo] *m* (ARTE) (Technik *f* des) Sfumato *nt*

esfumar [esfu'mar] **I.** *vt* **1.** (*trazos, contornos*) verwischen **2.** (*colores*) abtönen **II.** *vr:* ~**se 1.** (*desvanecerse*) schwinden, sich auflösen; (*desaparecer*) verschwinden; (*nubes*) sich verziehen; (*contornos*) verschwimmen; **el coche se esfumó en la lejanía** das Auto verschwand in der Ferne **2.** (*fam: marcharse*) sich aus dem Staub machen

esfuminar [esfumi'nar] *vt* (ARTE) verwischen

esfumino [esfu'mino] *m* (ARTE) Wischer *m*

esgrafiado [esɣra'fjaðo] *m* (ARTE) **1.** (*técnica*) Sgraffito *nt,* Kratzputz *m* **2.** (*obra*) Sgraffito-Werk *nt*

esgrima [es'ɣrima] *f* (DEP) Fechtsport *m,* Fechten *nt;* (*arte*) Fechtkunst *f;* **practicar la** ~ fechten

esgrimible [esɣri'miβle] *adj* (*argumentos*) haltbar

esgrimir [esɣri'mir] *vt* **1.** (*blandir*) schwingen **2.** (*utilizar*) anführen, ins Spiel bringen; (*motivos, argumentos*) anführen

esgrimista [esɣri'mista] *mf* (*Am*) Fechter(in) *m(f)*

esguince [es'ɣin̪θe] *m* **1.** (MED) Verstauchung *f;* **hacerse un** ~ **en el tobillo** sich *dat* den Knöchel verstauchen **2.** (*cuarteo*) Ausweichmanöver *nt* **3.** (*gesto*) abfällige Geste *f*

eslabón [esla'βon] *m* **1.** (*de una cadena*) (Ketten)glied *nt* **2.** (*entre acontecimientos*) Bindeglied *nt;* **este testimonio es el** ~ **que faltaba para resolver el caso** diese Aussage ist das zur Auflösung des Falles fehlende Glied in der Kette **3.** (*para sacar fuego*) Schlägel *m* **4.** (*para afilar*) Wetzstahl *m*

eslabonamiento [eslaβona'mjen̪to] *m* **1.** (*encadenar*) Verkettung *f* **2.** (*fig: relacionar*) Verknüpfung *f*

eslabonar [eslaβo'nar] **I.** *vt* **1.** (*encadenar*) verketten **2.** (*fig: relacionar*) verknüpfen **II.** *vr:* ~**se** sich verketten

eslalon [es'lalon] *m* (DEP) Slalom *m*

eslava [es'laβa] *adj o f v.* **eslavo**

eslavista [esla'βista] *mf* Slawist(in) *m(f)*

eslavística [esla'βistika] *f* (LING) Slawistik *f*

eslavo, -a [es'laβo, -a] **I.** *adj* slawisch **II.** *m, f* Slawe, -in *m, f*

eslip [es'lip] <eslips> *m* Slip *m*

eslogan [es'loɣan] *m* Slogan *m,* Schlagwort *nt;* ~ **publicitario** Werbeslogan *m,* Werbespruch *m*

eslora [es'lora] *f* **1.** (*longitud*) Schiffslänge *f,* Kiellänge *f* **2.** *pl* Schiffsbalken *mpl,* (Längs)balken *mpl*

eslovaco, -a [eslo'βako, -a] **I.** *adj* slowakisch **II.** *m, f* Slowake, -in *m, f*

Eslovaquia [eslo'βakja] *f* Slowakei *f*

eslovena [eslo'βena] *adj o f v.* **esloveno**

Eslovenia [eslo'βenja] *f* Slowenien *nt*

esloveno, -a [eslo'βeno, -a] **I.** *adj* slowenisch **II.** *m, f* Slowene, -in *m, f*

esmaltado[1] [esmal̪'taðo] *m* (*de metal*) Emaillierung *f;* (*de cerámica*) Glasierung *f*

esmaltado, -a[2] [esmal̪'taðo, -a] *adj* (*metal*) emailliert; (*cerámica*) glasiert

esmaltar [esmal̪'tar] *vt* **1.** (*metal*) emaillieren; (*cerámica*) glasieren **2.** (*adornar de colores*) bemalen **3.** (*embellecer*) schmücken

esmalte [es'mal̪te] *m* **1.** (*barniz*) Schmelz *m;* (*sobre metal*) Email *nt,* Emaille *f;* (*sobre porcelana*) Glasur *f;* (*de color azul*) Schmalte *f;* ~ **de laca** Emaillack *m;* **sin** ~ unglasiert **2.** (*de uñas*) Nagellack *m* **3.** (*labor*) Emaillierung *f* **4.** (*objeto*) Emailarbeit *f;* **pulsera con** ~**s** emaillierter Armreif **5.** (*de los dientes*) Zahnschmelz *m* **6.** (*lustre*) Glanz *m* **7.** (*adorno*) Verzierung *f*

esmerado, -a [esme'raðo, -a] *adj* **1.** (*persona*) sorgfältig, gewissenhaft, genau **2.** (*obra*) tadellos

esmeralda[1] [esme'ral̪da] **I.** *adj* smaragdgrün **II.** *m* Smaragdgrün *nt*

esmeralda[2] [esme'ral̪da] *f* Smaragd *m;* ~ **oriental** Korund *m*

esmerar [esme'rar] **I.** *vt* polieren **II.** *vr:* ~**se 1.** (*obrar con esmero*) sorgfältig [*o* gewissenhaft] arbeiten; ~**se en la limpieza** gründlich putzen **2.** (*esforzarse*) sich *dat* Mühe geben (*en* bei +*dat*); **se esmera en no cometer errores** er/sie bemüht sich Fehler zu vermeiden **3.** (*lucirse*) sich hervortun; **hoy te has esmerado en la comida** heute hast du dich mit dem Essen selbst übertroffen

esmeril [esme'ril] *m* (*roca*) Schmirgel *m;* **papel de** ~ Schmirgelpapier *nt,* Schleifpapier *nt*

esmerilado[1] [esmeri'laðo] *m* (*acción*) Schmirgeln *nt,* Schleifen *nt;* (*efecto*) Schliff *m*

esmerilado, -a[2] [esmeri'laðo, -a] *adj* (*vidrio*) matt

esmerilar [esmeri'lar] *vt* (ab)schmirgeln, (ab)schleifen

esmero [es'mero] *m* Sorgfalt *f,* Genauigkeit *f,* Gewissenhaftigkeit *f;* **con** ~ gewissenhaft

esmirriado, -a [esmi'rrjaðo, -a] *adj* (*flaco*) abgezehrt, dürr; (*raquítico*) schmächtig

esmoquin [es'mokin] *m* (*traje*) Smoking *m;* (*chaqueta*) Smokingjackett *nt*
esnifada [esni'faða] *f* (*argot*) **1.** (*aspiración*) Sniff *m,* Schnupfen *nt;* (*de pegamento, pintura*) Schnüffeln *nt* **2.** (*dosis*) Nase *f,* Dosis *f*
esnifar [esni'far] *vt* (*argot: cocaína*) sniffen, schnupfen; (*pegamento, pintura*) schnüffeln
esnife [es'nife] *m v.* **esnifada**
esnob [es'noᵝ] **I.** *adj* snobistisch, versnobt **II.** *mf* Snob *m;* **es una** ~ sie ist ein Snob
esnobismo [esno'βismo] *m* Snobismus *m*
eso ['eso] *pron dem v.* **ése**
esófago [e'sofaɣo] *m* (ANAT) Speiseröhre *f*
esos ['esos] *adj v.* **ese, -a**
ésos ['esos] *pron dem v.* **ése**
esotérico, -a [eso'teriko, -a] *adj* esoterisch
esoterismo [esote'rismo] *m sin pl* Esoterik *f*
espabilada [espaβi'laða] *f* (*Col: parpadeo*) Lidschlag *m;* **en una** ~ auf einen Schlag
espabilado, -a [espaβi'laðo, -a] *adj* **1.** (*listo*) aufgeweckt, clever **2.** (*despierto*) wach, munter
espabilar [espaβi'lar] **I.** *vi* **1.** (*darse prisa*) sich beeilen; **espabila y vístete, vienen a buscarte en cinco minutos** mach schnell und zieh dich an, du wirst in fünf Minuten abgeholt **2.** (*avivarse*) dazulernen, sich fit machen *fam;* **si quiere empezar a trabajar por su cuenta, tiene que** ~ wenn er/sie sich selb(st)ständig machen will, muss er/sie noch einiges lernen **II.** *vt* **1.** (*despertar*) munter [*o* wach] machen **2.** (*avivar*) aufrütteln; **en la mili ya lo ~án** beim Bund werden sie ihm schon zeigen, wo es langgeht; **es muy perezosa, pero en el colegio ya la ~án** sie ist sehr faul, aber in der Schule werden sie ihr schon Dampf machen **3.** (*una luz*) putzen; ~ **una vela** den Docht einer Kerze kürzen **4.** (*acabar deprisa*) schnell erledigen; (*fortuna*) durchbringen; (*comida*) verdrücken *fam,* verputzen *fam* **5.** (*robar*) stehlen, stibitzen *fam* **6.** (*matar*) erledigen **III.** *vr:* **~se 1.** (*sacudir el sueño*) munter [*o* wach] werden; (*la pereza*) sich aufraffen, sich aufrappeln *fam;* **tómate un café para ~te** trink einen Kaffee, damit du richtig wach wirst **2.** (*darse prisa*) sich beeilen; **espabílate, que vas a llegar tarde** mach schnell, du kommst sonst noch zu spät **3.** (*avivarse*) rege werden, sich interessiert zeigen; **se ha espabilado desde que va al colegio** seit er/sie zur Schule geht, ist er/sie viel aufgeweckter **4.** (*Am: marcharse*) sich aus dem Staub machen *fam*
espachurrar [espaʧu'rrar] **I.** *vt* **1.** (*aplastar*) zerquetschen, zerdrücken; (*reventar*) zerschlagen; **me dejó espachurrado** ich war sprachlos; **lo espachurró con sus argumentos** er konnte seinen/ihren Argumenten nichts entgegensetzen **2.** (*embrollar*) durcheinander bringen; **espachurras todos los chistes** du kannst keine Witze erzählen **II.** *vr:* **~se** kaputtgehen; (*fruta*) matschig werden
espaciado¹ [espa'θjaðo] *m* **1.** (*acción de espaciar*) Trennung *f;* (*de objetos*) Auseinanderrücken *nt;* (*en el tiempo*) Verteilung *f* auf verschiedene Zeitpunkte; (TIPO: *de letras*) Sperren *nt;* (*de líneas*) Durchschießen *nt;* (*divulgación*) Verbreitung *f* **2.** (*efecto de espaciar*) Abstand *m;* (*entre objetos*) Zwischenraum *m;* (TIPO: *entre letras*) Leerschritt *m;* (*entre líneas*) Zeilenabstand *m*
espaciado, -a² [espa'θjaðo, -a] *adj* (*separado*) auseinander liegend; (TIPO) gesperrt (gedruckt)
espaciador [espaθja'ðor] *m* Leertaste *f*
espacial [espa'θjal] *adj* räumlich, Raum-; **estación** ~ Raumstation *f;* **nave** ~ Raumschiff *nt*
espaciar [espa'θjar] **I.** *vt* **1.** (*separar*) auseinander ziehen; (*en el espacio*) auseinander rücken; (*en el tiempo*) die (zeitlichen) Abstände vergrößern; ~ **las visitas** zwischen den Besuchen Zeit verstreichen lassen; ~ **los árboles** einen Zwischenraum zwischen den Bäumen lassen **2.** (*escasear*) immer seltener tun **3.** (*divulgar*) verbreiten **4.** (*esparcir*) ausbreiten **5.** (TIPO: *letras*) sperren; (*líneas*) durchschießen **II.** *vr:* **~se 1.** (*dilatarse*) sich ausdehnen, sich ausbreiten; (*en un discurso*) ausschweifen **2.** (*escasear*) seltener werden **3.** (*divertirse*) sich zerstreuen, sich *dat* die Zeit vertreiben
espacio [es'paθjo] *m* **1.** (*área*) Raum *m;* (*superficie*) Fläche *f;* (*trayecto*) Strecke *f;* ~ **aéreo** Luftraum *m;* **E~ Económico Europeo** Europäischer Wirtschaftsraum; ~ **hueco** Hohlraum *m;* ~ **vacío** luftleerer Raum; ~ **verde** Grünfläche *f;* ~ **virtual** (INFOR) Cyberspace *m;* ~ **vital** Lebensraum *m* **2.** (*que ocupa un cuerpo*) Platz *m,* Raum *m;* ~ **necesario** Platzbedarf *m;* **no tenemos** ~ **para tantos muebles** wir haben für so viele Möbel nicht genügend Platz **3.** (*entre objetos*) Zwischenraum *m,* Lücke *f;* (TIPO) Leerschritt *m;* (INFOR) Leerzeichen *nt;* (TÉC) Spiel *nt* **4.** (*de tiempo*) Zeitraum *m;* **en el** ~ **de dos meses** innerhalb von zwei Monaten; **por** ~ **de tres horas** drei Stunden lang **5.** (ASTR) Weltraum *m,* Weltall *nt* **6.** (MÚS) Pause *f* **7.** (*programa*) Sendung *f;* ~ **informativo** Nachrichtensendung *f* **8.** (*lentitud*) Langsamkeit *f;* (*tardanza*) Verspätung *f,* Verzögerung *f*
espaciosidad [espaθjosi'ðaᵈ] *f* Geräumigkeit *f,* Weiträumigkeit *f*
espacioso, -a [espa'θjoso, -a] *adj* **1.** (*lugar*) geräumig, weiträumig **2.** (*persona*) schwerfällig, phlegmatisch
espacio-temporal [es'paθjo tempo'ral] *adj* räumlich-zeitlich
espada¹ [es'paða] *mf* (*espadachín*) geübter Fechter *m,* geübte Fechterin *f*
espada² [es'paða] *m* **1.** (TAUR) Matador *m* **2.** (ZOOL) Schwertfisch *m*
espada³ [es'paða] *f* **1.** (*arma*) Schwert *nt,* Degen *m;* ~ **negra** Florett *nt;* **desnudar la** ~ das Schwert zücken; **el despido era su** ~ **de**

Damocles eine mögliche Entlassung schwebte wie ein Damoklesschwert über seinem/ihrem Haupt; **tu respuesta es ~ de dos filos** deine Antwort ist ein zweischneidiges Schwert; **estar entre la ~ y la pared** (*fam*) in einer Zwickmühle sein; **salió con su media ~** er/sie mischte sich ungefragt ein; **colgar la ~** sich zurückziehen; **sacar la ~ por alguien/algo** für jdn/etw eine Bresche schlagen **2.**(*llave*) Dietrich *m* **3.** *pl* (*en la baraja española*) ≈Schwert *nt* (*spanische Spielkartenfarbe*); **pintan ~s** Schwert ist Trumpf

espadachín [espaða'ʧin] *m* **1.**(*maestro*) geübter Fechter *m*, Fechtkünstler *m* **2.**(*fanfarrón*) Prahlhans *m;* (*pendenciero*) Raufbold *m*

espadaña [espa'ðaɲa] *f* **1.**(*campanario*) Glockenturm *m* **2.**(BOT) Rohrkolben *m*

espadín [espa'ðin] *m* **1.**(*arma*) Rapier *nt,* (Uniform)degen *m* **2.**(ZOOL) Sprotte *f*

espadón [espa'ðon] *m* **1.**(*fam: persona*) hohes Tier *nt* **2.**(*eunuco*) Eunuch *m*

espagueti(s) [espa'ɣeti(s)] *m(pl)* (GASTR) Spaghetti *pl;* **~s a la boloñesa** Spaghetti Bolognese

espalda [es'pal̪da] *f* **1.**(ANAT) Rücken *m,* Buckel *m fam;* **ancho de ~s** breitschult(e)rig; **dolor de ~s** Rückenschmerzen *mpl;* **ser cargado de ~s** einen krummen Rücken haben; **andar de ~s** rückwärts gehen; **con las manos en la ~** mit hinter dem Rücken verschränkten Händen; **estar a ~s de alguien/algo** hinter jdm/etw *dat* sein; **estar de ~s a la pared** mit dem Rücken zur Wand stehen; **atacar a alguien por la ~** jdn von hinten [*o* hinterrücks] überfallen; **coger a alguien por la ~** jdm in den Rücken fallen; **doblar la ~** arbeiten; **volver la ~ a alguien** (*fam*) jdn links liegen lassen, jdm die kalte Schulter zeigen; **volver las ~s al enemigo** vor dem Feind fliehen; **hablar a ~s de alguien** hinter jds Rücken reden; **me caí de ~s al oír eso** (*fam*) ich war wie vor den Kopf geschlagen, als ich das hörte; **donde la ~ pierde su honesto nombre** (*fam*) der verlängerte Rücken; **tener las ~s muy anchas** (*fam*) einen breiten Buckel haben; **tener las ~s bien guardadas** (*fam*) gute Beziehungen haben; **la responsabilidad recae sobre mis ~s** die Verantwortung liegt [*o* lastet] auf meinen Schultern; **vivir de ~s a la realidad** an der Wirklichkeit vorbeileben **2.**(DEP) Rückenschwimmen *nt;* **100 metros ~** 100 Meter Rücken; **¿sabes nadar ~?** kannst du rückenschwimmen?; **nadar de ~s va bien para la columna** Rückenschwimmen ist gut für die Wirbelsäule **3.**(*de un edificio*) Rückseite *f* **4.**(*de un animal*) Rücken *m;* (*para el consumo*) Rückenstück *nt*

espaldar [espal̪'dar] *m* **1.**(*de una res*) Rücken *m;* (*para el consumo*) Rückenstück *nt* **2.**(*de una silla*) Rückenlehne *f* **3.**(*de un muro*) Spalier *nt* **4.**(*de tortuga*) Panzer *m*

espaldarazo [espal̪da'raθo] *m* (HIST) Ritterschlag *m;* **dar el ~ a alguien** jdn als gleichberechtigt anerkennen

espaldera [espal̪'dera] *f* **1.**(*de un muro*) Spalier *nt;* **árbol a ~** (BOT) Spalierbaum *m;* **cultivar plantas en ~** Pflanzen an einem Spalier ziehen **2.**(DEP) Sprossenwand *f*

espaldero [espal̪'dero] *m* (*Ven*) **1.**(*guardaespaldas*) Leibwächter *m* **2.**(*asistente de un militar*) Adjutant *m*

espaldilla [espal̪'diʎa] *f* **1.**(*de una res*) Bug *m* **2.**(ANAT) Schulterblatt *nt*

espaldista [espal̪'dista] *mf* (DEP) Rückenschwimmer(in) *m(f)*

espantable [espan̪'taβle] *adj v.* **espantoso**

espantada [espan̪'taða] *f* **1.**(*de un animal*) Flucht *f* **2.**(*de alguien*) Rückzieher *m;* **pegar una ~** plötzlich abspringen

espantadizo, -a [espan̪ta'ðiθo, -a] *adj* **1.**(*persona*) schreckhaft **2.**(*caballo*) scheu, scheuend

espantagustos [espan̪ta'ɣustos] *mf inv* Spaßverderber(in) *m(f)*

espantajo [espan̪'taxo] *m* **1.**(*espantapájaros*) Vogelscheuche *f;* **tal como vas vestido pareces un ~** in diesem Aufzug siehst du wie eine Vogelscheuche aus **2.**(*fantoche*) Popanz *m,* Schreckgespenst *nt*

espantalobos [espan̪ta'loβos] *m inv* (BOT) Blasenstrauch *m*

espantamoscas [espan̪ta'moskas] *m inv* Fliegenklatsche *f,* Fliegenklappe *f*

espantapájaros [espan̪ta'paxaros] *m inv* Vogelscheuche *f*

espantar [espan̪'tar] **I.** *vt* **1.**(*dar susto*) einen Schreck einjagen [*o* versetzen] (*a +dat*), erschrecken; (*dar miedo*) Angst machen (*a +dat*) **2.**(*ahuyentar a un animal*) verscheuchen; (*asustándolo*) aufscheuchen, aufschrecken; (*caballos*) scheu machen **3.**(*miedo, penas*) verjagen **4.**(*asombrar*) erstaunen, verwundern **II.** *vr:* **~se** **1.**(*personas*) sich erschrecken (*de/por* bei/vor *+dat*) **2.**(*animales*) scheu werden; (*caballo*) scheuen (*de/por* vor *+dat*)

espanto [es'pan̪to] *m* **1.**(*miedo*) Schrecken *m,* Entsetzen *nt;* **¡qué ~!** wie entsetzlich!; **hace un calor de ~** es ist furchtbar [*o* schrecklich] heiß; **los precios son de ~** die Preise sind unerschwinglich; **estar curado de ~s** (*fam*) sich nicht so leicht erschrecken lassen **2.**(*terror*) panische Angst *f* **3.**(*enfermedad*) Schock *m* **4.**(*Am: fantasma*) Gespenst *nt*

espantosidad [espan̪tosi'ðaᵈ] *f* (*AmC, Col, PRi: horror*) Grauen *nt*

espantoso, -a [espan̪'toso, -a] *adj* **1.**(*horroroso*) entsetzlich, schrecklich **2.**(*feo*) hässlich **3.**(*enorme*) enorm, ungeheuer *fam*

España [es'paɲa] *f* Spanien *nt*

español[1] [espa'ɲol] *m* Spanisch(e) *nt,* spanische Sprache *f;* **dar clases de ~** (*impartir*) Spanischunterricht geben; (*tomar*) Spanischunterricht nehmen

español(a)[2] [espa'ɲol(a)] **I.** *adj* spanisch

E

II. *m(f)* Spanier(in) *m(f)*
españolada [espaɲo'laða] *f* (*pey*): **esto es una** ~ das ist typisch spanisch
españolear [espaɲole'ar] *vi* für Spanien die Werbetrommel rühren, Wunderbares über Spanien erzählen
españolidad [espaɲoli'ðaᵈ] *f* **1.** (*carácter*) spanischer Charakter *m* **2.** (*naturaleza*) spanisches Wesen *nt*
españolismo [espaɲo'lismo] *m* **1.** (*amor*) Spanienliebe *f* **2.** (*carácter*) spanischer Charakter *m* **3.** (*hispanismo*) Hispanismus *m*
españolista [espaɲo'lista] *mf* **1.** (POL) spanischer Nationalist *m*, spanische Nationalistin *f* **2.** (DEP) Anhänger(in) *m(f)* des F.C. Español
españolización [espaɲoliθa'θjon] *f* Hispanisierung *f*
españolizar [espaɲoli'θar] <z→c> **I.** *vt* hispanisieren **II.** *vr:* **~se** hispanisiert werden
esparadrapo [espara'ðrapo] *m* (MED) Heftpflaster *nt*, Leukoplast® *nt*
esparcido, **-a** [espar'θiðo, -a] *adj* **1.** (*árboles*) verstreut **2.** (*creencia*) verbreitet **3.** (*persona*) vergnügt
esparcimiento [esparθi'mjen̩to] *m* **1.** (*acción*) Verstreuung *f*, Ausstreuung *f* **2.** (*diversión*) Zerstreuung *f*, Unterhaltung *f*
esparcir [espar'θir] <c→z> **I.** *vt* **1.** (*cosas*) streuen, ausstreuen, verstreuen; **tenía los apuntes esparcidos por el suelo** seine/ihre Unterlagen waren über den ganzen Boden verstreut; **el viento ha esparcido los papeles de la mesa** der Wind hat die Papiere vom Tisch geweht **2.** (*líquido*) versprengen **3.** (*mancha*) größer machen **4.** (*noticia*) verbreiten **5.** (*distraer*): ~ **el ánimo** sich zerstreuen **II.** *vr:* **~se** **1.** (*cosas*) ausgestreut [*o* verstreut] werden **2.** (*noticias*) sich verbreiten **3.** (*distraerse*) sich zerstreuen; **¿qué haces para ~te?** was machst du als Zeitvertreib?
esparragal [esparra'ɣal] *m* Spargelfeld *nt*
espárrago [es'parraɣo] *m* **1.** (BOT) Spargel *m*; **puntas de** ~ Spargelspitzen *fpl*; **¡vete a freír ~s!** (*fam*) scher dich zum Teufel!; **ser un** ~ eine Bohnenstange sein **2.** (TÉC) Stiftschraube *f* **3.** (*de entoldado*) Stange *f*
esparraguera [esparra'ɣera] *f* **1.** (BOT) Spargel *m* **2.** (*arriate*) Spargelbeet *nt*; (*campo*) Spargelfeld *nt* **3.** (*fuente*) Spargelteller *m*, Spargelschüssel *f*
esparramar [esparra'mar] **I.** *vt* (*fam: desparramar*) verstreuen, verschütten **II.** *vr:* **~se** (*fam: desparramarse*) sich verteilen, sich ausbreiten
esparrancado, **-a** [esparraŋ'kaðo, -a] *adj* **1.** (*al andar*) breitbeinig **2.** (*tumbado*) mit gespreizten Beinen **3.** (*cosas*) weit verstreut
esparrancarse [esparraŋ'karse] <c→qu> *vr* die Beine spreizen
Esparta [es'parta] *f* Sparta *nt*
espartano, **-a** [espar'tano, -a] **I.** *adj* spartanisch; **lleva una vida espartana** er/sie lebt spartanisch **II.** *m, f* Spartaner(in) *m(f)*
espartaquismo [esparta'kismo] *m sin pl* (HIST, POL) Spartakistentum *nt*
espartaquista [esparta'kista] *mf* Spartakist(in) *m(f)*
esparteña [espar'teɲa] *f* Espadrille *f*
espartería [esparte'ria] *f* **1.** (*oficio*) Sparteriewarenherstellung *f* **2.** (*taller*) Sparterie *f*
espartero, **-a** [espar'tero, -a] *m, f* Sparteriewarenhersteller(in) *m(f)*
espartillo [espar'tiʎo] *m* (*Am*), **esparto** [es'parto] *m* Espartogras *nt*, Esparto *m*
espasmo [es'pasmo] *m* (MED) Krampf *m*, Verkrampfung *f*
espasmódico, **-a** [espas'moðiko, -a] *adj* krampfartig
espatarrado, **-a** [espata'rraðo, -a] *adj* **1.** (*al andar*) breitbeinig **2.** (*tumbado*) mit gespreizten Beinen
espatarrarse [espata'rrarse] *vr* die Beine spreizen
espato [es'pato] *m* Spat *m*
espátula [es'patula] *f* **1.** (TÉC) Spachtel *m*; (*del farmacéutico*) Spatel *m* **2.** (ZOOL) Löffelreiher *m*
espavorido, **-a** [espaβo'riðo, -a] *adj* (*fam*) angsterfüllt, entsetzt
especia [es'peθja] *f* Gewürz *nt*
especiación [espeθja'θjon] *f* (BIOL) Artbildung *f*, Speziation *f*
especial [espe'θjal] *adj* (*lugar, fecha, libro, amigo, deseo*) besonders, speziell; (*edición, comisión, escuela*) Sonder-; (*caso, problema*) Spezial-, Sonder-; (*persona*) seltsam, eigenartig; **en** ~ insbesondere, im Besonderen; **¿qué has hecho hoy? – nada en** ~ was hast du heute gemacht? – nichts Besonderes; **no pensaba en nada en** ~ ich dachte an nichts Bestimmtes; **él es para mí alguien muy** ~ er bedeutet mir sehr viel
especialidad [espeθjali'ðaᵈ] *f* **1.** (*de un restaurante, una empresa*) Spezialität *f*; ~ **de la casa** Spezialität des Hauses **2.** (*rama*) Spezialgebiet *nt*, Spezialfach *nt*; (*de un deporte, ciencia*) Disziplin *f*; (*de una ciencia*) (Fach)gebiet *nt*, Sparte *f*
especialista [espeθja'lista] *mf* **1.** (*experto*) Spezialist(in) *m(f)* (*en* für +*akk*), Fachmann, -frau *m, f* (*en* für +*akk*), Sachverständiger(in) *m(f)* (*en* für +*akk*); ~ **económico** Wirtschaftsexperte *m*; **asesoramiento por ~s** fachmännische Beratung **2.** (*médico*) Facharzt, -ärztin *m, f* **3.** (CINE) Stuntman, -woman *m, f*
especialización [espeθjaliθa'θjon] *f* Spezialisierung *f* (*en* auf +*akk*); **mi** ~ **es la física cuántica** mein Spezialgebiet ist die Quantenphysik
especializado, **-a** [espeθjali'θaðo, -a] *adj* spezialisiert (*en* auf +*akk*); **casa especializada** Fachgeschäft *nt*; **comercio** ~ Fachhandel *m*; **conocimientos ~s** Fachkenntnisse *fpl*; **obrero** ~ Facharbeiter *m*, gelernter Arbeiter; **personal** ~ Fachkräfte *fpl*

especializar [espeθjali'θar] <z→c> **I.** *vt* (*limitar*) auf einen Zweck begrenzen **II.** *vi, vr:* **~se** sich spezialisieren (*en* auf +*akk*)

especialmente [espeθjal'mente] *adv* besonders; **un partido ~ complicado** ein besonders kompliziertes Spiel; **lo he hecho ~ para ti** ich habe es extra für dich gemacht; **muebles ~ diseñados para minusválidos** speziell auf die Bedürfnisse von Behinderten abgestimmte Möbel

especiar [espe'θjar] *vt* würgen

especie [es'peθje] *f* **1.** (BOT, ZOOL) Art *f,* Spezies *f;* **una ~ amenazada** eine bedrohte Art [*o* Spezies]; **~ amenazada de extinción** vom Aussterben bedrohte Tierart; **la ~ animal** die Tiere **2.** (*clase*) Art *f,* Sorte *f;* **~ de la mercancía** Gattung der Ware; **una ~ de palo** eine Art (von) Stock; **ese es una ~ de cantante** er ist sozusagen Sänger; **gente de todas las ~s** Menschen jeder Gattung; **un hombre de mala ~** ein übel gesinnter Mann; **no me gusta esta ~ de vida** ich mag diese Art (von) Leben nicht; **es de esa ~ de personas que nunca están tristes** er/sie gehört zu den Menschen, die nie traurig sind **3.** (*condimento*) Gewürz *nt* **4.** (DEP: *finta*) Finte *f;* (*estocada*) Degenstoß *m* **5.** (*noticia*) Nachricht *f;* (*rumor*) Gerücht *nt;* **corre la ~ que...** man sagt, dass ... **6.** (MÚS) Einzelstimme *f* **7.** (COM): **pagar en ~s** in Naturalien zahlen

especiero[1] [espe'θjero] *m* Gewürzständer *m*

especiero, -a[2] [espe'θjero, -a] *m, f* Gewürzhändler(in) *m(f)*

especificación [espeθifika'θjon] *f* **1.** (*explicación*) genaue Darlegung *f,* genaue Erklärung *f,* Spezifikation *f elev,* Spezifizierung *f elev;* **~ de archivo** (INFOR) Dateikenndaten *pl;* **~ funcional** (INFOR) Funktionsspezifikation *f;* **~ de memoria extendida** (INFOR) Erweiterungsspeicher-Spezifikation *f* **2.** (*precisión*) genaue [*o* nähere] Angabe *f,* Spezifikation *f elev;* **~ de los gastos** Kostenaufstellung *f;* **especificaciones técnicas** technische Daten

especificar [espeθifi'kar] <c→qu> *vt* **1.** (*explicar*) im Einzelnen darlegen [*o* erklären], spezifizieren *elev;* **especificó sus razones** er/sie legte jeden Grund einzeln dar; **el ministro especificó los problemas actuales de la economía** der Minister erläuterte im Einzelnen die aktuellen Wirtschaftsprobleme; **no quiso ~ los pormenores de las negociaciones** er/sie wollte nicht auf die Einzelheiten der Verhandlungen eingehen **2.** (*citar, enumerar*) angeben, aufzählen

especificativo, -a [espeθifika'tiβo, -a] *adj* spezifizierend

especificidad [espeθifiθi'ða^{d}] *f* Spezifität *f,* Spezifik *f*

específico[1] [espe'θifiko] *m* (MED) Spezifikum *nt*

específico, -a[2] [espe'θifiko, -a] *adj* spezifisch; **el significado ~ de una palabra** die eigentliche [*o* grundlegende] Bedeutung eines Wortes

espécimen [es'peθimen] *m* <especímenes> **1.** (*ejemplar*) Exemplar *nt;* **~ de lujo** Prachtexemplar *nt* **2.** (*muestra*) Muster *nt,* Probe *f;* **~ de orina** Urinprobe *f*

espectacular [espektaku'lar] *adj* (*accidente*) spektakulär; (*trabajo, caso*) Aufsehen erregend; (*récord, historia*) sensationell

espectacularidad [espektakulari'ða^{d}] *f* **1.** (*aparatosidad*) spektakulärer Charakter *m,* Protzigkeit *f pey* **2.** (*efectismo*) Effekthascherei *f* **3.** (*ostentosidad*) theatralische [*o* bombastische] Art *f*

espectáculo [espek'takulo] *m* **1.** (TEAT) Schauspiel *nt;* (*de variedades*) Show *f;* **~ de circo** Zirkusvorstellung *f;* **~ deportivo** Sportereignis *nt* **2.** (*visión*) Anblick *m,* Schauspiel *nt elev* **3.** (*fam: escándalo*) Spektakel *nt,* Szene *f;* **dar el** [*o* **un**] **~** eine Szene machen

espectador(a) [espekta'ðor(a)] *m(f)* Zuschauer(in) *m(f);* **~ televisivo** Fernsehzuschauer *m*

espectral [espek'tral] *adj* **1.** (*fantasmal*) gespenstisch, geisterhaft **2.** (FÍS) Spektral-, spektral

espectro [es'pektro] *m* **1.** (*fantasma*) Gespenst *nt* **2.** (FÍS) Spektrum *nt*

espectrografía [espektroɣra'fia] *f* (FÍS) Spektrographie *f*

espectrógrafo [espek'troɣrafo] *m* (FÍS) Spektrograph *m*

espectrograma [espektro'ɣrama] *m* (FÍS) Spektrogramm *nt*

espectrometría [espektrome'tria] *f* (FÍS) Spektrometrie *f*

espectrómetro [espek'trometro] *m* (FÍS) Spektrometer *nt*

espectroscopia [espektros'kopja] *f* (FÍS) Spektroskopie *f*

espectroscopio [espektros'kopjo] *m* (FÍS) Spektroskop *nt*

especulación [espekula'θjon] *f* Spekulation *f* (*sobre* über +*akk*); **~ al alza/a la baja** Spekulation auf Hausse/Baisse; **~ en bolsa** Börsenspekulation *f;* **especulaciones deshonestas** unlautere Spekulationsgeschäfte; **~ en moneda extranjera** Währungsspekulation *f;* **~ del suelo** Bodenspekulation *f*

especulador(a) [espekula'ðor(a)] *m(f)* Spekulant(in) *m(f);* **~ al alza/a la baja** Haussier *m*/Baissier *m*

especular [espeku'lar] **I.** *adj* **1.** (*del espejo*) Spiegel- **2.** (*que refleja*) spiegelnd **II.** *vi* **1.** (COM) spekulieren (*con/en* mit/in +*dat*); **~ en la Bolsa** an der Börse spekulieren **2.** (*conjeturar*) spekulieren (*sobre* über +*akk*); **se especula sobre la nacionalización de algunas empresas** es wird über die Verstaatlichung einiger Unternehmen spekuliert **3.** (*meditar*) nachgrübeln (*sobre* über +*akk*), nachsinnen (*sobre* über +*akk*) **III.** *vt* (*con la mirada*) mustern, unter die Lupe nehmen *fam*

especulativo, **-a** [espekula'tiβo, -a] *adj* **1.** (*que especula*) spekulativ; **maniobras bursátiles especulativas** Börsenspekulation *f;* **operación especulativa** Spekulationsgeschäft *nt* **2.** (*teórico*) theoretisch **3.** (*meditativo*) grüblerisch, nachdenklich
espéculo [es'pekulo] *m* (MED) Spekulum *nt*
espejado [espe'xaðo] *m* (*Am*) Bleiglanz *m*
espejarse [espe'xarse] *vr* (*elev*) sich widerspiegeln
espejear [espexe'ar] *vi* glitzern, flimmern
espejeo [espe'xeo] *m* (FÍS) Luftspiegelung *f,* Fata Morgana *f*
espejismo [espe'xismo] *m* **1.** (*óptico*) Luftspiegelung *f,* Fata Morgana *f* **2.** (*de la imaginación*) Trugbild *nt,* Illusion *f*
espejo [es'pexo] *m* Spiegel *m;* ~ **de mano** Handspiegel *m;* ~ **retrovisor** Rückspiegel *m;* **mirarse al** ~ sich im Spiegel betrachten; **el cine es el** ~ **de la vida** das Kino spiegelt das Leben wider; **esta obra es un** ~ **de la sociedad actual** dieses Werk ist ein Spiegelbild der heutigen Gesellschaft
espejuelo [espe'xwelo] *m* **1.** (*yeso*) Strahlgips *m* **2.** (*señuelo*) Lockvogel *m* **3.** *pl* (*fam: gafas*) Brille *f*
espeleóloga [espele'oloɣa] *f v.* **espeleólogo**
espeleología [espeleolo'xia] *f sin pl* Höhlenkunde *f,* Speläologie *f*
espeleológico, **-a** [espeleo'loxiko, -a] *adj* speläologisch
espeleólogo, **-a** [espele'oloɣo, -a] *m, f* Höhlenforscher(in) *m(f),* Speläologe, -in *m, f*
espeluznante [espeluθ'nan̪te] *adj* haarsträubend
espeluznar [espeluθ'nar] **I.** *vt* **1.** (*los cabellos*) sträuben; (*por el miedo*) die Haare zu Berge stehen lassen +*dat* **2.** (*horrorizar*) entsetzen **II.** *vr:* ~**se** entsetzt sein
espeluzno [espe'luθno] *m* (*fam*) Schauder *m*
espera [es'pera] *f* **1.** (*acción*) Warten *nt;* (*estado*) Erwartung *f;* (*duración*) Wartezeit *f;* **cuenta de** ~ Interimskonto *nt;* **indemnización de** ~ Wartegeld *nt;* **lista de** ~ Warteliste *f;* **sala de** ~ Wartesaal *m;* **tuvimos dos horas de** ~ wir mussten zwei Stunden lang warten; **estoy a la** ~ **de recibir la beca** ich erwarte jeden Moment die Zusage über das Stipendium; **en** ~ **de su respuesta** (*final de carta*) in Erwartung Ihrer Antwort; **en** ~ **de tu carta, te mando el paquete** ich schicke dir schon einmal das Paket und erwarte demnächst deinen Brief; **esta** ~ **me saca de quicio** diese Warterei geht mir auf die Nerven **2.** (*paciencia*) Geduld *f;* **no tener** ~ keine Geduld haben **3.** (*plazo*) Aufschub *m;* **este asunto no tiene** ~ diese Angelegenheit duldet keinen Aufschub; **debes pagar sin más** ~ du hast unverzüglich zu zahlen
esperable [espe'raβle] *adj* **1.** (*aguardable*) zu erwarten **2.** (*confiable*) zu (er)hoffen
esperadero [espera'ðero] *m* Ansitz *m,* Hochsitz *m*
esperantista [esperan̪'tista] *mf* (LING) Esperantist(in) *m(f)*
esperanto [espe'ran̪to] *m* Esperanto *nt*
esperanza [espe'ran̪θa] *f* Hoffnung *f;* ~ **de vida** Lebenserwartung *f;* **no tener** ~**s** keine Hoffnung haben; **estar lleno de** ~ voller Hoffnung sein, sehr hoffnungsvoll sein; **abrigar** ~**s** Hoffnungen [*o* Erwartungen] hegen; **estar en estado de buena** ~ guter Hoffnung sein; **poner las** ~**s en algo** die Hoffnungen auf etw setzen; **tener** ~**s de conseguir un puesto de trabajo** Hoffnung [*o* Aussichten] auf einen Arbeitsplatz haben; **veo el futuro con** ~ ich bin sehr zuversichtlich
esperanzado, **-a** [esperan̪'θaðo, -a] *adj* hoffnungsvoll, voller Hoffnung
esperanzador(a) [esperan̪θa'ðor(a)] *adj* **1.** (*que da esperanza*) hoffnungsvoll **2.** (*prometedor*) hoffnungsvoll, viel versprechend
esperanzar [esperan̪'θar] <z→c> **I.** *vt* Hoffnung machen (*a* +*dat*) **II.** *vr:* ~**se** Hoffnung schöpfen, sich Hoffnung(en) machen (*en* auf +*akk*)
esperar [espe'rar] **I.** *vi* **1.** (*aguardar*) warten (auf +*akk*); (*con paciencia*) abwarten, sich gedulden; ~ **al aparato** (*teléfono*) am Apparat bleiben; **hacerse de** ~ auf sich warten lassen; **hacer** ~ **a alguien** jdn warten lassen; **es de** ~ **que...** +*subj* es ist zu erwarten, dass ...; **esperemos y veamos cómo evolucionan las cosas** warten wir ab und sehen wir, wie es weitergeht; **¡que se espere!** er/sie soll gefälligst warten; **espera, que no lo encuentro** Augenblick, ich finde es jetzt nicht; **ganaron la copa tan esperada** sie gewannen den heiß ersehnten Pokal; **¡ay, no puedo** ~ **(de curiosidad)!** ich kann es kaum abwarten!; **uno sólo tiene que** ~ **a que las cosas lleguen** man muss die Dinge nur auf sich zukommen lassen **2.** (*confiar*) hoffen; **espero que sí** ich hoffe doch; ~ **en alguien** die Hoffnung auf jdn setzen; **espero que nos veamos pronto** hoffentlich sehen wir uns bald **II.** *vt* **1.** (*aguardar*) erwarten, warten (auf +*akk*); (*con paciencia*) abwarten, sich gedulden; **hace una hora que lo espero** ich warte seit einer Stunde auf ihn; **te espero mañana a las nueve** ich erwarte dich morgen um neun Uhr; **ya me lo esperaba** das dachte ich mir schon; **nos esperan malos tiempos** uns stehen schlimme Zeiten bevor; **espero su decisión con impaciencia** (*final de carta*) ich sehe Ihrer Entscheidung gespannt entgegen; **te espera una prueba dura** du kannst dich auf eine harte Probe gefasst machen **2.** (*confiar*) hoffen (auf +*akk*); ~ **un milagro** auf ein Wunder hoffen; **esperando recibir noticias tuyas...** in der Hoffnung, bald von dir zu hören ...; **espero sacar grandes ganancias de este negocio** ich erhoffe mir von diesem Geschäft große Gewinne

esperezarse [espere'θarse] <z→c> *vr* (*fam*) sich recken, sich strecken

esperma [es'perma] *m* Samen *m,* Sperma *nt;* ~ **congelado** gefrorener Samen

espermático, -a [esper'matiko, -a] *adj* (BIOL) Samen-

espermatogénesis [espermato'xenesis] *f inv* (BIOL) Spermatogenese *f*

espermatorrea [espermato'rrea] *f* (MED) Spermatorrhöe *f*

espermatozoide [espermato'θoi̯ðe] *m,* **espermatozoo** [espermato'θo(o)] *m* Spermatozoon *nt*

espermicida [espermi'θiða] *m* Spermizid *nt*

esperpéntico, -a [esper'pen̩tiko, -a] *adj* **1.** (*grotesco*) grotesk **2.** (*absurdo*) unsinnig, absurd

esperpentizar [esperpen̩ti'θar] <z→c> *vt* grotesk darstellen, lächerlich machen

esperpento [esper'pen̩to] *m* **1.** (*persona*) groteske Figur *f* **2.** (*desatino*) Unsinn *m* **3.** (LIT) Groteske *f*

espesador [espesa'ðor] *m* Bindemittel *nt*

espesamiento [espesa'mjen̩to] *m* Eindickung *f,* Eindicken *nt*

espesante [espe'san̩te] **I.** *adj* verdickend; **sustancia** ~ Verdickungsmittel *nt* **II.** *m* **1.** (*sustancia*) Verdickungsmittel *nt* **2.** (TÉC) Eindicker *m*

espesar [espe'sar] **I.** *vt* (*salsa*) binden; (*líquido*) eindicken, verdicken; (*tejido*) engmaschiger weben/stricken **II.** *vr:* ~**se** (*bosque*) dichter werden; (*niebla*) sich verdichten; (*salsa*) zähflüssig werden, eindicken

espeso, -a [es'peso, -a] *adj* **1.** (*cabello, niebla*) dicht, dick; (*salsa, líquido*) dick(flüssig), zähflüssig; (*bosque*) dicht; (*muro*) dick **2.** (*persona*) schlampig **3.** (*Arg, Perú, Ven: molesto*) lästig

espesor [espe'sor] *m* **1.** (*grosor*) Dicke *f* **2.** (*densidad*) Dichte *f*

espesura [espe'sura] *f* **1.** (*de cabello, del bosque*) Dichte *f;* (*de un muro*) Dicke *f;* (*de una salsa, un líquido*) Dickflüssigkeit *f* **2.** (*bosque*) Dickicht *nt* **3.** (*cabellera*) Mähne *f*

espetar [espe'tar] *vt* **1.** (*ave, objeto*) aufspießen **2.** (*fam: palabrota*) ausstoßen; ~ **una bronca a alguien** jdn anschnauzen; ~ **un sermón a alguien** jdm eine Predigt halten; ~ **cuatro verdades a alguien** jdm den Kopf waschen

espetera [espe'tera] *f* **1.** (*tabla*) Küchenbrett *nt* **2.** (*cacharros*) Küchengeräte *ntpl* **3.** (*fam: pecho*) Atombusen *m,* Vorbau *m;* **tener buenas** ~**s** viel Holz vor der Hütte haben

espetón [espe'ton] *m* **1.** (*hierro*) Spieß *m* **2.** (*de horno*) Schürhaken *m* **3.** (*alfiler*) große Stecknadel *f* **4.** (*barracuda*) Barrakuda *m,* Pfeilhecht *m*

espía[1] [es'pia] *mf* Spion(in) *m(f);* (*de la policía*) Spitzel *m;* ~ **doble** Doppelagent(in) *m(f)*

espía[2] [es'pia] *f* (NÁUT) Verholtrosse *f*

espiantar [espjan̩'tar] **I.** *vi, vr:* ~**se** (*Arg, Chil: fam: alejarse*) weggehen; (*huir*) fliehen, verduften **II.** *vt* (*RíoPl: hurtar*) klauen

espiar [espi'ar] <*1. pres:* **espío**> **I.** *vi* **1.** (*hacer espionaje*) spionieren (*para* für *+akk*), Spionage treiben (*para* für *+akk*) **2.** (NÁUT) verholen **II.** *vt* (*a alguien, algo*) ausspionieren, ausspähen; (*siguiéndole*) nachspionieren (*a +dat*); (*para la policía*) bespitzeln

espichar [espi'ʧar] **I.** *vi* **1.** (*morir*): ~**la** (*fam*) abkratzen **2.** (*Cuba, Ven, Méx: adelgazar*) abnehmen **II.** *vt* **1.** (*pinchar*) (hinein)stechen (in *+akk*) **2.** (*Chil: dinero*) herausrücken

espiga [es'piɣa] *f* **1.** (BOT) Ähre *f* **2.** (TÉC: *clavija*) Zapfen *m,* Stift *m;* (*de tornillo*) Schaft *m* **3.** (*de cuchillo*) Angel *f* **4.** (*badajo*) Glockenschwengel *m* **5.** (*espoleta*) Zünder *m* **6.** (*de un tejido*): **dibujo de** ~ Fischgrätenmuster *nt*

espigado, -a [espi'ɣaðo, -a] *adj* **1.** (*en forma de espiga*) ährenförmig **2.** (*maduro*) reif **3.** (*árbol*) hoch; (*persona*) lang aufgeschossen

espigador(a) [espiɣa'ðor(a)] *m(f)* Ährenleser(in) *m(f)*

espigar [espi'ɣar] <g→gu> **I.** *vi* Ähren ansetzen **II.** *vt* **1.** (*las espigas*) nachlesen **2.** (*datos*) sammeln; ~ **citas de un libro** Zitate aus einem Buch herauspicken **III.** *vr:* ~**se** in die Höhe schießen, aufschießen

espigón [espi'ɣon] *m* **1.** (*de un clavo*) Spitze *f* **2.** (*espiga*) dornige Ähre *f* **3.** (*mazorca*) Kolben *m* **4.** (NÁUT: *dique*) (Hafen)mole *f;* (*rompeolas*) Wellenbrecher *m* **5.** (*cerro*) kahler Hügel *m* **6.** (*aguijón*) Stachel *m*

espiguilla [espi'ɣiʎa] *f* **1.** (*de la espiga*) Ährchen *nt* **2.** (*cebadilla*) Rispengras *nt* **3.** (*del álamo*) Pappelkätzchen *nt* **4.** (*dibujo*) Fischgrätenmuster *nt*

espín [es'pin] *m* **1.** (ZOOL): **puerco** ~ Stachelschwein *nt* **2.** (FÍS) Spin *m*

espina [es'pina] *f* **1.** (*de pescado*) Gräte *f* **2.** (*púa*) Dorn *m,* Stachel *m* **3.** (*astilla*) Splitter *m* **4.** (ANAT): ~ (**dorsal**) Rückgrat *nt,* Wirbelsäule *f;* ~ **bífida** (MED) offene Wirbelsäule, Spina *f* bifida **5.** (*inconveniente*) Schwierigkeit *f;* **dar mala** ~ (*fam*) argwöhnisch machen, Argwohn hervorrufen **6.** (*pesar*) Kummer *m;* **sacarse una** ~ (*fam: desquitarse*) sich revanchieren; (*desahogarse*) sich *dat* etwas von der Seele reden

espinaca [espi'naka] *f* Spinat *m*

espinal [espi'nal] *adj* Rückgrat-, Spinal-, spinal; **médula** ~ Rückenmark *nt*

espináquer [espi'naker] *m* (NÁUT) Spinnaker *m*

espinar [espi'nar] **I.** *vi* stechen **II.** *vt* **1.** (*herir*) stechen **2.** (*árboles*) zum Schutz mit Dornen umwickeln **3.** (*ofender*) beleidigen **III.** *vr:* ~**se** sich stechen (*con* an *+dat*) **IV.** *m* **1.** (*lugar*) Dornengestrüpp *nt* **2.** (*problema*) dornige Sache *f elev,* heikle Angelegenheit *f*

espinazo [espi'naθo] *m* **1.** (ANAT) Rückgrat *nt;* **doblar el** ~ kein Rückgrat haben **2.** (ARQUIT) Schlussstein *m*

espineta [espi'neta] *f* (MÚS) Spinett *nt*
espingarda [espiŋ'garða] *f* **1.** (MIL: *cañón*) Feldschlange *f* **2.** (MIL: *escopeta*) lange Araberflinte *f* **3.** (*fam pey: persona*) Vogelscheuche *f*
espinilla [espi'niʎa] *f* **1.** (ANAT) Schienbein *nt;* **dar a alguien una patada en la** ~ jdm vors Schienbein treten **2.** (MED) Pickel *m;* **sacarse una** ~ sich *dat* einen Pickel ausdrücken
espinillera [espini'ʎera] *f* (DEP) Schienbeinschützer *m*
espino [es'pino] *m* **1.** (BOT): ~ **albar** [*o* **blanco**] Weißdorn *m;* ~ **cerval** Kreuzbeere *f;* ~ **negro** Schwarzdorn *m* **2.** (TÉC): **alambre de** ~ Stacheldraht *m*
espinochar [espino'ʧar] *vt* (AGR: *Maiskolben*) entblättern
espinosismo [espino'sismo] *m sin pl* (FILOS) Spinozismus *m*
espinosista [espino'sista] **I.** *adj* spinozistisch **II.** *mf* Spinozist(in) *m(f)*
espinoso, **-a** [espi'noso, -a] *adj,* **espinudo**, **-a** [espi'nuðo, -a] *adj* (*AmC, CSur*) **1.** (*árbol*) Dorn-, dornig, Stachel-, stach(e)lig; (*pescado*) grätig, voller Gräten **2.** (*problema*) dornig *elev,* haarig
espionaje [espjo'naxe] *m* Spionage *f;* ~ **industrial** Werk(s)spionage *f;* **novela de** ~ Spionageroman *m;* **servicio de** ~ **alemán** Bundesnachrichtendienst *m*
Espira [es'pira] *f* Speyer *nt*
espiración [espira'θjon] *f* **1.** (MED) Ausatmen *nt* **2.** (*de un olor*) Ausströmung *f*
espiral [espi'ral] **I.** *adj* Spiral-, spiralförmig; **escalera** ~ Wendeltreppe *f* **II.** *f* **1.** (*línea*) Spirale *f,* Spirallinie *f;* ~ **de la inflación** Inflationsspirale *f;* ~ **de salarios** Lohnspirale *f;* **la** ~ **de violencia** die Spirale der Gewalt; **en** ~ spiralförmig **2.** (TÉC: *del reloj*) Spiralfeder *f;* (*del coche*) Schneckengewinde *nt* **3.** (*fam: anticonceptivo*) Spirale *f*
espirar [espi'rar] **I.** *vi* **1.** (*aire*) ausatmen **2.** (*elev: viento*) lind wehen **II.** *vt* (*olor*) verströmen, ausströmen
espiratorio, **-a** [espira'torjo, -a] *adj* exspiratorisch; **ejercicio** ~ Exspirationsübung *f*
espirilo [espi'rilo] *m* (MED) Spirille *f*
espiritado, **-a** [espiri'taðo, -a] *adj* (*fam*) abgemagert
espiritismo [espiri'tismo] *m sin pl* Spiritismus *m;* **sesión de** ~ spiritistische Sitzung
espiritista [espiri'tista] **I.** *adj* spiritistisch **II.** *mf* Spiritist(in) *m(f)*
espiritoso, **-a** [espiri'toso, -a] *adj* **1.** (*bebida*) alkoholisch; **bebidas espirit(u)osas** Spirituosen *fpl* **2.** (*persona*) tatkräftig
espiritrompa [espiri'trompa] *f* (ZOOL) Saugrüssel *m*
espíritu [es'piritu] *m* **1.** (*esencia, carácter, mente*) Geist *m;* (*ánimo*) Gemüt *nt;* (*valor*) Mut *m,* Einsatzfreude *f;* ~ **de ahorro** Sparsinn *m;* ~ **de compañerismo** kameradschaftlicher Geist; **el** ~ **de la Constitución** der Geist der Verfassung; ~ **de contradicción** Widerspruchsgeist *m;* ~ **emprendedor** Unternehmungsgeist *m;* ~ **de la época** Zeitgeist *m;* ~ **de equipo** Teamgeist *m;* **el E~ Santo** (REL) der Heilige Geist; ~ **de solidaridad** Gemeinschaftsgeist *m;* ~ **turbado/vivo** verwirrter/lebendiger Geist; **pobre de** ~ Kleingeist *m;* **exhalar el** ~ den Geist aufgeben; **cobrar** ~ Mut fassen; **levantar el** ~ **a alguien** jdn aufmuntern; **tener** ~ **de empresa** Unternehmergeist besitzen; **tiene un** ~ **de rebelión** er/sie hat ein rebellisches Gemüt [*o* ist ein rebellischer Geist]; **hacer algo con** ~ **alegre** etw voller Freude tun **2.** (*don*) Gabe *f;* ~ **de observación** Beobachtungsgabe *f* **3.** (*de una leyenda*) Geist *m;* **los malos ~s** die bösen Geister; **evocar los ~s** die Geister beschwören **4.** (QUÍM) Extrakt *m o nt;* ~ **de vino** Weingeist *m,* Spiritus *m*
espiritual [espiritu'al] *adj* **1.** (*del espíritu*) geistig; **hombre** ~ vergeistigter Mensch; **pobreza** ~ Geistesarmut *f;* **vida** ~ Seelenleben *nt;* **mantenemos una relación puramente** ~ unsere Beziehung ist rein geistiger Natur **2.** (*religioso*) geistlich; **padre** ~ Spiritual *m*
espiritualidad [espiritwali'ðað] *f* Geistigkeit *f,* Spiritualität *f elev*
espiritualismo [espiritwa'lismo] *m sin pl* **1.** (*forma de vida*) geistiges Leben *nt* **2.** (FILOS) Spiritualismus *m*
espiritualización [espiritwaliθa'θjon] *f sin pl* **1.** (FILOS) Spiritualisierung *f* **2.** (REL, ECON) Besitzanspruch *m* der Kirche
espirituoso, **-a** [espiritu'oso, -a] *adj v.* **espiritoso**
espiroidal [espiroi̯'ðal] *adj* spiralig, spiralförmig
espita [es'pita] *f* **1.** (*de una cuba*) Zapfhahn *m;* ~ **del gas** Gashahn *m;* **cerrar la** ~ (*fig*) den Geldhahn abdrehen **2.** (*palmo*) Spanne *f* **3.** (*fam: borracho*) Säufer(in) *m(f)*
esplendidez [esplen̪di'deθ] *f* **1.** (*generosidad*) Großzügigkeit *f,* Freigebigkeit *f* **2.** (*de aspecto, de un vestido*) Prächtigkeit *f,* Pracht *f,* Glanz *m;* (*del día*) Herrlichkeit *f;* (*de una comida*) Vorzüglichkeit *f;* (*de una idea, un resultado*) Großartigkeit *f*
espléndido, **-a** [es'plen̪diðo, -a] *adj* **1.** (*generoso*) großzügig, freigebig **2.** (*aspecto, vestido*) prächtig; (*día*) herrlich; (*comida*) vorzüglich, ausgezeichnet; (*ocasión, idea, resultado*) glänzend, großartig
esplendor [esplen̪'dor] *m* Glanz *m,* Pracht *f;* **el** ~ **del día** die Herrlichkeit des Tages; **en los días de** ~ **del imperio** in der Blütezeit des Reiches
esplendoroso, **-a** [esplen̪do'roso, -a] *adj* prächtig, prachtvoll, glanzvoll
espliego [es'pljeɣo] *m* (BOT) Lavendel *m*
esplín [es'plin] *m* **1.** (*melancolía*) Melancholie *f,* Schwermut *f* **2.** (*tedio*) Lebensüberdruss *m*
espolear [espole'ar] *vt* **1.** (*al caballo*) die

Sporen geben +*dat* **2.** (*a alguien*) anspornen, antreiben

espoleta [espo'leta] *f* **1.** (*de bomba*) Zünder *m* **2.** (ZOOL) Brustbein *nt*

espoliación [espolja'θjon] *f* Plünderung *f*

espoliar [espo'ljar] *vt* ausrauben, plündern

espolio [es'poljo] *m* **1.** (REL) Spolium *nt* **2.** (*desposesión de bienes*) Enteignung *f*

espolón [espo'lon] *m* **1.** (ZOOL: *de gallinas*) Sporn *m;* (*de caballos*) Fessel *f;* **tener más espolones que un gallo** (*fam*) sehr erfahren sein **2.** (*muro*) Damm *m;* **el ~ de Burgos** die Promenade in Burgos **3.** (NÁUT: *de galera*) Rammsporn *m* **4.** (GEO) Ausläufer *m* **5.** (ARQUIT) Widerlager *nt* **6.** (*sabañón*) Frostbeule *f*

espolvorear [espolβore'ar] **I.** *vt* (GASTR) bestäuben **II.** *vr:* **~se** (*con un cepillo*) sich abbürsten; (*con la mano*) sich abklopfen

espolvoreo [espolβo'reo] *m* Bestäuben *nt*

esponja [es'poŋxa] *f* **1.** (*para lavar, t.* ZOOL) Schwamm *m;* **~ de baño** Badeschwamm *m;* **beber como una ~** saufen wie ein Loch; **¡pasemos la ~!** (*fam*) Schwamm drüber! **2.** (*persona*) Parasit *m,* Schmarotzer *m*

esponjar [espoŋ'xar] **I.** *vt* **1.** (*la tierra*) auflockern; (*una masa*) schaumig machen **2.** (*líquido*) mit dem Schwamm abwischen; (*coche*) waschen **II.** *vr:* **~se** **1.** (*engreírse*) sich aufblähen **2.** (*de aspecto*) aufblühen

esponjera [espoŋ'xera] *f* Schwammbehälter *m*

esponjoso, -a [espoŋ'xoso, -a] *adj* **1.** (*masa*) schaumig, locker; (*pan*) aufgeweicht **2.** (MED) spongiös, schwammartig

esponsales [espon'sales] *mpl* (*elev*) Verlobung *f,* Verlöbnis *nt elev*

esponsorizar [esponsori'θar] <z→c> *vt* sponsern

espontáneamente [espon̪tanea'men̪te] *adv* **1.** (*impensadamente*) spontan **2.** (*voluntariamente*) von selbst, freiwillig, von sich *dat* aus

espontaneidad [espon̪tanei̯'ðaᵈ] *f* Spontan(e)ität *f,* Ungezwungenheit *f*

espontaneísmo [espon̪tane'ismo] *m sin pl* (POL) Sponti-Bewegung *f*

espontaneísta [espon̪tane'ista] **I.** *adj* Sponti- **II.** *mf* Sponti *m*

espontáneo[1] [espon̪'taneo] *m* (TAUR) *Zuschauer, der in die Arena springt, um mit dem Stier zu kämpfen*

espontáneo, -a[2] [espon̪'taneo, -a] *adj* spontan, Spontan-; (*saludo*) ungezwungen; **curación espontánea** (MED) Spontanheilung *f*

espora [es'pora] *f* (BOT) Spore *f*

esporádico, -a [espo'raðiko, -a] *adj* **1.** (*aislado*) sporadisch, vereinzelt **2.** (*ocasional*) sporadisch, gelegentlich

esportilla [espor'tiʎa] *f* kleiner Korb *m*

esportivo, -a [espor'tiβo, -a] *adj* (*Am*) **1.** (*deportivo*) sportlich **2.** (*afectando descuido*) lässig

esporular [esporu'lar] *vi* (BIOL) Sporen bilden

esposa [es'posa] *f v.* **esposo**

esposado, -a [espo'saðo, -a] *adj* **1.** (*con esposas*) (mit Handschellen) gefesselt **2.** (*elev: casado*) jung vermählt

esposar [espo'sar] *vt* Handschellen anlegen (*a* +*dat*)

esposas [es'posas] *fpl* Handschellen *fpl;* **colocar las ~ a alguien** jdm Handschellen anlegen

esposo, -a [es'poso, -a] *m, f* Ehemann, -frau *m, f,* Gatte, -in *m, f,* Gemahl(in) *m(f) elev;* **le presento a mi esposa** ich möchte Ihnen meine Frau vorstellen; **salude a su ~ de mi parte** grüßen Sie Ihren Mann [*o* Gatten] von mir; **los ~s salieron de la iglesia** die Eheleute verließen [*o* das Ehepaar verließ] die Kirche

espray [es'prai̯] *m* **1.** (*líquido*) Spray *m o nt* **2.** (*envase*) Spraydose *f,* Sprühdose *f*

esprint [es'prin̪ᵗ] *m* (DEP) Sprint *m,* Spurt *m;* **ganar el ~** den Sprint für sich entscheiden

esprintar [esprin̪'tar] *vt* sprinten, spurten

esprínter [es'prin̪ter] *mf* (DEP) Sprinter(in) *m(f),* Kurzstreckenläufer(in) *m(f)*

espuela [es'pwela] *f* **1.** (*de la bota*) Sporn *m;* **dar de (la) ~, picar ~s** dem Pferd die Sporen geben **2.** (*Am: espolón*) Hahnensporn *m* **3.** (*Arg, Chil: espoleta*) Brustbein *nt* **4.** (BOT): **~ de caballero** Gartenrittersporn *m,* Hahnenfußgewächs *nt* **5.** (*acicate*) Ansporn *m,* Anreiz *m;* **poner las ~s a alguien** jdn anspornen **6.** (*trago*): **echar [*o* tomar] la ~** zum Abschluss noch einen trinken

espuerta [es'pwerta] *f* Korb *m;* **a ~s** haufenweise, jede Menge *fam*

espulgar [espul'ɣar] <g→gu> **I.** *vt* **1.** (*de pulgas*) flöhen **2.** (*examinar*) genau prüfen [*o* untersuchen] **II.** *vr:* **~se** sich flöhen

espuma [es'puma] *f* **1.** (*burbujas*) Schaum *m;* (*de las olas*) Gischt *m o f;* **~ de afeitar** Rasierschaum *m;* **baño de ~** Schaumbad *nt;* **extintor de ~** Schaumlöscher *m,* Schaumlöschgerät *nt;* **crecer como la ~** (*fam: persona*) sehr schnell wachsen; (*cosa*) rapide steigen [*o* anwachsen] **2.** (*materia*) Schaumstoff *m* **3.** (*mineral*): **~ de mar** Meerschaum *m;* **~ de nitro** Mauersalpeter *m*

espumadera [espuma'ðera] *f* Schaumlöffel *m*

espumajear [espumaxe'ar] *vi* geifern; **~ de rabia** vor Wut schäumen

espumar [espu'mar] **I.** *vi* **1.** (*hacer espuma*) schäumen **2.** (*aumentar*) rapide steigen [*o* anwachsen] **II.** *vt* den Schaum abschöpfen (von +*dat*)

espumarajear [espumaraxe'ar] *vi v.* **espumajear**

espumarajo [espuma'raxo] *m* **1.** (*pey: espuma*) dreckiger Schaum *m* **2.** (*de la boca*) Geifer *m;* **echar ~s por la boca** vor Wut schäumen

espumilla [espu'miʎa] *f* **1.** (*tejido*) feiner Krepp *m* **2.** (*Am:* GASTR: *merengue*) Schaumgebäck *nt*

espumosidad [espumosi'ða^ð] *f sin pl* Schaumigkeit *f*

espumoso, **-a** [espu'moso, -a] *adj* (*masa, crema*) schaumig; (*líquido*) schäumend; **vino ~** Schaumwein *m*

espurio, **-a** [es'purjo, -a] *adj* **1.** (*falso*) falsch, unecht; **palabra espuria** (von der Real Academia) nicht anerkanntes Wort; **raza espuria** Mischrasse *f* **2.** (*persona*) unehelich; **hijo ~** uneheliches Kind

esputo [es'puto] *m* Speichel *m*, Spucke *f fam;* (MED) Sputum *nt*, Auswurf *m*

esquebrajar [eskeβra'xar] **I.** *vt* spalten, ritzen **II.** *vr:* **~se** Risse bekommen, sich spalten

esqueje [es'kexe] *m* (BOT) Steckling *m*

esquela [es'kela] *f* **1.** (*nota*) kurze Mitteilung *f* **2.** (*necrológica*): **~ (mortuoria)** Todesanzeige *f;* **publicar una ~** eine Todesanzeige aufgeben

esquelético, **-a** [eske'letiko, -a] *adj* **1.** (ANAT) Skelett- **2.** (*persona*) spindeldürr

esqueleto [eske'leto] *m* **1.** (ANAT) Skelett *nt*, Gerippe *nt;* **después de la operación quedó hecho un ~** nach der Operation war er/sie nur noch ein Skelett; **esta noche vamos a mover el ~** (*fam*) heute Abend schwingen wir das Tanzbein **2.** (*de un avión, barco*) Gerippe *nt*, Gerüst *nt;* (*de un edificio*) Skelett *nt* **3.** (*Col, AmC: impreso*) Formular *nt* **4.** (*Chil: de un escrito*) Entwurf *m*

esquema [es'kema] *m* **1.** (*gráfico*) Schema *nt;* **en ~** schematisch **2.** (*de una clase*) Konzept *nt;* **tengo que hacer el ~ del discurso** ich muss mir ein Konzept für die Rede machen

esquemático, **-a** [eske'matiko, -a] *adj* schematisch

esquematismo [eskema'tismo] *m sin pl* **1.** (*pey: simplificación*) Schematisierung *f* **2.** (*conjunto de esquemas*) Schematismus *m*

esquematización [eskematiθa'θjon] *f sin pl* schematische Darstellung *f*

esquematizar [eskemati'θar] <z→c> *vt* schematisieren, schematisch darstellen

esquí [es'ki] *m* **1.** (*patín*) Ski *m;* **~ compacto** Kompaktski *m;* **~ de fondo** Langlaufski *m;* **bastón de ~** Skistock *m* **2.** (*deporte*) Skisport *m;* **~ acuático** Wasserski *nt;* **~ alpino** alpiner [*o* nordischer] Skilauf; **~ naútico** Wasserski *nt*

esquiador(a) [eskja'ðor(a)] *m(f)* Skiläufer(in) *m(f);* **~ acuático** Wasserskiläufer *m;* **~ de fondo** Langläufer *m*

esquiar [eski'ar] <*1. pres:* **esquío**> *vi* Ski laufen [*o* fahren]

esquife [es'kife] *m* (NÁUT) Beiboot *nt;* (MIL) Pinasse *f*

esquila [es'kila] *f* **1.** (*cencerro*) Kuhglocke *f* **2.** (*campanilla*) Glöckchen *nt* **3.** (*esquileo*) Schur *f* **4.** (ZOOL) Sandgarnele *f*

esquiladero [eskila'ðero] *m* (AGR) Scherstall *m*, Schurstelle *f*

esquilador(a) [eskila'ðor(a)] *m(f)* (AGR) Schafscherer(in) *m(f)*

esquiladora [eskila'ðora] *f* (AGR) Schermaschine *f*

esquilar [eski'lar] *vt* (*ovejas*) scheren; (*perros*) trimmen; **esta tarde iré a que me esquilen** heute Nachmittag gehe ich zum Friseur; **hoy sí que te han esquilado bien** heute hat der Friseur dich mächtig gestutzt

esquileo [eski'leo] *m* **1.** (*acción*) Schur *f*, Scheren *nt* **2.** (*época*) Schurzeit *f* **3.** (*lugar*) Schurstall *m;* (*al aire libre*) Schurplatz *m*

esquilmar [eskil'mar] *vt* **1.** (*frutos*) ernten **2.** (*la tierra*) auslaugen **3.** (*fuente de riqueza*) ausbeuten; **antes los nobles esquilmaban a sus súbditos** früher haben die Adligen ihre Untertanen ausgebeutet; **ha esquilmado el premio de la lotería en un año** er/sie hat den Lottogewinn in einem Jahr verprasst

esquimal [eski'mal] **I.** *adj* eskimoisch; **perro ~** Eskimohund *m*, Husky *m* **II.** *mf* Eskimo *m*, Eskimofrau *f*

esquina [es'kina] *f* (*de un edificio*) (Straßen)ecke *f;* (*de una mesa*) Ecke *f*, Kante *f;* **casa que hace ~** Eckhaus *nt;* **saque de ~** (DEP) Eckball *m;* **hacer un saque de ~** (DEP) einen Eckball ausführen; **a la vuelta de la ~** um die Ecke; **doblar la ~** um die Ecke biegen; **nos encontramos en la ~** wir trafen uns an der Ecke

esquinado, **-a** [eski'naðo, -a] *adj* **1.** (*objeto*): **las cajas estaban esquinadas** die Kisten lagen über Eck **2.** (*persona*) spröde, ungesellig

esquinar [eski'nar] **I.** *vi* eine Ecke bilden **II.** *vt* **1.** (*objetos*) über Eck legen **2.** (*maderos*) rechtwinklig zuschneiden **III.** *vr:* **~se** sich verfeinden (*con* mit +*dat*)

esquinazo [eski'naθo] *m* (*fam*) Hausecke *f;* **dar ~ a alguien** (*dejar plantado*) jdn versetzen, jdn im Stich lassen; (*rehuir*) jdm (auf der Straße) ausweichen, jdm aus dem Weg gehen

esquirla [es'kirla] *f* Splitter *m*

esquirol [eski'rol] *mf* Streikbrecher(in) *m(f)*

esquivar [eski'βar] **I.** *vt* **1.** (*golpe*) ausweichen +*dat;* **~ un golpe** einem Schlag ausweichen **2.** (*problema, encuentro*) vermeiden, umgehen **3.** (*a alguien*) ausweichen (*a* +*dat*), aus dem Weg gehen (*a* +*dat*) **II.** *vr:* **~se** sich drücken (vor +*dat*)

esquivez [eski'βeθ] *f sin pl* **1.** (*huraño*) Ungeselligkeit *f* **2.** (*arisco*) Reserviertheit *f*

esquivo, **-a** [es'kiβo, -a] *adj* **1.** (*huidizo, huraño*) scheu, ungesellig **2.** (*arisco*) spröde, reserviert

esquizofrenia [eskiθo'frenja] *f* (PSICO) Schizophrenie *f*

esquizofrénico, **-a** [eskiθo'freniko, -a] **I.** *adj* (PSICO) schizophren **II.** *m, f* (PSICO) Schizophrene(r) *mf*

esquizoide [eski'θoi̯ðe] **I.** *adj* (PSICO) schizoid **II.** *mf* Schizoide(r) *mf*

esta ['esta] *adj v.* **este**, **-a**

ésta ['esta] *pron dem v.* **éste**

estabilidad [estaβili'ða^ð] *f* (*de un objeto, t.* ECON) Stabilität *f;* (*de un trabajo*) Dauerhaftigkeit *f;* (*de una amistad*) Beständigkeit *f;* (*del carácter*) Standhaftigkeit *f;* ~ **de los cambios** (FIN) Kursstabilität *f;* ~ **económica/política** wirtschaftliche/politische Stabilität; ~ **del empleo** Sicherheit des Arbeitsplatzes; ~ **de los precios** Preisstabilität *f*

estabilización [estaβiliθa'θjon] *f* Stabilisierung *f*

estabilizador[1] [estaβiliθa'ðor] *m* **1.** (QUÍM, AUTO, TÉC) Stabilisator *m* **2.** (AERO) Flosse *f;* ~ **de cola** Kielflosse *f;* ~ **de dirección** Seitenflosse *f*

estabilizador(a)[2] [estaβiliθa'ðor(a)] *adj* stabilisierend; **tener un efecto** ~ **sobre los precios** eine preisstabilisierende Wirkung haben

estabilizante [estaβili'θan̩te] *adj* stabilisierend

estabilizar [estaβili'θar] <z→c> **I.** *vt* **1.** (*objeto, t.* ECON) stabilisieren, stabil machen **2.** (*trabajo*) sichern **3.** (*amistad*) festigen **II.** *vr:* ~**se** sich stabilisieren

estable [es'taβle] *adj* (*objeto, situación, moneda, precios*) stabil; (*trabajo*) dauerhaft, sicher; (*tiempo*) beständig; (*carácter*) standhaft, gefestigt

establecer [estaβle'θer] *irr como crecer* **I.** *vi* festlegen, festsetzen; **la ley establece que...** das Gesetz setzt fest, dass ... **II.** *vt* **1.** (*fundar*) gründen; (*dictadura*) errichten; (*grupo de trabajo*) einsetzen; (*costumbre*) einführen; (*sucursal, tienda*) eröffnen; (*relaciones, contacto*) aufnehmen; (*principio*) aufstellen; (*orden*) (wieder)herstellen; (*escuela*) einrichten; (*récord, regla*) aufstellen; (*ley*) erlassen; (*balance, presupuesto*) aufstellen; (*precio, salario*) festsetzen; ~ **relaciones comerciales** Geschäftsverbindungen aufbauen; ~ **un tanto alzado** einen Pauschalpreis vereinbaren; **la empresa establece su propio reglamento** das Unternehmen legt eine eigene Betriebsordnung fest **2.** (*ordenar*) festlegen, festsetzen; **proporción establecida** festgelegter Satz **3.** (*colocar*) aufstellen, aufbauen; (*campamento*) aufschlagen; (*colonos*) ansiedeln; (*conexión*) herstellen; (*sociedad*) gründen **III.** *vr:* ~**se 1.** (*instalarse*) sich niederlassen (*en* in +*dat, de* als +*nom*); ~**se en Madrid/de abogada** sich in Madrid/als Rechtsanwältin niederlassen **2.** (*trabajar por cuenta propia*) sich selb(st)ständig machen (*de* als +*nom*)

establecimiento [estaβleθi'mjen̩to] *m* **1.** (*fundación*) Gründung *f;* (*de un grupo de trabajo*) Einsatz *m;* (*de una costumbre*) Einführung *f;* (*de una sucursal*) Eröffnung *f;* (*de relaciones*) Aufnahme *f;* (*de un principio, récord*) Aufstellung *f;* (*del orden*) (Wieder)herstellung *f;* (*de una escuela*) Einrichtung *f;* (*de un balance, un presupuesto*) Aufstellung *f;* (*de un precio, un salario*) Festsetzung *f;* ~ **de relaciones comerciales** Aufnahme von Handelsbeziehungen **2.** (*tienda*) Geschäft *nt,* Laden *m* **3.** (*institución*) Institution *f;* (*pública*) öffentliche Einrichtung *f,* öffentliche Institution *f;* (*empresa*) Unternehmen *nt;* ~ **bancario** Bankhaus *nt;* ~ **de crédito** Kreditinstitut *nt;* ~ **industrial** Industriebetrieb *m;* ~ **penitenciario** Strafvollzugsanstalt *f;* ~ **principal** Hauptniederlassung *f* **4.** (*de una persona*) Ansiedelung *f;* **libertad de** ~ Niederlassungsfreiheit *f*

establishment [es'taβlismen] *m* Establishment *nt*

establo [es'taβlo] *m* **1.** (*cuadra*) Stall *m,* Stallung *f;* **esta casa es un** ~ dieses Haus ist ein Saustall **2.** (*Cuba: cochera*) Garage *f;* (*para alquilar*) Autoverleih *m*

estabulación [estaβula'θjon] *f* Aufzucht *f* im Stall

estabular [estaβu'lar] *vt* im Stall aufziehen

estaca [es'taka] *f* **1.** (*para clavar*) Pfahl *m;* (*para hortalizas*) Pfahl *m,* Stange *f;* (*para tienda*) Zeltpflock *m* **2.** (BOT) Steckling *m* **3.** (*garrote*) Knüppel *m,* Stock *m* **4.** (*clavo*) Balkennagel *m*

estacada [esta'kaða] *f* Pfahlzaun *m,* Palisade *f;* **dejar a alguien en la** ~ jdn im Stich lassen, jdn hängen lassen *fam;* **quedarse alguien en la** ~ (*por un negocio*) in der Patsche sitzen; (*en una disputa*) den Kürzeren ziehen

estacazo [esta'kaθo] *m* **1.** (*golpe*) Stockschlag *m* **2.** (*crítica*) scharfe Kritik *f;* (*rapapolvo*) Standpauke *f;* **dar un** ~ **a alguien** jdm eine Standpauke halten

estación [esta'θjon] *f* **1.** (*del año*) Jahreszeit *f;* (*temporada*) Zeit *f,* Saison *f;* ~ **de las flores** Frühjahr *nt;* ~ **de las lluvias** Regenzeit *f* **2.** (*de trenes*) Bahnhof *m;* (*pequeña*) Station *f;* (*parada*) Station *f,* Haltestelle *f;* ~ **de autobuses** Busbahnhof *m;* ~ **de carga** Verladebahnhof *m;* ~ **central** Hauptbahnhof *m;* ~ **de correspondencia** Anschlussbahnhof *m;* ~ **de destino** Bestimmungsbahnhof *m;* ~ **final** Endstation *f,* Zielbahnhof *m;* ~ **de maniobras** Rangierbahnhof *m;* ~ **de mercancías** Güterbahnhof *m;* ~ **de metro** U-Bahn-Station *f;* **franco** ~ **de salida** frei Abgangsstation; **franco** ~ **de llegada** frei Bestimmungsbahnhof **3.** (REL) Station *f* **4.** (RADIO, TV) Sender *m,* Sendestation *f* **5.** (*centro*) Station *f,* Stelle *f;* ~ **de acoplamiento** (INFOR) Kopplungsstation *f;* ~ **depuradora (de aguas)** Klärwerk *nt;* ~ **espacial** Raumstation *f;* ~ **de lectura** (INFOR) Lesestation *f;* ~ **meteorológica** Wetterwarte *f,* Wetterstation *f;* ~ **de servicio** Tankstelle *f;* ~ **de trabajo** (INFOR) Workstation *f;* ~ **de tratamiento de basura** Müllaufbereitungsanlage *f*

estacional [estaθjo'nal] *adj* **1.** (*del año*) jahreszeitlich bedingt **2.** (*de la temporada*) saisonal; **variaciones** ~**es** saisonbedingte Schwankungen

estacionalidad [estaθjonali'ða^{d}] *f* Saisonabhängigkeit *f*

estacionamiento [estaθjona'mjen̩to] *m*

1. (*colocación*) Aufstellung *f;* (*de una persona*) Postierung *f;* (*de misiles, soldados*) Stationierung *f;* (*posición*) Stellung *f* **2.** (AUTO: *acción*) Parken *nt;* (*lugar*) Parkplatz *m;* ~ **prohibido** Parken verboten; ~ **vigilado** bewachter Parkplatz **3.** (*inmovilidad*) Stehenbleiben *nt*

estacionar [estaθjo'nar] **I.** *vt* **1.** (*colocar*) aufstellen; (*una persona*) postieren; (*misiles, soldados*) stationieren **2.** (AUTO) parken, abstellen **II.** *vr:* ~**se** **1.** (*colocarse*) aufgestellt werden; (*una persona*) sich postieren; (*misiles, soldados*) stationiert werden **2.** (AUTO) parken **3.** (*parar*) stehen bleiben; **la producción se ha estacionado** die Produktion ist ins Stocken geraten

estacionario, -a [estaθjo'narjo, -a] *adj* stationär

estada [es'taða] *f* (*Am*), **estadía** [esta'ðia] *f* **1.** (*estancia*) Aufenthalt *m* **2.** (*de un modelo*) Sitzung *f* **3.** (COM: *tiempo*) (Über)liegezeit *f;* (*tarifa*) (Über)liegegeld *nt*

estadígrafo, -a [esta'ðiɣrafo, -a] *m, f* (MAT) Statistiker(in) *m(f)*

estadio [es'taðjo] *m* **1.** (DEP) Stadion *nt* **2.** (MED) Stadium *m*

estadista [esta'ðista] *mf* **1.** (POL) bedeutender Politiker *m,* bedeutende Politikerin *f,* Staatsmann, -frau *m, f* **2.** (MAT) Statistiker(in) *m(f)*

estadística [esta'ðistika] *f* Statistik *f*

estadístico, -a [esta'ðistiko, -a] *adj* statistisch

estado [es'taðo] *m* **1.** (*condición*) Zustand *m,* Lage *f;* ~ **de alarma** Alarmzustand *m;* ~ **civil** Familienstand *m;* ~ **contable** Kontostand *m;* ~ **de las cosas** (*general*) Stand [*o* Lage] der Dinge; (*de un hecho concreto*) Sachlage *f;* ~ **de costes** Kostenaufstellung *f;* ~ **de las cotizaciones** Kursstand *m;* ~ **de cuenta** Kontostand *m;* ~ **de la economía** Wirtschaftslage *f;* ~ **de emergencia** Notstand *m;* ~ **de espera** (INFOR) Wartezustand *m;* ~ **de las existencias** Bestandslage *f;* ~ **financiero** Finanzlage *f;* ~ **gaseoso** (FÍS) gasförmiger Zustand; ~ **de guerra** Kriegszustand *m;* ~ **latente** (INFOR) latenter Zustand; ~ **líquido** (FÍS) flüssiger Zustand; ~ **de salud** Gesundheitszustand *m;* ~ **sólido** (FÍS) fester Zustand; **en buen/mal** ~ in gutem/schlechtem Zustand; **en buen ~ de conservación** gut erhalten; **en ~ de embriaguez** im Zustand der Trunkenheit, in betrunkenem Zustand; **estar en ~ de buena esperanza, estar en ~ interesante** guter Hoffnung sein; **en ~ de merecer** unverheiratet; **debate sobre el ~ de la nación** Debatte zur Lage der Nation **2.** (POL) Staat *m;* ~ **de administración fiducidaria** Treuhandgebiet *nt;* ~ **agrario** Agrarstaat *m;* ~ **asociado** (UE) assoziierter Staat; ~ **de las autonomías** Staat mit selbstverwalteten Regionen; ~ **del bienestar** Wohlfahrtsstaat *m;* ~ **comunitario** Mitgliedsstaat der Europäischen Union; ~ **de derecho** Rechtsstaat *m;* ~ **deudor** Schuldnerstaat *m;* ~ **federal** Bundesstaat *m;* ~ **industrial** Industriestaat *m;* ~ **limítrofe** Nachbarstaat *m;* ~ **litoral** Küstenstaat *m;* ~ **sin litoral** Binnenstaat *m;* ~ **miembro** Mitgliedsstaat *m;* ~ **providencia** Wohlfahrtsstaat *m;* ~ **ribereño** Anrainerstaat *m;* ~ **social** Sozialstaat *m;* **empresa del** ~ Staatsbetrieb *m;* **funcionario del** ~ Staatsbedienstete(r) *m;* **patrimonio del** ~ Staatsvermögen *nt;* **presupuestos del** ~ Staatshaushalt *m* **3.** (MIL): ~ **mayor** Generalstab *m;* ~ **mayor de la armada** Führungsstab der Marine **4.** (HIST) Stand *m;* **el ~ llano** der untere Stand **5.** (FIN): ~ **de cuentas** Kassenbericht *m;* ~ **de los gastos** Ausgabenseite; ~ **de los ingresos** Einnahmenseite *f;* **papel del** ~ Staatspapier *nt* **6.** (JUR): ~ **de necesidad** Notstand *m*

Estados Unidos [es'taðos u'niðos] *mpl* Vereinigte Staaten *mpl* (von Amerika)

estadounidense [estaðouni'ðense] *mf* US-Amerikaner(in) *m(f)*

estafa [es'tafa] *f* Betrug *m,* Schwindel *m*

estafador(a) [estafa'ðor(a)] *m(f)* Betrüger(in) *m(f),* Schwindler(in) *m(f),* Gauner(in) *m(f)*

estafar [esta'far] *vt* betrügen, prellen; **la cajera me ha estafado el cambio** die Kassiererin hat mich um das Wechselgeld betrogen; **me has estafado 1.000 pesetas** du hast mir 1.000 Peseten abgeschwindelt

estafermo [esta'fermo] *m* (*persona embobada*) Dummkopf *m,* Trottel *m*

estafeta [esta'feta] *f* **1.** (*correos*) Postamt *nt,* Poststelle *f* **2.** (HIST) Bote *m*

estafilococo [estafilo'koko] *m* (BIOL) Staphylokokkus *m*

estagnación [estaɣna'θjon] *f* (*AmC*) Stagnation *f,* Stocken *nt*

estajanovismo [estaxano'βismo] *m sin pl* (ECON) Stajanovismus *m*

estajanovista [estaxano'βista] **I.** *adj* (ECON) stajanovistisch **II.** *mf* (ECON) Stajanovist(in) *m(f)*

estaje [es'taxe] *m* (*Am*) Akkord *m*

estajear [estaxe'ar] *vi* (*Am*) Akkord arbeiten

estajero, -a [esta'xero, -a] *m, f* (*Am*) Akkordarbeiter(in) *m(f)*

estalactita [estalak'tita] *f* Stalaktit *m*

estalagmita [estalaɣ'mita] *f* Stalagmit *m*

estalinismo [estali'nismo] *m sin pl* Stalinismus *m*

estalinista [estali'nista] **I.** *adj* (POL) stalinistisch **II.** *mf* (POL) Stalinist(in) *m(f)*

estallar [esta'ʎar] *vi* **1.** (*al caer*) bersten, platzen; (*globo, neumático*) platzen; (*bomba*) explodieren; (*cristales*) zersplittern; (*látigo*) knallen; **estalló una ovación** Beifall brach los; **me estalla la cabeza** mir platzt der Schädel **2.** (*revolución, incendio*) ausbrechen; (*tormenta*) losbrechen; **al ~ la guerra** bei Kriegsausbruch **3.** (*risa, alegría*) losbrechen; ~ **en llanto** in Tränen ausbrechen; **estaba en-**

fadado y al final estalló er war verärgert und platzte am Ende vor Wut

estallido [esta'ʎiðo] *m* **1.** (*ruido*) Knall *m*, Knallen *nt;* (*de un globo*) Platzen *nt;* (*explosión*) Explosion *f* **2.** (*de una revolución*) Ausbruch *m;* ~ **de cólera** Zornausbruch *m*

estambre [es'tambre] *m* **1.** (*tela*) Kammgarnstoff *m;* (*hebra*) Kammgarn *nt* **2.** (BOT) Staubgefäß *nt*

Estambul [estam'bul] *m* Istanbul *nt*

estamental [estamen̪'tal] *adj* Standes-, ständisch

estamento [esta'men̪to] *m* Stand *m*, Gesellschaftsschicht *f*

estameña [esta'meɲa] *f* Estamin *nt*, Etamine *f*

estampa [es'tampa] *f* **1.** (*dibujo*) Bild *nt*, Druck *m;* ~ **de un santo** Heiligenbild *nt;* ~ **de la Virgen** Marienbild *nt;* **dar algo a la** ~ etw in Druck geben **2.** (*huella*) Abdruck *m*, Spur *f* **3.** (*impresión*) Eindruck *m;* (*aspecto*) Aussehen *nt;* **un caballo de magnífica** ~ ein Pferd von prächtiger Gestalt; **tienes mala** ~ du siehst schlecht aus; **¡maldita sea tu** ~**!** verflucht seist du!; **es la viva** ~ **de la pobreza** er/sie ist die Armut in Person; **es la viva** ~ **de su padre** (*fam*) er/sie ist seinem/ihrem Vater wie aus dem Gesicht geschnitten

estampación [estampa'θjon] *f sin pl* Drucken *nt;* (*con relieve*) Prägung *f*

estampado[1] [estam'paðo] *m* **1.** (*tejido*) Druck *m;* **no me gusta este** ~ dieses (Stoff)muster gefällt mir nicht **2.** (*metal*) Stanzung *f*, Prägung *f*

estampado, -a[2] [estam'paðo, -a] *adj* bedruckt

estampador[1] [estampa'ðor] *m* (TÉC) Stanzwerkzeug *nt*

estampador(a)[2] [estampa'ðor(a)] **I.** *adj* (TÉC) Stanz-; **proceso** ~ Stanzprozess *m* **II.** *m(f)* Stanzer(in) *m(f)*

estampar [estam'par] **I.** *vt* **1.** (*en papel, tela*) drucken (*en/sobre* auf +*akk*); (*con relieve*) prägen (*en/sobre* in/auf +*akk*); ~ **un dibujo en una camiseta** ein T-Shirt mit einer Zeichnung bedrucken, eine Zeichnung auf ein T-Shirt drucken **2.** (TÉC: *una chapa*) stanzen, prägen; (*un motivo en una chapa*) einstanzen, einprägen; ~ **pins** Pins ausstanzen; **se me quedó estampado en la cabeza** das hat sich mir eingeprägt, das ist mir im Gedächtnis haften geblieben **3.** (*huella*) hinterlassen; ~ **una firma** unterzeichnen; ~ **la firma al pie del documento** die Unterschrift unter ein Dokument setzen **4.** (*fam: arrojar*) knallen, donnern; ~ **el libro contra la pared** das Buch gegen die Wand donnern **5.** (*fam: dar*) verpassen; ~ **una bofetada a alguien** jdm eine knallen [*o* schmieren]; ~**le un beso a alguien en la cara** jdm einen Kuss auf die Wange drücken **II.** *vr:* ~**se** (*fam*) prallen (*contra* gegen +*akk*)

estampía [estam'pia] *f:* **salir** [*o* **partir**] **de** ~ losrasen, losbrausen *fam;* **embestir algo de** ~ auf etw plötzlich losgehen

estampida [estam'piða] *f* **1.** (*huida*) überstürzte Flucht *f* **2.** (*ruido*) Knall *m*

estampido [estam'piðo] *m* Knall *m;* ~ **del trueno** Donnerschlag *m;* **dar un** ~ knallen

estampilla [estam'piʎa] *f* **1.** (*sello*) Faksimilestempel *m* **2.** (*Am: de correos*) Briefmarke *f*

estampillado [estampi'ʎaðo] *m* Abstempeln *nt*

estampilladora [estampiʎa'ðora] *f* Stempelmaschine *f*

estampillar [estampi'ʎar] *vt* abstempeln

estampita [estam'pita] *f* Heiligenbild *nt;* **me han dado el timo de la** ~ (*fam*) ich bin reingelegt worden

estancación [estaŋka'θjon] *f* Stockung *f*, Stillstand *m;* ~ **del volumen de ventas** Absatzstockung *f*

estancado, -a [estaŋ'kaðo, -a] *adj* **1.** (*río*) (auf)gestaut; **aguas estancadas** Stauwasser *nt* **2.** (COM: *mercancía*) monopolisiert, Monopol- **3.** (*negocio*) stockend, stagnierend; **quedarse** ~ ins Stocken geraten

estancamiento [estaŋka'mjen̪to] *m* **1.** (*del agua*) (Auf)stauung *f* **2.** (*de una mercancía*) Monopolisierung *f* **3.** (*de los negocios*) Stockung *f*, Stagnation *f;* (*de un proceso*) Stillstand *m;* ~ **coyuntural** (ECON) Konjunkturstillstand *m*

estancar [estaŋ'kar] <c→qu> **I.** *vt* **1.** (*un río*) (auf)stauen **2.** (COM: *mercancía*) monopolisieren **3.** (*negocio*) zum Stillstand bringen, zum Stocken bringen **II.** *vr:* ~**se** **1.** (*río*) sich (auf)stauen **2.** (*negocio*) stocken, stagnieren; **me he estancado en los estudios** ich komme mit meinem Studium nicht weiter

estancia [es'tan̪θja] *f* **1.** (*permanencia*) Aufenthalt *m;* ~ **en un hospital** Krankenhausaufenthalt *m* **2.** (*habitación*) Wohnraum *m;* (*de palacio*) Gemach *nt* **3.** (*Am: hacienda*) Landgut *nt*, Hazienda *f* **4.** (*Cuba, Ven: quinta*) Landhaus *nt* **5.** (LIT) Stanze *f*

estanciera [estan̪'θjera] *f* (*Arg: furgoneta*) Lieferwagen *m*

estanciero, -a [estan̪'θjero, -a] *m, f* (*CSur, Col, Ven*) **1.** (*de una finca ganadera*) Viehfarmer(in) *m(f)* **2.** (*de latifundios*) Großgrundbesitzer(in) *m(f)*

estanco[1] [es'taŋko] *m* **1.** (*establecimiento*) Tabak(waren)laden *m* **2.** (*monopolio*) Monopol *nt*

estanco, -a[2] [es'taŋko, -a] *adj* **1.** (NÁUT) wasserdicht **2.** (*separado*) abgeschlossen, abgeriegelt; **compartimento** ~ abgeschlossenes Abteil

estándar [es'tan̪dar] **I.** *adj* Standard-; **tipo** ~ Standardversion *f* **II.** *m* Standard *m*, Norm *f;* ~ **de seguridad** Sicherheitsstandard *m;* ~ **de vida** Lebensstandard *m*

estandarización [estan̪dariθa'θjon] *f* Standardisierung *f*, Normung *f*

estandarizar [estan̪dari'θar] <z→c> *vt*

standardisieren, normen

estandarte [estan̪'darte] *m* Standarte *f,* Fahne *f*

estanflación [estaɱfla'θjon] *f* (ECON) Stagflation *f*

estannífero, **-a** [estan'nifero, -a] *adj* (GEO) zinnhaltig

estanque [es'taŋke] *m* **1.** (*en un parque*) Teich *m* **2.** (*para el riego*) Wasserbassin *nt,* Wasserbecken *nt*

estanqueidad [estaŋkei̯'ðaᵈ] *f* Wasserundurchlässigkeit *f*

estanquero, **-a** [estaŋ'kero, -a] *m, f* Tabak(waren)händler(in) *m(f)*

estanquillo [estaŋ'kiʎo] *m* **1.** (*Ecua: taberna*) Kneipe *f* **2.** (*Méx: tienda*) Kramladen *m*

estante [es'tan̪te] *m* **1.** (*para libros*) Bücherbrett *nt,* Bücherbord *nt;* (*para muebles*) (Einlege)boden *m;* (*en una tienda*) Ständer *m* **2.** (*mueble*) Regal *nt*

estantería [estan̪te'ria] *f* Regal *nt;* (*de toda la pared*) Regalwand *f;* (*en una tienda*) Warenregal *nt;* ~ **de libros** Bücherregal *nt,* Bücherbord *nt*

estañar [esta'ɲar] *vt* (*Ven*) **1.** (*herir*) verletzen **2.** (*echar del trabajo*) entlassen

estaño [es'taɲo] *m* Zinn *nt;* ~ **para soldar** Lötzinn *nt*

estaquear [estake'ar] *vt* (*CSur*) **1.** (*cueros*) spannen **2.** (HIST) *foltern durch das Festbinden der Gliedmaßen des Opfers an vier Pfählen*

estaquilla [esta'kiʎa] *f* **1.** (*hierro*) Schuhzwecke *f,* Eisenklammer *f* **2.** (*madera*) Pflocknagel *m,* Holznagel *m*

estar [es'tar] *irr* **I.** *vi* **1.** (*hallarse*) sein, sich befinden; (*un objeto, derecho*) stehen; (*tumbado*) liegen; (*colgando*) hängen (*en* an +*dat*); (*durante un tiempo*) sich aufhalten; **Valencia está en la costa** Valencia liegt an der Küste; **¿está Pepe? – no, no está** ist Pepe hier [*o* da]? – nein, er ist nicht hier [*o* da]; **el vaso está en la mesa** das Glas steht auf dem Tisch; **el periódico está en el suelo** die Zeitung liegt auf dem Boden; **el cuadro está en la pared** das Bild hängt an der Wand; **ahora estoy en Alemania** ich halte mich zur Zeit in Deutschland auf; **¿dónde estábamos?** wo waren wir stehen geblieben?; **sí, se han separado, como estamos aquí tú y yo** ja, sie haben sich scheiden lassen, so wahr wir hier sitzen; **ya lo hago yo, para eso estoy** ich übernehme das, das ist das Mindeste [*o* Wenigste], was ich tun kann; **¿está la comida?** ist das Essen fertig?; **¿a cómo están las acciones hoy?** wie stehen heute die Aktien? **2.** (*sentirse*) sich fühlen; **¿cómo estás?** wie geht es dir?; **ya está mejor** es geht ihm/ihr schon besser; **hoy no estoy bien** ich fühle mich heute nicht wohl **3.** (*más adjetivo o participio*): ~ **asomado al balcón** auf dem Balkon stehen; ~ **cansado** müde sein; ~ **cerrado/listo** geschlossen/fertig sein; ~ **sentado** sitzen; ~ **triste** traurig sein; ~ **ubicado** (*Am*) sich befinden; ~ **viejo** alt aussehen; **el asado está rico** der Braten schmeckt gut [*o* lecker]; **está visto que...** es ist offensichtlich, dass ... **4.** (*con bien, mal*): ~ **mal de azúcar** kaum Zucker haben; **está mal de la cabeza** der/die spinnt; **está mal consigo mismo** er kommt mit sich *dat* selbst nicht zurecht; ~ **mal de dinero** schlecht bei Kasse sein; **una semana de descanso te ~á bien** eine Woche Urlaub wird dir gut tun; **eso te está bien empleado** (*fam*) das geschieht dir recht; **esa blusa te está bien** diese Bluse steht dir gut; **este peinado no te está bien** diese Frisur steht dir nicht [*o* passt nicht zu dir] **5.** (*más a*): ~ **al caer** (*persona*) bald kommen; (*suceso*) bevorstehen; ~ **al día** auf dem Laufenden sein; **están al caer las diez** es ist bald zehn Uhr; **estamos a uno de enero** heute ist der 1. Januar; **¿a qué estamos?** den Wievielten haben wir heute?; **las peras están a 150 pesetas el kilo** die Birnen kosten 150 Peseten pro [*o* das] Kilo; **el cuadro está ahora a 20.000 marcos** das Bild ist nun auf 20.000 DM gestiegen; **las acciones están a 1.000 pesetas** die Aktien liegen bei 1.000 Peseten; **Sevilla está a 40 grados** in Sevilla sind es 40 Grad; **el termómetro está a diez grados** das Thermometer zeigt zehn Grad an; **están uno a uno** das Spiel steht eins zu eins; ~ **a examen** kurz vor einer Prüfung stehen; **estoy a lo que decida la asamblea** ich schließe mich der Entscheidung der Versammlung an; **estoy a oscuras en este tema** ich habe keinen blassen Schimmer von diesem Thema **6.** (*más con*): **estoy con mi novio** ich bin mit meinem Freund zusammen; **en el piso estoy con dos más** ich teile die Wohnung mit zwei Leuten; **estoy contigo en este punto** ich stimme mit dir in diesem Punkt überein **7.** (*más de*): ~ **de broma** zum Scherzen aufgelegt sein; ~ **de charla** einen Schwatz halten; ~ **de mal humor** schlecht gelaunt sein; ~ **de parto** in den Wehen liegen; ~ **de pie** stehen; ~ **de suerte** Glück haben; ~ **de secretario** als Sekretär arbeiten; ~ **de viaje** verreist sein, auf Reisen sein; **en esta reunión estoy de más** ich bin in dieser Sitzung überflüssig; **esto que has dicho estaba de más** was du gesagt hast, war überflüssig [*o* war nicht nötig] **8.** (*más en*): **el problema está en el dinero** das Problem ist das Geld; **yo estoy en que él no dice la verdad** ich bin überzeugt (davon), dass er lügt; **no estaba en sí cuando lo hizo** er/sie war nicht ganz bei sich *dat,* als er/sie es tat; **siempre está en todo** ihm/ihr entgeht nichts; **estoy en lo que tú dices** ich weiß, wovon du sprichst **9.** (*más para*): **hoy no estoy para bromas** heute bin ich nicht zu Späßen aufgelegt; ~ **para morir** im Sterben liegen; **el tren está para salir** der Zug fährt in Kürze ab **10.** (*más por*): **estoy por llamarle** ich bin versucht ihn anzurufen; **eso está por ver** das wird sich zeigen; **la historia de esta ciudad está por escribir** die Geschichte dieser Stadt muss noch geschrieben werden; **este partido está por la democracia** diese Partei setzt sich für die Demokratie ein **11.** (*más gerundio*) gerade etw tun; **¿qué estás haciendo?** was machst du da?; **estoy haciendo la comida** ich bereite gerade das Essen zu; **siempre está mirando la tele** er/sie sieht dauernd fern; **he estado una hora esperando el autobús** ich habe eine Stunde lang auf den Bus gewartet; **estoy escribiendo una carta** ich bin gerade dabei, einen Brief zu schreiben; **¡lo estaba viendo venir!** ich habe es kommen sehen!; **este pastel está diciendo cómeme** bei diesem Kuchen läuft mir das Wasser im Munde zusammen **12.** (*más que*): **estoy que no me tengo** ich bin fix und fertig; **está que trina** er/sie ist außer sich *dat* **13.** (*más sobre*): **estáte sobre este asunto** kümmere dich um diese Angelegenheit; **siempre tengo que ~ sobre mi hijo para que coma** ich muss immer hinter meinem Sohn her sein, damit er was isst; **es una persona que siempre está sobre sí** (*serena*) er/sie verhält sich immer ganz ruhig; (*impasible*) er/sie offenbart nie seine/ihre Gefühle **14.** (*loc*): **a las 10 en casa, ¿estamos?** du bist um 10 Uhr zu Hause, verstanden? **II.** *vr:* **~se 1.** (*hallarse*) sein, sich aufhalten **2.** (*permanecer*) bleiben; **~se de charla** ein Schwätzchen halten; **te puedes ~ con nosotros** du kannst bei uns bleiben; **me estuve con ellos toda la tarde** ich verbrachte den ganzen Nachmittag bei ihnen; **¡estáte quieto!** (*callado*) sei ruhig!; (*quieto*) Hände weg!; **en casa se está muy bien** zu Hause fühlt man sich sehr wohl

estárter [es'tarter] *m* (AUTO) Starter *m*

estatal [esta'tal] *adj* Staats-, staatlich

estatalista [estata'lista] *adj* staatsmännisch

estatalización [estataliθa'θjon] *f* Verstaatlichung *f*

estatalizar [estatali'θar] <z→c> *vt* verstaatlichen

estática [es'tatika] *f sin pl* Statik *f*

estático, **-a** [es'tatiko, -a] *adj* **1.** (TÉC) statisch **2.** (*quieto*) statisch, unbewegt; **en los últimos meses he estado muy ~ y he echado barriga** in den letzten Monaten habe ich mich kaum bewegt und einen Bauch angesetzt **3.** (*pasmado*) verblüfft, sprachlos, wie vor den Kopf geschlagen *fam*

estatificar [estatifi'kar] <c→qu> *vt* verstaatlichen

estatismo [esta'tismo] *m* **1.** (*inmovilidad*) Unbeweglichkeit *f* **2.** (POL) Etatismus *m*

estatización [estatiθa'θjon] *f* Verstaatlichung *f*

estatua [es'tatwa] *f* Statue *f*, Standbild *nt;* **me quedé como una ~** ich erstarrte zur Salzsäule

estatuaria [esta'twarja] *f* Bildhauerei *f*, Bildhauerkunst *f*, Plastik *f*

estatuilla [esta'twiʎa] *f* Statuette *f;* **este año la ~ no fue a parar a una película española** dieses Jahr bekam kein spanischer Film den Oscar

estatura [esta'tura] *f* Statur *f*, Körpergröße *f;* **¿qué ~ tienes?** wie groß bist du?; **es un hombre de ~ pequeña** er ist klein von Statur

estatus [es'tatus] *m* Status *m;* **~ quo** Status quo *m*

estatutario, **-a** [estatu'tarjo, -a] *adj* satzungsgemäß, statutarisch

estatuto [esta'tuto] *m* **1.** (*de una sociedad*) Satzung *f*, Statut *nt;* **~ interno** Betriebsordnung *f;* **~ profesional** Berufsordnung (für freie Berufe) **2.** (JUR) Statut *nt*, Gesetz *nt;* **~ de los trabajadores** Betriebsverfassungsgesetz *nt* **3.** (POL) Gesetz *nt;* **el ~ de Cataluña/Guernika** die Verfassung der katalanischen/baskischen Autonomie

este[1] ['este] *m* Osten *m;* (METEO, NÁUT) Ost *m;* **el viento viene del ~** der Wind kommt von [*o* aus] Ost; **sopla viento del ~** es weht ein Ostwind; **los países del ~** die Ostblockländer; **Alemania del E~** Ostdeutschland *nt;* (HIST) DDR *f*

este, **-a**[2] ['este, -a] **I.** *adj* <estos, -as> diese(r, s), der/die/das (hier); **~ perro es el mío** dieser Hund ist meiner; **esta casa es nuestra** dieses Haus gehört uns; **hay que llevarse estas cajas** die Kisten hier müssen weg; **no sé qué hacer con la tarea esta** ich weiß nicht, was ich mit dieser Aufgabe anfangen soll **II.** *pron dem v.* **éste, ésta, esto**

éste, **ésta**, **esto** ['este, 'esta, 'esto] *pron dem* <éstos, -as> diese(r, s), der/die/das (hier); **¿qué es esto?** was ist das?; **¿quién es ~?** wer ist das?; **¿quién ha hecho esto?** wer hat das gemacht?; **~ soy yo, y éstos son mis hijos** das bin ich, und das sind meine Kinder; **¿los conoces? – no, (a) éstos no los he visto nunca** kennst du sie? – nein, die habe ich nie gesehen; **~ se cree muy importante** der hält sich für sehr wichtig; **antes yo también tenía una camisa como ésta** früher hatte ich auch so ein Hemd; **desde ésta te escribo** ich schreibe Dir aus dieser Stadt; **(estando) en esto** [*o* **en éstas**]**, llamaron a la puerta** dann [*o* in diesem Moment] klingelte es an der Tür; **¡ésta sí que es buena!** das ist ja ein Ding!; **te lo juro, por ésta(s)** darauf kannst du Gift nehmen; *v. t.* **este, -a**

estela [es'tela] *f* **1.** (NÁUT) Kielwasser *nt* **2.** (AERO: *de avión*) Kondensstreifen *m;* (*de cohete*) Rauchfahne *f* **3.** (*rastro*) Spur *f;* **los hooligans dejan siempre una ~ de violencia** die Hooligans hinterlassen immer eine Spur der Gewalt; **dejó una ~ de recuerdos** er/sie hinterließ eine Reihe von Erinnerungen **4.** (ARTE) Stele *f*

estelar [este'lar] *adj* **1.** (*en el cielo*) Stern(en)-; (ASTR) stellar; **sistema ~** Sternsys-

tem *nt* **2.** (*extraordinario*) Star-; **invitado** ~ Stargast *m;* **programa** ~ (TV) Erfolgssendung *f*
estelaridad [estelari'ðað] *f* (*Chil: popularidad*) Beliebtheit *f,* Popularität *f;* **en este momento el noticiero matinal tiene una gran** ~ zur Zeit erfreuen sich die Morgennachrichten größter Beliebtheit
estenografía [estenoɣra'fia] *f* Stenografie *f*
estenografiar [estenoɣrafi'ar] <*1. pres:* **estenografío**> *vt* stenografieren
estenográfico, -a [esteno'ɣrafiko, -a] *adj* stenographisch
estenógrafo, -a [este'noɣrafo, -a] *m, f* Stenograph(in) *m(f)*
estenor(d)este [estenor'(ð)este] **I.** *adj* ostnordöstlich **II.** *m* **1.** (GEO) Ostnordosten *m* **2.** (*viento*) Ostnordostwind
estenosis [este'nosis] *f inv* (MED) Stenose *f*
estenotipia [esteno'tipja] *f* Stenotypie *f*
estenotipista [estenoti'pista] *mf* Stenotypist(in) *m(f)*
estentóreo, -a [esten'toreo, -a] *adj* (*voz*) laut, durchdringend; (*risa*) schallend; (*acento*) ausgeprägt
estepa [es'tepa] *f* **1.** (GEO) Steppe *f* **2.** (BOT) Zistrose *f*
estepario, -a [este'parjo, -a] *adj* Steppen-; **lobo** ~ Steppenwolf *m*
estera [es'tera] *f* (Fuß)matte *f*
estercolamiento [esterkola'mjen̩to] *m* (AGR) organische Düngung *f*
estercolar [esterko'lar] **I.** *vi* misten **II.** *vt* misten, mit Mist düngen
estercolero [esterko'lero] *m* **1.** (*montón*) Misthaufen *m,* Mistgrube *f* **2.** (*lugar*) Saustall *m abw*
estercoraria [esterko'rarja] *f* (*Méx: escarabajo*) Käfer *m*
estéreo [es'tereo] **I.** *adj* (*fam*) Stereo-, stereo(phon); **disco** ~, **grabación** ~ Stereoaufnahme *f* **II.** *m* **1.** (*estereofonía*) Stereo *nt,* Stereophonie *f;* **emitir en** ~ in Stereo senden **2.** (*equipo*) Stereoanlage *f* **3.** (*de leña*) Ster *m,* Raummeter *m o nt*
estereofonía [estereofo'nia] *f* Stereophonie *f*
estereofónico, -a [estereo'foniko, -a] *adj* Stereo-, stereophon(isch)
estereometría [estereome'tria] *f* (MAT) Stereometrie *f*
estereoquímica [estereo'kimika] *f* (QUÍM) Stereochemie *f*
estereotipado, -a [estereoti'paðo, -a] *adj* stereotyp, klischeehaft
estereotipar [estereoti'par] *vt* **1.** (TIPO) stereotypieren **2.** (*frase*) klischeehaft darstellen, klischieren *elev*
estereotipia [estereo'tipja] *f sin pl* Stereotypie *f*
estereotípico, -a [estereo'tipiko, -a] *adj* stereotyp
estereotipo [estereo'tipo] *m* **1.** (TIPO) Stereotypplatte *f* **2.** (*cliché*) Stereotyp *nt,* Klischeevorstellung *f,* Klischee *nt*
estereovisión [estereoβi'sjon] *f sin pl* (TV) Stereofernsehen *nt*
esterería [estere'ria] *f* **1.** (*taller*) Mattenherstellung *f* **2.** (COM: *tienda*) Mattenladen *m*
estéril [es'teril] *adj* **1.** (*persona*) steril, unfruchtbar; (*tierra*) unfruchtbar **2.** (MED) steril, keimfrei **3.** (*trabajo*) nutzlos; (*esfuerzo*) fruchtlos; (*discusión*) unfruchtbar
esterilidad [esterili'ðað] *f* **1.** (*de una persona*) Sterilität *f,* Unfruchtbarkeit *f;* (*de un hombre*) Zeugungsunfähigkeit *f;* (*de un terreno*) Unfruchtbarkeit *f* **2.** (MED) Sterilität *f,* Keimfreiheit *f* **3.** (*de un trabajo*) Nutzlosigkeit *f;* (*de un esfuerzo*) Fruchtlosigkeit *f;* (*de una discusión*) Unfruchtbarkeit *f*
esterilización [esteriliθa'θjon] *f* Sterilisation *f,* Sterilisierung *f*
esterilizador[1] [esteriliθa'ðor] *m* Sterilisiergerät *nt,* Sterilisator *m*
esterilizador(a)[2] [esteriliθa'ðor(a)] *adj* sterilisierend, Sterilisier-; **aparato** ~ Sterilisierapparat *m*
esterilizar [esterili'θar] <z→c> *vt* sterilisieren
esterilla [este'riʎa] *f* **1.** (*estera*) kleine (Fuß)matte *f;* ~ **eléctrica** Heizdecke *f;* ~ **del wáter** Klosettumrandung *f* **2.** (*trencilla*) goldene Borte *f* **3.** (*de paja*) Strohgeflecht *nt* **4.** (*Ecua: rejilla*): **silla de** ~ Korbstuhl *m*
esterlina [ester'lina] *adj:* **libra** ~ Pfund *nt* Sterling
esternocleidomastoideo [esternokleiðomastoi'ðeo] **I.** *adj* (ANAT): **músculo** ~ Kopfnickermuskel *m* **II.** *m* (ANAT) Kopfnicker *m*
esternón [ester'non] *m* (ANAT) Brustbein *nt*
estero [es'tero] *m* **1.** (*Am: pantano*) Sumpf *m* **2.** (*Cuba: ría*) Bucht *f* **3.** (*Chil, Ecua: arroyo*) Bach *m* **4.** (*Ven: aguazal*) Wasserlache *f;* **estar en el** ~ in der Klemme sitzen
esteroide [este'roiðe] *m* (QUÍM) Steroid *nt*
estertor [ester'tor] *m* **1.** (*respiración*) Röcheln *nt* **2.** (MED) Rasselgeräusch *nt*
estertóreo, -a [ester'toreo, -a] *adj* röchelnd
estesiología [estesjolo'xia] *f* (ANAT) Sinnesorganlehre *f*
esteta [es'teta] *mf* Ästhet(in) *m(f)*
estética [es'tetika] *f* **1.** (*ciencia*) Ästhetik *f* **2.** (*persona*) Ästhetikerin *f*
esteticién [esteti'θjen] *mf inv* Kosmetiker(in) *m(f)*
estéticienne [esteti'θjen] *mf* Kosmetiker(in) *m(f)*
esteticismo [esteti'θismo] *m sin pl* Ästhetizismus *m*
esteticista [esteti'θista] **I.** *adj* ästhetizistisch **II.** *mf* **1.** (*de esteticismo*) Ästhetizist(in) *m(f)* **2.** (*estéticienne*) Kosmetiker(in) *m(f)*
estético, -a [es'tetiko, -a] **I.** *adj* ästhetisch; **no** ~ unästhetisch **II.** *m, f* Ästhetiker(in) *m(f)*
estetoscopia [estetos'kopja] *f* (MED) Stethoskopie *f*
estetoscopio [estetos'kopjo] *m* (MED) Ste-

thoskop *nt,* Hörrohr *nt*

estiaje [es'tjaxe] *m* **1.**(*nivel*) Niedrigwasser *nt* **2.**(*período*) Niedrigwasserperiode *f*

estiba [es'tiβa] *f* (NÁUT: *carga*) Stauen *nt;* (*distribución*) Trimmen *nt*

estibador(a) [estiβa'ðor(a)] *m(f)* (NÁUT) Stauer(in) *m(f)*

estibadora [estiβa'ðora] *f* (TÉC) Stapler *m*

estibar [esti'βar] *vt* **1.**(NÁUT: *cargar*) (ver)stauen; (*distribuir*) trimmen **2.**(*lana*) einsacken

estiércol [es'tjerkol] *m* Mist *m,* Dung *m;* **sacar el** ~ ausmisten

estigma [es'tiɣma] *m* **1.**(*en el cuerpo*) Wundmal *nt* **2.**(REL, BOT, MED, ZOOL) Stigma *nt* **3.**(*de un hierro*) Brandmal *nt*

estigmatismo [estiɣma'tismo] *m* (FÍS) Stigmatismus *m*

estigmatizar [estiɣma'tiθar] <z→c> *vt* **1.**(*con hierro*) brandmarken **2.**(REL) stigmatisieren **3.**(*infamar*) brandmarken, stigmatisieren

estilar [esti'lar] **I.** *vi* die Angewohnheit haben (zu); **estila levantarse pronto** er/sie steht gewöhnlich früh auf **II.** *vr:* **~se** gewöhnlich [*o* üblich] sein; **ya no se estila llevar bombachos** Reiterhosen sind aus der Mode gekommen; **antes no se estilaba que las mujeres llevaran pantalones** früher war es nicht üblich, dass Frauen Hosen trugen

estilete [esti'lete] *m* **1.**(*puñal*) Stilett *nt* **2.**(*del reloj solar*) Gnomon *m*

estilismo [esti'lismo] *m sin pl* Stilpflege *f*

estilista [esti'lista] *mf* **1.**(LIT) Stilist(in) *m(f)* **2.**(*diseño*) Stylist(in) *m(f)*

estilística [esti'listika] *f sin pl* (LIT) Stilistik *f,* Stillehre *f*

estilístico, -a [esti'listiko, -a] *adj* stilistisch

estilización [estiliθa'θjon] *f* Stilisierung *f;* (*diseño*) Styling *nt*

estilizar [estili'θar] <z→c> **I.** *vt* stilisieren; (*fam: la silueta corporal*) stylen **II.** *vr:* **~se** (*fam*) sich stylen

estilo [es'tilo] *m* **1.**(*modo, forma*) Stil *m;* ~ **de vida** Lebensstil *m;* **al ~ de...** im Stil ... *+gen,* à la ...; **por el** ~ so ungefähr, so in etwa, ähnlich; **¿qué, estás mal?, pues yo estoy por el** ~ so, dir geht es schlecht?, mir geht es nicht besser; **algo por el** ~ etw in der Art; **ya me habían dicho algo por el** ~ ich hatte schon so etwas (Ähnliches) gehört **2.**(ARTE, LIT) Stil *m* **3.**(DEP) Schwimmstil *m;* ~ **libre** Freistil *m;* ~ **(de) pecho** Brustschwimmen *nt* **4.**(LING): ~ **directo/indirecto** direkte/indirekte Rede **5.**(BOT) Griffel *m,* Stylus *m* **6.**(*del reloj solar*) Gnomon *m* **7.**(INFOR): ~ **de la fuente** Schrifttyp *m*

estilóbato [esti'loβato] *m* (ARQUIT) Stylobat *m*

estilográfica [estilo'ɣrafika] *f* Füllfederhalter *m*

estiloso, -a [esti'loso, -a] *adj* elegant, stattlich

estima [es'tima] *f* **1.**(*aprecio*) Hochschätzung *f,* Wertschätzung *f,* (Hoch)achtung *f;* **tener a alguien en mucha** ~ jdn sehr hoch schätzen **2.**(NÁUT) Giss *m,* Gissung *f*

estimabilidad [estimaβili'ðaᵈ] *f sin pl* (*calculable*) Schätzbarkeit *f*

estimable [esti'maβle] *adj* **1.**(*apreciable*) schätzenswert, achtenswert **2.**(*calculable*) (ab-, ein)schätzbar, taxierbar

estimación [estima'θjon] *f* **1.**(*aprecio*) Wertschätzung *f,* Hochschätzung *f,* (Hoch)achtung *f;* ~ **propia** Selbstachtung *f* **2.**(*evaluación*) (Ab-, Ein)schätzung *f,* Taxierung *f;* ~ **de los costes** Kostenschätzung *f;* ~ **del daño** Schadensschätzung *f;* ~ **a tanto alzado** Pauschalabschätzung *f* **3.**(*acción*) Schätzen *nt;* ~ **de ventas** Verkaufsprognose *f*

estimado, -a [esti'maðo, -a] *adj* **1.**(*apreciado*) geschätzt, geachtet; (*en cartas: señores*) geehrt; (*señoras*) verehrt; **estimadas Señoras** sehr verehrte Damen **2.**(*tasado*) eingeschätzt, taxiert (*en* auf *+akk*); **precio** ~ Schätzpreis *m;* **valor** ~ Schätzwert *m*

estimar [esti'mar] **I.** *vt* **1.**(*apreciar*) schätzen; ~ **a alguien mucho** jdn hoch schätzen; ~ **a alguien poco** jdn gering schätzen; ~ **en demasía** überschätzen **2.**(*valorar*) schätzen (*en* auf *+akk*), taxieren (*en* auf *+akk*); (*tasar*) überschlagen **3.**(*juzgar*) halten (für *+akk*); **lo estimó oportuno** er/sie hielt es für angemessen; ~ **que...** der Meinung sein, dass ..., denken, dass ... **II.** *vr:* **~se** **1.**(*apreciarse*) sich schätzen **2.**(*calcularse*) geschätzt werden (*en* auf *+akk*)

estimativa [estima'tiβa] *f* Urteilsvermögen *nt*

estimativamente [estimatiβa'meṇte] *adv* schätzungsweise

estimativo, -a [estima'tiβo, -a] *adj* geschätzt, Schätz-; **valor** ~ Schätzwert *m*

estimulante [estimu'laṇte] **I.** *adj* anregend, stimulierend **II.** *m* Stimulans *nt,* Anregungsmittel *nt*

estimular [estimu'lar] *vt* **1.**(*café, té*) anregen; (*apetito, debate*) anregen; (*la circulación*) stimulieren; (*en la sexualidad*) stimulieren, reizen, erregen **2.**(*animar*) ermuntern, anspornen, motivieren; (ECON) Anreize schaffen (für *+akk*)

estimulina [estimu'lina] *f* (BIOL) Stimulin *nt* (*organstimulierendes Hormon*)

estímulo [es'timulo] *m* **1.**(MED) Reiz *m* **2.**(*incentivo*) Motivation *f,* Ansporn *m;* (ECON) Anreiz *m;* ~ **de la exportación** Exportförderung *f;* ~ **fiscal** Steueranreiz *m*

estío [es'tio] *m* (*elev*) Sommer *m*

estipendio [esti'peṇdjo] *m* Lohn *m,* Bezahlung *f;* ~ **semanal** Wochenlohn *m*

esti(p)tiquez [esti(p)ti'keθ] *f* (*Am: estreñimiento*) Verstopfung *f*

estipulación [estipula'θjon] *f* **1.**(*convenio*) mündliche Vereinbarung *f,* Abmachung *f* **2.**(JUR) Klausel *f,* Vertragsbestimmung *f*

E

estipular [estipu'lar] *vt* **1.** (*acordar*) vereinbaren, abmachen; (JUR) mündlich vereinbaren **2.** (*fijar*) festsetzen, festlegen
estirada [esti'raða] *f* (DEP) Streckung *f*
estirado[1] [esti'raðo] *m* (TÉC) Ziehen *nt*
estirado, **-a**[2] [esti'raðo, -a] *adj* **1.** (*adusto*) barsch, unwirsch; (*engreído*) eingebildet, hochnäsig **2.** (*justo, escaso*) knapp, eng **3.** (*tacaño*) knaus(e)rig, knick(e)rig **4.** (TÉC) gezogen
estirajar [estira'xar] *vt v.* **estirar**
estiramiento [estira'mjen̪to] *m* Strecken *nt,* Streckung *f*
estirar [esti'rar] **I.** *vi* ziehen, zerren; **no estires más que se rompe la cuerda** hör auf zu ziehen, sonst reißt die Schnur **II.** *vt* **1.** (*alargar*) (lang) ziehen; (*dinero, suma*) strecken; ~ **el bolsillo** den Gürtel enger schnallen, sparen; **estiramos el sueldo todo lo que podemos** wir strecken unseren Lohn so gut wir können; **el discurso fue aburridísimo porque lo estiró mucho** die Rede war todlangweilig, weil sie sich sehr in die Länge zog **2.** (*alisar*) glatt ziehen, glatt streichen; ~ **la masa** den Teig ausrollen; **aún tengo que ~ la cama** ich muss das Bett noch machen; **las sábanas no las plancho, sólo las estiro un poco** Bettlaken bügle ich nicht, ich ziehe sie nur ein bisschen glatt **3.** (*extender*) dehnen **4.** (*tensar*) spannen **5.** (*piernas, brazos*) (aus)strecken; **voy a salir a ~ un poco las piernas** ich gehe mir mal ein bisschen die Beine vertreten; ~ **demasiado un músculo** einen Muskel überstrecken [*o* überdehnen] **6.** (TÉC: *alambre*) ziehen **III.** *vr:* **~se** sich (aus)strecken, sich recken
estirón [esti'ron] *m* **1.** (*tirón*) Ruck *m,* ruckartiges Ziehen *nt* **2.** (*crecimiento*) schnelles Wachsen *nt;* **¡vaya ~ que ha dado** [*o* **pegado**] **el niño!** (*fam*) der Junge ist aber groß geworden!
estirpe [es'tirpe] *f* Abstammung *f,* Herkunft *f;* (JUR) Stamm *m;* **ser de noble ~** von edler Abstammung sein
estivación [estiβa'θjon] *f* **1.** (*adaptación*) *körperliche Anpassung an die sommerliche Hitze* **2.** (ZOOL) Sommerschlaf *m*
estival [esti'βal] *adj* sommerlich, Sommer-
esto ['esto] *pron dem v.* **éste**
estocada [esto'kaða] *f* **1.** (*pinchazo*) Degenstoß *m,* Degenstich *m;* (TAUR) Todesstoß *m* **2.** (*herida*) Stichverletzung *f* **3.** (*réplica*) bissige [*o* scharfe] Antwort *f*
Estocolmo [esto'kolmo] *m* Stockholm *nt*
estofa [es'tofa] *f* **1.** (*tejido*) bestickter (Seiden)stoff *m* **2.** (*pey: calidad*) Schlag *m,* Art *f,* Sorte *f;* **gente de baja ~** Pöbel *m,* Pack *nt*
estofado [esto'faðo] *m* **1.** (*guiso*) Schmorfleisch *nt,* Schmorbraten *m* **2.** (*de tela*) Zierstickerei *f*
estofar [esto'far] *vt* **1.** (*guisar*) schmoren, dünsten **2.** (*en madera, oro*) in Sgraffito-Technik verzieren **3.** (*enguatar*) füttern, wattieren
estoica [es'toi̯ka] *adj o f v.* **estoico**
estoicidad [estoi̯θi'ðað] *f sin pl* Unerschütterlichkeit *f,* Stoizismus *m*
estoicismo [estoi̯'θismo] *m sin pl* **1.** (FILOS: *escuela*) Stoa *f;* (*doctrina*) Stoizismus *m* **2.** (*impasibilidad*) Stoizismus *m,* Unerschütterlichkeit *f,* Gleichmut *m*
estoico, **-a** [es'toi̯ko, -a] **I.** *adj* **1.** (FILOS) stoisch **2.** (*impasible*) stoisch, gelassen, unerschütterlich **II.** *m, f* Stoiker(in) *m(f)*
estola [es'tola] *f* Stola *f*
estólida [es'toliða] *adj o f v.* **estólido**
estolidez [estoli'ðeθ] *f* Einfältigkeit *f,* Dummheit *f*
estólido, **-a** [es'toliðo, -a] **I.** *adj* einfältig, dumm **II.** *m, f* Einfaltspinsel *m,* Dummkopf *m;* **es una estólida** sie ist ein Dummkopf
estoma [es'toma] *m* (BOT) Stoma *nt,* Spaltöffnung *f*
estomacal [estoma'kal] **I.** *adj* Magen-; (MED) stomachal; **trastorno ~** Magenverstimmung *f* **II.** *m* verdauungsförderndes Mittel *nt;* (MED) Stomachikum *nt*
estomagante [estoma'ɣan̪te] *adj* **1.** (*que empacha*) Völlegefühl verursachend **2.** (*que fastidia*) ärgerlich
estomagar [estoma'ɣar] <g→gu> *vt* **1.** (*empachar*) Völlegefühl verursachen (*a +dat*) **2.** (*fastidiar*) verstimmen, auf die Nerven gehen (*a +dat*) *fam*
estómago [es'tomaɣo] *m* Magen *m;* **algo se le asiente a alguien en el ~** (*fam*) etw liegt jdm schwer im Magen; **lo tengo asentado en el ~** er liegt mir im Magen, ich kann ihn nicht ausstehen; **se me revolvió el ~** mir wurde schlecht [*o* übel], mir drehte sich der Magen um; **tener buen ~** ein dickes Fell haben; **alguien tiene el ~ en los pies** [*o* **talones**] jdm hängt der Magen in den Kniekehlen
estomatitis [estoma'titis] *f inv* (MED) Mundschleimhautentzündung *f,* Stomatitis *f*
estomatología [estomatolo'xia] *f* (MED) Stomatologie *f*
estomatólogo, **-a** [estoma'toloɣo, -a] *m, f* Stomatologe, -in *m, f*
estonia [es'tonja] *adj o f v.* **estonio**
Estonia [es'tonja] *f* Estland *nt*
estonio, **-a** [es'tonjo, -a] **I.** *adj* estländisch, estnisch **II.** *m, f* Este, -in *m, f,* Estländer(in) *m(f)*
estopa [es'topa] *f* **1.** (*tela*) Flachstuch *nt,* Hanftuch *nt* **2.** (*al peinar el lino o cáñamo*) Werg *nt,* Hede *f* **3.** (*para limpiar*) Putzwolle *f* **4.** (NÁUT) Werg *nt* **5.** (*argot: pegar*): **repartir** [*o* **dar**] [*o* **largar**] ~ schlagen, prügeln; (*dar bofetadas*) ohrfeigen
estoque [es'toke] *m* **1.** (*espadín*) Rapier *nt,* Stoßdegen *m;* **estar hecho un ~** klapperdürr [*o* spindeldürr] sein, eine Bohnenstange sein **2.** (BOT) Schwertlilie *f*
estoquear [estoke'ar] *vt* mit einem Stoßdegen niederstechen
estorbar [estor'βar] **I.** *vi* **1.** (*obstaculizar*) be-

hindern, hinderlich sein **2.** (*molestar*) stören **II.** *vt* **1.** (*impedir*) verhindern **2.** (*obstaculizar*) behindern; ~ **el tráfico** den Verkehr blockieren **3.** (*molestar*) stören

estorbo [es'torβo] *m* **1.** (*molestia*) Ärgernis *nt;* **sal de casa, que sólo eres un** ~ geh aus dem Haus, du stehst einem nur im Weg **2.** (*obstáculo*) Hindernis *nt;* **el mayor** ~ **es mi marido** das größte Hindernis ist mein Mann **3.** (*molestia*) Störung *f;* **tuvieron que interrumpir el discurso a causa de un** ~ sie mussten die Rede wegen einer Störung unterbrechen

estorboso, -a [estor'βoso, -a] *adj* hinderlich, störend

estornino [estor'nino] *m* Star *m*

estornudar [estornu'ðar] *vi* niesen

estornudo [estor'nuðo] *m* Niesen *nt*

estos ['estos] *adj v.* **este, -a**

éstos [estos] *pron dem v.* **éste**

estrábico, -a [es'traβiko, -a] *adj* schielend, schieläugig; **es** ~ er schielt

estrabismo [estra'βismo] *m sin pl* (MED) Schielen *nt,* Strabismus *m*

estrado [es'traðo] *m* **1.** (*tarima*) Podium *nt,* Estrade *f* **2.** (JUR): ~ **del testigo** Zeugenstand *m;* **citar a alguien para ~s** jdn vor Gericht laden

estrafalario, -a [estrafa'larjo, -a] **I.** *adj* (*fam*) **1.** (*ropa*) nachlässig, schlampig, ungepflegt **2.** (*extravagante*) exzentrisch, sonderbar; (*ridículo*) lächerlich, skurril **II.** *m, f* (*fam*) **1.** (*en el vestir*) Schlamper *m,* Schlampe *f* **2.** (*excéntrico*) Sonderling *m,* komischer Kauz *m*

estragar [estra'ɣar] <g→gu> **I.** *vt* **1.** (*dañar*) verwüsten, zerstören **2.** (*embotar*) abstumpfen; (*gusto*) verderben **II.** *vr:* **~se** stumpf werden, sich abstumpfen

estrago [es'traɣo] *m* Verwüstung *f,* Zerstörung *f;* **causar ~s** verwüsten, zerstören; **hacer grandes ~s en la población civil** viele Opfer unter der Zivilbevölkerung fordern

estragón [estra'ɣon] *m* Estragon *m*

estramador [estrama'ðor] *m* (*Méx: peine*) Kamm *m;* (*carmenador*) Wollkamm *m*

estrambótico, -a [estram'botiko, -a] *adj* sonderbar, skurril

estramonio [estra'monjo] *m* Stechapfel *m*

estrangis [es'traŋxis] *adv* (*argot*): **de** ~ (klamm)heimlich, verstohlenerweise

estrangulación [estraŋgula'θjon] *f* **1.** (*acción*) Erwürgen *nt,* Erdrosseln *nt;* (*efecto*) Erdrosselung *f,* Strangulation *f;* (*ahorcado*) Erhängen *nt;* ~ **de la coyuntura** konjunktureller Engpass **2.** (MED) Abschnürung *f,* Abbinden *nt;* ~ **de intestinos** Strangulation *f* **3.** (TÉC) Drosseln *nt,* Drosselung *f*

estrangulador[1] [estraŋgula'ðor] *m* (TÉC): ~ **de aire** Choke *m*

estrangulador(a)[2] [estraŋgula'ðor(a)] **I.** *adj* **1.** (MED) abschnürend **2.** (TÉC) Drossel- **II.** *m(f)* (*asesino*) Würger(in) *m(f)*

estrangulamiento [estraŋgula'mjen̥to] *m* **1.** (*de persona*) Strangulation *f,* Erdrosselung *f* **2.** (*lentitud*) Drosselung *f;* ~ **de la producción** Drosselung der Produktion **3.** (*estrechamiento*) Verengung *f*

estrangular [estraŋgu'lar] **I.** *vt* **1.** (*asesinar*) erwürgen, erdrosseln, strangulieren; (*ahorcar*) erhängen **2.** (MED) abschnüren, abbinden **3.** (TÉC) (ab)drosseln; ~ **gas/vapor** Gas/Dampf drosseln **II.** *vr:* **~se** sich erhängen, sich strangulieren

estraperlear [estraperle'ar] *vi* Schwarzhandel treiben

estraperlista [estraper'lista] *mf* Schwarzhändler(in) *m(f)*

estraperlo [estra'perlo] *m* **1.** (*tráfico*) Schwarzhandel *m;* **adquirir algo de** ~ etw schwarz [*o* illegal] erstehen **2.** (*mercancía*) Schmuggelware *f* **3.** (*asunto*) undurchsichtige [*o* unsaubere] Angelegenheit *f*

Estrasburgo [estras'βurɣo] *m* Straßburg *nt*

estratagema [estrata'xema] *m* **1.** (MIL) Kriegslist *f,* Strategie *f* **2.** (*artimaña*) List *f,* Hinterhältigkeit *f*

estratega [estra'teɣa] *mf* Stratege, -in *m, f*

estrategia [estra'texja] *f* **1.** (MIL) Strategie *f,* Kriegskunst *f* **2.** (*habilidad*) Strategie *f;* ~ **de ventas** Verkaufsstrategie *f*

estratégico, -a [estra'texiko, -a] *adj* strategisch

estratificación [estratifika'θjon] *f* (GEO) Stratifikation *f,* Schichtenbildung *f*

estratificar [estratifi'kar] <c→qu> **I.** *vt* (GEO) stratifizieren, Schichten bilden (in +*dat*) **II.** *vr:* **~se** (GEO) sich in Schichten (ab)lagern

estratigrafía [estratiɣra'fia] *f* (GEO) Stratigraphie *f*

estratigráfico, -a [estrati'ɣrafiko, -a] *adj* (GEO) stratigraphisch

estrato [es'trato] *m* **1.** (GEO: *sedimentación*) Schicht *f,* Lage *f* **2.** (METEO) Stratus *m,* Schichtwolke *f,* Stratuswolke *f* **3.** (*capa*) Schicht *f;* ~ **social** Gesellschaftsschicht *f*

estratosfera [estratos'fera] *f* (METEO) Stratosphäre *f*

estraza [es'traθa] *f* Fetzen *m,* Lumpen *m;* **papel de** ~ Packpapier *nt*

estrechamente [estretʃa'men̥te] *adv* **1.** (*pobremente*) ärmlich, bescheiden; **vivimos** ~ wir kommen gerade so über die Runden **2.** (*íntimamente*) eng, innigst **3.** (*rigurosamente*) streng, strikt; **tenemos que atenernos** ~ **a las normas de seguridad** wir müssen uns strikt an die Sicherheitsbestimmungen halten

estrechamiento [estretʃa'mjen̥to] *m* **1.** (*angostura*) Verengung *f;* (*punto estrecho*) Engpass *m;* ~ **del crédito** Kreditverknappung *f;* ~ **del mercado monetario** Geldverknappung *f;* **mañana comenzarán con el** ~ **de la carretera** morgen beginnen sie mit der Verengung der Straße **2.** (*de gastos*) Einschränkung *f* **3.** (*de amistad*) engere Verflechtung *f,* Ver-

E

tiefung *f;* ~ **de las relaciones económicas** Intensivierung der Wirtschaftsbeziehungen **4.** (*para caber*) Zusammenrücken *nt,* Näherrücken *nt* **5.** (*abrazo*) Umarmen *nt;* ~ **de manos** Händedrücken *nt,* Händeschütteln *nt* **6.** (*presión*) Nötigung *f*

estrechar [estre'tʃar] **I.** *vt* **1.** (*angostar*) verengen, einengen; (*ropa*) enger machen **2.** (*abrazar*) an sich drücken, in die Arme nehmen, umarmen; (*la mano*) schütteln, drücken **3.** (*amistad*) vertiefen, intensivieren; **hemos estrechado nuestra relación** unsere Beziehung ist intensiver geworden **4.** (*obligar*) nötigen, in die Enge treiben **II.** *vr:* ~**se 1.** (*camino, carretera*) sich verengen, enger werden **2.** (*fam: en un asiento*) dichter [*o* näher] zusammenrücken, sich zusammenquetschen *fam* **3.** (*dos personas*) sich umarmen, sich drücken; ~**se las manos** sich *dat* die Hände drücken [*o* schütteln] **4.** (*amistad*) enger [*o* intensiver] werden **5.** (*económicamente*) sich einschränken; ~**se el cinturón** (*fam*) den Gürtel enger schnallen

estrechez [estre'tʃeθ] *f* **1.** (*angostura*) Enge *f;* (*falta de espacio*) Beengung *f,* Beengtheit *f;* ~ **económica** wirtschaftlicher Engpass; ~ **de espíritu** Kleingeistigkeit *f,* Beschränktheit *f* **2.** (*rigidez*) Strenge *f,* Striktheit *f* **3.** (*de amistad*) Innigkeit *f,* Enge *f* **4.** (*escasez*) Knappheit *f;* (*apuro*) Engpass *m,* Not *f;* ~ **de dinero** Geldmangel *m* **5.** *pl* (*económicamente*) finanzielle Probleme *ntpl,* finanzielle Schwierigkeiten *fpl*

estrecho[1] [es'tretʃo] *m* **1.** (GEO) Meerenge *f* **2.** (NÁUT) Straße *f;* ~ **de Gibraltar** Straße von Gibraltar

estrecho, -a[2] [es'tretʃo, -a] *adj* **1.** (*angosto*) eng, schmal; **él es muy ~ de caderas** er ist sehr schmal um die Hüften **2.** (*amistad*) innig, eng, vertraut **3.** (*ropa*) eng (anliegend) **4.** (*con poco sitio*) eng zusammengerückt, dicht gedrängt **5.** (*rígido*) strikt, streng **6.** (*argot: sexualmente*) verklemmt **7.** (*fam: loc*): **hacérselas pasar estrechas a alguien** jdn in eine schwierige Lage bringen

estrechura [estre'tʃura] *f* **1.** (*angostura*) Enge *f* **2.** (*amistad*) Innigkeit *f* **3.** (GEO) Meerenge *f*

estregar [estre'ɣar] *irr como fregar* **I.** *vt* **1.** (*frotar*) fest reiben; (*para limpiar*) scheuern, schrubben **2.** (*cepillar*) bürsten **3.** (*sacar brillo*) polieren **II.** *vr:* ~**se** (*gatos, osos*) sich reiben (*contra* an +*dat*); ~**se los ojos** sich *dat* die Augen reiben

estrella [es'treʎa] *f* **1.** (ASTR) Stern *m;* ~ **fija** Fixstern *m;* ~ **fugaz** Sternschnuppe *f;* ~ **Polar** [*o* **del Norte**] Nordstern *m,* Polarstern *m;* ~ **de rabo** Komet *m;* ~ **temporaria** Nova *f;* ~ **de Venus** Abendstern *m* **2.** (*destino*) Glücksstern *m;* **haber nacido con buena/mala** ~ unter einem günstigen/ungünstigen Stern geboren sein; **tener buena/mala** ~ Glück/Unglück haben **3.** (CINE, TEAT) Star *m;* **una nueva** ~ **del teatro** ein neuer Stern am Theaterhimmel **4.** (TIPO) Sternchen *nt* **5.** (ZOOL): ~ **de mar** Seestern *m* **6.** (ZOOL: *en caballos*) Stern *m,* Blesse *f* **7.** *pl* (*loc*): **querer contar** [*o* **alcanzar**] **las** ~**s** nach den Sternen greifen, das Unmögliche wollen; **poner a alguien/algo por** [*o* **sobre**] **las** ~**s** jdn/etw in den Himmel heben; **ver las** ~**s** (**de dolor**) Sterne sehen (vor Schmerz)

estrellado, -a [estre'ʎaðo, -a] *adj* **1.** (*esteliforme*) sternenförmig **2.** (*noche, cielo*) stern(en)klar; (*lleno de estrellas*) mit Sternen bedeckt, besternt *elev;* **cielo** ~ Stern(en)himmel *m* **3.** (*taza, plato, jarrón*) zerschlagen, zerbrochen, zerschmettert; (*avión*) abgestürzt; **huevos** ~**s** (GASTR) Spiegeleier *ntpl*

estrellar [estre'ʎar] **I.** *adj* Stern(en)- **II.** *vt* **1.** (*romper*) zerbrechen; (*arrojar*) zerschmettern, schlagen (*contra* gegen +*akk*); ~ **huevos en una sartén** Eier in die Pfanne schlagen **2.** (*llenar de estrellas*) mit Sternen übersäen [*o* bedecken] **III.** *vr:* ~**se 1.** (*chocar*) fahren (*contra/en* gegen +*akk*); ~**se con alguien** (*fig*) mit jdm aneinander geraten **2.** (*avión, barco*) zerschellen (*contra/en* an +*dat*); (*globo*) zerplatzen; (*morir*) durch einen Unfall ums Leben kommen **3.** (*fracasar*) scheitern (*contra/en* an +*dat*)

estrellato [estre'ʎato] *m* **1.** (*artista*) Glanzzeit *f* **2.** (*conjunto de artistas*) Stargruppe *f*

estrellón [estre'ʎon] *m* (*Méx: choque*) Aufprall *m*

estremecedor(a) [estremeθe'ðor(a)] *adj* **1.** (*emoción*) erschütternd, ergreifend **2.** (*horrible*) schaurig, Schau(d)er erregend

estremecer [estreme'θer] *irr como crecer* **I.** *vt* **1.** (*noticia, suceso*) erschüttern **2.** (*cañonazo, terremoto*) erschüttern, (er)beben lassen **3.** (*hacer tiritar*) erschau(d)ern [*o* schau(d)ern] lassen; **el frío me estremeció** die Kälte ließ mich schau(d)ern **II.** *vr:* ~**se 1.** (*por noticia, suceso*) erschüttert sein; **se estremeció mucho al escuchar la noticia** die Nachricht erschütterte ihn/sie sehr; **se estremecieron sus creencias** sein/ihr Glaube war erschüttert worden **2.** (*de susto*) zusammenfahren, zusammenzucken; **me estremecí al explotar el globo** ich fuhr zusammen, als der Luftballon platzte **3.** (*temblar*) zittern, erschau(d)ern; ~**se de frío/miedo** vor Kälte/Angst zittern

estremecimiento [estremeθi'mjen̩to] *m* **1.** (*emoción*) Erschütterung *f* **2.** (*de cañonazo, terremoto*) Erbeben *nt,* Erzittern *nt* **3.** (*de frío, miedo*) Erschau(d)ern *nt* **4.** (*de susto*) Zusammenfahren *nt,* Zusammenzucken *nt*

estrenar [estre'nar] **I.** *vt* **1.** (*usar*) zum ersten Mal verwenden [*o* gebrauchen]; (*ropa*) zum ersten Mal anziehen [*o* tragen]; (*edificio*) einweihen; ~ **un piso** als erster Mieter eine Wohnung beziehen; **sin** ~ noch ganz neu, ungebraucht; **estos guantes están sin** ~ diese Handschuhe sind noch ungetragen **2.** (CINE,

TEAT) zum ersten Mal aufführen, uraufführen **3.** (*trabajo*) neu anfangen; ~ **un cargo** ein Amt antreten **II.** *vr:* ~**se 1.** (*carrera artística*) sein Debüt geben, debütieren, zum ersten Mal auftreten **2.** (CINE, TEAT) Premiere haben, Erstaufführung [*o* Uraufführung] haben **3.** (*fam: negocio*) das erste Geschäft des Tages machen, den ersten Verkauf des Tages tätigen; **no se estrena** (*fam*) er/sie hat noch keinen einzigen Handschlag getan **4.** (*trabajo*) antreten; ~**se en un cargo** ein Amt antreten, ein neues Amt bekleiden

estreno [es'treno] *m* **1.** (*uso*) erstmaliger Gebrauch *m;* (*edificio*) Einweihung *f;* ~ **de piso** Erstbezug *m;* **ser de** ~ ganz neu sein **2.** (CINE, TEAT: *actor, músico*) Debüt *nt,* erster Auftritt *m;* (*película, obra*) Premiere *f,* Erstaufführung *f,* Uraufführung *f;* ~ **mundial** Weltpremiere *f*

estreñido, -a [estre'ɲiðo, -a] *adj* (MED) verstopft

estreñimiento [estreɲi'mjen̪to] *m* (MED) Verstopfung *f*

estreñir [estre'ɲir] *irr como ceñir vt* (*comida*) zu Verstopfung führen (bei +*dat*); **las judías me estriñen** von Bohnen bekomme ich Verstopfung

estrépito [es'trepito] *m* **1.** (*ruido*) Lärm *m,* Krach *m,* Getöse *nt;* **reírse con** ~ schallend [*o* dröhnend] lachen **2.** (*ostentación*) Aufsehen *nt;* **con gran** ~ mit großem Aufsehen [*o* Getöse]

estrepitoso, -a [estrepi'toso, -a] *adj* geräuschvoll, lärmend; **aplausos** ~**s** tosender [*o* rauschender] Beifall; **risa estrepitosa** schallendes [*o* dröhnendes] Gelächter

estreptococo [estrepto'koko, -a] *m* (MED) Streptokokkus *m*

estreptomicina [estreptomi'θina] *f* (MED) Streptomyzin *nt*

estrés [es'tres] *m* Stress *m;* **producir** ~ Stress hervorrufen

estresado, -a [estre'saðo, -a] *adj* gestresst

estresante [estre'san̪te] *adj* stressig, anstrengend; **es un trabajo** ~ das ist eine stressige Arbeit

estresar [estre'sar] *vt* stressen, erschöpfen

estría [es'tria] *f* **1.** (ARQUIT) Riefe *f,* Rille *f;* (*columna*) Kannelüre *f,* Hohlkehle *f* **2.** *pl* (*rayas, t.* MED) Streifen *mpl;* ~**s del embarazo** Schwangerschaftsstreifen *mpl*

estriado[1] [estri'aðo] *m* Kannelierung *f*

estriado, -a[2] [estri'aðo, -a] *adj* **1.** (ARQUIT) gerieft, gerillt; (*columna*) kanneliert **2.** (*con rayas*) gestreift

estriar [estri'ar] <*1. pres:* **estrío**> *vt* (ARQUIT) riefe(l)n; (*columna*) kannelieren, kehlen

estribación [estriβa'θjon] *f* (GEO) (Gebirgs)ausläufer *m*

estribar [estri'βar] **I.** *vi* **1.** (*apoyarse*) sich (auf)stützen (*en* auf +*akk*), getragen werden (*en* von +*dat*), ruhen (*en* auf +*dat*) **2.** (*fundarse*) sich stützen (*en* auf +*akk*), sich gründen (*en* auf +*akk*), beruhen (*en* auf +*dat*); **nuestro éxito estriba en nuestra larga experiencia** unser Erfolg beruht auf unserer langen Erfahrung; **la dificultad estriba en la falta de práctica** die Schwierigkeit liegt in der mangelnden Praxis **II.** *vr:* ~**se** in den Steigbügeln hängen bleiben

estribillo [estri'βiʎo] *m* **1.** (MÚS) Refrain *m* **2.** (LIT) Kehrreim *m* **3.** (*expresión repetitiva*) Lieblingswort *nt;* (*toda una frase*) Lieblingssatz *m;* **siempre (con) el mismo** ~ immer die gleiche alte Leier

estribo [es'triβo] *m* **1.** (*de jinete*) Steigbügel *m;* **estar sobre los** ~**s** auf der Hut sein; **perder los** ~**s** die Nerven [*o* den Kopf] verlieren, ausrasten *fam* **2.** (*del coche*) Trittbrett *nt* **3.** (*de la moto*) Fußraste *f* **4.** (ARQUIT: *entibo*) Stütze *f,* Strebe *f;* (*muro*) Strebemauer *f,* Stützmauer *f,* Widerlager *nt;* (*de madera*) Stützbalken *m* **5.** (ANAT) Steigbügel *m* **6.** (GEO) (Gebirgs)ausläufer *m* **7.** (*respaldo*) Stütze *f*

estribor [estri'βor] *m* (NÁUT) Steuerbord *nt*

estricnina [estriɣ'nina] *f* (QUÍM) Strychnin *nt*

estricote [estri'kote] *m* **1.** (*Ven: vida desordenada*) chaotisches Leben *nt* **2.** (*Ecua*): **poner algo al** ~ (*destinar al uso diario*) etw für den alltäglichen Bedarf bestimmen

estricto, -a [es'trikto, -a] *adj* **1.** (*severo*) streng **2.** (*exacto*) strikt, genau, rigoros

estridencia [estri'ðen̪θja] *f* **1.** (*de colores*) Schrillheit *f* **2.** (*sonido*) schriller Ton *m*

estridente [estri'ðen̪te] *adj* **1.** (*sonido, voz, grito*) schrill, durchdringend, grell **2.** (*color*) schrill, grell

estripazón [estripa'θon] *m* (*AmC*) **1.** (*apretura*) Gedränge *nt* **2.** (*destrozo*) Zerstörung *f*

estroboscopia [estroβos'kopja] *f* (FÍS) Stroboskopie *f*

estroboscopio [estroβos'kopjo] *m* (TÉC) Stroboskop *nt*

estrofa [es'trofa] *f* (MÚS, LIT) Strophe *f;* **una canción de cuatro** ~**s** ein Lied mit vier Strophen

estrófico, -a [es'trofiko, -a] *adj* Strophen-

estrógeno [es'troxeno] *m* (BIOL) Östrogen *nt*

estroncio [es'tron̪θjo] *m sin pl* (QUÍM) Strontium *nt*

estropajo [estro'paxo] *m* **1.** (*de fregar*) Topfreiniger *m,* Scheuerschwämmchen *nt* **2.** (*algo inútil*) unnützes Zeug *nt,* Kram *m* **3.** (*alguien inútil*) Nichtsnutz *m;* **poner a alguien como un** ~ jdn fertig machen; **servir de** ~ als Fußabtreter dienen, die Dreckarbeit machen

estropajoso, -a [estropa'xoso, -a] *adj* **1.** (*seco*) trocken, strohig; (*carne*) zäh, ledern; **no puedo masticar esta carne estropajosa** ich kann dieses zähe Fleisch nicht kauen **2.** (*pelo*) strubbelig, struppig **3.** (*tartajoso*) stammelnd, stotternd; **su hablar** ~ sein/ihr Stammeln **4.** (*andrajoso*) lumpig, zerlumpt

estropear [estrope'ar] **I.** *vt* **1.** (*deteriorar*) beschädigen **2.** (*destruir, averiar*) zerstören, kaputtmachen *fam;* (*planes, proyectos*) zunichte machen, durchkreuzen; (*cosecha*) zerstören; (*comida*) verderben; **con lo que dijiste, lo has estropeado todo** durch das, was du gesagt hast, hast du alles verdorben **3.** (*aspecto*) altern (lassen); **desde la muerte de su mujer está muy estropeado** seit dem Tod seiner Frau ist er stark gealtert; **está muy estropeado por la enfermedad** durch die Krankheit ist er stark angeschlagen **II.** *vr:* ~**se** **1.** (*deteriorarse*) sich verschlechtern **2.** (*averiarse*) zerstört werden, kaputtgehen; (*comida*) schlecht werden, verderben; (*planes, proyectos*) scheitern

estropicio [estro'piθjo] *m* **1.** (*destrozo*) Schaden *m* **2.** (*alboroto*) Krach *m,* Radau *m*

estructura [estruk'tura] *f* **1.** (*organización*) Struktur *f,* Gefüge *nt;* (*disposición*) Anordnung *f;* ~ **celular** (BIOL) Zellstruktur *f;* ~ **de los costes de producción** Produktionskostengestaltung *f;* ~ **del directorio** (INFOR) Verzeichnisstruktur *f;* ~ **económico-nacional** nationale Wirtschaftsstruktur; ~ **de la empresa** Unternehmensstruktur *f;* ~ **de la renta nacional** Struktur des Volkseinkommens **2.** (ARQUIT) Struktur *f,* Bauart *f,* Aufbau *m* **3.** (LIT) Struktur *f,* Gliederung *f*

estructuración [estruktura'θjon] *f* Strukturierung *f,* Anordnung *f*

estructurado, -a [estruktu'raðo, -a] *adj* strukturiert

estructural [estruktu'ral] *adj* Struktur-, strukturell; **paro** ~ strukturelle Arbeitslosigkeit; **problemas** ~**es** Strukturprobleme *ntpl*

estructuralismo [estruktura'lismo] *m sin pl* (LING) Strukturalismus *m*

estructuralista [estruktura'lista] **I.** *adj* (LING) strukturalistisch **II.** *mf* (LING) Strukturalist(in) *m(f)*

estructurar [estruktu'rar] **I.** *vt* strukturieren, anordnen; (*clasificar*) gliedern (*en* in +*akk*) **II.** *vr:* ~**se** sich gliedern (*en* in +*akk*)

estruendo [es'trweṇdo] *m* **1.** (*ruido*) Lärm *m,* Krach *m* **2.** (*alboroto*) Radau *m,* Getöse *nt* **3.** (*ostentación*) Aufsehen *nt;* **con gran** ~ mit großem Aufsehen

estruendoso, -a [estrweṇ'doso, -a] *adj* geräuschvoll, lärmend; (*aplauso*) dröhnend, tosend

estrujamiento [estruxa'mjeṇto] *m* Pressen *nt,* Drücken *nt*

estrujar [estru'xar] **I.** *vt* **1.** (*apretar*) pressen; (*limón, naranja*) auspressen **2.** (*machacar*) zerdrücken, zerquetschen; (*papel*) zerknüllen, zusammenknüllen **3.** (*al saludar*) drücken; **Juan le estrujó la mano** Juan drückte ihm/ihr die Hand **II.** *vr:* ~**se** **1.** (*entre mucha gente*) sich durchquetschen, sich durchdrängeln **2.** (*apretujarse*) sich zusammenquetschen, sich zusammendrängen

estrujón [estru'xon] *m* Zerdrücken *nt,* Zerquetschen *nt;* **dar un** ~ **a alguien** jdn fest (an sich) drücken

estuario [es'twarjo] *m* Ästuar *nt,* trichterförmige Flussmündung *f*

estucar [estu'kar] <c→qu> *vt* **1.** (*adornar*) mit Stuck verkleiden, stuckieren **2.** (*una fachada*) verputzen

estuchar [estu'ʧar] *vt* abpacken

estuche [es'tuʧe] *m* **1.** (*receptáculo*) Etui *nt,* Futteral *nt;* (*cajita*) Kästchen *nt;* ~ **de gafas** Brillenetui *nt;* ~ **de joyas** Schmuckkästchen *nt;* ~ **de violín** Geigenkasten *m* **2.** (*fam*): **ser un** ~ ein (Allround)genie sein

estuco [es'tuko] *m* **1.** (*ornamento*) Stuck *m* **2.** (*enyesado*) Putz *m*

estucurú [estuku'ru] *m* (*Hond: búho*) Uhu *m*

estudiado, -a [estu'ðjaðo, -a] *adj* gekünstelt

estudiantado [estuðjaṇ'taðo, -a] *m* Studentenschaft *f,* Studierendenschaft *f*

estudiante [estu'ðjaṇte] *mf* **1.** (*de universidad*) Student(in) *m(f),* Studierende(r) *mf,* Hochschüler(in) *m(f);* ~ **de ciencias** Student(in) der Naturwissenschaften; ~ **de románicas** Romanistikstudent(in) *m(f)* **2.** (*de escuela*) Schüler(in) *m(f)*

estudiantil [estuðjaṇ'til] *adj* Studenten-, studentisch; **movimiento** ~ Studentenbewegung *f*

estudiantina [estuðjaṇ'tina] *f* Estudiantina *f* (*traditionelle Studentengesangsgruppe*)

estudiar [estu'ðjar] *vt* **1.** (*aprender*) lernen **2.** (*analizar*) untersuchen, prüfen **3.** (*obra de teatro*) einstudieren **4.** (*observar*) studieren **5.** (*reflexionar*) überdenken; **lo** ~**é** ich werde darüber nachdenken **6.** (*cursar estudios universitarios*) studieren; ~ **para médico** Medizin studieren; ~ **en Salamanca** in Salamanca studieren

estudio [es'tuðjo] *m* **1.** (*trabajo intelectual*) Lernen *nt;* **dedicarse tres horas todos los días al** ~ sich täglich drei Stunden lang dem Lernen widmen **2.** (*ensayo, obra*) Studie *f,* Abhandlung *f;* (*informe*) Bericht *m;* (*investigación*) Untersuchung *f;* ~ **de impacto ambiental** Umweltverträglichkeitsstudie *f;* ~ **de mercado** Marktstudie *f;* ~ **de viabilidad** Durchführbarkeitsstudie *f;* **estar en** ~ untersucht werden, Gegenstand einer Untersuchung sein **3.** (MÚS) Etüde *f* **4.** (ARTE) Studie *f,* Entwurf *m* **5.** (RADIO, TV) Studio *nt;* ~ **cinematográfico** Filmstudio *nt;* ~ **de grabación** Aufnahmestudio *nt;* ~ **radiofónico** Rundfunkstudio *nt;* ~ **de registro de sonido** Aufnahmestudio *nt;* ~ **de televisión** Fernsehstudio *nt* **6.** (*taller*) Atelier *nt,* Studio *nt* **7.** *pl* (*carrera*) (Hochschul)studium *nt;* **cursar** ~**s** studieren; **no se le dan bien los** ~**s** das Studium fällt ihm/ihr schwer; **tener** ~**s** eine akademische Ausbildung besitzen

estudioso, -a [estu'ðjoso, -a] **I.** *adj* lerneifrig, fleißig **II.** *m, f* Fachmann, -frau *m, f* (*de* für +*akk*)

estufa [es'tufa] *f* **1.** (*calentador*) Ofen *m;* (*de mesa camilla*) Kohlebecken *nt;* ~ **eléctrica** Heizlüfter *m;* ~ **de gas** Gasofen *m* **2.** (*invernadero*) Gewächshaus *nt,* Treibhaus *nt;*

efecto de ~ Treibhauseffekt *m;* **criar en** ~ im Treibhaus ziehen; **criar a alguien en** ~ jdn überbehüten **3.** (*en las curas*) Schwitzkasten *m*

estulticia [estul̥'tiθja] *f* (*elev*) Torheit *f,* Narrheit *f*

estupefacción [estupefaʸ'θjon] *f* **1.** (*asombro*) Verblüffung *f,* Sprachlosigkeit *f;* (*sorpresa*) Überraschung *f* **2.** (*espanto*) Betroffenheit *f,* Bestürzung *f,* Entsetzen *nt* **3.** (MED) Betäubung *f*

estupefaciente [estupefa'θjen̥te] **I.** *adj* **1.** (MED) betäubend **2.** (*que causa asombro*) verblüffend, überraschend **3.** (*que causa espanto*) erschreckend **II.** *m* (MED) Betäubungsmittel *nt;* (*droga*) Rauschgift *nt,* Droge *f;* **tráfico de ~s** Rauschgifthandel *m*

estupefacto, -a [estupe'fakto, -a] *adj* **1.** (*atónito*) perplex, sprachlos, verblüfft; **quedarse** ~ sprachlos werden **2.** (*espantado*) bestürzt, betroffen, entsetzt

estupendo, -a [estu'pen̥do, -a] *adj* fabelhaft, wunderbar, großartig, toll *fam;* **¡~!** super!

estúpida [es'tupiða] *adj o f v.* **estúpido**

estupidez [estupi'ðeθ] *f* **1.** (*acto*) Dummheit *f,* Blödsinn *m* **2.** (*calidad*) Dummheit *f,* Beschränktheit *f*

estúpido, -a [es'tupiðo, -a] **I.** *adj* dumm, beschränkt, stupide **II.** *m, f* Dummkopf *m,* Idiot(in) *m(f)*

estupor [estu'por] *m* **1.** (MED) Benommenheit *f* **2.** (*asombro*) Verblüffung *f,* Erstaunen *nt* **3.** (*espanto*) Bestürzung *f,* Entsetzen *nt*

estuprador [estupra'ðor] *m* (JUR) Verführer *m* Minderjähriger

estuprar [estu'prar] *vt* (JUR) verführer

estupro [es'tupro] *m* (JUR) Vergewaltigung *f;* (*de menores*) Verführung *f* Minderjähriger

esturión [estu'rjon] *m* (ZOOL) Stör *m*

esvástica [es'βastika] *f* Hakenkreuz *nt*

ETA ['eta] *f abr de* **Euskadi Ta Askatasuna** ETA *f*

etano [e'tano] *m* (QUÍM) Ethan *nt*

etanol [eta'nol] *m* (QUÍM) Ethanol *nt*

etapa [e'tapa] *f* **1.** (*trayecto*) Etappe *f,* Abschnitt *m;* (*fase*) Phase *f;* (*época*) Zeitabschnitt *m,* Epoche *f;* **por ~s** in (einzelnen) Abschnitten, schrittweise; **quemar ~s** (*fam*) vorpreschen; **quemar ~s con el coche** (*fam*) durchbrettern **2.** (MIL: *parada*) Etappe *f,* Streckenabschnitt *m;* (*ración*) Marschverpflegung *f* **3.** (DEP) Etappe *f,* Streckenabschnitt *m* **4.** (ELEC) Stufe *f;* **cohete de varias ~s** Mehrstufenrakete *f*

etarra [e'tarra] **I.** *adj* die ETA betreffend; **un comando** ~ ein Kommando der ETA **II.** *mf* ETA-Angehörige(r) *mf,* ETA-Mitglied *nt*

etcétera [e⁽ᵈ⁾'θetera] und so weiter, et cetera

éter ['eter] *m* **1.** (QUÍM) Äther *m* **2.** (*elev: cielo*) Äther *m,* Himmel *m;* (*aire*) Himmelsluft *f*

etéreo, -a [e'tereo, -a] *adj* **1.** (QUÍM) Äther-, ätherisch **2.** (*elev: volátil*) ätherisch, himmlisch

eterificación [eterifika'θjon] *f* (QUÍM) Veretherung *f*

eternidad [eterni'ðaᵈ] *f* Ewigkeit *f;* **tardar una** ~ eine Ewigkeit dauern, ewig dauern; **tarda una ~ en regresar** es dauert eine Ewigkeit, bis er/sie zurückkommt

eternizar [eterni'θar] <z→c> **I.** *vt* verewigen; (*pey: alargar*) endlos hinziehen, endlos in die Länge ziehen **II.** *vr:* **~se** sich verewigen; **~se en algo** sich ewig lang an etw *dat* aufhalten

eterno, -a [e'terno, -a] *adj* **1.** (*perpetuo*) ewig **2.** (*pey: interminable*) ewig, endlos; **un discurso** ~ eine endlose Rede, eine nicht enden wollende Rede **3.** (*pey: reiterado*) ewig; **¿ya estás otra vez con tu eterna envidia?** fängst du schon wieder mit deiner ewigen Eifersucht an?

ethos ['etos] *m* Ethos *nt*

ética ['etika] *f* **1.** (FILOS) Ethik *f,* Morallehre *f* **2.** (*moral*) Ethos *nt,* Sittlichkeit *f;* ~ **profesional** Berufsethos *nt* **3.** (*fam: decencia*) Anstand *m,* Schicklichkeit *f;* **ese hombre no tiene ~ ninguna** dieser Mann besitzt kein bisschen Anstand

ético, -a ['etiko, -a] **I.** *adj* ethisch, sittlich, Ethik- **II.** *m, f* Ethiker(in) *m(f)*

etileno [eti'leno] *m* (QUÍM) Ethylen *nt*

etílico, -a [e'tiliko, -a] *adj* **1.** (QUÍM) Äthyl-; **alcohol** ~ Äthylalkohol *m* **2.** (*alcohólico*) Alkohol-; **borrachera etílica** Alkoholvergiftung *f;* **en estado** ~ in alkoholisiertem Zustand

etilismo [eti'lismo] *m* Alkoholismus *m;* (*intoxicación*) Alkoholvergiftung *f*

etilo [e'tilo] *m* (QUÍM) Ethylgruppe *f*

etilotest [etilo'tesᵗ] <etilotests> *m* Alkoholtestgerät *nt*

étimo ['etimo] *m* (LING) Etymon *nt,* Stammwort *nt*

etimología [etimolo'xia] *f sin pl* Etymologie *f*

etimológico, -a [etimo'loxiko, -a] *adj* etymologisch; **diccionario** ~ etymologisches Wörterbuch

etíope [e'tiope] **I.** *adj* äthiopisch **II.** *mf* Äthiopier(in) *m(f)*

Etiopía [etjo'pia] *f* Äthiopien *nt*

etiqueta [eti'keta] *f* **1.** (*rótulo*) Etikett *nt;* ~ **del precio** Preisschild *nt;* **poner ~s** Etiketten anbringen **2.** (*en los actos oficiales*) Etikette *f;* ~ **de palacio** Hofetikette *f* **3.** (*convenciones*) Etikette *f,* gesellschaftliche Umgangsformen *fpl;* **de** ~ (*solemne*) Gala-; (*ceremonioso*) förmlich, steif; **función de** ~ Galavorstellung *f;* **de rigurosa** ~ Abendkleidung erwünscht; **traje de** ~ Galaanzug *m;* **ir de** ~ (*fam*) sehr elegant angezogen sein

etiquetado [etike'taðo] *m* Etikettieren *nt*

etiquetadora [etiketa'ðora] *f* (TÉC) Etikettiermaschine *f*

etiquetar [etike'tar] *vt* etikettieren

etnia ['eᵈnja] *f* Ethnie *f,* Stamm *m;* (*pueblo*) Volk *nt*

E

étnico, **-a** ['eᵈniko, -a] *adj* ethnisch
etnocéntrico, **-a** [eᵈno'θeṇtriko, -a] *adj* ethnozentrisch
etnocentrismo [eᵈnoθeṇ'trismo] *m sin pl* Ethnozentrismus *m*
etnocentrista [eᵈnoθeṇ'trista] **I.** *adj* ethnozentristisch **II.** *mf* Ethnozentrist(in) *m(f)*
etnocidio [eᵈno'θiðjo] *m* Völkermord *m*
etnografía [eᵈnoɣra'fia] *f sin pl* Ethnographie *f*, beschreibende Völkerkunde *f*
etnográfico, **-a** [eᵈno'ɣrafiko, -a] *adj* ethnographisch
etnógrafo, **-a** [eᵈ'noɣrafo, -a] *m, f* Ethnograph(in) *m(f)*
etnolingüística [eᵈnoliŋ'gwistika] *f* (LING) Ethnolinguistik *f*
etnolingüístico, **-a** [eᵈnoliŋ'gwistiko, -a] *adj* (LING) ethnolinguistisch
etnóloga [eᵈ'noloɣa] *f v.* **etnólogo**
etnología [eᵈnolo'xia] *f sin pl* Ethnologie *f*, Völkerkunde *f*; **museo de ~** Völkerkundemuseum *nt*
etnológico, **-a** [eᵈno'loxiko, -a] *adj* ethnologisch
etnólogo, **-a** [eð'noloɣo, -a] *m, f* Ethnologe, -in *m, f*
etología [etolo'xia] *f sin pl* Ethologie *f*, Verhaltensforschung *f*
etólogo, **-a** [e'toloɣo, -a] *m, f* (BIOL) Ethologe, -in *m, f*, Verhaltensforscher(in) *m(f)*
etos ['etos] *m inv* Ethos *nt*
etrusco, **-a** [e'trusko, -a] **I.** *adj* etruskisch **II.** *m, f* Etrusker(in) *m(f)*
E.U. [es'taðos u'niðos], **E.U.A.** [es'taðos u'niðos] (*Am*) *abr de* **Estados Unidos** USA *pl*
eucalipto [eu̯ka'lipto] *m*, **eucaliptus** [eu̯ka'liptus] *m inv* (BOT) Eukalyptus *m*
eucaristía [eu̯karis'tia] *f* (REL) Eucharistie *f*
eucarístico, **-a** [eu̯ka'ristiko, -a] *adj* (REL) eucharistisch
euclídeo, **-a** [eu̯'kliðeo, -a] *adj*, **euclidiano**, **-a** [eu̯kli'ðjano, -a] *adj* (MAT) euklidisch
eudemonismo [eu̯ðemo'nismo] *m sin pl* (FILOS) Eudämonismus *m*, Glückseligkeitslehre *f*
eufemismo [eu̯fe'mismo] *m* Euphemismus *m*, beschönigende Bezeichnung *f*
eufemístico, **-a** [eu̯fe'mistiko, -a] *adj* euphemistisch, beschönigend
eufonía [eu̯fo'nia] *f* Wohlklang *m*, Euphonie *f*
eufónico, **-a** [eu̯'foniko, -a] *adj* euphonisch, wohlklingend
euforbia [eu̯'forβja] *f* (BOT) Euphorbie *f*
euforia [eu̯'forja] *f* **1.** (*alegría*) Euphorie *f*, Hochstimmung *f*, Glücksgefühl *nt* **2.** (MED) Euphorie *f*
eufórico, **-a** [eu̯'foriko, -a] *adj* **1.** (*muy contento*) euphorisch, ausgelassen **2.** (MED) euphorisch
euforizante [eu̯fori'θaṇte] *adj* euphorisierend
eugenesia [eu̯xe'nesja] *f sin pl* Eugenik *f*, Erbgesundheitslehre *f*
eugenésico, **-a** [eu̯xe'nesiko, -a] *adj* (BIOL) eugenisch
eugenista [eu̯xe'nista] *mf* (BIOL) Eugeniker(in) *m(f)*
eunuco [eu̯'nuko] *m* Eunuch *m*, Kastrat *m*
Eurasia [eu̯'rasja] *f* Eurasien *nt*
eurasiático, **-a** [eu̯ra'sjatiko, -a] **I.** *adj* eurasisch **II.** *m, f* Eurasier(in) *m(f)*
EURATOM [eu̯ra'ton] *f abr de* **Agencia Europea para la Energía Atómica** (UE) EURATOM *f*
eureka [eu̯'reka] *interj* heureka, ich hab's
euritmia [eu̯'riᵈmja] *f* (*t.* MED) Eurhythmie *f*
euro ['eu̯ro] *m* (UE) Euro *m*
euroasiático, **-a** [eu̯roa'sjatiko, -a] *adj o m, f v.* **eurasiático**
eurocámara [eu̯ro'kamara] *f* (POL) Europaparlament *nt*
eurocéntrico, **-a** [eu̯ro'θeṇtriko, -a] *adj* eurozentristisch
eurocentrismo [eu̯roθeṇ'trismo] *m sin pl* Eurozentrismus *m*
eurocheque [eu̯ro'ʧeke] *m* (COM) Euroscheck *m*; **¿puedo pagar con ~?** kann ich mit Euroscheck bezahlen?
eurocohete [eu̯roko'ete] *m* europäische Rakete *f*
eurocomisario, **-a** [eu̯rokomi'sarjo, -a] *m, f* (POL) Mitglied *nt* der Europäischen Kommission
eurocomunismo [eu̯rokomu'nismo] *m sin pl* Eurokommunismus *m*
eurocomunista [eu̯rokomu'nista] **I.** *adj* eurokommunistisch **II.** *mf* Eurokommunist(in) *m(f)*
Eurocopa [eu̯ro'kopa] *f* (DEP) Europapokal *m*
eurócrata [eu̯'rokrata] *mf* (POL) Eurokrat(in) *m(f)*
eurocrédito [eu̯ro'kreðito] *m* Eurokredit *m*
euroderecha [eu̯roðe'reʧa] *f* (POL) konservative Parteien *fpl* Europas
eurodiputado, **-a** [eu̯roðipu'taðo, -a] *m, f* Europaabgeordnete(r) *mf*, europäischer Abgeordneter *m*, europäische Abgeordnete *f*
eurodólar [eu̯ro'ðolar] *m* (ECON) Eurodollar *m*
euroescéptico, **-a** [eu̯roes'θeptiko, -a] *m, f* (POL) Euroskeptiker(in) *m(f)*
eurofestival [eu̯rofesti'βal] *m* europäisches Festival *nt*
euroizquierda [eu̯roiθ'kjerða] *f* europäische Linke *f*
euromarco [eu̯ro'marko] *m* Euromark *f*
euromercado [eu̯romer'kaðo] *m* (ECON) Euromarkt *m*; **~ de capitales** Eurokapitalmarkt *m*
euromisil [eu̯romi'sil] *m* europäische Fernlenkrakete *f*
Europa [eu̯'ropa] *f* Europa *nt*; **Copa de ~** (DEP) Europacup *m*; **la ~ unificada** das vereinte Europa; **la ~ de los Quince** das Europa der

Fünfzehn

europarlamentario, -a [eu̯roparlamen̪'tarjo, -a] *m, f* Europaparlamentarier(in) *m(f)*

europarlamento [eu̯roparla'men̪to] *m* Europaparlament *nt,* Europäisches Parlament *nt*

europea [eu̯ro'pea] *adj o f v.* **europeo**

europeidad [eu̯ropei̯'ðað] *f* europäisches Wesen *nt,* europäische Gesinnung *f*

europeísmo [eu̯rope'ismo] *m sin pl* europäischer Gedanke *m,* europäische Idee *f*

europeísta [eu̯rope'ista] **I.** *adj* proeuropäisch, europafreundlich **II.** *mf* Proeuropäer(in) *m(f),* überzeugter Europäer *m,* überzeugte Europäerin *f*

europeización [eu̯ropei̯θa'θjon] *f* Europäisierung *f*

europeizar [eu̯ropei̯'θar] *irr como enraizar* **I.** *vt* europäisieren **II.** *vr:* **~se** europäisch werden

europeo, -a [eu̯ro'peo, -a] **I.** *adj* europäisch; **Comité Monetario E~** Europäischer Währungsausschuss; **Consejo E~** Europarat *m;* **unidad de cuenta europea** Europäische Währungseinheit **II.** *m, f* Europäer(in) *m(f)*

Europol [eu̯ro'pol] *f* Europol *f*

eurotelevisión [eu̯roteleβi'sjon] *f* Eurovision *f*

eurotúnel [eu̯ro'tunel] *m* Eurotunnel *m*

eurovisión [eu̯ro'βisjon] *f v.* **eurotelevisión**

eurovisivo, -a [eu̯roβi'siβo, -a] *adj* über Eurovision ausgestrahlt

euscaldún, -una [eu̯skal̪'dun, -una] *adj* baskisch

Euskadi [eu̯s'kaði] *m* Baskenland *nt*

euskera [eu̯s'kera] *adj,* **eusquera** [eu̯s'kera] *adj* baskisch

eutanasia [eu̯ta'nasja] *f* Euthanasie *f,* Sterbehilfe *f*

eutanásico, -a [eu̯ta'nasiko, -a] *adj* Euthanasie-

eutrofia [eu̯'trofja] *f* (BIOL) Eutrophie *f*

eutrófico, -a [eu̯'trofiko, -a] *adj* (BIOL, ECOL) eutroph

evacuación [eβakwa'θjon] *f* **1.** (*desalojo de personas*) Evakuierung *f;* (*de edificios*) Räumung *f* **2.** (MED) Darmentleerung *f,* Stuhlgang *m*

evacuado, -a [eβa'kwaðo, -a] *m, f* Evakuierte(r) *mf*

evacuar [eβa'kwar] *vt* **1.** (*ciudad, población*) evakuieren; (*recipiente*) (aus)leeren **2.** (MIL) räumen **3.** (*diligencias, trámites*) erledigen; (*deber*) erfüllen; (*consulta*) durchführen; (*negocio, trato*) abschließen, zum Abschluss bringen **4.** (MED) abführen; ~ **el vientre** den Darm entleeren

evacuatorio[1] [eβakwa'torjo] *m* öffentliche Toilette *f*

evacuatorio, -a[2] [eβakwa'torjo, -a] *adj* abführend

evadido, -a [eβa'ðiðo, -a] *m, f* Entkommene(r) *mf,* Entflohene(r) *mf*

evadir [eβa'ðir] **I.** *vt* **1.** (*evitar*) vermeiden; (*preguntas*) ausweichen *+dat,* umgehen; (*peligro*) entgehen *+dat;* (*enemigo*) entrinnen *+dat;* ~ **al enemigo** dem Feind entrinnen; ~ **la mirada** den Blickkontakt meiden, dem Blick ausweichen; ~ **el riesgo** der Gefahr entgehen **2.** (ECON) (ins Ausland) umleiten [*o* schleusen] **II.** *vr:* **~se** fliehen (*de* aus *+dat*), flüchten (*de* aus *+dat*), entkommen (*de* aus *+dat*); **~se de la cárcel** aus dem Gefängnis ausbrechen; **consiguió ~se poco después de que la arrestaran** kurz nach ihrer Festnahme gelang ihr die Flucht

evaluable [eβalu'aβle] *adj* schätzbar

evaluación [eβalwa'θjon] *f* **1.** (*valoración*) Bewertung *f;* (*apreciación*) Schätzung *f;* (*tasación*) Taxierung *f;* ~ **de costes/beneficios** Kosten-/Gewinnermittlung *f;* ~ **del impuesto** Steuervoranschlag *m;* ~ **del riesgo** Risikoabschätzung *f;* **base de** ~ Bemessungsgrundlage *f* **2.** (ENS) Arbeit *f,* (Einstufungs)test *m*

evaluador(a) [eβalwa'ðor(a)] *adj* bewertend; **el examen es un instrumento** ~ die Prüfung ist ein Bewertungsmittel

evaluar [eβalu'ar] <*1. pres:* evalúo> *vt* **1.** (*valorar*) bewerten; (*apreciar*) schätzen (*en* auf *+akk*); (*tasar*) taxieren (*en* auf *+akk*); (*analizar*) auswerten; (*costes, beneficios*) überschlagen; ~ **los gastos** die Kosten abschätzen; **~on la casa en ocho millones** das Haus wurde auf acht Millionen geschätzt; **tengo que evaluar estas estadísticas** ich muss diese Statistiken auswerten **2.** (ENS) benoten, bewerten

evanescente [eβanes'θen̪te] *adj* (*que se desvanece*) sich verflüchtigend, verfliegend; (*que se esfuma*) sich auflösend, verschwindend

evangeliario [eβaŋxe'ljarjo] *m* (REL) Evangelienbuch *nt,* Evangeliarium *nt*

evangélico, -a [eβaŋ'xeliko, -a] **I.** *adj* **1.** (*relativo al Evangelio*) evangelisch **2.** (*relativo al protestantismo*) evangelisch, protestantisch **II.** *m, f* Protestant(in) *m(f)*

evangelio [eβaŋ'xeljo] *m* Evangelium *nt;* **el ~ según San Mateo** das Matthäusevangelium, das Evangelium des Matthäus; **predicar el** ~ das Evangelium predigen [*o* verkünden]; **escuchó sus palabras como si fueran el** ~ er/sie lauschte seinen/ihren Worten, als wären sie das Evangelium; **dice** [*o* **habla como**] **el** ~ er/sie sagt [*o* spricht] die reine Wahrheit

evangelista [eβaŋxe'lista] *m* Evangelist *m*

evangelización [eβaŋxeliθa'θjon] *f* Evangelisierung *f,* Bekehrung *f* zum Evangelium

evangelizador(a) [eβaŋxeliθa'ðor(a)] *m(f)* Prediger(in) *m(f)* des Evangeliums

evangelizar [eβaŋxeli'θar] <z→c> *vt* evangelisieren, zum Evangelium bekehren

evaporable [eβapo'raβle] *adj* verdampfbar

evaporación [eβapora'θjon] *f* Verdampfung *f,* Verdunstung *f*

evaporador [eβapora'ðor] *m* (TÉC) Ver-

E

dampfer *m*, Evaporator *m*

evaporar [eβapo'rar] **I.** *vt* **1.** (*convertir en vapor*) verdampfen [*o* verdunsten] lassen **2.** (*hacer desaparecer*) verbrauchen **II.** *vr:* **~se 1.** (*convertirse en vapor*) verdampfen, verdunsten **2.** (*desaparecer*) verschwinden, sich verflüchtigen **3.** (*fam: persona*) verduften, sich verdrücken

evaporización [eβaporiθa'θjon] *f sin pl* Verdampfung *f*, Verdunstung *f*

evasión [eβa'sjon] *f* **1.** (*fuga*) Flucht *f*, Entfliehen *nt*, Entkommen *nt* **2.** (ECON): **~ de capital** Kapitalflucht *f*; **~ fiscal** [*o* **de impuestos**] Steuerflucht *f* **3.** (*distracción*) Flucht *f*; **lectura de ~** Unterhaltungsliteratur *f*; **~ de la realidad** Flucht vor der Wirklichkeit

evasionismo [eβasjo'nismo] *m sin pl* Eskapismus *m*, realitätsferne Haltung *f*

evasiva [eβa'siβa] *f* **1.** (*rodeo*) Ausflucht *f*, Ausrede *f*; **siempre me responde con ~s** er/sie antwortet mir ständig mit Ausflüchten **2.** (*pretexto*) Vorwand *m* **3.** (*escapatoria*) Hintertürchen *nt fam*

evasivo, -a [eβa'siβo, -a] *adj* ausweichend; (*ambiguo*) zweideutig

evasor(a) [eβa'sor(a)] *m(f)* **1.** (*fugitivo*) Entkommene(r) *mf*, Entflohene(r) *mf* **2.** (ECON): **~ de capitales** Kapitalflüchtige(r) *m*; **~ fiscal** [*o* **de impuestos**] Steuerflüchtling *m*

evento [e'βento] *m* **1.** (*incidente*) Vorfall *m*, Begebenheit *f*, Vorkommnis *nt*; **a todo ~** auf jeden Fall **2.** (*importante, conmemorable*) Ereignis *nt*; **~ social** gesellschaftliches Ereignis **3.** (DEP) Spiel *nt*, Zusammentreffen *nt*

eventual [eβen'twal] *adj* **1.** (*posible*) eventuell, möglich; (*accidental*) zufällig; (*inseguro*) unsicher; (*provisional*) vorübergehend; **clientes ~es** potenzielle Kunden; **obrero ~** Zeitarbeiter *m*; **trabajo ~** Zeitarbeit *f*, vorübergehende Arbeit **2.** (*adicional*) Sonder-, Neben-; **ingresos ~es** Nebeneinkünfte *fpl*; **paga ~** Sonderbezüge *mpl*, Nebenbezüge *mpl*

eventualidad [eβentwali'ða^ð] *f* Eventualität *f*, Möglichkeit *f*, unvorhergesehener Fall *m*

eventualmente [eβentwal'mente] *adv* eventuell, möglicherweise; (*tal vez*) vielleicht

evidencia [eβi'ðenθja] *f* **1.** (*certidumbre*) Offensichtlichkeit *f*, Augenscheinlichkeit *f* **2.** (JUR) Beweismittel *nt*, Beweis *m*; **poner algo en ~** etw (eindeutig) beweisen, etw deutlich machen; **nos rendimos ante la ~ de las pruebas** wir mussten uns der Aussagekraft der Beweise beugen **3.** (*loc*): **poner a alguien en ~** jdn bloßstellen, jdn lächerlich machen

evidenciar [eβiðen'θjar] *vt* **1.** (*demostrar*) (eindeutig) beweisen; **este hecho evidencia su inocencia** diese Tatsache beweist seine/ihre Unschuld **2.** (*patentizar*) zeigen, offensichtlich machen; **en ese momento su cara evidenció toda su codicia** in dem Moment brachte sein/ihr Gesicht seine/ihre ganze Habgier zum Vorschein

evidente [eβi'ðente] *adj* offensichtlich, offenbar, augenscheinlich; (*pruebas*) klar, deutlich

evidentemente [eβiðente'mente] *adv* offensichtlich, offenbar; **¡~!** natürlich!, klar!

evitable [eβi'taβle] *adj* vermeidbar, abwendbar

evitación [eβita'θjon] *f* Vermeidung *f*; (*prevención*) Vorbeugung *f*

evitar [eβi'tar] **I.** *vt* **1.** (*impedir*) vermeiden, abwenden; (*prevenir*) vorbeugen +*dat*; (*molestias*) ersparen; **evita rascarte** vermeide es, dich zu kratzen; **pudo ~ mayores estragos** er/sie konnte größeren Schaden abwenden, er/sie konnte Schlimmeres verhindern; **tenemos que tomar medidas para ~ ese caso** wir müssen Maßnahmen ergreifen, um diesem Fall vorzubeugen; **quiero ~le esa desilusión** ich möchte ihm/ihr diese Enttäuschung ersparen **2.** (*rehuir*) ausweichen +*dat*, aus dem Weg gehen +*dat*; **evitaba mis miradas** er/sie wich meinen Blicken aus **II.** *vr:* **~se 1.** (*cosas*) sich vermeiden [*o* verhindern] lassen, sich abwenden lassen; **estas cosas no pueden ~se** diese Dinge lassen sich nicht vermeiden **2.** (*personas*) sich meiden, sich *dat* aus dem Weg gehen *fam*

evocación [eβoka'θjon] *f* **1.** (*de espíritus, muertos*) Anrufung *f*, Beschwörung *f* **2.** (*recuerdo*) Erinnerung *f* (*de* an +*akk*), Reminiszenz *f* (*de* an +*akk*)

evocador(a) [eβoka'ðor(a)] *adj* **1.** (*de recuerdos*) Erinnerungen hervorrufend [*o* heraufbeschwörend] **2.** (*histórico*) historisch; **fue un momento ~** das war ein geschichtsträchtiger Moment

evocar [eβo'kar] <c→qu> *vt* **1.** (*muertos, espíritus*) anrufen, beschwören; **~ a Dios** Gott anrufen **2.** (*recordar*) ins Gedächtnis zurückrufen (*en* +*dat*), erinnern (an +*akk*); (*revivir*) in Erinnerungen schwelgen (an +*akk*); **estuvimos toda la tarde evocando nuestra niñez** wir schwelgten den ganzen Mittag in Kindheitserinnerungen; **su presencia evocó en mí el recuerdo de su madre** seine/ihre Anwesenheit rief mir seine/ihre Mutter ins Gedächtnis zurück

evolución [eβolu'θjon] *f* **1.** (*desarrollo*) Entwicklung *f*; **~ de la bolsa** Börsentendenz *f*; **~ de la coyuntura** Konjunkturentwicklung *f* **2.** (*cambio*) Veränderung *f*, Wandel *m*; (*transformación*) Wendung *f*, Umschwung *m*; **he experimentado una ~ en los últimos años** in den letzten Jahren habe ich eine Veränderung durchgemacht **3.** (MED) (Krankheits)verlauf *m* **4.** (BIOL) Evolution *f*; **teoría de la ~** Evolutionstheorie *f* **5.** (FILOS) Evolutionismus *m* **6.** (MIL) Manöver *nt* **7.** *pl* (*vueltas*) Drehungen *fpl*

evolucionar [eβoluθjo'nar] *vi* **1.** (*desarrollarse*) sich (fort-, weiter)entwickeln **2.** (*cambiar*) sich (ver)ändern, sich (ver)wandeln **3.** (MED) verlaufen **4.** (*dar vueltas*) sich drehen **5.** (MIL) manövrieren

evolucionismo [eβoluθjo'nismo] *m sin pl* **1.** (BIOL) Evolutionstheorie *f,* Evolutionslehre *f* **2.** (FILOS) Evolutionismus *m*

evolucionista [eβoluθjo'nista] **I.** *adj* **1.** (BIOL) entwicklungsgeschichtlich, Evolutions- **2.** (FILOS) evolutionistisch **II.** *mf* **1.** (BIOL) Anhänger(in) *m(f)* der Evolutionstheorie, Darwinist(in) *m(f)* **2.** (FILOS) Evolutionist(in) *m(f)*

evolutivo, -a [eβolu'tiβo, -a] *adj* Entwicklungs-, Evolutions-

ex [eˠs] **I.** *prep* **1.** (*antiguo*) Ex-, ehemalige(r); ~ **ministro** ehemaliger Minister; ~ **novia** Exfreundin *f* **2.** (COM): ~ **fábrica** ab Werk; ~ **muelle** ab Kai **II.** *mf* (*argot*) Ex *mf;* **mi** ~ mein(e) Ex

exabrupto [eˠsa'βrupto] *m* (*respuesta*) wütende [*o* scharfe] Antwort *f;* (*de ira*) plötzlicher Wutanfall *m*

exacción [eˠsaˠ'θjon] *f* **1.** (*cobro*) Eintreibung *f,* Einforderung *f;* (*imposición*) Erhebung *f;* (*de impuestos*) Steuererhebung *f* **2.** (*sobrecarga*) Überbesteuerung *f;* ~ **ilegal** Gebührenüberhebung *f*

exacerbación [eˠsaθerβa'θjon] *f sin pl* **1.** (*sentimiento*) Reizung *f* **2.** (*enfermedad*) Verschlimmerung *f*

exacerbar [eˠsaθer'βar] **I.** *vt* **1.** (*dolor, crisis*) verschlimmern, verschärfen **2.** (*irritar*) wütend [*o* zornig] machen **II.** *vr:* ~**se 1.** (*dolor, crisis*) sich verschlimmern, sich verschärfen; (*enconar*) sich zuspitzen **2.** (*irritarse*) wütend [*o* zornig] werden, ausrasten *fam*

exactitud [eˠsakti'tuᵈ] *f* **1.** (*veracidad*) Exaktheit *f,* Richtigkeit *f* **2.** (*precisión*) Exaktheit *f,* Genauigkeit *f* **3.** (*puntualidad*) Pünktlichkeit *f*

exacto, -a [eˠ'sakto, -a] *adj* **1.** (*correcto*) exakt, richtig, korrekt; **¡~!** genau!, exakt!; **eso no es del todo** ~ das stimmt nicht ganz, das trifft nicht ganz zu **2.** (*con precisión*) exakt, genau; (*al copiar algo*) (original)getreu, vollständig **3.** (*puntual*) pünktlich

ex aequo [eˠ'sekwo] ex aequo, gleichermaßen

exageración [eˠsaxera'θjon] *f* Übertreibung *f*

exagerado, -a [eˠsaxe'raðo, -a] **I.** *adj* **1.** (*excesivo*) übertrieben; **publicidad exagerada** überzogene Werbung **2.** (*precio, exigencias*) übertrieben, überhöht **3.** (*ropa, colores, maquillaje*) übertrieben, gewagt **4.** (*en los gestos*) (sehr) theatralisch **II.** *m, f* Wichtigtuer(in) *m(f);* (*al contar*) Aufschneider(in) *m(f),* Angeber(in) *m(f);* (*en el trato*) Überfreundliche(r) *mf;* **es un ~, me hace demasiados regalos** er übertreibt immer, er macht mir zu viele Geschenke; **¡eres un ~!** du bist ja verrückt [*o* übergeschnappt]!, du übertreibst wieder einmal (maßlos)!

exagerar [eˠsaxe'rar] *vi, vt* **1.** (*sobrepasarse*) übertreiben (*con/en* mit +*dat*), zu weit gehen (*con/en* mit +*dat*); **exageras con el alcohol** du übertreibst es mit dem Alkohol; **exageras en el deporte** du übertreibst es mit dem Sport; ~ **los precios** die Preise zu hoch ansetzen; ~ **los gestos** sich sehr theatralisch geben; **pienso que ese paso sería** ~ ich denke, dass wir mit diesem Schritt zu weit gehen würden **2.** (*al relatar*) übertreiben, angeben (*con* mit +*dat*) *fam;* **¡anda, anda, no exageres tanto!** (*fam*) jetzt mach mal halblang!

exaltación [eˠsal̪ta'θjon] *f* **1.** (*gloria*) Verherrlichung *f,* Lobeserhebung *f* **2.** (*entusiasmo*) Begeisterung *f,* Überschwänglichkeit *f;* (*pasión*) Leidenschaftlichkeit *f,* Erregung *f;* (*sobreexcitación*) Hitzköpfigkeit *f* **3.** (MED) Exaltation *f,* Überspanntheit *f*

exaltado, -a [eˠsal̪'taðo, -a] **I.** *adj* **1.** (*sobreexcitado*) sehr aufgeregt, überspannt; (*apasionado*) leidenschaftlich, überschwänglich; (*entusiasmado*) begeistert **2.** (*violento*) leicht erregbar [*o* reizbar], hitzköpfig **3.** (*radical*) radikal, extrem **4.** (MED) exaltiert, überspannt **II.** *m, f* **1.** (*nervioso*) Hitzkopf *m* **2.** (POL) Extremist(in) *m(f),* Radikale(r) *mf* **3.** (*loco*) Verrückte(r) *mf*

exaltar [eˠsal̪'tar] **I.** *vt* **1.** (*elevar*) erheben (*a* in +*akk*); **han exaltado su cuadro a la categoria de obra maestra** sie haben sein/ihr Bild in die Kategorie eines Meisterwerks erhoben **2.** (*realzar*) loben, preisen; (*en exceso*) verherrlichen **II.** *vr:* ~**se 1.** (*entusiasmarse, apasionarse*) sich begeistern (*con* für +*akk*) **2.** (*excitarse*) sich aufregen (*con* über +*akk*); (*acalorarse*) sich erhitzen (*con* über +*akk*), sich hineinsteigern (*con* in +*akk*); **cada vez se exaltaba más con la discusión** er/sie steigerte sich immer mehr in die Diskussion hinein

exalumno, -a [eˠsa'lumno, -a] *m, f* (*escolar*) Exschüler(in) *m(f);* (*universitario*) ehemaliger Student *m,* ehemalige Studentin *f*

examen [eˠ'samen] *m* **1.** (*prueba*) Prüfung *f,* Test *m;* ~ **de admisión** Aufnahmeprüfung *f,* Zulassungsprüfung *f;* ~ **de conductor** Fahrprüfung *f;* ~ **de cuentas** (FIN) Rechnungsprüfung *f;* ~ **final de un aprendizaje** (Lehr)abschlussprüfung *f;* ~ **de ingreso** Aufnahmeprüfung *f,* Zulassungsprüfung *f;* ~ **de los libros** (FIN) Buchprüfung *f,* Bücherrevision *f;* ~ **de maestría** Meisterprüfung *f;* ~ **de selectividad** *spanische Hochschulzulassungsprüfung;* **tribunal de exámenes** Prüfungskommission *f;* **presentarse a un** ~ sich einer Prüfung stellen; **suspender un** ~ durch eine Prüfung fallen, eine Prüfung nicht bestehen **2.** (*médico*) Untersuchung *f;* **someterse a un** ~ sich einer Untersuchung unterziehen **3.** (*de motor, instrumentos*) Inspektion *f,* Überprüfung *f* **4.** (*reflexión*) Prüfung *f;* ~ **de conciencia** Gewissensprüfung *f* **5.** (*estudio*) Untersuchung *f,* Prüfung *f;* (*indagación*) Nachforschung *f*

examinador(a) [eˠsamina'ðor(a)] **I.** *adj*

Prüfungs-, Untersuchungs- **II.** *m(f)* Prüfer(in) *m(f)*, Prüfende(r) *mf*

examinando, -a [eˠsami'nando, -a] *m, f* Prüfling *m*, Prüfungskandidat(in) *m(f)*

examinar [eˠsami'nar] **I.** *vt* **1.** (*en una prueba*) prüfen **2.** (*médico*) untersuchen **3.** (*motor, instrumentos*) inspizieren, überprüfen **4.** (*reflexionar*) prüfen; ~ **su conciencia** sein Gewissen prüfen **5.** (*estudiar*) untersuchen, prüfen, erforschen; (*observar*) genau beobachten [*o* betrachten]; ~ **actas/facturas** Akten/Rechnungen prüfen **6.** (ADMIN, JUR) Einsicht nehmen (in +*akk*); **para ~lo** zur Ansicht; **al ~lo** bei der Durchsicht **II.** *vr:* **~se 1.** (*en una prueba*) geprüft werden (*de* in +*dat*); **mañana me examino de francés** morgen werde ich in Französisch geprüft; **volver a ~se** die Prüfung wiederholen **2.** (*inspeccionarse*) sich untersuchen; (*observarse*) sich genau beobachten

exangüe [eˠ'saŋgwe] *adj* **1.** (*sin sangre*) blutlos, blutleer; (*desangrado*) verblutet **2.** (*agotado*) völlig erschöpft [*o* geschwächt]

exánime [eˠ'sanime] *adj* **1.** (*inánime*) leblos **2.** (*debilitado*) völlig erschöpft [*o* ermattet]

exantema [eˠsan'tema] *m* (MED) Hautausschlag *m*, Exanthem *nt*

exantemático, -a [eˠsante'matiko, -a] *adj* (MED) exanthematisch

exasperación [eˠsaspera'θjon] *f* **1.** (*ira*) Wut *f*, Zorn *m;* (*enojo*) Entrüstung *f*, Empörung *f* **2.** (*acción*) Erzürnung *f*

exasperante [eˠsaspe'rante] *adj* verzweifelt; **fueron momentos de incertidumbre ~s** es waren verzweifelte Augenblicke der Ungewissheit; **es ~** es ist zum Verzweifeln

exasperar [eˠsaspe'rar] **I.** *vt* (*enojar*) erzürnen, erbosen; (*enfurecer*) in Wut [*o* Rage] versetzen **II.** *vr:* **~se** sich aufregen, wütend werden

excampeón, -ona [eskampe'on, -ona] *m, f* Exchampion *m;* **excampeona del mundo** Exweltmeisterin *f;* ~ **de Europa** Exeuropameister *m*

excarcelación [eskarθela'θjon] *f* Haftentlassung *f*

excarcelar [eskarθe'lar] *vt* aus der (Gefängnis)haft entlassen, auf freien Fuß setzen *fam*

ex cathedra [es'kateðra] **1.** (REL) ex cathedra, aus päpstlicher Vollmacht **2.** (*fam pey: en tono magistral*) lehrerhaft

excavación [eskaβa'θjon] *f* **1.** (*acción*) (Aus)graben *nt* **2.** (*en la arqueología*) Ausgrabung *f* **3.** (*en la construcción*) Erdaushub *m*, Ausschachtung *f*, Ausbaggerung *f*

excavador(a) [eskaβa'ðor(a)] *m(f)* Ausgräber(in) *m(f)*

excavadora [eskaβa'ðora] *f* Bagger *m*

excavar [eska'βar] *vt* **1.** (*hacer una cavidad*) graben **2.** (*en arquelogía*) ausgraben **3.** (*en la construcción*) ausheben, ausschachten **4.** (AGR) umgraben **5.** (MIN) (ab)teufen

excedencia [esθe'ðenθja] *f* **1.** (*tiempo*) Beurlaubung *f* **2.** (*paga*) Ruhegeld *nt*

excedentario, -a [esθeðen'tarjo, -a] *adj* überschüssig, überzählig; **producción excedentaria** Überproduktion *f;* **región excedentaria** Überschussgebiet *nt;* **rentas excedentarias** Mehreinkommen *nt*

excedente [esθe'ðente] **I.** *adj* **1.** (*sobrante*) überzählig, überschüssig **2.** (*funcionario*) außer Dienst, beurlaubt **II.** *m* Überschuss *m;* ~ **agrícola** Agrarüberschuss *m;* ~ **en la balanza comercial** Handelsbilanzüberschuss *m;* ~ **de demanda/oferta** Nachfrage-/Angebotsüberhang *m;* ~ **de mano de obra** Überangebot an Arbeitskräften; ~ **de mercancías** Warenüberschuss *m*

exceder [esθe'ðer] **I.** *vi* hinausgehen (*de* über +*akk*); **esto excede de mi competencia** das geht über meine Kompetenzen hinaus, das liegt nicht (mehr) in meiner Kompetenz **II.** *vt* **1.** (*aventajar: persona*) übertreffen; (*cosa*) überragen; **excede a su hermana en inteligencia** er/sie übertrifft seine/ihre Schwester an Intelligenz **2.** (*sobrepasar*) übersteigen (*a* +*akk*); **las ganancias exceden a lo que invertimos con creces** der Gewinn übersteigt bei weitem das, was wir investiert haben; **los costos exceden al presupuesto en cien mil pesetas** die Kosten übersteigen das Budget um 100.000 Peseten **III.** *vr:* **~se 1.** (*sobrepasar*) hinausgehen (*de* über +*akk*); **se excede de lo previsto** es geht über die Prognosen hinaus **2.** (*pasarse*) übertreiben (*en* mit +*dat*); **has vuelto a ~te** du bist wieder einmal zu weit gegangen; **te excedes en el uso de tacos** du übertreibst es (ein bisschen) mit den Kraftausdrücken **3.** (*loc*): **~se a sí mismo** sich selbst übertreffen

excelencia [esθe'lenθja] *f* **1.** (*exquisitez*) Vorzüglichkeit *f*, Auserlesenheit *f;* **la ~ de los vinos de la región** die Vorzüglichkeit der Weine aus der Gegend; **por ~** schlechthin, überhaupt **2.** (*tratamiento*) Exzellenz *f;* **su ~ el señor marqués** Seine Exzellenz der Markgraf

excelente [esθe'lente] *adj* hervorragend, ausgezeichnet, vorzüglich

excelentísimo, -a [esθelen'tisimo, -a] *adj:* ~ **Sr. D. Carlos Molina** Seine Exzellenz Herr Carlos Molina; **excelentísima Sra. Dª. Sofía Rodríguez** Ihre Exzellenz Frau Sofía Rodríguez

excelso, -a [es'θelso, -a] *adj* **1.** (*muy eminente*) erhaben, eminent; (*de gran categoria*) hoch gestellt, hochrangig **2.** (*excelente*) hervorragend, ausgezeichnet, vorzüglich **3.** (*elev: muy alto*) sehr hoch, himmelhoch; **árbol ~** himmelhoher Baum

excéntrica [es'θentrika] *adj o f v.* **excéntrico**

excentricidad [esθentriθi'ðaᵈ] *f* **1.** (*estado*) Exzentrizität *f;* (*calidad*) Exzentrizität *f*, exzentrisches Wesen *nt*, Überspanntheit *f;* **estoy harta de tus ~es** ich habe deine Extravaganzen langsam satt **2.** (MAT) Exzentrizität *f*, Abstand *m* zum Mittelpunkt

excéntrico, -a [es'θentriko, -a] **I.** *adj* **1.** (*estrafalario*) exzentrisch, überspannt, extravagant **2.** (MAT) exzentrisch, ausmittig **II.** *m, f* Exzentriker(in) *m(f)*

excepción [esθeβ'θjon] *f* Ausnahme *f*, Ausnahmefall *m*; **~ de la regla** Abweichung von der Regel; **estado de ~** Ausnahmezustand *m*; **hacer una ~** eine Ausnahme machen; **con ~ de algunos casos** von einigen Fällen abgesehen; **sin ~ (ninguna)** ausnahmslos, ohne Ausnahme; **de ~** außergewöhnlich; **a** [*o* **con**] **~ de...** mit Ausnahme von ... +*dat*, außer ... +*dat*; **todo el mundo a** [*o* **con**] **~ de mí** alle, mich ausgenommen; **la ~ confirma la regla** (*prov*) Ausnahmen bestätigen die Regel

excepcional [esθeβθjo'nal] *adj* **1.** (*extraordinario*) Ausnahme-, außergewöhnlich **2.** (*excelente*) außergewöhnlich, einmalig, einzigartig

excepcionalidad [esθeβθjonali'ðaᵈ] *f* **1.** (*singularidad*) Ausnahmecharakter *m*, Außergewöhnlichkeit *f* **2.** (*excelencia*) Außergewöhnlichkeit *f*, Einmaligkeit *f*, Einzigartigkeit *f*

excepcionalmente [esθeβθjonal'mente] *adv* außerordentlich, außergewöhnlich; **~ caro** besonders teuer

excepto [es'θepto] *adv* mit Ausnahme von +*dat*, außer +*dat*; **todo el mundo ~ yo** alle, mich ausgenommen; **~ algunos casos** von einigen Fällen abgesehen

exceptuar [esθeptu'ar] <*1. pres:* **exceptúo**> *vt, vr:* **~se** (sich) ausnehmen (*de* von +*dat*), (sich) ausschließen (*de* von +*dat*); **~ de un deber** von einer Pflicht entbinden

excesivo, -a [esθe'siβo, -a] *adj* exzessiv, übermäßig, maßlos; **exposición excesiva** (FOTO) Überbelichtung *f*

exceso [es'θeso] *m* **1.** (*demasía*) Übermaß *nt* (*de* an +*dat*), Zuviel *nt* (*de* an +*dat*); (*en los sentimientos*) Überschwang *m*, Überschwänglichkeit *f*; **~s de capacidad** Überkapazitäten *fpl*; **~ de demanda** Nachfrageüberschuss *m*; **~ de deudas** Überschuldung *f*; **~ de equipaje** Übergepäck *nt*; **~ de personal** Personalüberhang *m*; **~ de peso** Übergewicht *nt*; **~ de producción** Produktionsüberschuss *m*; **~ de trabajo** Arbeitsüberlastung *f*; **en ~** übermäßig **2.** (*abuso*) Maßlosigkeit *f*; **~ de alcohol** übermäßiger Alkoholgenuss; **~ de velocidad** Geschwindigkeitsüberschreitung *f*; **comer con** [*o* **en**] **~** zu viel [*o* maßlos (viel)] essen; **solía beber hasta el ~** er/sie trank gewöhnlich bis zum Exzess **3.** (FIN) Überschuss *m* **4.** *pl* (*libertinaje*) Exzesse *mpl*, Ausschweifungen *fpl*; **en su juventud cometió muchos ~s** in seiner Jugend hat er/sie sehr exzessiv gelebt **5.** *pl* (*desorden*) Ausschreitungen *fpl*; **en la manifestación hubo muchos ~s** auf der Demonstration gab es zahlreiche Ausschreitungen

excipiente [esθi'pjente] *m* (MED) Auflösungsmittel *nt*

excitabilidad [esθitaβili'ðaᵈ] *f* **1.** (*exaltación*) Reizbarkeit *f*, Erregbarkeit *f* **2.** (*sexual*) Erregbarkeit *f*

excitable [esθi'taβle] *adj* **1.** (*irritable*) reizbar, erregbar; **muy ~** leicht reizbar, aufbrausend **2.** (*sexualmente*) erregbar

excitación [esθita'θjon] *f* **1.** (*exaltación*) Erregung *f*, heftige Gefühlswallung *f* **2.** (*irritación*) Aufregung *f*, Aufbrausen *nt* **3.** (*incitación*) Anregung *f* **4.** (*sexual*) Erregung *f*

excitador¹ [esθita'ðor] *m* (ELEC) Erreger *m*

excitador(a)² [esθita'ðor(a)] *adj* **1.** (*exaltador*) erregend, aufregend **2.** (*sexualmente*) erregend, stimulierend

excitante [esθi'tante] **I.** *adj* **1.** (*emocionante*) erregend, aufregend **2.** (MED) stimulierend **3.** (*sexualmente*) erregend, stimulierend **II.** *m* (MED) Stimulans *nt*, Anregungsmittel *nt*

excitar [esθi'tar] **I.** *vt* **1.** (*incitar*) anstacheln (*a* zu +*dat*), anstiften (*a* zu +*dat*); (*apetito*) anregen **2.** (*poner nervioso*) aufregen, nervös machen **3.** (*sexualmente*) erregen **II.** *vr:* **~se** **1.** (*enojarse*) sich aufregen **2.** (*sexualmente*) erregt werden

exclamación [esklama'θjon] *f* **1.** (*frase*) Ausruf *m*; **signo de ~** Ausrufezeichen *nt* **2.** (*grito*) Aufschrei *m*; **lanzar una ~ de sorpresa** überrascht aufschreien

exclamar [eskla'mar] *vi, vt* **1.** (*declamar*) (aus)rufen **2.** (*gritar*) schreien

exclamativo, -a [esklama'tiβo, -a] *adj*, **exclamatorio, -a** [esklama'torjo, -a] *adj* Ausrufe-; **en tono ~** in deklamierendem Tonfall

exclaustrado, -a [esklaus'traðo, -a] *m, f* aus dem Kloster entlassene(r) Geistliche(r) *mf*

exclaustrar [esklaus'trar] *vt* aus dem Kloster entlassen

exclave [es'klaβe] *m* Exklave *f*; **~ aduanero** Zollausschlussgebiet *nt*

excluible [esklu'iβle] *adj* auszuschließen (*de* von +*dat*)

excluir [esklu'ir] *irr como huir* **I.** *vt* **1.** (*expulsar*) ausschließen (*de* aus/von +*dat*) **2.** (*rechazar*) ablehnen **II.** *vr:* **~se** **1.** (*descartarse*) sich ausschließen **2.** (*apartarse*) sich absondern (*de* von +*dat*)

exclusión [esklu'sjon] *f* **1.** (*eliminación*) Ausschluss *m*; **con ~ de la prensa** unter Ausschluss der Presse **2.** (*expulsión*) Ausscheiden *nt* **3.** (*rechazo*) Ablehnung *f*

exclusiva [esklu'siβa] *f* **1.** (*privilegio*) Exklusivrecht *nt* **2.** (*monopolio*) Monopol *nt* **3.** (PREN) Exklusivbericht *m*

exclusivamente [esklusiβa'mente] *adv* ausschließlich

exclusive [esklu'siβe] *adv* ausschließlich, exklusive; **cerrado hasta el 27 de agosto ~** geschlossen bis einschließlich 26. August

exclusividad [esklusiβi'ðaᵈ] *f* Exklusivität *f*

exclusivismo [esklusi'βismo] *m* **1.** (*parcialidad*) Einseitigkeit *f*, Ausschließlichkeit *f*

2. (*favoritismo*) Willkür *f*

exclusivo, -a [esklu'siβo, -a] *adj* ausschließlich, exklusiv; **adquisición en exclusiva** Alleinbezug *m;* **concesionario** ~ Alleinkonzessionär *m;* **contrato en exclusiva** Alleinvertriebsvertrag *m;* **contrato** ~ Exklusivvertrag *m;* **derecho de compra en exclusiva** Alleinkaufsrecht *nt;* **derechos de promoción y venta exclusiva en Alemania** Alleinverkaufs- und Vertriebsrechte in Deutschland; **distribución en exclusiva** Alleinvertrieb *m;* **distribuidor** ~ Alleinvertriebshändler *m;* **modelo** ~ Sonderanfertigung *f;* **proveedor** ~ Exklusivlieferant *m;* **representación (en) exclusiva** Alleinvertretung *f;* **representante** ~ Exklusivvertreter *m*

excluyente [esklu'ɟen̩te] *adj* ausschließend

excma. [esθelen̩'tisima] *adj abr de* **excelentísima: la** ~ **señora presidenta...** Ihre Exzellenz Frau Präsidentin ...

excmo. [esθelen̩'tisimo] *adj abr de* **excelentísimo: el** ~ **señor presidente...** Seine Exzellenz Herr Präsident ...

excombatiente [eskomba'tjen̩te] *mf* Veteran(in) *m(f)*

excomulgar [eskomul'ɣar] <g→gu> *vt* **1.** (REL) exkommunizieren **2.** (*fam: conminar*) ächten

excomunión [eskomu'njon] *f* (REL) Exkommunikation *f*

excomunista [eskomu'nista] *mf* Exkommunist(in) *m(f)*

excoriación [eskorja'θjon] *f* (MED) **1.** (*desolladura*) Hautabschürfung *f,* Schramme *f* **2.** (*escocedura*) Scheuerwunde *f*

excoriar [esko'rjar] **I.** *vt* aufscheuern **II.** *vr:* **~se** sich wund scheuern

excrecencia [eskre'θen̩θja] *f* (MED) Wucherung *f*

excreción [eskre'θjon] *f* Ausscheidung *f,* Exkretion *f*

excremento [eskre'men̩to] *m* Exkrement *nt*

excretar [eskre'tar] *vi* **1.** (*evacuar el vientre*) den Darm entleeren **2.** (*secretar*) Ausscheidungen absondern

excretorio, -a [eskre'torjo, -a] *adj* (MED) exkretorisch, ausscheidend

exculpación [eskulpa'θjon] *f* Entlastung *f;* (JUR) Exkulpation *f*

exculpar [eskul'par] **I.** *vt* von Schuld entlasten **II.** *vr:* **~se** sich rechtfertigen

exculpatorio, -a [eskulpa'torjo, -a] *adj* (JUR) entlastend

excursión [eskur'sjon] *f* **1.** (*paseo*) Ausflug *m;* ~ **a pie** Wanderung *f;* **hacer una** ~, **ir** [*o* **salir**] **de** ~ einen Ausflug machen; **¿adónde vais de ~?** wohin geht der Ausflug? **2.** (*viaje de estudios*) Exkursion *f* **3.** (*correría*) Feldzug *m*

excursionismo [eskursjo'nismo] *m Ausflüge/Exkursionen machen*

excursionista [eskursjo'nista] *mf* Ausflügler(in) *m(f);* (*de estudios*) Exkursionsteilnehmer(in) *m(f)*

excusa [es'kusa] *f* **1.** (*pretexto*) Ausrede *f* **2.** (*disculpa*) Entschuldigung *f;* **dar** [*o* **presentar**] **sus ~s** sich entschuldigen **3.** (JUR) Rechtfertigung *f*

excusable [esku'saβle] *adj* entschuldbar, verzeihlich

excusado¹ [esku'saðo] *m* Klosett *nt*

excusado, -a² [esku'saðo, -a] *adj* **1.** (*disculpado*) entschuldigt **2.** (*libre de impuestos*) steuerfrei **3.** (*superfluo*) überflüssig **4.** (*reservado*) vorbehalten; **pensar en lo** ~ sich *dat* etwas Unmögliches vornehmen

excusar [esku'sar] **I.** *vt* **1.** (*justificar*) rechtfertigen (*ante/frente a* vor/gegenüber *+dat*) **2.** (*disculpar*) entschuldigen **3.** (*eximir*) von Abgaben befreien **4.** (*evitar*) vermeiden **5.** (~ + *inf*): **excusas venir** es ist nicht nötig, dass du kommst **II.** *vr:* **~se** sich entschuldigen (*de* für *+akk*)

exdirectivo, -a [esðirek'tiβo, -a] *m, f* ehemaliges Vorstandsmitglied *nt*

exdirector(a) [esðirek'tor(a)] *m(f)* ehemaliger Leiter *m,* ehemalige Leiterin *f*

execrable [eˠse'kraβle] *adj* abscheulich

execrar [eˠse'krar] *vt* **1.** (REL) entweihen **2.** (*maldecir*) verfluchen **3.** (*aborrecer*) verabscheuen

exegesis [eˠse'xesis] *f inv,* **exégesis** [eˠ'sexesis] *f inv* Exegese *f,* Auslegung *f* (*insbesondere der Bibel*)

exegeta [eˠse'xeta] *mf* **exégeta** [eˠ'sexeta] *mf,* Exeget(in) *m(f)*

exegético, -a [eˠse'xetiko, -a] *adj* deutend, exegetisch

exención [eˠsen̩'θjon] *f* Freistellung *f* (*de* von *+dat*), Befreiung *f* (*de* von *+dat*); ~ **arancelaria** Zollbefreiung *f;* ~ **de derechos de aduana** Zollfreiheit *f;* ~ **de impuestos** Steuerbefreiung *f;* ~ **del servicio militar** Freistellung *f* vom Wehrdienst

exento, -a [eˠ'sen̩to, -a] *adj* frei (*de* von *+dat*); ~ **de aranceles** [*o* **de aduana**] zollfrei; ~ **de averías** (TÉC) störungsfrei; ~ **de impuestos** steuerfrei; ~ **de mantenimiento** (TÉC) wartungsfrei; **rentas exentas del impuesto** (FIN) nicht steuerpflichtige Einkünfte; **estar** ~ **de la jurisdicción local** (JUR) der örtlichen Gerichtsbarkeit entzogen sein

exequias [eˠ'sekjas] *fpl* Exequien *fpl,* Begräbnisfeierlichkeiten *fpl*

exfoliación [esfolja'θjon] *f* **1.** (*división en láminas*) Abblätterung *f* **2.** (MED) Abschilferung *f,* Exfoliation *f* **3.** (MIN) Abschiefern *nt*

exfoliador [esfolja'ðor(a)] *m* (*Chil, Méx: cuaderno*) Abreißblock *m;* (*calendario*) Abreißkalender *m*

exfoliante [esfo'ljan̩te] **I.** *adj* abblätternd; **producto** ~ Abschuppungsprodukt *nt;* **crema** ~ Peeling-Creme *f* **II.** *m* Peeling-Produkt *nt*

exfoliar [esfo'ljar] **I.** *vt* ablösen; **la falta de humedad exfolia la piel** Feuchtigkeitsmangel führt zum Abschuppen der Haut **II.** *vr:* **~se** (*pintura*) abblättern; (*corteza*) sich ablösen

exhalación [eˠsala'θjon] *f* **1.** (*emanación*) Ausdünstung *f* **2.** (*de suspiro*) Ausstoßen *nt* **3.** (*rayo*) Blitz *m;* **pasar corriendo como una** ~ wie der Blitz vorbeisausen **4.** (*estrella fugaz*) Sternschnuppe *f*

exhalar [eˠsa'lar] **I.** *vt* **1.** (*emanar*) ausströmen **2.** (*suspiros, quejas*) ausstoßen **II.** *vr:* **~se** sich bemühen; **~se por llegar a tiempo** sich bemühen rechtzeitig zu kommen

exhaustivo, -a [eˠsau̯s'tiβo, -a] *adj* erschöpfend, gründlich

exhausto, -a [eˠ'sau̯sto, -a] *adj* erschöpft; **llegar** ~ erschöpft ankommen

exheredación [eˠsereða'θjon] *f* (JUR) Enterbung *f*

exheredar [eˠsere'ðar] *vt* (JUR) enterben

exhibición [eˠsiβi'θjon] *f* **1.** (*manifestación*) Darlegung *f,* Vorzeigen *nt* **2.** (*ostentación*) Zurschaustellung *f* **3.** (*exposición*) Ausstellung *f;* ~ **de arte** Kunstausstellung *f;* ~ **cinematográfica** Filmvorführung *f;* ~ **deportiva** sportliche Darbietungen **4.** (JUR) Vorlage *f* von Dokumenten

exhibicionismo [eˠsiβiθjo'nismo] *m sin pl* (MED) Exhibitionismus *m*

exhibicionista [eˠsiβiθjo'nista] *mf* (MED) Exhibitionist(in) *m(f)*

exhibidor(a) [eˠsiβiðor(a)] *m(f)* Aussteller(in) *m(f)*

exhibir [eˠsi'βir] **I.** *vt* **1.** (*mostrar*) vorzeigen, ausstellen; ~ **productos para la venta** Waren für den Verkauf ausstellen **2.** (*ostentar*) prahlen (mit *+dat*), angeben (mit *+dat*) **3.** (JUR) vorlegen, einreichen **II.** *vr:* **~se** sich zur Schau stellen; **~se en público** in der Öffentlichkeit auftreten

exhortación [eˠsorta'θjon] *f* **1.** (*ruego*) eindringliche Bitte *f,* Ermahnung *f;* ~ **al pago** Zahlungsaufforderung *f* **2.** (*amonestación*) Verwarnung *f* **3.** (*sermón breve*) kurze Predigt *f*

exhortar [eˠsor'tar] *vt* **1.** (*rogar*) ermahnen (*a* zu *+dat*) **2.** (*amonestar*) verwarnen

exhortativo, -a [eˠsorta'tiβo, -a] *adj* ermahnend

exhorto [eˠ'sorto] *m v.* **exhortación**

exhumación [eˠsuma'θjon] *f* Exhumierung *f*

exhumar [eˠsu'mar] *vt* **1.** (*ruinas*) ausgraben **2.** (*cadáver*) exhumieren

exigencia [eˠsi'xen̟θja] *f* **1.** (*demanda*) Forderung *f;* **satisfacer las ~s** den Anforderungen gerecht werden; **tener ~s** (*fam*) Ansprüche stellen **2.** (*requisito*) Anforderung *f*

exigente [eˠsi'xen̟te] *adj* anspruchsvoll; **ser muy** ~ hohe Ansprüche stellen

exigible [eˠsi'xiβle] *adj* (*obligación*) fällig; (JUR) einklagbar; **crédito** ~ eintreibbare Forderung *f;* **intereses ~s** fällige Zinsen

exigir [eˠsi'xir] <g→j> *vt* **1.** (*solicitar*) fordern; **exigimos la libertad de los presos políticos** wir fordern die Freilassung der politischen Gefangenen; **el docente exige demasiado** der Dozent stellt zu hohe Anforderungen **2.** (*reclamar, pedir*) verlangen, erfordern; **la carta exige contestación** der Brief muss beantwortet werden

exigüidad [eˠsiɣwi'ðaᵈ] *f sin pl* (*elev*) Spärlichkeit *f*

exiguo, -a [eˠ'siɣwo, -a] *adj* gering, kärglich

exil(i)ado, -a [eˠsi'ljaðo, -a] **I.** *adj* im Exil lebend, exiliert **II.** *m, f* (politischer) Flüchtling *m*

exil(i)ar [eˠsi'ljar] **I.** *vt* exilieren, ins Exil schicken **II.** *vr:* **~se** ins Exil gehen; **muchos chilenos se ~on en la RDA** viele Chilenen gingen in die DDR ins Exil

exilio [eˠ'siljo] *m* Exil *nt*

eximente [eˠsi'men̟te] **I.** *adj* (JUR) schuldausschließend, strafausschließend **II.** *m* (JUR) Strafausschließungsgrund *m*

eximio, -a [eˠ'simjo, -a] *adj* hervorragend, vorzüglich

eximir [eˠsi'mir] **I.** *vt* befreien (*de* von *+dat*); ~ **de obligaciones** von einer Verpflichtung befreien; ~ **de responsabilidades** der Verantwortung entheben; ~ **del servicio militar** vom Militärdienst befreien **II.** *vr:* **~se** sich entziehen (*de +dat*)

existencia [eˠsis'ten̟θja] *f* **1.** (*vida*) Existenz *f,* Leben *nt* **2.** (FILOS) Dasein *nt,* Existenz *f* **3.** (*subsistencia*) Existenz *f,* Lebensunterhalt *m* **4.** *pl* (COM) Vorrat *m,* (Lager)bestände *mpl;* **en** ~ vorrätig; **liquidacion de ~s** Ausverkauf *m;* **agotar las ~s** den Lagerbestand räumen; **renovar las ~s** das Lager wieder auffüllen; **en tanto haya ~s** solange der Vorrat reicht

existencial [eˠsisten̟'θjal] *adj* existenziell

existencialismo [eˠsisten̟θja'lismo] *m sin pl* (FILOS) Existenzialismus *m*

existencialista [eˠsisten̟θja'lista] **I.** *adj* (FILOS) existenzialistisch **II.** *mf* (FILOS) Existenzialist(in) *m(f)*

existente [eˠsis'ten̟te] *adj* **1.** (*que existe*) vorhanden, existent **2.** (COM) vorrätig

existir [eˠsis'tir] *vi* (*seres vivos*) existieren, leben; (*cosas*) vorhanden sein; **existen numerosas actividades** es gibt zahlreiche Aktivitäten; **cree que existen ovnis** er/sie glaubt, dass es Ufos gibt

exitazo [eˠsi'taθo] *m* (*fam*) Riesenerfolg *m*

éxito ['eˠsito] *m* Erfolg *m;* ~ **de taquilla** Kassenschlager *m;* ~ **de ventas** Verkaufsschlager *m;* **con** ~ erfolgreich; **sin** ~ erfolglos; **cosechar un** ~ einen Erfolg erzielen; **tener** ~ Erfolg haben

exitoso, -a [eˠsi'toso, -a] *adj* erfolgreich

ex libris [es'liβris] *m* Exlibris *nt*

exmonarca [esmo'narka] *mf* Exmonarch(in) *m(f)*

éxodo ['eˠsoðo] *m* Exodus *m;* ~ **rural** Landflucht *f;* ~ **urbano** Stadtflucht *f*

exogamia [eˠso'ɣamja] *f* (SOCIOL, BIOL) Exogamie *f*

exogámico, **-a** [eˠso'ɣamiko, -a] *adj* (BIOL, SOCIOL) exogamisch, Exogamie-
exógeno, **-a** [eˠ'soxeno, -a] *adj* (ECON) außerbetrieblich; ~ **a la empresa** außerbetrieblich
exoneración [eˠsonera'θjon] *f* **1.**(*exención*) Befreiung *f* (*de* von +*dat*), Entlastung *f;* ~ **fiscal** Steuerbefreiung *f* **2.**(*cese*) Absetzung *f* (*de* von +*dat*); ~ **de un cargo** Amtsenthebung *f*
exonerar [eˠsone'rar] *vt* **1.**(*eximir*) befreien (*de* von +*dat*) **2.**(*relevar*) absetzen (*de* von +*dat*); ~ **a alguien de su cargo** jdn seines Amtes entheben
exorbitancia [eˠsorβi'tan̪θja] *f* **1.**(*excesividad*) Übermaß *nt* **2.**(*exageración*) Übertreibung *f*
exorbitante [eˠsorβi'tan̪te] *adj* **1.**(*excesivo*) übermäßig; (*precio*) überhöht; **precios ~s** Wucherpreise *mpl* **2.**(*exagerado*) übertrieben
exorbitar [eˠsorβi'tar] *vt* aufbauschen, übertreiben
exorcismo [eˠsor'θismo] *m* Geisterbeschwörung *f,* Exorzismus *m*
exorcista [eˠsor'θista] *mf* Geisterbeschwörer(in) *m(f),* Exorzist(in) *m(f)*
exorcizar [eˠsorθi'θar] <z→c> *vt* exorz(is)ieren
exordio [eˠ'sorðjo] *m* (LIT) Exordium *nt,* Einleitung *f*
exornar [eˠsor'nar] *vt* **1.**(*adornar*) schmücken **2.**(LIT) ausschmücken
exosfera [eˠsos'fera] *f* (ASTR) Exosphäre *f*
exotérico, **-a** [eˠso'teriko, -a] *adj* exoterisch
exotérmico, **-a** [eˠso'termiko, -a] *adj* (FÍS, QUÍM) exotherm
exótico, **-a** [eˠ'sotiko, -a] *adj* exotisch
exotismo [eˠso'tismo] *m* Exotik *f*
exp. [espen̪de'ðor(a)] *abr de* **expendedor** Abs.
expandible [espan̪'diβle] *adj* (aus)dehnbar
expandir [espan̪'dir] **I.** *vt* **1.**(*dilatar*) ausdehnen **2.**(*divulgar*) verbreiten **II.** *vr:* **~se 1.**(*dilatarse*) sich ausdehnen **2.**(*extenderse*) sich ausbreiten **3.**(*divulgarse*) sich verbreiten
expansibilidad [espansiβili'ðaᵈ] *f sin pl* (FÍS) Dehnbarkeit *f*
expansible [espan'siβle] *adj* (aus)dehnbar
expansión [espan'sjon] *f* **1.**(*dilatación, t.* POL) Ausdehnung *f,* Expansion *f;* (*extensión*) Ausbreitung *f* **2.**(*crecimiento*) Erweiterung *f;* ~ **económica** wirtschaftliches Wachstum; ~ **industrial** Betriebsausweitung *f;* ~ **del mercado** Marktexpansion *f,* Marktausweitung *f;* **factor de** ~ Expansionsfaktor *m;* **política de** ~ Expansionspolitik *f* **3.**(*efusión*) Mitteilsamkeit *f* **4.**(*difusión*) Verbreitung *f* **5.**(*diversión*) Erholung *f,* Entspannung *f*
expansionarse [espansjo'narse] *vr* **1.**(*dilatarse*) sich ausdehnen **2.**(*crecer*) sich erweitern **3.**(*fam: sincerarse*) sich aussprechen (*con* bei +*dat*) **4.**(*fam: divertirse*) sich amüsieren
expansionismo [espansjo'nismo] *m sin pl* (POL) Expansionsdrang *m*
expansionista [espansjo'nista] *adj* (POL) expansionistisch; **política** ~ Expansionspolitik *f*
expansivo, **-a** [espan'siβo, -a] *adj* **1.**(*dilatable*) (aus)dehnbar **2.**(*comunicativo*) mitteilsam
expatriación [espatrja'θjon] *f* **1.**(*acción de ser expatriado*) Landesverweisung *f,* Ausbürgerung *f* **2.**(*acción de expatriarse*) Ausreise *f,* Verlassen *nt* des (Heimat)landes
expatriado, **-a** [espatri'aðo, -a] **I.** *adj* (*exiliado*) ausgewiesen; (*privado de la ciudadanía*) ausgebürgert; (*emigrado*) ausgewandert **II.** *m, f* (*exiliado*) Ausgewiesene(r) *mf;* (*privado de la ciudadanía*) Ausgebürgerte(r) *mf*
expatriar [espatri'ar] <*1. pres:* **expatrío**> **I.** *vt* **1.**(*exiliar*) des Landes verweisen, verbannen **2.**(*quitar la ciudadanía*) ausbürgern **II.** *vr:* **~se 1.**(*exiliarse*) das Land verlassen, ins Exil gehen **2.**(*renunciar a la ciudadanía*) sich ausbürgern lassen
expectación [espekta'θjon] *f* **1.**(*expectativa*) Erwartung *f;* ~ **de vida** Lebenserwartung *f;* **con** ~ erwartungsvoll **2.**(*interés*) Interesse *nt;* **despertar gran** ~ großes Interesse wecken
expectante [espek'tan̪te] *adj* **1.**(*atento*) erwartungsvoll **2.**(JUR) anstehend
expectativa [espekta'tiβa] *f* **1.**(*expectación*) Erwartung *f;* **estar a la** ~ **de algo** etw erwarten **2.**(*perspectiva*) Aussicht *f,* Prognose *f*
expectoración [espektora'θjon] *f* (MED) **1.**(*acción*) Expektoration *f,* Aushusten *nt* **2.**(*esputo*) Expektoration *f,* Auswurf *m*
expectorante [espekto'ran̪te] **I.** *adj* schleimlösend **II.** *m* (MED) schleimlösendes Mittel *nt,* Expektorans *nt*
expectorar [espekto'rar] *vt* (MED) expektorieren, aushusten
expedición [espeði'θjon] *f* **1.**(*viaje*) Expedition *f;* ~ **científica** Forschungsreise *f;* ~ **militar** Feldzug *m* **2.**(*grupo*) Expeditionsgruppe *f,* Expedition *f* **3.**(*remesa*) Versand *m;* (COM) Spedition *f;* **documentos de** ~ Frachtpapiere *ntpl;* **empresa de** ~ Spedition *f;* **gastos de** ~ Versandkosten *pl;* **lugar de** ~ Versandort *m;* **oficina de** ~ Versandabteilung *f* **4.**(*mercancías*) Versendung *f,* Verschickung *f* **5.**(REL) Schreiben *nt* der römischen Kurie **6.**(*rapidez*) Schnelligkeit *f* **7.**(*de documentos*) Ausstellung *f*
expedicionario, **-a** [espeðiθjo'narjo, -a] **I.** *adj* Expeditions- **II.** *m, f* Expeditionsteilnehmer(in) *m(f)*
expedidor(a) [espeði'ðor(a)] **I.** *adj* (COM) Versand- **II.** *m(f)* (COM) Versender(in) *m(f),* Absender(in) *m(f)*
expedientar [espeðjen̪'tar] *vt* (JUR) ein Verfahren eröffnen (*a* gegen +*akk*); (ADMIN, MIL) ein Disziplinarverfahren einleiten (*a* gegen +*akk*)

expediente [espe'ðjeṇte] *m* **1.** (JUR: *asunto judicial*) amtliche Untersuchung *f*, Rechtssache *f*; ~ **de despido** Kündigungsverfahren *nt*; ~ **disciplinario** Disziplinarverfahren *nt*; ~ **de regulación de empleo** arbeitsrechtliches Verfahren; **instruir un** ~ ein Verfahren betreiben **2.** (JUR: *sumario*) Dossier *nt*, Unterlagen *fpl* **3.** (*procedimiento administrativo*) Dienstverfahren *nt*; ~ **de crisis** Antrag auf Entlassung von Arbeitnehmern; ~ **de homologación** Antrag auf staatliche Anerkennng **4.** (*trámite*) Bearbeitung *f*; **cubrir el** ~ (*fam*) nur das Nötigste tun, Dienst nach Vorschrift machen **5.** (*facilidad*) Gewandtheit *f*, Geschicklichkeit *f*; (*medio, recurso*) Ausweg *m* **6.** (*legajo*) Personalakte *f*; ~ **laboral** Arbeitsunterlagen *fpl*

expedienteo [espeðjeṇ'teo] *m* **1.** (*fam: papeleo*) Papierkrieg *m* **2.** (*tramitación*) Aktenerledigung *f*

expedir [espe'ðir] *irr como pedir vt* **1.** (*tramitar*) erledigen; ~ **una carta** einen Brief aufsetzen **2.** (COM: *despachar*) versenden; ~ **por avión** per Luftfracht verschicken; ~ **por correo** verschicken; ~ **contra reembolso** per Nachnahme verschicken; ~ **por tren** mit der Bahn befördern; ~ **por vía marítima** verschiffen **3.** (*documentos*) ausstellen; ~ **un documento/pasaporte** eine Urkunde/einen Pass ausstellen; ~ **un duplicado** eine Zweitausfertigung ausstellen

expeditar [espeði'tar] *vt* **1.** (*Am: acelerar*) beschleunigen **2.** (*AmC, Méx: despachar un asunto*) schnell bearbeiten

expeditivo, **-a** [espeði'tiβo, -a] *adj* rasch, schnell

expedito, **-a** [espe'ðito, -a] *adj* **1.** (*desembarazado*) unbehindert **2.** (*rápido*) schnell

expeler [espe'ler] *vt* (*sangre, excreto*) auswerfen; (*aire, humo*) ausstoßen

expendedor[1] [espeṇde'ðor] *m*: ~ **automático** Warenautomat *m*; ~ **de bebidas** Getränkeautomat *m*; ~ **de cigarrillos** Zigarettenautomat *m*; ~ **de jabón** Seifenspender *m*

expendedor(a)[2] [espeṇde'ðor(a)] **I.** *adj*: **máquina ~a de billetes** Fahrkartenautomat *m*; **máquina ~a de tabaco** Zigarettenautomat *m* **II.** *m(f)* Verkäufer(in) *m(f)*; ~ **de moneda falsa** (JUR) Verbreiter von Falschgeld

expendeduría [espeṇdeðu'ria] *f* Verkaufsstelle *f*; (*de tabaco*) Tabakladen *m*

expender [espeṇ'der] *vt* **1.** (*vender*) verkaufen; **máquina que expende billetes** Fahrkartenautomat *m* **2.** (*gastar*) ausgeben **3.** (JUR: *moneda falsa*) in Umlauf bringen

expendio [es'peṇdjo] *m* (*And, Méx, Ven: estanco*) Tabakladen *m*

expensas [es'pensas] *fpl* **1.** (*costas*) Kosten *pl*; **a mis** ~ auf meine Rechnung; **vivir a** ~ **de alguien** sich von jdm aushalten lassen **2.** (JUR) Gerichtskosten *pl*

experiencia [espe'rjeṇθja] *f* **1.** (*práctica*) Erfahrung *f* (*en* in +*dat*, *con* mit +*dat*); ~ **comercial** Handelserfahrung *f*; ~ **docente** Lehrerfahrung *f*; ~ **profesional** Berufserfahrung *f*; **falta de** ~ **laboral** mangelnde Berufserfahrung; **tener mucha/poca** ~ erfahren/unerfahren sein; **saber algo por** ~ **propia** etw aus eigener Erfahrung wissen; **la** ~ **es la madre de la ciencia** Erfahrung ist die Mutter der Weisheit **2.** (*vivencia*) Erlebnis *nt* **3.** (*experimento*) Versuch *m*, Experiment *nt*; ~ **de laboratorio** Laborversuch *m*; ~ **piloto** Pilotversuch *m*

experimentación [esperimeṇta'θjon] *f* Experimentieren *nt*; **en fase de** ~ in der Erprobungsphase, im Versuchsstadium

experimentado, **-a** [esperimeṇ'taðo, -a] *adj* **1.** (*con experiencia*) erfahren **2.** (*comprobado*) erprobt; **no** ~ **en animales** (*en etiquetas*) ohne Tierversuche

experimental [esperimeṇ'tal] *adj* experimentell, Versuchs-

experimentalmente [esperimeṇtal'meṇte] *adv* **1.** (*empíricamente*) experimentell **2.** (*por experiencia*) durch Erfahrung

experimentar [esperimeṇ'tar] **I.** *vi* experimentieren (*con* mit +*dat*), Experimente durchführen, Versuche machen **II.** *vt* **1.** (*probar*) ausprobieren **2.** (*sentir*) fühlen, spüren **3.** (*sufrir*) erfahren, erleiden; ~ **un alza** steigen; ~ **un aumento** an Wert gewinnen; ~ **una caída** sinken; ~ **un cambio** eine Veränderung erfahren; ~ **una pérdida** einen Verlust erleiden

experimento [esperi'meṇto] *m* Experiment *nt*, Versuch *m*

experta [es'perta] *adj o f v.* **experto**

expertización [espertiθa'θjon] *f* Gutachten *nt*

experto, **-a** [es'perto, -a] **I.** *adj* sachkundig, erfahren **II.** *m, f* **1.** (*conocedor*) Experte, -in *m, f*, Fachmann, -frau *m, f*; ~ **en aduanas** Zollsachverständige(r) *m*; ~ **contable** Rechnungsprüfer *m*; ~ **en asuntos económicos** Wirtschaftssachverständige(r) *m*; ~ **fiscal** Steuerfachmann *m*, Sachverständiger für Steuerfragen; ~ **en seguros** Versicherungssachverständige(r) *m*; **comisión de ~s** Fachausschuss *m*, Sachverständigenrat *m* **2.** (*perito*) Sachverständige(r) *mf*

expiación [espja'θjon] *f* **1.** (*purgación*) Sühne *f*, Buße *f* **2.** (*castigo*) Strafe *f* (*de* für +*akk*); ~ **del delito** Strafe für das Delikt

expiar [espi'ar] <*1. pres:* expío> *vt* **1.** (*purgar*) sühnen **2.** (*pena*) eine Strafe verbüßen (für +*akk*), büßen (für +*akk*); ~ **un delito** für ein Delikt büßen

expiatorio, **-a** [espja'torjo, -a] *adj* Sühn(e)-; **un acto** ~ ein Akt der Sühne; **chivo** ~ Sündenbock *m*

expiración [espira'θjon] *f* **1.** (*fin*) Erlöschen *nt*, Untergang *m*; (*de la vida*) Tod *m* **2.** (*de plazos*) Ablauf *m*

expirar [espi'rar] *vi* **1.** (*morir*) sterben; (*cultura*) untergehen, erlöschen **2.** (*vencer el plazo*) ablaufen; **antes de ~ el mes** vor Monatsende

explanada [espla'naða] *f* **1.** (*terreno*) freier Platz *m* **2.** (*delante de edificios*) Esplanade *f*, Vorplatz *m* **3.** (MIL: *declive*) Glacis *nt;* (*para baterías*) Geschützbettung *f*

explanar [espla'nar] *vt* **1.** (*allanar*) einebnen, planieren **2.** (*explicar*) erklären, erläutern

explayar [espla'ɟar] **I.** *vt* ausdehnen, ausbreiten; ~ **la mirada** den Blick schweifen lassen (*por* über *+akk*) **II.** *vr:* ~**se 1.** (*extenderse*) sich ausdehnen, sich ausbreiten **2.** (*expresarse*) weitschweifig reden (*en* über *+akk*), sich verbreiten (*en* über *+akk*); (*confiarse*) sich aussprechen (*con* bei *+dat*) **3.** (*divertirse*) sich amüsieren

explicable [espli'kaβle] *adj* **1.** (*que se puede explicar*) erklärbar **2.** (*comprensible*) verständlich

explicación [esplika'θjon] *f* **1.** (*aclaración*) Erklärung *f*, Erläuterung *f;* **pedir explicaciones** eine Erklärung verlangen **2.** (*motivo*) Grund *m;* **sin dar explicaciones** ohne Begründung, ohne Angabe von Gründen **3.** (*interpretación*) Auslegung *f*, Deutung *f* **4.** *pl* (*excusas*) Entschuldigung *f;* **dar explicaciones** sich entschuldigen

explicaderas [esplika'ðeras] *fpl* (*fam*) Ausdrucksweise *f;* **tener buenas** ~ gut erklären können

explicar [espli'kar] <c→qu> **I.** *vt* **1.** (*manifestar*) darstellen, schildern **2.** (*aclarar*) erklären, erläutern **3.** (*exponer*) unterrichten **4.** (*dar motivos*) begründen **5.** (*interpretar*) auslegen, deuten **6.** (*justificar*) rechtfertigen **II.** *vr:* ~**se 1.** (*comprender*) begreifen; **no me lo explico** es ist mir unbegreiflich **2.** (*disculparse*) sich entschuldigen **3.** (*articularse*) sich ausdrücken; **¿me explico?** habe ich mich deutlich ausgedrückt?; **ella se explica muy bien** sie ist sehr redegewandt

explicativo, **-a** [esplika'tiβo, -a] *adj* erklärend, erläuternd

explicitar [espliθi'tar] *vt* deutlich ausdrücken

explícito, **-a** [es'pliθito, -a] *adj* ausdrücklich, explizit

explicotear [esplikote'ar] *vt, vr:* ~**se** (*fam*) (sich) offen und ohne Scheu aussprechen

explorable [esplo'raβle] *adj* erforschbar, ergründbar

exploración [esplora'θjon] *f* **1.** (*investigación*) Erforschung *f*, Erkundung *f* **2.** (INFOR) Scannen *nt* **3.** (MED) (ärztliche) Untersuchung *f* **4.** (MIL) Aufklärung *f* **5.** (MIN) Lagerstättenerkundung *f* **6.** (TÉC) Abtastung *f*

explorador¹ [esplora'ðor] *m* **1.** (TÉC) Abtaster *m*, Abtastgerät *nt* **2.** (INFOR) Scanner *m;* (*en Internet*) Browser *m*

explorador(a)² [esplora'ðor(a)] **I.** *adj* **1.** (*investigador*) Forschungs- **2.** (MIL) Aufklärungs- **3.** (MIN) Erkundungs- **4.** (TÉC) Abtastungs- **II.** *m(f)* **1.** (*investigador*) Forscher(in) *m(f)* **2.** (*en viaje de descubrimiento*) Entdeckungsreisende(r) *mf* **3.** (*boy scout*) Pfadfinder(in) *m(f)*

explorar [esplo'rar] *vt* **1.** (*investigar*) erforschen, erkunden **2.** (INFOR) scannen **3.** (MED) (ärztlich) untersuchen **4.** (MIL) aufklären **5.** (MIN) explorieren, schürfen **6.** (TÉC) abtasten

exploratorio¹ [esplora'torjo] *m* **1.** (*para explorar*) Untersuchungsgerät *nt* **2.** (MED) Sonde *f*

exploratorio, **-a²** [esplora'torjo, -a] *adj* Forschungs-; **conversaciones exploratorias** Vorgespräche *ntpl*

explosión [esplo'sjon] *f* **1.** (*estallido*) Explosion *f;* ~ **demográfica** Bevölkerungsexplosion *f;* **gran** ~ (FÍS) Urknall *m;* **motor de** ~ Verbrennungsmotor *m;* **hacer** ~ explodieren **2.** (*detonación*) Detonation *f;* (*voladura*) Sprengung *f;* ~ **fallida** Fehlzündung *f;* ~ **nuclear** (MIL) Kernwaffenexplosion *f* **3.** (*arrebato*) (Gefühls)ausbruch *m;* ~ **de carcajadas** Ausbrechen *nt* in Gelächter; ~ **de ira** Zornesausbruch *m*

explosionar [esplosjo'nar] **I.** *vi* explodieren **II.** *vt* (*cohete*) zünden; (*artefacto, paquete bomba*) zur Explosion bringen, explodieren lassen

explosivo¹ [esplo'siβo] *m* Sprengstoff *m*

explosivo, **-a²** [esplo'siβo, -a] *adj* explosiv; **artefacto** ~ Sprengkörper *m;* **fuerza explosiva** Sprengkraft *f*

explotabilidad [esplotaβili'ðaᵈ] *f* **1.** (*aprovechamiento*) Nutzbarkeit *f*, Verwertbarkeit *f;* (AGR) Anbaufähigkeit *f;* (MIN) Abbauwürdigkeit *f* **2.** (*de una empresa*) Betriebsfähigkeit *f*, Wirtschaftlichkeit *f*

explotable [esplo'taβle] *adj* **1.** (*aprovechable*) nutzbar, verwertbar; (AGR) anbaufähig; (MIN) abbauwürdig; **bosque** ~ Nutzwald *m* **2.** (*empresa*) betriebsfähig

explotación [esplota'θjon] *f* **1.** (*aprovechamiento*) Nutzung *f;* (AGR) Bebauung *f;* (MIN) Abbau *m;* ~ **abusiva** [*o* **de agotamiento**] Raubbau *m;* ~ **de bovinos** Rinderhaltung *f;* ~ **a cielo abierto** Tagebau *m;* ~ **de la energía** Energienutzung *f;* ~ **minera** Bergbau *m;* ~ **de una patente** Patentverwertung *f;* ~ **del subsuelo** Abbau von Bodenschätzen; **modo de** ~ Nutzungsart *f* **2.** (*empresa*) Betrieb *m;* ~ **agrícola** Landwirtschaftsbetrieb *m;* ~ **artesanal** Handwerksbetrieb *m;* ~ **industrial** Industriebetrieb *m;* ~ **de una línea aérea** Fluglinienunternehmen *nt;* ~ **de temporada** Saisonbetrieb *m;* **beneficio de** ~ Geschäftsgewinn *m;* **capital de** ~ Betriebskapital *nt;* **cuenta de** ~ Betriebs(ergebnis)rechnung *f;* **gastos de** ~ Betriebskosten *pl;* **en** ~ in Betrieb **3.** (*abuso*) Ausbeutung *f*

explotado, **-a** [esplo'taðo, -a] *m, f* Ausgebeutete(r) *mf*

explotador(a) [esplota'ðor(a)] **I.** *adj* **1.** (*empresa*) betreibend, Betreiber-; **empresa ~a** Betreiberfirma *f* **2.** (*que abusa*) Ausbeuter- **II.** *m(f)* **1.** (*utilizador*) Nutzer(in) *m(f);* (*em-*

presario, artesano) Betreiber(in) *m(f)* **2.** (*abusador*) Ausbeuter(in) *m(f)*

explotar [esplo'tar] **I.** *vi* **1.** (*estallar*) explodieren; ~ **en carcajadas** in Gelächter ausbrechen **2.** (*tener un arrebato*) platzen **II.** *vt* **1.** (*recursos, terreno*) nutzen; (AGR) bebauen; (MIN) abbauen, ausbeuten; ~ **un bosque** einen Wald (forst)wirtschaftlich nutzen; ~ **una licencia** eine Lizenz verwerten; ~ **una línea de autobús** eine Busstrecke befahren; ~ **una línea aérea** eine Fluglinie befliegen; ~ **pozos petrolíferos** Ölquellen erschließen **2.** (*empresa*) betreiben; ~ **una granja** einen Bauernhof bewirtschaften; ~ **un negocio** ein Geschäft betreiben **3.** (*abusar*) ausbeuten; ~ **a los trabajadores** die Arbeiter ausbeuten

expoliación [espolja'θjon] *f* Plünderung *f*

expoliador(a) [espolja'ðor(a)] **I.** *adj* plündernd **II.** *m(f)* Plünderer, -in *m, f*

expoliar [espo'ljar] *vt* ausrauben, ausplündern

expolio [es'poljo] *m* **1.** (*acción*) Ausraubung *f*, Plünderung *f* **2.** (*botín*) Beute *f*

exponencial [esponen̩'θjal] **I.** *adj* (MAT) exponentiell, Exponential- **II.** *f* (MAT) Exponentialfunktion *f*

exponente [espo'nen̩te] *m* **1.** (*persona*) Exponent *m* **2.** (*ejemplo*) Beispiel *nt;* (*índice*) Ausdruck *m* **3.** (MAT) Exponent *m*

exponer [espo'ner] *irr como poner* **I.** *vt* **1.** (*mostrar*) darlegen **2.** (*hablar*) vortragen **3.** (*exhibir*) ausstellen **4.** (*interpretar*) auslegen, erklären **5.** (*someter*) aussetzen (*a* +*dat*); ~ **cerámica al sol para que se seque** Töpferwaren zum Trocknen in die Sonne stellen **6.** (*arriesgar*) riskieren; ~ **algo a un peligro** etw einer Gefahr aussetzen, etw gefährden **7.** (*abandonar*) aussetzen; ~ **a un niño** ein Kind aussetzen **8.** (FOTO) belichten **II.** *vr:* ~**se** **1.** (*descubrirse*) sich aussetzen (*a* +*dat*); **se expuso a la lluvia** er/sie setzte sich dem Regen aus; ~**se a un peligro** sich einer Gefahr aussetzen **2.** (*arriesgarse*) sich einem Risiko aussetzen

exportable [espor'taβle] *adj* exportfähig

exportación [esporta'θjon] *f* Export *m*, Ausfuhr *f;* ~ **agrícola** Agrarexport *m;* ~ **de artículos manufacturados** Fertigwarenausfuhr *f;* ~ **de basura** Müllexport *m;* **exportaciones visibles/invisibles** sichtbare/unsichtbare Ausfuhren; **arancel de** ~ Ausfuhrzoll *m;* **artículo de** ~ Exportartikel *m;* **licencia de** ~ Exportlizenz *f;* **medidas de apoyo a la** ~ Exportförderungsmaßnahmen *fpl;* **mercancía de** ~ Exportware *f;* **permiso de** ~ Ausfuhrerlaubnis *f*

exportador(a) [esporta'ðor(a)] **I.** *adj* Ausfuhr-, Export-; **empresa** ~**a** Exportfirma *f;* **país** ~ Exportland *nt;* **sector** ~ Exportsektor *m* **II.** *m(f)* Exporteur(in) *m(f)*

exportar [espor'tar] *vt* exportieren (*a* nach +*dat*), ausführen (*a* nach +*dat*); (INFOR: *datos*) exportieren

exposición [esposi'θjon] *f* **1.** (*explicación*) Beschreibung *f*, Darstellung *f* **2.** (*informe*) Exposee *nt*, Bericht *m* **3.** (*exhibición*) Ausstellung *f;* ~ **de arte** Kunstausstellung *f;* ~ **especializada** Fachausstellung *f;* ~ **permanente** Dauerausstellung *f;* ~ **universal** [*o* **mundial**] Weltausstellung *f* **4.** (*colocación*) Aussetzen *nt;* **la** ~ **excesiva de la piel al sol puede provocar quemaduras** durch übermäßige Sonnenbestrahlung können Hautverbrennungen entstehen **5.** (*posición*) Lage *f* **6.** (*de un niño*) Kindesaussetzung *f* **7.** (FOTO) Belichtung *f* **8.** (MÚS, LIT) Exposition *f*

exposímetro [espo'simetro] *m* (FOTO) Belichtungsmesser *m;* ~ **automático** automatischer Belichtungsmesser

expósita [es'posita] *adj o f v.* **expósito**

expositivo, **-a** [esposi'tiβo, -a] *adj* erläuternd

expósito, **-a** [es'posito, -a] **I.** *adj* Findel- **II.** *m, f* Findelkind *nt*

expositor(a) [esposi'tor(a)] **I.** *adj* **1.** (*que exhibe*) ausstellend, Aussteller- **2.** (*que aclara*) darlegend, erklärend **II.** *m(f)* **1.** (*que exhibe*) Aussteller(in) *m(f);* **catálogo de** ~**es** Ausstellerkatalog *m* **2.** (*que aclara*) Vortragende(r) *mf*, Referent(in) *m(f)*

exprés [es'pres] **I.** *adj inv* Eil-, Express-; **café** ~ Espresso *m;* **olla** ~ Schnellkochtopf *m* **II.** *m* Schnellzug *m*

expresado, **-a** [espre'saðo, -a] *adj* genannt, erwähnt

expresamente [espresa'men̩te] *adv* **1.** (*literalmente*) ausdrücklich **2.** (*deliberadamente*) vorsätzlich

expresar [espre'sar] **I.** *vt* **1.** (*manifestar*) ausdrücken, äußern; ~ **su opinión** seine Meinung äußern **2.** (*decir*) aussprechen **3.** (*indicar*) zu erkennen geben **II.** *vr:* ~**se** (*hacerse entender*) sich ausdrücken; (*hablar*) sich äußern

expresidente [espresi'ðen̩te] *mf* Expräsident(in) *m(f)*

expresión [espre'sjon] *f* **1.** (*palabra*) Ausdruck *m;* (*locución*) Redensart *f*, Wendung *f* **2.** (*gesto*) Ausdruck *m;* ~ **corporal** (ARTE) freier Tanz; ~ **facial** Gesichtsausdruck *m*, Miene *f* **3.** (*declaración*) Äußerung *f*, Erklärung *f* **4.** (MAT) Ausdruck *m;* ~ **algebraica** algebraischer Ausdruck **5.** *pl* (*saludos*) Grüße *mpl*

expresionismo [espresjo'nismo] *m sin pl* (ARTE) Expressionismus *m*

expresionista [espresjo'nista] **I.** *adj* expressionistisch **II.** *mf* Expressionist(in) *m(f)*

expresivamente [espresiβa'men̩te] *adv* **1.** (*reveladoramente*) ausdrucksvoll **2.** (*afectuosamente*) warmherzig, herzlich

expresividad [espresiβi'ðaᵈ] *f* Expressivität *f*, Ausdrucksstärke *f*

expresivo, **-a** [espre'siβo, -a] *adj* **1.** (*vivo*) lebhaft **2.** (*revelador*) ausdrucksvoll **3.** (*significativo*) bezeichnend **4.** (*afectuoso*) warmherzig, herzlich

E

expreso[1] [es'preso] **I.** *m* **1.** (*tren*) Schnellzug *m*, D-Zug *m* **2.** (*correo*) Eilbote *m* **II.** *adv* absichtlich, vorsätzlich

expreso, -a[2] [es'preso, -a] *adj* **1.** (*explícito*) ausdrücklich **2.** (*claro*) deutlich **3.** (*rápido*) express, Eil-; **tren** ~ Schnellzug *m*, D-Zug *m*; **enviar una carta por (correo)** ~ einen Brief mit Eilpost [*o* per Eilboten] verschicken

exprimelimones [esprimeli'mones] *m inv* Zitronenpresse *f*

exprimidor [esprimi'ðor] *m* Saftpresse *f*, Entsafter *m*

exprimir [espri'mir] **I.** *vt* **1.** (*frutas*) auspressen, entsaften; ~ **a alguien para que hable** jdn ausquetschen **2.** (*ropa*) auswringen **3.** (*persona*) ausbeuten, ausnützen **II.** *vr*: ~**se** (*fam*) grübeln; ~**se el cerebro** [*o* **el coco**] sich *dat* das Hirn zermartern

ex profeso [espro'feso] *adv* absichtlich, vorsätzlich

expropiación [espropja'θjon] *f* (JUR) Enteignung *f*; ~ **forzosa** Zwangsenteignung *f*

expropiador(a) [espropja'ðor(a)] **I.** *adj* enteignend, Enteignungs- **II.** *m(f)* Enteigner(in) *m(f)*

expropiar [espro'pjar] *vt* (JUR) enteignen

expropiatorio, -a [espropja'torjo, -a] *adj* Enteignungs-

expuesto, -a [es'pwesto, -a] **I.** *pp de* **exponer** **II.** *adj* **1.** (*peligroso*) gefährlich, riskant **2.** (*sin protección*) gefährdet; **estar ~ a la intemperie** der Witterung ausgesetzt sein **3.** (*sensible*) anfällig (*a* für +*akk*); ~ **a perturbaciones** störanfällig **4.** (*exhibido*) ausgestellt; **estar ~ al público** der Öffentlichkeit zugänglich sein, öffentlich ausliegen **5.** (*citado*) genannt, dargelegt; **el problema** ~ das dargelegte Problem **6.** (FOTO) belichtet; **no** ~ unbelichtet

expugnable [espuɣ'naβle] *adj* einnehmbar

expugnar [espuɣ'nar] *vt* erstürmen, erobern

expulsar [espul'sar] *vt* **1.** (*echar*) vertreiben (*de* aus +*dat*), ausstoßen (*de* aus +*dat*), hinauswerfen (*de* aus +*dat*) *fam*; ~ **a alguien de la escuela** jdn von der Schule verweisen; ~ **del campo de juego** (DEP) vom Platz stellen **2.** (JUR) ausweisen, abschieben; ~ **de la sala** des Saales verweisen **3.** (MED) abstoßen **4.** (TÉC) ausstoßen, auswerfen; ~ **humo** Rauch ausstoßen

expulsión [espul'sjon] *f* **1.** (*echada*) Verweis *m*, Vertreibung *f*; ~ **del campo de juego** (DEP) Platzverweis *m*; ~ **de la escuela** Schulverweis *m* **2.** (JUR) Ausweisung *f*, Abschiebung *f* **3.** (MED: *flemas*) Auswurf *m*; (*feto*) Abgang *m* **4.** (TÉC: *de gases*) Ausstoß *m*; (*de cartuchos, fichas*) Auswerfen *nt*

expulsor[1] [espul'sor] *m* (TÉC: *de electrones*) Ausstoßer *m*; (*de cartuchos, fichas*) Auswerfer *m*; (*de gases*) Abzug *m*

expulsor(a)[2] [espul'sor(a)] *adj* Ausstoß-, Auswurf-

expurgación [espurɣa'θjon] *f* **1.** (*purificación*) Reinigung *f* **2.** (*censura*) Zensur *f*

expurgar [espur'ɣar] <g→gu> *vt* **1.** (*purificar*) reinigen **2.** (*censurar*) zensieren

expurgatorio, -a [espurɣa'torjo, -a] *adj* **1.** (*purificador*) reinigend **2.** (*que censura*) zensierend; **libro** ~ (REL) Index *m*

expurgo [es'purɣo] *m v.* **expurgación**

exquisitez [eskisi'teθ] *f* **1.** (*refinamiento*) Erlesenheit *f*; (*de vestido*) Eleganz *f*; (*de trato*) Kultiviertheit *f*; (*de plato*) Köstlichkeit *f* **2.** (*manjar*) Delikatesse *f*, Leckerbissen *m*

exquisito, -a [eski'sito, -a] *adj* **1.** (*refinado*) erlesen, exquisit **2.** (*delicioso*) exquisit, köstlich

extasiar [esta'sjar] <*1. pres:* **extasío**> **I.** *vt* verzücken **II.** *vr*: ~**se** in Verzückung geraten (*con* über +*akk*), sich begeistern (*con* für +*akk*)

éxtasis ['estasis] *m inv* **1.** (*embeleso*) Verzückung *f*, Ekstase *f*; **hacer llegar al** ~ in Ekstase versetzen **2.** (REL) Ekstase *f*

extático, -a [es'tatiko, -a] *adj* verzückt, ekstatisch

extemporal [estempo'ral] *adj*, **extemporáneo, -a** [estempo'raneo, -a] *adj* **1.** (*a destiempo*) unzeitgemäß; **son unas temperaturas extemporáneas para esta altura del año** diese Temperaturen sind außergewöhnlich für die Jahreszeit **2.** (*inoportuno*) unpassend; (*inadecuado*) unangebracht

extender [esteṇ'der] <e→ie> **I.** *vt* **1.** (*papeles, mapa*) ausbreiten (*en/sobre/por* auf +*dat*); (*pintura, betún, semillas*) verteilen (*en/sobre* auf +*dat*); ~ **algo para que se seque** etw zum Trocknen ausbreiten; ~ **la mantequilla/mermelada** die Butter/Marmelade verstreichen (*sobre* auf +*dat*) **2.** (*desplegar*) strecken; ~ **la mano/el brazo** die Hand/den Arm ausstrecken **3.** (*ensanchar*) ausdehnen; (*agrandar*) erweitern; ~ **la vista** in die Ferne blicken **4.** (*propagar*) verbreiten (*por* in +*dat*, über +*akk*) **5.** (*escribir*) ausfertigen; (*cheque*) ausstellen; ~ **acta** Protokoll führen; ~ **un certificado/una factura** eine Bescheinigung/Rechnung ausstellen; ~ **un cheque por 10.000 pesetas** einen Scheck über 10.000 Peseten ausstellen; ~ **un documento** ein Dokument aufsetzen **II.** *vr*: ~**se** **1.** (*expandirse*) sich ausbreiten, sich ausdehnen; (*llanura, montañas*) sich erstrecken (*por* über +*akk*, *hasta* bis +*dat*); (*en la cama, al sol*) sich ausstrecken (*en/sobre* auf +*dat*); ~**se en discusiones interminables** sich in endlosen Diskussionen verlieren **2.** (*prolongarse*) dauern (*a/hasta* bis +*akk*) **3.** (*difundirse*) sich verbreiten (*por* über +*akk*)

extendido, -a [esteṇ'diðo, -a] *adj* **1.** (*amplio*) weit; **un parentesco muy ~** eine weit verzweigte Verwandtschaft **2.** (*expandido*) ausgebreitet; (*cuerpo, brazo*) ausgestreckt **3.** (*prolongado*) lang; (*conocido*) verbreitet; **estar muy ~** weit verbreitet sein **4.** (*escrito*) ausgefertigt, ausgestellt **5.** (*detallado*) ausführlich

extensamente [estensa'men̪te] *adv* ausführlich

extensible [esten'siβle] *adj* **1.** (*ampliable*) ausdehnbar **2.** (*desplegable*) ausziehbar; **mesa ~** Ausziehtisch *m* **3.** (*elástico*) dehnbar **4.** (INFOR) erweiterungsfähig

extensión [esten'sjon] *f* **1.** (*dimensión*) Ausdehnung *f,* Umfang *m;* (*difusión*) Verbreitung *f;* **en toda la ~ de la palabra** im weitesten Sinne des Wortes; **por ~** im weiteren Sinne **2.** (*superficie*) Fläche *f,* Ausdehnung *f* **3.** (*longitud*) Länge *f* **4.** (*duración*) Dauer *f* **5.** (*ampliación*) Erweiterung *f,* Vergrößerung *f;* **~ hacia el este** (POL) Osterweiterung *f* **6.** (INFOR) Erweiterung *f,* Zusatzbereich *m;* **~ del bus** Buserweiterung *f;* **~ de dirección virtual** Erweiterung der virtuellen Adresse; **extensiones CD ROM** CD-ROM-Erweiterungen *fpl* **7.** (MED) Streckung *f;* **vendaje de ~** Streckverband *m* **8.** (TÉC) Dehnung *f,* Streckung *f;* **~ eléctrica** Verlängerungsschnur *f* **9.** (TEL) Nebenanschluss *m*

extensivo, **-a** [esten'siβo, -a] *adj* ausdehnbar, extensiv; **cultivo ~** (AGR) Extensivkultur *f;* **hacer extensiva una invitación a alguien** eine Einladung auf jdn ausdehnen; **hacer ~s sus saludos a alguien** jdm Grüße ausrichten

extenso, **-a** [es'tenso, -a] *adj* **1.** (*amplio*) weit, ausgedehnt **2.** (*dilatado*) umfassend, ausführlich

extensómetro [esten'sometro] *m* (FÍS) Dehnungsmesser *m*

extensor[1] [esten'sor] *m* **1.** (ANAT) Streckmuskel *m* **2.** (DEP) Expander *m*

extensor(a)[2] [esten'sor(a)] *adj* Streck-

extenuación [estenwa'θjon] *f* **1.** (*agotamiento*) Erschöpfung *f* **2.** (*debilidad*) Entkräftung *f*

extenuado, **-a** [estenu'aðo, -a] *adj* **1.** (*agotado*) erschöpft **2.** (*débil*) entkräftet, schwach **3.** (*demacrado*) ausgemergelt

extenuante [estenu'an̪te] *adj* erschöpfend, ermattend

extenuar [estenu'ar] <*1. pres:* extenúo> **I.** *vt* **1.** (*agotar*) erschöpfen **2.** (*debilitar*) entkräften, schwächen **3.** (*enflaquecer*) ausmergeln **II.** *vr:* **~se** sich erschöpfen

exterior [este'rjor] **I.** *adj* **1.** (*de fuera*) äußere(r, s), Außen-, extern; **aspecto ~** Äußere(s) *nt;* **comercio ~** Außenhandel *m;* **deuda ~** Auslandsverbindlichkeit *f;* **servicios ~es** ausgelagerte Dienstleistungen **2.** (*extranjero*) auswärtig, ausländisch; **Ministerio de Asuntos E~es** (POL) Außenministerium *nt;* (*BRD*) Auswärtiges Amt; **política ~** Außenpolitik *f;* **relaciones ~es** Auslandsbeziehungen *fpl* **II.** *m* **1.** (*parte de afuera*) Äußere(s) *nt* **2.** (*apariencia*) Aussehen *nt* **3.** (*extranjero*) Ausland *nt;* **en el ~** im Ausland **4.** *pl* (CINE, TV) Außenaufnahmen *fpl*

exterioridad [esterjori'ða^{ð}] *f* **1.** (*aspecto*) Äußerlichkeit *f* **2.** *pl* (*alardes*) Prahlerei *f*

exteriorización [esterjoriθa'θjon] *f* Äußerung *f*

exteriorizar [esterjori'θar] <z→c> **I.** *vt* **1.** (*manifestar*) zeigen, äußern **2.** (*revelar*) zum Ausdruck bringen **II.** *vr:* **~se** sich äußern, sich zeigen

exteriormente [esterjor'men̪te] *adv* äußerlich, nach außen

exterminable [estermi'naβle] *adj* vernichtbar, ausmerzbar

exterminación [estermina'θjon] *f* **1.** (*aniquilación*) Ausrottung *f,* Ausmerzung *f* **2.** (*devastación*) Zerstörung *f,* Vernichtung *f*

exterminador(a) [estermina'ðor(a)] *adj* ausrottend, vernichtend

exterminar [estermi'nar] *vt* **1.** (*aniquilar*) ausrotten, ausmerzen **2.** (*devastar*) zerstören, vernichten

exterminio [ester'minjo] *m v.* **exterminación**

externa [es'terna] *adj o f v.* **externo**

externamente [esterna'men̪te] *adv* äußerlich, nach außen

externo, **-a** [es'terno, -a] **I.** *adj* äußerlich, Außen-; **consultorios ~s** Ambulanz *f;* **paciente ~** Patient in ambulanter Behandlung; **de uso ~** (MED) zur äußerlichen Anwendung **II.** *m, f* Externe(r) *mf*

extinción [estin̪'θjon] *f* **1.** (*apagado*) Löschen *nt;* **~ de incendios** Brandlöschung *f* **2.** (*finalización*) Erlöschen *nt;* (*de esperanza*) Schwinden *nt* **3.** (ECOL) Aussterben *nt;* **en peligro** [*o* **en vías**] **de ~** vom Aussterben bedroht **4.** (JUR: *del estado*) Untergang *m;* (*de obligación, derecho*) Erlöschen *nt;* (*de contrato*) Ablauf *m* **5.** (ECON: *de obligaciones*) Tilgung *f,* Löschung *f*

extinguible [estiŋ'giβle] *adj* löschbar

extinguir [estiŋ'gir] <gu→g> **I.** *vt* **1.** (*apagar*) löschen **2.** (*finalizar*) auslöschen **II.** *vr:* **~se 1.** (*apagarse*) erlöschen **2.** (*finalizar*) zu Ende gehen, abklingen

extinto, **-a** [es'tin̪to, -a] **I.** *adj* **1.** (*apagado*) erloschen **2.** (*AmS, Méx: muerto*) verstorben **II.** *m, f* (*AmS, Méx*) Verstorbene(r) *mf*

extintor [estin̪'tor] *m* Löscher *m;* **~ de incendios** Feuerlöscher *m*

extirpable [estir'paβle] *adj* **1.** (MED) operabel, operierbar **2.** (*erradicable*) ausrottbar

extirpación [estirpa'θjon] *f* **1.** (MED) operative Entfernung *f;* (*de un miembro*) Amputation *f* **2.** (*erradicación*) Ausrottung *f* **3.** (*desarraigo*) Entwurzelung *f*

extirpar [estir'par] *vt* **1.** (MED) herausoperieren, operativ entfernen; (*miembro*) amputieren **2.** (*erradicar*) ausrotten **3.** (*arrancar*) ausreißen, entwurzeln

extornar [estor'nar] *vt* **1.** (COM: *una partida*) gegenbuchen **2.** (FIN: *una prima*) stornieren

extorno [es'torno] *m* **1.** (COM: *en cuenta*) Rückbuchung *f,* Gegenbuchung *f* **2.** (*de seguro*) Prämienrückvergütung *f,* Prämienrückerstattung *f* **3.** (FIN: *de una prima*) Storno *m o nt*

extorsión [estor'sjon] *f* **1.** (*chantaje*) Erpressung *f* **2.** (*molestia*) Umstände *mpl;* **su llegada fue una ~** seine/ihre Ankunft machte viele Umstände
extorsionar [estorsjo'nar] *vt* **1.** (*chantajear*) erpressen **2.** (*molestar*) Umstände machen (*a +dat*)
extorsionista [estorsjo'nista] *mf* Erpresser(in) *m(f)*
extra¹ ['estra] **I.** *adj* **1.** (*adicional*) Extra-, Sonder-; **horas ~s** Überstunden *fpl;* **paga ~** Lohnzulage *f* **2.** *inv* (*excelente*) erstklassig; **de calidad ~** von besonderer Qualität **II.** *prep:* **~ de** außer *+dat,* zusätzlich zu *+dat* **III.** *m* **1.** (*complemento*) Extra *nt,* Sonderleistung *f;* (*en periódico, revista*) Sonderbericht *m* **2.** (*paga*) Lohnzulage *f* **3.** (*fam: menú*) Extraspeise *f* **4.** *pl* (*adicionales*) Extras *ntpl;* (AUTO) Sonderzubehör *nt*
extra² ['estra] *mf* **1.** (CINE, TV) Statist(in) *m(f)* **2.** (*ayudante*) Aushilfe *f*
extraacadémico, -a [estra(a)ka'ðemiko, -a] *adj* außerakademisch
extracción [estraᵞ'θjon] *f* **1.** (*sacar*) Herausziehen *nt;* (*de un diente*) Ziehen *nt;* **~ de la raíz** (MAT) Wurzelziehen *nt;* **~ de sangre** Blutentnahme *f* **2.** (*lotería*) Ziehung *f* **3.** (*origen*) Herkunft *f;* **un hombre de baja ~** ein Mann niederer Herkunft **4.** (INFOR) Ausgeben *nt;* **~ de documentos** Dokumentenausgabe *f* **5.** (MIN) Förderung *f,* Gewinnung *f*
extracomunitario, -a [estrakomuni'tarjo, -a] *adj* außergemeinschaftlich; (*de la UE*) außerhalb der EU
extraconstitucional [estrakoⁿstituθjo'nal] *adj* außerhalb der Verfassung
extraconyugal [estrakonɟu'ɣal] *adj* außerehelich
extracorpóreo, -a [estrakor'poreo, -a] *adj* (MED) extrakorporal
extractar [estrak'tar] *vt* exzerpieren; (*resumir*) resümieren
extracto [es'trakto, -a] *m* **1.** (*resumen*) Resümee *nt,* Zusammenfassung *f* **2.** (*pasaje de un escrito*) Auszug *m,* Extrakt *m;* **~ de contabilidad** Buchungsauszug *m;* **~ de cuenta** (COM) Kontoauszug *m;* **~ impreso** (INFOR) Ausdruck *m* **3.** (QUÍM) Auszug *m,* Extrakt *m o nt;* **~ fluído** Fluidextrakt *m;* **~ seco** Trockenextrakt *m o nt*
extractor¹ [estrak'tor(a)] *m* **1.** (QUÍM) Extraktionsanlage *f;* (MED) Extrakteur *m;* **~ de humo** Rauchabzug *m;* **~ de petróleo** Erdölförderanlage *f;* **~ de polvo** Entstauber *m;* **~ de pruebas** Probenehmer *m* **2.** (MIL) Auszieher *m,* (Patronen)auswerfer *m*
extractor(a)² [estrak'tor(a)] *adj* abziehend; **campana ~a de humos** Rauchabzugshaube *f*
extracurricular [estrakurriku'lar] *adj* außercurrikular
extradición [estraði'θjon] *f* (JUR) Auslieferung *f;* **tratado de ~** Auslieferungsabkommen *nt*
extraditable [estraði'taβle] *adj* (JUR) auslieferbar
extraditado, -a [estraði'taðo, -a] **I.** *adj* (JUR) ausgeliefert **II.** *m, f* (JUR) Ausgelieferte(r) *mf*
extraditar [estraði'tar] *vt* (JUR) ausliefern
extraer [estra'er] *irr como traer vt* **1.** (*sacar*) herausziehen; **~ de un libro** exzerpieren; **~ dientes** Zähne ziehen; **~ líquidos** Flüssigkeiten abziehen **2.** (QUÍM) extrahieren, ausziehen **3.** (MAT: *raíz*) ziehen **4.** (MIN) abbauen, fördern; **técnicas para ~ carbón** Kohlefördertechniken *fpl*
extraescolar [estraesko'lar] *adj* außerschulisch; **actividad ~** Veranstaltung außerhalb des Lehrplans
extraeuropeo, -a [estraeu̯ro'peo, -a] *adj* außereuropäisch
extrafino, -a [estra'fino, -a] *adj* extrafein
extrahospitalario, -a [estraospita'larjo, -a] *adj* außerhalb des Krankenhauses
extraíble [estra'iβle] *adj* herausnehmbar
extrajudicial [estraxuði'θjal] *adj* außergerichtlich
extralaboral [estralaβo'ral] *adj* außerhalb der Arbeit
extralimitación [estralimita'θjon] *f* Kompetenzüberschreitung *f;* **~ de autoridad** Amtsanmaßung *f*
extralimitarse [estralimi'tarse] *vr* die Grenzen überschreiten, zu weit gehen; **~ en sus funciones** seine Befugnisse überschreiten; **~ en sus esfuerzos** sich überanstrengen
extramatrimonial [estramatrimo'njal] *adj* außerehelich
extramuros [estra'muros] *adv* extramural, außerhalb der Stadtmauern
extranjera [estraŋ'xera] *adj o f v.* **extranjero²**
extranjería [estraŋxe'ria] *f* **1.** (*estatus*) Ausländerstatus *m* **2.** (JUR) Ausländerrecht *nt;* **ley de ~** Ausländergesetz *nt*
extranjerismo [estraŋxe'rismo] *m* **1.** (*exotismo*) Vorliebe *f* für alles Ausländische **2.** (LING) Fremdwort *nt*
extranjerizante [estraŋxeri'θan̦te] *adj* überfremdend
extranjerizar [estraŋxeri'θar] <z→c> **I.** *vt* ausländische Sitten einführen (in *+dat*); (*masivamente*) überfremden **II.** *vr:* **~se 1.** (*adoptar lo extranjero*) sich *dat* ausländische Sitten aneignen **2.** (*nacionalizarse en el extranjero*) sich im Ausland einbürgern
extranjero¹ [estraŋ'xero] *m* Ausland *nt;* **ayuda al ~** Auslandshilfe *f;* **inversiones en el ~** Auslandsinvestitionen *fpl;* **representación en el ~** Auslandsvertretung *f;* **viajar al ~** ins Ausland reisen
extranjero, -a² [estraŋ'xero, -a] **I.** *adj* fremd, ausländisch, Auslands-; **lengua extranjera** Fremdsprache *f* **II.** *m, f* Fremde(r) *mf,* Ausländer(in) *m(f)*
extranjis [es'traŋxis]: **de ~** heimlich
extraña [es'traɲa] *adj o f v.* **extraño**

extrañamente [estraɲa'me̞nte] *adv* merkwürdigerweise

extrañamiento [estraɲa'mje̞nto] *m* Landesverweisung *f,* Ausweisung *f*

extrañar [estra'ɲar] **I.** *vt* **1.** (*desterrar*) ausweisen, verbannen **2.** (*sorprender*) erstaunen; **me extrañó que no me llamaras** es hat mich erstaunt, dass du mich nicht angerufen hast; **¡no me extraña!** das habe ich mir schon gedacht! **3.** (*encontrar extraño*) ungewohnt finden **4.** (*echar de menos*) vermissen **II.** *vr:* **~se** sich wundern (*de* über *+akk*), erstaunt sein (*de* über *+akk*)

extrañez [estra'ɲeθ] *f,* **extrañeza** [estra'ɲeθa] *f* **1.** (*rareza*) Befremden *nt;* **causar ~** befremden **2.** (*singularidad*) Seltsamkeit *f,* Sonderbarkeit *f* **3.** (*perplejidad*) Verwunderung *f,* Erstaunen *nt*

extraño, -a [es'traɲo, -a] **I.** *adj* **1.** (*raro*) fremd; **cuerpo ~** (MED) Fremdkörper *m* **2.** (*forastero*) auswärtig; (*extranjero*) ausländisch **3.** (*peculiar*) sonderbar, merkwürdig **4.** (*extraordinario*) außerordentlich, ungewöhnlich **II.** *m, f* Fremde(r) *mf,* Ausländer(in) *m(f)*

extraoficial [estraofi'θjal] *adj* inoffiziell

extraordinariamente [estraorðinarja'me̞nte] *adv* außerordentlich

extraordinario[1] [estraorði'narjo] *m* **1.** (PREN) Extrablatt *nt,* Sonderausgabe *f* **2.** (*gasto añadido*) Extrakosten *pl* **3.** (*paga*) Lohnzulage *f* **4.** (*excepción*) Ausnahme *f*

extraordinario, -a[2] [estraorði'narjo, -a] *adj* **1.** (*fuera de lo normal*) außerordentlich; (*muy bueno*) hervorragend, spitze *fam;* **gastos ~s** außerordentliche Ausgaben; **junta extraordinaria** außerordentliche Versammlung; **una obra de teatro extraordinaria** ein hervorragendes Theaterstück **2.** (*por añadidura*) Extra-, Sonder-; **permiso ~** Sondererlaubnis *f* **3.** (*raro*) merkwürdig, sonderbar, unüblich **4.** (*sorprendente*) überraschend

extraparlamentario, -a [estraparlame̞n'tarjo, -a] *adj* außerparlamentarisch

extrapeninsular [estrapeninsu'lar] *adj* außerhalb der (iberischen) Halbinsel

extraplano, -a [estra'plano, -a] *adj* extrem flach

extrapolable [estrapo'laβle] *adj* extrapolierbar

extrapolación [estrapola'θjon] *f* **1.** (MAT) Hochrechnung *f,* Extrapolation *f* **2.** (*conclusión*) Analogieschluss *m*

extrapolar [estrapo'lar] *vt* **1.** (MAT) extrapolieren, hochrechnen **2.** (*extender*) ausweiten (*a* auf *+akk*) **3.** (*concluir*) erschließen (aus *+dat*), extrapolieren (aus *+dat*)

extrarradio [estra'rraðjo] *m* Außenbezirk *m*

extrasensorial [estrasenso'rjal] *adj* übersinnlich

extrasístole [estra'sistole] *f* (MED) Extrasystole *f*

extraterreno, -a [estrate'rreno, -a] *adj v.* **extraterrestre**

extraterrestre [estrate'rrestre] **I.** *adj* außerirdisch, extraterrestrisch **II.** *mf* Außerirdische(r) *mf*

extraterritorial [estraterrito'rjal] *adj* exterritorial

extraterritorialidad [estraterritorjali'ðað] *f* Exterritorialität *f*

extrauterino, -a [estraute'rino, -a] *adj* (MED) extrauterin

extravagancia [estraβa'ɣaṇθja] *f* **1.** (*rareza*) Extravaganz *f,* Überspanntheit *f* **2.** (*excentricidad*) Verschrobenheit *f,* Spinnerei *f*

extravagante [estraβa'ɣaṇte] **I.** *adj* **1.** (*raro*) extravagant, überspannt **2.** (*excéntrico*) verschroben, verrückt **II.** *mf* Spinner(in) *m(f)*

extraversión [estraβer'sjon] *f* (PSICO) Extravertiertheit *f*

extravertido, -a [estraβer'tiðo, -a] *adj* (PSICO) extravertiert

extraviado, -a [estraβi'aðo, -a] *adj* **1.** (*perdido*) verloren gegangen **2.** (*confuso*) verwirrt **3.** (*apartado*) abgelegen

extraviar [estraβi'ar] <*1. pres:* extravío> **I.** *vt* **1.** (*despistar*) vom Weg abbringen; **los amigos la han extraviado** die Freunde haben sie auf Abwege gebracht **2.** (*perder*) verlieren; (*objetos*) verlegen; **~ la mirada** den Blick ins Unbestimmte schweifen lassen **II.** *vr:* **~se 1.** (*errar el camino*) sich verirren **2.** (*perderse*) abhanden kommen; (*carta*) verloren gehen **3.** (*descarriarse*) vom rechten Weg abkommen, sittlich verkommen

extravío [estra'βio] *m* **1.** (*desviación*) Irregehen *nt* **2.** (*pérdida*) Verlieren *nt,* Abhandenkommen *nt* **3.** (*perdición*) Ausschweifung *f*

extrema [es'trema] *adj o f v.* **extremo[2]**

extremadamente [estremaða'me̞nte] *adv* äußerst, extrem

extremado, -a [estre'maðo, -a] *adj* **1.** (*excesivo*) extrem, übermäßig **2.** (*exagerado*) übertrieben

Extremadura [estrema'ðura] *f* Estremadura *f*

extremar [estre'mar] **I.** *vt* aufs Äußerste treiben, übertreiben; **~ la prudencia** äußerst vorsichtig sein; **la policía extremó las medidas de seguridad** die Polizei traf strengste Sicherheitsmaßnahmen **II.** *vr:* **~se** sich *dat* größte Mühe geben (*en* bei *+dat*)

extremaunción [estremauṇ'θjon] *f* (REL) letzte Ölung *f*

extremeño, -a [estre'meɲo, -a] **I.** *adj* aus Estremadura **II.** *m, f* Einwohner(in) *m(f)* von Estremadura

extremidad [estremi'ðað] *f* **1.** (*extremo*) Extrem *nt* **2.** (*cabo*) Spitze *f,* Ende *nt;* **en una ~ del palo** an einem Ende des Stockes **3.** *pl* (ANAT) Extremitäten *fpl,* Gliedmaßen *fpl;* **~ inferiores/superiores** untere/obere Gliedmaßen

extremismo [estre'mismo] *m* (POL) Extremismus *m;* **~ derechista** Rechtsextremismus

E

m

extremista [estre'mista] **I.** *adj* (POL) extremistisch, radikal **II.** *mf* (POL) Extremist(in) *m(f)*, Radikale(r) *mf*

extremo¹ [es'tremo] *m* **1.** (*cabo*) Ende *nt*, Spitze *f*; **a tal ~** so weit; **con** [*o* **en**] **~** äußerst; **en último ~** äußerstenfalls; **ir** [*o* **pasar**] **de un ~ a otro** von einem Extrem ins andere fallen; (*tiempo*) plötzlich umschlagen; **eso se encuentra al otro ~ del edificio** das ist am anderen Ende des Gebäudes; **los ~s se tocan** (*prov*) Gegensätze ziehen sich an **2.** (*asunto*) Punkt *m*, Angelegenheit *f*; **en este ~** in dieser Hinsicht **3.** (*punto límite*) Äußerste(s) *nt*, Schmerzgrenze *f fam*; **esto llega hasta el ~ de...** das geht so weit, dass ... **4.** (MAT) Extremwert *m* **5.** *pl* (*aspavientos*) Aufheben *nt*; **hacer ~s** viel Aufheben machen

extremo, -a² [es'tremo, -a] **I.** *adj* **1.** (*sumo*) äußerste(r, s), extrem; **extrema derecha** (POL) äußerste Rechte **2.** (*distante*) letzte(r, s), entfernteste(r, s); **los barrios más ~s** die am weitesten entfernten Viertel **3.** (*opuesto*) entgegengesetzt **II.** *m, f* (DEP) Außenstürmer(in) *m(f)*; **~ derecha** Rechtsaußen *m*; **~ izquierda** Linksaußen *m*

extremoso, -a [estre'moso, -a] *adj* **1.** (*vehemente*) übereifrig **2.** (*afectuoso*) überaus zärtlich

extrínseco, -a [es'trinseko, -a] *adj* **1.** (*externo*) äußerlich; **circunstancias extrínsecas** äußere Umstände **2.** (*superficial*) nicht wesentlich

extroversión [estroβer'sjon] *f* (PSICO) Extravertiertheit *f*

extrovertido, -a [estroβer'tiðo, -a] *adj* (PSICO) extravertiert

exuberancia [eˠsuβe'ran̥θja] *f* Überfülle *f*, Üppigkeit *f*

exuberante [eˠsuβe'ran̥te] *adj* strotzend (*de* vor +*dat*), üppig

exudación [eˠsuða'θjon] *f* (MED, QUÍM) Ausschwitzen *nt*

exudado [eˠsu'ðaðo] *m* (MED) Schweiß *m*

exudar [eˠsu'ðar] *vi, vt* (MED, QUÍM) ausschwitzen

exultación [eˠsul̥ta'θjon] *f* Jubel *m*, Frohlocken *nt*

exultante [eˠsul̥'tan̥te] *adj* jubelnd, frohlockend

exultar [eˠsul̥'tar] *vi* jubeln, sich freuen

exvoto [es'βoto] *m* (REL) Weihgeschenk *nt*

eyaculación [eɟakula'θjon] *f* **1.** (*acción*) Ejakulation *f*, Samenerguss *m* **2.** (*sperma*) Ejakulat *nt*

eyacular [eɟaku'lar] *vi* ejakulieren

eyaculatorio, -a [eɟakula'torjo, -a] *adj* Ejakulations-

eyección [eɟeˠ'θjon] *f* (TÉC) Auswerfen *nt*

eyectable [eɟek'taβle] *adj* (TÉC) Auswerf-; **asiento ~** Schleudersitz *m*

eyectar [eɟek'tar] *vt* (TÉC) auswerfen

eyector¹ [eɟek'tor] *m* (TÉC) **1.** (*expulsor*) Auswerfer *m*, Auswerfvorrichtung *f* **2.** (*bomba expulsora*) Strahlgebläse *nt*, Ejektor *m* **3.** (*bomba extractora*) Saugstrahlpumpe *f*

eyector(a)² [eɟek'tor(a)] *adj* (TÉC) auswerfend

F

F, f ['efe] *f* F, f *nt;* ~ **de Francia** F wie Friedrich
fa [fa] *m inv* (MÚS) f, F *nt;* ~ **mayor** F-Dur *nt;* ~ **menor** f-Moll *nt;* ~ **sostenido** Fis *nt*
faba ['faβa] <fabes> *f weiße Bohne*
fabada [fa'βaða] *f* Bohneneintopf *m* (*aus Asturien*)
fabianismo [faβja'nismo] *m* (ECON) Fabianismus *m*
fábrica ['faβrika] *f* **1.**(*lugar de producción*) Fabrik *f,* Werk *nt;* ~ **de acero** Stahlwerk *nt;* ~ **de cerveza** Brauerei *f;* ~ **de coches** Automobilwerk *nt;* ~ **de incineración de basura** Müllverbrennungsanlage *f;* ~ **llave en mano** schlüsselfertige Anlage; ~ **de la moneda** Münzstätte *f,* Münzanstalt *f;* ~ **textil** Textilfabrik *f;* **trabajador de** ~ Fabrikarbeiter *m;* **en** [*o* **ex**] ~ ab Werk; **precio franco (en)** ~ Preis ab Werk **2.**(*de ladrillo, piedra*) Mauerwerk *nt;* **de** ~ gemauert; **obra de** ~ gemauertes Bauwerk **3.**(*edificio*) Gebäude *nt* **4.**(*fondos de iglesias*) Kirchenmittel *ntpl* **5.**(*invención*): ~ **de embustes** Schwindelei *f;* ~ **de mentiras** Lügengespinst *nt* **6.**(FÍS): ~ **de taus** Teilchenbeschleuniger *m*
fabricación [faβrika'θjon] *f* Herstellung *f;* ~ **asistida por computador** rechnergestützte Fertigung; ~ **casera** Herstellung in Heimarbeit; ~ **industrial** industrielle Fertigung; ~ **integrada por computador** rechnerintegrierte Fertigung; ~ **en masa** Massenproduktion *f;* ~ **en serie** Serienfabrikation *f,* Serien(an)fertigung *f;* **proceso de** ~ Herstellungsprozess *m;* **unidad de** ~ Fertigungseinheit *f*
fabricador(a) [faβrika'ðor(a)] **I.** *adj* (*que fabrica*) herstellend; (*que inventa*) erfindend **II.** *m(f)* (*que fabrica*) Hersteller(in) *m(f);* (*que inventa*) Erfinder(in) *m(f)*
fabricante [faβri'kan̩te] *mf* **1.**(*que fabrica*) Hersteller(in) *m(f);* **asociación de** ~**s** Industriellenverband *m;* **marca del** ~ Herstellerzeichen *nt;* **precio recomendado por el** ~ Preisempfehlung des Herstellers **2.**(*dueño*) Fabrikant(in) *m(f)*
fabricar [faβri'kar] <c→qu> *vt* **1.**(*producir*) herstellen, fertigen; ~ **cerveza** Bier brauen; **fabricado en Corea** hergestellt in Korea; ~ **algo en serie** etw serienmäßig herstellen **2.**(*construir*) erbauen **3.**(*inventar*) erfinden, erdichten; ~ **cuentos** Geschichten erfinden
fabril [fa'βril] *adj* Fabrik-; (*Herstellung*) fabrikmäßig; **trabajadora** ~ Fabrikarbeiterin *f*
fábula ['faβula] *f* **1.**(LIT) (Tier)fabel *f* **2.**(*fam: rumor, invención*) (Lügen)geschichte *f,* Märchen *nt;* **contar** ~**s sobre alguien** Gerüchte über jdn verbreiten **3.**(*relato mitológico*) Sage *f*
fabulador(a) [faβula'ðor(a)] *m(f)* **1.**(*fabulista*) Fabeldichter(in) *m(f)* **2.**(*que inventa cosas fabulosas*) Aufschneider(in) *m(f),* Münchhausen *m fam*
fabular [faβu'lar] *vt* fabulieren
fabulesco, -a [faβu'lesko, -a] *adj* (LIT) fabelhaft
fabulista [faβu'lista] *mf* Fabeldichter(in) *m(f)*
fabulosamente [faβulosa'men̩te] *adv* **1.**(*con fantasía*) phantasievoll **2.**(*fig: muy bien*) außergewöhnlich gut
fabuloso, -a [faβu'loso, -a] *adj* **1.**(*inventado, ficticio*) erdichtet; **personaje** ~ Fabelwesen *nt* **2.**(*extraordinario*) fabelhaft, großartig
faca ['faka] *f* langes, spitzes Messer *nt*
facción [faᵞ'θjon] *f* **1.**(*banda*) Bande *f,* aufrührerische Gruppe *f* **2.**(*de un partido*) Fraktion *f,* Splittergruppe *f* **3.** *pl* (*rasgos*) (Gesichts)züge *mpl;* **tener las facciones muy marcadas** sehr markante Gesichtszüge haben
faccioso, -a [faᵞ'θjoso, -a] **I.** *adj* aufrührerisch **II.** *m, f* **1.**(*rebelde*) Aufrührer(in) *m(f)* **2.**(*de un partido*) Parteigänger(in) *m(f)*
faceta [fa'θeta] *f* **1.**(*de poliedros*) Facette *f* **2.**(*aspecto*) Seite *f,* Facette *f;* **las distintas** ~**s de un problema** die verschiedenen Seiten eines Problems
facetada [faθe'taða] *f* (*Méx: chiste*) schlechter Witz *m;* (*de niños*) Scherz *m*
faceto, -a [fa'θeto, -a] *adj* (*Méx*) **1.**(*chistoso*) witzig, spaßig **2.**(*presuntuoso*) angeberisch, eingebildet
facha¹ ['fatʃa] **I.** *adj* (*fam pey*) rechtsradikal **II.** *mf* (*fam pey*) Faschist(in) *m(f),* Rechtsradikale(r) *mf*
facha² ['fatʃa] *f* **1.**(*apariencia*) Aussehen *nt,* Äußere(s) *nt;* **tener una** ~ **sospechosa** verdächtig aussehen; **estar hecho una** ~ (*fam*) lächerlich aussehen **2.**(*loc*): **ponerse en** ~ (NÁUT) beidrehen; (*fam*) seine Vorkehrungen treffen
fachada [fa'tʃaða] *f* **1.**(*de un edificio*) Fassade *f,* Vorderfront *f;* **hacer** ~ **con un edificio** einem Gebäude gegenüberliegen **2.**(*apariencia*) Erscheinung *f,* Äußere(s) *nt;* **tener una** ~ **impresionante** eine beeindruckende Erscheinung sein; **su buen humor es pura** ~ seine/ihre gute Laune ist reine Fassade
fachado, -a [fa'tʃaðo, -a] *adj:* **como él es muy bien** ~ **le eligieron como modelo** da er ein stattlicher Mann ist, wurde er als Model ausgewählt; **como era muy mal** ~ **nadie se enamoraba de él** niemand verliebte sich in

ihn, da er sehr hässlich war

fachear [fatʃe'ar] **I.** *vi* (NÁUT) beidrehen **II.** *vt* die Außenwand verkleiden, die Fassade errichten

fachenda[1] [fa'tʃen̩da] *mf* (*fam*) Angeber(in) *m(f)*

fachenda[2] [fa'tʃen̩da] *f* (*fam*) Prahlerei *f*, Angeberei *f*

fachendear [fatʃen̩de'ar] *vi* (*fam*) prahlen, protzen

fachendoso, **-a** [fatʃen̩'doso, -a] **I.** *adj* (*fam*) prahlerisch, großtuerisch **II.** *m, f* (*fam*) Prahler(in) *m(f)*, Angeber(in) *m(f)*

fachinal [fatʃi'nal] *m* (*Arg*) Sumpf *m*

fachoso, **-a** [fa'tʃoso, -a] *adj* (*fam*) lächerlich (aussehend)

facial [fa'θjal] *adj* Gesichts-; **cirugía** ~ Gesichtschirurgie *f*

fácil ['faθil] *adj* **1.** (*sin dificultades*) leicht, einfach; ~ **de digerir** leicht verdaulich; ~ **para el usuario** anwenderfreundlich; **la ventana es** ~ **de abrir** das Fenster lässt sich leicht öffnen; **tenerlo** ~ es leicht haben **2.** (*cómodo*) bequem **3.** (*probable*) wahrscheinlich; **es** ~ **que...** +*subj* es ist wahrscheinlich, dass ...; **es** ~ **que nieve** wahrscheinlich wird es schneien **4.** (*carácter*) nachgiebig; **mujer** ~ (*fig*) leichtes Mädchen

facilidad [faθili'ðað] *f* **1.** (*sin dificultad*) Leichtigkeit *f*, Mühelosigkeit *f* **2.** (*dotes*) Talent *nt*, Begabung *f*; **tener** ~ **para algo** für etw begabt sein, Talent für etw [*o* zu etw *dat*] haben; **tener** ~ **para los idiomas** sprachbegabt sein **3.** *pl* Erleichterungen *fpl*; **~es de crédito** Kreditfazilitäten *fpl*; **~es fiscales** Steuererleichterungen *fpl*; **~es de pago** Zahlungserleichterungen *fpl*; **ofrecer** [*o* **dar**] **~es a alguien para algo** jdm Erleichterungen bei etw *dat* einräumen, jdm bei etw *dat* entgegenkommen

facilillo, **-a** [faθi'liʎo, -a] *adj* (*irón: difícil*) nicht (gerade) leicht

facilitación [faθilita'θjon] *f sin pl* **1.** (*alivio*) Erleichterung *f*; (*posibilitación*) Ermöglichung *f* **2.** (*suministro*) Bereitstellung *f*, Beschaffung *f*

facilitar [faθili'tar] *vt* **1.** (*favorecer*) erleichtern; (*posibilitar*) ermöglichen **2.** (*suministrar*) verschaffen, besorgen; (*entregar*) zur Verfügung stellen; ~ **una declaración** eine Erklärung abgeben

fácilmente [faθil'men̩te] *adv* **1.** (*sin dificultad*) mit Leichtigkeit, mühelos **2.** (*con probabilidad*) wahrscheinlich

facilón, **-ona** [faθi'lon, -ona] *adj* (*fam*) kinderleicht

facineroso, **-a** [faθine'roso, -a] **I.** *adj* ruchlos, schuftig **II.** *m, f* **1.** (*delincuente*) Verbrecher(in) *m(f)* **2.** (*malvado*) Schuft *m*, Bösewicht *m*

facistol [faθis'tol] **I.** *adj* **1.** (*Ant, Col, Méx, Ven: petulante*) anmaßend, eingebildet **2.** (*Cuba, PRico: bromista*) spaßig **II.** *m* (Chor)pult *nt*

facómetro [fa'kometro] *m* (FÍS) Dioptrienmessgerät *nt*, Phakometer *nt*

facón [fa'kon] *m* (*RíoPl*) *langes, spitzes Messer der Gauchos*

facsimilar [faˠsimi'lar] *adj* faksimiliert, Faksimile-; **reproducción** ~ Faksimile *nt*, getreue Nachbildung *f*

facsímil(e) [faˠ'simil(e)] *m* **1.** (*reproducción*) Faksimile *nt* **2.** (TEL) Bildtelegrafie *f*

factibilidad [faktiβili'ðað] *f* Durchführbarkeit *f*; **informe de** ~ Durchführbarkeitsuntersuchung *f*

factible [fak'tiβle] *adj* durchführbar, machbar

facticio, **-a** [fak'tiθjo, -a] *adj* künstlich, Schein-

fáctico, **-a** ['faktiko, -a] *adj* faktisch

factor[1] [fak'tor] *m* (*causa, t.* MAT) Faktor *m*; **~es ambientales** Umweltfaktoren *mpl*; ~ **endógeno/exógeno** endogener/exogener Faktor; ~ **de escala** (INFOR) Skalierfaktor *m*; ~ **externo** exogener Faktor, äußerer Umstand; ~ **humano** menschlicher Faktor; **~es de producción** Produktionsfaktoren *mpl*; ~ **de protección** Schutzfaktor *m*; ~ **Rhesus** (MED) Rhesusfaktor *m*; ~ **de riesgo** Risikofaktor *m*

factor(a)[2] [fak'tor, -a] *m(f)* **1.** (COM) Bevollmächtigte(r) *mf* **2.** (FERRO) *Angestellte(r) für Gepäck- und Güterabfertigung*

factoría [fakto'ria] *f* **1.** (*emporio*) Handelsniederlassung *f* **2.** (*fábrica*) Fabrik *f*, Fabrikanlage *f*; ~ **de construcción naval** Schiffswerft *f*, Schiffsbaubetrieb *m* **3.** (*Am: taller de fundición*) Eisengießerei *f*

factorial [fakto'rjal] *f* (MAT) Fakultät *f*

factoring ['faktoriŋ] *m* <factorings> (COM) Factoring *nt*

factótum [fak'totun] *m* (*fam*) Mädchen *nt* für alles

factual [fak'twal] *adj* faktisch

factura [fak'tura] *f* **1.** (*hechura*) Machart *f*, Ausführung *f* **2.** (*cuenta*) Rechnung *f*; (*recibo*) Quittung *f*; ~ **comercial** Handelsrechnung *f*; ~ **impagada** offene [*o* unbezahlte] Rechnung; ~ **proforma** Proformarechnung *f*; ~ **de venta** Verkaufsrechnung *f*; **pasar** ~ die Rechnung ausstellen; **pagar** [*o* **saldar**] **una** ~ eine Rechnung bezahlen [*o* begleichen]; **su holgazanería le pasa ahora** ~ (*fam*) das ist die Quittung für seine/ihre Faulheit; **hacer una** ~ **con IVA incluido** eine Rechnung inklusive MwSt. ausstellen; **preparar una** ~ **(por duplicado)** eine Rechnung (in zweifacher Ausfertigung) ausstellen; **presentar una** ~ eine Rechnung vorlegen **3.** (*Arg: bollos*) Gebäck *nt*

facturación [faktura'θjon] *f* **1.** (FERRO) Gepäckaufgabe *f* **2.** (*elaboración de una factura*) Berechnung *f*; **departamento de** ~ Rechnungsabteilung *f*; **encargado de la** ~ Fakturist *m*; **nuestra empresa tiene un volumen de** ~ **no muy grande** unsere Firma hat kein sehr großes Umsatzvolumen

facturar [faktu'rar] *vt* **1.** (*cobrar*) berechnen; ~ **los gastos de transporte** die Transportkosten in Rechnung stellen **2.** (FERRO) aufgeben; **¿dónde se puede ~ el equipaje?** wo kann man das Gepäck aufgeben? **3.** (AERO): ~ **(el equipaje)** (das Gepäck) abfertigen, einchecken

facultad [fakul̩'taᵈ] *f* **1.** (*atribuciones*) Befugnis *f;* **tener ~ para algo** zu etw *dat* befugt sein; **conceder ~es a alguien (para algo)** jdn (zu etw *dat*) bevollmächtigen **2.** (*aptitud*) Fähigkeit *f;* ~ **de crítica** Kritikfähigkeit *f;* **recobrar sus ~es** wieder zu sich *dat* kommen **3.** (UNIV) Fakultät *f;* **F~ de Letras** Geisteswissenschaftliche Fakultät **4.** (*profesorado*) Lehrkörper *m* **5.** *pl* (*dotes*) Talent *nt,* Geistesgaben *fpl*

facultar [fakul̩'tar] *vt* ermächtigen (*para* zu +*dat*), berechtigen (*para* zu +*dat*)

facultativo, -a [fakul̩ta'tiβo, -a] **I.** *adj* **1.** (*potestativo*) fakultativ, wahlfrei **2.** (UNIV) Fakultäts- **3.** (*del médico*) ärztlich **II.** *m, f* **1.** (*funcionario*) Beamte(r) *m* des höheren Dienstes, Beamtin *f* des höheren Dienstes **2.** (*médico*) Arzt *m,* Ärztin *f*

facundia [fa'kun̩dja] *f* **1.** (*verbosidad*) Redseligkeit *f* **2.** (*locuacidad*) Beredsamkeit *f*

facundo, -a [fa'kun̩do, -a] *adj* **1.** (*verboso*) redselig **2.** (*locuaz*) beredt, redegewandt

fada ['faða] *f* (*hada*) Fee *f,* Zauberin *f*

fado ['faðo] *m* Fado *m* (*portugiesisches Volkslied*)

faena [fa'ena] *f* **1.** (*tarea*) (schwere) Arbeit *f;* **~s del campo** Feldarbeit *f;* **~s domésticas** Hausarbeit(en) *f(pl)* **2.** (*fam: mala pasada*) Streich *m;* **hacer una ~ a alguien** jdm einen Streich spielen **3.** (TAUR) *Gefecht des Stierkämpfers;* **rematar la ~** dem Stier den Gnadenstoß geben; (*fig*) eine Sache gut zu Ende bringen **4.** (*Chil: trabajadores*) Arbeiterschaft *f*

faenar [fae'nar] **I.** *vi* **1.** (*laborar*) (hart) arbeiten **2.** (*pescar*) fischen **II.** *vt* (*matar reses*) schlachten

faenero, -a [fae'nero, -a] *m, f* (*Chil*) Landarbeiter(in) *m(f)*

fagocito [faɣo'θito] *m* (BIOL) Fresszelle *f*

fagot[1] [fa'ɣoᵗ] *mf* Fagottist(in) *m(f)*

fagot[2] [fa'ɣoᵗ] *m* Fagott *nt*

fagotista [faɣo'tista] *mf* Fagottist(in) *m(f)*

failear [fai̯le'ar] *vt* (*AmC, RíoPl:* COM: *documentos*) ablegen; (*en una carpeta*) abheften; ~ **un asunto** eine Angelegenheit zu den Akten legen

fain [fai̯n] *adj* (*AmC, Col, Méx, PRico: estupendo*) fabelhaft, prima; (*calidad*) hochwertig

faíno, -a [fa'ino, -a] *adj* (*Cuba*) unhöflich, grob

fair play [fer plei̯] *m sin pl* (DEP) Fairplay *nt*

faisán [fai̯'san] *m* Fasan *m*

faisanería [fai̯sane'ria] *f* Fasanerie *f*

faite ['fai̯te] **I.** *adj* (*AmC, Méx, Perú, PRico: luchador*) kämpferisch **II.** *m* **1.** (*AmC, Méx, Perú, PRico*) Kämpfer *m* **2.** (*Méx: pendenciero*) Streithahn *m;* (*guapo*) Schönling *m*

faitear [fai̯te'ar] *vi* (*AmC, Méx, PRico*) sich prügeln

faja ['faxa] *f* **1.** (*para ceñir*) Korsett *nt,* Mieder *nt;* (*para abrigar*) (Leib)binde *f* **2.** (*distintivo honorífico*) Schärpe *f* **3.** (*franja*) Streifen *m* **4.** (*de libros*) Bauchbinde *f*

fajada [fa'xaða] *f* **1.** (*Ant: ataque*) heftiger Angriff *m,* Ansturm *m* **2.** (*Arg: paliza*) (Tracht *f*) Prügel *mpl;* **le han dado una buena ~** sie haben ihm/ihr eine ordentliche Tracht Prügel verabreicht **3.** (*Ven: burla*) Streich *m*

fajado[1] [fa'xaðo] *m* (MIN) Grubenholz *nt*

fajado, -a[2] [fa'xaðo, -a] *adj* **1.** (*con bandas*) gestreift **2.** (*experimentado, curtido*) erfahren

fajar [fa'xar] **I.** *vt* **1.** (*envolver*) umwickeln; (*periódicos*) bündeln **2.** (*Am: golpear*) schlagen; ~ **a alguien** jdn schlagen **II.** *vr:* **~se** **1.** (*ponerse una faja*) sich *dat* eine Schärpe anlegen **2.** (*Am: pelearse*) sich schlagen (*con* mit +*dat*); **los dos hombres se ~on** die beiden Männer prügelten sich **III.** *vi:* ~ **con alguien** jdn angreifen

fajardo [fa'xarðo] *m* (GASTR) Fleischpastete *f*

fajilla [fa'xiʎa] *f* (*Am*) Kreuzband *nt* (für Postsendungen)

fajín [fa'xin] *m* **1.** *dim de* **faja** **2.** (*de generales, funcionarios*) (Amts)schärpe *f*

fajina [fa'xina] *f* **1.** (*en la era*) Garbenhaufen *m* **2.** (*de leña*) Reisigbündel *nt* **3.** (MIL: *haz de ramas*) Faschine *f* **4.** (*Arg: trabajo*) (körperliche) Arbeit *f;* **ropa de ~** Arbeitskleidung *f* **5.** (*Cuba: horas extra*) Überstunden *fpl*

fajo ['faxo] *m* **1.** (*papeles*) Bündel *nt;* ~ **de billetes** Notenbündel *nt* **2.** *pl* (*de bebé*) Babyausstattung *f*

fajol [fa'xol] *m* (BOT) Buchweizen *m*

fakir [fa'kir] *m* Fakir *m*

falacia [fa'laθja] *f* (Be)trug *m,* Täuschung *f*

falange [fa'laŋxe] *f* **1.** (MIL) Truppe *f,* Bataillon *nt;* (HIST) Phalanx *f* **2.** (ANAT: *de las manos*) Fingerknochen *m;* (*de los pies*) Zehenknochen *m* **3.** (POL): **F~ Española** Falange *f* (*faschistische, totalitäre Staatspartei Spaniens von 1933 – 1976*)

falangero [falaŋ'xero] *m* (ZOOL) Kletterbeutler *m*

falangio [fa'laŋxjo] *m* (ZOOL) Weberknecht *m*

falangismo [falaŋ'xismo] *m* (POL) *Bewegung der spanischen Falange*

falangista [falaŋ'xista] **I.** *adj* (POL) falangistisch **II.** *mf* (POL) Falangist(in) *m(f)*

falaz [fa'laθ] *adj* (be)trügerisch

falca ['falka] *f* **1.** (*cuña*) Keil *m;* (*para ruedas*) Bremskeil *m* **2.** (NÁUT) Setzbord *nt*

falcado, -a [fal'kaðo, -a] *adj* sichelförmig

falcar [fal'kar] <c→qu> *vt* (*reg*) unterkeilen

falce ['falθe] *f* Sichel *f*

falconete [falko'nete] *m* (MIL) Falkonett *nt*

falda ['fal̩da] *f* **1.** (*vestido*) Rock *m;* ~ **escocesa** Schottenrock *m;* ~ **pantalón** Hosenrock *m;* ~ **plisada** Plisseerock *m;* ~ **tubo** eng geschnittener Rock; **estar cosido a las ~s de su madre** am Rockzipfel der Mutter hängen; **estar pegado a las ~s de una mujer** unter dem Pantoffel einer Frau stehen; **se ha criado bajo las ~s de mamá** er/sie ist wohl behütet aufgewachsen **2.** (*regazo*) (Rock)schoß *m;* **estar sentado en la ~ de su madre** auf Mutters Schoß sitzen **3.** (*de una mesa camilla*) *Tischdecke für einen Tisch mit darunter liegendem Kohlenbecken* **4.** (*de sombrero*) Hutkrempe *f* **5.** (*de una montaña*) Bergabhang *m;* **a la ~ de la montaña** am Fuße des Berges **6.** (GASTR) Rippenfleisch *nt* **7.** *pl* (*fam: mujeres*) Frauen *fpl,* Weibsbilder *ntpl pey;* **es asunto** [*o* **cuestión**] **de ~s** das ist Frauensache; **le tiran mucho las ~s** er ist hinter den Frauen her

faldellín [fal̯de'ʎin] *m* (*Ant, Ven*) Taufkleid *nt*

faldeo [fal̯'deo] *m* (*Arg, Chil: ladera*) Bergflanke *f*

faldero [fal̯'dero] *m* **1.** (*hombre*) Schürzenjäger *m* **2.** (*animal*): **perro ~** Schoßhund *m*

faldillas [fal̯'diʎas] *fpl* Schößchen *nt*

faldón [fal̯'don] *m* **1.** (*de una camisa*) Schoß *m;* **agarrarse a los faldones de alguien** (*fam*) bei jdm Schutz suchen **2.** (*de una funda*) Volant *m* **3.** (ARQUIT) Walm *m* **4.** (*de la chimenea*) Kaminrahmen *m*

falena [fa'lena] *f* (ZOOL) Fliederspanner *m*

falencia [fa'len̟θja] *f* (*Am*) Konkurs *m,* Bankrott *m*

falibilidad [faliβili'ðaᵈ] *f* Fehlbarkeit *f*

falible [fa'liβle] *adj* **1.** (*erróneo*) fehlbar **2.** (*engañoso*) trügerisch

fálico, -a ['faliko, -a] *adj* phallisch, Phallus-

falla ['faʎa] *f* **1.** (*defecto*) Fehler *m,* Defekt *m;* (*en un sistema*) Störung *f;* (*en un arma*) Ladehemmung *f* **2.** (GEO) Erdriss *m,* Verwerfung *f* **3.** (*de Valencia*) *Pappmascheefiguren, die am 19. März in Valencia verbrannt werden* **4.** (*Am*) *v.* **fallo**

fallar [fa'ʎar] **I.** *vi* **1.** (JUR) entscheiden, ein Urteil fällen; **~ ejecutoriamente** rechtskräftig entscheiden **2.** (*malograrse: proyecto*) misslingen; (*plan, intento*) fehlschlagen **3.** (*no prestar el rendimiento esperado*) versagen, nicht funktionieren; (*de repente*) ausfallen; **le ~on los nervios** seine/ihre Nerven machten nicht mit; **algo le falla** etwas ist nicht in Ordnung mit ihm/ihr; **no falla nunca** (*cosa*) das funktioniert immer; (*persona*) auf ihn/sie ist Verlass **4.** (*romperse*) nachgeben, (zusammen)brechen **II.** *vt* **1.** (JUR) fällen; **~ la absolución** auf Freispruch erkennen; **~ un pleito** einen Rechtsstreit beilegen **2.** (DEP) danebenschießen, danebentreffen; **~ la portería** am Tor vorbeischießen **3.** (*en el juego de naipes*) trumpfen (mit +*dat*) **4.** (*no cumplir con su palabra*): **~ a alguien** jdn im Stich lassen; (*en una cita*) jdn versetzen

Fallas ['faʎas] *fpl:* **las ~** die Fallas (*Volksfest in Valencia am Sankt-Josefs-Tag* (*19. März*))

fallecer [faʎe'θer] *irr como crecer vi* sterben, verscheiden *elev*

fallecido, -a [faʎe'θiðo, -a] **I.** *adj* verstorben **II.** *m, f* Verstorbene(r) *mf,* Verschiedene(r) *mf*

fallecimiento [faʎeθi'mjen̟to] *m* Sterben *nt,* Verscheiden *nt*

fallero, -a [fa'ʎero, -a] **I.** *adj* **1.** (*relativo a las Fallas*) die Fallas betreffend **2.** (*empleado*) arbeitsscheu **3.** (*Chil: que falta a su palabra*) wortbrüchig **II.** *m, f* *Teilnehmer(in) am Umzug der Fallas;* **es un ~** er feiert häufig(er) krank

fallido, -a [fa'ʎiðo, -a] **I.** *adj* **1.** (*esfuerzo, proyecto*) misslungen; (*plan, intento*) gescheitert **2.** (COM: *deuda*) uneintreibbar **3.** (*en quiebra*) bankrott **II.** *m, f* Bankrotteur(in) *m(f)*

fallo ['faʎo] *m* **1.** (*opinión*) Urteil *nt* **2.** (JUR) Urteil *nt,* Urteilsspruch *m* **3.** (*error*) Fehler *m,* Irrtum *m;* (*omisión*) Lücke *f,* Auslassung *f;* **~ de fabricación** Fabrikationsfehler *m;* **~ humano** menschliches Versagen; **arrojar ~s** Fehler aufweisen; **el asunto solo tiene un pequeño ~** die Sache hat nur einen kleinen Nachteil [*o* Haken] **4.** (TÉC) Versagen *nt,* Defekt *m;* (*en un sistema*) Schwachstelle *f;* **~ de arranque** (INFOR) Startfehler *m;* **~ de sistema** (INFOR) Systemfehler *m;* **esto no tiene ~** das ist unfehlbar **5.** (*en el juego de naipes*) Fehlfarbe *f* **6.** (*fracaso*) Fehlschlag *m,* Misserfolg *m;* **tener un ~ en algo** einen Fehlschlag bei etw *dat* erleiden

fallón, -ona [fa'ʎon, -ona] *adj* **1.** (*vago*) arbeitsscheu **2.** (*Am: que falta a su palabra*) wortbrüchig

fallutería [faʎute'ria] *f* (*RíoPl: fam: comportamiento*) Heuchelei *f;* (*modo de ser*) Scheinheiligkeit *f*

falluto, -a [fa'ʎuto, -a] *adj* (*RíoPl: fam: en el comportamiento*) heuchlerisch; (*en el modo de ser*) scheinheilig

falo ['falo] *m* (*elev*) Phallus *m*

falocracia [falo'kraθja] *f* Männerherrschaft *f*

falsa ['falsa] *adj o f v.* **falso²**

falsario, -a [fal'sarjo, -a] **I.** *adj* falsch, unaufrichtig **II.** *m, f* **1.** (*mentiroso*) Lügner(in) *m(f)* **2.** (*que falsifica monedas*) Falschmünzer(in) *m(f)*

falsarregla [falsa'rreɣla] *f* (Stell)winkel *m*

falseable [false'aβle] *adj* fälschbar; **carnet no ~** fälschungssicherer Ausweis

falseador(a) [falsea'ðor(a)] *m(f)* Fälscher(in) *m(f),* Verfälscher(in) *m(f)*

falseamiento [falsea'mjen̟to] *m* Fälschung *f,* Verfälschung *f*

falsear [false'ar] **I.** *vi* **1.** (*flaquear*) nachgeben **2.** (MÚS) verstimmt sein, falsch klingen **II.** *vt* **1.** (*adulterar al referir*) verfälschen; (*verdad*) entstellen **2.** (*falsificar materialmente*) fälschen; **~ las guardas** einen Schlüssel nachmachen (lassen) **3.** (ARQUIT) schrägen

falsedad [false'ðaᵈ] *f* **1.** (*en el carácter*) Falschheit *f;* (*hipocresía*) Heuchelei *f* **2.** (JUR):

~ **documental** Urkundenfälschung *f*

falseta [fal'seta] *f* (MÚS) Überleitung *f*

falsete [fal'sete] *m* **1.** (MÚS) Falsett *nt;* **cantar en ~** falsettieren **2.** (*corcho*) Spund *m* **3.** (*puertecilla*) Tapetentür *f*

falsía [fal'sia] *f* (*elev pey*) Falschheit *f,* Unredlichkeit *f*

falsificación [falsifika'θjon] *f* (*acto*) Fälschen *nt,* Fälschung *f;* (*objeto*) Fälschung *f;* **~ de billetes** Falschgeldherstellung *f;* **~ de la competencia** Verfälschung des Wettbewerbs; **~ de documentos** (JUR) Urkundenfälschung *f;* **~ de facturas** Fälschung von Rechnungen; **~ de moneda** Falschmünzerei *f,* Münzfälschung *f*

falsificador(a) [falsifika'ðor(a)] *m(f)* Fälscher(in) *m(f);* **~ de documentos** Urkundenfälscher *m;* **~ de moneda** Falschmünzer *m*

falsificar [falsifi'kar] <c→qu> *vt* fälschen; (*balance*) frisieren; **~ la verdad** die Wahrheit verfälschen

falsilla [fal'siʎa] *f* Linienblatt *nt*

falso[1] ['falso] **I.** *m* (Saum)besatz *m* **II.** *adv:* **en ~** (*falsamente*) falsch; **jurar en ~** einen Meineid schwören; **coger a alguien en ~** jdn bei einer Lüge ertappen; **dar un golpe en ~** (*movimiento*) nicht treffen; **dar un paso en ~** einen Fehltritt tun; **edificar en ~** (*superficialmente*) ohne Fundament bauen; **la herida se cura en ~** die Wunde verheilt nur oberflächlich

falso, -a[2] ['falso, -a] **I.** *adj* **1.** (*contrario a la verdad*) falsch, unrichtig; (*no auténtico*) falsch, unecht; (*carácter mentiroso*) falsch, verlogen; **falsa modestia** falsche Bescheidenheit; **~ testimonio** falsche Zeugenaussage; **billete ~** Fälschung *f,* Falsifikat *nt;* **moneda falsa** Falschgeld *nt;* **¡~!** das ist gelogen! **2.** (*no natural*) künstlich; (*pseudo*) Schein-, falsch; **llave falsa** Dietrich *m;* **puerta falsa** blinde Tür **3.** (*reg: vago*) faul **4.** (*reg: cobarde*) feige **5.** (*caballería*) widerspenstig **II.** *m, f* (*mentiroso*) Lügner(in) *m(f);* (*hipócrita*) Heuchler(in) *m(f)*

falta ['fal̯ta] *f* **1.** (*carencia*) Mangel *m* (*de* an *+dat*); (*ausencia*) Abwesenheit *f,* Fehlen *nt;* **~ de dinero** Geldmangel *m;* **~ de educación** Respektlosigkeit *f,* Unverschämtheit *f;* **~ de liquidez** Liquiditätsengpass *m;* **~ de pago** Nichtbezahlung *f,* unterbliebene Zahlung; **echar en ~ algo/a alguien** etw/jdn vermissen; **alguien hace mucha ~ a alguien** jd braucht jdn sehr; **aquí no haces ~** du wirst hier nicht gebraucht; **hace ~ hacer algo** etw muss getan werden; **¡~ hacía!** es wurde auch höchste Zeit!; **¡ni ~ que hace!** das ist absolut nicht nötig!; **hacer tanta ~ como los perros en misa** (*fam*) so nötig sein wie ein Kropf; **poner ~ a alguien** jds Fehlen vermerken; **sacar ~s a alguien** jdn kritisieren; **a ~ de pan, buenas son tortas** (*prov*) in der Not frisst der Teufel Fliegen **2.** (*equivocación*) Fehler *m,* Irrtum *m;* **~ ortográfica** [*o* **de ortografía**] Rechtschreibfehler *m;* **cometer una ~** einen Fehler machen [*o* begehen]; **sin ~s** makellos, fehlerlos; **sin ~** ganz sicher, zweifellos **3.** (DEP) Foul(spiel) *nt* **4.** (JUR) Übertretung *f,* Ordnungswidrigkeit *f;* (*omisión censurable*) Unterlassung *f;* (*descuido castigable*) Fahrlässigkeit *f* **5.** *pl:* **está embarazada de tres ~s** sie ist im dritten Monat schwanger

faltar [fal̯'tar] *vi* **1.** (*no estar*) fehlen (an *+dat*); (*persona*) fernbleiben; (*cosa*) nicht vorhanden sein; **~ a clase** dem Unterricht fernbleiben; **~ a una cita** ein Treffen versäumen; **me faltan mis llaves** ich vermisse meine Schlüssel; **nos falta dinero para...** wir haben nicht genug Geld, um ..., es fehlt uns an Geld, um ...; **no falta quien...** es gibt auch einige, die ...; **falta (por) saber si...** es ist nur noch die Frage, ob ...; **no ~ ni sobrar** weder zu viel noch zu wenig sein; **¡no ~ía** [*o* **faltaba**] **más!** das fehlte gerade noch!; (*respuesta a agradecimiento*) das war doch nicht der Rede wert!; (*asentir amablemente*) aber selbstverständlich; **no ~ía** [*o* **faltaba**] **más (sino) que...** *+subj* jetzt fehlt nur noch, dass ...; **¡lo que faltaba!** das hat uns gerade noch gefehlt!; **por si algo faltaba** nicht genug damit; **nunca falta un roto para un descosido** jedes Töpfchen hat sein Deckelchen; **al que mal hace, nunca le falta achaque** (*prov*) ≈wer Böses tut, der Böses erntet **2.** (*necesitarse*) benötigen, brauchen; **me faltan 500 pesetas** ich brauche noch 500 Peseten; **me falta tiempo para hacerlo** ich habe nicht genug Zeit, um das zu machen; **~ (por) hacer** noch getan werden müssen; **falta todavía por preparar el postre** der Nachtisch ist noch nicht zubereitet **3.** (*temporal: quedar*) fehlen, dauern; **faltan cuatro días para tu cumpleaños** es sind noch vier Tage bis zu deinem Geburtstag; **falta mucho para que venga** es dauert noch lange, bis er/sie kommt; **falta poco para que venga** bald kommt er/sie; **falta poco para las doce** es ist fast zwölf Uhr; **faltan diez para las nueve** (*Am*) es ist zehn vor neun; **¿falta mucho?** dauert es noch lang(e)?; **poco le faltó para llorar** er/sie war drauf und dran zu weinen, ihm/ihr standen die Tränen schon in den Augen **4.** (*no cumplir*): **~ a** verstoßen gegen *+akk;* **~ a su palabra** wortbrüchig werden; **~ a su mujer** seine Frau betrügen; **~ en los pagos** seinen Zahlungsverpflichtungen nicht nachkommen, säumig sein; **~ en hacer algo** etw unterlassen; **no ~é en dárselo** ich werde es ihm/ihr ganz sicher geben **5.** (*ofender*) verletzen; **~ al respeto de alguien** jdm gegenüber ausfallend werden **6.** (*cometer una falta*): **~ en algo** bei etw *dat* einen Fehler machen, etw falsch machen **7.** (*elev: morir*) dahingehen, sterben; **el día en que faltemos** wenn wir mal nicht mehr am Leben sind

falto, -a ['fal̯to, -a] *adj* (*escaso*) knapp (*de* an/mit *+dat*); (*desprovisto*) beraubt (*de +gen*), ohne (*de* +*akk*); ~ **de argumentos** ohne Argumente; ~ **de patria** heimatlos; ~ **de recursos** mittellos; **está** ~ **de cariño** ihm mangelt es an Zuneigung; **está** ~ **de amabilidad** er ist unhöflich

faltón, **-ona** [fal̩'ton, -ona] *adj* (*fam*) **1.** (*que falta a su palabra*) wortbrüchig **2.** (*negligente*) unachtsam, nachlässig **3.** (*Arg, Cuba, Méx: vago*) faul, arbeitsscheu **4.** (*reg: irrespetuoso*) beleidigend

faltriquera [fal̩tri'kera] *f* Rocktasche *f;* (*a la cintura*) Gürteltasche *f;* **reloj de** ~ Taschenuhr *f;* **rascarse la** ~ (*fam*) in die Tasche greifen

falúa [fa'lua] *f* (NÁUT) Küstenschiff *nt,* Feluke *f*

fama ['fama] *f* **1.** (*gloria*) Ruhm *m;* (*celebridad*) Berühmtheit *f;* **tener** ~ berühmt sein; **dar** ~ **a algo/alguien** etw/jdn berühmt machen; **unos cobran la** ~ **y otros cardan la lana** (*prov*) des einen Arbeit ist des andern Ruhm **2.** (*reputación*) Ruf *m,* Leumund *m;* **tener** ~ **de fanfarrón** als Aufschneider gelten; **ser de mala** ~ anrüchig sein, von zweifelhaftem Ruf sein; **cobra buena** ~ **y échate a dormir** (*prov*) erwirb dir einen guten Ruf und lege dich schlafen; **quien la** ~ **ha perdido muerto anda en la vida** (*prov*) wer seinen guten Ruf verloren hat, ist so gut wie tot; **la mala llaga sana, la mala** ~ **mata** (*prov*) böse Wunden heilen, ein schlechter Ruf aber nicht; **mi hacienda me llevarás, mi** ~ **me dejarás** (*prov*) mein Hab und Gut kannst Du mir nehmen, meinen guten Ruf aber nicht **3.** (*rumor*) Gerücht *nt;* **corre la** ~ **de que...** +(*subj*) es geht das Gerücht, dass ..., es wird gesagt, dass ...

famélico, **-a** [fa'meliko, -a] *adj* ausgehungert

familia [fa'milja] *f* **1.** (*pareja e hijos*) Familie *f;* (*que comparten una casa*) Haushalt *m;* ~ **monoparental** Einelternfamilie *f;* ~ **numerosa** kinderreiche Familie; **la F~ Real** die königliche Familie; **cabeza de** ~ Familienoberhaupt *nt,* Familienvorstand *m* **2.** (*parentela*) Familie *f,* Verwandtschaft *f;* ~ **política** *durch Heirat verbundene Familien;* **libro de** ~ Familienstammbuch *nt;* **gran** ~ **humana** Menschheit *f;* **de buena** ~ aus gutem Hause; **eso viene de** ~ das liegt in der Familie, das ist seit Generationen so; **en** ~ im (engsten) Familienkreis, unter sich; **ser de la** ~ zur Familie gehören; **acordarse de la** ~ **de alguien** (*argot*) jds Familie verfluchen **3.** (*hijos*) Kinder *ntpl,* Nachwuchs *m;* **no tener** ~ kinderlos sein

familiar[1] [fami'ljar] **I.** *adj* **1.** (*íntimo*) familiär, die Familie betreffend; **asunto** ~ Familienangelegenheit *f;* **economía** ~ privater Haushalt; **empresa** ~ Familienunternehmen *nt* **2.** (*conocido*) vertraut, bekannt **3.** (*sin ceremonia*) zwanglos **II.** *mf* (*pariente*) Familienangehörige(r) *mf,* Verwandte(r) *mf*

familiar[2] [fami'ljar] *m* **1.** (*de un obispo*) Hauskaplan *m* **2.** (*criado*) Diener *m,* Gehilfe *m* **3.** (*demonio*) Hausgeist *m*

familiaridad [familjari'ðaᵈ] *f* (*confianza*) Vertraulichkeit *f;* (*trato familiar*) Vertrautheit *f;* **permitirse ~es con alguien** jdm gegenüber zudringlich werden

familiarizar [familjari'θar] <z→c> **I.** *vt* (*acostumbrar*) vertraut machen (*con* mit +*dat*), gewöhnen (*con* an +*akk*); **tenía que** ~ **al gato con la casa** ich musste die Katze erst an das Haus gewöhnen **II.** *vr:* **~se 1.** (*acostumbrarse*) sich vertraut machen (*con* mit +*dat*), sich gewöhnen (*con* an +*akk*) **2.** (*dominar*) sich vertraut machen (*con* mit +*dat*); **~se con un sistema nuevo** sich in ein neues System einarbeiten

famoso, **-a** [fa'moso, -a] *adj* **1.** (*conocido*) berühmt (*por* durch +*akk*); (*fam: sonado*) allseits bekannt **2.** (*fam: estupendo*) famos, großartig

fan [fan] *mf* <fans> **1.** (*admirador*) Fan *m* **2.** (*fútbol*) Schlachtenbummler(in) *m(f)*

fanal [fa'nal] *m* **1.** (NÁUT) Signallaterne *f,* Leuchtfeuer *nt;* (*de barco*) Schiffslaterne *f* **2.** (*campana*) Glasglocke *f*

fanático, **-a** [fa'natiko, -a] **I.** *adj* fanatisch **II.** *m, f* **1.** (*fam: hincha*) Fan *m* (*de* von +*dat*), Anhänger(in) *m(f)* (*de* von +*dat*); **es una fanática del rock** sie ist ganz wild auf Rockmusik **2.** (*pey: extremista*) Fanatiker(in) *m(f);* ~ **de una creencia** Glaubenseiferer *m*

fanatismo [fana'tismo] *m sin pl* Fanatismus *m*

fanatizar [fanati'θar] <z→c> *vt* aufhetzen, aufpeitschen

fandango [fan̩'daŋgo] *m* **1.** (*baile*) Fandango *m* (*in Andalusien noch verbreiteter altspanischer Tanz*) **2.** (*fam: jaleo*) Radau *m*

fandanguero, **-a** [fan̩daŋ'gero, -a] **I.** *adj* **1.** (*fam*) leichtlebig, vergnügungssüchtig **2.** (MÚS) Fandango- **II.** *m, f* **1.** (*fam*) leichtlebiger Mensch *m,* Partygänger(in) *m(f)* **2.** (MÚS) Fandangotänzer(in) *m(f)*

fané [fa'ne] *adj* **1.** (*arrugado*) faltig, runzelig; (*marchito*) verwelkt, leicht zerknittert; **estar** ~ in einem fürchterlichen Zustand sein **2.** (*vulgar*) geschmacklos **3.** (*Arg: cansado*) müde

faneca [fa'neka] *f* (ZOOL) Franzosendorsch *m*

fanega [fa'neɣa] *f* Fanega *f* (*je nach Region unterschiedliches Hohlmaß oder Flächenmaß*)

fanegada [fane'ɣaða] *f:* **a ~s** scheffelweise

fanesca [fa'neska] *f* (*Ecua*) *Fischeintopf, der traditionell an Ostern gegessen wird*

fanfarrear [faɱfarre'ar] *vi v.* **fanfarronear**

fanfarria [faɱ'farrja] *f* **1.** (*fam: jactancia*) Prahlerei *f,* Aufschneiderei *f* **2.** (MÚS) Fanfarenzug *m*

fanfarrón, **-ona** [faɱfa'rron, -ona] **I.** *adj* (*fam: chulo*) prahlerisch, aufschneiderisch **II.** *m, f* (*fam: bravucón*) Prahlhans *m,* Aufschneider(in) *m(f)*

fanfarronada [faɱfarro'naða] *f* (*fam*) Prahlerei *f,* Aufschneiderei *f*

fanfarronear [faɱfarrone'ar] *vi* (*fam*) prahlen, aufschneiden
fanfarronería [faɱfarrone'ria] *f* (*fam*) Prahlerei *f*, Aufschneiderei *f*
fanfurriña [faɱfu'rriɲa] *f* (*fam*) Jähzorn *m*
fangal [faŋ'gal] *m*, **fangar** [faŋ'gar] *m* Morast *m*
fango ['faŋgo] *m* **1.** (*lodo*) Schlamm *m*; **baños de** ~ (MED) Schlammbäder *ntpl*, Fangobäder *ntpl* **2.** (*deshonra*) Schande *f*; **sumió a toda la familia en el** ~ er/sie beschmutzte die Ehre der ganzen Familie
fangoso, **-a** [faŋ'goso, -a] *adj* schlammig
fangoterapia [faŋgote'rapja] *f* (MED) Fangopackung *f*, Moorbadbehandlung *f*
fantaseador(a) [fan̪tasea'ðor(a)] *adj* phantasierend
fantasear [fan̪tase'ar] **I.** *vi* **1.** (*soñar*) fantasieren, (wach) träumen **2.** (*presumir*) prahlen; **¡no fantasees tanto!** red doch keinen Blödsinn! **II.** *vt* erdichten, erfinden
fantaseo [fan̪ta'seo] *m* Fantasiererei *f*
fantasía [fan̪ta'sia] *f* **1.** (*imaginación*) Fantasie *f*, Einbildungskraft *f*; (*cosa imaginada*) Hirngespinst *nt*; **joyas de** ~ Modeschmuck *m*; **es obra de la** ~ das ist das Produkt der Fantasie; **dejar correr la** ~ der Fantasie freien Lauf lassen; **¡déjate de ~s!** hör auf zu träumen!; **lo que cuentas es pura** ~ was du erzählst, sind reine Hirngespinste **2.** (LIT) Fiktion *f* **3.** (MÚS) Fantasie *f*
fantasioso, **-a** [fan̪ta'sjoso, -a] **I.** *adj* **1.** (*inventado*) ausgedacht, erfunden; **idea fantasiosa** Fantasterei *f* **2.** (*fachendoso*) großtuerisch **II.** *m, f* Fantast *m*, Träumer(in) *m(f)*
fantasma [fan̪'tasma] **I.** *m* **1.** (*aparición*) Gespenst *nt*, Geist *m*; **andar como un** ~ herumirren, in geistiger Umnachtung herumlaufen *fam*; **aparecer como un** ~ plötzlich auftauchen **2.** (*visión*) Phantom *nt*; ~ **de la imagen** Hirngespinst *nt* **3.** (*fam: fanfarrón*) Angeber(in) *m(f)*; **¡no seas ~!** gib doch nicht so an!, spiel dich doch nicht so auf! **II.** *adj* (*cosa inexistente*) Schein-; **empresa** ~ Briefkastenfirma *f*
fantasmada [fan̪tas'maða] *f* (*fam*) Prahlerei *f*, Aufschneiderei *f*
fantasmagoría [fan̪tasmaɣo'ria] *f* Trugbild *nt*; (TEAT) Phantasmagorie *f*
fantasmagórico, **-a** [fan̪tasma'ɣoriko, -a] *adj* illusionistisch; (TEAT) phantasmagorisch
fantasmal [fan̪tas'mal] *adj* gespenstisch, Gespenster-
fantasmón, **-ona** [fan̪tas'mon, -ona] **I.** *adj* (*fam*) wichtigtuerisch, großtuerisch **II.** *m, f* (*fam*) Prahlhans *m*, Angeber(in) *m(f)*
fantásticamente [fan̪tastika'men̪te] *adv* **1.** (*muy bien*) großartig, fabelhaft **2.** (*fingidamente*) falsch, unecht
fantástico, **-a** [fan̪'tastiko, -a] *adj* **1.** (*irreal*) fantastisch, unwirklich **2.** (*fam: fabuloso*) fabelhaft, toll; **¡~!** fantastisch!, super!
fantochada [fan̪to'ʧaða] *f* **1.** (*fantasmada*) Prahlerei *f* **2.** (*tontería*) Unsinn *m*
fantoche [fan̪'toʧe] *m* **1.** (*títere*) Marionette *f* **2.** (*mamarracho*) Vogelscheuche *f* **3.** (*fantasmón*) Prahlhans *m*, Sprücheklopfer(in) *m(f) fam*
fanzine [fan̪'θine] *m* Fanzine *nt*
fañoso, **-a** [fa'ɲoso, -a] *adj* (*Ven*) näselnd
FAO ['fao] *f abr de* **Organización de las Naciones Unidas para la Agricultura y la Alimentación** FAO *f*, Welternährungsorganisation *f*
faquir [fa'kir] *m* Fakir *m*
farad [fa'ra^ð] <farads> *m* (FÍS) Farad *nt*
faralá [fara'la] *f* <faralaes> **1.** (*volante*) Volant *m* **2.** (*fam: oropel*) Schnickschnack *m*, Firlefanz *m*
farallón [fara'ʎon] *m* Klippe *f*
faramallear [faramaʎe'ar] *vi* (*Chil, Méx*) prahlen, sich aufspielen
farándula [fa'ran̪dula] *f* **1.** (*farsa*) Komödiantentum *nt* **2.** (TEAT) primitive Wanderbühne *f*, Schmiere *f pey* **3.** (*fam: palabrería*) Bauernfängerei *f*, Betrügerei *f* **4.** (*Arg: colonia artística*) Showleute *pl*
farandulear [faran̪dule'ar] *vi* prahlen
farandulero, **-a** [faran̪du'lero, -a] **I.** *adj* **1.** (*comediante*) gauklerisch **2.** (*fam: trapecero*) betrügerisch **II.** *m, f* **1.** (*comediante*) Komödiant(in) *m(f)*, Gaukler(in) *m(f)* **2.** (*fam: trapecero*) Bauernfänger(in) *m(f)*, Betrüger(in) *m(f)*
faraón [fara'on] *m* Pharao *m*
faraónico, **-a** [fara'oniko, -a] *adj* pharaonisch, Pharaonen-
fardada [far'ðaða] *f* (*fam*) Protzerei *f*, Angeberei *f*
fardaje [far'ðaxe] *m* Gepäck *nt*
fardar [far'ðar] *vi* (*fam*) **1.** (*presumir*) protzen, angeben; (*impresionar*) Eindruck schinden **2.** (*vestir bien*) sich in Schale werfen
farde ['farðe] *m* (*fam*) Aufspielerei *f*, Angeberei *f*
fardel [far'ðel] *m* **1.** (*morral*) Rucksack *m*; (*bulto*) Bündel *nt* **2.** (*fam: desaliñado*) Schlamper *m*, Schlampe *f*
fardo ['farðo] *m* **1.** (*bulto*) Ballen *m*; (*de ropa*) Kleiderbündel *nt* **2.** (*fam: obeso*) Dickwanst *m*
fardón, **-ona** [far'ðon, -ona] *adj* (*fam*) **1.** (*chulo*) elegant (gekleidet), schick; **¡qué ~ vas con esa camisa!** mit diesem Hemd hast du dich ganz schön in Schale geworfen! **2.** (*vistoso*) klasse, fabelhaft; (*coche*) schnittig **3.** (*presumido*) eingebildet
farero, **-a** [fa'rero, -a] *m, f* Leuchtturmwärter(in) *m(f)*
fárfara ['farfara] *f* **1.** (BOT) Huflattich *m* **2.** (ZOOL) Schalenhaut *f*, Eihaut *f*
farfolla [far'foʎa] *f* **1.** (*espata*) Hülse *f* (*eines Mais- oder Hirsekolbens*) **2.** (*oropel*) Tand *m*
farfulla[1] [far'fuʎa] **I.** *adj* (*fam*) stotternd, stockend **II.** *mf* (*fam*) Stotterer, -in *m, f*
farfulla[2] [far'fuʎa] *f* Stottern *nt*

F

farfulladamente [farfuʎaða'meṇte] *adv* stotternd, stammelnd

farfullar [farfu'ʎar] *vi* (*fam*) **1.** (*balbucear*) stottern, stammeln **2.** (*chapucear*) pfuschen

farfullero, **-a** [farfu'ʎero, -a] *m, f* (*fam*) **1.** (*tartamudo*) Stotterer, -in *m, f* **2.** (*chapucero*) Pfuscher(in) *m(f)*

faria® ['farja] *mf Zigarrenmarke*

farináceo, **-a** [fari'naθeo, -a] *adj* mehlig, Mehl-

farináceos [fari'naθeos] *mpl* Mehlprodukte *ntpl*

faringe [fa'riŋxe] *f* (ANAT) Rachen *m,* Schlund *m*

faríngeo, **-a** [fa'riŋxeo, -a] *adj* (ANAT) Rachen-, pharyngeal

faringitis [fariŋ'xitis] *f inv* (MED) Rachenentzündung *f,* Pharyngitis *f*

fariña [fa'riɲa] *f* (*AmS*) Maniokmehl *nt*

fario ['farjo] *m* (*mal*) Pech *nt;* (*buen*) Glück *nt;* **tener buen/mal** ~ Glück/Pech haben

farisaico, **-a** [fari'saḭko, -a] *adj* **1.** (*fariseo*) pharisäisch, Pharisäer- **2.** (*falso*) unehrlich, heuchlerisch

fariseo, **-a** [fari'seo, -a] *m, f* **1.** (*de la secta judía*) Pharisäer(in) *m(f)* **2.** (*hipócrita*) Heuchler(in) *m(f)*

farmacéutico, **-a** [farma'θeu̯tiko, -a] **I.** *adj* pharmazeutisch, Apotheken-; **industria farmacéutica** Pharmaindustrie *f;* **productos** ~**s** Arzneimittel *ntpl* **II.** *m, f* Apotheker(in) *m(f),* Pharmazeut(in) *m(f)*

farmacia [far'maθja] *f* **1.** (*tienda*) Apotheke *f;* ~ **de guardia** Bereitschaftsapotheke *f* **2.** (*ciencia*) Pharmazie *f,* Pharmazeutik *f*

fármaco ['farmako] *m* Medikament *nt,* Arzneimittel *nt*

farmacodependencia [farmakoðepeṇ'deṇθja] *f* Medikamentenabhängigkeit *f*

farmacodinamia [farmakoði'namja] *f,* **farmacodinámica** [farmakoði'namika] *f* (MED) Pharmakodynamik *f*

farmacóloga [farma'koloɣa] *f v.* **farmacólogo**

farmacología [farmakolo'xia] *f* (MED) Pharmakologie *f,* Arzneimittelkunde *f*

farmacológico, **-a** [farmako'loxiko, -a] *adj* pharmakologisch

farmacólogo, **-a** [farma'koloɣo, -a] *m, f* Pharmakologe, -in *m, f*

farmacopea [farmako'pea] *f* (MED) **1.** (*técnica*) Technik *f* der Arzneimittelzubereitung **2.** (*libro*) Pharmakopöe *f,* amtliches Arzneibuch *nt*

farmacovigilancia [farmakoβixi'laṇθja] *f* Arzneimittelüberwachung *f*

faro ['faro] *m* **1.** (AUTO) Scheinwerfer *m;* ~ **antiniebla** Nebelscheinwerfer *m;* ~ **delantero** Scheinwerfer *m;* ~ **lateral** Begrenzungsleuchte *f;* ~ **de marcha atrás** Rückfahrscheinwerfer *m;* ~ **piloto** Scheinwerfer *m;* ~ **trasero** Schlussleuchte *f* **2.** (*señal*) (Leucht)bake *f;* ~ **buscador** Suchscheinwerfer *m;* ~ **de destello** Blaulicht *nt;* ~ **detector** Suchscheinwerfer *m* **3.** (NÁUT) Leuchtturm *m* **4.** (*guía*) Fanal *nt*

farol [fa'rol] *m* **1.** (*lámpara*) Laterne *f,* Leuchte *f;* (*de papel*) Papierlaterne *f,* Lampion *m;* ~ **de calle** [*o* **público**] Straßenlaterne *f;* ~ **de costado** (NÁUT) Hecklaterne *f;* ~ **de popa** Seitenlaterne *f;* **hacer de** ~ (*fam*) den Aufpasser/die Anstandsdame spielen **2.** (DEP) Handstand *m* **3.** (*fam: fanfarronada*) Protzerei *f;* (*patraña*) Bluff *m;* **tirarse** [*o* **marcarse**] [*o* **echarse**] **un** ~ angeben; **él tiene mucho** ~ er ist ein unheimlicher Angeber **4.** (*mangas*): **mangas de** ~ Bauschärmel *mpl* **5.** (TAUR) *Figur des Toreros mit der Capa* **6.** *pl* (*Am: ojos*) Augen *ntpl;* **¡adelante con los ~es!** (*fam*) vorwärts!, nur zu!

farola [fa'rola] *f* Straßenlaterne *f*

farolazo [faro'laθo] *m* (*AmC, Méx*) (kräftiger) Schluck *m* Schnaps

farolear [farole'ar] *vi* (*fam*) prahlen, große Töne spucken

faroleo [faro'leo] *m* (*fam*) Angeberei *f,* Prahlerei *f*

farolero, **-a** [faro'lero, -a] **I.** *adj* (*fam*) prahlerisch, aufgeblasen **II.** *m, f* **1.** (*bravucón*) Aufschneider(in) *m(f),* Prahlhans *m* **2.** (*quien enciende faroles*) Laternenanzünder(in) *m(f);* (*fabricante*) Laternenhersteller(in) *m(f);* (*vendedor*) Laternenverkäufer(in) *m(f)*

farolillo [faro'liʎo] *m* Lampion *m;* ~ **rojo** (*fam*) Schlusslicht *nt;* **ha sido el** ~ **rojo en la etapa de ayer** er/sie bildete das Schlusslicht auf der gestrigen Etappe

farra ['farra] *f* Fest *nt;* (*argot: juerga*) Gaudi *f;* **estar** [*o* **ir**] **de** ~ (*fam*) einen draufmachen

fárrago ['farraɣo] *m* Durcheinander *nt,* Wirrwarr *m*

farragoso, **-a** [farra'ɣoso, -a] *adj* (*confuso*) durcheinander, verworren; (*discurso*) überladen

farrear [farre'ar] **I.** *vi* (*CSur: fam*) feiern, auf Sauftour gehen *argot* **II.** *vr:* ~**se** (*RíoPl: dinero*) verjubeln

farrista [fa'rrista] **I.** *adj* (*CSur*) nachtschwärmerisch; **mi hija es muy** ~ meine Tochter ist eine Nachtschwärmerin **II.** *mf* (*CSur: que le gusta salir*) Nachtschwärmer(in) *m(f);* (*que le gusta ir a fiestas*) Partylöwe *m,* Partygirl *nt*

farruca [fa'rruka] *f* (MÚS) **1.** (*cante*) *Flamencogesangsstil* **2.** (*baile*) *Flamencotanzstil, bei dem die Gesten eines Matadors imitiert werden*

farruco, **-a** [fa'rruko, -a] **I.** *adj* kühn, draufgängerisch; **ponerse** [*o* **estar**] ~ **con alguien** jdm die Stirn bieten, jdm furchtlos entgegentreten **II.** *m, f* **1.** (*impávido*) Draufgänger(in) *m(f)* **2.** (*gallego*) *gerade ausgewanderte(r) Galicier(in)*

farruto, **-a** [fa'rruto, -a] *adj* (*Bol, Chil*) kränklich

farsa ['farsa] *f* **1.** (TEAT: *farándula*) Komödiantentum *nt;* (*sainete*) Schwank *m,* Posse *f* **2.** (*compañía de comediantes*) Wanderschausteller *mpl*, Wanderbühne *f* **3.** (*engaño*) Farce *f*, Schwindel *m* **4.** (GASTR) Farce *f*

farsante [far'san̪te] **I.** *adj* (*fam*) schwindlerisch, heuchlerisch **II.** *mf* (*fam*) **1.** (*embustero*) Schwindler(in) *m(f)*, Heuchler(in) *m(f)* **2.** (*comediante*) Komödiant(in) *m(f)*

fas [fas] (*fam*): **por ~ o por nefas** so oder so

FAS [fas] *fpl* (MIL) *abr de* **Fuerzas Armadas** Streitkräfte *fpl*

fascículo [fas'θikulo] *m* **1.** (*publicación*) Faszikel *m* **2.** (ANAT) Faszikel *m*, (Muskel)strang *m*

fascinación [fasθina'θjon] *f* Faszination *f*, Bezauberung *f*; **sentir ~ por algo** sich für etw begeistern

fascinador(a) [fasθina'ðor(a)] *adj*, **fascinante** [fasθi'nan̪te] *adj* faszinierend; (*persona*) bezaubernd; (*libro*) fesselnd

fascinar [fasθi'nar] **I.** *vi, vt* **1.** (*encantar*) faszinieren; (*libro*) fesseln; (*seducir*) faszinieren, in seinen Bann ziehen **2.** (*embrujar*) (mit dem bösen Blick) verhexen **II.** *vr:* **~se** sich begeistern lassen, sich fesseln lassen

fascismo [fas'θismo] *m sin pl* Faschismus *m*

fascista [fas'θista] **I.** *adj* faschistisch **II.** *mf* Faschist(in) *m(f)*

fascistoide [fasθis'toi̯ðe] *adj* faschistoid

fase ['fase] *f* **1.** (*período*) Phase *f*, Etappe *f*; **~ de crecimiento** Wachstumsphase *f*; **~ de desarrollo** Entwicklungsphase *f*; **~ de expansión** Expansionsphase *f*, (wirtschaftlicher) Aufschwung *m*; **el proyecto está en ~ de producción** das Projekt befindet sich in der Produktionsphase **2.** (*estado*) Stufe *f*, Stand *m* **3.** (ELEC, FÍS, QUÍM) Phase *f*; **~s de la luna** (ASTR) Mondphasen *fpl*; **~ de oscilación** Schwingungsphase *f*; **de tres ~s** dreiphasig; (*nave espacial*) dreistufig

fast food [fas fu^{ð}] *m o f sin pl* Fastfood *nt*

fastidiado, -a [fasti'ðjaðo, -a] *adj* (*enfermo*) angeschlagen

fastidiar [fasti'ðjar] **I.** *vt* **1.** (*molestar*) ärgern, stören **2.** (*causar hastío*) anekeln **3.** (*aburrir*) langweilen, anöden *fam* **4.** (*loc*): **¡no te fastidia!** soweit kommt's noch!, das fehlte gerade noch! **II.** *vr:* **~se** (*fam*) **1.** (*enojarse*) sich ärgern (*con/de* über *+akk*); **¡fastídiate!** geschieht dir (ganz) recht!, ätsch!; **¡hay que ~se!** da muss man durch!; **¡hay que ~se, el frío que hace aquí!** so eine Kälte – das gibt's doch nicht [*o* das ist ja nicht zum Aushalten]! **2.** (*aguantarse*) sich abfinden müssen (*con/de* mit *+dat*); **no me hiciste caso, pues ahora te fastidias** du hast nicht auf mich hören wollen; nun sieh zu, wie du zurechtkommst **3.** (*Am: perjudicarse*) sich *dat* schaden, sich *dat* Schaden zufügen

fastidio [fas'tiðjo] *m* **1.** (*disgusto*) Ärgernis *nt*, Ärger *m*; (*mala suerte*) Pech *nt* **2.** (*aburrimiento*) Langeweile *f*, Verdruss *m* **3.** (*hastío*) Ekel *m*

fastidioso, -a [fasti'ðjoso, -a] *adj* **1.** (*molesto*) ärgerlich, lästig **2.** (*aburrido*) langweilig **3.** (*pesado*) unerträglich; **persona fastidiosa** Nervensäge *f fam*

fasto[1] ['fasto] *m* **1.** (*pompa*) Pomp *m*, Prunk *m* **2.** *pl* (*anales*) Annalen *pl*, Chronik *f*

fasto, -a[2] ['fasto, -a] *adj* (*fecha*) glücklich, günstig

fastuosidad [fastwosi'ða^{ð}] *f* Pracht *f*, Luxus *m*

fastuoso, -a [fastu'oso, -a] *adj* (*casa, boda*) prachtvoll, pompös; (*persona*) prunksüchtig

fatal [fa'tal] **I.** *adj* **1.** (*inevitable*) unausweichlich, schicksalhaft; **momento ~** entscheidender Augenblick **2.** (*desagradable*) unangenehm **3.** (*funesto*) verhängnisvoll, fatal; (*mortal*) tödlich; **mujer ~** Femme fatale *f* **4.** (JUR) nicht aufschiebbar **5.** (*fam: muy mal*) übel, mies **II.** *adv* (*fam*) mies, fatal; **el examen me fue ~** die Prüfung ist schlecht gelaufen

fatalidad [fatali'ða^{ð}] *f* **1.** (*desgracia*) Fatalität *f*, Verhängnis *nt* **2.** (*destino*) Fatum *nt*, Schicksalsfügung *f*

fatalismo [fata'lismo] *m sin pl* Schicksalsglaube *m*, Fatalismus *m*

fatalista [fata'lista] **I.** *adj* fatalistisch, blind ergeben **II.** *mf* **1.** (*que sigue el fatalismo*) Fatalist(in) *m(f)*, Schicksalsgläubige(r) *mf* **2.** (*fam: pesimista*) Pessimist(in) *m(f)*

fatalizarse [fatali'θarse] <z→c> *vr* **1.** (*Col: cometer un delito*) ein schwer wiegendes Verbrechen begehen, sich strafbar machen **2.** (*Chil: lastimarse*) sich (schwer) verletzen **3.** (*Perú: pagar las consecuencias*) büßen (für *+akk*)

fatalmente [fatal'men̪te] *adv* **1.** (*inevitablemente*) unvermeidlich, zwangsläufig **2.** (*desgraciadamente*) unglücklicherweise **3.** (*muy mal*) sehr schlecht

fatídico, -a [fa'tiðiko, -a] *adj* **1.** (*que predice el futuro*) wahrsagend, weissagend **2.** (*fam: algo*) Unheil verkündend, Unheil bringend

fatiga [fa'tiɣa] *f* **1.** (*cansancio*) Ermüdung *f*, Erschöpfung *f* **2.** (*sofocos*) Atemnot *f* **3.** (TÉC) Ermüdung *f*, Verschleiß *m* **4.** *pl* (*sacrificios*) Mühe *f*, Qualen *fpl*

fatigado, -a [fati'ɣaðo, -a] *adj* **1.** (*agotado*) müde, erschöpft **2.** (*sofocado*) außer Atem, keuchend **3.** (TÉC) ermüdet

fatigador(a) [fatiɣa'ðor(a)] *adj* ermüdend, anstrengend

fatigar [fati'ɣar] <g→gu> **I.** *vt* **1.** (*cansar*) ermüden, erschöpfen **2.** (*molestar*) stören, auf die Nerven gehen *+dat fam*; (*importunar*) belästigen **II.** *vr:* **~se 1.** (*agotarse*) ermüden; (*ojos*) überanstrengt werden **2.** (*sacrificarse*) sich abplagen, sich abquälen **3.** (*sofocarse*) außer Atem kommen [*o* geraten]; (*patológicamente*) in Atemnot geraten **4.** (TÉC) ermüden

fatigoso, -a [fati'ɣoso, -a] *adj* **1.** (*trabajo, discusión*) ermüdend, anstrengend **2.** (*persona*) erschöpft; (*jadeante*) kurzatmig

fatuidad [fatwi'ða^{ð}] *f* (*vanidad*) Eitelkeit *f*; (*inmodestia*) Überheblichkeit *f*

fatuo, -a ['fatwo, -a] *adj* **1.** (*presumido*) eingebildet, aufgeblasen; (*jactancioso*) angeberisch, prahlerisch **2.** (*necio*) albern, töricht

fauces ['fau̯θes] *fpl* **1.** (ZOOL) Schlund *m*, Rachen *m* **2.** (*Am: dientes*) Eckzähne *mpl*

fauna ['fau̯na] *f* Fauna *f*, Tierwelt *f*

faunístico, -a [fau̯'nistiko, -a] *adj* faunistisch; **el desarrollo** ~ die Entwicklung der Fauna

fauno ['fau̯no] *m* Faun *m*

faústico, -a ['fau̯stiko, -a] *adj* (LIT) faustisch

fausto[1] ['fau̯sto] *m* (*lujo*) Pracht *f*; (*ostentación*) Prunk *m*, Pomp *m*

fausto, -a[2] ['fau̯sto, -a] *adj* glücklich, freudig

fauvismo [fo'βismo] *m sin pl* (ARTE) Fauvismus *m*

favela [fa'βela] *f* (*Am*) **1.** (*casucha*) Barracke *f* **2.** *pl* (*barrio*) Slums *pl*

favo ['faβo] *m* (MED) Favus *m*, Kopfgrind *m*

favor [fa'βor] *m* **1.** (*servicio*) Gefallen *m*, Gefälligkeit *f*; (*ayuda*) Hilfe *f*; **entrada de** ~ Freikarte *f*; **de** ~ unentgeltlich, aus Gefälligkeit; **por** ~ bitte; **hacer un** ~ **a alguien** jdm einen Dienst erweisen, jdm einen Gefallen tun; **¡hágame el** ~ **de dejarme en paz!** seien Sie so freundlich und lassen Sie mich in Ruhe!; **pedir un** ~ **a alguien** jdn um einen Gefallen bitten; **te lo pido por** ~ ich bitte dich inständig darum; **hagan el** ~ **de venir puntualmente** kommen [*o* seien] Sie bitte pünktlich; **estar haciéndole siempre** ~**es a alguien** jdm ständig Dienste erweisen, jdm ständig eine Sonderbehandlung zuteil werden lassen **2.** (*gracia*) Bevorzugung *f*, Begünstigung *f*; **a** [*o* **en**] ~ **de alguien** zugunsten [*o* zu Gunsten] von jdm; **tener a alguien a su** ~, **gozar del** ~ **de alguien** jdn auf seiner Seite haben, in jds Gunst stehen; **a** ~ **del viento/de la corriente** mit Rückenwind/stromabwärts **3.** (*beneficio*): **voto a** ~ Jastimme *f*; **estar a** ~ **de algo** sich für etw aussprechen, für etw sein; **votar a** ~ **de alguien** für jdn stimmen

favorable [faβo'raβle] *adj* **1.** (*propicio*) günstig (*a/para* für +*akk*), vorteilhaft (*a/para* für +*akk*) **2.** (*optimista*) positiv; **una impresión** ~ ein guter [*o* positiver] Eindruck **3.** (*benévolo*) wohlwollend, wohlgesinnt

favorecedor(a) [faβoreθe'ðor(a)] *adj* begünstigend, vorteilhaft; **es un vestido muy** ~ **para ti** das Kleid steht dir sehr gut

favorecer [faβore'θer] *irr como crecer* **I.** *vt* **1.** (*beneficiar*) begünstigen, sich positiv auswirken (*a* auf +*akk*) **2.** (*ayudar*) helfen +*dat*, unterstützen **3.** (*dar preferencia*) bevorzugen, begünstigen **4.** (*prendas de vestir*) gut stehen +*dat*, schmeicheln +*dat*; **este vestido te favorece** das Kleid steht dir wirklich gut, in dem Kleid siehst du wirklich gut aus **II.** *vr*: ~**se** Profit schlagen [*o* ziehen] (*de* aus +*dat*); ~**se de algo** sich *dat* etw zunutze [*o* zu Nutze] machen

favorecido, -a [faβore'θiðo, -a] **I.** *adj* **1.** (*propiciado*) begünstigt (*por* durch +*akk*) **2.** (*fotografía*) gut getroffen **II.** *m, f* **1.** (*beneficiado*) Nutznießer(in) *m(f)* **2.** (*preferido*) Günstling *m*; ~ **por la suerte** Glückspilz *m*

favorita [faβo'rita] *adj o f v.* **favorito**

favoritismo [faβori'tismo] *m* (*nepotismo*) Vetternwirtschaft *f*, Günstlingswirtschaft *f*; (*parcialidad*) Bevorzugung *f*

favorito, -a [faβo'rito, -a] **I.** *adj* Lieblings-, bevorzugt; **plato** ~ Leibspeise *f*, Leibgericht *nt* **II.** *m, f* **1.** (*del rey*) Günstling *m*; ~ **del público** Publikumsliebling *m*; **la favorita del rey** die Geliebte des Königs **2.** (DEP) Favorit(in) *m(f)*

fax [faˠs] *m inv* Fax *nt*; **número de** ~ Faxnummer *f*; **papel para** [*o* **de**] ~ Faxpapier *nt*; **mandar un** ~ **a una empresa/a la señora Klose/a Suecia** ein Fax an eine Firma/an Frau Klose/nach Schweden schicken; **pasar un** ~ ein Fax übertragen; **pásame la factura por** ~ fax mir die Rechnung zu, schick mir die Rechnung per Fax

faxear [faˠse'ar] *vt* faxen

fayuca [fa'ɟuka] *f* (*Méx: fam*) Schmuggel *m*; **tabaco de** ~ Schmuggeltabak *m*

fayuquero, -a [faɟu'kero, -a] *m, f* (*Méx: fam*) Hehler(in) *m(f)*

faz [faθ] *f* **1.** (*elev: rostro*) Antlitz *nt*, Gesicht *nt*; ~ **a** ~ von Angesicht zu Angesicht; **a la** [*o* **en**] ~ **de** angesichts +*gen* **2.** (*anverso*) Vorderseite *f*; (*de moneda, medalla*) Avers *m*; (*de tela*) rechte Seite *f*

FBI [efeβe'i] *m abr de* **Federal Bureau of Investigation** FBI *m o nt*

f.c., F C [ferroka'rril] *abr de* **ferrocarril** Eisenbahn *f*

FCA [efeθe'a] (ECON) *abr de* **franco transportista** frei Frachtführer

FCC [efeθe'θe] *abr de* **fluorclorocarbonados** FCKW *nt*

fe [fe] *f* **1.** (*religión*) Glaube *m* (*en* an +*akk*); ~ **cristiana** christlicher Glaube; ~ **en Dios** Glaube an Gott; **dar profesión de** ~ das Glaubensbekenntnis sprechen; ~ **y verdad, en el cielo parecerá** (*prov*) Glaube und Wahrheit haben ihren Lohn im Himmel; **el amor y la** ~**, en las obras se ven** (*prov*) die Liebe und den Glauben erkennt man an den Werken **2.** (*confianza*) Vertrauen *nt* (*en* zu +*dat*); **digno de** ~ glaubwürdig; **tener** ~ **en alguien** zu jdm Vertrauen haben, an jdn glauben; **dar** [*o* **prestar**] ~ **a algo/alguien** jdm/etw *dat* Glauben schenken, jdm/etw *dat* glauben; **dar** ~ **de algo** etw bestätigen; **de buena** ~ in ehrlicher [*o* mit guter] Absicht; (*ingenuamente*) in gutem Glauben, nichts Böses ahnend; (JUR) auf Treu und Glauben; **de mala** ~ in [*o* mit] böser Absicht **3.** (*lealtad*) Treue *f*; ~ **conyugal** eheliche Treue **4.** (*palabra*) Zusicherung *f*, Versicherung *f*; **a** ~ wirklich, wahrlich; **a** ~ **mía** mein Wort darauf; **en** ~ **de ello** [*o* **lo cual**] (JUR) zum Beweis dessen **5.** (*certificado*) Urkunde *f*, Nachweis *m*; ~ **de bautismo/de matrimonio** Tauf-/Trauschein *m*; ~ **de erratas** Nachtrag *m* (zur Richtigstellung von Druckfehlern); ~ **de soltería** Ledigkeitsbescheinigung *f*

fealdad [feal'dað] *f* **1.** (*monstruosidad*) Hässlichkeit *f* **2.** (*indignidad*) Gemeinheit *f*

feamente [fea'mente] *adv* gemein

febrera [fe'βrera] *f* Bewässerungskanal *m*

febrero [fe'βrero] *m* Februar *m; v. t.* **marzo**

febril [fe'βril] *adj* **1.** (*con fiebre*) fieb(e)rig, mit Fieber einhergehend, Fieber-; **acceso** ~ Fieberanfall *m* **2.** (*agitado*) fieberhaft, (übertrieben) eifrig

fecal [fe'kal] *adj* fäkal, Fäkal-; **sustancias** **~es** Fäkalien *fpl*

fecha ['fetʃa] *f* **1.** (*data*) Datum *nt;* (*señalada*) Termin *m;* ~ **de amortización** (FIN) Abschreibungsstichtag *m,* Tilgungstermin *m;* ~ **de caducidad** Verfallsdatum *nt;* ~ **de cierre** Schlusstermin *m;* ~ **clave** Stichtag *m;* ~ **de consumo preferente** Mindesthaltbarkeitsdatum *nt;* ~ **de creación** Erstellungsdatum *nt;* ~ **de las elecciones** Wahltag *m,* Wahltermin *m;* ~ **de entrada/salida** (COM) Eingangs-/Ausgangsdatum *nt;* (*de personas*) Einreise-/Ausreisedatum *nt;* ~ **de entrega** (Ab)lieferungstermin *m;* ~ **de expedición** Ausstellungsdatum *nt;* ~ **de nacimiento** Geburtsdatum *nt,* Geburtstag *m;* ~ **del sello postal** Datum des Poststempels; ~ **tope** Schlusstermin *m;* ~ **de vencimiento** (COM) Fälligkeitstermin *m;* (*en facturas*) Zahlungsziel *nt;* **factura con** ~ **anterior/posterior a la del día** Rechnung mit Datumsangabe vor/nach dem Tag der Ausstellung; **sin** ~ undatiert; **a partir de esta** ~ von heute an; **en aquella** ~ zu jenem Zeitpunkt, an jenem Tag; **en la** ~ **fijada** termingerecht; **hasta la** ~ bis zum heutigen Tag; **con** ~ **del 14 de mayo** mit Datum vom 14. Mai; **adelantar/atrasar la** ~ **de algo** etw vor-/zurückdatieren; **poner la** ~ das Datum schreiben; **¿cuál es la** ~ **de hoy?** der Wievielte ist heute? **2.** (ECON) (Zeit *f* nach) Sicht *f;* **a 30 días** ~ 30 Tage dato; **a** ~ auf Zeit **3.** *pl* (*época*) Zeit(en) *f(pl);* **en estas** **~s** dieser Tage, in dieser Zeit, in diesen Zeiten

fechable [fe'tʃaβle] *adj* datierbar

fechado, -a [fe'tʃaðo, -a] *adj* (*en cartas*): ~ **el...** mit Datum vom ...

fechador [fetʃa'ðor] *m* Datumsstempel *m*

fechar [fe'tʃar] *vt* datieren

fechoría [fetʃo'ria] *f* **1.** (*delito*) Gewalttat *f,* Missetat *f;* **le hicieron una auténtica** ~ **en la peluquería** (*fam*) der Friseur hat ihn/sie wirklich schlimm zugerichtet **2.** (*travesura*) (Lausbuben)streich *m*

fécula ['fekula] *f* Stärke *f;* **harina de** ~ Stärkemehl *nt*

feculento, -a [feku'lento, -a] *adj* **1.** (*que contiene fécula*) stärkehaltig **2.** (*que tiene heces*) fäkalienhaltig

fecundable [fekun'daβle] *adj* fruchtbar, fortpflanzungsfähig

fecundación [fekunda'θjon] *f* Befruchtung *f;* ~ **artificial** künstliche Befruchtung

fecundador(a) [fekunda'ðor(a)] *adj* befruchtend

fecundar [fekun'dar] *vt* (BIOL) befruchten; (*fertilizar*) fruchtbar machen; **el río fecunda las orillas** der Fluss macht die Ufer fruchtbar; **el hombre fecunda las tierras** der Mensch macht das Land urbar

fecundidad [fekundi'ðað] *f* Fruchtbarkeit *f*

fecundización [fekundiθa'θjon] *f* (AGR) Düngung *f*

fecundizar [fekundi'θar] <z→c> *vt* fruchtbar machen; (*mediante abonos*) düngen

fecundo, -a [fe'kundo, -a] *adj* **1.** (*prolífico*) fruchtbar **2.** (*tierra*) fruchtbar; (*campo*) ertragreich; ~ **en recursos** finanzstark **3.** (*creador*) fruchtbar, produktiv; ~ **de palabras** wortreich

FED [feð] *m abr de* **Fondo Europeo de Desarrollo** (UE) EEF *m*

fedatario [feða'tarjo] *m* Notar *m*

FEDER ['feðer] *m* (UE) *abr de* **Fondo Europeo de Desarrollo Regional** EFRE *m,* Europäischer Fonds *m* für regionale Entwicklung

federación [feðera'θjon] *f* Verband *m,* Zusammenschluss *m;* (*de estados*) Staatenbund *m,* Föderation *f;* ~ **de sindicatos** Gewerkschaftsbund *m*

federado, -a [feðe'raðo, -a] *adj* föderativ, Bundes-; **estado** ~ Bundesland *nt*

federal [feðe'ral] **I.** *adj* föderativ, Bundes-; (*partidario del federalismo*) bundesstaatlich; **estado** ~ Bundesstaat *m;* **gobierno** ~ Bundesregierung *f;* **república** ~ Bundesrepublik *f* **II.** *mf* Föderalist(in) *m(f)*

federalismo [feðera'lismo] *m sin pl* Föderalismus *m*

federalista [feðera'lista] **I.** *adj* föderalistisch **II.** *mf* Föderalist(in) *m(f)*

federalización [feðeraliθa'θjon] *f* (POL) Föderalisierung *f*

federalizar [feðerali'θar] <z→c> **I.** *vt* föderalisieren **II.** *vr:* **~se** sich bundesstaatlich zusammenschließen

federar [feðe'rar] **I.** *vt* (*aliarse*) verbünden, vereinigen; (*federalizar*) zu einer Föderation vereinigen **II.** *vr:* **~se** **1.** (*unirse*) sich verbünden, sich vereinigen; (*federalizarse*) sich bundesstaatlich zusammenschließen **2.** (*Col: divorciarse*) sich scheiden lassen

federativo, -a [feðera'tiβo, -a] *adj* bundesstaatlich, Bundes-

feérico, -a [fe'eriko, -a] *adj* feenhaft

fehaciente [fea'θjente] *adj* eindeutig; (JUR) beweiskräftig

feísta [fe'ista] *adj* (ARTE, LIT): **cultura** ~ Hässlichkeitskult *m*

FE-JONS [efe'e xons] *f abr de* **Falange Española de las Juntas de Ofensiva Nacional Sindicalista** *spanische Einheitspartei ab 1937*

felación [fela'θjon] *f* Fellatio *f*

feldespato [feldes'pato] *m* (MIN) Feldspat *m*

felicidad [feliθi'ðað] *f* **1.** (*dicha*) Glück *nt;*

¡~es! (herzlichen) Glückwunsch!; **te deseamos muchas ~es** wir wünschen dir alles Gute; **hemos llegado de las vacaciones con toda ~** wir sind gut aus dem Urlaub zurückgekommen **2.** (*alegría*) Freude *f*

felicitación [feliθita'θjon] *f* **1.** (*enhorabuena*) Glückwunsch *m,* Gratulation *f* **2.** (*tarjeta*) Glückwunschkarte *f;* (*escrito*) Glückwunschschreiben *nt;* (*por telegrama*) Glückwunschtelegramm *nt*

felicitar [feliθi'tar] **I.** *vt* beglückwünschen (*por* zu *+dat*), gratulieren (*a +dat, por* zu *+dat*) **II.** *vr:* **~se** sich beglückwünschen (*por* zu *+dat*), sich *dat* gratulieren (*por* zu *+dat*); **~se de que...** *+subj* sich freuen, dass ...; **~se de haber hecho algo** sich freuen etw (doch noch) getan zu haben

félido, -a ['feliðo, -a] **I.** *adj* (ZOOL) katzenartig, Katzen- **II.** *m, f* (ZOOL) katzenartiges Raubtier *nt*

feligrés, -esa [feli'ɣres, -esa] *m, f* Pfarrgemeindemitglied *nt*

feligreses [feli'ɣreses] *mpl* (Pfarr)gemeinde *f*

felino, -a [fe'lino, -a] *adj* (ZOOL) Katzen-, katzenartig, katzenhaft

felinos [fe'linos] *mpl* (ZOOL) (Familie *f* der) Katzen *fpl*

felipismo [feli'pismo] *m sin pl Regierungspolitik von Felipe González*

felipista [feli'pista] **I.** *adj die Regierungspolitik von Felipe González betreffend* **II.** *mf* Anhänger(in) *m(f)* von Felipe González

feliz [fe'liθ] *adj* **1.** (*dichoso*) glücklich, zufrieden, froh; **¡~ año nuevo!** ein glückliches neues Jahr!; **¡~ Navidad!** fröhliche Weihnachten!, frohe Weihnachten!; **¡felices Pascuas!** frohe Ostern!; **¡~ viaje!** gute Reise!; **desenlace ~** Happyend *nt;* **hacer ~ a alguien** jdn glücklich machen; **tener un fin ~** glücklich enden, ein gutes Ende nehmen **2.** (*exitoso, acertado*) gelungen, erfolgreich

felizmente [feliθ'mente] *adv* **1.** (*sin contratiempos*) wohlbehalten, glücklich **2.** (*por suerte*) glücklicherweise

fellatio [fe'latjo] *f v.* **felación**

felón, -ona [fe'lon, -ona] **I.** *adj* **1.** (*traidor*) untreu, verräterisch **2.** (*infame*) gemein, heimtückisch **II.** *m, f* **1.** (*traidor*) Verräter(in) *m(f)* **2.** (*infame*) Schurke, -in *m, f*

felonía [felo'nia] *f* **1.** (*deslealtad*) Treubruch *m,* Verrat *m* **2.** (*infamia*) Gemeinheit *f* **3.** (*Am:* JUR) schweres Delikt *nt*

felpa ['felpa] *f* **1.** (*peluche*) Plüsch *m* **2.** (*fam: paliza*) Prügel *mpl,* Schläge *mpl* **3.** (*fam: reprimenda*) Rüffel *m,* Verweis *m*

felpeada [felpe'aða] *f* (*Arg, Urug: fam*) derber Verweis *m,* Anschnauzer *m*

felpudo[1] [fel'puðo] *m* Fußabtreter *m,* Fußmatte *f*

felpudo, -a[2] [fel'puðo, -a] *adj* plüschartig, samtig

femenino[1] [feme'nino] *m* (LING) Femininum *nt*

femenino, -a[2] [feme'nino, -a] *adj* **1.** (*de sexo femenino*) weiblich, feminin; **equipo ~** Damenmannschaft *f;* **400 m lisos ~s** (DEP) 400-m-Lauf der Damen **2.** (*afeminado*) weibisch, verweichlicht **3.** (LING) feminin, weiblich; **artículo ~** femininer Artikel

fémina ['femina] *f* (*argot*) tolle Frau *f,* tolle Braut *f;* (*pey*) Weibsbild *nt,* Weibsperson *f*

femineidad [femineį'ðaᵈ] *f sin pl* Weiblichkeit *f,* Fraulichkeit *f*

feminidad [femini'ðaᵈ] *f* Weiblichkeit *f*

feminismo [femi'nismo] *m sin pl* (*doctrina*) Feminismus *m;* (*movimiento*) Frauenbewegung *f*

feminista [femi'nista] **I.** *adj* feministisch **II.** *mf* Feminist(in) *m(f)*

feminización [feminiθa'θjon] *f sin pl* **1.** (BIOL, LING) Feminisierung *f* **2.** (*sociedad*) gesellschaftliche Emanzipation *f* der Frau

feminoide [femi'noįðe] *adj* (*elev*) weibisch, feminin

femoral [femo'ral] *adj* (ANAT) femoral, Oberschenkel-

fémur ['femur] *m* (ANAT) Oberschenkelknochen *m*

fenec [fe'nek] *m* (ZOOL) Fennek *m,* Wüstenfuchs *m*

fenecer [fene'θer] *irr como crecer* **I.** *vi* **1.** (*morirse*) sterben, umkommen **2.** (*acabarse*) zu Ende gehen, enden, vorbei sein *fam* **II.** *vt* (*acabar*) beenden, zum Abschluss bringen

fenecimiento [feneθi'mjento] *m* **1.** (*fallecimiento*) (Da)hinscheiden *nt,* Verscheiden *nt* **2.** (*fin*) Ende *nt,* Schluss *m*

fenianismo [fenja'nismo] *m sin pl* (POL) Sinn-Fein-Bewegung *f*

fenicia [fe'niθja] *adj o f v.* **fenicio**

Fenicia [fe'niθja] *f* Phönizien *nt*

fenicio, -a [fe'niθjo] **I.** *adj* phönizisch, Phönizier- **II.** *m, f* Phönizier(in) *m(f)*

fénix ['feniˠs] *m* Phönix *m;* **renacer como el ~ de sus cenizas** wie ein Phönix aus der Asche (auf)steigen

fenomenal [fenome'nal] **I.** *adj* **1.** (*fenoménico*) Phänomen- **2.** (*extraordinario*) großartig, erstaunlich; (*susto*) unglaublich **3.** (*fam: tremendo*) toll, riesig **II.** *adv* (*fam*) fabelhaft, wunderbar; **se ha comportado ~ conmigo** sein/ihr Verhalten mir gegenüber war einfach fabelhaft

fenómeno [fe'nomeno] **I.** *adj inv* (*fam*) phänomenal, kolossal; **¡~!** perfekt!, super! **II.** *m* **1.** (*suceso*) Phänomen *nt,* Erscheinung *f* **2.** (FILOS, MED) Phänomen *nt* **3.** (*maravilla*) Wunder *nt* **4.** (*persona*) Phänomen *nt,* ungewöhnlicher Mensch *m;* (*genio*) Genie *nt;* **es un ~ para los idiomas** er/sie ist ein Sprachgenie **5.** (*monstruo*) Ungeheuer *nt,* schreckliches Wesen *nt* **III.** *adv* toll; **pasarlo ~** sich blendend amüsieren

fenotipo [feno'tipo] *m* (BIOL) Phänotyp *m,* Erscheinungsbild *nt*

feo¹ ['feo] **I.** *m* (*fam*) **1.** (*grosería*) Gehässigkeit *f*, Gemeinheit *f*; **hacer un ~ a alguien** zu jdm gemein sein **2.** (*aspecto*) Hässlichkeit *f* **3.** (GASTR: *dulce*) *kleines rechteckiges Mandelgebäck* **II.** *adv* (*fam*) schlecht, übel; **dejar ~ a alguien** jdn blamieren, jdn lächerlich machen

feo, -a² ['feo, -a] *adj* **1.** (*espantoso*) hässlich; **ser más ~ que Picio** hässlich wie die Nacht sein; **poner un asunto ~** eine Sache schwarz ausmalen [*o* negativ darstellen]; **le tocó bailar con la más fea** (*fig*) er hatte Pech, er hat den Kürzeren gezogen; **la cosa se está poniendo fea** es wird langsam brenzlig, die Angelegenheit fängt allmählich an zu stinken *fam;* **tener las cartas muy feas** (*juego de barajas*) sehr schlechte Karten haben **2.** (*reprobable*) gemein, gehässig; **está muy ~ lo que hiciste** so etwas macht man nicht

FEOGA [fe'oɣa] *m* (UE) *abr de* **Fondo Europeo de Orientación y Garantía Agrícola** EAGFL *m*, Europäischer Ausrichtungs- und Garantiefonds *m* für die Landwirtschaft

feracidad [feraθi'ðaᵈ] *f* Fruchtbarkeit *f*

feraz [fe'raθ] *adj* fruchtbar, ertragreich

féretro ['feretro] *m* Sarg *m*

feria ['ferja] *f* **1.** (*exposición*) Messe *f;* **~ del automóvil** Automobilmesse *f;* **~ comercial/industrial** Handels-/Industriemesse *f;* **~ internacional del libro** internationale Buchmesse; **~ monográfica** Fachmesse *f;* **~ de muestras** Mustermesse *f;* **stand en la ~** Messestand *m;* **la ~ se celebra en Frankfurt** die Messe findet in Frankfurt statt **2.** (*mercado*) Markt *m;* **~ semanal** Wochenmarkt *m* **3.** (*fiesta*) Fest *nt;* **la ~ de San Isidro** *Volksfest in Madrid* **4.** (*verbena*) Jahrmarkt *m*, Kirmes *f;* **puesto de ~** Jahrmarktsbude *f;* **no creas al que de la ~ viene, sino al que a ella vuelve** (*prov*) ≈glaube nicht dem, der von der Kirmes kommt, sondern dem, der nochmals hingeht; **cada uno habla de la ~ según le va en ella** (*prov*) ≈jeder erzählt so von der Kirmes, wie es ihm dort ergangen ist **5.** (*descanso*) Ruhetag *m*, Feiertag *m* **6.** (*CRi, ElSal: propina*) Trinkgeld *nt;* (*Méx: cambio*) Wechselgeld *nt*

feriado, -a [fe'rjaðo, -a] *adj* (*Am*) festlich; **día ~** Feiertag *m*

ferial [fe'rjal] **I.** *adj* (*de exposición*) Messe-; (*de mercado*) Markt-; **ciudad ~** Messestadt *f;* **recinto ~** Messegelände *nt* **II.** *m* (*de feria*) Messegelände *nt;* (*de mercado*) Marktplatz *m*

feriante [fe'rjan̩te] *mf* **1.** (*que exhibe*) Messeausteller(in) *m(f);* (*en la verbena*) Schausteller(in) *m(f)* **2.** (*que compra*) Marktbesucher(in) *m(f);* (*en una feria*) Messebesucher(in) *m(f)*

feriar [fe'rjar] **I.** *vi* freimachen (*en* an +*dat*), Urlaub nehmen (*en* an +*dat*) **II.** *vt* **1.** (*mercar*) erstehen, kaufen **2.** (*vender*) verkaufen **3.** (*permutar*) tauschen

ferino, -a [fe'rino, -a] *adj* wild; **tos ferina** (MED) Keuchhusten *m*

fermata [fer'mata] *f* (MÚS) **1.** (*notas de adorno*) Kadenz *f*, (kurze) Improvisationsstelle *f* **2.** (*calderón*) Fermate *f*, Haltezeichen *nt*

fermentación [fermen̩ta'θjon] *f* (Ver)gärung *f;* (*de tabaco, té*) Fermentation *f;* **~ alcohólica** alkoholische Gärung

fermentado, -a [fermen̩'taðo, -a] *adj* vergoren; (*tabaco, té*) fermentiert

fermentar [fermen̩'tar] **I.** *vi* **1.** (*vino*) (ver)gären; **poner a ~** gären lassen **2.** (*agitarse*) gären, brodeln **II.** *vt* vergären; (*tabaco, té*) fermentieren

fermento [fer'men̩to] *m* **1.** (*sustancia*) Gärmittel *nt* **2.** (*origen*) Auslöser *m*, Ursache *f*

fermi ['fermi] *m* (FÍS) Fermi *nt*

fermio ['fermjo] *m* (QUÍM) Fermium *nt*

ferocidad [feroθi'ðaᵈ] *f* **1.** (*salvajismo*) Wildheit *f* **2.** (*crueldad*) Grausamkeit *f*

feromona [fero'mona] *f* (BIOL) Pheromon *nt*

feroz [fe'roθ] *adj* **1.** (*salvaje*) wild **2.** (*cruel*) grausam; (*violento*) gewalttätig **3.** (*fam: muy grande*) riesig

ferrado, -a [fe'rraðo, -a] *adj* Eisen-, eisern; **un puente ~** Eisenbrücke *f*

ferralita [ferra'lita] *f* (GEO) Ferralsol *m*

ferralla [fe'rraʎa] *f* Alteisen *nt*

ferrar [fe'rrar] <e→ie> *vt* mit Eisen beschlagen

férreo, -a ['ferreo, -a] *adj* **1.** (*de hierro*) Eisen- **2.** (*del ferrocarril*) Eisenbahn-; **línea férrea** Eisenbahnlinie *f;* **vía férrea** Eisenbahngleis *nt* **3.** (*tenaz*) eisern, hart; **disciplina férrea** eiserne Disziplin

ferrería [ferre'ria] *f* Eisenhütte *f*

ferretera [ferre'tera] *f v.* **ferretero**

ferretería [ferrete'ria] *f* **1.** (*tienda*) Eisenwarengeschäft *nt;* (*ramo de establecimientos*) Eisenwarenhandel *m* **2.** (*ferrería*) Eisenhütte *f*

ferretero, -a [ferre'tero, -a] *m, f* Eisenwarenhändler(in) *m(f)*

férrico, -a ['ferriko, -a] *adj* (QUÍM) Eisen-, eisenhaltig

ferrificarse [ferrifi'karse] <c→qu> *vr* (MIN) sich in Eisen verwandeln

ferro ['ferro] *m* (NÁUT) Anker *m*

ferroaleación [ferroalea'θjon] *f* (QUÍM) Eisenlegierung *f*

ferrobús [ferro'βus] *m* Schienenbus *m*

ferrocarril [ferroka'rril] *m* **1.** (*vía*) Schienen *fpl* **2.** (*tren*) Eisenbahn *f;* **~ de cremallera** Zahnradbahn *f;* **~ elevado** Hochbahn *f;* **~ funicular** (Draht)seilbahn *f;* **~ subterráneo** Untergrundbahn *f;* **~ de vía ancha** Breitspurbahn *f;* **~ de vía estrecha** Schmalspurbahn *f;* **~ de vía única** Einschienenbahn *f;* **por ~** auf der Schiene, per Bahn

ferrocarrilero, -a [ferrokarri'lero, -a] *adj* (*Am: fam: ferroviario*) Eisenbahn-; **el transporte ~** Eisenbahntransport *m*

ferroelectricidad [ferroelektriθi'ðaᵈ] *f sin pl* (ELEC) Ferroelektrizität *f*

ferromagnetismo [ferromaɣne'tismo] *m*

F

(FÍS) Ferromagnetismus *m*

ferroso, -a [fe'rroso, -a] *adj* (QUÍM) Eisen-, eisenhaltig; **metal no ~** nicht eisenhaltiges Metall

ferrovía [ferro'βia] *f* Eisenbahnschienen *fpl*

ferrovial [ferro'βjal] *adj* Eisenbahn-; **tráfico ~** Eisenbahnverkehr *m*

ferroviario, -a [ferro'βjarjo, -a] **I.** *adj* Eisenbahn- **II.** *m, f* Bahnangestellte(r) *mf*

ferruginoso, -a [ferruxi'noso, -a] *adj* **1.** (*agua, mineral*) eisenhaltig **2.** (*color*) rotbraun, rostrot

ferry ['ferri] *m* Fähre *f,* Fährschiff *nt*

fértil ['fertil] *adj* **1.** (*tierra*) fruchtbar, ertragreich; (*persona*) fruchtbar; **estar en edad ~** im gebärfähigen Alter sein **2.** (*rico*) reich (*en* an +*dat*)

fertilidad [fertili'ðaᵈ] *f* Fruchtbarkeit *f;* (*de tierra t.*) Ergiebigkeit *f*

fertilización [fertiliθa'θjon] *f* (*de tierra*) Fruchtbarmachung *f;* **~ in vitro** In-vitro-Fertilisation *f*

fertilizante [fertili'θan̩te] *m* Dünger *m,* Düngemittel *nt*

fertilizar [fertili'θar] <z→c> *vt* fruchtbar machen; (*abonar*) düngen

férula ['ferula] *f* **1.** (*palmeta*) Zuchtrute *f;* **estar bajo la ~ de alguien** unter jds Zuchtrute stehen **2.** (*castigo*) Stockhieb *m* **3.** (MED) Schiene *f,* Schienenverband *m*

férvido, -a ['ferβiðo, -a] *adj* (*elev*) **1.** (*hirviente*) kochend **2.** (*sentimiento*) leidenschaftlich, inbrünstig

ferviente [fer'βjen̩te] *adj* eifrig, begeistert

fervor [fer'βor] *m* **1.** (*calor*) Glut *f,* Hitze *f* **2.** (*celo*) Eifer *m,* Inbrunst *f;* **con ~** eifrig **3.** (*piedad religiosa*) Frömmigkeit *f*

fervoroso, -a [ferβo'roso, -a] *adj* eifrig, hingebungsvoll

festejar [feste'xar] **I.** *vt* **1.** (*celebrar*) feiern, begehen *elev;* **~ a alguien** jdn feiern **2.** (*galantear*): **~ a alguien** jdm den Hof machen, jdn umgarnen **3.** (*Am: azotar*) verprügeln **II.** *vr:* **~se** feiern

festejo [fes'texo] *m* **1.** (*conmemoración*) Fest *nt,* Feier *f* **2.** (*galanteo*) (Um)werben *nt,* Umgarnen *nt* **3.** *pl* (*actos públicos*) Feierlichkeiten *fpl*

festín [fes'tin] *m* **1.** (*celebración*) Feier *f* **2.** (*banquete*) Festessen *nt,* Bankett *nt*

festinación [festina'θjon] *f* (MED) Festination *f*

festinar [festi'nar] *vt* (*AmC*) **1.** (*agasajar*) bewirten **2.** (*arruinar*) ruinieren, zugrunde [*o* zu Grunde] richten **3.** (*apremiar*) drängen

festival [festi'βal] *m* Festival *nt;* **~ de cinematografía** Filmfestspiele *ntpl*

festividad [festiβi'ðaᵈ] *f* **1.** (*conmemoración*) Feierlichkeit *f,* Festlichkeit *f* **2.** (*día*) Festtag *m*

festivo, -a [fes'tiβo, -a] *adj* **1.** (*de fiesta*) Feier-, Fest-; **día ~** Feiertag *m* **2.** (*humorístico*) witzig, lustig; (*persona*) scherzhaft, fröhlich

festón [fes'ton] *m* **1.** (*guirnalda*) Girlande *f;* (ARTE) Feston *nt* **2.** (*remate cosido*) Borte *f* (mit Kettenstichen), Saum *m* **3.** (ARQUIT) (Bau)ornament *nt*

festonear [festone'ar] *vt* **1.** (*bordar*) (mit Kettenstich) versäumen **2.** (*adornar*) Girlanden anbringen (an +*dat*), mit Girlanden schmücken

feta ['feta] *f* (*Arg*) Scheibe *f* Wurst

fetación [feta'θjon] *f* (MED) Schwangerschaft *f*

fetal [fe'tal] *adj* fötal, Fötus-

fetén [fe'ten] **I.** *adj inv* **1.** (*excelente*) außerordentlich, hervorragend; **una chica ~** (*argot*) ein tolles Mädchen, eine klasse Frau **2.** (*auténtico*) authentisch, echt **II.** *f* (*fam: verdad*) Wahrheit *f*

fetiche [fe'tiʧe] *m* Fetisch *m*

fetichismo [feti'ʧismo] *m sin pl* Fetischismus *m*

fetichista [feti'ʧista] **I.** *adj* fetischistisch **II.** *mf* Fetischist(in) *m(f)*

feticida [feti'θiða] **I.** *adj* (*elev*) abtreibend **II.** *mf* (*elev*) Abtreibende(r) *mf*

feticidio [feti'θiðjo] *m* (*elev*) Abtreibung *f,* Abtötung *f* des Fetus

fetidez [feti'ðeθ] *f* Gestank *m,* schlechter Geruch *m;* (*exhalación fétida*) üble Ausdünstungen *fpl*

fétido, -a ['fetiðo, -a] *adj* stinkend, übel riechend

feto ['feto] *m* **1.** (MED) Fötus *m,* Leibesfrucht *f* **2.** (*monstruo*) hässliche Kreatur *f,* Missgeburt *f*

feúcho, -a [fe'uʧo, -a] *adj* (*fam*) hässlich, unansehnlich

feudal [feu̯'ðal] *adj* Feudal-, Lehns-, feudal; **señor ~** Feudalherr *m,* Lehnsherr *m;* **sociedad ~** feudalistische Gesellschaft, Feudalgesellschaft *f*

feudalidad [feu̯ðali'ðaᵈ] *f sin pl* (HIST) Feudalität *f,* Lehnsverhältnis *nt*

feudalismo [feu̯ða'lismo] *m sin pl* **1.** (*sistema*) Feudalismus *m,* Feudalherrschaft *f* **2.** (*época*) Feudalzeit *f*

feudatario, -a [feu̯ða'tarjo, -a] **I.** *adj* (HIST) **1.** (*poseedor de feudo*) Lehns-, Feudal- **2.** (*obligado a pagar feudo*) lehnspflichtig **II.** *m, f* (HIST) **1.** (*poseedor de feudo*) Lehnsherr(in) *m(f)* **2.** (*obligado a pagar feudo*) Lehnsträger(in) *m(f)*

feudo ['feu̯ðo] *m* Lehen *nt,* Lehn(s)gut *nt;* **este pueblo es un ~ de los socialistas** dieses Dorf ist ein Bollwerk der Sozialisten

fez [feθ] *m* Fes *m*

FFAA ['fwerθas ar'maðas] *abr de* **Fuerzas Armadas** Streitkräfte *fpl*

FFCC [ferroka'rriles] *abr de* **ferrocarriles** Eisenbahn *f*

FGD [efexe'ðe] *m abr de* **Fondo de Garantía de Depósitos** Einlagensicherungsfonds *m*

FGS [efexe'ese] *m abr de* **Fondo de Garantía Salarial** Konkursausfallfonds *m*

fiabilidad [fjaβili'ðað] *f* **1.** (*de una persona, información*) Zuverlässigkeit *f,* Verlässlichkeit *f* **2.** (*de una empresa*) Seriosität *f,* Vertrauenswürdigkeit *f;* ~ **de un producto** Zuverlässigkeit eines Produktes

fiable [fi'aβle] *adj* **1.** (*persona, información*) zuverlässig, verlässlich **2.** (*empresa*) seriös, vertrauenswürdig

fiado, -a [fi'aðo, -a] *adj* **1.** (*confiado*) zuversichtlich; **Juan es muy ~ de sí mismo** Juan ist sehr von sich *dat* eingenommen **2.** (*sin pagar*): **comprar al ~** auf Kredit kaufen

fiador[1] [fja'ðor] *m* (*de puerta*) Riegel *m;* (*de pistola, caja fuerte*) Sicherung *f*

fiador(a)[2] [fja'ðor(a)] *m(f)* Bürge, -in *m, f* (*de* für +*akk*), Garant(in) *m(f)* (*de* für +*akk*); ~ **de letra** Wechselbürge *m;* **salir ~ por alguien** für jdn bürgen

fiambrar [fjam'brar] *vt* (GASTR) Wurst aufschneiden

fiambre [fi'ambre] **I.** *adj* **1.** (GASTR) kalt **2.** (*fam: noticia*) veraltet, überholt; (*discurso*) nicht aktuell **II.** *m* **1.** (GASTR) Wurstwaren *fpl* **2.** (*fam: cadáver*) Leiche *f;* **ese está ~** der ist mausetot **3.** (*Arg: fiesta*) langweiliges Fest *nt*

fiambrera [fjam'brera] *f* (*cesta*) Picknickkorb *m;* (*caja*) Frischhaltebox *f*

fianza [fi'an̩θa] *f* **1.** (*depósito*) Kaution *f;* **salir en libertad bajo ~** gegen Kaution freigelassen werden **2.** (*garantía*) Sicherheit *f,* Garantie *f* **3.** (*fiador*) Bürge, -in *m, f*

fiar [fi'ar] <*1. pres:* fío> **I.** *vi* **1.** (*al vender*) Kredit geben, anschreiben *fam;* **en esa tienda no fían** in diesem Geschäft wird nicht angeschrieben **2.** (*confiar*) vertrauen (*en* auf +*akk*); **ser alguien de poco ~** wenig vertrauenswürdig sein **II.** *vt* **1.** (*garantizar*) bürgen (für +*akk*), sich verbürgen (für +*akk*) **2.** (*dar crédito*) auf Kredit überlassen **3.** (*confiar*) anvertrauen; **le he fiado el secreto** ich habe ihm/ihr das Geheimnis anvertraut; **es de ~** er/sie ist zuverlässig [*o* verlässlich] **III.** *vr:* **~se** sich verlassen (*de* auf +*akk*), vertrauen (*de* +*dat,* auf +*akk*); **no te fíes de lo que dice** glaub ihm/ihr kein Wort

fiasco [fi'asko] *m* Fiasko *nt*

fibra ['fiβra] *f* **1.** (*filamento, t.* BIOL, MED) Faser *f;* (*raíz*) Wurzelfaser *f;* ~ **muscular** (MED) Muskelfaser *f;* ~ **natural** Naturfaser *f;* ~ **textil** Textilfaser *f;* ~ **vegetal** (BIOL) Pflanzenfaser *f;* ~ **de vidrio** Glasfaser *f* **2.** (*vigor*) Kraft *f;* **tiene ~ para conseguir grandes triunfos** er/sie wird es einmal weit bringen; **no tiene ~ suficiente para llevar la empresa** ihm/ihr fehlt das Zeug zur Leitung der Firma; **con esas palabras tocó la ~ (sensible) del público** mit diesen Worten gewann er/sie das Publikum (emotional) für sich **3.** *pl* (*en alimentos*) Ballaststoffe *mpl*

fibrilación [fiβrila'θjon] *f* (MED) Muskelflimmern *nt,* Fibrillation *f*

fibrocemento [fiβroθe'men̩to] *m* Faserzement *m*

fibroína [fiβro'ina] *f* (QUÍM) Fibroin *nt*

fibroma [fi'βroma] *m* (MED) Fibrom *nt*

fibromatosis [fiβroma'tosis] *f inv* (MED) Fibromatose *f*

fibromioma [fiβromi'oma] *m* (MED) Fibromyom *nt*

fibrosis [fi'βrosis] *f inv* (MED) Fibrose *f*

fibroso, -a [fi'βroso, -a] *adj* Faser-, faserig; (MED) fibrös

fíbula ['fiβula] *f* **1.** (HIST) Fibel *f* **2.** (ANAT) Wadenbein *nt,* Fibula *f*

ficción [fiɣ'θjon] *f* **1.** (*simulación*) Vortäuschung *f,* Vortäuschen *nt* **2.** (*invención*) Fiktion *f,* Erfindung *f;* ~ **novelesca** Roman *m;* **ciencia ~** Sciencefiction *f*

ficcional [fiɣθjo'nal] *adj* erdacht, erfunden, fiktional

ficha ['fitʃa] *f* **1.** (*de ruleta*) Chip *m,* Jeton *m;* (*de dominó, parchís*) (Spiel)stein *m;* **mover ~** (*fig*) Stellung beziehen **2.** (*para una máquina*) Jeton *m;* (*de teléfono*) Münze *f;* (*de guardarropa*) Marke *f* **3.** (*tarjeta informativa*) Karteikarte *f;* (*en el trabajo*) Stechkarte *f;* ~ **artística** (CINE, TV) Vorspann *m;* ~ **chip** (INFOR) Chipkarte *f;* ~ **magnética** (INFOR) Magnetkarte *f;* ~ **perforada** (INFOR) Lochkarte *f;* ~ **policial** Polizeiakte *f;* ~ **de sonido** (INFOR) Soundkarte *f;* ~ **técnica** (CINE, TV) Nachspann *m* **4.** (DEP) Ablösesumme *f* **5.** (*bribón*) Gauner *m*

fichaje [fi'tʃaxe] *m* (DEP) Verpflichtung *f* (eines Spielers); **el Madrid no realizará ningún ~** (der Verein) Real Madrid wird niemanden verpflichten; **el último ~ ha resultado un fracaso** die Wahl des neuen Mitspielers stellte sich als ein Fehlgriff heraus

fichar [fi'tʃar] **I.** *vi* **1.** (DEP) sich verpflichten; ~ **por un club por dos años** sich bei einem Verein auf zwei Jahre verpflichten **2.** (*en el trabajo*) stechen **II.** *vt* **1.** (*registrar*) in die Kartei aufnehmen, registrieren; (*la policía*) die Personalien aufnehmen (*a* +*gen,* von +*dat*); **estar fichado** vorbestraft sein **2.** (*fam: desconfiar*) in eine (bestimmte) Schublade stecken; **en este club me han fichado y no me dejan entrar** in diesem Verein sind sie mir nicht wohlgesinnt; deshalb lassen sie mich nicht beitreten **3.** (DEP) verpflichten **4.** (*anotar informaciones*) kartieren

fichero [fi'tʃero] *m* **1.** (*archivador*) Kartei *f;* (*caja*) Karteikasten *m;* ~ **de clientes** Kundenkartei *f* **2.** (INFOR) Datei *f;* ~ **ASCII** ASCII-Datei *f;* ~ **de trabajo** Arbeitsdatei *f;* ~ **transitorio** Hilfsdatei *f*

ficticio, -a [fik'tiθjo, -a] *adj* (frei) erfunden, fiktiv; **activos ~s** (FIN) unechte Aktiva

ficus ['fikus] *m inv* (BOT) Ficus *m*

fidedigno, -a [fiðe'ðiɣno, -a] *adj* glaubwürdig

fideicomisario, -a [fiðei̯komi'sarjo, -a] **I.** *adj* (JUR) fideikommissarisch **II.** *m, f* Treuhänder(in) *m(f)*

fideicomiso [fidei̯ko'miso] *m* (JUR) Fideikommiss *nt,* Treuhandschaft *f*

fideicomitente [fiðe̯komi'tente] *mf* (JUR) Begründer(in) *m(f)* eines Fideikommisses

fideísmo [fiðe'ismo] *m sin pl* (FILOS) Fideismus *m*

fidelidad [fiðeli'ðaᵈ] *f* **1.** (*lealtad*) Treue *f* **2.** (*precisión*) Genauigkeit *f;* (*de un sonido*) Klangtreue *f;* **alta** ~ Highfidelity *f*

fideo [fi'ðeo] *m* **1.** (GASTR) Suppennudel *f* **2.** (*fam: persona*) Bohnenstange *f*

fiduciario, **-a** [fiðu'θi'ðarjo, -a] **I.** *adj* fiduziarisch, treuhänderisch; **sociedad fiduciaria** Treuhandgesellschaft *f* **II.** *m, f* Fiduziar(in) *m(f),* Treuhänder(in) *m(f)*

fiebre ['fjeβre] *f* **1.** (MED) Fieber *nt;* ~ **amarilla** Gelbfieber *nt;* ~ **del heno** Heuschnupfen *m;* ~ **palúdica** Malaria *f;* **tener mucha** ~ hohes Fieber haben; **tener poca** ~ erhöhte Temperatur haben **2.** (*locura*) Fieber *nt,* Erregung *f;* ~ **del juego** Spielleidenschaft *f;* ~ **del oro** Goldrausch *m*

fiel [fjel] **I.** *adj* **1.** (*persona*) treu; ~ **a Moscú** (POL) moskautreu; **ser** ~ **a una promesa** sein Versprechen halten; **siempre me han sido ~es** sie haben immer zu mir gehalten **2.** (*retrato*) getreu **3.** (*memoria*) gut, verlässlich **II.** *m* **1.** (*seguidor*) Anhänger *m;* **el político iba acompañado de sus ~es** der Politiker wurde von seinen Getreuen [*o* von seiner Anhängerschaft] begleitet **2.** (*de una balanza*) Zeiger *m,* Zunge *f;* **él podría inclinar el** ~ **de la balanza** er könnte das Zünglein an der Waage sein **3.** (*inspector*) Eicher *m,* Eichmeister *m* **4.** *pl* (REL) Gläubigen *mpl*

fieltro ['fje̯ltro] *m* **1.** (*paño*) Filz *m* **2.** (*sombrero*) Filzhut *m;* (*capote*) Filzcape *nt*

fiera ['fjera] *f* **1.** (ZOOL) Raubtier *nt* **2.** (TAUR) Stier *m* **3.** (*persona*) Bestie *f,* Unmensch *m;* **llegó hecho una** ~ (*fam*) er/sie kam außer sich *dat* vor Wut an **4.** (*loc, fam*): **ser una** ~ **en algo** sehr tüchtig in etw *dat* sein; **ser una** ~ **para el trabajo** ein Arbeitstier sein

fiereza [fje'reθa] *f* **1.** (*de un animal*) Wildheit *f* **2.** (*de una persona*) Grausamkeit *f,* Brutalität *f*

fiero, **-a** ['fjero, -a] *adj* **1.** (*feroz*) wild **2.** (*cruel*) grausam, brutal **3.** (*feo*) hässlich **4.** (*fuerte*) stark; **tener ~s celos** von rasender Eifersucht geplagt sein; **tener ~s remordimientos** heftige Gewissensbisse haben

fierro ['fjerro] *m* (*Am*) **1.** (*hierro*) Eisen *nt* **2.** (*del ganado*) Brandzeichen *nt*

fiesta ['fjesta] *f* **1.** (*día*) Feiertag *m,* Festtag *m;* ~ **de guardar** gesetzlicher Feiertag; **~s movibles** bewegliche Feiertage; **las ~s de Navidad** die Weihnachtsfeiertage; **¡Felices F~s!** Frohe Weihnachten!, Frohes Fest!; **hoy hago** ~ heute mache ich frei **2.** (*celebración*) Fest *nt,* Feier *f;* ~ **de disfraces** Kostümfest *nt;* ~ **de inauguración** Einweihungsfest *nt;* ~ **mayor** (*de una ciudad*) Stadtfest *nt;* (*de un pueblo*) Dorffest *nt;* **dar/hacer una** ~ ein Fest geben/machen; **aguar la** ~ **a alguien** (*fam*) jdm den Spaß verderben **3.** *pl* (*caricias*): **hacer ~s a alguien** jdm schmeicheln, jdm um den Bart gehen *fam* **4.** (*loc, fam*): **se acabó la** ~ Schluss damit; **estar de** ~ gut aufgelegt sein; **hoy no estoy para ~s** heute bin ich nicht zum Scherzen aufgelegt; **acabemos la** ~ **en paz** lass/lasst uns keinen Streit anfangen

fifí [fi'fi] *m* (*CSur, Méx: señorito*) Fatzke *m fam,* Snob *m*

fifiriche [fifi'ritʃe] **I.** *adj* (*AmC, Méx: enclenque*) schwächlich **II.** *m* (*CRi, Méx: petimetre*) Fatzke *m fam,* Snob *m*

fig. [fiɣura'tiβo] *abr de* **figurativo** figurativ

figle ['fiɣle] *m* (MÚS) **1.** (*instrumento*) Ophikleide *f,* tiefes Klapphorn *nt* **2.** (*músico*) Klapphornist(in) *m(f)*

figón [fi'ɣon] *m* Spelunke *f*

figura¹ [fi'ɣura] *m* Wichtigtuer *m*

figura² [fi'ɣura] *f* **1.** (*de un cuerpo, t.* ARTE, MAT, MÚS) Figur *f;* ~ **de ajedrez** Schachfigur *f;* ~ **decorativa** (*persona*) Lückenbüßer *m;* **un vestido que realza la** ~ (*que adelgaza*) ein Kleid, das schlank macht; (*que modela*) ein figurbetontes Kleid; **¡vaya** ~ **estás hecho!** du siehst ja wie eine Vogelscheuche aus! **2.** (*cara*) Gesicht *nt;* (*aspecto*) Aussehen *nt* **3.** (*imagen*) Gestalt *f;* ~ **de cera** Wachsfigur *f;* **se distinguía la** ~ **de un barco** die Umrisse eines Schiffes zeichneten sich ab **4.** (TEAT) Figur *f,* Gestalt *f;* ~ **central** Hauptperson *f;* ~ **grotesca** Spottgestalt *f* **5.** (*personaje*) Figur *f,* Persönlichkeit *f;* ~ **clave** Schlüsselfigur *f;* **las grandes ~s del deporte** die Größen des Sports **6.** (*de una danza, t.* DEP) Figur *f* **7.** (*mueca*) Grimasse *f* **8.** (*ilustración*) Figur *f,* Abbildung *f* **9.** (LING) Figur *f;* ~ **retórica** Redefigur *f* **10.** (ASTR): ~ **celeste** Sternbild *nt* **11.** (JUR): ~ **de delito** Straftatbestand *m* **12.** (*de la baraja*) *Bube, Reiter oder König in den spanischen Spielkarten*

figuración [fiɣura'θjon] *f* **1.** (ARTE) Figuration *f* **2.** (*imaginación*) Einbildung *f;* **esto sólo son figuraciones tuyas** das bildest du dir nur ein **3.** (CINE) Statisten *mpl*

figurado, **-a** [fiɣu'raðo, -a] *adj* **1.** (*lenguaje*) bildlich **2.** (*significado, uso*) figurativ, figürlich; **en sentido** ~ im übertragenen Sinne

figurante [fiɣu'rante] *mf* Statist(in) *m(f)*

figurar [fiɣu'rar] **I.** *vi* **1.** (*en una lista*) erscheinen, auftauchen; **no figura en la lista** er/sie steht nicht auf der Liste; **figura en el puesto número tres** er/sie rangiert auf Platz drei; **no figura entre los más importantes** er/sie zählt nicht zu den Wichtigsten **2.** (*destacar*) eine wichtige Rolle spielen; **figura mucho en la empresa** er/sie zählt zur Führungsspitze der Firma **3.** (*aparentar*) angeben; **le gusta un montón** ~ er/sie legt viel Wert auf sein/ihr Äußeres **II.** *vt* **1.** (*representar*) darstellen **2.** (TEAT) spielen **3.** (*simular*) vortäuschen, simulieren; **figuró no haber oído el comentario** er/sie tat so, als ob er/sie den Kommentar nicht gehört hätte **III.** *vr:* **~se** sich *dat* vorstellen, sich *dat* denken; **¡figúrate!** stell dir vor!; **no vayas a ~te que...** bilde dir bloß nicht ein, dass ...; **me había figurado que el encuentro sería más bonito** ich hatte mir die Begegnung schöner vorgestellt

figurativo, **-a** [fiɣura'tiβo, -a] *adj* figurativ, figürlich; **no** ~ abstrakt

figurilla [fiɣu'riʎa] *f* Statuette *f*

figurín [fiɣu'rin] *m* **1.** (*dibujo*) Modezeichnung *f;* (*modelo*) Schaufensterpuppe *f;* (CINE, TEAT) Figurine *f* **2.** (*persona*) Modegeck *m*

figurinista [fiɣuri'nista] *mf* Modezeichner(in) *m(f);* (CINE, TEAT) Kostümbildner(in) *m(f)*

figurita [fiɣu'rita] *f* (*Arg*) Farbendruck *m*

figurón [fiɣu'ron] *m* **1.** (*fam: fachendoso*) Angeber *m* **2.** (NÁUT): ~ **de proa** Galionsfigur *f*

figuroso, **-a** [fiɣu'roso, -a] *adj* (*Chil, Méx: extravagante en el vestir*) auffällig gekleidet

fija ['fixa] *f* **1.** (*CSur: en una apuesta*) Tipp *m* **2.** (*Arg: arpón*) Harpune *f*

fijación [fixa'θjon] *f* **1.** (*sujeción*) Befestigung *f*, Anbringung *f;* (*con chinchetas*) Anheften *nt;* (*con cuerdas*) Anbinden *nt;* (*con cola*) Aufkleben *nt*, Ankleben *nt;* (*con clavos*) Annageln *nt;* (*con cadenas*) Anketten *nt;* (*con tornillos*) Anschrauben *nt* **2.** (*de precio, regla*) Festlegung *f*, Festsetzung *f;* (*de un dividendo*) Festsetzung *f;* (*del interés*) Festlegung *f* **3.** (*de la mirada, t.* MED, QUÍM) Fixierung *f* **4.** (*de esquíes*) Bindung *f* **5.** (*loc*): **tener una** ~ **por alguien** eine Schwäche für jdn haben

fijado [fi'xaðo] *m* (FOTO) Fixierbad *nt*

fijador [fixa'ðor] *m* **1.** (*para el pelo*) Haarfestiger *m* **2.** (*de pintura*) Fixativ *nt*, Fixiermittel *nt* **3.** (FOTO) Fixierbad *nt*, Fixiersalz *nt*

fijamente [fixa'meṇte] *adv* **1.** (*fijo*) fest; **mirar** ~ **a alguien** jdn anstarren, jdn fest anschauen **2.** (*con seguridad*) sicher; **saber algo** ~ etw mit Sicherheit wissen

fijapelo [fixa'pelo] *m* Haarfestiger *m*

fijar [fi'xar] **I.** *vt* **1.** (*sujetar*) befestigen (*a/en* an +*dat*), festmachen (*a/en* an +*dat*), anbringen (*a/en* an +*dat*); (*con chinchetas*) anheften; (*con cuerdas*) anbinden; (*con cola*) ankleben, aufkleben; (*con clavos*) annageln; (*con cadenas*) anketten; (*con tornillos*) anschrauben; ~ **una placa en la pared** eine Tafel an der Wand anbringen; ~ **un palo en el suelo** einen Pfahl in die Erde rammen; **prohibido** ~ **carteles** Plakate ankleben [*o* anbringen] verboten **2.** (*la mirada*) heften (*en* auf +*akk*); ~ **la mirada en un punto** den Blick auf einen Punkt heften [*o* fixieren]; ~ **la atención en algo** die Aufmerksamkeit auf etw richten **3.** (*residencia*) festlegen (*en* in +*dat*), festmachen (*en* in +*dat*) **4.** (*precio, plazo*) festlegen, festsetzen; (*dividendo*) festsetzen; (*interés*) festlegen **5.** (ARTE, FOTO, QUÍM) fixieren **6.** (*puerta, ventana*) einsetzen **II.** *vr:* ~**se** **1.** (*en un lugar*) sich niederlassen (*en* in +*dat*), sich ansiedeln (*en* in +*dat*) **2.** (*atender, observar*) aufpassen, Acht geben; **conduces sin ~te** du bist beim Autofahren nicht bei der Sache; **no se ha fijado en mi nuevo peinado** er/sie hat nicht gemerkt, dass ich eine neue Frisur habe; **ese se fija en todo** ihm entgeht nichts; **fíjate bien en lo que te digo** hör mir mal gut zu; **no quiere colaborar, ¡fíjate qué plan!** er/sie will nicht mitmachen; klasse, nicht wahr? **3.** (*mirar*) anschauen; **no se fijó en mí** er/sie beachtete mich nicht; **todos se fijaban en ella** alle Blicke waren auf sie gerichtet

fijativo [fixa'tiβo, -a] *m* (ARTE, FOTO) Fixativ *nt*

fijeza [fi'xeθa] *f* **1.** (*seguridad*) Sicherheit *f* **2.** (*persistencia*) Beharrlichkeit *f;* **mirar con** ~ **a alguien** jdn anstarren

fijo, **-a** ['fixo, -a] **I.** *adj* **1.** (*estable, firme*) fest; **activo** ~ (FIN) Anlagevermögen *nt;* **capital** ~ (FIN) Anlagekapital *nt*, Anlagewerte *mpl;* **cliente** ~ Stammgast *m;* **precio** ~ Fixpreis *m;* **punto** ~ Fixpunkt *m;* **residencia fija** fester Wohnsitz; **sueldo** ~ festes Gehalt, Fixum *nt;* **hacer un depósito a plazo** ~ Termingeld anlegen, eine feste Einlage tätigen; **tengo un trabajo** ~ ich habe eine feste Stelle **2.** (*idea*) fix **3.** (*mirada*) starr **4.** (*trabajador*) fest angestellt; ~ **discontinuo** *Festangestellter, der nicht durchgehend arbeitet* **II.** *adv* sicher; **saber algo de** ~ etw mit Sicherheit wissen; **de** ~ **lo consigue** er/sie schafft es ganz sicher; **a la fija** (*Chil, Urug*) mit Sicherheit; **en fija** (*RíoPl*) mit Sicherheit, todsicher

fila ['fila] *f* **1.** (*hilera*) Reihe *f;* ~ **de coches** Autoschlange *f;* ~ **de la tabla** Tabellenzeile *f;* **de primera** ~ erstrangig; **en** ~ **india** im Gänsemarsch; **aparcar en doble** ~ in der zweiten Reihe parken; **ponerse en** ~ sich in Reih und Glied aufstellen; **ir en** ~ in Reih und Glied gehen; **salir de la** ~ aus der Reihe tanzen *fam* **2.** (MIL) Glied *nt;* **¡en ~s!** antreten!; **¡rompan ~s!** weg(ge)treten!; **llamar a ~s** zum Militärdienst einberufen **3.** (*fam: tirria*) Groll *m;* **tener** ~ **a alguien** Groll gegen jdn hegen **4.** (MAT) Reihe *f* **5.** *pl* (*de un partido*) Reihen *fpl;* **el partido cierra ~s en torno a su presidente** die Partei steht geschlossen hinter ihrem Vorsitzenden

filacteria [filak'terja] *f* **1.** (REL: *envoltura de cuero*) Amulett *nt* **2.** (REL: *cinta*) Phylakterion *nt*, Gebetsriemen *m*

filamento [fila'meṇto] *m* **1.** (*de un tejido*) Faden *m* **2.** (ELEC) Glühfaden *m* **3.** (BOT) Staubfaden *m*, Filament *nt*

filamentoso, **-a** [filameṇ'toso, -a] *adj* faserig

filandria [fi'laṇdrja] *f* (ZOOL) Fadenwurm *m* der Vögel

filantropía [filaṇtro'pia] *f sin pl* Menschenliebe *f*, Philanthropie *f elev*

filantrópico, **-a** [filaṇ'tropiko, -a] *adj* menschenfreundlich, philanthropisch *elev*

filantropismo [filaṇtro'pismo] *m v.* **filantropía**

filántropo [fi'lantropo, -a] *mf* Menschenfreund(in) *m(f)*, Philanthrop(in) *m(f) elev*
filar [fi'lar] *vt* **1.** (NÁUT) fieren **2.** (*fam: calar*) durchschauen; (*estar precavido*) voreingenommen sein (gegenüber +*dat*)
filaria [fi'larja] *f* (ZOOL) Filaria *f*, Fadenwurm *m*
filariosis [fila'rjosis] *f inv* (MED) Filarienkrankheit *f*, Filariose *f*
filarmonía [filarmo'nia] *f sin pl* (MÚS) Musikliebe *f*, Musikleidenschaft *f*
filarmónica [filar'monika] *f* (*Méx: acordeón*) Ziehharmonika *f*
filarmónico, **-a** [filar'moniko, -a] *adj* philharmonisch; **orquesta filarmónica** Philharmonie *f*
filástica [fi'lastika] *f* (NÁUT) Kabelgarn *nt*
filatelia [fila'telja] *f* Briefmarkenkunde *f*, Philatelie *f*
filatélico, **-a** [fila'teliko, -a] *adj* philatelisch
filatelista [filate'lista] *mf* Briefmarkensammler(in) *m(f)*, Philatelist(in) *m(f)*
filete [fi'lete] *m* **1.** (ARQUIT) Zierleiste *f* **2.** (*ribete*) Saum *m* **3.** (GASTR: *solomillo*) Lendenstück *nt*; (*lonja*) Filet *nt* **4.** (TIPO) Linie *f*; (*de adorno*) Zierlinie *f* **5.** (*de un potro*) Trense *f* **6.** (*de aire*) (kalter) Luftzug *m* **7.** (TÉC) Gewinde *nt*
filetear [filete'ar] *vt* **1.** (ARQUIT) mit Leisten verzieren **2.** (*un vestido*) (ein)säumen **3.** (GASTR) in Filets [*o* Scheiben] schneiden **4.** (TÉC) das Gewinde schneiden (von +*dat*)
filfa ['filfa] *f* (*fam*) **1.** (*mentira*) Lüge *f* **2.** (*engañifa*) Betrug *m*; **estos diamantes parecen de verdad pero son pura ~** diese Diamanten wirken zwar echt, sind aber eine billige Nachahmung
filiación [filja'θjon] *f* **1.** (*origen*) Abstammung *f*, Filiation *f elev*; (*de ideas*) Herkunft *f*, Ursprung *m* **2.** (*datos personales*) Personalien *fpl* **3.** (MIL) Aufnahme *f* in die Stammrolle **4.** (*en un partido*) Mitgliedschaft *f* (*en* in +*dat*); **~ socialista** Mitgliedschaft in der sozialistischen Partei; **¿qué ~ política tiene?** welcher Partei gehört er/sie an?
filial [fi'ljal] **I.** *adj* Kindes-; **amor ~** Kindesliebe *f elev*; **equipo ~** (DEP) zweite Mannschaft **II.** *f* **1.** (COM) Filiale *f*, Zweigstelle *f* **2.** (REL) Filialkirche *f*
filialmente [filjal'mente] *adv* wie das eigene Kind
filibusterismo [filiβuste'rismo] *m sin pl* *Partei, die sich im 19. Jh. für die Unabhängigkeit der spanischen Kolonien in Amerika einsetzte*
filibustero [filiβus'tero] *m* (HIST) Pirat *m*
filicida [fili'θiða] **I.** *adj* (*elev*) kindestötend; (*asesinando*) kindesmordend **II.** *mf* (*elev*) Kindestöter(in) *m(f)*; (*asesino*) Kindesmörder(in) *m(f)*
filicidio [fili'θiðjo] *m* (*elev*) Kindestötung *f*; (*asesinato*) Kindesmord *m*
filigrana [fili'ɣrana] *f* **1.** (*de orfebrería*) Filigran *nt*, Filigranarbeit *f*; **de ~** Filigran-, filigran **2.** (*en un papel*) Wasserzeichen *nt*; **papel de ~** Filigranpapier *nt* **3.** (*finura*) Filigranarbeit *f*, Feinarbeit *f*; **Maradona hacía todo tipo de ~s con la pelota** Maradona vollbrachte alle möglichen Kunststückchen mit dem Ball
filípica [fi'lipika] *f* Philippika *f elev*
filipina [fili'pina] *adj o f v.* **filipino**
Filipinas [fili'pinas] *fpl*: **las ~** die Philippinen
filipino, **-a** [fili'pino, -a] **I.** *adj* philippinisch **II.** *m, f* Philippiner(in) *m(f)*
filisteo[1] [filis'teo] *m* **1.** (*vulgar*) Spießbürger *m* **2.** (*gigante*) Riese *m*
filisteo, **-a**[2] [filis'teo, -a] **I.** *adj* Philister- **II.** *m, f* (HIST) Philister(in) *m(f)*
filloas [fi'ʎoas] *fpl* (GASTR) *dünne, mit Creme gefüllte Crêpes*
film [film] *m* Film *m*
filmación [filma'θjon] *f* **1.** (*de reportaje*) Filmen *nt* **2.** (*rodaje*) Dreharbeiten *fpl* **3.** (*de novela*) Verfilmung *f*
filmador(a) [filma'ðor(a)] *m(f)* (CINE) Filmemacher(in) *m(f)*; **~ aficionado** Hobbyfilmer *m*
filmadora [filma'ðora] *f* Filmkamera *f*
filmar [fil'mar] *vt* **1.** (*reportaje*) filmen **2.** (*rodar*) drehen, filmen **3.** (*novela*) verfilmen
filme ['filme] *m* Film *m*
fílmico, **-a** ['filmiko, -a] *adj* Film-, filmisch
filmina [fil'mina] *f* Dia(positiv) *nt*; **conferencia con ~s** Diavortrag *m*
filmografía [filmoɣra'fia] *f* Filmografie *f*
filmología [filmolo'xia] *f* (CINE, SOCIOL) Filmwissenschaft *f*
filmoteca [filmo'teka] *f* Filmothek *f*, Cinemathek *f*
filo ['filo] *m* **1.** (*de cuchillo*) Schneide *f*; **~ de la navaja** Messerschneide *f*; **como el ~ de una navaja** messerscharf; **un arma de dos ~s** eine zweischneidige Waffe; (*fig*) ein zweischneidiges Schwert **2.** (*entre dos partes*) Trennungslinie *f* **3.** (*Guat, Hond, Méx: hambre*) Hunger *m* **4.** (BOT) Phylum *nt* **5.** (NÁUT): **~ del viento** Windrichtung *f* **6.** (*loc*): **al ~ del amanecer** bei Tagesanbruch; **al ~ de la medianoche** Punkt Mitternacht
filocomunismo [filokomu'nismo] *m sin pl* Prokommunismus *m*
filocomunista [filokomu'nista] **I.** *adj* prokommunistisch **II.** *mf* Prokommunist(in) *m(f)*
filodendro [filo'ðendro] *m* (BOT) Philodendron *m*
filodio [fi'loðjo] *m* (BOT) Phyllodium *nt*
filoetarra [filoe'tarra] *adj* ETA-freundlich
filogenia [filo'xenja] *f* (BIOL) Phylogenese *f*, Phylogenie *f*
filóloga [fi'loloɣa] *f v.* **filólogo**
filología [filolo'xia] *f* Philologie *f*; **~ germánica** Germanistik *f*; **~ hispánica** Hispanistik *f*; **~ inglesa** Anglistik *f*; **~ románica** Romanistik *f*
filológico, **-a** [filo'loxiko, -a] *adj* philologisch
filólogo, **-a** [fi'loloɣo, -a] *m, f* Philologe, -in *m, f*
filón [fi'lon] *m* **1.** (MIN) Ader *f*, Flöz *nt* **2.** (*ne-*

gocio) Goldgrube *f;* **los escándalos por corrupción son un ~ para la prensa** die Bestechungsskandale sind ein gefundenes Fressen für die Presse

filosa [fi'losa] *f* (BOT) Zistrose *f*

filoso, **-a** [fi'loso, -a] *adj* **1.** (*Am: afilado*) scharf **2.** (*Hond: hambriento*) hungrig

filósofa [fi'losofa] *f v.* **filósofo**

filosofal [filoso'fal] *adj:* **piedra** ~ Stein *m* der Weisen

filosofar [filoso'far] *vi* philosophieren (*de/sobre* über +*akk*)

filosofía [filoso'fia] *f* **1.** (*disciplina*) Philosophie *f;* **la ~ de la empresa** die Philosophie der Firma, die Firmenphilosophie **2.** (*serenidad*) Gelassenheit *f;* **se lo toma todo con mucha ~** er/sie trägt alles mit Fassung, er/sie bleibt stets gelassen

filosófico, **-a** [filo'sofiko, -a] *adj* philosophisch

filósofo, **-a** [fi'losofo, -a] *m, f* Philosoph(in) *m(f)*

filotaxis [filo'taɣsis] *f inv* (BOT) Blattstellung *f,* Phyllotaxis *f*

filoxera [filoɣ'sera] *f* **1.** (*insecto*) Reblaus *f* **2.** (*fam: borrachera*) Rausch *m*

filoxérico, **-a** [filoɣ'seriko, -a] *adj* (AGR, ZOOL) Reblaus-; **plaga filoxérica** Reblausplage *f*

filtración [filtra'θjon] *f* **1.** (*de un líquido*) Filtern *nt,* Filtrierung *f;* (*de la luz*) Durchscheinen *nt;* **hay una ~ en el barril** das Fass ist undicht **2.** (*de información*) Durchsickern *nt;* (*de datos*) Auswahl *f*

filtrador[1] [filtra'ðor] *m* Filter *m o nt*

filtrador(a)[2] [filtra'ðor(a)] *adj* Filter-; **lente ~a** (FOTO) Filter *m o nt*

filtraje [fil'traxe] *m* Filtern *nt,* Filtrierung *f;* **instalación de ~** Filteranlage *f*

filtrante [fil'trante] *adj* filtrierend, Filtrier-

filtrar [fil'trar] **I.** *vi* **1.** (*líquido*) durchsickern (*por* durch +*akk*); (*luz*) durchscheinen (*por* durch +*akk*), durchschimmern (*por* durch +*akk*) **2.** (*tubería*) lecken, undicht sein **II.** *vt* **1.** (*por un filtro*) filtern, filtrieren *elev* **2.** (*datos*) auswählen **3.** (*noticia*) durchsickern lassen; **~ una noticia a la prensa** der Presse eine Nachricht zuspielen **III.** *vr:* **~se 1.** (*líquido*) durchsickern; (*luz*) durchscheinen, durchschimmern **2.** (*noticia*) durchsickern; **la noticia se ha filtrado a la prensa** die Nachricht ist bis zur Presse durchgesickert **3.** (*dinero*) dahinschwinden

filtro ['filtro] *m* **1.** (*tamiz, t.* FOTO, TÉC, INFOR) Filter *m o nt;* **~ del café** Kaffeefilter *m;* **~ de ozono** Ozonfilter *m;* **~ de pantalla** (INFOR) Bildschirmfilter *m;* **~ solar** (*crema de protección solar*) Sonnenschutzmittel *nt;* **cigarrillo con ~** Filterzigarette *f;* **estos exámenes sirven de ~** bei diesen Prüfungen soll ausgesiebt werden **2.** (*poción*) Trank *m;* **~ de amor** Liebestrank *m*

filudo, **-a** [fi'luðo, -a] *adj* (*Am*) messerscharf

fimosis [fi'mosis] *f inv* (MED) Phimose *f*

fin [fin] *m* **1.** (*término*) Ende *nt,* Schluss *m;* **~ anormal** (INFOR) anormaler Programmabbruch; **~ de curso** Schuljahresende *nt;* **~ de mensaje** (INFOR) Nachrichtenende *nt;* **~ de semana** Wochenende *nt;* **~ de texto** (INFOR) Textende *nt;* **a ~(es) de mes** Ende des Monats, am Monatsende; **algo toca a su ~** etw geht dem Ende entgegen; **dar** [*o* **poner**] **~ a algo** etw *dat* ein Ende setzen; **sin ~** endlos; **al ~ y al cabo**, **a ~ de cuentas** letzten Endes, schließlich; **en ~, no sé qué decirte** kurz und gut, ich weiß nicht, was ich (dir) sagen soll **2.** (*propósito*) Ziel *nt,* Absicht *f;* **~es benéficos** wohltätige Zwecke; **~es deshonestos** unehrenhafte Absichten; **el ~ último** das Hauptziel, der Hauptzweck; **conseguir sus ~es** sein Ziel erreichen; **con el ~ de...** in der Absicht [*o* mit dem Ziel] zu ...; **trabajaré sin parar a ~ de acabar antes** ich werde durcharbeiten, um früher fertig zu sein; **a ~ de que** +*subj* damit; **el ~ no justifica los medios** der Zweck heiligt die Mittel nicht

finado, **-a** [fi'naðo, -a] *m, f* Verstorbene(r) *mf*

final[1] [fi'nal] **I.** *adj* **1.** (*producto, resultado*) End-; (*fase, examen*) Schluss-; (*solución, decisión*) endgültig; **consumidor ~** (COM) Endverbraucher *m;* **el juicio ~** (REL) das Jüngste Gericht; **palabras ~es** Schlussworte *ntpl* **2.** (LING) final; **consonante ~** auslautender Konsonant **II.** *m* Ende *nt,* Schluss *m;* (*de un libro, cuento*) Ausgang *m;* (MÚS) Finale *nt;* **película con ~ feliz** Film mit Happyend; **el ~ de una obra de teatro** die Schlussszene eines Theaterstücks; **al ~ de la calle** am Ende der Straße; **al ~ del día** am Ende des Tages; **al ~ no nos lo dijo** er/sie sagte es uns schließlich [*o* letztendlich] nicht

final[2] [fi'nal] *f* (DEP: *partido*) Finale *nt,* Endspiel *nt;* (*ronda*) Endrunde *f;* **~ de consolación** Spiel um den dritten Platz; **cuartos de ~** Viertelfinale *nt;* **jugar la ~** das Finale austragen

finalidad [finali'ðaᵈ] *f* Ziel *nt,* Absicht *f;* (FILOS) Finalität *f*

finalísima [fina'lisima] *f* (DEP) Endrunde *f,* Finale *nt*

finalismo [fina'lismo] *m sin pl* (FILOS) Finalismus *m*

finalista [fina'lista] *mf* **1.** (*en un concurso*) Teilnehmer(in) *m(f)* der Schlussrunde, Teilnehmer(in) *m(f)* an der Endausscheidung; (DEP) Finalist(in) *m(f);* **novela ~** *Roman, der in die Endausscheidung gelangt ist* **2.** (FILOS) Vertreter(in) *m(f)* des Finalismus

finalización [finaliθa'θjon] *f* Beendigung *f,* Abschluss *m;* **~ de contrato** Vertragsablauf *m*

finalizar [finali'θar] <z→c> **I.** *vi* enden (*con* mit +*dat*), abschließen (*con* mit +*dat*); (*plazo*) ablaufen **II.** *vt* beenden, abschließen

finalmente [final'mente] *adv* endlich, schließlich, am Ende

finamente [fina'mente] *adv* **1.** (*con finura*) fein **2.** (*con elegancia*) elegant **3.** (*con astu-*

cia) schlau, gerissen **4.** (*con delicadeza*) mit (Zart)gefühl

financiable [finaṇ'θjaβle] *adj* finanzierbar; **esta casa no es ~ (para nosotros)** wir können uns dieses Haus nicht leisten

financiación [finaṇθja'θjon] *f* Finanzierung *f*; **~ ajena** Fremdfinanzierung *f*; **~ ilegal** [*o* **irregular**] (POL) illegale Parteifinanzierung; **~ interina** Zwischenfinanzierung *f*; **~ de los partidos** Parteienfinanzierung *f*; **~ propia** Eigenfinanzierung *f*; **~ a través de participaciones** Beteiligungsfinanzierung *f*

financiador(a) [finaṇθja'ðor(a)] *m(f)* Geldgeber(in) *m(f)*, Finanzier *m*

financiamiento [finaṇθja'mjeṇto] *m v.* **financiación**

financiar [finaṇ'θjar] *vt* finanzieren

financiera [finaṇ'θjera] *f* Finanzinstitut *nt*

financiero, -a [finaṇ'θjero, -a] **I.** *adj* Finanz-, finanziell; **asesor ~** Finanzberater *m*; **mercado ~ y monetario** Geld- und Kreditmarkt *m*; **sociedad financiera** Finanzierungsgesellschaft *f*, Investmentgesellschaft *f*; **los recursos ~s de la empresa son limitados** der finanzielle Rückhalt der Firma ist begrenzt; **necesitamos apoyo ~ para sacar adelante el producto** wir benötigen eine Finanzhilfe, um das Produkt voranzubringen; **no sabemos aún cuál es nuestro estado ~** wir wissen noch nicht, wie unsere finanzielle Lage ist **II.** *m, f* Finanzexperte, -in *m, f*

financista [finaṇ'θista] *mf* (*Am*) **1.** (*experto en finanzas*) Finanzexperte, -in *m, f* **2.** (*el que financia*) Finanzier *m*

finanzas [fi'naṇθas] *fpl* Finanzen *fpl*; **director de ~** Leiter der Finanzabteilung [*o* des Rechnungswesens]; **ministro de ~** Finanzminister *m*; **el mundo de las ~** die Finanzwelt

finar [fi'nar] *vi* sterben, hinscheiden *elev*

finca ['fiŋka] *f* (*urbana*) Grundstück *nt*; (*rústica*) Landgut *nt*, ländliches Anwesen *nt*

fincar [fiŋ'kar] <c→qu> *vi*, *vr*: **~se** ein Grundstück erwerben

finchado, -a [fin'ʧaðo, -a] *adj* hochnäsig, eingebildet

fincharse [fin'ʧarse] *vr* (*fam*) hochnäsig [*o* eingebildet] werden

finés[1] [fi'nes] *m* (*lengua*) Finnisch(e) *nt*

finés, -esa[2] [fi'nes, -esa] **I.** *adj* finnisch **II.** *m, f* Finne, -in *m, f*

fineza [fi'neθa] *f* **1.** (*delgadez*) Dünne *f* **2.** (*suavidad*) Feinheit *f*, Zartheit *f* **3.** (*de calidad*) Feinheit *f*, Finesse *f* **4.** (*cumplido*) Kompliment *nt* **5.** (*regalo*) Aufmerksamkeit *f* **6.** (*primor*) Feinarbeit *f*

fingido, -a [fiŋ'xiðo, -a] *adj* vorgetäuscht, fingiert; (*respuesta, persona*) falsch

fingidor(a) [fiŋxi'ðor(a)] *m(f)* (*de una enfermedad*) Simulant(in) *m(f)*; (*de sentimientos*) Heuchler(in) *m(f)*

fingimiento [fiŋxi'mjeṇto] *m* **1.** (*de una enfermedad*) Simulierung *f*, Vortäuschung *f*; (*de un sentimiento*) Vorheucheln *nt* **2.** (*engaño*) Täuschung *f*; (*hipocresía*) Heuchelei *f*

fingir [fiŋ'xir] <g→j> **I.** *vi*, *vt* vortäuschen, fingieren; (*enfermedad*) simulieren, vortäuschen; (*sentimiento*) heucheln **II.** *vr*: **~se** sich ausgeben (für +*akk*); **~se el muerto** sich tot stellen; **~se un amigo** vorgeben ein Freund zu sein

finiquitar [finiki'tar] *vt* **1.** (*cuenta*) saldieren, liquidieren **2.** (*fam: asunto*) abschließen; **~ una disputa** einer Auseinandersetzung ein Ende setzen

finiquito [fini'kito] *m* Endabrechnung *f*, Schlussabrechnung *f*

finisecular [finiseku'lar] *adj* der Jahrhundertwende; **una pintora ~** eine Malerin der Jahrhundertwende

finito, -a [fi'nito, -a] *adj* begrenzt; **forma finita** (LING) finite Form; **número ~** (MAT) endliche Zahl

finitud [fini'tuᵈ] *f sin pl* Endlichkeit *f*; **la ~ de los recursos hace más necesaria una buena administración de los mismos** es ist notwendig mit den Ressourcen sparsam umzugehen, da diese nur in begrenztem Maß vorhanden sind

finlandés[1] [finlaṇ'des] *m* (*lengua*) Finnisch(e) *nt*

finlandés, -esa[2] [finlaṇ'des, -esa] **I.** *adj* finnisch **II.** *m, f* Finne, -in *m, f*

Finlandia [fin'laṇdja] *f* Finnland *nt*

fino[1] ['fino] *m* trockener Sherry *m*

fino, -a[2] ['fino, -a] *adj* **1.** (*delgado*) dünn, fein; **bolígrafo de punta fina** feiner Kugelschreiber; **lluvia fina** feiner Regen **2.** (*liso, suave*) fein, zart; **fina ironía** feine Ironie **3.** (*de calidad*) fein, erlesen; **oro ~** Feingold *nt*; **placeres ~s** auserlesene Genüsse; **vino ~** Qualitätswein *m*; **tener un paladar ~** einen feinen Gaumen haben, ein Feinschmecker sein **4.** (*sentido*) fein; **olfato ~** feine Nase; **de oído ~** hellhörig **5.** (*cortés*) höflich, vornehm; **modales ~s** gute Manieren **6.** (*astuto*) schlau, gerissen **7.** (*metal*) edel **8.** (*loc, fam*): **hoy no me encuentro muy ~** ich fühle mich heute nicht sehr wohl; **no estaba muy fina anoche en la fiesta** ich war gestern Abend auf dem Fest nicht besonders gut drauf

finolis [fi'nolis] **I.** *adj inv* (*fam*) geziert, affektiert **II.** *mf inv* (*fam*) arroganter [*o* überheblicher] Mensch *m*; **ser un ~** sich geziert geben; **es un ~ con la comida** er ist im Essen sehr wählerisch

finta ['fiṇta] *f* (*t.* DEP) Finte *f*; **hacer una ~** fintieren

fintar [fiṇ'tar] *vi* (DEP) fintieren

finura [fi'nura] *f* **1.** (*delgadez*) Dünne *f* **2.** (*suavidad*) Feinheit *f*, Zartheit *f* **3.** (*calidad, exquisitez*) Feinheit *f*, Erlesenheit *f* **4.** (*cortesía*) Feinheit *f*, Vornehmheit *f* **5.** (*astucia*) Schläue *f*; **ser una persona de ~** ein raffinierter Mensch sein **6.** (*fam: objeto*) Prachtstück *nt*

fiordo ['fjorðo] *m* Fjord *m*

firma ['firma] *f* 1. (*en documentos*) Unterschrift *f*, Signatur *f elev;* ~ **en blanco** Blankounterschrift *f;* **dar a alguien una ~ en blanco** jdm eine Blankovollmacht erteilen; **esto no lleva** ~ das ist nicht unterschrieben; **recoger ~s** Unterschriften sammeln 2. (*de un acuerdo*) Unterzeichnung *f* 3. (*empresa*) Firma *f*

firmamento [firma'mento] *m* Firmament *nt*

firmante [fir'mante] *mf* Unterzeichner(in) *m(f)*, Unterzeichnete(r) *mf*

firmar [fir'mar] *vi, vt* unterschreiben, signieren *elev;* (*un acuerdo*) unterzeichnen; ~ **en blanco** blanko unterschreiben; ~ **autógrafos** Autogramme geben; ~ **un cheque** einen Scheck ausstellen

firme ['firme] I. *adj* (*fijo*) fest; (*estable*) stabil; (*seguro*) sicher; (*carácter*) standfest, unerschütterlich; (*creencia*) unbeirrbar, unerschütterlich; (*postura corporal*) stramm; (*amistad*) treu; **sentencia** ~ rechtskräftiges Urteil; **tierra** ~ Festland *nt;* **¡~s!** (MIL) still gestanden!; **con mano** ~ mit ruhiger Hand; **esta mesa no está** ~ dieser Tisch wackelt; **mantenerse** [*o* **estar**] ~ **(en una negociación)** (bei einer Verhandlung) standhaft bleiben; **ser ~ en sus propósitos** feste [*o* unerschütterliche] Absichten haben; **comprar en** ~ (COM) fest kaufen; **estar en lo** ~ Recht haben II. *m* 1. (*de la carretera*) (Straßen)belag *m* 2. (*de guijo*) Kiesschicht *f* III. *adv:* **de** ~ (*fuertemente*) heftig, stark; (*sin parar*) unaufhörlich; **llover de** ~ stark [*o* heftig] regnen; **el calor aprieta de** ~ es herrscht eine sengende Hitze; **estudiar de** ~ fleißig lernen

firmemente [firme'mente] *adv* 1. (*con firmeza*) fest, standhaft; **creer algo** ~ fest an etw glauben 2. (*con perseverancia*) beharrlich, hartnäckig

firmeza [fir'meθa] *f* 1. (*solidez*) Festigkeit *f;* (*de un mueble*) Stabilität *f* 2. (*de una creencia*) Unerschütterlichkeit *f;* ~ **de carácter** Charakterstärke *f* 3. (*perseverancia*) Beharrlichkeit *f*, Hartnäckigkeit *f;* **negarse con** ~ sich hartnäckig weigern

firulete [firu'lete] *m* 1. (*CSur: adorno*) Ornament *nt* 2. (*RíoPl: paso de tango*) *Tanzfigur des Tangos*

firuletear [firulete'ar] I. *vi* (*RíoPl*) 1. (*adornar*) dekorieren 2. (*hablar con rodeos*) Umschweife machen 3. (*bailar con firuletes*) *den Tango mit vielen komplizierten Figuren tanzen* II. *vt* (*RíoPl: adornar*) dekorieren

FIS [fis] *m* (POL) *abr de* **Frente Islámico de Salvación** Islamische Heilsfront *f*

fiscal [fis'kal] I. *adj* 1. (*del fisco*) Fiskal-, fiskalisch 2. (*de los impuestos*) Steuer-, steuerlich; **año** ~ Rechnungsjahr *nt*, Haushaltsjahr *nt;* **asesor** ~ Steuerberater *m;* **evasión** ~ Steuerflucht *f;* **fraude** ~ Steuerbetrug *m;* **política** ~ Steuerpolitik *f;* **presión** ~ Steuerlast *f*, Steuerbelastung *f;* **aprovechar una laguna** ~ eine Steuerlücke nützen; **introducir medidas ~es** steuerliche Maßnahmen einführen; **Mónaco es un paraíso** ~ Monaco ist ein Steuerparadies II. *mf* 1. (JUR) Staatsanwalt, -wältin *m, f;* **F~ General del Estado** Generalstaatsanwalt, -wältin *m, f;* **tengo un jefe que es un ~, no deja pasar ni una** (*fam*) mein Chef ist äußerst streng, er lässt keinen Fehler durchgehen 2. (*interventor*) Steuerbeamte(r), -in *m, f*

fiscalía [fiska'lia] *f* Staatsanwaltschaft *f;* **ejercer la** ~ als Staatsanwalt tätig sein

fiscalidad [fiskali'ðaᵈ] *f* Steuergesetzgebung *f*

fiscalizable [fiskali'θaβle] *adj* prüfbar, kontrollierbar

fiscalización [fiskaliθa'θjon] *f* Prüfung *f*, Kontrolle *f;* (*de impuestos*) Steuerprüfung *f*

fiscalizador(a) [fiskaliθa'ðor(a)] *m(f)* Prüfer(in) *m(f);* (*de impuestos*) Steuerprüfer(in) *m(f)*

fiscalizar [fiskali'θar] <z→c> *vt* prüfen, kontrollieren; (*lo fiscal*) steuerlich prüfen

fisco ['fisko] *m* Fiskus *m*, Staatskasse *f;* **declarar al** ~ seine Steuererklärung abgeben; **defraudar al** ~ Steuern hinterziehen

fiscorno [fis'korno] *m* (MÚS) Tenorhorn *nt*

fisgar [fis'ɣar] <g→gu> I. *vi* 1. (*burlarse*) spotten (*de* über +*akk*), sich lustig machen (*de* über +*akk*) 2. (*indagar*) (herum)schnüffeln (*en* in +*dat*) *fam;* **le encanta ~ en mis asuntos** er/sie steckt gerne die Nase in meine Angelegenheiten II. *vt* 1. (*pescar*) mit der Harpune fischen 2. (*con el olfato*) schnüffeln, wittern

fisgón, -ona [fis'ɣon, -ona] *m, f* 1. (*que se burla*) Spötter(in) *m(f)* 2. (*que indaga*) Schnüffler(in) *m(f) fam pey*

fisgonear [fisɣone'ar] *vi* (herum)schnüffeln (*en* in +*dat*) *fam*

fisgoneo [fisɣo'neo] *m* (*fam*) Schnüffelei *f*

fisiatra [fi'sjatra] *mf* Naturheilpraktiker(in) *m(f)*, Physiater(in) *m(f)*

fisiatría [fisja'tria] *f sin pl* Naturheilkunde *f*, Physiatrie *f*

física ['fisika] *f* 1. (*ciencia*) Physik *f;* ~ **cuántica** Quantenphysik *f;* ~ **del estado sólido** Festkörperphysik *f;* ~ **nuclear** Kernphysik *f*, Atomphysik *f* 2. *v.* **físico²**

físicamente [fisika'mente] *adv* 1. (*corporalmente*) physisch, körperlich 2. (*verdaderamente*) wirklich, einfach; **eso es ~ imposible** das ist wirklich [*o* einfach] nicht machbar

físico¹ ['fisiko] *m* Körperbau *m;* **tener un buen** ~ eine gute Figur haben

físico, -a² ['fisiko, -a] I. *adj* 1. (*del cuerpo*) physisch, körperlich; **educación física** (ENS) Sport *m* 2. (FÍS) physikalisch 3. (*Cuba, Méx: pedante*) pedantisch II. *m, f* Physiker(in) *m(f)*

físicoquímica [fisiko'kimika] *f* (FÍS, QUÍM) Physikochemie *f*, physikalische Chemie *f*

físicoquímico, -a [fisiko'kimiko, -a] *adj* chemisch-physikalisch

F

fisiocracia [fisjo'kraθja] *f sin pl* (ECON) Physiokratismus *m*
fisiócrata [fi'sjokrata] *mf* (ECON) Physiokrat(in) *m(f)*
fisiognomía [fisjoɣno'mia] *f* (PSICO) Physiognomie *f*
fisiografía [fisjoɣra'fia] *f* (GEO) Physiographie *f*
fisióloga [fi'sjoloɣa] *f v.* **fisiólogo**
fisiología [fisjolo'xia] *f* Physiologie *f*
fisiológico, **-a** [fisjo'loxiko, -a] *adj* physiologisch
fisiólogo, **-a** [fi'sjoloɣo, -a] *m, f* Physiologe, -in *m, f*
fisión [fi'sjon] *f* **1.** (FÍS) Spaltung *f;* ~ **nuclear** Kernspaltung *f,* Fission *f* **2.** (BIOL) Zellteilung *f,* Fission *f*
fisionar [fisjo'nar] *vt* spalten
fisionomía [fisjono'mia] *f v.* **fisonomía**
fisiopatología [fisjopatolo'xia] *f* (MED) Pathophysiologie *f*
fisioterapeuta [fisjotera'peu̯ta] *mf* Krankengymnast(in) *m(f),* Physiotherapeut(in) *m(f)*
fisioterapia [fisjote'rapja] *f* Physiotherapie *f*
fisiparidad [fisipari'ðaᵈ] *f* (BIOL) Fortpflanzung *f* durch Zellteilung
fisonomía [fisono'mia] *f* **1.** (*del rostro*) Gesichtsausdruck *m,* Physiognomie *f elev* **2.** (*aspecto*) Aussehen *nt;* **cambiar de** ~ sein Aussehen verändern; **no me gusta la** ~ **de este pueblo** dieses Dorf macht auf mich einen schlechten Eindruck
fisonómico, **-a** [fiso'nomiko, -a] *adj* physiognomisch, Gesichts-; **rasgos ~s** Gesichtszüge *mpl*
fisonomista [fisono'mista] *mf* Physiognom(in) *m(f);* **¿eres un buen ~?** hast du ein gutes Personengedächtnis?
fístula ['fistula] *f* **1.** (*tubo*) Röhre *f* **2.** (MED) Fistel *f*
fistular [fistu'lar] *adj* (MED) fistelartig, Fistel-
fisura [fi'sura] *f* **1.** (*grieta*) Riss *m;* (*grande*) Spalte *f;* **el juego de este equipo no muestra ~s** das Spiel dieser Mannschaft wirkt sehr geschlossen **2.** (MED: *en un hueso*) Knochenriss *m* **3.** (MED: *en el ano*) Afterschrunde *f*
fitipaldi [fiti'paldi] *mf* (*fam*) Raser(in) *m(f)*
fitness ['fitnes] *m sin pl* (DEP) Fitness *f*
fitobiología [fitoβjolo'xia] *f* Pflanzenbiologie *f,* Phytobiologie *f*
fitófago, **-a** [fi'tofaɣo, -a] *adj* Pflanzen fressend, phytophag
fitofarmacia [fitofar'maθja] *f* Phytopharmazie *f*
fitografía [fitoɣra'fia] *f* (BOT) Pflanzenbeschreibung *f*
fitología [fitolo'xia] *f* (BOT) Pflanzenkunde *f,* Phytologie *f*
fitopatología [fitopatolo'xia] *f* Phytopathologie *f*
fitosanitario, **-a** [fitosani'tarjo, -a] *adj* Pflanzenschutz-
fitosociología [fitosoθjolo'xia] *f* (BOT) Phytosoziologie *f,* Pflanzensoziologie *f*
fitoterapéutico, **-a** [fitotera'peu̯tiko, -a] *adj* (MED) phytotherapeutisch
fitoterapia [fitote'rapja] *f* (MED) Phytotherapie *f*
fitotomía [fitoto'mia] *f* (BOT) Phytotomie *f,* Pflanzenanatomie *f*
fitotrón [fito'tron] *m* (ECOL) Phytotron *nt*
FITUR [fi'tur] *f abr de* **Feria Internacional del Turismo** Internationale Tourismusmesse *f*
fixing ['fiʸsiŋ] *m* <fixings> (FIN) Fixing *nt*
flac(c)idez [fla⁽ʸ⁾θi'ðeθ] *f* **1.** (*de las carnes*) Schlaffheit *f* **2.** (*de la piel*) Welkheit *f*
flác(c)ido, **-a** ['fla⁽ʸ⁾θiðo, -a] *adj* **1.** (*carnes*) schlaff **2.** (*piel*) welk **3.** (*vestiduras*) bauschig
flaco[1] ['flako] *m* **1.** (*debilidad, afición*) Schwäche *f;* **su ~ es la literatura contemporánea** er/sie hat eine Schwäche für zeitgenössische Literatur **2.** (*defecto*) Mangel *m,* Schwäche *f*
flaco, **-a**[2] ['flako, -a] *adj* **1.** (*delgado*) dünn, mager; **estar muy** ~ nur noch Haut und Knochen sein; **la época** [*o* **los años**] **de vacas flacas** die mageren Jahre **2.** (*pobre, escaso*) knapp, gering; **rendimientos ~s** kümmerliche Erträge **3.** (*débil*) schwach; **punto** ~ Schwachpunkt *m,* Schwachstelle *f;* **ser** ~ **de memoria** ein schlechtes Gedächtnis haben; **con esto me haces un** ~ **favor** damit tust du mir keinen großen Gefallen
flacucho, **-a** [fla'kutʃo, -a] *adj* (*pey fam*) mager, dürr
flacura [fla'kura] *f* **1.** (*flaco*) Magerkeit *f* **2.** (*débil*) Schwächlichkeit *f*
flagelación [flaxela'θjon] *f* Auspeitschung *f,* Geißelung *f*
flagelante [flaxe'lante] **I.** *adj* Flagellaten- **II.** *mf* **1.** (*penitente*) Geißelbruder, -schwester *m, f,* Flagellant(in) *m(f)* **2.** (HIST, REL) Geißler(in) *m(f)*
flagelar [flaxe'lar] **I.** *vt* **1.** (*azotar*) auspeitschen; (REL) geißeln **2.** (*verbalmente*) scharf kritisieren **II.** *vr:* **~se** sich geißeln
flagelo [fla'xelo] *m* **1.** (*azote*) Geißel *f* **2.** (*calamidad*) Geißel *f,* Plage *f* **3.** (BIOL) Geißel *f*
flagrante [fla'ɣrante] **I.** *adj* (*evidente*) offenkundig, flagrant **II.** *adv:* **en** ~ in flagranti; **coger a alguien en** ~ jdn auf frischer Tat [*o* in flagranti] ertappen
flamante [fla'mante] *adj* (*fam*) **1.** (*vistoso*) auffallend, auffällig **2.** (*nuevo*) (funkel)nagelneu, brandneu; **el** ~ **campeón** der frisch gebackene Sieger
flam(b)eado, **-a** [flam(b)e'aðo, -a] *adj* (GASTR) flambiert
flambear [flambe'ar] *vt* (GASTR) flambieren
flamear [flame'ar] **I.** *vi* **1.** (*llamear*) lodern **2.** (*bandera*) flattern **II.** *vt* **1.** (GASTR) flambieren **2.** (MED) abflammen
flamenco[1] [fla'meŋko] *m* **1.** (*lengua*) Flämisch(e) *nt* **2.** (ZOOL) Flamingo *m* **3.** (*cante*)

Flamenco *m*

flamenco, **-a**[2] [fla'meŋko, -a] **I.** *adj* **1.** (*de Flandes*) flämisch **2.** (*andaluz*) Flamenco-; **cante** ~ Flamenco *m;* **guitarra flamenca** Flamencogitarre *f* **3.** (*chulo*) angeberisch, großspurig **4.** (*Hond, PRico: delgado*) mager, hager **II.** *m, f* Flame *m,* Flämin *f*

flamencología [flameŋkolo'xia] *f sin pl* (MÚS) Flamencokunde *f*

flamencólogo, **-a** [flameŋ'koloɣo, -a] *m, f* Flamencospezialist(in) *m(f)*

flamenquería [flameŋke'ria] *f* (*fam*) Angeberei *f,* Prahlerei *f*

flamenquilla [flameŋ'kiʎa] *f* **1.** (*plato*) kleine Servierplatte *f* **2.** (BOT) Ringelblume *f*

flamenquismo [flameŋ'kismo] *m* Flamencoleidenschaft *f,* Liebe *f* zum Flamenco

flamígero, **-a** [fla'mixero, -a] *adj:* **estilo** ~ (ARTE) Flamboyantstil *m*

flan [flan] *m* (GASTR) ≈Karamellpudding *m;* **estar hecho un** ~ (*fam*) das reinste Nervenbündel sein

flanco ['flaŋko] *m* **1.** (*lado*) Flanke *f,* Seite *f* **2.** (MIL) Flanke *f;* **atacar por el** ~ **derecho** über die rechte Flanke angreifen

Flandes ['flan̪des] *m* Flandern *nt*

flanera [fla'nera] *f* ≈Puddingform *f*

flanquear [flaŋke'ar] *vt* **1.** (*estar al lado*) flankieren; **camino flanqueado por** [*o* **de**] **árboles** mit Bäumen gesäumter Weg; **dos guardaespaldas flanquean al presidente** der Präsident wird von zwei Leibwächtern begleitet **2.** (MIL: *atacar*) von der Flanke her angreifen; (*proteger*) seitlich decken

flaquear [flake'ar] *vi* **1.** (*fuerzas*) nachlassen, erlahmen; (*salud*) sich verschlechtern; (*ánimo*) nachlassen, schwinden; **me flaquean las rodillas** mir zittern die Knie **2.** (*en un examen*) eine schwache Leistung zeigen **3.** (*demanda*) abflauen, erlahmen **4.** (*edificio*) baufällig werden; **la pared flaquea** die Wand gibt nach

flaqueza [fla'keθa] *f* **1.** (*de flaco*) Magerkeit *f* **2.** (*debilidad*) Schwäche *f;* **tuvo la** ~ **de llamarlo por teléfono** er/sie konnte dem Drang, ihn anzurufen, nicht widerstehen

flas [flas] *m,* **flash** [flaʃ] *m inv* **1.** (FOTO) Blitzlicht *nt,* Blitz *m* **2.** (*noticia*) Eilmeldung *f;* ~ **informativo** (*corto*) Kurzmeldung *f;* (*de última hora*) aktuelle Nachricht

flashback ['flaʃβak] <flashbacks> *m* (CINE, LIT) Flashback *m,* Rückblende *f*

flato ['flato] *m* **1.** (MED) Blähung *f,* Flatus *m* **2.** (*AmC, Col, Ven: melancolía*) Schwermut *f,* Melancholie *f*

flatoso, **-a** [fla'toso, -a] *adj* **1.** (*AmC, Ven: miedoso*) ängstlich **2.** (*Cuba: triste*) traurig; (*malhumorado*) verstimmt

flatulencia [flatu'len̪θja] *f* (MED) Blähsucht *f,* Flatulenz *f*

flatulento, **-a** [flatu'len̪to, -a] *adj* blähend

flauta[1] ['flau̯ta] *f* Flöte *f;* ~ **dulce** Blockflöte *f;* ~ **travesera** Querflöte *f;* **sonar la** ~ **por casualidad** reiner Zufall sein

flauta[2] ['flau̯ta] *mf* Flötist(in) *m(f)*

flautero, **-a** [flau̯'tero, -a] *m, f* (MÚS) Flötenhersteller(in) *m(f)*

flautín [flau̯'tin] *m* **1.** (*instrumento*) Pikkoloflöte *f* **2.** (*músico*) Pikkoloflötenspieler(in) *m(f)*

flautista [flau̯'tista] *mf* Flötist(in) *m(f)*

flebitis [fle'βitis] *f inv* (MED) Venenentzündung *f,* Phlebitis *f*

flecha ['fletʃa] *f* **1.** (*arma, indicador*) Pfeil *m;* ~ **abajo/arriba** Abwärts-/Aufwärtspfeil *m;* ~ **de desplazamiento** (INFOR) Bildlaufpfeil *m,* Schiebepfeil *m;* ~ **de enrollado** (INFOR) Rollbalkenpfeil *m;* **punta de la** ~ (INFOR) Pfeilzeiger *m;* **sigan las ~s azules** folgen Sie den blauen Pfeilen; **ser rápido como una** ~ pfeilschnell sein **2.** (*sagita*) Bogenhöhe *f* **3.** (*de torre*) Turmspitze *f* **4.** (*de viga*) Durchbiegung *f*

flechar [fle'tʃar] **I.** *vi* den Bogen gespannt haben **II.** *vt* **1.** (*un arco*) spannen **2.** (*matar*) mit einem Pfeil tödlich treffen; (*herir*) mit einem Pfeil treffen **3.** (*fam: enamorar*) den Kopf verdrehen +*dat;* **esta mujer me ha flechado** diese Frau hat mir den Kopf verdreht

flechazo [fle'tʃaθo] *m* **1.** (*de flecha*) Pfeilschuss *m* **2.** (*fam: de amor*): **lo nuestro fue un** ~ bei uns war es Liebe auf den ersten Blick

fleco ['fleko] *m* **1.** (*adorno*) Franse *f* **2.** (*del pelo*) Pony *m* **3.** *pl* (*de vestido*) ausgefranster Rand *m*

fleje ['flexe] *m* Bandeisen *nt*

flema ['flema] *f* **1.** (*calma*) Trägheit *f,* Phlegma *nt* **2.** (*mucosidad*) Schleim *m* **3.** (QUÍM) Rohalkohol *m*

flemático, **-a** [fle'matiko, -a] **I.** *adj* phlegmatisch, schwerfällig **II.** *m, f* Phlegmatiker(in) *m(f)*

flemón [fle'mon] *m* **1.** (MED) Phlegmone *f,* Entzündung *f* (*, die mit einer Schwellung verbunden ist*) **2.** (*dental*) Zahnfleischentzündung *f*

flequillo [fle'kiʎo] *m* (*del pelo*) Pony *m*

fleta ['fleta] *f* (*AmC*) **1.** (*friega*) Reibung *f* **2.** (*zurra*) Tracht *f* Prügel; (*castigo*) Züchtigung *f*

fletador(a) [fleta'ðor(a)] *m(f)* **1.** (*de avión, barco*) Charterer, -in *m, f* **2.** (COM) Frachtführer(in) *m(f),* Befrachter(in) *m(f)*

fletamento [fleta'men̪to] *m* **1.** (*de avión, barco*) Chartern *nt;* (*contrato*) Charter *m* **2.** (COM: *acción*) Verfrachtung *f* **3.** (*contrato*) Frachtvertrag *m*

fletante[1] [fle'tan̪te] *mf* Schiffsvermieter(in) *m(f)*

fletante[2] [fle'tan̪te] *m* (*sociedad*) Chartergesellschaft *f*

fletar [fle'tar] **I.** *vt* **1.** (*avión, barco*) chartern **2.** (COM: *mercancías*) verfrachten **3.** (*Am: vehículo*) verleihen **4.** (*Chil, Perú: bofetada*) verpassen, geben; (*golpe*) versetzen; (*insulto*) ausstoßen **5.** (*CSur: despedir*) entlassen

6. (*Arg, Chil: expulsar*) hinauswerfen, rausschmeißen *fam* **II.** *vr:* **~se 1.** (*AmC: fastidiarse*) sich abfinden müssen (*con/de* mit +*dat*) **2.** (*Cuba, Méx: largarse*) verschwinden, abhauen *fam*

flete ['flete] *m* **1.** (*carga*) Frachtgut *nt,* Fracht *f;* ~ **aéreo** Luftfracht *f* **2.** (COM: *tasa*) Fracht *f,* Frachtkosten *pl;* ~ **contra reembolso** (COM) Fracht zahlbar bei Lieferung **3.** (*Am: tarifa*) Mietpreis *m,* Leihgebühr *f*

flexibilidad [fle^{ɣ}siβili'ða^{d}] *f* **1.** (*de palo*) Biegsamkeit *f,* Elastizität *f;* (*de músculo*) Elastizität *f* **2.** (*de una persona, política*) Flexibilität *f,* Anpassungsfähigkeit *f;* ~ **de un mercado** (ECON) Marktflexibilität *f;* ~ **de precios** Preisflexibilität *f*

flexibilización [fle^{ɣ}siβiliθa'θjon] *f* Flexibilisierung *f*

flexibilizar [fle^{ɣ}siβili'θar] <z→c> *vt* flexibilisieren

flexible [fle^{ɣ}'siβle] **I.** *adj* **1.** (*palo*) biegsam, elastisch; (*músculo*) elastisch **2.** (*persona, política*) flexibel, anpassungsfähig; **horario** ~ Gleitzeit *f* **II.** *m* **1.** (*sombrero*) Schlapphut *m* **2.** (ELEC) Kabel *nt*

flexión [fle^{ɣ}'sjon] *f* **1.** (*del cuerpo*) Beugen *nt;* ~ **completa de piernas** Hockstellung *f,* Hocke *f;* ~ **de piernas** Kniebeuge *f;* ~ **de tronco** Rumpfbeuge *f;* ~ **de brazos en la espaldera** Klimmzüge am Reck **2.** (LING) Flexion *f,* Beugung *f* **3.** (GEO) Flexur *f*

flexionar [fle^{ɣ}sjo'nar] *vt* beugen

flexo ['fle^{ɣ}so] *m* biegsame (Schreib)tischlampe *f*

flexor(a) [fle^{ɣ}'sor(a)] *adj:* **músculo** ~ Beugemuskel *m;* (MED) Flexor *m*

flipado, -a [fli'paðo, -a] *adj* (*argot*) high

flipante [fli'pan̪te] *adj* (*argot*) cool, stark

flipar [fli'par] **I.** *vt* (*argot*) antörnen; **esa chica me flipa** ich stehe auf diese Frau **II.** *vi, vr:* **~se** (*argot*) ausflippen

flirt [flir^{t}] *m* <flirts> Flirt *m*

flirtear [flirte'ar] *vi* flirten (*con* mit +*dat*)

flirteo [flir'teo] *m* Flirt *m*

flojear [floxe'ar] *vi* **1.** (*disminuir*) nachlassen, schwächer werden; (*interés*) abflauen; (*fuerzas*) nachlassen, erlahmen **2.** (*en una materia*) schwach sein (*en* in +*dat*)

flojedad [floxe'ða^{d}] *f* **1.** (*debilidad*) Schwäche *f* **2.** (*pereza*) Faulheit *f,* Trägheit *f*

flojera [flo'xera] *f* (*fam*) **1.** (*debilidad*) Schwäche *f;* **coger ~ de piernas** weiche Knie bekommen; **le coge ~ de piernas antes de salir en público** er/sie bekommt vor einem öffentlichen Auftritt Lampenfieber **2.** (*pereza*) Faulheit *f*

flojo, -a ['floxo, -a] *adj* **1.** (*cuerda*) locker, schlaff; (*tornillo*) locker; (*nudo*) lose **2.** (*vino*) leicht; (*persona, argumento*) schwach; (*viento*) flau; (*café*) dünn; (*luz, color*) matt, schwach; ~ **de carácter** charakterschwach; **estoy ~ en alemán** mein Deutsch ist nicht so gut; (ENS) ich bin schlecht in Deutsch; **la fiesta estuvo floja** das Fest war langweilig; **la política me la trae floja** (*vulg*) ich kümmere mich einen Dreck um Politik *fam* **3.** (*cosecha*) mager **4.** (*demanda*) schwach **5.** (*obrero*) faul, nachlässig **6.** (*Am: cobarde*) feig(e)

floppy ['flopi] *m* (INFOR) Floppydisk *f*

flor [flor] *f* **1.** (BOT: *planta*) Blume *f;* (*parte de la planta*) Blüte *f;* **ramo de ~es** Blumenstrauß *m;* **una planta sin ~es** eine blütenlose Pflanze; **echar ~es** Blüten treiben; **estar en ~** blühen; **camisa de ~es** geblümtes Hemd **2.** (*lo más selecto*) Blüte *f,* Auslese *f;* **la ~ de la harina** feines Mehl, Auszugsmehl *nt;* **la ~ de la canela** (*fam*) das Feinste vom Feinen; **la ~ y la nata de la sociedad** die Crème de la crème; **murió en la ~ de la vida** er/sie starb in der Blüte seiner/ihrer Jahre **3.** (*piropo*) Schmeichelei *f* **4.** (*de los metales*) Irisieren *nt* **5.** (*de las pieles*) Narbenseite *f* **6.** (*juego*) *spanisches Kartenspiel;* (*lance del juego*) *Partie mit drei Karten der gleichen Farbe* **7.** (*virginidad*) Jungfräulichkeit *f* **8.** (QUÍM): ~ **de cinc** Zinkoxyd *nt;* ~ **de cobalto** Kobaltoxyd *nt* **9.** (*del vino*) Kahmhaut *f* **10.** (*loc*): **pasó volando a ~ de tierra** es flog dicht am Boden vorbei; **tengo los nervios a ~ de piel** meine Nerven sind zum Zerreißen gespannt; **dar en la ~ de hacer algo** sich *dat* etw angewöhnen

flora ['flora] *f* **1.** (BOT) Flora *f,* Pflanzenwelt *f* **2.** (MED) Flora *f;* ~ **intestinal** Darmflora *f*

floración [flora'θjon] *f* **1.** (*acción*) Blühen *nt;* **estar en plena ~** in voller Blüte stehen **2.** (*tiempo*) Blüte(zeit) *f*

floral [flo'ral] *adj* **1.** (*de las plantas*) Blumen- **2.** (*de la flor de la planta*) Blüten- **3.** (LIT): **juegos ~es** Gedichtwettbewerb *m*

floreado, -a [flore'aðo, -a] *adj* geblümt

florear [flore'ar] **I.** *vi* **1.** (*la espada*) schwingen **2.** (MÚS) (auf der Gitarre) tremolieren **3.** (*Am: florecer*) blühen **II.** *vt* **1.** (*adornar*) mit Blumen schmücken **2.** (*harina*) sieben **3.** (*naipes*) falsch mischen **4.** (*piropear*) schmeicheln +*dat*

florecer [flore'θer] *irr como crecer* **I.** *vi* **1.** (*planta*) blühen **2.** (*industria*) gedeihen, florieren; **en la Florencia de los Medicis florecieron las artes** im Florenz der Medicis erlebte die Kunst eine Blütezeit **II.** *vr:* **~se** (ver)schimmeln

floreciente [flore'θjen̪te] *adj* **1.** (*planta*) blühend **2.** (*industria*) florierend, blühend

florecimiento [floreθi'mjen̪to] *m* **1.** (*de una planta*) Blühen *nt* **2.** (*de una industria*) Florieren *nt*

Florencia [flo'ren̪θja] *f* Florenz *nt*

florentino, -a [floren̪'tino, -a] **I.** *adj* florentinisch **II.** *m, f* Florentiner(in) *m(f)*

floreo [flo'reo] *m* **1.** (*conversación*) Geschwätz *nt,* Gerede *nt;* ~ **de palabras** Wortschwall *m* **2.** (MÚS) Tremolo *nt*

florero[1] [flo'rero] *m* **1.** (*jarrón*) (Blumen)vase *f* **2.** (*maceta*) Blumentopf *m* **3.** (*loc*): **mi ma-**

rido me trata como a un ~ mein Mann behandelt mich wie Luft

florero, -a[2] [flo'rero, -a] **I.** *adj* **1.** (*de las flores*) Blumen- **2.** (*halagador*) schmeichelnd **II.** *m, f* **1.** (*lisonjero*) Schmeichler(in) *m(f)* **2.** (*vendedor de flores*) Blumenverkäufer(in) *m(f)*

floresta [flo'resta] *f* **1.** (*bosque*) Wald *m* **2.** (*de poemas*) Anthologie *f*

florete [flo'rete] *m* Florett *nt*

floricultor(a) [florikul̩'tor(a)] *m(f)* Blumenzüchter(in) *m(f)*

floricultura [florikul̩'tura] *f* Blumenzucht *f*

florido, -a [flo'riðo, -a] *adj* **1.** (*con flores*) Blumen-; (*floreciente*) blühend; **alfombra florida** Blumenteppich *m;* **árbol** ~ Baum in Blüte; **un campo** ~ ein mit Blumen übersätes Feld; **mesa florida** blumengeschmückter Tisch **2.** (*selecto*) erlesen, fein; **lo más** ~ **de nuestro club** die Crème de la crème unseres Vereins **3.** (*lenguaje, estilo*) blumig **4.** (*vaca*) gescheckt

florín [flo'rin] *m* Gulden *m*

floripondio [flori'pon̩djo] *m* (*pey*) **1.** (*flor*) hässliche Blume *f* **2.** (*adorno*) kitschiger Schmuck *m*

florista [flo'rista] *mf* **1.** (*comerciante*) Blumenhändler(in) *m(f)* **2.** (*vendedor*) Blumenverkäufer(in) *m(f)* **3.** (*que hace ramos*) Florist(in) *m(f)*

floristería [floriste'ria] *f* Blumengeschäft *nt,* Blumenladen *m*

flota ['flota] *f* **1.** (AERO, NÁUT) Flotte *f;* ~ **mercante** Handelsflotte *f;* ~ **pesquera** Fischereiflotte *f,* Fischfangflotte *f* **2.** (*de vehículos*) Fuhrpark *m;* ~ **de camiones** Lkw-Park *m;* ~ **de coches** Fuhrpark *m*

flotación [flota'θjon] *f* **1.** (*en agua: activo*) Schwimmen *nt;* (*pasivo*) Treiben *nt;* (*en aire*) Schweben *nt;* **línea de** ~ (NÁUT) Wasserlinie *f* **2.** (TÉC) Schwimmaufbereitung *f,* Flotation *f* **3.** (FIN) Floating *nt*

flotador[1] [flota'ðor] *m* **1.** (TÉC: *de pesca*) Schwimmer *m* **2.** (*en barcos*) Rettungsring *m;* (*para niños*) Schwimmring *m*

flotador(a)[2] [flota'ðor(a)] *adj* (*activo*) schwimmend; (*pasivo*) treibend

flotante [flo'tan̩te] *adj* **1.** (*cuerpo: activamente*) schwimmend; (*pasivamente*) treibend; (*en aire*) schwebend **2.** (*persona*) ohne festen Wohnsitz **3.** (*deuda*) schwebend, flottierend **4.** (FIN) floatend

flotar [flo'tar] *vi* **1.** (*en agua: activamente*) schwimmen; (*pasivamente*) treiben; (*en aire*) schweben; (MED) flottieren **2.** (*bandera*) flattern **3.** (FIN) floaten

flote ['flote] *m:* **línea de** ~ Wasserlinie *f;* **estar a** ~ flott sein; **poner a** ~ flottmachen; **mantenerse a** ~ (*t. fig*) sich über Wasser halten; **sacar a** ~ **una empresa** eine Firma wieder flottmachen

flotilla [flo'tiʎa] *f* Flottille *f*

fluctuación [fluktwa'θjon] *f* **1.** (*oscilación*) Schwankung *f,* Fluktuation *f elev;* ~ **de divisas** [*o* **monetaria**] Währungsschwankung *f;* ~ **de precios** Preisschwankung *f,* Preisfluktuation *f;* **banda (ancha/estrecha) de** ~ (FIN) (hohe/geringe) Schwankungsbreite *f* **2.** (*irresolución*) Schwanken *nt*

fluctuante [fluktu'an̩te] *adj* schwankend, fluktuierend *elev;* **cambio** ~ (FIN) schwankender Wechselkurs

fluctuar [fluktu'ar] <*1. pres:* fluctúo> *vi* **1.** (*oscilar*) schwanken, sich ändern **2.** (*dudar*) schwanken, wanken; **estoy fluctuando entre comprarme un coche o no** ich weiß nicht, ob ich mir ein Auto kaufen soll oder nicht

fluente [flu'en̩te] *adj* fließend

fluidez [flwi'ðeθ] *f* **1.** (*de un líquido, estilo*) Flüssigkeit *f;* **hablar con** ~ **un idioma extranjero** eine Fremdsprache fließend sprechen **2.** (*de expresión*) (Rede)gewandtheit *f*

fluido[1] ['flwiðo/flu'iðo] *m* **1.** (*líquido*) Flüssigkeit *f;* (QUÍM) Fluid *nt* **2.** (ELEC) Strom *m*

fluido, -a[2] ['flwiðo, -a/flu'iðo, -a] *adj* **1.** (*alimento, estilo*) flüssig; **es** ~ **de palabra** er ist redegewandt **2.** (*tráfico*) fließend

fluir [flu'ir] *irr como huir vi* **1.** (*correr*) fließen; (*brotar*) heraussprudeln **2.** (*palabras*) fließen; **sus ideas fluían con facilidad** er/sie sprühte nur so vor Ideen

flujo ['fluxo] *m* **1.** (*de un líquido*) Fluss *m;* ~ **de caja** (ECON) Barmittelfluss *m;* ~ **de datos** (*t.* INFOR) Datenfluss *m;* ~ **de fondos** (ECON) Mittelzufluss *m;* ~ **de información** Informationsfluss *m;* ~ **de inversiones** (ECON) Investitionsfluss *m;* ~ **de palabras** Redeschwall *m;* ~ **de trabajo** (INFOR) Arbeitsfluss *m* **2.** (*de la marea*) Flut *f;* ~ **y reflujo** Ebbe und Flut **3.** (MED) Ausfluss *m,* Absonderung *f;* ~ **de vientre** Durchfall *m*

fluminense [flumi'nense] **I.** *adj* aus Rio de Janeiro **II.** *mf* Einwohner(in) *m(f)* von Rio de Janeiro

flúor ['fluor] *m* (QUÍM) Fluor *nt*

fluorclorocarbonado [fluorklorokarβo'naðo] *m* (QUÍM) Fluorchlorkohlenwasserstoff *m*

fluorescencia [flwores'θen̩θja] *f* Fluoreszenz *f*

fluorescente [flwores'θen̩te] **I.** *adj* fluoreszierend; **tubo** ~ Leuchtstoffröhre *f* **II.** *m* Leuchtstoffröhre *f*

flus [flus] *m* **1.** (*Ant, Col, Ven: terno*) Herrenanzug *m* **2.** (*ElSal: racha de buena suerte*) Glückssträhne *f*

fluvial [flu'βjal] *adj* Fluss-, fluvial; **puerto** ~ Binnenhafen *m*

FM [e'feme/efe'eme] *f abr de* **Frecuencia Modulada** UKW *f*

FMI [efe(e)me'i] *m abr de* **Fondo Monetario Internacional** IWF *m*

f.o.b. [foβ], **FOB** [foβ] *abr de* **franco a bordo** (ECON) fob

fobia ['foβja] *f* **1.** (MED) Phobie *f* **2.** (*aversión*)

Abscheu *f* (*a/por* vor +*dat*), Widerwille *m* (*a/por* gegen +*akk*)

foca ['foka] *f* **1.** (ZOOL) Robbe *f*, Seehund *m* **2.** (*piel*) Robbenfell *nt* **3.** (*pey: gordo*) Fettsack *m*

focal [fo'kal] *adj* fokal; **distancia** ~ Brennweite *f*

focalizar [fokali'θar] <z→c> *vt* fokussieren

foche ['fotʃe] **I.** *adj* (*Chil: maloliente*) stinkig **II.** *mf* (*Chil: persona corrompida*) verkommenes Subjekt *nt*, heruntergekommene Person *f*

foco ['foko] *m* **1.** (FÍS, MAT) Brennpunkt *m*, Fokus *m* **2.** (*centro*) Brennpunkt *m*, Mittelpunkt *m*; ~ **de infección** Infektionsherd *m* **3.** (*lámpara*) Scheinwerfer *m* **4.** (*Am: bombilla*) Glühbirne *f* **5.** (*Chil, Pan: de coche*) (Auto)scheinwerfer *m*

fofo, -a ['fofo, -a] *adj* schwabbelig, wabbelig; **estoy** ~ ich habe Speck angesetzt

fogaje [fo'ɣaxe] *m* (*Col, PRico: bochorno*) schwüles Wetter *nt*

fogata [fo'ɣata] *f* (*en el campo*) Lagerfeuer *nt*; (*de alegría*) Freudenfeuer *nt*; (*como baliza*) Signalfeuer *nt*

fogón [fo'ɣon] *m* **1.** (*de la cocina*) Herd *m*; ~ **de gas** Gasherd *m* **2.** (*de máquinas de vapor*) Kessel *m*, Kesselanlage *f*; (FERRO) Feuerbüchse *f* **3.** (*de un cañón*) Zündloch *nt* **4.** (*Arg, CRi, Urug: fogata*) Lagerfeuer *nt*

fogonazo [foɣo'naθo] *m* **1.** (*de arma*) Mündungsfeuer *nt* **2.** (*de pólvora*) Pulverblitz *m*

fogonero [foɣo'nero] *m* Heizer *m*

fogosidad [foɣosi'ðaᵈ] *f* **1.** (*de pasión*) Feuer *nt* **2.** (*de persona*) Temperament *nt*, Leidenschaft *f* **3.** (*de debate*) Hitze *f*

fogoso, -a [fo'ɣoso, -a] *adj* **1.** (*pasión*) feurig **2.** (*persona*) temperamentvoll, leidenschaftlich **3.** (*debate*) hitzig **4.** (*caballo*) feurig

fogueado, -a [foɣe'aðo, -a] *adj* **1.** (*Am: experimentado*) erfahren **2.** (*Col: fatigado*) müde

foguear [foɣe'ar] **I.** *vt* **1.** (*un arma*) (mit einem Schuss) reinigen **2.** (MIL) ans Gefecht gewöhnen **3.** (*a penalidades*) abhärten (*a* gegen +*akk*) **II.** *vr:* ~**se** sich abhärten (*a* gegen +*akk*)

fogueo [fo'ɣeo] *m:* **bala de** ~ Platzpatrone *f*

foguerear [foɣere'ar] **I.** *vt* (*Chil, Cuba: quemar campo o monte*) brandroden **II.** *vi* (*hacer una hoguera*) ein Lagerfeuer machen

foja ['foxa] *f* (*Am: hoja*) Seite *f*; ~ **de servicios** Personalakte *f*

folclor(e) [fol'klor(e)] *m* Folklore *f*

folclórico, -a [fol'kloriko, -a] **I.** *adj* Folklore-, folkloristisch **II.** *m, f* Flamencosänger(in) *m(f)*

folclorista [folklo'rista] *mf* Folklorist(in) *m(f)*

folder [fol'der] *m*, **fólder** ['folder] *m* (*Col, Méx: carpeta*) Schreibmappe *f*

foliación [folja'θjon] *f* **1.** (TIPO) Foliieren *nt*, Nummerieren *nt* **2.** (BOT: *echar hojas*) Blattbildung *f*; (*colocación*) Blattanordnung *f* **3.** (GEO) Schichtung *f*

foliar [fo'ljar] **I.** *adj* Blatt- **II.** *vt* (TIPO) foliieren, nummerieren

folio ['foljo] *m* **1.** (*de un libro*) Folio *nt*; **edición en** ~ Folioausgabe *f*; **libro en** ~ Buch im Folioformat **2.** (*hoja de papel*) Blatt *nt*

folk [folᵏ] *m sin pl* (MÚS) Folkmusik *f*

folklor(e) [fol'klor(e)] *m* Folklore *f*

folklórico, -a [fol'kloriko, -a] *adj o m, f v.* **folclórico**

folklorismo [folklo'rismo] *m* Folkloristik *f*

folklorista [folklo'rista] *mf* Folklorist(in) *m(f)*

follador [foʎa'ðor] *m* **1.** (*que afuella*) Balgtreter *m* **2.** (*vulg: fornicador*) Hurenbock *m*

follaje [fo'ʎaxe] *m* **1.** (*de árbol, bosque*) Laub(werk) *nt*, Blätter *ntpl*; ~ **espeso** dichtes Laub **2.** (*adorno*) Laubgewinde *nt* **3.** (*en un texto*) Geschwafel *nt*; (*al hablar*) Geschwätz *nt*

follar¹ [fo'ʎar] **I.** *vi* (*vulg*) bumsen, ficken **II.** *vt* **1.** (*vulg: coitar*) bumsen, ficken **2.** (*vulg: fastidiar*) in Rage [*o* zur Weißglut] bringen *fam* **3.** (*deshacer*) in einzelne Blätter zerlegen

follar² [fo'ʎar] <o→ue> **I.** *vt* **1.** (*soplar*) anfachen **2.** (*fam: suspender*) durchfallen lassen **II.** *vr:* ~**se** (*vulg*) einen fahren lassen *fam*, furzen

folletín [foʎe'tin] *m* Feuilleton *nt*; **novela de** ~ Schundroman *m*; **una escena de** ~ eine melodramatische Szene

folletinesco, -a [foʎeti'nesko, -a] *adj* feuilletonistisch

folleto [fo'ʎeto] *m* Broschüre *f*; ~ **publicitario** Werbeprospekt *m*

follón¹ [fo'ʎon] *m* (*fam*) **1.** (*alboroto*) Krach *m*, Radau *m*; **armar un** ~ ein Chaos veranstalten **2.** (*asunto enojoso*) unangenehme Sache *f*, Zumutung *f*; **la película fue un** ~ der Film war kaum zu ertragen

follón, -ona² [fo'ʎon, -ona] *adj* **1.** (*chulo*) angeberisch, aufgeblasen **2.** (*holgazán*) nachlässig

follonero, -a [foʎo'nero, -a] *m, f* Radaumacher(in) *m(f)*, Randalierer(in) *m(f)*

fomentar [fomen̪'tar] *vt* **1.** (*empleo, industria*) fördern, unterstützen; (*economía, producción*) ankurbeln **2.** (*discordias*) schüren **3.** (MED) Fomente [*o* Fomentationen] auflegen +*dat*

fomento [fo'men̪to] *m* **1.** (*del empleo, la industria*) Förderung *f*, Unterstützung *f*; (*de la economía*) Ankurbelung *f*; ~ **del empleo** Arbeitsförderung *f*; **Banco Internacional de Reconstrucción y F~** Internationale Bank für Wiederaufbau und Entwicklung, Weltbank *f* **2.** (*de discordias*) Schüren *nt* **3.** (MED) Foment *nt*, Fomentation *f*

fonda ['fon̪da] *f* **1.** (*posada*) (billige) Pension *f* **2.** (*Chil, Guat: taberna*) Gasthof *m*

fondeadero [fon̪dea'ðero] *m* Ankerplatz *m*

fondeado, -a [fon̪de'aðo, -a] *adj* (*Am*) wohlhabend, vermögend, betucht

fondear [fon̪de'ar] **I.** *vi* (NÁUT) ankern, vor Anker liegen **II.** *vt* **1.** (*anclar*) verankern

2. (*sondear*) (aus)loten **3.** (*registrar*) durchsuchen, untersuchen; (*una cuestión*) gründlich untersuchen; ~ **un asunto** einer Sache auf den Grund gehen

fondeo [foṇ'deo] *m* **1.** (NÁUT) Ankern *nt;* (*sondeo*) Ausloten *nt* **2.** (*registro*) Durchsuchung *f* **3.** (*Chil:* HIST) *das Verschwindenlassen von Regimegegnern im Meer*

fondillos [foṇ'diʎos] *mpl* Hosenboden *m*

fondista [foṇ'dista] *mf* **1.** (*de una fonda*) (Gast)wirt(in) *m(f)* **2.** (DEP) Langstreckenläufer(in) *m(f);* **medio** ~ Mittelstreckenläufer(in) *m(f)*

fondo ['foṇdo] *m* **1.** (*de un vaso, cajón*) Boden *m;* (*del río*) Grund *m,* Boden *m;* (*de un valle*) Sohle *f;* ~ **del mar** Meeresboden *m,* Meeresgrund *m;* **los bajos ~s** die Unterwelt; **cajón de doble** ~ Schublade mit doppeltem Boden; **en este lago se puede ver el** ~ in diesem See kann man bis auf den Grund sehen; **aquí ya no toco** ~ hier habe ich keinen Grund mehr unter den Füßen; **en el** ~ **de su corazón** im Grunde seines/ihres Herzens; **tratar un tema a** ~ ein Thema gründlich behandeln; **en este asunto hay mar de** ~ an dieser Sache ist etwas faul; **tocar** ~ (ECON) den Tiefstand erreichen **2.** (*de un edificio*) Tiefe *f;* **al** ~ **del pasillo** am Ende des Ganges; **mi habitación está al** ~ **de la casa** mein Zimmer liegt auf der Hinterseite des Hauses **3.** (*lo esencial*) Kern *m;* **artículo de** ~ Leitartikel *m;* **el** ~ **de la cuestión** der Kern der Sache; **en el** ~ im Grunde (genommen), eigentlich; **ir al** ~ **de un asunto** einer Sache auf den Grund gehen; **hay un** ~ **de verdad en lo que dices** in deinen Worten steckt ein Körnchen Wahrheit **4.** (*índole*) Wesensart *f,* Wesen *nt,* Natur *f;* **persona de buen** ~ gutherziger Mensch; **tiene un buen** ~ in ihm/ihr steckt ein guter Kern **5.** (*de un cuadro*) Hintergrund *m;* (*de una tela*) Untergrund *m,* Fond *m;* **sobre** ~ **blanco** auf weißem Hintergrund **6.** (*conjunto de cosas*) Bestände *mpl;* (*de biblioteca*) Bücherbestand *m* **7.** (DEP) Ausdauer *f;* **corredor de** ~ Langstreckenläufer *m;* **corredor de medio** ~ Mittelstreckenläufer *m;* **esquiador de** ~ Langläufer *m* **8.** (FIN, POL) Fonds *m;* ~ **de amortización** Tilgungsfonds *m;* ~ **de caja** (COM) Kassenbestand *m;* ~ **de cohesión** Kohäsionsfonds *m;* ~ **de compensación** Ausgleichsfonds *m;* ~ **común** Gemeinschaftsfonds *m;* ~ **estructural** Strukturfonds *m;* **F~ Europeo de Desarrollo Regional** Europäischer Fonds für regionale Entwicklung; **F~ Europeo de Orientación y Garantía Agrícola** Europäischer Ausrichtungs- und Garantiefonds für die Landwirtschaft; **F~ de Garantía Salarial** Konkursausfallfonds *m;* ~ **de inversión** Investmentfonds *m;* ~ **de inversión inmobiliaria** Grundstücksanlagefonds *m,* Sachinvestitionsfonds *m;* ~ **de inversión mobiliaria** Investmentfonds *m,* Wertpapierfonds *m;* ~ **de maniobra** Umlaufvermögen *nt;* **F~ Monetario Internacional** Internationaler Währungsfonds; ~ **de pensiones** Pensionsfonds *m;* ~ **de renta fija** festverzinslicher Rentenfonds; ~ **de renta variable** Wertpapierfonds *m;* ~ **de reptiles** Reptilienfonds *m;* ~ **de rescate** Rückkauffonds *m;* ~ **de reserva** Rücklagenfonds *m;* **F~ Social Europeo** Europäischer Sozialfonds **9.** *pl* (*medios*) Mittel *ntpl,* Gelder *ntpl;* **~s propios** Eigenmittel *ntpl;* **~s públicos** öffentliche (Geld)mittel, Mittel der öffentlichen Hand; **cheque sin ~s** ungedeckter Scheck; **asignar ~s** Mittel zuführen [*o* zuweisen] **10.** (NÁUT) Tiefgang *m;* **tocar** ~ auf Grund laufen; **irse a** ~ untergehen **11.** (*contenido*) Gehalt *m;* **su carta tiene un** ~ **amargo** sein/ihr Brief hat einen bitteren Unterton **12.** (*cosmética*) Basis-Make-up *nt*

fondón, -ona [foṇ'don, -ona] *adj* (*pey fam: persona*) schwerfällig

fonema [fo'nema] *m* (LING) Phonem *nt*

fonendoscopio [foneṇdos'kopjo] *m* (MED) Phonendoskop *nt*

fonética [fo'netika] *f* Phonetik *f*

fonético, -a [fo'netiko, -a] *adj* phonetisch; **transcripción fonética** phonetische Umschrift

foniatra [fo'njatra] *mf* (MED) Phoniater(in) *m(f)*

foniatría [fonja'tria] *f* Phoniatrie *f*

fónico, -a ['foniko, -a] *adj* phonisch

fono ['fono] *m* (*Chil: auricular del teléfono*) Hörer *m*

fonógrafo [fo'noɣrafo] *m* (FÍS) Phonograph *m*

fonología [fonolo'xia] *f* (LING) Phonologie *f*

fonológico, -a [fono'loxiko, -a] *adj* (LING) phonologisch

fonoteca [fono'teka] *f* Phonothek *f*

fontana [foṇ'tana] *f* (*elev*) (Spring)brunnen *m*

fontanal [foṇta'nal] **I.** *adj* (*artificial*) Brunnen-; (*natural*) Quell- **II.** *m* Ort *m* mit vielen Quellen

fontanera [foṇta'nera] *adj o f v.* **fontanero**

fontanería [foṇtane'ria] *f* **1.** (*acción*) Installation *f* **2.** (*conducto*) Rohre *ntpl,* (Wasser)leitungen *fpl* **3.** (*establecimiento*) Klempnerei *f,* Klempnerwerkstatt *f*

fontanero, -a [foṇta'nero, -a] **I.** *adj* (*natural*) Quell-; (*artificial*) Brunnen- **II.** *m, f* Installateur(in) *m(f),* Klempner(in) *m(f)*

footing ['futiŋ] *m sin pl* Jogging *nt;* **hacer** ~ joggen

foque ['foke] *m* **1.** (NÁUT) Klüver *m* **2.** (*fam: cuello*) Vatermörder *m*

forajido, -a [fora'xiđo, -a] **I.** *adj* gesetzesflüchtig **II.** *m, f* flüchtiger Verbrecher *m,* flüchtige Verbrecherin *f*

foral [fo'ral] **I.** *adj* **1.** (*de los privilegios*) partikularrechtlich; **derecho** ~ Partikularrecht *nt* **2.** (*de la jurisdicción*) gerichtlich **3.** (*de las leyes*) gesetzlich **4.** (*arrendado*) verpachtet;

bienes ~es Pachtgüter *ntpl* **II.** *m* (*reg*) Erbpachtgut *nt*

foráneo, **-a** [fo'raneo, -a] *adj* **1.** (*de otro lugar*) fremd **2.** (*extraño*) fremdartig

forastero, **-a** [foras'tero, -a] **I.** *adj* **1.** (*de otro lugar*) fremd; (*extranjero*) ausländisch **2.** (*extraño*) fremdartig **II.** *m, f* Fremde(r) *mf;* (*extranjero*) Ausländer(in) *m(f)*

forcejear [forθexe'ar] *vi* **1.** (*esforzarse*) sich anstrengen, sich abmühen **2.** (*resistir*) sich widersetzen +*dat*

forcejeo [forθe'xeo] *m* **1.** (*esfuerzo*) (Kraft)anstrengung *f* **2.** (*resistencia*) Widerstand *m*

fórceps ['forθeβs] *m inv* (Geburts)zange *f,* Forzeps *m o f*

forense [fo'rense] **I.** *adj* gerichtlich; **médico ~** Gerichtsmediziner *m* **II.** *mf* Gerichtsmediziner(in) *m(f)*

forestal [fores'tal] *adj* forstlich, Forst-; **camino ~** Waldweg *m;* **plantas ~es** Bäume *mpl;* **repoblación ~** Aufforstung *f*

forestar [fores'tar] *vt* aufforsten

forfait [for'fai̯^{t}] *m* **1.** (COM) Pauschale *f;* **viaje a ~** Pauschalreise *f* **2.** (DEP) Nichterscheinen *nt*

forfaiting [for'fai̯tiŋ] <forfaitings> *m* (COM) Forfaitierung *f*

forfetización [forfetiθa'θjon] *f* (ECON) Forfaitierung *f*

forja ['forxa] *f* **1.** (*fragua*) Schmiede *f;* (*de platero*) Silberschmiede *f* **2.** (*ferrería*) (Eisen)hütte *f* **3.** (*del metal*) Schmieden *nt* **4.** (*creación*) Schaffung *f* **5.** (*argamasa*) Mörtel *m*

forjar [for'xar] **I.** *vt* **1.** (*metal*) schmieden **2.** (*muro*) mauern; (*revocar*) verputzen **3.** (*inventar*) sich *dat* ausdenken; **~ planes** Pläne schmieden **4.** (*crear*) schaffen; (*imperio, futuro*) aufbauen **II.** *vr:* **~se 1.** (*imaginarse*) sich *dat* ausdenken; **~se ilusiones** sich *dat* Illusionen machen **2.** (*crear*) sich aufbauen

forma ['forma] *f* **1.** (*figura*) Form *f,* Gestalt *f;* **~ jurídica** (ECON, JUR) Gesellschaftsform *f;* **las ~s de una mujer** die weiblichen Rundungen; **en ~ de gota** tropfenförmig; **dar ~ a algo** (*formar*) etw gestalten [*o* formen]; (*precisar*) etw *dat* Gestalt verleihen, etw konkretisieren; **tomar ~** Gestalt [*o* (feste) Formen] annehmen **2.** (*manera*) Art (und Weise) *f,* Form *f;* **~ de comportamiento** Verhaltensweise *f;* **~ de envío** Versandart *f;* **~ de pago** Zahlungsweise *f;* **~ de tributación** Besteuerungsart *f;* **defecto de ~** (JUR) Formfehler *m;* **tiene una extraña ~ de andar** er/sie hat einen eigenartigen Gang; **de ~ libre** formlos; **en ~ escrita** schriftlich; **en (buena y) debida ~** vorschriftsmäßig; **en ~** förmlich, formgerecht; **de ~ que** so dass; **de todas ~s,...** wie auch immer, ..., jedenfalls, ...; **lo haré de una u otra ~** [*o* **de todas ~s**] ich werde es auf jeden Fall machen; **no hay ~ de abrir la puerta** die Tür lässt sich überhaupt nicht öffnen; **no hay ~ de que cambie** er/sie ist unverbesserlich **3.** (*comportamiento*) Form *f,* Anstand *m;* **guardar las ~s** die Form wahren **4.** (*molde*) Form *f;* **~ de imprimir** Druckform *f* **5.** (DEP) Form *f;* **coger la ~** in Form kommen; **estar en ~** in Form sein; **los ciclistas deben coger la ~ antes de llegar a los Pirineos** die Radfahrer müssen ihre Hochform noch vor den Pyrenäen erreichen

formación [forma'θjon] *f* **1.** (*creación*) (Heraus)bildung *f,* Entstehung *f;* (*de una sociedad*) Gründung *f;* **~ del balance** Bilanzaufstellung *f;* **~ de capital** Vermögensbildung *f,* Kapitalbildung *f;* **~ de humo** Rauchentwicklung *f;* **una sociedad en ~** eine in Gründung befindliche Gesellschaft **2.** (*de personas, t.* MIL) Formation *f,* Verband *m;* **~ política** politische Gruppierung; **~ de tropas** Truppenverband *m;* **desfilar en ~ cerrada** in geschlossener Formation marschieren **3.** (*educación*) (Aus)bildung *f;* **~ de adultos** Erwachsenenbildung *f;* **~ básica** [*o* **fundamental**] Grundausbildung *f;* **~ continuada** Weiterbildung *f;* **~ escolar** Schulbildung *f;* **~ de mandos** Manager-Training *nt;* **~ profesional** Berufsausbildung *f;* **~ en el puesto de trabajo** Ausbildung am Arbeitsplatz **4.** (GEO) (Gesteins)formation *f* **5.** (*forma*) Form *f,* Gestalt *f;* **~ vegetal** (BOT) Formation *f;* **de buena ~** wohlgeformt

formal [for'mal] *adj* **1.** (*relativo a la forma*) formal, Form-; **defecto ~** Formfehler *m;* **requisito ~** Formalität *f* **2.** (*serio*) vernünftig, seriös; (*educado*) wohlerzogen, anständig; (*cumplidor*) zuverlässig, korrekt; **esto no es ~** (*fam*) das schickt sich nicht **3.** (*oficial*) formell, förmlich; **una invitación ~** eine offizielle Einladung; **tiene novio ~** sie hat einen festen Freund

formalidad [formali'ða^{d}] *f* **1.** (*seriedad*) Seriosität *f,* Anständigkeit *f;* (*exactitud*) Zuverlässigkeit *f,* Korrektheit *f;* **¿cuándo te va a entrar la ~?** (*fam*) wann wirst du endlich vernünftig? **2.** (ADMIN, JUR) Formalität *f,* Formalie *f;* **~es en la frontera** Grenzformalitäten *fpl* **3.** (*norma de comportamiento*) Formalität *f*

formalismo [forma'lismo] *m* Formalismus *m*

formalista [forma'lista] *mf* Formalist(in) *m(f)*

formalizar [formali'θar] <z→c> **I.** *vt* **1.** (*dar forma*) formalisieren **2.** (*solemnizar*) offiziell machen; **~ un noviazgo** (*comprometerse*) sich verloben; (*casarse*) heiraten **3.** (JUR) in die vorgeschriebene Form bringen; **~ un cargo** Anklage erheben; **~ un contrato** einen Vertrag ordnungsgemäß abschließen; **~ una solicitud** einen Antrag stellen **II.** *vr:* **~se 1.** (*formarse*) zustande [*o* zu Stande] kommen **2.** (*volverse formal*) vernünftig werden **3.** (*ofenderse*) sich entrüsten

formar [for'mar] **I.** *vi* **1.** (MIL) antreten **2.** (*figu-*

rar) gehören (*en* zu +*dat*) **II.** *vt* **1.** (*dar forma*) formen; ~ **algo de barro** etw aus Ton formen **2.** (*constituir*) bilden; (MIL) formieren; ~ **el gobierno** die Regierung bilden; ~ **parte de** gehören zu +*dat;* **forma parte del equipo** er/sie gehört zur Mannschaft **3.** (*educar*) erziehen; (*enseñar*) (aus)bilden **III.** *vr:* ~**se 1.** (*crearse*) sich bilden; (MIL) sich formieren; **se ~on varios grupos** es bildeten sich mehrere Gruppen **2.** (*ser educado*) ausgebildet werden; **se ha formado a sí mismo** er ist Autodidakt **3.** (*desarrollarse*) sich entwickeln **4.** (*hacerse*) sich *dat* bilden; ~ **una idea de algo** sich *dat* ein Bild von etw *dat* machen

formatear [formate'ar] *vt* (INFOR) formatieren

formateo [forma'teo] *m* (INFOR) Formatierung *f*

formativo, **-a** [forma'tiβo, -a] *adj* **1.** (*que da forma*) gestaltend, formativ **2.** (*educativo*) erzieherisch; (*instructivo*) (Aus)bildungs- **3.** (LING) Wortbildungs-

formato [for'mato] *m* Format *nt;* ~ **de alto/bajo nivel** (INFOR) höheres/niedrigeres Format; ~ **de archivo** (INFOR) Dateiformat *nt;* ~ **binario** (INFOR) Binärformat *nt;* ~ **de una carta** Briefformat *nt;* ~ **de datos** (INFOR) Datenformat *nt;* ~ **de dirección** (INFOR) Adressformat *nt;* ~ **estándar** Standardformat *nt;* ~ **de intercambio** (INFOR) Austauschformat *nt;* ~ **de texto** (INFOR) Textformat *nt;* ~ **vertical** Hochformat *nt*

formica® [for'mika] *f sin pl* Resopal® *nt*

formidable [formi'ðaβle] *adj* **1.** (*fam: estupendo*) toll, großartig **2.** (*temible*) furchtbar **3.** (*enorme*) riesig

formol® [for'mol] *m sin pl* Formol® *nt,* Formalin® *nt*

formón [for'mon] *m* **1.** (*escoplo*) (Stech)beitel *m* **2.** (*sacabocados*) Stanze *f*

fórmula ['formula] *f* (*t.* MAT, QUÍM) Formel *f;* (MED) (Rezept)formel *f;* ~ **de cortesía** Höflichkeitsformel *f;* ~ **de despedida** Schlussformel *f;* ~ **química** chemische Formel; **coche de ~ 1** (DEP) Formel-1-Wagen *m;* **por (pura)** ~ pro forma

formulación [formula'θjon] *f* **1.** (*de una idea*) Formulierung *f;* ~ **de balances** Bilanzaufstellung *f;* ~ **de la propuesta** Antragstellung *f* **2.** (FÍS, MAT, QUÍM) Aufstellung *f* einer Formel

formular [formu'lar] **I.** *adj* formelhaft, Formel- **II.** *vt* **1.** (*expresar con una fórmula*) in einer Formel ausdrücken **2.** (*manifestar*) formulieren, zum Ausdruck bringen; ~ **demanda** Klage erheben; ~ **denuncia** Anzeige erstatten; ~ **oposición** Einspruch einlegen [*o* erheben] **3.** (*recetar*) verschreiben

formulario[1] [formu'larjo] *m* **1.** (*impreso*) Formular *nt,* Vordruck *m;* ~ **continuo** (INFOR) Endlosformular *nt;* ~ **para giro postal** Zahlkarte *f;* ~ **impreso** (INFOR) Vordruck *m,* Formular *nt;* ~ **múltiple** (INFOR) Mehrfachformular *nt;* ~ **de solicitud** Antragsformular *nt;* ~ **tabular** (INFOR) Tabellenformular *nt;* **rellenar un** ~ ein Formular ausfüllen **2.** (*colección de fórmulas*) Formelsammlung *f;* (*de recetas*) Rezeptbuch *nt;* (*de modelos*) Mustersammlung *f*

formulario, **-a**[2] [formu'larjo, -a] *adj* **1.** (*cortés*) formell, förmlich **2.** (*formular*) formelhaft, Formel-

formulismo [formu'lismo] *m* Formalismus *m*

fornicación [fornika'θjon] *f* Geschlechtsverkehr *m;* (*pey*) Hurerei *f;* (JUR) außerehelicher Geschlechtsverkehr *m;* (REL) Ehebruch *m*

fornicador(a) [fornika'ðor(a)] *m(f)* (*pey*) Hurenbock *m,* Hure *f;* (REL) Ehebrecher(in) *m(f)*

fornicar [forni'kar] <c→qu> *vi* Geschlechtsverkehr haben; (*pey*) (herum)huren; (REL) die Ehe brechen

fornido, **-a** [for'niðo, -a] *adj* stämmig, kräftig

foro ['foro] *m* **1.** (*plaza, reunión*) Forum *nt;* ~ **romano** Forum *nt* Romanum; ~**s de discusión** Diskussionsforen *ntpl* (*im Internet*) **2.** (JUR: *lugar*) Gerichtssaal *m,* Gericht *nt* **3.** (JUR: *curia*) Rechtsanwaltschaft *f* **4.** (TEAT) Hintergrund *m,* Kulisse *f;* **desaparecer por el** ~ unbemerkt verschwinden **5.** (*contrato*) (Erb)pacht *f,* (Erb)pachtvertrag *m;* ~ **de pacto** *auf den ältesten Sohn übergehende Erbpacht* **6.** (*renta*) (Erb)pachtzins *m*

forofo, **-a** [fo'rofo, -a] *m, f* Fan *m*

forraje [fo'rraxe] *m* **1.** (*pasto*) (Vieh)futter *nt;* (*verde*) Grünfutter *nt;* (*Am: seco*) Trockenfutter *nt* **2.** (*fam: fárrago*) Mischmasch *m*

forrar [fo'rrar] **I.** *vt* (*el exterior*) umhüllen (*de/con* mit +*dat*); (*el interior*) ausschlagen (*de/con* mit +*dat*), auskleiden (*de/con* mit +*dat*); (*una prenda*) füttern (*de/con* mit +*dat*); (*una butaca*) beziehen (*de/con* mit +*dat*); (*un libro*) einbinden (*con* mit +*dat*); (*una pared*) verkleiden (*con* mit +*dat*); ~ **con algodón** wattieren **II.** *vr:* ~**se** (*fam*) **1.** (*enriquecerse*) sich *dat* eine goldene Nase verdienen; **se ha forrado con** [*o* **de**] **dinero** er/sie hat Unmengen von Geld verdient **2.** (*hartarse*) sich *dat* den Bauch voll schlagen (*de* mit +*dat*)

forro ['forro] *m* **1.** (*exterior*) Hülle *f;* (*interior*) (Innen)verkleidung *f;* (*de una prenda, maleta*) Futter *nt;* (*de una butaca*) Bezug *m;* (*de un libro*) Einband *m;* (*de una pared*) Verkleidung *f;* ~ **de cuero** Lederfutter *nt;* ~ **metálico** (TÉC) Metallverkleidung *f* **2.** (NÁUT) Beplankung *f* **3.** (AUTO): ~ **de freno** Bremsbelag *m* **4.** (*loc, fam*): **ni por el** ~ nicht im Geringsten; **no conocer algo ni por el** ~ nicht die leiseste Ahnung von etw *dat* haben

fortachón, **-ona** [forta'ʧon, -ona] *adj* (*fam*) kräftig, stämmig

fortalecedor(a) [fortaleθe'ðor(a)] *adj* **1.** (*vigorizador*) kräftigend, stärkend **2.** (*que da ánimo*) aufbauend, ermutigend **3.** (*refor-*

F

zante) Befestigungs-

fortalecer [fortale'θer] *irr como crecer* **I.** *vt* **1.** (*vigorizar*) kräftigen, stärken **2.** (*animar*) aufbauen, ermutigen **3.** (*reforzar*) befestigen **II.** *vr:* ~**se 1.** (*vigorizarse*) sich stärken **2.** (*volverse más fuerte*) stärker werden, erstarken *elev*

fortalecimiento [fortaleθi'mjento] *m* **1.** (*de una cosa*) Befestigung *f* **2.** (*del cuerpo*) Stärkung *f* **3.** (*del ánimo*) Ermutigung *f*

fortaleza [forta'leθa] *f* **1.** (*fuerza*) Kraft *f*, Stärke *f*; **de poca** ~ schwächlich **2.** (*virtud*) Seelenstärke *f*, Standhaftigkeit *f* **3.** (*robustez*) Robustheit *f* **4.** (MIL) Festung(sanlage) *f*; **la** ~ **Europa** die Festung Europa **5.** (*Chil: hedor*) Gestank *m* **6.** (*Chil: hoyuelo*) ≈Murmelspiel *nt*

fortificación [fortifika'θjon] *f* **1.** (*fortalecimiento*) Kräftigung *f*, Stärkung *f* **2.** (MIL: *acción*) Befestigung *f* **3.** (MIL: *obra*) Befestigung(sanlage) *f*, Verteidigungsanlage *f*

fortificar [fortifi'kar] <c→qu> **I.** *vt* **1.** (*fortalecer*) kräftigen, stärken **2.** (MIL) befestigen **II.** *vr:* ~**se 1.** (*fortalecerse*) stärker werden, erstarken *elev* **2.** (MIL) sich verschanzen

fortín [for'tin] *m* **1.** (*fuerte*) kleine Festung(sanlage) *f* **2.** (*defensa*) Schanze *f*

fortísimo, **-a** [for'tisimo, -a] *superl de* **fuerte**

fortuito, **-a** [for'twito, -a/fortu'ito, -a] *adj* zufällig

fortuna [for'tuna] *f* **1.** (*suerte*) Glück *nt*; **por** ~ (*afortunadamente*) glücklicherweise, zum Glück; (*por casualidad*) zufällig(erweise); **hacer** ~ (*persona*) sein Glück machen, es zu etwas bringen; (*cosa*) einen Siegeszug antreten; **probar** ~ sein Glück versuchen; **tener** ~ Glück haben (*en* bei/in +*dat*) **2.** (*destino*) Schicksal *nt*; **golpe de** ~ (*próspero*) Fügung des Schicksals; (*adverso*) Schicksalsschlag *m* **3.** (*capital*) Vermögen *nt*; ~**s** Besitztümer *ntpl*; **sin** ~ unvermögend; **su voz era su** ~ seine/ihre Stimme war sein/ihr Kapital **4.** (*tempestad*) Sturm *m*; **el barco corrió** ~ das Schiff geriet in Seenot

fórum ['forun] *m* Forum *nt*

forúnculo [fo'ruŋkulo] *m* (MED) Furunkel *m o nt*

forzadamente [forθaða'mente] *adv* **1.** (*violentamente*) gewaltsam **2.** (*inevitablemente*) zwangsläufig, gezwungenermaßen

forzado[1] [for'θaðo] *m* **1.** (*presidiario*) Sträfling *m* **2.** (*galeote*) Galeerensträfling *m*

forzado, **-a**[2] [for'θaðo, -a] *adj* **1.** (*artificial, forzoso*) gezwungen; **risa forzada** gezwungenes Lachen; **trabajos** ~**s** Zwangsarbeit *f* **2.** (*ocupado*) besetzt

forzar [for'θar] *irr* **I.** *vt* **1.** (*obligar*) zwingen; **nos** ~**on a marcharnos** [*o* **a que nos marcháramos**] sie zwangen uns zum Gehen **2.** (*un acontecimiento*) erzwingen **3.** (*violar*) vergewaltigen **4.** (*esforzar*) überbeanspruchen; (*voz*) überanstrengen **5.** (*obligar a entrar*) hineinzwängen; (*a abrirse*) aufbrechen; ~ **un bloque** eine Blockade (durch)brechen **6.** (MIL) erobern, stürmen **II.** *vr:* ~**se 1.** (*obligarse*) sich zwingen; **me forzé a comer** ich zwang mich zum Essen **2.** (*esforzarse*) sich überanstrengen

forzosa [for'θosa] *f Spielzug beim Damespiel;* **hacer a alguien la** ~ (*fam*) jdn zwingen

forzoso, **-a** [for'θoso, -a] *adj* zwangsläufig, zwingend; **aterrizaje** ~ Notlandung *f*; **venta forzosa** Zwangsverkauf *m*; **es** ~ **que vengas** es ist unerlässlich, dass du kommst, du musst (unbedingt) kommen

forzudo, **-a** [for'θuðo, -a] *adj* sehr stark, bärenstark *fam*

fosa ['fosa] *f* **1.** (*hoyo*) Grube *f*; (*alargado, t.* GEO) Graben *m*; (MIL) Festungsgraben *m*; ~ **abisal** [*o* **marina**] (GEO) Tiefseegraben *m*; ~ **séptica** Klärgrube *f* **2.** (*sepultura*) Grab *nt*; ~ **común** Massengrab *nt* **3.** (ANAT) Höhle *f*; ~ **nasal** Nasenhöhle *f*

fosfato [fos'fato] *m* (QUÍM) Phosphat *nt*; ~ **de magnesio** Magnesiumphosphat *nt*

fosforecer [fosfores'θer] *irr como crecer vi* phosphoreszieren

fosforera [fosfo'rera] *f* (*estuche*) Streichholzschachtel *f*, Zündholzschachtel *f*

fosforero, **-a** [fosfo'rero, -a] *m, f* **1.** (*vendedor*) Streichholzverkäufer(in) *m(f)*, Zündholzverkäufer(in) *m(f)* **2.** (*fabricante*) Streichholzfabrikant(in) *m(f)*, Zündholzfabrikant(in) *m(f)*

fosforescencia [fosfores'θenθja] *f* Phosphoreszenz *f*

fosforescente [fosfores'θente] *adj* phosphoreszierend

fosfórico, **-a** [fos'foriko, -a] *adj* **1.** (*relativo al fósforo*) Phosphor-; **ácido** ~ Phosphorsäure *f* **2.** (*que contiene fósforo*) phosphorig

fósforo ['fosforo] *m* **1.** (QUÍM) Phosphor *m* **2.** (*cerilla*) Zündholz *nt*, Streichholz *nt* **3.** (*Méx:* GASTR) ≈Kaffee *m* mit Schuss **4.** (*Col: fulminante*) Sprengkapsel *f*

Fósforo ['fosforo] *m* (ASTR) Morgenstern *m*

fósil ['fosil] **I.** *adj* **1.** (GEO) fossil **2.** (*fam: anticuado*) steinzeitlich, vorsintflutlich **II.** *m* Fossil *nt*; **ser un** ~ (*viejo*) verknöchert sein; (*anticuado*) ein Fossil sein

fosilizado, **-a** [fosili'θaðo, -a] *adj* (GEO) fossil

fosilizarse [fosili'θarse] <z→c> *vr* **1.** (GEO) fossilisieren **2.** (*fam: persona*) verknöchern

foso ['foso] *m* **1.** (*hoyo*) Grube *f*; (*alargado*) Graben *m*; (MIL) (Festungs)graben *m*; (*para la lluvia*) Entwässerungsgraben *m* **2.** (MÚS, TEAT) Orchestergraben *m* **3.** (*en un garaje*) Reparaturgrube *f* **4.** (DEP) Sandgrube *f*

foto ['foto] *f* Foto *nt*, Bild *nt*; ~ (**tamaño**) **carnet** Passfoto *nt*; **sacar una** ~ (**de alguien**) ein Bild (von jdm) machen; **sales muy guapa en la** ~ auf dem Foto bist du gut getroffen

fotocomponedora [fotokompone'ðora] *f* Fotosatzanlage *f*

fotocomposición [fotokomposi'θjon] *f*

Fotosatz *m*, Lichtsatz *m*
fotocopia [foto'kopja] *f* (Foto)kopie *f*; **sacar ~s** (Foto)kopien machen (*de* von +*dat*)
fotocopiadora [fotokopja'ðora] *f* (Foto)kopiergerät *nt*, (Foto)kopierer *m*; ~ **a color** Farbkopierer *m*
fotocopiar [fotoko'pjar] *vt* (foto)kopieren
fotoeléctrico, **-a** [fotoe'lektriko, -a] *adj* lichtelektrisch, fotoelektrisch
fotoenvejecimiento [fotoembexeθi'mjento] *m* (MED) Altern *nt* der Haut durch Sonnenlichteinwirkung
fotogénico, **-a** [foto'xeniko, -a] *adj* **1.** (*motivo*) bildwirksam; (*persona*) fotogen **2.** (*color, superficie*) fotogen, Licht ausstrahlend
fotógrafa [fo'toɣrafa] *f v.* **fotógrafo**
fotografía [fotoɣra'fia] *f* **1.** (*imágen*) Fotografie *f*, (Licht)bild *nt*; ~ **aérea** Luftaufnahme *f*; ~ **en color** Farbbild *nt*; ~ **(tamaño) carnet** Passbild *nt*; **albúm de ~s** Fotoalbum *nt* **2.** (*procedimiento, arte*) Fotografie *f*
fotografiar [fotoɣrafi'ar] <*1. pres:* **fotografío**> **I.** *vi* fotografieren; **fotografía para varios periódicos** er/sie arbeitet als Fotograf/Fotografin für verschiedene Zeitungen **II.** *vt* **1.** (*hacer fotos*) fotografieren **2.** (*describir*) detailliert beschreiben
fotográfico, **-a** [foto'ɣrafiko, -a] *adj* fotografisch, Foto-; **máquina fotográfica** Fotoapparat *m*; **papel** ~ Fotopapier *nt*
fotógrafo, **-a** [fo'toɣrafo, -a] *m, f* Fotograf(in) *m(f)*; ~ **de prensa** Pressefotograf *m*
fotograma [foto'ɣrama] *m* **1.** (CINE) Standbild *nt* **2.** (FOTO) Fotogramm *nt*
fotomatón [fotoma'ton] *m* **1.** (*mecanismo*) Fotomaton® *nt* **2.** (*cabina*) Passbildautomat *m* **3.** (*argot: foto*) Passbild *nt* aus dem Automaten
fotómetro [fo'tometro] *m* Lichtmesser *m*, Fotometer *nt*
fotomodelo [fotomo'ðelo] *mf* (Foto)modell *nt*
fotomontaje [fotomon'taxe] *m* Fotomontage *f*
fotón [fo'ton] *m* (FÍS) Foton *nt*
fotonovela [fotono'βela] *f* Fotoroman *m*
fotoprotección [fotoprote^y'θjon] *f* Sonnenschutz *m*
fotoprotector(a) [fotoprotek'tor(a)] *adj* Sonnenschutz-
fotoquímica [foto'kimika] *f* (QUÍM) Fotochemie *f*
fotoquímico, **-a** [foto'kimiko, -a] *adj* (QUÍM) fotochemisch
fotorreportaje [fotorrepor'taxe] *m* Fotoreportage *f*
fotosensible [fotosen'siβle] *adj* lichtempfindlich
fotosíntesis [foto'sintesis] *f sin pl* (BIOL, QUÍM) Fotosynthese *f*
fotovoltaico, **-a** [fotoβol'taiko, -a] *adj* fotovoltaisch
fotuto[1] [fo'tuto] *m* **1.** (*Cuba, PRico, Ven: instrumento de viento*) *Blasinstrument der Indios* **2.** (*Cuba: fam: bocina*) Hupe *f*
fotuto, **-a**[2] [fo'tuto, -a] *adj* (*Arg, Méx: arruinado*) bankrott; (*enfermo*) angeschlagen
foulard [fu'lar] *m* **1.** (*tela*) Foulard *m* **2.** (*pañuelo*) Halstuch *nt*, Foulard *nt Suiza*
FP[1] [efe'pe] *f abr de* **Formación Profesional** Berufsausbildung *f*
FP[2] [efe'pe] *m abr de* **Frente Popular** ≈Volksfront *f* (*spanische Regierungskoalition von 1936*)
frac [fra^k] *m* <**fracs** *o* **fraques**> Frack *m*
fracasado, **-a** [fraka'saðo, -a] *m, f* gescheiterte Existenz *f*
fracasar [fraka'sar] *vi* **1.** (*no tener éxito*) scheitern; **fracasó como escritora** sie scheiterte als Schriftstellerin; **la película fracasó** der Film fiel (beim Publikum) durch; ~ **en un examen** durch eine Prüfung fallen **2.** (NÁUT) zerschellen
fracaso [fra'kaso] *m* **1.** (*acción*) Scheitern *nt*; **esto conduce al** ~ das ist zum Scheitern verurteilt **2.** (*fiasco*) Misserfolg *m* **3.** (*desastre*) Unglück *nt*
fracción [fra^y'θjon] *f* **1.** (*división*) (Zer)teilen *nt*, Zerlegen *nt*; (*ruptura*) (Zer)brechen *nt*; (*de una cantidad*) Aufsplitterung *f*; **la** ~ **del pan** (REL) das Brechen des Brotes **2.** (*parte*) Bruchteil *m*; (*de un objeto*) Bruchstück *nt*; (*de una organización*) Fraktion *f*; ~ **parlamentaria** (Parlaments)fraktion *f* **3.** (MAT) Bruch *m*, Bruchzahl *f* **4.** (QUÍM) Fraktion *f*
fraccionadora [fra^yθjona'ðora] *f* (*Méx: compañía inmobiliaria*) Wohnungsbaugesellschaft *f*
fraccionamiento [fra^yθjona'mjento] *m* **1.** (*división*) Zerteilung *f*, Zerlegung *f*; (*de acciones*) Stückelung *f*, Aufteilung *f*; (*ruptura*) Zerbrechen *nt*; (*de una cantidad*) Aufsplitterung *f*; (*de una organización*) Zersplitterung *f*, Spaltung *f* **2.** (QUÍM) Fraktionierung *f*
fraccionar [fra^yθjo'nar] **I.** *vt* **1.** (*dividir*) (zer)teilen; (*romper*) (zer)brechen; (*una cantidad*) aufsplittern; (*una organización*) spalten **2.** (QUÍM) fraktionieren **II.** *vr:* **~se** zerbrechen; (*grupo*) sich spalten
fraccionario, **-a** [fra^yθjo'narjo, -a] *adj* **1.** (MAT) Bruch-; **moneda fraccionaria** Kleingeld *nt*; **número** ~ Bruchzahl *f*, Bruch *m* **2.** (POL) fraktionell **3.** (*incompleto*) bruchstückhaft
fractura [frak'tura] *f* **1.** (*rotura*) Bruch *m*; (MED) Fraktur *f*; ~ **conminuta** Splitterbruch *m* **2.** (GEO: *falla*) Verwerfung *f*
fracturar [fraktu'rar] **I.** *vt* zerbrechen; (*una cerradura, caja fuerte*) aufbrechen **II.** *vr:* **~se** (zer)brechen; **~se la pierna** sich *dat* das Bein brechen
fragancia [fra'ɣanθja] *f* Duft *m*
fragata [fra'ɣata] *f* **1.** (NÁUT) Fregatte *f* **2.** (ZOOL) Fregattvogel *m*
frágil ['fraxil] *adj* **1.** (*objeto*) zerbrechlich **2.** (*constitución*) zart; (*anciano*) gebrechlich

3. (*salud*) anfällig **4.** (*carácter*) schwach; **tener una memoria** ~ vergesslich sein; **es una chica** ~ sie ist ein leichtes Mädchen

fragilidad [fraxili'ða^{ð}] *f* **1.** (*de un objeto*) Zerbrechlichkeit *f* **2.** (*de la constitución*) Zartheit *f;* (*de un anciano*) Gebrechlichkeit *f* **3.** (*de la salud*) Anfälligkeit *f* **4.** (*del carácter*) Schwäche *f*

fragilizar [fraxili'θar] <z→c> *vt* schwächen

fragmentación [fraɣmenta'θjon] *f* Zerlegung *f,* (Zer)teilung *f;* (*en muchos pedazos*) Zerstückelung *f;* (*de un cristal*) Zersplitterung *f*

fragmentar [fraɣmen'tar] **I.** *vt* (*dividir*) zerlegen, (zer)teilen; (*en muchos pedazos*) zerstückeln; (*romper*) zerschlagen; (*una roca*) zerbröckeln **II.** *vr:* **~se** (*cristal*) zersplittern; (*roca*) zerbröckeln

fragmentario, **-a** [fraɣmen'tarjo, -a] *adj* **1.** (*compuesto*) (aus Fragmenten) zusammengesetzt [*o* zusammengestückelt] **2.** (*incompleto*) fragmentär, bruchstückhaft

fragmento [fraɣ'mento] *m* **1.** (*parte*) (Bruch)stück *nt,* Fragment *nt;* (*de un cristal*) Scherbe *f,* Splitter *m;* (*de una roca*) Brocken *m;* (*de un tejido*) Fetzen *m;* (*de un papel*) Schnipsel *m o nt;* **romper algo en ~s** etw in Stücke reißen **2.** (LIT, MÚS: *parte*) Fragment *nt,* Auszug *m;* (*obra incompleta*) Fragment *nt* **3.** *pl* (*restos*) Fragmente *ntpl*

fragor [fra'ɣor] *m* Getöse *nt*

fragoroso, **-a** [fraɣo'roso, -a] *adj* dröhnend

fragosidad [fraɣosi'ða^{ð}] *f* **1.** (*de un monte*) Dichte *f* **2.** (*de un camino*) Unwegsamkeit *f* **3.** (*lugar*) unwegsame Gegend *f;* (*lleno de arbustos*) Dickicht *nt*

fragoso, **-a** [fra'ɣoso, -a] *adj* **1.** (*áspero*) unwegsam **2.** (*ruidoso*) lärmend

fragua ['fraɣwa] *f* Schmiede *f*

fraguar [fra'ɣwar] <gu→gü> **I.** *vi* **1.** (*cemento*) sich verfestigen, hart werden **2.** (*idea*) sich durchsetzen **II.** *vt* (*metal, plan*) schmieden; **¿qué estás fraguando?** was heckst du nun wieder aus?

fraguista [fra'ɣista] *adj* (POL) *bezeichnet die Ideologie von Manuel Fraga, Gründer der AP* (*Alianza Popular*)

fraile ['fraile] *m* **1.** (REL) Mönch *m;* ~ **motilón** Laienbruder *m;* ~ **de misa y olla** (*fam*) ungebildeter Geistlicher **2.** (*en un vestido*) Falte *f* **3.** (*en una chimenea*) (Rauch)abzug *m* **4.** (TIPO) blass gedruckte Stelle *f*

frambuesa [fram'bwesa] *f* Himbeere *f*

frambueso [fram'bweso] *m* Himbeerstrauch *m*

franca ['franka] *adj o f v.* **franco**^{2}

francamente [franka'mente] *adv* offen, freiheraus; ~, **no tengo interés** offen gesagt habe ich kein Interesse

francés^{1} [fran'θes] *m* (*lengua*) Französisch(e) *nt*

francés, **-esa**^{2} [fran'θes, -esa] **I.** *adj* französisch; **tortilla francesa** Omelett *nt;* **despedirse** [*o* **marcharse**] **a la francesa** sich (auf) Französisch verabschieden *fam,* sich verdrücken *fam* **II.** *m, f* Franzose *m,* Französin *f*

Francfort ['fraŋ^{k}for^{t}] *m* Frankfurt *nt;* ~ **del Meno** Frankfurt am Main; **salchicha de F~** Frankfurter *f,* Frankfurter Würstchen

franchute [fran'tʃute] **I.** *adj* (*pey*) französisch **II.** *mf* (*pey*) Franzose *m,* Französin *f*

Francia ['franθja] *f* Frankreich *nt*

franciscano, **-a** [franθis'kano, -a] **I.** *adj* **1.** (REL) franziskanisch; **orden franciscana** Franziskanerorden *m* **2.** (*Am: pardo*) (grau)braun **II.** *m, f* Franziskaner(in) *m(f)*

francmasonería [fra^{n}masone'ria/fra^{m}masone'ria] *f* Freimaurerei *f*

francmasónico, **-a** [fra^{n}ma'soniko, -a/fra^{m}ma'soniko, -a] *adj* freimaurerisch

franco^{1} ['franko] *m* **1.** (*moneda francesa, belga, luxemburguesa*) Franc *m;* (*suiza*) Franken *m;* ~ **CFA** CFA-Franc *m* **2.** (*lengua*) Fränkisch(e) *nt*

franco, **-a**^{2} ['franko, -a] **I.** *adj* **1.** (*sincero*) aufrichtig; **es ~ de** [*o* **en el**] **carácter** er ist ein aufrichtiger Mensch **2.** (*generoso*) großzügig (*a/*(*para*)*con/para* gegenüber +*dat*) **3.** (*libre, exento*) frei, befreit; **puerto** ~ Freihafen *m;* ~ (**en**) **almacén** frei [*o* ab] Lager; ~ **a bordo** frei an Bord; ~ **de derechos** gebührenfrei; ~ **en fábrica** ab Werk; ~ **muelle** frei [*o* ab] Kai; ~ **sobre vagón** frei [*o* ab] Waggon; ~ **transportista** frei Frachtführer **4.** (*claro*) eindeutig, klar **5.** (HIST) fränkisch **6.** (*francés*) französisch **II.** *m, f* Franke *m,* Fränkin *f*

franco-alemán, **-ana** ['franko ale'man, -ana] *adj* deutsch-französich; **las relaciones franco-alemanas** die deutsch-französischen Beziehungen

francófilo, **-a** [fraŋ'kofilo, -a] *adj* frankophil

francófobo, **-a** [fraŋ'kofoβo, -a] *adj* frankophob

franco-tirador ['franko tira'ðor(a)] *m,* **francotirador** [frankotira'ðor] *m* **1.** (*guerrillero*) Freischärler *m;* (*tirador emboscado*) Heckenschütze *m* **2.** (*persona aislada*) Querschläger *m fam;* **ser un** ~ quer schießen *fam*

franela [fra'nela] *f* **1.** (*tejido*) Flanell *m* **2.** (*Am: camiseta*) (Herren)unterhemd *nt*

frangollo [fraŋ'goʎo] *m* (*reg:* GASTR) *typisch kanarische Nachspeise aus Mais und Milch*

franja ['franxa] *f* **1.** (*guarnición*) Borte *f* **2.** (*tira*) Streifen *m;* ~ **costera** Küstenstreifen *m;* ~ **de Gaza** Gazastreifen *m* **3.** (*periodo*): ~ **horaria** Zeitzone *f;* **en la misma** ~ **horaria** im gleichen Zeitraum

franqueador(**a**) [frankea'ðor(a)] *adj* Frankier-

franquear [franke'ar] **I.** *vt* **1.** (*carta*) frankieren, freimachen; **a ~ en destino** Porto bezahlt Empfänger **2.** (*desobstruir*) räumen, frei machen **3.** (*fam: atravesar: río, paso*) überqueren; (*puerta*) durchschreiten; (*obstáculo*) überwinden **4.** (*conceder*) gewähren; ~ **la entrada** Eintritt gewähren **5.** (*dar libertad*) freilassen **II.** *vr:* ~**se** sich anvertrauen (*con/a +dat*)

franqueo [fraŋ'keo] *m* **1.**(*sellos*) Porto *nt,* Frankierung *f;* ~ **de vuelta** Rückporto *nt;* **sin** ~ unfrankiert **2.**(*acción: de una carta*) Frankieren *nt* **3.**(*de un esclavo*) Freilassung *f* **4.**(*de una salida*) Räumung *f*

franqueza [fraŋ'keθa] *f* **1.**(*sinceridad*) Aufrichtigkeit *f,* Offenheit *f;* **admitir algo con** ~ etw unumwunden zugeben **2.**(*generosidad*) Großzügigkeit *f* **3.**(*familiaridad*) Vertrautheit *f;* **no tengo suficiente** ~ **con ella como para pedirle este favor** ich kenne sie nicht gut genug, um sie um diesen Gefallen zu bitten **4.**(*exención*) Freiheit *f*

franquía [fraŋ'kia] *f* (NÁUT) Seebereitschaft *f;* **estar en** ~ seeklar sein; (*fig*) freie Bahn haben

franquicia [fraŋ'kiθja] *f* **1.**(*de franqueo*) Abgabenfreiheit *f;* ~ **arancelaria** Zollfreiheit *f;* ~ **fiscal** Steuerfreiheit *f;* ~ **postal** Portofreiheit *f;* **en** ~ abgabenfrei; **goza de** ~ **de viaje** er/sie reist zum Nulltarif **2.**(ECON) Franchising *nt*

franquiciado, -a [fraŋki'θjaðo, -a] *m, f* Franchisingnehmer(in) *m(f)*

franquiciador(a) [fraŋkiθja'ðor(a)] **I.** *adj* (COM) Franchising- **II.** *m(f)* (COM) Franchisinggeber(in) *m(f)*

franquismo [fraŋ'kismo] *m sin pl* **1.**(*régimen*) Franco-Ära *f* **2.**(*movimiento*) Franquismus *m*

franquista [fraŋ'kista] **I.** *adj* franquistisch; **la política** ~ die Politik der Franco-Ära **II.** *mf* Anhänger(in) *m(f)* Francos

fraques ['frakes] *pl de* **frac**

frasco ['frasko] *m* **1.**(*botella*) Flasche *f;* (*de perfume*) Flakon *m o nt;* ~ **cuentagotas** Tropfflasche *f;* ~ **pulverizador** Zerstäuber *m* **2.**(*Cuba, Méx, RíoPl: medida*) ≈2,37 Liter

frase ['frase] *f* **1.**(*oración*) Satz *m;* ~ **exclamativa** Ausrufesatz *m;* ~ **interrogativa** Fragesatz *m;* **estructura de la** ~ Satzstruktur *f* **2.**(*locución*) (Rede)wendung *f;* (*fam: refrán*) Sprichwort *nt;* (*expresión famosa*) geflügeltes Wort *nt;* ~ **hecha** Redensart *f;* ~ **proverbial** Sprichwort *nt* **3.**(*sin valor*) Phrase *f;* **¡eso no son más que ~s!** das ist doch nur leeres Gerede! **4.**(*estilo*) Ausdrucksweise *f* **5.**(MÚS) Phrase *f*

fraseología [fraseolo'xia] *f* **1.**(LING) Phraseologie *f* **2.**(*verbosidad*) Phrasendrescherei *f*

fraternal [frater'nal] *adj* brüderlich; **amor** ~ Bruderliebe *f*

fraternidad [fraterni'ða^{d}] *f* Brüderlichkeit *f*

fraternizar [fraterni'θar] <z→c> *vi* **1.**(*unirse*) sich verbrüdern (*con* mit *+dat*); (POL) fraternisieren (*con* mit *+dat*) **2.**(*alternar*) (freundschaftlich) verkehren (*con* mit *+dat*)

fraterno, -a [fra'terno, -a] *adj v.* **fraternal**

fratricida [fratri'θiða] *mf* Brudermörder(in) *m(f)*

fratricidio [fratri'θiðjo] *m* Brudermord *m*

fraude ['frau̯ðe] *m* (*t.* JUR) Betrug *m,* Täuschung *f;* ~ **electoral** Wahlbetrug *m;* ~ **fiscal** Steuerhinterziehung *f,* Steuerbetrug *m;* **cometer** ~ betrügen

fraudulento, -a [frau̯ðu'len̩to, -a] *adj* (*t.* JUR) betrügerisch; **intención fraudulenta** betrügerische Absicht; **negocio** ~ Schwindelgeschäft *nt;* **publicidad fraudulenta** irreführende Werbung

fray [frai̯] *m* (REL) Bruder *m*

frazada [fra'θaða] *f* (*Am*) Bettdecke *f;* (*de lana*) Wolldecke *f*

freático, -a [fre'atiko, -a] *adj* phreatisch; **aguas freáticas** Grundwasser *nt*

frecuencia [fre'kwen̩θja] *f* **1.**(*repetición*) Häufigkeit *f;* **con** ~ oft **2.**(FÍS, RADIO) Frequenz *f;* **alta** ~ Hochfrequenz *f;* ~ **de exploración vertical/horizontal** (INFOR) vertikale/horizontale Abtastfrequenz

frecuentador(a) [frekwen̩ta'ðor(a)] **I.** *adj* regelmäßig (besuchend) **II.** *m(f)* regelmäßiger Besucher *m,* regelmäßige Besucherin *f;* (*de un negocio*) Stammkunde, -in *m, f;* (*de un bar*) Stammgast *m*

frecuentar [frekwen̩'tar] *vt* **1.**(*acción*) oft wiederholen **2.**(*lugar*) regelmäßig besuchen, frequentieren, verkehren (in *+dat*); ~ **la escuela** zur Schule gehen, die Schule besuchen **3.**(*a alguien*) sich regelmäßig treffen (*a* mit *+dat*), verkehren (*a* mit *+dat*)

frecuente [fre'kwen̩te] *adj* **1.**(*repetido*) häufig **2.**(*usual*) üblich

free-lance [fri lans] *mf* Freiberufler(in) *m(f)*

fregadero [freɣa'ðero] *m* Spülbecken *nt;* (*en la cocina*) Spüle *f*

fregado[1] [fre'ɣaðo] *m* **1.**(*limpieza*) Säuberung *f;* (*de los platos*) Spülen *nt;* **el balcón necesita un buen** ~ der Balkon muss mal wieder gründlich gewischt werden **2.**(*fam: enredo*) Schlamassel *m o nt* **3.**(*pey: pelea*) Streit *m*

fregado, -a[2] [fre'ɣaðo, -a] *adj* **1.**(*Am: descarado*) frech; (*fastidioso*) zudringlich **2.**(*Am: astuto*) gewitzt **3.**(*Col: terco*) stur **4.**(*Méx: bellaco*) streitsüchtig **5.**(*Ecua, Pan: severo*) streng

fregador [freɣa'ðor] *m* **1.**(*fregadero*) Spülbecken *nt* **2.**(*estropajo*) (Spül)schwamm *m*

fregar [fre'ɣar] *irr vt* **1.**(*frotar*) abreiben **2.**(*limpiar: el suelo*) (nass) wischen; (*los platos*) spülen, abwaschen; ~ **la cacerola con el estropajo** den Topf blank scheuern **3.**(*Am: fam: molestar*) nerven

fregona [fre'ɣona] *f* **1.**(*utensilio*) Wischmopp *m* **2.**(*pey: sirvienta*) Putzfrau *f,* Putze *f* **3.**(*pey: mujer ordinaria*) Schlampe *f*

freidora [frei̯'ðora] *f* Fritteuse *f*

freír [fre'ir] *irr* **I.** *vt* **1.**(*guisar*) braten; (*en mucho aceite*) frittieren; ~ **con** [*o* **en**] **mantequilla** in Butter braten; **al** ~ **será el reír(, y al pagar será el llorar)** freu dich bloß nicht zu früh; **mandar a alguien a** ~ **espárragos** (*fam*) jdn zum Teufel schicken **2.**(*fam: molestar*) nerven; ~ **a alguien a** [*o* **con**] **preguntas** jdn mit Fragen löchern; **me trae** [*o* **tiene**]

frito con sus preguntas er/sie geht mir mit seiner/ihrer Fragerei auf die Nerven, ich habe von seiner /ihrer Fragerei die Nase voll **3.** (*fam: matar*) umlegen; ~ **a balazos** abknallen **II.** *vr:* ~**se 1.** (*alimento*) braten **2.** (*fam: persona*) vor Hitze umkommen; **aquí te fríes** hier herrscht eine Affenhitze

frejol [fre'xol] *m*, **fréjol** ['frexol] *m* (*Perú*) *v.* **frijol**

frenada [fre'naða] *f* (*Arg, Chil*) *v.* **frenazo**

frenar [fre'nar] **I.** *vt* **1.** (*hacer parar*) zum Stillstand bringen, stoppen **2.** (*moderar: un impulso*) dämpfen; (*un desarollo*) hemmen; (*una persona*) zurückhalten, bremsen **II.** *vi* (ab)bremsen; ~ **en seco** abrupt abbremsen **III.** *vr:* ~**se** sich bremsen (*en* bei +*dat*), sich zurückhalten (*en* bei/in +*dat*)

frenazo [fre'naθo] *m* **1.** (AUTO) Vollbremsung *f* **2.** (*del desarrollo*) Dämpfung *f;* **sufrir un** ~ (*fig*) stark gebremst werden, einen Dämpfer bekommen *fam*

frenesí [frene'si] *m* **1.** (*exaltación*) Leidenschaft *f;* (*violenta*) Raserei *f;* **con** ~ ungestüm; **tener** ~ **por algo** ganz verrückt nach etw *dat* sein **2.** (*locura*) Wahnsinn *m;* (*delirio furioso*) Tobsucht *f*

frenético, **-a** [fre'netiko, -a] *adj* **1.** (*exaltado*) frenetisch, rasend; **aplauso** ~ stürmischer Beifall **2.** (*loco*) wahnsinnig, tobsüchtig **3.** (*furioso*) rasend, tobend

frenillo [fre'niʎo] *m* (ANAT) (Zungen)bändchen *nt;* **no tener** ~ **en la lengua** kein Blatt vor den Mund nehmen

freno ['freno] *m* **1.** (TÉC) Bremse *f;* ~ **de mano** Handbremse *f;* ~ **de pedal** Fußbremse *f* **2.** (*para un caballo*) Trense *f* **3.** (*contención*) Bremse *f,* Zügel *m;* **tirar del** ~ **a alguien** jdn zügeln; **pon** ~ **a tu imaginación** zügle deine Fantasie; **no tener** ~ nicht zu bremsen sein; **correr sin** ~ ein zügelloses Leben führen

frenóloga [fre'noloɣa] *f v.* **frenólogo**

frenología [frenolo'xia] *f* Phrenologie *f*

frenólogo, **-a** [fre'noloɣo, -a] *m, f* Phrenologe, -in *m, f*

frente¹ ['fren̩te] *f* **1.** (*parte de la cara*) Stirn *f;* ~ **calzada** niedrige Stirn; **fruncir la** ~ die Stirn runzeln; **hacer** ~ **a alguien/a algo** jdm/etw *dat* die Stirn bieten; **no tener dos dedos de** ~ (*fam*) nichts im Kopf haben **2.** (*cara, semblante*) Gesicht *nt;* ~ **a** ~ von Angesicht zu Angesicht; **bajar la** ~ sich schämen; **con la** ~ **erguida** hocherhobenen Hauptes; **lo llevas escrito en la** ~ es steht dir ins Gesicht geschrieben

frente² ['fren̩te] **I.** *m* **1.** (*delantera*) Vorderseite *f;* (*de un edificio*) Front *f,* Stirnseite *f;* **de** ~ frontal **2.** (MIL, POL) Front *f;* **F**~ **Islamita de Salvación** Islamische Heilsfront; ~ **popular** Volksfront *f;* ~ **único** Einheitsfront *f;* **¡de** ~**!** Marsch! **3.** (*cabeza*) Spitze *f;* **al** ~ (*dirección*) nach vorne; (*lugar*) vorne; **de** ~ (*de cara*) von vorne; (*hacia delante*) nach vorne; (*enfrente*) gegenüber; (*sin rodeos*) direkt; **acometer un problema de** ~ ein Problem zielstrebig angehen; **estar al** ~ **de algo** etw leiten; **ponerse al** ~ die Führung übernehmen **4.** (METEO) Front *f;* ~ **frío** Kaltfront *f* **5.** (*de un escrito*) Kopf *m* **II.** *prep* **1.** ~ **a** (*enfrente de*) gegenüber +*dat;* (*delante de*) vor +*dat;* (*contra*) gegen +*akk;* (*ante*) angesichts +*gen* **2. en** ~ **de** gegenüber +*dat;* ~ **por** ~ **de algo** etw *dat* genau gegenüber

fresa ['fresa] **I.** *adj* erdbeerfarben **II.** *f* **1.** (BOT) Erdbeere *f* **2.** (TÉC) Fräser *m,* Fräse *f*

fresadora [fresa'ðora] *f* Fräsmaschine *f,* Fräse *f*

fresal [fre'sal] *m* Erdbeerfeld *nt*

fresar [fre'sar] *vt* fräsen

fresca ['freska] *adj o f v.* **fresco²**

frescachón, **-ona** [freska'ʧon, -ona] *adj* (*robusto*) gesund, kräftig; (*de color sano*) rosig

frescales [fres'kales] *mf inv* (*fam*) Frechdachs *m;* (*pey*) unverschämter Mensch *m*

fresco¹ ['fresko] *m* **1.** (*frescor*) Frische *f;* (*frío moderado*) Kühle *f;* (*viento*) Brise *f;* **salir a tomar el** ~ an die frische Luft gehen, frische Luft schnappen gehen *fam;* **hoy hace** ~ heute ist es kühl; **al** ~ (*al aire libre*) im Freien; (*en la sombra*) im Schatten; **esto me trae al** ~ das lässt mich völlig kalt **2.** (ARTE) Fresko *nt* **3.** (*Am: refresco*) Erfrischung *f,* Erfrischungsgetränk *nt*

fresco, **-a²** ['fresko, -a] **I.** *adj* **1.** (*frío*) frisch, kühl; (*prenda*) luftig; (*cutis*) frisch, rosig; (*olor*) frisch; **una brisa fresca** eine frische Brise; **¿quieres beber algo** ~**?** möchtest du etwas Kühles trinken? **2.** (*reciente*) frisch; **queso** ~ Frischkäse *m;* **noticia fresca** taufrische Nachricht; **¡cuidado, la pintura está fresca!** Vorsicht, hier ist frisch gestrichen! **3.** (*descansado*) frisch, ausgeruht **4.** (*fam: desvergonzado*) frech, unverschämt **5.** (*impasible*) ungerührt, cool *fam* **6.** (*equivocado*): **estar** ~ (*fam*) auf dem Holzweg sein **II.** *m, f* (*fam*) Frechdachs *m;* (*pey*) unverschämte Person *f*

frescor [fres'kor] *m* **1.** (*frío moderado*) Kühle *f;* (*frescura*) Frische *f* **2.** (ARTE) Fleischton *m*

frescura [fres'kura] *f* **1.** (*frescor*) Frische *f;* (*frío moderado*) Kühle *f* **2.** (*desvergüenza*) Unverschämtheit *f,* Frechheit *f* **3.** (*desembarazo*) Ungezwungenheit *f;* **con** ~ ungehemmt

fresno ['fresno] *m* Esche *f*

fresón [fre'son] *m Erdbeerart aus Chile*

fresquera [fres'kera] *f* **1.** (*armario*) ≈Speisekammer *f* **2.** (*Arg: fiambrera*) Frischhaltebox *f*

fresquería [freske'ria] *f* (*Am*) Erfrischungsstand *m,* Milchbar *f*

freudiano, **-a** [freu̯'ðjano, -a] **I.** *adj* freudianisch **II.** *m, f* Freudianer(in) *m(f)*

freza ['freθa] *f* **1.** (*desove: acción*) Laichen *nt;* (*época*) Laiche *f;* (*huevos*) Laich *m* **2.** (*hoyo*) Loch *nt* **3.** (*del gusano*) Fresszeit *f* **4.** (*estiércol*) Kot *m*

frezar [fre'θar] <z→c> *vi* **1.** (*desovar*) laichen **2.** (*hozar*) die Erde aufscharren **3.** (*co-

mer) fressen **4.** (*estercolar*) misten

frialdad [frjal̦'daᶞ] *f* **1.** (*frío*) Kälte *f* **2.** (*despego*) Distanziertheit *f*; **me trató con** ~ er/sie war mir gegenüber sehr kühl **3.** (*impasibilidad*) Gleichgültigkeit *f* **4.** (*falta de sentimientos*) Gefühlskälte *f*; (*frigidez*) Frigidität *f* **5.** (*estilo*) Ausdruckslosigkeit *f*; (*del ambiente*) Kälte *f*, Unpersönlichkeit *f*

fríamente [fria'men̦te] *adv* **1.** (*impasiblemente*) eiskalt, ohne mit der Wimper zu zucken **2.** (*sin gracia*) trocken

fricandó [frikan̦'do] *m* ≈Fleischeintopf *m*

fricativa [frika'tiβa] *f* (LING) Frikativ(laut) *m*, Reibelaut *m*

fricativo, **-a** [frika'tiβo, -a] *adj* (LING) frikativ

fricción [friʸ'θjon] *f* **1.** (*resistencia*) Reibung *f* **2.** (*del cuerpo*) Abreibung *f*; (*con linimento*) Einreiben *nt* **3.** (*desavenencia*) Reibungen *fpl*; (*disputa*) Reiberei *f*; **puntos de** ~ Reibungspunkte *mpl*

friccionar [friʸθjo'nar] *vt* (*en seco*) abreiben; (*con linimento*) einreiben

friega ['frjeɣa] *f* **1.** (*fricción*) Abreibung *f*; (*con una sustancia*) Einreibung *f*; **darse ~s de** [*o* **con**] **alcohol** sich mit Alkohol einreiben **2.** (*Am: molestia*) Plage *f*, Last *f* **3.** (*fam: zurra*) Abreibung *f*

friegaplatos [frjeɣa'platos] *m inv* Geschirrspüler *m*

frigider [frixi'ðer] *m* (*Chil: nevera*) Kühlschrank *m*

frigidez [frixi'ðeθ] *f* **1.** (*frialdad*) Kälte *f* **2.** (*de la mujer*) Frigidität *f*

frígido, **-a** ['frixiðo, -a] *adj* **1.** (*elev: frío*) kalt **2.** (*mujer*) frigid(e)

frigorífico¹ [friɣo'rifiko] *m* **1.** (*nevera*) Kühlschrank *m* **2.** (*local*) Kühlhaus *nt*

frigorífico, **-a**² [friɣo'rifiko, -a] *adj* Kälte erzeugend; **camión** ~ Kühlwagen *m*

frijol [fri'xol] *m*, **fríjol** ['frixol] *m* **1.** (*Am:* BOT) Bohne *f* **2.** *pl* (*Méx*) Essen *nt*; **no gana para los ~es** er/sie verdient nicht einmal genug zum Leben

frío¹ ['frio] *m* Kälte *f*; **hace** ~ es ist kalt; **hace un** ~ **que pela** es ist eiskalt; **coger** ~ sich erkälten; **tengo** ~ mir ist kalt; **la noticia lo cogió en** ~ die Nachricht traf ihn völlig unerwartet; **no me da ni** ~ **ni calor** das ist mir egal

frío, **-a**² ['frio, -a] *adj* **1.** (*no caliente*) kalt; **colores ~s** kalte Farben; **el té está** ~ der Tee ist kalt **2.** (*despegado*) frostig, unterkühlt; (*relación*) gespannt; **guerra fría** kalter Krieg **3.** (*falto de sentimientos*) gefühlskalt, kaltherzig; (*frígida*) frigide **4.** (*impasible*) ungerührt, cool *fam*; **se quedó** ~ **ante mis palabras**, **mis palabras lo dejaron** ~ (*indiferente*) meine Worte ließen ihn kalt; (*asombrado*) meine Worte verschlugen ihm die Sprache **5.** (*inexpresivo*) ausdruckslos; (*ambiente*) kühl, unpersönlich

friolento, **-a** [frjo'len̦to, -a] *adj* (*Am: friolero*) verfroren

friolera [frjo'lera] *f* **1.** (*cosa pequeña*) Kleinigkeit *f* **2.** (*fam: montón*) Haufen *m*; **gastarse una** ~ **en algo** einen Haufen Geld für etw ausgeben

friolero, **-a** [frjo'lero, -a] *adj* kälteempfindlich, verfroren; **mi hermana es muy friolera** meine Schwester friert sehr leicht

frisa ['frisa] *f* **1.** (*tela*) Fries *m* **2.** (*Arg, Chil: pelo*) Flor *m* **3.** (*PRico, RDom: manta*) Bettdecke *f* **4.** (MIL) Palisade *f* **5.** (NÁUT) Dichtung *f*

frisar [fri'sar] **I.** *vi* **1.** (*acercarse*) zugehen (*en* auf +*akk*); **frisa en los cincuenta** er/sie geht auf die Fünfzig zu **2.** (*simpatizar*) sich gut verstehen **II.** *vt* **1.** (*tejido*) aufrauen **2.** (NÁUT) abdichten

Frisia ['frisja] *f* Friesland *nt*

friso ['friso] *m* **1.** (ARQUIT) Fries *m* **2.** (*de la pared*) Leiste *f*

frisón, **-ona** [fri'son, -ona] **I.** *adj* friesisch; (*de los Países Bajos*) friesländisch **II.** *m*, *f* Friese, -in *m*, *f*; (*de los Países Bajos*) Friesländer(in) *m(f)*

fritada [fri'taða] *f* **1.** (*fritura*) Gebratene(s) *nt*; (*con mucho aceite*) Frittierte(s) *nt* **2.** (*sofrito*) Tomaten-Zwiebel-Soße *f*

fritanga [fri'taŋga] *f* (*Am*) **1.** (*comida frita*) Frittüre *f* **2.** (*instrumento*) Fritteuse *f*

fritanguera [fritaŋ'gera] *f v.* **fritanguero**

fritanguería [fritaŋge'ria] *f* (*Chil: tienda de fritanga*) *Laden, in dem frittierte Speisen verkauft werden*

fritanguero, **-a** [fritaŋ'gero, -a] *m*, *f* (*Am: vendedor de fritangas*) Verkäufer(in) *m(f)* von frittierten Speisen

frito¹ ['frito] *m* Gebratene(s) *nt*; **no debe comer ~s** er/sie sollte gebratene Speisen meiden

frito, **-a**² ['frito, -a] **I.** *pp de* **freír** **II.** *adj* **1.** (*comida*) gebraten **2.** (*fam: dormido*): **quedarse** ~ einnicken **3.** (*fam: muerto*) tot; **quedarse** ~ abkratzen; **dejar a alguien** ~ jdn um die Ecke bringen **4.** (*fam: harto*): **estar** ~ **con** die Nase voll haben von +*dat*

fritura [fri'tura] *f* Pfannengericht *nt*; ~ **de pescado** Fischpfanne *f*

frivolidad [friβoli'ðaᶞ] *f* **1.** (*ligereza*) Leichtlebigkeit *f* **2.** (*coquetería*) Koketterie *f*, Eitelkeit *f* **3.** (*trivialidad*) Seichtheit *f*, Oberflächlichkeit *f* **4.** (*sensualidad*) Frivolität *f*

frívolo, **-a** ['friβolo, -a] *adj* **1.** (*ligero*) leichtlebig **2.** (*coqueto*) kokett, eitel **3.** (*superficial*) seicht, oberflächlich **4.** (*sensual*) frivol

friyider [friɟi'ðer] *m* (*Chil: nevera*) Kühlschrank *m*

fronda ['fron̦da] *f* **1.** (*hoja*) Blatt *nt*; (*del helecho*) Wedel *m* **2.** (MED) (Arm)schlinge *f* **3.** *pl* (*follaje*) Laub(werk) *nt*

frondosidad [fron̦dosi'ðaᶞ] *f* **1.** (*espesura de una planta*) dichte Belaubung *f*; (*de un bosque*) Dichte *f* **2.** (*follaje*) Laub(werk) *nt*

frondoso, **-a** [fron̦'doso, -a] *adj* (*planta*) blätt(e)rig; (*árbol*) dicht belaubt; (*bosque*) dicht

frontal [fron̪'tal] **I.** *adj* **1.** (ANAT) Stirn- **2.** (*relativo al frente*) Vorder-; **parte** ~ Vorderseite *f* **3.** (*de frente, hacia adelante*) frontal; **ataque** ~ Frontalangriff *m;* **choque** ~ Frontalzusammenstoß *m* **II.** *m* **1.** (ANAT) Stirnbein *nt* **2.** (REL) Frontale *f* **3.** ~ **extraíble** (AUTO) abnehmbares Bedienelement **III.** *f* (DEP): ~ (**del área**) Strafraumgrenze *f,* 16-m-Linie *f*

frontenis [fron̪'tenis] *m sin pl Variante der Pelota*

frontera [fron̪'tera] *f* **1.** (*límite*) Grenze *f* (*entre* zwischen +*dat*); ~ **interior** Binnengrenze *f;* ~ **interna** (UE) Europäische Binnengrenze; ~ **lingüística** Sprachgrenze *f;* ~ **de la paz** (POL) Friedensgrenze *f;* **atravesar la** ~ die Grenze überqueren **2.** (*frontispicio*) Vorderseite *f;* (*de un edificio*) Fassade *f;* (*de un libro*) Frontispiz *nt,* Titelseite *f*

fronterizo, -a [fron̪te'riθo, -a] *adj* **1.** (*en la frontera*) Grenz-; (*país*) angrenzend; **puesto** ~ Grenzposten *m;* **zona fronteriza** Grenzregion *f* **2.** (*frontero*) gegenüberliegend

frontero[1] [fron̪'tero] *m* (MIL) Grenzkommandant *m*

frontero, -a[2] [fron̪'tero, -a] *adj* gegenüberliegend; ~ **a** [*o* **de**] gegenüber +*dat;* **la casa frontera a la estación** das Haus gegenüber dem Bahnhof

frontis ['fron̪tis] *m inv* **1.** (*frontispicio*) Vorderseite *f;* (*de un edificio*) Fassade *f* **2.** (*pared*) Wand *f* (*zum Pelotaspielen*)

frontispicio [fron̪tis'piθjo] *m* **1.** (*delantera*) Vorderseite *f;* (*de un edificio*) Fassade *f* **2.** (*de un libro*) Frontispiz *nt,* Titelseite *f* **3.** (ARQUIT) Giebel *m,* Frontispiz *nt* **4.** (*cara*) Antlitz *nt*

frontón[1] [fron̪'ton] *m sin pl* (*juego*) Pelota *f*

frontón[2] [fron̪'ton] *m* **1.** (*pared*) Wand *f* (*zum Pelotaspielen*) **2.** (*pista*) (Pelota-)Spielfeld *nt;* (*edificio*) (Pelota-)Halle *f* **3.** (ARQUIT) Giebel *m,* Frontispiz *nt*

frotación [frota'θjon] *f,* **frotadura** [frota'ðura] *f* **1.** (*acción*) Reiben *nt;* (*con toalla, cepillo*) Frottieren *nt* **2.** (*efecto*) Reibung *f*

frotamiento [frota'mjen̪to] *m* (*acción de frotar*) (Ab)reiben *nt;* (*con toalla, cepillo*) Frottieren *nt;* (*de frotarse*) Sichabreiben *nt*

frotar [fro'tar] **I.** *vt* reiben; (*con toalla, cepillo*) frottieren; (*con un estropajo*) scheuern; ~ **la cuchara con un paño** den Löffel mit einem Tuch abreiben; ~ **la cerilla contra el raspador** das Streichholz anzünden **II.** *vr:* ~**se** sich reiben (*contra* an +*dat*); ~**se las manos** sich *dat* die Hände reiben; ~**se con una toalla** sich mit einem Handtuch abreiben

frote ['frote] *m v.* **frotamiento**

frotis ['frotis] *m inv* (MED) Abstrich *m*

fructífero, -a [fruk'tifero, -a] *adj* fruchtbringend, fruchtbar, ertragreich

fructificación [fruktifika'θjon] *f* **1.** (*de una planta*) Fruchtbildung *f* **2.** (*de un esfuerzo*) Nutzen *m,* Ertrag *m*

fructificar [fruktifi'kar] <c→qu> *vi* **1.** (*planta*) Früchte tragen **2.** (*esfuerzo*) fruchten, Früchte tragen

fructuoso, -a [fruktu'oso, -a] *adj* fruchtbar, fruchtbringend

fru-frú [fru fru] *m* Froufrou *m o nt*

frugal [fru'ɣal] *adj* **1.** (*persona*) genügsam **2.** (*comida*) frugal

frugalidad [fruɣali'ða^{d}] *f* **1.** (*de persona*) Genügsamkeit *f* **2.** (*de comidas*) Frugalität *f*

fruición [frwi'θjon] *f* Genuss *m*

frunce ['frun̪θe] *m* Falte *f*

fruncimiento [frun̪θi'mjen̪to] *m* **1.** (*pliegue*) Falte *f* **2.** (*arrugamiento*) Zerknittern *nt* **3.** (*de los labios*) Kräuseln *nt;* (*de la frente*) Runzeln *nt;* (*del entrecejo*) Zusammenziehen *nt*

fruncir [frun̪'θir] <c→z> **I.** *vt* **1.** (*tela*) fälteln, kräuseln **2.** (*labios*) kräuseln; (*frente*) runzeln; ~ **el entrecejo** die Augenbrauen zusammenziehen **II.** *vr:* ~**se** zerknittern

fruslería [frusle'ria] *f* **1.** (*baratija*) Kleinigkeit *f* **2.** (*fam: bagatela*) Nichtigkeit *f,* Belanglosigkeit *f* **3.** (*fam: tontería*) Blödsinn *m*

frustración [frustra'θjon] *f* **1.** (*de planes*) Zunichtemachen *nt;* (*fracaso*) Scheitern *nt;* (*de una esperanza*) Zerschlagung *f* **2.** (*desilusión*) Frustration *f,* Enttäuschung *f*

frustrado, -a [frus'traðo, -a] *adj* (*persona*) frustriert; (*intento*) vergeblich; **intento** ~ vergeblicher Versuch

frustrar [frus'trar] **I.** *vt* **1.** (*estropear*) zunichte machen; ~ **las esperanzas de alguien** jds Hoffnungen zerschlagen **2.** (*decepcionar*) frustrieren, enttäuschen **II.** *vr:* ~**se** **1.** (*plan*) scheitern, misslingen **2.** (*esperanzas*) sich zerschlagen

fruta ['fruta] *f* Frucht *f;* (*nombre colectivo*) Obst *nt;* ~ **escarchada** kandierte Früchte; ~ **de la pasión** Passionsfrucht *f;* ~ **de sartén** Schmalzgebackene(s) *nt;* ~ **seca** Dörrobst *nt;* ~**s de Aragón** *kandierte Früchte mit Schokoladenüberzug;* ~**s del bosque** Waldfrüchte *fpl;* ~ **del tiempo** Frischobst *nt;* ~**s tropicales** tropische Früchte; **ensalada de** ~**s** Obstsalat *m;* **de postre comimos** ~ zum Nachtisch gab es Obst; ~ **del cercado ajeno** (*fig*) Kirschen aus Nachbars Garten; **para mí el tabaco es** ~ **prohibida** Zigaretten sind für mich verbotene Früchte; **en invierno los resfriados son** ~ **del tiempo** (*fam*) Erkältungen sind eine typische Winterkrankheit

frutal [fru'tal] **I.** *adj* Obst-; **árbol** ~ Obstbaum *m* **II.** *m* Obstbaum *m*

frutera [fru'tera] *adj o f v.* **frutero**[2]

frutería [frute'ria] *f* Obsthandlung *f*

frutero[1] [fru'tero] *m* **1.** (*recipiente*) Obstschale *f* **2.** (ARTE) Stillleben *nt* **3.** (*paño*) ≈Tuch *nt* (*zum Abdecken einer Obstschale*)

frutero, -a[2] [fru'tero, -a] **I.** *adj* Obst-; **canastillo** ~ Obstkorb *m;* **es muy** ~ er isst viel und gerne Obst **II.** *m, f* Obsthändler(in) *m(f)*

fruticultura [frutikul̪'tura] *f* Obstanbau *m*

frutilla [fru'tiʎa] *f* **1.** (*cuenta*) Perle *f* (*eines Rosenkranzes*) **2.** (*Am: fresón*) *Erdbeerart*

fruto ['fruto] *m* **1.** (BOT) Frucht *f;* **~s secos** Trockenfrüchte *fpl* **2.** (*hijo*) (Leibes)frucht *f;* **~ de bendición** eheliches Kind **3.** (AGR) Ertrag *m;* **los ~s de la tierra** die Früchte des Feldes; **producir** [*o* **dar**] **~** Ertrag abwerfen **4.** (*rendimiento*) Ertrag *m,* Ausbeute *f;* (*ganancia*) Gewinn *m;* (*resultado*) Produkt *nt,* Ergebnis *nt;* (*provecho*) Nutzen *m;* (JUR) Frucht *f;* **el ~ de su trabajo** die Früchte seiner/ihrer Arbeit; **el ~ de su imaginación** das Produkt seiner/ihrer Fantasie; **sacar ~ de algo** Nutzen aus etw *dat* ziehen **5.** (GASTR): **~s de mar** Meeresfrüchte *fpl*

FSE [efe(e)se'e] *m abr de* **Fondo Social Europeo** ESF *m*

fu [fu] *interj* **1.** (*desprecio*) pfui **2.** (*sonido: gato*) zsss; (*al escaparse algo*) zisch, pff; **hacer ~** (*gato*) fauchen; (*gas*) zischen; (*marcharse*) abzischen *fam;* (**no ser**) **ni ~ ni fa** (*fam*) nichts Halbes und nichts Ganzes (sein), so lala (sein); **no me hace ni ~ ni fa** (*fam*) er/sie/es interessiert mich nicht

fucsia¹ ['fuʸsja] **I.** *adj* (*color*) pink **II.** *m* Pink *nt*

fucsia² ['fuʸsja] *f* (BOT) Fuchsie *f*

fue [fwe] **1.** *3. pret de* **ir** **2.** *3. pret de* **ser**

fuego ['fweɣo] *m* **1.** (*llamas*) Feuer *nt;* (*incendio*) Brand *m,* Feuer *nt;* **~s artificiales** Feuerwerk *nt;* **~ fatuo** Irrlicht *nt;* **~ de Santelmo** (METEO) Elmsfeuer *nt;* **¿tienes ~?** hast du Feuer?; **a ~ lento** (GASTR) bei schwacher Hitze; (*fig*) langsam; **prender** [*o* **pegar**] **~ a algo** etw anzünden; **avivar el ~** das Feuer schüren; **echar ~ por los ojos** vor Wut sprühen; **jugar con ~** mit dem Feuer spielen; **este pueblo tiene doscientos ~s** dieses Dorf zählt 200 Haushalte; **huir del ~ y dar en las brasas** vom Regen in die Traufe kommen **2.** (MIL) (Geschütz)feuer *nt;* **~ cruzado** Kreuzfeuer *nt;* **~ nutrido** Schnellfeuer *nt;* **romper** [*o* **abrir**] **el ~** das Feuer eröffnen; (*fig*) Streit anfangen; **estar entre dos ~s** zwischen die Fronten geraten **3.** (*ardor*) Feuer *nt,* Hitze *f;* **en el ~ de la discusión** im Eifer des Gefechts **4.** (MED: *inflamación interior*) Brennen *nt;* (*de la piel*) Hautausschlag *m* **5.** (*del faro*) Leuchtfeuer *nt*

fuel [fwel] *m* Heizöl *nt*

fuelle ['fweʎe] *m* **1.** (*instrumento*) Blasebalg *m* **2.** (*de un tren*) Faltenbalg *m;* (*de una cámara*) Balgen *m* **3.** (*de un vestido*) Falte *f* **4.** (*de un carruaje*) Faltverdeck *nt* **5.** (*fam: pulmones*) Puste *f;* (*aguante*) Ausdauer *f;* **tener mucho ~** ausdauernd sein **6.** (*fam: soplón*) Petze *f*

fuente ['fwe̩nte] *f* **1.** (*manantial*) Quelle *f;* **sus ojos eran ~s de lágrimas** aus seinen/ihren Augen quollen Tränen **2.** (*construcción*) Brunnen *m;* **~ bautismal** Taufbecken *nt* **3.** (*plato llano*) Platte *f;* (*plato hondo*) Schüssel *f* **4.** (*origen, texto*) Quelle *f;* **~ de divisas** Devisenquelle *f;* **~ de energía** Energiequelle *f;* **~ de financiación** Finanzierungsquelle *f;* **~ histórica** historische Quelle; **~ de ingresos** Einnahmequelle *f,* Einkommensquelle *f;* **~s oficiales** offizielle Quellen; **~ de suministro** Bezugsquelle *f;* **código ~** (INFOR) Quellcode *m;* **datos ~** (INFOR) Quelldaten *pl;* **~s bien informadas** gut informierte Kreise; **saber algo de buena ~** etw aus zuverlässiger Quelle wissen; **beber en buenas ~s** Informationen aus zuverlässiger Quelle schöpfen

fuer [fwer] *prep:* **a ~ de** als

fuera ['fwera] **I.** *adv* **1.** (*lugar*) draußen; **por ~** außen; **de ~** (*por la parte exterior*) von außen; (*de otro lugar*) von außerhalb; **costumbres de ~** fremde Bräuche; **el nuevo maestro es de ~** der neue Lehrer ist nicht von hier **2.** (*dirección*) hinaus; **¡~!** raus!; **¡~ con esto!** weg damit!; **¡~ de mi vista!** geh mir bloß aus den Augen!; **salir ~** hinausgehen; **hacia ~** nach draußen; **echar a alguien ~** jdn hinauswerfen **3.** (*tiempo*) außerhalb; **~ de plazo** nach Fristablauf **4.** (*fam: de viaje*) weg; **me voy ~ una semana** ich verreise für eine Woche; **mis vecinos están ~** meine Nachbarn sind verreist **II.** *prep* **1.** (*local, t. fig*) außer +*dat,* außerhalb +*gen;* **estar ~ de casa** außer Haus sein; **estar ~ de sí** außer sich *dat* sein; **~ de serie** ausgezeichnet; **~ de juego** (DEP) Abseits *nt;* **~ de concurso** außer Konkurrenz; **~ de razón** unsinnig; **~ de servicio** außer Betrieb **2. ~ de** (*excepto*) außer +*dat,* abgesehen von +*dat* **III.** *conj:* **~ de que...** +*subj* abgesehen davon, dass ... **IV.** *m* Buhruf *m*

fueraborda [fwera'βorða] **I.** *adj* Außenbord-; **barco ~** Außenborder *m;* **motor ~** Außenbordmotor *m* **II.** *m* **1.** (*motor*) Außenbordmotor *m* **2.** (*embarcación*) Außenborder *m*

fuereño, -a [fwe'reɲo, -a] **I.** *adj* (*Am: fam: forastero*) fremd **II.** *m, f* (*Am: fam: forastero*) Auswärtige(r) *mf,* Fremde(r) *mf*

fuero ['fwero] *m* **1.** (*privilegio*) Sonderrecht *nt,* Partikularrecht *nt;* **~** (**municipal**) (HIST) Stadtrecht *nt;* **a ~** rechtmäßig; **de ~** von Rechts wegen; **volver por los ~s de algo** für etw eintreten **2.** (*jurisdicción*) Gerichtsbarkeit *f;* **~ militar** Militärgerichtsbarkeit *f;* **~ interior** [*o* **interno**] Gewissen *nt;* **en tu ~ interno sabes que tengo razón** in deinem tiefsten Innern weißt du, dass ich recht habe **3.** (*código*) Gesetzessammlung *f;* **el F~ de los Españoles** *unter Franco erlassene Grundrechte* **4.** *pl* (*fam: arrogancia*) Überheblichkeit *f;* **no me vengas con tantos ~s** sei nicht so überheblich

fuerte ['fwerte] **I.** *adj* <fortísimo> **1.** (*resistente*) stark; (*robusto*) robust; **caja ~** Safe *m o nt;* **moneda ~** starke Währung; **hacerse ~** standhaft bleiben; **ser ~ de caracter** charakterstark sein **2.** (*musculoso*) kräftig, stark; (*gordo*) korpulent **3.** (*intenso*) heftig, stark; (*sonido*) laut; (*comida*) würzig; **un azul ~** ein kräftiges Blau; **un medicamento ~** ein starkes Medikament; **un vino ~** ein schwerer

Wein; **ha sido un golpe muy ~ para ella** das war für sie ein schwerer (Schicksals)schlag **4.** (*valiente*) tapfer **5.** (*sólido*) stabil; (*duro*) hart; (*tela*) reißfest **6.** (*genio: difícil*) schwierig; (*colérico*) aufbrausend **7.** (*poderoso*) mächtig **8.** (*versado*) gewandt; **estar ~ en matemáticas** sehr gut in Mathematik sein **9.** (*considerable*) beträchtlich; **una razón muy ~** ein schwerwiegendes Argument; **estar ~ de dinero** gut bei Kasse sein **10.** (*violento*) derb; (*expresión*) grob; **palabra ~** Kraftausdruck *m* **11.** (*terreno*) unwegsam **12.** (LING: *vocal*) stark; (*forma*) stammbetont **13.** (MIL) befestigt; **hacerse ~** sich verschanzen **II.** *m* **1.** (*de una persona*) Stärke *f* **2.** (MIL) Festung(sanlage) *f* **3.** (MÚS) Forte *nt* **4.** (*auge*) Höhepunkt *m;* **en el ~ del combate** in der Hitze des Gefechts **III.** *adv* **1.** (*en abundancia*) viel; **desayunar ~** reichhaltig frühstücken **2.** (*con fuerza*) fest; (*con intensidad*) heftig; **llueve ~** es regnet in Strömen **3.** (*en voz alta*) laut

fuertemente [fwerte'mente] *adv* **1.** (*con fuerza*) fest **2.** (*con vehemencia*) energisch, nachdrücklich

fuerza ['fwerθa] *f* **1.** (*capacidad física, t.* FÍS) Kraft *f;* **~ de ánimo** Mut *m;* **~ de gravedad** Schwerkraft *f;* **~ de inercia** (FÍS) Trägheit *f;* **~ de voluntad** Willenskraft *f;* **tiene más ~ que yo** er/sie ist stärker als ich; **sin ~s** kraftlos; **hacer ~ para conseguir algo** sich anstrengen, um etw zu bekommen; **hacer ~ a alguien** auf jdn Druck ausüben; **ha sacado ~s de flaqueza** er/sie hat seine/ihre letzten Kräfte mobilisiert; **recuperar las ~s** wieder zu Kräften kommen; **írsele la ~ por la boca** (*pey*) große Reden schwingen **2.** (*capacidad de soportar*) Stärke *f;* (*eficacia*) Wirksamkeit *f* **3.** (*poder*) Macht *f;* **~ de disuasión** Überzeugungskraft *f;* **~ mayor** höhere Gewalt; **la ~ de la costumbre** die Macht der Gewohnheit **4.** (*violencia*) Gewalt *f;* **a** [*o* **por**] **la ~** gewaltsam, mit Gewalt; **por ~** (*por necesidad*) gezwungenermaßen; (*con violencia*) gewaltsam; **a viva ~** mit roher Gewalt **5.** (*intensidad*) Wucht *f;* **crecer con mucha ~** in die Höhe schießen **6.** (*expresividad*) Ausdruckskraft *f* **7.** (*auge*) Höhepunkt *m;* **en la ~ de la discusión** in der Hitze des Gefechts **8.** *pl* (POL) Kräfte *fpl;* **~s del orden público** Polizei *f;* **~s de seguridad** Sicherheitskräfte *fpl* **9.** *pl* (MIL: *tropas*) Streitkräfte *fpl;* **~s de choque** Stoßtrupp *m;* **~s navales** Marine *f* **10.** (MIL: *fortificación*) Festungsanlage *f* **11.** (ELEC) Strom *m* **12.** (*loc*): **a ~ de** mittels; **a ~ de insistir, me vendió su coche** nach langem Zureden verkaufte er/sie mir sein/ihr Auto; **lo ha conseguido todo a ~ de trabajo** er/sie hat sich *dat* alles hart erarbeitet; **es ~ que vengas** du musst unbedingt kommen

fuete ['fwete] *m* (*Am: látigo*) Peitsche *f*

fuga ['fuɣa] *f* **1.** (*huida*) Flucht *f* (*de* aus +*dat*); (*de la cárcel*) Ausbruch *m* (*de* aus +*dat*); **~ de capitales** Kapitalflucht *f;* **~ de cerebros** Braindrain *m;* **~ de consonantes/vocales** Worträtsel *nt* (*bei dem die fehlenden Konsonanten/Vokale zu erraten sind*); **poner en ~ a alguien** jdn in die Flucht schlagen; **darse a la ~** die Flucht ergreifen **2.** (*en tubos*) Leck *nt;* (*de líquido*) Auslaufen *nt,* Ausfließen *nt;* (*de gas*) Ausströmen *nt;* **la cañería tiene una ~** das Rohr ist undicht; **hubo una ~ de gas/petróleo** es ist Gas/Öl ausgetreten **3.** (MÚS) Fuge *f* **4.** (*auge*) Höhepunkt *m*

fugacidad [fuɣaθi'ðaᵈ] *f* Flüchtigkeit *f;* (*caducidad*) Vergänglichkeit *f*

fugada [fu'ɣaða] *f* Windstoß *m*

fugarse [fu'ɣarse] <g→gu> *vr* fliehen (*de* aus +*dat*), flüchten (*de* aus +*dat*); (*capital*) abfließen; **~ de la cárcel** aus dem Gefängnis ausbrechen; **su mujer se fugó con su mejor amigo** seine Frau ist mit seinem besten Freund durchgebrannt

fugaz [fu'ɣaθ] *adj* flüchtig; (*caduco*) vergänglich; **estrella ~** Sternschnuppe *f*

fugitivo, -a [fuxi'tiβo, -a] **I.** *adj* flüchtig; (*belleza*) vergänglich; **~ de la policía** auf der Flucht vor der Polizei **II.** *m, f* Flüchtling *m;* (*de la cárcel*) Ausbrecher(in) *m(f)*

fujichoque [fuxi'ʧoke] *m sin pl* Fuji(mori)-Schock *m* (*rigoroses Wirtschaftsprogramm des peruanischen Präsidenten Fujimori*)

fujigolpe [fuxi'ɣolpe] *m sin pl* Fuji(mori)-Putsch *m* (*peruanischer Staatsstreich von oben durch den Präsidenten Fujimori*)

ful [ful] **I.** *adj* (*argot*) **1.** (*falso*) falsch; (*fallido*) faul **2.** (*mal hecho*) pfuscherhaft, verkorkst; (*de poco valor*) wertlos **II.** *m* (*argot*) Schrott *m,* Mist *m*

fulana [fu'lana] *f* (*pey*) Nutte *f,* leichtes Mädchen *nt*

fulano, -a [fu'lano, -a] *m, f* **1.** (*evitando el nombre*) Herr *m* Soundso, Frau *f* Soundso **2.** (*persona indeterminada*) Herr *m* X, Frau *f* X; **no me importa lo que digan ~ y mengano** es ist mir egal, was Hinz und Kunz davon halten **3.** (*pey: sujeto*) Person *f;* **te ha vuelto a llamar ese ~** dieser Typ hat schon wieder für dich angerufen **4.** (*amante*) Geliebte(r) *mf*

fular [fu'lar] *m* **1.** (*tela*) Foulard *m* **2.** (*pañuelo*) Halstuch *nt,* Foulard *nt Suiza*

fulcro ['fulkro] *m* Drehpunkt *m*

fulero, -a [fu'lero, -a] *adj* (*fam*) **1.** (*chapucero*) pfuscherhaft, verkorkst; **eres muy ~** du bist ein Pfuscher **2.** (*embustero*) falsch, unehrlich

fulgir [ful'xir] <g→j> *vi* (*elev*) *v.* **fulgurar**

fulgor [ful'ɣor] *m* (*resplandor*) Strahlen *nt;* (*centelleo*) Funkeln *nt;* (*de una superficie*) Glanz *m*

fulgurante [fulɣu'rante] *adj* **1.** (*dolor*) heftig **2.** (*rápido*) blitzartig; **carrera ~** Blitzkarriere *f*

fulgurar [fulɣu'rar] *vi* (*resplandecer*) strahlen; (*centellear*) funkeln; (*espejear*) glänzen; **rayos fulguran en el horizonte** Blitze zucken am Himmel

fullera [fu'ʎera] *adj o f v.* **fullero**

fullería [fuʎe'ria] *f* **1.** (*trampa*) Betrug *m;* (*en el juego*) Schummelei *f fam;* **hacer ~s** mogeln **2.** (*treta*) Trick *m* **3.** (*Col: presunción*) Angeberei *f*

fullero, -a [fu'ʎero, -a] **I.** *adj* **1.** (*tramposo*) betrügerisch **2.** (*fam: astuto*) gerissen **3.** (*Col: gracioso*) drollig **4.** (*Chil: fanfarrón*) angeberisch **II.** *m, f* **1.** (*tramposo*) Betrüger(in) *m(f);* (*en el juego*) Falschspieler(in) *m(f)* **2.** (*fam: astuto*) Gauner(in) *m(f)* **3.** (*Col: niño gracioso*) drolliges Kind *nt* **4.** (*Col, Chil: fanfarrón*) Angeber(in) *m(f)*

full time [ful taim] *adv* ganztags; **trabajar ~** eine Ganztagsstelle haben

fulminación [fulmina'θjon] *f* **1.** (*de un explosivo*) Zündung *f,* Detonation *f* **2.** (*emisión*) Schleudern *nt;* (*de amenazas*) Ausstoßen *nt* **3.** (*aniquilación*) Vernichtung *f* **4.** (*de una sentencia*) Anordnung *f,* Verhängung *f*

fulminante [fulmi'nante] **I.** *adj* **1.** (*rápido*) blitzartig; (*inesperado*) plötzlich; **ataque ~** Blitzangriff *m* **2.** (*explosivo*) zündend, detonierend **3.** (*mirada*) hasserfüllt **II.** *m* Zündstoff *m*

fulminar [fulmi'nar] **I.** *vi* explodieren, zünden **II.** *vt* **1.** (*arrojar*) schleudern; **~ amenazas** Drohungen ausstoßen; **~ balas** Kugeln abfeuern; **los cielos fulminan la tierra** (*elev*) ≈der Himmel schleudert Blitze zur Erde **2.** (*dañar*) treffen; (*aniquilar*) vernichten; (*matar*) umbringen; (*enfermedad*) dahinraffen; **el rayo fulminó la casa** der Blitz schlug in das Haus ein, das Haus wurde vom Blitz getroffen; **la fulminó un rayo** sie wurde vom Blitz erschlagen; **~ a alguien de un tiro** jdn erschießen; **el cáncer la fulminó** der Krebs hat sie dahingerafft; **me fulminó con su mirada** er/sie blickte mich hasserfüllt an, er/sie tötete mich mit Blicken; **~ los precios** die Preise drastisch reduzieren **3.** (*imponer*) anordnen; **~ una censura** eine Zensur verhängen; **~ una sentencia** ein Urteil erlassen; **~ excomuniones contra alguien** jdn exkommunizieren **4.** (*amenazar*) mit Drohungen überschütten

fumadero [fuma'ðero] *m* Rauchzimmer *nt;* **~ de opio** Opiumhöhle *f*

fumador(a) [fuma'ðor(a)] **I.** *adj* rauchend **II.** *m(f)* Raucher(in) *m(f);* **~ pasivo** Passivraucher *m;* **no ~** Nichtraucher *m;* **zona de no ~es** Nichtraucherzone *f*

fumar [fu'mar] **I.** *vi, vt* rauchen; **~ en pipa** Pfeife rauchen; **está que fuma** (*fam*) er/sie ist stocksauer **II.** *vr:* **~se 1.** (*fumar*) rauchen; **~se un cigarillo** eine Zigarette rauchen **2.** (*fam: gastar*) verjubeln **3.** (*fam: faltar*) versäumen; **~se la clase** den Unterricht schwänzen; **~se la oficina** blaumachen

fumata [fu'mata] *f* Rauchsäule *f* (*nach der Wahl eines neuen Papstes*)

fumeta [fu'meta] *mf* (*fam*) Kiffer(in) *m(f)*

fumigación [fumiɣa'θjon] *f* Ausräuchern *nt*

fumigar [fumi'ɣar] <g→gu> *vt* ausräuchern

fumista [fu'mista] *mf* Ofensetzer(in) *m(f)*

funámbula [fu'nambula] *f v.* **funámbulo**

funambulesco, -a [funambu'lesko, -a] *adj* **1.** (*extravagante*) extravagant **2.** (*relativo al funámbulo*) Seiltänzer-; (*como un funámbulo*) seiltänzerisch

funámbulo, -a [fu'nambulo, -a] *m, f* Seiltänzer(in) *m(f)*

función [fun'θjon] *f* **1.** (*papel, objetivo, t.* BIOL, MAT) Funktion *f;* **~ de ayuda** (INFOR) Hilfsfunktion *f;* **~ del hígado** (MED) Leberfunktion *f;* **~ de marcado automático** (TEL) Selbstwählfunktion *f;* **~ para ahorrar consumo de energía** Stromsparfunktion *f;* **el precio está en ~ de la calidad** der Preis hängt von der Qualität ab **2.** (*cargo*) Amt *nt;* (*tarea*) Tätigkeit *f,* Aufgabe *f;* **entrar en ~** tätig werden; (*cargo*) ein Amt antreten; **el ministro en funciones** der stellvertretende Minister; **las funciones de la ONU** die Aufgaben der UNO; **ejerce las funciones de directora** sie übt das Amt der Direktorin aus **3.** (*acto*) Veranstaltung *f;* (CINE, TEAT) Vorstellung *f;* **~ de circo** Zirkusvorstellung *f;* **~ de la tarde** Nachmittagsvorstellung *f*

funcional [funθjo'nal] *adj* **1.** (*relativo a la función*) funktionell, funktional; **desorden ~** (MED) funktionelle Störung; **ecuación ~** (MAT) Funktionsgleichung *f* **2.** (*utilitario*) funktionell, zweckmäßig

funcionalidad [funθjonali'ðað] *f* Zweckmäßigkeit *f*

funcionamiento [funθjona'mjento] *m* **1.** (*marcha*) Funktionieren *nt;* **~ administrativo** Verwaltungsablauf *m;* **~ del mercado** Marktordnung *f;* **poner en ~** in Gang setzen; **el mecanismo entra en ~ automáticamente** der Mechanismus startet automatisch **2.** (*rendimiento*) Funktionsfähigkeit *f,* Funktionstüchtigkeit *f;* (*manera de funcionar*) Funktionsweise *f,* Arbeitsweise *f;* **en estado de ~** einsatzbereit; (*máquina*) betriebsfähig; **controlar el ~ de una máquina** die Funktionsfähigkeit einer Maschine überprüfen; **me explicó el ~ de la organización** er/sie erklärte mir die Funktionsweise der Organisation

funcionar [funθjo'nar] *vi* funktionieren; (*estar trabajando*) in Betrieb sein; **el coche no funciona bien** der Wagen läuft nicht gut; **la televisión no funciona** der Fernseher ist kaputt *fam;* **el ascensor no funciona** der Aufzug ist außer Betrieb; **su matrimonio no funciona** sie führen eine unglückliche Ehe

funcionaria [funθjo'narja] *f v.* **funcionario**

funcionariado [funθjona'rjaðo] *m* (*del Estado*) Beamtenschaft *f;* (*de una organización*) Funktionäre *mpl*

funcionario, -a [funθjo'narjo, -a] *m, f* (*de una organización*) Funktionär(in) *m(f);* (*del Estado*) Beamte(r), -in *m, f*

funda ['funda] *f* **1.** (*cubierta*) (Schutz)hülle *f;*

(*para gafas*) Etui *nt,* Futteral *nt;* (*de libro*) (Schutz)umschlag *m;* (*de almohada*) Bezug *m;* (*de butaca*) Überzug *m;* (*de máquina*) Abdeckhaube *f;* (*de revólver*) Halfter *nt o f;* ~ **de plástico** Plastikhülle *f;* **cambiar la ~ de la almohada** das Kissen neu beziehen **2.** (*Col: falda*) Rock *m;* (*Ven: enaguas*) Unterrock *m*

fundación [fuṇda'θjon] *f* **1.** (*creación*) Gründung *f* **2.** (*institución, bienes*) Stiftung *f* **3.** (*justificación*) Begründung *f,* Untermauerung *f* **4.** (*origen*) Ursprung *m,* Anfänge *mpl* **5.** (*de una estructura*) Unterbau *m*

fundadamente [fuṇdaða'meṇte] *adv* zu Recht

fundado, -a [fuṇ'daðo, -a] *adj* fundiert, begründet

fundador(a) [fuṇda'ðor(a)] **I.** *adj* Gründer-, Gründungs-; **socio ~** Gründungsmitglied *nt* **II.** *m(f)* (Be)gründer(in) *m(f)*

fundamental [fuṇdameṇ'tal] *adj* **1.** (ARQUIT, MAT) Grund-; **línea ~** Grundlinie *f;* **piedra ~** Grundstein *m* **2.** (*esencial*) Haupt-; (*básico*) grundlegend, fundamental; **argumento ~** Hauptgrund *m;* **conocimientos ~es** Grundkenntnisse *fpl*

fundamentalismo [fuṇdameṇta'lismo] *m sin pl* Fundamentalismus *m*

fundamentalista [fuṇdameṇta'lista] **I.** *adj* fundamentalistisch **II.** *mf* Fundamentalist(in) *m(f)*

fundamentalmente [fuṇdameṇtal'meṇte] *adv* vor allem, im Wesentlichen

fundamentar [fuṇdameṇ'tar] *vt* **1.** (ARQUIT) fundamentieren **2.** (*basar*) stützen (*en* auf +*akk*), untermauern (*en* mit +*dat*) **3.** (*establecer*) begründen **4.** (*hacer firme*) festigen

fundamento [fuṇda'meṇto] *m* **1.** (ARQUIT) Fundament *nt* **2.** (*base*) Grundlage *f,* Fundament *nt* **3.** (*motivo*) Grund *m,* Grundlage *f;* **sin ~** unbegründet; **tu argumentación carece de ~** deine Argumentation entbehrt jeglicher Grundlage **4.** (*formalidad*) Vernunft *f;* (*seriedad*) Ernsthaftigkeit *f;* **hablar sin ~** nur Unsinn reden **5.** *pl* (*conocimientos*) (Grund)kenntnisse *fpl;* **~ de alemán** Deutschkenntnisse *fpl*

fundar [fuṇ'dar] **I.** *vt* **1.** (*crear*) gründen; **~ un hogar** eine Familie gründen **2.** (ARQUIT, TÉC) stützen (*sobre/en* auf +*akk*) **3.** (*basar*) stützen (*en/sobre* auf +*akk*); (*justificar*) begründen (*en* mit +*dat*), zurückführen (*en* auf +*akk*); **~ una opinión en una teoría** eine Meinung mit einer Theorie untermauern **II.** *vr:* **~se 1.** (*basarse*) sich stützen (*en* auf +*akk*), sich gründen (*en* auf +*akk*); (*tener su justificación*) beruhen (*en* auf +*dat*); **¿en qué se fundan tus consejos?** worauf beruhen deine Ratschläge? **2.** (*asentarse*) ruhen (*en/sobre* auf +*dat*)

fundible [fuṇ'diβle] *adj* schmelzbar

fundición [fuṇdi'θjon] *f* **1.** (*de un metal*) Schmelzen *nt* **2.** (*en una forma*) Gießen *nt;* **~ de campanas** Glockenguss *m* **3.** (*de un aparato eléctrico*) Durchbrennen *nt* **4.** (*de ideas, organizaciones*) Verschmelzung *f* **5.** (*taller*) Gießerei *f;* **~ de hierro** Eisengießerei *f* **6.** (*hierro*) Gusseisen *nt;* **~ blanca** Weißeisen *nt* **7.** (TIPO) Satz *m* Schriftzeichen

fundidor [fuṇdi'ðor] *m* Gießer *m*

fundillo [fuṇ'diʎo] *m* **1.** (*Am: fondillos*) Hosenboden *m* **2.** (*Méx: trasero*) Hintern *m fam*

fundir [fuṇ'dir] **I.** *vt* **1.** (*deshacer*) schmelzen; **el sol funde la nieve** die Sonne lässt den Schnee schmelzen; **~ a alguien con la mirada** jdn mit Blicken durchbohren **2.** (*dar forma*) gießen **3.** (*un aparato eléctrico*) durchbrennen lassen **4.** (*unir*) (miteinander) verschmelzen; (*empresas*) zusammenlegen **5.** (*Am: gastar*) verjubeln *fam* **6.** (*argot: consumir*) verschlingen *fam* **II.** *vr:* **~se 1.** (*deshacerse*) (zer)schmelzen **2.** (*aparato eléctrico*) durchbrennen; **se han fundido los plomos** die Sicherung ist durchgebrannt **3.** (*unirse*) (miteinander) verschmelzen (*en* zu +*dat*); (*empresas*) fusionieren (*en* zu +*dat*), sich zusammenschließen (*en* zu +*dat*) **4.** (*Am: arruinarse*) zugrunde [*o* zu Grunde] gehen; (*negocio*) Bankrott machen

fundo ['fuṇdo] *m* (*Chil, Perú: finca*) Farm *f,* Bauernhof *m*

fúnebre ['funeβre] *adj* **1.** (*triste*) traurig **2.** (*sombrío*) düster **3.** (*de los difuntos*) Toten-; **coche ~** Leichenwagen *m;* **pompas ~s** (*ceremonia*) Begräbnis *nt;* (*empresa*) Bestattungsinstitut *nt*

funeral [fune'ral] **I.** *adj* Bestattungs-, Beerdigungs- **II.** *m* **1.** (*entierro*) Begräbnis *nt* **2.** *pl* (*misa*) Trauergottesdienst *m,* Trauerfeier *f*

funeraria [fune'rarja] *f* Beerdigungsinstitut *nt,* Bestattungsinstitut *nt*

funerario, -a [fune'rarjo, -a] *adj* Bestattungs-, Beerdigungs-; **ceremonia funeraria** Beerdigung *f;* **empresa funeraria** Bestattungsinstitut *nt;* **misa funeraria** Trauergottesdienst *m*

funesto, -a [fu'nesto, -a] *adj* **1.** (*aciago*) verhängnisvoll, unheilvoll **2.** (*desgraciado*) schrecklich, verheerend; (*triste*) traurig, tragisch **3.** (*fam: sin talento*) verheerend, katastrophal

fungible [fuŋ'xiβle] *adj* **1.** (*gastable*) verschleißbar; (*fugaz*) vergänglich **2.** (JUR) vertretbar, fungibel

fungicida [fuŋxi'θiða] **I.** *adj* pilztötend, fungizid **II.** *m* Fungizid *nt*

fungir [fuŋ'xir] <g→j> *vi* **1.** (*Am: un cargo*) das Amt innehaben (*de* +*gen*); **funge de alcalde** er ist Bürgermeister **2.** (*Cuba, Méx, PRico: presumir*) angeben; **~ de valiente** sich als Held(in) aufspielen

fungoso, -a [fuŋ'goso, -a] *adj* schwammig; (MED) fungös

funicular [funiku'lar] **I.** *adj* Bergbahn-; (*de cable aéreo*) Seilbahn-; **tren ~** Bergbahn *f* **II.** *m* (*tren*) Bergbahn *f;* **~ (aéreo)** Seilbahn *f,* Schwebebahn *f*

funky-rock ['faŋki rok] *m* (MÚS) Funk-Rock *m;* **sonido** ~ Funk-Rock-Sound *m*
furcia ['furθja] *f* (*pey*) Nutte *f*
furgón [fur'ɣon] *m* **1.** (*carro*) Wagen *m;* (*camioneta*) Transporter *m;* ~ **de mudanzas** Umzugswagen *m* **2.** (FERRO: *para el equipaje*) Gepäckwagen *m;* (*para mercancías*) Güterwagen *m;* ~ **de cola** Bremswagen *m;* ~ **postal** Postwagen *m*
furgoneta [furɣo'neta] *f* Lieferwagen *m,* Kleintransporter *m*
furia ['furja] *f* **1.** (*ira*) Zorn *m,* Wut *f* **2.** (*ímpetu*) Wucht *f* **3.** (*persona*) Furie *f;* **estar hecho una** ~ vor Wut rasen **4.** (*fam: energía*) Eifer *m;* **con** ~ wie verrückt; **a toda** ~ volle Pulle **5.** (*auge*) Höhepunkt *m;* **estar en plena** ~ sehr angesagt sein, voll in Mode sein *fam*
furibundo, -a [furi'βundo, -a] *adj* **1.** (*furioso*) zornerfüllt **2.** (*fam: entusiasta*) begeistert; (*extremado*) fanatisch
furioso, -a [fu'rjoso, -a] *adj* **1.** (*furibundo*) wütend, zornig **2.** (*loco*) tobsüchtig **3.** (*violento*) heftig; (*tempestad*) tosend **4.** (*tremendo*) enorm; (*sentimiento, necesidad*) unbändig
furor [fu'ror] *m* **1.** (*ira*) Wut *f,* Zorn *m* **2.** (*ímpetu*) Wucht *f* **3.** (*energía*) Eifer *m* **4.** (*auge*) Höhepunkt *m;* **hacer** ~ Furore machen; **estar en** ~ in Mode sein **5.** (*afición*) Begeisterung *f;* ~ **poético** Furor *m* poeticus; **tener** ~ **por algo** ganz verrückt nach etw *dat* sein; **tiene** ~ **por el fútbol** er/sie ist ein begeisterter Fußballfan **6.** (*locura*) Tobsuchtsanfall *m* **7.** (MED): ~ **uterino** Nymphomanie *f*
furriel [fu'rrjel] *m* (MIL) Furier *m*
furtivo, -a [fur'tiβo, -a] *adj* heimlich; **cazador** ~ Wilderer *m*
furúnculo [fu'ruŋkulo] *m* (MED) Furunkel *nt o m*
fusa ['fusa] *f* (MÚS) Zweiunddreißigstelnote *f*
fuselaje [fuse'laxe] *m* (AERO) Rumpf *m*
fusible [fu'siβle] **I.** *adj* schmelzbar **II.** *m* Sicherung *f;* ~ **principal** Hauptsicherung *f*
fusil [fu'sil] *m* Gewehr *nt;* ~ **automático** Selbstladegewehr *nt;* ~ **de repetición** Repetiergewehr *nt*
fusilamiento [fusila'mjento] *m* **1.** (*ejecución*) standrechtliche Erschießung *f* **2.** (*fam: de textos*) Abkupfern *nt*
fusilar [fusi'lar] *vt* **1.** (*ejecutar*) füsilieren, standrechtlich erschießen **2.** (*fam: copiar*) abkupfern
fusilería [fusile'ria] *f* **1.** (*fusiles*) Gewehre *ntpl* **2.** (*soldados*) Schützen *mpl* **3.** (*fuego*) Gewehrfeuer *nt*
fusilero[1] [fusi'lero] *m* Schütze *m* (der Infanterie)
fusilero, -a[2] [fusi'lero, -a] *adj* Gewehr-
fusión [fu'sjon] *f* **1.** (*fundición*) Schmelzen *nt;* **punto de** ~ Schmelzpunkt *m* **2.** (*unión*) Fusion *f,* Verschmelzung *f;* ~ **de los ejecutivos** (UE) Zusammenlegung der Exekutivorgane; ~ **nuclear** (FÍS) Kernfusion *f* **3.** (ECON) Fusion *f,* Zusammenschluss *m;* ~ **por absorción** Fusion auf dem Wege der Übernahme
fusionar [fusjo'nar] **I.** *vi* schmelzen; ~ **a una temperatura elevada** bei hoher Temperatur schmelzen **II.** *vt* **1.** (*deshacer*) schmelzen **2.** (*unir*) verschmelzen; (*empresas*) fusionieren **3.** (*acciones*) zusammenlegen **III.** *vr:* **~se** (miteinander) verschmelzen; (*empresas*) fusionieren
fusta ['fusta] *f* **1.** (*látigo*) Gerte *f,* (Reit)peitsche *f;* **sacudir la** ~ mit der Peitsche knallen **2.** (*leña*) Reisig *nt* **3.** (*tejido*) Wollstoff *m*
fustán [fus'tan] *m* (*Am: combinación*) Unterrock *m*
fuste ['fuste] *m* **1.** (*madera*) Holz *nt* **2.** (*vara*) Stange *f;* (*de una lanza*) Schaft *m* **3.** (ARQUIT) Säulenschaft *m* **4.** (*importancia*) Bedeutung *f;* (*sustancia*) Gehalt *m;* (*de una persona*) Format *nt;* **de poco** ~ unbedeutend; (*persona*) charakterlos; (*discurso*) nichts sagend **5.** (*arzón*) Sattelbaum *m*
fustigar [fusti'ɣar] <g→gu> *vt* **1.** (*azotar*) peitschen; ~ **un caballo** einem Pferd die Peitsche geben **2.** (*reprender*) tadeln
futbito [fuð'βito] *m* (*fam*) Hallenfußball *m*
fútbol ['fuðβol] *m* Fußball *m;* **club de** ~ Fußballklub *m,* Fußballverein *m;* **partido de** ~ Fußballspiel *nt*
futbolín [fuðβo'lin] *m* Tischfußballspiel *nt;* **jugar al** ~ Tischfußball spielen
futbolista [fuðβo'lista] *mf* Fußballspieler(in) *m(f),* Fußballer(in) *m(f) fam*
futbolístico, -a [fuðβo'listiko, -a] *adj* fußballerisch, Fußball-; **equipo** ~ Fußballmannschaft *f,* (Fußball)elf *f*
fútbol-sala ['fuðβol-'sala] *m sin pl* Hallenfußball *m*
futesa [fu'tesa] *f* Kleinigkeit *f,* Nichtigkeit *f*
fútil ['futil] *adj* nichtig, belanglos
futileza [futi'leθa] *f* (*Chil: pequeñez*) Kleinigkeit *f*
futilidad [futili'ðaᵈ] *f* Belanglosigkeit *f,* Nichtigkeit *f*
futirse [fu'tirse] *vr* (*Ant, Chil: fastidiarse*) sich ärgern; **¡estamos futidos!** wir sind erledigt!
futre ['futre] *m* (*Am: pey*) Geck *m,* Lackaffe *m*
futrir [fu'trir] *vt* (*Col: molestar*) belästigen, plagen
futura [fu'tura] *f* **1.** (*a la sucesión de un empleo*) Anwartschaft *f* **2.** *v.* **futuro[2]**
futurible [futu'riβle] **I.** *adj* möglich; (*acontecimiento*) eventuell (eintretend); (*persona*) in Frage [*o* infrage] kommend **II.** *mf* Anwärter(in) *m(f);* **~s para presidente** Anwärter auf das Präsidentenamt
futurismo [futu'rismo] *m sin pl* Futurismus *m*
futurista [futu'rista] **I.** *adj* futuristisch **II.** *mf* Futurist(in) *m(f)*
futuro[1] [fu'turo] *m* **1.** (*tiempo* ~) Zukunft *f* **2.** (LING) Futur *nt* **3.** (FIN): ~ **financiero** Termingeschäft *nt;* **compra de ~s** Terminkauf *m;* **mercado de ~s financieros** spanischer Termin- und Futuresmarkt; **tipo de cambios**

F

~**s** Terminkurs *m;* **vender/comprar divisas a ~s** Devisen auf Termin verkaufen/kaufen

futuro, **-a**² [fu'turo, -a] **I.** *adj* (zu)künftig; **tiempo ~** Zukunft *f* **II.** *m, f* (*fam*) Zukünftige(r) *mf*

futuróloga [futu'roloɣa] *f v.* **futurólogo**

futurología [futurolo'xia] *f* Futurologie *f,* Futuristik *f*

futurólogo, **-a** [futu'roloɣo, -a] *m, f* Futurologe, -in *m, f*

G

G, g [xe] *f* G, g *nt;* ~ **de Granada** G wie Gustav

gabacho, -a [ga'βatʃo, -a] *m, f* (*pey: francés*) Franzose *m,* Französin *f*

gabán [ga'βan] *m* Mantel *m*

gabardina [gaβar'ðina] *f* **1.** (*tela*) Gabardine *m o f* **2.** (*prenda*) Trenchcoat *m*

gabarra [ga'βarra] *f* (NÁUT: *para carga y descarga*) Frachtkahn *m;* (*más pequeña*) Leichter *m;* (*remolcada*) Schleppkahn *m*

gabela [ga'βela] *f* Abgabe *f*

gabinete [gaβi'nete] *m* **1.** (*estudio*) Arbeitsraum *m;* (*junto a la alcoba*) Salon *m* **2.** (*tocador*) Toilettentisch *m* **3.** (*museo*) Kabinett *nt* **4.** (*de médico*) Praxis *f* **5.** (POL) Kabinett *nt* **6.** (*loc*): ~ **de prensa** Pressestelle *f*

Gabón [ga'βon] *m* Gabun *nt*

gabonés, -esa [gaβo'nes, -esa] **I.** *adj* gabunisch **II.** *m, f* Gabuner(in) *m(f)*

gabro ['gaβro] *m* (GEO) Gabbro *m*

gacela [ga'θela] *f* Gazelle *f;* **corre como una** ~ er/sie ist flink wie ein Wiesel

gaceta [ga'θeta] *f* **1.** (HIST: *periódico*) Zeitung *f* **2.** (HIST: *BOE*) *spanisches Gesetzblatt* **3.** (*fam: correveidile*) Klatschmaul *nt*

gacetilla [gaθe'tiʎa] *f* **1.** (*de un periódico*) Kurznachrichtenübersicht *f* **2.** (*noticia*) Kurznachricht *f*

gacetillero, -a [gaθeti'ʎero, -a] *m, f* Journalist(in) *m(f)*

gacha ['gatʃa] *f* **1.** (*fam: barro*) Schlamm *m* **2.** *pl* (*comida*) Brei *m*

gacheta [ga'tʃeta] *f* **1.** (*cerradura*) Ringhalter *m* **2.** (*pestillo*) Schließhaken *m* **3.** (GASTR) Mehlkleister *m*

gachí [ga'tʃi] <gachíes> *f* (*fam*) Mädel *nt*

gacho, -a ['gatʃo, -a] *adj* (herunter)hängend; **orejas gachas** Schlappohren *ntpl;* **sombrero** ~ Schlapphut *m*

gachó [ga'tʃo] *m* (*fam*) Kerl *m*

gachumbo [ga'tʃumbo] *m* (*Col, Ecua*) holzartige Schale *f*

gádido ['gaðiðo] *m* (ZOOL) Schellfisch *m,* Dorsch *m*

gaditano, -a [gaði'tano, -a] **I.** *adj* aus Cádiz **II.** *m, f* Einwohner(in) *m(f)* von Cádiz

gaélico, -a [ga'eliko, -a] *adj* gälisch

gafa ['gafa] *f* **1.** *pl* (*anteojos*) Brille *f;* **~s de inmersión** Taucherbrille *f;* **llevar ~s** eine Brille tragen; **ponerse las ~s** die Brille aufsetzen **2.** (*varilla*) Brillenbügel *m* **3.** (TÉC: *grapa*) Klammer *f* **4.** (TÉC: *abrazadera*) Krampe *f*

gafar [ga'far] *vt* **1.** (*con grapas*) verklammern **2.** (*con las uñas*) sich festkrallen (an *+dat*) **3.** (*fam: mala suerte*) Unglück bringen *+dat*

gafe ['gafe] *m* **1.** (*cenizo*) Unglücksbringer *m* **2.** (*aguafiestas*) Spielverderber *m*

gafedad [gafe'ða^{ð}] *f* (MED) **1.** (*contracción*) krampfartige Fingerlähmung *f* **2.** (*lepra*) Krallenfingrigkeit *f*

gafotas [ga'fotas] **I.** *adj inv* (*pey*): **algunos niños miopes tienen complejo de** ~ manche kurzsichtigen Kinder haben einen Komplex, weil sie Brillenträger sind **II.** *mf inv* (*pey*) Brillenschlange *f fam pey*

gag [ga^{ɣ}] *m* <gags> Gag *m*

gago, -a ['gaɣo, -a] **I.** *adj* (*Am*) stotternd **II.** *m, f* Stotterer, -in *m, f*

gaicano [gai̯'kano] *m* (ZOOL) Schiffshalter *m*

gaita ['gai̯ta] *f* **1.** (MÚS: *gallega*) Dudelsack *m;* (*zamorana*) Flageolett *nt* **2.** (*fam: cuello*) Hals *m* **3.** (*fam: lata*): **vaya** ~ **tener que hacer eso** das machen zu müssen ist die reinste Qual **4.** (*loc*): **estar hecho una** ~ kränklich sein; **estar de** ~ (*fam*) guter Dinge sein

gaitero, -a [gai̯'tero, -a] *m, f* (*de gaita gallega*) Dudelsackspieler(in) *m(f);* (*de gaita zamorana*) Flageolettspieler(in) *m(f)*

gaje ['gaxe] *m* Einkommen *nt;* **los ~s del oficio** (*irón*) die Unannehmlichkeiten des Berufs

gajo ['gaxo] *m* **1.** (*de naranja*) Segment *nt* **2.** (*racimo*) Traube *f* **3.** (*rama*) herabgefallener Zweig

gajoso, -a [ga'xoso, -a] *adj* vielteilig, vielscheibig

gal [gal] *m* (GEO) Gal *nt*

gala ['gala] *f* **1.** (*fiesta*) Gala *f* **2.** (*garbo*) Anmut *f* **3.** (*selecto*) Beste(s) *nt* **4.** *pl* (*vestido*) Kleider *ntpl*

galabardera [galabar'ðera] *f* (BOT) **1.** (*planta*) Hagebuttenstrauch *m* **2.** (*fruto*) Hagebutte *f*

galáctico, -a [ga'laktiko, -a] *adj* (ASTR) galaktisch

galactita [ga'laktika] *f* (MIN) Galaktit *m*

galactocele [galakto'θele] *f* (MED) Galaktozele *f*

galactóforo, -a [galak'toforo, -a] *adj* (ANAT) Milch führend

galactorrea [galakto'rrea] *f* (MED) vermehrte Milchabsonderung *f,* Galaktorrhöe *f*

galactosa [galak'tosa] *f* (QUÍM) Galaktose *f*

galaico, -a [ga'lai̯ko, -a] *adj* galicisch

galaicoportugués, -esa [galai̯koportu'ɣes, -esa] *adj* galicisch-portuguiesisch

galán [ga'lan] *m* **1.** (*hombre*) Galan *m* **2.** (*novio*) Liebhaber *m* **3.** (TEAT: *papel*) jugendlicher Liebhaber *m*

galancete [galan̪'θete] *m* (TEAT) jugendlicher Liebhaber *m*

galanga [ga'laŋga] *f* (BOT) **1.** (*planta*) Galgant *m* **2.** (*rizoma*) Galgantwurzel *f*
galante [ga'lan̪te] *adj* **1.** (*atento*) aufmerksam **2.** (*mujer*) kokett **3.** (*historia*) pikant
galanteador(a) [galan̪tea'ðor(a)] *adj* umwerbend
galantear [galan̪te'ar] *vt* den Hof machen (*a* +*dat*)
galantería [galan̪te'ria] *f* **1.** (*hacia una mujer*) Höflichkeit *f* (*hacia* gegenüber +*dat*) **2.** (*amabilidad*) Aufmerksamkeit *f* (*hacia* gegenüber +*dat*) **3.** (*generosidad*) Großzügigkeit *f* (*hacia* gegenüber +*dat*)
galantina [galan̪'tina] *f* (GASTR) Galantine *f*
galapagar [galapa'ɣar] *m* Schildkrötensumpf *m*
galápago [ga'lapaɣo] *m* (ZOOL) Süßwasserschildkröte *f;* **tener más conchas que un ~** (*fam*) sehr gerissen sein
galapaguera [galapa'ɣera] *f* Schildkröten-Terrarium *nt*
galardón [galar'ðon] *m* Preis *m*
galardonar [galarðo'nar] *vt* auszeichnen; **~ a alguien con un título** jdm einen Titel verleihen
galaxia [ga'laᵞsja] *f* **1.** (*universo*) Galaxie *f* **2.** (*AmC*) Prominenz *f*
galbana [gal'βana] *f* (*fam*) Faulheit *f*
galbanado, -a [galβa'naðo, -a] *adj* gelblichgrau
galbano [gal'βano] *m* **1.** (BOT) Galbanum *nt* **2.** (MED) Mutterharz *nt*
galbanoso, -a [galβa'noso, -a] *adj* faul, arbeitsscheu
gálbula ['galβula] *f* (BOT) Fruchtzapfen *m*
galega [ga'leɣa] *f* (BOT) Geißraute *f*
galena [ga'lena] *f* Galenit *m*
galeno [ga'leno] *m* (*fam*) Doktor *m*
gáleo ['galeo] *m* (ZOOL) Hundshai *m*
galeón [gale'on] *m* Galeone *f*
galeote [gale'ote] *m* Galeerensträfling *m*
galera [ga'lera] *f* **1.** (NÁUT) Galeere *f* **2.** (ZOOL) Heuschreckenkrebs *m* **3.** (TIPO) (Setz)schiff *nt* **4.** (MAT) Divisionszeichen *nt* **5.** (*Am: cobertizo*) Schuppen *m* **6.** (*Am: sombrero*) Zylinder(hut) *m*
galerada [gale'raða] *f* (TIPO) Fahne *f*
galería [gale'ria] *f* **1.** (*corredor*) Galerie *f* **2.** (*de arte*) Kunstgalerie *f* **3.** *pl* (*grandes almacenes*) Kaufhaus *nt* **4.** *pl* (*bulevar*) Ladenpassage *f* **5.** (MIN) Stollen *m* **6.** (TEAT) Galerie *f* **7.** (*subterránea*) Tunnel *m*
galerista [gale'rista] *mf* Galerist(in) *m(f)*
galerón [gale'ron] *m* **1.** (*AmS: romance*) Ballade *f,* Romanze *f* **2.** (*Col, Ven:* MÚS) Volkstanz *m* **3.** (*CRi, ElSal: cobertizo*) Schuppen *m*
galés, -esa [ga'les, -esa] **I.** *adj* walisisch **II.** *m, f* Waliser(in) *m(f)*
Gales ['gales] *m:* (**País de**) ~ Wales *nt*
galgo, -a ['galɣo, -a] *m, f* (ZOOL) Windhund, -hündin *m, f*
gálgulo ['galgulo] *m* (ZOOL) Blauelster *f*
Galia ['galja] *f* Gallien *nt*
galicanismo [galika'nismo] *m sin pl* (POL, REL) Gallikanismus *m*
Galicia [ga'liθja] *f* Galicien *nt*
galicismo [gali'θismo] *m* Gallizismus *m*
gálico, -a ['galiko, -a] *adj* gallisch
galileo, -a [gali'leo, -a] **I.** *adj* (HIST) galiläisch **II.** *m, f* (HIST) Galiläer(in) *m(f)*
galillo [ga'liʎo] *m* **1.** (ANAT) Zäpfchen *nt* **2.** (*fam: gaznate*) Kehle *f,* Schlund *m*
galimatías [galima'tias] *m inv* **1.** (*lenguaje*) Kauderwelsch *nt* **2.** (*enredo*) Durcheinander *nt*
galio ['galjo] *m* **1.** (BOT) Labkraut *nt* **2.** (QUÍM) Gallium *nt*
galipandria [gali'pan̪drja] *f* (*fam*) Erkältung *f*
galipote [gali'pote] *m* (NÁUT) Teer *m*
galladura [gaʎa'ðura] *f* Hahnentritt *m* (*im Ei*)
gallano [ga'ʎano] *m* (ZOOL) Schleimfisch *m*
gallarda [ga'ʎarða] *f* **1.** (*baile*) altspanischer Tanz **2.** (MÚS) Gaillarde *f* **3.** (TIPO) Petit *f*
gallardear [gaʎarðe'ar] *vi* **1.** (*ostentar gallardía*) Mut zur Schau tragen **2.** (*presumir*) prahlen (*de* mit +*dat*)
gallardía [gaʎar'ðia] *f* **1.** (*apostura*) Stattlichkeit *f* **2.** (*garbo*) Anmut *f* **3.** (*valentía*) Mut *m*
gallardo, -a [ga'ʎarðo, -a] *adj* **1.** (*de aspecto*) stattlich **2.** (*garboso*) anmutig **3.** (*valiente*) mutig
gallear [gaʎe'ar] **I.** *vi* **1.** (*fanfarronear*) angeben **2.** (*alzar la voz*) brüllen **3.** (*creerse importante*) sich *dat* viel einbilden **II.** *vt* (*el gallo a la gallina*) treten
gallego, -a [ga'ʎeɣo, -a] **I.** *adj* galicisch **II.** *m, f* **1.** (*habitante*) Galicier(in) *m(f)* **2.** (*AmS: pey: español*) Spanier(in) *m(f)*
galleguismo [gaʎe'ɣismo] *m* Galicismus *m*
galleguista [gaʎe'ɣista] **I.** *adj* (POL) galicisch gesinnt **II.** *mf* (POL) nationalistisch gesinnter Galicier *m,* nationalistisch gesinnte Galicierin *f*
galleta [ga'ʎeta] *f* **1.** (*dulce*) Keks *m;* (*bizcocho*) Zwieback *m* **2.** (MIN) Würfelkohle *f* **3.** (*fam: bofetada*) Ohrfeige *f*
gallete [ga'ʎete] *m:* **beber al ~** (direkt) vom Strahl trinken
galletero [gaʎe'tero] *m* Keksdose *f*
gallina [ga'ʎina] *f* **1.** (*hembra del gallo*) Huhn *nt;* **~ clueca** Glucke *f* **2.** (*fam: cobarde*) Feigling *m* **3.** (*juego*): **jugar a la ~ ciega** Blindekuh spielen **4.** (*loc*): **se me pone la carne de ~** ich bekomme eine Gänsehaut
gallinaza [gaʎi'naθa] *f* Hühnermist *m*
gallinazo [gaʎi'naθo] *m* Truthahngeier *m*
gallinero [gaʎi'nero] *m* **1.** (*corral*) Hühnerstall *m* **2.** (TEAT) Olymp *m*
gallipato [gaʎi'pato] *m* (ZOOL) spanischer Rippenmolch *m*
gallito [ga'ʎito] *m:* **ser un ~** der Hahn im Korb sein; **ponerse ~** agressiv werden
gallo ['gaʎo] *m* **1.** (*ave*) Hahn *m;* **~ de pelea** Kampfhahn *m;* **~ silvestre** Auerhahn *m*

2. (*pez*) Heringskönig *m* 3. (*engreído*) Angeber *m* 4. (MÚS): **soltar un** ~ kicksen 5. (*esputo*) Auswurf *m* 6. (*Am: hombre fuerte*) starker Mann *m* 7. (*loc*): **misa de(l)** ~ Christmette *f;* **pata de** ~ Krähenfüße *mpl;* **peso** ~ (DEP) Bantamgewicht *nt;* **alzar el** ~ großspurig werden; **en menos que canta un** ~ im Nu; **si el dinero fuera mío, otro** ~ **nos cantara** (*fam*) wenn das Geld mir gehören würde, würde die Lage anders aussehen

gallocresta [gaʎo'kresta] *f* (BOT) Hahnenkamm *m*

galludo [ga'ʎuðo] *m* (ZOOL) Dornhai *m*

galo, **-a** ['galo, -a] I. *adj* 1. (*de la Galia*) gallisch 2. (*francés*) französisch II. *m, f* 1. (*de la Galia*) Gallier(in) *m(f)* 2. (*francés*) Franzose *m,* Französin *f*

galón [ga'lon] *m* 1. (*cinta*) Borte *f* 2. (MIL: *distintivo*) Litze *f* 3. (*medida inglesa*) Gallone *f*

galonista [galo'nista] *m* (MIL) Galon *m*

galopada [galo'paða] *f* Galopprennen *nt*

galopar [galo'par] *vi* galoppieren

galope [ga'lope] *m* Galopp *m*

galopillo [galo'piʎo] *m* Küchenjunge *m*

galopín [galo'pin] *m* 1. (*golfillo*) Straßenjunge *m* 2. (*granuja*) Gauner *m* 3. (*granujilla*) Bengel *m*

galorrománico[1] [galorro'maniko] *m* (LING) Galloromanisch(e) *nt*

galorrománico, **-a**[2] [galorro'maniko, -a] *adj* (LING) galloromanisch

galpón [gal'pon] *m* (*AmS*) Schuppen *m*

galuchar [galu'ʧar] *vi* (*Col, Cuba, PRico, Ven*) galoppieren

galvanismo [galβa'nismo] *m sin pl* (FÍS) Galvanismus

galvanización [galβaniθa'θjon] *f* 1. (MED) Galvanisation *f* 2. (TÉC) Galvanisierung *f*

galvanizar [galβani'θar] <z→c> *vt* 1. (TÉC) galvanisieren; (*con cinc*) verzinken 2. (*una institución*) beleben

galvanocauterio [galβanokau̯'terjo] *m* (MED) Galvanokanter *m,* Glühstift *m*

galvanometría [galβanome'tria] *f* (ELEC) Galvanometrie *f*

galvanoplastia [galβano'plastja] *f* (TÉC) Galvanoplastik *f*

galvanoscopio [galβanos'kopjo] *m* (ELEC) Galvanoskop *nt*

galvanostegia [galβanos'texja] *f* (TÉC) Galvanotechnik *f*

galvanotecnia [galβano'teᵞnja] *f* (TÉC) Galvanotechnik *f*

galvanotipia [galβano'tipja] *f* (TIPO) Galvanoplastik *f*

gama ['gama] *f* 1. (MÚS) Tonleiter *f* 2. (*escala*) Skala *f;* ~ **de ofertas** Angebotspalette *f;* **una** ~ **baja de productos** Billigprodukte *ntpl*

gamada [ga'maða] *adj:* **cruz** ~ Hakenkreuz *nt*

gamba ['gamba] *f* 1. (ZOOL) Garnele *f* 2. (GASTR) Krabbe *f*

gámbaro ['gambaro] *m* (ZOOL) Ostseegarnele *f*

gamberrada [gambe'rraða] *f* rowdyhafter Streich *m;* **hacer** ~**s** etwas anstellen

gamberrear [gamberre'ar] *vi* gaunern

gamberro, **-a** [gam'berro, -a] *m, f* Rowdy *m*

gambeta [gam'beta] *f* 1. (*Am: distensión*) Verrenkung *f* 2. (*Am: evasiva*) ausweichende Antwort *f;* (*fútbol*) Dribbling *nt;* **hacer** ~**s** dribbeln

gamboa [gam'boa] *f* (BOT) saftige Quitte *f*

gambota [gam'bota] *f* (NÁUT) Heckpfeiler *m*

gambuza [gam'buθa] *f* (NÁUT) Vorratskammer *f* für Lebensmittel auf einem Schiff

gameto [ga'meto] *m* (BIOL) Fortpflanzungszelle *f,* Gamet *m*

gametófito [game'tofito] *m* (BOT) Gametophyt *m*

gametogénesis [gameto'xenesis] *f inv* (BIOL) Keimzellenbildung *f,* Gametogenie *f*

gamezno [ga'meθno] *m* (ZOOL) Damkalb *nt*

gamma ['gam(m)a] *f* Gamma *nt*

gammaglobulina [gam(m)aɣloβu'lina] *f* (BIOL, QUÍM) Gammaglobulin *nt*

gammagrafía [gam(m)aɣra'fia] *f* (MED) Gammagraphie *f*

gammaterapia [gam(m)ate'rapja] *f* (MED) Gammatherapie *f*

gamo ['gamo] *m* Damhirsch *m*

gamón [ga'mon] *m* (BOT) Affodill *m*

gamonal [gamo'nal] *m* (*Am: cacique*) Kazike *m*

gamonalismo [gamona'lismo] *m* (*Am*) Kazikentum *nt*

gamuza [ga'muθa] *f* 1. (*animal*) Gämse *f* 2. (*piel*) Gämsleder *nt* 3. (*paño*) Fensterleder *nt*

gana ['gana] *f* Lust *f* (*de* auf +*akk*); **tengo** ~**s de comer** ich habe Appetit; **de buena** ~ gerne; **de mala** ~ ungerne; **tengo** ~**s de irme de vacaciones** ich möchte gerne Urlaub machen; **no me da la (real)** ~ (*fam*) ich will einfach nicht; **son** ~**s de fastidiar** sie wollen uns ja nur das Spiel verderben!; **me quedé con las** ~**s de verle** ich musste mich leider damit abfinden, ihn nicht sehen zu können; **este es feo con** ~**s** (*fam*) der ist ja furchtbar hässlich!

ganadería [ganaðe'ria] *f* 1. (*ganado*) Viehbestand *m* 2. (*crianza*) Viehzucht *f;* ~ **biológica** biologische Viehzucht 3. (*comercio*) Viehhandel *m*

ganadero, **-a** [gana'ðero, -a] I. *adj* Vieh- II. *m, f* 1. (*criador*) Viehzüchter(in) *m(f)* 2. (*tratante*) Viehhändler(in) *m(f)*

ganado [ga'naðo, -a] *m* 1. (*reses*) Vieh *nt;* ~ **bovino** [*o* **vacuno**] Rinder *ntpl;* ~ **cabrío** Ziegen *fpl;* ~ **ovino** Schafe *ntpl;* ~ **porcino** Schweine *ntpl* 2. (*Am:* ~ *vacuno*) Rinder *ntpl* 3. (*fam: de personas*) Schar *f,* Horde *f*

ganador(a) [gana'ðor(a)] I. *adj* 1. (*de ganar*) siegend, Sieges- 2. (*victorioso*) siegreich II. *m(f)* Gewinner(in) *m(f)*

ganancia [ga'nanθja] *f* 1. (*beneficio*) Gewinn *m* 2. (*sueldo*) Verdienst *m*

G

ganancioso, **-a** [ganaṇ'θjoso, -a] *adj* **1.** (*que da ganancia*) gewinnbringend **2.** (*beneficiado*): **salir ~ de algo** einen Nutzen aus etw *dat* ziehen

ganapán [gana'pan] *m* **1.** (*pey: peón*) Gelegenheitsarbeiter *m* **2.** (*rudo*) Grobian *m*

ganar [ga'nar] **I.** *vi* **1.** (*en el juego*) gewinnen **2.** (*mejorar*) gewinnen (*en* an *+dat*); **~ en condición social** sich gesellschaftlich verbessern; **¿qué esperas ~ con esto?** was erhoffst du dir davon?; **con esto sólo puedes salir ganando** das kann dir nur von Nutzen sein **II.** *vt* **1.** (*trabajando*) verdienen; **con ese negocio consiguió ~ mucho dinero** dieses Geschäft brachte ihm/ihr viel Geld ein **2.** (*jugando*) gewinnen; (*premio*) erringen; (*a alguien*) besiegen (*a +akk*); **le he ganado 1.000 pesetas a los dados** ich habe ihm/ihr 1.000 Peseten beim Würfeln abgenommen **3.** (*adquirir*) gewinnen; (*libertad*) erlangen; (*conocimientos*) erwerben; **~ experiencia** Erfahrungen sammeln; **~ peso** zunehmen; **~ velocidad** schneller werden **4.** (*llegar a*) erreichen; **~ la orilla** ans Ufer gelangen **5.** (*aventajar*) übertreffen (*en* an *+dat*) **6.** (MIL: *ciudad*) erobern **7.** (*a una persona*) für sich gewinnen **III.** *vr:* **~se 1.** (*dinero*) verdienen **2.** (*a alguien*) für sich gewinnen **3.** (*loc*): **si no me sale, me la gano** wenn mir das nicht gelingt, dann blüht mir was

ganchillo [gan'tʃiʎo] *m* **1.** (*gancho*) Häkelnadel *f* **2.** (*labor*) Häkelarbeit *f;* **hacer ~** häkeln

gancho ['gantʃo] *m* **1.** (*instrumento*) Haken *m* **2.** (DEP: *boxeo*) Haken *m;* (*baloncesto*) Hookshot *m* **3.** (*de árbol*) Aststumpf *m* **4.** (*algo que atrae*) Blickfang *m* **5.** (*Am: horquilla*) Haarnadel *f* **6.** (*garabato*) Haken *m* **7.** (*atractivo*) Anziehungskraft *f* **8.** (*persona*) Lockvogel *m*

ganchudo, **-a** [gan'tʃuðo, -a] *adj* hakenförmig

gandido, **-a** [gaṇ'diðo, -a] *adj* (*Col: pey: glotón*) gefräßig

gandinga [gaṇ'diŋga] *f* **1.** (*mineral*) Erzschlich *m* **2.** (*Cuba, PRico:* GASTR) *fritiertes Gemüse und Hülsenfrüchte mit einer dickflüssigen Soße*

gandola [gaṇ'dola] *m* (BOT) *essbare, dem Spinat ähnliche Blattpflanze*

gandul(a) [gaṇ'dul(a)] **I.** *adj* faul **II.** *m(f)* Faulpelz *m*

gandulear [gaṇdule'ar] *vi* faulenzen

gandulería [gaṇdule'ria] *f* Faulheit *f*

gandulitis [gaṇdu'litis] *f sin pl* (*fam*) Faulenzerei *f*

gandumbas [gaṇ'dumbas] **I.** *adj inv* (*fam*) faul, träge **II.** *mf inv* (*fam*) Faulenzer(in) *m(f)*

ganga ['gaŋga] *f* **1.** (*oferta*) günstiges Angebot *nt;* **¿sólo vale 1.000 pesetas? ¡pues sí que es una ~!** das kostet nur 1.000 Peseten? das ist ja spottbillig!; **¡menuda ~ este nuevo jefe!** mit dem neuen Chef haben wir uns ja was Schönes eingehandelt! **2.** (ZOOL) Flughuhn *nt* **3.** (MIN) Gangstein *m*

ganglio ['gaŋgljo] *m* (ANAT) Ganglion *nt*

gangosear [gaŋgose'ar] *vi* näseln

gangoso, **-a** [gaŋ'goso, -a] **I.** *adj* näselnd **II.** *adv:* **hablar ~** näseln

gangrena [gaŋ'grena] *f* **1.** (MED) Brand *m* **2.** (*mal*) Hauptübel *nt*

gangrenarse [gaŋgre'narse] *vr* den Brand bekommen

gángster ['gaⁿster] *mf* Gangster(in) *m(f)*

ganguear [gaŋge'ar] *vi* näseln

gangueo [gaŋ'geo] *m* Näseln *nt*

gansada [gan'saða] *f* Albernheit *f,* Faxen *fpl*

gansarón [gansa'ron] *m* (ZOOL) Gänserich *m*

gansear [ganse'ar] *vi* **1.** (*fam: vaguear*) (faul) herumlungern **2.** (*decir gansadas*) herumalbern

ganso, **-a** ['ganso, -a] *m, f* **1.** (*ave*) Gans *f;* (*macho*) Gänserich *m* **2.** (*perezoso*) Faulenzer(in) *m(f)* **3.** (*estúpido*) Dummkopf *m;* **hacer el ~** herumalbern

Gante ['gaṇte] *m* Gent *nt*

ganzúa¹ [gaṇ'θua] *f* (*llave*) Dietrich *m*

ganzúa² [gaṇ'θua] *m* Einbrecher(in) *m(f)*

gañafón [gaɲa'fon] *m* (TAUR) heftiger Hornstoß *m*

gañán [ga'ɲan] *m* **1.** (*mozo*) Bauernjunge *m* **2.** (*tosco*) Rüpel *m*

gañido [ga'ɲiðo] *m* (*de animal*) Heulen *nt;* (*de perro*) Jaulen *nt;* (*de aves*) Krächzen *nt;* (*de personas*) Keuchen *nt*

gañir [ga'ɲir] <*3. pret:* **gañó**> *vi* (*animal*) heulen; (*perro*) jaulen; (*las aves*) krächzen; (*personas*) schnaufen, keuchen

gañote [ga'ɲote] *m* Kehle *f*

garabatear [garaβate'ar] **I.** *vt* (*al escribir*) (hin)kritzeln **II.** *vi* **1.** (TÉC) (einen) Haken verwenden **2.** (*al escribir*) kritzeln **3.** (*al hablar*) um den heißen Brei herumreden

garabato [gara'βato] *m* **1.** (*gancho*) Haken *m* **2.** (*al escribir*) Gekritzel *nt* **3.** (*atractivo*) Anziehungskraft *f*

garaje [ga'raxe] *m* **1.** (*para coches*) Garage *f* **2.** (*taller*) Autowerkstatt *f*

garambaina [garam'bai̯na] *f* **1.** (*adorno*) Flitterkram *m* **2.** *pl* (*ademanes*) Getue *nt* **3.** *pl* (*garrapatos*) Gekritzel *nt* **4.** *pl* (*tonterías*) Unsinn *m*

garandumba [garaṇ'dumba] *f* (*AmS*) Floß *nt*

garante [ga'raṇte] **I.** *adj* garantierend **II.** *mf* Bürge, -in *m, f*

garantía [garaṇ'tia] *f* **1.** (*seguridad*) Garantie *f* **2.** (FIN: *aval*) Bürgschaft *f;* (*caución*) Kaution *f* **3.** (COM) Garantie *f;* **~s constitucionales** (POL) Grundrechte *ntpl;* **sin ~** ohne Gewähr

garantir [garaṇ'tir] *irr como abolir vt v.* **garantizar**

garantizador(a) [garaṇtiθa'ðor(a)] *m(f)* Bürge, -in *m, f*

garantizar [garaṇti'θar] <z→c> *vt* **1.** (*asegurar*) garantieren; **no está garantizado que él sea el orador** es steht noch nicht fest, ob er der Redner ist **2.** (JUR) gewährleisten; (*deuda*) bürgen (*por* für +*akk*)

garañón [gara'ɲon] *m* **1.** (*asno*) Eselhengst *m;* (*camello*) Kamelhengst *m* **2.** (*Am: caballo semental*) Zuchthengst *m*

garapacho [gara'patʃo] *m* **1.** (*de las tortugas*) Rückenpanzer *m* der Schildkröte **2.** (GASTR: *cazuela*) Holzkasserolle *f*

garapiña [gara'piɲa] *f* **1.** (*galón*) Borte *f* **2.** (GASTR) Kandierung *f* **3.** (*Am: bebida*) *Erfrischungsgetränk aus Ananasschalen*

garapiñar [garapi'ɲar] *vt* kandieren

garapiñera [garapi'ɲera] *f* (GASTR) Kandiergefäß *nt*

garapita [gara'pita] *f* kleines, dichtes Fischfangnetz *nt*

garapito [gara'pito] *m* (ZOOL) Rückenschwimmer *m* (*Insekten*)

garbancero, -a [garβaṇ'θero, -a] **I.** *adj* Kichererbsen- **II.** *m, f* Kichererbsenhändler(in) *m(f)*

garbanzo [gar'βaṇθo] *m* Kichererbse *f;* **ganarse los ~s** (*fam*) seinen Lebensunterhalt verdienen; **ser el ~ negro** das schwarze Schaf sein

garbear [garβe'ar] **I.** *vi* **1.** (*afectar garbo*) prahlen **2.** (*trampear*) sich durchschlagen **II.** *vt* **1.** (*garbas*) in Garben binden **2.** (*robar*) stehlen **III.** *vr:* **~se** spazieren gehen

garbeo [gar'βeo] *m* Spaziergang *m*

garbillar [garβi'ʎar] *vt* sieben

garbillo [gar'βiʎo] *m* **1.** (*criba*) Sieb *nt* **2.** (MIN) Kleinerz *nt*

garbo ['garβo] *m* **1.** (*elegancia*) Anmut *f;* (*de movimiento*) Grazie *f* **2.** (*brío*) Schwung *m* **3.** (*generosidad*) Großzügigkeit *f* **4.** (*de un escrito*) Charme *m*

garbón [gar'βon] *m* (ZOOL) Rebhahn *m*

garboso, -a [gar'βoso, -a] *adj* **1.** (*elegante*) anmutig **2.** (*brioso*) schwungvoll **3.** (*generoso*) großzügig

garbullo [gar'βuʎo] *m* Tumult *m,* Aufruhr *m*

garceta [gar'θeta] *f* **1.** (*ave*) Seidenreiher *m* **2.** (*pelo*) Schläfenlocke *f*

garcilla [gar'θiʎa] *f* (ZOOL) Reiher *m*

gardenia [gar'ðenja] *f* Gardenie *f*

garduña [gar'ðuɲa] *f* Hausmarder *m*

garete [ga'rete] *m:* **ir(se) al ~** (*proyecto*) scheitern; (NÁUT) treiben

garfa ['garfa] *f* Klaue *f*

garfada [gar'faða] *f* Festkrallen *nt*

garfio ['garfjo] *m* spitzer Haken *m*

gargajear [garɣaxe'ar] *vi* spucken

gargajo [gar'ɣaxo] *m* zäher Auswurf *m*

garganta [gar'ɣaṇta] *f* **1.** (*gaznate*) Kehle *f;* (*cuello*) Hals *m;* (*empeine*) Spann *m;* **tener buena ~** eine gute Stimme haben; **se me hizo un nudo en la ~ de nervioso que estaba** die Aufregung schnürte mir die Kehle zu **2.** (*de un objeto*) Hals *m* **3.** (GEO: *quebrada*) Schlucht *f;* (*angostura*) Engpass *m* **4.** (TÉC) Seilnut *f* **5.** (ARQUIT) Schaft *m*

gargantada [garɣaṇ'taða] *f* Schluck *m*

gargantear [garɣaṇte'ar] *vi* **1.** (MÚS) trillern **2.** (NÁUT) stroppen

garganteo [garɣaṇ'teo] *m* (MÚS) Trillern *nt*

gargantilla [garɣaṇ'tiʎa] *f* **1.** (*cinta*) Halsband *nt* **2.** (*collar*) Halskette *f;* (*de perlas*) Perlenkette *f*

gárgaras ['garɣaras] *fpl* Gurgeln *nt;* **hacer ~** gurgeln; **¡vete a hacer ~!** scher dich zum Teufel!

gargarear [garɣare'ar] *vi* (*Chil, Guat, Perú*) gurgeln

gargarizar [garɣari'θar] <z→c> *vi* gurgeln

gárgaro ['garɣaro] *m* (*Ven*) Versteckspiel *nt*

gárgola ['garɣola] *f* (ARQUIT) Wasserspeier *m*

gariofilea [garjofi'lea] *f* (BOT) wilde Nelke *f*

garita [ga'rita] *f* **1.** (*de centinelas*) Schilderhaus *nt* **2.** (*de portero*) Pförtnerloge *f* **3.** (FERRO) Bahnwärterhäuschen *nt* **4.** (*de fortificación*) Mauertürmchen *nt*

garitero, -a [gari'tero, -a] *m, f* **1.** (*propietario*) Inhaber(in) *m(f)* einer Spielhölle **2.** (*cliente*) Spielhöllenbesucher(in) *m(f)*

garito [ga'rito] *m* **1.** (*local*) illegale Spielhalle *f* **2.** (*ganancia*) Gewinn *m* (beim Glücksspiel)

garlar [gar'lar] *vi* (*fam*) schwätzen

garlito [gar'lito] *m* **1.** (*nasa*) Fischreuse *f* **2.** (*fam: trampa*) Falle *f*

garlopa [gar'lopa] *f* Langhobel *m*

garnacha [gar'natʃa] *f* **1.** (BOT) Garnacha *nt* **2.** (*vino*) Garnachawein *m*

garra ['garra] *f* **1.** (*de animal*) Kralle *f;* **caer en las ~s de alguien** in jds Fänge geraten; **la policía le echó la ~ al ladrón** die Polizei konnte den Dieb schnappen **2.** (*pey: mano*) Pfote *f* **3.** (NÁUT) Enterhaken *m* **4.** *pl* (*Am: harapos*) Fetzen *mpl* **5.** (*fam: brío*): **este equipo tiene ~** diese Mannschaft hat Pep

garrafa [ga'rrafa] *f* **1.** (*de vidrio*) Karaffe *f* **2.** (*con cesto*) Korbflasche *f;* **vino de ~** offener Wein

garrafal [garra'fal] *adj* riesig, ungeheuer

garrafiñar [garrafi'ɲar] *vt* (*fam*) entreißen

garrancha [ga'rrantʃa] *f* **1.** (*fam: arma*) Degen *m* **2.** (BOT) vielschichtige Schale *f*

garrapata [garra'pata] *f* Zecke *f*

garrapatear [garrapate'ar] *vi, vt* kritzeln

garrapiña [garra'piɲa] *f v.* **garapiña**

garrapiñar [garrapi'ɲar] *vt* kandieren

garrido, -a [ga'rriðo, -a] *adj* **1.** (*gallardo*) stattlich **2.** (*galano*) elegant

garriga [ga'rriɣa] *f* (BOT) Strauchheide *f*

garrir [ga'rrir] *vi* schreien (*Papagei*)

garrocha [ga'rrotʃa] *f* Lanze *f*

garrochar [garro'tʃar] *vt* (TAUR) mit der Lanze stechen (*Picador*)

garrochazo [garro'tʃaθo] *m* **1.** (*golpe*) Stich *m* mit der Lanze (*Picador*) **2.** (*herida*) Lanzenstich *m*

garrochear [garrotʃe'ar] *vt* (TAUR) *v.* **garrochar**

garrochero [garro'tʃero] *m* **1.** (TAUR) Picador *m* **2.** (*conductor de reses*) Transporteur *m* von Kampfstieren

garrochista [garro'tʃista] *mf* (TAUR) *Person, die die Lanze benutzt*

garrochón [garro'tʃon] *m* (TAUR) Stachelspieß *m,* Lanze *f*

garrofón [garro'fon] *m eine Bohnenart*

garronear [garrone'ar] *vi* (*Arg*) schmarotzen (*a* bei +*dat*)

garrotazo [garro'taθo] *m* Schlag *m* mit dem Knüppel

garrote [ga'rrote] *m* **1.**(*palo*) Knüppel *m* **2.**(*ligadura*) Knebel *m* **3.**(*de ejecución*) Würgschraube *f*

garrotillo [garro'tiʎo] *m sin pl* (MED) Diphtherie *f*

garrucha [ga'rrutʃa] *f* Rolle *f*

garrulería [garrule'ria] *f* Geschwätz *nt*

garrulo, **-a** [ga'rrulo, -a] **I.** *adj* (*pey*) grob, ungeschliffen **II.** *m, f* (*pey*) Grobian *m,* Flegel *m*

gárrulo, **-a** ['garrulo, -a] *adj* **1.**(*pájaro*) zwitschernd **2.**(*persona*) geschwätzig, schwatzhaft **3.**(*arroyo*) murmelnd; (*viento*) flüsternd

garúa [ga'rua] *f* (*Am: llovizna*) Nieseln *nt*

garuar [ga'rwar] *vimpers* (*Am: lloviznar*) nieseln

garza ['garθa] *f* Reiher *m*

garzón, **-ona** [gar'θon, -ona] *m, f* (*Am: camarero*) Kellner(in) *m(f)*

garzota [gar'θota] *f* **1.**(ZOOL) Cayennereiher *m* **2.**(*sombrero*) Reiherbusch *m*

gas [gas] *m* **1.**(*fluido*) Gas *nt;* ~ **natural** Erdgas *nt;* **bombona de** ~ Gasflasche *f;* **cartucho de** ~ Gaspatrone *f;* **cocina de** ~ Gasherd *m;* **agua con** ~ Sprudel *m;* **agua sin** ~ stilles Wasser **2.**(AUTO): **dar** ~ Gas geben; **ir a todo** ~ mit Vollgas fahren **3.** *pl* (*en el estómago*): ~**es** Blähungen *fpl*

gasa ['gasa] *f* **1.**(*tela*) Gaze *f* **2.**(*de luto*) Trauerflor *m* **3.**(MED) Verband(s)mull *m* **4.**(*pañal*) Windel *f*

gascón, **-ona** [gas'kon, -ona] **I.** *adj* gascognisch **II.** *m, f* Gascogner(in) *m(f)*

gaseado, **-a** [gase'aðo, -a] *adj* vergast

gasear [gase'ar] *vt* **1.**(*agua*) Kohlensäure zusetzen +*dat* **2.**(*algodón*) gasieren **3.**(*matar*) vergasen

gaseiforme [gasei̯'forme] *adj* gasförmig

gaseoducto [gaseo'ðukto] *m* Erdgasleitung *f,* Ferngasleitung *f*

gaseosa [gase'osa] *f* süßer Sprudel *m*

gaseoso, **-a** [gase'oso, -a] *adj* **1.**(*con gas*) gashaltig **2.**(*gaseiforme*) gasförmig

gasfitería [gasfite'ria] *f* (*Am*) Klempnerei *f*

gasificación [gasifika'θjon] *f* Vergasung *f*

gasificar [gasifi'kar] <c→qu> *vt* **1.**(TÉC: *transformar en gas*) vergasen **2.**(*un líquido*) mit Kohlensäure versetzen

gasoducto [gaso'ðukto] *m* Gasfernleitung *f*

gasógeno [ga'soxeno] *m* Gasgenerator *m*

gasoil [ga'soi̯l] *m,* **gas-oil** [ga'soi̯l] *m* Diesel(öl) *nt*

gasóleo [ga'soleo] *m* Diesel(öl) *nt*

gasolina [gaso'lina] *f* Benzin *nt;* ~ **con/sin plomo** verbleites/bleifreies Benzin; ~ **súper** Super(benzin) *nt;* **echar** ~ tanken

gasolinera [gasoli'nera] *f* **1.**(*establecimiento*) Tankstelle *f* **2.**(*lancha*) Motorboot *nt*

gasometría [gasome'tria] *f* (QUÍM) Gasanalyse *f*

gastable [gas'taβle] *adj* abnutzbar, verbrauchbar

gastadero [gasta'ðero] *m* (*fam*) Ursache *f* von Ausgaben

gastado, **-a** [gas'taðo, -a] *adj* **1.**(*vestido*) abgetragen; (*cuello*) abgescheuert; (*zapato*) abgelaufen; (*talón*) abgetreten; (*suelo*) ausgetreten; (*neumático*) abgefahren; (*pilas*) leer **2.**(*expresión*) abgedroschen **3.**(*persona*) verbraucht

gastador[1] [gasta'ðor] *m* **1.**(MIL: *zapador*) Pionier *m* **2.**(*condenado*) Zwangsarbeiter *m*

gastador(a)[2] [gasta'ðor(a)] **I.** *adj* verschwenderisch **II.** *m(f)* Verschwender(in) *m(f)*

gastar [gas'tar] **I.** *vt* **1.**(*dinero*) ausgeben **2.**(*vestido*) abtragen; (*zapato*) ablaufen; (*talón*) abtreten; (*suelo*) austreten; (*neumático*) abfahren **3.**(*tiempo*) investieren **4.**(*electricidad*) verbrauchen **5.**(*tener*): ~ **mal/buen humor** stets schlecht/gut gelaunt sein **6.**(*poseer*) haben **7.**(*loc*): ~ **pocas palabras** nicht viele Worte machen; ~ **bromas a alguien** seine Scherze mit jdm treiben **II.** *vr:* ~**se** **1.**(*dinero*) ausgeben **2.**(*vestido*) sich abnutzen **3.**(*consumirse*) verbraucht werden

Gasteiz [gas'tei̯θ] *m* Vitoria *nt*

gasto ['gasto] *m* **1.**(*de dinero*) Ausgabe *f;* (*en un negocio*) Kosten *pl;* (ECON, COM: *desembolso*) Ausgaben *fpl;* (*costos adicionales*) Unkosten *pl;* **dinero para ~s corrientes** Taschengeld *nt;* **~s de inscripción** Einschreibegebühren *fpl;* **~s de personal** Personalaufwand *m;* **~s publicitarios** Werbekosten *pl;* **el ~ público** die Staatsausgaben; **~s de representación** Spesen *pl* **2.**(*de fuerza*) Aufwand *m* (*de* an +*dat*); ~ **de tiempo** Zeitaufwand *m* **3.**(*consumo*) Verbrauch *m* (*de* an +*dat*) **4.**(*de una fuente*) Ergiebigkeit *f*

gastrectomía [gastrekto'mia] *f* (MED) Magenresektion *f,* Gastrektomie *f*

gástrico, **-a** ['gastriko, -a] *adj* Magen-

gastrina [gas'trina] *f* (BIOL) Gastrin *nt*

gastritis [gas'tritis] *f inv* (MED) Magenschleimhautentzündung *f*

gastroenteritis [gastroen̪te'ritis] *f inv* (MED) Magen-Darm-Entzündung *f*

gastroenterología [gastroen̪terolo'xia] *f* (MED) Gastroenterologie *f*

gastrointestinal [gastroin̪testi'nal] *adj* (MED) gastrointestinal, Magen-Darm-

gastrolito [gastro'lito] *m* (BIOL) Magenstein *m,* Gastrolith *m*

gastronomía [gastrono'mia] *f sin pl* **1.**(*arte culinaria*) Gastronomie *f* **2.**(ECON) Gaststättengewerbe *nt*

gastronómico, **-a** [gastro'nomiko, -a] *adj* gastronomisch

gastrónomo, **-a** [gas'tronomo, -a] *m, f* **1.** (*que trabaja en gastronomía*) Gastronom(in) *m(f)* **2.** (*gourmet*) Feinschmecker(in) *m(f)*

gastropatía [gastropa'tia] *f* (MED) Magenleiden *nt*, Gastropathie *f*

gastrorragia [gastro'rraxja] *f* (MED) Magenblutung *f*, Gastrorrhagie *f*

gastroscopia [gastros'kopja] *f* (MED) Magenspiegelung *f*, Gastroskopie *f*

gastrotomía [gastroto'mia] *f* (MED) Magenschnitt *m*, Gastrotomie *f*

gata ['gata] *f* **1.** (*hembra del gato*) Katze *f* **2.** (*nubecilla*) Wolken *fpl* am Berg **3.** (*madrileña*) Madriderin *f* **4.** (*loc*): **hacer la ~ muerta** (*fam*) den Bescheidenen spielen

gatas ['gatas]: **andar a ~** auf allen vieren gehen

gateado, **-a** [gate'aðo, -a] *adj* katzenhaft; **marmol ~** geaderter Marmor

gatear [gate'ar] **I.** *vi* **1.** (*trepar*) klettern **2.** (*ir a gatas*) krabbeln **3.** (*Am: enamorar*) hinter den Frauen her sein **II.** *vt* **1.** (*arañar*) kratzen **2.** (*fam: robar*) mausen

gatera [ga'tera] *f* **1.** (*de gatos*) Katzendurchschlupf *m* **2.** (NÁUT) Klüse *f* **3.** (*Am: verdulera*) Gemüsefrau *f*

gatillo [ga'tiʎo] *m* **1.** (*percusor*) Abzug *m*; **apretar el ~** abdrücken **2.** (*de dentista*) Zahnzange *f* **3.** (*de cuadrúpedo*) Widerrist *m* **4.** (*ratero*) Spitzbube *m*

gato ['gato] *m* **1.** (*félido*) Katze *f*; (*macho*) Kater *m*; **el G~ con Botas** der Gestiefelte Kater; **ser ~ viejo** ein alter Hase sein; **dar ~ por liebre a alguien** (*fam*) jdm ein X für ein U vormachen; **aquí hay ~ encerrado** (*fam*) hier ist etwas faul; **llevarse el ~ al agua** (*fam*) den Vogel abgeschossen haben; **éramos cuatro ~s en el cine** (*fam*) es waren nur ein paar Leute im Kino; **¿quién le pone el cascabel al ~?** (*fig*) wer hängt der Katze die Schelle um?; **buscarle los tres pies al ~** Haarspalterei betreiben; **andar como el perro y el ~** wie Hund und Katze sein **2.** (*astuto*) Gauner *m* **3.** (*madrileño*) Madrider *m* **4.** (TÉC: *de coche*) Wagenheber *m*; (*de carpintero*) Schraubzwinge *f* **5.** (*para dinero*) Geldbeutel *m*

GATT [gat] *m abr de* **Acuerdo General sobre Aranceles y Comercio** GATT *nt*

gatuno, **-a** [ga'tuno, -a] *adj* Katzen-, katzenhaft

gatuña [ga'tuɲa] *f* (BOT) Hauhechel *f*

gatuperio [gatu'perjo] *m* **1.** (*mezcla*) Mischmasch *m* **2.** (*embrollo*) Intrige *f*

gauchaje [gau̯'ʧaxe] *m* (*CSur*) Gauchos *mpl*, Gauchotrupp *m*

gauchear [gau̯ʧe'ar] *vi* **1.** (*Arg, Urug: vivir como un gaucho*) sich wie ein Gaucho benehmen **2.** (*Arg: errar*) umherirren

gaucho[1] ['gau̯ʧo] *m* (*Am*) **1.** (*campesino*) Gaucho *m* **2.** (*jinete*) guter Reiter *m*

gaucho, **-a**[2] ['gau̯ʧo, -a] *adj* **1.** (*de gaucho*) Gaucho-, gauchohaft **2.** (*Am: grosero*) grob **3.** (*Am: astuto*) gerissen

gaudiniano, **-a** [gau̯ði'njano, -a] *adj den spanischen Architekten Antonio Gaudí betreffend*

gaullismo [go'lismo] *m sin pl* (POL) Gaullismus *m*

gaur [gau̯r] *m* (ZOOL) Gaur *m*

gausio ['gau̯sjo] *m* (FÍS) Gauß *nt*

gavanzo [ga'βaṇθo] *m* (BOT) Hagebutte *f*, Heckenrose *f*

gaveta [ga'βeta] *f* **1.** (*de escritorio*) Schubfach *nt* **2.** (*de albañil*) Mörtelpfanne *f*

gavia ['gaβja] *f* **1.** (*zanja*) Entwässerungsgraben *m* **2.** (NÁUT: *vela*) Marssegel *nt* **3.** (*gaviota*) Möwe *f*

gaviero [ga'βjero] *m* (NÁUT) Marsgast *m*

gavilán [ga'βilan] *m* **1.** (*ave*) Sperber *m* **2.** (*de pluma*) Spitze *f* **3.** (*de espada*) Parierstange *f* **4.** (*del cardo*) Distelblüte *f*

gavilla [ga'βiʎa] *f* **1.** (*fajo*) Garbe *f* **2.** (*cuadrilla*) Bande *f*

gaviota [ga'βjota] *f* Möwe *f*

gay [gai̯] *m* Schwule(r) *m*

gayomba [ga'ɟomba] *f* (BOT) Binsenginster *m*

gazapera [gaθa'pera] *f* **1.** (*madriguera*) Kaninchenbau *m* **2.** (*de mala gente*) Schlupfwinkel *m* **3.** (*riña*) Zankerei *f*

gazapo [ga'θapo] *m* **1.** (*conejo*) junges Kaninchen *nt* **2.** (*en un periódico*) (Zeitungs)ente *f* **3.** (*fam: al hablar*) Versprecher *m*

gazmoñería [gaθmoɲe'ria] *f* **1.** (*mojigatería*) Scheinheiligkeit *f* **2.** (*hipocresía*) Heuchelei *f*

gazmoño, **-a** [gaθ'moɲo, -a] *adj* **1.** (*mojigato*) scheinheilig **2.** (*hipócrita*) heuchlerisch

gaznápiro, **-a** [gaθ'napiro, -a] *m, f* **1.** (*simple*) Einfaltspinsel *m* **2.** (*gamberro*) Halbstarke(r) *mf*

gaznatada [gaθna'taða] *f* (*Am*) Ohrfeige *f*

gaznate [gaθ'nate] *m* Kehle *f*

gazpacho [gaθ'paʧo] *m* (GASTR) Gazpacho *m*

gazuza [ga'θuθa] *f* (*fam*) Kohldampf *m*, Bärenhunger *m*

GB [dʒiɣa'bai̯t] *m* (INFOR) *abr de* **gigabyte** GB *nt*

Gbit [dʒiɣa'bit] *m* (INFOR) *abr de* **gigabit** GBit *nt*

Gbyte [dʒiɣa'bai̯t] *m* (INFOR) *abr de* **gigabyte** GByte *nt*

geco ['xeko] *m* (ZOOL) Gecko *m*

géiser ['xei̯ser] *m* Geysir *m*

geisha ['gei̯sa] *f* Geisha *f*

gel [xel] *m* Gel *nt*

gelatina [xela'tina] *f* **1.** (*sustancia*) Gelatine *f* **2.** (GASTR) Sülze *f*

gelatinar [xelati'nar] *vt* mit Gelatine überziehen

gelatinizar [xelatini'θar] <z→c> *vt* (GASTR) gelieren, gelatinieren

gelatinoso, **-a** [xelati'noso, -a] *adj* **1.** (*como la gelatina*) gallertartig **2.** (*de gelatina*) gallertig

geldre ['xeldre] *m* (BOT) Schneeball *m*
gélido, **-a** ['xeliðo, -a] *adj* eiskalt
gelivación [xeliβa'θjon] *f* (GEO) Frostwirkung *f*
gelosa [xe'losa] *f* Gelose *f*, Agar-Agar *nt*
gema ['xema] *f* **1.** (*piedra preciosa*) Edelstein *m*; (*entallada*) Gemme *f* **2.** (BOT) Knospe *f*
gemación [xema'θjon] *f* **1.** (BOT) Knospenbildung *f*, Knospentreiben *nt* **2.** (BIOL) Knospung *f*
gemebundo, **-a** [xeme'βundo, -a] *adj* (*de dolor*) stöhnend; (*de pena*) seufzend
gemelar [xeme'lar] *adj* Zwillings-; **pareja** ~ Zwillingspaar *nt*
gemelaridad [xemelari'ðaᵈ] *f* Zwillingsschwangerschaft *f*
gemelípara [xeme'lipara] **I.** *adj* zwillingsgebärend **II.** *f* Zwillingsgebärende *f*
gemelo, **-a** [xe'melo, -a] **I.** *adj* Zwillings-; **hermanos ~s** Zwillinge *mpl* **II.** *m, f* (*mellizo*) Zwilling *m*
gemelos [xe'melos] *mpl* **1.** (*anteojos*) Fernglas *nt*; ~ **de teatro** Opernglas *nt* **2.** (ASTR) Zwillinge *mpl* **3.** (*de la camisa*) Manschettenknopf *m*
gemido [xe'miðo] *m* **1.** (*de dolor*) Stöhnen *nt*; (*de pena*) Seufzer *m*; (*al llorar*) Wimmern *nt* **2.** (*de animal*) Heulen *nt*
geminación [xemina'θjon] *f* **1.** (*duplicación*) Verdopp(e)lung *f* **2.** (LING) Gemination *f*
Géminis ['xeminis] *m inv* (ASTR) Zwillinge *mpl*
gemir [xe'mir] *irr como pedir vi* **1.** (*de dolor*) stöhnen; (*de pena*) seufzen **2.** (*animal*) heulen
gemología [xemolo'xia] *f* (GEO) Edelsteinkunde *f*, Gemmologie *f*
gen [xen] *m* (BIOL) Gen *nt*
gena ['xena] *f* **1.** (*argot: para adulterar el hachís*) *Stoff, der zum Strecken von Haschisch verwendet wird* **2.** (BOT) Hennastrauch *m* **3.** (ZOOL) *Gesichtshälfte beim Geflügel*
genciana [xen'θjana] *f* Enzian *m*
gendarme [xen'darme] *m* Gendarm *m*
genealogía [xenealo'xia] *f* Genealogie *f*
genealógico, **-a** [xenea'loxiko, -a] *adj* genealogisch; **árbol** ~ Stammbaum *m*
generable [xene'raβle] *adj* erzeugbar
generación [xenera'θjon] *f* **1.** (TÉC: *producción*) Erzeugung *f*; **instrucción de** ~ (INFOR) Erzeugungsanweisung *f* **2.** (COM: *creación*) Schaffung *f* **3.** (BIOL: *procreación*) Zeugung *f* **4.** (*descendientes*) Generation *f*
generacional [xeneraθjo'nal] *adj* Generations-
generador¹ [xenera'ðor] *m* (TÉC) Generator *m*
generador(a)² [xenera'ðor(a)] *adj* **1.** (TÉC) Erzeugungs-, erzeugend **2.** (COM) schaffend; **medidas ~as de empleo** Arbeitsbeschaffungsmaßnahmen *fpl* **3.** (BIOL) Zeugungs-
general [xene'ral] **I.** *adj* **1.** (*universal*) Allgemein-, allgemein; (*huelga*) General-; (*cuartel*) Haupt-; (*impresión*) Gesamt-; **cultura** ~ Allgemeinbildung *f*; **junta** ~ (**extraordinaria**) (außerordentliche) Hauptversammlung *f*; **regla** ~ allgemein gültige Regel; **de uso** ~ (*para todo uso*) für den allgemeinen Gebrauch; (*para todo el mundo*) für die Allgemeinheit; **por lo** ~, **en** ~ im Allgemeinen; **por regla** ~ in der Regel; **en** ~ **me siento satisfecho** im Großen und Ganzen bin ich zufrieden; **en** ~ **hace mejor tiempo aquí que allí** normalerweise ist das Wetter hier schöner als dort **2.** (*vago*) allgemein; **tengo una idea** ~ **del tema** ich weiß ungefähr, worum es geht **II.** *m* General *m*; ~ **en jefe** Oberbefehlshaber *m*
generalato [xenera'lato] *m* **1.** (MIL) Generalswürde *f*, Generalat *nt* **2.** (REL) Generalat *nt*
generalidad [xenerali'ðaᵈ] *f* **1.** (*calidad general*) Allgemeinheit *f*; (*validez general*) Allgemeingültigkeit *f*; **en la** ~ **de los casos** in den meisten Fällen **2.** (*vaguedad*): **respondió con una** ~ er/sie gab keine konkrete Antwort; **hablar de ~es** eine unverbindliche Unterhaltung führen **3.** *pl* (*conocimientos generales*) allgemeine Kenntnisse *fpl*
Generalitat [xenerali'taᵗ] *f autonome Regierung Kataloniens*
generalizable [xenerali'θaβle] *adj* zu verallgemeinern, verallgemeinerbar
generalización [xeneraliθa'θjon] *f* **1.** (*universalización*) Verallgemeinerung *f* **2.** (*difusión*) allgemeine Verbreitung *f*
generalizador(a) [xeneraliθa'ðor(a)] *adj* verallgemeinernd
generalizar [xenerali'θar] <z→c> *vt* **1.** (*hacer general*) verallgemeinern **2.** (*difundir*) verbreiten
generalmente [xeneral'mente] *adv* **1.** (*en general*) im Allgemeinen **2.** (*ampliamente*) allgemein **3.** (*habitualmente*) gewöhnlich, normalerweise
generar [xene'rar] *vt* **1.** (*producir*) erzeugen; ~ **beneficios** Gewinne abwerfen **2.** (*provocar*) hervorrufen; ~ **un clima de confianza** ein Klima des Vertrauens schaffen
generativo, **-a** [xenera'tiβo, -a] *adj* **1.** (TÉC) Erzeugungs-; (BIOL) Zeugungs- **2.** (LING) generativ
generatriz [xenera'triθ] *f* **1.** (FÍS) Stromerzeuger *m* **2.** (MAT) Mantellinie *f*
genérico, **-a** [xe'neriko, -a] *adj* **1.** (*de la especie*) Gattungs-, generisch **2.** (LING): **nombre** ~ Gattungsname *m*
género ['xenero] *m* **1.** (BIOL) Gattung *f*; **este** ~ **de animales está extinguido** diese Tierart ist ausgestorben **2.** (*manera*) Weise *f* **3.** (*clase*) Sorte *f*; **¿qué** ~ **de hombre es?** was für ein Mensch ist er?; **sin ningún** ~ **de dudas** ohne den geringsten Zweifel; **tomar todo** ~ **de precauciones** alle denkbaren Vorsichtsmaßnahmen ergreifen **4.** (LING) Genus *nt* **5.** (LIT) Gattung *f*; ~ **épico** Epik *f*; ~ **lírico** Lyrik *f* **6.** (COM: *artículo*) Ware *f*; (*tela*) (Kleider)stoff *m*; ~ **de punto** Strickware *f* **7.** (ARTE)

Genre *f*
generosidad [xenerosi'ðaᵈ] *f* 1.(*magnanimidad*) Edelmut *m* 2.(*desinterés*) Großzügigkeit *f*
generoso, **-a** [xene'roso, -a] *adj* 1.(*magnánimo*) edelmütig (*con/para con* gegenüber +*dat*) 2.(*desinteresado*) großzügig 3.(*abundante*) reichlich 4.(*loc*): **vino ~** Dessertwein *m*
génesis ['xenesis] *f inv* Entstehung *f*
Génesis ['xenesis] *m* Schöpfungsgeschichte *f*
genética [xe'netika] *f sin pl* (BIOL) Genetik *f*
genético, **-a** [xe'netiko, -a] *adj* genetisch
genial [xe'njal] *adj* 1.(*idea*) genial 2.(*gracioso*) witzig 3.(*estupendo*) toll
genialidad [xenjali'ðaᵈ] *f* 1.(*cualidad*) Genialität *f* 2.(*acción*) Geniestreich *m*
génico, **-a** ['xeniko, -a] *adj* (BIOL) genisch, Gen-; **terapia génica** Gentherapie *f*
geniecillo [xenje'θiʎo] *m* (LIT) Elf *m*, Kobold *m*
genio ['xenjo] *m* 1.(*carácter*) Charakter *m*; **tener buen/mal ~** gutmütig/jähzornig sein; **esta chica tiene mucho ~** dieses Mädchen hat ein aufbrausendes Wesen 2.(*talento*) Veranlagung *f* 3.(*aptitud*) Genie *nt* 4.(*persona*) Genie *nt*; **el ~ de Cervantes** der Genius Cervantes 5.(*empuje*) Tatkraft *f* 6.(*de una época*) (Zeit)geist *m* 7.(*de los cuentos*) Kobold *m*; (*ser fabuloso*) (Flaschen)geist *m* 8.(ARTE) Genius *m*
genipa [xe'nipa] *f* (BOT) Honigbeere *f*
genista [xe'nista] *f* Ginster *m*
genital [xeni'tal] *adj* Geschlechts-
genitales [xeni'tales] *mpl* Geschlechtsorgane *ntpl*
genitivo [xeni'tiβo] *m* (LING) Genitiv *m*
genocidio [xeno'θiðjo] *m* Völkermord *m*
genoma [xe'noma] *m* (BIOL) Genom *nt*
genotípico, **-a** [xeno'tipiko, -a] *adj* (BIOL) genotypisch
genotipo [xeno'tipo] *m* (BIOL) Genotypus *m*, Erbbild *nt*
Génova ['xenoβa] *f* Genua *nt*
gente ['xen̩te] *f* 1.(*personas*) Leute *pl*; **~ de armas** Soldaten *mpl*; **~ de color** Farbige *pl*; **la ~ joven/mayor** die Jungen/Alten; **~ menuda** Kinder *ntpl*; **~ de negocios** (COM) Geschäftsleute *pl*; **a este partido le preocupa la ~** dieser Partei geht es um die Menschen; **tienes que tratar más con la ~** du musst mehr unter die Leute (gehen); **¿qué dirá la ~?** was werden die Leute (dazu) sagen?; **la ~ dice que ...** man sagt, dass ...; **tener don de ~s** gut mit Menschen umgehen können 2.(*personal*) Personal *nt* 3.(MIL: *tropa*) Truppe *f*; (NÁUT) Besatzung *f* 4.(*fam: parentela*) Familienangehörige(n) *mpl*; **¿qué tal tu ~?** wie geht's deiner Familie? 5.(*Am: honrado*) anständiger Mensch *m*
gentil [xen̩'til] I. *adj* 1.(*pagano*) heidnisch 2.(*apuesto*) gut aussehend; (*elegante*) anmutig 3.(*amable*) höflich II. *mf* Heide, -in *m, f*
gentileza [xen̩ti'leθa] *f* 1.(*garbo*) Anmut *f* 2.(*cortesía*) Höflichkeit *f*; **¿tendría Ud. la ~ de ayudarme?** wären Sie so nett mir zu helfen?
gentilicio, **-a** [xen̩ti'liθjo, -a] *adj* (LING): **nombre ~** Völkername *m*
gentío [xen̩'tio] *m sin pl* Gedränge *nt*
gentuza [xen̩'tuθa] *f* (*pey*) Pöbel *m*
genuflexión [xenufleˠ'sjon] *f* Kniebeuge *f*
genuino, **-a** [xe'nwino, -a] *adj* (*persona*) echt; (*manuscrito*) authentisch; (*amor*) wahr; **es un caso ~ de histeria** das ist ein reiner Fall von Hysterie
geobiología [xeoβiolo'xia] *f* (BIOL) Geobiologie *f*
geobotánica [xeoβo'tanika] *f* (BOT) Pflanzengeographie *f*, Geobotanik *f*
geocentrismo [xeoθen̩'trismo] *m sin pl* (ASTR) Egozentrik *f*
geocronología [xeokronolo'xia] *f* (GEO) Geochronologie *f*
geoda [xe'oða] *f* (GEO) Geode *f*
geodesia [xeo'ðesja] *f* Erdmessung *f*
geodinámica [xeoði'namika] *f* (GEO) Geodynamik *f*
geoestacionario, **-a** [xeoestaθjo'narjo, -a] *adj* (AERO) geostationär
geofagia [xeo'faxja] *f* (PSICO) Geophagie *f*
geogenia [xeo'xenja] *f* (GEO) Geogenese *f*, Geogenie *f*
geognosia [xeoɣ'nosja] *f* (GEO) Geologie *f*
geografía [xeoɣra'fia] *f sin pl* Geographie *f*
geográfico, **-a** [xeo'ɣrafiko, -a] *adj* geographisch
geógrafo, **-a** [xe'oɣrafo, -a] *m, f* Geograph(in) *m(f)*
geología [xeolo'xia] *f sin pl* Geologie *f*
geológico, **-a** [xeo'loxiko, -a] *adj* geologisch
geólogo, **-a** [xe'oloɣo, -a] *m, f* Geologe, -in *m, f*
geomedicina [xeomeði'θina] *f* (MED) Geomedizin *f*
geometría [xeome'tria] *f sin pl* Geometrie *f*
geométrico, **-a** [xeo'metriko, -a] *adj* geometrisch
geopolítica [xeopo'litika] *f* (GEO) Geopolitik *f*
geopolítico, **-a** [xeopo'litiko, -a] *adj* geopolitisch
geoquímica [xeo'kimika] *f* (GEO, QUÍM) Geochemie *f*
Georgia [xe'orxja] *f* Georgien *nt*; (*en los Estados Unidos*) Georgia *nt*
georgiano, **-a** [xeor'xjano, -a] I. *adj* georgisch II. *m, f* Georgier(in) *m(f)*
geosfera [xeos'fera] *f* (GEO) Geosphäre *f*
geosinclinal [xeosiŋkli'nal] *m* (GEO) Geosynklinale *f*
geosistema [xeosis'tema] *m* (BIOL, GEO) Geosystem *nt*
geotecnia [xeo'teknja] *f* (GEO) Geotechnik *f*
geotectónica [xeotek'tonika] *f* (GEO) Geotektonik *f*

geotermia [xeo'termja] *f* (GEO) Geothermik *f*
geotropismo [xeotro'pismo] *m* (BOT) Geotropismus *m*
geraniácea [xera'njaθea] *f* (BOT) Storchschnabelgewächs *nt*
geranio [xe'ranjo] *m* Geranie *f*
gerbo ['xerβo] *m* (ZOOL) Wüstenspringmaus *f*
gerencia [xe'reṇθja] *f* (*de una empresa*) (Geschäfts)führung *f*; (*de un banco*) Leitung *f*; (*de un teatro*) Intendanz *f*
gerente [xe'reṇte] *mf* (*de una gran empresa*) Geschäftsführer(in) *m(f)*; (*de una pequeña empresa*) Betriebsleiter(in) *m(f)*; (*de un banco*) Leiter(in) *m(f)*; (*de un departamento*) Abteilungsleiter(in) *m(f)*; (*de un teatro*) Intendant(in) *m(f)*
geriatra [xe'rjatra] *mf* Geriater(in) *m(f)*
geriatría [xeria'tria] *f sin pl* Geriatrie *f*, Altersheilkunde *f*
geriátrico, **-a** [xe'rjatriko, -a] *adj* geriatrisch; **clínica geriátrica** Altenpflegeheim *nt*
gerifalte [xeri'faḷte] *m* **1.** (*halcón*) Gerfalke *m* **2.** (*persona*) wichtige Persönlichkeit *f*
germanesco, **-a** [xerma'nesko, -a] *adj* Gauner-
germánico, **-a** [xer'maniko, -a] **I.** *adj* **1.** (*de Germania*) germanisch **2.** (*de Alemania*) deutsch **II.** *m, f* **1.** (*de Germania*) Germane, -in *m, f* **2.** (*de Alemania*) Deutsche(r) *mf*
germanio [xer'manjo] *m* (QUÍM) Germanium *nt*
germanismo [xerma'nismo] *m* Germanismus *m*
germanista [xerma'nista] *mf* Germanist(in) *m(f)*
germanización [xermaniθa'θjon] *f* Germanisierung *f*
germanizar [xermani'θar] <z→c> *vt* eindeutschen
germano, **-a** [xer'mano, -a] *adj o m, f v.* **germánico**
germanofilia [xermano'filja] *f* Deutschfreundlichkeit *f*
germanófilo, **-a** [xerma'nofilo, -a] *adj* germanophil, deutschfreundlich
germanofobia [xermano'foβja] *f* Deutschfeindlichkeit *f*
germanófobo, **-a** [xerma'nofoβo, -a] *adj* germanophob, deutschfeindlich
germanooccidental [xermano(o)ʸθiðeṇ'tal] **I.** *adj* westdeutsch **II.** *mf* Westdeutsche(r) *mf*, Wessi *m pey*
germanooriental [xermano(o)rjeṇ'tal] **I.** *adj* ostdeutsch **II.** *mf* Ostdeutsche(r) *mf*, Ossi *m pey*
germen ['xermen] *m* **1.** (BIOL) Keim *m* **2.** (*origen*) Ursprung *m*
germicida [xermi'θiða] **I.** *adj* keimtötend **II.** *m* Keimtötungsmittel *nt*
germinación [xermina'θjon] *f* (Auf)keimen *nt*
germinador[1] [xermina'ðor] *m* (AGR) Keimungskammer *f*
germinador(a)[2] [xermina'ðor(a)] *adj* keimend
germinar [xermi'nar] *vi* **1.** (BOT) sprießen **2.** (*sospechas*) aufkeimen (*en* in + *dat*)
geromorfismo [xeromor'fismo] *m* (MED) vorzeitiges Altern *nt*
gerontocracia [xeroṇto'kraθja] *f* (POL) Gerontokratie *f*
gerontología [xeroṇtolo'xia] *f sin pl* Gerontologie *f*, Alternsforschung *f*
gerundense [xeruṇ'dense] **I.** *adj* aus Gerona **II.** *mf* Einwohner(in) *m(f)* Geronas
gerundio [xe'ruṇdjo] *m* (LING) Gerundium *nt*
gerundivo [xeruṇ'diβo] *m* (LING) Gerundiv *nt*
gesta ['xesta] *f* Heldentat *f*
gestación [xesta'θjon] *f* **1.** (*de una persona*) Schwangerschaft *f*; (*de un animal*) Trächtigkeit *f* **2.** (*de un proyecto*) Reifungsprozess *m*; (*de un plan*) Ausarbeitung *f*; (*de un complot*) Anzett(e)lung *f*; **el proyecto está en** ~ das Projekt ist in Planung
gestar [xes'tar] **I.** *vt* tragen **II.** *vr:* **~se** (*proceso*) sich entwickeln; (*plan*) ausgearbeitet werden; (*proyecto*) in Planung sein; (*complot*) angezettelt werden
gesticulación [xestikula'θjon] *f* Gestik *f*; (*de la cara*) Mimik *f*
gesticulador(a) [xestikula'ðor(a)] *adj* gestikulierend
gesticular [xestiku'lar] **I.** *adj* Gebärden- **II.** *vi* (*con las manos*) gestikulieren; (*con la cara*) das Gesicht verziehen
gestión [xes'tjon] *f* **1.** (*diligencia*) Schritt *m*, Formalität *f* **2.** (*de una empresa*) Geschäftsführung *f*; **la ~ de gobierno** die Amstführung der Regierung; **la ~ al frente de la escuela** die Schulleitung **3.** (INFOR): **~ de ficheros** Dateiverwaltung *f*
gestionar [xestjo'nar] *vt* **1.** (*asunto*) in die Wege leiten **2.** (*negocio*) führen
gesto ['xesto] *m* **1.** (*con el cuerpo*) Geste *f*; (*con la mano*) Handbewegung *f*; (*con el rostro*) Grimasse *f* **2.** (*semblante*) Gesicht *nt*; **torcer el** ~ eine saure Miene machen **3.** (*acto*) Geste *f*; **un ~ de apoyo** ein Zeichen der Unterstützung
gestor(a) [xes'tor(a)] **I.** *adj* geschäftsführend **II.** *m(f)* Agent(in) *m(f)* für Verwaltungsformalitäten
gestual [xes'twal] *adj* Gebärden-; **lenguaje** ~ Gebärdensprache *f*
gestualidad [xestwali'ðaᵈ] *f* (*del rostro*) Gesichtsausdruck *m*; (*del cuerpo*) Gestik *f*
geyser ['xeḭser] *m* Geysir *m*
ghanés, **-esa** [ga'nes, -esa] **I.** *adj* ghanaisch **II.** *m, f* Ghanaer(in) *m(f)*
GHz [dʒiɣa'xerᵗᵈs] (INFOR) *abr de* **gigahertz** GHz
giba ['xiβa] *f* **1.** (*chepa*) Buckel *m* **2.** (*bulto*) Beule *f* **3.** (*molestia*) Belästigung *f*
gibar [xi'βar] *vt* **1.** (*concorvar*) krümmen **2.** (*fam: jorobar*) belästigen

giberelina [xiβere'lina] *f* (BOT) Gibberellin *nt*
gibón [xi'βon] *m* Gibbon *m*
gibosidad [xiβosi'ðaᵈ] *f* Buckel *m*
gibraltareño, **-a** [xiβral̪ta'reɲo, -a] **I.** *adj* gibraltarisch **II.** *m, f* Gibraltarer(in) *m(f)*
Giga ['dʒiɣa] *m* (INFOR) Gigabyte *nt*
gigabyte [dʒiɣa'bai̯t] *m* (INFOR) Gigabyte *nt;* **~s por segundo** Gigabyte pro Sekunde
gigante [xi'ɣan̪te] **I.** *adj* riesig **II.** *m* **1.** (*ser fabuloso*) Riese *m;* **un ~ con pies de barro** ein Koloss auf tönernen Füßen **2.** (*en fiesta popular*) Riesenfigur *f* aus Pappmaschee **3.** (*persona*) Gigant *m*
gigantesco, **-a** [xiɣan̪'tesko, -a] *adj* riesig
gigantismo [xiɣan̪'tismo] *m sin pl* (MED) Riesenwuchs *m*
gigoló [dʒiɣo'lo] *m* Gigolo *m*
gijonés, **-esa** [xixo'nes, -esa] **I.** *adj* aus Gijón **II.** *m, f* Person *f* aus Gijón
gilbertio [xil'βertjo] *m* (FÍS) Gilbert *nt*
gilipollada [xilipo'ʎaða] *f* (*vulg*) **1.** (*acción, palabras*) Blödsinn *m fam* **2.** (*cosa*) Ramsch *m fam*
gilipollas [xili'poʎas] *mf inv* (*vulg*) Arschloch *nt*
gilipollez [xilipo'ʎeθ] *f* (*vulg*) Blödsinn *m fam*
gimnasia [xim'nasja] *f* **1.** (*disciplina*) Gymnastik *f* **2.** (DEP) Turnen *nt;* **~ rítmica** rhythmische Sportgymnastik; **~ de suelo** (DEP) Bodenturnen *nt;* **hacer ~** turnen **3.** (ENS) Sport *m* **4.** (*ejercicio*) Übung *f*
gimnasio [xim'nasjo] *m* Turnhalle *f;* **~ (de musculación)** Fitnesscenter *nt*
gimnasta [xim'nasta] *mf* Turner(in) *m(f)*
gimnástico, **-a** [xim'nastiko, -a] *adj* **1.** (*de la disciplina*) gymnastisch **2.** (*del deporte*) Turn-
gimnoto [xim'noto] *m* (ZOOL) Zitteraal *m*
gimotear [ximote'ar] *vi* **1.** (*pey: gemir*) stöhnen **2.** (*lloriquear*) wimmern
gimoteo [ximo'teo] *m* **1.** (*gemidos*) Gestöhn(e) *nt* **2.** (*lloriqueo*) Gewimmer *nt*
ginandromorfismo [xinan̪dromor'fismo] *m* (BIOL) Gynandromorphismus *m*
ginebra [xi'neβra] *f* Gin *m*
Ginebra [xi'neβra] *f* Genf *nt*
ginebrino, **-a** [xine'βrino, -a] **I.** *adj* genferisch **II.** *m, f* Genfer(in) *m(f)*
ginecología [xinekolo'xia] *f sin pl* Frauenheilkunde *f*
ginecológico, **-a** [xineko'loxiko, -a] *adj* gynäkologisch
ginecólogo, **-a** [xine'koloɣo, -a] *m, f* Frauenarzt, -ärztin *m, f*
ginecomastia [xineko'mastja] *f* (MED) Brustbildung *f,* Gynäkomastie *f*
ginecopatía [xinekopa'tia] *f* (MED) Gynäkopathie *f*
ginesta [xi'nesta] *f* Ginster *m*
gingidio [xiŋ'xiðjo] *m* (BOT) Zahnstocherdolde *f*
gingival [xiŋxi'βal] *adj* (MED) Zahnfleisch-; **inflamación ~** Zahnfleischentzündung *f*
gingivitis [xiŋxi'βitis] *f inv* (MED) Zahnfleischentzündung *f*
gingivorragia [xiŋxiβo'rraxja] *f* (MED) Zahnfleischbluten *nt*
ginkgo ['dʒiŋko] *m* (BOT) Ginkgo *m*
gipsografía [xipsoɣra'fia] *f* (ARTE) **1.** (*técnica*) Stucktechnik *f* in Gips **2.** (*obra*) Stuckarbeit *f*
gira ['xira] *f* **1.** (*de un día*) Ausflug *m;* (*más larga*) Rundfahrt *f* **2.** (*de un artista*) Tournee *f;* **~ mundial** (MÚS, TEAT) Welttournee *f;* **ir de ~** auf Tournee gehen
giradiscos [xira'ðiskos] *m inv* Schallplattenspieler *m*
girado, **-a** [xi'raðo, -a] *m, f* (FIN) Bezogene(r) *mf*
girador(a) [xira'ðor(a)] *m(f)* (ECON) Trassant *m,* Aussteller *m*
giralda [xi'ral̪da] *f* Wetterfahne *f;* (*en forma de gallo*) Wetterhahn *m*
girándula [xi'ran̪dula] *f* **1.** (*cohetes*) Feuerrad *nt* **2.** (TÉC) Wasserradtechnik *f* **3.** (*candelabro*) mehrarmiger Leuchter *m*
girar [xi'rar] **I.** *vi* **1.** (*dar vueltas*) sich drehen (*alrededor de* um *+akk*) **2.** (*conversación*) sich drehen (*sobre/en torno a* um *+akk*) **3.** (COM: *letra*) ziehen (*a cargo de* auf *+akk*); **este negocio gira mucho** dieses Geschäft macht viel Umsatz **4.** (*torcer*) abbiegen; (*barco*) abdrehen **5.** (*artista, músico, argot*) touren **II.** *vt* **1.** (*dar la vuelta*) drehen; **~ la vista** sich umsehen **2.** (COM: *letra*) ziehen (*a cargo de* auf *+akk*); (*dinero*) überweisen (*a* an *+akk*)
girasol [xira'sol] *m* Sonnenblume *f*
giratorio, **-a** [xira'torjo, -a] *adj* Dreh-
giravión [xira'βjon] *m* (AERO) Drehflügelflugzeug *nt*
giro ['xiro] *m* **1.** (*vuelta*) Drehung *f;* **un ~ de volante** eine Umdrehung des Lenkrades **2.** (*cariz*) Wendung *f;* **tomar un ~ favorable/negativo** sich zum Guten/Schlechten wenden; **me preocupa el ~ que toma este asunto** ich bin über die Entwicklung dieser Angelegenheit beunruhigt **3.** (LING: *locución*) (Rede)wendung *f* **4.** (COM: *letra*) Überweisung *f;* **~ postal** Postanweisung *f* **5.** (COM: *de una empresa*) Umsatz *m*
girocompás [xirokom'pas] *m inv* Kreiselkompass *m*
girola [xi'rola] *f* (ARQUIT) Chorumgang *m,* Deambulatorium *nt*
giroláser [xiro'laser] *m sin pl* (AERO) Lasergyroskop *nt,* optisches Gyroskop *nt*
girómetro [xi'rometro] *m* **1.** (TÉC) Drehzahlmesser *m* **2.** (AERO) Gyrometer *nt,* Tourenzählapparat *m*
giropiloto [xiropi'loto] *m* (AERO) Selbststeuergerät *nt*
gitanada [xita'naða] *f* **1.** (*acción*) Zigeunerstreich *m* **2.** (*engaño*) Schwindel *m* **3.** (*zalamería*) Schmeichelei *f*

G

gitanear [xitane'ar] *vi* **1.** (*hacer el gitano*) sich wie ein Zigeuner benehmen **2.** (*en negocio*) betrügerisch handeln **3.** (*chalanear*) schachern

gitanería [xitane'ria] *f* **1.** (*halago*) hinterlistige Schmeichelei *f* **2.** (*grupo*) Zigeunertruppe *f* **3.** (*vida*) Zigeunerleben *nt* **4.** (*acción*) Zigeunerstreich *m*

gitanismo [xita'nismo] *m* **1.** (SOCIOL) Zigeunertum *nt* **2.** (LING) *Wörter und Redewendungen aus der Zigeunersprache* **3.** (*gitanería*) Zigeunerleben *nt*

gitano, **-a** [xi'tano, -a] **I.** *adj* **1.** (*de los gitanos*) Zigeuner- **2.** (*galanero*) schmeichlerisch **3.** (*tramposo*) schwindlerisch **II.** *m, f* **1.** (*calé*) Zigeuner(in) *m(f)*; **va hecho un ~** (*fig*) er sieht heruntergekommen aus; **menudo ~** (*reg:* GASTR) *Bezeichnung für Kaldaunen in Sevilla* **2.** (*estafador*) Schwindler(in) *m(f)*

glabela [gla'βela] *f* (ANAT) Glabella *f*

glaciación [glaθja'θjon] *f* (GEO) **1.** (*formación de hielo*) Eisbildung *f* **2.** (*periodo*) Eiszeit *f*

glacial [gla'θjal] *adj* **1.** (*helado*) eiskalt; **zona ~** Eiszone *f* **2.** (*persona*) kalt

glacialismo [glaθja'lismo] *m* (GEO) Glazialgeologie *f*

glaciar [gla'θjar] *m* (GEO) Gletscher *m*

glaciarismo [glaθja'rismo] *m* (GEO) Glaziallandschaft *f*, Gletscherlandschaft *f*

glacioeólico, **-a** [glaθjoe'oliko, -a] *adj* (GEO) glaziäolisch

glaciología [glaθjolo'xia] *f* (GEO) Glaziologie *f*, Gletscherkunde *f*

gladiador [glaðja'ðor] *m* Gladiator *m*

gladiolo [gla'ðjolo] *m*, **gladíolo** [gla'ðiolo] *m* Gladiole *f*

glande ['glande] *m* (ANAT) Eichel *f*

glándula ['glandula] *f* (ANAT) Drüse *f*

glandular [glandu'lar] *adj* Drüsen-

glanduloso, **-a** [glandu'loso, -a] *adj* (ANAT) drüsenartig, Drüsen-

glasé [gla'se] *m* (Glanz)taft *m*

glaseado, **-a** [glase'aðo, -a] *adj* glasiert; **azúcar ~** Puderzucker *m*

glasear [glase'ar] *vt* **1.** (*alimentos*) glasieren **2.** (*papel*) satinieren

glauberita [glauβe'rita] *f* (GEO) Glauberit *m*

glaucoma [glau'koma] *m* (MED) grüner Star *m*

glena ['glena] *f* (ANAT) Knochengelenkhöhle *f*

glicerina [gliθe'rina] *f* (QUÍM) Glycerin *nt*

glicógeno [gli'koxeno] *m* (BIOL, QUÍM) Glykogen *nt*

glicol [gli'kol] *m* (QUÍM) Glykol *nt*

glifo ['glifo] *m* (ARQUIT) Glyphe *f*, Glypte *f*

glioma ['gljoma] *m* (MED) Augenblutschwamm *m*, Gliom *nt*

glíptica ['gliptika] *f* **1.** (*de piedras finas*) Steinschneidekunst *f*, Glyptik *f* **2.** (*de monedas*) Stanzung *f*, Prägung *f*

gliptogénesis [glipto'xenesis] *f inv* (GEO) Glyptogenese *f*

global [glo'βal] *adj* **1.** (*total*) global; **valoración ~** Pauschalurteil *nt pey* **2.** (*cantidad*) Gesamt- **3.** (*informe*) umfassend

globalidad [gloβali'ðað] *f* Gesamtheit *f*

globalización [gloβaliθa'θjon] *f* **1.** (*de un problema*) globale Betrachtung *f* **2.** (*generalización*) Verallgemeinerung *f*

globalizador(a) [gloβaliθa'ðor(a)] *adj* alles umfassend

globalizante [gloβali'θante] *adj* verallgemeinernd

globalizar [gloβali'θar] <z→c> *vt* **1.** (*problema*) global betrachten **2.** (*generalizar*) (stark) verallgemeinern **3.** (*cantidad*) pauschalieren

globalmente [gloβal'mente] *adv* insgesamt, im Ganzen

globo ['gloβo] *m* **1.** (*esfera*) Kugel *f*; **~ de una lámpara** Lampenschirm *m*; **~ ocular** Augapfel *m* **2.** (*Tierra*) Erdball *m* **3.** (*mapa*) Globus *m* **4.** (*para niños*) (Luft)ballon *m*; **~ aerostático** (Heißluft)ballon *m* **5.** (*fam: borrachera*) Rausch *m* **6.** (*fam: enfado*) Rage *f* **7.** (*fam: preservativo*) Pariser *m* **8.** (DEP: *tenis*) Lob *m*

globular [gloβu'lar] *adj* **1.** (*de globo*) kugelförmig **2.** (*de glóbulo*) Blutkörperchen-

globulina [gloβu'lina] *f* (BIOL) Globulin *nt*

glóbulo ['gloβulo] *m* **1.** (*esfera*) Kügelchen *nt* **2.** (ANAT) Blutkörperchen *nt*

gloria[1] ['glorja] *f* **1.** (*fama*) Ruhm *m*; **Goya es una ~ nacional** Goya ist der Stolz Spaniens; **sin pena ni ~** sang- und klanglos **2.** (*paraíso*) Himmelreich *nt*; **conseguir la ~** die ewige Seligkeit erlangen; **Dios le tenga en su ~** Gott habe ihn selig; **estar en la ~** (*fam*) im siebten Himmel sein **3.** (*esplendor*) Herrlichkeit *f* **4.** (*gusto*) Freude *f*; **este pastel sabe a ~** dieser Kuchen schmeckt himmlisch

gloria[2] ['glorja] *m* (REL) Gloria *nt*

gloria patri ['glorja 'patri] <glorias patri> *m* (REL) Gloria *nt*

gloriarse [glori'arse] <*1. pres:* me glorío> *vr* **1.** (*presumir*) sich rühmen (*de +gen*) **2.** (*complacerse*) sich freuen (*de/en* über *+akk*)

glorieta [glo'rjeta] *f* **1.** (*cenador*) Gartenhäuschen *nt* **2.** (*plazoleta*) Rondell *nt* **3.** (*cruce*) Kreisverkehr *m*

glorificación [glorifika'θjon] *f* Verherrlichung *f*

glorificar [glorifi'kar] <c→qu> **I.** *vt* verherrlichen **II.** *vr:* **~se** sich rühmen (*de +gen*)

glorioso, **-a** [glo'rjoso, -a] *adj* **1.** (*famoso*) ruhmreich **2.** (REL) selig **3.** (*estupendo*) herrlich **4.** (*jactancioso*) prahlerisch

glosa ['glosa] *f* **1.** (*aclaración*) Erläuterung *f* (*a* zu *+dat*); (*anotación*) Bemerkung *f* (*a* zu *+dat*); (*comentario*) Kommentar *m* (*a* zu *+dat*) **2.** (LIT) Glosse *f* **3.** (MÚS) freie Variation *f*

glosador(a) [glosa'ðor(a)] **I.** *adj* deutend, erklärend **II.** *m(f)* Deuter(in) *m(f)*, Ausleger(in) *m(f)*

glosar [glo'sar] *vt* **1.** (*comentar*) erläutern; (LIT) glossieren **2.** (*tergiversar*) verdrehen
glosario [glo'sarjo] *m* Glossar *nt*
glosectomía [glosekto'mia] *f* (MED) Zungenresektion *f*
glosemática [glose'matika] *f* (LING) Glossematik *f*
glosilla [glo'siʎa] *f* (TIPO) Kolonel *f*
glositis [glo'sitis] *f inv* (MED) Zungenentzündung *f*, Glossitis *f*
glosofaríngeo, **-a** [glosofa'riŋxeo, -a] *adj* (ANAT) glossopharyngeal
glosolalia [gloso'lalja] *f* (LING, PSICO) Zungenreden *nt*, Glossolalie *f*
glosoptosis [glosop'tosis] *f inv* (MED) Glossoptose *f*
glotis ['glotis] *f sin pl* (ANAT) Glottis *f*
glotitis [glo'titis] *f inv* (MED) Stimmbänderentzündung *f*
glotón¹ [glo'ton] *m* (*animal*) Vielfraß *m*
glotón, **-ona²** [glo'ton, -ona] **I.** *adj* gefräßig **II.** *m, f* Vielfraß *m fam*
glotonear [glotone'ar] *vi* gierig essen, schlingen
glotonería [glotone'ria] *f* Essgier *f*
gloxínea [gloˠ'sinea] *f* (BOT) Gloxinie *f*
glucemia [glu'θemja] *f* (MED) Blutzuckerspiegel *m*
glucogénesis [gluko'xenesis] *f inv* (BIOL) Glukogenese *f*
glucómetro [glu'kometro] *m* (TÉC) Blutzuckermessgerät *nt*
glucosa [glu'kosa] *f* Traubenzucker *m;* (QUÍM) Glucose *f*
gluma ['gluma] *f* (BOT) Spelze *f*
glutamato [gluta'mato] *m* (QUÍM) Glutamat *nt*
gluten ['gluten] *m* **1.** (*cola*) Klebstoff *m* **2.** (BOT) Gluten *nt*
glúteo ['gluteo] *m* (ANAT) Gesäßmuskel *m*
glutinoso, **-a** [gluti'noso, -a] *adj* klebrig
gnatoplastia [nato'plastja] *f* (MED) Kieferplastik *f*
gnomo ['nomo] *m* Zwerg *m*
gnoseología [noseolo'xia] *f* Erkenntnislehre *f*, Gnoseologie *f*
gnosis ['nosis] *f inv* (REL) Gnosis *f*
gnosticismo [nosti'θismo] *m sin pl* (REL) Gnostizismus *m*
gnu [nu] *m* (ZOOL) Gnu *nt*
gobernabilidad [goβernaβili'ðaᵈ] *f sin pl* Regierbarkeit *f*
gobernable [goβer'naβle] *adj* **1.** (*país*) regierbar **2.** (*nave*) steuerbar
gobernación [goβerna'θjon] *f* Regieren *nt*
gobernador(**a**) [goβerna'ðor(a)] **I.** *adj* regierend **II.** *m(f)* Gouverneur(in) *m(f);* **el ~ del Banco de España** der Präsident der spanischen Zentralbank
gobernanta [goβer'naṇta] *f* (*Am*) **1.** (*niñera*) Kinderfrau *f* **2.** (*institutriz*) Hauslehrerin *f*
gobernante [goβer'naṇte] *mf* Regierende(r) *mf*
gobernar [goβer'nar] <e→ie> *vt* **1.** (POL: *mandar*) regieren **2.** (*dirigir*) leiten; (*nave*) steuern; ~ **una casa** den Haushalt führen **3.** (*máquina*) bedienen **4.** (*a una persona*) beherrschen
gobierna [go'βjerna] *f* (*veleta*) Wetterfahne *f*
gobierno [go'βjerno] *m* **1.** (POL) Regierung *f;* ~ **absoluto** Alleinherrschaft *f;* ~ **autonómico** Regionalregierung *f;* ~ **en la sombra** Schattenkabinett *nt;* **en círculos afines al** ~ in regierungsnahen Kreisen **2.** (*ministros*) Kabinett *nt* **3.** (*del gobernador*) Gouverneursamt *nt;* (*residencia*) Gouverneurssitz *m* **4.** (*dirección*) Führung *f* **5.** (*de una nave*) Manövrierfähigkeit *f* **6.** (*de una máquina*) Bedienung *f*
goce ['goθe] *m* Genuss *m*
gocho, **-a** ['gotʃo, -a] *m, f* (*fam: cerdo*) Schwein *nt*, Sau *f*
godo, **-a** ['goðo, -a] **I.** *adj* gotisch **II.** *m, f* **1.** (HIST) Gote, -in *m, f* **2.** (*AmC: pey: español*) Spanier(in) *m(f)*
gofio ['gofjo] *m* **1.** (*harina de maíz*) Mehl *nt* von geröstetem Mais **2.** (*Am*) Zuckerteig *m*
gofrado [go'frado] *m* Prägedruck *m*
gofrar [go'frar] *vt* gaufrieren
gofre ['gofre] *m* Waffel *f*
gofrera [go'frera] *f* Waffeleisen *nt*
gol [gol] *m* (DEP) Tor *nt;* ~ **del empate** Ausgleichstor *nt;* **meter un** ~ ein Tor schießen; **meterle un ~ a alguien** (*fam*) jdn hereinlegen
gola ['gola] *f* **1.** (*garganta*) Kehle *f* **2.** (*gorguera*) Halskrause *f*
golazo [go'laθo] *m* (DEP) Traumtor *nt*
golden ['goḷden] *m inv* (AGR) Golden Delicious *m*
goleador(**a**) [golea'ðor(a)] *m(f)* (DEP) Torjäger(in) *m(f)*
golear [gole'ar] *vt* (DEP) vernichtend schlagen
goleta [go'leta] *f* (NÁUT) Schoner *m*
golf [golf] *m sin pl* (DEP) Golf *nt*
golfa ['golfa] *f* **1.** (*fam: puta*) Hure *f* **2.** *v.* **golfo²**
golfear [golfe'ar] *vi* sich herumtreiben
golfín [gol'fin] *m* **1.** (ZOOL) Delphin *m* **2.** (*ladrón*) Bandendieb *m*
golfista [gol'fista] *mf* (DEP) Golfspieler(in) *m(f)*
golfo¹ ['golfo] *m* (GEO) Golf *m*
golfo, **-a²** ['golfo, -a] *m, f* **1.** (*pilluelo*) Straßenkind *nt* **2.** (*vagabundo*) Strolch *m*
gollería [goʎe'ria] *f* Leckerbissen *m*
golletazo [goʎe'taθo] *m* (TAUR: *pey*) Halsstich *m*
gollete [go'ʎete] *m* **1.** (ANAT: *garganta*) Kehle *f* **2.** (*de vasija*) (Flaschen)hals *m*
golondrina [goloṇ'drina] *f* **1.** (*pájaro*) Schwalbe *f* **2.** (*reg: barca*) Motorboot *nt*
golondrino [goloṇ'drino] *m* **1.** (*pájaro*) junge Schwalbe *f* **2.** (*vagabundo*) Landstreicher *m*
golosina [golo'sina] *f* **1.** (*manjar*) Leckerbissen *m* **2.** (*dulce*) Süßigkeit *f* **3.** (*deseo*)

G

Naschsucht *f* **4.** (*cosa apetitosa*) Versuchung *f*

golosinear [golosine'ar] *vi* naschen

goloso, -a [go'loso, -a] **I.** *adj* **1.** (*de dulces*) naschhaft **2.** (*apetitoso*) appetitanregend **II.** *m, f* Leckermaul *nt*

golpe ['golpe] *m* **1.** (*impacto*) Schlag *m;* (*choque*) Stoß *m;* ~ **de Estado** Staatsstreich *m,* Putsch *m;* ~ **militar** Militärputsch *m;* ~ **de pincel** Pinselstrich *m;* ~ **de tos** Hustenanfall *m;* **a** ~ **de vista** mit einem Blick; **dar un** ~ einen Schlag versetzen; **parar un** ~ einen Schlag abwehren; **cerrar la puerta de** ~ die Tür zuschlagen; **la puerta se abrió de** ~ die Tür flog auf; **me he dado un** ~ **en la cabeza** ich habe mir den Kopf angestoßen; **no pegar** ~ (*fam*) keinen Schlag tun **2.** (*gran cantidad*): ~ **de gente** Menschenmenge *f* **3.** (TÉC: *pestillo*) Schnappriegel *m* **4.** (*sorpresa*) Überraschung *f* **5.** (*ocurrencia*) Einfall *m* **6.** (*atraco*) Überfall *m* **7.** (*de vestido*) Besatz *m* **8.** (DEP): ~ **bajo** Tiefschlag *m;* ~ **franco** Freistoß *m* **9.** (*loc*): **de** ~ **(y porrazo)** (*al mismo tiempo*) auf einen Schlag; (*de repente*) mit einem Schlag, plötzlich; **me lo tragué de un** ~ ich schluckte es alles auf einmal

golpeadero [golpea'ðero] *m* **1.** (*lugar*) Aufschlagstelle *f,* Anschlagstelle *f* **2.** (*agua*) Auftreffstelle *f* **3.** (*ruido*) Klopfen *nt,* Schlagen *nt*

golpear [golpe'ar] **I.** *vi* **1.** (*dar un golpe*) schlagen **2.** (*latir*) klopfen **3.** (TÉC: *motor*) klopfen **II.** *vt* schlagen; (*en la puerta*) klopfen (an +*akk*); (*a alguien*) verprügeln **III.** *vr:* ~**se** sich schlagen; **me he golpeado la cabeza contra la pared** ich bin mit dem Kopf gegen die Wand gestoßen

golpetazo [golpe'taθo] *m* wuchtiger Schlag *m*

golpete [gol'pete] *m* Halter *m;* (*para puertas*) Türhalter *m;* (*para ventanas*) Fensterhalter *m*

golpetear [golpete'ar] **I.** *vi* **1.** (*dar golpes*) hämmern **2.** (*traquetear*) klappern **II.** *vt* einhämmern (auf +*akk*)

golpista [gol'pista] **I.** *adj* Putsch- **II.** *mf* Putschist(in) *m(f)*

goma ['goma] *f* **1.** (*sustancia*) Gummi *nt o m;* ~ **elástica** Kautschuk *m* **2.** (*producto*): ~ **de borrar** Radiergummi *m;* ~ **elástica** Gummiband *nt;* **jugar a la** ~ Gummispringen [*o* Gummitwist] spielen **3.** (*fam: preservativo*) Gummi *m o nt* **4.** (*Am: resaca*) Kater *m fam*

goma-dos ['goma-ðos] *f sin pl* Plastiksprengstoff *m*

gomaespuma [gomaes'puma] *f* Schaumgummi *m*

gombo ['gombo] *m* (BOT) Rosenpappel *f,* Okra *f*

gomería [gome'ria] *f* (*Arg:* COM) Autoreifenwerkstatt *f,* Autoreifenhandlung *f*

gomero [go'mero] *m* (*Am: árbol*) Kautschukbaum *m*

gomina® [go'mina] *f* Haarfestiger *m*

gominola [gomi'nola] *f* ≈Gummibärchen *nt*

gomosidad [gomosi'ðaᵈ] *f* **1.** (*elasticidad*) Elastizität *f* **2.** (*adherencia*) Klebrigkeit *f*

gomoso [go'moso] *m* Dandy *m*

gónada ['gonaða] *f* (MED) Keimdrüse *f*

gonce ['goṇθe] *m* **1.** (*gozne*) Türangel *f* **2.** (ANAT) Knochengelenk *nt*

góndola ['goṇdola] *f* **1.** (*de Venecia*) Gondel *f* **2.** (*Am*) Omnibus *m*

gondolero [goṇdo'lero] *m* Gondoliere *m*

gonfalón [goɱfa'lon] *m* Fahne *f,* Banner *nt*

gong [goŋ] *m* <gongs>, **gongo** ['goŋgo] *m* Gong *m*

goniometría [gonjome'tria] *f* **1.** (MAT) Winkelmessung *f,* Goniometrie *f* **2.** (TEL) Funkpeilung *f,* Peilfunk *m*

gonocito [gono'θito] *m* (BIOL) Gonozyte *f*

gonorrea [gono'rrea] *f* (MED) Gonorrhö *f*

gorda ['gorða] *f* **1.** (*Chil: vulg*) schwangere Frau *f* **2.** (*loc, fam*): **ni** ~ absolut nichts; **no tener ni** ~ völlig blank sein; **sin gafas no veo ni** ~ ohne Brille sehe ich absolut nichts

gordo¹ ['gorðo] *m* **1.** (*grasa*) Fett *nt* **2.** (*lotería*): **el** ~ das große Los

gordo, -a² ['gorðo, -a] **I.** *adj* (*persona*) dick; (*comida*) fett; (*tejido*) grob; (*suceso*) wichtig; (*salario*) üppig; **el dedo** ~ der Daumen; **una mentira gorda** eine faustdicke Lüge; **es un pez** ~ er/sie ist ein hohes Tier; **me cae** ~ ich kann ihn nicht ausstehen; **ha pasado algo muy** ~ es ist etwas Ernstes geschehen; **se armó la gorda** (*fam*) es gab einen Riesenkrach **II.** *m, f* (*fam*) Dicke(r) *mf*

gordura [gor'ðura] *f* (*obesidad*) Fettleibigkeit *f;* (*corpulencia*) Korpulenz *f;* (*tejido adiposo*) Fett *nt*

gorgojo [gor'ɣoxo] *m* **1.** (*insecto*) Kornwurm *m* **2.** (*fam: persona*) Zwerg *m*

gorgoritear [gorɣorite'ar] *vi* (*fam*) trillern

gorgotear [gorɣote'ar] *vi* **1.** (*hacer ruido*) gluckern; (*arroyo*) gurgeln **2.** (*burbujear*) brodeln

gorgoteo [gorɣo'teo] *m* **1.** (*ruido*) Gluckern *nt;* (*de un arroyo*) Gurgeln *nt* **2.** (*borboteo*) Brodeln *nt*

gorguera [gor'ɣera] *f* **1.** (*gola*) Halskrause *f* **2.** (*de la armadura*) Halsberge *f*

gorila [go'rila] *m* Gorilla *m*

gorjeador(a) [gorxea'ðor(a)] *adj* zwitschernd, trillernd

gorjear [gorxe'ar] **I.** *vi* **1.** (*personas*) trillern **2.** (*pájaros*) zwitschern; (*alondra*) tirilieren **II.** *vr:* ~**se** **1.** (*niño*) glucksen **2.** (*Am: burlarse*) sich lustig machen (*de* über +*akk*)

gorjeo [gor'xeo] *m* **1.** (*de personas*) Trillern *nt* **2.** (*de pájaros*) Gezwitscher *nt;* (*de la alondra*) Tirili *nt*

gormar [gor'mar] *vt* (*vomitar*) erbrechen

gorra ['gorra] *f* **1.** (*prenda*) Mütze *f;* ~ **de visera** Schirmkappe *f* **2.** (*para niños*) Babymützchen *nt* **3.** (*loc*): **andar de** ~ schmarotzen; **hacer algo con la** ~ (*fam*) etw mit links machen; **vivir de** ~ auf fremde Kosten leben

gorrear [gorre'ar] *vi* (*fam*) schmarotzen; **¿te**

puedo ~ un cigarrillo? kann ich von dir eine Zigarette schnorren?
gorrería [gorre'ria] *f* (COM) Mützengeschäft *nt*
gorrero [go'rrero] *m* (*fam*) Schmarotzer *m*
gorrinada [gorri'naða] *f* Schweinerei *f*
gorrinera [gorri'nera] *f* Schweinestall *m*
gorrino, -a [go'rrino, -a] *m, f* **1.** (*cochinillo*) Spanferkel *nt;* (*cerdo*) Schwein *nt;* (*cerda*) Sau *f* **2.** (*pey: persona*) Schwein *nt,* Sau *f*
gorrión [gorri'on] *m* **1.** (*pardal*) Sperling *m* **2.** (*AmC: colibrí*) Kolibri *m*
gorrionera [gorrjo'nera] *f* (*fam fig*) Schlupfwinkel *m* für Gesindel
gorro ['gorro] *m* Mütze *f;* (*de uniforme*) Schiffchen *nt;* ~ **para bebés** Babymützchen *nt;* ~ **de natación** Badekappe *f;* ~ **de papel** Papiermütze *f;* **estoy hasta el** ~ (*fig*) ich habe die Nase voll
gorrón[1] [go'rron] *m* **1.** (*piedra*) Kiesel(stein) *m* **2.** (TÉC) Zapfen *m*
gorrón, -ona[2] [go'rron, -ona] *m, f* **1.** (*gorrero*) Schmarotzer *m* **2.** (*AmC: egoísta*) Egoist(in) *m(f)*
gorronear [gorrone'ar] *vi v.* **gorrear**
gorronería [gorrone'ria] *f* **1.** (*de gorrero*) Schmarotzen *nt* **2.** (*avaricia*) Geiz *m*
gota ['gota] *f* **1.** (*de líquido*) Tropfen *m;* **café con ~s de ron** Kaffee mit einem Schuss Rum; **el agua salía ~ a ~ del grifo** das Wasser tröpfelte aus dem Hahn; **apurar el vaso hasta la última** ~ das Glas bis zur Neige leeren; **la ~ que colma el vaso** der Tropfen, der das Fass zum Überlaufen bringt; **parecerse como dos ~s de agua** sich *dat* wie ein Ei dem anderen gleichen **2.** (*pizca*) kleiner Rest *m;* **no queda ni ~ de agua** es ist kein Tropfen Wasser mehr da; **no tiene ni una ~ de paciencia** er/sie hat kein bisschen Geduld **3.** (METEO): ~ **fría** Kalt(luft)front *f* **4.** (MED: *enfermedad*) Gicht *f* **5.** (*gotero*) Tropf *m*
gotear [gote'ar] *vi* **1.** (*líquido*) tropfen; (*lentamente*) tröpfeln **2.** (*dar*) tropfenweise geben **3.** (*recibir*) tropfenweise bekommen
goteo [go'teo] *m* **1.** (*gotear*) Tropfen *nt* **2.** (MED) Tropf *m*
gotera [go'tera] *f* **1.** (*filtración*) Tropfen *nt* **2.** (*grieta*) undichte Stelle *f;* **hay una ~ en el baño** im Badezimmer regnet es durch **3.** (*mancha*) Fleck(en) *m* **4.** (*achaque*) Wehwehchen *nt;* (*más fuerte*) Gebrechen *nt* **5.** *pl* (*Am: afueras*) Stadtrand *m*
gotero [go'tero] *m* **1.** (MED) Tropf *m* **2.** (*Am: cuentagotas*) Tropfenzähler *m*
gótico, -a ['gotiko, -a] *adj* gotisch
Gotinga [go'tiŋga] *f* Göttingen *nt*
gotoso, -a [go'toso, -a] **I.** *adj* (MED) gichtkrank **II.** *m, f* (MED) Gichtkranke(r) *mf*
gouache ['gwaʃ] *m* (ARTE) Guaschmalerei *f,* Gouachemalerei *f*
gouda ['gou̯ða] *m* (GASTR) Gouda(-Käse) *m*
gozada [go'θaða] *f* (*fam: para la vista*) Augenschmaus *m;* (*para el oído*) Ohrenschmaus *m*
gozar [go'θar] <z→c> **I.** *vi* **1.** (*complacerse*) Gefallen finden (an +*dat*) **2.** (*disfrutar*) sich erfreuen (*de* +*gen*); ~ **de una increíble fortuna** ein unglaubliches Vermögen haben **II.** *vt* **1.** (*disfrutar*) genießen **2.** (*poseer carnalmente*): ~ **a una mujer** mit einer Frau schlafen **III.** *vr:* **~se** sich erfreuen (*en* an +*dat*)
gozne ['goθne] *m* **1.** (*de puerta*) (Tür)angel *f* **2.** (*de una caja*) Scharnier *nt*
gozo ['goθo] *m* **1.** (*delicia*) Wonne *f;* (*placer*) Freude *f* **2.** (*alegría*) Freude *f;* **mi ~ en un pozo** es ist alles im Eimer **3.** (*del fuego*) Aufflackern *nt*
gr. ['gramo] *abr de* **gramo** g
grabación [graβa'θjon] *f* **1.** (*de disco*) Aufnahme *f* **2.** (TV: *de una serie*) Aufzeichnung *f* **3.** (INFOR) Speichern *nt*
grabado [gra'βaðo] *m* **1.** (ARTE: *acción*) Gravieren *nt;* (*en piedra*) Einmeißeln *nt;* (*en madera*) Einschnitzen *nt* **2.** (ARTE: *copia*) Stich *m;* ~ **al agua fuerte** Ätzung *f;* ~ **en madera** Holzschnitt *m* **3.** (*arte*) Gravierkunst *f* **4.** (*ilustración*) Abbildung *f*
grabador(a) [graβa'ðor(a)] *m(f)* Graveur(in) *m(f)*
grabadora [graβa'ðora] *f* Tonbandgerät *nt*
grabadura [graβa'ðura] *f* **1.** (*acción*) Gravieren *nt;* (*en piedra*) Einmeißeln *nt;* (*en madera*) Einschnitzen *nt* **2.** (*efecto: en metal*) Gravur *f;* (*en madera*) Schnitzwerk *nt*
grabar [gra'βar] **I.** *vt* **1.** (ARTE) (ein)gravieren (*en* in +*akk*); (*en piedra*) einmeißeln; (*en madera*) einschnitzen **2.** (*disco*) aufnehmen; (*en vídeo*) aufzeichnen **3.** (INFOR) speichern **4.** (*fijar*) einprägen **II.** *vr:* **~se** sich einprägen +*dat*
gracejada [graθe'xaða] *f* (*AmC, Méx*) dummer Streich *m,* schlechter Witz *m*
gracejo [gra'θexo] *m* Witz *m*
gracia ['graθja] *f* **1.** *pl* (*agradecimiento*): **¡~s!** danke!; **¡muchas ~s!** vielen Dank!; **¡~s a Dios!** Gott sei Dank!; **te debo las ~s** ich bin dir zu Dank verpflichtet; **no me ha dado ni las ~s** er hat sich nicht einmal bei mir bedankt; **~s a tus esfuerzos lo conseguí** ich schaffte es dank deiner Bemühungen **2.** (REL) Gnade *f* **3.** (*perdón*) Begnadigung *f* **4.** (*favor*) Gunst *f* **5.** (*agrado*): **me cae en** ~ er/sie ist mir sympathisch **6.** (*garbo*) Anmut *f;* **está escrito con** ~ es ist geistreich geschrieben **7.** (*chiste*) Witz *m;* (*diversión*) Spaß *m;* **no tiene (ni) pizca de** ~ das ist gar nicht lustig; **no me hace nada de** ~ das finde ich gar nicht lustig; **si lo haces se va la** ~ wenn du es tust, geht der Reiz verloren; **este cómico tiene poca** ~ dieser Komiker ist langweilig; **la ~ es que ...** das Witzige daran ist, dass ...; **no estoy hoy para ~s** ich bin heute nicht zu(m) Scherzen aufgelegt **8.** (*ocurrencia*): **hoy ha hecho otra de sus ~s** er/sie hat heute wieder was Schönes angerichtet
grácil ['graθil] *adj* grazil
gracilidad [graθili'ðað] *f* Grazilität *f*

graciola [gra'θjola] *f* (BOT) Gichtkraut *nt*
graciosamente [graθjosa'meṇte] *adv* **1.** (*con gracia*) graziös, anmutig **2.** (*gratis*) umsonst, unentgeltlich **3.** (*por gracia*) gnadenweise
gracioso, **-a** [gra'θjoso, -a] **I.** *adj* **1.** (*atractivo*) anmutig **2.** (*chistoso*) witzig; **para mí no fue nada ~** das fand ich gar nicht lustig **3.** (*gratis*) unentgeltlich **II.** *m, f* (TEAT) Spaßvogel *m;* **algún ~ me ha escondido las llaves** irgendein Witzbold hat meine Schlüssel versteckt; **no te hagas el ~ conmigo** komm mir bloß nicht komisch
grada ['graða] *f* **1.** (*peldaño*) Stufe *f* **2.** (*de un estadio*) (Sitz)reihe *f* **3.** (AGR) Egge *f* **4.** (NÁUT) Helling *f* **5.** *pl* (*escalinata*) Freitreppe *f* **6.** *pl* (*Am: atrio*) Vorhalle *f*
gradación [graða'θjon] *f* **1.** (*escalonamiento*) Abstufung *f* **2.** (MÚS) Steigerung *f* **3.** (*retórica*) Gradation *f*
gradería [graðe'ria] *f,* **graderío** [graðe'rio] *m* (*t. fig*) Tribüne *f*
gradiente[1] [gra'ðjeṇte] *m* (FÍS) Gefälle *nt,* Gradient *m*
gradiente[2] [gra'ðjeṇte] *f* (*Chil, Ecua, Nic, Perú*) Gefälle *nt,* Abhang *m*
grado ['graðo] *m* **1.** (*nivel*) Grad *m* (*de* an +*dat*); **~ de confianza** Maß an Vertrauen; **quemaduras de primer ~** (MED) Verbrennungen ersten Grades; **en ~ sumo** in höchstem Grade; **en mayor/menor ~** in stärkerem/geringerem Maße **2.** (*parentesco*) Verwandtschaftsgrad *m* **3.** (JUR): **en primer ~** in erster Instanz **4.** (ENS) (Schul)klasse *f;* **~ elemental** Grundstufe *f* **5.** (*universitario*) akademischer Grad *m;* **~ de doctor** Doktorwürde *f* **6.** (MAT) Grad *m;* **~ centígrado** Grad Celsius **7.** (LING): **~ comparativo** Komparativ *m* **8.** (MIL: *rango*) Rang *m* **9.** (*de alcohol*) Prozent *nt*
graduable [graðu'aβle] *adj* **1.** (*herramienta*) verstellbar **2.** (*temperatura*) graduierbar
graduación [graðwa'θjon] *f* **1.** (*regulación, t.* TÉC) Einstellung *f* **2.** (*en grados*) Gradeinteilung *f;* (*en niveles*) Abstufung *f;* (*de personas*) Einstufung *f;* (*de precios*) Staffelung *f* **3.** (*de un vino*) Alkoholgehalt *m* **4.** (MIL) Rang *m*
graduado, **-a** [graðu'aðo, -a] **I.** *adj* **1.** (*aparato*) Grad-, Stufen- **2.** (*colores*) abgestuft **II.** *m, f* **1.** (UNIV) Akademiker(in) *m(f);* **~ en ingeniería** Diplomingenieur *m* **2.** (ENS): **~ escolar** (*fam*) Hauptschulabgänger *m*
graduador [graðwa'ðor] *m* Regler *m*
gradual [graðu'al] *adj* allmählich
gradualmente [graðwal'meṇte] *adv* **1.** (*en grados*) stufenweise **2.** (*progresivamente*) allmählich
graduando, **-a** [graðu'aṇdo] *m, f* Promovend(in) *m(f),* Doktorand(in) *m(f)*
graduar [graðu'ar] <*1. pres:* gradúo> **I.** *vt* **1.** (*regular*) einstellen **2.** (TÉC) gradieren; (*aparato*) eichen; (*líquido*) den Alkoholgehalt bestimmen +*gen;* **~ la vista** die Brillengläser anpassen **3.** (*en niveles*) (gradweise) abstufen; (*precios*) staffeln **4.** (ENS) graduieren **5.** (MIL) einen Rang verleihen (*a* +*dat*) **II.** *vr:* **~se**: **se graduó en económicas** er/sie machte seine/ihre Diplomprüfung in VWL
grafema [gra'fema] *m* (LING) Graphem *nt*
grafía [gra'fia] *f* Schreibweise *f*
gráfica ['grafika] *f* **1.** (*diagrama*) Schaubild *nt* **2.** (*curva*) Kurve *f*
gráfico[1] ['grafiko] *m* Schaubild *nt;* **~ pixelado** Pixelgraphik *f;* **~ de tarta** Tortendiagramm *nt;* **~ vectorial** Vektorgraphik *f;* **tarjeta de ~s** (INFOR) Grafikkarte *f*
gráfico, **-a**[2] ['grafiko, -a] *adj* **1.** (*de la escritura*) Schrift- **2.** (*del dibujo*) grafisch; **diccionario ~** Bildwörterbuch *nt* **3.** (*claro*) anschaulich
grafila [gra'fila] *f,* **gráfila** ['grafila] *f* Randverzierung *f*
grafio ['grafjo] *m* (ARTE) Griffel *m*
grafismo [gra'fismo] *m* **1.** (*grafía*) Schreibweise *f* **2.** (*aspecto estético*) Grafik *f* **3.** (INFOR) grafische Darstellung *f*
grafista [gra'fista] *mf* Grafiker(in) *m(f)*
grafito [gra'fito] *m* (MIN) Graphit *m*
grafología [grafolo'xia] *f sin pl* Graphologie *f*
grafológico, **-a** [grafo'loxiko, -a] *adj* graphologisch
grafólogo, **-a** [gra'foloɣo, -a] *m, f* Graphologe, -in *m, f*
grafómetro [gra'fometro] *m* (TÉC) Winkelmessgerät *nt*
gragea [gra'xea] *f* Dragee *nt*
grajear [graxe'ar] *vi* **1.** (*el grajo*) krächzen **2.** (*un bebé*) glucksen
grajilla [gra'xiʎa] *f* Dohle *f*
grajo ['graxo] *m* **1.** (*ave*) Saatkrähe *f* **2.** (*charlatán*) Schwätzer *m* **3.** (*Am: sobaquina*) Schweißgeruch *m*
gral. [xene'ral] *adj abr de* **general** allg.
gramática [gra'matika] *f* (LING) Grammatik *f;* **tener mucha ~ parda** (*fam*) listig sein
gramatical [gramati'kal] *adj* grammatikalisch; **regla ~** Grammatikregel *f*
gramaticalidad [gramatikali'ðaᵈ] *f sin pl* (LING) Grammatikalität *f*
gramaticalización [gramatikaliθa'θjon] *f sin pl* (LING) Grammatikalisation *f*
gramaticalizarse [gramatikali'θarse] <z→c> *vr* (LING) grammatikalisiert werden
gramático, **-a** [gra'matiko, -a] *m, f* Grammatiker(in) *m(f)*
gramatiquear [gramatike'ar] *vi* (*pey*) grammatisch tüfteln
gramilla [gra'miʎa] *f* (*Am: hierba*) Gras *nt*
gramo ['gramo] *m* Gramm *nt*
gramófono [gra'mofono] *m* Grammophon *nt*
gramola [gra'mola] *f* **1.** (*gramófono*) Grammophon *nt* **2.** (*en un bar*) Musikbox *f*
gran [gran] *adj v.* **grande**

grana ['grana] *f* **1.** (*acción*) Reifen *nt* der Getreidekörner **2.** (*semilla*) Same(n) *m* **3.** (*color*) Scharlach(rot) *nt* **4.** (*tela*) Scharlach *m* **5.** (*cochinilla*) Koschenille(laus) *f;* (*color*) Koschenille *f* **6.** (*quermes*) Kermes *m*

granada [gra'naða] *f* **1.** (*fruto*) Granatapfel *m* **2.** (*proyectil*) Granate *f*

granadal [grana'ðal] *f* (BOT) Granatbaumanlage *f*

granadilla [grana'ðiʎa] *f* **1.** (*fruto*) Passionsfrucht *f* **2.** (*AmC: planta*) Passionsblume *f*

granadino, **-a** [grana'ðino, -a] **I.** *adj* aus Granada **II.** *m, f* Einwohner(in) *m(f)* von Granada

granado[1] [gra'naðo] *m* Granat(apfel)baum *m*

granado, **-a**[2] [gra'naðo, -a] *adj* **1.** (*ilustre*) vornehm **2.** (*maduro*) reif **3.** (*alto*) hoch aufgeschossen

granar [gra'nar] **I.** *vi* Körner entwickeln **II.** *vt* treiben

granate [gra'nate] **I.** *adj* granatfarben, granatrot **II.** *m* Granatstein *m*

Gran Bretaña [gram bre'taɲa] *f* Großbritannien *nt*

grancanario, **-a** [graŋka'narjo, -a] **I.** *adj* aus Gran Canaria **II.** *m, f* Einwohner(in) *m(f)* von Gran Canaria

grancolombiano, **-a** [graŋkolom'bjano, -a] *adj* (HIST) *die Republik Groß-Kolumbien betreffend*

grande ['gran̪de] **I.** *adj* <más grande *o* mayor, grandísimo> (*precediendo un substantivo singular: gran*) **1.** (*de tamaño*) groß; **gran ciudad** Großstadt *f;* ~ **como una montaña** riesengroß; **una habitación** ~ ein geräumiges Zimmer; **una gran suma de dinero** eine hohe Geldsumme; **una gran mentira** eine faustdicke Lüge; **vino gran cantidad de gente** es kamen sehr viele Leute; **tengo un gran interés por …** ich bin sehr interessiert an … *+dat;* **no me preocupa gran cosa** das kümmert mich nicht besonders **2.** (*de edad*) alt; **Juan es más** ~ **que Pedro** Juan ist älter als Pedro **3.** (*moralmente*): **un gran hombre** ein bedeutender Mann; **una gran idea** eine großartige Idee **4.** (*loc*): **pasarlo en** ~ sich großartig amüsieren; **este trabajo me va** ~ ich bin dieser Arbeit nicht gewachsen; **vivir a lo** ~ auf großem Fuß leben **II.** *m* **1.** (*prócer*) Größe *f;* **los ~s de la industria** die Großindustriellen **2.** (*título*): **G~ de España** Grande *m* Spaniens

grandemente [gran̪de'men̪te] *adv* (*mucho*) sehr; (*extremadamente*) äußerst

grandeza [gran̪'deθa] *f* **1.** (*vastedad*) Größe *f;* **delirio de** ~ Größenwahn *m* **2.** (*excelencia de cosas*) Großartigkeit *f* **3.** (*de personas*) Größe *f* **4.** (*de un Grande*) Würde *f*

grandilocuencia [gran̪dilo'kwen̪θja] *f* **1.** (*de estilo*) Schwülstigkeit *f* **2.** (*de una persona*) hochtrabende Ausdrucksweise *f*

grandilocuente [gran̪dilo'kwen̪te] *adj* hochtönend

grandiosidad [gran̪djosi'ða^{d}] *f* Großartigkeit *f*

grandioso, **-a** [gran̪'djoso, -a] *adj* großartig

grandote, **-a** [gran̪'dote, -a] *adj* (*fam*) enorm, riesengroß

grandullón, **-ona** [gran̪du'ʎon, -ona] *adj* hoch aufgeschossen

granear [grane'ar] *vt* **1.** (*semilla*) (aus)säen **2.** (*pólvora*) körnen **3.** (*cuero*) aufrauen **4.** (ARTE: *grabado en cobre*) granieren

granel [gra'nel]: **a** ~ (*sin envase*) unverpackt; (*suelto*) lose; (*líquido*) vom Fass; (*en abundancia*) haufenweise; **carga a** ~ Schüttgut *nt*

granero [gra'nero] *m* Scheune *f;* **Castilla es el** ~ **de España** Kastilien ist die Kornkammer Spaniens

granítico, **-a** [gra'nitiko, -a] *adj* **1.** (*relativo al granito*) Granit- **2.** (*parecido al granito*) granitartig

granito [gra'nito] *m* (MIN) Granit *m*

granívoro[1] [gra'niβoro] *m* (ZOOL) Körnerfresser *m*

granívoro, **-a**[2] [gra'niβoro, -a] *adj* (ZOOL) Körner fressend

granizada [grani'θaða] *f* **1.** (*pedrisco*) Hagelschauer *m* **2.** (*de balas*) Kugelhagel *m*

granizado [grani'θaðo] *m* *Erfrischungsgetränk mit zerstoßenem Eis;* ~ **de café** Kaffee *m* mit Eis

granizar [grani'θar] <z→c> *vimpers* hageln

granizo [gra'niθo] *m* Hagel *m*

granja ['graŋxa] *f* **1.** (*finca*) Bauernhof *m;* (*en la zona anglosajona*) Farm *f* **2.** (*cafetería*) Milchbar *f*

granjeable [graŋxe'aβle] *adj* erwerbbar

granjear [graŋxe'ar] **I.** *vt* **1.** (*ganado*) handeln **2.** (*adquirir*) erwerben **II.** *vr:* **~se** für sich gewinnen

granjero, **-a** [graŋ'xero, -a] *m, f* Landwirt(in) *m(f)*, Bauer *m*, Bäuerin *f;* (*en la zona anglosajona*) Farmer(in) *m(f)*

grano ['grano] *m* **1.** (*de cereales*) (Samen)korn *nt;* (*de café*) Bohne *f;* (*del anís*) Kern *m;* **~s** Getreide *nt;* ~ **de uva** Weintraube *f;* **vaya al** ~ kommen Sie zur Sache; **apartar el** ~ **de la paja** die Spreu vom Weizen trennen **2.** (TÉC) Korn *nt;* **de** ~ **duro** grobkörnig; **de** ~ **fino** feinkörnig **3.** (*de piel*) Narbe *f* **4.** (MED) Pickel *m* **5.** (*loc*): **aportó su** ~ **de arena** er/sie trug sein/ihr Scherflein bei; **de un** ~ **(de arena) hace una montaña** aus einer Mücke macht er/sie einen Elefanten

granoso, **-a** [gra'noso, -a] *adj* körnig

granuja[1] [gra'nuxa] *m* **1.** (*pilluelo*) Schelm *m* **2.** (*bribón*) Gauner *m;* **el muy** ~ **me ha engañado** der Mistkerl hat mich reingelegt

granuja[2] [gra'nuxa] *f* **1.** (*uva*) Traubenkamm *m* **2.** (*de las frutas*) Kern *m*

granujada [granu'xaða] *f* **1.** (*travesura*) Streich *m* **2.** (*bribonada*) Schurkerei *f*

granujería [granuxe'ria] *f* **1.** (*travesura*) Streich *m* **2.** (*bribonada*) Schurkerei *f* **3.** (*de* *pillos*) Rasselbande *f* **4.** (*de bribones*) Gaunerbande *f*

granujiento, **-a** [granu'xjento, -a] *adj* **1.** (*cara*) pickelig **2.** (*superficie*) rau

granulación [granula'θjon] *f* Granulation *f*

granulado [granu'laðo] *m* Granulat *nt*

granulador [granula'ðor] *m*, **granuladora** [granula'ðora] *f* Granulationsapparat *m*

granular [granu'lar] **I.** *adj* **1.** (*superficie*) körnig **2.** (*cuero*) aufgeraut **II.** *vt* granulieren

granulita [granu'lita] *f* (GEO) Granulit *m*

granulocito [granulo'θito] *m* (ANAT) Granulozyt *m*

granuloma [granu'loma] *m* (MED) Granulom *nt*

granulosis [granu'losis] *f inv* (MED) Granulose *f*

granuloso, **-a** [granu'loso, -a] *adj* körnig

granza ['granθa] *f* **1.** (BOT) Krapp *m*, Färberröte *f* **2.** (MIN) Schlich *m*, zerriebenes Erz *nt* **3.** *pl* (AGR) Kornsiebsel *nt*

grapa ['grapa] *f* **1.** (*para papeles*) Heftklammer *f*; (*para madera*) Krampe *f* **2.** (*licor*) Grappa *m* **3.** (*de la uva*) Kamm *m*

grapadora [grapa'ðora] *f* Heftmaschine *f*

grapar [gra'par] *vt* heften

grasa ['grasa] *f* **1.** (ANAT) Fett *nt*; ~ **de cerdo** Schweineschmalz *nt*; **cocinar sin** ~ fettarm kochen; **tengo mucha** ~ **en la barriga** ich habe viel Speck am Bauch; **el deporte quita la** ~ Sport lässt die Pfunde schmelzen **2.** (TÉC: *lubricante*) Schmieröl *nt* **3.** (*mugre*) Schmutz *m* **4.** (MIN): **las ~s** die Schlacke

grasera [gra'sera] *f* Fettgefäß *nt*, Ölgefäß *nt*

grasiento, **-a** [gra'sjento, -a] *adj* fettig; (*de aceite*) ölig

graso, **-a** ['graso, -a] *adj* **1.** (*grasiento*) fettig **2.** (*gordo*) dick

gratén [gra'ten] *m* (GASTR): **al** ~ überbacken

gratificación [gratifika'θjon] *f* **1.** (*recompensa*) Belohnung *f*; (*sobre objetos perdidos*) Finderlohn *m* **2.** (*del sueldo*) Sondervergütung *f*; ~ **de Navidad** Weihnachtsgeld *nt* **3.** (*propina*) Trinkgeld *nt*

gratificante [gratifi'kante] *adj* erfreulich

gratificar [gratifi'kar] <c→qu> *vt* **1.** (*recompensar*) belohnen (*por* für +*akk*); **se ~á a quien lo encuentre** ein Finderlohn ist ausgesetzt **2.** (*en el trabajo*) eine Sondervergütung zahlen (*a* +*dat*) **3.** (*complacer*) zufrieden stellen

gratinado [grati'naðo] *m* (GASTR) Gratin *nt*

gratinador [gratina'ðor] *m* Grill *m* zum Überbacken

gratinar [grati'nar] *vt* (GASTR) überbacken, gratinieren

gratis ['gratis] *adv* kostenlos, gratis

gratitud [grati'tu^ð] *f* Dankbarkeit *f*

grato, **-a** ['grato, -a] *adj* **1.** (*agradable*) angenehm; ~ **al paladar** köstlich; **tu novio me ha dado una grata impresión** dein Freund hat bei mir einen sehr guten Eindruck gemacht; **tu visita me es muy grata** dein Besuch kommt mir sehr gelegen **2.** (*en una carta*): **me es ~ comunicarle que ...** ich freue mich Ihnen mitteilen zu können, dass ...

gratuidad [gratwi'ða^ð] *f* **1.** (*de gratis*) Unentgeltlichkeit *f* **2.** (*arbitrariedad*) Willkürlichkeit *f* **3.** (*algo infundado*) Unbegründetheit *f*

gratuitamente [gratwita'mente] *adv* **1.** (*gratis*) umsonst, kostenlos **2.** (*sin fundamento*) grundlos, willkürlich

gratuito, **-a** [gra'twito, -a] *adj* **1.** (*gratis*) kostenlos **2.** (*arbitrario*) willkürlich **3.** (*infundado*) unbegründet; **es una acusación gratuita** diese Anklage ist ungerechtfertigt; **este rumor es** ~ dieses Gerücht ist aus der Luft gegriffen; **lo que has hecho ha sido bastante** ~ was du gemacht hast, hättest du dir schenken können

grava ['graβa] *f* **1.** (*casquijo*) Kies *m* **2.** (*cascajo*) Schotter *m*

gravable [gra'βaβle] *adj* steuerpflichtig

gravamen [gra'βamen] *m* **1.** (*carga*) Last *f* **2.** (*de los ingresos*) Versteuerung *f*; (*del Estado*) Besteuerung *f* **3.** (UE) Abschöpfung *f*

gravar [gra'βar] *vt* **1.** (*cargar*) belasten **2.** (FIN) besteuern; ~ **con un impuesto** eine Steuer erheben (auf +*akk*)

grave ['graβe] *adj* **1.** (*objeto*) schwer **2.** (*enfermedad*) schlimm; **está** ~ er/sie ist schwer krank **3.** (*persona, situación*) ernst; **es un momento** ~ **para la industria** es ist eine kritische Zeit für die Industrie **4.** (*estilo*) streng, nüchtern **5.** (*sonido*) tief **6.** (LING): **acento** ~ Gravis *m*; **palabra** ~ auf der vorletzten Silbe betontes Wort

gravedad [graβe'ða^ð] *f* **1.** (FÍS) Schwerkraft *f*; **centro de** ~ Schwerpunkt *m* **2.** (MÚS: *de los sonidos*) Tiefe *f* **3.** (MED): **estar herido de** ~ schwer verletzt sein **4.** (*de un estilo*) Strenge *f* **5.** (*de una situación, persona*) Ernst *m*

gravidez [graβi'ðeθ] *f* Schwangerschaft *f*

grávido, **-a** ['graβiðo, -a] *adj* **1.** (*mujer*) schwanger **2.** (*elev: cargado*) (rand)voll, voll geladen

gravilla [gra'βiʎa] *f* Feinkies *m*; (*en la calzada*) (Roll)splitt *m*

gravitación [graβita'θjon] *f* (FÍS) Anziehungskraft *f*; (*de la tierra*) Schwerkraft *f*

gravitar [graβi'tar] *vi* **1.** (FÍS) gravitieren **2.** (*un cuerpo*) ruhen (*sobre* auf +*dat*) **3.** (*recaer*) lasten (*sobre* auf +*dat*)

gravitatorio, **-a** [graβita'torjo, -a] *adj* Gravitations-

gravoso, **-a** [gra'βoso, -a] *adj* **1.** (*pesado*) lästig; (*duro*) beschwerlich; (*libro*) schwierig **2.** (*costoso*) kostspielig

graznar [graθ'nar] *vi* (*cuervo*) krächzen; (*ganso*) schnattern; (*pato*) quaken

graznido [graθ'niðo] *m* (*cuervo*) Krächzen *nt*; (*ganso*) Schnattern *nt*; (*pato*) Quaken *nt*

greca ['greka] *f* **1.** (*adorno*) Mäanderband *nt* **2.** (*Am: cafetera eléctrica*) Kaffeemaschine *f*

Grecia ['greθja] *f* Griechenland *nt*

grecolatino, **-a** [grekola'tino, -a] *adj* griechisch-lateinisch
grecorromano, **-a** [grekorro'mano, -a] *adj* griechisch-römisch
greda ['greða] *f* **1.** (*arcilla*) Kreide *f* **2.** (*para desengrasar*) Bleicherde *f*
gredal [gre'ðal] *m* Kreidegrube *f*
gredoso, **-a** [gre'ðoso, -a] *adj* kreidig, tonig
gregal [gre'ɣal] *adj* Herden-
gregario, **-a** [gre'ɣarjo, -a] *adj* **1.** (*persona*) Herden- **2.** (*soldado*) gemein
gregarismo [greɣa'rismo] *m sin pl* Herdentrieb *m*
gregoriano, **-a** [greɣo'rjano, -a] *adj* gregorianisch
greguería [greɣe'ria] *f* Stimmengewirr *nt*
grelo ['grelo] *m* (GASTR) Steckrübenstengel *mpl*
gremial [gre'mjal] **I.** *adj* **1.** (*de un gremio*) Innungs- **2.** (HIST) Zunft- **II.** *mf* Verbandsangehörige(r) *mf*
gremialismo [gremja'lismo] *m sin pl* **1.** (*mundo de*) Innungswesen *nt* **2.** (*doctrina*) Zunftgeist *m* **3.** (*tendencia*) Neigung *f* zur Verbandsbildung
gremio ['gremjo] *m* **1.** (*asociación*) Innung *f* **2.** (HIST) Zunft *f*
greña ['greɲa] *f* (*cabellos*) Haarschopf *m;* **andar a la ~** aneinander geraten
greñudo, **-a** [gre'ɲuðo, -a] *adj* zerzaust
gres [gres] *m* **1.** (*arcilla*) (Töpfer)ton *m* **2.** (*producto*) Steingut *nt*
gresca ['greska] *f* **1.** (*bulla*) Krach *m* **2.** (*riña*) Zankerei *f*
grial [gri'al] *m* Gral *m;* **el santo ~** (HIST, REL, LIT) der Heilige Gral
griego, **-a** ['grjeɣo, -a] **I.** *adj* griechisch **II.** *m, f* Grieche, -in *m, f*
grieta ['grjeta] *f* **1.** (*en la pared*) Riss *m* **2.** (*en una taza*) Sprung *m;* (*más grande*) Spalte *f* **3.** (*en la piel*) Schrunde *f*
grietarse [grje'tarse] *vr* (*agrietarse*) rissig werden
grifa ['grifa] *f* Haschisch *nt o m*
grifo¹ ['grifo] *m* **1.** (TÉC) Hahn *m;* **agua del ~** Leitungswasser *nt;* **me he dejado el ~ abierto** ich habe den Hahn nicht zugedreht **2.** (*mitología*) Greif *m* **3.** (*Perú: gasolinera*) Tankstelle *f*
grifo, **-a²** ['grifo, -a] *adj* kraus
grillado, **-a** [gri'ʎaðo, -a] *adj* (*fam: loco*) verrückt
grillarse [gri'ʎarse] *vr* **1.** (*tubérculo*) auskeimen **2.** (*fam: persona*) überschnappen
grillera [gri'ʎera] *f* **1.** (*agujero*) Grillenloch *nt* **2.** (*jaula*) Grillenkäfig *m* **3.** (*fam: lugar*): **esto es una ~** das ist ja das reinste Irrenhaus **4.** (*de la policía*) Streifenwagen *m*
grillete [gri'ʎete] *m* **1.** (*cepo*) Fußfessel *f* **2.** (NÁUT) Schäkel *m*
grillo ['griʎo] *m* **1.** (*insecto*) Grille *f* **2.** (*tubérculo*) Keim *m* **3.** *pl* (*grilletes*) Fußfesseln *fpl*
grima ['grima] *f* Schauder *m;* **me da ~ ver cómo la maltratas** es macht mich krank zu sehen, wie du sie misshandelt
grimillón [grimi'ʎon] *m* (*Chil*) Menge *f,* Haufen *m*
gringada [griŋ'gaða] *f* (*Am: fam*) **1.** (*truco sucio*) Ganoventrick *m* **2.** (*grupo de gringos*) Gruppe *f* von Gringos
gringo¹ ['griŋgo] *m* (*fam*) Kauderwelsch *nt*
gringo, **-a²** ['griŋgo, -a] *m, f* (*Am: fam*) **1.** (*persona*) Gringo *m;* (*pey*) Ausländer *m* **2.** (*de EE.UU.*) Amerikaner(in) *m(f),* Yankee *m pey*
gripa ['gripa] *f* (*Am*) Grippe *f*
gripal [gri'pal] *adj* (MED) grippal
griparse [gri'parse] *vr* (TÉC) sich festfressen
gripe ['gripe] *f* (MED) Grippe *f*
griposo, **-a** [gri'poso, -a] **I.** *adj* (MED): **estoy ~** ich habe die Grippe **II.** *m, f* Grippekranke(r) *mf*
gris [gris] **I.** *adj* **1.** (*color*) grau; **~ marengo** dunkelgrau; **de ojos ~es** grauäugig **2.** (*persona*) fade **II.** *m* **1.** (*color*) Grau *nt* **2.** (*viento*) kalter Wind *m* **3.** (HIST: *policía*) Bulle *m fam*
grisáceo, **-a** [gri'saθeo] *adj* gräulich
grisma ['grisma] *f* (*Chil, Guat, Hond: pizca*) Prise *f*
grisón¹ [gri'son] *m* (LING) graubündnerischer Dialekt *m*
grisón, **-ona²** [gri'son, -ona] *adj* graubündnerisch
grisoso, **-a** [gri'soso, -a] *adj* (*Am*) *v.* **grisáceo**
grisú [gri'su] *m* <grisúes *o* grisús> (MIN) Grubengas *nt*
gritadera [grita'ðera] *f* (*Col, Ven: griterío*) Geschrei *nt,* Gegröle *nt*
gritar [gri'tar] *vi, vt* **1.** (*dar gritos*) schreien **2.** (*reprender*) anschreien **3.** (*en un concierto*) auspfeifen
griterío [grite'rio] *m* Geschrei *nt*
grito ['grito] *m* Schrei *m;* **~ de protesta** Protestruf *m;* **pegar un ~** einen Schrei ausstoßen; **me lo dijo a ~s** er/sie schrie mich an; **a ~ limpio** [*o* **pelado**] mit lautem Geschrei; **poner el ~ en el cielo por algo** viel Aufhebens um etw machen; **Bosnia está pidiendo a ~s ayuda internacional** Bosnien bittet inständig um internationale Hilfe
grivna ['griβna] *f* (ECON) Griwna *f*
groenlandés, **-esa** [groenlan̪'des, -esa] **I.** *adj* grönländisch **II.** *m, f* Grönländer(in) *m(f)*
Groenlandia [groen'lan̪dja] *f* Grönland *nt*
grogui ['groɣi] *adj* groggy
grosella [gro'seʎa] *f* Johannisbeere *f*
grosellero [grose'ʎero] *m* (BOT) Johannisbeerstrauch *m*
grosería [grose'ria] *f* **1.** (*descortesía*) Unhöflichkeit *f* **2.** (*ordinariez*) Gewöhnlichkeit *f* **3.** (*tosquedad*) Rohheit *f* **4.** (*estupidez*) Dummheit *f* **5.** (*observación*) vulgäre Äußerung *f;* (*palabrota*) Schimpfwort *nt*
grosero, **-a** [gro'sero, -a] *adj* **1.** (*descortés*)

G

unhöflich **2.** (*ordinario*) gewöhnlich, ordinär **3.** (*tosco*) plump
grosor [gro'sor] *m* Dicke *f*
grotesco, **-a** [gro'tesko, -a] *adj* grotesk
grúa ['grua] *f* **1.** (*máquina*) Kran *m* **2.** (*vehículo*) Abschleppwagen *m*
gruesa ['grwesa] *f* (*cantidad*) Gros *nt*
gruesamente [grwesa'mente] *adv* **1.** (*ligeramente*) grob **2.** (*toscamente*) grob, rüde
grueso[1] ['grweso] *m* **1.** (*espesor*) Dicke *f* **2.** (*parte principal*) Gros *nt* **3.** (MED: *intestino*) Dickdarm *m* **4.** (COM): **vender en ~** en gros verkaufen **5.** (TIPO) (Schrift)kegel *m*
grueso, **-a**[2] ['grweso, -a] *adj* **1.** (*persona*) korpulent **2.** (*objeto*) dick **3.** (*mar*) schwer **4.** (*broma*) derb **5.** (*tela*) grob
grulla ['gruʎa] *f* Kranich *m*
grumete [gru'mete] *m* (NÁUT) Schiffsjunge *m*
grumo ['grumo] *m* **1.** (*coágulo*) Klumpen *m*; **~ de sangre** (Blut)gerinnsel *nt* **2.** (*de uvas*) Bündel *nt*; (*de lechuga*) (Salat)herz *nt* **3.** (*de planta*) Schössling *m*; (*en patatas*) Auge *nt*
grumoso, **-a** [gru'moso, -a] *adj* klumpig, verklumpt
gruñido [gru'ɲiðo] *m* **1.** (*del cerdo*) Grunzen *nt* **2.** (*del perro*) Knurren *nt* **3.** (*de persona*) Murren *nt* **4.** (*de puerta*) Quietschen *nt*
gruñir [gru'ɲir] <*3. pret:* **gruñó**> *vi* **1.** (*cerdo*) grunzen **2.** (*perro*) knurren **3.** (*persona*) murren **4.** (*puerta*) quietschen
gruñón, **-ona** [gru'ɲon, -ona] **I.** *adj* (*fam*) brummig **II.** *m, f* (*fam*) Brummbär *m*; **es un viejo ~** er ist ein alter Brummbart
grupa ['grupa] *f* Kruppe *f*; **volver ~s** (MIL) kehrtmachen
grupal [gru'pal] *adj* Gruppen-
grupeto [gru'peto] *m* (MÚS) Doppelvorschlag *m*
grupo ['grupo] *m* **1.** (*conjunto*) Gruppe *f*; **~ (industrial)** (COM) Konzern *m*; **~ parlamentario** (POL) Fraktion *f*; **~ de presión** (POL) Lobby *f*; **~ principal** (INFOR) Hauptgruppe *f*; **planificación de ~s** Gruppenplanung *f*; **trabajo en ~** Teamarbeit *f*; (INFOR) Workgroup *f* **2.** (TÉC) Aggregat *nt*
grupúsculo [gru'puskulo] *m* (POL, SOCIOL) kleine, radikale Organisation *f*, Splittergruppe *f*
gruta ['gruta] *f* (*artificial*) Grotte *f*; (*natural*) Höhle *f*
grutesco[1] [gru'tesko] *m* (ARTE) Groteske *f*
grutesco, **-a**[2] [gru'tesko, -a] *adj* **1.** (*relativo a la gruta*) grotesk, seltsam **2.** (ARTE) grotesk
guaca ['gwaka] *f* (*Am*) **1.** (*tumba*) indianische Begräbnisstätte *f* **2.** (*tesoro*) verborgener Schatz *m* **3.** (*hucha*) Spardose *f*; **hacer ~** Geld machen
guacal [gwa'kal] *m* (*AmC: calabaza*) Kalebassenbaum *m*; (*jícara*) *aus einem Kürbis oder einer Kalebasse hergestelltes Essgeschirr*
guacamayo [gwaka'maɟo] *m* Ara *m*
guacamol(e) [gwaka'mol(e)] *m* (*Am:* GASTR) Avocadocreme *f*
guacamote [gwaka'mote] *m* (*Méx*) Maniok *m*
guachada [gwa'ʧaða] *f* (*Am: fam: canallada*) Schurkenstreich *m*
guacharrazo [gwaʧa'rraθo] *m* (*fam*) *Fall auf die Seite oder den Rücken*
guachimán [gwaʧi'man] *m* (*Am: vigilante*) Wächter *m*
guacho, **-a** ['gwaʧo, -a] *m, f* (*AmS: huérfano*) Waisenkind *nt*; (*expósito*) ausgesetztes Kind *nt*
guadal [gwa'ðal] *m* (*Arg*) ausgetrockneter, sandiger Sumpfboden *m*
guadalajareño, **-a** [gwaðalaxa'reɲo, -a] **I.** *adj* aus Guadalajara **II.** *m, f* Einwohner(in) *m(f)* von Guadalajara
guadaña [gwa'ðaɲa] *f* Sense *f*
guadañadora [gwaðaɲa'ðora] *f* (AGR) Grasmäher *m*
guadañar [gwaða'ɲar] *vt* mit der Sense mähen
guadianés, **-esa** [gwaðja'nes, -esa] *adj* Guadiana-, des Guadiana (*Fluss*)
guagua ['gwaɣwa] *f* **1.** (*trivialidad*) Lappalie *f* **2.** (*Am: autobús*) Bus *m*
guaichi ['gwai̯ʧi] *m*, **guaichí** [gwai̯'ʧi] *m* (ZOOL) Vieraugenbeutelratte *f*, Quicka *f*
guaipo ['gwai̯po] *m* (ZOOL) Pampashuhn *nt*
guairabo [gwai̯'raβo] *m* (*Chil:* ZOOL) Nachtreiher *m*
guajira [gwa'xira] *f* (MÚS) Guajira *f* (*kubanische Volksliedform*)
guajiro, **-a** [gwa'xiro, -a] **I.** *adj* bäurisch **II.** *m, f* (*Cuba*) weißer Bauer *m*, weiße Bäuerin *f*
gualda ['gwal̪da] *f* (BOT) Färberwau *m*, Färberresede *f*
gualdera [gwal̪'dera] *f* Seitenwand *f*
gualdo, **-a** ['gwal̪do, -a] *adj* goldgelb; **la bandera roja y gualda** die spanische Flagge
gualicho [gwa'liʧo] *m* (*Arg, Urug*) **1.** (*maleficio*) Zauber *m* **2.** (*objeto que hechiza*) Fetisch *m*
gualve ['gwalβe] *m* (*Chil*) Sumpfgebiet *nt*
guamazo [gwa'maθo] *m* (*Méx*) kräftiger Schlag *m*
guamúchil [gwa'muʧil] *m* (*Méx: planta*) Regenbaum *m*
guanábano [gwa'naβano] *m* (*Am: árbol*) Zimtapfel(baum) *m*
guanaco[1] [gwa'nako] *m* (*mamífero*) Guanako *m o nt*
guanaco, **-a**[2] [gwa'nako, -a] **I.** *adj* (*Am: tonto*) dumm, einfältig; (*lento*) tranig *fam* **II.** *m, f* **1.** (*Am: tonto*) Einfaltspinsel *m*, Dummkopf *m* **2.** (*AmC: habitante*) Einwohner(in) *m(f)* von El Salvador
guanche ['gwanʧe] *m* **1.** (*persona*) *Ureinwohner der kanarischen Inseln* **2.** (HIST: *lengua*) *Sprache der Einwohner Gran Canarias*
guango, **-a** ['guaŋgo, -a] *adj* (*Méx*) weit
guanina [gwa'nina] *f* (BIOL, QUÍM) Guanin *nt*
guano ['gwano] *m* **1.** (*excrementos*) Guano

m **2.** (*CSur: estiércol*) Dung *m*

guantada [gwaṇ'taða] *f* Ohrfeige *f;* **dar una ~ a alguien** jdn ohrfeigen

guantazo [gwaṇ'taθo] *m v.* **guantada**

guante ['gwaṇte] *m* Handschuh *m;* **ir** [*o* **sentar**] **como un ~** wie angegossen sitzen; **recoger el ~** den Fehdehandschuh aufnehmen; **colgar los ~s** (*boxeador*) die Boxhandschuhe an den Nagel hängen; (*futbolista*) die Fußballschuhe an den Nagel hängen; **le echaron el ~ al ladrón** der Dieb wurde geschnappt

guantear [gwaṇte'ar] *vt* (*Am: abofetear*) ohrfeigen

guantelete [gwaṇte'lete] *m* Panzerhandschuh *m*

guantera [gwaṇ'tera] *f* (AUTO) Handschuhfach *nt*

guantero, -a [gwaṇ'tero, -a] *m, f* Handschuhmacher(in) *m(f)*

guapamente [gwapa'meṇte] *adv* (*fam: muy bien*) prima, toll; (*sin recato*) putzmunter; **la fiesta salió tan ~ como esperábamos** das Fest lief super, ganz wie wir's gehofft hatten

guapear [gwape'ar] *vi* (*fam*) **1.** (*ostentar*) sein Äußeres zur Schau stellen **2.** (*fanfarronear*) prahlen (*de* mit +*dat*)

guaperas [gwa'peras] *m inv* (*fam*) eitler Mensch *m;* **va de ~** er spielt den wilden Mann

guaperío [gwape'rio] *m* Schickeria *f*

guapeza [gwa'peθa] *f* **1.** (*aspecto*) Schönheit *f;* (*elegancia*) Eleganz *f* **2.** (*en los vestidos*) Eitelkeit *f* **3.** (*valentonería*) Mut *m*

guapo¹ ['gwapo] *m* **1.** (*Am: pey: pendenciero*) Raufbold *m* **2.** (*galán*) Galan *m*

guapo, -a² ['gwapo, -a] *adj* **1.** (*atractivo*) gut aussehend **2.** (*en el vestir*) schick **3.** (*Am: valiente*) mutig

guapote [gwa'pote] *adj* (*fam*) (ganz) attraktiv, (recht) gut aussehend

guaquero, -a [gwa'kero, -a] *m, f* (*Am*) Schatzsucher(in) *m(f);* (*ilegal*) Schatzplünderer, -in *m, f*

guaraca [gwa'raka] *f* (*Am: honda*) Schleuder *f;* (*látigo*) Peitsche *f*

guaraná [gwara'na] *f* (*Am: planta*) Guaranapflanze *f*

guarangada [gwaraŋ'gaða] *f* (*Am: grosería*) Flegelei *f*

guaraní [gwara'ni] **I.** *adj* Guarani- **II.** *m* Guaraní *m*

guarapo [gwa'rapo] *m* (*Am: jugo*) Zuckerrohrsaft *m;* (*bebida*) Zuckerrohrschnaps *m*

guarapón [guara'pon] *m* (*AmS*) breitkrempiger Hut *m*

guarda¹ ['gwarða] *mf* Wächter(in) *m(f);* **~ forestal** Förster(in) *m(f)*

guarda² ['gwarða] *f* **1.** (*acto*) Wache *f* **2.** (*protección*) Schutz *m* **3.** (*de un libro*) Vorsatz *m* **4.** (*de la ley*) Befolgung *f* **5.** *pl* (*de llave*) Einkerbung *f* im Schlüsselbart; (*de cerradura*) Zuhaltung *f* **6.** *pl* (*de abanico*) Stäbe *mpl*

guardabarrera [gwarðaβa'rrera] *mf* Bahnwärter(in) *m(f)*

guardabarros [gwarða'βarros] *m inv* Schutzblech *nt*

guardabosque(s) [gwarða'βoske(s)] *mf* (*inv*) Förster(in) *m(f)*

guardabrisa [gwarða'βrisa] *f* Sturmlaterne *f;* (*campana*) Glasglocke *f*

guardacabras [gwarða'kaβras] *mf inv* Ziegenhirte, -in *m, f*

guardacostas [gwarða'kostas] *m inv* Boot *nt* der Küstenwache

guardaespaldas [gwarðaes'paḷdas] *mf inv* Leibwächter(in) *m(f)*

guardagujas [gwarða'ɣuxas] *mf inv* (FERRO) Weichensteller(in) *m(f)*

guardalmacén [gwarðalma'θen] *mf* Lagerverwalter(in) *m(f)*

guardameta [gwarða'meta] *mf* (DEP) Torwart, -frau *m, f*

guardapesca [gwarða'peska] *m* (NÁUT) Fischereischutzboot *nt*

guardapolvo [gwarða'polβo] *m* Staubmantel *m*

guardapuerta [gwarða'pwerta] *f* Türvorhang *m*

guardapuntas [gwarða'puṇtas] *m inv* Bleistifthülse *f*

guardar [gwar'ðar] **I.** *vt* **1.** (*vigilar*) bewachen; (*rebaño*) hüten **2.** (*proteger*) beschützen (*de* vor +*dat*) **3.** (*ley*) einhalten **4.** (*conservar*) (auf)bewahren; **~ en la memoria intermedia** (INFOR) zwischenspeichern; **~ un sitio** einen Platz freihalten; **~le un trozo de pastel a alguien** jdm ein Stück Kuchen aufheben; **guárdame esto que ahora vengo** heb das für mich auf, ich komme sofort **5.** (*poner*): **¿dónde has guardado las servilletas?** wo hast du die Servietten hingetan?; **~ el dinero en el banco** das Geld auf die Bank bringen; **~ algo en el bolsillo** etw in die Tasche stecken **6.** (*quedarse con*) behalten **7.** (*ahorrar*) sparen; **~ las fuerzas** seine Kräfte schonen **8.** (*loc*): **~ cama** das Bett hüten; **~ silencio** Stillschweigen bewahren; **~ las distancias** Distanz wahren **II.** *vr:* **~se 1.** (*conservar*) aufheben **2.** (*protegerse*) sich hüten (*de* vor +*dat*)

guardarriel [gwarða'rrjel] *m* (FERRO) Schutzschiene *f*, Leitschiene *f*

guardarropa¹ [gwarða'rropa] *m* Garderobe *f*

guardarropa² [gwarða'rropa] *mf* **1.** (*de vestuario: mujer*) Garderobe(n)frau *f;* (*hombre*) Garderobier *m* **2.** (TEAT: *guardarropía*) Requisiteur(in) *m(f)*

guardarropía [gwarðarro'pia] *m* **1.** (TEAT: *accesorios*) Requisiten *ntpl;* **de ~** Schein- **2.** (*cuarto*) Requisitenkammer *f*

guardavía [gwarða'βia] *mf* (FERRO) Bahnwärter(in) *m(f)*

guardería [gwarðe'ria] *f* (*hasta tres años*) Kinderkrippe *f;* (*más de tres años*) Kindergar-

G

ten *m;* (*durante todo el día*) Kindertagesstätte *f*

guardia¹ ['gwarðja] *f* **1.** (*vigilancia*) Wache *f;* **¿cuál es la farmacia de ~?** welche Apotheke hat Notdienst?; **estar de ~** (*por la noche*) Nachtdienst haben; (*el fin de semana*) Wochenenddienst haben; (MIL) Wache schieben **2.** (DEP) Deckung *f;* **bajar la ~** die Deckung fallen lassen; **en ~** (*esgrima*) en garde **3.** (*instituciones*): **la G~ Civil** die Guardia civil; **~ municipal** [*o* **urbana**] Gemeindepolizei *f;* **estar en ~** auf der Hut sein; **poner a alguien en ~** jdn in Alarmbereitschaft versetzen

guardia² ['gwarðja] *mf:* **~ civil** Beamte(r) *mf* der Guardia civil, Beamtin *f* der Guardia civil; **~ municipal** [*o* **urbano**] Gemeindepolizist(in) *m(f);* **~ de tráfico** Verkehrspolizist(in) *m(f)*

guardián, -ana [gwar'ðjan, -ana] *m, f* **1.** (*protector*) Hüter(in) *m(f);* **perro ~** Wachhund *m* **2.** (*en el zoo*) Wärter(in) *m(f)*

guardilla [gwar'ðiʎa] *f* **1.** (*habitación*) Dachzimmer *nt* **2.** (*ventana*) Dachfenster *nt*

guardón, -ona [gwar'ðon, -ona] **I.** *adj* (*pey*) geizig, knauserig **II.** *m, f* (*pey*) Geizhals *m,* Knauser(in) *m(f)*

guarecer [gware'θer] *irr como crecer* **I.** *vt* **1.** (*proteger*) schützen (*de* vor +*dat*) **2.** (*albergar*) beherbergen; **le guarecí en mi casa** ich nahm ihn bei mir auf **3.** (*curar*) heilen **II.** *vr:* **~se 1.** (*cobijarse*) sich flüchten **2.** (*de la lluvia*) sich unterstellen

guarida [gwa'riða] *f* **1.** (*cueva*) Höhle *f;* (*de animales*) Bau *m* **2.** (*refugio*) Versteck *nt*

guarisapo [gwari'sapo] *m* (*Chil:* ZOOL) Kaulquappe *f*

guarismo [gwa'rismo] *m* (MAT) Ziffer *f*

guarnecer [gwarne'θer] *irr como crecer vt* **1.** (*adornar*) verzieren (*con/de* mit +*dat*); (GASTR) garnieren; (*vestido*) besetzen **2.** (MIL: *ciudad*) eine Garnison (in einer Stadt) stationieren **3.** (*equipar*) ausrüsten (*con/de* mit +*dat*); (*proveer*) versehen (*con/de* mit +*dat*), ausstatten (*con/de* mit +*dat*)

guarnecido [gwarne'θiðo] *m sin pl* **1.** (*entablado*) Wandverkleidung *f* **2.** (*enlucido*) Verputz *m*

guarnición [gwarni'θjon] *f* **1.** (*adorno*) Verzierung *f;* (*en vestido*) Besatz *m;* (*en joya*) (Ein)fassung *f* **2.** (MIL) Garnison *f* **3.** (GASTR) Garnierung *f* **4.** *pl* (*arreos*) Geschirr *nt*

guarnicionar [gwarniθjo'nar] *vt* (MIL) garnisonieren, in Garnison legen

guarrazo [gwa'rraθo] *m* (*fam*) Sturz *m;* **darse un ~** einen Sturz bauen [*o* drehen]

guarrear [gwarre'ar] **I.** *vt* (*fam: manchar*) einsauen **II.** *vr:* **~se** (*fam: mancharse*) sich eindrecken, sich einsauen

guarrería [gwarre'ria] *f* Schweinerei *f*

guarro, -a ['gwarro, -a] **I.** *adj* **1.** (*cosa*) dreckig; **chiste ~** anstößiger Witz **2.** (*persona*) schlampig; (*moralmente*) unanständig **II.** *m, f* Schwein *nt*

guasa ['gwasa] *f* **1.** (*burla*) Scherz *m;* **estar de ~** zum Scherzen aufgelegt sein **2.** (*sosería*) Fadheit *f*

guasanga [gwa'saŋga] *f* (*Am: bullanga*) Remmidemmi *nt*

guasca ['gwaska] *f* (*Am*) Peitsche *f*

guasearse [gwase'arse] *vr* sich lustig machen (*de* über +*akk*)

guasería [gwase'ria] *f* (*Arg, Chil: grosería*) Unhöflichkeit *f,* Flegelhaftigkeit *f*

guaso, -a ['gwaso, -a] *adj* (*CSur*) **1.** (*rústico*) bäurisch **2.** (*torpe*) grob, unhöflich

guasón, -ona [gwa'son, -ona] *m, f* Spaßvogel *m*

guata ['gwata] *f* **1.** (*algodón*) Watte *f* **2.** (*Am: barriga*) Bauch *m*

guate ['gwate] *m* (*AmC, Méx*) Futtermaispflanzung *f*

guatemalteco, -a [gwatemal̩'teko, -a] **I.** *adj* guatemaltekisch **II.** *m, f* Guatemalteke, -in *m, f*

guatemaltequismo [gwatemal̩te'kismo] *m* (LING) in Guatemala gebräuchlicher Ausdruck *m*

guateque [gwa'teke] *m* (*fam*) Party *f*

guatero [gwa'tero] *m* (*Chil*) Wärmflasche *f*

guau-guau [gwau̯ gwau̯] <guau-guaus> *m* (*fam*) Wauwau *m*

guay [gwai̯] *adj* (*fam*) klasse

guayaba [gwa'ɟaβa] *f* **1.** (*fruto*) Guajave *f* **2.** (*jalea*) Guajavegelee *nt* **3.** (*Am: mentira*) Lüge *f*

guayabo [gwa'ɟaβo] *m* Guajavabaum *m*

guayacán [gwaɟa'kan] *m* (*Am:* BOT) Guajakbaum *m*

guayacol [gwaɟa'kol] *m* (MED) Guajakol *nt,* Guajaktinktur *f*

guayameño, -a [gwaɟa'meɲo, -a] **I.** *adj* aus Guayama (*Puerto Rico*) **II.** *m, f* Einwohner(in) *m(f)* von Guayama (*Puerto Rico*)

Guayana [gwa'ɟana] *f* Guyana *nt*

guayanés, -esa [gwaɟa'nes, -esa] **I.** *adj* guyanisch **II.** *m, f* Guyaner(in) *m(f)*

guayar [gwa'ɟar] **I.** *vt* (*Ant*) reiben, raspeln **II.** *vr:* **~se** (*PRico*) sich voll laufen lassen *fam*

guazubirá [gwaθuβi'ra] *m* (*Arg, Par:* ZOOL) Grauer Spießhirsch *m,* Graumazama *m*

gubernamental [guβernamen̩'tal] *adj* **1.** (*relativo a*) Regierungs- **2.** (*partidario*) regierungstreu

gubernativo, -a [guβerna'tiβo, -a] *adj* Regierungs-; **policía gubernativa** Staatspolizei *f*

gubia ['guβja] *f* (TÉC) Hohlmeißel *m*

guedeja [ge'ðexa] *f* **1.** (*mechón de pelo*) (Haar)strähne *f;* **con esas ~s encima de la cara** mit dieser ins Gesicht hängenden Mähne **2.** (*cabellera larga*) langes Haar *nt,* Mähne *f* **3.** (*melena del león*) (Löwen)mähne *f*

güemul [gwe'mul] *m* (*Arg, Chil:* ZOOL) Huemul *m*

guepardo [ge'parðo] *m* Gepard *m*

güero, -a ['gwero, -a] **I.** *adj* (*Am: rubio*) blond **II.** *m, f* (*Am: rubio*) Blonde(r) *mf*

guerra ['gerra] *f* Krieg *m;* ~ **de precios/tarifas** Preis-/Tarifkampf *m;* ~ **sucia** (*fig*) schmutzige Machenschaften; **la** ~ **civil española** der spanische Bürgerkrieg; **la Primera G~ Mundial** der Erste Weltkrieg; **ir a la** ~ in den Krieg ziehen; **estar en pie de** ~ **con alguien** mit jdm auf Kriegsfuß stehen; **estos niños dan mucha** ~ (*fam*) diese Kinder sind sehr anstrengend; **no saber de qué va la** ~ (*fam*) nicht wissen, worum es geht

guerreador(a) [gerrea'ðor(a)] **I.** *adj* (*que guerrea*) Krieg führend; (*inclinado a la guerra*) angriffslustig, kriegerisch; **es un niño muy** ~ er ist ein sehr aggressiver Junge **II.** *m(f)* (*que guerrea*) Kriegführende(r) *mf;* (*inclinado a la guerra*) Angriffslustige(r) *mf*

guerrear [gerre'ar] *vi* **1.** (*hacer guerra*) Krieg führen **2.** (*resistir*) sich zur Wehr setzen

guerrera [ge'rrera] *f* Uniformjacke *f*

guerrero, **-a** [ge'rrero, -a] **I.** *adj* **1.** (*de guerra*) Kampf-, kämpferisch **2.** (*travieso*) ausgelassen **3.** (*revoltoso*) ungezogen **II.** *m, f* Krieger(in) *m(f)*

guerrilla [ge'rriʎa] *f* Freischar *f;* (*en Latinoamérica*) Guerilla *f*

guerrillear [gerriʎe'ar] *vi* einen Guerillakrieg führen

guerrillero, **-a** [gerri'ʎero, -a] *m, f* Freischärler(in) *m(f);* (*en Latinoamérica*) Guerillakämpfer(in) *m(f),* Guerillero, -a *m, f*

gueto ['geto] *m* Getto *nt*

guía¹ ['gia] *mf* (*de un grupo*) Führer(in) *m(f);* ~ **turístico** Fremdenführer *m*

guía² ['gia] *m* **1.** (MIL) Flügel *m* **2.** (*manillar*) Lenkstange *f*

guía³ ['gia] *f* **1.** (*pauta*) Richtschnur *f* **2.** (*persona*) Leitbild *nt* **3.** (*manual*) Handbuch *nt;* ~ **comercial** Firmenadressbuch *nt;* ~ **de ferrocarriles** Kursbuch *nt;* ~ **telefónica** Telefonbuch *nt;* ~ **turística** Reiseführer *m* **4.** (*planta*) Leittrieb *m* **5.** (TÉC) Führungsschiene *f* **6.** (*del bigote*) Schnurrbartspitze *f* **7.** (*del abanico*) Stäbe *mpl* **8.** (*PRico: volante*) Lenkrad *nt* **9.** *pl* (*riendas*) Zügel *mpl*

guiadera [gia'ðera] *f* Führungsstück *nt,* Führungsschiene *f*

guiar [gi'ar] <*1. pres:* guío> **I.** *vt* **1.** (*a alguien*) führen **2.** (*conversación*) lenken **3.** (*planta*) hochbinden **II.** *vr:* **~se** sich richten (*por* nach +*dat*); **me guío por mi instinto** ich folge meinem Instinkt

guiguí [gi'ɣi] <guiguíes> *m* (ZOOL) Taguan *m,* Riesengleithörnchen *nt*

guija ['gixa] *f* **1.** (*piedra*) Kiesel(stein) *m;* **~s del río** Flusskiesel *pl* **2.** (BOT) Saatplatterbse *f*

guijarro [gi'xarro] *m* **1.** (*canto*) Kiesel(stein) *m* **2.** *pl* (*en playa*) Geröll *nt*

guijo ['gixo] *m* Schotter *m*

guileña [gi'leɲa] *f* (BOT) Akelei *f*

guillado, **-a** [gi'ʎaðo, -a] *adj* (*fam*) bescheuert; **¿no ves que está ~?** merkst du nicht, dass er total spinnt?

guillarse [gi'ʎarse] *vr* (*fam*) **1.** (*chiflarse*) überschnappen **2.** (*irse*): **guillárselas** abhauen

guillomo [gi'ʎomo] *m* (BOT: *Amelanchier*) Felsenbirne *f;* (*Cotoneaster*) Zwergmispel *f*

guillotina [giʎo'tina] *f* **1.** (*de ejecución*) Guillotine *f* **2.** (*para papel*) (Papier)schneidemaschine *f* **3.** (TÉC): **ventana de** ~ (nach oben zu öffnendes) Schiebefenster *f*

guillotinar [giʎoti'nar] *vt* **1.** (*decapitar*) guillotinieren **2.** (*papel*) schneiden

guinda ['gin̩da] *f* **1.** (*fruta*) Sauerkirsche *f* **2.** (NÁUT: *de arboladura*) Bemastungshöhe *f* **3.** (*loc*): **y la ~ fue que ...** (*fam*) und der Hammer war, dass ...

guindal [gin̩'dal] *m* (BOT) Sauerkirschenbaum *m,* Sauerkirsche *f*

guindamaina [gin̩da'mai̯na] *f* (NÁUT) Flaggengruß *m*

guindar [gin̩'dar] *vt* (*fam: robar*) klauen

guindilla [gin̩'diʎa] *f* (GASTR) Paprikaschote *f;* (*pequeña*) Peperoni *f*

guindillo [gin̩'diʎo] *m* (BOT) Peruanischer Pfeffer *m*

guindo ['gin̩do] *m* **1.** (*árbol*) Sauerkirschbaum *m* **2.** (*loc*): **subirse al** ~ (*fam*) in die Luft gehen

guineo [gi'neo] *m* (*Am: banana*) Banane *f*

guineoecuatoriano, **-a** [gineoekwato'rjano, -a] **I.** *adj* äquatorialguineisch, aus Äquatorialguinea **II.** *m, f* Äquatorialguineer(in) *m(f)*

guiñada [gi'ɲaða] *f* **1.** (*guiño*) Zwinkern *nt;* **le avisó con una ~ de que...** durch Zwinkern wies er/sie ihn darauf hin, dass ... **2.** (NÁUT) Gieren *nt*

guiñapiento, **-a** [giɲa'pjen̩to, -a] *adj* zerlumpt, verwahrlost

guiñapo [gi'ɲapo] *m* **1.** (*trapo*) Lumpen *m* **2.** (*andrajoso*) zerlumpter Mensch *m* **3.** (*degradado*) heruntergekommener Mensch *m* **4.** (*debilucho*) Schwächling *m*

guiñar [gi'ɲar] **I.** *vt* zwinkern **II.** *vi* (NÁUT) gieren

guiño ['giɲo] *m* (*con el ojo*) (Zu)zwinkern *nt;* **hacer un** ~ zwinkern; (*en señal de algo*) zuzwinkern

guiñol [gi'ɲol] *m* **1.** (*teatro*) Kasper(le)theater *nt* **2.** (*títere*) Kasperpuppe *f*

guiñolesco, **-a** [giɲo'lesko, -a] *adj* Kasper(le)-; **una obrita de carácter** ~ ein kleines Stück im Stil des Kaspertheaters

guión [gi'on] *m* **1.** (*de una conferencia*) Konzept *nt* **2.** (CINE) Drehbuch *nt;* (TV) Skript *nt* **3.** (LING: *al fin de renglón*) Trennungsstrich *m;* (*de compuesto*) Bindestrich *m;* (*en diálogo*) Gedankenstrich *m* **4.** (*persona*) Führer *m* **5.** (*real*) königliche Standarte *f* **6.** (*de procesión*) Prozessionsfahne *f*

guionista [gjo'nista] *mf* (CINE) Drehbuchautor(in) *m(f);* (TV) Skriptautor(in) *m(f)*

guipar [gi'par] *vt* (*vulg*) glotzen (*a* auf +*akk*) *fam*

guiri ['giri] *mf* (*pey*) **1.** (*extranjero*) Ausländer(in) *m(f)* **2.** (*guardia*) Beamte(r) *mf* der

G

Guardia civil, Beamtin *f* der Guardia civil

guirigay [giri'ɣai̯] *m* <guirigays *o* guirigáis> (*fam*) **1.** (*lenguaje*) Kauderwelsch *nt* **2.** (*griterío*) Geschrei *nt* **3.** (*barullo*) Wirrwarr *m*

guirlache [gir'latʃe] *m* Krokant *m*

guirnalda [gir'nal̯da] *f* Girlande *f*

guiropa [gi'ropa] *f* (GASTR) *Gericht aus Kartoffeln und Fleisch*

guisa ['gisa] *f*: **no puedes hacerlo de esta ~** du kannst es so nicht machen

guisado [gi'saðo] *m* Schmorbraten *m*

guisantal [gisan̪'tal] *m* (AGR) Erbsenfeld *nt*

guisante [gi'san̪te] *m* Erbse *f*

guisar [gi'sar] **I.** *vt* **1.** (*cocinar*) kochen; (*con salsa*) schmoren **2.** (*tramar*) aushecken **II.** *vr:* **~se** sich anbahnen; **se está guisando** es köchelt vor sich hin

guiso ['giso] *m* **1.** (*plato*) Gericht *nt* **2.** (*en salsa*) Schmorbraten *m*

guisopillo [giso'piʎo] *m* (BOT) Winterbohnenkraut *nt*

guisote [gi'sote] *m* (*pey*) Fraß *m*

güisqui ['gwi̯ski] *m* Whisky *m*

guita ['gita] *f* **1.** (*cuerda*) Bindfaden *m* **2.** (*fam: dinero*) Kohle *f*

guitarra [gi'tarra] *f* **1.** (*instrumento*) Gitarre *f* **2.** (*loc*): **venir como una ~ en un entierro** fehl am Platz(e) sein; **chafar la ~ a alguien** jdm einen Strich durch die Rechnung machen

guitarrear [gitarre'ar] *vi* (MÚS) Gitarre spielen; (*fatigosamente*) auf der Gitarre (herum)klimpern

guitarreo [gita'rreo] *m* (MÚS) Gitarrengeklimper *nt*

guitarrero, **-a** [gita'rrero, -a] *m, f* **1.** (*fabricante*) Gitarrenhersteller(in) *m(f)* **2.** (*guitarrista*) Gitarrenspieler(in) *m(f)*; (*profesional*) Gitarrist(in) *m(f)*

guitarrista [gita'rrista] *mf* Gitarrenspieler(in) *m(f)*; (*profesional*) Gitarrist(in) *m(f)*

güito ['gwito] *m* **1.** (*fam: sombrero*) Hut *m* **2.** (*de albaricoque*) Aprikosenkern *m*

gula ['gula] *f* Gefräßigkeit *f*

gulasch [gu'laʃ] *m* Gulasch *nt o m*

gullería [guʎe'ria] *f* Leckerbissen *m*

guloso, **-a** [gu'loso, -a] *adj o m, f v.* **glotón[2]**

gulusmear [gulusme'ar] *vi* (*fam*) **1.** (*comer golosinas*) naschen **2.** (*husmear*) schnüffeln

gúmena ['gumena] *f* (NÁUT) Ankertau *nt*

gura ['gura] *f* (ZOOL) Krontaube *f*

guripa [gu'ripa] *m* (*fam*) **1.** (*soldado*) Soldat *m* **2.** (*guardia*) (Gemeinde)polizist *m* **3.** (*golfo*) Gauner *m*

gurmet [gur'me[t]] *mf* Gourmet *m*

gurrumino[1] [gurru'mino] *m* Pantoffelheld *m*

gurrumino, **-a[2]** [gurru'mino, -a] *adj* **1.** (*ruin*) knauserig **2.** (*mezquino*) schäbig

gurú [gu'ru] *m* Guru *m*

gusanillo [gusa'niʎo] *m* Würmchen *nt;* **matar el ~** (*comiendo*) eine Kleinigkeit essen; (*bebiendo*) auf nüchternen Magen Schnaps trinken; **a alguien le entra el ~ de algo/de hacer algo** jdn bekommt wieder Lust auf etw/etw zu tun

gusano [gu'sano] *m* **1.** (*lombriz*) Wurm *m;* **~ de tierra** Regenwurm *m;* **~ de luz** Glühwürmchen *nt fam* **2.** (*oruga*) Raupe *f* **3.** (*malo*) verächtlicher Mensch *m* **4.** (*abatido*) niedergeschlagener Mensch *m*

gusarapiento, **-a** [gusara'pjen̪to, -a] *adj* **1.** (*lleno de gusarapos*) voller Maden **2.** (*fig: inmundo*) verwahrlost, schmuddelig

gusarapo [gusa'rapo] *m* (ZOOL) Made *f*

gustar [gus'tar] *vi* **1.** (*agradar*) gefallen; (*actividad*) gern tun; (*persona*) gern haben; (*comida*) schmecken; **como Ud. guste** wie Sie wünschen; **¿te gusta estar aquí?** gefällt es dir hier?; **me gusta nadar** ich schwimme gern **2.** (*querer*): **~ de …** belieben zu …; **me gustas** ich mag dich **3.** (*condicional*): **me ~ía saber …** ich wüsste gern …

gustativo, **-a** [gusta'tiβo, -a] *adj* Geschmacks-

gustazo [gus'taθo] *m* **1.** (*placer*) Riesenspaß *m;* **tuve el ~ de darle la mano** ich hatte (endlich) das Vergnügen, ihm/ihr die Hand zu geben **2.** (*ante una desgracia*) Schadenfreude *f*

gustillo [gus'tiʎo] *m* Nachgeschmack *m*

gusto ['gusto] *m* **1.** (*sentido*) Geschmack(ssinn) *m;* **una broma de mal ~** ein geschmackloser Scherz; **no hago nada a su ~** ich kann es ihm/ihr nie recht machen; **lo ha hecho a mi ~** er/sie hat es ganz nach meinem Geschmack gemacht; **sobre ~s no hay nada escrito** über Geschmack lässt sich nicht streiten **2.** (*sabor*) Geschmack *m* (*a* nach +*dat*); **huevos al ~** Eier nach Wahl **3.** (*placer*) Vergnügen *nt;* **~s caros** teures Vergnügen; **encontrar ~ en algo** Freude an etw *dat* finden; **estar a ~** sich wohl fühlen; **tanto ~ en conocerla – el ~ es mío** sehr erfreut – ganz meinerseits; **hago lo que me viene en ~** ich mache, was ich will

gustoso, **-a** [gus'toso, -a] *adj* **1.** (*sabroso*) köstlich **2.** (*con gusto*): **te acompañaré ~** ich werde dich gern begleiten **3.** (*agradable*) angenehm

gutapercha [guta'pertʃa] *f* Guttapercha *f o nt*

gutural [gutu'ral] *adj* guttural

gym-jazz [dʒim'dʒas] *m* (DEP) Jazzgymnastik *f*

gymkhana [dʒiŋ'kana] *f* Gymkhana

H

H, h ['atʃe] *f* H, h *nt;* ~ **de Huelva** H wie Heinrich

ha [xa] *interj* ah!, ach!; **¡~, ~!** haha(ha)!

haba ['aβa] *f* **1.** (BOT) Saubohne *f;* **son ~s contadas** (*es seguro*) das ist ganz sicher; (*es escaso*) das ist knapp; **en todas partes cuecen ~s** das kommt in den besten Familien vor **2.** (*de café*) (Kaffee)bohne *f* **3.** (*del caballo*) Gaumengeschwulst *f* **4.** (*del pene*) Eichel *f*

Habana [a'βana] *f:* **la ~** Havanna *nt*

habanero, -a [aβa'nero, -a] **I.** *adj* aus Havanna **II.** *m, f* Einwohner(in) *m(f)* von Havanna

habano [a'βano] *m* Havanna(zigarre) *f*

habar [a'βar] *m* (AGR) Puffbohnenfeld *nt*

haber [a'βer] *irr* **I.** *aux* **1.** (*en tiempos compuestos*) haben, sein; **ha ido al cine** er/sie ist ins Kino gegangen; **he comprado el periódico** ich habe die Zeitung gekauft **2.** (*de obligación*) müssen; **¿qué ha de ser cierto?** das soll wahr sein? **3.** (*futuro*): **él no ha de decirlo** er wird es nicht sagen **4.** (*imperativo*): **no tengo sitio – ¡~ venido antes!** ich habe keinen Platz – du hättest früher kommen sollen! **II.** *vimpers* **1.** (*ocurrir*) geschehen; **ha habido un terremoto en Japón** in Japan hat es ein Erdbeben gegeben; **¿qué hay?** was ist los?; **¿qué hay, Pepe?** wie geht's, Pepe? **2.** (*efectuar*): **hoy no hay cine** heute gibt's keine Kinovorstellung; **ayer hubo reunión** gestern fand die Sitzung statt; **después habrá baile** später wird getanzt **3.** (*existir*) geben; **aquí no hay agua** hier gibt es kein Wasser; **a este negocio no hay nada que hacerle** mit diesem Geschäft kann man keinen Blumentopf gewinnen *fam;* **eso es todo … ¡y ya no hay más!** das ist alles … und damit basta!; **¿hay algo entre tú y ella?** läuft etwas zwischen euch beiden?; **hay poca gente** es sind wenige Leute da; **hay quien cree que …** manche (Leute) glauben, dass …; **¡muchas gracias! – no hay de qué** vielen Dank! – gern geschehen!; **no hay para ponerse así** es gibt keinen Grund, sich derart aufzuregen; **no hay quien me gahe al ping-pong** keiner kann mich im Tischtennis schlagen **4.** (*hallarse*) sein; **hay un cuadro en la pared** an der Wand hängt ein Bild; **había un papel en el suelo** auf dem Boden lag ein Blatt Papier **5.** (*tiempo*) vor *+dat;* **había una vez …** es war einmal … **6.** (*obligatoriedad*): **¡hay que ver cómo están los precios!** mein Gott, wie teuer alles geworden ist!; **hay que trabajar más** man muss mehr arbeiten; **no hay que olvidar que …** man darf nicht vergessen, dass … **III.** *vt:* **compra cuantos sellos pueda ~** er/sie kauft alle erhältlichen Briefmarken **IV.** *vr:* **~se** (*comportarse*) sich benehmen; (*entenderse*) auskommen (*con* mit *+dat*); **habérselas con alguien** es mit jdm zu tun bekommen **V.** *m* **1.** (*capital*) Haben *nt* **2.** (*en cuenta corriente*) (Gut)haben *nt;* **pasaré la cantidad a tu ~** ich werde die Summe auf dein Konto überweisen **3.** *pl* (*emolumentos*) Einkünfte *fpl*

habichuela [aβi'tʃwela] *f* Bohne *f*

habiente [a'βjen̩te] *adj* (JUR) innehabend; **derecho ~** Berechtigte(r) *mf,* Rechtsinhaber(in) *m(f)*

hábil ['aβil] *adj* **1.** (*diestro*) geschickt; **ser ~ para algo** für etw Geschick haben **2.** (*en el oficio*) tüchtig **3.** (*astuto*) schlau; **una respuesta ~** eine schlagfertige Antwort **4.** (JUR) fähig; **días ~es** Arbeitstage *mpl*

habilidad [aβili'ðaᵈ] *f* **1.** (*destreza*) Geschicklichkeit *f;* **no tengo gran ~ con las manos** ich habe zwei linke Hände **2.** (*facultad*) Können *nt;* (*para los negocios*) (Geschäfts)tüchtigkeit *f* **3.** (*astucia*) Schläue *f* **4.** (*gracia*) Anmut *f;* **se mueve con ~** er/sie bewegt sich anmutig

habilidoso, -a [aβili'ðoso, -a] *adj* **1.** (*diestro*) geschickt **2.** (*en los negocios*) (geschäfts)tüchtig **3.** (*astuto*) schlau **4.** (*gracioso*) anmutig

habilitación [aβilita'θjon] *f* **1.** (JUR: *de personas*) Befähigung *f* (*para* zu *+dat*) **2.** (*de empleo*) Zahlungsbevollmächtigung *f* **3.** (*oficina*) Zahlstelle *f* **4.** (*de un espacio*) Umgestaltung *f*

habilitar [aβili'tar] **I.** *vt* **1.** (JUR: *a personas*) befähigen; (*documentos*) für rechtsgültig erklären **2.** (COM: *dar capital*) finanzieren **3.** (*proveer*) versorgen (*de* mit *+dat*); **~ horas de visita** Sprechstunden festlegen **4.** (*espacio*) umgestalten **II.** *vr:* **~se** sich versorgen (*de* mit *+dat*)

habiloso, -a [aβi'loso, -a] *adj* (*Am*) **1.** (*hábil*) flink **2.** (*astuto*) schlau

habitabilidad [aβitaβili'ðaᵈ] *f sin pl* Bewohnbarkeit *f*

habitable [aβi'taβle] *adj* bewohnbar

habitación [aβita'θjon] *f* **1.** (*cuarto*) Zimmer *nt* **2.** (*vivienda*) Wohnung *f* **3.** (*acción*) Wohnen *nt*

habitáculo [aβi'takulo] *m* **1.** (*vivienda*) Wohnung *f* **2.** (*espacio*) Wohnraum *m* **3.** (AUTO) Innenraum *m*

habitante [aβi'tan̩te] *mf* **1.** (*en ciudad*) Einwohner(in) *m(f)* **2.** (*de una isla*) Bewohner(in) *m(f)*

habitar [aβi'tar] **I.** *vi* wohnen (*en* in +*dat*); **hace tiempo que habita en Alemania** er/sie lebt seit langem in Deutschland **II.** *vt* bewohnen

hábitat ['aβitaᵗ] *m* <hábitats> Habitat *nt*

hábito ['aβito] *m* **1.** (*costumbre*) (An)gewohnheit *f;* **he dejado el ~ de fumar** ich habe mir das Rauchen abgewöhnt **2.** (REL: *sotana*) Habit *m o nt;* (*orden*) Orden *m*

habituación [aβitwa'θjon] *f sin pl* Anpassung *f,* Gewöhnung *f*

habitual [aβitu'al] *adj* gewöhnlich; **bebedor ~** Gewohnheitstrinker *m;* **cliente ~** Stammgast *m;* **lo dijo con su ironía ~** er/sie sagte es mit der ihm/ihr eigenen Ironie

habituar [aβitu'ar] <*1. pres:* habitúo> *vt, vr:* **~se** (sich) gewöhnen (*a* an +*akk*)

habla ['aβla] *f* **1.** (*facultad*) Sprache *f;* **quedarse sin ~** sprachlos sein **2.** (*acto*) Sprechen *nt;* (LING) Parole *f;* **país de ~ alemana** deutschsprachiges Land; **¡Juan al ~!** Juan am Apparat! **3.** (*manera*) Sprechweise *f* **4.** (*dialecto*) Mundart *f*

hablado, -a [a'βlaðo, -a] *adj:* **bien ~** sprachgewandt; **ser bien/mal ~** sich gewählt/derb ausdrücken

hablador(a) [aβla'ðor(a)] **I.** *adj* gesprächig **II.** *m(f)* **1.** (*cotorra*) Plappermaul *nt fam* **2.** (*chismoso*) Klatschmaul *nt fam*

habladuría [aβlaðu'ria] *f* Gerede *nt*

hablante [a'βlan̩te] *mf* Sprecher(in) *m(f)*

hablantina [aβlan̩'tina] *f* (*Col, Ven*) Geschwätz *nt fam*

hablar [a'βlar] **I.** *vi* **1.** (*decir*) sprechen (*de/sobre* über +*akk,* von +*dat*), reden (*de/sobre* über +*akk*); **~ a gritos** schreien; **~ al oído** ins Ohr flüstern; **déjeme terminar de ~** lassen Sie mich ausreden; **~ claro** zur Sache kommen; **este autor no habla de este tema** dieser Autor behandelt dieses Thema nicht; **la policía le ha hecho ~** die Polizei hat ihn zum Reden gebracht; **los números hablan por sí solos** die Zahlen sprechen für sich; **¡ni ~!** auf gar keinen Fall!, kommt nicht in Frage [*o* infrage]!; **por no ~ de ...** ganz zu schweigen von ... +*dat;* **¡y no se hable más!** und damit basta! **2.** (*conversar*) reden (*de/sobre* über +*akk*); **~ con franqueza** offen sprechen; **~ por los codos** (*fam*) wie ein Wasserfall reden; **~ por teléfono** telefonieren; **no he podido ~ con él** er war nicht ansprechbar **3.** (*tratamiento*) ansprechen (*de* mit +*dat*); **nos hablamos de tú/Ud.** wir duzen/siezen uns **II.** *vt* **1.** (*idioma*) sprechen **2.** (*asunto*) besprechen **III.** *vr:* **~se** miteinander reden; **no se hablan** es herrscht Funkstille zwischen ihnen

hablilla [a'βliʎa] *f* Gerede *nt*

hablista [a'βlista] *mf* gewandter Redner *m,* gewandte Rednerin *f*

hacedero, -a [aθe'ðero, -a] *adj* machbar, durchführbar

hacedor(a) [aθe'ðor(a)] *m(f)* **1.** (*creador*) Schöpfer(in) *m(f)* **2.** (*de una hacienda*) (Landgut)verwalter(in) *m(f);* (*Am*) (Hazienda)verwalter(in) *m(f)*

hacendado, -a [aθen̩'daðo, -a] **I.** *adj* vermögend **II.** *m, f* **1.** (*de una hacienda*) Großgrundbesitzer(in) *m(f)* **2.** (*AmS: de ganado*) Viehzüchter(in) *m(f)*

hacendoso, -a [aθen̩'doso, -a] *adj* tüchtig

hacer [a'θer] *irr* **I.** *vt* **1.** (*producir*) machen; (*vestido*) nähen; (*coche*) herstellen; **la casa está hecha de madera** das Haus ist aus Holz; **Dios hizo al hombre** Gott schuf den Menschen **2.** (*realizar*) machen, tun; (*servicio*) erweisen; (*maleta*) packen; (*favor*) tun; (*balance*) ziehen; (*libro*) schreiben; (*disparo*) abgeben; (*solitario*) legen; **¿qué hacemos hoy?** was unternehmen wir heute?; **~ una llamada** anrufen; **demuestra lo que sabes ~** zeig, was in dir steckt; **hazlo por mí** tu es mir zuliebe; **a medio ~** halb fertig; **¡Dios mío, qué has hecho!** mein Gott, was hast du da angerichtet!; **lo hecho, hecho está** was geschehen ist, ist geschehen; **puedes ~ lo que quieras** du kannst tun und lassen, was du willst; **¿qué haces por aquí?** was bringt dich hierher?; **¡me la has hecho!** du hast mich reingelegt! **3.** (*con el intelecto: demagogia*) betreiben; (*poema*) schreiben; (*pregunta*) stellen; (*observación*) anstellen; (*discurso*) halten **4.** (*ocasionar: sombra*) spenden; (*ruido*) machen; (*daño*) zufügen (*a* +*dat*); (*destrozos*) anrichten; **no puedes ~me esto** das kannst du mir nicht antun **5.** (*caber*) fassen; **esta bota hace cinco litros** in dieses Fass gehen fünf Liter **6.** (*construir*) bauen; (*monumento*) errichten **7.** (*disponer: maleta*) packen **8.** (*procurar*) schaffen; **¿puedes ~me sitio?** kannst du etwas zur Seite rücken? **9.** (*transformar*): **~ pedazos algo** etw kaputtmachen; **estás hecho un hombre** du bist ja groß geworden **10.** (*habituar*) sich gewöhnen (*a* an +*akk*) **11.** (*cortar*) schneiden (lassen); **¿quién te hace el pelo?** zu welchem Friseur gehst du? **12.** (*conseguir*) schaffen; (*dinero*) verdienen; (*amistad*) schließen **13.** (*llegar*): **~ puerto** einlaufen; **~ noche en ...** übernachten in ... +*dat* **14.** (*más sustantivo*): **~ caja** (FIN) abrechnen; **~ caso a alguien** jdm gehorchen; **~ cumplidos** Umstände machen; **~ frente a algo/alguien** etw *dat*/jdm die Stirn bieten; **~ gimnasia** (*con aparatos*) turnen; (*en el suelo*) Gymnastik machen; **~ uso de algo** etw gebrauchen **15.** (*más verbo*): **~ creer algo a alguien** jdm etw weismachen; **~ venir a alguien** jdn zu sich *dat* rufen; **hazle pasar** bitte ihn herein; **no me hagas contarlo** erspare es mir, das erzählen zu müssen **16.** (*limpiar*) sauber machen; **~ los platos** das Geschirr spülen **17.** (TEAT): **~ una obra** ein Theaterstück aufführen; **~ el (papel de) Fausto** den Faust spielen **18.** (ENS: *carrera*) studieren; **¿haces francés o inglés?** lernst du Französisch oder Englisch? **19.** (GASTR: *comi-*

da) zubereiten; (*patatas*) kochen; (*pastel*) backen; **quiero la carne bien hecha** ich möchte das Fleisch gut durchgebraten **II.** *vi* **1.** (*convenir*) passen; **eso no hace al caso** das tut nichts zur Sache **2.** (*oficio*) arbeiten (*de* als +*nom*) **3.** (*con preposición*): **por lo que hace a Juan ...** was Juan angeht, ...; **hizo como que no me vio** er/sie übersah mich (einfach) **III.** *vr:* **~se 1.** (*volverse*) werden; **~se del Madrid** dem Sportverein von Real Madrid beitreten **2.** (*crecer*) wachsen **3.** (*simular*) sich verstellen; **se hace a todo** er/sie gibt sich mit allem zufrieden **4.** (*habituarse*) sich gewöhnen (*a* an +*akk*) **5.** (*cortarse*) sich *dat* schneiden lassen **6.** (*parecer*) glauben **7.** (*conseguir*) schaffen; **~se respetar** sich *dat* Respekt verschaffen; **~se con el poder** an die Macht gelangen **8.** (*resultar*): **se me hace muy difícil creer eso** es fällt mir sehr schwer, das zu glauben **IV.** *vimpers* **1.** (*tiempo*): **hace frío/calor** es ist kalt/warm; **hoy hace un buen día** heute haben wir schönes Wetter **2.** (*temporal*) vor +*dat;* **hace tres días** vor drei Tagen; **no hace mucho** vor kurzem; **desde hace un día** seit einem Tag

hacha ['atʃa] *f* **1.** (*herramienta*) Axt *f;* (*más pequeña*) Beil *nt;* (*de los indios*) Tomahawk *m* **2.** (*antorcha*) Fackel *f* **3.** (*vela*) große Kerze *f*

hachar [a'tʃar] *vt* (klein)hacken

hachazo [a'tʃaθo] *m* Axthieb *m*

hache ['atʃe] *f* H, h *nt;* **por ~ o por be** aus irgendeinem Grund

hachear [atʃe'ar] *vt* hacken

hachero [a'tʃero] *m* **1.** (*candelero*) Kerzenleuchter *m* **2.** (*persona*) Holzfäller *m*

hachís [a'tʃis] *m* Haschisch *nt*

hacia ['aθja] *prep* **1.** (*dirección*) nach +*dat,* zu +*dat;* **el pueblo está más ~ el sur** das Dorf liegt weiter südlich; **el pueblo está yendo ~ Valencia** das Dorf liegt auf dem Weg nach Valencia; **fuimos ~ allí** wir gingen dorthin; **vino ~ mí** er/sie kam zu mir herüber **2.** (*cerca de*) gegen +*akk* **3.** (*respecto a*) gegenüber +*dat*

hacienda [a'θjenda] *f* **1.** (*finca*) (Land)gut *nt* **2.** (*bienes*) Vermögen *nt;* **la ~ pública** die Staatsfinanzen; **¿pagas mucho a ~?** zahlst du viel Steuern?

Hacienda [a'θjenda] *f* (FIN) Steuerbehörde *f;* **el Ministro de Economía y ~** der Wirtschafts- und Finanzminister

hacinamiento [aθina'mjento] *m* (*de haces*) Aufschichtung *f;* (*de objetos*) Anhäufung *f;* (*de personas*) Gedränge *nt*

hacinar [aθi'nar] **I.** *vt* aufschichten **II.** *vr:* **~se** (*personas*) sich drängen; (*objetos*) sich anhäufen

hacker ['xaker] *mf* (INFOR) Hacker(in) *m(f)*

hada ['aða] *f* Fee *f;* **cuento de ~s** Märchen *nt*

hado ['aðo] *m* Schicksal *nt*

hadrón [a'ðron] *m* (FÍS) Hadron *nt*

hafnio ['(x)afnjo] *m* (QUÍM) Hafnium *nt*

Haití [ai̯'ti] *m* Haiti *nt*

haitiano, -a [ai̯'tjano, -a] **I.** *adj* haitianisch **II.** *m, f* Haitianer(in) *m(f)*

hala ['ala] *interj* **1.** (*sorpresa*) (ach) du meine Güte! **2.** (*prisa*) los!

halagador(a) [alaɣa'ðor(a)] *adj* **1.** (*que halaga*) schmeichelhaft **2.** (*prometedor*) viel versprechend

halagar [ala'ɣar] <g→gu> *vt* **1.** (*mostrar afecto*) umschmeicheln **2.** (*satisfacer*) erfreuen **3.** (*adular*) schmeicheln (*a* +*dat*)

halago [a'laɣo] *m* **1.** (*acción*) Schmeicheln *nt* **2.** (*palabras*) Lob *nt*

halagüeño, -a [ala'ɣweɲo, -a] *adj* **1.** (*halagador*) schmeichelhaft **2.** (*adulador*) schmeichlerisch **3.** (*prometedor*) viel versprechend

hálara ['alara] *f* Eihäutchen *nt*

halcón [al'kon] *m* Falke *m*

halconero, -a [alko'nero, -a] *m, f* Falkner(in) *m(f)*

halda ['alda] *f* **1.** (*falda*) Rock *m* **2.** (*lo que cabe en el halda*) geschürzter Rock *m* **3.** (*tela*) Sackleinen *nt*

hale ['ale] *interj* los, auf (geht's)

haleche [a'letʃe] *m* (ZOOL) Sardelle *f*

halieto [a'ljeto] *m* (ZOOL) Fischadler *m*

haligote [ali'ɣote] *m* (ZOOL) Achselfleck-Brasse *f,* Spanische Meerbrasse *f*

halita [a'lita] *f* (QUÍM) Steinsalz *nt,* Halit *m*

hálito ['alito] *m* **1.** (*aliento*) Atem *m* **2.** (*vapor*) Dunst *m* **3.** (*elev: viento*) Windhauch *m*

hall [xol] *m* (Eingangs)halle *f*

hallado, -a [a'ʎaðo, -a] *adj* (*familiarizado*) vertraut; **sentirse bien ~** gut zurechtkommen; **sentirse mal ~** sich nicht heimisch fühlen

hallar [a'ʎar] **I.** *vt* **1.** (*encontrar*) finden; (*sin buscar*) stoßen (auf +*akk*) **2.** (*inventar*) erfinden **3.** (*averiguar*) herausfinden **4.** (*darse cuenta*) feststellen **5.** (*tierra*) entdecken **II.** *vr:* **~se 1.** (*sitio*) sich aufhalten **2.** (*estado*) sein; **no me hallo a gusto aquí** ich fühle mich hier nicht wohl; **se halló con la resistencia de su partido** er/sie stieß auf den Widerstand seiner/ihrer Partei

hallazgo [a'ʎaθɣo] *m* **1.** (*acción*) Entdeckung *f* **2.** (*cosa*) Fund *m* **3.** (MED) Befund *m*

halo ['alo] *m* **1.** (ASTR) Halo *m* **2.** (FOTO) Lichthof *m* **3.** (REL) Heiligenschein *m,* Aureole *f* **4.** (*aureola*) Aura *f*

halófilo, -a [a'lofilo, -a] *adj* (BOT) halophil

halófita [a'lofita] *f* (BOT) Halophyt *m*

halófito, -a [a'lofito, -a] *adj* (BOT) halophytisch

halógeno [a'loxeno] *m* (QUÍM) Halogen *nt*

halotecnia [alo'teɣnja] *f* (TÉC) Technik *f* der industriellen Salzgewinnung

haltera [al'tera] *f* (DEP) Hantel *f*

halterofilia [altero'filja] *f* (DEP) Gewichtheben *nt*

halterófilo, -a [alte'rofilo, -a] *m, f* (DEP) Gewichtheber(in) *m(f)*

hamaca [a'maka] *f* **1.** (*cama*) Hängematte *f*

2. (*tumbona*) Liegestuhl *m* **3.** (*AmS: mecedora*) Schaukelstuhl *m*

hamacar [ama'kar] <c→qu> *vt, vr:* **~se** (*AmS, Guat*) in der Hängematte schaukeln

hambre ['ambre] *f* **1.** (*apetito*) Hunger *m;* **huelga de ~** Hungerstreik *m;* **matar el ~** den Hunger stillen; **me ha entrado (el) ~** ich habe Hunger bekommen; **morirse de ~** verhungern; **ser más listo que el ~** sehr gerissen sein; **a buen ~ no hay pan duro** (*prov*) Hunger ist der beste Koch **2.** (*de la población*) Hungersnot *f* **3.** (*deseo*) Hunger *m* (*de* nach +*dat*); **~ de poder** Machtgier *f*

hambrear [ambre'ar] *vt* (*Am*) **1.** (*hacer pasar hambre*) aushungern **2.** (*explotar*) ausbeuten

hambriento, **-a** [am'brjeṇto, -a] *adj* **1.** (*con hambre*) hungrig **2.** (*deseoso*) gierig (*de* nach +*dat*); **~ de poder** machthungrig

hambrón, **-ona** [am'bron, -ona] *m, f* Nimmersatt *m*

hambruna [am'bruna] *f* (*Am*) Hungersnot *f*

Hamburgo [am'buryo] *m* Hamburg *nt*

hamburgués, **-esa** [ambur'ɣes, -esa] **I.** *adj* hamburgisch **II.** *m, f* Hamburger(in) *m(f)*

hamburguesa [ambur'ɣesa] *f* (GASTR: *sola*) Frikadelle *f;* (*bocadillo*) Hamburger *m*

hamburguesería [amburɣese'ria] *f* Schnellimbiss *m*

hampa ['ampa] *f* **1.** (*gente*) Gesindel *nt* **2.** (*mundo*) Unterwelt *f*

hampón [am'pon] *m* **1.** (*maleante*) Verbrecher *m* **2.** (*valentón*) Angeber *m*

hámster ['xamster] *m* Hamster *m*

handicap ['xaṇdika^{p}] *m* Handikap *nt*

hangar [aŋ'gar] *m* (AERO) Flugzeughalle *f*

Hanovre [(x)a'noβre] *m* Hannover *nt*

hansa ['(x)ansa] *f* (HIST) Hanse *f*

hanseático, **-a** [(x)anse'atiko, -a] **I.** *adj* Hanse- **II.** *m, f* Hanseat(in) *m(f)*

hápax ['apa$^{\gamma}$s] *m inv* (LING) Hapaxlegomenon *nt*

haplología [aplolo'xia] *f* (LING) Haplologie *f*

haragán, **-ana** [ara'ɣan, -ana] *m, f* Faulenzer(in) *m(f)*

haraganear [araɣane'ar] *vi* faulenzen

haraganería [araɣane'ria] *f* Faulenzerei *f*

harakiri [(x)ara'kiri] *m* Harakiri *nt*

harapiento, **-a** [ara'pjeṇto, -a] *adj* zerlumpt

harapo [a'rapo] *m* Lumpen *m*

haraposo, **-a** [ara'poso, -a] *adj* zerlumpt, verschlissen; **se presentó con un atuendo ~** er/sie erschien in abgerissener Aufmachung

hardware ['xar$^{(d)}$wer] *m* (INFOR) Hardware *f*

harem [a'ren] *m,* **harén** [a'ren] *m* Harem *m*

harija [a'rixa] *f sin pl* (AGR) Mehlstaub *m*

harina [a'rina] *f* **1.** (GASTR) Mehl *nt;* **~ integral** Vollkornmehl *nt;* **~ de trigo** Weizenmehl *nt* **2.** (*polvo*) Pulver *nt* **3.** (*loc, fam*): **esto es ~ de otro costal** das ist etwas anderes

harinado [ari'naðo] *m* Mehlbrei *m*

harinear [arine'ar] *vimpers* (*Ven*) nieseln

harinoso, **-a** [ari'noso, -a] *adj* **1.** (*parecido a la harina*) mehlartig **2.** (*con harina*) mehlig

harma ['arma] *f* (BOT) Steppenraute *f*

harmonía [armo'nia] *f* **1.** (*concordancia*) Harmonie *f* **2.** (MÚS) Harmonielehre *f*

harmónico, **-a** [ar'moniko, -a] *adj* harmonisch

harmonioso, **-a** [armo'njoso, -a] *adj* harmonisch

harmonización [armoniθa'θjon] *f* (MÚS) Harmonisierung *f*

harnero [ar'nero] *m* Sieb *nt*

harpía [ar'pia] *f* **1.** (*figura mitológica*) Harpyie *f* **2.** (*bruja*) Hexe *f,* Xanthyppe *f* **3.** (*mujer fea*) hässliche Frau *f*

harrado [a'rraðo] *m* (ARQUIT) **1.** (*ángulo: bóveda de cañón*) einspringender Winkel *m* **2.** (*pechina*) Bogenzwickel *m*

harre ['arre] *interj* hü

harriero, **-a** [a'rrjero, -a] *m, f* Maultiertreiber(in) *m(f)*

hartada [ar'taða] *f* (*exceso en la comida o bebida*) Unmenge *f,* Riesenmenge *f;* **una ~ de jamón** eine Unmenge Schinken

hartar [ar'tar] *irr* **I.** *vt* **1.** (*saciar*) sättigen (*de* mit +*dat*) **2.** (*fastidiar*) belästigen (*con* mit +*dat*); **me harta con sus chistes** ich habe seine/ihre Witze satt **II.** *vr:* **~se 1.** (*saciarse*) sich satt essen (*de* mit +*dat*); (*en exceso*) sich voll essen (*de* mit +*dat*) **2.** (*cansarse*) überdrüssig werden (*de* +*gen*); **~se de reír** sich totlachen; **me he hartado del tiempo que hace en Alemania** ich habe das Wetter in Deutschland satt

hartazgo [ar'taθɣo] *m* Übersättigung *f;* **darse un ~ (de dulces)** sich (an Süßigkeiten) überessen; **tengo un ~ de televisión** ich habe zu viel ferngesehen

harto, **-a** ['arto, -a] **I.** *adj* **1.** (*repleto*) satt; (*en exceso*) übersatt **2.** (*sobrado*): **tengo hartas razones** ich habe genügend Gründe **3.** (*loc*): **estar ~ de alguien/algo** jds/etw *gen* überdrüssig sein **II.** *adv* (*sobrado*) ausreichend; (*muy*) sehr

hartura [ar'tura] *f* Übersättigung *f*

hasta ['asta] **I.** *prep* **1.** (*de lugar*) bis (zu); **te llevo ~ la estación** ich fahre dich bis zum Bahnhof; **volamos ~ Madrid** wir flogen bis (nach) Madrid; **~ cierto punto** bis zu einem gewissen Grad(e) **2.** (*de tiempo*) bis; **~ ahora** bisher; **~ el próximo año** bis zum nächsten Jahr **3.** (*en despedidas*): **¡~ luego!** bis später!; **¡~ la vista!** auf Wiedersehen!; **¡~ la próxima!** bis zum nächsten Mal! **II.** *adv* selbst **III.** *conj:* **~ cuando come lee el periódico** sogar beim Essen liest er/sie die Zeitung; **no consiguió un trabajo fijo ~ que cumplió 40 años** erst als er/sie 40 wurde, bekam er/sie eine feste Stelle

hastiar [asti'ar] <*1. pres:* hastío> **I.** *vt* **1.** (*hartar*) satt bekommen **2.** (*repugnar*) anekeln **3.** (*aburrir*) langweilen **II.** *vr:* **~se de alguien/algo** jdn/etw satt haben

hastío [as'tio] *m* **1.** (*repugnancia*) Ekel *m*

2. (*disgusto*) Überdruss *m* 3. (*tedio*) Langeweile *f*
hastioso, **-a** [as'tjoso, -a] *adj* langweilig
hataca [a'taka] *f* 1. (*cucharón de palo*) großer Holzlöffel *m* 2. (*rodillo*) Teigrolle *f*
hatajo [a'taxo] *m* 1. (*de ganado*) kleine Herde *f* 2. (*de personas*) Haufen *m*
hato ['ato] *m* 1. (*de ropa*) Bündel *nt* 2. (*de ganado*) kleine Herde *f* 3. (*montón*) Haufen *m*
haute couture [ot ko'tur] *f* Hautecouture *f*
Hawai [xa'wai̯] *m* Hawaii *nt*
hawaiano, **-a** [xawa'jano, -a] I. *adj* hawaiisch II. *m, f* Hawaiianer(in) *m(f)*
haxix [xa'ʃis] *m sin pl* Haschisch *nt*
haya ['aɟa] *f* 1. (*árbol*) Buche *f* 2. (*madera*) Buchenholz *nt*
Haya ['aɟa] *f*: **La** ~ Den Haag *nt*
hayal [a'ɟal] *m* Buchenwald *m*
hayedo [a'ɟeðo] *m* (BOT) *v.* **hayal**
hayuco [a'ɟuko] *m* Buchecker *f*
haz [aθ] *m* 1. (*hato*) Bündel *nt* 2. (FÍS) Strahl *m*; ~ **luminoso** Lichtbündel *nt*
haza ['aθa] *f* Stück *nt* Acker(land)
hazaña [a'θaɲa] *f* Heldentat *f*
hazmerreír [aθmerre'ir] *m inv* Witzfigur *f*; **es el** ~ **de la gente** alle lachen ihn aus
HB [atʃe'βe] *m abr de* **Herri Batasuna** *baskische Partei*
he [e] *1. pres de* **haber**
heavy[1] ['xeβi] I. *adj* heavy, hard; **música** ~ Heavy [*o* Hard] Rock *m*, Heavy Metal *nt* II. *m sin pl* Heavy-Metal-Anhänger(in) *m(f)*, Hardrock-Fan *m*
heavy[2] ['xeβi] <heavys *o* heavies> *m* Heavy [*o* Hard] Rock *m*, Heavy Metal *nt*
heavy metal ['xeβi 'metal] *m* (MÚS) Heavy metal *nt*
hebefrenia [eβe'frenja] *f* (MED) Hebephrenie *f*
hebilla [e'βiʎa] *f* Schnalle *f*
heboidofrenia [eβoi̯ðo'frenja] *f* (MED) Heboidophrenie *f*
hebra ['eβra] *f* 1. (*hilo*) Faden *m* 2. (*fibra*) Faser *f*; **tabaco de** ~ Feinschnitt *m*
hebreo[1] [e'βreo] *m* 1. (*lengua*) Hebräisch(e) *nt* 2. (*fam: mercader*) Kaufmann *m* 3. (*fam: usurero*) Wucherer *m*
hebreo, **-a**[2] [e'βreo, -a] I. *adj* hebräisch II. *m, f* Hebräer(in) *m(f)*
hebrero [e'βrero] *m* (ZOOL) Speiseröhre *f* der Wiederkäuer
hebroso, **-a** [e'βroso, -a] *adj* faserig
hecatombe [eka'tombe] *f* Hekatombe *f*
hechicería [etʃiθe'ria] *f* 1. (*arte*) Hexenkunst *f* 2. (*acto*) Hexerei *f* 3. (*hechizo*) Zauber *m*
hechicero, **-a** [etʃi'θero, -a] *m, f* 1. (*brujo*) Zauberer, -in *m, f* 2. (*de tribu*) Medizinmann, -frau *m, f*
hechizar [etʃi'θar] <z→c> *vt* 1. (*embrujar*) verhexen 2. (*encantar*) bezaubern, in seinen Bann ziehen
hechizo [e'tʃiθo] *m* Zauber *m*; **romper el** ~ den Bann brechen
hecho[1] ['etʃo] *m* 1. (*circunstancia*) Tatsache *f* 2. (*acto*) Tat *f*; ~ **delictivo** Straftat *f*; **los H~s de los Apóstoles** die Apostelgeschichte 3. (*suceso*) Ereignis *nt*; (JUR) Tatbestand *m*; **exposición de los ~s** Darstellung des Sachverhalts; **lugar de los ~s** Tatort *m*; **los ~s que causaron el incendio** die Ursache des Brandes 4. (*loc*): **de** ~ (*efectivamente*) tatsächlich; (*en realidad*) eigentlich; (*por la fuerza*) de facto; **de** ~ **el piso es mío** die Wohnung gehört eigentlich mir
hecho, **-a**[2] ['etʃo, -a] *adj* 1. (*maduro*) reif; **vino** ~ abgelagerter Wein 2. (*cocido*) gar; **me gusta la carne hecha** mir schmeckt das Fleisch durchgebraten; **el pollo está demasiado** ~ das Hühnchen ist zu stark gebraten 3. (*acabado*) fertig; **frase hecha** feste Wendung; **traje** ~ Anzug von der Stange 4. (*adulto*) erwachsen
hechor[1] [e'tʃor] *m* (*AmS*) Esel(hengst) *m*
hechor(a)[2] [e'tʃor(a)] *m(f)* (*Chil, Ecua*) Straftäter(in) *m(f)*, Kriminelle(r) *mf*
hechura [e'tʃura] *f* 1. (*factura*) Anfertigung *f* 2. (*de un vestido*) Schnitt *m* 3. (*obra*) Werk *nt*; (*de Dios*) Kreatur *f*; **este caos seguro que es** ~ **tuya** dieses Durcheinander hast bestimmt du angerichtet 4. (*del cuerpo*) Körperbau *m*
hectárea [ek'tarea] *f* Hektar *nt*
hectiquez [ekti'keθ] *f* (MED) Lungentuberkulose *f*, Schwindsucht *f*
hectogramo [ekto'ɣramo] *m* Hektogramm *nt*
hectolitro [ekto'litro] *m* Hektoliter *m o nt*
hectómetro [ek'tometro] *m* Hektometer *m o nt*
heder [e'ðer] <e→ie> *vi* 1. (*apestar*) stinken (*a* nach +*dat*) 2. (*molestar*) auf die Nerven gehen +*dat*
hediento, **-a** [e'ðjen̪to, -a] *adj* (*maloliente*) stinkend, übel riechend
hediondez [eðjon̪'deθ] *f* Gestank *m*
hediondo, **-a** [e'ðjon̪do] *adj* 1. (*fétido*) übel riechend 2. (*repugnante*) ekelhaft 3. (*obsceno*) unanständig
hedonismo [eðo'nismo] *m sin pl* Hedonismus *m*
hedonista [eðo'nista] I. *adj* hedonistisch II. *mf* Hedonist(in) *m(f)*
hedor [e'ðor] *m* Gestank *m* (*a* nach +*dat*)
hegelianismo [xeɣelja'nismo] *m sin pl* (FILOS) Hegelianismus *m*
hegemonía [exemo'nia] *f* Hegemonie *f*
hegemónico, **-a** [exe'moniko, -a] *adj* hegemonisch
helada [e'laða] *f* Frost *m*; **las primeras ~s del año** die ersten Frosteinbrüche des Jahres; **anoche cayó una** ~ heute Nacht hat es gefroren
heladera [ela'ðera] *f* Kühlschrank *m*
heladería [elaðe'ria] *f* Eiscafé *nt*
heladizo, **-a** [ela'ðiθo, -a] *adj* leicht gefrierend; **un riachuelo** ~ ein schnell zufrierender

Bach

helado[1] [e'laðo] *m* (Speise)eis *nt*, Eiscreme *f*

helado, -a[2] [e'laðo, -a] *adj* **1.** (*frío*) Eis-, eisig; **el lago está ~** der See ist zugefroren; **las cañerías están heladas** die Wasserleitung ist eingefroren **2.** (*turulato*) verblüfft; (*de miedo*) starr (*de* vor +*dat*)

helador(a) [ela'ðor(a)] *adj* eisig, eiskalt

heladora [ela'ðora] *f* Eismaschine *f*

helaje [e'laxe] *m* (*Col*) klirrende Kälte *f*, starker Frost *m*

helar [e'lar] <e→ie> **I.** *vt* **1.** (*congelar*) gefrieren (lassen) **2.** (*pasmar*) verblüffen **II.** *vimpers* frieren **III.** *vr:* **~se 1.** (*congelarse*) gefrieren; **el lago se ha helado** der See ist zugefroren **2.** (*morir*) erfrieren **3.** (*pasar frío*) frieren; **~se de frío** vor Kälte erstarren

helechal [ele'ʧal] *m* mit Farn bestandenes Gelände *nt*

helecho [e'leʧo] *m* Farnkraut *nt*

helénico, -a [e'leniko, -a] *adj* **1.** (*antiguo*) hellenisch **2.** (*actual*) griechisch

helenista [ele'nista] *mf* Hellenist(in) *m(f)*

helero [e'lero] *m* **1.** (GEO) Gletscher *m* **2.** (*mancha de nieve*) Schneefeld *nt*

heliaco, -a [e'ljako, -a] *adj*, **helíaco, -a** [e'liako, -a] *adj* (ASTR) heliakisch

heliantina [eljan̩'tina] *f* (QUÍM) Methylorange *nt*, Helianthin *nt*

hélice ['eliθe] *f* **1.** (TÉC) Propeller *m*; (*de avión t.*) Luftschraube *f*; (*de barco*) Schiffsschraube *f* **2.** (ANAT) Helix *f* **3.** (MAT) Spirale *f*

helicicultura [eliθikul̩'tura] *f* (ZOOL) Schneckenzucht *f*

helícido[1] [e'liθiðo] *m* (ZOOL) Schnirkelschnecke *f*

helícido, -a[2] [e'liθiðo, -a] *adj* (ZOOL) zur Familie der Schnirkelschnecken gehörend

helicoidal [elikoi̯'ðal] *adj* Spiral-, spiralförmig

helicoide [eli'koi̯ðe] *m* (MAT) Helikoide *f*

helicón [eli'kon] *m* (MÚS) Helikon *nt*, Kontrabasstuba *f*

helicóptero [eli'koptero] *m* Hubschrauber *m*

helio ['eljo] *m* (QUÍM) Helium *nt*

heliocéntrico, -a [eljo'θen̩triko, -a] *adj* (ASTR) heliozentrisch

heliocentrismo [eljoθen̩'trismo] *m sin pl* (ASTR) heliozentrisches Weltsystem *nt*

helioeléctrico, -a [eljoe'lektriko, -a] *adj* (ELEC) photovoltaisch

heliofísica [eljo'fisika] *f* (ASTR) Solarphysik *f*

heliograma [eljo'ɣrama] *m* (TEL) Blinkspruch *m*

heliolatría [eljola'tria] *f* (REL) Sonnenkult *m*

helión [e'ljon] *m* (FÍS, QUÍM) Heliumkern *m*, Alphateilchen *nt*

helioplastia [eljo'plastja] *f* (ARTE) Heliogravüre *f*

helioscopio [eljos'kopjo] *m* (ASTR) Helioskop *nt*

heliosfera [eljos'fera] *f* (ASTR) Heliosphäre *f*

heliosis [e'ljosis] *f inv* (MED) Sonnenstich *m*, Heliosis *f*

helióstato [e'ljostato] *m* (TÉC) Heliostat *m*

heliotecnia [eljo'teɣnja] *f* (ELEC) Heliotechnik *f*

heliotropismo [eljotro'pismo] *m sin pl* (BIOL) Phototropismus *m*

helipuerto [eli'pwerto] *m* Heliport *m*

helitransportado, -a [elitraⁿspor'taðo, -a] *adj* per Hubschrauber befördert

hélix ['eliˠs] *m inv* (ANAT) Ohrleiste *f*, Helix *f*

helmintiasis [elmin̩'tjasis] *f inv* (MED) Helminthiasis *f*, Helminthose *f*

helmintología [elmin̩tolo'xia] *f* (ZOOL) Helminthologie *f*

helvecio, -a [el'βeθjo, -a] *adj* (HIST) helvetisch

helvético, -a [el'βetiko, -a] **I.** *adj* schweizerisch **II.** *m, f* Schweizer(in) *m(f)*

hematermo, -a [ema'termo, -a] *adj* (BIOL) warmblütig, homöotherm

hematocrito [emato'krito] *m* (MED) Hämatokritwert *m*

hematológico, -a [emato'loxiko, -a] *adj* (MED) hämatologisch

hematoma [ema'toma] *m* (MED) Bluterguss *m*

hematopatía [ematopa'tia] *f* (MED) Blutkrankheit *f*, Hämopathie *f*

hematopoyesis [ematopo'ɟesis] *f inv* (BIOL) Blutbildung *f*, Hämatopoese *f*

hematosis [ema'tosis] *f inv* (BIOL) Arterialisation *f*

hematuria [ema'turja] *f* (MED) Blutharnen *nt*, Hämaturie *f*

hembra ['embra] *f* **1.** (*mujer*) Frau *f* **2.** (ZOOL) Weibchen *nt* **3.** (BOT) weibliche Blüte *f* **4.** (TÉC) (Schrauben)mutter *f*

hembraje [em'braxe] *m* (*AmS*) **1.** (*de ganado*) Herde *f* Weibchen **2.** (*pey: de mujeres*) Gruppe *f* von Weibern

hemeralopía [emeralo'pia] *f* (MED) Nachtblindheit *f*, Hemeralopie *f*

hemeroteca [emero'teka] *f* Zeitungsarchiv *nt*

hemialgia [e'mjalxja] *f* (MED: *cabeza*) Migräne *f*, Hemialgie *f*

hemianopsia [emja'noβsja] *f* (MED) Halbsichtigkeit *f*, Hemianop(s)ie *f*

hemiciclo [emi'θiklo] *m* **1.** (*semicírculo*) Halbkreis *m* **2.** (*sala*) halbkreisförmiger Saal *m* **3.** (POL: *en España*) Parlamentssaal *m*

hemiedro [emi'eðro] *m* (GEO) Hemieder *m*

hemiplejia [emi'plexja] *f*, **hemiplejía** [emiple'xia] *f* (MED) Hemiplegie *f*, halbseitige Lähmung *f*

hemipléjico, -a [emi'plexiko, -a] **I.** *adj* halbseitig gelähmt **II.** *m, f* Hemiplegiker(in) *m(f)*

hemisférico, -a [emis'feriko, -a] *adj* hemisphärisch

hemisferio [emis'ferjo] *m* **1.** (GEO) (Erd)halbkugel *f* **2.** (ANAT: *del cerebro*) Hemisphäre *f*

hemocito [emo'θito] *m* (BIOL) Häm(at)ozyt

hemodinámica [emoði'namika] *f* (MED) Hämodynamik *f*
hemofilia [emo'filja] *f* (MED) Bluterkrankheit *f*
hemoglobina [emoɣlo'βina] *f* (BIOL) Hämoglobin *nt*
hemolítico, -a [emo'litiko, -a] *adj* (MED) hämolytisch
hemopatía [emopa'tia] *f* (MED) Blutkrankheit *f*, Hämopathie *f*
hemoptisis [emop'tisis] *f inv* (MED) Bluthusten *nt*, Hämoptyse *f*
hemorragia [emo'rraxia] *f* (MED) starke Blutung *f*
hemorrágico, -a [emo'rraxiko, -a] *adj* (MED) Blutungen verursachend, hämorrhagisch
hemorroides [emo'rroi̯ðes] *fpl* (MED) Hämorriden *fpl*
hemorroo [emo'rro(o)] *m* (ZOOL) Hornviper *f*
hemoscopia [emos'kopja] *f* (MED) Blutuntersuchung *f*, Hämatoskopie *f*
hemostasis [emos'tasis] *f inv* (MED) Hämostase *f*; (*esporádico*) Stockung *f* der Blutzirkulation; (*artificial*) Blutstillung *f*
hemostático [emos'tatiko] *m* (MED) Hämostatikum *nt*
hemotórax [emo'toraˠs] *m inv* (MED) Häm(at)othorax *m*
henaje [e'naxe] *m sin pl* (AGR) Heumachen *nt*
henar [e'nar] *m* Heufeld *nt*
henchido, -a [en'ʧiðo, -a] *adj* prall, geschwollen; (*fig*) strotzend (*de* vor +*dat*); ~ **de orgullo** mit stolzgeschwellter Brust
henchir [en'ʧir] *irr como pedir* **I.** *vt* anfüllen; ~ **los pulmones de aire** tief einatmen; ~ **una maleta** einen Koffer voll stopfen **II.** *vr:* **~se** (*hartarse de comida*) sich voll stopfen
hender [en̪'der] <e→ie> **I.** *vt* **1.** (*algo de madera*) spalten; (*algo de plástico*) aufschlitzen **2.** (*abrirse paso*) sich *dat* einen Weg bahnen (durch +*akk*) **II.** *vr:* **~se** sich spalten
hendidura [en̪di'ðura] *f* **1.** (*raja*) Spalte *f*; (*en la pared*) Riss *m*; (*en un jarrón*) Sprung *m* **2.** (*de una guía*) Kerbe *f*
hendija [en̪'dixa] *f* (*Am: rendija*) Spalt *m*
hendimiento [en̪di'mjen̪to] *m* Spalten *nt*
hendir [en̪'dir] *irr como cernir vt v.* **hender**
henequén [ene'ken] *m* (*Am*) Agave *f*
henil [e'nil] *m* Heuboden *m*
heno ['eno] *m* Heu *nt*; **fiebre del** ~ Heuschnupfen *m*
henoteísmo [enote'ismo] *m sin pl* (REL) Henotheismus *m*
henrio ['enrrjo] *m* (ELEC) Henry *nt*
hepática [e'patika] *f* (BOT) Leberblümchen *nt*, Hepatika *f*
hepático, -a [e'patiko, -a] *adj* hepatisch, Leber-; **cirrosis hepática** Leberzirrhose *f*
hepatismo [epa'tismo] *m* (MED) Lebererkrankung *f*, Hepatismus *m*
hepatitis [epa'titis] *f inv* (MED) Hepatitis *f*, Leberentzündung *f*
hepatología [epatolo'xia] *f* (MED) Hepatologie *f*
hepatólogo, -a [epa'toloɣo, -a] *m, f* (MED) Hepatologe, -in *m, f*
heptaedro [epta'eðro] *m* (MAT) Heptaeder *nt*
heptágono [ep'taɣono, -a] *m* Siebeneck *nt*
heptasilábico, -a [eptasi'laβiko, -a] *adj v.* **heptasílabo²**
heptasílabo¹ [epta'silaβo] *m* Siebensilbler *m*
heptasílabo, -a² [epta'silaβo, -a] *adj* siebensilbig
heptatlón [eptaᵈ'lon] *m* (DEP) Siebenkampf *m*
heráldica [e'ral̪dika] *f sin pl* Wappenkunde *f*
heráldico, -a [e'ral̪diko, -a] *adj* heraldisch
heraldista [eral̪'dista] *mf* Wappenkundige(r) *mf*, Heraldiker(in) *m(f)*
herbáceo, -a [er'βaθeo, -a] *adj* **1.** (*de hierba*) Gras- **2.** (*de hierbas medicinales*) krautig, krautartig
herbajar [erβa'xar] **I.** *vi* weiden, grasen **II.** *vt* weiden lassen
herbaje [er'βaxe] *m* **1.** (*lugar*) Weide *f* **2.** (*comida*) Grasfutter *nt*
herbario [er'βarjo] *m* Pflanzensammlung *f*
herbecer [erβe'θer] *irr como crecer vi* (neu) sprießen
herbicida [erβi'θiða] *m* Unkrautvertilgungsmittel *nt*
herbívoro [er'βiβoro] *m* Pflanzenfresser *m*
herbolario¹ [erβo'larjo] *m* Heilkräuterladen *m*
herbolario, -a² [erβo'larjo, -a] **I.** *adj* unbesonnen **II.** *m, f* Heilkräuterhändler(in) *m(f)*
herborista [erβo'rista] *mf* Heilkräuterhändler(in) *m(f)*
herboristería [erβoriste'ria] *f v.* **herbolario¹**
herborizar [erβori'θar] <z→c> *vt* botanisieren
herboterapia [erβote'rapja] *f* Kräutertherapie *f*
herciniano, -a [erθi'njano, -a] *adj* (GEO) herzynisch
hercio ['erθjo] *m* (FÍS) Hertz *nt*
hercúleo, -a [er'kuleo, -a] *adj* herkulisch; (*fig*) riesenstark
hércules ['erkules] *m inv* (*fig*) Herkules *m*, Muskelmann *m*
heredable [ere'ðaβle] *adj* (ver)erblich
heredad [ere'ðaᵈ] *f* **1.** (*finca*) Landgut *nt* **2.** (*terreno*) Grundstück *nt*
heredar [ere'ðar] *vt* **1.** (*recibir*) erben; **propiedad heredada** vererbtes Eigentum; **problemas heredados del franquismo** Erblasten aus der Zeit des Franco-Regimes **2.** (*dar*) zum Erben einsetzen
heredero, -a [ere'ðero, -a] *m, f* Erbe, -in *m, f*; **el** ~ **del trono** der Thronfolger; **el príncipe** ~ der Kronprinz
hereditario, -a [ereði'tarjo, -a] *adj* **1.** (*de la herencia*) Erb- **2.** (*rasgos*) Erb-, vererbbar; **enfermedad hereditaria** Erbkrankheit *f*

H

heredopatía [ereðopa'tia] *f* (MED) Erbkrankheit *f*, Heredopathie *f*
hereje [e'rexe] *mf* (REL) Ketzer(in) *m(f)*
herejía [ere'xia] *f* **1.** (REL) Ketzerei *f* **2.** (*insulto*) Beleidigung *f* **3.** (*fechoría*) Streich *m* **4.** (*disparate*) Unsinn *m*
herencia [e'reṇθja] *f* **1.** (JUR) Erbschaft *f* **2.** (*legado*) Erbe *nt;* **una ~ de la antigüedad** ein Vermächtnis der Antike
herético, -a [e'retiko, -a] *adj* ketzerisch
herida [e'riða] *f* **1.** (*lesión*) Wunde *f;* **tocar a alguien en la ~** (*fig*) jds wunden Punkt treffen **2.** (*ofensa*) Beleidigung *f*
herido, -a [e'riðo, -a] **I.** *adj* **1.** (*lesionado*) verletzt (*en* an +*dat*); (MIL) verwundet (*en* an +*dat*); **~ de gravedad** schwer verletzt; (MIL) schwer verwundet **2.** (*ofendido*) beleidigt **II.** *m, f* Verletzte(r) *mf;* (MIL) Verwundete(r) *mf;* **en el atentado no hubo ~s** bei dem Anschlag wurde niemand verletzt
herir [e'rir] *irr como sentir* **I.** *vt* **1.** (*lesionar*) verletzen (*en* an +*dat*); (MIL) verwunden (*en* an +*dat*) **2.** (*golpear*) schlagen **3.** (*flecha*) (durch die Luft) schwirren **4.** (*instrumento*) anschlagen **5.** (*sol*) bestrahlen **6.** (*ofender*) verletzen; **no quisiera ~ susceptibilidades** ich möchte niemandem zu nahe treten **7.** (*acertar*) treffen **II.** *vr:* **~se** sich verletzen (*en* an +*dat*)
hermafrodita [ermafro'ðita] **I.** *adj* zwittrig **II.** *m* Zwitter *m*
hermafroditismo [ermafroði'tismo] *m sin pl* (BIOL, MED) Zwittrigkeit *f*, Hermaphrod(it)ismus *m*
hermanado, -a [erma'naðo, -a] *adj* ähnlich (*con* +*dat*); **ciudad hermanada** Partnerstadt *f*
hermanamiento [ermana'mjeṇto] *m* **1.** (*de ciudades*) Partnerschaft *f* **2.** (*acción*) Verbrüderung *f*
hermanar [erma'nar] **I.** *vt* (*unir*) verbinden; **Cambridge está hermanada con Heidelberg** Cambridge ist eine Partnerstadt Heidelbergs **II.** *vr:* **~se** sich verbrüdern
hermanastro, -a [erma'nastro, -a] *m, f* Stiefbruder, -schwester *m, f*
hermandad [ermaṇ'daᵈ] *f* **1.** (*parentesco*) geschwisterliche Beziehung *f* **2.** (*amistad*) innige Freundschaft *f* **3.** (*agrupación*) Innung *f;* (REL) Bruderschaft *f*
hermano, -a [er'mano, -a] *m, f* (*pariente*) Bruder *m*, Schwester *f;* **~ de padre/de madre** Halbbruder väterlicherseits/mütterlicherseits; **~ político** Schwager *m;* **mi ~ mayor/pequeño** mein älterer/jüngerer Bruder; **tengo tres ~s** (*sólo chicos*) ich habe drei Brüder; (*chicos y chicas*) ich habe drei Geschwister; **lenguas hermanas** verwandte Sprachen
hermeneuta [erme'neu̯ta] *mf* Hermeneutiker(in) *m(f)*
hermenéutico, -a [erme'neu̯tiko, -a] *adj* hermeneutisch
hermeticidad [ermetiθi'ðaᵈ] *f sin pl v.* **hermetismo**
hermético, -a [er'metiko, -a] *adj* **1.** (*objeto*) hermetisch; (*al aire*) luftdicht; (*al agua*) wasserdicht **2.** (*persona*) äußerst verschlossen **3.** (*texto*) schwer verständlich
hermetismo [erme'tismo] *m* Verschlossenheit *f*
hermetizar [ermeti'θar] <z→c> *vt* hermetisch verschließen
hermodátil [ermo'ðatil] *m* (BOT) Zeitlose *f*
hermosamente [ermosa'meṇte] *adv* prächtig, wundervoll
hermosear [ermose'ar] *vt* **1.** (*a una persona*) herausputzen **2.** (*a una cosa*) verschönern, schmücken
hermoso, -a [er'moso, -a] *adj* **1.** (*paisaje*) schön; (*día*) herrlich **2.** (*persona*) wunderschön **3.** (*niño*) niedlich **4.** (*salón*) prächtig **5.** (*gesto*) schön **6.** (*palabras*) nett
hermosura [ermo'sura] *f* Schönheit *f*
hernia ['ernja] *f* (MED) (Eingeweide)bruch *m*
herniado, -a [er'njaðo, -a] *adj* (MED): **estar ~** einen Bruch [*o* eine Hernie] haben; **desde que está ~ no se puede agachar** seitdem er sich *dat* den Bruch [*o* **die Hernie**] zugezogen hat, kann er sich nicht mehr bücken
herniarse [er'njarse] *vr* sich *dat* einen Bruch heben; **¡no te herniarás, no!** na ja, du wirst dir schon kein Bein (dabei) ausreißen!
héroe ['eroe] *m* **1.** (*personaje*) Held *m* **2.** (*mitología*) Heros *m* **3.** (TEAT) Heldendarsteller *m*
heroicidad [eroi̯θi'ðaᵈ] *f* **1.** (*hazaña*) Heldentat *f* **2.** (*cualidad*) Heldentum *nt*
heroico, -a [e'roi̯ko, -a] *adj* heldenhaft
heroida [e'roi̯ða] *f* (LIT) Heldenbrief *m*, Heroide *f*
heroína [ero'ina] *f* **1.** (*de héroe*) Heldin *f* **2.** (*droga*) Heroin *nt*
heroinomanía [eroi̯noma'nia] *f* (MED) Heroinrausch *m*
heroinómano, -a [eroi̯'nomano, -a] *m, f* Heroinsüchtige(r) *mf*
heroísmo [ero'ismo] *m sin pl* Heldentum *nt*
herpes ['erpes] *m o f inv* (MED) Herpes *m*
herpetología [erpetolo'xia] *f* (ZOOL) Herpetologie *f*
herrador [erra'ðor] *m* Hufschmied *m*
herradura [erra'ðura] *f* **1.** (*de caballo*) Hufeisen *nt;* **camino de ~** Reitweg *m* **2.** (ZOOL) Hufeisennase *f*
herraje(s) [e'rraxe(s)] *m(pl)* Eisenbeschläge *mpl*
herramienta [erra'mjeṇta] *f* Werkzeug *nt;* (INFOR) Tool *nt*, Werkzeug *nt;* **~ agrícola** landwirtschaftliches Gerät; **~s de desarrollo** Entwicklungswerkzeuge *ntpl;* **caja de (las) ~s** Werkzeugkasten *m*
herrar [e'rrar] <e→ie> *vt* **1.** (*caballo*) beschlagen **2.** (*a un animal*) mit Brandzeichen kennzeichnen
herrén [e'rren] *m* **1.** (AGR: *pasto*) Kraftfutter *nt*, Getreidefutter *nt* **2.** (*lugar*) Futteracker *m*
herreño, -a [e'rreɲo, -a] **I.** *adj* aus El Hierro

II. *m, f* Einwohner(in) *m(f)* von El Hierro
herrera [e'rrera] *f* (ZOOL) Marmorbrasse *f*
herrería [erre'ria] *f* Schmiede *f*
herrerillo [erre'riʎo] *m* (ZOOL) Blaumeise *f*
herrero [e'rrero] *m* Schmied *m*
herrete [e'rrete] *m* Nestelstift *m*
herrialde [e'rrjal̩de] *m* (baskische) Provinz *f*
Herri Batasuna ['erri βata'suna] *m* (POL) *baskische Partei*
herrín [e'rrin] *m* (QUÍM) Rost *m*
herriza [e'rriθa] *m* (AGR) hoch gelegenes Ödland *nt*
herrumbrar [errum'brar] **I.** *vt* rosten lassen; **el agua herrumbró los goznes** durch Wassereinwirkung sind die Scharniere gerostet **II.** *vr:* ~**se** rosten
herrumbre [e'rrumbre] *f* (*orín, t. bot*) Rost *m*
herrumbroso, **-a** [errum'broso, -a] *adj* rostig
hertz [erᵈs] *m* (FÍS) Hertz *nt*
hertzio ['erᵈsjo] *m* (FÍS) Hertz *nt*
hervidero [erβi'ðero, -a] *m* **1.** (*manantial*) heiße Quelle *f;* **un ~ de intrigas** ein Intrigenherd **2.** (*multitud*) Gewimmel *nt*
hervido [er'βiðo] *m* **1.** (*de los alimentos*) Kochen *nt;* (*de los líquidos*) Aufkochen *nt* **2.** (*burbujeo*) Brodeln *nt* **3.** (*AmS: cocido*) Eintopf *m*
hervidor [erβi'ðor] *m* **1.** (*de cocina*) Kocher *m* **2.** (TÉC) Heizrohr *nt*
hervir [er'βir] *irr como sentir* **I.** *vi* **1.** (*alimentos*) kochen **2.** (*burbujear*) brodeln **3.** (*desinfectar*) abkochen **4.** (*el mar*) tosen **5.** (*persona*) kochen; **hierve en cólera** er/sie kocht vor Wut; **le hierve la sangre** sein/ihr Blut gerät in Wallung **6.** (*abundar*): **esta calle hierve en rumores** diese Straße ist eine wahre Gerüchteküche **II.** *vt* (auf)kochen (lassen)
hervor [er'βor] *m* **1.** (*acción*) Kochen *nt;* **levantar el ~** aufkochen **2.** (*burbujeo*) Brodeln *nt* **3.** (*de la juventud*) Feuer *nt*
Hesse ['(x)ese] *m* Hessen *nt*
heterocíclico, **-a** [etero'θikliko, -a] *adj* **1.** (BOT) verschiedenquirlig, heterozyklisch **2.** (QUÍM) heterozyklisch
heterocromatismo [eterokroma'tismo] *m sin pl* (BOT) Verschiedenfarbigkeit *f,* Heterochromie *f*
heterodino [etero'ðino] *m* (TEL) Überlagerer *m,* Heterodyn *nt*
heterodoxo, **-a** [etero'ðoˠso, -a] *adj* heterodox
heterogamia [etero'ɣamja] *f* (BIOL) Heterogamie *f*
heterogeneidad [eteroxenei̯'ðaᵈ] *f* Heterogenität *f*
heterogéneo, **-a** [etero'xeneo, -a] *adj* verschiedenartig, heterogen
heteromancia [etero'man̩θja] *f,* **heteromancía** [eteroman̩'θia] *f* Wahrsagung *f* nach dem Flug von Vögeln
heteronimia [etero'nimja] *f* (LING) Heteronymie *f*
heterónimo [ete'ronimo] *m* (LING) Heteronym *nt*
heterosexual [eteroseˠsu'al] **I.** *adj* heterosexuell **II.** *mf* Heterosexuelle(r) *mf*
heterosexualidad [eteroseˠswali'ðaᵈ] *f sin pl* Heterosexualität *f*
heterotermo¹ [etero'termo] *m* (ZOOL) wechselwarmes [*o* heterothermes] Tier *nt*
heterotermo, **-a²** [etero'termo, -a] *adj* (ZOOL) wechselwarm, heterotherm
hevea [e'βea] *m* (BOT) Hevea *f,* (Para)kautschukbaum *m*
hevicultivo [eβikul̩'tiβo] *m* (AGR) Heveaplantage *f,* Kautschuk(baum)plantage *f*
hexacordo [eˠsa'korðo] *m* (MÚS) **1.** (*escala*) Hexachord *m o nt* **2.** (*intervalo*) Sext(e) *f*
hexadecimal [eˠsaðeθi'mal] *adj* hexadezimal
hexaedro [eˠsa'eðro] *m* (MAT) Sechsflächner *m,* Hexaeder *nt*
hexagonal [eˠsaɣo'nal] *adj* sechseckig, hexagonal
hexágono [eˠ'saɣono] *m* Sechseck *nt,* Hexagon *nt*
hexagrama [eˠsa'ɣrama] *m* (MAT) Sechsstern *m,* Hexagramm *nt*
hexasílabo¹ [eˠsa'silaβo] *m* (*verso*) sechssilbiger Vers *m;* (*palabra*) sechssilbiges Wort *nt*
hexasílabo, **-a²** [eˠsa'silaβo, -a] *adj* sechssilbig
hez [eθ] *f* **1.** (*poso*) Bodensatz *m* **2.** *pl* (*escoria*) Abschaum *m* **3.** *pl* (*excrementos*) Kot *m;* **heces fecales** Fäkalien *fpl*
hialita [ia'lita] *f* (GEO) Glasopal *m,* Hyalit *m*
hialografía [ialoɣra'fia] *f* (ARTE) Glasmalerei *f,* Hyalographie *f*
hialoideo, **-a** [ialoi̯'ðeo, -a] *adj* glasig, glasartig
hialotecnia [ialo'teknja] *f* Glashüttenwesen *nt*
hibernación [iβerna'θjon] *f* **1.** (ZOOL) Winterschlaf *m* **2.** (MED) Hibernation *f*
hibernal [iβer'nal] *adj* Winter-, winterlich
hibernar [iβer'nar] *vi* Winterschlaf halten
hibisco [i'βisko] *m* Hibiskus *m*
hibridación [iβriða'θjon] *f* Hybridisierung *f*
hibridar [iβri'ðar] *vt* (BIOL) kreuzen
hibridismo [iβri'ðismo] *m* (*t.* BIOL: *carácter híbrido*) Gemisch *nt,* Konglomerat *nt*
híbrido¹ ['iβriðo] *m* (BIOL) Hybride *m o f*
híbrido, **-a²** ['iβriðo, -a] *adj* hybrid; **computador ~** (INFOR) Hybridrechner *m*
hicotea [iko'tea] *f* (ZOOL) Amerikanische Sumpfschildkröte *f*
hidalgo¹ [i'ðalɣo] *m* (HIST) Edelmann *m*
hidalgo, **-a²** [i'ðalɣo, -a] *adj* **1.** (*de los nobles*) adelig **2.** (*noble*) edel **3.** (*generoso*) großmütig
hidátide [i'ðatiðe] *f* **1.** (ZOOL) Blasenbandwurm *m,* Hundebandwurm *m* **2.** (MED) Hydatidenzyste *f*
hidra ['iðra] *f* **1.** (*pólipo*) Süßwasserpolyp *m*

2. (ASTR) Hydra *f*
hidrartrosis [iðrar'trosis] *f inv* (MED) Gelenkerguss *m*, Hyd(r)arthrose *f*
hidratante [iðra'tante] *adj* Feuchtigkeit spendend; **crema** ~ Feuchtigkeitscreme *f*
hidratar [iðra'tar] *vt* **1.** (QUÍM) hydratisieren **2.** (*piel*) mit einer Feuchtigkeitscreme behandeln
hidrato [i'ðrato] *m* (QUÍM) Hydrat *nt*
hidráulica [i'ðraulika] *f* Hydraulik *f*
hidremia [i'ðremja] *f* (MED) Hydrämie *f*
hídrico, -a ['iðriko, -a] *adj* **1.** (*relativo al agua*) Wasser- **2.** (*que contiene agua*) wasserhaltig
hidroala [iðro'ala] *m* (NÁUT) Tragflügelboot *nt*
hidroavión [iðroaβi'on] *m* Wasserflugzeug *nt*
hidrobase [iðro'βase] *f* (AERO) Startfläche *f* für Wasserflugzeuge
hidrobiología [iðroβiolo'xia] *f* (BIOL) Hydrobiologie *f*
hidrocarbonado¹ [iðrokarβo'naðo] *m* (QUÍM) Kohlenwasserstoff *m*
hidrocarbonado, -a² [iðrokarβo'naðo, -a] *adj* (QUÍM) Kohlenwasserstoff-
hidrocarburo [iðrokar'βuro] *m* (QUÍM) Kohlenwasserstoff *m*
hidrocistoma [iðroθis'toma] *m* (MED) Schweißdrüsenzyste *f*, Hidrozystom *nt*
hidrodinámico, -a [iðroði'namiko, -a] *adj* hydrodynamisch
hidroelectricidad [iðroelektriθi'ðaᵈ] *f sin pl* (ELEC) Hydroelektrizität *f*
hidroeléctrico, -a [iðroe'lektriko, -a] *adj* hydroelektrisch; **central hidroeléctrica** Wasserkraftwerk *nt*
hidrófilo, -a [i'ðrofilo, -a] *adj* hydrophil
hidrofobia [iðro'foβja] *f* **1.** (MED: *fobia al agua*) Wasserphobie *f* **2.** (*rabia*) Tollwut *f*
hidrófobo, -a [i'ðrofoβo, -a] *adj* **1.** (QUÍM) hydrophob **2.** (*rabioso*) tollwütig
hidrófugo, -a [i'ðrofuɣo, -a] *adj* feuchtigkeitsbeständig
hidrogenar [iðroxe'nar] *vt* (QUÍM) hydrieren
hidrógeno [i'ðroxeno] *m* (QUÍM) Wasserstoff *m*
hidrogeología [iðroxeolo'xia] *f* (GEO) Hydrogeologie *f*
hidrografía [iðroɣra'fia] *f sin pl* Gewässerkunde *f*, Hydrografie *f*
hidrográfico, -a [iðro'ɣrafiko, -a] *adj* hydrografisch
hidrolápato [iðro'lapato] *m* (BOT) Ampfer *m*
hidrología [iðrolo'xia] *f* (GEO) Hydrologie *f*
hidrológico, -a [iðro'loxiko, -a] *adj* hydrologisch
hidromancia [iðro'manθja] *f*, **hidromancía** [iðroman'θia] *f* Hydromantie *f*
hidromecánica [iðrome'kanika] *f* (FÍS) Hydromechanik *f*
hidromel [iðro'mel] *m* Hönigwasser *nt*
hidrometeoro [iðromete'oro] *m* Hydrometeor *m*
hidromiel [iðro'mjel] *m* Honigwasser *nt*
hidromodelismo [iðromoðe'lismo] *m* Schiffsmodellbau *m*
hidroneumático, -a [iðroneu'matiko, -a] *adj* (TÉC) hydropneumatisch
hidronimia [iðro'nimja] *f* (LING) Hydronymik *f*
hidrónimo [i'ðronimo] *m* (LING) Gewässername *m*
hidropesía [iðrope'sia] *f* (MED) Wassersucht *f*, Hydropsie *f*
hidrópico, -a [i'ðropiko, -a] *adj* **1.** (MED) wassersüchtig **2.** (*fig: insaciable*) unersättlich
hidroplano [iðro'plano] *m* **1.** (AERO) Wasserflugzeug *nt* **2.** (NÁUT) Gleitboot *nt*
hidróptero [i'ðroptero] *m* (NÁUT) Tragflächenboot *nt*
hidrorrea [iðro'rrea] *f* (MED) wässriger Ausfluss *m*, Hydrorrhö(e) *f*
hidroscopia [iðros'kopja] *f* (GEO) Hydroskopie *f*
hidrosfera [iðros'fera] *f* (GEO) Hydrosphäre *f*
hidrosoluble [iðroso'luβle] *adj* wasserlöslich
hidrostático, -a [iðros'tatiko, -a] *adj* hydrostatisch
hidroterapia [iðrote'rapja] *f* (MED) Hydrotherapie *f*
hidrotimetría [iðrotime'tria] *f* (QUÍM) Hydrotimetrie *f*
hidrotropismo [iðrotro'pismo] *m* (BIOL) Hydrotropismus *m*
hidróxido [i'ðroˠsiðo] *m* (QUÍM) Hydroxid *nt*
hiedra ['ɟeðra] *f* Efeu *m*
hiel [ɟel] *f* **1.** (*bilis*) Galle *f* **2.** (*amargura*) Bitterkeit *f*; **echar la** ~ sich abrackern **3.** *pl* (*adversidades*) Probleme *ntpl*
hielera [ɟe'lera] *f* **1.** (*Chil, Méx: nevera portátil*) (tragbare) Kühlbox *f* **2.** (*Arg: cubitera*) Eiswürfelbehälter *m*
hielo ['ɟelo] *m* **1.** (*del agua*) Eis *nt*; ~ **en la carretera** Glatteis *nt*; ~ **picado** zerhacktes Eis; **el barco ha quedado aprisionado en el** ~ das Schiff ist eingefroren **2.** *pl* (*helada*) Frost *m* **3.** (*frialdad*) Kälte *f* **4.** (*loc*): **me quedé de** ~ ich war wie vor den Kopf geschlagen
hiena ['ɟena] *f* Hyäne *f*
hienda ['ɟenda] *f* (AGR) Mist *m*, Dung *m*
hierático, -a [ɟe'ratiko, -a] *adj* hieratisch
hierba ['ɟerβa] *f* **1.** (*planta*) Gras *nt* **2.** (*comestible*) Kraut *nt*; ~ **medicinal** Heilkraut *nt*; ~**s de Provenza** (GASTR) Kräuter der Provence; **infusión de** ~**s** Kräutertee *m*; **mala** ~ Unkraut *nt*; **haber pisado mala/buena** ~ Pech/Glück haben; **mala** ~ **nunca muere** (*prov*) Unkraut vergeht nicht **3.** (*césped*) Rasen *m*; **tenis sobre** ~ (DEP) Rasentennis *nt* **4.** (*pasto*) Weideland *nt* **5.** (*fam: droga*) Gras *nt* **6.** *pl* (*veneno*) Gifttrank *m* **7.** (*loc*): **y otras** ~**s** (*irón*) et cetera pp.
hierbabuena [ɟerβa'βwena] *f* Minze *f*
hierbajo [ɟer'βaxo] *m* Unkraut *nt*
hierbal [ɟer'βal] *m* (*Chil*) Grasfläche *f*, Wiese *f*

hierbazal [ɟerβa'θal] *f* (BOT) Weide *f*, Weideland *nt*
hiero ['ɟero] *m* (BOT) Wicke *f*
hierocracia [ɟero'kraθja] *f* (POL) Priesterherrschaft *f*, Hierokratie *f*
hieromancia [ɟero'man̪θja] *f* Hieromantie *f*
hierosolimitano, **-a** [ɟerosolimi'tano, -a] *adj* Jerusalemer, jerusalemitisch
hierra ['ɟerra] *f* (*Am*) Brandzeichen *nt*
hierro ['ɟerro] *m* **1.** (*metal, t.* DEP) Eisen *nt;* **edad del** ~ Eisenzeit *f;* **salud de** ~ eiserne Gesundheit; **voluntad de** ~ eiserner Wille; **quitar** ~ **a un asunto** eine Angelegenheit herunterspielen **2.** (*del ganado*) Brandzeichen *nt* **3.** (*para marcar*) Brandeisen *nt* **4.** (*de lanza*) Spitze *f* **5.** (*arma*) Waffe *f* **6.** (*herramienta*) Werkzeug *nt* aus Eisen **7.** *pl* (*grilletes*) Handschellen *fpl* **8.** *pl* (*cadenas*) Ketten *fpl*
hifi ['ifi/'xai̯fi] *adj* Hi-Fi-
higadillo [iɣa'ðiʎo] *m* (GASTR) (Geflügel)leber *f*
hígado ['iɣaðo] *m* **1.** (ANAT) Leber *f* **2.** *pl* (*valor*) Mumm *m fam*
higiene [i'xjene] *f* Hygiene *f;* ~ **personal** Körperpflege *f*
higiénico, **-a** [i'xjeniko, -a] *adj* hygienisch; **compresa higiénica** Damenbinde *f;* **papel** ~ Toilettenpapier *nt*
higienista [ixje'nista] **I.** *adj* (MED) Hygienik-; **experto** ~ Hygieniker *m* **II.** *mf* (MED) Hygieniker(in) *m(f)*
higienización [ixjeniθa'θjon] *f* Sanierung *f*
higienizar [ixjeni'θar] <z→c> *vt* sanieren
higo ['iɣo] *m* **1.** (*fruto*) Feige *f;* ~ **pico** (*reg*) *kanarische Bezeichnung für die Kaktusfeige* **2.** (*cosa sin valor*): **esto me importa un** ~ das ist mir völlig egal; **esto no vale un** ~ das ist keinen Deut wert **3.** (*algo arrugado*): **estar hecho un** ~ (*persona*) ganz runzelig sein; (*ropa*) zerknittert sein
higroma [i'ɣroma] *m* (MED) Hygrom *nt*
higrómetro [i'ɣrometro] *m* Hygrometer *nt*
higuera [i'ɣera] *f* Feigenbaum *m;* **estar en la** ~ nichts mitbekommen
higueral [iɣe'ral] *m* (BOT) Feigenplantage *f*
higuereta [iɣe'reta] *f* (BOT) Rizinus *m*
higüero [i'ɣwero] *m* (BOT) **1.** (*planta*) Kalebassenbaum *m* **2.** (*fruto*) Kalebasse *f*
higuerón [iɣe'ron] *m* (BOT) Riesengummibaum *m*
hijastro, **-a** [i'xastro, -a] *m, f* Stiefsohn, -tochter *m, f*
hijato [i'xato] *m* (BOT) Jungtrieb *m*, Schössling *m*
hijo, **-a** ['ixo, -a] *m, f* **1.** (*parentesco*) Sohn *m*, Tochter *f;* ~ **adoptivo** Adoptivkind *nt;* ~ **político** Schwiegersohn *m;* ~ **predilecto** (**de una ciudad**) Ehrenbürger *m* (einer Stadt); ~ **de puta** (*vulg*) Scheißkerl *m;* ~ **único** Einzelkind *nt;* **un** ~ **de papá** ein verwöhnter Jugendlicher; **pareja sin ~s** kinderloses Paar; **como cualquier** ~ **de vecino** wie jedermann; **es** ~ **de Madrid** er ist gebürtiger Madrider **2.** *pl* (*descendencia*) Kinder *ntpl*
híjole ['ixole] *interj* (*Am: fam: caramba*) Donnerwetter!
hijuela [i'xwela] *f* **1.** (*de camino*) Abzweigung *f* **2.** (*de herencia*) Erbteil *nt* **3.** (*de una institución*) Zweigstelle *f*
hijuelar [ixwe'lar] *vt* (*Chil*) in Erbteile aufteilen, parzellieren
hijuelo [i'xwelo] *m* (BOT) Jungtrieb *m*, Schössling *m*
hila ['ila] *f* **1.** (*acción*) Spinnen *nt* **2.** *pl* (*hebras*) Scharpie *f*
hilacha [i'latʃa] *f*, **hilacho** [i'latʃo] *m* (Tuch)faser *f*
hilachoso, **-a** [ila'tʃoso, -a] *adj* ausgefranst
hilada [i'laða] *f* **1.** (*hilera*) Reihe *f* **2.** (ARQUIT) Lage *f*
hilado [i'laðo] *m* **1.** (*acción*) Spinnen *nt* **2.** (*hilo*) Faden *m;* (*en la industria*) Gespinst *nt;* **fábrica de ~s** Spinnerei *f*
hilador(a) [ila'ðor(a)] *m(f)* Spinner(in) *m(f)*
hiladora [ila'ðora] *f* Spinnmaschine *f*
hilandería [ilan̪de'ria] *f* **1.** (*arte*) Spinnen *nt* **2.** (*fábrica*) Spinnerei *f*
hilandero[1] [ilan̪'dero] *m* (*lugar*) Spinnerei *f*
hilandero, **-a**[2] [ilan̪'dero, -a] *m, f* Spinner(in) *m(f)*
hilar [i'lar] *vt* **1.** (*hilo*) (ver)spinnen; (*arañas*) weben **2.** (*discurrir*) (miteinander) verknüpfen; ~ **fino** Haarspalterei betreiben
hilaracha [ila'ratʃa] *f* herabhängender Faden *m*
hilarante [ila'ran̪te] *adj* sehr lustig; **gas** ~ Lachgas *nt*
hilaridad [ilari'ðaᵈ] *f* Heiterkeit *f;* **esta comedia provoca la** ~ **del público** diese Komödie bringt das Publikum zum Lachen
hilatura [ila'tura] *f* **1.** (*fábrica*) Spinnerei *f* **2.** (*fabricación*) (Ver)spinnen *nt*
hilaza [i'laθa] *f* **1.** (*hilo*) Faden *m* **2.** (*en la industria*) Gespinst *nt*
hilemorfismo [ilemor'fismo] *m sin pl* (FILOS) Hylemorphismus *m*
hilera [i'lera] *f* **1.** (*fila*) Reihe *f;* (*de cosas iguales*) Zeile *f;* (MIL) Glied *nt;* **colocarse en la** ~ anstehen **2.** (TÉC) Spinndüse *f*
hilero [i'lero] *m* (GEO) **1.** (*señal*) Stromstrich *m* **2.** (*corriente secundaria*) Nebenströmung *f*
hilio ['iljo] *m* (ANAT) Hilus *m*
hilo ['ilo] *m* **1.** (*hebra*) Faden *m;* (*para coser*) Garn *nt;* (*más resistente*) Zwirn *m;* ~ **bramante** Schnur *f;* ~ **de perlas** Perlenschnur *f;* **cortar el** ~ **de la vida a alguien** (*fig*) jdm den Lebensfaden abschneiden; **estar pendiente de un** ~ an einem dünnen [*o* seidenen] Faden hängen; **mover los ~s** (*fig*) die Fäden in der Hand haben; **pender de un** ~ (*fig*) an einem seidenen Faden hängen **2.** (*tela*) Leinen *nt* **3.** (TÉC) dünner Draht *m;* ~ **conductor** Leitungsdraht *m;* **telegrafía sin ~s** drahtlose Telegrafie **4.** (*de un discurso*) (roter) Faden *m;* **no sigo el** ~ **de la película** ich kann der Handlung des Films nicht folgen;

H

perder el ~ (de la conversación) (bei einem Gespräch) den (roten) Faden verlieren; **recoger el ~ de la historia** den (roten) Faden der Geschichte wieder aufnehmen **5.** (*de un líquido*) Rinnsal *nt*

hilozoísmo [iloθo'ismo] *m sin pl* (FILOS) Hylozoismus *m*

hilván [il'βan] *m* **1.** (*costura*) Heftnaht *f* **2.** (*hilo*) Heftfaden *m*

hilvanado [ilβa'naðo] *m* Heften *nt*

hilvanar [ilβa'nar] *vt* **1.** (*vestido*) heften **2.** (*frases*) (miteinander) verknüpfen; **un discurso mal hilvanado** eine zusammenhang(s)lose Rede

himen ['imen] *m* (ANAT) Jungfernhäutchen *nt*

himeneo [ime'neo] *m* Hochzeit *f*

himenóptero[1] [ime'noptero] *m* (ZOOL) Hautflügler *m;* **las abejas son ~s** die Bienen zählen zu den Hymenopteren [*o* Hautflüglern]

himenóptero, -a[2] [ime'noptero, -a] *adj* (ZOOL) zu den Hautflüglern gehörend

himnario [im'narjo] *m* (MÚS, LIT) Hymnensammlung *f,* Hymnar(ium) *nt*

himno ['imno] *m* Hymne *f*

himnodia [im'noðja] *f* (MÚS) Hymnendichtung *f,* Hymnodie *f*

hincapié [iŋka'pje] *m* Aufstemmen *nt;* **hacer ~ en algo** Nachdruck auf etw legen

hincar [iŋ'kar] <c→qu> **I.** *vt* **1.** (*clavar*) (ein)treiben (*en* in +*akk*); (*golpeando*) (hin)einschlagen (*en* in +*akk*); **~ los codos** (*fam: trabajar mucho*) sich ins Zeug legen; **~ el diente en la pera** (*fam*) in die Birne hineinbeißen **2.** (*pie*) aufstützen (*en* auf +*dat/akk*), aufstemmen (*en* auf +*dat/akk*) **II.** *vr:* **~se de rodillas** niederknien

hincha[1] ['intʃa] *mf* (*seguidor*) Fan *m*

hincha[2] ['intʃa] *f* (*fam: tirria*) Groll *m*

hinchable [in'tʃaβle] *adj* aufblasbar; **colchón ~** Luftmatratze *f;* **muñeca ~** Gummipuppe *f*

hinchada [in'tʃaða] *f* Fans *mpl*

hinchado, -a [in'tʃaðo, -a] *adj* **1.** (*pie*) geschwollen; (*cara*) aufgedunsen; (*madera*) aufgequollen; (*velas*) (auf)gebläht **2.** (*estilo*) schwülstig **3.** (*persona*) aufgeblasen

hinchamiento [intʃa'mjen̪to] *m* (An)schwellung *f*

hinchar [in'tʃar] **I.** *vt* **1.** (*globo*) aufblasen; (*neumático*) aufpumpen; (*telas*) (auf)blähen; (*estómago*) (auf)blähen; **~ la bici** das Fahrrad aufpumpen **2.** (*exagerar*) aufbauschen; **¡no lo hinches!** halt die Luft an! *fam* **3.** (*río*) anschwellen lassen **4.** (*AmS: molestar*) nerven *fam* **5.** (*loc*): **~ de palos a alguien** (*fam*) jdn windelweich schlagen; **te voy a ~ los morros** (*vulg*) ich poliere dir noch die Fresse **II.** *vr:* **~se 1.** (*pierna*) anschwellen; **se me ha hinchado mucho el pie** mein Fuß ist ganz dick **2.** (*engreírse*) sich aufblasen **3.** (*de comer*) sich überessen (*de* an +*dat*) **4.** (*hacer mucho*): **~se a mirar/a escuchar algo** sich an etw *dat* satt sehen/hören; **~se a insultar a alguien** jdn unaufhörlich beschimpfen

hinchazón [intʃa'θon] *f* **1.** (*del pie*) (An)schwellung *f;* (*del río*) Anschwellen *nt;* (*de la madera*) (Auf)quellen *nt;* (*de las velas*) Blähen *nt* **2.** (*soberbia*) Aufgeblasenheit *f* **3.** (*de un estilo*) Schwülstigkeit *f*

hindi ['in̪di] *m* Hindi *nt*

hindú [in̪'du] *mf* **1.** (*indio*) Inder(in) *m(f)* **2.** (*del hinduismo*) Hindu *mf*

hinduismo [in̪du'ismo] *m sin pl* (REL) Hinduismus *m*

hinduista [in̪du'ista] **I.** *adj* (REL) hinduistisch, Hindu- **II.** *mf* (REL) Hindu *m*

hiniesta [i'njesta] *f* (BOT) Besenginster *m*

hinojal [ino'xal] *m* (BOT) Fenchelfeld *nt*

hinojo [i'noxo] *m* **1.** (*planta*) Fenchel *m* **2.** (*rodilla*) Knie *nt;* **de ~s** auf Knien; **ponerse de ~s** sich hinknien

hiogloso, -a [ʝo'ɣloso, -a] *adj* (ANAT) hyoglossus, -a, -um

hioides ['ʝoi̯ðes] **I.** *adj inv* (ANAT): **hueso ~** Zungenbein *nt* **II.** *m inv* (ANAT) Zungenbein *nt*

hipar [i'par] *vi* **1.** (*tener hipo*) Schluckauf haben **2.** (*perros*) hecheln **3.** (*fatigarse*) sich überarbeiten **4.** (*sollozar*) (auf)schluchzen **5.** (*desear*) lechzen (*por* nach +*dat*)

hiper ['iper] *m* (*fam*) großer Supermarkt *m*

hiperacidez [iperaθi'ðeθ] *f* Übersäuerung *f*

hiperactividad [iperaktiβi'ðað] *f* Überaktivität *f*

hiperactivo, -a [iperak'tiβo, -a] *adj* überaktiv

hiperalgesia [iperal'xesja] *f* (MED) Hyperalgesie *f*

hipérbola [i'perβola] *f* (MAT) Hyperbel *f*

hipérbole [i'perβole] *f* (LIT) Hyperbel *f*

hiperbólico, -a [iper'βoliko, -a] *adj* (MAT) hyperbolisch

hipercinesia [iperθi'nesja] *f* (MED) Hyperkinese *f*

hiperclorhidria [iperklo'riðrja] *f* (MED) Magenübersäuerung *f,* Superazidität *f*

hipercolesterolemia [iperkolestero'lemja] *f* (MED) Hypercholesterinämie *f*

hipercrítico, -a [iper'kritiko, -a] *adj* hyperkritisch

hiperfunción [iperfun̪'θjon] *f* (MED) Überfunktion *f,* Hyperfunktion *f*

hiperglucemia [iperɣlu'θemja] *f* (MED) Hyperglykämie *f*

hiperhidrosis [iperi'ðrosis] *f inv* (MED) übermäßige Schweißabsonderung *f,* Hyper(h)idrose *f;* **~ gustatoria** gustatorisches Schwitzen

hiperinflación [iperiɱfla'θjon] *f* (COM) Hyperinflation *f*

hiperlipemia [iperli'pemja] *f* (MED) Hyperlipämie *f*

hipermenorrea [ipermeno'rrea] *f* (MED) Hypermenorrhö(e) *f*

hipermercado [ipermer'kaðo] *m* großer Supermarkt *m*

hipermétrope [iper'metrope] *adj* (MED) weitsichtig

hipermetropía [ipermetro'pia] *f* (MED)

Weitsichtigkeit *f*

hipermnesia [iper'nesja] *f* (MED) Hypermnesie *f*

hipernefroma [iperne'froma] *m* (MED) Hypernephrom *nt*

hipernutrición [ipernutri'θjon] *f* (MED) Überernährung *f*, Hyperalimentation *f*

hiperón [ipe'ron] *m* (FÍS) Hyperon *nt*

hiperonimia [ipero'nimja] *f* (LING) Hyperonymie *f*

hiperónimo [ipe'ronimo] *m* (LING) Hyperonym *nt*, Superonym *nt*

hiperoxia [ipe'roˠsja] *f* (MED) Hyperoxie *f*

hiperrealismo [iperrea'lismo] *m sin pl* Hyperrealismus *m*

hipersensibilidad [ipersensiβili'ðaᶞ] *f sin pl* Überempfindlichkeit *f*

hipersensible [ipersen'siβle] *adj* überempfindlich

hipertensión [iperten'sjon] *f* (MED) Bluthochdruck *m*

hipertenso, **-a** [iper'tenso, -a] **I.** *adj* hypertonisch **II.** *m, f* Hypertoniker(in) *m(f)*; **mi padre es ~** mein Vater hat einen zu hohen Blutdruck

hipertrofia [iper'trofja] *f* Hypertrophie *f*

hipertrofiarse [ipertro'fjarse] *vr* übermäßig wuchern

hipervitaminosis [iperβitami'nosis] *f inv* (MED) Hypervitaminose *f*

hípica ['ipika] *f sin pl* Pferdesport *m*

hípico, **-a** ['ipiko, -a] *adj* Pferde-; **concurso ~** Springreiten *nt*

hipido [i'piðo] *m* Schluchzer *m*

hipnosis [iβ'nosis] *f inv* Hypnose *f*

hipnótico[1] [iβ'notiko] *m* Schlafmittel *nt*

hipnótico, **-a**[2] [iβ'notiko, -a] *adj* hypnotisch

hipnotismo [iβno'tismo] *m* Hypnotik *f*

hipnotización [iβnotiθa'θjon] *f* Hypnotisieren *nt*

hipnotizador(a) [iβnotiθa'ðor(a)] *m(f)* Hypnotiseur(in) *m(f)*

hipnotizar [iβnoti'θar] <z→c> *vt* hypnotisieren

hipo ['ipo] *m* **1.** (*fisiológico*) Schluckauf *m* **2.** (*deseo*) Sehnsucht *f* (*de/por* nach *+dat*) **3.** (*tirria*) Groll *m*

hipoacusia [ipoa'kusja] *f* (MED) Schwerhörigkeit *f*, Hypakusie *f*

hipoalergénico, **-a** [ipoaler'xeniko, -a] *adj* (MED) hypoallergen

hipoalgia [ipo'alxja] *f* (BIOL) Hypalg(es)ie *f*

hipocalórico, **-a** [ipoka'loriko, -a] *adj* kalorienarm

hipocampo [ipo'kampo] *m* **1.** (ZOOL) Seepferdchen *nt* **2.** (ANAT) Hippocampus *m* **3.** (LIT) Hippokamp *m*

hipocentro [ipo'θeṇtro] *m* (GEO) Erdbebenherd *m*, Hypozentrum *nt*

hipocolesterolemia [ipokolestero'lemja] *f* (MED) Hypocholesterinämie *f*

hipocondría [ipo'koṇdrja] *f* (MED) Hypochondrie *f*

hipocondríaco, **-a** [ipokoṇ'driako, -a] **I.** *adj* hypochondrisch **II.** *m, f* Hypochonder *m*

hipocóndrico, **-a** [ipo'koṇdriko, -a] **I.** *adj* (MED) hypochondrisch **II.** *m, f* (MED) Hypochonder *m*

hipocondrio [ipo'koṇdrjo] *m* (ANAT) Hypochondrium *nt*

hipocrático, **-a** [ipo'kratiko, -a] *adj* hippokratisch

hipocratismo [ipokra'tismo] *m* (MED) Hippokratismus *m*

hipocresía [ipokre'sia] *f* **1.** (*comportamiento*) Heuchelei *f* **2.** (*modo de ser*) Scheinheiligkeit *f*

hipócrita [i'pokrita] **I.** *adj* **1.** (*en el comportamiento*) heuchlerisch **2.** (*en el modo de ser*) scheinheilig **II.** *mf* Heuchler(in) *m(f)*

hipodérmico, **-a** [ipo'ðermiko, -a] *adj* (MED) subkutan

hipódromo [i'poðromo] *m* (DEP) Pferderennbahn *f*

hipófisis [i'pofisis] *f inv* (ANAT) Hypophyse *f*

hipogastrio [ipo'ɣastrjo] *m* (ANAT) Unterleib *m*

hipogloso, **-a** [ipo'ɣloso, -a] *adj* (ANAT) Unterzungen-

hipoglucemia [ipoɣlu'θemja] *f* (MED) Hypoglykämie *f*

hipología [ipolo'xia] *f* (ZOOL) Pferdekunde *f*, Hippologie *f*

hipomancia [ipo'maṇθja] *f*, **hipomancía** [ipomaṇ'θia] *f* (HIST) Wahrsagung *f* nach Bewegungen und Lautäußerungen von Pferden

hipomanía [ipoma'nia] *f* (MED) Hypomanie *f*

hiponimia [ipo'nimja] *f* (LING) Hyponymie *f*

hipónimo [i'ponimo] *m* (LING) Hyponym *nt*

hipopótamo [ipo'potamo] *m* Nilpferd *nt*

hiposódico, **-a** [ipo'soðiko, -a] *adj* (MED) salzarm

hipostenia [ipos'tenja] *f* (MED) leichter Kräfteverfall *m*, Hyposthenie *f*

hipotáctico, **-a** [ipo'taktiko, -a] *adj* (LING) unterordnend, hypotaktisch

hipotálamo [ipo'talamo] *m* (ANAT) Hypothalamus *m*

hipotaxis [ipo'taˠsis] *f inv* (LING) Hypotaxe *f*

hipoteca [ipo'teka] *f* Hypothek *f*

hipotecable [ipote'kaβle] *adj* hypothekarisch belastbar

hipotecar [ipote'kar] <c→qu> *vt* mit einer Hypothek belasten; **si haces eso ~ás tu libertad** wenn du das machst, setzt du deine Freiheit aufs Spiel

hipotecario, **-a** [ipote'karjo, -a] *adj* Hypotheken-; **crédito ~** Hypothekarkredit *m*

hipotensión [ipoten'sjon] *f* (MED) niedriger Blutdruck *m*

hipotenso, **-a** [ipo'tenso, -a] **I.** *adj* hypotonisch **II.** *m, f* Hypotoniker(in) *m(f)*; **mi mujer es hipotensa** meine Frau hat einen zu niedrigen Blutdruck

hipotensor[1] [ipoten'sor] *m* (MED) blutdrucksenkendes Mittel *nt*, Antihypertonikum *nt*

hipotensor(a)[2] [ipoten'sor(a)] *adj* (MED) blutdrucksenkend

hipotenusa [ipote'nusa] *f* (MAT) Hypotenuse *f*

hipotermia [ipo'termja] *f* (MED) Unterkühlung *f;* **muerte por ~** Kältetod *m*

hipótesis [i'potesis] *f inv* Hypothese *f*

hipotético, -a [ipo'tetiko, -a] *adj* hypothetisch; **es totalmente ~ que ...** es ist eine reine Hypothese, dass ...

hipotónico, -a [ipo'toniko, -a] **I.** *adj* hypotonisch **II.** *m, f* Hypotoniker(in) *m(f)*

hippie ['xipi] **I.** *adj* Hippie-; **moda ~** Hippielook *m* **II.** *mf* Hippie *m*

hippismo [xi'pismo] *m* (SOCIOL) Hippietum *nt*

hippy ['xipi] *adj o mf v.* **hippie**

hipsómetro [iβ'sometro] *m* **1.** (FÍS) Höhenmesser *m,* Hypso(thermo)meter *nt* **2.** (ELEC) Pegelanzeiger *m*

hirco ['irko] *m* (ZOOL) Bergziege *f*

hiriente [i'rjeṇte] *adj* verletzend; **una observación ~** eine spitze Bemerkung

hirsuto, -a [ir'suto, -a] *adj* **1.** (*pelo*) borstig, struppig **2.** (*planta*) stachelig **3.** (*carácter*) widerborstig

hirudinicultura [iruðinikuḷ'tura] *f* (MED) Blutegelkultur *f*

hirviente [ir'βjeṇte] *adj* kochend

hisopar [iso'par] *vt v.* **hisopear**

hisopear [isope'ar] *vt* mit dem Weih(wasser)wedel versprengen

hisopo [i'sopo] *m* **1.** (*planta*) Ysop *m* **2.** (*de iglesia*) Weih(wasser)wedel *m*

hispalense [ispa'lense] **I.** *adj* aus Sevilla **II.** *mf* Einwohner(in) *m(f)* von Sevilla

hispánico, -a [is'paniko, -a] *adj* **1.** (*de España*) spanisch **2.** (*de Hispania*) hispanisch; **Filología Hispánica** Hispanistik *f*

hispanidad [ispani'ða$^{\eth}$] *f sin pl* **1.** (*calidad*) Hispanität *f* **2.** (*conjunto*) spanische Kultur *f*

hispanismo [ispa'nismo] *m* Hispanismus *m*

hispanista [ispa'nista] *mf* Hispanist(in) *m(f)*

hispanización [ispaniθa'θjon] *f sin pl* Hispanisierung *f*

hispanizar [ispani'θar] <z→c> *vt, vr:* **~se** (sich) hispanisieren

hispano, -a [is'pano, -a] **I.** *adj* **1.** (*español*) spanisch **2.** (*en EE.UU.*) Hispano-, hispanoamerikanisch **II.** *m, f* **1.** (*español*) Spanier(in) *m(f)* **2.** (*en EE.UU.*) Hispanoamerikaner(in) *m(f)*

Hispanoamérica [ispanoa'merika] *f* hispanoamerikanische Länder *ntpl*

hispanoamericanismo [ispanoamerika'nismo] *m sin pl* (SOCIOL) *soziale Bewegung für die kulturelle Einheit der spanischsprachigen Länder in Süd- und Mittelamerika*

hispanoamericano, -a [ispanoameri'kano, -a] **I.** *adj* hispanoamerikanisch **II.** *m, f* Hispanoamerikaner(in) *m(f)*

hispanoárabe [ispano'araβe] *adj* (HIST) spanisch-arabisch, hispanoarabisch

hispanófobo, -a [ispa'nofoβo, -a] **I.** *adj* spanienfeindlich, hispanophob **II.** *m, f* Spanienfeind(in) *m(f)*

hispanófono, -a [ispa'nofono, -a] *adj o m, f v.* **hispanohablante**

hispanohablante [ispanoa'βlaṇte] **I.** *adj* Spanisch sprechend; **los países ~s** die spanischsprachigen Länder **II.** *mf* spanischer Muttersprachler *m,* spanische Muttersprachlerin *f*

hispanomusulmán, -ana [ispanomusul'man, -ana] *adj* (HIST) spanisch-arabisch, hispanoarabisch

histáminico, -a [ista'miniko, -a] *adj* (BIOL, QUÍM) Histamin-

histerectomía [isterekto'mia] *f* (MED) Hysterektomie *f*

histeria [is'terja] *f* Hysterie *f*

histérico, -a [is'teriko, -a] **I.** *adj* hysterisch **II.** *m, f* Hysteriker(in) *m(f)*

histerismo [iste'rismo] *m* Hysterie *f*

histología [istolo'xia] *f* (MED) Histologie *f*

historia [is'torja] *f* Geschichte *f;* **~ natural** Naturwissenschaft *f;* **~ universal** Weltgeschichte *f;* **pasar a la ~** (*ser importante*) in die Geschichte eingehen; (*no ser actual*) längst überholt sein; **cuenta la ~ completa** sag die ganze Wahrheit; **¡déjate de ~s!** komm zur Sache!; **ésa es la misma ~ de siempre** das ist das alte Lied; **es otra ~** das ist eine ganz andere Geschichte; **¡no me vengas con ~s!** erzähl mir doch keine Märchen!; **eso sólo son ~s** das ist doch nur Klatsch

historiador(a) [istorja'ðor(a)] *m(f)* Historiker(in) *m(f)*

historial [isto'rjal] **I.** *adj* geschichtlich **II.** *m* **1.** (*antecedentes*) Vorgeschichte *f;* **~ delictivo** Vorstrafen *fpl* **2.** (*currículo*) Lebenslauf *m;* **~ profesional** beruflicher Werdegang; **este hecho no empañará el ~ de esta institución** dieses Ereignis wird diese Institution nicht in Verruf bringen; **él tiene un ~ intachable** er hat sich *dat* nie etwas zuschulden kommen lassen

historiar [isto'rjar] *vt* **1.** (*contar*) geschichtlich darstellen **2.** (ARTE) Historienbilder malen (von +*dat*) **3.** (*Am: enmarañar*) verwirren

historicidad [istoriθi'ða$^{\eth}$] *f sin pl* Geschichtlichkeit *f,* Historizität *f*

historicismo [istori'θismo] *m* Histori(zi)smus *m*

histórico, -a [is'toriko, -a] *adj* geschichtlich, historisch; **un miembro ~ del partido** einer der Parteigründer

historieta [isto'rjeta] *f* **1.** (*anécdota*) Anekdote *f* **2.** (*con viñetas*) Bildergeschichte *f;* (*cómic*) Comic(strip) *m*

historiografía [istorjoɣra'fia] *f sin pl* Geschichtsschreibung *f*

historiográfico, -a [istorjo'ɣrafiko, -a] *adj* (HIST) historiographisch

historiógrafo, -a [isto'rjoɣrafo, -a] *m, f* Geschichtsschreiber(in) *m(f)*

historiología [istorjolo'xia] *f* (HIST) Historiologie *f*

histrión [is'trjon] *m* **1.** (HIST) Histrione *m* **2.** (*actor*) Schauspieler *m* **3.** (*payaso*) Clown *m;* (TEAT) Narr *m* **4.** (*efectista*) Effekthascher *m*

histriónico, -a [is'trjoniko, -a] *adj* theatralisch

histrionismo [istrjo'nismo] *m* **1.** (*teatralidad*) übertriebenes Auftreten *nt* **2.** (*efectismo*) Effekthascherei *f*

hita ['ita] *f* **1.** (*clavo*) kopfloser Nagel *m* **2.** (*hito*) Meilenstein *m*

hitleriano, -a [xi^{d}le'rjano] *adj* Hitler-

hito ['ito] *m* **1.** (*mojón*) Markstein *m* **2.** (*blanco*) Meilenstein *m;* **mirar a alguien de ~ en ~** jdn anstarren

hit-parade [xi^{d}pa'raðe] *m* Hitparade *f*

hobby ['xoβi] *m* <hobbies> Hobby *nt*

hocicar [oθi'kar] <c→qu> **I.** *vt* **1.** (*hozar*) (die Erde) aufwühlen **2.** (*pey: besar*) abknutschen **II.** *vi* **1.** (*caerse*) auf die Nase fallen **2.** (*fam: dificultad*) stoßen (*con* auf +*akk*) **3.** (NÁUT: *amorrar*) buglastig sein

hocico [o'θiko] *m* **1.** (*morro*) Schnauze *f;* (*de cerdo*) Rüssel *m* **2.** (*vulg: cara*) Visage *f* **3.** (*vulg: boca*) Fresse *f;* **caer de ~s** auf die Nase fallen *fam;* **estar de ~s** schmollen; **meter el ~ en todo** seine Nase überall hineinstecken

hocicudo, -a [oθi'kuðo, -a] *adj* (*Am*) **1.** (*malhumorado*) schlecht gelaunt **2.** (*disgustado*) verärgert

hociquear [oθike'ar] *vt* **1.** (*puerco*) (mit dem Rüssel) aufwühlen; (*perro*) (mit der Schnauze) aufwühlen **2.** (*pey: besar*) abknutschen

hockey ['xokei̯] *m sin pl* Hockey *nt;* **~ sobre patines** Rollhockey *nt*

hodómetro [o'ðometro] *m* (TÉC) **1.** (*podómetro*) Wegmesser *m,* Hodometer *nt* **2.** (*taxímetro*) Taxameter *nt*

hogar [o'ɣar] *m* **1.** (*de cocina*) Herd *m;* (*de chimenea*) Kamin *m;* (*de fundición*) Ofenraum *m;* (*de un tren*) Feuerbüchse *f* **2.** (*casa*) Zuhause *nt;* **~ del pensionista** Altenheim *nt;* **artículos para el ~** Haushaltsgeräte *ntpl;* **persona sin ~** Obdachlose(r) *m* **3.** (*familia*) Familie *f*

hogareño, -a [oɣa'reɲo, -a] *adj* häuslich

hogaza [o'ɣaθa] *f* Rundbrot *nt*

hoguera [o'ɣera] *f* **1.** (*en un campamento*) (Lager)feuer *nt;* (*de alegría*) Freudenfeuer *nt* **2.** (HIST: *ejecución*) Scheiterhaufen *m*

hoja ['oxa] *f* **1.** (*de una planta*) Blatt *nt;* (*pétalo*) (Blüten)blatt *nt;* **~s del bosque** Laub *nt;* **árbol sin ~s** kahler Baum; **los árboles vuelven a echar ~s** die Bäume fangen an zu sprießen **2.** (*de papel*) Blatt *nt* Papier; (*de madera*) Platte *f;* (*de metal*) Folie *f;* **~ de lata** Blech *nt;* **~ volante** Flugblatt *nt;* **~ de una mesa (extensible)** ausziehbarer Teil eines Tisches; **pasar la ~** umblättern; (*fig*) einen neuen Anfang machen **3.** (*formulario*) Bogen *m;* (FERRO) Frachtschein *m;* **~ de pedido** Bestellschein *m;* **~ de servicios** Personalakte *f;* **tener una buena ~ de servicios** ein verdienter Arbeiter sein **4.** (*de arma*) Klinge *f;* **~ de afeitar** Rasierklinge *f* **5.** (*de ventana*) (Fenster)flügel *m;* (*de puerta*) (Tür)flügel *m* **6.** (*loc*): **esto no tiene vuelta de ~** daran gibt es nichts zu rütteln

hojalata [oxa'lata] *f* Blech *nt*

hojalatería [oxalate'ria] *f* Klempnerei *f*

hojalatero [oxala'tero] *m* Klempner *m*

hojaldra [o'xal̩dra] *f* (*Am*), **hojaldre** [o'xal̩dre] *m* Blätterteig *m;* **pastel de ~** Pastete *f*

hojaranzo [oxa'ran̩θo] *m* (BOT) Weißbuche *f,* Hainbuche *f*

hojarasca [oxa'raska] *f* **1.** (*hojas*) (dürres) Laub *nt* **2.** (*paja*) leeres Geschwätz *nt fam*

hojear [oxe'ar] *vt* **1.** (*leer*) überfliegen **2.** (*pasar hojas*) blättern

hojoso, -a [o'xoso, -a] *adj* belaubt

hojuela [o'xwela] *f* **1.** (*hoja*) einzelnes Blättchen *nt* **2.** (GASTR) dünne Waffel *f* **3.** (*AmC: hojaldre*) Blätterteig *m*

hola ['ola] *interj* hallo!

holán [o'lan] *m* (*AmC: lienzo*) Leinenstoff *m*

holanda [o'lan̩da] *f* feiner Leinenstoff *m*

Holanda [o'lan̩da] *f* Holland *nt*

holandés, -esa [olan̩des, -esa] **I.** *adj* holländisch; **la escuela holandesa** (ARTE) die Niederländische Schule **II.** *m, f* Holländer(in) *m(f)*

holco ['olko] *m* (BOT) Honiggras *nt*

holding ['xol̩diŋ] *m* <holdings> (COM) Holding(gesellschaft) *f;* **el ~ de empresas fiduciarias** die Treuhandanstalt

holgado, -a [ol'ɣaðo, -a] *adj* **1.** (*vestido*) weit **2.** (*espacioso*) geräumig; **en este coche se va ~** dieses Auto hat innen viel Platz; **ir ~ de tiempo** genug Zeit haben

holganza [ol'ɣan̩θa] *f* **1.** (*ociosidad*) Untätigkeit *f;* (*agradable*) Ruhe(pause) *f* **2.** (*diversión*) Vergnügen *nt;* (*regocijo*) Belustigung *f*

holgar [ol'ɣar] *irr como colgar* **I.** *vi* **1.** (*sobrar*) überflüssig sein; **huelgan las palabras** das bedarf keiner Erklärung **2.** (*descansar*) Urlaub haben **II.** *vr:* **~se 1.** (*alegrarse*) sich freuen (*de/con* über +*akk*) **2.** (*divertirse*) sich amüsieren (*de* über +*akk*)

holgazán, -ana [olɣa'θan, -ana] *m, f* Faulenzer(in) *m(f)*

holgazanear [olɣaθane'ar] *vi* faulenzen

holgazanería [olɣaθane'ria] *f* Faulenzerei *f*

holgón, -ona [ol'ɣon, -ona] **I.** *adj* (*fam*) stinkfaul; **es muy ~** er faulenzt gern **II.** *m, f* (*fam*) Faulenzer(in) *m(f),* Faulpelz *m*

holgorio [ol'ɣorjo] *m* lärmendes Vergnügen *nt*

holgura [ol'ɣura] *f* **1.** (*de vestido*) Weite *f* **2.** (TÉC) Spiel *nt* **3.** (*bienestar*): **vivir con ~** in guten Verhältnissen leben

holismo [o'lismo] *m sin pl* (FILOS) Holismus *m*

holladura [oʎa'ðura] *f* **1.** (*acción*) Betreten *nt* **2.** (*huella*) Fußabdruck *m*

hollar [o'ʎar] <o→ue> *vt* **1.** (*pisar*) betreten

2. (*despreciar*) missachten
hollejo [o'ʎexo] *m* Schale *f*
hollejudo, -a [oʎe'xuðo, -a] *adj* festschalig
hollín [o'ʎin] *m* Ruß *m*
holliniento, -a [oʎi'njen̪to, -a] *adj* (*elev*) rußig, verrußt
holocausto [olo'kau̯sto] *m* **1.** (*genocidio*) Holocaust *m* **2.** (REL) Brandopfer *nt*
holografía [oloɣra'fia] *f* Holografie *f*
holográfico, -a [olo'ɣrafiko, -a] *adj* (FOTO) holographisch, Holographie-
hológrafo, -a [o'loɣrafo, -a] *adj* holografisch
holograma [olo'ɣrama] *m* Hologramm *nt*
holómetro [o'lometro] *m* (TÉC) Höhenwinkelmesser *m*, Holometer *nt*
holostérico, -a [olos'teriko, -a] *adj* (TÉC): **barómetro** ~ Aneroidbarometer *nt*
holotipo [olo'tipo] *m* (BIOL) Holotypus *m*
hombracho [om'bratʃo] *m*, **hombrachón** [ombra'tʃon] *m* kräftiger Mann *m*
hombrada [om'braða] *f* Heldentat *f*
hombradía [ombra'ðia] *f v.* **hombría**
hombre ['ombre] **I.** *m* **1.** (*varón*) Mann *m*; **el ~ de la calle** (*fig*) der Mann auf der Straße; **~ de confianza** Vertrauensmann *m*; **~ de estado** Staatsmann *m*; **~ de negocios** Geschäftsmann *m*; **~ de las nieves** Schneemensch *m*, Yeti *m*; **~ de paja** (*fig*) Strohmann *m*; **el ~ del tiempo** der Moderator des Wetterberichtes; **el defensa fue al ~** (DEP) der Verteidiger ging an den Mann; **¡está hecho un ~!** er ist schon ein gestandener Mann!; **hacer un ~ de alguien** aus jdm einen Mann machen; **se comportó como un ~** er stand seinen Mann **2.** (*ser humano*) Mensch *m*; **~ de las cavernas** Höhlenmensch *m*; **~ del montón** Durchschnittsmensch *m*; **¡~ al agua!** Mann über Bord! **3.** (*fam: marido*) Mann *m* **II.** *interj* Mann!, Mensch!; **¡~!, ¿qué tal?** na, wie geht's?; **¡cállate, ~!** Mensch, sei still!; **pero, ¡~!** (mein lieber) Mann!; **¡sí, ~!** aber natürlich!
hombre-anuncio ['ombre-a'nun̪θjo] *m* <hombres-anuncio> Plakatträger *m*
hombrear [ombre'ar] **I.** *vi* den starken Mann spielen **II.** *vr*: **quiere ~se con su padre** er versucht, es seinem Vater gleichzutun
hombrecillo [ombre'θiʎo] *m* Hopfen *m*
hombre-lobo ['ombre-'loβo] *m* <hombres-lobo> Werwolf *m*
hombre-mono ['ombre-'mono] *m* <hombres-mono> Affenmensch *m*
hombrera [om'brera] *f* **1.** (*almohadilla*) Schulterpolster *nt* **2.** (*de uniforme*) Schulterklappe *f* **3.** (*de armadura*) Vorderflug *m*
hombre-rana ['ombre-'rrana] *m* <hombres-rana> Taucher *m*
hombría [om'bria] *f* Männlichkeit *f*; **un acto de ~** eine Heldentat
hombro ['ombro] *m* **1.** (ANAT) Schulter *f*; **ancho de ~s** breitschult(e)rig; **cargado de ~s** bucklig; **echarse al ~** (*fig*) sich ins Zeug legen; **encogerse de ~s** die Achseln zucken; **llevar algo a ~s** etw auf dem Rücken tragen; **mirar a alguien por encima del ~** auf jdn herabsehen **2.** (TIPO) Fleisch *nt*
hombruno, -a [om'bruno, -a] *adj* männlich (wirkend); **mujer hombruna** Mannweib *nt*
homenaje [ome'naxe] *m* **1.** (*el honrar*) Ehrung *f*; **hacer una fiesta en ~ de alguien** jdm zu Ehren ein Fest veranstalten; **rendir ~ a alguien** jdn ehren **2.** (HIST) Huldigung *f*
homenajear [omenaxe'ar] *vt* ehren
homeópata [ome'opata] *mf* Homöopath(in) *m(f)*
homeopatía [omeopa'tia] *f sin pl* Homöopathie *f*
homeopático, -a [omeo'patiko, -a] *adj* homöopathisch
homeostasis [omeos'tasis] *f inv* (BIOL) Homöostasie *f*
homeotermia [omeo'termja] *f* (BIOL) Homöothermie *f*
homicida [omi'θiða] **I.** *adj* Mord- **II.** *mf* (*cuando está planeado*) Mörder(in) *m(f)*; (*cuando no lo está*) Totschläger(in) *m(f)*; (JUR) Täter(in) *m(f)*
homicidio [omi'θiðjo] *m* Tötung *f*; (*planeado*) Mord *m*; (*no planeado*) Totschlag *m*; **brigada de ~s** Mordkommission *f*
homiliario [omi'ljarjo] *m* (REL) Homiliar(ium) *nt*
hominal [omi'nal] *adj* (ZOOL) Menschen-, human
homínido [o'miniðo] *m* (BIOL) Hominide *m*
hominización [ominiθa'θjon] *f* (ZOOL) Menschwerdung *f*, Hominisation *f*
homo ['omo] **I.** *adj* (*fam*) homo(sexuell) **II.** *m* (ZOOL) Homo *m*, Mensch *m*
homofonía [omofo'nia] *f* **1.** (LING) Gleichklang *m*, Homophonie *f* **2.** (MÚS) Homophonie *f*
homogeneidad [omoxenei̯'ðað] *f sin pl* Homogenität *f*
homogeneización [omoxenei̯θa'θjon] *f* Homogenisierung *f*
homogeneizar [omoxenei̯'θar] <z→c> *vt* **1.** (QUÍM) homogenisieren **2.** (*uniformar*) homogen machen, homogenisieren *elev*
homogéneo, -a [omo'xeneo, -a] *adj* homogen, einheitlich
homografía [omoɣra'fia] *f* (LING) Homographie *f*
homógrafo¹ [o'moɣrafo] *m* Homograf *nt*
homógrafo, -a² [o'moɣrafo, -a] *adj* homograf
homologable [omolo'ɣaβle] *adj* gültig; **el récord no es ~** der Rekord kann nicht anerkannt werden
homologación [omoloɣa'θjon] *f* **1.** (*de una escuela*) amtliche Genehmigung *f* **2.** (DEP: *de un récord*) Anerkennung *f*; (*de un circuito*) Homologation *f* **3.** (TÉC: *de un casco*) Typenprüfung *f* **4.** (JUR: *de un arreglo*) gerichtliche Genehmigung *f*; (*de un convenio*) verbindliche Erklärung *f*

homologar [omolo'ɣar] <g→gu> **I.** *vt* **1.** (*escuela*) amtlich genehmigen **2.** (DEP: *récord*) anerkennen; (*circuito*) homologieren **3.** (TÉC): **casco homologado** TÜV-geprüfter Helm **4.** (JUR: *arreglo*) gerichtlich genehmigen; (*convenio*) für verbindlich erklären **II.** *vr:* **~se** sich angleichen

homólogo, **-a** [o'moloɣo, -a] **I.** *adj* **1.** (*análogo*) ähnlich **2.** (BIOL) homolog **II.** *m, f* Amtskollege, -in *m, f*

homonimia [omo'nimja] *f* (LING) Homonymie *f*

homónimo¹ [o'monimo] *m* Homonym *nt*

homónimo, **-a²** [o'monimo, -a] **I.** *adj* homonym **II.** *m, f* Namensvetter(in) *m(f)*

homoplastia [omo'plastja] *f* (MED) Hom(ö)oplastik *f*

homosexual [omoseˠ'swal] **I.** *adj* homosexuell **II.** *mf* Homosexuelle(r) *mf*

homosexualidad [omoseˠswali'ðaᶞ] *f sin pl* Homosexualität *f*

homosfera [omos'fera] *f* (GEO) Homosphäre *f*

honda ['on̪da] *f* Schleuder *f*

hondable [on̪'daβle] *adj* (NÁUT) zum Ankern geeignet

hondamente [on̪da'men̪te] *adv* äußerst, überaus

hondo¹ ['on̪do] *m* Boden *m*

hondo, **-a²** ['on̪do, -a] *adj* tief; **en lo ~ del valle** unten im Tal; **respirar ~** tief einatmen

hondonada [on̪do'naða] *f* (GEO) Mulde *f*

hondura [on̪'dura] *f* Tiefe *f;* **meterse en ~s** klug daherreden

Honduras [on̪'duras] *f* Honduras *nt*

hondureñismo [on̪dure'ɲismo] *m* **1.** (LING) in Honduras gebräuchlicher Ausdruck *m* **2.** (*afecto*) Liebe *f* zu Honduras

hondureño, **-a** [on̪du'reɲo, -a] **I.** *adj* honduranisch **II.** *m, f* Honduraner(in) *m(f)*

honestidad [onesti'ðaᶞ] *f sin pl* **1.** (*honradez*) Ehrlichkeit *f* **2.** (*formalidad*) Pflichtbewusstsein *nt* **3.** (*decencia*) Anständigkeit *f* **4.** (*decoro*) Ehrbarkeit *f;* (*en sentido moral*) Sittsamkeit *f*

honesto, **-a** [o'nesto, -a] *adj* **1.** (*honrado*) ehrlich **2.** (*cumplidor*) pflichtbewusst **3.** (*decente*) anständig **4.** (*decoroso*) ehrbar; (*en sentido moral*) sittsam

hongo ['oŋgo] *m* **1.** (BOT) Pilz *m;* **solo como un ~** ganz allein **2.** (*sombrero*) Melone *f*

honor [o'nor] *m* Ehre *f;* **cuestión de ~** Ehrensache *f;* **¡palabra de ~!** Ehrenwort!; **¡por mi ~!** bei meiner Ehre!; **hacer ~ a su fama** seinem Ruf gerecht werden; **es para mí un gran ~** es ist mir eine große Ehre; **hacer los ~es** die Gäste begrüßen; **hacer ~ a las obligaciones** den Verpflichtungen nachkommen

honorabilidad [onoraβili'ðaᶞ] *f* Ehrbarkeit *f*

honorable [ono'raβle] *adj* ehrbar

honorario¹ [ono'rarjo] *m* Honorar *nt*

honorario, **-a²** [ono'rarjo, -a] *adj* Ehren-; **cónsul ~** Honorarkonsul *m*

honoríficamente [onorifika'men̪te] *adv* ehrenhalber

honorífico, **-a** [ono'rifiko, -a] *adj* Ehren-

honra ['onrra] *f* **1.** (*honor*) Ehre *f* **2.** (*pundonor*) Ehrgefühl *nt* **3.** (*reputación*) Ruf *m* **4.** (REL): **~s fúnebres** Trauerfeier *f*

honradez [onrra'ðeθ] *f* **1.** (*integridad*) Ehrlichkeit *f* **2.** (*valor moral*) Ehrenhaftigkeit *f;* (*decencia*) Anständigkeit *f;* **falta de ~** Unredlichkeit *f*

honrado, **-a** [on'rraðo, -a] *adj* (*íntegro*) ehrlich; (*moral*) ehrenhaft; (*decente*) anständig; **llevar una vida honrada** ein redliches Leben führen

honramiento [onrra'mjen̪to] *m* Ehrenerweisung *f*, Ehrung *f*

honrar [on'rrar] **I.** *vt* ehren; **nos honra con su presencia** Sie beehren uns mit Ihrer Gegenwart **II.** *vr:* **~se con** [*o* **de**] **algo** etw als eine Ehre ansehen

honrilla [on'rriʎa] *f* Ehrgefühl *nt*

honroso, **-a** [on'rroso, -a] *adj* ehrenvoll

hontanar [on̪ta'nar] *m* Quelle *f*

hooligan ['xuliɣan] <hooligan *o* hooligans> *m* Hooligan *m*

hopo ['opo] *m* **1.** (*rabo*) buschiger Schwanz *m;* (*de zorro*) Lunte *f* **2.** (*mechón*) Haarbüschel *nt*

hora ['ora] *f* **1.** (*de un día*) Stunde *f;* **media ~** eine halbe Stunde; **un cuarto de ~** eine Viertelstunde; **una ~ y media** anderthalb Stunden; **~ de consulta** Sprechstunde *f;* **~s extraordinarias** Überstunden *fpl;* **~s punta** Hauptverkehrszeit *f;* **noticias de última ~** letzte Nachrichten; **a la ~** pünktlich; **a primera ~ de la tarde** am frühen Nachmittag; **a última ~ de la tarde** am späten Nachmittag; **a última ~** in letzter Sekunde; **el pueblo está a dos ~s de camino** das Dorf ist zwei Wegstunden entfernt; **estuve esperando ~s y ~s** ich wartete stundenlang **2.** (*del reloj*) Uhrzeit *f;* **¿qué ~ es?** wie viel Uhr ist es?; **¿a qué ~ vendrás?** um wie viel Uhr kommst du?; **adelantar la ~** die Uhr vorstellen; **retrasar la ~** die Uhr zurückstellen; **el dentista me ha dado ~ para el martes** ich habe am Dienstag einen Termin beim Zahnarzt; **poner el reloj en ~** die Uhr stellen **3.** (*tiempo*) Zeit *f;* **a la ~ de la verdad ...** wenn es ernst wird ...; **comer entre ~s** zwischendurch essen; **estar en ~s bajas** eine schwache Stunde haben; **no lo dejes para última ~** schieb es nicht bis zum letzten Augenblick auf; **tener ~s de vuelo** sehr erfahren sein; **ven a cualquier ~** du kannst jederzeit kommen; **ya va siendo ~ que ...** *+subj* es wird höchste Zeit, dass ... **4.** (REL) Gebetsstunde *f* **5.** *pl* (*mitología*): **las ~s** die Horen

horadar [ora'ðar] *vt* durchbohren

hora-hombre ['ora-'ombre] <horas-hombre> *f* (ECON) Arbeitsstunde *f;* **con las huelgas se pierden al año miles y miles de horas-hombre** durch Streiks gehen pro Jahr

Tausende von Arbeitsstunden verloren

horario¹ ['orarjo] *m* **1.** (*escolar*) Stundenplan *m;* (*de medio de transporte*) Fahrplan *m;* (*de despacho*) Geschäftszeiten *fpl;* (*de consulta*) Sprechzeiten *fpl;* ~ **de atención al público** Öffnungszeiten *fpl;* ~ **comercial** (Laden)öffnungszeiten *fpl;* ~ **flexible** gleitende Arbeitszeit; ~ **de oficina** Dienststunden *fpl;* **¿qué ~ hacen?** wann haben Sie geöffnet? **2.** (*manecilla*) Stundenzeiger *m*

horario, -a² ['orarjo, -a] *adj* Stunden-

horca ['orka] *f* **1.** (*para colgar*) Galgen *m* **2.** (*bieldo*) Heugabel *f* **3.** (*horquilla*) Gabelstütze *f*

horcajadas [orka'xaðas]: **a ~** rittlings

horchata [or'ʧata] *f Erfrischungsgetränk aus Mandeln*

horchatero, -a [orʧa'tero, -a] *m, f* **1.** (*elaborador*) Zubereiter(in) *m(f)* von "horchatas" **2.** (*vendedor*) Verkäufer(in) *m(f)* von "horchatas"

horda ['orða] *f* **1.** (*de salvajes*) Horde *f* **2.** (*banda*) Bande *f*

horizontal [oriθon̩'tal] **I.** *adj* waag(e)recht **II.** *f* Horizontale *f*

horizontalidad [oriθon̩tali'ðaᵈ] *f sin pl* waag(e)rechte Lage *f*

horizonte [ori'θon̩te] *m* Horizont *m*

horma ['orma] *f* **1.** (TÉC: *molde*) Form *f* **2.** (*muelle*) Schuhspanner *m;* ~ **de zapatos** Schuhleisten *m;* **encontrar la ~ de su zapato** (*fam: cosa*) genau das finden, was man sucht; (*persona*) den Mann/die Frau seines Lebens finden

hormiga [or'miɣa] *f* Ameise *f;* ~ **blanca** Termite *f;* **ser una ~** (*fig*) emsig arbeiten

hormigón [ormi'ɣon] *m* Beton *m;* ~ **armado** Stahlbeton *m*

hormigonera [ormiɣo'nera] *f* Betonmischmaschine *f*

hormigueante [ormiɣe'an̩te] *adj* kribbelnd

hormiguear [ormiɣe'ar] *vi* **1.** (*picar*) kribbeln **2.** (*gente*) wimmeln (*de* von +*dat*)

hormigueo [ormi'ɣeo] *m* **1.** (*picor*) Kribbeln *nt;* **tengo un ~ en la espalda** mein Rücken kribbelt **2.** (*multitud*) Gewimmel *nt*

hormiguero¹ [ormi'ɣero] *m* **1.** (*de hormigas*) Ameisenhaufen *m* **2.** (*de gente*) Gewimmel *nt;* **la plaza era un ~ de gente** auf dem Platz wimmelte es von Menschen

hormiguero, -a² [ormi'ɣero, -a] *adj* Ameisen-

hormona [or'mona] *f* Hormon *nt*

hormonal [ormo'nal] *adj* hormonal, hormonell

hornacho [or'naʧo] *m* (MIN) Grube *f*

hornachuela [orna'ʧwela] *f* Hütte *f,* Schuppen *m*

hornacina [orna'θina] *f* (ARQUIT) Nische *f*

hornada [or'naða] *f* Schub *m* (*aus dem Backofen*); **una ~ de médicos** (*fam*) ein Schub frisch gebackener Ärzte

hornaguera [orna'ɣera] *f* (MIN) Steinkohle *f*

hornalla [or'naʎa] *f* (*Am*) **1.** (*parrilla*) Rost *m* **2.** (*del fogón*) Aschenschieber *m* **3.** (*horno*) Ofen *m*

hornear [orne'ar] *vt* backen

hornero, -a [or'nero, -a] *m, f* Bäcker(in) *m(f)*

hornija [or'nixa] *f* Reisig(holz) *nt,* Reiser *ntpl*

hornillo [or'niʎo] *m* (*cocina*) Herd *m;* (*de una cocina*) Kochplatte *f;* ~ **de gas** Gaskocher *m;* ~ **portátil** (Camping)kocher *m*

horno ['orno] *m* **1.** (*cocina*) Backofen *m;* ~ **de leña** Holzofen *m;* ~ **microondas** Mikrowelle *f;* **recién salido del ~** frisch gebacken; **asar al ~** grillen; **no está el ~ para bollos** jetzt ist nicht der richtige Augenblick zum Spaßen **2.** (TÉC) Ofen *m;* ~ **crematorio** Verbrennungsofen *m;* **alto ~** Hochofen *m*

horóscopo [o'roskopo] *m* Horoskop *nt*

horqueta [or'keta] *f* **1.** (*horca*) Gabel *f* **2.** (*horquilla*) Gabelstütze *f* **3.** (*de un árbol*) Astgabel *f*

horquilla [or'kiʎa] *f* **1.** (*del pelo*) Haarnadel *f* **2.** (*de bicicleta*) Gabel *f* **3.** (*de árboles*) Gabelstütze *f* **4.** (*espacio entre dos magnitudes*) Bandbreite *f*

horrendo, -a [o'rren̩do, -a] *adj v.* **horroroso**

hórreo ['orreo] *m* Getreidespeicher *m*

horrero, -a [o'rrero, -a] *m, f* (AGR) Verwalter(in) *m(f)* eines Getreidespeichers

horrible [o'rriβle] *adj* **1.** (*horroroso*) schrecklich; **un crimen ~** eine Gräueltat; **una historia ~** eine Schauergeschichte **2.** (*muy feo*) äußerst hässlich

horridez [orri'ðeθ] *f sin pl* Entsetzlichkeit *f,* Scheußlichkeit *f;* **la ~ del crimen estremeció a toda la vecindad** die Abscheulichkeit des Verbrechens erschütterte die gesamte Nachbarschaft

hórrido, -a ['orriðo, -a] *adj* (*elev*) entsetzlich, abscheulich

horripilante [orripi'lan̩te] *adj* haarsträubend

horripilar [orripi'lar] **I.** *vt* **1.** (*erizar*) die Haare sträuben +*dat;* **estas historias me horripilan** bei diesen Geschichten sträuben sich mir die Haare **2.** (*horrorizar*) entsetzen **II.** *vr:* **~se** entsetzt sein

horrísono, -a [o'rrisono, -a] *adj* schaurig; **un griterío ~** ein ohrenbetäubendes Geschrei

horro, -a ['orro, -a] *adj* **1.** (*esclavo*) freigelassen **2.** (*exento*) befreit (*de* von +*dat*) **3.** (*carente*): ~ **de experiencia** unerfahren; ~ **de fortuna** unvermögend

horror [o'rror] *m* **1.** (*miedo*) Entsetzen *nt;* **¡qué ~!** wie entsetzlich!; **siento ~ a la oscuridad** ich habe panische Angst vor der Dunkelheit **2.** (*aversión*) Horror *m* (*a* vor +*dat*); **el diseño moderno me parece un ~** mir ist das moderne Design ein Gräuel; **me da ~ verte con esta corbata** ich finde deine Krawatte entsetzlich **3.** *pl* (*actos*) Gräuel *mpl;* **los ~es de la guerra** die Gräuel des Krieges **4.** (*mucho*): **gana un ~ de dinero** er/sie verdient ein Heidengeld; **hoy hace un ~ de frío**

heute ist es schrecklich kalt

horrorizar [orrori'θar] <z→c> **I.** *vt* mit Entsetzen erfüllen; **me horrorizó ver el accidente** der Anblick des Unfalls hat mich entsetzt **II.** *vr:* **~se** entsetzt sein (*de* über +*akk*), (er)schaudern (*de* vor +*dat*)

horroroso, **-a** [orro'roso, -a] *adj* schrecklich; **una escena horrorosa** ein Grauen erregender Anblick; **su última novela es horrorosa** sein/ihr letzter Roman ist furchtbar schlecht

hortaliza [orta'liθa] *f* Gemüse *nt;* **la lechuga es una ~** der Kopfsalat zählt zu den Gemüsepflanzen

hortelano, **-a** [orte'lano, -a] *m, f* Gemüsegärtner(in) *m(f);* **~ aficionado** Kleingärtner *m*

hortense [or'tense] *adj* Garten-, Gärtnerei-; **los productos ~s son ricos en fibras** Obst- und Gemüseprodukte sind reich an Faserstoffen

hortensia [or'tensja] *f* Hortensie *f*

hortera¹ [or'tera] **I.** *adj* geschmacklos **II.** *m* (*argot*) Bauer *m*

hortera² [or'tera] *f* hölzerner Napf *m*

horterada [orte'raða] *f* (*argot*) Geschmacklosigkeit *f;* **este vestido es una ~** dieses Kleid ist völlig geschmacklos; **esta película es una ~** dieser Film ist kitschig

hortícola [or'tikola] *adj* Gartenbau-; **producto ~** Gartenerzeugnis *nt*

horticultor(a) [ortikul̩'tor(a)] *m(f)* Gemüsegärtner(in) *m(f)*

horticultura [ortikul̩'tura] *f sin pl* Gartenbau *m*

hortofrutícula [ortofru'tikula] *adj* Gartenbau-

hortofruticultura [ortofrutikul̩'tura] *f sin pl* Obst- und Gartenbau *m*

hosanna [o'sana] *m* (REL) Hos(i)anna *nt*

hosco, **-a** ['osko, -a] *adj* **1.** (*persona*) mürrisch **2.** (*de piel*) dunkelbraun **3.** (*ambiente*) düster

hospedaje [ospe'ðaxe] *m* **1.** (*acción*) Beherbergung *f* **2.** (*situación*) Unterkunft *f;* **dar ~ a alguien** jdn beherbergen **3.** (*coste*) Pension *f* **4.** (*casa*) Gasthaus *nt*

hospedante [ospe'ðan̩te] *adj* **1.** (*que hospeda*) beherbergend, Bewirtungs- **2.** (BIOL) Wirts-

hospedar [ospe'ðar] **I.** *vt* beherbergen **II.** *vr:* **~se 1.** (*en una pensión*) unterkommen (*en* bei/in +*dat*) **2.** (*pernoctar*) übernachten (*en* in +*dat*)

hospedería [ospeðe'ria] *f* **1.** (*fonda*) Gasthaus *nt* **2.** (*en convento*) Gästezimmer *nt*

hospedero, **-a** [ospe'ðero, -a] *m, f* (Gast)wirt(in) *m(f)*

hospiciano, **-a** [ospi'θjano, -a] *m, f* **1.** (*niño*) Waisenkind *nt* **2.** (*pobre*) Armenhäusler(in) *m(f)*

hospicio [os'piθjo, -a] *m* **1.** (*para niños*) Waisenhaus *nt* **2.** (*para pobres*) Armenhaus *nt* **3.** (*en un monasterio*) Hospiz *nt*

hospital [ospi'tal] *m* Krankenhaus *nt;* **~ militar** Lazarett *nt*

hospitalario, **-a** [ospita'larjo, -a] *adj* **1.** (*acogedor*) gastfreundlich **2.** (*de hospital*) Krankenhaus-

hospitalicio, **-a** [ospita'liθjo, -a] *adj* gastfreundlich, gastlich

hospitalidad [ospitali'ðaᵈ] *f sin pl* Gastfreundschaft *f*

hospitalización [ospitaliθa'θjon] *f* **1.** (*envío*) Krankenhauseinweisung *f* **2.** (*estancia*) Krankenhausaufenthalt *m*

hospitalizar [ospitali'θar] <z→c> *vt* in ein Krankenhaus einweisen; **ayer ~on a mi madre** meine Mutter wurde gestern ins Krankenhaus eingeliefert; **estoy hospitalizado desde el domingo** seit Sonntag liege ich im Krankenhaus

hosquedad [oske'ðaᵈ] *f* **1.** (*de una persona*) mürrischer Charakter *m* **2.** (*de un lugar*) Düsterheit *f*

hostal [os'tal] *m* Gasthaus *nt*

hostelería [ostele'ria] *f* Hotel- und Gaststättengewerbe *nt;* **escuela superior de ~** Hotelfachschule *f*

hostelero, **-a** [oste'lero, -a] **I.** *adj* Gaststätten- **II.** *m, f* Gastwirt(in) *m(f)*

hostería [oste'ria] *f* Gasthaus *nt*

hostia ['ostja] **I.** *f* **1.** (REL) Hostie *f;* (*sin consagrar*) Oblate *f;* **¡me cago en la ~!** (*vulg*) verdammt noch mal! *fam* **2.** (*vulg: bofetada*) Ohrfeige *f;* (*golpe*) Schlag *m;* **darse una ~** sich *dat* anschlagen; **¡este examen es la ~!** diese Prüfung ist der reinste Hammer! *fam;* **hace un tiempo de la ~** (*malo*) das Wetter ist heute beschissen; (*bueno*) das Wetter ist heute prima *fam;* **iba a toda ~** er/sie hatte einen Affenzahn drauf *fam* **II.** *interj* (*vulg*) Sakrament (noch mal)! *fam*

hostiar [os'tjar] *vt* (*vulg: bofetada*) eine Ohrfeige versetzen (*a* +*dat*); (*golpe*) einen Schlag versetzen (*a* +*dat*)

hostiario [os'tjarjo] *m* (REL) **1.** (*caja*) Hostienbehälter *m* **2.** (*molde*) Hostienform *f*

hostigador(a) [ostiɣa'ðor(a)] *adj* lästig

hostigamiento [ostiɣa'mjen̩to] *m* **1.** (*fustigación*) Auspeitschen *nt* **2.** (*molestia*) Belästigung *f* **3.** (*apremio*) Druck *m*

hostigar [osti'ɣar] <g→gu> *vt* **1.** (*fustigar*) auspeitschen **2.** (*molestar*) belästigen; (*con observaciones*) necken **3.** (*incitar*) bedrängen **4.** (MIL) unaufhörlich angreifen **5.** (*Col: fastidiar*) lästig fallen +*dat*

hostigo [os'tiɣo] *m* **1.** (*golpe de látigo*) Hieb *m;* (*de palo*) Schlag *m* **2.** (*parte de pared o muro*) Wetterseite *f* **3.** (*golpe de viento o lluvia*) Witterungseinfluss *m,* ständige Einwirkung *f* von Wind und Regen

hostigoso, **-a** [osti'ɣoso, -a] *adj* (*Chil, Guat, Perú*) lästig, aufdringlich

hostil [os'til] *adj* feindselig; **le hicieron un recibimiento ~** er/sie wurde unfreundlich empfangen

hostilidad [ostili'ðaᵈ] *f* Feindseligkeit *f;* (*más*

aguda) Feindschaft *f*

hostilizar [ostili'θar] <z→c> *vt* **1.** (*hostigar*) anfeinden **2.** (MIL) unaufhörlich angreifen

hostión [os'tjon] *m* (*vulg*) heftiger Schlag *m*

hot dog [xo^t ðo^ɣ] <hot dogs> *m* (GASTR: *perrito caliente*) Hotdog *nt o m,* Hot Dog *nt o m*

hotel [o'tel] *m* **1.** (*establecimiento*) Hotel *nt;* ~ **residencia** Aparthotel *nt* **2.** (*casa*) (Einzel)haus *nt;* (*mansión*) Villa *f*

hotelero, -a [ote'lero, -a] **I.** *adj* Hotel-; **industria hotelera** Hotelgewerbe *nt* **II.** *m, f* Hotelbesitzer(in) *m(f),* Hotelier *m*

hotelito [ote'lito, -a] *m* (*casa*) (Einzel)haus *nt;* (*mansión*) Villa *f*

house [xaus̯] *m* (MÚS) House *m*

hovercraft [oβer'kraf] *m* <hovercrafts> Luftkissenfahrzeug *nt*

hoy [oi̯] *adv* heute; ~ **(en) día** heutzutage; **de ~ a mañana** von heute auf morgen; **de ~ en adelante** ab heute; **los niños de ~ (en día)** die Kinder von heute; **llegará de ~ a mañana** er/sie kann jeden Tag kommen

hoya ['oɟa] *f* **1.** (*hoyo*) Grube *f* **2.** (*sepultura*) Grab *nt* **3.** (GEO: *hondonada*) Mulde *f*

hoyanca [o'ɟaŋka] *f* (*fam*) Sammelgrab *nt*

hoyo ['oɟo] *m* **1.** (*concavidad*) Grube *f* **2.** (*agujero*) Loch *nt* **3.** (*sepultura*) Grab *nt*

hoyuelo [o'ɟwelo] *m* **1.** (*en la barba*) (Kinn)grübchen *nt* **2.** (*en la mejilla*) (Wangen)grübchen *nt*

hoz [oθ] *f* **1.** (AGR) Sichel *f* **2.** (GEO: *desfiladero*) Engpass *m;* (*garganta*) Schlucht *f*

hozada [o'θaða] *f* **1.** (*golpe de hoz*) Sichelhieb *m* **2.** (*cantidad de mies*) (mit einem Sichelhieb) abgemähtes Schnittgut *nt*

hozar [o'θar] <z→c> **I.** *vi* wühlen **II.** *vt* aufwühlen

huachafoso, -a [watʃa'foso, -a] *adj* (*Perú*) kitschig, affig

huachar [wa'tʃar] *vt* (*Ecua*) (um)pflügen

huaco ['wako] *m* (BOT: *Aristolochia*) Pfeifenblume *f;* (*Eupatorium*) Wasserdost *m;* (*Spilanthes*) Husarenknopf *m,* Parakresse *f;* (*Mikania*) Sommerefeu *m*

huaico ['wai̯ko] *m* (*Perú*) Schlammlawine *f*

huarmi ['warmi] *f* (*AmS*) **1.** (*mujer muy trabajadora*) fleißige Frau *f* **2.** (*ama de casa*) Hausfrau *f*

huasca ['waska] *f* (*Am: látigo*) Peitsche *f*

huaso, -a ['waso, -a] **I.** *adj* (*AmS: campesino*) bäuerisch **II.** *m, f* (*AmS: campesino*) Bauer *m,* Bäuerin *f*

hubo ['uβo] *3. pret de* **haber**

hucha ['utʃa] *f* **1.** (*alcancía*) Sparbüchse *f* **2.** (*ahorros*) Ersparnisse *fpl*

hueco[1] ['weko] *m* **1.** (*agujero*) Loch *nt;* ~ **del ascensor** Aufzug(s)schacht *m;* ~ **de la mano** hohle Hand; ~ **de la ventana** Fensteröffnung *f* **2.** (*lugar*) Sitzplatz *m;* **hazme un ~** mach mir etwas Platz **3.** (*vacío*) Lücke *f;* ~ **de mercado** (ECON) Marktlücke *f;* **hazme un ~ para mañana** nimm dir morgen ein bisschen Zeit für mich

hueco, -a[2] ['weko, -a] *adj* **1.** (*ahuecado*) hohl; (*vacío*) leer **2.** (*sonido*) hohl **3.** (*tierra*) locker **4.** (*palabras*) leer **5.** (*persona*) eitel; **ponerse ~** sich wichtig tun; **tener la cabeza hueca** (*pey*) ein Hohlkopf sein **6.** (*estilo*) schwülstig

huecograbado [wekoɣra'βaðo, -a] *m* (TIPO) Tiefdruck *m*

huelga ['welɣa] *f* Streik *m;* ~ **de brazos caídos** Sitzstreik *m;* ~ **general** Generalstreik *m;* ~ **de hambre** Hungerstreik *m;* **convocar una ~** einen Streik ausrufen; **declararse en ~** in (den) Streik treten; **hacer ~** streiken; **en esta fábrica estamos en ~** in dieser Fabrik wird gestreikt

huelgo ['welɣo] *m* **1.** (*aliento*) Atem *m* **2.** (*holgura*) Weite *f* **3.** (TÉC) Spiel *nt*

huelguista [wel'ɣista] *mf* Streikende(r) *mf*

huelguístico, -a [wel'ɣistiko, -a] *adj* Streik-

huella ['weʎa] *f* **1.** (*señal*) Abdruck *m;* ~ **de un animal** Fährte *f;* ~ **dactilar** Fingerabdruck *m* **2.** (*vestigio*) Spur *f;* **seguir las ~s de alguien** in jds Fußstapfen treten

huelveño, -a [wel'βeɲo, -a] **I.** *adj* aus Huelva **II.** *m, f* Einwohner(in) *m(f)* von Huelva

huérfano, -a ['werfano, -a] **I.** *adj* Waisen-; ~ **de padre** vaterlos; **quedarse ~** verwaisen; **la ciudad se queda huérfana en invierno** die Stadt ist im Winter menschenleer **II.** *m, f* Waisenkind *nt;* ~ **de padre y madre** Vollwaise *f*

huero, -a ['wero, -a] *adj:* **discurso ~** inhaltslose Rede; **huevo ~** Windei *nt;* **la cosa ha salido huera** die Sache ist schief gegangen

huerta ['werta] *f* Huerta *f*

huertero, -a [wer'tero, -a] *m, f* (*Arg, Nic, Perú*) Gemüsegärtner(in) *m(f)*

huerto ['werto] *m* Gemüsegarten *m;* ~ **familiar** Kleingarten *m;* **llevar a alguien al ~** (*fam*) jdn rumkriegen

huesa ['wesa] *f* Grab *nt*

huesera [we'sera] *f* (*Chil*) Beinhaus *nt*

hueso ['weso] *m* **1.** (ANAT) Knochen *m;* **carne sin ~** knochenloses Fleisch; **dio con sus ~s en la cárcel** er/sie landete im Gefängnis; **dar en ~** (*fam*) auf Schwierigkeiten stoßen; **está pirrada por sus ~s** (*fam*) sie hat sich in ihn verknallt; **este profesor es un ~** bei diesem Professor kommt fast keiner durch; **no puede con sus ~s** (*fam*) er/sie kann sich kaum noch auf den Beinen halten; **te voy a romper los ~s** ich werde dir alle Knochen brechen **2.** (BOT) (Obst)kern *m* **3.** (*faena*) schweres Stück *nt* Arbeit; **un ~ duro de roer** eine harte Nuss **4.** (*Am: trabajo*) bequemer Posten *m*

huésped[1] ['wespe^ð] *m* (BIOL) Wirt *m*

huésped(a)[2] ['wespe^ð, -eða] *m(f)* (*invitado*) Gast *m*

hueste ['weste] *f* **1.** (HIST: *ejército*) Heerschar *f* **2.** (*de un partido*) Anhängerschaft *f*

huesudo, -a [we'suðo, -a] *adj* **1.** (*persona*) knochig **2.** (*carne*) mit vielen Knochen

hueva ['weβa] *f* Fischei *nt*

huevada [we'βaða] *f* (*AmS: fam: estupidez*) Dummheit *f*

huevamen [we'βamen] *m sin pl* (*vulg*) Eier *ntpl*

huevar [we'βar] *vi* (ZOOL) mit der Eiablage beginnen

huevazos [we'βaθos] *m inv* (*vulg*) Pantoffelheld *m fam*

huevear [weβe'ar] *vi* (*fam*) **1.** (*hacer tonterías*) Dummheiten machen **2.** (*perder el tiempo*) rumhängen

huevera [we'βera] *f* Eierbecher *m*

huevería [weβe'ria] *f* Eierhandlung *f*

huevero[1] [we'βero] *m* Eierbecher *m*

huevero, -a[2] [we'βero, -a] *m, f* Eierhändler(in) *m(f)*

huevo ['weβo] *m* **1.** (BIOL) Ei *nt;* ~ **blando** mittelweich gekochtes Ei; ~ **duro** hart gekochtes Ei; **~s a la flamenca** (*reg*) *gebackene Eier auf Tomaten, Paprikawurst, Schinken, grünen Bohnen, Pommes Frites und Spargel;* **~s fritos** Spiegeleier *ntpl;* ~ **pasado por agua** weich gekochtes Ei; **~s revueltos** Rührеier *ntpl;* **clara de** ~ Eiweiß *nt;* **poner un** ~ ein Ei legen **2.** (*para zurcir*) Stopfei *nt* **3.** (*vulg: testículo*) Ei *nt fam;* **¡estoy hasta los ~s!** ich habe die Nase voll! *fam;* **me importa un** ~ das ist mir scheißegal; **¡tiene ~s la cosa!** das ist ja wohl der Hammer! *fam;* **me costó un** ~ (*de dinero*) das hat mich eine schöne Stange Geld gekostet *fam;* (*de dificultades*) das hat mich viel Mühe gekostet

huevonear [weβone'ar] *vi* (*Méx: vulg*) auf der faulen Haut liegen *fam*

huevudo, -a [we'βuðo, -a] *adj* (*vulg*) super *fam,* toll *fam*

hugonote, -a [uɣo'note, -a] **I.** *adj* (REL) Hugenotten- **II.** *m, f* (REL) Hugenotte, -in *m, f*

huida [u'iða] *f* Flucht *f;* ~ **del lugar del accidente** Fahrerflucht *f;* **no hay** ~ **posible** es gibt kein Entkommen

huidero[1] [ui'ðero] *m* Unterschlupf *m* des Wildes

huidero, -a[2] [ui'ðero, -a] *adj* scheu

huidizo, -a [ui'ðiθo, -a] *adj* flüchtig, scheu

huido, -a [u'iðo, -a] *m, f* Flüchtige(r) *mf*

huir [u'ir] *irr* **I.** *vi* **1.** (*escapar*) fliehen (*de* vor +*dat*); ~ **de casa** von zu Hause weglaufen; **el tiempo huye** die Zeit vergeht wie im Fluge; **pudieron** ~ **de sus perseguidores** sie konnten ihren Verfolgern entkommen **2.** (*marcharse en coche*) davonfahren; (*a pie*) davoneilen **II.** *vt* (*cosa*) vermeiden; (*persona*) meiden (*de* +*akk*)

huiro ['wiro] *m* (*AmS: alga*) Alge *f*

huitrín [wi'trin] *m* (*Chil*) getrockneter Maiskolben *m*

hule ['ule] *m* **1.** (*para la mesa*) Wachstuch *nt;* **pon el** ~ **en la mesa** leg die Wachstischdecke auf **2.** (*tela*) Ölleinwand *f* **3.** (*Am: caucho*) Kautschuk *m*

hulero, -a [u'lero, -a] *m, f* (*Am*) Kautschuksammler(in) *m(f)*

hulla ['uʎa] *f* Steinkohle *f*

hullero, -a [u'ʎero, -a] *adj* Steinkohle(n)-; **período** ~ (GEO) Karbon *nt*

humanamente [umana'mente] *adv* menschlich; **hacer todo lo** ~ **posible** alles Menschenmögliche tun

humanidad [umani'ða^{ð}] *f* **1.** (*género humano*) Menschheit *f;* **un crimen contra la** ~ ein Verbrechen gegen die Menschlichkeit **2.** (*naturaleza, caridad humana*) Menschlichkeit *f* **3.** (*fam: corpulencia*) Korpulenz *f* **4.** *pl* (*letras*) Geisteswissenschaften *fpl*

humanismo [uma'nismo] *m sin pl* Humanismus *m*

humanista [uma'nista] *mf* Humanist(in) *m(f)*

humanístico, -a [uma'nistiko, -a] *adj* humanistisch

humanitario, -a [umani'tarjo, -a] *adj* humanitär; **organización humanitaria** Hilfsorganisation *f*

humanitarismo [umanita'rismo] *m sin pl* Humanitarismus *m*

humanización [umaniθa'θjon] *f sin pl* **1.** (*dignificación*) Humanisierung *f* **2.** (ARTE) Vermenschlichung *f*

humanizador(a) [umaniθa'ðor(a)] *adj* humanisierend

humanizar [umani'θar] <z→c> **I.** *vt* **1.** (*dignificar*) humanisieren **2.** (ARTE) vermenschlichen **II.** *vr:* **~se** menschlicher werden

humano, -a [u'mano, -a] *adj* **1.** (*del hombre*) Menschen-; **naturaleza humana** menschliche Natur; **ser** ~ Mensch *m* **2.** (*condiciones*) menschlich

humanoide [uma'noi̯ðe] *m* menschenähnliches Wesen *nt*

humareda [uma'reða] *f* Rauchwolke *f*

humazo [u'maθo] *m* dichter Rauch *m*

humear [ume'ar] **I.** *vi* **1.** (*humo*) rauchen **2.** (*vapor*) dampfen **3.** (*enemistad*) weiterbestehen **4.** (*engreírse*) prahlen **II.** *vr:* **~se** rauchen

humectador [umekta'ðor(a)] *m* Luftbefeuchter *m*

humectante [umek'tante] *adj* befeuchtend

humedad [ume'ða^{ð}] *f* Feuchtigkeit *f*

humedal [ume'ðal] *m* Feuchtgebiet *nt*

humedecer [umeðe'θer] *irr como crecer vt* befeuchten

húmedo, -a ['umeðo, -a] *adj* feucht; (GEO) humid

humero [u'mero] *m* Fuchs *m*

húmero ['umero] *m* (ANAT) Oberarmknochen *m*

humidificación [umiðifika'θjon] *f* Befeuchtung *f,* Erhöhung *f* der (Luft)feuchtigkeit; **la lluvia ha producido una** ~ **del aire** der Regen hat zu erhöhter Luftfeuchtigkeit geführt

humidificador [umiðifika'ðor] *m* Luftbefeuchter *m*

humidificar [umiðifi'kar] <c→qu> *vt* befeuchten

humildad [umil'daᵈ] *f* **1.** (*modestia*) Bescheidenheit *f* **2.** (*religiosa*) Demut *f* **3.** (*social*) Armut *f*
humilde [u'milde] *adj* **1.** (*modesto*) bescheiden; **un ~ trabajador** ein einfacher Arbeiter **2.** (*en sentido religioso*) demütig **3.** (*condición social*) einfach; **ser de orígenes ~s** aus bescheidenen Verhältnissen stammen
humillación [umiʎa'θjon] *f* **1.** (*degradación*) Demütigung *f* **2.** (*vergüenza*) Beschämung *f*
humilladero [umiʎa'ðero] *m* Bildstock *m*
humillar [umi'ʎar] **I.** *vt* **1.** (*degradar*) demütigen **2.** (*avergonzar*) beschämen **II.** *vr:* **~se** sich demütigen (*a/ante* vor +*dat*)
humo ['umo] *m* **1.** (*de chimenea*) Rauch *m;* **señal de ~** Rauchsignal *nt;* **en ese bar siempre hay ~** diese Kneipe ist immer völlig verqualmt; **la chimenea echa ~** der Schornstein raucht; **tragar el ~ al fumar** auf Lunge rauchen **2.** (*vapor*) Dampf *m* **3.** (*al cocinar*) Dunst *m* **4.** *pl* (*vanidad*) Einbildung *f;* **bajarle los ~s a alguien** jdm einen Dämpfer versetzen; **subírsele los ~s a la cabeza** hochnäsig werden; **tener muchos ~s** sehr eingebildet sein
humor [u'mor] *m* **1.** (*cualidad*) Humor *m;* **¡pero no tienes sentido del ~ o qué!** Mensch, du verstehst wohl keinen Spaß! **2.** (*humorismo*) Humor *m* **3.** (*ánimo*) Laune *f;* **estar de buen/mal ~** gut/schlecht gelaunt sein; **no estoy de ~ para bailar** ich bin nicht zum Tanzen aufgelegt **4.** (MED: *líquido*) Körpersaft *m*
humorada [umo'raða] *f* **1.** (*capricho*) Laune *f* **2.** (*dicho*) witziger Einfall *m;* **dejémonos de ~s** lassen wir die Witze
humorado, -a [umo'raðo, -a] *adj:* **bien/mal ~** (*por un momento*) gut gelaunt/schlecht gelaunt; (*carácter*) humorvoll/humorlos
humorismo [umo'rismo] *m sin pl* Humor *m*
humorista [umo'rista] *mf* Komiker(in) *m(f);* (*dibujante*) Humorist(in) *m(f)*
humorístico, -a [umo'ristiko, -a] *adj* humoristisch
humus ['umus] *m sin pl* Humus *m*
hunche ['unʧe] *m* (*Col*) Getreideschale *f*
hundido, -a [un'diðo, -a] *adj* **1.** (*ojos*) tief liegend; (*techo*) eingesunken **2.** (*persona*) deprimiert
hundimiento [unndi'mjento] *m* **1.** (*de un barco*) Untergang *m;* (*después de tocado*) Versenkung *f* **2.** (*de un edificio*) Einsturz *m* **3.** (ECON) Zusammenbruch *m* **4.** (GEO: *depresión*) Vertiefung *f*
hundir [un'dir] **I.** *vt* **1.** (*barco*) versenken **2.** (*edificio*) abreißen **3.** (*sumergir*): **~ la mano en el agua** die Hand ins Wasser (ein)tauchen; **~ los pies en el barro** die Füße in den Schlamm stecken **4.** (*suelo*) versenken **5.** (*proyecto*) zunichte machen; (*empresa*) zugrunde richten; (*esperanzas*) zerstören; **la crisis económica ha hundido a muchos empresarios** die wirtschaftliche Krise hat viele Unternehmer ruiniert **II.** *vr:* **~se** **1.** (*barco*) untergehen; (*después de ser tocado*) (ver)sinken **2.** (*edificio*) einstürzen; (*suelo*) sinken; **la peseta se hunde** die Peseta fällt **3.** (*fracasar*) scheitern; **me he hundido en el tercer set** im dritten Satz war ich völlig von der Rolle *fam*
húngaro, -a ['uŋgaro, -a] **I.** *adj* ungarisch **II.** *m, f* Ungar(in) *m(f)*
Hungría [uŋ'gria] *f* Ungarn *nt*
huno, -a ['uno, -a] **I.** *adj* (HIST) hunnisch **II.** *m, f* (HIST) Hunne, -in *m, f*
huracán [ura'kan] *m* Orkan *m;* **las tropas pasaron como un ~ por la ciudad** die Stadt wurde von den Truppen dem Erdboden gleichgemacht
huracanado, -a [uraka'naðo, -a] *adj* orkanartig
huracanarse [uraka'narse] *vr* stürmisch [*o* orkanartig] werden, zum Sturm werden
huraño, -a [u'raɲo, -a] *adj* **1.** (*insociable*) ungesellig **2.** (*hosco*) mürrisch
hurgador [urɣa'ðor] *m* Schürhaken *m,* Feuerhaken *m*
hurgar [ur'ɣar] <g→gu> *vt* **1.** (*revolver*) herumwühlen (*en* in +*dat*), (herum)kramen (*en* in +*dat*) **2.** (*con un palo*) (herum)stochern (in +*dat*); **~ el fuego** das Feuer schüren; **~ la nariz** in der Nase bohren **3.** (*fisgonear*) (herum)schnüffeln **4.** (*incitar*) schüren
hurgón¹ [ur'ɣon] *m* Feuerhaken *m*
hurgón, -ona² [ur'ɣon, -ona] *adj* herumschnüffelnd
hurgonear [urɣone'ar] *vt* (das Feuer) schüren
hurguetear [urɣete'ar] *vt* (*Am*) (herum)schnüffeln
hurguillas [ur'ɣiʎas] *mf inv* (*inquieto*) unruhiger Geist *m;* (*apremiante*) Nervtöter(in) *m(f);* (*esp. niño*) Quälgeist *m fam*
hurí [u'ri] *f* Huri *f*
hurón, -ona [u'ron, -ona] *m, f* **1.** (*animal*) Frettchen *nt* **2.** (*fam: husmeador*) Schnüffler(in) *m(f)* **3.** (*fam: huraño*) ungeselliger Mensch *m*
huronear [urone'ar] *vi* **1.** (*cazar*) frettieren **2.** (*fisgonear*) (herum)schnüffeln, herumstöbern
huronera [uro'nera] *f* **1.** (*madriguera*) Frettchenbau *m* **2.** (*escondrijo*) Versteck *nt;* (*de ladrones*) Räuberhöhle *f*
hurra ['urra] *interj* hurra!
hurtadillas [urta'ðiʎas]: **a ~** heimlich; **lo hizo a ~ de su novia** er tat es hinter dem Rücken seiner Freundin
hurtar [ur'tar] **I.** *vt* **1.** (*robar*) stehlen **2.** (*con el peso*) betrügen **3.** (*mar*) fortschwemmen **4.** (*cuerpo*) ausweichen +*dat* **5.** (*ocultar*) verbergen **II.** *vr:* **~se** sich entziehen (*a* +*dat*); **~se al trabajo** sich vor der Arbeit drücken
hurto ['urto] *m* **1.** (*acción*) Diebstahl *m* **2.** (*cosa*) Diebesbeute *f*

húsar ['usar] *m* Husar *m*
husera [u'sera] *f* (BOT) Spindelstrauch *m*
husma ['usma] *f* Schnüffelei *f*
husmear [usme'ar] *vi, vt* **1.** (*perro*) schnüffeln **2.** (*fisgonear*) (aus)schnüffeln
husmeo [us'meo] *m* **1.** (*de un perro*) Schnüffeln *nt* **2.** (*fisgoneo*) Schnüffelei *f*
husmo ['usmo] *m* übler Geruch *m* (von verdorbenem Fleisch)
huso ['uso] *m* **1.** (*textil*) Spindel *f* **2.** (GEO): ~ **horario** Zeitzone *f*
hutía [u'tia] *f* (ZOOL) Kuba-Baumratte *f*, Hutia-Conga *f*
hutu ['utu] *mf* Hutu *mf*
huy [ui̯] *interj* **1.** (*de dolor*) au! **2.** (*de asombro*)

H

I

I, i [i] *f* I, i *nt;* ~ **de Italia** I wie Ida; ~ **griega** Ypsilon *nt;* **poner los puntos sobre las íes** sich sehr deutlich ausdrücken

IAE [ia'e] *abr de* **Impuesto de Actividades Económicas** Gewerbesteuer *f*

IATA [i'ata] *abr de* **Asociación de Transporte Aéreo Internacional** Internationaler Verband *m* von Luftverkehrsgesellschaften

ibera [i'βera], **íbera** ['iβera] *adj o f v.* **ibero**

IBERIA [i'βerja] *f spanische Fluggesellschaft*

ibérico, -a [i'βeriko, -a] *adj* iberisch; **Península Ibérica** Iberische Halbinsel

iberismo [iβe'rismo] *m* **1.** (HIST) iberische Kulturwissenschaft *f* **2.** (LING) Iberismus *m* **3.** (POL) *Eintreten für engere politische Zusammenarbeit zwischen Spanien und Portugal*

ibero, -a [i'βero, -a], **íbero, -a** ['iβero, -a] **I.** *adj* iberisch **II.** *m, f* Iberer(in) *m(f)*

Iberoamérica [iβeroa'merika] *f* Iberoamerika *nt*

iberoamericano, -a [iβeroameri'kano, -a] **I.** *adj* iberoamerikanisch **II.** *m, f* Iberoamerikaner(in) *m(f)*

iberorromano, -a [iβerorro'mano, -a] *adj* (ARTE) iberoromanisch

IBI [iβe'i] *abr de* **Impuesto sobre Bienes Inmuebles** Grundsteuer *f*

íbice ['iβiθe] *m* (ZOOL) Steinbock *m*

ibicenco, -a [iβi'θeŋko, -a] **I.** *adj* aus Ibiza, ibizenkisch **II.** *m, f* Ibizenker(in) *m(f)*

íbidem ['iβiðen] *adv* ibidem, ebenda

ibirá-pitá [iβi'ra pi'ta] *m sin pl* (*CSur: palo brasil*) Rotholz *nt*

ibis ['iβis] *f inv* (ZOOL) Ibis *m*

Ibiza [i'βiθa] *f* Ibiza *nt*

ICAC [i'ka^{k}] *abr de* **Instituto de Contabilidad y Auditoría de Cuentas** Institut *nt* für Buchführung und Wirtschaftsprüfung

iceberg [iθe'βer$^{(ɣ)}$] *m* <icebergs> Eisberg *m*

ICEX ['iθe^{ɣ}s] *abr de* **Instituto de Comercio Exterior** *staatliches Außenhandelsinstitut in Spanien*

ICI ['iθi] *m abr de* **Instituto de Cooperación Iberoamericana** Institut *nt* für Spanisch-Lateinamerikanische Zusammenarbeit

icnografía [iɣnoɣra'fia] *f* (ARQUIT) Grundriss *m*

ICO ['iko] *m abr de* **Instituto de Crédito Oficial** Spanische Staatliche Kreditanstalt *f*

ICONA [i'kona] *m abr de* **Instituto para la Conservación de la Naturaleza** *dem Landwirtschaftsministerium angeschlossenes Institut für Naturschutz*

icono [i'kono] *m,* **ícono** ['ikono] *m* **1.** (REL) Ikone *f* **2.** (INFOR) Icon *nt,* Symbol *nt*

iconoclasia [ikono'klasja] *f* (HIST, REL) Ikonoklasmus *m*

iconoclasta [ikono'klasta] **I.** *adj* bilderstürmerisch, ikonoklastisch **II.** *mf* Bilderstürmer(in) *m(f),* Ikonoklast(in) *m(f)*

iconografía [ikonoɣra'fia] *f* Ikonographie *f*

iconográfico, -a [ikono'ɣrafiko, -a] *adj* ikonographisch

iconolatría [ikonola'tria] *f* Ikonodulie *f,* Ikonolatrie *f*

iconología [ikonolo'xia] *f* (ARTE) Ikonologie *f*

iconomanía [ikonoma'nia] *f* Ikonomanie *f*

iconoscopio [ikonos'kopjo] *m* (TV) Bildspeicherröhre *f,* Ikonoskop *nt*

icosaedro [ikosa'eðro] *m* (MAT) Zwanzigflächner *m,* Ikosaeder *nt*

icoságono[1] [iko'saɣono] *m* (MAT) Zwanzigeck *nt*

icoságono, -a[2] [iko'saɣono, -a] *adj* (MAT) zwanzigeckig; **polígono** ~ Zwanzigeck *nt*

ictericia [ikte'riθja] *f sin pl* (MED) Gelbsucht *f*

ictiofagia [iktjo'faxja] *f* Ichthyophagie *f*

ictiografía [iktjoɣra'fia] *f* (ZOOL) Fischkunde *f,* Ichthyologie *f*

ictiol [ik'tjol] *m* (MED) Ichthyol *nt*

ictiología [iktjolo'xia] *f sin pl* Ichthyologie *f,* Fischkunde *f*

ictiosis [ik'tjosis] *f inv* (MED) Fischschuppenkrankheit *f,* Ichthyose *f*

I+D [i mas ðe] *abr de* **Investigación y Desarrollo** Forschung und Entwicklung

ida ['iða] *f* **1.** (*marcha*) Hinweg *m;* (*en vehículo*) Hinfahrt *f;* **~s y venidas** Hin und Her *nt;* ~ **y vuelta** Hin- und Rückfahrt *f;* **partido de** ~ Auswärtsspiel *nt;* **a la** ~ auf dem Hinweg; (*en vehículo*) auf der Hinfahrt; **en dos ~s y venidas** im Nu; **entre ~s y venidas hemos perdido el tren** aufgrund [*o* auf Grund] des ganzen Hin und Hers haben wir jetzt den Zug verpasst **2.** (*rastro en la caza*) Fährte *f,* Spur *f* **3.** (*acción inconsiderada*) Unbesonnenheit *f;* (*pronto*) Anwandlung *f;* **tiene unas ~s terribles** er/sie hat schlimme Anwandlungen

idea [i'ðea] *f* **1.** (FILOS) Idee *f,* Begriff *m* **2.** (*conocimiento*) Vorstellung *f,* Bild *nt;* **ni** ~ keine Ahnung; **dar a alguien (una)** ~ **de algo** jdm etw veranschaulichen; **darse** [*o* **hacerse**] **una** ~ **de algo/alguien** sich *dat* ein Bild *dat* von etw [*o* eine Vorstellung]/jdm machen; **hacerse a la** ~ **de algo** sich mit dem Gedanken an etw vertraut machen; **no tener la menor** [*o* **la más remota**] ~ keine blasse Ahnung [*o* keinen blassen Schimmer *fam*] haben; **se ha for-**

mado una ~ **falsa del asunto** es ist ein falsches Bild von der Sache entstanden; **tener** ~ **de algo** eine Ahnung von etw *dat* haben; **¿tienes** ~ **de dónde estamos?** hast du eine Ahnung, wo wir sind? **3.** (*pensamiento*) Idee *f,* Gedanke *m;* ~ **fija** fixe Idee, Zwangsvorstellung *f;* ~ **fundamental** Grundgedanke *m;* **cambiar de ~s** auf andere Gedanken kommen **4.** (*ocurrencia*) Idee *f,* Einfall *m;* **tuvo la** ~ **de** *+inf* er/sie kam auf die Idee zu *+inf* **5.** (*opinión*) Ansicht *f,* Meinung *f;* ~ **preconcebida** vorgefasste Meinung; **cambiar de** ~ seine Meinung ändern, sich anders besinnen; **tener sus (propias) ~s acerca de algo** seine eigene Meinung über etw haben **6.** (*propósito*) Plan *m,* Vorhaben *nt;* **apartar a alguien de una** ~ jdn von einem Vorhaben abbringen; **llevar** [*o* **tener**] ~ **de hacer algo** beabsichtigen [*o* vorhaben] etw zu tun; **vino con** ~ **de convencerme** er/sie kam mit der Absicht, mich zu überzeugen **7.** *pl* (*convicciones*) Gesinnung *f;* **~s políticas** politische Gesinnung

ideal [iðe'al] **I.** *adj* **1.** (*imaginario*) ideell, geistig **2.** (*perfecto*) ideal; **un marido** ~ ein idealer Ehemann **II.** *m* Ideal *nt*

idealismo [iðea'lismo] *m* Idealismus *m*

idealista [iðea'lista] **I.** *adj* idealistisch **II.** *mf* Idealist(in) *m(f)*

idealización [iðealiθa'θjon] *f* Idealisierung *f*

idealizar [iðeali'θar] <z→c> *vt* idealisieren

idear [iðe'ar] *vt* **1.** (*concebir*) ersinnen, sich *dat* ausdenken **2.** (*inventar*) erfinden **3.** (*trazar un proyecto*) planen; (*un plan*) entwerfen

ideario [iðe'arjo] *m* **1.** (*conjunto de ideas*) Gedankengut *nt* **2.** (*ideología*) Ideologie *f*

ídem ['iðen] *pron* der-, die-, dasselbe; ~ **de** ~ (*fam*) ebenfalls (nicht); ~ **per** ~ eins wie das andere

idéntico, -a [i'ðeṇtiko, -a] *adj* **1.** (*igual*) identisch, vollkommen gleich; **es** ~ **a su madre** er ist genau wie seine Mutter **2.** (*semejante*) sehr ähnlich

identidad [iðeṇti'ðaᵈ] *f* **1.** (*coincidencia*) völlige Übereinstimmung *f,* Gleichheit *f* **2.** (*personalidad*) Identität *f;* **carné de** ~ Personalausweis *m;* **probar su** ~ sich ausweisen

identificable [iðeṇtifi'kaβle] *adj* identifizierbar

identificación [iðeṇtifika'θjon] *f* **1.** (*de alguien*) Identifizierung *f,* Identifikation *f;* **número de** ~ **fiscal** Steuernummer *f;* ~ **de la persona** Feststellung der Person [*o* persönlichen Daten] **2.** (INFOR) Kennung *f;* ~ **de caracteres** Zeichenerkennung *f;* ~ **digital** digitale Kennung; ~ **de programa** Programmbezeichnung *f;* ~ **del usuario** Benutzerkennung *f,* Benutzer-ID *f*

identificador [iðeṇtifika'ðor] *m* (INFOR) Kennzeichen *nt,* Kennung *f;* ~ **de mensajes** Nachrichtenkennung *f*

identificar [iðeṇtifi'kar] <c→qu> **I.** *vt* **1.** (*reconocer*) identifizieren, genau wieder erkennen; **ha sido identificado como el secuestrador que buscaban** er wurde als der gesuchte Entführer identifiziert **2.** (*establecer la identidad*) identifizieren; ~ **a alguien** jds Identität feststellen **3.** (*equiparar*) gleichsetzen **II.** *vr:* **~se 1.** (*solidarizarse*) sich identifizieren (*con* mit *+dat*) **2.** (*compenetrarse*) sich hineinversetzen (*con* in *+akk*) **3.** (*demostrar su identidad*) sich ausweisen **4.** (INFOR) seine Kennung eingeben

ideograma [iðeo'ɣrama] *m* Ideogramm *nt*

ideóloga [iðe'oloɣa] *f v.* **ideólogo**

ideología [iðeolo'xia] *f* Ideologie *f,* Weltanschauung *f*

ideológico, -a [iðeo'loxiko, -a] *adj* ideologisch

ideologizar [iðeoloxi'θar] <z→c> *vt* ideologisieren

ideólogo, -a [iðe'oloɣo, -a] *m, f* **1.** (*teórico*) Ideologe, -in *m, f* **2.** (*iluso*) weltfremder Theoretiker *m,* weltfremde Theoretikerin *f*

ideoplastia [iðeo'plastja] *f* (PSICO) Ideoplas(t)ie *f*

idílico, -a [i'ðiliko, -a] *adj* idyllisch

idilio [i'ðiljo] *m* **1.** (LIT) Idylle *f* **2.** (*relación amorosa*) Romanze *f*

idiocia [i'ðjoθja] *f* (MED) hochgradiger Schwachsinn *m,* Idiotie *f*

idiófono [i'ðjofono] *m* (MÚS) selbstklingendes Instrument *nt,* Idiophon *nt*

idiolecto [iðjo'lekto] *m* (LING) Idiolekt *m*

idioma [i'ðjoma] *m* Sprache *f;* ~ **nacional/oficial** Landes-/Amtssprache *f*

idiomático, -a [iðjo'matiko, -a] *adj* idiomatisch

idiomatismo [iðjoma'tismo] *m* (LING) idiomatische Struktur *f,* Idiomatik *f*

idiopatía [iðjopa'tia] *f* (MED) idiopathische Erkrankung *f,* Primärerkrankung *f*

idiopático, -a [iðjo'patiko, -a] *adj* (MED) idiopathisch

idiosincrasia [iðjosiŋ'krasja] *f* Idio(syn)krasie *f*

idiosincrásico, -a [iðjosiŋ'krasiko, -a] *adj* (*característico*) kennzeichnend, spezifisch; (*susceptible*) idiosynkratisch

idiota [i'ðjota] **I.** *adj* idiotisch, schwachsinnig, blödsinnig **II.** *mf* **1.** (MED) Schwachsinnige(r) *mf* **2.** (*estúpido*) Idiot(in) *m(f),* Dummkopf *m;* **deja de hacer el** ~ hör auf mit dem Blödsinn

idiotez [iðjo'teθ] *f* **1.** (*t.* MED) Schwachsinn *m,* Idiotie *f;* **¡vaya ~!** (*fam*) so ein Schwachsinn! **2.** (*estupidez*) Blödsinn *m*

idiotismo [iðjo'tismo] *m* **1.** (LIT) Idiotismus *m,* Spracheigenheit *f* **2.** (*ignorancia*) Unwissenheit *f,* Kenntnislosigkeit *f*

idiotizar [iðjoti'θar] <z→c> **I.** *vi* verdummen, verblöden **II.** *vt* **1.** (*atontar*) verdummen, verblöden **2.** (*desconcertar*) verblüffen

ido, -a ['iðo, -a] *adj* **1.** (*fam: mal de la cabeza*) verrückt, verdreht; **estar** ~ **(de la cabeza)** nicht alle beisammen haben **2.** (*AmC, Méx: borracho*) betrunken

idólatra [i'ðolatra] **I.** *adj* **1.** (*que rinde culto*) Götzendienst treibend **2.** (*que ama excesivamente*) leidenschaftlich ergeben (*de* +*dat*) **II.** *mf* **1.** (*quien rinde culto*) Götzendiener(in) *m(f)* **2.** (*quien ama una persona o cosa*) leidenschaftlicher Verehrer *m*, leidenschaftliche Verehrerin *f*

idolatrar [iðola'trar] *vt* **1.** (*rendir culto*) (als Götzen) anbeten **2.** (*adorar*) abgöttisch verehren, vergöttern; (*amar*) abgöttisch lieben

idolatría [iðola'tria] *f* **1.** (*culto*) Götzendienst *m* **2.** (*adoración*) abgöttische Verehrung *f*, Vergötterung *f*

ídolo ['iðolo] *m* **1.** (*pey: divinidad*) Götze *m*; (*efigie*) Götzenbild *nt* **2.** (*persona*) Idol *nt*

idoneidad [iðonei̯'ðaᵈ] *f* **1.** (*aptitud*) Geeignetheit *f*, Tauglichkeit *f* **2.** (*capacidad*) Fähigkeit *f*

idóneo, **-a** [i'ðoneo, -a] *adj* **1.** (*apropiado*) geeignet, tauglich; **ella es la persona idónea para este cargo** sie ist die geeignete Person für diesen Posten **2.** (*capaz*) fähig

IES ['ies] *m abr de* **Instituto de Enseñanza Secundaria** höhere Lehranstalt *f* mit Berufsausbildung

iglesia [i'ɣlesja] *f* Kirche *f*; ~ **conventual** Klosterkirche *f*; ~ **parroquial** Pfarrkirche *f*; **casarse por la** ~ sich kirchlich trauen lassen, kirchlich heiraten; **entrar en la** ~ (*fig*) Mönch/Nonne werden; **hacerse miembro de la** ~ der Kirche beitreten; **ir a la** ~ in die Kirche gehen; **llevar a alguien a la** ~ (*fig*) jdn zum Traualtar führen; **salirse de la** ~ aus der Kirche austreten

iglú [i'ɣlu] *m* Iglu *m o nt*

ígneo, **-a** ['iɣneo, -a] *adj* **1.** (*de fuego*) feurig, Feuer- **2.** (*de color de fuego*) feuerfarben

ignición [iɣni'θjon] *f* **1.** (*combustión*) Verbrennen *nt*; (*incandescencia*) Glühen *nt* **2.** (*inicio de una combustión*) Entzünden *nt*

ignífero, **-a** [iɣ'nifero, -a] *adj* (*elev*) Feuer speiend

ignífugo, **-a** [iɣ'nifuɣo, -a] *adj* (*que protege contra el fuego*) feuersicher; (*que no se quema*) feuerfest, feuerbeständig

ignominia [iɣno'minja] *f* Schmach *f*, Schande *f*

ignominioso, **-a** [iɣnomi'njoso, -a] *adj* schmachvoll, schändlich

ignorancia [iɣno'ran̪θja] *f* **1.** (*desconocimiento*) Unwissenheit *f*, Kenntnislosigkeit *f*, Ignoranz *f pey*; **de** [*o* **por**] ~ aus Unwissenheit; **estar en** ~ **de algo** in Unkenntnis über etw sein; **mantener a alguien en** ~ **de algo** jdn in Unkenntnis über etw lassen; **perdonen mi** ~ **en este asunto** entschuldigen Sie meine Unkenntnis auf diesem Gebiet; ~ **no quita pecado** (*prov*) Unkenntnis schützt vor Strafe nicht **2.** (*incultura*) Bildungslücke *f*

ignorante [iɣno'ran̪te] **I.** *adj* **1.** (*desconocedor*) unwissend (*de* über +*akk*), ignorant *pey*; **aún es** ~ **de lo que sucede** er/sie weiß noch nicht, was eigentlich vorgeht **2.** (*inculto*) ungebildet **II.** *mf* (*pey*) Ignorant(in) *m(f)*

ignorar [iɣno'rar] *vt* **1.** (*desconocer*) nicht kennen; (*no saber*) nicht wissen; **ignoro su dirección** ich kenne seine/ihre Adresse nicht; **no ignoro que...** ich weiß sehr wohl, dass ... **2.** (*no hacer caso*) ignorieren, nicht beachten; **no puedes** ~ **lo que ocurre en el mundo** du kannst dich dem Weltgeschehen nicht verschließen

ignoto, **-a** [iɣ'noto, -a] *adj* (*elev*) unbekannt

igual[1] [i'ɣwal] **I.** *adj* **1.** (*idéntico*) (genau) gleich; (*semejante*) (sehr) ähnlich; **¿habrá cosa ~?** hat man so etwas schon einmal gesehen?; **no vi nunca cosa** ~ ich habe nie dergleichen [*o* Derartiges] gesehen; **tengo un vestido** ~ **al tuyo** ich habe das gleiche Kleid, das du auch hast; **a partes ~es** zu gleichen Teilen **2.** (*llano*) eben; **un terreno muy** ~ ein sehr ebenes Gelände **3.** (*constante: temperaturas*) gleich bleibend; (*clima*) ausgeglichen; (*ritmo*) gleichmäßig **4.** (MAT) kongruent **5.** (*lo mismo*) gleichgültig, einerlei, egal *fam*; **¡es ~!** (das ist) egal!; **me da** [*o* **me es**] ~ es ist mir egal **II.** *mf* Gleichgestellte(r) *mf*; **sin** ~ ohnegleichen; **es una belleza sin** ~ sie ist eine Schönheit ohnegleichen; **no tener** ~ einzigartig [*o* unvergleichlich] sein; **ser el** ~ **de alguien/de algo** jdm/etw *dat* gleich sein; **tratar a alguien de** ~ **a** ~ jdn gleichberechtigt [*o* wie seinesgleichen] behandeln **III.** *adv* **1.** (*fam: quizá*) womöglich, vielleicht; ~ **ya viene mañana** womöglich kommt er/sie schon morgen **2.** (*loc*): ~ **que...** genauso wie ...; **eres** ~ **que tu madre** du bist genau(so) wie deine Mutter; **al** ~ **que...** ebenso [*o* genauso] wie ...; **Carlos, al** ~ **que tú, piensa que...** Carlos denkt ebenso wie du, dass ...; **por** ~ gleich; **dales a todos por** ~ gib allen gleich viel; **tienes que extender la pintura por** ~ du musst die Farbe gleichmäßig verstreichen

igual[2] [i'ɣwal] *m* (MAT) Gleichheitszeichen *nt*

iguala [i'ɣwala] *f* (*cantidad de dinero*) Pauschalhonorar *nt*

igualación [iɣwala'θjon] *f* **1.** (*igualamiento*) Gleichmachung *f*; (*equiparación*) Gleichstellung *f*, Gleichsetzung *f* **2.** (*allanamiento*) (Ein)ebnung *f* **3.** (*nivelación*) Ausgleich *m*; ~ **de cargas** (FIN) Lastenausgleich *m* **4.** (*ajuste*) Anpassung *f*, Angleichung *f* **5.** (*convenio*) Übereinkunft *f*

igualada [iɣwa'laða] *f* (DEP) Unentschieden *nt*

igualado, **-a** [iɣwa'laðo, -a] *adj* **1.** (*parecido*) ähnlich; **son dos personas muy igualadas** es sind zwei sehr ähnliche Menschen **2.** (*empatado*) unentschieden; **están ~s** es steht unentschieden

igualador[1] [iɣwala'ðor] *m* (ELEC) Entzerrer *m*, Equalizer *m*

igualador(a)[2] [iɣwala'ðor(a)] *adj* angleichend; **la escuela pretende ser un factor** ~ **de la juventud de un país** die Schule gibt vor, eine nivellierende Wirkung auf die Jugend eines Landes auszuüben

igualar [iɣwa'lar] **I.** *vt* **1.** (*hacer igual*) gleichmachen; (*equiparar*) gleichstellen, gleichsetzen; **hemos igualado la cuenta de resultados del año pasado** wir haben die Erfolgsrechnung des letzten Jahres ausgeglichen **2.** (*allanar*) (ein)ebnen **3.** (*nivelar*) ausgleichen **4.** (*ajustar*) anpassen **II.** *vi* **1.** (*equivaler*) gleichkommmen (*en* +*dat*); **no hay quien le iguale en vivacidad** niemand ist so lebendig wie er/sie **2.** (*combinar*) passen (*con* zu +*dat*), entsprechen (*con* +*dat*); **el color de los zapatos iguala con el del vestido** die Farbe der Schuhe entspricht der des Kleides **III.** *vr:* ~**se 1.** (*parecerse*) gleichen; ~**se a** [*o* **con**] **alguien en algo** jdm in etw *dat* gleichen **2.** (*compararse*) sich vergleichen (*con* mit +*dat*); **siempre se iguala con su hermana mayor** er/sie vergleicht sich ständig mit seiner/ihrer älteren Schwester **3.** (*ponerse al igual*) sich (einander) angleichen

igualatorio, -a [iɣwala'torjo, -a] *adj* gleichmachend

igualdad [iɣwal̩'daᵈ] *f* **1.** (*uniformidad*) Gleichheit *f;* ~ **de derechos** Gleichberechtigung *f;* ~ **de oportunidades** Chancengleichheit *f;* ~ **de retribución para hombres y mujeres** Lohngleichheit von Mann und Frau; ~ **de trato** Gleichbehandlung *f* **2.** (*semejanza*) Ähnlichkeit *f* **3.** (*regularidad*) Gleichmäßigkeit *f;* (*de superficie*) Ebenheit *f;* ~ **de ánimo** Gleichmut *m* **4.** (MAT) Kongruenz *f*

igualitario, -a [iɣwali'tarjo, -a] *adj* egalitär

igualitarismo [iɣwalita'rismo] *m sin pl* **1.** (POL) Egalitarismus *m* **2.** (*pey: igualación*) Gleichmacherei *f*

igualmente [iɣwal'men̩te] **I.** *interj* danke, gleichfalls **II.** *adv* **1.** (*del mismo modo*) gleichermaßen, ebenso **2.** (*también*) ebenfalls, auch

iguana [i'ɣwana] *f* (ZOOL) Leguan *m*

ijada [i'xaða] *f* **1.** (ANAT) Flanke *f,* Weiche *f* **2.** (*dolor*) Seitenstechen *nt* **3.** (*loc*): **la cosa tiene su** ~ die Sache hat einen Haken

ijar [i'xar] *m* (ANAT) Weiche *f,* Flanke *f*

ikastola [ikas'tola] *f Schule, in welcher in baskischer Sprache unterrichtet wird*

ikurriña [iku'rriɲa] *f grün-rot-weiße Nationalflagge der Basken*

ilapso [i'laβso] *m* (PSICO) Verzückung *f,* Ekstase *f*

ilativo, -a [ila'tiβo, -a] *adj* **1.** (*que se infiere de algo*) (schluss)folgernd **2.** (LING) konsekutiv

ilegal [ile'ɣal] *adj* gesetzwidrig, ungesetzlich, illegal

ilegalidad [ileɣali'ðaᵈ] *f* Gesetzwidrigkeit *f,* Ungesetzlichkeit *f,* Illegalität *f*

ilegibilidad [ilexiβili'ðaᵈ] *f sin pl* Unlesbarkeit *f,* Unleserlichkeit *f*

ilegible [ile'xiβle] *adj* **1.** (*la letra*) unleserlich **2.** (*el contenido*) unlesbar

ilegislable [ilexis'laβle] *adj* (JUR) nicht gesetzlich regelbar

ilegitimar [ilexiti'mar] *vt* **1.** (*un asunto*) für unrechtmäßig erklären **2.** (*un hijo*) für unehelich erklären

ilegitimidad [ilexitimi'ðaᵈ] *f* **1.** (*de un asunto*) Unrechtmäßigkeit *f,* Illegitimität *f* **2.** (*de un hijo*) Unehelichkeit *f*

ilegítimo, -a [ile'xitimo, -a] *adj* **1.** (*asunto*) unrechtmäßig, illegitim **2.** (*hijo*) unehelich; (*relación*) außerehelich **3.** (*exigencia*) ungerechtfertigt, unberechtigt

ileón [ile'on] *m* (ANAT) **1.** (*intestino delgado*) Krummdarm *m,* Ileum *nt* **2.** (*cadera*) Hüftbein *nt*

ilerdense [iler'ðense] **I.** *adj* aus Lérida **II.** *mf* Einwohner(in) *m(f)* von Lérida

ileso, -a [i'leso, -a] *adj* unverletzt, unversehrt; **los pasajeros resultaron ~s** die Passagiere waren unverletzt; **salir ~ de un accidente** bei einem Unfall unversehrt bleiben

iletrado, -a [ile'traðo, -a] *adj* **1.** (*inculto*) ungebildet **2.** (*analfabeto*) des Lesens und Schreibens unkundig

ilicitano, -a [iliθi'tano, -a] **I.** *adj* aus Elche **II.** *m, f* Einwohner(in) *m(f)* von Elche

ilícito, -a [i'liθito, -a] *adj* unerlaubt, verboten; **negocio** ~ rechtswidriges Geschäft

ilicitud [iliθi'tuᵈ] *f sin pl* Unzulässigkeit *f*

ilimitable [ilimi'taβle] *adj* nicht begrenzbar, nicht beschränkbar

ilimitado, -a [ilimi'taðo, -a] *adj* unbegrenzt, unbeschränkt; **mi caja me ha concedido un crédito** ~ meine Sparkasse hat mir einen unbegrenzten Kredit gewährt

iliquidez [iliki'ðeθ] *f sin pl* (FIN) Zahlungsunfähigkeit *f,* Illiquidität *f*

ilíquido, -a [i'likiðo, -a] *adj* (ECON: *sin pagar*) unbezahlt; (*sin recursos*) illiquid, zahlungsunfähig

iliterario, -a [ilite'rarjo, -a] *adj* literaturlos

iliterato, -a [ilite'rato, -a] *adj* (*elev*) unwissend, ungebildet

Ilma. [ilus'trisima], **Ilmo.** [ilus'trisimo] *abr de* **ilustrísimo, -a** hochverehrte(r), hochverehrteste(r)

ilocalizable [ilokali'θaβle] *adj* unauffindbar

ilógico, -a [i'loxiko, -a] *adj* unlogisch

iluminación [ilumina'θjon] *f* **1.** (*el alumbrar*) Beleuchten *nt* **2.** (*alumbrado*) Beleuchtung *f;* (*como adorno*) Festbeleuchtung *f;* ~ **artificial** künstliche Beleuchtung, künstliches Licht **3.** (REL) Erleuchtung *f* **4.** (ARTE) Buchmalerei *f,* Illumination *f*

iluminado¹ [ilumi'naðo] *m* **1.** (REL) Erleuchtete(r) *mf* **2.** (*miembro de la secta*) Illuminat *m*

iluminado, -a² [ilumi'naðo, -a] *adj* **1.** (*un lugar*) erleuchtet, beleuchtet; (*un monumento*) angestrahlt **2.** (REL) erleuchtet **3.** (*fam: borracho*) betrunken; (*drogado*) high

iluminador(a) [ilumina'ðor(a)] *m(f)* Illuminator(in) *m(f)*

iluminar [ilumi'nar] *vt* **1.** (*alumbrar*) erleuchten, beleuchten; (*como decoración*) festlich beleuchten; (*un monumento*) anstrahlen; **la alegría iluminó su cara** sein/ihr Gesicht strahlte vor Freude **2.** (REL) erleuchten **3.** (ARTE) illuminieren

iluminativo, **-a** [ilumina'tiβo, -a] *adj* beleuchtend, Beleuchtungs-

iluminismo [ilumi'nismo] *m sin pl* (FILOS, REL) Illuminationstheorie *f*

ilusa [i'lusa] *adj o f v.* **iluso**

ilusión [ilu'sjon] *f* **1.** (*espejismo*) (Sinnes)täuschung *f;* ~ **óptica** optische Täuschung **2.** (*esperanza*) Hoffnung *f;* **poner su ~ en algo** seine Hoffnungen auf etw setzen **3.** (*visión*) (falsche) Vorstellung *f,* Illusion *f;* **hacerse ilusiones** sich *dat* falsche Vorstellungen machen (*acerca de/sobre* von +*dat*), sich *dat* etwas vormachen; **hacer ilusiones a alguien** jdm falsche Hoffnungen machen; **hacerse la ~ de que...** sich der Vorstellung hingeben, dass ... **4.** (*sueño*) Traum *m,* sehnlichster Wunsch *m;* **su ~ es poder volver** sein/ihr sehnlichster Wunsch ist es, zurückkommen zu können **5.** (*alegría*) Freude *f;* **no le quites la ~** nimm ihm/ihr nicht die (Vor)freude; **ese viaje me hace mucha ~** ich freue mich sehr auf diese Reise

ilusionante [ilusjo'nante] *adj* traumhaft, überaus schön

ilusionar [ilusjo'nar] **I.** *vt* **1.** (*hacer ilusiones*) falsche Hoffnungen machen +*dat* **2.** (*engañar*) täuschen, irreführen **II.** *vr:* **~se 1.** (*esperanzarse*) sich *dat* falsche Hoffnungen machen **2.** (*alegrarse*) sich freuen (*con* über +*akk*); **~se con algo** seine Hoffnung auf etw setzen

ilusionismo [ilusjo'nismo] *m* **1.** (*magia*) Zauberei *f,* Zaubern *nt* **2.** (*número de magia*) Zauberkunststück *nt,* Zaubertrick *m*

ilusionista [ilusjo'nista] *mf* Zauberkünstler(in) *m(f),* Illusionist(in) *m(f)*

ilusivo, **-a** [ilu'siβo, -a] *adj* trügerisch, illusorisch

iluso, **-a** [i'luso, -a] **I.** *adj* leichtgläubig, naiv **II.** *m, f* **1.** (*soñador*) Träumer(in) *m(f)* **2.** (*entusiasta*) Schwärmer(in) *m(f)*

ilusorio, **-a** [ilu'sorjo, -a] *adj* **1.** (*engañoso*) trügerisch, illusorisch **2.** (*de ningún efecto*) zwecklos

ilustración [ilustra'θjon] *f* **1.** (*imagen*) Abbildung *f,* Illustration *f;* (*acompañando un texto*) Bebilderung *f;* ~ **gráfica** grafische Darstellung; ~ **de portada** Titelbild *nt* **2.** (*aclaración*) Veranschaulichung *f;* **servir de** [*o* **como**] ~ zur Veranschaulichung dienen **3.** (*instrucción*) Gelehrsamkeit *f,* Bildung *f* **4.** (ARTE, HIST, LIT): **la I~** die Aufklärung

ilustrado, **-a** [ilus'traðo, -a] **I.** *adj* **1.** (*con imágenes*) bebildert, illustriert **2.** (*aclarado*) veranschaulicht **3.** (*instruido*) gebildet **4.** (*perteneciente al movimiento intelectual*) aufgeklärt **II.** *m, f* Aufklärer(in) *m(f)*

ilustrador(a) [ilustra'ðor(a)] **I.** *adj* **1.** (*ilustrativo*) illustrierend **2.** (*aclarativo*) veranschaulichend **3.** (*instructivo*) lehrreich **II.** *m(f)* Illustrator(in) *m(f)*

ilustrar [ilus'trar] **I.** *vt* **1.** (*con imagenes*) bebildern, illustrieren **2.** (*aclarar*) veranschaulichen **3.** (*instruir*) belehren, aufklären **II.** *vr:* **~se** sich bilden

ilustrativo, **-a** [ilustra'tiβo, -a] *adj* **1.** (*aclarador*) anschaulich **2.** (*sintomático*) bezeichnend, charakteristisch

ilustre [i'lustre] *adj* (*famoso*) berühmt, bekannt; (*egregio*) erlaucht

Ilustrísima [ilus'trisima] *f:* **Su ~** (*a obispos*) Eure [*o* Euer] Hochwürden

ilustrísimo, **-a** [ilus'trisimo, -a] *adj* hochverehrte(r), hochverehrteste(r); ~ **señor** sehr geehrter Herr; (*a personas de rango más alto*) hochverehrter Herr

ilutación [iluta'θjon] *f* (MED) Schlammbad *nt,* Fangobad *nt*

imada [i'maða] *f* (NÁUT) Ablaufbahn *f*

imagen [i'maxen] *f* **1.** (*t.* LIT, PREN, TV) Bild *nt;* ~ **de impresión** (INFOR) Druckbild *nt;* ~ **de tarjeta** (INFOR) Kartenbild *nt* **2.** (*representación exacta*) Abbild *nt;* (*fiel*) Ebenbild *nt;* (*reflejada*) Spiegelbild *nt;* **ser la viva ~ de alguien** jdm wie aus dem Gesicht geschnitten sein **3.** (*representación mental*) Vorstellung *f,* Bild *nt* **4.** (*fama*) Image *nt;* ~ **de marca** Markenimage *nt* **5.** (*escultura sagrada*) Heiligenfigur *f;* (*pintura*) Heiligenbild *nt;* **quedarse para vestir imágenes** keinen Mann (mehr) abkriegen, als alte Jungfer enden

imaginable [imaxi'naβle] *adj* vorstellbar, denkbar

imaginación [imaxina'θjon] *f* (*imaginativa*) Vorstellung(skraft) *f,* Einbildung(skraft) *f;* (*fantasía*) Fantasie *f;* **dejarse llevar por la ~** sich seinen Vorstellungen hingeben; **eso sobrepasa mi ~** das übertrifft meine Vorstellungskraft; **ni por ~** auf keinen Fall; **pasarle** [*o* **pasársele**] **a alguien por la ~** jdm in den Sinn kommen; **tener muy poca ~** eine sehr geringe Vorstellungskraft haben, wenig Fantasie haben

imaginar [imaxi'nar] **I.** *vt* **1.** (*representarse*) sich *dat* vorstellen, sich *dat* denken **2.** (*idear*) sich *dat* ausdenken; (*inventar*) erfinden; ~ **fantasmas** Gespenster sehen **3.** (*suponer*) vermuten, annehmen; (*sospechar*) ahnen; **imagino que no vendrá** ich vermute, dass er/sie nicht kommen wird **II.** *vr:* **~se 1.** (*representarse*) sich *dat* vorstellen, sich *dat* denken; **¡imagínate!** stell dir das einmal vor!; **no puedo imaginármelo** das kann ich mir nicht vorstellen; **me lo imagino** das denke ich mir; **¿viene Toni? – me imagino que sí** kommt Toni? – ich denke schon **2.** (*figurarse*) sich *dat* einbilden; **me imagino haberlo visto** ich bilde mir ein ihn gesehen zu haben

imaginaria[1] [imaxi'narja] *f* (MIL) Bereitschaftsdienst *m*

imaginaria[2] [imaxi'narja] *m* (MIL) Nachtwache *f*

imaginario, **-a** [imaxi'narjo, -a] *adj* **1.**(*t.* MAT) imaginär **2.**(*inventado*) erdacht, erfunden **3.**(*figurado*) eingebildet **4.**(*irreal*) unwirklich

imaginativa [imaxina'tiβa] *f* **1.**(*imaginación*) Vorstellungskraft *f,* Einbildungskraft *f* **2.**(*facultad de imaginar*) Vorstellungsvermögen *nt*

imaginativo, **-a** [imaxina'tiβo, -a] *adj* **1.**(*fantasioso*) fantasievoll **2.**(*ocurrente*) einfallsreich, ideenreich **3.**(*inventivo*) erfinderisch

imaginera [imaxi'nera] *f v.* **imaginero**

imaginería [imaxine'ria] *f* **1.**(*bordado*) figurative Seidenstickerei *f* **2.**(*escultura sagrada*) Heiligenfiguren *fpl;* (*pintura*) Heiligenbilder *ntpl* **3.**(LIT) Metaphorik *f*

imaginero, **-a** [imaxi'nero, -a] *m, f* (*escultor de imágenes*) Bildhauer(in) *m(f);* (*tallista*) Bildschnitzer(in) *m(f);* (*pintor*) Maler(in) *m(f)* von Heiligenbildern

imaginología [imaxinolo'xia] *f* (MED) Radiologie *f,* Röntgendiagnostik *f*

imago [i'maɣo] *m* (ZOOL) Vollinsekt *nt,* Imago *f*

imán [i'man] *m* **1.**(*t. fig: hierro magnético*) Magnet *m* **2.**(REL) Imam *m*

iman(t)ación [imana'θjon/iman̪ta'θjon] *f* Magnetisierung *f*

iman(t)ar [ima'nar/iman̪'tar] *vt* magnetisieren

imbatibilidad [imbatiβili'ðað] *f sin pl* Unschlagbarkeit *f*

imbatible [imba'tiβle] *adj* unschlagbar

imbatido, **-a** [imba'tiðo, -a] *adj* ungeschlagen

imbebible [imbe'βiβle] *adj* **1.**(*no potable*) nicht trinkbar **2.**(*con mal sabor*) ungenießbar

imbécil [im'beθil] **I.** *adj* **1.**(*t.* MED) schwachsinnig **2.**(*estúpido*) blöd, dumm **II.** *mf* **1.**(MED) Schwachsinnige(r) *mf* **2.**(*estúpido*) Schwachkopf *m,* Dummkopf *m*

imbecilidad [imbeθili'ðað] *f* **1.**(*t.* MED) Schwachsinn *m* **2.**(*estupidez*) Blödsinn *m;* **¡no digas ~es!** red keinen Blödsinn!

imberbe [im'berβe] *adj* **1.**(*sin barba*) bartlos **2.**(*pey: inmaduro*) (noch) grün; **un chico ~** ein grüner Junge

imbornal [imbor'nal] *m* **1.**(*alcantarilla*) Wasserabzugsrinne *f* **2.**(NÁUT) Speigat(t) *nt*

imborrable [imbo'rraβle] *adj* **1.**(*lápiz*) nicht ausradierbar; (*tinta*) nicht (aus)löschbar **2.**(*acontecimiento*) unauslöschlich, unaustilgbar; **recuerdos ~s** unauslöschliche Erinnerungen

imbricación [imbrika'θjon] *f* **1.**(ARQUIT) dachziegelartige Anordnung *f* **2.**(*superposición*) Überlappung *f,* Überlagerung *f;* (*entrecruzamiento*) Überschneidung *f*

imbricado, **-a** [imbri'kaðo, -a] *adj* **1.**(ARQUIT) dachziegelartig angeordnet **2.**(*factores*) miteinander verflochten **3.**(ZOOL: *concha*) gerifelt

imbricar [imbri'kar] <c→qu> **I.** *vt* überlappen, überlagern **II.** *vr:* **~se** **1.**(*superponerse*) sich überlappen, sich überlagern **2.**(*entrecruzarse*) sich überschneiden **3.**(*entrelazarse*) ineinander greifen

imbuido, **-a** [imbu'iðo, -a] *adj* durchdrungen (*de* von +*dat*)

imbuir [imbu'ir] *irr como huir* **I.** *vt* **1.**(*inculcar*) einprägen, einimpfen; **~ a alguien (de) algo** jdm etw einprägen **2.**(*transmitir*) vermitteln, beibringen **II.** *vr:* **~se** sich *dat* zu Eigen machen (*de* +*akk*), sich *dat* aneignen (*de* +*akk*)

imitable [imi'taβle] *adj* nachahmenswert, nachahmenswürdig

imitación [imita'θjon] *f* **1.**(*copia*) Nachahmung *f;* (*reproducción*) Nachbildung *f;* **~ fraudulenta** betrügerische Fälschung; **a ~ de...** nach dem Vorbild von ... **2.**(*como falsificación*) Imitat *nt,* Imitation *f;* **perlas de ~** Kunstperlen *fpl;* **¡desconfíe de las imitaciones!** (COM) vor Nachahmungen wird gewarnt!

imitado, **-a** [imi'taðo, -a] *adj* **1.**(*copiado*) nachgemacht, nachgeahmt, imitiert **2.**(*falso*) unecht

imitador(a) [imita'ðor(a)] *m(f)* (*copista*) Nachmacher(in) *m(f);* (*parodista*) Nachahmer(in) *m(f),* Imitator(in) *m(f)*

imitamonas [imita'monas] *mf inv* (*fam*) Nachäffer(in) *m(f);* **deja de hacer el ~** hör mit der Nachäfferei auf

imitar [imi'tar] *vt* **1.**(*copiar*) nachmachen; (*parodiar*) nachahmen, imitieren; (*reproducir*) nachbilden; **~ una firma** eine Unterschrift fälschen **2.**(*asemejarse*) ähneln +*dat,* ähnlich sein +*dat;* **imita a su hermano en la voz** er/sie ähnelt seinem/ihrem Bruder in der Stimme

imitativo, **-a** [imita'tiβo, -a] *adj* nachahmend, imitativ

impaciencia [impa'θjen̪θja] *f* Ungeduld *f;* **esperar a alguien con ~** mit [*o* voller] Ungeduld auf jdn warten

impacientar [impaθjen̪'tar] **I.** *vt* ungeduldig machen **II.** *vr:* **~se** ungeduldig werden, die Geduld verlieren

impaciente [impa'θjen̪te] *adj* **1.** *ser* (*sin paciencia*) ungeduldig; **no seas tan ~ con él** sei nicht so ungeduldig mit ihm **2.** *estar* (*intranquilo*) unruhig **3.** *estar* (*ansioso*) begierig; **estoy ~ por conocerla** ich brenne darauf, sie kennen zu lernen

impactar [impak'tar] *vt* **1.**(*un proyectil*) einschlagen (*en* in +*akk*) **2.**(*un acontecimiento*) beeindrucken

impacto [im'pakto] *m* **1.**(*choque de un proyectil*) Einschlag *m;* (*huella*) Treffer *m,* Einschuss *m;* **hacer ~** (MIL) ins Ziel treffen **2.**(*Am: en el boxeo*) (Faust)schlag *m,* Stoß *m* **3.**(*golpe emocional*) Schlag *m fig* **4.**(*efecto*) (große) Wirkung *f;* (*impresión*) Eindruck *m;* **~ (medio)ambiental** Umweltbelastung *f;* **~ pu-**

I

blicitario Werbewirkung *f;* ~ **visual** optische Wirkung; **algo causa un gran** ~ **en alguien** etw macht einen großen Eindruck auf jdn; **el** ~ **en la economía de una fuerte bajada de intereses** die Auswirkung einer starken Zinssenkung auf die Wirtschaft

impagable [impa'ɣaβle] *adj* **1.** (*no pagable*) unbezahlbar **2.** (*inapreciable*) unschätzbar; **una belleza** ~ eine unschätzbare Schönheit

impagado, -a [impa'ɣaðo, -a] *adj* unbezahlt

impago [im'paɣo] *m* Nichtzahlung *f;* ~ **de impuestos** Steuerumgehung *f*

impala [im'pala] *m* (ZOOL) Impala *f*

impalpable [impal'paβle] *adj* **1.** (*intocable*) nicht [*o* kaum] fühlbar; (*imperceptible*) nicht [*o* kaum] wahrnehmbar **2.** (*sutil*) (hauch)dünn, fein; **azúcar** ~ Puderzucker *m;* **polvo** ~ feiner Staub

impar [im'par] **I.** *adj* **1.** (*número*) ungerade **2.** (*sin par*) ungleich; **dos zapatos ~es** zwei ungleiche Schuhe **3.** (ANAT, BIOL) unpaarig **4.** (*sin igual*) einzigartig **II.** *m* ungerade Zahl *f*

imparable [impa'raβle] *adj* unhaltbar, nicht haltbar

imparcial [impar'θjal] *adj* **1.** (*sin tomar partido*) unparteiisch **2.** (*sin prejuicios*) unvoreingenommen **3.** (*justo*) gerecht

imparcialidad [imparθjali'ðaᵈ] *f* **1.** (*falta de parcialidad*) Unparteilichkeit *f* **2.** (*falta de prevención*) Unvoreingenommenheit *f*

impartir [impar'tir] *vt* **1.** (*dar*) erteilen; ~ **clases/una orden a alguien** jdm Unterricht/einen Befehl erteilen **2.** (*conferir*) gewähren, geben; ~ **el auxilio** (JUR) Rechtshilfe gewähren **3.** (*comunicar*) mitteilen

impasibilidad [impasiβili'ðaᵈ] *f* **1.** (*insensibilidad*) Empfindungslosigkeit *f,* Gefühllosigkeit *f* **2.** (*indiferencia*) Gleichmütigkeit *f*

impasible [impa'siβle] *adj* **1.** (*insensible*) empfindungslos, gefühllos **2.** (*indiferente*) gleichmütig

impasse [im'pas] *m* (*t. fig*) Sackgasse *f;* **las negociaciones se encuentran en un** ~ die Verhandlungen befinden sich in einer Sackgasse

impavidez [impaβi'ðeθ] *f* **1.** (*denuedo*) Unerschrockenheit *f* **2.** (*Chil: impertinencia*) Frechheit *f,* Unverschämtheit *f*

impávido, -a [im'paβiðo, -a] *adj* **1.** (*denodado*) unerschrocken **2.** (*Chil: impertinente*) frech, unverschämt

impecabilidad [impekaβili'ðaᵈ] *f sin pl* Tadellosigkeit *f*

impecable [impe'kaβle] *adj* **1.** *ser* (*correcto*) untad(e)lig, makellos; **un comportamiento** ~ ein untadeliges Verhalten; **habla un español** ~ er/sie spricht ein einwandfreies [*o* fehlerloses] Spanisch **2.** *estar* (*nuevo*) tadellos, einwandfrei; **este vestido está** ~ dieses Kleid ist in einem tadellosen Zustand

impedido, -a [impe'ðiðo, -a] **I.** *adj* behindert; **estar** ~ **de una mano** an einer Hand behindert sein; **estar** ~ **para algo** zu etw *dat* unfähig sein; ~ **para trabajar** arbeitsunfähig **II.** *m, f* Behinderte(r) *mf;* ~ **físico** Körperbehinderte(r) *m*

impedimenta [impeði'men̪ta] *f* (MIL) Tross *m*

impedimento [impeði'men̪to] *m* **1.** (*que imposibilita algo*) Verhinderung *f* **2.** (*obstáculo*) Hindernis *nt;* (*acerca del matrimonio*) Ehehindernis *nt* **3.** (*t.* MED) Behinderung *f*

impedir [impe'ðir] *irr como pedir vt* **1.** (*imposibilitar*) verhindern; ~ **un accidente** einen Unfall verhindern; **eso no se puede** ~ das kann man nicht verhindern, das ist unvermeidlich **2.** (*obstaculizar*) behindern, aufhalten, hemmen; (*el paso*) versperren **3.** (*estorbar*) abhalten, hindern; ~ **a alguien hacer algo** [*o* **que alguien haga algo**] jdn daran hindern [*o* davon abhalten], etw zu tun; **el ruido me impide trabajar** der Lärm hindert mich am Arbeiten; **eso no impide que vayamos de vacaciones** das hält uns nicht davon ab [*o* hindert uns nicht daran], in Urlaub zu fahren

impeler [impe'ler] *vt* **1.** (*empujar*) (fort)schieben **2.** (*impulsar*) antreiben, in Bewegung setzen; **el viento impele el barco** der Wind treibt das Schiff an **3.** (*incitar*) veranlassen, bewegen; ~ **a alguien a hacer algo** jdn dazu bewegen etw zu tun

impenetrabilidad [impenetraβili'ðaᵈ] *f* **1.** (*inaccesibilidad*) Undurchdringlichkeit *f;* (*de personas*) Unzugänglichkeit *f* **2.** (*impermeabilidad*) Undurchlässigkeit *f* **3.** (*incomprensibilidad*) Undurchsichtigkeit *f,* Undurchschaubarkeit *f* **4.** (*insondeabilidad*) Unerforschlichkeit *f,* Unergründlichkeit *f*

impenetrable [impene'traβle] *adj* **1.** (*inaccesible*) undurchdringlich; (*persona*) unzugänglich **2.** (*impermeable*) undurchlässig **3.** (*incomprensible*) undurchsichtig, undurchschaubar **4.** (*insondable*) unerforschlich, unergründlich

impenitencia [impeni'ten̪θja] *f* Unbußfertigkeit *f*

impenitente [impeni'ten̪te] *adj* **1.** (REL) unbußfertig, nicht reumütig **2.** (*empedernido*) eingefleischt; (*incorregible*) unverbesserlich; **es un optimista** ~ er ist ein unverbesserlicher Optimist

impensable [impen'saβle] *adj* undenkbar

impensado, -a [impen'saðo, -a] *adj* **1.** (*repentino*) unvermutet, plötzlich **2.** (*imprevisto*) unvorhergesehen; (*inesperado*) unerwartet, überraschend

impepinable [impepi'naβle] *adj* (*fam*) bombensicher

imperante [impe'ran̪te] *adj* **1.** (*t. fig: reinante*) herrschend; **el régimen** ~ das herrschende Regime **2.** (*predominante*) (vor)herrschend, überwiegend

imperar [impe'rar] *vi* **1.** (*reinar*) herrschen (*sobre* über +*akk*), regieren (*sobre* über +*akk*) **2.** (*elev: existir*) herrschen; **impera la niebla**

es herrscht Nebel; **ahora imperan otras costumbres** jetzt herrschen andere Sitten **3.** (*predominar*) vorherrschen, überwiegen

imperatividad [imperatiβi'ða^{ð}] *f* (JUR) Verbindlichkeit *f*

imperativo[1] [impera'tiβo] *m* **1.** (LING) Imperativ *m* **2.** *pl* (*exigencia*) Gebot *nt,* Erfordernis *f;* (*necesidad*) Notwendigkeit *f*

imperativo, -a[2] [impera'tiβo, -a] *adj* **1.** (*autoritario*) befehlend, imperativisch; (*imperioso*) gebieterisch; **decir algo en tono ~** etw in einem gebieterischen Ton sagen **2.** (*exigente*) fordernd; (*obligatorio*) zwingend, obligatorisch

imperatoria [impera'torja] *f* (BOT) Kaiserwurz *f,* Meisterwurz *f*

imperceptible [imperθep'tiβle] *adj* **1.** (*inapreciable*) nicht wahrnehmbar **2.** (*minúsculo*) unmerklich

imperdible [imper'ðiβle] **I.** *adj* unverlierbar **II.** *m* Sicherheitsnadel *f*

imperdonable [imperðo'naβle] *adj* unverzeihlich

imperecedero, -a [impereθe'ðero, -a] *adj* unvergänglich; **bienes ~s** (ECON) unverderbliche Waren; **fama imperecedera** unvergänglicher Ruhm

imperfección [imperfe^{ɣ}'θjon] *f* **1.** (*falta de perfección*) Unvollkommenheit *f* **2.** (*defecto*) Mangel *m,* Fehler *m;* **esta tela tiene algunas imperfecciones** dieser Stoff weist einige Mängel auf

imperfectivo, -a [imperfek'tiβo, -a] *adj* (LING) unvollendet

imperfecto[1] [imper'fekto] *m* (LING) Imperfekt *m*

imperfecto, -a[2] [imper'fekto, -a] *adj* **1.** (*persona*) unvollkommen **2.** (*cosa incompleta*) unvollständig; (*inacabada*) unvollendet; (*defectuosa*) mangelhaft, fehlerhaft **3.** (LING) imperfektisch

imperforación [imperfora'θjon] *f* (MED) Atresie *f,* Imperforation *f*

imperial [impe'rjal] **I.** *adj* kaiserlich, Kaiser-; **dignidad ~** kaiserliche Würde **II.** *f* **1.** (*de un autobús*) oberer Stock *m* **2.** (*de una carroza*) Verdeck *nt*

imperialismo [imperja'lismo] *m* (POL) Imperialismus *m*

imperialista [imperja'lista] **I.** *adj* imperialistisch **II.** *mf* Imperialist(in) *m(f)*

impericia [impe'riθja] *f* **1.** (*ineptitud*) Unfähigkeit *f* **2.** (*inexperiencia*) Unerfahrenheit *f* **3.** (*torpeza*) Ungeschicklichkeit *f*

imperio [im'perjo] *m* **1.** (*territorio*) Reich *nt;* (*t. fig*) Imperium *nt;* **~ colonial** Kolonialreich *nt;* **valer un ~** (*una cosa*) ein Vermögen wert sein; (*una persona*) ein Goldstück sein **2.** (*mandato*) Herrschaft *f* **3.** (*autoridad*) Macht *f,* Gewalt *f* **4.** (ARTE) Empire *nt,* Empirestil *m* **5.** (*altanería*) Hochmut *m;* (*orgullo*) Stolz *m*

imperioso, -a [impe'rjoso, -a] *adj* **1.** (*autoritario*) gebieterisch, herrisch **2.** (*urgente*) dringend; (*forzoso*) zwingend; **necesidad imperiosa** dringende Notwendigkeit

impermeabilidad [impermeaβili'ða^{ð}] *f* (Wasser)undurchlässigkeit *f*

impermeabilización [impermeaβiliθa'θjon] *f* **1.** (*de un tejido*) Imprägnierung *f* **2.** (AUTO) Unterbodenschutz *m*

impermeabilizar [impermeaβili'θar] <z→c> *vt* **1.** (*un tejido*) wasserdicht machen, imprägnieren **2.** (*una abertura*) undurchlässig machen, abdichten **3.** (AUTO) mit Unterbodenschutz versehen

impermeable [imperme'aβle] **I.** *adj* (wasser)dicht, (wasser)undurchlässig **II.** *m* Regenmantel *m*

impermutabilidad [impermutaβili'ða^{ð}] *f* *sin pl* Unvertauschbarkeit *f*

impermutable [impermu'taβle] *adj* nicht austauschbar

impersonal [imperso'nal] *adj* (*t.* LING) unpersönlich

impersonalidad [impersonali'ða^{ð}] *f* Unpersönlichkeit *f*

impertérrito, -a [imper'territo, -a] *adj* **1.** (*impávido*) unerschrocken; (*imperturbable*) unerschütterlich **2.** (*sin miedo*) furchtlos

impertinencia [imperti'neṇθja] *f* **1.** (*insolencia*) Ungehörigkeit *f,* Impertinenz *f;* (*descaro*) Unverschämtheit *f,* Frechheit *f* **2.** (*inoportunidad*) unpassende Bemerkung *f* **3.** (*importunidad*) Zudringlichkeit *f*

impertinente [imperti'neṇte] **I.** *adj* **1.** (*insolente*) ungehörig, impertinent; (*descarado*) unverschämt, frech **2.** (*inoportuno*) unpassend, unangebracht **3.** (*pesado*) zudringlich, belästigend **II.** *mf* unverschämte Person *f*

imperturbabilidad [imperturβaβili'ða^{ð}] *f* (*firmeza*) Unerschütterlichkeit *f;* (*seguridad*) Unbeirrtheit *f*

imperturbable [impertur'βaβle] *adj* (*firme*) unerschütterlich; (*seguro*) unbeirrt

impetrar [impe'trar] *vt* (*elev*) **1.** (*conseguir*) erlangen **2.** (*suplicar*) erflehen, flehen (um +*akk*); **~ el perdón** um Gnade flehen

ímpetu ['impetu] *m* **1.** (*vehemencia*) Heftigkeit *f,* Wucht *f* **2.** (*brío*) Schwung *m,* Elan *m;* **trabajar con mucho ~** mit viel Elan arbeiten **3.** (*violencia*) Gewalt *f;* **el ~ de las olas** die Wucht der Wellen

impetuosidad [impetwosi'ða^{ð}] *f* Ungestüm *nt,* Impetus *m*

impetuoso, -a [impetu'oso, -a] *adj* **1.** (*temperamento*) ungestüm, stürmisch **2.** (*movimiento*) heftig, gewaltig; (*fuerza*) wuchtig **3.** (*acto*) übereilt, unbedacht

impía [im'pia] *adj o f v.* **impío**

impiedad [impje'ða^{ð}] *f* **1.** (*falta de fe*) Gottlosigkeit *f* **2.** (*de piedad*) Herzlosigkeit *f*

impiedoso, -a [impje'ðoso, -a] *adj* unbarmherzig

impío, -a [im'pio, -a] **I.** *adj* **1.** (*irreligioso*) gottlos **2.** (*inclemente*) mitleid(s)los, unbarmherzig **3.**(*irrespetuoso*) unehrerbietig, respektlos **II.** *m, f* Gottlose(r) *mf*

implacable [impla'kaβle] *adj* **1.**(*imposible de ablandar*) unversöhnlich **2.**(*riguroso*) unerbittlich

implantación [implaṇta'θjon] *f* **1.**(MED) Implantation *f* **2.**(*introducción*) Einführung *f;* ~ **en el mercado** (ECON) Markteinführung *f* **3.**(*asentamiento*) Ansiedlung *f* **4.**(*generalización*) Einbürgerung *f;* ~ **de costumbres** Einbürgerung von Bräuchen

implantar [implaṇ'tar] **I.** *vt* **1.**(*establecer*) errichten, aufbauen; (*asentar*) ansiedeln **2.**(*instituir*) (be)gründen **3.**(*introducir*) einführen; ~ **una nueva moda** eine neue Mode einführen **4.**(MED) einpflanzen, implantieren **II.** *vr:* **~se 1.**(*establecerse*) sich niederlassen, sich etablieren **2.**(*generalizarse*) sich einbürgern; **esta palabra se ha implantado en nuestro idioma** dieses Wort hat sich in unserer Sprache eingebürgert

implante [im'plaṇte] *m* (MED) Implantat *nt*

implementación [implemeṇta'θjon] *f* **1.**(INFOR) Installation *f* **2.**(*reajuste*) Implementierung *f*

implementar [implemeṇ'tar] *vt* (*Am*) **1.**(*un método*) anwenden **2.**(*un plan*) durchführen, ausführen; (*una orden*) vollziehen **3.**(*un deber*) erfüllen

implemento [imple'meṇto] *m* (*Am: utensilio*) Gerät *nt;* (*accesorio*) Zubehör *nt;* **~s agrícolas** landwirtschaftliche Geräte

implicación [implika'θjon] *f* **1.**(*inclusión*) Einbeziehung *f* **2.**(*participación en un delito*) Beteiligung *f,* Verwick(e)lung *f* **3.**(*consecuencia*) Auswirkung *f* **4.**(*significado*) Bedeutung *f* **5.**(*contradicción*) Widerspruch *m;* (*oposición*) Gegensatz *m*

implicado, -a [impli'kaðo, -a] *m, f:* **presunto** ~ (JUR) mutmaßlicher Komplize *m*

implicar [impli'kar] <c→qu> **I.** *vt* **1.**(*envolver*) verwickeln, (mit) hineinziehen; ~ **a alguien en un negocio** jdn in ein Geschäft verwickeln **2.**(*contener*) (mit) enthalten, beinhalten, implizieren; (*una consecuencia*) mit sich *dat* bringen, zur Folge haben **3.**(*significar*) bedeuten **II.** *vi* (*impedir*) entgegenstehen (+*dat*), ein Hindernis sein (für +*akk*); **el tiempo implica para que hagamos la excursión** das Wetter hindert uns daran, den Ausflug zu machen; **nada implica para que vayamos de viaje** unserer Reise steht nichts entgegen **III.** *vr:* **~se** sich verwickeln (*en* in +*akk*)

implícito, -a [im'pliθito, -a] *adj* **1.**(*incluido*) (mit) einbegriffen, (mit) eingeschlossen; (*una circunstancia*) (mit) einbezogen **2.**(*sobreentendido*) implizit; **una amenaza implícita** eine implizite Drohung **3.**(*tácito*) stillschweigend; **un acuerdo** ~ ein stillschweigendes Übereinkommem

imploración [implora'θjon] *f* (An)flehen *nt,* flehentliche Bitte *f*

implorante [implo'raṇte] *adj* flehend

implorar [implo'rar] *vt* (an)flehen, flehentlich bitten; ~ **(el) perdón** um Verzeihung flehen; ~ **algo de alguien** jdn um etw anflehen

implosión [implo'sjon] *f* (ASTR, FÍS, LING) Implosion *f*

implosionar [implosjo'nar] *vi* implodieren

implosivo¹ [implo'siβo] *m* (LING) Implosivlaut *m*

implosivo, -a² [implo'siβo, -a] *adj* implosiv

implotar [implo'tar] *vi* implodieren

implume [im'plume] *adj* federlos, ungefiedert

impolarizable [impolari'θaβle] *adj* nicht polarisierbar

impolítico, -a [impo'litiko, -a] *adj* (*sin cortesía*) unhöflich, taktlos

impoluto, -a [impo'luto, -a] *adj* **1.**(*limpio*) nicht verschmutzt, rein **2.**(*sin tacha moral*) rein, makellos; **tener una reputación impoluta** einen makellosen Ruf haben

imponderable [impoṇde'raβle] *adj* **1.**(*incalculable*) unwägbar, nicht abzuschätzen; **consecuencias ~s** nicht abzuschätzende Folgen **2.**(*inestimable*) unschätzbar; **este cuadro es un testimonio ~ de nuestra época** dieses Bild ist ein unschätzbares Zeugnis unserer Zeit

imponderables [impoṇde'raβles] *mpl* Unwägbarkeiten *fpl,* Imponderabilien *pl elev*

imponente [impo'neṇte] **I.** *adj* **1.**(*impresionante*) eindrucksvoll **2.**(*que infunde respeto*) imponierend, beeindruckend **3.**(*inmenso*) mächtig, gewaltig; (*grandioso*) großartig, imposant **4.**(*fam: atractivo*) toll, großartig; **es una mujer** ~ sie ist eine tolle Frau **II.** *mf* (FIN) Einleger(in) *m(f)*

imponer [impo'ner] *irr como poner* **I.** *vt* **1.**(*idea*) aufdrängen, aufzwingen; (*carga*) auferlegen, aufbürden (*a/sobre* +*dat*); (*impuestos*) erheben (*sobre* für +*akk*); (*sanciones, condenas*) verhängen; (*barreras comerciales*) errichten; ~ **una multa** eine Geldstrafe auferlegen; **la CE consideró ~ restricciones a las importaciones de automóviles Japón** die EG erwog, Importbeschränkungen für japanische Automobile zu beschließen **2.**(*nombre*) geben, verleihen **3.**(*respeto, miedo*) einflößen **4.**(REL): ~ **las manos** die Hände auflegen (*sobre* auf +*akk*) **5.**(FIN) einzahlen; (*invertir*) anlegen **6.**(*instruir*) unterweisen (*en* in +*dat*); (*informar*) in Kenntnis setzen (*de* über +*akk*) **7.**(TIPO) ausschießen **II.** *vi* imponieren **III.** *vr:* **~se 1.**(*hacerse necesario*) sich aufdrängen, sich aufzwingen; (*hacerse ineludible*) unumgänglich sein, unbedingt notwendig sein; **se impone la necesidad de...** +*inf* es drängt sich die Notwendigkeit auf zu ... +*inf;* **se impone el tomar medidas** es ist unbedingt notwendig, dass Maßnahmen ergriffen werden **2.**(*hacerse obedecer*) sich durchsetzen (*a* gegen +*akk*); (*prevalecer*) sich behaupten (*a* gegen +*akk*) **3.**(*tomar como obli-*

gación) sich *dat* auferlegen **4.** (*informarse*) sich informieren (*de* über +*akk*); (*familiarizarse*) sich vertraut machen (*en* mit +*dat*) **5.** (*Méx: acostumbrarse*) sich gewöhnen (*a* an +*akk*)

imponible [impo'niβle] *adj* **1.** (FIN) (be)steuerbar, besteuerungsfähig; **líquido** ~ steuerbarer Betrag, (Steuer)messbetrag *m* **2.** (*importación*) verzollbar **3.** (*fam: ropa*) nicht tragbar

impopular [impopu'lar] *adj* **1.** (*antipático*) unbeliebt **2.** (*desfavorable*) unpopulär; **medidas ~es** unpopuläre Maßnahmen

impopularidad [impopulari'ðaᵈ] *f* Unbeliebtheit *f,* Unpopularität *f*

importación [importa'θjon] *f* **1.** (*acción*) Einfuhr *f,* Import *m;* ~ **de artículos** Warenimport *m;* ~ **de países no comunitarios** Einfuhr aus Drittländern; **contingente de** ~ Einfuhrquote *f,* Importkontingent *nt;* **licencia de** ~ Einfuhrgenehmigung *f,* Importlizenz *f;* **país de** ~ Einfuhrland *nt;* **restricciones a la** ~ Einfuhrbeschränkungen *fpl* **2.** (*producto*) Importartikel *m,* Importware *f*

importador(a) [importa'ðor(a)] **I.** *adj* Einfuhr-, Import- **II.** *m(f)* Importeur(in) *m(f)*

importancia [impor'tan̪θja] *f* **1.** (*interés*) Bedeutung *f;* **carecer de** ~ belanglos sein; **sin** ~ ohne Bedeutung, bedeutungslos; **dar** ~ **a algo** etw *dat* Bedeutung beimessen; **ser de poca/mucha** [*o* **gran**] **importancia** von geringer/großer Bedeutung sein; **tener** ~ von Bedeutung sein **2.** (*extensión*) Umfang *m,* Ausmaß *nt* **3.** (*trascendencia*) Tragweite *f,* Bedeutsamkeit *f;* **un acontecimiento de gran** ~ ein Ereignis von großer Tragweite **4.** (*prestigio*) Geltung *f,* Ansehen *nt;* (*influencia*) Einfluss *m;* **una mujer de mucha** ~ eine Frau von hohem Ansehen; **darse** ~ (*fam*) angeben, wichtig tun

importante [impor'tan̪te] *adj* **1.** (*de gran interés*) bedeutend, wichtig; **lo** ~ **es...** +*inf* Hauptsache ...; **lo más** ~ **es que...** +*subj* die Hauptsache ist, dass ... **2.** (*dimensión*) von besonderem Ausmaß, beachtlich **3.** (*cantidad*) beträchtlich, erheblich **4.** (*calidad*) wertvoll **5.** (*situación*) ernst **6.** (*persona*) berühmt, namhaft; (*influyente*) einflussreich; **hacerse el/la** ~ sich aufspielen

importar [impor'tar] **I.** *vt* **1.** (*mercancía*) importieren, einführen; **prohibición de** ~ Einfuhrverbot *nt,* Importsperre *f* **2.** (*precio*) betragen, sich belaufen (auf) **3.** (*traer consigo*) mit sich bringen; **la guerra importa mucha necesidad** der Krieg bringt sehr viel Not mit sich **II.** *vi* von Bedeutung sein, wichtig sein; **importa que...** +*subj* es ist von Bedeutung [*o* es ist wichtig], dass ...; **lo que importa es que...** +*subj* die Hauptsache ist, dass ...; **me importa mucho tu salud** es liegt mir sehr viel an deiner Gesundheit; **¿a ti qué te importa?** was geht dich das an?; **siempre se mete en lo que no le importa** er/sie mischt sich immer in fremde Angelegenheiten ein; **eso a ella no le importa** (*no le atañe*) das geht sie nichts an; (*le da igual*) das ist ihr einerlei [*o* gleichgültig]; **¿qué importa?** was macht das schon?; **¿te importa esperar?** macht es dir was aus zu warten?; **¡no importa!** (das) macht nichts!; **¡esto me importa un pito!** das ist mir schnurzpiepegal!

importe [im'porte] *m* (*cuantía*) Betrag *m;* (*total*) Summe *f;* ~ **amortizado** Abschreibungsbetrag *m;* ~ **debido** geschuldeter Betrag; ~ **exento de impuestos** Steuerfreibetrag *m;* ~ **de la factura** Rechnungsbetrag *m;* ~ **líquido** [*o* **neto**] Nettobetrag *m;* ~ **neto de la cifra de negocios** Nettoumsatz *m;* ~ **nominal** Nennwert *m,* Nominalbetrag *m;* ~ **de una prima** Prämienhöhe *f;* ~ **total** Gesamtbetrag *m;* **hasta el** ~ **de...** bis zu einem Betrag von ...

importunar [importu'nar] *vt* (*incomodar*) belästigen; (*molestar*) stören

importunidad [importuni'ðaᵈ] *f* **1.** (*incomodidad*) Belästigung *f;* (*molestia*) Störung *f* **2.** (*indiscreción*) Aufdringlichkeit *f*

importuno, -a [impor'tuno, -a] *adj* **1.** (*incómodo*) lästig; (*molesto*) störend **2.** (*indiscreto*) aufdringlich **3.** (*inoportuno*) ungelegen

imposibilidad [imposiβili'ðaᵈ] *f* Unmöglichkeit *f;* **estar** [*o* **encontrarse**] **en la** ~ **de...** nicht in der Lage sein zu ..., außerstande [*o* außer Stande] sein zu ...

imposibilitado, -a [imposiβili'taðo, -a] *adj* **1.** (*impedido*) (körper)behindert; (*paralítico*) gelähmt; **está** ~ **de las dos piernas** er ist an beiden Beinen gelähmt **2.** (*de acudir*) verhindert; **se halla imposibilitada por razones de trabajo** sie ist dienstlich verhindert

imposibilitar [imposiβili'tar] *vt* (*impedir*) verhindern; (*evitar*) vermeiden

imposible [impo'siβle] **I.** *adj* **1.** (*irrealizable*) unmöglich; **¡~!** ausgeschlossen!; **me es** ~ **ir a verte** es ist mir unmöglich, dich besuchen zu kommen; **parece** ~ **que ya hayas terminado** ich kann es kaum glauben, dass du schon fertig bist **2.** (*fam: insoportable*) unerträglich, unausstehlich; **hoy estás** ~ du bist heute unerträglich **3.** (*Am: repugnante*) abstoßend, ekelhaft **II.** *m:* **lo** ~ das Unmögliche; **pedir un** ~ Unmögliches verlangen; **haré lo** ~ **para** [*o* **por**] **que se quede** ich werde alles Menschenmögliche tun, damit er/sie bleibt

imposición [imposi'θjon] *f* **1.** (*de una carga*) Auferlegung *f,* Aufbürdung *f;* (*de condena*) Verhängung *f* **2.** (*de condiciones*) Auflage *f* **3.** (*de impuestos*) Besteuerung *f;* ~ **directa** (FIN) direkte Besteuerung; ~ **indirecta** (FIN) indirekte Besteuerung **4.** (*de un nombre*) Vergabe *f,* Verleihung *f* **5.** (REL): ~ **de manos** Handauflegung *f* **6.** (FIN) Einlage *f;* ~ **de ahorro** Spareinlage *f;* ~ **a plazo (fijo)** Termineinlage *f;* ~ **a séis meses** Einlage mit einer Laufzeit von sechs Monaten; ~ **a la vista** Sichteinlage *f* **7.** (TIPO) Ausschießen *nt*

impositiva [imposi'tiβa] *f* (*Am*) Finanzamt

nt

impositivo, **-a** [imposi'tiβo, -a] *adj* **1.** (FIN) Steuer-; **capacidad impositiva** Steuerfähigkeit *f;* **escala impositiva** Steuertarif *m;* **tipo ~** Steuersatz *m,* Steuerrate *f;* **tramo ~** Steuerteilbetrag *m* **2.** (*CSur: imperativo*) entschieden, bestimmt

impositor(a) [imposi'tor(a)] *m(f)* **1.** (TIPO) Anleger(in) *m(f)* **2.** (FIN) Einzahler(in) *m(f)*

impostergable [imposter'ɣaβle] *adj* nicht zurückstellbar, unaufschiebbar; **una visita ~** ein unaufschiebbarer Besuch

impostor(a) [impos'tor(a)] **I.** *adj* **1.** (*difamador*) verleumderisch **2.** (*tramposo*) betrügerisch **II.** *m(f)* **1.** (*difamador*) Verleumder(in) *m(f)* **2.** (*tramposo*) Betrüger(in) *m(f),* Schwindler(in) *m(f)*

impostura [impos'tura] *f* **1.** (*calumnia*) Verleumdung *f* **2.** (*trampa*) Betrug *m,* Schwindel *m*

impotable [impo'taβle] *adj* nicht trinkbar

impotencia [impo'teṇθja] *f* **1.** (*falta de poder*) Machtlosigkeit *f,* Ohnmacht *f* **2.** (*incapacidad*) Unfähigkeit *f,* Unvermögen *nt* **3.** (MED) Impotenz *f,* Zeugungsunfähigkeit *f*

impotente [impo'teṇte] *adj* **1.** (*sin poder*) machtlos, ohnmächtig **2.** (*incapaz*) unfähig **3.** (*desvalido*) schwach, kraftlos **4.** (MED) impotent

impracticable [imprakti'kaβle] *adj* **1.** (*irrealizable*) unausführbar, undurchführbar **2.** (*intransitable*) unbefahrbar; (*incómodo de pasar*) unwegsam

imprecación [impreka'θjon] *f* Verwünschung *f,* Fluch *m;* **proferir imprecaciones contra alguien** einen Fluch gegen jdn ausstoßen

imprecar [impre'kar] <c→qu> *vt* verwünschen, verfluchen

imprecatorio, **-a** [impreka'torjo, -a] *adj* Verwünschungs-; **lanzó una exclamación imprecatoria** er/sie stieß eine laute Verwünschung aus

imprecisión [impreθi'sjon] *f* **1.** (*falta de precisión*) Ungenauigkeit *f* **2.** (*falta de determinación*) Unbestimmtheit *f*

impreciso, **-a** [impre'θiso, -a] *adj* **1.** (*no preciso*) ungenau **2.** (*indefinido*) vage, unbestimmt

impredecible [impreðe'θiβle] *adj* nicht voraussagbar

impregnable [impreɣ'naβle] *adj* imprägnierbar

impregnación [impreɣna'θjon] *f* **1.** (*empapamiento*) Tränkung *f;* (*impermeabilización*) Imprägnierung *f* **2.** (*t. fig: penetración*) Durchdringung *f*

impregnar [impreɣ'nar] **I.** *vt* **1.** (*empapar*) tränken; (*impermeabilizar un tejido*) imprägnieren; **~ el algodón con** [*o* **de**]/**en alcohol** den Wattebausch mit/in Alkohol tränken **2.** (*penetrar*) durchtränken; **el agua impregna la tierra** das Wasser durchtränkt den Erdboden **3.** (*influir*) erfüllen; **estar impregnado de una idea** von einer Vorstellung erfüllt sein **II.** *vr:* **~se** sich voll saugen (*con/de* mit +*dat*)

impremeditación [impremeðita'θjon] *f sin pl* Unbesonnenheit *f,* Unüberlegtheit *f;* **la ~ de su respuesta** seine/ihre unbedachte Antwort

impremeditado, **-a** [impremeði'taðo, -a] *adj* **1.** (*impensado*) unüberlegt **2.** (*irreflexivo*) unbedacht **3.** (*involuntario*) unbeabsichtigt

imprenta [im'preṇta] *f* **1.** (*técnica*) (Buch)druck *m;* **letra de ~** Druckbuchstabe *m;* **tinta de ~** Druckerschwärze *f* **2.** (*arte*) Buchdruckerkunst *f* **3.** (*taller*) (Buch)druckerei *f* **4.** (*impresión*) Druck *m*

imprescindible [impresθiṇ'diβle] *adj* **1.** (*ineludible*) unumgänglich **2.** (*obligatorio*) unerlässlich, unbedingt erforderlich; **es ~ cumplir estas condiciones** diese Voraussetzungen müssen unbedingt erfüllt werden **3.** (*insustituible*) unentbehrlich; **estos libros son ~s para mi trabajo** diese Bücher sind für meine Arbeit unentbehrlich

imprescriptible [impreskrip'tiβle] *adj* **1.** (MED) nicht verschreibbar **2.** (JUR) unverjährbar

impresentable [impreseṇ'taβle] *adj* nicht vorzeigbar; **con ese vestido estás ~** mit dem Kleid kannst du dich nicht sehen lassen

impresión [impre'sjon] *f* **1.** (*huella*) Abdruck *m;* **~ dactilar** [*o* **digital**] Fingerabdruck *m* **2.** (TIPO) Druck *m;* (*acto*) Drucklegung *f;* **~ en colores** Farbendruck *m;* **~ plana/en relieve** Flach-/Hochdruck *m;* **~ en varios colores** Mehrfarbendruck *m* **3.** (INFOR) Ausdruck *m* **4.** (FOTO) Abzug *m* **5.** (*grabación*) (Ton)aufnahme *f* **6.** (*sensación*) (Sinnes)eindruck *m;* (*opinión*) Eindruck *m;* **cambiar impresiones** Eindrücke austauschen; **dar la ~ de que...** den Eindruck [*o* den Anschein] erwecken, als ob ...; **causar buena/mala ~ a alguien** einen guten/schlechten Eindruck auf jdn machen; **su historia me causó mucha ~** seine/ihre Geschichte hat einen tiefen Eindruck bei mir hinterlassen [*o* hat mich sehr beeindruckt]; **tengo la ~ de que...** ich habe den Eindruck, dass ...

impresionable [impresjo'naβle] *adj* **1.** (*fácil de impresionar*) leicht zu beeindrucken; (*de alterar*) leicht erregbar **2.** (*sensible*) empfindsam **3.** (TIPO) druckbar **4.** (INFOR) ausdruckbar

impresionante [impresjo'naṇte] *adj* **1.** (*emocionante*) beeindruckend, eindrucksvoll **2.** (*de gran efecto*) wirkungsvoll **3.** (*magnífico*) großartig

impresionar [impresjo'nar] **I.** *vt* **1.** (*emocionar*) beeindrucken, Eindruck machen (auf +*akk*); (*conmover*) tief bewegen, erschüttern **2.** (*inculcar*) einprägen **3.** (FOTO) belichten **4.** (*grabar*) bespielen **II.** *vr:* **~se** (*emocionarse*) beeindruckt sein; (*conmoverse*) tief bewegt sein, erschüttert sein; **se ha impresionado con tu carta** er/sie war von deinem Brief tief bewegt

impresionismo [impresjo'nismo] *m* (ARTE) Impressionismus *m*

impresionista [impresjo'nista] **I.** *adj* (ARTE) impressionistisch **II.** *mf* (ARTE) Impressionist(in) *m(f)*

impreso[1] [im'preso] *m* **1.** (*hoja, folleto, libro*) Druckerzeugnis *nt* **2.** (*formulario*) Formular *nt*, Vordruck *m*; ~ **de solicitud** Antragsformular *nt* **3.** (*envío*) Drucksache *f*; ~ **comercial** Geschäftsdrucksache *f*; ~ **publicitario** Werbedrucksache *f*; **enviar** [*o* **mandar**] **algo como** ~ etw als Drucksache verschicken

impreso, -a[2] [im'preso, -a] *pp de* **imprimir**

impresor(a) [impre'sor(a)] **I.** *adj* Druck- **II.** *m(f)* Drucker(in) *m(f)*

impresora [impre'sora] *f* (INFOR) Drucker *m*; ~ **de colores** Farbdrucker *m*; ~ **digital** Digitaldrucker *m*; ~ **para gráficos** Grafikdrucker *m*; ~ **de inyección de tinta** (**a color**) (Farb)tintenstrahldrucker *m*; ~ **láser** Laserdrucker *m*; ~ **de línea** Zeilendrucker *m*; ~ **matricial** Matrixdrucker *m*; ~ **térmica** Thermodrucker *m*

imprestable [impres'taβle] *adj* nicht ausleihbar, nicht auszuleihen

imprevisibilidad [impreβisiβili'ðaᵈ] *f* Unvorhersehbarkeit *f*

imprevisible [impreβi'siβle] *adj* unvorhersehbar

imprevisión [impreβi'sjon] *f* **1.** (*despreocupación*) Sorglosigkeit *f*; (*descuido*) Unachtsamkeit *f* **2.** (*ligereza*) Leichtsinnigkeit *f*

imprevisor(a) [impreβi'sor(a)] *adj* **1.** (*despreocupado*) sorglos; (*descuidado*) unachtsam **2.** (*ligero*) leichtsinnig

imprevisto[1] [impre'βisto] *m* **1.** (*percance inesperado*) unerwartetes Ereignis *nt* **2.** *pl* (*gastos*) unvorhergesehene Ausgaben *fpl*

imprevisto, -a[2] [impre'βisto, -a] *adj* (*no previsto*) unvorhergesehen; (*inesperado*) unerwartet, überraschend; **lo** ~ das Unvorhergesehene

imprimátur [impri'matur] *m* (TIPO) Imprimatur *nt*

imprimir [impri'mir] *irr vt* **1.** (TIPO) drucken (*en/sobre* auf +*dat*); (*editar*) herausbringen (*en/sobre* auf +*dat*); (*reproducir*) abdrucken (*en/sobre* auf +*dat*) **2.** (INFOR) ausdrucken; ~ **pantalla** Bildschirm drucken **3.** (*t. fig: un sello*) aufprägen, aufdrücken **4.** (*inculcar*) einprägen; **espero que te quede impreso en la memoria** ich hoffe, du prägst dir das ein **5.** (*transmitir*) verleihen; ~ **actividad a algo** etw in Bewegung setzen; ~ **aceleración** [*o* **velocidad**] **a algo** etw beschleunigen; **esto me imprime nuevas fuerzas** das verleiht mir neue Kräfte

improbabilidad [improβaβili'ðaᵈ] *f* Unwahrscheinlichkeit *f*

improbable [impro'βaβle] *adj* unwahrscheinlich

improbidad [improβi'ðaᵈ] *f* Unredlichkeit *f*

ímprobo, -a ['improβo, -a] *adj* **1.** (*elev: inmoral*) unredlich **2.** (*esfuerzo*) mühselig, beschwerlich; (*trabajo*) hart, schwer, mühevoll

improcedencia [improθe'ðen̪θja] *f* **1.** (*inoportunidad*) Unangemessenheit *f* **2.** (*de fundamento*) Unzweckmäßigkeit *f* **3.** (*de derecho*) Unzulässigkeit *f*; (JUR) Rechtswidrigkeit *f*

improcedente [improθe'ðen̪te] *adj* **1.** (*inoportuno*) unangemessen; (*extemporáneo*) unpassend, unangebracht **2.** (*inadecuado*) unzweckmäßig **3.** (*antirreglamentario*) unzulässig; (JUR) rechtswidrig

improductividad [improðuktiβi'ðaᵈ] *f* **1.** (*falta de productividad*) Unproduktivität *f* **2.** (*falta de rendimiento*) Unergiebigkeit *f* **3.** (*falta de rentabilidad*) Unwirtschaftlichkeit *f*

improductivo, -a [improðuk'tiβo, -a] *adj* **1.** (*no productivo*) unproduktiv **2.** (*sin rendimiento*) unergiebig; **capital** ~ unproduktives Kapital; **dinero** ~ totes [*o* brachliegendes] Kapital **3.** (*antieconómico*) unwirtschaftlich

improlongable [improloŋ'gaβle] *adj* nicht verlängerbar

impromptu [im'promtu] *m* (MÚS) Impromptu *nt*

impronta [im'pron̪ta] *f* **1.** (*de una imagen*) Abdruck *m* **2.** (*huella*) Spuren *fpl*; **la guerra dejó una ~ imborrable en la población** der Krieg hat unauslöschliche Spuren bei der Bevölkerung hinterlassen

impronunciable [impronun̪'θjaβle] *adj* **1.** (*inarticulable*) unaussprechbar **2.** (*inefable*) unaussprechlich

improperio [impro'perjo] *m* (*ofensa*) Beleidigung *f*; (*insulto*) Beschimpfung *f*

impropiedad [impropje'ðaᵈ] *f* **1.** (*inexactitud en el lenguaje*) Ungenauigkeit *f*; (*incorrección*) Unrichtigkeit *f* **2.** (*inoportunidad*) Unangemessenheit *f* **3.** (*ineptitud*) Untauglichkeit *f*

impropio, -a [im'propjo, -a] *adj* **1.** (*inoportuno*) unpassend, unangemessen, unangebracht; **ese comportamiento es ~ en** [*o* **de**] **él** dieses Verhalten passt nicht zu ihm; **tu presentación es impropia para la ocasión** deine Aufmachung ist dem Anlass unangemessen **2.** (*inapropiable*) ungeeignet, untauglich **3.** (MAT) unecht

improrrogable [improrro'ɣaβle] *adj* **1.** (*no prolongable*) nicht verlängerbar **2.** (*no aplazable*) unaufschiebbar

impróvido, -a [im'proβiðo, -a] *adj* (*elev*) unvorbereitet, unerwartet

improvisación [improβisa'θjon] *f* Improvisation *f*

improvisado, -a [improβi'saðo, -a] *adj* improvisiert

improvisador(a) [improβisa'ðor(a)] *m(f)* Improvisator(in) *m(f)*

I

improvisar [impro'βi'sar] *vt* improvisieren; ~ **un discurso** eine Rede improvisieren

improviso, -a [impro'βiso, -a] *adj* (*imprevisto*) unerwartet, unvorhergesehen; **al** [*o* **de**] ~ plötzlich, unversehens; **coger a alguien de** ~ jdn überraschen; **en un** ~ in einem [*o* im] Nu *fam*

improvisto, -a [impro'βisto, -a] *adj* (*imprevisto*) unerwartet, unvorhergesehen; **a la improvista** plötzlich, unversehens

imprudencia [impru'ðen̩θja] *f* **1.** (*irreflexión*) Unbesonnenheit *f* **2.** (*descuido*) Unvorsichtigkeit *f* **3.** (*indiscreción*) Taktlosigkeit *f* **4.** (JUR) Fahrlässigkeit *f*; **cometer una ~ temeraria** grob fahrlässig handeln

imprudente [impru'ðen̩te] *adj* **1.** (*irreflexivo*) unbesonnen; (*insensato*) unklug, unvernünftig **2.** (*incauto*) unvorsichtig **3.** (*indiscreto*) taktlos **4.** (JUR) fahrlässig

impúber [im'puβer] **I.** *adj* vorpubertär **II.** *mf* Kind *nt* im vorpubertären Alter

impublicable [impuβli'kaβle] *adj* nicht zur Veröffentlichung geeignet

impudencia [impu'ðen̩θja] *f* (*descaro*) Unverschämtheit *f*, Frechheit *f*; (*desvergüenza*) Schamlosigkeit *f*

impudente [impu'ðen̩te] *adj* (*descarado*) unverschämt, frech; (*desvergonzado*) schamlos

impudicia [impu'ðiθja] *f* **1.** (*deshonestidad*) Unkeuschheit *f* **2.** (*desvergüenza*) Schamlosigkeit *f*

impúdico, -a [im'puðiko, -a] *adj* **1.** (*deshonesto*) unkeusch **2.** (*obsceno*) unzüchtig, unsittlich **3.** (*desvergonzado*) schamlos

impudor [impu'ðor] *m* (*desvergüenza*) Schamlosigkeit *f*; (*falta de delicadeza*) Skrupellosigkeit *f*

impuesto¹ [im'pwesto] *m* (FIN) Steuer *f*, Abgabe *f*; ~ **de actividades económicas** Gewerbesteuer *f*; ~ **sobre el alcohol y las bebidas derivadas** Getränkesteuer *f*; ~ **sobre bienes inmuebles** Grundsteuer *f*; ~ **sobre el capital** Vermögenssteuer *f*; ~ **de circulación** Kraftfahrzeugsteuer *f*; ~ **al consumo** Verbrauch(s)steuer *f*; ~ **directo** direkte Steuer; **~s especiales** staatliche Verbrauch(s)steuern; ~ **sobre hidrocarburos** Mineralölsteuer *f*; ~ **indirecto** indirekte Steuer; ~ **de lujo** [*o* **suntuario**] Luxussteuer *f*; ~ **de matriculación** *bei der Zulassung eines Fahrzeugs zu entrichtende Steuer*; ~ **sobre el patrimonio** Vermögenssteuer *f*; ~ **sobre la renta** Einkommenssteuer *f*; ~ **sobre los salarios** Lohnsteuer *f*; ~ **sobre Sociedades** Körperschaft(s)steuer *f*; ~ **sobre las sucesiones** [*o* **sucesorio**] Erbschaftssteuer *f*; ~ **sobre el tabaco** Tabaksteuer *f*; ~ **sobre transmisiones patrimoniales** Schenkungssteuer *f*; ~ **de utilidades** Lohn- und Einkommenssteuer *f*; ~ **sobre el valor añadido** Mehrwertsteuer *f*; ~ **sobre la venta** Umsatzsteuer *f*; **libre** [*o* **exento**] **de ~s** steuerfrei; **sujeto a ~s** steuerpflichtig; **mercancía sujeta a ~s** steuerpflichtige Ware; **rentas exentas del** ~ nicht steuerpflichtige Einkünfte; **recaudar ~s** Steuern erheben

impuesto, -a² [im'pwesto, -a] **I.** *pp de* **imponer II.** *adj* (*fam*) bewandert; **mi hija está impuesta en historia** meine Tochter ist in Geschichte (sehr) bewandert [*o* kennt sich in Geschichte sehr gut aus]

impugnable [impuɣ'naβle] *adj* (*combatible*) anfechtbar, bestreitbar; (*una teoría*) angreifbar

impugnación [impuɣna'θjon] *f* **1.** (*t.* JUR) Anfechtung *f* **2.** (*negación*) Bestreiten *nt* **3.** (*objeción*) Einwand *m*; **presentar una ~** einen Einwand vorbringen

impugnar [impuɣ'nar] *vt* **1.** (*t.* JUR) anfechten **2.** (*combatir*) bestreiten; (*una teoría*) angreifen, zu widerlegen suchen

impugnativo, -a [impuɣna'tiβo, -a] *adj* Anfechtungs-

impulsar [impul'sar] *vt* **1.** (*empujar*) schieben **2.** (*incitar*) veranlassen (*a* zu +*dat*), bewegen (*a* zu +*dat*); ~ **a alguien a hacer algo** jdn dazu bewegen, etw zu tun **3.** (*estimular*) antreiben; (*promover*) vorantreiben; ~ **las relaciones comerciales** die Handelsbeziehungen vorantreiben

impulsión [impul'sjon] *f* **1.** (TÉC) Antrieb *m* **2.** (*elev: empuje*) Anstoß *m*

impulsiva [impul'siβa] *adj o f v.* **impulsivo**

impulsivamente [impulsiβa'men̩te] *adv* impulsiv; (*sin reflexión*) leichtfertig; (*espontáneamente*) aus freien Stücken

impulsividad [impulsiβi'ðaᵈ] *f* Impulsivität *f*

impulsivo, -a [impul'siβo, -a] **I.** *adj* impulsiv **II.** *m, f* impulsiver Mensch *m*

impulso [im'pulso] *m* **1.** (*empujón*) Stoß *m* **2.** (*estímulo*) Anstoß *m*; (*exterior*) Antrieb *m*, Anreiz *m*; (*interior*) Antrieb *m*, innere Regung *f*; ~ **sexual** Sexualtrieb *m*; **a ~s de...** angetrieben von ...; **dar nuevos ~s a algo/alguien** etw *dat*/jdm neuen Antrieb [*o* neue Anreize] geben; **hacer algo al primer** ~ etw aus einem (plötzlichen) Impuls heraus tun **3.** (*empuje*) Schwung *m*; **tomar** [*o* **coger**] ~ (*tomar fuerza*) Schwung holen; (*corriendo*) Anlauf nehmen **4.** (ELEC, FÍS) Impuls *m*

impulsor¹ [impul'sor] *m* **1.** (TÉC) Antrieb *m* **2.** (AERO) Triebwerk *nt*

impulsor(a)² [impul'sor(a)] **I.** *adj* antreibend **II.** *m(f)* Anstifter(in) *m(f)*

impune [im'pune] *adj* straflos, straffrei, ungestraft; **quedar** ~ straffrei ausgehen

impunidad [impuni'ðaᵈ] *f* Straflosigkeit *f*, Straffreiheit *f*

impuntual [impun̩tu'al] *adj* unpünktlich

impuntualidad [impun̩twali'ðaᵈ] *f* Unpünktlichkeit *f*

impureza [impu'reθa] *f* **1.** (*t.* REL) Unreinheit *f*; **~s de la piel** Hautunreinheiten *fpl* **2.** (*suciedad*) Verunreinigung *f* **3.** (*falta de casti-*

dad) Unkeuschheit *f;* (*obscenidad*) Unzucht *f,* Unsittlichkeit *f*

impurificación [impurifika'θjon] *f* Verunreinigung *f*

impurificar [impurifi'kar] <c→qu> *vt* verunreinigen; **el poder impurificó sus ideas** die Macht korrumpierte seine Ideen

impuro, -a [im'puro, -a] *adj* **1.** (*t.* REL) unrein; **los espíritus ~s** die Dämonen **2.** (*sucio*) verunreinigt, verschmutzt **3.** (*deshonesto*) unkeusch; (*obsceno*) unzüchtig, unsittlich

imputabilidad [imputaβili'ða^{ð}] *f* Zurechnungsfähigkeit *f,* Schuldfähigkeit *f*

imputable [impu'taβle] *adj* zurückzuführen (*a* auf +*akk*), zuzuschreiben (*a* +*dat*)

imputación [imputa'θjon] *f* **1.** (*insinuación*) Unterstellung *f* **2.** (*acusación*) Beschuldigung *f,* Anschuldigung *f;* **formular una ~ contra alguien** eine Beschuldigung gegen jdn aussprechen

imputar [impu'tar] *vt* **1.** (*atribuir*) zurückführen (*a* auf +*akk*), zuschreiben (*a* +*dat*) **2.** (*cargar*) aufbürden (*a* +*dat*), zur Last legen (*a* +*dat*) **3.** (COM) verbuchen (*a* auf +*akk*)

in [in] *adj inv* (*fam*) in; **ser ~** in sein

inabarcable [inaβar'kaβle] *adj* unermesslich

inabordable [inaβor'ðaβle] *adj* **1.** (NÁUT) ohne Landungsmöglichkeit **2.** (*lugar, tema*) unzugänglich **3.** (*persona*) unnahbar

inacabable [inaka'βaβle] *adj* unendlich, endlos

inacabado, -a [inaka'βaðo, -a] *adj* unvollendet, nicht fertig

inaccesibilidad [ina^{ɣ}θesiβili'ða^{ð}] *f* **1.** (*inasequibilidad*) Unerreichbarkeit *f;* (*a un lugar, de un tema*) Unzugänglichkeit *f;* (*de una persona*) Unnahbarkeit *f* **2.** (*incomprensibilidad*) Unverständlichkeit *f*

inaccesible [ina^{ɣ}θe'siβle] *adj* **1.** (*inalcanzable*) unerreichbar (*para* für +*akk*); (*lugar, tema*) unzugänglich (*a* +*dat*); (*persona*) unnahbar **2.** (*incomprensible*) unverständlich; **sus motivos son ~s para mí** seine/ihre Gründe sind mir unverständlich

inacción [ina^{ɣ}'θjon] *f* (*inactividad*) Untätigkeit *f;* (*ociosidad*) Nichtstun *nt*

inacentuado, -a [inaθen̩tu'aðo, -a] *adj* (*átono*) unbetont; (*sin acento gráfico*) ohne Akzent

inaceptable [inaθep'taβle] *adj* unannehmbar

inactividad [inaktiβi'ða^{ð}] *f* **1.** (*inacción*) Tatenlosigkeit *f;* (*desocupación*) Untätigkeit *f;* (*ociosidad*) Müßiggang *m* **2.** (*de una sustancia*) Unwirksamkeit *f* **3.** (QUÍM, MED) Inaktivität *f*

inactivo, -a [inak'tiβo, -a] *adj* **1.** (*persona*) tatenlos; (*desocupado*) untätig; (*ocioso*) müßig; (*mercado*) umsatzlos, lustlos; (*cuenta corriente*) umsatzlos; **dinero ~** totes [*o* brachliegendes] Kapital **2.** (*funcionamiento*) stillgelegt **3.** (*volcán*) untätig **4.** (*sustancia*) unwirksam **5.** (QUÍM, MED) inaktiv

inactual [inaktu'al] *adj* unzeitgemäß, inaktuell

inadaptabilidad [inaðaptaβili'ða^{ð}] *f* mangelnde Anpassungsfähigkeit *f*

inadaptable [inaðap'taβle] *adj* (*inaplicable*) nicht anwendbar (*a* auf +*akk*); (*no aclimatable*) nicht anpassungsfähig

inadaptación [inaðapta'θjon] *f* (*inadaptabilidad*) mangelndes Anpassungsvermögen *nt;* (*resultado*) Unangepasstheit *f*

inadaptado, -a [inaðap'taðo, -a] **I.** *adj* unangepasst **II.** *m, f* unangepasster Mensch *m*

inadecuación [inaðekwa'θjon] *f* **1.** (*falta de apropiación*) Unangemessenheit *f* **2.** (*inutilidad*) Untauglichkeit *f*

inadecuado, -a [inade'kwaðo, -a] *adj* **1.** (*inapropiado*) unangemessen **2.** (*no apto*) ungeeignet, untauglich; **esos zapatos son ~s para ir de paseo** diese Schuhe sind zum Spazierengehen nicht geeignet

inadmisible [inaðmi'siβle] *adj* **1.** (*insostenible*) unzulässig **2.** (*intolerable*) unannehmbar

inadvertencia [inaðβer'ten̩θja] *f* Unachtsamkeit *f;* **por ~** aus Versehen, versehentlich

inadvertido, -a [inaðβer'tiðo, -a] *adj* **1.** (*descuidado*) unachtsam; **me cogió ~** er/sie hat mich überrascht **2.** (*desapercibido*) unbemerkt; **pasar** [*o* **quedar**] **~** unbemerkt bleiben; **le pasó inadvertida tu presencia** er/sie hat deine Anwesenheit nicht bemerkt

in aeternum [in e'ternun] (*elev*) auf ewig, in aeternum

inafectado, -a [inafek'taðo, -a] *adj* (*persona*) nicht betroffen; (*órgano*) nicht beteiligt

inagotable [inaɣo'taβle] *adj* unerschöpflich

inaguantable [inaɣwan̩'taβle] *adj* unerträglich

inajenable [inaxe'naβle] *adj* unveräußerlich

inalámbrico, -a [ina'lambriko, -a] *adj* (TEL) schnurlos, drahtlos; **teléfono ~** schnurloses Telefon

in albis [in 'alβis] *adv:* **dejar ~ a alguien** jdn leer ausgehen lassen; **estar ~** keinen blassen Schimmer haben *fam;* **quedarse ~** (*no entender*) kein Wort verstehen; (*fracasar*) leer ausgehen

inalcanzable [inalkan̩'θaβle] *adj* unerreichbar

inalienabilidad [inaljenaβili'ða^{ð}] *f sin pl* Unveräußerlichkeit *f*

inalienable [inalje'naβle] *adj* unveräußerlich

inalterabilidad [inal̩teraβili'ða^{ð}] *f sin pl* Unveränderbarkeit *f;* (*persona*) Unerschütterlichkeit *f*

inalterable [inal̩te'raβle] *adj* **1.** (*invariable*) unveränderlich **2.** (*permanente*) beständig; **~ al calor** hitzebeständig; **~ a la luz** lichtbeständig; **ser de color ~** farbecht sein **3.** (*imperturbable*) unerschütterlich

inalterado, -a [inal̩te'raðo, -a] *adj* unverändert

inamovible [inamo'βiβle] *adj* (*piedra*) nicht

zu bewegen; (*persona*) unkündbar; (*que no se puede trasladar*) unversetzbar; (*de un cargo*) unabsetzbar

inanalizable [inanali'θaβle] *adj* nicht analysierbar

inane [i'nane] *adj* (*elev*) **1.** (*inútil*) vergeblich, zwecklos **2.** (*fútil*) nichtig, belanglos

inanición [inani'θjon] *f* Erschöpfung *f,* Entkräftung *f;* **morir de** ~ an Entkräftung sterben

inanidad [inani'ðað] *f* Nichtigkeit *f,* Leere *f,* Inanität *f elev*

inanimado, -a [inani'maðo, -a] *adj,* **inánime** [i'nanime] *adj* leblos, unbelebt

inapelable [inape'laβle] *adj* **1.** (JUR) berufungsunfähig, unanfechtbar **2.** (*fig: irremediable*) unvermeidbar, unabwendbar; (*irreparable*) nicht wieder gutzumachen

inapetencia [inape'ten̪θja] *f* Appetitlosigkeit *f*

inapetente [inape'ten̪te] *adj* appetitlos; **estar** ~ unter Appetitlosigkeit leiden

inaplazable [inapla'θaβle] *adj* **1.** (*impostergable*) unaufschiebbar **2.** (*urgente*) (besonders) dringend

inaplicable [inapli'kaβle] *adj* unanwendbar

inapreciable [inapre'θjaβle] *adj* **1.** (*de gran valor*) unschätzbar **2.** (*imperceptible*) nicht wahrnehmbar; ~ **a simple vista** mit bloßem Auge kaum wahrnehmbar

inaprensible [inapren'siβle] *adj* **1.** (*inasible*) nicht greifbar **2.** (*incomprensible*) unverständlich, nicht nachvollziehbar

inapropiado, -a [inapro'pjaðo, -a] *adj* **1.** (*inadecuado*) ungeeignet **2.** (*inoportuno*) unangemessen

inarmónico, -a [inar'moniko, -a] *adj* unharmonisch

inarrugable [inarru'ɣaβle] *adj* knitterfrei

inarticulable [inartiku'laβle] *adj* unaussprechbar, nicht artikulierbar

in artículo mortis [in ar'tikulo 'mortis] (JUR) auf dem Sterbebett

inasequible [inase'kiβle] *adj* unerreichbar; (*a causa del precio*) unerschwinglich; **el alto precio de la casa la hace** ~ **para nosotros** das Haus ist für uns unerschwinglich, wir können uns das Haus nicht leisten

inasible [ina'siβle] *adj* nicht greifbar

inasistencia [inasis'ten̪θja] *f* mangelnde Pflege *f,* Mangel *m* an Pflege

inasistido, -a [inasis'tiðo, -a] *adj* **1.** (*anciano*) ohne Pflege, ohne Betreuung **2.** (*en una operación*) ohne Assistenz

inaudible [inau̯'ðiβle] *adj* unhörbar

inaudito, -a [inau̯'ðito, -a] *adj* **1.** (*sin precedente*) noch nie da gewesen **2.** (*vituperable*) unerhört

inauguración [inau̯ɣura'θjon] *f* **1.** (*puente, comercio*) Eröffnung *f,* Einweihung *f* **2.** (*estatua*) Enthüllung *f* **3.** (*exposición*) Vernissage *f* **4.** (*comienzo*) Anfang *m,* Beginn *m;* **la** ~ **de una nueva era** der Beginn einer neuen Ära

inaugurador(a) [inau̯ɣura'ðor(a)] *adj* Einweihungs-, Eröffnungs-

inaugural [inau̯ɣu'ral] *adj* Einweihungs-, Eröffnungs-; **discurso** ~ **al asumir un cargo** Antrittsrede bei Amtsübernahme

inaugurar [inau̯ɣu'rar] *vt* **1.** (*puente, comercio*) eröffnen, einweihen **2.** (*estatua*) enthüllen **3.** (*comenzar*) anfangen, beginnen

inauténtico, -a [inau̯'ten̪tiko, -a] *adj* unecht, nicht authentisch

inaveriguable [inaβeri'ɣwaβle] *adj* (*causa, tarea*) unlösbar; (*identidad*) nicht ermittelbar [*o* feststellbar]

INB [iene'βe] *m* (ENS) *abr de* **Instituto Nacional de Bachillerato** *Spanische Bildungseinrichtung zur Erlangung der Hochschulreife*

inca ['iŋka] **I.** *adj* Inka- **II.** *m* Inka *m*

incaico, -a [iŋ'kai̯ko, -a] *adj* inkaisch

incalculable [iŋkalku'laβle] *adj* **1.** (*invalorable*) unschätzbar **2.** (*no cuantificable*) unbezifferbar **3.** (*comportamiento*) unberechenbar; **nunca se sabe cómo reaccionará, es** ~ man weiß nie, wie er/sie reagieren wird; er/sie ist unberechenbar

incalificable [iŋkalifi'kaβle] *adj* **1.** (*indecible*) unbeschreiblich, unaussprechlich **2.** (*reprobable*) tadelnswert, schmählich

incalmable [iŋkal'maβle] *adj* nicht zu beruhigen

incalumniable [iŋkalum'njaβle] *adj* untadelig

incanato [iŋka'nato] *m* (*Chil, Perú:* HIST) Inkaherrschaft *f*

incandescencia [iŋkan̪des'θen̪θja] *f* **1.** (FÍS: *metal*) Weißglut *f* **2.** (*pasión, temperamento*) Erregung *f,* Glut *f;* (*furia, enfado*) Weißglut *f*

incandescente [iŋkan̪des'θen̪te] *adj* **1.** (FÍS: *metal*) weiß glühend **2.** (*temperamento*) erregt, erhitzt; (*pasión*) glühend

incansable [iŋkan'saβle] *adj* unermüdlich

incapacidad [iŋkapaθi'ðað] *f* **1.** (*ineptitud*) Unfähigkeit *f;* ~ **para contratar** (JUR) Vertragsunfähigkeit *f;* ~ **de gestión** Geschäftsunfähigkeit *f;* ~ **laboral** Arbeitsunfähigkeit *f,* Erwerbsunfähigkeit *f;* ~ **mental** Unzurechnungsfähigkeit *f;* **tiene la baja por** ~ **transitoria/permanente** er/sie ist wegen vorübergehender/dauernder Arbeitsunfähigkeit beurlaubt **2.** (*física, psíquica*) Behinderung *f*

incapacitación [iŋkapaθita'θjon] *f* **1.** (*minusvalía*) Behinderung *f* **2.** (JUR) Entmündigung *f*

incapacitado, -a [iŋkapaθi'taðo, -a] **I.** *adj* **1.** (*incompetente*) unbefugt **2.** (*para negocios, contratos*) entmündigt **II.** *m, f* **1.** (*minusválido*) Behinderte(r) *mf* **2.** (JUR: *para negocios, contratos*) Entmündigte(r) *mf,* Geschäftsunfähige(r) *mf*

incapacitar [iŋkapaθi'tar] *vt* **1.** (JUR: *para negocios, contratos*) entmündigen **2.** (*impedir*) nicht erlauben [*o* gestatten]; **su condición de extranjero le incapacita para ejercer el derecho de voto** sein Status als Ausländer gestattet es ihm nicht, das Wahlrecht auszuüben

incapaz [iŋka'paθ] *adj* **1.** (*inepto*) unfähig (*de* zu +*dat*); **es ~ de hacerle daño a nadie** er/sie ist unfähig jdm auch nur ein Haar zu krümmen; **es un hombre ~ de realizar este tipo de tareas** er ist ein zu solchen Aufgaben unfähiger Mann **2.** (JUR: *sin capacidad legal*) unmündig **3.** (*sin talento*) unfähig, ungeschickt

incario [iŋ'karjo] *m* (HIST) **1.** (*período*) Zeit *f* der Inkaherrschaft **2.** (*estructura*) soziopolitische Struktur *f* des Inkareiches

incasable [iŋka'saβle] *adj* **1.** (*imposible de casar*) nicht zu verheiraten, nicht unter die Haube zu bringen *fam* **2.** (JUR: *sin autorización legal*) eheunfähig

incatalogable [iŋkatalo'ɣaβle] *adj* nicht katalogisierbar

incautación [iŋkau̯ta'θjon] *f* Beschlagnahmung *f*, Konfiszierung *f*

incautado, **-a** [iŋkau̯'taðo, -a] *adj* beschlagnahmt, konfisziert

incautarse [iŋkau̯'tarse] *vr* **1.** (*confiscar*) beschlagnahmen (*de* +*akk*) **2.** (*adueñarse*) Besitz ergreifen (*de* von +*dat*), sich *dat* unter den Nagel reißen (*de* +*akk*) *fam*

incauto, **-a** [iŋ'kau̯to, -a] *adj* **1.** (*sin cautela*) unvorsichtig, unbedacht; (*confiado*) gutgläubig, vertrauensselig **2.** (*ingenuo*) naiv, einfältig

incendiar [in̪θen̪'djar] **I.** *vt* (*sin intención*) entzünden; (*intencionalmente*) anzünden, in Brand stecken **II.** *vr*: **~se** sich entzünden, in Flammen aufgehen, Feuer fangen

incendiario, **-a** [in̪θen̪'djarjo, -a] **I.** *adj* **1.** (*para producir un incendio*) Brand-; **bomba incendiaria** Brandbombe *f* **2.** (*subversivo*) aufwiegelnd, Hetz-; **discurso ~** Hetzrede *f* **II.** *m, f* Brandstifter(in) *m(f)*

incendio [in̪'θen̪djo] *m* Brand *m*, Feuer *nt*; **~ intencionado** [*o* **premeditado**] Brandstiftung *f*, gelegtes Feuer; **peligro de ~s** Brandgefahr *f*

incensurable [in̪θensu'raβle] *adj* tadellos, einwandfrei

incentivación [in̪θen̪tiβa'θjon] *f* Schaffung *f* von Anreizen (*de* für +*akk*)

incentivar [in̪θen̪ti'βar] *vt* einen Anreiz schaffen (*a* für +*akk*), fördern (*a* +*akk*)

incentivo [in̪θen̪'tiβo] *m* Anreiz *m*; **~ fiscal** steuerlicher Anreiz, Steuervergünstigung *f*; **prima de ~** Anreizprämie *f*; **programa de ~s** Stimulierungsprogramm *nt*

incertidumbre [in̪θerti'ðumbre] *f* **1.** (*inseguridad*) Unsicherheit *f* **2.** (*duda*) Ungewissheit *f*, Zweifel *m*

incesable [in̪θe'saβle] *adj* unaufhörlich, unablässig

incesante [in̪θe'san̪te] *adj* unaufhörlich, ununterbrochen

incesto [in̪'θesto] *m* Inzest *m*, Blutschande *f*

incestuoso, **-a** [in̪θestu'oso, -a] *adj* inzestuös, blutschänderisch

incidencia [in̪θi'ðen̪θja] *f* **1.** (*efecto*) Auswirkungen *fpl*, Folgen *fpl*; **la huelga tuvo escasa ~** der Streik zeigte kaum Auswirkungen **2.** (*suceso*) Zwischenfall *m*, Vorfall *m* **3.** (MAT: *línea, rayo*) Einfall *m*, Auftreffen *nt*; **ángulo de ~** Einfallswinkel *m*, Inzidenswinkel *m*

incidente [in̪θi'ðen̪te] **I.** *adj* **1.** (*que interrumpe*) dazwischenkommend, störend **2.** (*al margen*) nebenbei vorkommend, beiläufig **3.** (*ocasional*) gelegentlich **II.** *m* Zwischenfall *m*, Vorfall *m*; **~ aeronáutico** Flugzeugunglück *nt*, Flugzeugabsturz *m*

incidir [in̪θi'ðir] *vi* **1.** (*consecuencias*) Auswirkungen haben (*en* auf +*akk*), Einfluss nehmen (*en* auf +*akk*) **2.** (*elev: falta, error*) verfallen (*en* in +*akk*) **3.** (FÍS: *elev: luz, rayo*) einfallen (*en* in +*akk*), fallen (*en* auf +*akk*) **4.** (*tema, asunto, punto*) hervorheben (*en* +*akk*) **5.** (MED) inzidieren (*en* +*akk*)

incienso [in̪'θjenso] *m* Weihrauch *m*

incierto, **-a** [in̪'θjerto, -a] *adj* ungewiss, unsicher; **tener un futuro ~** eine unsichere Zukunft haben

incinerable [in̪θine'raβle] *adj* (ECON: *billete de banco*) zur Verbrennung bestimmt

incineración [in̪θinera'θjon] *f* Verbrennung *f*; (*de personas*) Einäscherung *f*, Feuerbestattung *f*; **~ de residuos** Müllverbrennung *f*

incinerador¹ [in̪θinera'ðor] *m* **1.** (TÉC) Verbrennungsanlage *f* **2.** (*para cadáveres*) Feuerbestattungsofen *m*

incinerador(a)² [in̪θinera'ðor(a)] *adj* **1.** (TÉC) Verbrennungs- **2.** (*para cadáveres*) Einäscherungs-

incineradora [in̪θinera'ðora] *f* **1.** *v.* **incinerador²** **2.** (*para basuras*) Müllverbrennungsanlage *f*

incinerar [in̪θine'rar] *vt* **1.** (TÉC) verbrennen **2.** (*cadáveres*) einäschern

incipiente [in̪θi'pjen̪te] *adj* beginnend, anbrechend

incircunciso, **-a** [in̪θirkun̪'θiso, -a] *adj* unbeschnitten

incisión [in̪θi'sjon] *f* **1.** (MED) (Ein)schnitt *m*, Inzision *f* **2.** (*elev: corte*) Schnitt *m*

incisivo, **-a** [in̪θi'siβo, -a] *adj* schneidend; **diente ~** Schneidezahn *m*, Inzisivzahn *m*

inciso [in̪'θiso] *m* **1.** (TIPO) Absatz *m* **2.** (LING: *paréntesis*) Einschub *m*, eingeschobener Nebensatz *m*; (*coma*) Komma *nt*, Beistrich *m* **3.** (*al relatar*) Exkurs *m*, Abschweifung *f* **4.** (*en documentos*) Randbemerkung *f*

incisorio, **-a** [in̪θi'sorjo, -a] *adj* schneidend, Schneide-

incisura [in̪θi'sura] *f* (ANAT) Einbuchtung *f*, Inzisur *f*

incitación [in̪θita'θjon] *f* **1.** (*instigación*) Anstiftung *f*, Aufstachelung *f*, Aufhetzung *f* **2.** (*ánimo*) Ansporn *m*, Anstachelung *f*

incitador(a) [in̪θita'ðor(a)] *adj* anstiftend, aufwiegelnd

incitante [in̪θi'tan̪te] *adj* **1.** (*instigador*) auf-

I

stachelnd, provokativ **2.** (*que anima*) ermunternd, anregend

incitar [iṇθi'tar] *vt* **1.** (*instigar*) anstiften (*a* zu +*dat*), aufhetzen (*contra* gegen +*akk*) **2.** (*animar*) ermuntern, anspornen; ~ **a los clientes a la compra** die Kunden zum Kauf verleiten

incívico, -a [iṇ'θiβiko, -a] *adj* asozial, unsozial

incivil [iṇθi'βil] *adj*, **incivilizado, -a** [iṇθiβili'θaðo, -a] *adj* **1.** (*inculto*) unzivilisiert, ungesittet **2.** (*rudo*) brutal

inclasificable [iŋklasifi'kaβle] *adj* nicht klassifizierbar, nicht einzuordnen

inclemencia [iŋkle'meṇθja] *f* **1.** (*falta de clemencia*) Unbarmherzigkeit *f* **2.** (*clima*) Härte *f*, Rauheit *f*; (*invierno*) Strenge *f*; (*paisaje*) Unwirtlichkeit *f*; **las ~s del tiempo** die Unbilden der Witterung [*o* des Wetters]

inclemente [iŋkle'meṇte] *adj* **1.** (*falto de clemencia*) unbarmherzig **2.** (*clima*) hart, rau; (*invierno*) streng; (*paisaje*) unwirtlich, ungastlich

inclinación [iŋklina'θjon] *f* **1.** (*declive*) Neigung *f* **2.** (*reverencia*) Verbeugung *f*, Verneigung *f*; (*con la cabeza*) Zunicken *nt* **3.** (*afecto*) Zuneigung *f* (*por* für +*akk*); (*propensión*) Hang (*a* zu +*dat*); **sentir** [*o* **tener**] ~ **por alguien** Zuneigung für jdn empfinden; **sentir** [*o* **tener**] ~ **hacia la pintura** sich zur Malerei hingezogen fühlen, einen Hang zur Malerei haben **4.** (*tendencias*) Neigungen *fpl*; **tiene unas inclinaciones raras** er/sie hat sonderbare Neigungen

inclinado, -a [iŋkli'naðo, -a] *adj* **1.** (*ángulo*) geneigt, schräg **2.** (*de cuerpo*) gebeugt, gebückt **3.** (*dispuesto*) geneigt; **estar ~ a rechazar la invitación** geneigt sein, die Einladung abzusagen

inclinar [iŋkli'nar] **I.** *vt* **1.** (*posición*) neigen, beugen **2.** (*influenciar*) geneigt machen **II.** *vr:* **~se 1.** (*persona*) sich beugen, sich bücken **2.** (*árboles*) sich beugen **3.** (*propender*) geneigt sein (*a* zu +*dat*) **4.** (*preferir*) neigen (*por* zu +*dat*)

incluir [iŋklu'ir] *irr como huir vt* **1.** (*comprender*) einschließen, umfassen; (*contener*) beinhalten; **este precio incluye todos los servicios** dieser Preis umfasst alle Leistungen; **todo incluido** alles inklusive; **el precio es con IVA incluido** der Preis versteht sich inklusive MwSt. **2.** (*formar parte*) mit aufnehmen, mit aufführen; ~ **en una cuenta** in eine Rechnung (mit) einschließen; ~ **en una lista** in eine Liste mit aufnehmen

inclusa [iŋ'klusa] *f* Findelhaus *nt*

inclusero, -a [iŋklu'sero, -a] *m, f* Findelkind *nt*

inclusión [iŋklu'sjon] *f* **1.** (*integración*) Einschließung *f*, Eingliederung *f* **2.** (*formar parte*) Aufnahme *f*, Einschluss *m*; **con ~ de...** einschließlich ... +*gen*

inclusive [iŋklu'siβe] *adv* einschließlich; **hasta el 6 de mayo** ~ bis einschließlich 6. Mai

inclusivo, -a [iŋklu'siβo, -a] *adj* einschließlich

incluso, -a [iŋ'kluso, -a] **I.** *adj* eingeschlossen **II.** *adv* sogar; **trabajando aquí, ~ puedes salir al extranjero** wenn du hier arbeitest, kannst du sogar ins Ausland kommen **III.** *prep* sogar, selbst; **habéis aprobado todos, ~ tú** ihr habt alle bestanden, selbst du; **ha nevado ~ donde nunca suele nevar** es hat sogar [*o* selbst] dort geschneit, wo es sonst nie schneit

incoación [iŋkoa'θjon] *f* **1.** (*comienzo*) Anfang *m*, Beginn *m* **2.** (JUR: *de un proceso*) Einleitung *f*, Eröffnung *f*

incoar [iŋko'ar] *vt* **1.** (*comenzar*) anfangen, beginnen **2.** (JUR: *expediente, proceso*) einleiten, eröffnen

incobrable [iŋko'βraβle] *adj* uneintreibbar, nicht einzutreiben

incógnita [iŋ'koɣnita] *f* **1.** (MAT: *magnitud*) unbekannte Größe *f* **2.** (*enigma*) Rätsel *nt*; (*secreto*) Geheimnis *nt*; **despejar la ~** (*enigma*) das Rätsel lösen; (*secreto*) das Geheimnis enthüllen [*o* lüften]

incógnito[1] [iŋ'koɣnito] *m* Inkognito *nt*; **viajar de ~** inkognito reisen

incógnito, -a[2] [iŋ'koɣnito, -a] *adj* unbekannt

incognoscible [iŋkoɣnos'θiβle] *adj* (*elev*) unerkennbar

incoherencia [iŋkoe'reṇθja] *f* Zusammenhanglosigkeit *f*, Inkohärenz *f*

incoherente [iŋkoe'reṇte] *adj* unzusammenhängend, inkohärent

incoloro, -a [iŋko'loro, -a] *adj* farblos

incólume [iŋ'kolume] *adj* unversehrt, unverletzt; **salir ~ del accidente** den Unfall unverletzt [*o* unversehrt] überstehen

incombustibilidad [iŋkombustiβili'ðað] *f sin pl* Feuerfestigkeit *f*, Unbrennbarkeit *f*

incombustible [iŋkombus'tiβle] *adj* un(ver)brennbar, feuerfest, feuersicher

incomerciable [iŋkomer'θjaβle] *adj* unverkäuflich, nicht handelsfähig; **la felicidad es ~** das Glück ist ein unverkäufliches Gut

incomible [iŋko'miβle] *adj* nicht essbar, ungenießbar

incomodado, -a [iŋkomo'ðaðo, -a] *adj* **1.** (*enfadado*) ärgerlich **2.** (*ofendido*) beleidigt; **eso la dejó incomodada** sie war deswegen verärgert [*o* gekränkt]

incomodar [iŋkomo'ðar] **I.** *vt* stören, belästigen **II.** *vr:* **~se 1.** (*molestarse*) sich bemühen, Mühen auf sich nehmen; **¡no se incomode!** machen Sie sich *dat* keine Umstände! **2.** (*CSur: enfadarse*) sich beleidigt fühlen; **estar incomodado con alguien por...** auf jdn schlecht zu sprechen sein wegen ... +*gen/dat*

incomodidad [iŋkomoði'ðað] *f*, **incomodo** [iŋko'moðo] *m* **1.** (*inconfortable*) Unbequemlichkeit *f*, Unbehaglichkeit *f* **2.** (*molestia*) Ärgernis *nt*, Unannehmlichkeit *f*

incómodo, -a [iŋ'komoðo, -a] *adj* **1.** (*inconfortable*) unbequem, unbehaglich; **estar ~**

sich unbehaglich fühlen **2.** (*molesto*) lästig, beschwerlich **3.** (*CSur: enfadado*) verärgert; **estar ~ con alguien** mit jdm böse sein, auf jdn nicht gut zu sprechen sein

incomparable [iŋkompa'raβle] *adj* **1.** (*no comparable*) unvergleichbar **2.** (*extraordinario*) unvergleichlich, außergewöhnlich

incomparablemente [iŋkomparaβle'mente] *adv* unvergleichlich; **~ mejor** erheblich besser

incomparecencia [iŋkompare'θenθja] *f* (JUR) Nichterscheinen *nt*

incompartible [iŋkompar'tiβle] *adj* nicht (mit anderen) teilbar; **un marido es ~** den Ehemann teilt man nicht mit anderen

incompasivo, -a [iŋkompa'siβo, -a] *adj* mitleidlos, unbarmherzig

incompatibilidad [iŋkompatiβili'ða^{ð}] *f* Inkompatibilität *f*, Unvereinbarkeit *f*; **~ de intereses** Interessenkonflikt *m*, Unvereinbarkeit von Interessen; **~ de oficios** Verbot der Ämterhäufung

incompatible [iŋkompa'tiβle] *adj* inkompatibel, unvereinbar

incompensable [iŋkompen'saβle] *adv* nicht auszugleichen, nicht kompensierbar; **la ausencia de los padres era ~** die Abwesenheit der Eltern war durch nichts zu kompensieren

incompetencia [iŋkompe'tenθja] *f* **1.** (*inaptitud*) Unfähigkeit *f* **2.** (*sin poder legal*) Unzuständigkeit *f*

incompetente [iŋkompe'tente] *adj* **1.** (*inapto*) unfähig, untauglich **2.** (*sin poder legal*) unbefugt

incompleto, -a [iŋkom'pleto, -a] *adj* **1.** (*inacabado*) unvollständig, unvollkommen **2.** (*deficiente*) dürftig, lückenhaft

incomprehensible [iŋkompre(e)n'siβle] *adj v.* **incomprensible**

incomprendido, -a [iŋkompren'diðo, -a] *adj* unverstanden

incomprensibilidad [iŋkomprensiβili'ða^{ð}] *f sin pl* Unverständlichkeit *f*

incomprensible [iŋkompren'siβle] *adj* **1.** (*no inteligible*) unverständlich **2.** (*inexplicable*) nicht nachvollziehbar

incomprensión [iŋkompren'sjon] *f* **1.** (*no querer comprender*) Unverständnis *nt*, Verständnislosigkeit *f* **2.** (*no poder comprender*) Unverständlichkeit *f*

incomprensivo, -a [iŋkompren'siβo, -a] *adj* verständnislos; **ella es incomprensiva con sus alumnos** sie bringt kein Verständnis für ihre Schüler auf

incomprobable [iŋkompro'βaβle] *adj* unbeweisbar, unnachweisbar

incomunicabilidad [iŋkomunikaβili'ða^{ð}] *f sin pl* Unmöglichkeit *f* der Mitteilung; **la ~ de la terrible noticia por carta** die Unmöglichkeit, die schreckliche Nachricht in einem Brief mitzuteilen

incomunicable [iŋkomuni'kaβle] *adj* nicht mitteilbar

incomunicación [iŋkomunika'θjon] *f* **1.** (*aislamiento*) Isolation *f* **2.** (*en prisión*) Einzelhaft *f* **3.** (*falta de comunicación*) Kommunikationsmangel *m*

incomunicado, -a [iŋkomuni'kaðo, -a] *adj* **1.** (*aislado*) von der Außenwelt abgeschlossen [*o* abgeschnitten]; **dos habitaciones incomunicadas** zwei Zimmer ohne Verbindungstür **2.** (*en prisión*) in Einzelhaft

incomunicar [iŋkomuni'kar] <c→qu> *vt* **1.** (*aislar*) in Einzelhaft nehmen **2.** (*bloquear*) abriegeln, (ab)sperren; **toda la zona fue incomunicada** die ganze Gegend wurde abgeriegelt

inconcebible [iŋkonθe'βiβle] *adj* **1.** (*inimaginable*) unvorstellbar, undenkbar **2.** (*inadmisible*) unbegreiflich, unglaublich

inconciliable [iŋkonθi'ljaβle] *adj* unvereinbar, nicht in Einklang zu bringen

inconcluso, -a [iŋkoŋ'kluso, -a] *adj* unbeendet, unfertig

inconcreción [iŋkoŋkre'θjon] *f* Ungenauigkeit *f*, Unbestimmtheit *f*, Verschwommenheit *f*

inconcreto, -a [iŋkoŋ'kreto, -a] *adj* vage, nicht konkret festgelegt, unbestimmt

incondicional [iŋkondiθjo'nal] **I.** *adj* bedingungslos **II.** *mf* **1.** (*amigo*) bedingungloser Freund *m*, bedingunglose Freundin *f*; (*servil*) treu Ergebene(r) *mf* **2.** (*Am: pey: sin opinión propia*) Jasager(in) *m(f)*

incondicionalidad [iŋkondiθjonali'ða^{ð}] *f* **1.** (*sin condiciones*) Bedingungslosigkeit *f* **2.** (*servilismo*) treue Ergebenheit *f*; (*pey*) völlige Unterwürfigkeit *f*

inconexión [iŋkone^{γ}'sjon] *f* Zusammenhanglosigkeit *f*, Beziehungslosigkeit *f*; **la ~ de los esfuerzos de los dos profesores** das mangelnde Zusammenwirken der beiden Lehrer

inconexo, -a [iŋko'ne^{γ}so, -a] *adj* unzusammenhängend, unverbunden

inconfesa [iŋkoɱ'fesa] *adj o f v.* **inconfeso**

inconfesable [iŋkoɱfe'saβle] *adj* so schrecklich [*o* schändlich], dass es nicht erzählt werden kann

inconfeso, -a [iŋkoɱ'feso, -a] **I.** *adj* (JUR) ungeständig, nicht geständig **II.** *m, f* (JUR) Nichtgeständige(r) *mf*

inconforme [iŋkoɱ'forme] **I.** *adj* nicht konform [*o* übereinstimmend]; **la expulsión es ~ con el reglamento** der Verweis ist unvereinbar mit den Bestimmungen **II.** *mf* Nonkonformist(in) *m(f)*; **los ~s con la reforma** die Reformgegner

inconformismo [iŋkoɱfor'mismo] *m* Nonkonformismus *m*

inconformista [iŋkoɱfor'mista] **I.** *adj* nonkonformistisch **II.** *mf* Nonkonformist(in) *m(f)*

inconfortabilidad [iŋkoɱfortaβili'ða^{ð}] *f* Ungemütlichkeit *f*, Unbehaglichkeit *f*

inconfortable [iŋkoɱfor'taβle] *adj* ungemütlich, unbequem

inconfundible [iŋkoɱfuņ'diβle] *adj* unverwechselbar

incongruencia [iŋkoŋ'grweņθja] *f* **1.** (*incoherencia*) Unvereinbarkeit *f* **2.** (LING, MAT: *sin relación*) Inkongruenz *f*; (MAT) mangelnde Deckungsgleichheit *f*

incongruente [iŋkoŋ'grweņte] *adj* **1.** (*contradictorio*) unvereinbar (*con* mit +*dat*), nicht übereinstimmend (*con* mit +*dat*) **2.** (LING, MAT: *que no guarda relación*) inkongruent; (MAT) nicht deckungsgleich

inconmensurabilidad [iŋko^{n}mensuraβili'ða^ð/iŋko^{m}mensuraβili'ða^ð] *f sin pl* Unermesslichkeit *f*, Maßlosigkeit *f*

inconmensurable [iŋko^{n}mensu'raβle/iŋko^{m}mensu'raβle] *adj* **1.** (*que no puede medirse*) unmessbar **2.** (*enorme*) unermesslich

inconmovible [iŋko^{n}mo'βiβle/iŋko^{m}mo'βiβle] *adj* **1.** (*cosas*) nicht zu bewegen, unverrückbar, fest **2.** (*personas*) unerschütterlich

inconmutabilidad [iŋko^{n}mutaβili'ða^ð/iŋko^{m}mutaβili'ða^ð] *f sin pl* Unvertauschbarkeit *f*

inconmutable [iŋko^{n}mu'taβle/iŋko^{m}mu'taβle] *adj* nicht austauschbar [*o* vertauschbar]

inconquistable [iŋkoŋkis'taβle] *adj* **1.** (*castillo, fuerte*) uneinnehmbar, nicht zu erobern **2.** (*persona*) unerbittlich, nicht herumzukriegen *fam*

inconsciencia [iŋko^{n}s'θjeņθja] *f* **1.** (MED: *desmayo*) Bewusstlosigkeit *f* **2.** (*insensatez*) Gedankenlosigkeit *f*; (*irresponsabilidad*) Verantwortungslosigkeit *f*, Leichtsinnigkeit *f*; (*ignorancia*) Ahnungslosigkeit *f*

inconsciente [iŋko^{n}s'θjeņte] *adj* **1.** *estar* (MED: *desmayado*) bewusstlos, ohne Bewusstsein **2.** *ser* (*insensato*) gedankenlos; (*irresponsable*) verantwortungslos, leichtsinnig; (*ignorante*) ahnungslos **3.** *ser* (*gesto*) unbewusst, instinktiv

inconsecuencia [iŋkonse'kweņθja] *f* Inkonsequenz *f*

inconsecuente [iŋkonse'kweņte] *adj* inkonsequent

inconsistencia [iŋkonsis'teņθja] *f* Inkonsistenz *f*, Unbeständigkeit *f*

inconsistente [iŋkonsis'teņte] *adj* **1.** (*irregular*) inkonsistent, unbeständig **2.** (*poco sólido*) nicht fest; (*argumento*) schwach

inconsolable [iŋkonso'laβle] *adj* untröstlich

inconstancia [iŋko^{n}s'taņθja] *f* Unbeständigkeit *f*, Inkonstanz *f*

inconstante [iŋko^{n}s'taņte] *adj* **1.** (*irregular*) veränderlich, inkonstant **2.** (*caprichoso*) unbeständig, wankelmütig; **es muy ~ en sus relaciones amorosas** in seinen/ihren Liebesbeziehungen ist er/sie sehr unbeständig [*o* ziemlich untreu]

inconstitucional [iŋko^{n}stituθjo'nal] *adj* verfassungswidrig

inconstitucionalidad [iŋko^{n}stituθjonali'ða^ð] *f* Verfassungswidrigkeit *f*

incontable [iŋkoņ'taβle] *adj* **1.** (*innumerable*) unzählig, nicht zählbar **2.** (*innarrable*) nicht erzählbar

incontaminado, **-a** [iŋkoņtami'naðo, -a] *adj* nicht verseucht, unverschmutzt

incontenible [iŋkoņte'niβle] *adj* **1.** (*irrefrenable*) unaufhaltbar, nicht zu bremsen **2.** (*fuera de control*) unkontrollierbar **3.** (*pasión*) unbezähmbar, nicht zurückzuhalten

incontestable [iŋkoņtes'taβle] *adj* **1.** (*innegable*) unbestreitbar, nicht zu leugnen **2.** (*pregunta*) nicht zu beantworten

incontestado, **-a** [iŋkoņtes'taðo, -a] *adj* **1.** (*innegado*) unbestritten **2.** (*pregunta, carta*) unbeantwortet

incontinencia [iŋkoņti'neņθja] *f* **1.** (MED: *evacuaciones*) Inkontinenz *f* **2.** (*desmesura*) Maßlosigkeit *f*, Hemmungslosigkeit *f* **3.** (REL: *lujuria*) Unenthaltsamkeit *f*, Unkeuschheit *f*

incontinente [iŋkoņti'neņte] *adj* **1.** (MED: *evacuaciones*) inkontinent **2.** (*desmesurado*) maßlos, hemmungslos **3.** (REL: *no castizo*) unenthaltsam, unkeusch

incontrastable [iŋkoņtras'taβle] *adj* unvergleichbar, nicht zu kontrastieren

incontrolable [iŋkoņtro'laβle] *adj* **1.** (*que no puede controlarse*) unkontrollierbar, unbeherrschbar **2.** (*que no puede verificarse*) unüberprüfbar, unkontrollierbar

incontrolado, **-a** [iŋkoņtro'laðo, -a] **I.** *adj* **1.** (*que no puede controlarse*) unkontrolliert, unbeherrscht **2.** (*que no puede verificarse*) unüberprüft, unkontrolliert **3.** (*violento*) wild, gewalttätig **II.** *m, f* Gewalttätige(r) *mf*

incontrovertible [iŋkoņtroβer'tiβle] *adj* unumstößlich, unbestreitbar

inconvencible [iŋkombeņ'θiβle] *adj* nicht zu überzeugen; **su padre se mostró ~** sein/ihr Vater ließ sich nicht überzeugen

inconveniencia [iŋkombe'njeņθja] *f* **1.** (*descortesía*) Ungebührlichkeit *f*, Unschicklichkeit *f*; (*disparate*) unpassende [*o* taktlose] Bemerkung *f*; **cometer una ~** einen Fauxpas begehen *elev*, ins Fettnäpfchen treten *fam* **2.** (*no adecuado*) Unangemessenheit *f* **3.** *pl* (*desventajas*) Nachteile *mpl*, Schwachstellen *fpl*

inconveniente [iŋkombe'njeņte] **I.** *adj* **1.** (*descortés*) ungebührlich, unschicklich; (*disparate*) taktlos **2.** (*no adecuado*) unangemessen **3.** (*no aconsejable*) unratsam **II.** *m* **1.** (*desventaja*) Nachteil *m*, Schwachstelle *f*, Schwachpunkt *m* **2.** (*obstáculo*) Hindernis *nt*, Schwierigkeit *f*; **no hay ~s en** [*o* **para**] **hacerlo así** es spricht nichts dagegen, es so zu machen; **poner un ~** einen Einwand vorbringen; **¿tienes algún ~ en que vayamos los dos juntos?** hast du etwas dagegen [*o* macht es dir etwas aus], wenn wir beide zusammen hingehen?

inconvertibilidad [iŋkombertiβili'ðaᵈ] *f sin pl* (FIN) Nichtkonvertierbarkeit *f*
inconvertible [iŋkomber'tiβle] *adj* (*cosa*) unverwandelbar; (*moneda*) nicht konvertierbar; (*persona*) nicht konvertierwillig
incoordinación [iŋko(o)rðina'θjon] *f* (MED) Inkoordination *f,* Ataxie *f*
incordia [iŋ'korðja] *f* (*Col*) Abneigung *f,* Widerwille *m*
incordiante [iŋkor'ðjan̪te] *adj* ärgerlich, lästig
incordiar [iŋkor'ðjar] *vt* belästigen, ärgern; **¡no incordies!** es reicht!, benimm dich!
incordio [iŋ'korðjo] *m* **1.** (MED: *bubón*) Leistengeschwulst *f* **2.** (*fam: molestia*) Ärgernis *nt*
incorporación [iŋkorpora'θjon] *f* **1.** (*al enderezarse*) Sichaufrichten *nt,* Aufstehen *nt;* (*al sentarse*) Sichaufsetzen *nt* **2.** (*integración*) Eingliederung *f,* Einbindung *f;* (*en un texto*) Einfügung *f;* (*en un equipo*) Aufnahme *f;* ~ **a filas** (MIL) Einberufung *f*
incorporado¹ [iŋkorpo'raðo] *m* Einberufene(r) *m*
incorporado, -a² [iŋkorpo'raðo, -a] *adj* integriert, eingebaut; **con antena incorporada** mit integrierter [*o* eingebauter] Antenne
incorporar [iŋkorpo'rar] **I.** *vt* **1.** (*integrar*) einbinden (*a/en* in +*akk*), eingliedern (*a/en* in +*akk*) **2.** (*a un grupo*) aufnehmen (*a/en* in +*akk*) **3.** (*en un texto*) einfügen (*a/en* in +*akk*) **4.** (*a una persona*) aufrichten **5.** (MIL) einziehen (*a/en* zu +*dat*) **II.** *vr:* ~**se 1.** (*en el trabajo*) sich einfinden (*a/en* an +*dat*); **mañana todos tienen que ~se a las seis a sus puestos** morgen haben sich alle um sechs Uhr an ihrem Arbeitsplatz einzufinden **2.** (*agregarse*) sich anschließen (*a/en* an +*akk*), hinzukommen (*a/en* zu +*dat*) **3.** (*enderezarse*) sich aufrichten **4.** (MIL: *a filas*) den Militärdienst antreten, sich zum Militärdienst melden
incorporeidad [iŋkorporei̯'ðaᵈ] *f sin pl* Unkörperlichkeit *f,* Immaterialität *f*
incorpóreo, -a [iŋkor'poreo, -a] *adj* nicht körperlich [*o* materiell]
incorrección [iŋkorreᵞ'θjon] *f* **1.** (*no correcto*) Fehlerhaftigkeit *f,* Unrichtigkeit *f* **2.** (*falta*) Fehler *m* **3.** (*descortesía*) Unkorrektheit *f,* Fehlverhalten *nt,* Unhöflichkeit *f*
incorrecto, -a [iŋko'rrekto, -a] *adj* **1.** (*erróneo*) unrichtig, falsch **2.** (*descortés*) unkorrekt, unhöflich
incorregible [iŋkorre'xiβle] *adj* unverbesserlich
incorrupción [iŋkorruβ'θjon] *f sin pl* **1.** (*de un cuerpo*) Unversehrtheit *f* **2.** (*fig: moral*) Unbestechlichkeit *f*
incorruptibilidad [iŋkorruptiβili'ðaᵈ] *f sin pl* **1.** (*de un cuerpo*) Unverderblichkeit *f* **2.** (*fig: moral*) Unbestechlichkeit *f*
incorruptible [iŋkorrup'tiβle] *adj* unbestechlich
incorrupto, -a [iŋko'rrupto, -a] *adj* **1.** (*personas*) integer, unbescholten, rechtschaffen **2.** (*cosas*) unversehrt, unberührt
incoterm [iŋko'term] *m abr de* **International comercial term** (COM) Incoterm *m*
incredibilidad [iŋkreðiβili'ðaᵈ] *f* Unglaubwürdigkeit *f*
incrédula [iŋ'kreðula] *adj o f v.* **incrédulo**
incredulidad [iŋkreðuli'ðaᵈ] *f* **1.** (*desconfianza*) Ungläubigkeit *f,* Misstrauen *nt* **2.** (REL: *sin fe*) Unglaube *m*
incrédulo, -a [iŋ'kreðulo, -a] **I.** *adj* **1.** (*desconfiado*) ungläubig, misstrauisch **2.** (REL: *sin fe*) ungläubig **II.** *m, f* **1.** (*desconfiado*) Skeptiker(in) *m(f)* **2.** (REL: *sin fe*) Ungläubige(r) *mf*
increíble [iŋkre'iβle] *adj* **1.** (*inaceptable*) unglaubwürdig **2.** (*extraordinario*) unglaublich, außergewöhnlich
increíblemente [iŋkreiβle'men̪te] *adv* unglaublich, ungeheuer
incrementar [iŋkremen̪'tar] **I.** *vt* erhöhen, steigern, aufstocken **II.** *vr:* ~**se** (an)steigen, sich erhöhen, (an)wachsen
incremento [iŋkre'men̪to] *m* **1.** (*aumento*) Erhöhung *f,* Steigerung *f,* Zunahme *f;* ~ **del patrimonio** Vermögenszuwachs *m;* ~ **de la productividad** Produktivitätssteigerung *f;* ~ **salarial** Lohnerhöhung *f* **2.** (*crecimiento*) Wachstum *nt*
increpación [iŋkrepa'θjon] *f* (*elev*) Verweis *m,* Rüge *f*
increpador(a) [iŋkrepa'ðor(a)] *adj* tadelnd, vorwurfsvoll
increpar [iŋkre'par] *vt* tadeln, rügen
in crescendo [in kre'ʃen̪do] *m* (MÚS) Crescendo *nt*
incriminación [iŋkrimina'θjon] *f* Anschuldigung *f,* Beschuldigung *f*
incriminar [iŋkrimi'nar] *vt* **1.** (JUR: *acusar*) (öffentlich) anschuldigen, (eines Vergehens) beschuldigen [*o* bezichtigen] **2.** (*falta*) vorhalten, vorwerfen
incruento, -a [iŋ'krwen̪to, -a] *adj* unblutig
incrustación [iŋkrusta'θjon] *f* **1.** (*proceso*) Verkrustung *f,* Krustenbildung *f* **2.** (ARTE, ARQUIT: *de madera, marfil*) Inkrustierung *f,* Einlegearbeiten *fpl;* ~ **de nácar** Perlmuttinkrustierung *f,* Einlegearbeiten aus Perlmutt **3.** (MED: *al curarse*) Krustenbildung *f* **4.** (*costra, t.* MED) verkrusteter Belag *m*
incrustar [iŋkrus'tar] **I.** *vt* (ARTE, ARQUIT: *con madera, marfil*) einlegen (*de* mit +*dat*); (*con piedras de colores*) inkrustieren **II.** *vr:* ~**se 1.** (*introducirse*) sich festsetzen, sich verhärten; (*idea, opinión*) sich festsetzen, sich festbeißen; **la grasa se ha incrustado en la pared** das Fett hat sich in der Wand festgesetzt; **esta idea se le ha incrustado en la mente** dieser Gedanke hat sich bei ihm/ihr festgesetzt [*o* festgebissen] **2.** (MED: *al curarse*) verschorfen, verkrusten
incubación [iŋkuβa'θjon] *f* **1.** (MED: *de una enfermedad*) Inkubationszeit *f* **2.** (ZOOL: *aves*) (Aus)brüten *nt;* (*período*) Brutzeit *f*

I

incubadora [iŋkuβa'ðora] *f* **1.** (MED) Brutkasten *m*, Inkubator *m* **2.** (*para animales*) Brutofen *m*, Brutapparat *m*, Brutmaschine *f*

incubar [iŋku'βar] **I.** *vt* (ZOOL) (aus)brüten **II.** *vr:* **~se** sich entwickeln; **por esas fechas se estaba incubando el proceso que inició finalmente la revolución** um diese Zeit begann der Prozess, der die Revolution schließlich einleitete

incuestionable [iŋkwestjo'naβle] *adj* unbestreitbar, unumstritten

incuestionablemente [iŋkwestjonaβle'mente] *adv* zweifellos, fraglos, ohne Frage

inculcar [iŋkul'kar] <c→qu> **I.** *vt* **1.** (*enseñar*) mühsam beibringen (*a +dat, en +akk*) **2.** (*infundir*) eintrichtern (*a/en +dat*), einschärfen (*a/en +dat*) **II.** *vr:* **~se** hartnäckig bestehen (*en* auf *+dat*), sich versteifen (*en* auf *+akk*)

inculpación [iŋkulpa'θjon] *f* Anschuldigung *f*, Beschuldigung *f*; **~ de asesinato** Mordanklage *f*

inculpado, -a [iŋkul'paðo, -a] **I.** *adj* beschuldigt; (JUR) angeklagt, angeschuldigt **II.** *m, f* Beschuldigte(r) *mf*; (JUR) Angeklagte(r) *mf*, Angeschuldigte(r) *mf*

inculpar [iŋkul'par] *vt* beschuldigen (*de +gen*); (JUR) anklagen (*de +gen*), anschuldigen (*de +gen*); **los delitos que se le inculpan** die Vergehen, deren er/sie beschuldigt wird; **~ a alguien de haber robado** jdn des Diebstahls beschuldigen [*o* bezichtigen], jdn beschuldigen gestohlen zu haben

incultivable [iŋkulti'βaβle] *adj* (AGR) unbebaubar, nicht anbaufähig

inculto, -a [iŋ'kulto, -a] *adj* **1.** (*sin instrucción*) ungebildet **2.** (*comportamiento*) ohne Manieren, unkultiviert **3.** (AGR: *sin cultivar*) unbebaut, unbestellt; **dejar un campo ~** ein Feld brachliegen lassen

incultura [iŋkul'tura] *f* **1.** (*falta de enseñanza*) Unbildung *f*, Bildungsmangel *m* **2.** (*comportamiento*) Unkultur *f*, Ungeschliffenheit *f*

incumbencia [iŋkum'benθja] *f* Zuständigkeit *f*, Zuständigkeitsbereich *m*, Ressort *nt*; **no es de mi ~** dafür bin ich nicht zuständig, das fällt nicht in mein Ressort

incumbir [iŋkum'bir] *vi* **1.** (*atañer*) angehen (*a +akk*), betreffen (*a +akk*); **eso a él no le incumbe** das geht ihn nichts an, das betrifft ihn nicht **2.** (ADMIN: *ser de la competencia*) obliegen (*a +dat*), in den Zuständigkeitsbereich fallen (*a +gen*); **eso a él no le incumbe** das fällt nicht in seine Zuständigkeit

incumplido, -a [iŋkum'pliðo, -a] *adj* unerfüllt

incumplimiento [iŋkumpli'mjento] *m* Nichterfüllung *f*, Nichteinhaltung *f*; **~ de contrato** Vertragsbruch *m*, Vertragsverletzung *f*; **~ de pago** Nichtbezahlung *f*

incumplir [iŋkum'plir] *vt* (*contrato*) nicht erfüllen [*o* einhalten]; (*regla*) verletzen, missachten; (*promesa*) brechen

incunable [iŋku'naβle] *m* (TIPO) Inkunabel *f*, Frühdruck *m*, Wiegendruck *m*

incurable [iŋku'raβle] **I.** *adj* **1.** (*enfermedad*) unheilbar **2.** (*sin esperanza*) hoffnunglos **II.** *mf* Unheilbare(r) *mf*

incuria [iŋ'kurja] *f* (*elev*) Nachlässigkeit *f*, Unachtsamkeit *f*

incurrimiento [iŋkurri'mjento] *m* Begehen *nt* (*en +gen*); **el ~ en un error no está permitido** es ist nicht erlaubt, Fehler zu machen

incurrir [iŋku'rrir] *vi* **1.** (*situación mala*) geraten (*en* in *+akk*), kommen (*en* in *+akk*); **~ en contradicciones** sich in Widersprüchen verstricken; **~ en un delito** straffällig werden; **incurrió en un desastre** ihm/ihr widerfuhr ein Unglück, ihn/sie traf ein Unglück; **~ en dificultades de pago** in Zahlungsschwierigkeiten kommen; **~ en una falta** einen Fehler begehen; **~ en viejas costumbres** in alte Gewohnheiten zurückverfallen **2.** (*deuda, ira, odio*) sich *dat* zuziehen [*o* einhandeln]; **como siga así ~á en la ira del jefe** wenn er/sie so weiter macht, wird er/sie sich den Ärger des Chefs zuziehen [*o* einhandeln]; **~ en responsabilidad** haften

incursión [iŋkur'sjon] *f* Einfall *m*, Eindringen *nt*

indagación [indaɣa'θjon] *f* **1.** (*en general*) Untersuchung *f*, Nachforschung *f*; **~ de campos** Feldforschung *f* **2.** (*de policía*) Ermittlung *f*

indagador(a) [indaɣa'ðor(a)] *m(f)* **1.** (*científico*) Forscher(in) *m(f)* **2.** (*de policía*) Ermittler(in) *m(f)*

indagar [inda'ɣar] <g→gu> *vt* ermitteln (in *+dat*), untersuchen; **~ a alguien** gegen jdn ermitteln, jdm nachspüren; **~ en un asunto** in einer Angelegenheit ermitteln [*o* nachforschen], eine Angelegenheit untersuchen

indagatoria [indaɣa'torja] *f* (JUR) uneidliche Aussage *f*

indagatorio, -a [indaɣa'torjo, -a] *adj* **1.** (*pesquisa*) Untersuchungs-, Ermittlungs- **2.** (*interrogatorio*) Vernehmungs-

indebidamente [indeβiða'mente] *adv* ungerechtfertigterweise, unrechtmäßigerweise

indebido, -a [inde'βiðo, -a] *adj* **1.** (*cantidades*) nicht geschuldet **2.** (*injusto*) ungerechtfertigt; (*ilícito*) unrechtmäßig; **respuesta indebida** unangebrachte [*o* unpassende] Antwort

indecencia [inde'θenθja] *f* **1.** (*persona*) Unschicklichkeit *f*, Indezenz *f elev*; (*obscenidad*) Obszönität *f*, Unanständigkeit *f* **2.** (*acción*) unanständiges Verhalten *nt*; (*dicho*) unanständiger Ausdruck *m*

indecente [inde'θente] *adj* **1.** (*inadecuado*) unmöglich; **¿cómo voy a vivir en un cuarto ~ como éste?** wie soll ich in solch einem unmöglichen Zimmer wohnen?; **su comportamiento fue de lo más ~** sein/ihr Benehmen war einfach unmöglich **2.** (*obsceno*) obszön, unanständig; (*sin vergüenza*) schamlos, unverschämt **3.** (*guarro*) anstößig, schlüpfrig

indecible [in̦de'θiβle] *adj* unsagbar, unsäglich

indecisión [in̦deθi'sjon] *f* **1.** (*irresolución*) Unentschlossenheit *f*, Unentschiedenheit *f* **2.** (*vacilación*) Wankelmut *m*

indeciso, **-a** [in̦de'θiso, -a] *adj* **1.** (*irresoluto*) unentschlossen, unentschieden **2.** (*que vacila*) wankelmütig **3.** (*resultado*) unklar, ungenau

indeclinable [in̦dekli'naβle] *adj* **1.** (*inevitable*) unumgänglich **2.** (LING) undeklinierbar

indecoroso, **-a** [in̦deko'roso, -a] *adj* **1.** (*indecente*) unanständig **2.** (*incorrecto*) unpassend, ungebührlich

indefectible [in̦defek'tiβle] *adj* unfehlbar

indefendible [in̦defen̦'diβle] *adj* **1.** (*lugar*) unhaltbar, nicht zu verteidigen **2.** (*argumento*) unhaltbar, nicht aufrechtzuerhalten

indefensable [in̦defen'saβle] *adj* (*argumento*) unhaltbar; (*hecho, delito*) nicht zu rechtfertigen, unentschuldbar

indefensión [in̦defen'sjon] *f* Wehrlosigkeit *f*

indefenso, **-a** [in̦de'fenso, -a] *adj* wehrlos, schutzlos, hilflos

indefinible [in̦defi'niβle] *adj* undefinierbar, unbeschreiblich

indefinidamente [in̦definiða'men̦te] *adv* auf unbestimmte Zeit

indefinido, **-a** [in̦defi'niðo, -a] *adj* **1.** (*indeterminado*) unbestimmt, vage **2.** (*tiempo*) unbestimmt, (zeitlich) unbegrenzt; **contrato de trabajo** ~ unbefristeter Arbeitsvertrag; **por tiempo** ~ auf unbestimmte Zeit **3.** (LING) unbestimmt

indeformable [in̦defor'maβle] *adj* unverformbar

indeleble [in̦de'leβle] *adj* (*elev*) unauslöschlich, unvergesslich

indelegable [in̦dele'ɣaβle] *adj* nicht delegierbar [*o* übertragbar] (*en* auf +*akk*)

indeliberado, **-a** [in̦deliβe'raðo, -a] *adj* unfreiwillig, unabsichtlich

indelicadeza [in̦delika'ðeθa] *f* **1.** (*vulgaridad*) Grobheit *f* **2.** (*desconsideración*) Taktlosigkeit *f*, Unhöflichkeit *f*

indelicado, **-a** [in̦deli'kaðo, -a] *adj* taktlos, unhöflich, rücksichtslos

indemne [in̦'demne] *adj* **1.** (*persona*) unverletzt, heil; **salir** ~ **de un accidente** bei einem Unfall unversehrt bleiben **2.** (*cosa*) unbeschädigt

indemnidad [in̦demni'ðaᵈ] *f sin pl* Unbeschädigtheit *f*, Unversehrtheit *f*

indemnización [in̦demniθa'θjon] *f* **1.** (*pago*) Entschädigung *f*; ~ **por** [*o* **de**] **daños y perjuicios** Schadenersatz *m*; ~ **de despido** Abfindung *f*; ~ **por enfermedad** Krankengeld *nt* **2.** *pl* (*después de una guerra*) Reparationen *fpl*, Wiedergutmachung *f*

indemnizar [in̦demni'θar] <z→c> *vt* **1.** (*daños y perjuicios*) entschädigen (*de* für +*akk*) **2.** (*gastos*) ersetzen, erstatten

indemostrable [in̦demos'traβle] *adj* nicht nachweisbar [*o* beweisbar]

independencia [in̦depen̦'den̦θja] *f* Unabhängigkeit *f*; ~ **del dispositivo** (INFOR) Geräteunabhängigkeit *f*; **con** ~ **de...** unabhängig von ... +*dat*; **con** ~ **de que...** unabhängig davon, ob ...

independentismo [in̦depen̦den̦'tismo] *m* (POL) Unabhängigkeitsbestrebungen *fpl*, Unabhängigkeitsbewegung *f*

independentista [in̦depen̦den̦'tista] *mf* (POL) Unabhängigkeitskämpfer(in) *m(f)*, Freiheitskämpfer(in) *m(f)*

independiente [in̦depen̦'djen̦te] *adj* **1.** (*libre*) unabhängig; **compañía** ~ unabhängige Gesellschaft; **un piso** ~ eine Wohnung mit eigenem [*o* separatem] Eingang; **trabajador** ~ selb(st)ständiger Erwerbstätiger; **trabajo como profesional** ~ ich arbeite freiberuflich [*o* als Selb(st)ständiger]; ~ **de eso, es muy simpático** abgesehen davon ist er sehr sympathisch **2.** (*adolescente, profesión*) selb(st)ständig; **hacerse** ~ sich selb(st)ständig machen; **es pequeño aún pero ya es muy** ~ er ist noch klein, aber schon sehr selb(st)ständig [*o* unabhängig] **3.** (*soltero*) ungebunden **4.** (*sin partido*) parteilos, keiner Partei zugehörig

independientemente [in̦depen̦djen̦te'men̦te] *adv* unabhängig; ~ **de que...** +*subj* unabhängig davon, dass ...; ~ **de eso, es muy simpático** abgesehen davon ist er sehr sympathisch

independización [in̦depen̦diθa'θjon] *f* (*liberación*) Befreiung *f*, Unabhängigwerden *nt*, Verselb(st)ständigung *f*; (*adolescente*) Selb(st)ständigwerden *nt*

independizar [in̦depen̦di'θar] <z→c> **I.** *vt* befreien (*de* von +*dat*), unabhängig machen, verselb(st)ständigen **II.** *vr:* **~se** **1.** (*liberarse*) sich befreien, sich unabhängig [*o* selb(st)ständig] machen, sich verselb(st)ständigen; **~se de un partido** sich von einer Partei lossagen [*o* trennen] **2.** (*adolescente*) selb(st)ständig werden, sich abnabeln

inderogabilidad [in̦deroɣaβili'ðaᵈ] *f sin pl* Unaufhebbarkeit *f*

inderogable [in̦dero'ɣaβle] *adj* unaufhebbar

indescifrable [in̦desθi'fraβle] *adj* **1.** (*ilegible*) unentzifferbar, unleserlich **2.** (*misterio, enigma*) unergründlich, undurchdringlich

indescriptible [in̦deskrip'tiβle] *adj* unbeschreiblich

indeseable [in̦dese'aβle] **I.** *adj* nicht wünschenswert, unerwünscht **II.** *mf* **1.** (*persona mala*) Schurke *m*, Lump *m* **2.** (*persona non grata*) unerwünschte Person *f*

indeseado, **-a** [in̦dese'aðo, -a] *adj* ungewollt, unerwünscht

indestructibilidad [in̦destruktiβili'ðaᵈ] *f sin pl* Unzerstörbarkeit *f*

indestructible [in̦destruk'tiβle] *adj* unzerstörbar

indetectable [in̩detek'taβle] *adj* unauffindbar

indeterminación [in̩determina'θjon] *f* 1.(*inconcreción*) Unbestimmtheit *f* 2.(*indecisión*) Unentschlossenheit *f*

indeterminado, **-a** [in̩determi'naðo, -a] *adj* 1.(*inconcreto*) unbestimmt 2.(*indeciso*) unentschlossen

indexación [in̩deˠsa'θjon] *f* (*t.* INFOR) Verzeichniserstellung *f*

indexar [in̩deˠ'sar] *vt* (INFOR) indexieren

india ['in̩dja] *adj o f v.* **indio**

India ['in̩dja] *f* 1.(*en el oriente*): **la** ~ Indien *nt* 2. *pl* Hispanoamerika *nt;* **las ~s occidentales** Westindien *nt* (*eigentlich die Antillen*) 3.(ZOOL): **conejillo de I~s** Meerschweinchen *nt;* (*fam: con quien se experimenta*) Versuchskaninchen *nt*

indiada [in̩'djaða] *f* (*Am: grupo de indios*) Indianer *mpl*

indianismo [in̩dja'nismo] *m sin pl* 1.(*disciplina de estudio*) Indienkunde *f,* Indologie *f* 2.(LING) indische Spracheigentümlichkeit *f* 3.(POL) indianische Kulturbewegung *f*

indianista [in̩dja'nista] *mf* Indologe, -in *m, f*

indiano¹ [in̩'djano] *m* (HIST) *aus Amerika nach Spanien zurückgekehrter, reicher Auswanderer*

indiano, **-a²** [in̩'djano, -a] *adj* Indio- (*bezogen auf Hispanoamerika*)

indicación [in̩dika'θjon] *f* 1.(*señal*) Zeichen *nt,* Hinweis *m;* (*por escrito*) Vermerk *m,* Angabe *f;* ~ **de las fuentes** Quellenangaben *fpl* 2.(MED: *síntoma*) Anzeichen *nt,* Symptom *nt;* (*en recetas*) Indikation *f* 3.(*consejo*) Tipp *m,* Wink *m;* **por ~ de...** auf Anregung von ... 4. *pl* (*instrucciones*) Anweisungen *fpl;* **indicaciones para el uso** Gebrauchsanweisung *f*

indicado, **-a** [in̩di'kaðo, -a] *adj* 1.(*aconsejable*) angezeigt, ratsam; (*adecuado*) geeignet, passend, angebracht; **el más ~ para este puesto** der Geeignetste für diesen Posten; **el más ~ para este fin** der Zweckmäßigste; **eso es lo más ~** das ist das Allerbeste 2.(MED: *tratamiento*) indiziert

indicador¹ [in̩dika'ðor] *m* Anzeiger *m;* (TÉC) Anzeigevorrichtung *f,* Anzeigetafel *f;* (QUÍM, GEO, ECON) Indikator *m;* ~ **de acarreo** (INFOR) Überlaufanzeige *f;* ~ **de carretera** Straßenschild *nt,* Verkehrsschild *nt;* ~ **económico** (ECON) (Wirtschafts)indikator *m;* ~ **de gasolina** Benzinuhr *f;* ~ **de prioridad** (INFOR) Prioritätsanzeige *f*

indicador(a)² [in̩dika'ðor(a)] *adj* Hinweis-; **flecha ~a** Richtpfeil *m;* **señal ~a** Hinweisschild *nt*

indicar [in̩di'kar] <c→qu> *vt* 1.(TÉC: *aparato*) anzeigen, angeben 2.(*señalar*) hinweisen (auf +*akk*); (*sugerir*) aufmerksam machen (auf +*akk*); (*mostrar*) zeigen; **indicó lo importante que son las vitaminas** er/sie wies auf die Bedeutung der Vitamine hin; **me indicó que sería mejor...** er/sie machte mich darauf aufmerksam, dass es besser sei ...; ~ **como lugar de residencia Madrid** als Wohnort Madrid angeben 3.(MED) indizieren

indicativo¹ [in̩dika'tiβo] *m* (LING: *modo*) Indikativ *m*

indicativo, **-a²** [in̩dika'tiβo, -a] *adj* 1.(LING: *modo*) anzeigend 2.(*ilustrativo*) bezeichnend

índice ['in̩diθe] *m* 1.(*recopilación*) Verzeichnis *nt,* Index *m;* (*de nombres*) Namenverzeichnis *nt;* (*de materias*) Sachverzeichnis *nt;* (*biblioteca*) Katalog *m;* (*de libro*) Inhaltsverzeichnis *nt;* ~ **alfabético/general** Stichwort-/Gesamtverzeichnis *nt;* ~ **de ilustraciones** Bildnachweis *m* 2.(*dedo*) Zeigefinger *m* 3.(*estadísticas*) (Index)ziffer *f,* Rate *f,* Quote *f;* ~ **de audiencia** Einschaltquote *f;* ~ **bursátil** Börsenindex *m;* ~ **del coste de la vida** Index der Lebenshaltungskosten; ~ **de crecimiento** Zuwachsrate *f,* Wachstumsquote *f;* ~ **de mortalidad** Sterblichkeitsrate *f;* ~ **de muestreo** (INFOR) Stichprobenindex *m;* ~ **de natalidad** Geburtenrate *f;* ~ **de paro** Arbeitslosenquote *f;* ~ **de precio** Preisindex *m;* **Í~ de Precios al Consumo** Verbraucherpreisindex *m;* ~ **de regeneración** (INFOR) Auffrischrate *f;* ~ **de siniestralidad** (*seguros*) Schadensziffer *f;* ~ **de transferencia** (INFOR) Übertragungsrate *f;* **el ~ DAX de la Bolsa de Frankfurt** der DAX an der Frankfurter Börse; **la inflación ha conseguido este mes el ~ más bajo de los últimos años** die Inflation hat diesen Monat den niedrigsten Stand der letzten Jahre erreicht 4.(MAT: *de raíz*) Wurzelexponent *m* 5.(TÉC) Zeiger *m,* Nadel *f;* (*de reloj*) Uhrzeiger *m* 6.(POL, REL: *libros prohibidos*): ~ (**expurgatorio**) Index *m*

indiciación [in̩diθja'θjon] *f* Hinweis *m* (auf +*akk*)

indiciar [in̩di'θjar] *vt* hinweisen (auf +*akk*)

indiciario, **-a** [in̩di'θjarjo, -a] *adj* (JUR) Indizien-; **prueba indiciaria** Indizienbeweis *m*

indicio [in̩'diθjo] *m* 1.(*señal*) (An)zeichen *nt,* Indiz *nt elev;* **es ~ de...** es ist ein Indiz für ... +*akk* 2.(JUR) Indiz *nt;* (*prueba*) Beweisstück *nt* 3.(*vestigio*) Spur *f,* Fährte *f;* **no hay ni el menor ~ de él** es gibt nicht die geringste Spur von ihm [*o* den geringsten Hinweis auf ihn]

indiferencia [in̩dife'ren̩θja] *f* Gleichgültigkeit *f,* Desinteresse *nt,* Indifferenz *f*

indiferenciado, **-a** [in̩diferen̩'θjaðo, -a] *adj* (BIOL) undifferenziert, nicht differenziert

indiferente [in̩dife'ren̩te] *adj* gleichgültig (*a* gegenüber +*dat*), desinteressiert, indifferent *elev;* **me es ~** das ist mir gleich

indiferentismo [in̩diferen̩'tismo] *m* (REL) Indifferentismus *m*

indígena [in̩'dixena] I. *adj* eingeboren, einheimisch; (*en Latinoamérica*) Indio- II. *mf* Eingeborene(r) *mf,* Ureinwohner(in) *m(f);* (*en Latinoamérica*) Indio *m,* Indiofrau *f*

indigencia [in̩di'xen̩θja] *f* Bedürftigkeit *f,* Armut *f,* Mittellosigkeit *f*

indigenismo [indixe'nismo] *m* **1.** (LING) Indigenismus *m* (*Lehnwort aus einer Eingeborenensprache*) **2.** (POL: *en Latinoamérica*) *politische Bewegung zur Verteidigung der Rechte der Indios und zur Wahrung ihres Kulturguts*

indigente [indi'xente] **I.** *adj* bedürftig, arm, mittellos **II.** *mf* Bedürftige(r) *mf*, Mittellose(r) *mf*

indigerible [indixe'riβle] *adj* unverdaulich

indigestar [indixes'tar] **I.** *vt* schlecht bekommen, schwer im Magen liegen; **me indigesta ese asunto** die Sache liegt mir schwer im Magen **II.** *vr:* **~se 1.** (*empacharse*) sich *dat* den Magen verderben (*de/por* durch *+akk*) **2.** (*fam: hacerse antipático*) gegen den Strich gehen; **se me indigesta esa chica** ich kann das Mädchen nicht leiden; **las matemáticas se me ~on en el curso pasado** ich wurde im vergangenen Schuljahr der Mathematik überdrüssig **3.** (*Am: inquietarse*) sich beunruhigen

indigestible [indixes'tiβle] *adj* unverdaulich

indigestión [indixes'tjon] *f* Verdauungsstörung *f*, Verdauungsschwierigkeiten *fpl;* **contraer una ~** sich *dat* den Magen verderben

indigesto, **-a** [indi'xesto, -a] *adj* **1.** *ser* unverdaulich **2.** *estar* (*indigerido*) unverdaut; (*persona*) Verdauungsprobleme haben; **estar aún ~** noch nicht verdaut sein; **le sentó mal el pescado, por eso está ~** der Fisch bekam ihm nicht, deshalb hat er Verdauungsschwierigkeiten **3.** *estar* (*de mal humor*) mürrisch, brummig

indignación [indiγna'θjon] *f* Entrüstung *f*, Empörung *f;* **expresar su ~** seinem Unwillen Ausdruck verleihen

indignado, **-a** [indiγ'naðo, -a] *adj* entrüstet (*con/contra* über *+akk*), empört (*con/contra/por* über *+akk*)

indignante [indiγ'nante] *adj* empörend

indignar [indiγ'nar] **I.** *vt* empören, zornig machen **II.** *vr:* **~se** sich entrüsten (*con/contra/por* über *+akk*), sich empören (*con/contra/por* über *+akk*); **~se con alguien** sich über jdn empören [*o* entrüsten], auf jdn zornig werden

indignidad [indiγni'ðaᵈ] *f* **1.** (*cualidad*) Unwürdigkeit *f* **2.** (*acto*) Niederträchtigkeit *f*, Gemeinheit *f*

indigno, **-a** [in'diγno, -a] *adj* **1.** (*desmerecedor*) unwürdig, nicht wert; **~ de confianza** nicht vertrauenswürdig; **con todo ello ha demostrado que es ~ de nuestra amistad** bei alledem hat er bewiesen, dass er unsere Freundschaft nicht wert ist [*o* verdient hat] **2.** (*vil*) niederträchtig, gemein

índigo ['indiγo] *m* Indigo *nt o m*

indiligencia [indili'xenθja] *f sin pl* Nachlässigkeit *f*, Mangel *m* an Sorgfalt

indio, **-a** ['indjo, -a] **I.** *adj* **1.** (*de la India*) indisch **2.** (*de América*) indianisch **3.** (*loc*): **en fila india** im Gänsemarsch **II.** *m, f* **1.** (*de la India*) Inder(in) *m(f)* **2.** (*de América*) Indianer(in) *m(f)* **3.** (*loc*): **hacer el ~** (*tonterías*) den Kasper spielen, Blödsinn machen; (*el ridículo*) sich lächerlich machen

indiófilo, **-a** [in'djofilo, -a] **I.** *adj* (SOCIOL) indianerfreundlich **II.** *m, f* (SOCIOL) Indianerfreund(in) *m(f)*

indirecta [indi'rekta] *f* (*fam*) Anspielung *f;* **decir** [*o* **soltar**] [*o* **tirar**] **una ~** eine Anspielung machen

indirecto, **-a** [indi'rekto, -a] *adj* indirekt, mittelbar; **complemento ~** (LING) indirektes Objekt; **gastos ~s** indirekte Kosten, allgemeine Unkosten; **imposición indirecta** indirekte Besteuerung

indiscernible [indisθer'niβle] *adj* (*elev*) undeutlich, nicht auszumachen

indisciplina [indisθi'plina] *f* Disziplinlosigkeit *f;* (*desobediencia*) Ungehorsam *m*

indisciplinable [indisθipli'naβle] *adj* nicht disziplinierbar

indisciplinado, **-a** [indisθipli'naðo, -a] **I.** *adj* (*falto de disciplina*) undiszipliniert, disziplinlos; (*desobediente*) ungehorsam; (*insumiso*) unbeugsam **II.** *m, f* (*desobediente*) Ungehorsame(r) *mf;* (*insumiso*) Unbeugsame(r) *mf*

indisciplinarse [indisθipli'narse] *vr* sich auflehnen, aufbegehren, aufsässig werden

indiscreción [indiskre'θjon] *f* **1.** (*no guardar un secreto*) Indiskretion *f*, Vertrauensbruch *m* **2.** (*observación*) Taktlosigkeit *f*, taktlose Bemerkung *f* **3.** (*curiosidad*) (taktlose) Neugierde *f;* **cometió la ~ de preguntar...** er/sie besaß die Taktlosigkeit zu fragen ...

indiscreto, **-a** [indis'kreto, -a] *adj* **1.** (*imprudente*) taktlos, indiskret **2.** (*que no guarda secretos*) schwatzhaft

indiscriminadamente [indiskriminaða'mente] *adv* in gleicher Weise, ohne Unterschied

indiscriminado, **-a** [indiskrimi'naðo, -a] *adj* gleich behandelnd

indisculpable [indiskul'paβle] *adj* unentschuldbar, unverzeihlich

indiscutible [indisku'tiβle] *adj* unbestreitbar

indisociable [indiso'θjaβle] *adj* untrennbar; (QUÍM) nicht spaltbar

indisolubilidad [indisoluβili'ðaᵈ] *f* **1.** (QUÍM: *sustancia*) Unauflöslichkeit *f* **2.** (*unión inseparable*) Unauflösbarkeit *f*, Untrennbarkeit *f*

indisoluble [indiso'luβle] *adj* **1.** (QUÍM: *sustancia*) unauflöslich **2.** (*inseparable*) unauflösbar, untrennbar

indispensabilidad [indispensaβili'ðaᵈ] *f sin pl* Unentbehrlichkeit *f*

indispensable [indispen'saβle] *adj* unerlässlich, unabdingbar; **lo (más) ~** das Allernötigste [*o* Allernotwendigste]; **el requisito ~ es...** die unabdingbare Voraussetzung ist ...

indisponer [indispo'ner] *irr como poner* **I.** *vt* **1.** (*enemistar*) aufbringen (*con/contra* gegen +*akk*); **las disputas por la herencia han indispuesto a los hermanos entre sí** der Streit um das Erbe hat die Geschwister entzweit **2.** (*de salud*) mitnehmen, zusetzen +*dat;* **el largo viaje en coche la ha indispuesto** die lange Autofahrt hat sie (ganz schön) mitgenommen **II.** *vr:* **~se 1.** (*enemistarse*) sich wenden (*con/contra* gegen +*akk*), sich entzweien **2.** (*ponerse mal*) krank werden

indisposición [in̦disposi'θjon] *f* **1.** (*de salud*) Indisposition *f,* Unpässlichkeit *f* **2.** (*desgana*) Verstimmung *f,* Lustlosigkeit *f*

indispuesto, **-a** [in̦dis'pwesto, -a] *adj* **1.** (*enfermizo*) unpässlich **2.** (*con desgana*) lustlos, nicht aufgelegt (*para* zu +*dat*) **3.** (*molesto*) verstimmt; **estar ~ con** [*o* **contra**] **alguien** auf jdn schlecht zu sprechen sein

indisputable [in̦dispu'taβle] *adj* unbestritten, nicht in Frage [*o* infrage] gestellt

indistinción [in̦distin̦'θjon] *f* **1.** (*vaguedad*) Unbestimmtheit *f* **2.** (*igualdad*) Nichtunterscheidung *f,* Undifferenziertheit *f*

indistinguible [in̦distiŋ'giβle] *adj* nicht unterscheidbar (*de* von +*dat*), nicht differenzierbar (*de* von +*dat*)

indistintamente [in̦distin̦ta'men̦te] *adv* **1.** (*indiscriminadamente*) in gleicher Weise, ohne Unterschied **2.** (*irreconocible*) undeutlich, unbestimmt

indistinto, **-a** [in̦dis'tin̦to, -a] *adj* **1.** (*elev: indiferenciado*) undifferenziert, gleich geartet **2.** (*igual*) einerlei, gleich, egal; **es ~ que lo hagas tú o yo** es ist einerlei, ob du das machst oder ich **3.** (*difuso*) undeutlich; (*poco claro*) unbestimmt, vage

individua [in̦di'βiðwa] *f* (*pey*) Frau *f,* Type *f*

individual [in̦diβi'ðwal] *adj* **1.** (*personal*) individuell; (*peculiar*) einzigartig **2.** (*simple*) Einzel-; **habitación ~** Einzelzimmer *nt;* (**partido**) **~** (DEP) Einzel(spiel) *nt;* (**partido**) **~ femenino/masculino** Damen-/Herreneinzel *nt* **3.** (*And, CSur: idéntico*) identisch, genau gleich

individualidad [in̦diβiðwali'ðaᵈ] *f* **1.** (*personalidad*) Individualität *f,* Persönlichkeit *f* **2.** (*que es único*) Einzigartigkeit *f,* Besonderheit *f* **3.** (*peculiaridad*) Eigenart *f*

individualismo [in̦diβiðwa'lismo] *m* Individualismus *m*

individualista [in̦diβiðwa'lista] **I.** *adj* individualistisch **II.** *mf* Individualist(in) *m(f)*

individualizar [in̦diβiðwali'θar] <z→c> *vt* individualisieren, einzeln betrachten [*o* behandeln]

individualmente [in̦diβiðwal'men̦te] *adv* individuell

individuo [in̦di'βidwo] *m* **1.** (*espécimen*) Individuum *nt,* Einzelwesen *nt* **2.** (*miembro*) Mitglied *nt* **3.** (*pey: sujeto*) Typ *m,* Type *f fam,* Individuum *nt,* Kerl *m;* **dos ~s sospechosos** zwei verdächtige Gestalten; **¡qué ~ más raro!** was für eine seltsame Type!

indivisibilidad [in̦diβisiβili'ðaᵈ] *f sin pl* Unteilbarkeit *f*

indivisible [in̦diβi'siβle] *adj* unteilbar

indiviso, **-a** [in̦di'βiso, -a] *adj* ungeteilt

indización [in̦diθa'θjon] *f v.* **indexación**

Indo ['in̦do] *m* (GASTR) *abr de* **Instituto nacional de denominaciones de origen** staatliches Institut *nt* für Herkunftsbezeichnungen

indochina [in̦do'ʧina] *adj o f v.* **indochino**

Indochina [in̦do'ʧina] *f* Indochina *nt*

indochino, **-a** [in̦do'ʧino, -a] **I.** *adj* indochinesisch **II.** *m, f* Indochinese, -in *m, f*

indócil [in̦'doθil] *adj* **1.** (*desobediente*) unbeugsam, ungehorsam **2.** (*cabezota*) starrköpfig, eigensinnig

indocilidad [in̦doθili'ðaᵈ] *f* **1.** (*desobediencia*) Ungehorsamkeit *f* **2.** (*cabezonería*) Starrköpfigkeit *f*

indocto, **-a** [in̦'dokto, -a] *adj* (*elev*) ungelehrt, ungebildet

indoctrinar [in̦doktri'nar] *vt* (*Am*) indoktrinieren

indocumentado, **-a** [in̦dokumen̦'taðo, -a] **I.** *adj* **1.** *ser* (*no registrado*) nicht dokumentiert, nirgends schriftlich festgehalten **2.** *estar* (*sin documentos*) ohne (Ausweis)papiere; **estar ~** seine (Ausweis)papiere nicht bei sich *dat* haben; **no andes ~** du sollst nicht ohne (Ausweis)papiere herumlaufen **3.** *ser* (*pey: ignorante*) unwissend **II.** *m, f* **1.** (*que no lleva documentos*) *jd, der sich nicht ausweisen kann* **2.** (*Méx: ilegal*) illegaler Einwanderer *m,* illegale Einwanderin *f*

indoeuropeo, **-a** [in̦doeuro'peo, -a] **I.** *adj* indoeuropäisch **II.** *m, f* Indoeuropäer(in) *m(f)*

indogermánico, **-a** [in̦doxer'maniko, -a] *adj* (LING) indogermanisch

índole ['in̦dole] *f* **1.** (*condición*) Wesensart *f* **2.** (*manera de ser*) Naturell *nt,* Charakter *m* **3.** (*clase*) Art *f;* **cosas de esta ~** Dinge dieser Art, derartige Dinge

indolencia [in̦do'len̦θja] *f* **1.** (*apatía*) Apathie *f,* Teilnahmslosigkeit *f* **2.** (*indiferencia*) Gleichgültigkeit *f,* Interesselosigkeit *f* **3.** (*desgana*) Lustlosigkeit *f,* Trägheit *f*

indolente [in̦do'len̦te] *adj* **1.** (*apático*) apathisch, teilnahmslos **2.** (*indiferente*) gleichgültig, interesselos **3.** (*con desgana*) lustlos, träge

indoloro, **-a** [in̦do'loro, -a] *adj* schmerzfrei, schmerzlos

indomable [in̦do'maβle] *adj* **1.** (*que no se somete*) unbeugsam **2.** (*indomesticable*) unzähmbar **3.** (*fuera de control*) unbezähmbar, unkontrollierbar

indomado, **-a** [in̦do'maðo, -a] *adj* ungezähmt, ungebändigt

indomesticable [in̦domesti'kaβle] *adj* **1.** (*animales*) unzähmbar, nicht domestizierbar **2.** (*fig: personas*) nicht zu bändigen

indomesticado, **-a** [in̦domesti'kaðo, -a] *adj* verwildert, wild

indómito, **-a** [in̦'domito, -a] *adj* **1.** (*indomable*) unbeugsam **2.** (*rebelde*) unbezähmbar, unbändig

indonesia [iṇdo'nesja] *adj o f v.* **indonesio**

Indonesia [iṇdo'nesja] *f* Indonesien *nt*

indonesio, **-a** [iṇdo'nesjo, -a] **I.** *adj* indonesisch **II.** *m, f* Indonesier(in) *m(f)*

Indostán [iṇdos'tan] *m* Hindustan *nt*

indostanés, **-esa** [iṇdosta'nes, -esa] **I.** *adj* hindustanisch, aus Hindustan **II.** *m, f* Hindustaner(in) *m(f)*

indostánico, **-a** [iṇdos'taniko, -a] *adj* hindustanisch

indubitable [iṇduβi'taβle] *adj* (*elev*) unzweifelhaft

inducción [iṇduᵞ'θjon] *f* **1.** (ELEC: *corriente*) Induktion *f* **2.** (FILOS: *razonamiento*) Induktion *f*, Schlussfolgerung *f* **3.** (*instigación*) Anstiftung *f*, Verleitung *f*

inducido [iṇdu'θiðo] *m* (ELEC) Anker *m*, Läufer *m*

inducir [iṇdu'θir] *irr como traducir vt* **1.** (TÉC, ELEC: *corriente*) induzieren **2.** (FILOS: *razonar*) (schluss)folgern (*de* aus +*dat*); **de todo esto induzco que...** aus alledem schließe ich, dass ... **3.** (*instigar*) anstiften (*a/en* zu +*dat*), verleiten (*a/en* zu +*dat*); ~ **en un error** zu einem Fehler verleiten

inductividad [iṇduktiβi'ðaᵈ] *f* (ELEC) Induktivität *f*

inductivo, **-a** [iṇduk'tiβo, -a] *adj* **1.** (ELEC: *corriente*) induktiv **2.** (*instigador*) verleitend

inductor¹ [iṇduk'tor] *m* (ELEC) Induktor *m*

inductor(a)² [iṇduk'tor(a)] *adj* **1.** (ELEC: *corriente*) induzierend **2.** (*instigador*) verleitend

indudable [iṇdu'ðaβle] *adj* zweifellos, unzweifelhaft; **es ~ que...** es besteht kein Zweifel daran, dass ...

indulgencia [iṇdul'xeṇθja] *f* **1.** (REL: *pecados*) Ablass *m* **2.** (*elev: cualidad*) Nachsicht *f*; **proceder sin ~ contra...** gnadenlos [*o* schonungslos] vorgehen gegen ...

indulgente [iṇdul'xeṇte] *adj* (*elev*) nachsichtig (*con* gegenüber +*dat*)

indultar [iṇdul̦'tar] *vt* **1.** (JUR: *perdonar*) begnadigen; (*después del proceso*) freisprechen (*de* von +*dat*); ~ **a alguien de la pena de muerte** jdm die Todesstrafe erlassen **2.** (*eximir*) ausnehmen (*de* aus +*dat*)

indulto [iṇ'dul̦to] *m* **1.** (*perdón total*) Straferlass *m*, Begnadigung *f* **2.** (*perdón parcial*) Strafminderung *f*, Begnadigung *f* **3.** (*exención*) Befreiung *f*

indumentaria [iṇdumeṇ'tarja] *f* **1.** (*ropa*) Kleidung *f*; **¿dónde vas con esa ~?** (*irón*) wohin willst du denn in diesem Aufzug? **2.** (HIST: *estudio*) Trachtenkunde *f*, Kostümkunde *f*

indumentario, **-a** [iṇdumeṇ'tarjo, -a] *adj* Kleidungs-

industria [iṇ'dustrja] *f* **1.** (COM: *conjunto*) Industrie *f*; (*sector*) Sektor *m*, Gewerbe *nt*; ~ **aeronáutica** Luftfahrtindustrie *f*; ~ **de la alimentación** [*o* **alimentaria**] Nahrungsmittelindustrie *f*; ~ **del automóvil** Autoindustrie *f*; ~ **del carbón y del acero** Montanindustrie *f*; ~ **clave** Schlüsselindustrie *f*; ~ **de la construcción** Bauindustrie *f*, Baugewerbe *nt*; ~ **del libro** Buchgewerbe *nt*; ~ **ligera/pesada** Leicht-/Schwerindustrie *f*; ~ **manufacturera** verarbeitende Industrie, Fertigungsindustrie *f*; ~ **metalúrgica** Metallindustrie *f*; ~ **minera** Bergbauindustrie *f*; ~ **naciente** junge Industrie; ~ **del ocio** Freizeitindustrie *f*; ~ **petrolífera** Mineralölindustrie *f*; ~ **puntera** Spitzenindustrie *f*; ~ **secundaria** [*o* **de transformación**] (weiter)verarbeitende Industrie; ~ **siderúrgica** Eisen- und Stahlindustrie *f*; **el Ministro de I~** der Industrieminister; **las ~s en expansión se concentran en el sector servicios** die industriellen Wachstumsbranchen konzentrieren sich im Dienstleistungssektor; **en la ~ terciaria** im Dienstleistungssektor, im Dienstleistungsgewerbe **2.** (*empresa*) Unternehmen *nt*, Betrieb *m*; (*fábrica*) Fabrik *f* **3.** (*dedicación*) Fleiß *m*, Hingabe *f* **4.** (*maña*) Fertigkeit *f*, Geschicklichkeit *f*; **de ~** (*a propósito*) absichtlich

industrial [iṇdus'trjal] **I.** *adj* Industrie-, Gewerbe-, industriell; **capacidad ~** industrielle Kapazität; **centro ~** Industriezentrum *nt*; **impuesto ~** Gewerbesteuer *f*; **nave ~** Fabrikhalle *f*, Fabrikgebäude *nt*; **planta ~** Fabrik(anlage) *f*; **polígono ~** Industriegebiet *nt*, Gewerbegebiet *nt*; **productos ~es** industrielle Erzeugnisse; **reconversión ~** Umstellung der Industrieproduktion; **zona ~** Industriegebiet *nt*, Gewerbegebiet *nt*; **Opel acusa a VW de espionaje ~** Opel bezichtigt VW der Industriespionage **II.** *mf* Industrielle(r) *mf*, Großunternehmer(in) *m(f)*; (*fabricante*) Fabrikant(in) *m(f)*

industrialismo [iṇdustrja'lismo] *m* Industrialismus *m*

industrialista [iṇdustrja'lista] **I.** *adj* Industrialismus- **II.** *mf* Anhänger(in) *m(f)* des Industrialismus

industrialización [iṇdustrjaliθa'θjon] *f* Industrialisierung *f*

industrializar [iṇdustrjali'θar] <z→c> **I.** *vt* industrialisieren **II.** *vr:* **~se** sich industrialisieren, sich industriell entwickeln

industrioso, **-a** [iṇdus'trjoso, -a] *adj* **1.** (*trabajador*) unternehmerisch, fleißig **2.** (*mañoso*) geschickt

INE ['ine] *m abr de* **Instituto Nacional de Estadística** Staatliches Statistisches Institut *nt*

inecuación [inekwa'θjon] *f* (MAT) Ungleichung *f*

inédito, **-a** [i'neðito, -a] *adj* **1.** (LIT: *no publicado*) unveröffentlicht **2.** (*desconocido*) unbekannt; **una experiencia inédita** eine völlig neue Erfahrung

inefabilidad [inefaβili'ðaᵈ] *f* Unbeschreibbarkeit *f*, Unaussprechlichkeit *f*

inefable [ine'faβle] *adj* unbeschreiblich, unsagbar

inefectivo, **-a** [inefek'tiβo, -a] *adj* **1.** (*sin re-*

sultado) ineffektiv, unwirksam, fruchtlos **2.** (COM: *no rentable*) ineffizient, unwirtschaftlich

ineficacia [inefi'kaθja] *f* **1.** (*sin resultado*) Ineffektivität *f,* Unwirksamkeit *f,* Nutzlosigkeit *f* **2.** (COM: *sin rentabilidad*) Ineffizienz *f,* Unwirtschaftlichkeit *f* **3.** (*de una persona*) Inkompetenz *f,* Untauglichkeit *f*

ineficaz [inefi'kaθ] *adj* **1.** (*cosa*) ineffektiv, unwirksam, fruchtlos **2.** (*persona*) inkompetent, untauglich

ineficiencia [inefi'θjeṇθja] *f* Ineffizienz *f,* Unwirtschaftlichkeit *f*

ineficiente [inefi'θjeṇte] *adj* ineffizient, unwirtschaftlich

inejecución [inexeku'θjon] *f* Nichtvollstreckung *f,* Nichtausführung *f*

inelasticidad [inelastiθi'ðaᵈ] *f sin pl* Inelastizität *f;* ~ **de la demanda** (ECON) Inelastizität der Nachfrage

inelegancia [inele'ɣaṇθja] *f* fehlende Eleganz *f,* Mangel *m* an Eleganz

inelegibilidad [inelexiβili'ðaᵈ] *f* Nichtwählbarkeit *f*

inelegible [inele'xiβle] *adj* nicht wählbar

ineluctable [ineluk'taβle] *adj* (*elev*), **ineludible** [inelu'ðiβle] *adj* (*elev*) unvermeidlich, unentrinnbar

INEM [i'nem] *m abr de* **Instituto Nacional de Empleo** *Staatliches Institut für Arbeitsvermittlung*

inenarrable [inena'rraβle] *adj* unbeschreiblich, außergewöhnlich; **una aventura** ~ ein unbeschreibliches Erlebnis

inencontrable [ineŋkoṇ'traβle] *adj* unauffindbar

inepcia [i'neβθja] *f* (*AmC, Arg*) **1.** (*ineptitud*) Unfähigkeit *f* **2.** (*necedad*) Torheit *f;* **decir** ~**s** Unsinn reden

ineptitud [inepti'tuᵈ] *f* **1.** (*incapacidad*) Unfähigkeit *f* (*para* zu +*dat*) **2.** (*incompetencia*) Untauglichkeit *f* (*para* für +*akk*)

inepto, **-a** [i'nepto, -a] *adj* **1.** (*incapaz*) unfähig (*para* zu +*dat*) **2.** (*incompetente*) untauglich (*para* für +*akk*)

inequívoco, **-a** [ine'kiβoko, -a] *adj* eindeutig, unmissverständlich

inercia [i'nerθja] *f* (*t.* FÍS) Trägheit *f;* **ley de la** ~ Trägheitsgesetz *nt;* **por** ~ aus Gewohnheit; (FÍS) aufgrund [*o* auf Grund] der Trägheit

inercial [iner'θjal] *adj* (FÍS) Trägheits-

inerme [i'nerme] *adj* **1.** (*desarmado*) unbewaffnet **2.** (BIOL: *sin aguijón*) stachellos; (*sin púas*) dornenlos **3.** (*indefenso*) wehrlos; **sentirse** ~ sich wehrlos fühlen

inerte [i'nerte] *adj* **1.** (*sin vida*) tot **2.** (*inmóvil*) leblos **3.** (QUÍM) inert **4.** (FÍS) träge

inescrutable [ineskru'taβle] *adj* (*elev*) unergründbar, unergründlich

inesperable [inespe'raβle] *adj* unvorhersehbar, unverhofft

inesperado, **-a** [inespe'raðo, -a] *adj* unerwartet, unvorhergesehen; **una sorpresa inesperada** eine unverhoffte Überraschung

inestabilidad [inestaβili'ðaᵈ] *f* **1.** (*t.* TÉC: *fragilidad*) Instabilität *f;* **la** ~ **del mercado** (ECON) die Unbeständigkeit des Marktes; **la** ~ **de la peseta** (ECON) die Instabilität der Peseta; ~ **política** (POL) politische Instabilität **2.** (*variabilidad*) Unbeständigkeit *f*

inestable [ines'taβle] *adj* **1.** (*t.* TÉC: *frágil*) instabil; **precios** ~**s** schwankende Preise; **tipos de cambio** ~**s** schwankende Wechselkurse **2.** (*variable*) unbeständig

inestimabilidad [inestimaβili'ðaᵈ] *f sin pl* Unschätzbarkeit *f*

inestimable [inesti'maβle] *adj* unschätzbar; **de valor** ~ von unschätzbarem Wert

inevitable [ineβi'taβle] *adj* unvermeidbar, unvermeidlich

inevitablemente [ineβitaβle'meṇte] *adv* unweigerlich

inexactitud [ineᵞsakti'tuᵈ] *f* **1.** (*no exacto*) Ungenauigkeit *f* **2.** (*error*) Fehler *m*

inexacto, **-a** [ineᵞ'sakto, -a] *adj* **1.** (*no exacto*) ungenau, inexakt **2.** (*erróneo*) falsch

inexcusable [inesku'saβle] *adj* **1.** (*ineludible*) unumgänglich **2.** (*sin disculpa*) unverzeihbar, unverzeihlich, unentschuldbar; **una falta** ~ ein unverzeihlicher Fehler

inexistencia [ineᵞsis'teṇθja] *f* Nichtvorhandensein *nt,* Inexistenz *f*

inexistente [ineᵞsis'teṇte] *adj* nicht vorhanden, inexistent

inexorabilidad [ineᵞsoraβili'ðaᵈ] *f* (*elev*) Unerbittlichkeit *f*

inexorable [ineᵞso'raβle] *adj* (*elev*) unerbittlich (*en* in +*dat*)

inexperiencia [inespe'rjeṇθja] *f* Unerfahrenheit *f*

inexperto, **-a** [ines'perto, -a] *adj* unerfahren

inexpiable [ines'pjaβle] *adj* nicht sühnbar

inexplicable [inespli'kaβle] *adj* unerklärlich; **eso es** ~ **en tan poco tiempo** das kann man nicht in so kurzer Zeit erklären

inexplicado, **-a** [inespli'kaðo, -a] *adj* unklar, ungeklärt

inexplorado, **-a** [inesplo'raðo, -a] *adj* unerforscht

inexplotable [inesplo'taβle] *adj* **1.** (*no aprovechable*) nicht verwertbar [*o* nutzbar] **2.** (AGR) nicht anbaufähig **3.** (MIN) nicht abbaufähig [*o* abbauwürdig]

inexplotado, **-a** [inesplo'taðo, -a] *adj* ungenutzt

inexportable [inespor'taβle] *adj* (ECON) nicht exportfähig

inexpresable [inespre'saβle] *adj* unbeschreiblich

inexpresividad [inespresiβi'ðaᵈ] *f* Unbeschreiblichkeit *f*

inexpresivo, **-a** [inespre'siβo, -a] *adj* **1.** (*aplicado a la cara/mirada*) ausdruckslos **2.** (*aplicado a cosas*) nichts sagend

inexpugnable [inespuɣ'naβle] *adj* **1.** (*inconquistable*) uneinnehmbar **2.** (*irreductible*) unerschütterlich

in extenso [in es'tenso] detailliert, in extenso

inextinguible [inestiŋ'giβle] *adj* **1.** (*fuego, llama*) nicht löschbar **2.** (*amor, esperanza*) unauslöschlich

inextirpable [inestir'paβle] *adj* **1.** (*no erradicable*) unausrottbar **2.** (MED) nicht operierbar, inoperabel

in extremis [in es'tremis] *adv* (MED) im Sterben liegend, in extremis

inextricable [inestri'kaβle] *adj* **1.** (*enmarañado*) undurchdringlich **2.** (*complicado*) verwickelt

infalibilidad [iɱfaliβili'ðaᵈ] *f* Unfehlbarkeit *f*

infalible [iɱfa'liβle] *adj* unfehlbar; **un éxito** ~ ein bombensicherer Erfolg

infalsificable [iɱfalsifi'kaβle] *adj* fälschungssicher

infamación [iɱfama'θjon] *f* Verleumdung *f*

infamador(a) [iɱfama'ðor(a)] **I.** *adj* verleumderisch **II.** *m(f)* Verleumder(in) *m(f)*

infamante [iɱfa'man̪te] *adj* schimpflich, schändlich, entehrend

infamar [iɱfa'mar] *vt* schänden (*Ansehen, Ehre*)

infamatorio, -a [iɱfama'torjo, -a] *adj* (*elev*) schändlich; **palabras infamatorias** verleumderische Worte

infame [iɱ'fame] *adj* **1.** (*vil*) gemein, niederträchtig, infam **2.** (*muy malo*) miserabel

infamia [iɱ'famja] *f* **1.** (*canallada*) Gemeinheit *f*, Niederträchtigkeit *f* **2.** (*deshonra*) Schande *f*

infancia [iɱ'fan̪θja] *f* **1.** (*niñez*) Kindheit *f*; **enfermedades de la** ~ Kinderkrankheiten *fpl*; **primera/segunda** ~ frühes/fortgeschrittenes Kindesalter; **recuerdos de la** ~ Kindheitserinnerungen *fpl* **2.** (*etapa inicial*) Anfang *m*; **estar en su** ~ noch in den Kinderschuhen stecken **3.** (*niños*) Kinder *ntpl*

infante, -a [iɱ'fan̪te, -a] *m, f* **1.** (*elev: niño/niña*) Knabe *m*, Mädchen *nt*; **jardín de ~s** (*Am*) Kindergarten *m* **2.** (*príncipe/princesa*) Infant(in) *m(f)* **3.** (*soldado*) Infanterist(in) *m(f)*

infantería [iɱfan̪te'ria] *f* (MIL) Infanterie *f*; ~ **ligera** leichte Infanterie; ~ **de marina** Marineinfanterie *f*

infanticida [iɱfan̪ti'θiða] **I.** *adj*: **madre** ~ Kind(e)smörderin *f* **II.** *mf* Kindermörder(in) *m(f)*

infanticidio [iɱfan̪ti'θiðjo] *m* Kind(e)smord *m*

infantil [iɱfan̪'til] *adj* **1.** (*referente a la infancia*) Kinder-; **centro** ~ Kindertagesstätte *f*; **moda** ~ Kindermode *f*; **trabajo** ~ Kinderarbeit *f*; **la sonrisa** ~ **de tu abuelo** das kindliche Lächeln deines Großvaters **2.** (*pey: ingenuo*) kindisch, infantil

infantilidad [iɱfan̪tili'ðaᵈ] *f* kindisches Wesen *nt*, Infantilität *f*; **la** ~ **de su comportamiento** sein/ihr infantiles Benehmen

infantilismo [iɱfan̪ti'lismo] *m* **1.** (*ingenuidad*) Kindlichkeit *f*, Infantilität *f* **2.** (MED, PSICO) Infantilismus *m*

infantiloide [iɱfan̪ti'loi̯ðe] *adj* (*fam*) kindisch *pey*

infanzón, -ona [iɱfan̪'θon, -ona] *m, f* (HIST) Angehörige(r) *mf* des niederen Landadels

infarto [iɱ'farto] *m* Infarkt *m*; ~ **de miocardio** Herzinfarkt *m*; **sufrir un** ~ einen Infarkt erleiden

infatigable [iɱfati'ɣaβle] *adj* unermüdlich (*en* in +*dat*, *para* bei +*dat*)

infatigablemente [iɱfatiɣaβle'men̪te] *adv* unermüdlich

infatuarse [iɱfatu'arse] <*1. pres:* **me infatúo**> *vr* (*elev*) sich *dat* etwas einbilden (*con* auf +*akk*)

infausto, -a [iɱ'fau̯sto, -a] *adj* unheilvoll

infección [iɱfeᵞ'θjon] *f* (MED) **1.** (*contaminación*) Ansteckung *f* **2.** (*afección*) Infektion *f*; ~ **intestinal** Darminfektion *f*

infeccioso, -a [iɱfeᵞ'θjoso, -a] *adj* (MED) infektiös, Infektions-; **enfermedad infecciosa** Infektionskrankheit *f*; **foco** ~ Infektionsherd *m*

infectar [iɱfek'tar] **I.** *vt* **1.** (MED: *contagiar*) infizieren, anstecken **2.** (*fam: contaminar*) verseuchen **3.** (*corromper*) infizieren **II.** *vr*: **~se 1.** (*contagiarse*) sich infizieren, sich anstecken **2.** (*inflamarse*) sich entzünden

infecto, -a [iɱ'fekto, -a] *adj* **1.** (*contagiado*) infiziert (*de* mit +*dat*); ~ **de ideas peligrosas** mit gefährlichen Gedanken infiziert **2.** (*nauseabundo*) Ekel erregend, widerlich; **es un café** ~ der Kaffee schmeckt ekelhaft **3.** (*corrupto*) schmutzig

infecundidad [iɱfekun̪di'ðaᵈ] *f* (*t.* BIOL, MED) Unfruchtbarkeit *f*

infecundo, -a [iɱfe'kun̪do, -a] *adj* (*t.* BIOL, MED) unfruchtbar

infelicidad [iɱfeliθi'ðaᵈ] *f* **1.** (*falta de felicidad*) Unzufriedenheit *f*; **la** ~ **de la madre afectó a toda la familia** die ganze Familie litt darunter, dass die Mutter so unglücklich war **2.** (*suerte adversa*) Unglück *nt*

infeliz [iɱfe'liθ] **I.** *adj* **1.** (*no feliz*) unglücklich **2.** (*fam: ingenuo*) treudoof **II.** *mf* (*fam*) **1.** (*desgraciado*) Unglückliche(r) *mf* **2.** (*buenazo*) armer Tropf *m*

inferencia [iɱfe'ren̪θja] *f* (Schluss)folgerung *f*

inferior [iɱfe'rjor] **I.** *adj* **1.** (*debajo*) untere(r, s); **labio** ~ Unterlippe *f*; **ser** ~ **a un año** ein Jahr unterschreiten, unter einem Jahr alt sein **2.** (*de menos calidad*) minderwertiger (*a* als +*nom*) **3.** (*de menos importancia, categoría*) niedriger (*a* als +*nom*); **organismos ~es** niedere Organismen **4.** (*menos*) geringer (*a* als +*nom*) **5.** (*subordinado*) untergeben **II.** *mf* Untergebene(r) *mf*

inferioridad [iɱferjori'ðaᵈ] *f* Unterlegenheit *f*; **complejo de** ~ Minderwertigkeitskomplex *m;* **estar en ~ de condiciones** im Nachteil sein

inferir [iɱfe'rir] *irr como sentir* **I.** *vt* **1.** (*deducir*) schließen (*de/por* aus +*dat*), folgern (*de/por* aus +*dat*) **2.** (*ocasionar*) herbeiführen **3.** (*causar*) zufügen; ~ **heridas a alguien** jdm Verletzungen zufügen, jdn verletzen **II.** *vr:* **~se** hervorgehen (*de* aus +*dat*)

infernal [iɱfer'nal] *adj* höllisch, Höllen-; **ruido ~** Höllenlärm *m;* **es un niño ~** das ist ein schreckliches [*o* unerträgliches] Kind

infernar [iɱfer'nar] <e→ie> **I.** *vt* **1.** (*ocasionar la condenación*) der Verdammnis preisgeben **2.** (*fig: molestar*) ärgern **II.** *vr:* **~se** **1.** (*ocasionarse la condenación*) der Verdammnis anheim fallen **2.** (*fig: molestarse*) sich ärgern, sich aufregen

infernillo [iɱfer'niʎo] *m* Kocher *m*

infértil [iɱ'fertil] *adj* unfruchtbar

infertilidad [iɱfertili'ðaᵈ] *f sin pl* Unfruchtbarkeit *f*

infestación [iɱfesta'θjon] *f sin pl* **1.** (*parásitos*) Befall *m;* (*hierbas*) Plage *f* **2.** (*infección*) Ansteckung *f,* Infektion *f*

infestar [iɱfes'tar] *vt* **1.** (*inundar*) überschwemmen (*de* mit +*dat*); **infestado de malas hierbas** mit Unkraut übersät; **las langostas ~on los campos** die Felder wurden von Heuschrecken befallen **2.** (*infectar*) anstecken (*de* mit +*dat*), infizieren (*de* mit +*dat*) **3.** (*causar*) zufügen **4.** (*corromper*) infizieren (*de* mit +*dat*)

infesto, -a [iɱ'festo, -a] *adj* (*elev*) schädlich

infibulación [iɱfiβula'θjon] *f* Infibulation *f*

inficionar [iɱfiθjo'nar] *vt* **1.** (*contaminar*) verseuchen **2.** (*envenenar*) vergiften **3.** (*corromper*) verderben

infidelidad [iɱfiðeli'ðaᵈ] *f* **1.** (*deslealtad*) Untreue *f* **2.** (*incredulidad*) Unglaube *m*

infidelísimo, -a [iɱfiðe'lisimo, -a] *adj superl de* **infiel**

infidencia [iɱfi'ðen̪θja] *f* **1.** (*elev: infidelidad*) Untreue *f* **2.** (*violación de la confianza*) Vertrauensbruch *m*

infiel [iɱ'fjel] **I.** *adj* <infidelísimo> **1.** (*desleal*) untreu **2.** (*pagano*) ungläubig **3.** (*inexacto*) nicht getreu **II.** *mf* Ungläubige(r) *mf*

infiernillo [iɱfjer'niʎo] *m* Kocher *m*

infierno [iɱ'fjerno] *m* **1.** (*t.* REL) Hölle *f;* **¡al ~ con el trabajo!** zur Hölle mit der Arbeit!; **mandar al ~** zum Teufel jagen; **su matrimonio es un ~** seine/ihre Ehe ist die (reinste) Hölle; **¡vete al ~!** fahr zur Hölle!; **vive en el quinto ~** er/sie wohnt jwd **2.** (*en la mitología*) Unterwelt *f* **3.** (*Cuba: juego de naipes*) *Kartenspiel*

infijación [iɱfixa'θjon] *f sin pl* (LING) Infigierung *f*

infijo [iɱ'fixo] *m* (LING) Infix *nt*

infiltración [iɱfil̪tra'θjon] *f* **1.** (*el penetrar*) Einsickern *nt,* Infiltration *f* **2.** (*propagación*) Verbreitung *f* (*von Ideen, Doktrinen*) **3.** (POL) Einschleusung *f*

infiltrado, -a [iɱfil̪'traðo, -a] *m, f* Spion(in) *m(f)*

infiltrar [iɱfil̪'trar] **I.** *vt* **1.** (*penetrar*) einsickern lassen (*en* in +*akk*), infiltrieren (*en* in +*akk*) **2.** (*inculcar*) verbreiten (*entre* unter +*dat*) **II.** *vr:* **~se** **1.** (*penetrar*) einsickern (*en* in +*akk*) **2.** (*introducirse*) sich einschleusen (*en* in +*akk*)

ínfimo, -a ['iɱfimo, -a] *adj* **1.** (*muy bajo*) unterste(r, s) **2.** (*mínimo*) geringste(r, s); **detalle ~** winziges Detail **3.** (*vil*) niederträchtigste(r, s)

infinible [iɱfi'niβle] *adj* (*elev*) unvergänglich, ewig

infinidad [iɱfini'ðaᵈ] *f* **1.** (*cualidad de infinito*) Unendlichkeit *f* **2.** (*gran número*) Unmenge *f* (*de* an/von +*dat*); **una ~ de cosas** eine Unmenge von Sachen

infinitesimal [iɱfinitesi'mal] *adj* (MAT) infinitesimal; **cálculo ~** Infinitesimalrechnung *f*

infinitivo¹ [iɱfini'tiβo] *m* (LING) Infinitiv *m*

infinitivo, -a² [iɱfini'tiβo, -a] *adj* (LING) Infinitiv-; **forma infinitiva** Infinitivform *f*

infinito¹ [iɱfi'nito] *m* (*t.* MAT) Unendliche(s) *nt*

infinito, -a² [iɱfi'nito, -a] *adj* **1.** (*ilimitado*) unendlich, endlos; (*aplicado a cosas no materiales*) grenzenlos **2.** (*incontable*) unzählbar

infinitud [iɱfini'tuᵈ] *f sin pl* Unendlichkeit *f*

infirmar [iɱfir'mar] *vt* (JUR) außer Kraft setzen, annullieren

inflable [iɱ'flaβle] *adj* aufblasbar

inflación [iɱfla'θjon] *f* **1.** (*el inflar*) Aufblasen *nt;* (MED) Aufblähung *f* **2.** (ECON) Inflation *f;* **~ de costes** kostenbedingte Inflation, Kosteninflation *f;* **~ reptante/galopante** schleichende/galoppierende Inflation; **~ subyacente** verdeckte [*o* versteckte] Inflation; **tasa de ~** Inflationsrate *f;* **la ~ se dispara** die Inflation galoppiert; **la lucha contra la ~** die Bekämpfung der Inflation **3.** (*exceso*) Übermaß *nt*

inflacionario, -a [iɱflaθjo'narjo, -a] *adj* inflationär, inflationistisch; **espiral inflacionaria** Inflationsspirale *f*

inflacionismo [iɱflaθjo'nismo] *m* (ECON) Inflationismus *m*

inflacionista [iɱflaθjo'nista] *adj* (ECON) inflationär, inflationistisch

inflador [iɱfla'ðor] *m* Luftpumpe *f*

inflagaitas [iɱfla'ɣai̯tas] *m inv* (*fam*) Blödmann *m,* Knallkopf *m*

inflamabilidad [iɱflamaβili'ðaᵈ] *f sin pl* Entflammbarkeit *f,* Brennbarkeit *f*

inflamable [iɱfla'maβle] *adj* leicht entzündbar, leicht brennbar

inflamación [iɱflama'θjon] *f* **1.** (*t.* MED) Entzündung *f;* **~ de las amígdalas** Mandelentzündung *f* **2.** (TÉC) Entflammung *f,* Zündung *f;* **~ espontánea** Selbstzündung *f;* **punto de ~** Zündpunkt *m*

inflamar [iɱfla'mar] **I.** *vt* **1.** (*encender*) entzünden **2.** (*excitar*) entflammen **II.** *vr:* **~se** (*t.*

MED) sich entzünden; **se me ha inflamado el pulgar** mein Daumen hat sich entzündet; **~se de rabia** in Wut geraten

inflamatorio, -a [iɱflama'torjo, -a] *adj* (MED) entzündlich

inflamiento [iɱfla'mjen̪to] *m* Aufblasen *nt;* (*con inflador*) Aufpumpen *nt*

inflar [iɱ'flar] **I.** *vt* **1.** (*llenar de aire*) aufblasen **2.** (*exagerar*) aufbauschen; **~ la economía** die Wirtschaft aufblähen **II.** *vr:* **~se 1.** (*hincharse*) sich aufblähen (*de* mit *+dat*) **2.** (*fam: hartarse de bebida*): **se ha inflado de coca-cola** er/sie hat sich *dat* den Bauch mit Cola voll gekippt **3.** (*fam: hartarse de comida*) sich voll stopfen (*de* mit *+dat*)

inflexibilidad [iɱfleˠsiβili'ðaᵈ] *f* **1.** (*rigidez*) Inflexibilität *f* **2.** (*firmeza*) Unnachgiebigkeit *f* (*a* gegenüber *+dat, en* in *+dat*)

inflexible [iɱfleˠ'siβle] *adj* **1.** (*rígido*) unbiegsam **2.** (*firme*) unnachgiebig (*a* gegenüber *+dat, en* in *+dat*)

inflexión [iɱfleˠ'sjon] *f* **1.** (*torcimiento*) Biegung *f* **2.** (*referente a la voz*) Modulation *f* **3.** (MAT) Wendepunkt *m* **4.** (LING) Flexion *f,* Beugung *f*

infligir [iɱfli'xir] <g→j> *vt:* **~ un castigo** eine Strafe auferlegen; **~ daño** Schaden verursachen; (*dolor*) Schmerz zufügen; **~ una derrota** eine Niederlage bereiten

influencia [iɱ'flwen̪θja] *f* Einfluss *m* (*en/sobre* auf *+akk*); **tener ~ con alguien** gute Beziehungen zu jdm haben

influenciable [iɱflwen̪'θjaβle] *adj* beeinflussbar

influenciar [iɱflwen̪'θjar] **I.** *vt* beeinflussen **II.** *vr:* **~se** sich beeinflussen lassen

influir [iɱflu'ir] *irr como huir* **I.** *vi* **1.** (*contribuir*) beeinflussen (*en/sobre +akk*) **2.** (*actuar*) einwirken (*en/sobre* auf *+akk*) **II.** *vt* beeinflussen **III.** *vr:* **~se** sich beeinflussen lassen (*de* von *+dat*)

influjo [iɱ'fluxo] *m* **1.** (*influencia*) Einfluss *m* **2.** (*flujo*) Flut *f*

influyente [iɱflu'ʝen̪te] *adj* einflussreich

información [iɱforma'θjon] *f* Information *f* (*sobre* über *+akk*); (*oficina*) Auskunft(sstelle) *f;* **~ bancaria** Bankauskunft *f;* **~ horaria por teléfono** telefonische Zeitansage; **~ periodística** Zeitungsnachricht *f;* **~ pública** öffentliche Bekanntmachung; **~ sobre el tiempo** Wetterbericht *m;* **para averiguar esto, tienes que preguntar en ~** um das herauszufinden, musst du bei der Auskunft nachfragen

informador(a) [iɱforma'ðor(a)] *m(f)* **1.** (*informante*) Informant(in) *m(f)* **2.** (*periodista*) Berichterstatter(in) *m(f)*

informal [iɱfor'mal] *adj* **1.** (*desenfadado*) informal; **bienvenida ~** formlose Begrüßung; **lenguaje ~** Umgangssprache *f* **2.** (*no cumplidor*) unzuverlässig

informalidad [iɱformali'ðaᵈ] *f* Unzuverlässigkeit *f*

informalismo [iɱforma'lismo] *m* (ARTE) informelle Kunst *f,* Informalismus *m*

informante [iɱfor'man̪te] *mf* Informant(in) *m(f)*

informar [iɱfor'mar] **I.** *vt* **1.** (*comunicar*) informieren (*de/sobre* über *+akk*) **2.** (*elev: fundamentar*) begründen **II.** *vi* (JUR) plädieren **III.** *vr:* **~se** sich informieren (*de* über *+akk*)

informática [iɱfor'matika] *f* Informatik *f,* elektronische Datenverarbeitung *f*

informático, -a [iɱfor'matiko, -a] **I.** *adj:* **fallo ~** Computerfehler *m* **II.** *m, f* Informatiker(in) *m(f)*

informativo[1] [iɱforma'tiβo] *m* Nachrichtensendung *f*

informativo, -a[2] [iɱforma'tiβo, -a] *adj* informativ, Informations-; **boletín ~** (*por escrito*) Informationsblatt *nt;* (*radial*) Nachrichten *fpl;* **de carácter ~** informativ

informatización [iɱformatiθa'θjon] *f* Umstellung *f* auf EDV

informatizar [iɱformati'θar] <z→c> *vt* auf EDV umstellen

informe [iɱ'forme] **I.** *adj* **1.** (*sin forma*) unförmig **2.** (*indefinido*) unbestimmt **II.** *m* **1.** (*exposición*) Bericht *m* (*sobre* über *+akk*); **~ anual** Jahresbericht *m;* **~ de cuentas** Rechenschaftsbericht *m;* **~ económico anual** Jahreswirtschaftsbericht *m;* **~ financiero** Finanzbericht *m;* **~ pericial** Sachverständigengutachten *nt;* **~ técnico** fachliche Stellungnahme; **~ de viabilidad** Durchführbarkeitsstudie *f;* **elaborar** [*o* **redactar**] **un ~** einen Bericht erstellen; **presentar un ~ de ventas al director** dem Direktor einen Verkaufsbericht vorlegen **2.** *pl* (*referencias*) Referenzen *fpl* (*sobre* über *+akk*)

informulable [iɱformu'laβle] *adj* unaussprechlich, nicht in Worte zu fassen

infortificable [iɱfortifi'kaβle] *adj* (MIL) nicht zu befestigen

infortunadamente [iɱfortunaða'men̪te] *adv* unglücklicherweise

infortunado, -a [iɱfortu'naðo, -a] *adj* unglückselig

infortunio [iɱfor'tunjo] *m* **1.** (*adversidad*) Unglück *nt* **2.** (*mala suerte*) Pech *nt*

infracapitalizado, -a [iɱfrakapitali'θaðo, -a] *adj* unterkapitalisiert

infracción [iɱfraˠ'θjon] *f* Verstoß *m* (*de* gegen *+akk*), Vergehen *nt* (*de* gegen *+akk*); **~ aduanera** (COM) Zollvergehen *nt;* **~ de un contrato** Vertragsbruch *m,* Vertragsverletzung *f;* **~ fiscal** (FIN) Steuervergehen *nt;* **~ de tráfico** Verkehrsübertretung *f*

infractor(a) [iɱfrak'tor(a)] **I.** *adj* zuwiderhandelnd **II.** *m(f)* Zuwiderhandelnde(r) *mf;* (JUR) Rechtsbrecher(in) *m(f);* **~ de la ley** Gesetzesbrecher *m*

infradesarrollado, -a [iɱfraðesarro'ʎaðo, -a] *adj* unterentwickelt

infradotado, -a [iɱfraðo'taðo, -a] *adj* unzureichend ausgestattet

infraestructura [iɱfraestruk'tura] *f* 1.(*construcción*) Unterbau *m* 2.(*medios*) Infrastruktur *f*

infraestructural [iɱfraestruktu'ral] *adj* infrastrukturell, Infrastruktur-

in fraganti [iɱ fra'ɣan̪ti] *adv* in flagranti, auf frischer Tat

infrahumano, **-a** [iɱfrau'mano, -a] *adj* menschenunwürdig

infraliteratura [iɱfralitera'tura] *f* minderwertige Literatur *f*

infranqueable [iɱfraŋke'aβle] *adj* unüberwindbar

infraocupación [iɱfraokupa'θjon] *f* (ECON) Unterbeschäftigung *f*

infraorbitario, **-a** [iɱfraorβi'tarjo, -a] *adj* (ANAT) unterhalb der Augenhöhle, infraorbital

infrarrojo, **-a** [iɱfra'rroxo, -a] *adj* (FÍS) infrarot; **rayos ~s** Infrarotstrahlen *mpl*

infrascrito, **-a** [iɱfras'krito, -a] *m, f* Unterzeichnete(r) *mf*, Unterzeichnende(r) *mf*

infraseguro [iɱfrase'ɣuro] *m* Unterversicherung *f*

infrasonido [iɱfraso'niðo] *m* (FÍS) Infraschall *m*

infrasonoro, **-a** [iɱfraso'noro, -a] *adj* (FÍS) Infraschall-

infrautilización [iɱfrautiliθa'θjon] *f* Nichtauslastung *f*

infrautilizar [iɱfrautili'θar] <z→c> *vt* nicht erschöpfend nutzen

infravaloración [iɱfraβalora'θjon] *f sin pl* Unterbewertung *f*

infravalorar [iɱfraβalo'rar] *vt* unterbewerten; **esta moneda está infravalorada** diese Währung ist unterbewertet

infravivienda [iɱfraβi'βjen̪da] *f* menschenunwürdige Behausung *f*

infrecuencia [iɱfre'kwen̪θja] *f* Seltenheit *f*

infrecuente [iɱfre'kwen̪te] *adj* selten

infringir [iɱfrin'xir] <g→j> *vt* verstoßen (gegen *+akk*); **~ una norma** gegen eine Norm verstoßen

infructuosidad [iɱfruktwosi'ðað] *f sin pl* Fruchtlosigkeit *f*, Erfolglosigkeit *f*

infructuoso, **-a** [iɱfruktu'oso, -a] *adj* unfruchtbar, vergeblich, ergebnislos; **invertir las energías en esfuerzos ~s** seine Energie sinnlos vergeuden, sich vergeblichen Mühen hingeben

ínfula ['iɱfula] *f* 1.(REL) Inful *f* (*Zierband an der Mitra*) 2.*pl* (*soberbia*): **darse ~s** sich wichtig machen; **no te des tantas ~s** tu nicht so wichtig; **venir con ~s** sich aufspielen

infumable [iɱfu'maβle] *adj* 1.(*tabaco*) nicht rauchbar, ungenießbar 2.(*fig: inaceptable*) unzumutbar, inakzeptabel; **esta novela es ~** dieser Roman ist eine Zumutung

infundado, **-a** [iɱfun̪'daðo, -a] *adj* unbegründet

infundio [iɱ'fun̪djo] *m* Gerücht *nt*

infundir [iɱfun̪'dir] *vt* einflößen; (REL) geben, verleihen; **~ valor a alguien** jdm Mut einflößen [*o* machen]; **~ sospechas** einen Verdacht aufkommen lassen

infusible [iɱfu'siβle] *adj* unschmelzbar

infusión [iɱfu'sjon] *f* 1.(*disolución*) Aufguss *m;* (MED) Infus *nt* 2.(*bebida*) (Kräuter)tee *m*

infuso, **-a** [iɱ'fuso, -a] *adj* (*elev: inherente*) innewohnend (*de +dat*); (*adquirido*) anverwandelt; **tener ciencia infusa** (*irón*) die Weisheit auch nicht mit Löffeln gegessen haben

ingá [iŋ'ga] *m* (*Am:* BOT) Inga *f*

ingeniar [iŋxe'njar] I. *vt* erfinden II. *vr:* **~se** sich *dat* ausdenken; **ingeniárselas para hacer algo** es schaffen, etw zu tun

ingeniera [iŋxe'njera] *f v.* **ingeniero**

ingeniería [iŋxenje'ria] *f* 1.(*técnica*) Technik *f;* **~ financiera** (FIN) Finanzplanung *f;* **~ genética** Gentechnik *f* 2.(*disciplina*) Ingenieurwissenschaft *f;* **escuela de ~** Ingenieurfachschule *f*

ingeniero, **-a** [iŋxe'njero, -a] *m, f* Ingenieur(in) *m(f);* **~ agrónomo** Agraringenieur *m;* **~ de caminos, canales y puertos** Tiefbauingenieur *m;* **~ de minas** Bergbauingenieur *m;* **~ de sistemas** Systemingenieur *m*

ingenio [iŋ'xenjo] *m* 1.(*inventiva*) Erfindungsgabe *f*, Erfindergeist *m;* **aguzar el ~** seinen Geist anstrengen 2.(*talento para contar*) Esprit *m* 3.(*persona*) Genie *nt* 4.(*maña*) Geschick *nt* 5.(*máquina*) Maschine *f*

ingeniosidad [iŋxenjosi'ðað] *f* 1.(*ingenio*) Erfindergeist *m* 2.(*dicho*) Spruch *m*

ingenioso, **-a** [iŋxe'njoso, -a] *adj* 1.(*hábil*) geschickt 2.(*listo*) geistreich

ingente [iŋ'xen̪te] *adj* enorm; **~ cantidad** Unmenge *f;* **una ~ cantidad de personas** eine riesige Menschenmenge

ingenuidad [iŋxenwi'ðað] *f* 1.(*inocencia*) Naivität *f* 2.(*torpeza*) Torheit *f*

ingenuo, **-a** [iŋ'xenwo, -a] *adj* naiv; **no te hagas el ~** spiel nicht den Naiven

ingerir [iŋxe'rir] *irr como sentir vt* 1.(*referente a medicamentos*) einnehmen 2.(*beber*) trinken; (*comer*) essen

ingesta [iŋ'xesta] *f* (MED) aufgenommene Nahrung *f*, Ingesta *ntpl*

ingestión [iŋxes'tjon] *f* 1.(*referente a medicamentos*) Einnahme *f* 2.(*el beber*) Trinken *nt;* (*el comer*) Essen *nt*

Inglaterra [iŋgla'terra] *f* England *nt*

ingle ['iŋgle] *f* (ANAT) Leiste *f*, Leistenbeuge *f*

inglés, **-esa** [iŋ'gles, -esa] I. *adj* englisch; **a la inglesa** nach englischer Art; **llave inglesa** Engländer *m* (*verstellbarer Schraubenschlüssel*) II. *m, f* Engländer(in) *m(f)*

inglete [iŋ'glete] *m* 1.(MAT) *ein Winkel von 45° bei einem rechtwinkligen gleichschenkligen Dreieck* 2.(*de la moldura*) Gehrung *f*

ingobernable [iŋgoβer'naβle] *adj* 1.(*no gobernable*) unregierbar 2.(*no dirigible*) unsteuerbar

ingratitud [iŋgrati'tuð] *f* Undankbarkeit *f*

ingrato, **-a** [iŋ'grato, -a] *adj* undankbar (*con/para con* gegenüber +*dat*)
ingravidez [iŋgraβi'ðeθ] *f* Leichtigkeit *f;* **la ~ de sus movimientos** die Schwerelosigkeit seiner/ihrer Bewegungen
ingrávido, **-a** [iŋ'graβiðo, -a] *adj* **1.** (*falta de gravedad*) schwerelos **2.** (*ligero*) leicht
ingrediente [iŋgre'ðjente] *m* **1.** (*sustancia*) Zutat *f* **2.** (*elemento*) Bestandteil *m*
ingresar [iŋgre'sar] **I.** *vi* **1.** (*inscribirse*) eintreten (*en* in +*akk*) **2.** (*hospitalizarse*) eingeliefert werden; **ingresó en el hospital con quemaduras** er/sie kam mit Verbrennungen ins Krankenhaus **II.** *vt* **1.** (*meter*) einzahlen; **~ dinero en una cuenta** Geld auf ein Konto einzahlen; **~ un cheque** einen Scheck einreichen **2.** (*hospitalizar*) einliefern (*en* in +*akk*) **3.** (*percibir*) verdienen
ingreso [iŋ'greso] *m* **1.** (*inscripción*) Eintritt *m;* **examen de ~** Aufnahmeprüfung *f* **2.** (*ceremonia*) Aufnahmezeremoniell *nt* **3.** (*alta*) Einlieferung *f;* **¿cuántos ~s hubo ayer?** wie viele Neuaufnahmen [*o* Neuzugänge] gab es gestern? **4.** (*en una cuenta*) Einzahlung *f;* **hacer** [*o* **realizar**] **un ~ en una cuenta** eine Einzahlung auf ein Konto vornehmen **5.** *pl* (*retribuciones*) Einnahmen *fpl*, Einkünfte *fpl*, Erträge *mpl;* **~s anuales** Jahreseinkünfte *fpl*, Jahreseinnahmen *fpl;* **~s brutos/netos** Brutto-/Nettoerlöse *mpl*, Brutto-/Nettoeinnahmen *fpl;* **~s y gastos** Einnahmen und Ausgaben; **~s libres de impuestos** steuerfreie Einnahmen; **~s por publicidad** Werbeeinnahmen *fpl*
íngrimo, **-a** ['iŋgrimo, -a] *adj* (*Am: solitario*) einsam
inguinal [iŋgi'nal] *adj* (ANAT) Leisten-, inguinal
inhábil [i'naβil] *adj* **1.** (*torpe*) ungeschickt; **ser ~ para algo** für etw kein Geschick haben **2.** (JUR): **día ~** Feiertag *m*
inhabilidad [inaβili'ðaᵈ] *f* Ungeschicklichkeit *f*
inhabilitación [inaβilita'θjon] *f* (JUR) **1.** (*incapacitación*) Unfähigkeit *f;* **~ especial** *Unfähigkeit zu einzelnen Ämtern* **2.** (*interdicción*) Berufsverbot *nt;* **~ especial temporal** Berufsverbot auf Zeit
inhabilitar [inaβili'tar] *vt* (JUR) **1.** (*incapacitar*) für unfähig erklären (*para* zu +*dat*) **2.** (*prohibir*) ein Berufsverbot aussprechen (*a* gegen +*akk*)
inhabitable [inaβi'taβle] *adj* unbewohnbar
inhabitado, **-a** [inaβi'taðo, -a] *adj* unbewohnt, verlassen
inhabitual [inaβitu'al] *adj* ungewohnt, nicht üblich
inhalación [inala'θjon] *f* Einatmen *nt;* (MED) Inhalation *f;* **realizar inhalaciones de eucalipto** Inhalationen mit Eukalyptus machen
inhalador [inala'ðor] *m* (MED) Inhalationsapparat *m*, Inhalator *m*
inhalar [ina'lar] *vt* einatmen; (MED) inhalieren
inhereditable [inereði'taβle] *adj* nicht vererbbar
inherente [ine'rente] *adj* innewohnend (*a* +*dat*), verbunden (*a* mit +*dat*)
inhibición [iniβi'θjon] *f* **1.** (*represión*) Unterdrückung *f* **2.** (*abstención*) Zurückhaltung *f;* **mi ~ ante vuestras peleas es absoluta** ich halte mich völlig aus euren Streitigkeiten heraus **3.** (MED) Hemmung *f* **4.** (JUR) Ablehnung *f* (*eines Richters*)
inhibidor [iniβi'ðor] *m* (QUÍM) Hemmstoff *m*
inhibir [ini'βir] **I.** *vt* **1.** (*reprimir*) unterdrücken **2.** (BIOL) hemmen **3.** (JUR) (einen Richter) ablehnen **II.** *vr:* **~se** sich heraushalten (*de/en* aus +*dat*); **~se de hacer algo** sich zurückhalten etw zu tun
inhibitorio, **-a** [iniβi'torjo, -a] *adj* (JUR) Untersagungs-; **procedimiento ~** Untersagungsverfahren *nt*
inhospitalario, **-a** [inospita'larjo, -a] *adj* ungastlich
inhospitalidad [inospitali'ðaᵈ] *f sin pl* Ungastlichkeit *f*
inhóspito, **-a** [i'nospito, -a] *adj* unwirtlich, ungastlich
inhumación [inuma'θjon] *f* Beisetzung *f*
inhumanidad [inumani'ðaᵈ] *f* Unmenschlichkeit *f*
inhumano, **-a** [inu'mano, -a] *adj* unmenschlich, inhuman
inhumar [inu'mar] *vt* (*elev*) beisetzen
INI ['ini] *m abr de* **Instituto Nacional de Industria** Staatliches Institut *nt* für Industrie (*Dachorganisation der staatlichen Industrieunternehmen in Spanien*)
iniciación [iniθja'θjon] *f* **1.** (*comienzo*) Beginn *m* **2.** (*introducción*) Einführung *f* (*a/en* in +*akk*) **3.** (*información sobre algo secreto*) Einweihung *f* **4.** (*admisión de un novato*) Initiation *f*
iniciado, **-a** [ini'θjaðo, -a] **I.** *adj* eingeweiht **II.** *m, f* Eingeweihte(r) *mf*
iniciador[1] [iniθja'ðor] *m* (INFOR) Initiator *m*
iniciador(a)[2] [iniθja'ðor(a)] **I.** *adj:* **el país ~ de las hostilidades** das Land, von dem die Feindseligkeiten ausgehen **II.** *m(f)* Initiator(in) *m(f)*
inicial [ini'θjal] **I.** *adj* anfänglich, Anfangs-; **capital ~** (ECON) Anfangskapital *nt*, Einlagekapital *nt;* **fase ~** Anfangsphase *f;* **saldo ~** (FIN) Anfangssaldo *m* **II.** *f* Anfangsbuchstabe *m*
inicialización [iniθjaliθa'θjon] *f* (INFOR) Initialisierung *f;* **~ de ventanas Windows** Windows-Initialisierung *f*
inicializar [iniθjali'θar] <z→c> *vt* (INFOR) initialisieren
iniciar [ini'θjar] **I.** *vt* **1.** (*comenzar*) beginnen; **~ la sesión** die Sitzung eröffnen **2.** (*introducir*) einführen (*en* in +*akk*), vertraut machen (*en* mit +*dat*); **~ a alguien en matemáticas** jdn mit der Mathematik vertraut machen **3.** (*revelar un secreto*) einweihen (*en* in +*akk*) **4.** (INFOR) booten; **~ el funcionamien-**

to del ordenador den Rechner urladen **II.** *vr:* **~se 1.** (*comenzar*) beginnen **2.** (*introducirse*) sich vertraut machen (*en* mit +*dat*)

iniciático, -a [ini'θjatiko, -a] *adj* Initiations-

iniciativa [iniθja'tiβa] *f* Initiative *f;* **~ propia** Eigeninitiative *f;* **la ~ del proyecto fue mía** das Projekt geht auf meine Initiative zurück; **dejar la ~ a alguien** jdm die Initiative überlassen; **le falta ~** ihm/ihr mangelt es an Initiative; **tener ~** Initiative haben [*o* besitzen]; **tomar la ~** die Initiative ergreifen; **estimular la ~ privada** (ECON) die Privatinitiative fördern

iniciativo, -a [iniθja'tiβo, -a] *adj* einleitend, einführend

inicio [i'niθjo] *m* Beginn *m;* **~ de salto** (INFOR) Sprungstart *m;* **~ de texto** (INFOR) Textanfang *m*

inicuo, -a [i'nikwo, -a] *adj* **1.** (*injusto*) ungerecht **2.** (*malvado*) gemein, niederträchtig

inigualable [iniɣwa'laβle] *adj* unvergleichlich; **un paisaje de una belleza ~** eine Landschaft von unvergleichlicher Schönheit

inigualado, -a [iniɣwa'laðo, -a] *adj:* **récord ~** unerreichter Rekord *m;* **superficie inigualada** unebene Oberfläche *f*

inimaginable [inimaxi'naβle] *adj* unvorstellbar

inimitable [inimi'taβle] *adj* unnachahmlich

ininflamable [inimɱfla'maβle] *adj* nicht brennbar

ininteligibilidad [inin̪telixiβili'ða^{ð}] *f* (*letra*) Unleserlichkeit *f;* (*palabras, expresión*) Unverständlichkeit *f*

ininteligible [inin̪teli'xen̪te] *adj* unverständlich; (*escritura*) unleserlich

ininterrumpido, -a [inin̪terrum'piðo, -a] *adj* ununterbrochen

iniquidad [iniki'ða^{ð}] *f* **1.** (*injusticia*) Ungerechtigkeit *f* **2.** (*infamia*) Gemeinheit *f,* Niederträchtigkeit *f*

injerencia [iŋxe'ren̪θja] *f* Einmischung *f* (*en* in +*akk*)

injeridura [iŋxeri'ðura] *f* (AGR) Veredelungsstelle *f,* Pfropfstelle *f*

injerir [iŋxe'rir] *irr como sentir* **I.** *vt* **1.** (*introducir*) einführen (*en* in +*akk*) **2.** (*injertar*) pfropfen **II.** *vr:* **~se** sich einmischen (*en* in +*akk*)

injertar [iŋxer'tar] *vt* **1.** (*plantas*) pfropfen **2.** (MED) verpflanzen, transplantieren

injertera [iŋxer'tera] *f* (AGR) Baumschule *f*

injerto [iŋ'xerto] *m* **1.** (*el injertar*) Pfropfung *f,* Pfropfen *nt* **2.** (*resultado del injertar*) Kreuzung *f* **3.** (*brote*) Pfröpfling *m* **4.** (MED) Verpflanzung *f,* Transplantation *f*

injuria [iŋ'xurja] *f* (*con palabras*) Beschimpfung *f;* (*con acciones o palabras*) Beleidigung *f;* **proferir ~s contra alguien** Beschimpfungen gegen jdn ausstoßen

injuriador(a) [iŋxurja'ðor(a)] *adj* beleidigend

injuriar [iŋxu'rjar] *vt* (*con palabras*) beschimpfen; (*con acciones o palabras*) beleidigen

injurioso, -a [iŋxu'rjoso, -a] *adj* beleidigend

injusticia [iŋxus'tiθja] *f* Ungerechtigkeit *f*

injustificable [iŋxustifi'kaβle] *adj* nicht zu rechtfertigen

injustificado, -a [iŋxustifi'kaðo, -a] *adj* ungerechtfertigt

injusto, -a [iŋ'xusto, -a] *adj* ungerecht; (*t.* JUR: *injustificado*) ungerechtfertigt; **enriquecimiento ~** (JUR) ungerechtfertigte Bereicherung; **ser ~ con alguien** ungerecht gegen jdn sein, jdm gegenüber ungerecht sein

INLE ['inle] *m abr de* **Instituto nacional del libro español** Staatliches Spanisches Buchinstitut *nt*

Inmaculada [i^{n}maku'laða/i^{m}maku'laða] *f* Immaculata *f* (*Beiname Marias*); **la fiesta de la ~** Mariä Empfängnis (*8. Dezember*)

inmaculado, -a [i^{n}maku'laðo, -a/i^{m}maku'laðo, -a] *adj* **1.** (*limpísimo*) rein **2.** (*impecable*) makellos, unbefleckt *elev*

inmadurez [i^{n}maðu'reθ/i^{m}maðu'reθ] *f sin pl* Unreife *f*

inmaduro, -a [i^{n}ma'ðuro, -a/i^{m}ma'ðuro, -a] *adj* unreif; **ideas inmaduras** unreife [*o* unausgereifte] Ideen

inmanencia [i^{n}ma'nen̪θja/i^{m}ma'nen̪θja] *f* (*elev*) Immanenz *f*

inmanente [i^{n}ma'nen̪te/i^{m}ma'nen̪te] *adj* (*elev*) innewohnend (*a* +*dat*), immanent (*a* +*dat*)

inmanentismo [i^{n}manen̪'tismo/i^{m}manen̪'tismo] *m* (FILOS) Immanenzphilosophie *f*

inmarcesible [i^{n}marθe'siβle/i^{m}marθe'siβle] *adj* (*formal*) unvergänglich

inmarchitable [i^{n}martʃi'taβle/i^{m}martʃi'taβle] *adj* **1.** (*planta*) nicht (ver)welkend **2.** (*fig: sentimientos*) unvergänglich

inmaterial [i^{n}mate'rjal/i^{m}mate'rjal] *adj* (*elev*) immateriell

inmaterialidad [i^{n}materjali'ða^{ð}/i^{m}materjali'ða^{ð}] *f sin pl* Unstofflichkeit *f,* Immaterialität *f*

inmaterialismo [i^{n}materja'lismo/i^{m}materja'lismo] *m sin pl* (FILOS) Immaterialismus *m*

inmaterializar [i^{n}materjali'θar/i^{m}materjali'θar] <z→c> **I.** *vt* entstofflichen, entmaterialisieren **II.** *vr:* **~se** sich entstofflichen, sich entmaterialisieren

inmediaciones [i^{n}meðja'θjones/i^{m}meðja'θjones] *fpl* nähere Umgebung *f;* **pueblos de las ~ de la capital** Dörfer in der näheren Umgebung der Hauptstadt

inmediatamente [i^{n}meðjata'men̪te/i^{m}meðjata'men̪te] *adv* **1.** (*sin demora*) sofort, unverzüglich **2.** (*directamente*) unmittelbar

inmediatez [i^{n}meðja'teθ/i^{m}meðja'teθ] *f sin pl* Unmittelbarkeit *f*

inmediato, -a [i^{n}me'ðjato, -a/i^{m}me'ðjato, -a] *adj* **1.** (*sin demora*) sofortig, unverzüglich; **de ~** sofort, unverzüglich; **su reacción fue**

inmediata er/sie reagierte sofort [*o* unverzüglich] **2.** (*directo*) unmittelbar **3.** (*próximo*) nächstgelegen; **en la sala inmediata** im Saal (direkt) nebenan; **el asiento ~ al mío** der Platz (direkt) neben meinem

inmedicable [i^{n}meði'kaβle/i^{m}meði'kaβle] *adj* (MED) (medikamentös) nicht behandelbar; **es un problema psicológico ~** es ist ein psychologisches Problem, das nicht mit Medikamenten zu heilen ist

inmejorable [i^{n}mexo'raβle/i^{m}mexo'raβle] *adj* vortrefflich, hervorragend

inmemorable [i^{n}memo'raβle/i^{m}memo'raβle] *adj*, **inmemorial** [i^{n}memo'rjal/i^{m}memo'rjal] *adj* sehr weit zurückliegend; **desde tiempos ~es** seit Menschengedenken, seit undenklichen Zeiten

in memóriam [i^{n}me'morjan/i^{m}me'morjan] (*elev*) in memoriam

inmensidad [i^{n}mensi'ða^{ð}/i^{m}mensiða^{ð}] *f* **1.** (*extensión*) Unermesslichkeit *f*, Unendlichkeit *f* **2.** (*cantidad*) ungeheure Menge *f*

inmenso, **-a** [i^{n}'menso, -a/i^{m}'menso, -a] *adj* unermesslich, immens

inmensurable [i^{n}mensu'raβle/i^{m}mensu'raβle] *adj* unmessbar

inmerecido, **-a** [i^{n}mere'θiðo, -a/i^{m}mere'θiðo, -a] *adj* unverdient

inmeritorio, **-a** [i^{n}meri'torjo, -a/i^{m}meri'torjo, -a] *adj* wenig ruhmreich

inmersión [i^{n}mer'sjon/i^{m}mer'sjon] *f* **1.** (*sumersión*) Eintauchen *nt* **2.** (ASTR) Immersion *f*

inmerso, **-a** [i^{n}'merso, -a/i^{m}'merso, -a] *adj* versunken (*en* in +*akk*); **estar ~ en una crisis** sich in einer Krise befinden, in einer Krise stecken

inmigración [i^{n}miɣra'θjon/i^{m}miɣra'θjon] *f* Immigration *f*, Einwanderung *f*

inmigrante [i^{n}mi'ɣrante/i^{m}mi'ɣrante] *mf* Immigrant(in) *m(f)*, Einwanderer, -in *m, f*

inmigrar [i^{n}mi'ɣrar/i^{m}mi'ɣrar] *vi* immigrieren, einwandern; **~ a Austria/a Suiza** nach Österreich/in die Schweiz immigrieren [*o* einwandern]

inmigratorio, **-a** [i^{n}miɣra'torjo, -a/i^{m}miɣra'torjo, -a] *adj* Einwanderungs-; **movimientos ~s** Einwanderungsbewegungen *fpl*

inminencia [i^{n}mi'nenθja/i^{m}mi'nenθja] *f* nahes Bevorstehen *nt*

inminente [i^{n}mi'nente/i^{m}mi'nente] *adj* nahe bevorstehend, imminent

inmisario [i^{n}mi'sarjo/i^{m}mi'sarjo] *m* (GEO) Zufluss *m*

inmiscuir [i^{n}misku'ir/i^{m}misku'ir] *irr como huir* **I.** *vt* mischen **II.** *vr*: **~se** sich einmischen (*en* in +*akk*)

inmisericorde [i^{n}miseri'korðe/i^{m}miseri'korðe] *adj* unbarmherzig

inmobiliaria [i^{n}moβi'ljarja/i^{m}moβi'ljarja] *f* Immobilienfirma *f*; **acciones de ~s** Immobilienaktien *fpl*

inmobiliario, **-a** [i^{n}moβi'ljarjo, -a/i^{m}moβi'ljarjo, -a] *adj* Immobilien-; **mercado ~** Immobilienmarkt *m*; **sociedad de inversión inmobiliaria** Immobilien-Anlagegesellschaft *f*, Anlagefonds *m*; **transacción inmobiliaria** Immobiliengeschäft *nt*

inmoderación [i^{n}moðera'θjon/i^{m}moðera'θjon] *f* Unmäßigkeit *f*, Maßlosigkeit *f*

inmoderado, **-a** [i^{n}moðe'raðo, -a/i^{m}moðe'raðo, -a] *adj* unmäßig, maßlos

inmodestia [i^{n}mo'ðestja/i^{m}mo'ðestja] *f* Unbescheidenheit *f*

inmodesto, **-a** [i^{n}mo'ðesto, -a/i^{m}mo'ðesto, -a] *adj* unbescheiden

inmódico, **-a** [i^{n}'moðiko, -a/i^{m}'moðiko, -a] *adj* (*cantidad*) stattlich; (*esfuerzo*) übermäßig; (*precio*) unangemessen

inmodificable [i^{n}moðifi'kaβle/i^{m}moðifi'kaβle] *adj* unveränderlich

inmolación [i^{n}mola'θjon/i^{m}mola'θjon] *f* Opferung *f*, Opfer *nt*; **~ humana** Menschenopfer *nt*; **la ~ de esos soldados salvó a los demás** weil sich diese Soldaten opferten, wurden die Übrigen gerettet

inmolar [i^{n}mo'lar/i^{m}mo'lar] *vt, vr*: **~(se)** (sich) opfern (*por* für +*akk*)

inmoral [i^{n}mo'ral/i^{m}mo'ral] *adj* unmoralisch, immoralisch; (*en cuestiones sexuales*) unsittlich

inmoralidad [i^{n}morali'ða^{ð}/i^{m}morali'ða^{ð}] *f* **1.** (*indignidad*) Unmoral *f*, Immoralität *f*; **vida de ~** unmoralischer Lebenswandel **2.** (*indecencia*) Unsittlichkeit *f*

inmortal [i^{n}mor'tal/i^{m}mor'tal] *adj* unsterblich

inmortalidad [i^{n}mortali'ða^{ð}/i^{m}mortali'ða^{ð}] *f* Unsterblichkeit *f*

inmortalizar [i^{n}mortali'θar/i^{m}mortali'θar] <z→c> *vt, vr*: **~(se)** (sich) unsterblich machen, (sich) verewigen

inmotivado, **-a** [i^{n}moti'βaðo, -a/i^{m}moti'βaðo, -a] *adj* **1.** (*infundado*) grundlos, unmotiviert **2.** (LING) unmotiviert

inmovible [i^{n}mo'βiβle/i^{m}mo'βiβle] *adj* unbeweglich

inmóvil [i^{n}'moβil/i^{m}'moβil] *adj* bewegungslos, reg(ungs)los

inmovilidad [i^{n}moβili'ða^{ð}/i^{m}moβili'ða^{ð}] *f* Bewegungslosigkeit *f*, Reg(ungs)losigkeit *f*

inmovilismo [i^{n}moβi'lismo/i^{m}moβi'lismo] *m* Fortschrittsfeindlichkeit *f*

inmovilista [i^{n}moβi'lista/i^{m}moβi'lista] **I.** *adj* fortschrittsfeindlich **II.** *mf* fortschrittsfeindliche Person *f*

inmovilización [i^{n}moβiliθa'θjon/i^{m}moβiliθa'θjon] *f* **1.** (*incapaz de moverse*) Bewegungsunfähigkeit *f*; (MIL) Immobilität *f* **2.** (MED) Ruhigstellung *f* **3.** (COM) (feste) Anlage *f*

inmovilizado [i^{n}moβili'θaðo/i^{m}moβili'θaðo] *m* (FIN) Anlagevermögen *nt*, unbewegliches Vermögen *nt*; **~ inmaterial** immaterielle Anlagewerte; **~ material** Sachanlagen *fpl*; **~ neto** Netto-Anlagevermögen *nt*

inmovilizador [i^{n}moβiliθa'ðor/i^{m}moβiliθa'ðor] *m* (AUTO) Wegfahrsperre *f*

inmovilizar [i^{n}moβili'θar/i^{m}moβili'θar] <z→c> **I.** *vt* **1.** (*paralizar*) lähmen; ~ **a alguien** jdn bewegungsunfähig machen; ~ **la circulación/la economía** den Verkehr/die Wirtschaft lahm legen; ~ **toda actividad** jede Aktivität lähmen; **capital inmovilizado en maquinaria** in Maschinen angelegtes Kapital **2.** (MED) ruhig stellen **3.** (COM) (fest) anlegen **II.** *vr:* **~se** bewegungsunfähig werden

inmueble [i^n'mweβle/i^m'mweβle] **I.** *adj* unbeweglich; **bienes ~s** unbewegliche Güter **II.** *m* Grundbesitz *m*

inmundicia [i^{n}mun̪'diθja/i^{m}mun̪'diθja] *f* **1.** (*suciedad*) Schmutz *m;* **lleno de ~s** schmutzig, dreckig **2.** (*indecencia*) Unanständigkeit *f*

inmundo, -a [i^n'mun̪do, -a/i^m'mun̪do, -a] *adj* schmutzig; **lenguaje ~** ordinäre Ausdrucksweise; **pensamientos ~s** schmutzige [*o* unanständige] Gedanken

inmune [i^n'mune/i^m'mune] *adj* **1.** (MED, JUR) immun (*a* gegen +*akk*) **2.** (*exento*) befreit (*de* von +*dat*)

inmunidad [i^{n}muni'ðaᵈ/i^{m}muni'ðaᵈ] *f* (MED, JUR) Immunität *f;* ~ **diplomática/parlamentaria** diplomatische/parlamentarische Immunität; ~ **política** (JUR) Immunität *f*

inmunitario, -a [i^{n}muni'tarjo, -a/i^{m}muni'tarjo, -a] *adj* (MED) Immun-; **defensa inmunitaria** Immunabwehr *f*

inmunización [i^{n}muniθa'θjon/i^{m}muniθa'θjon] *f* (*acción*) Immunisierung *f;* (*resultado*) Immunität *f*

inmunizante [i^{n}muni'θan̪te/i^{m}muni'θan̪te] *adj* immunisierend, Schutz-

inmunizar [i^{n}muni'θar/i^{m}muni'θar] <z→c> **I.** *vt* immunisieren (*contra* gegen +*akk*) **II.** *vr:* **~se** immun werden (*contra* gegen +*akk*)

inmunodeficiencia [i^{n}munoðefi'θjen̪θja/i^{m}munoðefi'θjen̪θja] *f* (MED) Immunschwäche *f;* **síndrome de ~ adquirida** erworbenes Immundefektsyndrom, erworbene Immunschwäche (*Aids*)

inmunodepresor[1] [i^{n}munoðepre'sor/i^{m}munoðepre'sor] *m* (MED) Immunsuppressivum *nt*

inmunodepresor(a)[2] [i^{n}munoðepre'sor(a)/i^{m}munoðepre'sor(a)] *adj* (MED) immunsuppressiv, immunsupprimierend

inmunogenético, -a [i^{n}munoxe'netiko, -a/i^{m}munoxe'netiko, -a] *adj* (BIOL) immun(o)genetisch

inmunógeno, -a [i^{n}mu'noxeno, -a/i^{m}mu'noxeno, -a] *adj* (BIOL) immunogen

inmunóloga [i^{n}mu'noloγa/i^{m}mu'noloγa] *f* *v.* **inmunólogo**

inmunología [i^{n}munolo'xia/i^{m}munolo'xia] *f* (MED) Immunologie *f*

inmunológico, -a [i^{n}muno'loxiko, -a/i^{m}muno'loxiko, -a] *adj* (MED) immunologisch

inmunólogo, -a [i^{n}mu'noloγo, -a/i^{m}mu'noloγo, -a] *m, f* (MED) Immunologe, -in *m, f*

inmunoterapia [i^{n}munote'rapja/i^{m}munote'rapja] *f* (MED) Immuntherapie *f,* Heilimpfung *f*

inmunotransfusión [i^{n}munotra^{n}sfu'sjon/i^{m}munotra^{n}sfu'sjon] *f* (MED) Immuntransfusion *f*

inmutabilidad [i^{n}mutaβili'ðaᵈ/i^{m}mutaβili'ðaᵈ] *f* **1.** (*inmodificable*) Unveränderlichkeit *f* **2.** (*imperturbable*) Unerschütterlichkeit *f*

inmutable [i^{n}mu'taβle/i^{m}mu'taβle] *adj* **1.** (*inmodificable*) unveränderlich **2.** (*imperturbable*) unerschütterlich

inmutación [i^{n}muta'θjon/i^{m}muta'θjon] *f* **1.** (*conmoción*) Bestürzung *f;* **no veo la más mínima ~ en tu cara** ich sehe nicht die geringste Spur von Bestürzung in deinem Gesicht **2.** (*cambio*) Veränderung *f*

inmutar [i^{n}mu'tar/i^{m}mu'tar] **I.** *vt* **1.** (*afectar*) erschüttern **2.** (*variar*) verändern **II.** *vr:* **~se** sich erschüttern lassen (*por* durch +*akk*); **sin ~se** gelassen

innatismo [inna'tismo] *m* (FILOS) Nativismus *m*

innato, -a [in'nato, -a] *adj* angeboren; **la taciturnidad es innata en ella** sie ist von Natur aus schweigsam; **tiene un talento ~** er/sie ist ein Naturtalent

innatural [innatu'ral] *adj* unnatürlich

innavegable [innaβe'γaβle] *adj* **1.** (*aguas*) nicht schiffbar **2.** (*embarcación*) manövrierunfähig

innecesario, -a [inneθe'sarjo, -a] *adj* unnötig

innegable [inne'γaβle] *adj* unleugbar, unbestreitbar; **es ~ que...** es lässt sich nicht bestreiten, dass ...

innegociable [inneγo'θjaβle] *adj* (ECON) nicht handelsfähig

innoble [in'noβle] *adj* gemein, niederträchtig

innocuidad [innokwi'ðaᵈ] *f* Unschädlichkeit *f,* Ungefährlichkeit *f*

innocuo, -a [in'nokwo, -a] *adj* unschädlich

innombrable [innom'braβle] *adj* unaussprechlich, unbeschreiblich

innominado, -a [innomi'naðo, -a] *adj* namenlos; **contratos ~s** (JUR) atypische Verträge; **hueso ~** (ANAT) Beckenknochen *m*

innovación [innoβa'θjon] *f* Innovation *f,* Neuerung *f;* ~ **de productos** Produktinnovation *f*

innovador(a) [innoβa'ðor(a)] **I.** *adj* innovativ, neuartig **II.** *m(f)* Neuerer, -in *m, f*

innovar [inno'βar] *vt* innovieren

innumerable [innume'raβle] *adj* zahllos, unzählig, endlos viel; **un gentío ~** unzählig viele Menschen [*o* Leute]; **una cantidad ~ de coches** ungeheuer viele Autos; **existen ~s ejemplos sobre eso** dafür gibt es zahllose [*o* endlos viele] Beispiele

innúmero, -a [in'numero, -a] *adj* (*elev*) *v.*

innumerable

inobediencia [inoβe'ðjen̪θja] *f* Ungehorsam *m*

inobediente [inoβe'ðjen̪te] *adj* ungehorsam

inobservancia [inoβser'βan̪θja] *f* Missachtung *f*

inocencia [ino'θen̪θja] *f* **1.** (*falta de culpabilidad*) Unschuld *f* **2.** (*falta de malicia*) Harmlosigkeit *f* **3.** (*ingenuidad*) Naivität *f*, Einfältigkeit *f*

inocentada [inoθen̪'taða] *f* **1.** (*tontada*) Dummheit *f* **2.** (*broma*) *Art Aprilscherz am 28. Dezember;* **dar** [*o* **gastar**] **una ~ a alguien** jdn in den April schicken

inocente [ino'θen̪te] *adj* **1.** (*sin culpa*) unschuldig; **ser ~ de un delito** eines Verbrechens nicht schuldig sein **2.** (*sin malicia*) harmlos **3.** (*ingenuo*) naiv, einfältig

inocentón, **-ona** [inoθen̪'ton, -ona] *adj* (*fam*) blöde

inocuidad [inokwi'ða^{ð}] *f sin pl* Unschädlichkeit *f*

inoculable [inoku'laβle] *adj* (MED) ansteckend

inoculación [inokula'θjon] *f* (MED) Inokulation *f*

inocular [inoku'lar] *vt* **1.** (MED) inokulieren **2.** (*referente a animales venenosos*) einspritzen

inocultable [inokul̪'taβle] *adj* nicht zu verbergen, offenkundig

inocuo, **-a** [i'nokwo, -a] *adj* unschädlich

inodoro[1] [ino'ðoro] *m* Wasserklosett *nt*

inodoro, **-a**[2] [ino'ðoro, -a] *adj* geruchlos

inofensivo, **-a** [inofen'siβo, -a] *adj* harmlos

inoficioso, **-a** [inofi'θjoso, -a] *adj* (*AmC, Arg, Col, Méx*) nutzlos, zwecklos

inolvidable [inolβi'ðaβle] *adj* unvergesslich

inoperable [inope'raβle] *adj* (MED) inoperabel

inoperante [inope'ran̪te] *adj* wirkungslos

inopia [i'nopja] *f* Bedürftigkeit *f*, Mittellosigkeit *f*, Armut *f*; **estar en la ~** (*fig*) zerstreut sein

inopinable [inopi'naβle] *adj* unstrittig, indisputabel; **las órdenes paternas eran ~s** die elterlichen Anordnungen standen nicht zur Diskussion

inopinado, **-a** [inopi'naðo, -a] *adj* unerwartet, unvorhergesehen, unverhofft

inoportunidad [inoportuni'ða^{ð}] *f* **1.** (*fuera de lugar*) Unangebrachtheit *f* **2.** (*fuera de tiempo*) ungünstiger Zeitpunkt *m*

inoportuno, **-a** [inopor'tuno, -a] *adj* **1.** (*fuera de lugar*) unangebracht, unpassend **2.** (*fuera de tiempo*) ungelegen

inorgánico, **-a** [inor'ɣaniko, -a] *adj* **1.** (*no viviente*) anorganisch; **química inorgánica** anorganische Chemie **2.** (*no organizado*) unorganisiert, ungeordnet

inoxidable [ino^{ɣ}si'ðaβle] *adj* rostfrei, nicht rostend; **un cuchillo de acero ~** ein Messer aus rostfreiem Stahl

input ['imput] *m* <inputs> (INFOR) Input *m o nt*

inquebrantable [iŋkeβran̪'taβle] *adj* (*decisión, voluntad*) unerschütterlich, (felsen)fest; (*cosa*) unzerbrechlich

inquietante [iŋkje'tan̪te] *adj* beunruhigend

inquietar [iŋkje'tar] **I.** *vt* beunruhigen **II.** *vr:* **~se** beunruhigt sein (*con/por* wegen *+gen/dat*), sich beunruhigen (*con/por* wegen *+gen/dat*); **no necesitas ~te por ella** du brauchst dir um sie [*o* ihretwegen] keine Sorgen zu machen

inquieto, **-a** [iŋ'kjeto, -a] *adj* **1.** *estar* (*intranquilo*) unruhig **2.** *ser* (*desasosegado*) ruhelos, rastlos

inquietud [iŋkje'tu^{ð}] *f* **1.** (*intranquilidad*) Unruhe *f* **2.** (*desasosiego*) Ruhelosigkeit *f*, Rastlosigkeit *f* **3.** (*preocupación*) Beunruhigung *f* **4.** *pl* (*anhelos*) Interessen *ntpl*

inquilino, **-a** [iŋki'lino, -a] *m, f* Mieter(in) *m(f)*

inquina [in'kina] *f* Abneigung *f*; **sentir ~ por alguien** Abneigung gegen jdn empfinden; **tener ~ a alguien** jdn nicht ausstehen können; **no comprendo la ~ que le tienes a Diego** ich verstehe nicht, was du gegen Diego hast

inquirir [iŋki'rir] *irr como adquirir vt* untersuchen

inquisición [iŋkisi'θjon] *f* Untersuchung *f*

Inquisición [iŋkisi'θjon] *f* Inquisition *f*

inquisidor[1] [iŋkisi'ðor] *m* Inquisitor *m*

inquisidor(a)[2] [iŋkisi'ðor(a)] *adj* neugierig, inquisitiv *elev*

inquisitivo, **-a** [iŋkisi'tiβo, -a] *adj* neugierig, inquisitiv *elev*

inquisitorial [iŋkisito'rjal] *adj* inquisitorisch

inquisitorio, **-a** [iŋkisi'torjo, -a] *adj* **1.** (*capaz para inquirir*) Untersuchungs- **2.** (HIST, REL) inquisitorisch, Inquisitions-

inri ['inrri] *m* (*rótulo en la cruz*) I.N.R.I.; **para más** [*o* **mayor**] **~** (*fig*) um das Maß voll zu machen; **poner el ~ a alguien** (*fig*) jdn verhöhnen

insaciabilidad [insaθjaβili'ða^{ð}] *f sin pl* Unersättlichkeit *f*; **~ de dinero** unersättliche Geldgier

insaciable [insa'θjaβle] *adj* unersättlich; (*hambre, sed*) unstillbar

insalivación [insaliβa'θjon] *f* Einspeichelung *f*, Insalivation *f*

insalivar [insali'βar] *vt* einspeicheln

insalubre [insa'luβre] *adj* gesundheitsschädlich, ungesund

insalubridad [insaluβri'ða^{ð}] *f* Gesundheitsschädlichkeit *f*

INSALUD [in'salu^{ð}] *m abr de* **Instituto Nacional de la Salud** Staatliches Spanisches Gesundheitsinstitut *nt*

insalvable [insal'βaβle] *adj* nicht zu retten; (*obstáculo*) unüberwindbar

insanable [insa'naβle] *adj* unheilbar

insania [in'sanja] *f* Wahnsinn *m*

insano, **-a** [in'sano, -a] *adj* **1.** (*insalubre*) ungesund **2.** (*loco*) verrückt, wahnsinnig

insatisfacción [insatisfa^{ɣ}'θjon] *f sin pl* Unzufriedenheit *f*

insatisfactorio, **-a** [insatisfak'torjo, -a] *adj* unbefriedigend

insatisfecho, **-a** [insatis'fetʃo, -a] *adj* unzufrieden (*con* mit +*dat*)

insaturado, **-a** [insatu'raðo, -a] *adj* (QUÍM) ungesättigt

inscribible [i^{n}skri'βiβle] *adj* einbeschreibbar

inscribir [i^{n}skri'βir] *irr como escribir* **I.** *vt* **1.** (*registrar*) anmelden (*en* für +*akk*) **2.** (*grabar*) einmeißeln (*en* in +*akk*) **3.** (*alistar*) eintragen (*en* in +*akk*) **4.** (MAT) einbeschreiben; ~ **un triángulo en una circunferencia** einem Kreis ein Dreieck einbeschreiben **II.** *vr:* ~**se** **1.** (*registrarse*) sich anmelden (*en* für +*akk*) **2.** (*alistarse*) sich eintragen (*en* in +*akk*); (*en la universidad*) sich einschreiben (*en* an +*dat*)

inscripción [i^{n}skriβ'θjon] *f* **1.** (*registro*) Anmeldung *f* **2.** (*alistamiento*) Eintragung *f;* (*en la universidad*) Einschreibung *f* (*en* an +*dat*); ~ **registral** Registereintragung *f,* Eintragung ins Handelsregister **3.** (*escrito grabado*) Inschrift *f*

inscrito, **-a** [i^{n}s'krito, -a] *pp de* **inscribir**

insectario [insek'tarjo] *m* Insektarium *nt*

insecticida [insekti'θiða] **I.** *adj* Insekten tötend, zur Insektenbekämpfung; **polvo** ~ Insektenpulver *nt* **II.** *m* Insektenbekämpfungsmittel *nt,* Insektizid *nt*

insectívoro[1] [insek'tiβoro] *m* Insektenfresser *m*

insectívoro, **-a**[2] [insek'tiβoro, -a] *adj* Insekten fressend

insecto [in'sekto] *m* Insekt *nt;* ~**s sociales** Staaten bildende Insekten

in sécula seculorum [in 'sekula seku'lorun] (*elev*) für immer und ewig

inseguridad [inseɣuri'ða^{ð}] *f* Unsicherheit *f;* **la** ~ **ciudadana** die Angst der Bevölkerung (*vor Gewaltverbrechen*)

inseguro, **-a** [inse'ɣuro, -a] *adj* unsicher

inseminación [insemina'θjon] *f* Befruchtung *f;* (*de un animal*) Besamung *f;* ~ **artificial** künstliche Befruchtung

inseminar [insemi'nar] *vt* befruchten; (*animal*) besamen

insensatez [insensa'teθ] *f* **1.** (*falta de sensatez*) Unvernunft *f,* Unvernünftigkeit *f* **2.** (*disparate*) Unsinn *m*

insensato, **-a** [insen'sato, -a] *adj* unvernünftig

insensibilidad [insensiβili'ða^{ð}] *f* **1.** (*falta de sensibilidad física o afectiva*) Gefühllosigkeit *f* (*a* gegenüber +*dat*) **2.** (*resistencia*) Unempfindlichkeit *f* (*a* gegen +*akk*)

insensibilizador(a) [insensiβiliθa'ðor(a)] *adj* (MED) betäubend, anästhesierend

insensibilizar [insensiβili'θar] <z→c> **I.** *vt* unempfindlich machen; (MED) betäuben **II.** *vr:* ~**se** **1.** (*resistir*) unempfindlich werden (*hacia* gegen +*akk*) **2.** (*no sentir*) gefühllos werden

insensible [insen'siβle] *adj* **1.** (*sin sensibilidad física o afectiva*) gefühllos (*a* gegenüber +*dat*) **2.** (*resistente*) unempfindlich (*a* gegen +*akk*); ~ **a la luz** lichtunempfindlich **3.** (*imperceptible*) unmerklich; **experimentar una ~ mejoría** eine kaum merkliche Besserung verspüren

inseparabilidad [inseparaβili'ða^{ð}] *f sin pl* (*personas*) Unzertrennlichkeit *f;* (*cosas*) Untrennbarkeit *f*

inseparable [insepa'raβle] *adj* **1.** (*que no se puede separar*) untrennbar; **ser ~ de algo** mit etw *dat* untrennbar verknüpft sein **2.** (*referente a amigos*) unzertrennlich

insepulto, **-a** [inse'pul̩to, -a] *adj* unbeerdigt

inserción [inser'θjon] *f* **1.** (*inclusión*) Einfügen *nt;* ~ **de un anuncio** Aufgeben eines Inserates; ~ **social** soziale Eingliederung **2.** (MED) Ansatz *m*

insertar [inser'tar] **I.** *vt* **1.** (*poner dentro: llave*) hineinstecken; (*disquete*) einlegen; (*moneda*) einwerfen; **insertó algunos chistes en el discurso** er/sie streute ein paar Witze in die Rede ein **2.** (*texto*) einfügen (*en* in +*akk*); ~ **un paréntesis en la frase** eine Parenthese in einen Satz schalten **3.** (*anuncio*) aufgeben; ~ **un anuncio en el periódico** (*un particular*) in einer Zeitung inserieren; (*al compaginar el periódico*) eine Anzeige in die Zeitung setzen; **han insertado mi artículo en la revista** sie haben meinen Artikel in der Zeitschrift veröffentlicht **II.** *vr:* ~**se** **1.** (*músculo*) ansetzen **2.** (*tumor*) (hin)einwachsen (*en* in +*akk*)

inserto[1] [in'serto] *m* (TV) Untertitel *m,* Begleittext *m*

inserto, **-a**[2] [in'serto, -a] *adj* (*disquete*) eingelegt

inservible [inser'βiβle] *adj* unbrauchbar

insidia [in'siðja] *f* **1.** (*asechanzas*) Intrigen *fpl* **2.** (*engaño*) Hinterlistigkeit *f,* Hinterhältigkeit *f* **3.** (*trampa*) Falle *f*

insidioso, **-a** [insi'ðjoso, -a] **I.** *adj* **1.** (*intrigante*) intrigant **2.** (*capcioso*) hinterlistig, hinterhältig **3.** (*enfermedad*) heimtückisch **II.** *m, f* Intrigant(in) *m(f)*

insigne [in'siɣne] *adj* **1.** (*personaje público*) prominent; (*científico, poeta*) erlaucht *elev* **2.** (*tontería*) sehr groß

insignia [in'siɣnja] *f* **1.** (*de asociación, cofradía*) Abzeichen *nt;* (*honorífica*) Ehrenzeichen *nt;* (*real, militar*) Insigne *nt* **2.** (*bandera*) Flagge *f,* Fahne *f*

insignificancia [insiɣnifi'kan̩θja] *f* **1.** (*pequeñez*) Kleinigkeit *f,* Geringfügigkeit *f* **2.** (*no significancia*) Bedeutungslosigkeit *f* **3.** (*no importancia*) Unwichtigkeit *f*

insignificante [insiɣnifi'kan̩te] *adj* **1.** (*pequeño*) gering(fügig), unbedeutend **2.** (*no significante*) unbedeutend, bedeutungslos **3.** (*no importante*) unwichtig, belanglos

insinceridad [insin̩θeri'ða^{ð}] *f* Unaufrichtigkeit *f*

insincero, **-a** [insin̪'θero, -a] *adj* **1.** (*no sincero*) unaufrichtig **2.** (*falso*) falsch

insinuación [insinwa'θjon] *f* **1.** (*alusión*) Andeutung *f* (*a* über +*akk*), Anspielung *f* (*a* auf +*akk*) **2.** (*engatusamiento*) Einschmeichelung *f*

insinuante [insinu'an̪te] *adj* **1.** (*palabras*) einschmeichelnd **2.** (*persona, comportamiento*) schmeichlerisch, schöntuerisch **3.** (*seductor*) verführerisch

insinuar [insinu'ar] <*1. pres:* insinúo> **I.** *vt* **1.** (*dar a entender*) andeuten, zu verstehen geben; **¿qué estás insinuando?** was willst du damit andeuten [*o* sagen]?, worauf willst du hinaus?; **me insinuó que dejara el cargo** er/sie legte mir die Niederlegung meines Amtes nahe **2.** (*hacer creer*): **¿quién te ha insinuado tal tontería?** wer hat dir so einen Unsinn eingeredet? **II.** *vr:* **~se 1.** (*engatusar*) sich einschmeicheln (*a* bei +*dat*); **~se en el ánimo de alguien** jdn für sich gewinnen **2.** (*fam: amorosamente*) sich ranmachen (*a* an +*akk*) **3.** (*cosa*) sich andeuten, sich abzeichnen

insipidez [insipi'ðeθ] *f* **1.** (*de comida*) Fadheit *f* **2.** (*de persona: aburrida*) Fadheit *f,* Langweiligkeit *f;* (*sin espíritu*) Geistlosigkeit *f*

insípido, **-a** [in'sipiðo, -a] *adj* **1.** (*comida*) fade, geschmacklos **2.** (*persona: aburrida*) fad(e), lanweilig; (*sin espíritu*) geistlos

insistencia [insis'ten̪θja] *f* **1.** (*perseverancia*) Beharrlichkeit *f,* Hartnäckigkeit *f* **2.** (*énfasis*) Betonung *f,* Nachdruck *m;* **pedir algo con ~** nachdrücklich um etw bitten **3.** (*exigencia*) Drängen *nt*

insistente [insis'ten̪te] *adj* **1.** (*perseverante*) beharrlich, hartnäckig; (*machacón*) aufdringlich **2.** (*con énfasis*) nachdrücklich

insistir [insis'tir] *vi* **1.** (*perseverar*) bestehen (*en* auf +*dat*), beharren (*en* auf +*dat*); **insiste en que no lo ha hecho** er/sie behauptet steif und fest es nicht getan zu haben; **no insistas porque no vale la pena** gib dir keine weitere Mühe, es lohnt sich nicht **2.** (*exigir*) drängen (*en* auf +*akk*), dringen (*en* auf +*akk*); **insiste en que le pague** er/sie dringt auf Zahlung **3.** (*recalcar*) betonen (*en* +*akk*), herausstellen (*en* +*akk*)

in situ [in 'situ] *adv* vor Ort, an Ort und Stelle

insobornable [insoβor'naβle] *adj* unbestechlich

insociabilidad [insoθjaβili'ða^{ð}] *f sin pl* Ungeselligkeit *f*

insociable [inso'θjaβle] *adj,* **insocial** [inso'θjal] *adj* ungesellig

insolación [insola'θjon] *f* **1.** (METEO) Sonneneinstrahlung *f,* Insolation *f* **2.** (MED) Sonnenstich *m,* Insolation *f*

insoldable [insol̪'daβle] *adj* nicht lötbar

insolencia [inso'len̪θja] *f* **1.** (*impertinencia*) Frechheit *f,* Unverschämtheit *f* **2.** (*arrogancia*) Arroganz *f*

insolentarse [insolen̪'tarse] *vr* frech [*o* unverschämt] werden (*con* gegenüber +*dat*)

insolente [inso'len̪te] *adj* **1.** (*impertinente*) frech, unverschämt **2.** (*arrogante*) arrogant, anmaßend

insolidario, **-a** [insoli'ðarjo, -a] *adj* unsolidarisch

in solidum [in 'soliðun] (JUR) vollständig, uneingeschränkt

insólito, **-a** [in'solito, -a] *adj* **1.** (*inhabitual*) ungewöhnlich; **en esta ciudad las nevadas son algo ~** in dieser Stadt schneit es sehr selten **2.** (*extraordinario*) außergewöhnlich; **he pescado una trucha de tamaño ~** ich habe eine außergewöhnlich große Forelle geangelt

insolubilidad [insoluβili'ða^{ð}] *f sin pl* **1.** (*no solubilidad*) Unlöslichkeit *f* **2.** (*insolucionabilidad*) Unlösbarkeit *f*

insolubilización [insoluβiliθa'θjon] *f* (QUÍM: *acción*) Unlöslichmachen *nt;* (*resultado*) Unlöslichkeit *f*

insolubilizar [insoluβili'θar] <z→c> *vt* (QUÍM) unlöslich machen

insoluble [inso'luβle] *adj* **1.** (*no soluble*) unlöslich **2.** (*insolucionable*) unlösbar

insolvencia [insol'βen̪θja] *f* Zahlungsunfähigkeit *f;* (ECON) Insolvenz *f*

insolvente [insol'βen̪te] **I.** *adj* zahlungsunfähig; (ECON) insolvent **II.** *mf* Zahlungsunfähige(r) *mf*

insomne [in'somne] *adj* schlaflos

insomnio [in'somnjo] *m* Schlaflosigkeit *f*

insondable [inson̪'daβle] *adj* unergründlich; **un misterio ~** ein unergründliches Rätsel

insonoridad [insonori'ða^{ð}] *f* Schalldichtheit *f,* Schallisoliertheit *f*

insonorización [insonoriθa'θjon] *f* Schallisolation *f*

insonorizado, **-a** [insonori'θaðo, -a] *adj* schalldicht, schallisoliert

insonorizar [insonori'θar] <z→c> *vt* schalldicht machen, (gegen Schall) isolieren

insonoro, **-a** [inso'noro, -a] *adj* klanglos

insoportable [insopor'taβle] *adj* unerträglich; (*persona t.*) unausstehlich

insoslayable [insosla'ɟaβle] *adj* unvermeidbar, unvermeidlich

insospechable [insospe'ʧaβle] *adj* (*imprevisible*) unvorhersehbar; (*sorprendente*) überraschend

insospechado, **-a** [insospe'ʧaðo, -a] *adj* (*no esperado*) unerwartet; (*no sospechado*) unvermutet

insostenible [insoste'niβle] *adj* unhaltbar

inspección [i^{n}spe^{ɣ}'θjon] *f* **1.** (*reconocimiento, t.* ENS) Inspektion *f;* **~ de Hacienda** Steuerprüfung *f;* **~ sanitaria** gesundheitliche Überwachung; **~ de Trabajo** Gewerbeaufsicht *f;* **visita de ~** Inspektionsbesuch *m* **2.** (*de equipaje*) Kontrolle *f,* Prüfung *f* **3.** (*de trabajo*) Aufsicht *f,* Überwachung *f* **4.** (*de una instalación, máquina*) Inspizierung *f* **5.** (TÉC) (Über)prüfung *f;* **I~ Técnica de Vehículos**

TÜV *m* (*Technischer Überwachungsverein*)

inspeccionar [iⁿspeᵞθjo'nar] *vt* **1.** (*reconocer, t.* ENS) inspizieren **2.** (*equipaje, documentos*) kontrollieren, prüfen **3.** (*trabajo*) beaufsichtigen, überwachen **4.** (TÉC) (über)prüfen, untersuchen

inspector(a) [iⁿspek'tor(a)] *m(f)* **1.** (*controlador*) Inspektor(in) *m(f)*; ~ **de aduanas/policía/seguros** Zoll-/Polizei-/Versicherungsinspektor *m*; ~ **de Hacienda** Steuerinspektor *m*, Steuerfahnder *m* **2.** (ENS) Schulrat, -rätin *m, f*

inspiración [iⁿspira'θjon] *f* **1.** (*de aire*) Einatmung *f*; (MED) Inspiration *f* **2.** (*artística*) Eingebung *f*, Inspiration *f elev*; **escribe bien pero le falta** ~ er/sie schreibt gut, aber ihm/ihr fehlen die Ideen

inspirador(a) [iⁿspira'ðor(a)] *adj* **1.** (*de aire*) inspiratorisch; **músculo** ~ Atemmuskel *m* **2.** (*artístico*) inspirierend

inspirar [iⁿspi'rar] **I.** *vt* **1.** (*aire*) einatmen **2.** (*ideas*) inspirieren **3.** (*confianza, miedo*) einflößen; ~ **esperanza en alguien** jdm Hoffnungen machen; ~ **duda a alguien** bei jdm Zweifel wecken **II.** *vr:* ~**se** sich inspirieren lassen (*en* von +*dat*), inspiriert sein (*en* von +*dat*)

instalación [iⁿstala'θjon] *f* **1.** (*acción*) Installierung *f*, Installation *f*; (*de motor, baño*) Einbau *m* **2.** (*lo instalado, t.* TÉC) Installation *f*, Anlage *f*; (*de teléfono*) Anschluss *m*; ~ **de refrigeración** Kühlanlage *f* **3.** *pl* (*edificio*) Einrichtungen *fpl*, Anlagen *fpl*; **instalaciones deportivas** Sportanlagen *fpl*; **instalaciones fijas (de una empresa)** fest installierte Anlagen (eines Unternehmens); **instalaciones portuarias** Hafenanlagen *fpl*; **la villa olímpica dispone de unas magníficas instalaciones** das olympische Dorf verfügt über hervorragende Einrichtungen

instalador(a) [iⁿstala'ðor(a)] *m(f)* Installateur(in) *m(f)*

instalar [iⁿsta'lar] **I.** *vt* **1.** (*calefacción, corriente, t.* TÉC) installieren; (*teléfono*) anschließen; (*sauna, baño, motor*) einbauen; ~ **un departamento de marketing en una empresa** in einem Unternehmen eine Marketingabteilung einrichten; ~ **ordenadores en una oficina** in einem Büro Rechner installieren [*o* aufstellen] **2.** (*alojar*) unterbringen **3.** (*en un cargo*) einsetzen (*en* in +*akk*) **II.** *vr:* ~**se 1.** (*en un lugar, una ciudad*) sich niederlassen; ~**se en un sillón** es sich *dat* in einem Sessel bequem machen **2.** (*negocio*) sich selb(st)ständig machen

instancia [iⁿs'tan̯θja] *f* **1.** (*acción de instar*) inständige Bitte *f* **2.** (*solicitud*) Gesuch *nt*; (*petición formal*) Ersuchen *nt*; **hacer algo a ~ de alguien** (*elev*) etw auf jds Bitte [*o* Ersuchen] hin tun **3.** (*institución, t.* JUR) Instanz *f*; **primera/segunda** ~ erste/zweite Instanz; **una ~ superior** eine übergeordnete Instanz; **en última** ~ wenn keine andere Wahl bleibt

instantánea [iⁿstan̯'tanea] *f* (FOTO) Momentaufnahme *f*

instantáneo, -a [iⁿstan̯'taneo, -a] *adj* augenblicklich; (*efecto, resultado, respuesta*) sofortig; (*café, sopa*) Instant-; (*interruptor, obturador*) Moment-; **la muerte fue instantánea** der Tod trat unmittelbar [*o* sofort] ein

instante [iⁿs'tan̯te] *m* Augenblick *m*; **¡un ~!** Augenblick (mal)!, Moment mal!; **al** ~ sofort; **al cabo de un** ~ kurz danach; **en este (mismo)** ~ jetzt, in diesem Augenblick; **en un** ~ sehr schnell, im Nu *fam*; **pienso en ti a cada** ~ ich denke ständig [*o* jede Minute] an dich; **la tensión crece por ~s** die Spannung nimmt von Minute zu Minute zu

instar [iⁿs'tar] *vi, vt* (*pedir*) inständig [*o* eindringlich] bitten (um +*akk*); (*solución*) drängen (auf +*akk*); ~ **a alguien a algo** jdn zu etw *dat* drängen; **me han instado a que diera una explicación** sie haben mich zu einer Erklärung gedrängt

in statu quo [in es'tatu kwo] (*elev*) unverändert, in statu quo

instauración [iⁿstau̯ra'θjon] *f* **1.** (*de imperio, sistema*) Errichtung *f*, Begründung *f* **2.** (*de democracia, costumbres*) Einführung *f* **3.** (*de plan, normas*) Aufstellung *f*

instaurar [iⁿstau̯'rar] *vt* **1.** (*imperio, sistema, orden*) errichten, begründen **2.** (*democracia, dictadura, costumbres*) einführen **3.** (*plan, normas*) aufstellen

instigación [iⁿstiɣa'θjon] *f* **1.** (*a algo malo*) Anstiftung *f* **2.** (*a rebelión, huelga*) Anzettelung *f*; (*de las masas*) Aufhetzung *f*, Aufwiegelung *f*

instigador(a) [iⁿstiɣa'ðor(a)] **I.** *adj* **1.** (*a algo malo*) anstiftend **2.** (*a rebelión, huelga*) anzettelnd; (*de las masas*) aufhetzend, aufwiegelnd **II.** *m(f)* **1.** (*a algo malo*) Anstifter(in) *m(f)* **2.** (*a rebelión, huelga*) Anzett(e)ler(in) *m(f)*

instigar [iⁿsti'ɣar] <g→gu> *vt* **1.** (*a algo malo*) anstiften **2.** (*rebelión, huelga*) anzetteln; (*a las masas*) aufhetzen, aufwiegeln

instintivo, -a [iⁿstin̯'tiβo, -a] *adj* instinktiv; **acción instintiva** Instinkthandlung *f*

instinto [iⁿs'tin̯to] *m* Instinkt *m*; ~ **asesino** mörderischer Instinkt; ~ **de supervivencia** Überlebenstrieb *m*; **reaccionar por** ~ instinktiv handeln; **no tener** ~ instinktlos sein

institor [iⁿsti'tor] *m* (COM) Prokurist *m*, Bevollmächtigte(r) *m*

institución [iⁿstitu'θjon] *f* **1.** (*social, del Estado, privado*) Institution *f*, Einrichtung *f*; ~ **benéfica** Wohlfahrtseinrichtung *f*; ~ **de crédito** Kreditinstitut *nt*; **instituciones europeas** (UE) europäische Organe; ~ **financiera** Geldinstitut *nt*, Finanzinstitut *nt*; ~ **penitenciaria** Strafanstalt *f*; **la ~ del matrimonio** die Institution der Ehe; **Boris Becker es toda una ~ en Alemania** Boris Becker genießt in Deutschland großes Ansehen **2.** (*fundación*) Gründung *f* **3.** (*establecimiento: de comité*) Einrichtung *f*, Einsetzung *f*; (*de derecho*) Einführung *f;* (*de beca*) Stiftung *f;* (*de norma*) Aufstellung *f,* Bestimmung *f;* (*de horario*) Aufstellung *f* **4.** (JUR) Einsetzung *f* als Erbe

institucional [iⁿstituθjo'nal] *adj* institutionell

institucionalidad [iⁿstituθjonali'ðaᵈ] *f sin pl* Institutionalisierung *f*

institucionalismo [iⁿstituθjona'lismo] *m* (ECON, POL) Institutionalismus *m*

institucionalización [iⁿstituθjonaliθa'θjon] *f* Institutionalisierung *f*

institucionalizar [iⁿstituθjonali'θar] <z→c> *vt* institutionalisieren

instituir [iⁿstitu'ir] *irr como huir vt* **1.** (*fundar*) gründen **2.** (*establecer: comisión*) einrichten, einsetzen; (*derecho, obligación*) einführen; (*beca, premio*) stiften; (*norma, horario*) aufstellen; (*sistema*) festlegen, etablieren **3.** (JUR): ~ **a alguien heredero** jdn als Erben einsetzen

instituto [iⁿsti'tuto] *m* **1.** (ENS: *de bachillerato*) Gymnasium *nt* **2.** (*científico, cultural*) Institut *nt;* ~ **de crédito** Kreditinstitut *nt;* ~ **nacional de denominaciones de origen** staatliches Institut für Herkunftsbezeichnungen; **I~ Nacional de Empleo** Bundesanstalt für Arbeit; **I~ Nacional de Estadística** Staatliches Statistisches Institut **3.** (MIL): ~ **armado** Waffengattung *f;* **el** ~ **armado de la Guardia Civil** die spanische Guardia civil **4.** (REL) (Ordens)regel *f* **5.** (*loc*): ~ **de belleza** Schönheitssalon *m,* Kosmetiksalon *m*

institutriz [iⁿstitu'triθ] *f* Hauslehrerin *f*

instrucción [iⁿstruʏ'θjon] *f* **1.** (*enseñanza*) Unterricht *m,* Lehre *f;* (*en una máquina*) Schulung *f,* Unterweisung *f elev;* (MIL) Drill *m,* Ausbildung *f;* ~ **asistida por ordenador** computergestützter Unterricht; **la** ~ **pública** das öffentliche Unterrichtssystem; **hacer la** ~ (MIL) drillen **2.** (*conocimientos*) Bildung *f;* (*formación*) Ausbildung *f;* **persona de vasta** ~ sehr gebildete Person **3.** *pl* (*órdenes*) Anweisungen *fpl;* (*directrices*) Richtlinien *fpl;* **instrucciones de envío** Versandanweisungen *fpl,* Beförderungsangaben *fpl;* **instrucciones de uso** [*o* **de manejo**] Gebrauchsanweisung *f;* (TÉC) Bedienungsanleitung *f;* **he recibido instrucciones** ich habe Anweisungen erhalten, ich bin instruiert worden **4.** (JUR: *proceso*) Einleitung *f,* Betreiben *nt;* (*sumario*) Einleitung *f,* Durchführung *f* **5.** (INFOR) Befehl *m;* ~ **de carga** Ladebefehl *m;* ~ **de grabación** Schreibbefehl *m;* ~ **de parada** Stoppbefehl *m;* ~ **de retorno** Rücksprungbefehl *m;* ~ **de salto** Sprungbefehl *m*

instructivo, **-a** [iⁿstruk'tiβo, -a] *adj* instruktiv, lehrreich

instructor(**a**) [iⁿstruk'tor(a)] **I.** *adj:* **juez** ~ (JUR) Untersuchungsrichter *m,* Ermittlungsrichter *m* **II.** *m(f)* (*en escuela*) Lehrer(in) *m(f);* (*en empresa, t.* MIL) Ausbilder(in) *m(f)*

instruido, **-a** [iⁿstru'iðo, -a] *adj* gebildet

instruir [iⁿstru'ir] *irr como huir vt* **1.** (*enseñar*) unterrichten (*en* in +*dat*), lehren (*en* +*akk*); (*en una máquina*) ausbilden (*en* an +*dat*), unterweisen (*en* in +*dat*) *elev;* (*en tarea específica*) schulen; (MIL) drillen, ausbilden; **el viajar instruye** Reisen bildet; **los padres se ocupan de** ~ **bien a sus hijos** die Eltern sorgen dafür, dass ihre Kinder eine gute Ausbildung bekommen **2.** (*informar*) unterrichten (*de/sobre* über +*akk*), instruieren (*de/sobre* über +*akk*) *elev* **3.** (JUR: *proceso*) einleiten, betreiben; (*sumario*) einleiten, durchführen

instrumentación [iⁿstrumeṇta'θjon] *f* **1.** (*acción*) Instrumentierung *f* **2.** (*resultado*) Instrumentation *f*

instrumental [iⁿstrumeṇ'tal] **I.** *adj* instrumental; (*solista, pieza, música*) Instrumental-; **testigo** ~ (JUR) Urkundszeuge *m* **II.** *m* **1.** (LING) Instrumental *m* **2.** (*de médico*) Instrumentarium *nt,* Instrumente *ntpl* **3.** (MÚS) Instrumentarium *nt*

instrumentalismo [iⁿstrumeṇta'lismo] *m* (FILOS) Instrumentalismus *m*

instrumentalizar [iⁿstrumeṇtali'θar] <z→c> *vt* instrumentalisieren

instrumentar [iⁿstrumeṇ'tar] *vt* (*t.* MÚS) instrumentieren; ~ **una campaña difamatoria** eine Hetzkampagne ausrichten [*o* arrangieren]

instrumentista [iⁿstrumeṇ'tista] *mf* **1.** (*músico*) Instrumentalist(in) *m(f)* **2.** (*fabricante*) Instrumentenmacher(in) *m(f)* **3.** (*de quirófano*) Operationsassistent(in) *m(f);* (*mujer*) Operationsschwester *f*

instrumento [iⁿstru'meṇto] *m* **1.** (*utensilio, t.* TÉC) Instrument *nt,* Werkzeug *nt* **2.** (MÚS) (Musik)instrument *nt;* ~ **de cuerda/metal/viento/percusión** Saiten-/Blechblas-/Blas-/Schlaginstrument *nt;* **tocar un** ~ ein Instrument spielen **3.** (*medio*) Mittel *nt,* Instrument *nt;* ~ **de crédito** (FIN) Kreditinstrument *nt* **4.** (JUR) Instrument *nt,* Urkunde *f*

insubordinación [insuβorðina'θjon] *f* **1.** (*rebeldía*) Aufsässigkeit *f* **2.** (MIL) Gehorsamsverweigerung *f,* Insubordination *f elev*

insubordinado, **-a** [insuβorði'naðo, -a] **I.** *adj* **1.** (*rebelde*) aufsässig **2.** (MIL) ungehorsam **II.** *m, f* Aufsässige(r) *mf,* Rebell(in) *m(f)*

insubordinar [insuβorði'nar] **I.** *vt* aufwiegeln (*contra* gegen +*akk*), aufhetzen (*contra* gegen +*akk*) **II.** *vr:* **~se** den Gehorsam verweigern

insubsanable [insuβsa'naβle] *adj* **1.** (*daño, injusticia*) irreparabel *elev,* nicht wieder gutzumachen; (JUR) unheilbar **2.** (*avería, deficiencia*) nicht behebbar **3.** (*dificultad*) unüberwindbar

insubstancial [insu⁽ᵝ⁾staṇ'θjal] *adj v.* **insustancial**

insubstituible [insu⁽ᵝ⁾sti'twiβle] *adj v.* **insustituible**

insuficiencia [insufi'θjeṇθja] *f* **1.** (*cualidad*) unzureichende Beschaffenheit *f,* Insuffizienz *f elev;* (*de conocimientos, trabajo*) Unzulänglichkeit *f* **2.** (*escasez*) Knappheit *f;* (*falta*) Mangel *m* **3.** (MED) Insuffizienz *f*

insuficiente [insufi'θjeṇte] **I.** *adj* ungenügend, unzureichend; (*cantidades*) ungenügend; (*conocimientos, trabajo*) unzulänglich, unzureichend **II.** *m* (ENS) ≈mangelhaft; **he sacado un ~ en inglés** ich bin in Englisch durchgefallen

insuflación [insufla'θjon] *f* (MED) Einblasung *f,* Insufflation *f*

insuflar [insu'flar] *vt* **1.** (MED) einblasen **2.** (*ánimo, coraje*) einflößen

insufrible [insu'friβle] *adj* unerträglich

insulano, -a [insu'lano, -a] *adj* (*isleño*) Insel-

insular [insu'lar] *adj* Insel-, insular

insularidad [insulari'ðaᵈ] *f* Insellage *f,* Insularität *f*

insulina [insu'lina] *f* (MED) Insulin *nt*

insulinodependiente [insulinoðepeṇ'djeṇte] *adj* (MED): **ser ~** auf Insulin angewiesen sein, Insulin benötigen

insulinoterapia [insulinote'rapja] *f* (MED) Insulintherapie *f*

insulso, -a [in'sulso, -a] *adj* **1.** (*comida*) fad(e), geschmacklos **2.** (*persona*) langweilig, fad(e) **3.** (*libro, película*) gehaltlos, langweilig

insultada [insuḷ'taða] *f* (*Am: palabras gruesas*) Beschimpfungen *fpl;* (*injurias*) Beleidigungen *fpl*

insultante [insuḷ'taṇte] *adj* beleidigend; (*de modo grosero*) ausfallend; **una derrota ~** eine schmähliche Niederlage

insultar [insuḷ'tar] *vt* **1.** (*con insultos*) beschimpfen **2.** (*con injurias*) beleidigen

insulto [in'suḷto] *m* **1.** (*palabra gruesa*) Beschimpfung *f;* **proferir ~s contra alguien** jdn beschimpfen **2.** (*injuria*) Beleidigung *f*

insumergible [insumer'xiβle] *adj* unsinkbar

insumisión [insumi'sjon] *f* **1.** (*de un pueblo*) Rebellion *f* **2.** (MIL) Wehr- und Zivildienstverweigerung *f* **3.** (*intransigencia*) Unbeugsamkeit *f*

insumiso¹ [insu'miso] *m* (*objetor de conciencia*) Wehrdienstverweigerer *m;* (*en Alemania*) Wehr- und Zivildienstverweigerer *m*

insumiso, -a² [insu'miso, -a] *adj* **1.** (*rebelde*) aufrührerisch, rebellisch **2.** (*intransigente*) unbeugsam

insumo [in'sumo] *m* (ECON) Input *m,* Aufwand *m*

insuperable [insupe'raβle] *adj* **1.** (*dificultad*) unüberwindbar **2.** (*resultado*) unübertrefflich

insurgente [insur'xeṇte] **I.** *adj* aufständisch **II.** *mf* Aufständische(r) *mf*

insurrección [insurreᵞ'θjon] *f* Aufstand *m;* **~ militar** Militärputsch *m*

insurrecto, -a [insu'rrekto, -a] **I.** *adj* aufständisch **II.** *m, f* Aufständische(r) *mf*

insustancial [insustaṇ'θjal] *adj* **1.** (*sin sustancia*) gehaltlos, substanzlos *elev* **2.** (*sin interés*) uninteressant **3.** (*no importante*) bedeutungslos, unbedeutend **4.** (*superficial*) oberflächlich, gehaltlos

insustituible [insustitu'iβle] *adj* unersetzlich; (*persona*) unersetzlich, unabkömmlich

intachable [inta'ʧaβle] *adj* makellos; (*comportamiento*) untadelig, einwandfrei

intacto, -a [iṇ'takto, -a] *adj* **1.** (*no tocado*) unberührt, unangetastet; **el paquete de tabaco está ~** die Zigarettenschachtel ist nicht angebrochen **2.** (*no dañado*) intakt, unversehrt **3.** (*puro*) rein **4.** (*no tratado*) unbehandelt

intangibilidad [iṇtaŋxiβili'ðaᵈ] *f sin pl* **1.** (*intocabilidad*) Unberührbarkeit *f* **2.** (*inviolabilidad*) Unantastbarkeit *f* **3.** (*inmaterialidad*) abstrake Natur *f,* Immaterialität *f*

intangible [iṇtaŋ'xiβle] *adj* **1.** (*inviolable*) unantastbar **2.** (*intocable*) unberührbar; **la realidad ~** die unangreifbare Wirklichkeit **3.** (*inmaterial*) immateriell

integrable [iṇte'ɣraβle] *adj* **1.** (*susceptible de ser integrado*) integrierbar **2.** (MAT) integrabel, integrierbar

integración [iṇteɣra'θjon] *f* **1.** (*acción*) Integration *f,* Integrierung *f;* **~ a gran escala** Großintegration *f;* **~ a media escala** mittlerer Integrationsgrad; **~ laboral** Eingliederung in das Arbeitsleben (*von Behinderten*); **~ de sistemas** (INFOR) Systemintegration *f* **2.** (*resultado, t.* MAT, POL) Integration *f* (*en* in +*akk*); **~ horizontal/vertical** horizontale/vertikale Integration; **~ racial** Rassenintegration *f*

integracionista [iṇteɣraθjo'nista] **I.** *adj* (POL) integrativ **II.** *mf* (POL) Integrationist(in) *m(f)*

integrado, -a [iṇte'ɣraðo, -a] *adj* integriert; **estar ~ por...** sich aus ... zusammensetzen

integrador [iṇteɣra'ðor] *m* Integrator *m,* Integriergerät *nt;* **~ de sistemas** (INFOR) Systemintegrator *m*

integral [iṇte'ɣral] **I.** *adj* **1.** (*completo*) vollständig, vollkommen; (*plan*) einheitlich; **un idiota ~** ein Vollidiot **2.** (*pan*) Vollkorn- **3.** (*elemento, poder*) integral **4.** (MAT): **cálculo ~** Integralrechnung *f* **II.** *f* (MAT) Integral *nt*

íntegramente [iṇteɣra'meṇte] *adv* vollständig, ganz und gar

integrante [iṇte'ɣraṇte] **I.** *adj* **1.** (*que integra*) integrativ, integrierend **2.** (*elemento*) integrierend, wesentlich **II.** *m* Mitglied *nt*

integrar [iṇte'ɣrar] **I.** *vt* **1.** (*constituir*) bilden; **cinco empresas integran el nuevo grupo industrial** fünf Betriebe haben sich zu der neuen Gruppe von Industrieunternehmen zusammengeschlossen **2.** (*en conjunto*) integrieren, einfügen **3.** (MAT) integrieren, das Integral berechnen +*gen* **II.** *vr:* **~se** sich integrieren

integridad [iṇteɣri'ðaᵈ] *f* **1.** (*de territorio*) Vollständigkeit *f* **2.** (*de un territorio*) Unverletzlichkeit *f,* Integrität *f* **3.** (*honradez*) Integrität *f,* Unbestechlichkeit *f* **4.** (*física*) Unversehrtheit *f*

integrismo [iṇte'ɣrismo] *m* **1.** (*ideológico*) Fundamentalismus *m* **2.** (*católico*) Integralismus *m*

integrista [in̪te'ɣrista] *mf* **1.** (*ideológico*) Fundamentalist(in) *m(f)* **2.** (*católico*) Integralist(in) *m(f)*

íntegro, **-a** ['in̪teɣro, -a] *adj* **1.** (*completo*) vollständig **2.** (*persona*) integer, unbestechlich

intelección [in̪teleɣ'θjon] *f* Verständnis *nt*, Verstehen *nt*

intelectiva [in̪telek'tiβa] *f* Auffassungsgabe *f*

intelecto [in̪te'lekto, -a] *m* Intellekt *m*, Verstand *m*

intelectual [in̪telektu'al] **I.** *adj* intellektuell; (*interés*) geistig; (*facultad*) geistig, intellektuell; **cociente** ~ Intelligenzquotient *m*; **propiedad** ~ Urheberrecht *nt* **II.** *mf* Intellektuelle(r) *mf*

intelectualidad [in̪telektwali'ðað] *f* **1.** (*facultad*) Intellektualität *f* **2.** (*personas*) Intelligenz *f*

intelectualismo [in̪telektwa'lismo] *m* **1.** (FILOS) Intellektualismus *m* **2.** (*de una obra*) intellektuelle Natur *f*

intelectualoide [in̪telektwa'loi̯ðe] **I.** *adj* pseudointellektuell **II.** *mf* Pseudointellektuelle(r) *mf*

inteligencia [in̪teli'xen̪θja] *f* **1.** (*capacidad, de acción*) Intelligenz *f*; ~ **artificial** (INFOR) künstliche Intelligenz; ~ **emocional** emotionale Intelligenz; **cociente de** ~ Intelligenzquotient *m* **2.** (*comprensión, conocimiento*) Verständnis *nt*; **no he llegado a la ~ de este tema** ich habe dieses Thema nicht begriffen **3.** (*acuerdo*) Verständigung *f* **4.** (POL): **servicio de** ~ Geheimdienst *m*; (*en Alemania*) Bundesnachrichtendienst *m* **5.** (*loc*): **lo hice en la ~ de que tú...** ich tat es in der Annahme, dass du ...

inteligente [in̪teli'xen̪te] *adj* intelligent

inteligibilidad [in̪telixiβili'ðað] *f sin pl* Verständlichkeit *f*

inteligible [in̪teli'xiβle] *adj* **1.** (*comprensible*) verständlich **2.** (FILOS) intelligibel **3.** (*sonido*) vernehmlich, deutlich hörbar

intemperancia [in̪tempe'ran̪θja] *f* **1.** (*intolerancia*) Intoleranz *f* **2.** (*intransigencia*) Unnachgiebigkeit *f* **3.** (*falta de moderación*) Unmäßigkeit *f*, Maßlosigkeit *f*

intemperante [in̪tempe'ran̪te] *adj* **1.** (*intolerante*) intolerant **2.** (*intransigente*) unnachgiebig **3.** (*no moderado*) unmäßig, maßlos

intemperie [in̪tem'perje] *f* **1.** (*el aire libre*): **a la** ~ im Freien; **salir a la** ~ ins Freie gehen; **dormir a la** ~ unter freiem Himmel schlafen **2.** (*del clima*) Rauheit *f*; (*mal tiempo*) schlechtes Wetter *nt*

intempestivo, **-a** [in̪tempes'tiβo, -a] *adj* **1.** (*observación*) unangebracht **2.** (*visita, momento*) ungelegen, unpassend

intemporal [in̪tempo'ral] *adj* zeitlos

intemporalidad [in̪temporali'ðað] *f sin pl* Zeitlosigkeit *f*

intención [in̪ten̪'θjon] *f* **1.** (*propósito*) Absicht *f*, Intention *f elev*; (*propósito firme*) Vorsatz *m*; ~ **de voto** (POL, SOCIOL) voraussichtliches Wählerverhalten; **con** ~ absichtlich, (ganz) bewusst; **con buena** ~ in guter Absicht; **con la ~ de...** in der Absicht zu ..., mit dem Vorsatz zu ...; **sin** ~ unabsichtlich, unbeabsichtigt; **sin mala** ~ ohne böse Absicht; **tener malas intenciones** böse Absichten verfolgen; **tener segundas intenciones** Hintergedanken haben **2.** (*idea, plan*) Plan *m*, Vorhaben *nt*; **intenciones de futuro** Zukunftspläne *mpl* **3.** (*objetivo*) Zweck *m* **4.** (*loc*): **de primera** ~ vorläufig; **curar a alguien de primera** ~ jdm erste Hilfe leisten

intencionado, **-a** [in̪ten̪θjo'naðo, -a] *adj* absichtlich, beabsichtigt; (JUR) vorsätzlich; **bien** ~ wohlwollend, wohlmeinend; **mal** ~ übel gesinnt, bösartig

intencional [in̪ten̪θjo'nal] *adj* **1.** (*relativo a la intención*) intentional, zielgerichtet **2.** (*con intención*) absichtlich, vorsätzlich

intencionalidad [in̪ten̪θjonali'ðað] *f* Absichtlichkeit *f*; (JUR) Vorbedacht *m*

intendencia [in̪ten̪'den̪θja] *f* **1.** (MIL) Intendantur *f* **2.** (*dirección*) Betriebsleitung *f* **3.** (*Arg, Urug: distrito*) Verwaltungsbezirk *m*

intendente [in̪ten̪'den̪te] *m* **1.** (MIL) Verwaltungsoffizier *m* **2.** (*de empresa*) Betriebsleiter *m* **3.** (*Arg, Urug: en un distrito*) Vorsteher *m* eines Verwaltungsbezirks

intensidad [in̪tensi'ðað] *f* **1.** (*fuerza, t.* FÍS) Intensität *f*, Stärke *f*; (*de lucha, tormenta*) Heftigkeit *f elev*; ~ **de sonido** Lautstärke *f* **2.** (*de poema, palabras*) Eindringlichkeit *f*

intensificación [in̪tensifika'θjon] *f sin pl* Intensivierung *f*, Verstärkung *f*

intensificar [in̪tensifi'kar] <c→qu> **I.** *vt* intensivieren, verstärken **II.** *vr*: **~se** sich verstärken, intensiver werden; (*calor*) stärker werden; (*tráfico*) zunehmen; (*tensión*) zunehmen; (*conflicto*) sich verschärfen; **la competencia en el sector informático se ha intensificado mucho** der Informatiksektor ist einem verschärften Wettbewerb ausgesetzt

intensímetro [in̪ten'simetro] *m* (TÉC) Intensimeter *nt*

intensivista [in̪tensi'βista] *mf* (MED) Spezialist(in) *m(f)* für Intensivmedizin

intensivo, **-a** [in̪ten'siβo, -a] *adj* intensiv; (*cura, curso*) Intensiv-

intenso, **-a** [in̪'tenso, -a] *adj* **1.** (*fuerza, t.* FÍS) intensiv, stark **2.** (*poema, palabras*) eindringlich **3.** (*lucha, tormenta*) heftig **4.** (*frío*) durchdringend **5.** (*olor*) intensiv **6.** (*color*) grell

intentar [in̪ten̪'tar] *vt* **1.** (*probar*) versuchen; ~ **por todos los medios** mit allen Mitteln versuchen **2.** (*proponerse*) beabsichtigen, vorhaben

intento [in̪'ten̪to] *m* **1.** (*lo intentado*) Versuch *m*; ~ **de fuga** Fluchtversuch *m* **2.** (*propósito*) Absicht *f*; **de** ~ absichtlich, aus Absicht

intentona [inten'tona] *f* (*fam*) tollkühner Versuch *m;* ~ **golpista** (POL) Putschversuch *m*
ínter ['inter] *adv* inzwischen, unterdessen; **en el** ~ in der Zwischenzeit
interacción [interaʸ'θjon] *f* **1.** (*influencia, t.* FÍS) Wechselwirkung *f* **2.** (PSICO) Interaktion *f*
interaccionar [interaʸθjo'nar] *vi* **1.** (FÍS) Wechselwirkungen hervorrufen **2.** (PSICO) interagieren
interactividad [interaktiβi'ðað] *f* (INFOR) Dialogfähigkeit *f*
interactivo, **-a** [interak'tiβo, -a] *adj* interaktiv
interalemán, **-ana** [interale'man, -ana] *adj* innerdeutsch, deutsch-deutsch
interaliado, **-a** [interali'aðo, -a] *adj* verbündet, interalliiert
interamericano, **-a** [interameri'kano, -a] *adj* interamerikanisch
interandino, **-a** [interan'dino, -a] *adj* (*sucediendo*) zwischen den Andenstaaten; (*situado*) Anden(staaten)-; **valles** ~**s** Andentäler *ntpl*
interanual [interanu'al] *adj* jährlich
interarticular [interartiku'lar] *adj* (ANAT) in den Gelenken (befindlich), interartikulär
interastral [interas'tral] *adj* (ASTR) interstellar
interatracción [interatraʸ'θjon] *f* (ZOOL) soziale Attraktion *f*
interbancario, **-a** [interβaŋ'karjo, -a] *adj* Interbank(en)-; **crédito** ~ Bank-an-Bank-Kredit *m*
intercalación [interkala'θjon] *f* Einfügung *f*, Einschaltung *f;* (*en una serie, sucesión, un libro*) Einfügung *f*, Einschiebung *f;* ~ **de líneas** Zeilenschaltung *f*
intercalado, **-a** [interka'laðo, -a] *adj* eingeschoben, eingestreut
intercaladura [interkala'ðura] *f* **1.** (*de intercalar*) Einschieben *nt* **2.** (TIPO) eingeschobenes Zitat *nt*
intercalar [interaka'lar] **I.** *adj* eingeschaltet; (*año*) interkalar **II.** *vt* einfügen, einschalten; (*en una serie, sucesión*) einfügen, einschieben; (*en un periódico*) einlegen; ~ **ilustraciones a lo largo de un trabajo escrito** Bilder in eine schriftliche Arbeit einfügen
intercambiabilidad [interkambjaβili'ðað] *f sin pl* Austauschbarkeit *f*
intercambiable [interkam'bjaβle] *adj* austauschbar
intercambiar [interkam'bjar] **I.** *vt* austauschen; ~ **correspondencia con alguien** mit jdm in Briefwechsel stehen; ~ **impresiones con alguien** seine Eindrücke mit jdm austauschen **II.** *vr:* ~**se** (*lugares*) (miteinander) wechseln [*o* tauschen]
intercambio [inter'kambjo] *m* **1.** (*de estudiantes, ideas*) Austausch *m;* ~ **comercial** Handelsaustausch *m*, Handelsverkehr *m;* ~ **de computadores** (INFOR) Austausch zwischen Rechnern; ~ **de datos electrónicos** (INFOR) Austausch elektronischer Daten; **tener un** ~ **de conversación con un alemán** einen Konversationsaustausch mit einem Deutschen haben **2.** (*de lugares*) Tausch *m*
interceder [interθe'ðer] *vi* sich einsetzen (*por/en favor de* für +*akk*), sich verwenden (*por/en favor de* für +*akk*) *elev;* **¿puedes** ~ **por mí ante el jefe?** kannst du beim Chef ein gutes Wort für mich einlegen?
intercelular [interθelu'lar] *adj* (BIOL) interzellular, interzellulär
interceptar [interθep'tar] *vt* **1.** (*comunicaciones*) unterbrechen; (*el paso de algo*) hemmen; (*pelota, golpe*) auffangen; (*tráfico*) aufhalten, ins Stocken bringen **2.** (*avión, mensaje*) abfangen; (*carta*) abfangen, unterschlagen; (*conversación telefónica*) abhören **3.** (*calle*) (ab)sperren
interceptor [interθep'tor] *m* (MIL) Abfangjäger *m*
intercesión [interθe'sjon] *f* **1.** (*en favor de alguien*) Fürsprache *f* **2.** (*entre contendientes, en secuestro*) Vermittlung *f*, Intervention *f*
intercesor(a) [interθe'sor(a)] **I.** *adj* (*en favor de alguien*) fürsprechend; (*entre contendientes*) vermittelnd **II.** *m(f)* (*en favor de alguien*) Fürsprecher(in) *m(f);* (*entre contendientes*) Vermittler(in) *m(f)*
interclasista [interkla'sista] *adj* für alle Klassen
intercolumnio [interko'lumnjo] *m* (ARQUIT) Säulenweite *f*, Interkolumnium *nt*
intercomunicación [interkomunika'θjon] *f* Kommunikation *f*, Verbindung *f*
intercomunicador [interkomunika'ðor] *m* (Gegen)sprechanlage *f*
intercomunicar [interkomuni'kar] <c→qu> *vt* (miteinander) verbinden; ~ **redes** Netze miteinander verbinden
intercomunión [interkomu'njon] *f* (REL) Interkommunion *f*
interconectar [interkonek'tar] *vt* (ELEC) zusammenschalten, untereinander verbinden
interconexión [interkoneʸ'sjon] *f* (ELEC) Zusammenschaltung *f;* ~ **digital** (INFOR) digitale Schnittstelle; ~ **de redes eléctricas** (elektrische) Verbundwirtschaft *f*
intercontinental [interkontinen'tal] *adj* interkontinental
intercostal [interkos'tal] *adj* (ANAT) zwischen den Rippen (befindlich), interkostal
intercultural [interkultu'ral] *adj* interkulturell
intercutáneo, **-a** [interku'taneo, -a] *adj* (ANAT) im Hautgewebe (befindlich), interkutan
interdepartamental [interðepartamen'tal] *adj:* **comisión** ~ Ausschuss *m* aus Vertretern verschiedener Abteilungen
interdependencia [interðepen'denθja] *f* gegenseitige Abhängigkeit *f*, Interdependenz *f elev*
interdependiente [interðepen'djente] *adj* voneinander abhängig, interdependent *elev*

interdicción [in̦terðiᵞ'θjon] *f* Verbot *nt;* ~ **civil** (JUR) Strafentmündigung *f;* ~ **del ejercicio profesional** (JUR) Untersagung der Berufsausübung

interdigital [in̦terðixi'tal] *adj* (ANAT) interdigital; (*dedo*) zwischen den Fingern; (*dedo del pie*) zwischen den Zehen

interdisciplinar [in̦terðisθipli'nar] *adj* interdisziplinär

interdisciplinaridad [in̦terðisθiplinari'ðaᵈ] *f sin pl* Interdisziplinarität *f*

interdisciplinario, **-a** [in̦terðisθipli'narjo, -a] *adj v.* **interdisciplinar**

interés [in̦te'res] *m* **1.** (*importancia*) Interesse *nt,* Bedeutung *f;* **algo es de vital** ~ etw ist von lebenswichtigem Interesse [*o* lebenswichtiger Bedeutung]; **este ejemplo carece de** ~ dieses Beispiel ist völlig belanglos **2.** (*deseo*) Interesse *nt,* Bestrebung *f;* **he leído el libro por** ~ ich habe das Buch aus Interesse [*o* interessehalber] gelesen; **tener** ~ **por alguien/algo** sich für jdn/etw interessieren; **tengo mucho** ~ **en que...** es liegt mir viel daran, dass ...; **tengo** ~ **por saber...** ich möchte gerne wissen ..., ich bin gespannt darauf, zu erfahren, ...; **tener un** ~ **loco por alguien** (*fam*) an jdm einen Narren gefressen haben **3.** (*atención*) Interesse *nt;* **seguir algo con** ~ etw mit Interesse verfolgen; **no poner** ~ **en algo** etw *dat* keine Aufmerksamkeit schenken **4.** (*provecho*) Interesse *nt,* Nutzen *m;* ~ **comercial** Handelsinteresse *nt;* **intereses creados** Interessenverflechtungen *fpl;* **el** ~ **público** das öffentliche Wohl; **en** ~ **de todos** im Interesse der Allgemeinheit, in jedermanns Interesse; **en** ~ **tuyo...** in deinem Interesse ...; **esto redunda en** ~ **tuyo** das kommt dir zugute; **esto va contra mis intereses** das läuft meinen Interessen zuwider; **con eso vas contra tus intereses** damit schneidest du dich [*o* dir] ins eigene Fleisch; **hacer algo por** ~ etw aus eigenem Interesse machen; **hacer algo por el** ~ **de los hijos** etw zum Wohle der Kinder tun **5.** (FIN) Zinssatz *m;* (*rendimiento*) Zinsen *mpl;* **intereses acreedores** Habenzinsen *mpl;* ~ **acumulado** angefallene [*o* aufgelaufene] Zinsen; ~ **compuesto** Zinseszins(en) *m(pl);* **intereses de demora** Verzugszinsen *mpl;* **intereses deudores** Sollzinsen *mpl;* ~ **fijo** fester Zinssatz, feste Verzinsung; ~ **simple** einfacher Zins; **tipo de** ~ **elevado/bajo** hohes/niedriges Zinsniveau; **préstamo sin** ~ unverzinsliches Darlehen; **un 10% de** ~ 10% Zinsen; **dar** ~ Zinsen tragen; **dar mucho** ~ viel Zinsen abwerfen; **me han cobrado 1.000 pesetas más en concepto de intereses** sie haben mir 1.000 Peseten mehr in Form von Zinsen berechnet **6.** *pl* (*bienes*): **tener intereses económicos en un proyecto** finanziell an einem Projekt beteiligt sein **7.** *pl* (*preferencias*) Interessen *ntpl*

interesada [in̦tere'saða] *adj o f v.* **interesado**

interesadamente [in̦teresaða'men̦te] *adv* interessiert; **actuar** ~ (*por propio interés*) aus eigenem Interesse handeln; (*por interés material*) materialistisch handeln

interesado, **-a** [in̦tere'saðo, -a] **I.** *adj* interessiert; **estar** ~ **en algo** Interesse für etw zeigen, an etw *dat* interessiert sein **II.** *m, f* Interessent(in) *m(f)*

interesante [in̦tere'san̦te] *adj* interessant; **hacerse el** ~ sich aufspielen

interesar [in̦tere'sar] **I.** *vi* interessieren; **¿te interesa?** hast du Interesse daran?, bist du daran interessiert?; **este tema no me interesa** dieses Thema spricht mich nicht an [*o* interessiert mich nicht]; **este tema no interesa** dieses Thema ist nicht von Interesse; **este artículo ya no interesa mucho** dieser Artikel ist nicht mehr besonders gefragt **II.** *vt* **1.** (*inspirar interés*) interessieren; (*libro*) packen, begeistern **2.** (*en un negocio*) interessieren (*para* für +*akk*), zu gewinnen suchen (*para* für +*akk*) **3.** (*atraer*) reizen, anziehen **III.** *vr:* **~se 1.** (*por algo, alguien*) sich interessieren (*por* für +*akk*) **2.** (*preguntar por*) fragen (*por* nach +*dat*); **~se por la salud de alguien** sich nach jds Befinden erkundigen

interestatal [in̦teresta'tal] *adj* zwischenstaatlich

interestelar [in̦tereste'lar] *adj* interstellar

intereuropeo, **-a** [in̦tereu̯ro'peo] *adj* intereuropäisch

interface [in̦ter'fei̯s] *m* (INFOR) Interface *nt,* Schnittstelle *f*

interfaz [in̦ter'faθ] *f* (INFOR) Schnittstelle *f,* Interface *nt;* ~ **de usuario** Benutzerschnittstelle *f*

interfecto, **-a** [in̦ter'fekto, -a] **I.** *adj* ermordet **II.** *m, f* **1.** (JUR) Ermordete(r) *mf* **2.** (*fam: susodicho*) besagte Person *f*

interferencia [in̦terfe'ren̦θja] *f* **1.** (FÍS) Interferenz *f,* Störung *f* **2.** (LING) Interferenz *f* **3.** (*en asunto*) Einmischung *f*

interferencial [in̦terferen̦'θjal] *adj* (FÍS) interferential, Interferenz-

interferente [in̦terfe'ren̦te] *adj* (FÍS) *v.* **interferencial**

interferir [in̦terfe'rir] *irr como sentir vi* **1.** (FÍS) interferieren **2.** (*en asunto*) sich einmischen (*en* in +*akk*); **eso no interfiere en absoluto** das stört überhaupt nicht; **no quiero que nadie interfiera en mis planes** ich will nicht, dass irgend jemand meine Pläne durchkreuzt

interfijo [in̦ter'fixo] *m* (LING) Interfix *nt*

interfono [in̦ter'fono] *m* (Gegen)sprechanlage *f*

intergaláctico, **-a** [in̦terɣa'laktiko, -a] *adj* (ASTR) intergalaktisch

interglacial [in̦terɣla'θjal] **I.** *adj* (GEO) zwischeneiszeitlich, interglazial **II.** *m* (GEO) Zwischeneiszeit *f,* Interglazialzeit *f*

intergubernamental [in̦terɣuβernamen̦-

'tal] *adj* zwischen Regierungen, zwischenstaatlich; (*acuerdo, asunto*) Regierungs-; **Conferencia I~** (UE) Regierungskonferenz *f*
ínterin ['interin] **I.** *adv* (*elev*) inzwischen **II.** *m* Interim *nt*
interina [inte'rina] *adj o f v.* **interino**
interinato [interi'nato] *m* **1.** (*Arg: interinidad*) einstweiliger Zustand *m* **2.** (*Arg, Chil, Guat, Hond: cargo interino*) Vertretung *f*
interindividual [interindiβi'ðwal] *adj* (PSICO) interindividuell
interinidad [interini'ðaᵈ] *f* **1.** (*cualidad*) Vorläufigkeit *f*; **estar en situación de ~** eine befristete Stelle haben **2.** (*de un cargo*) Vertretungsdauer *f*
interino, -a [inte'rino, -a] **I.** *adj* **1.** (*funcionario*) stellvertretend **2.** (*plaza*) befristet **3.** (POL, ECON) Interims-; **acuerdo ~** Interimsabkommen *nt* **II.** *m, f* **1.** (*suplente*) (Stell)vertreter(in) *m(f)* **2.** (*funcionario*) Referendar(in) *m(f)*; (*maestro*) Studienreferendar(in) *m(f)*
interinsular [interinsu'lar] *adj* zwischen (den) Inseln
interior [inte'rjor] **I.** *adj* innere(r, s), Innen-; **comercio ~** (COM) Binnenhandel *m*; **consumo ~** (ECON) Inlandsverbrauch *m*; **decoración ~** Innenausstattung *f*; **el mercado ~** (COM: *de la UE*) der Binnenmarkt; (*de Alemania*) der Inlandsmarkt; **patio ~** Innenhof *m*; **ropa ~** Unterwäsche *f*; **la vida ~ de una persona** das Innenleben [*o* Gefühlsleben] eines Menschen **II.** *m* **1.** (*lo de dentro*) Innere(s) *nt*; (*la parte, cara interna*) Innenseite *f*; **el ~ de un país** das Landesinnere; **el Ministerio del I~** (POL) das Innenministerium, das Ministerium für innere Angelegenheiten; **Schumacher adelanta a Hill por el ~** Schumacher überholt Hill durch die Mitte **2.** (*de alguien*) Innere(s) *nt*; **en su ~** in seinem/ihrem Inneren, im Grunde seines/ihres Herzens **3.** (DEP) Innenstürmer(in) *m(f)*; **juego ~** Innensturm *m*
interiores [inte'rjores] *mpl* **1.** (*entrañas*) Innereien *fpl* **2.** (*fam: de una cosa*) Innenleben *nt* **3.** (ARQUIT) Innenraum *m*; **arquitectura de ~** Innenarchitektur *f* **4.** (CINE: *secuencias*) Innenaufnahmen *fpl*; (*decorados*) Kulissen *fpl*
interioridad [interjori'ðaᵈ] *f* **1.** (*cualidad*) Innerlichkeit *f* **2.** *pl* (*de alguien*) Privatleben *nt*, Intimsphäre *f*; (*de una familia*) Familiengeheimnisse *ntpl*; **conozco las ~es de este caso** ich weiß über diesen Fall genau Bescheid, ich kenne die Einzelheiten dieses Falls
interiorismo [interjo'rismo] *m sin pl* (ARTE: *decoración*) Innendekoration *f*; (*arquitectura*) Innenarchitektur *f*
interiorista [interjo'rista] *mf* **1.** (*arquitecto*) Innenarchitekt(in) *m(f)* **2.** (*diseñador*) Raumgestalter(in) *m(f)*, Raumausstatter(in) *m(f)*
interiorizar [interjori'θar] <z→c> *vt* (*sensación, vida*) verinnerlichen; (*gramática*) internalisieren, verinnerlichen
interiormente [interjor'mente] *adv* **1.** (*en su interior*) im Inneren, innerlich, im Grunde des Herzens **2.** (*internamente*) intern
interjección [interxeʸ'θjon] *f* (LING) Ausrufewort *nt*, Interjektion *f*
interlínea [inter'linea] *f* (TIPO) Durchschuss *m*
interlineado [interline'aðo] *m* (TIPO) Zeilenabstand *m*
interlinear [interline'ar] *vt* (TIPO) durchschießen
interlocución [interloku'θjon] *f* (*elev*) Unterredung *f*, Gespräch *nt*
interlocutor(a) [interloku'tor(a)] *m(f)* Gesprächspartner(in) *m(f)*; **los ~es sociales** (ECON) die Tarifpartner, die Sozialpartner
interludio [inter'luðjo] *m* (MÚS) Interludium *nt*
intermaxilar [intermaʸsi'lar] *adj* (ANAT) zwischen den Kiefern (befindlich), intermaxillar
intermediar [interme'ðjar] *vi* **1.** (*estar en el medio*) liegen (*entre* zwischen +*dat*) **2.** (*intervenir*) vermitteln (*en* bei +*dat*)
intermediario, -a [interme'ðjarjo, -a] **I.** *adj* vermittelnd **II.** *m, f* **1.** (*mediador*) Vermittler(in) *m(f)* **2.** (*comerciante*) Zwischenhändler(in) *m(f)*
intermedio¹ [inter'meðjo] *m* (CINE) Pause *f*; (TEAT: *sin actuación*) Pause *f*; (*con actuación*) Zwischenakt *m*
intermedio, -a² [inter'meðjo, -a] *adj* **1.** (*capa, talla, producto*) Zwischen- **2.** (*período de tiempo*) dazwischenliegend **3.** (*calidad*) mittlere(r, s), Mittel-; **mandos ~s** mittlere Führungsebene
interminable [intermi'naβle] *adj* endlos, unendlich
interministerial [interministe'rjal] *adj* interministeriell
intermitencia [intermi'tenθja] *f* **1.** (*calidad*) kurze Unterbrechung *f* **2.** (MED) Intermission *f*
intermitente [intermi'tente] **I.** *adj* intermittierend, mit Unterbrechungen; **fiebre ~** Wechselfieber *nt* **II.** *m* Blinklicht *nt*; (AUTO) Blinkleuchte *f*, Blinker *m*
intermunicipal [intermuniθi'pal] *adj* interkommunal
intermuscular [intermusku'lar] *adj* (ANAT) intermuskulär
interna [in'terna] *adj o f v.* **interno**
internación [interna'θjon] *f v.* **internamiento**
internacional [internaθjo'nal] *adj* international, zwischenstaatlich; **derecho ~** (JUR) internationales Recht, Völkerrecht *nt*; **partido ~** (DEP) Länderspiel *nt*
internacionalidad [internaθjonali'ðaᵈ] *f* Internationalität *f*
internacionalismo [internaθjona'lismo] *m* Internationalismus *m*
internacionalización [internaθjonaliθa'θjon] *f* Internationalisierung *f*
internacionalizar [internaθjonali'θar]

<z→c> *vt* internationalisieren

internada [in̪ter'naðа] *f* (DEP: *por el centro*) Angriff *m* über die Mitte; (*por los extremos*) Angriff *m* über die Flanke

internado[1] [in̪ter'naðo] *m* Internat *nt,* Internatsschule *f*

internado, -a[2] [in̪ter'naðo, -a] **I.** *adj* interniert **II.** *m, f* **1.** (*alumno*) Internatsschüler(in) *m(f)* **2.** (*demente, soldado*) Internierte(r) *mf*

internalizar [in̪ternali'θar] <z→c> *vt* (PSICO) verinnerlichen, internalisieren

internamiento [in̪terna'mjen̪to] *m* **1.** (*en hospital*) Einweisung *f* (*en* in +*akk*) **2.** (MIL) Internierung *f* (*en* in +*dat*)

internar [in̪ter'nar] **I.** *vt* **1.** (*penetrar*) hineinbringen (*en* in +*akk*), hineinführen (*en* in +*akk*) **2.** (*en hospital*) einweisen (*en* in +*akk*); (*en asilo*) unterbringen (*en* in +*dat*) **3.** (MIL) internieren **II.** *vr:* **~se 1.** (*penetrar*) eindringen; (DEP) in die gegnerische Hälfte vorstürmen **2.** (*en tema*) sich intensiv beschäftigen (*en* mit +*dat*)

internauta [in̪ter'nau̯ta] *mf* (INFOR) Internetsurfer(in) *m(f)*

internet [in̪ter'net] *f sin pl* (INFOR) Internet *nt*

internista [in̪ter'nista] **I.** *adj* (MED) internistisch; **médico ~** Internist *m* **II.** *mf* (MED) Internist(in) *m(f)*

interno, -a [in̪'terno, -a] **I.** *adj* innere(r, s), intern; **auditoría interna** (FIN) interne Revision, Innenrevision *f;* **demanda interna** (ECON) Binnennachfrage *f,* Inlandsnachfrage *f;* **herida interna** (MED) innere Verletzung; **medicina interna** (MED) innere Medizin; **una cuestión de régimen ~** (*de una empresa*) eine innerbetriebliche Angelegenheit; (*de un partido*) eine innerparteiliche Angelegenheit; **un medicamento para uso ~** ein Medikament zur innerlichen Anwendung **II.** *m, f* Interne(r) *mf,* Internatsschüler(in) *m(f)*

inter nos ['in̪ter nos] (*elev*) privatim, unter uns [*o* im Vertrauen] (gesagt)

interoceánico, -a [in̪teroθe'aniko, -a] *adj* interozeanisch

interóseo, -a [in̪ter'oseo, -a] *adj* (ANAT) zwischen den Knochen (befindlich), interossär

interparietal [in̪terparje'tal] *adj* (ANAT) interparietal

interparlamentario, -a [in̪terparlamen̪'tarjo, -a] *adj* (POL) interparlamentarisch

interpelación [in̪terpela'θjon] *f* (POL) (parlamentarische) Anfrage *f,* Interpellation *f*

interpelar [in̪terpe'lar] *vt* (POL) interpellieren

interpersonal [in̪terperso'nal] *adj* zwischenmenschlich, interpersonell *elev*

interplanetario, -a [in̪terplane'tarjo, -a] *adj* interplanetar(isch)

Interpol [in̪ter'pol] *f* Interpol *f*

interpolación [in̪terpola'θjon] *f* **1.** (MAT) Interpolation *f* **2.** (LIT) Interpolation *f,* Einfügung *f*

interpolar [in̪terpo'lar] *vt* **1.** (MAT) interpolieren **2.** (LIT) interpolieren, einfügen

interponer [in̪terpo'ner] *irr como poner* **I.** *vt* **1.** (*entre varias cosas*) einfügen, einschieben; (*entre dos cosas: silla*) dazwischenstellen; (*papel*) dazwischenlegen; (*a alguien*) dazwischensetzen **2.** (*en un asunto*) einschalten [*o* eingreifen] lassen; **~ la influencia** den Einfluss geltend machen **3.** (JUR) einlegen **II.** *vr:* **~se** einschreiten, eingreifen

interposición [in̪terposi'θjon] *f* **1.** (*entre varias cosas*) Einfügung *f,* Einschaltung *f;* (*de una silla*) Dazwischenstellen *nt;* (*de un papel*) Dazwischenlegen *nt;* (*de alguien*) Dazwischensetzen *nt* **2.** (*en un asunto*) Eingreifen *nt,* Einschalten *nt* **3.** (JUR) Einlegung *f*

interpretable [in̪terpre'taβle] *adj* (*texto*) interpretierbar; (TEAT) darstellbar, spielbar; (MÚS) interpretierbar

interpretación [in̪terpreta'θjon] *f* **1.** (*de texto, palabras*) Auslegung *f,* Interpretation *f elev* **2.** (TEAT, CINE) Darstellung *f;* (MÚS) Interpretation *f;* **escuela de ~** (TEAT) Theaterschule *f* **3.** (*traducción oral*) Dolmetschen *nt;* **~ de lenguas** (*en un ministerio*) Sprachendienst *m*

interpretador[1] [in̪terpreta'ðor] *m* (INFOR) Interpreter *m*

interpretador(a)[2] [in̪terpreta'ðor(a)] **I.** *adj* interpretierend **II.** *m(f)* Interpret(in) *m(f)*

interpretadora [in̪terpreta'ðora] *f* (INFOR) Sichtanzeiger *m*

interpretar [in̪terpre'tar] *vt* **1.** (*texto*) auslegen, interpretieren *elev* **2.** (TEAT, CINE) darstellen; (MÚS) interpretieren **3.** (*traducir oralmente*) dolmetschen

interpretativo, -a [in̪terpreta'tiβo, -a] *adj* auslegend, deutend, interpretierend; **fuerza interpretativa** Darstellungskraft *f*

intérprete[1] [in̪'terprete] *mf* **1.** (*de texto*) Interpret(in) *m(f) elev* **2.** (*actor*) Darsteller(in) *m(f),* Schauspieler(in) *m(f)* **3.** (*traductor*) Dolmetscher(in) *m(f);* **~ jurado** vereidigter Dolmetscher; **~ simultáneo** Simultandolmetscher *m;* **escuela de ~s** Dolmetscherinstitut *nt,* Dolmetscherschule *f*

intérprete[2] [in̪'terprete] *m* (INFOR) Interpreter *m*

interprofesional [in̪terprofesjo'nal] *adj* berufsunabhängig, für alle Berufe; **Salario Mínimo I~** gesetzlicher Mindestlohn

interpuesto, -a [in̪ter'pwesto, -a] *pp de* **interponer**

interraíl [in̪terra'il] *m* Interrailkarte *f,* Interrail *nt;* **me fui de ~** ich fuhr mit Interrail

interregional [in̪terrexjo'nal] *adj* interregional

interregno [in̪te'rreɣno] *m* Interregnum *nt*

interrelación [in̪terrela'θjon] *f* Beziehung *f* (*entre* zwischen +*dat*)

interrelacionado, -a [in̪terrelaθjo'naðo, -a] *adj* zusammenhängend

interrelacionar [in̪terrelaθjo'nar] *vt* (miteinander) in Beziehung setzen; **~ A y B** A in Beziehung zu B bringen

interrogación [in̪terroɣa'θjon] *f* Frage *f;*

(**signo de**) ~ Fragezeichen *nt*
interrogador(a) [in̪terroɣa'ðor(a)] **I.** *adj* fragend **II.** *m(f)* **1.** (*que pregunta*) Fragesteller(in) *m(f)* **2.** (*policía*) Vernehmungsbeamte(r), -in *m, f*
interrogante[1] [in̪terro'ɣan̪te] **I.** *adj* fragend **II.** *m* **1.** (*signo*) Fragezeichen *nt* **2.** (*de un asunto*) Fragezeichen *nt,* Unklarheit *f;* **este asunto presenta varios ~s** diese Sache weist einige Unklarheiten auf
interrogante[2] [in̪terro'ɣan̪te] *m o f* Frage *f*
interrogar [in̪terro'ɣar] <g→gu> *vt* **1.** (*hacer preguntas*) (be)fragen **2.** (*policía*) verhören, vernehmen
interrogativo, -a [in̪terroɣa'tiβo, -a] *adj* **1.** (*mirada*) fragend **2.** (LING) interrogativ; (*pronombre, oración*) Interrogativ-
interrogatorio [in̪terroɣa'torjo] *m* Verhör *nt,* Vernehmung *f;* (**acta de**) ~ Vernehmungsprotokoll *nt*
interrumpir [in̪terrum'pir] *vt* **1.** (*parar, cortar*) unterbrechen; (*bruscamente al hablar*) ins Wort fallen (*a* +*dat*); (*tráfico*) stören **2.** (*partido, estudios*) abbrechen; ~ **las vacaciones** (*por unos días*) den Urlaub unterbrechen; (*definitivamente*) den Urlaub abbrechen
interrupción [in̪terruβ'θjon] *f* **1.** (*parada, corte*) Unterbrechung *f;* (*del tráfico*) Störung *f;* ~ **para publicidad** Werbeunterbrechung *f;* **sin** ~ ununterbrochen **2.** (*del partido, los estudios*) Abbruch *m;* ~ **del embarazo** Schwangerschaftsabbruch *m*
interruptor[1] [in̪terrup'tor] *m* (ELEC) Schalter *m;* ~ **de encendido/apagado** Ein-/Ausschalter *m*
interruptor(a)[2] [in̪terrup'tor(a)] *adj* unterbrechend
intersección [in̪terseʸ'θjon] *f* **1.** (*de dos líneas*) Schnittstelle *f* **2.** (*de dos calles*) Kreuzung *f*
intersexual [in̪terseʸsu'al] *adj* intersexuell
intersexualidad [in̪terseʸswali'ðaᵈ] *f* Intersexualität *f*
intersideral [in̪tersiðe'ral] *adj* (ASTR) interstellar
intersindical [in̪tersin̪di'kal] *adj* gewerkschaftsübergreifend, übergewerkschaftlich
intersticio [in̪ters'tiθjo] *m* **1.** (*espacio*) Zwischenraum *m;* (*en pared*) Riss *m;* (*entre placas*) Fuge *f* **2.** (BIOL) Interstitium *nt*
interterritorial [in̪terterrito'rjal] *adj* interterritorial
intertropical [in̪tertropi'kal] *adj* (GEO) intertropisch
interurbano, -a [in̪terur'βano, -a] *adj* zwischen Städten; **conferencia interurbana** (TEL) Inlandsgespräch *nt;* **tren** ~ (FERRO) Stadtexpress *m;* (*rápido*) Intercity(zug) *m*
intervalo [in̪ter'βalo] *m,* **intérvalo** [in̪'terβalo] *m* **1.** (*lapso de tiempo*) Zeitraum *m,* Intervall *nt;* **a ~s** in Abständen **2.** (MÚS) Intervall *nt*
intervención [in̪terβen̪'θjon] *f* **1.** (*participación*) Teilnahme *f* (*en* an +*dat*); **precio de** ~ (UE) Interventionspreis *m* **2.** (*en conflicto*) Eingreifen *nt* (*en* in +*akk*), Intervenieren *nt* (*en* in +*dat*); (*de la policía*) Eingreifen *nt,* Einschreiten *nt;* (*en temas familiares*) Einmischung *f* **3.** (*mediación*) Vermittlung *f* **4.** (POL) Eingriff *m,* Intervention *f;* **tropas de ~ rápida** schnelle Eingreiftruppen **5.** (MED) Operation *f;* ~ **quirúrgica** chirurgischer Eingriff, Operation *f* **6.** (*del teléfono*) Anzapfen *nt;* (*del correo*) Unterschlagung *f*
intervencionismo [in̪terβen̪θjo'nismo] *m* (POL) Interventionismus *m*
intervencionista [in̪terβen̪θjo'nista] **I.** *adj* (POL) interventionistisch **II.** *mf* (POL) Interventionist(in) *m(f)*
intervenir [in̪terβe'nir] *irr como venir* **I.** *vi* **1.** (*tomar parte*) teilnehmen (*en* an +*dat*) **2.** (*en conflicto*) eingreifen, intervenieren *elev;* **el Banco de España tuvo que ~ para apoyar la peseta** die Spanische Staatsbank musste intervenieren, um die Peseta zu stützen; **la policía tuvo que** ~ die Polizei musste eingreifen [*o* einschreiten]; **el país A interviene en la política del país B** Land A mischt sich in die Politik von Land B ein **3.** (*mediar*) vermitteln (*en* in/bei +*dat*); ~ **en favor de alguien** für jdn eintreten **4.** (*factores, circunstancias*) eine Rolle spielen **5.** (*suceder*) dazwischenkommen **II.** *vt* **1.** (MED) operieren **2.** (*incautar*) beschlagnahmen **3.** (*teléfono*) anzapfen; (*correo*) unterschlagen **4.** (COM) prüfen
interventor(a) [in̪terβen̪'tor(a)] *m(f)* **1.** (COM) Buchprüfer(in) *m(f),* Wirtschaftsprüfer(in) *m(f);* ~ **de cuentas** (FIN) Wirtschaftsprüfer *m* **2.** (POL) Wahlprüfer(in) *m(f)*
intervertebral [in̪terβerte'βral] *adj* (ANAT) zwischen den Wirbeln, intervertebral
interviú [in̪ter'βju] *f o m* Interview *nt*
interviuar [in̪terβi'war] *vt* interviewen
inter vivos ['in̪ter 'βiβos] (JUR): **donación** ~ Schenkung *f* unter Lebenden
intervocálico, -a [in̪terβo'kaliko, -a] *adj* (LING) intervokalisch
intestado, -a [in̪tes'taðo, -a] **I.** *adj* testamentslos, ohne ein Testament hinterlassen zu haben **II.** *m, f* Intestaterbe, -in *m, f*
intestinal [in̪testi'nal] *adj* Darm-, Eingeweide-; (MED) intestinal; **lombriz** Eingeweidewurm *m;* **obstrucción** ~ Darmverschluss *m*
intestino[1] [in̪tes'tino] *m* **1.** (ANAT) Darm *m;* ~ **ciego/delgado/grueso** Blind-/Dünn-/Dickdarm *m* **2.** *pl* (*tripas*) Eingeweide *pl*
intestino, -a[2] [in̪tes'tino, -a] *adj* innere(r, s); **luchas intestinas** (*en un país*) Bürgerkrieg *m;* (*en un partido*) innerparteiliche Auseinandersetzungen
íntimamente [in̪tima'men̪te] *adv* **1.** (*estrechamente*) eng **2.** (*en lo íntimo*) in seinem Inneren
intimar [in̪ti'mar] **I.** *vi* vertraut werden (*con*

mit +*dat*) **II.** *vt* auffordern; **me intimó a que no lo dijera** er/sie gab mir zu verstehen, dass ich es nicht sagen sollte

intimatorio, -a [in̦tima'torjo, -a] *adj* (JUR) auffordernd, Aufforderungs-

intimidación [in̦timiða'θjon] *f* Einschüchterung *f*

intimidad [in̦timi'ða^{ð}] *f* **1.** (*personal*) Intimität *f,* Vertrautheit *f* **2.** *pl* (*sexuales*) Intimitäten *fpl;* (*privacidad*) Privatangelegenheiten *fpl* **3.** (*vida privada*) Intimsphäre *f,* Privatleben *nt;* **eso sólo se dice en la ~** das sagt man nur in den eigenen vier Wänden; **la fiesta se celebró en la ~** (*con los íntimos*) das Fest fand im kleinen Kreis statt; (*con la familia*) das Fest fand im Familienkreis statt

intimidar [in̦timi'ðar] **I.** *vt* einschüchtern **II.** *vr:* **~se** sich einschüchtern lassen

intimidatorio, -a [in̦timiða'torjo, -a] *adj* einschüchternd

intimismo [in̦ti'mismo] *m* (LIT) intimistische Strömung *f*

intimista [in̦ti'mista] **I.** *adj* intimistisch **II.** *mf* (ARTE) Maler(in) *m(f)* von Interieurs

íntimo, -a ['in̦timo, -a] *adj* **1.** (*interior*) innerlich, intim *elev;* **en lo más ~ de mi corazón** im Innersten [*o* Grunde] meines Herzens **2.** (*interno*) intern **3.** (*amistad, amigo*) vertraut, eng; **tener una relación íntima con alguien** eine enge Beziehung zu jdm haben **4.** (*velada*) gemütlich **5.** (*conversación, vida*) privat

intitular [in̦titu'lar] *vt* betiteln

intocable [in̦to'kaβle] **I.** *adj* unberührbar **II.** *mf* Unberührbare(r) *mf*

intolerabilidad [in̦toleraβili'ða^{ð}] *f sin pl* Unerträglichkeit *f*

intolerable [in̦tole'raβle] *adj* unerträglich

intolerancia [in̦tole'ran̦θja] *f* Intoleranz *f*

intolerante [in̦tole'ran̦te] *adj* intolerant

intoxicación [in̦to^{ɣ}sika'θjon] *f* Vergiftung *f*

intoxicar [in̦to^{ɣ}si'kar] <c→qu> *vt, vr:* ~(**se**) (sich) vergiften

intracardiaco, -a [in̦trakar'ðjako, -a] *adj,* **intracardíaco, -a** [in̦trakar'ðiako, -a] *adj* (ANAT) intrakardial

intracelular [in̦traθelu'lar] *adj* (BIOL) intrazellulär

intracerebral [in̦traθere'βral] *adj* (ANAT) intrazerebral

intracomunitario, -a [in̦trakomuni'tarjo, -a] *adj* EU-, gemeinschaftlich

intradérmico, -a [in̦tra'ðermiko, -a] *adj* (ANAT) intradermal, intrakutan

intradós [in̦tra'ðos] *m* (ARQUIT) **1.** (*arco, bóveda*) Laibung *f,* Innenwölbung *f* **2.** (*de dovela*) Innenfläche *f*

intraducibilidad [in̦traðuθiβili'ða^{ð}] *f sin pl* Unübersetzbarkeit *f*

intraducible [in̦traðu'θiβle] *adj* unübersetzbar

intragable [in̦tra'ɣaβle] *adj* ungenießbar; **esta novela es ~** dieser Roman ist schwer verdaulich

intramedular [in̦trameðu'lar] *adj* (ANAT) intramedullär

intramuros [in̦tra'muros] *adv* **1.** (*dentro de*) innerhalb der Mauern **2.** (*en secreto*) geheim, intra muros *elev*

intramuscular [in̦tramusku'lar] *adj* (MED) intramuskulär

intranquilidad [in̦traŋkili'ða^{ð}] *f sin pl* Unruhe *f*

intranquilizador(a) [in̦traŋkiliθa'ðor(a)] *adj* beunruhigend

intranquilizar [in̦traŋkili'θar] <z→c> *vt, vr:* ~(**se**) (sich) beunruhigen

intranquilo, -a [in̦traŋ'kilo, -a] *adj* **1.** (*nervioso*) unruhig **2.** (*preocupado*) besorgt **3.** (*excitado*) aufgeregt

intransferible [in̦tra^{n}sfe'riβle] *adj* nicht übertragbar, nicht transferierbar *elev*

intransigencia [in̦transi'xen̦θja] *f* **1.** (*no condescendencia*) Unnachgiebigkeit *f,* Intransigenz *f elev* **2.** (*intolerancia*) Intoleranz *f*

intransigente [in̦transi'xen̦te] *adj* **1.** (*no condescendiente*) unnachgiebig, intransigent *elev* **2.** (*intolerante*) intolerant

intransitable [in̦transi'taβle] *adj* (*a pie*) nicht begehbar; (*en coche*) nicht befahrbar

intransitividad [in̦transitiβi'ða^{ð}] *f sin pl* (LING) Intransitivität *f*

intransitivo, -a [in̦transi'tiβo, -a] *adj* (LING) intransitiv

intransmisible [in̦tra^{n}smi'siβle] *adj* unübertragbar, nicht übertragbar

intransportable [in̦tra^{n}spor'taβle] *adj* intransportabel, nicht transportfähig [*o* beförderbar]

intraocular [in̦traoku'lar] *adj* (ANAT) intraokulär

intrascendencia [in̦trasθen̦'den̦θja] *f sin pl* Unwichtigkeit *f*

intrascendental [in̦trasθen̦den̦'tal] *adj* unwesentlich, belanglos

intrascendente [in̦trasθen̦'den̦te] *adj* unwichtig, unwesentlich

intrasectorial [in̦trasekto'rjal] *adj* innersektoral

intrasferible [in̦trasfe'riβle] *adj v.* **intransferible**

Intrastat [in̦tras'ta^{t}] *m* (UE) Intrastat *m*

intratable [in̦tra'taβle] *adj* **1.** (*persona*) unfreundlich **2.** (*material*) unnachgiebig **3.** (*asunto*) tabu **4.** (*enfermedad*) unbehandelbar

intrauterino, -a [in̦traute'rino, -a] *adj* (MED) intrauterin

intravenoso, -a [in̦traβe'noso, -a] *adj* (MED) intravenös

intrepidez [in̦trepi'ðeθ] *f* Kühnheit *f,* Unerschrockenheit *f*

intrépido, -a [in̦'trepiðo, -a] *adj* kühn, unerschrocken

intriga [in̦'triɣa] *f* **1.** (*maquinación*) Intrige *f* **2.** (*de una película*) Verwicklung *f*

intrigante [in̪tri'ɣan̪te] **I.** *adj* **1.** (*persona*) intrigant **2.** (*película*) spannend **II.** *mf* Intrigant(in) *m(f)*

intrigar [in̪tri'ɣar] <g→gu> **I.** *vi* intrigieren, Ränke schmieden **II.** *vt* neugierig machen; **me intriga saber si lo hará** ich bin gespannnt [*o* möchte zu gerne wissen], ob er/sie es tut

intrincado, **-a** [in̪triŋ'kaðo, -a] *adj* (*bosque*) dicht; (*camino*) verschlungen; (*nudo*) kompliziert; (*situación*) verwickelt

intrincar [in̪triŋ'kar] <c→qu> *vt* (*hilos*) verwirren; (*asunto*) (ver)komplizieren

intríngulis [in'triŋgulis] *m inv* (*fam*) **1.** (*intención*) Absicht *f* **2.** (*dificultad*) Haken *m*, Schwierigkeit *f*

intrínsecamente [in̪trinseka'men̪te] *adv* von Grund auf, grundsätzlich

intrínseco, **-a** [in̪'trinseko, -a] *adj* **1.** (*interior*) innerlich; **motivación intrínseca** (PSICO) intrinsische Motivation; **valor** ~ innerer Wert **2.** (*propio*) eigen (*de* +*dat*), innewohnend (*de* +*dat*) *elev* **3.** (*esencial*) wesentlich (*de* für +*akk*), wesenhaft *elev*

introducción [in̪troðuʸ'θjon] *f* **1.** (*acción: de una llave*) Hineinstecken *nt;* (*de supositorio*) Einführung *f;* (*de moneda*) Einwurf *m;* (*de clavo*) (Hin)einschlagen *nt*, (Hin)eintreiben *nt;* (*de medidas*) Einleitung *f;* (INFOR: *de disquete*) Einlegen *nt;* (INFOR: *de datos*) Eingabe *f* **2.** (*de moda*) Einführung *f;* (*de mercancías*) Einfuhr *f* **3.** (*de libro*) Vorwort *nt*, Einleitung *f;* ~ **a la química** (*libro de estudios*) Einführung in die Chemie **4.** (MÚS) Einleitung *f*, Vorspiel *nt*

introducir [in̪troðu'θir] *irr como traducir* **I.** *vt* **1.** (*objeto: llave*) hineinstecken; (*supositorio, sonda*) einführen; (*moneda*) einwerfen; (*clavo, cuña*) (hin)einschlagen, (hin)eintreiben; (*medidas, procedimiento*) einleiten; (INFOR: *disquete*) einlegen; (INFOR: *datos*) eingeben **2.** (*moda, a alguien*) einführen (*en* in +*akk*); ~ **clandestinamente** hineinschmuggeln; ~ **una mercancía** (*en el país*) eine Ware einführen; (*en el mercado*) eine Ware auf den Markt bringen **3.** (*discordia*) stiften; (*desorden*) stiften, hervorrufen **II.** *vr:* **~se** **1.** (*meterse*) eindringen **2.** (*en un ambiente*) eingeführt werden (*en* in +*akk*); **~se con alguien** jds Bekanntschaft machen **3.** (*moda*) aufkommen **4.** (*entrometerse*) sich einmischen (*en* in +*akk*)

introductorio, **-a** [in̪troðuk'torjo, -a] *adj* einführend, einleitend; **capítulo** ~ einleitendes Kapitel

intromisión [in̪tromi'sjon] *f* Einmischung *f* (*en* in +*akk*)

introspección [in̪trospeʸ'θjon] *f* Selbstbeobachtung *f;* (PSICO) Introspektion *f*

introspectivo, **-a** [in̪trospek'tiβo, -a] *adj* (PSICO) introspektiv

introversión [in̪troβer'sjon] *f* Introvertiertheit *f;* (PSICO) Introversion *f*

introverso, **-a** [in̪tro'βerso, -a] *adj* (PSICO) introversiv

introvertido, **-a** [in̪troβer'tiðo, -a] *adj* introvertiert, verschlossen; (PSICO) introversiv

intrusa [in̪'trusa] *adj o f v.* **intruso**

intrusión [in̪tru'sjon] *f* Eindringen *nt;* (*en la vida privada*) Einmischung *f*

intrusismo [in̪tru'sismo] *m* unbefugte Berufsausübung *f*

intruso, **-a** [in̪'truso, -a] **I.** *adj* **1.** (*profesional*) unqualifiziert **2.** (*en un grupo*) eingedrungen **II.** *m, f* **1.** (*en reunión*) Eindringling *m* **2.** (*en fiesta*) ungebetener Gast *m*

intubación [in̪tuβa'θjon] *f* (MED) Intubation *f*

intubar [in̪tu'βar] *vt* (MED) intubieren

intuible [in̪'twiβle] *adj* intuitiv erkennbar [*o* erfassbar]

intuición [in̪twi'θjon] *f* Intuititon *f;* **saber algo por** ~ etw intuitiv wissen

intuicionismo [in̪twiθjo'nismo] *m* Intuitionismus *m*

intuicionista [in̪twiθjo'nista] *mf* Intuitionist(in) *m(f)*

intuir [in̪tu'ir] *irr como huir vt* **1.** (*reconocer*) intuitiv wissen [*o* erkennen] **2.** (*presentir*) (vor)ahnen; **intuyo que...** ich habe das Gefühl, dass ...

intuitivo, **-a** [in̪twi'tiβo, -a] *adj* intuitiv

inundación [inun̪da'θjon] *f* **1.** (*de agua: casa, baño*) Überschwemmung *f;* (*de las calles, campos*) Überflutung *f* **2.** (*de un producto*) Überschwemmung *f*

inundado, **-a** [inun̪'daðo, -a] *adj* überschwemmt, unter Wasser gesetzt; (*terreno*) überflutet

inundar [inun̪'dar] *vt* **1.** (*de agua*) überschwemmen, überfluten **2.** (*de un producto*) überschwemmen

inurbanidad [inurβani'ðaᵈ] *f sin pl* Unhöflichkeit *f*

inurbano, **-a** [inur'βano, -a] *adj* unhöflich

inusitado, **-a** [inusi'taðo, -a] *adj* **1.** (*inhabitual*) ungewöhnlich **2.** (*extraordinario*) außergewöhnlich **3.** (*raro*) selten

inusual [inusu'al] *adj* **1.** (*inhabitual*) ungewöhnlich **2.** (*extraordinario*) außergewöhnlich

inútil [i'nutil] **I.** *adj* **1.** (*que no sirve*) unbrauchbar, unnütz; (MIL) (wehrdienst)untauglich; **¡qué tipo más ~!** so ein unnützer Kerl! **2.** (*esfuerzo*) nutzlos, vergeblich; (*intento*) vergeblich **3.** (*sin sentido*) sinnlos, zwecklos, müßig **II.** *mf* (*torpe*) Taugenichts *m*, Nichtsnutz *m;* ~ **de guerra** Kriegsverletzte(r) *mf;* ~ **laboral** Arbeitsunfähige(r) *mf*

inutilidad [inutili'ðaᵈ] *f* Nutzlosigkeit *f;* (*laboral*) Berufsunfähigkeit *f;* (MIL) Wehruntauglichkeit *f;* **reconoció la ~ de su esfuerzo** er/sie sah ein, dass seine/ihre Bemühung zu nichts führte

inutilizar [inutili'θar] <z→c> *vt* **1.** (*objeto*) unbrauchbar machen; (*sello*) entwerten; (*instalaciones*) zerstören **2.** (*al enemigo*) kampfunfähig machen

invadir [imba'ðir] *vt* **1.**(MIL: *país*) überfallen, einfallen (in +*akk*), einmarschieren (in +*akk*); **las tropas han invadido el país** die Truppen sind in das Land eingefallen [*o* einmarschiert] **2.**(*entrar en gran número*) einfallen (in +*akk*), überfluten; **la gente ha invadido las calles** die Straßen haben sich mit Menschen gefüllt; ~ **un mercado con capital extranjero** (ECON) einen Markt überfremden **3.**(*plaga*) befallen, heimsuchen **4.**(*tristeza, miedo*) überkommen, überfallen; **le invadió una gran alegría** große Freude überkam ihn/sie **5.**(*jurisdicción*) eingreifen (in +*akk*); (*privacidad*) eindringen (in +*akk*)

invaginación [imbaxina'θjon] *f* (MED) Invagination *f*

invaginar [imbaxi'nar] *vt* (MED) einstülpen

inválida [im'baliða] *adj o f v.* **inválido**

invalidación [imbaliða'θjon] *f* (*acción*) Entwertung *f*, Ungültigmachen *nt;* (*resultado*) Ungültigkeit *f*

invalidar [imbali'ðar] *vt* (*anular*) ungültig machen; (*declarar nulo*) für ungültig erklären; (JUR: *matrimonio*) für nichtig erklären; (*compra, acuerdo*) rückgängig machen

invalidez [imbali'ðeθ] *f* **1.**(*nulidad*) Ungültigkeit *f;* (JUR: *de matrimonio*) Nichtigkeit *f;* (*de compra, acuerdo*) Rückgängigmachen *nt* **2.**(MED) Invalidität *f;* ~ **parcial/total** Teil-/Vollinvalidität *f;* **pensión de** ~ Invalidenrente *f*

inválido, **-a** [im'baliðo, -a] **I.** *adj* **1.**(MED) invalid(e); **estar** ~ **de las piernas** an den Beinen gelähmt sein **2.**(*acuerdo*) ungültig; (JUR) nichtig **II.** *m, f* Invalide(r) *mf*

invaluable [imbalu'aβle] *adj* unschätzbar

invariabilidad [imbarjaβili'ða^{ð}] *f sin pl* Unveränderlichkeit *f*, Unveränderbarkeit *f*

invariable [imba'rjaβle] *adj* unveränderlich, invariabel *elev;* (MAT) invariabel

invasión [imba'sjon] *f* **1.**(*t.* MIL) Invasion *f;* ~ **de turistas** Touristeninvasion *f* **2.**(*de plaga*) Heimsuchung *f* **3.**(*en jurisdicción*) Eingriff *m;* (*en privacidad*) Eindringen *nt* **4.**(MED) Invasion *f*

invasor(**a**) [imba'sor(a)] **I.** *adj* eindringend **II.** *m(f)* Endringling *m;* (MIL) Invasor(in) *m(f)*, Eroberer, -in *m, f*

invectiva [imbek'tiβa] *f* Schmährede *f;* **lanzar ~s contra alguien** Schmähreden gegen jdn halten

invencibilidad [imben̪θiβili'ða^{ð}] *f sin pl* Unbesiegbarkeit *f*

invencible [imben̪'θiβle] *adj* **1.**(*inderrotable*) unbesiegbar **2.**(*insuperable*) unübertrefflich **3.**(*obstáculo*) unüberwindbar

invención [imben̪'θjon] *f* Erfindung *f*

invendible [imben̪'diβle] *adj* unverkäuflich; (COM) unabsetzbar

inventar [imben̪'tar] *vt* erfinden; (*historias*) sich *dat* ausdenken

inventariar [imben̪ta'rjar] < *1. pres:* inventarío> *vt* eine Inventur machen +*gen*

inventario [imben̪'tarjo] *m* **1.**(*recuento*) Inventur *f*, Bestandsaufnahme *f;* **hacer** [*o* **establecer**] ~ Inventur machen, eine Bestandsaufnahme machen **2.**(*lista*) Inventar *nt,* Bestandsverzeichnis *nt*

inventiva [imben̪'tiβa] *f* Erfindungsgabe *f*

inventivo, **-a** [imben̪'tiβo, -a] *adj* erfinderisch, kreativ; **tiene dotes inventivas** er/sie verfügt über Einfallsreichtum

invento [im'ben̪to] *m* Erfindung *f*

inventor(**a**) [imben̪'tor(a)] *m(f)* Erfinder(in) *m(f)*

inverificable [imberifi'kaβle] *adj* **1.**(*que no se puede probar*) nicht nachweisbar, nicht feststellbar **2.**(*incontrolable*) unüberprüfbar, nicht nachprüfbar

invernáculo [imber'nakulo] *m v.* **invernadero**

invernada [imber'naða] *f* **1.**(*elev: estación*) Winter *m*, Winterzeit *f* **2.**(*CSur: invernadero*) Winterquartier *nt;* **ganado de** ~ Mastvieh *nt* **3.**(*Méx: cosecha*) Halternte *f* **4.**(*Ven: aguacero*) Regenguss *m*

invernadero [imberna'ðero] *m* (BOT) Gewächshaus *nt,* Treibhaus *nt*

invernal [imber'nal] *adj* winterlich, Winter-; **sueño** ~ (ZOOL) Winterschlaf *m*

invernar [imber'nar] <e→ie> *vi* (ZOOL) überwintern; (*los que duermen*) Winterschlaf halten

invernizo, **-a** [imber'niθo, -a] *adj* winterlich, Winter-

inverosímil [imbero'simil] *adj* **1.**(*increíble*) unglaubwürdig **2.**(*que no parece verdad*) unwahrscheinlich

inverosimilitud [imberosimili'tu^{ð}] *f* **1.**(*falta de credibilidad*) Unglaubwürdigkeit *f* **2.**(*falta de probabilidad*) Unwahrscheinlichkeit *f*

inversamente [imbersa'men̪te] *adv* umgekehrt

inversible [imber'siβle] *adj* (FOTO) Umkehr-

inversión [imber'sjon] *f* **1.**(COM, FIN: *dinero*) Investition *f*, (Geld)anlage *f;* ~ **equivocada** Fehlinvestition *f;* ~ **inmobiliaria** Immobilieninvestition *f;* ~ **a largo/corto plazo** langfristige/kurzfristige Anlage; ~ **pública** staatliche [*o* öffentliche] Investition; **Banco Europeo de Inversiones** (UE) Europäische Investitionsbank; **bienes de** ~ (FIN) Investitionsgüter *ntpl;* **fondos de** ~ (FIN) Investmentfonds *mpl;* **plan de** ~ Investitionsplan *m;* **el gobierno ha prometido ayudas a la** ~ die Regierung hat versprochen, Investitionsvorhaben zu fördern **2.**(*al revés*) Inversion *f*, Umkehrung *f;* ~ **sexual** Homosexualität *f;* ~ **térmica** (METEO) Inversion *f*

inversionista [imbersjo'nista] *mf* Investor(in) *m(f)*, Anleger(in) *m(f)*

inverso, **-a** [im'berso] *adj* umgekehrt; **a la inversa** umgekehrt, andersherum; **en sentido** ~ **de las manejillas del reloj** gegen den Uhrzeigersinn; **traducción inversa** *Übersetzung aus der Muttersprache in die Fremdsprache*

inversor(a) [imber'sor(a)] **I.** *adj* Investitons-; **capacidad ~a** Investitionskapazität *f* **II.** *m(f)* Investor(in) *m(f)*, Anleger(in) *m(f)*; **pequeño/gran** ~ Klein-/Großanleger *m*; ~ **institucional** institutioneller Anleger

invertebrado, -a [imberte'βraðo, -a] *adj* **1.** (ZOOL: *sin columna vertebral*) wirbellos **2.** (*débil*) ohne Rückgrat

invertible [imber'tiβle] *adj* umkehrbar

invertido, -a [imber'tiðo, -a] **I.** *adj* **1.** (*al revés*) umgekehrt, invertiert; (**azúcar**) ~ (QUÍM) Invertzucker *m* **2.** (*sexualmente*) homosexuell **II.** *m, f* Homosexuelle(r) *mf*

invertir [imber'tir] *irr como sentir vt* **1.** (*orden, dirección*) umkehren, umdrehen **2.** (*dinero*) investieren, anlegen; ~ **en acciones** in Aktien investieren **3.** (*tiempo*) investieren, aufwenden **4.** (INFOR) invertieren

investidura [imbesti'ðura] *f* (*en un cargo*) Einsetzung *f*, Einweisung *f*; (REL) Investitur *f*

investigable [imbesti'ɣaβle] *adj* untersuchbar

investigación [imbestiɣa'θjon] *f* **1.** (*indagación*) Nachforschung *f*, Untersuchung *f*; (*averiguación*) Ermittlung *f*; ~ **de mercado(s)** Marktforschung *f*; ~ **policial** polizeiliche Ermittlung; **departamento de ~ y desarrollo** (COM) Abteilung Forschung und Entwicklung **2.** (*ciencia*) Forschung *f*; ~ **antisida** Aidsforschung *f* **3.** (*estudio*) Untersuchung *f*

investigador(a) [imbestiɣa'ðor(a)] **I.** *adj* forschend, Untersuchungs-, Forschungs-; **comisión ~a** Untersuchungsausschuss *m*; **grupo** ~ Forschungsgruppe *f* **II.** *m(f)* Forscher(in) *m(f)*; ~ **científico** Wissenschaftler *m*

investigar [imbesti'ɣar] <g→gu> *vt* **1.** (*indagar*) untersuchen; (*averiguar*) ermitteln **2.** (*en la ciencia*) erforschen

investir [imbes'tir] *irr como pedir vt* (*en un cargo*) einsetzen, investieren; ~ **a alguien con el título de doctor** jdm den Doktortitel verleihen; ~ **a alguien de una dignidad** jdn mit einer Würde bekleiden

inveterado, -a [imbete'raðo, -a] *adj* **1.** (*costumbre*) althergebracht, tief verwurzelt **2.** (*por adicción*) Gewohnheits-; **bebedor** ~ Gewohnheitstrinker *m*; **criminal** ~ Gewohnheitsverbrecher *m*

inviabilidad [imbjaβili'ða^{ð}] *f sin pl* Undurchführbarkeit *f*

inviable [imbi'aβle] *adj* undurchführbar

invicto, -a [im'bikto, -a] *adj* unbesiegt, siegreich

invidencia [imbi'ðen̪θja] *f* Blindheit *f*

invidente [imbi'ðen̪te] **I.** *adj* blind **II.** *mf* Blinde(r) *mf*

invierno [im'bjerno] *m* **1.** (*estación*) Winter *m*, Winter(s)zeit *f* **2.** (*Am: lluvias*) Regenzeit *f* **3.** (*AmC, Ant: aguacero*) Platzregen *m*, Regenguss *m*

inviolabilidad [imbjolaβili'ða^{ð}] *f* (POL: *de derechos*) Unverletzbarkeit *f*, Unantastbarkeit *f*; ~ **parlamentaria** parlamentarische Immunität

inviolable [imbjo'laβle] *adj* (POL: *derechos*) unverletzbar, unantastbar

inviolado, -a [imbjo'laðo, -a] *adj* unangetastet, unverletzt

invisibilidad [imbisiβili'ða^{ð}] *f* Unsichtbarkeit *f*

invisible [imbi'siβle] *adj* unsichtbar; **importaciones/ingresos ~s** (COM) unsichtbare Einfuhren/Einnahmen; **partida** ~ (COM) unsichtbarer Posten

invitación [imbita'θjon] *f* **1.** (*a una fiesta, boda*) Einladung *f* **2.** (*a una acción*) Aufforderung *f* **3.** (*tarjeta*) Einladungsschreiben *nt*, Einladungskarte *f*

invitado, -a [imbi'taðo, -a] **I.** *adj* eingeladen, geladen; **estrella invitada** Stargast *m* **II.** *m, f* Gast *m*; ~ **de honor** Ehrengast *m*

invitar [imbi'tar] *vt* **1.** (*convidar*) einladen (*a/para* zu +*dat*) **2.** (*pagar*) einladen, ausgeben; **esta vez invito yo** dieses Mal geht es auf meine Rechnung, die Runde geht auf mich **3.** (*instar*) auffordern (*a* zu +*dat*); (*rogar*) bitten; **el juez le invitó a ponerse en pie** der Richter forderte ihn auf sich zu erheben; **me invitó a sentarme a su lado** er/sie bat mich mich neben ihn/sie zu setzen **4.** (*incitar*) einladen, ermuntern; **este lugar invita a la meditación** dieser Ort lädt zur Meditation ein

in vitro [im'bitro] (BIOL) im Reagenzglas (durchgeführt), in vitro; **fecundación** ~ In-vitro-Fertilisation *f*

invocación [imboka'θjon] *f* Anrufung *f*, flehentliche Bitte *f*; (*de Dios*) Invokation *f*

invocador(a) [imboka'ðor(a)] *adj* flehend, beschwörend

invocar [imbo'kar] <c→qu> *vt* **1.** (*dirigirse*) anrufen; (*suplicar*) flehentlich bitten; **invocó la ayuda de Dios** er/sie bat um Gottes Hilfe **2.** (*alegar*) anführen, vorbringen; **siempre invoca el ejemplo del hermano mayor para que le permitamos lo mismo** er/sie führt immer das Beispiel des älteren Bruders an, damit wir ihm/ihr das Gleiche erlauben **3.** (JUR: *apoyarse en una ley*) anführen, sich berufen (auf +*akk*)

invocatorio, -a [imboka'torjo, -a] *adj* Anrufungs-

involución [imbolu'θjon] *f* **1.** (POL: *regresión*) Rückfall *m*, Rückkehr *f*, Zurück *nt* **2.** (BIOL, MED: *evolución regresiva*) Rückbildung *f*, Involution *f*

involucionismo [imboluθjo'nismo] *m* (POL) *Haltung von Reaktionären*

involucionista [imboluθjo'nista] **I.** *adj* (POL) reaktionär, regressiv, rückschrittlich **II.** *mf* (POL) Reaktionär(in) *m(f)*

involucrar [imbolu'krar] **I.** *vt* verwickeln (*en* in +*akk*); **andar involucrado en algo** in etw verwickelt sein **II.** *vr:* **~se 1.** (*inmiscuirse*) sich einmischen **2.** (*intervenir*) eingreifen (*en* in +*akk*)

involuntariedad [imboluntarje'ðaᵈ] *f* **1.** (*por obligación*) Unfreiwilligkeit *f* **2.** (*falta de voluntad*) fehlender Wille *m* **3.** (*sin querer*) Unabsichtlichkeit *f*

involuntario, -a [imbolun'tarjo, -a] *adj* **1.** (*por obligación*) unfreiwillig **2.** (*sin querer*) unabsichtlich, unbeabsichtigt

involutivo, -a [imbolu'tiβo, -a] *adj* rückschrittlich, regressiv

invulnerabilidad [imbulneraβili'ðaᵈ] *f* **1.** (*que no puede ser herido*) Unverwundbarkeit *f,* Unverletzlichkeit *f,* Unverletzbarkeit *f* **2.** (*insensibilidad*) Unempfänglichkeit *f,* Unempfindlichkeit *f*

invulnerable [imbulne'raβle] *adj* **1.** (*que no puede ser herido*) unverwundbar, unverletzlich, unverletzbar **2.** (*insensible*) unempfindlich, unempfänglich (*a* für +*akk*); **es ~ a las críticas** Kritik prallt an ihm/ihr ab

inyección [inɟeʸ'θjon] *f* **1.** (MED: *ampolla*) Spritze *f,* Injektion *f;* **una ~ de penicilina** eine Penizillinspritze [*o* -injektion]; **poner una ~** injizieren, spritzen, eine Spritze geben **2.** (TÉC) Injektion *f;* **motor de ~** Einspritzmotor *m*

inyectable [inɟek'taβle] **I.** *adj* (MED) injizierbar **II.** *m* (MED) Injektionsmittel *nt*

inyectado, -a [inɟek'taðo, -a] *adj* blutunterlaufen

inyectar [inɟek'tar] *vt* (ein)spritzen, injizieren; **~ algo a alguien** jdm etw injizieren [*o* spritzen]

inyectivo, -a [inɟek'tiβo, -a] *adj* (MAT) injektiv

inyector [inɟek'tor] *m* (TÉC) Injektor *m;* (*motor*) Einspritzdüse *f;* (*máquina de vapor*) Strahlpumpe *f*

iodo ['ɟoðo] *m* (QUÍM) Jod *nt*

ión [i'on] *m* (QUÍM) Ion *nt*

iónico, -a [i'oniko, -a] *adj* (QUÍM) ionisch, Ionen-

ionizar [ioni'θar] <z→c> *vt* (QUÍM) ionisieren

ionosfera [ionos'fera] *f* Ionosphäre *f*

iota [i'ota] *f* Jota *nt,* Iota *nt*

IPC [ipe'θe] *m* (ECON) *abr de* **Índice de Precios al Consumidor** Verbraucherpreisindex *m,* Einzelhandelspreisindex *m*

ipecacuana [ipeka'kwana] *m* (BOT) Brechwurzel *f*

iperita [ipe'rita] *f* (QUÍM) Senfgas *nt,* Yperit *nt*

ípsilon ['iβsilon] *f* Ypsilon *nt*

ipso facto ['iβso 'fakto] (*elev*) auf der Stelle

ir [ir] *irr* **I.** *vi* **1.** (*general*) gehen; **¡voy!** ich komme!; **¡que ya voy!** ich komm ja schon!; **¡ahora voy!** ich komme sofort!; **¡vamos!** los!, auf!, gehen wir!; **¡vamos a ver!** mal sehen!; **~ a pie** zu Fuß gehen; **~ en bicicleta** (mit dem) Fahrrad fahren; **~ a caballo** reiten; **fui en coche** ich bin mit dem Auto (hin)gefahren; **todos los días va a casa de sus padres** er/sie geht jeden Tag zu seinen/ihren Eltern; **tengo que ~ a Paris** ich muss nach Paris (verreisen); **este verano ~emos a Grecia** diesen Sommer werden wir nach Griechenland reisen; **las nubes van de norte a sur** die Wolken ziehen von Norden nach Süden; **~ de boda** auf eine Hochzeit gehen; **~ de campo** aufs Land hinausfahren; **~ a costa/cargo de alguien** auf jds Kosten/zu jds Lasten gehen; **~ a lo suyo** sich auf seine Angelegenheiten konzentrieren, seinen eigenen Weg gehen; (*pey*) nur an sich denken; **~ detrás de una chica** einem Mädchen nachlaufen [*o* hinterherlaufen]; **~ en perjuicio de alguien** zu jds Nachteil sein; **~ por partes** schrittweise vorgehen; **dejarse ~** sich gehen lassen; **¡con eso vas que chutas!** (*fam*) damit hast du mehr als genug!, das reicht vollkommen für dich!; **esta enfermedad va para largo** diese Krankheit zieht sich ganz schön in die Länge; **pues va dado** [*o* **vendido**] **con esos amigos** da hat er ja schöne Aussichten bei solchen Freunden; **pues vas dada** [*o* **vendida**] **si te lo crees** da bist du aber schön auf dem Holzweg, wenn du das glaubst; **¿qué tal? – vamos tirando** (*fam*) wie geht's? – na ja, es geht so **2.** (*llamar, coger*) holen; **~ por leche** Milch holen; **voy por el médico** ich hole den Arzt, ich gehe den Arzt holen **3.** (*estar de acuerdo con alguien*): **~ con alguien** mit jdm übereinstimmen **4.** (*en serio*): **esto va de veras** das ist ernst gemeint **5.** (*progresar*) laufen; **¿cómo va eso?** na, wie läuft das?; **¿cómo va la tesina?** was macht die Diplomarbeit?; **¿cómo** [*o* **qué tal**] **te va?** wie läuft es bei dir?, wie geht es dir?; **en química me va fatal actualmente** Chemie läuft zur Zeit ganz schlecht; **la enferma va mejor** der Kranken geht es besser; **en lo que va de año** im Laufe dieses Jahres; **~ de mal en peor** vom Regen in die Traufe kommen **6.** (*diferencia*): **de dos a cinco van tres** von der Zwei bis zur Fünf sind es drei; **va mucho de un gemelo al otro** da ist ein großer Unterschied von einem Zwilling zum anderen **7.** (*referirse*): **a eso voy** darauf will ich hinaus; **a lo que iba a decir,...** wie ich gerade sagen wollte, ...; **eso no va por ti** das bezieht sich nicht auf dich, damit bist nicht du gemeint; **~ demasiado lejos** zu weit gehen; **sin ~ más lejos, este es un buen ejemplo** ohne weiter auszuholen [*o* suchen zu müssen], ist dies ein gutes Beispiel **8.** (*apuestas*) wetten, setzen; **¿cuánto te va?** was wettest du?, wie viel setzt du?; **van 500 pesetas a que no lo consigues** ich wette 500 Peseten, dass du das nicht schaffst **9.** (*estudios*) werden; **va para médica** sie wird Ärztin **10.** (*naipes*) mitgehen **11.** (*ropa*) stehen; **te va muy bien eso** das steht dir sehr gut **12.** (*interj: sorpresa*): **¡vaya!** na so was!, was du nicht sagst!; (*enfado*) Mist!; **¡vaya contigo!** soso, das hätte ich ja nicht von dir gedacht!; **¡vaya coche!** was für ein Auto!; **¡vaya susto que me dio!** er/sie hat mich ganz schön erschreckt!; **¡vamos, anda, di la verdad!** na los, komm schon, sag die Wahrheit!; **era un perro como un lobo, vamos, casi como un lobo** es war ein Hund so groß wie ein Wolf, nun ja, sagen wir fast so groß; **¡qué va!** ach was!, Blödsinn!; **es un problema, pero, vamos, sí se puede conseguir** es ist zwar ein Problem, aber, nun ja, man kann es schaffen; **¡vete tú a saber!/¡vaya Ud. a saber!** wer weiß? **13.** (*con gerundio*): **iba amaneciendo** es wurde langsam Tag; **iban charlando** sie gingen und unterhielten sich dabei; **no vayas contándolo todo por ahí** erzähl das nicht überall herum; **va siendo la hora de despedirnos** es ist langsam Zeit, Abschied zu nehmen; **voy comprendiendo** langsam fange ich an zu verstehen **14.** (*con participio*): **iba enfadada** sie war wütend; **todos van sentados ya en el autobus** alle sitzen schon im Bus **15.** (*cantidades*): **con esta van 28** mit der sind es jetzt 28; **ya van escritas 50 invitaciones** es sind schon 50 Einladungen geschrieben **16.** (*intención*): **voy a hacerlo** ich werde es tun; **iba a hacerlo ahora mismo** ich wollte es gerade [*o* eben] tun; **fuimos a verla** wir besuchten sie, wir gingen sie besuchen; **¿no ~ás a comértelo todo tú sólo?** du wirst doch wohl nicht alles allein aufessen?; **no sueltes el perro, no vaya a ser que se escape** lass den Hund nicht frei, nicht, dass er noch davonläuft; **¿cómo lo iba a tener precisamente ella?** wie sollte ausgerechnet sie es haben?; **¡no lo va a saber!** was, er/sie soll es angeblich nicht wissen? dass ich nicht lache!, natürlich weiß er/sie das!; **no sé dónde ~á a parar** ich weiß nicht, wo das noch mit ihm/ihr enden soll **17.** (*vestido*) gekleidet; (*disfrazado*) verkleidet (*de* als *+nom*); **va de princesa** sie ist als Prinzessin verkleidet, sie geht als Prinzessin; **la que va de negro** die in Schwarz, die, die schwarz angezogen ist; **~ de etiqueta** in Abendkleidung gehen; **~ de luto** Trauer tragen **18.** (*tratar*) handeln (*de* von *+dat*), gehen (*de* um *+akk*); **la película va de brujas** der Film handelt von Hexen, in dem Film geht es um Hexen; **¿pero tú sabes de lo que va?** weißt du überhaupt, worum es geht? **19.** (*edad*) zugehen (*para* auf *+akk*); **va para los 50** er/sie geht auf die 50 zu; **va para viejo** er wird (langsam) alt, er kommt langsam in die Jahre **20.** (*extenderse*) ziehen, sich ausdehnen; **la cordillera va de norte a sur** die Bergkette verläuft [*o* zieht sich] von Norden nach Süden **II.** *vr:* **~se 1.** (*marcharse*) (weg-, fort)gehen; **¡vete!** geh weg!; **¡no te vayas!** geh nicht fort!, bleib!; **¡vámonos!** wir gehen jetzt!; **¡idos en paz!** (*liturgia*) gehet hin in Frieden!; **~se de picos pardos** einen draufmachen, ausgehen; **~se por las ramas** um den heißen Brei herumreden; **~se a alguien el santo al cielo** völlig daneben [*o* abwesend] sein; **se fueron sin decir nada** sie gingen, ohne ein Wort zu sagen; **se le van los ojos** er/sie bekommt Stielaugen **2.** (*dirección*) kommen (*para* nach *+dat*); **por aquí se va a Roma/al río** hier entlang kommt man nach Rom/zum Fluss **3.** (*resbalar*) ausrutschen; **se me fue la mano** mir rutschte die Hand aus; **se me fue la mano al echar sal** ich habe etwas zu viel Salz hineingetan, beim Salzen habe ich es etwas zu gut gemeint; **se me fueron las tijeras** (*se cayeron*) mir fiel die Schere aus der Hand; (*corté demasiado*) ich habe es mit der Schere und dem Schneiden etwas übertrieben **4.** (*perder*) verlieren; **se me fue el coche** ich verlor die Kontrolle über den Wagen; **se me fue la fuerza** ich verlor die Kraft; **se me fue el valor** ich verlor den Mut, mich verließ der Mut; **el neumático se va** der Autoreifen verliert Luft; **se va el aceite del coche** das Auto verliert Öl; **írsele a alguien la cabeza** (*perder el juicio*) den Verstand verlieren, verrückt werden; (*marearse*) schlecht [*o* schwindlig] werden *+dat* **5.** (*morirse*) gehen (von *+dat*), verscheiden; **se nos fue hace cinco años** er/sie ist vor fünf Jahren von uns gegangen **6.** (*no importar*): **a mí ni me va ni me viene** das geht mich nichts an, das lässt mich kalt *fam* **7.** (*chivarse*): **~se de la boca** [*o* **lengua**] sich verplappern **8.** (*fracasar*): **~se a pico** untergehen; **~se al traste** scheitern **9.** (*vulg: pedo*) furzen, einen fahren lassen *fam*

ira ['ira] *f* Wut *f,* Zorn *m,* Raserei *f;* **descargar la ~ en alguien** an jdm seine Wut auslassen

IRA ['ira] *f abr de* **Irish Republican Army** IRA *f*

iraca [i'raka] *f* (*Col*) Panamapalme *f*

iracundia [ira'kuṇdja] *f* (*elev*) Jähzorn *m*

iracundo, **-a** [ira'kuṇdo, -a] *adj* jähzornig

Irak [i'rak] *m* Irak *m*

Irán [i'ran] *m* Iran *m*

iraní [ira'ni] **I.** *adj* iranisch **II.** *mf* Iraner(in) *m(f)*

Iraq [i'rak] *m* Irak *m*

iraquí [ira'ki] **I.** *adj* irakisch **II.** *mf* Iraker(in) *m(f)*

irascibilidad [irasθiβili'ðað] *f sin pl* (*elev*) Jähzorn *m*

irascible [iras'θiβle] *adj* jähzornig

irgo ['irɣo] *1. pres de* **erguir**

irguió [ir'ɣjo] *3. pret de* **erguir**

iridectomía [iriðekto'mia] *f* (MED) Iridektomie *f*

irídico, **-a** [i'riðiko, -a] *adj* (ANAT) Regenbogenhaut-, Iris-

iridio [i'riðjo] *m* (QUÍM) Iridium *nt*

iridiscencia [iriðis'θeṇθja] *f* Iri(di)sieren *nt*

iridiscente [iriðis'θeṇte] *adj* irisierend, in den Regenbogenfarben schillernd

iridología [iriðolo'xia] *f* Augendiagnostik *f*

iris ['iris] *m* **1.** (ANAT: *ojo*) Iris *f,* Regenbogenhaut *f* **2.** (*arco*) Regenbogen *m;* **arco ~** Regenbogen *m*

irisación [irisa'θjon] *f* (FÍS) *Reflexe in den Regenbogenfarben, die z.B. ein Metall annimmt, nachdem es in sehr heißem Zustand* *in Wasser getaucht worden ist*

irisado, **-a** [iri'saðo, -a] *adj* in den Regenbogenfarben schillernd, regenbogenfarbig

irisar [iri'sar] **I.** *vi* Regenbogenfarben annehmen **II.** *vt* in den Regenbogenfarben schillern lassen

iritis [i'ritis] *f inv* (MED) Regenbogenhautentzündung *f*, Iritis *f*

Irlanda [ir'laṇda] *f* Irland *nt*

irlandés, **-esa** [irlaṇ'des, -esa] **I.** *adj* irisch, irländisch **II.** *m, f* Ire, -in *m, f*, Irländer(in) *m(f)*

ironía [iro'nia] *f* Ironie *f*

irónico, **-a** [i'roniko, -a] **I.** *adj* ironisch **II.** *m, f* Ironiker(in) *m(f)*

ironizar [ironi'θar] <z→c> *vt* ironisieren, (versteckt) lächerlich machen

IRPF [ierrepe'efe/ierre'pefe] *m abr de* **Impuesto sobre la Renta de Personas Físicas** *Einkommensteuer der abhängig Beschäftigten, Selbständigen und Künstler und aus bestimmten Kapitalerträgen*

irracional [irraθjo'nal] *adj* **1.** (*contra la razón*) irrational, vernunftwidrig, unvernünftig; (*contra la lógica*) unlogisch **2.** (ZOOL) nicht mit Vernunft begabt; **ser** ~ Tier *nt* **3.** (MAT: *número*) irrational

irracionalidad [irraθjonali'ðaᵈ] *f sin pl* Irrationalität *f*, Unvernunft *f*, Unverstand *m*

irradiación [irraðja'θjon] *f* **1.** (*de material nuclear*) Strahlung *f* **2.** (MED: *tratamiento*) Bestrahlung *f*; (*dolor*) Irradiation *f*, Ausstrahlung *f*

irradiar [irra'ðjar] **I.** *vt* **1.** (*emitir*) ausstrahlen; **la luz que irradia la linterna** das Licht, das die Taschenlampe ausstrahlt **2.** (*difundir*) ausstrahlen, verbreiten; **la universidad irradió pronto el saber a todos los países** die Universität verbreitete rasch das Wissen in allen Ländern **3.** (*tratamiento*) bestrahlen **II.** *vi* strahlen **III.** *vr:* ~**se** sich verbreiten, ausstrahlen

irrayable [irra'ɟaβle] *adj* kratzfest

irrazonable [irraθo'naβle] *adj* unvernünftig

irreal [irre'al] *adj* irreal, unwirklich

irrealidad [irreali'ðaᵈ] *f* Irrealität *f*, Unwirklichkeit *f*

irrealizable [irreali'θaβle] *adj* nicht verwirklichbar, undurchführbar, nicht realisierbar

irrebatible [irreβa'tiβle] *adj*, **irrechazable** [irretʃa'θaβle] *adj* unwiderlegbar, nicht zurückzuweisen

irreconciliable [irrekoṇθi'ljaβle] *adj* unversöhnlich

irreconocible [irrekono'θiβle] *adj* unerkennbar, nicht wieder zu erkennen

irrecordable [irrekor'ðaβle] *adj* nicht erinnerbar

irrecuperable [irrekupe'raβle] *adj* unwiederbringbar

irrecusable [irreku'saβle] *adj* unwiderlegbar, nicht zurückzuweisen

irredentismo [irreðeṇ'tismo] *m* (POL) Irredentismus *m* (*Bewegung, die Gebietsansprüche stellt*)

irredento, **-a** [irre'ðeṇto, -a] *adj* (*territorio*) unbefreit

irredimible [irreði'miβle] *adj* **1.** (ECON, JUR: *hipoteca, obligación*) unablöslich, untilgbar, uneinlösbar **2.** (REL: *sin salvación*) unerlösbar

irreducible [irreðu'θiβle] *adj* (QUÍM) nicht reduzierbar; **fracción** ~ (MAT) unkürzbarer Bruch

irreductible [irreðuk'tiβle] *adj* unbeugsam, kompromisslos

irreemplazable [irrempla'θaβle] *adj* unersetzbar, unentbehrlich

irreflexión [irrefleᵞ'sjon] *f* Unbedachtheit *f*, Unbesonnenheit *f*

irreflexivo, **-a** [irrefleᵞ'siβo, -a] *adj* **1.** (*acción*) unüberlegt **2.** (*persona*) unbesonnen, unbedacht **3.** (*precipitado*) voreilig

irreformable [irrefor'maβle] *adj* nicht reformierbar

irrefrenable [irrefre'naβle] *adj* **1.** (*desarrollo*) unhaltbar, unaufhaltsam **2.** (*persona*) nicht zurückzuhalten, nicht zu bremsen

irrefutabilidad [irrefutaβili'ðaᵈ] *f sin pl* Unwiderlegbarkeit *f*, Unumstößlichkeit *f*

irrefutable [irrefu'taβle] *adj* unumstößlich, nicht in Frage [*o* infrage] zu stellen

irreglamentable [irreɣlameṇ'taβle] *adj* nicht regelbar

irregular [irreɣu'lar] *adj* **1.** (*desigual*) unregelmäßig, ungleichmäßig; **polígono** ~ (MAT) unregelmäßiges Vieleck; **terreno** ~ unebenes Gelände; **verbo** ~ (LING) unregelmäßiges Verb **2.** (*contra las reglas*) regelwidrig, ordnungswidrig; (*sin reglas*) regellos; (*anómalo*) außerplanmäßig

irregularidad [irreɣulari'ðaᵈ] *f* **1.** (*desigualdad*) Unregelmäßigkeit *f*, Ungleichmäßigkeit *f*; **con gran** ~ sehr unregelmäßig **2.** (*del terreno*) Unebenheit *f* **3.** (*contra las reglas*) Regelwidrigkeit *f*, Ordnungswidrigkeit *f*; (*sin reglas*) Regellosigkeit *f*; **las** ~**es en un proceso** die Formfehler in einem Verfahren; **se descubrieron las** ~**es en la contabilidad** die Fehler in der Buchhaltung wurden entdeckt; **es una persona sin** ~**es** es ist eine unauffällige Person, es ist eine Person ohne Auffälligkeiten

irreivindicable [irrei̯βiṇdi'kaβle] *adj* nicht einforderbar; **eso era hasta hace poco algo** ~ bis vor kurzem war es undenkbar, dies [*o* so etwas] zu fordern

irrelevancia [irrele'βaṇθja] *f* Irrelevanz *f*, Belanglosigkeit *f*

irrelevante [irrele'βaṇte] *adj* irrelevant, unerheblich

irreligión [irreli'xjon] *f* Religionslosigkeit *f*, Fehlen *nt* von Religion

irreligiosidad [irrelixjosi'ðaᵈ] *f sin pl* unreligiöse Einstellung *f*, Irreligiosität *f*

irreligioso, **-a** [irreli'xjoso, -a] *adj* nicht religiös, ungläubig

irremediable [irreme'ðjaβle] *adj* **1.** (*inevitable*) unvermeidbar, nicht zu verhindern, unabwendbar **2.** (*irreparable*) nicht wieder gutzumachen **3.** (*daño físico*) unheilbar

irremisible [irremi'siβle] *adj* **1.** (*falta*) unverzeihlich, unentschuldbar **2.** (*pérdida*) nicht wieder gutzumachen

irremisiblemente [irremisiβle'mente] *adv* unumgänglich; **perdido** ~ für immer verloren, unwiederbringlich verloren

irremontable [irremon'taβle] *adj* nicht wieder zusammensetzbar

irremunerado, -a [irremune'raðo, -a] *adj* unbezahlt

irrenunciable [irrenun'θjaβle] *adj* **1.** (*imprescindible*) unverzichtbar; **una aspiración** ~ ein Streben, das nie aufgegeben werden sollte; **la cultura es un patrimonio** ~ die Kultur ist ein unverzichtbares Gut **2.** (*destino*) unentrinnbar

irreparable [irrepa'raβle] *adj* **1.** (*que no se puede reparar*) irreparabel, nicht wieder gutzumachen; (*incompensable*) unersetzlich **2.** (*daño físico*) nicht heilbar

irrepetible [irrepe'tiβle] *adj* unwiederholbar

irreprensible [irrepren'siβle] *adj* tadellos, einwandfrei, perfekt

irrepresentable [irrepresen'taβle] *adj* nicht aufführbar

irreprimible [irrepri'miβle] *adj* nicht zu unterdrücken

irreprochable [irrepro'ʧaβle] *adj* tadellos, einwandfrei, perfekt; (*conducta*) tadellos

irreproducible [irreproðu'θiβle] *adj* **1.** (*irrepetible*) unwiederholbar **2.** (*que ya no se puede fabricar*) nicht mehr produzierbar

irresarcible [irresar'θiβle] *adj* nicht wieder gutzumachen; **una pérdida** ~ ein unersetzbarer Verlust

irrescindible [irresθin'diβle] *adj* nicht (wieder) auflösbar, nicht annullierbar

irresistible [irresis'tiβle] *adj* **1.** (*atractivo, impulso*) unwiderstehlich **2.** (*inaguantable*) unerträglich; **dolor** ~ unerträglicher Schmerz

irresoluble [irreso'luβle] *adj* unlösbar

irresolución [irresolu'θjon] *f* **1.** (*indecisión*) Unentschlossenheit *f*, Unschlüssigkeit *f* **2.** (*vacilación*) Zögern *nt*

irresoluto, -a [irreso'luto, -a] *adj* **1.** (*indeciso*) unentschlossen, unschlüssig **2.** (*vacilante*) zögerlich **3.** (*problema*) ungelöst

irrespetuoso, -a [irrespetu'oso, -a] *adj* respektlos, schamlos

irrespirable [irrespi'raβle] *adj* **1.** (*por tóxico*) giftig **2.** (*aire, atmósfera*) unerträglich, stickig; **ambiente** ~ stickige Luft

irresponsabilidad [irresponsaβili'ðaᵈ] *f* **1.** (*que no le compite la responsabilidad*) Unverantwortlichkeit *f*; (*por minoría de edad*) Unmündigkeit *f* **2.** (*desconsideración*) Verantwortungslosigkeit *f* **3.** (COM: *sociedades*) Nichthaftung *f*, Haftungsausschluss *m*

irresponsable [irrespon'saβle] **I.** *adj* **1.** (*por edad, falta de conocimientos*) unverantwortlich (*de* für +*akk*) **2.** (*desconsiderado*) verantwortungslos **3.** (COM: *sociedades*) nicht haftbar (*de* für +*akk*) **II.** *mf* **1.** (*por edad, falta de conocimientos*) Unverantwortliche(r) *mf* **2.** (*desconsiderado*) Verantwortungslose(r) *mf*

irretractable [irretrak'taβle] *adj* unwiderruflich, unabänderlich

irreverencia [irreβe'renθja] *f* Respektlosigkeit *f*, Unehrerbietigkeit *f elev*

irreverente [irreβe'rente] *adj* respektlos, unehrerbietig *elev*

irreversibilidad [irreβersiβili'ðaᵈ] *f sin pl* Unumkehrbarkeit *f*, Irreversibilität *f*

irreversible [irreβer'siβle] *adj* irreversibel, nicht umkehrbar

irrevocabilidad [irreβokaβili'ðaᵈ] *f sin pl* Unwiderruflichkeit *f*, Unabänderlichkeit *f*

irrevocable [irreβo'kaβle] *adj* **1.** (*no revocable*) unwiderruflich; (*firme*) unverrückbar, unumstößlich **2.** (*inamovible*) unabsetzbar

irrigación [irriɣa'θjon] *f* **1.** (AGR: *regadío*) Bewässerung *f* **2.** (MED: *del intestino*) Einlauf *m*; ~ **gástrica** Magenspülung *f*; ~ **sanguínea del cerebro** Gehirndurchblutung *f*

irrigador[1] [irriɣa'ðor] *m* (MED) Spülkanne *f*, Irrigator *m*

irrigador(a)[2] [irriɣa'ðor(a)] *adj* Bewässerungs-

irrigar [irri'ɣar] <g→gu> *vt* **1.** (AGR: *regar*) bewässern **2.** (MED: *la sangre*) durchbluten; (*el intestino*) durchspülen

irrisible [irri'siβle] *adj* **1.** (*ridículo*) lächerlich, lachhaft **2.** (*gracioso*) lustig, komisch

irrisión [irri'sjon] *f* Lächerlichkeit *f*; **verlo así es una** ~ wenn man ihn so sieht, gibt er eine lächerliche Figur ab

irrisorio, -a [irri'sorjo, -a] *adj* **1.** (*que da risa*) lächerlich, lachhaft **2.** (*precio*) lächerlich klein; (*cantidad*) lächerlich wenig; **la indemnización que le han dado es irrisoria** die Abfindung, die er/sie bekommen hat, ist lächerlich

irritabilidad [irritaβili'ðaᵈ] *f sin pl* Reizbarkeit *f*

irritable [irri'taβle] *adj* reizbar

irritación [irrita'θjon] *f* **1.** (MED: *órgano*) Irritation *f*, Reizung *f*, Entzündung *f*; (*de piel*) (Haut)ausschlag *m* **2.** (*desatención*) Verwirrung *f*, Ablenkung *f* **3.** (*enfado*) Aufregung *f*, Ärger *m*

irritante [irri'tante] *adj* **1.** (*enojar*) ärgerlich **2.** (*molesto*) irritierend, verwirrend, störend **3.** (MED: *órgano*) reizend, entzündend

irritar [irri'tar] **I.** *vt* **1.** (*enojar*) reizen, ärgern, aufregen **2.** (*molestar*) irritieren, verwirren, stören **3.** (MED: *órgano*) reizen, entzünden **II.** *vr*: ~**se** **1.** (*enojarse*) sich aufregen **2.** (MED: *órgano*) sich entzünden

irritativo, -a [irrita'tiβo, -a] *adj* irritativ; (*de piel*) hautreizend; (*enfadoso*) ärgerlich

irrompible [irrom'piβle] *adj* **1.** (*material*)

unzerbrechlich **2.** (*amistad*) unverbrüchlich *elev*
irrumpir [irrum'pir] *vi* (gewaltsam) eindringen (*en* in *+akk*), einbrechen (*en* in *+akk*); **los manifestantes irrumpieron en la plaza** die Demonstranten drangen plötzlich auf den Platz
irrupción [irruβ'θjon] *f* **1.** (*entrada*) plötzliches Eindringen *nt*, Einbruch *m* **2.** (MIL: *invasión*) Einfallen *nt;* (*ataque*) Angriff *m*
irruptor(a) [irrup'tor(a)] *adj* eingedrungen, eingefallen
irunés, **-esa** [iru'nes, -esa] **I.** *adj* aus Irun **II.** *m, f* Einwohner(in) *m(f)* von Irun
irupé [iru'pe] *m* (*CSur*) Seerose *f*
IRYDA [i'riða] *m abr de* **Instituto de Reforma y Desarrollo Agrario** Institut *nt* für Landwirtschaftliche Reform und Entwicklung
IS [i'ese] *m abr de* **Impuesto sobre Sociedades** Körperschaft(s)steuer *f*
isa ['isa] *f* (MÚS) *traditioneller Gesang und Tanz auf den kanarischen Inseln*
isatis [i'satis] *m inv* (ZOOL) Polarfuchs *m*, Eisfuchs *m*
isba ['isβa] *f* Isba *f*
ISBN [i(e)s(e)βe'ene] *m abr de* **International Standard Book Number** ISBN *f*
isidril [isi'ðril] *adj das Madrider Volksfest betreffend*
isla ['isla] *f* **1.** (GEO: *en el mar, río*) Insel *f*, Eiland *nt elev* **2.** (*artificial*) Insel *f;* ~ **de árboles** allein stehende Baumgruppe; ~ **de casas** Häuserblock *m;* ~ **de tráfico** Verkehrsinsel *f*
Islam [is'lan] *m* (REL) Islam *m*
islámico, **-a** [is'lamiko, -a] *adj* islamisch, Islam-
islamismo [isla'mismo] *m* (REL) Islam(ismus) *m*
islamita [isla'mita] **I.** *adj* (REL) islam(it)isch, moslemisch **II.** *mf* (REL) Islamit(in) *m(f)*, Moslem *m*, Moslime *f*
islamización [islamiθa'θjon] *f* Islamisation *f*
islamizar [islami'θar] <z→c> *vt* islamisieren
islandés, **-esa** [islan̪'des, -esa] **I.** *adj* isländisch **II.** *m, f* Isländer(in) *m(f)*
Islandia [is'lan̪dja] *f* Island *nt*
islario [is'larjo] *m* (GEO) **1.** (*descripción*) Inselbeschreibung *f* **2.** (*mapa*) Inselkarte *f*
isleño, **-a** [is'leɲo, -a] **I.** *adj* Insel- **II.** *m, f* Inselbewohner(in) *m(f)*
isleta [is'leta] *f* Inselchen *nt*
islilla [is'liʎa] *f* (ANAT) **1.** (*axila*) Achsel(höhle) *f* **2.** (*clavícula*) Schlüsselbein *nt*
islote [is'lote] *m* (unbewohnte) Felseninsel *f;* **~s de Langerhans** (ANAT) Langerhanssche Inseln
ismailí [ismai̯'li] **I.** *adj* (REL) ismailitisch **II.** *mf* (REL) Ismailit(in) *m(f)*
isobara [iso'βara] *f*, **isóbara** [i'soβara] *f* (METEO) Isobare *f*
isofonía [isofo'nia] *f* Geichklang *m*
isofónico, **-a** [iso'foniko, -a] *adj* gleich klingend
isófono, **-a** [i'sofono, -a] *adj* gleich klingend
isogamia [iso'ɣamja] *f* (BIOL) Isogamie *f*
isoglosa [iso'ɣlosa] *f* (LING) Isoglosse *f*
isomería [isome'ria] *f* (QUÍM) Isomerie *f*
isométrico, **-a** [iso'metriko, -a] *adj* isometrisch
isomorfismo [isomor'fismo] *m* **1.** (QUÍM) Isomorphismus *m* **2.** (LING) Isomorphie *f*
isósceles [i'sosθeles] *adj inv* (MAT) gleichschenklig; **triángulo** ~ gleichschenkliges Dreieck
isosilábico, **-a** [isosi'laβiko, -a] *adj* (LIT) isosyllabisch
isoterma [iso'terma] *f* Isotherme *f*
isotérmico, **-a** [iso'termiko, -a] *adj* isothermisch
isótopo [i'sotopo] *m* (QUÍM) Isotop *nt*
isquemia [is'kemja] *f* (MED) Ischämie *f*
isquión [is'kjon] *m* (ANAT) Sitzbein *nt*
Israel [i(s)rra'el] *m* Israel *nt*
israelí [i(s)rrae'li] **I.** *adj* israelisch **II.** *mf* Israeli *mf*
israelita [i(s)rrae'lita] **I.** *adj* israelitisch, jüdisch **II.** *mf* Israelit(in) *m(f)*, Jude *m*, Jüdin *f*
istmo ['ismo] *m* (GEO) Landenge *f*, Isthmus *m*
itacate [ita'kate] *m* (*Méx: provisión*) Mundvorrat *m;* **ser amigo del camino, pero no del** ~ (*prov*) bei Geld hört die Freundschaft auf
Italia [i'talja] *f* Italien *nt*
italianizante [italjani'θan̪te] *adj* **1.** (*que italianiza*) italianisierend **2.** (LING) italienischen Ursprungs
italiano, **-a** [ita'ljano, -a] **I.** *adj* italienisch **II.** *m, f* Italiener(in) *m(f)*
italianófilo, **-a** [italja'nofilo, -a] **I.** *adj* italienfreundlich **II.** *m, f* Italienfreund(in) *m(f)*
itálico, **-a** [i'taliko, -a] **I.** *adj* italisch **II.** *m, f* Italiker(in) *m(f)*
ítem ['iten] **I.** *m* Item *nt*, (noch zu erörternde) Angelegenheit *f*, Fragepunkt *m* **II.** *adv* item, desgleichen; ~ **más** ferner
iteración [itera'θjon] *f* Wiederholung *f*
iterativo, **-a** [itera'tiβo, -a] *adj* (LING) iterativ, wiederholend
itinerante [itine'ran̪te] *adj* Wander-; **copa** ~ Wanderpokal *m;* **exposición** ~ Wanderausstellung *f*
itinerario [itine'rarjo] *m* **1.** (*ruta*) Strecke *f*, Route *f*, Weg *m* **2.** (FERRO: *horario*) (Zug)fahrplan *m* **3.** (AERO: *vuelo*) Flugstrecke *f* **4.** (MIL: *ruta*) Marschroute *f*
ITV [ite'uβe] *f abr de* **Inspección Técnica de Vehículos** TÜV *m*
IU [i'u] *m* (POL) *abr de* **Izquierda Unida** *spanische Linkspartei*
IVA ['iβa], **I.V.A.** ['iβa] *m abr de* **impuesto sobre el valor añadido** MWSt. *f*
izada [i'θaða] *f* (*Am: alzamiento*) Aufstand *m*
izamiento [iθa'mjen̪to] *m* (*bandera*) Hissen *nt;* (*velas*) Setzen *nt*

izar [i'θar] <z→c> *vt* **1.** (*bandera*) hissen **2.** (*velas*) hissen, setzen

izcuinche [iθ'kwintʃe] *m* (*Méx*) **1.** (*perro callejero*) streunender Hund *m* **2.** (*niño callejero*) Straßenkind *nt*

izda. [iθ'kjerða] *adj*, **izdo.** [iθ'kjerðo] *adj abr de* **izquierda, izquierdo** linke(r, s)

izote [i'θote] *m* (*AmC, Méx:* BOT) Yucca *f*

izquierda [iθ'kjerða] *f* **1.** (*mano*) linke Hand *f;* **escribo con la ~** ich schreibe mit der linken Hand **2.** (POL) Linke *f;* **protestó sobre todo la ~** es protestierten vor allem die Linken **3.** (*lado*) linke Seite *f;* **a la ~** links; **la primera puerta a la ~** die erste Tür links; **la chica a mi ~** das Mädchen zu meiner Linken [*o* links von mir]; **el coche vino por la ~** das Auto kam von links; **la extrema ~** (POL) die linksextreme Partei, der linksextreme Flügel; **ser de ~s** (POL: *fig*) zu den Linken gehören; **ser un cero a la ~** (*fam*) eine Null [*o* Niete] sein; **torcer a la ~** (nach) links [*o* linker Hand] abbiegen; **vete siempre por la ~** fahr immer links [*o* auf der linken Seite], halte dich immer links

izquierdismo [iθkjer'ðismo] *m* (POL) linksgerichtete Tendenzen *fpl;* (*grupo*) linksgerichtete Bewegung *f*

izquierdista [iθkjer'ðista] **I.** *adj* (POL) linksgerichtet **II.** *mf* (POL) Linke(r) *mf*

izquierdización [iθkjerðiθa'θjon] *f* (POL: *tendencia*) Linksrutsch *m,* Abdriften *nt* nach links; (*propagación*) *Verbreitung von linksgerichtetem Gedankengut*

izquierdo, -a [iθ'kjerðo, -a] *adj* linke(r, s); **levantarse con el pie ~** mit dem linken Fuß aufstehen; **tener dos manos izquierdas** (*fam*) zwei linke Hände haben

izquierdoso, -a [iθkjer'ðoso, -a] **I.** *adj* (POL: *pey*) linksgerichtet, links stehend, der Linken nahe stehend **II.** *m, f* (POL: *pey*) Linksgerichtete(r) *mf,* linker Sympathisant *m,* linke Sympathisantin

J

J, j ['xota] *f* J, j *nt;* ~ **de Juan** J wie Julius
ja [xa] *interj* ha; **¡~, ~, ~!** ha, ha, ha!
jaba ['xaβa] *f* **1.** (*Cuba: cesta de junco*) Rotangkorb *m;* (*de yagua*) Palmfaserkorb *m* **2.** (*Cuba: bolsa*) Plastikbeutel *m* **3.** (*Am: cajón enrejado*) Lattenkiste *f*
jabalí [xaβa'li] *m* <jabalíes> (ZOOL) Wildschwein *nt*
jabalina [xaβa'lina] *f* **1.** (ZOOL) Wildsau *f,* Bache *f* **2.** (DEP) Speer *m;* **lanzamiento de** ~ (*disciplina*) Speerwerfen *nt,* Speerwurf *m;* (*un lanzamiento*) Speerwurf *m*
jabato [xa'βato, -a] **I.** *adj* kühn, wagemutig **II.** *m* **1.** (ZOOL) Frischling *m* **2.** (*hombre*) kühner [*o* wagemutiger] Mann *m;* **luchar como un** ~ sehr mutig kämpfen
jábega ['xaβeɣa] *f* **1.** (*red de pesca*) Schleppnetz *nt,* Zugnetz *nt* **2.** (*barco*) Fischerboot *nt*
jabeque [xa'βeke] *m* (NÁUT) Schebecke *f*
jabillo [xa'βiʎo] *m* (BOT) Sandbüchsenbaum *m*
jabón [xa'βon] *m* **1.** (*para lavar*) Seife *f;* ~ **para afeitar** Rasierseife *f;* **pastilla de** ~ Stück Seife **2.** (*PRico, Arg: susto*) Schreck *m* **3.** (*loc*): **dar** ~ **a alguien** jdm Honig um den Bart schmieren; **dar un** ~ **a alguien** jdn schelten [*o* ausschimpfen]
jabonada [xaβo'naða] *f* **1.** (*aplicar jabón*) Einseifen *nt,* Abseifen *nt* **2.** (*fam: reprimenda*) Tadel *m,* Verweis *m*
jabonado [xaβo'naðo] *m* **1.** (*enjabonado*) Einseifen *nt* **2.** (*ropa blanca*) Weißwäsche *f*
jabonadura [xaβona'ðura] *f* **1.** (*acción*) Einseifen *nt,* Abseifen *nt* **2.** (*espuma*) (Seifen)schaum *m* **3.** *pl* (*agua*) Seifenwasser *nt* **4.** (*loc*): **dar** ~ **a alguien** jdm Honig um den Bart schmieren
jabonar [xaβo'nar] *vt* **1.** (*con jabón*) einseifen, abseifen **2.** (*fam: reprender*) schelten, ausschimpfen
jaboncillo [xaβon̪'θiʎo] *m* **1.** (*de tocador*) Toilettenseife *f* **2.** (*de sastre*) Schneiderkreide *f*
jabonera [xaβo'nera] *f* **1.** (*para depositar jabón*) Seifenschale *f* **2.** (BOT) Seifenkraut *nt*
jabonería [xaβone'ria] *f* **1.** (*fábrica*) Seifensiederei *f* **2.** (*tienda*) Seifenladen *m*
jabonero, -a [xaβo'nero, -a] **I.** *adj* **1.** (*del jabón*) seifig **2.** (TAUR) weißlich gelb, schmutzig weiß **II.** *m, f* **1.** (*productor*) Seifensieder(in) *m(f)* **2.** (*vendedor*) Seifenhändler(in) *m(f)*
jabonoso, -a [xaβo'noso, -a] *adj* Seifen-, seifig
jabugo [xa'βuɣo] *m Schinken aus Jabugo*
jaca ['xaka] *f* **1.** (*caballo*) kleines Pferd *nt* **2.** (*yegua*) Stute *f* **3.** (*Am: gallo*) Kampfhahn *m*
jacal [xa'kal] *m* (*Méx, Ven*) Hütte *f*
jacalear [xakale'ar] *vi* (*Méx: auf der Straße*) klatschen, tratschen *fam*
jacamar [xaka'mar] *m* (ZOOL) Rotschwanzjakamar *m*
jacapa [xa'kapa] *m* (ZOOL) Kardinaltangare *f*
jacapucayo [xakapu'kaɟo] *m* (BOT) Krukenbaum *m*
jácara ['xakara] *f* **1.** (*danza*) *spanischer Volkstanz* **2.** (*romance*) *Romanze über das Gaunerleben* **3.** (*gente*) fröhliche Menschenmenge *f* **4.** (*fam: mentira*) Lüge *f,* Märchen *nt* **5.** (*fam: historia*) Geschichte *f* **6.** (*molestia*) Belästigung *f,* Ärgernis *nt*
jacarandá [xaka'ran̪da] *m* (*Am:* BOT) Jakaranda *f*
jacarandoso, -a [xakaran̪'doso, -a] *adj* fröhlich, vergnügt
jacarear [xakare'ar] *vi* **1.** (*cantar*) (Jacaras) singen **2.** (*por la calle*) Lärm [*o* Krach] machen **3.** (*insultar*) beleidigend werden, abfällig werden
jacarero, -a [xaka'rero, -a] *m, f* (*fam*) Spaßvogel *m,* Kasper *m*
jácena ['xaθena] *f* (ARQUIT) Unterzug *m,* Tragbalken *m*
jacinto [xa'θin̪to] *m* **1.** (BOT) Hyazinthe *f* **2.** (*mineral*) Hyazinth *m*
jaco ['xako] *m* **1.** (*caballo*) Klepper *m,* Schindmähre *f fam* **2.** (*argot: heroína*) Horse *nt*
jacobeo, -a [xako'βeo, -a] *adj* Jakobs-; **ruta jacobea** Pilgerweg nach Santiago de Compostela
jacobinismo [xakoβi'nismo] *m sin pl* (POL) **1.** (*doctrina de los jacobinos*) Jakobinertum *nt* **2.** (*tendencia política*) Jakobinismus *m*
jacobino, -a [xako'βino, -a] **I.** *adj* jakobinisch **II.** *m, f* Jakobiner(in) *m(f)*
jactancia [xak'tan̪θja] *f* Prahlerei *f,* Angeberei *f*
jactancioso, -a [xaktan̪'θjoso, -a] **I.** *adj* prahlerisch, angeberisch **II.** *m, f* Angeber(in) *m(f);* **es un** ~ er ist ein Angeber
jactarse [xak'tarse] *vr* prahlen (*de* mit +*dat*), angeben (*de* mit +*dat*)
jaculatoria [xakula'torja] *f* Stoßgebet *nt*
jacuz(z)i® [ɟa'kuᵈsi] *m* Whirlpool *m*
jade ['xaðe] *m* Jade *m o f*
jadeante [xaðe'an̪te] *adj* (*persona*) keuchend; (*perro*) hechelnd
jadear [xaðe'ar] *vi* (*persona*) keuchen; (*perro*) hecheln
jadeo [xa'ðeo] *m* (*de persona*) Keuchen *nt;* (*de perro*) Hecheln *nt*

jaenero, -a [xae'nero, -a], **jaenés, -esa** [xae'nes, -esa] **I.** *adj* aus Jaén **II.** *m, f* Einwohner(in) *m(f)* von Jaén

jaez [xa'eθ] *m* **1.** (*de caballo*) Geschirr *nt* **2.** (*de persona*) Sorte *f;* **persona de mal ~** bösartiger Mensch; **no te fíes de gente de ese ~** traue solchen Leuten nicht

jaguar [xa'ɣwar] *m* (ZOOL) Jaguar *m*

jaguareté [xaɣware'te] *m* (*CSur*) Jaguar *m*

jagüel [xa'ɣwel] *m,* **jagüey** [xa'ɣwei̯] *m* (*Am: balsa*) Wasserbecken *nt;* (*cisterna*) Zisterne *f*

jaiba ['xai̯βa] **I.** *adj* **1.** (*Ant, Méx: astuto*) gerissen **2.** (*Cuba: perezoso*) faul **II.** *f* (*Am: cangrejo*) Flusskrebs *m*

jáibol ['xai̯βol] *m* (*Méx*) Highball *m,* Longdrink *m*

jaibón [xai̯'βon] *m* (*Chil*) junger Mann *m* aus gutem Hause

jaima ['xai̯ma] *f Nomadenzelt*

jainismo [xai̯'nismo] *m* (REL) Dschainismus *m,* Jainismus *m*

jaique ['xai̯ke] *m* Haik *m o nt*

jalada [xa'laða] *f* **1.** (*Méx: fam: exageración*) Übertreibung *f* **2.** (*Méx: fam: fumada*) Zug *m* (an der Zigarette)

jalado, -a [xa'laðo, -a] *adj* **1.** (*Méx: exagerado*) übertrieben **2.** (*Am: demacrado*) abgezehrt **3.** (*Am: obsequioso*) gefällig **4.** (*Am: borracho*) betrunken, beschwipst

jalador(a) [xala'ðor(a)] *m(f)* (*Méx*) begeisterungsfähiger Mensch *m* (*Person, die sich einem gemeinsamen Vorhaben mit Begeisterung anschließt*)

jalancia [xa'lan̟θja] *f* (*fam*) Essen *nt;* **¿está lista la ~?** ist das Essen fertig?

jalapa [xa'lapa] *f* (BOT) Jalapenwurzel *f,* Wurzel *f* der Purgierwinde

jalar [xa'lar] **I.** *vt* **1.** (*una cuerda*) ziehen, zerren (an *+dat*) **2.** (*una persona*) anziehen **3.** (*fam: comer*) mampfen **II.** *vi* (*Bol, PRico, Urug: largarse*) abhauen **III.** *vr:* **~se** (*Am: emborracharse*) sich betrinken

jalbegue [xal'βeɣe] *m* Tünche *f*

jalde ['xal̟de] *adj* leuchtend gelb, grellgelb

jalea [xa'lea] *f* Gelee *nt;* **~ real** Gelee *nt* royale

jalear [xale'ar] *vt* (durch Händeklatschen) anfeuern

jaleo [xa'leo] *m* **1.** (*barullo*) Lärm *m,* Krach *m,* Radau *m fam;* **armar ~** Lärm [*o* Krach] machen; **con este ~ no se puede estudiar** bei diesem Krach kann man nicht lernen; **el ~ que hay montado en esta oficina es increíble** (*fam*) in diesem Büro herrscht ein unglaubliches Durcheinander; **me he armado un ~ con los nombres** (*fam*) ich habe alle Namen durcheinander gebracht **2.** (*riña*) Streit *m,* Zank *m;* **meterse en ~s por algo** in Streit über etw geraten; **meterse en un ~** sich (in einen Streit) einmischen **3.** (*danza*) *andalusischer Volkstanz*

jaleoso, -a [xale'oso, -a] *adj* lärmend

jalifa [xa'lifa] *m* (HIST) marokkanischer Kalif *m*

jalón [xa'lon] *m* **1.** (*vara*) Absteckpfahl *m* **2.** (*hito*) Meilenstein *m,* Markstein *m*

jalonamiento [xalona'mjen̟to] *m* Abstecken *nt;* **trabajos de ~** Absteckarbeiten *fpl*

jalonar [xalo'nar] *vt* **1.** (*un terreno*) abstecken **2.** (*marcar*) kennzeichnen, prägen; **las desgracias ~on su vida** sein/ihr Leben war von unglücklichen Ereignissen geprägt; **una carrera jalonada de éxitos** eine Karriere im Zeichen des Erfolges

jaloque [xa'loke] *m* Südostwind *m*

jamacuco [xama'kuko] *m* (*fam: dolor*) plötzlich auftretender Schmerz *m;* (*enfermedad*) plötzlich auftretende Krankheit *f*

jamaica [xa'mai̯ka] *f* **1.** (*Méx: tómbola*) Wohltätigkeitstombola *f* **2.** (*Cuba, Méx: planta diurética*) *harntreibendes Malvengewächs*

jamaicano, -a [xamai̯'kano, -a], **jamaiquino, -a** [xamai̯'kino, -a] **I.** *adj* jamaikanisch **II.** *m, f* Jamaikaner(in) *m(f)*

jamancia [xa'man̟θja] *f* (*argot*) **1.** (*comida*) Fressalien *pl* **2.** (*hambre*) Kohldampf *m*

jamar [xa'mar] *vt, vr:* **~se** (*fam: comer*) verdrücken

jamás [xa'mas] *adv* nie, niemals; **~ de los jamases** nie und nimmer; **~ lo conseguirás** das wirst du niemals erreichen; **~ había habido un entusiasmo igual** die Begeisterung war so groß wie nie zuvor; **~ había tenido la oportunidad, pero ahora...** nie zuvor hatte ich die Gelegenheit gehabt, aber nun ...; **¿habías leído ~ algo parecido?** hast du je zuvor so etwas gelesen?; **nunca digas nunca ~** sag niemals nie

jamba ['xamba] *f* (*de la ventana*) Fensterpfosten *m;* (*de la puerta*) Türpfosten *m*

jambaje [xam'baxe] *m* (ARQUIT) **1.** (*ventana*) Fensterrahmen *m;* (*puerta*) Türrahmen *m* **2.** (*adorno*) Rahmenverzierung *f*

jamelgo [xa'melɣo] *m* (*fam*) Schindmähre *f,* Klepper *m*

jamón [xa'mon] *m* **1.** (GASTR) Schinken *m;* **~ (en) dulce** [*o* **de York**] gekochter Schinken; **~ de pato** *geräucherte Entenbrust;* **~ serrano** luftgetrockneter Schinken; **bocadillo de ~** Schinkenbrot *nt;* **¡y un ~!** (*fam*) kommt überhaupt nicht in Frage [*o* infrage]! **2.** (*golosina*) Mäusespeck *m*

jamona [xa'mona] *f* (*fam: mujer gruesa*) gut gepolsterte(, nicht mehr ganz junge) Frau *f*

jangada [xaŋ'gaða] *f* **1.** (*baba*) Floß *nt* **2.** (*tontería*) dumme Bemerkung *f* **3.** (*fam: trastada*) gemeiner Trick *m*

jansenismo [xanse'nismo] *m sin pl* (REL) Jansenismus *m*

Japón [xa'pon] *m* Japan *nt*

japonés[1] [xapo'nes] *m* (*lengua*) Japanisch(e) *nt*

japonés, -esa[2] [xapo'nes, -esa] **I.** *adj* japanisch **II.** *m, f* Japaner(in) *m(f)*

japonesismo [xapone'sismo] *m sin pl* (ARTE) japanischer Einfluss *m* (*de* auf *+akk*)

japuta [xa'puta] *f* (ZOOL) Rays Brasse *f*
jaque ['xake] *m* **1.** (DEP) Schach *nt;* **¡~ (al rey)!** Schach (dem König)!; **~ mate** (Schach)matt *nt;* **dar ~** Schach bieten; **tener a alguien en ~** jdn in Schach halten **2.** (*fam: perdonavidas*) Angeber *m*
jaquear [xake'ar] *vt* **1.** (DEP) Schach bieten **2.** (*al enemigo*) unaufhörlich angreifen
jaqueca [xa'keka] *f* Kopfschmerzen *mpl,* Migräne *f;* **este tipo me da ~** (*fam*) dieser Kerl geht mir auf die Nerven
jaquecoso, -a [xake'koso, -a] *adj* lästig, unerquicklich
jaqués, -esa [xa'kes, -esa] **I.** *adj* aus Jaca **II.** *m, f* Einwohner(in) *m(f)* von Jaca
jaquetón [xake'ton] *m* (ZOOL) Weißer Hai *m,* Weißhai *m*
jara ['xara] *f* **1.** (BOT) Zistrose *f* **2.** (*Guat, Méx: flecha*) Pfeil *m*
jarabe [xa'raβe] *m* Sirup *m;* (*para la tos*) Hustensaft *m;* **~ de pico** Geschwätz *nt;* **dar ~ de palo a alguien** (*fam*) jdm eine Tracht Prügel verpassen
jaracalla [xara'kaʎa] *f* (ZOOL) Lerche *f*
jaracatal [xaraka'tal] *m* (*Guat*) Menge *f,* Masse *f*
jaraíz [xara'iθ] *m* (AGR: *para aceite*) Ölpresse *f;* (*para vino*) Kelter *f*
jaral [xa'ral] *m* **1.** (*de jaras*) Gelände *nt* mit Zistrosen **2.** (*enredo*) Wirrwarr *m*
jaramugo [xara'muɣo] *m* (ZOOL) Jungfisch *m*
jarana [xa'rana] *f* **1.** (*juerga*) Gaudi *f o nt;* **ir de ~** (*fam: de copas*) eine Kneipentour machen; (*por la calle*) einen draufmachen **2.** (*discusión*) Krach *m,* Zank *m* **3.** (*Am: burla*) Spaß *m,* Scherz *m* **4.** (*AmC: deuda*) Schuld *f* **5.** (*Col: embuste*) Lüge *f*
jaranear [xarane'ar] **I.** *vi* (*fam: ir de copas*) eine Kneipentour machen; (*salir*) einen draufmachen **II.** *vt* (*Col: importunar*) belästigen
jaranero, -a [xara'nero, -a] *adj:* **ser un ~** sehr gern feiern
jarcha ['xartʃa] *f* (LIT) *in romanischer Sprache geschriebene Strophe, die als Urkunde der spanischen Dichtung gilt*
jarcia ['xarθja] *f* **1.** (NÁUT: *para pescar*) Fischfangausrüstung *f* **2.** *pl* (NÁUT: *de velero*) Gut *nt,* Tauwerk *nt*
jardín [xar'ðin] *m* Garten *m;* **~ botánico/zoológico** botanischer/zoologischer Garten; **los jardines de una ciudad** die Grünanlagen einer Stadt; **~ de infancia** (*hasta los tres años*) Kinderkrippe *f;* (*a partir de tres años*) Kindergarten *m;* **trabajar en el ~** gärtnern
jardinear [xarðine'ar] *vt* (*Am*) gärtnern
jardinera [xarði'nera] *f* **1.** (*profesión*) Gärtnerin *f;* **a la ~** (GASTR) nach Gärtnerinart **2.** (*esposa*) Gärtnersfrau *f* **3.** (*maceta*) Blumenkasten *m* **4.** (*carruaje*) Droschke *f* **5.** (*tranvía*) (an den Seiten) offener Straßenbahnwagen *m*
jardinería [xarðine'ria] *f* (*arte*) Gartenkunst *f;* (*cuidado*) Gartenpflege *f;* **útiles de ~** Gartengeräte *ntpl*
jardinero, -a [xarði'nero, -a] *m, f* Gärtner(in) *m(f)*
jareta [xa'reta] *f* **1.** (*para ceñir*) (Tunnel)bund *m;* **cinturón de ~** Tunnelgürtel *m* **2.** (*dobladillo*) Saum *m* **3.** (*CRi, Par: bragueta*) Reißverschluss *m*
jarifo, -a [xa'rifo, -a] *adj* elegant, stattlich
jarocho, -a [xa'rotʃo, -a] *adj* **1.** (*rudo, insolente*) grob, rüde **2.** (*Am: natural de Veracruz*) aus Veracruz
jarope [xa'rope] *m* **1.** (*jarabe*) Sirup *m* **2.** (*fam: brebaje*) Gebräu *nt*
jarra ['xarra] *f* **1.** (*de barro*) (Ton)krug *m;* (*de agua, café*) Kanne *f;* **~ de cerveza** Bierkrug *m;* **~ de vino** (*de vidrio*) Weinkaraffe *f;* (*de barro*) Weinkrug *m;* **~ mezcladora** Rührschüssel *f* **2.** (*loc*): **ponerse de** [*o* **en**] **~s** die Arme in die Hüften stemmen
jarrear [xarre'ar] **I.** *vi* **1.** (*sacar líquido*) schöpfen **2.** (*sacar agua de un pozo*) Wasser schöpfen **II.** *vt* (*pared, muro*) verputzen **III.** *vimpers* (*fam: llover intensamente*) in Strömen regnen
jarro ['xarro] *m* (*de barro*) (Ton)krug *m;* (*de agua*) Kanne *f;* **echarle a alguien un ~ de agua fría** (*fig*) jdn um seine Hoffnungen bringen
jarrón [xa'rron] *m* Vase *f*
jartón, -ona [xar'ton, -ona] *m, f* (*CRi, Hond, Guat, Méx*) Vielfraß *m fam*
jaspe ['xaspe] *m* **1.** (*cuarzo*) Jaspis *m* **2.** (*mármol*) geäderter Marmor *m*
jaspeado¹ [xaspe'aðo] *m* **1.** (*acción de jaspear*) Jaspieren *nt* **2.** (TIPO) Sprenkeln *nt*
jaspeado, -a² [xaspe'aðo, -a] *adj* jaspiert
jaspear [xaspe'ar] *vt* (*tejido*) jaspieren; (*papel*) marmorieren
jaspón [xas'pon] *m* (GEO) grobkörniger Marmor *m*
jato, -a ['xato] *m, f* Kalb *nt*
jau [xau̯] *interj* ho!, he!
jauja ['xau̯xa] *f* Schlaraffenland *nt;* **¡pero te crees que esto es J~!** was hast du bloß für (falsche) Vorstellungen!; **para ti la vida es J~** für dich ist das Leben wohl nur ein einziger Spaß
jaula ['xau̯la] *f* **1.** (*para animales*) Käfig *m;* **~ de pájaros** Vogelkäfig *m,* Vogelbauer *m;* (*grande, para volar*) Voliere *f* **2.** (*de una mina*) Förderkorb *m* **3.** (*del ascensor*) Fahrstuhl *m,* Kabine *f* **4.** (FÍS): **~ de Faraday** faradayscher Käfig
jauría [xau̯'ria] *f* Meute *f*
Java ['xaβa] *f* Java *nt*
javanés¹ [xaβa'nes] *m* (*lengua*) Javanisch(e) *nt*
javanés, -esa² [xaβa'nes, -esa] **I.** *adj* javanisch **II.** *m, f* Javaner(in) *m(f)*
jayán, -ana [xa'ɟan, -ana] *m, f* Riese, -in *m, f*
jayao [xa'ɟao] *m* (*Cuba:* ZOOL) Weißer Grunzer *m*
jazmín [xaθ'min] *m* Jasmin *m*

jazz [dʒas] *m sin pl* Jazz *m;* **música de** ~ Jazzmusik *f;* **músico de** ~ Jazzmusiker *m;* **tocar** ~ jazzen

jazzero, **-a** [dʒa'sero, -a] *m, f,* **jazzista** [dʒa'sista] *mf* Jazzmusiker(in) *m(f)*

jazzístico, **-a** [dʒa'sistiko] *adj* Jazz-; **festival** ~ Jazzfestival *nt*

jazzman ['dʒasman] *m* Jazzmusiker *m,* Jazzer *m*

J.C. [xesu'kristo] *m abr de* **Jesucristo** Jesus Christus *m*

je [xe] *interj* (*expresando risa*) hihi!, hehe!

jeans [dʒins] *mpl* Jeans *f(pl)*

jebe ['xeβe] *m* **1.** (*alumbre*) Alaun *m* **2.** (*Am: caucho*) Gummi *m o nt,* Kautschuk *m*

jeep [dʒip] *m* <jeeps> Jeep *m*

jefatura [xefa'tura] *f* **1.** (*cargo*) Leitung *f,* Führung *f* **2.** (*sede*): ~ **del gobierno** Amt *nt* des Regierungschefs; ~ **de policía** Polizeipräsidium *nt;* ~ **de tráfico** Straßenverkehrsbehörde *f*

jefazo [xe'faθo] *m* (*fam*) hohes Tier *nt*

jefe, **-a** ['xefe, -a] *m, f* **1.** (*de una organización, empresa*) Chef(in) *m(f);* (*de un trabajador*) Vorgesetzte(r) *mf,* Boss *m fam;* (*de un departamento*) Leiter(in) *m(f);* (*de una oficina*) Abteilungsleiter(in) *m(f),* Vorsteher(in) *m(f);* (*de una banda*) Anführer(in) *m(f),* Boss *m fam;* ~ **adjunto** stellvertretender Leiter; ~ **de almacén** Lagerverwalter *m,* Lagerleiter *m;* ~ **de compras/ventas** Leiter der Einkaufs-/Verkaufsabteilung; ~ **de contabilidad** Hauptbuchhalter *m;* ~ **de departamento** Abteilungsleiter *m;* ~ **de filas** (DEP) Mannschaftskapitän *m;* ~ **de personal** Personalchef *m,* Leiter der Personalabteilung; ~ **de sección** Sektionschef *m,* Referatsleiter *m;* ~ **de ventas** Verkaufsleiter *m;* ~ **de zona** Gebietsleiter *m,* Bezirksleiter *m;* **redactor** ~ Chefredakteur *m;* **¡oiga, ~!** (*fam*) hallo, Freundchen!; **aquí el ~ soy yo y no se hable más** hier bin ich der Boss, und damit basta; **en mi casa no soy yo el ~, sino mi mujer** zu Hause hat meine Frau die Hosen an **2.** (POL): ~ **de(l) Estado** Staatschef *m,* Staatsoberhaupt *nt;* ~ **de gobierno** Regierungschef *m;* ~ **de partido** Parteivorsitzender *m* **3.** (MIL) Stabsoffizier *m;* **comandante en** ~ Oberkommandierender *m*

Jehová [xeo'βa] *m* (REL) Jehova *m*

jeito ['xei̯to] *m* Sardinenfangnetz *nt*

jején [xe'xen] *m* (*Am*) kleine Stechmücke *f*

jeme ['xeme] *m* **1.** (*distancia entre pulgar e índice*) Spanne *f* (zwischen Daumen und Zeigefinger) **2.** (*fam: palmito*) hübsches Gesicht *nt* (einer Frau)

jémer ['xemer] **I.** *adj* Khmer- **II.** *mf* Khmer *mf;* **los ~es rojos** die Roten Khmer

JEN [xen] *f abr de* **Junta de Energía Nuclear** Kommission *f* für Kernenergie

jenabe [xe'naβe] *m* **1.** (BOT) Senf *m* **2.** (*semilla*) Senfsamen *m*

jengibre [xeŋ'xiβre] *m* (BOT) Ingwer *m*

jeniquén [xeni'ken] *m* (*Col, Cuba, PRico:* BOT) Agave *f*

jenízaro[1] [xe'niθaro] *m* (HIST) Janitschar *m*

jenízaro, **-a**[2] [xe'niθaro, -a] *m, f* (*Méx*) Polizist(in) *m(f)*

jeque ['xeke] *m* Scheich *m*

jerarca [xe'rarka] *mf* Oberhaupt *nt;* **los ~s del mundo financiero** die Mächtigen der Finanzwelt

jerarquía [xerar'kia] *f* Hierarchie *f*

jerárquico, **-a** [xe'rarkiko, -a] *adj* hierarchisch

jerarquización [xerarkiθa'θjon] *f* Hierarchisierung *f*

jerarquizar [xerarki'θar] <z→c> *vt* hierarchisieren

jerbo ['xerβo] *m* (ZOOL) Wüstenspringmaus *f*

jeremías [xere'mias] *m inv* (*fam*) ständig klagender Mensch *m;* **tu hermano es un** ~ dein Bruder hat immer was zu jammern

jerez [xe'reθ] *m* (GASTR) Sherry *m,* Jerez(wein) *m*

jerezano, **-a** [xere'θano, -a] **I.** *adj* aus Jerez **II.** *m, f* Einwohner(in) *m(f)* von Jerez

jerga ['xerɣa] *f* **1.** (*lenguaje*) Jargon *m,* (Sonder)sprache *f;* ~ **estudiantil** Studentensprache *f;* ~ **del hampa** Gaunersprache *f;* ~ **de los toreros** Jargon der Toreros **2.** (*galimatías*) Kauderwelsch *nt* **3.** (*tela*) Wollstoff *m*

jergal [xer'ɣal] *adj* Jargon-

jergón [xer'ɣon] *m* **1.** (*colchón*) Strohsack *m* **2.** (*fam: persona*) Fettbauch *m,* Fettwanst *m* **3.** (*vestido*) schlecht sitzende Kleidung *f*

jeribeque [xeri'βeke] *m:* **hacer ~s** Grimassen schneiden

jericoplear [xerikople'ar] *vt* (*Guat, Hond*) belästigen, behelligen

jerigonza [xeri'ɣoṇθa] *f* **1.** (*galimatías*) Kauderwelsch *nt* **2.** (*jerga*) Jargon *m*

jeringa [xe'riŋga] *f* **1.** (*instrumento*) (Injektions)spritze *f;* ~ **hipodérmica** Injektionsspritze *f;* ~ **de un sólo uso** Einmalspritze *f* **2.** (*fam: molestia*) Belästigung *f,* Plage *f*

jeringador(a) [xeriŋga'ðor(a)] *adj* (*fam*) lästig, unangenehm

jeringar [xeriŋ'gar] <g→gu> *vt* **1.** (*con la jeringa*) spritzen **2.** (*molestar*) belästigen, plagen

jeringazo [xeriŋ'gaθo] *m* (*acción*) Spritzen *nt;* (*líquido*) Strahl *m* aus der Spritze

jeringuilla [xeriŋ'giʎa] *f* (Injektions)spritze *f*

jeroglífico[1] [xero'ɣlifiko] *m* **1.** (*signo*) Hieroglyphe *f* **2.** (*pasatiempo*) Bilderrätsel *nt*

jeroglífico, **-a**[2] [xero'ɣlifiko, -a] *adj* hieroglyphisch; **escritura jeroglífica** Hieroglyphenschrift *f*

jerónimo, **-a** [xe'ronimo, -a] **I.** *adj* (REL) Hieronymiten- **II.** *m, f* (REL) Hieronymit(in) *m(f)*

jersey [xer'sei̯] *m* Pullover *m;* ~ **de cuello alto** Rollkragenpullover *m;* ~ **de cuello de pico** Pullover mit V-Ausschnitt

jeruga [xe'ruɣa] *f* (BOT) Schote *f,* Hülse *f*

jeruva [xe'ruβa] *f* (ZOOL) Rostsägeracke *f*

Jesucristo [xesu'kristo] *m* Jesus Christus *m*

jesuita [xe'swita] **I.** *adj* Jesuiten-, jesuitisch **II.** *m* Jesuit *m*
jesuítico, **-a** [xe'switiko, -a] *adj* Jesuiten-, jesuitisch
jesuitina [xeswi'tina] **I.** *adj* (REL) jesuitisch, Jesuiten-; **es una religiosa** ~ sie ist Jesuitin **II.** *f* (REL) Jesuitin *f*
Jesús [xe'sus] *m* Jesus *m;* **¡~!** (*al estornudar*) Gesundheit!; (*interjección*) o mein Gott!; **la Compañía de** ~ der Jesuitenorden; **en un (decir)** ~ im Nu
jet [dʒet] *f sin pl* Jetset *m*
jet [dʒet] *m* <jets> (AERO) Jet *m*
jeta ['xeta] *f* **1.** (*fam: cara*) Visage *f;* **ser un** ~ unverschämt sein; **ese tiene una** ~ **increíble** der ist unglaublich frech [*o* unverschämt]; **te voy a romper la** ~ (*vulg*) ich poliere dir die Visage **2.** (*labios*) wulstige Lippen *fpl* **3.** (*del cerdo*) Rüssel *m* **4.** (*Arg: nariz*) Nase *f*
jet-foil [dʒe^{ð} foi̯l] *m* <jet-foils> Tragflächenboot *nt,* Tragflügelboot *nt*
jet lag ['dʒe^{ð} la^{ɣ}] *m* <jet lags> Jetlag *nt*
jetón, **-ona** [xe'ton, -ona] **I.** *adj* dicklippig; (*fig*) schmollend **II.** *m, f* Person *f,* die einen Schmollmund zieht
jet set ['dʒe^{ð} se^{ð}] *f inv* Jetset *m*
jetudo, **-a** [xe'tuðo, -a] *adj* (*fam pey*) unverschämt
ji [xi] **I.** *f* Chi *nt* **II.** *interj* ha
jíbaro ['xiβaro, -a] **I.** *adj* **1.** (*Am: campesino*) bäuerlich; (*costumbres, vida*) ländlich **2.** (*Am: planta, animal*) wild **3.** (*Ant, Méx: huraño*) menschenscheu **II.** *m* Jibaro *m*
jibia ['xiβja] *f* (ZOOL) Sepia *f*
jibraltareño, **-a** [xiβral̪ta'reɲo, -a] **I.** *adj* gibraltarisch, aus Gibraltar **II.** *m, f* Gibraltarer(in) *m(f)*
jícama ['xikama] *f* (*Méx:* BOT) *Knollenfrucht*
jicaque [xi'kake] *adj* (*Guat, Hond: necio*) dumm, begriffsstutzig; (*inculto*) ungebildet
jícara ['xikara] *f* **1.** (*taza*) (Schokoladen)tasse *f* **2.** (*AmC, Méx: fruto*) Frucht *f* des Kalebassenbaums
jicarazo [xika'raθo] *m:* **dar** ~ **a algo** etw übereilt erledigen
jícaro ['xikaro] *m* (*AmC: árbol*) Kalebassenbaum *m*
jicotera [xiko'tera] *f* (*AmC, Méx*) Wespennest *nt*
jienense, **-a** [xje'nense, -a] **I.** *adj* aus Jaén **II.** *m, f* Einwohner(in) *m(f)* von Jaén
jifa ['xifa] *f* Schlachtabfälle *mpl*
jifero[1] [xi'fero] *m* Schlachtmesser *nt*
jifero, **-a**[2] [xi'fero, -a] **I.** *adj* **1.** (*del matadero*) Schlachthof- **2.** (*sucio*) dreckig; (*fam*) schmutzig **II.** *m, f* Schlächter(in) *m(f)*
jifia ['xifja] *f* (ZOOL) Schwertfisch *m*
jijallo [xi'xaʎo] *m* (BOT) Salzkraut *nt*
jijo, **-a** ['xixo, -a] *adj* (*Méx: vulg*) Balg *m o nt fam*
jijona [xi'xona] *m* (GASTR) Mandelnugat *m o nt* (aus Jijona)
jijonenco, **-a** [xixo'neŋko, -a] **I.** *adj* aus Jijona **II.** *m, f* Einwohner(in) *m(f)* von Jijona
jilguero [xil'ɣero] *m* (ZOOL) Stieglitz *m,* Distelfink *m*
jimio ['ximjo] *m* (ZOOL) Affe *m*
jineta [xi'neta] *f* **1.** (ZOOL) Ginsterkatze *f,* Genette *f* **2.** (*monta*): **montar a la** ~ mit kurzen Steigbügeln reiten
jinete [xi'nete] *m* **1.** (*persona*) Reiter *m;* (*profesional*) Jockei *m* **2.** (*caballo*) Reitpferd *nt* **3.** (*pura sangre*) Vollblut(pferd) *nt*
jinetear [xinete'ar] **I.** *vi* seine Fähigkeiten als Reiter zur Schau stellen **II.** *vt* (*Am: domar*) zureiten
jinetera [xine'tera] *f* (*Cuba*) Hure *f pey*
jínjol ['xiŋxol] *m* (BOT) Jujube *f,* Brustbeere *f*
jinjolero [xiŋxo'lero] *m* (BOT) Jujube *f,* Brustbeerbaum *m*
jiña ['xiɲa] *f* (menschlicher) Kot *m*
jiñar [xi'ɲar] *vi, vr:* **~se** (*vulg*) scheißen
jiote ['xjote] *m* (*Méx*) juckender Hautausschlag *m*
jipa ['xipa] *f* (*Col*) Strohhut *m*
jipijapa [xipi'xapa] *m* Strohhut *m*
jipioso, **-a** [xi'pjoso, -a] *adj* zerlumpt
jira ['xira] *f* **1.** (*jirón*) Fetzen *m* **2.** (*picnic*) Picknick *nt*
jirafa [xi'rafa] *f* **1.** (ZOOL) Giraffe *f* **2.** (*para el micro*) Galgen *m*
jirafista [xira'fista] *mf* (CINE, TV) Mikrofonassistent(in) *m(f)*
jirasal [xira'sal] *f* (BOT) Stachelannone *f*
jíride ['xiriðe] *f* (BOT) Stinkschwertlilie *f*
jiroflé [xiro'fle] *m* (BOT) Gewürznelkenbaum *m*
jirón [xi'ron] *m* Fetzen *m;* **un** ~ **de nubes** Wolkenfetzen *mpl;* **un vestido hecho jirones** (*por alguien*) ein zerfetztes Kleid; (*por viejo*) ein zerlumptes Kleid; **hacer algo jirones** etw zerfetzten [*o* zerreißen]
jitazo [xi'taθo] *m* (*Méx*) Erfolg *m*
jiu-jitsu [dʒju 'dʒi^{ð}su] *m* (DEP) Jiu-Jitsu *nt*
JJ.OO ['xweɣos o'limpikos] *abr de* **Juegos Olímpicos** Olympische Spiele *ntpl*
jo [xo] *interj* **1.** (*so*) hü, halt **2.** (*sorpresa*) Wahnsinn!
Job [xo^{β}] *m* Hiob *m;* **el libro de** ~ das Buch Hiob; **ser un** ~ eine Engelsgeduld haben
jobar [xo'βar] *interj* (*fam*) verdammt (noch mal)!, zum Teufel!
jobillo [xo'βiʎo] *m* (*PRico: fam*): **irse de ~s** die Schule schwänzen
jobo ['xoβo] *m* (BOT: *planta, fruto*) Goldpflaume *f,* Gelbe Mombinpflaume *f*
jockey ['xokei̯] *m* Jockei *m*
jocoque [xo'koke] *m* (*Méx: leche agriada*) saure Milch *f;* (*comida*) *mit saurer Milch zubereitete Speise*
jocosidad [xokosi'ða^{ð}] *f* **1.** (*cualidad*) Humor *m* **2.** (*chiste*) Witz *m*
jocoso, **-a** [xo'koso, -a] *adj* **1.** (*humorístico*) lustig, spaßig, witzig **2.** (*gracioso*) drollig
jocundidad [xokun̪di'ða^{ð}] *f* Heiterkeit *f,* Fröhlichkeit *f*

jocundo, **-a** [xo'kundo, -a] *adj* heiter, fröhlich

joda ['xoða] *f* **1.** (*Arg: vulg: situación difícil*) Problem *nt*, verzwickte Situation *f* **2.** (*Arg, Col, Chile, Méx: vulg: acción de fastidiar*) Belästigung *f*, Plage *f* **3.** (*Méx: fam: molestia por exceso de trabajo*) Plackerei *f*, Schinderei *f*; **es una ~ tener que trabajar el domingo** es ist eine Schinderei, am Sonntag arbeiten zu müssen

joder [xo'ðer] **I.** *vt* **1.** (*vulg: copular*) bumsen, ficken **2.** (*vulg: fastidiar*) belästigen; **¡no me jodas!** erzähl mir keinen Scheiß!; **¡no te jode!** das ist ja kaum zu fassen!; **¡jódete!** zum Teufel mit dir! **3.** (*vulg: echar a perder*) vermasseln **4.** (*vulg: robar*) klauen **II.** *vi* (*vulg*) bumsen, ficken **III.** *vr:* **~se 1.** (*vulg: fastidiarse*) sich abfinden; **¡hay que ~se!** da müssen wir durch **2.** (*vulg: echar a perder*): **nuestra amistad se ha jodido** unsere Freundschaft ist im Eimer; **la tele se ha jodido** der Fernseher ist im Arsch **IV.** *interj* Scheiße, verdammt (noch mal)

jodido, **-a** [xo'ðiðo, -a] *adj* (*vulg*): **estoy ~** (*enfermo*) mir geht's beschissen; (*en un apuro*) ich bin aufgeschmissen; **es ~ tener que trabajar tanto** es ist verdammt hart, so viel arbeiten zu müssen; **esta película es jodida** dieser Film ist verdammt schwierig (zu verstehen)

jodienda [xo'ðjenda] *f* (*vulg*) **1.** (*sexo*) Bumsen *nt fam*, Vögeln *nt fam* **2.** (*molestia*) Mist *m fam*, Scheißdreck *m fam*

jodo ['xoðo] *interj* (*fam*) verflucht (noch mal)!, zum Teufel!

jodón, **-ona** [xo'ðon, -ona] **I.** *adj* (*Méx: fam*) nervtötend **II.** *m, f* (*Méx: fam*) Nervensäge *f*

jofaina [xo'fai̯na] *f* Waschschüssel *f*

jogging ['dʒoɣiŋ] *m* <joggings> Jogging *nt*; **esta mañana he hecho ~** heute Morgen war ich joggen

joint-venture ['dʒoi̯m 'bentʃa], **joint venture** ['dʒoi̯m 'bentʃa] *f* (ECON) Jointventure *nt*, Gemeinschaftsunternehmen *nt*

jojoba [xo'xoβa] *f* (*Am:* BOT) Jojoba *f*, Jojobastrauch *m*

jojoto¹ [xo'xoto] *m* (*Ven*) unreifer Mais *m*

jojoto, **-a²** [xo'xoto, -a] *adj* (*Ven*) unreif, grün

jóker ['dʒoker] <jókers> *m* (*comodín*) Joker *m*

jolgorio [xol'ɣorjo] *m* Gaudi *f o nt*

jolín [xo'lin] *interj*, **jolines** [xo'lines] *interj* verdammt (noch mal), verflucht (noch mal)

jondo, **-a** ['xondo, -a] *adj* (MÚS): **cante ~** *schwermütiger Flamenco(gesangs)stil*

jónico, **-a** ['xoniko, -a] *adj* ionisch; **orden ~** ionischer Stil

JONS [xons] *fpl abr de* **Juntas de Ofensiva Nacional Sindicalista** *faschistische Partei unter Franco*

jopé [xo'pe] *interj* Mensch

Jordania [xor'ðanja] *f* Jordanien *nt*

jordano, **-a** [xor'ðano, -a] **I.** *adj* jordanisch **II.** *m, f* Jordanier(in) *m(f)*

jorfe ['xorfe] *m* **1.** (*muro*) Trockenmauer *f* **2.** (*peñasco*) steil aufragender Felsen *m*, Felswand *f*

jorge ['xorxe] *m* (ZOOL) Maikäfer *m*

jorguinería [xorɣine'ria] *f* Zauberei *f*, Hexerei *f*

jornada [xor'naða] *f* **1.** (*de trabajo*) Arbeitstag *m*; (*tiempo trabajado*) Arbeitszeit *f*; **~ ampliada** Mehrarbeit *f*; **~ bursátil** Börsentag *m*; **~ continua/reducida** gleitende/verkürzte Arbeitszeit; **~ partida** Arbeitstag mit (langer) Mittagspause; **una ~ de siete horas** ein Arbeitstag von sieben Stunden; **hago ~ completa** ich arbeite Vollzeit; **hago una ~ de seis horas** ich habe einen Sechsstunden(arbeits)tag; **trabajo media ~** ich habe eine Halbtagsstelle, ich arbeite halbtags **2.** (*camino*) Tage(s)marsch *m* **3.** (*viaje*) Tagesreise *f*; **este pueblo está a dos ~s de viaje** dieses Dorf liegt zwei Tagesreisen entfernt **4.** *pl* (*conferencia*) Konferenz *f*, Tagung *f* **5.** (MIL) Feldzug *m*

jornal [xor'nal] *m* **1.** (*paga*) Tagelohn *m*; **trabajar a ~** im Tagelohn arbeiten, als Tagelöhner arbeiten **2.** (*trabajo*) Tagesarbeit *f* **3.** (AGR) *spanisches Feldmaß*

jornalero, **-a** [xorna'lero, -a] *m, f* Tagelöhner(in) *m(f)*; **trabajar de ~** tagelöhnern, als Tagelöhner arbeiten

joroba [xo'roβa] *f* **1.** (*de persona*) Buckel *m* **2.** (*de camello*) Höcker *m* **3.** (*bulto*) Buckel *m*; **un sillón con ~s** ein weich gepolsterter Sessel **4.** (*molestia*) Belästigung *f*

jorobado, **-a** [xoro'βaðo, -a] **I.** *adj* buck(e)lig **II.** *m, f* Buck(e)lige(r) *mf*

jorobar [xoro'βar] **I.** *vt* (*fam*) belästigen, plagen; **no haces más que ~me** du gehst mir ständig auf die Nerven, du fällst mir auf den Wecker **II.** *vr:* **~se** (*fam*) sich abfinden (*con* mit +*dat*); **si no le gusta, ¡que se jorobe!** wenn es ihm/ihr nicht passt, hat er/sie Pech gehabt!; **me joroba tener que pedirle perdón** es fuchst mich, ihn/sie um Verzeihung bitten zu müssen

jorobeta [xoro'βeta] *m* (*fam pey*) Buck(e)lige(r) *m*

jorongo [xo'roŋgo] *m* (*Méx*) Poncho *m*

jorrar [xo'rrar] *vt* schleppen

josa ['xosa] *f* (AGR) Wein- und Obstgrundstück *nt*

jota ['xota] *f* **1.** (*letra*) J *nt*; **no entender** [*o* **saber**] **ni ~** (*fam*) keinen blassen Schimmer haben; **no ver ni ~** (*fam*) stockblind sein **2.** (*baile*) Jota *f*

jote ['xote] *m* (ZOOL) Geier *m*

jotero, **-a** [xo'tero, -a] **I.** *adv* die Jota betreffend **II.** *m, f* Jotatänzer(in) *m(f)*

joto ['xoto] *m* **1.** (*Col: paquete*) Päckchen *nt*, Bündel *nt* **2.** (*Méx: pey: homosexual*) Tunte *f*

joule [dʒul] *m* (FÍS) Joule *nt*

joven ['xoβen] **I.** *adj* jung; **un ~ galán** (TEAT) ein jugendlicher Liebhaber; **la gente ~** die jungen Leute, die Jugendlichen; **un vino ~**

ein junger Wein; **de muy** ~ in früher Jugend; **tiene 40 años pero parece** ~ er/sie ist zwar 40, sieht aber noch jung aus **II.** *mf* (*chico*) junger Mann *m*, Jugendliche(r) *m*; (*chica*) junge Frau *f*, Jugendliche *f*; **los jóvenes** die jungen Leute, die Jugend, die Jugendlichen

jovenado [xoβe'naðo] *m* (REL) **1.** (*espacio temporal*) Noviziat *nt* **2.** (*espacio físico*) Noviziat *nt*, Novizenunterkunft *f*

jovencito, **-a** [xoβeṇ'θito, -a] **I.** *adj* jung **II.** *m, f* (*chico*) Junge *m*; (*chica*) (junges) Mädchen *nt*

jovenzuelo, **-a** [xoβeṇ'θwelo, -a] *m, f* (*pey*) Grünschnabel *m*

jovial [xo'βjal] *adj* fröhlich, heiter

jovialidad [xoβjali'ðaᵈ] *f* Fröhlichkeit *f*, Heiterkeit *f*

joya ['xoɟa] *f* **1.** (*alhaja*) Schmuckstück *nt*, Juwel *nt o m*; **las ~s** der Schmuck; **este palacio es una auténtica** ~ dieser Palast ist eine wahre Pracht; **este puente es una** ~ **del renacentismo** diese Brücke ist ein Juwel des Renaissancestils **2.** (*persona*) Schatz *m fig*, Juwel *nt o m fig*; **esta mujer de la limpieza es una** ~ sie ist ein Juwel von einer Putzfrau; **este niño es una** ~ dieses Kind ist ein wahrer Schatz

joyería [xoɟe'ria] *f* Juwelierladen *m*

joyero¹ [xo'ɟero] *m* Schmuckkästchen *nt*

joyero, **-a²** [xo'ɟero, -a] *m, f* Juwelier(in) *m(f)*

joyo ['xoɟo] *m* (BOT) Taumellolch *m*

joystick ['dʒoi̯stik] *m* <joysticks> (INFOR) Joystick *m*

Jr. ['dʒunjor] *abr de* **Júnior** jr.

juagarzo [xwa'ɣarθo] *m* (BOT) Zistrose *f*

Juan [xwan] *m* ≈Johannes *m*; ~ **lanas** (*fam*) Simpel *m*, Trottel *m*; ~ **Palomo** (*fam*) Taugenichts *m*; **es un don** ~ er ist ein Frauenheld

juanete [xwa'nete] *m* **1.** (*del pie*) (Fuß)ballen *m* **2.** (*pañuelo*) vorstehender Backenknochen *m* **3.** (NÁUT) Bramsegel *nt*

juanetero, **-a** [xwane'tero, -a] *m, f* (NÁUT) Toppsgast *m*

juanola [xwa'nola] *f* Salmiakpastille *f*

jubilación [xuβila'θjon] *f* **1.** (*empleado, trabajador*) Ruhestand *m*; (*funcionario*) Pensionierung *f*; (*profesor universitario*) Emeritierung *f*; ~ **anticipada** [*o* **prematura**] vorgezogener [*o* vorzeitiger] Ruhestand, Vorruhestand *m*; **edad de** ~ Rentenalter *nt*, Altersgrenze *f*; **suscribir un plan de** ~ eine Firmenrente zeichnen **2.** (*pensión*) Pension *f*, Rente *f*

jubilado, **-a** [xuβi'laðo, -a] *m, f* (*beneficiario*) Rentner(in) *m(f)*; (*funcionario*) Pensionär(in) *m(f)*; (*profesor universitario*) Emeritus *m*

jubilar [xuβi'lar] **I.** *vt* **1.** (*a un funcionario*) in Pension schicken, in den Ruhestand versetzen, pensionieren; (*a un profesor universitario*) emeritieren **2.** (*fam: un objeto*) ausrangieren; (*un vestido*) ablegen **II.** *vr:* **~se 1.** (*una persona*) in Pension [*o* Rente] gehen, in den Ruhestand treten, sich pensionieren lassen; (*un profesor*) emeritiert werden; **~se anticipadadamente** vorzeitig in Rente gehen **2.** (*AmC: hacer novillos*) schwänzen

jubilata [xuβi'lata] *mf v.* **jubilado**

jubileo [xuβi'leo] *m* **1.** (*judío*) Jobeljahr *nt*, Jubeljahr *nt* **2.** (*católico*) Jubeljahr *nt*

júbilo ['xuβilo] *m* Jubel *m*; **gritos de** ~ Jubelgeschrei *nt*

jubiloso, **-a** [xuβi'loso, -a] *adj* jubelnd; **un día** ~ ein Freudentag; **estar** ~ überglücklich sein

jubón [xu'βon] *m* Wams *nt*

judaico, **-a** [xu'ðai̯ko, -a] *adj* jüdisch

judaísmo [xuða'ismo] *m sin pl* Judaismus *m*

judaización [xuðai̯θa'θjon] *f* Judaisierung *f*

judas ['xuðas] *m* Judas *m*; **ser más falso que el alma de** ~ ein Verräter sein

judeoalemán¹ [xuðeoale'man] *m* (LING) Jiddisch(e) *nt*

judeoalemán, **-ana²** [xuðeoale'man, -ana] **I.** *adj* aschkenasisch **II.** *m, f* Aschkenas *mf*

judeocristiano, **-a** [xuðeokris'tjano, -a] *adj* jüdisch-christlich

judeoespañol¹ [xuðeoespa'ɲol(a)] *m* Judenspanisch(e) *nt*

judeoespañol(a) [xuðeoespa'ɲol(a)], **judeo-español(a)²** [xuðeoespa'ɲol(a)] **I.** *adj* jüdisch-spanisch **II.** *m(f)* Spaniole, -in *m, f*

judería [xuðe'ria] *f* Judenviertel *nt*

judía [xu'ðia] *f* **1.** (*mujer*) Jüdin *f* **2.** (BOT) Bohne *f*

judiada [xu'ðjaða] *f* übler Streich *m*

judiar [xu'ðjar] *m* (AGR) Bohnenacker *m*

judicatura [xuðika'tura] *f* **1.** (*cargo*) Richteramt *nt* **2.** (*de un país*) Richterstand *m* **3.** (*ejercicio*) Rechtsprechung *f*, Judikatur *f*; ~ **del trabajo** Arbeitsgerichtsbarkeit *f*

judicial [xuði'θjal] *adj* Justiz-, Gerichts-, richterlich; **aparato** ~ Justizapparat *m*; **dictamen** ~ Gerichtsurteil *nt*; **poder** ~ richterliche Gewalt

judicialmente [xuðiθjal'meṇte] *adv* gerichtlich

judío, **-a** [xu'ðio, -a] **I.** *adj* **1.** (*hebreo*) jüdisch **2.** (*avaro*) knauserig **II.** *m, f* Jude *m*, Jüdin *f*; **los ~s** die Juden, das jüdische Volk

judo ['dʒuðo] *m* (DEP) Judo *nt*; **llave de** ~ Judogriff *m*

judogi [dʒu'ðoxi] *m* (DEP) Judogi *m*

judoka [dʒu'ðoka] *mf* (DEP) Judoka *mf*

juego ['xweɣo] *m* **1.** (*diversión*) Spiel *nt*; ~ **de azar/de ingenio/de mesa** Glücks-/Geschicklichkeits-/Gesellschaftsspiel *nt*; ~ **de construcción** Baukasten *m*; ~ **de los roles/de palabras** Rollen-/Wortspiel *nt*; **teoría de los ~s** (ECON) Spieltheorie *f*; **hace ~s malabares** er/sie jongliert; **hacer trampas en el** ~ falsch spielen; **hay muchos millones en** ~ es wird um viele Millionen gespielt; **perder dinero en el** ~ Geld verspielen; **tengo mal** ~ ich habe schlechte Karten; **poner en** ~ (*fig*) riskieren, aufs Spiel setzen; **diciendo esto le**

hace el ~ a su rival seine/ihre Äußerungen kommen seinem/ihrem Gegner zugute; **esto es un ~ de niños** das ist ein Kinderspiel; **se le ve fácilmente el ~** man kann ihn/sie leicht durchschauen; **se toma nuestra relación a ~** er/sie nimmt unsere Beziehung nicht ernst; **desgraciado en el ~, afortunado en amores** (*prov*) Pech im Spiel, Glück in der Liebe **2.** (DEP) Spiel *nt;* **~ duro/sucio** hartes/unfaires Spiel *nt;* **~ limpio** Fairplay *nt,* Fairness *f;* **fuera de ~** Abseits *nt;* **~ en blanco** Null-zu-Null-Spiel *nt;* **entrar en ~** ins Spiel kommen; **J~s Olímpicos** Olympische Spiele *ntpl* **3.** (*de cacerolas, llaves*) Satz *m;* (*de agujas*) Satz *m,* Spiel *nt;* (*de herramientas*) Satz *m,* Kit *m o nt;* (*de botones, ropa interior*) Garnitur *f;* **~ de mesa** Service *nt;* **hacer ~** zusammenpassen; **este tenedor hace ~ con ese** diese Gabel ist das Gegenstück zu dieser hier; **estos colores no hacen ~** diese Farben passen nicht zusammen **4.** (TÉC) Spiel *nt,* Spielraum *m;* **~ de luces/colores** Lichter-/Farbenspiel *nt;* **esta llave no hace ~ con la cerradura** dieser Schlüssel passt nicht ins Schloss

juerga ['xweɾɣa] *f* Gaudi *f o nt;* **ayer estuve de ~** (*fam*) ich habe gestern einen draufgemacht; **se le nota en la cara que se ha corrido unas cuantas ~s** (*fam*) man merkt an seinem/ihrem Gesicht, dass er/sie ein ausschweifendes Leben geführt hat; **ayer noche se armó una ~ increíble en este bar** (*fam*) gestern Abend war in dieser Kneipe der Bär los

juerguista [xweɾ'ɣista] *mf* (*salidor*) Nachtschwärmer *m;* (*fiestero*) Partylöwe *m,* Partygirl *nt*

jueves ['xweβes] *m inv* Donnerstag *m;* **J~ Santo** Gründonnerstag *m;* **no ser nada del otro ~s** nichts weltbewegendes sein; *v. t.* **lunes**

juey [xwei̯] *m* (*PRico*) **1.** (*cangrejo*) Landkrabbe *f* **2.** (*persona codiciosa*) habgierige Person *f*

juez(a) [xweθ] *m(f)* **1.** (JUR) Richter(in) *m(f);* **~ de instrucción** Untersuchungsrichter *m;* **~ de paz** Friedensrichter *m;* **~ de primera instancia** Richter erster Instanz; **~ de segunda instancia** Richter zweiter Instanz **2.** (DEP): **~ de línea** [*o* **banda**] Linienrichter *m;* **~ de llegada** Zielrichter *m;* **~ de pista** Zielrichter *m;* **~ de salida** Starter *m;* **~ de silla** Stuhlschiedsrichter *m*

jugable [xu'ɣaβle] *adj* (*pista*) bespielbar; (*pelota*) zu spielen

jugada [xu'ɣaða] *f* **1.** (DEP) Spielzug *m;* **~ de ajedrez** Schachzug *m;* **~ antirreglamentaria** Foul *nt;* **la ~ del delantero permitió marcar el primer gol** der Spielzug des Stürmers ermöglichte das erste Tor; **las ~s de Michael Jordan encandilan al público** das Publikum ist von der Spielweise Michael Jordans begeistert; **Maradona hizo una ~ genial** Maradona spielte einen genialen Ball **2.** (*apuesta*) Wette *f* **3.** (*jugarreta*) Streich *m;* **hacerle** [*o* **gastarle**] **una ~ a alguien** jdm übel mitspielen

jugador(a) [xuɣa'ðor(a)] **I.** *adj:* **mi marido es muy ~** mein Mann ist eine Spielernatur **II.** *m(f)* **1.** (DEP) Spieler(in) *m(f);* **~ de baloncesto** Basketballspieler *m,* Basketballer *m fam;* **~ profesional** Profi(spieler) *m* **2.** (*de juegos de azar*) Spieler(in) *m(f)*

jugar [xu'ɣar] *irr* **I.** *vi* **1.** (*a un juego, deporte*) spielen; **~ de líbero** auf der Liberoposition spielen; **~ limpio/sucio** fair/unfair spielen; **~ a la lotería** (in der) Lotterie spielen; **~ a policías y ladrones** Räuber und Gendarm spielen; **¿puedo ~?** darf ich mitspielen?; **¿a qué juegas?** (*fig*) was soll denn das? **2.** (*bromear*) scherzen; **con esto no se juega** damit ist nicht zu scherzen; **hacer una cosa por ~** etw aus Spaß machen **3.** (*en un negocio*): **~ a la bolsa** an der Börse spekulieren; **~ a la baja** auf Baisse spekulieren; **~ al alza** auf Hausse spekulieren; **~ en negocios sucios** dunkle Geschäfte treiben **4.** (*hacer juego*) zusammenpassen **II.** *vt* **1.** (*un juego, una partida*) spielen; **~ un papel importante** eine wichtige Rolle spielen; **me la han jugado** (*fig*) man hat mir einen bösen Streich gespielt **2.** (*apostar*) setzen (*a* auf +*akk*), einsetzen; (*a los caballos*) wetten, Geld setzen (*a* auf +*akk*); **~ fuerte** hoch [*o* mit hohem Einsatz] spielen **3.** (*la espada*) schwingen **4.** (*una carta*) (aus)spielen; (*una torre*) spielen; **¿quién juega?** wer ist dran?; (*al ajedrez y a las cartas*) wer ist am Zug? **5.** (TÉC: *dos piezas*) Spiel(raum) haben **III.** *vr:* **~se 1.** (*la lotería*) verlost werden **2.** (*apostar*) setzen (*a* auf +*akk*), wetten; (*a los caballos*) Geld setzen (*a* auf +*akk*); **¿qué te juegas que...?** wollen wir wetten, dass ...? **3.** (*arriesgar*) aufs Spiel setzen, riskieren; **~se el todo por el todo** alles auf eine Karte setzen

jugarreta [xuɣa'rreta] *f* (*fam*) übler Streich *m,* übler Trick *m;* **hacerle una ~ a alguien** jdm einen üblen Streich spielen, jdm übel mitspielen

juglar(esa) [xu'ɣlar, xuɣla'resa] *m(f)* (HIST) Spielmann *m,* fahrender Sänger *m,* fahrende Sängerin *f*

juglaresco, -a [xuɣla'resko, -a] *adj* Spielmanns-

juglaría [xuɣla'ria] *f:* **mester de ~** Spielmannsdichtung *f*

jugo ['xuɣo] *m* **1.** (*de fruta, carne*) Saft *m;* **~s gástricos** Magensäfte *mpl* **2.** (*esencia*) Kern *m,* Substanz *f;* **declaraciones con mucho ~** bedeutungsschwere Äußerungen; **este jefe saca el ~ a sus trabajadores** dieser Chef beutet seine Arbeitnehmer aus; **sacar ~ a la carrera** Nutzen aus dem Studium ziehen

jugosidad [xuɣosi'ðaᵈ] *f* Saftigkeit *f*

jugoso, -a [xu'ɣoso, -a] *adj* **1.** (*fruta, carne*) saftig **2.** (*color*) frisch

juguete [xu'ɣete] *m* **1.** (*objeto*) Spielzeug *nt;* **el barco era un** ~ **de las olas** das Schiff war ein Spielball der Wellen **2.** (TEAT) Schwank *m* **3.** *pl* Spielwaren *pl*

juguetear [xuɣete'ar] *vi* **1.** (*con las llaves, un boli*) herumspielen (*con* mit +*dat*); (*con una pelota*) tändeln **2.** (*los niños*) herumtollen

jugueteo [xuɣe'teo] *m* **1.** (*con las llaves*) Herumspielen *nt;* (*con una pelota*) Tändelei *f* **2.** (*de unos niños*) Herumtollen *nt*

juguetería [xuɣete'ria] *f* Spielwarengeschäft *nt*

juguetero, **-a** [xuɣe'tero, -a] **I.** *adj* Spielzeug-, Spielwaren- **II.** *m, f* Spielwarenhändler(in) *m(f)*

juguetón, **-ona** [xuɣe'ton, -ona] *adj* verspielt

juicio ['xwiθjo] *m* **1.** (*facultad para juzgar*) Urteilskraft *f,* Urteilsfähigkeit *f* **2.** (*cordura, razón*) Vernunft *f,* Verstand *m;* **falta de** ~ Unvernunft *f;* **recobrar el** ~ zur Vernunft [*o* zu Verstand] kommen; **tú no estás en tu sano** [*o* **entero**] ~ du bist wohl nicht bei Verstand **3.** (*opinión*) Meinung *f,* Urteil *nt,* Ermessen *nt;* **a mi** ~ meiner Meinung nach; **hacer un** ~ **de valor** ein Werturteil abgeben; **emitir un** ~ **sobre algo** etw beurteilen **4.** (JUR) Gerichtsverfahren *nt,* Prozess *m;* ~ **civil** Zivilprozess *m;* ~ **criminal** Strafverfahren *nt;* **el día del J~ final** (REL) der jüngste Tag; **llevar a alguien a** ~ jdm den Prozess machen

juicioso, **-a** [xwi'θjoso, -a] *adj* vernünftig, verständig; **palabras juiciosas** treffende Worte

juico, **-a** ['xwiko, -a] *adj* (*Hond*) taub, gehörlos

juil [xwil] *m* (*Méx:* ZOOL) *karpfenähnlicher Fisch, der in den Seen um Mexiko-Stadt vorkommt;* **si el** ~ **no abriera la boca, no lo pescarían** (*prov*) Schweigen ist Gold

jujú [xu'xu] *interj* juhu!, juchhe!

juke-box ['dʒuˠ-βoˠs] *m* Jukebox *f*

julay [xu'la i̯] *m* (*vulg*) **1.** (*incauto*) naive, leichtgläubige Person *f* **2.** (*individuo despreciable*) verachtenswerte [*o* unangenehme] Person *f* **3.** (*homosexual*) Homosexuelle(r) *m,* Schwule(r) *m fam* **4.** *pl* (*Bol*) *Indianer, die einen Kriegstanz aufführen*

julepe [xu'lepe] *m* **1.** (*medicina*) ≈flüssiges Arzneimittel *nt* **2.** (*juego*) *spanisches Kartenspiel* **3.** (*fam: castigo*) Strafe *f;* (*reprimenda*) Standpauke *f;* **dar** ~ **a alguien** (*castigar*) jdn bestrafen; (*dar una reprimenda*) jdm eine Standpauke halten **4.** (*Am: fam: miedo*) Angst *f* **5.** (*Am: ajetreo*) Plackerei *f;* **dar un** ~ **a alguien** (*fam*) jdm zu viel Arbeit aufhalsen

julepear [xulepe'ar] **I.** *vt* **1.** (*fam: dar reprimenda*) eine Standpauke halten +*dat* **2.** (*Arg, Par, Urug: meter miedo*) Angst einjagen +*dat* **3.** (*Am: atormentar*) plagen **4.** (*Col: urgir*) antreiben **II.** *vi Julepe* (*spanisches Kartenspiel*) *spielen*

julia ['xulja] *f* **1.** (ZOOL) Meerjunker *m* **2.** (*Méx: fam: coche cellular*) grüne Minna *f*

juliana [xu'ljana] *f* (BOT) Nachtviole *f;* **cortar algo en** ~ etw in Streifen schneiden

julio ['xuljo] *m* **1.** (FÍS) Joule *nt* **2.** (*mes*) Juli *m; v. t.* **marzo**

juma ['xuma] *f* (*Am: fam*) Rausch *m*

jumado, **-a** [xu'maðo, -a] *adj* (*Am: fam*) besoffen, blau

jumarse [xu'marse] *vr* (*Col, Cuba*) sich betrinken

jumbo ['dʒumbo] *m* Jumbo(jet) *m*

jumento [xu'mento] *m* Esel *m*

jumera [xu'mera] *f* (*fam*) Alkoholrausch *m,* Suff *m*

jumo¹ ['xumo] *m* (*PRico*) Rausch *m*

jumo, **-a²** ['xumo, -a] *adj* (*Am: borracho*) betrunken, besoffen, blau *fam*

jumper ['dʒamper] *m* <jumpers> Springpferd *nt*

juncal [xuŋ'kal] **I.** *adj* **1.** (*del junco*) Binsen- **2.** (*gallardo*) stattlich **II.** *m* Binsendickicht *nt*

juncar [xuŋ'kar] *m* Binsendickicht *nt*

juncia ['xunθja] *f* (BOT) Zypergras *nt;* **vender** ~ (*fig*) prahlen

junciera [xun'θjera] *f* Riechtopf *m*

junco ['xuŋko] *m* **1.** (BOT) Binse *f* **2.** (*bastón*) Spazierstock *m* **3.** (*embarcación*) Dschunke *f*

jungla ['xuŋgla] *f* Dschungel *m*

junglada [xuŋ'glaða] *f* (GASTR) Hasenbraten *m*

junio ['xunjo] *m* Juni *m; v. t.* **marzo**

júnior ['dʒunjor] *m* <juniores> Junior *m*

junípero [xu'nipero] *m* **1.** (BOT) Wacholder *m* **2.** (*Col: necio*) Trottel *m fam,* Idiot *m fam*

junquera [xuŋ'kera] *f* (BOT) Binse *f*

junqueral [xuŋke'ral] *m* Binsendickicht *nt*

junquillo [xuŋ'kiʎo] *m* **1.** (BOT) Jonquille *f* **2.** (ARQUIT) (schmales) Gesims *nt*

junta ['xunta] *f* **1.** (*consejo, comité*) Ausschuss *m;* ~ **de accionistas** Generalversammlung *f,* Aktionärsversammlung *f;* ~ **de acreedores** Gläubigerversammlung *f;* ~ **calificadora** (ENS) Prüfungskommission *f;* ~ **consultiva** Beirat *m;* ~ **directiva** (*en una empresa*) Vorstand *m,* Direktorium *nt;* ~ **ejecutiva/electoral** Exekutiv-/Wahlausschuss *m;* ~ **general** Generalversammlung *f;* ~ **gestora** geschäftsführender Ausschuss; ~ **militar** Militärjunta *f;* ~ **municipal** (*en una ciudad*) Gemeinderat *m;* ~ **de portavoces** (POL) Ältestenrat *m,* Sprecherrat *m;* ~ **del puerto** Hafenbehörde *f;* ~ **de socios** Gesellschafterversammlung *f* **2.** (*reunión de la directiva*) Sitzung *f;* **celebrar** ~ (*de la junta directiva*) eine Vorstandssitzung abhalten; (*de la junta general*) eine Generalversammlung abhalten; **convocar una** ~ eine Versammlung einberufen **3.** (TÉC: *de dos ladrillos, tablas*) Fuge *f;* (*de dos tubos*) Verbindung(sstelle) *f;* (*sellado*) Dichtung *f*

juntamente [xunta'mente] *adv* **1.** (*juntos*) zusammen, gemeinsam **2.** (*al mismo tiempo*) gleichzeitig

juntar [xuṇ'tar] **I.** *vt* **1.** (*aproximar*) heranrücken; ~ **la mesa a la pared** den Tisch an die Wand rücken; ~ **las sillas** die Stühle zusammenrücken **2.** (*unir*) verbinden; ~ **dos tubos** zwei Rohre (miteinander) verbinden [*o* zusammenfügen] **3.** (*personas*) versammeln **4.** (*objetos*) (an)sammeln; (*dinero*) ansammeln, (an)sparen; (*víveres*) ansammeln **5.** (*puerta, ventana*) anlehnen **II.** *vr:* **~se 1.** (*personas*) sich versammeln **2.** (*unirse*) sich zusammenschließen, sich zusammentun *fam;* **nos juntamos para llevar el negocio** wir haben uns zusammengetan, um das Geschäft zu führen **3.** (*aproximarse*) zusammenrücken; **¿podéis ~os un poco que no tengo sitio?** könnt ihr etwas zusammenrücken? ich habe nämlich keinen Platz **4.** (*liarse con alguien*) zusammenziehen (*con* mit +*dat*); **se han juntado** sie wohnen zusammen

juntillas [xuṇ'tiʎas] *adv:* **creer algo a pie(s)** ~ felsenfest an etw glauben

junto[1] ['xuṇto] **I.** *adv:* **hablaba por teléfono y trabajaba en el ordenador, todo** ~ er/sie telefonierte und arbeitete gleichzeitig am PC; **tengo en** ~ **mil pesetas** ich habe alles in allem [*o* insgesamt] tausend Peseten; **comprar por** ~ in großen Mengen kaufen **II.** *prep* **1.** (*local: cerca de, al lado de*): ~ **a** neben +*dat*, an +*dat;* **¿quién es el que está** ~ **a ella?** wer ist der Mann (da) neben ihr?; **estábamos** ~ **a la entrada** wir waren am Eingang; **pasaron** ~ **a nosotros** sie liefen an uns vorbei **2.** (*con movimiento*): ~ **a** neben +*akk*, an +*akk;* **he puesto la botella** ~ **a las otras** ich habe die Flasche neben die [*o* zu den] anderen gestellt; **pon la silla** ~ **a la mesa** rück den Stuhl an den Tisch **3.** (*con, en compañía de*): ~ **con** mit +*dat;* **la he visto** ~ **con su madre** ich habe sie mit ihrer Mutter gesehen

junto, -a[2] ['xuṇto, -a] *adj* (*con otros*) zusammen, miteinander, gemeinsam; **nos sentamos todos ~s** wir saßen alle beieinander [*o* nebeneinander]; **me las pagarás todas juntas** das wirst du mir büßen

juntura [xuṇ'tura] *f* (TÉC: *de dos ladrillos, tablas*) Fuge *f;* (*de dos tubos*) Verbindung(sstelle) *f*, Dichtung *f;* (*sellado*) Dichtung *f*

jupiarse [xu'pjarse] *vr* (*AmC*) sich *dat* einen Vollrausch antrinken

jupón, -ona [xu'pon, -ona] *adj* (*AmC*) stur, dickköpfig

jura ['xura] *f* (Treu)eid *m;* ~ **de la bandera** Fahneneid *m;* ~ **del cargo** Amtseid *m*

juraco [xu'rako] *m* (*Am*) Loch *nt*, Öffnung *f*

jurado[1] [xu'raðo] *m* **1.** (JUR: *miembro*) Geschworene(r) *mf;* (*tribunal*) Geschworenen *mpl;* **el** ~ **popular** die Geschworenen **2.** (*de un examen*) Prüfungskommission *f*, Prüfungsausschuss *m* **3.** (*de un concurso*) Jury *f*, Preisgericht *nt*

jurado, -a[2] [xu'raðo, -a] *adj* **1.** (*testigo*) vereidigt; **intérprete** ~ Gerichtsdolmetscher *m* **2.** (*traductor*) beeidigt, vereidigt

juraduría [xuraðu'ria] *f* (JUR) Geschworenenamt *nt*

juramentar [xuramen̪'tar] **I.** *vt* vereidigen, beeid(ig)en **II.** *vr:* **~se** sich eidlich verpflichten

juramento [xura'meṇto] *m* **1.** (*jura*) Eid *m*, Schwur *m;* (JUR) Eid *m;* **falso** ~ Meineid *m;* **estar bajo** ~ unter Eid stehen; **tomar** ~ **a alguien** jdn vereidigen **2.** (*blasfemia*) Fluch *m*

jurar [xu'rar] **I.** *vt* schwören (*por* bei +*dat*); ~ **en falso** einen falschen Eid ablegen; ~ **por todos los santos** Stein und Bein schwören; **te juro que es verdad** ich schwöre dir, dass es wahr ist; **júrame que no beberás más** versprich mir fest, dass du nicht mehr trinken wirst; **jurársela(s) a alguien** (*fam*) jdm Rache schwören **II.** *vi* fluchen

jurásico[1] [xu'rasiko] *m* Jura *m*, Juraformation *f*

jurásico, -a[2] [xu'rasiko, -a] *adj* jurassisch, Jura-

jurco ['xurko] *m* (AGR) Furche *f*

jurel [xu'rel] *m* (ZOOL) Makrele *f*

jurero, -a [xu'rero, -a] *m, f* (*Chil, Ecua: testigo falso contratado*) gekaufter [*o* falscher] Zeuge *m*, gekaufte [*o* falsche] Zeugin *f*

juricidad [xuriθi'ðaᵈ] *f* Rechtmäßigkeit *f*, rechtliche Regelung *f*

jurídico, -a [xu'riðiko, -a] *adj* Rechts-, rechtlich, juristisch

jurisconsulto, -a [xuriskon'sul̪to, -a] *m, f* Rechtskundige(r) *mf*

jurisdicción [xurisðiʸ'θjon] *f* **1.** (JUR: *potestad*) Rechtsprechung *f*, Jurisdiktion *f;* ~ **mercantil** Handelsgerichtsbarkeit *f;* ~ **militar** Militärgerichtsbarkeit *f;* ~ **del trabajo** [*o* **laboral**] Arbeitsgerichtsbarkeit *f;* **ese caso no está dentro de la** ~ **de este tribunal** dieser Fall fällt nicht in die Zuständigkeit dieses Gerichts **2.** (*territorio*) Gerichtsbezirk *m*

jurisdiccional [xurisðiʸθjo'nal] *adj* Gerichts-, gerichtlich; **no** ~ außergerichtlich; **aguas ~es** Hoheitsgewässer *nt(pl)*

jurispericia [xurispe'riθja] *f v.* **jurisprudencia**

jurisperito, -a [xurispe'rito, -a] *m, f* Rechtskundige(r) *mf*

jurisprudencia [xurispru'ðeṇθja] *f* **1.** (*ciencia*) Rechtswissenschaft *f*, Jurisprudenz *f elev* **2.** (*legislación*) Rechtsprechung *f;* **sentar** ~ Rechtsprechung schaffen

jurisprudencial [xurispruðeṇ'θjal] *adj* Rechtsprechungs-, in der Rechtsprechung

jurisprudente [xurispru'ðeṇte] *mf* (JUR) Rechtskundige(r) *mf*, Jurist(in) *m(f)*

jurista [xu'rista] *mf* Jurist(in) *m(f)*

juro ['xuro] *m* (lebenslängliches) Eigentumsrecht *nt*

jurungar [xuruŋ'gar] <g→gu> *vt, vr:* **~se** (*Ven*) (sich) langweilen

jusbarba [xus'βarβa] *f* (BOT) Mäusedorn *m*

justa ['xusta] *f* **1.** (HIST) Tjost *f* **2.** (*elev: literaria*) Wettbewerb *m*

justamente [xusta'meṇte] *adv* **1.** (*con justi-*

cia) mit [*o* zu] Recht **2.**(*precisamente*) gerade, genau; **ocurrió ~ lo contrario** es ereignete sich genau das Gegenteil; **eso era ~ lo que quería decir** genau das wollte ich eben sagen **3.**(*ajustadamente*): **este vestido viene ~ al cuerpo** das ist ein eng anliegendes Kleid

justar [xus'tar] *vi* in einem Turnier kämpfen, turnieren

justeza [xus'teθa] *f* Gerechtigkeit *f*

justicia [xus'tiθja] *f* **1.**(*cualidad*) Gerechtigkeit *f;* **en ~, él merece ganar el premio** genau genommen sollte er den Preis gewinnen; **hacerle ~ a alguien** jdm gerecht werden; **quiero que se haga ~** ich fordere Gerechtigkeit **2.**(*derecho*) Recht *nt;* **administrar ~** Recht sprechen; **la ~ está de mi parte** das Recht ist auf meiner Seite; **tomarse la ~ por sus manos** sich selbst Recht verschaffen **3.**(*poder judicial*) Justiz *f* **4.**(*loc*): **cae un sol de ~** es herrscht eine sengende Hitze

justiciable [xusti'θjaβle] *adj* der Gerichtsbarkeit unterliegend

justicialismo [xustiθja'lismo] *m* (POL) Justizialismus *m* (*politisch-soziale Doktrin in Argentinien unter Perón*)

justiciero, **-a** [xusti'θjero, -a] *adj* gerechtigkeitsliebend

justificable [xustifi'kaβle] *adj* (*decisión*) zu rechtfertigen; (*comportamiento*) entschuldbar; (*error*) nachweisbar

justificación [xustifika'θjon] *f* **1.**(*disculpa*) Rechtfertigung *f;* **no hay ~ para lo que has hecho** es gibt keine Entschuldigung für das, was du gemacht hast **2.**(*prueba*) Beweis *m,* Nachweis *m;* (*documento*) Beleg *m* **3.**(TIPO) Justieren *nt*

justificante [xustifi'kan̪te] *m* **1.**(*documento*) Beleg *m;* **~ de pago** Zahlungsbeleg *m* **2.**(*de ausencia*) ärztliches Attest *nt*

justificar [xustifi'kar] <c→qu> **I.** *vt* **1.**(*disculpar*) rechtfertigen; **eso no se puede ~ con nada** das lässt sich durch nichts rechtfertigen [*o* entschuldigen]; **mi desconfianza es justificada** mein Misstrauen ist gerechtfertigt [*o* berechtigt] [*o* begründet] **2.**(*probar*) beweisen, nachweisen; (*con documentos*) belegen **3.**(TIPO) justieren **II.** *vr:* **~se** sich rechtfertigen

justificativo, **-a** [xustifika'tiβo, -a] *adj* **1.**(*de disculpa*) Rechtfertigungs-, rechtfertigend; **razón justificativa** Rechtfertigungsgrund *m* **2.**(*de prueba*) Beweis-, Nachweis-; (*de documento*) Beleg-

justillo [xus'tiʎo] *m* Mieder *nt*

justipreciar [xustipre'θjar] *vt* (ab)schätzen, taxieren

justiprecio [xusti'preθjo] *m* Bewertung *f,* Taxierung *f*

justo[1] ['xusto] **I.** *adv* **1.**(*exactamente*) genau; **llegué ~ a tiempo** ich kam gerade noch rechtzeitig **2.**(*escasamente*) gerade, knapp; **tengo ~ para vivir** mir reicht es gerade so zum Leben **II.** *mpl* Gerechten *pl*

justo, **-a**[2] ['xusto, -a] *adj* **1.**(*persona, decisión*) gerecht; **comercio ~** gerechter Handel; **precio ~** gerechter Preis **2.**(*exacto*) genau; **el peso ~** das exakte [*o* genaue] Gewicht; **dijo las palabras justas** er/sie wählte die treffenden Worte; **¿tiene el dinero ~? es que no tengo cambio** haben Sie das Geld passend? ich habe nämlich kein Kleingeld **3.**(*escaso*) knapp **4.**(*ajustado*) eng; **este abrigo me viene ~** dieser Mantel ist mir zu eng

juvenil [xuβe'nil] **I.** *adj* Jugend-, jugendlich; **delincuente ~** jugendlicher Verbrecher; **delincuencia ~** Jugendkriminalität *f* **II.** *mf* (DEP): **juego con los ~es** ich spiele in der Jugendmannschaft

juventud [xuβen̪'tuᵈ] *f* **1.**(*edad*) Jugend(zeit) *f;* **en mi ~** in meiner Jugend(zeit); **pecado de ~** Jugendsünde *f;* **recuerdo de ~** Jugenderinnerung *f* **2.**(*estado*) Jugendlichkeit *f* **3.**(*jóvenes*) junge Leute *f,* Jugend *f,* Jugendliche(n) *mpl*

juvia ['xuβja] *f* (BOT) **1.**(*planta*) Brasilnussbaum *m,* Paranussbaum *m* **2.**(*fruto*) Paranuss *f*

juzgado [xuθ'ɣaðo] *m* **1.**(*jueces*) Gericht *nt;* **~ de paz** Friedensgericht *nt;* **~ de primera instancia** Gericht erster Instanz; **~ de segunda instancia** Gericht zweiter Instanz **2.**(*local*) Gerichtsgebäude *nt* **3.**(*territorio*) Gerichtsbezirk *m* **4.**(*loc*): **¡esto es de ~ de guardia!** das ist ein Skandal!

juzgamundos [xuθɣa'mun̪dos] *mf inv* (*fam*) Lästerer, -in *m, f,* Lästermaul *nt*

juzgar [xuθ'ɣar] <g→gu> *vt* **1.**(*el juez*) richten, befinden, verurteilen; **lo han juzgado por homicidio** sie haben ihn wegen Totschlags verurteilt **2.**(*opinar, considerar*) (be)urteilen, erachten; **~ mal a alguien** jdn falsch einschätzen; **~ sobre apariencias** nach dem äußeren Anschein beurteilen; **a ~ por como me mira, debe conocerme** so, wie er/sie mich ansieht, scheint er/sie mich zu kennen; **juzgo necesario avisarle** ich halte es für angebracht, ihm/ihr Bescheid zu sagen; **le ~on de maleducado** sie hielten ihn für ungezogen; **no lo puedes ~ sólo por su aspecto exterior** du kannst ihn nicht nur nach seinem Äußeren beurteilen; **no te juzgo capaz de hacerlo** ich halte dich nicht für fähig es zu tun; **si lo juzga oportuno...**

K

K, k [ka] *f* K, k *nt;* ~ **de Kenia** K wie Kaufmann
ka [ka] *f* K *nt*
kabila [ka'βila] *f Beduinen- oder Berberstamm*
kabileño, -a [kaβi'leɲo, -a] **I.** *adj* Beduinen-, Berber- **II.** *m, f* Beduine, -in *m, f,* Berber(in) *m(f)*
kabuki [ka'βuki] *m* (TEAT) Kabuki *nt*
kafkiano, -a [kaf'kjano, -a] *adj* (LIT) kafkaesk
kaftán [kaf'tan] *m* Kaftan *m*
káiser ['kai̯ser] *m* Kaiser *m*
kaki ['kaki] *m* **1.** (*color*) Kaki *nt;* **de color** ~ kakifarben **2.** (*tela*) Kaki *m* **3.** (BOT: *Baum*) Kakibaum *m;* (*fruto*) Kakipflaume *f*
kamikaze [kami'kaθe] *m* (MIL) Kamikaze *m*
kan [kan] *m v.* **khan**
kanguro [kaŋ'guro] *m* Känguru *nt*
kantiano, -a [kaṇ'tjano, -a] **I.** *adj* (FILOS) Kant betreffend **II.** *m, f* Kantianer(in) *m(f)*
kantismo [kaṇ'tismo] *m inv* (FILOS) Kantianismus *m*
kappa ['kapa] *f* Kappa *nt*
karaoke [kara'oke] *m* Karaoke *nt*
karate [ka'rate] *m,* **kárate** ['karate] *m* (DEP) Karate *nt*
karateka [kara'teka] *mf* (DEP) Karatekämpfer(in) *m(f)*
karma ['karma] *m* (REL) Karma(n) *nt*
karst [karsᵗ] *m* (GEO) Karst *m*
kart [karᵗ] *m* <**karts**> (DEP) Go-Kart *m*
kartin(g) ['kartiŋ] *m* <**kartin(g)s**> **1.** (DEP) Go-Kart-Rennen *nt* **2.** (*para niños*) Kettcar *nt*
kartódromo [kar'toðromo] *m* (DEP) Go-Kart-Rennbahn *f*
katiuska [ka'tjuska] *f* Gummistiefel *m*
kayac [ka'ɟaᵏ] *m* <**kayacs**> (DEP) Kajak *m o nt*
Kazajstán [kaθaˠs'tan] *m* Kasachstan *nt*
kb [kilo'βiᵗ] *m* (INFOR) *abr de* **kilobit** KBit *nt*
KB [kilo'βai̯ᵗ] *m* (INFOR) *abr de* **kilobyte** KB *nt*
Kbit [kilo'βiᵗ] *m* (INFOR) *abr de* **kilobit** KBit *nt*
Kbps [kilo'βiᵗs por se'ɣuṇdo] (INFOR) *abr de* **kilobits por segundo** Kbit/s
KBps [kilo'βai̯ᵗs por se'ɣuṇdo] (INFOR) *abr de* **kilobytes por segundo** KB/s
kbyte [kilo'βai̯ᵗ] *abr de* **kilobyte** kbyte
kebab [ke'βaᵝ] *m* <**kebabs**> (GASTR) Kebab *m*
kéfir ['kefir] *m* (GASTR) Kefir *m*
keke ['keke] *m* (*Am*): ~ **inglés** *Kuchen mit getrockneten Früchten*
kelvin ['kelβin] *m* (FÍS) Kelvin *nt*
kendo ['keṇdo] *m* (DEP) Kendo *nt*
Kenia ['kenja] *f* Kenia *nt*
keniano, -a [ke'njano, -a] **I.** *adj* kenianisch **II.** *m, f* Kenianer(in) *m(f)*
keniata [ke'njata] **I.** *adj* kenianisch **II.** *mf* Kenianer(in) *m(f)*
kermesse [ker'mes] *m* Kirmes *f*
kerosén [kero'sen] *m* (*AmS*) Kerosin *nt*
keroseno [kero'seno] *m* Kerosin *nt*
ketchup ['keᵈtʃup] *m* <**ketchups**> Ketschup *m o nt*
keynesianismo [kei̯nesja'nismo] *m sin pl* (ECON) Keynesianismus *m*
keynesiano, -a [kei̯ne'sjano, -a] **I.** *adj* Keynes-; **efecto** ~ Keynes-Effekt *m;* **teoría keynesiana** keynessche Theorie **II.** *m, f* Keynesianer(in) *m(f)*
kg [kilo'ɣramo] *abr de* **kilogramo** kg
khan [kan] *m* (HIST) Khan *m*
kibutz [ki'βuθ] *m* <**kibutzs**> Kibbuz *m*
kié [kje] *m* (*argot*) Kumpel *m*
kif [kif] *m* (*hachís, marihuana*) Kif *m*
kikirikí [kikiri'ki] *m* (*onomatopeya*) Kikeriki *nt*
kiliárea [kili'area] *f* 10 Hektar
kilim ['kilin] *m* (*alfombra*) Kelim *m*
kilo ['kilo] **I.** *m* **1.** (*peso*) Kilo *nt* **2.** (*argot: dinero*) Million *f* Peseten **II.** *adv* (*argot: mucho*) sehr viel
kilobyte [kilo'βaiᵗ] *m* (INFOR) Kilobyte *nt;* **~s por segundo** Kilobyte pro Sekunde
kilocaloría [kilokalo'ria] *f* Kilokalorie *f*
kilociclo [kilo'θiklo] *m* Kilohertz *nt*
kilogramo [kilo'ɣramo] *m* Kilogramm *nt*
kilohercio [kilo'erθjo] *m,* **kilohertzio** [kilo'erθjo] *m* Kilohertz *nt*
kilojulio [kilo'xuljo] *m* (FÍS) Kilojoule *nt*
kilolitro [kilo'litro] *m* Kiloliter *m*
kilometraje [kilome'traxe] *m* **1.** (AUTO) Kilometerstand *m,* Kilometerleistung *f* **2.** (*distancia*) Entfernung *f;* **hay que recorrer un buen** ~ wir müssen eine ziemliche Entfernung [*o* einige Kilometer] zurücklegen
kilometrar [kilome'trar] *vt* **1.** (*medir*) nach Kilometern messen **2.** (*río, carretera*) kilometrieren
kilométrico[1] [kilo'metriko] *m für eine bestimmte Kilometeranzahl gültiger Fahrschein*
kilométrico, -a[2] [kilo'metriko, -a] *adj* **1.** (*en kilómetros*) kilometrisch **2.** (*muy largo*) kilometerlang, ellenlang *fam;* **una cola kilométrica** eine ellenlange Schlange
kilómetro [ki'lometro] *m* Kilometer *m*
kilopondio [kilo'poṇdjo] *m* (HIST, FÍS) Kilopond *nt*
kilotón [kilo'ton] *m* Kilotonne *f*
kilovatio [kilo'βatjo] *m* Kilowatt *nt*

kilovatio-hora [kilo'βatjo-'ora] *m* <kilovatios-hora> Kilowattstunde *f*
kilovoltio [kilo'βoltjo] *m* (ELEC) Kilovolt *nt*
kilowatio [kilo'βatjo] *m v.* **kilovatio**
kilt [kilt] <kilts> *m* Kilt *m*
kimono [ki'mono] *m* Kimono *m*
kínder ['kinder] *m inv,* **kindergarten** [kinder'ɣarten] *m inv* (*Am*) Kindergarten *m*
kinesiología [kinesjolo'xia] *f sin pl* (MED) Kinästhetik *f*
kinesiólogo, -a [kine'sjoloɣo, -a] *m, f* (MED) Kinästhesist(in) *m(f)*
kinesi(o)terapia [kinesite'rapja/kinesjote'rapja] *f sin pl* (MED) Kinästhesietherapie *f,* Kinästhesiebehandlung *f*
kingkones [kiŋ'kones] *mpl* (*Perú*) *süße Torten mit Karamelmasse und Pflaumen oder Aprikosen*
kiosco ['kjosko] *m,* **kiosko** ['kjosko] *m* Kiosk *m*
kiosquero, -a [kjos'kero, -a] *m, f* Kioskbesitzer(in) *m(f)*
kirie ['kirje] *m* (REL) Kyrie *nt*
kirieleisón [kirjelei̯'son] *m* (REL) Kyrieeleison *nt*
kirsch [kirʃ] *m* Kirsch *m,* Kirschwasser *nt*
kit [kit] *m* <kits> Baukasten *m;* ~ **multimedia** (INFOR) Multimedia-Kit *m*
kitsch [kitʃ] *m sin pl* Kitsch *m*
kivi ['kiβi] *m,* **kiwi** ['kiβi] *m* Kiwi *f*
kl [kilo'litro] *abr de* **kilolitro** kl
kleenex® ['klineˠs] *m inv,* **klínex**® ['klineˠs] *m inv* Tempo® *nt,* Papiertaschentuch *nt*
km [ki'lometro] *abr de* **kilómetro** km
km/h [ki'lometro por 'ora] *abr de* **kilómetro por hora** km/h, km/st
k.o. ['kao] *m* (DEP) *abr de* **knockout** K.o. *m*
koala [ko'ala] *m* Koala *m*
kodak® ['koðak] *f* <kodaks> (*Am:* FOTO) Kleinbildkamera *f*
kokotxa [ko'kotʃa] *f* (GASTR) *fleischige Auswüchse am Kopf von Seehecht und Kabeljau*
koljoz [kol'xoθ] *m* Kolchos *m*
Komintern [komin'tern] *f abr de* **Comunista Internacional** Komintern *f*
krausismo [krau̯'sismo] *m sin pl* (FILOS) Krausismus *m* (*nach Karl Christian Krause*)
Kremlin ['kremlin] *m* Kreml *m*
kremlinología [kremlinolo'xia] *f sin pl* (POL) *Wissenschaft, die sich mit der Geschichte und dem Wesen des Kremls beschäftigt*
kremlinólogo, -a [kremli'noloɣo, -a] *m, f* (POL) Kremlfachmann, -frau *m, f*
kung-fu [kuŋ'fu] *m sin pl* (DEP) Kung-Fu *nt*
Kurdistán [kurðis'tan] *m* Kurdistan *nt*
kurdo, -a ['kurðo, -a] **I.** *adj* kurdisch **II.** *m, f* Kurde, -in *m, f*
Kuwait [ku'βait] *m* Kuwait *nt*
kuwaití [kuβai̯'ti] **I.** *adj* kuwaitisch **II.** *mf* Kuwaiter(in) *m(f)*
kv [kilo'βatjo] *abr de* **kilovatio** kW
kv/h [kilo'βatjo 'ora] *abr de* **kilovatio-hora**

L

L, l ['ele] *f* L, l *nt;* ~ **de Lisboa** L wie Ludwig
l ['litro] *abr de* **litro(s)** l
l. ['liβro-lei̯] **1.** *abr de* **libro** Buch **2.** *abr de* **ley** Gesetz
L. [lei̯-'lira] **1.** *abr de* **Ley** Gesetz **2.** *abr de* **lira(s)** L.
L/ ['letra ðe 'kambjo] *abr de* **letra de cambio** Wechselbrief *m*
la [la] **I.** *art det v.* **el, la, lo II.** *pron pers f sg* **1.** (*objeto directo*) sie, ihr *sg;* **¡tráeme~!** bring sie mir!; **¿~ has visto?** hast du sie gesehen?; ~ **quiero ayudar** ich will ihr helfen **2.** (*enclítico*) es; **¡buena ~ hemos hecho!** da haben wir uns etwas eingebrockt! **3.** (*con relativo*): ~ **que...** die(jenige), die ...; ~ **cual** welche, die; **mi hermana es ~ que está bailando** meine Schwester ist die(jenige), die gerade tanzt; **tiene una amiga, ~ cual habla español** er/sie hat eine Freundin, die Spanisch spricht **4.** (*laísmo: uso incorrecto*) ihr; ~ **digo que...** ich sage ihr, dass ... **III.** *m* (MÚS) A *nt*
lábaro ['laβaro] *m* (HIST, REL) Labarum *nt,* Christusmonogramm *nt*
laberíntico, -a [laβe'rin̪tiko, -a] *adj* (*lugar*) labyrinthisch; (*intrincado*) verworren, abstrus
laberinto [laβe'rin̪to] *m* **1.** (*lugar*) Labyrinth *nt,* Irrgarten *m* **2.** (ANAT) Labyrinth *nt* **3.** (*maraña*) Durcheinander *nt*
labia ['laβja] *f* (*fam*) Zungenfertigkeit *f;* **tener mucha** [*o* **buena**] ~ ein flinkes Mundwerk haben
labiadas [la'βjaðas] *fpl* (BOT) Lippenblütler *mpl,* Labiaten *fpl*
labiado, -a [la'βjaðo, -a] *adj* (BOT) lippenförmig
labial [la'βjal] *adj* Lippen-; (LING) labial
labializar [laβjali'θar] <z→c> *vt* (LING) labialisieren
labiérnago [la'βjernaɣo] *m* (BOT) Steinlinde *f*
lábil ['laβil] *adj* **1.** (*frágil*) unsicher **2.** (*carácter*) labil **3.** (QUÍM) labil, instabil
labio ['laβjo] *m* **1.** (*de la boca*) Lippe *f;* ~ **hendido** [*o* **leporino**] Hasenscharte *f;* ~ **inferior** Unterlippe *f;* ~ **superior** Oberlippe *f;* **los ~s** der Mund; **cerrar los ~s** schweigen; **estar colgado** [*o* **pendiente**] **de los ~s de alguien** an jds Lippen hängen; **morderse los ~s** sich *dat* auf die Lippen beißen; (*fig*) sich *dat* das Lachen verbeißen **2.** (*de un animal*) Lefze *f* **3.** (*borde*) Rand *m;* ~ **de una herida** Wundrand *m* **4.** *pl* (ANAT: *vulva*) Schamlippen *fpl*
labiodental [laβjoðen̪'tal] **I.** *adj* (LING) labiodental; **en español sólo hay una consonante ~** im Spanischen gibt es nur einen Lippenzahnlaut **II.** *m* (LING) Lippenzahnlaut *m,* Labiodental *m*
labioso, -a [la'βjoso, -a] *adj* (*Ecua: adulador*) schmeichlerisch
labor [la'βor] *f* **1.** (*trabajo*) Arbeit *f;* **hacer las ~es del campo** Landarbeit verrichten **2.** (*manualidad*) Handarbeit *f;* ~ **de aguja** Näharbeit *f;* ~ **de ganchillo** Häkelarbeit *f;* **hacer ~es** handarbeiten **3.** (*labranza*) Feldarbeit *f* **4.** *pl* (*en formularios*): **sus ~es** Hausfrau *f*
laborable [laβo'raβle] *adj* **1.** (*tierra*) kultivierbar **2.** (*de trabajo*): **día ~** Werktag *m;* **sólo tenemos abierto los días ~s** wir haben nur werktags geöffnet
laboral [laβo'ral] *adj* Arbeits-; **accidente ~** Arbeitsunfall *m;* **conflicto ~** Arbeitskampf *m,* Arbeitskonflikt *m;* **contrato ~** Arbeitsvertrag *m;* **cualificación ~** Arbeitsqualifikation *f,* berufliche Befähigung; **derecho ~** Arbeitsrecht *nt;* **productividad ~** Arbeitsproduktivität *f;* **siniestralidad ~** Arbeitsunfallhäufigkeit *f;* **tengo una relación puramente ~ con él** mein Verhältnis zu ihm ist rein beruflicher Natur [*o* beschränkt sich auf die berufliche Zusammenarbeit]
laboralista [laβora'lista] **I.** *adj:* **abogado ~** Arbeitsrechtler *m* **II.** *mf* Arbeitsrechtler(in) *m(f)*
laborar [laβo'rar] **I.** *vi* **1.** (*gestionar*) sich bemühen (*por/en favor de* um +*akk*) **2.** (*intrigar*) intrigieren **II.** *vt v.* **labrar**
laboratorio [laβora'torjo] *m* Labor(atorium) *nt;* ~ **fotográfico** Fotolabor *nt;* ~ **de idiomas** Sprachlabor *nt;* ~ **de investigaciones** Forschungslabor(atorium) *nt*
laborear [laβore'ar] **I.** *vt* **1.** *v.* **labrar 2.** (MIN) fördern, schürfen **II.** *vi* (NÁUT) über eine Rolle laufen
laboreo [laβo'reo] *m* **1.** (AGR) Ackerbau *m* **2.** (*de las minas*) Bergbau *m;* ~ **exhaustivo** Raubbau *m*
laborío [laβo'rio] *m* Arbeit *f,* Mühe *f;* **este mantel de hilo lleva mucho ~** in dieser Leinentischdecke steckt viel Arbeit
laboriosidad [laβorjosi'ðað] *f* Fleiß *m*
laborioso, -a [laβo'rjoso, -a] *adj* **1.** (*trabajador*) fleißig **2.** (*difícil*) mühsam, schwierig
laborismo [laβo'rismo] *m* (POL) Labourbewegung *f*
laborista [laβo'rista] **I.** *adj* Labour-; **partido ~** Labour Party *f* **II.** *mf* Anhänger(in) *m(f)* der Labour Party
labortano [laβor'tano] *m* (LING) *in Südfrankreich gesprochener baskischer Dialekt*
laborterapia [laβorte'rapja] *f* (MED) Arbeits-

therapie *f*

labradío, -a [laβra'ðio, -a] *adj v.* **labrantío[2]**

labrado[1] [la'βraðo] *m* **1.**(*acción*) Bearbeitung *f;* (AGR) Bestellung *f* **2.**(*resultado*) Arbeit *f;* (*dibujo*) Muster *nt;* (*de un cristal*) Schliff *m* **3.**(*campo*) Acker *m* **4.** *pl* (*tierra*) Ackerland *nt*

labrado, -a[2] [la'βraðo, -a] *adj* **1.**(*telas*) gemustert; (*objetos*) fein gearbeitet; (*madera*) behauen; (*cristal*) geschliffen **2.**(*tierra*) bestellt; **campo ~** Ackerland *nt*

labrador(a) [laβra'ðor(a)] *m(f)* Landwirt(in) *m(f)*

labrandera [laβran̪'dera] *f* Handarbeiterin *f;* (*costurera*) Näherin *f*

labrantío[1] [laβran̪'tio] *m* Ackerland *nt*

labrantío, -a[2] [laβran̪'tio, -a] *adj* **1.**(*cultivado*) bebaut, kultiviert **2.**(*cultivable*) anbaufähig

labranza [la'βran̪θa] *f* **1.**(*cultivo*) Ackerbau *m* **2.**(*trabajo*) Feldarbeit *f* **3.**(*hacienda*) Bauernhof *m,* Landgut *nt*

labrapuntas [laβra'pun̪tas] *m inv* (*Col*) Anspitzer *m*

labrar [la'βrar] *vt* **1.**(*trabajar un material*) bearbeiten; (*un dibujo*) herausarbeiten; (*cristal*) schleifen; **~ la madera** Kunstarbeiten in Holz ausführen; **sin ~** unbearbeitet **2.**(*cultivar*) bestellen; (*arar*) pflügen **3.**(*en jardín*) hacken **4.**(*mina*) ausbeuten **5.**(*coser*) nähen; (*bordar*) sticken **6.**(*acuñar*) prägen **7.**(*causar gradualmente*) bewirken; **~ la felicidad de alguien** jdm zu seinem Glück verhelfen; **~ la perdición de alguien** jdn ins Verderben stürzen

labriego, -a [la'βrjeɣo, -a] *m, f* Landwirt(in) *m(f)*

labrusca [la'βruska] *f* (BOT) wilder Wein *m*

laburar [laβu'rar] *vi* (*Arg, Urug*) arbeiten

laca ['laka] *f* **1.**(*pintura*) Lack *m;* (*del coche*) Autolack *m;* **~ para** [*o* **de**] **las uñas** Nagellack *m;* **goma ~** Schellack *m* **2.**(*para el pelo*) Haarlack *m;* (*en spray*) Haarspray *m o nt*

lacado, -a [la'kaðo, -a] *adj* lackiert; **uñas lacadas en rojo** rotlackierte Fingernägel

lacar [la'kar] <c→qu> *vt* lackieren; **hay que ~ la mesa vieja** der alte Tisch muss mit einer Lackschicht überzogen werden

lacayo[1] [la'kaʝo] *m* **1.**(*criado*) Lakai *m* **2.**(*soldado*) Reitknecht *m* **3.**(*pey: persona servil*) Speichellecker *m*

lacayo, -a[2] [la'kaʝo, -a] *adj* **1.**(*propio de lacayos*) Lakaien- **2.**(*pey: servil*) unterwürfig, lakaienhaft

laceador(a) [laθea'ðor(a)] *m(f)* (*Am*) Lassowerfer(in) *m(f)*

lacear [laθe'ar] *vt* **1.**(*adornar*) mit Bändern schmücken **2.**(*cazar*) mit dem Lasso fangen

lacera [la'θera] *f v.* **lacero**

laceración [laθera'θjon] *f* (*elev*) Verletzung *f;* **las laceraciones de Jesucristo** der Leidensweg Jesu Christi

lacerado, -a [laθe'raðo, -a] *adj* unglückselig

lacerante [laθe'ran̪te] *adj* unangenehm; (*dolor*) stechend; **un grito ~** ein gellender Schrei

lacerar [laθe'rar] **I.** *vt* **1.**(*herir*) verletzen; **~ el alma** das Herz zerreißen **2.**(*magullar*) quetschen **3.**(*dañar la honra*) Schaden zufügen +*dat* **II.** *vr:* **~se** sich kasteien

laceria [la'θerja] *f* **1.**(*miseria*) Elend *nt* **2.**(*fatiga*) Mühe *f*

lacero, -a [la'θero, -a] *m, f* **1.**(*laceador*) Lassowerfer(in) *m(f)* **2.**(*perrero*) Hundefänger(in) *m(f)*

lacha ['laʧa] *f* **1.**(ZOOL) Sardelle *f* **2.**(*fam: vergüenza*) Scham *f;* **tener poca ~** unverschämt [*o* schamlos] sein

lachear [laʧe'ar] *vt* (*Chil*) den Hof machen *dat,* umwerben

lacho ['laʧo] **I.** *adj* (*Chil, Perú: hombre enamoradizo*) leicht entflammbar; (*acostumbrado a galantear*) galant **II.** *m* (*Chil, Perú: enamorado*) Liebhaber *m;* (*pisaverde*) Galan *m*

lacio, -a ['laθjo, -a] *adj* **1.**(*marchito*) welk **2.**(*flojo*) schlaff; **cabello ~** glattes Haar

lacolito [lako'lito] *m* (GEO) Lakkolith *m*

lacón [la'kon] *m* (luftgetrockneter) Vorderschinken *m;* **~ con grelos** (*reg:* GASTR) *geräucherte Schweinshaxe mit Steckrübenblättern*

lacónicamente [lakonika'men̪te] *adv* kurz und bündig, lakonisch

lacónico, -a [la'koniko, -a] *adj* lakonisch; **una persona lacónica** eine wortkarge Person

laconismo [lako'nismo] *m* Lakonismus *m,* Lakonik *f*

lacra ['lakra] *f* **1.**(*secuela de una enfermedad*) Folgeerscheinung *f* **2.**(*cicatriz*) Narbe *f* **3.**(*vicio*) Laster *nt;* **~ social** sozialer Missstand

lacrar [la'krar] *vt* **1.**(*cerrar con lacre*) versiegeln **2.**(*contagiar*) anstecken **3.**(*perjudicar*) schädigen

lacre ['lakre] **I.** *adj* rot **II.** *m* Siegellack *m*

lacrimal [lakri'mal] *adj* Tränen-; **bolsa ~** Tränensack *m*

lacrimatorio[1] [lakrima'torjo] *m* (HIST) Tränenkrug *m*

lacrimatorio, -a[2] [lakrima'torjo, -a] *adj* Tränen-; **urna lacrimatoria** (HIST) Tränenurne *f*

lacrimógeno, -a [lakri'moxeno, -a] *adj* tränenerregend; **gas ~** Tränengas *nt;* **película lacrimógena** (*pey*) Schnulze *f*

lacrimoso, -a [lakri'moso, -a] *adj* **1.**(*lloroso*) tränend **2.**(*lastimoso*) zu Tränen rührend **3.**(*quejumbroso*) wehleidig

lactación [lakta'θjon] *f* Milcherzeugung *f,* Milchproduktion *f*

lactancia [lak'tan̪θja] *f* **1.**(*acción*) Säugen *nt* **2.**(*período*) Stillzeit *f*

lactante [lak'tan̪te] **I.** *adj* stillend **II.** *mf* Säugling *m*

lactar [lak'tar] **I.** *vt* **1.**(*amamantar*) stillen, säugen **2.**(*criar*) mit Milch aufziehen **II.** *vi* (*mamar la leche*) saugen

lacteado, -a [lakte'aðo, -a] *adj* Milch-, milchhaltig; **harina lacteada** Milchpulver *nt*

lácteo, **-a** ['lakteo, -a] *adj* Milch-, milchig; **vía láctea** (ASTR) Milchstraße *f*

láctico, **-a** ['laktiko, -a] *adj* (BIOL, MED) Milch-; **ácido** ~ Milchsäure *f*

lactífero, **-a** [lak'tifero, -a] *adj* (ANAT) Milch-; **vasos ~s** Milchgänge *mpl*

lactina [lak'tina] *f v.* **lactosa**

lactosa [lak'tosa] *f* (BIOL, MED) Laktose *f*, Milchzucker *m*

lactumen [lak'tumen] *m* (MED) Milchschorf *m*

lacustre [la'kustre] *adj* See-; **construcciones ~s** Pfahlbauten *mpl;* **planta** ~ Seewasserpflanze *f*

lada ['laða] *f* (BOT) Zistrose *f*

ladeado, **-a** [laðe'aðo, -a] *adj* (seitlich) geneigt, schief

ladear [laðe'ar] **I.** *vt* **1.** (*inclinar*) (zur Seite) neigen; (*un sombrero*) schief aufsetzen; **el perro ladeó la cabeza** der Hund legte den Kopf zur Seite **2.** (*desviar*) ausweichen *+dat;* ~ **un problema** einem Problem aus dem Weg gehen **II.** *vi* (*caminar*) einen Hang entlanglaufen; (*desviarse*) vom Weg abkommen **III.** *vr:* **~se 1.** (*inclinarse*) sich (zur Seite) neigen **2.** (*Chil: enamorarse*) sich verlieben **3.** (*loc*): **~se con alguien** sich auf jds Seite stellen, für jdn Partei ergreifen

ladeo [la'ðeo] *m* seitliche Neigung *f*

ladera [la'ðera] *f* Abhang *m*

ladilla [la'ðiʎa] *f* (ZOOL) Filzlaus *f*

ladillo [la'ðiʎo] *m* (TIPO) Randtitel *m*

ladino[1] [la'ðino] *m* **1.** (LING: *español*) Altspanisch(e) *nt* **2.** (*sefardí*) jüdisches Spanisch *nt*

ladino, **-a**[2] [la'ðino, -a] **I.** *adj* **1.** (*taimado*) abgefeimt **2.** (LING: *español*) altspanisch **3.** (LING: *sefardí*) jüdisch-spanisch **4.** (*políglota*) sprachgewandt **II.** *m, f* (*AmC*) *Mestize, der nur Spanisch spricht*

lado ['laðo] *m* **1.** (*lateral, t.* MAT) Seite *f;* **por un ~... y por el otro ~...** einerseits ... und andererseits ...; **de todos ~s** von allen Seiten; **a ambos ~s** beiderseits; **por el ~ materno** mütterlicherseits; **ir de un ~ a otro** hin und her gehen; **duerme del ~ izquierdo** er/sie schläft auf der linken Seite; **por todos ~s** überall; **dejar de ~ a alguien** jdn ignorieren; **mirar de ~ a alguien** jdn schief anblicken; **los dos ~s de la moneda** die zwei Seiten der Medaille **2.** (*borde*) Kante *f;* **los ~s de la mesa** die Tischkanten **3.** (*extremo*) Rand *m;* **la ciudad crece por el ~ sur** die Stadt wächst im südlichen Teil **4.** (*lugar, sitio*) Gegend *f*, Platz *m;* **por el ~ del río** in der Nähe des Flusses; **debe de haber ido a algún otro ~** er/sie muss wohl irgendwo anders hingegangen sein **5.** (*punto de vista*) Aspekt *m;* **por el ~ ecológico** vom ökologischen Standpunkt; **el ~ positivo de una cosa** der positive Aspekt einer Sache; **el ~ bueno de la vida** die angenehme(n) Seite(n) des Lebens **6.** (*camino*) Weg *m;* **tomar por otro ~** einen anderen Weg einschlagen **7.** (*partido*): **se puso de su ~** er/sie ergriff für ihn/sie Partei **8.** (*loc*): **al ~** daneben; **la casa de al ~** das Haus nebenan; **al ~ de** (*estar junto a*) neben *+dat;* (*colocar junto a*) neben *+akk;* **el niño está al ~ suyo** [*o* **a su ~**] das Kind steht neben Ihnen; **pon la fruta al ~ de la leche** leg das Obst neben die Milch; **¡colócate al ~ mío** [*o* **a mi ~**]**!** komm an meine Seite!

ladón [la'ðon] *m* (BOT) *v.* **lada**

ladrador(a) [laðra'ðor(a)] *adj* bellend; **dice el refrán: perro ~ poco mordedor** es heißt: Hunde, die bellen, beißen nicht

ladrar [la'ðrar] *vi* bellen; (*amenazar sin acometer*) kläffen; **perro que ladra no muerde** (*prov*) Hunde, die bellen, beißen nicht

ladrear [laðre'ar] *vi* ständig bellen; **el perro estuvo toda la noche ladreando** der Hund hat die ganze Nacht gebellt

ladrido [la'ðriðo] *m* **1.** (*de un perro*) Bellen *nt*, Gebell *nt* **2.** (*pey: calumnia*) Beschimpfung *f*

ladrillado [laðri'ʎaðo] *m mit Ziegeln gepflasterter Boden*

ladrillar [laðri'ʎar] **I.** *vt* **1.** (*enladrillar*) mit Ziegeln pflastern **2.** (*fabricar ladrillo*) Ziegel herstellen **II.** *m* Ziegelei *f*

ladrillazo [laðri'ʎaθo] *m* Schlag *m* mit einem Ziegelstein

ladrillera [laðri'ʎera] *f* Ziegelform *f*

ladrillero, **-a** [laðri'ʎero, -a] **I.** *adj* Ziegel-; **la industria ladrillera** die Ziegelindustrie **II.** *m, f* Ziegelbrenner(in) *m(f);* **la mayoría de los habitantes del pueblo son ~s** die meisten Dorfbewohner arbeiten in der Ziegelbrennerei

ladrillo [la'ðriʎo] *m* **1.** (*de construcción*) Ziegel(stein) *m;* ~ **recocido** Klinker *m;* ~ **refractario** Schamottestein *m;* **color ~** Ziegelrot *nt* **2.** (TEAT, LIT) (langweiliger) Schinken *m fig*

ladrón[1] [la'ðron] *m* (ELEC) **1.** (*enchufe*) Mehrfachstecker *m* **2.** (*toma clandestina*) illegaler Stromverteiler *m*

ladrón, **-ona**[2] [la'ðron, -ona] **I.** *adj* diebisch **II.** *m, f* (*bandido*) Dieb(in) *m(f)*, Räuber(in) *m(f);* ~ **de cadáveres** Leichenfledderer *m;* ~ **cuatrero** Viehdieb *m;* ~ **de guante blanco** Gentleman-Ganove *m;* **la ocasión hace al ~** (*prov*) Gelegenheit macht Diebe; **quien roba al ~ tiene cien años de perdón** (*prov*) den Dieb bestehlen heißt nicht sündigen

ladronamente [laðrona'mente] *adv* verstohlen, heimlich; **se llevó ~ su cuaderno** er/sie hat ihm/ihr heimlich das Heft weggenommen

ladronear [laðrone'ar] *vi* vom Diebstahl leben; ~ **para sobrevivir** sich mit kleinen Diebstählen über Wasser halten

ladronera [laðro'nera] *f* **1.** (*escondrijo*) Diebesnest *nt* **2.** (*de un río o acequia*) unbefugte Wasserentnahme *f* **3.** (*defraudación*) Gaunerei *f* **4.** (*alcancía*) Sparbüchse *f*

ladronería [laðrone'ria] *f* Diebstahl *m*

ladronesca [laðro'neska] *f* (*fam*) Diebesbande *f;* **la ~ de la ciudad** die Stadtgauner
ladronesco, -a [laðro'nesko, -a] *adj* diebisch, Diebes-; **un imperdonable acto ~** eine unverzeihliche Diebestat
ladronzuelo, -a [laðron̩'θwelo, -a] *m, f* 1.*dim de* **ladrón[2]** 2.(*ratero*) Taschendieb(in) *m(f)*
lady ['lei̯ði] <ladys> *f* Lady *f*
lagar [la'ɣar] *m* 1.(*recipiente*) Steingutbehälter *m* (*zum Mosten*); (*para aceite de oliva*) Ölpresse *f;* (*para sidra, vino*) Kelter *f* 2.(*edificio*) Kelterei *f,* Presse *f*
lagarero, -a [laɣa'rero, -a] *m, f* (*de uvas*) Kelterer, -in *m, f;* (*de aceite*) Ölpresser(in) *m(f);* **varias personas trabajan como ~s en el prensado de la uva** mehrere Leute arbeiten in der Kelterei
lagarta [la'ɣarta] *f* 1.(ZOOL) Schwammspinner *m* 2.(*fam: mujer licenciosa*) unverschämtes Weib *nt,* Biest *nt;* **la muy ~ intentó engañar a su suegra** das Biest hat (doch) ihre Schwiegermutter reinlegen wollen 3.*v.* **lagarto[2]**
lagartear [laɣarte'ar] I.*vt* 1.(*Chil*) *jdn an den Oberarmen fest halten und ihn unbeweglich machen, z.B. beim Kampf* 2.(*Col: importunar*) bedrängen II.*vi* (*Guat, Méx: cazar lagartos*) Eidechsen fangen
lagartera [laɣar'tera] *f* Eidechsenhöhle *f*
lagarterano, -a [laɣarte'rano, -a] I.*adj* aus Lagartera (*Provinz Toledo*) II.*m, f* Einwohner(in) *m(f)* von Lagartera
lagartija [laɣar'tixa] *f* (ZOOL) Mauereidechse *f*
lagarto[1] [la'ɣarto] I.*interj* toi, toi, toi II.*m* 1.(*reptil*) Eidechse *f* 2.(*Am: caimán*) Kaiman *m*
lagarto, -a[2] [la'ɣarto, -a] I.*adj* verschlagen II.*m, f* (*persona*) Luder *nt*
lagartón, -ona [laɣar'ton, -ona] I.*adj* schlau, durchtrieben, pfiffig II.*m, f* Schlauberger(in) *m(f) fam,* gerissener Mensch *m*
lago ['laɣo] *m* See *m;* **L~ de Constanza** Bodensee *m*
lagón [la'ɣon] *m* (GEO) Lagune *f*
lagópodo [la'ɣopoðo] *m* (ZOOL) Schneehuhn *nt*
lágrima ['laɣrima] *f* 1.(*del ojo*) Träne *f;* **la vida es un valle de ~s** das Leben ist ein Jammertal; **llorar ~s de sangre por algo** wegen etw *gen/dat* heiße Tränen vergießen; **llorar a ~ viva, deshacerse en ~s** bitterlich weinen, Rotz und Wasser heulen *fam;* **saltársele a alguien las ~s** in Tränen ausbrechen; **ser el paño de ~s de alguien** jds Trost sein 2.(*de vino, licor*) Schlückchen *nt*
lagrimal [laɣri'mal] I.*adj* Tränen- II.*m* (ANAT) Tränensack *m*
lagrimar [laɣri'mar] *vi* weinen
lagrimear [laɣrime'ar] *vi* tränen
lagrimón [laɣri'mon] *m* (*fam*) dicke Träne *f*
lagrimoso, -a [laɣri'moso, -a] *adj* tränend
laguna [la'ɣuna] *f* 1.(*agua salada*) Lagune *f;* (*agua dulce*) Teich *m* 2.(*omisión*) Lücke *f;* **~ en la memoria** Gedächtnislücke *f*
lagunajo [laɣu'naxo] *m* große Pfütze *f;* **tras la tormenta el campo se llenó de ~s** durch das Gewitter haben sich auf dem Feld tümpelartige Pfützen gebildet
lagunoso, -a [laɣu'noso, -a] *adj* lagunenreich; (*pantano*) sumpfig
lahar [la'ar] <lahars> *m* (GEO) Lahar *m*
laica ['lai̯ka] *adj o f v.* **laico**
laicado [lai̯'kaðo] *m* Laien *fpl*
laical [lai̯'kal] *adj* (REL) weltlich, Laien-; **participación ~** Mitarbeit der Laien
laicalización [lai̯kaliθa'θjon] *f* (*Chil*) Säkularisierung *f*
laicalizar [lai̯kali'θar] <z→c> *vt* (*Chil*) säkularisieren
laicidad [lai̯θi'ðaᵈ] *f* 1.(*no eclesiástico*) Weltlichkeit *f* 2.(POL) Laizismus *m*
laicismo [lai̯'θismo] *m* Laizismus *m*
laicización [lai̯θiθa'θjon] *f* Verweltlichung *f*
laicizar [lai̯θi'θar] <z→c> *vt* verweltlichen
laico, -a ['lai̯ko, -a] I.*adj* Laien-, weltlich II.*m, f* Laie, -in *m, f*
laísmo [la'ismo] *m* (LING) *falsche Verwendung von 'la(s)' als Dativobjekt anstelle von 'le(s)'*
laísta [la'ista] I.*adj* (LING) *'la(s)' statt 'le(s)' im Dativ verwendend* II.*mf* (LING) *Person, die 'la(s)' statt 'le(s)' im Dativ verwendet*
laja ['laxa] *f* Steinplatte *f;* **~ de pizarra** Schieferplatte *f*
lalopatía [lalopa'tia] *f* (MED) Sprachstörung *f,* Lalopathie *f*
lama[1] ['lama] *f* 1.(*cieno*) Schlick *m* 2.(*de metal*) Lahn *m*
lama[2] ['lama] *m* (REL) Lama *m*
lamaísmo [lama'ismo] *m* (REL) Lamaismus *m*
lamarquismo [lamar'kismo] *m sin pl* (BIOL) Lamarckismus *m*
lambada [lam'baða] *f* Lambada *m*
lambarero, -a [lamba'rero, -a] *adj* (*Cuba: ocioso*) müßiggängerisch; (*errante*) umherschweifend, streunend
lambda [lamᵇða] *f* (*letra griega*) Lambda *nt*
lambdacismo [lamᵇða'θismo] *m* (LING, PSICO) Lambdazismus *m*
lamber [lam'ber] *vt v.* **lamer**
lambiche [lam'bitʃe] *adj* (*Méx: vulg: adulador*) schmeichlerisch
lambrija [lam'brixa] *f* 1.(ZOOL) Regenwurm *m* 2.(*fam: persona muy flaca*) Bohnenstange *f*
lamé [la'me] *m* Lamé *m*
lameculos [lame'kulos] *mf inv* (*vulg*) Arschkriecher(in) *m(f)*
lamedor[1] [lame'ðor] *m* 1.(*jarabe*) Sirup *m* 2.(*lisonja*) Schmeichelei *f;* **dar ~** (*fam*) beim Geldspiel Unfähigkeit vortäuschen
lamedor(a)[2] [lame'ðor(a)] *adj* leckend
lamedura [lame'ðura] *f* Lecken *nt*
lamelibranquio [lameli'βraŋkjo] *m*

1. (ZOOL: *molusco*) Muschel *f* 2. *pl* (ZOOL: *clase*) Lamellibranchiata *pl*
lamentable [lamen̩'taβle] *adj* jämmerlich
lamentación [lamen̩ta'θjon] *f* (*acción*) (Weh)klagen *nt;* (*expresión*) (Weh)klage *f;* **las lamentaciones** das Gejammer; **las lamentaciones de Jeremías** die Klagelieder des Jeremia
lamentar [lamen̩'tar] **I.** *vt* beklagen; **lo lamento** ich bedaure es **II.** *vr:* **~se** sich beklagen (*de* über +*akk*)
lamento [la'men̩to] *m* Wehklagen *nt*
lameplatos [lame'platos] *mf inv* **1.** (*fam: goloso*) Leckermaul *nt* **2.** (*pobre*) armer Schlucker *m*
lamer [la'mer] **I.** *vt* **1.** (*pasar la lengua*) (ab)lecken **2.** (*tocar*) leicht berühren; **dejar a uno qué ~** jdm einen empfindlichen Schaden zufügen; **las olas lamen la orilla/las arenas** die Wellen rollen ans Ufer/an den Strand; **mejor lamiendo que mordiendo** (*fig*) man erreicht mehr mit Lob als mit Tadel **II.** *vr:* **~se** sich (be)lecken; **el gato se lame las patas** die Katze leckt sich *dat* die Pfoten
lametazo [lame'taθo] *m* gieriges Lecken *nt*
lameteo [lame'teo] *m* Lecken *nt*
lametón [lame'ton] *m* Schlecken *nt,* gieriges Lecken *nt;* **dar lametones a algo** etw abschlecken
lamido[1] [la'miðo] *m* Lecken *nt*
lamido, -a[2] [la'miðo, -a] *adj* **1.** (*flaco*) dünn **2.** (*pálido*) blass **3.** (*relamido*) geschniegelt **4.** (*gastado*) abgewetzt
lámina ['lamina] *f* **1.** (*hojalata*) dünnes Blech *nt;* (*hoja de metal*) Folie *f;* (*segmento*) Lamelle *f;* **~ autoadhesiva** Selbstklebefolie *f;* **~ para proyector** Overheadfolie *f;* **producción de acero en ~s** Herstellung von Walzstahl [*o* Stahlblech] **2.** (*para estampar*) Druckplatte *f* **3.** (*ilustración*) Abbildung *f,* (Bild)tafel *f;* **~ hecha en cobre** Kupferstich *m;* **con ~s** illustriert
laminable [lami'naβle] *adj* walzbar
laminación [lamina'θjon] *f* Walzen *nt*
laminado[1] [lami'naðo] *m* (Aus)walzen *nt*
laminado, -a[2] [lami'naðo, -a] *adj* (*reducido a una lámina*) (aus)gewalzt; (*cubierto de láminas*) mit Platten verkleidet
laminador[1] [lamina'ðor] *m* Walzwerk *nt*
laminador(a)[2] [lamina'ðor(a)] **I.** *adj* Walz-; **tren ~** Walzstraße *f* **II.** *m(f)* Arbeiter(in) *m(f)* in einem Walzwerk
laminar [lami'nar] **I.** *adj* **1.** (*en forma de lámina*) Folien- **2.** (*formado de láminas*) schichtartig **3.** (GEO, METEO) laminar **II.** *vt* **1.** (*cortar*) (aus)walzen **2.** (*guarnecer*) mit Platten verkleiden
laminilla [lami'niʎa] *f* Lamelle *f,* Blättchen *nt;* **~ de cobre** Kupferfolie *f*
lamotear [lamote'ar] *vt* auflecken, aufschlecken
lampa ['lampa] *f* (*And: pala*) Schaufel *f;* (*azada*) Hacke *f*
lampacear [lampaθe'ar] *vt* (NÁUT) schrubben, schwabbern
lampalagua[1] [lampa'laɣwa] *mf* (*Arg, Chil*) Vielfraß *m fam*
lampalagua[2] [lampa'laɣwa] *m* (*Chil*) *Fabelwesen; Monstrum, das die Flüsse leer trinkt*
lampalagua[3] [lampa'laɣwa] *f* (*Arg*) ≈Wasserboa *f*
lampante [lam'pan̩te] *adj:* **petróleo ~** Leuchtöl *nt*
lámpara ['lampara] *f* **1.** (*luz*) Lampe *f;* **~ de alarma** Warnleuchte *f;* **~ fluorescente** Leuchtstoffröhre *f;* **~ de pie** Stehlampe *f;* **atizar la ~** (*fig fam*) noch eine Runde Wein einschenken **2.** (*de televisión, radio*) Röhre *f* **3.** (*mancha*) Fettfleck *m*
lamparazo [lampa'raθo] *m* (*Col*) (großer) Schluck *m*
lamparilla [lampa'riʎa] *f* **1.** *dim de* **lámpara** **2.** (*luz*) Nachtlampe *f* **3.** (ZOOL) Wachslämpchen *nt* **4.** (BOT) Zitterpappel *f,* Espe *f*
lamparón [lampa'ron] *m:* **~ de grasa** großer Fettfleck *m*
lampazo [lam'paθo] *m* (NÁUT) Dweil *m,* Schwabber *m,* Schrubber *m*
lampeón [lampe'on] *m v.* **lampión**
lampiño, -a [lam'piɲo, -a] *adj* (*sin barba*) bartlos; (*sin pelo*) haarlos
lampión [lam'pjon] *m* Laterne *f,* Lampion *m o nt*
lampista [lam'pista] *mf* **1.** (*fabricante*) Lampenhersteller(in) *m(f)* **2.** (*vendedor*) Lampenverkäufer(in) *m(f)* **3.** (*sereno*) Lampenanzünder(in) *m(f)*
lampistería [lampiste'ria] *f* **1.** (*fábrica*) Lampenfabrik *f* **2.** (*tienda*) Lampengeschäft *nt* **3.** (*almacén*) Lampenwerkstatt *f*
lampote [lam'pote] *m auf den Philippinen hergestellter Baumwollstoff*
lamprea [lam'prea] *f* (ZOOL) Lamprete *f,* Neunauge *nt*
lamprear [lampre'ar] *vt* (GASTR) *anbraten und anschließend in Wein oder Wasser mit Honig oder Zucker und Gewürzen kochen*
lampreazo [lampre'aθo] *m* (*fam*) Peitschenhieb *m*
lampuga [lam'puɣa] *f* (ZOOL) Goldmakrele *f*
LAN [lan] *f abr de* **Línea Aérea Nacional** *Spanische Nationale Fluglinie*
lana ['lana] *f* **1.** (*material*) Wolle *f;* **~ de acero** Stahlwolle *f;* **~ esquilada** Schurwolle *f;* **perro de ~s** Pudel *m;* **cardarle la ~ a alguien** (*fig fam*) jdm gehörig die Meinung sagen **2.** (*tela*) Wollstoff *m* **3.** (*vulg: dinero*) Zaster *m fam,* Kohle *f fam*
lanada [la'naða] *f* (MIL) Waffenreiniger *m,* Wischstock *m*
lanado, -a [la'naðo, -a] *adj* wollig; **industria de tejidos ~s** Wollstoffindustrie *f*
lanar [la'nar] *adj* Woll-; **ganado ~** Wollvieh *nt*
lanaria [la'narja] *f* (BOT: *jabonera*) Seifenkraut *nt*
lance ['lan̩θe] *m* **1.** (*acción*) Wurf *m,* Werfen

nt **2.** (*pesca*) Auswerfen *nt* des Netzes **3.** (*trance*) kritische Situation *f* **4.** (*pelea*) Streit *m;* ~ **de honor** Duell *nt* **5.** (LIT) (dramatischer) Höhepunkt *m* **6.** (*juego*) wichtige Aktionen *fpl* **7.** (TAUR) Mantelparade *f* **8.** (*casualidad*) Zufall *m;* ~ **de amor** Liebesabenteuer *nt;* ~ **de fortuna** Schicksalswendung *f* **9.** (*fam: compra*) Gelegenheit *f;* **comprar de** ~ ein Schnäppchen machen; **de** ~ aus zweiter Hand

lancear [laṇθe'ar] *vt* **1.** (*alancear*) mit der Lanze verletzen **2.** (TAUR): ~ **el toro** Stierkampfparaden ausführen

lancéola [laṇ'θeola] *f* (BOT) Spitzwegerich *m*

lancero [laṇ'θero] *m* **1.** (*soldado*) Lanzenreiter *m* **2.** (*torero*) Lanzenkämpfer *m*

lanceta [laṇ'θeta] *f* (MED) Lanzette *f;* (*para vacunar*) Impfmesser *nt*

lancha ['lanʧa] *f* **1.** (*piedra*) Steinplatte *f;* ~ **de pizarra** Schieferplatte *f* **2.** (*bote*) Kahn *m,* Leichter *m* **3.** (*bote adjunto*) Schaluppe *f* **4.** (*barca*) Barkasse *f;* ~ **de carga** Lastkahn *m;* ~ **de excursiones** Ausflugsboot *nt;* ~ **a remolque** Schleppkahn *m;* ~ **de salvamento** Seenotrettungskreuzer *m*

lanchaje [lan'ʧaxe] *m* **1.** (*flete*) Leichtergeld *nt* **2.** (*servicio*) Leichterverkehr *m*

lanchar [lan'ʧar] **I.** *vi* **1.** (*Ecua: nublarse el cielo*) sich bewölken **2.** (*Ecua: helar*) (ge)frieren; (*escarchar*) reifen **II.** *m* Steinbruch *m*

lanchero, -a [lan'ʧero, -a] *m, f* (NÁUT) Kahnschiffer(in) *m(f),* Schiffsfahrer(in) *m(f);* (*propietario*) Bootseigner(in) *m(f)*

lanchón [lan'ʧon] *m* (NÁUT) großer Kahn *m,* großes Boot *nt*

lancinante [laṇθi'naṇte] *adj* blitzartig (einsetzend)

lancurdia [laŋ'kurðja] *f* (ZOOL) kleine Forelle *f*

land [laṇ^d] *m* (deutsches) Bundesland *nt*

landa ['laṇda] *f* Heide(landschaft) *f*

landó [laṇ'do] *m* Landauer *m*

landre ['laṇdre] *f* **1.** (MED) eichelgroße Geschwulst *f* an den Drüsen; (*en los sobacos*) Achselgeschwulst *f;* (*en las ingles*) Leistengeschwulst *f* **2.** (*bolsa*) Innentasche *f* eines Kleidungsstückes (*in der Geld versteckt wird*)

landrilla [laṇ'driʎa] *f* (ZOOL) Finne *f*

lanera [la'nera] *adj o f v.* **lanero**

lanería [lane'ria] *f* Wollwarengeschäft *nt*

lanero, -a [la'nero, -a] **I.** *adj* wollen, Woll- **II.** *m, f* Wollwarenhändler(in) *m(f)*

langa ['laŋga] *f* (GASTR) Stockfisch *m*

langosta [laŋ'gosta] *f* **1.** (*insecto*) Heuschrecke *f;* (*saltamontes*) Grashüpfer *m;* ~ **migratoria** Wanderheuschrecke *f;* **plaga de ~s** Heuschreckenplage *f;* **los muchachos son la** ~ (*fam*) vor den Jungen ist nichts (Essbares) sicher; **por esta nevera ha pasado la** ~ der Kühlschrank ist total leer geräumt worden **2.** (*crustáceo*) Languste *f*

langostero[1] [laŋgos'tero] *m* Langustenfangboot *nt*

langostero, -a[2] [laŋgos'tero, -a] *m, f* Langustenfischer(in) *m(f)*

langostino [laŋgos'tino] *m* Garnele *f*

langostón [laŋgos'ton] *m* (ZOOL) Baumhüpfer *m*

langucia [laŋ'guθja] *f* (*Am*) Gefräßigkeit *f*

lánguidamente [laŋgiða'meṇte] *adv* matt, kraftlos

languidecer [laŋgiðe'θer] *irr como crecer vi* **1.** (*debilitarse*) verkümmern; (*alguien*) dahinsiechen; (*flores*) verwelken; (*fuego*) verglimmen; ~ **de amor** sich vor Liebe verzehren; **la conversación languideció** die Unterhaltung verlief schleppend **2.** (*perder el espíritu*) niedergeschlagen [*o* deprimiert] sein

languidez [laŋgi'ðeθ] *f* **1.** (*debilidad*) Mattigkeit *f,* Abgespanntheit *f,* Schlaffsein *nt* **2.** (*falta de espíritu*) Niedergeschlagenheit *f*

lánguido, -a ['laŋgiðo, -a] *adj* **1.** (*débil*) matt, kraftlos **2.** (*de poco espíritu*) deprimiert, niedergeschlagen

langur [laŋ'gur] *m* (ZOOL) Langur *m*

LANICA [la'nika] *f abr de* **Líneas Aéreas de Nicaragua, S.A.** *Nicaraguanische Fluglinie*

lanilla [la'niʎa] *f* **1.** (*pelillo*) (Woll)flor *m* **2.** (*tejido*) dünner Wollstoff *m*

lanolina [lano'lina] *f* Lanolin *nt,* Wollfett *nt*

lanoso, -a [la'noso, -a] *adj* wollig; **una raza ovina muy lanosa** eine sehr wollreiche Schafrasse

lantana [laṇ'tana] *f* (BOT) Wandelröschen *nt*

lantano [laṇ'tano] *m* (QUÍM) Lanthan *nt*

lanudo, -a [la'nuðo, -a] *adj v.* **lanoso**

lanuginoso, -a [lanuxi'noso, -a] *adj* (BOT) wollig; **hoja lanuginosa** flaumiges Blatt

lanugo [la'nuɣo] *m* (ANAT) Lanugo *f,* Flaum *m* des Fetus

lanza ['laṇθa] *f* **1.** (*arma*) Lanze *f;* **correr ~s** Lanzenturnier *nt;* **quebrar ~s** sich verfeinden **2.** (*carro*) (Wagen)deichsel *f* **3.** (HIST: *soldado*) Lanzenkämpfer *m;* (*vasallo del rey*) Lanzenritter *m* **4.** (*extremo de manga*) Spritzrohr *nt* **5.** *pl* (HIST: *impuesto al rey*) *Ablösegeld an den König anstelle der Bereitstellung von Soldaten*

lanzabengalas [laṇθaβeŋ'galas] *m inv* Leuchtpistole *f,* Signalpistole *f*

lanzabombas [laṇθa'βombas] *m inv* (MIL) Bombenwerfer *m*

lanzacabos [laṇθa'kaβos] *m inv* (NÁUT) Leinenwurfapparat *m*

lanzacohetes [laṇθako'etes] *m inv* Raketenwerfer *m*

lanzada [laṇ'θaða] *f* (*golpe*) Lanzenstoß *m;* (*herida*) Lanzenstich *m*

lanzadera [laṇθa'ðera] *f* **1.** (*textil*) (Weber)schiffchen *nt* **2.** (*para misiles*) Abschussrampe *f;* **una** ~ **móvil** eine mobile Abschussrampe **3.** (AERO) Raumfähre *f*

lanzado, -a [laṇ'θaðo, -a] *adj* **1.** (*decidido*) entschlossen **2.** (*impetuoso*) ungestüm; (*fogoso*) feurig

lanzador[1] [laṇθa'ðor] *m* (*cohete*) Trägerra-

L

kete *f*

lanzador(a)[2] [laṇθa'ðor(a)] *m(f)* (*que lanza*) Werfer(in) *m(f)*; ~ **de disco** (DEP) Diskuswerfer *m*; ~ **de jabalina** Speerwerfer *m*

lanzafuego [laṇθa'fweɣo] *m* (MIL) Zündstock *m*, Luntenstock *m*

lanzagranadas [laṇθaɣra'naðas] *m inv* Granatwerfer *m*

lanzallamas [laṇθa'ʎamas] *m inv* Flammenwerfer *m*

lanzamiento [laṇθa'mjeṇto] *m* **1.** (*lanzar algo*) Werfen *nt*, Wurf *m*; ~ **de bombas** Bombenabwurf *m*; ~ **comercial** Lancierung *f*; ~ **espacial** Raketenstart *m*; ~ **de un producto al mercado** Markteinführung eines Produktes; ~ **de una sociedad** Gesellschaftsgründung *f*; **fecha de** ~ (COM) Datum der Markteinführung; **oferta de** ~ (COM) Einführungsangebot *nt* **2.** (JUR) Zwangsräumung *f* **3.** (NÁUT) Stapellauf *m* **4.** (DEP): ~ **de disco/martillo** Diskus-/Hammerwerfen *nt*; ~ **de jabalina** Speerwurf *m*; ~ **de peso** Kugelstoßen *nt*

lanzaminas [laṇθa'minas] *m inv* Minenwerfer *m*; (*buque*) Minenleger *m*

lanzamisiles [laṇθami'siles] *m inv* Raketenwerfer *m*

lanzaplatos [laṇθa'platos] *m inv* (DEP) Wurfmaschine *f* (*Vorrichtung zum Schleudern beim Wurftaubenschießen*)

lanzar [laṇ'θar] <z→c> **I.** *vt* **1.** (*arrojar*) werfen (*a* auf +*akk*, *en* in +*akk*), schleudern (*contra* gegen +*akk*); ~ **peso** kugelstoßen **2.** (*vomitar*) erbrechen **3.** (*perro de caza*) loslassen; (*halcón*) fliegen lassen **4.** (*al mercado*) lancieren, auf den Markt bringen; ~ **un nuevo producto al mercado** ein neues Produkt auf den Markt bringen **II.** *vr*: ~**se** sich stürzen (*a/sobre* auf +*akk*, *en* in +*akk*); ~**se a correr** losrennen; ~**se al agua** ins Wasser springen; ~**se en paracaídas** mit dem Fallschirm abspringen; ~**se en picado** im Sturzflug fliegen

Lanzarote [laṇθa'rote] *m* **1.** (HIST) Lanzelot *m* **2.** (GEO) Lanzarote *nt*

lanzaroteño, **-a** [laṇθaro'teɲo, -a] **I.** *adj* aus Lanzarote **II.** *m, f* Bewohner(in) *m(f)* von Lanzarote

lanzatorpedos [laṇθator'peðos] *m inv* Torpedoträger *m*

laña ['laɲa] *f* **1.** (*grapa*) Metallklammer *f* **2.** (*coco*) unreife Kokosnuss *f*

laosiano, **-a** [lao'sjano, -a] **I.** *adj* laotisch **II.** *m, f* Laote, -in *m, f*

lapa ['lapa] *f* **1.** (BIOL) Kahmschicht *f* **2.** (ZOOL) Napfschnecke *f* **3.** (BOT) Große Klette *f* **4.** (*fam: persona insistente*) lästige Person *f*; **el tío ese es una** ~ der Typ geht mir total auf den Geist

lapacho [la'paʧo] *m* (BOT: *AmS*) *Baum der Familie der Trompetenbaumgewächse mit verwertbarem Holz*

laparoscopia [laparos'kopja] *f* (MED) Bauchhöhlenspiegelung *f*, Laparoskopie *f*

laparotomía [laparoto'mia] *f* (MED) Bauchschnitt *m*, Laparotomie *f*

lapicera [lapi'θera] *f* (*Arg*) Füller *m*

lapicero [lapi'θero] *m* **1.** (*para poner lápices*) Bleistifthalter *m* **2.** (*lápiz*) Bleistift *m* **3.** (*Am: bolígrafo*) Kugelschreiber *m*

lápida ['lapiða] *f* Steintafel *f*; ~ **conmemorativa** Gedenktafel *f*, Gedenkstein *m*

lapidación [lapiða'θjon] *f* Steinigung *f*; **le condenaron a muerte por** ~ er ist zum Tode durch Steinigen verurteilt worden

lapidar [lapi'ðar] *vt* steinigen

lapidario[1] [lapi'ðarjo] *m* (*del relojero*) Lapidär *m*

lapidario, **-a**[2] [lapi'ðarjo, -a] **I.** *adj* **1.** (*piedras preciosas*) Edelstein- **2.** (*categórico*) lapidar, kurz und bündig **II.** *m, f* **1.** (*artesano*) Edelsteinschleifer(in) *m(f)* **2.** (*comerciante*) Edelsteinhändler(in) *m(f)*

lapidificación [lapiðifika'θjon] *f* (GEO) Versteinerung *f*

lapidificar [lapiðifi'kar] <c→qu> *vt* (QUÍM) versteinern

lapilla [la'piʎa] *f* (BOT) Hundszunge *f*

lapilli [la'pili] *m* (GEO) Lapilli *pl*

lapislázuli [lapis'laθuli] *m* Lapislazuli *m*

lápiz ['lapiθ] *m* Bleistift *m*; ~ **de cejas** Augenbrauenstift *m*; ~ **de color** Buntstift *m*; ~ **de labios** Lippenstift *m*; ~ **óptico** [*o* **luminoso**] (INFOR) Lichtgriffel *m*, Lichtstift *m*; ~ **de pizarra** Griffel *m*; ~ **rojo** Rötelstift *m*

lápiz-ratón ['lapiθ ra'ton] *m* (INFOR) Lichtstift *m*, Lichtgriffel *m*

lapón[1] [la'pon] *m* (*idioma*) Lappisch(e) *nt*

lapón, **-ona**[2] [la'pon, -ona] **I.** *adj* lappländisch **II.** *m, f* (*habitante*) Lappländer(in) *m(f)*, Lappe, -in *m, f*

Laponia [la'ponja] *f* Lappland *nt*

lapso ['laβso] *m* **1.** (*período*) Zeitraum *m*; ~ **de tiempo** Zeitraum *m*, Zeit *f* **2.** (*intervalo*) Zwischenzeit *f* **3.** *v.* **lapsus**

lapsus ['laβsus] *m* Lapsus *m*, Fehler *m*; ~ **cálami** Schreibfehler *m*; ~ **linguae** Lapsus *m* linguae, Versprecher *m*

laqueado[1] [lake'aðo] *m* Lackieren *nt*; **el** ~ **de los barrotes de la barandilla salió muy caro** das Lackieren der Geländerstangen war sehr kostspielig

laqueado, **-a**[2] [lake'aðo, -a] *adj* lackiert

laqueador(a) [lakea'ðor(a)] **I.** *adj* lackierend, Lackier-; **empresa** ~**a** Lackiererei *f* **II.** *m(f)* Lackierer(in) *m(f)*

laquear [lake'ar] *vt* lackieren

laquista [la'kista] *mf* Lackierer(in) *m(f)*

lar [lar] *m* **1.** (*fuego*) Herd *m* **2.** (*fig: hogar*) Heim (und Herd) *nt* **3.** *pl* (*dioses*) Laren *mpl*

lardear [larðe'ar] *vt* **1.** (GASTR: *untar*) mit Fett bestreichen; (*envolver*) mit Speckstreifen umwickeln; **hay que** ~ **las truchas antes de meterlas en el horno** die Forellen müssen vor dem Backen in Speckstreifen gewickelt werden **2.** (*abrasar con aceite a alguien*) mit siedendem Öl übergießen

lardo ['larðo] *m* **1.** (*tocino*) Speck *m* **2.** (*grasa*) Schmalz *nt*

lardoso, **-a** [lar'ðoso, -a] *adj* fettig

largamente [larɣa'men̪te] *adv* **1.** (*extensamente*) ausführlich **2.** (*tiempo*) lange **3.** (*holgadamente*) spielend, mühelos **4.** (*generosamente*) reichlich

largar [lar'ɣar] <g→gu> **I.** *vt* **1.** (*soltar*) loslassen, losmachen; **¡larga!** lass los! **2.** (*fam: pegar*) austeilen; ~ **un golpe** einen Schlag versetzen; **le largó una bofetada** er/sie gab ihm/ihr eine Ohrfeige **3.** (*fam: un discurso*) vom Stapel lassen; ~ **un sermón a alguien** jdm eine Predigt halten **4.** (NÁUT): ~ **el barco** das Boot herunterlassen; ~ **las velas** die Segel setzen **II.** *vr:* **~se 1.** (*irse*) abhauen; (*de casa*) ausreißen; **¡lárgate!** verschwinde! **2.** (*Am: comenzar*) in Bewegung setzen; **~se a hacer algo** etw mit Schwung beginnen **III.** *vi* (*fam*) schwätzen, labern

largavistas [larɣa'βistas] *m inv* Fernrohr *nt*

larghetto [lar'ɣeto] *m* (MÚS) Larghetto *nt*

largo[1] ['larɣo] **I.** *adv* **1.** (*en abundancia*) reichlich; ~ **y tendido** in Hülle und Fülle **2.** (*loc*): **a lo** ~ **de** (*lugar*) entlang *+gen,* an *+dat* ... entlang; (*período*) während; **a lo** ~ **del río hay sauces** entlang des Flusses gibt es viele Weiden; **a lo** ~ **del día/de su vida** im Laufe des Tages/seines Lebens; **pasear a lo** ~ **de la playa** am Strand entlanggehen; **¡~ de aquí!** weg hier! **II.** *m* **1.** (*longitud*) Länge *f;* **nadar tres ~s** drei Bahnen schwimmen; **tiene diez metros de** ~ es ist zehn Meter lang **2.** (MÚS) Largo *nt*

largo, **-a**[2] ['larɣo, -a] *adj* **1.** (*tamaño, duración*) lang; **a** ~ **plazo** langfristig; **a la larga** langfristig; **a la larga o a la corta** über kurz oder lang; **a lo** ~ **de muchos años** viele Jahre lang; **dar largas a algo** etw auf die lange Bank schieben; **el pantalón te está** ~ die Hose ist dir zu lang; **ir de** ~ ein langes Kleid tragen; (*de gala*) ein Abendkleid tragen; **pasar de** ~ weitergehen ohne stehen zu bleiben; (*fig*) außer Acht lassen; **tiene cincuenta años ~s** er/sie ist weit über fünfzig; **tiene las manos largas** (*pegar*) ihm/ihr rutscht leicht die Hand aus; (*robar*) er/sie ist ein Langfinger **2.** (*fig: extensivo*) ausführlich; (*mucho*) reichlich; **hablar de algo por** ~ ausführlich über etw sprechen **3.** (*fam: astuto*) clever

largometraje [larɣome'traxe] *m* Spielfilm *m*

largor [lar'ɣor] *m v.* **largura**

larguero [lar'ɣero] *m* **1.** (*carpintería, escalera, avión*) Holm *m* **2.** (*fútbol*) (Tor)latte *f* **3.** (*almohada*) langes Kopfkissen *nt*

largueza [lar'ɣeθa] *f* **1.** (*largo*) Länge *f* **2.** (*generosidad*) Großzügigkeit *f* **3.** (*liberalidad*) Toleranz *f*

larguirucho, **-a** [larɣi'ruʧo, -a] *adj* (*fam*) schlaksig

largura [lar'ɣura] *f* Länge *f;* **con** ~ spielend

lárice ['lariθe] *m* (BOT) Lärche *f*

larije [la'rixe] *adj* (AGR): **uva** ~ *eine rote Traubenart*

laringe [la'riŋxe] *f* Kehlkopf *m;* (MED) Larynx *m*

laringectomía [lariŋxekto'mia] *f* (MED) operative Entfernung *f* des Kehlkopfes, Laryngektomie *f*

laríngeo, **-a** [la'riŋxeo, -a] *adj* (ANAT) Kehlkopf-, laryngeal

laringitis [lariŋ'xitis] *f inv* Kehlkopfentzündung *f;* (MED) Laryngitis *f*

laringología [lariŋgolo'xia] *f* (MED) Laryngologie *f*

laringólogo, **-a** [lariŋ'goloɣo, -a] *m, f* (MED) Laryngologe, -in *m, f*

laringoscopia [lariŋgos'kopja] *f* (MED) Laryngoskopie *f,* Kehlkopfspiegelung *f*

laringotomía [lariŋgoto'mia] *f* (MED) Kehlkopfschnitt *m,* Laryngotomie *f*

larva ['larβa] *f* Larve *f*

larvado, **-a** [lar'βaðo, -a] *adj* verborgen, versteckt

larvario, **-a** [lar'βarjo, -a] *adj* (ZOOL) Larven-; **desarrollo** ~ Larvenentwicklung *f*

larvicida [larβi'θiða] **I.** *adj:* **producto** ~ Larvenvertilgungsmittel *nt* **II.** *m* Larvenvertilgungsmittel *nt,* Larvizid *nt*

las [las] **I.** *art det v.* **el, la, lo II.** *pron pers f pl* **1.** (*objeto directo*) sie, ihnen; **¡mira~!** schau sie dir an!; ~ **escucho** ich höre ihnen zu **2.** (*con relativo*): ~ **que...** die(jenigen), die ...; ~ **cuales** welche, die; **mis amigas son** ~ **que están hablando** meine Freundinnen sind die(jenigen), die sich unterhalten **3.** (*laísmo: uso incorrecto*) ihnen; ~ **doy un beso** ich gebe ihnen einen Kuss

lasaña [la'saɲa] *f* (GASTR: *plato de origen italiano*) Lasagne *f*

lasca ['laska] *f* **1.** (*astilla*) Steinsplitter *m* **2.** (*reg: lonja*) (dünne) Fleischscheibe *f*

lascar [las'kar] <c→qu> *vt* **1.** (NÁUT) (das Tau) lockern **2.** (*Méx: lastimar*) verletzen

lascivia [las'θiβja] *f* **1.** (*lujuria*) Lüsternheit *f* **2.** (*indecencia*) Laszivität *f,* Unanständigkeit *f* **3.** (*sensualidad*) Laszivität *f*

lascivo, **-a** [las'θiβo, -a] *adj* **1.** (*sensual*) lasziv **2.** (*lujurioso*) lüstern **3.** (*indecente*) unanständig, lasziv

láser ['laser] *m* Laser *m;* **rayo** ~ Laserstrahl *m*

laserpicio [laser'piθjo] *m* (BOT) Laserkraut *nt*

láserterapia [laserte'rapja] *f* Lasertherapie *f*

lasitud [lasi'tuᵈ] *f* Mattigkeit *f*

laso, **-a** ['laso -a] *adj* matt

lástex® ['lasteᵞs] *m* Lastex® *nt*

lástima ['lastima] *f* **1.** (*compasión*) Mitleid *nt;* **dar** [*o* **causar**] ~ Mitleid erwecken; **de** [*o* **por**] ~ aus Mitleid; **estar hecho una** ~ in einem jämmerlichen Zustand sein; **¡qué ~!** wie schade! **2.** (*lamentación*) Jammer *m;* **llorar ~s** herumjammern

lastimador(a) [lastima'ðor(a)] *adj* verletzend

lastimadura [lastima'ðura] *f* Verletzung *f*

lastimar [lasti'mar] **I.** *vt* **1.** (*herir*) wehtun +*dat*, verletzen; **las botas me han lastimado los pies** ich habe mir in den Schuhen die Füße wund gelaufen **2.** (*agraviar*) beleidigen; ~ **los oídos** in den Ohren wehtun **II.** *vr:* ~**se** **1.** (*herirse*) sich verletzen; ~**se las manos cortando rosas** sich beim Rosenschneiden an den Händen verletzen **2.** (*quejarse*) wehklagen (*de* über +*akk*)

lastimero, -a [lasti'mero, -a] *adj* jämmerlich, mitleiderregend

lastimoso, -a [lasti'moso, -a] *adj* elend, mitleiderregend

lastón [las'ton] *m* (BOT) Fieder-Zwenke *f*

lastra ['lastra] *f* Steinplatte *f*

lastrante [las'tran̪te] *adj* belastend

lastrar [las'trar] **I.** *vt* **1.** (*poner peso*) (mit Ballast) beladen **2.** (*subrayar*) bekräftigen **II.** *vi* Ballast aufladen

lastre ['lastre] *m* **1.** (*cantera*) Schotterstein *m* **2.** (*de una embarcación*) Ballast *m* **3.** (*juicio*) Vernunft *f;* **cabeza con** ~ vernünftiger Kopf; **él todavía no tiene** ~ er ist noch etwas unreif **4.** (*escollo*) Last *f,* Klotz *m* am Bein

lasún [la'sun] *m* (ZOOL) Schmerle *f,* Bartgrundel *m o f*

lata ['lata] *f* **1.** (*metal*) Blech *nt* **2.** (*envase*) Blechdose *f,* Blechbüchse *f* **3.** (*para cocinar*) Backblech *nt* **4.** (*conversación*) langweilige Unterhaltung *f* **5.** (*fam: pesadez*) Last *f;* **dar la** ~ **a alguien** jdn nerven, jdm auf die Nerven [*o* auf den Wecker] gehen; **¡es una** ~**!**, **¡vaya** ~**!** (*fastidio*) das ist ätzend!; (*aburrido*) das ist ja stinklangweilig!

lataz [la'taθ] *f* (ZOOL) Seeotter *m,* Kalan *m*

latazo [la'taθo] *m* **1.** *aum de* **lata** **2.** (*fam: tontería*) Schwachsinn *m,* Blech *nt* **3.** (*fam: pesadez*) Last *f;* **ser un** ~ (*pesado*) lästig sein; (*fastidioso*) ätzend sein; (*aburrido*) stinklangweilig sein; **dar el** ~ nerven

latear [late'ar] *vi* (*Am*) **1.** (*aburrir a alguien*) langweilen **2.** (*parlotear*) schwatzen; **se pasa el día lateando** er/sie redet den ganzen Tag herum

latente [la'ten̪te] *adj* latent

latera [la'tera] *adj o f v.* **latero**

lateral [late'ral] **I.** *adj* **1.** (*lado*) seitlich, Seiten- **2.** (*secundario*) Neben- **II.** *m* (*de una iglesia*) Seitenschiff *nt;* (*de una avenida*) Seite *f* einer Allee

lateralidad [laterali'ðaᵈ] *f sin pl* (PSICO) Lateralität *f*

lateralmente [lateral'men̪te] *adv* seitlich

latería [late'ria] *f* **1.** (*conjunto de latas*) (Vorrat an) Konservendosen *fpl;* **la** ~ **de su despensa** der Konservenvorrat in seiner/ihrer Speisekammer **2.** (*Am: hojalatería*) (Weiß)blechwaren *fpl*

laterita [late'rita] *f* (GEO) Laterit *m;* ~ **ferruginosa** Lateriteisenerz *nt*

latero, -a [la'tero, -a] **I.** *adj* lästig **II.** *m, f* (*Am*) Klempner(in) *m(f)*

látex ['lateᵞs] *m* Latex *m*

latido [la'tiðo] *m* **1.** (*del corazón*) Schlagen *nt,* Klopfen *nt,* Pochen *nt;* **los** ~**s del corazón** der Herzschlag **2.** (*de una herida, arteria*) Pochen *nt* **3.** (*de un perro*) kurzes Bellen *nt,* Anschlagen *nt elev*

latifundio [lati'fun̪djo] *m* Großgrundbesitz *m*

latifundismo [latifun̪'dismo] *m* Latifundienwirtschaft *f,* Latifundienwesen *nt*

latifundista [latifun̪'dista] *mf* Großgrundbesitzer(in) *m(f)*

latigazo [lati'ɣaθo] *m* **1.** (*golpe*) Peitschenhieb *m* **2.** (*chasquido*) Peitschenknall *m* **3.** (*destino*) Schicksalsschlag *m* **4.** (*reprimenda*) Rüffel *m fam* **5.** (*fam: trago*) Schlückchen *nt*

látigo ['latiɣo] *m* Peitsche *f*

latiguear [latiɣe'ar] **I.** *vi* mit der Peitsche knallen **II.** *vt* (*Am*) auspeitschen

latigueo [lati'ɣeo] *m* Knallen *nt* mit der Peitsche; **recurrir con frecuencia al** ~ öfters die Peitsche knallen lassen

latiguillo [lati'ɣiʎo] *m* **1.** *dim de* **látigo** **2.** (*efectismo*) Effekthascherei *f* **3.** (*muletilla*) Füllwort *nt;* (*expresión*) stereotype Wendung *f*

latín [la'tin] *m* **1.** (*lengua*) Latein *nt;* **saber (mucho)** ~ (*fam fig*) clever sein; **sabe demasiado** ~ er/sie ist zu clever [*o* gewieft] **2.** *pl* (*expresión*) lateinische Ausdrücke *mpl;* **echarle a alguien los latines** (*fam*) jdn trauen

latina [la'tina] *adj o f v.* **latino**

latinajo [lati'naxo] *m* (*pey*) Küchenlatein *nt*

latinidad [latini'ðaᵈ] *f sin pl* **1.** (*cultura*) Latinität *f,* lateinische Kultur *f* **2.** (*pueblos de origen romano*) lateinische Völker *ntpl*

latinismo [lati'nismo] *m* (LING) Latinismus *m*

latinista [lati'nista] **I.** *adj* latinistisch **II.** *mf* Latinist(in) *m(f)*

latinización [latiniθa'θjon] *f* Latinisierung *f*

latinizar [latini'θar] <z→c> *vt* (LING) latinisieren

latino, -a [la'tino, -a] **I.** *adj* **1.** (*del Lacio*) latinisch **2.** (*del latín*) lateinisch; **América Latina** Lateinamerika *nt* **3.** (*de los descendientes de pueblos latinizados*) Latino- **4.** (LING) romanisch **II.** *m, f* **1.** (*del Lacio*) Latiner(in) *m(f)* **2.** (*descendiente de pueblos latinizados*) Latino, -a *m, f*

Latinoamérica [latinoa'merika] *f* Lateinamerika *nt*

latinoamericano, -a [latinoameri'kano, -a] **I.** *adj* lateinamerikanisch **II.** *m, f* Lateinamerikaner(in) *m(f)*

latir [la'tir] *vi* **1.** (*corazón*) klopfen, schlagen, pochen **2.** (*arterias, herida*) pochen **3.** (*perros*) kurz bellen, anschlagen *elev*

latirismo [lati'rismo] *m* (MED) Lathyrismus *m,* Vergiftung *f* durch Platterbsen

latitud [lati'tuᵈ] *f* **1.** (GEO, ASTR) Breite *f;* **por** [*o* **en**] **estas** ~**es llueve mucho** in diesen Breiten regnet es viel **2.** (*extensión*) Ausdehnung *f*

latitudinal [latituði'nal] *adj* Breiten-

latitudinarismo [latituðina'rismo] *m sin pl* (REL) Latitudinarismus *m*

LATN [eleate'ene] *f abr de* **Líneas Aéreas de Transporte Nacional** *Spanische Nationale Luftverkehrslinie*

lato, **-a** ['lato, -a] *adj* (*amplio*) weit; (*extendido*) ausgedehnt; **en sentido** ~ im weitesten Sinne

latón [la'ton] *m* Messing *nt*

latonería [latone'ria] *f* **1.** (*taller*) Gelbgießerei *f*, Messinggießerei *f* **2.** (*comercio*) Messinghandel *m*, Messingladen *m* **3.** (*productos*) Messingwaren *fpl*

latoso, **-a** [la'toso, -a] *adj* lästig

latrocinio [latro'θinjo] *m* Diebstahl *m*

laúd [la'uᵈ] *m* **1.** (MÚS) Laute *f* **2.** (NÁUT) Feluke *f* **3.** (ZOOL) Lederschildkröte *f*

laudable [lau̯'ðaβle] *adj* lobenswert

láudano ['lau̯ðano] *m* (MED) Laudanum *nt*

laudatorio, **-a** [lau̯ða'torjo, -a] *adj* Lob(es)-, lobend; **discurso** ~ Laudatio *f*

laudo ['lau̯ðo] *m* (JUR) Schiedsspruch *m*

laureada [lau̯re'aða] *f* (MIL): **la** ~ **de San Fernando** *spanische Tapferkeitsauszeichnung*

laureado, **-a** [lau̯re'aðo, -a] *adj* **1.** (*coronado*) lorbeerbekränzt **2.** (*premiado*) preisgekrönt, ausgezeichnet

laurear [lau̯re'ar] *vt* **1.** (*coronar*) mit Lorbeeren bekränzen **2.** (*premiar*) (mit einem Preis) auszeichnen

laurel [lau̯'rel] *m* **1.** (*árbol*) Lorbeer(baum) *m*; ~ **cerezo** Kirschlorbeer *m*; ~ **rosa** [*o* **de olor**] Oleander *m*; **hoja de** ~ Lorbeerblatt *nt* **2.** (*condimento*) Lorbeer *m* **3.** *pl* (*honor*) Siegerkranz *m*, Lorbeeren *fpl*; **dormirse en** [*o* **sobre**] **los ~es** sich auf seinen Lorbeeren ausruhen

laurencio [lau̯'reṇθjo] *m* (QUÍM) Lawrencium *nt*

laureola [lau̯re'ola] *f*, **lauréola** [lau̯'reola] *f* **1.** (*corona de laureles*) Lorbeerkranz *m* **2.** (*aureola*) Heiligenschein *m*

laurisilva [lau̯ri'silβa] *f* (BOT) *kanarischer Lorbeerwald*

lauro ['lau̯ro] *m* **1.** *v.* **laurel** **2.** (*gloria*) Ruhm *m*

lauroceraso [lau̯roθe'raso] *m* (BOT) Kirschlorbeer *m*

lava ['laβa] *f* **1.** (*del volcán*) Lava *f* **2.** (*de minerales*) Erzwäsche *f*

lavable [la'βaβle] *adj* **1.** (*que puede lavarse*) waschbar **2.** (*que no se altera al lavar*) waschecht; **colores ~s** waschechte Farben

lavabo [la'βaβo] *m* **1.** (*pila*) Waschbecken *nt* **2.** (*mesa*) Waschtisch *m* **3.** (*cuarto*) Toilette *f* **4.** (*en monasterios*) Lavabo *nt*

lavacoches[1] [laβa'kotʃes] *mf inv* (*persona*) Wagenwäscher(in) *m(f)*, Autowäscher(in) *m(f)*

lavacoches[2] [laβa'kotʃes] *m inv* (*instalación*) Wagenwaschanlage *f*, Autowaschanlage *f*

lavacristales [laβakris'tales] *mf inv* Fensterputzer(in) *m(f)*

lavadero [laβa'ðero] *m* **1.** (*de ropa*) Waschküche *f* **2.** (GEO: *de minerales*) Waschanlage *f*

lavado [la'βaðo] *m* **1.** (*acción*) Waschen *nt*, Wäsche *f*; ~ **de cerebro** Gehirnwäsche *f*; ~ **de dinero** Geldwäsche *f*; ~ **en seco** Trockenreinigung *f*; ~ **frecuente del cabello** häufiges Haarewaschen **2.** (MED) Spülung *f* **3.** (*pintura*) (einfarbiges) Aquarell *nt*

lavador(a) [laβa'ðor(a)] **I.** *adj* Wasch- **II.** *m(f)* Wäscher(in) *m(f)*

lavadora [laβa'ðora] *f* Waschmaschine *f*

lavafrutas [laβa'frutas] *m inv* Waschschale *f* (*für Obst*)

lavaluneta [laβalu'neta] *m* Scheibenwischer *m*

lavamanos [laβa'manos] *m inv* Waschbecken *nt*

lavanda [la'βaṇda] *f* Lavendel *m*

lavandera [laβaṇ'dera] *f v.* **lavandero**

lavandería [laβaṇde'ria] *f* Wäscherei *f*

lavandero, **-a** [laβaṇ'dero, -a] *m, f* Wäscher(in) *m(f)*

lavándula [la'βaṇdula] *f* (BOT) Lavendel *m*

lavaojos [laβa'oxos] *m inv* (MED) Augen(spül)schale *f*

lavaparabrisas [laβapara'βrisas] *m inv* (AUTO) Scheibenwascher *m*, Scheibenwaschanlage *f*

lavaplatos [laβa'platos] *m inv* Spülmaschine *f*

lavar [la'βar] **I.** *vt* **1.** (*limpiar*) waschen; ~ **la cabeza a alguien** jdm die Haare waschen; ~ **los platos** das Geschirr spülen; ~ **y marcar** (*en la peluquería*) waschen und legen **2.** (*muro*) tünchen, weißen **3.** (*pintura*) lavieren **4.** (GEO: *purificar minerales*) aufbereiten **II.** *vr*: **~se** sich waschen; **~se los dientes** sich *dat* die Zähne putzen; **~se las manos** sich *dat* die Hände waschen; (*fig*) seine Hände in Unschuld waschen; **~se de culpas** sich von Sünden freiwaschen

lavativa [laβa'tiβa] *f* (MED) **1.** (*enema*) Einlauf *m* **2.** (*instrumento*) Klistierspritze *f*

lavatorio [laβa'torjo] *m* **1.** (MED) Reinigungssud *m* **2.** (REL) Fußwaschung *f*; ~ **del Jueves Santo** Fußwaschung am Gründonnerstag **3.** (*Am*) *v.* **lavabo**

lavavajillas [laβaβa'xiʎas] *m inv* Geschirrspülmaschine *f*, Geschirrspüler *m*

lave ['laβe] *m* (MIN) Erzwäsche *f*

lavotear [laβote'ar] **I.** *vt* flüchtig waschen **II.** *vr*: **~se** sich oberflächlich waschen, Katzenwäsche machen *fam*

lavoteo [laβo'teo] *m* Auswaschen *nt*, Durchwaschen *nt*; **dar a la ropa un simple** ~ die Wäsche nur kurz durchwaschen

laxante [laᵞ'saṇte] *m* Abführmittel *nt*; (MED) Laxans *nt*, Laxativ(um) *nt*

laxar [laᵞ'sar] *vt* **1.** (*relajar*) lockern **2.** (*purgar*): ~ **el vientre** den Darm leeren

laxativo[1] [laˠsa'tiβo] *m* Abführmittel *nt;* (MED) Laxans *nt,* Laxativ(um) *nt*

laxativo, -a[2] [laˠsa'tiβo, -a] *adj* abführend

laxismo [laˠ'sismo] *m sin pl* Laxismus *m;* **el ~ impera en los sistemas educativos actuales** die heutigen Erziehungssysteme sind weit weniger streng als früher

laxitud [laˠsi'tuᵈ] *f* Schlaffheit *f*

laxo, -a ['laˠso, -a] *adj* **1.** (*flojo*) schlaff **2.** (*moral, costumbres*) lax

layar [la'ɟar] *vt* (AGR) (mit dem Spaten) umgraben

lazada [la'θaða] *f* Schlinge *f,* Schlaufe *f*

lazar [la'θar] <z→c> *vt* verschnüren; **lazó el paquete de cartas** er/sie umwickelte die Briefe mit einer Kordel

lazareto [laθa'reto] *m* **1.** (*de contagiosos*) Quarantänestation *f* **2.** (*de leprosos*) Leprastation *f*

lazarillo, -a [laθa'riʎo, -a] *m, f* Blindenführer(in) *m(f);* **el L~ de Tormes** *Figur des gleichnamigen spanischen Romans aus dem 16. Jh.*

lázaro ['laθaro] *m* (*fam*) armer Teufel *m,* Lazarus *m*

lazo ['laθo] *m* **1.** (*nudo*) Schlinge *f,* Schlaufe *f* **2.** (*cuerda para cazar animales*) Lasso *nt* **3.** (*trampa*) Falle *f;* (*para conejos, perdices*) Fangschlinge *f* **4.** (*cinta*) Schleife *f;* **~ azul** *blaue Schleife als Zeichen des Protestes gegen die ETA-Verbrechen* **5.** (*fig: vínculo*) Band *nt;* **~s afectivos** emotionale Bindungen

lazulita [laθu'lita] *f* Lapislazuli *m*

Ida. [limi'taða], **Ido.** [limi'taðo] *abr de* **limitado, -a** (ECON, JUR) beschränkt, mit beschränkter Haftung

le [le] *pron pers* **1.** *m sg* (*reg: objeto directo*) ihn; (*forma cortés*) Sie *m sg;* **no ~ veo** ich sehe ihn nicht **2.** *mf sg* (*objeto indirecto*) ihm, ihr; (*t. acusativo*) ihn, sie; (*forma cortés*) Ihnen *sg;* (*t. acusativo*) Sie *sg;* **¡da~ un beso!** gib ihm/ihr einen Kuss!; **~ gustó mucho** es gefiel ihm/ihr sehr; **¿~ pasa algo?** fehlt Ihnen was?; **no ~ preguntes** frag ihn/sie nicht; **~ recuerdo que...** ich erinnere Sie daran, dass ...

leal [le'al] *adj* treu, loyal

leala [le'ala] *f* (*fam*) Peseta *f*

lealtad [leal̩'taᵈ] *f* Treue *f,* Loyalität *f*

leasing ['lisiŋ] *m sin pl* Leasing *nt;* **~ operativo** operatives Leasing

lebaniego, -a [leβa'njeɣo, -a] **I.** *adj* aus Liébana (*Provinz Santander*) **II.** *m, f* Einwohner(in) *m(f)* von Liébana

lebeche [le'βeʧe] *m* trockener Südwestwind *m* (*der spanischen Mittelmeerküste*)

lebení [leβe'ni] *m maurisches Getränk aus saurer Milch*

lebrada [le'βraða] *f* (GASTR) *Gericht aus Hasenfleisch*

lebrancho [le'βranʧo] *m* (*Ant:* GASTR, ZOOL) Meeräsche *f*

lebrato [le'βrato] *m* Junghase *m;* **la liebre y sus ~s** die Häsin und ihre Jungen

lebrel [le'βrel] *m* Windhund *m;* **~ afgano** Afghane *m*

lebrillo [le'βriʎo] *m* Waschschüssel *f*

lebruno, -a [le'βruno, -a] *adj* Hasen-; **tenía la tez de un color ~** sein/ihr Gesicht war von der Farbe eines Hasenfelles

lecanomancia [lekano'man̪θja] *f,* **lecanomancía** [lekanoman̪'θia] *f Wahrsagerei aus dem Geräusch von Edelsteinen, die in eine Schüssel geworfen werden*

lección [leˠ'θjon] *f* **1.** (*lectura*) Lesen *nt* **2.** (*enseñanza escolar*) Unterricht *m;* **lecciones de piano** Klavierunterricht *m,* Klavierstunden *fpl;* **tomar lecciones de matemáticas** Mathematikstunden nehmen **3.** (*enseñanza universitaria*) Vorlesung *f* **4.** (*tema a estudiar*) Lektion *f;* **dar la ~** (*fam*) im Unterricht drankommen **5.** (*advertencia*) Lehre *f,* Lektion *f;* **dar una ~ a alguien** jdm eine Lektion erteilen; **¡que te sirva de ~!** das soll dir eine Lehre sein!

leccionario [leˠθjo'narjo] *m* (REL) Lektionar(ium) *nt*

lechada [le'ʧaða] *f* **1.** (*argamasa*) Mörtel *m* **2.** (*para hacer papel*) Papierbrei *m* **3.** (*emulsión*) Emulsion *f*

lechal [le'ʧal] **I.** *adj* **1.** (*cachorro*) Jung-; **cordero ~** Milchlamm *nt* **2.** (*planta*) milchig, Milch- **II.** *m* **1.** (*plantas*) Milchsaft *m* **2.** (*cordero*) Milchlamm *nt*

lechar [le'ʧar] *adj* **1.** (*de animales*) Jung-; **corzo ~** Kitz *nt* **2.** (*productor de leche*) milcherzeugend; **vaca ~** Milchkuh *f*

lechazo [le'ʧaθo] *m* Milchlamm *nt*

leche ['leʧe] *f* **1.** (*alimento*) Milch *f;* **~ condensada** Kondensmilch *f;* **~ en polvo** Milchpulver *nt;* **ternera de ~** Milchkalb *nt* **2.** (BOT) Milchsaft *m,* Milch *f* **3.** (*emulsión*) Milch *f;* **~ corporal** Körpermilch *f;* **~ desmaquillante** [*o* **limpiadora**] Reinigungsmilch *f;* **~ hidratante** Feuchtigkeitsmilch *f;* **~ solar** (**protectora**) Sonnen(schutz)milch *f* **4.** (*vulg: esperma*) Sperma *nt* **5.** (*loc*): **¡~s!** (*fam*) Scheiße!; **¡es la ~!** er/sie ist unmöglich!; **estar de mala ~** (*fam*) mies drauf sein, schlechte Laune haben; **tener mala ~** (*fam*) fies sein

lechecillas [leʧe'θiʎas] *fpl* **1.** (*mollejuelas*) (Kalbs)bries *nt,* Kalbsmilch *f* **2.** (*asaduras*) Gekröse *nt,* Innereien *fpl*

lechera [le'ʧera] *f* **1.** (*recipiente*) Milchkanne *f* **2.** *v.* **lechero**

lechería [leʧe'ria] *f* Milchgeschäft *nt*

lechero, -a [le'ʧero, -a] **I.** *adj* Milch- **II.** *m, f* Milchmann, -frau *m, f*

lechetrezna [leʧe'treθna] *f* (BOT) Milchkraut *nt*

lechigada [leʧi'ɣaða] *f* Wurf *m*

lechiguana [leʧi'ɣwana] *f* (*Arg*) **1.** (ZOOL) *tropische Faltenwespenart* **2.** (*panal*) *die Honigwabe dieser Wespe*

lechín [le'ʧin] *adj* (AGR): **olivo ~** *sehr ertragreiche und ölreiche Olivensorte*

lecho ['letʃo] *m* **1.** (*cama*) Bett *nt;* **estar en un ~ de rosas** auf Rosen gebettet sein **2.** (*para el ganado*) Einstreu *f* **3.** (*de un río*) Flussbett *nt*

lechón, -ona [le'tʃon, -ona] *m, f* **1.** (*cochinillo*) Spanferkel *nt* **2.** (*persona*) schlampiger Mensch *m,* Dreckspatz *m fam*

lechosa [le'tʃosa] *f* (*Am:* BOT) Papaya *f*

lechoso[1] [le'tʃoso] *m* (*Am:* BOT) Papaya(staude) *f*

lechoso, -a[2] [le'tʃoso, -a] *adj* **1.** (*como leche*) milchig **2.** (*planta, fruta*) milchhaltig

lechuga [le'tʃuɣa] *f* **1.** (*ensalada*) Kopfsalat *m;* **~ iceberg** Eisbergsalat *m;* **como una ~** (*fam*) frisch und munter; **ser más fresco que una ~** (*fam*) rotzfrech sein **2.** (BOT) Lattich *m*

lechuguino[1] [letʃu'ɣino] *m* **1.** (*esqueje*) Salatsetzling *m* **2.** (*pey: joven elegante*) Dandy *m*

lechuguino, -a[2] [letʃu'ɣino, -a] *m, f* (*pey: niño presumido*) Geck *m;* (*niña presumida*) (Mode)püppchen *f*

lechuza [le'tʃuθa] *f* Eule *f*

lechuzo[1] [le'tʃuθo] *m* Bote *m*

lechuzo, -a[2] [le'tʃuθo, -a] **I.** *adj* (*fam: raro*) kauzig **II.** *m, f* (*fam: que es raro*) komischer Kauz *m*

lecitina [leθi'tina] *f* (QUÍM) Lezithin *nt*

lectivo, -a [lek'tiβo, -a] *adj* (ENS) Schul-, Unterrichts-; (UNIV) Vorlesungs-, Lehr-; **ciclo ~** (ENS) Schuljahr *nt;* (UNIV) Vorlesungszeit *f;* **día ~** Schultag *m,* Unterrichtstag *m*

lectoescritura [lektoeskri'tura] *f* Lesen und Schreiben *nt*

lector[1] [lek'tor] *m* (INFOR) Scanner *m,* Lesegerät *nt;* **~ (de) CD-ROM** CD-ROM-Laufwerk *nt;* **~ de impresiones digitales** Lesegerät für digitale Bilder; **~ óptico de páginas** Seitenleser *m;* **~ de tarjetas** Kartenleser *m*

lector(a)[2] [lek'tor(a)] *m(f)* **1.** (*que lee*) Leser(in) *m(f)* **2.** (*que lee en voz alta*) Vorleser(in) *m(f)* **3.** (*en editoriales, universidades*) Lektor(in) *m(f)*

lectorado [lekto'raðo] *m* Lektorat *nt*

lectoría [lekto'ria] *f* **1.** (*iglesia*) Lektorenamt *nt* **2.** (*universidad*) Lektorat *nt*

lectura [lek'tura] *f* **1.** (*acción de leer*) Lesen *nt;* **~ múltiple** (INFOR) mehrfaches Abtasten; **~ de tarjetas** (INFOR) Kartenlesen *nt;* **~ en voz alta** Vorlesen *nt;* **~ de instrumentos de medición** Ablesen von Messinstrumenten **2.** (*obra*) Lektüre *f,* Lesestoff *m* **3.** (*disertación*) Lesung *f* **4.** (*conocimientos*) Belesenheit *f*

leer [le'er] *irr vt* **1.** (*percibir*) lesen; **~ en voz alta** vorlesen; **~ instrumentos de medición** Messinstrumente ablesen **2.** (*interpretar*) deuten; **~ la borra del café** im Kaffeesatz lesen; **~ una cosa en la cara de alguien** jdm etw vom Gesicht ablesen

lega ['leɣa] *adj o f v.* **lego**

legación [leɣa'θjon] *f* **1.** (*cargo*) Gesandtschaft *f;* **~ papal** päpstliche Legation **2.** (*comitiva*) Gesandtschaft *f* **3.** (*edificio*) Gesandtschaftsgebäude *nt*

legado [le'ɣaðo] *m* **1.** (*diplomático*) Gesandte(r) *m* **2.** (REL) (päpstlicher) Legat *m* **3.** (HIST) Legat *m* **4.** (*herencia*) Erbe *nt* **5.** (*poder legal*) Vermächtnis *nt*

legajo [le'ɣaxo] *m* Aktenbündel *nt,* Akte *f*

legal [le'ɣal] *adj* **1.** (*determinado por la ley*) gesetzlich; **medicina ~** Gerichtsmedizin *f* **2.** (*conforme a la ley*) legal, rechtmäßig **3.** (*fiel, recto*) rechtschaffen

legalidad [leɣali'ða^{d}] *f* Legalität *f,* Gesetzmäßigkeit *f;* **al filo de la ~** am Rande des Gesetzes; **fuera de la ~** gesetzwidrig, illegal

legalismo [leɣa'lismo] *m* Legalismus *m,* striktes Befolgen *nt* der Gesetze

legalista [leɣa'lista] *adj* gesetzestreu

legalizable [leɣali'θaβle] *adj* legalisierbar; **según los manifestantes el consumo de drogas es ~** nach Meinung der Demonstranten ist eine Legalisierung der Drogen machbar

legalización [leɣaliθa'θjon] *f* **1.** (*autorización*) Legalisierung *f* **2.** (*atestamiento*) Beglaubigung *f*

legalizar [leɣali'θar] <z→c> *vt* **1.** (*autorizar*) legalisieren **2.** (*atestar*) beglaubigen

legalmente [leɣal'mente] *adv* kraft Gesetzes, gesetzmäßig; **~ reconocido** gesetzlich anerkannt

legamente [leɣa'mente] *adv* laienhaft, als Laie; **pensó, ~, que...** ganz naiv dachte er/sie, dass ...

légamo ['leɣamo] *m* **1.** (*cieno*) Schlick *m;* (*lodo*) Schlamm *m* **2.** (*barro arcilloso*) Tonboden *m,* Lehmboden *m*

legamoso, -a [leɣa'moso, -a] *adj* (*lodoso*) schlammig; (*cienoso*) schlickig

legaña [le'ɣaɲa] *f* Tränenflüssigkeit *f;* **tienes ~s** dir tränen die Augen; (*al despertar*) du hast Schlaf in den Augen

legañoso, -a [leɣa'ɲoso, -a] *adj* triefäugig

legar [le'ɣar] <g→gu> *vt* **1.** (*hacer un legado*) vermachen, vererben; (*dejar como herencia*) hinterlassen **2.** (*enviar*) entsenden

legatario, -a [leɣa'tarjo, -a] *m, f* Vermächtnisnehmer(in) *m(f);* (JUR) Legatar(in) *m(f)*

legato [le'ɣato] *m* (MÚS) Legato *nt*

legenda [le'xenda] *f* (REL) Legendar *nt,* Legendenbuch *nt*

legendario[1] [lexen'darjo] *m* Legendensammlung *f*

legendario, -a[2] [lexen'darjo, -a] *adj* **1.** (*de leyenda*) legendär, sagenhaft **2.** (*famoso*) berühmt

leggings ['leɣins] *mpl* Leggings *pl*

legibilidad [lexiβili'ða^{d}] *f* Lesbarkeit *f,* Leserlichkeit *f*

legible [le'xiβle] *adj* lesbar, leserlich

legión [le'xjon] *f* **1.** (MIL) Legion *f* **2.** (*gran cantidad*) Schar *f;* **una ~ de niños** eine Kinderschar; **los mosquitos son ~** (*elev*) es gibt massenweise Moskitos

legionario, -a [lexjo'narjo, -a] **I.** *adj* Legion-

II. *m, f* Legionär(in) *m(f)*
legionella [lexjo'nela] *f* (MED) **1.** (*bacteria*) Legionellabakterium *nt* **2.** (*enfermedad*) Legionärskrankheit *f*
legionelosis [lexjone'losis] *f inv* (MED) Legionärskrankheit *f,* Legionellose *f*
legislable [lexis'laβle] *adj* (JUR) gesetzlich regelbar
legislación [lexisla'θjon] *f* (*acción*) Gesetzgebung *f;* (*leyes*) Gesezte *ntpl,* Recht *nt;* ~ **para los extranjeros** Ausländerrecht *nt;* ~ **laboral** Arbeitsrecht *nt*
legislador(a) [lexisla'ðor(a)] **I.** *adj* gesetzgeberisch **II.** *m(f)* **1.** (*que legisla*) Gesetzgeber(in) *m(f)* **2.** (*Am: parlamentario*) Parlamentarier(in) *m(f),* Abgeordnete(r) *mf*
legislar [lexis'lar] *vi* Gesetze erlassen [*o* verabschieden]
legislativo, -a [lexisla'tiβo, -a] *adj* gesetzgebend; **poder** ~ Legislative *f*
legislatura [lexisla'tura] *f* **1.** (*período*) Legislaturperiode *f* **2.** (*Arg, Méx, Perú: parlamento*) Parlament *nt*
legista [le'xista] *mf* **1.** (*eminencia en leyes*) Rechtsgelehrte(r) *mf;* (*jurisprudente*) Jurist(in) *m(f)* **2.** (*estudiante*) Jurastudent(in) *m(f)*
legítima [le'xitima] *f* (JUR) Pflichtteil *m o nt*
legitimación [lexitima'θjon] *f* **1.** (*legalización*) Legalisierung *f,* gesetzliche Anerkennung *f* **2.** (*habilitación*) Legitimation *f* **3.** (*reconocimiento de un hijo*) Anerkennung *f;* (JUR) Ehelichkeitserklärung *f*
legítimamente [lexitima'mente] *adv* rechtmäßig
legitimar [lexiti'mar] **I.** *vt* **1.** (*dar legitimidad*) für rechtmäßig erklären, gesetzlich anerkennen **2.** (*habilitar*) befähigen, berechtigen **3.** (*reconocer a un hijo*) anerkennen; (JUR) für ehelich erklären **II.** *vr:* ~**se** sich ausweisen
legitimidad [lexitimi'ðað] *f* Legitimität *f,* Rechtmäßigkeit *f;* ~ **de un niño** Ehelichkeit eines Kindes
legitimismo [lexiti'mismo] *m sin pl* (POL) Legitimismus *m*
legitimista [lexiti'mista] *mf* (HIST) Legitimist(in) *m(f)*
legítimo, -a [le'xitimo, -a] *adj* **1.** (*legal*) rechtmäßig; **defensa legítima** Notwehr *f* **2.** (*verdadero*) echt; **collar de perlas legítimas** Kollier aus echten Perlen **3.** (*hijo*) ehelich
lego, -a ['leγo, -a] **I.** *adj* **1.** (*no eclesiástico*) weltlich, Laien- **2.** (*ignorante*) unwissend **II.** *m, f* Laie, -in *m, f;* **ser un ~ en el tema** nichts von der Sache verstehen
legón [le'γon] *m* (AGR) Hacke *f*
legra ['leγra] *f* (MED) Schabinstrument *nt*
legración [leγra'θjon] *f* (MED: *hueso*) (Ab)schaben *nt;* (*útero*) Ausschabung *f*
legrar [le'γrar] *vt* (MED: *huesos*) (ab)schaben; (*útero*) ausschaben
legua ['leγwa] *f* (spanische) Meile *f* (*5,5727 km*); ~ **marina** (spanische) Seemeile (*5,555 km*); **lo reconocí a la** ~ ich habe ihn von weitem erkannt; **no hay nadie mejor (que ella) en ~s a la redonda** sie ist die Beste weit und breit
legui ['leγi] *m* (Leder)gamasche *f,* Überstrumpf *m*
leguleyo, -a [leγu'leɟo, -a] *m, f* (*pey*) Winkeladvokat(in) *m(f)*
legumbre [le'γumbre] *f* Hülsenfrucht *f;* **frutas y ~s** Obst und Gemüse
legumbrera [leγum'brera] *f* Gemüseschüssel *f*
leguminosas [leγumi'nosas] *fpl* Leguminosen *fpl*
leguminoso, -a [leγumi'noso, -a] *adj* Hülsen-
lehendakari [le(e)n̩da'kari] *m* (POL) *v.* **lendakari**
leíble [le'iβle] *adj* lesbar, leserlich
leída [le'iða] *f* Lesen *nt;* **se lo aprendió de una** ~ er/sie lernte es nach einmaligem Durchlesen; **dar una ~ a algo** etw überfliegen
leído, -a [le'iðo, -a] *adj* belesen, gebildet; **una revista muy leída** eine viel gelesene Zeitschrift
leísmo [le'ismo] *m* (LING) *falsche Verwendung von 'le(s)' als Akkusativobjekt anstelle von 'lo(s)'*
leísta [le'ista] **I.** *adj* (LING) *'le(s)' statt 'lo(s)' im Akkusativ verwendend* **II.** *mf* (LING) *Person, die 'le(s)' statt 'lo(s)' im Akkusativ verwendet*
leitmotiv [lei̯ðmo'tif] *m* (MÚS, LIT) Leitmotiv *nt*
lejanía [lexa'nia] *f* Ferne *f*
lejano, -a [le'xano, -a] *adj* fern (*de* von +*dat*); **en un futuro no muy** ~ in absehbarer Zeit; **parentesco** ~ entfernte Verwandtschaft
lejía [le'xia] *f* **1.** (QUÍM) Lauge *f* **2.** (*para lavar*) Waschlauge *f;* (*para decolorar*) Bleichlauge *f*
lejos ['lexos] **I.** *adv* weit (entfernt); **a lo** ~ in der Ferne; **de** ~ von weitem; **ir demasiado** ~ (*fig*) zu weit gehen; **llegar** ~ (*fig*) es weit [*o* zu etwas] bringen; **sin ir más** ~ (*fig*) (so) zum Beispiel **II.** *prep:* ~ **de** weit (weg) von +*dat,* weit (entfernt) von +*dat;* **vivimos ~ del pueblo** wir wohnen ziemlich weit vom Dorf entfernt; **está muy ~ de mí hacer algo** (*fig*) es liegt mir fern etw zu tun **III.** *m inv* (ARTE) Hintergrund *m*
lelo, -a ['lelo, -a] *adj* (*fam*) **1.** *ser* (*tonto*) doof, blöd **2.** *estar* (*pasmado*) verdutzt; (*mareado*) benommen
lema ['lema] *m* **1.** (*tema*) Grundgedanke *m;* (*mote*) Devise *f;* **bajo el ~...** unter dem Motto ... **2.** (*contraseña*) Kennwort *nt,* Losung *f* **3.** (MAT) Lemma *nt,* Hilfssatz *m* **4.** (LING) Lemma *nt*
lemario [le'marjo] *m* (LING) Gesamtheit *f* der Stichwörter eines Wörterbuches
lemming ['lemiŋ] *m* (ZOOL) Lemming *m*

lemniscata [lemnis'kata] *f* (MAT) Lemniskate *f*

lempira [lem'pira] *f* (FIN) Lempira *f* (*Währungseinheit Honduras*)

lémur ['lemur] *m* (ZOOL) Lemur(e) *m*

lencera [len̪'θera] *f v.* **lencero**

lencería [len̪θe'ria] *f* **1.** (*conjunto de telas*) Stoffe *mpl;* (*ropa de cama*) Bettwäsche *f* **2.** (*tienda de telas*) Wäschegeschäft *nt;* (*de ropa interior*) Miederwarengeschäft *nt;* ~ **de un almacén** Wäscheabteilung eines Kaufhauses **3.** (*depósito de ropa blanca*) Wäschedepot *nt;* ~ **de un hospital** Krankenhauswäschelager *nt* **4.** (*ropa interior femenina*) Damen(unter)wäsche *f,* Dessous *ntpl;* (*que sujeta*) Miederwaren *fpl*

lencero, **-a** [len̪'θero, -a] *m, f* Wäschehändler(in) *m(f)*

lenco, **-a** ['leŋko, -a] *adj* (*Hond: tartamudo*) stotternd; **él es** ~ er ist Stotterer [*o* stottert]

lendakari [len̪da'kari] *m Ministerpräsident der baskischen Regionalregierung*

lendrera [len̪'drera] *f* Läusekamm *m*

lendroso, **-a** [len̪'droso, -a] *adj* nissig

lengón, **-ona** [leŋ'gon, -ona] *adj* (*Col: deslenguado*) klatschhaft

lengua ['leŋgwa] *f* **1.** (*órgano*) Zunge *f;* ~ **bífida** Spaltzunge *f;* ~ **de buey** (BOT) Ochsenzunge *f;* ~ **de estropajo** [*o* **de trapo**] (*fam*) Stotterer *m;* ~**s de gato** (GASTR) Katzenzungen *fpl;* **atar la** ~ **a alguien** jdm den Mund verbieten; **darle a la** ~ (*fam*) quasseln; **es lo que dicen las malas** ~**s** das sagen böse Zungen; **lo tengo en la punta de la** ~ es liegt mir auf der Zunge; **morderse la** ~ sich *dat* auf die Zunge beißen; (*fig*) den Mund halten; **no tener pelos en la** ~ kein Blatt vor den Mund nehmen; **parecer que alguien ha comido** ~ viel reden; **sacar la** ~ **a alguien** jdm die Zunge herausstrecken; **se me trabó la** ~ ich habe mich verhaspelt; **tener la** ~ **demasiado larga** ein loses Mundwerk haben; **tener una** ~ **viperina** (*fam*) eine spitze Zunge haben; **tirar a alguien de la** ~ (*fam fig*) jdm die Würmer aus der Nase ziehen; **aquí alguien se ha ido de la** ~ da hat sich wohl jemand verplappert **2.** (LING) Sprache *f;* ~ **clásica** klassische Sprache; ~ **madre** Stammsprache *f;* ~ **materna** Muttersprache *f;* ~ **oficial** Amtssprache *f;* ~ **de oíl** Langue *f* d'oïl; ~ **de oc** Langue *f* d'oc; ~ **viva/muerta** lebende/tote Sprache **3.** (*forma*) Zunge *f;* ~ **del agua** Uferstreifen *m;* ~ **de fuego** (REL) Feuerzunge *f;* ~ **de tierra** Landzunge *f* **4.** (*de una campana*) Glockenklöppel *m*

lenguadeta [leŋgwa'ðeta] *f* (GASTR, ZOOL) kleine Seezunge *f*

lenguado [leŋ'gwaðo] *m* (ZOOL) Seezunge *f*

lenguaje [leŋ'gwaxe] *m* Sprache *f;* ~ **artificial** künstliche Sprache; ~ **de comandos** (INFOR) Befehlssprache *f;* ~ **de computación** (INFOR) Maschinensprache *f;* ~ **culto** gehobene Sprache; **el** ~ **de las flores** die Blumensprache; ~ **informático** Computersprache *f;* ~**s de programación** (INFOR) Programmiersprachen *fpl;* ~ **técnico** Fachsprache *f*

lenguaraz [leŋgwa'raθ] *adj* frech, unverschämt

lenguaz [leŋ'gwaθ] *adj* geschwätzig

lenguaza [leŋ'gwaθa] *f* (BOT) Ochsenzunge *f*

lengüeta [leŋ'gweta] *f* **1.** (*del zapato*) Lasche *f* **2.** (*de la balanza*) Zünglein *nt* **3.** (*de la flauta*) Zunge *f* **4.** (*Chil: cuchillo*) Papiermesser *nt* **5.** (*epiglotis*) Kehldeckel *m* **6.** (*carpintería*) Feder *f*

lengüetada [leŋgwe'taða] *f* Lecken *nt;* (*perro*) Schlabbern *nt;* **le dio tres** ~**s al helado** er/sie hat dreimal am Eis geleckt

lengüetazo [leŋgwe'taθo] *m* Zungenschlag *m;* (*lamer*) Lecken *nt*

lengüetear [leŋgwete'ar] *vi* (*Am: fam*) schwatzen

lengüetería [leŋgwete'ria] *f* (MÚS) Zungenpfeifen *fpl* einer Orgel

lengüicorto, **-a** [leŋgwi'korto, -a] *adj* (*fam*) zurückhaltend, wortkarg; **es muy** ~ er/sie redet nicht gern

lengüilargo, **-a** [leŋgwi'larɣo, -a] *adj* (*fam*) scharfzüngig

lenguón, **-ona** [leŋ'gwon, -ona] **I.** *adj* (*Am: calumniador*) gehässig; (*chismoso*) klatschhaft **II.** *m, f* (*Am: calumniador*) Verleumder(in) *m(f);* (*chismoso*) Klatschmaul *nt fam*

lenidad [leni'ðað] *f sin pl* Nachsicht *f,* Milde *f*

lenificar [lenifi'kar] <c→qu> *vt* mildern, lindern

leninismo [leni'nismo] *m* (POL) Leninismus *m*

leninista [leni'nista] **I.** *adj* (POL) leninistisch **II.** *mf* (POL) Leninist(in) *m(f)*

lenitivo¹ [leni'tiβo] *m* **1.** (*medicamento*) Linderungsmittel *nt* **2.** (*consuelo*) Trost *m*

lenitivo, **-a**² [leni'tiβo, -a] *adj* lindernd

lenocinio [leno'θinjo] *m* Kuppelei *f;* **casa de** ~ Bordell *nt*

lente ['len̪te] *m o f* **1.** (*gafas*) Brille *f;* **el abuelo lleva** ~**s** der Großvater trägt eine Brille **2.** (*cristal, t.* FOTO) (Glas)linse *f;* ~ **convergente/divergente** Sammel-/Zerstreuungslinse *f;* ~**s de contacto** Kontaktlinsen *fpl;* ~**s progresivas** Progressivgläser *ntpl*

lenteja [len̪'texa] *f* Linse *f;* **dar algo por un plato de** ~**s** (*fig*) etw für ein Linsengericht hergeben

lentejar [len̪te'xar] *m* (AGR) Linsenfeld *nt,* Linsenpflanzung *f*

lentejuela [len̪te'xwela] *f* **1.** *dim de* **lenteja** **2.** (*adorno*) Flitter *m;* ~**s** Pailletten *fpl*

lenticular [len̪tiku'lar] *adj* linsenförmig; (*hueso*) lentikulär

lentificar [len̪tifi'kar] <c→qu> *vt* verlangsamen

lentilla [len̪'tiʎa] *f* Kontaktlinse *f;* ~ **desechable** Einmalkontaktlinse *f*

lentisco [len̪'tisko] *m* (BOT) Mastixstrauch *m*

lentisquina [len̪tis'kina] *f* (BOT) Frucht *f* des

Mastixstrauches

lentitud [lenti'tuᵈ] *f* Langsamkeit *f;* (*fig*) Trägheit *f;* ~ **en los pagos** Säumigkeit im Zahlen; **con** ~ langsam

lento[1] ['lento] *m* (MÚS) Lento *nt;* **ahora la orquesta toca un** ~ jetzt spielt das Orchester ein langsames Stück

lento, -a[2] ['lento, -a] *adj* langsam; (*fig*) träge; (*enfermedad, agonía*) schleichend; **a cámara lenta** in Zeitlupe; **a paso** ~ langsamen Schrittes; **quemar a fuego** ~ (*fig*) quälen; **ser** ~ **en resolverse** sich schwer entscheiden können

lentorro, -a [len'torro, -a] *adj* (*pey*) schwerfällig, lahm *fam*

leña ['leɲa] *f sin pl* **1.** (*madera*) (Brenn)holz *nt;* ~ **de vaca/de oveja** (*Arg, Urug*) getrockneter Rinder-/Schafskot; **echar** ~ **al fuego** Holz auflegen; (*fig*) Öl ins Feuer gießen; **llevar** ~ **al monte** (*fig*) Eulen nach Athen tragen **2.** (*castigo*) Prügel *mpl;* **¡~ con él!** gib ihm Saures!; **dar** ~ verprügeln; **recibir** ~ Prügel einstecken

leñador(a) [leɲa'ðor(a)] *m(f)* Holzfäller(in) *m(f)*

leñazo [le'ɲaθo] *m* (*fam*) Schlag *m;* **¡qué** ~ **se pegó!** er/sie hat ganz schön was abgekriegt!; **pegarse** [*o* **darse**] **un** ~ **en la cabeza** sich *dat* den Kopf anschlagen

leñe ['leɲe] *interj* (*vulg*) verdammt noch mal

leñera [le'ɲera] *f* (*edificio*) Holzschuppen *m;* (*sitio*) Holzplatz *m*

leñero [le'ɲero] *m* **1.** (*vendedor*) Holzhändler *m* **2.** (*lugar*) Holzschuppen *m*

leño ['leɲo] *m* **1.** (*de árbol*) Kloben *m*, Holzklotz *m* **2.** (*tonto*) Dummkopf *m*

leñoso, -a [le'ɲoso, -a] *adj* holz(art)ig

Leo ['leo] *m* (ASTR) Löwe *m*

león [le'on] *m* **1.** (ZOOL) Löwe *m;* ~ **marino** Seelöwe *m;* **diente de** ~ (BOT) Löwenzahn *m;* **no es tan fiero el** ~ **como lo pintan** (*fam*) nichts ist so schlimm wie es aussieht **2.** (*Am: puma*) Puma *m*

León [le'on] *m* León *nt*

leonado, -a [leo'naðo, -a] *adj* falb, fahlgelb

leonera [leo'nera] *f* **1.** (*jaula*) Löwenkäfig *m* **2.** (*timba*) Spielhölle *f* **3.** (*habitación desordenada*) Rumpelkammer *f*

leonero, -a [leo'nero, -a] *m, f* Löwenwärter(in) *m(f)*

leonés[1] [leo'nes] *m in León gesprochener Dialekt*

leonés, -esa[2] [leo'nes, -esa] **I.** *adj* aus León **II.** *m, f* Einwohner(in) *m(f)* von León

leonesismo [leone'sismo] *m* (LING) **1.** (*en leonés*) in León gesprochenes Spanisch *nt* **2.** (*en otra lengua*) *aus dem in León gesprochenen Spanisch übernommener Ausdruck* **3.** (*afecto por lo leonés*) *Liebe zu allem, was mit León zu tun hat*

leonina [leo'nina] *f* (MED) Löwengesicht *nt*, Facies *f* leontina

leonino, -a [leo'nino, -a] *adj* **1.** (ZOOL) Löwen- **2.** (JUR) leoninisch; **contrato** ~ leoninischer Vertrag

leontina [leon'tina] *f* Uhrkette *f*

leopardo [leo'parðo] *m* Leopard *m*

leotardo(s) [leo'tarðo(s)] *m(pl)* Strumpfhose *f*

Lepe ['lepe] *m:* **saber más que** ~ sehr gescheit sein (*nach Bischof Don Pedro de Lepe, 17 Jh.*)

leperada [lepe'raða] *f* (*AmC, Méx*) **1.** (*canallada*) Gemeinheit *f* **2.** (*expresión burda*) ordinäres Gerede *nt*

lépero, -a ['lepero, -a] **I.** *adj* **1.** (*AmC, Méx: grosero, soez*) ordinär **2.** (*Cuba: perspicaz*) scharfsinnig, schlau **3.** (*Ecua: fam: arruinado*) abgebrannt **II.** *m, f* (*AmC, Méx*) Schurke, -in *m, f*

lepidio [le'piðjo] *m* (BOT) (Mauer)kresse *f*

lepidóptero [lepi'ðoptero] *m* (ZOOL) Schuppenflügler *m;* **colección de ~s** Schmetterlingssammlung *f*

leporino, -a [lepo'rino, -a] *adj* (*como una liebre*) hasenartig, Hasen-; **labio** ~ Hasenscharte *f*

lepra ['lepra] *f sin pl* Lepra *f*

leprosa [le'prosa] *adj o f v.* **leproso**

leprosario [lepro'sarjo] *m* (*Méx*) Leprosorium *nt*, Krankenhaus *nt* für Leprakranke

leprosería [leprose'ria] *f* Leprastation *f*

leproso, -a [le'proso, -a] **I.** *adj* leprös **II.** *m, f* Leprakranke(r) *mf*

leptospirosis [leptospi'rosis] *f inv* (MED) Leptospirose *f*

lerdear [lerðe'ar] *vi* (*AmC, Arg*) **1.** (*hacer algo con pesadez*) träge sein, schwerfällig sein **2.** (*demorarse*) sich *dat* Zeit lassen; (*llegar tarde*) zu spät kommen

lerdo, -a ['lerðo, -a] *adj* schwerfällig

lerense [le'rense] **I.** *adj* **1.** (*pontevedrés*) aus Pontevedra **2.** (*del río Lérez*) den Fluss Lérez betreffend **II.** *mf* (*pontevedrés*) Einwohner(in) *m(f)* von Pontevedra

Lérida ['leriða] *f* Lérida *nt*, Lleida *nt*

leridano, -a [leri'ðano, -a] **I.** *adj* aus Lérida **II.** *m, f* Einwohner(in) *m(f)* von Lérida

les [les] *pron pers* **1.** *m pl* (*reg: objeto directo*) sie *pl;* (*forma cortés*) Sie *pl;* **no** ~ **veo** ich sehe sie nicht **2.** *mf pl* (*objeto indirecto*) ihnen; (*t. acusativo*) sie *pl;* (*forma cortés*) Ihnen *pl;* (*t. acusativo*) Sie *pl;* **yo** ~ **di ayer las llaves** ich habe ihnen gestern die Schlüssel gegeben; **¡da~ mañana los cuadernos!** gib ihnen morgen die Hefte!; **a ellos no** ~ **importa nada que...** +*subj* es ist ihnen egal, dass ...; ~ **ocurrió lo siguiente...** Folgendes ist ihnen passiert ...; ~ **he preguntado su nombre** ich habe sie nach ihrem Namen gefragt; ~ **recuerdo que...** ich möchte Sie daran erinnern, dass ...

lesbiana [les'βjana] *f* Lesbierin *f*

lesbianismo [lesβja'nismo] *m sin pl* lesbische Liebe *f*

lésbico, -a ['lesβiko, -a] *adj* lesbisch

lesear [lese'ar] *vi* (*Chil*) herumalbern

lesera [le'sera] *f* (*Bol, Chil, Perú*) Dummheit *f*, Blödsinn *m*

lesión [le'sjon] *f* Verletzung *f*; ~ **cardiaca** Herzfehler *m*; **lesiones corporales** Körperverletzung *f*

lesionar [lesjo'nar] **I.** *vt* **1.** (*herir*) verletzen **2.** (*dañar*) schaden +*dat* **II.** *vr:* ~**se** sich verletzen

lesivo, **-a** [le'siβo, -a] *adj* schädlich, schädigend

lesnordeste [lesnor'ðeste] *m* **1.** (*punto geográfico*) Ostnordosten *m* **2.** (*viento*) Ostnordostwind *m*

leso, **-a** ['leso, -a] *adj* verletzt; **crimen de lesa majestad** Majestätsverbrechen *nt*

lesueste [le'sweste] *m* **1.** (*punto geográfico*) Ostsüdosten *m* **2.** (*viento*) Ostsüdostwind *m*

letal [le'tal] *adj* (*elev*) tödlich; (MED) letal

letalidad [letali'ða^ð] *f sin pl* tödliche Wirkung *f*; (*mortalidad*) Letalität *f*

letanía [leta'nia] *f* Litanei *f*; **¡ya está éste con su ~!** er betet schon wieder dieselbe Litanei!, jetzt fängt der schon wieder mit der alten Leier an! *fam*

letárgico, **-a** [le'tarxiko, -a] *adj* lethargisch

letargo [le'taryo] *m* **1.** (MED) Lethargie *f* **2.** (*de un animal*) Winterschlaf *m*

letífero, **-a** [le'tifero, -a] *adj* todbringend, tödlich

letón¹ [le'ton] *m* (*lengua*) Lettisch(e) *nt*

letón, **-ona²** [le'ton, -ona] **I.** *adj* lettisch **II.** *m, f* (*habitante*) Lette, -in *m, f*

Letonia [le'tonja] *f* Lettland *nt*

letra ['letra] *f* **1.** (*signo*) Buchstabe *m*; ~ **de imprenta** Druckbuchstabe *m*; ~ **de molde** Fettdruck *m*; ~ **mayúscula/minúscula** Groß-/Kleinbuchstabe *m*; **con ~ mayúscula/minúscula** groß-/kleingeschrieben; **al pie de la ~** wortwörtlich; ~ **por ~** Wort für Wort; **poner cuatro ~s a alguien** jdm ein paar Zeilen schreiben; **hay que leer siempre la ~ pequeña de un contrato** man muss bei einem Vertrag immer das Kleingedruckte lesen **2.** (*escritura*) (Hand)schrift *f*; ~ **cursiva** Kursivschrift *f*; ~ **(semi)negrita** (halb)fette Schrift **3.** *pl* (*saber*) Wissen *nt*; (*ciencias*) Geisteswissenschaften *fpl*; (*bachiller*) humanistisches Gymnasium *nt*; **bellas ~s** Literatur *f*; **aprender las primeras ~s** (*fam fig*) sich *dat* die Grundkenntnisse aneignen; **es un monstruo de las ~s francesas** (*fig*) er ist ein großer französischer Literat; **ser hombre de ~s** ein gebildeter Mann sein **4.** (MÚS) Text *m* **5.** (COM) Wechsel *m*; ~ **bancaria** Bankanweisung *f*, Bankwechsel *m*; ~ **de cambio** Wechselbrief *m*; ~ **de cambio aceptada** Akzept *nt*; ~ **de cambio no aceptada** zurückgewiesener Wechsel; ~ **de cambio domiciliada** domizilierter Wechsel; ~ **domiciliada** Domizilwechsel *m*; ~ **girada a la propia orden** Solawechsel *m*; ~ **al portador** Inhaberpapier *nt*; ~ **a la propia orden** Eigenorderwechsel *m*; ~ **a propio cargo** Solawechsel *m*, trockener Wechsel; ~ **del Tesoro** Schatzwechsel *m*; ~ **a la vista** Sichtwechsel *m*; **aceptar una ~** einen Wechsel mit Akzept versehen; **girar** [*o* **librar**] **una ~ a cargo de alguien/algo** einen Wechsel auf jdn/etw ziehen [*o* ausstellen]; **una ~ vencedera el 23 de abril** ein am 23. April fälliger Wechsel; **descontar una ~** einen Wechsel diskontieren

letrado, **-a** [le'traðo, -a] **I.** *adj* gelehrt, gebildet **II.** *m, f* (JUR) Anwalt, -wältin *m, f*

letrero [le'trero] *m* Schild *nt*; ~ **luminoso** Leuchtreklametafel *f*

letrilla [le'triʎa] *f* ≈Strophengedicht *nt*

letrina [le'trina] *f* Latrine *f*

letrista [le'trista] *mf* Textdichter(in) *m(f)*

leucemia [leu̯'θemja] *f sin pl* (MED) Leukämie *f*

leucémico, **-a** [leu̯'θemiko, -a] **I.** *adj* **1.** (*relativo a la leucemia*) leukämisch, Leukämie- **2.** (*enfermo*) leukämisch, an Leukämie leidend **II.** *m, f* Leukämiekranke(r) *mf*

leucito [leu̯'θito] *m* (BOT) Plastide(n) *f(pl)*

leucoblasto [leu̯ko'βlasto] *m* (MED) Leukoblast *m*

leucocitemia [leu̯koθi'temja] *f* (MED) *v.* **leucemia**

leucocito [leu̯ko'θito] *m* (BIOL) Leukozyt *m*

leucocitosis [leu̯koθi'tosis] *f inv* (MED) Leukozytose *f*

leucoma [leu̯'koma] *f* (MED) Leukom *nt*

leucopenia [leu̯ko'penja] *f* (MED) Leukopenie *f*, Verminderung *f* der weißen Blutkörperchen

leucoplaquia [leu̯ko'plakja] *f* (MED) Weißschwielenkrankheit *f*, Leukoplakie *f*

leucoplasto [leu̯ko'plasto] *m* (BOT) Leukoplast *m*

leucopoyesis [leu̯kopo'ɟesis] *f inv* (MED) Leukozytenbildung *f*, Leukopoese *f*

leucorrea [leu̯ko'rrea] *f* (MED) Leukorrhö(e) *f*, Weißfluss *m*

leva ['leβa] *f* **1.** (MIL) Einberufung *f* **2.** (*barco*) Ablegen *nt*, Lichten *nt* der Anker

levadizo, **-a** [leβa'ðiθo, -a] *adj* (ab)hebbar; **puente ~** Zugbrücke *f*

levadura [leβa'ðura] *f* **1.** (*masa*) Hefe *f*; **polvo de ~** Backpulver *nt*; ~ **de cerveza** Bierhefe *f* **2.** (*hongo*) Hefepilz *m*

levantada [leβan̪'taða] *f* Aufstehen *nt* nach der Genesung

levantador(a) [leβan̪ta'ðor(a)] **I.** *adj* (hoch)hebend **II.** *m(f)*: ~ **de pesos** Gewichtheber *m*

levantamiento [leβan̪ta'mjen̪to] *m* **1.** (*amotinamiento*) Aufstand *m*, Meuterei *f* **2.** (*alzar*) Hochheben *nt*; ~ **del cadáver** (amtliche) Leichenschau *f*

levantar [leβan̪'tar] **I.** *vt* **1.** (*alzar*) (hoch)heben; (*del suelo*) aufheben; (*polvo*) aufwirbeln; (*telón*) heben; (*un cartel*) aufstellen; (*un campamento*) abbrechen; (*las anclas*) lichten; ~ **capital** (FIN) Kapital aufbringen [*o* auftreiben]; **después del fracaso ya no levantó**

L

cabeza nach dem Unglück hat er/sie sich nicht mehr erholt; **hay que** ~ **los postes tumbados por el aire** man muss die Pfähle wieder aufrichten, die der Wind umgeworfen hat; **levanta el espejo un poco más** stell den Spiegel etwas höher; **levántala en alto para que todos la vean** heb sie hoch, damit alle sie sehen können; **levántalo del suelo** heb es vom Boden auf; **las perdices ~on el vuelo** die Rebhühner hoben zum Flug an **2.** (*despertar*) wecken **3.** (*construir*) bauen; (*monumento*) errichten; (*muro*) hochziehen **4.** (*suprimir*) beenden; (*embargo, sesión, veda*) aufheben **5.** (*mapa*) aufnehmen; ~ **acta** protokollieren; **~on acta de la sesión inaugural** sie nahmen die Eröffnungssitzung zu Protokoll; **no ~ás falso testimonio** du sollst kein falsches Zeugnis ablegen **6.** (*voz*) heben; **no le levantes la voz a tu madre** schrei deine Mutter nicht an **7.** (*mirada, mano*) (er)heben **8.** (*naipe*) stechen **9.** (*caza*) aufstöbern **II.** *vr:* **~se 1.** (*de la cama*) aufstehen (*de* aus +*dat*); **~se con el pie izquierdo** mit dem linken Fuß zuerst aufstehen **2.** (*sobresalir*) sich erheben; **la mezquita se levantaba ante nosotros** vor uns erhob sich die Mezquita **3.** (*sublevarse*) sich erheben (*contra* gegen +*akk*); **se ~on pocas voces críticas** es wurden nur wenige kritische Stimmen laut **4.** (*viento*) aufkommen **5.** (*robar*) sich auf und davon machen (*con* mit +*dat*) **6.** (*telón*) aufgehen

levante [le'βan̪te] *m sin pl* Osten *m;* (*viento*) Ostwind *m*

Levante [le'βan̪te] *m* Levante *m* (*Ostküste Spaniens bzw. die Regionen País Valenciano und Murcia*)

levantino, **-a** [leβan̪'tino, -a] **I.** *adj* levantinisch, auf den Levante bezogen **II.** *m, f* Levantiner(in) *m(f)*

levantisco, **-a** [leβan̪'tisko, -a] *adj* unruhig

levar [le'βar] *vt* **1.** (NAUT): ~ **(las) anclas** die Anker lichten **2.** (GASTR) auftreiben, aufgehen lassen

leve ['leβe] *adj* (*enfermedad*) harmlos; (*peso*) leicht; (*sanción*) gnädig; **error** ~ leichter Fehler; **pecado** ~ lässliche Sünde; **su estado (de salud) es** ~ er/sie ist nicht ernsthaft krank

levedad [leβe'ðaᵈ] *f sin pl* Leichtigkeit *f*

levemente [leβe'men̪te] *adv* leicht, geringfügig; **ha resultado** ~ **herida** sie wurde nur leicht verletzt

leviatán [leβja'tan] *m* **1.** (*demonio*) Leviat(h)an *m* **2.** (*monstruo marino*) Meeresungeheuer *nt*

levigar [leβi'ɣar] <g→gu> *vt* (QUÍM) schlämmen

levirato [leβi'rato] *m* (SOCIOL) Leviratsehe *f,* Levirat *nt*

levita¹ [le'βita] *f* Überrock *m,* Gehrock *m;* **tirar de la** ~ **a alguien** jdm schmeicheln

levita² [le'βita] *m* Levit *m*

levitación [leβita'θjon] *f* Levitation *f*

levitar [leβi'tar] *vi* in der Luft schweben

levítico, **-a** [le'βitiko, -a] *adj* **1.** (*de los levitas*) levitisch **2.** (*clerical*) klerikal, priesterlich

levulosa [leβu'losa] *f* (QUÍM) Fruchtzucker *m,* (linksdrehende Form der) Fructose *f*

lexema [leᵞ'sema] *m* (LING) Lexem *nt*

lexicalización [leᵞsikaliθa'θjon] *f* (LING) Lexikalisierung *f*

lexicalizar [leᵞsikali'θar] <z→c> *vt* lexikalisieren

léxico¹ ['leᵞsiko] *m* (LING) **1.** (*diccionario*) Wörterbuch *nt* **2.** (*vocabulario*) Wortschatz *m,* Lexik *f*

léxico, **-a²** ['leᵞsiko, -a] *adj* (LING) **1.** (*relativo al vocabulario*) lexisch **2.** (*relativo al diccionario*) lexikalisch, lexisch

lexicógrafa [leᵞsi'koɣrafa] *f v.* **lexicógrafo**

lexicografía [leᵞsikoɣra'fia] *f* (LING) Lexikographie *f*

lexicográfico, **-a** [leᵞsiko'ɣrafiko, -a] *adj* (LING) lexikographisch

lexicógrafo, **-a** [leᵞsi'koɣrafo, -a] *m, f* (LING) Lexikograph(in) *m(f)*

lexicóloga [leᵞsi'koloɣa] *f v.* **lexicólogo**

lexicología [leᵞsikolo'xia] *f* (LING) Lexikologie *f,* Wortkunde *f*

lexicológico, **-a** [leᵞsiko'loxiko, -a] *adj* (LING) lexikologisch; **las partículas ofrecen dificultades de clasificación desde el punto de vista** ~ Partikel sind lexikologisch schwer zu klassifizieren

lexicólogo, **-a** [leᵞsi'koloɣo, -a] *m, f* (LING) Lexikologe, -in *m, f*

lexicón [leᵞsi'kon] *m* Wörterbuch *nt,* Lexikon *nt*

ley [lei̯] *f* **1.** (JUR, REL, FÍS) Gesetz *nt;* **L~ de cierre de comercios** Ladenschlussgesetz *nt;* **la L~ de las Doce Tablas** das Zwölftafelgesetz; ~ **del embudo** (*pey fam*) Willkür *f;* **la L~ Fundamental** das Grundgesetz; **L~ General Tributaria** Abgabenordnung *f;* ~ **marcial** Standrecht *nt;* ~ **marco** Rahmengesetz *nt;* **la** ~ **de Moisés** das Gesetz Mose; **L~ Presupuestaria** Haushaltsgesetz *nt;* **la L~ sálica** das salische Gesetz; **la** ~ **seca** die Prohibition; ~ **de la selva** [*o* **de la jungla**] Recht des Stärkeren, Faustrecht *nt;* **L~ del Suelo** (JUR, POL) ≈Bundesbaugesetz *nt;* **proyecto de** ~ Gesetzentwurf *m;* **hacer algo con todas las de la** ~ etw mit allem, was dazu gehört, machen; **hay que respetar las ~es del juego** man muss die Spielregeln einhalten; **los mercados se rigen por la** ~ **de la oferta y la demanda** die Märkte richten sich nach dem Gesetz von Angebot und Nachfrage; **hecha la ~, hecha la trampa** für jedes Gesetz findet sich ein Hintertürchen; **regirse por la** ~ **del embudo** mit zweierlei Maß bemessen werden; **según la** ~ **vigente...** laut geltendem Recht ...; **se le aplicó la** ~ **de la fuga** er/sie wurde auf der Flucht erschossen; **ser de** ~ (*fam*) recht und billig sein; **tiene ya fuerza de** ~ das hat schon Gesetzeskraft **2.** *pl* (*estudio*) Jura

3. (*oro*) Feingehalt *m;* (*monedas*) Korn *nt;* **oro de ~** Feingold *nt;* **es de buena ~** (*fig*) er/sie ist zuverlässig

leyenda [le'ɟen̩da] *f* **1.** (LIT) Legende *f;* (*de un santo*) Heiligenlegende *f;* **la ~ negra** *spanienfeindliche Darstellung der spanischen Kolonialgeschichte* **2.** (*de un plano*) Legende *f,* Zeichenerklärung *f* **3.** (*moneda*) Umschrift *f*

lezna ['leθna] *f* Ahle *f,* Schusterpfriem *m*

LIA ['lia] *f abr de* **Línea Internacional Aérea** Internationale Fluglinie *f*

liana [li'ana] *f* (BOT) Liane *f*

liar [li'ar] <*1. pres:* lío> **I.** *vt* **1.** (*fardo*) zusammenbinden; (*paquete*) einwickeln; **~ el petate** (*fam*) sein Bündel schnüren **2.** (*cigarrillo*) drehen **3.** (*fam: engañar*) betrügen; **me lió y caí en la trampa** er/sie hat mich an der Nase herumgeführt, und ich bin darauf hineingefallen **4.** (*loc, fam*): **¡ahora sí que la hemos liado!** jetzt haben wir es verbockt [*o* vermasselt]! **II.** *vr:* **~se 1.** (*fam: juntarse*) sich einlassen (*con* mit +*dat*) **2.** (*embarullarse*) durcheinander kommen, verwirrt sein; **~se la manta a la cabeza** (*fam*) eine voreilige Entscheidung treffen **3.** (*ponerse a*): **~se a golpes con alguien** sich mit jdm prügeln

lías[1] ['lias] *fpl* (*del vino*) (Boden)satz *m*

lías[2] ['lias] *m sin pl* (GEO) Lias *m o f*

liásico[1] [li'asiko] *m sin pl* (GEO) Lias *m o f*

liásico, -a[2] [li'asiko, -a] *adj* (GEO) liassisch

libación [liβa'θjon] *f* Libation *f,* (Trank)opfer *nt,* Opfergabe *f*

libamen [li'βamen] *m* (REL) Opfergabe *f*

libamiento [liβa'mjen̩to] *m* (REL) geopferter Gegenstand *m*

libanés, -esa [liβa'nes, -esa] **I.** *adj* libanesisch **II.** *m, f* Libanese, -in *m, f*

Líbano ['liβano] *m:* **El ~** der Libanon

libar [li'βar] *vi* **1.** (*abeja*) saugen **2.** (*sacrificio*) Trankopfer darbringen

libelista [liβe'lista] *mf* Libellist(in) *m(f),* Verfasser(in) *m(f)* einer Schmähschrift

libelo [li'βelo] *m* Pamphlet *nt,* Libell *nt*

libélula [li'βelula] *f* (ZOOL) Libelle *f,* Wasserjungfer *f*

liberación [liβera'θjon] *f* **1.** (*rescate*) Befreiung *f;* (*puesta en libertad*) Freilassung *f;* **~ de acciones** (FIN) Volleinzahlung von Aktien; **~ de capital** (FIN) Kapitalfreisetzung *f;* **todos esperaban la ~ de París** alle warteten darauf, dass Paris befreit wurde **2.** (JUR: *de una deuda*) Schuldbefreiung *f* **3.** (*recibo*) Quittung *f*

liberado, -a [liβe'raðo, -a] *adj* **1.** (*rescatado*) befreit; (*suelto*) freigelassen **2.** (FÍS) freigesetzt **3.** (*cargas*) abgelöst

liberador(a) [liβera'ðor(a)] **I.** *adj* befreiend, erlösend **II.** *m(f)* Befreier(in) *m(f),* Erlöser(in) *m(f)*

liberal [liβe'ral] **I.** *adj* **1.** (*t.* POL) liberal, freiheitlich; **tiene unos padres muy ~es** er/sie hat sehr liberale Eltern **2.** (*generoso*) großzügig **3.** (*profesión*) frei(beruflich); **profesión ~** freiberufliche Tätigkeit; **las profesiones ~es también sufrieron la crisis** auch die freien Berufe sind in die Krise geraten **II.** *mf* Liberale(r) *mf*

liberalidad [liβerali'ða^{d}] *f* **1.** (*generosidad*) Großzügigkeit *f* **2.** (JUR) Schenkung *f*

liberalismo [liβera'lismo] *m* (POL) Liberalismus *m*

liberalización [liβeraliθa'θjon] *f* Liberalisierung *f;* **la ~ del comercio** Liberalisierung des Handels

liberalizar [liβerali'θar] <z→c> *vt* liberalisieren; **~ el precio de los carburantes** die Kraftstoffpreise liberalisieren

liberar [liβe'rar] *vt* befreien (*de* von +*dat*); (*eximir*) freistellen (*de* von +*dat*); **~ una acción** eine Aktie bezahlen

liberatorio, -a [liβera'torjo, -a] *adj* Freiheits-, befreiend; **el veredicto ~** der Freispruch

liberiano, -a [liβe'rjano, -a] **I.** *adj* aus Liberia, liberianisch **II.** *m, f* Liberianer(in) *m(f)*

líbero[1] ['liβero] *m* (DEP) Libero *m*

líbero, -a[2] ['liβero, -a] *adj* frei

libérrimo, -a [li'βerrimo, -a] *adj superl de* **libre**

libertad [liβer'ta^{d}] *f* **1.** (*libre arbitrio*) Freiheit *f;* **~ de circulación** (COM) Freizügigkeit *f,* freier Verkehr; **~ de conciencia** Gewissensfreiheit *f;* **~ condicional/provisional** bedingte/vorläufige Entlassung aus der Haft, Strafaussetzung zur Bewährung; **~ de contratación** (COM) Vertragsfreiheit *f,* Anschlussfreiheit *f;* **~ de culto** Glaubensfreiheit *f;* **~ de establecimiento** (POL) Niederlassungsfreiheit *f;* **~ de opinión** Meinungsfreiheit *f;* **poner en ~ al delincuente** den Straftäter freilassen; **se tomó unas ~es que me molestaron** er/sie nahm sich *dat* für meinen Geschmack zu viel heraus; **tomarse la ~ de hacer algo** sich *dat* erlauben [*o* die Freiheit nehmen] etw zu tun **2.** (*naturalidad*) Unbefangenheit *f*

libertado, -a [liβer'taðo, -a] *adj* (*liberado*) befreit; **el único rehén ~** die einzige freigelassene Geisel

libertador(a) [liβerta'ðor(a)] **I.** *adj* befreiend, erlösend **II.** *m(f)* Befreier(in) *m(f),* Erlöser(in) *m(f)*

libertar [liβer'tar] *vt* befreien (*de* von +*dat*)

libertario, -a [liβer'tarjo, -a] **I.** *adj* anarchistisch **II.** *m, f* Anarchist(in) *m(f)*

liberticida [liβerti'θiða] **I.** *adj* freiheitswidrig, die Freiheit beschneidend **II.** *mf* Beschneider(in) *m* von Freiheit; **los dictadores suelen ser unos ~s** Diktatoren unterbinden gemeinhin jegliche Art von Freiheit

libertina [liβer'tina] *adj o f v.* **libertino**

libertinaje [liβerti'naxe] *m* Zügellosigkeit *f*

libertino, -a [liβer'tino, -a] **I.** *adj* zügellos, ausschweifend **II.** *m, f* zügelloser Mensch *m,* Libertin *m elev*

libia ['liβja] *adj o f v.* **libio**

Libia ['liβja] *f* Libyen *nt*

libidinoso, **-a** [liβiði'noso, -a] *adj* lüstern, wollüstig

libido [li'βiðo] *f sin pl* Trieb *m;* (PSICO) Libido *f*

libio, **-a** ['liβjo, -a] **I.** *adj* libysch **II.** *m, f* Libyer(in) *m(f)*

libra ['liβra] *f* **1.** (*moneda, peso = 460gr*) Pfund *nt;* ~ **esterlina** Pfund Sterling; **una ~ de judías** ein Pfund Bohnen **2.** (*Cuba*) kubanischer Qualitätstabak *m*

Libra ['liβra] *f* (ASTR) Waage *f*

libraco [li'βrako] *m* (*pey*) schlechtes Buch *nt;* (*novela mala*) Schundroman *m*

librado, **-a** [li'βraðo, -a] **I.** *adj:* **salir bien ~** mit einem blauen Auge davonkommen *fam;* **salir mal ~** schlecht wegkommen *fam* **II.** *m, f* (COM) Bezogene(r) *mf,* Trassat *m*

librador(a) [liβra'ðor(a)] *m(f)* (COM) Aussteller(in) *m(f),* Trassant *m*

libramiento [liβra'mjen̩to] *m* (COM) Zahlungsanweisung *f;* (*de un cheque*) Ausstellung *f*

librancista [liβran̩'θista] *mf* (COM: *giro*) Anweisungsempfänger(in) *m(f);* (*letra de cambio*) Wechselempfänger(in) *m(f)*

libranza [li'βran̩θa] *f* (COM) *v.* **libramiento**

librar [li'βrar] **I.** *vt* **1.** (*de un peligro*) befreien (*de* von +*dat*), retten (*de* aus +*dat*); **y líbranos del mal** und befreie uns von dem Bösen; **¡líbreme Dios!** Gott bewahre! **2.** (COM) ausstellen; (*letra de cambio*) ziehen; ~ **una letra a cargo de alguien/algo** einen Wechsel auf jdn/etw ziehen **3.** (*una batalla*) sich *dat* liefern **II.** *vi* (*fam: tener libre*) frei haben **III.** *vr:* **~se** sich befreien (*de* von/aus +*dat*); **¡se libró de una buena!** das ging gerade noch gut!

librazo [li'βraθo] *m* Schlag *m* mit einem Buch; **le dio un ~ en la cabeza** er/sie schlug ihm eins mit dem Buch über den Kopf

libre ['liβre] <libérrimo> *adj* **1.** (*persona, asiento, traducción*) frei; (*independiente*) unabhängig; **el ~ albedrío** der freie Wille; **~ circulación de mercancías** (COM) freier Warenverkehr; **~ circulación de personas** (COM) Freizügigkeit *f,* Reisefreiheit *f;* **~ circulación de servicios** (COM) freier Dienstleistungsverkehr; **~ competencia** freier Wettbewerb, Wettbewerbsfreiheit *f;* **la ~ empresa** das freie Unternehmertum; **~ de franqueo** portofrei; **~ de impuestos** steuerfrei; **el mercado ~** der freie Markt; **zona de ~ cambio** Freihandelszone *f;* **entrada ~** Eintritt frei; **dar vía ~** grünes Licht geben; **~ a bordo** (COM) frei an Bord; **ella siempre va por ~** sie macht grundsätzlich, was sie will; **este vestido me deja los brazos ~s** in diesem Kleid kann ich die Arme frei bewegen; **estoy ~ de preocupaciones materiales** ich habe keine finanziellen Sorgen; **la imaginación es ~** Fantasie kennt keine Grenzen; **tú eres bien ~ de** [*o* **para**] **hacer lo que quieras** es steht dir frei zu tun, was dir beliebt; **el principio de ~ práctica** (COM) das Prinzip der freien Berufsausübung; **en la Europa comunitaria hay ~ circulación de capitales** in der Europäischen Gemeinschaft herrscht freier Kapitalverkehr; **es un defensor del ~ comercio** er ist ein Verfechter des freien Handels; **este producto está ~ de derechos de aduana** dieses Produkt ist zollfrei; **de venta ~ en farmacias** zum freien Verkauf in Apotheken; **soy traductor por ~** ich bin freier Übersetzer **2.** (*soltero*) ledig **3.** (*descarado*) frech

librea [li'βrea] *f* **1.** (*traje*) Livree *f* **2.** (*pelaje*) Fell *nt*

librecambio [liβre'kambjo] *m sin pl* Freihandel *m;* **zona de ~** Freihandelszone *f*

librecambismo [liβrekam'βismo] *m sin pl* (ECON, POL) Freihandelspolitik *f*

librecambista [liβrekam'bista] **I.** *adj* Freihandels- **II.** *mf* Freihändler(in) *m(f)*

librepensador(a) [liβrepensa'ðor(a)] *m(f)* Freidenker(in) *m(f)*

librepensamiento [liβrepensa'mjen̩to] *m sin pl* Freidenkertum *nt*

librera [li'βrera] *f v.* **librero**[2]

librería [liβre'ria] *f* **1.** (*tienda*) Buchhandlung *f;* (*papelería*) Schreibwarengeschäft *nt;* ~ **de depósito/especializada** Sortiments-/Fachbuchhandlung *f;* ~ **de grandes almacenes** Großbuchhandlung *f;* ~ **de ocasión** [*o* **de lance**] modernes Antiquariat; ~ **de venta por correos** Versandbuchhandel *m* **2.** (*biblioteca*) Bibliothek *f,* Bücherei *f* **3.** (*estantería*) Bücherregal *nt*

librero[1] [li'βrero] *m* (*Méx*) (Bücher)regal *nt*

librero, **-a**[2] [li'βrero, -a] *m, f* Buchhändler(in) *m(f)*

libresco, **-a** [li'βresko, -a] *adj* trocken, lebensfremd

libreta [li'βreta] *f* **1.** (*cuaderno*) Notizbuch *nt,* (Schreib)heft *nt* **2.** (*de ahorros*) Sparbuch *nt* **3.** (*pan*) Brotlaib *m*

libretista [liβre'tista] *mf* Librettist(in) *m(f)*

libreto [li'βreto] *m* Libretto *nt,* Textbuch *nt*

librillo [li'βriʎo] *m* **1.** (*de tabaco*) Päckchen *nt* Zigarettenpapier **2.** (ZOOL) Blättermagen *m*

libro ['liβro] *m* **1.** (*escrito*) Buch *nt;* (*volumen*) Band *m;* **L~ Blanco Delors** (UE) Delors-Weißbuch *nt;* ~ **de bolsillo** Taschenbuch *nt;* ~ **de caballerías** Ritterroman *m;* ~ **científico** Fachbuch *nt;* ~ **de cocina** Kochbuch *nt;* ~ **de compras** (Waren)einkaufsbuch *nt;* ~ **de contabilidad** Rechnungsbuch *nt;* **~s de contabilidad** Geschäftsbücher *ntpl;* ~ **de cuentos** Märchenbuch *nt;* ~ **escolar** Schulbuch *nt;* ~ **de escolaridad** Zeugnisheft *nt;* ~ **de familia** Familienstammbuch *nt;* ~ **ilustrado** Bildband *m;* ~ **infantil** Kinderbuch *nt;* ~ **de lectura** Lesebuch *nt;* ~ **de muestras** (COM) Musterbuch *nt;* ~ **de reclamaciones** Beschwerdebuch *nt;* ~ **de registro** Registerbuch *nt;* ~ **de texto** Lehrbuch *nt;* **los L~s Sagrados** die Heilige Schrift; ~ **de ventas** (Waren)verkaufsbuch *nt;* **L~ Verde de la Energía** (UE) Grünbuch Energie; **el L~ Verde de la UE sobre...** (UE) das Grünbuch der EU über ...;

ahorcar [*o* **colgar**] **los ~s** das Studium an den Nagel hängen; **cantar a ~ abierto** vom Blatt singen; **hablar como un ~ abierto** reden wie ein Buch **2.** (ANAT) Blättermagen *m*

licántropo [li'kan̪tropo] *m* **1.** (PSICO) Wolfsmensch *m* **2.** (*de la mitología*) Werwolf *m*

licencia [li'θen̪θja] *f* **1.** (*permiso*) Erlaubnis *f,* Genehmigung *f;* (*para un libro*) Druckerlaubnis *f;* (*Méx: de conducir*) Führerschein *m;* **~ de obras** [*o* **de construcción**] Baugenehmigung *f;* **~ de pesca/de caza/de armas** Angel-/Jagd-/Waffenschein *m;* **contrato de ~** Lizenzvertrag *m;* **obtener la ~ de importación/exportación de un producto** (COM) die Einfuhr-/Ausfuhrgenehmigung für ein Produkt erhalten; **otorgar una ~** eine Lizenz erteilen [*o* vergeben] **2.** (*soldado*) Ausgang *m;* **estuvo tres días de ~** er hatte drei Tage Ausgang **3.** (*libertad*) Freiheit *f;* **~ poética** dichterische Freiheit

licenciado, -a [liθen̪'θjaðo, -a] *m, f* **1.** (*estudiante*) ≈Akademiker(in) *m(f);* **~ en economía** Diplomvolkswirt *m;* **soy ~ en etnografía** ich habe Völkerkunde studiert; **el ~ vidriera** (*elev*) übertrieben furchtsamer Mensch **2.** (*soldado*) Verabschiedete(r) *m*

licenciar [liθen̪'θjar] **I.** *vt* (*despedir*) entlassen; (*soldado*) verabschieden **II.** *vr:* **~se** sein Examen machen [*o* ablegen]; **mi hijo ya se licenció** mein Sohn hat sein Studium schon abgeschlossen [*o* hat schon sein Examen gemacht]

licenciatura [liθen̪θja'tura] *f* Titel *m,* akademischer Grad *m;* **no quieren convalidarme mi ~** mein Abschluss wird nicht anerkannt

licencioso, -a [liθen̪'θjoso, -a] *adj* (*persona*) ausschweifend; (*conducta*) anstößig; **mujer licenciosa** Prostituierte *f;* **vida licenciosa** ausschweifendes Leben

liceo [li'θeo] *m* **1.** (FILOS) Lyzeum *nt* **2.** (*sociedad*) Klub *m;* **el L~** *Opernhaus von Barcelona* **3.** (*Am: colegio*) Gymnasium *nt*

lichi ['litʃi] *m* Litschi *f*

licitación [liθita'θjon] *f* **1.** (*concurso*) (öffentliche) Ausschreibung *f* **2.** (*subasta*) Versteigerung *f*

licitador(a) [liθita'ðor(a)] *m(f)* Bieter(in) *m(f)*

licitar [liθi'tar] *vt* bieten

lícito, -a ['liθito, -a] *adj* **1.** (*permitido*) zulässig **2.** (*justo*) gerecht

licitud [liθi'tuᵈ] *f sin pl* Zulässigkeit *f*

licnis ['liɣnis] *m inv* (BOT) Pechnelke *f*

licopodio [liko'poðjo] *m* (BOT) Bärlapp *m*

licor [li'kor] *m* Likör *m*

licorera [liko'rera] *f* **1.** (*botella*) Likörkaraffe *f* **2.** (*bandeja*) Likörtablett *nt*

licorería [likore'ria] *f* **1.** (*fábrica*) Likörfabrik *f* **2.** (*tienda*) Likörladen *m,* Likörhandel *m*

licuable [li'kwaβle] *adj* (FÍS) verflüssigbar

licuación [likwa'θjon] *f* (FÍS) Verflüssigung *f*

licuadora [likwa'ðora] *f* Entsafter *m*

licuar [li'kwar] <*1. pres:* licúo> *vt* **1.** (FÍS: *gas, sólido*) verflüssigen **2.** (*fruta*) auspressen, entsaften **3.** (MIN) schmelzen

lid [liᵈ] *f* (*elev: combate*) Kampf *m;* **ganó en buena ~** er/sie gewann auf ehrliche Weise; **es experto en esas ~es** er kennt sich in diesen Dingen gut aus

líder ['liðer] *mf* Führer(in) *m(f);* (*empresa*) Marktführer(in) *m(f);* (*de una liga*) Tabellenführer *m;* **la empresa ~** das führende Unternehmen; **el ~ de la carrera** (DEP) der Führende im Gesamtklassement des Rennens; **es el ~ de los jóvenes** er ist ein Idol der Jugend

liderar [liðe'rar] *vt* **1.** (*ser el primero*) anführen; **ese es el equipo que lidera la clasificación** diese Mannschaft ist der Tabellenführer **2.** (*dirigir*) leiten

liderato [liðe'rato] *m sin pl,* **liderazgo** [liðe'raθɣo] *m sin pl* Führung *f;* **la capacidad de ~ de este político es indiscutible** die Führungsqualitäten dieses Politikers sind unumstritten

lidia ['liðja] *f* **1.** (TAUR) Stierkampf *m* **2.** (*lucha*) Kampf *m*

lidiable [li'ðjaβle] *adj* (TAUR) kampftauglich

lidiador(a) [liðja'ðor(a)] *m(f)* Stierkämpfer(in) *m(f)*

lidiar [li'ðjar] *vi, vt* kämpfen (mit +*dat*); **~ un toro** mit einem Stier kämpfen; **ahora tendremos que ~ con los niños** (*fig*) wir müssen uns jetzt mit den Kindern herumärgern

lido ['liðo] *m* (GEO) Lido *m*

liebre ['ljeβre] *f* Hase *m;* **~ marina** Seehase *m;* **donde menos se piensa salta la ~** (*fig*) unverhofft kommt oft

liendre ['ljen̪dre] *f* (ZOOL) Nisse *f*

lientería [ljen̪te'ria] *f* (MED) Durchfall *m* (*mit unverdauten Nahrungspartikeln*)

lienzo ['ljen̪θo] *m* **1.** (*tela*) Leinen *nt* **2.** (*tela para cuadros*) Leinwand *f;* (*óleo*) (Öl)gemälde *nt*

lifting ['liftiŋ] *m* <liftings> Lifting *nt*

liga ['liɣa] *f* **1.** (*alianza*) Bund *m,* Liga *f;* **la L~ Hanseática** die Hanse **2.** (*prenda*) Strumpfhalter *m* **3.** (DEP) Liga *f* **4.** (*aleación*) Legierung *f*

ligación [liɣa'θjon] *f* **1.** (*mezcla: efecto*) Mischung *f;* (*acción*) Mischen *nt* **2.** (*de metales: efecto*) Legierung *f;* (*acción*) Legieren *nt* **3.** (*de paquetes: efecto*) Verschnürung *f;* (*acción*) Verschnüren *nt* **4.** (*unión: efecto*) (Ver)bindung *f;* (*acción*) (Ver)binden *nt*

ligado [li'ɣaðo] *m* (MÚS) Legato *nt*

ligadura [liɣa'ðura] *f* **1.** (MED) Ligatur *f,* Unterbindung *f;* **~ de trompas** Tubensterilisation *f* **2.** (MÚS) Ligatur *f* **3.** (*elev: lazos*) Fessel *f*

ligamento [liɣa'men̪to] *m* (ANAT) Band *nt*

ligar [li'ɣar] <g→gu> **I.** *vi* **1.** (*fam: tontear*) anbändeln (*con* mit +*dat*); **ayer intentamos ~ con tres chicos** wir haben gestern versucht, mit drei Jungs anzubändeln **2.** (*naipes*) kombinieren **II.** *vt* **1.** (*atar*) (fest)binden **2.** (*metal*) legieren **3.** (MÚS) binden **III.** *vr:* **~se**

1. (*unirse*) sich binden 2. (*fam: tontear*) anbändeln

ligazón [liɣa'θon] *f* 1. (*unión*) Verbindung *f* 2. (NÁUT) Auflanger *m* 3. (LING) Bindung *f*

ligeramente [lixera'mente] *adv* 1. (*en pequeño grado*) leicht, ein wenig; **bajará ~ el precio de la gasolina** der Benzinpreis wird leicht sinken 2. (*sin profundizar*) oberflächlich; **se leyó el texto ~** er/sie hat den Text überflogen

ligerear [lixere'ar] *vi* (*Chil: apresurarse*) sich beeilen

ligereza [lixe'reθa] *f* 1. (*rapidez*) Schnelligkeit *f* 2. (*levedad*) Leichtigkeit *f* 3. (*error*) Leichtfertigkeit *f*, Leichtsinn *m*

ligero, -a [li'xero, -a] *adj* 1. (*sueño, comida, ropa, error, peso*) leicht; (*ruido*) leise; (*tierra*) locker 2. (*ágil*) flink, schnell 3. (*loc*): **es un poco ~ de cascos** (*fam*) er ist etwas oberflächlich; **iba muy ~ de ropa** er war sehr leicht gekleidet; **hacer algo a la ligera** etw tun ohne groß zu überlegen; **tomarse algo a la ligera** etw auf die leichte Schulter nehmen

lignificación [liɣnifika'θjon] *f* Verholzung *f*; **la ~ de una fibra** die Verholzung einer Faser

lignito [liɣ'nito] *m* (MIN) Braunkohle *f*, Lignit *m*

ligón, -ona [li'ɣon, -ona] *m, f* Anmacher(in) *m(f)* *pey*; **ser un ~** gerne flirten

ligoteo [liɣo'teo] *m* (*fam*) Anmache *f*, Aufreiße *f*; **salir de ~** auf Anmache gehen

liguano, -a [li'ɣwano, -a] *adj* (*Chil*) 1. (*carnero*) *einer amerikanischen Wollschafrasse* 2. (*lana*) *aus der Wolle dieses Schafes*

ligue ['liɣe] *m* (*fam*) 1. (*acción de ligar*) Liebesaffäre *f*, Flirt *m* 2. (*persona*) Freund(in) *m(f)*, Lover *m*

liguero[1] [li'ɣero] *m* Strumpfhaltergürtel *m*

liguero, -a[2] [li'ɣero, -a] *adj* (DEP) Liga-, Ligen-, zur Liga gehörend; **competición liguera** Liga *f*

liguilla [li'ɣiʎa] *f* 1. (*venda estrecha*) schmales Band *nt* 2. (DEP) aus nur wenigen Mannschaften bestehende Liga *f*

ligustre [li'ɣustre] *m* (BOT) Ligusterblüte *f*

ligustro [li'ɣustro] *m* (BOT) Liguster *m*, Rainweide *f*

lija ['lixa] *f* 1. (*papel*) Sandpapier *nt*, Glaspapier *nt*; (*piel*) Haifischhaut *f* 2. (ZOOL) Katzenhai *m*

lijado [li'xaðo] *m* Schleifen *nt*; **el ~ de la mesa me llevó varios días** ich benötigte einige Tage für das (Ab)schleifen des Tisches

lijadora [lixa'ðora] *f* Schleifmaschine *f*

lijar [li'xar] *vt* (ab)schmirgeln, (ab)schleifen

lijoso, -a [li'xoso, -a] *adj* (*Cuba*) eitel

lila[1] ['lila] **I.** *adj* lila **II.** *f* (BOT) Flieder *m*

lila[2] ['lila] *m* (*color*) lila Farbe *f*, Lila *nt*

lile ['lile] *adj* (*Chil*) schwächlich, abgezehrt

liliáceo, -a [li'ljaθeo, -a] *adj* (BOT) lilienartig, Lilien-

liliputiense [lilipu'tjense] **I.** *adj* liliputanisch **II.** *mf* Liliputaner(in) *m(f)*

lima ['lima] *f* 1. (*instrumento*) Feile *f*; **~ para las** [*o* **de**] **uñas** Nagelfeile *f*; **rebajar con la ~** abfeilen; **comer como una ~** (*fam*) essen wie ein Mähdrescher 2. (BOT: *fruta*) Limette *f*, süße Zitrone *f*; (*árbol*) Limettenbaum *m* 3. (ARQUIT): **~ tesa** (Dach)grat *m*

limaco [li'mako] *m* (ZOOL) Nacktschnecke *f*

limado [li'maðo] *m* Feilen *nt*; **el ~ de las uñas debe hacerse cuando se está relajado** man sollte die Fingernägel (nur) feilen, wenn man entspannt ist

limadora [lima'ðora] *f* (TÉC) Feilmaschine *f*

limadura [lima'ðura] *f* 1. (*pulido*) (Zurecht)feilen *nt* 2. *pl* (*partículas*) Feilspäne *mpl*, Feilstaub *m*

limar [li'mar] *vt* 1. (*pulir*) (zurecht)feilen; (*fig*) ausfeilen, den letzten Schliff geben +*dat* 2. (*consumir*) aufreiben

limaza [li'maθa] *f* (ZOOL) Nacktschnecke *f*

limazo [li'maθo] *m* Viskosität *f*, zäher Schleim *m*

limba ['limba] *f* Limba *nt*, afrikanisches (Furnier)holz *nt*

limbo ['limbo] *m* 1. (REL) Limbus *m*, Vorhölle *f*; **estar en el ~** (*fam: distraído*) geistig abwesend sein; (*no enterado*) keine Ahnung haben 2. (BOT) Limbus *m* 3. (ASTR) Hof *m* 4. (*de un vestido*) Rand *m*

limeño, -a [li'meɲo, -a] **I.** *adj* aus Lima **II.** *m, f* Bewohner(in) *m(f)* von Lima

limero[1] [li'mero] *m* (BOT) Limettenbaum *m*

limero, -a[2] [li'mero, -a] *m, f* Feilenhauer(in) *m(f)*

limitable [limi'taβle] *adj* einschränkbar; **el consumo de alcohol es ~** der Alkoholkonsum lässt sich einschränken

limitación [limita'θjon] *f* Beschränkung *f*; (*de una norma*) Einschränkung *f*; **~ de la velocidad** Geschwindigkeitsbeschränkung *f*; **imponer limitaciones a la importación de un producto** Einfuhrbeschränkungen für ein Produkt verhängen; **el plan tiene sus limitaciones pero ha sido eficaz** der Plan war im Großen und Ganzen erfolgreich; **sin limitaciones** unbeschränkt

limitado, -a [limi'taðo, -a] *adj* 1. (*poco*) knapp; **vino sólo un número ~ de personas** es kam nur eine begrenzte Anzahl von Leuten; **nuestros ~s medios no nos permiten hacer más** mit unseren beschränkten Mitteln können wir leider nicht mehr tun 2. (*tonto*) beschränkt

limitador[1] [limita'ðor] *m* (TÉC) Begrenzer *m*, Begrenzungsvorrichtung *f*; **~ de perturbaciones** Störbegrenzer *m*; **~ de ruido** Rausch-/Geräuschbegrenzer *m*; **~ de voz** (TEL) Sprachbeschneider *m*

limitador(a)[2] [limita'ðor(a)] *adj* begrenzend, Grenzen setzend

limitar [limi'tar] **I.** *vi* (an)grenzen (*con* an +*akk*); **España limita al Norte con Francia** Spanien grenzt im Norden an Frankreich **II.** *vt* begrenzen; (*libertad*) einschränken; **~ el cré-**

dito den Kredit befristen [*o* limitieren]; **el gobierno se ha propuesto en este presupuesto ~ el gasto** die Regierung hat für diesen Haushaltsplan vorgeschlagen, die Ausgaben einzuschränken; **hay que ~ sus competencias** man muss seine/ihre Kompetenzen genau festlegen **III.** *vr:* **~se** sich beschränken (*a* auf *+akk*); **~se a lo esencial** sich auf das Wesentliche beschränken

limitativo, **-a** [limita'tiβo, -a] *adj*, **limitatorio**, **-a** [limita'torjo, -a] *adj* beschränkend, einschränkend

límite ['limite] *m* (*frontera*) Grenze *f;* (*inconveniente*) Schranken *fpl;* **~ de cobertura** Deckungsgrenze *f;* **~ de crédito** (FIN) Kreditlinie *f;* **~ de edad** Altersgrenze *f;* **~ a la exportación/importación** Ausfuhr-/Einfuhrbegrenzung *f;* **~ superior** Obergrenze *f;* **situación ~** Grenzsituation *f;* **sin ~s** grenzenlos; **los ~s al crecimiento** die Grenzen des Wachstums; **lo caracterizaba una avaricia sin ~s** er war ein furchtbarer Geizhals; **la fecha ~ para entregarlo es el...** die letzte Abgabefrist ist der ...

limítrofe [li'mitrofe] *adj* angrenzend, Grenz-; **países ~s** Nachbarländer *ntpl*

limnología [limnolo'xia] *f* Seenkunde *f,* Limnologie *f*

limnólogo, **-a** [lim'noloɣo, -a] *m, f* (BIOL) Limnologe, -in *m, f*

limo ['limo] *m* Schlamm *m*

limón [li'mon] **I.** *adj* zitronengelb **II.** *m* Zitrone *f*

limonada [limo'naða] *f* (Zitronen)limonade *f;* **~ de vino** Sangria *f*

limonado, **-a** [limo'naðo, -a] *adj* zitronengelb; **un refresco de color ~** ein zitronengelbes Erfrischungsgetränk

limonar [limo'nar] *m* **1.** (AGR) Zitronenpflanzung *f,* Zitronenplantage *f* **2.** (*Guat: limonero*) Zitronenbaum *m*

limonero [limo'nero] *m* Zitronenbaum *m*

limosidad [limosi'ða^ð] *f* **1.** (*calidad de limoso*) Sumpfigkeit *f,* Schlammigkeit *f;* **la ~ del terreno desaconseja la construcción de una casa** da das Grundstück sumpfig ist, ist ein Hausbau dort nicht zu empfehlen **2.** (MED) Zahnstein *m*

limosna [li'mosna] *f* Almosen *nt;* **pedir ~** betteln

limosnear [limosne'ar] *vi* betteln

limosnera [limos'nera] *f* Klingelbeutel *m*

limosnero, **-a** [limos'nero, -a] **I.** *adj* wohltätig **II.** *m, f* **1.** (*caritativo*) Wohltäter(in) *m(f)* **2.** (*Am: pedigüeño*) Bettler(in) *m(f)*

limoso, **-a** [li'moso, -a] *adj* schlammig

limousine [limu'sine] *f* (AUTO) *v.* **limusina**

limpia[1] ['limpja] *f* Reinigung *f;* (*cereal*) Reinigen *nt*

limpia[2] ['limpja] *m* (*fam*) *abr de* **limpiabotas** Schuhputzer *m*

limpiabarros [limpja'βarros] *m inv* Fußabtreter *m*

limpiabotas [limpja'βotas] *mf inv* Schuhputzer(in) *m(f)*

limpiachimeneas [limpjatʃime'neas] *mf inv* Schornsteinfeger(in) *m(f)*

limpiacristales[1] [limpjakris'tales] *mf inv* (*persona*) Fensterputzer(in) *m(f)*

limpiacristales[2] [limpjakris'tales] *m inv* (*producto*) Fensterputzmittel *nt*

limpiadientes [limpja'ðjen̩tes] *m inv* Zahnstocher *m*

limpiador[1] [limpja'ðor] *m* Putzmittel *nt*

limpiador(a)[2] [limpja'ðor(a)] **I.** *adj* reinigend; **leche ~a** Reinigungsmilch *f* **II.** *m(f)* Raumpfleger(in) *m(f);* (*sólo mujer*) Putzfrau *f,* Reinemachefrau *f*

limpiamente [limpja'men̩te] *adv* **1.** (*hábilmente*) säuberlich, sorgfältig; **el cirujano le extirpó el apéndice ~** der Chirurg hat ihm/ihr den Blinddarm sauber entfernt **2.** (*sin trampas*) sauber; **llegó a presidente del partido ~, sin corromperse** er/sie ist ganz ohne Machenschaften Parteivorsitzende(r) geworden **3.** (*con honradez*) offen und ehrlich; **le conté lo que había ocurrido ~** ich habe ihm/ihr alles genau so erzählt, wie es war

limpiametales [limpjame'tales] *m inv* Metallputzmittel *nt*

L

limpiamuebles [limpja'mweβles] *m inv* Möbelpolitur *f*

limpiaparabrisas [limpjapara'βrisas] *m inv* Scheibenwischer *m*

limpiapeines [limpja'pei̯nes] *m inv* Kammputzer *m*

limpiapipas [limpja'pipas] *m inv* Pfeifenreiniger *m*

limpiar [lim'pjar] **I.** *vt* **1.** (*la suciedad*) sauber machen, reinigen; (*zapatos, dientes, casa*) putzen; (*chimenea*) fegen; **~ el polvo** Staub wischen; **~ suavemente** mild reinigen; **la casa está por ~** das Haus muss noch geputzt werden; **tengo que ~ el pescado** ich muss den Fisch ausnehmen **2.** (*librar*) säubern (*de* von *+dat*); **~ de culpas** von Schuld reinwaschen **3.** (*fam: robar*) klauen **II.** *vi* **1.** (*quitar la suciedad*) sauber machen, putzen **2.** (*en el juego*) Geld gewinnen **III.** *vr:* **~se** sich reinigen; **¡límpiate los mocos!** putz dir die Nase!; **~se de fiebre** kein Fieber mehr haben

limpiauñas [limpja'uɲas] *m inv* Nagelreiniger *m*

limpidez [limpi'ðeθ] *f sin pl* (*elev: limpieza*) Reinheit *f;* (*claridad*) Klarheit *f;* **admiró la ~ del aire después de la tormenta** er/sie staunte, wie rein die Luft nach dem Gewitter war

límpido, **-a** ['limpiðo, -a] *adj* **1.** (*elev: limpio*) klar, durchsichtig **2.** (*inmaculado*) makellos

limpieza [lim'pjeθa] *f* **1.** (*lavar*) Putzen *nt,* Reinigung *f;* (*fig*) Säuberung *f;* **~ bucal** (MED) Mundpflege *f;* **~ de cutis** Gesichtsreinigung *f;* **~ a fondo** [*o* **general**] Großreinemachen *nt,* Großputz *m;* **~ en seco** Trockenreinigung *f;* **hacer la ~** sauber machen; **es la señora de**

la ~ das ist die Putzfrau **2.** (*estado*) Sauberkeit *f;* **la ~ de nuestras calles deja mucho que desear** die Sauberkeit unserer Straßen lässt einiges zu wünschen übrig **3.** (*eliminación*) Säuberung *f;* **~ étnica** ethnische Säuberung **4.** (*habilidad*) Geschicklichkeit *f*

limpio¹ ['limpjo] *adv* **1.** (*sin trampas*) sauber, ehrlich; **jugar ~** fair spielen **2.** (*loc*): **lo he escrito en ~** ich habe das ins Reine geschrieben; **¿qué has sacado en ~ de todo este asunto?** was hat dir diese Sache nun gebracht?; **saco en ~ unas 300 pesetas** ich bekomme 300 Peseten netto

limpio, -a² ['limpjo, -a] *adj* (*cocina, persona*) sauber; (*aire*) rein; (*agua*) klar; (*almendra*) geschält; (*fig*) rein; **acabar a tortazo ~** (*fam*) in eine Schlägerei ausarten; **él está ~ de toda sospecha** er ist frei von jeglichem Verdacht; **lo dejaron ~ tras la última partida** (*fam*) nach dem letzten Spiel war er völlig blank

limpión [lim'pjon] *m* **1.** (*lavado*) flüchtige Reinigung *f;* **dar un ~** schnell und oberflächlich sauber machen **2.** (*Am: trapo*) Lappen *m*

limusina [limu'sina] *f* (AUTO) Limousine *f*

lináceo, -a [li'naθeo, -a] *adj* (BOT) leinartig, Lein-; **plantas lináceas** Leingewächse *ntpl*

linaje [li'naxe] *m* Abstammung *f,* Familie *f;* **de rancio ~** von altem Adelsgeschlecht

linajudo, -a [lina'xuðo, -a] *adj* (*pey*) altadlig, aristokratisch

lindruáloe [li'naloe] *m* (BOT) *ein Aloegewächs*

linar [li'nar] *m* (AGR) Flachsfeld *nt*

linaria [li'narja] *f* (BOT) Leinkraut *nt*

linaza [li'naθa] *f* Leinsamen *m;* **aceite de ~** Leinöl *nt*

lince ['lin̪θe] *m* (ZOOL) Luchs *m;* **ser un ~** (*fig*) sehr klug sein, ein Fuchs sein; **tener ojos de ~** Augen wie ein Luchs haben

linchamiento [lin̪ʧa'mjen̪to] *m* Lynchjustiz *f*

linchar [lin'ʧar] *vt* lynchen

lindamente [lin̪da'men̪te] *adv* (*elev*) **1.** (*con primor*) sorgfältig; **las niñas estaban ~ vestidas** die Mädchen waren adrett gekleidet **2.** (*con facilidad*) ohne Schwierigkeiten, mit Leichtigkeit

lindante [lin̪'dan̪te] *adj* angrenzend

lindar [lin̪'dar] *vi* angrenzen (*con* an +*akk*)

linde ['lin̪de] *m o f* (Grundstücks)grenze *f;* (*camino*) Grenzweg *m*

lindera [lin̪'dera] *f* Grenze *f,* Begrenzung *f;* **las ~s de la finca** die Grundstücksgrenzen

lindero¹ [lin̪'dero] *m* (Grundstücks)grenze *f;* (*camino*) Grenzweg *m;* (*en el campo*) Feldrain *m*

lindero, -a² [lin̪'dero, -a] *adj* angrenzend; **la casa parroquial es lindera con la iglesia del pueblo** das Pfarrhaus grenzt an die Dorfkirche

lindeza [lin̪'deθa] *f* **1.** (*bonito*) Niedlichkeit *f* **2.** (*gracioso*) Witzigkeit *f* **3.** *pl* (*irón: insulto*) Schimpfworte *ntpl;* **me dijo esas y otras ~s parecidas** so und ähnlich hat er/sie mich bezeichnet

lindo, -a ['lin̪do, -a] *adj* hübsch, schön; (*niño*) niedlich, süß; **nos divertimos de lo ~** wir haben uns gut amüsiert

lindón [lin̪'don] *m* (AGR) Gemüsegestell *nt*

línea ['linea] *f* **1.** (MAT, MIL, ECON) Linie *f;* (*raya*) Strich *m;* **~ de código** (INFOR) Kodierzeile *f;* **~ de comando** (INFOR) Befehlszeile *f;* **~ de crédito** Kreditlinie *f;* **~ de flotación** Wasserlinie *f;* **~ de intersección** Schnittstelle *f;* **~ del frente** Frontlinie *f;* **~s por minuto** (INFOR) Zeilen pro Minute; **~ de montaje** (COM) Montagelinie *f,* Montagefließstraße *f;* **~s por segundo** (INFOR) Zeilen pro Sekunde; **trabajador de la ~ de montaje** (COM) Arbeiter an einer Montagefließstraße; **abrir una ~ de crédito** (FIN) eine Kreditlinie eröffnen [*o* gewähren]; **fracasar en toda la ~** auf der ganzen Linie versagen; **traza una ~ recta** zeichne eine Gerade **2.** (*fila*) Reihe *f* **3.** (*renglón*) Zeile *f;* **~ en blanco** Leerzeile *f;* **leer entre ~s** zwischen den Zeilen lesen; **te pongo cuatro ~s para decirte que...** ich schreibe dir ein paar Zeilen um dir zu sagen, dass ... **4.** (*de transporte*) Linie *f;* (*trayecto*) Strecke *f;* **~ aérea** Fluglinie *f;* **~ férrea** Bahnlinie *f;* **~ marítima** Schifffahrtslinie *f;* **coche de ~** Linienbus *m;* **el tendido de la ~ Berlín-Praga** die Einrichtung der Strecke Berlin-Prag **5.** (TEL) Leitung *f;* **~ erótica** Sextelefon *nt;* **~ para el fax** Faxanschluss *m;* **la ~ está ocupada** die Leitung ist besetzt; **por la otra ~** auf der anderen Leitung **6.** (*pariente*) (Verwandtschafts)linie *f;* **somos primos por ~ materna** wir sind Cousins mütterlicherseits **7.** (DEP) Linie *f;* **~ de meta** (*fútbol*) Torlinie *f;* (*atletismo*) Ziellinie *f* **8.** (*tipo*) Linie *f,* Figur *f;* **tienes que guardar la ~** du musst auf deine Figur achten **9.** (*directriz*) Regel *f,* Leitlinie *f;* **en ~s generales se puede decir que...** im Allgemeinen kann man sagen, dass ...; **ha sido siempre fiel a la ~ del partido** er/sie ist immer der Parteilinie treu geblieben

lineal [line'al] *adj* **1.** (*relativo a la línea*) Linien- **2.** (*como una línea*) linienförmig, Linien-; (*hoja*) länglich; **la empresa tiene una estructura directiva ~** das Unternehmen hat eine lineare Leitungsstruktur **3.** (*proporcional, t.* MAT, ARTE) linear; **dibujo ~** Linearzeichnen *nt*

lineómetro [line'ometro] *m* (TIPO) Zeilenzähler *m*

linfa ['limfa] *f* (BIOL) Lymphe *f*

linfangioma [limfaŋ'xjoma] *m* (MED) Lymphgefäßgeschwulst *f,* Lymphangiom *nt*

linfangitis [limfaŋ'xitis] *f inv* (MED) Lymphgefäßentzündung *f,* Lymphangitis *f*

linfático, -a [lim'fatiko, -a] *adj* (MED) lymphatisch; **gánglio ~** Lymphknoten *m*

linfocito [limfo'θito] *m* (BIOL) Lymphozyt *m*

linfocitosis [limfoθi'tosis] *f inv* (MED) Lymphozytose *f*

linfogranuloma [limfoɣranu'loma] *m*

(MED): ~ **inginual** [*o* **venéreo**] Lymphogranuloma inginuale *nt,* Durant-Nicolas-Favre-Krankheit *f;* ~ **maligno** Hodgkin-Syndrom *nt,* malignes Granulom *nt*

linfoma [liṃ'foma] *m* (MED) (malignes) Lymphom *nt*

lingotazo [liŋgo'taθo] *m* (*pey fam: trago*) Schluck *m,* Zug *m;* **¡menudo ~ le pegó a la botella!** der/die hat sich *dat* ganz schön einen hinter die Binde gegossen!

lingote [liŋ'gote] *m* (*de metal*) (Metall)barren *m;* (*de acero*) Block *m;* ~ **de oro** Goldbarren *m*

lingüista [liŋ'gwista] *mf* Linguist(in) *m(f),* Sprachwissenschaftler(in) *m(f)*

lingüística [liŋ'gwistika] *f* Sprachwissenschaft *f,* Linguistik *f*

lingüístico, -a [liŋ'gwistiko, -a] *adj* linguistisch, sprachwissenschaftlich

linier [li'njer] *m* (DEP) Linienrichter *m*

linimento [lini'meṇto] *m* Einreibemittel *nt;* (MED) Liniment *nt*

lino ['lino] *m* **1.** (BOT) Flachs *m* **2.** (*tela*) Leinen *nt*

linografía [linoɣra'fia] *f* Druckverfahren *nt* auf Leinen

linóleo [li'noleo] *m* Linoleum *nt*

linón [li'non] *m* Linon *m*

linotipia® [lino'tipja] *f* (TIPO) Linotype® *f*

linotipista [linoti'pista] *mf* (TIPO) Linotypist(in) *m(f)*

linotipo® [lino'tipo] *m o f* Linotype® *f*

linterna [liṇ'terna] *f* **1.** (*de mano*) Taschenlampe *f;* ~ **mágica** Laterna *f* magica **2.** (*farol, torrecilla*) Laterne *f* **3.** (*faro*) Leuchtturm *m*

linternón [liṇter'non] *m* **1.** (ARQUIT) Laterne *f* **2.** (NÁUT) Seitenlaterne *f*

lío ['lio] *m* **1.** (*de ropa*) Bündel *nt* **2.** (*embrollo*) Durcheinander *nt;* **¡déjame de ~s!** damit will ich nichts zu tun haben!; **me hice** [*o* **armé**] **un ~ impresionante con sus explicaciones** seine/ihre Erklärungen haben mich völlig durcheinander gebracht; **¡me meto en cada ~!** ich gerate immer in die unmöglichsten Situationen; **no entiendo ese ~** das ist mir zu verworren **3.** (*fam: relación amorosa*) (Liebes)verhältnis *nt;* **sé que tiene un ~ por ahí** ich weiß, dass er/sie was mit jemandem hat; **siempre andaba en ~s con las mujeres** er war ständig in Weibergeschichten verwickelt

liofilización [ljofiliθa'θjon] *f* Gefriertrocknung *f,* Lyophilisation *f*

liofilizado, -a [ljofili'θaðo, -a] *adj* gefriergetrocknet

liofilizar [ljofili'θar] <z→c> *vt* gefriertrocknen

lionés, -esa [ljo'nes, -esa] **I.** *adj* aus Lyon **II.** *m, f* Lyoner(in) *m(f)*

lionesa [ljo'nesa] *f* (GASTR) *Gebäck mit Schokoladen- oder Sahnefüllung*

lioso, -a [li'oso, -a] *adj* (*difícil*) unklar, verworren; **persona liosa** Intrigant(in) *m(f),* Ränkeschmied(in) *m(f);* **todo el asunto era bastante ~** die ganze Sache war ziemlich kompliziert

lipectomía [lipekto'mia] *f* (MED) operative Entfernung *f* von Fettgewebe, Lipektomie *f*

lipemanía [lipema'nia] *f* (PSICO) Melancholie *f*

lipemia [li'pemja] *f* (MED) Lipämie *f*

lipidia [li'piðja] *f* **1.** (*AmC: pobreza*) Armut *f;* (*miseria*) Elend *nt* **2.** (*Cuba, Méx: impertinencia*) Unverschämtheit *f*

lipidiar [lipi'ðjar] *vt* (*Cuba, Méx, PRico*) belästigen

lípido ['lipiðo] *m* (BIOL) Lipid *nt*

lipodistrofia [lipoðis'trofja] *f* (MED) Fettstoffwechselstörung *f,* Lipodystrophie *f*

liposoma [lipo'soma] *m* Liposom *nt*

lipotimia [lipo'timja] *f* (MED) Ohnmacht *f;* **le ha dado una ~** er/sie ist ohnmächtig geworden

liquelique [like'like] *m* (*Col, Ven*) *typischer weißer Herrenanzug der karibischen Staaten*

liquen ['liken] *m* (BOT) Flechte *f*

liquidable [liki'ðaβle] *adj* schmelzbar, flüssig zu machen; (ECON) liquidierbar

liquidación [likiða'θjon] *f* **1.** (*de una mercancía*) Ausverkauf *m;* ~ **por fin de temporada** (*en el invierno*) Winterschlussverkauf *m;* (*en el verano*) Sommerschlussverkauf *m;* ~ **total** Räumungsverkauf *m,* Totalausverkauf *m* **2.** (*de una empresa*) Auflösung *f,* Liquidation *f;* ~ **de activo** Abwicklung der Vermögenswerte; **la empresa está en ~** das Unternehmen wird aufgelöst **3.** (*de una factura*) Begleichung *f;* ~ **de gastos** Spesenabrechnung *f;* ~ **del siniestro** Schadensabwicklung *f;* **día de ~** (**en la bolsa**) Abrechnungstag *m* (an der Börse)

liquidador(a) [likiða'ðor(a)] *m(f)* Konkursverwalter(in) *m(f),* Liquidator(in) *m(f)*

liquidar [liki'ðar] *vt* **1.** (*licuar*) flüssig machen, verflüssigen **2.** (*fam: acabar*) erledigen; (*matar*) töten; **nos liquidamos todas las galletas** wir haben alle Kekse verdrückt **3.** (*una mercancía*) ausverkaufen; ~ **existencias** ausverkaufen; **esa tienda está liquidando sus existencias** dieses Geschäft räumt das Lager **4.** (*cerrar*) auflösen; (*una compañía*) auflösen, liquidieren **5.** (*una factura*) begleichen; (*una deuda*) begleichen, abtragen; (*una operación*) ausgleichen, abrechnen (über +*akk*); (*una partida*) abstoßen

liquidez [liki'ðeθ] *f* **1.** (*agua*) Flüssigkeit *f* **2.** (COM) Liquidität *f;* ~ **bancaria** Bankliquidität *f;* **coeficiente de ~** (FIN) Liquiditätsquote *f;* **la empresa se enfrenta a una crisis de ~ y no puede pagar sus deudas** das Unternehmen ist in eine Krise geraten und kann seine Schulden nicht mehr bezahlen

líquido[1] ['likiðo] *m* **1.** (*agua*) Flüssigkeit *f;* ~ **amniótico** (MED) Fruchtwasser *nt;* ~ **corrector** Korrekturflüssigkeit *f;* ~ **de frenos** (AUTO) Bremsflüssigkeit *f* **2.** (COM: *saldo*) (reiner) Überschuss *m;* ~ **imponible** zu versteuernder Betrag

líquido, **-a**[2] ['likiðo, -a] *adj* **1.** (*material, consonante*) flüssig **2.** (*dinero*) liquid, Netto-; **renta líquida** Nettoerlös *m,* Reinerlös *m*

lira ['lira] *f* **1.** (*moneda*) Lira *f* **2.** (*instrumento*) Lyra *f,* Leier *f*

lírica ['lirika] *f* Lyrik *f*

liricidad [liriθi'ðað] *f sin pl* (LIT) lyrischer Charakter *m,* lyrische Eigenschaft *f*

lírico, **-a** ['liriko, -a] **I.** *adj* **1.** (LIT) lyrisch **2.** (MÚS) Opern- **II.** *m, f* Lyriker(in) *m(f)*

lirio ['lirjo] *m* (BOT) Lilie *f;* ~ **de los valles** Maiglöckchen *nt*

lirismo [li'rismo] *m sin pl* **1.** (LIT) Lyrik *f* **2.** (*sentimentalismo*) Schwärmerei *f*

lirón [li'ron] *m* (ZOOL) Siebenschläfer *m;* **dormir como un** ~ schlafen wie ein Murmeltier

lirondo, **-a** [li'ronḍo, -a] *adj:* **mondo y** ~ und sonst nichts; **recuperé la cartera pero monda y lironda** ich bekam meine Brieftasche wieder, aber leer

lis [lis] *f* Lilie *f;* **flor de** ~ (*blasón*) Wappenlilie *f*

lisa ['lisa] *f* **1.** (ZOOL) *der Schmerle ähnlicher Fisch, der in den Flüssen Zentralspaniens vorkommt* **2.** (*mújol*) Meeräsche *f*

Lisboa [lis'βoa] *f* Lissabon *nt*

lisboeta [lisβo'eta] **I.** *adj* aus Lissabon **II.** *mf* Lissaboner(in) *m(f)*

lisiado, **-a** [li'sjaðo, -a] **I.** *adj* verkrüppelt **II.** *m, f* Krüppel *m*

lisiadura [lisja'ðura] *f* (*efecto*) Verkrüppelung *f;* (*acción*) Verkrüppeln *nt*

lisiar [li'sjar] **I.** *vt* (*lesionar*) verletzen, verwunden; (*mutilar*) verstümmeln **II.** *vr:* **~se** sich verletzen

lisina [li'sina] *f* (BIOL, QUÍM) Lysin *nt*

liso, **-a** ['liso, -a] *adj* **1.** (*superficie, pelo*) glatt; **los 100 metros ~s** der 100-Meter-Lauf; **es un negocio ~ y llano** das ist ein sehr einfaches Geschäft **2.** (*tela*) einfarbig; (*vestido*) schlicht

lisol [li'sol] *m* (QUÍM) Lysol *nt*

lisonja [li'soŋxa] *f* Schmeichelei *f*

lisonjeador(a) [lisoŋxea'ðor(a)] **I.** *adj* schmeichelnd, schmeichlerisch; **no seas tan ~ con tu jefe** umschmeichele deinen Chef nicht zu viel **II.** *m(f)* Schmeichler(in) *m(f)*

lisonjear [lisoŋxe'ar] *vt* schmeicheln *+dat*

lisonjero, **-a** [lisoŋ'xero, -a] **I.** *adj* schmeichelnd, schmeichelhaft **II.** *m, f* Schmeichler(in) *m(f)*

lista ['lista] *f* **1.** (*enumeración*) Liste *f,* Auflistung *f;* ~ **de bodas** Hochzeitsliste *f;* ~ **de la compra** Einkaufszettel *m;* ~ **electoral** Wählerliste *f;* ~ **de precios** Preisliste *f;* ~ **única** Einheitsliste *f;* ~ **de ventas** Liste der Verkaufsschlager; **estoy en la ~ de espera** ich stehe auf der Warteliste; **los llamaron por orden de** ~ sie wurden nach der Liste aufgerufen; **pasar** ~ die Namen aufrufen, die Anwesenheit überprüfen; **esta profesora pasa** ~ diese Lehrerin führt eine Anwesenheitsliste; **poner** [*o* **incluir**] **a alguien/algo en la ~ negra** jdn/etw auf die schwarze Liste setzen **2.** (*tira*) Streifen *m;* (*de madera*) Leiste *f;* **a ~s** gestreift

listado[1] [lis'taðo] *m* (INFOR) Auflistung *f,* Liste *f;* ~ **impreso** Druckerausgabe *f;* ~ **de programa** (INFOR) Programmliste *f*

listado, **-a**[2] [lis'taðo, -a] *adj* gestreift

listar [lis'tar] *vt* in die Liste eintragen

listeza [lis'teθa] *f* (*sagacidad*) Scharfsinn *m;* (*perspicacia*) Weitblick *m;* (*entendimiento*) schnelle Auffassungsgabe *f*

listillo, **-a** [lis'tiʎo, -a] *m, f* (*pey*) Klugscheißer(in) *m(f)*

listín [lis'tin] *m* **1.** (*lista*) kleine Liste *f;* ~ **de Bolsa** (FIN) Börsenzettel *m* **2.** (*guía telefónica*) Telefonbuch *nt*

listo, **-a** ['listo, -a] *adj* **1.** *ser* (*inteligente*) klug, aufgeweckt; (*sagaz*) gerissen; (*hábil*) geschickt; **se pasó de lista y así le va** sie ist zu weit gegangen, und das hat sie nun davon **2.** *estar* (*preparado*) fertig, bereit; ~ **para enviar** (INFOR) sendebereit; **estoy** ~ ich bin fertig [*o* bereit]; ~ **para el envío/para el tiraje** versandfertig/druckreif; **el avión está ~ para despegar** das Flugzeug ist startklar; **lo quiero tener ~ para el jueves** ich will es bis Donnerstag fertig haben; **¡preparados, ~s, ya!** (DEP) auf die Plätze, fertig, los!; **pues va** [*o* **está**] ~ **si cree que será tan fácil** (*fam*) da kann er lange warten [*o* da hat er sich geschnitten], wenn er meint, dass es so einfach geht

listón [lis'ton] *m* (*madero*) Latte *f;* (DEP) Sprunglatte *f;* **Ud. ha puesto el ~ muy alto** (*fig*) Sie haben einen sehr hohen Maßstab angelegt

lisura [li'sura] *f* **1.** (*llano*) Glätte *f* **2.** (*Am: frescura*) Frechheit *f* **3.** (*fig: ingenuidad*) Naivität *f*

Lit. ['lira ita'ljana] *abr de* **lira italiana** Lit

lite ['lite] *f* (JUR) Rechtsstreit *m*

litera [li'tera] *f* **1.** (FERRO) Liegewagenplatz *m* **2.** (NÁUT) Schlafkoje *f* **3.** (*cama*) Etagenbett *nt* **4.** (*camilla*) Tragbahre *f*

literal [lite'ral] **I.** *adj* wörtlich, buchstäblich; **esa es una traducción** ~ das ist eine wörtliche Übersetzung **II.** *m* (INFOR) Literal *nt*

literalidad [literali'ðað] *f sin pl* Wörtlichkeit *f;* **la ~ es desaconsejable a la hora de traducir una poesía a otra lengua** es ist nicht ratsam, Gedichte wörtlich zu übersetzen

literalmente [literal'meṇte] *adv* **1.** (*al pie de la letra*) (wort)wörtlich; **traduce ~ de una lengua a otra** er übersetzt immer wörtlich **2.** (*en sentido estricto*) buchstäblich; **estoy ~ arruinado** ich bin im wahrsten Sinne des Wortes ruiniert

literario, **-a** [lite'rarjo, -a] *adj* literarisch; **género** ~ literarische Gattung; **lenguaje** ~ Schriftsprache *f*

literato, **-a** [lite'rato, -a] *m, f* Literat(in) *m(f),* Schriftsteller(in) *m(f)*

literatura [litera'tura] *f* **1.** (*arte, obras*) Literatur *f;* ~ **barata** Schundliteratur *f;* ~ **de entretenimiento** Unterhaltungsliteratur *f;* **¡eso es sólo hacer** ~**!** das ist bloß leeres Gerede! **2.** (*bibliografía*) Bibliografie *f*
litiasis [li'tjasis] *f inv* (MED) Lithiasis *f,* Steinleiden *nt;* ~ **biliar** Gallensteine *mpl*
lítico, **-a** ['litiko, -a] *adj* (*relativo a la piedra*) steinern, Stein-; **instrumentos** ~**s** steinerne Gerätschaften, Steinwerkzeuge
liticonsorcio [litikon'sorθjo] *m* (JUR) Streitgenossenschaft *f*
litigación [litiɣa'θjon] *f* (JUR: *acción*) Rechtsstreit *m;* (*resultado*) Prozessführung *f*
litigante [liti'ɣan̪te] **I.** *adj* streitend; (*en un juicio*) prozessführend; **las partes** ~**s** die streitenden Parteien **II.** *mf* Prozessteilnehmer(in) *m(f),* Prozesspartei *f*
litigar [liti'ɣar] <g→gu> *vt* **1.** (*disputar, t.* JUR) streiten (*sobre* über *+akk, por* um *+akk*); **andan siempre litigando por naderías** sie streiten sich immer um Nichtigkeiten **2.** (*llevar a juicio*) prozessieren (*con/contra* gegen *+akk*), einen Prozess führen (*con/contra* gegen *+akk*), gerichtlich vorgehen (*con/contra* gegen *+akk*)
litigio [li'tixjo] *m* **1.** (*disputa*) Streit *m;* **en caso de** ~ im Streitfall; **en** ~ strittig **2.** (*juicio*) Prozess *m*
litigioso, **-a** [liti'xjoso, -a] *adj* **1.** (*cosa*) strittig **2.** (*persona*) streitsüchtig
litio ['litjo] *m* (QUÍM) Lithium *nt*
litis ['litis] *f inv* (JUR) Rechtsstreit *m,* Prozess *m*
litisconsorcio [litiskon'sorθjo] *m* (JUR) Streitgenossenschaft *f*
litisconsorte [litiskon'sorte] *mf* (JUR) Streitgenosse, -in *m, f*
litiscontestación [litiskon̪testa'θjon] *f* (JUR) Klagebeantwortung *f,* Einlassung *f*
litispendencia [litispen̪'den̪θja] *f* (JUR) **1.** (*estado del pleito antes de su terminación*) Rechtshängigkeit *f* **2.** (*excepción dilatoria*) Streitbefangenheit *f*
litofanía [litofa'nia] *f* (*en porcelana*) Lithophanie *f*
litófito [li'tofito] *m* (BOT) Lithophyt *m*
litogénesis [lito'xenesis] *f inv* (GEO) Lithogenese *f*
litografía [litoɣra'fia] *f* **1.** (*arte, grabado*) Lithographie *f* **2.** (*procedimiento*) Steindruck *m*
litografiar [litoɣrafi'ar] <*1. pres:* litografío> *vt* lithographieren
litología [litolo'xia] *f* (GEO) Gesteinskunde *f,* Lithologie *f*
litoral [lito'ral] **I.** *adj* Küsten-; (*de la playa*) Strand- **II.** *m* (*costa*) Küste *f,* Küstengebiet *nt;* (*playa*) Strandzone *f,* Strand *m*
litosfera [litos'fera] *f* (GEO) Lithosphäre *f*
lítote ['litote] *f* (LIT) Litotes *f*
litotipografía [litotipoɣra'fia] *f* (TIPO) Lithotypographie *f*
litotomía [litoto'mia] *f* (MED) Lithotomie *f*
litotricia [lito'triθja] *f* (MED) Zertrümmerung *f* von Blasensteinen, Lithotripsie *f*
litri ['litri] *adj* (*fam*) affektiert; **¡qué chica más** ~**!** was für eine Zierpuppe!
litro ['litro] *m* Liter *m o nt;* **un** ~ **de leche** ein Liter Milch
litrona [li'trona] *f* (*argot*) 1-Liter-Flasche *f* Bier
lituana [li'twana] *adj o f v.* **lituano[2]**
Lituania [li'twanja] *f* Litauen *nt*
lituano[1] [li'twano] *m* (*idioma*) Litauisch(e) *nt*
lituano, **-a[2]** [li'twano, -a] **I.** *adj* litauisch **II.** *m, f* (*habitante*) Litauer(in) *m(f)*
liturgia [li'turxja] *f* (REL) Liturgie *f*
litúrgico, **-a** [li'turxiko, -a] *adj* liturgisch; **ornamento** ~ Kirchenschmuck *m*
liturgista [litur'xista] *mf* (REL) Liturgiker(in) *m(f)*
liviandad [liβjan̪'da^{ð}] *f* **1.** (*frivolidad*) Leichtfertigkeit *f* **2.** (*lascivia*) Lüsternheit *f*
liviano, **-a** [li'βjano, -a] *adj* **1.** (*superficial*) leichtfertig **2.** (*lascivo*) unanständig, lasziv **3.** (*ligero*) leicht; (*error*) unbedeutend
livianos [li'βjanos] *mpl* (*de cerdo, ternera*) Lungen *fpl*
lividecer [liβiðe'θer] <irr como crecer> *vi* erbleichen, erblassen; **cuando se dio cuenta de lo que había hecho livideció** ihm/ihr wurde ganz flau, als ihm/ihr bewußt wurde, was er/sie angerichtet hatte
lividez [liβi'ðeθ] *f* Blässe *f;* ~ **cadavérica** Leichenblässe *f*
lívido, **-a** ['liβiðo, -a] *adj* **1.** (*amoratado*) schwarzblau, dunkelviolett; ~ **de frío** blaugefroren **2.** (*pálido*) blass, fahl
living ['liβiŋ] *m* <livings> Wohnzimmer *nt*
living-comedor ['liβiŋ kome'ðor] *m* Wohnküche *f*
liza ['liθa] *f* **1.** (*lucha*) Kampf *m;* **en este tema entran** [*o* **están**] **en** ~ **intereses contrapuestos** bei diesem Thema prallen entgegengesetzte Interessen aufeinander **2.** (*campo*) Kampfplatz *m,* Turnierplatz *m;* **entrar en** ~ den Kampf antreten, in die Schranken treten *elev*
ll ['eʎe] *f* (LING) *spanischer Buchstabe*
llaca ['ʎaka] *f* (*Chil:* ZOOL) Zwergbeutelratte *f*
llaga ['ʎaɣa] *f* **1.** (*herida*) Wunde *f;* (*úlcera*) Geschwür *nt,* Knoten *m;* (*ampolla*) Blase *f* **2.** (*estigma*) Stigma *nt* **3.** (*pena*) Schmerz *m*
llagar [ʎa'ɣar] <g→gu> **I.** *vt* (*herir*) verwunden, verletzen; (*rozar*) wund scheuern **II.** *vr:* ~**se 1.** (*ulcerarse*) eitern, schwären *elev* **2.** (*herirse*) sich wund reiben; ~**se** (**los pies**) sich *dat* Blasen (an den Füßen) laufen
llallí [ʎa'ʎi] *f* (*Chil*) Popcorn *nt*
llama ['ʎama] *f* **1.** (*fuego*) Flamme *f;* **la** ~ **de la pasión** das Feuer der Leidenschaft **2.** (ZOOL) Lama *nt*
llamada [ʎa'maða] *f* **1.** (*voz*) Ruf *m;* ~ **al orden** Ordnungsruf *m;* ~ **del programa** (INFOR) Programmaufruf *m;* ~ **de socorro** Hilferuf *m*

L

2. (*de teléfono*) Anruf *m;* ~ **en espera** Anklopfen *nt;* ~ **urbana** Ortsgespräch *nt* **3.** (*gesto*) Herbeiwinken *nt* **4.** (*a la puerta*) Klopfen *nt* **5.** (*en un libro*) Hinweis *m* **6.** (*para emigrantes*) Einwanderungserlaubnis *f* (*mit Schiffskarte, Flugschein*) **7.** (MIL) Appell *m*

llamado[1] [ʎa'maðo] *m* (*Am*) **1.** (*llamada telefónica*) Anruf *m* **2.** (*llamamiento*) Aufruf *m;* **el presidente hizo un ~ a la solidaridad internacional** der Präsident rief zu internationaler Solidarität auf

llamado, -a[2] [ʎa'maðo, -a] *adj* **1.** (*conocido como*) sogenannte(r, s); **la llamada democracia del pueblo resultó ser una dictadura** die sogenannte Volksdemokratie enthüllte sich als Diktatur **2.** (*con vocación*) berufen; **estoy ~ a salvar la patria** ich habe die Aufgabe das Land zu retten; **muchos son los ~s y pocos los escogidos** viele sind berufen, aber nur wenige auserwählt **3.** (*citado*) gerufen

llamador [ʎama'ðor(a)] *m* (Tür)klopfer *m,* Klopfring *m;* (*botón*) (Klingel)knopf *m*

llamamiento [ʎama'mjen̪to] *m* **1.** (*exhortación*) Aufruf *m;* (*soldado*) Appell *m;* **concluyo haciendo un ~ a la paz** ich schließe mit dem Aufruf zum Frieden; **hago un ~ a todos los ciudadanos** ich appelliere an alle Bürger **2.** (REL) Berufung *f* **3.** (MIL) Aufgebot *nt;* ~ **a filas** Einberufung zum Wehrdienst **4.** (JUR: *citación*) Vorladung *f*

llamar [ʎa'mar] **I.** *vt* **1.** (*voz*) rufen; ~ **a declarar a alguien** jdn zur Aussage vorladen; ~ **a filas** (MIL) einberufen; ~ **por teléfono a alguien** jdn anrufen; ~ **un taxi** ein Taxi rufen; **¿quién lo llama?** wer ruft ihn?; (*por teléfono*) wer ruft ihn an?; **le llaman al teléfono** er wird am Telefon verlangt; **lo llamó idiota a la cara** er/sie sagte ihm ins Gesicht, dass er ein Idiot sei, er/sie schimpfte ihn einen Idioten; **¡llama al médico!** ruf [*o* hol] einen Arzt!; ~ **a capítulo a alguien** jdn zur Rechenschaft ziehen; **llamó al perro con un silbido** er/sie pfiff nach dem Hund; **se presentó sin que nadie lo ~a** er erschien, ohne dass ihn jemand gerufen hätte **2.** (*denominar*) nennen; **¡llámelo equis** [*o* **como quiera**]**!** nennen Sie es, wie Sie wollen!; **nosotros lo llamamos así y vosotros de otra manera** wir nennen es so und ihr anders **3.** (*despertar*) (er)wecken; **él llamó la atención sobre el número de desaparecidos** er machte auf die Zahl der Verschwundenen aufmerksam; **nos llamó la atención porque estábamos haciendo mucho ruido** er/sie ermahnte uns, weil wir sehr laut waren; **nos llamó la atención su vestido** ihr Kleid fiel uns auf **II.** *vi* **1.** (*a la puerta*) anklopfen; (*el timbre*) läuten, klingeln; **¿quién llama?** wer ist da? **2.** (*fam: gustar*) schmecken; **el chocolate no me llama nada** Schokolade ist nicht mein Ding **III.** *vr:* **~se** heißen, sich nennen; **¿cómo te llamas?** wie heißt du?; **¡como me llamo… que lo harás!** du machst das, so wahr ich … heiße!; **¡eso es lo que se llama tener suerte!** das nennt man Glück!; **no nos llamemos a engaño: estamos en una situación crítica** wir sollten uns nichts vormachen; wir befinden uns in einer kritischen Lage

llamarada [ʎama'raða] *f* **1.** (*llama*) Flackerfeuer *nt,* Lohe *f* **2.** (*rubor*) Röte *f*

llamarón [ʎama'ron] *m* (*Chil, Col, Ecua*) hell auflodernides Feuer *nt*

llamativo, -a [ʎama'tiβo, -a] *adj* (*traje*) auffällig; (*color*) grell; **me alegro de que todos se hayan vestido con colores tan ~s** ich freue mich, dass alle so bunt gekleidet sind

llameante [ʎame'an̪te] *adj* lodernd

llamear [ʎame'ar] *vi* lodern, flackern

llana ['ʎana] *f* **1.** (*herramienta*) Kelle *f;* **dar de ~** Putz anwerfen **2.** (*llanura*) Flachland *nt* **3.** (*papel*) Blattseite *f*

llanada [ʎa'naða] *f* Flachland *nt*

llanamente [ʎana'men̪te] *adv* schlicht und einfach; **dile ~ lo que piensas de él** sag ihm ganz einfach, was du von ihm hältst

llanarca [ʎa'narka] *m* (*Arg:* ZOOL: *atajacaminos*) *südamerikanische Nachtvogelart*

llanca ['ʎaŋka] *f* (*Chil:* MIN) blaugrünes Kupfermineral *nt,* Chrysokolla *m*

llande ['ʎan̪de] *f* (*bellota*) Eichel *f*

llanear [ʎane'ar] *vi* dort entlanggehen, wo es flach ist

llanero, -a [ʎa'nero, -a] *m, f* Bewohner(in) *m(f)* des Flachlandes

llaneza [ʎa'neθa] *f sin pl* Offenherzigkeit *f,* Umgänglichkeit *f*

llanisto, -a [ʎa'nisto, -a] **I.** *adj* (*Arg*) aus den Ebenen der Provinz La Rioja **II.** *m, f* (*Arg*) Einwohner(in) *m* der Ebenen La Riojas

llanito, -a [ʎa'nito, -a] *m, f* (*fam*) Einwohner(in) *m(f)* von Gibraltar

llano[1] ['ʎano] *m* Ebene *f,* Flachland *nt;* **Los L~s** Flachland *nt* (*in Kolumbien und Venezuela*)

llano, -a[2] ['ʎano, -a] *adj* **1.** (*liso*) flach, eben; **plato ~** flacher Teller **2.** (*campechano*) umgänglich; **el pueblo ~** das (einfache) Volk; **a la pata la llana** ohne Umstände **3.** (LING) auf der vorletzten Silbe betont

llanta ['ʎan̪ta] *f* **1.** (*rueda*) Felge *f;* ~ **de goma** Gummireifen *m* **2.** (*siderurgia*) Bramme *f* **3.** (BOT) *Blätterkohlsorte*

llantera [ʎan̪'tera] *f* Geheule *nt,* lautes Weinen *nt*

llantería [ʎan̪te'ria] *f sin pl* (*Am*) Weinen *nt,* Jammern *nt*

llanterío [ʎan̪te'rio] *m* Weinen *nt* (*meist mehrerer Personen*); **el ~ de los niños** das ständige Geheule der Kinder

llantina [ʎan̪'tina] *f* (*fam*) Geflenne *nt,* Geheule *nt*

llanto ['ʎan̪to] *m* Weinen *nt,* Jammern *nt;* **anegarse en ~** in Tränen zerfließen

llanura [ʎa'nura] *f* Ebene *f,* Flachland *nt*

llapa ['ʎapa] *f* (*AmS*) Zugabe *f*

llapar [ʎa'par] *vt* (*AmS:* MIN) hinzugeben

llareta [ʎa'reta] *f* (*Chil:* BOT) *südamerikanisches Doldengewächs, Heilpflanze*

llaullau [ʎau̯'ʎau̯] *m* (*Chil:* GASTR) *essbare Baumpilzart*

llave ['ʎaβe] *f* **1.** (*instrumento, t. fig*) Schlüssel *m;* (*de la puerta*) (Tür)schlüssel *m;* (*reloj*) Uhrschlüssel *m;* ~ **de contacto** (AUTO) Zündschlüssel *m;* ~ **maestra** Hauptschlüssel *m;* **ama de ~s** Wirtschafterin *f;* **venta ~ en mano** schlüsselfertiger [*o* bezugsfertiger] Verkauf; **echar la ~** abschließen; **estar bajo ~** unter Verschluss sein; **la ~ no entra** der Schlüssel passt nicht; **la ~ para descubrir el secreto** der Schlüssel zum Geheimnis; **meter/sacar la ~** den Schlüssel hineinstecken/abziehen **2.** (MÚS) Klappe *f,* Ventil *nt* **3.** (*grifo*) Hahn *m;* ~ **de paso** Absperrventil *nt* **4.** (*tuerca*) Schraubenschlüssel *m;* ~ **inglesa** Engländer *m* **5.** (*interruptor*) Schalter *m* **6.** (TIPO) Klammer *f* **7.** (*yudo, kárate*) Griff *m*

llavero [ʎa'βero] *m* **1.** (*utensilio*) Schlüsselring *m* **2.** (*persona*) Schlüsselwart *m*

llavín [ʎa'βin] *m* kleiner Schlüssel *m*

llegada [ʎe'ɣaða] *f* **1.** (*de alguien*) Ankunft *f,* Eintreffen *nt;* (*de un tren, avión*) Ankunft *f* **2.** (DEP) Ziel *nt*

llegar [ʎe'ɣar] <g→gu> **I.** *vi* **1.** (*al destino: personas*) ankommen, eintreffen; (*tren*) ankommen; (*avión*) landen; (*barco*) einlaufen; (*correo*) eingehen; ~ **a la meta** (DEP) ins Ziel kommen; ~ **tarde/a tiempo** mit Verspätung/rechtzeitig ankommen; **está al ~** er/sie kommt jeden Augenblick (an); **¡hasta ahí podíamos ~!** das fehlte gerade noch!; **llegamos a Madrid/a Suiza a las ocho** wir kamen um acht Uhr in Madrid/in der Schweiz an; **quería deciros que ~é tarde** ich wollte euch sagen, dass ich mich verspäten werde [*o* dass ich später komme] **2.** (*recibir*): **no me ha llegado el dinero** ich habe das Geld noch nicht erhalten **3.** (*durar hasta*) halten (bis +*akk*); ~ **a viejo** alt werden; **llegó a los ochenta** er/sie hat die achtzig erreicht; **el enfermo no ~á hasta la primavera** der Kranke wird das Frühjahr nicht mehr erleben; **el gobierno no ~á hasta la primavera** die Regierung wird nicht bis zum Frühjahr halten **4.** (*ascender*) betragen, sich belaufen (*a* auf +*akk*); **la cinta no llega a tres metros** das Band ist keine drei Meter lang; **no llega a cien pesetas** das kostet keine hundert Peseten **5.** (*convertirse*) werden; (*lograr*) erreichen; **algunos creen que es ~ y besar el santo** manche glauben, das könnte man im Handumdrehen machen; **ese ~á lejos** der wird es weit bringen; **han llegado a ser muy ricos** sie sind steinreich geworden; **llegamos a recoger 8.000 firmas** es ist uns gelungen 8.000 Unterschriften zu sammeln; **mi hijo ha llegado a ministro** mein Sohn hat es zum Minister gebracht; **nunca ~é a entenderte** ich werde dich nie verstehen **6.** (*ser suficiente*) ausreichen; **la tela llega para dos cortinas** der Stoff reicht für zwei Gardinen **7.** (*tocar*) heranreichen (*a/hasta* an +*akk*), reichen (*a/hasta* bis zu +*dat,* bis an +*akk*); **el agua ya le llegaba al cuello** das Wasser reichte ihm/ihr schon bis zum Hals; **el niño no llega a los productos de limpieza** das Kind kommt nicht an die Putzmittel heran **8.** (*ser igual*) nicht nachstehen; **él no le llega ni a la suela de los zapatos** er kann ihm/ihr nicht das Wasser reichen **9.** (*ocurrir*) kommen; **llegado el caso no dudes en llamarme** wenn du mich brauchst, ruf mich an; **¡todo llega!** alles hat seine Zeit!; **¡ya ~á la primavera!** der Frühling wird schon kommen! **10.** (*loc*): **ha llegado a mi conocimiento** [*o* **a mis oídos**] **que...** ich habe erfahren, dass ...; **las imágenes nos ~on al alma** die Bilder sind uns unter die Haut gegangen; **llegamos a la conclusión de que...** wir sind zu dem Schluss gekommen, dass ... **II.** *vr:* **~se** besuchen, vorbeikommen; **llégate hasta el estanco y tráeme una cajetilla** geh zum Tabakgeschäft und hol mir eine Schachtel Zigarretten; **se llegó por mi casa** er/sie kam bei mir vorbei

Lleida ['ʎei̯ða] *f* Lérida *nt,* Lleida *nt*

llenador(a) [ʎena'ðor(a)] *adj* (*Chil*) (schnell) sättigend; **esta fruta es muy ~a** dieses Obst macht schnell satt

llenar [ʎe'nar] **I.** *vt* **1.** (*atestar*) füllen; (*botella*) abfüllen; **el público llenaba la sala** das Publikum füllte den Saal; **este producto llena un vacío en el mercado** dieses Produkt füllt eine [*o* stößt in eine] Marktlücke; **es necesario ~ esa laguna** (*fig*) diese Lücke muss geschlossen werden; **los niños ~on el suelo de papeles** die Kinder ließen überall auf dem Boden Papier herumliegen; **se llenó los bolsillos de caramelos** er/sie stopfte sich *dat* die Taschen mit Bonbons voll **2.** (*comida*) satt machen, sättigen **3.** (*cumplimentar*) ausfüllen **4.** (*colmar*) ausfüllen; **eso no me llena** das genügt mir nicht, das füllt mich nicht aus **5.** (*agradecer*) gefallen +*dat,* überzeugen **II.** *vr:* **~se** (*fam*) **1.** (*comida*) sich voll stopfen (*de* mit +*dat*) **2.** (*irritarse*) satt haben (*de* +*akk*), genug haben (*de* von +*dat*); **cuando me llené de oírlo llorar lo mandé a su habitación** als ich von seinem Geheule genug hatte, habe ich ihn in sein Zimmer geschickt

lleno[1] ['ʎeno] *m:* **ese día en el teatro se logró el ~** an diesem Tag war das Theater ausverkauft

lleno, -a[2] ['ʎeno, -a] *adj* (*recipiente*) voll; ~ **de** voller +*gen/dat,* voll mit +*dat;* **luna llena** Vollmond *m;* **el jefe tiene hoy la agenda llena** der Chef hat heute einen vollen Terminkalender; **la olla está llena de comida** der Topf ist voller Essen, der Topf ist voll mit Essen; **a la planta le da el sol de ~** die Pflanze steht in der prallen Sonne; **el autobús iba ~** der Bus war voll; **estoy ~** (*fam*) ich bin satt

llenura [ʎe'nura] *f* (*abundancia*) Fülle *f;* (*plenitud*) Erfüllung *f;* **la ~ del alma** geistige Erfüllung

llevadero, **-a** [ʎeβa'ðero, -a] *adj* erträglich; **es una molestia llevadera** das ist ein erträgliches Leiden

llevar [ʎe'βar] **I.** *vt* **1.** (*transportar*) tragen, befördern; **él me llevó a Madrid (en su coche)** er hat mich (in seinem Auto) nach Madrid mitgenommen; **el viento lleva las hojas de un lado para otro** der Wind weht die Blätter hin und her; **este barco lleva madera** dieses Schiff transportiert Holz; **le llevé un paquete a tu hermano** ich habe deinem Bruder ein Paket gebracht **2.** (*exigir*) verlangen; **nos llevó 2.000 pesetas ir en taxi a la estación** das Taxi zum Bahnhof hat (uns) 2.000 Peseten gekostet; **este trabajo lleva mucho tiempo** diese Arbeit ist sehr zeitaufwändig **3.** (*arrancar*) abreißen **4.** (*conducir*) führen; ~ **de la mano** an der Hand führen; **lleva con facilidad el caballo** er/sie führt das Pferd mit Leichtigkeit; **¿a dónde lleva esta calle?** wohin führt diese Straße?; **esto no lleva a ninguna parte** das bringt nichts, das führt zu nichts **5.** (*ropa*) tragen, anhaben; ~ **luto** Trauer tragen; **lleva gafas y un pantalón negro** er/sie trägt eine Brille und eine schwarze Hose; **yo no llevaba (conmigo) ni una peseta** ich hatte keinen Pfennig dabei **6.** (*coche*) fahren **7.** (*finca*) pachten **8.** (*estar*) sein; **lleva estudiando tres años** er/sie studiert seit drei Jahren; **llevo cuatro días aquí** ich bin seit vier Tagen hier **9.** (*gestionar*) führen; ~ **los libros/las cuentas** die Bücher führen/die Buchhaltung machen; ~ **un negocio** ein Geschäft betreiben; **en esta familia es el padre quien lleva la casa** in dieser Familie führt der Vater den Haushalt **10.** (*inducir*) bringen (zu *+dat*); **eso me lleva a pensar que no está contento** das lässt mich vermuten, dass er nicht zufrieden ist **11.** (*exceder*) übertreffen; **le llevo dos años** ich bin zwei Jahre älter als er/sie; **mi hijo me lleva dos centímetros** mein Sohn ist zwei Zentimeter größer als ich **12.** (*loc*): ~ **a cabo** [*o* **a la práctica**] durchführen, verwirklichen; ~ **consigo** [*o* **aparejado**] mit sich bringen; ~ **el compás** den Takt schlagen; ~ **idea de hacer algo** vorhaben etw zu tun; ~ **la voz cantante** das Sagen haben; **a él le gusta** ~ **la contraria** er widerspricht immer; **dejarse** ~ **por la ira** in Wut geraten; **llevaba trazas** [*o* **camino**] **de no acabar nunca** es schien, als ob es kein Ende nehmen würde; **llévale la corriente y todo te irá bien** gib ihm/ihr nur immer Recht, dann wird alles gut laufen; ~ **camino de hacer algo** auf dem (besten) Weg sein etw zu tun; **no te dejes** ~ **por tu hermano** hör nicht auf deinen Bruder; **tú llevas las de perder** du wirst den Kürzeren ziehen; **... y me llevo cuatro** (MAT) ... und behalte vier **II.** *vr:* **~se 1.** (*coger*) mitnehmen; **lo que el viento se llevó** (CINE) vom Winde verweht; **la riada se llevó (por delante) el puente** der Sturzbach riss die Brücke mit sich *dat;* **¿se lo lleva Ud. todo?** nehmen Sie alles (mit)?; **¡menudo susto me llevé!** ich habe einen ganz schönen Schrecken bekommen!; **mi hermana y yo nos llevamos dos años** meine Schwester und ich sind zwei Jahre auseinander; **mi hermano es quien se lleva la palma** mein Bruder hat den Vogel abgeschossen **2.** (*ganar*) gewinnen; **ella se llevó el segundo premio** sie gewann den zweiten Preis; **ellos se llevan la mayor parte** sie bekommen den Löwenanteil; **ellos se llevan la peor parte** sie haben den Kürzeren gezogen **3.** (*estar de moda*) (in) Mode sein, in sein; **ya no se llevan los pelos cortos** kurze Haare sind nicht mehr in [*o* sind nicht mehr Mode] **4.** (*soportarse*) sich vertragen; **¿cómo te llevas con tu jefa?** wie kommst du mit deiner Chefin zurecht?; **mi jefe y yo nos llevamos muy bien/muy mal** ich komme mit meinem Chef sehr gut/sehr schlecht aus

lliclla ['ʎi^{k}ʎa, *Am:* 'ji^{k}ja] *f* (*Bol, Ecua, Perú*) *buntes Schultertuch der Indio-Frauen*

llicta ['ʎikta] *f* (*Bol:* GASTR) *fester Brei aus gekochten Kartoffeln und der Asche einiger Pflanzen*

lligues ['ʎiɣes] *mpl* (*Chil*) *gefärbte Bohnen, die als Spielsteine dienen*

lloraduelos [ʎora'ðwelos] *mf inv* Jammerlappen *m fam pey*

llorar [ʎo'rar] **I.** *vi* **1.** (*lágrimas*) weinen, heulen; **desahogarse llorando** sich ausweinen; **la película te hacía** ~ der Film rührte dich zu Tränen; **le lloran los ojos por el catarro** ihm/ihr tränen die Augen wegen des Schnupfens; **lloraban de alegría** sie weinten vor Freude; ~ **como una Magdalena**, ~ **a lágrima viva** [*o* **a moco tendido**] (*fam*) heulen wie ein Schlosshund; **quien no llora no mama** (*fam*) wer nicht schreit, geht leer aus **2.** (*vid, árbol*) bluten, tröpfeln **II.** *vt* **1.** (*lágrimas*) weinen (*por* um *+akk*), trauern (*por/a* um *+akk*); **lloran la muerte de su amigo** sie beweinen ihren (verstorbenen) Freund; **lloran la pérdida de su libertad** sie beklagen den Verlust ihrer Freiheit **2.** (*lamentar*) bereuen; **ya ~ás tu negligencia** du wirst deine Nachlässigkeit noch bereuen

llorera [ʎo'rera] *f* (*fam*) Geheule *nt,* Geflenne *nt*

llorica [ʎo'rika] *mf* (*fam*) Heulpeter *m,* Heulsuse *f*

lloriquear [ʎorike'ar] *vi* wimmern; **el niño no dejó de** ~ **en toda la noche** das Kind hat die ganze Nacht geweint

lloriqueo [ʎori'keo] *m* Heulerei *f,* Gewimmer *nt*

lloro(s) ['ʎoro(s)] *m(pl)* Weinen *nt;* **con estos ~s no conseguirás nada** mit diesen Tränen erreichst du nichts

llorón, **-ona** [ʎo'ron, -ona] **I.** *adj* weinerlich; **sauce** ~ (BOT) Trauerweide *f* **II.** *m, f* Heulpeter *m fam,* Heulsuse *f fam*

lloroso, **-a** [ʎo'roso, -a] *adj* weinerlich

llovedizo, **-a** [ʎoβe'ðiθo, -a] *adj* (*techo*) nicht (wasser)dicht; **agua llovediza** Regenwasser *nt*

llover [ʎo'βer] <o→ue> *vi, vt, vimpers* regnen; **está lloviendo** es regnet; ~ **sobre mojado** Schlag auf Schlag kommen; **llueve a mares** [*o* **a cántaros**] es regnet in Strömen; **como llovido del cielo** wie aus heiterem Himmel; **llueven chuzos de punta** es gießt wie aus Kübeln; **llueven las malas noticias** es hagelt schlechte Nachrichten; **me escucha como quien oye** ~ (*fam*) es interessiert ihn/sie nicht die Bohne, was ich erzähle; **ya ha llovido mucho desde aquella** (*fig*) seitdem ist schon viel Wasser den Rhein hinabgeflossen

llovida [ʎo'βiða] *f* (*Am*) Regen *m;* **¡qué ~!** so ein Regen!

llovizna [ʎo'βiθna] *f* Sprühregen *m,* Nieselregen *m*

lloviznar [ʎoβiθ'nar] *vimpers* nieseln; **está lloviznando** es nieselt

lluqui ['ʎuki] *adj* (*Ecua: zurdo*) linkshändig

lluvia ['ʎuβja] *f* **1.** (*chubasco*) Regen *m;* ~ **ácida** saurer Regen; ~ **de estrellas** (ASTR) Sternschnuppenschwarm *m;* ~ **horizontal** Kondensregen *m;* **agua de** ~ Regenwasser *nt;* **época de las ~s** Regenzeit *f* **2.** (*cantidad*) Unmenge *f,* Lawine *f* **3.** (*Chil, Arg, Nic: ducha*) Dusche *f*

lluvioso, **-a** [ʎu'βjoso, -a] *adj* regnerisch; **tiempo** ~ Regenwetter *nt*

lo [lo] **I.** *art det v.* **el, la, lo II.** *pron pers m y nt sg* **1.** (*objeto directo: masculino*) ihn; (*neutro*) es, das; ~ **estoy viendo** ich sehe ihn gerade; **¡lláma~!** ruf ihn!; **¡si prometiste ir a verla, haz~!** wenn du versprochen hast, bei ihr vorbeizukommen, dann tu es! **2.** (*con relativo: neutro*) das(jenige), das …, das, was …; ~ **cual** was; ~ **que quiero decirte es que…** was ich dir sagen will ist, dass …

loa ['loa] *f* **1.** (*alabanza*) Lob *nt* **2.** (TEAT) *kurzes Theaterstück als Einleitung zum Hauptstück, in dem die Honoratioren der Stadt gerühmt werden*

loable [lo'aβle] *adj* lobenswert, löblich

loador(a) [loa'ðor(a)] **I.** *adj* lobend, rühmend **II.** *m(f)* Lobredner(in) *m(f)*

loanda [lo'aṇda] *f* (MED) Skorbut *m*

loar [lo'ar] *vt* (*elev*) loben, rühmen

lob [lo$^{\beta}$] *m* (DEP) Lob *m*

loba ['loβa] *f v.* **lobo[2]**

lobanillo [loβa'niʎo] *m* (MED) Atherom *nt,* Grützbeutel *m*

lobato [lo'βato] *m* **1.** (*lobo*) junger Wolf *m* **2.** (*cachorro*) Welpe *m*

lobby ['loβi] *m* (POL) Lobby *f*

lobectomía [loβekto'mia] *f* (MED) Organlappen-Extirpation *f;* (*de un lóbulo pulmonar*) Lobektomie *f*

lobera [lo'βera] *f* (ZOOL) **1.** (*guarida*) Wolfshöhle *f* **2.** (*monte*) Wolfsversteck *nt*

lobezno [lo'βeθno] *m* junger Wolf *m*

lobina [lo'βina] *f* (ZOOL) Wolfsbarsch *m*

lobisón [loβi'son] *m* (*Arg, Par, Urug*) *Mensch, dem die Fähigkeit nachgesagt wird, sich in Vollmondnächten in ein Tier zu verwandeln*

lobo[1] ['loβo] *m* **1.** (*hilandería*) Reißwolf *m* **2.** (ASTR) Wolf *m* **3.** (*pez*) Bartgrundel *f,* Schmerle *f*

lobo, **-a[2]** ['loβo, -a] *m, f* Wolf *m,* Wölfin *f;* ~ **cerval** Luchs *m;* ~ **de mar** (*fam fig*) alter Seebär; ~ **marino** Seehund *m;* **perro** ~ Wolfshund *m;* **encomendar las ovejas al** ~ *jdn in sein Verderben schicken;* **en esa ocasión le vimos las orejas al** ~ wir sind gerade noch einmal davongekommen; **hace una noche oscura como boca de** ~ es ist stockfinstere Nacht; **¡menuda loba está hecha ésa!** das ist eine ganz schöne Furie!; **meterse en la boca del** ~ sich in die Höhle des Löwen begeben; **ser un** ~ **con piel de oveja** ein Wolf im Schafspelz sein; **tener un hambre de ~s** hungrig wie ein Wolf sein, einen Bärenhunger haben

lóbrego, **-a** ['loβreɣo, -a] *adj* düster, finster

lobreguez [loβre'ɣeθ] *f* Dunkelheit *f*

lobulado, **-a** [loβu'laðo, -a] *adj* (*hoja*) gelappt

lóbulo ['loβulo] *m* **1.** (*del pulmón*) Lappen *m,* Flügel *m;* ~ **de la oreja** Ohrläppchen *nt* **2.** (*de una hoja*) Läppchen *nt*

lobuno, **-a** [lo'βuno, -a] *adj* wölfisch, Wolfs-

loca ['loka] *adj o f v.* **loco**

locación [loka'θjon] *f* (JUR: *arrendamiento*) Pacht *f,* Miete *f;* (*acción de arrendar*) Verpachtung *f,* Vermietung *f;* ~ **y conducción** Pachtvertrag *m,* Mietvertrag *m;* ~ **de obra** Werkvertrag *m*

local [lo'kal] **I.** *adj* örtlich, lokal, Lokal-; **anestesia** ~ Lokalanästhesie *f;* **las autoridades ~es** die örtlichen Behörden; **es un periódico** ~ es ist ein Lokalblatt **II.** *m* Raum *m;* ~ **comercial** Büroraum *m,* Geschäftsraum *m;* ~ **industrial** gewerblicher Raum; (*edificio*) Wirtschaftsgebäude *nt;* ~ **público** Lokal *nt;* **hemos alquilado un ~ para poner una carnicería** wir haben einen Geschäftsraum gemietet um eine Metzgerei zu eröffnen

localidad [lokali'ða^{ð}] *f* **1.** (*municipio*) Ort *m,* Dorf *nt,* Stadt *f* **2.** (*entrada*) Eintrittskarte *f;* (*asiento*) Sitz(platz) *m*

localismo [loka'lismo] *m* **1.** (*pey: chovinismo*) Lokalpatriotismus *m* **2.** (LING) Regionalismus *m*

localista [loka'lista] **I.** *adj* lokalpatriotisch, die Heimat (übertrieben) liebend; **escritor** ~ Heimatschriftsteller *m* **II.** *mf* Heimatkünstler(in) *m(f),* Heimatschriftsteller(in) *m(f)*

localizable [lokali'θaβle] *adj* erreichbar; **tienes que estar siempre** ~ du musst immer erreichbar sein

localización [lokaliθa'θjon] *f* **1.** (*búsqueda*) Lokalisierung *f;* (AERO) Ortung *f* **2.** (*posición*)

Standort *m*
localizador [lokaliθa'ðor] *m* (INFOR) URL *m*
localizar [lokali'θar] <z→c> *vt* **1.** (*limitar*) lokalisieren, eingrenzen; (AERO) orten; **han logrado ~ el fuego/la epidemia** es ist ihnen gelungen, das Feuer/die Seuche einzudämmen **2.** (*encontrar*) lokalisieren, finden; **~ a alguien por teléfono** jdn telefonisch erreichen; **~ un tumor** den Sitz eines Tumors feststellen; **todavía no hemos localizado al médico** wir haben den Arzt noch nicht gefunden
locamente [loka'mente] *adv* ungeheuer; **vivo ~ enamorada de este cantante** ich bin unsterblich in diesen Sänger verliebt
locatario, -a [loka'tarjo, -a] *m, f* (JUR: *arrendatario*) Pächter(in) *m(f)*
locatis [lo'katis] *mf inv* (*fam*) Verrückte(r) *mf;* **la ~ de tu hermana** deine verrückte Schwester
locativo¹ [loka'tiβo] *m* (LING) Lokativ *m*
locativo, -a² [loka'tiβo, -a] *adj* (LING) lokativ; **caso ~** Lokativ *m*
locería [loθe'ria] *f* (*Am*) Töpferei *f*
loche ['lotʃe] *m* (*Col:* ZOOL) *südamerikanische Hirschart*
loción [lo'θjon] *f* **1.** (*líquido*) Flüssigkeit *f,* Lotion *f;* **~ after-shave** [*o* **para después del afeitado**] Rasierwasser *nt,* Aftershave *nt;* **~ capilar** Haarwasser *nt;* **~ facial** Gesichtswasser *nt;* **~ hidratante** Feuchtigkeitslotion *f;* **~ tónica** Gesichtslotion *f* **2.** (*crema*) Lotion *f,* Emulsion *f;* **~ bronceadora** Sonnenschutzlotion *f;* **~ corporal** Körperlotion *f* **3.** (*fricción*) Einreibung *f;* **me aplicó una ~ en el cuero cabelludo** er/sie hat mir die Kopfhaut mit einer Lotion eingerieben
lockout [lo'kau̯ᵈ] *m* <lockouts> Aussperrung *f*
loco, -a ['loko, -a] **I.** *adj* **1.** (*chalado*) wahnsinnig, verrückt, töricht; **a lo ~, a tontas y a locas** ohne Sinn und Verstand; **ese está ~ de atar** er ist völlig verrückt; **está ~ por la música** er steht auf Musik, er begeistert sich für die Musik; **está loca con la bicicleta** sie fährt furchtbar gern Rad; **estar ~ de contento** sich freuen wie verrückt; **estar medio ~** eine Schraube locker haben *fam,* nicht alle Tassen im Schrank haben *fam;* **esto es para volverse ~** das ist (ja) zum Verrücktwerden; **me vuelve loco** er/sie macht mich verrückt **2.** (*maravilloso*) wahnsinnig, toll; **tuvo una suerte loca** er/sie hatte unwahrscheinliches Glück **3.** (TÉC) lose; **polea loca** Losscheibe *f* **4.** (*planta*) zu üppig **II.** *m, f* Verrückte(r) *mf,* Wahnsinnige(r) *mf;* **casa de ~s** (*t. fig*) Tollhaus *nt;* **cada ~ con su tema** jedem Tierchen sein Pläsierchen; **cuando le preguntas se hace el ~** wenn man ihn fragt, reagiert er nicht; **hicieron el ~ toda la noche** sie haben die ganze Nacht über dummes Zeug gemacht; **la loca de la casa** (*elev fig*) die Fantasie; **tener una vena de ~** nicht recht bei Trost sein
locomoción [lokomo'θjon] *f* Fortbewegung *f;* (ZOOL) Lokomotion *f,* Ortsveränderung *f;* **medio de ~** Fortbewegungsmittel *nt*
locomotor(a) [lokomo'tor(a)] *adj* Bewegungs-; (BIOL) lokomotorisch; **aparato ~** (BIOL) Muskulatur *f*
locomotora [lokomo'tora] *f* Lokomotive *f,* Lok *f fam*
locomotriz [lokomo'triθ] *adj* (an)treibend; **fuerza ~** treibende Kraft
locrio ['lokrjo] *m* (*RDom:* GASTR) *Gericht aus Reis und Fleisch*
locro ['lokro] *m* (*AmS*) *Gericht aus Mais, Kartoffeln und Fleisch*
locuacidad [lokwaθi'ðaᵈ] *f* (*verbosidad*) Gesprächigkeit *f;* (*charlatanería*) Geschwätzigkeit *f*
locuaz [lo'kwaθ] *adj* (*parlanchín*) gesprächig; (*charlatán*) geschwätzig
locución [loku'θjon] *f* (LING) **1.** (*expresión*) Wendung *f;* **~ prepositiva** Präpositionalergänzung *f* **2.** (*giro*) Redensart *f;* (*frase*) Redewendung *f* **3.** (*oración*) Satz *m;* **~ adverbial/conjuntiva** Adverbial-/Konjunktionalsatz *m*
locuelo, -a [lo'kwelo, -a] **I.** *adj dim de* **loco** **II.** *m, f* (*fam: atolondrado*) Spinner(in) *m(f),* Narr *m,* Närrin *f*
locura [lo'kura] *f* **1.** Wahn(sinn) *m;* **~ bovina** Rinderwahnsinn *m;* **le dio un ataque de ~** er/sie hatte einen Anfall von Wahnsinn; **lo quiero con ~** ich liebe ihn wahnsinnig; **tenía una casa de ~** er/sie hatte eine Traumwohnung **2.** (*disparate*) Verrücktheit *f,* Unsinn *m;* **andan haciendo ~s** sie treiben Unfug
locutor(a) [loku'tor(a)] *m(f)* (RADIO, TV) Sprecher(in) *m(f)*
locutorio [loku'torjo] *m* **1.** (*claustro*) Sprechzimmer *nt* **2.** (TEL) Telefonzelle *f,* Fernsprechzelle *f*
lodazal [loða'θal] *m* Morast *m,* schlammiges Gelände *nt*
lodo ['loðo] *m* Schlamm *m,* Morast *m;* **me salpicó de ~** er/sie hat mich mit Matsch bespritzt
lodón [lo'ðon] *m* (BOT: *almez*) Zürgelbaum *m*
lodoñero [loðo'ɲero] *m* (BOT) Guajakbaum *m*
lodoso, -a [lo'ðoso, -a] *adj* schlammig
lodra ['loðra] *f* (ZOOL) Nutria *f*
loess ['loes] *m sin pl* (GEO) Löss *m*
logarítmico, -a [loɣa'riᵈmiko, -a] *adj* (MAT) logarithmisch, Logarithmen-; **tablas logarítmicas** Logarithmentafeln *fpl*
logaritmo [loɣa'riᵈmo] *m* (MAT) Logarithmus *m;* **tabla de ~s** Logarithmentafel *f*
logia ['loxja] *f* **1.** (ARQUIT) Loggia *f* **2.** (*reunión*) Loge *f;* **~ masónica** Freimaurerloge *f*
lógica ['loxika] *f* Logik *f;* (*fig*) Denkweise *f;* **~ física/simbólica** (INFOR) physikalische/symbolische Logik; **la ~ formal** (FILOS) die formale Logik; **con su ~ aplastante** mit seiner/ihrer zwingenden Logik; **esto no tiene ~ alguna** das ist gegen alle Logik
lógicamente [loxika'mente] *adv* logischer-

weise

lógico, **-a** ['loxiko, -a] **I.** *adj* logisch; (*normal*) natürlich; **es ~ que un joven trabaje más que un viejo** es ist selbstverständlich [*o* klar], dass ein junger Mensch mehr arbeiten muss als ein älterer **II.** *m, f* Logiker(in) *m(f)*

logística [lo'xistika] *f* **1.** (MIL, ECON) Logistik *f* **2.** (FILOS) mathematische Logik *f*

logístico, **-a** [lo'xistiko, -a] *adj* logistisch, Logistik-; **material ~** logistisches Material

logo ['loɣo] *m* Logo *nt*

logograma [loɣo'ɣrama] *m* (LING) Logogramm *nt*

logopeda [loɣo'peða] *mf* Logopäde, -in *m, f*

logopedia [loɣo'peðja] *f* Logopädie *f*

logorrea [loɣo'rrea] *f* (MED) Logorrhö(e) *f*, krankhafte Geschwätzigkeit *f*

logoterapia [loɣote'rapja] *f* (PSICO) Logotherapie *f*

logotipo [loɣo'tipo] *m* (*distintivo*) Emblem *nt;* (*de una empresa*) Firmenzeichen *nt;* (*para un producto*) Warenzeichen *nt*

logrado, **-a** [lo'ɣraðo, -a] *adj* gelungen; **le ha quedado muy ~ el cuadro** das Bild ist ihm/ihr sehr gut gelungen

lograr [lo'ɣrar] **I.** *vt* erreichen; (*premio*) gewinnen; **él logró que algunas cosas cambiaran** er hat bewirkt, dass sich einiges änderte; **lo logré a fuerza de insistir** durch meine Hartnäckigkeit habe ich es geschafft; **no/sí lo logró** es ist ihm/ihr misslungen/gelungen **II.** *vr:* **~se** gelingen; **¡ojalá se lograse este intento de paz!** hoffentlich gelingt dieser Versuch, Frieden zu stiften!

logrero, **-a** [lo'ɣrero, -a] *m, f* Wucherer, -in *m, f*

logro ['loɣro] *m* Errungenschaft *f*, Erfolg *m*

logroñés, **-esa** [loɣro'ɲes, -esa] **I.** *adj* (*ciudad*) aus Logroño; (*región*) aus (La) Rioja **II.** *m, f* (*ciudad*) Einwohner(in) *m(f)* von Logroño; (*región*) Einwohner(in) *m(f)* von (La) Rioja

loísmo [lo'ismo] *m falsche Verwendung von 'lo(s)' als Dativobjekt anstelle von 'le(s)'*

loísta [lo'ista] **I.** *adj* (LING) *'lo(s)' statt 'le(s)' im Dativ verwendend* **II.** *mf* (LING) *Person, die 'lo(s)' statt 'le(s)' im Dativ verwendet*

loma ['loma] *f* Hügel *m*, Erhöhung *f*

lomada [lo'maða] *f* (*AmS*) Anhöhe *f*

lombarda [lom'barða] *f* Rotkohl *m*

lombriz [lom'briθ] *f* Wurm *m;* **~ intestinal** Spulwurm *m;* **~ de tierra** Regenwurm *m*

lomera [lo'mera] *f* **1.** (TIPO) (übergreifender) Buchrücken *m* **2.** (*del tejado*) Dachfirst *m* **3.** (*de la caballería*) Rückenriemen *m*

lomo ['lomo] *m* **1.** (*espalda*) Rücken *m;* **agachar el ~** (*fam*) malochen; **sobarle el ~ a alguien** (*fam*) jdm um den Bart gehen **2.** (*solomillo*) Lenden *fpl* **3.** (*de un libro*) Buchrücken *m* **4.** (*de un cuchillo*) Rücken *m* **5.** (*surco*) Furchenrücken *m* **6.** (*loc, fam*): **es una mentirosa de tomo y ~** sie hat es faustdick hinter den Ohren

lona ['lona] *f* **1.** (*toldo*) Plane *f;* **para sujetar la carga del camión la cubrieron con una ~** um die Ware auf dem Lastwagen zu befestigen, wurde eine Plane darüber gespannt **2.** (*tela*) Leinwand *f*

loncha ['lonʧa] *f* Scheibe *f;* **quería tres ~s de jamón de York** er/sie wollte drei Scheiben gekochten Schinken

lonchería [lonʧe'ria] *f* (*AmC, Méx*) Schnellgaststätte *f*, Schnellimbiss *m*

londinense [lon̪di'nense] **I.** *adj* aus London **II.** *mf* Londoner(in) *m(f)*

Londres ['lon̪dres] *m* London *nt*

longanimidad [loŋganimi'ðað] *f sin pl* Geduld *f*, Langmut *f elev*

longánimo, **-a** [loŋ'ganimo, -a] *adj* geduldig, langmütig *elev*

longaniza [loŋga'niθa] *f* Bratwurst *f* (*aus Hackfleisch*); **allí tampoco atan los perros con ~s** dort geht es auch nicht so üppig zu, wie manche glauben

longevidad [loŋxeβi'ðað] *f sin pl* (*duración*) Lebensdauer *f;* (*larga*) Langlebigkeit *f;* (*edad*) hohes Alter *nt*

longevo, **-a** [loŋ'xeβo, -a] *adj* (*que dura*) langlebig; (*elev: viejo*) betagt

longitud [loŋxi'tuð] *f* (GEO, ASTR, MAT) Länge *f;* **~ de onda** (FÍS) Wellenlänge *f;* **cuatro metros de ~** vier Meter lang; **es el campeón mundial en salto de ~** er ist Weltmeister im Weitsprung; **estamos en la misma ~ de onda** (*fig*) wir liegen auf der gleichen Wellenlänge; **la isla está a cincuenta grados ~ este/oeste** die Insel liegt fünfzig Grad östlicher/westlicher Länge

longitudinal [loŋxituði'nal] *adj* Längs-, Längen-, Longitudinal-; **hacer un corte ~** einen Längsschnitt machen

longitudinalmente [loŋxituðinal'men̪te] *adv* der Länge nach

longobardo, **-a** [loŋgo'βarðo, -a] **I.** *adj* (HIST) langobardisch **II.** *m, f* (HIST) Langobarde, -in *m, f*

longorón [loŋgo'ron] *m* (*Cuba:* ZOOL) *essbare Bohrmuschelart*

long play [loŋ plei̯] <long plays> *m* (MÚS) Langspielplatte *f*

longuetas [loŋ'getas] *fpl* (MED) Verbandstreifen *mpl*

longui(s) ['loŋgi(s)] *mf inv:* **hacerse el ~** (*fam*) sich taub stellen

lonja ['loŋxa] *f* **1.** (COM) Warenbörse *f;* **los pescadores venden el pescado en la ~** die Fischer verkaufen ihren Fang in der Auktionshalle **2.** (*loncha*) Scheibe *f* **3.** (ARQUIT) Atrium *nt*

lonjear [loŋxe'ar] *vt* **1.** (*Arg: cortar*) (Leder) in Streifen schneiden **2.** (*Arg: fam: azotar*) peitschen

lontananza [lon̪ta'nan̪θa] *f sin pl* (ARTE) Ferne *f;* **se ve un barco en ~** man sieht ein Schiff in der Ferne

looping ['lupiŋ] *m* <loopings> (AERO) Loo-

L

ping *m o nt*

loor [lo'or] *m* (*elev*) Lob *nt;* **en ~ de la Virgen María** zu Ehren der Jungfrau Maria

loquear [loke'ar] *vi* (*fam*) spinnen

loquera [lo'kera] *f* **1.** (*celda*) Irrenzelle *f* **2.** (*Am: locura*) Wahnsinn *m*

loquería [loke'ria] *f* (*fam*) Tollhaus *nt*

loquero [lo'kero] *m* (*fam*) Irrenaufseher *m*

loquios ['lokjos] *mpl* (MED) Wochenfluss *m,* Lochien *pl*

loran [lo'ran] *m inv* (AERO, NÁUT) *abr de* **Long Range Aid to Navigation** Loransystem *nt*

lorcha ['lortʃa] *f* (NÁUT) *chinesisches Schnellboot*

lord [lorᵈ] <lores> *m* Lord *m;* **la Cámara de los Lores** (POL) das (britische) Oberhaus; **~ mayor** Oberbürgermeister *m* (von London)

lordosis [lor'ðosis] *f inv* (MED) Lordose *f*

Lorena [lo'rena] *f* Lothringen *nt;* **Alsacia y ~** Elsaß-Lothringen *nt*

lorenés, -esa [lore'nes, -esa] **I.** *adj* lothringisch **II.** *m, f* Lothringer(in) *m(f)*

lorenzo [lo'ren̪θo] *m* (*fam: sol*) Sonne

lores ['lores] *pl de* **lord**

loriguillo [lori'ɣiʎo] *m* (BOT: *lauréola hembra*) Seidelbast *m*

loro ['loro] *m* **1.** (ZOOL) Papagei *m;* **repite como un ~ sin saber lo que dice** er/sie plappert alles nach ohne den Sinn zu verstehen **2.** (*fam pey: persona*) hässlicher Mensch *m*

lorquiano, -a [lor'kjano, -a] *adj den Schriftsteller F. García Lorca betreffend*

los [los] **I.** *art det v.* **el, la, lo II.** *pron pers m y nt pl* **1.** (*objeto directo*) sie *pl;* **no ~ veo** ich sehe sie nicht; **¡lláma~!** ruf sie! **2.** (*con relativo: masculino*) die(jenigen), die ...; **~ cuales** welche, die; **~ que no te conocen...** die(jenigen), die dich nicht kennen ...

losa ['losa] *f* (*piedra*) (Stein)platte *f;* (*lápida*) Grabstein *m;* (*baldosa*) Fliese *f*

losado [lo'saðo, -a] *m* Fliesenboden *m;* **el ~ del cuarto de baño** die Fliesen im Bad

losar [lo'sar] *vt* fliesen

loseta [lo'seta] *f dim de* **losa**

lota ['lota] *f* (ZOOL) Quappe *f,* Rutte *f*

lote ['lote] *m* **1.** (*parte*) Teil *m;* (COM) Posten *m;* **~ de acciones** (FIN) Aktienpaket *nt;* **~ de productos** Warenposten *m* **2.** (INFOR) Stapel *m,* Batch *m* **3.** (*argot*): **darse el ~** knutschen

lotera [lo'tera] *f v.* **lotero**

lotería [lote'ria] *f* Lotterie *f;* **~ nacional** Lotterie *f;* **~ del Niño** ≈Weihnachtslotterie *f* (*mit Ziehung am 5.Januar*); **~ primitiva** Lotto *nt;* **administración de ~** Lottoannahmestelle *f;* **a Juan le tocó la ~** Juan hat in der Lotterie gewonnen; **comprar un décimo de la ~** ein (Lotterie)los kaufen; **¡con ese hijo te tocó la ~!** mit diesem Sohn hast du richtig Glück gehabt!; **jugar a la ~** in der Lotterie spielen; (*primitiva*) Lotto spielen

lotero, -a [lo'tero, -a] *m, f* Lotterielosverkäufer(in) *m(f)*

loto¹ ['loto] *m* **1.** (*planta*) Lotos *m,* Lotus *m,* Lotusblume *f* **2.** (*flor*) Lotusblüte *f,* Lotosblüte *f*

loto² ['loto] *f* (*fam*) Lotto *nt*

Lovaina [lo'βai̯na] *f* Leuven *nt;* **~ la nueva** Louvain-la-Neuve

low impact [lou̯ 'impakᵗ] *m sin pl* Low Impact *nt*

loxodromia [loˠso'ðromja] *f* (AERO, NÁUT) Loxodrome *f*

loza ['loθa] *f* Steingut *nt,* Keramik *f;* (*vajilla*) (weißes) Steingutgeschirr *nt*

lozanear [loθane'ar] *vi* **1.** (*persona*) vor Gesundheit strotzen **2.** (*planta*) wuchern

lozanía [loθa'nia] *f sin pl* **1.** (*vegetación*) Üppigkeit *f* **2.** (*persona: robustez*) Kraft *f;* (*salud*) Gesundheit *f*

lozano, -a [lo'θano, -a] *adj* **1.** (*planta*) üppig **2.** (*persona: robusta*) kraftvoll; (*saludable*) gesund

LSD [ele(e)se'ðe] *m* (QUÍM) *abr de* **Lysergsäurediäthylamid** LSD *nt*

ltda. [limi'taða] *adj abr de* **limitada** GmbH

lubina [lu'βina] *f* (ZOOL) Seebarsch *m,* Wolfsbarsch *m*

lubricación [luβrika'θjon] *f v.* **lubrificación**

lubricador(a) [luβrika'ðor(a)] **I.** *adj* Schmier-; **grasa ~a** Schmierfett *nt* **II.** *m(f)* Schmiermittel *nt*

lubricante [luβri'kan̪te] *adj v.* **lubrificante**

lubricar [luβri'kar] <c→qu> *vt* (ein)schmieren

lubricativo, -a [luβrika'tiβo, -a] *adj* Schmier-, Gleit-; **sustancias lubricativas** Gleitmittel *ntpl*

lubricidad [luβriθi'ðaᵈ] *f sin pl* Rutschigkeit *f,* Schlüpfrigkeit *f*

lúbrico, -a ['luβriko, -a] *adj* (*obsceno*) schlüpfrig, lasziv, geil *fam*

lubrificación [luβrifika'θjon] *f* **1.** (*acción*) (Ein)schmieren *nt* **2.** (*efecto*) Schmiere *f*

lubrificante [luβrifi'kan̪te] *adj* (Ein)schmier-; **aceite ~** Schmieröl *nt*

lubrificar [luβrifi'kar] <c→qu> *vt* (ein)schmieren

Lucayas [lu'kaɟas] *fpl:* **islas ~** Bahamas *pl,* Bahamainseln *fpl*

lucense [lu'θense] **I.** *adj* aus Lugo **II.** *mf* Einwohner(in) *m(f)* von Lugo

lucera [lu'θera] *f* Dachfenster *nt*

lucerna [lu'θerna] *f* **1.** (*lámpara*) Kronleuchter *m* **2.** (*claraboya*) Dachluke *f*

Lucerna [lu'θerna] *f* Luzern *nt*

lucernario [luθer'narjo] *m v.* **lucera**

lucérnula [lu'θernula] *f* (BOT) Kornrade *f*

lucero [lu'θero] *m* **1.** (*estrella*) Stern *m;* **~ del alba** [*o* **de la mañana**] Morgenstern *m;* **~ de la tarde** Abendstern *m* **2.** (*mancha*) Stern *m,* Blesse *f* **3.** (*fam: niño*) Schatz *m* **4.** *pl* (*elev: ojos*) Augen *ntpl*

lucha ['lutʃa] *f* Kampf *m;* (DEP) Ringen *nt,* Ringkampf *m;* **~s callejeras** Straßenkämpfe *mpl;*

~ **de clases** (POL) Klassenkampf *m;* ~ **cuerpo a cuerpo** Kampf Mann gegen Mann; ~ **despiadada por el poder** erbitterter Kampf um die Macht; ~ **contra la droga** Drogenbekämpfung *f;* ~ **contra el fraude fiscal** Bekämpfung der Steuerhinterziehung; ~ **grecorromana** (DEP) griechisch-römischer Ringkampf; ~ **libre** (DEP) Freistilringen *nt;* ~ **contra el paro** Kampf gegen die Arbeitslosigkeit

luchador(a) [lutʃa'ðor(a)] *m(f)* Kämpfer(in) *m(f);* (DEP) Ringer(in) *m(f),* Ringkämpfer(in) *m(f);* ~ **por la independencia** Unabhängigkeitskämpfer *m*

luchar [lu'tʃar] *vi* kämpfen (*contra* gegen +*akk, por* um +*akk*), ringen (*contra* gegen +*akk, por* um +*akk*); ~ **con la muerte** mit dem Tode ringen

luche ['lutʃe] *m* (*Chil*) **1.** (*juego*) Hüpfspiel *nt* **2.** (BOT, GASTR) *essbare Algenart*

luchón, -ona [lu'tʃon, -ona] *adj* (*Méx*) kämpferisch, voller Kampfgeist; **es muy** ~ er ist eine Kämpfernatur

lucidez [luθi'ðeθ] *f sin pl* **1.** (*estado*) Klarheit *f* **2.** (*clarividencia*) Hellsichtigkeit *f;* (*sagacidad*) Scharfsinn *m;* **antes de morir tuvo todavía un momento de** ~ bevor er/sie starb, hatte er/sie noch einen hellen Augenblick

lucido, -a [lu'θiðo, -a] *adj* **1.** (*brillante*) prächtig, großartig; (*escogida*) auserlesen; **tuvo una actuación muy lucida en el concurso** sein/ihr Auftritt beim Wettbewerb war fantastisch **2.** (*fam: gordo*) stattlich **3.** (*loc*): **¡estás ~ si crees que te va a pagar!** du bist schön dumm, wenn du glaubst, dass er/sie zahlen wird!

lúcido, -a ['luθiðo, -a] *adj* **1.** (*clarividente*) hell(sichtig); (*sagaz*) scharfsinnig **2.** (*sobrio*) klar, hell; **en un momento ~ el enfermo lo conoció** in einem hellen Augenblick erkannte ihn der Kranke

luciérnaga [lu'θjernaɣa] *f* (ZOOL) Leuchtkäfer *m,* Glühwürmchen *nt*

Lucifer [luθi'fer] *m* (REL) Luzifer *m,* Teufel *m*

luciferino, -a [luθife'rino, -a] *adj* luziferisch, teuflisch

lucimiento [luθi'mjen̪to] *m:* **una ópera de gran** ~ eine glanzvolle Opernaufführung

lucio ['luθjo] *m* **1.** (ZOOL) Hecht *m* **2.** (*laguna*) Schlammpfütze *f*

lución [lu'θjon] *m* (ZOOL) Blindschleiche *f*

lucir [lu'θir] *irr* **I.** *vi* **1.** (*brillar*) leuchten, scheinen; **esa lámpara luce muy poco** die Lampe gibt sehr wenig Licht; **luce el sol** die Sonne scheint **2.** (*compensar*) sich auszahlen; (*verse*) zur Geltung kommen; **dicen que gasta muy poco en comer, ¡así le luce el pelo!** angeblich gibt er/sie sehr wenig Geld für das Essen aus; kein Wunder, dass er/sie so mick(e)rig ist!; **el vestido no le luce** das Kleid sieht an ihr nicht gut aus; **es un trabajo pesado y que no luce** die Mühe zahlt sich nicht aus; **ese collar luce mucho con el vestido rojo** diese Kette kommt mit dem roten Kleid gut zur Geltung; **este jersey hecho a mano no luce** man sieht nicht, wie viel Mühe in diesem selbst gestrickten Pullover steckt; **me he pasado la mañana recogiendo, pero no me luce** ich habe den ganzen Morgen aufgeräumt, aber man sieht nicht viel davon; **no le luce el dinero que tiene** man sieht ihm/ihr nicht an, dass er/sie viel Geld hat **II.** *vt* **1.** (*exhibir*) zur Schau stellen; **luce con orgullo la condecoración** stolz stellt er seine Auszeichnung zur Schau **2.** (*blanquear*) weißen, weiß tünchen **III.** *vr:* **~se 1.** (*exhibirse*) sich zeigen; **le gusta ~se del brazo de su novio** sie zeigt sich gern an der Seite ihres Freundes **2.** (*destacarse*) sich auszeichnen; **¡ahora sí que nos hemos lucido!** (*irón*) jetzt haben wir uns aber schön blamiert!

lucrarse [lu'krarse] *vr* Nutzen ziehen (*de* aus +*dat*), profitieren (*de* von +*dat*)

lucrativo, -a [lukra'tiβo, -a] *adj* einträglich, lukrativ; **no** ~ unentgeltlich; **sin fines ~s** gemeinnützig

lucro ['lukro] *m* Profit *m,* Gewinn *m;* **ánimo de** ~ Gewinnstreben *nt;* **asociación sin ánimo de** ~ gemeinnütziger Verein

lucroniense [lukro'njense] **I.** *adj* (*ciudad*) aus Logroño; (*región*) aus (La) Rioja **II.** *mf* (*ciudad*) Einwohner(in) *m(f)* von Logroño; (*región*) Einwohner(in) *m(f)* von (La) Rioja

luctuoso, -a [luktu'oso, -a] *adj* (*elev*) traurig, Trauer-; **para ellos fue un día** ~ das war für sie ein Trauertag

lucubración [lukuβra'θjon] *f* **1.** *literarische, wissenschaftliche Arbeit, die nachts angefertigt wird;* **lucubraciones filosóficas** philosophische Untersuchungen **2.** (*pey*) Hirngespinste *ntpl*

lucubrar [luku'βrar] *vt* (*elev*) in schlaflosen Nächten ausarbeiten

ludibrio [lu'ðiβrjo] *m* Spott *m,* Hohn *m;* **hacer ~ de alguien** jdn verspotten

lúdico, -a ['luðiko, -a] *adj* **1.** (*relativo al juego*) Spiel-, spielerisch **2.** (*no serio*) spielerisch; **el aspecto ~ de la vida** die angenehmen Seiten des Lebens

ludión [lu'ðjon] *m* (FÍS) kartesischer Taucher *m*

ludópata [lu'ðopata] *mf* Spielsüchtige(r) *mf*

ludopatía [luðopa'tia] *f* (MED) Spielsucht *f*

ludoteca [luðo'teka] *f* Spielraum *m,* Ludothek *f*

ludoterapia [luðote'rapja] *f* (MED) Spieltherapie *f*

luego ['lweɣo] **I.** *adv* **1.** (*después*) später, nachher; **¡hasta ~!** bis nachher [*o* später]!, tschüs! **2.** (*entonces*) dann; **primero ves unos árboles y ~ una casa** zuerst siehst du einige Bäume und dann ein Haus **3.** (*por supuesto*): **desde** ~ natürlich, selbstverständlich; **desde ~ que lo haré** selbstverständlich werde ich das machen; **¡desde ~!** aber klar! **II.** *conj* **1.** (*así que*) das heißt, also, folglich; **pienso, ~ existo** ich denke, also bin ich; **yo**

L

no estaba allí, ~ **no pude oírlo** ich war nicht dort, folglich konnte ich es auch nicht hören **2.** (*después de*): ~ **que** nachdem; ~ [*o* **así**] **que cenaron se fueron a acostar** sobald sie gegessen hatten, gingen sie ins Bett

luengo, **-a** ['lweŋgo, -a] *adj* (*elev*) lang; **hace ~s años** vor vielen, vielen Jahren

lúes ['lues] *m inv* (MED) Lues *f*, Syphilis *f*

lugano [lu'ɣano] *m* (ZOOL) Zeisig *m*

lugar [lu'ɣar] *m* **1.** (*sitio*) Ort *m*, Platz *m;* ~ **de autos** (JUR) Tatort *m;* ~ **de destino** (COM) Bestimmungsort *m;* ~ **de entrega** (COM) Lieferort *m*, Erfüllungsort *m;* ~ **de jurisdicción** (JUR) Gerichtsstand *m;* ~ **de pago** Zahlungsort *m;* ~ **de reunión** Versammlungsort *m;* **en algún** ~ **de la casa se encuentran las joyas** irgendwo im Haus befindet sich der Schmuck; **él ya tiene un** ~ **entre los grandes escritores** er wird schon zu den großen Schriftstellern gerechnet; **hacerse una composición de** ~ das Für und Wider abwägen; **su observación estaba fuera de** ~ seine/ihre Bemerkung war nicht angebracht [*o* war fehl am Platz]; **yo en** ~ **de Ud....** ich an Ihrer Stelle ... **2.** (*localidad*) Ortschaft *f*, Dorf *nt;* **los Santos L~es** die heiligen Stätten; ~ **de nacimiento** Geburtsort *m* **3.** (*motivo*): **no des** ~ **a que te reprenda** gib ihm/ihr keinen Anlass dich zu tadeln; **no ha** ~ (JUR) es gibt keinen Anspruch; **su comportamiento dio** ~ **a un escándalo** sein/ihr Verhalten verursachte einen Skandal **4.** (*loc*): **tener** ~ stattfinden; **en primer/segundo** ~ erstens/zweitens; **5.000 pts en** ~ **de 7.500 pesetas** 5.000 (an)statt 7.500 Peseten; **en** ~ **de mandar a tu hermana, podías haber venido tú** (an)statt deine Schwester zu schicken hättest du selbst kommen können

lugareño, **-a** [luɣa'reɲo, -a] **I.** *adj* dörflich, kleinstädtisch **II.** *m, f* Dorfbewohner(in) *m(f);* (*pueblerino*) Kleinstädter(in) *m(f);* **nos encontramos con un** ~ **que nos indicó el camino** wir trafen einen Einheimischen, der uns den Weg wies

lugartenencia [luɣarte'nen̟θja] *f* Statthalterschaft *f;* (*sustitución*) Stellvertretung *f*

lugarteniente [luɣarte'njen̟te] *m* Statthalter *m;* (*substituto*) Stellvertreter *m*

luge [ludʒ] *m* **1.** (*trineo*) (Rodel)schlitten *m* **2.** (DEP) Rennrodeln *nt*

lugre ['luɣre] *m* (NÁUT) Logger *m*

lúgubre ['luɣuβre] *adj* **1.** (*sombrío*) düster; **voces ~s** Geisterstimmen *fpl* **2.** (*pesimista*) schwarzseherisch

lugués, **-esa** [lu'ɣes, -esa] **I.** *adj* aus Lugo **II.** *m, f* Bewohner(in) *m(f)* von Lugo

luición [lwi'θjon] *f* (JUR) Erbzinsablösung *f*

luisa ['lwisa] *f* (BOT) Zitronenkraut *nt*

lujo ['luxo] *m* Luxus *m*, Pracht *f;* ~ **asiático** orientalischer Luxus; **artículo de** ~ Luxusartikel *m;* **impuesto sobre los artículos de** ~ Luxussteuer *f;* **él puede permitirse el** ~ **de no ir a trabajar** er kann es sich *dat* leisten [*o* er kann sich *dat* den Luxus leisten] nicht arbeiten zu gehen; **nos lo contó con gran** ~ **de detalles** er/sie hat es uns sehr ausführlich erzählt

lujoso, **-a** [lu'xoso, -a] *adj* luxuriös, prächtig, aufwändig

lujuria [lu'xurja] *f* Wollust *f*, Lüsternheit *f*

lujuriar [luxu'rjar] *vi* **1.** (REL) sich der Wollust hingeben **2.** (*animales*) sich paaren

lujurioso, **-a** [luxu'rjoso, -a] **I.** *adj* lüstern, wollüstig **II.** *m, f* Lüstling *m*, lüsterne Frau *f*

lulismo [lu'lismo] *m sin pl* (FILOS) Lullismus *m*, (philosophische) Lehre *f* des Raimundus Lullus

lulo ['lulo] *m* (*Chil: bulto cilíndrico*) (zylinderförmiges) Bündel *nt*

lulú [lu'lu] <lulús> *m* (*perro faldero*) Schoßhündchen *nt;* (*raza*) Spitz *m*

lumaquela [luma'kela] *f* (GEO) Lumachelle *f*, Schillkalk *m*

lumbago [lum'baɣo] *m* Hexenschuss *m;* (MED) Lumbago *f*

lumbalgia [lum'balxja] *f* (MED) Lendenschmerz *m*, Lumbalgie *f*

lumbar [lum'bar] *adj* Lenden-, Lumbal-; **región** ~ Lendengegend *f*

lumbre ['lumbre] *f sin pl* (*llamas*) Feuer *nt;* (*brasa*) Glut *f;* **piedra de** ~ Feuerstein *m;* **encender/apagar/atizar la** ~ das Feuer anmachen/ausmachen/schüren; **pedir** ~ um Feuer bitten; **sentados al amor de la** ~ in der Nähe des Kamins sitzend; **ponlo a la** ~ **para que se vaya calentando** stell es auf das Feuer, damit es warm wird

lumbrera [lum'brera] *f* **1.** (*claraboya*) Dachluke *f*, Dachfenster *nt* **2.** (*escotilla*) Bullauge *nt* **3.** (*talento*) Genie *nt;* **tiene una hija que es una** ~ seine/ihre Tochter ist ein Genie

lumbrical [lumbri'kal] *adj* (ANAT): **músculo** ~ (*de la mano*) Mittelhandmuskel *m;* (*de los pies*) Mittelfußmuskel *m*

luminancia [lumi'nan̟θja] *f* **1.** (FÍS, ELEC) Leuchtdichte *f* **2.** (TV) Luminanz *f*

luminaria [lumi'narja] *f* **1.** (REL: *velón*) ewiges Licht *nt* **2.** *pl* (*para fiestas*) Festbeleuchtung *f*, Illumination *f*

lumínico, **-a** [lu'miniko, -a] *adj* Licht-, Leucht-

luminiscencia [luminis'θen̟θja] *f* Lumineszenz *f*

luminiscente [luminis'θen̟te] *adj* lumineszierend

luminosidad [luminosi'ðaᵈ] *f* Leuchten *nt;* (*astro, día*) Helligkeit *f*

luminoso, **-a** [lumi'noso, -a] *adj* **1.** (*brillante*) leuchtend, strahlend; (*día*) hell; **anuncio** ~ Leuchtreklame *f;* **potencia luminosa** Lichtstärke *f* **2.** (*excelente*) blendend; **has tenido una idea luminosa** du hast eine blendende Idee gehabt

luminotecnia [lumino'teɣnja] *f* Beleuchtungstechnik *f*

luminotécnico, **-a** [lumino'tekniko, -a]

I. *adj* Beleuchtungs- II. *m, f* Beleuchtungsfachmann, -frau *m, f*

luna ['luna] *f* 1. (ASTR) Mond *m;* (*luz*) Mondlicht *nt;* ~ **creciente/menguante** zunehmender/abnehmender Mond; ~ **llena/nueva** Voll-/Neumond *m;* ~ **de miel** Flitterwochen *fpl;* **media** ~ Halbmond *m;* (*islamismo*) Islam *m;* **a la luz de la** ~ im Mondschein; **cuernos de la** ~ Spitzen der Mondsichel; **estar en la** ~ in den Wolken schweben; **ladrar a la** ~ den Mond anbellen; **pedir la** ~ nach den Sternen greifen; **quedarse a la** ~ **de Valencia** leer ausgehen, das Nachsehen haben; **tener ~s** (*fig*) launisch sein 2. (*cristal*) Glas *nt;* (*espejo*) (Spiegel)glas *nt;* **armario de** ~ Spiegelschrank *m;* **le rompieron las ~s del coche** man hat ihm/ihr die Autofenster eingeschlagen

lunación [luna'θjon] *f* (ASTR) Lunation *f,* Mondwechsel *m*

lunada [lu'naða] *f* (*Méx*) *nächtliches Fest zur Zeit des Vollmondes*

lunar [lu'nar] I. *adj* Mond-; **órbita** ~ Mondumlaufbahn *f;* **paisaje** ~ Mondlandschaft *f* II. *m* 1. (*en la piel*) Muttermal *nt* 2. (*en una tela*) Tupfen *m* 3. (*mancha*) Fleck *m*

lunarejo, -a [luna'rexo, -a] I. *adj* (*Am*) 1. (*persona con lunares*) mit Muttermalen 2. (*animal con lunares*) gefleckt II. *m, f* (*Am: persona con lunares*) Person *f* mit vielen Muttermalen

lunario[1] [lu'narjo] *m* (Mond)kalender *m*

lunario, -a[2] [lu'narjo, -a] *adj* (ASTR) lunar, Mond-

lunático, -a [lu'natiko, -a] *adj* launisch

lunatismo [luna'tismo] *m sin pl* Lunatismus *m,* Mondsüchtigkeit *f*

lunch [lantʃ] *m* Lunch *m*

lunes ['lunes] *m inv* Montag *m;* ~ **de carnaval** Rosenmontag *m;* ~ **negro** schwarzer Montag; ~ **de Pascua** Ostermontag *m;* **el** ~ am Montag; **el** ~ **pasado** letzten Montag; **el** ~ **que viene** [*o* **próximo**] nächsten [*o* kommenden] Montag; **el** ~ **por la noche/al mediodía/por la mañana/por la tarde** Montagabend/-mittag/-morgen/-nachmittag *m;* **los** ~ **por la noche/al mediodía/por la mañana/por la tarde** montagabends/-mittags/-morgens/-nachmittags; (**todos**) **los** ~ **va a la piscina** er/sie geht jeden Montag [*o* montags] schwimmen; **en la noche del** ~ **al martes** in der Nacht von Montag auf Dienstag; **el** ~ **entero** den ganzen Montag (über); **cada** (**dos**) ~ (**del mes**) jeden (zweiten) Montag (im Monat); **hoy es** ~**, once de marzo** heute ist Montag, der elfte März; **pasar de ir al trabajo el** ~ einen blauen Montag machen

luneta [lu'neta] *f* 1. (*adorno*) Halbmond *m* 2. (ARQUIT, TÉC) Lünette *f* 3. (*anteojo*) Glas *nt*

lunfa ['luɱfa] *m* (*Arg*) 1. (*ladrón*) Gauner(in) *m(f)* 2. (LING) *v.* **lunfardo[1]**

lunfardismo [luɱfar'ðismo] *m* (*Arg*) Ausdruck *m* aus dem Lunfardo

lunfardo[1] [luɱ'farðo] *m* (*Arg*) Lunfardo *m* (*Jargon der Gauner von Buenos Aires, der sich inzwischen zur Umgangssprache der Argentinier entwickelt hat*)

lunfardo, -a[2] [luɱ'farðo, -a] I. *adj* (*Arg*) den Lunfardo betreffend II. *m, f* (*Arg*) Gauner(in) *m(f)*

lúnula ['lunula] *f* 1. (ANAT) Lunula *f,* Nagelmöndchen *nt* 2. (REL) Lunula *f,* Behälter *m* für die Hostie in der Monstranz

lupa ['lupa] *f* Lupe *f;* **observar** [*o* **mirar**] **algo con** ~ etw unter die Lupe nehmen *fam*

lupanar [lupa'nar] *m* Bordell *nt*

lupicia [lu'piθja] *f* Haarausfall *m*

lupino[1] [lu'pino] *m* (BOT) Lupine *f*

lupino, -a[2] [lu'pino, -a] *adj* wölfisch, Wolf(s)-; **uva lupina** (BOT) Eisenhut *m*

lúpulo ['lupulo] *m* (BOT) Hopfen *m*

lupus ['lupus] *m sin pl* (MED) Lupus *m*

luso, -a ['luso, -a] I. *adj* portugiesisch II. *m, f* Portugiese, -in *m, f*

lustrabotas [lustra'βotas] *mf inv* (*Am*) Schuhputzer(in) *m(f)*

lustración [lustra'θjon] *f* (HIST, REL) kultische Reinigung *f,* Lustration *f*

lustrado [lus'traðo] *m* Polieren *nt*

lustrador [lustra'ðor] *m* (*Arg, Nic*) Schuhputzer *m*

lustrar [lus'trar] *vt* 1. (*dar brillo*) polieren; (*zapatos*) putzen; (*muebles*) polieren 2. (REL: *purificar*) entsühnen

lustre ['lustre] *m* 1. (*brillo*) Glanz *m;* **sacar** ~ **a los zapatos/a los muebles** die Schuhe blank putzen/die Möbel polieren; **tener** ~ (*fig*) gut aussehen 2. (*Am: betún*) Schuhcreme *f*

lustrín [lus'trin] *m* (*Chil*) Schuhputzer *m*

lustrina [lus'trina] *f* 1. (*tejido*) Lüstrine *f* 2. (*Chil: betún*) Schuhcreme *f,* Schuhwichse *f fam*

lustro ['lustro] *m* Jahrfünft *nt;* (REL) Lustrum *nt;* **en el último** ~ in den letzten fünf Jahren

lustroso, -a [lus'troso, -a] *adj* glänzend; **estar** ~ (*fig*) gut aussehen

lútea ['lutea] *f* (ZOOL) Pirol *m*

lutecio [lu'teθjo] *m* (QUÍM) Lutetium *nt*

luterana [lute'rana] *adj o f v.* **luterano**

luteranismo [lutera'nismo] *m* (REL) Luthertum *nt*

luterano, -a [lute'rano, -a] I. *adj* (REL) luther(an)isch II. *m, f* (REL) Lutheraner(in) *m(f)*

luto ['luto] *m* Trauer *f;* (*vestido*) Trauerkleid *nt;* **iba de** ~ **por su marido** sie trug Trauer, weil ihr Mann gestorben war; **toda la familia está de** ~ **por él** die ganze Familie trauert um ihn; **declarar día de** ~ **nacional** zum Staatstrauertag erklären

lutocar [luto'kar] *m* (*Chil*) Müllhandwagen *m*

luxación [luᵞsa'θjon] *f* Verrenkung *f;* (MED) Luxation *f*

luxar [luᵞ'sar] I. *vt* (MED) ausrenken II. *vr:* ~**se** sich *dat* verrenken; ~**se el hombro** sich die

Schulter verrenken

Luxemburgo [luˠsem'burɣo] *m* Luxemburg *nt;* **el Gran Ducado de ~** das Großherzogtum Luxemburg

luxemburgués, -esa [luˠsembur'ɣes, -esa] **I.** *adj* luxemburgisch **II.** *m, f* Luxemburger(in) *m(f)*

luz [luθ] *f* **1.** (*resplandor*) Licht *nt;* **~ artificial/eléctrica** künstliches/elektrisches Licht; **~ corta** [*o* **de cruce**] Abblendlicht *nt;* **~ larga** Fernlicht *nt;* **~ natural** Tageslicht *nt;* **rayo de ~** Lichtstrahl *m;* **traje de luces** Torerokostüm *nt;* **a la ~ del día** bei Tageslicht; **a media ~** im Zwielicht; **claro como la ~ del día** glasklar; **dar a ~** zur Welt bringen; **mi madre dio a ~ en casa** meine Mutter hat zu Hause entbunden; **Marx vio la ~ en Tréveris** (*elev*) Marx erblickte in Trier das Licht der Welt; **¡~ de mis ojos!** mein Schatz!; **dar ~ verde** grünes Licht geben; **sacar algo a la ~ pública** etw an die Öffentlichkeit bringen; **el escándalo salió a la ~ poco después** die Affäre ist kurz danach ans Licht gekommen; **los análisis médicos arrojarán ~ sobre el asesinato** die klinischen Analysen werden Licht in den Mordfall bringen; **a la ~ de los nuevos datos, no fue él el culpable** nach den neuen Erkenntnissen war er unschuldig **2.** (*energía*) Strom *m;* **¡da la ~!** mach das Licht an!; **ha llegado la cuenta de la ~** die Stromrechnung ist gekommen **3.** (*fuente de luz*) Lichtquelle *f;* (*lámpara*) Lampe *f;* **encender/apagar la ~** das Licht an-/ausmachen; **¡trae una ~!** bring eine Lampe! **4.** (ARQUIT) Fenster *nt* **5.** *pl* (*claridad mental*) Verstand *m;* **el Siglo de las Luces** (HIST) die Aufklärung; **ser de pocas luces** nicht bis drei zählen können; **tiene tan pocas luces que lo hace todo al revés** er/sie ist so beschränkt, dass er/sie alles falsch macht; **lo que dijo es a todas luces cierto** was er/sie gesagt hat, ist zweifellos richtig

M

M, **m** ['eme] *f* M, m *nt;* ~ **de María** M wie Martha
Mª [ma'ria] *abr de* **María** Maria
Maastricht ['mastrixᵗ]: **el Tratado de** ~ der Vertrag von Maastricht
mabinga [ma'βiŋga] *f* (*Cuba, Méx*) **1.** (*estiércol*) Dünger *m* **2.** (*fam: tabaco malo*) schlechter Tabak *m*
mabuya [ma'βuɟa] *f* (*Cuba*) Teufel *m*
maca ['maka] *f* **1.** (*objeto*) (kleiner) Fehler *m* **2.** (*en un mueble*) Schramme *f* **3.** (*fruta*) Druckstelle *f* **4.** (*del carácter*) Makel *m* **5.** (*fam: hamaca*) Hängematte *f* **6.** (*argot*) *v.* **macarra**
macá [ma'ka] *m* (*Arg:* ZOOL) Renntaucher *m*
macabeo [maka'βeo] *m* (AGR) *weiße Rebsorte aus Katalonien, aus der ein Likörwein gleichen Namens hergestellt wird*
macabí [maka'βi] *m* (*Cuba*) *auf den Antillen vorkommende Fischart*
macabro, **-a** [ma'kaβro, -a] *adj* makaber; **danza macabra** Totentanz *m*
macachín [maka'ʧin] *m* (*Arg, Urug:* BOT) *Sauerkleegewächs mit essbarer Knolle*
macaco, **-a** [ma'kako, -a] **I.** *adj* (*Cuba, Chil: feo*) hässlich **II.** *m, f* **1.** (ZOOL) Makak *m,* Makakenweibchen *nt;* (*masculino y femenino*) Meerkatze *f* **2.** (*Am: pey*) Brasilianer(in) *m(f)*
macacoa [maka'koa] *f* **1.** (*PRico: mala suerte*) Pech *nt* **2.** (*Col, Ven: tristeza, desgana*) Trübsinn *m*
macagua [ma'kaɣwa] *f* **1.** (*AmS: ave*) falkenähnlicher Raubvogel *m* **2.** (*Ven: serpiente*) schwarze Giftschlange *f* **3.** (*Cuba*) *Baumart, deren Früchte den Eicheln ähnlich sind, aber keine Schale haben*
macagüita [maka'ɣwita] *f* (*Ven*) **1.** (*planta*) *stachelige Palmenart mit dunklem, weißgefleckten Stamm* **2.** (*fruto*) *kokosnussartige Frucht dieser Palme*
macana [ma'kana] *f* **1.** (*Am: tontería*) Unsinn *m* **2.** (*mentira*) Lüge *f,* Schwindel *m* **3.** (ECON) Ladenhüter *m* **4.** (*Am: porra*) Knüppel *m;* (*arma de los indios norteamericanos*) Kriegsbeil *nt* **5.** (*Am: mantón de las mujeres mestizas*) Schultertuch *nt* **6.** (*Arg*): **¡qué ~!** so ein Mist!
macanazo [maka'naθo] *m* Schlag *m* mit dem Knüppel
macaneador(a) [makanea'ðor(a)] *m(f)* (*Arg*) Schwindler(in) *m(f)*
macanear [makane'ar] **I.** *vi* (*CSur: disparatar*) Unsinn reden; (*hacer tonterías*) Unsinn machen; (*mentir*) schwindeln, lügen **II.** *vt* **1.** (*fam: chapucear*) verpfuschen **2.** (*AmC: golpear*): **~on al hombre** sie schlugen mit dem Knüppel auf den Mann ein
macanudo, **-a** [maka'nuðo, -a] *adj* (*Am: fam*) toll, super
macaón [maka'on] *m* (ZOOL) Schwalbenschwanz *m*
macar [ma'kar] <c→qu> **I.** *vt* quetschen **II.** *vr:* **~se** anfaulen (*aufgrund von Druckstellen*)
macarra [ma'karra] *m* (*fam*) **1.** (*chorizo*) Gauner *m* **2.** (*chulo de putas*) Zuhälter *m*
macarrón [maka'rron] *m* **1.** *pl* (*pasta*) Makkaroni *pl* **2.** (*bollo*) Makrone *f* **3.** (ELEC) Kabelmantel *m*
macarrónico, **-a** [maka'rroniko, -a] *adj* **1.** (LIT) makkaronisch **2.** (*estilo*) fehlerhaft; **habla un castellano** ~ sein/ihr Spanisch ist eine Katastrophe; **latín** ~ Küchenlatein *nt*
macaurel [makau̯'rel] *f in Venezuela vorkommende Schlangenart*
macedón, **-ona** [maθe'ðon, -a] *adj o m, f v.* **macedonio**
macedonia [maθe'ðonja] *f* **1.** (*ensalada*): ~ (**de frutas**) Obstsalat *m,* Fruchtsalat *m* **2.** *v.* **macedonio**
Macedonia [maθe'ðonja] *f* Makedonien *nt*
macedónico, **-a** [maθe'ðoniko, -a] *adj* makedonisch
macedonio, **-a** [maθe'ðonjo, -a] **I.** *adj* makedonisch **II.** *m, f* Einwohner(in) *m(f)* Makedoniens
maceración [maθera'θjon] *f* **1.** (GASTR) Einlegen *nt;* **dejar la carne en ~ durante unas horas** das Fleisch einige Stunden lang einlegen **2.** (QUÍM) Mazeration *f* **3.** (*mortificación*) (Selbst)kasteiung *f*
macerar [maθe'rar] **I.** *vt* **1.** (*con golpes*) weich klopfen **2.** (*con un líquido*) aufweichen; (*en un líquido*) einweichen, einlegen **3.** (QUÍM) mazerieren **4.** (*mortificar*) kasteien **II.** *vr:* **~se** sich kasteien
maceta [ma'θeta] *f* **1.** (*tiesto*) Blumentopf *m* **2.** (*pie*) Blumensäule *f* **3.** (*Chil: ramo*) Blumenstrauß *m* **4.** (BIOL) Dolde *f* **5.** (*mazo*) Holzhammer *m* **6.** (MIN) Fäustel *m,* Schlägel *m*
macetero [maθe'tero] *m* Blumenständer *m;* (*Am*) Blumenkasten *m*
mach [maʧ] *m inv* (AERO) Mach *nt*
machacadora [maʧaka'ðora] *f* (TÉC) Steinbrecher *m;* ~ **de patatas** Kartoffelquetsche *f*
machacadura [maʧaka'ðura] *f* (*acción*) Zerstampfen *nt,* Zerdrücken *nt;* (*resultado*) Zerstampfte(s) *nt,* Zerdrückte(s) *nt;* **la ~ de tomate** die zerdrückte Tomate
machacar [maʧa'kar] <c→qu> **I.** *vt* **1.** (*tri-*

M

turar) zerstampfen, zermalmen, zerdrücken **2.** (*insistir*) herumreiten (auf +*dat*) *fam* **3.** (*fam: estudiar*) durchackern **4.** (*fam: destruir*) kleinkriegen **II.** *vi* (*insistir*) herumreiten (*sobre* auf +*dat*) *fam* **III.** *vr:* ~**se** (*argot*) sich abrackern; **machacársela** (*vulg*) sich *dat* einen runterholen

machacón, **-ona** [matʃa'kon, -ona] *adj* (*pey*) beharrlich, verbissen; **¡no seas ~!** hör auf, ständig darauf rumzureiten!

machaconería [matʃakone'ria] *f* (*pey*) Beharrlichkeit *f*

machada [ma'tʃaða] *f* **1.** (AGR) Ziegenbockherde *f* **2.** (*fam irón: acción valiente*) (wahre) Heldentat *f* **3.** (*tontería*) Unsinn *m*

machadiano, **-a** [matʃa'ðjano, -a] *adj* (LIT) **1.** (*de Machado*) den Lyriker Antonio Machado betreffend; **selección de poemas ~s** eine Auswahl von Gedichten Machados **2.** (*influido por Machado*) von Antonio Machado beeinflusst

machado [ma'tʃaðo] *m* Axt *f*

machamartillo [matʃamar'tiʎo]: **a ~** ganz und gar, durch und durch; **creer a ~ en algo** fest an etw glauben; **repetir algo a ~** etw ununterbrochen wiederholen

machaqueo [matʃa'keo] *m* **1.** (*acción de machacar*) Zerstoßen *nt*, Zerstampfen *nt*; **después del ~ del mineral se obtiene un polvillo** wenn man das Mineral zerstampft, erhält man ein feines Pulver **2.** (*fam*) Durchackern *nt*, Pauken *nt*

machetazo [matʃe'taθo] *m* **1.** (*golpe*) (Säbel)hieb *m*; **recibir un ~** einen Schlag mit dem Säbel bekommen **2.** *aum de* **machete**

machete [ma'tʃete] *m* **1.** (*arma*) Säbel *m* **2.** (*cuchillo*) Machete *f*, Buschmesser *nt* **3.** (*Arg: fam: chuleta*) Spickzettel *m*

machetear [matʃete'ar] **I.** *vi* (*Méx:* NÁUT) stampfen **II.** *vt* **1.** (*dar machetazos*) mit der Machete schlagen [*o* verletzen] **2.** (*Arg: fam: copiar*) abschreiben; (*hacer una chuleta*) einen Spickzettel anfertigen (von +*dat*) **III.** *vt:* ~**se** (*Méx: trabajar con ahínco*) hart arbeiten; (*fam: empollar*) büffeln, pauken; **tienes que ~te si quieres terminar tus estudios** du musst dich ganz schön reinhängen, wenn du dein Studium beenden willst

machetero, **-a** [matʃe'tero, -a] *m, f* **1.** *Person, die mit der Machete den Weg durch das Gestrüpp frei schlägt* **2.** (*que corta la caña de azúcar*) Zuckerrohrschneider(in) *m(f)* **3.** (*Arg: fam: copión*) Spicker(in) *m(f)* **4.** (*Méx: empollón*) Büffler(in) *m(f) fam*, Streber(in) *m(f) pey*

machihembrado [matʃiem'braðo] *m* (TÉC) (Ver)spundung *f*

machihembrar [matʃiem'brar] *vt* **1.** (TÉC: *caja y espiga*) (ver)spunden, vernuten **2.** (*ranura y lengüeta*) einfalzen, ausfalzen

machina [ma'tʃina] *f* **1.** (*grúa*) großer Ladekran *m* **2.** (*mazo*) Fallhammer *m*, Ramme *f*

machío, **-a** [ma'tʃio, -a] *adj* (BOT) nicht fruchtend

machismo [ma'tʃismo] *m* Männlichkeitswahn *m*, Machismo *m*

machista [ma'tʃista] *adj* Macho-, chauvinistisch

machito [ma'tʃito] *m* **1.** *dim de* **macho** **2.** (*loc, fam*): **apearse del** [*o* **de su**] **~** vom [*o* von seinem] hohen Ross herunterkommen

máchmetro ['matʃmetro] *m* (AERO) Machmeter *nt*

macho ['matʃo] **I.** *m* **1.** (ZOOL: *de sexo masculino*) Männchen *nt*; **~ cabrío** Ziegenbock *m* **2.** (*fam: machote*) Kerl *m* **3.** (ZOOL: *mulo*) Maultier *nt* **4.** (TÉC) Haken *m*; **~ y hembra** Haken und Öse **5.** (ARQUIT) Pfeiler *m* **II.** *adj* **1.** (*masculino*) männlich **2.** (*fuerte*) stark, kräftig

machona [ma'tʃona] *f* (*Am: fam*) Mannweib *nt*

machorra [ma'tʃorra] *f* **1.** (*pey: marimacho*) Mannweib *nt* **2.** (*argot: lesbiana*) Lesbe *f* **3.** (*hembra esteril*) unfruchtbares Weibchen *nt*

machorro, **-a** [ma'tʃorro, -a] *adj* unfruchtbar, steril

machota [ma'tʃota] *f* **1.** (*herramienta*) Vorschlaghammer *m* **2.** (*fam pey*) Mannweib *nt*

machote [ma'tʃote] **I.** *m* **1.** (*fam: hombre*) (ganzer) Kerl *m* **2.** (*mazo*) (Schmiede)hammer *m* **3.** (*Am: borrador*) Entwurf *m*; (*modelo*) Modell *nt* **II.** *adj* (*argot*) **1.** (*viril*) männlich **2.** (*atractivo*) anziehend; **un hombre ~** ein starker Typ

machucar [matʃu'kar] <c→qu> *vt* **1.** (*golpear*) einschlagen (auf +*akk*) **2.** (*destruir*) zertrümmern; (*aplastar*) zerquetschen

machucho, **-a** [ma'tʃutʃo, -a] *adj* **1.** *estar* (*pey: viejo*) nicht mehr ganz jung; **¡qué ~!** so ein alter Knacker! **2.** *ser* (*tranquilo*) besonnen, bedächtig

machucón [matʃu'kon, -ona] *m* (*fam*) Schlag *m*, Hieb *m*; **recibir un ~ en la cabeza** einen Schlag auf den Kopf abbekommen

macilento, **-a** [maθi'lento, -a] *adj* **1.** (*pálido*) bleich; (*cansado*) abgespannt **2.** (*flaco*) abgezehrt **3.** (*triste*) abgehärmt

macillo [ma'θiʎo] *m* (MÚS) Hammer *m*

macizo[1] [ma'θiθo] *m* **1.** (*masa*) Masse *f*; (*trozo*) Block *m* **2.** (GEO) (Gebirgs)massiv *nt*, Gebirgsstock *m* **3.** (*plantas*) Beet *nt*; **~ de flores** Blumenbeet *nt* **4.** (*cebo*) Köder *m* **5.** (ARQUIT) Pfeiler *m* **6.** *pl* (GASTR) (im Fass) eingelegte Sardinen *fpl*

macizo, **-a**[2] [ma'θiθo, -a] *adj* **1.** (*oro, puerta*) massiv; **el candelabro era de plata maciza** der Leuchter war massiv silbern **2.** (*persona*) kräftig; **estar ~** gut gebaut sein; **un tío ~** ein knackiger Typ **3.** (*sólido*) solide, robust

maco, **-a** ['mako, -a] *adj* schurkisch, gaunerhaft

macón, **-ona** [ma'kon, -ona] *adj* (*Col: grandullón*) riesig; (*hombre*) hoch aufgeschossen

macondo [ma'kondo] *m* (*Col:* BOT) *Wollbau-*

mart

macramé [makra'me] *m* **1.** (*tejido*) Makrameearbeit *f*, Makramee *nt;* **hacer** ~ Makrameearbeiten knüpfen **2.** (*hilo*) (Makramee)faden *m*

macro ['makro] *m* (INFOR) Makro *nt*

macrobiótica [makro'βjotika] *f* Makrobiotik *f*

macrobiótico, **-a** [makro'βjotiko, -a] *adj* makrobiotisch

macrocefalia [makroθe'falja] *f* (MED) Makrozephalie *f*

macrociudad [makroθju'ða^{d}] *f* (*argot*) Megastadt *f*

macrocomando [makroko'mando] *m* (INFOR) Makrobefehl *m*

macroconcierto [makrokon'θjerto] *m* (*argot*) Megakonzert *nt*

macrocosmo(s) [makro'kosmo(s)] *m sin pl* (FÍS, FILOS) Makrokosmos *m*, Makrokosmus *m*

macroeconomía [makroekono'mia] *f* (ECON) Makroökonomie *f*

macroeconómico, **-a** [makroeko'nomiko, -a] *adj* (ECON) makroökonomisch; **cuadro** ~ Volkswirtschaftsplan *m*

macroevento [makroe'βento] *m* Großereignis *nt*

macrofotografía [makrofotoɣra'fia] *f* (FOTO) Makrofotografie *f*

macroinstrucción [makroi^{n}stru^{y}'θjon] *f* (INFOR) Makro *nt*

macroprogramación [makroproɣrama'θjon] *f* (INFOR) Makroprogrammierung *f*

macrotextual [makrotestu'al] *adj* (LING) makrotextuell

macrovisión [makroβi'sjon] *f* (CINE) Großaufnahme *f*

macubá [maku'βa] *f* **1.** (*tabaco*) *aromatischer Tabak aus Martinique* **2.** (ZOOL) Moschusbock *m*

mácula ['makula] *f* **1.** (*mancha*) Fleck *m;* (*fig*) Makel *m;* **sin** ~ (*fig*) makellos **2.** (*fam: engaño*) Schwindel *m* **3.** (ASTR) Sonnenfleck *m*

maculatura [makula'tura] *f* (TIPO) Makulatur *f*

maculís [maku'lis] *m* (BOT) amerikanische Eiche *f*, Ipé-Holz-Baum *m*

macuquero, **-a** [maku'kero, -a] *m, f* (MIN) illegal Metall aus stillgelegten Minen Abbauende(r) *mf*

macuto [ma'kuto] *m* **1.** (*mochila*) Rucksack *m;* (MIL) Tornister *m* **2.** (*argot: joroba*) Buckel *m* **3.** (*Ven: de los mendigos*) Bettelkorb *m*

Madagascar [maðaɣas'kar] *f* Madagaskar *nt*

madama [ma'ðama] *f* **1.** (*señora*) Madame *f* **2.** (*RíoPl: patrona de burdel*) Puffmutter *f fam*

made in [meið in] made in, hergestellt in

madeira [ma'ðeira] *m* (GASTR) Madeira(wein) *m*

madeja [ma'ðexa] *f* **1.** (*de hilo*) Knäuel *nt o m;* ~ **de lana** Wollknäuel *nt o m;* ~ **sin cuenda** wirres Knäuel; (*fig*) verworrene Angelegenheit; **enredar la** ~ zusätzliche Verwirrung stiften, alles nur noch komplizierter machen; **la** ~ **se está enredando cada vez más** die Angelegenheit wird immer verzwickter **2.** (*cabello*) Mähne *f* **3.** (*pey: hombre dejado*) Schlamper *m;* (*perezoso*) Faulpelz *m*

madera [ma'ðera] *f* **1.** (*de los árboles*) Holz *nt;* ~ **de roble** Eichenholz *nt;* **muebles de** ~ (Massiv)holzmöbel *ntpl;* **de** ~ hölzern, aus Holz; **tocar** ~ auf Holz klopfen; **¡toca ~!** toi, toi, toi!; **ser de la misma** ~ aus dem gleichen Holz geschnitzt sein; **tiene** ~ **de pianista** er/sie hat das Zeug zu einem guten Pianisten/einer guten Pianistin; **tener** [*o* **ser de**] **buena/mala** ~ einen guten/schlechten Charakter haben; **este chico tiene buena** ~ in diesem Kerl steckt ein guter Kern **2.** (*fam: policía*) Polente *f*, Bullen *mpl*

maderable [maðe'raβle] *adj:* **este bosque/árbol es** ~ dieser Wald/Baum liefert Nutzholz

maderaje [maðe'raxe] *m*, **maderamen** [maðe'ramen] *m* (TÉC) Gebälk *nt*, Balkenwerk *nt;* ~ **de techo** Dachstuhl *m*

maderería [maðere'ria] *f* Holzhandel *m*, Holzhandlung *f;* (*almacén*) Holzlager *nt*

maderero, **-a** [maðe'rero, -a] **I.** *adj* Holz-, hölzern **II.** *m, f* **1.** (*tratante*) Holzhändler(in) *m(f)* **2.** (*conductor de armadías*) Flößer(in) *m(f)*

madero [ma'ðero] *m* **1.** (*viga*) (Holz)balken *m;* (*tablón*) (Holz)planke *f* **2.** (*persona*) Tölpel *m* **3.** (*argot: policía*) Bulle *m;* **¡vámonos que vienen los ~s!** los, hauen wir ab, die Bullen kommen!

madi ['maði] *m* (*Chil:* BOT) Madi(e) *f*, Ölmadie *f*

madona [ma'ðona] *f* (*Virgen María*) Madonna *f;* (*imagen de la Virgen*) Madonnenbild *nt*, Madonna *f*

mador [ma'ðor] *m* (ANAT) leichte Hautausdünstung *f*

madrastra [ma'ðrastra] *f* **1.** (*pariente*) Stiefmutter *f* **2.** (*pey: mala madre*) Rabenmutter *f*

madraza [ma'ðraθa] *f* (*fam*): **es una verdadera** ~ sie ist mit Leib und Seele Mutter; **¡qué ~ tienes!** du hast eine tolle Mutter!

madre ['maðre] *f* **1.** (*de familia*) Mutter *f;* ~ **biológica** biologische Mutter; ~ **de leche** Amme *f;* ~ **política** Schwiegermutter *f;* ~ **que trabaja** erwerbstätige Mutter; **¡~ (mía)!** (oh) mein Gott!, (ach) du meine Güte!; **¡~ de Dios!** um Gottes [*o* um Himmels] willen!; **como su ~ lo/la parió** (*fam*) (pudel)nackt; **¡la ~ que lo parió!** (*vulg*) dieser Scheißkerl!; **¡la ~ que te parió!** (*vulg*) verdammt noch mal! *fam*, du verdammter Idiot! *fam;* **¡viva la ~ que te parió!** (*fam*) bravo!; **¡tu ~!** (*fam*) von wegen!, das glaubst du doch selbst nicht!; **de puta ~** (*vulg*) geil *fam;* **¡la comida está de puta ~!** (*vulg*) das Essen schmeckt echt

M

toll! *fam;* **el ciento y la** [*o* **su**] ~ (*fam*) eine Menge Leute; **en la fiesta estaban invitados el ciento y la** ~ (*fam*) auf das Fest waren Gott und die Welt eingeladen **2.** (REL): **la ~ Teresa** Mutter Theresa; ~ **superior** Oberin *f* **3.** (*origen*) Mutter-; ~ **patria** Mutterland *nt;* **ahí está la ~ del cordero** (*fam*) da liegt der Hase im Pfeffer **4.** (GEO) Flussbett *nt;* **el río se salió de** ~ der Fluss trat über die Ufer **5.** (TÉC) (Haupt)träger *m;* ~ **del timón** (NÁUT) Ruderherz *nt* **6.** (GASTR) Bodensatz *m* **7.** (*loc*): **los alquileres se están saliendo de** ~ die Mieten geraten außer Kontrolle; **sacar a alguien de** ~ jdn aus der Fassung bringen

madrear [maðre'ar] *vt* **1.** (*Méx: romper a golpes*) zerhauen, kaputtschlagen *fam* **2.** (*Méx: vulg: pegar fuerte a alguien*) zu Hackfleisch machen *fam*

madrecilla [maðre'θiʎa] *f* (ZOOL) Eierstock *m* der Vögel

madrejón [maðre'xon] *m* (*Arg*) ausgetrocknetes Flussbett *nt*

madreperla [maðre'perla] *f* (ZOOL) Perlmuschel *f*

madrépora [ma'ðrepora] *f* (ZOOL) Steinkoralle *f,* Madreporarie *f,* Madrepore *f*

madrero, -a [ma'ðrero, -a] *adj* (*fam*) sehr an der Mutter hängend; (*mimado*) verhätschelt; **es muy** ~ denn er hängt sehr an der Mutter; **niño** ~ Muttersöhnchen *nt*

madreselva [maðre'selβa] *f* (BOT) Geißblatt *nt,* Jelängerjelieber *nt*

madridismo [maðri'ðismo] *m sin pl* (DEP) Real-Madrid-Fans *mpl*

madridista [maðri'ðista] **I.** *mf* Real-Madrid-Fan *m* **II.** *adj:* **club** ~ Fußballklub *m* Real Madrid

madrigal [maðri'ɣal] *m* (MÚS, LIT) Madrigal *nt*

madriguera [maðri'ɣera] *f* **1.** (*guarida*) Bau *m* **2.** (*escondrijo*) Schlupfwinkel *m*

madrileño, -a [maðri'leɲo, -a] **I.** *adj* aus Madrid, Madrider; **las noches madrileñas** die Madrider Nächte **II.** *m, f* Einwohner(in) *m(f)* von Madrid, Madrider(in) *m(f);* **esta chica es madrileña** dieses Mädchen kommt aus Madrid

Madriles [ma'ðriles] *mpl* (*fam*): **los** ~ Madrid *nt*

madrina [ma'ðrina] *f* **1.** (*de bautismo*) (Tauf)patin *f;* ~ **de guerra** ≈Kriegspatin *f;* **actuó como ~ en la botadura del nuevo yate** sie war Patin bei der Schiffstaufe der neuen Jacht **2.** (*de boda*): ~ **de boda** Trauzeugin *f* **3.** (*de un artista, una asociación*) Förderin *f* **4.** (*yegua*) Leitstute *f;* (*Ven*) Leitherde *f* **5.** (*correa*) Koppel *f* **6.** (ARQUIT) (Strebe)balken *m*

madroncillo [maðron'θiʎo] *m* Erdbeere *f*

madroñal [maðro'ɲal] *m* (BOT) Erdbeerbaumpflanzung *f*

madroño [ma'ðroɲo] *m* **1.** (BOT: *arbusto*) Erdbeerbaum *m* **2.** (BOT: *fruta*) Erdbeere *f,* Meerkirsche *f* **3.** (*borla*) Troddel *f,* Bommel *m* *o f reg*

madrugada [maðru'ɣaða] *f* **1.** (*alba*) (Morgen)dämmerung *f,* Tagesanbruch *m;* **en la** [*o* **de**] ~ früh morgens, am frühen Morgen, in den frühen Morgenstunden; **salimos de viaje de** ~ wir brachen bei Tagesanbruch auf; **se levanta cada día a las cinco de la** ~ er/sie steht jeden Tag um fünf Uhr früh auf **2.** (*horas después de la media noche*): **llegó a casa a las tres de la** ~ er/sie kam um drei Uhr nachts nach Hause **3.** (*madrugón*): **nos pegamos una ~ para coger el avión de las seis** wir sind sehr früh aufgestanden, um das Flugzeug um sechs zu nehmen

madrugador(a) [maðruɣa'ðor(a)] **I.** *adj* **1.** (*que se levanta pronto*): **mi padre es muy** ~ mein Vater steht sehr früh auf [*o* ist ein Frühaufsteher] **2.** (*fam: astuto*) aufgeweckt **II.** *m(f)* Frühaufsteher(in) *m(f)*

madrugar [maðru'ɣar] <g→gu> *vi* (sehr) früh [*o* bei Tagesanbruch] aufstehen; **tienes que ~ más para ganarme** (*fam fig*) um mich auszustechen, musst du früher aufstehen; **a quien madruga, Dios le ayuda** (*prov*) Morgenstund hat Gold im Mund; **no por mucho ~ amanece más temprano** (*prov*) eile mit Weile

madrugón [maðru'ɣon] *m:* **se dio un ~ para revisar la lección** er/sie stand sehr früh auf, um die Lektion noch einmal zu wiederholen

maduración [maðura'θjon] *f* **1.** (*acción*) Reifung *f,* Reifungsprozess *m* **2.** (*efecto*) Reife *f*

madurar [maðu'rar] **I.** *vt* **1.** (*hacer maduro*) reifen, reif machen; **el sol madura los tomates** die Sonne reift die Tomaten **2.** (*reflexionar sobre*) durchdenken; **hay que ~ más ese plan** dieser Plan ist noch nicht gut durchdacht [*o* völlig ausgereift] **3.** (MED) (einen Abszess) lösen **II.** *vi, vr:* ~**se 1.** (*volverse maduro*) reifen, reif(er) werden; **las fresas han madurado mucho con este tiempo** die Erdbeeren sind bei diesem Wetter schnell gereift; **desde su divorcio ha madurado mucho** er/sie ist seit seiner/ihrer Scheidung sehr viel reifer geworden **2.** (MED) (anfangen zu) eitern

madurez [maðu'reθ] *f* (*de una fruta, persona*) Reife *f;* (*de un plan*) Ausgereiftheit *f;* **estar en la** ~ im reiferen Alter sein

maduro, -a [ma'ðuro, -a] *adj* (*fruta, persona*) reif, gereift; (*plan*) ausgereift, durchdacht; **una manzana demasiado madura** ein überreifer Apfel; **en la edad madura** im reiferen Alter; **un hombre ~/una mujer madura** ein Mann/eine Frau im reiferen Alter; **estar a las duras y a las maduras** auch die Nachteile in Kauf nehmen

maese [ma'ese] *m* Meister *m;* **nadie tocaba el órgano como ~ Pérez** keiner spielte die Orgel so wie Meister Pérez

maestoso [maes'toso] *m* (MÚS) Maestoso *nt*

maestra [ma'estra] *f* **1.** *v.* **maestro 2.** (*pro-*

fesora) Lehrerin *f;* **ir a la ~ por algo** die Lehrerin wegen etw *gen/dat* aufsuchen **3.** (*mujer del maestro*) Lehrersfrau *f* **4.** (ARQUIT) Richtlatte *f,* Richtscheit *nt*

maestranza [maes'tranθa] *f* (MIL) Artilleriewerkstatt *f;* (*armería*) Waffenschmiede *f*

maestrazgo [maes'traθɣo] *m* **1.** (HIST: *dignidad de maestre*) Großmeisterwürde *f* **2.** (HIST: *territorio*) Ordensstaat *m,* (Ritter)ordensgebiet *nt*

maestre [ma'estre] *m* (HIST) Großmeister *m;* **~ de campo** Oberfeldmeister *m;* **Gran M~ de la Orden Teutónica** Deutschmeister *m*

maestrescuela [maestres'kwela] *m* **1.** (REL) Scholarch *m,* Scholasticus *m* **2.** (HIST) Schulmeister *m*

maestría [maes'tria] *f* **1.** (*habilidad*) Geschicklichkeit *f,* Können *nt;* **con ~** mit Bravour, meisterhaft; **juega al fútbol con gran ~** er/sie spielt meisterhaft Fußball **2.** (*título de maestro*) Meistertitel *m*

maestro, -a [ma'estro, -a] **I.** *adj* **1.** (*principal*) Haupt-; **llave maestra** Hauptschlüssel *m* **2.** (*que muestra gran conocimiento*) meisterlich, Meister-; **obra maestra** Meisterwerk *nt* **3.** (*animal*) Haus-; **gato ~** Hauskatze *f* **II.** *m, f* **1.** (*profesor*) Lehrer(in) *m(f);* (*de primera enseñanza*) Grundschullehrer(in) *m(f);* **~ de armas** Fechtlehrer *m* **2.** (*persona de gran conocimiento*) Meister(in) *m(f);* **Goya era un ~ en el arte de la pintura** Goya war ein Meister der Malerei **3.** (*de un taller*) Meister(in) *m(f);* (*capataz*) Vorarbeiter(in) *m(f);* **~ albañil** Maurermeister *m,* Polier *m;* **~ carpintero** Schreinermeister *m;* **~ de cocina** Küchenchef *m;* **~ de obras** Bauleiter *m;* **nadie nace ~** (*prov*) es ist noch kein Meister vom Himmel gefallen **4.** (*lo que enseña*) Lehrmeister(in) *m(f);* **la vida es la mejor maestra** das Leben ist die beste Schule **5.** (MÚS) Maestro *m* **6.** (TAUR) Matador(a) *m(f),* Stierkämpfer(in) *m(f)*

mafia ['mafja] *f* Mafia *f;* **~ de la cocaína** Kokainmafia *f*

mafioso, -a [ma'fjoso, -a] **I.** *adj* Mafia- **II.** *m, f* Mafioso, -a *m, f,* Angehörige(r) *mf* der Mafia

maga ['maɣa] *f v.* **mago**

magallánico, -a [maɣa'ʎaniko, -a] *adj* die Magellanstraße betreffend

maganzón, -ona [maɣan'θon, -ona] **I.** *adj* (*Col, CRi*) faul **II.** *m, f* (*Col, CRi*) Faulenzer(in) *m(f)*

magarza [ma'ɣarθa] *f* (BOT) Stinkende Hundskamille *f*

magazine [maɣa'sin] *m* Illustrierte *f*

magdalena [maɣða'lena] *f* (*pastel*) ≈Biskuit *m o nt;* **estar como una M~** völlig aufgelöst sein; **llorar como una M~** wie ein Schlosshund weinen

magdaleniense [maɣðale'njense] *adj* (HIST): **período ~** Magdalénien *nt* (*Stufe der jüngeren Altsteinzeit*)

magenta [ma'xenta] **I.** *adj* magentarot **II.** *f* (FOTO) Magenta *nt*

magia ['maxja] *f* **1.** (*arte*) Magie *f,* Zauberei *f;* **~ negra** schwarze Magie **2.** (*poder*) Zauberkraft *f* **3.** (*atractivo*) (magische) Anziehungskraft *f,* Zauber *m;* **este paisaje tiene una ~ especial** diese Landschaft ist besonders bezaubernd

magiar[1] [ma'xjar] **I.** *adj* madjarisch **II.** *mf* Madjar(in) *m(f)*

magiar[2] [ma'xjar] *m* Madjarisch(e) *nt*

mágica ['maxika] *f v.* **magia**

mágico, -a ['maxiko, -a] **I.** *adj* **1.** (*misterioso*) magisch, Zauber-; **varita mágica** Zauberstab *m* **2.** (*maravilloso*) fantastisch **II.** *m, f* (*mago*) Zauberer, -in *m, f;* (*hechicero*) Hexer *m,* Hexe *f*

magín [ma'xin] *m* (*fam*) Einbildungskraft *f,* Fantasie *f*

magíster [ma'xister] *m* (*Chil, Col: grado académico*) Magister *m*

magisterio [maxis'terjo] *m* **1.** (*labor*) Lehrtätigkeit *f,* Unterricht *m;* **se dedica al ~ desde hace más de veinte años** er/sie unterrichtet bereits seit über zwanzig Jahren **2.** (*profesión*) Lehramt *nt,* Lehr(er)beruf *m;* **estudiar ~** auf Lehramt studieren; **dedicarse al ~** im Lehramt tätig sein, den Lehr(er)beruf ausüben **3.** (*conjunto de maestros*) Lehrer *mpl,* Lehrerschaft *f;* **el ~ de Baden-Württemberg se opone al nuevo plan de enseñanza** die Lehrer in Baden-Württemberg sind gegen den neuen Lehrplan

magistrado, -a [maxis'traðo, -a] *m, f* **1.** (*funcionario superior*) hoher Beamter *m,* hohe Beamtin *f* **2.** (JUR: *juez*) Richter(in) *m(f)* **3.** (JUR: *funcionario*) Justizbeamte(r), -in *m, f* **4.** (JUR: *miembro de un tribunal*) Beisitzer(in) *m(f)*

magistral [maxis'tral] *adj* **1.** (*relativo al magisterio*) Unterrichts-; **su primera clase ~ fue un éxito** seine/ihre erste Unterrichtsstunde war ein voller Erfolg **2.** (*con maestría*) großartig, meisterhaft **3.** (*tono*) lehrerhaft

magistralmente [maxistral'mente] *adv* meisterhaft; **el conferenciante se expresó ~** der Redner hat sich mit Bravour ausgedrückt

magistratura [maxistra'tura] *f* **1.** (*oficio*) Richteramt *nt;* (*dignidad*) Richterwürde *f* **2.** (*tiempo*) Amtszeit *f* **3.** (*conjunto de jueces*) Richter *mpl,* Richterschaft *f;* (*de funcionarios*) Justizbeamte *mpl;* (*de miembros de un tribunal*) Beisitzer *mpl;* **~ de trabajo** Arbeitsgericht *nt*

magma ['maɣma] *m* Magma *nt*

magmático, -a [maɣ'matiko, -a] *adj* Magma-; **roca magmática** Magmagestein *nt*

magmatismo [maɣma'tismo] *m* (GEO) Magmatismus *m*

magnanimidad [maɣnanimi'ðaᵈ] *f* **1.** (*generosidad*) Großzügigkeit *f* **2.** (*nobleza*) Edelmut *m,* Großmut *f*

magnánimo, -a [maɣ'nanimo, -a] *adj*

1. (*generoso*) großzügig 2. (*noble*) edelmütig, großmütig

magnate [maɣ'nate] *m* Magnat *m;* ~ **de las finanzas** Finanzmagnat *m;* ~ **industrial** Industriemagnat *m,* Großindustrielle(r) *m*

magnesia [maɣ'nesja] *f* (QUÍM) Magnesia *f,* Magnesiumoxid *nt*

magnesio [maɣ'nesjo] *m* (QUÍM) Magnesium *nt*

magnético, -a [maɣ'netiko, -a] *adj* magnetisch, Magnet-

magnetismo [maɣne'tismo] *m* Magnetismus *m,* Anziehungskraft *f;* ~ **terrestre** Erdmagnetismus *m,* Erdanziehungskraft *f;* ~ **animal** animalische Anziehung; **ejercer un intenso ~ sobre alguien** eine magnetische Anziehungskraft auf jdn ausüben

magnetita [maɣne'tita] *f* (MIN) Magnetit *m,* Magneteisenstein *m*

magnetizable [maɣneti'θaβle] *adj* magnetisierbar

magnetizar [maɣneti'θar] <z→c> *vt* 1. (*un cuerpo*) magnetisieren 2. (*hipnotizar*) hypnotisieren 3. (*entusiasmar*) verzaubern; **el pianista magnetizó al público con su música** der Pianist fesselte das Publikum mit seiner Musik; **el partido magnetizó a todos** das Spiel begeisterte alle

magnetoeléctrico, -a [maɣnetoelek'troniko, -a] *adj* (FÍS) magnetoelektrisch

magnetofón [maɣneto'fon] *m* Tonbandgerät *nt,* Magnetophon® *nt*

magnetofónico, -a [maɣneto'foniko, -a] *adj* Tonband-, Magnetophon-; **cinta magnetofónica** Tonband *nt,* Magnetophonband *nt;* **grabación magnetofónica** Tonbandaufnahme *f*

magnetófono [maɣne'tofono] *m* Tonbandgerät *nt,* Magnetophon® *nt*

magnetohidrodinámica [maɣnetoiðroði'namika] *f* (FÍS) Magnetohydrodynamik *f*

magnetometría [maɣnetome'tria] *f* (FÍS, GEO) Messung *f* von Magnetfeldern

magnetómetro [maɣne'tometro] *m* (FÍS) Magnetometer *nt*

magnetoóptica [maɣneto'optika] *f* (FÍS) Magnetooptik *f*

magneto-óptico, -a [maɣneto-'optiko, -a] *adj* (INFOR): **lector** ~ magnetooptisches Laufwerk *nt*

magnetopausa [maɣneto'pau̯sa] *f* (FÍS, GEO) Magnetopause *f*

magnetoquímica [maɣneto'kimika] *f* (QUÍM) Magnetochemie *f*

magnetoscopio [maɣnetos'kopjo] *m* (TÉC) Magnetoskop *nt*

magnetosfera [maɣnetos'fera] *f* (FÍS, GEO) Magnetosphäre *f*

magnetostática [maɣnetos'tatika] *f* (FÍS) Magnetostatik *f*

magnetoterapia [maɣnetote'rapja] *f* (MED) Magnetfeldtherapie *f*

magnetrón [maɣne'tron] *m* (FÍS) Magnetron *nt*

magnicida [maɣni'θiða] *mf* Mörder(in) *m(f)* einer hochrangigen Person

magníficamente [maɣnifika'mente] *adv* prächtig, ausgezeichnet; **la velada transcurrió ~, según lo planeado** der Abend verlief wunderbar, ganz nach Plan

magnificar [maɣnifi'kar] <c→qu> I. *vt* (*glorificar*) verherrlichen; (*alabar*) preisen II. *vr:* **~se** (*parecer más grande*) größer wirken; (*hacerse más grande*) sich größer machen

magníficat [maɣ'nifikat] *m inv* (REL) Magnifikat *nt,* Lobgesang *m*

magnificencia [maɣnifi'θjenθja] *f* 1. (*esplendor*) Pracht *f* 2. (*liberalidad*) Großmut *f*

magnífico, -a [maɣ'nifiko, -a] *adj* 1. (*lujoso*) prachtvoll; (*valioso*) wertvoll 2. (*estupendo*) herrlich; **aquí hace un tiempo ~** wir haben hier herrliches Wetter 3. (*excelente*) ausgezeichnet, großartig; **un ~ futbolista** ein großartiger [*o* ausgezeichneter] Fußballspieler 4. (*liberal*) großmütig 5. (*título*): **M~ Señor Rector,...** Eure Magnifizenz, ...

magnitud [maɣni'tu^{d}] *f* 1. (*tamaño*) Größe *f,* Umfang *m;* ~ **económica** wirtschaftliche Größe 2. (FÍS) (physikalische) Größe *f;* **la velocidad es una ~ que se puede medir fácilmente** die Geschwindigkeit ist eine leicht messbare Größe 3. (*importancia*) Ausmaß *nt;* **la ~ de este problema es alarmante** dieses Problem hat beängstigende Ausmaße angenommen

magno, -a ['maɣno, -a] *adj* groß(artig), bedeutend; **Alejandro M~** Alexander der Große; **aula magna** Audimax *nt*

magnolia [maɣ'nolja] *f* (BOT) Magnolienblüte *f*

magnolio [maɣ'nolio] *m* (BOT) Magnolie *f*

mago, -a ['maɣo, -a] *m, f* Zauberer, -in *m, f,* Magier(in) *m(f);* **los Reyes M~s** die Heiligen Drei Könige

magra ['maɣra] *f* Scheibe *f* Schinken

magrear [maɣre'ar] *vt* (*vulg*) betatschen *fam,* befummeln *fam*

magrebí [maɣre'βi] I. *adj* maghrebinisch II. *mf* Maghrebiner(in) *m(f)*

magreo [ma'ɣreo] *m* (*vulg*) Betatschen *nt fam,* Befummeln *nt fam;* **darse** [*o* **pegarse**] **un ~ con alguien** sich gegenseitig tierisch befummeln

magrez [ma'ɣreθ] *f* Magerkeit *f*

magro[1] ['maɣro] *m* 1. (*carne parecida al lomo*) (Schweine)filet *nt* 2. (*fam*) (mageres) Fleisch *nt*

magro, -a[2] ['maɣro, -a] *adj* (*carne, tierra*) mager; (*cuerpo*) mager, hager

magrura [ma'ɣrura] *f* Magerkeit *f*

magua ['maɣwa] *f* (*Cuba, PRico, Ven: contrariedad*) Unannehmlichkeit *f*

maguey [ma'ɣei̯] *m* (*Am*) 1. (BOT) Agave *f* 2. (*pita*) Agavenflöte *f*

maguilla [ma'ɣiʎa] *f* (BOT) wilder Apfel *m*

maguillo [ma'ɣiʎo] *m* (BOT) wilder Apfelbaum *m*
magulladura [maɣuʎa'ðura] *f*, **magullamiento** [maɣuʎa'mjen̪to] *m* (*en el cuerpo*) Quetschung *f*; (*en una fruta*) Druckstelle *f*
magullar [maɣu'ʎar] I. *vt* quetschen II. *vr*: **~se** sich quetschen
Maguncia [ma'ɣun̪θja] *f* Mainz *nt*
maguntino, **-a** [maɣun̪'tino, -a] I. *adj* Mainzer, mainzisch II. *m, f* Mainzer(in) *m(f)*
maharajá [ma(a)ra'xa] *m* Maharadscha *m*
mahatma [ma'xaᵈma] *m* (REL) Mahatma *m*
Mahoma [ma'oma] *m* Mohammed *m*
mahometano, **-a** [maome'tano, -a] I. *adj* mohammedanisch, moslemisch II. *m, f* Mohammedaner(in) *m(f)*, Moslem *m*, Moslime *f*
mahometismo [maome'tismo] *m* Islam *m*, Mohammedanismus *m*
mahón [ma'on] *m* 1. (*tela*) Nanking *m* 2. (GASTR: *queso*) *Käsesorte aus Mahón* (*Menorca*)
mahonés, **-esa** [mao'nes, -esa] I. *adj* aus Mahón (*Menorca*) II. *m, f* Einwohner(in) *m(f)* von Mahón
mahonesa [mao'nesa] *f* Majonäse *f*
maicena® [mai̯'θena] *f* Maismehl *nt*
maicero, **-a** [mai̯'θero, -a] *m, f* Maisverkäufer(in) *m(f)*
maicillo [mai̯'θiʎo] *m* 1. (*planta gramínea*) Hirse *f* 2. (*Chil: arena gruesa*) grober Sand *m*, Kiessand *m*
maído [ma'iðo] *m* Miauen *nt*; **los ~s del gato no me dejaron dormir en toda la noche** das Katzengejammer ließ mich die ganze Nacht nicht schlafen
mailing ['mei̯liŋ] *m* Mailing *nt*
maillot [ma'ʎoᵗ] *m* 1. (*bañador*) Badeanzug *m* 2. (*camiseta*) Trikot *nt*
maimón [mai̯'mon] *m* 1. (GASTR) *andalusische Brotsuppe mit Öl* 2. (ZOOL) Affe *m* mit langem Schwanz
maimonismo [mai̯mo'nismo] *m* (FILOS) (philosophisches) System *nt* des Maimonides
maitencito [mai̯ten̪'θito] *m* (*Chil*) *eine Art Blindekuhspiel*
maitines [mai̯'tines] *mpl* (Früh)mette *f*
maître ['metre] *m* Oberkellner *m*
maíz [ma'iθ] *m* Mais *m*; **pan de ~** Maisbrot *nt*
maizal [mai̯'θal] *m* Maisfeld *nt*
maizena® [mai̯'θena] *f* Maismehl *nt*
majá [ma'xa] *m* (*Cuba*) 1. (*culebra*) große, ungiftige Schlange *f* 2. (*fam: holgazán*) Faulpelz *m*
majada [ma'xaða] *f* 1. (*aprisco*) Pferch *m* 2. (*estiércol*) Mist *m*
majadera [maxa'ðera] *adj o f v.* **majadero²**
majaderear [maxaðere'ar] *vt* (*Am*) ärgern; **~ a alguien** jdm auf die Nerven gehen *fam*
majadería [maxaðe'ria] *f* 1. (*tontería*) Blödsinn *m fam*; **no hace más que ~s** er/sie macht nur Blödsinn; **¡no hagas caso a sus ~s!** hör nicht auf sein/ihr dummes Geschwätz! *fam* 2. (*imprudencia*) Unverschämtheit *f*
majadero¹ [maxa'ðero] *m* Stößel *m*
majadero, **-a²** [maxa'ðero, -a] I. *adj* 1. (*insensato*) dämlich, dumm 2. (*porfiado*) lästig, hartnäckig 3. (*imprudente*) unverschämt II. *m, f* 1. (*imbécil*) Idiot(in) *m(f) fam* 2. (*porfiador*) Nervensäge *f fam*
majado [ma'xaðo] *m* (*Arg, Chil:* GASTR) *Mais- oder Weizenbrühe*
majagua [ma'xaɣwa] *f* (*Cuba*) 1. (*árbol*) Mandeleibisch *m* 2. (*chaqueta*) Jackett *nt*, Sakko *m o nt*
majamama [maxa'mama] *f* (*Chil*) Irreführung *f*, arglistige Täuschung *f*
majar [ma'xar] *vt* 1. (*en un mortero*) zerstampfen, zermahlen 2. (*en la era*) dreschen 3. (*molestar*) auf die Nerven gehen +*dat fam* 4. (*fam: azotar*) eindreschen (*a* auf +*akk*); **~ a alguien** jdn windelweich prügeln
majara [ma'xara] I. *adj* (*fam*) verrückt; **¡estás totalmente ~!** du bist ja völlig plemplem! II. *mf* (*fam*) Spinner(in) *m(f)*
majardí [maxar'ði]: **ponerse de mala ~** (*argot*) stinksauer werden
majareta [maxa'reta] *adj o mf v.* **majara**
majarete [maxa'rete] *m* 1. (*Cuba: galanteador*) Charmeur *m*, Galan *m irón* 2. (*PRico: confusión*) Wirrwarr *nt*, Durcheinander *nt* 3. (*Ant, Ven: postre*) *Nachspeise mit Kokosmilch, Maismehl und Zucker*
maje ['maxe] I. *adj* (*Méx: fam*) dumm, blöd II. *mf* (*Méx: fam*) Dummkopf *m*, Blödmann *m*
majestad [maxes'taᵈ] *f* 1. (*título*) Majestät *f*, Hoheit *f*; **su ~ el rey asistió a la cena** seine Majestät der König nahm am Bankett teil; **Su ~,...** Eure (Königliche) Hoheit, ..., Ihre Majestät, ...; **Su Divina M~** Gott (der Allmächtige) 2. (*majestuosidad*) Würde *f*, Majestät *f*
majestuosidad [maxestwosi'ðaᵈ] *f* Würde *f*, Majestät *f*
majestuoso, **-a** [maxestu'oso, -a] *adj* majestätisch, würdevoll
majete, **-a** [ma'xete, -a] *adj* (*fam*) *v.* **majo**
majeza [ma'xeθa] *f* (*fam*) Großtuerei *f*; **va vestida con ~** sie läuft aufgemacht herum
majo, **-a** ['maxo, -a] *adj* 1. (*bonito*) hübsch, süß; (*fam: guapo*) gut aussehend 2. (*agradable*) nett, sympathisch; **es un chico muy ~** er ist ein sehr netter Kerl 3. (*ataviado*) zurechtgemacht; **ponte maja para la fiesta** mach dich für das Fest hübsch
majorero, **-a** [maxo'rero, -a] I. *adj* aus Fuerteventura (*kanarische Inseln*); **la isla majorera** die Insel Fuerteventura II. *m, f* Einwohner(in) *m(f)* Fuerteventuras
majorette [maɟo'ret] *f* Majorette *f*
majuela [ma'xwela] *f* 1. (BOT) Hagedornfrucht *f* 2. (*de los zapatos*) Schuhriemen *m*
majuelo [ma'xwelo] *m* 1. (BOT) Hagedorn *m* 2. (AGR) junger Weinstock *m*, junge Weinrebe *f*
makemono [make'mono] *m* (ARTE) Makimono *nt*

makí [ma'ki] *m* (ZOOL) Maki *m,* Lemure *m*

mal [mal] **I.** *adj v.* **malo II.** *m* **1.** (*daño*) Schaden *m;* (*injusticia*) Unrecht *nt;* **la guerra causó mucho ~ a la gente** der Krieg fügte den Menschen viel Leid zu; **la caída del dólar le ha hecho mucho ~** der Kursverfall des Dollars hat ihm/ihr sehr geschadet **2.** (*lo malo*) Böse *nt,* Übel *nt;* **el bien y el ~** das Gute und das Böse; **el ~ menor** das kleinere Übel; **devolver ~ por ~** Böses mit Bösem vergelten; **está a ~ con su vecino** er/sie hat sich mit seinem/ihrem Nachbarn zerstritten; **tomarse algo a ~** etw übel nehmen; **se ha tomado a ~ mi consejo** er/sie hat meinen Ratschlag in den falschen Hals bekommen; **¡no te lo tomes tan a ~!** nimm es dir doch nicht so zu Herzen!; **menos ~ que hoy no está lloviendo** Gott sei Dank [*o* zum Glück] regnet es heute nicht **3.** (*inconveniente*) Nachteil *m;* **el ~ está en que la cosa va a resultar demasiado cara** das Üble [*o* Schlimme] daran ist, dass das Ganze zu teuer wird **4.** (*enfermedad*) Krankheit *f;* **~ de vientre** Bauchweh *nt;* **~ de montaña** Höhenkrankheit *f* **5.** (*desgracia*) Unglück *nt;* **no te preocupes, no hay ~ que por bien no venga** mach dir keine Sorgen, es kommen auch mal bessere Zeiten; **no hay ~ que por bien no venga** (*prov*) ≈Glück und Unglück liegen nah beieinander, es hat alles seine guten und seine schlechten Seiten; **bien vengas, ~, si vienes solo** (*prov*) ein Unglück kommt selten allein **III.** *adv* **1.** (*de ~a manera*) schlecht, böse; **hablar** [*o* **decir**] **~ de alguien** schlecht von jdm [*o* über jdn] reden; **dejar** [*o* **hacer quedar**] **~ a alguien** jdn blamieren; **esto acabará** [*o* **parará en**] **~** das wird noch böse enden; **si sigue así, va a acabar ~** wenn er/sie so weitermacht, wird es noch böse mit ihm/ihr enden; **este chico va de ~ en peor** mit diesem Jungen wird es immer schlimmer [*o* geht es bergab]; **aprobó los exámenes más ~ que bien** er/sie hat die Prüfungen mehr schlecht als recht bestanden; **la nueva compañera me cae ~** die neue Kollegin ist mir unsympathisch [*o* liegt mir nicht]; **~ que bien, el negocio sigue funcionando** trotz allem läuft das Geschäft noch; **~ que bien, tendré que ir al dentista este mes** ich muss wohl oder übel diesen Monat zum Zahnarzt; **me sentó ~ que te fueras sin despedirte** es hat mich gekränkt, dass du gegangen bist, ohne dich zu verabschieden **2.** (*insuficientemente*): **este niño come ~** dieses Kind isst wenig [*o* schlecht]; **con esta luz se ve muy ~** bei diesem Licht sieht man nur wenig [*o* schlecht]; **estar ~ de dinero** schlecht bei Kasse sein **3.** (*equivocadamente*) falsch; **te he entendido ~** ich habe dich falsch verstanden; **ha puesto ~ las baldosas** er/sie hat die Fliesen falsch verlegt **4.** (*difícilmente*): **~ podrás ganar con esta moto** mit diesem Motorrad wirst du wohl kaum siegen

malabarismo [malaβa'rismo] *m* **1.** (*juegos malabares*) Jonglieren *nt* **2.** (*para sobrevivir en una situación*): **hacer ~s para mantener su puesto de trabajo** (*fig*) Seiltänze vollführen, um seinen Arbeitsplatz zu sichern **3.** (*para deslumbrar a alguien*) Gauklerei *f;* **hacer ~s a alguien** jdm etwas vorgaukeln **4.** (*habilidad*) Geschicklichkeit *f*

malabarista [malaβa'rista] *mf* **1.** (*artista*) Jongleur(in) *m(f)* **2.** (*persona hábil*) geschickter Mensch *m* **3.** (*embaucador*) Gaukler(in) *m(f)* **4.** (*Chil: ladrón*) Dieb(in) *m(f),* Langfinger *m fam*

malacate [mala'kate] *m* Göpel *m,* Göpelwerk *nt*

malacia [ma'laθja] *f* (MED) **1.** (*reblandecimiento anormal*) (abnorme) Erweichung *f,* Malazie *f* **2.** (*perversión del apetito*) abnorme Essgelüste *ntpl,* Parorexie *f*

malacología [malakolo'xia] *f* (ZOOL) Malako(zoo)logie *f,* Weichtierkunde *f*

malaconsejado, -a [malakonse'xaðo, -a] *adj* schlecht beraten; **actuar ~** falsch handeln

malaconsejar [malakonse'xar] *vt* schlecht beraten

malacostumbrado, -a [malakostum'braðo, -a] *adj:* **estar ~** (*mimado*) verwöhnt sein; (*sin modales*) schlechte Manieren haben; (*vicioso*) einen schlechten Lebenswandel führen

malacostumbrar [malakostum'brar] **I.** *vt* **1.** (*mimar*) verwöhnen **2.** (*educar mal*) schlecht erziehen **3.** (*viciar*) negativ beeinflussen, einen schlechten Einfluss ausüben (*a* auf +*akk*) **II.** *vr:* **~se** sich *dat* einen schlechten Lebenswandel angewöhnen

malacrianza [malakri'an̩θa] *f* Unerzogenheit *f;* **la ~ de los jóvenes de hoy en día** die Respektlosigkeit der heutigen Jugend

málaga ['malaɣa] *m* (GASTR) Malaga *m*

malagradecido, -a [malaɣraðe'θiðo, -a] *adj* undankbar; **no merece la pena dejarse la piel por él, es un ~** es lohnt sich nicht, sich für ihn aufzureiben, er weiß es doch nicht zu schätzen [*o* er wird es dir nicht danken]

malagueña [mala'ɣeɲa] *f* Malagueña *f* (*südspanischer Tanz*)

malagueño, -a [mala'ɣeɲo, -a] **I.** *adj* aus Malaga **II.** *m, f* Einwohner(in) *m(f)* von Malaga; **es malagueña** sie kommt aus Malaga

malagueta [mala'ɣeta] *f* (BOT) *Kräuterpflanze, die den Pfefferkörnern ähnliche Samen hat*

malambo [ma'lambo] *m* (*AmS:* MÚS) *Art Zapateado mit Gitarrenbegleitung*

malamente [mala'men̩te] *adv* nur schlecht, kaum; **si no estudias, ~ vas a aprobar** wenn du nicht lernst, wirst du wohl kaum bestehen

malamistado, -a [malamis'taðo, -a] *adj* (*Chil*) **1.** (*enemistado*) verfeindet **2.** (*amancebado*) in wilder Ehe lebend

malamujer [malamu'xer] *f* (*Méx:* BOT) *Art Brennnessel*

malandante [malan̩'dan̩te] *adj* vom Pech

verfolgt, unglückselig; **persona** ~ Unglücksrabe *m fam,* Pechvogel *m fam*

malandanza [malaṇ'daṇθa] *f* Unglück *nt,* Schicksalsschlag *m;* **ha sido un año lleno de ~s** das war ein Jahr voller Schicksalsschläge [*o* unglücklicher Begebenheiten]

malandrín, **-ina** [malaṇ'drin, -ina] **I.** *adj* übel, böse **II.** *m, f* Übeltäter(in) *m(f),* Schurke, -in *m, f,* Bösewicht *m irón*

malanga [ma'laŋga] **I.** *adj* (*Cuba*) schüchtern, unbeholfen **II.** *f* **1.** (*sombrero de paja*) Strohhut *m* **2.** (*RDom*): **pelar a alguien la ~** jdm die Haare kurz scheren **3.** (*AmC, Méx: planta*) *Aronstabgewächs, dessen Knollen essbar sind*

malapata [mala'pata] *mf* **1.** (*patoso*) Tollpatsch *m,* Tölpel *m;* **tener ~** (*poca destreza*) unbeholfen sein; (*malas intenciones*) gemein [*o* hinterlistig] sein **2.** (*ceniza*) Pechvogel *m fam,* Unglücksrabe *m fam;* **la cosa tiene ~** da stimmt was nicht

malaquita [mala'kita] *f* Malachit *m*

malar [ma'lar] **I.** *adj* (ANAT) Wangen-; **región ~** Wangenbereich *m* **II.** *m* (ANAT) Backenknochen *m*

malaria [ma'larja] *f* Malaria *f*

Malasia [ma'lasja] *f* Malaysia *nt*

malasombra [mala'sombra] **I.** *adj* **1.** (*desastrado*) tollpatschig **2.** (*malvado*) gemein **II.** *mf* **1.** (*desastre*) Tollpatsch *m,* Tölpel *m* **2.** (*mala persona*) gemeine Person *f*

malatía [mala'tia] *f* (MED) **1.** (*lepra*) Aussatz *m,* Lepra *f* **2.** (*enfermedad*) Krankheit *f*

malaúva[1] [mala'uβa] *f* (*fam*) schlechte Laune *f;* **hacer algo con ~** etw in böser Absicht tun; **tiene ~** er/sie ist schlecht drauf

malaúva[2] [mala'uβa] *mf* (*fam*) mieser Typ *m,* miese Type *f,* Fiesling *m*

malavenido, **-a** [malaβe'niðo, -a] *adj* (*disconforme*) unzufrieden; **son una pareja malavenida** die beiden verstehen sich schlecht

malaventura [malaβeṇ'tura] *f* **1.** (*desgracia*) Unglück *nt,* Schicksalsschlag *m;* **una vida llena de ~s** ein Leben voller Schicksalsschläge [*o* unglücklicher Begebenheiten] **2.** (*mala suerte*) Pech *nt*

malaventurado, **-a** [malaβeṇtu'raðo, -a] **I.** *adj* vom Pech verfolgt, unglückselig **II.** *m, f* Pechvogel *m,* Unglücksrabe *m*

malaventuranza [malaβeṇtu'raṇθa] *f* (*mala suerte*) Pech *nt;* (*infortunio*) Unglück *nt*

malayo[1] [ma'laɟo] *m* (*lengua*) Malaiisch(e) *nt*

malayo, **-a**[2] [ma'laɟo, -a] **I.** *adj* **1.** (*de la cultura malaya*) malaiisch, Malaien- **2.** (*de la Federación de Malaysia*) malaysisch, Malaysia- **II.** *m, f* **1.** (*perteneciente a la raza malaya*) Malaie, -in *m, f* **2.** (*habitante de la Federación de Malaysia*) Malaysier(in) *m(f)*

malbaratar [malβara'tar] *vt* **1.** (*vender barato*) verschleudern, zu Schleuderpreisen verkaufen *fam* **2.** (*malgastar*) verprassen, verschleudern; **malbarató toda la herencia en sólo un año** er/sie hat die gesamte Erbschaft in nur einem Jahr durchgebracht

malbaratillo [malβara'tiʎo] *m* (COM) Trödelladen *m*

malcarado, **-a** [malka'raðo, -a] *adj* **1.** (*repulsivo*) abstoßend **2.** (*enfadado*) eingeschnappt, schmollend; (*furioso*) zähneknirschend; (*malhumorado*) verdrießlich, säuerlich (dreinschauend)

malcasado, **-a** [malka'saðo, -a] **I.** *adj* (*infeliz*) unglücklich verheiratet; **es ~** er ist unglücklich verheiratet **II.** *m, f* (*esposo, -a infeliz*) unglücklicher Ehemann *m,* unglückliche Ehefrau *f*

malcomer [malko'mer] *vi* **1.** (*comer poco*) nur wenig essen; **el dinero sólo da para ~** das Geld reicht nur für das Nötigste an Essen **2.** (*comer sin ganas*) ohne Appetit essen **3.** (*comer cosas de mala calidad*) sich schlecht [*o* ungesund] ernähren

malcomido, **-a** [malko'miðo, -a] *adj* schlecht ernährt

malcontento[1] [malkoṇ'teṇto] *m* schwarzer Peter *m*

malcontento, **-a**[2] [malkoṇ'teṇto, -a] *adj* **1.** (*descontento*) unzufrieden (*con/de* mit +*dat*) **2.** (*rebelde*) aufsässig, rebellisch

malcoraje [malko'raxe] *m* (BOT) Bingelkraut *nt*

malcriadez [malkria'ðeθ] *f* (*AmC, AmS*) Unerzogenheit *f,* schlechtes Benehmen *nt;* (*descortesía*) Unhöflichkeit *f*

malcriado, **-a** [malkri'aðo, -a] *adj* **1.** (*mal educado*) unerzogen; (*mimado*) verwöhnt **2.** (*descortés*) unhöflich; **¡qué niño más ~!** was für ein ungezogenes Kind!

malcriar [malkri'ar] <*1. pres:* malcrío> *vt* **1.** (*dar una mala educación*) verziehen, schlecht erziehen **2.** (*mimar*) verwöhnen

maldad [maḷ'dað] *f* Bosheit *f,* Boshaftigkeit *f*

maldecir [maḷde'θir] *irr* **I.** *vt* verfluchen; **¡te maldigo!** Fluch über dich! **II.** *vi* **1.** (*jurar*) fluchen; (*expresar una maldición*) einen Fluch aussprechen [*o* ausstoßen] (*de* gegen +*akk*) **2.** (*hablar mal*) schlecht sprechen (*de* über +*akk*); (*difamar*) verleumden (*de* +*akk*) **3.** (*quejarse*) sich beklagen (*de* über +*akk*), bemängeln (*de* +*akk*)

maldiciente [maḷdi'θjeṇte] **I.** *adj* **1.** (*malhablado*): **es ~** er/sie ist ständig am Fluchen **2.** (*chismoso*) klatschsüchtig **3.** (*difamador*) verleumderisch; **es muy ~** er/sie hat ein böses Mundwerk **II.** *mf* **1.** (*malhablado*): **no me extraña que hables así, no te juntas más que con ~s** kein Wunder, dass du so sprichst, du bewegst dich ja nur unter Leuten, die viel fluchen **2.** (*chismoso*) Klatschmaul *nt fam* **3.** (*detractor*) Verleumder(in) *m(f),* verleumderische Person *f*

maldición [maḷdi'θjon] *f* **1.** (*imprecación*) Fluch *m,* Verwünschung *f;* **parece que le ha**

caído una ~, parece que ha caído sobre él/ella una ~ sein/ihr Leben scheint wie verflucht, auf seinem/ihrem Leben scheint ein Fluch zu liegen; **en el mismo año le cayó la ~ del mago** noch im selben Jahr erfüllte sich der Fluch des Zauberers **2.** (*juramento*) Fluch *m,* Kraftausdruck *m;* **soltar una ~ contra alguien/algo** auf [*o* über] jdn/etw fluchen

maldispuesto, -a [mal̪dis'pwesto, -a] *adj* **1.** (*enfermo*) indisponiert; **estar ~** sich unwohl fühlen **2.** (*en mala disposición de ánimo*) in schlechter Stimmung; (*malhumorado*) schlecht gelaunt; **no me vengas hoy con tonterías, estoy ~** lass den Blödsinn, ich bin heute nicht in der Stimmung (dazu)

maldito[1] [mal̪'dito] *m* Teufel *m,* Leibhaftige(r) *m*

maldito, -a[2] [mal̪'dito, -a] **I.** *pp de* **maldecir** **II.** *adj* **1.** (*endemoniado*) verflucht, verdammt; **¡maldita sea!** (*fam*) verdammt [*o* verflucht] noch mal!, so ein Mist!; **¡~ seas!** (*vulg*) du verfluchter Idiot! *fam;* **maldita la idea que tengo del tema** (*fam*) ich habe nicht die geringste Ahnung von dem Thema; **~ el caso que me hacen** (*fam*) kein Mensch achtet auf mich; **no vale la maldita pena arreglar el coche** (*fam*) es lohnt sich nicht im Geringsten [*o* ganz und gar nicht], das Auto zu reparieren; **¡maldita la gracia (que me hace)!** das ist ja eine schöne Bescherung!; **¡malditas las ganas (que tengo)!** ich habe nicht die geringste Lust! **2.** (*maligno*) bösartig, teuflisch; **¡vete, ~!** scher dich zum Teufel!; **soltar la maldita** ein loses Mundwerk haben

maldivo, -a [mal̪'diβo, -a] **I.** *adj* maledivisch, aus den Malediven **II.** *m, f* Malediver(in) *m(f)*

maldormir [mal̪dor'mir] *irr como dormir vi* schlecht [*o* unruhig] schlafen

maldoso, -a [mal̪'doso, -a] *adj* (*Méx*) boshaft, garstig

maleabilidad [maleaβili'ðaᵈ] *f* **1.** (*de un metal*) Schmiedbarkeit *f* **2.** (*flexibilidad*) Biegsamkeit *f,* Geschmeidigkeit *f*

maleable [male'aβle] *adj* **1.** (*forjable*) schmiedbar **2.** (*flexible*) biegsam, geschmeidig **3.** (*dócil*) gefügig

maleante [male'an̪te] **I.** *adj* **1.** (*delincuente*) verbrecherisch; **gente ~** liederliches Gesindel **2.** (*maligno*) boshaft, hämisch **II.** *mf* **1.** (*delincuente*) Gauner(in) *m(f),* Betrüger(in) *m(f);* **~s** Gesindel *nt* **2.** (*persona maligna*) boshafter Mensch *m,* Schuft *m* **3.** (*burlador*) Verführer(in) *m(f)*

malear [male'ar] **I.** *vt* **1.** (*pervertir*) verderben, (zum Bösen) verführen **2.** (*dañar*) Schaden zufügen *+dat;* (*perjudicar*) schaden *+dat;* **~ algo/a alguien** etw beschädigen/jdn schädigen, etw *dat*/jdm Schaden zufügen **II.** *vr:* **~se** (moralisch) verkommen, herunterkommen *fam*

malecón [male'kon] *m* **1.** (*dique*) Damm *m,* Deich *m* **2.** (*rompeolas*) Kai *m,* (Hafen)mole *f* **3.** (*para las vías del tren*) Bahndamm *m*

maledicencia [maleđi'θen̪θja] *f* üble Nachrede *f,* Gerede *nt;* (JUR) Verleumdung *f*

maleducado, -a [maleđu'kaðo, -a] *adj* **1.** (*que no tiene modales*) ohne Manieren; **tu amigo es muy ~** dein Freund hat überhaupt keine Manieren; **un niño ~** ein unerzogenes Kind **2.** (*descortés*) unhöflich **3.** (*mimado*) verwöhnt

maleducar [maleđu'kar] *vt* **1.** (*dar una mala educación*) verziehen, schlecht erziehen **2.** (*mimar*) verwöhnen

maléfica [ma'lefika] *adj o f v.* **maléfico**

maleficiencia [malefi'θjen̪θja] *f* Boshaftigkeit *f,* Böswilligkeit *f*

maleficio [male'fiθjo] *m* **1.** (*daño causado por hechicería*) Zauber(bann) *m,* Zauberwirkung *f;* **desligar** [*o* **deshacer**] **un ~** einen Zauber brechen **2.** (*hechizo*) Verzaubern *nt,* Hexerei *f* **3.** (*daño*) Schaden *m,* Leid *nt*

maléfico, -a [ma'lefiko, -a] **I.** *adj* **1.** (*perjudicial*) schädlich, negativ **2.** (*que hechiza*) Zauberei [*o* Hexerei] betreibend, Zauber-; **temía a la gitana maléfica** er/sie hatte Angst vor der Zigeunerin und ihrer Hexerei; **no creo en su poder ~** ich glaube nicht an seine/ihre Zauberkraft **II.** *m, f* Zauberer, -in *m, f,* Magier(in) *m(f)*

malemplear [malemple'ar] **I.** *vt* (*desperdiciar*) vergeuden, verschwenden; (*no aprovechar*) nicht nutzen; **hay gente que malemplea su dinero y llega a dilapidar enormes fortunas** es gibt Leute, die ihr Geld zum Fenster hinauswerfen und dabei riesige Vermögen verschwenden **II.** *vr:* **~se** vergeudet werden, zweckentfremdet werden; **no soporto que se malempleen fondos de beneficiencia** ich kann es nicht ertragen, wenn Benefiz-Fonds zweckentfremdet werden

malentender [malen̪ten̪'der] <e→ie> *vt* missverstehen; **malentendió mis palabras** er/sie hat meine Worte falsch verstanden

malentendido [malen̪ten̪'diðo] *m* Missverständnis *nt;* **aclarar un ~** ein Missverständnis ausräumen [*o* beseitigen] [*o* aufklären]

maléolo [ma'leolo] *m* (ANAT) (Fuss)knöchel *m;* **~ externo** (*pernón*) Wadenbein *nt;* **~ interno** (*tibia*) Schienbein *nt*

malestar [males'tar] *m* **1.** (*físico*) Unwohlsein *nt* **2.** (*espiritual*) Unbehagen *nt,* Unruhe *f*

maleta[1] [ma'leta] *f* **1.** (*equipaje*) Koffer *m;* **hacer la ~** den Koffer packen **2.** (*Chil: fam*): **largar** [*o* **soltar**] **la ~** den Löffel abgeben

maleta[2] [ma'leta] *m* **1.** (TAUR) schlechter Stierkämpfer *m* **2.** (*quien practica mal su profesión*) Dilettant *m;* **este carpintero es un ~** dieser Schreiner hat zwei linke Hände [*o* arbeitet dilettantisch] **3.** (DEP) Anfänger(in) *m(f)*

maletero[1] [male'tero] *m* Kofferraum *m*

maletero, -a[2] [male'tero, -a] *m, f* **1.** (*fabricante de maletas*) Kofferfabrikant(in) *m(f);* (*vendedor de maletas*) Kofferhändler(in) *m(f)* **2.** (*Chil: ladrón*) (Taschen)dieb(in) *m(f),* Langfinger *m fam* **3.** (*en las estaciones*) Gepäckträger(in) *m(f)*

maletilla[1] [male'tiʎa] *mf* ≈Stierkampfanwärter(in) *m(f)*

maletilla[2] [male'tiʎa] *f dim de* **maleta**[1]

maletín [male'tin] *m* (*maleta pequeña*) Handkoffer *m;* (*bolso de aseo*) Kosmetikkoffer *m;* (*para herramientas*) Werkzeugkoffer *m;* (*de un médico*) Arztkoffer *m;* (*en una bici*) Satteltasche *f;* ~ **de viaje** Handkoffer *m,* Reiseköfferchen *nt*

maletón[1] [male'ton] *m aum de* **maleta**[1]

maletón, -ona[2] [male'ton, -ona] *m, f* (*Col: jorobado*) Bucklige(r) *mf*

malevaje [male'βaxe] *m* (*Arg*) Gesindel *nt,* Gaunerbande *f*

malevolencia [maleβo'leṇθja] *f* **1.** (*malignidad*) Böswilligkeit *f,* böse Absicht *f* **2.** (*animosidad*) Missgunst *f,* Ablehnung *f;* **no me trates con** ~ sei nicht so gemein zu mir

malevolente [maleβo'leṇte] *adj* böswillig, feindselig

malévolo, -a [ma'leβolo, -a] *adj* (*persona*) übel gesinnt, böswillig; (*palabras, hechos*) gemein, hämisch

maleza [ma'leθa] *f* **1.** (*hierbas malas*) Unkraut *nt;* **el jardín se está llenando de** ~ der Garten verwildert zunehmend **2.** (*matorral*) Gestrüpp *nt,* Dickicht *nt* **3.** (*Arg, Chil: pus*) Eiter *m* **4.** (*Nic: achaque*) Krankheit *f,* Leiden *nt*

malformación [malforma'θjon] *f* (*deformidad*) Missbildung *f;* ~ **cardíaca** Herzfehler *m*

malformado, -a [malfor'maðo, -a] *adj* missgebildet

malgache[1] [mal'ɣatʃe] **I.** *adj* madagassisch **II.** *mf* Madagasse, -in *m, f*

malgache[2] [mal'ɣatʃe] *m* (*lengua*) Madagassisch(e) *nt*

malgastador(a) [malɣasta'ðor(a)] **I.** *adj* verschwenderisch **II.** *m(f)* Verschwender(in) *m(f);* **ser un** ~ nicht mit Geld umgehen können

malgastar [malɣas'tar] *vt* (*dinero*) verschwenden (*en* für +*akk,* bei +*dat*), verprassen (*en* für +*akk,* bei +*dat*); (*paciencia, tiempo*) vergeuden, verschwenden; **malgastó todo el dinero en tabaco** er/sie hat sein/ihr gesamtes Geld für Zigaretten ausgegeben; **no malgastes tanto dinero en el bingo** verspiel nicht so viel Geld beim Bingo; **con él no haces más que** ~ **tu paciencia** mit ihm verschwendest du nur deine Geduld; **estoy harta de** ~ **mi tiempo contigo** ich bin es leid, meine Zeit mit dir zu vergeuden; ~ **el tiempo charlando** die Zeit verplaudern; ~ **una oportunidad** eine Chance vertun

malhablado, -a [mala'βlaðo, -a] **I.** *adj* (*fresco*) frech, respektlos; **¡no seas tan** ~**!** fluch nicht so viel!; **ser** ~ unanständig reden, viele Schimpfwörter gebrauchen **II.** *m, f* (*descarado*) respektloser Mensch *m;* **en este bar sólo hay** ~**s** in dieser Kneipe reden alle unanständig

malhadado, -a [mala'ðaðo, -a] **I.** *adj* **1.** (*desventurado*) unglücklich, unselig **2.** (*que trae mala suerte*) Unheil bringend; **es un anillo** ~ dieser Ring bringt nur Unglück **II.** *m, f* Unglücksrabe *m fam;* **ha sido toda su vida un** ~ er war sein Leben lang vom Unglück verfolgt

malhaya [ma'laɟa] *interj* (*vulg*) er/sie sei verflucht

malhecho[1] [ma'letʃo] *m* Untat *f*

malhecho, -a[2] [ma'letʃo, -a] *adj* missgestaltet

malhechor(a) [male'tʃor(a)] **I.** *adj* verbrecherisch, kriminell **II.** *m(f)* Verbrecher(in) *m(f),* Kriminelle(r) *mf;* **banda de** ~**es** Verbrecherbande *f*

malherido [male'riðo, -a] *adj* schwer verletzt, schwer verwundet

malherir [male'rir] *irr como sentir vt* schwer verletzen [*o* verwunden]; **fue malherido en la guerra** er wurde im Krieg schwer verletzt, er erlitt im Krieg schwere Verletzungen; **tras el accidente se encuentra malherido en el hospital** seit dem Unfall liegt er schwer verletzt [*o* mit schweren Verletzungen] im Krankenhaus

malhumor [malu'mor] *m* schlechte Laune *f;* **estar de** ~ schlechte Laune haben, schlecht gelaunt sein; **tener** ~ ein übellauniger Mensch sein

malhumorado, -a [malumo'raðo, -a] *adj* **1.** *ser* übellaunig **2.** *estar* schlecht gelaunt; **hoy está** ~ heute hat er schlechte Laune

malhumorar [malumo'rar] **I.** *vt* die Laune verderben *dat;* **le malhumoró su falta de interés** seine/ihre Interesselosigkeit hat ihm/ihr die Laune verdorben **II.** *vr:* ~**se** die gute Laune verlieren; **se malhumoró porque la rueda se le había pinchado otra vez** ihm/ihr ist die Laune gänzlich vergangen, als er/sie schon wieder einen Platten hatte

malicia [ma'liθja] *f* **1.** (*intención malévola*) Arglist *f;* **hace todo con** ~ er/sie handelt stets arglistig **2.** (*maldad*) Boshaftigkeit *f* **3.** (*picardía*) Verschlagenheit *f;* **tiene mucha** ~ er/sie ist sehr verschlagen **4.** (*interpretación maliciosa*) Argwohn *m* **5.** (*fam: sospecha*) Zweifel *m;* **tener sus** ~**s** Zweifel hegen; **ser una persona sin** ~, **no tener** ~ naiv sein

maliciar [mali'θjar] **I.** *vt* **1.** (*sospechar*) argwöhnen; **no malicies de cualquiera** sei doch nicht allen gegenüber so argwöhnisch; **malicia de todo** er/sie wittert hinter allem etwas Schlechtes **2.** (*pervertir*) verderben, (zum Bösen) verführen **II.** *vr:* ~**se 1.** (*sospechar*) misstrauisch werden **2.** (*malearse*) (moralisch) verkommen, herunterkommen *fam*

malicioso, -a [mali'θjoso, -a] **I.** *adj* **1.** (*con intención malévola*) arglistig **2.** (*maligno*) boshaft **3.** (*que sospecha malicia*) argwöhnisch, misstrauisch **II.** *m, f* **1.** (*persona maligna*) boshafter Mensch *m* **2.** (*persona astuta*) arglistiger Mensch *m* **3.** (*persona recelosa*) argwöhnischer [*o* misstrauischer] Mensch *m*

malignidad [maliɣni'ðaᵈ] *f* Bösartigkeit *f*

malignizarse [maliɣni'θarse] <z→c> *vr* (MED) bösartig werden (*Tumor*)
maligno[1] [ma'liɣno] *m:* **el ~, el M~** der Teufel
maligno, -a[2] [ma'liɣno, -a] *adj* **1.** (*pernicioso*) gefährlich, bedrohlich; (*persona*) gemein, boshaft; **nos saludó con una sonrisa maligna** er/sie begrüßte uns mit einem hämischen Grinsen **2.** (*enfermedad*) bösartig; **tumor ~** bösartiger Tumor, bösartiges Geschwür
malinche [ma'lintʃe] *f* (*Méx*) *bunt geschmücktes Mädchen auf Volksfesten*
malinchista [malin'tʃista] **I.** *adj* (*Méx*) alles Ausländische vorziehend **II.** *mf* (*Méx*) Ausländerfreund(in) *m(f)*
malinformar [malimfor'mar] **I.** *vt* falsch informieren; **lo ~on a posta** sie lieferten ihm absichtlich falsche Informationen **II.** *vr:* **~se** sich falsch informieren
malintencionado, -a [malinteṇθjo'naðo, -a] **I.** *adj* übel gesinnt, arglistig **II.** *m, f* übel gesinnter [*o* arglistiger] Mensch *m*
malinterpretar [maliṇterpre'tar] *vt* missverstehen, falsch auslegen [*o* interpretieren]
malla ['maʎa] *f* **1.** (*de un tejido*) Masche *f;* (*de un tejido de metal*) Kettenglied *nt;* **de ~(s) ancha(s)/estrecha(s)/fina(s)** weit-/eng-/feinmaschig; **alambre de ~** Maschendraht *m;* **caer en las ~s de alguien** in jds Fänge geraten **2.** (*tejido*) Netz *nt,* Netzstoff *m;* **cota de ~** Kettenhemd *nt,* Panzerhemd *nt* **3.** (*vestido*) (Gymnastik)trikot *nt* **4.** *pl* (*pantalón*) Leggings *pl* **5.** (*Am: traje de baño*) Badeanzug *m* **6.** (NÁUT) Knoten *m*
mallín [ma'ʎin] *m* (*Arg*) Sumpfgebiet *nt* in Patagonien
mallo ['maʎo] *m* **1.** (*mazo*) (Vorschlag)hammer *m* **2.** (*juego*) Pallmall *nt* (*krocketähnliches Spiel*); (*terreno para este juego*) Pallmallspielbahn *f* **3.** (*Chil: guiso de patatas*) Kartoffeleintopf *m*
mallorquín[1] [maʎor'kin] *m* (*lengua*) Mallorquinisch(e) *nt*
mallorquín, -ina[2] [maʎor'kin, -ina] **I.** *adj* mallorquinisch **II.** *m, f* (*habitante*) Mallorquiner(in) *m(f)*
malmeter [malme'ter] *vt* **1.** (*malgastar*) vergeuden **2.** (*pervertir*) verderben, (zu Bösem) verführen; **sus amigos lo malmetieron a robar** seine Freunde verführten ihn zum Diebstahl **3.** (*malquistar*) entzweien; **la malmetieron con su jefe** sie haben sie und ihren Chef entzweit, sie provozierten einen Streit zwischen ihr und ihrem Chef; **~ a dos amigos** zwei Freunde entzweien
malmirado, -a [malmi'raðo, -a] *adj* **1.** (*desacreditado*) schlecht angesehen, unbeliebt; **es muy ~ entre los vecinos** er genießt in der Nachbarschaft einen schlechten Ruf **2.** (*descortés*) unhöflich
malnacido, -a [malna'θiðo, -a] **I.** *adj* verabscheuenswert, gemein **II.** *m, f* Schuft *m*
malnutrición [malnutri'θjon] *f sin pl* Unterernährung *f*
malnutrido, -a [malnu'triðo, -a] *adj* unterernährt
malo, -a ['malo, -a] **I.** *adj* <peor *fam:* más malo, pésimo *fam:* malísimo> *precediendo a un sustantivo masculino: mal* **1.** (*que no funciona*) schlecht, unzureichend; **mala gestión** Misswirtschaft *f;* **tener mala mano para algo** ungeschickt in etw *dat* sein; **tener mala suerte** Pech haben, kein Glück haben; **tengo mala memoria** ich habe ein schlechtes Gedächtnis; **tengo mala cabeza para los números/nombres** ich kann mir Zahlen/Namen schlecht merken; **es ~ para madrugar** er steht nicht gerne früh auf; **~ sería si no llegáramos a una solución** es wäre ja gelacht, wenn wir zu keiner Lösung gelängen; **se casó sin decirnos ni una mala palabra** er/sie heiratete, ohne uns ein Sterbenswörtchen davon zu sagen; **hacer algo de mala gana** widerwillig etw tun; **me vino de malas** er/sie/es kam mir ungelegen; **hierba mala nunca muere** (*prov*) Unkraut vergeht nicht; **más vale ~ conocido que bueno por conocer** (*prov*) besser den Spatz in der Hand als die Taube auf dem Dach **2.** (*sin calidad*) schlecht, minderwertig; **la chapa de este coche es mala** dieses Auto ist aus billigem Blech; **hacer un trabajo de mala manera** eine Arbeit schlampig ausführen **3.** (*falso*) unecht; **este collar es de oro ~** diese Kette ist aus unechtem Gold **4.** (*inmoral*) schlecht, unmoralisch; **hace muy mala vida** er/sie führt einen schlechten Lebenswandel; **palabras malas** unanständige Worte; **siempre anda con malas mujeres** er verkehrt nur mit Flittchen **5.** (*malévolo*) böse, gemein; **lo hizo con mala intención** er/sie tat es in böser Absicht; **es una mala persona** er/sie ist ein schlechter Mensch; **ten cuidado que viene de malas** pass auf, er/sie hat böse Absichten **6.** (*enfermo*) krank; **caer** [*o* **ponerse**] **~** krank werden **7.** (*travieso*) ungezogen, unartig **8.** (*estropeado*) schlecht, verdorben; **la leche está mala** die Milch ist sauer; **esta chaqueta está bastante mala** diese Jacke ist ziemlich abgetragen **9.** (*perjudicial*) schädlich, schlecht; **fumar es ~ para la salud** Rauchen schadet der Gesundheit **10.** (*desagradable*) schlecht, unangenehm; **tengo que darte una mala noticia** ich habe eine schlechte Nachricht für dich; **hace un tiempo malísimo** das Wetter ist miserabel; **tener mal genio** leicht reizbar sein; **tiene mal gusto** er/sie hat einen schlechten Geschmack; **estar de mal humor** [*o* **genio**] schlecht gelaunt sein, schlechte Laune haben; **he pasado un mal rato por algo** etwas hat mir stark zugesetzt; **lo he pasado mal** es ging mir schlecht; **me has hecho pasar un mal rato** es ging mir deinetwegen schlecht; **llevas** [*o* **vas por**] **mal camino** mit dir wird es noch schlimm [*o* böse] enden **11.** (*difícil*) mühsam, hart; **el trabajo en las**

minas es muy ~ die Arbeit im Bergwerk ist sehr hart; **eres** ~ **de entender** aus dir wird man nicht schlau **12.** (*desfavorable*) ungünstig; **me gusta el piso, lo** ~ **es que es demasiado caro** mir gefällt die Wohnung, aber leider ist sie zu teuer **II.** *adv* **1.** (*por las malas*): **si no pagas voluntariamente tendré que intentarlo por las malas** wenn du nicht freiwillig bezahlst, muss ich zu anderen Mitteln greifen; **hoy te llevo al dentista aunque sea por las malas** ich bring dich heute zum Zahnart und wenn es mit Gewalt sein muss; **podemos llegar a un acuerdo por las buenas o por las malas** wir können uns im Guten oder im Bösen einigen **2.** (*a malas*): **estoy a malas con mi jefe** ich stehe mit meinem Chef auf dem Kriegsfuß; **se pusieron a malas por una tontería** sie haben sich wegen einer Nichtigkeit zerstritten; **andan a malas** sie haben Krach (miteinander) **3.** (*de ~s*): **han vuelto a fallar un penalti, hoy están de ~s** sie haben schon wieder einen Elfmeter verschossen, das Glück steht heute nicht auf ihrer Seite **III.** *m, f* böser Mensch *m,* Bösewicht *m;* **el** ~ der Teufel; **siempre hace de** ~ **en las películas** er spielt in den Filmen immer den Bösen

maloca [ma'loka] *f* **1.** (*Arg, Chil, Urug: ataque inesperado de indios*) Indianerüberfall *m,* Überraschungsangriff *m* der Indianer **2.** (*Bol, Col: guarida de indios salvajes*) Unterschlupf *m* wilder Indianer **3.** (*AmS: invasión en tierras de indios*) Vernichtungsfeldzug *m* in Indianerland

malogrado, **-a** [malo'ɣraðo, -a] *adj* **1.** (*desaprovechado*) vergeudet **2.** (*frustrado*) gescheitert, misslungen **3.** (*estropeado*) ruiniert, verdorben **4.** (*mal desarrollado*) missraten **5.** (*fallecido joven*) früh gestorben; (*fallecido en un accidente*) verunglückt; **se celebró una misa para el** ~ **escritor** es wurde eine Messe für den früh verstorbenen Schriftsteller abgehalten

malogramiento [maloɣra'mjen̪to] *m* Fehlschlag *m,* Misserfolg *m;* **el gobierno estudia las causas del** ~ **del plan de lucha contra el paro** die Regierung untersucht, warum der Plan gegen die Arbeitslosigkeit fehlgeschlagen ist

malograr [malo'ɣrar] **I.** *vt* **1.** (*desaprovechar*) vergeuden, verschwenden; ~ **su vida** sein Leben vergeuden; **ha malogrado la ocasión** er/sie hat die Chance vertan **2.** (*frustrar*) scheitern lassen, zum Scheitern bringen; **los problemas financieros ~on nuestro proyecto** finanzielle Probleme ließen unser Projekt scheitern [*o* brachten unser Projekt zum Scheitern] **3.** (*estropear*) verderben, ruinieren; **el granizo ha malogrado la cosecha** der Hagel hat die Ernte verdorben [*o* ruiniert] **II.** *vr:* **~se 1.** (*fallar*) scheitern, misslingen; **se han malogrado sus esfuerzos de llegar a una tregua** seine/ihre Versuche, zu einem Waffenstillstand zu kommen, sind gescheitert; **se han malogrado sus esperanzas** seine/ihre Hoffnungen wurden enttäuscht **2.** (*estropearse*) verderben **3.** (*desarrollarse mal*) missraten **4.** (*morir demasiado pronto*) (zu) früh sterben; (*morir en un accidente*) umkommen, verunglücken **5.** (*interrumpirse*) beendet werden; **con el accidente se malogró su carrera como ciclista** durch den Unfall wurde seine/ihre Karriere als Radrennfahrer/Radrennfahrerin jäh beendet

maloja [ma'loxa] *f* (*Col, Cuba*) Futtermais *m*

maloliente [malo'ljen̪te] *adj* stinkend, übel riechend; **me molestan tus cigarros ~s** mich stört der Gestank deiner Zigarren

malón [ma'lon] *m* **1.** (*AmS: ataque*) plötzlicher Überfall *m* der Indianer **2.** (*AmS: alborotadores*) Horde *f* von Unruhestiftern **3.** (*Arg, Chil: fam: visita*) Überraschungsbesuch *m* **4.** (*mala jugada*) Verrat *m*

maloquear [maloke'ar] *vi* (*AmS*) (räuberisch) einfallen (in +*akk*)

maloquero, **-a** [malo'kero, -a] *adj* (*AmS*) Raubzügler(in) *m(f)*

malpaís [malpa'is] *m* (GEO) Lavafeld *nt,* mit Lavagestein übersätes Land *nt*

malparado, **-a** [malpa'raðo, -a] *adj* (*roto, herido*) übel zugerichtet; **salió** ~ **de la pelea** er wurde bei der Schlägerei übel zugerichtet; **salir** ~ **de un negocio/un asunto** bei einem Geschäft/einer Sache schlecht wegkommen

malparar [malpa'rar] *vt* (*persona*) übel zurichten, misshandeln; (*cosa*) beschädigen, übel zurichten

malparido, **-a** [malpa'riðo, -a] **I.** *adj* (*vulg*) niederträchtig; **¡cómo puedes ser tan ~!** wie kannst du nur so hundsgemein sein! **II.** *m, f* (*vulg*) Unhold *m;* **es un** ~ er ist der Teufel in Person

malparir [malpa'rir] *vi* eine Fehlgeburt haben

malparto [mal'parto] *m* Fehlgeburt *f*

malpensado, **-a** [malpen'saðo, -a] **I.** *adj* misstrauisch, argwöhnisch; **no seas tan** ~ denk doch nicht immer gleich an das Schlimmste **II.** *m, f* misstrauischer [*o* argwöhnischer] Mensch *m*

malpensar [malpen'sar] <e→ie> *vi* schlecht denken (*de* über +*akk*)

malqueda [mal'keða] *mf* (*fam: que falta a su deber*) unzuverlässiger Mensch *m;* (*que no cumple sus promesas*) wortbrüchiger Mensch *m;* **eres un** ~ auf dich ist kein Verlass

malquerencia [malke'ren̪θja] *f* **1.** (*antipatía*) Abneigung *f* (*hacia* gegen +*akk*), Antipathie *f* (*hacia* gegen +*akk*); **sentir mucha** ~ **hacia algo/alguien** eine starke Abneigung gegen etw/jdn verspüren **2.** (*mala voluntad*) Übelwollen *nt;* **siento** ~ **hacia mi enemigo** ich bin meinem Feind schlecht gesonnen **3.** (JUR): ~ **de extraños** böswilliges Fremdverschulden *nt*

malquerer [malke'rer] *irr como querer* **I.** *vt* **1.** (*sentir antipatía*) nicht mögen **2.** (*tener* *mala voluntad*) übel wollen +*dat*, schlecht gesonnen sein +*dat;* **no sé por qué la malquieres tanto** ich weiß nicht, warum du ihr so schlecht gesonnen bist **II.** *m v.* **malquerencia**

malquistar [malkis'tar] **I.** *vt* entzweien; **me has malquistado con tu familia** du hast deine Familie und mich entzweit, du hast einen Streit [*o* Bruch] zwischen deiner Familie und mir provoziert; **la lucha por la misma mujer malquistó a los dos amigos** der Kampf um dieselbe Frau entzweite die beiden Freunde **II.** *vr:* ~**se** sich entzweien, sich zerstreiten; **se malquistó con su mejor amigo** er/sie hat sich mit seinem/ihrem besten Freund überworfen

malquisto, **-a** [mal'kisto, -a] *adj* **1.** (*enemistado*) zerstritten, verfeindet **2.** (*malmirado*) ungeliebt, verhasst

malsano, **-a** [mal'sano, -a] *adj* **1.** (*insano*) ungesund, gesundheitsschädlich; **no le sintió bien el clima** ~ das schlechte Klima schadete seiner/ihrer Gesundheit **2.** (*enfermizo*) kränklich **3.** (*moralmente dañino*) verderblich

malsonancia [malso'nan̪θja] *f* Missklang *m;* (*indecencia*) Anstößigkeit *f*, Unanständigkeit *f;* **el profesor destacó la ~ de las palabras utilizadas por el alumno** der Professor wies darauf hin, dass der Schüler mit seiner Wortwahl danebengegriffen hatte

malsonante [malso'nan̪te] *adj* (*sonido*) unangenehm [*o* übel] klingend; (*palabra*) unanständig; (*doctrina*) anstößig; **ruidos** [*o* **sonidos**] ~**s** Missklänge *mpl*

malsufrido, **-a** [malsu'friðo, -a] *adj* **1.** (*impaciente*) ungeduldig **2.** (*con poco aguante*) weichlich; **es un** ~ er hält nichts aus

malta ['mal̪ta] *f* **1.** (*producto de cebada*) Malz *nt* **2.** (*sucedáneo del café*) Malzkaffee *m* **3.** (*Arg: cerveza*) Malzbier *nt*

Malta ['mal̪ta] *f* Malta *nt;* **Orden de** ~ Malteserorden *m;* **fiebre de** ~, **fiebres** ~**s** Maltafieber *nt*

maltaje [mal̪'taxe] *f* Mälzen *nt*

malteado[1] [mal̪te'aðo] *m* Mälzen *nt*

malteado, **-a**[2] [mal̪te'aðo, -a] *adj* mit Malz gemischt [*o* versetzt], malzhaltig

maltería [mal̪te'ria] *f* Mälzerei *f*

maltés[1] [mal̪'tes] *m* (*idioma*) Maltesisch(e) *nt*

maltés, **-esa**[2] [mal̪'tes, -esa] **I.** *adj* maltesisch **II.** *m, f* (*habitante*) Malteser(in) *m(f)*

maltón, **-ona** [mal̪'ton, -ona] **I.** *adj* (*AmS*) frühreif **II.** *m, f* (*AmS*) Frühentwickelte(r) *mf*

maltosa [mal̪'tosa] *f* (BIOL) Maltose *f*

maltraer [mal̪tra'er] <irr como traer> *vt* tyrannisieren, quälen; **su madre lo maltrae** seine Mutter meckert immer an ihm herum

maltraído, **-a** [mal̪tra'iðo, -a] *adj* (*Bol, Chil, Perú*) schlecht gekleidet

maltratar [mal̪tra'tar] *vt* **1.** (*tratar mal*) schlecht behandeln **2.** (*causar daño físico o psíquico*) misshandeln; ~ **de obra** körperlich misshandeln **3.** (*insultar*) beschimpfen; (*humillar*) erniedrigen; ~ **de palabra** beschimpfen **4.** (*estropear*) beschädigen, übel zurichten; **los niños están maltratando el sofa con los zapatos** die Kinder machen mit ihren Schuhen die Couch kaputt

maltrato [mal̪'trato] *m* **1.** (*físico o psíquico*) Misshandlung *f* **2.** (*insulto*) Beschimpfung *f;* (*humillación*) Erniedrigung *f* **3.** (*de una cosa*) Beschädigung *f*

maltrecho, **-a** [mal̪'tretʃo, -a] *adj* (*golpeado*) übel zugerichtet; (*deprimido*) am Boden zerstört

maltusianismo [mal̪tusja'nismo] *m sin pl* (ECON) Malthusianismus *m*

malucho, **-a** [ma'lutʃo] *adj* (*fam*) leicht erkrankt

malura [ma'lura] *f* (*Chil*) Unwohlsein *nt*

malva[1] ['malβa] **I.** *adj* (blass)lila, malvenfarbig, mauve **II.** *m* (Blass)lila *nt*, Mauve *nt*

malva[2] ['malβa] *f* (BOT) Malve *f;* **estar criando** ~**s** (*fam fig*) sich *dat* die Radieschen von unten angucken, unter der Erde liegen; **ser** (**como**) [*o* **estar como**] **una** ~ (*fam*) lammfromm sein

malvado, **-a** [mal'βaðo, -a] **I.** *adj* ruchlos, gemein; **una persona malvada** ein durch und durch schlechter Mensch **II.** *m, f* Unmensch *m;* **eres un** ~ du bist ein wahrer Teufel

malvarrosa [malβa'rrosa] *f* (BOT) Pelargonie *f*

malvasía [malβa'sia] *f* (BOT) **1.** (*uva*) Malvasiertraube *f* **2.** (*vino*) Malvasier *m*

malvavisco [malβa'βisko] *m* (BOT) Hibiskus *m*, Eibisch *m*

malvender [malβen̪'der] *vt* unter Wert [*o* zu billig] verkaufen, verschleudern; **tuvieron que** ~ **su coche** sie mussten ihr Auto unter Wert verkaufen

malversación [malβersa'θjon] *f* Veruntreuung *f*, Unterschlagung *f;* ~ **de los caudales públicos** Veruntreuung öffentlicher Gelder; ~ **de fondos/de fondos públicos/de activos** Unterschlagung von Geldern/öffentlicher Gelder/von Aktien; ~ **de una herencia** Erbschleicherei *f;* ~ (**de la hacienda pública**) Amtsunterschlagung *f*

malversador(**a**) [malβersa'ðor(a)] *m(f)* Veruntreuer(in) *m(f);* ~ **de una herencia** Erbschleicher *m*

malversar [malβer'sar] *vt* veruntreuen, unterschlagen; ~ **una herencia** sich der Erbschleicherei schuldig machen

Malvinas [mal'βinas] *fpl* Falklandinseln *fpl*

malvinero, **-a** [malβi'nero, -a] **I.** *adj* von den Malwinen (*Falkland-Inseln*) **II.** *m, f* Bewohner(in) *m(f)* der Malwinen

malvís [mal'βis] *m inv* (ZOOL) Rotdrossel *f*

malvivir [malβi'βir] *vi* **1.** (*vivir en malas condiciones*) in schlechten [*o* ärmlichen] Verhältnissen leben, (finanzielle) Not leiden; **su sueldo sólo le da para** ~ ihr/sein Gehalt reicht gerade, um sich über Wasser zu halten **2.** (*llevar mala vida*) einen schlechten Lebenswandel führen [*o* haben]

malvón [mal'βon] *m* (*Arg, Méx, Par, Urug:* BOT) Geranie *f*

mama ['mama] *f* **1.** (*de una mujer*) Brust(drüse) *f;* (*de un animal*) Zitze *f,* Milchdrüse *f;* (*ubre*) Euter *m* **2.** (*fam: mamá*) Mama *f*

mamá [ma'ma] *f* (*fam*) Mutti *f,* Mama *f*

mamada [ma'maða] *f* **1.** (*acción de mamar*) Trinken *nt* von Muttermilch, Saugen *nt;* **el bebé se queda dormido después de cada ~** nach dem Stillen schläft das Baby immer ein **2.** (*cantidad mamada por un bebé*) Brustmahlzeit *f* **3.** (*Am: ganga*) Schnäppchen *nt;* **¡vaya ~!** das ist ja geschenkt! **4.** (*Arg, Urug: vulg: borrachera*) Suff *m fam;* **coger una ~** sich voll laufen lassen *fam* **5.** (*loc, vulg*): **dar una ~ a alguien** jdm einen blasen

mamadera [mama'ðera] *f* (*Am: biberón y tetilla*) Babyflasche *f*

mamado, -a [ma'maðo, -a] *adj* **1.** (*vulg: borracho*) besoffen *fam;* **está completamente ~** er ist total blau [*o* sternhagelvoll] *fam* **2.** (*fam: fácil*) (kinder)leicht; **este trabajo está ~** diese Arbeit kann doch jedes Kind

mamaíta [mama'ita] *f* (*fam*) *dim de* **mamá**

mamancona [mamaŋ'kona] *f* (*Chil*) dicke, alte Frau *f,* Matrone *f*

mamar [ma'mar] **I.** *vt* **1.** (*en el pecho*) trinken; **no le des de ~ tanto al niño** still das Kind nicht so oft **2.** (*adquirir desde pequeño*): **has mamado la pereza** (**con** [*o* **en**] **la leche**) du hast die Faulheit mit der Muttermilch eingesaugt **3.** (*fam: comer*) futtern; **¡no mames tanto!** futter nicht so viel! **4.** (*fam: obtener sin esfuerzo*): (**se**) **ha mamado este puesto** er hat diese Stelle geschenkt gekriegt **5.** (*loc*): **me lo he mamado** (*fam*) ich habe ihn (locker) in die Tasche gesteckt; **mamársela a alguien** (*vulg*) jdm einen blasen **II.** *vr:* **~se** (*vulg*) sich voll laufen lassen *fam,* sich besaufen *fam*

mamario, -a [ma'marjo, -a] *adj* (*relativo a una persona*) Brust(drüsen)-; (*relativo a un animal*) Zitzen-; (*relativo a una ubre*) Euter-; **infección mamaria** Brust(drüsen)entzündung *f*

mamarrachada [mamarra'ʧaða] *f* **1.** (*mamarracho*) Pfusch *m fam;* **esto no es arte, es una ~** das ist keine Kunst, sondern das reinste Geschmiere **2.** (*acción ridícula*) Quatsch *m fam;* **no hace más que ~s** er/sie benimmt sich unmöglich

mamarracho [mama'rraʧo] *m* **1.** (*persona que viste mal*) Vogelscheuche *f;* (*persona ridícula*) Witzfigur *f fam,* peinliche [*o* lächerliche] Person *f;* **con este sombrero pareces un ~** mit diesem Hut siehst du aus wie eine Vogelscheuche **2.** (*cosa mal hecha*) Pfusch *m fam;* (*cosa sin valor*) Kitsch *m;* **este jarrón es un ~** diese Vase ist ein Ungetüm [*o* ist grässlich] **3.** (*persona despreciable*) Nichtsnutz *m,* Flasche *f fam*

mambo ['mambo] *m* (MÚS) Mambo *m*

mameluco [mame'luko] *m* **1.** (*soldado*) Mameluck *m* **2.** (*bobo*) Tölpel *m,* Dummkopf *m* **3.** (*Am: ropa de bebé*) Strampler *m,* Strampelanzug *m*

mamey [ma'mei̯] *m* **1.** (BOT: *árbol*) Mameibaum *m* **2.** (BOT: *fruta*) Mameiapfel *m,* Aprikose *f* von Santo Domingo

mameyero [mame'ɟero] *m* (*Méx, PRico:* BOT: *Mammea*) Mammiapfel *m;* (*Pouteria*) Große Sapote *f*

mami ['mami] *f* (*fam*) Mutti *f,* Mami *f*

mamífero [ma'mifero] **I.** *adj* Säuge-; **animal ~** Säugetier *nt* **II.** *m* **1.** (*animal*) Säugetier *nt,* Säuger *m* **2.** *pl* (*clase de animales*) Klasse *f* der Säugetiere, Mammalia *pl*

mamila [ma'mila] *f* **1.** (ANAT: *mujer*) Warzenhof *m* **2.** (ANAT: *hombre*) Brustwarze *f* **3.** (*Méx: biberón*) Babyflasche *f*

mamitis [ma'mitis] *f inv* (MED) Brustentzündung *f*

mamografía [mamoɣra'fia] *f* (MED) Mammographie *f*

mamón¹ [ma'mon] *m* **1.** (BOT: *tallo inútil*) Wasserschössling *m,* Wassertrieb *m* **2.** (BOT: *árbol, fruta*) Papaya *f* **3.** (*diente de leche*) Milchzahn *m* **4.** (*Méx: especie de bizcocho*) ≈Biskuit *m o nt* **5.** (*Guat, Hond: garrote*) Knüppel *m*

mamón, -ona² [ma'mon, -ona] **I.** *adj* (*que todavía mama*) im Säuglingsalter; **niño ~** Säugling *m,* Baby *nt* (*das noch gestillt wird*); **tiene una niña muy mamona** ihr Baby muss oft gestillt werden; **animal ~** Jungtier, das noch gesäugt wird **II.** *m, f* **1.** (*niño*) Säugling *m* **2.** (*vulg: insulto*) Wichser *m,* Fotze *f* **3.** (*Am: fam: borracho*) Säufer(in) *m(f),* Saufkopf *m*

mamonear [mamone'ar] *vt* (*Guat, Hond*) **1.** (*golpear*) mit dem Knüppel schlagen **2.** (*retardar*) hinausschieben, verzögern **3.** (*pasar el tiempo con futilezas*) (die Zeit) vertrödeln

mamoplastia [mamo'plastja] *f* (MED) plastische Brustoperation *f,* Mammoplastik *f*

mamotreto [mamo'treto] *m* **1.** (*pey: libro muy grande*) Schinken *m fig,* Wälzer *m* **2.** (*armatoste*) Gerümpel *nt;* **esta butaca es un ~** das ist ein Ungetüm von einem Sessel **3.** (*memorial*) Notizbuch *nt*

mampara [mam'para] *f* **1.** (*cancel*) Wandschirm *m* **2.** (*puerta de paño*) Falttür *f* **3.** (*Perú: puerta de vidrio*) Glastür *f*

mamparo [mam'paro] *m* (NÁUT) Schott *nt*

mamporro [mam'porro] *m* (*fam*) Schlag *m,* Hieb *m;* **dar un ~ a alguien** jdm einen Schlag [*o* Hieb] versetzen; **te voy a dar un par de ~s** ich verpasse dir gleich ein paar Hiebe [*o* Schläge]; **se dio un ~ contra la barandilla** er/sie stieß sich am Geländer; **con el hielo me pegué un ~ en medio de la calle** bei der Glätte hat es mich mitten auf der Straße hingeschlagen

M

mampostería [mamposte'ria] *f* **1.** (*obra*) (Bruchstein)mauerwerk *nt;* ~ **de ladrillos en bruto** rohes Ziegelmauerwerk, Rohbau *m;* ~ **de relleno** Füllmauerwerk *nt;* ~ **revocada** verputztes Ziegelmauerwerk, Putzbau *m;* ~ **en seco** Trockenmauerwerk *nt* **2.** (*oficio*) Maurerhandwerk *nt*

mampuesto [mam'pwesto] *m* **1.** (*piedra sin labrar*) Bruchstein *m;* (*piedras pequeñas*) Füllsteine *mpl* **2.** (MIL: *parapeto*) Brustwehr *f* **3.** (*Am: para apoyar el arma*) Schießscharte *f* **4.** (*loc*): **tener algo de** ~ etw in Vorrat haben

mamúa [ma'mua] *f* (*Arg, Urug: vulg: borrachera*) Besoffenheit *f,* Suff *m*

mamut [ma'mu^{t}] *m* <mamuts> Mammut *nt*

maná [ma'na] *m* **1.** (*enviado por Dios*) Manna(brot) *nt* **2.** (*de ciertas plantas*) Manna *nt,* Honigtau *m* **3.** (*regalo*) Geschenk *nt* (des Himmels)

manaca [ma'naka] *f* **1.** (*Cuba, Hond, Méx*) *eine Palmenart* **2.** (*Arg, Par*) *violett und weiß blühende Gartenpflanze*

manada [ma'naða] *f* **1.** (*rebaño*) Herde *f;* (*bandada*) Schar *f,* Schwarm *m;* (*de lobos, ciervos*) Rudel *nt;* ~ **de ovejas** Schafherde *f;* ~ **de gallinas** Schar Hühner, Hühnervolk *nt;* ~ **de peces** Fischschwarm *m;* ~ **de gente** Menschenschar *f,* Schwarm Menschen; **tras el accidente se formó una** ~ **de curiosos** nach dem Unfall bildete sich eine Gruppe [*o* ein Haufen] Neugieriger; **llegaron en** [*o* **a**] ~**s al concierto** die Leute kamen scharenweise zum Konzert; **pasamos la frontera en** ~ wir überquerten geschlossen die Grenze **2.** (*cantidad pequeña*) Hand *f* voll (*de +gen/akk*); **cógete una** ~ **de cerezas** nimm dir doch eine Hand voll Kirschen

management [ma'nadʒemen^{t}] *m sin pl* Management *nt*

manager ['manadʒer] *mf* <managers> Manager(in) *m(f)*

managing ['manadʒiŋ] *m sin pl* Management *nt*

managuaco, **-a** [mana'ɣwako, -a] *adj* (*Cuba*) **1.** (*persona*) tölpelhaft *m* **2.** (*animal*) mit Blesse und weißen Fesseln

managüense [mana'ɣwense] **I.** *adj* aus Managua (*Nicaragua*) **II.** *mf* Einwohner(in) *m(f)* von Managua

manajú [mana'xu] *m* (*Cuba:* BOT) *amerikanisches Hartheugewächs*

manantial [manan̪'tjal] **I.** *adj* Quell-; **agua** ~ Quellwasser *nt* **II.** *m* **1.** (*fuente natural*) Quelle *f;* ~ **caliente** Thermalquelle *f;* ~ **medicinal** Heilquelle *f* **2.** (*fuente artificial*) Brunnen *m* **3.** (*origen*) Ursprung *m,* Quelle *f;* **tu decisión fue el** ~ **de todas las quejas** deine Entscheidung war der Ursprung [*o* die Ursache] aller Beschwerden

manar [ma'nar] **I.** *vt* hervorbringen; **la fuente mana agua fría** aus dem Brunnen sprudelt eiskaltes Wasser; **la herida no paraba de** ~ **sangre** aus der Wunde quoll [*o* floss] ununterbrochen Blut **II.** *vi* **1.** (*surgir*) fließen, quellen; **el agua manaba sucia de la fuente** aus dem Brunnen sprudelte schmutziges Wasser; **ya no mana sangre de la herida** es fließt [*o* quillt] kein Blut mehr aus der Wunde **2.** (*fluir fácilmente*) strömen; **cuando perdió su timidez las palabras manaban de su boca** nachdem er/sie seine/ihre Schüchternheit überwunden hatte, sprudelten die Worte förmlich über seine/ihre Lippen **3.** (*abundar*) im Überfluss vorhanden sein; **en esta huerta manan los naranjos** dieser Garten ist reich an Orangenbäumen; **esta familia mana en** [*o* **de**] **dinero** diese Familie hat Geld im Überfluss [*o* schwimmt in Geld]

manatí [mana'ti] *m* **1.** (ZOOL) Seekuh *f,* Manati *m* **2.** (*látigo*) ≈Peitsche *f* aus Lamantinleder

manaza [ma'naθa] *f* große Hand *f,* Pranke *f fam*

manazas [ma'naθas] *mf inv* Tölpel *m;* **es un** ~ er ist ein Tölpel; **es una** ~ sie hat zwei linke Hände

manca ['maŋka] *adj o f v.* **manco**[2]

mancaperro [maŋka'perro] *m* (BOT) Igelginster *m*

mancar [maŋ'kar] <c→qu> *vt* **1.** (*lisiar*) verstümmeln **2.** (*lastimar*) verletzen

manceba [man̪'θeβa] *f* Geliebte *f*

mancebía [man̪θe'βia] *f* (*prostíbulo*) Freudenhaus *nt*

mancebo[1] [man̪'θeβo] *m* **1.** (*asistente*) Gehilfe *m;* (*en una farmacia*) Apothekersgehilfe *m;* (*en una tienda*) Ladengehilfe *m* **2.** (*oficial*) (Handwerks)geselle *m* **3.** (*mozo*) Bursche *m,* junger Mann *m* **4.** (*soltero*) Junggeselle *m*

mancebo, **-a**[2] [man̪'θeβo, -a] *adj* jung

mancha ['manʧa] *f* **1.** (*en la ropa, piel*) Fleck *m;* (*de tinta*) Klecks *m;* (*salpicadura*) Sprenkel *m;* ~ **pigmentaria** Pigmentfleck *m* **2.** (*toque de color*) (Farb)tupfer *m,* Tupfen *m;* **este perro es blanco con** ~**s negras** dieser Hund ist gescheckt [*o* scheckig]; **la corbata tiene** ~**s azules y blancas** die Krawatte ist blauweiß gesprenkelt **3.** (*en pintura, boceto*) Farbskizze *f* **4.** (ASTR) Sonnenfleck *m* **5.** (*deshonra*) Schandfleck *m,* Makel *m;* **sin** ~ makellos **6.** (AGR): ~ **de vegetación** Vegetationsboden *m*

Mancha ['manʧa] *f:* **La** ~ La Mancha (*spanische Landschaft in Estremadura*); **canal de la** ~ Ärmelkanal *m*

manchadizo, **-a** [manʧa'ðiθo, -a] *adj* fleckempfindlich, leicht schmutzend

manchado, **-a** [man'ʧaðo, -a] *adj* **1.** (*ropa, mantel*) beschmutzt, voller Flecken **2.** (*cara, fruta*) fleckig **3.** (*caballos, vacas*) gescheckt, scheckig; (*salpicado*) gesprenkelt

manchapapeles [manʧapa'peles] *m inv* (*pey*) Schreiberling *m*

manchar [man'ʧar] *vt, vr:* ~**se** **1.** (*churretear*) (sich) beflecken; (*ensuciar*) (sich) schmutzig machen, (sich) beschmutzen **2.** (*despresti-*

giar) (sich) besudeln, (sich) beflecken; **has manchado su memoria con esas palabras** mit diesen Worten hast du sein/ihr Andenken beschmutzt

manchego, **-a** [man'ʧeɣo, -a] **I.** *adj* aus der spanischen Region La Mancha; **queso** ~ *typischer Käse aus La Mancha* **II.** *m, f* Bewohner(in) *m(f)* von La Mancha

manchón [man'ʧon] *m* **1.** (*mancha grande*) großer Fleck *m* **2.** (*de plantas*) dicht bewachsene Stelle *f* **3.** (*tierra de labor*) *Ackerland, das ein Jahr lang als Weideland genutzt wird*

manchú¹ [man'ʧu] **I.** *adj* mandschurisch **II.** *mf* Bewohner(in) *m(f)* der Mandschurei

manchú² [man'ʧu] *m* (*idioma*) Mandschurisch(e) *nt*

mancilla [man̪'θiʎa] *f* Makel *m*, (Schand)fleck *m;* **sin** ~ unbefleckt, makellos; **tiene un pasado sin** ~ er/sie hat eine tadellose Vergangenheit

mancillar [man̪θi'ʎar] *vt* (*fig*) beflecken, den Ruf schädigen *+gen*

mancilloso, **-a** [man̪θi'ʎoso, -a] *adj* **1.** (*lleno de mancilla*) voller Makel **2.** (*que provoca lástima*) Mitleid erregend

mancipación [man̪θipa'θjon] *f* **1.** (HIST) (öffentliche) Veräußerung *f* **2.** (*compra y venta*) An- und Verkauf *m*

manco¹ ['maŋko] *m* (*Chil: caballo*) lahmes Pferd *nt*, Mähre *f*, alter Klepper *m*

manco, **-a²** ['maŋko, -a] **I.** *adj* **1.** (*de un brazo*) einarmig; (*de una mano*) einhändig; **es** ~ **de la mano izquierda/derecha** (*le falta*) ihm fehlt die linke/rechte Hand; (*la tiene inutilizada*) seine linke/rechte Hand ist gelähmt; **no ser (cojo ni)** ~ (*ser hábil*) sehr geschickt sein; (*ser largo de manos*) langfing(e)rig sein **2.** (*defectuoso*) fehlerhaft; (*incompleto*) unvollständig; **versos** ~**s** unvollständige Verse **II.** *m, f* (*con un brazo*) Einarmige(r) *mf;* (*con una mano*) Einhändige(r) *mf;* **el** ~ **de Lepanto** Cervantes

mancomún [maŋko'mun] *adv:* **de** ~ gemeinschaftlich

mancomunado, **-a** [maŋkomu'naðo, -a] *adj* (JUR) gesamtschuldnerisch; **obligación mancomunada** gesamtschuldnerische Verpflichtung

mancomunar [maŋkomu'nar] *vt, vr:* ~**se** **1.** (*unir*) (sich) zusammenschließen, (sich) zusammentun **2.** (JUR) (sich) gesamtschuldnerisch [*o* gemeinschaftlich] verpflichten

mancomunidad [maŋkomuni'ðaᵈ] *f* **1.** (*comunidad*) Gemeinschaft *f;* (*entidad*) Gemeindeverband *m;* ~ **de acreedores** Gläubigergemeinschaft *f;* ~ **Británica** (Britisches) Commonwealth *nt;* ~ **de deudores** Gesamtschuldnerschaft *f;* ~ **local** Zweckverband *m* **2.** (*obligación*) Gesamtschuld *f*

mancornar [maŋkor'nar] <o→ue> *vt* **1.** (*un novillo*) *einen jungen Stier an den Hörnern packen und ihn zu Boden drücken* **2.** (*reses*) an den Hörnern zusammenbinden **3.** (*fam: unir*) in Paaren zusammentun; (*atar*) in Paaren zusammenbinden

mancornas [maŋ'kornas] *fpl* (*Col, Chil*) Manschettenknöpfe *mpl*

mancuerda [maŋ'kwerða] *f* (HIST) *Foltermethode, bei der die Fesseln durch Drehen eines Rades immer fester gespannt werden*

mancuerna [maŋ'kwerna] *f* **1.** (*pareja*) zusammengebundenes Paar *nt;* ~ **de panochas** zusammengebundene Maiskolben; ~ **de reses** an den Hörnern zusammengebundene Tiere **2.** (*correa*) Strick *m* (mit dem die Rinder an den Hörnern zusammengebunden werden) **3.** (*Col, Cuba, Chil: hojas de tabaco*) an den Stielen zusammengewachsene Tabakblätter *ntpl* **4.** (*Fili: pareja de presidiarios*) aneinander gekettete Sträflinge *mpl* **5.** *pl* (*Am*) Manschettenknöpfe *mpl*

mancuernillas [maŋkwer'niʎas] *fpl* (*Méx*) Manschettenknöpfe *mpl*

manda ['man̪da] *f* Vermächtnis *nt*, Legat *nt*

mandada [man̪'daða] *adj o f v.* **mandado²**

mandadero, **-a** [man̪da'ðero, -a] *m, f* Bote, -in *m, f;* ~ **de paz** (HIST) Friedensrichter *m*

mandado¹ [man̪'daðo] *m* (*encargo*) Auftrag *m*, Befehl *m;* (*compra*) Besorgung *f;* **hacer un** ~ Besorgungen machen; **a su** ~ (*Arg*) zu Ihren Diensten; **el chico de los** ~**s** (*Arg*) der Botenjunge; **comerle a alguien el** ~ (*Méx: fam*) eine Situation ausnutzen

mandado, **-a²** [man̪'daðo] **I.** *adj* gesteuert; ~ **a distancia** ferngesteuert **II.** *m, f* Befehlsempfänger(in) *m(f);* **esta chica es una mandada** dieses Mädchen wird ständig herumkommandiert

mandamás [man̪da'mas] *mf* (*pey fam*) befehlshaberische Person *f*

mandamiento [man̪da'mjen̪to] *m* **1.** (*orden*) Befehl *m;* ~ **de detención** Haftbefehl *m;* ~ **judicial** gerichtliche Verfügung; ~ **de pago** Zahlungsbefehl *m;* ~ **de registro** Hausdurchsuchungsbefehl *m* **2.** (*precepto*) Gebot *nt;* **los** ~**s de la ley de Dios, los diez** ~**s** die Zehn Gebote **3.** *pl* (*dedos*) Finger *mpl;* **los cinco** ~**s** (*fam*) die fünf Finger der Hand; **comer con los cinco** ~**s** mit den Fingern [*o* ohne Besteck] essen

mandanga [man̪'daŋga] *f* (*fam*) **1.** (*pachorra*) Trägheit *f*, Gleichgültigkeit *f* **2.** *pl* (*tonterías*) Blödsinn *m*, Unsinn *m;* **¡déjate de** ~**s y atiende de una vez!** hör auf mit dem Blödsinn und pass endlich auf! **3.** (*cocaína*) Kokain *nt* **4.** (*loc, fam*): **alguien/algo tiene** ~ jd/etw ist ein harter Brocken

mandante [man̪'dan̪te] *mf* (*cliente*) Auftraggeber(in) *m(f);* (JUR) Mandant(in) *m(f)*

mandar [man̪'dar] **I.** *vt* **1.** (*ordenar*) befehlen, anordnen; (*prescribir*) vorschreiben; **le mandó que se lavara las manos** er/sie befahl ihm/ihr sich *dat* die Hände zu waschen; **la ley manda que…** das Gesetz schreibt vor, dass …; **aquí mando yo** hier habe ich das Sagen; **lo que Ud. mande** zu Ihren Diensten

M

2. (*dirigir*) leiten; (*gobernar*) regieren; **manda una empresa grande** er/sie leitet ein großes Unternehmen; **en este país manda la gente con dinero** dieses Land wird von den Reichen regiert **3.** (*encargar*) veranlassen; ~ **buscar/hacer/venir** holen/machen/kommen lassen; **he mandado que me suban el desayuno a la habitación** ich habe veranlasst, dass man mir das Frühstück aufs Zimmer bringt **4.** (*enviar*) schicken; **me mandó una carta certificada** er/sie hat mir ein Einschreiben geschickt; **mandan a los cascos azules a las zonas de emergencia** sie schicken die Blauhelme in die Notstandsgebiete; **si te portas mal, te mando a la cama** wenn du nicht artig bist, schicke ich dich ins Bett; ~ **a alguien al cuerno** [*o* **al diablo**] (*fam*) jdn zum Teufel schicken; ~ **a alguien a freír espárragos** (*fam*) jdn zum Kuckuck schicken **5.** (*legar*) vermachen **6.** (TÉC) steuern **II.** *vr:* ~**se** sich *dat* selbst helfen (können); ~**se a mudar** (*reg: fam*) sich verdrücken

mandarín [maṇda'rin] *m* **1.** (HIST) Mandarin *m* **2.** (*fam: funcionario pedante y anticuado*) zopfiger Beamter *m* **3.** (*idioma*) Amtssprache *f* der Volksrepublik China

mandarina [maṇda'rina] *f* Mandarine *f*

mandarinero [maṇdari'nero] *m* (BOT) Mandarinenbaum *m*

mandatar [maṇda'tar] *vt* (JUR) beauftragen, bevollmächtigen

mandatario, -a [maṇda'tarjo, -a] *m, f* **1.** (JUR) Beauftragte(r) *mf,* Bevollmächtigte(r) *mf,* Mandatar(in) *m(f);* ~ **judicial** Prozessbevollmächtigte(r) *m* **2.** (POL) Präsident(in) *m(f),* Machthaber(in) *m(f);* **primer** ~ Staatschef *m*

mandato [maṇ'dato] *m* **1.** (*orden*) Befehl *m;* (*prescripción*) Vorschrift *f;* (*delegación*) Auftrag *m;* ~ **de investigación** Forschungsauftrag *m;* ~ **judicial** gerichtliche Anweisung; ~ **legal** Gesetzesbefehl *m;* ~ **de pago** Mahnbescheid *m;* **por** ~ **de las leyes** auf Grund [*o* aufgrund] der gesetzlichen Bestimmungen **2.** (POL) Mandat *nt;* ~ **imperativo** imperatives Mandat, Zwangsmandat *nt;* ~ **internacional** völkerrechtliches Mandat; ~ **parlamentario** Abgeordnetensitz *m* **3.** (REL) Fußwaschung *f* (von zwölf Personen am Gründonnerstag)

mandeísmo [maṇde'ismo] *m* (REL) Mandäismus *m*

manderecha [maṇde'retʃa] *f* rechte Hand *f;* **buena** ~ viel Glück

mandí [maṇ'di] *m* (*Arg:* GASTR, ZOOL) Antennenwels *m*

mandíbula [maṇ'diβula] *f* **1.** (ANAT) Kiefer *m,* Kinnbacke *f;* ~ **superior/inferior** Ober-/Unterkiefer *m;* **reír(se) a** ~ **batiente** sich ausschütten vor Lachen **2.** *pl* (ZOOL) Mandibeln *pl* **3.** (TÉC) Backe *f;* ~ **prensora/de sujeción** Klemm-/Greifbacke *f*

mandil [maṇ'dil] *m* **1.** (*delantal*) Schürze *f;* (*de cuero*) (Leder)schurz *m* **2.** (*emblema*) Freimaurerschurz *m* **3.** (*Am: de caballería*) Satteldecke *f* **4.** (*red*) feinmaschiges (Fischer)netz *nt*

mandilón [maṇdi'lon] *m* (*fam*) Schlappschwanz *m,* Memme *f*

mandinga [maṇ'diŋga] *m* **1.** (*Am: fam: diablo*) Teufel *m* **2.** (*Arg: fam: muchacho travieso*) Lausbub *m* **3.** (*Arg: encantamiento*) Zauberei *f*

mandioca [maṇ'djoka] *f* **1.** (BOT) Maniok *m* **2.** (*tapioca*) Mandioka *f*

mandiocal [maṇdjo'kal] *m* Maniokpflanzung *f*

mando ['maṇdo] *m* **1.** (*poder*) Macht *f,* Herrschaft *f;* (MIL) (Befehls)gewalt *f,* Kommando *nt;* ~ **intermedio** (MIL) mittleres Offizierskorps; ~**s intermedios de una empresa** mittleres Management eines Unternehmens; ~ **supremo** (MIL) Oberbefehl *m;* (*del presidente*) Präsidialgewalt *f;* ~**s superiores** (**de una empresa**) Betriebsleitung *f* (eines Unternehmens); **alto** ~ (MIL) Oberbefehlshaber *m;* **don de** ~ Führungsqualitäten *fpl;* **poder de** ~ (MIL) Kommandogewalt *f;* **estar al** ~ **de** das Kommando haben über; **estar bajo el** ~ **de alguien** unter jds Befehl stehen; **tener el** ~ **y el palo** (*fam*) das (absolute) Sagen haben **2.** (TÉC) Steuerung *f;* ~ **automático** automatischer Antrieb; ~ **a distancia** Fernsteuerung *f;* ~ **manual** Handantrieb *m;* ~ **numérico** numerische Steuerung; **botón de** ~ Bedienungsknopf *m;* **panel de** ~ Steuertafel *f;* **pupitre de** ~ Steuerpult *nt;* **un vehículo de** ~ **fácil** ein wendiges Fahrzeug

mandoble [maṇ'doβle] *m* **1.** (*golpe de espada*) Schwertstreich *m* **2.** (*fam: espada grande*) großes Schwert *nt* **3.** (*bofetada*) Ohrfeige *f* **4.** (*represión severa*) strenger Verweis *m*

mandolina [maṇdo'lina] *f* Mandoline *f*

mandolinista [maṇdoli'nista] *mf* (MÚS) Mandolinespieler(in) *m(f)*

mandón, -ona [maṇ'don, -ona] **I.** *adj* herrschsüchtig, befehlshaberisch **II.** *m, f* befehlshaberische [*o* herrschsüchtige] Person *f*

mandorla [maṇ'dorla] *f* (ARTE, REL) Mandorla *f,* Mandelglorie *f*

mandrágora [maṇ'draɣora] *f* (BOT) Mandragora *f,* Mandragore *f,* Alraunwurzel *f*

mandria ['maṇdrja] *m* Nichtsnutz *m,* Schlappschwanz *m fam,* Waschlappen *m fam*

mandril [maṇ'dril] *m* **1.** (ZOOL: *mono*) Mandrill *m* **2.** (TÉC: *espiga*) (Richt)dorn *m;* (*plato de sujeción*) (Spann)futter *nt;* ~ **de taladrar** Bohrfutter *nt*

mandrilar [maṇdri'lar] *vt* (TÉC: *ensanchar*) aufdornen, mit dem Dorn ausweiten; (*perforar*) ausbohren

mandrón [maṇ'dron] *m* **1.** (HIST) *Kugel aus Stein oder Holz, die mit der Hand auf den Kriegsgegner geworfen wurde;* **arrojar** ~ **a alguien** jdn beschimpfen **2.** (*catapulta*) Katapult *nt o m,* Steinschleuder *f*

manducar [maṇdu'kar] <c→qu> *vi, vt* (*fam*) futtern

manducatoria [maṇduka'torja] *f* (*fam*) Essen *nt*

manea [ma'nea] *f* (Fuß)fessel *f*

manear [mane'ar] *vt* an den Vorderfüßen fesseln

manecilla [mane'θiʎa] *f* **1.** (*aguja del reloj*) Zeiger *m* **2.** (*broche para cerrar libros*) Schließhaken *m*, Buchverschluss *m* **3.** (TÉC) Griff *m*, Handhebel *m*; ~ **de puerta** (AUTO) Türgriff *m*; ~ **de ventana** (AUTO) Fenstergriff *m* **4.** (*signo*) Hinweiszeichen *nt* in Handform

manejabilidad [manexaβili'ðaᵈ] *f* **1.** (*de un objeto*) Handlichkeit *f* **2.** (*de una persona*) Fügsamkeit *f*, Lenkbarkeit *f* **3.** (AUTO) Wendigkeit *f*, gute Lenkbarkeit *f*

manejable [mane'xaβle] *adj* **1.** (*objeto*) handlich, leicht zu handhaben **2.** (*persona*) leicht zu beeinflussen, fügsam, leicht lenkbar **3.** (AUTO) wendig, leicht lenkbar

manejado, **-a** [mane'xaðo, -a] *adj* (ARTE): **bien/mal** ~ gut/schlecht gemalt

manejar [mane'xar] **I.** *vt* **1.** (*usar*) handhaben, hantieren (mit +*dat*); (*utilizar*) umgehen (mit +*dat*); ~ **el cuchillo** mit dem Messer hantieren; ~ **una máquina** eine Maschine bedienen; **esta aspiradora es fácil de** ~ dieser Staubsauger ist leicht zu handhaben [*o* zu bedienen]; **maneja bien las cifras** er/sie kann gut mit Zahlen umgehen; **sabe** ~ **el dinero** er/sie kann gut mit Geld umgehen; **'¡manéjese con cuidado!'** 'Vorsicht! Zerbrechlich!' **2.** (INFOR) steuern **3.** (*dirigir*) leiten, führen; ~ **un negocio** ein Geschäft leiten; ~ **intereses** Interessen vertreten **4.** (*dominar a alguien*) manipulieren, lenken; **maneja al marido a su antojo** sie macht mit ihrem Mann, was sie will **5.** (*Am: conducir un coche*) lenken, steuern **II.** *vr:* ~**se** zurechtkommen; **saber** ~**se en la vida** sich gut im Leben zurechtfinden; **manejárselas** (*fam*) sich *dat* zu helfen wissen

manejo [ma'nexo] *m* **1.** (*uso*) Handhabung *f* (*de* +*gen*), Umgang *m* (*de* mit +*dat*); (*utilización*) Bedienung *f*; ~ **del agua** Wasserbewirtschaftung *f*; ~ **de animales** (AGR) Umgang mit Tieren; ~ **a distancia** Fernbedienung *f*; ~ **inadecuado** unsachgemäße Behandlung **2.** (INFOR) Steuerung *f*; ~ **de errores** Fehlerbehandlung *f*; ~ **de la memoria** Speicherbenutzung *f*; ~ **de información** Informationsaufbereitung *f* **3.** (*trato*) Umgang *m*; **tiene mucho** ~ **con los clientes** er/sie hat viel Umgang mit den Kunden **4.** (*dirección de un negocio*) Management *nt*, Leitung *f* **5.** (*Am: conducción de un coche*) Steuerung *f* **6.** *pl* (*intriga*) Machenschaften *fpl*, Intrigen *fpl*

maneota [mane'ota] *f* (Fuß)fessel *f*

manera [ma'nera] *f* **1.** (*forma, modo*) Art *f*, Weise *f*, Art und Weise *f*; ~ **de decir** Redensart *f*; ~ **de obrar** [*o* **de actuar**] Verhalten *nt*, Verhaltensweise *f*; ~ **de pensar** Ansicht *f*, Meinung *f*; ~ **de proceder** Vorgehensweise *f*; ~ **de ser** Wesen *nt*; ~ **de ver las cosas** Einstellung *f*; **a la** ~ **de** in der Art von; **a la** ~ **de la casa** nach Art des Hauses; **a** ~ **de** wie, als; **era a** ~ **de un lagarto gigante** es sah aus [*o* es war so etwas wie] wie eine Rieseneidechse; **llevaba un jersey a** ~ **de bufanda** er/sie hatte sich *dat* einen Pullover als Schal umgebunden; **lo hacemos a mi** ~ wir machen es auf meine Art [*o* so, wie ich es will]; **a mi** ~ **de ver...** meiner Ansicht nach ...; **lo puedes hacer de cualquier** ~ du kannst es auf verschiedene Art und Weise machen; **de la** ~ **que sea** egal wie; **de cualquier** ~ [*o* **de todas** ~**s**], **no pienso ir ahí** ich gehe jedenfalls nicht dorthin; **de esta** ~ so, auf diese Weise; **de** ~ **que** so dass, also; **mañana tienes que madrugar, de** ~ **que es mejor que te acuestes pronto** morgen musst du früh aufstehen, also ist es besser, wenn du bald ins Bett gehst [*o* so dass du besser bald ins Bett gehen solltest]; **¿de** ~ **que sacaste mala nota?** du hast also eine schlechte Note bekommen?; **de ninguna** ~ keinesfalls; **de tal** ~ **que** derart(ig), dass; **se echó a gritar de tal** ~ **que despertó a los vecinos** er/sie fing derartig an zu schreien, dass die Nachbarn aufgeweckt wurden; **de una** ~ **o de otra** so oder so, auf die eine oder andere Art und Weise; **en cierta** ~ gewissermaßen, in gewisser Weise; **en gran** ~ in hohem Maße, wesentlich; **no hay** ~ **de hacerle venir** es ist unmöglich, ihn zum Mitkommen zu bewegen; **¡qué** ~ **de llover!** so ein Regen!; **sobre** ~ übermäßig (viel); **primero se lo dije de buena** ~ [*o* **con buenas** ~**s**] erstmal habe ich ihn/sie höflich darauf hingewiesen; **le contestó de mala** ~ er/sie gab ihm/ihr eine freche Antwort; **hacer las cosas de mala** ~ pfuschen **2.** *pl* (*modales*) Manieren *fpl*, Umgangsformen *fpl*; **buenas/malas** ~**s** gute/schlechte Manieren; **¡estas no son** ~**s!** das ist keine Art!

maneta [ma'neta] *f* (TÉC) (Schalt)griff *m*

maneto, **-a** [ma'neto, -a] *adj* **1.** (*Hond: manos*) mit verkrüppelten Händen **2.** (*Guat, Ven: piernas*) krummbeinig

manezuela [mane'θwela] *f* **1.** (*broche para cerrar*) Schließhaken *m* **2.** (*manija*) Griff *m* **3.** *dim de* **manea**

manferidor(a) [maɱferi'ðor(a)] *m(f)* Eicher(in) *m(f)*

manferir [maɱfe'rir] <e→ie> *vt* eichen

manga ['maŋga] *f* **1.** (*del vestido*) Ärmel *m*; ~ **ra(n)glán** Raglanärmel *m*; ~ **a la sisa** ärmellos; **una camisa de** ~**s cortas/largas** ein kurzärm(e)liges/langärm(e)liges Hemd; **estar en** ~**s de camisa** formlos [*o* ohne Krawatte] gekleidet sein; **¡a buenas horas** ~**s verdes!** zu spät ist zu spät!; **hacer un corte de** ~**s** *eine obszöne oder verächtliche Geste machen, bei der man einen Arm hochhebt und mit der anderen Hand auf den hochgehobenen Arm schlägt;* **ir** ~ **por hombro** (*fam*) drunter und drüber gehen; **poner algo** ~ **por hombro** (*fam*) etw heillos durcheinander

M

bringen; **sacarse algo de la** ~ (*fig*) (sich *dat*) etw aus dem Ärmel schütteln; **guardar/tener algo en la** ~ (*fig*) etw im Ärmel behalten/haben; **ser más corto que las ~s de un chaleco** (*fig*) extrem schüchtern sein **2.** (*tubo de caucho, cuero o lona*) Schlauch *m;* ~ **de enpalme** Verbindungsschlauch *m;* ~ **de riego** Sprengschlauch *m* **3.** (AERO): ~ **de aire** Windsack *m* **4.** (METEO): ~ **de viento/de agua** Wind-/Wasserhose *f* **5.** (NÁUT) größte Schiffsbreite *f;* ~ **en la cubierta** Breite über Deck; ~ **total** Breite über alles **6.** (GASTR) Spritzbeutel *m,* Dressiersack *m* **7.** (*para filtrar*) Filtrierbeutel *m;* **hacer ~s y capirotes** (*fam*) unbesonnen handeln; **tener** (**la**) [*o* **ser de**] ~ **ancha** (*fig*) übermäßig tolerant [*o* nachsichtig] sein, alles durchgehen lassen **8.** (*fam: borrachera*) Schwips *m* **9.** (*Arg: pey: grupo de personas*) Haufen *m* (Leute); **una** ~ **de inútiles** ein Haufen [*o* lauter] Nichtsnutze **10.** (*loc*): **tirar la** ~ (*fam*) sich *dat* Geld pumpen **11.** (BOT) *eine Mangoart*

mangada [maŋ'gaða] *f* (*reg: campo*) langer, schmaler Acker *m;* (*prado*) lange, schmale Wiese *f*

mangajo, -a [maŋ'gaxo, -a] *m, f* **1.** (*Ecua: persona despreciable*) verabscheuenswerte, unansehnliche Person *f* **2.** (*Ecua, Perú: persona sin voluntad*) willenlose Person *f,* Waschlappen *m fam pey*

mangajón, -ona [maŋga'xon, -ona] **I.** *adj* (*reg*) zerlumpt **II.** *m, f* (*reg*) Person *f* in zerlumpter Kleidung

mangancia [maŋ'gaṇθja] *f* (*fam*) **1.** (*robo*) Gaunerei *f* **2.** (*holgazanería*) Faulenzerei *f* **3.** (*mendicidad*) Bettelei *f*

manganesa [maŋga'nesa] *f* (MIN) Braunstein *m,* Pyrolusit *m,* Polianit *m*

manganeso [maŋga'neso] *m* Mangan *nt*

manganeta [maŋga'neta] *f* (*Hond*) Trick *m,* Finte *f*

mangangá [maŋgaŋ'ga] *m* **1.** (*CSur: abejón zumbador*) ≈Hummel *f* **2.** (*CSur, Bol: persona fastidiosa*) Nervensäge *f fam*

manganilla [maŋga'niʎa] *f* Taschenspielerkunststück *nt*

mangante [maŋ'gaṇte] *mf* (*fam*) **1.** (*ladrón*) Gauner(in) *m(f)* **2.** (*holgazán*) Faulpelz *m,* Faulenzer(in) *m(f)* **3.** (*mendigo*) Bettler(in) *m(f)*

manganzón, -ona [maŋgaṇ'θon, -ona] *m, f* (*Am*) Faulenzer(in) *m(f)*

mangar [maŋ'gar] <g→gu> *vt* (*fam*) klauen

manglar [maŋ'glar] *m* (BOT) Mangrovenwald *m,* Mangrove *f*

mangle ['maŋgle] *m* **1.** (*arbusto*) Mangrove(n)baum *m* **2.** (*Am: árbol*) Manglebaum *m*

mango ['maŋgo] *m* **1.** (*puño*) Griff *m* **2.** (*puño alargado*) Stiel *m;* **tener la sartén por el** ~ (*fig*) das Heft fest in der Hand haben, Herr der Lage sein **3.** (*árbol*) Mangobaum *m* **4.** (*fruta*) Mango *f*

mangoneador(a) [maŋgonea'ðor(a)] *adj* **1.** (*entrometido*) zudringlich **2.** (*dominador*) herrschsüchtig **3.** (*vago*) faul, müßig

mangonear [maŋgone'ar] **I.** *vi* (*fam*) **1.** (*entrometerse*) sich einmischen (*en* in *+akk*) **2.** (*vaguear*) sich herumtreiben **II.** *vt* (*fam*) bestimmen; ~ **a alguien** jdn bevormunden

mangoneo [maŋgo'neo] *m* (*fam*) **1.** (*entremetimiento*) Einmischung *f* **2.** (*vagancia*) Herumtreiberei *f*

mangosta [maŋ'gosta] *f* (ZOOL) Manguste *f*

mangosto [maŋ'gosto] *m* (BOT) Frucht *f* der Mangostane

manguala [maŋ'gwala] *f* (*Col: vulg*) subversives Komplott *nt*

manguear [maŋge'ar] *vt* **1.** (*Arg, Chil, Méx: el ganado*) in den Pferch treiben **2.** (*Arg: fam: dinero*) pumpen

manguera [maŋ'gera] *f* **1.** (*tubo*) Schlauch *m* **2.** (*tromba*) Wasserhose *f* **3.** (*RíoPl: corral*) Fangkoppel *f*

mangueta [maŋ'geta] *f* **1.** (*listón*) Leiste *f* **2.** (*palanca*) Hebel *m* **3.** (*retrete*) Ableitrohr *nt* **4.** (AUTO) Achsschenkel *m*

manguito [maŋ'gito] *m* **1.** (*mitón*) Muff *m* **2.** (*protección*) Ärmelschoner *m* **3.** (*cilindro hueco*) Muffe *f,* Manschette *f* **4.** (*anillo*) Schelle *f*

manguruyú [maŋguru'ɟu] *m* (*Arg, Par:* ZOOL) Stachelwels *m*

maní [ma'ni] *m* Erdnuss *f*

manía [ma'nia] *f* **1.** (*locura*) Wahn *m;* ~ **persecutoria/de grandeza** Verfolgungs-/Größenwahn *m* **2.** (*extravagancia*) Schrulle *f,* Marotte *f* **3.** (*obsesión*) fixe Idee *f,* Manie *f;* **tener** ~ **por la moda** ein Modenarr sein **4.** (*fam: aversión*) Abneigung *f;* **tener(le)** ~ **a alguien** jdn nicht leiden können; **cogerle** [*o* **tomarle**] ~ **a alguien** eine Abneigung gegen jdn entwickeln

maniaco, -a [ma'njako, -a], **maníaco, -a** [ma'niako, -a] **I.** *adj* manisch, wahnsinnig **II.** *m, f* Besessene(r) *mf,* Wahnsinnige(r) *mf;* ~ **sexual** Sexbesessene(r) *m;* (*delincuente*) Triebtäter *m*

maniacodepresivo, -a [manjakoðepre'siβo, -a] *adj* manisch-depressiv

maniatar [manja'tar] *vt* **1.** (*persona*) an den Händen fesseln; **lo ~on a la silla** sie haben ihn mit den Händen an den Stuhl gebunden **2.** (*animal*) die Vorderbeine fesseln *+dat*

maniático, -a [ma'njatiko, -a] **I.** *adj* **1.** (*loco*) manisch **2.** (*extravagante*) seltsam **II.** *m, f* **1.** (*loco*) Wahnsinnige(r) *mf;* **un** ~ **de fútbol** ein Fußballfreak; **ser un** ~ **del cine** ein großer Kinoliebhaber sein **2.** (*extravagante*) Sonderling *m*

manicomio [mani'komjo] *m* Irrenanstalt *f*

manicorto, -a [mani'korto, -a] *adj* (*fam*) knickerig

manicura [mani'kura] *f* Maniküre *f*

manicuro, -a [mani'kuro, -a] *m, f* Handpfleger(in) *m(f),* Maniküre *f*

manido, **-a** [ma'niðo, -a] *adj* **1.** (*alimentos*) leicht verdorben; **carne manida** gut abgehangenes Fleisch; **fruta manida** überreifes Obst **2.** (*objetos*) (ab)gebraucht; **libro** ~ abgegriffenes Buch; **ropa manida** abgetragene Kleider **3.** (*trillado*) abgedroschen **4.** (*oculto*) verborgen

manierismo [manje'rismo] *m* (ARTE) Manierismus *m*

manierista [manje'rista] *adj* manieristisch

manifestación [manifesta'θjon] *f* **1.** (*expresión*) Bekundung *f*, Äußerung *f*; **como ~ de cariño** als Ausdruck der Zuneigung **2.** (*reunión pública*) Demo(nstration) *f*, Kundgebung *f*; ~ **multitudinaria** Massenkundgebung *f*, Demonstration *f*; ~ **naval** Flottendemonstration *f*

manifestador[1] [manifesta'ðor] *m* (REL) *Schrein mit Baldachin zum Tragen des Allerheiligsten*

manifestador(a)[2] [manifesta'ðor(a)] *adj* äußernd, ausdrückend; **sus actos, ~es de una gran intolerancia** seine Taten, die von großer Intoleranz zeugten

manifestante [manifes'tante] *mf* Demonstrant(in) *m(f)*

manifestar [manifes'tar] <e→ie> **I.** *vt* **1.** (*declarar*) erklären, äußern **2.** (*mostrar*) zeigen **II.** *vr:* **~se 1.** (*declararse*) sich äußern; **~se a favor/en contra de algo** sich für/gegen etw aussprechen **2.** (*revelarse*) sichtbar werden (*en* in +*dat*), sich zeigen (*en* in +*dat*) **3.** (*política*) demonstrieren

manifiestamente [manifjesta'mente] *adv* offensichtlich, eindeutig; **llegó ~ borracho** er war eindeutig betrunken, als er kam

manifiesto[1] [mani'fjesto] *m* Manifest *nt*; ~ **del buque** Schiffsmanifest *nt*; ~ **de carga** (COM) Ladeliste *f*, Ladungsmanifest *nt*

manifiesto, **-a**[2] [mani'fjesto, -a] *adj* **1.** (*declarado*) offenbar **2.** (*evidente*) eindeutig, klar **3.** (*loc*): **poner de ~** offenbaren, zum Ausdruck bringen; **poner de ~ los autos** (JUR) die Akten zur Einsicht bereitlegen

manigordo [mani'ɣorðo] *m* (*CRi:* ZOOL) Ozelot *m*

manigua [ma'niɣwa] *f* (*Cuba*) Gestrüpp *nt*

manigueta [mani'ɣeta] *f* **1.** (NÁUT) Poller *m* **2.** (*mango*) Griff *m*; (*manivela*) Kurbel *f*

manija [ma'nixa] *f* **1.** (*abrazadera*) Halteschelle *f* **2.** (*traba*) Fußfessel *f* **3.** (*puño*) Griff *m* **4.** (*de la ventana, puerta*) Hebel *m* **5.** (*palanca*) Kurbelgriff *m*

manila [ma'nila] *m* **1.** (*cigarro*) Manilazigarre *f* **2.** (*cáñamo*): **cáñamo de M~** Manilahanf *m*

manilargo, **-a** [mani'laryo, -a] **I.** *adj* **1.** (*hurtador*) langfing(e)rig **2.** (*dadivoso*) großzügig **II.** *m, f* Langfinger *m*

manilla [ma'niʎa] *f* **1.** (*pulsera*) Armreif *m* **2.** *pl* (*para prisioneros*) Handschellen *fpl* **3.** (*manija*) Kurbelgriff *m* **4.** (*del reloj*) Uhrzeiger *m*

manillar [mani'ʎar] *m* Lenker *m* (*eines Zweirads*)

maniluvio [mani'luβjo] *m* (MED) medizinisches Handbad *nt*

maniobra [mani'oβra] *f* **1.** (*operación manual*) Handgriff *m* **2.** (*uso*) Bedienung *f* **3.** (*ardid*) Intrige *f*, Machenschaften *fpl*; **~s fraudulentas** betrügerische Handlungen **4.** (*ejercicio militar*) Manöver *nt*; **estar de ~s** im Manöver sein **5.** (*coche*) Manöver *nt* **6.** (*tren*) Rangieren *nt*; ~ **de acoplamiento** Andockmanöver *nt* **7.** (*vehículo*) Steuern *nt*

maniobrabilidad [manjoβraβili'ða^{d}] *f* (*vehículo*) Lenkbarkeit *f*

maniobrable [manjo'βraβle] *adj* lenkbar; **un vehículo fácilmente ~** ein wendiges Fahrzeug

maniobrar [manjo'βrar] **I.** *vi* (*adiestrar militarmente*) ein Manöver abhalten **II.** *vt* **1.** (*manejar*) manövrieren, steuern **2.** (*manipular*) beeinflussen

manipulable [manipu'laβle] *adj* manipulierbar

manipulación [manipula'θjon] *f* **1.** (*empleo*) Handhabung *f*; **costes de ~** (COM) Bearbeitungskosten *pl* **2.** (*elaboración*) Verarbeitung *f*; ~ **de documentos** (INFOR) Dokumentverarbeitung *f*; ~ **de símbolos** (INFOR) Zeichenverarbeitung *f* **3.** (*alteración*) Manipulation *f*; ~ **genética** Genmanipulation *f*

manipulado, **-a** [manipu'laðo, -a] *adj* manipuliert

manipulador[1] [manipula'ðor] *m* **1.** (*morse*) Morsetaster *m* **2.** (TEL) Telegrafenschlüssel *m*

manipulador(a)[2] [manipula'ðor(a)] *adj* manipulierend

manipular [manipu'lar] *vt* **1.** (*maniobrar*) handhaben; (*máquina*) bedienen **2.** (*elaborar*) verarbeiten **3.** (*alterar*) manipulieren; ~ **a alguien** jdn beeinflussen **4.** (*interferir*) eingreifen (in +*akk*) **5.** (*manosear*) hantieren (mit +*dat*)

manipuleo [manipu'leo] *m* (*fam: manoseo*) Hantieren *nt*, Handhabung *f*; **se le da bien el ~ de aparatos eléctricos** er/sie ist geschickt im Umgang mit elektrischen Geräten

maniquea [mani'kea] *f v.* **maniqueo**

maniqueísmo [manike'ismo] *m sin pl* **1.** (REL) Manichäismus *m* **2.** (POL) Schwarzweißmalerei *f*

maniqueo, **-a** [mani'keo, -a] *m, f* Manichäer(in) *m(f)*

maniquí [mani'ki] <maniquíes> *m* **1.** (*modelo*) Mannequin *nt* **2.** (*muñeco*) Modellpuppe *f*, Schaufensterpuppe *f* **3.** (*pelele*) Marionette *f*

manir [ma'nir] *irr como abolir vt* (*vino*) ablagern; (*frutas*) reifen lassen; (*carne*) abhängen lassen

manirroto, **-a** [mani'rroto, -a] *adj* verschwenderisch

manita [ma'nita] *f* **1.** (*maná*) Mannit *m*

2. (*dim de mano*) Händchen *nt;* **hacer ~s** Händchen halten; **ser un ~s** handwerklich geschickt sein **3.** (GASTR): **~s de cerdo** *Spitzbeineintopf*

manito [ma'nito] *m* (*Méx*) ≈Kumpel *m*

manitú [mani'tu] *m* Manitu *m*

manivacío, -a [maniβa'θio, -a] *adj* (*fam*) mit leeren Händen

manivela [mani'βela] *f* Kurbel *f;* **dar vueltas a la ~** die Kurbel drehen

manjar [maŋ'xar] *m* **1.** (*comestible*) Speise *f* **2.** (*exquisitez*) Delikatesse *f* **3.** (GASTR: *plato*) *verschiedene spanische Spezialitäten mit Milch und Eiern als Hauptzutaten*

manjarete [maŋxa'rete] *m* (*Ven:* GASTR) *in Zucker und Milch gekochte Süßspeise aus geriebenem Mais*

mano¹ ['mano] *f* **1.** (*parte del cuerpo*) Hand *f;* **equipaje de ~** Handgepäck *nt;* **a ~ alzada** (*votación*) durch Handzeichen; **a ~ armada** bewaffnet; **a ~s de alguien** zu Händen [*o* z. Hd.] von jdm; **a ~s llenas** großzügig; **a la ~ de Dios** dem Schicksal überlassen; **alzar la ~ contra alguien** gegen jdn die Hand erheben; **apretón de ~s** Handschlag *m;* **¡~s arriba!** Hände hoch!; **bajo ~** unter der Hand; **algo está de la ~ de alguien** jd ist für etw zuständig; **vender algo bajo ~** etw unter der Hand [*o* auf dem Schwarzmarkt] verkaufen; **cargar las ~s** übertreiben; **coger** [*o* **encontrar**] **a alguien con las ~s en la masa** jdn auf frischer Tat ertappen; **cogidos** [*o* **tomados**] **de las ~s** Hand in Hand; **comer de la ~ de alguien** (*fig*) jdm aus der Hand fressen; **con la ~ en el corazón** freimütig; **con ~ férrea** mit eiserner Hand; **dar de ~** (*al trabajo*) die Arbeit niederlegen, mit der Arbeit aufhören; **dar de ~ a alguien** jdn links liegen lassen; **dar** [*o* **tender**] **la ~ a alguien** jdm die Hand geben; (*fig*) jdm helfen; **dar** [*o* **echar**] **una ~ a alguien** jdm helfen; **de primera/segunda ~** aus erster/zweiter Hand; **dejar algo en ~s de alguien** jdm etw überlassen; **echar ~ de algo/de alguien** auf etw/auf jdn zurückgreifen; **echarse las ~s a la cabeza** (*fam*) die Hände über dem Kopf zusammenschlagen; **ser de ~ abierta/cerrada** großzügig/geizig sein; **estar al alcance de la ~** in Reichweite sein; **estar** [*o* **quedar**] **a ~** quitt sein; **estar en buenas ~s** (*fig*) in guten Händen sein; **estar ~ sobre ~** (*fig*) die Hände in den Schoß legen; **hecho a ~** handgefertigt; **hizo todo lo que estuvo en su ~** er/sie tat alles, was in seinen/ihren Kräften stand; **irse a las ~s** handgreiflich werden; **su vida se le había ido de las ~s** er/sie hatte die Kontrolle über sein/ihr Leben verloren; **se le ha ido la ~** (*desmesura*) er/sie hat das Maß überschritten; (*violencia*) er/sie ist handgreiflich geworden; **lavarse las ~s como Pilatos** seine Hände in Unschuld waschen; **llevar a alguien de la ~** jdn an der Hand führen; (*fig*) Einfluss auf jdn ausüben; **~ a ~** (*fig*) Hand in Hand, gleichzeitig; **¡~s a la obra!** ans Werk!; **meter ~** sich einmischen; **meter ~ a alguien** (*fam*) jdn befingern; **pedir la ~ de alguien** um jds Hand anhalten; **poner las ~s en el fuego por alguien** für jdn die Hand ins Feuer legen; **si a ~ viene...** wenn es gelegen ist ...; **echar ~ de una oferta** ein Angebot in Anspruch nehmen; **tener** [*o* **traer**] **algo entre ~s** etw im Schilde führen; **tomarle la ~ a algo** (*fam*) sich in etw einarbeiten; **untar la ~ a alguien** jdn bestechen; **muchas ~s en un plato hacen mucho garabato** (*prov*) viele Köche verderben den Brei **2.** (ZOOL) Vorderfuß *m;* (*de un perro*) Vorderpfote *f;* **~ de ave** Klaue *f;* **~ de elefante** Rüssel *m* **3.** (*reloj*) Zeiger *m* **4.** (*lado*) Seite *f;* **a** [*o* **de**] [*o* **por**] **la ~ derecha/izquierda** auf der rechten/linken Seite **5.** (*aplicación*) (Farb)auftrag *m;* (*capa*) (Farb)schicht *f;* **una ~ de pintura** ein Anstrich; **la pared necesita una ~ de pintura** die Wand muss noch einmal gestrichen werden; **dar la última ~ a algo** etw *dat* den letzten Schliff geben; **una ~ de azotes** eine Tracht Prügel **6.** (*trabajador*) Arbeiter(in) *m(f);* **~ de obra** Arbeitskraft *f;* **~ de obra cualificada** [*o* **de obra especial**] Facharbeiter *mpl,* Fachpersonal *nt;* **~ de obra no cualificada** ungelernte Arbeitskräfte; **~ de obra barata** billige Arbeitskräfte; **~ de obra disponible** verfügbare Arbeitskräfte; **doctrina de la ~ invisible** die Doktrin von der unsichtbaren Hand (A. Smith) **7.** (*habilidad*) Geschicklichkeit *f;* **tener buena ~ para coser** im Nähen geschickt sein; **tener ~s verdes** eine gute Hand für Pflanzen haben, einen grünen Daumen haben **8.** (*lance entero de naipes*) Runde *f;* (*primero en orden*) Vorhand *f;* **ser ~** herauskommen **9.** (*lance entero de ajedrez*) Partie *f*

mano, -a² ['mano, -a] *m, f* (*Méx: fam*) Kumpel *m,* Brüderchen *nt,* Schwesterchen *nt*

manojear [manoxe'ar] *vt* (*Cuba*) (Tabakblätter) bündeln

manojo [ma'noxo] *m* Hand *f* voll (*de +gen/akk*); **~ de llaves** Schlüsselbund *m o nt;* **ser un ~ de nervios** ein Nervenbündel sein

manola [ma'nola] *f* Pferdekutsche *f*

manolo, -a [ma'nolo, -a] *m, f* (*de Madrid*) Gassenjunge *m,* Gassenmädchen *nt*

manometría [manome'tria] *f* (FÍS) Druckmessung *f*

manómetro [ma'nometro] *m* (FÍS) Manometer *nt*

manopla [ma'nopla] *f* **1.** (*guante*) Fausthandschuh *m,* Fäustling *m;* (*para lavarse*) Waschlappen *m;* (HIST: *armadura*) Panzerhandschuh *m* **2.** (*látigo*) Peitsche *f*

manoseado, -a [manose'aðo, -a] *adj* **1.** (*sobado*) gebraucht **2.** (*trillado*) abgedroschen

manoseador(a) [manosea'ðor(a)] *adj* grapschend

manosear [manose'ar] *vt* **1.** (*palpar*) betasten **2.** (*fam pey: toquetear*) betatschen, begrapschen

manoseo [mano'seo] *m* **1.** (*fam: sobo*) Fummelei *f* **2.** (*toqueteo*) Belästigung *f*

manotada [mano'taða] *f* Schlag *m* (*mit der Hand*); **terminar un trabajo de cuatro ~s** eine Arbeit schnell [*o* im Handumdrehen] erledigen

manotazo [mano'taθo] *m* Schlag *m;* **dar ~s** um sich schlagen

manoteador(a) [manotea'ðor(a)] **I.** *adj* (*CSur: caballo piafador*) tänzelnd **II.** *m(f)* **1.** (*Arg, Méx: ratero*) Taschendieb(in) *m(f)* **2.** (*que mueve mucho las manos*) *Person, die beim Sprechen mit den Händen gestikuliert*

manotear [manote'ar] **I.** *vi* gestikulieren **II.** *vt* mit der Hand schlagen

manoteo [mano'teo] *m* Herumfuchteln *nt,* Gestikulieren *nt;* **el ~ en el agua fue la señal que alertó al socorrista** durch das Herumzappeln im Wasser wurde der Bademeister aufmerksam

manotón [mano'ton] *m* Schlag *m* (*mit der Hand*)

manriqueño, -a [manrri'keɲo, -a] *adj* (LIT) **1.** (*de Jorge Manrique*) Jorge Manrique betreffend; **coplas manriqueñas** Gedichte Jorge Manriques **2.** (*influido por Manrique*) von Jorge Manrique beeinflusst

mansalva [man'salβa] *adv:* **a ~** (*sobre seguro*) sicher; (*traidoramente*) aus dem Hinterhalt; (*en gran cantidad*) massenweise

mansamente [mansa'meṇte] *adv* (*obedecer*) zahm, gefügig; (*correr*) still; (*soplar*) lau, lind

mansarda [man'sarða] *f* (*AmC, AmS*) Mansarde *f*

mansedumbre [manse'ðumbre] *f* **1.** (*suavidad*) Sanftmut *f* **2.** (*sumisión*) Gehorsam *m*

mansión [man'sjon] *f* **1.** (*casa suntuosa*) Villa *f* **2.** (*morada*) Wohnsitz *m* **3.** (*detención*) Rast *f;* **hacer ~** sich aufhalten

manso, -a ['manso] *adj* **1.** (*dócil*) sanft **2.** (*animales*) zahm **3.** (*aguas*) still **4.** (*viento*) lau **5.** (*clima*) mild

mansurrear [mansurre'ar] *vi* (TAUR) zu zahm sein

mansurrón, -ona [mansu'rron, -ona] *adj* (*del toro*) viel zu ruhig

manta[1] ['maṇta] *f* **1.** (*cobertor*) Decke *f;* **~ de cama** Tagesdecke *f;* **~ de viaje** Reisedecke *f;* **a ~** massenhaft; **liarse la ~ a la cabeza** unbedacht handeln; (*aceptar un encargo*) sich *dat* etwas aufhalsen lassen; (*actuar con decisión*) Nägel mit Köpfen machen; **tirar de la ~** Machenschaften aufdecken **2.** (*zurra*) Tracht *f* Prügel **3.** (ZOOL: *pez*) Rochen *m*

manta[2] ['maṇta] *mf* (*persona torpe*) Tölpel *m*

mantalona [maṇta'lona] *f* (NÁUT) festes Segeltuch *nt*

mantancero, -a [maṇtaṇ'θero, -a] *m, f* (*Méx*) Fleischer(in) *m(f),* Metzger(in) *m(f)*

manteado [maṇte'aðo] *m* (*AmC*) Zelt *nt*

mantear [maṇte'ar] *vt auf einer Decke mehrmals in die Luft werfen und wieder auffangen*

manteca [maṇ'teka] *f* **1.** (*grasa*) Fett *nt;* **~ de cerdo** Schweineschmalz *nt;* **~ vegetal** Pflanzenfett *nt* **2.** (*mantequilla*) Butter *f;* **~ de cacao** Kakaobutter *f;* **como ~** butterweich; **eso no se le ocurre ni al que asó la ~** um so etwas anzustellen, muss man schon ganz schön doof sein

mantecada [maṇte'kaða] *f* **1.** (*pan*) Butterbrot *nt* mit Zucker **2.** (*bollo*) Buttergebäck *nt*

mantecado [maṇte'kaðo] *m* **1.** (*bollo*) (weihnachtliches) Schmalzgebäck *nt* **2.** (*helado*) Milcheis *nt*

mantecosidad [maṇtekosi'ðaᶞ] *f sin pl* butterweiche Konsistenz *f*

mantecoso, -a [maṇte'koso, -a] *adj* **1.** (*de manteca*) Butter-; (*sabor*) butt(e)rig; **queso ~** Butterkäse *m* **2.** (*consistencia*) butterweich; **carne mantecosa** zartes Fleisch

mantel [maṇ'tel] *m* Tischtuch *nt,* Tischdecke *f;* **levantar los ~es** nach dem Essen vom Tisch aufstehen; **comer a ~es** fein essen; **estar a mesa y ~** freie Verpflegung haben

mantelería [maṇtele'ria] *f* Tischwäsche *f*

mantellina [maṇte'ʎina] *f* Mantille *f,* Schleiertuch *nt*

mantelo [maṇ'telo] *m Schürze der Bäuerinnen im Norden Spaniens*

mantenencia [maṇte'neṇθja] *f* Unterhalt *m;* (*pago*) Unterhaltszahlung *f*

mantener [maṇte'ner] *irr como tener* **I.** *vt* **1.** (*conservar*) halten; **~ a punto** instand [*o* in Stand] halten; **~ el orden/las relaciones** die Ordnung/die Beziehungen aufrechterhalten; **~ la línea** fit bleiben; **~ su palabra** (sein) Wort halten **2.** (*perseverar*) beharren (auf +*dat*); **~ la calma** die Ruhe bewahren **3.** (*sustentar*) unterhalten; **~ correspondencia con alguien** mit jdm in Briefkontakt stehen **4.** (*sostener*) stützen, halten **5.** (*proseguir*) in Gang halten; **~ una conversación con alguien** mit jdm ein (langes) Gespräch führen **II.** *vr:* **~se 1.** (*sostenerse*) sich halten **2.** (*continuar*) bleiben; **~se tranquilo/en movimiento** ruhig/in Bewegung bleiben; **~se despierto** sich wach halten, wach bleiben; **las acciones se mantienen bien** (FIN) die Aktien halten sich gut; **la Bolsa se ha mantenido hoy en calma** die Börse hatte heute eine ruhigen Verlauf **3.** (*perseverar*) festhalten (an +*dat*); **~se en sus trece** (*fam*) auf seinem Standpunkt beharren **4.** (*sustentarse*) seinen Lebensunterhalt bestreiten (*gracias a* mit +*dat*)

mantenida [maṇte'niða] *f* ausgehaltene Geliebte *f*

mantenido, -a [maṇte'niðo, -a] *adj* konstant, anhaltend

mantenimiento [maṇteni'mjeṇto] *m* **1.** (*alimentos*) Unterhalt *m* **2.** (TÉC) Wartung *f,* Instandhaltung *f;* **coste de ~ de una máquina** Wartungskosten einer Maschine; **responsable de ~ de unas instalaciones** für die

M

Wartung mehrerer Anlagen Verantwortlicher; **servicio de** ~ Wartungsdienst *m;* **sin** ~ wartungsfrei; ~ **de datos** (INFOR) Datenpflege *f*

manteo [man̦'teo] *m* **1.** (*mantear*) *Werfen und Wiederauffangen auf einer Decke* **2.** (*capa*) Priestermantel *m*

mantequera [man̦te'kera] *f* **1.** (*elaboración manual*) Butterfass *nt;* (*elaboración mecánica*) Buttermaschine *f* **2.** (*para conservar*) Butterdose *f;* (*en frigorífico*) Butterfach *nt*

mantequería [man̦teke'ria] *f* **1.** (*lugar de elaboración*) Molkerei *f* **2.** (*lugar de venta*) Milchgeschäft *nt*

mantequilla [man̦te'kiʎa] *f* Butter *f*

mantequillera [man̦teki'ʎera] *f* (*Am*) Butterdose *f*

mantilla [man̦'tiʎa] *f* **1.** (*de mujer*) Mantille *f* **2.** (*de niño*) Wickeltuch *nt* **3.** (*de caballo*) Satteldecke *f* **4.** (*loc, fam*): **algo está en ~s** etw ist [*o* steckt] noch in den Windeln; **estar en ~s sobre algo** wenig Ahnung von etw *dat* haben

mantillo [man̦'tiʎo] *m* **1.** (*capa del suelo*) Humus *m* **2.** (*abono*) organischer Dünger *m*

mantillón[1] [man̦ti'ʎon] *m* (*Am*) dicke (Pferde)decke *f*

mantillón, -ona[2] [man̦ti'ʎon(a)] **I.** *adj* **1.** (*desaliñado*) schlampig **2.** (*Méx: sinvergüenza*) unverschämt **II.** *m, f* (*pey: mujer*) Schlampe *f;* (*hombre*) Schmutzfink *m*

mantis ['man̦tis] *f* (ZOOL) Gottesanbeterin *f*

mantisa [man̦'tisa] *f* (MAT) Mantisse *f*

manto ['man̦to] *m* **1.** (*prenda de vestir*) Umhang *m* **2.** (*capa*) Schicht *f;* **el** ~ **ácido de la piel** der Säureschutzmantel der Haut; **un** ~ **de nieve** eine Schneedecke **3.** (*velo*) Schleier *m;* **el** ~ **del olvido** ein Schleier des Vergessens **4.** (*talar*) Talar *m* **5.** (MIN) dünne Erdschicht *f* **6.** (GEO): ~ **terrestre** Erdmantel *m* **7.** (GEO, BOT): ~ **vegetal** Pflanzendecke *f*

mantón [man̦'ton] *m* Umschlagtuch *nt;* ~ **de Manila** besticktes Umschlagtuch aus Seide

mantra ['man̦tra] *m* Mantra *nt*

mantudo, -a [man̦'tuðo, -a] **I.** *adj* (*ave*) mit hängenden Flügeln **II.** *m, f* (*AmC*) verkleideter Mensch *m,* Maske *f*

manuable [manu'aβle] *adj* handlich

manual [manu'al] **I.** *adj* **1.** (*con las manos*) Hand-; **trabajo** ~ Handarbeit *f;* **abecedario** ~ Fingeralphabet *nt* (*für Taubstumme*) **2.** (*manejable*) handlich **II.** *m* Handbuch *nt;* ~ **de instrucciones** Bedienungsanleitung *f;* ~ **de mantenimiento** Wartungshandbuch *nt;* ~ **de referencia** Nachschlagewerk *nt*

manualidad [manwali'ðaᵈ] *f* **1.** (*trabajo manual*) Handarbeit *f* **2.** (*pasatiempo*) Bastelarbeit *f*

manubrio [ma'nuβrjo] *m* **1.** (*puño*) Griff *m* **2.** (*manivela*) Kurbel *f;* **piano de** ~ Drehorgel *f* **3.** (*Arg: manillar*) Lenker *m*

manuelino, -a [manwe'lino, -a] *adj* (ARQUIT): **de estilo** ~ im Manuelstil [*o* Emanuelstil]

manuella [ma'nweʎa] *f* (NÁUT) Windenhebel *m,* Spillgriff *m*

manufactura [manufak'tura] *f* **1.** (*fabricación*) Manufakturartikel *m* **2.** (*fábrica*) Manufaktur *f*

manufacturación [manufaktura'θjon] *f* Herstellung *f*

manufacturado, -a [manufaktu'raðo, -a] *adj* hergestellt; **artículos ~s** Manufakturartikel *mpl;* ~ **en...** hergestellt in ...

manufacturar [manufaktu'rar] *vt* herstellen, fertigen

manufacturero, -a [manufaktu'rero, -a] *adj* (ECON) verarbeitend; **el sector** ~ die verarbeitende Industrie

manumisión [manumi'sjon] *f* Freilassung *f* (*von Sklaven*)

manumiso, -a [manu'miso, -a] *adj* (JUR) freigelassen

manumitir [manumi'tir] *vt* (HIST) freilassen

manuscribir [manuskri'βir] *vt* handschriftlich anfertigen, mit der Hand schreiben

manuscrito[1] [manus'krito] *m* **1.** (*escrito a mano*) Handschrift *f* **2.** (*de un autor*) Manuskript *nt*

manuscrito, -a[2] [manus'krito, -a] *adj* handschriftlich, handgeschrieben

manutención [manuten̦'θjon] *f* **1.** (*alimentos*) Unterhalt *m* **2.** (TÉC) Unterhaltung *f,* Instandhaltung *f*

manutisa [manu'tisa] *f* (BOT) Bartnelke *f*

manzana [man̦'θana] *f* **1.** (*fruta*) Apfel *m;* **la** ~ **de la discordia** der Zankapfel; **sano como una** ~ kerngesund **2.** (*cuadra*) (Häuser)block *m;* **dar la vuelta a la** ~ um den Block gehen

manzanal [man̦θa'nal] *m* (BOT) **1.** (*terreno*) Apfelbaumplantage *f* **2.** (*árbol*) Apfelbaum *m*

manzanar [man̦θa'nar] *m* Apfelgarten *m*

manzanero [man̦θa'nero] *m* (*Ecua:* BOT) Apfelbaum *m*

manzanil [man̦θa'nil] *adj* apfelähnlich

manzanilla [man̦θa'niʎa] *f* **1.** (*planta*) Kamille *f;* ~ **loca** Bertram *m* **2.** (*flor*) Kamillenblüte *f* **3.** (*infusión*) Kamillentee *m* **4.** (*vino*) Manzanilla(wein) *m* (*andalusische Weinspezialität*)

manzanillo[1] [man̦θa'niʎo] *m* **1.** (*Arg, Méx, Urug, Ven: caballo*) Falbe *m* **2.** (BOT) Manzanillo-Baum *m* (*in den Antillen vorkommender Baum mit apfelähnlichen Früchten, die sehr giftig sind*)

manzanillo, -a[2] [man̦θa'niʎo, -a] *adj* (BOT): **olivo** ~ *Olivenbaumsorte mit kleinen Früchten;* **aceituna manzanilla** *die Olive dieses Olivenbaumes*

manzano [man̦'θano] *m* Apfelbaum *m*

maña ['maɲa] *f* **1.** *v.* **maño 2.** (*habilidad*) Geschicklichkeit *f;* **darse** [*o* **tener**] ~ **para** [*o* **con**] **algo** etw geschickt angehen **3.** (*astucia*) Schläue *f;* **más vale** ~ **que fuerza** List geht über Kraft **4.** *pl* (*caprichos*) Mucken *fpl;* **tener ~s** verwöhnt sein

mañana[1] [ma'ɲana] **I.** *f* Morgen *m,* Vormittag *m;* **a las 5 de la** ~ um 5 Uhr morgens; **de**

la noche a la ~ über Nacht; **de ~** frühmorgens; **por la ~** vormittags, im Laufe des Vormittags; **todas las ~s** jeden Morgen **II.** *adv* **1.** (*día*) morgen; **¡hasta ~!** bis morgen!; **~ por la ~** morgen früh [*o* Vormittag]; **pasado ~** übermorgen; **~ será otro día** morgen ist auch noch ein Tag; **no dejes para ~ lo que puedas hacer hoy** (*prov*) was du heute kannst besorgen, das verschiebe nicht auf morgen **2.** (*futuro*) in der Zukunft

mañana[2] [ma'ɲana] *m* Morgen *nt*, Zukunft *f*; **el día de ~** in näherer Zukunft

mañanear [maɲane'ar] *vi* früh aufstehen; **no soporto ~** morgens früh aufstehen finde ich schrecklich

mañanero, -a [maɲa'nero, -a] **I.** *adj* **1.** (*madrugador*) Frühaufsteher- **2.** (*de la mañana*) Morgen- **II.** *m, f* Frühaufsteher(in) *m(f)*

mañanita [maɲa'nita] *f* **1.** (*prenda*) Bettjacke *f* **2.** (*Méx: canción*) Morgenlied *nt*

mañería [maɲe'ria] *f* Unfruchtbarkeit *f*

maño, -a ['maɲo, -a] **I.** *adj* aus Aragonien **II.** *m, f* Aragonier(in) *m(f)*

mañoco [ma'ɲoko] *m* Tapioka *f*

mañosear [maɲose'ar] *vi* (*Chil, Perú*) schlau vorgehen, sich geschickt anstellen

mañoso, -a [ma'ɲoso, -a] *adj* **1.** (*hábil*) geschickt **2.** (*sagaz*) flink **3.** (*caprichoso*) verwöhnt **4.** (*terco*) störrisch

maoísmo [mao'ismo] *m* (POL) Maoismus *m*

maoísta [mao'ista] **I.** *adj* (POL) maoistisch **II.** *mf* (POL) Maoist(in) *m(f)*

maorí[1] [mao'ri] *m sin pl* (LING) Maori *nt*

maorí[2] [mao'ri] **I.** *adj* maorisch; **sistema vocálico ~** maorische Vokalbildung; **artesanía ~** maorische Handwerkskunst **II.** *mf* Maori *mf*

mapa ['mapa] *m* (Land)karte *f*; **~ astronómico** [*o* **celeste**] Himmelskarte *f*; **~ de bits** (INFOR) Bitmap *f*; **~ de la memoria** (INFOR) Memory Map *f*, Speichertabelle *f*; **~ político** (POL) politische Karte; **borrar del ~** (*matar*) umbringen; **desaparecer del ~** verschwinden; **no estar en el ~** außergewöhnlich sein

mapache [ma'patʃe] *m* (ZOOL), **mapachín** [mapa'tʃin] *m* (*AmC:* ZOOL) Waschbär *m*

mapachín [mapa'tʃin] *m* (*AmC:* ZOOL) Waschbär *m*

mapamundi [mapa'mun̩di] *m* **1.** (*mapa*) Weltkarte *f* **2.** (*fam: trasero*) Hintern *m*

mapeo [ma'peo] *m* Mapping *nt*; **~ digital** (INFOR) digitales Mapping

mapuche[1] [ma'putʃe] **I.** *adj* araukanisch **II.** *mf* Araukaner(in) *m(f)*

mapuche[2] [ma'putʃe] *m* (*idioma*) Araukanisch(e) *nt*

maqueta [ma'keta] *f* **1.** (ARQUIT: *miniatura*) Entwurfsmodell *nt* **2.** (*formato*) Lay-out *nt* **3.** (TIPO) Blindmuster *nt*

maquetación [maketa'θjon] *f* (PREN) Layout *nt*

maquetar [make'tar] *vt* (TIPO) das Layout machen (von +*dat*)

maqueto, -a [ma'keto, -a] *m, f* (*País Vasco*) Nichtbaske, -in *m, f*

maqui[1] ['maki] *m* (BOT) *Ölfruchtgewächs mit großen Blüten und runden, roten Früchten*

maqui[2] ['maki] *mf* (HIST) Maquis *m* (*französische Widerstandsorganisation im 2. Weltkrieg*); **pertenecer a los ~s** dem Maquis angehören

maquiavélico, -a [makja'βeliko, -a] *adj* **1.** (*maquiavelista*) machiavellistisch **2.** (*retorcido*) heimtückisch

maquiavelismo [makjaβe'lismo] *m* **1.** (POL) Machiavellismus *m* **2.** (*comportamiento*) Falschheit *f*, Arglistigkeit *f*

maquillador(a) [makiʎa'ðor(a)] *m(f)* **1.** (*esteticista*) Kosmetiker(in) *m(f)* **2.** (*del teatro*) Maskenbildner(in) *m(f)*

maquillaje [maki'ʎaxe] *m* **1.** (*acción*) Schminken *nt* **2.** (*producto*) Make-up *nt*; (TEAT) Schminke *f*

maquillar [maki'ʎar] **I.** *vt* **1.** (*poner base de fondo*) Make-up auftragen (auf +*akk*); (*con pinturas*) schminken **2.** (*disimular*) beschönigen **II.** *vr:* **~se** (*con base de fondo*) Make-up auflegen; (*con pinturas*) sich schminken

máquina ['makina] *f* **1.** (*artefacto*) Maschine *f*, Apparat *m*; **~ de afeitar** Rasierapparat *m*; **~ calculadora** Rechenmaschine *f*; **~ de composición** (TIPO) Setzmaschine *f*; **~ de coser/lavar** Näh-/Waschmaschine *f*; **~ destructora de documentos** Aktenvernichter *m*, Reißwolf *m fam*; **~ de escribir automática** elektronische Schreibmaschine; **~ fotográfica** Kamera *f*; **~ de imprimir** Druckmaschine *f*; **~ virtual** (INFOR) virtuelle Maschine; **encargado de una ~** Maschinenführer *m*; **pan hecho a ~** industriell hergestelltes Brot; **a toda ~** mit Volldampf *fam*; **escrito a ~** maschinengeschrieben; **hecho a ~** maschinell hergestellt; **ser un ~ en algo** (*fam*) in etw *dat* ein Ass sein **2.** (*aparato de monedas*) Automat *m*; **~ de bebidas** Getränkeautomat *m*; **~ de tabaco** Zigarettenautomat *m*; **~ tragamonedas** Spielautomat *m*; **~ tragaperras** (*fam*) Spielautomat *m* **3.** (*tren*) Lokomotive *f* **4.** (*tramoya*) Bühnenmaschinerie *f* **5.** (LIT: *ilusión*) Illusion *f*

maquinación [makina'θjon] *f* Intrige *f*, Ränke *mpl*

maquinador(a) [makina'ðor(a)] **I.** *adj* intrigant, intrigierend **II.** *m(f)* Intrigant(in) *m(f)*, Ränkeschmied(in) *m(f)*

máquina-herramienta ['makina erra'mjen̩ta] *f* Werkzeugmaschine *f*

maquinal [maki'nal] *adj* **1.** (*de la máquina*) Maschinen-, maschinell **2.** (*fig*) mechanisch

maquinar [maki'nar] *vt* **1.** (*urdir*) aushecken **2.** (*trabajar a máquina*) maschinell bearbeiten

maquinaria [maki'narja] *f* **1.** (*máquinas*) Maschinenpark *m* **2.** (*mecanismo*) Maschinerie *f* **3.** (*industria*) Maschinenbauindustrie *f*

maquinilla [maki'niʎa] *f* (*rasuradora*) Rasierapparat *m*

maquinismo [maki'nismo] *m sin pl* (ECON) Einsatz *m* von Maschinen

maquinista [maki'nista] *mf* **1.** (*constructor*) Maschinenbauer(in) *m(f)* **2.** (*conductor*) Maschinenführer(in) *m(f)*; ~ **de trenes** Lokführer(in) *m(f)*

maquinización [makiniθa'θjon] *f* Automatisierung *f*

maquinizar [makini'θar] <z→c> *vt* mechanisieren

maquis ['makis] *m inv* **1.** (*bosque*) Macchia *f* **2.** (*guerrillero*) Widerstandskämpfer(in) *m(f)* **3.** (*organización guerrillera*) bewaffnete Widerstandsbewegung *f*

mar [mar] *m o f* **1.** (*masa de agua*) Meer *nt*, See *f*; **en alta** ~ auf hoher See; ~ **adentro** seewärts; ~ **de fondo** Dünung *f*; (*fig*) unterschwellige Spannung; **por** ~ auf dem Seeweg; **hacerse a la** ~ in See stechen; **arar en el** ~ (*fig*) Wasser in den Rhein tragen; **arrojarse a la** ~ (*fig*) ins kalte Wasser springen; **quien no se aventura no pasa la** ~ (*prov*) wer nicht wagt, der nicht gewinnt **2.** (GEO): **M~ Adriático** Adriatisches Meer; **M~ Antártico** Südliches Eismeer; **M~ de las Antillas** Karibisches Meer; **M~ Arábigo** Arabisches Meer; **M~ de Aral** Aralsee *m*; **M~ Ártico** Nordpolarmeer *nt*; **M~ Báltico** Ostsee *f*; **M~ Cantábrico** Kantabrisches Meer, Golf von Biscaya; **M~ Caspio** Kaspisches Meer; **M~ de la China Meridional/Oriental** Süd-/Ostchinesisches Meer; **M~ del Coral** Korallenmeer *nt*; **M~ Egeo** Ägäisches Meer; **M~ de Irlanda** Irische See; **M~ del Japón** Japanisches Meer; **M~ Ligur** Ligurisches Meer; **M~ Mediterráneo** Mittelmeer *nt*; **M~ Muerto** Totes Meer; **M~ Negro** Schwarzes Meer; **M~ del Norte** Nordsee *f*; **M~ Rojo** Rotes Meer; **M~ de Tasmania** Tasmansee *f*; **M~ Tirreno** Tyrrhenisches Meer **3.** (*fam: abundancia*) Unmenge *f*; **hay la ~ de...** es gibt ... in Hülle und Fülle; **llueve a ~es** es schüttet; **llorar a ~es** wie ein Schlosshund weinen, in Tränen aufgelöst sein; **sudar a ~es** sehr stark schwitzen; **ser la ~ de aburrido** entsetzlich langweilig sein; **ser la ~ de bonita** äußerst hübsch sein

marabú [mara'βu] *m* <marabúes> (ZOOL) Marabu *m*

marabunta [mara'βuṇta] *f* **1.** (*hormigas*) Raubzug *m* von Wanderameisen **2.** (*fam: muchedumbre*) Gedränge *nt*

maraca [ma'raka] *f* **1.** (*instrumento musical*) Rumbakugel *f* **2.** (*sonajero*) Kürbisrassel *f*

maracuyá [maraku'ʝa] *m* (BOT) Maracuja *f*, Passionsfrucht *f*

maragato, **-a** [mara'ɣato, -a] **I.** *adj* aus La Maragatería (*Bezirk der Provinz León*) **II.** *m, f* Einwohner(in) *m(f)* von La Maragatería

maragota [mara'ɣota] *f* (GASTR) Gefleckter Lippfisch *m*

marajá [mara'xa] *m* Maharadscha *m*

maraña [ma'raɲa] *f* **1.** (*maleza*) Gestrüpp *nt* **2.** (*lío*) Wirrwarr *m*; ~ **de cabello** zerzaustes Haar; ~ **de hilo** unentwirrbarer Knäuel **3.** (*embuste*) List *f* **4.** (BOT: *coscoja*) Kermeseiche *f*

marañón [mara'ɲon] *m* **1.** (GEO: *río*) Amazonas *m* **2.** (BOT: *anacardo*) Cashewbaum *m*

marasmo [ma'rasmo] *m* **1.** (*debilitamiento*) Kräfteverfall *m*; (MED) Marasmus *m* **2.** (*inmovilidad*) Stillstand *m*

maratón [mara'ton] *m o f* **1.** (DEP) Marathon(lauf) *m* **2.** (*fig*) Marathon *m*; ~ **contrarreloj** Wettlauf mit der Zeit; **la reunión fue verdaderamente un** ~ es war wahrhaftig eine Marathonsitzung

maratoniano, **-a** [marato'njano, -a] *adj* Marathon-

maravedí [maraβe'ði] *m* (HIST) Maravedi *m* (*alte spanische Münze*); **algo no importa un** ~ etw ist völlig unwichtig

maravilla [mara'βiʎa] *f* **1.** (*portento*) Wunder *nt*; **a las mil ~s, de** ~ wunderbar; **hablar ~s de alguien** jdn in den Himmel loben; **hacer ~s** (*fig*) wahre Wunder vollbringen **2.** (*admiración*) Bewunderung *f* **3.** (*dondiego de noche*) Wunderblume *f*; (*caléndula*) Ringelblume *f*; (*enredadera*) Prunkwinde *f*

maravillar [maraβi'ʎar] **I.** *vt* in Bewunderung versetzen **II.** *vr*: **~se** sich wundern (*de* über +*akk*), staunen (*de* über +*akk*)

maravilloso, **-a** [maraβi'ʎoso, -a] *adj* wunderbar

marbellense [marβe'ʎense] **I.** *adj* aus Marbella **II.** *mf* Einwohner(in) *m(f)* von Marbella

marbellí [marβe'ʎi] *adj o mf v.* **marbellense**

marca ['marka] *f* **1.** (*distintivo*) Kennzeichen *nt*, Merkmal *nt*; ~ **de agua** Wasserzeichen *nt*; ~ **de ganado** Brandzeichen *nt* **2.** (*de productos*) Marke *f*; ~ **de calidad** Gütezeichen *nt*; ~ **comercial** Warenzeichen *nt*; ~ **de fábrica** Fabrikmarke *f*; ~ **registrada** eingetragenes Warenzeichen; **artículo de** ~ Markenartikel *m*; **Registro de M~s y Patentes** Marken- und Patenteintragung *f*; **ropa de** ~ Designerkleider *ntpl*; **un producto de** ~ ein Markenartikel; **un idiota de ~ mayor** ein Idiot ersten Ranges **3.** (*huella*) Spur *f* **4.** (DEP) Rekord *m*; **batir una** ~ einen Rekord brechen **5.** (HIST: *frontera*) Mark *f* **6.** (*medida*) Standard *m* **7.** (*prostituta*) Nutte *f fam pey* **8.** (INFOR) Marke *f*; ~ **de bloque** Blockmarke *f*; ~ **de campo** Feldmarke *f*; ~ **de datos** Datenmarke *f*; ~ **de fichero** Dateimarke *f*; ~ **de inserción** Einfügemodus *m*; ~ **de texto** Lesezeichen *nt*

marcación [marka'θjon] *f* Anwählen *nt*; ~ **automática** (INFOR) automatisches Anwählen

marcadamente [markaða'meṇte] *adv* **1.** (*claramente*) deutlich **2.** (*singularmente*) besonders, vor allem **3.** (*con énfasis*) nachdrücklich

marcado[1] [mar'kaðo] *m* (Ein)legen *nt* (*der Haare*)

marcado, **-a**[2] [mar'kaðo, -a] *adj* **1.** (*señalado*) markiert **2.** (*evidente*) deutlich **3.** (*singu-

lar) sonderbar **4.** (*enfático*) nachdrücklich

marcador¹ [marka'ðor] *m* **1.** (DEP: *tablero*) Anzeigetafel *f;* **abrir el** ~ die ersten Punkte erzielen; **cerraron el** ~ **con tres tantos** sie beendeten das Spiel mit drei Toren **2.** (COM: *de mercancías*) Abstempler *m* **3.** (TIPO) Anleger *m* **4.** (*Arg: rotulador*) Filzstift *m*

marcador(a)² [marka'ðor(a)] **I.** *adj* markierend **II.** *m(f)* (*señalador*) Markierer(in) *m(f)*

marcaje [mar'kaxe] *m* (DEP) Deckung *f*

marcapaso(s) [marka'paso(s)] *m* (*inv*) (MED) (Herz)schrittmacher *m*

marcar [mar'kar] <c→qu> **I.** *vt* **1.** (*señalar*) markieren, kennzeichnen; ~ **una época** eine Epoche prägen; ~ **el compás** den Takt (an)geben [*o* schlagen] **2.** (*ganado*) mit Brandzeichen versehen **3.** (COM: *mercancías*) auszeichnen **4.** (*resaltar*) hervorheben **5.** (*teléfono*) wählen **6.** (*cabello*) (ein)legen **7.** (*naipes*) zinken **8.** (DEP): ~ **un gol** ein Tor schießen; ~ **un punto** einen Punkt erzielen **9.** (DEP: *a un jugador*) decken **II.** *vr:* ~**se** sich abzeichnen

marcha ['martʃa] *f* **1.** (*movimiento*) Gang *m;* **poner en** ~ in Gang setzen; **poner en** ~ **la producción** die Produktion aufnehmen **2.** (*caminata*) Lauf *m* **3.** (*curso*) Verlauf *m;* ~ **de los negocios** Geschäftsverlauf *m;* **informe sobre la** ~ **del trabajo** Bericht über den Stand der Arbeit; **la** ~ **de los acontecimientos** der Gang der Ereignisse; **sobre la** ~ zum richtigen Zeitpunkt **4.** (*velocidad*) Gang *m;* ~ **atrás** Rückwärtsgang *m;* ~ **corta** (AUTO) kleiner Gang; ~ **larga** (AUTO) großer Gang; **meter una** ~ (AUTO) einen Gang einlegen; **a toda** ~ mit voller Geschwindigkeit **5.** (*desplazamiento de personas, t.* MIL) Marsch *m;* ~ **de protesta** Protestmarsch *m;* ~ **silenciosa** Schweigemarsch *m* **6.** (*salida*) Abreise *f;* **¡en** ~**!** los geht's! **7.** (*argot: acción*) Stimmung *f;* **¡aquí hay mucha** ~**!** hier ist die Hölle los!; **ir de** ~ ausgehen; **llevar** [*o* **tener**] ~ unternehmungslustig sein **8.** (MÚS) Marsch *m*

marchador(a) [martʃa'ðor] *m(f)* unermüdlicher Läufer *m,* unermüdliche Läuferin *f*

marchamo [mar'tʃamo] *m* **1.** (*aduanas*) Zollplombe *f* **2.** (*embutidos*) Gütesiegel *nt*

marchante [mar'tʃan̪te] **I.** *adj* kommerziell **II.** *mf* Händler(in) *m(f);* ~ **de obras de arte** Kunsthändler(in) *m(f)*

marchantía [martʃan̪'tia] *f* (*AmC, PRico, Ven*) Kundschaft *f,* Kundenstamm *m*

marchar [mar'tʃar] **I.** *vi* **1.** (*ir*) gehen, laufen; **¡marchando!** los geht's! **2.** (*funcionar*) funktionieren, laufen; **el negocio marcha bien/mal** das Geschäft läuft (gut)/läuft nicht; ~ **sobre ruedas** (*fig*) wie geschmiert laufen **3.** (MIL) marschieren **II.** *vr:* ~**se** **1.** (*irse*) weggehen; **¿os marcháis?** geht ihr (schon)? **2.** (*huir*) ausreißen; ~**se del país** das Land verlassen

marchitable [martʃi'taβle] *adj* leicht (ver)welkend; **hay flores especialmente** ~**s** es gibt Blumen, die besonders schnell welken

marchitamiento [martʃita'mjen̪to] *m* (Ver)welken *nt*

marchitar [martʃi'tar] **I.** *vi* **1.** (*plantas*) welken **2.** (*personas*) dahinwelken, erschlaffen **II.** *vr:* ~**se** verwelken, welk werden

marchitez [martʃi'teθ] *f* Welken *nt*

marchito, -a [mar'tʃito, -a] *adj* welk

marchoso, -a [mar'tʃoso, -a] *adj* **1.** (*salidor*) unternehmungslustig **2.** (*elegante*) schick

marcial [mar'θjal] *adj* martialisch, kriegerisch; **artes** ~**es** Kampfsportarten *fpl;* **ley** ~ Ausnahmezustand *m*

marcialidad [marθjali'ðaᵈ] *f sin pl* kriegerisches Wesen *nt,* martialisches Wesen *nt;* **la** ~ **del gesto con el que me saludó** der martialische Gesichtsausdruck, mit dem er mich begrüßte

marciana [mar'θjana] *adj o f v.* **marciano**

marcianitos [marθja'nitos] *mpl* (*fam*) Marsmenschen *mpl,* kleine grüne Männchen *ntpl*

marciano, -a [mar'θjano, -a] **I.** *adj* Mars- **II.** *m, f* Marsbewohner(in) *m(f),* Marsmensch *m*

marcionista [marθjo'nista] *mf* (REL) Markionit(in) *m(f)*

marco ['marko] *m* **1.** (*recuadro*) Rahmen *m;* (*armazón*) Gestell *nt;* ~ **financiero** finanzielle Plafondierung; ~ **institucional** institutioneller Rahmen; **el** ~ **legal** der rechtliche Rahmen **2.** (*ambiente*) Rahmen *m,* Atmosphäre *f* **3.** (*moneda*) Mark *f;* ~ **alemán** Deutsche Mark; **el** ~ **oro** die Goldmark

márcola ['markola] *f* (AGR) *Art Sichel zum Entfernen von Misteln aus Olivenbäumen*

marea [ma'rea] *f* **1.** (*mar*) Ebbe und Flut *f,* Gezeiten *pl;* ~ **alta** Flut *f;* ~ **baja** Ebbe *f;* ~ **negra** Ölpest *f;* ~ **roja** Algenpest *f;* ~ **viva** Springflut *f;* **aprovechamiento de las** ~**s** Nutzung der Gezeiten; **contra viento y** ~ komme, was da wolle **2.** (*multitud*) Menge *f;* **una** ~ **humana** eine Menschenflut

mareado, -a [mare'aðo, -a] *adj* **1.** (*indispuesto*) krank; (*en el mar*) seekrank; (*al viajar*) reisekrank; **estoy** ~ mir ist übel [*o* schlecht] **2.** (*aturdido*) schwind(e)lig; **estoy** ~ mir ist schwind(e)lig **3.** (*bebido*) beschwipst *fam*

mareante [mare'an̪te] *adj* **1.** (*que produce vértigo*) schwindelerregend; (*que produce náuseas*) Übelkeit erregend **2.** (*que causa molestia*) nervenaufreibend; **su llanto le resultaba** ~ sein/ihr Weinen ging ihm/ihr auf die Nerven

marear [mare'ar] **I.** *vt* **1.** (*gobernar una embarcación*) (ein Schiff) steuern **2.** (*enfermar*) seekrank machen **3.** (*aturdir*) schwind(e)lig machen; (*fig*) überfordern **4.** (*fam: molestar*) auf die Nerven gehen +*dat* **II.** *vr:* ~**se** **1.** (*enfermarse*) krank werden; (*en el mar*) seekrank werden; (*al viajar*) reisekrank werden **2.** (*quedar aturdido*): **me mareo** mir wird schwind(e)lig **3.** (*emborracharse*) sich betrinken

marejada [mare'xaða] *f* **1.**(*oleaje*) hoher Seegang *m* **2.**(*excitación*) unterschwelliges Brodeln *nt*

marejadilla [marexa'ðiʎa] *f* leichter Seegang *m*

maremagno [mare'maɣno] *m,* **maremágnum** [mare'maɣnun] *m* **1.**(*multitud*) Unmenge *f* **2.**(*confusión*) Durcheinander *nt*

maremoto [mare'moto] *m* Seebeben *nt*

marengo [ma'reŋgo] **I.** *adj* dunkelgrau; **gris** ~ graumeliert **II.** *m* Marengo *m,* (graumelierter) Kammgarnstoff *m* (*für Mäntel und Kostüme*)

mareo [ma'reo] *m* **1.**(*malestar*) Übelkeit *f;* (*en el mar*) Seekrankheit *f;* (*al viajar*) Reisekrankheit *f;* **resistir el** ~ seefest sein **2.**(*vértigo*) Schwindelanfall *m;* **¡qué ~ de hombre!** was für ein unausstehlicher Kerl!

mareógrafo [mare'oɣrafo] *m* (NÁUT) Gezeitenschreiber *m,* Mareograph *m*

marero [ma'rero] *adj* (NÁUT): **viento** ~ Seewind *m*

marfil [mar'fil] *m* **1.**(*elefante*) Elfenbein *nt;* **Costa de M~** Elfenbeinküste *f* **2.**(*dentadura*) Zahnbein *nt*

marfileño, -a [marfi'leɲo, -a] **I.** *adj* **1.**(*nacionalidad*) von der Elfenbeinküste **2.**(*material*) elfenbeinern, aus Elfenbein **II.** *m, f* Ivorer(in) *m(f)*

marfilero, -a [marfi'lero, -a] *m, f* Elfenbeinschnitzer(in) *m(f)*

marfilina [marfi'lina] *f* Elfenbeinimitat *nt*

marga ['marɣa] *f* (GEO) Mergel *m*

margal [mar'ɣal] *m* Mergelgrube *f*

margallón [marɣa'ʎon] *m* (BOT) Zwergpalme *f*

margarina [marɣa'rina] *f* Margarine *f*

margarita [marɣa'rita] *f* **1.**(BOT: *mayor*) Margerite *f;* (*menor*) Gänseblümchen *nt;* **deshojar ~s** 'er/sie liebt mich, er/sie liebt mich nicht' spielen **2.**(*bebida*) Margarita *f* (*Cocktail aus Tequila und Zitronensaft*) **3.**(ZOOL) Perlmuschel *f* **4.**(*perla*) Perle *f;* **echar ~s a puercos** Perlen vor die Säue werfen **5.**(*máquina de escribir*) Typenrad *nt*

margay [mar'ɣai̯] *m* (ZOOL) *südamerikanische Wildkatze*

margen ['marxen] *m o f* **1.**(*borde*) Rand *m;* **el ~ del río** das Flussufer; **al** ~ abseits; **dejar al** ~ ausschließen; **mantenerse al ~ de algo** sich aus etw *dat* heraushalten **2.**(*página*) (Seiten)rand *m* **3.**(*apostilla*) Randbemerkung *f* **4.**(*libertad*) Spielraum *m;* **dar** ~ Gelegenheit geben **5.**(ECON: *ganancia*) Spanne *f,* Marge *f;* **~ de beneficios** Gewinnspanne *f;* **~ de crédito** Kreditspanne *f;* **~ de costos** Kostenrahmen *m;* **~ de fluctuación de una moneda** (FIN) Schwankungsbreite einer Währung; **~ de seguridad** Sicherheitsmarge *f;* **~ de venta** (COM) Verkaufsspanne *f;* **ampliar los márgenes de los tipos de cambio** den Spielraum der Wechselkurse vergrößern **6.**(TIPO) Steg *m*

marginación [marxina'θjon] *f* **1.**(*exclusión*) Ausgrenzung *f,* Ausschließung *f* **2.**(POL) Diskriminierung *f*

marginado, -a [marxi'naðo, -a] **I.** *adj* **1.**(*excluido*) ausgegrenzt, diskriminiert **2.**(*aislado*) isoliert **3.**(BIOL) gerandet **II.** *m, f* Außenseiter(in) *m(f)*

marginal [marxi'nal] *adj* **1.**(*al margen*) Rand-; **coste** ~ Grenzkosten *pl;* **grupo** ~ Randgruppe *f;* **tipo de impuesto** ~ Grenzsteuersatz *m* **2.**(*secundario*) nebensächlich

marginalidad [marxinali'ðaᵈ] *f* Marginalität *f,* soziales Abseits *nt*

marginamiento [marxina'mjen̩to] *m v.* **marginación**

marginar [marxi'nar] *vt* **1.**(*ignorar algo*) beiseite lassen; (*ignorar a alguien*) ausschließen, ausgrenzen **2.**(*sociedad*) diskriminieren **3.**(*acotar al margen*) mit Randbemerkungen versehen

margoso, -a [mar'ɣoso, -a] *adj* (GEO) mergelhaltig

margrave [mar'ɣraβe] *m* (HIST) Markgraf *m*

maría [ma'ria] *f* **1.**(*nombre*) Maria *f;* **hacer algo al baño (de) M~** etw im Wasserbad kochen; **las tres M~s** die Gürtelsterne des Orion **2.**(*fam: ama de casa*) Heimchen *nt* am Herd **3.**(*argot*) Marihuana *nt* **4.** *pl®* *runde Butterkekse*

mariachi [ma'rjatʃi] *m* (*Méx*) Mariachi *m*

marianismo [marja'nismo] *m* (REL) Marienkult *m,* Marienverehrung *f*

mariano, -a [ma'rjano, -a] *adj* marianisch, Marien-

marica [ma'rika] *m* **1.**(*vulg: hombre homosexual*) Schwule(r) *m fam,* Tunte *f fam pey* **2.**(*vulg pey: cobarde*) Hosenscheißer *m;* (*insulto grosero*) Arschloch *nt*

Maricastaña [marikas'taɲa] *f:* **tiempos de** ~ (*fam*) Anno Tobak; **desde los tiempos de** ~ seit ewigen Zeiten; **este chiste es de los tiempos de** ~ dieser Witz ist doch schon uralt [*o* kalter Kaffee]

maricón [mari'kon] *m* (*vulg*) *v.* **marica**

mariconada [mariko'naða] *f* **1.**(*vulg pey: acción de un maricón*): **ser una** ~ typisch für einen Schwulen sein *fam* **2.**(*vulg pey: acción malintencionada*) Schweinerei *f fam;* **le hizo una ~ a alguien** er hat jdn hereingelegt **3.**(*tontería*) Dummheit *f*

mariconera [mariko'nera] *f* (*fam*) Herrentasche *f*

mariconería [marikone'ria] *f* (*vulg*) *v.* **mariconada**

maridaje [mari'ðaxe] *m* **1.**(*unión matrimonial*) eheliche Verbindung *f* **2.**(*de colores*) Harmonie *f;* (*de plantas*) Symbiose *f;* (*de empresas*) Einvernehmen *nt*

maridar [mari'ðar] **I.** *vi* **1.**(*casarse*) heiraten **2.**(*hacer vida maridable*) in ehelicher Gemeinschaft leben **II.** *vt* vereinigen, verbinden

maridazo [mari'ðaθo] *m* (*fam*) verständnisvoller Ehemann *m;* **es que tienes un** ~ Du hast wirklich einen tollen Mann!

marido [ma'riðo] *m* Ehegatte *m;* **mi** ~ mein Mann

mariguana [mari'ɣwana] *f sin pl,* **marihuana** [mari'wana] *f sin pl* Marihuana *nt;* (*argot*) Gras *nt*

marimacho [mari'matʃo] *m* (*fam*) Mannweib *nt*

marimandón, -ona [mariman̪'don, -ona] *m, f* (*fam*) herrschsüchtige Person *f*

marimba [ma'rimba] *f* **1.** (MÚS: *de maderas*) Marimba *f* **2.** (MÚS: *tambor*) afrikanische Trommel *f* **3.** (*Arg: paliza*) Tracht *f* Prügel

marimoña [mari'moɲa] *f* (BOT) Ranunkel *f*

marimorena [marimo'rena] *f* (*fam*) Streit *m;* **armar la** ~ schweren Stunk anfangen; **se armó la** ~ ein wüster Streit brach los

marina [ma'rina] *f* **1.** (*flota*) Marine *f,* Flotte *f;* ~ **de guerra** (Kriegs)marine *f;* ~ **mercante** Handelsmarine *f* **2.** (ARTE: *pintura*) Seestück *nt* **3.** (GEO: *zona costera*) Küstengebiet *nt*

marinar [mari'nar] *vt* **1.** (*conservar*) einpökeln **2.** (*aderezar*) marinieren

marine [ma'rine] *m* (MIL) Marineinfanterist *m* (*der britischen und amerikansichen Streitkräfte*)

marinear [marine'ar] *vi* zur See fahren

marinera [mari'nera] *f* **1.** (*blusa*) Matrosenbluse *f* **2.** (*And: baile*) Marinera *f* (*regionaler Volkstanz*)

marinero¹ [mari'nero] *m* Seemann *m,* Matrose *m;* ~ **de agua dulce** (*irón*) Landratte *f*

marinero, -a² [mari'nero, -a] *adj* **1.** (*relativo al mar*) See-; **buque** ~ seetüchtiges Schiff; **pueblo** ~ Fischerdorf *nt;* **pescado a la marinera** *Fischgericht mit Tomaten und Muscheln in Weinsoße* **2.** (*relativo a la marina*) Marine-; (*relativo a los marineros*) Seemanns-; **nudo** ~ Seemannsknoten *m*

marino¹ [ma'rino] *m* **1.** (*navegante*) Seemann *m;* ~ **mercante** Handelsschiffer *m* **2.** *pl* (MIL) amerikanische Marineinfanteristen *mpl*

marino, -a² [ma'rino, -a] *adj* **1.** (*relativo al mar*) marin, Meeres-, See- **2.** (*relativo a la marina*) Marine-

mariología [marjolo'xia] *f* (REL) Mariologie *f*

marión [ma'rjon] *m* (ZOOL) Stör *m*

marioneta [marjo'neta] *f* **1.** (*títere*) Marionette *f* **2.** *pl* (*teatro*) Marionettentheater *nt*

marionetista [marjone'tista] *mf* Marionettenspieler(in) *m(f)*

mariposa [mari'posa] *f* **1.** (BIOL) Schmetterling *m,* Falter *m;* ~ **de la seda** Seidenfalter *m;* ~ **nocturna** Nachtfalter *m* **2.** (*lámpara*) Öllampe *f* **3.** (*natación*) Schmetterlingsstil *m* **4.** (*fam pey: afeminado*) Tunte *f*

mariposear [maripose'ar] *vi* **1.** (*ser inconstante*) flatterhaft sein **2.** (*flirtear*) herumflirten **3.** (*rondar insistentemente*) sich herumdrücken (*a* um +*akk*)

mariposista [maripo'sista] *mf* (DEP) Schmetterlingsschwimmer(in) *m(f)*

mariposón [maripo'son] *m* **1.** (*fam pey: afeminado*) Tunte *f* **2.** (*fam: galanteador*) Casanova *m*

mariquilla [mari'kiʎa] *m* (*pey*) Schwule(r) *m,* Schwuchtel *f*

mariquita¹ [mari'kita] *f* **1.** (*insecto*) Marienkäfer *m* **2.** (*perico*) Papagei *m*

mariquita² [mari'kita] *m* (*fam*) Schwule(r) *m*

marisabidilla [marisaβi'ðiʎa] *f* (*fam*) Besserwisserin *f*

mariscada [maris'kaða] *f Gericht aus Meeresfrüchten*

mariscador(a) [mariska'ðor(a)] *m(f)* **1.** (*recolector*) Sammler(in) *m(f)* von Meeresfrüchten **2.** (*cultivador de mariscos*) Züchter(in) *m(f)* von Meeresfrüchten

mariscal [maris'kal] *m* (MIL) Marschall *m;* ~ **de campo** Feldmarschall *m*

mariscalía [mariska'lia] *f* (MIL) Marschallsrang *m,* Dienstgrad *m* des Marschalls

mariscar [maris'kar] <c→qu> *vi* Meeresfrüchte fangen; **la playa está llena de gente que viene a** ~ der Strand ist voller Leute auf der Suche nach Meeresfrüchten

marisco [ma'risko] *m* Meeresfrucht *f*

marisma [ma'risma] *f* sumpfiges Küstenland *nt,* Marschland *nt*

marismo [ma'rismo] *m* (BOT) Meermelde *f*

marisqueo [maris'keo] *m* Meeresfrüchtefang *m,* Fang *m* von Meeresfrüchten

marisquera [maris'kera] *adj o f v.* **marisquero**

marisquería [mariske'ria] *f* **1.** (*tienda*) Fachgeschäft *nt* für Meeresfrüchte **2.** (*restaurante*) Spezialitätenrestaurant *nt* für Meeresfrüchte

marisquero, -a [maris'kero, -a] **I.** *adj* Meeresfrüchte- **II.** *m, f* **1.** (*pescador*) Sammler(in) *m(f)* von Meeresfrüchten **2.** (*cultivador*) Züchter(in) *m(f)* von Meeresfrüchten **3.** (*vendedor*) Meeresfrüchtehändler(in) *m(f)*

marista [ma'rista] **I.** *adj* Maristen- **II.** *m* Marist *m*

marital [mari'tal] *adj* ehelich; **vida** ~ Eheleben *nt;* **hacer vida** ~ ein Eheleben führen

maritatas [mari'tatas] *fpl* (*Guat, Hond*) Klatsch *m,* Gerede *nt*

marítimo, -a [ma'ritimo, -a] *adj* maritim, See-; **ciudad marítima** Küstenstadt *f;* **comercio** ~ Seehandel *m;* **seguro** ~ Schifffahrtsversicherung *f;* **transporte** ~ Seetransport *m,* Beförderung zur See

marjal [mar'xal] *m* (GEO) Moor *nt,* Sumpf *m*

marketing ['marketiŋ] *m* (COM) Marketing *nt;* **director de** ~ Marketing-Direktor *m,* Vertriebsleiter *m;* **plan de** ~ Vermarktungsplan *m,* Marketingplan *m;* **responsable de** ~ **de una empresa** für das Marketing Verantwortlicher eines Unternehmens

marlín [mar'lin] *m* (ZOOL) Schwarzer Marlin *m*

marmita [mar'mita] *f* Kochtopf *m*

mármol ['marmol] *m* Marmor *m;* **frío como**

el ~ kalt wie Stein; **de** ~ marmorn
marmolado, **-a** [marmo'laðo, -a] *adj* mamoriert; **mesa marmolada** Tisch mit Marmorplatte
marmolista [marmo'lista] *mf* Marmorschleifer(in) *m(f)*
marmóreo, **-a** [mar'moreo, -a] *adj* marmorn, Marmor-
marmosa [mar'mosa] *f* (ZOOL) Aeneasbeutelratte *f*, Zwergbeutelratte *f*
marmota [mar'mota] *f* **1.** (ZOOL) Murmeltier *nt*; **dormir como una** ~ schlafen wie ein Murmeltier **2.** (*fam: dormilón*) Schlafmütze *f* **3.** (*fam pey: criada*) Trampel *m o nt*
maro ['maro] *m* (BOT) Amberkraut *nt*, Katzenkraut *nt*
marocha [ma'rotʃa] *f* (*Hond*) leichtlebiges [*o* leichtfertiges] Mädchen *nt*
maroma [ma'roma] *f* **1.** (*cuerda*) Tau *nt*, dickes Seil *nt* **2.** (*Am: pirueta*) Kunststück *nt* **3.** (*Am: fig: cambio de partido político*) plötzlicher Parteiwechsel *m*; (*cambio de opinión*) plötzliche Meinungsänderung *m*
maromear [marome'ar] *vi* (*Am*) **1.** (*bailar*) auf dem Seil tanzen, seiltanzen **2.** (*adherirse*) opportunistisch handeln, sein Fähnchen nach dem Wind hängen
maromo [ma'romo] *m* (*argot*) Kerl *m*
marota [ma'rota] *f* **1.** (*Méx: marimacho*) Mannweib *nt* **2.** (*Ven: manea*) (Fuß)fessel *f*
marqués, **-esa** [mar'kes, -esa] *m, f* Markgraf, -gräfin *m, f*, Marquis(e) *m(f)*
marquesado [marke'saðo] *m* **1.** (*dignidad de marqués*) Adelstitel *m* des Markgrafen, Marquisat *nt* **2.** (*territorio*) Markgrafschaft *f*, Marquisat *nt*
marquesina [marke'sina] *f* Markise *f*
marquesote [marke'sote] *m* (*Hond, Nic:* GASTR) *rhombenförmige Torte aus Reis- oder Maismehl, Eiern, Zucker und anderen Zutaten*
marqueta [mar'keta] *f* **1.** (*cera*) Rohwachsstück *nt* **2.** (*Guat: bloque*) (Eis)block *m*
marquetería [markete'ria] *f* Marketerie *f*, Intarsie *f*
marrajo¹ [ma'rraxo] *m* (ZOOL) Mako *m*, Makrelenhai *m*
marrajo, **-a²** [ma'rraxo, -a] *adj* verschlagen; **un toro** ~ ein bösartiger Stier
marrana [ma'rrana] *f* **1.** (*cerda*) Sau *f* **2.** (*fam pey: mujer sucia*) Schlampe *f* **3.** (*fam pey: mujer vil*) Miststück *nt* **4.** (ARQUIT: *albañilería*) Lehrgerüst *nt*
marranada [marra'naða] *f* (*fam*) Schweinerei *f*; **hacer una** ~ eine Schweinerei machen
marranería [marrane'ria] *f* (*fam*) Schweinerei *f*; **tu habitación está hecha una** ~ dein Zimmer sieht aus wie ein Schweinestall
marrano¹ [ma'rrano] *m* **1.** (*cerdo*) Schwein *nt*, Eber *m* **2.** (*fam pey: hombre sucio*) Schmutzfink *m* **3.** (*fam pey: hombre grosero*) ungehobelter Kerl *m* **4.** (*fam: hombre vil*) Schuft *m*, Schweinehund *m* **5.** (HIST: *hombre excomulgado*) Exkommunizierte(r) *m* **6.** (HIST: *convertido forzoso*) Marrane *m*, Scheinkonvertit *m* **7.** (*madero*) Schaufel *f* eines Wasserrades
marrano, **-a²** [ma'rrano, -a] *adj* **1.** (*cochino*) ungehobelt **2.** (*sucio*) dreckig
marraqueta [marra'keta] *f* (*Chil, Perú*) **1.** (*pan de varios panecillos*) ≈Brotrad *nt* **2.** (*pan de afrecho*) Kleiebrot *nt*
marrar [ma'rrar] *vi* **1.** (*errar*) danebenschießen; ~ **el golpe** (*fig*) einen Bock schießen **2.** (*desviarse*) vom richtigen [*o* rechten] Weg abkommen
marras ['marras] *adv:* **la persona de** ~ die besagte Person; **lo de** ~ das bekannte Thema, die alte Geschichte; **tema de** ~ Gemeinplatz *m*
marrasquino [marras'kino] *m* Maraschino *m*
marrón [ma'rron] **I.** *adj* (kastanien)braun **II.** *m* **1.** (*color*) (Kastanien)braun *nt* **2.** (*Am: martillo*) Vorschlaghammer *m* **3.** (*loc, argot*): **tragarse un** ~ eine Strafe aufgebrummt bekommen
marroquí [marro'ki] **I.** *adj* marokkanisch **II.** *mf* Marokkaner(in) *m(f)*
marroquín¹ [marro'kin] *m* (*tafilete*) Maroquin *m o nt*, Saffianleder *nt*, feines, genarbes Ziegenleder *nt*
marroquín, **-ina²** [marro'kin, -ina] **I.** *adj* marokkanisch **II.** *m, f* Marokkaner(in) *m(f)*
marroquinería [marrokine'ria] *f* Lederwaren *fpl*; (*industria*) Lederwarenindustrie *f*
marroquinero, **-a** [marroki'nero, -a] *m, f* Maroquingerber(in) *m(f)*, Saffiangerber(in) *m(f)*
marrubio [ma'rruβjo] *m* (BOT) Andorn *m*
Marruecos [ma'rrwekos] *m* Marokko *nt*
marrullar [marru'ʎar] *vi* schnurren; ~ **de gusto** genüsslich schnurren
marrullera [marru'ʎera] *adj o f v.* **marrullero**
marrullería [marruʎe'ria] *f* aufgesetzte Freundlichkeit *f*; **déjate de ~s** hör auf mit deinem Geschmeichel
marrullero, **-a** [marru'ʎero, -a] **I.** *adj* übertrieben freundlich, scheißfreundlich *fam* **II.** *m, f* durchtriebener Schmeichler *m*, durchtriebene Schmeichlerin *f*
marsala [mar'sala] *m* (GASTR) Marsala *m*
Marsella [mar'seʎa] *f* Marseille *nt*
marsellés¹ [marse'ʎes] *m* (*chaqueta*) Matrosenjacke *f*
marsellés, **-esa²** [marse'ʎes, -esa] **I.** *adj* aus Marseille **II.** *m, f* (*de Marsella*) Marseiller(in) *m(f)*
marsellesa [marse'ʎesa] *f* **1.** (*himno francés*) Marseillaise *f* **2.** *v.* **marsellés²**
marsopa [mar'sopa] *f* (ZOOL) Schweinswal *m*
marsupial [marsu'pjal] **I.** *adj* (ZOOL) Beuteltier- **II.** *m* (ZOOL) Beuteltier *nt*
marsupio [mar'supjo] *m* (ZOOL) Brutbeutel *m* der Beuteltiere, Marsupium *nt*

marta ['marta] *f* (ZOOL) **1.** (*animal*) Marder *m;* ~ **cebellina** Zobel *m;* **piel de ~ cebellina** Zobelpelz *m* **2.** (*piel*) Marderfell *nt*

martagón [marta'ɣon] *m* (BOT) Türkenbund *m*

martajar [marta'xar] *vt* **1.** (*un idioma*) radebrechen **2.** (*Méx: maíz*) zerkleinern

Marte ['marte] *m* (ASTR, HIST) Mars *m*

martes ['martes] *m inv* Dienstag *m;* **¡~ y trece!** ≈Freitag, der 13.; *v. t.* **lunes**

martillada [marti'ʎaða] *f* Schlag *m* mit dem Hammer; **me desperté con las ~s del vecino** ich bin von den Hammerschlägen des Nachbarn aufgewacht

martillar [marti'ʎar] *vt v.* **martill(e)ar**

martillazo [marti'ʎaθo] *m* Hammerschlag *m*

martilleante [martiʎe'an̪te] *adj* hämmernd

martill(e)ar [marti'ʎar/martiʎe'ar] *vt* **1.** (*golpear*) hämmern (auf *+akk*) **2.** (*atormentar por repetición*) martern **3.** (*repetir con insistencia*) ständig wiederholen **4.** (*subastar*) versteigern, auktionieren

martilleo [marti'ʎeo] *m* Gehämmer *nt*

martillero [marti'ʎero] *m* (*Arg, Chil*) Versteigerer *m,* Auktionator *m*

martillo [mar'tiʎo] *m* **1.** (*herramienta*) Hammer *m;* **creer algo a macha ~** etw felsenfest glauben **2.** (ZOOL): **pez ~** Hammerhai *m* **3.** (ANAT: *huesecillo de la oreja*) Hammer *m* **4.** (*subasta*) Auktionshaus *nt*

martín [mar'tin] *m:* ~ **pescador** (ZOOL) Eisvogel *m;* ~ **del río** (ZOOL) Nachtreiher *m*

martina [mar'tina] *f* (GASTR, ZOOL) Schlangenfisch *m*

martineta [marti'neta] *f* (*Arg, Urug:* ZOOL) Großtinamu *m,* Bergtao *m*

martinete [marti'nete] *m* **1.** (ZOOL: *martín del río*) Nachtreiher *m* **2.** (MÚS: *macillo*) (Klavier)hammer *m* **3.** (*mazo*) Pochhammer *m,* Fallhammer *m* **4.** (*para clavar estacas*) Pfahlramme *f* **5.** (*canto gitano*) *Flamencogesang ohne instrumentale Begleitung*

martingala [martiŋ'gala] *f* (*fam*) Trick *m*

mártir ['martir] *mf* Märtyrer(in) *m(f)*

martirio [mar'tirjo] *m* **1.** (*tormento*) Martyrium *nt* **2.** (*angustia*) Marter *f,* Qual *f*

martirizar [martiri'θar] <z→c> *vt* **1.** (*matar*) zu Tode martern **2.** (*fastidiar*) quälen, martern

martirologio [martiro'loxjo] *m* **1.** (REL) Martyrologium *nt* **2.** (*lista de víctimas*) Verzeichnis *nt* der Opfer, Opferliste *f*

maruca [ma'ruka] *f* (ZOOL) Leng *m*

maruga [ma'ruɣa] *f* (*Am*) (als Musikinstrument verwendeter) Kürbis *m*

maruja [ma'ruxa] <bed> *f* (*fam*) ≈Klatschtante *f*

marxismo [mar'sismo] *m sin pl* Marxismus *m*

marxismoleninismo [marsismoleni'nismo] *m sin pl* (POL) Marxismus-Leninismus *m*

marxista [mar'sista] **I.** *adj* marxistisch **II.** *mf* Marxist(in) *m(f)*

marzo ['marθo] *m* März *m;* **en ~** im März; **a principios/a mediados/a fin(al)es de ~** Anfang/Mitte/Ende März; **el 21 de ~** der 21. März; **el mes de ~ tiene 31 días** der März hat 31 Tage; **el pasado ~ fue muy frío** im vergangenen März war es sehr kalt

marzoleta [marθo'leta] *f* (BOT) Frucht *f* des Hagedorns [*o* Weißdorns]

marzoleto [marθo'leto] *m* (BOT) Hagedorn *m,* Weißdorn *m*

mas [mas] **I.** *m* Gehöft *nt* **II.** *conj* (LIT) aber, jedoch

más [mas] **I.** *adv* **1.** (*comparativo*) mehr (als); **~ grande/~ pequeño** größer/kleiner; **~ temprano/~ tarde** früher/später; **ahora corre ~** er/sie läuft jetzt schneller; **esto me gusta ~** das gefällt mir besser; **es ~ guapo que tú** er sieht besser aus als du; **mi vestido es ~ caro/~ barato que el tuyo** mein Kleid ist teurer/billiger als deins **2.** (*superlativo*) am meisten; **la ~ bella** die Schönste; **el ~ listo de la clase** der Beste der Klasse; **el modelo que ~ se lleva** das Modell, das am meisten getragen wird; **lo que ~ me gusta** was mir am besten gefällt; **lo que ~ quieras** was dir am liebsten ist **3.** (*con numerales o cantidad*) mehr (als), über; **~ de treinta** über dreißig; **son ~ de las diez** es ist 10 Uhr vorbei **4.** (*preferencia*) lieber; **~ quiero la muerte que la esclavitud** lieber möchte ich sterben, als in der Sklaverei zu leben **5.** (*exclamación: tan*) was für, wie; **¡está ~ guapa!** wie gut sie aussieht!; **¡qué tarde ~ apacible!** was für ein gemütlicher Nachmittag! **6.** (*después de un pronombre interrogativo o indefinido*) mehr, noch; **¿algo ~?** noch etwas?; **no, nada ~** nein, nichts mehr; **necesito ~ dinero** ich brauche mehr Geld **7.** (*en frases negativas*) nicht mehr; **no quiero/puedo ~** ich will/kann nicht mehr; **nunca ~ volveré a verte** ich werde dich nie(mals) wieder sehen **8.** (*adición*) und, plus; **tres ~ dos son** [*o* **igual a**] **cinco** drei plus [*o* und] zwei ist (gleich) fünf; **tengo tres libros, ~ los que he prestado** ich habe drei Bücher abgesehen von denen [*o* und hinzu kommen noch die], die ich verliehen habe **9.** (*loc*): **el ~ allá** das Jenseits; **a lo ~** höchstens; **a ~ no poder** bis zum Gehtnichtmehr *fam;* **a ~ tardar** spätestens; **a ~ y mejor** nur noch, im Übermaß; **llueve a ~ y mejor** es regnet und regnet; **nos divertimos a ~ y mejor** wir haben uns köstlich amüsiert; **cada día** [*o* **vez**] **~** immer mehr; **como el que ~** so wie jedermann; **cuanto ~ mejor** je mehr, je lieber; **de ~** zu viel; **hay comida de ~** es gibt reichlich zu essen; **me devolviste una peseta de ~** du hast mir eine Pesete zu viel herausgegeben; **estar de ~** überflüssig sein; **el que ~ y el que menos** jeder von uns; **es ~, ~ aún** mehr noch; **ayer lo vi; es ~: hablé con él** gestern habe ich ihn gesehen, ja, ich habe sogar mit ihm gesprochen; **de lo ~** äußerst, extrem; **es de lo ~ interesante** es ist außeror-

M

dentlich interessant; **lo ~ posible** so sehr es nur geht; **lo ~ pronto/tarde posible** so früh/spät wie möglich; **~ acá** hierher; **~ adelante** (*local*) weiter vorn; (*temporal*) später; **~ allá de esto** darüber hinaus; **~ bien** eher, vielmehr; **no es muy delgado; es ~ bien gordo** er ist eher dick als dünn; **~ de la cuenta** viel zu viel; **~ o menos** mehr oder weniger; **¿cómo te ha ido? – ~ o menos** wie ist es dir ergangen? – so einigermaßen; **tenía ~ o menos cinco años** er/sie war ungefähr fünf Jahre alt; **le va ~ o menos** es geht ihm/ihr nicht so gut; **~ que nunca** wie nie zuvor; **ni ~ ni menos** genauso; **por ~ que** wie auch immer; **por ~ que lo intento, no consigo dormirme** so sehr ich mich auch bemühe, ich kann einfach nicht einschlafen; **¿qué ~ da?** was macht das schon?; **quien ~ y quien menos** jeder; **sin ~ acá ni ~ allá** (*fam*) mir nichts, dir nichts; **sin ~ ni ~** aus heiterem Himmel; **algo tiene sus ~ y sus menos** etw hat seine Vor- und Nachteile; **todo lo ~** höchstens; **debe haber 50 personas, todo lo ~ 60** es sind ungefähr 50 Leute, wenn's hoch kommt, 60; **el no va ~** das Höchste; **el no va ~ (de la moda)** der letzte Schrei (der Mode) **II.** *m* (MAT) Plus(zeichen) *nt*

masa ['masa] *f* **1.** (*pasta*) Masse *f*, Mischung *f*; **coger** [*o* **pillar**] **a alguien con las manos en la ~** jdn auf frischer Tat ertappen **2.** (*volumen*) Masse *f*, Umfang *m*; **~ monetaria** (FIN) Geldmenge *f*; **~ de la quiebra** (JUR, FIN) Konkursmasse *f*; **producción en ~** Massenherstellung *f*, Massenproduktion *f* **3.** (*muchedumbre*) Masse *f*, Menge *f*; **medios de comunicación de ~s** Massenkommunikationsmittel *ntpl*, Massenmedien *ntpl*; **mercado de ~s** Markt für Massenartikel **4.** (*para hornear*) Teig *m* **5.** (ELEC: *tierra*) Erdung *f* **6.** (*mortero*) Mörtel *m*

masacrar [masa'krar] *vt* massakrieren

masacre [ma'sakre] *f* Massaker *nt*

masada [ma'saða] *f* (AGR) Gut *nt*, Gutshof *m*, Gehöft *nt*

masai [ma'sai̯] <masais> *mf* Massai *mf*

masaje [ma'saxe] *m* Massage *f*; **dar ~s** massieren; **darse ~s** sich massieren lassen

masajear [masaxe'ar] *vt* massieren

masajista [masa'xista] *mf* Masseur(in) *m(f)*

masato [ma'sato] *m* (*AmS*) **1.** (*mazamorra*) *eine Art Bananen- oder Maisbrei der Indios* **2.** (*bebida*) *Getränk aus Mais oder Reis, Wasser und Zucker, manchmal mit Fruchtsaft gemischt*

mascabado, -a [maska'βaðo, -a] *adj* (AGR): **azúcar ~** Rohrzucker zweiter Wahl

mascada [mas'kaða] *f* **1.** (*Am: tabaco*) Portion *f* Kautabak **2.** (*boxeo*) Kinnhaken *m* **3.** (*Col, Cuba, Chil: bocado*) Mund *m* voll **4.** (*Méx: pañuelo*) Seidentuch *nt*

mascado, -a [mas'kaðo, -a] *adj* (*fácil*) geschenkt; **lo quiere todo ~** er/sie will alles fertig ausgearbeitet haben

mascar [mas'kar] <c→qu> *vt* **1.** (*masticar*) kauen **2.** (*mascullar*) murmeln **3.** (*presentir*) vorausahnen

máscara ['maskara] *f* **1.** (*careta*) Maske *f*; **~ (para las pestañas)** Wimperntusche *f*, Mascara *nt*; **traje de ~** Verkleidung *f*; **quitar la ~ a alguien** (*fig*) jdm die Maske vom Gesicht reißen; **quitarse la ~** (*fig*) die Maske fallen lassen **2.** *pl* (*baile de ~s*) Maskenball *m* **3.** (*enmascarado*) Maskierte(r) *mf*; (*de Carnaval*) Narr *m*, Närrin *f*, Jeck *m*

mascarada [maska'raða] *f* **1.** (*baile de máscaras*) Maskenball *m* **2.** (*farsa*) Täuschung *f*

mascarilla [maska'riʎa] *f* **1.** (*máscara*) (Halb)maske *f*; **~ de oxígeno** Sauerstoffmaske *f* **2.** (*protección*) Mundschutz *m* **3.** (*cosmética*) Gesichtspackung *f*; **~ exfoliante** Peelingmaske *f*; **~ facial** Gesichtsmaske *f* **4.** (*molde*) Gesichtsabdruck *m*

mascarón [maska'ron] *m* (ARQUIT) Maskaron *m*; **~ de proa** Galionsfigur *f*

mascota [mas'kota] *f* Maskottchen *nt*; **~ virtual** virtuelles Haustier

masculinidad [maskulini'ðað] *f* Männlichkeit *f*

masculinización [maskuliniθa'θjon] *f* **1.** (BIOL) Vermännlichung *f*, Maskulinisierung *f* **2.** (LING) Annahme *f* der Maskulinform; **la ~ del sustantivo "puente" se produjo tardíamente** das Substantiv "puente" wurde erst spät zum Maskulinum

masculinizar [maskulini'θar] <z→c> *vt* maskulinisieren

masculino[1] [masku'lino] *m* (LING) Maskulinum *nt*

masculino, -a[2] [masku'lino, -a] *adj* **1.** (*de hombre*) männlich, maskulin **2.** (*para hombre*) Männer-; **moda masculina** Herrenmode *f* **3.** (LING): **género ~** maskuliner Genus *m*

mascullar [masku'ʎar] *vt* murmeln

masera [ma'sera] *f* **1.** (*recipiente*) Backtrog *m* **2.** (ZOOL) Seekuh *f*, Sirene *f*

masía [ma'sia] *f* (katalanisches) Gehöft *nt*

masificación [masifika'θjon] *f* **1.** (*uniformización*) Vermassung *f*, Uniformierung *f* **2.** (*intensificación*) Intensivierung *f* **3.** (*repleción*) Überfüllung *f*

masificado, -a [masifi'kaðo, -a] *adj* **1.** (*uniformado*) vermasst **2.** (*intensificado*) vermehrt, intensiviert **3.** (*repleto*) überfüllt

masificar [masifi'kar] <c→qu> *vt* **1.** (*hacer accesible a las masas*) für die breite Masse zugänglich machen; (*mercancías*) zur Massenware machen **2.** (*influir masivamente a favor de algo*) massiven Druck ausüben (auf +*akk*), sich massiv einsetzen (für +*akk*); **~ la ayuda a los inundados** alles Menschenmögliche unternehmen, um den Überschwemmungsopfern zu helfen; **~ la presencia de la policía** ein massives Polizeiaufgebot einsetzen

masilla [ma'siʎa] *f* Fensterkitt *m*

masita [ma'sita] *f* **1.** (MIL) Abzug *m* des Solds für Unterwäsche und Schuhe, Kleidergeld *nt*

2. (*AmS:* GASTR) Plätzchen *nt*

masivamente [masiβa'mente] *adv* massiv; **la población acudió ~ a la manifestación** das Volk strömte in Massen zur Kundgebung

masivo, **-a** [ma'siβo, -a] *adj* **1.** (*grande*) massiv **2.** (*fuerte*) stark **3.** (*de masas*) Massen-

maslo ['maslo] *m* **1.** (BOT) Pflanzenstängel *m* **2.** (ZOOL: *tronco de la cola*) Schwanzstummel *m*

masón, **-ona** [ma'son, -ona] *m, f* Freimaurer(in) *m(f)*

masonería [masone'ria] *f* Freimaurerei *f*

masónico, **-a** [ma'soniko, -a] *adj* freimaurerisch, Freimaurer-

masoquismo [maso'kismo] *m* Masochismus *m*

masoquista [maso'kista] **I.** *adj* masochistisch **II.** *mf* Masochist(in) *m(f)*

masora [ma'sora] *f* (REL) Massora *f*

masoterapia [masote'rapja] *f* Massagetherapie *f*; **la ~ me dejó la espalda como nueva** dank der Massage habe ich keine Rückenschmerzen mehr

masovero, **-a** [maso'βero, -a] *m, f* (AGR) Pächter(in) *m(f)* (*in Katalonien*)

mastaba [mas'taβa] *f* (ARQUIT, HIST) Mastaba *f*

mastalgia [mas'talxja] *f* (MED) Schmerz *m* in der (weiblichen) Brust, Mastalgie *f*

mastear [maste'ar] *vt* (NÁUT) bemasten, mit Masten versehen

mastectomía [mastekto'mia] *f* (MED) Brustamputation *f*

mastectomizar [mastektomi'θar] <z→c> *vi* die Brust amputieren

mastelero [maste'lero] *m* (NÁUT) Stenge *f*

máster ['master] *m* <másters> (UNIV) Master *m*

masticación [mastifika'θjon] *f* Kauen *nt*

masticar [masti'kar] <c→qu> *vt* **1.** (*mascar*) kauen **2.** (*meditar*) nachgrübeln (über +*akk*)

mástil ['mastil] *m* **1.** (NÁUT) Mast *m* **2.** (*poste*) Pfahl *m*, Pfosten *m* **3.** (MÚS: *de un violín*) Hals *m* **4.** (BOT: *planta*) verholzter Stiel *m*

mastín [mas'tin] *m* Mastiff *m*, Bulldogge *f*

mastitis [mas'titis] *f inv* (MED) Mastitis *f*

mastodonte [masto'ðonte] *m* Mastodon *nt*

mastodóntico, **-a** [masto'ðontiko, -a] *adj* (*fig*) alt und groß, vorsintflutlich; **aparato ~** großes, veraltetes Gerät

mastoides [mas'toi̯ðes] *adj inv* (MED, ANAT) mastoid

mastranzo [mas'tranθo] *m* (BOT) Rundblättrige Minze *f*

mastuerzo [mas'twerθo] *m* **1.** (BOT) Kresse *f* **2.** (*hombre*) Tölpel *m*

masturbación [masturβa'θjon] *f* Masturbation *f*

masturbarse [mastur'βarse] *vr* masturbieren

masvale [mas'βale] *m* (AGR) Malvasier *m*, Malvasier-Wein *m*

mata ['mata] *f* **1.** (*matorral*) Gestrüpp *nt* **2.** (*arbusto*) Strauch *m*, Busch *m*; **~ de la seda** Seidelbast *m* **3.** (*plantaje*) Baumpflanzung *f*; **~ de olivos** Olivenhain *m* **4.** (*planta herbácea*) Staude *f*; **~ de tomate** Tomatenpflanze *f* **5.** (*ramita*) Stängel *m* **6.** *pl* (*fam: cabellera*) Lockenkopf *m*, Strubbelkopf *m* **7.** (*loc, fam*): **a salto de ~** (*repentinamente*) plötzlich; (*superficialmente*) irgendwie; **vivir a salto de ~** von der Hand in den Mund leben

matabuey [mata'βwei̯] *m* (BOT) Hasenohr *nt*

matacaballo [mataka'βaʎo] *adv:* **a ~** hastig

matacaballos [mataka'βaʎos] *m* (BOT) Lobelie *f*

matacabras [mata'kaβras] *m* kalter, stürmischer Nordwind *m*

matacandiles [matakan'diles] *m* (BOT) Nickender Milchstern *m*

matadero [mata'ðero] *m* **1.** (*desolladero*) Schlachthof *m*; **ir al ~** sich in Lebensgefahr begeben; **llevar al ~** in den sicheren Tod schicken **2.** (*fatiga*) Plackerei *f*

matador(**a**) [mata'ðor(a)] **I.** *adj* **1.** (*que mata*) tödlich **2.** (*cansador*) erschöpfend **3.** (*fam: feo*) potthässlich **II.** *m(f)* **1.** (*asesino*) Mörder(in) *m(f)* **2.** (TAUR) Matador *m*, a *f*, Stierkämpfer(in) *m(f)*

matadura [mata'ðura] *f* (*por arneses*) Geschirrdruck *m*; (*por la silla*) Satteldruck *m*; **dar a alguien en las ~s** Salz in jds Wunde streuen

matafuego [mata'fweɣo] *m* **1.** (*instrumento*) Feuerlöscher *m* **2.** (*persona*) Feuerwehrmann *m*

matagallegos [mataɣa'ʎeɣos] *m* (BOT) Rispige Flockenblume *f*

matahambre [mata'ambre] *m* (*Cuba:* GASTR) *Art Marzipan aus Yuccamehl, Zucker und anderen Zutaten*

matajudío [mataxu'ðio] *m* (ZOOL) Großkopf *m*, Gestreifte Meeräsche *f*

matalahúva [matala'uβa] *f* (BOT) Anis *m*

matamata [mata'mata] *f* (ZOOL) Fransenschildkröte *f*, Matamata *f*

matamoros [mata'moros] *mf inv* Angeber(in) *m(f)*

matamoscas [mata'moskas] **I.** *adj inv* Fliegen tötend; **spray ~** Insektenspray *m o nt* **II.** *m inv* **1.** (*insecticida para moscas*) Fliegengift *nt* **2.** (*objeto*) Fliegenklatsche *f* **3.** (*trampa*) Fliegenfalle *f*

matanga [ma'tanga] *f* (*Méx*) *Spiel, bei dem einer dem anderen durch Schlag auf die Hand etwas wegzunehmen versucht*

matanza [ma'tanθa] *f* **1.** (*el matar*) Töten *nt*, Schlachten *nt* **2.** (*en batallas*) Gemetzel *nt*, Schlächterei *f*; **hacer una ~** ein Gemetzel anrichten **3.** (*faena*) Schlachtung *f*; **hacer la ~** das Schlachtfest feiern **4.** (*carne*) Schlachtplatte *f*

mataojo [mata'oxo] *m* (*Arg, Urug:* BOT) *Sapotegewächs*

matapalo [mata'palo] *m* (BOT) *kautschukhal-*

tige Ficusart

mataperros [mata'perros] *mf inv* (*fam*) Straßenjunge *m*, Straßenmädchen *nt*

matapolvo [mata'polβo] *m* (*fam*) Sprühregen *m*

matapulgas [mata'pulɣas] *f inv* (BOT) Rundblättrige Minze *f*

matar [ma'tar] **I.** *vt* **1.** (*quitar la vida*) töten, umbringen; ~ **a golpes** erschlagen, totschlagen; ~ **a palos** zu Tode prügeln; ~ **a puñaladas** erstechen; ~ **a tiros** [*o* **de un tiro**] erschießen; ~ **a traición** aus dem Hinterhalt umbringen **2.** (*carnear*) schlachten **3.** (*hambre, sed*) stillen **4.** (*luz, fuego*) löschen **5.** (*cal, yeso*) löschen **6.** (*sellos*) abstempeln **7.** (*aristas*) glatt schleifen, abrunden **8.** (*naipes*) stechen **9.** (*color, brillo*) mattieren **10.** (*acabar con alguien*) zugrunde [*o* zu Grunde] richten; ~ **a disgustos** zu Tode ärgern **11.** (*aniquilar*) vernichten; ~ **el tiempo** die Zeit totschlagen; ~ **el aburrimiento/el nerviosismo** die Langeweile/die Unruhe überwinden; **que me maten si yo esperaba una cosa así** (*fam*) also so was habe ich im Traum [*o* beim besten Willen] nicht erwartet **12.** (*molestar*) quälen, nerven *fam;* ~ **a preguntas a alguien** jdm ein Loch in den Bauch fragen *fam* **II.** *vr:* ~**se 1.** (*suicidarse*) Selbstmord begehen, sich *dat* das Leben nehmen **2.** (*aniquilarse*) sich gegenseitig umbringen **3.** (*trabajar sin descanso*) sich abrackern; ~**se por algo** für etw leben und sterben

matarife [mata'rife] *mf* Schlachter(in) *m(f)*, Fleischer(in) *m(f)*

matarratas [mata'rratas] *m inv* **1.** (*raticida*) Rattengift *nt* **2.** (*pey fam: aguardiente*) Rachenputzer *m*, Fusel *m*

matarrubia [mata'rruβja] *f* (BOT) Kermeseiche *f*

matasanos [mata'sanos] *mf inv* (*fam*) **1.** (*irón: médico*) Arzt *m*, Ärztin *f* **2.** (*pey: curandero*) Quacksalber(in) *m(f)*

matasarna [mata'sarna] *f* (BOT: *Ecua, Peru*) Korallenstrauch *m*

matasellar [matase'ʎar] *vt* (einen Brief) abstempeln

matasellos [mata'seʎos] *m inv* **1.** (*estampilla*) Poststempel *m* **2.** (*sello*) (Datums)stempel *m*

matasuegras [mata'sweɣras] *m inv* (*fam*) Luftrüssel *m*, Rolltröte *f*

matazón [mata'θon] *m* (*Am: matanza*) Massaker *nt*

match [matʃ] *m* Spiel *nt*

mate ['mate] **I.** *adj* matt **II.** *m* **1.** (*ajedrez*) Matt *nt;* **jaque** ~ Schachmatt *nt* **2.** (*AmS: planta*) Matestrauch *m;* (*bebida*) Mate(tee) *m;* ~ **de coca** (*Bol*) Kokatee *m* **3.** (*AmS: calabaza*) Kürbisgefäß *nt*, Mategefäß *nt* **4.** (*RíoPl: cabeza*) Kopf *m*

matemática [mate'matika] *adj o f v.* **matemático**

matemáticamente [matematika'meṇte] *adv* **1.** (*por procedimientos matemáticos*) mathematisch, rechnerisch **2.** (*con exactitud matemática*) mathematisch genau

matemáticas [mate'matikas] *fpl* Mathematik *f*

matemático, -a [mate'matiko, -a] **I.** *adj* **1.** (MAT) mathematisch **2.** (*exacto*) exakt, präzis **II.** *m, f* Mathematiker(in) *m(f)*

matematismo [matema'tismo] *m sin pl* (FILOS) Mathematizismus *m*

matematización [matematiθa'θjon] *f sin pl* Mathematisierung *f*

matera [ma'tera] *adj o f v.* **matero**

materia [ma'terja] *f* **1.** (*substancia*) Materie *f;* ~ **gris** (*fig*) graue Substanz; ~ **prima** Rohstoff *m* **2.** (FÍS) Materie *f*, Masse *f* **3.** (*tema*) Materie *f*, Inhalt *m;* **adentrarse en la** ~ sich in den Stoff einarbeiten; **en** ~ **de** hinsichtlich +*gen* **4.** (ENS: *disciplina*) Sachgebiet *nt*, Fach *nt* **5.** (JUR): ~ **penal** Strafrecht *nt*

material [mate'rjal] **I.** *adj* **1.** (*real*) materiell; **daño** ~ Sachschaden *m;* **el autor** ~ **del hecho** der Hintermann **2.** (*tosco*) prosaisch **II.** *m* Material *nt;* ~**es de construcción** Baustoffe *mpl;* ~ **difamatorio** Hetzmaterial *nt;* ~ **de enseñanza** Lehrmittel *ntpl;* ~ **móvil** [*o* **rodante**] rollendes Material; ~ **de oficina** Büroartikel *mpl*, Bürozubehör *nt;* ~ **publicitario** Werbematerial *nt*

materialidad [materjali'ðaᵈ] *f* Gegenständlichkeit *f*

materialismo [materja'lismo] *m* Materialismus *m;* ~ **dialéctico** (FILOS) dialektischer Materialismus

materialista [materja'lista] **I.** *adj* materialistisch **II.** *mf* Materialist(in) *m(f)*

materialización [materjaliθa'θjon] *f sin pl* Verwirklichung *f;* (*en parapsicología*) Materialisation *f;* **la no** ~ **de sus esfuerzos en una buena nota puede acabar con la motivación del alumno** wenn seine Bemühungen nicht zu einer guten Note führen, kann dies den Schüler demotivieren

materializar [materjali'θar] <z→c> **I.** *vt* **1.** (*hacer material*) materialisieren **2.** (*realizar*) verwirklichen **3.** (*hacer aparecer*) erscheinen lassen **II.** *vr:* ~**se 1.** (*tomar cuerpo*) Gestalt annehmen, sich verkörpern **2.** (*hacerse realidad*) sich verwirklichen **3.** (*aparecerse*) sich materialisieren; (*fantasmas*) erscheinen

materialmente [materjal'meṇte] *adv* tatsächlich; **ser** ~ **posible** durchaus möglich sein

maternal [mater'nal] *adj* mütterlich, Mutter-

maternidad [materni'ðaᵈ] *f* **1.** (*el ser madre*) Mutterschaft *f* **2.** (*hospital*) Entbindungsheim *nt;* (*en un hospital*) Entbindungsstation *f*

materno, -a [ma'terno, -a] *adj* mütterlich, Mutter-; **abuelo** ~ Großvater mütterlicherseits; **lengua materna** Muttersprache *f*

matero, -a [ma'tero, -a] **I.** *adj* (*AmS*) Mate-

II. *m, f* Mateliebhaber(in) *m(f),* Matetrinker(in) *m(f)*

mático ['matiko] *m* (BOT) *Pfeffergewächs, aus dessen Blättern ein balsamisches Öl gewonnen wird*

matilla [ma'tiʎa] *f* (BOT) Strandsode *f*

matinal [mati'nal] *adj* morgendlich

matiné [mati'ne] *f* Matinee *f*

matiz [ma'tiθ] *m* **1.** (*gradación*) Nuance *f,* Abstufung *f* **2.** (*toque*) Touch *m fam,* Hauch *m* **3.** (*rasgo característico*) unverwechselbarer feiner Unterschied *m*

matización [matiθa'θjon] *f* Schattierung *f,* Abstufung *f*

matizar [mati'θar] <z→c> *vt* **1.** (*combinar colores o tonos*) schattieren, abtönen, nuancieren; ~ **de** [*o* **en**] [*o* **con**] **rojo** rot schattieren **2.** (*dotar de un sentido*) nuancieren (*de* mit +*dat*); ~ **una frase de significado irónico** einem Satz eine ironische Nuance geben

mato ['mato] *m* Dickicht *nt,* Gebüsch *nt*

matojo [ma'toxo] *m* (*pey: mata*) Gestrüpp *nt*

matón, -ona [ma'ton, -ona] *m, f* **1.** (*chulo*) Rowdy *m,* Raufbold *m* **2.** (*guardaespaldas*) Leibwächter(in) *m(f),* Bodyguard *m* **3.** (*asesino*) Killer(in) *m(f)*

matorral [mato'rral] *m* **1.** (*campo inculto*) *mit Gestrüpp überwuchertes Brachland* **2.** (*maleza*) Gestrüpp *nt,* Dickicht *nt*

matraca [ma'traka] *f* **1.** (*carraca*) Ratsche *f* **2.** (*instrumento de percusión*) Klapper *f* **3.** (*loc*): **dar la** ~ quengeln; **ser** ~ aufdringlich [*o* lästig] sein

matraquear [matrake'ar] *vi* **1.** (*hacer sonar la matraca*) rasseln, klappern **2.** (*importunar*) quengeln

matraz [ma'traθ] *m* (QUÍM) Kolben *m;* ~ **de destilación** Destillierkolben *m*

matrerear [matrere'ar] *vi* (*Arg: vagabundear*) umherstreifen; (*fam: niños*) auf der Straße spielen

matrero, -a [ma'trero, -a] *adj* **1.** (*astuto*) schlau, gerissen **2.** (*receloso*) misstrauisch, argwöhnisch **3.** (*engañoso*) trügerisch **4.** (*AmS: fugitivo*) flüchtig (vor dem Gesetz)

matriarca [ma'trjarka] *f* Matriarchin *f*

matriarcado [matrjar'kaðo] *m* Matriarchat *nt*

matriarcal [matrjar'kal] *adj* matriarchalisch

matricida [matri'θiða] *mf* Muttermörder(in) *m(f)*

matricidio [matri'θiðjo] *m* Muttermord *m*

matriclán [matri'klan] *m* (SOCIOL) matrilinearer Klan *m*

matrícula [ma'trikula] *f* **1.** (*documento*) Anmeldebescheinigung *f* **2.** (*inscripción*) Anmeldung *f;* (*en la universidad*) Einschreibung *f,* Immatrikulation *f* **3.** (*del coche*) Nummernschild *nt;* ~ **de vehículo** Kraftfahrzeugkennzeichen *nt,* Autokennzeichen *nt;* **número de la** ~ Autonummer *f* **4.** (*lista*) Verzeichnis *nt* **5.** (*conjunto de alumnos*) Schülerzahl *f* **6.** (*loc*): **aprobar con ~ de honor** mit summa cum laude bestehen

matriculación [matrikula'θjon] *f* Anmeldung *f;* (*en la universidad*) Einschreibung *f,* Immatrikulation *f*

matriculado, -a [matriku'laðo, -a] *adj* angemeldet, eingetragen

matricular [matriku'lar] **I.** *vt* anmelden; (*en la universidad*) immatrikulieren; ~ **en el Registro Mercantil** ins Handelsregister eintragen **II.** *vr:* **~se** sich einschreiben, sich immatrikulieren; **~se en la Universidad** sich an der Universität immatrikulieren [*o* einschreiben]; **~se de oyente** sich als Gasthörer(in) einschreiben

matrilineal [matriline'al] *adj* (SOCIOL) matrilinear

matrilocal [matrilo'kal] *adj* (SOCIOL) matrilokal (*am Wohnsitz der Familie der Frau befindlich*)

matrimonial [matrimo'njal] *adj* ehelich, Ehe-; **agencia** ~ Heiratsinstitut *nt,* Eheanbahnungsinstitut *nt;* **aptitud** ~ Ehefähigkeit *f;* **los deberes ~es** die ehelichen Pflichten; **préstamo** ~ Ehestandsdarlehen *nt;* **vida** ~ Eheleben *nt*

matrimonialista [matrimonja'lista] *adj:* **abogado** ~ Anwalt, der sich auf Eherecht spezialisiert hat

matrimonio [matri'monjo] *m* **1.** (*casamiento*) Heirat *f,* Eheschließung *f;* ~ **canónico** kirchliche Trauung; ~ **civil** standesamtliche Trauung; **consumar el** ~ die Ehe vollziehen; **contraer** ~ die Ehe schließen, heiraten **2.** (*marido y mujer*) Ehepaar *nt;* **cama de** ~ Ehebett *nt*

matrioska [ma'trjoska] *f* Matroschka *f*

matritense [matri'tense] *adj* (*de Madrid*) aus Madrid; (*en Madrid*) in Madrid; **la sucursal** ~ die Zweigstelle in Madrid

matriz [ma'triθ] **I.** *f* **1.** (*útero*) Gebärmutter *f* **2.** (*molde*) Gussform *f,* Gießform *f* **3.** (TIPO) Matrize *f,* Mater *f* **4.** (*de un talonario*) Verwendungsnachweis *m* **5.** (MAT) Matrix *f,* Matrize *f* **6.** (INFOR): ~ **de puntos** Punktraster *nt* **II.** *adj* Stamm-; **casa** ~ Stammhaus *nt;* **Iglesia** ~ Mutterkirche *f;* **lengua** ~ Grundsprache *f*

matrona [ma'trona] *f* **1.** (*comadrona*) Hebamme *f* **2.** (*madre de familia*) Matrone *f* **3.** *Frau, die z. B. beim Zoll oder im Gefängnis Leibesvisitationen bei Frauen durchführt*

matronal [matro'nal] *adj* **1.** (*de comadrona*) Hebammen-; **actividad** ~ Hebammentätigkeit *f* **2.** (*madre de familia*) (als Mutter) angesehen; **experiencia** ~ Erfahrung einer gestandenen Ehefrau und Mutter

maturrango, -a [matu'rraŋgo, -a] **I.** *adj* **1.** (*AmS: mal jinete*) schlecht reitend **2.** (*Chil: tosco, pesado*) schwerfällig **II.** *m, f* schlechter Reiter *m,* schlechte Reiterin *f*

Matusalén [matusa'len] *m:* **ser más viejo que** ~ so alt sein wie Methusalem

matute [ma'tute] *m* **1.** (*contrabando*) Schmuggel *m;* **de** ~ heimlich; **pasar algo de**

~ etw schmuggeln; **viajar de** ~ schwarzfahren **2.** (*género*) Schmuggelware *f* **3.** (*casa de juegos*) Spielhölle *f*

matutear [matute'ar] *vi* schmuggeln

matutino, -a [matu'tino, -a] *adj* Morgen-, Vormittags-; **periódico** ~ Morgenzeitung *f*; **sesión matutina** Vormittagsvorstellung *f*; **el despertar** ~ das morgendliche Aufstehen

maula[1] ['mau̯la] *mf* (*fam*) **1.** (*tramposo*) Schwindler(in) *m(f)*, Betrüger(in) *m(f)* **2.** (*mal pagador*) schlechter Zahler *m*, schlechte Zahlerin *f* **3.** (*inútil*) Taugenichts *m*, Nichtsnutz *m*

maula[2] ['mau̯la] *f* **1.** (*baratija*) Ramsch *m fam*, Trödel *m fam*; **este coche es una** ~ dieses Auto ist eine Schrottkarre *fam* **2.** (*engaño*) List *f*, Täuschung *f*

maulero, -a [mau̯'lero, -a] *m, f* **1.** (*vendedor de retales*) *Person, die Stoffreste verkauft* **2.** (*embustero*) Betrüger(in) *m(f)*

maullador(a) [mau̯ʎa'ðor(a)] *adj* ständig miauend

maullar [mau̯'ʎar] *irr como aullar vi* miauen

maullido [mau̯'ʎiðo] *m* Miauen *nt*

maulón, -ona [mau̯'lon, -ona] **I.** *adj* (TAUR) wegen Feigheit kampfuntauglich **II.** *m, f* **1.** (*persona tramposa*) Betrüger(in) *m(f)* **2.** (*persona holgazana*) Nichtsnutz *m*, Taugenichts *m*

mauritano, -a [mau̯ri'tano, -a] **I.** *adj* mauretanisch **II.** *m, f* Mauretanier(in) *m(f)*

máuser ['mau̯ser] <máuser(e)s> *m* Mausergewehr *nt*

mausoleo [mau̯so'leo] *m* Mausoleum *nt*

maxilar [maˠsi'lar] **I.** *adj* Kiefer-; **hueso** ~ Kieferknochen *m* **II.** *m* Kiefer *m*; ~ **inferior/superior** Unterkiefer *m*/Oberkiefer *m*

máxima ['maˠsima] *f* **1.** (*norma*) Grundsatz *m*, Maxime *f*, Lebensregel *f* **2.** *v.* **máximo**

maximalismo [maˠsima'lismo] *m* Extremismus *m*

maximalista [maˠsima'lista] **I.** *adj* extremistisch **II.** *mf* Extremist(in) *m(f)*

máxime ['maˠsime] *adv* vor allem, besonders, insbesondere

maximización [maˠsimiθa'θjon] *f* Maximierung *f*; ~ **de beneficios**, ~ **de las ganancias** Gewinnmaximierung *f*

maximizar [maˠsimi'θar] <z→c> *vt* maximieren

máximo, -a ['maˠsimo, -a] **I.** *superl de* **grande II.** *adj* maximal, Höchst-; **puntuación máxima** höchste [*o* maximale] Punktzahl; **rendimiento** ~ Höchstleistung *f*; **tipo** ~ (FIN: *interés*) Höchstsatz *m*; (*impuestos*) Spitzensatz *m*; **triunfo** ~ größter Erfolg; **pon la radio al máximo** lass das Radio ganz laut laufen **III.** *m, f* Maximum *nt*, Höchstwert *m*; **como** ~ maximal, höchstens; **como** ~**, llegaremos a las diez** wir kommen spätestens um 10 Uhr an

máximum ['maˠsimun] *m* Maximum *nt*, Höchstwert *m*

maxisingle [maˠsi'siŋgel] *m* (MÚS) Maxisingle *f*

maxvelio [mas'βeljo] *m* (FÍS) Maxwell *nt*

maya[1] ['maɟa] **I.** *adj* Maya-; **cultura** ~ Mayakultur *f* **II.** *mf* Maya *mf*

maya[2] ['maɟa] *f* **1.** (*planta*) Maßliebchen *nt*, Gänseblümchen *nt* **2.** (*juego*) ≈Versteckspiel *nt*

mayar [ma'ɟar] *vi* miauen

mayestático, -a [maɟes'tatiko, -a] *adj* majestätisch; **plural** ~ Pluralis majestatis *m*

mayéutica [ma'ɟeu̯tika] *f* Mäeutik *f*, Maieutik *f*

mayido [ma'ɟiðo] *m* Miauen *nt*

mayo ['maɟo] *m* **1.** (*mes*) Mai *m*; *v. t.* **marzo** **2.** (*árbol*) Maibaum *m*

mayonesa [maɟo'nesa] *f* Majonäse *f*

mayor [ma'ɟor] **I.** *adj* **1.** *compar de* **grande** **2.** (*referente al tamaño*) größer; **mi barco es** ~ **que el tuyo** mein Schiff ist größer als deins; **el** ~ **barco** das größte Schiff; **su** ~ **enemigo** sein/ihr größter Feind; **mal** ~ Unannehmlichkeit *f*; **al por** ~ en gros, Engros-; **comercio al por** ~ Engroshandel *m*, Großhandel *m*; **se repartieron palos al por** ~ es wurden kräftig Schläge verteilt **3.** (*referente a la edad*) älter; **mi hermano** ~ mein älterer Bruder; **el** ~ **de mis hermanos** mein ältester Bruder; **ser** ~ alt sein; **ser** ~ **de edad** volljährig sein; **persona** ~ älterer Mensch; **los** ~**es** die Erwachsenen **4.** (MÚS) Dur *nt*; **tono** ~ Dur *nt*, Durtonart *f*; **tercera** ~ große Terz; **escala en do** ~ C-Dur-Tonleiter *f* **5.** (LIT): **arte** ~ *Vers aus mehr als acht Silben* **II.** *m* **1.** (MIL) Major *m* **2.** (*superior*) Vorgesetzte(r) *m* **3.** *pl* (*antepasados*) Vorfahren *mpl*

mayoral [maɟo'ral] *m* **1.** (*pastor principal*) Oberhirt *m* **2.** (*capataz*) Vorarbeiter *m* **3.** (*cochero*) Postkutscher *m* **4.** (*recaudador*) Geldeintreiber *m*

mayorana [maɟo'rana] *f* (BOT) Majoran *m*

mayorazgo[1] [maɟo'raθɣo] *m* **1.** (*institución*) Majorat *nt*, Ältestenrecht *nt* **2.** (*patrimonio*) Majorat(sgut) *nt*

mayorazgo, -a[2] [maɟo'raθɣo, -a] *m, f* **1.** (*heredero*) Majoratsherr(in) *m(f)* **2.** (*primogénito*) Erstgeborene(r) *mf*

mayorcito, -a [maɟor'θito, -a] *adj* (*fam*): **¡si ya eres** ~**!** du bist doch schon ein großer Junge!; **ya es** ~ er ist kein kleines Kind mehr

mayordomo[1] [maɟor'ðomo] *m* (*administrador de una cofradía*) *Verwalter einer Bruderschaft*; (*miembro de una cofradía*) *Mitglied einer Bruderschaft*

mayordomo, -a[2] [maɟor'ðomo, -a] *m, f* Hausverwalter(in) *m(f)*; (*de una mansión*) Gutsverwalter(in) *m(f)*; ~ **mayor** Hofmarschall *m*

mayoría [maɟo'ria] *f* Mehrheit *f*; ~ **absoluta** absolute Mehrheit; ~ **de edad** Volljährigkeit *f*; ~ **relativa** einfache Mehrheit; ~ **silenciosa** schweigende Mehrheit; ~ **de votos** Stimmenmehrheit *f*; **la** ~ **tiene un coche** die meisten besitzen ein Auto

mayorista [maɟo'rista] **I.** *adj* Großhandels-; **comercio** ~ Großhandel *m* **II.** *mf* Großhändler(in) *m(f)*, Grossist(in) *m(f)*

mayoritariamente [maɟoritarja'mente] *adv* überwiegend

mayoritario, **-a** [maɟori'tarjo, -a] *adj* Mehrheits-; **tiene el apoyo** ~ er/sie wird von der Mehrheit unterstützt

mayormente [maɟor'mente] *adv* hauptsächlich, vor allem, insbesondere

mayuato [ma'ɟwato] *m* (*Arg:* ZOOL) *eine Art Nasenbär*

mayúscula [ma'ɟuskula] *f* Großbuchstabe *m;* **en** ~**s** in Großbuchstaben; **los nombres propios se escriben con** ~ Eigennamen werden großgeschrieben

mayúsculo, **-a** [ma'ɟuskulo, -a] *adj* **1.** (*fam: grande*) enorm, riesig **2.** (*loc*): **letra mayúscula** Großbuchstabe *m*

maza ['maθa] *f* **1.** (*porra*) Keule *f* **2.** (*insignia*) Zeremonienstab *m* **3.** (*utensilio para machacar*) Stampfer *m*, Stößel *m* **4.** (*percusor*) Schlägel *m*, Klöppel *m* **5.** (*del taco de billar*) Griffteil *nt*

mazacote [maθa'kote] *m* **1.** (*hormigón*) Beton *m;* **esta esponja está hecha un** ~ dieser Schwamm ist ganz hart geworden **2.** (*cenizas de barrilla*) Salzkrautasche *f* **3.** (*Arg, Urug: pasta*) *zäher und klebriger Brei* **4.** (*obra de arte*) klobiges Kunstwerk *nt* **5.** (*fam: comida*) ≈Pampe *f* **6.** (*fam: persona pesada*) Nervensäge *f*

mazacotudo, **-a** [maθako'tuðo, -a] *adj* (*Am*) plump

mazada [ma'θaða] *f v.* **mazazo**

mazamorra [maθa'morra] *f* **1.** (*Col, Perú: fig: revoltillo*) Durcheinander *nt*, Wirrwarr *nt* **2.** (*bizcocho*) zerbröckelter Zwieback *m* **3.** (*Perú, RíoPl*) *Speise aus Maismehl und Zucker oder Honig*

mazapán [maθa'pan] *m* Marzipan *nt*

mazar [ma'θar] <z→c> *vt* **1.** (*mecer*) buttern lassen; **mazo la leche** ich lasse die Milch buttern **2.** (*quebrantar*) zerschlagen; (*deformar*) verbiegen (durch Schläge)

mazas ['maθas] *m inv* (*fam*) Muskelprotz *m*

mazazo [ma'θaθo] *m* Keulenschlag *m;* **dar** ~**s a alguien** jdm schaden; **la muerte de su hijo fue un** ~ **para él** der Tod seines Sohnes war ein schwerer Schlag für ihn

mazdeísmo [maθðe'ismo] *m* (REL) Mazdaznan *m*

mazmorra [maθ'morra] *f* Verlies *nt*, Kerker *m*

mazo ['maθo] *m* **1.** (*martillo*) Holzhammer *m* **2.** (*maza pequeña*) Stößel *m* **3.** (*manojo*) Bündel *nt* **4.** (*persona pesada*) Nervensäge *f fam*

mazorca [ma'θorka] *f* **1.** (*husada*) gesponnene (Woll-/Leinen)faser *f* **2.** (*panoja*) Maiskolben *m* **3.** (*baya del cacao*) Kakaoschote *f* **4.** (*Chil: gobierno despótico*) ≈Diktatur *f*

mazurca [ma'θurka] *f* Mazurka *f*

Mb [meɣa'βit] *m* (INFOR) *abr de* **megabit** MBit *nt*

MB [meɣa'βit] *m* (INFOR) *abr de* **megabit** MB *nt*

mbaracayá [embaraka'ɟa] *m* (ZOOL) Geoffroys Katze *f*

Mbit [meɣa'βit] *m* (INFOR) *abr de* **megabit** MBit *nt*

Mb/sec [meɣa'βit por se'ɣundo] *abr de* **megabit/segundo** MBit/s

Mbyte [meɣa'βai̯t] *m abr de* **megabyte** MByte *nt*

me [me] **I.** *pron pers* **1.** (*objeto directo*) mich; **¡míra~!** sieh mich an! **2.** (*objeto indirecto*) mir; **mi madre** ~ **lava la ropa** meine Mutter wäscht mir die Wäsche **II.** *pron refl:* ~ **lavo** ich wasche mich; ~ **voy** ich gehe; ~ **he comprado un piso** ich habe mir eine Wohnung gekauft; ~ **lavo el pelo** ich wasche mir die Haare

mea culpa ['mea 'kulpa] mea culpa, meine Schuld

meada [me'aða] *f* **1.** (*fam: orina*) Pisse *f;* **echar una** ~ pinkeln **2.** (*mancha de orina*) Urinlache *f;* **aquí hay una** ~ **de gato** eine Katze hat hierhin gepinkelt *fam*

meadero [mea'ðero] *m* (*vulg*) Pissbecken *nt*

meado [me'aðo] *m* (*fam*) Pisse *f;* **dejó su** ~ **en la puerta de los vecinos para fastidiarles** um die Nachbarn zu ärgern, pinkelte er/sie ihnen vor die Tür

meandro [me'andro] *m* **1.** (*curva*) Krümmung *f*, Kurve *f*, Biegung *f* **2.** (ARQUIT) Mäander *m*

mear [me'ar] *vi, vr:* ~**se** (*vulg*) pinkeln *fam*, pissen; **el niño se ha meado en el pantalón** das Kind hat in die Hose gemacht *fam;* ~**se de risa** sich totlachen [*o* kaputtlachen] *fam*

meato [me'ato] *m* (ANAT) Gang *m;* ~ **auditivo** Gehörgang *m;* ~ **urinario** Harnröhre *f*

meauca [me'au̯ka] *f* (ZOOL) Sturmtaucher *m*

MEC [mek] *m abr de* **Ministerio de Educación y Ciencia** Ministerium *nt* für Erziehung und Wissenschaft

meca ['meka] *f* **1.** (*lugar*) Mekka *nt;* **andar de Ceca en M~** [*o* **de la Ceca a la** ~] von Pontius zu Pilatus laufen **2.** *v.* **meco**

mecachis [me'katʃis] *interj* (*fam*) **1.** (*enfado*) verflixt, verdammt **2.** (*sorpresa*) na so was, Donnerwetter

mecana [me'kana] *adj o f v.* **mecano²**

mecánica [me'kanika] *f* **1.** (*parte de la física*) Mechanik *f* **2.** *v.* **mecánico**

mecánicamente [mekanika'mente] *adv* **1.** (FÍS) mechanisch **2.** (*automáticamente*) automatisch; **todas las noches se cepilla** ~ **los dientes** ganz automatisch putzt er/sie sich jeden Abend die Zähne

mecanicismo [mekani'θismo] *m* **1.** (FILOS) mechanistische Weltanschauung *f* **2.** (*mecanización*) Mechanisierung *f*

mecanicista [mekani'θista] *mf* Anhänger(in) *m(f)* der mechanistischen Weltanschauung

mecánico, -a [me'kaniko, -a] **I.** *adj* mechanisch **II.** *m, f* Mechaniker(in) *m(f)*

mecanismo [meka'nismo] *m* **1.**(*dispositivo*) Mechanismus *m;* ~ **de accionamiento** (INFOR) Auslösevorrichtung *f;* ~ **de control** Kontrollvorrichtung *f;* ~ **de retraso** (INFOR) Verzögerungsmechanismus *m;* **el** ~ **de cambios del SME** (FIN) der Wechselkursmechanismus des IWS **2.**(*funcionamiento*) Verfahren *nt*

mecanización [mekaniθa'θjon] *f* Mechanisierung *f;* ~ **agrícola** Mechanisierung der Landwirtschaft

mecanizado[1] [mekani'θaðo] *m* Bearbeitung *f;* ~ **por haz láser** Laserbearbeitung *f*

mecanizado, -a[2] [mekani'θaðo, -a] *adj* maschinenbearbeitet

mecanizar [mekani'θar] <z→c> *vt* **1.**(*automatizar*) mechanisieren **2.**(*elaborar mecánicamente*) mechanisch bearbeiten

mecano[1] [me'kano] *m* Baukasten *m*

mecano, -a[2] [me'kano, -a] **I.** *adj* aus Mekka **II.** *m, f* Einwohner(in) *m(f)* von Mekka

mecanógrafa [meka'noɣrafa] *f v.* **mecanógrafo**

mecanografía [mekanoɣra'fia] *f* Maschineschreiben *nt*

mecanografiar [mekanoɣrafi'ar] <*1. pres:* mecanografío> *vt* mit der Maschine schreiben, tippen

mecanógrafo, -a [meka'noɣrafo, -a] *m, f* Maschinenschreiber(in) *m(f),* Schreibkraft *f*

mecanoterapia [mekanote'rapja] *f* (MED) Therapie *f* mit mechanischer Einwirkung auf den Körper, Mechanotherapie *f*

mecate [me'kate] *m* (*AmC, Méx, Ven*) (Hanf)kordel *f*

mecedor [meθe'ðor] *m* Schaukel *f*

mecedora [meθe'ðora] *f* Schaukelstuhl *m*

mecenas [me'θenas] *mf inv* Mäzen(in) *m(f)*

mecenazgo [meθe'naθɣo] *m* Mäzenatentum *nt*

mecer [me'θer] <c→z> **I.** *vt* **1.**(*menear*) schütteln **2.**(*balancear*) schaukeln, wiegen **II.** *vr:* ~**se** **1.**(*menearse*) sich schütteln **2.**(*balancearse*) sich schaukeln, sich wiegen

mecha ['metʃa] *f* **1.**(*pabilo*) Docht *m;* (*de explosivos*) Zündschnur *f,* Lunte *f* **2.**(*gasa*) (Verbands)mull *m* **3.**(*mechón*) (Haar)strähne *f* **4.** *pl* (*mechones teñidos*) gefärbte Haarsträhnen *fpl;* **hacerse** ~**s** sich *dat* Strähnchen (ins Haar) machen lassen **5.**(*tocino*) Speck(streifen) *m* zum Spicken **6.**(*loc*): **a toda** ~ wie der geölte Blitz; **aguantar** ~ alles über sich ergehen lassen

mechado [me'tʃaðo] *m* (GASTR) Spicken *nt*

mechar [me'tʃar] *vt* (GASTR) spicken; **he mechado el pavo para que esté más jugoso** damit er saftiger wird, habe ich den Puter gespickt

mechera [me'tʃera] *f* **1.**(*aguja*) Spicknadel *f* **2.**(*ladrona*) Ladendiebin *f*

mechero[1] [me'tʃero] *m* **1.**(*piquera*) Dochtkanal *m* **2.**(*quemador*) Brenner *m;* ~ **de gas** Gasbrenner *m;* ~ (**de**) **Bunsen** Bunsenbrenner *m* **3.**(*encendedor*) Feuerzeug *nt*

mechero, -a[2] [me'tʃero, -a] *m, f* (*argot*) Ladendieb(in) *m(f)*

mechificar [metʃifi'kar] <c→qu> *vi* (*AmS*) spotten, sich lustig machen

mechón [me'tʃon] *m* Büschel *nt;* ~ **de pelo** Haarbüschel *nt*

mechudo, -a [me'tʃuðo, -a] *adj* (*Am: desgreñado*) zersaust, strubbelig

Mecklemburgo-Pomerania Occidental [meklem'burɣo pome'ranja o^{y}θiðen̩'tal] *m* Mecklenburg-Vorpommern *nt*

meco, -a ['meko, -a] **I.** *adj* **1.**(*Ant, Méx: rubio*) blond **2.**(*Méx: bermejo con negro*) rotschwarz; **toro** ~ Stier mit rotschwarzem Fell **II.** *m, f* wilder Indianer *m,* wilde Indianerin *f;* (*fig*) unkultivierter Mensch *m*

meconio [me'konjo] *m* (MED) Kindspech *nt*

medalla [me'ðaʎa] *f* Medaille *f;* ~ **de oro** Goldmedaille *f;* ~ **militar** Orden *m*

medallero [meða'ʎero] *m* Medaillenrang *m*

medallista [meða'ʎista] *mf* **1.**(*grabador*) Medailleur(in) *m(f)* **2.**(*ganador*) Medaillengewinner(in) *m(f)*

medallón [me'ðaʎon] *m* Medaillon *nt*

médano ['meðano] *m,* **medaño** [me'ðaɲo] *m* **1.**(*duna*) Düne *f* **2.**(*bajío*) Sandbank *f*

media ['meðja] *f* **1.**(*promedio*) Durchschnitt *m,* Mittel *nt;* ~ **anual** Jahresmittel *nt,* Jahresdurchschnitt *m;* ~ **aritmética** arithmetisches Mittel **2.**(*calceta*) Strumpf *m;* (*Am: calcetín*) Socke *f*

mediacaña [meðja'kaɲa] *f* Hohlkehle *f,* Kannele *f*

mediación [meðja'θjon] *f* Vermittlung *f,* Schlichtung *f;* **por** ~ **de** über +*akk,* durch Vermittlung +*gen*

mediado, -a [me'ðjaðo, -a] *adj* halb voll, halb leer; **a** ~**s de semana/del mes** Mitte der Woche/des Monats

mediador(**a**) [meðja'ðor(a)] *m(f)* Vermittler(in) *m(f)*

medial [me'ðjal] *adj* (LING): **consonante** ~ in der Mitte des Wortes liegender Konsonant

medialuna [meðja'luna] *f* **1.**(*referente a la luna*) Halbmond *m* **2.**(TAUR) *sichelförmiges Stierkampfinstrument* **3.**(*fortificación*) *halbkreisförmiges Bollwerk* **4.**(*bollo*) Hörnchen *nt;* (*cruasán*) Croissant *nt*

mediana [me'ðjana] *f* **1.**(*taco de billar*) *ein etwas längeres* (*Billard*)*queue* **2.**(*correa*) Deichselriemen *m* **3.**(*en la autopista*) Mittelstreifen *m* **4.**(MAT) Seitenhalbierende *f* **5.**(*fam: cerveza*) *0,33-l-Bierflasche*

medianamente [meðjana'men̩te] *adv* (*regular*) mittelmäßig; **me lo pasé** ~ **bien en la fiesta** ich fand das Fest ganz nett, aber nicht berauschend; **si fuera** ~ **inteligente no habría contestado de esa manera** wenn er/

sie einigermaßen intelligent wäre, hätte er/sie so nicht geantwortet

medianejo, **-a** [meðja'nexo, -a] *adj* (*fam*) ziemlich klein; **se ha comprado un sofá de tamaño** ~ er/sie hat sich ein relativ kleines Sofa gekauft

medianera [meðja'nera] *adj o f v.* **medianero[2]**

medianería [meðjane'ria] *f* **1.** (*pared*) Trennmauer *f* **2.** (*seto*) Grundstückshecke *f*

medianero[1] [meðja'nero] *m Eigentümer der Hälfte eines Hauses oder Grundstücks*

medianero, **-a[2]** [meðja'nero, -a] **I.** *adj* Zwischen-; **pared medianera** Zwischenwand *f* **II.** *m, f* **1.** (*intermediario*) Vermittler(in) *m(f)* **2.** (*propietario*) Besitzer(in) *m(f)*, Eigentümer(in) *m(f)*

medianía [meðja'nia] *f* **1.** (*término medio*) Mittelmaß *nt* **2.** (*mediocridad*) Mittelmäßigkeit *f* **3.** (*referente a una persona*): **es una** ~ er/sie ist nicht der/die Hellste

mediano, **-a** [me'ðjano, -a] *adj* **1.** (*referente a la calidad*) mittelmäßig **2.** (*referente al tamaño*) von mittlerer Größe; **talla mediana** Größe M **3.** (ECON) mittelständisch; **una mediana empresa** ein mittelständisches Unternehmen

medianoche [meðja'notʃe] *f* **1.** (*12 de la noche*) Mitternacht *f;* **a** ~ mitten in der Nacht **2.** (*panecillo*) ≈Milchbrötchen *nt*

mediante [me'ðjan̪te] **I.** *adj:* **Dios** ~ so Gott will **II.** *prep* mittels *+gen;* (*a través de*) durch *+akk*

mediapunta [meðja'pun̪ta] *m* (DEP) defensiver Mittelfeldspieler *m*

mediar [me'ðjar] *vi* **1.** (*intermediar*) vermitteln (*en* in *+akk, entre* zwischen *+dat*) **2.** (*intervenir*) sich verwenden (*por* für *+akk*), sich einsetzen (*por* für *+akk*) **3.** (*realizar hasta la mitad*) bis zur Hälfte schaffen; **~on la botella entre los dos** sie haben zu zweit die Flasche halb leer getrunken **4.** (*interponerse*) behindern, dazwischenkommen; **mediaba su escasa preparación para este trabajo** seine/ihre mangelhafte Ausbildung wirkte sich auf die Arbeit hinderlich aus **5.** (*transcurrir*) vergehen **6.** (*existir*) dazwischen liegen; **entre tú y yo media un abismo** zwischen dir und mir liegen Welten

mediastino [meðjas'tino] *m* (ANAT) Mittelfell *nt,* Mediastinum *nt*

mediático, **-a** [me'ðjatiko, -a] *adj* Medien-; **sociedad mediática** Mediengesellschaft *f;* **los adversarios políticos y ~s** die Gegner aus der Politik und den Medien

mediatización [meðjatiθa'θjon] *f* **1.** (POL) Mediatisierung *f* **2.** (*coartación*) Einschränkung *f*

mediatizar [meðjati'θar] <z→c> *vt* **1.** (POL) mediatisieren **2.** (*coartar*) einschränken

mediato, **-a** [me'ðjato, -a] *adj* mittelbar

mediatriz [meðja'triθ] *f* (MAT) Mittelsenkrechte *f,* Mittellot *nt*

medible [me'ðiβle] *adj* messbar

médica ['meðika] *adj o f v.* **médico**

medicable [meði'kaβle] *adj* (MED) mit Medikamenten behandelbar; **se trata de una dolencia** ~ die Krankheit kann mit Medikamenten geheilt werden

medicación [meðika'θjon] *f* **1.** (*medicinamiento*) Medikation *f* **2.** (*conjunto de medicamentos*) ≈Medikamente *ntpl*

médicamente [meðika'men̪te] *adv* aus medizinischer Sicht, medizinisch gesehen

medicamento [meðika'men̪to] *m* Medikament *nt,* Arzneimittel *nt,* Arznei *f;* ~ **circulatorio** Kreislaufmittel *nt*

medicamentoso, **-a** [meðikamen̪'toso, -a] *adj* heilkräftig; **vino** ~ Medizinalwein *m*

medicar [meði'kar] <c→qu> **I.** *vt* Medikamente verabreichen *+dat* **II.** *vr:* **~se** Medikamente einnehmen

medicastro, **-a** [meði'kastro, -a] *m, f* Medikaster *m,* Quacksalber(in) *m(f),* Kurpfuscher(in) *m(f) fam*

medicina [meði'θina] *f* Medizin *f;* ~ **alternativa** alternative Medizin; ~ **intensiva** Intensivmedizin *f;* **la** ~ **naturista** die Naturheilkunde; **la** ~ **tradicional** die Schulmedizin

medicinal [meðiθi'nal] *adj* medizinisch, Medizin-; **balón** ~ Medizinball *m;* **hierba** ~ Arzneipflanze *f,* Heilpflanze *f*

medicinar [meðiθi'nar] *vt v.* **medicar**

medición [meði'θjon] *f* Messung *f;* ~ **de tiempos** Zeitnahme *f*

médico, **-a** ['meðiko, -a] **I.** *adj* ärztlich, Arzt-; **cuerpo** ~ Ärzteschaft *f* **II.** *m, f* Arzt *m,* Ärztin *f;* **Colegio de M~s** Ärztekammer *f;* ~ **de cabecera** Hausarzt *m;* ~ **de empresa** Betriebsarzt *m;* ~ **de familia** Hausarzt *m;* ~ **forense** Gerichtsmediziner *m;* ~ **naturista** Naturheilkundler *m,* Naturheilpraktiker *m*

medicucho [meði'kutʃo] *m v.* **medicastro**

medida [me'ðiða] *f* **1.** (*medición*) Messung *f* **2.** (*dimensión*) Maß *nt;* ~ **de complejidad** (INFOR) Komplexitätsmaß *nt;* **a la** ~ maßgeschneidert; **traje a la** ~ Maßanzug *m;* **tomar la(s)** ~**(s)** Maß nehmen; **en** [*o* **hasta**] **cierta** ~ in gewissem Maße; **en la** ~ **de lo posible** im Rahmen des Möglichen; **a** ~ **que** in dem Maße wie; **el hombre es la** ~ **de todas las cosas** der Mensch ist das Maß aller Dinge; **ignoro en qué** ~ **puede afectarnos** ich weiß nicht, in welchem Maße [*o* Ausmaß] es uns betreffen wird **3.** (*unidad de* ~) Maßeinheit *f* **4.** (LIT) Versmaß *nt* **5.** (*prudencia*) Vorsicht *f;* **actúa con** ~ er/sie geht behutsam vor **6.** (*moderación*) Maß *nt,* Mäßigung *f;* **sin** ~ maßlos **7.** (*acción*) Maßnahme *f;* **~s de ajuste** (FIN) Regulierungsmaßnahme *f;* ~ **cautelar** Vorsichtsmaßnahme *f;* ~ **compensatoria** Ausgleichsmaßnahme *f;* **~s fiscales** Steuermaßnahmen *fpl;* ~ **preventiva** Vorbeugungsmaßnahme *f;* **~s de reactivación** Maßnahmen zur Wiederankurbelung; **~s de seguridad** Sicherheitsmaßnahmen *fpl;* **~s tarifarias**

tarifliche Maßnahmen; ~**s de urgencia** Sofortmaßnahmen *fpl;* **tomar** ~**s** Maßnahmen ergreifen; **el gobierno quiere introducir** ~**s para contener el gasto** die Regierung will Maßnahmen zur Ausgabendrosselung einführen

medidor[1] [meði'ðor] *m* **1.** (*instrumento de medición*) Messgerät *nt,* Messer *m* **2.** (*Am: contador*) Zähler *m* (*für Wasser, Strom, Gas*)

medidor(a)[2] [meði'ðor(a)] **I.** *adj* Mess-, messend; **reloj** ~ Messuhr *f* **II.** *m(f)* Vermesser(in) *m(f)*

medieval [meðje'βal] *adj* mittelalterlich, mediäval

medievalista [meðjeβa'lista] *mf* Mediävist(in) *m(f)*

medievo [me'ðjeβo] *m* Mittelalter *nt;* **la sociedad del** ~ die mittelalterliche Gesellschaft

medio[1] ['meðjo] *m* **1.** (*mitad*) Mitte *f;* **en** ~ **de** inmitten *+gen,* zwischen *+dat;* **en** ~ **de todo** trotz allem; **meterse en** [*o* **de**] [*o* **por**] ~ dazwischenfunken *fam;* **quitar de en** ~ (*fam*) aus dem Weg schaffen **2.** (*instrumento*) Mittel *nt;* ~ **de actuación sobre la economía** Steuerinstrument der Wirtschaft; ~**s de almacenamiento** (INFOR) Speichermedien *ntpl;* ~ **de prueba** Beweismittel *nt;* ~**s publicatorios** Werbemittel *ntpl;* ~ **de transporte** Verkehrsmittel *nt;* **por** ~ **de** mittels *+gen,* über *+akk* **3.** (PREN, RADIO, TV) Medium *nt;* ~**s de comunicación** Kommunikationsmittel *ntpl,* Massenmedien *ntpl* **4.** (*entorno*) Milieu *nt;* ~ **ambiente** Umwelt *f* **5.** (DEP) Mittelfeldspieler *m* **6.** (*Cuba: moneda*) 5-Cent-Münze *f* **7.** (*Nic: unidad de medida*) *Messeinheit für Körner* **8.** *pl* (*fuentes*) Quellen *f;* ~**s financieros** Finanzmittel *ntpl;* ~**s bien informados** gut unterrichtete Quellen **9.** *pl* (*capital*) (finanzielle) Mittel *ntpl;* **estar corto de** ~**s** knapp bei Kasse sein *fam*

medio, -a[2] ['meðjo, -a] **I.** *adj* halb; **ciudadano** ~ Durchschnittsbürger *m;* **crecimiento** ~ **anual de la economía** durchschnittliches jährliches Wirtschaftswachstum; **a las cuatro y media** um halb fünf; **litro y** ~ anderthalb Liter; **mi media naranja** meine bessere Hälfte; **pertenece a la clase media** er/sie gehört zur Mittelschicht **II.** *adv* halb; ~ **vestido** halb nackt; **a** ~ **asar** halb gegrillt; ~ **dormido, dormido a medias** halb eingeschlafen; **tomar algo a medias** etw teilen; **ir a medias** halb-halbe [*o* fifty-fifty] machen *fam;* **montar una empresa a medias con alguien** mit jdm in gemeinsamer Verantwortung ein Unternehmen aufbauen

medioambiental [meðjoambjen̩'tal] *adj* Umwelt-; **contaminación** ~ Umweltverschmutzung *f*

mediocre [me'ðjokre] *adj* mittelmäßig

mediocridad [meðjokri'ðað] *f* Mittelmäßigkeit *f*

mediodía [meðjo'dia] *m* **1.** (*hora del día*) Mittag *m;* **al** ~ mittags **2.** (*sur*) Süden *m*

mediofondista [meðjofon̩'dista] *mf* (DEP) Mittelstreckenläufer(in) *m(f)*

mediometraje [meðjome'traxe] *m mittellanger Film*

mediopensionista [meðjopensjo'nista] *mf Person, die in Halbpension lebt*

mediquillo, -a [meði'kiʎo, -a] *m, f* (*pey*) Quacksalber(in) *m(f),* Kurpfuscher(in) *m(f)*

medir [me'ðir] *irr como pedir* **I.** *vt* **1.** (*calcular*) messen; ~ **las costillas a alguien** jdn verprügeln **2.** (*sopesar*) abwägen; ~ **los riesgos** die Risiken abwägen **3.** (*moderar*) mäßigen **II.** *vi* messen **III.** *vr:* ~**se** sich messen (*con* mit *+dat, en* in *+dat*)

meditabundo, -a [meðita'βun̩do, -a] *adj* nachdenklich

meditación [meðita'θjon] *f* Meditation *f*

meditador(a) [meðita'ðor(a)] *adj* nachsinnend, meditierend; **pertenece a una congregación de frailes** ~**es** er/sie gehört einer Gemeinschaft von Meditationsmönchen an

meditar [meði'tar] *vt, vi* meditieren (*en/sobre* über *+akk*)

meditativo, -a [meðita'tiβo, -a] *adj* meditativ

Mediterráneo [meðite'rraneo] *m* Mittelmeer *nt*

mediterráneo, -a [meðite'rraneo, -a] *adj* mediterran, Mittelmeer-; **isla mediterránea** Mittelmeerinsel *f*

médium ['meðiun] *mf sin pl* Medium *nt*

medra ['meðra] *f* **1.** (*aumento*) Wachstum *nt* **2.** (*mejora*) Verbesserung *f* **3.** (*progreso*) Fortschritt *m*

medrar [me'ðrar] *vi* **1.** (*crecer*) gedeihen **2.** (*avanzar*) Erfolg haben, vorwärts kommen

medro ['meðro] *m* **1.** (*florecimiento*) Gedeihen *nt* **2.** (*crecimiento*) Wachstum *nt* **3.** (*mejora*) Verbesserung *f*

medrosamente [meðrosa'men̩te] *adv* ängstlich, furchtsam

medroso, -a [me'ðroso, -a] **I.** *adj* **1.** *estar* verängstigt, erschrocken **2.** *ser* ängstlich, furchtsam **II.** *m, f* Feigling *m,* Angsthase *m fam*

medula [me'ðula] *f,* **médula** ['meðula] *f* **1.** (ANAT) Knochenmark *nt;* ~ **espinal** Rückenmark *nt* **2.** (BOT) Mark *nt* **3.** (*meollo*) Kern *m;* **hay que llegar a la** ~ **de las cosas** man muss den Sachen auf den Grund gehen; **estar hasta la** ~ **de algo/alguien** (*fam*) die Nase (gestrichen) voll von etw *dat*/jdm haben

medular [meðu'lar] *adj* **1.** (ANAT: *relativo al tuétano*) Knochenmark-; **trasplante** ~ Knochenmarktransplantation *f* **2.** (ANAT: *relativo a la médula espinal*) Rückenmark-; **inyección** ~ Rückenmarkspritze *f* **3.** (*esencial*) Kern-; **parte** ~ Kernstück *nt*

medulosuprarrenal [meðulosuprarre'nal] *f* (ANAT) Nebennierenmark *nt*

medusa [me'ðusa] *f* Qualle *f,* Meduse *f*

meeting ['mitiŋ] *m* (POL) *v.* **mitin**

mefistofélico, -a [mefisto'feliko, -a] *adj* mephistophelisch, diabolisch, teuflisch

mefítico, **-a** [me'fitiko, -a] *adj* **1.** (*dañino*) giftig, gesundheitsschädigend **2.** (*fétido*) mefitisch

mega ['meɣa] *m* (INFOR) Megabyte *nt*

megabit [meɣa'βi^{t}] *m* (INFOR) Megabit *nt;* **~/segundo** Megabit/Sekunde

megabyte [meɣa'βai̯^{t}] *m* (INFOR) Megabyte *nt;* **~/segundo** Megabyte/Sekunde

megaciclo [meɣa'θiklo] *m* Megahertz *nt*

megacolon [meɣa'kolon] *m* (MED) Weitstellung *f* des Dickdarms, Megakolon *nt;* **~ congénito** Hirschsprung-Krankheit *f,* Megacolon congenitum *nt*

megafonía [meɣafo'nia] *f* **1.** (*técnica*) Verstärkertechnik *f* **2.** (*conjunto de aparatos*) Verstärkeranlage *f*

megáfono [me'ɣafono] *m* Megaphon *nt*

megahertz [meɣa'er^{d}s] *m,* **megahertzio** [meɣa'erθjo] *m* (INFOR) Megahertz *nt*

megalítico, **-a** [meɣa'litiko, -a] *adj* megalithisch, Megalith-

megalito [meɣa'lito] *m* Megalith *m*

megalocardia [meɣalo'karðja] *f* (MED) abnorme Größe *f* des Herzens

megalocefalia [meɣaloθe'falja] *f* (MED) Großköpfigkeit *f,* Megalozephalie *f*

megalomanía [meɣaloma'nia] *f* Megalomanie *f,* Größenwahn *m*

megalómano, **-a** [meɣa'lomano, -a] *adj* größenwahnsinnig

megalópolis [meɣa'lopolis] *f inv* Megalopolis *f,* Megalopole *f*

megastore [meɣas'tor] <megastores> *f* (COM) großes Warenhaus *nt*

megaterio [meɣa'terjo] *m* (ZOOL) Riesenfaultier *nt,* Megatherium *nt*

megatón [meɣa'ton] *m* Megatonne *f*

megavatio [meɣa'βatjo] *m* Megawatt *nt*

megavoltio [meɣa'βol̦tjo] *m* Megavolt *nt*

mehari [me'ari] *m* (ZOOL) schnelles Reitdromedar *nt,* Mehari *nt*

meigo, **-a** ['mei̯ɣo, -a] *m, f* Zauberer, -in *m, f,* Hexenmeister *m,* Hexe *f*

mejana [me'xana] *f* (GEO) Flussinsel *f*

mejicanismo [mexika'nismo] *m* (LING) in Mexiko gebräuchlicher Ausdruck *m*

mejicano, **-a** [mexi'kano, -a] **I.** *adj* mexikanisch **II.** *m, f* Mexikaner(in) *m(f)*

Méjico ['mexiko] *m* Mexiko *nt*

mejilla [me'xiʎa] *f* Wange *f,* Backe *f*

mejillón [mexi'ʎon] *m* Miesmuschel *f*

mejillonero, **-a** [mexiʎo'nero, -a] **I.** *adj* Miesmuschel-; **el mercado ~** der Miesmuschelmarkt **II.** *m, f* Miesmuschelzüchter(in) *m(f)*

mejor [me'xor] **I.** *adj compar de* **bueno** besser; **~ postor** Meistbietende(r) *mf;* **el/la ~** der/die Beste; **el ~ alumno** der beste Schüler; **la ~ nota** die beste Note; **lo ~** das Beste; **(es) ~ que...** *+subj* es ist besser, wenn ...; **cambiar a ~** sich verbessern, sich zum Besseren ändern; **el ~ día** eines schönen Tages; **pasar a ~ vida** hinscheiden **II.** *adv compar de* **bien** besser; **a lo ~** womöglich, unter Umständen; **~ que ~** [*o* **tanto ~**] um so besser; **~ dicho** besser gesagt; **estar ~** sich besser fühlen; **~ quiero un coche viejo que una moto** ich hätte lieber ein altes Auto als ein Motorrad

mejora [me'xora] *f* **1.** (*mejoramiento*) Verbesserung *f;* (AGR) Melioration *f;* **~ salarial** Gehaltsaufbesserung *f* **2.** (*puja*) höheres Gebot *nt* **3.** (JUR) *Vermächtnis, das über den Pflichtteil hinausgeht*

mejorable [mexo'raβle] *adj* verbesserungsfähig

mejoramiento [mexora'mjen̪to] *m* Verbesserung *f*

mejorana [mexo'rana] *f* (BOT) Majoran *m*

mejorar [mexo'rar] **I.** *vt* **1.** (*perfeccionar*) verbessern; (*enfermo*) bessern; **~ la presentación del producto** die Produktpräsentation verbessern; **~ las ventas de una empresa** den Umsatz eines Unternehmens steigern; **los baños ~án su salud** die Bäder werden seinen/ihren Gesundheitszustand bessern **2.** (*superar*) übertreffen; (*subasta*) überbieten **II.** *vi, vr:* **~se 1.** (*enfermo*) genesen, gesund werden, sich erholen; **¡que se mejore!** gute Besserung! **2.** (*tiempo*) besser werden, sich bessern

mejoría [mexo'ria] *f* Besserung *f;* **la bolsa ha experimentado una ligera ~ en su sesión de hoy** an der Börse hat sich heute eine leichte Erholung gezeigt; **las ventas han registrado una ~ en el último trimestre** die Verkaufszahlen sind im letzten Vierteljahr angestiegen

mejunje [me'xuŋxe] *m* **1.** (*cosmético, medicamento*) Mixtur *f* **2.** (*pey: bebida*) Gesöff *nt*

melado[1] [me'laðo] *m* **1.** (*jarabe*) Zuckerrübensirup *m* **2.** (*torta*) ≈Honigkuchen *m*

melado, **-a**[2] [me'laðo, -a] *adj* honigfarben

meláfido [me'lafiðo] *m* (GEO) Melaphyr *m*

melancolía [melaŋko'lia] *f* Melancholie *f*

melancólico, **-a** [melaŋ'koliko, -a] **I.** *adj* melancholisch **II.** *m, f* Melancholiker(in) *m(f)*

melancolizar [melaŋkoli'θar] <z→c> **I.** *vt* traurig machen **II.** *vr:* **~se** traurig werden, sich betrüben *elev*

melanesio[1] [mela'nesjo] *m sin pl* (LING) Melanesisch(e) *nt*

melanesio, **-a**[2] [mela'nesjo, -a] **I.** *adj* **1.** (LING) melanesisch; **dialectos ~s** melanesische Dialekte **2.** (*de Melanesia*) aus Melanesien, melanesisch; **folclore ~** melanesische Folklore **II.** *m, f* Melanesier(in) *m(f)*

melanina [mela'nina] *f* Melanin *nt*

melanogénesis [melano'xenesis] *f inv* (BIOL) Melaninbildung *f*

melanoma [mela'noma] *m* Melanom *nt*

melanosis [mela'nosis] *f inv* **1.** (AGR) Melanose *f* der Rebe **2.** (MED) Melanose *f*

melanuria [mela'nurja] *f* (MED) Ausscheidung *f* melaninhaltigen Harns, Melanurie *f*

melapia [me'lapja] *f* (AGR) *süße Apfelsorte*

melaza [me'laθa] *f* Melasse *f*

melé [me'le] *f* (DEP) Scrimmage *nt*

melena [me'lena] *f* **1.**(*crin*) Mähne *f*; (*pelo*) lange Haare *f*; **soltarse la** ~ die Haare offen tragen; (*fig*) sich *dat* einen Ruck geben **2.**(MED) Schwarzruhr *f*

melenudo, **-a** [mele'nuðo, -a] **I.** *adj* langhaarig; (*pey*) langmähnig **II.** *m, f* Langhaarige(r) *mf*

melera [me'lera] *f* **1.**(AGR) *durch Regen oder Hagel verursachte Melonenfäule* **2.**(BOT) Ochsenzunge *f*

melgacho [mel'ɣatʃo] *m* (ZOOL) Katzenhai *m*

melifluidad [meliflwi'ðað] *f* (übertriebene) Zuvorkommenheit *f*, (übertriebene) Liebenswürdigkeit *f*

melifluo, **-a** [me'liflwo, -a] *adj* **1.**(*como la miel*) honigsüß **2.**(*excesivamente amable*) (übertrieben) zuvorkommend, (übertrieben) liebenswürdig

melillense [meli'ʎense] **I.** *adj* aus Melilla **II.** *mf* Einwohner(in) *m(f)* Melillas

melindre [me'lin̩dre] *m* **1.**(*con miel y harina*) ≈Honigpfannkuchen *m*; (*con mazapán*) ≈Marzipanschnecke *f* **2.** *pl* (*delicadeza exagerada*) Zimperlichkeit *f* **3.** *pl* (*delicadeza afectada*) Geziertheit *f*, Affektiertheit *f*; **andar con** [*o* **hacer**] **~s** sich zieren, sich anstellen

melindrear [melin̩dre'ar] *vi* sich zieren, sich anstellen

melindroso, **-a** [melin̩'droso, -a] **I.** *adj* **1.**(*delicado*) zimperlich **2.**(*afectado*) geziert, affektiert **II.** *m, f* **1.**(*persona delicada*) zimperliche Person *f* **2.**(*persona afectada*) affektierte Person *f*

melión [me'ljon] *m* (ZOOL) Seeadler *m*

melis ['melis] *adj* (BOT): (**pino**) ~ Schwarzkiefer *f*

melisa [me'lisa] *f* Melisse *f*

melisana [meli'sana] *m* (*licor*) Melissengeist *m*

melisma [me'lisma] *m* (MÚS) Melisma *nt*

melito [me'lito] *m* (MED) Honigsirup *m*

mella ['meʎa] *f* **1.**(*hendidura*) Scharte *f* **2.**(*hueco*) Lücke *f*; **tiene varias ~s en los dientes** er/sie hat mehrere Zahnlücken **3.**(*merma*) Schmälerung *f* **4.**(*loc*): **hacer** ~ beeindrucken

mellado, **-a** [me'ʎaðo, -a] **I.** *adj* **1.**(*con hendiduras*) schartig **2.**(*con huecos*) lückig; (*referente a los dientes*) zahnlückig **II.** *m, f* *Person mit Zahnlücken*

mellar [me'ʎar] **I.** *vt* **1.**(*hacer mellas*) schartig machen **2.**(*disminuir*) mindern, schmälern **II.** *vr:* **~se** **1.**(*hacerse mellas*) schartig werden **2.**(*disminuir*) geschmälert werden

melliza [me'ʎiθa] *f* (GASTR) *mit Honig zubereitete Wurst*

mellizo, **-a** [me'ʎiθo, -a] **I.** *adj* **1.**(*gemelo*) Zwillings- (*bezogen auf zweieiige Zwillinge*); **hermana melliza** Zwillingsschwester *f* **2.**(*igual*) gleich, identisch **II.** *m, f* Zwilling *m*

melocotón [meloko'ton] *m* **1.**(*fruto*) Pfirsich *m* **2.**(*fam: borrachera*) Rausch *m*

melocotonar [melokoto'nar] *m* Pfirsichplantage *f*

melocotonero [melokoto'nero] *m* Pfirsichbaum *m*

melodía [melo'ðia] *f* **1.**(*sucesión de sonidos*) Melodie *f* **2.**(*sonido agradable*) Wohlklang *m* **3.**(*teoría musical*) Melodik *f*

melódico, **-a** [me'loðiko, -a] *adj* melodisch

melodioso, **-a** [melo'ðjoso, -a] *adj* melodiös, wohlklingend

melodrama [melo'ðrama] *m* Melodram(a) *nt*

melodramático, **-a** [meloðra'matiko, -a] *adj* melodramatisch

melojo [me'loxo] *m* (BOT) Steineiche *f*

melomanía [meloma'nia] *f* Musikbegeisterung *f*, Musikschwärmerei *f*; **la ~ de mi hermano es exagerada** mein Bruder ist ein fanatischer Musikfan

melómano, **-a** [me'lomano, -a] *m, f* (fanatischer) Musikliebhaber *m*, (fanatische) Musikliebhaberin *f*

melón[1] [me'lon] *m* **1.**(*fruto*) (Zucker)melone *f*; ~ **de agua** Wassermelone *f*; ~ **chino** [*o* **de la China**] Honigmelone *f* **2.**(*fam: cabeza*) Rübe *f*, Birne *f*

melón, **-ona**[2] [me'lon, -ona] *m, f* (*fam*) Dummkopf *m*, Schafskopf *m*

melonada [melo'naða] *f* (*fam*) Spinnerei *f*; **no empieces con tus ~s** fang nicht an herumzuspinnen

melonar [melo'nar] *m* Melonenfeld *nt*

meloncillo [melon̩'θiʎo] *m* (ZOOL) Ichneumon *m*, Afrikanischer Mungo *m*

melopea [melo'pea] *f* **1.**(*canturreo*) leises Singen *nt* **2.**(*composición de melodías*) Komponieren *nt* **3.**(*entonación*) Rezitativ *nt* **4.**(*fam: borrachera*) Rausch *m*

melosidad [melosi'ðað] *f* Lieblichkeit *f*

meloso, **-a** [me'loso, -a] *adj* lieblich

melva ['melβa] *f* (ZOOL) Fregattenmakrele *f*, Makrelenthunfisch *m*

mema ['mema] *adj o f v.* **memo**

membrana [mem'brana] *f* Membran(e) *f*, Häutchen *nt*; ~ **caduca** Eihülle *f*, Embryonalhülle *f*; ~ **celular** Zellmembran *f*; ~ **interdigital** Schwimmhaut *f*; ~ **mucosa** Schleimhaut *f*; ~ **vitelina** Dotterhaut *f*

membranoso, **-a** [membra'noso, -a] *adj* häutig

membrete [mem'brete] *m* Briefkopf *m*

membrillar [membri'ʎar] *m* **1.**(*terreno*) Quittenplantage *f* **2.**(BOT: *árbol*) Quittenbaum *m*, Quitte *f*

membrillate [membri'ʎate] *m* (GASTR) Quittenbrot *nt*; **al cura le gusta tomar ~ con queso de postre** der Pfarrer ist gerne Quittenbrot mit Käse zum Nachtisch

membrillo [mem'briʎo] *m* (*árbol*) Quittenbaum *m*; (*fruto*) Quitte *f*; **carne** [*o* **dulce**] **de** ~ Quittenbrot *nt*

membrudo, **-a** [mem'bruðo, -a] *adj* stämmig

memela [me'mela] *f* (*Méx:* GASTR) *großer, dicker Maisfladen mit Soße und Käse*
memez [me'meθ] *f* Dummheit *f*
memo, **-a** ['memo, -a] **I.** *adj* dumm, einfältig **II.** *m, f* Dummkopf *m*
memorable [memo'raβle] *adj* denkwürdig
memorándum [memo'ran̪dun] *m* <memorandos> Memorandum *nt*
memorar [memo'rar] *vt* (*elev: evocar*) gedenken, erinnern; **las Navidades nos hacían ~ los buenos tiempos que habíamos pasado juntos** die Weihnachtstage riefen in uns die schönen Zeiten wach, die wir miteinander verbracht hatten
memorativo, **-a** [memora'tiβo, -a] *adj* (*elev*) Gedenk-; **el festival ~ en honor al alcalde asesinado** die Gedenkfeier zu Ehren des ermordeten Bürgermeister
memoria [me'morja] *f* **1.** (*facultad*) Gedächtnis *nt,* Erinnerungsvermögen *nt;* (*recuerdo*) Erinnerung *f* (*de* an +*akk*); **~ a largo plazo** (BIOL, PSICO) Langzeitgedächtnis *nt;* **a la** [*o* **en**] **~ de** im Gedenken an +*akk;* **de ~** auswendig; **flaco de ~** vergesslich; **hacer ~** das Gedächtnis anstrengen; **perder la ~** das Gedächtnis verlieren; **traer a la ~** ins Gedächtnis rufen; **venir a la ~** in den Sinn kommen, einfallen; **tienes una ~ de gallo** [*o* **grillo**] (*fam*) du hast ein Gedächtnis wie ein Sieb **2.** (*informe*) Bericht *m;* (ECON) Geschäftsbericht *m* **3.** (*memorándum*) Denkschrift *f,* Memorandum *nt* **4.** (*investigación*) Abhandlung *f* **5.** (*monumento*) Denkmal *nt* **6.** (INFOR) Speicher *m;* **~ de acceso aleatorio** RAM-Speicher *m;* **~ alta** oberer Speicherbereich; **~ auxiliar** Hilfsspeicher *m;* **~ caché** Cachespeicher *m;* **~ central** Hauptspeicher *m;* **~ de disco** Plattenspeicher *m;* **~ expandida** erweiterter Speicher; **~ intermedia** Zwischenspeicher *m;* **~ magnética** Magnetspeicher *m;* **~ programable de sólo lectura** PROM *m,* programmierbarer Festspeicher; **~ RAM/ROM** RAM-/ROM-Speicher *m;* **~ de reserva** Reservespeicher *m;* **~ de sólo lectura** Nur-Lese-Speicher *m;* **~ virtual** virtueller Speicher; **~ volátil** flüchtiger Speicher **7.** *pl* (*recuerdos*) Memoiren *pl*
memorial [memo'rjal] *m* **1.** (*petición*) Bittschrift *f* **2.** (*agenda*) Notizbuch *nt* **3.** (*boletín*) Mitteilungsblatt *nt*
memorión [memo'rjon] *m* (*fam*) Mordsgedächtnis *nt*
memorioso, **-a** [memo'rjoso, -a] *adj* (*elev*) ein gutes Gedächtnis habend, mit gutem Gedächtnis; **es muy ~** er/sie hat ein sehr gutes Gedächtnis
memorismo [memo'rismo] *m* Auswendiglernen *nt*
memorista [memo'rista] **I.** *adj* **1.** (*memorioso*) ein gutes Gedächtnis habend **2.** (*perteneciente al memorismo*) das Memoriersystem betreffend; **estudio ~** Auswendiglernen *nt* **II.** *mf* **1.** (*memorioso*) Person *f* mit gutem Gedächtnis **2.** (*partidario del memorismo*) Befürworter(in) *m(f)* des Memoriersystems
memorización [memoriθa'θjon] *f* **1.** (*aprendizaje*) Auswendiglernen *nt* **2.** (INFOR) Speicherung *f*
memorizar [memori'θar] <z→c> *vt* **1.** (*aprender*) auswendig lernen **2.** (INFOR) speichern
mena ['mena] *f* **1.** (MIN) Erz *nt* **2.** (NÁUT) *Umfang eines Taus*
menaje [me'naxe] *m* Hausrat *m;* **~ de cocina** Küchenutensilien *ntpl*
menarquía [menar'kia] *f* (ANAT) Menarche *f,* Zeitpunkt *m* des ersten Eintretens der Menstruation
mención [men̪'θjon] *f* Erwähnung *f;* **digno de ~** erwähnenswert; **hacer ~ de algo/alguien** etw/jdn erwähnen; **~ honorífica** ehrenvolle Erwähnung
mencionar [men̪θjo'nar] *vt* erwähnen
menda ['men̪da] **I.** *pron pers* (*fam*) ich; **aquí el** [*o* **este**] **~ no dijo nada** ich habe nichts gesagt; **mi ~ lerenda** meine Wenigkeit **II.** *pron indef* (*fam*): **un ~** irgendjemand, irgendwer
mendacidad [men̪daθi'ða^{ð}] *f* (*elev*) Verlogenheit *f*
mendaz [men̪'daθ] *adj* (*elev*) verlogen
mendelismo [men̪de'lismo] *m* (BIOL) Mendelismus *m*
mendicante[1] [men̪di'kan̪te] **I.** *adj* Bettel-; **orden ~** Bettelorden *m* **II.** *mf* (*mendigo*) Bettler(in) *m(f)*
mendicante[2] [men̪di'kan̪te] *m* Bettelmönch *m*
mendicidad [men̪diθi'ða^{ð}] *f* (*pordiosería*) Bettelei *f;* (*fenómeno social*) Bettlertum *nt;* **vive de la ~** er/sie lebt vom Betteln; **en esta ciudad hay mucha ~** in dieser Stadt gibt es viele Bettler
mendiga [men̪'diɣa] *f v.* **mendigo**
mendigar [men̪di'ɣar] <g→gu> *vi, vt* betteln (um +*akk*)
mendigo, **-a** [men̪'diɣo, -a] *m, f* Bettler(in) *m(f)*
mendrugo [men̪'druɣo] *m* **1.** (*trozo de pan*) Stück *nt* trockenes Brot **2.** (*fam: torpe*) Tölpel *m,* Trottel *m*
meneado, **-a** [mene'aðo, -a] *adj* (TAUR): **toro ~** *Stier, der vor dem eigentlichen Kampf schon bei Volksfesten durch die Straßen getrieben wurde*
menear [mene'ar] **I.** *vt* schwenken; **~ la cabeza** den Kopf schütteln; **~ la cola** mit dem Schwanz wedeln **II.** *vr:* **~se 1.** (*moverse*) wackeln **2.** (*fam: apresurarse*) sich sputen, in die Gänge kommen
meneo [me'neo] *m* **1.** (*movimiento*) Schwenken *nt* **2.** (*fam: vapuleo*) Abreibung *f;* **dar un ~ a alguien** jdm eine Abreibung verpassen
menester [menes'ter] *m* **1.** (*necesidad*) Notwendigkeit *f;* **ser ~** nötig [*o* erforderlich] sein; **haber ~ de algo** etw *gen* bedürfen, etw brauchen **2.** *pl* (*tareas*) Obliegenheiten *fpl,* Pflich-

ten *fpl* **3.** *pl* (*necesidades fisiológicas*) Bedürfnisse *ntpl*

menesteroso, **-a** [meneste'roso, -a] **I.** *adj* bedürftig, arm **II.** *m, f* Bedürftige(r) *mf,* Arme(r) *mf*

menestra [me'nestra] *f* (Gemüse)eintopf *m*

menestral(a) [menes'tral(a)] *m(f)* Handwerker(in) *m(f)*

menestralía [menestra'lia] *f* **1.** (*cuerpo de menestrales*) Handwerkerinnung *f* **2.** (*conjunto de menestrales*) Handwerkerschaft *f*

mengano, **-a** [meŋ'gano, -a] *m, f:* **fulano y ~** Herr X und Herr Y

mengua ['meŋgwa] *f* **1.** (*disminución*) Abnahme *f,* Rückgang *m;* **sin ~ de** ohne Beeinträchtigung +*gen* **2.** (*carencia*) Mangel *m;* **sin ~** vollständig, absolut, uneingeschränkt **3.** (*descrédito*) Misskredit *m,* Verruf *m;* **no quiero que vaya en ~ de tu prestigio** ich möchte nicht, dass dein Ansehen darunter leidet

menguado[1] [meŋ'gwaðo] *m* abgenommene Masche *f*

menguado, **-a**[2] [meŋ'gwaðo, -a] **I.** *adj* **1.** (*cobarde*) feige **2.** (*tonto*) einfältig **3.** (*miserable*) niederträchtig **II.** *m, f* **1.** (*cobarde*) Feigling *m* **2.** (*tonto*) Einfaltspinsel *m fam* **3.** (*miserable*) niederträchtige Person *f*

menguamiento [meŋgwa'mjento] *m v.* **mengua**

menguante [meŋ'gwante] **I.** *adj:* **luna** [*o* **cuarto**] **~** abnehmender Mond *m* **II.** *f* **1.** (*marea baja*) Ebbe *f;* (*estiaje*) Niedrigwasser *nt;* **este río está en la ~** dieser Fluss führt zur Zeit wenig Wasser **2.** (*mengua*) Abnahme *f,* Rückgang *m*

menguar [meŋ'gwar] <gu→gü> **I.** *vi* abnehmen, zurückgehen; (*luna*) abnehmen; (*en las labores de punto o ganchillo*) abnehmen **II.** *vt* reduzieren, verringern; (*en las labores de punto o ganchillo*) abnehmen

menhir [me'nir] *m* Menhir *m*

menina [me'nina] *f* königliche Hofdame *f*

meninge [me'niŋxe] *f* (ANAT) (Ge)hirnhaut *f;* **estrujarse las ~s** (*fam*) sich *dat* das Hirn zermartern

meningitis [meniŋ'xitis] *f inv* (MED) (Ge)hirnhautentzündung *f,* Meningitis *f*

meningococo [meniŋgo'koko] *m* (BIOL) Meningokokke *f*

menino, **-a** [me'nino, -a] *m, f* (HIST: *caballero*) Edelknabe *m;* (*dama*) Edelfräulein *nt*

meniscitis [menis'θitis] *f inv* (MED) Entzündung *f* des Meniskus

menisco [me'nisko] *m* **1.** (*vidrio*) Meniskus *m,* Meniskenglas *nt* **2.** (ANAT, FÍS) Meniskus *m*

menopausia [meno'pau̯sja] *f* (*cesación de la menstruación*) Menopause *f;* (*época de vida*) Wechseljahre *ntpl,* Klimakterium *nt*

menopáusico, **-a** [meno'pau̯siko, -a] *adj* klimakterisch

menor[1] [me'nor] **I.** *adj* **1.** *compar de* **pequeño** **2.** (*referente al tamaño*) kleiner; **Asia M~** Kleinasien *nt;* **gastos ~es** Nebenkosten *pl,* Spesen *pl;* **al por ~** detailliert, haargenau; (COM) en détail; **comerciar al ~** (COM) Einzelhandel treiben; **venta al por ~** (COM) Einzelhandelsverkauf *m;* **a la ~** (*fam*) bei der kleinsten Gelegenheit; **el número de alumnos es ~ que el año pasado** die Schülerzahl ist niedriger als im Vorjahr; **no dar la ~ importancia a algo** etw *dat* nicht die geringste Bedeutung beimessen **3.** (*referente a la edad*) jünger; **~ de edad** minderjährig; **mi hija es ~ que la tuya** meine Tochter ist jünger als deine; **el ~ de mis hermanos** mein jüngster Bruder **4.** (MÚS) Moll; **tono ~** Moll *nt,* Molltonart *f;* **tercera ~** kleine Terz; **escala en mi ~** e-Moll-Tonleiter *f* **5.** (LIT): **verso de arte ~** Vers mit weniger als neun Silben **II.** *mf* (**~ de edad**) Minderjährige(r) *mf;* **esta película no es apta para ~es** dieser Film ist nicht jugendfrei

menor[2] [me'nor] *m* Minorit *m,* Franziskaner *m*

menorista [meno'rista] **I.** *adj* (*Chil, Méx*) Einzelhandels- **II.** *mf* (*Chil, Méx: minorista*) Einzelhändler(in) *m(f)*

menorquín, **-ina** [menor'kin, -ina] **I.** *adj* aus Menorca **II.** *m, f* Einwohner(in) *m(f)* Menorcas

menorragia [meno'rraxja] *f* (MED) abnorm starke Monatsblutung *f,* Menorrhagie *f*

menos ['menos] **I.** *adv* **1.** (*contrario de más*) weniger; **a ~ que** es sei denn; **el/la ~** der/die am wenigsten; **el piso (el) ~ caro** die preiswerteste Wohnung; **eso es lo de ~** das ist nicht so wichtig; **lo ~** das Mindeste; **a lo** [*o* **al**] **~** zumindest, wenigstens; **aún ~** erst recht nicht; **más o ~** mehr oder weniger; **cuanto ~... (tanto) más** je weniger ... desto mehr; **de ~** zu wenig; **echar de ~** vermissen; **en ~ de nada** in Null Komma nichts; **ir a ~** herunterkommen; **~ de** [*o* **que**] weniger als; **~ mal** glücklicherweise, Gott sei Dank; **¡ni mucho ~!** auf keinen Fall!; **por lo ~** zumindest, wenigstens **2.** (MAT) minus **3.** (*excepto*) außer; **todo ~ eso** alles, nur das nicht **II.** *m* (MAT) Minuszeichen *nt*

menoscabar [menoska'βar] *vt* **1.** (*disminuir*) vermindern **2.** (*dañar*) beschädigen; **esas acusaciones menoscaban mi reputación** diese Anschuldigungen schaden meinem Ruf **3.** (*desacreditar*) diskreditieren, in Verruf [*o* Misskredit] bringen

menoscabo [menos'kaβo] *m* **1.** (*disminución*) Verminderung *f;* **la cantidad va en ~ de la calidad** die Quantität geht auf Kosten der Qualität **2.** (*daño*) Beschädigung *f;* **sufrir ~** Schaden nehmen; **sin ~ de** ohne Herabsetzung +*gen*

menospreciable [mensopre'θjaβle] *adj* verachtenswert

menospreciar [menospre'θjar] *vt* **1.** (*despreciar*) verachten **2.** (*desdeñar*) gering schätzen **3.** (*subestimar*) unterschätzen

menospreciativo, **-a** [menospreθja'tiβo, -a] *adj* geringschätzig, verächtlich; **no mirarle a la cara cuando hablaba era un gesto** ~ ihm/ihr nicht ins Gesicht zu schauen, während er/sie sprach, war eine Geste der Geringschätzung

menosprecio [menos'preθjo] *m* **1.**(*desprecio*) Verachtung *f* **2.**(*desdén*) Geringschätzung *f* **3.**(*subestimación*) Unterschätzung *f*

menostasia [menos'tasja] *f* (ANAT) Ausbleiben *nt* der Regelblutung, Menostase *f*

mensaje [men'saxe] *m* Botschaft *f*, Mitteilung *f*; ~ **de error** (INFOR) Fehlermeldung *f*; ~ (**de**) **radio** Funkspruch *m*; ~ **de socorro** Notruf *m*; **esto es un** ~ **inequívoco** das ist eine eindeutige Botschaft

mensajera [mensa'xera] *adj o f v.* **mensajero**

mensajería [mensaxe'ria] *f* Kurierdienst *m*

mensajero, **-a** [mensa'xero, -a] **I.** *adj* Boten-; **paloma mensajera** Brieftaube *f*; **servicio** ~ Botendienst *m* **II.** *m, f* Bote, -in *m, f*, Kurier(in) *m(f)*; ~ **de la paz** Friedensbote *m*; **las nubes, mensajeras de la lluvia** die Wolken, Vorboten des Regens

menso, **-a** ['menso, -a] *adj* (*Méx: necio*) dumm, einfältig

menstruación [meⁿstrwa'θjon] *f* Menstruation *f*, Monatsblutung *f*

menstrual [meⁿstru'al] *adj* menstrual, menstruell; **flujo** ~ Monatsfluss *m*; **tener dolores** ~**es** Menstruationsbeschwerden haben

menstruar [meⁿstru'ar] <*1. pres:* menstrúo> *vi* menstruieren, die Menstruation haben

menstruo[1] ['meⁿstrwo] *m* **1.**(*menstruación*) Menstruation *f*, Monatsblutung *f* **2.**(QUÍM) Lösungsmittel *nt*

menstruo, **-a**[2] ['meⁿstrwo, -a] *adj:* **sangre menstrua** Monatsblut *nt*

mensú [men'su] *m* (*Arg*) Landarbeiter *m*

mensual [mensu'al] *adj* **1.**(*cada mes*) monatlich, Monats-; **plazo** ~ Monatsrate *f*; **revista** ~ Monatszeitschrift *f* **2.**(*que dura un mes*) Monats-; **abono** ~ **para el metro** Monats(fahr)karte für die U-Bahn

mensualidad [menswali'ðaᵈ] *f* **1.**(*sueldo*) Monatseinkommen *nt* **2.**(*paga mensual*) monatliche Zahlung *f*; (*compra aplazada*) Monatsrate *f*; (*cuota mensual*) Monatsbeitrag *m*; **me debes varias** ~**es del alquiler** du schuldest mir mehrere Monatsmieten

mensualmente [mensual'mente] *adv* monatlich; **visita a su abuelo** ~ er/sie besucht jeden Monat seinen/ihren Großvater

mensurabilidad [mensuraβili'ðaᵈ] *f* Messbarkeit *f*

mensurable [mensu'raβle] *adj* messbar

mensurar [mensu'rar] *vt* messen

menta ['menta] *f* **1.**(*planta*) Minze *f* **2.**(*infusión*) Pfefferminztee *m* **3.**(*extracto*) Pfefferminzöl *nt*; **caramelo de** ~ Pfefferminzbonbon *nt*

mentado, **-a** [men'taðo, -a] *adj* berühmt

mental [men'tal] *adj* geistig, mental; **cálculo** ~ Kopfrechnen *nt*

mentalidad [mentali'ðaᵈ] *f* Mentalität *f*

mentalismo [menta'lismo] *m* (FILOS, PSICO, LING) Mentalismus *m*

mentalización [mentaliθa'θjon] *f* Vergegenwärtigung *f*

mentalizar [mentali'θar] <z→c> *vt, vr:* ~**se** (sich *dat*) klar machen, (sich *dat*) vergegenwärtigen

mentalmente [mental'mente] *adv* in Gedanken, im Geist; **se comunicaba con él** ~ in Gedanken unterhielt er/sie sich mit ihm

mentar [men'tar] <e→ie> *vt* erwähnen; ~ **la soga en casa del ahorcado** indiskret sein

mente ['mente] *f* **1.**(*pensamiento*) Denken *nt*; **tener algo en** (**la**) ~ etw vorhaben [*o* planen]; **no puedo quitarme esa idea de la** ~ dieser Gedanke geht mir (einfach) nicht aus dem Kopf; **su nombre se me ha ido de la** ~ sein/ihr Name ist mir entfallen; **tener la** ~ **en blanco** sich nicht erinnern (können); **traer a la** ~ ins Gedächtnis rufen **2.**(*intelecto*) Verstand *m*; ~ **lúcida/analítica** klarer/analytischer Verstand

mentecata [mente'kata] *adj o f v.* **mentecato**

mentecatada [menteka'taða] *f* Unsinn *m*, Dummheit *f*

mentecatería [mentekate'ria] *f*, **mentecatez** [menteka'teθ] *f* Dummheit *f*, Torheit *f*

mentecato, **-a** [mente'kato, -a] **I.** *adj* dumm, töricht **II.** *m, f* Dummkopf *m*

mentidero [menti'ðero] *m* (*fam*) ≈Plauderecke *f*

mentir [men'tir] *irr como sentir* **I.** *vi* **1.**(*engañar*) lügen; **miente más que habla** er/sie lügt wie gedruckt; **¡miento!** falsch!, Irrtum! **2.**(*inducir a error*) trügen, täuschen **II.** *vt* (*elev*) vortäuschen, vorspiegeln

mentira [men'tira] *f* **1.**(*embuste*) Lüge *f*; ~ **piadosa** barmherzige Lüge; **¡parece** ~**!** unglaublich! **2.**(*en un manuscrito*) Druckfehler *m* **3.**(*fam: en las uñas*) *weißer Fleck im Fingernagel*

mentirijillas [mentiri'xiʎas]: **de** ~ zum Scherz

mentiroso, **-a** [menti'roso, -a] **I.** *adj* **1.**(*persona*) verlogen, lügenhaft **2.**(*texto*) fehlerhaft **II.** *m, f* Lügner(in) *m(f)*

mentís [men'tis] *m inv* Dementi *nt*; **dar un** ~ **a algo** etw dementieren

mentol [men'tol] *m* Menthol *nt*

mentolado, **-a** [mento'laðo, -a] *adj* mentholhaltig; **cigarillo** ~ Mentholzigarette *f*

mentón [men'ton] *m* Kinn *nt*

mentor [men'tor] *m* Mentor *m*

menú [me'nu] *m* <menús> **1.**(*comida*) Menü *nt* **2.**(*minuta*) Speisekarte *f* **3.**(INFOR) Menü *nt*; ~ **de ayuda** Hilfemenü *nt*; ~ **desplegable** [*o* **de aparición instantánea**] Aufklappmenü *nt,* Pull-down-Menü *nt;* ~ **principal** Hauptmenü *nt*

menudear [menuðe'ar] **I.** *vi* häufig vorkommen; **menudean las noticias negativas** die schlechten Nachrichten häufen sich **II.** *vt* häufig tun; **últimamente menudea sus visitas** er/sie kommt in letzter Zeit häufig zu Besuch

menudencia [menu'ðeṇθja] *f* **1.** (*de poco tamaño*) Kleinigkeit *f* **2.** (*nadería*) Bagatelle *f,* Nichtigkeit *f* **3.** (*meticulosidad*) Kleinlichkeit *f,* Pedanterie *f* **4.** *pl* (*despojos*) Schweineinnereien *fpl*

menudeo [menu'ðeo] *m* **1.** (*repetición*) häufige Wiederholung *f,* Häufung *f* **2.** (*venta*) Einzelverkauf *m*

menudillo [menu'ðiʎo] *m* **1.** (*articulación*) Kötengelenk *nt* **2.** *pl* (*despojos*) Geflügelinnereien *fpl*

menudo, -a [me'nuðo, -a] *adj* **1.** (*minúsculo*) winzig **2.** (*pequeño y delgado*) zierlich **3.** (*fútil*) nichtig, unbedeutend **4.** (*minucioso*) kleinlich, pedantisch; **relatar algo por** ~ etw haarklein erzählen **5.** (*en frases exclamativas*) super!, toll!; **¡menuda película!** was für ein toller Film!; **¡~ lío has armado!** da hast du dir ja was Schönes eingebrockt! **6.** (COM): **por** [*o* **a**] **la menuda** en détail **7.** (*loc*): **a** ~ häufig, oft

meñique [me'ɲike] **I.** *m* kleiner Finger *m* **II.** *adj* (*fam*) winzig

meódromo [me'oðromo] *m* (*argot*) Pissbecken *nt*

meollo [me'oʎo] *m* **1.** (*sesos*) Hirn *nt* **2.** (*médula*) Mark *nt* **3.** (*fundamento*) Kern *m*

meón, -ona [me'on(a)] *adj* (*fam*): **ser un** ~ eine Sextanerblase haben

mequetrefe [meke'trefe] *m* (*fam*) Volltrottel *m*

meralgia [me'ralxja] *f* (MED) Oberschenkelschmerz *m*

meramente [mera'meṇte] *adv* nur, bloß

merca ['merka] *f* (*fam*) Kauf *m;* **la** ~ **de la casa** der Hauskauf

mercachifle [merka'ʧifle] *m* **1.** (*buhonero*) Hausierer *m* **2.** (*pey: mercader*) Halsabschneider *m*

mercadear [merkaðe'ar] *vi* handeln, Handel treiben

mercadeo [merka'ðeo] *m* Handel *m*

mercader [merka'ðer] *m* Händler *m;* ~ **de grueso** Großhändler *m;* **el** ~ **de Venecia** der Kaufmann von Venedig

mercadería [merkaðe'ria] *f* Ware *f;* ~ **en tránsito** (COM) Transitware *f*

mercaderil [merkaðe'ril] *adj* (COM) kaufmännisch; **talento** ~ kaufmännisches Geschick

mercadillo [merka'ðiʎo] *m* Flohmarkt *m,* Trödelmarkt *m*

mercado [mer'kaðo] *m* Markt *m;* ~ **bursátil** (FIN) Wertpapierbörse *f,* Effektenmarkt *m;* **los** ~**s cambiarios** die Devisenmärkte; ~ **de capitales** Kapitalmarkt *m;* **M**~ **Común** Gemeinsamer Markt; ~ **de la construcción** Baumarkt *m;* ~ **al contado** (FIN) Kassenmarkt *m;* ~ **de crecimiento** Wachstumsmarkt *m;* ~ **de divisas** Devisenbörse *f;* ~ **en expansión** expansiver Markt; ~ **exterior/interior** Auslands-/Binnenmarkt *m;* ~ **financiero/monetario** Finanz-/Geldmarkt *m;* ~ **de futuros** (FIN) Terminmarkt *m;* ~ **interbancario** (FIN) Bankenmarkt *m;* **M**~ **Interior Europeo** Europäischer Binnenmarkt; **M**~ **Interior Único** Europäischer Binnenmarkt; ~ **laboral** Arbeitsmarkt *m;* ~ **libre** freier Markt, Freiverkehr *m;* **el** ~ **de Madrid** die Madrider Markthalle; ~ **negro** Schwarzmarkt *m;* ~ **de productos derivados** (FIN) Folgeerzeugnismarkt *m;* ~ **de renta fija** Rentenmarkt *m;* ~ **de trabajo** Arbeitsmarkt *m;* ~ **de valores** Wertpapierbörse *f,* Effektenmarkt *m;* ~ **volátil** (ECON) flexibler Markt; **análisis de** ~ Marktanalyse *f;* **cuota de** ~ Marktanteil *m;* **precio de** ~ Marktpreis *m;* **prospección de** ~**s** Marktforschung *f;* **me pagan según la tarifa del** ~ ich werde nach Markttarif bezahlt; **estamos intentando penetrar en los** ~**s del este** wir beabsichtigen, in den Märkten im Osten Fuß zu fassen; **hay** ~ **los sábados** samstags ist Markttag; **hacer el** ~**, abrir nuevos** ~**s** neue Märkte erschließen

mercadología [merkaðolo'xia] *f sin pl* Marktforschung *f*

mercadotecnia [merkaðo'teɣnja] *f* Marketing *nt*

mercadotécnico, -a [merkaðo'teɣniko, -a] *adj* Marketing-

mercancía [merkaṇ'θia] *f* **1.** (*mercadería*) Ware *f;* **depósito de** ~**s** Warenlager *nt,* Warendepot *nt;* **tren de** ~**s** (FERRO) Güterzug *m* **2.** (*argot: droga*) Stoff *m*

mercante [mer'kaṇte] **I.** *adj* Handels-; **marina** ~ Handelsmarine *f* **II.** *mf* Händler(in) *m(f)*

mercantil [merkaṇ'til] *adj* Handels-; **contabilidad** ~ kaufmännische Buchführung; **derecho** ~ Handelsrecht *nt;* **Registro M**~ Handelsregister *nt*

mercantilismo [merkaṇti'lismo] *m* **1.** (*sistema económico*) Merkantilismus *m* **2.** (*espíritu mercantil*) Geschäftemacherei *f*

mercantilista [merkaṇti'lista] **I.** *adj* merkantilistisch; **la doctrina** ~ die merkantilistische Doktrin **II.** *mf* (ECON) Handelsrechtler(in) *m(f)*

mercantilización [merkaṇtiliθa'θjon] *f* Kommerzialisierung *f*

mercantilizar [merkaṇtili'θar] <z→c> *vt* kommerzialisieren

mercar [mer'kar] <c→qu> *vt, vr:* ~**se** (sich *dat*) kaufen, erwerben

merced [mer'θe^{d}] *f* Güte *f,* Gunst *f,* Gnade *f;* ~ **a** dank +*gen;* **estar a** ~ **de alguien** jdm ausgeliefert sein; **Vuestra M**~ Euer Gnaden

mercedario, -a [merθe'ðarjo, -a] **I.** *adj* (REL) zum Bettelorden der Mercedarier gehörend, Mercedarier- **II.** *m, f* (REL) Mercedarier(in) *m(f)*

mercenario, -a [merθe'narjo, -a] **I.** *adj* Söldner-; **tropas mercenarias** Söldnertruppen *fpl* **II.** *m, f* Söldner(in) *m(f);* **ejército de ~s** Söldnerheer *nt*

mercera [mer'θera] *f v.* **mercero**

mercería [merθe'ria] *f* (*artículos*) Kurzwaren *fpl;* (*tienda*) Kurzwarenhandlung *f*

mercero, -a [mer'θero, -a] *m, f* Kurzwarenhändler(in) *m(f)*

Mercosur [merko'sur] *m* (POL) *gemeinsamer Markt des südlichen Lateinamerika*

mercurial [merku'rjal] **I.** *adj* **1.** (*referente al mercurio*) Quecksilber- **2.** (*referente al planeta*) vom Merkur **II.** *f* (BOT) *Meldenart*

mercurialismo [merkurja'lismo] *m* (MED) Quecksilbervergiftung *f,* Merkurialismus *m*

mercurio [mer'kurjo] *m* (QUÍM) Quecksilber *nt*

Mercurio [mer'kurjo] *m* **1.** (*planeta*) Merkur *m* **2.** (*dios*) Merkur *m,* Hermes *m*

mercurocromo [merkuro'kromo] *m* (MED) Merbromin *nt,* Mercurochrom *nt*

merdoso, -a [mer'ðoso, -a] *adj* völlig verdreckt, dreckig; **tu cuarto está en un estado ~** dein Zimmer ist ein Saustall

merdulería [merðule'ria] *f* (*argot*) Scheiße *f,* Mist *m*

merecedor(a) [mereθe'ðor(a)] *adj* würdig; **hacerse ~ de algo** etw verdienen

merecer [mere'θer] *irr como crecer* **I.** *vt* **1.** (*ser digno de*) verdienen; **merece que...** +*subj* er/sie verdient es, dass ...; **merece respeto de nuestra parte** ihr/ihm gebührt unser Respekt; **este libro merece mención** dieses Buch ist erwähnenswert **2.** (*valer*) wert sein; **no merece la pena** es lohnt sich nicht **II.** *vi:* **~ bien de alguien/algo** sich verdient machen um jdn/etw **III.** *vr:* **~se** verdienen; **se merece una buena bofetada** er/sie verdient eine ordentliche Ohrfeige

merecidamente [mereθiða'mente] *adv* verdientermaßen, mit Fug und Recht; **obtuvo el ascenso ~** er/sie hat die Beförderung wirklich verdient

merecido [mere'θiðo] *m* verdiente Strafe *f;* **se llevó su ~** es geschah ihm/ihr recht

merecimiento [mereθi'mjento] *m* Verdienst *nt*

merendar [meren'dar] <e→ie> **I.** *vi, vt* vespern **II.** *vr:* **~se** (*fam*) sich (gegenseitig) ausstechen

merendero [meren'dero] *m* Ausflugslokal *nt*

merendola [meren'dola] *f,* **merendona** [meren'dona] *f* (*fam*) ausgiebige Vesper *f*

merengado, -a [mereŋ'gaðo, -a] *adj* (GASTR): **leche merengada** *mit Zitrone oder Eiklar, Zimt und Zucker geschlagene Milch*

merengue [me'reŋge] *m* **1.** (*dulce*) Baiser *nt,* Meringe *f;* **~ escalfado** *in Milch oder Sirup pochierte Meringe* **2.** (*persona débil*) Schwächling *m* **3.** (*persona excesivamente amable*) Schleimer(in) *m(f)* **4.** (*CSur: fam: lío*) Wirrwarr *m,* Chaos *nt* **5.** (*RDom: danza*) Merengue *m* **6.** *pl* (*club de fútbol*) Fußballklub *m* Real Madrid

meretriz [mere'triθ] *f* Dirne *f,* Prostituierte *f*

merey [me'rei̯] *m* (BOT: *marañón*) Cashewbaum *m,* Acajubaum *m*

mergánsar [mer'ɣansar] *m* (ZOOL) Gänsesäger *m*

mérgulo ['merɣulo] *m* (ZOOL) Krabbentaucher *m*

merideño, -a [meri'ðeɲo, -a] **I.** *adj* aus Mérida **II.** *m, f* Einwohner(in) *m(f)* von Mérida

meridiana [meri'ðjana] *f* Diwan *m*

meridiano[1] [meri'djano] *m* (ASTR, GEO) Meridian *m,* Mittagslinie *f*

meridiano, -a[2] [meri'djano, -a] *adj* **1.** (*referente al mediodía*) Mittags-; **línea meridiana** Mittagslinie *f* **2.** (*evidente*) klar, eindeutig

meridional [meridjo'nal] **I.** *adj* südlich, Süd-; **Andalucía está en la España ~** Andalusien liegt in Südspanien [*o* im Süden Spaniens] **II.** *mf* Südländer(in) *m(f)*

merienda [me'rjenda] *f* **1.** (*comida por la tarde*) Vesper *f,* Vesperbrot *nt* **2.** (*picnic*) Picknick *nt;* **ir de ~** picknicken **3.** (*loc*): **~ de negros** (*fig*) heilloses [*o* wüstes] Durcheinander

merino[1] [me'rino] *m* Merino *m*

merino, -a[2] [me'rino, -a] *adj* Merino-; **oveja merina** Merinoschaf *nt;* **lana merina** Merinowolle *f*

mérito ['merito] *m* **1.** (*merecimiento*) Verdienst *nt,* (hervorragende) Leistung *f;* **quitar ~** den Wert schmälern; **eso no le quita ~** das schmälert nicht seinen/ihren Wert, sein/ihr Verdienst bleibt ungeschmälert; **hacer ~s** sich dienstbeflissen zeigen; **callarse sus ~s** sein Licht unter den Scheffel stellen **2.** (*valor*) Wert *m,* Bedeutung *f;* **una obra de ~** ein beachtliches [*o* bemerkenswertes] Werk; **persona de ~** verdienstvoller Mensch **3.** (ADMIN: *mencionar*): **el nombre del que se ha hecho ~** der oben erwähnte Name

meritoriamente [meritorja'mente] *adv* verdienterweise, verdientermaßen; **la dirección le concedió el ascenso ~** der Vorstand hat ihm/ihr die Beförderung verdientermaßen zugestanden

meritorio, -a [meri'torjo, -a] **I.** *adj* beachtlich, hervorragend, lobenswert **II.** *m, f* (*aprendiz*) Lehrling *m,* Lehrmädchen *nt;* (*empleado sin sueldo*) Volontär(in) *m(f);* (*durante poco tiempo*) Praktikant(in) *m(f)*

merjunje [mer'xuŋxe] *m v.* **mejunje**

merla ['merla] *f* (ZOOL) Amsel *f*

merlán [mer'lan] *m* (GASTR, ZOOL) Merlan *m,* Wittling *m*

merlín [mer'lin] *m* (NÁUT) Marleine *f*

merlo ['merlo] *m* **1.** (ZOOL) Lippfisch *m* **2.** (*Am: tonto*) Dummkopf *m,* Idiot(in) *m(f) fam*

merluza [mer'luθa] *f* **1.** (ZOOL) Seehecht *m,* Meerhecht *m,* Hechtdorsch *m* **2.** (*vulg: borrachera*) ordentlicher Schwips *m fam;* **coger una buena ~** einen gewaltigen Schwips haben *fam*, einen sitzen haben *fam;* **estar** (**con la**) ~ beschwipst sein *fam*

merluzo, **-a** [mer'luθo, -a] *adj* (*fam*) dumm

merma ['merma] *f* Abnahme *f*, Schwund *m;* ~ **de peso** Gewichtsverlust *m;* ~ **de paga** Lohnkürzung *f*

mermar [mer'mar] **I.** *vi* sich verringern, schwinden **II.** *vt* abnehmen; ~ **peso** an Gewicht verlieren; ~ **la paga** den Lohn kürzen **III.** *vr:* ~**se** sich verringern, sich vermindern

mermelada [merme'laða] *f* Marmelade *f;* ~ **de moras** Brombeermarmelade *f*

mero[1] ['mero] **I.** *adv* **1.** (*AmC, Méx: pronto*) bald, in Kürze; **ya** ~ **termina** er/sie ist jeden Augenblick fertig **2.** (*Méx: muy*) sehr; (*precisamente*) genau; ~ **aqui** genau hier; **ahora** ~ genau jetzt; **ahora** ~ **terminó** er/sie wurde gerade jetzt fertig; **¡eso ~!** genau das!, exakt! **II.** *m* **1.** (ZOOL) Riesenzackenbarsch *m* **2.** (*Méx: jefe*): **el** ~ der Boss, der Chef

mero, **-a**[2] ['mero, -a] *adj* **1.** (*sencillo*) rein, einfach; **por el** ~ **hecho de no ser importante** aus dem einfachen Grund, weil es nicht wichtig ist **2.** (*sin nada más*) bloß, rein; **la mera verdad** die reine Wahrheit **3.** (*Méx: preciso*) genau, exakt; **a la mera hora** auf die Minute genau; **en el momento** ~ genau im richtigen Augenblick; **en lo que es el** ~ **casco antiguo** im eigentlichen Altstadtviertel; **en la mera calle** mitten auf der Straße **4.** (*Méx: propio*) eigene(r, s); **tu mera madre** deine eigene Mutter; **tu** ~ **padre** dein eigener Vater

merodeador(**a**) [meroðea'ðor(a)] **I.** *adj* plündernd umherziehend, marodierend **II.** *m(f)* (MIL) Plünderer, -in *m, f*, Marodeur(in) *m(f)*

merodear [meroðe'ar] *vi* **1.** (*que se dedica al pillaje*) plündern, marodieren **2.** (*vagabundear*) herumstreichen, herumschleichen

merodeo [mero'ðeo] *m* Plündern *nt*, Marodieren *nt*

merolico, **-a** [mero'liko, -a] *m, f* (*Méx*) **1.** (*vendedor charlatán*) Straßenverkäufer(in) *m(f)* (*der/die lautstark seine/ihre Waren anpreist*) **2.** (*persona charlatana*) Plappermaul *nt fam*, Plapperer, -in *m, f fam*

merovingio[1] [mero'βiŋxjo] *m:* **los M~s** die Merowinger

merovingio, **-a**[2] [mero'βiŋxjo, -a] *adj* merowingisch

mes [mes] *m* **1.** (*período*) Monat *m;* **a principios/a mediados/a fin**(**al**)**es de** ~ Anfang/Mitte/Ende des Monats; **5000 pesetas al** ~ monatlich [*o* im Monat] [*o* pro Monat] 5000 Peseten; **todos los ~es** (all)monatlich; **el** ~ **corriente** der laufende Monat; **el** ~ **que viene** [*o* **próximo**] der kommende [*o* nächste] Monat; **el** ~ **pasado** der letzte Monat; **el** ~ **de María** der Marienmonat; **hoy hace un** ~ **que se lo di** heute vor einem Monat habe ich es ihm/ihr gegeben **2.** (*sueldo*) Monatsgehalt *nt;* **el treceavo** ~ das 13. Monatsgehalt; **me deben dos ~es de trabajo** sie schulden mir zwei Monatsgehälter; **con un** ~ **de anticipo** einen Monat [*o* eine Monatszahlung] im Voraus **3.** (*fam: menstruación*) Regel *f*, Monatsblutung *f;* **tener** [*o* **estar con**] **el** ~ seine Tage haben **4.** (ASTR): ~ **sinódico** synodischer Monat

mesa ['mesa] *f* **1.** (*mueble*) Tisch *m;* ~ **de alas abatibles** Ausziehtisch *m;* ~ **andante** [*o* **parlante**] Tischrücken *nt;* ~ **de billar** Billardtisch *m;* ~ **camilla** *Tisch mit darunter liegendem Kohlebecken und langer Tischdecke;* ~ **de despacho** Schreibtisch *m;* ~ **de negociaciones** Verhandlungstisch *m*, Verhandlungsrunde *f;* ~ **de operaciones** Operationstisch *m;* ~ **plegable** Klapptisch *m;* ~ **de tertulia** Stammtisch *m;* ~ **de tijera** Campingtisch *m*, Klapptisch *m;* ~ **de trabajo** Arbeitstisch *m;* **de** ~ Tafel-; **aceite de** ~ Tafelöl *nt;* **vino de** ~ Tafelwein *m;* **poner/quitar la** ~ den Tisch decken/abräumen; **en la** ~ bei Tisch; **¡a la ~!** zu Tisch, bitte!; **levantarse de la** ~ vom Tisch aufstehen; **sentarse a la** ~ sich an den Tisch setzen, zu Tisch gehen; **sentar a alguien a su** ~ jdn zum Essen einladen; **servir una** ~ an einem Tisch bedienen; **bendecir la** ~ das Tischgebet sprechen; **tener a alguien a** ~ **y a mantel** jdn sehr gut bewirten; **vivir** [*o* **estar**] **a** ~ **puesta** ohne Müh und Arbeit leben **2.** (POL: *que dirige una reunión*) Präsidium *nt;* ~ **electoral** Wahlausschuss *m;* ~ **redonda** Roundtablekonferenz *f* **3.** (GEO) Hochebene *f*, Plateau *nt* **4.** (INFOR): ~ **digitalizadora** Mousepad *nt*, Digitalisierungsunterlage *f* **5.** (*pensión*) Kost *f*, Verpflegung *f;* ~ **y cama** Kost und Logis **6.** (*descansillo*) Treppenabsatz *m*

mesar [me'sar] **I.** *vt:* **mesó sus pelos** er/sie zog ihn/sie an den Haaren **II.** *vr:* ~**se los pelos** sich *dat* die Haare raufen

mescal [mes'kal] *m* (*Méx:* BOT) *v.* **mezcal**

mescalina [meska'lina] *f* (QUÍM) *v.* **mezcalina**

mescolanza [mesko'laṇθa] *f* (*fam*) *v.* **mezcolanza**

mesenterio [meseṇ'terjo] *m* (ANAT) Gekröse *nt*, Mesenterium *nt*

mesero, **-a** [me'sero, -a] *m, f* (*Méx: camarero*) Kellner(in) *m(f)*

meseta [me'seta] *f* **1.** (GEO) Hochebene *f*, Plateau *nt* **2.** (*descansillo*) Treppenabsatz *m*

mesiánico, **-a** [me'sjaniko, -a] *adj* messianisch, den Messias betreffend

Mesías [me'sias] *m* Messias *m*, Erlöser *m*

mesilla [me'siʎa] *f* **1.** (*mesa pequeña*) Tischchen *nt*, (kleiner) Nebentisch *m;* ~ **de noche** Nachttisch *m;* ~ **de ruedas** Serviertischchen *nt* **2.** (*descansillo*) Treppenabsatz *m*

mesmerismo [mesme'rismo] *m* (MED) Mesmerismus *m*

mesnada [mes'naða] *f* **1.** (*tropas*) Gefolgsleute *pl*, Gefolgschaft *f* **2.** (*partidarios*) Anhängerschaft *f*

mesnadero[1] [mesna'ðero] *m* (HIST) Gefolgs-

mann *m*

mesnadero, **-a**[2] [mesna'ðero, -a] *adj* (HIST): **caballero** ~ Gefolgsmann *m*

mesoamericano, **-a** [mesoameri'kano, -a] **I.** *adj* (HIST) mesoamerikanisch; **altas culturas mesoamericanas** mesoamerikanische Hochkulturen **II.** *m, f* (HIST) Mesoamerika *nt*

mesolítico[1] [meso'litiko] *m* Mesolithikum *nt*

mesolítico, **-a**[2] [meso'litiko, -a] *adj* mesolithisch

mesón [me'son] *m* **1.** (*posada*) Wirtshaus *nt*, Gasthaus *nt*, (kleine) Pension *f* **2.** (*pequeño restaurante*) Gaststätte *f*, (kleines) Lokal *nt* **3.** (FÍS) Meson *nt*

mesonero, **-a** [meso'nero, -a] *m, f* **1.** (*propietario de la posada*) Pensionsbesitzer(in) *m(f)*, Gasthausbesitzer(in) *m(f)*; **nadie sería ~, si no fuera por el dinero** (*prov*) ≈niemand wäre Gastwirt, wenn es nicht Geld einbrächte **2.** (*propietario del restaurante*) Lokalbesitzer(in) *m(f)*, Gaststättenbesitzer(in) *m(f)*, Wirt(in) *m(f)*

mesopausa [meso'pau̯sa] *f* (GEO) Mesopause *f*

mesotrofia [meso'trofja] *f* (ECOL) Mesotrophie *f*

mesta ['mesta] *f* **1.** (HIST) *Viehzüchtervereinigung in Kastilien von 1273 bis 1836* **2.** *pl* (GEO) Zusammenfluss *m* von Strömen

mester [mes'ter] *m* (LIT) Kunst *f*, Handwerk *nt*; ~ **de clerecía** gelehrte mittelalterliche Dichtkunst; ~ **de juglaría** mittelalterliche Spielmannsdichtung

mestiza [mes'tiθa] *adj o f v.* **mestizo**

mestizaje [mesti'θaxe] *m* **1.** (*entre blancos e indios*) *Vermischung von Weißen und Indianern* **2.** (*colectivo*) Mestizen *mpl* **3.** (*cruce*) Rassenmischung *f*

mestizar [mesti'θar] <z→c> *vt* **1.** (*entre blancos e indios*) *sich untereinander* (*Weiße und Indianer*) *vermischen* **2.** (*cruzar*) mischen

mestizo, **-a** [mes'tiθo, -a] **I.** *adj* **1.** (*entre blancos e indios*) mestizisch **2.** (*entre dos razas*) mischrassig **II.** *m, f* **1.** (*entre blancos e indios*) Mestize, -in *m, f* **2.** (*entre dos razas*) Mischling *m*

mesto ['mesto] *m* (BOT) *Korkeichenart*

mesura [me'sura] *f* **1.** (*moderación*) Maß *nt* **2.** (*cortesía*) Höflichkeit *f*, Umsicht *f* **3.** (*calma*) Beherrschung *f*, Zurückhaltung *f*

mesurado, **-a** [mesu'raðo, -a] *adj* **1.** (*moderación*) maßvoll **2.** (*cortesía*) höflich, umsichtig **3.** (*calma*) beherrscht, zurückhaltend

mesurar [mesu'rar] **I.** *vt* vorsichtig umgehen (mit +*dat*), maßvoll einsetzen **II.** *vr*: ~**se** sich beherrschen (*en* bei +*dat*), sich im Griff haben (*en* bei +*dat*)

meta[1] ['meta] *f* **1.** (*en las carreras*) Ziel *nt*, Ziellinie *f* **2.** (*finalidad*) Zweck *m*; **la ~ de su vida** sein/ihr Lebensziel; **fijarse una ~** sich *dat* ein Ziel setzen **3.** (DEP: *portería*) Tor *nt*

meta[2] ['meta] *mf* (DEP: *portero*) Torwart *m*, Torhüter(in) *m(f)*

metabólico, **-a** [meta'βoliko, -a] *adj* (MED) metabolisch

metabolismo [metaβo'lismo] *m* Metabolismus *m*, Stoffwechsel *m*

metabolizar [metaβoli'θar] <z→c> *vt* **1.** (*alterar*) (im Stoffwechselprozess) umsetzen **2.** (*eliminar*) (im Stoffwechselprozess) abbauen

metacarpo [meta'karpo] *m* (ANAT) Mittelhand *f*

metacentro [meta'θen̪tro] *m* (NÁUT) Metazentrum *nt*

metacrilato [metakri'lato] *m* (QUÍM) Metaakrylat *nt*

metadona [meta'ðona] *f* Methadon *nt*; **tratamiento con** ~ Methadontherapie *f*

metafísica [meta'fisika] *f* **1.** (*ciencia*) Metaphysik *f* **2.** (*pedantería*) Pedanterie *f*, Spitzfindigkeit *f*

metafísico, **-a** [meta'fisiko, -a] **I.** *adj* **1.** (*relacionado con la metafísica*) metaphysisch **2.** (*difícil de comprender*) kompliziert, sehr vergeistigt **II.** *m, f* Metaphysiker(in) *m(f)*

metafonía [metafo'nia] *f* (LING) Umlaut *m*, Metaphonie *f*

metáfora [me'tafora] *f* Metapher *f*

metafóricamente [metaforika'men̪te] *adv* metaphorisch, bildlich

metafórico, **-a** [meta'foriko, -a] *adj* metaphorisch

metal [me'tal] *m* **1.** (*material*) Metall *nt*; ~ **blanco** Weißmetall *nt*; ~ **en láminas** [*o* **laminado**] Blattmetall *nt*; ~ **noble** Edelmetall *nt*; ~ **pesado** Schwermetall *nt* **2.** (*timbre de voz*) Klang *m*, Klangfarbe *f*, Timbre *nt* **3.** (MÚS: *instrumento de latón*) Blechblasinstrument *nt*; (*parte musical*) Stück *nt* für Blechblasinstrumente **4.** (*dinero*): **el vil** ~ das (leidige) Geld

metalenguaje [metaleŋ'gwaxe] *m* (INFOR) Metasprache *f*

metálico[1] [me'taliko] *m* (*monedas*) Münzgeld *nt*; **en** ~ in bar; **prefiero que me paguen en** ~ mir ist es lieber, dass sie mich (in) bar bezahlen; **premio en** ~ Geldpreis *m*

metálico, **-a**[2] [me'taliko, -a] *adj* **1.** (*parecido al metal*) metallisch, Metall-; **voz metálica** metallische Stimme **2.** (*que contiene metal*) metallen, aus Metall; **tela metálica** Drahtgitter *nt*, Drahtnetz *nt*

metalífero, **-a** [meta'lifero, -a] *adj* (QUÍM) metallhaltig

metalingüística [metaliŋ'gwistika] *f* (LING) Metalinguistik *f*

metalingüístico, **-a** [metaliŋ'gwistiko, -a] *adj* (LING) metalinguistisch

metalismo [meta'lismo] *m* (ECON) Metallismus *m*

metalización [metaliθa'θjon] *f* (TÉC) Metallisieren *nt*, Metallisierung *f*; ~ **a pistola** Spritzmetallisierung *f*

M

metalizar [metali'θar] <z→c> **I.** *vt* metallisieren **II.** *vr:* ~**se 1.** (*adquirir propiedades metálicas*) metallisieren **2.** (*interesarse demasiado por el dinero*) nur ans Geld denken, vom Geld besessen sein

metalocromía [metalokro'mia] *f* (TÉC) galvanische Metallfärbung *f*, Metallochromie *f*

metaloide [meta'loi̯ðe] *m* Nichtmetall *nt*, Metalloid *nt*

metaloterapia [metalote'rapja] *f* (MED) therapeutische Behandlung *f* mit Metallen

metalurgia [meta'lurxja] *f sin pl* Metallurgie *f*, Hüttenkunde *f*

metalúrgico, **-a** [meta'lurxiko, -a] **I.** *adj* metallurgisch, Metall-; **industria metalúrgica** Metallindustrie *f* **II.** *m, f* Metallarbeiter(in) *m(f)*

metamatemática [metamate'matika] *f* (MAT) Metamathematik *f*

metamórfico, **-a** [meta'morfiko, -a] *adj* (GEO) metamorph, metamorphisch

metamorfismo [metamor'fismo] *m* (GEO) Metamorphose *f*

metamorfosear [metamorfose'ar] **I.** *vt* metamorphosieren, verändern, umwandeln **II.** *vr:* ~**se** sich verwandeln, sich verändern

metamorfosis [metamor'fosis] *f inv* **1.** (ZOOL) Metamorphose *f*, Wandlung *f* **2.** (*en una persona*) (völlige) Veränderung *f*, Verwandlung *f* **3.** (GEO) Metamorphose *f*, Umwandlung *f*

metano [me'tano] *m* Methan *nt*, Methangas *nt*

metarchivo [metar'ʧiβo] *m* (INFOR) Metafile *f*

metástasis [me'tastasis] *f inv* (MED) Metastase *f*, Tochtergeschwulst *f*

metatarso [meta'tarso] *m* (ANAT) Mittelfuß *m*

metátesis [me'tatesis] *f inv* (LING) Metathese *f*, Lautumstellung *f*

metazoo [meta'θoo] *m* (BIOL) Metazoon *nt*, Vielzeller *m*

meteco, **-a** [me'teko, -a] *m, f* Fremdling *m*

metedor(a) [mete'ðor(a)] **I.** *adj* einführend **II.** *m(f)* Schmuggler(in) *m(f)*

metedura [mete'ðura] *f* Einführung *f*; **¡vaya ~ de pata!** was für eine Blamage!

meteduría [meteðu'ria] *f* Schmuggel *m*

metelón, **-ona** [mete'lon, -ona] *adj* (*Méx*) zudringlich, aufdringlich

metempsicosis [metensi'kosis] *f inv*, **metempsícosis** [meten'sikosis] *f inv* Metempsychose *f*, Seelenwanderung *f*

meteórico, **-a** [mete'oriko, -a] *adj* **1.** (METEO) meteorisch **2.** (*rápido*) kometenhaft

meteorismo [meteo'rismo] *m* (MED) Meteorismus *m*, Flatulenz *f*, Darmblähungen *fpl*

meteorítico, **-a** [meteo'ritiko, -a] *adj* (ASTR) meteoritisch, Meteoriten-; **velocidad meteorítica** Meteoritengeschwindigkeit *f*

meteorito [meteo'rito] *m* (GEO) Meteorit *m*, Meteorstein *m*

meteoro [mete'oro] *m* **1.** (METEO) Himmelserscheinung *f*, Lufterscheinung *f* **2.** (ASTR) Meteor *m*, Sternschnuppe *f*

meteoróloga [meteo'roloɣa] *f v.* **meteorólogo**

meteorología [meteorolo'xia] *f sin pl* Meteorologie *f*, Wetterkunde *f*

meteorológico, **-a** [meteoro'loxiko, -a] *adj* meteorologisch, wetterkundlich; **informe ~** Wetterbericht *m;* **estación meteorológica** Wetterwarte *f*

meteorólogo, **-a** [meteo'roloɣo, -a] *m, f* Meteorologe, -in *m, f*

metepatas [mete'patas] *m inv* (*fam*) Simpel *m;* **ser un ~** immer ins Fettnäpfchen treten; **mira que eres ~** da bist du aber ins Fettnäpfchen getreten

meter [me'ter] **I.** *vt* **1.** (*introducir*) (hinein)stecken (*en* in +*akk*); (*en una caja, una bolsa*) (hinein)legen (*en* in +*akk*); **¡mete el enchufe!** steck den Stecker (in die Dose) hinein!; **¡mete eso en el cajón!** leg das in die Schublade!; ~ **un clavo en la pared** einen Nagel in die Wand schlagen; ~ **el coche en el garaje** das Auto in die Garage fahren **2.** (*a una persona*): ~ **a alguien en la cárcel** jdn ins Gefängnis stecken **3.** (ECON: *invertir*) anlegen, investieren; (*depositar en el banco*) auf die Bank bringen, (seinem Konto) gutschreiben **4.** (*en costura*) enger machen [*o* nähen], enger einfassen **5.** (*fam: con una herramienta*) (kräftig) loslegen (mit +*dat*); ~ **las tijeras en el traje** sich mit der Schere über den Anzug hermachen; **a todo ~** (*argot*) ganz schnell, was das Zeug hält **6.** (*fam: en cocina*) hineintun, hineinmengen, hinzufügen, hinzugeben; **¡no le metas más sal!** mach kein Salz mehr rein! **7.** (DEP) punkten; ~ **un gol** ein Tor schießen **8.** (*de contrabando*) (ein)schmuggeln **9.** (*argot: encascar*) einreden, aufschwatzen; **ayer me metiste dos plátanos podridos** gestern hast du mir zwei verdorbene Bananen untergejubelt [*o* verkauft] **10.** (*argot: enjaretar*) aufhalsen; **me has metido en un buen lío** du hast mich ganz schön hineingeritten, du hast mich in einen schönen Schlamassel gebracht; **nos metió una película aburridísima** wir mussten uns bei ihm/ihr einen besonders langweiligen Film anschauen; **le metieron tres meses de cárcel** sie haben ihm/ihr drei Monate Gefängnis aufgebrummt, sie haben ihn/sie zu drei Monaten Gefängnis verdonnert **11.** (*argot: pegar*) schlagen; ~ **un puñetazo a alguien** jdm einen Fausthieb [*o* Faustschlag] geben **12.** (*provocarle a alguien algo*) verursachen; ~ **miedo a alguien** jdm Angst machen; ~ **un susto a alguien** jdm einen Schrecken einjagen; ~ **prisa a alguien** jdn zur Eile antreiben; ~ **ruido** laut sein, Lärm machen **13.** (*fam: tener un lapsus*): ~ **la pata** ins Fettnäpfchen treten, sich blamieren **14.** (*fam: ser impertinente*): ~ **mano a alguien** jdn befummeln, jdn belästigen **II.** *vt, vr:*

~**se** **1.** (*fam: aceptar algo*): **¿cuándo se te ~á esto en la cabeza?** wann wird dir das endlich in den Kopf gehen?, wann wirst du das je kapieren? **2.** (*hacer participar*) beteiligen; ~ **a toda la familia en el asunto** die ganze Familie in die Angelegenheit verwickeln **3.** (*comenzar un oficio*) einstellen (*de* als +*akk*); ~ **a alguien a fregar platos** jdn als Tellerwäscher einstellen; ~ **a una chica de peluquera** ein Mädchen eine Lehre als Friseuse beginnen lassen **III.** *vr:* ~**se** **1.** (*introducirse*) hineinkommen; **se me ha metido una chinita en el zapato** mir ist ein kleiner Stein in den Schuh (hinein)gekommen; ~**se el dedo en la nariz** in der Nase bohren; ~**se algo en la cabeza** sich *dat* etw in den Kopf setzen **2.** (*entrar en un lugar*) verschwinden; **le vi** ~**se en un cine** ich sah ihn ins Kino hineingehen; **se metió entre la gente** er/sie ist in der Menschenmenge untergetaucht; **se metió en el armario** er/sie hat sich im Schrank versteckt; **¿dónde se habrá metido?** wo steckt er/sie bloß?; ~**se para adentro** ins Haus gehen, hineingehen **3.** (*entrar indebidamente*) sich *dat* Eintritt verschaffen, eindringen; **nos metimos en la oficina** wir sind in das Büro eingedrungen **4.** (*inmiscuirse*) sich einmischen; **¡no te metas en mis asuntos!** misch dich nicht in meine Angelegenheiten (ein)!; ~**se donde no lo/la llaman** [*o* **le importa**], ~**se en lo que ni le va ni le viene** sich in etwas einmischen, das einen nichts angeht **5.** (*provocar*): ~**se con alguien** jdn ärgern [*o* provozieren] **6.** (*argot: rechazo, desprecio*): **¡métetelo donde te quepa!** steck's dir sonst wohin! **7.** (*loc*): ~**se en camisa de once varas** sich übernehmen

metereología [metereolo'xia] *f sin pl v.* **meteorología**

metereológico, **-a** [metereo'loxiko, -a] *adj v.* **meteorológico**

metiche [me'titʃe] *adj* (*Méx: entrometido*) naseweis

meticón, **-ona** [meti'kon, -ona] **I.** *adj* (*fam*) naseweis, neugierig; **mira que eres** ~ du mischt dich aber auch in alles ein **II.** *m, f* (*fam*) aufdringlicher Mensch *m*, Schnüffler(in) *m(f)*

meticulosa [metiku'losa] *adj o f v.* **meticuloso**

meticulosidad [metikulosi'ðað] *f* Kleinlichkeit *f*, peinliche Genauigkeit *f*

meticuloso, **-a** [metiku'loso, -a] **I.** *adj* kleinlich, peinlich genau **II.** *m, f* Pedant(in) *m(f)*

metida [me'tiða] *f* (*fam: avance*): **dar una** ~ **a algo** sich mit etw *dat* gründlich befassen; **tengo que darle una buena** ~ **a los estudios** ich muss mich mal richtig (ins Lernen) hineinknien

metido[1] [me'tiðo] *m* (*fam: reprimenda*) Anpfiff *m;* **dar** [*o* **pegar**] **un** ~ **a alguien** jdn anpfeifen; **el coche ha dejado un buen** ~ **en la valla** das Auto hat eine ziemliche Delle im Zaun verursacht

metido, **-a**[2] [me'tiðo, -a] *adj* **1.** (*introvertido*): ~ **en sí mismo** introvertiert, nach innen gekehrt **2.** (*envuelto*) verwickelt (*en* in +*akk*); **está muy** ~ **en el asunto** er steckt tief in der Sache drin, er ist sehr verwickelt in die Sache; **sigue estando muy** ~ **en el negocio a pesar de su edad** er ist immer noch voll im Geschäft, trotz seines Alters **3.** (*con abundantes...*) reichlich (*en* +*akk*); **un muchacho** ~ **en carnes** ein beleibter Junge; **una mujer metida en años** eine Frau im fortgeschrittenen Alter **4.** (*fam: estrecha relación*): **está muy** ~ **con esa chica** er hat eine enge Beziehung zu diesem Mädchen; **está muy** ~ **con la dirección de la empresa** er hat einen guten Draht zur Geschäftsleitung **5.** (*puesto*): **la llave está metida** der Schlüssel steckt

metilado, **-a** [meti'laðo, -a] *adj* (QUÍM) Methyl-; **alcohol** ~ Methylalkohol *m*

metileno [meti'leno] *m* (QUÍM) Methylen *nt*

metilo [me'tilo] *m* (QUÍM) Methyl *nt*

metimiento [meti'mjen̩to] *m* **1.** (*inserción*) Einführung *f*, (Hinein)stecken *nt*, (Hinein)legen *nt* **2.** (*influencia*) Einfluss *m* (*con* auf +*akk*)

metl [meᵈl] *m* (*Méx:* BOT) Agave *f*

metódico, **-a** [me'toðiko, -a] **I.** *adj* methodisch, durchdacht **II.** *m, f* Methodiker(in) *m(f)*

metodismo [meto'ðismo] *m sin pl* Methodismus *m*

metodista [meto'ðista] **I.** *adj* methodistisch **II.** *mf* Methodist(in) *m(f)*

método ['metoðo] *m* **1.** (*sistema*) Methode *f*, Verfahren *nt;* (*para enseñar*) Lehrmethode *f;* ~ **de acceso** (INFOR) Zugriffsmethode *f;* ~ **de acceso directo** (INFOR) Direktzugriffsmethode *f;* ~ **de acceso secuencial** (INFOR) sequenzielle Zugriffsmethode; ~ **de fabricación** Fabrikationsverfahren *nt;* ~**s numéricos** (INFOR) numerische Verfahren; **hay que proceder con** ~ man muss systematisch vorgehen **2.** (*libro*) Schule *f*, Lehrbuch *nt;* **un** ~ **de guitarra** eine Gitarrenschule

metodología [metoðolo'xia] *f* **1.** (*ciencia*) Methodologie *f*, Methodenlehre *f* **2.** (*referente a la enseñanza*) Methodik *f*

metomentodo [metomen̩'toðo] **I.** *adj inv* neugierig, naseweis; **esa chica no debería ser tan** ~ dieses Mädchen sollte nicht so neugierig sein **II.** *mf inv* (*fam*) neugieriger Mensch *m*, Person *f*, die ihre Nase überall hineinsteckt; **esta vecina es una** ~ diese Nachbarin ist eine echte Hauspolizistin

metonimia [meto'nimja] *f* Metonymie *f*

metraje [me'traxe] *m* (CINE) Filmlänge *f;* **película de largo** ~ Film in Langfassung; **película de corto** ~ Kurzfilm *m*

metralla [me'traʎa] *f* **1.** (MIL: *munición*) Schrot *m o nt*, (Blei)kugeln *fpl;* **fuego de** ~ Maschinengewehrfeuer *nt* **2.** (*trozos al estallar*) (Kugel)splitter *mpl*

M

metrallazo [metra'ʎaθo] *m* 1.(*disparo*) Maschinengewehrschuss *m,* Maschinengewehrfeuer *nt;* **lo mató de un** ~ er/sie hat ihn mit einer Maschinengewehrsalve umgebracht 2.(*herida*) Schusswunde *f* durch ein Maschinengewehr

metralleta [metra'ʎeta] *f* Schnellfeuerwaffe *f,* Maschinengewehr *nt,* Maschinenpistole *f*

métrica ['metrika] *f* Metrik *f*

métrico, -a ['metriko, -a] *adj* metrisch; **sistema** ~ metrisches Maßsystem

metrificación [metrifika'θjon] *f* (LIT) Verseschmieden *nt,* Versbildung *f;* ~ **de un texto en prosa** Umwandlung eines Prosatextes in Versform

metritis [me'tritis] *f inv* (MED) Gebärmutterentzündung *f*

metro ['metro] *m* 1.(*unidad de longitud*) Meter *m o nt;* ~ **cuadrado** Quadratmeter *m o nt;* ~ **cúbico** Kubikmeter *m o nt;* **no levanta un** ~ **del suelo** er/sie ist sehr klein 2.(*para medir*) Metermaß *nt;* ~ **de cinta** Maßband *nt;* ~ **plegable** Zollstock *m* 3.(FERRO) *abr de* (**ferrocarril**) **metropolitano** U-Bahn *f,* Untergrundbahn *f* 4.(*poesía*) Metrum *nt,* Versmaß *nt* 5.(MÚS) Metrum *nt,* Taktmaß *nt*

metrología [metrolo'xia] *f* Metrologie *f*

metrónomo [me'tronomo] *m* Metronom *nt,* Taktmesser *m*

metrópoli [me'tropoli] *f* 1.(*capital*) Metropole *f,* Hauptstadt *f* 2.(*urbe*) Weltstadt *f* 3.(*de las colonias*) Mutterland *nt* 4.(REL: *arzobispado*) Metropolitankirche *f,* Erzbischoftum *nt*

metropolitano[1] [metropoli'tano] *m* (FERRO) U-Bahn *f,* Untergrundbahn *f*

metropolitano, -a[2] [metropoli'tano, -a] *adj* 1.(*referente a la capital*) Hauptstadt-, hauptstädtisch 2.(*referente a la urbe*) Weltstadt-, weltstädtisch 3.(REL: *referente al arzobispado*) Metropolitan-, erzbischöflich

metrorragia [metro'rraxja] *f* (MED) azyklische Blutung *f,* Metrorrhagie *f*

mexicano, -a [mexi'kano, -a] *adj o m, f v.* **mejicano**

México ['mexiko] *m* Mexiko *nt*

mezcal [meθ'kal] *m* (*Méx:* BOT) Peyotl *m,* Peyote *m*

mezcalina [meθka'lina] *f* (QUÍM) Meskalin *nt*

mezcla ['meθkla] *f* 1.(*sustancia*) (Ver)mischung *f,* Gemenge *nt;* ~ **de hierbas** Kräutermischung *f;* ~ **de carburantes** Kraftstoffgemisch *nt* 2.(*acto*) Mischen *nt* 3.(*tela*) Mischgewebe *nt,* Mischfaser *f;* **sin** ~ rein, pur 4.(*argamasa*) Mörtel *m* 5.(*artefacto*): ~ **explosiva** explosives Gemisch *nt;* (*fig*) explosive [*o* unheilvolle] Mischung *f*

mezclable [meθ'klaβle] *adj* mischbar

mezclador(a) [meθkla'ðor(a)] *m(f)* 1.(*máquina*) Mischgerät *nt,* Mischapparat *m* 2.(*persona*) Mischer(in) *m(f)*

mezclar [meθ'klar] I. *vt* 1.(*unir homogéneamente*) (ver)mischen, vermengen (*con* mit +*dat*); (*con claras de huevos*) unterrühren 2.(*alternar*) zusammenkommen (*con* mit +*dat*) 3.(*revolver*) durcheinander bringen; (*confundir*) verwechseln; **el viento ha mezclado todo el manuscrito** der Wind hat das ganze Manuskript durcheinander gebracht; **ya no sabía cual era mi libro porque los ~on todos** ich wusste nicht mehr welches mein Buch war, weil sie alle Bücher durcheinander gebracht hatten 4.(*involucrar*) hineinziehen (*en* in +*akk*), verwickeln (*en* in +*akk*) II. *vr:* ~**se** 1.(*inmiscuirse*) sich einmischen (*en* in +*akk*) 2.(*en un grupo de personas*) sich mischen (*con* unter +*akk*); **se mezcló entre los espectadores** er/sie mischte sich unter die Zuschauer; **se mezcla con gente de mucho dinero** er/sie kommt mit sehr reichen Leuten zusammen 3.(*desordenarse*) durcheinander geraten; **se ha mezclado la ropa sucia con la ropa limpia** die schmutzige Wäsche ist mit der sauberen durcheinander geraten

mezcolanza [meθko'lan̪θa] *f* (*fam*) Mischmasch *m,* Durcheinander *nt*

mezquina [meθ'kina] *adj o f v.* **mezquino**

mezquindad [meθkin̪'daᵈ] *f* 1.(*tacañería*) Geiz *m* 2.(*acto vil*) Gemeinheit *f*

mezquino, -a [meθ'kino, -a] I. *adj* 1.(*tacaño*) geizig 2.(*innoble*) gemein 3.(*insuficiente*) lächerlich, dürftig 4.(*despreciable*) schäbig, ärmlich II. *m, f* Geizhals *m,* Geizkragen *m*

mezquita [meθ'kita] *f* Moschee *f*

mezquite [meθ'kite] *m* (*Méx:* BOT) Mesquitebaum *m*

mezza voce ['meᵈsa 'βotʃe] (MÚS) mezza voce, mit verhaltener Stimme

mezzosoprano [meᵈsoso'prano] *m* Mezzosopran *m*

Mflops ['emfloᵝs] (INFOR) *abr de* **megaflops** MFLOPS

mi [mi] I. *adj pos* (*antepuesto*) mein(e); ~ **amigo/amiga/casa** mein Freund/meine Freundin/mein Haus; ~**s amigos/amigas** meine Freunde/Freundinnen II. *m inv* (MÚS) e *nt;* ~ **mayor** E-Dur *nt;* ~ **menor** e-Moll *nt*

mí [mi] *pron pers* (*con preposición*) mich, mir; **para** ~ **un helado, ¡por favor!** für mich ein Eis, bitte!; **eso a** ~ **no me importa** das interessiert mich nicht; **¿y a** ~ **qué?** und was geht mich das an?, na und?; **para** ~ **(que)...** meiner Meinung nach ...; **por** ~ von mir aus; **por** ~ **que no quede** an mir soll's nicht liegen; **por** ~ **mismo** allein, aus eigener Kraft; **¡a** ~ **con esas!** erzähl das deiner Großmutter; **¡a** ~! (*¡socorro!*) (zu) Hilfe!

miaja ['mjaxa] *f* Krümel *m*

mialgia ['mjalxja] *f* (MED) Muskelschmerz *m,* Myalgie *f*

miasma [mi'asma] *m* Miasma *nt,* (Seuchen verursachende) Bodenausdünstung *f*

miastenia [mjas'tenja] *f* (MED) Muskelschwäche *f,* Myasthenie *f*

miau [mjau̯] (*onomatopeya*) miau; **¡~, qué bonito!** Mensch [*o* hei], ist das schön!
mica ['mika] *f* **1.** *v.* **mico** **2.** (MIN) Mika *f,* Glimmer *m;* ~ **amarilla** Katzengold *nt;* ~ **argentina** Katzensilber *nt;* ~ **blanca** Muskovit *m,* Kaliglimmer *m* **3.** (*And: orinal*) Nachttopf *m* **4.** (*AmC: fam: borrachera*) Vollrausch *m;* **ponerse una** ~ sich *dat* einen Vollrausch antrinken
micacita [mika'θita] *f* (GEO) Glimmerschiefer *m*
micción [miᵞ'θjon] *f* Wasserlassen *nt,* Urinieren *nt*
micelio [mi'θeljo] *m* (BOT) Myzel(ium) *nt*
micetología [miθetolo'xia] *f* Pilzkunde *f,* Mykologie *f*
miche ['mitʃe] *m* **1.** (*CRi: pendencia*) Zwist *m,* Streit *m* **2.** (*Chil: juego*) *Spiel, bei dem man eine Münze mit Murmeln aus einem vorgezeichneten Kreis kicken muss*
michelín [mitʃe'lin] *m* (*fam*) Rettungsring *m,* Fettwulst *m* um die Hüfte; **tengo que adelgazar para rebajar los michelines** ich muss abnehmen, um diese Rettungsringe loszuwerden
michino, **-a** [mi'tʃino, -a] *m, f* (*fam*) Kater *m,* Katze *f*
michirones [mitʃi'rones] *mpl* (*reg:* GASTR) *würziges Bohnengericht* (*Spezialität in Murcia*)
mico¹ ['miko] *m* (*fam*) **1.** (*hombre lujurioso*) Wüstling *m* **2.** (*estafa*): **dar el** ~ **a alguien** jdn prellen, jdn betrügen **3.** (*plantón*): **dar** [*o* **hacer**] ~ **a alguien** jdn versetzen **4.** (*avergonzamiento*): **quedarse hecho un** ~ völlig dumm dastehen, völlig blamiert sein **5.** (*aturdirse*): **volverse** ~ außer Fassung geraten
mico, **-a²** ['miko, -a] *m, f* **1.** (ZOOL) Affe *m,* Äffin *f,* Affenweibchen *nt* **2.** (*fam: persona fea*) hässlicher Kauz *m* **3.** (*fam: a un niño o una niña*) Äffchen *nt* **4.** (*fam: persona presumida*) koketter Mensch *m*
micóloga [mi'koloɣa] *f v.* **micólogo**
micología [mikolo'xia] *f sin pl* (MED) Mykologie *f,* Pilzkunde *f*
micológico, **-a** [miko'loxiko, -a] *adj* Pilz-, mykologisch; **cultivo** ~ Pilzkultur *f*
micólogo, **-a** [mi'koloɣo, -a] *m, f* (MED) Mykologe, -in *m, f*
micosis [mi'kosis] *f inv* (MED) Mykose *f,* Pilzkrankheit *f*
micoterapia [mikote'rapja] *f* (MED) *Behandlung von bakteriellen Infektionen mit bestimmten Pilzkulturen*
micra ['mikra] *f* Mikrometer *nt,* Mikron *nt*
micro ['mikro] *m abr de* **micrófono** Mikro *nt*
microamperio [mikroam'perjo] *m* (ELEC) Mikroampere *nt*
microanálisis [mikroa'nalisis] *m inv* (QUÍM) Mikroanalyse *f*
microauricular [mikroau̯riku'lar] *m* (TÉC) Mini-Kopfhörer *m* mit Mikrofon
microbalanza [mikroβa'lan̪θa] *f* (TÉC) Feinwaage *f,* Mikrowaage *f*
microbiano, **-a** [mikro'βjano, -a] *adj* (BIOL) Mikroben-, mikrobiell
microbio [mi'kroβjo] *m* (BIOL) Mikrobe *f,* Mikroorganismus *m*
microbióloga [mikro'βjoloɣa] *f v.* **microbiólogo**
microbiología [mikroβjolo'xia] *f sin pl* Mikrobiologie *f*
microbiológico, **-a** [mikroβjo'loxiko, -a] *adj* mikrobiologisch
microbiólogo, **-a** [mikro'βjoloɣo, -a] *m, f* Mikrobiologe, -in *m, f*
microbús [mikro'βus] *m* Kleinbus *m*
microcalorimetría [mikrokalorime'tria] *f* (FÍS) Mikrokalorimetrie *f*
microcefalia [mikroθe'falja] *f* (BIOL, MED) Mikrozephalie *f*
microchip [mikro'tʃip] *m* (ELEC) Mikrochip *m*
microcircuito [mikroθirku'ito] *m* (ELEC) Mikroschaltung *f,* minimaler Schaltkreis *m*
microcirugía [mikroθiru'xia] *f sin pl* Mikrochirurgie *f*
microclima [mikro'klima] *m* (METEO) Mikroklima *nt*
microcódigo [mikro'koðiɣo] *m* (INFOR) Mikrokode *m*
microcomputador [mikrokomputa'ðor] *m,* **microcomputadora** [mikrokomputa'ðora] *f* Mikrocomputer *m*
microcopia [mikro'kopja] *f* Mikrokopie *f*
microcosmo(s) [mikro'kosmo(s)] *m* (*inv*) Mikrokosmos *m,* Mikrokosmus *m*
microdisección [mikroðiseᵞ'θjon] *f* (BIOL) Mikrotomie *f*
microeconomía [mikroekono'mia] *f* Mikroökonomie *f,* Mikroökonomik *f*
microeconómico, **-a** [mikroeko'nomiko, -a] *adj* mikroökonomisch
microelectrónica [mikroelek'tronika] *f sin pl* Mikroelektronik *f*
microempresa [mikroem'presa] *f* (ECON) Kleinbetrieb *m* (*mit 1 bis 10 Beschäftigten*)
microestado [mikroes'taðo] *m* Kleinstaat *m*
microestructura [mikroestruk'tura] *f* Mikrostruktur *f*
microfalda [mikro'fal̪da] *f* sehr kurzer Minirock *m*
microfibra [mikro'fiβra] *f* Mikrofaser *f*
microficha [mikro'fitʃa] *f* Mikrofiche *f*
microfilmadora [mikrofilma'ðora] *f* (FOTO) Mikrofilmaufnahmegerät *nt*
microfilmar [mikrofil'mar] *vt* auf Mikrofilm aufnehmen
microfilm(e) [mikro'film(e)] *m* <microfilm(e)s> Mikrofilm *m*
microfísica [mikro'fisika] *f* (FÍS) Mikrophysik *f*
microflora [mikro'flora] *f* (BOT) Mikroflora *f*
micrófono [mi'krofono] *m* Mikrofon *nt*
microfotográfico, **-a** [mikrofoto'ɣrafiko, -a] *adj* (FOTO) mikrofotografisch
microfundio [mikro'fun̪djo] *m* (ECON) land-

wirtschaftlicher Kleinstbetrieb *m*

micrograbadora [mikroɣraβa'ðora] *f* Diktiergerät *nt*

microinstrucción [mikroiⁿstruᵞ'θjon] *f* (INFOR) Mikrobefehl *m*

microlito [mikro'lito] *m* (GEO, HIST) Mikrolith *m*

micromanipulador [mikromanipula'ðor] *m* (TÉC) Mikromanipulator *m*

micrometría [mikrome'tria] *f* (TÉC) Mikrometrie *f*, Feinmessung *f*

micrómetro [mi'krometro] *m* Mikrometer *nt*, Mikron *nt*

micromini [mikro'mini] *f* sehr kurzer Minirock *m*

micromotor [mikromo'tor] *m* Kleinstmotor *m*

micronesio, **-a** [mikro'nesjo, -a] **I.** *adj* aus Mikronesien **II.** *m, f* Mikronesier(in) *m(f)*

microonda [mikro'onda/mi'kronda] *f* (*cocina, t.* FÍS) Mikrowelle *f*; **horno (de) ~s** Mikrowellengerät *nt*, Mikrowellenherd *m*

microordenador [mikro(o)rðena'ðor(a)] *m* Mikrocomputer *m*

microorganismo [mikro(o)rɣa'nismo] *m* Mikroorganismus *m*, Mikrobe *f*

microprocesador [mikroproθesa'ðor(a)] *m* Mikroprozessor *m*

microprograma [mikropro'ɣrama] *m* (INFOR) Mikroprogramm *nt*

microprogramación [mikroproɣrama'θjon] *f* (INFOR) Mikroprogrammierung *f*

micropsia [mi'kroβsja] *f* (MED) Mikropsie *f* (*Sehstörung*)

microscopía [mikrosko'pia] *f sin pl* Mikroskopie *f*

microscópico, **-a** [mikros'kopiko, -a] *adj* mikroskopisch; (*fam: minúsculo*) winzig (klein); **de tamaño ~** mikroskopisch klein

microscopio [mikros'kopjo] *m* Mikroskop *nt*; **~ de 60 aumentos** [*o* **con objetivo x 60**] Mikroskop mit 60facher Vergrößerung; **~ electrónico** Elektronenmikroskop *nt*

microsegundo [mikrose'ɣundo] *m* Mikrosekunde *f*

microsistema [mikrosis'tema] *m* Mikrosystem *nt*

microsociología [mikrosoθjolo'xia] *f* (SOCIOL) Mikrosoziologie *f*

microsoma [mikro'soma] *m* (BIOL) Mikrosom *nt*

microsurco [mikro'surko] *m* Mikrorille *f*; **disco (de) ~** Mikrorillenschallplatte *f*, Langspielplatte *f*

microtecnia [mikro'teɣnja] *f* Mikrotechnik *f*

microtecnología [mikroteɣnolo'xia] *f* Mikrotechnologie *f*

microtenis [mikro'tenis] *m inv* (*Am*) Tischtennis *nt*

micrótomo [mi'krotomo] *m* Mikrotom *nt*

microvatio [mikro'βatjo] *m* (ELEC) Mikrowatt *nt*

microvoltio [mikro'βoltjo] *m* (ELEC) Mikrovolt *nt*

midriasis [mi'ðrjasis] *f inv* (MED) Mydriasis *f* (*abnorme Pupillenerweiterung*)

MIE ['mie] *m abr de* **Ministerio de Industria y Energía** ≈Industrie- und Energieministerium *nt*

miedica [mje'ðika] **I.** *adj* (*fam*) ängstlich **II.** *mf* (*fam*) Angsthase *m*

mieditis [mje'ðitis] *f inv* (*fam*) Bammel *m*, Muffensausen *nt*

miedo ['mjeðo] *m* **1.** (*angustia*) Angst *f* (*a/de* vor +*dat*), Furcht *f* (*a/de* vor +*dat*); **~ escénico** Lampenfieber *nt*; **~ a los perros** Angst vor Hunden; **~ de ponerse enfermo** Angst vor dem Krankwerden; **por ~ a** [*o* **de**] aus Angst vor; **por ~ de que...** +*subj* aus Angst davor, dass ...; **tener ~** Angst haben, sich fürchten; **tener ~ de algo/alguien** vor etw *dat*/jdm Angst haben, sich vor etw *dat*/jdm fürchten; **temblar de ~** vor Angst zittern; **meter** [*o* **dar**] **~ a alguien** jdm Angst einjagen [*o* machen]; **me entró** [*o* **dio**] **~ al verte ahí** ich bekam Angst [*o* ich bekam es mit der Angst zu tun], als ich dich da sah; **morirse de ~** eine Sterbensangst haben, vor Angst sterben; **cagarse** [*o* **mearse**] **de ~** (*vulg*) sich *dat* vor Angst in die Hosen machen *fam*; **al que mal vive, el ~ le sigue** (*prov*) ≈wer unredlich lebt, den verfolgt die Angst; **a quien ~ han, lo suyo le dan** (*prov*) ≈wer gefürchtet wird, bekommt, was er will **2.** (*fam: maravilloso*): **de ~** sensationell, toll; **el concierto estuvo de ~** das Konzert war sagenhaft [*o* eins a] **3.** (*fam: terrible*): **de ~** schrecklich, unglaublich; **hace un frío de ~** es ist hundekalt

miedoso, **-a** [mje'ðoso, -a] **I.** *adj* **1.** *ser* (*temeroso*) ängstlich **2.** *estar* (*asustadizo*) schreckhaft **II.** *m, f* Feigling *m*

miel [mjel] *f* **1.** (*de abeja*) Honig *m*; **~ blanca** Bienenhonig *m*; **~ extraída** Schleuderhonig *m* **2.** (*melaza*) Melasse *f*; **~ de caña** [*o* **negra**] Melasse *f* **3.** (*loc*): **luna de ~** Flitterwochen *fpl*; **quedarse con la ~ en los labios** das Nachsehen haben, leer ausgehen; **si encima me pagan el viaje ¡~ sobre hojuelas!** wenn sie auch noch die Reisekosten übernehmen, um so besser!; **hacerse de ~** sich einschmeicheln, honigsüß tun; **hazte de ~ y te comerán las moscas** (*prov*) wer mit den Wölfen heult, wird von den Wölfen gefressen; **no hay ~ sin hiel** (*prov*) keine Rose ohne Dornen

mielga ['mjelɣa] *f* (BOT) Luzerne *f*, Schneckenklee *m*

mielgo, **-a** ['mjelɣo, -a] *adj* Zwillings-

mielitis [mje'litis] *f inv* (MED) Rückenmarksentzündung *f*, Myelitis *f*

mielografía [mjeloɣra'fia] *f* (MED) Myelographie *f* (*Röntgenuntersuchung von Rückenmark und Wirbelkanal*)

mieloma [mje'loma] *m* (MED) Knochenmarkstumor *m*, Myelom *nt*

mielomalacia [mjeloma'laθja] *f* (MED) Rückenmarkserweichung *f,* Myelomalazie *f*

miembro ['mjembro] **I.** *m* **1.** *pl* (ANAT: *extremidades*) Glieder *ntpl,* Gliedmaßen *pl,* Extremitäten *fpl* **2.** (ANAT: *pene*): ~ (**viril**) (männliches) Glied *nt* **3.** (*socio*) Mitglied *nt;* ~ **fundador** Gründungsmitglied *nt;* ~ **honorario** Ehrenmitglied *nt;* ~ **de pleno derecho** Vollmitglied *nt;* **no** ~ Nichtmitglied *nt;* **hacerse** ~ **de** Mitglied werden in +*dat* **4.** (LING, MAT) Glied *nt* **5.** (*parte*) Teil *m* **II.** *adj:* **los estados** ~**s** die Mitglied(s)staaten

mientes ['mjen̩tes] *fpl* Gedanken *mpl;* **caer en** (**las**) ~ plötzlich in den Sinn kommen; **parar** [*o* **poner**] ~ **en algo** über etw nachdenken [*o* Überlegungen anstellen]; **traer a las** ~ in Erinnerung rufen; **todo se le vino a las** ~ er/sie erinnerte sich wieder an alles, in ihm/ihr kam alles wieder hoch; **¡ni por** ~**!** niemals!, nie im Leben!

mientras ['mjen̩tras] **I.** *adv* währenddessen, derweil; ~ **tanto** inzwischen, in der Zwischenzeit; **yo trabajo y,** ~ (**tanto**), **él se divierte** ich arbeite, und in der Zwischenzeit amüsiert er sich **II.** *conj:* ~ (**que**) während; ~ (**que**) +*subj* solange; ~ **estabas durmiendo, él te observaba** während du schliefst, hat er dich beobachtet; **lee el periódico** ~ **descansa** er/sie liest die Zeitung, während er/sie sich (gleichzeitig) ausruht; **tú lees** ~ **que yo escucho música** du liest, während ich Musik höre; ~ **no vengan** solange sie nicht kommen; ~ **se ríe no se llora** solange man lacht, weint man nicht; ~ **más..., más...** je mehr ..., desto [*o* um so] mehr ...; ~ **más le dan más pide el niño** je mehr das Kind bekommt, desto mehr will es

miércoles ['mjerkoles] *m inv* Mittwoch *m;* ~ **de ceniza** [*o* **corvillo**] Aschermittwoch *m;* ~ **santo** Mittwoch vor Gründonnerstag; *v. t.* **lunes**

mierda ['mjerða] *f* (*vulg*) **1.** (*heces*) Scheiße *f* **2.** (*porquería*) Dreck *m fam,* Mist *m fam;* **el maestro nuevo es una** ~ der neue Lehrer ist eine Flasche *fam;* **esta película es una** ~ dieser Film ist ein Scheiß; **¡2000 pesetas, una** ~**!** 2000 Peseten, nie im Leben!; **es una** ~ **de coche** das ist ein Scheißauto; **marcó un gol de pura** ~ das Tor, das er/sie geschossen hat, war ein Scheißglückstreffer; **cubrirse de** ~ sich selbst in die Scheiße reiten; **enviar** [*o* **mandar**] **a la** ~ zum Teufel jagen *fam;* **¡eso te importa una** ~**!** das geht dich einen Scheiß [*o* feuchten Kehricht *fam*] an!; **¡**~**!** Scheiße!, Mist! *fam;* **¡una** ~**!** ich glaub du spinnst wohl! *fam;* **¿qué** ~ **ocurre?** was zum Teufel ist los? *fam;* **irse a la** ~ sich zum Teufel scheren *fam;* **¡**(**vete**) **a la** ~**!** verpiss dich doch! *fam,* hau doch ab! *fam;* **no valer una** ~ zu nichts nütze sein, völlig wertlos sein; **no comerse ni** (**una**) ~ nicht einen einzigen Treffer landen **3.** (*borrachera*) Vollrausch *m;* **¡vaya** ~ **que cogí ayer!** Mensch, war ich gestern voll! *fam*

mierdacruz [mjerða'kruθ] *f* (BOT) *Seidelbastgewächs der Iberischen Halbinsel*

mierdago [mjer'ðaɣo] *m* (BOT) mit wilden Erdbeeren bestandene Fläche *f*

mierdoso, -a [mjer'ðoso, -a] *adj* (*vulg*) Scheiß-, fies; **es un** ~ er ist ein richtiger Scheißkerl

mies [mjes] *f* **1.** (*cereal maduro*) Korn *nt,* Weizen *m* **2.** (*temporada*) Ernte(zeit) *f* **3.** *pl* (*campos*) Saatfelder *ntpl,* Kornfelder *ntpl*

miga ['miɣa] *f* **1.** (*migajón*) *das Weiche im Brot* **2.** (*esencia*) Substanz *f,* Inhalt *m;* **esto tiene su** ~ das ist komplizierter als man denkt **3.** (*migaja*) Krume *f,* Krümel *m;* (*de pan*) Brosame *f,* Brösel *m;* ~**s de pan** *Gericht, bei dem in Wasser eingelegtes Brot ausgedrückt, zerkrümelt und frittiert wird;* ~**s de harina** *Gericht, bei dem Mehlteig zerkrümelt und frittiert wird;* **hacer buenas/malas** ~**s con alguien** mit jdm gut/schlecht auskommen, jdn gut/schlecht leiden können; **hacer** ~**s a alguien** jdn fertig machen, jdm arg zusetzen; **estoy hecha** ~**s después del trabajo** ich bin völlig kaputt nach der Arbeit; **hacer** ~**s algo** etw in Stücke reißen, etw zerfetzen

migaja [mi'ɣaxa] *f* **1.** *dim de* **miga** Krümelchen *nt,* Krume *f* **2.** (*trocito*) Stückchen *nt;* **una** ~ **de algo** ein ganz klein wenig von etw +*dat* **3.** *pl* (*sobras*) Reste *mpl,* Überbleibsel *ntpl;* **solo quedaron las fotografías, como** ~**s de una vida** es blieben nur noch die Fotos, als Bruchstücke eines Lebens

migración [miɣra'θjon] *f* **1.** (*emigración*) Wanderungsbewegung *f,* Migration *f* **2.** (ZOOL) Migration *f*

migraña [mi'ɣraɲa] *f* Migräne *f*

migratorio, -a [miɣra'torjo, -a] *adj* Wanderungs-

mije ['mixe] *m* (BOT) *Myrtengewächs mit essbaren, den Johannisbeeren ähnlichen Früchten*

mijo ['mixo] *m* Hirse *f*

mil [mil] **I.** *adj inv* **1.** (*número*) tausend; **dos** ~ **millones** zwei Milliarden; *v. t.* **ocho 2.** (*cantidad indefinida*) tausend; **ya se lo he dicho** ~ **veces** ich habe es ihm/ihr schon hundert [*o* tausend] Mal gesagt **II.** *m* **1.** (*número*) Tausend *nt; v. t.* **ocho 2.** (*cantidad indefinida*): ~**es** Tausende *ntpl,* tausende; **a** ~**es** zu Tausenden [*o* tausenden]; ~**es y** ~**es** Tausende [*o* tausende] und Abertausende [*o* abertausende]; **le costará varios** ~**es de dólares** es wird ihn einige Tausende [*o* tausende] Dollar kosten **3.** (*loc*): **a las** ~ (**y quinientas**) viel zu spät; **pasar las** ~ **y una** eine Schwierigkeit nach der anderen haben

milagrear [milaɣre'ar] *vi* (*fam*) Wunder wirken

milagrero, -a [mila'ɣrero, -a] **I.** *adj* **1.** (*que cree en milagros*) wundergläubig **2.** (*milagroso*) wundertätig **II.** *m, f* **1.** (*que cree en milagros*) Person *f,* die an Wunder glaubt **2.** (*milagroso*) Wundertäter(in) *m(f)*

milagro [mi'laɣro] *m* Wunder *nt;* **hacer** ~**s**

M

Wunder vollbringen; **fue un ~ que el accidente no hubiera sido más grave** es war ein Wunder, dass der Unfall nicht schlimmer war; **sería un ~ si aprobara este año** es wäre ein Wunder, wenn ich dieses Jahr versetzt werden sollte; **contar la vida y ~s de alguien** detailliert aus jds Leben erzählen; **salir** [*o* **escapar**] **de ~** gerade noch einmal Glück gehabt haben; **esta vez se escapó de ~** dieses Mal hat er/sie noch einmal Glück gehabt [*o* ist es noch glimpflich für ihn/sie ausgegangen]; **si sales de ésta, solo saldrás de ~** wenn du es dieses Mal schaffst, dann nur mit sehr viel Glück; **~ (sería) que...** *+subj* es wäre ein Wunder, wenn ...

milagroso, -a [mila'ɣroso, -a] *adj* **1.** (*que hace milagros*) wundertätig **2.** (*ocurrido por milagro*) wie durch ein Wunder geschehen, übernatürlich **3.** (*maravilloso*) wunderbar

Milán [mi'lan] *m* Mailand *nt*

milanés, -esa [mila'nes, -esa] **I.** *adj* mailändisch **II.** *m, f* Mailänder(in) *m(f)*

milanesa [mila'nesa] *f* (GASTR) (Wiener) Schnitzel *nt*

milano [mi'lano] *m* (ZOOL) Milan *m*

mildeu [mil̩'deu̯] *m*, **mildíu** [mil̩'diu] *m* Mehltau(pilz) *m*

milenario[1] [mile'narjo] *m* (*milésimo aniversario*) Tausendjahrfeier *f*, tausendster Jahrestag *m*

milenario, -a[2] [mile'narjo, -a] *adj* **1.** (*milenio*) tausendjährig **2.** (REL) Millenium(s)-

milenarista [milena'rista] **I.** *adj* (REL) Millenium(s)- **II.** *mf* (REL) Person *f*, die an das Millenium glaubt

milenio [mi'lenjo] *m* Jahrtausend *nt;* (REL) Millenium *nt*

milenrama [milen'rrama] *f* (BOT) Schafgarbe *f*

milésima [mi'lesima] *f* **1.** (*partitivo*) Tausendstel *nt* **2.** *v.* **milésimo**

milésimo, -a [mi'lesimo, -a] **I.** *adj* tausendste(r, s); *v. t.* **octavo**[2] **II.** *m, f* (*ordinal*) Tausendste(r) *mf o nt*

mili ['mili] *f* (*fam*) *abr de* **servicio militar** Wehrdienst *m;* **ir a** [*o* **hacer**] **la ~** den Wehrdienst (ab)leisten; (*en Alemania*) zum Bund gehen; **¿ya hiciste la ~?** warst du schon beim Bund?; **tener mucha ~** (*argot*) kein unbeschriebenes Blatt mehr sein, viel Erfahrung haben

miliar [mi'ljar] *adj* **1.** (*referente al mijo*) Hirse- **2.** (*para marcar millas*): **poste** [*o* **piedra**] **~** Meilenstein *m*

milibar [mili'βar] *m* Millibar *nt*

milicia [mi'liθja] *f* **1.** (*ejército*) Miliz *f*, Truppe *f* **2.** (*actividades militares*) Manöver *nt* **3.** (*soldado*) Soldat *m* **4.** (*conjunto no profesional*): **~ nacional** Bürgerwehr *f*, Bürgergarde *f;* (*reservistas*) Landsturm *m*, Landwehr *f*

miliciano, -a [mili'θjano, -a] **I.** *adj* (*referente a la milicia*) Miliz- **II.** *m, f* **1.** (*miembro de una milicia*) Milizionär(in) *m(f)* **2.** (*soldado*) Milizsoldat(in) *m(f)* **3.** (*conscripto*) Rekrut(in) *m(f)*

miligramo [mili'ɣramo] *m* Milligramm *nt*

mililitro [mili'litro] *m* Milliliter *m*

milimetrado, -a [milime'traðo, -a] *adj* Millimeter-; **papel ~** Millimeterpapier *nt*

milimétrico, -a [mili'metriko, -a] *adj* millimetergenau, auf den Millimeter gemessen

milímetro [mi'limetro] *m* Millimeter *m o nt*

milisegundo [milise'ɣun̪do] *m* Millisekunde *f*

militancia [mili'tan̪θja] *f* (POL) (aktive) Mitgliedschaft *f*, (aktive) Teilnahme *f*, Aktivismus *m*

militante [mili'tan̪te] **I.** *adj* **1.** (*que se entrega*) kämpferisch, engagiert **2.** (*en un partido*) in einer Partei organisiert **II.** *mf* (POL) (aktives) Mitglied *nt*

militar [mili'tar] **I.** *vi* **1.** (*cumplir el servicio*) seinen Dienst tun (*en* bei/in *+dat*) **2.** (POL: *en un partido*) ein aktives Mitglied sein (*en* bei/in *+dat*), angehören (*en +dat*) **3.** (*loc*): **~ en favor de/contra algo/alguien** für/gegen etw/jdn sprechen, sich für/gegen etw/jdn einsetzen **II.** *adj* Militär-, Kriegsdienst-; **vehículo ~** Militärfahrzeug *nt;* **servicio ~** Kriegsdienst *m*, Wehrdienst *m*, Militärdienst *m;* **los altos mandos ~es** die Militärs **III.** *m* Soldat *m*

militarismo [milita'rismo] *m sin pl* Militarismus *m*

militarista [milita'rista] **I.** *adj* militaristisch **II.** *mf* Militarist(in) *m(f)*

militarizar [militari'θar] <z→c> *vt* militarisieren, militärisch organisieren

militronche [mili'tronʧe] *m* (*argot*), **militroncho** [mili'tronʧo] *m* (*argot*) *Soldat bei der spanischen Armee*

milla ['miʎa] *f* Meile *f;* **~ marina** Seemeile *f*

millar [mi'ʎar] *m* Tausend *nt;* **protestaron a ~es** sie protestierten zu Tausenden [*o* tausenden]

millo ['miʎo] *m* (*AmC, Méx*) *eine Hirsesorte*

millón [mi'ʎon] *m* **1.** (*1.000.000*) Million *f;* **mil millones** Milliarde *f;* **cuatro millones de habitantes** vier Millionen Einwohner; **debe tener millones** er/sie hat bestimmt einige Millionen **2.** (*muchísimas*): **un ~ de gracias** tausend Dank

millonada [miʎo'naða] *f* (*fam*) Million *f;* (*muchísimo dinero*) riesige Summe *f*

millonario, -a [miʎo'narjo, -a] *m, f* Millionär(in) *m(f)*

millonésima [miʎo'nesima] *f* (*partitivo*) Millionstel *nt; v. t.* **octavo**[1]

millonésimo, -a [miʎo'nesimo, -a] **I.** *adj* millionste(r, s) **II.** *m, f* (*ordinal*) Millionste(r) *mf o nt; v. t.* **octavo**[2]

milonga [mi'loŋga] *f* **1.** (*baile*) Milonga *f* (*Name eines Volkstanzes und Gesanges in Lateinamerika*) **2.** (*And, CSur: fiesta*) Fest *nt* **3.** (*And, CSur: argot: trola, mentira*) Schwindel *m*, Ente *f*

milpa ['milpa] *f* (*Am*) **1.** (*campo*) Maisfeld *nt* **2.** (*planta*) Mais *m*

milpiés [mil'pjes] *m inv* (ZOOL) Tausendfüß(l)er *m*

miltomate [mil̦to'mate] *m* (*Méx:* BOT) grüne Tomate *f*

mimado, **-a** [mi'maðo, -a] *adj* (*consentido*) verwöhnt; (*consentido excesivamente*) verhätschelt, verzärtelt; **niño** ~ Hätschelkind *nt*

mimador(a) [mima'ðor(a)] *adj* verwöhnend; **tiene un papá muy** ~ sein/ihr Vater verwöhnt ihn/sie sehr

mimar [mi'mar] *vt* **1.** (*consentir*) verwöhnen; (*consentir excesivamente*) verhätscheln, verzärteln **2.** (*favorecer*) bevorzugen, vorziehen

mimbral [mim'bral] *m* mit Korbweiden bestandene Fläche *f*

mimbre ['mimbre] *m* **1.** (*material*) Korbgeflecht *nt;* **de** ~ aus Korbgeflecht, geflochten; **silla de** ~ Korbstuhl *m;* **muebles de** ~ Rattanmöbel *ntpl* **2.** (*ramita*) Weidenrute *f* **3.** (*arbusto*) Korbweide *f*

mimbrera [mim'brera] *f* Korbweide *f*

mimbrero, **-a** [mim'brero, -a] *m, f* Korbflechter(in) *m(f)*

mimeografiar [mimeoɣrafi'ar] <*1. pres:* mimeografío> *vt* (*Am*) vervielfältigen

mimeógrafo [mime'oɣrafo] *m* (*Am*) Kopiergerät *nt*

mimesis [mi'mesis] *f inv,* **mímesis** ['mimesis] *f inv* Mimesis *f*

mimético, **-a** [mi'metiko, -a] *adj* mimetisch, nachahmend

mimetismo [mime'tismo] *m* **1.** (ZOOL) Mimes(i)e *f,* Mimikry *f* **2.** (*para agradar*) Schöntun *nt,* (falsche) Schmeichelei *f*

mímica ['mimika] *f* **1.** (*arte*) Mimik *f,* Mienenspiel *nt,* Gebärdenspiel *nt;* (*representación*) Mimikdarstellung *f* **2.** (*señas*) Gebärdensprache *f,* Zeichensprache *f* **3.** (*ademanes*) Gestik *f*

mímico, **-a** ['mimiko, -a] **I.** *adj* mimisch, schauspielerisch; **gran talento** ~ großes schauspielerisches Talent **II.** *m, f* Mimiker(in) *m(f)*

mimo ['mimo] *m* **1.** (*actor mímico*) Mime, -in *m, f,* Schauspieler(in) *m(f);* **hacer** ~ **de algo/alguien** jdn/etw mimen **2.** (*caricia*) Zärtlichkeit *f,* Streicheln *nt;* **necesita mucho** ~ er/sie braucht viele Streicheleinheiten **3.** (*condescencia excesiva*) Verhätschelung *f,* Verzärtelung *f;* **le dan demasiado** ~ er/sie wird zu sehr verhätschelt **4.** (*con cariño*): **realiza su trabajo con** ~ er/sie führt seine/ihre Arbeit mit Liebe aus

mimodrama [mimo'ðrama] *m* (TEAT) Pantomime *f*

mimosa [mi'mosa] *f* (BIOL) Mimose *f,* Sinnpflanze *f*

mimoso, **-a** [mi'moso, -a] *adj* **1.** (*mimado*) verwöhnt, verhätschelt, verzärtelt **2.** *ser* (*le gusta recibir/dar mimos*) verschmust **3.** *estar* (*quiere recibir/dar mimos*) anhänglich, zärtlichkeitsbedürftig

mina ['mina] *f* **1.** (MIN) Mine *f,* Bergwerk *nt;* ~ **de carbón** Kohlenbergwerk *nt;* **este negocio es una** ~ dieses Geschäft ist eine (wahre) Goldgrube **2.** (*yacimientos*) Erzvorkommen *nt(pl),* Metallvorkommen *nt(pl)* **3.** (*venero*) Ader *f;* ~ **de oro** Goldader *f* **4.** (*pasillo subterráneo*) Stollen *m,* (unterirdischer) Gang *m* **5.** (MIL: *explosivo*) Mine *f;* ~ **antipersonal** [*o* **antipersona**] Antipersonenmine *f;* ~ **de mar** Seemine *f;* ~ **de tierra** Landmine *f* **6.** (*lámina*): ~ **de bolígrafo** Kugelschreibermine *f;* ~ **de lapicero** Bleistiftmine *f*

minado¹ [mi'naðo] *m* Verminen *nt,* Minenlegen *nt*

minado, **-a²** [mi'naðo, -a] *adj* **1.** (MIL) vermint **2.** (*debilitado*) unterminiert

minador¹ [mina'ðor] *m* (*barco que coloca minas*) Minenleger *m*

minador(a)² [mina'ðor(a)] **I.** *adj* Minen-; **buque** ~ Minenboot *nt* **II.** *m(f)* (*que coloca minas*) Mineur *m,* Sprengmeister(in) *m(f)*

minar [mi'nar] **I.** *vt* **1.** (*excavar*) untergraben, unterhöhlen **2.** (*colocar minas*) verminen **3.** (*debilitar*) unterminieren, untergraben **II.** *vr:* **~se** (*argot: hartarse*) sich *dat* den Bauch voll schlagen

minarete [mina'rete] *m* Minarett *nt*

mindel [min̦'del] *m* (GEO) Mindel-Eiszeit *f,* Mindel-Kaltzeit *f*

minera [mi'nera] *adj o f v.* **minero**

mineraje [mine'raxe] *m* (MIN) Arbeit *f* in einer Mine, Bergbau *m;* **se gana la vida con el** ~ er verdient sich seinen Lebensunterhalt als Bergmann

mineral [mine'ral] **I.** *adj* mineralisch, Mineral-; **agua** ~ Mineralwasser *nt* **II.** *m* **1.** (GEO) Mineral *nt* **2.** (MIN) Erz *nt;* ~ **de hierro** Eisenerz *nt*

mineralización [mineraliθa'θjon] *f* (GEO) Mineralisation *f,* Mineralisierung *f*

mineralizar [minerali'θar] <z→c> **I.** *vt* mineralisieren, Mineralstoffe zusetzen *+dat,* mit Mineralstoffen anreichern **II.** *vr:* **~se** Mineralien aufnehmen

mineralogénesis [mineralo'xenesis] *f inv* (GEO) Mineralienbildung *f*

mineralogía [mineralo'xia] *f sin pl* Mineralogie *f*

mineralógico, **-a** [minera'loxiko, -a] *adj* (GEO) mineralogisch

mineralogista [mineralo'xista] *mf* Mineraloge, -in *m, f*

minería [mine'ria] *f* **1.** (*en general*) Bergbau *m,* Bergwesen *nt* **2.** (*técnica*) Bergbautechnik *f* **3.** (*personal*) Bergbauarbeiterschaft *f*

minero, **-a** [mi'nero, -a] **I.** *adj* bergmännisch **II.** *m, f* **1.** (*trabajador*) Bergarbeiter(in) *m(f),* Bergmann *m* **2.** (*propietario*) Eigentümer(in) *m(f)* eines Bergwerks

minerografía [mineroɣra'fia] *f* (GEO) Mineralienkunde *f*

minerográfico, **-a** [minero'ɣrafiko, -a] *adj*

M

(GEO) mineralienkundlich

minerólogo, **-a** [mine'roloɣo, -a] *m, f* (GEO) Mineraloge, -in *m, f*

mineromedicinal [mineromeðiθi'nal] *adj:* **agua** ~ Heilwasser *nt*

minerva [mi'nerβa] *f* **1.** (MED) Minerva-Gips *m,* Thoraxhals-Gipsverband *m* **2.** (TIPO) Tiegeldruckpresse *f*

minestrone [mines'trone] *m* (GASTR) Minestrone *f*

minga ['miŋga] **I.** *interj* (*RíoPl: fam*) von wegen **II.** *f* (*And*) *freiwillige kommunale Arbeit der indianischen Völker*

mingaco [miŋ'gako] *m* (*Chil*) *Zusammenkunft von Freunden und Nachbarn zur gemeinsamen Durchführung einer Arbeit mit anschließendem Fest*

mingón, **-ona** [miŋ'gon, -ona] *adj* (*Ven*) verhätschelt, verwöhnt

miniatura [minja'tura] *f* Miniatur *f;* **en** ~ in Miniatur

miniaturista [minjatu'rista] *mf* Miniaturmaler(in) *m(f)*

miniaturización [minjaturiθa'θjon] *f* (TÉC) Miniaturisierung *f*

minibar [mini'βar] *m* Minibar *f*

minibús [mini'βus] *m* Kleinbus *m*

minicadena [minika'ðena] *f* Mini-Stereoanlage *f,* Minitower *m*

minicalculadora [minikalkula'ðora] *f* Taschenrechner *m*

miniclima [mini'klima] *f* (METEO) Kleinklima *nt*

minidisco [mini'ðisko] *m* (INFOR) Minidiskette *f*

minifalda [mini'fal̩da] *f* Minirock *m*

minifundio [mini'fun̩djo] *m* landwirtschaftlicher Kleinbetrieb *m*

minifundismo [minifun̩'dismo] *m* (AGR, ECON) System *nt* der Aufteilung in landwirtschaftliche Kleinbetriebe

minifundista [mini'fun̩dista] *mf* Kleinbauer, -bäuerin *m, f*

minigolf [mini'ɣolf] *m* Minigolf *nt*

mínima ['minima] *f* (METEO) Minimum *nt,* niedrigste Temperatur *f*

minimalista [minima'lista] **I.** *adj* minimalistisch, sehr vereinfacht **II.** *mf* Minimalist(in) *m(f)*

minimizar [minimi'θar] <z→c> *vt* **1.** (*simplificar*) minimalisieren **2.** (*restar importancia a algo*) herunterspielen

mínimo[1] ['minimo] *m* Minimum *nt,* Mindeste(s) *nt;* ~ **de presión** (METEO) Tiefdruckgebiet *nt;* **reducir el riesgo al** ~ das Risiko minimieren; **el** ~ **de respeto que se le debe** das Mindeste an Achtung, das er/sie verdient hat; **como** ~ **podrías llamar por teléfono** du könntest wenigstens anrufen; **reducir al** ~ auf das Mindestmaß reduzieren

mínimo, **-a**[2] ['minimo, -a] **I.** *superl de* **pequeño** **II.** *adj* **1.** Mindest-; **las temperaturas mínimas** die Tiefstwerte; **cifra mínima** kleinste Zahl; **la mínima obligación posible** die geringstmögliche Verpflichtung; **sin el más** ~ **ruido** ohne den geringsten Laut; **no ayuda en lo más** ~ er/sie hilft in keinster Weise [*o* kein bisschen]; **todos los socios deben aportar un capital** ~ alle Gesellschafter müssen eine Mindesteinlage tätigen **2.** (*minucioso*) peinlich genau, minuziös

mínimum ['minimun] *m* <mínimos> Minimum *nt*

minina [mi'nina] *f* (*lenguaje infantil*) Pillermann *m*

minino, **-a** [mi'nino, -a] *m, f* (*fam*) Kater *m,* Katze *f*

minio ['minjo] *m* (QUÍM) Minium *nt,* Mennige *f*

miniordenador [miniorðena'ðor] *m* (INFOR) Kleincomputer *m*

minireunión [minirreu̯'njon] *f* kleine Runde *f*

miniserie [mini'serje] *f* kurze Serie *f*

ministerial [ministe'rjal] *adj* ministeriell, Ministerial-

ministerialismo [ministerja'lismo] *m* (POL) ministerielle Tätigkeit *nt*

ministerio [minis'terjo] *m* **1.** (*cartera, edificio*) Ministerium *nt;* **M~ de Economía y Hacienda** Wirtschafts- und Finanzministerium *nt;* **M~ de Industria** Industrieministerium *nt* **2.** (*cargo*) Ministeramt *nt* **3.** (*gabinete*) (Regierungs)kabinett *nt*

ministra [mi'nistra] *f v.* **ministro**

ministrable [minis'traβle] *mf* Ministerkandidat(in) *m(f)*

ministrar [minis'trar] *vi, vt* ein Amt ausüben [*o* innehaben]; **ministra en la delegación** er/sie hat ein Amt in der Delegation inne

ministril [minis'tril] *mf* Gerichtsdiener(in) *m(f)*

ministro, **-a** [mi'nistro, -a] *m, f* **1.** (*de un gobierno*) Minister(in) *m(f);* **primera ministra** Premierministerin *f,* Ministerpräsidentin *f;* ~ **sin cartera** Minister ohne Geschäftsbereich; **M~ Federal del Interior/de Hacienda/de Economía** Bundesminister des Innern/der Finanzen/für Wirtschaft; **M~ Federal de Educación y Ciencia/de Cooperación Económica y Desarrollo** Bundesminister für Bildung und Wissenschaft/für wirtschaftliche Zusammenarbeit und Entwicklung **2.** (*en la justicia*) Gerichtsdiener(in) *m(f)* **3.** (*en la embajada*) Gesandte(r) *mf,* Diplomat(in) *m(f);* ~ **plenipotenciario** Gesandte(r) *m;* ~ **residente** Resident *m* **4.** (*monaguillo*) Ministrant(in) *m(f),* Messdiener(in) *m(f);* ~ **del Señor** [*o* **de Dios**] [*o* **de la Iglesia**] Priester *m*

minivacaciones [miniβaka'θjones] *fpl* Kurzurlaub *m*

minivestido [miniβes'tiðo] *m* Minikleid *nt*

minnesang [mine'saŋ] *m sin pl* (LIT) Minnesang *m*

minnesänger [mine'seŋger] *m inv* (LIT) Minnesänger *m*

minoría [mino'ria] *f* **1.** (*parlamentaria, étnica*) Minorität *f,* Minderheit *f;* ~ **de bloqueo** Sperrminorität *f* **2.** (*loc*): ~ **de edad** Minderjährigkeit *f*

minoridad [minori'ðaᵈ] *f* Minderjährigkeit *f*

minorista [mino'rista] **I.** *adj* Einzelhandels- **II.** *mf* Einzelhändler(in) *m(f);* **comercio de** ~ Kleinhandel *m,* Einzelhandelsgewerbe *nt*

minorita [mino'rita] *m* (REL) Franziskaner *m,* Minorit *m*

minoritario, **-a** [minori'tarjo, -a] *adj* Minderheits-, in der Minderheit

minucia [mi'nuθja] *f* **1.** (*de poca importancia*) Kleinigkeit *f,* Bagatelle *f* **2.** *pl* (*para decorar*) Nippes *m,* Nippsachen *fpl*

minuciosidad [minuθjosi'ðaᵈ] *f* peinliche Genauigkeit *f,* Kleinlichkeit *f*

minucioso, **-a** [minu'θjoso, -a] *adj* minuziös, peinlich genau

minué [mi'nwe] *m* (MÚS) Menuett *nt*

minuendo [mi'nweṇdo] *m* (MAT) Minuend *m*

minuete [mi'nwete] *m,* **minueto** [mi'nweto] *m* (MÚS) Menuett *nt*

minúscula [mi'nuskula] *f* (LING) Minuskel *f,* Kleinbuchstabe *m;* **en** ~**s** in Kleinbuchstaben; **esta palabra se escribe con** ~ dieses Wort wird kleingeschrieben

minúsculo, **-a** [mi'nuskulo, -a] *adj* **1.** (*muy pequeño*) sehr klein, winzig **2.** (LING): **letra minúscula** Kleinbuchstabe *m*

minusvalía [minusβa'lia] *f* **1.** (*física*) (körperliche) Behinderung *f* **2.** (COM: *disminución de valor*) Wertverlust *m,* Wertminderung *f*

minusválida [minus'βaliða] *adj o f v.* **minusválido**

minusvalidez [minusβali'ðeθ] *f* (körperliche) Behinderung *f*

minusválido, **-a** [minus'βaliðo, -a] **I.** *adj* körperbehindert **II.** *m, f* Körperbehinderte(r) *mf*

minusvalorar [minusβalo'rar] *vt* unterbewerten

minuta [mi'nuta] *f* **1.** (JUR: *cuenta*) Honorarrechnung *f,* Kostennote *f* **2.** (*borrador*) Konzept *nt;* (*copia*) Durchschlag *m,* Abschrift *f,* Zweitschrift *f* **3.** (*apunte*) Notiz *f* **4.** (*menú*) Menü *nt*

minutario [minu'tarjo] *m* (JUR: *registro*) Urkundenregister *nt,* Protokollbuch *nt* des Notars; (*cuaderno*) Notizbuch *nt* des Urkundsbeamten

minutero [minu'tero] *m* Minutenzeiger *m*

minutisa [minu'tisa] *f* (BOT) Bartnelke *f*

minuto [mi'nuto] *m* Minute *f;* **sin perder un** ~ augenblicklich, ohne eine Minute zu verlieren; **vuelvo en un** ~ ich bin gleich wieder da, ich komme sofort wieder

miñón [mi'ɲon] *adj* süß, herzig

miñosa [mi'ɲosa] *f* (ZOOL) Regenwurm *m*

mío, **-a** ['mio, -a] *pron pos* **1.** (*de mi propiedad*): **el libro es** ~ das Buch gehört mir; **la botella/la casa es mía** das ist meine Flasche/mein Haus; **¡ya es ~!** geschafft! **2.** (*tras artículo*) der/die/das meinige [*o* Meinige], meine(r, s); **mi padre es rubio – el ~, también** mein Vater ist blond – meiner auch; **¿son estos los ~s?** sind das meine?; **los ~s** die Meinigen [*o* meinigen]; (*parientes*) meine Angehörigen; **ésta es la mía** (*fam*) das ist die Gelegenheit für mich; **una de las mías** einer von meinen (wohlbekannten) Streichen; **¡esto sí que es lo ~!** (*lo conozco*) damit kenne ich mich wirklich aus!; (*me gusta*) das ist etwas, das ich wirklich mag! **3.** (*tras substantivo*) mein(e), von mir; **una amiga mía** eine Freundin von mir; **¡amor ~!** mein Liebes!; **(no) es culpa mía** es ist (nicht) meine Schuld

miocardio [mjo'karðjo] *m* (ANAT) Myokard *nt,* Herzmuskel *m*

miocarditis [mjokar'ðitis] *f inv* (MED) Herzmuskelentzündung *f,* Myokarditis *f*

mioceno [mjo'θeno] *m* (GEO) Miozän *nt*

miofibrilla [mjofi'βriʎa] *f* (ANAT) Myofibrille *f*

miografía [mjoɣra'fia] *f* (MED) Myographie *f*

miograma [mjo'ɣrama] *m* (MED) Myogramm *nt*

miolema [mjo'lema] *m* (ANAT) Myolemm *nt,* Sarkolemm *nt*

mioma [mi'oma] *m* (MED) Myom *nt,* Muskelgeschwulst *f*

miomectomía [mjomekto'mia] *f* (MED) operative Myomentfernung *f,* Myomektomie *f*

miopatía [mjopa'tia] *f* (MED) Erkrankung *f* der Muskulatur, Myopathie *f*

miope [mi'ope] **I.** *adj* **1.** (MED) myop(isch), kurzsichtig **2.** (*sin amplitud de miras*) kurzsichtig, nicht weitblickend **II.** *mf* Kurzsichtige(r) *mf*

miopía [mjo'pia] *f* **1.** (MED) Myopie *f,* Kurzsichtigkeit *f* **2.** (*la falta de amplitud de miras*) Kurzsichtigkeit *f,* Mangel *m* an Weitblick

miorrelajante [mjorrela'xaṇte] **I.** *adj* (MED) muskelerschlaffend **II.** *m* (MED) muskelerschlaffendes Mittel *nt,* (Muskel)relaxans *nt*

miosis [mi'osis] *f inv* (MED) Miosis *f,* (krankhafte) Pupillenverengung *f*

miosota [mjo'sota] *f* (BOT) Vergissmeinnicht *nt*

miosotis [mjo'sotis] *f inv* (BOT) Vergissmeinnicht *nt*

mira ['mira] *f* **1.** (*para apuntar*) Visier *nt* **2.** (MIL) Wachturm *m;* **estar a la ~ de alguien** nach jdm Ausschau halten **3.** (*mirada*) Blick *m;* **poner la ~ en alguien/algo** das Augenmerk auf jdn/etw richten; **con amplias ~s** mit Weitblick; **de ~s estrechas** engstirnig; **con ~s a** im Hinblick auf +*akk* **4.** *(pl)* (*intención*) Absicht(en) *f(pl);* **fue con la(s) ~(s) de ofenderlo** er/sie tat es mit der Absicht, ihn zu kränken; **lo hizo con ~s desinteresadas** er/sie tat es in uneigennütziger Absicht

mirada [mi'raða] *f* (*vista*) Blick *m;* ~ **de soslayo** schräger [*o* schiefer] Blick; ~ **perdida** [*o* **vaga**] Blick ins Leere; **dirigió la ~ hacia ella** er/sie richtete den Blick auf sie; **devorar con**

la ~ mit Blicken [*o* mit den Augen] verschlingen; **echar una ~ a alguien/algo** einen (kurzen) Blick auf jdn/etw werfen; **levantar la ~** den Blick heben, nach oben sehen [*o* schauen]; **apartar la ~** den Blick abwenden, wegsehen, wegschauen; **sostener** [*o* **aguantar**] [*o* **resistir**] **la ~ de alguien** jds Blick standhalten; **ser el blanco de las ~s** alle Blicke auf sich ziehen; **con la ~ fija en alguien/algo** mit festem Blick auf jdn/etw; **con una ~ asesina** mit stechendem Blick; **con una ~ dulce** mit sanftem Blick; **si las ~s matasen...** wenn Blicke töten könnten ...

miradero [mira'ðero] *m* **1.** (*alguien/algo interesante*) Blickfang *m* **2.** *v.* **mirador**

mirado, -a [mi'raðo, -a] *adj* **1.** (*respetuoso*) rücksichtsvoll **2.** (*fam: delicado*) sehr ordentlich, sehr pingelig **3.** (*cuidadoso*) umsichtig, vorsichtig **4.** (*respetado*) angesehen; **está bien ~** er ist (wohl) angesehen; **él está mal ~** er ist nicht gern gesehen; **está mal ~ ir sin regalo** es wird nicht gern gesehen, wenn man ohne ein Geschenk kommt **5.** (*si bien se mira*): **bien ~,...** eigentlich ..., bei näherer Betrachtung ...

mirador [mira'ðor] *m* **1.** (*atalaya*) Aussichtspunkt *m* **2.** (ARQUIT: *balcón*) (verglaster) Balkon *m;* (*ventana*) Erkerfenster *nt*

miraguano [mira'ɣwano, -a] *m* (BOT) **1.** (*palmera*) Kapokpalme *f* **2.** (*fibra*) Kapok *m*

miramelindos [mirame'lin̪dos] *m inv* (BOT) Springkraut *nt,* Balsamine *f*

miramiento [mira'mjen̪to] *m* **1.** (*consideración*) Rücksicht(nahme) *f;* **tener ~ con alguien** auf jdn Rücksicht nehmen; **actuar sin ~** schonungslos [*o* rücksichtslos] handeln; **tratar a alguien sin ~s** jdn schonungslos behandeln; **andar con ~s** auf alles und jeden Rücksicht nehmen; **sin ~s de** ungeachtet *+gen* **2.** (*cuidado*) Umsicht *f,* Vorsicht *f;* **actuar sin ~** unvorsichtig handeln **3.** (*timidez*) Scheu *f* **4.** *pl* (*cortesías*) Höflichkeiten *fpl,* Aufmerksamkeiten *fpl*

mirar [mi'rar] **I.** *vt* **1.** (*ver*) (an)sehen, (an)schauen, beobachten; **~ por la ventana** aus dem Fenster schauen; **~ por un agujero** durch ein Loch schauen; **~ atrás** zurückblicken, zurückschauen; **~ alrededor** um sich schauen [*o* blicken]; **~ fijamente a alguien** jdn anstarren; **~ algo por encima** einen flüchtigen Blick auf etw werfen; **~ de reojo** aus den Augenwinkeln beobachten **2.** (*buscar*) nachschauen, nachsehen **3.** (*prestar atención*) aufpassen, vorsichtig sein; **mira bien el dinero que te devuelven** pass mit dem Wechselgeld auf; **¡mira el bolso!** behalte die Tasche im Auge! **4.** (*meditar*) (gut) überdenken, (sehr genau) anschauen; **no lo miré bien antes de hacerlo** ich habe es nicht richtig überdacht, bevor ich es tat **5.** (*tener en cuenta*) sich richten (nach *+dat*), sich orientieren (an *+dat*), vor Augen haben; **siempre estás mirando tu porvenir** du denkst ständig an deine Zukunft; **~ el dinero** aufs Geld schauen; **siempre miramos por nuestros hijos** wir wollen immer nur das Beste für unsere Kinder **6.** (*tener una orientación*) liegen (*a* nach *+dat*); **la casa mira al este** das Haus liegt nach Osten; **la ventana mira al mar** das Fenster geht zum Meer hinaus **7.** (*estimar*): **~ bien** achten, schätzen; **~ mal** nicht gern sehen; **~ con buena/mala cara** angetan/abgeneigt sein **II.** *vi* **1.** (*aviso*): **¡mira! ya llega** schau! da kommt er/sie schon **2.** (*amenaza*): **¡pero mira lo que estás haciendo!** Mensch, schau mal, was du da machst! **3.** (*tener en cuenta*): **mira, que no nos queda mucho tiempo** denk daran, wir haben nicht mehr viel Zeit; **mira que si se cae este jarrón** stell dir vor diese Vase fällt herunter **4.** (*estar sorprendido*): **quedarse mirando** ratlos (drein)schauen **5.** (*ir a ver*): **mira (a ver) si ha llegado ya** geh mal schauen, ob er/sie schon gekommen ist **6.** (*lo que concierne a*): **por lo que mira a...** was *+akk* ... betrifft [*o* angeht] **7.** (*al fin y al cabo*): **si bien se mira, mirándolo bien, bien mirado** alles in allem, eigentlich **8.** (*loc*): **eres de mírame y no me toques** du bist aber sehr empfindlich; **mire, ya se lo he explicado tres veces** schauen Sie mal, ich habe es Ihnen schon dreimal erklärt; **¡pues, mira por donde...!** (*fam*) sieh mal einer an, (was) ...; **mira, mira, con que tú también apareces por aquí** sieh mal einer an, du kommst also auch hier vorbei; **mira, mira, déjate de tonterías** ach, komm schon, hör mit dem Blödsinn auf; **mira que es tonta, ¿eh?** sie ist aber wirklich sehr doof; **se mire por donde se mire, se mire como se mire** wie man es auch dreht und wendet **III.** *vr:* **~se** (*verse*) sich anschauen, sich betrachten; **~se a los ojos** sich *dat* in die Augen schauen; **~se en el espejo** sich im Spiegel betrachten [*o* anschauen]

mirasol [mira'sol] *m* Sonnenblume *f*

miríada [mi'riaða] *f* Myriade *f;* (*cantidad incontable*) Unzahl *f;* **una ~ de estrellas** eine Unzahl von Sternen

miriámetro [mi'rjametro] *m* Myriameter *m*

miriápodo [mi'rjapoðo] *m* (ZOOL) Myriapode *m,* Myriopode *m,* Tausendfüß(l)er *m*

mirífico, -a [mi'rifiko, -a] *adj* (*elev*) bewundernswert, beeindruckend

mirikiná [miriki'na] *m* (ZOOL) Nachtaffe *m,* Mirikina *m*

mirilla [mi'riʎa] *f* (*en la puerta*) Spion *m;* (*en la pared*) Guckloch *nt;* (FOTO) Sucher *m*

miriñaque [miri'ɲake] *m* **1.** (HIST: *crinolina*) Krinoline *f,* Reifrock *m* **2.** (*CSur:* FERRO) Kuhfänger *m*

mirista [mi'rista] *mf* (*And*) Anhänger(in) *m(f)* des Mir

mirística [mi'ristika] *f* (BOT) Muskatnussbaum *m*

mirla ['mirla] *f* (ZOOL) *v.* **mirlo**

mirlo ['mirlo] *m* **1.** (ZOOL) Amsel *f;* **ser un ~ blanco** ein weißer Rabe sein, eine große Seltenheit sein **2.** (*argot: lengua*) Zunge *f;* **achantar el ~** keinen Pieps sagen

mirobálano [miro'βalano] *m* (BOT) Kirschpflaume *f,* Myrobalane *f*

mirobrigense [miroβri'xense] **I.** *adj* aus Ciudad Rodrigo (*ehemals Miróbriga*); **la catedral ~ está en obras** die Kathedrale von Ciudad Rodrigo befindet sich im Umbau **II.** *mf* Einwohner(in) *m(f)* von Ciudad Rodrigo

mirón, -ona [mi'ron, -ona] **I.** *adj* neugierig, schaulustig **II.** *m, f* **1.** (*espectador curioso*) Gaffer(in) *m(f),* Schaulustige(r) *mf,* Sensationslustige(r) *mf* **2.** (*pey: de intimidades*) Voyeur(in) *m(f),* Spanner(in) *m(f)*

mironismo [miro'nismo] *m sin pl* Voyeurismus *m*

miroxilo [miro^γ'silo] *m* (BOT) Perubalsambaum *m*

mirra ['mirra] *f* Myrrhe *f*

mirto ['mirto] *m* Myrte *f*

misa ['misa] *f* (REL: *ceremonia*) Gottesdienst *m,* Messe *f;* **~ del alba** Frühgottesdienst *m,* Frühmesse *f;* **~ de campaña** Feldgottesdienst *m;* **~ cantada** [*o* **mayor**] [*o* **solemne**] feierliches Hochamt; **~ de cuerpo presente** [*o* **de perdón**] [*o* **de réquiem**] (am Sarg gelesene) Totenmesse *f,* Seelenamt *nt;* **~ de difuntos** Totenmesse *f;* **~ del gallo** Christmette *f;* **~ rezada** stille Messe; **ir a ~** in den Gottesdienst [*o* die Kirche] [*o* zur Messe] gehen; **ayudar a ~** bei einer Messe dienen, ministrieren; **cantar ~** Primiz feiern; **decir ~** einen Gottesdienst halten; **eso va a ~** (*fam*) darauf kannst du Gift nehmen; **no saber de la ~ la media** (*fam*) keinen blassen Schimmer haben; **que digan ~** (*fam*) sie können von mir aus sagen, was sie wollen, mir ist das egal, was sie sagen oder denken

misal [mi'sal] *m* (REL) Messbuch *nt,* Missal(e) *nt*

misántropa [mi'santropa] *adj o f v.* **misántropo**

misantropía [misantro'pia] *f sin pl* Misanthropie *f,* Menschenfeindlichkleit *f*

misantrópico, -a [misan'tropiko, -a] *adj* misanthropisch, menschenfeindlich

misántropo, -a [mi'santropo, -a] **I.** *adj* misanthropisch, menschenfeindlich **II.** *m, f* Misanthrop *m,* Menschenfeind *m*

misario [mi'sarjo] *m* Messdiener *m*

miscelánea [misθe'lanea] *f* **1.** (*revoltijo*) Vermischte(s) *nt* **2.** (*publicación*) Miszellen *fpl,* Miszellaneen *fpl* **3.** (*Méx:* COM) kleiner Laden *m,* Tante-Emma-Laden *m*

misceláneo, -a [misθe'laneo, -a] *adj* vermischt

miscible [mis'θiβle] *adj* mischbar; **el aceite no es ~ con el agua** Öl ist nicht in Wasser löslich

miserable [mise'raβle] **I.** *adj* **1.** (*pobre*) armselig, ärmlich; **una familia ~** eine ärmliche Familie **2.** (*lamentable*) miserabel, elend, jämmerlich; **llegamos en un estado ~** wir kamen in einem erbärmlichen Zustand an **3.** (*tacaño*) knauserig, geizig **4.** (*poco, mísero*) schäbig; **ropa ~** schäbige Kleidung; **un sueldo ~** ein Hungerlohn **5.** (*conducta*) niederträchtig, gemein **II.** *mf* **1.** (*desdichado*) Unglückliche(r) *mf,* Pechvogel *m fam;* (*que da pena*) bedauernswerter [*o* bemitleidenswerter] Mensch *m;* **¡~ de mí!** ich Unglückliche(r)! **2.** (*canalla*) Canaille *f,* gemeiner [*o* niederträchtiger] Mensch *m;* **¡eres un ~!** du bist ein gemeiner Hund! **3.** (*novela de Victor Hugo*): **Los M~s** Die Elenden

miserere [mise'rere] *m* **1.** (REL) Miserere *nt* **2.** (MED): (**cólico**) **~** Miserere *nt*

miseria [mi'serja] *f* **1.** (*pobreza*) Armut *f,* Elend *nt;* **caer en la ~** in Not und Elend geraten; **vivir en la ~** in Armut leben **2.** (*poco dinero*) lächerliche Summe *f;* **me daban una ~ por ese trabajo** sie zahlten mir einen Hungerlohn für jene Arbeit **3.** (*tacañería*) Geiz *m* **4.** *pl* (*infortunios*) Schicksalsschläge *mpl* **5.** *pl* (*piojos*) Läuse *fpl;* **estar lleno de ~s** Läuse haben

misericordia [miseri'korðja] *f* **1.** (*compasión*) Erbarmen *nt,* Mitleid *nt* **2.** (*perdón*) Gnade *f*

misericordioso, -a [miserikor'ðjoso, -a] **I.** *adj* **1.** (*que siente compasión*) teilnahmsvoll **2.** (*que perdona*) gnädig (*con/para* (*con*) mit +*dat*), barmherzig (*con/para* (*con*) gegen +*akk,* mit +*dat*) **II.** *m, f* **1.** (*el que siente compasión*) Teilnahmsvolle(r) *mf* **2.** (*el que perdona*) Barmherzige(r) *mf*

mísero, -a ['misero, -a] *adj v.* **miserable**

misérrimo, -a [mi'serrimo, -a] *adj* ärmlichst, bettelarm; **gana un salario ~** sein Verdienst ist mehr als erbärmlich

misia ['misja] *f* (*CSur, Ven: fam: mi señora*) ≈meine Gnädige

misil [mi'sil] *m,* **mísil** ['misil] *m* (MIL) Rakete *f,* Flugkörper *m;* **~ aire tierra** Luft-Boden-Rakete *f;* **~ de alcance medio** Mittelstreckenrakete *f;* **~ antiaéreo** Luftabwehrrakete *f;* **~ antibuques** Seezielflugkörper *m;* **~ antimisil** Flugabwehrrakete *f;* **~ de corto alcance** Kurzstreckenrakete *f*

misión [mi'sjon] *f* **1.** (*encomendada por un gobierno*) Mission *f,* (diplomatischer) Auftrag *m* **2.** (REL) Mission *f* **3.** (*acción benéfica*) Mission *f* **4.** (*lugar*) Mission *f,* Missionsort *m* **5.** (MIL) Mission *f,* Einsatz *m;* **~ de los cascos azules** Blauhelmmission *f;* **~ comercial** Handelsmission *f;* **~ de paz** Friedensmission *f*

misional [misjo'nal] *adj* Missions-; **pedagogía ~** Missionspädagogik *f*

misionar [misjo'nar] *vi* (REL) missionieren, bekehren

misionero, -a [misjo'nero, -a] *m, f* Missionar(in) *m(f)*

misiva [mi'siβa] *f* Schreiben *nt,* Brief *m,* (schriftliche) Mitteilung *f*

mismamente [misma'mente] *adv* **1.** (*sólo*) lediglich, nur; ~ **hay que coser este botón** es muss lediglich dieser Knopf angenäht werden **2.** (*literalmente*) genauso, genau gleich; **se lo he dicho ~ a él** ich habe es ihm genauso gesagt **3.** (*hasta*) sogar, geradezu, direkt; **y ~ llegaron a decirme...** und sie sagten mir sogar ...; **da ~ escalofríos** da läuft es einem geradezu kalt den Rücken herunter **4.** (*en realidad*) eigentlich; **se ha roto, pero ~ puedo ir y comprar otro** es ist kaputtgegangen, aber eigentlich kann ich ja ein neues kaufen **5.** (*precisamente*) gerade; **ayer ~ estuvimos hablando de ello** gestern erst haben wir darüber geredet

mismas ['mismas] *fpl:* **quedar** [*o* **seguir**] **en las ~** keinen Fortschritt gemacht haben, keine (Ver)besserung erzielt haben

mismidad [mismi'ðaᵈ] *f* (FILOS) Ichsein *nt,* Selbstsein *nt*

mismo¹ ['mismo] *adv* **1.** (*incluso*) selbst, sogar; **me duele sentado ~** es schmerzt selbst beim Sitzen **2.** (*así justo*) genauso, geradeso; **así ~ me lo dijo** genauso sagte er/sie es mir **3.** (*justamente ahí*) genau da [*o* dort]; **ahí ~ me duele** genau da tut es weh; **está aquí ~** es ist gleich hier **4.** (*justamente entonces*): **ayer ~** gerade gestern **5.** (*por ejemplo*) zum Beispiel; **nos podemos ver el miércoles ~** wir können uns zum Beispiel am Mittwoch sehen

mismo, -a² ['mismo, -a] *adj* **1.** (*idéntico*): **el/lo ~** derselbe/dasselbe; **la misma** dieselbe; **es el ~ hombre** es ist derselbe Mann; **hemos apostado por el ~ número** wir haben auf dieselbe Zahl gesetzt; **al ~ tiempo** gleichzeitig, zur selben Zeit; **da lo ~** das läuft auf dasselbe hinaus, das ist egal; **por lo ~** aus demselben Grund; **lo ~ José como** [*o* **que**] **María** sowohl José als auch Maria; **lo ~ que coma o no coma, sigo engordando** ob ich nun esse oder nicht, ich nehme weiterhin zu; **lo ~ que voy en coche podría ir en bicicleta** ich könnte genauso gut mit dem Fahrrad wie mit dem Auto fahren; **lo ~ no vienen** es kann gut [*o* durchaus] sein, dass sie gar nicht kommen **2.** (*semejante*): **el/lo ~** der/das Gleiche; **la misma** die Gleiche; **llevamos la misma falda** wir tragen den gleichen Rock **3.** (*complemento reflexivo*) selbst; **él ~** er selbst; **te perjudicas a ti ~** du schadest dir selbst; **yo misma lo vi** ich habe es selbst gesehen; **lo hizo por sí misma** sie tat es für sich; **lo podemos hacer nosotros ~s** wir können es selbst machen **4.** (*precisamente*) genau dieser/diese/dieses; **este ~ perro fue el que me mordió** genau dieser Hund hat mich gebissen; **y en ese ~ día sucedió el accidente** und genau an jenem Tag ereignete sich der Unfall; **¡eso ~!** genau!, stimmt! **5.** (*hasta*) selbst; **mi misma familia me abandonó** meine eigene Familie ließ mich im Stich; **el ~ embajador asistió a la fiesta** der Botschafter selbst nahm an der Feier teil; **ella es la misma bondad** sie ist die Güte selbst [*o* in Person]

misogamia [miso'ɣamja] *f* (PSICO) Ehescheu *f,* Misogamie *f*

misógamo, -a [mi'soɣamo, -a] **I.** *adj* ehescheu, misogam **II.** *m, f* Ehegegner(in) *m(f)*

misógina [mi'soxina] *adj o f v.* **misógino**

misoginia [miso'xinja] *f sin pl* Frauenhass *m;* (MED, PSICO) Misogynie *f*

misógino, -a [mi'soxino, -a] **I.** *adj* (MED, PSICO) misogyn **II.** *m, f* Frauenhasser(in) *m(f);* (MED, PSICO) Misogyn *m*

miss [mis] *f* Schönheitskönigin *f;* ~ **Alemania** Miss *f* Germany

mistamente [mista'mente] *adv* (JUR) der weltlichen und geistlichen Gerichtsbarkeit unterliegend

mistela [mis'tela] *f* **1.** (*mosto de uva*) *unvergorener Most aus Traubensaft* **2.** (*bebida caliente*) Grog *m* (mit Zimt)

míster ['mister] *m* **1.** (*irón: británico*) Engländer *m* **2.** (DEP) Trainer *m*

mistérico, -a [mis'teriko, -a] *adj* geheimnisvoll, geheimnisumwittert, rätselhaft

misterio [mis'terjo] *m* **1.** (*enigma*) Geheimnis *nt,* Rätsel *nt* **2.** (*secreto*) Geheimnis *nt;* **obrar con ~** geheimnisvoll tun **3.** *pl* (REL: *ceremonias secretas*) Geheimkult *m* **4.** (*en la fe cristiana*) Geheimlehre *f*

misterioso, -a [miste'rjoso, -a] *adj* geheimnisvoll, geheimnisumwittert, rätselhaft

mística ['mistika] *f* **1.** *sin pl* (*experiencia, t.* REL) Mystik *f* **2.** *v.* **místico**

misticismo [misti'θismo] *m* Mystizismus *m*

místico¹ ['mistiko] *m* (NÁUT) dreimastiges Küstenboot *nt*

místico, -a² ['mistiko, -a] **I.** *adj* mystisch **II.** *m, f* Mystiker(in) *m(f)*

mistificación [mistifika'θjon] *f* Täuschung *f*

mistificar [mistifi'kar] <c→qu> *vt* **1.** (*burlarse de alguien*) hereinlegen *fam* **2.** (*falsear algo no material*) fälschen **3.** (*fingir un secreto*) mystifizieren

mistol [mis'tol] *m* (*Arg, Par:* BOT) Jujube *f*

mistral [mis'tral] **I.** *adj* Mistral- **II.** *m* **1.** (*viento mediterráneo hacia la península*) *Nordwestwind, der vom Mittelmeer kommt* **2.** (*en la costa de Francia*) Mistral *m*

mistura [mis'tura] *f v.* **mixtura**

mita ['mita] *f* (*Am:* HIST) *Pflicht der Indios zur Fronarbeit*

mitaca [mi'taka] *f* (*Bol:* AGR) Ernte *f*

mitad [mi'taᵈ] *f* **1.** (*dos partes iguales de algo*) Hälfte *f;* **ya llevábamos la ~** die Hälfte hatten wir schon; **~ hombre ~ bestia** halb Mensch, halb Tier; **a ~ de precio** zum halben Preis; **cara ~** (*cónyuge*) bessere Hälfte; **mezcla harina y agua, ~ y ~** vermische Mehl und Wasser im Verhältnis eins zu eins; **¿estás contenta? – ~ y ~** bist du zufrieden? – teils, teils **2.** (*medio*) Mitte *f;* **nos encontramos más o menos en la ~ del camino** wir trafen uns etwa in der Mitte des Weges; **hemos lle-**

gado hasta la ~ wir sind bis zur Mitte gekommen; **en** ~ **del bosque** mitten im Wald; **cortar por la** ~ in der Mitte durchschneiden; **mentir por la** ~ **de la barba** unverfroren lügen; **plantar a alguien en** ~ **del arroyo** (*fig*) jdn auf die Straße setzen **3.** (DEP) Halbzeit *f*, Spielhälfte *f*; **la primera** ~ **del partido** die erste Halbzeit

mítico, **-a** ['mitiko, -a] *adj* mythisch, Sagen-

mitificación [mitifika'θjon] *f* Erhebung *f* zum Mythos, Mythologisierung *f*

mitificar [mitifi'kar] <c→qu> *vt* **1.** (*convertir un hecho en mito*) in einen Mythos verwandeln **2.** (*rodear de estima a algo/alguien*) zum Mythos erheben

mitigación [mitiɣa'θjon] *f* **1.** (*de dolores*) Linderung *f*, Milderung *f* **2.** (*del color, del calor, de la luz*) Abschwächung *f* **3.** (*de cólera, de ira, de inquietud*) Beschwichtigung *f*, Beruhigung *f*; (*del temperamento*) Zügelung *f*

mitigar [miti'ɣar] <g→gu> **I.** *vt* **1.** (*dolores*) lindern, mildern; ~ **la cólera** [*o* **la ira**] den Zorn beschwichtigen; ~ **el hambre/la sed** den Hunger/den Durst stillen; ~ **la inquietud de alguien** jdn beruhigen; ~ **el temperamento** das Temperament zügeln **2.** (*color, calor, luz*) abschwächen; ~ **las olas** die Fluten dämmen **II.** *vr*: **~se 1.** (*dolores*) nachlassen **2.** (*color, calor, luz*) sich abschwächen, an Intensität verlieren

mitilicultura [mitilikul̩'tura] *f* Miesmuschelzucht *f*

mitima [mi'tima] *f* (HIST) System *nt* der Massendeportation im Inkareich (*zur schnelleren Assimilierung der eroberten Gebiete*)

mitin ['mitin] *m* (POL) Meeting *nt*, Treffen *nt*, Zusammenkunft *f*

mitinear [mitine'ar] *vi* (POL) Versammlungen [*o* Treffen] abhalten, politische Veranstaltungen durchführen

mito ['mito] *m* Mythos *m*, Mythus *m*, Sage *f*

mitografía [mitoɣra'fia] *f* Mythographie *f*

mitógrafo, **-a** [mi'toɣrafo, -a] *m, f* Mythograph(in) *m(f)*

mitología [mitolo'xia] *f* Mythologie *f*

mitológico, **-a** [mito'loxiko, -a] *adj* mythologisch, Mythologie-

mitólogo, **-a** [mi'toloɣo, -a] *m, f* Mythologe, -in *m, f*

mitómana [mi'tomana] *f v.* **mitómano**

mitomanía [mitoma'nia] *f sin pl* manisches Lügen *nt*

mitómano, **-a** [mi'tomano, -a] *m, f* manischer Lügner *m*, manische Lügnerin *f*

mitón [mi'ton] *m* fingerloser Handschuh *m*

mitosis [mi'tosis] *f inv* (BIOL) Mitose *f*

mitote [mi'tote] *m* (*Méx*) **1.** (*jaleo*) Radau *m fam*; (*caos*) Durcheinander *nt* **2.** (*danza*) Tanz *m* der Azteken

mitra ['mitra] *f* **1.** (*tocado de los persas*) Mitra *f* **2.** (*de obispos*) Bischofsmütze *f*

mitral [mi'tral] *adj* (ANAT) mitral; **válvula** ~ Mitralklappe *f*

mitridatismo [mitriða'tismo] *m* (MED) Mithridatismus *m*

mitterandismo [miterran̩'dismo] *m* (POL) Anhänger *mpl* von François Mitterrand

mitú [mi'tu] *m* (*AmS*: ZOOL) Mituhuhn *nt*

mítulo ['mitulo] *m* (ZOOL) Miesmuschel *f*

miura ['mjura] *m* (TAUR) *starker Kampfstier der Züchterei Miura in Andalusien*

mixedema [miˠse'ðema] *m* (MED) Myxödem *nt*

mixoma [miˠ'soma] *m* (MED) Myxom *nt*

mixomatosis [miˠsoma'tosis] *f inv* (MED) Myxomatose *f*

mixteca [mis'teka] **I.** *adj* (HIST) mixtekisch **II.** *mf* (HIST) Mixteke, -in *m, f*

mixtificación [mistifika'θjon] *f v.* **mistificación**

mixtificar [mistifi'kar] <c→qu> *vt v.* **mistificar**

mixto[1] ['misto] *m* **1.** (*fósforo*) Streichholz *nt* **2.** (FERRO) Personen- und Güterzug *m* **3.** (MIL) explosive Zusammensetzung *f*

mixto, **-a**[2] ['misto, -a] *adj* (*dos o más cosas diferentes*) Misch-, gemischt; **colegio** ~ gemischte [*o* koedukative] Schule; **economía mixta** (ECON) Mischwirtschaft *f*; **ensalada mixta** gemischter Salat

mixtura [mis'tura] *f* Mixtur *f*, Mischung *f*, Gemisch *nt*

mízcalo ['miθkalo] *m* (BOT, GASTR) Edelreizker *m*, Milchpilz *m*

ml. [mili'litro] *abr de* **mililitro** ml

mnemotecnia [nemo'teɣnja] *f sin pl* Mnemotechnik *f*, Gedächtniskunst *f*

mnemotécnico, **-a** [nemo'teɣniko, -a] *adj* mnemotechnisch; **regla mnemotécnica** Eselsbrücke *f fam*

moai [mo'ai̯] *m* (*Chil*) *Statue der Osterinsel*

moaré [moa're] *m* Moiré *nt*

mobbing ['moβiŋ] *m sin pl* Mobbing *nt*

mobiliario[1] [moβi'ljarjo] *m* Mobiliar *nt*, Möbel *ntpl*

mobiliario, **-a**[2] [moβi'ljarjo, -a] *adj*: **valores ~s** Mobilien *pl*

moca ['moka] *m* **1.** (*café*) Mokka *m* **2.** (*Ecua: ciénaga*) Sumpf *m*, Morast *m* **3.** (GASTR): **crema de** ~ Mokkacreme *f*

mocárabe [mo'karaβe] *m* (ARQUIT): **bóveda de ~s** Stalaktitengewölbe *nt*

mocarrera [moka'rrera] *f* (*fam*) laufende Nase *f*, Rotznase *f*

mocarro [mo'karro] *m* (*vulg*) Rotz *m*; **¡límpiate esos ~s de la nariz!** putz dir deine Rotznase!

mocasín [moka'sin] *m* (*indio*) Mokassin *m*; (*actual*) Mokassin *m*, Slipper *m*

mocedad [moθe'ðaᵈ] *f* Jugend(zeit) *f*

mocejón [moθe'xon] *m* (ZOOL) Miesmuschel *f*

moceril [moθe'ril] *adj* jugendlich; **alegría** ~ jugendliche Fröhlichkeit

mocerío [moθe'rio] *m* Jugend *f*; **todo el** ~ **del pueblo acudió a la fiesta** die ganze

Dorfjugend kam zum Fest

mocetón, -ona [moθe'ton, -ona] *m, f* (*chico*) strammer Bursche *m;* (*chica*) dralles Mädchen *nt*

mochales [mo'tʃales] *adj inv* (*fam*): **estar ~** bekloppt sein

mochar [mo'tʃar] *vt* **1.** (*toros, carneros*) mit den Hörnern stoßen (gegen/an +*akk*) **2.** (*Arg: hurtar*) stehlen **3.** (*Col, PRico: amputar*) amputieren

mocheta [mo'tʃeta] *f* **1.** (*de un hacha*) Axtrücken *m* **2.** (*de puerta, ventana*) Anschlag *m*

mochete [mo'tʃete] *m* (ZOOL) Turmfalke *m*

mochila [mo'tʃila] *f* Rucksack *m;* (*de un soldado*) Tornister *m;* (*de un estudiante*) Ranzen *m;* (*para bebés*) Babytrage *f*

mochilero, -a [motʃi'lero, -a] *m, f* (*Arg*) Rucksacktourist(in) *m(f);* **ir de mochilera** mit dem Rucksack reisen, backpacken

mocho¹ ['motʃo] *m* **1.** (*de un fusil*) Gewehrkolben *m* **2.** (*fam: carga*) Bürde *f,* lästige Pflicht *f*

mocho, -a² ['motʃo, -a] *adj* **1.** (*cuerno*) stumpf; (*árbol*) gekappt; (*torre*) ohne Spitze **2.** (*cabeza*) kahl **3.** (*Am: mutilado*) verstümmelt **4.** (*Guat, Méx: conservador*) konservativ **5.** (*Méx: católico*) katholisch

mochuelo [mo'tʃwelo] *m* **1.** (ZOOL) Kauz *m* **2.** (*fam: carga*) Bürde *f,* lästige Pflicht *f;* **cargar a alguien con el ~** jdm eine Arbeit aufbürden; **siempre me toca cargar con el ~** immer bleibt es an mir hängen

moción [mo'θjon] *f* **1.** (*movimiento*) Bewegung *f* **2.** (POL) Antrag *m;* **presentar una ~ de censura** einen Misstrauensantrag einbringen

mocionar [moθjo'nar] *vt* (*Am*) **1.** (*petición*) ein Gesuch einreichen **2.** (*solicitud*) einen Antrag stellen

moco¹ ['moko] *m* **1.** (*de la nariz*) Nasenschleim *m,* Rotz *m fam;* **limpiarse los ~s** sich *dat* die Nase putzen; **a este niño le he quitado los ~s** (*fig*) dieses Kind habe ich aufgezogen; **llorar a ~ tendido** (*fam*) Rotz und Wasser heulen **2.** (*materia*) Schleim *m* **3.** (*del pavo*) Hautlappen *m;* **el sueldo que estás ganando no es ~ de pavo** (*fam*) du verdienst gar nicht schlecht **4.** (*de una mecha*) Dochtende *nt* **5.** (*de la vela*) Wachstropfen *mpl;* **a ~ de candil** bei Kerzenlicht, im Kerzenschein

moco, -a² ['moko, -a] *adj* (*fam*) sternhagelvoll; (*de drogas*) high

mococoa [moko'koa] *f* (*Col: murria*) Trübsinn *m;* (*mal humor*) schlechte Laune *f*

mocoso, -a [mo'koso, -a] **I.** *adj* rotzig *fam* **II.** *m, f* (*pey: chico*) Rotzbengel *m;* (*chica*) Rotzgöre *f*

moda ['moða] *f* Mode *f;* **vestido/peinado de ~** modische Kleidung/Frisur; **tienda de ~** Modegeschäft *nt;* **diseñador de ~** Modedesigner *m;* **estar de ~** (in) Mode sein; **ponerse/pasar de ~** in Mode/aus der Mode kommen; **ir a la (última) ~** sich nach der neuesten Mode kleiden

modal [mo'ðal] **I.** *adj* modal **II.** *mpl* Manieren *fpl,* Umgangsformen *fpl;* **~es de la mesa** Tischsitten *fpl,* Tischmanieren *fpl;* **¡qué son estos ~es!, ¡qué ~es son estos!** so was gehört sich nicht!; **¿has olvidado tus ~es?** wo bleiben denn deine Manieren?

modalidad [moðali'ðaᵈ] *f* Form *f,* Art (und Weise) *f;* **~ de acceso** (INFOR) Zugriffsmodus *m;* **~ deportiva** Sportart *f;* **~ de formato** (INFOR) Editiermodus *m;* **~ de pago** Zahlungsweise *f,* Zahlungsart *f;* **~es de un contrato** Vertragsbestimmungen *fpl*

modelable [moðe'laβle] *adj* modellierbar; **la plastilina es un material ~** Knete ist ein modellierbares Material

modelado¹ [moðe'laðo] *m* **1.** (*de una figura*) Formen *nt,* Modellieren *nt;* (INFOR: *de datos*) Modellieren *nt;* (*de piedras*) Bossieren *nt;* (*siguiendo un modelo*) Nachformen *nt* **2.** (*del carácter*) Formung *f*

modelado, -a² [moðe'laðo, -a] *adj* modelliert

modelador(a) [moðela'ðor(a)] *m(f)* **1.** (*de piedras*) Bossierer(in) *m(f)* **2.** (*que hace maquetas*) Modellbauer(in) *m(f);* (*de madera*) Modelltischler(in) *m(f);* (*artesanal*) Modellierer(in) *m(f)*

modelar [moðe'lar] *vt* **1.** (*una figura*) formen, modellieren; (*siguiendo un modelo*) nachformen **2.** (*el carácter*) formen

modélico, -a [mo'ðeliko, -a] *adj* beispielhaft, vorbildlich; **su comportamiento fue ~** sein/ihr Benehmen war tadellos

modelismo [moðe'lismo] *m* Modellbau *m*

modelista [moðe'lista] *mf* **1.** (*de maquetas*) Modellbauer(in) *m(f);* (*de madera*) Modelltischler(in) *m(f)* **2.** (*de vestidos*) Schneider(in) *m(f)*

modelo¹ [mo'ðelo] *m* **1.** (*arquetipo*) Modell *nt,* Vorbild *nt;* **~ económico** Wirtschaftsmodell *nt;* **un político ~** ein vorbildlicher Politiker **2.** (*muestra*) Modell *nt,* Muster *nt,* Vorlage *f;* **~ de datos** (INFOR) Datenmodell *nt;* **hacer algo según el ~** etw nach einem Muster [*o* einer Vorlage] anfertigen **3.** (*maqueta, de coche, t.* COM) Modell *nt;* **~ fuera de mercado** Auslaufmodell *nt* **4.** (*esquema*) Schema *nt* **5.** (*vestido*) Modell *nt;* **un ~ de Adolfo Domínguez** ein Modell von Adolfo Domínguez

modelo² [mo'ðelo] *mf* **1.** (*de modas: señora*) Model *nt,* Mannequin *nt;* (*señor*) Dressman *m* **2.** (ARTE, FOTO) Modell *nt;* **~ vivo** (ARTE) Aktmodell *nt*

módem ['moðen] *m* (INFOR) Modem *nt o m;* **~ externo** externes Modem

módem-fax ['moðen faʸs] *m inv* Faxmodem *nt*

moderación [moðera'θjon] *f* **1.** (*comedimiento*) Mäßigung *f;* **comer con ~** sich beim Essen mäßigen; **el médico me ha recomendado ~ en** [*o* **con**] **la comida** der Arzt hat mir Mäßigkeit im Essen empfohlen; **la ~ sala-**

rial es importante para controlar la inflación um die Inflation in den Griff zu bekommen, ist Lohnmäßigung [*o* sind mäßige Lohnabschlüsse] wichtig **2.** (TV, RADIO) Moderation *f* **3.** (*de un debate*) Leitung *f*

moderadamente [moðeraða'mente] *adv* mäßig, in Maßen; **beber vino ~ es saludable** mäßiger Weingenuß ist gesund

moderado, **-a** [moðe'raðo, -a] **I.** *adj* (*fuerza, alegría, propuesta*) gemäßigt; (*velocidad, vida*) mäßig; (*precio, petición*) maßvoll; (*castigo*) mild **II.** *m, f* (POL) gemäßigter Politiker *m,* gemäßigte Politikerin *f*

moderador[1] [moðera'ðor] *m* (FÍS) Moderator *m*

moderador(a)[2] [moðera'ðor(a)] **I.** *adj* mäßigend **II.** *m(f)* **1.** (TV, RADIO) Moderator(in) *m(f)* **2.** (*de un debate*) (Diskussions)leiter(in) *m(f)*

moderar [moðe'rar] **I.** *vt* **1.** (*velocidad, pasiones*) mäßigen **2.** (TV, RADIO) moderieren **3.** (*debate*) leiten **II.** *vr:* **~se** sich mäßigen

modernidad [moðerni'ða^ð] *f* **1.** (*cualidad*) Modernität *f* **2.** (*espíritu*) Moderne *f*

modernismo [moðer'nismo] *m* **1.** (ARTE, LIT) Modernismus *m* **2.** (ARQUIT) Jugendstil *m*

modernista [moðer'nista] **I.** *adj* **1.** (*de moderno*) modernistisch **2.** (ARQUIT) Jugendstil- **II.** *mf* Modernist(in) *m(f)*

modernización [moðerniθa'θjon] *f* Modernisierung *f*

modernizador(a) [moðerniθa'ðor(a)] *adj* modernisierend

modernizar [moðerni'θar] <z→c> **I.** *vt* modernisieren **II.** *vr:* **~se** moderner werden; (*en forma de pensar*) moderner denken

moderno, **-a** [mo'ðerno, -a] *adj* (*edificio, teoría, literatura*) modern; **edad moderna** Neuzeit *f;* **historia moderna** neuere Geschichte, Geschichte der Neuzeit; **lengua moderna** moderne Sprache

modernos [mo'ðernos] *mpl* Menschen *mpl* der Gegenwart

modestia [mo'ðestja] *f* **1.** (*humildad*) Bescheidenheit *f;* **falsa ~** falsche Bescheidenheit; **~ aparte, pero...** ich will mich ja nicht rühmen, aber ... **2.** (*sencillez*) Anspruchslosigkeit *f;* **vestir con ~** sich schlicht kleiden **3.** (*conformidad*) Genügsamkeit *f* **4.** (*de una mujer*) Anstand *m*

modesto, **-a** [mo'ðesto, -a] *adj* **1.** (*humilde*) bescheiden **2.** (*sencillo*) anspruchslos, einfach; **ser de origen ~** aus einfachen Verhältnissen stammen; **vivo en un barrio ~** ich wohne in einem einfachen Viertel **3.** (*poco complicado*) genügsam **4.** (*mujer*) anständig

módicamente [moðika'mente] *adv* maßvoll, nicht übertrieben; **cobra la reparación ~** für die Reparatur verlangt er/sie einen angemessenen Preis

módico, **-a** ['moðiko, -a] *adj* (*cantidad*) gering, mäßig; (*precio*) angemessen

modificable [moðifi'kaβle] *adj* **1.** (*general*) veränderbar, modifizierbar; (*plan*) abänderbar; (*espacio, conducta*) veränderbar **2.** (LING) modifizierbar

modificación [moðifika'θjon] *f* **1.** (*general*) Veränderung *f,* Modifizierung *f;* (*de plan*) Abänderung *f;* (*conducta*) Veränderung *f;* **~ del texto** Textänderung *f;* **~ de estatutos** Satzungsänderung *f* **2.** (*de tema*) Abwandlung *f,* Variierung *f* **3.** (*de sistema, espacio*) Veränderung *f,* Umgestaltung *f* **4.** (LING) Modifizierung *f,* Modifikation *f*

modificar [moðifi'kar] <c→qu> **I.** *vt* **1.** (*general*) verändern, modifizieren; (*plan*) abändern; (*espacio, conducta*) verändern; (*texto*) bearbeiten **2.** (*tema*) abwandeln, variieren **3.** (*sistema, espacio*) verändern, umgestalten **4.** (LING) modifizieren **II.** *vr:* **~se** sich verändern

modificativo, **-a** [moðifika'tiβo, -a] *adj* modifizierend, abändernd; **cláusula modificativa** Änderungsklausel *f;* **verbo ~** modifizierendes Verb

modillón [moði'ʎon] *m* (ARQUIT) Kragsims *m,* Kragträger *m*

modismo [mo'ðismo] *m* (LIT) (Rede)wendung *f*

modista [mo'ðista] *mf* Damenschneider(in) *m(f)*

modistilla [moðis'tiʎa] *f* (*pey: modista de poca habilidad*) schlechte Schneiderin *f*

modisto [mo'ðisto] *m* Modemacher *m*

modo ['moðo] *m* **1.** (*manera*) Art *f,* Weise *f,* Art und Weise *f;* **~ de andar** Gang *m;* **~ de aplicación** (*de un medicamento*) Anwendungsform *f;* **~ de hablar** Sprechweise *f;* **~ de vida** Lebensart *f,* Lebensweise *f;* **hazlo a tu ~** mach es auf deine Art; **hacer algo de cualquier ~** etw oberflächlich machen; **a mi ~ de pensar** nach meiner Auffassung; **no me gusta su ~ de pensar** mir gefällt seine/ihre Denkweise [*o* Einstellung] nicht; **encontrar un ~ de resolver el problema** eine Lösung für das Problem finden; **de este ~ no lo logramos** so schaffen wir es nicht; **he encontrado el ~ de hacerlo** ich habe herausgefunden, wie man es machen kann; **ese es su ~ de expresar agradecimiento** das ist seine/ihre Art Dankbarkeit zu zeigen; **no es ~ de hablar a un superior** in einem solchen Ton spricht man nicht mit einem Vorgesetzten **2.** (LING, INFOR) Modus *m;* **~ de acceso** (INFOR) Zugriffsmodus *m;* **~ amplificado** erweiterter Modus; **~ de borrador** (INFOR) Konzeptmodus *m;* **~ de comando** (INFOR) Befehlsmodus *m;* **~ gráfico** Grafikmodus *m;* **~ de operación** Betriebsmodus *m,* Betriebsart *f;* **~ de texto** (INFOR) Textmodus *m* **3.** *pl* (*comportamiento*) Benehmen *nt;* **tener buenos/malos ~s** gute/schlechte Manieren haben; **decir algo con buenos/malos ~s** sich höflich/unhöflich ausdrücken; **¿qué ~s son esos?** was ist denn das für eine Art? **4.** (*loc*): **de cualquier ~ no hubiera ido** ich wäre sowieso nicht hingegangen; **de ~ que lo has conseguido** du hast es also geschafft; **¿me dejas el coche? – de ningún ~** leihst du mir dein Auto? – auf keinen Fall; **utilizar el paraguas a ~ de espada** den Regenschirm als Schwert benutzen; **en cierto ~ me obligaron a hacerlo** ich wurde gewissermaßen dazu gezwungen; **de todos ~s no hubo heridos** es gab immerhin keine Verletzten; **de todos ~s, lo volvería a intentar** ich würde es jedenfalls noch einmal versuchen; **de todos ~s es mejor que te vayas** auf alle Fälle ist es besser, wenn du jetzt gehst

modorra [mo'ðorra] *f* **1.** (*somnolencia*) Schläfrigkeit *f* **2.** (*por la bebida*) Katzenjammer *m fam*

modorrilla [moðo'rriʎa] *f* (MIL) dritte Nachtwache *f*

modorro, **-a** [mo'ðorro, -a] *adj* **1.** (*somnoliento*) schläfrig **2.** (*torpe*) schwerfällig **3.** (*atontado*) benommen **4.** (*fruta*) faul

modosidad [moðosi'ðaᵈ] *f sin pl* Wohlerzogenheit *f*, Artigkeit *f*; **su ~ no es fingida, sino que es un rasgo intrínseco de su carácter** seine/ihre guten Manieren sind nicht gestellt, sondern Bestandteil seines/ihres Charakters

modoso, **-a** [mo'ðoso, -a] *adj*: **ser** [*o* **estar**] ~ gute Manieren haben

modulación [moðula'θjon] *f* Modulation *f*; ~ **de amplitud** Amplitudenmodulation *f*; ~ **de frecuencia** Frequenzmodulation *f*; ~ **por impulsos codificados** Pulskodemodulation *f*

modulado, **-a** [moðu'laðo, -a] *adj*: **frecuencia modulada** (RADIO) Ultrakurzwelle *f*

modulador [moðula'ðor] *m* (INFOR) Modulator *m*

modulador-demodulador [moðula'ðorðemoðula'ðor] *m* (INFOR) Modulator-Demodulator *m*

modular [moðu'lar] **I.** *adj* modular **II.** *vt, vi* modulieren

modularidad [moðulari'ðaᵈ] *f* modulare Gestaltung *f*

módulo ['moðulo] *m* **1.** (ARQUIT, ELEC) Modul *m* **2.** (*de una prisión*) Trakt *m*; **esta prisión se compone de tres ~s** dieses Gefängnis besteht aus drei Trakten **3.** (*de un mueble*) (Anbau)element *nt* **4.** (INFOR) Modul *nt*; ~ **de datos** Datenmodul *nt*; ~ **simple de memoria en línea** SIMM-Modul *nt* **5.** (ENS) Kurs *m* **6.** (MÚS) Modulation *f* **7.** (AERO): ~ **de mando** Raumkapsel *f* **8.** (*de una moneda*) Durchmesser *m*

modus operandi ['moðus ope'ran̪di] (*elev*) Vorgehensweise *f*, Modus operandi *m*; **el secretario no estaba de acuerdo con el ~ del director** der Sekretär war mit der Handlungsweise des Direktors nicht einverstanden

modus vivendi ['moðus βi'βen̪di] *m* Modus vivendi *m*, Lebensweise *f*

mofa ['mofa] *f* Hohn *m*, Spott *m*; **hacer ~ de algo/alguien** sich über etw/jdn lustig machen

mofar [mo'far] *vi, vr*: **~se** verspotten (*de* +*akk*), sich lustig machen (*de* über +*akk*)

mofeta [mo'feta] *f* **1.** (ZOOL) Stinktier *nt* **2.** (MIN) Grubengas *nt*

moflete [mo'flete] *m* Pausbacke *f*

mofletudo, **-a** [mofle'tuðo, -a] *adj* pausbäckig; **niño ~** Pausback *m fam*

mogol[1] [mo'ɣol] *m* Mogul *m*; **el gran ~** der Großmogul

mogol(a)[2] [mo'ɣol(a)] *adj o m(f) v.* **mongol**[2]

mogolla [mo'ɣoʎa] *m* (*Col:* GASTR) dunkles Kleiebrot *nt*

mogollón [moɣo'ʎon] *m* **1.** (*vulg: gran cantidad*) Haufen *m*; **había ~ de gente en la fiesta** es waren unheimlich viele Leute auf dem Fest; **había ~ de público en el pabellón** die Halle war zum Bersten [*o* gerammelt *fam*] voll **2.** (*vulg: lío*) Streit *m*, Krach *m* **3.** (*vulg: entrometimiento*) Einmischung *f* **4.** (*loc*): **de ~** gratis, kostenlos; **entramos al cine de ~** wir kamen umsonst ins Kino

mogrebí [moɣre'βi] **I.** *adj* maghrebinisch **II.** *mf* Maghrebiner(in) *m(f)*

mohatra [mo'atra] *f* **1.** (COM) Wuchergeschäft *nt* **2.** (JUR) Betrug *m*, Scheinkaufvertrag *m*

moheda [mo'eða] *f hoher mit Unkraut bewachsener Hügel*

mohicano, **-a** [moi̯'kano, -a] *m, f* (HIST) Mohikaner(in) *m(f)*

mohín [mo'in] *m* Grimasse *f*; **hacer un ~ gracioso** das Gesicht zu einer lustigen Grimasse verziehen

mohína [mo'ina] *f* **1.** (*enfado*) Ärger *m* **2.** (*tristeza*) Traurigkeit *f* **3.** (*mohín*) Grimasse *f*

mohíno, **-a** [mo'ino, -a] *adj* **1.** *estar* (*enfadado*) verärgert, böse; (*de mal humor*) missmutig **2.** *estar* (*triste*) traurig **3.** *ser*: **esta mula es mohína** dieses Maultier ist eine Kreuzung zwischen einem Pferd und einer Eselin

moho ['mo(o)] *m* **1.** (BOT) Moder *m*; (*en la pared, alimentos*) Schimmel *m*; (*en líquidos*) Kahm *m*; **mancha de ~** Schimmelfleck *m*; **no (dejar) criar ~** (*alimentos*) schnell verzehren; (*un objeto*) ständig benutzen **2.** (*óxido*) Rost *m* **3.** (*desidia*) Arbeitsscheu *f*

mohosearse [mo(o)se'arse] *vr* (*Col, Perú*) verschimmeln

mohoso, **-a** [mo'oso, -a] *adj* **1.** (*de moho*) mod(e)rig; (*pared, alimentos*) schimmelig, verschimmelt; (*líquido*) kahmig **2.** (*oxidado*) rostig

moisés [moi̯'ses] *m inv* tragbarer Babykorb *m*; **metió al recién nacido en un ~** er/sie legte das Neugeborene in ein Körbchen

mojábana [mo'xaβana] *f* (GASTR) Käsekuchen *m*

mojado[1] [mo'xaðo] *m v.* **mojadura**

mojado, **-a**[2] [mo'xaðo, -a] *adj* **1.** (*no seco*) nass; (*algo pintado, hierba, labios*) feucht;

(*galleta*) eingetaucht, eingeweicht; **esta ley es papel** ~ dieses Gesetz ist reine Makulatur **2.** (LING) moulliert

mojadura [moxa'ðura] *f* (*humedecimiento*) Nassmachen *nt;* (*ligero*) Befeuchtung *f,* Anfeuchtung *f;* (*de la ropa*) Einsprengen *nt*

mojama [mo'xama] *f* (GASTR) getrockneter Thunfisch *m*

mojar [mo'xar] **I.** *vt* **1.** (*con un líquido*) nass machen; (*ligeramente*) befeuchten, anfeuchten; (*la ropa de planchar*) einsprengen **2.** (*el pan*) eintauchen, eintunken *reg* **3.** (*fam: celebrar*) begießen **4.** (*fam: orinar*) nass machen **5.** (LING) moullieren **6.** (*fam: apuñalar*) abstechen **II.** *vi* **1.** (*fam: en un asunto*) verwickelt sein (*en* in +*akk*) **2.** (DEP) einen Treffer erzielen **3.** (*vulg: copular*) ficken **III.** *vr:* **~se 1.** (*con un líquido*) nass werden; **~se los pies** nasse Füße bekommen **2.** (*fam: comprometerse*) Farbe bekennen

mojardón [moxar'ðon] *m* Mehlpilz *m*

mojarra [mo'xarra] *f* (*Arg*) *ungenießbarer kleiner Süßwasserfisch*

moje ['moxe] *m* (GASTR) Soße *f;* **no metas el pan en el ~ de la ensalada** tunke das Brot nicht in die Salatsoße

mojera [mo'xera] *f* (BOT) Mehlbeere *f*

mojicón [moxi'kon] *m* **1.** (GASTR) ≈Biskuit *m o nt* **2.** (*fam: puñetazo*) Schlag *m* ins Gesicht

mojiganga [moxi'ɣaŋga] *f* **1.** (*popular*) Mummenschanz *m* **2.** (*farsa*) Farce *f,* Posse *f*

mojigatería [moxiɣate'ria] *f* **1.** (*gazmoñería*) Duckmäuserei *f* **2.** (*hipocresía*) Heuchelei *f,* Scheinheiligkeit *f*

mojigato, -a [moxi'ɣato, -a] *adj* **1.** (*gazmoño*) duckmäuserisch **2.** (*hipócrita*) heuchlerisch, scheinheilig

mojo ['moxo] *m* (*reg:* GASTR) *Dressing* (*aus Öl, Essig, Knoblauch, Salz und anderen Gewürzen*); ~ **de cilantro** *Dressing mit Koriander;* ~ **picón** *Dressing mit Pepperoni*

mojón [mo'xon] *m* **1.** (*hito*) Grenzstein *m;* ~ **kilométrico** Kilometerstein *m* **2.** (*poste*) Wegweiser *m*

mol [mol] *m* (FÍS) Mol *nt*

molar [mo'lar] **I.** *adj* **1.** (*de muela*): **diente** ~ Backenzahn *m* **2.** (*de moler*) Mühl- **3.** (QUÍM) Mol-, molar **II.** *m* Backenzahn *m;* (MED) Molar *m* **III.** *vt* (*fam*) gefallen +*dat;* **este libro me mola** dieses Buch finde ich gut; **me molan las rubias** ich stehe auf Blondinen; **me mola este tío** dieser Kerl ist genau mein Typ **IV.** *vi* (*fam*) in (Mode) sein; **ahora mola llevar pelo corto** kurze Haare sind jetzt in

molcajete [molka'xete] *m* (*Ecua, Méx*) Mörser *m* (*aus Stein oder Keramik*)

moldava [mol̩'daβa] *adj o f v.* **moldavo**

Moldavia [mol̩'daβja] *f* Moldawien *nt*

moldavo, -a [mol̩'daβo] **I.** *adj* moldawisch **II.** *m, f* Moldawier(in) *m(f)*

molde ['mol̩de] *m* **1.** (TÉC) (Guss)form *f,* (Hohl)form *f;* (GASTR) (Back)form *f;* (TIPO) Mater *f,* Matrize *f;* **pan de** ~ Kastenbrot *nt;* **letras de** ~ Druckbuchstaben *mpl* **2.** (*modelo*) Vorbild *nt* **3.** (*loc*): **este vestido te viene** [*o* **está como**] **de** ~ dieses Kleid passt dir wie angegossen; **me vienes como de** ~ du kommst mir wie gerufen; **este director de cine rompe ~s** das ist ein bahnbrechender Regisseur

moldeable [mol̩de'aβle] *adj* formbar; **el carácter de un niño es fácilmente** ~ der Charakter eines Kindes ist leicht formbar

moldeado [mol̩de'aðo] *m* **1.** (*vaciado*) Abguss *m* **2.** (*de una figura*) Formen *nt* **3.** (*de cabello*) Lockenfrisur *f,* Formwelle *f* **4.** (TÉC) Formen *nt*

moldeador [mol̩dea'ðor] *m* **1.** (*para el cabello*) Lockenstab *m* **2.** (*permanente*) Dauerwelle *f* **3.** (TÉC) Former *m*

moldear [mol̩de'ar] *vt* **1.** (*vaciar*) (ab)gießen **2.** (*una figura*) formen, modellieren **3.** (*el carácter*) formen; **diversas circunstancias han moldeado su vida** verschiedene Begebenheiten haben sein/ihr Leben geprägt [*o* bestimmt]

moldeo [mol̩'deo] *m* (TÉC) Formen *nt*

moldura [mol̩'dura] *f* **1.** (*listón*) Leiste *f* **2.** (ARQUIT) Gesims *nt,* Sims *m o nt*

molduraje [mol̩du'raxe] *m* Gesims *nt*

mole[1] ['mole] *f* **1.** (*masa*) Masse *f* **2.** (*persona*) massige Gestalt *f,* Schrank *m fam*

mole[2] ['mole] *m* (*Méx*) **1.** (GASTR: *salsa*) Chilisoße *f;* ~ **verde** *Soße aus grünen Chilis und grünen Tomaten* **2.** (GASTR: *guiso*) Chilieintopf *m*

molécula [mo'lekula] *f* Molekül *nt*

molecular [moleku'lar] *adj* Molekular-, molekular; **biología** ~ Molekularbiologie *f;* **electrónica** ~ Molekularelektronik *f*

moledura [mole'ðura] *f* **1.** (*operación de moler*) Mahlen *nt;* **sin molinillo la ~ del café es una tarea muy ardua** ohne Kaffemühle ist das Kaffemahlen ziemlich mühsam **2.** (*fatiga, cansancio, fam*) langweilige [*o* einschläfernde] Angelegenheit *f;* **la reunión de padres del colegio ha sido una** ~ die Elternversammlung war ganz schön ermüdend

moler [mo'ler] <o→ue> *vt* **1.** (*café, trigo*) mahlen; (*aceitunas*) pressen; (*caña de azúcar*) auspressen **2.** (*fatigar*) erschöpfen; **estoy molido de la excursión** dieser Ausflug hat mich völlig geschafft **3.** (*pegar*): ~ **a alguien a palos** jdn windelweich prügeln **4.** (*molestar*) belästigen (*con* mit +*dat*) **5.** (*estropear*) beschädigen

molestar [moles'tar] **I.** *vt* **1.** (*fastidiar*) stören, belästigen; (*persona, ruido*) belästigen; (*dolores*) plagen; **esta camisa me molesta** dieses Hemd ist mir zu eng; **¿le molesta que abra la ventana?** macht es Ihnen etwas aus, wenn ich das Fenster öffne?; **este dolor en la espalda me molesta** dieser Schmerz im Rücken macht mir zu schaffen **2.** (*enfadar*) ärgern **II.** *vr:* **~se 1.** (*tomarse la molestia*) sich *dat* die Mühe machen; **ni siquiera se ha molestado en comprobarlo** er/sie hat es gar nicht erst überprüft; **no te molestes en ir allí** du brauchst nicht dorthin zu gehen; **no te molestes por mí** mach dir meinetwegen keine Umstände; **¡qué regalo más bonito! No tendrías que haberte molestado** das ist ja ein schönes Geschenk! das wäre wirklich nicht nötig gewesen **2.** (*ofenderse*) sich beleidigt fühlen; **se ha molestado por tu comentario** deine Bemerkung hat ihn/sie gekränkt

molestia [mo'lestja] *f* **1.** (*fastidio*) Belästigung *f;* (*por dolores*) Plage *f;* **ser una** ~ lästig sein; **no es ninguna** ~ das stört überhaupt nicht **2.** (*inconveniente*) Unannehmlichkeit *f,* Ärgernis *nt;* **no es ninguna** ~ **(para mí)** das macht mir keine Mühe [*o* Umstände]; **tomarse** [*o* **darse**] **la** ~ sich *dat* die Mühe machen; **perdonen las** ~**s** bitte entschuldigen Sie die Störung **3.** (*enfado*) Ärger *m* **4.** (*dolor*) Beschwerde *f*

molesto, -a [mo'lesto, -a] *adj* **1.** *ser* (*fastidioso*) lästig, störend; **una persona molesta** eine unangenehme Person; **esta comida es molesta para el estómago** dieses Essen liegt schwer im Magen **2.** *estar* (*enfadado*) verärgert (*por* über +*akk*) **3.** *estar* (*ofendido*) beleidigt (*por* wegen +*gen/dat*) **4.** *estar* (*incómodo*) unbehaglich; **estoy** ~ **por el vendaje** der Verband stört mich

molibdeno [moliβ'ðeno] *m* (QUÍM) Molybdän *nt*

molicie [mo'liθje] *f* **1.** (*elev: blandura*) Weichheit *f* **2.** (*comodidad*): **vivir en la** ~ ein behagliches Leben führen

molido, -a [mo'liðo, -a] *adj* **1.** (*café*) gemahlen **2.** (*fam: cansado*): **estoy** ~ ich bin fix und fertig; **el trabajo me ha dejado** ~ die Arbeit hat mich völlig geschafft **3.** (*fam: maltrecho*): **fue** ~ **a palos** er wurde windelweich geprügelt

molienda [mo'ljeṇda] *f* **1.** (*acción*) Mahlen *nt* **2.** (*porción*) *Portion Getreide, die auf einmal gemahlen wird* **3.** (*temporada*) Mahlsaison *f* **4.** (*molino*) Mühle *f* **5.** (*fatiga*) Plage *f*

molimiento [moli'mjeṇto] *m* **1.** (*operación de moler*) Mahlen *nt;* **no tiene instrumental para el** ~ **del café** er/sie hat keinen Apparat, mit dem er den Kaffee mahlen könnte **2.** (*fig: fatiga, cansancio*) ermüdende [*o* eintönige] Tätigkeit *f*

molinero, -a [moli'nero, -a] **I.** *adj* Mühlen- **II.** *m, f* Müller(in) *m(f)*

molinete [moli'nete] *m* **1.** (*en una ventana*) Ventilator *m* **2.** (*juguete*) Windrad *nt* **3.** (DEP) Felge *f* **4.** (TAUR) *Kreisbewegung des Stierkämpfers*

molinillo [moli'niʎo] *m* **1.** (*aparato*): ~ **de café** Kaffeemühle *f* **2.** (*juguete*) Windrad *nt* **3.** (*para batir*) Quirl *m*

molinismo [moli'nismo] *m sin pl* (REL) Molinismus *m*

molino [mo'lino] *m* **1.** (*máquina*) Mühle *f;* ~ **de agua/de viento** Wasser-/Windmühle *f;* ~ **de papel** Windrad *nt;* **cada uno lleva el agua a su** ~ jeder ist nur auf seinen eigenen Vorteil bedacht **2.** (*inquieto*) Nervenbündel *nt fam* **3.** (*pesado*) Nervensäge *f fam,* aufdringlicher Mensch *m*

molinosismo [molino'sismo] *m sin pl* (REL) Quietismus *m*

molitivo, -a [moli'tiβo, -a] *adj* geschmeidig machend, erweichend; **el aceite es un agente** ~ Öl ist ein Weichmacher

mollar [mo'ʎar] *adj* **1.** (*fruta*) weich; (*carne*) ohne Knochen **2.** (*persona*) leichtgläubig **3.** (*trabajo*) einträglich

molle ['moʎe] *m* (*AmS, AmC:* BOT) Peruanischer Pfefferbaum *m*

molledo [mo'ʎeðo] *m* **1.** (*parte carnosa del cuerpo*) fleischiger Teil *m* (*des Armes, der Wade, des Schenkels*) **2.** (*pan*) Brotkrume *f*

molleja [mo'ʎexa] *f* **1.** (*de las aves*) Kaumagen *m* **2.** *pl* (GASTR) (Kalbs)bries *nt*

mollera [mo'ʎera] *f* **1.** (*de la cabeza*) Schädeldecke *f* **2.** (*fam: seso*) Verstand *m;* **eso no me entra en la** ~ das will mir nicht in den Kopf; **ser duro** [*o* **cerrado**] **de** ~ schwer von Begriff sein; **tiene la** ~ **cerrada** (*fig*) er/sie ist vernünftig **3.** (*fontanela*) Fontanelle *f;* **la** ~ **se cierra** die Fontanelle schließt sich

mollero [mo'ʎero] *m* (*fam*) *v.* **molledo**

molleta [mo'ʎeta] *f* (GASTR) Milchbrot *nt*

molletas [mo'ʎetas] *fpl* Licht(putz)schere *f,* Dochtschere *f*

mollete [mo'ʎete] *m* **1.** (*pan*) längliches Weizenbrötchen *nt,* Wecken *m* **2.** (*moflete*) Pausbacke *f* **3.** (*Méx:* GASTR) *Brotschnitte mit Butter, Bohnen und Käse*

molo ['molo] *m* (*Chil: rompeolas*) Mole *f;* (*dique*) Damm *m*

molón, -ona [mo'lon, -ona] *adj* **1.** (*fam: bonito*) super, klasse **2.** (*persona*) angeberisch **3.** (*Guat, Ecua, Méx: fastidioso*) lästig

molondro [mo'loṇdro] *mf* (*fam*) **1.** (*torpe*) Tölpel *m* **2.** (*perezoso*) Faulpelz *m*

molotov [molo'tof] *m:* **cóctel** ~ Molotowcocktail *m*

molturar [moḷtu'rar] *vt* mahlen

molusco [mo'lusko] *m* (ZOOL) Weichtier *nt,* Molluske *f*

momentáneo, -a [momeṇ'taneo, -a] *adj* **1.** (*instantáneo*) augenblicklich, momentan **2.** (*provisional*) provisorisch; **hacer un arreglo** ~ notdürftig reparieren **3.** (*temporal*) vorübergehend, momentan

momento [mo'meṇto] *m* **1.** (*instante*) Augenblick *m,* Moment *m;* **¡espera un** ~**!** Augenblick!, Moment mal!; **de un** ~ **a otro** jeden Augenblick; **al** ~ (so)gleich, sofort; **en cualquier** ~ jeden Augenblick, jederzeit; **puede ocurrir en cualquier** ~ es kann jederzeit losgehen; **estaré a su disposición en cualquier** [*o* **en todo**] ~ ich stehe Ihnen jederzeit zur Verfügung; **en el** ~ **adecuado** zum geeigneten Zeitpunkt; **en el** ~ **de la salida** beim Start; **en este** ~ **hay demasiado paro** heutzutage ist die Arbeitslosigkeit zu hoch; **en este ~ estaba pensando en ti** ich habe gerade an dich gedacht; **de ~, no te puedo decir nada** ich kann dir vorerst nichts sagen; **de ~ leeré el periódico y luego...** ich lese zunächst die Zeitung und dann ...; **de** [*o* **por el**] **~ no sé nada de él** ich weiß immer noch nichts von ihm; **en un ~ de flaqueza** in einem Anfall von Schwäche; **la tensión aumentaba por ~s** die Spannung stieg von Minute zu Minute; **apareció en el último ~** er/sie tauchte in letzter Minute auf; **en todo ~ mantuvo la calma** er/sie verlor nie die Ruhe; **no tengo un ~ libre** ich habe keinen Augenblick Ruhe; **hace un ~ que ha salido** er/sie ist gerade eben gegangen; **este estudiante me pregunta a cada ~** dieser Student stellt mir ununterbrochen Fragen; **desde el ~ en que te vi...** seit dem Augenblick, als ich dich zum ersten Mal sah, ... **2.** (*período*) Zeitraum *m,* Periode *f;* **atravieso un mal ~** ich mache gerade eine schwere Zeit durch **3.** (*actualidad*) Gegenwart *f;* **la música del ~** die Musik von heute **4.** (*situación*) Lage *f;* **el ~ político internacional** die internationale politische Lage **5.** (FÍS) Moment *nt;* **~ de inercia** Trägheitsmoment *nt*

momia ['momja] *f* **1.** (*egipcia*) Mumie *f* **2.** (*persona*) abgemagerter Mensch *m;* (*hombre*) Hering *m fam*

momificación [momifika'θjon] *f* Mumifizierung *f*

momificar [momifi'kar] <c→qu> *vt* mumifizieren

momio[1] ['momjo] *m* gutes Geschäft *nt;* **este trabajo es un ~** bei dieser Arbeit reißt man sich *dat* kein Bein aus *fam;* **este traje es un ~** dieser Anzug ist ein richtiges Schnäppchen *fam;* **de ~** kostenlos, umsonst

momio, -a[2] ['momjo, -a] *adj* mager

momórdiga [mo'morðiɣa] *f* (BOT) Balsamine *f,* Springkraut *nt*

mona ['mona] *f* **1.** (ZOOL) Äffin *f* **2.** (*fam: borrachera*) Rausch *m,* Affe *m;* **coger una ~** sich *dat* einen Rausch antrinken; **estar como una ~** einen Affen (sitzen) haben; **dormir la ~** seinen Rausch ausschlafen; **tener una ~** sternhagelvoll sein **3.** (*juego*) *spanisches Kartenspiel* **4.** (GASTR): **~ de Pascua** Osterkuchen *m* **5.** (*loc*): **estar hecho una ~** tief beschämt sein; **vete a freír ~s** scher dich zum Teufel; **algo funciona como la ~** (*Arg, Perú, Urug*) etwas läuft schief

monacal [mona'kal] *adj* **1.** (*del monje*) Mönchs-, mönchisch **2.** (*del convento*) Kloster-, klösterlich; **vida ~** Klosterleben *nt;* **llevar una vida ~** wie ein Mönch leben

monacato [mona'kato] *m* (REL) **1.** (*vocación religiosa*) Mönch(s)tum *nt,* Mönch(s)wesen *nt;* **siempre le atrajo el ~ como forma de vida** das Mönchstum als Lebensform hat ihn immer schon angezogen **2.** (*institución religiosa*) monastische Einrichtung *f*

Mónaco ['monako] *m* Monaco *nt*

monacordio [mona'korðjo] *m* (MÚS) Klavichord *nt*

monada [mo'naða] *f* **1.** (*de un mono*) affentypisches Verhalten *nt* **2.** (*zalamería*) Schmeichelei *f* **3.** (*gracia*) Drolligkeit *f* **4.** (*chiquillada*) Kinderei *f* **5.** (*tontería, amaneramiento*) affiges Gehabe *nt* **6.** (*algo bonito*): **es una ~ de chica** sie ist ein reizendes Mädchen; **¡qué ~ de vestido!** was für ein entzückendes Kleid!; **este bebé es una ~** dieses Baby ist niedlich [*o* goldig]

mónada ['monaða] *f* (FILOS) Monade *f*

monadología [monaðolo'xia] *f* (FILOS) Monadologie *f*

monaguillo, -a [mona'ɣiʎo, -a] *m, f* (REL) Ministrant(in) *m(f),* Messdiener(in) *m(f)*

monarca [mo'narka] *mf* Monarch(in) *m(f)*

monarquía [monar'kia] *f* Monarchie *f;* **~ parlamentaria** parlamentarische Monarchie

monárquico, -a [mo'narkiko, -a] **I.** *adj* **1.** (*de la monarquía*) monarchisch **2.** (*partidario*) monarchistisch **II.** *m, f* Monarchist(in) *m(f)*

monarquismo [monar'kismo] *m* (POL) Monarchismus *m*

monasterial [monaste'rjal] *adj* (REL) klösterlich; **el tesoro ~** der Klosterschatz

monasterio [monas'terjo] *m* Kloster *nt*

monásticamente [monastika'mente] *adv* **1.** (*desde el punto de vista monástico*) monastisch gesehen, aus klösterlicher Sicht; **~, el silencio es una manera de encuentro con Dios** für die Mönche ist die Stille eine Art der Begegnung mit Gott **2.** (*como un monje*) mönchisch, wie ein Mönch; **vive ~, nunca le ves por la calle** er lebt wie ein Mönch, man sieht ihn nie ausgehen

monástico, -a [mo'nastiko, -a] *adj* **1.** (*del monje*) Mönchs-, mönchisch, monastisch *elev* **2.** (*del convento*) klösterlich, monastisch *elev;* **votos ~s** Ordensgelübde *ntpl;* **lleva una vida monástica** er lebt wie ein Mönch

monda ['monda] *f* **1.** (*acción*) Schälen *nt* **2.** (*peladura*) Schale *f* **3.** (*poda*) Beschneiden *nt* **4.** (*loc, fam*): **los chistes que cuenta son la ~** seine/ihre Witze sind zum Schreien; **este pueblo es la ~, nadie sabe dónde está el cine** dieses Dorf ist ein Witz: keiner weiß, wo das Kino ist

mondadientes [monda'ðjentes] *m inv* Zahnstocher *m*

mondadura [monda'ðura] *f* **1.** (*acción*) Schälen *nt* **2.** *pl* (*peladuras*) Schalen *fpl*

mondaoídos [mondao'iðos] *m inv* Ohrlöffel *m* (*kleines Instrument, mit dem die Ohren ausgeputzt werden*)

mondapozos [monda'poθos] *mf inv* (*de hoyo*) Grubenreiniger(in) *m(f);* (*de manatial*) Brunnenreiniger(in) *m(f)*

mondar [mon'dar] **I.** *vt* **1.** (*plátano, patata*) schälen; (*guisantes*) enthülsen; (*palo*) schälen; (*rama*) entrinden **2.** (*árbol*) beschneiden, stutzen **3.** (*río*) (das Flussbett) sauber machen

II. *vr:* ~**se** sich schälen; ~**se los dientes** sich *dat* in den Zähnen stochern; ~**se de risa** (*fam*) sich totlachen, sich kaputtlachen

mondarajas [moṇda'raxas] *fpl* (*fam*) Obstschalen *fpl*, Schalenabfälle *mpl*

mondejo [moṇ'dexo] *m* Presswurst *f*, Presskopf *m*

mondo, **-a** ['moṇdo, -a] *adj* **1.** (*cabeza*) haarlos **2.** (*de dinero*): **me he quedado ~ después de pagar a Hacienda** nachdem ich meine Steuern gezahlt habe, bin ich völlig blank; **me he quedado ~ y lirondo** (*fam*) ich bin (völlig) abgebrannt **3.** (*sin nada más*): **vivo sólo de mi sueldo ~** ich lebe nur von meinem Gehalt; **para comer sólo tenemos un bocadillo ~** zum Essen haben wir nichts als ein Sandwich; **la verdad monda y lironda** (*fam*) die nackte Wahrheit

mondongo [moṇ'doŋgo] *m* **1.** (*de un animal*) Eingeweide *ntpl* **2.** (*fam: de una persona*) Eingeweide *ntpl*, Gedärme *ntpl*

monear [mone'ar] *vi* (*fam*) **1.** (*como un mono*) sich wie ein Affe benehmen **2.** (*hacer gracias*) lustig sein; (*niño*) drollig sein **3.** (*hacer tonterías*) herumalbern

moneda [mo'neđa] *f* **1.** (*pieza*) Münze *f*; ~ **de cinco marcos** Fünfmarkstück *nt*; ~ **fraccionaria** Scheidemünze *f*; ~ **suelta** Kleingeld *nt*; **casa de la M~** Münzstätte *f*, Münze *f*; **Fábrica Nacional de M~ y Timbre** Staatliche Münzanstalt; **papel ~** Papiergeld *nt*; **teléfono de ~s** Münzfernsprecher *m*; **acuñar** [*o* **batir**] **~s** Münzen prägen; **pagar a alguien con** [*o* **en**] **la misma ~** es jdm in [*o* mit] gleicher Münze heimzahlen **2.** (*de un país*) Währung *f*; ~ **base** Leitwährung *f*; ~ **convertible** konvertierbare Währung; ~ **de curso legal** gesetzliches Zahlungsmittel; ~ **europea** Eurowährung *f*; ~ **extranjera** Devisen *fpl*; ~ **fuerte/débil** harte/weiche Währung; ~ **única** Gemeinschaftswährung *f*; ~ **unitaria** Einheitswährung *f*; **cesta de ~s** Währungskorb *m*; **oficina de cambio de ~** (Geld)wechselstube *f*, Devisenstelle *f*; **pagar en la ~ del país** [*o* **nacional**] in der Landeswährung zahlen **3.** (*loc*): **la otra cara de la ~** die Kehrseite der Medaille; **esto es ~ corriente** das ist nichts Ungewöhnliches; **si él me ofrece calidad, yo le pago en buena ~** wenn er mir Qualität bietet, werde ich seinen Forderungen entsprechen

monedero [mone'đero] *m* **1.** (*bolsa*) Geldbeutel *m*, Portmonee *nt*; ~ **electrónico** elektronischer Geldbeutel **2.** (*persona*): ~ **falso** Falschmünzer *m*

monegasco, **-a** [mone'ɣasko, -a] **I.** *adj* monegassisch **II.** *m, f* Monegasse, -in *m, f*

monema [mo'nema] *m* (LING) Monem *nt*

monería [mone'ria] *f* **1.** (*de un mono*) affentypisches Verhalten *nt* **2.** (*gracia*) Drolligkeit *f* **3.** (*tontería, amaneramiento*) affiges Gehabe *nt*

monesco, **-a** [mo'nesko, -a] *adj* Affen-, äffisch

monetario[1] [mone'tarjo] *m* **1.** (*colección*) Münzsammlung *f* **2.** (*armario*) Münzkabinett *nt*

monetario, **-a**[2] [mone'tarjo, -a] *adj* (ECON) Währungs-, Geld-, monetär; **acuerdo ~** Währungsabkommen *nt*; **estabilidad monetaria** Geldwertstabilität *f*, Währungsstabilität *f*; **el Fondo M~ Europeo** der Europäische Währungsfonds; **el Fondo M~ Internacional** der Internationale Währungsfonds; **institución monetaria** Geldinstitut *nt*; **mercado ~** Geldmarkt *m*; **patrón ~** Währungseinheit *f*, Münzstandard *m*; **reforma monetaria** Währungsreform *f*; **el Sistema M~ Europeo** das Europäische Währungssystem; **situación monetaria** Währungslage *f*, monetäre Situation; **tormentas monetarias** starke Währungsschwankungen; **unidad monetaria** Währungseinheit *f*

monetarismo [moneta'rismo] *m sin pl* Monetarismus *m*

monetarista [moneta'rista] **I.** *adj* (ECON) monetaristisch **II.** *mf* (ECON) Monetarist(in) *m(f)*

monetización [monetiθa'θjon] *f* (ECON) Monetisierung *f*, Ausmünzung *f*; ~ **de la deuda** Monetisierung der Schuld

monetizar [moneti'θar] <z→c> *vt* **1.** (*billetes*) in Umlauf bringen **2.** (*convertir en moneda*) monetisieren

mongol[1] [moŋ'gol] *m* (*lengua*) Mongolisch(e) *nt*

mongol(a)[2] [moŋ'gol(a)] **I.** *adj* mongolisch **II.** *m(f)* Mongole, -in *m, f*

Mongolia [moŋ'golja] *f* Mongolei *f*

mongólico, **-a** [moŋ'goliko, -a] **I.** *adj* **1.** (*mongol*) mongolisch **2.** (MED) mongoloid **II.** *m, f* **1.** (*mongol*) Mongolide *mf* **2.** (MED) Mongoloide *mf*; **ser un ~** am Downsyndrom leiden

mongolismo [moŋgo'lismo] *m sin pl* (MED) Mongolismus *m*, Mongoloidismus *m*

mongoloide [moŋgo'loi̯đe] *adj* mongoloid; **tiene rasgos ~s** er hat mongoloide Züge

moni ['moni] *m sin pl* (*fam*) Kohle *f*, Moneten *pl*; **no tengo ~ para pagarle al técnico** ich habe keine müde Mark, um den Techniker zu bezahlen

monicaco, **-a** [moni'kako, -a] *m, f* **1.** (*pey: hominicaco*) Trottel *m* **2.** (*Col: hipócrita*) Heuchler(in) *m(f)*

monigote [moni'ɣote] *m* **1.** (*dibujo mal hecho*) Gekritzel *nt*, Kritzelei *f*; (*figura*) (Strich)männchen *nt*; **hacer ~s** (*figuras humanas*) Männchen malen; (*borrones*) herumkritzeln **2.** (*muñeco*) Flickenpuppe *f* **3.** (*persona*) Marionette *f*, Hampelmann *m*

monismo [mo'nismo] *m sin pl* (FILOS) Monismus *m*

monista [mo'nista] **I.** *adj* monistisch **II.** *mf* Monist(in) *m(f)*

monitor[1] [moni'tor] *m* (TÉC, TV, INFOR) Monitor *m,* Bildschirm *m;* ~ **de baja radiación** strahlungsarmer Monitor; ~ **de color** Farbbildschirm *m;* ~ **de frecuencia fija** Monitor mit fester Frequenz; ~ **monocromo** Monochrommonitor *m;* ~ **de multifrecuencia** Multisync-Monitor *m;* ~ **con tubo plano** Bildschirm mit Flachelektronenstrahlröhre

monitor(a)[2] [moni'tor(a)] *m(f)* (*de un deporte*) Übungsleiter(in) *m(f),* Ausbilder(in) *m(f);* (*de un campamento*) (Gruppen)leiter(in) *m(f);* ~ **de natación** Schwimmlehrer *m*

monitorio[1] [moni'torjo] *m* (REL) **1.** (*del Papa*) Mahnschreiben *nt* des Papstes, Monitorium *nt* des Papstes **2.** (*de excomunión*) Androhung *f* der Exkommunikation

monitorio, -a[2] [moni'torjo, -a] *adj* Mahn-, ermahnend; **carta monitoria** Mahnschreiben *nt*

monitorizar [monitori'θar] <z→c> *vt* **1.** (*instalar monitores*) mit Monitoren [*o* Überwachungskameras] ausstatten **2.** (*controlar mediante monitores*) mit Monitoren überwachen

monja ['moŋxa] *f* Nonne *f*

monje ['moŋxe] *m* Mönch *m*

monjerío [moŋxe'rio] *m* Gemeinschaft *f* von Nonnen; **todo el ~ se revolucionó cuando dieron a conocer que iba a venir el Papa** die gesamte Nonnenschaft geriet in Aufruhr, als bekannt wurde, dass der Papst kommen würde

monjil [moŋ'xil] **I.** *adj* Nonnen-; **lleva una vida** ~ sie führt ein sehr bescheidenes Leben **II.** *m* Nonnentracht *f*

monjita [moŋ'xita] *m* (*Arg:* ZOOL) Monjita *f,* Schneeflöckchen *nt*

mono[1] ['mono] *m* **1.** (ZOOL) Affe *m;* **estar de ~s** schmollen; **¿tengo ~s en la cara?** was starrst du mich so an?; **hacer ~s a alguien** jdm schöne Augen machen **2.** (*fantoche*) Hampelmann *m;* **en esta casa soy el último ~** in diesem Haus bin ich ein Niemand [*o* Nichts] **3.** (*traje*) Overall *m;* (*de mecánico*) Blaumann *m fam* **4.** (*argot: de drogas*) Turkey *m;* **tener el ~** auf Turkey sein; **le entra el ~** er bekommt Entzugserscheinungen **5.** (*persona fea*) Scheusal *nt* **6.** (*joven tonto*) Lackaffe *m fam,* Geck *m* **7.** (*dibujo*) (Strich)männchen *nt*

mono, -a[2] ['mono, -a] *adj* (*niño*) süß, niedlich, goldig; (*chica*) hübsch, reizend; (*vestido*) entzückend, reizend

monoblock [mono'βlo^k] *m* (*Am*) Einblockhaus *nt*

monocameralismo [monokamera'lismo] *m* (POL) Einkammersystem *nt*

monocarril [monoka'rril] *m* Einschienenbahn *f*

monociclo [mono'θiklo] *m* Einrad *nt*

monocolor [monoko'lor] *adj* einfarbig; (ARTE, FOTO) monochrom; **un gobierno ~** eine Regierungspartei mit absoluter Mehrheit

monocorde [mono'korðe] *adj* **1.** (MÚS): **instrumento ~** Monochord *nt* **2.** (*monótono*) eintönig, monoton

monocordio [mono'korðjo] *m* (MÚS) Monochord *nt*

monocotiledón, -ona [monokotile'ðon, -ona] *adj* (BOT) einkeimblättrig

monocotiledónea [monokotile'ðonea] *f* (BOT) Monokotyledone *f*

monocotiledóneo, -a [monokotile'ðoneo, -a] *adj* (BOT) einkeimblättrig

monocromático, -a [monokro'matiko, -a] *adj* (INFOR, TV) Monochrom-; **pantalla monocromática** Monochrombildschirm *m*

monocromía [monokro'mia] *f* Einfarbigkeit *f;* (ARTE, FOTO) Monochromie *f*

monocromo, -a [mono'kromo, -a] *adj* einfarbig; (ARTE, FOTO) monochrom

monocular [monoku'lar] *adj* (ANAT) monokular, für ein Auge

monóculo[1] [mo'nokulo] *m* Monokel *nt*

monóculo, -a[2] [mo'nokulo, -a] *adj* einäugig

monocultivo [monokuḷ'tiβo] *m* (AGR) Monokultur *f*

monodia [mo'noðja] *f* (MÚS) Monodie *f*

monofásico, -a [mono'fasiko, -a] *adj* einphasig

monofisismo [monofi'sismo] *m* (REL) Monophysitismus *m*

monofonía [monofo'nia] *f* (MÚS, RADIO) Monophonie *f*

monofónico, -a [mono'foniko, -a] *adj* (MÚS, RADIO) monophon

monogamia [mono'ɣamja] *f sin pl* Monogamie *f*

monogámico, -a [mono'ɣamiko, -a] *adj* monogam; **en algunas sociedades las prácticas monogámicas son las únicas permitidas** in einigen Gesellschaften ist nur die Monogamie erlaubt

monógamo, -a [mo'noɣamo, -a] *adj* monogam, monogamisch

monogenismo [monoxe'nismo] *m* Monogenismus *m,* Monophyletismus *m*

monografía [monoɣra'fia] *f* Monographie *f*

monográfico, -a [mono'ɣrafiko, -a] *adj* monographisch

monografista [monoɣra'fista] *mf* Verfasser(in) *m(f)* einer Monographie

monograma [mono'ɣrama] *m* Monogramm *nt*

monolingüe [mono'liŋgwe] *adj* einsprachig; (LING) monolingual

monolítico, -a [mono'litiko, -a] *adj* monolithisch

monolito [mono'lito] *m* Monolith *m*

monologar [monolo'ɣar] <g→gu> *vi* monologisieren

monólogo [mo'noloɣo] *m* Monolog *m*

monomanía [monoma'nia] *f* (PSICO) Monomanie *f*

monomaniaco, -a [monoma'njako, -a], **monomaníaco, -a** [monoma'niako, -a]

I. *adj* (PSICO) monoman **II.** *m, f* (PSICO) Monomane, -in *m, f*

monometalismo [monometa'lismo] *m* (ECON) Monometallismus *m*

monometalista [monometa'lista] **I.** *adj* (ECON) monometallistisch **II.** *mf* (ECON) Anhänger(in) *m(f)* des Monometallismus

monomio [mo'nomjo] *m* (MAT) Monom *nt*

monomotor [monomo'tor] **I.** *adj* (AERO) einmotorig **II.** *m* (AERO) einmotoriges Flugzeug *nt*

monona [mo'nona] *adj* (*fam*) anmutig; **es una niña muy** ~ dieses Mädchen ist reizend

monoparental [monoparen̪'tal] *adj:* **familia** ~ Einelternfamilie *f*

monopartidismo [monoparti'ðismo] *m* (POL) Einpartei(en)system *nt*

monopatín [monopa'tin] *m* (DEP) Skateboard *nt*

monoplano [mono'plano] *m* (AERO) Eindecker *m*

monoplaza [mono'plaθa] *m* (AUTO) Einsitzer *m;* **los ~s están en la parrilla de salida** die Rennwagen befinden sich am Startplatz

monoplejía [monople'xia] *f* (MED) Lähmung *f* eines einzelnen Gliedes, Monoplegie *f*

monopolio [mono'poljo] *m* Monopol *nt;* ~ **de demanda** Nachfragemonopol *nt;* ~ **del Estado** Staatsmonopol *nt;* ~ **de oferta** Angebotsmonopol *nt;* ~ **de ventas** Absatzmonopol *nt;* **el Estado tiene el** ~ **del tabaco** der Staat verfügt über das Tabakmonopol

monopolista [monopo'lista] *mf* (ECON) Monopolist(in) *m(f)*

monopolístico, **-a** [monopo'listiko, -a] *adj* monopolistisch, Monopol-

monopolización [monopoliθa'θjon] *f* Monopolisierung *f*

monopolizar [monopoli'θar] <z→c> *vt* (COM) monopolisieren; (*fig*) mit Beschlag belegen, in Beschlag nehmen; ~ **la atención de alguien** jds Aufmerksamkeit auf sich ziehen

monopoly® [mono'poli] *m* Monopoly *nt*

monoprogramación [monoproɣrama'θjon] *f* (INFOR) Einzelprogrammbetrieb *m*

monopsonio [monoβ'sonjo] *m* (ECON) Monopson *nt*, Nachfragemonopol *nt*

monóptero, **-a** [mo'noptero, -a] *adj* (ARQUIT) mit einer Säulenreihe; **templo** ~ runder Säulentempel *m*, Monopteros *m*

monoptongación [monoptoŋga'θjon] *f* (LING) Monophtongierung *f*

monoptongo [monp'toŋgo] *m* (LING) Monophtong *m*

monorquidia [monor'kiðja] *f* (MED) Monorchie *f*, einseitige Anorchie *f*

monorraíl [monorra'il] **I.** *adj* (FERRO) mit einer Fahrschiene, Einschienen- **II.** *m* (FERRO) Einschienenbahn *f*

monorrimo, **-a** [mono'rrimo, -a] *adj* einreimig

monorrítmico, **-a** [mono'rri^{ð}miko, -a] *adj* einrhythmisch

monosabio, **-a** [mono'saβjo, -a] *m, f* (TAUR) Assistent(in) *m(f)* eines Picadors

monosilábico, **-a** [monosi'laβiko, -a] *adj* einsilbig; (LING) monosyllabisch

monosílabo[1] [mono'silaβo] *m* einsilbiges Wort *nt;* (LING) Monosyllabum *nt;* **responder con ~s** einsilbig antworten

monosílabo, **-a**[2] [mono'silaβo, -a] *adj* einsilbig; (LING) monosyllabisch

monoteísmo [monote'ismo] *m* Monotheismus *m*

monoteísta [monote'ista] **I.** *adj* monotheistisch **II.** *mf* Monotheist(in) *m(f)*

monotelismo [monote'lismo] *m sin pl* (REL) Monotheletismus *m*

monotemático, **-a** [monote'matico, -a] *adj* ein einziges Thema behandelnd; **hizo un discurso** ~ er/sie redete nur über ein einziges Thema

monotipia [mono'tipja] *f* (TIPO) **1.** (*aparato*) Monotype *f* **2.** (*técnica*) Monotypie *f*

monotipo [mono'tipo] *m v.* **monotipia**

monotonía [monoto'nia] *f* Eintönigkeit *f*, Monotonie *f*

monótono, **-a** [mo'notono, -a] *adj* eintönig, monoton; **poco a poco, el trabajo se iba haciendo** ~ die Arbeit wurde allmählich langweilig

monóxido [mo'no^{ɣ}siðo, -a] *m* (QUÍM) Monoxid *nt*

monóxilo [mo'no^{ɣ}silo] *m* (NÁUT) Einbaum *m*

monseñor [monse'ɲor] *m* Monsignore *m*

monserga [mon'serɣa] *f* (*fam*) **1.** (*lengua*) dummes Geschwätz *nt;* **¡no me vengas con ~s!** hör auf mit dem Quatsch! **2.** (*lata*) Last *f;* **este trabajo es una** ~ diese Arbeit geht mir auf die Nerven

monstruo ['mo^{n}strwo] *m* **1.** (*ser fantástico*) Monster *nt*, Ungeheuer *nt* **2.** (*feo*) Missgeburt *f*, Scheusal *nt* **3.** (*perverso*) Ungeheuer *nt*, Unmensch *m* **4.** (*artista*) Meister *m* **5.** (*loc*): **una actuación** ~ eine Veranstaltung der Superlative

monstruosidad [mo^{n}strwosi'ða^{ð}] *f* **1.** (*cualidad*) Monstrosität *f*, Ungeheuerlichkeit *f* **2.** (*hecho*) Monstrosität *f;* **eso que dices es una** ~ das, was du sagst, ist ja ungeheuerlich!

monstruoso, **-a** [mo^{n}stru'oso, -a] *adj* **1.** (*desfigurado*) missgestaltet **2.** (*terrible*) abscheulich, grässlich **3.** (*enorme*) riesig **4.** (*loc*): **es** ~ **tener que estudiar durante el verano** es ist eine Zumutung, den Sommer über lernen zu müssen

monta ['mon̪ta] *f* **1.** (*de maquinaria*) Montage *f;* (*de joyas*) Einfassen *nt* **2.** (*de caballo*) Besteigen *nt* **3.** (*importe*) Endsumme *f* **4.** (*importancia*) Bedeutung *f;* **de poca** ~ unbedeutend, unwichtig

montacargas [mon̪ta'karɣas] *m inv* (Lasten)aufzug *m;* (*en una obra*) Bauaufzug *m;* (*en una mina*) Förderkorb *m*

montadero [mon̪ta'ðero] *m* Stufe *f* zum Aufsteigen auf ein Pferd

montadito [mon̪ta'ðito] *m* (GASTR) *eine klei-*

ne Brotschnitte mit Filet, Sardine oder anderem belegt

montado, -a [mon̪'taðo, -a] *adj* **1.** (*soldado*) beritten; **guardia montada** berittene Garde, Gardekavallerie *f* **2.** (*caballo*) gesattelt

montador[1] [mon̪ta'ðor] *m* (*equitación*) Stufe *f*, kleine Trittleiter *f* (*die das Aufsitzen erleichtert*)

montador(a)[2] [mon̪ta'ðor(a)] *m(f)* **1.** (TÉC: *de máquinas*) Monteur(in) *m(f)*; (*de grandes máquinas*) Maschinenschlosser(in) *m(f)* **2.** (CINE) Cutter(in) *m(f)*

montaje [mon̪'taxe] *m* **1.** (TÉC) Montage *f*, Zusammensetzung *f*; (*de una tribuna*) Aufbau *m* **2.** (CINE, FOTO) Montage *f*; ~ **fotográfico** Fotomontage *f* **3.** (TEAT) Inszenierung *f* **4.** (*engaño*): **todo esto es un ~, este asunto sólo es un ~** diese Sache ist ein abgekartetes Spiel; **este asunto es un ~ publicitario** diese Sache ist nur ein Propagandafeldzug

montánchez [mon̪'tantʃeθ] *m* (GASTR) *Wein aus der Provinz Cáceres*

montanera [mon̪ta'nera] *f* **1.** (*bellota*) Eichel- und Bucheckermast *f* der Schweine **2.** (*espacio temporal*) Zeit *f* der Eichel- und Bucheckermast

montanismo [mon̪ta'nismo] *m sin pl* (REL) Montanismus *m*

montante[1] [mon̪'tan̪te] *m* **1.** (*importe*) Endsumme *f*; ~**s monetarios compensadores** (ECON) Währungsausgleichsbeträge *mpl* **2.** (TÉC: *de máquina*) Ständer *m*; (*de escalera, ventana*) Pfosten *m*; (*de andamio*) Standleiter *f* **3.** (ARQUIT) Oberlicht *nt* **4.** (HIST: *espada*) (breites) Schwert *nt*

montante[2] [mon̪'tan̪te] *f* Flut *f*

montaña [mon̪'taɲa] *f* **1.** (GEO: *monte*) Berg *m*; (*zona*) Gebirge *nt*; ~ **rusa** Achterbahn *f*; **alta ~** Hochgebirge *nt*; **media ~** Mittelgebirge *nt*; **prefiero la ~ al mar** ich ziehe die Berge [*o* das Gebirge] dem Meer vor; **la fe mueve ~s** der Glaube versetzt Berge **2.** (*de cosas*) Haufen *m*, Berg *m*

montañero, -a [mon̪ta'ɲero, -a] *m, f* Bergsteiger(in) *m(f)*

montañés, -esa [non̪ta'ɲes, -esa] **I.** *adj* **1.** (*de la montaña*) Berg-, Gebirgs- **2.** (*de Santander*) aus Santander **II.** *m, f* Einwohner(in) *m(f)* Santanders

montañismo [mon̪ta'ɲismo] *m* Bergsteigen *nt*; **estas vacaciones hemos hecho mucho ~** in diesem Urlaub haben wir viel Zeit mit Bergsteigen verbracht

montañoso, -a [mon̪ta'ɲoso, -a] *adj* bergig, gebirgig

montaplatos [mon̪ta'platos] *m inv* Speiseaufzug *m*

montar [mon̪'tar] **I.** *vi* **1.** (*subir a una bici*) aufsteigen; (*a un caballo*) aufsitzen, aufsteigen; (*en un coche*) einsteigen (*en* in +*akk*) **2.** (*ir a caballo*) reiten; ~ **en bici** mit dem Fahrrad fahren, Rad fahren **3.** (FIN: *una cuenta*) sich belaufen (*a* auf +*akk*) **4.** (*dos cosas*) überlappen, übereinander liegen **5.** (*loc*): ~ **en cólera** in Zorn geraten; **tanto monta** [*o* **monta tanto**] **que vaya como que no** es ist einerlei [*o* egal], ob ich gehe oder nicht **II.** *vt* **1.** (*subir en un caballo*) besteigen, steigen (auf +*akk*); **no montes al niño en el alféizar** setz das Kind nicht aufs Fensterbrett; **no te montes ahí** steig [*o* klettere] da nicht hinauf **2.** (*ir a caballo*) reiten **3.** (*acaballar*) beschälen **4.** (TÉC: *máquina*) montieren, zusammenbauen, zusammensetzen; (*una tribuna*) aufbauen; (*tienda*) aufschlagen **5.** (*clara de huevo*) steif schlagen **6.** (*casa*) einrichten **7.** (*negocio*) eröffnen, errichten **8.** (TEAT) inszenieren **9.** (*diamante*) (ein)fassen **10.** (*arma*) spannen **11.** (CINE) cutten **12.** (*fam: excursión*) aufziehen **13.** (*guardia, ejército*) aufstellen **14.** (*loc*): ~**la** Krach schlagen; ~ **un número** ein Riesentheater veranstalten **III.** *vr:* ~**se** **1.** (*solaparse*) sich überlappen **2.** (*fam: arreglárselas*): **¿cómo te lo montas con el trabajo?** wie kommst du mit der Arbeit zurecht?; **no nos lo montamos muy bien entre nosotros** wir kommen miteinander nicht klar; **me lo monto solo** ich komme alleine zurecht

montaraz [mon̪ta'raθ] *adj* **1.** (*salvaje*) wild **2.** (*resistente*) abgehärtet **3.** (*tosco*) ungehobelt **4.** (*arisco*) spröde, ungesellig

montazgo [mon̪'taθɣo] *m* (HIST) Wegezoll *m* (*für den Zug des Viehs durch das Gebirge*)

monte ['mon̪te] *m* **1.** (*montaña*) Berg *m*; **el ~ de los Olivos** der Ölberg **2.** (*bosque*) Wald *m*; ~ **alto** Hochwald *m*; ~ **bajo** Unterholz *nt*; **batir el ~** (*cazar*) auf die Jagd gehen; (*buscar algo, a alguien*) den Wald durchforsten; **echarse al ~** in den Untergrund gehen **3.** *pl* (*cordillera*) Gebirge *nt* **4.** (*loc*): ~ **de piedad** Pfandhaus *nt*; ~ **de Venus** Venusberg *m*; **no todo el ~ es orégano** (*prov*) ≈alles hat seine Tücken

montear [mon̪te'ar] *vt* **1.** (*cazar*) jagen **2.** (ARQUIT) wölben

montefrío [mon̪te'frio] *m* (GASTR) *Roséwein aus der Provinz Guadalajara*

monte-mesa [mon̪te'mesa] *m* (GEO) Tafelberg *m*

montenegrino, -a [mon̪tene'ɣrino, -a] **I.** *adj* montenegrinisch **II.** *m, f* Montenegriner(in) *m(f)*

Montenegro [mon̪te'neɣro] *m* Montenegro *nt*

montepío [mon̪te'pio] *m* **1.** (*caja para viudas*) Witwenkasse *f*; (*para huérfanos*) Waisenkasse *f* **2.** (*pensión de viuda*) Witwenrente *f*; (*de huérfano*) Waisengeld *nt*, Waisenrente *f*

montera [mon̪'tera] *f* **1.** *v.* **montero** **2.** (TAUR) Stierkämpferkappe *f*; **ponerse el mundo por ~** auf die ganze Welt pfeifen **3.** (*de una galería*) Glasdach *nt*

montería [mon̪te'ria] *f* (Treib)jagd *f*

montero, -a [mon̪'tero, -a] *m, f* Treiber(in)

m(f)

montés, -esa [mon̪'tes, -esa] *adj* Wild-, wild; **gato ~** Wildkatze *f;* **cabra montesa** iberischer Steinbock

montevideano, -a [mon̪teβiðe'ano, -a] **I.** *adj* aus Montevideo **II.** *m, f* Einwohner(in) *m(f)* von Montevideo

montículo [mon̪'tikulo] *m* Hügel *m*

montilla [mon̪'tiʎa] *m* Montillawein *m*

monto ['mon̪to] *m* Endsumme *f,* Gesamtbetrag *m*

montón [mon̪'ton] *m* Haufen *m;* **un ~ de ropa** ein Haufen [*o* Berg] Wäsche; **había un ~ de gente** es waren unheimlich viele Leute da; **tengo problemas a montones** ich habe Probleme ohne Ende; **tomo montones de pastillas** ich nehme Unmengen (von) Tabletten; **ser del ~** ein Durchschnittsmensch sein; **tener una cara del ~** ein Allerweltsgesicht haben; **la bomba atómica redujo Hiroshima a un ~ de escombros** die Atombombe legte Hiroshima in Schutt und Asche

montonera [mon̪to'nera] *f* (*Am:* HIST) Freischar *f*

montonero, -a [mon̪to'nero, -a] *m, f* (*Am:* HIST) Freischärler(in) *m(f),* Guerillero, -a *m, f*

montoneros [mon̪to'neros] *mpl* (*Arg*): **los ~s** *linke peronistische Guerilla*

montura [mon̪'tura] *f* **1.** (*arnés*) Geschirr *nt;* (*silla*) Sattel *m;* **cabalgar sin ~** ohne Sattel reiten **2.** (*animal*) Reittier *nt* **3.** (*de gafas*) Fassung *f,* Gestell *nt;* (*de una joya*) (Ein)fassung *f*

monumental [monumen̪'tal] *adj* **1.** (*grande*) enorm, kolossal *fam;* (*de importancia*) monumental; (*error*) gewaltig **2.** (*de monumento*): **el Madrid ~** die Sehenswürdigkeiten Madrids

monumentalidad [monumen̪tali'ðaᵈ] *f* Monumentalität *f*

monumentalizar [monumen̪tali'θar] <z→c> *vt* monumentalisieren

monumento [monu'men̪to] *m* Denkmal *nt;* (*grande*) Monument *nt;* **~ funerario** Grabmal *nt;* **~ de la literatura** literarischer Meilenstein; **los ~s de una ciudad** die Sehenswürdigkeiten einer Stadt; **esta casa es un ~ nacional** dieses Haus steht unter Denkmalschutz; **esta chica es un ~** dieses Mädchen ist bildschön

monzón [mon̪'θon] *m o f* Monsun *m*

monzónico, -a [mon̪'θoniko, -a] *adj* Monsun-, monsunisch; **lluvia monzónica** Monsunregen *m*

moña ['moɲa] *f* **1.** (*lazo*) (Zier)schleife *f* **2.** (*fam: borrachera*) Rausch *m;* **estar ~** betrunken sein

moño ['moɲo] *m* **1.** (*pelo*) Haarknoten *m,* Dutt *m fam* **2.** (*lazo*) Schleife *f* **3.** (*plumas*) Federbusch *m* **4.** (*Col: capricho*) Marotte *f* **5.** (*Chil: pelo*) Haar *nt* **6.** (*Chil: copete*) Schopf *m* **7.** *pl* (*adornos*) Flitterkram *m* **8.** (*loc*): **quitar ~s a alguien** jdm einen Dämpfer versetzen; **ponerse ~s** prahlen, angeben; **estar hasta el ~ de algo** (*fam*) die Nase gestrichen voll von etw *dat* haben; **a Juan se le ha puesto en el ~ de pasar el invierno en Marruecos** Juan hat es sich *dat* in den Kopf gesetzt, den Winter in Marokko zu verbringen

mopa ['mopa] *f* Mopp *m*

MOPTMA ['moᵝðma] *m abr de* **Ministrio de Obras Públicas, Transportes y Medio Ambiente** Ministerium *nt* für Öffentliche Arbeiten, Transport und Umwelt

MOPU ['mopu] *m abr de* **Ministerio de Obras Públicas y Urbanismo** Bau- und Stadtplanungsministerium *nt*

moquear [moke'ar] *vi:* **estás moqueando** dir läuft die Nase

moqueo [mo'keo] *m* laufende Nase *f*

moquero [mo'kero] *m* Taschentuch *nt*

moqueta [mo'keta] *f* Teppichboden *m,* Auslegeware *f*

moquillo [mo'kiʎo] *m* (*de los perros*) Staupe *f;* (*de las aves de corral*) Pips *m*

mor [mor] *m:* **por ~ de algo** um etw *gen* willen

mora ['mora] *f* **1.** *v.* **moro 2.** (BOT: *del moral*) Maulbeere *f;* (*de la zarzamora*) Brombeere *f* **3.** (JUR) Verzug *m*

morada [mo'raða] *f* **1.** (*casa*) Wohnung *f* **2.** (*residencia*) Wohnsitz *m* **3.** (*estancia*) Aufenthalt *m;* **la eterna ~** das Jenseits

morado, -a [mo'raðo, -a] *adj* dunkelviolett; **poner un ojo ~ a alguien** jdm ein blaues Auge verpassen; **pasarlas moradas** Blut und Wasser schwitzen; **ponerse ~ (comiendo)** sich *dat* den Bauch voll schlagen *fam*

morador(a) [mora'ðor(a)] *m(f)* Bewohner(in) *m(f),* Einwohner(in) *m(f)*

moradura [mora'ðura] *f* blauer Fleck *m*

moral [mo'ral] **I.** *adj* **1.** (*ético*) moralisch, sittlich; **código ~** Moralkodex *m,* Sittenkodex *m;* **principio ~** Moralprinzip *nt;* **un espectáculo ~** eine Veranstaltung, die den sittlichen [*o* moralischen] Normen entspricht; **tengo la certidumbre ~** ich nehme mit Sicherheit an **2.** (*espiritual*) geistig **II.** *f* **1.** (*ética*) Moral *f,* Sittlichkeit *f;* **~ doble** Doppelmoral *f;* **~ relajada** lockere Moralvorstellungen; **faltar a la ~** gegen die Moral verstoßen; **tú y yo no tenemos la misma ~** wir haben unterschiedliche Moralvorstellungen **2.** (*ciencia*) Moral *f,* Sittenlehre *f* **3.** (*ánimo*) Moral *f;* **la ~ del equipo** die Moral der Mannschaft; **comerle a alguien la ~** (*fam*) jdm den Mut nehmen; **levantar la ~ a alguien** jdn aufrichten; **hay que tener ~ para hacer eso** man muss echt viel Mut aufbringen, um das zu tun; **tener más ~ que el Alcoyano** sich nie geschlagen geben

moraleja [mora'lexa] *f* Moral *f,* lehrreiche Nutzanwendung *f*

moralidad [morali'ðaᵈ] *f* **1.** (*cualidad*) Moralität *f,* Sittlichkeit *f* **2.** (*moraleja*) Moral *f*

moralina [mora'lina] *f* Moralin *nt*

moralismo [mora'lismo] *m* Moralismus *m*
moralista [mora'lista] *mf* Moralist(in) *m(f)*
moralización [moraliθa'θjon] *f* Moralisierung *f*, Verbesserung *f* der Moral; ~ **de los paganos** Heidenbekehrung *f*
moralizador(a) [moraliθa'ðor(a)] **I.** *adj* moralisierend, erzieherisch; **un ejemplo** ~ ein erzieherisches Beispiel **II.** *m(f)* Moralprediger(in) *m(f) pey*
moralizante [morali'θan̩te] *adj* moralisierend; **me soltó un discurso** ~ er/sie hielt mir eine Moralpredigt
moralizar [morali'θar] <z→c> **I.** *vi* moralisieren **II.** *vt* moralisch machen
morapio [mo'rapjo] *m* (*fam*) Rotwein *m*
morar [mo'rar] *vi* (*elev*) wohnen (*en* in +*dat*)
moratón [mora'ton] *m* blauer Fleck *m*
moratoria [mora'torja] *f* Aufschub *m*, Stundung *f*, Moratorium *nt elev;* (FIN) Zahlungsaufschub *m;* ~ **fiscal** Steuerstundung *f;* ~ **nuclear** Atomstopp *m;* **conceder una** ~ **a alguien** jdm Aufschub gewähren
moravo, **-a** [mo'raβo, -a] **I.** *adj* mährisch; **hermanos ~s** (REL) Mährische Brüder, Böhmische Brüder **II.** *m, f* Mähre, -in *m, f*, Mährer(in) *m(f)*
morbidez [morβi'ðeθ] *f* Weichheit *f*, Zartheit *f;* (ARTE) Morbidezza *f*
morbididad [morβiði'ða^ð] *f sin pl* Erkrankungshäufigkeit *f*, Morbidität *f*
mórbido, **-a** ['morβiðo, -a] *adj* **1.** (*enfermo*) kränklich, morbid *elev* **2.** (*suave*) weich, zart; **colores ~s** morbide Farben
morbo ['morβo] *m* **1.** (*enfermedad*) Krankheit *f* **2.** (*interés malsano*) krankhaftes Interesse *nt;* **este partido de fútbol tiene mucho** ~ dieses Fußballspiel erregt die Gemüter; **el color negro me da** ~ die Farbe Schwarz turnt mich an *fam*
morbosidad [morβosi'ða^ð] *f* **1.** (*enfermedad*) Kränklichkeit *f*, Morbosität *f elev* **2.** (*de placer, imaginación*) Krankhaftigkeit *f*
morboso, **-a** [mor'βoso, -a] *adj* **1.** (*clima*) ungesund **2.** (*placer, imaginación*) krankhaft
morcajo [mor'kaxo] *m* (AGR) Mischkorn *nt*, Weizen- und Roggenmischung *f*
morcal [mor'kal] *m* **1.** (*tipo de embutido*) Wurst *f* im Naturdarm **2.** (*tripa para envolver embutido*) Naturdarm *m* **3.** (*aceituna*) *eine große Olivensorte*
morciguillo [morθi'ɣiʎo] *m* (ZOOL) Fledermaus *f*
morcilla [mor'θiʎa] *f* **1.** (GASTR) Blutwurst *f* **2.** (TEAT) Extempore *nt* **3.** (*Cuba: mentira*) Lüge *f* **4.** (*loc*): **¡que te den ~!** (*vulg*) du kannst mich mal! *fam*
morcillo¹ [mor'θiʎo] *m* Haxe *f*
morcillo, **-a²** [mor'θiʎo, -a] *adj* (*caballo*) rotschwarz
morcillón [morθi'ʎon] *m* (GASTR) Riesenblutwurst *f* (*aus Schweinemagen*)
mordacidad [morðaθi'ða^ð] *f* **1.** (*de una palabra*) Bissigkeit *f;* (*de una crítica*) Schärfe *f* **2.** (*sabor*) Schärfe *f* **3.** (*poder corrosivo*) Ätzkraft *f*
mordaga [mor'ðaɣa] *f* Rausch *m*, Trunkenheit *f*
mordaz [mor'ðaθ] *adj* **1.** (*palabra*) bissig; (*crítica*) scharf **2.** (*sabor*) scharf **3.** (*corrosivo*) ätzend
mordaza [mor'ðaθa] *f* **1.** (*en la boca*) Knebel *m;* **quieren ponerme una** ~ man will mich mundtot machen **2.** (TÉC) (Spann)backe *f*, (Klemm)backe *f*
mordedor(a) [morðe'ðor(a)] *adj* bissig; **perro ladrador, poco** ~ (*prov*) Hunde, die (viel) bellen, beißen nicht
mordedura [morðe'ðura] *f* **1.** (*acción*) Biss *m* **2.** (*herida*) Biss *m*, Bisswunde *f*
mordelón, **-ona** [morðe'lon, -ona] *m, f* (*Méx: fam*) bestechliche Verkehrspolizei *f*
mordente [mor'ðen̩te] *m* **1.** (QUÍM) Beize *f* **2.** (MÚS) Mordent *m*
morder [mor'ðer] <o→ue> **I.** *vt* **1.** (*con los dientes*) beißen; **el perro me mordió el brazo** der Hund hat mir [*o* mich] in den Arm gebissen; **te voy a hacer ~ el polvo** ich mache dich fertig *fam;* **está que muerde** er/sie ist fuchsteufelswild **2.** (*algo una máquina*) einklemmen **3.** (*una lima*) (ab)schleifen **4.** (*el agua fuerte*) zersetzen **5.** (*Am: estafar*) betrügen **II.** *vr:* **~se** sich beißen; **~se las uñas** Nägel kauen; **~se la lengua** sich *dat* auf die Zunge beißen; **no ~se la lengua** kein Blatt vor den Mund nehmen
mordida [mor'ðiða] *f* **1.** (*Méx: fam: acción*) Bestechung *f;* (*dinero*) Bestechungsgeld *nt* **2.** (*Arg*) *v.* **mordisco**
mordido¹ [mor'ðiðo] *m* **1.** (*mordedura*) Biss *m* **2.** (*Am: dinero*) Bestechungsgeld *nt*
mordido, **-a²** [mor'ðiðo, -a] *adj* (*mueble*) abgestoßen
mordiente [mor'ðjen̩te] *m* **1.** (*para textiles*) Beize *f* **2.** (*agua fuerte*) ätzende Substanz *f*
mordiscar [morðis'kar] <c→qu> *vt* knabbern (an +*dat*)
mordisco [mor'ðisko] *m* **1.** (*acción*) Biss *m* **2.** (*herida*) Bisswunde *f* **3.** (*trozo*) Happen *m*, Bissen *m*
mordisquear [morðiske'ar] *vt* knabbern (an +*dat*)
morel [mo'rel] *m* (ARTE): ~ **de sal** Karmesinrot *nt*
morena [mo'rena] *f* **1.** (ZOOL) Muräne *f* **2.** (*pan*) Schwarzbrot *nt* **3.** (*de mieses*) Getreidehaufen *m* **4.** (GEO) Moräne *f*
morenazo, **-a** [more'naθo, -a] **I.** *adj* (*fam*) attraktiv und braungebrannt **II.** *m, f* (*fam*) braungebrannter, attraktiver Mensch *m;* **se ha ligado a una morenaza** er hat mit einer braunen Schönheit angebändelt
morenez [more'neθ] *f* Bräune *f* der Haut; (*bronceado*) (Sonnen)bräune *f;* **la ~ se consigue a base de horas de sol** man wird nur durch stundenlanges Sonnen braun
moreno¹ [mo'reno] *m* Bräune *f*

M

moreno, **-a²** [mo'reno, -a] **I.** *adj* dunkelfarbig; (*de piel*) dunkelhäutig, braun; (*de cabello*) dunkelhaarig; (*de ojos*) dunkeläugig; **ponerse** ~ braun werden **II.** *m, f* **1.** (*negro*) Farbige(r) *mf* **2.** (*Cuba: mulato*) Mulatte, -in *m, f*

morera [mo'rera] *f* (BOT) Maulbeerbaum *m*

moreral [more'ral] *m* (BOT) Maulbeerplantage *f*

morería [more'ria] *f* **1.** (*barrio*) Maurenviertel *nt* **2.** (*país*) maurisches Land *nt*

morete [mo'rete] *m* (*AmC*), **moretón** [more'ton] *m* (*fam*) blauer Fleck *m*

morfema [mor'fema] *m* (LING) Morphem *nt*

morfemático, **-a** [morfe'matiko, -a] *adj* (LING) morphematisch, morphemisch

morfina [mor'fina] *f* (QUÍM) Morphin *nt*, Morphium *nt*

morfinismo [morfi'nismo] *m* (MED) Morphinismus *m*, Morphin-Sucht *f*

morfinomanía [morfinoma'nia] *f* (MED) Morphin-Abhängigkeit *f*

morfinómano, **-a** [morfi'nomano, -a] **I.** *adj* morphiumsüchtig **II.** *m, f* Morphinist(in) *m(f)*, Morphiumsüchtige(r) *mf*

morfogénesis [morfo'xenesis] *f inv* (ANAT) Morphogenese *f*, Morphogenie *f*

morfología [morfolo'xia] *f* (FILOS, BIOL, LING) Morphologie *f*

morfológico, **-a** [morfo'loxiko, -a] *adj* (FILOS, BIOL, LING) morphologisch

morfometría [morfome'tria] *f* (GEO) Morphometrie *f*

morfosicología [morfosikolo'xia] *f* (PSICO) Morphopsychologie *f*

morfosintaxis [morfosin̩'taˠsis] *f inv* (LING) Morphosyntax *f*

morgue ['morɣe] *f* (*Am*) Leichenschauhaus *nt*

moribundo, **-a** [mori'βun̩do, -a] **I.** *adj* im Sterben liegend; (MED) moribund **II.** *m, f* Sterbende(r) *mf*

moriche [mo'ritʃe] *m* **1.** (BOT) Mauritiuspalme *f* **2.** (ZOOL) Schwarzflügel-Trupial *m*

moridera [mori'ðera] *f* (PSICO) Todesahnung *f*

morigeración [morixera'θjon] *f* Mäßigung *f*

morigerado, **-a** [morixe'raðo, -a] *adj* **1.** (*moderado*) mäßig **2.** (*bien criado*) artig, wohlerzogen **3.** (*de buenas costumbres*) anständig

morigerar [morixe'rar] *vt* mäßigen

morilla [mo'riʎa] *f* (BOT) Morchel *f*

morillo [mo'riʎo] *m* Feuerbock *m*

morir [mo'rir] *irr* **I.** *vi* **1.** (*perecer*) sterben (*de* an +*dat*); (*en catástrofe, guerra*) umkommen, ums Leben kommen, den Tod finden *elev;* (*en un accidente*) tödlich verunglücken; ~ **de hambre/de sed** verhungern/verdursten; ~ **ahogado** (*en agua*) ertrinken; (*en humo*) ersticken; ~ **de viejo** an Altersschwäche sterben; ~ **en un incendio** in den Flammen umkommen; **ha muerto a causa de las graves heridas** er/sie ist seinen/ihren schweren Verletzungen erlegen; ~ **al pie del cañón** bis zum letzten Atemzug arbeiten **2.** (*tarde*) zur Neige gehen; (*luz*) erlöschen; (*tradición*) aussterben; (*camino*) enden; (*río*) münden; (*sonido*) ersterben **II.** *vr:* ~**se 1.** (*perecer*) sterben; **se le ha muerto su padre** sein/ihr Vater ist verstorben; **se ha muerto el gato/la planta** die Katze/die Pflanze ist eingegangen; **¡así te mueras!** hoffentlich krepierst du! **2.** (*con 'de'*): ~**se de hambre/de sed** verhungern/verdursten; ~**se de frío** erfrieren; ~**se de vergüenza** sich zu Tode schämen; ~**se de risa** sich totlachen; ~**se de pena** vor Kummer sterben **3.** (*con 'por'*): **me muero por conocer a tu nueva novia** ich brenne darauf, deine neue Freundin kennen zu lernen; **me muero (de ganas) por saber lo que te dijo** ich bin gespannt, was er/sie dir gesagt hat; **me muero por ella** ich bin total verrückt nach ihr **4.** (*miembro del cuerpo*) einschlafen

morisco, **-a** [mo'risko, -a] **I.** *adj* Morisken- **II.** *m, f* Moriske *mf*

morisqueta [moris'keta] *f* (*fam*) Streich *m;* (*con desprecio*) Verspottung *f;* **los huelguistas le hacían ~s a los policías desde su escondrijo** die Streikenden verspotteten die Polizisten von ihren Verstecken aus

morito [mo'rito] *m* (ZOOL) Braunsichler *m*

mormón, **-ona** [mor'mon, -ona] *m, f* Mormone, -in *m, f*

mormónico, **-a** [mor'moniko, -a] *adj* Mormonen-, mormonisch

mormonismo [mormo'nismo] *m sin pl* Mormonentum *nt*

moro, **-a** ['moro, -a] **I.** *adj* **1.** (*musulmán*) maurisch **2.** (*caballo*) mit einem weißen Fleck auf der Stirn **3.** (*fam: vino*) nicht verwässert **4.** (*fam: persona*) nicht getauft **II.** *m, f* **1.** (*musulmán*) Maure, -in *m, f;* **ser un** ~ (*fig fam*) sehr eifersüchtig sein; **¡hay ~s en la costa!** (*fig*) Vorsicht!; **¡no hay ~s en la costa!** (*fig*) die Luft ist rein! **2.** (*loc*): **bajar al** ~ (*argot*) Stoff besorgen

morochas [mo'rotʃas] *fpl* (*Ven*) Zwillingsschwestern *fpl*

morocho, **-a** [mo'rotʃo, -a] *adj* (*CSur: trigueño*) brünett

morochos [mo'rotʃos] *mpl* (*Ven*) Zwillingsbrüder *mpl*

morona [mo'rona] *f* (*Col*) Brotkrume *f*, Krümel *m*

morondo, **-a** [mo'ron̩do, -a] *adj* (*sin pelos*) kahl; (*cabeza*) kahlköpfig; (*sin hojas*) kahl, nackt

moronía [moro'nia] *f* (GASTR) *Eintopfgericht aus Auberginen, Tomaten, Zucchini und Paprika*

morosa [mo'rosa] *adj o f v.* **moroso**

morosidad [morosi'ðaᵈ] *f* **1.** (*de deudor*) Säumigkeit *f*, Verzug *m* **2.** (*lentitud*) Langsamkeit *f*

moroso, **-a** [mo'roso, -a] **I.** *adj* **1.** (*deudor*) säumig **2.** (*elev: lento*) langsam; **un estilo ~** ein schwerfälliger Stil; **el río avanza de manera morosa** der Fluss fließt träge dahin **II.** *m, f* säumiger Zahler *m,* säumige Zahlerin *f*

morquera [mor'kera] *f* (BOT) Bohnenkraut *nt*

morral [mo'rral] *m* **1.** (*de las caballerías*) Futtersack *m,* Futterbeutel *m* **2.** (*zurrón*) Rucksack *m* **3.** (*Col: grosero*) Grobian *m*

morralla [mo'rraʎa] *f* **1.** (*pescados menudos*) kleine Fische *mpl* **2.** (*gente*) Gesindel *nt* **3.** (*cosas*) Plunder *m* **4.** (*Méx: cambio*) Kleingeld *nt*

morrear(se) [morre'ar(se)] *vt, vr* (*vulg*) (sich) knutschen *fam*

morreo [mo'rreo] *m* (*vulg*) Knutschen *nt fam;* **darse un ~ (con alguien)** (mit jdm) knutschen *fam*

morrilla [mo'rriʎa] *f* (BOT) wilde Artischocke *f*

morrillo [mo'rriʎo] *m* **1.** (*de res*) Fleischwulst *m* **2.** (*fam: de persona*) Stiernacken *m* **3.** (*canto rodado*) Kieselstein *m*

morriña [mo'rriɲa] *f sin pl* **1.** (*fam: nostalgia*) Heimweh *nt* **2.** (*de las ovejas*) Hydropsie *f*

morriñoso, -a [morri'ɲoso, -a] *adj* **1.** (*melancólico*) an Heimweh leidend, schwermütig; **se fue a su casa porque estaba morriñosa** sie kehrte nach Hause zurück weil sie Heimweh hatte **2.** (*enteco*) kränklich, schwächlich

morrión [mo'rrjon] *m* **1.** (*de armadura*) Sturmhaube *f* **2.** (MIL: *gorro*) ≈Tschako *m*

morro ['morro] *m* **1.** (*de un animal*) Maul *nt,* Schnauze *f* **2.** (*pey: de persona*) Maul *nt,* Schnauze *f;* **beber a ~** aus der Flasche trinken; **caer de ~s** (*fam*) auf die Schnauze fallen; **te voy a partir los ~s** (*fam*) ich poliere dir die Schnauze; **estar de ~(s)** schmollen; **poner [*o* torcer el] ~** ein saures Gesicht machen; **tiene un ~ que se lo pisa** (*fam*) er/sie ist unglaublich unverschämt [*o* frech]; **lo hizo así, por el ~** (*fam*) er/sie hat das einfach aus Spaß so gemacht; **se quedó el dinero por (todo) el ~** er/sie hat das Geld einfach behalten **3.** (*de pistola*) Mündung *f;* (*de barco, avión, coche*) Nase *f* **4.** (*montículo*) Hügel *m* **5.** (*guijarro*) Kieselstein *m*

morrocotudo, -a [morroko'tuðo, -a] *adj* (*fam*) **1.** (*formidable*) spitze, klasse, irre **2.** (*susto, disgusto*) ungeheuer

morrón [mo'rron] **I.** *adj:* **pimiento ~** gebratene rote Paprika *f* **II.** *m* (*fam: golpe*) Schlag *m,* Hieb *m*

morrudo, -a [mo'rruðo, -a] *adj:* **ser ~** wülstige Lippen haben

morsa ['morsa] *f* (ZOOL) Walross *nt*

morsana [mor'sana] *f* (BOT) Jochblatt *nt*

morse ['morse] *m* Morsealphabet *nt;* **aparato ~** Morseapparat *m;* **señal ~** Morsezeichen *nt*

mortadela [morta'ðela] *f* (GASTR) Mortadella *f*

mortaja [mor'taxa] *f* **1.** (*sábana*) Leichentuch *nt;* (*vestidura*) Totenhemd *nt* **2.** (TÉC) Zapfenloch *nt* **3.** (*Am: de cigarrillo*) Zigarettenpapier *nt*

mortal [mor'tal] **I.** *adj* **1.** (*sujeto a la muerte*) sterblich **2.** (*que la causa*) Tod-, tödlich; **peligro ~** Lebensgefahr *f;* **pecado ~** Todsünde *f;* **tener un odio ~ a alguien** jdn auf den Tod nicht leiden können; **dar un salto ~** einen Salto mortale machen **3.** (*pesado*) lästig; **el recorrido es ~** die Strecke ist tödlich; **esta película es ~** dieser Film ist todlangweilig **II.** *mf* Sterbliche(r) *mf*

mortalidad [mortali'ðaᵈ] *f* **1.** (*cualidad*) Sterblichkeit *f* **2.** (*número*) Sterblichkeit(srate) *f,* Mortalität *f*

mortalmente [mortal'meṇte] *adv* **1.** (*de muerte*) tödlich; **la hirieron ~** sie wurde tödlich verwundet **2.** (*fam: totalmente*) total; **la película me aburrió ~** der Film hat mich tödlich gelangweilt **3.** (*fam: a muerte*) auf den Tod, wie die Pest; **le odio ~** ich hasse ihn wie die Pest

mortandad [mortaṇ'daᵈ] *f* Massensterben *nt;* **el virus ébola causó una ~ en Zaire** das Ebolavirus kostete in Zaire viele Menschenleben; **la ~ de la guerra en Ruanda** das Gemetzel in Ruanda

mortecino, -a [morte'θino, -a] *adj* (*luz*) trüb; (*color*) matt; (*fuego*) erlöschend

morterete [morte'rete] *m* Böller *m*

mortero [mor'tero] *m* **1.** (*cuenco*) Mörser *m* **2.** (MIL) Mörser *m,* Granatwerfer *m* **3.** (*cemento*) Mörtel *m*

morteruelo [morte'rwelo] *m* (GASTR) *ein Gericht aus zerkleinerter Schweineleber mit Semmelbröseln und Gewürzen*

mortífero, -a [mor'tifero, -a] *adj* tödlich, todbringend

mortificación [mortifika'θjon] *f* **1.** (MED) Absterben *nt* **2.** (*tormento*) Qual *f,* Plage *f* **3.** (REL) Kasteiung *f* **4.** (*humillación*) Demütigung *f*

mortificador(a) [mortifika'ðor(a)] *adj,* **mortificante** [mortifi'kaṇte] *adj* **1.** (MED) absterbend **2.** (*que atormenta*) quälend, plagend **3.** (REL) kasteiend **4.** (*humillante*) demütigend

mortificar [mortifi'kar] <c→qu> **I.** *vt* **1.** (MED) absterben lassen **2.** (*atormentar*) quälen, plagen **3.** (REL) kasteien **4.** (*humillar*) demütigen **5.** (*carne,* GASTR) reifen lassen **II.** *vr:* **~se 1.** (MED) absterben **2.** (*atormentarse*) sich grämen (*por* über *+akk,* wegen *+gen/dat*) **3.** (REL) sich kasteien **4.** (*Méx: avergonzarse*) sich schämen

mortinatalidad [mortinatali'ðaᵈ] *f* Säuglingssterblichkeit *f;* **la tasa de ~** die Säuglingssterblichkeitsrate

mortinato, -a [morti'nato, -a] **I.** *adj* tot geboren **II.** *m, f* Totgeburt *f*

mortis causa ['mortis 'kau̯sa] (JUR) von Todes wegen

mortuorio, -a [mortu'orjo, -a] *adj* Sterbe-, Todes-; **esquela mortuoria** Todesanzeige *f*

morucho [mo'ruʧo] *m* **1.** (*tipo de toro sal-*

mantino) *halbwilder Stier aus Salamanca* **2.** (TAUR: *toro negro*) schwarzer Stier *m*

morueco [mo'rweko] *m* (ZOOL) Schafbock *m;* (*destinado a la procreación*) Zuchtbock *m*

moruno, -a [mo'runo, -a] *adj* maurisch

mosaico¹ [mo'saiko] *m* Mosaik *nt;* **pavimento de ~** Mosaikfußboden *m;* **Europa es un ~ de lenguas** in Europa gibt es eine Vielfalt von Sprachen

mosaico, -a² [mo'saiko, -a] *adj* **1.** (*de Moisés*) Moses-, mosaisch **2.** (*de mosaico*) Mosaik-, mosaikartig

mosca ['moska] *f* **1.** (ZOOL) Fliege *f;* **por si las ~s** (*fam*) für alle Fälle; **estar con** [*o* **tener**] **la ~ en** [*o* **detrás de**] **la oreja** (*fam*) misstrauisch sein; **estar ~** (*fam: receloso*) misstrauisch sein; (*enfadado*) eingeschnappt sein; **no se oía el vuelo de una ~** man hätte eine Stecknadel fallen hören können; **papar ~s** (*fam*) Maulaffen feilhalten; **¿qué ~ te ha picado?** was ist denn in dich gefahren?; **andar cazando ~s** über den Wolken schweben **2.** (*barba*) Fliege *f* **3.** (*mancha*) kleiner schwarzer Fleck *m* **4.** (*persona*) Nervensäge *f fam* **5.** (*fam: dinero*) Kohle *f;* **aflojar** [*o* **soltar**] **la ~** blechen, Geld locker machen **6.** (*fam: chispa*) Funke *m*

moscada [mos'kaða] *adj:* **nuez ~** Muskatnuss *f*

moscarda [mos'karða] *f* (ZOOL) Schmeißfliege *f*

moscardón [moskar'ðon] *m* **1.** (*moscarda*) Schmeißfliege *f* **2.** (*tábano*) Bremse *f* **3.** (*avispón*) Hornisse *f* **4.** (*persona*) Nervensäge *f fam*

moscareta [moska'reta] *f* (ZOOL) Grauschnäpper *m*

moscarrón [moska'rron] *m* (*fam*) *v.* **moscardón**

moscatel [moska'tel] *m* **1.** (*vino*) Muskateller(wein) *m* **2.** (*uva*) Muskateller *m,* Muskatellertraube *f*

moscón¹ [mos'kon] *m v.* **moscardón**

moscón, -ona² [mos'kon, -ona] *m, f* Nervensäge *f fam*

moscoso [mos'koso] *m* Sonderurlaubstag *m*

moscovita [mosko'βita] **I.** *adj* moskauisch; (HIST) moskowitisch **II.** *mf* Moskauer(in) *m(f);* (HIST) Moskowiter(in) *m(f)*

Moscú [mos'ku] *m* Moskau *nt*

Mosela [mo'sela] *m* Mosel *f*

mosén [mo'sen] *m* (HIST) Pfarrer *m*

mosqueado, -a [moske'aðo, -a] *adj* **1.** (*fam: enfadado*) eingeschnappt; **estar ~ con alguien** auf jdn sauer sein **2.** (*moteado*) getüpfelt; (*vaca*) scheckig

mosqueador [moskea'ðor] *m* **1.** (*instrumento*) Fliegenwedel *m* **2.** (*fam: cola*) Schweif *m*

mosquear [moske'ar] **I.** *vt* verscheuchen **II.** *vr:* **~se** (*fam: enfadarse*) einschnappen

mosqueo [mos'keo] *m* (*enfado*) Zorn *m,* Wut *f;* **cogió un ~ de aúpa** er/sie raste vor Wut

mosquerío [moske'rio] *m* (*fam*) Fliegenschwarm *m*

mosqueta [mos'keta] *f* (BOT) Goldröschen *nt,* Japanische Kerrie *f*

mosquete [mos'kete] *m* Muskete *f*

mosquetería [moskete'ria] *f* (MIL, TEAT) Musketiere *mpl*

mosquetero [moske'tero] *m* **1.** (*soldado*) Musketier *m* **2.** (*Arg, Bol: en una fiesta*) Zaungast *m*

mosquetón [moske'ton] *m* **1.** (*arma*) Karabiner *m* **2.** (*anilla*) Karabinerhaken *m*

mosquita [mos'kita] *f:* **~ muerta** Duckmäuser *m;* **se hace la ~ muerta** er/sie sieht aus, als ob er/sie keiner Fliege etwas zuleide tun könnte

mosquitera [moski'tera] *f,* **mosquitero** [moski'tero] *m* Moskitonetz *nt*

mosquito [mos'kito] *m* Stechmücke *f;* (*en zonas tropicales*) Moskito *m*

mostacera [mosta'θera] *f,* **mostacero** [mosta'θero] *m* Senftopf *m*

mostacho [mos'tatʃo] *m* **1.** (*bigote*) Schnurrbart *m* **2.** (*fam: mancha*) Gesichtsfleck *m*

mostachón [mosta'tʃon] *m* (GASTR) *kleiner Mandelkuchen mit Zimt und anderen Gewürzen*

mostaza [mos'taθa] *f* (*salsa, planta*) Senf *m;* (*semilla*) Senfsamen *m;* **~ blanca** weißer Senf; **~ negra** schwarzer Senf; **~ silvestre** (BOT) Ackersenf *m;* **gas ~** Senfgas *nt;* (**de**) **color ~** senffarben

mostela [mos'tela] *f* (AGR: *de mies*) Garbe *f;* (*de leña*) Bündel *nt*

mostellar [moste'ʎar] *m* (BOT) Mehlbeerbaum *m*

mostillo [mos'tiʎo] *m* (GASTR) **1.** (*masa*) *Masse aus gekochtem Most mit Anis, Zimt und Nelke* **2.** (*mosto*) junger Most *m* **3.** (*salsa*) Soße *f* aus Most und Senf

mosto ['mosto] *m* (Wein)most *m;* **~ de cerveza** Bierwürze *f*

mostrador [mostra'ðor] *m* **1.** (*tienda*) Ladentisch *m,* Verkaufstisch *m;* (*escaparate*) Schaufenster *nt* **2.** (*bar*) Theke *f,* Schanktisch *m* **3.** (*ventanilla*) Schalter *m;* **~ de facturación** Abfertigungsschalter *m*

mostrar [mos'trar] <o→ue> **I.** *vt* (*enseñar*) (vor)zeigen; **¡no muestres tu miedo!** lass dir deine Angst nicht anmerken!; **nos ~on su nueva casa** sie haben uns ihr neues Haus gezeigt; **tuvieron que ~ sus pasaportes** sie mussten ihre Pässe vorzeigen **II.** *vr:* **~se** sich zeigen; **se mostró amigo** er zeigte sich freundlich

mostrenco, -a [mos'treŋko, -a] **I.** *adj* (*fam*) herrenlos; **bienes ~s** (JUR) herrenlose Güter **II.** *m, f* (*pey*) dicker, schwerfälliger Mensch *m*

mota ['mota] *f* **1.** (*partícula*) Fremdkörper *m;* **se me ha metido una ~** (**de polvo**) **en el ojo** ich habe ein Staubkorn ins Auge bekommen; **ve la ~ en el ojo ajeno, pero no quie-**

re ver la viga en el propio er/sie soll vor seiner/ihrer eigenen Tür kehren, bevor er/sie andere kritisiert **2.** (*mancha*) Fleck *m;* **tengo un vestido blanco a ~s verdes** ich habe ein Kleid mit großen grünen Punkten **3.** (*tejido*) Knötchen *nt,* Noppe *f* **4.** (*montaña*) einsamer Hügel *m*

motacilla [mota'θiʎa] *f* (ZOOL) Bachstelze *f*

mote ['mote] *m* **1.** (*apodo*) Spitzname *m;* **le pusieron un ~ cariñoso** sie haben ihm/ihr einen Kosenamen gegeben **2.** (*Arg, Chil, Perú: error*) Irrtum *m* **3.** (*frase en torneos*) Devise *f* **4.** (*Am: maíz*) gekochter Mais *m* **5.** (*Chil: guiso de trigo*) Weizenbrei *m*

moteado, -a [mote'aðo, -a] *adj* gefleckt, gesprenkelt

motear [mote'ar] *vt* tüpfeln

motejar [mote'xar] *vt* (*tildar*) bezeichnen (*de* als *+akk*); (*apodo*) einen Spitznamen geben *+dat*

motel [mo'tel] *m* Motel *nt*

motero, -a [mo'tero, -a] *m, f* (*argot*) Biker(in) *m(f)*

motete [mo'tete] *m* **1.** (MÚS) Motette *f* **2.** (*AmS*) Tragekorb *m*

motilidad [motili'ðaᵈ] *f* Beweglichkeit *f,* Motilität *f*

motín [mo'tin] *m* Aufstand *m,* Meuterei *f*

motivación [motiβa'θjon] *f* **1.** (PSICO) Motivation *f* **2.** (*explicación*) Begründung *f*

motivador(a) [motiβa'ðor(a)] *adj* motivierend

motivar [moti'βar] *vt* **1.** (*incitar*) motivieren (*a* zu *+dat*); **los motivé y estudiaron con aplicación** ich habe sie motiviert, und sie haben fleißig gelernt **2.** (*explicar*) begründen (*con/en* mit *+dat*) **3.** (*provocar*) verursachen; **los puntos que motivan el presente contrato son...** (COM) die diesem Vertrag zugrunde [*o* zu Grunde] liegenden Punkte sind ...

motivo [mo'tiβo] *m* **1.** (*causa*) Grund *m,* Anlass *m;* (*crimen*) Motiv *nt;* **~ del despido** Entlassungsgrund *m;* **~ principal** Hauptgrund *m;* **ello representó un ~ de alegría para todos** das war für alle ein Grund zur Freude; **con ~ de...** anlässlich *+gen,* wegen *+gen/dat;* **por este ~** deshalb; **carecer de ~ alguno** unbegründet sein; **él tendrá sus ~s para hacerlo así** er wird seine Gründe (dafür) haben, es so zu machen; **por este ~** aus diesem Grund; **por los ~s expuestos** (*formal*) aus den dargelegten Gründen **2.** (*composición, sello*) Motiv *nt,* Thema *nt;* (*tela*) Muster *nt*

motmot [moᵈ'moᵈ] *m* (ZOOL) Diademsägeracke *f,* Motmot *m*

moto¹ ['moto] *f* (*fam*) Motorrad *nt;* **~ acuática** (DEP) Jet-Ski *m;* **ir en ~** Motorrad fahren; **iba como una ~** (*argot*) er war voll wie eine Haubitze

moto, -a² ['moto, -a] *adj* (*AmC: huérfano*) verwaist

motoball [moto'βal] *m* (DEP) Motoball *m,* Motorrad-Fußball *m*

motobomba [moto'βomba] *m* Motorpumpe *f;* **sacaron el agua del sótano inundado con una ~** sie schöpften das Wasser aus dem überfluteten Keller mit einer Motorpumpe

motocarro [moto'karro] *m* dreiräd(e)riger Lieferwagen *m*

motocicleta [motoθi'kleta] *f* Motorrad *nt;* (MIL) Kraftrad *nt;* **~ de carreras** Rennmotorrad *nt;* **~ con sidecar** Motorrad mit Beiwagen; **ir en ~** Motorrad fahren

motociclismo [motoθi'klismo] *m sin pl* Motorradsport *m*

motociclista [motoθi'klista] *mf* Motorradfahrer(in) *m(f)*

motociclo [moto'θiklo] *m* Kraftrad *nt*

motocross [moto'cros] *m sin pl* (DEP) Motocross *nt*

motocultivo [motokul̩'tiβo] *m* (AGR) maschinelle Bodenbearbeitung *f*

motocultor [motokul̩'tor] *m* (AGR) Zweirad-Einachstraktor *m*

motolita [moto'lita] *f* (ZOOL) Bachstelze *f*

motonáutica [moto'nau̯tika] *f sin pl* (DEP) Motorbootsport *m*

motonave [moto'naβe] *f* Motorschiff *nt*

motoneta [moto'neta] *f* (*Am*) Motorroller *m*

motopesquero [motopes'kero] *m* (NÁUT) Motorfischerboot *nt,* motorbetriebenes Fischerboot *nt*

motopropulsión [motopropul'sjon] *f* (TÉC) Motorantrieb *m*

motopropulsor [motopropul'sor] *m* (TÉC) Triebwerk *nt*

motor¹ [mo'tor] *m* **1.** (TÉC: *t. fig*) Motor *m;* **~ Diesel** Dieselmotor *m;* **~ de dos/cuatro tiempos** Zweitakt-/Viertaktmotor *m;* **~ de explosión** Verbrennungsmotor *m;* **~ de fuera borda** Außenbordmotor *m;* **~ de gasolina** Benzinmotor *m;* **~ de popa** Heckmotor *m;* **~ de reacción** Düsentriebwerk *nt;* **vehículo de ~** Kraftfahrzeug *nt;* **encender** [*o* **poner en marcha**] **el ~** den Motor anlassen **2.** (*causa*) Beweggrund *m;* **el primer ~** (FILOS) der erste Beweger

motor(a)² [mo'tor(a)] *adj* **1.** (*causante*) bewegend, treibend **2.** (ANAT, PSICO): **nervio ~** Bewegungsnerv *m*

motora [mo'tora] *f* Motorboot *nt*

motorismo [moto'rismo] *m sin pl* (DEP) Motorsport *m*

motorista [moto'rista] *mf* **1.** (DEP) Motorradfahrer(in) *m(f)* **2.** (*chófer*) Kraftfahrer(in) *m(f)* **3.** (*policía*) Polizist(in) *m(f)* auf einem Motorrad

motorización [motoriθa'θjon] *f sin pl* Motorisierung *f*

motorizado, -a [motori'θaðo, -a] *adj* motorisiert

motorizar [motori'θar] <z→c> *vt* motorisieren

motorreactor [motorreak'tor] *m* (TÉC)

M

Strahltriebwerk *nt*, Rückstoßtriebwerk *nt*

motosierra [moto'sjerra] *f* Motorsäge *f*

motriz [mo'triθ] *adj* antreibend, bewegend; **fuerza** ~ Triebkraft *f*

motu propio ['motu 'propjo] aus freiem Willen, aus eigenem Antrieb; **ha recogido el cuarto** ~ er hat freiwillig sein Zimmer aufgeräumt

mountain bike ['mon̩tan βai̯k] *f inv* Mountainbike *nt*

mountain-biker ['mon̩tan 'βai̯ker] <mountain-bikers> *mf* Mountainbikefahrer(in) *m(f)*

mousse [mus] *m* Mousse *f*

movedizo, **-a** [moβe'ðiθo, -a] *adj* **1.** (*móvil*) beweglich; **arenas movedizas** Treibsand *m* **2.** (*inconstante*) wankelmütig

mover [mo'βer] <o→ue> **I.** *vt* **1.** (*desplazar*) bewegen; **el perro movía la cola** der Hund wedelte mit dem Schwanz; **movió la cabeza** er/sie schüttelte den Kopf **2.** (*ajedrez*) ziehen **3.** (*incitar*) bewegen; **el menguado sueldo le ~á a buscar otro trabajo** der miserable Lohn wird ihn/sie dazu bringen, sich *dat* eine andere Arbeit zu suchen **4.** (INFOR) verschieben; ~ **archivo** eine Datei verschieben **5.** (*loc*): ~ **a compasión** Mitleid erregen; ~ **a lágrimas** zu Tränen rühren **II.** *vr:* **~se** sich bewegen; **¿nos movemos o qué?** gehen wir nun oder nicht?; **¡venga, muévete!** los, nun mach schon!

movible [mo'βiβle] *adj* **1.** (*pieza*) beweglich **2.** (*carácter*) wankelmütig

movida [mo'βiða] *f* (*argot*) Szene *f*; **¡qué ~!** (*lío*) was für ein Durcheinander!; (*ambiente*) was für eine Bombenstimmung!

movido, **-a** [mo'βiðo, -a] *adj* **1.** (*foto*) verwackelt **2.** (*agitado*) bewegt; **la sesión ha sido muy movida** die Sitzung war sehr lebhaft; **he tenido un día muy** ~ heute war bei mir viel los **3.** (MÚS) schnell **4.** (*Guat, Hond: raquítico*) verkümmert

móvil ['moβil] **I.** *adj* beweglich, mobil; **escala ~ de salarios** (ECON) gleitende Lohnskala; **mano de obra** ~ (ECON) mobile Arbeitskräfte **II.** *m* **1.** (FÍS) Körper *m* (*der sich bewegt*) **2.** (ARTE) Mobile *nt* **3.** (*crimen*) Motiv *nt* **4.** (*teléfono*) Handy *nt*

movilidad [moβili'ðað] *f sin pl* Beweglichkeit *f*, Mobilität *f*; ~ **geográfica** geografische Mobilität; **la ~ es un factor muy importante de la economía** Mobilität ist ein wichtiger Faktor in der Wirtschaft

movilización [moβiliθa'θjon] *f* **1.** (*recursos, tropas*) Einsatz *m*, Mobilisierung *f* **2.** (*huelga*) Streik *m* **3.** (*dinero*) Flüssigmachen *nt*, Bereitstellung *f*

movilizar [moβili'θar] <z→c> *vt* **1.** (*ejército, recursos, fuerzas*) mobilisieren, einsetzen **2.** (*dinero*) bereitstellen, flüssig machen

movimiento [moβi'mjen̩to] *m* **1.** (FÍS) Bewegung *f*; ~ **ondulatorio** Wellenbewegung *f*; ~ **rectilíneo** geradlinige Bewegung; ~ **de rotación** Drehbewegung *f*, Rotationsbewegung *f*; ~ **de traslación** (ASTR) Kreisbewegung *f* der Planeten auf ihrer Bahn; ~ **vibratorio** Vibration *f*, Schwingbewegung *f*; **hacer ~s** (ARQUIT) sich setzen; **poner en** ~ in Bewegung [*o* Gang] setzen; **había mucho ~ en las tiendas** in den Geschäften war viel Betrieb **2.** (*ajedrez*) Zug *m* **3.** (MÚS) Tempo *nt*; (*fragmento*) Satz *m* **4.** (HIST, LIT) Bewegung *f*; **el M~ (Nacional)** der Franco-Putsch; ~ **migratorio** Wanderbewegung *f*; ~ **obrero** Arbeiterbewegung *f*; ~ **popular** Volksbewegung *f* **5.** (COM) Umsatz *m*; **~s bursátiles** Börsengeschäfte *ntpl*; ~ **de caja** Kassenumsatz *m*; ~ **de capitales** Kapitalverkehr *m*, Kapitalbewegungen *fpl*; ~ **de cuenta** Kontobewegung *f*; ~ **de mercancías** Warenumschlag *m* **6.** (*esgrima*) Stellungswechsel *m*

moviola® [mo'βjola] *f* Zeitdehner *m*; **ahora vemos la secuencia en** ~ jetzt sehen wir die Szene in Zeitlupe

moya ['moɟa] *m* (*Chil*) Krethi und Plethi, Hinz und Kunz; **llama a tu hermano, a tu primo o a** ~ ruf deinen Bruder, deinen Vetter oder sonst jemanden

moyo ['moɟo] *m* *Weinmaß: 258 Liter*

moyuelo [mo'ɟwelo] *m* feinste Kleie *f*

moza ['moθa] *f* **1.** (*chica*) Mädchen *nt*; **¡está ya hecha una ~!** sie ist schon ein großes Mädchen! **2.** (*criada*) Magd *f*, Dienerin *f*; ~ **de cámara** Dienstmädchen *nt* **3.** (*pala*) (Wäsche)bleuel *m* **4.** (*sartén*) Pfannenhalter *m*

mozalbete [moθal'βete] *m* junger Bursche *m*

Mozambique [moθam'bike] *m* Mozambique *nt*

mozambiqueño, **-a** [moθambi'keɲo, -a] **I.** *adj* aus Mozambique **II.** *m, f* Bewohner(in) *m(f)* von Mozambique

mozárabe [mo'θaraβe] **I.** *adj* mozarabisch **II.** *mf* Mozaraber(in) *m(f)* (*unter maurischer Herrschaft lebender Spanier*)

mozartiano, **-a** [moθar'tjano, -a] *adj* Mozart-

mozo¹ ['moθo] *m* **1.** (*criado*) Diener *m*, Knecht *m*; ~ **de café** Kellner *m*; ~ **de estación** Gepäckträger *m* **2.** (*soldado*) Wehrpflichtige(r) *m*

mozo, **-a²** ['moθo, -a] **I.** *adj* **1.** (*joven*) jung; **la gente moza de hoy en día no tiene miedo de nada** die Jugend von heute schreckt vor nichts zurück **2.** (*soltero*) ledig **II.** *m, f* (*chico, -a*) Junge *m*, Mädchen *nt*; (*joven*) junger Mann *m*, junge Frau *f*; **¡pero si estás hecho un ~!** (*a un chico*) du bist ja schon ein richtiger junger Mann!; (*a un adulto*) du hast dich aber gut gehalten!

mozón, **-ona** [mo'θon, -ona] *adj* (*Perú*) Spaßmacher(in) *m(f)*, Witzbold *m*

mozonada [moθo'naða] *f* (*Perú*) Spaß *m*, Scherz *m*

mozonear [moθone'ar] *vi* (*Perú*) Spaß machen, scherzen

mozuelo, **-a** [mo'θwelo, -a] *m, f dim de* **mozo[2]**

mozzarella [moᵈsa'rela] *f* (GASTR) Mozzarella *m*

mu [mu] **I.** *interj* (*vaca*) muh **II.** *m:* **no dijo ni ~** er/sie hat keinen Pieps gesagt

muaré [mwa're] *m* Moiré *m o nt*

mucamo, **-a** [mu'kamo, -a] *m, f* (*Am*) Diener(in) *m(f);* (*mujer*) Dienstmädchen *nt*

múcara ['mukara] *f* (NÁUT) Untiefen *fpl*

muceta [mu'θeta] *f* (*del doctor, juez*) Robe *f;* (*de prelados*) Mozzetta *f*

muchacha [mu'ʧaʧa] *f v.* **muchacho**

muchachada [muʧa'ʧaða] *f* (*Am*) junge Leute *pl*

muchacho, **-a** [mu'ʧaʧo, -a] *m, f* **1.** (*mozo*) Junge *m,* junger Mann *m;* (*moza*) Mädchen *nt,* junge Frau *f;* **es una gran muchacha** sie ist ein sehr nettes Mädchen **2.** (*criado*) Diener *m,* Knecht *m;* (*criada*) Dienstmädchen *nt;* **muchacha para todo** Mädchen für alles

muchedumbre [muʧe'ðumbre] *f* **1.** (*de cosas*) Menge *f;* **salió volando una ~ de pájaros** ein großer Vogelschwarm flog auf **2.** (*de personas*) Menschenmenge *f,* viele Leute *pl*

muchitanga [muʧi'taŋga] *f* (*PRico: populacho*) Pöbel *m,* Mob *m*

mucho, **-a** ['muʧo, -a] **I.** *adj* viel; **este plato lleno es ~ para ella** dieser volle Teller ist zu viel für sie; **hace ya ~ tiempo que no pasa por aquí** es ist schon lange her, dass er/sie vorbeigekommen ist; **muchas veces tiene razón** oft hat er/sie Recht; **en ~s casos se equivoca** in vielen Fällen irrt er/sie sich; **esto ya es ~ para mí** das ist schon zu viel für mich; **eso me parece ~ decir** das scheint mir etwas gewagt; **mal de ~s, consuelo de tontos** (*prov*) geteiltes Leid ist halbes Leid **II.** *adv* sehr, viel; **a él le molestaba ~ su comportamiento** sein/ihr Verhalten störte ihn sehr; **en la fiesta bebimos ~** auf dem Fest haben wir viel getrunken; **resiste ~ bajo el agua** er/sie kann lange unter Wasser bleiben; **nos viene a ver ~** er/sie kommt oft zu uns zu Besuch; **no hace ~ estuvo aquí** vor kurzem war er/sie hier; **es con ~ el más simpático** er ist mit Abstand [*o* bei weitem] der Netteste; **¡pero que muy ~!** aber hallo!; **lo tenemos en ~** wir schätzen ihn sehr; **por ~ que se esfuercen, no lo conseguirán** wie sehr sie sich auch anstrengen, sie werden es nicht schaffen; **lo sentimos ~** es tut uns sehr Leid; **no era nuestra intención molestarle ni ~ menos** wir wollten Sie wirklich nicht stören; **tiene cincuenta años, como ~** er/sie ist höchstens fünfzig (Jahre alt)

mucilaginoso, **-a** [muθilaxi'noso, -a] *adj* schleimartig, schleimig

mucilago [muθi'laɣo] *m,* **mucílago** [mu'θilaɣo] *m* (*vegetal*) Pflanzenschleim *m;* (*solución*) schleimige Lösung *f*

mucina [mu'θina] *f* (BIOL, QUÍM) Schleimstoff *m,* Muzin *nt*

mucosa [mu'kosa] *f* (ANAT) Schleimhaut *f;* **~ estomacal** Magenschleimhaut *f*

mucosidad [mukosi'ðaᵈ] *f* **1.** (*moco*) Schleim *m* **2.** *pl* (*esputo*) Schleimauswurf *m*

mucoso, **-a** [mu'koso, -a] *adj* schleimig; **membrana mucosa** Schleimhaut *f;* **glándula mucosa** Schleimdrüse *f*

muda ['muða] *f* **1.** *v.* **mudo 2.** (*ropa interior*) Unterwäsche *f* (*zum Wechseln*); (*cama*) (Bettwäsche)garnitur *f,* Bettwäsche *f* **3.** (*serpiente*) Häuten *nt* **4.** (*pájaro*) Mauser *f* **5.** (*pelo*) Haarwechsel *m* **6.** (*voz*) Stimmbruch *m;* **estar de ~** im Stimmbruch sein

mudable [mu'ðaβle] *adj* veränderlich

mudada [mu'ðaða] *f* (*AmC, AmS: traslado*) Umzug *m*

mudadizo, **-a** [muða'ðiθo, -a] *adj* wankelmütig, wechselhaft; **tiene una palabra muy mudadiza** er/sie ändert seine/ihre Meinung ziemlich häufig

mudamente [muða'mente] *adv* stumm, ohne ein Wort zu sagen; **cuando le preguntaron que si se tenía familia asintió ~** als sie ihn fragten, ob er Familie hätte, nickte er stumm mit dem Kopf

mudanza [mu'ðanθa] *f* **1.** (*casa*) Umzug *m;* **camión de ~s** Möbelwagen *m;* **empresa de ~s** Transportunternehmen *nt,* Spedition *f;* **estamos de ~** wir ziehen um **2.** (*baile*) Tanzfigur *f*

mudar [mu'ðar] **I.** *vi, vt* **1.** (*cambiar*) ändern, wechseln (*de +akk*); (*pluma*) sich mausern; (*piel*) sich häuten; (*pelo*) das Haar wechseln; (*voz*) mutieren; **~ de color** die Farbe (ver)ändern; **los años le han mudado el** [*o* **de**] **carácter** mit dem Alter hat sich sein/ihr Charakter verändert **2.** (*ropa*) umziehen; **muda al niño tres veces al día** er/sie zieht das Kind dreimal am Tag um **II.** *vr:* **~se 1.** (*casa*) umziehen; **nos mudamos (de aquí)** wir ziehen aus; **se mudan a Granada** sie ziehen nach Granada; **se mudan a una casa nueva** sie ziehen in ein neues Haus **2.** (*ropa*) sich umziehen; **se muda de ropa cada dos por tres** er/sie zieht sich ständig um

mudéjar [mu'ðexar] **I.** *adj* Mudejar-; **estilo ~** Mudejarstil *m* **II.** *m* Mudejar *m* (*unter christlicher Herrschaft lebender Maure, 12.–16.Jh.*)

mudez [mu'ðeθ] *f sin pl* Stummheit *f;* (*silencio*) Schweigen *nt*

mudo, **-a** ['muðo, -a] **I.** *adj* stumm; **letra muda** (LING) stummer Buchstabe; **es una famosa película del cine ~** das ist ein berühmter Stummfilm; **ser ~ de nacimiento** von Geburt an stumm sein; **quedarse ~ de asombro** vor Staunen sprachlos werden **II.** *m, f* Stumme(r) *mf;* **lenguaje para los ~s** Gebärdensprache *f*

mueble ['mweβle] **I.** *m* **1.** (*una pieza*) Möbelstück *nt;* **~ bar** Hausbar *f;* **~ biblioteca** Bücherwand *f;* **cama ~** Klappbett *nt,* Schrankbett *nt;* **~ zapatero** Schuhschrank *m;* **~ de**

M

cocina Küchenschrank *m* **2.** *pl* Möbel *pl;* **~s de cocina** Einbauküche *f;* **~s de época** antike Möbel; **~s de estilo** Stilmöbel *pl;* **~s tapizados** Polstermöbel *pl* **II.** *adj:* **bienes ~s** Mobilien *pl,* bewegliche Güter *ntpl*

mueblería [mweβle'ria] *f* **1.** (*fábrica*) Möbelfabrik *f;* (*taller*) Möbelwerkstatt *f* **2.** (*comercio*) Möbelgeschäft *nt;* **el que nos atendió en la ~ me pareció muy agradable** ich fand die Bedienung im Möbelhaus sehr angenehm

mueblista [mwe'βlista] *mf* **1.** (*fabricante*) Möbelhersteller(in) *m(f)* **2.** (*vendedor*) Möbelhändler(in) *m(f)*

mueca ['mweka] *f* Grimasse *f;* **hacer ~s** Gesichter schneiden

muecín [mwe'θin] *m* (REL) Muezzin *m*

muégano ['mweɣano] *m* (*Méx:* GASTR) *Maiskuchen mit Konfitüre*

muela ['mwela] *f* **1.** (*diente*) Backenzahn *m;* **~ cariada** [*o* **picada**] kariöser Zahn; **no me han salido las ~s del juicio** meine Weisheitszähne sind noch nicht herausgekommen; **hoy me sacaron** [*o* **extrajeron**]/**empastaron dos ~s** heute habe ich zwei Backenzähne gezogen/plombiert bekommen **2.** (*molino*) Mühlstein *m* **3.** (*para afilar*) Schleifscheibe *f* **4.** (*cerro*) Hügel *m*

muellaje [mwe'ʎaxe] *m* (NÁUT) Kaigebühren *fpl*

muelle ['mweʎe] **I.** *m* **1.** (*resorte*) Sprungfeder *f;* (*reloj*) Uhrfeder *f;* **~ de ballesta** Blattfeder *f;* **colchón de ~s** Sprungfedermatratze *f* **2.** (*puerto*) Mole *f,* Kai *m;* **~ flotante** Landungsbrücke *f;* **atracar en el ~** am Kai anlegen **3.** (*andén*) Rampe *f* **II.** *adj* mollig, weich; **se dio a la vida ~** er/sie machte sich *dat* ein bequemes Leben

muelo ['mwelo] *m* (AGR) Haufen *m* gedroschenes Korn (*in der Tenne*)

muequear [mweke'ar] *vi* Grimassen schneiden; **se pasa toda la clase muequeando** während des ganzen Unterrichts macht er/sie Fratzen

muérdago ['mwerðaɣo] *m* (BOT) Mistel *f*

muerdo ['mwerðo] *m* (*fam: mordisco*) Beißen *nt,* Biss *m*

muergo ['mwerɣo] *m* (ZOOL: *navaja*) Schwertmuschel *f*

muermera [mwer'mera] *f* (BOT) *eine Waldrebenart*

muermo ['mwermo] *m* **1.** (*caballo*) Rotz *m* **2.** (*argot*): **¡qué ~!** wie öde!

muerta ['mwerta] *adj o f v.* **muerto**

muerte ['mwerte] *f* Tod *m,* Sterben *nt;* (*destrucción*) Vernichtung *f;* (*asesinato*) Mord *m;* **~ civil** bürgerlicher Tod; **~ a traición** Meuchelmord *m,* heimtückischer Mord; **~ violenta** gewaltsamer Tod; **pena de ~** Todesstrafe *f;* **morir de ~ natural** eines natürlichen Todes sterben; **a ~** erbarmungslos; **a ese tipo lo odio a ~** ich hasse diesen Typen wie die Pest; **dar ~ a alguien** (*elev*) jdn töten; **de mala ~** elend, lausig; **era un pueblo de mala ~** es war ein elendes Dorf; **hasta la ~** bis zum Tod; **hasta que la ~ os separe** (*matrimonio*) bis dass der Tod euch scheidet; **en caso de ~** im Todesfalle; **estar entre la vida y la ~** zwischen Leben und Tod schweben; **luchar contra la ~** mit dem Tode ringen; **está enfermo de ~** er ist todkrank; **llevarse un susto de ~** zu Tode erschrecken; **lo condenaron a ~** sie haben ihn zum Tode verurteilt; **en el lecho de ~** am Sterbebett

muerto, **-a** ['mwerto, -a] **I.** *pp de* **morir** **II.** *adj* tot; **cal muerta** gelöschter Kalk; **horas muertas** Mußestunden *fpl;* **naturaleza muerta** Stillleben *nt;* **estoy ~** (**de cansancio**) ich bin totmüde; **estoy ~ de hambre/sed** ich sterbe fast vor Hunger/Durst; **algo está ~ de risa** (*fam*) etw ist völlig unnütz; **estar más ~ que vivo** mehr tot als lebendig sein; **para mí esa está muerta** für mich existiert sie nicht mehr; **no tener dónde caerse ~** (*fam pey*) bettelarm sein; **las manos muertas** (JUR) die tote Hand **III.** *m, f* Tote(r) *mf;* (*difunto*) Verstorbene(r) *mf;* (*cadáver*) Leiche *f;* **están tocando a ~** sie läuten die Totenglocken; **ahora me cargan el ~ a mí** jetzt wollen sie mir den schwarzen Peter zuschieben; **hacerse el ~** den toten Mann spielen; **hacer el ~** (**nadando**) den toten Mann machen; **ese es un ~ de hambre** das ist ein Hungerleider

muesca ['mweska] *f* Kerbe *f,* Einschnitt *m;* **~ de protección contra escritura** Schreibschutzkerbe *f*

muesli ['mwesli] *m* Müsli *nt*

muestra ['mwestra] *f* **1.** (*mercancía*) (Waren)muster *nt,* Modell *nt;* **~ gratuita** Gratisprobe *f;* **~ industrial** gewerbliches Muster; **feria de ~s** Messe *f,* Ausstellung *f;* **vender según ~** nach Muster verkaufen; **por la ~ se conoce el paño** (*prov*) der Apfel fällt nicht weit vom Stamm **2.** (*prueba*) Probe *f;* **~ hecha al azar** Stichprobe *f;* **sacar** [*o* **tomar**] **una ~** eine Probe entnehmen **3.** (*demostración*) Beweis *m;* **dar ~(s) de valor** seinen Mut beweisen; **de ~, un botón** ein Beispiel möge genügen **4.** (*de labores*) Muster *nt;* **~ de bordado/punto** Stick-/Strickmuster *nt* **5.** (*rótulo*) Schild *nt*

muestrario [mwes'trarjo] *m* Katalog *m,* Musterbuch *nt*

muestreo [mwes'treo] *m* Stichprobenentnahme *f*

muflón [mu'flon] *m* (ZOOL) Mufflon *m*

mugido [mu'xiðo] *m* **1.** (*vaca*) Gebrüll *nt,* Brüllen *nt* **2.** (*viento, mar*) Brausen *nt,* Tosen *nt*

múgil ['muxil] *m* (ZOOL) Großkopf *m,* Gestreifte Meeräsche *f*

mugir [mu'xir] <g→j> *vi* **1.** (*vaca*) brüllen **2.** (*fig: viento*) heulen **3.** (*fig: agua*) brausen, tosen

mugre ['muɣre] *f sin pl* (Woll)schmutz *m*

mugriento, **-a** [mu'ɣrjen̩to, -a] *adj* schmutzig, schmierig

mugrón [mu'ɣron] *m* (BOT) Ableger *m*, Senker *m*

mugroso, **-a** [mu'ɣroso, -a] *adj v.* **mugriento**

muguete [mu'ɣete] *m* (BOT) Maiglöckchen *nt*

mujer [mu'xer] *f* Frau *f;* (*esposa*) Ehefrau *f;* ~ **cañón** (*fam*) Superfrau *f;* ~ **de edad** alte Frau; ~ **fácil** leichtes Mädchen; ~ **fatal** Femme fatale *f;* ~ **de la limpieza** Putzfrau *f;* ~ **pública** [*o* **de la calle**] Dirne *f;* **es una** ~ **de rompe y rasga** das ist eine Frau, die weiß, was sie will; **le presento a mi** ~ ich möchte Ihnen meine Frau vorstellen; **es una** ~ **de su casa** sie ist eine gute Hausfrau; **tomar** ~ heiraten; **está hecha toda una** ~ sie ist schon eine richtige Frau; **esto es cosa de ~es** das ist Frauensache; **ya ser** ~ die Menstruation schon bekommen

mujercilla [muxer'θiʎa] *f* (*pey*) leichtes Mädchen *nt;* **el barrio chino está lleno de ~s** das Chinesenviertel ist voller zweifelhafter Damen

mujercita [muxer'θita] *f dim de* **mujer**

mujerero, **-a** [muxe'rero, -a] *adj* (*AmC, AmS*) *v.* **mujeriego²**

mujeriego¹ [muxe'rjeɣo] *m* Frauenheld *m*

mujeriego, **-a²** [muxe'rjeɣo, -a] *adj* Frauen-; **cabalgar a la mujeriega, montar a mujeriegas** im Damensattel reiten, nach Frauenart reiten

mujeril [muxe'ril] *adj* **1.** (*femenino*) weiblich **2.** (*afeminado*) verweiblicht

mujerío [muxe'rio] *m* Frauen *fpl*

mujerona [muxe'rona] *f* große, stattliche Frau *f*

mujerzuela [muxer'θwela] *f* (*pey: prostituta*) Nutte *f*, Flittchen *nt*

mújol ['muxol] *m* (ZOOL) gemeine Meeräsche *f*, Großkopf *m*

mula ['mula] *f* Maultier *nt;* **mozo de ~s** Stallknecht *m*

muladar [mula'ðar] *m* (*basurero*) Mülldeponie *f;* (*estiércol*) Mistgrube *f*

muladí [mula'ði] *mf zu Zeiten der arabischen Herrschaft in Spanien: Christ, der den moslemischen Glauben annahm*

mulata [mu'lata] *f* (ZOOL) Felsenkrabbe *f*

mulato, **-a** [mu'lato, -a] **I.** *adj* Mulatten-; (*color*) dunkelbraun **II.** *m, f* Mulatte, -in *m, f*

mulero, **-a** [mu'lero, -a] *m, f* (*RíoPl*) **1.** (*fam: mentiroso*) Schwindler(in) *m(f)* **2.** (*fam: tramposo*) Schummler(in) *m(f)*

muleta [mu'leta] *f* **1.** *v.* **muleto 2.** (*apoyo*) Krücke *f;* **andar con ~s** an Krücken gehen **3.** (TAUR) Muleta *f* (*rotes Tuch beim Stierkampf*); **pasar de** ~ **al toro** dem Stier die Muleta entgegenhalten

muletazo [mule'taθo] *m* (TAUR) Passage *f* mit der Muleta; **el público aplaudía los valientes ~s del torero** das Publikum war begeistert von den gewagten Passagen des Stierkämpfers mit der Muleta

muletear [mulete'ar] *vt* (TAUR) den Stier mit der Muleta reizen

muleteo [mule'teo] *m* (TAUR) *Stierkampf mit der Muleta*

muletilla [mule'tiʎa] *f* **1.** *dim de* **muleta 2.** (*coletilla*) Flickwort *nt*

muleto, **-a** [mu'leto, -a] *m, f* junger Maulesel *m*

mulillas [mu'liʎas] *fpl* (TAUR) *geschmückte Maultiere, die den getöteten Stier aus der Arena ziehen*

mullida [mu'ʎiða] *f* Streu *f* (*für das Vieh*)

mullido¹ [mu'ʎiðo] *m* Polstermaterial *nt*

mullido, **-a²** [mu'ʎiðo, -a] *adj* weich

mullir [mu'ʎir] <*3. pret:* mulló> *vt* **1.** (*cama*) aufschütteln **2.** (*tierra*) aufschütten; (*cepas*) häufeln

mullo ['muʎo] *m* **1.** (ZOOL: *salmonete*) Meerbarbe *f* **2.** (*Ecua: abalorio*) Glasperle *f*

mulo, **-a** ['mulo, -a] *m, f* Maulesel *m*, Maultier *nt*

multa ['mul̩ta] *f* Geldstrafe *f*, Geldbuße *f;* **poner una** ~ **a alguien** jdn mit einer Geldstrafe belegen

multar [mul̩'tar] *vt* mit einer Geldstrafe belegen; **me han multado con 3000 pesetas** ich muss 3000 Peseten Strafe zahlen

multicanal [mul̩tika'nal] *m* (INFOR) Mehrfachkanal *m*

multicine [mul̩ti'θine] *m* Kino *nt* (*mit mehreren Sälen*)

multicolor [mul̩tiko'lor] *adj* **1.** (*colorido*) bunt, vielfarbig **2.** (TIPO) Mehrfarben-, mehrfarbig

multicombinable [mul̩tikombi'naβle] *adj* vielfältig kombinierbar

multiconfesional [mul̩tikoɱfesjo'nal] *adj* multikonfessionell

multicopiar [mul̩tiko'pjar] *vt* vervielfältigen, kopieren; **hay que** ~ **los carteles y repartirlos por las tiendas** man muss die Plakate vervielfältigen und in den Geschäften verteilen

multicopista [mul̩tiko'pista] *f* Kopiergerät *nt*

multicultural [mul̩tikul̩tu'ral] *adj* multikulturell; **un encuentro/una sociedad** ~ eine multikulturelle Begegnung/Gesellschaft

multiculturalidad [mul̩tikul̩turali'ðaᵈ] *f* Multikulturalität *f*

multidimensional [mul̩tiðimensjo'nal] *adj* mehrdimensional

multidisciplinario, **-a** [mul̩tiðisθipli'narjo, -a] *adj* multidisziplinär

multiforme [mul̩ti'forme] *adj* vielgestaltig

multifuncional [mul̩tifun̩θjo'nal] *adj* multifunktional

multigrado [mul̩ti'ɣraðo] **I.** *adj* (AUTO): **aceite** ~ Mehrbereichsöl *nt* **II.** *m* (AUTO) Mehrbereichsöl *nt*

multilateral [mul̩tilate'ral] *adj* multilateral

multilátero, **-a** [mul̩ti'latero, -a] *adj* (MAT) vielseitig

M

multilingüe [mu̯lti'liŋgwe] *adj* mehrsprachig

multimedia [mu̯lti'medja] *adj inv* Multimedia-, multimedial; **enciclopedia** ~ Multimedia-Nachschlagewerk *nt;* **Ingeniería M**~ *neues Studienfach, das die Bereiche Informatik, Telekommunikation und Elektrotechnik umfasst;* **ordenador** ~ Multimedia-PC *m;* **programa** ~ **de computadora** Multimedia-Computerprogramm *nt*

multimediático, **-a** [mu̯ltime'ðjatiko, -a] *adj* (INFOR) Multimedia-

multimillonario, **-a** [mu̯ltimiʎo'narjo, -a] *m, f* Multimillionär(in) *m(f)*

multinacional [mu̯ltinaθjo'nal] **I.** *adj* multinational **II.** *f* multinationaler Konzern *m*

multipartidismo [mu̯ltiparti'ðismo] *m sin pl* Mehrparteiensystem *nt*

multipicadora [mu̯ltipika'ðora] *f* Multizerkleinerer *m*

múltipla ['mu̯ltipla] *adj o f v.* **múltiplo**

múltiple ['mu̯ltiple] *adj* mehrfach; (*variado*) vielfältig; **te lo he dicho ya ~s veces** ich habe dir das schon mehrmals gesagt; **tengo ~s intereses** ich habe vielfältige Interessen

múltiplex ['mu̯ltipleʸs] **I.** *adj* (TEL) Multiplex-; **sistema** ~ Multiplexsystem *nt* **II.** *m inv* (TEL) Multiplex *nt*

multiplexado [mu̯ltipleʸ'saðo] *m* (INFOR) Multiplexbetrieb *m;* ~ **por división de frecuencias** Frequenzmultiplexbetrieb *m;* ~ **por división de tiempos** Zeitmultiplexbetrieb *m*

multiplexar [mu̯ltipleʸ'sar] *vt* multiplexen

multiplexor [mu̯ltipleʸ'sor] *m* (INFOR) Multiplexer *m*

multiplicable [mu̯ltipli'kaβle] *adj* multiplizierbar; **los beneficios son aún ~s por diez** die Gewinne können noch um das Zehnfache gesteigert werden

multiplicación [mu̯ltiplika'θjon] *f* **1.** (MAT) Multiplikation *f* **2.** (*reproducción*) Vermehrung *f;* **la** ~ **de los panes y los peces** (REL) die Vermehrung von Brot und Fisch

multiplicador [mu̯ltiplika'ðor] *m* (MAT) Multiplikator *m*

multiplicando [mu̯ltipli'kan̪do] *m* (MAT) Multiplikand *m*

multiplicar [mu̯ltipli'kar] <c→qu> **I.** *vi, vt* **1.** (MAT) multiplizieren (*por* mit +*dat*); **la tabla de** ~ das Einmaleins **2.** (*reproducir*) vermehren **3.** (*aumentar*) vervielfachen; **con el nuevo método he multiplicado mis ingresos** mit der neuen Methode konnte ich meine Einkünfte vervielfachen **II.** *vr:* **~se 1.** (*reproducirse*) sich vermehren; **¡creced y multiplicaos!** (REL) wachset und mehret euch! **2.** (*desvivirse*) sehr beschäftigt sein

multiplicidad [mu̯ltipliθi'ðaᵈ] *f* Mannigfaltigkeit *f;* (*diversidad*) Vielfalt *f*

múltiplo, **-a** ['mu̯ltiplo, -a] **I.** *adj* vielfach **II.** *m, f* Vielfache(s) *nt*

multiprocesador [mu̯ltiproθesa'ðor] *m* (INFOR) Multiprozessor *m*

multiprocesamiento [mu̯ltiproθesa'mjen̪to] *m* (INFOR) Multiprocessing *nt;* ~ **simétrico/asimétrico** symmetrisches/asymmetrisches Multiprocessing

multiprogramación [mu̯ltiproɣrama'θjon] *f* (INFOR) Multiprogramming *nt*

multirracial [mu̯ltirra'θjal] *adj* multikulturell, Vielvölker-

multirregulable [mu̯ltirreɣu'laβle] *adj* mehrfach verstellbar

multi-tarea [mu̯ltita'rea], **multitarea** [mu̯ltita'rea] **I.** *f* (INFOR) Multitasking *nt* **II.** *adj* (INFOR) Multitasking-; **sistema operativo** ~ Multitaskingbetriebssystem *nt*

multitienda [mu̯lti'tjen̪da] *f* (COM) Einkaufszentrum *nt*

multitud [mu̯lti'tuᵈ] *f* **1.** (*cantidad*) Menge *f,* große Anzahl *f;* **recogimos una** ~ **de flores** wir haben eine Menge Blumen gepflückt **2.** (*gente*) Volksmasse *f;* (*vulgo*) gemeines Volk *nt*

multitudinario, **-a** [mu̯ltituði'narjo, -a] *adj* Massen-

multiuso [mu̯lti'uso] *adj inv* Mehrzweck-

multiusuario, **-a** [mu̯ltiusu'arjo, -a] *m, f* Multiuser(in) *m(f)*

multiventana [mu̯ltiβen̪'tana] *f* (INFOR) Multitasking *nt*

multivisión [mu̯ltiβi'sjon] *f* (TV) Multivision *f*

multivitamínico, **-a** [mu̯ltiβita'miniko, -a] *adj* Multivitamin-

mundanal [mun̪da'nal] *adj,* **mundano**, **-a** [mun̪'dano, -a] *adj* weltlich; (*terrenal*) irdisch; (*extravagante*) mondän; **alejados del ~ ruido** (*elev*) weitab vom Lärmen der Welt

mundial [mun̪'djal] *adj* Welt-, weltweit; **campeonato** ~ **de fútbol** Fußballweltmeisterschaft *f;* **copa** ~ (DEP) Weltcup *m;* **guerra** ~ Weltkrieg *m;* **a nivel** ~ weltweit; **es un problema** ~ es ist ein weltweites Problem

mundificativo, **-a** [mun̪difika'tiβo, -a] *adj* (MED) abführend, purgativ

mundillo [mun̪'diʎo] *m* **1.** *dim de* **mundo** **2.** (*ambiente*) Welt *f;* **el** ~ **de la música** die Welt der Musik; **ella se maneja bien en ese** ~ in diesen Kreisen weiß sie sich zu benehmen **3.** (*encaje*) Klöppelkissen *nt* **4.** (BOT) Schneeball *m*

mundo ['mun̪do] *m* **1.** (*tierra, t. fig*) Welt *f;* (*planeta*) Erde *f;* (*globo*) Erdkugel *f,* Globus *m;* **el** ~ **antiguo** das Altertum, die Antike; **el** ~ **cristiano** die christliche Welt, die Christenheit; **el** ~ **de las finanzas** die Finanzwelt; ~ **profesional** Berufsleben *nt;* **el** ~ **del teatro** die Welt des Theaters; **el otro** ~ das Jenseits; **el tercer** ~ die Dritte Welt; **no sabemos si en los otros ~s hay vida** wir wissen nicht, ob es auf den anderen Planeten Leben gibt; **dar la vuelta al** ~ eine Weltreise machen; **echar al** ~ in die Welt setzen; **venir al** ~ auf die Welt kommen; **irse de este** ~ sterben; **se bañaban como Dios los/las trajo al** ~ sie badeten wie Gott sie geschaffen hatte [*o* splitternackt]; **ver ~** sich in der Welt umsehen; **andar por esos ~s de Dios** (*fam: estar de viaje*) die Welt bereisen; (*estar perdido*) irgendwo stecken; **recorrer medio ~** in der Welt herumkommen; **con la mayor tranquilidad del ~** mit aller Seelenruhe; **rápidamente se le cae el ~ encima** ihm/ihr wird schnell alles zu viel; **vivir en otro ~** (*fig*) hinter dem Mond leben; **este ~ es un pañuelo** die Welt ist klein [*o* ist ein Dorf]; **desde que el ~ es ~** seit die Welt besteht; **ponerse el ~ por montera, reírse del ~** tun und lassen, was man will; **hacer un ~ de algo** aus etw *dat* ein Drama machen; **así va** [*o* **anda**] **el ~** das ist der Lauf der Welt [*o* der Dinge]; **¡deja el ~ correr!** lass es gut sein!; **no es nada del otro ~** das ist nichts Besonderes; **no haría eso por nada del ~** ich würde das um nichts auf der Welt machen **2.** (*humanidad*) Leute *pl,* Welt *f;* **a la vista de todo el ~** vor der ganzen Welt, vor allen Leuten; **todo el ~ sabe que...** die ganze Welt weiß, dass ..., jedermann weiß, dass ...; **lo sabe medio ~** die halbe Welt weiß es schon **3.** (*experiencia*) Weltkenntnis *f;* **ser de ~** weltgewandt sein; **Lola tiene mucho ~** Lola ist eine Frau von Welt **4.** (REL) Welt *f;* **dejó el ~ y se metió monja** sie entsagte der Welt und wurde Nonne

mundología [mun̪dolo'xia] *f sin pl* (*fam: experiencia*) Lebenserfahrung *f*

Munich ['muniʧ] *m* München *nt*

munición [muni'θjon] *f* **1.** (*armas*) Munition *f;* (*escopeta*) Schrot *m o nt;* **~ de guerra** scharfe Munition **2.** (*loc*): **de ~** vom Staat zur Verfügung gestellt; (*fig*) gepfuscht

municionamiento [muniθjona'mjen̪to] *m* (MIL) Munitionierung *f*

municipal [muniθi'pal] *adj* städtisch, Stadt-, Gemeinde-; **parque ~** Stadtpark *m;* **piscinas ~es** städtische Schwimmbäder; **término ~** Gemeindebezirk *m*

municipalidad [muniθipali'ðaᵈ] *f* **1.** (*administración*) Gemeindeverwaltung *f* **2.** (*corporación*) Gemeinderat *m*

municipalización [muniθipaliθa'θjon] *f* Kommunalisierung *f;* **el pleno ha decidido la ~ del servicio de distribución de agua** in der Plenarsitzung wurde beschlossen, dass die Wasserversorgung in die Kompetenz der Gemeinde übergehen sollte

municipalizar [muniθipali'θar] <z→c> *vt* kommunalisieren; **han decidido ~ el servicio de distribución de agua** es wurde beschlossen, die Wasserversorgung der Gemeinde zu übertragen

municipio [muni'θipjo] *m* **1.** (*población*) Gemeinde *f,* Gemeindebezirk *m* **2.** (*ayuntamiento*) Rathaus *nt* **3.** (*concejo*) Gemeinderat *m*

munificencia [munifi'θen̪θja] *f sin pl* Großzügigkeit *f,* Freigebigkeit *f*

munificiente [munifi'θjen̪te] *adj,* **munífico, -a** [mu'nifiko, -a] *adj* großzügig, freigebig

muniqués, -esa [muni'kes, -esa] **I.** *adj* münchnerisch **II.** *m, f* Münchner(in) *m(f)*

munir [mu'nir] **I.** *vt* (*CSur*) versehen (*de* mit +*dat*); **ir munido de los documentos necesarios** die erforderlichen Papiere bei sich *dat* haben **II.** *vr:* **~se** (*CSur*) sich versehen (*de* mit +*dat*); **~se del equipo necesario** sich ausrüsten; **~se de suficientes provisiones para un largo viaje** sich mit ausreichend Proviant für eine lange Reise eindecken

munitoria [muni'torja] *f* (MIL) Befestigungskunst *f*

muñeca [mu'ɲeka] *f* **1.** (*brazo*) Handgelenk *nt,* Handwurzel *f* **2.** (*juguete*) Puppe *f* **3.** (*maniquí*) Schneiderpuppe *f;* **~ hinchable** Dummy *m* **4.** (*fig: niña*) niedliches Mädchen *nt*

muñeco [mu'ɲeko] *m* **1.** (*juguete*) Puppe *f,* Figur *f;* **~ articulado** Gliederpuppe *f;* **~ de nieve** Schneemann *m* **2.** (*pey: monigote*) Marionette *f*

muñeira [mu'ɲei̯ra] *f galizischer Volkstanz*

muñequera [muɲe'kera] *f* Armband *nt*

muño ['muɲo] *m* (*Chil:* GASTR) *Gericht mit geröstetem und gesalzenem Mais- oder Weizenmehl als Grundlage*

muñón [mu'ɲon] *m* Stumpf *m,* Stummel *m*

murajes [mu'raxes] *mpl* (BOT) Ackergauchheil *m*

mural [mu'ral] **I.** *adj* Wand-; **mapa ~** Wandkarte *f* **II.** *m* Wandbild *nt,* Wandgemälde *nt*

muralismo [mura'lismo] *m* (ARTE) Wandmalerei *f*

muralista [mura'lista] *mf* Wandmaler(in) *m(f)*

muralla [mu'raʎa] *f* Mauer *f,* Stadtmauer *f;* **la Gran M~, la M~ China** die Große [*o* Chinesische] Mauer

murallón [mura'ʎon] *m* dicke [*o* starke] Mauer *f*

murcianismo [murθja'nismo] *m* **1.** (LING) *in Murcia gebräuchlicher Ausdruck* **2.** (*vinculación sentimental a Murcia*) Liebe *f* zu Murcia

murciano, -a [mur'θjano, -a] **I.** *adj* aus Murcia **II.** *m, f* Einwohner(in) *m(f)* von Murcia

murciélago [mur'θjelaɣo] *m* (ZOOL) Fledermaus *f*

murcielaguina [murθjela'ɣina] *f* Fledermauskot *m*

murena [mu'rena] *f* (ZOOL) Muräne *f*

murga ['murɣa] *f* (*fam: banda de música*) schlechte Musikkapelle *f;* **dar la ~ a alguien** jdm auf den Wecker fallen [*o* gehen]; **¡deja de darme la ~!** lass mich endlich in Ruhe!

murguista [mur'ɣista] *mf* (MÚS) Straßenmusikant(in) *m(f);* **en Cádiz no hay nadie que en los Carnavales no actúe como ~ en alguna fiesta** zu Karneval wird in Cádiz jedermann zum Straßenmusikanten

murmullo [mur'muʎo] *m* **1.** (*voz*) Gemurmel *nt,* Geflüster *nt* **2.** (*hojas*) Säuseln *nt* **3.** (*agua*) Rauschen *nt*

M

murmuración [murmura'θjon] *f* üble Nachrede *f;* (*cotilleo*) Klatsch *m fam*

murmurador(a) [murmura'ðor(a)] *m(f)* Lästerzunge *f fam;* (*calumniador*) Verleumder(in) *m(f)*

murmurar [murmu'rar] *vi, vt* **1.** (*susurrar*) murmeln, murren; ~ **al oído** ins Ohr flüstern **2.** (*criticar*) verleumden; **andan murmurando del cura** sie ziehen über den Priester her **3.** (*agua, hojas*) rauschen, säuseln

muro ['muro] *m* Mauer *f;* (*pared*) Wand *f;* ~ **ciclópeo** Zyklopenmauer *f;* ~ **de contención** Schutzwall *m;* **M~ de las Lamentaciones** Klagemauer *f;* ~ **medianero** Zwischenwand *f*

murria ['murrja] *f sin pl* (*fam: tristeza*) Trübsinn *m*

murrio, -a ['murrjo, -a] *adj* trübsinnig

mus [mus] *m ein Kartenspiel*

musa ['musa] *f* Muse *f;* (*fig*) Inspiration *f;* **soplarle a alguien la** ~ von der Muse geküsst werden; (*en un juego*) Glück im Spiel haben; **la** ~ **de Virgilio** die Dichtkunst Vergils

musaraña [musa'raɲa] *f* **1.** (ZOOL) Spitzmaus *f* **2.** (*fig: bicho*) kleines Tier *nt;* (*insecto*) kleines Insekt *nt;* **pensar en las ~s** (*fig*) in Gedanken woanders sein **3.** (*nubecilla*) Flimmern *nt* (*vor den Augen*)

musculación [muskula'θjon] *f* (DEP) Bodybuilding *nt*

muscular [musku'lar] *adj* Muskel-; **fuerza** ~ Muskelkraft *f;* **sistema** ~ Muskelsystem *nt*

muscularse [musku'larse] *vr* die Muskeln trainieren; **va al gimnasio para** ~ er/sie geht ins Fitness-Center, um Muskeln zu bekommen

musculatura [muskula'tura] *f* Muskulatur *f*

músculo ['muskulo] *m* Muskel *m;* ~ **deltoide** Schultermuskel *m;* **es** ~ **puro** er/sie besteht nur aus Muskeln

musculoso, -a [musku'loso, -a] *adj* muskulös; (*fuerte*) kräftig

museístico, -a [muse'istiko, -a] *adj* zum Museum gehörend, Museums-

muselina [muse'lina] *f* **1.** (*tela*) Musselin *m* **2.** (GASTR) *Soße oder Füllung mit geschlagener Sahne als Basis*

museo [mu'seo] *m* Museum *nt;* (*colección*) Kunstsammlung *f,* Kunsthalle *f;* ~ **de cera** Wachsmuseum *nt;* ~ **etnográfico** Völkerkundemuseum *nt;* **pieza de** ~ Museumsstück *nt*

museógrafa [muse'oɣrafa] *f v.* **museógrafo**

museografía [museoɣra'fia] *f* Museumsverwaltung *f*

museográfico, -a [museo'ɣrafiko, -a] *adj* die Museumsverwaltung betreffend; (*técnicas museográficas*) Methoden der Museumsverwaltung

museógrafo, -a [muse'oɣrafo, -a] *m, f* Museumsverwalter(in) *m(f)*

museóloga [muse'oloɣa] *f v.* **museólogo**

museología [museolo'xia] *f sin pl* Museumskunde *f*

museológico, -a [museo'loxiko, -a] *adj* museumskundlich

museólogo, -a [muse'oloɣo, -a] *m, f* Person *f,* die Museumskunde betreibt

musgaño [mus'ɣaɲo] *m* (ZOOL) Hausspitzmaus *f*

musgo ['musɣo] *m* (BOT) Moos *nt*

musgoso, -a [mus'ɣoso, -a] *adj* moosartig; (*cubierto de musgo*) bemoost

música ['musika] *f* **1.** *v.* **músico 2.** (*sonido*) Musik *f;* (*partituras*) Noten *fpl;* ~ **de baile** Tanzmusik *f;* ~ **clásica** klassische Musik; ~ **dodecafónica** Zwölftonmusik *f;* ~ **folclórica** [*o* **popular**] Volksmusik *f;* ~ **de fondo** Hintergrundmusik *f;* ~ **ligera** leichte Musik, Unterhaltungsmusik *f;* ~ **militar** Militärmusik *f;* ~ **ratonera** (*fam fig*) Katzenmusik *f;* ~ **sacra** Kirchenmusik *f;* **banda de** ~ (Musik)kapelle *f;* **caja de** ~ Spieldose *f;* **¡véte con la** ~ **a otra parte!** lass mich in Ruhe!; **sus palabras nos sonaron a** ~ **celestial** seine/ihre Worte waren Musik in unseren Ohren; **tiene talento para la** ~ er/sie ist musikalisch **3.** (*orquesta*) (Musik)kapelle *f*

musical [musi'kal] **I.** *adj* musikalisch, Musik-; **composición** ~ (Musik)stück *nt;* **frase** ~ Tonsatz *m* **II.** *m* Musical *nt*

musicalidad [musikali'ðað] *f sin pl* Musikalität *f*

musicalizar [musikali'θar] <z→c> *vt* (MÚS) vertonen; **musicalizó un texto en prosa de un famoso escritor** er/sie hat den Prosatext eines berühmten Schriftstellers in Musik gesetzt [*o* vertont]

musicalmente [musikal'meņte] *adv* musikalisch; **la pieza, ~ hablando, no está bien construida** das Stück ist musikalisch nicht gut aufgebaut

musicastro, -a [musi'kastro, -a] *m, f* (*pey: músico*) schlechter Musiker *m,* schlechte Musikerin *f*

músico, -a ['musiko, -a] **I.** *adj* Musik- **II.** *m, f* Musiker(in) *m(f);* (*compositor*) Komponist(in) *m(f);* ~ **ambulante** (Straßen)musikant *m*

musicófilo, -a [musi'kofilo, -a] *m, f* Musikliebhaber(in) *m(f)*

musicógrafa [musi'koɣrafa] *f v.* **musicógrafo**

musicografía [musikoɣra'fia] *f sin pl* Musikwissenschaft *f*

musicógrafo, -a [musi'koɣrafo, -a] *m, f* Musikschriftsteller(in) *m(f)*

musicóloga [musi'koloɣa] *f v.* **musicólogo**

musicología [musikolo'xia] *f sin pl* Musikwissenschaft *f*

musicólogo, -a [musi'koloɣo, -a] *m, f* Musikwissenschaftler(in) *m(f)*

musicómano, -a [musi'komano, -a] *m, f* Musikfan *m,* Musikbegeisterte(r) *mf*

musiquilla [musi'kiʎa] *f dim de* **música**

musitar [musi'tar] **I.** *vi* **1.** (*murmurar*) leise sprechen, flüstern **2.**(*hojas*) rauschen **II.** *vt* flüstern; (*murmurar*) murmeln; ~ **a alguien algo al oído** jdm etw ins Ohr flüstern

muslamen [mus'lamen] <muslámenes> *m* (*fam*) (dicker) Oberschenkel *m;* **la minifalda dejaba todo el ~ al aire** der Minirock bedeckte gerade die Pobacken

muslim [mus'lin] *mf,* **muslime** [mus'lime] *mf* Moslem *m,* Moslime *f,* Muslim(e) *m(f)*

muslo ['muslo] *m* **1.**(*de una persona*) Oberschenkel *m* **2.**(*de un animal*) Keule *f,* Schlegel *m*

musmón [mus'mon] *m* (ZOOL) Mufflon *m o nt*

mustaco [mus'tako] *m* (GASTR) *Kuchen aus Mehl mit Most und Schmalz und anderen Zutaten*

mustela [mus'tela] *f* (ZOOL) Wiesel *nt*

mustio, -a ['mustjo, -a] *adj* **1.**(*flores*) welk **2.**(*triste*) bedrückt, traurig

musulmán, -ana [musul'man, -ana] **I.** *adj* moslemisch, muslimisch **II.** *m, f* Muslim(e) *m(f),* Moslem *m,* Moslime *f*

mutabilidad [mutaβili'ða^ð] *f sin pl* Veränderlichkeit *f*

mutable [mu'taβle] *adj* veränderlich

mutación [muta'θjon] *f* **1.**(*transformación*) (Ver)änderung *f* **2.**(*genes*) Mutation *f* **3.**(TEAT) Szenenwechsel *m* **4.**(METEO) Wetterumschwung *m* **5.**(LING) Lautverschiebung *f*

mutacionismo [mutaθjo'nismo] *m* (BIOL) Mutationstheorie *f*

mutante [mu'tante] *mf* Mutant(e) *m(f)*

mutar [mu'tar] *vt, vr:* **~se** (sich) ändern, wechseln

mutatis mutandis [mu'tatis mu'tandis] mutatis mutandis (*mit den nötigen Änderungen*)

mutilación [mutila'θjon] *f* Verstümmelung *f*

mutilado, -a [muti'laðo, -a] *m, f* Krüppel *m;* ~ **de guerra** Kriegsversehrte(r) *m*

mutilador(a) [mutila'ðor(a)] *adj* verstümmelnd; **las minas antipersonas son armas ~as de niños desprevenidos** durch die Antipersonenminen werden unschuldig spielende Kinder verstümmelt

mutilar [muti'lar] *vt* **1.**(*cuerpo*) verstümmeln **2.**(*recortar*) verkürzen

mutis ['mutis] *m inv* **1.**(TEAT) Abgang *m;* ~ **por el foro** Abgang *m;* **hacer ~** abgehen **2.**(*loc*): **¡~!** Ruhe!

mutismo [mu'tismo] *m* Schweigsamkeit *f;* **no hay manera de sacarlo de su ~** es ist unmöglich, ihn aus der Reserve zu locken

mutual [mutu'al] **I.** *adj* gegenseitig **II.** *f* (*CSur*) Sozialversicherung *f*

mutualidad [mutwali'ða^ð] *f* **1.**(*reciprocidad*) Gegenseitigkeit *f* **2.**(*cooperativa*) ≈Verein *m* auf Gegenseitigkeit; ~ **de accidentes de trabajo** Berufsgenossenschaft *f;* ~ **obrera** Arbeiterhilfe *f;* ~ **de seguros** Versicherungsverein auf Gegenseitigkeit

mutualismo [mutwa'lismo] *m* Genossenschaftswesen *nt*

mutualista [mutwa'lista] *mf* Genossenschaftler(in) *m(f)*

mutuamente [mutwa'mente] *adv* gegenseitig; **se gustaron ~ nada más verse** sie gefielen einander auf den ersten Blick

mutuo, -a ['mutwo, -a] *adj* gegenseitig; **sociedad de seguros ~s** Versicherungsgesellschaft auf Gegenseitigkeit

muy [mwi] *adv* sehr; ~ **bien** sehr gut; **es ~ improbable que ocurra algo del género** es ist höchst unwahrscheinlich, dass so etwas passiert; **¡guárdate ~ mucho de irlo contando por ahí!** (*fam*) hüte dich bloß das überall zu erzählen!; **~ a pesar mío fue contándolo** zu meinem größten Bedauern hat er/sie es erzählt; **~ de tarde en tarde** sehr selten; **~ de mañana** sehr früh morgens; **¿y qué ha hecho el ~ tunante?** und was hat der Schelm gemacht?; **le saluda ~ atentamente,...** (*en cartas*) hochachtungsvoll, ...; **¡dejarnos plantados: eso es ~ de María!** uns einfach sitzen zu lassen; das ist typisch Maria!; **es Ud. ~ libre de hacer lo que quiera** es steht Ihnen völlig frei, das zu tun, was Ihnen beliebt

M

N

N, n ['ene] *f* N, n *nt;* ~ **de Navarra** N wie Nordpol
naba ['naβa] *f* Kohlrübe *f,* Steckrübe *f*
nabab [na'βa^β] *m* Nabob *m*
nabicol [naβi'kol] *m* (BOT) Kohlrübe *f*
nabina [na'βina] *f* (BOT) Rübsamen *m*
nabo ['naβo] *m* **1.** (BOT) weiße Rübe *f;* ~ **gallego** Kohlrübe *f,* Steckrübe *f* **2.** (ARQUIT) Spindel *f* **3.** (*vulg: pene*) Schwanz *m*
nácar ['nakar] *m* Perlmutt *nt,* Perlmutter *f o nt;* **de** ~ perlmuttern; **con incrustaciones de** ~ mit Perlmutt(er) eingelegt
nacarado, -a [naka'raðo, -a] *adj:* **de color** ~ perlmutterfarben, perlmuttern; **estuche** ~ mit Perlmutt(er) besetztes Etui
nacarigüe [naka'riɣwe] *m* (*Hond:* GASTR) *ein Fleischeintopf mit geröstetem Mais*
nacarino, -a [naka'rino, -a] *adj* Perlmutt(er)-, pelmuttern
nacatamal [nakata'mal] *m* (*AmC, Méx:* GASTR) *eine mit Schweinefleisch gefüllte Maispastete*
nacedero [naθe'ðero] *m* (*Col:* BOT) *ein Akanthusgewächs*
nacer [na'θer] *irr como crecer* **I.** *vi* **1.** (*venir al mundo*) geboren werden, auf die Welt kommen; **nací el 29 de febrero** ich bin am 29. Februar geboren; **¿qué te crees? – no nací ayer** was glaubst du denn? – ich bin doch nicht von gestern *fam;* ~ **de pies** [*o* **con estrella**] ein Sonntagskind sein; ~ **de cabeza** [*o* **estrellado**] ein Pechvogel sein; **haber nacido para la música** der geborene Musiker sein; **nació para profesor** er ist zum Lehrer geboren; **nadie nace enseñado** (*prov*) es ist noch kein Meister vom Himmel gefallen; **no con quien naces, sino con quien paces** (*prov*) sage mir, mit wem du verkehrst, und ich sage dir, wer du bist **2.** (*salir del huevo*) schlüpfen **3.** (*germinar*) sprießen; **las flores nacen** die Blumen sprießen **4.** (*sol, luna*) aufgehen; (*día*) anbrechen; **al** ~ **el día** bei Tagesanbruch **5.** (*originarse*) seinen Ursprung haben (*de/en* in +*dat*); **el arroyo nace más arriba** die Quelle entspringt weiter oben; **el protestantismo nació en Alemania** der Protestantismus hat seinen Ursprung in Deutschland **6.** (*surgir*) entstehen (*de* aus +*dat, de* durch +*akk*); **la duda nace de la ignorancia** der Zweifel entsteht aus [*o* durch] Unwissenheit; **nació una duda en su mente** er/sie fing an zu zweifeln **7.** (*comenzar*) ansetzen **II.** *vr:* ~**se** keimen
nacido, -a [na'θiðo, -a] **I.** *adj* geboren; **bien** ~ (*de familia ilustre*) aus guter Familie; (*de buen comportamiento*) wohlerzogen; ~ **de padres ricos** aus wohlhabendem Hause **II.** *m, f:* **recién** ~ Neugeborene(s) *nt;* **los** ~**s el 2 de abril pertenecen al signo Aries** alle am 2. April Geborenen gehören zum Sternzeichen Widder; **eres un mal** ~ du bist ein Fiesling
naciente¹ [na'θjen̩te] **I.** *adj* **1.** (*sol*) aufgehend; **el país del Sol** ~ das Land der aufgehenden Sonne **2.** (QUÍM) naszierend **II.** *m* (*oriente*) Orient *m;* (*este*) Osten *m*
naciente² [na'θjen̩te] *f* (*Arg, Par*) Quelle *f*
nacimiento [naθi'mjen̩to] *m* **1.** (*venida al mundo*) Geburt *f;* **de** ~ von Geburt an **2.** (*linaje*) Herkunft *f,* Abstammung *f;* **es de humilde** ~ er/sie stammt aus bescheidenen Verhältnissen; **es de noble** ~ er/sie ist adliger Abstammung **3.** (*comienzo*) Anfang *m;* ~ **del pelo** Haaransatz *m* **4.** (*belén*) Weihnachtskrippe *f*
nación [na'θjon] *f* (*país*) Nation *f;* (*pueblo*) Volk *nt;* ~ **acreedora** Gläubigerstaat *m;* ~ **deudora** Schuldnerland *nt;* ~ **industrializada** Industriestaat *m;* **las Naciones Unidas** die Vereinten Nationen; ~ **en vías de desarrollo** Entwicklungsland *nt*
nacional [naθjo'nal] *adj* **1.** (POL) national, National-; **fiesta** ~ Nationalfeiertag *m;* **independencia** ~ nationale Unabhängigkeit **2.** (ECON) inländisch, Inland(s)-; **contabilidad** ~ volkswirtschaftliche Gesamtrechnung; **mercado** ~ Inlandsmarkt *m,* einheimischer Markt; **moneda** ~ Landeswährung *f;* **producto** ~ Nationalprodukt *nt,* Inlandsprodukt *nt;* **renta** ~ Volkseinkommen *nt;* **volumen de ventas** ~**es** Inlandsabsatzvolumen *nt* **3.** (*instituciones*) Staats-; **biblioteca** ~ Staatsbibliothek *f* **4.** (AUTO): **carretera** ~ (*en Alemania*) Bundesstraße *f;* (*en España*) Nationalstraße *f*
nacionalcatolicismo [naθjonalkatoli'θismo] *m* (POL) Nationalkatholizismus *m*
nacionalidad [naθjonali'ða^ð] *f* (*ciudadanía*) Staatsangehörigkeit *f,* Nationalität *f elev;* **es de** ~ **española** er/sie besitzt die spanische Staatsangehörigkeit; **he adoptado la** ~ **alemana** ich habe die deutsche Staatsangehörigkeit angenommen
nacionalismo [naθjona'lismo] *m sin pl* Nationalismus *m*
nacionalista [naθjona'lista] **I.** *adj* nationalistisch **II.** *mf* Nationalist(in) *m(f)*
nacionalización [naθjonaliθa'θjon] *f* **1.** (*ente*) Verstaatlichung *f* **2.** (*persona*) Einbürgerung *f*
nacionalizar [naθjonali'θar] <z→c> **I.** *vt*

1.(*ente*) verstaatlichen **2.**(*persona*) einbürgern **II.** *vr:* **~se alemán** die deutsche Staatsangehörigkeit annehmen

nacionalmente [naθjonal'men̩te] *adv* national; **una decisión ~ aplaudida** eine auf nationaler Ebene vielbegrüßte Entscheidung

nacionalsindicalismo [naθjonalsin̩dika'lismo] *m* (POL, SOCIOL) Nationalsyndikalismus *m* (*Bewegung der spanischen Falange*)

nacionalsocialismo [naθjonalsoθja'lismo] *m sin pl* (HIST) Nationalsozialismus *m*

nacionalsocialista [naθjonalsoθja'lista] **I.** *adj* (HIST) nationalsozialistisch **II.** *mf* (HIST) Nationalsozialist(in) *m(f)*

naco ['nako] *m* **1.**(*AmC: cobarde*) Feigling *m;* (*marica*) Schwule(r) *m* **2.**(*Arg: miedo*) Angst *f;* (*susto*) Schreck *m* **3.**(*Col: puré de patata*) Kartoffelpüree *nt* **4.**(*Méx: guerrero*) Indianer *m;* (*ignorante*) Tölpel *m*

nada ['naða] **I.** *pron indef* nichts; **no tengo ~** ich habe nichts; **no decir ~** nichts [*o* kein Wort] sagen; **o todo, o ~** alles oder nichts; **¡gracias! –¡de ~!** danke! –bitte sehr! [*o* keine Ursache!]; **¡pues ~!** also gut!, na dann!; **por ~** wegen nichts; **por ~ en el mundo** um nichts in der Welt; **no es ~, no me pasa ~** (keine Sorge,) es geht mir gut; **por ~ se queja** er/sie beschwert sich wegen jeder Kleinigkeit; **como si ~** als wäre nichts dabei; **le costó ~ más y ~ menos que...** es kostete ihn/sie die stolze Summe von ...; **vino a verme ~ menos que el director** der Direktor höchstpersönlich kam zu mir **II.** *adv* nichts; **~ más** (*solamente*) nur; (*no más*) nichts mehr; **¡~ más!** das wär's!; **~ de ~** überhaupt nichts; **no es ~ difícil** es ist überhaupt [*o* gar] nicht schwierig; **¡~ de eso!** nichts da! *fam;* **¡casi ~!** unglaublich!; **antes de ~** (*sobre todo*) vor allem, insbesondere; (*primero*) zuallererst; **para ~** umsonst, vergeblich; (*argot*) überhaupt nicht; **no servir para ~** zu nichts taugen [*o* nütze sein]; **a cada ~** (*Am*) dauernd **III.** *f* Nichts *nt;* **Dios hizo el mundo de la ~** Gott schuf die Welt aus dem Nichts; **venir como de la ~** wie aus dem Nichts auftauchen

nadadera [naða'ðera] *f* Schwimmgürtel *m*

nadador(a) [naða'ðor(a)] *m(f)* Schwimmer(in) *m(f)*

nadar [na'ðar] *vi* schwimmen; **~ en dinero** in Geld schwimmen; **~ en deudas** sich vor Schulden nicht mehr retten können; **nada en sus pantalones** (*fam*) die Hose ist ihm/ihr viel zu weit

nadería [naðe'ria] *f* Nichtigkeit *f,* Lappalie *f*

nadie ['naðje] *pron indef* niemand; **no había ~** es war niemand [*o* kein Mensch] da; **~ preguntó** keiner [*o* niemand] fragte was; **tú no eres ~ para...** du hast kein Recht zu ...; **¡no es ~ tu hermano para estas cosas!** bei solchen Sachen muss man mit deinem Bruder aufpassen; **es un don ~** er ist ein Niemand

nadir [na'ðir] *m* (ASTR) Nadir *m*

nadita [na'ðita] **I.** *f* (*Ecua, Méx*): **en ~ estuvo que lo mataran** er ist knapp dem Tod entronnen **II.** *adv* (*Méx*) keineswegs, auf (gar) keinen Fall

nado ['naðo] *adv:* **a ~** schwimmend; **cruzar el río a ~** den Fluss schwimmend durchqueren

nafta ['nafta] *f* **1.**(QUÍM) Naphtha *f o nt* **2.**(*Arg, Par, Urug: gasolina*) Benzin *nt*

naftalina [nafta'lina] *f* (QUÍM) Naphthalin *nt*

naftol [naf'tol] *m* (QUÍM) Naphthol *nt*

nagua ['naɣwa] **I.** *adj* (*CRi*): **~s** feige **II.** *f* (*Am*) Unterrock *m,* Petticoat *m*

nagual[1] [na'ɣwal] **I.** *adj* wild, brutal **II.** *m* **1.**(*AmC, Méx: hechicero*) Medizinmann *m,* Zauberer *m* **2.**(*Guat, Hond: animal*) treuer Gefährte *m*

nagual[2] [na'ɣwal] *f* (*Méx*) Lüge *f*

nagualear [naɣwale'ar] *vi* (*Méx: mentir*) lügen; (*robar*) klauen

náhuatl ['nawaðl] *m* Nahuatl *nt* (*Sprache der mexikanischen Indios*)

naif [na'if] *adj* naiv; **arte ~** naive Kunst

nailon ['nai̯lon] *m* Nylon® *nt*

naipe ['nai̯pe] *m* **1.**(*carta*) (Spiel)karte *f;* **juego de ~s** Kartenspiel *nt* **2.** *pl* (*baraja*) Kartenspiel *nt*

naitica [nai̯'tika] *f* (*Ven*) Nichtigkeit *f,* Lappalie *f*

naja ['naxa] *f* Brillenschlange *f*

najarse [na'xarse] *vr* (*fam*) abhauen, verduften

nalga ['nalɣa] *f* **1.**(*asentadera*) Gesäßhälfte *f,* (Hinter)backe *f fam* **2.** *pl* Gesäß *nt*

nalgudo, -a [nal'ɣuðo, -a] *adj:* **es muy ~** er hat einen dicken Hintern *fam*

namibio, -a [na'miβjo, -a] **I.** *adj* namibisch **II.** *m, f* Namibier(in) *m(f)*

nana ['nana] *f* **1.**(*canción*) Wiegenlied *nt* **2.**(*fam: abuela*) Oma *f;* **ser del año de la ~** uralt [*o* kalter Kaffee] sein **3.**(*niñera*) Kindermädchen *nt* **4.**(*CSur: de los niños*) Wehweh *nt;* **las ~s** (*de los abuelos*) die Wehwehchen

nanacate [nana'kate] *m* (*Méx*) Pilz *m*

nanay [na'nai̯] *interj* (*fam*) kommt nicht in die Tüte

nanismo [na'nismo] *m* (MED) Zwergwuchs *m,* Nanismus *m,* Nanosomie *f*

nano, -a ['nano, -a] *adj* (*fam*): **¡que ~ (que) es!** so ein Zwerg!

nanómetro [na'nometro] *m* Nanometer *m o nt,* milliardstel Meter *m*

nanosomía [nanoso'mia] *f* (MED) *v.* **nanismo**

nanoya [na'noɟa] *f* (*Guat*) Großmutter *f,* Oma *f fam*

nao ['nao] *f* (*elev*) Schiff *nt*

napa ['napa] *f* **1.**(*piel*) Nappa(leder) *nt* **2.**(*fibras*) Vlies *nt*

napalm® [na'palᵐ] *m sin pl* Napalm® *nt*

nape ['nape] *m* (*Chil:* ZOOL) *als Köder verwendete Krebsart*

napelo [na'pelo] *m* (BOT) Eisenhut *m*

napia(s) ['napja(s)] *f(pl)* (*fam*) Zinken *m;*

N

¡vaya ~ que tiene! der/die hat aber einen Zinken!

napoleón [napole'on] *m* (*Chil*) (Greif)zange *f;* ~ **universal** Kombizange *f*

napoleónico, **-a** [napole'oniko, -a] *adj* napoleonisch

Nápoles ['napoles] *m* Neapel *nt*

napolitana [napoli'tana] *f mit Schokolade gefüllte Tasche aus Blätterteig*

napolitano, **-a** [napoli'tano, -a] **I.** *adj* neapolitanisch **II.** *m, f* Neapolitaner(in) *m(f)*

naque ['nake] *m* (TEAT, HIST) Zwei-Mann-Komödiantentruppe *f*

naranja [na'raŋxa] **I.** *f* Orange *f,* Apfelsine *f;* ~ **china** Kumquat *f;* ~ **nável** Navelorange *f;* ~ **sanguina** [*o* **de sangre**] Blutorange *f;* **tu media** ~ deine bessere Hälfte; **¡~s!** (so ein) Quatsch! **II.** *adj* orange(n)farben, orange(n)farbig; **un vestido (de color)** ~ ein orange(n)farbenes [*o* orange(ne)s] Kleid

naranjada [naraŋ'xaða] *f* Orangeade *f,* Orangenlimonade *f*

naranjado, **-a** [naraŋ'xaðo, -a] *adj* orange(n), orange(n)farben, orange(n)farbig

naranjal [naraŋ'xal] *m* Orangenhain *m,* Apfelsinenhain *m*

naranjo [na'raŋxo] *m* Orangenbaum *m,* Apfelsinenbaum *m*

narceína [narθe'ina] *f* (QUÍM) Narcein *nt,* Narzein *nt*

narcisismo [narθi'sismo] *m sin pl* Narzissmus *m*

narcisista [narθi'sista] **I.** *adj* narzisstisch **II.** *mf* **1.** (*en la mitología*) Narziss *m* **2.** (*erótico*) Narzisst *m*

narciso [nar'θiso] *m* **1.** (*persona*) Narziss *m* **2.** (BOT) Narzisse *f*

narco ['narko] *m* (*argot*) Dealer *m*

narcoanálisis [narkoa'nalisis] *m inv* (PSICO) Narkoanalyse *f,* Narkopsychoanalyse *f*

narcocontrabando [narkokon̪tra'βan̪do] *m* Drogenschmuggel *m;* **los capos del** ~ **controlan todo el país** die Drogenschmuggler haben das ganze Land unter Kontrolle

narcolepsia [narko'leβsja] *f* (MED) Narkolepsie *f,* plötzlicher Schlafanfall *m*

narcomanía [narkoma'nia] *f* (MED) Narkomanie *f*

narcosis [nar'kosis] *f inv* (MED) Narkose *f*

narcoterapia [narkote'rapja] *f* (MED) Narkosetherapie *f,* Behandlung *f* durch Narkose

narcoterrorismo [narkoterro'rismo] *m sin pl* Drogenterrorismus *m*

narcoterrorista [narkoterro'rista] *mf* Drogenterrorist(in) *m(f)*

narcótico[1] [nar'kotiko] *m* Betäubungsmittel *nt;* (MED) Narkotikum *nt*

narcótico, **-a**[2] [nar'kotiko, -a] *adj* betäubend; (MED) narkotisch

narcotina [narko'tina] *f* (QUÍM) Narkotin *nt*

narcotización [narkotiθa'θjon] *f* Narkotisierung *f*

narcotizador(a) [narkotiθa'ðor(a)] *adj* narkotisch, narkotisierend; **un aroma** ~ ein narkotischer Duft

narcotizante [narkoti'θan̪te] **I.** *adj* narkotisierend; **le administraron una sustancia** ~ sie gaben ihm/ihr ein Narkotikum **II.** *m* Narkotikum *nt*

narcotizar [narkoti'θar] <z→c> *vt* betäuben; (MED) narkotisieren

narcotraficante [narkotrafi'kan̪te] *mf* Drogenhändler(in) *m(f),* Rauschgifthändler(in) *m(f)*

narcotráfico [narko'trafiko] *m* Drogenhandel *m,* Rauschgifthandel *m*

nardo ['narðo] *m* (BOT) Narde *f*

narigada [nari'ɣaða] *f* (*Ecua*) Prise *f* Schnupftabak

narigón[1] [nari'ɣon] *m* **1.** (*nariz*) große Nase *f,* Zinken *m fam* **2.** (*agujero*) Nasenloch *nt* **3.** (*argolla*) Nasenring *m*

narigón, **-ona**[2] [nari'ɣon, -ona] *adj* mit einer großen Nase; **ser** ~ eine große Nase haben

narigudo, **-a** [nari'ɣuðo, -a] *adj* **1.** (*narigón*) mit einer großen Nase; **ser** ~ eine große Nase haben **2.** (*referente a la forma*) nasenförmig

nariguera [nari'ɣera] *f* Nasenring *m*

nariz [na'riθ] *f* **1.** (*órgano olfatorio*) Nase *f;* ~ **aguileña** Adlernase *f;* ~ **chata** platte Nase, Stumpfnase *f;* ~ **ganchuda** Hakennase *f;* ~ **respingona** Himmelfahrtsnase *f;* (*pequeña*) Stupsnase *f;* **hablar por la** ~ durch die Nase sprechen, näseln; **estoy hasta las narices de tus tonterías** (*fam*) ich habe die Schnauze [*o* Nase] voll von deinen Dummheiten; **tú sigue así hasta que se me hinchen las narices** (*fam*) wenn du so weitermachst, platzt mir der Kragen; **darse de narices con alguien** (*fam*) jdm (geradewegs) in die Arme laufen; **tienes que hacerlo por narices** (*fam*) du musst es auf jeden Fall machen; **hace lo que le sale de** [*o* **por**] **las narices** (*fam*) er/sie macht, was er/sie will; **siempre mete la** ~ **donde nadie lo llama** er steckt die Nase immer in Angelegenheiten, die ihn nichts angehen; **te voy a romper las narices** (*fam pey*) ich werde dir die Visage [*o* Schnauze] polieren; **¡narices!** das wär ja noch schöner!, nie im Leben!; **no pienso ser su criado ¡qué narices!** (*fam*) ich werde nicht seinen/ihren Laufburschen spielen, das wär ja noch schöner!; **no ver más allá de sus narices** (*fam*) nicht über den Tellerrand hinausgucken (können); **quedarse con un palmo de narices** (*fam*) in die Röhre schauen; **yo trabajo como un burro y él se toca las narices** ich arbeite wie ein Pferd und er hat die Hände in der Tasche **2.** (*intuición*) Riecher *m fam,* (Spür)nase *f;* **me da en la** ~ **que...** ich habe das Gefühl, dass ...

narizón, **-ona** [nari'θon, -ona] *adj* mit einer großen Nase; **según nos dice Quevedo, Góngora era un** ~ laut Quevedo hatte Góngora eine große Nase

narizota [nari'θota] *f* große Nase *f,* Zinken *m*

fam

narizudo, **-a** [nari'θuðo, -a] *adj* (*Méx*) *v.* **narigudo**

narración [narra'θjon] *f* Erzählung *f*

narrador(a) [narra'ðor(a)] *m(f)* Erzähler(in) *m(f)*

narrar [na'rrar] *vt* **1.** (*contar*) erzählen **2.** (*informar*) berichten

narrativa [narra'tiβa] *f* Prosa *f;* ~ **contemporánea** zeitgenössische Prosa

narrativo, **-a** [narra'tiβo, -a] *adj* erzählend; (LIT) narrativ

narval [nar'βal] *m* (ZOOL) Narwal *m,* Einhornwal *m*

NASA ['nasa] *f abr de* **National Aeronautics and Space Administration** NASA *f*

nasa ['nasa] *f* **1.** (*para peces*) (Fisch)reuse *f,* Fischkorb *m* **2.** (*para alimentos*) Vorratsbehälter *m*

nasal [na'sal] **I.** *adj* **1.** (*de la nariz*) Nasen-; **fosas ~es** Nasenlöcher *ntpl* **2.** (LING) nasal, Nasal-; **sonido** ~ Nasallaut *m* **II.** *m* (LING) Nasal(laut) *m*

nasalidad [nasali'ðaᵈ] *f* (LING) Nasalität *f*

nasalización [nasaliθa'θjon] *f* (LING) Nasalierung *f*

nasalizar [nasali'θar] <z→c> *vt* (LING) nasalieren

nasofaringe [nasofa'riŋxe] *f* (ANAT) Nasenrachenraum *m,* Nasopharynx *m*

nastuerzo [nas'twerθo] *m* (BOT) Gartenkresse *f*

nata ['nata] *f* **1.** (*producto*) Sahne *f,* Rahm *m;* ~ **montada** Schlagsahne *f* **2.** (*sobre un líquido*) Haut *f;* **criar** ~ Rahm bilden **3.** (*lo más selecto*) Erlesenste(s) *nt;* **la crema y ~ de la sociedad** die Crème de la crème der Gesellschaft

natación [nata'θjon] *f* Schwimmen *nt;* ~ **sincronizada** Synchronschwimmen *nt*

natal [na'tal] *adj* Geburts-; **ciudad** ~ Geburtsstadt *f,* Heimatstadt *f*

natalicio[1] [nata'liθjo] *m* (*elev*) Geburtstag *m,* Wiegenfest *nt*

natalicio, **-a**[2] [nata'liθjo, -a] *adj* Geburtstags-; **fiesta natalicia** (*elev*) Geburtstagsfeier *f*

natalidad [natali'ðaᵈ] *f* Geburtenrate *f,* Geburtenzahl *f;* (*en estadística*) Natalität *f;* **tasa de** ~ Geburtenrate *f;* **año de fuerte/baja** ~ geburtenstarker/geburtenschwacher Jahrgang

natatorio, **-a** [nata'torjo, -a] *adj* Schwimm-; **aleta natatoria** Schwimmflügel *m*

natillas [na'tiʎas] *fpl* ≈Cremespeise *f*

Natividad [natiβi'ðaᵈ] *f* **1.** (*navidades*) Weihnachten *nt* **2.** (REL) *Fest der Geburt Jesu, der Jungfrau Maria oder Johannes' des Täufers*

nativo, **-a** [na'tiβo, -a] **I.** *adj* **1.** (*natal*) Heimat- **2.** (*metal*) rein **3.** (*Am: persona*) einheimisch **II.** *m, f* (*Am*) Einheimische(r) *mf*

nato, **-a** ['nato, -a] **I.** *pp de* **nacer** **II.** *adj* geboren

natrón [na'tron] *m* Natron *nt*

natura [na'tura] *f* (*elev*) Mutter *f* Natur

natural [natu'ral] **I.** *adj* **1.** (*no artificial*) natürlich; (*elaboración*) roh; (*alimentos*) unbehandelt; (*temperatura*) nicht gekühlt; **al** ~ (*comportamiento*) nicht gekünstelt; **esto es lo más ~ del mundo** (*normal*) das ist doch völlig natürlich [*o* normal]; (*lógico*) das versteht sich doch von selbst, das ist doch selbstverständlich **2.** (*sencillo*) natürlich, einfach **3.** (*nacido*) gebürtig (*de* aus +*dat*); **es ~ de Alemania** er/sie ist gebürtiger Deutscher/gebürtige Deutsche **II.** *m* Naturell *nt*

naturaleza [natura'leθa] *f* **1.** (*campo*) Natur *f;* ~ **muerta** Stillleben *nt;* **en plena** ~ in der freien Natur **2.** (*manera*) Natur *f,* Wesen *nt* **3.** (*índole*) Beschaffenheit *f;* **de ~ pública** öffentlich-rechtlich **4.** (*derecho de ciudadano*) Bürgerrecht *nt*

naturalidad [naturali'ðaᵈ] *f sin pl* Natürlichkeit *f*

naturalismo [natura'lismo] *m sin pl* (ARTE, FILOS, LIT) Naturalismus *m*

naturalista [natura'lista] **I.** *adj* (ARTE, FILOS, LIT) naturalistisch **II.** *mf* (ARTE, FILOS, LIT) Naturalist(in) *m(f)*

naturalización [naturaliθa'θjon] *f* **1.** (*nacionalización*) Einbürgerung *f;* (JUR) Naturalisation *f* **2.** (*habituación*) Eingewöhnung *f,* Naturalisierung *f*

naturalizar [naturali'θar] <z→c> **I.** *vt* **1.** (*nacionalizar*) einbürgern; (JUR) naturalisieren **2.** (*aclimatar*) einbürgern, heimisch machen; ~ **costumbres** Bräuche annehmen; ~ **un animal** ein Tier heimisch machen **II.** *vr:* **~se** **1.** (*nacionalizarse*) die Bürgerrechte erwerben **2.** (*habituarse*) sich eingewöhnen, sich einleben

naturalmente [natural'mente] *adv* natürlich, selbstverständlich

naturismo [natu'rismo] *m sin pl* **1.** (*naturopatía*) Naturheilkunde *f* **2.** (*nudismo*) Naturismus *m,* Freikörperkultur *f*

naturista [natu'rista] **I.** *adj* **1.** (*naturópata*) naturheilkundlich **2.** (*nudista*) naturistisch **II.** *mf* **1.** (*naturópata*) Naturheilpraktiker(in) *m(f),* Naturheilkundige(r) *mf* **2.** (*nudista*) Naturist(in) *m(f)*

naturópata [natu'ropata] *mf* (*que entiende*) Naturheilkundige(r) *mf;* (*que practica*) Heilpraktiker(in) *m(f)*

naturopatía [naturopa'tia] *f* (MED) Naturheilkunde *f*

naufragar [nau̯fra'ɣar] <g→gu> *vi* **1.** (*hundirse*) Schiffbruch erleiden **2.** (*fracasar*) scheitern, misslingen; **mis esfuerzos ~on** meine Bemühungen schlugen fehl

naufragio [nau̯'fraxjo] *m* **1.** (*accidente*) Schiffbruch *m* **2.** (*fracaso*) Fehlschlag *m,* Misserfolg *m;* (*de negociaciones*) Scheitern *nt*

náufrago, **-a** ['nau̯fraɣo, -a] **I.** *adj* schiffbrüchig **II.** *m, f* Schiffbrüchige(r) *mf*

N

náusea ['naṷsea] *f* Übelkeit *f;* **el pavo relleno me da ~s** gefüllten Puter finde ich ekelhaft

nauseabundo, -a [naṷsea'βuṇdo, -a] *adj* Ekel erregend, ekelhaft; **¡que olor ~!** was für ein widerlicher Gestank!

náuseas ['naṷseas] *fpl* Übelkeit *f;* (MED) Nausea *f;* **tengo ~** mir ist übel [*o* schlecht]; **su comportamiento me da ~** sein/ihr Benehmen ekelt mich an [*o* ist widerlich]

náutica ['naṷtika] *f sin pl* Nautik *f,* Schifffahrtskunde *f*

náutico, -a ['naṷtiko, -a] *adj* nautisch, Schifffahrts-

nautilo [naṷ'tilo] *m* (ZOOL) Nautilus *m*

nauyaca [naṷ'ɟaka] *f* (*Méx:* ZOOL) *eine große Giftschlange*

nava ['naβa] *f* (GEO) Senke *f*

navaja [na'βaxa] *f* **1.** (*cuchillo*) Taschenmesser *nt;* **~ de afeitar** Rasiermesser *nt;* **~ automática** Springmesser *nt;* **corte (de pelo) a ~** Messer(form)schnitt *m* **2.** (ZOOL) Schwertmuschel *f* **3.** (*colmillo*) Eckzahn *m;* (*del jabalí*) Hauer *m;* (*de elefantes, morsas*) Stoßzahn *m*

navajada [naβa'xaða] *f,* **navajazo** [naβa'xaθo] *m* **1.** (*golpe*) Messerstich *m* **2.** (*herida*) Stichwunde *f*

navajero[1] [naβa'xero] *m* Rasierklingenetui *nt*

navajero, -a[2] [naβa'xero, -a] *m, f* (*delincuente*) Messerstecher(in) *m(f)*

naval [na'βal] *adj* **1.** (*marítimo*) See-; **combate ~** Seeschlacht *f* **2.** (*referente a barcos*) Schiffs-; **accidente ~** Schiffsunglück *nt,* Havarie *f* **3.** (*náutico*) Marine-; **Escuela ~** Marineschule *f*

navanco [na'βaŋko] *m* (ZOOL) Wildente *f*

Navarra [na'βarra] *f* Navarra *nt*

navarro, -a [na'βarro, -a] **I.** *adj* aus Navarra **II.** *m, f* Einwohner(in) *m(f)* von Navarra

nave ['naβe] *f* **1.** (*barco*) Schiff *nt;* (*velero*) Segelschiff *nt;* **~ de carga** Frachtschiff *nt,* Frachter *m;* **~ espacial** Raumschiff *nt;* **quemar las ~s** (*fig*) alle Brücken hinter sich abbrechen **2.** (*en una iglesia*) (Kirchen)schiff *nt;* **~ central** Mittelschiff *nt;* **~ lateral** Seitenschiff *nt* **3.** (*almacén*) (Lager)halle *f*

navegabilidad [naβeɣaβili'ðaᵈ] *f sin pl* **1.** (*barco*) Seetüchtigkeit *f* **2.** (*aguas*) Schiffbarkeit *f*

navegable [naβe'ɣaβle] *adj* schiffbar; **rutas ~s** Schifffahrtsstraßen *fpl,* Schifffahrtswege *mpl*

navegación [naβeɣa'θjon] *f* Schifffahrt *f;* **~ aérea** Luftschifffahrt *f;* **~ de altura** [*o* **de alta mar**] Hochseeschifffahrt *f;* **~ de cabotaje** [*o* **costera**] Küstenschifffahrt *f;* **~ fluvial** Flussschifffahrt *f;* **~ interior** Binnenschifffahrt *f;* **sistema de ~ para automóvil** Autonavigationssystem *nt*

navegador[1] [naβeɣa'ðor] *m* (INFOR) Browser *m*

navegador(a)[2] [naβeɣa'ðor(a)] *adj o m(f) v.* **navegante**

navegante [naβe'ɣaṇte] **I.** *adj* seefahrend **II.** *mf* **1.** (*por mar*) Seefahrer(in) *m(f)* **2.** (INFOR) Surfer(in) *m(f);* **~s por Internet** Internet-Surfer *mpl*

navegar [naβe'ɣar] <g→gu> **I.** *vi, vt* (mit einem Schiff) fahren; **~ al Polo (en barco) por el mar Atlántico** (mit dem Schiff) über den Atlantik zum Pol fahren; **~ ocho millas por hora** acht Meilen pro Stunde zurücklegen **II.** *vi* (*andar vagando*) herumziehen

naveta [na'βeta] *f* **1.** (*para el incienso*) Weihrauchbehälter *m* **2.** (*cajón*) Schublade *f*

Navidad [naβi'ðaᵈ] *f* Weihnachten *nt;* **¡feliz ~!** fröhliche [*o* frohe] Weihnachten!

navideño, -a [naβi'ðeɲo, -a] *adj* weihnachtlich, Weihnachts-

naviera [na'βjera] *f* Reederei *f*

naviero, -a [na'βjero, -a] **I.** *m, f* Reeder(in) *m(f),* Schiffseigentümer(in) *m(f)* **II.** *adj* Schifffahrts-

navío [na'βio] *m* Schiff *nt*

náyade ['naɟaðe] *f* Najade *f*

nayuribe [naɟu'riβe] *f* (BOT) *ein Fuchsschwanzgewächs*

nazarenas [naθa'renas] *fpl* (*Arg*) Sporen *fpl* der Gauchos

nazareno[1] [naθa'reno] *m* **1.** *pl* (*cristianos*) Nazaräer *mpl* **2.** (*de Jesucristo*): **el N~** der Nazaräer, der Nazarener

nazareno, -a[2] [naθa'reno, -a] **I.** *adj* aus Nazareth **II.** *m, f* **1.** (*de Nazaret*) Nazarener(in) *m(f)* **2.** (*penitente*) Büßer(in) *m(f)*

nazarí [naθa'ri] **I.** *adj* (HIST) die Nasriden betreffend; **la dinastía ~** die Dynastie der Nasriden (*letzte spanisch-arabische Dynastie in Granada*) **II.** *mf* (HIST) Nasride, -in *m, f*

nazi ['naθi] **I.** *adj* (HIST) nazistisch, Nazi- **II.** *mf* (HIST) Nazi *m*

nazismo [na'θismo] *m sin pl* Nazismus *m;* **la persecución de los judíos durante el ~** die Judenverfolgung während der Nazizeit; **la derrota del ~** die Niederlage der nationalsozialistischen Kräfte

N.B. ['nota 'βene] *adj abr de* **nota bene** NB

N. de la R. ['nota ðe la rreðaʸ'θjon] *abr de* **Nota de la Redacción** Anm. d. Red.

N. de la T. ['nota ðe la traðuk'tora] *abr de* **Nota de la Traductora** Anm. der Übersetzerin

N. del T. ['nota ðel traðuk'tor] *abr de* **Nota del Traductor** Anm. des Übersetzers

NE [nor'ðeste] *abr de* **Nordeste** NO

neandertal [neaṇder'tal] *m:* **hombre de ~** Neandertaler *m*

nébeda ['neβeða] *f* (BOT) Steinquendel *m*

nebí [ne'βi] *m* (ZOOL) Falke *m*

neblina [ne'βlina] *f* Bodennebel *m*

neblinoso, -a [neβli'noso, -a] *adj* (*nebuloso*) neb(e)lig; (*brumoso*) dunstig, diesig

nébula ['neβula] *f* (MED) leichte Hornhauttrübung *f*

nebular [neβu'lar] *adj* (ASTR) Nebel-; **anillo ~**

Nebelring *m*
nebulizador [neβuliθa'ðor] *m* Zerstäuber *m*
nebulosa [neβu'losa] *f* (ASTR) Nebelfleck *m*, Nebel *m*
nebulosidad [neβulosi'ða^ð] *f* **1.** (*niebla*) Nebelbildung *f* **2.** (*nubes*) Bewölkung *f* **3.** (*oscuridad*) Düsterkeit *f*; (*sombra*) Schatten *m*
nebuloso, **-a** [neβu'loso, -a] *adj* **1.** (*brumoso*) neb(e)lig **2.** (*nuboso*) bewölkt **3.** (*vago*) nebulös **4.** (*oscuro*) düster
necedad [neθe'ða^ð] *f* Dummheit *f*, Torheit *f*; **no dice más que ~es** er/sie redet nur dummes Zeug
necesariamente [neθesarja'mente] *adv* zwangsläufig
necesario, **-a** [neθe'sarjo, -a] *adj* notwendig, erforderlich; **condición necesaria** notwendige Voraussetzung; **es ~ que...** +*subj* es ist notwendig [*o* erforderlich], dass ...; **la lluvia hizo ~ quedarse en casa** wegen des Regens mussten wir zu Hause bleiben; **considerar ~** für angebracht halten
neceser [neθe'ser] *m* **1.** (*de aseo*) Kulturbeutel *m* **2.** (*de costura*) Necessaire *nt*
necesidad [neθesi'ða^ð] *f* **1.** (*ser preciso*) Notwendigkeit *f*; **de toda ~** dringend; **de primera ~** lebensnotwendig; **productos de primera ~** Artikel des täglichen Bedarfs; **las ~es presupuestarias** der Haushaltsbedarf; **no tiene ~ de trabajar** er/sie braucht nicht zu arbeiten **2.** (*demanda*) Bedarf *m*; **~ del arrendador** Eigenbedarf des Vermieters; **~ de viviendas** Wohnungsbedarf *m* **3.** (*requerimiento*) Bedürfnis *nt*; **tener ~ de afecto** der Zuneigung bedürfen, liebesbedürftig sein; **cubrir ~es** (ECON) Bedürfnisse decken **4.** (*apuro*) Not(lage) *f*; **la ~ carece de ley** Not kennt kein Gebot **5.** *pl* (*evacuación corporal*) Notdurft *f*; **hacer sus ~es** seine Notdurft verrichten
necesitado, **-a** [neθesi'taðo, -a] **I.** *adj* (*pobre*) bedürftig; **estar ~ de amor** der Liebe bedürfen, liebebedürftig sein **II.** *m, f* Notleidende(r) *mf*, Bedürftige(r) *mf*
necesitar [neθesi'tar] **I.** *vt* **1.** (*precisar*) benötigen, brauchen; **se necesita piso** Wohnung gesucht **2.** +*inf* (*tener que*) müssen; **necesitas comer algo** du musst etwas essen **II.** *vi* (*precisar*): **~ de algo** etw brauchen; **necesito de ti** ich brauche dich
necio, **-a** ['neθjo, -a] **I.** *adj* dumm, töricht; **a palabras necias, oídos sordos** (*prov*) eine dumme Frage verdient eine dumme Antwort **II.** *m, f* Dummkopf *m*, Narr *m*, Närrin *f*
nécora ['nekora] *f* Krabbe *f*
necrobiosis [nekro'βjosis] *f* (MED) Nekrobiose *f*
necrofagia [nekro'faxja] *f* Nekrophagie *f*, Verzehren *nt* von toten Organismen
necrófago, **-a** [ne'krofaɣo, -a] **I.** *adj* Aas fressend **II.** *m, f* (ZOOL) Aasfresser *m*
necrofilia [nekro'filja] *f* Nekrophilie *f*, Leichenschändung *f*
necrófilo, **-a** [ne'krofilo, -a] **I.** *adj* nekrophil **II.** *m, f* Nekrophile(r) *mf*
necrofobia [nekro'foβja] *f* (PSICO) Nekrophobie *f*; (*temor a los muertos*) krankhafte Furcht *f* vor Toten; (*temor a la muerte*) krankhafte Furcht *f* vor dem Tod
necrolatría [nekrola'tria] *f* (REL) Totenverehrung *f*
necrología [nekrolo'xia] *f* **1.** (*biografía*) Nachruf *m* **2.** (*nota*) Todesanzeige *f*
necrológico, **-a** [nekro'loxiko, -a] *adj* Todes-; **nota necrológica** Todesanzeige *f*
necrologio [nekro'loxjo] *m* Nekrologium *nt*, Nekrolog *m*
necromancia [nekro'manθja] *f*, **necromancía** [nekroman'θia] *f* Nekromantie *f*, Totenbeschwörung *f*
necrópolis [ne'kropolis] *f inv* Nekropolis *f*, Totenstadt *f*
necropsia [ne'kroβsja] *f* (MED) Nekropsie *f*, Obduktion *f*, Leichenschau *f*
necrosar [nekro'sar] *vt* (MED) absterben, nekrotisieren; **se le necrosó parte de la pierna y tuvieron que amputársela** ein Teil seines/ihres Beines war abgestorben und musste amputiert werden
necrosis [ne'krosis] *f inv* (MED) Nekrose *f*
néctar ['nektar] *m* **1.** (*t.* BOT) Nektar *m* **2.** (*licor*) (milder) Likör *m*
nectarina [nekta'rina] *f* Nektarine *f*
nectarino, **-a** [nekta'rino, -a] *adj* **1.** (*con néctar*) nektarhaltig **2.** (*que sabe a néctar*) nach Nektar schmeckend
neerlandés, **-esa** [ne(e)rlan'des, -esa] **I.** *adj* niederländisch **II.** *m, f* Niederländer(in) *m(f)*
nefando, **-a** [ne'fando, -a] *adj* schändlich, niederträchtig
nefario, **-a** [ne'farjo, -a] *adj* ruchlos, verrucht
nefasto, **-a** [ne'fasto, -a] *adj* unheilvoll, Unheil bringend; **he tenido un día ~** heute hatte ich einen schwarzen Tag; **tener consecuencias nefastas sobre algo** unheilvolle Auswirkungen auf etw haben; **ser un deportista ~** ein miserabler Sportler sein
nefelio [ne'feljo] *m* (MED) leichte Hornhauttrübung *f*, Nephelopsie *f*
nefrítico, **-a** [ne'fritiko, -a] *adj* (MED) Nieren-; **cólico ~** Nierenkolik *f*
nefritis [ne'fritis] *f inv* (MED) Nierenentzündung *f*, Nephritis *f*
nefrología [nefrolo'xia] *f* (MED) Nephrologie *f*, Lehre *f* von den Nieren und ihren Erkrankungen
nefrólogo, **-a** [ne'froloɣo, -a] *m, f* (MED) Nierenfacharzt, -ärztin *m, f*, Nierenspezialist(in) *m(f)*
nefrón [ne'fron] *m* (MED) Nephron *nt*
nefropatía [nefropa'tia] *f* (MED) Nierenleiden *nt*, Nierenkrankheit *f*, Nephropathie *f*
nefrosclerosis [nefroskle'rosis] *f inv* (MED) Nierenschrumpfung *f*, Nephrosklerose *f*

N

nefrosis [ne'frosis] *f inv* (MED) Nephrose *f*

nefrostomía [nefrosto'mia] *f* (MED) Nierenfistel *f* (*operativ angelegt*), Nephrostomie *f*

negable [ne'ɣaβle] *adj* verneinbar; **que ahora es de día no es una aserción** ~ dass es jetzt Tag ist, lässt sich nicht verneinen

negación [neɣa'θjon] *f* **1.**(*desmentir*) Leugnen *nt*, Abstreiten *nt* **2.**(*denegar*) Verweigerung *f* **3.**(*renegar*) Verleugnen *nt* **4.**(LING) Verneinung *f*, Verneinungswort *nt*, Negation *f*

negado, **-a** [ne'ɣaðo, -a] **I.** *adj* ungeeignet (*para* für +*akk*); **soy un** ~ **para las labores de la casa** ich habe im Haushalt zwei linke Hände **II.** *m, f*: **es un** ~**/una** ~ **de** [*o* **para**] **las matemáticas** er/sie ist schlecht in Mathematik

negar [ne'ɣar] *irr como fregar* **I.** *vt* **1.**(*decir que no*) verneinen; (*desmentir*) abstreiten, leugnen **2.**(*rehusar*) verweigern; (*rechazar*) abschlagen; **me han negado el crédito** man hat mir den Kredit verweigert **3.**(*renegar*) verleugnen **II.** *vr*: ~**se** sich weigern (*a* zu +*inf*)

negativa [neɣa'tiβa] *f* (*negación*) verneinende Antwort *f*, Nein *nt*; (*rehusamiento*) Weigerung *f*; (*rechazo*) Absage *f*; ~ **a contestar** (JUR) Aussageverweigerung *f*

negatividad [neɣatiβi'ðaᵈ] *f* (ELEC) Negativität *f*

negativismo [neɣati'βismo] *m* **1.**(*calidad*) Negativität *f* **2.**(*doctrina*) Negativismus *m*

negativo[1] [neɣa'tiβo] *m* (FOTO) Negativ *nt*

negativo, **-a**[2] [neɣa'tiβo, -a] *adj* (*t.* MAT, FOTO) negativ; **su respuesta fue negativa** er/sie hat Nein gesagt

negligencia [neɣli'xen̦θja] *f* (*descuido*) Nachlässigkeit *f*; (JUR) Fahrlässigkeit *f*

negligente [neɣli'xen̦te] **I.** *adj* (*descuidado*) nachlässig; (JUR) fahrlässig; **es** ~ **en** [*o* **para**] **su trabajo** er/sie arbeitet nachlässig **II.** *mf* (JUR) fahrlässig Handelnde(r) *mf*

negociabilidad [neɣoθjaβili'ðaᵈ] *f sin pl* Verhandelbarkeit *f*

negociable [neɣo'θjaβle] *adj* verhandelbar; (*valores*) übertragbar; ~ **en bolsa** börsengängig, börsenfähig; **título** (**no**) ~ (FIN) (nicht) verkehrsfähiges Wertpapier; **el precio es** ~ Preis nach Vereinbarung

negociación [neɣoθja'θjon] *f* **1.**(*convenio*) Verhandlung *f*; **negociaciones de adhesión** Beitrittsverhandlungen *fpl*; ~ **colectiva** Tarifverhandlung *f*; ~ **de valores** (FIN) Effektenhandel *m*; **las negociaciones arancelarias en el GATT** die Zoll(tarif)verhandlungen im Rahmen des GATT; **entrar en negociaciones con alguien** mit jdm Verhandlungen aufnehmen **2.**(FIN) Umsatz *m* **3.** *pl* (COM) Handelsgeschäft *nt*

negociado [neɣo'θjaðo] *m* **1.**(*dependencia*) Geschäftsstelle *f*; (ADMIN) Amt *nt*, Behörde *f*; ~ **de patentes** Patentamt *nt*; ~ **de aduanas** Zollbehörde *f*; ~ **de cultura** Kulturreferat *nt* **2.**(*Arg, Chil, Ecua, Perú: negocio*) Klüngelei *f pey*

negociador(**a**) [neɣoθja'ðor(a)] **I.** *adj* Verhandlungs- **II.** *m(f)* **1.**(*comerciante*) Händler(in) *m(f)* **2.**(*mediador*) Vermittler(in) *m(f)*, Unterhändler(in) *m(f)*; ~ **de rehenes** Unterhändler bei einer Geiselnahme

negociante [neɣo'θjan̦te] *mf* Händler(in) *m(f)*, Kaufmann, -frau *m, f*

negociar [neɣo'θjar] **I.** *vi* handeln (*en/con* mit +*dat*), Handel treiben (*en/con* mit +*dat*) **II.** *vi, vt* verhandeln **III.** *vt* **1.**(FIN): ~ **una letra** einen Wechsel ziehen **2.**(*concertar*) aushandeln; ~ **un contrato** einen Vertrag aushandeln; ~ **un préstamo** ein Darlehen aushandeln

negocio [ne'ɣoθjo] *m* **1.**(*comercio*) Geschäft *nt*; ~ **al detalle** Einzelhandel *m*; ~ **familiar** Familienbetrieb *m*; ~ **redondo** (*fam*) Bombengeschäft *nt*; ~**s sucios** dunkle Geschäfte; **hombre de** ~**s** Geschäftsmann *m*; **mujer de** ~**s** Geschäftsfrau *f*; **viaje de** ~**s** Geschäftsreise *f*; **volumen de** ~**s** Geschäftsumfang *m*; **este** ~ **rinde mucho** dieses Geschäft bringt viel ein [*o* wirft viel ab]; **montar un** ~ ein Geschäft aufziehen; **concertar un** ~ **con alguien** mit jdm ein Geschäft abschließen; **hacer un buen/mal** ~ ein gutes/schlechtes Geschäft machen; (*fig*) gut/schlecht wegkommen **2.**(*asunto*) Angelegenheit *f*, Sache *f*; **esto es** ~ **suyo** das ist seine/ihre Sache

negra ['neɣra] *f* (MÚS) Viertelnote *f*

negrada [ne'ɣraða] *f* (*Cuba:* HIST) Negersklavenschar *f*

negrear [neɣre'ar] *vi* schwarz werden

negrería [neɣre'ria] *f* (HIST) Gruppe *f* Schwarzer (*insbesondere schwarze Landarbeiter auf einer Hacienda*)

negrero, **-a** [ne'ɣrero, -a] **I.** *adj* Sklaven- **II.** *m, f* **1.** Sklavenhändler(in) *m(f)* **2.**(*tirano*) Tyrann(in) *m(f)* **3.**(*Arg, Par, Urug: aprovechado*) Ausbeuter(in) *m(f)*

negrilla [ne'ɣriʎa] *f* (TIPO) halbfette Schrift *f*

negrillo [ne'ɣriʎo] *m* (BOT) Ulme *f*

negrita [ne'ɣrita] *f* (TIPO) *v.* **negrilla**

negritud [neɣri'tuᵈ] *f* **1.**(*negrura*) Schwärze *f* **2.**(*sociología*) *kulturelle und soziale Eigenschaften der Schwarzen*

negro[1] ['neɣro] *m* (*color*) Schwarz *nt*

negro, **-a**[2] ['neɣro, -a] **I.** *adj* schwarz; **pan** ~ Schwarzbrot *nt*; **película/novela negra** Krimi *m*; **estar/ponerse** ~ (*fam*) wütend sein/werden; **se vio** ~ **para arreglar el grifo** (*fam*) er hatte große Mühe den Wasserhahn zu reparieren; **se vio** ~ [*o* **las pasó negras**] **para encontrar la casa** (*fam*) er fand das Haus nur mit Mühe; **trabajar como un** ~ (*fam*) schuften; **estar** ~ **del sol** sonnengebräunt sein; **cuando se quedó sin trabajo las pasó negras** (*fam*) als er/sie arbeitslos wurde, ging es ihm/ihr ziemlich dreckig; **tener la negra** (*fam*) eine Pechsträhne haben **II.** *m, f* **1.**(*persona*) Schwarze(r) *mf*, Farbige(r) *mf* **2.**(*escritor*) Ghostwriter(in) *m(f)* **3.**(*Arg: fam: cariño*) Liebling *m*, Schatz *m*

negrófilo, **-a** [ne'ɣrofilo, -a] *m, f* (SOCIOL) Sklavereigegner(in) *m(f)*, Schwarzenfreund(in) *m(f)*
negroide [ne'ɣroi̯ðe] *adj* negroid
negror [ne'ɣror] *m* Schwärze *f*; (*oscuridad*) Dunkelheit *f*; **pude distinguir la silueta de una persona en el ~ de la sala** ich konnte die Silhouette einer Person in der Dunkelheit des Saales ausmachen
negrura [ne'ɣrura] *f* Schwärze *f*
negruzco, **-a** [ne'ɣruθko, -a] *adj* schwärzlich
neguijón [neɣi'xon] *m* (MED) Zahnfäule *f*
neguilla [ne'ɣiʎa] *f*, **neguillón** [neɣi'ʎon] *m* (BOT) Kornrade *f*
neis [nei̯s] *m inv* (GEO) Gneis *m*
neja ['nexa] *f* (*Méx:* GASTR) *aschfarbener Fladen aus gekochtem Mais*
nelumbio [ne'lumbjo] *m*, **nelumbo** [ne'lumbo] *m* (BOT) Lotosblume *f*
neme ['neme] *m* (*Col*) Bitumen *nt*, Asphalt *m*
nemónico, **-a** [ne'moniko, -a] *adj* mnemonisch, mnemotechnisch
nemotecnia [nemo'teɣnja] *f*, **nemotécnica** [nemo'teɣnika] *f* Mnemotechnik *f*, Gedächtniskunst *f*; **regla de ~** Eselsbrücke *f*
nemotécnico, **-a** [nemo'teɣniko, -a] *adj* mnemotechnisch
nene, **-a** ['nene, -a] *m, f* (*fam: niño*) kleiner Junge *m*, kleines Mädchen *nt*; (*expresión de cariño*) Kleine(r) *mf*, Kind *nt*
neneque [ne'neke] *m* (*Hond*) Schwächling *m*, schwacher, unselbstständiger Mensch *m*
nenia ['nenja] *f* (LIT) Nänie *f*, Totenklage *f*
nenúfar [ne'nufar] *m* (BOT) Seerose *f*
neo, **-a** ['neo, -a] *adj* (REL) neokatholisch
neobarroco [neoβa'rroko] *m* (ARTE) Neubarock *m*
neocaledonio, **-a** [neokale'ðonjo, -a] **I.** *adj* neukaledonisch **II.** *m, f* Neukaledonier(in) *m(f)*
neocapitalismo [neokapita'lismo] *m sin pl* (ECON) Neokapitalismus *m*
neocapitalista [neokapita'lista] *mf* (ECON, POL) Neokapitalist(in) *m(f)*
neocatolicismo [neokatoli'θismo] *m* (POL, REL) Neokatholizismus *m*
neocatólico, **-a** [neoka'toliko, -a] **I.** *adj* neokatholisch **II.** *m, f* Neokatholik(in) *m(f)*
neocelandés, **-esa** [neoθelan̪'des, -esa] *adj o m, f v.* **neozelandés**
neoclasicismo [neoklasi'θismo] *m sin pl* (ARTE, LIT) Klassizismus *m*; (ARQUIT) Neoklassizismus *m*
neoclásico, **-a** [neo'klasiko, -a] **I.** *adj* (ARTE, LIT) klassizistisch; (ARQUIT) neoklassizistisch **II.** *m, f* (ARTE, LIT) Vertreter(in) *m(f)* des Klassizismus; (ARQUIT) Anhänger(in) *m(f)* des Neoklassizismus
neocolonialismo [neokolonja'lismo] *m* (ECON, POL) Neokolonialismus *m*
neocriticismo [neokriti'θismo] *m* (FILOS) Neukantianismus *m*
neoescolástica [neoesko'lastika] *f*, **neoescolasticismo** [neoeskolasti'θismo] *m* (FILOS) Neuscholastik *f*
neofascismo [neofas'θismo] *m sin pl* Neofaschismus *m*
neofascista [neofas'θista] **I.** *adj* neofaschistisch **II.** *mf* Neofaschist(in) *m(f)*
neófito, **-a** [ne'ofito, -a] *m, f* **1.** (*bautizado*) Neugetaufte(r) *mf* **2.** (*iniciado*) Neuling *m*, Anfänger(in) *m(f)*
neofobia [neo'foβja] *f* (PSICO) krankhafte Angst *f* vor Veränderungen
neófobo, **-a** [ne'ofoβo, -a] *adj* (PSICO) neuerungsfeindlich, Angst vor Veränderungen habend
neoformación [neoforma'θjon] *f* (BIOL, MED) abnorme Gewebsneubildung *f*, Neoplasie *f*
neógeno[1] [ne'oxeno] *m* Jungtertiär *nt*, Neogen *nt*
neógeno, **-a**[2] [ne'oxeno, -a] *adj* (GEO) neogen; **período ~** Jungtertiär *nt*, Neogen *nt*
neogótico[1] [neo'ɣotiko] *m* (ARQUIT) Neugotik *f*
neogótico, **-a**[2] [neo'ɣotiko, -a] *adj* (ARQUIT) neugotisch
neogramática [neoɣra'matika] *f* (LING) Junggrammatik *f*
neogramático, **-a** [neoɣra'matiko, -a] *adj* (LING) junggrammatisch
neogranadino, **-a** [neoɣrana'ðino, -a] **I.** *adj* (HIST) aus Neugranada (*heute Kolumbien*) **II.** *m, f* (HIST) Einwohner(in) *m(f)* von Neugranada
neoguineano, **-a** [neoɣine'ano, -a] **I.** *adj* aus Neuguinea, neuguineisch **II.** *m, f* Neuguineer(in) *m(f)*
neohegelianismo [neoxeɣelja'nismo] *m* (FILOS) Neuhegelianismus *m*
neoimperialismo [neoimperja'lismo] *m* (POL) Neoimperialismus *m*
neoimperialista [neoimperja'lista] *adj* (POL) neoimperialistisch
neoimpresionismo [neoimpresjo'nismo] *m* (ARTE) Neoimpressionismus *m*
neokantismo [neokan̪'tismo] *m* (FILOS) Neukantianismus *m*
neolatino, **-a** [neola'tino, -a] *adj* (LING) neulateinisch
neolector(a) [neolek'tor(a)] *m(f)* gerade alphabetisierte Person *f*, Neualphabetisierte(r) *mf*
neoliberal [neoliβe'ral] *mf* (ECON, POL) Neoliberale(r) *mf*
neoliberalismo [neoliβera'lismo] *m sin pl* (ECON) Neoliberalismus *m*
neolítico[1] [neo'litiko] *m* (GEO) Jungsteinzeit *f*, Neolithikum *nt*
neolítico, **-a**[2] [neo'litiko, -a] *adj* (GEO) neolithisch
neologismo [neolo'xismo] *m* (LING) Neologismus *m*
neologista [neolo'xista] *mf* (LING), **neólogo**, **-a** [ne'oloɣo, -a] *m, f* (LING) Spracher-

N

neuerer, -in *m, f*, Neologe, -in *m, f*

neomalthusianismo [neomaltusja'nismo] *m*, **neomaltusianismo** [neomaltusja'nismo] *m* Neomalthusianismus *m*

neomicina [neomi'θina] *f* (MED) Neomyzin *nt*

neón [ne'on] *m* (QUÍM) Neon *nt*

neonatal [neona'tal] *adj* (MED) das Neugeborene betreffend, neonatal

neonato, **-a** [neo'nato, -a] **I.** *adj* neugeboren **II.** *m, f* Neugeborene(s) *nt*

neonatólogo, **-a** [neona'toloɣo, -a] *m, f* (*elev*) Neonatologe, -in *m, f*

neonazi [neo'naθi] *mf* Neonazi *mf*

neonazismo [neona'θismo] *m* (POL) Neonazismus *m*

neoplasia [neo'plasja] *f* (MED) Neoplasie *f*, abnorme Gewebsneubildung *f*

neoplasma [neo'plasma] *m* (MED) Geschwulst *f*, Neoplasma *nt*

neoplatonicismo [neoplatoni'θismo] *m* (FILOS) *v.* **neoplatonismo**

neoplatónico, **-a** [neopla'toniko, -a] **I.** *adj* (FILOS) neuplatonisch **II.** *m, f* (FILOS) Neuplatoniker(in) *m(f)*

neoplatonismo [neoplato'nismo] *m sin pl* (FILOS) Neuplatonismus *m*

neopositivismo [neopositi'βismo] *m* (FILOS) Neopositivismus *m*

neopreno® [neo'preno] *m* Neopren® *nt*

neorrealismo [neorrea'lismo] *m* (ARTE, CINE) Neorealismus *m*

neorrealista [neorrea'lista] *mf* (ARTE, CINE) Neorealist(in) *m(f)*

neorrománico, **-a** [neorro'maniko, -a] *adj* (ARQUIT, ARTE) neuromanisch; **estilo** ~ Neuromanik *f*

neorromanticismo [neorromanti'θismo] *m* (LIT) Neuromantik *f*

neorromántico, **-a** [neorro'mantiko, -a] *adj* (LIT) neuromantisch

neotomismo [neoto'mismo] *m* (FILOS) Neuthomismus *m*

neoyorquino, **-a** [neoɟor'kino, -a] **I.** *adj* aus New York **II.** *m, f* New Yorker(in) *m(f)*

neozelandés, **-esa** [neoθelan'des, -esa] **I.** *adj* neuseeländisch **II.** *m, f* Neuseeländer(in) *m(f)*

neozoico, **-a** [neo'θoi̯ko, -a] *adj* (GEO) neozoisch, känozoisch; **período** ~ Neozoikum *nt*, Känozoikum *nt*

nepalés, **-esa** [nepa'les, -esa] **I.** *adj* nepalesisch **II.** *m, f* Nepalese, -in *m, f*

néper ['neper] *m* (FÍS) Neper *nt*

neperiano, **-a** [nepe'rjano, -a] *adj* (MAT) den Mathematiker J. Napier betreffend; **tablillas neperianas** Napier-Logarithmen *mpl*

neperio [ne'perjo] *m* (FÍS) *v.* **néper**

nepotismo [nepo'tismo] *m sin pl* Vetternwirtschaft *f*, Nepotismus *m elev*

neptunio [nep'tunjo] *m* (QUÍM) Neptunium *nt*

neptunismo [neptu'nismo] *m* (GEO) Neptunismus *m*

nereis [ne'rei̯s] *m inv* (ZOOL) Seeringelwurm *m*

nerita [ne'rita] *f* (ZOOL) *eine Meeresschnecke*

nervadura [nerβa'ðura] *f* **1.** (ARQUIT) Rippe *f* **2.** (BOT) Äderung *f*

nérveo, **-a** ['nerβeo, -a] *adj* **1.** (*perteneciente o relativo a los nervios*) die Nerven betreffend, Nerven- **2.** (*semejante a los nervios*) nervenähnlich

nervio ['nerβjo] *m* **1.** (*conductor de impulsos nerviosos*) Nerv *m*; ~ **vago** Vagus *m*; **crispar** [*o* **alterar**] **los ~s a alguien, perder los ~s** die Nerven verlieren; **poner a alguien los ~s de punta** (*enfadar, fam*) jdn auf hundert bringen; (*poner nervioso*) jdn nervös machen; **estar atacado de los ~s** nervlich sehr angespannt sein; **tener un ataque de ~s** einen Nervenzusammenbruch haben [*o* erleiden]; **es un puro** ~ (*fam*) er/sie ist das reinste Nervenbündel **2.** (*tendón*) Sehne *f* **3.** (BOT) Rippe *f*, Ader *f* **4.** (*libro*) Heftschnur *f* **5.** (*ímpetu*) Energie *f*, Elan *m* **6.** (*alma*) Triebfeder *f*, Seele *f* **7.** (ARQUIT) Rippe *f*

nerviosidad [nerβjosi'ða^ð] *f* **1.** (*tensión*) Nervenanspannung *f*; **se encuentra en un estado de gran** ~ er/sie ist nervlich sehr angespannt **2.** (*nerviosismo*) Nervosität *f*; **su** ~ **crecía** seine/ihre Nervosität steigerte sich

nerviosismo [nerβjo'sismo] *m* Nervosität *f*

nervioso, **-a** [ner'βjoso, -a] *adj* **1.** (ANAT) Nerven- **2.** (*intranquilo*) nervös, unruhig

nervoso, **-a** [ner'βoso] *adj* sehnig

nervudo, **-a** [ner'βuðo, -a] *adj* **1.** (*fisionomía*) sehnig **2.** (*fuerte*) kraftvoll

nervura [ner'βura] *f* (TIPO: *nervadura*) Bünde *mpl* eines Buches

nesga ['nesɣa] *f* Zwickel *m*

nesgado, **-a** [nes'ɣaðo, -a] *adj* mit Zwickel

nesgar [nes'ɣar] <g→gu> *vt* **1.** (*poner nesgas*) Zwickel einsetzen (in +*akk*) **2.** (*cortar*) schräg zum Fadenverlauf schneiden

níspera ['nespera] *f* (BOT) Mispel *f*

nestorianismo [nestorja'nismo] *m* (REL) Nestorianismus *m*

netamente [neta'mente] *adv* klar, eindeutig

netiqueta [neti'keta] *f* (INFOR, TEL) Netikette *f* (*im Internet*)

neto¹ ['neto] *m* (JUR): ~ **patrimonial** Eigenmittel *ntpl*

neto, **-a²** ['neto, -a] **I.** *adj* **1.** (*claro*) klar **2.** (*no bruto*) netto, Netto-; **beneficio** ~ Nettoertrag *m*, Reingewinn *m*; **ingresos ~s** Nettoeinnahmen *fpl*, Nettoeinkommen *nt*; **inversión neta** Nettoinvestition *f* **II.** *m, f* (ARQUIT) Säulenfuß *m*

neuma ['neu̯ma] *m* (MÚS) Neume *f*

neumática [neu̯'matika] *f* (FÍS) Pneumatik *f*

neumático¹ [neu̯'matiko] *m* Reifen *m*; ~ **sin cámara** schlauchloser Reifen

neumático, **-a²** [neu̯'matiko, -a] *adj* (TÉC) pneumatisch

neumatocele [neu̯mato'θele] *m* (MED)

Pneumatozele *f*

neumatosis [neu̯ma'tosis] *f inv* (MED) Pneumatose *f*, Luftansammlung *f* in Geweben oder Körperteilen

neumococia [neu̯mo'koθja] *f* (MED) durch Pneumokokken verursachte Krankheit *f*

neumoconiosis [neu̯moko'njosis] *f inv* (MED) Pneumokoniose *f*, Staublunge *f*

neumología [neu̯molo'xia] *f* (MED) Lungenheilkunde *f*, Pneumologie *f*

neumólogo, **-a** [neu̯'moloɣo, -a] *m, f* (MED) Lungenfacharzt, -ärztin *m, f*, Pneumologe(in) *m(f)*

neumonía [neu̯mo'nia] *f* (MED) Lungenentzündung *f*, Pneumonie *f*

neumonitis [neu̯mo'nitis] *f inv* (MED) Lungenentzündung *f*, Pneumonitis *f*

neumopatía [neu̯mopa'tia] *f* (MED) Lungenerkrankung *f*, Pneumopathie *f*

neumotórax [neu̯mo'toraˠs] *m inv* (MED) Pneumothorax *m*

neura[1] ['neu̯ra] **I.** *adj* (*fam*) neurasthenisch **II.** *mf* (*fam: neurasténico*) Neurastheniker(in) *m(f)*

neura[2] ['neu̯ra] *f* (*fam: neurastenia*) Neurasthenie *f*; **estar de** [*o* **tener la**] ~ total genervt sein

neural [neu̯'ral] *adj* (ANAT) Nerven-; **impulso** ~ Nervenimpuls *m*

neuralgia [neu̯'ralxja] *f* (MED) Nervenschmerzen *mpl*, Neuralgie *f*

neurálgico, **-a** [neu̯'ralxiko, -a] *adj* (*t.* MED) neuralgisch

neurastenia [neu̯ras'tenja] *f* (MED) Neurasthenie *f*

neurasténico, **-a** [neu̯ras'teniko, -a] **I.** *adj* (MED) neurasthenisch **II.** *m, f* (MED) Neurastheniker(in) *m(f)*

neurinoma [neu̯ri'noma] *m* (MED) Nervenfasergeschwulst *f*, Neurinom *nt*, Lemmoblastom *nt*

neurisma [neu̯'risma] *f* (MED) Aneurysma *nt*

neuritis [neu̯'ritis] *f inv* (MED) Nervenentzündung *f*, Neuritis *f*

neurobiología [neu̯roβjolo'xia] *f sin pl* Neurobiologie *f*

neurocirugía [neu̯roθiru'xia] *f* (MED) Neurochirurgie *f*

neurocirujano, **-a** [neu̯roθiru'xano, -a] *m, f* (MED) Neurochirurg(in) *m(f)*

neurodermitis [neu̯roðer'mitis] *f inv* (MED) Neurodermitis *f*

neuroendocrinología [neu̯roen̩dokrinolo'xia] *f* (MED) Neuroendokrinologie *f*

neurofibromatosis [neu̯rofiβroma'tosis] *f inv* (MED) Neurofibromatose *f*, Recklinghausen-Krankheit *f*

neurofisiología [neu̯rofisjolo'xia] *f* (MED) Neurophysiologie *f*

neuroléptico, **-a** [neu̯ro'leptiko, -a] *adj* (MED) neuroleptisch; **medicamentos ~s** Neuroleptika *ntpl*

neurología [neu̯rolo'xia] *f sin pl* (MED) Neurologie *f*

neurólogo, **-a** [neu̯'roloɣo, -a] *m, f* (MED) Neurologe, -in *m, f*

neuroma [neu̯'roma] *m* (MED) Neurom *nt*, Neuroblastom *nt*

neuromuscular [neu̯romusku'lar] *adj* (BIOL) Nerven und Muskeln betreffend, neuromuskulär

neurona [neu̯'rona] *f* (ANAT) Neuron *nt*; **le patinan las ~s** (*fam*) seine Schaltkreise spielen verrückt

neurópata [neu̯'ropata] *mf* an Neuropathie leidende Person *f*

neuropatía [neu̯ropa'tia] *f* (MED) Nervenkrankheit *f*, Neuropathie *f*

neuropatología [neu̯ropatolo'xia] *f* (MED) Neuropathologie *f*

neuropléjico, **-a** [neu̯ro'plexiko, -a] *adj* (MED) neuroleptisch; **medicamento** ~ Neuroleptikum *nt*

neuropsicología [neu̯rosikolo'xia] *f sin pl* Neuropsychologie *f*

neuropsicólogo, **-a** [neu̯rosi'koloɣo, -a] *m, f* (MED) Neuropsychologe, -in *m, f*

neuropsiquiatra [neu̯rosi'kjatra] *mf* (MED) Neuropsychiater(in) *m(f)*

neuropsiquiatría [neu̯rosikja'tria] *f* (MED) Neuropsychiatrie *f*

neurorretinitis [neu̯rorre'nitis] *f inv* (MED) Neuroretinitis *f*, Entzündung *f* der Sehnerven und der Netzhaut

neurosis [neu̯'rosis] *f inv* (MED, PSICO: *neurópata*) Neuropathie *f*; (*neurótico*) Neurose *f*

neurótico, **-a** [neu̯'rotiko, -a] **I.** *adj* (MED, PSICO) neurotisch **II.** *m, f* (MED, PSICO) Neurotiker(in) *m(f)*

neurotizar [neu̯roti'θar] <z→c> *vt* (*fam*) nerven; **me estás neurotizando** du gehst mir auf den Keks [*o* auf die Nerven]

neurotomía [neu̯roto'mia] *f* (MED) Neurotomie *f*, operative Nervendurchtrennung *f*

neurótomo [neu̯'rotomo] *m* (MED) Neurotom *nt*

neurotoxina [neu̯rotoˠ'sina] *f* (MED) Neurotoxin *nt*, Nervengift *nt*

neurotransmisor [neu̯rotraⁿsmi'sor] *m* (BIOL, QUÍM) Neurotransmitter *m*

neurovegetativo, **-a** [neu̯roβexeta'tiβo, -a] *adj* (ANAT): **sistema** ~ vegetatives Nervensystem

neutonio [neu̯'tonjo] *m* (FÍS) Newton *nt*

neutral [neu̯'tral] **I.** *adj* **1.** (*imparcial*) neutral, unparteiisch **2.** (*sin partido*) parteilos **II.** *mf* **1.** (*persona imparcial*) Unparteiische(r) *mf* **2.** (*persona*) Parteilose(r) *mf*; **los ~es** (*naciones*) die neutralen Staaten

neutralidad [neu̯trali'ðaᵈ] *f* Neutralität *f*

neutralismo [neu̯tra'lismo] *m sin pl* (POL) Neutralismus *m*

neutralista [neu̯tra'lista] **I.** *adj* (POL) neutralistisch **II.** *mf* (POL) Neutralist(in) *m(f)*

neutralizable [neu̯trali'θaβle] *adj* neutralisierbar

N

neutralización [neu̯traliθa'θjon] *f* Neutralisierung *f*
neutralizador(a) [neu̯traliθa'ðor(a)] *adj* neutralisierend
neutralizante [neu̯trali'θan̪te] **I.** *adj* neutralisierend, Neutralisierungs-; **sustancia** ~ (QUÍM) Neutralisierungsmittel *nt* **II.** *m* (QUÍM) Neutralisierungsmittel *nt*
neutralizar [neu̯trali'θar] <z→c> **I.** *vt* neutralisieren **II.** *vr:* ~**se** sich neutralisieren
neutro, -a ['neu̯tro, -a] *adj* **1.** (*t.* QUÍM) neutral **2.** (ZOOL) geschlecht(s)los **3.** (LING) sächlich; **género** ~ Neutrum *nt* **4.** (POL) gleichgültig, verdrossen
neutrón [neu̯'tron] *m* (FÍS) Neutron *nt*
nevada [ne'βaða] *f* **1.** (*caída de nieve*) Schneefall *m* **2.** (*nieve caída*) Schnee *m*
nevadilla [neβa'ðiʎa] *f* (BOT) Mauermiere *f*
nevadito [neβa'ðito] *m* (GASTR) *kleines kegelförmiges Gebäck, mit Puderzucker bestreut*
nevado[1] [ne'βaðo] *m* (TAUR) weißgefleckter Stier *m*
nevado, -a[2] [ne'βaðo, -a] *adj* **1.** (*cubierto de nieve*) verschneit **2.** (*blanco*) schneeweiß, blütenweiß
nevar [ne'βar] <e→ie> *vi, vimpers* schneien
nevasca [ne'βaska] *f* (*nevada*) Schneefall *m;* (*ventisca*) Schneetreiben *nt*
nevatilla [neβa'tiʎa] *f* (ZOOL) Bachstelze *f*
nevazón [neβa'θon] *f* (*Arg, Chil, Ecua:* METEO) Schneesturm *m*
nevera [ne'βera] *f* **1.** (*frigorífico*) Kühlschrank *m,* Eisschrank *m;* **esto parece una** ~ hier ist es eiskalt **2.** (*depósito*) Kühlraum *m*
nevereta [neβe'reta] *f* (ZOOL) *v.* **nevatilla**
nevería [neβe'ria] *f* (*Méx*) Eisdiele *f*
nevero [ne'βero] *m* **1.** (*lugar*) Schneegebirge *nt* **2.** (*nieve*) ewiger Schnee *m* (*des Hochgebirges*)
nevisca [ne'βiska] *f* leichter Schneefall *m*
neviscar [neβis'kar] <c→qu> *vi, vimpers* leicht schneien
neviza [ne'βiθa] *f* (GEO) Firn *m*
nevoso, -a [ne'βoso, -a] *adj* schneeig, verschneit; **tiempo** ~ Schneewetter *nt*
nevus ['neβus] *m inv* (MED) Naevus *m,* Muttermal *nt*
new age [nju ei̯dʒ] *m* (MÚS) Newagemusik *f*
new look [nju luk] *m* New Look *m*
nexo ['neˠso] *m* Verbindung *f,* Nexus *m*
ni [ni] *conj:* ~**...** ~ weder ... noch ...; **no fumo** ~ **bebo** ich rauche und trinke nicht; **no quiero** ~ (**siquiera**) **verlo** ich möchte ihn nicht einmal sehen; **¡**~ **lo pienses** [*o* **sueñes**]**!** auf gar keinen Fall!, vergiss es!; **sin más** ~ **más** mir nichts, dir nichts, plötzlich; **¡**~ **que fuera tonto!** er ist doch nicht dumm!; ~ **bien...** (*Arg*) sobald (als) ...
niara ['njara] *f* (AGR) Strohmiete *f,* Strohfeime *f*
nibelungo, -a [niβe'luŋgo, -a] *adj* Nibelungen-; **canción nibelunga** Nibelungenlied *nt*
nica ['nika] *adj* (*Nic: fam*) nicaraguanisch
nicanor [nika'nor] *m:* ~ **de Boñar** (GASTR) *kleine Blätterteigringe*
nicaragua [nika'raɣwa] *f* (BOT) Balsamine *f,* Springkraut *nt*
Nicaragua [nika'raɣwa] *f* Nicaragua *nt*
nicaragüense [nikara'ɣwense] **I.** *adj* nicaraguanisch **II.** *mf* Nicaraguaner(in) *m(f)*
nicaragüeñismo [nikaraɣwe'ɲismo] *m* (LING) in Nicaragua gebräuchlicher Ausdruck *m*
nicaragüeño, -a [nikara'ɣweɲo, -a] *adj o m, f v.* **nicaragüense**
nicho ['nitʃo] *m* **1.** (*cavidad*) Nische *f;* ~ **de mercado** (COM) Marktlücke *f,* Marktnische *f* **2.** (*sepultura*) Grabnische *f*
nicociana [niko'θjana] *f* (BOT) Tabakpflanze *f,* Tabak *m*
nicótico, -a [ni'kotiko, -a] *adj* die Nikotinvergiftung betreffend, Nikotinismus-
nicotina [niko'tina] *f* Nikotin *nt*
nicotinismo [nikoti'nismo] *m,* **nicotismo** [niko'tismo] *f* (MED) Nikotinvergiftung *f,* Nikotinismus *m*
nictalopía [niktalo'pia] *f* (BIOL, MED) Tagblindheit *f,* Nyktalopie *f*
nictemeral [nikteme'ral] *adj* Tag-und-Nacht-, 24-Stunden-; **ritmo** ~ 24-Stunden-Rhythmus *m*
nicturia [nik'turja] *f* (MED) verstärkter nächtlicher Harndrang *m,* Nykturie *f*
nidada [ni'ðaða] *f* **1.** (*huevos*) Gelege *nt* **2.** (*polluelos*) Brut *f*
nidal [ni'ðal] *m* **1.** (*lugar*) Nistplatz *m,* Nest *nt* **2.** (*huevo*) Nestei *nt*
nidificación [niðifika'θjon] *f* (ZOOL) Nestbau *m,* Nisten *nt*
nidificar [niðifi'kar] <c→qu> *vi* nisten
nido ['niðo] *m* **1.** (*lecho*) Nest *nt;* ~ **de amor** Liebesnest *nt;* ~ **de ladrones** Räuberhöhle *f;* ~ **de discordias** Unruheherd *m;* **caerse del** ~ naiv sein **2.** (*nidada*) Gelege *nt* **3.** (*nidal*) Nistplatz *m*
niebla ['njeβla] *f* **1.** (*bruma*) Nebel *m;* ~ **meona** Nebelregen *m;* **hace** (**mucha**) ~ es ist (sehr) neb(e)lig **2.** (MED) Hornhauttrübung *f* **3.** (*añublo*) Getreidebrand *m* **4.** (*confusión*) Verwirrung *f*
niel [njel] *m* (ARTE) Niello *nt*
nielado [nje'laðo] **I.** *adj* (ARTE) nielliert **II.** *m* (ARTE: *acción*) Niellieren *nt;* (*obra*) Nielloarbeit *f*
nielar [nje'lar] *vt* (ARTE) niellieren
niéspera ['njespera] *f* (BOT) *v.* **níspola**
nietastro, -a [nje'tastro, -a] *m, f* Stiefenkel(in) *m(f)*
nieto, -a ['njeto, -a] *m, f* Enkel(in) *m(f);* ~**s** Enkelkinder *ntpl,* Enkel *mpl;* ~ **segundo** Urenkel *m*
nieve ['njeβe] *f* **1.** (*precipitación*) Schnee *m;* ~ **carbónica** Trockeneis *nt* **2.** *pl* Schneefall *m* **3.** (*elev: blancura*) Weiß *nt* **4.** (*argot: cocaína*) Schnee *m,* Koks *m;* (*argot: heroína*) H *nt* (*englisch ausgesprochen*) **5.** (*Méx, Cuba, PRico: helado*) (Frucht)eis *nt*

NIF [nif] *m abr de* **Número de identificación fiscal** Steuernummer *f*

nigeriano, **-a** [nixe'rjano, -a] **I.** *adj* nigerianisch **II.** *m, f* Nigerianer(in) *m(f)*

nigerio, **-a** [ni'xerjo, -a] **I.** *adj* nigrisch, aus Niger **II.** *m, f* Nigrer(in) *m(f)*

night-club [naịt kluᵝ] *m* Nightclub *m*

nigromancia [niɣro'maṇθja] *f,* **nigromancía** [niɣromaṇ'θia] *f* **1.** (*necromancia*) Totenbeschwörung *f* **2.** (*fam: magia negra*) schwarze Magie *f*

nigromante [niɣro'maṇte] *mf* Totenbeschwörer(in) *m(f)*

nigromántico, **-a** [niɣro'maṇtiko, -a] *adj* die Totenbeschwörung betreffend, nekromantisch

nigua ['niɣwa] *f* (*AmC:* ZOOL) Sandfloh *m*

nihilidad [ni(i)li'ðaᵈ] *f* Nichtigkeit *f*

nihilismo [ni(i)'lismo] *m sin pl* (FILOS) Nihilismus *m*

nihilista [ni(i)'lista] **I.** *adj* (FILOS) nihilistisch **II.** *mf* (FILOS) Nihilist(in) *m(f)*

nikkei ['nikeị] *m* (ECON) Nikkei-Index *m* (*japanischer Börsenkursindex*)

Nilo ['nilo] *m* Nil *m*

nilón [ni'lon] *m* Nylon® *nt*

nimbado, **-a** [nim'baðo, -a] *adj* (ASTR, REL) mit einer Aureole umgeben, mit Heiligenschein

nimbo ['nimbo] *m* **1.** (*aureola*) Heiligenschein *m,* Nimbus *m elev* **2.** (METEO) Nimbostratus *m*

nimboestrato [nimboes'trato] *m,* **nimbostratus** [nimbos'tratus] *m* (METEO) Nimbostratus *m*

nimiedad [nimje'ðaᵈ] *f* **1.** (*insignificancia*) Kleinigkeit *f,* Nichtigkeit *f* **2.** (*minuciosidad*) Pedanterie *f,* Kleinlichkeit *f*

nimio, **-a** ['nimjo, -a] *adj* **1.** (*sin importancia*) unwichtig, unbedeutend **2.** (*minucioso*) minuziös, pedantisch; **es ~ en los detalles** er nimmt es mit den Details sehr genau

ninfa ['niɱfa] *f* **1.** (*en la mitología*) Nymphe *f* **2.** (*joven hermosa*) Grazie *f* **3.** (ZOOL) Puppe *f* **4.** *pl* (ANAT) Nymphen *fpl,* Nymphae *fpl*

ninfea [niɱ'fea] *m* (BOT) Seerose *f*

ninfo ['niɱfo] *m* Laffe *m,* Geck *m*

ninfómana [niɱ'fomana] *f* (MED, PSICO) Nymphomanin *f*

ninfomanía [niɱfoma'nia] *f sin pl* (MED, PSICO) Nymphomanie *f*

ningún [niŋ'gun] *adj indef v.* **ninguno**

ningunear [niŋgune'ar] *vt* **1.** (*no tomar en consideración*) übergehen **2.** (*menospreciar*) verachten

ninguneo [niŋgu'neo] *m* Verachtung *f*

ninguno, **-a** [niŋ'guno, -a] **I.** *adj indef* (*delante de un substantivo masculino: ningún*) keine(r, s); **por** [*o* **en**] **ningún lado** nirgends; **de ninguna manera** [*o* **ningún modo**] keinesfalls; **ninguna vez** kein einziges Mal, nie; **en sitio ~** nirgendwo; **no obtuve respuesta ninguna** ich bekam keine Antwort **II.** *pron indef* keine(r, s); (*personas*) niemand; **no quiso venir ~** keiner [*o* niemand] wollte kommen; **no me queda ~** ich habe keins mehr; **no conozco a ~** ich kenne keinen [*o* niemand(en)]

niña ['niɲa] *f* **1.** (*chica*) Mädchen *nt;* **ser una ~ bien** eine höhere Tochter sein **2.** (*persona no adulta*) Kind *nt; v. t.* **niño 3.** (ANAT) Pupille *f;* **eres como las ~s de mis ojos** du bist mein Augenstern **4.** (*reg: Fräulein*): **¿qué hay ~?** wie geht's denn, Mädel?

niñada [ni'ɲaða] *f* Kinderei *f*

niñato, **-a** [ni'ɲato, -a] *m, f* (*fam*) Rotznase *f,* Rotzbengel *m,* Rotzgöre *f*

niñear [niɲe'ar] *vi* herumalbern

niñera [ni'ɲera] *f* Kindermädchen *nt*

niñería [niɲe'ria] *f* **1.** (*niñada*) Kinderei *f* **2.** (*fam: pequeñez*) Kinkerlitzchen *nt*

niñero, **-a** [ni'ɲero, -a] **I.** *adj* kinderlieb **II.** *m, f* Babysitter *m;* **estar de ~** babysitten

niñez [ni'ɲeθ] *f* Kindheit *f*

niño ['niɲo] *m* **1.** (*chico*) Junge *m;* **~ bonito** Schönling *m* **2.** (*persona no adulta*) Kind *nt;* **~ de la bola** Glückspilz *m;* **~ envuelto** (*Arg, Par, Urug:* GASTR) Roulade *f;* **~ mimado** verwöhntes Kind; **su ~ mimado** sein/ihr Liebling; **~ de pecho** [*o* **de teta**] Säugling *m;* **~ probeta** Retortenbaby *nt;* **~ prodigio** Wunderkind *nt;* **¡no seas ~!** sei nicht kindisch! **3.** (*reg: hombre joven*) junger Mann *m*

nipón, **-ona** [ni'pon, -ona] **I.** *adj* japanisch **II.** *m, f* Japaner(in) *m(f)*

níquel ['nikel] *m* (MIN) Nickel *nt*

niquelado [nike'laðo] *m* Vernick(e)lung *f*

niquelar [nike'lar] *vt* vernickeln

niqui ['niki] *m* **1.** (*camiseta*) T-Shirt *nt* **2.** (*jersey de cuello vuelto*) Rolli *m*

niquitoso, **-a** [niki'toso, -a] *adj* (*Arg: dengoso*) geziert; (*minucioso*) peinlich genau

nirvana [nir'βana] *f* (REL) Nirwana *nt*

níscalo ['niskalo] *m* (BOT, GASTR) Edelreizker *m,* Milchpilz *m*

níspero ['nispero] *m* **1.** (BOT: *arbusto y fruto*) Mispel *f* **2.** (*Am:* BOT) Kumquat *f*

níspola ['nispola] *f* Mispel *f*

nistagmo [nis'taɣmo] *m* (MED) Augenzittern *nt,* Nystagmus *m*

niste ['niste] *adj* (*Nic*) **1.** (*gris*) aschgrau **2.** (*pálido*) blass

nitidez [niti'ðeθ] *f* **1.** (*pureza*) Klarheit *f,* Reinheit *f* **2.** (FOTO) Schärfe *f*

nítido, **-a** ['nitiðo, -a] *adj* **1.** (*puro*) klar, rein **2.** (FOTO) scharf

nito ['nito] *m* (BOT) Kletterfarn *m*

nitrato [ni'trato] *m* (QUÍM) Nitrat *nt;* **~ de Chile** Chilesalpeter *m*

nítrico, **-a** ['nitriko, -a] *adj* (QUÍM) salpetersauer; **ácido ~** Salpetersäure *f*

nitrito [ni'trito] *m* (QUÍM) Nitrit *nt*

nitro ['nitro] *m* (QUÍM) Salpeter *m*

nitrobenceno [nitroβeṇ'θeno] *m* (QUÍM) Nitrobenzol *nt*

nitrogelatina [nitroxela'tina] *f* (QUÍM) Nitrogelatine *f,* Sprenggelatine *f*

nitrogenado, **-a** [nitroxe'naðo, -a] *adj* (QUÍM) stickstoffhaltig

nitrógeno [ni'troxeno] *m* (QUÍM) Stickstoff *m*, Nitrogen *nt*

nitroglicerina [nitroɣliθe'rina] *f* (QUÍM) Nitroglyzerin *nt*

nitrón [ni'tron] *m* (QUÍM) Nitron *nt*

nitropastilla [nitropas'tiʎa] *f* (MED) Nitrotablette *f*

nitroso, **-a** [ni'troso, -a] *adj* (QUÍM) salpet(e)rig; **ácido** ~ salpet(e)rige Säure

nitruro [ni'truro] *m* (QUÍM) Nitrid *nt*

nivación [niβa'θjon] *f* (GEO) Nivation *f*, nivale Erosion *f*

nivel [ni'βel] *m* **1.** (*instrumento*) Wasserwaage *f*; ~ **de aire** Wasserwaage *f* **2.** (*horizontalidad*) Ebene *f*, Horizontale *f*; ~ **de partido** Parteiebene *f*; ~ **estilístico** (LING) Stilebene *f*; **es una decisión a tomar a** ~ **de junta directiva** das ist eine Entscheidung, die auf Vorstandsebene getroffen werden sollte **3.** (*cota*) Pegel *m*, Spiegel *m*; ~ **de la riada** Hochwasserpegel *m*; **a mil metros sobre el** ~ **del mar** tausend Meter über dem Meer(esspiegel); **a** ~ auf gleicher Höhe **4.** (*estándar*) Niveau *nt*; ~ **de desarrollo** Entwicklungsstand *m*; ~ **de empleo** (ECON) Beschäftigungsgrad *m*; ~ **de salarios** [*o* **salarial**] Lohnniveau *nt*; **alto/bajo** ~ **de productividad** hohes/niedriges Produktivitätsniveau; **elevar el** ~ **de vida** den Lebensstandard erhöhen; **estar al** ~ **de algo/alguien** mit etw/jdm mithalten können; **estar al** ~ **de lo exigido** den Anforderungen entsprechen **5.** (INFOR) Ebene *f*; ~ **de usuario** Benutzerebene *f*

nivelación [niβela'θjon] *f* Nivellierung *f*; ~ **de cargas** (FIN) Lastenausgleich *m*; ~ **del presupuesto** Haushaltsausgleich *m*; ~ **salarial** Lohnnivellierung *f*

nivelado, **-a** [niβe'laðo, -a] *adj* **1.** (*horizontal*) waag(e)recht, horizontal **2.** (*plano*) eben; (TÉC) plan

nivelador[1] [niβela'ðor] *m* (TÉC) Nivellierinstrument *nt*, Nivelliergerät *nt*

nivelador(a)[2] [niβela'ðor(a)] *adj* nivellierend, Nivellier-

niveladora [niβela'ðora] *f* Planierraupe *f*

nivelar [niβe'lar] **I.** *vt* **1.** (*poner a igual nivel*) ausgleichen **2.** (*poner horizontal*) (ein)ebnen; ~ **una parcela** ein Grundstück planieren **3.** (GEO, TÉC) nivellieren **II.** *vr:* ~**se** sich ausgleichen; ~**se con alguien** jds Niveau erreichen

níveo, **-a** ['niβeo, -a] *adj* schneeweiß, blütenweiß

nivómetro [ni'βometro] *m* Schneemesser *m*, Nivometer *nt*

nixtamal [nista'mal] *m* (*Méx*) Maisbrei *m* (*für die Zubereitung von Tortillas*)

nixte ['niste] *adj* (*Hond*) *v.* **niste**

NO [noro'este] *abr de* **Noroeste** NW

no [no] *adv* **1.** (*respuesta negativa*) nein **2.** (*empleado con un verbo o adjetivo*) nicht; ~ **graso** nicht fettend; ~ **protegido** ungeschützt; ~ **residente** gebietsfremd; ~ **disponible de momento** (ECON) zur Zeit nicht lieferbar; **hoy** ~ **hay clase** heute ist vorlesungsfrei **3.** (*prefijo negativo*) Nicht-; ~ **electores** Nichtwähler *mpl*; ~ **observancia** Nichtbeachtung *f* **4.** (*fórmula retórica*) oder nicht?, nicht wahr? **5.** (*loc*): **¡a que ~!** wetten, dass nicht!; **¿cómo ~?** aber klar doch!, natürlich!; ~ **sea que...** sonst ...; **a ~ ser que...** es sei denn, dass ...; **tiene dos ~ más, no tiene sino dos** er/sie hat lediglich zwei; **a** ~ (*Col*) sobald (als) ...; ~**... nada** nichts; ~**... nadie** niemand; ~**... nunca** niemals; ~ **bien...** +*subj* sobald ...; **o, si** ~ anderenfalls; ~ **tal** gar nicht; ~ **ya** nicht nur; **ya** ~ nicht mehr; **¡que ~!** nein, und nochmals nein!; ~ **tiene más que un abrigo** er/sie hat nur einen Mantel; ~ **quedan más que dos botellas** es sind nur noch zwei Flaschen da; ~ **quiero tener más hijos** ich möchte keine Kinder mehr (haben); ~ **quiero hablar más de este asunto** ich will darüber nicht mehr sprechen; **tiene un ~ sé que** er/sie hat das gewisse Etwas

nº ['numero] *abr de* **número** Nr.

nobelio [no'βeljo] *m* (QUÍM) Nobelium *nt*

nobiliario[1] [noβi'ljarjo] *m* Adelsbuch *nt*, Adelsregister *nt*

nobiliario, **-a**[2] [noβi'ljarjo, -a] *adj* Adels-

nobilísimo [noβi'lisimo, -a] *adj superl de* **noble**

noble ['noβle] **I.** *adj* <nobilísimo> **1.** (*aristócrata*) ad(e)lig **2.** (*t.* QUÍM) edel; **metal** ~ Edelmetall *nt* **3.** (*bueno*) gutmütig **4.** (*obediente*) gehorsam **II.** *mf* Adlige(r) *mf*

nobleza [no'βleθa] *f* **1.** (*linaje*) Adel *m*, Adelsstand *m* **2.** (*hidalguía*) Edelmut *m* **3.** (*bondad*) Gutmütigkeit *f* **4.** (*obediencia*) Gehorsamkeit *f*

noblote, **-a** [no'βlote, -a] *adj* (*fam*) gutherzig, edel gesinnt

noca ['noka] *f* (GASTR, ZOOL) Taschenkrebs *m*

nocautear [nokaute'ar] *vt* (DEP) *v.* **noquear**

noche ['notʃe] *f* **1.** (~ *tardía*) Nacht *f*; ~ **cerrada** stockfinstere Nacht; **N~ Vieja** Silvester *m o nt*; **media** ~ Mitternacht *f*; **pasar una ~ toledana** [*o* **en blanco**] eine schlaflose Nacht verbringen; **¡buenas ~s, que duermas bien!** gute Nacht und schlaf gut!; **a media** ~ mitten in der Nacht; **por la** ~ nachts; **ayer (por la)** ~ gestern Nacht; **en la ~ del domingo al lunes** in der Nacht von Sonntag auf Montag; **hacerse de** ~ Nacht werden; **hacer ~ en** übernachten in; **ser como la ~ y el día** wie Tag und Nacht sein; **de la ~ a la mañana** von heute auf morgen **2.** (~ *temprana*) Abend *m*; **N~ Buena** Heiligabend *m*; **¡buenas ~s, una mesa para dos!** guten Abend, einen Tisch für zwei!; **por la** ~ abends **3.** (*oscuridad*) Dunkelheit *f*; **es de** ~ es ist dunkel

Nochebuena [notʃe'bwena] *f* Heiligabend *m*; **en** ~ an Heilgabend

nochebueno [notʃe'βweno] *m* (GASTR) *eine große Weihnachtstorte mit Öl, Mandeln, Pi-*

nienkernen und anderen Zutaten

nochecita [notʃe'θita] *f* (*Am*) Abenddämmerung *f*

nocherniego, **-a** [notʃer'njeɣo, -a] *adj o m, f v.* **noctámbulo**

nochero [no'tʃero] *m* **1.** (*CSur: vigilante*) Nachtwächter *m* **2.** (*Col: mesilla*) Nachttisch *m*

Nochevieja [notʃe'βjexa] *f* Silvester *m o nt;* **esta** ~ dieses Jahr an Silvester

nocilla® [no'θiʎa] *f* Nutella® *f*

noción [no'θjon] *f* **1.** (*idea*) Vorstellung *f;* **no tengo ~ de la hora que es** ich habe keine Ahnung, wie spät es ist; **ha perdido la ~ de las cosas** er/sie hat den Überblick verloren **2.** *pl* Grundkenntnisse *fpl;* (*fundamentos*) Grundwissen *nt;* **nociones de contabilidad** Grundkenntnisse in allgemeiner Buchführung

nocional [noθjo'nal] *adj:* **conocimiento** ~ Grundkenntnisse *fpl,* Grundwissen *nt*

nocividad [noθiβi'ða^{ð}] *f* Schädlichkeit *f*

nocivo, **-a** [no'θiβo, -a] *adj* schädlich; ~ **para la salud** gesundheitsschädlich; **el tabaco es ~ para la salud** Rauchen gefährdet die Gesundheit

noctambular [noktambu'lar] *vi* **1.** (*soñar*) schlafwandeln **2.** (*trasnochar*) die Nacht zum Tage machen

noctambulismo [noktambu'lismo] *m sin pl* **1.** (*sueño*) Schlafwandeln *nt* **2.** (*diversión*): **en este barrio hay mucho** ~ in diesem Viertel sind viele Nachtschwärmer unterwegs

noctámbulo, **-a** [nok'tambulo, -a] **I.** *adj* **1.** (*sonámbulo*) schlafwandelnd **2.** (*trasnochador*) nachts aktiv; **ser** ~ ein Nachtmensch sein, die Nacht zum Tage machen; (*salir*) ein Nachtschwärmer sein **II.** *m, f* **1.** (*sonámbulo*) Schlafwandler(in) *m(f)* **2.** (*trasnochador*) Nachtmensch *m,* Nachteule *f fam;* (*que sale*) Nachtschwärmer(in) *m(f)*

noctiluca [nokti'luka] *f* (ZOOL) **1.** (*protozoo*) *phosphoreszierendes Plankton* **2.** (*luciérnaga*) Glühwürmchen *nt*

nóctulo ['noktulo] *m* (ZOOL) Großer Abendsegler *m*

nocturnear [nokturne'ar] *vi v.* **noctambular**

nocturno¹ [nok'turno] *m* (MÚS) Nachtstück *nt,* Notturno *nt*

nocturno, **-a²** [nok'turno, -a] *adj* **1.** (*de noche*) Nacht- **2.** (BOT, ZOOL) nachtaktiv

nodación [noða'θjon] *f* (MED) Knotenbildung *f*

nodo ['noðo] *m* **1.** (MED) Knoten *m* **2.** (ASTR, FÍS, INFOR) Knoten(punkt) *m;* ~ **externo** (INFOR) externer Knoten; ~ **terminal** (INFOR) Endknoten *m*

No-do ['noðo] *m abr de* **noticiarios y documentales** Wochenschau *f*

nodriza [no'ðriθa] *f* **1.** (*ama*) Amme *f* **2.** (*transporte*): **buque** ~ Mutterschiff *nt;* **avión** ~ Tankflugzeug *nt*

nódulo ['noðulo] *m* **1.** (MED) Knoten *m;* (*pequeño*) Knötchen *nt* **2.** (MIN) Knolle *f*

noema [no'ema] *m* (FILOS) Noema *nt*

noesis [no'esis] *f inv* (FILOS) Noesis *f*

nogada [no'ɣaða] *f* (GASTR) *Soße aus Walnüssen und Gewürzen, in der Fisch gekocht wird*

nogal [no'ɣal] *m* (Wal)nussbaum *m*

nogalina [noɣa'lina] *f* (QUÍM) Nussbaumbeize *f*

noguera [no'ɣera] *f v.* **nogal**

nogueruela [noɣe'rwela] *f* (BOT) *ein in der Medizin verwendetes Wolfsmilchgewächs*

nolí [no'li] *m* (*Col:* BOT) Ölpalme *f*

nolición [noli'θjon] *f* (FILOS) Nichtwollen *nt*

noluntad [nolun̩'ta^{ð}] *f* (FILOS) *v.* **nolición**

noma ['noma] *f* (MED) Noma *f o nt,* Wangenbrand *m,* Wasserkrebs *m*

nómada ['nomaða] **I.** *adj* Nomaden-, nomadisch; **pueblo** ~ Nomadenvolk *nt* **II.** *mf* Nomade, -in *m, f*

nomadismo [noma'ðismo] *m sin pl* Nomadenleben *nt,* Nomadendasein *nt*

nomás [no'mas] *adv* **1.** (*Arg, Méx, Ven: solamente*) nur, lediglich; **estoy ~ estudiando** ich lerne nur noch **2.** (*Arg, Ven: apenas*) kaum, gerade (erst); ~ **entrar, empezó a discutir** kaum hereingekommen, fing er/sie schon an zu streiten **3.** (*Méx: tan pronto como*) sobald; ~ **que** +*subj* sobald **4.** (*Arg, Bol, Méx, Ven*): **¡pase ~!** kommen Sie nur herein!

nombradía [nombra'ðia] *f* **1.** (*fama*) Berühmtheit *f;* **de gran** ~ berühmt; **adquirir ~ mundial** Weltruhm erlangen **2.** (*reputación*) Ruf *m*

nombrado, **-a** [nom'braðo, -a] *adj* namhaft, berühmt

nombramiento [nombra'mjen̩to] *m* **1.** (*designación*) Ernennung *f,* Nominierung *f;* **el ~ de un tutor** (JUR) die Bestellung eines Vormunds **2.** (*documento*) Ernennungsurkunde *f*

nombrar [nom'brar] *vt* **1.** (*citar*) nennen, angeben; (*mencionar*) erwähnen; ~ **los ríos principales de España** die wichtigsten Flüsse Spaniens nennen **2.** (*llamar*) benennen; ~ **una planta** eine Pflanze benennen **3.** (*designar*) ernennen, bestellen; ~ **a alguien ministro** jdn zum Minister ernennen; ~ **un abogado** einen Anwalt bestellen; ~ **funcionario público** verbeamten

nombre ['nombre] *m* **1.** (*designación*) Name *m;* ~ **y apellido** Vor- und Zuname; ~ **comercial** Handelsname *m;* ~ **de familia** Familienname *m,* Nachname *m;* ~ **ficticio** Pseudonym *nt;* ~ **de guerra** (*fam*) Künstlername *m;* ~ **de pila** Taufname *m,* Vorname *m;* ~ **del producto** Produktbezeichnung *f;* ~ **de soltero** Geburtsname *m;* **primer** ~ Vorname *m;* **sin** ~ namenlos; **el ~ de soltera de María es...** Marias Mädchenname ist ...; **girado a ~ del consignatorio** auf den Namen des Empfängers ausgestellt; **a su propio** ~ unter eigenem Namen; **conocer a alguien de** ~ jdn dem Namen nach kennen; **dar su** ~ seinen Namen

N

nennen; **poner un ~ a alguien** jdm einen Namen geben; **el perro responde al ~ de Lassie** der Hund hört auf den Namen Lassie; **en ~ de alguien** in jds Namen; **¡en ~ de la autoridad!** im Namen des Gesetzes!; **llamar a las cosas por su ~** die Dinge beim Namen nennen; **su conducta no tiene ~** sein/ihr Verhalten ist unbeschreiblich [*o* unerhört]; **reservar a ~ de X** auf den Namen X reservieren **2.** (*reputación*) Ruf *m;* **buen ~** guter Ruf; **es un abogado de ~** er ist ein angesehener Anwalt **3.** (LING) Nomen *nt,* Substantiv *nt;* **~ abstracto** Begriffsname *m;* **~ colectivo** Kollektivum *nt,* Sammelname *m;* **~ común** Gattungsname *m;* **~ concreto** Konkretum *nt;* **~ propio** Eigenname *m;* **~ substantivo** Substantiv *nt*

nomenclátor [nomeŋ'klator] *m* (Namen)verzeichnis *nt;* **~ oficial** amtliches Verzeichnis

nomenclatura [nomeŋkla'tura] *f* Nomenklatur *f;* **~ arancelaria de Bruselas** (UE) Brüsseler Zollnomenklatur

nomenclatural [nomeŋklatu'ral] *adj* nomenklatorisch

nomeolvides [nomeol'βiðes] *f inv* (BOT) Vergissmeinnicht *nt*

nómico, -a ['nomiko, -a] *adj* gnomisch; **poesía nómica** Spruchdichtung *f,* gnomische Dichtung *f*

nómina ['nomina] *f* **1.** (*lista*) (Namen)verzeichnis *nt,* (Namen)liste *f;* **~ de electores** Wählerliste *f;* **~ de empresas** Firmenverzeichnis *nt;* **esta empresa tiene 500 trabajadores en ~** diese Firma hat 500 Mitarbeiter auf der Gehaltsliste [*o* eine Belegschaft von 500 Mitarbeitern] **2.** (*de sueldos*) Gehaltsliste *f* **3.** (*haberes*) Gehalt *nt,* Auszahlung *f;* **cobrar la ~** das Gehalt beziehen

nominación [nomina'θjon] *f* Ernennung *f,* Nominierung *f*

nominador(a) [nomina'ðor(a)] **I.** *adj* Ernennungs-; **junta nominadora** Ernennungsausschuss *m* **II.** *m(f)* Ernennungsberechtigte(r) *mf*

nominal [nomi'nal] *adj* **1.** (*relacionado con el nombre*) Namen(s)-; **citación ~** namentliche Nennung; **documento ~** Namenspapier *nt;* **relación ~** Namenverzeichnis *nt;* **votación por llamamiento ~** namentliche Abstimmung **2.** (*sólo de nombre*) nominal, nominell, Nominal-, Nenn-; **coste ~** Nominalwert *m,* Nennwert *m;* **sueldo ~** Nominaleinkommen *nt;* **valor ~** Nennwert *m,* Nominalwert *m* **3.** (LING) nominal

nominalismo [nomina'lismo] *m sin pl* (FILOS) Nominalismus *m*

nominalización [nominaliθa'θjon] *f* (LING) Nominalisierung *f*

nominalizar [nominali'θar] <z→c> *vt* (LING) nominalisieren; **~ una oración** einen Satz nominalisieren [*o* in eine Nominalphrase verwandeln]

nominalmente [nominal'mente] *adv* namentlich, nach Namen

nominar [nomi'nar] *vt* ernennen, nominieren

nominativo¹ [nomina'tiβo] *m* (LING) Nominativ *m*

nominativo, -a² [nomina'tiβo, -a] *adj* Namens-; **acción nominativa** Namensaktie *f,* Nominativaktie *f;* **cheque ~** Namensscheck *m*

nominilla [nomi'niʎa] *f* (ECON) Auszahlungsschein *m,* Berechtigungsschein *m*

nómino ['nomino] *m* (POL) Ernannte(r) *mf*

nomo ['nomo] *m* Gnom *m*

nomografía [nomoɣra'fia] *f* (MAT) Nomographie *f*

nomograma [nomo'ɣrama] *m* (MAT) Nomogramm *nt*

nomon ['nomon] *m* (*reloj de sol*) Gnomon *m,* Schattenstab *m*

nomónica [no'monika] *f* Gnomonik *f*

nomparell [nompa'reʎ] *m* (TIPO) Nonpareille *f*

non [non] **I.** *adj* ungerade; **número ~** ungerade Zahl **II.** *m* **1.** (*número impar*) ungerade Zahl *f;* **de ~** ungerade; **estar de ~** (*fam*) ohne Partner sein, allein sein; **quedar de ~** (*fam*) übrig bleiben **2.** *pl* (*loc*): **decir** [*o* **contestar**] (**que**) **~es** nein sagen

nona ['nona] *f* (REL) None *f*

nonada [no'naða] *f* (*de poca importancia*) Lappalie *f,* Bagatelle *f;* (*pequeñez*) Kleinigkeit *f*

nonagenario, -a [nonaxe'narjo, -a] **I.** *adj* neunzigjährig, in den Neunzigern **II.** *m, f* Neunzigjährige(r) *mf*

nonagésimo, -a [nona'xesimo, -a] **I.** *adj* (*parte*) neunzigstel; (*numeración*) neunzigste(r, s) **II.** *m, f* Neunzigstel *nt; v. t.* **octogésimo**

nonágono¹ [no'naɣono] *m* Neuneck *nt*

nonágono, -a² [no'naɣono, -a] *adj* (MAT) neuneckig

nonato, -a [no'nato, -a] *adj* **1.** (*nacimiento*) durch Kaiserschnitt zur Welt gebracht **2.** (*aún no existente*) (noch) nicht vorhanden; (*aún no acaecido*) (noch) nicht geschehen

noningentésimo, -a [noniŋxen'tesimo, -a] **I.** *adj* (*parte*) neunhundertstel; (*numeración*) neunhundertste(r) **II.** *m, f* Neunhundertstel *nt*

nono, -a ['nono, -a] *adj* neunte(r, s); *v. t.* **octavo**

non plus ultra [non plus 'ultra] *m* Nonplusultra *nt;* **este coche es el ~** dieses Auto ist das Nonplusultra [*o* absolut Beste]

non sancta [non 'santa] verdorben; **casa ~** Bordell *nt;* **gente ~** Gesindel *nt*

non stop [noⁿs'top] *adv* nonstop; **vuelo ~** Nonstopflug *m*

nónuplo¹ ['nonuplo] *m* Neunfache(s) *nt*

nónuplo, -a² ['nonuplo, -a] *adj* neunfach

noología [no(o)lo'xia] *f* (FILOS) Noologie *f*

nopal [no'pal] *m* (BOT) Nopal *m,* Feigenkaktus *m*

nopalito [nopa'lito] *m* (*Méx:* BOT, GASTR) *gekochte zarte Nopalblätter*

noquear [noke'ar] *vt* k.o. schlagen

noratlántico, **-a** [noraᵈ'lan̦tiko, -a] *adj* (POL) nordatlantisch

noray [no'rai̯] <norayes> *m* (NÁUT) Poller *m*

norcoreano, **-a** [norkore'ano, -a] **I.** *adj* nordkoreanisch **II.** *m, f* Nordkoreaner(in) *m(f)*

nordestada [norðes'taða] *f* (METEO) *v.* **norestada**

nordestal [norðes'tal] *adj v.* **norestal**

nordeste [nor'ðeste] *m* **1.** (*dirección*) Nordosten *m;* (NÁUT, METEO) Nordost *m* **2.** (*viento*) Nordostwind *m*

nórdico, **-a** ['norðiko, -a] *adj* nordisch

nordista [nor'ðista] *mf* (HIST) Nordstaatler(in) *m(f)*

norestada [nores'taða] *f* (METEO) starker Nordostwind *m*

norestal [nores'tal] *adj* **1.** (*que está en el Nordeste*) in nordöstlicher Richtung, im Nordosten liegend **2.** (*que viene del Nordeste*) aus nordöstlicher Richtung kommend, aus dem Nordosten

noria ['norja] *f* **1.** (*para agua*) Schöpfrad *nt,* Wasserrad *nt* **2.** (*fam: trabajo*) Tretmühle *f* **3.** (*columpio*) Riesenrad *nt*

norirlandés, **-esa** [norirlan̦'des, -esa] **I.** *adj* nordirisch **II.** *m, f* Nordire, -in *m, f*

norma ['norma] *f* **1.** (*precepto*) Richtlinie *f,* Norm *f;* ~ **de conducta** Verhaltens(maß)regel *f;* ~ **laboral** Arbeitsnorm *f;* ~**s de tráfico** [*o* **de circulación**] (Straßen)verkehrsregeln *fpl;* ~ **técnica** technische Vorschrift, Standard *m;* ~ **alemana** [*o* **DIN**] Deutsche Industrienorm, DIN-Norm *f;* **confeccionar una** ~ einen Standard erarbeiten; **observar la** ~ die Norm erfüllen **2.** (*fig: regla*) Richtschnur *f;* **servir como** ~ als Richtschnur dienen; **como** ~ (**general**) in der Regel **3.** (*escuadra*) Winkelmaß *nt*

normal [nor'mal] **I.** *adj* **1.** (*habitual*) normal; **tamaño** ~ Einheitsgröße *f;* **¡esto no es** ~**!** das gibt's nicht!, es ist (einfach) unglaublich! **2.** (*según la norma*) regelrecht, vorschriftsmäßig **II.** *f* **1.** (*Escuela Normal de Magisterio*) ≈Pädagogische Hochschule *f* **2.** (MAT) Normale *f*

normalidad [normali'ðaᵈ] *f* Regelmäßigkeit *f,* Normalität *f;* **volver a la** ~ (*algo*) sich normalisieren; (*alguien*) zur Normalität zurückkehren

normalillo [norma'liʎo] *adj* (*pey*) durchschnittlich

normalista [norma'lista] *mf* Student(in) *m(f)* an der Escuela Normal de Magisterio (*entspricht in Deutschland etwa der Pädagogischen Hochschule*)

normalito [norma'lito] *adj* (*pey*) durchschnittlich

normalización [normaliθa'θjon] *f* **1.** (*regularización*) Normalisierung *f* **2.** (*reglamentación*) Normung *f,* Standardisierung *f;* ~ **elemental** Grundnormung *f*

normalizado, **-a** [normali'θaðo, -a] *adj* **1.** (*arreglado*) normalisiert **2.** (*regulado*) genormt, standardisiert

normalizar [normali'θar] <z→c> *vt* **1.** (*volver normal*) normalisieren **2.** (*reglar*) normen, normieren

normalmente [normal'men̦te] *adv* normal(erweise)

normando, **-a** [nor'man̦do, -a] **I.** *adj* normannisch **II.** *m, f* Normanne, -in *m, f*

normativa [norma'tiβa] *f* (gesetzliche) Regelungen *fpl;* ~ **comunitaria** (UE) Gemeinschaftsrecht *nt,* Bestimmungen *fpl;* **según la** ~ **vigente...** nach den geltenden gesetzlichen Regelungen [*o* Vorschriften] ...

normativización [normatiβiθa'θjon] *f* Normierung *f,* Normsetzung *f*

normativo, **-a** [norma'tiβo, -a] *adj* normativ, maßgebend

nornordeste [nornoro'este] *m,* **nornoreste** [norno'reste] *m* **1.** (*punto cardinal*) Nordnordost(en) *m* **2.** (*viento*) Nordnordostwind *m*

nornoroeste [nornoro'este] *m,* **nornoruеste** [norno'rweste] *m* **1.** (*punto cardinal*) Nordnordwest(en) *m* **2.** (*viento*) Nordnordwestwind *m*

noroccidental [noroᵞθiðen̦'tal] *adj* nordwestlich

noroeste [noro'este] *m* **1.** (*dirección*) Nordwesten *m;* (NÁUT, METEO) Nordwest *m* **2.** (*viento*) Nordwestwind *m*

nororiental [nororjen̦'tal] *adj* nordöstlich

nortada [nor'taða] *f* (METEO) anhaltender, frischer Nordwind *m*

norte ['norte] *m* **1.** (*punto cardinal*) Norden *m;* (METEO, NÁUT) Nord *m;* **el** ~ **de España** Nordspanien *nt;* **al** ~ **de** nördlich von +*dat;* **el viento viene del** ~ der Wind kommt von [*o* aus] Nord(en) **2.** (*viento*) Nordwind *m* **3.** (*polo ártico*) Nordpol *m* **4.** (*guía*) Wegweiser *m,* Richtschnur *f* **5.** (*objetivo*) Ziel *nt;* **apoyar a los demás es nuestro** ~ unser Ziel ist es, andere zu unterstützen **6.** (*orientación*) Orientierung *f;* **perder el** ~ (*fig*) das Ziel vor den Augen verlieren

norteado, **-a** [norte'aðo, -a] *adj* (*Méx: vulg*) desorientiert, orientierungslos

norteafricano, **-a** [norteafri'kano, -a] **I.** *adj* nordafrikanisch **II.** *m, f* Nordafrikaner(in) *m(f)*

norteamericano, **-a** [norteameri'kano, -a] **I.** *adj* nordamerikanisch **II.** *m, f* Nordamerikaner(in) *m(f)*

nortear [norte'ar] **I.** *vt* (NÁUT) nach Norden richten **II.** *vi* **1.** (NÁUT) gen Norden fahren **2.** (*viento*) auf Nord drehen **III.** *vr:* ~**se** (*Méx*) die Orientierung verlieren; **al dar la vuelta nos norteamos** als wir umgekehrt sind,

N

wussten wir nicht mehr, wo wir waren

norteño, **-a** [nor'teɲo, -a] **I.** *adj* nordisch, nordländisch **II.** *m, f* Nordländer(in) *m(f)*

nortino, **-a** [nor'tino, -a] *adj o m, f* (*Chil, Perú*) *v.* **norteño**

noruega [no'rweɣa] *f* (NÁUT) *ein rundliches Schiff mit hohem Bug*

Noruega [no'rweɣa] *f* Norwegen *nt*

noruego[1] [no'rweɣo] *m* (*lengua*) Norwegisch(e) *nt*

noruego, **-a**[2] [no'rweɣo, -a] **I.** *adj* norwegisch **II.** *m, f* Norweger(in) *m(f)*

norueste [no'rweste] *m v.* **noroeste**

norvietnamita [norβjeᵈna'mita] **I.** *adj* nordvietnamesisch **II.** *mf* Nordvietnamese, -in *m, f*

nos [nos] **I.** *pron pers* **1.** (*objeto directo e indirecto*) uns; ~ **miró** er/sie hat uns angesehen; **¡dí~ tu nombre!** sag uns deinen Namen! **2.** (*mayestático*) wir **II.** *pron refl:* ~ **afeitamos** wir rasieren uns; ~ **acostamos** wir gehen schlafen; ~ **compramos un coche** wir kaufen uns ein Auto; ~ **cortamos el pelo** wir lassen uns die Haare schneiden

noseología [noseolo'xia] *f* (FILOS) Gnoseologie *f*

no-ser [no-ser] *m* (FILOS) Nichtsein *nt*

nosia ['nosja] *f* (MED) Wahrnehmungsfähigkeit *f*

nosis ['nosis] *f inv* (FILOS) Gnosis *f*

nosocomio [noso'komjo] *m* (*Am: hospital*) Krankenhaus *nt*

nosofobia [noso'foβja] *f* (PSICO) (übertriebene) Angst *f* vor Krankheiten, Nosophobie *f*

nosogenia [noso'xenja] *f* (MED) **1.** (*patogenia*) Pathogenie *f*, Besiedlung *f* eines Lebewesens durch krankheitserregende Mikroorganismen **2.** (*patogénesis*) Pathogenese *f*, Gesamtheit *f* der zur Erkrankung führenden Faktoren

nosología [nosolo'xia] *f* (MED) Nosologie *f*, Krankheitslehre *f*

nosomanía [nosoma'nia] *f* (PSICO) wahnhafte Einbildung *f*, an einer Krankheit zu leiden, Nosomanie *f*

nosotros, **-as** [no'sotros, -as] *pron pers 1. pl* **1.** (*sujeto*) wir **2.** (*tras preposición*) uns; **está hablando de** ~ er/sie spricht von uns; **haz algo por** ~ tu etwas für uns

nostalgia [nos'talxja] *f* **1.** (*de lugar*) Heimweh *nt* **2.** (*de personas*) Sehnsucht *f* (*de* nach +*dat*) **3.** (*del pasado*) Nostalgie *f*

nostálgico, **-a** [nos'talxiko, -a] *adj* (*de alguien*) sehnsuchtsvoll, sehnsüchtig; (*del pasado*) nostalgisch; **saludos ~s** sehnsuchtsvolle Grüße; **sentimiento** ~ Heimweh *nt;* **estar** ~ Heimweh haben

nosticismo [nosti'θismo] *m* (FILOS) Gnostizismus *m*

nóstico, **-a** ['nostiko, -a] *adj* (FILOS) gnostisch

nostras ['nostras] *adj* (MED) in Europa vorkommend, europäisch; **cólera** ~ Cholera nostras *f*, europäische Cholera

nota ['nota] *f* **1.** (*anotación*) Vermerk *m*, Anmerkung *f;* (*advertencia*) Hinweis *m;* ~ **marginal** Randvermerk *m;* ~ **al pie de la página** Fußnote *f;* ~ **preliminar** Vorbemerkung *f;* ~ **del traductor** Anmerkung des Übersetzers **2.** (*apunte*) Notiz *f;* **tomar** ~ sich Notizen [*o* Aufzeichnungen] machen; **hemos tomado buena** ~ **del contenido de su carta** den Inhalt Ihres Schreibens haben wir zur Kenntnis genommen; **lo escribió en una** ~ er/sie hat es auf einen Zettel geschrieben **3.** (*aviso*) Mitteilung *f;* ~ **breve** Kurzmitteilung *f;* ~ **circular** Rundschreiben *nt;* ~ **diplomática** diplomatische Note; ~ **oficial** amtliche Mitteilung; ~ **de prensa** Pressenotiz *f;* **te han dejado una** ~ **para que sepas dónde están** sie haben dir eine Nachricht hinterlassen, damit du weißt, wo sie sind **4.** (*calificación*) Note *f;* **sacar malas ~s** schlechte Noten bekommen **5.** (*factura*) Schein *m;* ~ **de caja** Kassenzettel *m;* ~ **de entrega** Lieferschein *m;* ~ **de pedidos** Bestellschein *m*, Kauforder *f* **6.** (*cuenta*) Rechnung *f;* ~ **de gastos** Spesenrechnung *f;* **¡la** ~ **por favor!** die Rechnung, bitte! **7.** (*detalle*) Eigenschaft *f*, Merkmal *nt;* **una** ~ **individual** eine individuelle Note **8.** (MÚS) Note *f;* **una** ~ **falsa** eine falsche Note **9.** (*crédito*) Ansehen *nt;* **mujeres de mala** ~ Lebedamen *fpl;* **de** ~ wichtig; **de mucha** ~ sehr berühmt; **un escritor de** ~ ein bekannter Schriftsteller **10.** (*fam: loc*): **dar la** ~ unangenehm auffallen; **dejar mala** ~ einen schlechten Eindruck hinterlassen; **forzar la** ~ übertreiben

nota bene ['nota 'βene] Notabene *nt*

notabilidad [notaβili'ðaᵈ] *f* **1.** (*importancia*) Wichtigkeit *f*, Bedeutsamkeit *f* **2.** (*personalidad*) (wichtige) Persönlichkeit *f;* **una** ~ **mundial** eine weltbekannte Persönlichkeit; **es una** ~ **en su género** er/sie ist eine Koryphäe auf seinem/ihrem Gebiet

notable [no'taβle] **I.** *adj* bemerkenswert, beachtlich; **has hecho adelantos ~s** du hast beträchtliche Fortschritte gemacht; **el pianista ha tenido un éxito** ~ der Pianist hat einen beachtlichen Erfolg erzielt; **una suma** ~ ein ansehnlicher Betrag **II.** *m* **1.** (*calificación*) Note *f* 'gut'; **he sacado cuatro ~s este curso** dieses Jahr habe ich viermal die Note 'gut' bekommen **2.** *pl* Honoratioren *pl*

notablemente [notaβle'mente] *adv* merklich, beachtlich; **ha mejorado** ~ er/sie hat sich merklich verbessert

notación [nota'θjon] *f* **1.** (*signo*) Bezeichnung(sweise) *f*, Symbol *nt;* ~ **binaria** (INFOR) binäre Schreibweise; ~ **decimal** (INFOR) Dezimalschreibweise *f;* ~ **fonética** phonetische Umschrift; ~ **musical** Notenschrift *f* **2.** (*sistema*) Zeichensystem *nt* **3.** (MAT, QUÍM) Formel *f;* ~ **matemática** mathematische Formel **4.** (*anotación*) Notierung *f*, Aufzeichnung *f*

notalgia [no'talxja] *f* (MED) Rückenschmerz *m*, Notalgie *f*

notar [no'tar] *vt* **1.** (*percibir*) (be)merken,

wahrnehmen; **hacer** ~ hinweisen auf *+akk;* **hacerse** ~ (*algo*) sich bemerkbar machen; (*alguien*) auffallen, sich hervortun; **se nota que tiene talento** man merkt, dass er/sie begabt ist; **¿no notas el calor?** spürst du die Hitze nicht?; **no se le nota nada** man merkt ihm/ihr nichts an; **nótese que...** man beachte, dass ... **2.** (*apuntar*) notieren, aufzeichnen; ~ **marginalmente** am Rand vermerken

notaría [nota'ria] *f* Notariat *nt*

notariado[1] [nota'rjaðo] *m* **1.** (*profesión*) Amt *nt* eines Notars, Notariat *nt* **2.** (*colectividad*) Notarenkollegium *nt*

notariado, -a[2] [nota'rjaðo, -a] *adj* (JUR) notariell beglaubigt

notarial [nota'rjal] *adj* (JUR) notariell, Notariats-; **legalización** ~ notarielle Beglaubigung; **derechos ~es** Notariatsrechte *ntpl*

notariato [nota'rjato] *m* (JUR) Notariat *nt,* Amt *nt* eines Notars

notario, -a [no'tarjo, -a] *m, f* Notar(in) *m(f)*

noticia [no'tiθja] *f* Nachricht *f;* ~ **del día** Tagesnachricht *f;* ~ **falsa** Falschmeldung *f;* ~ **de prensa** Pressemeldung *f,* Zeitungsnachricht *f;* **malas ~s** schlechte Nachrichten; **no tener ~ de alguien** lange nichts von jdm gehört haben; **tener ~ de algo** Kenntnis von etw haben; **andar atrasado de ~s** schlecht informiert sein

noticiable [noti'θjaβle] *adj* berichtenswert

noticiar [noti'θjar] *vt* benachrichtigen, informieren

noticiario [noti'θjarjo] *m* (RADIO, TV) Nachrichten *fpl;* ~ **deportivo** Sportnachrichten *fpl*

noticiero[1] [noti'θjero] *m* **1.** (*periódico*) Zeitung *f* **2.** (RADIO, TV) Nachrichten *fpl*

noticiero, -a[2] [noti'θjero, -a] *m, f* (Zeitungs)berichterstatter(in) *m(f)*

notición [noti'θjon] **I.** *aum de* **noticia II.** *m* große Neuigkeit *f;* **¡vaya ~!** das ist ja ein Knüller!

noticioso, -a [noti'θjoso, -a] *adj* unterrichtet (*de* über *+akk, de* von *+dat*), in Kenntnis gesetzt (*de* von *+dat*)

notificación [notifika'θjon] *f* Bekanntmachung *f,* Mitteilung *f;* ~ **de abono** (FIN) Gutschriftanzeige *f;* ~ **de accidentes** Unfallmeldung *f;* ~ **de adeudo** (FIN) Lastschriftanzeige *f;* ~ **por escrito** schriftlicher Bescheid; ~ **oficial** amtliche Mitteilung; ~ **pública** öffentliche Bekanntmachung; ~ **de la sentencia** Urteilsverkündung *f*

notificado, -a [notifi'kaðo, -a] *m, f* Zustellungsempfänger(in) *m(f)*

notificador [notifika'ðor] *adj* (FIN) avisierend

notificar [notifi'kar] <c→qu> *vt* bekannt geben, mitteilen; **hacer** ~ bekannt machen

noto[1] ['noto] *m* (METEO) Südwind *m*

noto, -a[2] ['noto, -a] *adj* **1.** (*notorio*) allgemein bekannt, notorisch **2.** (*bastardo, ilegítimo*) unehelich; **hijo** ~ uneheliches Kind

notoriedad [notorje'ða^{ð}] *f* **1.** (*nombradía*) Berühmtheit *f,* Popularität *f;* **afán de** ~ Ruhmsucht *f,* Profilierungssucht *f;* **adquirir** ~ berühmt werden **2.** (*evidencia*) Offenkundigkeit *f*

notorio, -a [no'torjo, -a] *adj* **1.** (*conocido*) allgemein [*o* öffentlich] bekannt **2.** (*evidente*) offenkundig

noúmeno [no'umeno] *m* (FILOS) Noumenon *nt*

nova ['noβa] *f* (ASTR) Nova *f*

novación [noβa'θjon] *f* (FIN) Neuerung *f,* Schuldumwandlung *f*

novador(a) [noβa'ðor(a)] **I.** *adj* innovationsfreudig, innovativ **II.** *m(f)* Neuerer, -in *m, f*

noval [no'βal] *m* (AGR) Neubruch *m,* Neuland *nt*

novar [no'βar] <o→ue> *vt* (JUR) neu abschließen

novatada [noβa'taða] *f* **1.** (*broma*) Streich *m* (*der einem Neuling gespielt wird*); **gastar la ~ a alguien** jdm einem Anfängerstreich spielen **2.** (*fam: complicación*) Ungeschick *nt;* **pagué la ~ el primer día** schon am ersten Tag bin ich ins Fettnäpfchen getreten

novato, -a [no'βato, -a] *m, f* Neuling *m,* Anfänger(in) *m(f)*

novecentismo [noβeθen̩'tismo] *m* (ARQUIT, ARTE) Novecento *nt*

novecentista [noβeθen̩'tista] *mf* (ARQUIT, ARTE) Künstler(in) *m(f)* des Novecento

novecientos, -as [noβe'θjen̩tos, -as] *adj* neunhundert; *v. t.* **ochocientos**

novedad [noβe'ða^{ð}] *f* **1.** (*acontecimiento*) Neuigkeit *f;* **¿hay alguna ~?** gibt es (et)was Neues?; **has escuchado las últimas ~es** weiß du schon das Neueste?; **el enfermo sigue sin ~es** der Zustand des Kranken ist unverändert; **llegué a España sin ~es** ich bin wohlbehalten in Spanien angekommen; **¡sin ~ en el frente!** keine Vorkommnisse! **2.** (*cosa*) Neuheit *f;* (*libro*) Neuerscheinung *f;* ~ **técnica** technische Neuheit; **artículos de última ~** neueste Modeartikel **3.** *pl* (*de moda*) Modewaren *fpl*

novedoso, -a [noβe'ðoso, -a] *adj* (*Am*) neuartig

novel [no'βel] **I.** *adj* angehend, unerfahren; **una escritora** ~ eine angehende Schriftstellerin **II.** *mf* Anfänger(in) *m(f),* Neuling *m*

novela [no'βela] *f* Roman *m;* ~ **de amor** Liebesroman *m;* ~ **de aventuras** Abenteuerroman *m;* ~ **de ciencia ficción** Sciencefictionroman *m;* ~ **contemporánea** zeitgenössischer Roman; ~ **corta** [*o* **breve**] Novelle *f;* ~ **por entregas** Fortsetzungsroman *m;* ~ **policíaca** Krimi(nalroman) *m;* **héroe de** ~ Romanheld *m;* **¡déjate de ~s!** erzähl doch keine Märchen!

novelable [noβe'laβle] *adj* **1.** (*contando*) in Romanform erzählbar **2.** (*escribiendo*) als Roman verfassbar

novelado, -a [noβe'laðo, -a] *adj* in Romanform gebracht

novelador(a) [noβela'ðor(a)] *m(f) v.* **nove-**

N

lista

novelar [noβe'lar] **I.** *vi* Romane schreiben **II.** *vt* in Romanform erzählen

novelería [noβele'ria] *f* **1.** (*de novedades*) Neugierde *f,* Lust *f* auf Neuigkeiten **2.** (*de novelas: escribirlas*) Hang *m* zum Romaneschreiben; (*leerlas*) Hang *m* zum Romanelesen **3.** (*cuentos o novedades fútiles*) Belanglosigkeiten *fpl*

novelero, -a [noβe'lero, -a] **I.** *adj* **1.** (*de novelas*): **un chico ~** ein Junge, der gerne liest, eine Leseratte *fam* **2.** (*de novedades*) sehr neugierig **3.** (*inconstante*) wankelmütig **II.** *m, f* **1.** (*de novelas*) begeisterter Romanleser *m,* begeisterte Romanleserin *f* **2.** (*de novedades*) Neuigkeitskrämer(in) *m(f);* (*chismoso*) Klatschmaul *nt fam*

novelesco, -a [noβe'lesko, -a] *adj* romanhaft, Roman-; (*fig*) fantastisch

novelista [noβe'lista] *mf* Romanautor(in) *m(f),* Romanschriftsteller(in) *m(f)*

novelística [noβe'listika] *f sin pl* Romanliteratur *f,* Romankunst *f;* **la ~ moderna** die moderne Romankunst

novelístico, -a [noβe'listiko, -a] *adj* (*relativo a la novela*) den Roman betreffend; (*a la novelística*) die Romanliteratur betreffend

novelón [noβe'lon] *m* Schinken *m fam*

novena [no'βena] *f* Novene *f*

novenario [noβe'narjo] *m* (REL) Novene *f*

noveno, -a [no'βeno, -a] **I.** *adj* (*parte*) neuntel; (*numeración*) neunte(r, s) **II.** *m, f* Neuntel *nt* **III.** *adv:* **en ~ lugar** neuntens, an neunter Stelle; *v. t.* **octavo**

noventa [no'βen̪ta] *adj* neunzig; *v. t.* **ochenta**

noventayochista [noβen̪taɟo'ʧista] *mf* (LIT) Schriftsteller(in) *m(f)* der "Generation von 98"

noventón, -ona [noβen̪'ton, -ona] **I.** *adj* in den Neunzigern **II.** *m, f* Neunzigjährige(r) *mf*

noviar [no'βjar] *vi* (*CSur*) eine Braut/einen Bräutigam haben; **~ con alguien** mit jdm gehen *fam*

noviazgo [no'βjaθɣo] *m* Brautzeit *f;* (*fam*) Beziehung *f*

noviciado [noβi'θjaðo] *m* **1.** (REL) Noviziat *nt* **2.** (*aprendizaje*) Probezeit *f,* Einarbeitungszeit *f*

novicio, -a [no'βiθjo, -a] **I.** *adj* unerfahren **II.** *m, f* **1.** (REL) Novize, -in *m, f* **2.** (*principiante*) Anfänger(in) *m(f)*

noviembre [no'βjembre] *m* November *m; v. t.* **marzo**

novillada [noβi'ʎaða] *f* **1.** (*animales*) Jungstierherde *f* **2.** (*corrida*) Stierkampf *m* (*mit Jungstieren*)

novillear [noβiʎe'ar] *vt* (TAUR) mit Jungstieren kämpfen

novillero, -a [noβi'ʎero, -a] *m, f* **1.** (*torero*) angehender Stierkämpfer(in) *m(f)* (*der mit Jungstieren kämpft*) **2.** (*que cuida*) Hirte, -in *m, f* (*von jungen Rindern*)

novillo, -a [no'βiʎo, -a] *m, f* **1.** (*animal*) Jungstier *m,* Jungkuh *f,* Färse *f* **2.** (*fam: loc*): **hacer ~s** (die Schule) schwänzen, blaumachen

novilunio [noβi'lunjo] *m* Novilunium *nt*

novio, -a ['noβjo, -a] *m, f* **1.** (*para casarse*) Bräutigam *m,* Braut *f;* **traje de novia** Brautkleid *nt* **2.** *pl* (*recién casados*) Brautpaar *nt;* **viaje de ~s** Hochzeitsreise *f;* **¡vivan los ~s!** es lebe das Brautpaar! **3.** (*en relación amorosa*) Freund(in) *m(f);* (*pretendiente*) Verehrer(in) *m(f);* **echarse novia** sich eine Freundin zulegen; **tontear con el ~** flirten; **esa chica tiene sólo quince años y ya tiene ~** dieses Mädchen ist erst fünfzehn und hat schon einen Freund; **a esa no le faltará ~** die wird schon bald einen Verehrer finden

novísimo[1] [no'βisimo] *m* (REL) *die vier letzten Dinge des Menschen*

novísimo, -a[2] [no'βisimo, -a] *adj* brandneu; **noticias novísimas** brandaktuelle Nachrichten

novohispano, -a [noβois'pano, -a] **I.** *adj* (*Méx:* HIST) aus Neu-Spanien (*heute Mexiko*) **II.** *m, f* (*Méx:* HIST) Einwohner(in) *m(f)* von Neu-Spanien

noyó [no'ɟo] <noyoes> *m* (GASTR) *Likör aus Schnaps, Zucker und bitteren Mandeln*

n/ref ['nwestra rrefe'ren̪θja] *abr de* **nuestra referencia** unser Zeichen

N.T. ['nweβo testa'men̪to] *m abr de* **Nuevo Testamento** Neues Testament *nt*

nubada [nu'βaða] *f* (METEO) Wolkenbruch *m,* Platzregen *m*

nubarrón [nuβa'rron] *m* Gewitterwolke *f*

nube ['nuβe] *f* **1.** (*en el cielo*) Wolke *f;* **~ de humo y gases** Smog *m;* **~ de mosquitos** Mückenschwarm *m;* **una ~ en el ojo** ein Fleck auf der Hornhaut; **una ~ de parientes** ein Schwarm lästiger Verwandter; **~ de polvo** Staubwolke *f;* **~ tóxica** (ECOL) Giftwolke *f;* **~ de verano** (METEO) Platzregen *m;* **descargar una ~** regnen; **ya pasó la ~** (*fam*) das Gewitter ist vorüber, die Luft ist wieder rein **2.** (*enfado*) vorübergehende Verstimmung; (*pequeñez*) Bagatelle *f* **3.** (GASTR) Marshmallow *m;* **~s de algodón** Zuckerwatte *f* **4.** (*loc*): **todo está por las ~s** alles ist entsetzlich teuer; **los alquileres se han puesto por las ~s** die Mieten sind heutzutage fast unbezahlbar; **se puso por las ~s** er/sie ging in die Luft; **andar por** [*o* **estar en**] **las ~s** geistesabwesend sein; **vivir en las ~s** über [*o* in] den Wolken schweben, völlig realitätsfern sein; **bajar de las ~s** auf den Boden der Tatsachen zurückkehren; **acordarse de alguien como de las ~s** jdn vollkommen vergessen haben; **poner a alguien por las ~s** jdn in den Himmel heben, jdn mit Lob überschütten; **ese hombre es como una ~** dieser Mann ist furchtbar unsympathisch

núbil ['nuβil] *adj* heiratsfähig

nubilidad [nuβili'ða^{d}] *f* heiratsfähiges Alter

nt

nublado¹ [nu'βlaðo] *m* Gewölk *nt;* (*peligro*) drohende Gefahr *f*

nublado, -a² [nu'βlaðo, -a] *adj* bewölkt

nublar [nu'βlar] **I.** *vt* **1.** (*nubes*) bewölken **2.** (*mente, ojos*) umnebeln, trüben **II.** *vr:* **~se 1.** (*nubes*) sich bewölken **2.** (*mente, ojos*) sich trüben; **se me nubla la vista** mir wird schwarz vor Augen

nubloso, -a [nu'βloso, -a] *adj* **1.** (*cubierto de nubes*) wolkig, bewölkt **2.** (*fig: desgraciado*) düster, niedergeschlagen

nubosidad [nuβosi'ðaᵈ] *f* Bewölkung *f*

nuboso [nu'βoso, -a] *adj* bewölkt

nuca ['nuka] *f* Genick *nt,* Nacken *m*

nucleación [nuklea'θjon] *f* (FÍS, QUÍM) Kristallisationskeimbildung *f,* Nukleation *f*

nuclear [nukle'ar] *adj* (FÍS) Kern-, nuklear; **energía ~** Kernenergie *f;* **radiación ~** Kernstrahlung *f*

nuclearización [nukleariθa'θjon] *f* **1.** (*de un lugar*) Umstellung *f* auf Kernenergie **2.** (*de un ejército*) Aufrüstung *f* mit Kernwaffen

nuclearizar [nukleari'θar] <z→c> *vt* **1.** (*un lugar*) auf Kernenergie umstellen **2.** (*un ejército*) mit Kernwaffen aufrüsten

núcleo ['nukleo] *m* (*centro*) Kern *m,* Zentrum *nt;* **~ atómico** Atomkern *m;* **~ celular** (BIOL) Zellkern *m;* **~ de la fruta** Obstkern *m,* Fruchtkern *m;* **~ de una idea** Kerngedanke *m;* **~ de memoria** (INFOR) Speicherkern *m;* **~ de obreros** Arbeiterstamm *m;* **~ de población** Siedlung *f;* **~ productivo** Produktionszentrum *nt;* **~ urbano** Stadtkern *m,* Stadtzentrum *nt;* **países que forman parte del ~ duro** (UE) Länder, die zu den europäischen Kernstaaten zählen

nuco ['nuko] *m* (*Chil:* ZOOL) Zwergohreule *f*

nudillo [nu'ðiʎo] *m* **1.** (*de los dedos*) (Finger)knöchel *m* **2.** (*de madera*) Holzdübel *m*

nudismo [nu'ðismo] *m* Nudismus *m,* Freikörperkultur *f*

nudista [nu'ðista] *mf* Nudist(in) *m(f)*

nudo ['nuðo] *m* **1.** (*atadura*) Knoten *m;* (*mota*) Noppe *f;* **~ de la corbata** Krawattenknoten *m;* **~ corredizo** (zuziehbare) Schlinge *f,* Laufknoten *m;* **~ marino** Schifferknoten *m;* **~ tejedor** Weberknoten *m;* **deshacer el ~** den Knoten lösen; **la emoción le hace** [*o* **pone**] **un ~ en la garganta** die Aufregung schnürt ihm/ihr die Kehle zu **2.** (*madera*) Knorren *m;* **~ de rama** Astloch *nt;* **sin ~s** astfrei, knorrenlos **3.** (MED, NÁUT) Knoten *m;* **~ intestinal** Darmverschlingung *f* **4.** (*punto de reunión*) Knotenpunkt *m;* (*de las montañas*) Gebirgsknoten *m;* **~ articulado** Gelenkknotenpunkt *m;* **~ de comunicaciones** Verkehrsknotenpunkt *m* **5.** (*cosa que une*): **el ~ de la amistad** die Freundschaftsbande **6.** (*dificultad*) Verwicklung *f,* Schwierigkeit *f;* **el ~ del problema es...** das Verzwickte an dem Problem ist ...; **cortar el ~ gordiano** den gordischen Knoten durchhauen

nudosidad [nuðosi'ðaᵈ] *f* (MED) Knotigkeit *f*

nudoso [nu'ðoso, -a] *adj* knotig; (*madera*) knorrig

nuégado ['nweɣaðo] *m* **1.** (GASTR) *Gebäck aus Mehl, Honig und Nüssen* **2.** (*hormigón*) Beton *m*

nuera ['nwera] *f* Schwiegertochter *f*

nuestro, -a ['nwestro, -a] **I.** *adj pos* (*antepuesto*) unser(e, s); **~ perro/gato** unser Hund/unsere Katze; **~s nietos** unsere Enkel; **por nuestra parte** unsererseits; **¡eso es lo ~!** das ist genau das Richtige für uns!; **ahora que no está mamá, hacemos de las nuestras** jetzt, da Mama nicht da ist, können wir was anstellen **II.** *pron pos* **1.** (*de nuestra propiedad*): **la casa es nuestra** das ist unser Haus, das Haus gehört uns; **¡ya es ~!** wir haben es geschafft! **2.** (*tras artículo*) der/die/das unsere, unsere(r, s); **si tu coche no funciona, vamos en el ~** wenn dein Auto nicht geht, fahren wir mit unserem; **¿son estos los ~s?** sind das unsere?; **los ~s** unsere Angehörigen; **ésta es la nuestra** (*fam*) das ist die Gelegenheit für uns **3.** (*tras substantivo*) unser(e), von uns; **una amiga nuestra** eine Freundin von uns; **(no) es culpa nuestra** es ist (nicht) unsere Schuld

nueva ['nweβa] *f* Neuigkeit *f,* Nachricht *f;* **buena ~** gute Neuigkeit; (REL) Frohe Botschaft; **esto me coge de ~s** darauf war ich nicht gefasst; **no te hagas de ~s** tu doch nicht so, als ob du nichts wüsstest!; **las malas ~s casi siempre son ciertas** schlechte Neuigkeiten sind fast immer wahr

nuevamente [nweβa'mente] *adv* **1.** (*otra vez*) nochmals, von neuem **2.** (*últimamente*) neuerdings

nueve ['nweβe] *adj inv* neun; *v. t.* **ocho**

nuevecito, -a [nweβe'θito, -a] *adj* nagelneu

nuevo, -a ['nweβo, -a] **I.** *adj* neu; **este vestido es ~** dieses Kleid ist neu; **los zapatos están como ~s** diese Schuhe sind wie neu [*o* kaum getragen]; **de ~** von neuem; **tienes que hacerlo de ~** das musst du noch einmal [*o* wieder] machen; **me siento** [*o* **he quedado**] **como ~** ich fühle mich wie neugeboren; **¿qué hay de ~?** was gibt's Neues?; **hasta ~ aviso** bis auf weitere Mitteilung; **¡feliz Año N~!** frohes neues Jahr!; **ponerle a alguien la cara nueva** jdn kräftig verprügeln **II.** *m, f* Neue *mf,* Anfänger(in) *m(f);* **la nueva es muy simpática** die Neue ist sehr nett

nuez [nweθ] *f* **1.** (BOT) Walnuss *f;* **~ de anacardo** Cashewnuss *f;* **~ del Brasil** [*o* **de Marañón**] Paranuss *f;* **~ de coco** Kokosnuss *f;* **~ moscada** Muskatnuss *f;* **~ de peka** Pekanuss *f;* **cáscara de ~** Nussschale *f;* **cascar nueces** Nüsse knacken; **mucho ruido y pocas nueces** (*prov*) viel Lärm um nichts **2.** (ANAT) Adamsapfel *m;* **apretar la ~ a alguien** (*fam*) jdn (er)würgen **3.** *pl* (*contenido*) Inhalt *m,* Substanz *f*

nueza ['nweθa] *f* (BOT) Zaunrübe *f,* Heckenrü-

N

be *f*, Teufelskirsche *f;* ~ **blanca** Weiße [*o* Schwarzbeerige] Zaunrübe; ~ **negra** Rote [*o* Zweihäusige] Zaunrübe

nulamente [nula'meṇte] *adv* ungültig, nichtig

nulidad [nuli'ðaᵈ] *f* **1.** (*no válido*) Nichtigkeit *f*, Ungültigkeit *f;* ~ **de un contrato** Vertragsungültigkeit *f;* ~ **matrimonial** Ehenichtigkeit *f;* **la** ~ **de un negocio** die Ungültigkeit eines Geschäftes; **declarar la** ~ **de algo** etw für ungültig erklären [*o* annullieren] **2.** (*sin valor*) Wertlosigkeit *f* **3.** (*persona*) Versager(in) *m(f)*, Niete *f;* **ser una** ~ eine Null sein

nulípara [nu'lipara] *f* Nullipara *f*, Frau *f*, die noch nicht geboren hat

nulo, -a ['nulo, -a] *adj* **1.** (*inválido*) nichtig, ungültig; **declarar** ~ für nichtig erklären; **quedar** ~ ungültig werden, die Gültigkeit verlieren **2.** (*incapaz*) untauglich, unfähig; **soy** ~ **para las matemáticas** in Mathematik bin ich eine Niete

núm. ['numero] *m abr de* **número** Nr.

numantino, -a [numaṇ'tino, -a] **I.** *adj* (HIST) numantisch **II.** *m, f* (HIST) Numantiner(in) *m(f)*

numbat [num'baᵗ] *m* (ZOOL) Numbat *m*, Ameisenbeutler *m*

numen ['numen] *m* **1.** (REL) Numen *nt* **2.** (*del artista*) Inspiration *f*, Begabung *f*

numerable [nume'raβle] *adj* **1.** (*con números*) numerierbar, bezifferbar **2.** (*contable*) zählbar

numeración [numera'θjon] *f* **1.** (*sistema*) Nummerierung *f*, Bezifferung *f;* ~ **arábiga** arabisches Zahlensystem; ~ **binaria** Binärsystem *nt;* ~ **correlativa** fortlaufende Nummerierung; ~ **decimal** Dezimalsystem *nt;* ~ **de página** Seitennummerierung *f* **2.** (*acción*) Zählung *f;* ~ **del tráfico** Verkehrszählung *f*

numerador [numera'ðor] *m* **1.** (MAT) Zähler *m* **2.** (*aparato*) Zähler *m;* (TIPO) Nummerierwerk *nt;* (*sello*) Nummernstempel *m*

numeradora [numera'ðora] *m* Numeriermaschine *f*

numeral [nume'ral] **I.** *adj* Zahl(en)- **II.** *m* (LING) Zahlwort *nt*, Numerale *nt*

numerar [nume'rar] *vt* **1.** (*poner números*) nummerieren, beziffern; ~ **correlativamente** durchnummerieren **2.** (*contar*) zählen

numerario¹ [nume'rarjo] *m* Bargeld *nt*

numerario, -a² [nume'rarjo, -a] *adj* **1.** (*de números*) Zahlen-, Zähl- **2.** (*fijo*) ordentlich; **catedrático** ~ ordentlicher Professor; **miembro** ~ ordentliches Mitglied

numéricamente [numerika'meṇte] *adv* numerisch, der Zahl nach

numérico, -a [nu'meriko, -a] *adj* numerisch, zahlenmäßig, Zahlen-; **valor** ~ Zahlenwert *m;* **cerradura de combinación numérica** Zahlenschloss *nt*

numerito [nume'rito] *m* (*fam*): **eres un** ~ (**de circo**) du bist ja ein tolles Früchtchen!; **¿me vas a hacer el** ~ **de no venir?** du wirst mich doch wohl nicht im Stich lassen wollen?; **me hizo un** ~ er/sie machte mir eine Szene

número ['numero] *m* **1.** (MAT) Zahl *f;* ~ **binario** Binärzahl *f;* ~ **cardinal** Kardinalzahl *f*, Grundzahl *f;* ~ **decimal** Dezimalzahl *f;* ~ **hexadecimal** Hexadezimalzahl *f;* ~ **octal** Oktalzahl *f;* ~ **primo** Primzahl *f;* ~ **quebrado** Bruchzahl *f;* ~ **de varias cifras** mehrstellige Zahl; **en ~s redondos** aufgerundet; **aprender de ~s** (*fam*) Rechnen lernen; **hacer ~s** Berechnungen anstellen; **tengo que hacer ~s para ver si nos sobra dinero** ich muss erst noch durchrechnen [*o* ausrechnen], ob uns Geld übrig bleibt; **estar en ~s rojos** in den roten Zahlen sein **2.** (*cantidad*) (An)zahl *f;* ~ **de habitantes** Einwohnerzahl *f;* ~ **de revoluciones** Drehzahl *f;* **sin** ~ unzählig; **un** ~ **determinado de...** eine bestimmte Anzahl von ...; **ha aumentado el** ~ **de muertos** die Zahl der Toten ist gestiegen **3.** (*cifra*) Nummer *f;* (*en la lotería*) Losnummer *f;* ~ **de matrícula** Kfz-Kennzeichen *nt;* ~ **de pedido** Auftragsnummer *f;* ~ **de teléfono** Telefonnummer *f*, Rufnummer *f;* ~ **de zapatos** Schuhgröße *f;* **es el** ~ **uno de la clase** er/sie ist Klassenbester/Klassenbeste **4.** (*edición*) Nummer *f*, Ausgabe *f;* ~ **suelto** Einzelheft *nt;* **el** ~ **1000 de esta revista** die tausendste Ausgabe dieser Zeitschrift **5.** (LING) Numerus *m*

numeroso, -a [nume'roso, -a] *adj* zahlreich

numerus clausus ['numerus 'klau̯sus] *m* Numerus *m* clausus

numisma [nu'misma] *f* geprägte Münze *f*

numismática [numis'matika] *f sin pl* Numismatik *f*

numismático, -a [numis'matiko, -a] *m, f* Numismatiker(in) *m(f);* (*coleccionista*) Münzsammler(in) *m(f)*

numulita [numu'lita] *f*, **numulites** [numu'lites] *m inv* (ZOOL) Nummulit *m*

nunca ['nuŋka] *adv* nie; ~ **jamás** niemals, nie und nimmer; **más que** ~ mehr denn je

nunciatura [nuṇθja'tura] *f* Nuntiatur *f*

nuncio ['nuṇθjo] *m* **1.** (REL) Nuntius *m* **2.** (*que anuncia*) Vorbote *m;* **las golondrinas, ~s de la primavera** die Schwalben, Vorboten des Frühlings

nuncupativo, -a [nuŋkupa'tiβo, -a] *adj* (JUR) mündlich; **testamento** ~ mündliches Testament

nupcial [nuβ'θjal] *adj* Hochzeits-, Braut-; **corona** ~ Brautkranz *m;* **marcha** ~ Hochzeitsmarsch *m;* **tarta** ~ Hochzeitstorte *f*

nupcialidad [nuβθjali'ðaᵈ] *f* Eheschließungshäufigkeit *f*

nupcias ['nuβθjas] *f inv* Hochzeit *f*, Eheschließung *f;* **segundas** ~ zweite Ehe; **posteriores** ~ Wiederheirat *f*

nurse ['nurse] *f* (*Am*) **1.** (*niñera*) Kindermädchen *nt* **2.** (*enfermera*) Krankenschwester *f*

nursery ['nurseri] *f* (*Arg*) Geburtsstation *f*

nutación [nuta'θjon] *f* (ASTR, BOT, FÍS, MED)

Nutation *f*
nutra ['nutra] *f* (ZOOL) *v.* **nutria**
nutria ['nutrja] *f* Nutria *f*, Fischotter *m*
nutricio, -a [nu'triθjo, -a] *adj* **1.** (*nutritivo*) nahrhaft **2.** (*loc*): **madre nutricia** Pflegemutter *f*; **padre** ~ Pflegevater *m*
nutrición [nutri'θjon] *f* Ernährung *f*; ~ **artificial** künstliche Ernährung
nutricional [nutriθjo'nal] *adj* Ernährungs-; **tabla** ~ Ernährungstabelle *f*
nutricionista [nutriθjo'nista] *mf* (MED) Ernährungswissenschaftler(in) *m(f)* *nt*
nutrido, -a [nu'triðo, -a] *adj* **1.** (*alimentado*) genährt; **bien** ~ wohlgenährt **2.** (*numeroso*) zahlreich; **una nutrida biblioteca** eine gut ausgestattete Bibliothek
nutriente [nu'trjen̩te] **I.** *adj* nahrhaft **II.** *m* Nahrungsmittel *nt*
nutrir [nu'trir] **I.** *vt* **1.** (*alimentar*) (er)nähren; ~ **la piel** die Haut nähren **2.** (*fortalecer*) stärken, kräftigen; **el calcio nutre los huesos** Kalzium stärkt die Knochen **II.** *vr:* ~**se** sich ernähren (*con/de* von +*dat*)
nutritivo, -a [nutri'tiβo, -a] *adj* nahrhaft
nutual [nutu'al] *adj* (REL) widerruflich (*Amt*)
ny [ni] *m* (LING: *letra griega*) Ny *nt*
nylon® ['nai̯lon] *m* Nylon® *nt*

N

Ñ

Ñ, ñ ['eɲe] *f* Ñ, ñ *nt, fünfzehnter Buchstabe des spanischen Alphabets*
ña [ɲa] *f* (*AmC, AmS: fam: señora*) Frau (*als Anrede*)
ñacaniná [ɲakani'na] *f* (*Arg:* ZOOL) Hühnefresser *m* (*Giftschlange*)
ñácara ['ɲakara] *f* (*Chil*) Geschwür *nt*
ñachi ['ɲatʃi] *m* (*Chil*) **1.** (GASTR) *Gericht mit Hammelblut und Gewürzen* **2.** (*fam: sangre*) Blut *nt*
ñacurutú [ɲakuru'tu] *m* (*AmC, AmS:* ZOOL) *eine zähmbare Uhuart*
ñagaza [ɲa'ɣaθa] *f* Lockvogel *m*
ñame ['ɲame] *m* (BOT) Jamswurzel *f*
ñamera [ɲa'mera] *f* Jamspflanze *f*
ñam-ñam [ɲam ɲam] *interj* (*fam*) hm!, lecker!
ñanco ['ɲaŋko] *m* (*Chil:* ZOOL) Weihe *f*
ñandú [ɲan̪'du] *m* (ZOOL) Nandu *m*
ñandubay [ɲan̪du'βai̯] *m* (BOT) *ein Mimosengewächs*
ñandutí [ɲan̪du'ti] *m* (*CSur*) ≈Klöppelspitze *f* (*traditionelle Handarbeit aus Paraguay*)
ñangotado, -a [ɲaŋgo'taðo, -a] *adj* (*PRico*) **1.** (*servil*) dienstbeflissen **2.** (*alicaído*) energielos, kraftlos
ñangotarse [ɲaŋgo'tarse] *vr* **1.** (*PRico, RDom: ponerse en cuclillas*) sich hinhocken, sich niederhocken **2.** (*PRico: someterse*) sich beugen *dat* **3.** (*PRico: perder el ánimo*) den Mut verlieren
ñaña ['ɲaɲa] *f* (*Chil*) Amme *f*
ñañaras [ɲa'ɲaras] *fpl* (*Méx: fam*) Angstschauder *m*
ñaño¹ ['ɲaɲo] *m* (*Chil: hermano mayor*) großer Bruder *m*
ñaño, -a² ['ɲaɲo, -a] **I.** *adj* **1.** (*Col, Pan: mimado*) verwöhnt **2.** (*Ecua, Perú: unido por amistad íntima*) eng befreundet **II.** *m, f* (*Perú*) Kind *nt*
ñapa ['ɲapa] *f* (*AmC, AmS: añadidura*) Zugabe *f*; (*propina*) Trinkgeld *nt*
ñapango, -a [ɲa'paŋgo, -a] *adj* (*Col*) mestizisch
ñaque ['ɲake] *m* Gerümpel *nt*
ñaruso, -a [ɲa'ruso, -a] *adj* (*Ecua*) pockennarbig
ñata ['ɲata] *f* (*Am: fam*) Nase *f*
ñato, -a ['ɲato, -a] **I.** *adj* **1.** (*CSur: de nariz achatada*) stumpfnasig **2.** (*Col: gangoso*) nasal **II.** *m, f* (*Am*) Liebling *m*
ñeco ['ɲeko] *m* (*Ecua: puñetazo*) Faustschlag *m*
ñeque ['ɲeke] **I.** *adj* (*AmC*) stark, kraftvoll **II.** *m* **1.** (*Chil, Ecua, Perú: fuerza*) Kraft *f*; (*energía*) Tatkraft *f*, Energie *f* **2.** (*Perú: valor, coraje*) Mut *m*
ñipe ['ɲipe] *m* (*Chil:* BOT) *Myrtengewächs, aus dessen Zweigen ein Farbstoff gewonnen wird*
ñiquiñaque [ɲiki'ɲake] *m* (*fam: cosa*) Schnickschnack *m*; (*persona*) Dummkopf *m*
ñire ['ɲire] *m* (*Chil:* BOT) Südbuche *f*, Scheinbuche *f*
ñisñil [ɲis'ɲil] *m* (BOT: *espadaña*) Rohrkolben *m*
ño [ɲo] *m* (*AmC, AmS: fam: señor*) Herr *m* (*als Anrede*)
ñocha ['ɲotʃa] *f* (*Chil:* BOT) *ein Ananasgewächs, aus dessen Blättern Körbe, Hüte und Matten geflochten werden*
ñoclo ['ɲoklo] *m* (GASTR) *ein Zuckergebäck mit Wein und Anis*
ñoco, -a ['ɲoko, -a] *adj* (*AmS: sin dedo*) mit fehlendem Finger; (*sin mano*) mit fehlender Hand, einhändig
ñonga ['ɲoŋga] *f* (*Méx: vulg*) Penis *m*, Schwanz *m*
ñoña ['ɲoɲa] *f* (*Chil*) (menschlicher) Kot *m*
ñoñería [ɲoɲe'ria] *f* **1.** (*simpleza*) Blödheit *f* **2.** (*dengues*) Zimperlichkeit *f*
ñoñez [ɲo'ɲeθ] <ñoñeces> *f* (*fam*) **1.** (*de corto ingenio*) Einfältigkeit *f* **2.** (*chochez*) Trotteligkeit *f* **3.** (*cursilada*) Getue *nt* **4.** (*dicho ñoño*) dummes Geschwätz *nt*
ñoño, -a ['ɲoɲo, -a] **I.** *adj* (*fam*) **1.** (*soso*) fade, blöd **2.** (*aburrido*) langweilig **II.** *m, f* (*fam*) **1.** (*dengoso*) Zimperliese *f* **2.** (*tonto*) Dummkopf *m* **3.** (*aburrido*) Langweiler(in) *m(f)*
ñoqui ['ɲoki] *m* (*CSur:* GASTR) Kartoffelnockerl *ntpl*; ~ **a la romana** Grießnockerl *ntpl*
ñora ['ɲora] *f kleine, getrocknete, scharfe Paprikaschote*
ñorbo ['ɲorβo] *m* (*Ecua, Perú:* BOT) Blaue Passionsblume *f*
ñu [ɲu] *m* (ZOOL) Gnu *nt*
ñudo ['ɲuðo] *m* Knoten *m*; **al** ~ (*Am: fam*) vergebens
ñuto, -a ['ɲuto, -a] *adj* (*AmS, Arg, Perú: ablandado*) weichgeklopft

O

O, o [o] *f* O, o *nt;* ~ **de Oviedo** O wie Otto; **no saber ni hacer la ~ con un canuto** (*fam*) strohdumm sein

o, ó [o] *conj* (*entre números: 'ó'*) oder; **ahora ~ nunca** jetzt oder nie; ~ **me lo das,** ~ **te lo quito** entweder du gibst es mir, oder ich nehme es dir weg; ~ **sea** mit anderen Worten, das heißt, also; ~ **bien** oder auch; **10 ó 20** 10 oder 20

O [oɣ'sixeno/o'este] **1.** (QUÍM) *abr de* **oxígeno** O **2.** (*punto cardinal*) *abr de* **oeste** W

oasis [o'asis] *m inv* Oase *f;* **un ~ de tranquilidad** eine Oase der Ruhe

obcecación [oβθeka'θjon] *f* Verblendung *f,* Blindheit *f*

obcecado, -a [oβθe'kaðo, -a] *adj* verblendet, blind

obcecar [oβθe'kar] <c→qu> **I.** *vt* (ver)blenden **II.** *vr:* **~se** verblendet sein [*o* werden]

obedecer [oβeðe'θer] *irr como crecer vt* **1.** (*a los padres*) gehorchen (*a* +*dat*), folgen (*a* +*dat*); **hacerse ~** sich *dat* Gehorsam verschaffen **2.** (*las instrucciones*) befolgen; **~ una orden** einem Befehl Folge leisten **3.** (*someterse*) sich fügen (*a* +*dat*); **los cuerpos obedecen a la gravedad** die Körper unterliegen dem Gesetz der Schwerkraft **4.** (*responder*) ansprechen (*a* auf +*akk*); **la enfermedad no obedece a ningún tratamiento** die Krankheit spricht auf keinerlei Behandlung an **5.** (*tener por causa*) zurückzuführen sein (*a* auf +*akk*); **la obesidad obedece a una mala alimentación** Fettleibigkeit ist auf eine falsche Ernährungsweise zurückzuführen; **¿a qué obedece esta tardanza?** wie erklärt sich diese Verzögerung?

obedecible [oβeðe'θiβle] *adj* befolgbar

obedecimiento [oβeðeθi'mjento] *m* Befolgung *f;* **el ~ de las normas es imprescindible** die Regeln müssen unter allen Umständen befolgt werden

obediencia [oβe'ðjenθja] *f* Gehorsam *m;* **~ ciega** blinder Gehorsam, Kadavergehorsam *m pey;* **~ eclesiástica** Obedienz *f*

obediente [oβe'ðjente] *adj* gehorsam, folgsam

obelisco [oβe'lisko] *m* Obelisk *m*

obenque [o'βeŋke] *m* (NÁUT) Want *f o nt*

obertura [oβer'tura] *f* (MÚS) Ouvertüre *f*

obesidad [oβesi'ðað] *f* Fettleibigkeit *f*

obeso, -a [o'βeso, -a] *adj* fett(leibig)

óbice ['oβiθe] *m* (*elev*) Hindernis *nt,* Hemmnis *nt;* **no es ~ para que...** +*subj* dessen ungeachtet ...

obispado [oβis'paðo] *m* **1.** (*cargo*) Bischofsamt *nt* **2.** (*diócesis*) Bistum *nt*

obispal [oβis'pal] *adj* (REL: *episcopal*) bischöflich, Bischofs-

obispalía [oβispa'lia] *f* (REL) **1.** (*palacio del obispo*) bischöflicher Palast *m* **2.** (*obispado*) Bistum *nt*

obispillo [oβis'piʎo] *m* **1.** (GASTR) Riesenblutwurst *f* **2.** (ZOOL: *de las aves*) Bürzel *m*

obispo [o'βispo] *m* **1.** (REL) Bischof *m;* **~ de anillo** Titularbischof *m;* **~ auxiliar** Weihbischof *m;* **trabajar para el ~** (*fig*) ohne Entgelt arbeiten; **cada muerte de un ~** (*fig*) alle Jubeljahre **2.** (*reg:* GASTR) große Blutwurst *f*

óbito ['oβito] *m* (*elev*) Tod *m,* Ableben *nt*

obituario [oβi'twarjo] *m* **1.** (*libro parroquial*) Totenregister *nt* **2.** (*Am: defunción*) Sterbefall *m* **3.** (*Am: columna del periódico*) Todesanzeigen *fpl*

objeción [oβxe'θjon] *f* Einwand *m,* Einwendung *f;* (JUR) Einspruch *m;* **~ de conciencia** Kriegsdienstverweigerung aus Gewissensgründen; **hacer una ~ a algo** Einwand erheben gegen etw

objetable [oβxe'taβle] *adj* einwendbar

objetante [oβxe'tante] **I.** *adj* einwendend **II.** *mf v.* **objetor**

objetar [oβxe'tar] *vt* einwenden; (JUR) Einspruch erheben (gegen +*akk*); **tengo algo que ~** ich habe etwas dagegen (einzuwenden)

objetivación [oβxetiβa'θjon] *f* Objektivierung *f*

objetivar [oβxeti'βar] *vt* objektivieren, versachlichen

objetividad [oβxetiβi'ðað] *f* Objektivität *f,* Sachlichkeit *f*

objetivismo [oβxeti'βismo] *m* (FILOS) Objektivismus *m*

objetivizar [oβxetiβi'θar] <z→c> *vt v.* **objetivar**

objetivo[1] [oβxe'tiβo] *m* **1.** (*finalidad*) Ziel *nt,* Zweck *m;* **alcanzar un ~** ein Ziel erreichen; **fijar un ~** ein Ziel setzen; **tener como ~** zum Ziel haben, bezwecken **2.** (FOTO) Objektiv *nt* **3.** (*blanco, t.* MIL) Ziel *nt;* **~ fijo/en movimiento** feststehendes/bewegliches Ziel; **bombardear un ~** ein Ziel unter Beschuss nehmen

objetivo, -a[2] [oβxe'tiβo, -a] *adj* objektiv, sachlich

objeto [oβ'xeto] *m* **1.** (*cosa*) Gegenstand *m,* Ding *nt;* **~ de contrato** Vertragsobjekt *nt;* **~ de enseñanza** Lehrmittel *nt;* **~ de experimentación** Versuchsobjekt *nt;* **~ de lujo** Luxusartikel *m;* **~ perdido** Fundsache *f;* **~ de**

seguro Versicherungsgegenstand *m;* ~ **de valor** Wertgegenstand *m;* ~ **de vuelo no identificado** unbekanntes Flugobjekt; **no tener** ~ gegenstandslos sein; **la empresa no se hace responsable de los ~s depositados en el interior de los vagones** das Unternehmen haftet nicht für in den Waggons aufbewahrte Gegenstände **2.** (*motivo*) Zweck *m,* Anlass *m;* ~ **de contrato** Vertragsgegenstand *m;* **el** ~ **de la presente es...** Anlass dieses Schreibens ist ...; **después de lograr su** ~ **desapareció** als er sein/sie ihr Ziel erreicht hatte, verschwand er/sie; **tomaremos el avión con (el)** [*o* **al**] ~ **de llegar cuanto antes** wir nehmen das Flugzeug, um möglichst früh anzukommen; **eso no tiene** ~ das ist zwecklos [*o* sinnlos]; **tener por** ~ bezwecken

objetor(a) [oβxe'tor(a)] *m(f)* Einsprucherhebende(r) *mf;* ~ **de conciencia** Kriegsdienstverweigerer aus Gewissensgründen

oblación [oβla'θjon] *f* (REL) Darbringung *f*

oblada [o'βlaða] *f* (REL) Totenopfer *nt*

oblata [o'βlata] *f* (REL) **1.** (*persona*) *v.* **oblato 2.** (*hostia*) Oblate *f*

oblato, -a [o'βlato, -a] *m, f* (REL) Oblate *mf*

oblea [o'βlea] *f* **1.** (*hostia*) Oblate *f;* **estar hecho una** ~ (*fam*) klapperdürr [*o* spindeldürr] sein **2.** (*sello*) Siegelmarke *f*

oblicuángulo [oβliku'aŋgulo] *adj* (MAT) schiefwink(e)lig

oblicuar [oβli'kwar] *vt* schräg stellen

oblicuidad [oβlikwi'ðaᵈ] *f* Schräge *f,* Schiefe *f*

oblicuo, -a [o'βlikwo, -a] *adj* schräg, schief

obligación [oβliɣa'θjon] *f* **1.** (*deber*) Verpflichtung *f;* ~ **accesoria** Zusatzverpflichtung *f;* ~ **alimenticia** Unterhaltspflicht *f;* ~ **de comunicación** Mitteilungspflicht *f;* ~ **contractual** Vertragsverpflichtung *f;* ~ **de pago** Zahlungsverpflichtung *f;* ~ **de secreto** Schweigepflicht *f;* **contraer una** ~ eine Verpflichtung eingehen; **cumplir con una** ~ eine Verpflichtung erfüllen; **incumplir una** ~ einer Verpflichtung nicht nachkommen; **dedicarse a sus obligaciones** seinen Pflichten nachgehen; **faltar a sus obligaciones** seine Pflichten vernachlässigen; **tener la** ~ **de algo** zu etw *dat* verpflichtet sein; **antes es la** ~ **que la devoción** (*prov*) erst die Arbeit, dann das Spiel **2.** (*deuda*) Schuld *f;* (*documento*) Schuldschein *m,* Schuldverschreibung *f;* ~ **del Estado** Staatsschuld *f;* ~ **solidaria** Gesamtschuld *f* **3.** (*título amortizable*) Obligation *f;* ~ **a corto plazo** kurzfristige Verbindlichkeit; ~ **del estado** Staatsschuldverschreibung *f;* ~ **de ferrocarriles** Eisenbahnobligation *f;* **tenedor de obligaciones** Inhaber von Schuldverschreibungen, Obligationsinhaber *m;* **emitir obligaciones** Obligationen ausgeben

obligacionista [oβliɣaθjo'nista] *mf* Inhaber(in) *m(f)* von Obligationen

obligado, -a [oβli'ɣaðo, -a] *adj* **1.** *estar* (*forzado*) gezwungen (*a* zu +*dat*), verpflichtet (*a* zu +*dat*); ~ **a las instrucciones** weisungsgebunden; **verse** ~ **a hacer algo** sich gezwungen sehen etw zu tun **2.** *ser* (*imprescindible*) notwendig, Pflicht-; **es ~...** es gehört sich ..., es ist ein Muss ...; **es** ~ **hacerle una visita** wir sollten ihm/ihr einen Besuch abstatten; **eso es tema** ~ das ist ein Pflichtthema **3.** *estar* (*agradecido*) zu Dank verpflichtet (*a* +*dat*); **le estoy muy** ~ ich bin Ihnen sehr verbunden [*o* sehr zu Dank verpflichtet]

obligar [oβli'ɣar] <g→gu> **I.** *vt* **1.** (*imponer*) zwingen (*a* zu +*dat*), verpflichten (*a* zu +*dat*); **me obligó a quedarme en casa** er/sie zwang mich zu Hause zu bleiben; ~ **a alguien con dádivas** jdn durch Geschenke verpflichten; ~ **a guardar sigilo** zum Schweigen verpflichten **2.** (*Chil, Arg*) zum Trinken einladen **II.** *vr:* **~se** sich verpflichten (*a* zu +*dat*); **~se por contrato** sich vertraglich verpflichten

obligativo, -a [oβliɣa'tiβo, -a] *adj v.* **obligatorio**

obligatoriedad [oβliɣatorje'ðaᵈ] *f* Zwang *m;* (JUR) Verbindlichkeit *f;* **de** ~ **general** allgemein verbindlich; ~ **de la enseñanza general básica** Grundschulpflicht *f;* ~ **de forma** Formzwang *m;* ~ **general** Allgemeinverbindlichkeit *f;* ~ **jurídica** Rechtsverbindlichkeit *f;* ~ **de vacunación** Impfzwang *m;* ~ **de visado** Visumspflicht *f;* ~ **del voto** Wahlpflicht *f*

obligatorio, -a [oβliɣa'torjo, -a] *adj* verpflichtend, obligatorisch; **asignatura obligatoria** Pflichtfach *nt;* **compromiso** ~ bindende Abmachung; **no** ~ nicht zwingend (vorgeschrieben); (*oferta*) unverbindlich; **es** ~ **llevar puesto el casco de motorista** das Tragen eines Motorradhelmes ist Pflicht

obliterar [oβlite'rar] *vt* **1.** (*anular*) löschen, ungültig machen; (ECON) tilgen; ~ **un sello** eine Briefmarke entwerten **2.** (MED) verstopfen

oblongo, -a [o'βloŋgo, -a] *adj* länglich

obnubilación [oβnuβila'θjon] *f* **1.** (*trastorno*) Benommenheit *f,* Bewusstseinstrübung *f* **2.** (*ofuscación*) Verblendung *f* **3.** (*oscurecimiento*) Verdunkelung *f*

obnubilado, -a [oβnuβi'laðo, -a] *adj* **1.** (*trastornado*) benommen, benebelt **2.** (*ofuscado*) verblendet **3.** (*oscurecido*) verdunkelt

obnubilar [oβnuβi'lar] *vt* **1.** (*trastornar*) benebeln **2.** (*ofuscar*) (ver)blenden **3.** (*oscurecer*) verdunkeln

oboe [o'βoe] *m* **1.** (*instrumento*) Oboe *f* **2.** (*músico*) Oboist *m*

oboísta [oβo'ista] *mf* Oboist(in) *m(f)*

óbolo ['oβolo] *m* (HIST) Obolus *m;* (*fig*) milde Gabe *f*

obra ['oβra] *f* **1.** (*creación o labor*) Werk *nt;* ~ **de arte** Kunstwerk *nt;* ~ **benéfica** Wohltätigkeit *f;* ~ **completa** Gesamtausgabe *f;* **~s completas** gesammelte Werke; ~ **de consulta** Nachschlagewerk *nt;* **~s escogidas** ausgewählte Schriften; ~ **de homenaje** Festschrift *f;* ~ **maestra** Meisterwerk *nt;* ~ **meritoria** verdienstvolle Tat; **una** ~ **de misericordia** [*o* **de caridad**] ein Werk der Nächstenliebe; ~**s póstumas** nachgelassene Werke; ~ **de teatro** Theaterstück *nt;* **¡este desastre es** ~ **tuya!** dieses Chaos ist dein Werk!; **esto ha ocurrido por** ~ **(y gracia) de tus descuidos** das ist alles deiner Unvorsichtigkeit zu verdanken **2.** (*institución*): ~ **benéfica** Hilfswerk *nt,* Wohlfahrtseinrichtung *f;* ~ **pía** karitative [*o* wohltätige] Stiftung **3.** (*construcción*) Baustelle *f,* Bau *m;* (*edificio*) Bauwerk *nt;* ~ **de caminos, canales y puertos** Tiefbau *m;* ~**s de conservación** Erhaltungsarbeiten *fpl;* ~**s de construcción** Bauarbeiten *fpl;* ~ **peligrosa** baufälliges Bauwerk; ~**s públicas** öffentliche Bauten; ~ **de reforma** Umbau *m;* ~ **de romanos** [*o* **de moros**] [*o* **de chinos**] (*fig*) gewaltiges Bauwerk, ungeheure Leistung; ~ **vieja** Altbau *m;* **mano de** ~ Arbeitskraft *f;* **estamos de** ~**s** wir bauen um; **hacer** ~**s** ausbauen, umbauen; **¡manos a la** ~**!** Hand ans Werk!; **¡(ya) es** ~**!** das ist keine Lappalie!; ~**s son amores, que no buenas razones** (*prov*) nicht reden, handeln!; ~ **empezada, medio acabada** (*prov*) frisch gewagt ist halb gewonnen

obrada [o'βraða] *f* (AGR) Tagewerk *nt*

obradera [oβra'ðera] *f* (*Col, Guat, Pan: diarrea*) Durchfall *m*

obrador[1] [oβra'ðor] *m* **1.** (*en general*) Arbeitsraum *m,* Werkstatt *f* **2.** (*de confitería*) Konditorei *f*

obrador(a)[2] [oβra'ðor(a)] **I.** *adj* arbeitend **II.** *m(f)* **1.** (*Am*) Arbeiter(in) *m(f)* **2.** (*confitero*) Konditor *m,* Konditormeister(in) *m(f)*

obraje [o'βraxe] *m* **1.** (*CSur*) forstwirtschaftlicher Betrieb *m* **2.** (*Méx*) Metzgerei *f* (*hauptsächlich für Schweinefleisch*)

obrajero, -a [oβra'xero, -a] *m, f* **1.** (*Am: propietario de un obraje*) Inhaber(in) *m(f)* eines forstwirtschaftlichen Betriebes **2.** (*Arg, Par: peón de un obraje*) Arbeiter(in) *m(f)* in einem forstwirtschaftlichen Betrieb **3.** (*Am: artesano*) Handwerker(in) *m(f)* **4.** (*Méx: carnicero*) Metzger(in) *m(f)*

obrar [o'βrar] **I.** *vi* **1.** (*actuar*) tun, handeln; **manera de** ~ Handlungsweise *f;* ~ **de buena fe** gutgläubig handeln; ~ **contra las buenas costumbres** gegen die guten Sitten verstoßen; ~ **a tontas y a locas** (*fam*) unbedacht vorgehen; **hay que pensar antes de** ~ erst denken, dann handeln **2.** (*fam: defecar*) Stuhlgang haben **3.** (*encontrarse*) sich befinden; **su carta obra en mis manos** Ihr Schreiben befindet sich in meinen Händen **II.** *vi, vt* **1.** (*hacer efecto*) wirken; ~ **buen efecto** eine gute Wirkung haben; ~ **sobre alguien/algo** auf jdn/etw einwirken; ~ **milagros** Wunder wirken **2.** (*construir*) bauen **3.** (*hacer*) herstellen; (*trabajar*) bearbeiten; **sin** ~ unbearbeitet

obrepción [oβreβ'θjon] *f* (JUR) Erschleichung *f* (*einer Stellung oder Würde*)

obrepticio, -a [oβrep'tiθjo, -a] *adj* (JUR) erschlichen

obrera [o'βrera] *adj o f v.* **obrero**

obrería [oβre'ria] *f* **1.** (*cargo de obrero*) Arbeiter *mpl* **2.** (REL) Kirchengeld *nt* (*zur Instandhaltung der Kirche*)

obrerismo [oβre'rismo] *m* **1.** (POL) Arbeiterbewegung *f* **2.** (*conjunto*) Arbeiterschaft *f*

obrerista [oβre'rista] **I.** *adj* (POL) Arbeiter- **II.** *mf* (POL) Anhänger(in) *m(f)* der Arbeiterbewegung

obrero, -a [o'βrero, -a] **I.** *adj* (*relativo al trabajo*) Arbeits-; (*relativo al obrero*) Arbeiter-; **abeja obrera** Arbeitsbiene *f;* **clase obrera** Arbeiterklasse *f* **II.** *m, f* Arbeiter(in) *m(f),* Arbeitnehmer(in) *m(f);* ~ **agrícola** [*o* **rural**] Landarbeiter *m;* ~ **asalariado** Lohnarbeiter *m;* ~ **auxiliar** Hilfsarbeiter *m;* ~ **de construcción** Bauarbeiter *m;* ~ **desocupado** Arbeitslose(r) *m;* ~ **a destajo** Akkordarbeiter *m;* ~ **especializado** Facharbeiter *m;* ~ **extranjero** ausländischer Arbeitnehmer, Gastarbeiter *m;* ~ **fijo** feste Arbeitskraft; ~ **semicualificado** angelernter Arbeitnehmer; ~ **sindicado** organisierter Arbeitnehmer; ~ **temporal** Gelegenheitsarbeiter *m;* ~ **de turno** Schichtarbeiter *m;* **ser alguien** ~ **de su propia ruina** sich selbst ins Unglück stürzen

obscenidad [o^{β}sθeni'ða^ð] *f* Obszönität *f,* Unanständigkeit *f*

obsceno, -a [o^{β}s'θeno, -a] *adj* obszön, unanständig

o(b)scurantismo [o$^{(β)}$skuran̩'tismo] *m* Obskurantismus *m*

o(b)scurantista [o$^{(β)}$skuran̩'tista] *mf* Obskurant(in) *m(f),* Dunkelmann *m*

o(b)scurecer [o$^{(β)}$skure'θer] *irr como crecer vt v.* **oscurecer**

o(b)scuridad [o$^{(β)}$skuri'ðað] *f v.* **oscuridad**

o(b)scuro, -a [o$^{(β)}$s'kuro, -a] *adj v.* **oscuro**

obsequiador(a) [oβsekja'ðor(a)] *adj* **1.** (*servil*) gefällig, dienstbeflissen **2.** (*que regala*) großzügig

obsequiar [oβse'kjar] *vt* **1.** (*con atenciones*) (be)ehren; (*con bebidas, comida*) bewirten; (*festejar*) feiern; (*agasajar*) aufmerksam [*o* zuvorkommend] behandeln; (*galantear*) umwerben; ~ **con su presencia** mit seiner Anwesenheit beehren; ~ **a alguien con un banquete** zu jds Ehren ein Bankett geben **2.** (*con regalos*) beschenken; **lo** ~**on con juguetes** sie haben ihn mit Spielzeugen beschenkt **3.** (*Am: regalar*) schenken; **le obsequié un libro** ich habe ihm/ihr ein Buch geschenkt

obsequio [oβ'sekjo] *m* **1.** (*agasajo*) Gefälligkeit *f;* **¡hágame Ud. este** ~**!** tun Sie mir den Gefallen!; **contamos con el** ~ **de su asistencia** wir rechnen mit der Ehre Ihrer Anwesenheit; **en** ~ **de alguien** zu jds Ehren **2.** (*regalo*) Geschenk *nt*

obsequiosamente [oβsekjosa'men̩te] *adv* **1.** (*con reverencia*) ehrerbietig **2.** (*con defe-*

O

rencia) zuvorkommend

obsequiosidad [oβsekjosi'ðaᵈ] *f* Dienstbeflissenheit *f*

obsequioso, **-a** [oβse'kjoso, -a] *adj* **1.** (*cortés*) zuvorkommend, aufmerksam **2.** (*Méx: dadivoso*) freigebig

observable [oβser'βaβle] *adj* wahrnehmbar, bemerkbar

observación [oβserβa'θjon] *f* **1.** (*contemplación*) Beobachtung *f;* (*vigilancia*) Überwachung *f;* ~ **meteorológica** Wetterbeobachtung *f;* **puesto de** ~ Beobachtungsposten *m;* **sentido de** ~ Beobachtungsgabe *f* **2.** (*comentario*) Bemerkung *f;* **hacer una** ~ **marginal** eine Randbemerkung machen; **no admito observaciones de ninguna clase** ich verbitte mir jegliche Bemerkung **3.** (*observancia*) Beachtung *f,* Befolgung *f;* ~ **de las leyes** Beachtung der Gesetze; ~ **de los plazos** Einhaltung der Fristen; **no** ~ **de un plazo** Fristversäumnis *f*

observador(a) [oβserβa'ðor(a)] **I.** *adj* beobachtend **II.** *m(f)* Beobachter(in) *m(f)*

observancia [oβser'βan̩θja] *f* **1.** (*cumplimiento*) Einhaltung *f,* Beachtung *f;* ~ **de una orden** Befolgung eines Befehls; ~ **de las reglas/de los plazos** Einhaltung der Regeln/der Fristen **2.** (REL) Observanz *f*

observante [oβser'βan̩te] **I.** *adj* **1.** (*observador*) beachtend **2.** (*orden*) streng **II.** *m* (REL) Observant *m*

observar [oβser'βar] *vt* **1.** (*contemplar*) beobachten; ~ **las estrellas** die Sterne beobachten **2.** (*cumplir*) beachten, befolgen; ~ **las normas/los plazos** die Vorschriften/Fristen einhalten **3.** (*notar*) bemerken; **hacer** ~ **algo a alguien** jdn auf etw aufmerksam machen **4.** (*poner reparos*) kritisch bemerken

observatorio [oβserβa'torjo] *m* Observatorium *nt;* ~ **astronómico** Sternwarte *f;* ~ **meteorológico** Wetterwarte *f*

obsesa [oβ'sesa] *adj o f v.* **obseso**

obsesión [oβse'sjon] *f* (*preocupación*) Besessenheit *f;* (*idea*) fixe Idee *f;* (*pasión*) Leidenschaft *f;* (PSICO) Zwangsvorstellung *f*

obsesionado, **-a** [oβsesjo'naðo, -a] *adj* besessen; **está** ~ **con ella** er ist verrückt nach ihr

obsesionante [oβsesjo'nan̩te] *adj* ständig quälend; **una idea** ~ eine quälende Vorstellung

obsesionar [oβsesjo'nar] **I.** *vt* **1.** (*tormentar*) ständig plagen; (*fig*) verfolgen; **le obsesiona el miedo a estar enfermo** die Angst, krank zu sein, verfolgt ihn wie ein Gespenst **2.** (*atraer*) in seinen Bann schlagen, verhexen; **el fútbol le obsesiona** er ist ein Fußballfanatiker **II.** *vr:* **~se** bessesen sein (*con* von +*dat*); **~se con una idea** von einer Idee besessen sein; **se obsesionó con ser actor** er war völlig vom Wunsch besessen, Schauspieler zu werden

obsesivo, **-a** [oβse'siβo, -a] *adj* Zwangs-; (PSICO) obsessiv; **idea obsesiva** Zwangsvorstellung *f*

obseso, **-a** [oβ'seso, -a] **I.** *adj* besessen **II.** *m, f* Besessene(r) *mf*

obsidiana [oβsi'ðjana] *f* (GEO) Obsidian *m*

obsolescencia [oβsoles'θen̩θja] *f* Überalterung *f*

obsolescente [oβsoles'θen̩te] *adj:* **es una expresión** ~ dieser Ausdruck wird immer weniger gebraucht [*o* ist im Aussterben begriffen]

obsoleto, **-a** [oβso'leto, -a] *adj* veraltet, überholt

obstaculización [oᵝstakuliθa'θjon] *f* Behinderung *f;* ~ **de las comunicaciones** (AUTO) Verkehrsstörung *f*

obstaculizar [oᵝstakuli'θar] <z→c> *vt* behindern; ~ **a alguien** jdn behindern; ~ **la circulación** den Vekehr behindern; ~ **la carretera** die Straße mit Hindernissen blockieren; ~ **el progreso** dem Fortschritt im Wege stehen

obstáculo [oᵝs'takulo] *m* Hindernis *nt;* **carrera de ~s** Hindernisrennen *nt;* **salvar un** ~ ein Hindernis nehmen; **triunfar ante todos los ~s** sämtliche Hindernisse überwinden; **poner ~s a alguien** jdm Hindernisse in den Weg legen

obstante [oᵝs'tan̩te] *adv:* **no** ~ trotzdem, dessen ungeachtet

obstar [oᵝs'tar] **I.** *vi* hinderlich sein **II.** *vimpers* entgegenstehen +*dat;* **eso no obsta para que...** ... steht nichts entgegen

obstetra [oᵝs'tetra] *mf* (MED) Geburtshelfer(in) *m(f)*

obstetricia [oᵝste'triθja] *f* (MED) Geburtshilfe *f*

obstétrico, **-a** [oᵝs'tetriko, -a] *adj* (MED) obstetrisch; **prestar asistencia obstétrica** Geburtshilfe leisten

obstinación [oᵝstina'θjon] *f* Hartnäckigkeit *f,* Halsstarrigkeit *f*

obstinado, **-a** [oᵝsti'naðo, -a] *adj* hartnäckig, starrköpfig

obstinarse [oᵝsti'narse] *vr* hartnäckig bestehen (*en* auf +*dat*), sich versteifen (*en* auf +*akk*); ~ **en su silencio** sich durch nichts zum Reden bringen lassen; ~ **contra algo/alguien** etw *dat*/jdm die Stirn bieten

obstrucción [oᵝstruʸ'θjon] *f* **1.** (*cierre*) Versperrung *f,* Blockierung *f;* ~ **de la justicia** (*fig*) Missachtung des Gerichts **2.** (MED) Verstopfung *f* **3.** (POL) Obstruktion *f;* **hacer** ~ sabotieren **4.** (AUTO) (Verkehrs)stauung *f*

obstruccionismo [oᵝstruʸθjo'nismo] *m* (POL) Verschleppungstaktik *f,* Verzögerungstaktik *f*

obstruccionista [oᵝstruʸθjo'nista] *mf* (POL) Verzögerungstaktiker(in) *m(f)*

obstructor(a) [oᵝstruk'tor(a)] *adj* hemmend, obstruktiv

obstruir [oᵝstru'ir] *irr como huir* **I.** *vt* **1.** (*el paso*) versperren **2.** (*una tubería*) verstopfen

3. (*una acción*) blockieren, behindern **II.** *vr:* **~se** sich verstopfen

obtención [oβteṇ'θjon] *f* Erlangung *f;* (AGR, QUÍM, MIN) Gewinnung *f;* ~ **de alimentos** Nahrungsmittelerzeugung *f;* ~ **de datos** Datengewinnung *f,* Datenerhebung *f;* ~ **de fondos** Mittelbeschaffung *f;* ~ **de un grado científico** Erlangung eines wissenschaftlichen Grades; ~ **de la velocidad máxima** Erreichen der Höchstgeschwindigkeit

obtener [oβte'ner] *irr como tener vt* erlangen, erhalten; (QUÍM) gewinnen; ~ **un pedido** einen Auftrag erhalten; ~ **buenos resultados/ventajas** gute Ergebnisse/Vorteile erzielen; ~ **una ganancia** einen Gewinn erwirtschaften; **difícil de** ~ schwer zu bekommen

obtenible [oβte'niβle] *adj* erhältlich

obturación [oβtura'θjon] *f* (*cierre*) Verschließung *f;* (*bloqueo*) Verstopfung *f;* (*de dientes*) Füllung *f,* Plombierung *f*

obturador[1] [oβtura'ðor] *m* **1.** (FOTO) (Kamera)verschluss *m,* Blende *f* **2.** (ANAT): (**músculo**) ~ Schließmuskel *m*

obturador(a)[2] [oβtura'ðor(a)] *adj* verschließend, verstopfend; **músculo** ~ Schließmuskel *m*

obturar [oβtu'rar] *vt* **1.** (*tapar*) abdichten; (*bloquear*) verstopfen; (*cerrar*) verschließen; (*los dientes*) plombieren **2.** (FOTO) abblenden

obtusángulo [oβtu'saŋgulo] *adj* (MAT) stumpfwink(e)lig

obtuso, -a [oβ'tuso, -a] *adj* **1.** (*cosa*) stumpf **2.** (*persona*) schwer von Begriff *fam,* begriffsstutzig

obús [o'βus] *m* **1.** (*artillería*) Haubitze *f,* Granatwerfer *m* **2.** (*proyectil*) (Mörser)granate *f;* ~ **explosivo** Sprenggranate *f*

obvención [oββeṇ'θjon] *f* (JUR) Nebenverdienst *m*

obviamente [oββja'meṇte] *adv* offensichtlich

obviar [oβ'βjar] **I.** *vi* (*obstar*) hinderlich sein +*dat* **II.** *vt* (*evitar*) abwenden; (*remover*) aus dem Weg räumen; ~ **un problema** ein Problem lösen

obviedad [oββje'ðað] *f* Offensichtlichkeit *f,* Eindeutigkeit *f*

obvio, -a ['oββjo, -a] *adj* offensichtlich, klar; **es** ~ das liegt auf der Hand; **lo** ~ **del mensaje** die Eindeutigkeit der Botschaft

oc[1] [ok] (*del francés*): **la lengua de** ~ das Altprovenzialisch(e)

oc[2] ['oṇdas 'kortas] *abr de* **ondas cortas** KW

oca ['oka] *f* **1.** (ZOOL) Gans *f;* **¡es la ~!** das ist die Höhe!; **paso de la** ~ (MIL) Stechschritt *m* **2.** (*juego*) *spanisches Brettspiel*

ocapi [o'kapi] *m* (ZOOL) Okapi *nt*

ocarina [oka'rina] *f* (MÚS) Okarina *f*

ocarinista [okari'nista] *mf* (MÚS) Okarinaspieler(in) *m(f)*

ocasión [oka'sjon] *f* Gelegenheit *f;* **una** ~ **bienvenida** eine willkommene Gelegenheit, ein willkommener Anlass; **coche de** ~ Gebrauchtwagen *m;* **compra de** ~ Gelegenheitskauf *m;* **aprovechar/desperdiciar la** ~ die Gelegenheit nutzen/versäumen; **en esta** ~ **le comunicamos...** bei dieser Gelegenheit teilen wir Ihnen mit, ...; **llegada la** ~ gegebenenfalls; **contadas ocasiones** seltene Gelegenheiten; **en ocasiones** gelegentlich; **en la primera** ~ bei nächster Gelegenheit; **con** ~ **de** anlässlich +*gen;* **dar a alguien** ~ **para quejarse** jdm Anlass geben sich zu beschweren; **la** ~ **la pintan calva** man muss die Gelegenheit beim Schopf(e) fassen; **aprovechar la** ~ die Gelegenheit beim Schopf(e) packen; **la** ~ **hace al ladrón** (*prov*) Gelegenheit macht Diebe

ocasionadamente [okasjonaða'meṇte] *adv* aus diesem Grunde [*o* Anlass]

ocasionador(a) [okasjona'ðor(a)] **I.** *adj* verursachend **II.** *m(f)* Verursacher(in) *m(f)*

ocasional [okasjo'nal] *adj* **1.** (*no habitual*) gelegentlich, Gelegenheits-; **trabajo** ~ Gelegenheitsarbeit *f* **2.** (*casual*) zufällig; **un encuentro** ~ eine zufällige Begegnung **3.** (*destinado a determinada ocasión*) Gelegenheits-; **poema** ~ Gelegenheitsgedicht *nt* **4.** (*causante*) verursachend; **enfermedad** ~ (MED) Grundleiden *nt*

ocasionalismo [okasjona'lismo] *m* (FILOS) Okkasionalismus *m*

ocasionalmente [okasjonal'meṇte] *adv* gelegentlich

ocasionar [okasjo'nar] *vt* verursachen, hervorrufen; ~ **dolores de cabeza a alguien** jdm Kopfschmerzen bereiten [*o* machen]

ocaso [o'kaso] *m* **1.** (ASTR) Untergang *m;* (*del sol*) Sonnenuntergang *m;* (*fig*) Abend *m* **2.** (*decadencia*) Niedergang *m,* Verfall *m;* **el** ~ **de los dioses** die Götterdämmerung; **el** ~ **del Imperio Romano** der Niedergang des Römischen Reiches

occidental [oᵞθiðeṇ'tal] **I.** *adj* westlich; (HIST) abendländisch; **costa** ~ Westküste *f;* **potencias ~es** Westmächte *fpl* **II.** *mf* Abendländer(in) *m(f)*

occidentalización [oᵞθiðeṇtaliθa'θjon] *f* Verwestlichung *f*

occidentalizado, -a [oᵞθiðeṇtali'θaðo, -a] *adj* verwestlicht

occidentalizar [oᵞθiðeṇtali'θar] <z→c> *vt* verwestlichen

occidente [oᵞθi'ðeṇte] *m* Westen *m;* (HIST) Abendland *nt*

occipital [oᵞθipi'tal] *adj* (ANAT) Hinterhaupt-; **hueso** ~ Hinterhauptbein *nt*

occipucio [oᵞθi'puθjo] *m* (ANAT) Hinterkopf *m,* Hinterhaupt *nt*

occiso, -a [oᵞ'θiso, -a] *adj* ermordet, gewaltsam getötet

OCDE [oθeðe'e] *f abr de* **Organización para la Cooperación y el Desarrollo Económicos** OECD *f*

Oceanía [oθea'nia] *f* Ozeanien *nt*

oceánico, -a [oθe'aniko, -a] *adj* ozeanisch

O

océano [o'θeano] *m* **1.** (*mar grande*) Ozean *m*, Weltmeer *nt;* ~ **Atlántico** Atlantischer Ozean, Atlantik *m;* ~ **Austral** Südsee *f;* ~ **Boreal** Nordsee *f;* ~ **Glacial** Eismeer *nt;* ~ **Pacífico** Pazifischer Ozean, Pazifik *m* **2.** (*cantidad*) Unmenge *f;* ~ **de gente** Menschenmasse *f;* **derramar un** ~ **de sangre** Ströme von Blut vergießen; **un** ~ **de gente salía del concierto** eine Flut von Menschen strömte aus dem Konzertsaal

oceanografía [oθeanoɣra'fia] *f* Meereskunde *f*, Ozeanographie *f*

oceanográfico, **-a** [oθeano'ɣrafiko, -a] *adj* meereskundlich, ozeanographisch

oceanógrafo, **-a** [oθea'noɣrafo, -a] *m, f* Ozeanograph(in) *m(f)*, Meereskundler(in) *m(f)*

oceanología [oθeanolo'xia] *f* Ozeanologie *f*

oceanológico, **-a** [oθeano'loxiko, -a] *adj* ozeanologisch

oceanólogo, **-a** [oθea'noloɣo, -a] *m, f* Ozeanologe, -in *m, f*, Meereskundler(in) *m(f)*

ocelote [oθe'lote] *m* Ozelot *m*

ochava [o'ʧaβa] *f* (*Am: chaflán*) abgeschrägte Straßenecke *f;* (*de un edificio*) Hausecke *f*

ochavo [o'ʧaβo] *m alte Kupfermünze;* **no tener un** ~ keinen (roten) Heller haben

ochenta [o'ʧeṇta] **I.** *adj inv* achtzig; **el** ~ **por ciento de la población** achtzig Prozent der Bevölkerung; **los años** ~ die Achtzigerjahre; **un hombre de alrededor de** ~ **años** ein Mann um die achtzig; **una mujer en sus** ~ eine Frau in den Achtzigern; **la vuelta al mundo en** ~ **días** in achtzig Tagen um die Welt **II.** *m* Achtzig *f*

ochentavo, **-a** [oʧeṇ'taβo, -a] **I.** *adj* achtzigstel; **a mí solo me pertenece la ochentava parte de la ganancia** mir steht nur der achtzigste Teil [*o* ein Achtzigstel] des Gewinnes zu **II.** *m, f* Achtzigstel *nt*

ochentón, **-ona** [oʧeṇ'ton, -ona] **I.** *adj* in den Achtzigern **II.** *m, f* Achtziger(in) *m(f);* **un** ~ ein Mann in den Achtzigern

ocho ['oʧo] **I.** *adj inv* acht; **jornada de** ~ **horas** Achtstundentag *m;* **tengo** ~ **años** ich bin acht Jahre alt; ~ **veces mayor/menor que...** achtmal so groß wie .../kleiner als ...; **a las** ~ um acht Uhr; **son las** ~ **y media de la mañana/tarde** es ist halb neun (Uhr) morgens/abends; **las** ~ **y cuarto/menos cuarto** viertel nach acht/vor acht; **las** ~ **en punto** Punkt acht Uhr; **el** ~ **de agosto** der achte August; **dentro de** ~ **días** in acht Tagen, innerhalb einer Woche; **de aquí a** ~ **días** heute in acht Tagen; **echar a alguien con los ~s y los nueves** jdm gehörig die Meinung sagen; **ser más chulo que un** ~ ein aufgeblasener Gockel sein **II.** *m* Acht *f;* **pintar un** ~ eine Acht malen

ochocientos, **-as** [oʧo'θjeṇtos, -as] *adj* achthundert; **esta basílica fue construida hace** ~ **años** diese Basilika wurde vor achthundert Jahren erbaut; **vinieron más de ochocientas personas** es kamen über achthundert Menschen

ocio ['oθjo] *m* Muße *f*, Nichtstun *nt;* ~ **anual** Jahresurlaub *m;* **horas de** ~ Freizeit *f;* **entregarse al** ~ nichts tun, müßig sein

ociosamente [oθjosa'meṇte] *adv* unnötigerweise; **vivir** ~ eine nutzloses Leben führen

ociosear [oθjose'ar] *vi* (*AmS*) herumlungern *fam*

ociosidad [oθjosi'ðaᵈ] *f* Müßiggang *m*, Untätigkeit *f;* ~ **de máquinas** Maschinenstilllegung *f;* **la** ~ **es madre de todos los vicios** (*prov*) Müßiggang ist aller Laster Anfang

ocioso, **-a** [o'θjoso, -a] *adj* **1.** *estar* (*inactivo*) untätig, müßig **2.** *ser* (*inútil*) unnütz, überflüssig; **palabras ociosas** leeres Gerede

ocluir [oklu'ir] *irr como huir vt* (*t.* MED) verschließen, okkludieren

oclusión [oklu'sjon] *f* Verschluss *m;* (MED) Okklusion *f;* ~ **intestinal** Darmverschluss *m*

oclusivo, **-a** [oklu'siβo, -a] *adj* **1.** Verschluss-, verschließend; (MED) okklusiv **2.** (LING) Okklusiv-; **consonante oclusiva** Okklusiv(laut) *m*

ocomistle [oko'misðle] *m* (*Méx:* ZOOL) *sehr aggressive Eichhörnchenart in den Okotefichtenwäldern*

ocotal [oko'tal] *m* (*Guat, Méx: bosque*) Okotefichtenwald *m;* (*plantación*) Okotefichtenplantage *f*

ocote [o'kote] *m* (*Méx:* BOT) Okotefichte *f*

ocre ['okre] **I.** *adj* ocker(farben) **II.** *m* Ocker *m o nt*

octaédrico, **-a** [okta'eðriko, -a] *adj* (MAT) achtflächig, oktaedrisch

octaedro [okta'eðro] *m* (MAT) Oktaeder *nt*, Achtflächner *m*

octagonal [oktaɣo'nal] *adj* achteckig, oktogonal

octágono [ok'taɣono] *m* Achteck *nt*, Oktogon *nt*

octano [ok'tano] *m* (QUÍM) Oktan *nt*

octante [ok'taṇte] *m* (ASTR, MAT, NÁUT) Oktant *m*

octava [ok'taβa] *f* **1.** *v.* **octavo²** **2.** (LIT, MÚS) Oktave *f;* ~ **real** (LIT) Stanze *f* **3.** (REL: *fiesta*) (achttägige) Festwoche *f* **4.** (REL: *último día*) achter Tag *m* (*einer Festwoche*)

octavilla [okta'βiʎa] *f* **1.** (*volante*) Flugblatt *nt;* ~ **difamatoria** Schmähschrift *f* **2.** (TIPO) Achtelblatt *nt* **3.** (LIT) achtzeilige Strophe *f*

octavín [okta'βin] *m* (MÚS) Pikkoloflöte *f*

octavo¹ [ok'taβo] *m* (TIPO) Oktavformat *nt;* ~ **mayor** Großoktav *nt;* ~ **menor** Kleinoktav *nt;* **en** ~ im Oktavformat

octavo, **-a²** [ok'taβo, -a] **I.** *adj* achte(r, s); **en** ~ **lugar** achtens, an achter Stelle; **agosto es el** ~ **mes del año** der August ist der achte Monat des Jahres; **estoy en** ~ **curso** ich bin in der achten Klasse; **la octava parte de ochenta es diez** der achte Teil [*o* ein Achtel] von achtzig ist zehn **II.** *m, f* Achtel *nt*

octeto [ok'teto] *m* **1.** (MÚS, FÍS) Oktett *nt* **2.** (INFOR) 8-Bit-Byte *nt*

octingentésimo, **-a** [oktiŋxeṇ'tesimo, -a] **I.** *adj* (*parte*) achthundertstel; (*numeración*) achthundertste(r, s); **la octingentésima parte de...** ein Achthundertstel von ... **II.** *m, f* Achthundertstel *nt*

octli ['oᵏðli] *m* (*Méx*) *fermentierter Agavensaft*

octogenario, **-a** [oktoxe'narjo, -a] **I.** *adj* in den Achtzigern **II.** *m, f* Achtziger(in) *m(f)*

octogésimo, **-a** [okto'xesimo, -a] **I.** *adj* (*parte*) achtzigstel; (*numeración*) achtzigste(r, s); **la octogésima parte de...** ein Achtzigstel von ...; **mañana se publicará la octogésima edición de su libro** morgen wird die achtzigste Auflage seines/ihres Buches erscheinen **II.** *m, f* Achtzigstel *nt*

octogonal [oktoɣo'nal] *adj* (MAT) achteckig, oktogonal

octógono [ok'toɣono] *m* Achteck *nt,* Oktogon *nt*

octosilábico, **-a** [oktosi'laβiko, -a] *adj* achtsilbig

octosílabo, **-a** [okto'silaβo, -a] *adj* (LING, LIT) achtsilbig

octubre [ok'tuβre] *m* Oktober *m; v. t.* **marzo**

óctuple ['oktuple] *adj* achtfach

octuplicar [oktupli'kar] <c→qu> *vt, vr:* **~se** (sich) verachtfachen; **durante los últimos seis años se han octuplicado los gastos** im Laufe der letzten sechs Jahre haben sich die Kosten verachtfacht

óctuplo, **-a** ['oktuplo, -a] *adj* achtfach; **he comprado la óctupla cantidad** ich habe die achtfache Menge gekauft

ocular [oku'lar] **I.** *adj* Augen-; (ANAT) okular; **examen ~** Sehtest *m;* **testigo ~** Augenzeuge *m* **II.** *m* (*óptica*) Okular *nt;* **~ telescópico** ausziehbares Okular

oculista [oku'lista] *mf* Augenarzt, -ärztin *m, f*

óculo ['okulo] *m* (ARQUIT) kleines Rundfenster *nt*

ocultación [okuḷta'θjon] *f* **1.** (*encubrimiento*) Verbergen *nt,* Verheimlichung *f;* **~ fiscal** Steuerhinterziehung *f* **2.** (ASTR) Bedeckung *f*

ocultador [okuḷta'ðor] *m* (FOTO) Abdeckvorrichtung *f,* Maske *f*

ocultamiento [okuḷta'mjeṇto] *m v.* **ocultación**

ocultar [okuḷ'tar] **I.** *vt* **1.** (*esconder*) verbergen (*de* vor +*dat*); **~ la cara entre** [*o* **con**] **las manos** das Gesicht hintern den Händen verbergen **2.** (*callar*) verschweigen (*de* (vor) +*dat*); (*disimular*) verheimlichen (*de* (vor) +*dat*) **II.** *vr:* **~se** sich verstecken, sich verborgen halten

ocultismo [okuḷ'tismo] *m* Okkultismus *m*

ocultista [okuḷ'tista] *mf* Okkultist(in) *m(f)*

oculto, **-a** [o'kuḷto, -a] *adj* **1.** (*escondido*) verborgen **2.** (*secreto*) geheim; **de ~** inkognito; **en ~** insgeheim; **traerse algo ~** etw im Schilde führen **3.** (*del más allá*) übersinnlich

ocupa [o'kupa] *mf* (*argot*) Hausbesetzer(in) *m(f)*

ocupación [okupa'θjon] *f* **1.** (*trabajo y quehacer*) Beschäftigung *f;* **~ accesoria** Nebenbeschäftigung *f;* **~ lucrativa** Erwerbstätigkeit *f;* **~ del ocio** Freizeitbeschäftigung *f;* **~ temporal** befristetes Beschäftigungsverhältnis; **ocupaciones de urgencia** dringende Geschäfte; **índice de ~** Beschäftigungsindex *m,* Beschäftigungsquote *f;* **sin ~** arbeitslos **2.** (*apoderamiento*) Besetzung *f,* Besitzergreifung *f;* **~ hotelera** Hotelbelegung *f;* **primera ~ de un apartamento** Erstbezug einer Wohnung **3.** (MIL) Besetzung *f,* Okkupation *f;* **~ bélica** kriegerische Besetzung; **fuerza de ~** Besatzungsmacht *f;* **zona de ~** besetztes Gebiet **4.** (TÉC) Auslastung *f*

ocupacional [okupaθjo'nal] *adj* Berufs-; **enfermedad ~** Berufskrankheit *f*

ocupado, **-a** [oku'paðo, -a] *adj* **1.** (*con mucho trabajo*) beschäftigt; **no me molestes: estoy muy ~** stör mich nicht, ich habe viel zu tun **2.** (*teléfono, aseo*) besetzt **3.** (*mujer*) schwanger

ocupante[1] [oku'paṇte] **I.** *adj* besetzend **II.** *mf* **1.** (*de un vehículo*) (Fahrzeug)insasse, -in *m, f;* (*de un tren, autobús*) Fahrgast *m;* (*de un avión, barco*) Passagier(in) *m(f)* **2.** (*de un edificio*) Bewohner(in) *m(f)*

ocupante[2] [oku'paṇte] *m* (MIL: *tropas*) Besatzung *f;* (*soldado*) Besatzungssoldat *m;* **~s** (*tropas*) Besatzung *f;* (*Estado*) Besatzungsmacht *f*

ocupar [oku'par] **I.** *vt* **1.** (*sitio*) einnehmen, ausfüllen; **el armario ocupa toda la pared** der Schrank nimmt die ganze Wand ein **2.** (*un cargo*) bekleiden, innehaben; **~ un puesto importante** einen wichtigen Posten innehaben [*o* bekleiden] **3.** (*un asiento o línea de teléfono*) belegen **4.** (*una vivienda*) bewohnen **5.** (MIL) besetzen **6.** (*a una persona*) beschäftigen; **esta fábrica ocupa a miles de obreros** diese Fabrik beschäftigt Tausende [*o* tausende] Arbeitnehmer **7.** (*tiempo*) in Anspruch nehmen, beanspruchen **II.** *vr:* **~se** sich beschäftigen (*con/en/de* mit +*dat*), sich befassen (*con/en/de* mit +*dat*); **ella se ocupa de sus hijos** sie kümmert sich um ihre Kinder; **ella se ocupó de todo** sie hat alles arrangiert

ocurrencia [oku'rreṇθja] *f* **1.** (*idea*) Einfall *m,* Idee *f;* **¡qué ~! pensaba que nunca llegaríamos a solucionar el problema** was für ein guter Einfall! ich dachte, wir würden das Problem nie lösen können; **¿estás loco? ¡qué ~ pensar que es mi culpa!** spinnst du? wie kommst du denn darauf, es sei meine Schuld?; **dijo que podía comerse 20 panecillos, ¡qué ~!** er/sie hat behauptet 20 Brötchen essen zu können – so ein Quatsch!; **se bañó en el mar en pleno invierno, ¡qué ~!** er/sie badete mitten im Winter im Meer – so eine Schnapsidee!; **tener la ~ de hacer algo** auf die Idee kommen, etw zu tun **2.** (*acontecimiento*) Vorfall *m*

ocurrente [oku'rreṇte] *adj* einfallsreich

O

ocurrir [oku'rrir] **I.** *vi* geschehen, sich ereignen; **¿qué ocurre?** was ist los?; **¿qué te ocurre?** was fehlt dir?, was hast du?; **lo que ocurre es que...** die Sache ist so: ...; **cuida de que no vuelva a ~ algo semejante** sorge dafür, dass so etwas nie wieder vorkommt **II.** *vr:* **~se** einfallen *+dat;* **no se me ocurre nada** mir fällt nichts ein; **no se le ocurre más que decir tonterías** er kommt nur auf Dummheiten; **¿cómo se te ocurrió esto/esa tontería?** wie bist du denn auf die Idee/Schnapsidee gekommen?; **nunca se me hubiese ocurrido pensar que...** ich wäre nie auf die Idee [*o* darauf] gekommen, dass ...

oda ['oða] *f* Ode *f* (*a* an *+akk*)

odalisca [oða'liska] *f* Odaliske *f*

odeón [oðe'on] *m* Odeon *nt*

odiar [o'ðjar] *vt* hassen; **~ a alguien/algo a muerte** jdn/etw auf den Tod hassen

odio ['oðjo] *m* Hass *m;* **~ mortal** tödlicher Hass; **hacer algo por ~ a alguien** jdm etw aus Hass antun

odiosidad [oðjosi'ðað] *f* **1.** (*carácter*) Gehässigkeit *f* **2.** (*aversión*) heftige Abneigung *f* **3.** (*Am: molestia*) Belästigung *f,* Unannehmlichkeit *f*

odioso, -a [o'ðjoso, -a] *adj* **1.** (*hostil*) gehässig **2.** (*repugnante*) verhasst, widerlich **3.** (*Am*) lästig, unangenehm

odisea [oði'sea] *f* Odyssee *f;* (*fig*) Irrfahrt *f*

odómetro [o'ðometro] *m* (TÉC) Weg(strecken)messer *m*

odontalgia [oðon̪'talxja] *f* (MED) Zahnschmerz *m*

odontálgico, -a [oðon̪'talxiko, -a] *adj* (MED) Zahnschmerz-; **remedio ~** Mittel gegen Zahnschmerzen

odontóloga [oðon̪'toloɣa] *f v.* **odontólogo**

odontología [oðon̪tolo'xia] *f* Zahnheilkunde *f,* Zahnmedizin *f;* (MED) Odontologie *f*

odontológico, -a [oðon̪to'loxiko, -a] *adj* (MED) odontologisch, die Zahnheilkunde betreffend

odontólogo, -a [oðon̪'toloɣo, -a] *m, f* Zahnarzt, -ärztin *m, f*

odontorragia [oðon̪to'rraxja] *f* (MED) Zahnfleischbluten *nt*

odorante [oðo'ran̪te] **I.** *adj* wohlriechend **II.** *m* Duftmittel *nt*

odorífero, -a [oðo'rifero, -a] *adj,* **odorífico, -a** [oðo'rifiko, -a] *adj* (*elev*) wohlriechend, duftend

odre ['oðre] *m* **1.** (*cuero*) (Wein)schlauch *m* **2.** (*fam: borracho*) Trunkenbold *m*

OEA [oe'a] *f abr de* **Organización de los Estados Americanos** OAS *f*

OECE [oeθe'e] *f abr de* **Organización Europea de Cooperación Económica** OECD *f*

oersted [o'e^r^ste^ð^] *m,* **oerstedio** [oe^r^s'teðjo] *m* (FÍS) Oersted *nt*

oesnoroeste [oesnoro'este] *m,* **oesnorueste** [oesno'rweste] *m* Westnordwest(en) *m*

oeste [o'este] *m* **1.** (*punto cardinal*) Westen *m;* **el lejano ~** der Wilde Westen; **película del ~** Western *m;* **hacia el ~** westwärts; **al ~ de...** westlich von ... **2.** (*viento*) Westwind *m*

oesudoeste [oesuðo'este] *m,* **oesudueste** [oesu'ðweste] *m* Westsüdwest(en) *m*

ofendedor(a) [ofen̪de'ðor(a)] *m(f) v.* **ofensor**

ofender [ofen̪'der] **I.** *vt* **1.** (*humillar*) beleidigen; **este cuadro ofende la vista** dieses Bild ist eine Beleidigung für das Auge; **~ a Dios** sündigen **2.** (*herir*) verletzen **II.** *vr:* **~se** beleidigt sein, gekränkt sein, einschnappen *fam;* **¡no te ofendas conmigo!** sei mir nicht böse!; **se ofende por el más mínimo motivo** er/sie ist wegen jeder Kleinigkeit beleidigt

ofendido, -a [ofen̪'diðo, -a] **I.** *adj* beleidigt, gekränkt **II.** *m, f* Beleidigte(r) *mf;* (JUR) Geschädigte(r) *mf;* **hacerse el ~** schmollen, die beleidigte Leberwurst spielen *fam*

ofensa [o'fensa] *f* Beleidigung *f;* **dicho sea sin ~ de nadie** mit dem Gesagten möchte ich niemandem zu nahe treten

ofensiva [ofen'siβa] *f* Offensive *f,* Angriff *m;* **tomar la ~** zum Angriff übergehen, die Offensive ergreifen

ofensivo, -a [ofen'siβo, -a] *adj* **1.** (*hiriente*) beleidigend; **palabras ofensivas** beleidigende Worte **2.** (*dañino*) schädlich; **~ para el medio ambiente** umweltschädlich **3.** (*que ataca*) Angriffs-; **guerra ofensiva** Angriffskrieg *m*

ofensor(a) [ofen'sor(a)] **I.** *adj* beleidigend **II.** *m(f)* Beleidiger(in) *m(f)*

oferta [o'ferta] *f* Angebot *nt;* **~ de empleo** [*o* **de trabajo**] Stellenangebot *nt;* **~ especial** [*o* **excepcional**] Sonderangebot *nt;* **~ inicial/final** Eröffnungsgebot/Letztangebot *nt;* **~ pública de adquisición de acciones** (FIN) öffentliches Übernahmeangebot; **~ (pública) de venta** (öffentliches) Verkaufsangebot *nt;* **hacer una ~ oral/por escrito/vinculante** ein mündliches/schriftliches/verbindliches Angebot machen; **una ~ sin compromiso/ventajosa** ein unverbindliches/günstiges Angebot; **~ y demanda** Angebot und Nachfrage; **este supermercado tiene muchas ~s** in diesem Supermarkt sind viele Waren im Angebot; **aceptar/rechazar** [*o* **declinar**] **una ~** ein Angebot annehmen/ablehnen; **hacer mayor ~** überbieten; **echar mano de una ~** ein Angebot in Anspruch nehmen; **hacer uso de una ~** auf ein Angebot eingehen; **en esta tienda tienen ordenadores en ~** in diesem Laden gibt es Computer im Angebot [*o* verbilligte Computer]

ofertante [ofer'tan̪te] *mf* (An)bieter(in) *m(f)*

ofertar [ofer'tar] *vt* (an)bieten; **invitar a alguien a ~** jdn zu einem Angebot auffordern

ofertorio [ofer'torjo] *m* (REL) Offertorium *nt*

off [of] *adv* (CINE, TV, TEAT) off; **voz en ~** Offstimme *f* (*Stimme eines Sprechers außerhalb der Kameraeinstellung oder hinter der Büh-*

ne)

office ['ofis] *m* Anrichte *f,* Anrichteraum *m*

offset ['ofse^t] *m sin pl* (TIPO) Offset(druck) *m;* **máquina** ~ Offsetdruckmaschine *f*

offshore [of'ʃor] *adj* (TÉC) Offshore-; **sondeo** ~ Offshorebohrung *f*

offside ['ofsai̯ᵈ] *m* (DEP) Abseits *nt;* **estar** ~ sich im Abseits befinden

oficial [ofi'θjal] *adj* amtlich, offiziell; **boletín** ~ Amtsblatt *nt;* **documentos ~es** amtliche Urkunden; **tarifa** ~ offizieller Tarif; **tipo** ~ **de cambio** amtlicher Wechselkurs

oficial(a) [ofi'θjal(a)] *m(f)* **1.** (*en un oficio: manual*) Geselle, -in *m, f,* Handwerker(in) *m(f);* (*administrativo*) Büroangestellte(r) *mf,* kaufmännischer Angestellter *m,* kaufmännische Angestellte *f;* ~ **de albañil** Maurerpolier *m;* ~ **de carpintero** Zimmermannsgeselle *m;* ~ **cervecero** Braugehilfe *m;* ~ **de obra** Bauhandwerker *m;* **~a de peluquería** Friseurgesellin *f;* **~a** (**de secretaría**) Sekretärin *f* **2.** (MIL) Offizier *m;* ~ **de complemento** Reserveoffizier *m;* ~ **de Estado Mayor** Generalstabsoffizier *m;* ~ **marinero** [*o* **navegante**] Schiffsoffizier *m;* **cargo de** ~ Offiziersrang *m* **3.** (*funcionario*) Beamte(r), -in *m, f;* ~ **administrativo** Verwaltungsbeamte(r) *m;* ~ **de aduanas** Zollbeamte(r) *m;* ~ **de justicia** Justizbeamte(r) *m;* ~ **del juzgado** Gerichtsschreiber *m;* ~ **de pluma** Dienststellenleiter *m;* ~ **del registro civil** Standesbeamte(r) *m*

oficialía [ofiθja'lia] *f* **1.** (*en el oficio*) Gesellenstand *m* **2.** (*en el ejército*) Stellung *f* als Offizier **3.** (*empleo como funcionario*) Beamtenstelle *f*

oficialidad [ofiθjali'ðaᵈ] *f* **1.** (*de carácter oficial*) Amtlichkeit *f,* offizieller Charakter *m* **2.** (MIL) Offizierskorps *nt;* ~ **naval** (*Arg*) Offizierskorps der Kriegsmarine

oficialismo [ofiθja'lismo] *m* **1.** (*Arg: burocracia*) Bürokratie *f* **2.** (*Am: del gobierno*) Regierungsapparat *m*

oficialista [ofiθja'lista] **I.** *adj* **1.** (*Am: burocrático*) bürokratisch **2.** (*Am: del gobierno*) regierungsnah **II.** *mf* (*Am*) Regierungsanhänger(in) *m(f)*

oficializar [ofiθjali'θar] <z→c> *vt* amtlich bestätigen, amtlichen Charakter verleihen +*dat*

oficialmente [ofiθjal'men̩te] *adv* amtlich, von Amts wegen; **fue invitada** ~ sie wurde offiziell eingeladen

oficiante [ofi'θjan̩te] **I.** *adj* (REL) zelebrierend **II.** *m* (REL) Zelebrant *m*

oficiar [ofi'θjar] **I.** *vt* **1.** (REL) zelebrieren **2.** (*comunicar*) amtlich mitteilen **II.** *vi* (*fam: obrar*) fungieren (*de* als +*nom*); ~ **de intérprete** dolmetschen, als Dolmetscher fungieren

oficina [ofi'θina] *f* Büro *nt,* Geschäftszimmer *nt;* ~ **de asistencia social** Sozialamt *nt;* ~ **de correos** Postamt *nt;* ~ **de cuenta** Rechnungshof *m;* ~ **de empleo** Arbeitsamt *nt;* ~ **de información matrimonial** Eheberatungsstelle *f;* ~ **de ingeniería** Konstruktionsbüro *nt;* **O~ Internacional de Trabajo** Internationales Arbeitsamt; ~ **de maquinaria** Maschinenwerkstatt *f;* ~ **de matrícula** Zulassungsstelle *f;* ~ **de objetos perdidos** Fundbüro *nt;* ~ **de origen** (*correos*) Abgangsamt *nt;* ~ **de pasaportes** Passbehörde *f;* ~ **de reclamaciones** Beschwerdestelle *f;* **artículos de** ~ Büroartikel *mpl;* **edificio de ~s** Bürogebäude *nt*

oficinesco, -a [ofiθi'nesko, -a] *adj* Büro-, bürokratisch; **trabajos ~s** Büroarbeiten *fpl*

oficinista [ofiθi'nista] *mf* Büroangestellte(r) *mf*

oficio [o'fiθjo] *m* **1.** (*profesión*) (handwerklicher) Beruf *m,* Handwerk *nt;* ~ **de ebanista** Tischlerhandwerk *nt;* ~ **especializado** ≈anerkannter Lehrberuf; **aprender un** ~ ein Handwerk erlernen; **ejercer un** ~ einem (handwerklichen) Beruf nachgehen; **sin** ~ **ni beneficio** ungelernt; **tomar algo por** ~ (*fam*) etw gewohnheitsmäßig tun; **ser del** ~ (*fam*) auf den Strich gehen; **quien tiene** ~ **tiene beneficio** (*prov*) Handwerk hat goldenen Boden **2.** (*función*) Amt *nt,* Funktion *f;* ~ **estatal** Staatsamt *nt;* ~ **público** öffentliches Amt; **abogado de** ~ beigeordneter Anwalt, Armenanwalt *m;* **defensor de** ~ Pflichtverteidiger *m;* **de** ~ von Amts wegen; **ofrecer sus buenos ~s** seine guten Dienste anbieten **3.** (*escrito*) amtliches Schreiben *nt* **4.** (REL) Gottesdienst *m;* ~ **de difuntos** Totenmesse *f,* Seelenmesse *f;* ~ **divino** Brevier(gebet) *nt;* **Santo O~** Inquisition *f*

oficiosamente [ofiθjosa'men̩te] *adv* **1.** (*sin carácter oficial*) halbamtlich **2.** (*laboriosamente*) eifrig

oficiosidad [ofiθjosi'ðaᵈ] *f* **1.** (*actividad*) Geschäftigkeit *f* **2.** (*atención*) Dienstbeflissenheit *f*

oficioso, -a [ofi'θjoso, -a] *adj* **1.** (*activo*) geschäftig, fleißig **2.** (*servicial, diligente*) dienstbeflissen **3.** (*extraoficial*) halbamtlich, offiziös; **mentira oficiosa** Notlüge *f*

ofidiasis [ofi'ðjasis] *f inv* (MED) Vergiftung *f* durch Schlangenbiss

ofidios [o'fiðjos] *mpl* (ZOOL) Schlangen *fpl*

ofidismo [ofi'ðismo] *m* (MED) *v.* **ofidiasis**

ofimática [ofi'matika] *f* (*t.* INFOR) Bürotechnik *f*

ofiolatría [ofjola'tria] *f* Schlangenanbetung *f,* Ophiolatrie *f*

ofiología [ofjolo'xia] *f* (ZOOL) Schlangenkunde *f*

ofrecedor(a) [ofreθe'ðor(a)] **I.** *adj* anbietend **II.** *m(f)* Anbieter(in) *m(f)*

ofrecer [ofre'θer] *irr como crecer* **I.** *vt* (an)bieten; (REL) darbringen; ~ **sus buenos oficios** seine guten Dienste anbieten; ~ **garantías** Garantien bieten; ~ **un banquete** ein Festessen geben; **la producción de este libro ofrece grandes dificultades** die Herstellung dieses Buches bringt große Schwierigkeiten mit sich; **nos ofreció su casa** er/sie bot uns an in seinem/ihrem Haus zu wohnen; ~ **un sacrificio** ein Opfer bringen; **vamos a** ~ (*fig fam*) wir gehen etwas trinken **II.** *vr:* **~se** **1.** (*brindarse*) sich anbieten; **~se en sacrificio** sich opfern; **¿se le ofrece algo?** was darf es sein?; **¿qué se le ofrece?** Sie wünschen?, womit kann ich (Ihnen) dienen?; **se le ofrece la posibilidad** es bietet sich ihm die Gelegenheit **2.** (*ocurrirse*) einfallen, in den Sinn kommen

ofrecido, **-a** [ofre'θiðo, -a] *adj* (*Méx*) gefällig

ofrecimiento [ofreθi'mjen̩to] *m* **1.** (*oferta*) Angebot *nt* **2.** (REL) Darbringung *f*

ofrenda [o'fren̩da] *f* (milde) Gabe *f;* (*sacrificio*) Opfergabe *f*

ofrendar [ofren̩'dar] *vt* spenden; (*sacrificar*) opfern

oftalmia [of'talmja] *f,* **oftalmía** [oftal'mia] *f* (MED) Augenentzündung *f*

oftálmico, **-a** [of'talmiko, -a] *adj* (MED) Augen-

oftalmitis [oftal'mitis] *f inv* (MED) Augenentzündung *f*

oftalmóloga [oftal'moloɣa] *f v.* **oftalmólogo**

oftalmología [oftalmolo'xia] *f* Augenheilkunde *f;* (MED) Ophthalmologie *f*

oftalmológico, **-a** [oftalmo'loxiko, -a] *adj* (MED) die Augenheilkunde betreffend, ophthalmologisch

oftalmólogo, **-a** [oftal'moloɣo, -a] *m, f* (MED) Augenarzt, -ärztin *m, f,* Ophthalmologe, -in *m, f*

oftalmoscopia [oftalmos'kopja] *f* (MED) Augenspiegelung *f,* Ophthalmoskopie *f*

oftalmoterapia [oftalmote'rapja] *f* (MED) Augenbehandlung *f*

ofuscación [ofuska'θjon] *f,* **ofuscamiento** [ofuska'mjen̩to] *m* **1.** (*de la vista*) Blendung *f,* Trübung *f* des Sehvermögens **2.** (*de la mente*) Verblendung *f,* Trübung *f* der Vernunft

ofuscar [ofus'kar] <c→qu> **I.** *vt* **1.** (*cegar*) blenden **2.** (*la mente*) verblenden; ~ **(la mente) a alguien** jdm den Verstand trüben, jdn verblenden **II.** *vr:* **~se** hartnäckig bestehen [*o* beharren] (*en* auf +*dat*); **~se con una idea** von einer Idee besessen sein

ogino [o'xino] *m* (MED) Knaus-Ogino-Methode *f*

ogro ['oɣro] *m* **1.** (*de la mitología*) Menschen fressender Riese *m* **2.** (*persona*) Scheusal *nt*

oh [o] *interj* oh, ach

ohm [om] *m,* **ohmio** ['omjo] *m* (FÍS) Ohm *nt*

oíble [o'iβle] *adj* hörbar

oída [o'iða] *f* Hören *nt;* **conocer/saber algo de ~s** etw vom Hörensagen kennen/wissen

oído [o'iðo] *m* **1.** (*sentido*) Gehör *nt,* Gehörsinn *m;* **tener buen** ~ ein gutes Gehör haben; **aprender algo de** ~ etw nach Gehör lernen; **ser un regalo para el** ~ ein Ohrenschmaus sein; **aguzar el** ~ [*o* **los ~s**] die Ohren spitzen; **aplicar el** ~ aufmerksam zuhören **2.** (ANAT) (inneres) Ohr *nt;* ~ **interno** Innenohr *nt;* ~ **medio** Mittelohr *nt;* **cera de ~s** Ohrenschmalz *nt;* **zumbido de ~s** Ohrensausen *nt;* **zumbarle/silbarle a alguien los ~s** jdm klingen die Ohren; **cerrar los ~s a los lamentos de alguien** vor jds Klagen seine Ohren verschließen; **contar/hablar al** ~ ins Ohr flüstern; **duro de** ~ schwerhörig; **dar** [*o* **prestar**] **~s a alguien** (*escuchar*) jdm sein Ohr leihen; (*creer*) jdm glauben; **le entra por un** ~ **y le sale por el otro** das geht ihm/ihr zum einen Ohr hinein und zum anderen wieder heraus; **hacer alguien ~s de mercader** sich taub stellen; **ladrar a alguien al** ~ jdm in den Ohren liegen; **llegar algo a ~s de alguien** jdm zu Ohren kommen; **¡~ al parche!** aufgepasst!; **pegarse al** ~ ins Ohr gehen, ein Ohrwurm sein; **regalar a alguien el** ~ [*o* **los ~s**] jdm schmeicheln; **ser todo ~s** ganz Ohr sein; **a palabras necias ~s sordos** (*prov*) eine dumme Frage verdient eine dumme Antwort

oir [o'ir], **oír** [o'ir] *irr vt* hören, anhören (*a* +*akk*); **¡oye!** na hör mal!; **¡oye, ven aquí!** du, komm mal her!; **¿oyes?** hast du verstanden?, hast du gehört?; **¡oiga!** hallo!, hören Sie!; ~ **como quien oye llover** nur mit halbem Ohr hinhören; **¡Dios te oiga!** dein Wort in Gottes Ohr!; **he oído decir que está enfermo** ich habe gehört, dass er krank ist; **parece que no has oído bien** du hast dich wohl verhört; **ya me ~á** der/die hört noch von mir!, den/die nehme ich mir noch vor!; **no se oye el vuelo de una mosca** es ist so still, dass man eine Stecknadel fallen hören könnte; **no hay peor sordo que el que no quiere** ~ Eigensinn macht taub; **después de haber sido oído** (JUR) nach Anhörung

OIT [oi'te] *f abr de* **Organización Internacional del Trabajo** IAO *f*

ojal [o'xal] *m* **1.** (*para botones*) Knopfloch *nt* **2.** (*ojete*) Öse *f;* ~ **de alambre** Drahtöse *f*

ojalá [oxa'la] *interj* hoffentlich; **¡~ tuvieras razón!** wenn du nur Recht hättest!

ojanco [o'xaŋko] *m* **1.** (*cíclope*) Zyklop *m* **2.** (*Cuba:* ZOOL) *rosafarbener Fisch mit sehr großen Augen*

ojazos [o'xaθos] *mpl* (*fam*) Wahnsinnsaugen *ntpl;* **¡qué ~ tiene esta mujer!** was für Augen diese Frau hat!

ojeada [oxe'aða] *f* flüchtiger Blick *m;* **echar** [*o* **dar**] **una ~ a algo** einen Blick auf etw werfen; **¿puedes echar una ~ a mi maleta?** kannst du bitte meinen Koffer im Auge behalten?

ojeador(a) [oxea'ðor(a)] *m(f)* (*en la caza*) Treiber(in) *m(f)*

ojear [oxe'ar] *vt* **1.** (*mirar con atención*) beäugen, genau betrachten **2.** (*pasar la vista*) durchsehen **3.** (*espantar la caza*) aufscheuchen

ojén [o'xen] *m* süßer Anisschnaps *m*

ojeo [o'xeo] *m* Treibjagd *f;* **irse a ~** (*fig*) auf der Jagd sein

ojera [o'xera] *f* kleine Schale *f* zur Augenspülung

ojeras [o'xeras] *fpl* Augenringe *mpl,* Augenschatten *mpl;* **tener ~** Ringe unter den Augen haben

ojeriza [oxe'riθa] *f* Abneigung *f;* **tener ~ a alguien** jdn nicht ausstehen können

ojeroso, -a [oxe'roso, -a] *adj* mit Ringen unter den Augen

ojetada [oxe'taða] *f* (*Méx: vulg*) Gemeinheit *f fam;* **fue una ~ que te burlaras de él** es war fies von dir, dich über ihn lustig zu machen *fam*

ojete [o'xete] *m* **1.** (*ojal*) Öse *f* **2.** (*vulg: ano*) Arschloch *nt* **3.** (*Arg: vagina*) Vagina *f*

ojillo [o'xiʎo] *m* Äuglein *nt*

ojímetro [o'ximetro] *m* (*fam*) Augenmaß *nt;* **a ~** aufs Geratewohl

ojito [o'xito] *m* Äuglein *nt*

ojituerto, -a [oxi'twerto, -a] *adj* schielend

ojiva [o'xiβa] *f* **1.** (*arco*) Spitzbogen *m* **2.** (*del proyectil*) Kopf *m;* **~ nuclear** Atomsprengkopf *m*

ojival [oxi'βal] *adj* spitzbogig; (ARTE) ogival

ojo ['oxo] *m* **1.** (ANAT) Auge *nt;* **~s de águila** (*fig*) Adleraugen *ntpl;* **~s blandos** [*o* **tiernos**] Triefaugen *ntpl;* **~ de buey** (NÁUT) Bullauge *nt;* **~ del caldo** Fettauge *nt* (*auf der Suppe*); **~ de cristal** Glasauge *nt;* **~ de gallo** [*o* **pollo**] (*fig*) Hühnerauge *nt;* **~s hundidos** tief liegende Augen; **~s de lince** (*fig*) Luchsaugen *ntpl;* **~s llorosos** verweinte Augen; **~s rasgados** Schlitzaugen *ntpl;* **~s saltones** [*o* **de rana**] Glupschaugen *ntpl;* **a ~** nach Augenmaß; **hacer algo a ~s cerrados** etw ohne nachzudenken tun; **a ~s vistas** augenscheinlich, offensichtlich; **abrir los ~s** (*fig*) die Augen offen halten; **abrir los ~s a alguien** (*fig*) jdm die Augen öffnen; **aguzar los ~s** die Augen zusammenkneifen; **andar con cien ~s** sehr vorsichtig sein; **cerrar los ~s a algo** (*fig*) die Augen vor etw *dat* verschließen; **clavar los ~s en algo** die Augen [*o* den Blick] auf etw heften; **comerse algo/a alguien con los ~s** etw/jdn mit den Augen verschlingen; **hacer algo con los ~s cerrados** (*fig*) etw in blindem Vertrauen/Gehorsam tun; **costar** [*o* **valer**] **un ~ de la cara** ein Heidengeld [*o* Vermögen] kosten; **cuatro ~s ven más que dos** vier Augen sehen mehr als zwei; **echar el ~ a algo/alguien** (*querer*) ein Auge auf etw/jdn werfen; (*vigilar*) etw/jdn im Auge behalten; **en un abrir y cerrar de ~s** im Nu; **estar entrampado hasta los ~s** bis über die Ohren verschuldet sein; **está con el agua hasta los ~s** das Wasser steht ihm/ihr bis zum Halse; **hacer del ~** sich *dat* zublinzeln; **los niños llenan antes los ~s que la barriga** [*o* **tripa**] bei Kindern sind meist die Augen größer als der Magen; **meter algo a alguien por los ~s** jdm etw aufdrängen; **mirar algo/a alguien con buenos/malos ~s** etw/jdn gern haben/nicht ausstehen können; **mirar con otros ~s** (*fig*) mit anderen Augen sehen; **¡mis ~s!, ¡~s míos!** (*fig*) mein Schatz!, mein Herzblatt!; **no se parecen ni en el blanco de los ~s** sie sehen sich *dat* kein bisschen ähnlich; **no pegar ~** kein Auge zutun, nicht schlafen können; **no saber dónde poner los ~s** niemanden haben, an den man sich wenden kann; **no tener ~s más que para algo/alguien** nur noch Augen haben für etw/jdn; **no tener ~s en la cara** (*fig*) keine Augen im Kopf haben, Tomaten auf den Augen haben; **tener ~** (*cuidado*) vorsichtig sein; **¡~!** Achtung!, Vorsicht!; **¡~ al dinero que es el amor verdadero!** man kann nicht von Luft und Liebe leben!; **¡~ con este tipo!** nimm dich vor diesem Kerl in Acht!; **pasar los ~s por algo** etw überfliegen, etw flüchtig lesen; **poner algo delante de los ~s de alguien** (*fig*) jdm etw vor Augen führen; **poner los ~s en blanco** die Augen verdrehen; **¡qué ~ tiene!** ihm/ihr entgeht aber auch nichts!; **sacarle los ~s a alguien** jdm die Augen auskratzen; **ser el ~ derecho de alguien** jds rechte Hand sein; **ser todo ~s** aufmerksam zusehen; **tener a alguien entre ~s** (*estar enfadado*) auf jdn schlecht zu sprechen sein; (*tener manía*) jdm grollen; **tener ~ a algo** etw im Auge behalten; **tener ~ clínico** gut diagnostizieren können; (*fig*) ein scharfer Beobachter sein; **tener mucho ~** gut Acht geben; **tiene mucho ~ con los turistas** er/sie versteht es, mit Touristen umzugehen; **~ por ~** (**y diente por diente**) (*prov*) Auge um Auge, Zahn um Zahn; **~s que no ven, corazón que no siente** (*prov*) aus den Augen, aus dem Sinn **2.** (*agujero*) Loch *nt,* Öffnung *f;* **~ de aguja** Nadelöhr *nt;* **~ de cerradura** Schlüsselloch *nt;* **~ del culo** (*vulg*) Arschloch *nt;* **~ de patio** Lichthof *m;* **~ de un puente** Brückenbogen *m;* **los ~s del queso** die Löcher im Käse; **meterse por el ~ de una aguja** pfiffig sein **3.** (TIPO: *relieve de los tipos*) Schriftbild *nt* **4.** (*loc*): **dar un ~ a la ropa/las manos** die Wäsche/Hände einseifen

ojoso, -a [o'xoso, -a] *adj* löcherig; **queso ~** Löcherkäse *m*

ojota [o'xota] *f* (*Am*) **1.** (*sandalia*) Sandale *f* **2.** (*chancla*) Latschen *m*

ojuelos [o'xwelos] *mpl* **1.** (*sonrientes*) lächelnde Augen *ntpl* **2.** (*reg: gafas*) Lesebrille *f*

ok [o'kei̯] *interj* o.k.

okapi [o'kapi] *m,* **okapí** [oka'pi] *m* Okapi *nt*

okey [o'kei̯] **I.** *adj* okay, gut **II.** *m* (*Am*) Okay *nt,* Einverständnis *nt;* **dar el ~** sein Okay [*o* grünes Licht] geben **III.** *adv* okay, abgemacht

okupa [o'kupa] *mf* (*argot*) Hausbesetzer(in) *m(f)*

okupación [okupa'θjon] *f* (*argot*) Hausbesetzung *f*

ola ['ola] *f* Welle *f,* Woge *f;* **~ de calor/frío** Hitze-/Kältewelle *f;* **~ de gripe** (*fig*) Grippewelle *f;* **las rocas rompen las ~s** die Felsen brechen die Wellen

O

olé [o'le] *interj* bravo, weiter so; (TAUR) olé
ole ['ole] *m* (MÚS) *andalusischer Volkstanz*
oleáceo, **-a** [ole'aθeo, -a] *adj* (BOT) Öl-; **planta oleácea** Ölpflanze *f*
oleada [ole'aðaj *f* **1.** (*golpe de una ola*) Sturzsee *f*, Brecher *m* **2.** (*cantidad*) Menge *f*, Flut *f*; ~ **de gente** Menschenmenge *f*; **derramar ~s de tinta** (*fig*) sich *dat* die Finger wund schreiben
oleaginosidad [oleaxinosi'ðaᵈ] *f* Öligkeit *f*
oleaginoso, **-a** [oleaxi'noso, -a] *adj* (*con aceite*) ölhaltig; (*como aceite*) ölartig
oleaje [ole'axe] *m* Wellengang *m*, Seegang *m*
olear [ole'ar] *vt* (REL) die Letzte Ölung geben +*dat*
oleario, **-a** [ole'arjo, -a] *adj* ölig
olécrano [o'lekrano] *m*, **olécranon** [o'lekranon] *m* (ANAT) Ellbogen *m*, Olecranon *nt*
oleícola [ole'ikola] *adj* (AGR: *plantas oleáceas en general*) den Ölanbau betreffend; (*olivas*) den Olivenanbau betreffend
oleicultor(a) [olei̯kul̩'tor(a)] *m(f)* (AGR) Olivenpflanzer(in) *m(f)*
oleicultura [olei̯kul̩'tura] *f* (AGR) Ölanbau *m*
oleína [ole'ina] *f* (QUÍM) Olein *nt*
óleo ['oleo] *m* **1.** (*aceite*) Olivenöl *nt* **2.** (ARTE) Ölfarbe *f*; **cuadro al ~** Ölbild *nt*; **pintar al ~** in Öl malen **3.** (REL): **Santo ~** Salböl *nt*; **administrar los ~s** die Letzte Ölung geben
oleoducto [oleo'ðukto] *m* Erdölleitung *f*, Pipeline *f*
oleografía [oleoɣra'fia] *f* (ARTE) Öldruck *m*
oleómetro [ole'ometro] *m* (FÍS) Oleometer *nt*, Ölwaage *f*
oleosidad [oleosi'ðaᵈ] *f* Öligkeit *f*
oleoso, **-a** [ole'oso, -a] *adj* ölig
oler [o'ler] *irr* **I.** *vi* riechen (*a* nach +*dat*); ~ **bien** gut riechen, duften; ~ **mal** nicht gut riechen; (*alimentos*) schlecht riechen; **huele a pescado** es riecht nach Fisch; **huele a espliego** es duftet nach Lavendel; **esto (me) huele a engaño** (*fig*) das riecht (mir aber sehr) nach Verrat, das stinkt nach Verrat *fam* **II.** *vt* riechen; **huele la flor** er/sie riecht an der Blume; **ha olido el peligro** (*fig*) er/sie hat die Gefahr gewittert
olfa ['olfa] *mf* (*RíoPl*) **1.** (*fam: chupamedias*) Streber(in) *m(f)* **2.** (*fam: persona servil*) Schmeichler(in) *m(f)*, Arschkriecher(in) *m(f)* *pey*
olfatear [olfate'ar] **I.** *vt* **1.** (*oliscar*) beschnuppern **2.** (*husmear*) wittern **II.** *vi* **1.** (*oliscar*) schnuppern, schnüffeln **2.** (*curiosear*) herumschnüffeln (*en* in +*dat*) *fam*
olfateo [olfa'teo] *m* Wittern *nt*
olfativo, **-a** [olfa'tiβo, -a] *adj* (ANAT) Geruchs-, Riech-; **nervio ~** Geruchsnerv *m*
olfato [ol'fato] *m* Geruchssinn *m*; **tener (buen) ~ para algo** (*fig*) den richtigen Riecher [*o* einen guten Riecher] für etw haben
olfatorio, **-a** [olfa'torjo, -a] *adj* Geruchs-, Riech-
oliente [o'ljen̪te] *adj* riechend
oligarca [oli'ɣarka] *mf* (POL) Oligarch(in) *m(f)*
oligarquía [oliɣar'kia] *f* (POL) Oligarchie *f*
oligárquico, **-a** [oli'ɣarkiko, -a] *adj* (POL) oligarchisch
oligoceno, **-a** [oliɣo'θeno, -a] *adj* (GEO) oligozän
oligoelemento [oliɣoele'men̪to] *m* (BIOL) Spurenelement *nt*
oligofrenia [oliɣo'frenja] *f* Schwachsinn *m*; (MED) Oligophrenie *f*
oligofrénico, **-a** [oliɣo'freniko, -a] **I.** *adj* schwachsinnig; (MED) an Oligophrenie leidend **II.** *m, f* Schwachsinnige(r) *mf*
oligopolio [oliɣo'poljo] *m* (ECON) Oligopol *nt*
oligopsonio [oliɣoβ'sonjo] *m* (ECON) Oligopson *nt*, Nachfrage-Oligopol *nt*
oligotrofia [oliɣo'trofja] *f* (ECOL) Nährstoffmangel *m*, Oligotrophie *f*
oligotrófico, **-a** [oliɣo'trofiko, -a] *adj* (ECOL) nährstoffarm, oligotroph
olimpiada [olim'pjaða] *f*, **olimpíada** [olim'piaða] *f* Olympiade *f*
olímpicamente [olimpika'men̪te] *adv* (*fam*) mit Abstand, überragend; **vencer al contrario ~** den Gegner haushoch schlagen
olímpico, **-a** [o'limpiko, -a] *adj* olympisch; **Juegos O~s** Olympische Spiele; **un gesto ~** eine olympische [*o* erhabene] Geste
olimpiónico, **-a** [olim'pjoniko, -a] *m, f* (DEP) Olympionike, -in *m, f*
olimpo [o'limpo] *m* Olymp *m*
olingo [o'liŋgo] *m* (*Hond:* ZOOL) Brüllaffe *m*
olisca [o'liska] *f* Geruchssinn *m*
oliscar [olis'kar] <c→qu> *vi* **1.** (*oler*) anfangen zu stinken **2.** (*olfatear*) schnuppern, schnüffeln **3.** (*curiosear*) herumschnüffeln (*en* in +*dat*) *fam*
olisco, **-a** [o'lisko, -a] *adj* **1.** (*que huele mal*) übel riechend **2.** (*husmeador*) herumschnüffelnd
olisquear [oliske'ar] **I.** *vt* (*olfatear*) beschnuppern, beschnüffeln **II.** *vi* **1.** (*olfatear*) schnuppern, schnüffeln **2.** (*curiosear*) herumschnüffeln (*en* in +*dat*) *fam*
oliva [o'liβa] **I.** *adj* oliv(grün), oliv(en)farbig, oliv(en)farben; **verde ~** olivgrün **II.** *f* **1.** (BOT) Olive *f* **2.** (*color*) Oliv *nt* **3.** (*paz*) Frieden *m*
oliváceo, **-a** [oli'βaθeo, -a] *adj* olivfarben
olivar [oli'βar] *m* Ölbaumpflanzung *f*
olivarda [oli'βarða] *f* **1.** (BOT) Alant *m* **2.** (ZOOL) Edelfalke *m*
olivarero, **-a** [oliβa'rero, -a] **I.** *adj* Oliven-; **región olivarera** Olivenanbaugebiet *nt* **II.** *m, f* Olivenanbauer(in) *m(f)*
olivero, **-a** [oli'βero, -a] *adj* Oliven-; **cultivo ~** Olivenanbau *m*
olivícola [oli'βikola] *adj* (AGR) den Olivenanbau betreffend
olivicultor(a) [oliβikul̩'tor(a)] *m(f)* (AGR) Olivenpflanzer(in) *m(f)*
olivillo [oli'βiʎo] *m* (BOT) Steinlinde *f*
olivo [o'liβo] *m* Olivenbaum *m*, Ölbaum *m*; **el**

Monte de los ~s (REL) der Ölberg; **tomar el ~** (*fam*) verduften
olla ['oʎa] *f* **1.**(*para cocinar*) Kochtopf *m;* **~ exprés** Dampfkochtopf *m,* Schnellkochtopf *m;* **~ de grillos** (*fam*) Tohuwabohu *nt;* **tengo la cabeza como una ~ de grillos** mir schwirrt der Kopf **2.**(GASTR) Eintopf *m;* **~ podrida** *spanisches Gericht mit viel Fleisch, Schinken und Wurst;* **ser el garbanzo negro de la ~** (*fam*) das schwarze Schaf sein; **por un garbanzo no se descompone la ~** (*prov*) niemand ist unersetzlich
ollar [o'ʎar] **I.** *adj:* **piedra ~** Topfstein *m* **II.** *m* (*del caballo*) Nüster *f*
ollería [oʎe'ria] *f* **1.**(*fábrica*) Töpferei *f* **2.**(*tienda, mercado*) Topfmarkt *m*
ollucos [o'ʎukos] *mpl* (*Perú*) *kleine Kartoffelart*
olm [olm] <olms> *m* (ZOOL) Olm *m*
olmeca [ol'meka] *m Ureinwohner Mexikos; Vorgänger der klassischen mexikanischen Zivilisationen*
olmeda [ol'meða] *f,* **olmedo** [ol'meðo] *m* (BOT) Ulmenwald *m*
olmo ['olmo] *m* (BOT) Ulme *f;* **pedir peras al ~** etwas Unmögliches verlangen
ológrafo, **-a** [o'loɣrafo, -a] *adj* (JUR, LIT) eigenhändig geschrieben, holographisch; **testamento ~** holographisches Testament
olor [o'lor] *m* Geruch *m;* **~ corporal** Körpergeruch *m;* **buen ~** Wohlgeruch *m,* Duft *m;* **mal ~** unangenehmer Geruch, Gestank *m;* **venir al ~ de una buena comida** von einem guten Essen angezogen werden; **viene al ~ de tu dinero** er/sie wittert dein Geld; **vivir en ~ de santidad** wie ein Heiliger verehrt werden
olores [o'lores] *mpl* (*Chil: especias*) Gewürze *ntpl*
oloroso[1] [olo'roso] *m würziger Sherry*
oloroso, **-a**[2] [olo'roso, -a] *adj* wohlriechend, duftend
olote [o'lote] *m* (*Méx*) *entkörnter Maiskolben*
OLP [oele'pe] *f abr de* **Organización para la Liberación de Palestina** PLO *f*
olvidadizo, **-a** [olβiða'ðiθo, -a] *adj* vergesslich
olvidado[1] [olβi'ðaðo] *m* (TIPO) Auslassung *f,* Leiche *f*
olvidado, **-a**[2] [olβi'ðaðo, -a] *adj* **1.**(*dejado*) vergessen; **~ del deber** pflichtvergessen; **un hecho ~ de puro sabido** eine nur allzu bekannte Tatsache **2.**(*olvidadizo*) vergesslich **3.**(*desagradecido*) undankbar
olvidar(se) [olβi'ðar(se)] *vt, vr* vergessen; **~ un idioma** eine Sprache verlernen; **~se de cerrar las ventanas** vergessen die Fenster zu schließen; **no olvides que...** bedenke, dass ...; **he dejado olvidado mi paraguas** ich habe meinen Schirm liegen lassen; **se me ha olvidado** [*o* **me he olvidado de**] [*o* **he olvidado**] **tu nombre** ich habe deinen Namen vergessen
olvido [ol'βiðo] *m* **1.**(*falta de memoria*) Vergesslichkeit *f* **2.**(*omisión*) Vergessen *nt,* Vergessenheit *f;* **~ de sí mismo** Selbstvergessenheit *f;* **caer en (el) ~** in Vergessenheit geraten; **enterrar en el ~** für immer vergessen
Omán [o'man] *m* Oman *nt*
omaní [oma'ni] **I.** *adj* omanisch **II.** *mf* Omaner(in) *m(f)*
omaso [o'maso] *m* (ZOOL) Blättermagen *m,* Omasus *m*
ombligo [om'bliɣo] *m* **1.**(ANAT) (Bauch)nabel *m;* **se le encoge** [*o* **arruga**] **el ~** ihm/ihr wird angst und bange **2.**(*centro*) Mittelpunkt *m;* **el ~ del mundo** der Nabel der Welt
ombliguero [ombli'ɣero] *m* Nabelbinde *f*
ombú [om'bu] *m* (*Arg*) *charakteristischer Baum der Pampa*
ombudsman [ombuᵈs'man] <ombudsmen> *m* Ombudsmann *m*
OMC [oeme'θe] *f abr de* **Organización Mundial del Comercio** WHO *f,* WTO *f*
omega [o'meɣa] *f* **1.**(*letra griega*) Omega *nt* **2.**(*fig: final*) Ende *nt*
ómicron ['omikron] *f* Omikron *nt*
ominoso, **-a** [omi'noso, -a] *adj* ominös, Unheil verkündend
omisible [omi'siβle] *adj* auslassbar
omisión [omi'sjon] *f* **1.**(*supresión*) Auslassung *f* **2.**(*negligencia*) Unterlassung *f;* **~ de auxilio** [*o* **de socorro**] (JUR) unterlassene Hilfeleistung **3.**(TIPO) Leiche *f*
omiso, **-a** [o'miso, -a] *adj* (*negligente*) nachlässig; **hacer caso ~ de algo** etw nicht beachten
omitir [omi'tir] *vt* **1.**(*dejar de hacer*) unterlassen; **no ~ esfuerzos para conseguir algo** keine Mühen scheuen [*o* nichts unversucht lassen], um etw zu erreichen **2.**(*pasar por alto*) auslassen; **~ una coma** ein Komma weglassen
ómnibus ['omniβus] *m* **1.**(AUTO) (Omni)bus *m* **2.**(FERRO) Personenzug *m*
omnidireccional [omniðireʸθjo'nal] *adj* in alle Richtungen gehend; (RADIO) ungerichtet, rundstrahlend
omnímodo, **-a** [om'nimoðo, -a] *adj* unumschränkt, absolut; **poder ~** unumschränkte Vollmacht
omnipotencia [omnipo'teṇθja] *f* Allmacht *f*
omnipotente [omnipo'teṇte] *adj* allmächtig
omnipresencia [omnipre'seṇθja] *f* Allgegenwart *f*
omnipresente [omnipre'seṇte] *adj* allgegenwärtig
omnisapiente [omnisa'pjeṇte] *adj* allwissend
omnisciencia [omnis'θjeṇθja] *f* Allwissenheit *f*
omnisciente [omnis'θjeṇte] *adj* allwissend
omniscio, **-a** [om'nisθjo, -a] *adj* allwissend

O

omnívoro, **-a** [om'niβoro, -a] **I.** *adj* alles fressend **II.** *m, f* Allesfresser *m;* (ZOOL) Omnivore *m*

omoplato [omo'plato] *m,* **omóplato** [o'moplato] *m* (ANAT) Schulterblatt *nt*

omoto [o'moto] *m* (*Ecua*) Zwerg *m*

OMS [oms] *f abr de* **Organización Mundial de la Salud** WHO *f*

ona ['ona] *m* (*Arg, Chil*) *Ureinwohner Feuerlands*

onagra [o'naɣra] *f* (BOT) Nachtkerzengewächs *nt*

onagro [o'naɣro] *m* (MIL, ZOOL) Onager *m*

onanismo [ona'nismo] *m* Onanie *f*

onanista [ona'nista] *mf* Onanist(in) *m(f)*

once ['on̪θe] *adj inv* elf; **estar a las** ~ (*fam: ropa*) schlecht sitzen; **estar a las** ~ **y cuarto** (*fig fam*) nicht richtig ticken; **tomar las** ~ (gegen elf) eine Frühstückspause machen; *v. t.* **ocho**

ONCE ['on̪θe] *f abr de* **Organización Nacional de Ciegos Españoles** Nationale Blindenorganisation *f* Spaniens (*Lotterie zugunsten der Sehbehinderten Spaniens*)

onceavo, **-a** [on̪θe'aβo, -a] *adj* elftel; *v. t.* **octavo**[1]

onceno, **-a** [on̪'θeno, -a] *adj* elfte(r, s); **el ~, no estorbar** (*fam*) das elfte Gebot: du sollst nicht stören; *v. t.* **octavo**[1]

oncogénesis [oŋko'xenesis] *f inv* (MED) Onkogenese *f*

oncogénico, **-a** [oŋko'xeniko, -a] *adj* (MED) onkogen, geschwulsterzeugend

oncógeno, **-a** [oŋ'koxeno, -a] *adj* (MED) onkogen, geschwulsterzeugend

oncóloga [oŋ'koloɣa] *f v.* **oncólogo**

oncología [oŋkolo'xia] *f* (MED) Onkologie *f*

oncológico, **-a** [oŋko'loxiko, -a] *adj* (MED) onkologisch

oncólogo, **-a** [oŋ'koloɣo, -a] *m, f* (MED) Onkologe, -in *m, f*

oncótico, **-a** [oŋ'kotiko, -a] *adj* (BIOL, MED) onkotisch

onda ['on̪da] *f* **1.** (*ondulación, t.* FÍS, RADIO) Welle *f;* ~ **de corriente** Stromwelle *f;* ~ **corta/media/larga** Kurz-/Mittel-/Langwelle *f;* ~ **de emisión** Sendewelle *f;* ~ **errática** (INFOR) erratische Welle; ~ **explosiva** Druckwelle *f;* **~s del pelo** Wellen im Haar; ~ **sísmica** Erdbebenwelle *f;* ~ **sonora** Schallwelle *f;* ~ **verde** (AUTO) grüne Welle; **sistema de** ~ **portadora** (INFOR) Trägerwellensystem *nt;* **estar en la** ~ **de algo** (*fam: comprender algo*) über etw Bescheid wissen; (*seguir*) bei etw *dat* mitmachen **2.** (*Am: loc*): **¡qué buena ~!** klasse!, ist doch Klasse!; **tener** ~ **con alguien** scharf sein auf jdn *fam*

ondámetro [on̪'dametro] *m* (ELEC) Wellenmesser *m*

ondeado, **-a** [on̪de'aðo, -a] *adj* wellenförmig

ondear [on̪de'ar] *vi* (*formar ondas*) sich wellen; (*moverse*) wogen; **la bandera ondea en el mástil** die Fahne flattert am Mast

ondina [on̪'dina] *f* Undine *f*

ondómetro [on̪'dometro] *m* (ELEC) *v.* **ondámetro**

ondulación [on̪dula'θjon] *f* **1.** (*movimiento*) Wellenbewegung *f* **2.** (*formación*) Wellenform *f* **3.** (*del pelo*) Ondulieren *nt;* ~ **permanente** Dauerwelle *f*

ondulado, **-a** [on̪du'laðo, -a] *adj* gewellt, wellig; **cartón** ~ Wellpappe *f;* **chapa ondulada** Wellblech *nt;* **pelo** ~ in Wellen gelegtes [*o* onduliertes] Haar

ondulante [on̪du'lan̪te] *adj* Wellen formend, wellend

ondular [on̪du'lar] **I.** *vi* (*formar ondas*) sich wellen; (*moverse*) wogen; (*bandera*) flattern; (*culebra*) sich winden **II.** *vt* (*el pelo*) ondulieren, in Wellen legen

ondulatorio, **-a** [on̪dula'torjo, -a] *adj* wellenförmig, Wellen-; **movimiento** ~ Wellenbewegung *f*

oneroso, **-a** [one'roso, -a] *adj* **1.** (*molesto*) lästig; (*gravoso*) belastend **2.** (*costoso*) kostspielig **3.** (*remunerable*) entgeltlich

ONG [oene'xe] *f abr de* **Organización No Gubernamental** NGO

ónice ['oniθe] *m* Onyx *m*

onicofagia [oniko'faxja] *f* (PSICO) Nägelkauen *nt,* Onychophagie *f*

onírico, **-a** [o'niriko, -a] *adj* Traum-

oniromancía [oniroman̪'θia] *f,* **oniromancia** [oniro'man̪θja] *f* Traumdeutung *f*

ónix ['oniˠs] *m* Onyx *m*

onixis [o'niˠsis] *f inv* (MED) Nagelbettentzündung *f*

on-line [on'lai̯n] *adj* (INFOR) Online-; **servicios** ~ Onlinedienste *mpl*

onomasiología [onomasjolo'xia] *f* (LING) Bezeichnungslehre *f,* Onomasiologie *f*

onomasiológico, **-a** [onomasjo'loxiko, -a] *adj* (LING) onomasiologisch

onomástica [ono'mastika] *f* **1.** (*materia*) Onomastik *f,* Namenkunde *f* **2.** (*día*) Namenstag *m;* **hoy es mi** ~ ich habe heute Namenstag

onomástico, **-a** [ono'mastiko, -a] *adj* Namen(s)-; **fiesta onomástica** Namenstagsfest *nt;* **índice** ~ Namenverzeichnis *nt*

onomatopeya [onomato'peɟa] *f* (LING) **1.** (*palabra*) Onomatopoetikum *nt,* Onomatopoetikon *nt* **2.** (*figura*) Onomatopöie *f,* Lautmalerei *f*

onomatopéyico, **-a** [onomato'peɟiko, -a] *adj* (LING) lautmalend, onomatopoetisch

onosma [o'nosma] *f* (BOT) Lotwurz *f,* Onosma *f*

óntico, **-a** ['on̪tiko, -a] *adj* (FILOS) dem Sein nach betrachtet, ontisch

ontogénesis [on̪to'xenesis] *f,* **ontogenia** [on̪to'xenja] *f inv* (BIOL) Ontogenie *f,* Ontogenese *f*

ontogénico, **-a** [on̪to'xeniko, -a] *adj* (BIOL) ontogenetisch

ontología [on̪tolo'xia] *f* (FILOS) Ontologie *f*

ontológico, **-a** [on̦to'loxiko, -a] *adj* (FILOS) ontologisch

ONU ['onu] *f abr de* **Organización de las Naciones Unidas** UNO *f*

onubense [onu'βense] **I.** *adj* aus Huelva (stammend) **II.** *mf* Einwohner(in) *m(f)* von Huelva

onza ['on̦θa] *f* Unze *f;* ~ **de oro** Goldunze *f*

onzavo[1] [on̦'θaβo] *m* Elftel *nt*

onzavo, **-a**[2] [on̦'θaβo, -a] *adj* (*parte*) elftel; (*numeración*) elfte(r, s); **en ~ lugar** elftens, an elfter Stelle; *v. t.* **octavo**

oocito [o(o)'θito] *m* (BIOL) *v.* **ovocito**

oolito [o(o)'lito] *m* (GEO) Oolith *m;* ~ **de hierro** Eisenoolith *m*

opa ['opa] *mf* (*CSur*) **1.** (*retrasado mental*) geistig Zurückgebliebene(r) *mf* **2.** (*simple*) Dummkopf *m*

OPA ['opa] *f abr de* **Oferta Pública de Adquisición (de Acciones)** öffentliches Kaufangebot *nt* (von Aktien)

opacar [opa'kar] <c→qu> *vt* **1.** (*Am: hacer opaco*) lichtundurchlässig machen **2.** (*Méx: superar*) übertreffen; **su belleza opaca a las de las demás** ihre Schönheit stellt die der anderen in den Hintergrund

opacidad [opaθi'ða^{d}] *f* Undurchsichtigkeit *f,* Lichtundurchlässigkeit *f,* Opazität *f*

opaco, **-a** [o'pako, -a] *adj* **1.** (*no transparente*) lichtundurchlässig, undurchsichtig; (TÉC) opak **2.** (*sin brillo*) matt; (*oscuro*) trist, düster; **tener la voz opaca** eine belegte Stimme haben **3.** (*persona*) unscheinbar, farblos

opalescente [opales'θen̦te] *adj* opalisierend, opalen; (*brillante*) schillernd

opalino[1] [opa'lino] *m* Opalglas *nt*

opalino, **-a**[2] [opa'lino, -a] *adj* **1.** (*relativo al ópalo*) Opal- **2.** (*color*) opalen; (*como el ópalo*) opalartig

ópalo ['opalo] *m* Opal *m*

opción [oβ'θjon] *f* **1.** (*elección*) Wahl(möglichkeit) *f;* ~ **de compra/de venta** Kauf-/Verkaufsoption *f;* ~ **del menú** (INFOR) Menüoption *f;* **operaciones de ~** (FIN) Termingeschäfte *ntpl;* **a ~** nach Wahl; **tener la ~** die Wahl haben; **tienes tres opciones** du hast drei Möglichkeiten **2.** (*derecho*) Anrecht *nt* (*a* auf +*akk*); ~ **al cambio** Umtauschrecht *nt* **3.** (JUR, POL) Option *f;* ~ **de nacionalidad** Option für eine Staatsangehörigkeit

opcional [oβθjo'nal] *adj* nach Wahl, Wahl-; (INFOR) optional

open ['open] *m* **1.** (DEP) Open *nt* **2.** (AERO) offener Rückflug *m*

OPEP [o'pep] *f abr de* **Organización de Países Exportadores de Petróleo** OPEC *f*

ópera ['opera] *f* **1.** (*obra*) Oper *f* **2.** (*lugar*) Opernhaus *nt,* Oper *f*

operabilidad [operaβili'ða^{d}] *f* **1.** (*calidad de realizable*) Durchführbarkeit *f* **2.** (MED) Operierbarkeit *f*

operable [ope'raβle] *adj* **1.** (*realizable*) durchführbar **2.** (MED) operabel, operierbar

operación [opera'θjon] *f* **1.** (MAT, MED, MIL) Operation *f;* ~ **de ascenso** (INFOR) Aufwärtsoperation *f;* ~ **auxiliar** (INFOR) Hilfsoperation *f;* ~ **cesárea** Kaiserschnitt *m;* ~ **continua** (INFOR) Dauerbetrieb *m;* ~ **en/fuera de línea** (INFOR) Online-/Offlinebetrieb *m;* ~ **militar** militärische Operation [*o* Aktion]; ~ **quirúrgica** chirurgischer Eingriff; ~ **de registro** (INFOR) Speicheroperation *f;* ~ **por teclado** (INFOR) tastaturgesteuerte Operation; **las cuatro operaciones fundamentales de aritmética** die vier Grundrechenarten **2.** (*actividad y negocio*) Geschäft *nt,* Tätigkeit *f;* ~ **por acciones** Aktiengeschäft *nt;* ~ **de activo** Aktivgeschäft *nt;* ~ **bancaria** Bankgeschäft *nt;* ~ **bursátil** Börsengeschäft *nt,* Börsenoperation *f;* ~ **de crédito** Kreditgeschäft *nt;* ~ **fiscal** Regierungsgeschäft *nt;* ~ **oficial** Amtshandlung *f;* ~ **de pasivo** Passivgeschäft *nt;* **operaciones realizadas** abgewickelte Geschäftsvorgänge; ~ **de saneamiento** Sanierungsmaßnahme *f* **3.** (*procedimiento*) Arbeitsgang *m;* (*contabilidad*) Vorfall *m;* ~ **comercial** Geschäftsvorfall *m;* ~ **contable** Buchung *f;* ~ **por impulsos** Impulsbetrieb *m;* **en una sola ~** in einem einzigen Arbeitsgang; **concertar operaciones bursátiles** Börsengeschäfte tätigen

operacional [operaθjo'nal] *adj* operational; (MIL, MED) Operations-; **investigación ~** Unternehmensforschung *f*

operado, **-a** [ope'raðo, -a] **I.** *adj* **1.** (TÉC) bedient, betätigt; ~ **a mano** manuell [*o* von Hand] gesteuert; ~ **por teclado** (INFOR) tastaturgesteuert **2.** (MED) operiert **II.** *m, f* Operierte(r) *mf*

operador[1] [opera'ðor] *m* (INFOR) Operator *m;* ~ **booleano** Boolscher Operator; ~ **lógico** logischer Operator; ~ **relacional** Vergleichsoperator *m*

operador(a)[2] [opera'ðor(a)] *m(f)* **1.** (CINE) Filmvorführer(in) *m(f);* ~ **de cámara** Kameramann *m* **2.** (INFOR) Operator(in) *m(f);* ~ **de máquina** Operator *m* **3.** (AERO) Fluglotse, -in *m, f* **4.** (RADIO) Funker(in) *m(f)* **5.** (MED) Chirurg(in) *m(f)*

operadores [opera'ðores] *mpl* (TÉC) Bedienungspersonal *nt*

operando [ope'ran̦do] *m* (MAT) Rechengröße *f*

operante [ope'ran̦te] *adj* wirkend, wirkungsvoll

opera prima ['opera 'prima] *f* (ARTE) Erstlingswerk *nt*

operar [ope'rar] **I.** *vi* **1.** (*actuar*) vorgehen; (MIL) operieren; ~ **con mucho cuidado** vorsichtig vorgehen **2.** (COM) spekulieren; ~ **con bancos** Bankgeschäfte tätigen **3.** (MED) wirken; **la medicina empieza a ~** die Medizin beginnt zu wirken **II.** *vt* **1.** (MED) operieren **2.** (*producir un efecto*) bewirken; **este procedimiento opera verdaderos milagros** dieses Verfahren vollbringt wahre Wunder; **el medicamento opera un cambio favorable**

en el curso de la enfermedad das Medikament beeinflusst den Verlauf der Krankheit günstig **III.** *vr:* ~**se** sich operieren lassen; **me he operado de anginas** ich habe mir die Mandeln herausnehmen lassen

operario, **-a** [ope'rarjo, -a] *m, f* Arbeiter(in) *m(f);* ~ **sin cualificar** ungelernter Arbeiter; ~ **de grúa** Kranführer *m;* ~ **de jornal semanal** *Arbeiter, der wöchentlich entlohnt wird*

operatividad [operatiβi'ðað] *f* Betriebsfähigkeit *f;* ~ **de las decisiones** Entscheidungsfähigkeit *f*

operativizar [operatiβi'θar] <z→c> *vt* betriebsfähig machen

operativo[1] [opera'tiβo] *m* Einsatzdienst *m;* (MIL) Einsatzkommando *nt;* ~**s policiales** polizeiliche Einsatzkommandos

operativo, **-a**[2] [opera'tiβo, -a] *adj* **1.** (*operacional*) operational, operationell **2.** (*estratégico*) operativ **3.** (*efectivo*) wirksam, operativ **4.** (*en funcionamiento*) in Betrieb, in Funktion **5.** (MIL) einsatzbereit, einsatzfähig **6.** (INFOR): **sistema** ~ Betriebssystem *nt*

operatorio, **-a** [opera'torjo, -a] *adj* (MED) operativ; **intervención operatoria** operativer Eingriff

opérculo [o'perkulo] *m* **1.** (ZOOL) Kiemendeckel *m* **2.** (BOT) Kapseldeckel *m*

opereta [ope'reta] *f* Operette *f*

operista [ope'rista] *mf* (MÚS) Opernsänger(in) *m(f)*

operístico, **-a** [ope'ristiko, -a] *adj* Opern-; **temporada operística** Opernsaison *f*

opiáceo, **-a** [o'pjaθeo, -a] *adj* **1.** (*con opio*) opiumhaltig **2.** (*del opio*) Opium-

opiado, **-a** [o'pjaðo, -a] *adj* opiumhaltig

opiata [o'pjata] *f* Opiat *nt*

opilación [opila'θjon] *f* (MED) Verstopfung *f*

opinable [opi'naβle] *adj* nicht unumstritten; (*discutible*) diskutabel; (*controvertido*) strittig

opinante [opi'nante] *adj* die Meinung äußernd, meinend

opinar [opi'nar] *vi, vt* **1.** (*pensar*) meinen, denken; (*creer*) glauben; ~ **bien/mal de algo/alguien** über etw/von jdm eine gute/schlechte Meinung haben; **¿tú qué opinas (de** [*o* **sobre**] **esto**)? was meinst du (dazu)?, was hältst du davon?; **¿qué opinas del nuevo jefe?** was hältst du vom neuen Chef?; **opino que deberíamos intentarlo** ich bin der Meinung [*o* ich glaube], wir sollten es versuchen **2.** (*expresar*) sich äußern (*sobre/en/de* über +*akk*), Stellung nehmen (*sobre/en/de* zu +*dat*); **en este tema prefiero no** ~ zu diesem Thema möchte ich mich lieber nicht äußern; **¿puedo ~?** darf ich meine Meinung dazu äußern?

opinión [opi'njon] *f* Meinung *f,* Ansicht *f;* (*postura*) Stellungnahme *f;* (*punto de vista*) Anschauung *f;* **opiniones de expertos** Expertenmeinungen *fpl;* ~ **pública** öffentliche Meinung; **en mi** ~ meiner Meinung nach; **cambiar de** ~ seine Meinung ändern; **dar** [*o* **decir**] **su** ~ (**sobre algo**) seine Meinung (zu etw *dat*) äußern; **formarse una ~ sobre algo/alguien** sich *dat* über etw/jdn eine Meinung bilden; **soy de otra/la misma** ~ ich bin anderer/der gleichen Meinung; **soy de la ~ que...** ich bin der Meinung, dass ...; **tener buena/mala ~ de algo/alguien** über etw/von jdm eine gute/schlechte Meinung haben

opio ['opjo] *m* Opium *nt*

opiómano, **-a** [o'pjomano, -a] **I.** *adj* opiumsüchtig **II.** *m, f* Opiumsüchtige(r) *mf*

opíparo, **-a** [o'piparo, -a] *adj* opulent, üppig; **una comida opípara** ein opulentes Mahl

oploteca [oplo'teka] *f* Waffenmuseum *nt*

oponente [opo'nente] *mf* Gegner(in) *m(f);* (*en una discusión*) Opponent(in) *m(f)*

oponer [opo'ner] *irr como poner* **I.** *vt* **1.** (*enfrentar*) entgegensetzen (*a* +*dat*); (*confrontar*) gegenüberstellen (*a* +*dat*) **2.** (*objetar*) einwenden (*a/contra* gegen +*akk*), dagegensetzen, dagegenhalten; ~ **reparos** Einwände erheben, etwas einzuwenden haben; (JUR) Einwendungen erheben; ~ **resistencia** Widerstand leisten **II.** *vr:* ~**se 1.** (*rechazar*) dagegen sein; **¡me opongo!** ich bin dagegen!; **no me opongo a tu propuesta** ich habe nichts gegen deinen Vorschlag **2.** (*enfrentarse*) sich dagegenstellen, opponieren (*a* gegen +*akk*) *elev;* (*resistirse*) sich widersetzen (*a* +*dat*); (JUR) Einspruch erheben (*a* gegen +*akk*) **3.** (*obstaculizar*) behindern **4.** (*ser contrario*) völlig unterschiedlich [*o* entgegengesetzt] sein **5.** (*estar enfrente*) gegenüberliegen

oponible [opo'niβle] *adj* gegenüberstellbar (*a* +*dat*)

opopónaco [opo'ponako] *m* (BOT) Opoponax *m*

oporto [o'porto] *m* Portwein *m*

oportunamente [oportuna'mente] *adv* zu gelegener Zeit, bei passender Gelegenheit

oportunidad [oportuni'ðað] *f* **1.** (*cualidad*) Opportunität *f,* Schicklichkeit *f;* (*temporal*) Rechtzeitigkeit *f;* (*adecuación*) Zweckmäßigkeit *f* **2.** (*posibilidad*) Gelegenheit *f;* (*ocasión*) Chance *f;* **igualdad de ~es** Chancengleichheit *f;* **a la primera** ~ bei der ersten Gelegenheit; **una segunda** ~ eine zweite Chance; **aprovechar la** ~ die Gelegenheit nutzen; (**no**) **tener ~ de...** (keine) Gelegenheit haben zu ... **3.** *pl* (*remanente*) Restposten *mpl;* (*ofertas*) Sonderangebote *ntpl*

oportunismo [oportu'nismo] *m* Opportunismus *m*

oportunista [oportu'nista] **I.** *adj* opportunistisch **II.** *mf* Opportunist(in) *m(f)*

oportuno, **-a** [opor'tuno, -a] *adj* angebracht, opportun; (*propicio*) günstig, vorteilhaft; (*adecuado*) zweckmäßig, sachdienlich; (*apropiado*) geeignet, passend; (ADMIN, JUR: *al caso*) zutreffend; (ADMIN, JUR: *permisible*) zulässig; **es muy** ~ das kommt sehr gelegen; **tu obser-**

vación no fue muy oportuna deine Bemerkung war etwas fehl am Platz; **siempre da la respuesta oportuna** er/sie antwortet immer schlagfertig; **en el momento** ~ im rechten Augenblick; (ADMIN, JUR) zu gegebener Zeit; **estimar** ~ **hacer algo** es für angebracht halten, etw zu tun; **las medidas que se estimen oportunas** (ADMIN, JUR) die opportun erscheinenden Maßnahmen

oposición [oposi'θjon] *f* **1.** (*resistencia*) Widerstand *m;* **encontrar** ~ auf Widerstand stoßen; **presentar** ~ Widerstand leisten, Opposition betreiben *elev* **2.** (POL) Opposition *f* **3.** (*objeción*) Einwendung *f* **4.** (*contraposición*) Gegensatz *m* **5.** *(pl)* (*examen*) Auswahlprüfung *f* für den öffentlichen Dienst; **por** ~ durch [*o* per] Auswahlverfahren; **hacer** [*o* **presentarse**] **a unas oposiciones** an Auswahlprüfungen für den öffentlichen Dienst teilnehmen; **aprobar unas oposiciones** die Auswahlprüfungen für den öffentlichen Dienst bestehen

oposicionista [oposiθjo'nista] **I.** *adj* (*t.* POL) Oppositions-, oppositionell **II.** *mf* (POL) Mitglied *nt* einer Oppositionspartei

opositar [oposi'tar] *vi* sich bewerben (*a* um +*akk*), an den Auswahlprüfungen für den öffentlichen Dienst teilnehmen

opositor(a) [oposi'tor(a)] **I.** *adj* oppositionell, Oppositions-; **partido** ~ Oppositionspartei *f* **II.** *m(f)* **1.** (*oponente*) Gegner(in) *m(f),* Opponent(in) *m(f);* (POL) Mitglied *nt* der Opposition; **grupos de ~es** Gruppen von Oppositionellen **2.** (*candidato*) Bewerber(in) *m(f)* (*um eine Stelle im öffentlichen Dienst, der/die an einer staatlichen Auswahlprüfung teilnimmt*)

oposum [opo'sun] *m* (ZOOL) Opossum *nt*

opresión [opre'sjon] *f* **1.** (*angustia*) Beklemmung *f;* (*agobio*) Beklommenheit *f;* (MED) Oppression *f* **2.** (*represión*) Unterdrückung *f* **3.** (*presión*) Druck *m;* (*compresión*) Einengung *f*

opresivo, **-a** [opre'siβo, -a] *adj* **1.** (*agobiante*) bedrückend, beklemmend **2.** (*represivo*) unterdrückend; (*constringente*) beengend **3.** (*apresionante*) drückend; (*comprimente*) einengend

opresor(a) [opre'sor(a)] **I.** *adj* unterdrückend **II.** *m(f)* Unterdrücker(in) *m(f),* Tyrann(in) *m(f)*

oprimente [opri'mente] *adj v.* **opresivo**

oprimir [opri'mir] *vt* **1.** (*presionar*) drücken; (*comprimir*) einengen **2.** (*agobiar*) bedrücken, beklemmen **3.** (*reprimir*) unterdrücken; (*constreñir*) beengen

oprobiar [opro'βjar] *vt* (*vilipendiar*) verleumden, verunglimpfen; (*infamar*) schänden (*Ansehen oder Ruf*)

oprobio [o'proβjo] *m* Schmach *f,* Schande *f*

oprobioso, **-a** [opro'βjoso, -a] *adj* schmachvoll, schändlich

optación [opta'θjon] *f* (*retórico*) heftiges Wünschen *nt*

optar [op'tar] *vi* **1.** (*escoger*) wählen (*por* +*akk*), eine Wahl treffen; (*decidirse*) sich entscheiden (*por* für +*akk*); (ECON, POL) optieren (*por* für +*akk*) **2.** (*aspirar*) (für sich) beanspruchen (*a* +*akk*); (*solicitar*) sich bewerben (*a* um +*akk*); (JUR) optieren (*a* (auf) +*akk*); ~ **a un cargo** ein Amt anstreben **3.** (*tener acceso*) Anspruch haben (*a* auf +*akk*)

optativo, **-a** [opta'tiβo, -a] *adj* fakultativ; (UNIV) wahlfrei; (**asignatura**) **optativa** Wahl(pflicht)fach *nt*

óptica ['optika] *f* **1.** (*ciencia*) Optik *f;* ~ **electrónica** Optoelektronik *f,* Optronik *f* **2.** (*establecimiento*) Optikergeschäft *nt* **3.** (*punto de vista*) Sichtweise *f;* **bajo** [*o* **desde**] **esta** ~ aus dieser Sicht [*o* diesem Blickwinkel] betrachtet

óptico, **-a** ['optiko, -a] **I.** *adj* optisch, Seh-; **ilusión óptica** optische Täuschung; **nervio** ~ Sehnerv *m* **II.** *m, f* Optiker(in) *m(f)*

optimación [optima'θjon] *f* Optimierung *f*

optimar [opti'mar] *vt* optimieren

optimismo [opti'mismo] *m* Optimismus *m;* **el** ~ **del mercado** der Marktoptimismus; **con moderado** ~ mit gedämpftem Optimismus

optimista [opti'mista] **I.** *adj* optimistisch **II.** *mf* Optimist(in) *m(f)*

optimización [optimiθa'θjon] *f* Optimierung *f*

optimizar [optimi'θar] <z→c> *vt* optimieren

óptimo[1] ['optimo] *m* Optimum *nt;* (*valor*) Bestwert *m*

óptimo, **-a**[2] ['optimo, -a] **I.** *superl de* **bueno**[1] **II.** *adj* optimal, bestmöglich; (*excelente*) ausgezeichnet, vortrefflich

optoelectrónica [optoelek'tronika] *f* (FÍS) Optoelektronik *f*

optometría [optome'tria] *f* (FÍS, MED) Optometrie *f*

opuesto[1] [o'pwesto] *m* Gegenteil *nt,* Gegensatz *m;* **los ~s se atraen** Gegensätze ziehen sich an

opuesto, **-a**[2] [o'pwesto, -a] **I.** *pp de* **oponer** **II.** *adj* **1.** (*enfrente*) gegenüberliegend; **al lado** ~ auf der Gegenseite; **en dirección opuesta, en sentido** ~ in der Gegenrichtung **2.** (*diverso*) gegenteilig; (*contrario*) gegensätzlich; (*enfrentado*) entgegengesetzt; **polo** ~ (*t. fig*) Gegenpol *m;* **el sexo** ~ das andere Geschlecht **3.** (*enemigo*) gegnerisch

opugnar [opuɣ'nar] *vt* **1.** (*oponerse*) sich widersetzen +*dat,* sich stemmen (gegen +*akk*); (*combatir*) bekämpfen **2.** (MIL) bestürmen, angreifen

opulencia [opu'lenθja] *f* **1.** (*abundancia*) Opulenz *f,* Überfluss *m;* (*exuberancia*) Üppigkeit *f* **2.** (*riqueza*) Reichtum *m;* **vivir en la** ~ üppig leben

opulento, **-a** [opu'lento, -a] *adj* **1.** (*abundante*) opulent, üppig; (*rico*) reichlich; (*lujoso*) luxuriös **2.** (*rico*) sehr reich

opuncia [o'puṇθja] *f* (BOT) Opuntie *f*

opus ['opus] *m inv* (MÚS) Opus *nt*

opúsculo [o'puskulo] *m* Opuskulum *nt,* kleinformatiges Opus *nt*

Opus Dei ['opus ðei̯] *m strengkatholische Laienorganisation nach der Lehre des Kardinals Escrivá de Balaguer*

OPV [ope'uβe] *f abr de* **Oferta Pública de Venta** öffentliches Verkaufsangebot *nt*

oquedad [oke'ða^{ð}] *f* **1.**(*concavidad*) Höhlung *f,* Vertiefung *f* **2.**(*abertura*) Öffnung *f* **3.**(*vacío*) Hohlraum *m*

oquedal [oke'ðal] *m* Hochwald *m*

ORA ['ora] *f abr de* **Operación de Regulación de Aparcamientos** *Parkregelung im Stadtzentrum*

ora ['ora] *conj* (*elev*): **~..., ~...** bald ..., bald ...

oración [ora'θjon] *f* **1.**(REL) Gebet *nt;* **decir una ~** ein Gebet sprechen; **estar en ~** beim Gebet sein **2.**(LING: *frase*) Satz *m;* (*discurso*) Rede *f;* **~ compuesta** zusammengesetzter Satz; **~ condicional** Konditionalsatz *m,* Bedingungssatz *m;* **~ coordinada** beigeordneter Satz; **~ principal** Hauptsatz *m;* **~ relativa** Relativsatz *m;* **~ subordinada** Nebensatz *m;* **parte de la ~** Satzteil *m*

oracional [oraθjo'nal] **I.** *adj* (LING) Satz-; **complemento ~** Satzergänzung *f* **II.** *m* (REL) Gebetbuch *nt*

oráculo [o'rakulo] *m* **1.**(*lugar*) Orakel *nt,* Orakelstätte *f* **2.**(*predicción*) Orakelspruch *m*

orador(a) [ora'ðor(a)] *m(f)* Redner(in) *m(f);* (*portavoz*) Sprecher(in) *m(f);* **~ precedente** Vorredner *m*

oraje [o'raxe] *m* (METEO) **1.**(*estado del tiempo*) Wetterlage *f* **2.**(*borrasca*) Unwetter *nt*

oral [o'ral] *adj* mündlich; **examen ~** mündliche Prüfung; **sexo ~** Oralverkehr *m;* **vista ~** (JUR) Verhör *nt;* **por vía ~** (MED) zum Einnehmen

órale ['orale] *interj* (*Méx*) los!

orangután [oraŋgu'tan] *m* Orang-Utan *m*

orante [o'raṇte] **I.** *adj* betend; **en actitud ~** in Gebetshaltung **II.** *mf* Beter(in) *m(f);* (ARTE) Orant(e) *m(f)*

orar [o'rar] *vi* (*elev*) beten (*por* für +*akk*); (*rogar*) flehen (*por* um +*akk*)

orate [o'rate] *mf* (*loco*) Narr *m,* Närrin *f;* (*necio*) Tor(in) *m(f);* **casa de ~s** (*enfermos*) Irrenanstalt *f;* (*caóticos*) Taubenschlag *m fam*

oratoria [ora'torja] *f* **1.**(*retórica*) Redekunst *f* **2.**(*elocuencia*) Beredsamkeit *f,* Redegewandtheit *f*

oratorio[1] [ora'torjo] *m* **1.**(REL) (Haus)kapelle *f* **2.**(MÚS) Oratorium *nt*

oratorio, -a[2] [ora'torjo, -a] *adj* oratorisch, rednerisch; **las artes oratorias** die Redekunst

orbe ['orβe] *m* **1.**(*círculo*) Kreis *m,* Orbis *m elev;* (*esfera*) Sphäre *f;* (*terráqueo*) Erdkugel *f* **2.**(*mundo*) Welt *f;* **en todo el ~** auf Erden

orbicular [orβiku'lar] *adj* (ANAT) orbikular, ringförmig; **músculo ~** Ringmuskel *m*

órbita ['orβita] *f* **1.**(ASTR, FÍS) Orbit *m,* Umlaufbahn *f;* **~ del electrón** (Elektronen)schale *f;* **~ lunar** Mondbahn *f;* **~ planetaria** Planetenbahn *f;* **~ terrestre** Erdumlaufbahn *f;* **poner en ~** auf eine Umlaufbahn bringen; **estar en ~** (*fig*) auf dem Laufenden sein; **estar fuera de ~** (*fig*) hinter dem Mond leben **2.**(*ámbito*) Bereich *m;* (*de influencia*) Einflussbereich *m* **3.**(ANAT) Augenhöhle *f;* (MED) Orbita *f;* **se le salían los ojos de las ~s** (*fig*) ihm/ihr fielen fast die Augen aus dem Kopf

orbital [orβi'tal] *adj* **1.**(ASTR) orbital, Umlaufbahn-; **cohete ~** Orbitalrakete *f* **2.**(ANAT, MED) orbital

orbitar [orβi'tar] **I.** *vi* (ASTR, TÉC) umlaufen, sich auf einer Umlaufbahn bewegen **II.** *vt* (ASTR, TÉC) in eine Umlaufbahn bringen

orca ['orka] *f* (ZOOL) Schwertwal *m*

Orcadas [or'kaðas] *fpl:* **las (Islas) ~** die Orkneyinseln *fpl*

orcaneta [orka'neta] *f* (BOT) Alkannawurzel *f*

orco ['orko] *m* (HIST) Unterwelt *f,* Orkus *m*

órdago ['orðaɣo] *m* (*envite*) *Einsatz im Mus-Kartenspiel;* **de ~** großartig, enorm; (*pey*) fürchterlich

ordalía [orða'lia] *f* (HIST) Gottesurteil *nt,* Ordal *nt*

orden[1] ['orðen] <órdenes> *m* **1.**(*colocación, organización*) Ordnung *f;* **~ de batalla/de marcha** (MIL) Schlacht-/Marschordnung *f;* **~ del día** Tagesordnung *f;* **~ lineal** (INFOR) lineare Ordnung; **~ público** öffentliche Ordnung; **fuerzas del ~** Ordnungskräfte *fpl;* **en ~** in Ordnung, ordentlich; (ADMIN, JUR) ordnungsgemäß; **incluir en el ~ del día** auf die Tagesordnung setzen; **figurar en el ~ del día** auf der Tagesordnung stehen; **retirar del ~ del día** von der Tagesordnung absetzen; **alterar el ~** die Ordnung stören; **llamar al ~** zur Ordnung rufen; **mantener el ~** Ordnung halten; **poner en ~** in Ordnung bringen; **ser persona de ~** ein ordentlicher Mensch sein; (*fig*) ein rechtschaffener Mensch sein; **sin ~ ni concierto** planlos **2.**(*sucesión*) Reihenfolge *f;* **~ alfabético/cronológico** alphabetische/chronologische Reihenfolge; **~ de prioridad** Prioritätsfolge *f;* **en** [*o* **por**] **su (debido) ~** wie es sich gehört; **por ~** der Reihe nach; **por ~ de antigüedad** nach dem Dienstalter **3.**(*categoría*) Rang *m,* Rangordnung *f;* **de primer/segundo ~** ersten/zweiten Ranges, erst-/zweitrangig; **un fracaso de primer ~** (*fig*) ein Misserfolg erster Ordnung; **asistieron al acto del ~ de 300 personas** die Veranstaltung wurde von etwa 300 Personen besucht **4.**(ADMIN, JUR: *derecho*) Recht *nt;* (*ordenamiento*) Ordnung *f;* **~ constitucional/jurídico** Verfassungs-/Rechtsordnung *f* **5.**(*sistema*) System *nt;* **~ de cosas** Stand der Dinge; **~ establecido** Establishment *nt;* **~ político** politisches System **6.**(*grupo*) Komplex *m;* (*ámbito*) Bereich *m;* **de ~ jurídico** rechtlich;

en el ~ **civil/penal** (JUR) in Zivil-/Strafsachen; **en otro** ~ **de cosas** in einem anderen Bereich; **en todos los órdenes** auf der ganzen Linie **7.** (BIOL) Ordnung *f* **8.** (ARQUIT) Säulenordnung *f;* ~ **corintio/dórico/jónico** korinthische/dorische/ionische Säulenordnung **9.** (REL) Weihe *f;* **el** ~ **sacerdotal** die Priesterweihe

orden[2] ['orðen] <órdenes> *f* **1.** (*mandato*) Befehl *m;* (*disposición*) Verfügung *m;* (*ordenamiento*) Verordnung *f;* ~ **de arresto** [*o* **de captura**] Haftbefehl *m;* ~ **ministerial** Ministerialerlass *m;* ~ **de registro** Durchsuchungsbefehl *m;* ~ **de transferencia** (INFOR) Übertragungsbefehl *m;* **órdenes de arriba** Befehl von oben; **órdenes son órdenes** Befehl ist Befehl; **¡a la ~!, ¡a sus órdenes!** (*t. fig*) zu Befehl!; **contrario a las órdenes** befehlswidrig; **dar/recibir una** ~ einen Befehl erteilen/erhalten; **cumplir una** ~ einen Befehl ausführen; **¡es una ~!** das ist ein Befehl!; **estar a las órdenes de alguien** unter jds Befehl stehen; **hasta nueva** ~ bis auf Widerruf; **real** ~ königlicher Erlass; **tus deseos son órdenes para mí** (*irón*) dein Wunsch sei mir Befehl; **estar a la** ~ **del día** (*fig*) an der Tagesordnung sein **2.** (COM, FIN) Bestellung *f,* Order *f,* Auftrag *m;* ~ **de bolsa** [*o* **bursátil**] Börsenauftrag *m,* Börsenorder *f;* ~ **de compra** Kauforder *f;* ~ **de entrega** Lieferschein *m;* ~ **de giro** [*o* **de transferencia**] Überweisungsauftrag *m;* ~ **de (no) pago** (Nicht)zahlungsanweisung *f;* ~ **permanente** Dauerauftrag *m;* ~ **de venta** Verkaufsorder *f;* **por** ~ im Auftrag; **a la** ~ **de** an die [*o* für] Order von; **anular una** ~ eine Order zurückziehen [*o* stornieren]; **por** ~ **de** im Auftrag von **3.** (REL: *comunidad*) Orden *m;* ~ **de los Dominicos/Franciscanos** Dominikaner-/Franziskanerorden *m;* **entrar en una** ~ einem Orden beitreten **4.** (*condecoración*) Orden *m;* **conceder/recibir una** ~ einen Orden verleihen/erhalten **5.** (HIST) Orden *m;* ~ **de caballería** Ritterorden *m;* **O~ Teutónica** Deutschritterorden *m* **6.** *pl* (REL: *sacramento*) Weihen *fpl;* **las órdenes mayores/menores** die höheren/niederen Weihen

ordenación [orðena'θjon] *f* **1.** (*disposición*) (An)ordnung *f;* ~ **por intercalación** (INFOR) Mischsortieren *nt;* ~ **en secuencia** (INFOR) sequenzielles Anordnen **2.** (*ordenanza*) (An)ordnung *f;* (*regulación*) Regelung *f;* (*estatutos*) Verfassung *f;* ~ **jurídica** [*o* **legal**] Rechtsordnung *f;* ~ **territorial** Raumordnung *f* **3.** (REL) Ordination *f,* Priesterweihe *f*

ordenada [orðe'naða] *f* (MAT) Ordinate *f;* **eje de ~s** Ordinatenachse *f*

ordenado, -a [orðe'naðo, -a] **I.** *adj* **1.** *estar* (*en orden*) geordnet, ordentlich **2.** *estar* (*encaminado*) ausgerichtet (*a* auf *+akk*) **3.** *ser* (*persona*) ordentlich, ordnungsliebend **II.** *m, f* (REL) Ordinierte(r) *mf*

ordenador [orðena'ðor] *m* Computer *m,* Rechner *m;* ~ **base** Hauptrechner *m;* ~ **de bolsillo** Taschencomputer *m;* ~ **central** Host *m;* ~ **de escritorio** Desktop *nt;* ~ **personal** Personalcomputer *m,* PC *m;* ~ **portátil** Notebook *nt;* ~ **de puesto de trabajo** Arbeitsplatzrechner *m;* ~ **de sobremesa** Desktopcomputer *m;* ~ **de tipo cuaderno** Notebook *nt;* **enseñanza asistida por** ~ computergestützter Unterricht

ordenamiento [orðena'mjen̪to] *m* (*ordenación*) (An)ordnung *f;* (*regulación*) Regelung *f;* (*legislación*) Gesetzgebung *f;* ~ **constitucional/jurídico** Verfassungs-/Rechtsordnung *f*

ordenancista [orðenan̪'θista] *adj* obrigkeitshörig

ordenante [orðe'nan̪te] *mf* **1.** (FIN) Akkreditivauftraggeber(in) *m(f)* **2.** (*ordenando*) zu ordinierender Geistlicher *m,* zu ordinierende Geistliche *f*

ordenanza[1] [orðe'nan̪θa] *f* **1.** (ADMIN, JUR, MIL: *ordenación*) (An)ordnung *f;* (*disposición*) Bestimmung *f;* (*medida*) Verordnung *f;* (*norma*) Anweisung *f* **2.** *pl* (ADMIN, MIL) Dienstordnung *f* **3.** (JUR) Gesetzessammlung *f*

ordenanza[2] [orðe'nan̪θa] *m* **1.** (MIL) Ordonnanz *f;* (*oficial*) Ordonnanzoffizier *m* **2.** (*botones*) Bote *m*

ordenar [orðe'nar] **I.** *vi* Ordnung machen [*o* schaffen], aufräumen **II.** *vt* **1.** (*arreglar*) ordnen, aufräumen; (*colocar*) anordnen (*en* in *+akk*); (*clasificar*) ordnen (*por* nach *+dat*); (INFOR) sortieren **2.** (*mandar*) befehlen, anordnen; **ordeno y mando** (MIL) hiermit wird angeordnet **3.** (REL) ordinieren, zum Kleriker weihen **III.** *vr:* **~se** (REL) ordiniert werden, die Priesterweihe empfangen

ordeña [or'ðeɲa] *f* (*Méx*) Melken *nt*

ordeñadero [orðeɲa'ðero] *m* Melkeimer *m*

ordeñador(a) [orðeɲa'ðor(a)] *m(f)* Melker(in) *m(f)*

ordeñadora [orðeɲa'ðora] *f* Melkmaschine *f*

ordeñar [orðe'ɲar] *vt* melken

ordeñe [or'ðeɲe] *m* (*Arg*) Melken *nt*

ordeño [or'ðeɲo] *m* Melken *nt;* ~ **mecánico** maschinelles Melken

ordinal [orði'nal] **I.** *adj* Ordnungs-; **número** ~ Ordinalzahl *f,* Ordnungszahl *f* **II.** *m* Ordinalzahl *f,* Ordnungszahl *f*

ordinariamente [orðinarja'men̪te] *adv* **1.** (*acostumbradamente*) gewöhnlich, üblicherweise **2.** (*de modo grosero*) ordinär

ordinariez [orðina'rjeθ] *f* Grobheit *f;* (*procacidad*) Unflätigkeit *f;* (*vulgaridad*) Vulgarität *f;* (*obscenidad*) Obszönität *f*

ordinario, -a [orði'narjo, -a] *adj* **1.** (*t.* JUR: *regular*) ordentlich **2.** (*habitual*) gewöhnlich; **de** ~ üblicherweise **3.** (*grosero*) ordinär; (*basto*) grob; (*procaz*) unflätig; (*vulgar*) vulgär; (*obsceno*) obszön

ordinativo, -a [orðina'tiβo, -a] *adj* die Ordnung betreffend

ordovícico[1] [orðo'βiθiko] *m* (GEO) Ordovizium *nt*

ordovícico, **-a²** [orðo'βiθiko, -a] *adj,* **ordoviciense** [orðoβi'θjense] *adj* (GEO): **formación ordovícica** ordovizische Formation *f;* **periodo** ~ Ordovizium *nt*

orear [ore'ar] **I.** *vt* **1.** (*airear*) (aus)lüften **2.** (*secar*) trocknen; (*carne*) an der Luft trocknen **II.** *vr:* **~se** (*fam*) frische Luft schnappen

orégano [o'reɣano] *m* (*especia*) Origano *m,* Oregano *m;* (*planta*) Dost *m;* (**no**) **todo el monte es** ~ (*fig*) (nicht) alles läuft wie am Schnürchen *fam*

oreja [o'rexa] *f* **1.** (ANAT) (äußeres) Ohr *nt,* Ohrmuschel *f;* (*sentido*) Gehör *nt;* **cortar una** ~ (TAUR) *mit einem Ohr des Stiers ausgezeichnet werden;* **te voy a cortar una** ~ ich werde dir noch eins hinter die Ohren geben; **aguzar las ~s** die Ohren spitzen; **con las ~s gachas** (*fig*) mit hängendem Kopf, niedergeschlagen; **agachar** [*o* **bajar**] **las ~s** klein beigeben; **¡no agaches las ~s!** halt die Ohren steif!; **calentar las ~s a alguien** jdm die Ohren lang ziehen; **enseñar la** ~ sein wahres Gesicht zeigen; **tirar de las ~s a alguien** jdn an den Ohren ziehen; **ver las ~s al lobo** (*fig*) in Teufelsküche geraten; **haber visto las ~s al lobo** nochmal mit einem blauen Auge davongekommen sein; **ser todo ~s** ganz Ohr sein **2.** (*lateral*) Seitenteil *nt o m;* (*lengüeta*) Zunge *f;* (*del zapato*) Lasche *f;* **sillón de ~s** Ohrensessel *m*

orejano, **-a** [ore'xano, -a] *adj* (*res*) ohne Brandzeichen (*im Ohr*)

orejear [orexe'ar] *vi* **1.** (*animal*) die Ohren bewegen **2.** (*fig: persona*) sich sträuben

orejera [ore'xera] *f* Ohrenklappe *f;* **~s** Ohrenschützer *mpl*

orejero, **-a** [ore'xero, -a] *m, f* (*Chil: pey*) Petze *f*

orejón¹ [ore'xon] *m* **1.** (*fam: oreja*) Segelohr *nt* **2.** (*albaricoque*) getrocknete Aprikose *f*

orejón, **-ona²** [ore'xon, -ona] *adj* mit großen Ohren; (*de orejas largas*) langohrig; **ser** ~ große Ohren haben

orejudo, **-a** [ore'xuðo, -a] *adj v.* **orejón²**

orejuela [ore'xwela] *f* **1.** *dim de* **oreja 2.** (*de recipientes*) Henkel *m*

orensano, **-a** [oren'sano, -a] **I.** *adj* aus Orense **II.** *m, f* Einwohner(in) *m(f)* von Orense

oreo [o'reo] *m* (Aus)lüften *nt;* (*de carne*) Trocknung *f* an der Luft

oreoselino [oreose'lino] *m* (BOT) Bergpetersilie *f*

orfanato [orfa'nato] *m* Waisenhaus *nt*

orfanatorio [orfana'torjo] *m* (*Méx*) Waisenhaus *nt*

orfandad [orfaṇ'daᵈ] *f* Verwaisung *f;* (*pensión*) Waisenrente *f*

orfebre [or'feβre] *mf* Kunstschmied(in) *m(f);* (*orífice*) Goldschmied(in) *m(f);* (*platero*) Silberschmied(in) *m(f)*

orfebrería [orfeβre'ria] *f* **1.** (*arte*) Schmiedearbeit *f;* (*en oro*) Goldschmiedearbeit *f* **2.** (*obra*) Schmiedekunst *f;* (*en oro*) Goldschmiedekunst *f*

orfelinato [orfeli'nato] *m* Waisenhaus *nt*

orfeón [orfe'on] *m* (*asociación*) Gesangverein *m;* (*coro*) Chor *m*

orfeonista [orfeo'nista] *mf* (MÚS) Mitglied *nt* eines Gesangvereins

órfico, **-a** ['orfiko, -a] *adj* orphisch

orfismo [or'fismo] *m* (ARTE, FILOS, REL) Orphismus *m,* Orphik *f*

orfo ['orfo] *m* (ZOOL) Orfe *f* (*Karpfenfisch*)

organdí [orɣaṇ'di] *m* Organdy *m*

organicismo [orɣani'θismo] *m* (FILOS, MED, SOCIOL) Organizismus *m*

orgánico, **-a** [or'ɣaniko, -a] *adj* **1.** (BIOL, QUÍM) organisch; (*t.* ADMIN, JUR: *de un órgano*) Organ-; **Ley Orgánica del Estado** Grundgesetz *nt* (*Gesetz auf Verfassungsebene*) **2.** (*unitario*) organisch, einheitlich; **un todo** ~ eine organische Einheit

organigrama [orɣani'ɣrama] *m* Organigramm *nt,* Organisationsschaubild *nt;* (*de una red*) Netzplan *m;* ~ **del programa** (INFOR) Programmablaufplan *m*

organillero, **-a** [orɣani'ʎero, -a] *m, f* Drehorgelspieler(in) *m(f),* Leierkastenmann *m fam*

organillo [orɣa'niʎo] *m* Drehorgel *f,* Leierkasten *m fam*

organismo [orɣa'nismo] *m* **1.** (ANAT, BIOL) Organismus *m* **2.** (*institución*) Einrichtung *f;* (*organización*) Organisation *f;* (*corporación*) Körperschaft *f;* ~ **oficial** Behörde *f,* Amtsstelle *f*

organista [orɣa'nista] *mf* Organist(in) *m(f),* Orgelspieler(in) *m(f)*

organización [orɣaniθa'θjon] *f* **1.** (*ordenación*) Organisierung *f,* Organisation *f;* (*estructuración*) Gestaltung *f* **2.** (*agrupación*) Organisation *f;* (*organismo*) Einrichtung *f;* (*corporación*) Körperschaft *f;* (*asociación*) Vereinigung *f;* (*liga*) Verband *m;* ~ **central** Dachverband *m;* **O~ para la Cooperación y el Desarrollo Económico** Organisation für wirtschaftliche Zusammenarbeit und Entwicklung; **O~ de Estados Americanos** Organisation Amerikanischer Staaten; **O~ Internacional de Trabajo** Internationale Arbeitsorganisation; **O~ Mundial del Comercio** Welthandelsorganisation *f;* **O~ Mundial de la Salud** Weltgesundheitsorganisation *f;* **O~ Nacional de Ciegos de España** Nationaler Blindenverband Spaniens; **O~ de las Naciones Unidas** Organisation der Vereinten Nationen; **O~ de Países Exportadores de Petróleo** Organisation der Erdöl exportierenden Länder; ~ **sindical** Gewerkschaftsorganisation *f;* **O~ del Tratado del Atlántico Norte** Nordatlantikpakt *m*

organizado, **-a** [orɣani'θaðo, -a] *adj* **1.** *estar* organisiert **2.** *ser* ordentlich; (*sistemático*) systematisch

organizador(a) [orɣaniθa'ðor(a)] **I.** *adj* organisierend; (*organizativo*) organisatorisch;

comité ~ Organisationsausschuss *m* **II.** *m(f)* (*de un evento*) Veranstalter(in) *m(f)*, Organisator(in) *m(f)*; ~ **de despacho** Bürobutler *m*

organizar [orɣaniˈθar] <z→c> **I.** *vt* **1.** (*preparar*) organisieren; (*disponer*) einrichten **2.** (*crear*) aufbauen; (*estructurar*) gestalten, planen **3.** (*ordenar*) ordnen; (*distribuir*) gliedern **4.** (*realizar*) durchführen; (*celebrar*) veranstalten **II.** *vr:* **~se 1.** (*asociarse*) sich zusammenschließen **2.** (*surgir*) zustande [*o* zu Stande] kommen; (*fam: ocurrir*) passieren; **¡menuda se organizó!** da war der Teufel los!; **se organizó una pelea** es kam zur Schlägerei **3.** (*estructurarse*) sich gliedern **4.** (*ordenar*) haushalten (mit +*dat*); **~se el tiempo** sich *dat* die Zeit einteilen

organizativo, -a [orɣaniθaˈtiβo, -a] *adj* organisatorisch, Organisations-

órgano [ˈorɣano] *m* **1.** (ANAT) Organ *nt;* **~s del habla** Sprechorgane *ntpl;* **~s de los sentidos** Sinnesorgane *ntpl;* **~s sexuales** Geschlechtsorgane *ntpl* **2.** (*organismo*) Organ *nt*, Behörde *f;* ~ **administrativo** Verwaltungsorgan *nt;* ~ **directivo** Steuerorgan *nt;* ~ **ejecutivo** Exekutivorgan *nt;* ~ **del Estado** Staatsorgan *nt;* ~ **de gobierno** Regierungsstelle *f;* ~ **judicial** Gerichtsbehörde *f;* ~ **jurisdiccional** Rechtsprechungsorgan *nt* **3.** (MÚS) Orgel *f;* ~ **automático** Musikautomat *nt;* ~ **electrónico** Elektronenorgel *f*, E-Orgel *f*

organogenia [orɣanoˈxenja] *f* (BOT, ZOOL) Lehre *f* vom Aufbau und der Entwicklung der Organe

organografía [orɣanoɣraˈfia] *f* (BOT, ZOOL) Organographie *f*

organología [orɣanoloˈxia] *f* (BOT, MÚS, ZOOL) Organologie *f*

organoterapia [orɣanoteˈrapja] *f* (MED) Organ(o)therapie *f*

orgasmo [orˈɣasmo] *m* Orgasmus *m*

orgía [orˈxia] *f* Orgie *f;* (*crápula*) Trinkgelage *nt;* (*exceso*) Ausschweifung *f;* (*desenfreno*) Zügellosigkeit *f*

orgiástico, -a [orˈxjastiko, -a] *adj* orgiastisch; (*desenfrenado*) zügellos

orgullo [orˈɣuʎo] *m* **1.** (*satisfacción*) Stolz *m* (*por/de* auf +*akk*); ~ **profesional** Berufsehre *f;* **sentir ~ por alguien/algo** stolz auf jdn/etw sein; **sentirse herido en su ~** sich in seinem Stolz gekränkt fühlen; **tiene el ~ de haber ganado** [*o* **de que haya ganado**] **el premio** er/sie ist stolz darauf, den Preis gewonnen zu haben [*o* dass er/sie den Preis gewonnen hat] **2.** (*soberbia*) Hochmut *m;* (*pey: arrogancia*) Arroganz *f*

orgulloso, -a [orɣuˈʎoso, -a] *adj* **1.** *estar* (*satisfecho*) stolz (*con/de* auf +*akk*); **se siente ~ de haber** [*o* **de que haya**] **aprobado el examen** er ist stolz darauf, die Prüfung bestanden zu haben [*o* dass er die Prüfung bestanden hat] **2.** *ser* stolz; (*soberbio*) hochmütig; (*pey*) arrogant

orientable [orjeṇˈtaβle] *adj* drehbar; (*ajustable*) einstellbar, verstellbar

orientación [orjeṇtaˈθjon] *f* **1.** (*situación*) Orientierung *f;* (*dirección*) Lenkung *f;* (*ajuste*) Einstellung *f;* **sentido de la ~** Orientierungssinn *m* **2.** (*asesoramiento*) Beratung *f;* (*dirección*) Orientierung *f*, Lenkung *f;* ~ **escolar/profesional** Schul-/Berufsberatung *f* **3.** (*tendencia*) Tendenz *f;* ~ **política/religiosa** politische/religiöse Einstellung

orientador(a) [orjeṇtaˈðor(a)] *adj* orientierend, richtungsweisend

oriental [orjeṇˈtal] **I.** *adj* **1.** (*del Este*) östlich, Ost-; **Alemania O~** Ostdeutschland *nt;* **Europa O~** Osteuropa *nt;* **frontera ~** Ostgrenze *f* **2.** (*de Oriente Medio y Próximo*) orientalisch, Orient-; **alfombra ~** Orientteppich *m* **3.** (*de Extremo Oriente*) fernöstlich; (*asiático*) asiatisch **II.** *mf* **1.** (*de Oriente Medio y Próximo*) Orientale, -in *m, f* **2.** (*de Extremo Oriente*) Asiate, -in *m, f*

orientalismo [orjeṇtaˈlismo] *m* **1.** (*estudio, disciplina*) Orientalistik *f* **2.** (*carácter oriental*) orientalische Wesensart *f*

orientalista [orjeṇtaˈlista] *mf* Orientalist(in) *m(f)*

orientar [orjeṇˈtar] **I.** *vt* **1.** (*dirigir*) ausrichten (*a/hacia* auf +*akk*); **orientado a la práctica** praxisorientiert; **orientado a caracteres/al objeto** (INFOR) zeichen-/objektorientiert **2.** (*ajustar*) einstellen **3.** (*asesorar*) beraten; (*dirigir*) lenken **II.** *vr:* **~se 1.** (*dirigirse*) sich ausrichten; (*fig*) sich orientieren; **se orienta muy bien** er/sie hat eine sehr gute Orientierung; **se orientó muy bien en el trabajo** er/sie fand sich sehr gut in die Arbeit hinein **2.** (*tender*) tendieren (*a/hacia* zu +*dat*)

orientativo, -a [orjeṇtaˈtiβo, -a] *adj* Orientierungs-; **programa ~** Orientierungsprogramm *nt*

oriente [oˈrjeṇte] *m* **1.** (GEO) Osten *m;* (*países*) Orient *m;* **el O~ Próximo, el Cercano O~** der Nahe Osten; **el O~ Medio** der Mittlere Osten; **el Extremo** [*o* **Lejano**] **O~** der Ferne Osten **2.** (*viento*) Ostwind *m*

orificar [orifiˈkar] <c→qu> *vt* (MED) mit Gold füllen

orífice [oˈrifiθe] *m* Goldschmied(in) *m(f)*

orificio [oriˈfiθjo] *m* (*agujero*) Loch *nt;* (*abertura*) Öffnung *f;* ~ **de acceso** (TÉC) Mannloch *nt;* ~ **de salida** Mündung *f*

origen [oˈrixen] *m* **1.** (*principio*) Ursprung *m;* (*nacimiento*) Entstehung *f;* ~ **de coordenadas** (MAT) Koordinatennullpunkt *m;* **tener su ~ en algo** in etw *dat* seinen Ursprung haben **2.** (*causa*) Ursache *f;* **dar ~ a** [*o* **ser ~ de**] **algo** etw verursachen; **tener su ~ en algo** von etw *dat* herrühren **3.** (*ascendencia*) Abstammung *f;* **de ~ humilde/noble** einfacher/ad(e)liger Abstammung **4.** (*procedencia*) Herkunft *f;* **certificado de ~** (COM) Ursprungszeugnis *nt*, Herkunftsbescheinigung *f;* **lugar de ~** Herkunftsort *m;* **país de ~** (COM)

Ursprungsland *nt,* Herkunftsstaat *m;* **de ~ español** aus Spanien; **(él/ella) es de ~ español** er/sie ist gebürtiger Spanier/gebürtige Spanierin

origenismo [orixe'nismo] *m* (REL) Lehre *f* des Origenes

original [orixi'nal] **I.** *adj* **1.** (*auténtico*) original; (*documento*) urschriftlich, Original-; **versión ~** (CINE) Originalfassung *f* **2.** (*primigenio*) ursprünglich; (*natural*) urig, urwüchsig; (*virgen*) urtümlich; **el pecado ~** die Erbsünde **3.** (*originario*) stammend (*de* aus +*dat*) **4.** (*creativo*) originell, original **5.** (*singular*) eigenartig, eigentümlich; (*desacostumbrado*) sonderbar; (*raro*) kauzig; **un tipo ~** ein Sonderling, ein sonderbarer Kauz **II.** *m* Original *nt;* (*texto*) Urschrift *f;* **fiel al ~** originalgetreu

originalidad [orixinali'ðaᵈ] *f* **1.** (*autenticidad*) Originalität *f,* Echtheit *f* **2.** (*del origen*) Ursprünglichkeit *f;* (*carácter primigenio*) Ur(wüchs)igkeit *f,* Urtümlichkeit *f* **3.** (*creatividad*) Originalität *f* **4.** (*singularidad*) Eigenart *f,* Eigentümlichkeit *f;* (*rareza*) Kauzigkeit *f*

originalmente [orixinal'mente] *adv* **1.** (*por su principio*) ursprünglich **2.** (*con originalidad*) originell

originar [orixi'nar] **I.** *vt* (*causar*) verursachen; (*producir*) herbeiführen; (*provocar*) hervorrufen **II.** *vr:* **~se** entspringen (*en* in +*dat*); (*surgir*) entstehen; (*proceder*) herrühren (*en* von +*dat*), hervorgehen (*en* aus +*dat*)

originariamente [orixinarja'mente] *adv* ursprünglich

originario, -a [orixi'narjo, -a] *adj* **1.** (*original*) ursprünglich; (*innato*) angeboren **2.** (*oriundo*) stammend (*de* aus +*dat*), gebürtig (*de* aus +*dat*); **es ~ de Chile** er ist gebürtiger Chilene, er stammt aus Chile **3.** (*de origen*) Herkunfts-; **país ~** Herkunftsland *nt*

orilla [o'riʎa] *f* **1.** (*borde*) Kante *f,* Rand *m;* **~ del tejido** Webkante *f* **2.** (*ribera*) Gestade *nt,* Ufer *nt;* **a la ~ del mar** am Meer(esufer); **a ~s del Rhin** am Rhein(ufer); **~ de** (*fam*) bei, in der Nähe von **3.** *pl* (*Am: arrabales*) Stadtrand *m*

orillar [ori'ʎar] *vt* **1.** (*poner orilla*) säumen; (*papel*) mit einem Rand versehen; (*adornar*) (mit einem Rand) verzieren, verbrämen **2.** (*resolver*) erledigen **3.** (*sortear*) umgehen; (*evitar*) vermeiden **4.** (*eliminar*) beseitigen

orillero, -a [ori'ʎero, -a] **I.** *adj* (*Am: pey*) **1.** (*arrabalero*) vorstädtisch **2.** (*grosero*) ungehobelt **II.** *m, f* (*Am: pey*) **1.** (*arrabalero*) Vorstädter(in) *m(f)* **2.** (*grosero*) Rohling *m*

orillo [o'riʎo] *m* Webkante *f,* Webrand *m*

orín [o'rin] *m* **1.** *(pl)* (*orina*) Urin *m,* Harn *m* **2.** (*óxido*) Rost *m;* **cubierto de ~** rostig

orina [o'rina] *f* <orines> Harn *m,* Urin *m*

orinal [ori'nal] *m* Nachttopf *m;* (*de niño*) Töpfchen *nt*

orinar [ori'nar] **I.** *vi, vt* urinieren, Harn lassen; **~ sangre** Blut im Urin haben; **ir a ~** (*fam*) aufs Klo gehen **II.** *vr:* **~se** unkontrolliert Harn lassen; (MED, PSICO) einnässen; **~se en la cama** das Bett nässen, ins Bett machen *fam;* **estoy orinándome** (*fam*) ich muss ganz schnell für kleine Jungs/Mädchen

orines [o'rines] *pl de* **orín, orina**

orinque [o'riŋke] *m* (NÁUT) Bojenreep *nt*

oriónidas [o'rjoniðas] *fpl* (ASTR) Orioniden *fpl*

oriundo, -a [o'rjundo, -a] *adj* stammend (*de* aus +*dat*), gebürtig (*de* aus +*dat*); **es ~ de Méjico** er ist gebürtiger Mexikaner

orla ['orla] *f* **1.** (*borde*) Saum *m;* (*cinta*) Borte *f;* **~ de luto** Trauerrand *m* **2.** (UNIV) *Gruppenbild von Studienabgängern*

orlar [or'lar] *vt* (*adornar*) (mit einem Rand) verzieren, verbrämen; (*también rodear*) säumen

orlo ['orlo] *m* **1.** (MÚS) Alphorn *nt* **2.** (ARQUIT) Säulensockel *m,* Plinthe *f*

ornamentación [ornamenta'θjon] *f* Verzierung *f*

ornamental [ornamen'tal] *adj* ornamental, verzierend

ornamentar [ornamen'tar] *vt* verzieren

ornamento [orna'mento] *m* **1.** (*adorno*) Ornament *nt,* Verzierung *f* **2.** *pl* (REL: *en el culto*) Parament *nt;* (*vestiduras*) Ornat *m*

ornar [or'nar] *vt* schmücken (*con/de* mit +*dat*), ornieren *elev*

ornato [or'nato] *m* Zier(de) *f*

ornitóloga [orni'toloɣa] *f v.* **ornitólogo**

ornitología [ornitolo'xia] *f* Ornithologie *f,* Vogelkunde *f*

ornitológico, -a [ornito'loxiko, -a] *adj* ornithologisch, vogelkundlich

ornitólogo, -a [orni'toloɣo, -a] *m, f* Ornithologe, -in *m, f,* Vogelkundler(in) *m(f);* (*criador*) Vogelzüchter(in) *m(f)*

ornitomancía [ornitoman'θia] *f,* **ornitomancia** [ornito'manθja] *f* Wahrsagerei *f* aus dem Flug der Vögel

ornitóptero [orni'toptero] *m* (AERO) Schwingenflugzeug *nt*

ornitorrinco [ornito'rriŋko] *m* (ZOOL) Schnabeltier *nt*

ornitosis [orni'tosis] *f inv* (MED) Ornithose *f*

oro ['oro] *m* **1.** (*metal*) Gold *nt;* **~ en barras** [*o* **en lingotes**] Barrengold *nt;* **~ fino** Feingold *nt,* Münzgold *nt;* **~ de ley** Feingold *nt;* **~ negro** schwarzes Gold; **~ papel** Papiergold *nt;* **~ puro** reines Gold; **el ~ del Rhin** das Rheingold; **reserva de ~** Goldreserve *f,* Goldbestand *m;* **bañado en ~** vergoldet; **de ~** golden, Gold-; **color ~ (viejo)** (alt)goldfarben; **como los chorros del ~** (*fam*) wie geleckt; **guardar como ~ en paño** wie seinen Augapfel hüten; **pagar a peso de ~** mit Gold aufwiegen; **prometer a alguien el ~ y el moro** (*fam*) jdm das Blaue vom Himmel versprechen; **su palabra es ~** auf sein/ihr Wort ist Verlass; **tener un corazón de ~** ein goldenes Herz haben; **valer su peso en ~** nicht mit Gold aufzuwiegen sein; **no es ~ todo lo que**

reluce (*prov*) es ist nicht alles Gold, was glänzt **2.** (*dinero*) Gold(geld) *nt;* **una pieza de** ~ ein Goldstück; **hacerse de** ~ steinreich werden; **nadar en** ~ Geld wie Heu haben *fam,* im Geld schwimmen *fam;* **el tiempo es** ~ (*prov*) Zeit ist Geld **3.** *pl* (*naipes*) *Farbe im spanischen Kartenspiel*

orobanca [oro'βaŋka] *f* (BOT) Sommerwurz *m,* Orobanche *f*

orogénesis [oro'xenesis] *f sin pl* (GEO) Orogenese *f,* Gebirgsbildung *f*

orogenia [oro'xenja] *f* (GEO) Orogenie *f*

orogénico, -a [oro'xeniko, -a] *adj* (GEO) orogen(etisch), gebirgsbildend

orografía [oroɣra'fia] *f sin pl* (GEO) Orographie *f*

orográfico, -a [oro'ɣrafiko, -a] *adj* (GEO) orographisch

orometría [orome'tria] *f* (GEO) vergleichende Gebirgsmessung *f,* Orometrie *f*

orondo, -a [o'ron̪do, -a] *adj* **1.** (*recipiente*) (dick)bauchig **2.** (*gordo*) dickbäuchig **3.** (*satisfecho*) zufrieden **4.** (*engreído*) aufgeblasen

oronja [o'roŋxa] *f* (BOT) Kaiserling *m;* ~ **falsa** Fliegenpilz *m*

oropel [oro'pel] *m* **1.** (*latón*) Flittergold *nt* **2.** (*adorno, t. pey*) Flitter *m*

oropéndola [oro'pen̪dola] *f* (ZOOL) Pirol *m*

orozuz [oro'θuθ] *m* (BOT) Süßholzstrauch *m*

orquesta [or'kesta] *f* **1.** (*músicos*) Orchester *nt;* ~ **de cámara/sinfónica** Kammer-/Sinfonieorchester *nt* **2.** (*orquestra*) Orchestra *f;* ~ **de baile** Tanzorchester *nt,* Tanzkapelle *f*

orquestación [orkesta'θjon] *f* (MÚS) Orchestrierung *f,* Orchestration *f*

orquestal [orkes'tal] *adj* (MÚS) orchestral, Orchester-; **pieza** ~ Orchesterstück *nt*

orquestar [orkes'tar] *vt* **1.** (MÚS) orchestrieren **2.** (*pey: organizar*) inszenieren, einfädeln

orquestina [orkes'tina] *f* Ensemble *nt;* (*de baile*) Tanzorchester *nt*

orquídea [or'kiðea] *f* Orchidee *f*

orquitis [or'kitis] *f inv* (MED) Hodenentzündung *f,* Orchitis *f*

orsay ['orsai̯] *m* (DEP) Abseits *nt*

ortega [or'teɣa] *f* (ZOOL) Sandflughuhn *nt*

orteguismo [orte'ɣismo] *m* (FILOS) *Lehre des spanischen Philosophen Ortega y Gasset*

ortiga [or'tiɣa] *f* Brennnessel *f*

ortigal [orti'ɣal] *m* (BOT) Brennnesselfeld *nt*

orto ['orto] *m* **1.** (ASTR) Sonnenaufgang *m* **2.** (*CSur: vulg: culo*) Arsch *m;* (*ano*) Arschloch *nt*

ortocentro [orto'θen̪tro] *m* (MAT) Orthozentrum *nt*

ortodoncia [orto'ðon̪θja] *f* Kieferorthopädie *f;* (MED) Orthodontie *f*

ortodoxa [orto'ðoᵞsa] *adj o f v.* **ortodoxo**

ortodoxia [orto'ðoᵞsja] *f* Orthodoxie *f;* (REL) Rechtgläubigkeit *f*

ortodoxo, -a [orto'ðoᵞso, -a] **I.** *adj* orthodox; (REL) rechtgläubig, strenggläubig; **ser católico** ~ ein strenger Katholik sein; **la Iglesia Ortodoxa** die orthodoxe Kirche **II.** *m, f* (REL) Orthodoxe(r) *mf*

ortodromia [orto'ðromja] *f* (NÁUT, AERO, MAT) Orthodrome *f*

ortoepía [ortoe'pia] *f* (LING) Orthoepie *f,* Orthoepik *f*

ortofonía [ortofo'nia] *f* (LING) Orthophonie *f*

ortogénesis [orto'xenesis] *f inv* (BIOL) Orthogenese *f*

ortogonal [ortoɣo'nal] *adj* rechtwinklig; (MAT) orthogonal

ortogonio [orto'ɣonjo] *m* (MAT) Rechteck *nt,* Orthogon *nt*

ortografía [ortoɣra'fia] *f* Orthographie *f,* Rechtschreibung *f;* **falta de** ~ Rechtschreibfehler *m*

ortográfico, -a [orto'ɣrafiko, -a] *adj* orthographisch; **reglas ortográficas** Rechtschreibung *f;* **reforma ortográfica** Rechtschreibreform *f*

ortopeda [orto'peða] *mf* Orthopädist(in) *m(f);* (*traumatólogo*) Orthopäde, -in *m, f*

ortopedia [orto'peðja] *f* Orthopädie *f*

ortopédico, -a [orto'peðiko, -a] **I.** *adj* orthopädisch; **pierna ortopédica** Beinprothese *f* **II.** *m, f v.* **ortopeda**

ortopedista [ortope'ðista] *mf* Orthopädist(in) *m(f);* (*traumatólogo*) Orthopäde, -in *m, f*

ortópteros [or'topteros] *mpl* (ZOOL) Geradflügler *mpl,* Orthopteren *fpl*

ortoscópico, -a [ortos'kopiko, -a] *adj* (FOTO) verzerrungsfrei, orthoskopisch

ortostático, -a [ortos'tatiko, -a] *adj* (MED) bei aufrechter Körperhaltung, orthostatisch

oruga [o'ruɣa] *f* **1.** (ZOOL) Raupe *f* **2.** (TÉC) Raupenkette *f*

orujo [o'ruxo] *m* **1.** (*residuo*) Treber *mpl,* Trester *mpl* **2.** (*aguardiente*) Trester(schnaps) *m*

orvallo [or'βaʎo] *m* (*reg*) Nieselregen *m*

orza ['orθa] *f* **1.** (*tinaja*) (großer) Tonkrug *m* **2.** (NÁUT: *quilla*) Schwert *nt;* **a** ~ luvwärts; **ir de** ~ (an)luven

orzaga [or'θaɣa] *f* (BOT) Meermelde *f*

orzar [or'θar] <z→c> *vi* (NÁUT) (an)luven, (das Schiff) luvwärts drehen

orzuelo [or'θwelo] *m* (MED) Gerstenkorn *nt*

os [os] **I.** *pron pers* (*objeto directo e indirecto*) euch; ~ **miré** ich sah euch an; ~ **he preguntado** ich habe euch gefragt **II.** *pron refl:* ~ **preparáis** ihr macht euch bereit; **¿~ marcháis?** geht ihr?; **¿~ lo habéis pensado bien?** habt ihr es euch gut überlegt?; **¿~ vais a divorciar?** lasst ihr euch scheiden?

osa ['osa] *f* Bärin *f;* **¡anda la ~!** ach, du liebe Zeit!; **la O~ Mayor/Menor** (ASTR) der Große/Kleine Bär [*o* Wagen]

osadía [osa'ðia] *f* **1.** (*audacia*) Wagemut *m;* (*temeridad*) Kühnheit *f* **2.** (*atrevimiento*) Verwegenheit *f;* (*descaro*) Dreistigkeit *f*

osado, -a [o'saðo, -a] *adj* **1.** (*audaz*) wagemutig; (*temerario*) kühn **2.** (*atrevido*) verwegen;

(*palabra, acto*) gewagt; (*descarado*) dreist

osamenta [osa'meṇta] *f* (*esqueleto*) Gerippe *nt;* (*restos mortales*) Gebein *nt*

osar [o'sar] *vi* wagen; ~ **hacer algo** es wagen, etw zu tun; **¿cómo osas decir esto?** wie kannst du es nur wagen, das zu sagen?, wie kannst du nur so etwas sagen?; **osó venir** er/sie wagte sich heran

osario [o'sarjo] *m* Ossarium *nt,* Beinhaus *nt;* (ARTE) Karner *m*

óscar ['oskar] *m inv* Oscar *m;* **conceder/ganar un** ~ einen Oscar verleihen/erhalten; **la entrega de los** ~ die Oscarverleihung; **galardonada con dos** ~ zweifache Oscarpreisträgerin

oscarizado, -a [oskari'θaðo, -a] *adj* mit einem Oscar ausgezeichnet; **la oscarizada actriz** die Oscarpreisträgerin

oscense [os'θense] **I.** *adj* aus Huesca **II.** *mf* Einwohner(in) *m(f)* von Huesca

oscilación [osθila'θjon] *f* **1.** (*de péndulo*) Oszillation *f,* Pendelschwingung *f* **2.** (*vaivén*) Schwingung *f;* (FÍS) Oszillation *f;* ~ **conyuntural** [*o* **de la conyuntura**] Konjunkturschwankung *f;* **oscilaciones de divisas** Währungsschwankungen *fpl;* ~ **de los precios** Preisschwankung *f* **3.** (*fluctuación*) Schwankung *f;* (*cambio*) Abwechslung *f* **4.** (*indecisión*) Unschlüssigkeit *f*

oscilador [osθila'ðor] *m* (ELEC, TÉC) Oszillator *m,* Schwingungserzeuger *m*

oscilante [osθi'laṇte] *adj* **1.** (*en vaivén*) schwingend; (FÍS) oszillierend **2.** (*fluctuante*) schwankend **3.** (*indeciso*) unschlüssig, schwankend

oscilar [osθi'lar] *vi* **1.** (*péndulo*) oszillieren, pendeln **2.** (*en vaivén*) schwingen; (FÍS) oszillieren **3.** (*t. fig: fluctuar*) schwanken (*entre* zwischen +*dat*) **4.** (*tambalearse*) taumeln

oscilatorio, -a [osθila'torjo, -a] *adj* schwingend; (FÍS) oszillatorisch; **movimiento** ~ Schwingbewegung *f*

oscilógrafo [osθi'loɣrafo] *m* (FÍS) Oszillograph *m,* Schwingungsmesser *m*

oscilograma [osθilo'ɣrama] *m* (FÍS) Oszillogramm *nt*

oscilómetro [osθi'lometro] *m* (MED) Blutdruckmesser *m*

osciloscopio [osθilos'kopjo] *m* (MED) Oszilloskop *nt*

osculador [oskula'ðor], **osculatriz** [oskula'triθ] *adj* (MAT) oskulierend

ósculo ['oskulo] *m* (*elev*) Kuss *m*

oscurantismo [oskuraṇ'tismo] *m* Obskurantismus *m*

oscurantista [oskuraṇ'tista] *mf* Obskurant(in) *m(f),* Dunkelmann *m*

oscurecer [oskure'θer] *irr como crecer* **I.** *vimpers* dunkel werden, dämmern; **en invierno oscurece muy pronto** im Winter wird es sehr schnell dunkel **II.** *vt* **1.** (*privar de luz, t. fig*) verfinstern, verdunkeln; (*ensombrecer*) verdüstern **2.** (*confundir*) verwirren **III.** *vr:* ~**se 1.** (*volverse oscuro, t. fig*) sich verfinstern, sich verdunkeln; (*ensombrecerse*) sich verdüstern; (*cielo*) sich bewölken **2.** (*debilitarse, t. fig*) verblassen **IV.** *m* Abenddämmerung *f;* **al** ~ in der Abenddämmerung

oscurecimiento [oskureθi'mjeṇto] *m* (*t. fig*) Verfinsterung *f,* Verdunk(e)lung *f;* (*del cielo*) Bewölkung *f;* (*anochecer*) Dunkelwerden *nt*

oscuridad [oskuri'ðaᵈ] *f* **1.** (*falta de luz*) Dunkelheit *f,* Finsternis *f;* **en la** ~ im Dunkeln, bei Dunkelheit **2.** (*falta de claridad*) Unklarheit *f;* **en la** ~ im Unklaren, im Dunkeln

oscuro, -a [os'kuro, -a] *adj* (*t. fig*) dunkel; (*sombrío*) düster; **azul** ~ dunkelblau; **a oscuras** im Dunkeln; **de** ~ **origen** von zweifelhafter Herkunft

osear [ose'ar] *vt v.* **oxear**

óseo, -a ['oseo, -a] *adj* knöchern, Knochen-; **tejido** ~ (MED) Knochengewebe *nt;* **restos** ~**s** Knochen *mpl,* Knochenfunde *mpl*

osera [o'sera] *f* Bärenhöhle *f*

osero [o'sero] *m* Beinhaus *nt,* Ossarium *nt*

osezno, -a [o'seθno, -a] *m, f* Bärenjunge(s) *nt,* kleiner Bär *m,* kleine Bärin *f*

osificación [osifika'θjon] *f* Verknöcherung *f;* (MED) Ossifizierung *f*

osificarse [osifi'karse] <c→qu> *vr* verknöchern; (MED) ossifizieren

osmio ['osmjo] *m* Osmium *nt*

osmosis [os'mosis] *f inv,* **ósmosis** ['osmosis] *f inv* **1.** (QUÍM, BOT) Osmose *f* **2.** (*influencia*) Beeinflussung *f*

osmótico, -a [os'motiko, -a] *adj* (FÍS) osmotisch

oso ['oso] *m* Bär *m;* ~ **blanco** [*o* **polar**] Eisbär *m;* ~ **de felpa** [*o* **de peluche**] Teddy(bär) *m;* ~ **hormiguero** Ameisenbär *m;* ~ **panda** Pandabär *m;* ~ **pardo** [*o* **común**] Braunbär *m;* **fuerte como un** ~ bärenstark; **hacer el** ~ den Tanzbär machen

ossobuco [oso'βuko] *m* (GASTR) Ossobuco *m*

oste ['oste] *interj v.* **oxte**

ostealgia [oste'alxja] *f* (MED) Knochenschmerz *m,* Ostealgie *f*

osteítis [oste'itis] *f inv* (MED) Knochenentzündung *f*

ostensible [osten'siβle] *adj* auffällig, ostensibel *elev;* (*patente*) offenkundig; **un engaño** ~ ein klarer Fall von Betrug; **hacer** ~ offenbaren

ostensivo, -a [osten'siβo, -a] *adj* **1.** (*manifiesto*) offensichtlich, ostensiv *elev* **2.** (*ostentoso*) ostentativ

ostensorio [osten'sorjo] *m* (REL) Ostensorium *nt*

ostentación [osteṇta'θjon] *f* Zurschaustellen *nt,* Ostentation *f elev;* (*jactancia*) Prahlerei *f;* **hacer** ~ **de algo** mit etw *dat* prahlen; (*lucir*) mit etw *dat* prunken

ostentador(a) [osteṇta'ðor(a)] **I.** *adj* prahlerisch **II.** *m(f)* Prahler(in) *m(f),* Großtuer(in) *m(f)*

ostentar [osteṇ'tar] *vt* **1.** (*mostrar*) zur

Schau stellen; (*jactarse*) prahlen (mit +*dat*); (*lucir*) prunken (mit +*dat*) **2.** (*poseer*) aufweisen, vorweisen; (*puesto, poder*) innehaben; (*título*) führen
ostentativo, **-a** [osteṇta'tiβo, -a] *adj v.* **ostensivo**
ostento [os'teṇto] *m* (Natur)wunder *nt*
ostentoso, **-a** [osteṇ'toso, -a] *adj* **1.** (*jactancioso*) prahlerisch, ostentiös *elev* **2.** (*llamativo*) auffallend; (*provocativo*) ostentativ
osteoblasto [osteo'βlasto] *m* (BIOL) Knochenbildungszelle *f*, Osteoblast *m*
osteoclasia [osteo'klasja] *f* (MED) Osteoklasie *f*
osteoclasto [osteo'klasto] *m* (BIOL) Osteoklast *m*
osteocondritis [osteokoṇ'dritis] *f inv* (MED) Osteochondrose *f*
osteogénesis [osteo'xenesis] *f* Knochenbildung *f*, Osteogenese *f*
osteólisis [oste'olisis] *f inv* (MED) Osteolyse *f*
osteolito [osteo'lito] *m* (GEO) fossiler Knochen *m*
osteología [osteolo'xia] *f* (MED) Knochenlehre *f*, Osteologie *f*
osteoma [oste'oma] *m* (MED) gutartige Knochengeschwulst *f*, Osteom *nt*
osteomalacia [osteoma'laθja] *f* (MED) Knochenerweichung *f*, Osteomalazie *f*
osteometría [osteome'tria] *f* Knochenmessung *f*
osteomielitis [osteomje'litis] *f inv* (MED) Osteomyelitis *f*, Knochenmarkentzündung *f*
osteopatía [osteopa'tia] *f* (MED) Osteopathie *f*; (*patología*) Knochenerkrankung *f*
osteoplastia [osteo'plastja] *f* (MED) Osteoplastik *f*
osteoporosis [osteopo'rosis] *f inv* (MED) Osteoporose *f*
osteosíntesis [osteo'siṇtesis] *f inv* (MED) Osteosynthese *f*
ostión [os'tjon] *m* (ZOOL) *v.* **ostrón**
ostionería [ostjone'ria] *f* (*Méx*) *v.* **ostrería**
ostra ['ostra] *f* Auster *f*; **aburrirse como una ~** sich zu Tode langweilen; **¡~s!** herrje!
ostracismo [ostra'θismo] *m* **1.** (HIST) Ostrazismus *m*, Scherbengericht *nt* **2.** (*exilio*) Verbannung *f*; (*proscripción*) Verfemung *f* **3.** (*de la vida pública*) Ächtung *f*; **condenar al ~** (*fig*) ächten
ostral [os'tral] *m* Austernbank *f*
ostrería [ostre'ria] *f* Spezialitätenrestaurant *nt* für Austern
ostrero[1] [os'trero] *m* (*ostral*) Austernbank *f*
ostrero, **-a**[2] [os'trero, -a] **I.** *adj* Austern-; **cultivo ~** Austernzucht *f* **II.** *m, f* (*vendedor de ostras*) Austernhändler(in) *m(f)*
ostrícola [os'trikola] *adj* die Austernzucht betreffend
ostricultura [ostrikuḷ'tura] *f* Austernzucht *f*
ostrífero, **-a** [os'trifero, -a] *adj* reich an Austern
ostro ['ostro] *m* **1.** (ZOOL) Purpurschnecke *f* **2.** (*fig: tinte de púrpura*) Purpur *m*
ostrogodo, **-a** [ostro'ɣoðo, -a] **I.** *adj* (HIST) ostgotisch **II.** *m, f* (HIST) Ostgote, -in *m, f*
ostrón [os'tron] *m* (ZOOL) große Auster *f*
osudo, **-a** [o'suðo, -a] *adj* **1.** (*persona*) knochig **2.** (*carne*) mit vielen Knochen
osuno, **-a** [o'suno, -a] *adj* bärenhaft
otacústico, **-a** [ota'kustiko, -a] *adj* gehörausbildend
otalgia [o'talxia] *f* (MED) Otalgie *f*, Ohrenschmerzen *mpl*
OTAN [o'tan] *f abr de* **Organización del Tratado del Atlántico Norte** NATO *f*
otario, **-a** [o'tarjo, -a] **I.** *adj* (*CSur*) dumm **II.** *m, f* (*CSur*) Dummkopf *m*
otate [o'tate] *m* (*Méx*) Weidengerte *f*
otear [ote'ar] **I.** *vt* (*alcanzar a ver*) erspähen; (*escudriñar*) absuchen; (*observar*) beobachten **II.** *vi* spähen; (*desde un alto*) hinabspähen
otero [o'tero] *m* Anhöhe *f* (*mitten auf einer Ebene*)
OTI ['oti] *f abr de* **Organización de la Televisión Iberoamericana** Organisation *f* des lateinamerikanischen Fernsehens; **festival de la ~** OTI-Schlagerfestival *nt*
otitis [o'titis] *f inv* (MED) Otitis *f*, Ohrenentzündung *f*; **~ media** Mittelohrentzündung *f*
otoba [o'toβa] *f* (BOT) *dem Muskatnussbaum ähnlicher Baum*
otología [otolo'xia] *f* (MED) Ohrenheilkunde *f*, Otologie *f*
otológico, **-a** [oto'loxiko, -a] *adj* (MED) die Ohrenheilkunde betreffend, otologisch
otólogo, **-a** [o'toloɣo, -a] *m, f* Ohrenarzt, -ärztin *m, f*; (MED) Otologe, -in *m, f*
otomán [oto'man] *m* (*tejido*) Ottoman *m*
otomana [oto'mana] *f* Ottomane *f*
otomano, **-a** [oto'mano, -a] **I.** *adj* (HIST) osmanisch; **el imperio ~** das Osmanische Reich **II.** *m, f* (HIST) Ottomane, -in *m, f*, Osmane, -in *m, f*
otomí [oto'mi] *m* (*Am*) *Ureinwohner Mexikos*
otoñada [oto'ɲaða] *f* **1.** (*otoño*) Herbstzeit *f* **2.** (*pasto de otoño*) Herbsternte *f*; **con estas lluvias tendremos buena ~** mit diesem Regen werden wir im Herbst eine gute Ernte haben
otoñal [oto'ɲal] *adj* **1.** (*lugar, tiempo*) herbstlich **2.** (*persona*) älter; **un caballero ~** ein (rüstiger) älterer Herr; **un amor ~** eine späte Liebe
otoñar [oto'ɲar] *vi* **1.** (*pasar el otoño*) den Herbst verbringen (*en* in +*dat*) **2.** (*brotar en otoño*) im Herbst wachsen (*Gräser*)
otoño [o'toɲo] *m* **1.** (*estación*) Herbst *m*; **a fin(al)es de ~** im Spätherbst; **el ~ (de la vida)** der Herbst des Lebens **2.** (*decadencia*) Verfall *m*
otorgador(a) [otorɣa'ðor(a)] *m(f) v.* **otorgante**
otorgamiento [otorɣa'mjeṇto] *m* **1.** (JUR) Verleihung *f*; (*concesión*) Erteilung *f*, Gewäh-

O

rung *f;* (*de un documento*) Ausstellung *f,* Ausfertigung *f;* (*de un contrato*) Abschluss *m;* (*de licencia*) Vergabe *f;* ~ **de poder** Vollmachterteilung *f;* ~ **de testamento** Testamentserrichtung *f* **2.** (ECON: *de un pedido*) Erteilung *f* **3.** (*consentimiento*) Bewilligung *f,* Zustimmung *f*

otorgante [otor'ɣan̪te] *mf* Verleiher(in) *m(f);* (*de poder*) Vollmachtgeber(in) *m(f);* (*de un documento, cheque*) Aussteller(in) *m(f);* (*ante un notario*) Beurkundende(r) *mf*

otorgar [otor'ɣar] <g→gu> *vt* **1.** (JUR: *conferir*) verleihen; (*conceder*) erteilen; (*ayudas*) gewähren; (*expedir*) ausstellen; ~ **escritura pública** eine öffentliche Urkunde ausfertigen; ~ **licencia** eine Lizenz vergeben; ~ **un plazo** eine Frist einräumen; ~ **poderes** die Vollmacht erteilen; ~ **testamento** ein Testament errichten **2.** (*acceder*) bewilligen; ~ **su consentimiento** seine Zustimmung geben

otorgo [o'torɣo] *m* (JUR) Ehevertrag *m*

otorragia [oto'rraxja] *f* (MED) Blutung *f* aus dem Gehörgang

otorrea [oto'rrea] *f* (MED) Ohrfluss *m*

otorrino, **-a** [oto'rrino, -a] *m, f* (*fam*) *v.* **otorrinolaringólogo**

otorrinolaringóloga [otorrinolariŋ'goloɣa] *f v.* **otorrinolaringólogo**

otorrinolaringología [otorrinolariŋgolo'xia] *f* (MED) Otorhinolaryngologie *f,* Hals-Nasen-Ohren-Heilkunde *f*

otorrinolaringólogo, **-a** [otorrinolariŋ'goloɣo, -a] *m, f* Hals-Nasen-Ohren-Arzt, -Ärztin *m, f,* HNO-Arzt, -Ärztin *m, f;* (MED) Otorhinolaryngologe, -in *m, f*

otosclerosis [otoskle'rosis] *f inv* (MED) Otosklerose *f*

otoscopia [otos'kopja] *f* (MED) Ohrenspiegelung *f,* Otoskopie *f*

otoscopio [otos'kopjo] *m* (MED) Ohrenspiegel *m,* Otoskop *nt*

otramente [otra'men̪te] *adv* andernfalls

otraño [o'traɲo] *adv* in einem anderen Jahr

otro, **-a** ['otro, -a] *adj o pron indef* **1.** (*distinto*) ein anderer, eine andere; ~**s** andere; **el** ~/**la otra** der/die andere; **lo** ~ das andere; **el uno y el** ~ der eine und der andere; **otra persona**, ~ jemand anders; **ninguna otra persona, ningún** ~ niemand anders, kein anderer; ~ **tanto** noch einmal so viel; **al** ~ **día** am Tag darauf; **el** ~ **día** vor ein paar Tagen, neulich; **en otra ocasión** ein anderes Mal; **en** ~ **sitio** [*o* **lugar**] anderswo, woanders; **de un sitio a** ~ hin und her; **la otra semana** vorige Woche; **otra cosa** etwas anderes; **¡otra vez será!** ein anderes Mal!, ein andermal!; **eso ya es otra cosa** das ist schon besser [*o* was anderes]; **otra vez** noch (ein)mal; **por** ~**s motivos** aus anderen Gründen; **se ha comprado** ~ **coche** er/sie hat sich *dat* ein anderes [*o* neues] Auto gekauft; **pareces** ~ **con ese pelo** mit diesem Haarschnitt siehst du völlig verändert aus; **lo dijo no** ~ **que el ministro** das sagte kein anderer als der Minister; **ésa es otra** (*cosa distinta*) das ist noch einmal etwas anderes; (*irón: aún peor*) das ist ja noch schöner!; **¡a otra cosa mariposa!** Schluss jetzt!; **¡hasta otra (vez)!** bis zum nächsten Mal!, man sieht sich! **2.** (*uno más*) noch eine(r, s), ein(e) zweite(r, s); **¿quieres** ~ **café?** magst du noch einen Kaffee?; **vinieron otras tres personas** da kamen noch drei (weitere) Personen mit; **¡otra, otra!** Zugabe!; **tengo un piso en Quito y** ~ **en Lima** ich habe eine Wohnung in Quito und noch eine in Lima; **es** ~ **Mozart** er ist ein zweiter Mozart

otrora [o'trora] *adv* damals, ehemals

otrosí [otro'si] **I.** *adv* überdies; (*t.* JUR) ferner; ~ **digo** ich beantrage ferner **II.** *m* (JUR) weiterer (Klage)antrag *m*

OUA [ou'a] *f abr de* **Organización para la Unidad Africana** OAU *f*

out [au̯t] *m* (DEP) Out *nt*

output ['autput] *m* **1.** (INFOR) Output *m,* Ausgabe *f* **2.** (ECON) Output *m o nt*

outsider [au̯t'sai̯ðer] *m* Outsider *m*

ovación [oβa'θjon] *f* Beifall *m,* Ovation *f elev;* **dar** [*o* **dedicar**] **una** ~ **a alguien** jdm Beifall klatschen [*o* spenden], jdm Ovationen bereiten *elev;* **recibir una** ~ Beifall bekommen [*o* ernten]

ovacionar [oβaθjo'nar] *vt* Beifall klatschen [*o* spenden] +*dat,* Ovationen bereiten +*dat elev*

ovado, **-a** [o'βaðo, -a] *adj* **1.** (*aves*) befruchtet **2.** (*de forma oval*) eiförmig, oval

oval [o'βal], **ovalado**, **-a** [oβa'laðo, -a] *adj* oval

ovalar [oβa'lar] *vt* oval machen

óvalo ['oβalo] *m* **1.** (*forma*) Oval *nt* **2.** (*Am: diafragma*) Pessar *nt*

ovar [o'βar] *vi* Eier legen

ovárico, **-a** [o'βariko, -a] *adj* (ANAT, BOT) ovarial

ovariectomía [oβarjekto'mia] *f* (MED) (operative) Eierstockentfernung *f,* Ovariektomie *f*

ovario [o'βarjo] *m* **1.** (ANAT, ZOOL) Eierstock *m;* (MED) Ovar(ium) *nt* **2.** (BOT) Fruchtknoten *m*

ovariotomía [oβarjoto'mia] *f* (MED) *v.* **ovariectomía**

ovaritis [oβa'ritis] *f inv* (MED) Eierstockentzündung *f*

ovas ['oβas] *fpl* (GASTR, ZOOL) Fischrogen *m*

oveja [o'βexa] *f* Schaf *nt;* (*hembra*) Mutterschaf *nt;* **leche de** ~ Schaf(s)milch *f;* **queso de** ~ Schafskäse *m;* **la** ~ **negra** (*fig*) das schwarze Schaf; **cada** ~ **con su pareja** (*prov*) Gleich und Gleich gesellt sich gern

ovejero, **-a** [oβe'xero, -a] **I.** *adj* Hirten-, Schäfer-; **perro** ~ Schäferhund *m* **II.** *m, f* **1.** (*ganadero*) Schäfer(in) *m(f);* (*pastor*) Schafhirt(in) *m(f)* **2.** (*Am: perro*) Schäferhund *m*

ovejuno, **-a** [oβe'xuno, -a] *adj* (*relativo a las ovejas*) Schafs-; (*como una oveja*) schafartig; **cara ovejuna** Schafsgesicht *nt*

overol [oβe'rol] *m* (*Am*) Overall *m*

ovetense [oβe'tense] **I.** *adj* aus Oviedo **II.** *m* Einwohner(in) *m(f)* von Oviedo
oviducto [oβi'ðukto] *m* (BIOL, MED) Eileiter *m*
oviforme [oβi'forme] *adj* eiförmig
ovilladora [oβiʎa'ðora] *f* (TÉC) Knäuel(wickel)maschine *f*
ovillar [oβi'ʎar] **I.** *vt* zu einem Knäuel wickeln; (*enrollar*) aufwickeln **II.** *vr:* **~se** sich zusammenrollen, sich ganz klein machen
ovillejo [oβi'ʎexo] *m* (*elev*) *Strophe mit zehn Versen, bestehend aus drei Paarreimen und vier Zeilen mit Doppelreim*
ovillo [o'βiʎo] *m* Knäuel *m o nt;* (*fig: enredo*) Wirrwarr *m;* **hacerse un ~** (*enredarse*) sich verwickeln, sich verheddern *fam;* (*encogerse*) sich zusammenrollen, sich ganz klein machen; (*al hablar*) sich verhaspeln, sich verheddern *fam*
ovino, -a [o'βino, -a] **I.** *adj* Schaf-; **cabaña ovina** Schafbestand *m;* **ganado ~** Schafe *ntpl,* Wollvieh *nt* **II.** *m, f* Schaf *nt;* **carne de ~** Schaffleisch *nt*
ovíparo, -a [o'βiparo, -a] *adj* Eier legend; (BIOL) ovipar
ovni ['oβni] *m* UFO *nt*
ovocito [oβo'θito] *m* (BIOL) unreife Eizelle *f,* Oozyte *f*
ovoide [o'βoi̯ðe] **I.** *adj* eiförmig **II.** *m* **1.** (MAT) Ovoid *nt* **2.** (*Am: pelota*) Rugbyball *m*
ovulación [oβula'θjon] *f* Eisprung *m;* (MED, BIOL) Ovulation *f*
ovular [oβu'lar] *vi* einen Eisprung haben; (MED, BIOL) ovulieren
óvulo ['oβulo] *m* **1.** (*célula*) Eizelle *f,* Ei *nt;* (BIOL, MED) Ov(ul)um *nt* **2.** (*supositorio*) Ovulum *nt,* (Scheiden)zäpfchen *nt;* (*anticonceptivo*) Schaumovulum *nt* **3.** (BOT) Samenanlage *f*
oxear [oˠse'ar] *vt* (Geflügel oder Wild) aufscheuchen
oxidable [oˠsi'ðaβle] *adj* **1.** (*metal*) leicht rostend **2.** (QUÍM) oxidierbar
oxidación [oˠsiða'θjon] *f* **1.** (QUÍM) Oxidierung *f,* Oxidation *f* **2.** (*metal*) (Ver)rosten *nt,* Rostbildung *f*
oxidante [oˠsi'ðan̩te] **I.** *adj* (QUÍM) oxidierend **II.** *m* Oxidationsmittel *nt*
oxidar [oˠsi'ðar] **I.** *vt* **1.** (QUÍM) oxidieren **2.** (*metal*) zum Rosten bringen; **un hierro oxidado** ein Stück rostiges Eisen **II.** *vr:* **~se** **1.** (*metal*) (ver)rosten, einrosten; **~se la mente** verkalken; **~se de no moverse** einrosten **2.** (QUÍM) oxidieren
óxido ['oˠsiðo] *m* **1.** (QUÍM) Oxid *nt;* (*compuesto*) Sauerstoffverbindung *f;* **~ de cobre** Kupferoxid *nt;* **~ metálico** Metalloxid *nt* **2.** (*orín*) Rost(ansatz) *m*
oxigenación [oˠsixena'θjon] *f* Versetzung *f* mit Sauerstoff, Oxidierung *f*
oxigenar [oˠsixe'nar] **I.** *vt* **1.** (*cabello*) mit Wasserstoffperoxid blondieren; **cabello oxigenado** wasserstoffblondes Haar; **rubio oxigenado** wasserstoffblond **2.** (QUÍM) mit Sauerstoff versetzen; **agua oxigenada** Wasserstoffperoxid *nt* **3.** (aus)lüften **II.** *vr:* **~se** (*fam*) frische Luft schnappen; **voy a ~me un poco** ich gehe ein bisschen an die frische Luft
oxígeno [oˠ'sixeno] *m* Sauerstoff *m;* **~ líquido** Flüssigsauerstoff *m*
oxigenoterapia [oˠsixenote'rapja] *f* (MED) Sauerstofftherapie *f*
oxímoron [oˠ'simoron] *m* (LIT) Oxymoron *nt*
oxipétalo [oˠsi'petalo] *m* (BOT) *brasilianische Kletterpflanze*
oxitocina [oˠsito'θina] *f* (BIOL) Oxytocin *nt,* Ocytocin *nt*
oxítono, -a [oˠ'sitono, -a] *adj* (LING) endbetont, auf der letzten Silbe betont
oxiuro [oˠ'sjuro] *m* (ZOOL) Madenwurm *m*
oxoniense [oˠso'njense] **I.** *adj* aus Oxford **II.** *mf* Einwohner(in) *m(f)* von Oxford
oxte ['oste] *interj* weg da!, fort von hier!; **sin decir ~ ni moxte** ohne zu mucksen
oyente [o'ɟen̩te] *mf* **1.** (*general*) Zuhörer(in) *m(f);* (*radio*) Hörer(in) *m(f)* **2.** (UNIV) Gasthörer(in) *m(f);* **estar de ~ libre** Gasthörer sein
ozonizar [oθoni'θar] <z→c> *vt* (QUÍM) ozonisieren
ozono [o'θono] *m* Ozon *m o nt;* **la capa de ~** die Ozonschicht; **el agujero en la capa de ~** (ECOL) das Ozonloch
ozonómetro [oθo'nometro] *m* (QUÍM) Ozonmesser *m*
ozonosfera [oθonos'fera] *f* Ozonschicht *f;* (METEO) Ozonosphäre *f*
ozonoterapia [oθonote'rapja] *f* (MED) Ozontherapie *f*

O

P

P, p [pe] *f* P, p *nt;* ~ **de París** P wie Paula
P.A. [pe'a] *abr de* **por autorización** i.A.
pabellón [paβe'ʎon] *m* **1.** (*tienda*) Zelt *nt* **2.** (*bandera*) Flagge *f;* **navegar bajo ~ sueco/bajo otro ~** unter schwedischer Flagge/ unter falscher Flagge segeln **3.** (ARQUIT) Pavillon *m;* (*dependencia aislada*) Seitengebäude *nt;* (*dependencia inmediata*) Flügel *m* **4.** (*en un jardín*) Gartenhaus *nt* **5.** (*de una feria*) Halle *f;* **en el ~ de la feria** in der Messehalle **6.** (*protección*) Schutz *m* **7.** (ANAT: *de la oreja*) Ohrmuschel *f* **8.** (MÚS) (Schall)trichter *m*
pabilo [pa'βilo] *m,* **pábilo** ['paβilo] *m* **1.** (*mecha*) Docht *m* **2.** (*mecha quemada*) verkohltes Dochtende *f,* Schnuppe *f reg*
pábulo ['paβulo] *m* **1.** (*alimento*) Nahrung *f* **2.** (*fig: fomento*) Nährboden *m;* **esto dará ~ a rumores** dies wird Gerüchte hervorrufen
PAC [pak] *f abr de* **Política Agrícola Común** GAP *f*
paca¹ ['paka] *m* (ZOOL) Paka *nt*
paca² ['paka] *f* (*fardo*) Packen *m;* (*de paja*) Ballen *m*
pacana [pa'kana] *f* (BOT) Pekannussbaum *m*
pacato, -a [pa'kato, -a] *adj* **1.** (*mojigato*) bigott **2.** (*apacible*) ruhig, friedfertig **3.** (*tímido*) furchtsam
pacaya [pa'kaɟa] *f* **1.** (*CRi, Guat, Hond:* BOT) *Palmenart mit essbarem Herz* **2.** (*Guat: disgusto oculto*) versteckter Ärger *m*
pacedero, -a [paθe'ðero, -a] *adj* Weide-; **terreno ~** Weideland *nt*
pacense [pa'θense] **I.** *adj* **1.** aus Badajoz **2.** aus Beja **II.** *mf* **1.** Einwohner(in) *m(f)* von Badajoz **2.** Einwohner(in) *m(f)* von Beja
paceño, -a [pa'θeɲo, -a] **I.** *adj* aus La Paz **II.** *m, f* Einwohner(in) *m(f)* von La Paz
pacer [pa'θer] *irr como crecer* **I.** *vi* grasen, weiden **II.** *vt* abgrasen, abweiden; **~ la hierba** das Gras abfressen
pachá [pa'ʧa] *m* Pascha *m;* **vivir como un ~** leben wie Gott in Frankreich
pacha ['paʧa] *f* **1.** (*Nic, Méx: botella aplanada*) Flachmann *m fam hum* **2.** (*Nic: biberón*) Saugflasche *f*
pachacho, -a [pa'ʧaʧo, -a] *adj* (*Chil*) untersetzt
pachaco, -a [pa'ʧako, -a] *adj* **1.** (*AmC: aplastado*) zerquetscht, zusammengedrückt **2.** (*CRi: inútil, enclenque*) mickerig *fam pey*
pachamama [paʧa'mama] *f* (*And: Madre Tierra*) Mutter *f* Erde (*indianische Göttin*)
pachamanca [paʧa'maŋka] *f* (*And*) **1.** (*plato*) *auf heißen Steinen gegrilltes Fleisch* **2.** (*horno*) *Grube, die zum Garen von Speisen mit heißen Steinen gefüllt und mit Erde bedeckt wird*
pachanga [pa'ʧaŋga] *f* **1.** (*danza*) *kubanischer Tanz* **2.** (*Am: fam: fiesta*) Fest *nt* **3.** (DEP) *Fußball/Korbball mit nur einem Tor/ einem Korb*
pachanguero, -a [paʧaŋ'gero, -a] *adj:* **una fiesta pachanguera** ein lautes Fest
pacharán [paʧa'ran] *m mit in Anisbranntwein eingelegten Schlehen hergestellter Likör*
pacheco [pa'ʧeko] *m* (*Ecua, Ven*) eisige Kälte *f*
pacho, -a ['paʧo, -a] *adj* **1.** (*indolente*) träge, phlegmatisch **2.** (*Nic: flaco*) mager
pachocha [pa'ʧoʧa] *f* **1.** (GASTR) *eine Art Gazpacho mit Brot, Essig, Öl und Salz* **2.** (*pachorra*) Trägheit *f*
pachón, -ona [pa'ʧon, -ona] **I.** *adj* **1.** (*perro*) Dachs-; **perro ~** Dachshund *m,* Dackel *m* **2.** (*Am: peludo*) zott(el)ig, strubb(e)lig, zerzaust **II.** *m, f* **1.** (ZOOL) Dackel *m,* Teckel *m AlN* **2.** (*fam: persona*) Faulpelz *m*
pachorra [pa'ʧorra] *f* (*fam*) Trägheit *f*
pachorriento, -a [paʧo'rrjen̩to, -a] *adj* (*AmS*) phlegmatisch, langsam
pachuca [pa'ʧuka] *f v.* **pachuco²**
pachucho, -a [pa'ʧuʧo, -a] *adj* **1.** (*fam: persona*) schlapp, schlaff **2.** (*fruta*) überreif
pachuco¹ [pa'ʧuko] *m* **1.** (*Méx: dialecto*) *Dialekt der in den Südstaaten der USA lebenden Mexikaner* **2.** (*persona*) Geck *m*
pachuco, -a² [pa'ʧuko, -a] *m, f* (*Méx*) *in den Südstaaten der USA lebende(r) Mexikaner(in)*
pachulí [paʧu'li] *m* **1.** (BOT) Patschulipflanze *f* **2.** (*perfume*) Patschuli *nt*
paciencia [pa'θjen̩θja] *f* **1.** (*espera*) Geduld *f,* Ausdauer *f;* **armarse de ~** sich mit Geduld wappnen; **tentar la ~ de alguien** jds Geduld auf die Probe stellen; **se me acabó la ~** meine Geduld ist am Ende; **la ~ es la madre de la ciencia** Geduld ist die Schwester der Weisheit **2.** (*tolerancia*) Langmut *f elev* **3.** (*bollo*) ≈Baiser *nt*
paciente [pa'θjen̩te] **I.** *adj* geduldig (*con* mit *+dat*); **la madre es ~ con el niño** die Mutter hat mit dem Kind viel [*o* große] Geduld **II.** *mf* Patient(in) *m(f),* Kranke(r) *mf*
pacienzudo, -a [paθjen̩'θuðo, -a] *adj* sehr geduldig
pacificación [paθifika'θjon] *f* **1.** (*establecer paz*) Befriedung *f;* (*reconciliación*) Aussöhnung *f* **2.** (*subyugación*) Unterwerfung *f* **3.** (POL: *convenio entre Estados*) Friedensab-

kommen *nt*

pacificador(a) [paθifika'ðor(a)] **I.** *adj* Frieden stiftend **II.** *m(f)* Frieden(s)stifter(in) *m(f)*

pacíficamente [paθifika'mente] *adv* friedlich; **resolver un desacuerdo** ~ eine Unstimmigkeit auf friedlichem Wege lösen

pacificar [paθifi'kar] <c→qu> **I.** *vi* den Frieden wiederherstellen **II.** *vt* **1.** (*apaciguar*) befrieden; ~ **un país** ein Land befrieden **2.** (*reconciliar*) aussöhnen; ~ **a las partes interesadas** die Beteiligten versöhnen **III.** *vr:* ~**se** sich beruhigen, ruhig werden; (*viento*) nachlassen, sich legen

Pacífico [pa'θifiko] *m* Pazifik *m,* Pazifischer Ozean *m*

pacífico, -a [pa'θifiko, -a] *adj* **1.** (*de ánimo tranquilo*) friedlich, friedfertig; **carácter** ~ Friedfertigkeit *f;* **un hombre** ~ ein friedfertiger Mann; **ser una persona pacífica** niemandem ein Haar krümmen können **2.** (*en estado tranquilo*) ruhig, sanft

pacifismo [paθi'fismo] *m* (POL) Pazifismus *m*

pacifista [paθi'fista] **I.** *adj* pazifistisch **II.** *mf* Pazifist(in) *m(f)*

pack [pa^k] <packs> *m* **1.** (*hielo*) Packeis *nt* **2.** (*envase*) Pack *m;* **un** ~ **de tres yogures** ein Dreierpack Joghurt

paco[1] ['pako] *m* **1.** (*Am: color*) *rötliche Farbe* **2.** (*fam: francotirador*) Heckenschütze *m* **3.** (ZOOL) Alpaka *nt*

paco, -a[2] ['pako, -a] *adj* (*Am*) rötlich

pacota [pa'kota] *f* (*Méx*) *v.* **pacotilla**

pacotilla [pako'tiʎa] *f* **1.** (*calidad inferior*) Schund *m,* Ramsch *m fam;* **tienda de** ~**s** Kramladen *m;* **de** ~ (*mercancía*) minderwertig; (*restaurante*) zweitklassig; **ser de** ~ nichts wert sein; **hacer su** ~ zu Geld kommen **2.** (NÁUT: *género*) Freigepäck *nt* **3.** (*Am: chusma*) Gesindel *nt,* Pöbel *m*

pacotillero, -a [pakoti'ʎero, -a] **I.** *adj* Kram-; **tienda pacotillera** Kramladen *m* **II.** *m, f* **1.** (*negociante sedentario*) Ramschverkäufer(in) *m(f)* **2.** (*Am: negociante que viaja*) Hausierer(in) *m(f)*

pactable [pak'taβle] *adj* vereinbar; **no ser** ~ unvereinbar sein; **la paz entre los contendientes no era** ~ die Gegner konnten keinen Frieden schließen

pactar [pak'tar] **I.** *vi* sich fügen; **¡hay que** ~ **para sobrevivir!** im Leben muss man Kompromisse machen! **II.** *vt* einen Pakt schließen (*con* mit +*dat*), paktieren (*con* mit +*dat*); ~ **con el enemigo** mit dem Feind einen Pakt schließen

pactista [pak'tista] **I.** *adj* kompromissbereit **II.** *mf* Paktierer(in) *m(f)*

pacto ['pakto] *m* Pakt *m,* Vertrag *m;* **P~ Andino** Andenpakt *m;* ~ **de retro** Rückkaufsvertrag *m;* ~ **de retroventa** (ECON) Rückkaufrecht *nt;* ~ **sucesorio** Erbvertrag *m*

pacú [pa'ku] *m* (*Arg:* ZOOL) *großer, sehr schmackhafter Flussfisch*

pácul ['pakul] *m* (*Fili*) wilde Banane *f* (*aus der eine Textilfaser gewonnen wird*)

padecer [paðe'θer] *irr como crecer* **I.** *vi* leiden **II.** *vt* (*enfermedad*) leiden (an +*dat,* unter +*dat*), erleiden; (*insulto*) ertragen; ~ **una enfermedad** krank sein, an einer Krankheit leiden; ~ **un error** einem Irrtum unterliegen; ~ **insomnio** unter Schlaflosigkeit leiden; ~ **un jefe severo durante muchos años** einen strengen Chef viele Jahre lang ertragen

padecimiento [paðeθi'mjento] *m* **1.** (*sufrimiento*) Leiden *nt* **2.** (*enfermedad*) Krankheit *f*

padrastro [pa'ðrastro] *m* **1.** (*marido de madre*) Stiefvater *m* **2.** (*mal padre*) Rabenvater *m* **3.** (*impedimento*) Hindernis *nt* **4.** (*pellejo*) Niednagel *m,* Neidnagel *m*

padrazo [pa'ðraθo] *m:* **es un** ~ (*fam*) er ist ein toller Vater

padre ['paðre] **I.** *m* **1.** (*respecto de los hijos*) Vater *m;* ~ **adoptivo** Adoptivvater *m;* ~ **de familia** Familienvater *m;* **tal** ~**, tal hijo** der Apfel fällt nicht weit vom Stamm **2.** (REL) Vater *m,* Pater *m;* ~ **espiritual** Seelsorger *m;* **santos** ~**s** Kirchenväter *mpl;* **el Santo P~, el P~ Santo** der Heilige Vater; **¡P~, he pecado!** Vater, ich habe gesündigt **3.** (*autor*) Autor *m,* Urheber *m* **4.** *pl* (*antepasados*) Vorfahren *mpl,* Ahnen *mpl;* **dormir con sus** ~**s** gestorben [*o* tot] sein **5.** *pl* (*padre y madre*) Eltern *pl* **6.** (*fam*): **¡tu** ~**!** verdammt noch mal!, Scheiße! **II.** *adj* (*fam*) riesengroß; **un escándalo** ~ ein Riesenskandal; **recibió una paliza de** ~ **y muy señor mío** er/sie wurde windelweich geprügelt

padrear [paðre'ar] *vi* **1.** (*parecerse*) dem Vater ähneln **2.** (AGR: *engendrar*) für die Zucht sein **3.** (*fig: vida licenciosa*) ein Lotterleben führen

padrenuestro [paðre'nwestro] *m* Vaterunser *nt*

padrillo [pa'ðriʎo] *m* (*CSur*) Deckhengst *m*

padrinazgo [paðri'naθyo] *m* **1.** (*título*) Patenschaft *f* **2.** (*protección*) Schutz *m*

padrino [pa'ðrino] *m* **1.** (REL) Pate *m,* Patenonkel *m,* Taufpate *m;* ~ **de boda** Trauzeuge *m* **2.** (*loc*): ~ **de duelo** Sekundant *m;* **tener buenos** ~**s** gute Beziehungen haben

padrón [pa'ðron] *m* **1.** (*nómina*) Einwohnerverzeichnis *nt,* Einwohnerliste *f* **2.** (*modelo*) Muster *nt* **3.** (*columna*) Gedenksäule *f* **4.** (*irón: infamia*) Schandfleck *m* **5.** (*Am: caballo*) Zuchthengst *m*

padrote [pa'ðrote] *m* (*AmC, Méx*) **1.** (*equino*) Deckhengst *m;* (*bovino*) Zuchtbulle *m* **2.** (*fam: alcahuete*) Zuhälter *m*

paella [pa'eʎa] *f* **1.** (*comida*) Paella *f* **2.** (*utensilio*) Paellapfanne *f*

paellada [pae'ʎaða] *f* ≈Paellaessen *nt*

paellera [pae'ʎera] *f* (*utensilio*) Paellapfanne *f*

paf [paf] *interj* bums!, puff!, patsch!

pág. ['paxina] *abr de* **página** S.

paga ['paγa] *f* **1.** (*sueldo*) Lohn *m,* Gehalt *nt;*

P

(NÁUT) Heuer *f* **2.** (*pago*) (Be)zahlung *f;* ~ **extra(ordinaria)** Sonderzulage *f* **3.** (*represalia*) Vergeltung *f;* **fue la** ~ **por sus pecados** das war die Strafe für seine/ihre Sünden

pagable [pa'ɣaβle] *adj* zahlbar

pagadero, **-a** [paɣa'ðero, -a] *adj* **1.** (*a pagar*) fällig **2.** (ECON: *pagable*) zahlbar; ~ **a 30 días fecha** Zahlungsziel: 30 Tage; ~ **a la entrega** zahlbar bei Lieferung; ~ **a la orden de...** zahlbar an Order von ...; ~ **en plazos mensuales** zahlbar in Monatsraten; ~ **a la vista** zahlbar bei Sicht; **talón** ~ **al portador** auf den Überbringer lautender Scheck; **transporte y seguro** ~ **hasta...** Transport und Versicherung frei bis ...

pagado, **-a** [pa'ɣaðo, -a] *adj* bezahlt; (*en aduana*) verzollt; ~ **de sí mismo** selbstgefällig; **portes ~s** portofrei

pagador(a) [paɣa'ðor(a)] *m(f)* **1.** (*que paga*) Zahler(in) *m(f),* Zahlungspflichtige(r) *mf;* ~ **de impuestos** Steuerzahler *m;* **ser buen/mal** ~ ein pünktlicher/säumiger Zahler sein **2.** (*cajero*) Kassenführer(in) *m(f);* ~ **habilitado** Zahlmeister *m*

pagaduría [paɣaðu'ria] *f* Zahlstelle *f*

págalo ['paɣalo] *m* (ZOOL) *Schwimmvogel aus der Arktis, der sich von der Beute anderer Vögel ernährt*

pagana [pa'ɣana] *adj o f v.* **pagano**

paganismo [paɣa'nismo] *m sin pl* Heidentum *nt*

paganizar [paɣani'θar] <z→c> **I.** *vi* Heide werden **II.** *vt* zum Heidentum bekehren

pagano, **-a** [pa'ɣano, -a] **I.** *adj* heidnisch **II.** *m, f* **1.** (*infiel*) Heide, -in *m, f* **2.** (*fam: pagador*) Zahler(in) *m(f);* **hacer de** ~ immer für die anderen zahlen

pagar [pa'ɣar] <g→gu> **I.** *vt* **1.** (*saldar*) (be)zahlen, auszahlen; **cuentas a** ~ ausstehende Rechnungen; **una cuenta sin** ~ eine unbezahlte Rechnung; ~ **aduana** verzollen; ~ **aduana sobre algo** Zoll auf etw entrichten; ~ **un anticipo** eine Anzahlung leisten, anzahlen; ~ **al contado/por adelantado** bar/im Voraus bezahlen; ~ **una deuda/impuestos** eine Schuld begleichen/Steuern entrichten [*o* zahlen]; ~ **una deuda a plazos** eine Schuld abzahlen; ~ (**una deuda**) **trabajando** (eine Schuld) abarbeiten; ~ **contra factura** gegen Rechnung bezahlen; ~ **un sueldo** ein Gehalt auszahlen; **eso no se paga con todo el oro del mundo** (*fig*) das ist nicht mit Gold aufzuwiegen; ~ **con un talón** mit einem Scheck bezahlen; **este banco me paga un 7% de interés** bei dieser Bank bekomme ich 7% Zinsen; **la empresa donde trabajo paga unos sueldos de miseria** die Firma, bei der ich arbeite, zahlt Hungerlöhne; **ahora tiene que** ~ **el pato** (*fig*) jetzt muss er/sie es ausbaden **2.** (*fig: expiar*) büßen, sühnen; ~ **una condena** eine Strafe verbüßen; **¡me las ~ás!** das wirst du mir büßen; **quien las hace las paga** man muss für seine (eigenen) Dummheiten geradestehen **3.** (*recompensar*) ausgleichen, vergelten; **jamás podré ~te todos los favores que me has hecho** für alles, was du für mich getan hast, stehe ich für immer in deiner Schuld; **¡Dios se lo pague!** vergelt's Gott!; ~ **una visita** einen Besuch erwidern **II.** *vr:* **~se** **1.** (*aficionarse*) eingenommen sein (*de/con* von +*dat*); **~se de algo** mit etw *dat* angeben **2.** (*contentarse*) sich abspeisen lassen (*de/con* mit +*dat*); **no me pago de bellas palabras** ich lasse mich nicht mit schönen Worten abspeisen

pagaré [paɣa're] *m* Schuldschein *m,* Schuldverschreibung *f;* (FIN) Solawechsel *m;* ~ **de empresa** Obligation *f;* ~ **a la orden** Orderschuldverschreibung *f;* **P~s del Tesoro** staatliche Schuldverschreibungen

pagaya [pa'ɣaɟa] *f* (NÁUT) *kurzes philippinisches Ruder*

pagel [pa'xel] *m* (ZOOL) Rotbrasse *f*

página ['paxina] *f* **1.** (*hoja*) Seite *f;* **~s amarillas** Gelbe Seiten *pl;* ~ **de código** (INFOR) Zeichensatztabelle *f;* ~ **de cubierta** Umschlagseite *f;* **ajustar las ~s** (TIPO) die Seiten umbrechen; **pasar la** ~ (**adelante**) (INFOR) (vor)blättern **2.** (*fig: episodio*) Kapitel *nt,* Ereignis *nt;* **una triste** ~ **de su vida** ein trauriges [*o* dunkles] Kapitel in seinem/ihrem Leben; **una** ~ **gloriosa** eine ruhmreiche Tat

paginación [paxina'θjon] *f* Seitennummerierung *f,* Paginierung *f*

paginar [paxi'nar] *vt* paginieren, mit Seitenzahlen versehen

pago[1] ['paɣo] *m* **1.** (*reintegro*) (Aus)zahlung *f,* Bezahlung *f;* (*salario*) Lohn *m;* (*fig*) Vergeltung *f;* ~ **abierto** Barscheck *m;* ~ **adicional** Nachzahlung *f;* ~ **anticipado** [*o* **por adelantado**] Vorauszahlung *f,* Vorschuss *m;* ~ **atrasado** Zahlungsrückstand *m;* ~ **mediante cheque** Zahlung per Scheck; ~ **compensatorio** (UE) Ausgleichszahlung *f;* ~ **compensatorio de salario** Lohnausgleich *m;* ~ **de compromisos** Begleichung von Zahlungsverpflichtungen; ~ **al contado** Barzahlung *f;* ~ **a cuenta** Abschlagszahlung *f;* ~ **de la cuenta** Rechnungsbegleichung *f;* ~ **de los derechos de aduana** Zollentrichtung *f;* ~ **en especies** Naturalvergütung *f;* ~ **extraordinario** Zulage *f,* Zuschlag *m;* ~ **por hora** Stundenlohn *m;* ~ **por incapacidad** Krankengeld *nt;* ~ **inicial** Anzahlung *f;* ~ **íntegro** [*o* **total**] Gesamtvergütung *f;* ~ **en metálico** Barzahlung *f;* ~ **a plazos** Teilzahlung *f,* Ratenzahlung *f;* ~ **total de una deuda** Gesamttilgung [*o* vollständige Begleichung] einer Schuld; **condiciones de** ~ Zahlungsbedingungen *fpl;* **día de** ~ Zahltag *m,* Zahlungstermin *m;* **facilidades de** ~ Zahlungserleichterungen *fpl;* **forma de** ~ Zahlungsweise *f;* **requerimiento de** ~ Zahlungsaufforderung *f;* **anticipar el** ~ vorauszahlen; **conceder un plazo para el** ~ eine Zahlungsfrist gewähren; **efectuar un** ~ eine Zahlung leisten; **hacemos un descuento por pronto**

~ wir gewähren einen Barzahlungsrabatt; **el ~ vence** die Zahlung ist fällig; **sujeto a ~** zahlungspflichtig; **sujeto al ~ de derechos de aduana** zollpflichtig; **tomar en ~** in Zahlung nehmen; **¿éste es el ~ que me das?** so dankst du es mir? **2.** (*heredad*) Gut *nt* **3.** (*Arg, Perú: lugar de nacimiento*) Heimatort *m*

pago, -a² ['paɣo, -a] *pp de* **pagar**

pagoda [pa'ɣoða] *f* Pagode *f*

pagro ['paɣro] *m* (ZOOL) Pagrus *m*

paico ['pai̯ko] *m* (*Chil:* BOT) *einjährige, sehr aromatische Kräuterpflanze, die auch als Heilpflanze verwendet wird*

paidología [pai̯ðolo'xia] *f* (PSICO) Pädologie *f*

paidológico, -a [pai̯ðo'loxiko, -a] *adj* (PSICO) pädologisch

paidólogo, -a [pai̯'ðoloɣo, -a] *m, f* (PSICO) Pädologe, -in *m, f*

paila ['pai̯la] *f* **1.** (*vasija*) *große, runde Metallschale* **2.** (*Am: sartén*) Pfanne *f* **3.** (*Chil: fam: oreja*) Ohr *nt* **4.** (*Nic: machete*) Machete *f* (*zum Schneiden von Zuckerrohr*)

pailón¹ [pai̯'lon] *m* (*Bol, Ecua:* GEO) runde Niederung *f*

pailón, -ona² [pai̯'lon, -ona] *adj* (*Chil*) **1.** (*larguirucho*) schlaksig, hoch aufgeschossen **2.** (*fam: orejudo*) mit großen Ohren **3.** (*torpe*) ungeschickt

paipai [pai̯'pai̯] *m* Fächer *m,* Palmwedel *m*

pairar [pai̯'rar] *vi* (NÁUT) beiliegen

pairo ['pai̯ro] *m* (NÁUT) Beiliegen *nt;* **estar al ~** (*nave*) beiliegen; (*persona*) eine abwartende Haltung einnehmen

país [pa'is] *m* **1.** (*nación*) Land *nt;* **~ ACP** AKP-Staat *m;* **~ acreedor** Gläubigerland *nt;* **~ comunitario** EU-Land *nt;* **~ deudor** Schuldnerland *nt;* **~ emergente** Schwellenland *nt;* **~ de envío** Lieferland *nt;* **~ industrializado** Industrienation *f;* **~ limítrofe** Nachbarland *nt;* **~ sin litoral** Binnenstaat *m;* **~ miembro** Mitgliedsland *nt;* **~ nativo** [*o* **natal**] Geburtsland *nt;* **~ de origen** [*o* **de procedencia**] Herkunftsland *nt;* **~ prestatario** Schuldnerland *nt;* **~ de reciente industrialización** Land auf dem Weg zur Industrialisierung; **~ subdesarrollado** Entwicklungsland *nt;* **~ tercero** Drittland *nt;* **~es de ultramar** überseeische Länder; **~ en vías de desarrollo** Entwicklungsland *nt;* **~ en vías de industrialización** Schwellenland *nt;* **vino del ~** Landwein *m;* **productos del ~** Landesprodukte *ntpl* **2.** (*en pintura*) Landschaftsbild *nt* **3.** (*del abanico*) Fächerfeld *nt*

paisa ['pai̯sa] *m* (*AmC, Méx, Ven*) *v.* **paisano**

paisaje [pai̯'saxe] *m* (*t.* ARTE) Landschaft *f;* **~ esculpido por obras artificiales** Kulturlandschaft *f*

paisajismo [pai̯sa'xismo] *m* (ARTE) Landschaftsmalerei *f*

paisajista [pai̯sa'xista] *mf* Landschaftsmaler(in) *m(f)*

paisajístico, -a [pai̯sa'xistiko, -a] *adj* Landschafts-

paisana [pai̯'sana] *f* **1.** *v.* **paisano 2.** (MÚS) Bauerntanz *m*

paisanada [pai̯sa'naða] *f* (*CSur*) Landvolk *nt*

paisanaje [pai̯sa'naxe] *m* **1.** (*campesinos*) Bauernschaft *f* **2.** (*no militares*) Zivilisten *mpl*

paisano, -a [pai̯'sano, -a] *m, f* **1.** (*no militar*) Zivilist(in) *m(f);* **ir de ~** in Zivil gehen **2.** (*compatriota*) Landsmann, -männin *m, f* **3.** (*campesino*) Bauer *m,* Bäuerin *f*

Países Bajos [pa'ises 'βaxos] *mpl* Niederlande *pl*

paja ['paxa] *f* Stroh *nt;* (*pajilla*) Strohhalm *m;* **~ cortada** Häcksel *m o nt;* **cama de ~** Streu *f;* **apartar el grano de la ~** (*t. fig*) die Spreu vom Weizen trennen; **ver la ~ en el ojo ajeno y no la viga en el propio** den Splitter im fremden Auge, aber den Balken im eigenen nicht sehen; **yo no hablo a humo de ~s** ich rede nicht einfach irgendetwas daher; **no pesar una ~** völlig unbedeutend sein; **no dormirse en las ~s** keine Gelegenheit versäumen; **hacerse una ~** (*vulg*) sich *dat* einen runterholen

pajado, -a [pa'xaðo, -a] *adj* strohgelb, strohfarben

pajar [pa'xar] *m* (Heu)schober *m,* Scheune *f;* **buscar una aguja en un ~** (*fig*) eine Stecknadel im Heuhaufen suchen

pájara ['paxara] *f* **1.** (*ave pequeña*) kleiner Vogel *m* **2.** (*cometa*) Drachen *m* **3.** (*pajarita de papel*) gefalteter Papiervogel *m* **4.** (*pey: mujer*) gerissenes Frauenzimmer *nt* **5.** (*loc*): **entrarle a alguien la ~** sich auf einmal hundeelend fühlen

pajarear [paxare'ar] *vi* **1.** (*cazar pájaros*) Vögel fangen **2.** (*andar vagando*) ein Vagabundenleben führen

pajarera [paxa'rera] *f* **1.** (*jaula*) Voliere *f* **2.** *v.* **pajarero**

pajarería [paxare'ria] *f* **1.** (*multitud de pájaros*) Vogelschar *f,* Vogelschwarm *m* **2.** (*comercio*) Tierhandlung *f*

pajarero, -a [paxa'rero, -a] **I.** *adj* **1.** (*de pájaros*) Vogel-; **redes pajareras** Vogelnetze *ntpl* **2.** (*persona*) lustig, witzig **3.** (*telas*) bunt(scheckig) **4.** (*Am: caballos*) leicht scheuend **II.** *m, f* (*cazador de pájaros*) Vogelfänger(in) *m(f);* (*criador de pájaros*) Vogelzüchter(in) *m(f);* (*vendedor de pájaros*) Vogelhändler(in) *m(f)*

pajarete [paxa'rete] *m sehr feiner Likörwein aus Jerez de la Frontera*

pajarilla [paxa'riʎa] *f* **1.** (BOT) Akelei *f* **2.** (*bazo del cerdo*) Schweinemilz *f* **3.** (*mariposa nocturna*) Nachtfalter *m*

pajarita [paxa'rita] *f* **1.** (*de origami*) gefalteter Papiervogel *m;* (*cometa*) Papierdrache *m* **2.** (*tipo de corbata*) Fliege *f* **3.** (ZOOL): **~ de las nieves** Bachstelze *f*

pajarito [paxa'rito] *m dim de* **pájaro** Vögelchen *nt;* **quedarse (muerto) como un ~** friedlich sterben

pájaro ['paxaro] *m* Vogel *m;* ~ **bitango** Papierdrache *m;* ~ **bobo** (Riesen)pinguin *m;* ~ **carpintero** Specht *m;* ~ **de cuenta** (*fig fam*) schräger Vogel; ~ **gordo** (*fig*) hohes Tier; ~ **mosca** Kolibri *m;* **tener la cabeza llena de ~s** ein Luftikus sein; **matar dos ~s de un tiro** zwei Fliegen mit einer Klappe schlagen; **más vale ~ en mano que ciento volando** besser einen Spatz in der Hand als eine Taube auf dem Dach; **voló el ~** (*fig fam*) der Vogel ist ausgeflogen

pajarón, -ona [paxa'ron, -ona] *adj* (*Arg, Chil: fam*) zerstreut, unaufmerksam

pajarraco [paxa'rrako] *m* **1.** (*pájaro grande y feo*) großer, hässlicher Vogel *m;* ~ **de mal agüero** Unglücksvogel *m* **2.** (*fam: pillo*) Gauner(in) *m(f)*

paje ['paxe] *m* **1.** (*criado joven*) Page *m* **2.** (NÁUT) Schiffsjunge *m* **3.** (*mueble*) Toilettentisch *m*

pajear [paxe'ar] *vi* **1.** (*caballos*) viel Stroh fressen **2.** (*fam: portarse*) sich betragen, sich benehmen; **cada uno tiene su forma de ~** jeder benimmt sich auf seine Art

pajero[1] [pa'xero] *m* (*CSur: vulg*) Wichser *m*

pajero, -a[2] [pa'xero, -a] *m, f* **1.** (*vendedor de paja*) Strohhändler(in) *m(f)* **2.** (*Nic: fontanero*) Klempner(in) *m(f)*

pajilla [pa'xiʎa] *f* **1.** (*cigarrillo*) Zigarette *f* aus Maisblättern **2.** (*pajita*) Strohhalm *m*

pajita [pa'xita] *f* Strohhalm *m*

pajizo, -a [pa'xiθo, -a] *adj* **1.** (*hecho o cubierto de paja*) Stroh-; **techo ~** Strohdach *nt* **2.** (*color*) strohgelb, strohfarben **3.** (*cabello*) strohig

pajo ['paxo] *m* (*Fili:* GASTR) *kleine Mango, die eingelegt gegessen wird*

pajolero, -a [paxo'lero, -a] *adj* (*fam*) verdammt, verflucht; **toda tu pajolera vida...** dein ganzes verflixtes Leben ...

pajón [pa'xon] *m* Stoppelhalm *m*

pajonal [paxo'nal] *m* (*Am*) Gestrüpp *nt*

pajoso, -a [pa'xoso, -a] *adj* Stroh-, strohig; **estera pajosa** Strohmatte *f*

pajote [pa'xote] *m* (AGR) Strohmatte *f* (*zum Abdecken von Anpflanzungen*)

pajuela [pa'xwela] *f* **1.** (*para encender*) Schwefelfaden *m* **2.** (*Bol: cerilla*) Zündholz *nt* **3.** (*Bol, Col: mondadientes*) Zahnstocher *m*

pajuerano, -a [paxwe'rano, -a] *m, f* (*Arg, Bol, Urug: pey: paleto*) Provinzler(in) *m(f)*

Pakistán [pakis'tan] *m* Pakistan *nt*

pakistaní [pakista'ni] **I.** *adj* pakistanisch **II.** *mf* Pakistaner(in) *m(f),* Pakistani *m*

PAL [pal] (TV) *abr de* **Phase Alternating Line** PAL

pala ['pala] *f* **1.** (*para cavar*) Schaufel *f;* (*cuadrada*) Spaten *m;* ~ **para carbón** Kohlenschaufel *f;* ~ **mecánica** Löffelbagger *m;* (*Am*) Bulldozer *m* **2.** (AERO) Propellerblatt *nt;* (NÁUT) Schraubenblatt *nt;* ~ **del timón** (NÁUT) Ruderblatt *nt* **3.** (*raqueta*) Schläger *m;* (*bate*) Schlagholz *nt* **4.** (*hombrera del uniforme*) Schulterstück *nt* **5.** (*del calzado*) Oberleder *nt* **6.** (*fam: artificio*) Trick *m,* Kniff *m*

palabra [pa'laβra] *f* Wort *nt;* ~ **clave** Kodewort *nt;* (*t.* INFOR) Passwort *nt,* Kennwort *nt;* (*en una conversación*) Stichwort *nt;* ~ **de control** (INFOR) Steuerwort *nt;* **~s cruzadas** Kreuzworträtsel *nt;* ~ **de Dios** [*o* **Divina**] Evangelium *nt,* Wort Gottes; ~ **extranjera** Fremdwort *nt;* ~ **de honor** Ehrenwort *nt;* ~ **de instrucción** (INFOR) Befehlswort *nt;* **~s insultantes** Schmähworte *ntpl;* ~ **de matrimonio** Eheversprechen *nt;* **~s mayores** Schimpfwörter *ntpl;* ~ **de memoria** (INFOR) Speicherwort *nt;* ~ **numérica** (INFOR) numerisches Wort; ~ **técnica** Fachausdruck *m;* ~ **variable** (INFOR) variabellanges Speicherwort; **libertad de ~** Redefreiheit *f;* **bajo ~** auf Ehrenwort; **buenas ~s** schöne [*o* leere] Worte; **de ~** (*oral*) mündlich; (*que cumple sus promesas*) zuverlässig; **de pocas ~s** wortkarg; **ahorrar ~s** nicht viele Worte machen; **aprender las ~s** Vokabeln lernen; **beber las ~s a alguien** jdm ganz aufmerksam zuhören; **coger a alguien la ~** jdn beim Wort nehmen; **comerse las ~s** *überstürzt reden und dabei Worte verschlucken;* **cumplir la ~** sein Wort halten; **dejar a alguien con la ~ en la boca** jdn nicht ausreden lassen; **dirigir la ~ a alguien** das Wort an jdn richten; **faltar a la ~** sein Wort nicht halten; **hablar a medias ~s** nur Andeutungen machen; **llevar la ~** das Wort führen; **medir las ~s** seine Worte genau abwägen; **me faltan** [*o* **no tengo**] **~s para...** mir fehlen die Worte, um ...; **no entender ~** kein Wort verstehen; **no son más que ~s** das sind nichts als leere Worte; **quitar a alguien la ~ de la boca** jdm das Wort aus dem Munde nehmen; **se me escapó la ~** das Wort ist mir so rausgerutscht; **siempre ha de tener la última ~** er/sie muss immer das letzte Wort haben; **tener el don de ~** wortgewandt sein; **tomar la ~** das Wort ergreifen; **voy a ponerle dos ~s** ich will ihm/ihr ein paar Zeilen schreiben

palabreja [pala'βrexa] *f* Zungenbrecher *m*

palabreo [pala'βreo] *m* leeres Gerede *nt;* **¡déjate de tanto ~!** hör auf mit diesem Geschwätz!

palabrera [pala'βrera] *adj o f v.* **palabrero**

palabrería [palaβre'ria] *f* Wortschwall *m,* leeres Gerede *nt*

palabrero, -a [pala'βrero, -a] **I.** *adj* schwatzhaft, geschwätzig **II.** *m, f* Schwätzer(in) *m(f)*

palabrita [pala'βrita] *f dim de* **palabra** (*fam*) Wörtchen *nt;* **tendré que decirle cuatro ~s** ich habe noch ein Wörtchen mit ihm/ihr zu reden; **~s mansas** (*fig*) scheinheilige Person

palabro [pa'laβro] *m* (*fam*) **1.** (*palabra estrambótica*) skurriles Wort *nt* **2.** (*palabrota*) Schimpfwort *nt*

palabrota [pala'βrota] *f* Schimpfwort *nt*

palacete [pala'θete] *m* Palais *nt*

palacial [pala'θjal] *adj* Palast-; **de forma ~** palastartig

palaciego, **-a** [pala'θjeɣo, -a] **I.** *adj* höfisch, Hof- **II.** *m, f* Höfling *m,* Hofdame *f*

palacio [pa'laθjo] *m* Palast *m;* **P~ de las Cortes** Parlamentsgebäude *nt;* **P~ de Justicia** Gerichtsgebäude *nt;* **~ municipal** Rathaus *nt;* **~ real** Königspalast *m*

palada [pa'laða] *f* **1.** (*de la pala*): **una ~** eine Schaufel voll **2.** (*de hélice*) Umdrehung *f* **3.** (*de remo*) Ruderschlag *m*

paladar [pala'ðar] *m* (ANAT) Gaumen *m;* **~ blando** (ANAT) Gaumensegel *nt;* **tener buen ~** ein Feinschmecker sein

paladear [palaðe'ar] **I.** *vi* (*el recién nacido*) saugen wollen **II.** *vt* **1.** (*degustar*) schmecken **2.** (*saborear*) auskosten, genießen; **~ un dulce** eine Süßigkeit im Munde zergehen lassen

paladeo [pala'ðeo] *m* Schmecken *nt*

paladial [pala'ðjal] *adj* (ANAT, LING) palatal, Gaumen-; **sonido ~** Palatal(laut) *m*

paladín [pala'ðin] *m* **1.** (*caballero valeroso*) Ritter *m* **2.** (*defensor*) Paladin *m,* treuer Gefolgsmann *m*

paladino, **-a** [pala'ðino, -a] *adj* (*manifiesto*) offenkundig; (*público*) öffentlich; **en lenguaje ~** klar und deutlich gesprochen

palafrén [pala'fren] *m* (*caballo*) Zelter *m*

palafrenero [palafre'nero] *m* Reitknecht *m*

palamenta [pala'menta] *f* (NÁUT) Ruderwerk *nt;* **estar debajo de la ~ de alguien** unter jds Fuchtel stehen

palanca [pa'laŋka] *f* **1.** (*pértiga*) Hebel *m;* (*palanqueta*) Brechstange *f;* **~ de embrague/del freno de mano** (AUTO) Kupplungs-/Handbremshebel *m;* **~ interlineadora de la máquina de escribir** Zeileneinstellhebel der Schreibmaschine; **~ de juegos** (INFOR) Joystick *m;* **~ de mando** (AERO) Steuerknüppel *m;* (INFOR) Joystick *m* **2.** (*influencia*) Einfluss *m;* **tiene mucha ~** er/sie ist sehr einflussreich **3.** (*en las piscinas*) Sprungbrett *nt*

palangana[1] [palaŋ'gana] *f* **1.** (*jofaina*) (Wasch)becken *nt* **2.** (*AmC, Col: plato grande*) Schüssel *f*

palangana[2] [palaŋ'gana] *mf* (*Chil, Perú: fam*) **1.** (*hablador*) Schwätzer(in) *m(f)* **2.** (*vanidoso*) Lackaffe *m,* eingebildete Person *f*

palanganear [palaŋgane'ar] *vi* (*Am: fam*) angeben, prahlen

palanganero [palaŋga'nero] *m* Waschtisch *m*

palangre [pa'laŋgre] *m* Angelseil *nt,* Legeangel *f*

palanquear [palaŋke'ar] *vt* (*Am*) **1.** (*apalancar*) mit Hebeln bewegen **2.** (*influenciar*) verschiedene Hebel in Bewegung setzen (bei +*dat*)

palanqueta [palaŋ'keta] *f* Brecheisen *nt,* Brechstange *f*

palanquín [palaŋ'kin] *m* **1.** (*litera*) Palankin *m,* Sänfte *f* **2.** (*ganapán*) Lastträger *m* **3.** (NÁUT) Geitau *nt*

palapa [pa'lapa] *f* (*Méx*) *offene Holzhütte mit Palmdach*

palatal [pala'tal] **I.** *adj* Gaumen-, palatal; **sonido ~** (LING) Gaumenlaut *m* **II.** *f* (LING) Palatal *m,* Gaumenlaut *m*

palatalización [palataliθa'θjon] *f* (LING) Palatalisierung *f*

palatalizar [palatali'θar] <z→c> *vt* (LING) palatalisieren

palatina [pala'tina] *adj o f v.* **palatino**

Palatinado [palati'naðo] *m* Pfalz *f*

palatino, **-a** [pala'tino, -a] **I.** *adj* **1.** (ANAT) Gaumen-; **bóveda palatina** Gaumenbogen *m;* **hueso ~** Gaumenbein *nt* **2.** (*del palacio*) Palast-, Hof-; **vida palatina** Hofleben *nt* **3.** (*del Palatinado*) Pfalz-, pfälzisch; **conde ~** Pfalzgraf *m* **II.** *m, f* **1.** (*habitante del Palatinado*) Pfälzer(in) *m(f)* **2.** (*conde*) Pfalzgraf, -gräfin *m, f,* Palatin *m*

palazo [pa'laθo] *m* Schlag *m* mit einer Schaufel

palazón [pala'θon] *f* Pfahlwerk *nt*

palco ['palko] *m* **1.** (*Am: tribuna*) Tribüne *f* **2.** (TEAT) Loge *f;* **~ escénico** Bühnenloge *f;* **~ de platea** Parterreloge *f*

palear [pale'ar] *vt* schaufeln

palenque [pa'leŋke] *m* **1.** (*estacada*) Umzäunung *f,* Einzäunung *f* **2.** (*palestra*) Kampfplatz *m,* Turnierplatz *m* **3.** (*RíoPl: para atar animales*) Pfosten *m* (*zum Anbinden von Tieren*)

palenquear [paleŋke'ar] *vt* (*Arg, Urug*) (Tiere) an den Pfosten binden

palentino, **-a** [palen'tino, -a] **I.** *adj* aus Palencia **II.** *m, f* Einwohner(in) *m(f)* von Palencia

paleoantropología [paleoantropolo'xia] *f* Paläoanthropologie *f*

paleobiología [paleoβjolo'xia] *f* Paläobiologie *f*

paleobotánica [paleoβo'tanika] *f* Paläobotanik *f*

paleoceno[1] [paleo'θeno] *m* (GEO) Paläozän *nt*

paleoceno, **-a**[2] [paleo'θeno, -a] *adj* (GEO) paläozän; **época paleocena** Paläozen *nt*

paleógeno[1] [pale'oxeno] *m* (GEO) Paläogen *nt*

paleógeno, **-a**[2] [pale'oxeno, -a] *adj* (GEO) paläogen; **época paleógena** Paläogen *nt*

paleógrafa [pale'oɣrafa] *f v.* **paleógrafo**

paleografía [paleoɣra'fia] *f sin pl* Paläographie *f*

paleográfico, **-a** [paleo'ɣrafiko, -a] *adj* (LING) paläographisch

paleógrafo, **-a** [pale'oɣrafo, -a] *m, f* Paläograph(in) *m(f)*

paleolítico[1] [paleo'litiko] *m sin pl* Paläolithikum *nt,* Altsteinzeit *f*

paleolítico, **-a**[2] [paleo'litiko, -a] *adj* paläolithisch, altsteinzeitlich

paleología [paleolo'xia] *f* (LING) Lehre *f* der alten Sprachen

P

paleomagnetismo [paleomaɣne'tismo] *m* (GEO) Paläomagnetismus *m*
paleontóloga [paleon̪'toloɣa] *f v.* **paleontólogo**
paleontología [paleon̪tolo'xia] *f sin pl* Paläontologie *f*
paleontológico, **-a** [paleon̪to'loxiko, -a] *adj* paläontologisch
paleontólogo, **-a** [paleon̪'toloɣo, -a] *m, f* Paläontologe, -in *m, f*
paleosuelo [paleo'swelo] *m* (GEO) fossiler Boden *m*
paleozoico[1] [paleo'θoi̯ko] *m* (GEO) Paläozoikum *nt*
paleozoico, **-a**[2] [paleo'θoi̯ko, -a] *adj* (GEO) paläozoisch
paleozoología [paleoθo(o)lo'xia] *f* Paläozoologie *f*
palestino, **-a** [pales'tino, -a] **I.** *adj* palästinensisch **II.** *m, f* Palästinenser(in) *m(f)*
palestra [pa'lestra] *f* **1.** (HIST) Palästra *f*, Kampfplatz *m* **2.** (*competición*) Kampf *m*
palet [pa'let] *m* Palette *f*
paleta [pa'leta] *f* **1.** *v.* **paleto**[2] **2.** (*pala pequeña*) kleine Schaufel *f* **3.** (*del albañil*) Maurerkelle *f*; (*espátula*) Spachtel *m o f* **4.** (*del pintor*) Palette *f*, Farbenbrett *nt*; ~ **de herramientas** (INFOR) Werkzeugkasten *m* **5.** (*de turbinas*) Schaufel *f*; ~ **de la rueda hidráulica** Radschaufel *f* **6.** (*de la hélice*) Blatt *nt*; ~ **del ventilador** Ventilatorflügel *m* **7.** (*para el transporte*) Palette *f* **8.** (*de cocina*) Bratenwender *m* **9.** (*omóplato*) Schulterblatt *nt* **10.** (*AmC, Méx: helado con palito*) Eis *nt* am Stiel **11.** (*Chil: paletón de llave*) Schlüsselbart *m*
paletada [pale'taða] *f* eine Kelle *f* voll
paletazo [pale'taθo] *m* (TAUR) Seitenstoß *m* des Stieres
paletear [palete'ar] *vi* (NÁUT) ohne Rhythmus paddeln
paletilla [pale'tiʎa] *f* **1.** (*omóplato*) Schulterblatt *nt* **2.** (*candelero*) Kerzenleuchter *m* **3.** (*ternilla del esternón*) Knorpel *m* am Brustbein (*in der Höhe des Mageneingangs*)
paletizar [paleti'θar] <z→c> *vt* palettieren, palettisieren
paleto[1] [pa'leto] *m* Damhirsch *m*
paleto, **-a**[2] [pa'leto, -a] **I.** *adj* provinziell **II.** *m, f* Provinzler(in) *m(f) fam*, Landpomeranze *f fam*
palhuén [pa'lwen] *m* (*Chil:* BOT) *stachelige Staude*
paliacate [palja'kate] *m* (*Méx*) *großes, buntes Kopf- oder Halstuch*
paliar [pa'ljar/pali'ar] <*1. pres:* **palío, palio**> *vt* **1.** (*delito*) vertuschen, verschleiern; (*encubrir*) bemänteln **2.** (*enfermedad*) lindern **3.** (*restar importancia*) verharmlosen, beschönigen
paliativo[1] [palja'tiβo] *m* Schmerzmittel *nt*; (MED) Palliativ *nt*
paliativo, **-a**[2] [palja'tiβo, -a] *adj* **1.** (*de una enfermedad*) (schmerz)lindernd; (MED) palliativ; **remedio** ~ Schmerzmittel *nt* **2.** (*paliatorio*) beschönigend, verharmlosend
paliatorio, **-a** [palja'torjo, -a] *adj* beschönigend, verdeckend
palidecer [paliðe'θer] *irr como crecer vi* **1.** (*persona*) erblassen **2.** (*cosa*) verblassen; **mis palabras palidecen junto a las suyas** meine Worte verlieren neben den seinen/den ihren ihre Kraft
palidez [pali'ðeθ] *f* Blässe *f*
pálido, **-a** ['paliðo, -a] *adj* blass, bleich; **colores ~s** blasse Farben; **una luz muy pálida** ein fahles Licht; **un estilo** ~ ein ausdrucksloser Stil
paliducho, **-a** [pali'ðutʃo, -a] *adj* (*fam*) blässlich
palier [pa'ljer] *m* (AUTO) Halbachse *f*, Achsschenkel *m*
palillero[1] [pali'ʎero] *m* **1.** (*para palillos de dientes*) Zahnstocherbehälter *m* **2.** (*portaplumas*) Federhalter *m*
palillero, **-a**[2] [pali'ʎero, -a] *m, f* Zahnstocherverkäufer(in) *m(f)*
palillo [pa'liʎo] *m* **1.** (*palo pequeño*) Stöckchen *nt*; **tener las piernas como ~s** Storchenbeine haben **2.** (*para los dientes*) Zahnstocher *m* **3.** (*para tocar el tambor*) Trommelschlägel *m*; **tocar todos los ~s** (*fig*) alle Hebel in Bewegung setzen **4.** (*bolillo de hacer encaje*) Spitzenklöppel *m* **5.** (*de la hoja de tabaco*) Tabakrippe *f* **6.** *pl* (*reg: fam: castañuelas*) Kastagnetten *fpl*
palíndromo [pa'lin̪dromo] *m* Palindrom *nt*
palingenesia [paliŋxe'nesja] *f*, **palingénesis** [paliŋ'xenesis] *f inv* (FILOS) Wiedergeburt *f*, Palingenese *f*
palinodia [pali'noðja] *f* Palinodie *f*; **cantar la** ~ Widerruf leisten
palio ['paljo] *m* **1.** (HIST, REL) Pallium *nt* **2.** (*baldaquín*) Baldachin *m*; **recibir a alguien con** [*o* **bajo**] ~ jdn besonders freudig empfangen
palique [pa'like] *m* (*fam*) Geplauder *nt*; **estar de** ~ **con alguien** (*fam*) ein Schwätzchen mit jdm halten
palisandro [pali'san̪dro] *m* Palisander *m*, Palisanderholz *nt*
palista [pa'lista] *mf* (DEP) Schlagballspieler(in) *m(f)*
palitroque [pali'troke] *m* **1.** (TAUR) Banderilla *f* **2.** (*palo*) kleiner, unförmiger Stock *m* **3.** (*loc*): **estar de** ~ belangloses Zeug reden
paliza [pa'liθa] *f* (*zurra*) (Tracht *f*) Prügel *mpl*; (*esfuerzo*) Anstrengung *f*; **le han dado una buena** ~ sie haben ihm/ihr eine ordentliche Tracht Prügel verpasst; **les dieron una buena** ~ **en el partido** sie wurden beim Spiel ganz schön abgefertigt; **¡qué** ~ **me he pegado subiendo la montaña!** war das vielleicht anstrengend, den Berg zu besteigen!; **¡no me des la** ~**!** geh mir nicht auf die Nerven!
palizada [pali'θaða] *f* Palisade *f*, Pfahlwerk *nt*; (*cercado*) Umzäunung *f*

pallar [pa'ʎar] *vt* (MIN) (den reichsten Erzteil) absondern

pallaza [pa'ʎaθa] *f v.* **palloza**

pallium ['paʎun] *m* (ANAT) Pallium *nt*

palloza [pa'ʎoθa] *f* (*reg*) Hütte *f* mit Strohdach

palma ['palma] *f* **1.** (*palmera*) Palme *f;* (*datilera*) Dattelpalme *f;* (*hoja de palmera*) Palm(en)blatt *nt;* ~ **real** Königspalme *f* **2.** (*triunfo*) Sieg *m,* Siegespalme *f;* **llevarse la ~** (*fig*) den Sieg davontragen **3.** (*de la mano*) Handfläche *f;* **este terreno es como la ~ de la mano** dieses Gelände ist sehr eben und leicht zugänglich; **conozco el barrio como la ~ de mi mano** ich kenne das Viertel wie meine Westentasche; **llevar a alguien en ~s** jdn auf Händen tragen **4.** *pl* (*aplauso*) Händeklatschen *nt,* Beifall *m;* **tocar** [*o* **dar**] **las ~s** in die Hände klatschen; (*aplaudir*) Beifall klatschen

palmada [pal'maða] *f* **1.** (*golpe*) Schlag *m* mit der Handfläche, Klaps *m fam* **2.** *pl* (*ruido*) Händeklatschen *nt;* **~s de aplauso** Beifallklatschen *nt;* **dar ~s para llamar al camarero** in die Hände klatschen, um den Kellner zu rufen

palmar [pal'mar] **I.** *adj* **1.** (*de la mano*) zur Handfläche gehörend, Hand-; (*del palmo*) (Hand)spannen- **2.** (*de la palmera*) Palmen- **3.** (*palmario*) offensichtlich **II.** *m* Palmenwald *m;* **ser más viejo que un ~** uralt sein **III.** *vi* (*fam: morirse*) sterben; **~la** abkratzen **IV.** *vt* (*medir con palmo*) mit der Handspanne messen

palmarés [palma'res] *m* (DEP) Siegerliste *f*

palmario, -a [pal'marjo, -a] *adj* offenkundig; **la diferencia es palmaria** der Unterschied liegt auf der Hand

palmatoria [palma'torja] *f* **1.** (*candelero*) (Hand)leuchter *m* **2.** (*para pegar*) Rute *f,* Rohrstok *m*

palmeado, -a [palme'aðo, -a] *adj* **1.** (*de figura de palma*) palmenförmig **2.** (ZOOL) mit Schwimmhäuten; **pata palmeada** Schwimmfuß *m*

palmear [palme'ar] **I.** *vi* (*aplaudir*) klatschen **II.** *vt* (TIPO) mit dem Klopfholz ebnen

palmejar [palme'xar] *m* (NÁUT) Bodenplanke *f,* Bugband *nt*

palmense [pal'mense] **I.** *adj* aus Las Palmas de Gran Canaria **II.** *mf* Einwohner(in) *m(f)* von Las Palmas de Gran Canaria

palmeo [pal'meo] *m* **1.** (*aplauso*) Klatschen *nt* **2.** (*medición por palmos*) Messen *nt* nach der Spanne

palmera [pal'mera] *f* **1.** (*árbol*) Palme *f;* ~ **datilera** Dattelpalme *f* **2.** *v.* **palmero**

palmeral [palme'ral] *m* Palmenwald *m,* Palmenpflanzung *f*

palmero, -a [pal'mero, -a] **I.** *adj* aus Santa Cruz de la Palma **II.** *m, f* **1.** (*de la Palma*) Einwohner(in) *m(f)* von Santa Cruz de la Palma **2.** (*peregrino*) Palmzweigträger(in) *m(f)* (*Pilger, der aus Jerusalem einen Palmzweig mitbringt*)

palmesano, -a [palme'sano, -a] **I.** *adj* aus Palma de Mallorca **II.** *m, f* Einwohner(in) *m(f)* von Palma de Mallorca

palmeta [pal'meta] *f* **1.** (*para pegar*) Rute *f,* Rohrstock *m* **2.** (*golpe*) Schlag *m* mit dem Rohrstock (*auf die Hand*) **3.** (*palmatoria*) (Hand)leuchter *m*

palmetazo [palme'taθo] *m* Schlag *m* mit dem Rohrstock (*auf die Hand*)

palmiche[1] [pal'mitʃe] *m* (BOT: *árbol*) Königspalme *f;* (*fruta*) Frucht *f* der Königspalme

palmiche[2] [pal'mitʃe] *f* (*Cuba*) *leichter schwarzer Anzugstoff*

palmilla [pal'miʎa] *f* **1.** (*plantilla*) Einlegesohle *f,* Brandsohle *f* **2.** (*fig*): **llevar a alguien en ~s** jdn auf Händen tragen

palmípedas [pal'mipeðas] *fpl* (ZOOL) Schwimmvögel *mpl*

palmípedo, -a [pal'mipeðo, -a] *adj* (*Vögel*) mit Schwimmhäuten

palmiste [pal'miste] *m* (BOT) *Nuss verschiedener Palmenarten*

palmita [pal'mita] *f* (*fig*): **llevar** [*o* **traer**] **a alguien en ~s** jdn auf Händen tragen

palmito [pal'mito] *m* **1.** (*palma*) Zwergpalme *f;* (*tallo blanco, comestible*) Palmherz *nt* **2.** (*fam: cara bonita*) hübsches Gesicht *nt;* **esta mujer tiene buen ~** diese Frau hat ein hübsches Gesicht

palmo ['palmo] *m* Spanne *f* (*ca. 21 cm*), Handbreit *f;* ~ **a** ~ Schritt für Schritt; **conoce esta ciudad ~ a ~** er/sie kennt jeden Winkel dieser Stadt; **dejar a alguien con un ~ de narices** (*fam*) jdm eine lange Nase machen; **con un ~ de la lengua fuera** (*fam*) ächzend

palmotear [palmote'ar] *vi* heftig (in die Hände) klatschen

palmoteo [palmo'teo] *m* **1.** (*aplauso*) Beifallklatschen *nt* **2.** (*con la palmeta*) Schlag *m* mit dem Rohrstock (*auf die Hände*)

palo ['palo] *m* **1.** (*bastón*) Stock *m;* (*vara*) Stab *m;* (*garrote*) Knüppel *m;* (*estaca*) Pfahl *m;* (NÁUT) Mast *m;* (*de las letras: alto*) Oberlänge *f* der Buchstaben; (*bajo*) Unterlänge *f* der Buchstaben; ~ **de agua** (*AmC, Col, Ecua, Ven*) Regenguss *m;* ~ **de barco** Schiffsmast *m;* ~ **de la escoba** Besenstiel *m;* ~ **de hockey** Hockeyschläger *m;* ~ **de mando** (AERO, NÁUT) Steuerknüppel *m;* ~ **mayor** (NÁUT) Hauptmast *m;* ~ **de la portería** Torpfosten *m;* ~ **de tienda** Zeltstange *f;* **poner a alguien en un ~** jdn an den Galgen hängen [*o* an den Pranger stellen]; **ser un ~** (*Am*) eine wichtige Persönlichkeit sein; **cada ~ aguanta su vela** (*prov*) jeder muss für seine eigenen Taten geradestehen **2.** (*madera*) Holz *nt;* ~ **Brasil/dulce/santo** Brasil(ien)-/Süß-/Palisanderholz *nt;* **cuchara de ~** Holzlöffel *m;* **pata de ~** Holzbein *nt;* **de tal ~, tal astilla** (*prov*) der Apfel fällt nicht weit vom Stamm **3.** (*paliza*) (Stock)schlag *m,* (Tracht *f*) Prügel *mpl;* **andar**

P

a ~s ständig streiten, verkracht sein; **dar ~s de ciego** blind um sich schlagen; (*fig*) unüberlegt handeln; **dar un ~ a alguien** jdn fertig machen; **echar a alguien a ~s** jdn gewaltsam rausschmeißen; **liarse a ~s con alguien** sich in eine Schlägerei mit jdm einlassen; **moler a alguien a ~s** jdn windelweich prügeln

paloma [pa'loma] *f* **1.** (*ave*) Taube *f;* ~ **buchona** Kropftaube *f;* ~ **mensajera** Brieftaube *f;* ~ **de la paz** Friedenstaube *f;* **ser una ~ sin hiel** (*fig*) keiner Fliege etwas antun können **2.** (*argot: sábana*) Bettlaken *nt* **3.** (*fam: de la camisa*) Stehkragen *m* **4.** (*fam: bebida*) *Anisschnaps mit Selters* **5.** *pl* (NÁUT) Wellen *fpl* mit Schaumkamm (*die auf hoher See bei Wind entstehen*)

palomar [palo'mar] *m* Taubenschlag *m*

palometa [palo'meta] *f* (ZOOL) *essbarer Fisch, ein wenig größer als die Makrele*

palomilla [palo'miʎa] *f* **1.** (*mariposa nocturna*) (Korn)motte *f;* ~ **de la ropa** (*Méx*) Kleidermotte *f* **2.** (*mariposa pequeña*) kleiner Schmetterling *m* **3.** (BOT: *fumaria*) Erdrauch *m* **4.** (BOT: *onoquiles*) Alkannawurzel *f* **5.** (TÉC: *chumacera*) Zapfenlager *nt*

palomina [palo'mina] *f* **1.** (*excrementos de la paloma*) Taubenkot *m* **2.** (*uva negra*) *blaue Weintraubenart*

palomino [palo'mino] *m* **1.** (*cría de paloma*) junge Taube *f* **2.** (*fam: mancha*) *Kotfleck in der Unterwäsche,* Bremsspur *f reg*

palomita [palo'mita] *f* **1.** (*de maíz*) Popcorn *nt,* Puffmais *m* **2.** (*bebida*) *Erfrischungsgetränk, bestehend aus Wasser mit einem Schuss Anis*

palomo [pa'lomo] *m* Täuberich *m,* Tauber *m;* **Juan P~** *selbstsüchtiger Taugenichts*

palotada [palo'taða] *f* Schlag *m* mit einem (kurzen) Stock; **no dar ~** nichts richtig machen

palotazo [palo'taθo] *m* (TAUR) Seitenstoß *m* des Stieres

palote [pa'lote] *m* **1.** (*palillo*) kurzer Stock *m* **2.** (*ejercicio*) Schreibübung *f* (*der Schulanfänger*)

palotear [palote'ar] *vi* **1.** (*con los palotes*) Stöcke gegeneinander schlagen **2.** (*fam: discutir*) herumdiskutieren

paloteo [palo'teo] *m* Streit *m;* (*en que hay golpes*) Schlägerei *f*

palpable [pal'paβle] *adj* **1.** (*tangible*) ertastbar **2.** (*evidente*) klar, einleuchtend

palpablemente [palpaβle'mente] *adv* eindeutig

palpación [palpa'θjon] *f,* **palpamiento** [palpa'mjento] *m* (MED) Abtasten *nt,* Palpation *f*

palpar [pal'par] *vt* **1.** (*tocar*) abtasten, abfühlen; (*fam: magrear*) betatschen **2.** (*percibir claramente*) offensichtlich sein, auf der Hand liegen; **se palpaba el entusiasmo** die Begeisterung war deutlich spürbar **3.** (*andar a tientas*) tappen

palpebral [palpe'βral] *adj* (ANAT) Lid-, palpebral

palpitación [palpita'θjon] *f* **1.** (*estremecimiento*) Zuckung *f* **2.** (*del pulso*) Pulsschlag *m;* (*del corazón*) Herzschlag *m;* **el paciente tiene 120 palpitaciones al minuto** der Patient hat 120 Pulsschläge pro Minute **3.** *pl* (*por estar excitado*) Herzklopfen *nt*

palpitante [palpi'tante] *adj* **1.** (*convulsivo*) zuckend; (*del corazón*) klopfend **2.** (*fig: emocionante*) ergreifend; **de ~ interés** von brennendem Interesse; **un problema de ~ actualidad** ein akutes Problem

palpitar [palpi'tar] *vi* zucken; (*corazón, pulso*) schlagen, pochen; **en sus palabras palpita la dulzura** aus seinen/ihren Worten spricht die Zärtlichkeit

pálpito ['palpito] *m* Vorahnung *f,* Eingebung *f*

palquista [pal'kista] *mf Dieb, der durch Fenster oder über Balkone eindringt*

palta ['palta] *f* (*CSur*) Avocado *f;* ~ **a la reyna** Avocado mit Huhn

palto ['palto] *m* (*CSur*) Avocadobaum *m*

palúdico, -a [pa'luðiko, -a] **I.** *adj* sumpfig, Sumpf-; **fiebre palúdica** Sumpffieber *nt* **II.** *m, f* Sumpffieberkranke(r) *mf*

paludismo [palu'ðismo] *m* **1.** (*enfermedad*) Sumpffieber *nt,* Malaria *f* **2.** (*argot: miedo*) Bammel *m;* **tener ~** Manschetten haben

palurdo, -a [pa'lurðo, -a] **I.** *adj* ungeschliffen, tölpelhaft **II.** *m, f* Tölpel *m*

palustre [pa'lustre] **I.** *adj* sumpfig, Sumpf-; **planta ~** Sumpfpflanze *f* **II.** *m* Maurerkelle *f*

pambazo [pam'baθo] *m* (*Urug*) *fladenähnliches Brot*

pambil [pam'bil] *m* (*Ecua:* BOT) *kleinere Art der Königspalme*

pamela [pa'mela] *f* breiter Damenstrohhut *m,* Florentiner *m*

pamema [pa'mema] *f* (*fam*) **1.** (*tontería*) Unsinn *m,* dummes Zeug *nt* **2.** (*melindre*) Zimperlichkeit *f,* Ziererei *f*

pampa ['pampa] *f* (*CSur*) Pampa *f;* ~ **salitrera** (*Chil*) chilenische Salpeterwüste

pámpana ['pampana] *f* Weinblatt *nt;* **zurrar la ~ a alguien** (*fam*) jdm eine Tracht Prügel geben

pámpano ['pampano] *m* (Wein)ranke *f;* (*hoja de la vid*) Weinblatt *nt;* **echar ~s** sich ranken

pampeano, -a [pampe'ano, -a] **I.** *adj* aus der Pampa **II.** *m, f* Pampabewohner(in) *m(f)*

pampear [pampe'ar] *vi* (*CSur*) die Pampa durchstreifen

pampero¹ [pam'pero] *m* (*RíoPl: viento*) Pampawind *m*

pampero, -a² [pam'pero, -a] **I.** *adj* aus der Pampa **II.** *m, f* Pampabewohner(in) *m(f)*

pampino, -a [pam'pino, -a] **I.** *adj* (*Chil*) aus der Pampa **II.** *m, f* (*Chil*) Bewohner(in) *m(f)* der chilenischen Salpeterwüste

pampirolada [pampiro'laða] *f* **1.** (GASTR) *Soße aus Knoblauch und Brot, im Mörser be-*

reitet **2.** (*fam: necedad*) dummes Zeug *nt*
pamplina [pam'plina] *f* **1.** (BOT) Vogelmiere *f* **2.** (*fam: pamema*) dummes Zeug *nt,* Unsinn *m;* **¡no me vengas con ~s!** verschon mich mit dem Blödsinn!
pamplinada [pampli'naða] *f,* **pamplinería** [pampline'ria] *f* dummes Zeug *nt,* Unsinn *m*
pamplinero, **-a** [pampli'nero, -a] *adj* zu belanglosem Geschwätz neigend, schwätzerisch *pey*
pamplonés, **-esa** [pamplo'nes, -esa] **I.** *adj* aus Pamplona **II.** *m, f* Einwohner(in) *m(f)* von Pamplona
pamplonica [pamplo'nika] *adj o mf* (*fam*) *v.* **pamplonés**
pamporcino [pampor'θino] *m* (BOT) Alpenveilchen *nt*
pan [pan] *m* (*t. fig*) Brot *nt;* (*trigo*) Getreide *nt,* Weizen *m;* (*AmS*) Brötchen *nt;* **~ ázimo** [*o* **ácimo**] ungesäuertes Brot; **~ de azúcar** Zuckerhut *m;* **~ blanco** Weißbrot *nt;* **~ candeal** Weizenbrot *nt;* **~ de centeno** Roggenbrot *nt;* **~ dulce** (*Méx*) süßes Brot; **~ de higos** Feigenbrot *nt;* **~ integral** Vollkornbrot *nt;* **un ~ de jabón** ein Stück Seife; **~ con mantequilla** Butterbrot *nt;* **~ de molde** Kastenbrot *nt;* **~ de muerto** (*Méx*) Totenbrot *nt;* **~ de munición** Kommissbrot *nt;* **~ negro de Westfalia** Pumpernickel *m;* **~ de oro/de plata** Gold-/Silberplättchen *nt;* **~ rallado** Paniermehl *nt,* Semmelbrösel *mpl;* **~ de yema** (*AmS*) Briochebrötchen *nt;* **cortar el ~ en rebanadas** das Brot in Scheiben schneiden; **¡el ~ de cada día!** (*fig*) immer die gleiche Leier!; **el ~ nuestro de cada día dánosle hoy** (REL) unser täglich Brot gib uns heute; **estar a ~ y agua** bei Wasser und Brot sitzen; **este año hay mucho ~** dieses Jahr fällt die Ernte gut aus; **tierra de ~ llevar** anbaufähiges Land; (**llamar**) **al ~, ~ y al vino, vino** die Dinge beim Namen nennen; **comer el ~ de alguien** (*fig*) jdm auf der Tasche liegen; **comer ~ con corteza** (*fig: ser independiente*) selb(st)ständig sein; (*fig: recuperar la salud*) wieder gesund sein; **con su ~ se lo coma** er/sie muss selbst wissen, was er/sie tut; **no cocérsele a alguien el ~** sehr ungeduldig sein; **ser ~ comido** kinderleicht sein; **ser más bueno que el ~, ser un pedazo de ~** herzensgut sein
pana ['pana] *f* **1.** (*tejido*) Kordsamt *m,* Panne(samt) *m* **2.** (NÁUT) Korkboje *f*
panacea [pana'θea] *f* Panazee *f,* Allheilmittel *nt*
panaché [pana'tʃe] *m* **1.** (*mezcla de frutas*) Kompott *nt* **2.** (POL) Panaschiersystem *nt*
panadera [pana'ðera] *f v.* **panadero**
panadería [panaðe'ria] *f* Bäckerei *f*
panadero, **-a** [pana'ðero, -a] *m, f* Bäcker(in) *m(f)*
panafricanismo [panafrika'nismo] *m* (POL) Panafrikanismus *m*
panafricano, **-a** [panafri'kano, -a] **I.** *adj* (POL) panafrikanisch **II.** *m, f* (POL) Anhänger(in) *m(f)* des Panafrikanismus
panal [pa'nal] *m* Wabe *f;* **~ de abejas/de miel** Bienen-/Honigwabe *f*
panamá [pana'ma] *m* Panamahut *m*
Panamá [pana'ma] *m* Panama *nt;* **Canal de ~** Panamakanal *m*
panameñismo [paname'ɲismo] *m* (LING) panamesische Redeweise *f*
panameño, **-a** [pana'meɲo, -a] **I.** *adj* aus Panama **II.** *m, f* Panamaer(in) *m(f)*
panamericanismo [panamerika'nismo] *m* (POL) Panamerikanismus *m*
panamericanista [panamerika'nista] *mf* (POL) Anhänger(in) *m(f)* des Panamerikanismus
panamericano, **-a** [panameri'kano, -a] *adj* panamerikanisch
panarabismo [panara'βismo] *m* (POL) Panarabismus *m*
panarabista [panara'βista] *mf* (POL) Anhänger(in) *m(f)* des Panarabismus
panarra [pa'narra] *m* **1.** (*fam pey: hombre simple, tonto*) Einfaltspinsel *m* **2.** (*murciélago*) Fledermaus *f*
panatela [pana'tela] *f großer, dünner Zwieback*
pancarpia [paŋ'karpja] *f* Blumenkranz *m*
pancarta [paŋ'karta] *f* Spruchband *nt,* Plakat *nt*
panceta [paṇ'θeta] *f* (GASTR) *durchwachsenes Schweinespeckstück*
pancho, **-a** ['pantʃo, -a] *adj* **1.** (*tranquilo*) ruhig, gelassen; **se quedó tan ~** er ließ sich nicht aus der Ruhe bringen **2.** (*Chil: marrón*) braun
pancismo [paṇ'θismo] *m* (*pey*) Opportunismus *m*
pancista [paṇ'θista] *mf* Opportunist(in) *m(f)*
pancita [paṇ'θita] *f* (*Méx:* GASTR) *Gericht mit Rindermagen in Brühe*
pancrático, **-a** [paŋ'kratiko, -a] *adj* (ANAT) *v.* **pancreático**
páncreas ['paŋkreas] *m inv* (ANAT) Bauchspeicheldrüse *f,* Pankreas *nt*
pancreático, **-a** [paŋkre'atiko, -a] *adj* (ANAT) Bauchspeicheldrüsen-; **jugos ~s** Bauchspeichel *m*
pancreatitis [paŋkrea'titis] *f inv* (MED) Entzündung *f* der Bauchspeicheldrüse, Pankreatitis *f*
pancutras [paŋ'kutras] *fpl* (*Chil:* GASTR) *Gericht mit in Brühe gekochten Teigstreifen*
panda[1] ['paṇda] *m* (ZOOL) Panda *m;* **oso ~, ~ gigante** Panda(bär) *m,* Bambusbär *m;* **~ menor** Katzenbär *m*
panda[2] ['paṇda] *f* **1.** (*en un claustro*) Galerie *f* eines Kreuzgangs **2.** (*pandilla*) Bande *f,* Clique *f*
pandear [paṇde'ar] *vi, vr:* **~se** (*pared o viga*) sich durchbiegen
pandemonio [paṇde'monjo] *m,* **pandemónium** [paṇde'monjun] *m* Pandämoni-

P

um *nt;* (*fig fam*) *lauter, tumultuöser Schauplatz*
pandeo [paṇ'deo] *m* Durchbiegen *nt*
pandera [paṇ'dera] *f* (MÚS) Tamburin *nt,* Schellentrommel *f*
panderada [paṇde'raða] *f* **1.** (*conjunto de panderas*) *mehrere Tamburins* **2.** (*fam: necedad*) Unsinn *m*
pandereta [paṇde'reta] *f* Tamburin *nt,* Schellentrommel *f*
panderetear [paṇderete'ar] *vi* das Tamburin schlagen
panderetero, -a [paṇdere'tero, -a] *m, f* **1.** (*músico*) Tamburinschläger(in) *m(f)* **2.** (*comerciante*) Tamburinhändler(in) *m(f)*
pandero [paṇ'dero] *m* **1.** (*pandereta grande*) Tamburin *nt,* Schellentrommel *f* **2.** (*cometa*) Papierdrache *m* **3.** (*vulg: culo*) Arsch *m*
pandilla [paṇ'diʎa] *f* Bande *f,* Clique *f;* ~ **de ladrones** Räuberbande *f,* Verbrecherbande *f*
pandillero, -a [paṇdi'ʎero, -a] *m, f* Bandenmitglied *nt*
pando, -a ['paṇdo, -a] *adj* **1.** (*curvado*) krumm, gebogen **2.** (*casi llano*) fast eben **3.** (*poco profundo*) seicht **4.** (*flemático*) träge
Pandora [paṇ'dora] *f* (*de la mitología griega*) Pandora *f;* **la caja de** ~ die Büchse der Pandora
pandorga [paṇ'dorɣa] *f* **1.** (*cometa*) Papierdrache *m* **2.** (*fam: mujer gorda*) fette, plumpe Frau *f* **3.** (*barriga*) Wanst *m* **4.** (*Col: chanza, diablura*) Streich *m*
pandorguear [paṇdorɣe'ar] *vt* (*Col*) böse Streiche spielen (*a* +*dat*)
panecillo [pane'θiʎo] *m* Brötchen *nt,* Semmel *f reg*
panegírico[1] [pane'xiriko] *m* Panegyrikus *m,* Lobrede *f*
panegírico, -a[2] [pane'xiriko, -a] *adj* panegyrisch, rühmend
panegirizar [panexiri'θar] <z→c> *vt* eine Lobrede halten (*a* auf +*akk*)
panel [pa'nel] *m* **1.** (*carpintería*) Paneel *nt* **2.** (TÉC) Feld *nt,* Tafel *f;* ~ **de baterías solares** Sonnenbatterieplatte *f;* ~ **de conexiones** Schalttafel *f;* ~ **de control** Steuerpult *nt* **3.** (*encuesta*) Panel *nt* **4.** (*Cuba, PRico: lista de jurados*) Geschworenenliste *f* **5.** (*personas que discuten en público*) Diskussionsrunde *f;* ~ **de expertos** Expertenrunde *f*
panela [pa'nela] *f* **1.** (*bizcocho*) *zwiebackartiges Gebäck* **2.** (*Col, CRi, Hond: azúcar*) raffinierter Zucker *m*
panenteísmo [paneṇte'ismo] *m* (FILOS) Panentheismus *m*
panera [pa'nera] *f* **1.** (*lugar*) Brotkammer *f;* (*para guardar trigo*) Getreidekammer *f* **2.** (*cesto*) Brotkorb *m*
panero [pa'nero] *m* **1.** (*canasta*) Tragekorb *m* für Brot **2.** (*estera*) runde Matte *f*
paneslavismo [panesla'βismo] *m* (POL) Panslawismus *m*
paneslavista [panesla'βista] **I.** *adj* (POL) panslawistisch **II.** *mf* (POL) Panslawist(in) *m(f)*
paneuropeísmo [paneu̯rope'ismo] *m* (POL) Paneuropa-Bewegung *f*
paneuropeísta [paneu̯rope'ista] **I.** *adj* (POL) die Paneuropa-Bewegung betreffend **II.** *mf* (POL) Anhänger(in) *m(f)* der Paneuropa-Bewegung
paneuropeo, -a [paneu̯ro'peo, -a] *adj* paneuropäisch, gesamteuropäisch
pánfilo, -a ['paɱfilo, -a] *adj* **1.** (*fácil de engañar*) gutgläubig **2.** (*lento*) schwerfällig, träge
panfletario, -a [paɱfle'tarjo, -a] *adj* Schmäh-; **artículo** ~ Schmähschrift *f*
panfletista [paɱfle'tista] *mf* Pamphletist(in) *m(f)*
panfleto [paɱ'fleto] *m* Pamphlet *nt,* Schmähschrift *f*
pangermanismo [paŋxerma'nismo] *m* (POL) Pangermanismus *m*
pangolín [paŋgo'lin] *m* (ZOOL) Schuppentier *nt*
pangue ['paŋge] *m* (*Chil, Perú:* BOT) *Pflanzenart mit essbaren Blättern*
panhelenismo [panele'nismo] *m* (POL) Panhellenismus *m*
paniaguado, -a [panja'ɣwaðo, -a] *m, f* **1.** (*criado*) Hausangestellte(r) *mf* (*der/die zusätzlich zum Lohn freie Kost und Logis hat*) **2.** (*favorecido*) Günstling *m*
pánico[1] ['paniko] *m* Panik *f;* **entrar en** ~ in Panik geraten; **le tengo** ~ **al examen** ich habe panische Angst vor der Prüfung
pánico, -a[2] ['paniko, -a] *adj* panisch
paniego, -a [pa'njego, -a] *adj* **1.** (*que come mucho pan*) viel Brot essend; **ser** ~ viel Brot essen **2.** (*de trigo*) Weizen-; **tierra paniega** Weizenfeld *nt*
panificable [panifi'kaβle] *adj* zur Brotbereitung geeignet
panificación [panifika'θjon] *f* Brotherstellung *f*
panificadora [panifika'ðora] *f* Brotfabrik *f*
panificar [panifi'kar] <c→qu> *vt* zu Brot verarbeiten
panique [pa'nike] *m* (*Fili:* ZOOL) *Fledermausart mit essbarem Fleisch und nutzbarem Fell*
panislámico, -a [panis'lamiko, -a] *adj* (POL) panislamisch
panislamismo [panisla'mismo] *m* (POL) Panislamismus *m*
panislamista [panisla'mista] *mf* (POL) Anhänger(in) *m(f)* des Panislamismus
panizo [pa'niθo] *m* **1.** (BOT) Hirse *f* **2.** (*Chil: de minerales*) Erzlager *nt*
panlogismo [panlo'xismo] *m* (FILOS) Panlogismus *m*
panocha [pa'notʃa] *f,* **panoja** [pa'noxa] *f* **1.** (*de maíz*) Maiskolben *m* **2.** (*espiga*) Ähre *f;* (*racimo*) Rispe *f* **3.** (*Méx: azúcar*) brauner Zucker *m*
panoli [pa'noli] **I.** *adj* (*fam*) einfältig **II.** *mf* (*fam*) Simpel *m,* Einfaltspinsel *m*
panoplia [pa'noplja] *f* **1.** (*armadura comple-*

ta) (vollständige) Ausrüstung *f* eines Kriegers **2.** (*colección de armas*) Waffensammlung *f* **3.** (*en arqueología*) Waffenkunde *f*

panorama [pano'rama] *m* (*vista*) Panorama *nt*, Rundblick *m*; (*aspecto global*) Überblick *m*; **el ~ de cráteres en la luna** die Kraterlandschaft auf dem Mond

panorámica [pano'ramika] *f* (Aus)blick *m*; (CINE, FOTO, TV) Gesamtaufnahme *f*

panorámico, **-a** [pano'ramiko, -a] *adj* Panorama-; **toma panorámica** (FOTO, CINE) Kameraschwenk *m*; **vista panorámica** Rundblick *m*, Gesamtansicht *f*

pan(p)siquismo [pansi'kismo] *m* (FILOS) Panpsychismus *m*

panqué [paŋ'ke] *m* (*Cuba, Méx*), **panqueque** [paŋ'keke] *m* (*AmS:* GASTR) Pfannkuchen *m*

pantagruélico, **-a** [pan̪ta'ɣrweliko, -a] *adj* (*comidas*) üppig; **banquete ~** Festmahl *nt*

pantalán [pan̪ta'lan] *m* Kai *m* (*aus Holz oder Rohr*)

pantaleta(s) [pan̪ta'leta(s)] *f(pl)* (*Méx, Ven: bragas*) Schlüpfer *m*

pantalla [pan̪'taʎa] *f* **1.** (*de la lámpara*) Lampenschirm *m* **2.** (*t. fig: protección*) Abschirmung *f*; **~ aislante** Isolierschirm *m*; **servir de ~** als Strohmann fungieren; **servirse de alguien como ~** hinter jds Rücken Schutz suchen **3.** (INFOR, TV) Bildschirm *m*; **~ de alta resolución** Bildschirm mit hoher Auflösung; **~ completa** Gesamtanzeige *f*; **~ cromática** Farbbildschirm *m*; **~ dividida** geteilte Anzeige; **~ monocromática** Monochrombildschirm *m*; **~ plana** Flachbildschirm *m*; **~ de proyección** Projektionsbildschirm *m*; **~ táctil** (INFOR) Kontaktbildschirm *m*, Touch-Screen *m*; **~ virtual** (INFOR) virtueller Bildschirm **4.** (CINE) Leinwand *f*; **~ panorámica** Breitwand *f*; **astro** [*o* **estrella**] **de la ~** Filmstar *m*; **pequeña ~** (*fam*) Fernsehen *nt*; **salir en la ~** als Schauspieler im Film mitspielen

pantalón [pan̪ta'lon] *m* Hose *f*; **~ bombacho** Knickerbocker *pl*; **~ corto** Kniehose *f*; **~ de pana** Kordhose *f*; **~ de pinzas** Bundfaltenhose *f*; **~ tejano** [*o* **vaquero**] Jeans(hose) *f*; **llevar los pantalones** (*fig*) die Hosen anhaben

pantalonero, **-a** [pan̪talo'nero, -a] *m, f* Hosenschneider(in) *m(f)*

pantana [pan̪'tana] *f* (*reg*) *Zucchiniart der kanarischen Inseln*

pantanal [pan̪ta'nal] *m* Sumpfgebiet *nt*, Sumpfland *nt*

pantano [pan̪'tano] *m* **1.** (*terreno*) Moor *nt*; (*laguna, t. fig*) Sumpf *m* **2.** (*embalse*) Stausee *m*

pantanoso, **-a** [pan̪ta'noso, -a] *adj* sumpfig, Sumpf-

panteísmo [pan̪te'ismo] *m* (REL, FILOS) Pantheismus *m*

panteísta [pan̪te'ista] **I.** *adj* (REL, FILOS) pantheistisch **II.** *mf* (REL, FILOS) Pantheist(in) *m(f)*

panteístico, **-a** [pan̪te'istiko, -a] *adj* (REL, FILOS) pantheistisch

panteón [pan̪te'on] *m* **1.** (*en la antigüedad*) Pantheon *nt* **2.** (*sepultura*) Grabstätte *f* für mehrere Personen; **~ de familia** [*o* **familiar**] Familiengrab *nt* **3.** (*Am: cementerio*) Friedhof *m*

panteonero, **-a** [pan̪teo'nero, -a] *m, f* (*Am*) Totengräber(in) *m(f)*

pantera [pan̪'tera] *f* (ZOOL) Panther *m*, Leopard *m*; **la ~ rosa** (TV, CINE) der rosarote Panther

pantimedia(s) [pan̪ti'meðja(s)] *f(pl)* (*Méx*) Strumpfhose *f*

pantis ['pan̪tis] *mpl* (*fam*) Nylonstrumpfhose *f*

pantógrafo [pan̪'toɣrafo] *m* (TÉC, ARTE) Pantograph *m*, Storchschnabel *m*

pantomima [pan̪to'mima] *f* Pantomime *f*

pantomímico, **-a** [pan̪to'mimiko, -a] *adj* pantomimisch

pantomimo [pan̪to'mimo] *m* Pantomime *m*

pantoque [pan̪'toke] *m* (NÁUT) Kielraum *m*

pantorrilla [pan̪to'rriʎa] *f* Wade *f*

pantufla [pan̪'tufla] *f*, **pantuflo** [pan̪'tuflo] *m* Pantoffel *m*, Hausschuh *m*

panty ['pan̪ti] *m v.* **pantis**

panucho [pa'nutʃo] *m* (*Méx:* GASTR) *mit Bohnen und Fleisch gefüllter Maisfladen*

panuela [pa'nwela] *f* (*Col, Hond:* GASTR) *geröstete Mais- oder Weizenpaste mit Honig auf Brot*

panza ['pan̪θa] *f* **1.** (*barriga*) Bauch *m*, Wanst *m fam*; **la ~ de una jarra** der Bauch eines Kruges; **llenarse la ~** sich *dat* den Wanst voll schlagen; **¡qué ~ tiene este hombre!** der Mann hat aber eine Wampe! **2.** (ZOOL) Pansen *m* **3.** (*fam: cielo gris*) grauer Himmel *m*

panzada [pan̪'θaða] *f* **1.** (*golpe*) Stoß *m* mit dem Bauch **2.** (*hartazgo*) Übersättigung *f*; **darse una ~** sich *dat* den Bauch voll schlagen

panzón[1] [pan̪'θon] *m* (*fam*) Schmerbauch *m pey*, Fettwanst *m pey*

panzón, **-ona**[2] [pan̪'θon, -ona] *adj* (*persona*) dickbäuchig; (*cosa*) dickbauchig; **una botella panzona** eine dickbauchige Flasche

panzudo, **-a** [pan̪'θuðo, -a] *adj v.* **panzón**[2]

pañal [pa'ɲal] *m* Windel *f*; **cambiar los ~es al niño** dem Kind die Windeln wechseln, das Kind frisch wickeln; **dejar en ~es a alguien** (*fig*) jdn weit hinter sich *dat* lassen; **estar aún en ~es** (*fig*) noch in den Windeln [*o* Kinderschuhen] stecken; **en física estoy en ~es** von Physik habe ich keine Ahnung; **sacar a alguien de ~es** (*fig fam*) jdn aus dem Elend erretten

pañera [pa'ɲera] *adj o f v.* **pañero**

pañería [paɲe'ria] *f* Tuchhandel *m*; (*tienda*) Tuchhandlung *f*

pañero, **-a** [pa'ɲero, -a] **I.** *adj* Tuch- **II.** *m, f* Tuchhändler(in) *m(f)*

pañete [pa'ɲete] *m* **1.** (*paño de menor calidad*) minderwertiges, dünnes Tuch *nt* **2.** (AR-

P

QUIT: *enlucido*) Verputz *m*
pañito [pa'ɲito] *m* Spitzendeckchen *nt*
paño ['paɲo] *m* **1.**(*tejido*) Tuch *nt,* Stoff *m;* (*compresa*) Binde *f;* (*ancho de una tela*) Stoffbahn *f;* ~ **asargado** Tweed *m;* ~ **de cocina** Küchenhandtuch *nt;* ~ **de fieltro** Filztuch *nt;* ~ **higiénico** Damenbinde *f,* Monatsbinde *f;* ~**s menores** Unterwäsche *f;* ~ **tirolés** Loden *m;* **aplicar ~s calientes** heiße Umschläge machen; **¡no me vengas con ~s calientes!** (*fig*) komm mir nicht mit nutzlosen Ratschlägen!; **¡conozco el ~!** (*fig*) ich weiß Bescheid!; **haber ~ que cortar** (*fig*) genug von allem da sein; **ser el ~ de lágrimas de alguien** (*fig*) jds Tröster sein **2.**(*mancha en el rostro*) Leberfleck *m* **3.**(*turbación*) Beschlag *m,* Trübung *f;* **este espejo tiene un ~** dieser Spiegel ist beschlagen **4.**(*en construcción*) Füllung *f*
pañol [pa'ɲol] *m* (NÁUT) Hellegatt *nt,* Vorratskammer *f*
pañolero[1] [paɲo'lero] *m* (NÁUT) für die Hellegatts zuständiger Matrose *m*
pañolero, -a[2] [paɲo'lero, -a] *m, f* Taschentuchverkäufer(in) *m(f)*
pañoleta [paɲo'leta] *f* (*para mujeres*) (dreieckiges) Halstuch *nt*
pañolón [paɲo'lon] *m* Umhängetuch *nt*
pañosa [pa'ɲosa] *f* **1.**(*fam: capa de paño*) Cape *nt* **2.**(TAUR) Capa *f*
pañuelo [pa'ɲwelo] *m* **1.**(*moquero*) Taschentuch *nt;* **el mundo es un ~** die Welt ist ein Dorf, die Welt ist klein **2.**(*pañoleta*) Halstuch *nt;* (*de cabeza*) Kopftuch *nt*
papa[1] ['papa] *m* Papst *m*
papa[2] ['papa] *f* **1.**(*reg, Am: patata*) Kartoffel *f;* ~ **dulce** Süßkartoffel *f;* ~ **a la Huancaina** (*AmS*) *gekochte, kalte Kartoffel mit einer scharfen Sauce;* **no saber/no entender ni ~** überhaupt nichts wissen/verstehen **2.**(*fam*) *v.* **paparrucha** **3.** *pl* (*comida*) (Kinder)brei *m*
papá [pa'pa] *m* (*fam*) **1.**(*padre*) Papa *m,* Vati *m;* **P~ Noel** Weihnachtsmann *m;* (**no**) **creer en el P~ Noel** (nicht) an den Weihnachtsmann glauben **2.** *pl:* **los ~s** die Eltern
papachar [papa'ʧar] *vt* (*Méx: mimar*) liebkosen
papachos [pa'paʧos] *mpl* (*Méx*) Streicheleinheiten *fpl;* **hacer ~** streicheln
papada [pa'paða] *f* (*de la persona*) Doppelkinn *nt;* (*del animal*) Wamme *f*
papadilla [papa'ðiʎa] *f* Doppelkinn *nt*
papado [pa'paðo] *m* Papsttum *nt*
papafigo [papa'fiɣo] *m* **1.**(ZOOL) Feigendrossel *f* **2.**(NÁUT) *v.* **papahígo**
papagayo [papa'ɣaɟo] *m* **1.**(*loro*) Papagei *m* **2.**(*hablador*) Schwätzer *m;* **hablar como un ~** unaufhörlich quasseln **3.**(*pez*) Papageifisch *m* **4.**(*Arg:* MED) Urinal *nt*
papahígo [papa'iɣo] *m* (NÁUT) Großsegel *nt*
papal [pa'pal] **I.** *adj* päpstlich **II.** *m* (*Am*) Kartoffelfeld *nt*
papalina [papa'lina] *f* **1.**(*gorra*) Ohrenmütze *f;* (*cofia para mujeres*) Haube *f* **2.**(*fam: borrachera*) Rausch *m*
papalote [papa'lote] *m* (*Ant, Méx*) Papierdrache *m*
papamoscas [papa'moskas] *m inv* **1.**(ZOOL) Fliegenschnäpper *m* **2.**(*fam: papanatas*) Trottel *m*
papamóvil [papa'moβil] *m* Papstmobil *nt*
papanatas [papa'natas] *m inv* (*fam*) Trottel *m*
papanatería [papanate'ria] *f,* **papanatismo** [papana'tismo] *m* Trotteligkeit *f*
papar [pa'par] *vt* essen (*ohne zu kauen*); ~ **moscas** (*fam*) Maulaffen feilhalten; **¡pápate esa!** (*fam*) schreib dir das hinter die Ohren!
paparote, -a [papa'rote, -a] *m, f* (*fam*) Trottel *m*
paparrucha [papa'rruʧa] *f* (*fam*), **paparruchada** [paparru'ʧaða] *f* (*fam*) **1.**(*noticia falsa*) (Zeitungs)ente *f,* Falschmeldung *f;* (*patraña*) Schwindel *m,* Bluff *m* **2.**(*obra sin valor*) Schund *m;* **ese libro es una ~** dieses Buch ist der reinste Schund
papaya [pa'paɟa] *f* (*fruta*) Papaya *f*
papayo [pa'paɟo] *m* (BOT) Papaya *f,* Melonenbaum *m*
papear [pape'ar] *vi* lallen, stammeln
papel [pa'pel] *m* **1.**(*material, para escribir*) Papier *nt;* (*escritura*) Schriftstück *nt;* ~ **de aluminio** [*o* **de plata**] Aluminiumfolie *f;* ~ **de barba** Büttenpapier *nt;* ~ **biblia** Dünndruckpapier *nt;* ~ **brillante** Glanzpapier *nt;* ~ **de calcar** Pauspapier *nt;* ~ **carbón** Kohlepapier *nt;* ~ **carta** Einzelblattpapier *nt;* ~ **cebolla** Durchschlagpapier *nt;* ~ **celofán** Cellophanpapier *nt;* ~ **continuo** Endlospapier *nt;* ~ **cuadriculado** kariertes Papier; ~ **cuché** Kunstdruckpapier *nt;* ~ **de embalaje** Packpapier *nt;* ~ **de envolver** Einschlagpapier *nt;* ~ **del Estado** Staatspapier *nt;* ~ **de estaño** Stanniolpapier *nt;* ~ **de estraza** ungeleimtes Papier, Packpapier *nt;* ~ **de filtro** Filterpapier *nt;* ~ **de fumar** Zigarettenpapier *nt;* ~ **de goma** gummiertes Papier; ~ **grueso para imprimir** Dickdruckpapier *nt;* ~ **higiénico** Toilettenpapier *nt;* ~ **de hilo** Leinenpapier *nt;* ~ **de lija** Schmirgelpapier *nt;* ~ **maché** Pappmaschee *nt;* ~ **milimetrado** Millimeterpapier *nt;* ~ **mojado** (*fig*) wertloses Schriftstück [*o* Papier]; ~ **moneda** Papiergeld *nt;* ~ **de música** Notenpapier *nt;* ~ **pautado** Linienpapier *nt;* ~ **pergamino** Pergamentpapier *nt;* ~ **para periódicos** Zeitungspapier *nt;* ~ **pintado** Tapete *f;* ~ **rayado** liniertes Papier; ~ **reciclado** Umweltschutzpapier *nt;* ~ **de regalo** Geschenkpapier *nt;* ~ **en rollo** Rollenpapier *nt;* ~ **secante** Löschpapier *nt;* ~ **sellado** Stempelpapier *nt;* ~ **de tornasol** Lackmuspapier *nt;* **bolsa de ~** Papiertüte *f;* **tus palabras fueron ~ mojado** deine Worte waren nichts als leere Versprechungen; **ponerse más blanco que el ~** kreideweiß werden; **tener el escritorio lleno de ~es** Berge von Papier auf dem

Schreibtisch haben **2.** (*rol*) Rolle *f;* ~ **protagónico** Hauptrolle *f;* ~ **secundario** Nebenrolle *f;* **hacer su** ~ sich bewähren; **hacer un** ~ **ridículo** sich lächerlich aufführen; **hacer buen/mal** ~ beeindruckend/lächerlich wirken; **hacer el** ~ **de malo en la película** im Film den Bösen spielen; **repartir los** ~**es** die Rollen besetzen; **la industria juega un** ~ **muy importante en este país** die Industrie spielt in diesem Land eine sehr wichtige Rolle **3.** *pl* (*documentos*) Dokumente *ntpl,* (Ausweis)papiere *ntpl;* ~**es bursátiles** Börsenwertpapiere *ntpl;* ~**es de despido** Entlassungspapiere *ntpl;* ~**es del Estado** Staatspapiere *ntpl;* **sus** ~**es no están en regla** Ihre Papiere sind nicht in Ordnung

papela [pa'pela] *f* (*fam*) Ausweispapiere *ntpl*

papelear [papele'ar] *vi* **1.** (*revolver papeles*) Papiere durchsehen **2.** (*fam: presumir*) sich aufspielen

papeleo [pape'leo] *m* **1.** (*trámites*) Papierkram *m fam;* ~ **burocrático** Papierkrieg *m fam pey* **2.** (*revolver papeles*) Durchsehen *nt* von Papieren

papelera [pape'lera] *f* **1.** (*cesto*) Papierkorb *m* **2.** (*fábrica*) Papierfabrik *f* **3.** (*mueble*) Aktenschrank *m* **4.** *v.* **papelero**

papelería [papele'ria] *f* Schreibwarengeschäft *nt,* Papierwarenhandlung *f*

papelerío [papele'rio] *m* (*Am*) Papierkram *m*

papelero, -a [pape'lero, -a] **I.** *adj* Papier-; **fábrica papelera** Papiermühle *f,* Papierfabrik *f* **II.** *m, f* **1.** (*fabricante*) Papierfabrikant(in) *m(f);* (*vendedor*) Papierhändler(in) *m(f),* Schreibwarenhändler(in) *m(f)* **2.** (*presumido*) Wichtigtuer(in) *m(f)*

papeleta [pape'leta] *f* (*cédula*) Zettel *m,* Schein *m;* (*en el examen*) ausgeloste Prüfungsfrage *f;* ~ **electoral** Wahlzettel *m;* ~ **del monte de piedad** Pfandschein *m;* ~ **de propaganda** Flugblatt *nt;* ~ **de votación** Stimmzettel *m;* **menuda** ~ **le ha tocado** er steht vor einer ganz schön schwierigen Aufgabe

papeletear [papelete'ar] *vi* Karteikarten anlegen

papeleteo [papele'teo] *m* Anlage *f* von Karteikarten

papeletizar [papeleti'θar] <z→c> *vi v.* **papeletear**

papelillo [pape'liʎo] *m* **1.** (*en la farmacia*) (Pulver)päckchen *nt* **2.** (*cigarrillo*) selbst gedrehte Zigarette *f* **3.** (*confeti*) Konfetti *nt* **4.** (*PRico: papillote*) Haarwickel *m,* Papillote *f*

papelina [pape'lina] *f* **1.** (*tela*) Popelin *m,* Popeline *m o f* **2.** (HIST) Trinkgefäß *nt*

papelista [pape'lista] *mf* **1.** (*comerciante*) Papierhändler(in) *m(f)* **2.** (*fabricante*) Papierhersteller(in) *m(f)* **3.** (*empapelador*) Tapezierer(in) *m(f)*

papelito [pape'lito] *m v.* **papelillo**

papelón [pape'lon] *m* **1.** (*pey: papel inútil*) wertloses Schriftstück *nt,* Wisch *m fam* **2.** (*fam: actuación deslucida*) Blamage *f;* **¡qué** ~**!** wie peinlich!; **pasar** [*o* **hacer**] **un** ~ sich blamieren **3.** (*cartón delgado*) dünner Karton *m* **4.** (*Ven: azúcar*) brauner Zucker *m*

papelorio [pape'lorjo] *m* (*pey*) wirrer Papierhaufen *m*

papelote [pape'lote] *m,* **papelucho** [pape'lutʃo] *m* **1.** (*pey: papel inútil*) Wisch *m fam* **2.** (*papel reciclable*) Altpapier *nt*

papeo [pa'peo] *m* (*fam*) Essen *nt*

papera [pa'pera] *f* **1.** (*bocio*) Kropf *m* **2.** *pl* (*enfermedad*) Mumps *m,* Ziegenpeter *m fam*

papero [pa'pero] *m* Breitopf *m*

papi ['papi] *m* (*fam*) Papi *m,* Vati *m*

papiamiento [papja'mjen̪to] *m* (*Am*) Papiamento *nt* (*Mischsprache der niederländischen Antillen*)

papila [pa'pila] *f* (ANAT) Papille *f*

papilitis [papi'litis] *f inv* (MED) Entzündung *f* einer Papille

papilla [pa'piʎa] *f* (Baby)brei *m;* **dar** ~ **a alguien** (*fig*) jdm etwas vormachen; **echar la primera** ~ sich heftig übergeben; **hacer** ~ **a alguien** (*fig*) jdn fertig machen; **estar hecho** ~ völlig fertig sein

papillote [papi'ʎote] *m* Lockenwickler *m,* Papillote *f;* **a la** ~ (GASTR) *mit Butter und Öl zum Grillen in Papier eingewickelt*

papiloma [papi'loma] *m* (MED) Papillom *nt*

papín [pa'pin] *m* (GASTR) *Süßspeise nach Hausmacherart*

papión [pa'pjon] *m* (ZOOL) Pavian *m*

papiro [pa'piro] *m* Papyrus *m*

papiroflexia [papiro'fleˠsja] *f* Origami *nt,* Kunst *f* des Papierfaltens

papirola [papi'rola] *f* Figur *f* aus gefaltetem Papier, Origami-Figur *f*

papirología [papirolo'xia] *f* Papyrologie *f,* Papyruskunde *f*

papirotazo [papiro'taθo] *m,* **papirote** [papi'rote] *m* (*fam*) Kopfnuss *f*

papismo [pa'pismo] *m* Papismus *m pey*

papista [pa'pista] **I.** *adj* papistisch *pey;* **ser más** ~ **que el papa** päpstlicher sein als der Papst **II.** *mf* Papist(in) *m(f) pey*

papo ['papo] *m* **1.** (*buche*) Kropf *m* der Vögel; (*fam: bocio*) Kropf *m* **2.** (*papada*) Wamme *f* **3.** (BOT) Pappus *m* **4.** (*Guat: bobo*) Dummkopf *m*

paporrear [paporre'ar] *vt* **1.** (*vapulear*) prügeln **2.** (*hablar sin fundamento*) schwätzen

paporretear [paporrote'ar] *vt* (*Chil: pey*) auswendig dahersagen, ohne es zu verstehen

páprika ['paprika] *f* (GASTR) Paprika *f*

papú(a)[1] [pa'pu(a)] **I.** *adj* papuanisch **II.** *m* (*lengua*) Papuasprache *f*

papú(a)[2] [pa'pu(a)] *mf* (*individuos*) Papua *mf*

papudo, -a [pa'puðo, -a] *adj* (*aves*) dickkröpfig, mit großem Kropf

pápula ['papula] *f* (MED) (Haut)knötchen *nt,* Papel *f*

paquebote [pake'βote] *m* Passagierschiff *nt;*

P

(HIST) Paketboot *nt*

paquete¹ [pa'kete] *m* **1.** (*t. fig: atado, fardo*) Paket *nt;* ~ **de acciones/de créditos** Aktien-/Kreditpaket *nt;* ~ **de acuerdos/de medidas** (POL) Abkommens-/Maßnahmenpaket *nt;* ~ **dual en línea** (INFOR) DIP-Gehäuse *nt;* ~ **educativo** Ausbildungspaket *nt;* ~ **integrado de software** (INFOR) integriertes Softwarepaket; ~ **de negociación** Verhandlungspaket *nt;* ~ **postal** Postpaket *nt;* ~ **de programas** (INFOR) Programmpaket *nt;* **las acciones se venden en ~s de 100** die Aktien werden in Paketen zu 100 Stück veräußert; **meter un ~ a alguien** (MIL) jdn zusammenstauchen [*o* bestrafen] **2.** (HIST) Passagierschiff *nt,* Paketboot *nt* **3.** (*fam: hombre acicalado*) modebewusster Mann *m;* **ayer ibas hecho un ~** gestern warst du aber herausgeputzt **4.** (*argot: engaño*) Beschiss *m*

paquete, -a² [pa'kete, -a] *adj* (*Arg*) schick

paquetear [pakete'ar] *vi* (*Arg, Urug*) sich herausputzen

paquete-bomba [pa'kete-'βomba] *m* <paquetes-bomba> Briefbombe *f*

paquetería [pakete'ria] *f* **1.** (*paquete*) Paketgut *nt* **2.** (*Arg*) Eitelkeit *f*

paquetero, -a [pake'tero, -a] *m, f* **1.** (*que hace paquetes*) Paketmacher(in) *m(f)* **2.** (*repartidor de periódicos*) Zeitungsverteiler(in) *m(f)* **3.** (*reg: contrabandista*) kleiner Schmuggler *m,* kleine Schmugglerin *f*

paquidérmico, -a [paki'ðermiko, -a] *adj* (ZOOL) Dickhäuter-; **tener andares ~s** einen Elefantengang haben

paquidermo [paki'ðermo] **I.** *adj* (ZOOL) dickhäutig **II.** *m* (ZOOL) Dickhäuter *m*

paquistaní [pakista'ni] *adj o mf v.* **pakistaní**

par [par] **I.** *adj* **1.** (*número*) gerade; **números ~es e impares** gerade und ungerade Zahlen **2.** (*igual*) gleich **3.** (*loc*): **a la ~** gleichzeitig; (COM) zu pari, zum Nennwert; **acciones a la ~** Aktien zum Nennwert; **valor a la ~** Nominalwert *m;* **esta película entretiene a la ~ que instruye** dieser Film ist unterhaltsam und bildend zugleich; **las acciones están por encima de la ~** (COM) die Aktien stehen über pari; **abrir una ventana de ~ en ~** ein Fenster sperrangelweit öffnen; **sin ~** unvergleichlich **II.** *m* **1.** (*dos cosas iguales*) Paar *nt;* **un ~ de zapatos** ein Paar Schuhe; **un ~ de pantalones/de tijeras** eine Hose/eine Schere; **esto tarda todavía un ~ de minutos** das dauert noch ein paar [*o* einige] Minuten **2.** (FÍS) Kräftepaar *nt,* Moment *nt;* ~ **de giro** Drehmoment *nt;* ~ **motor** Antriebsdrehmoment *nt,* Motordrehmoment *nt* **3.** (*título de dignidad*) Pair *m*

para ['para] **I.** *prep* **1.** (*destino*) für +*akk;* **asilo ~ ancianos** Altenheim *nt;* **un regalo ~ el niño** ein Geschenk für das Kind **2.** (*finalidad*) für +*akk,* zu +*dat;* **gafas ~ bucear** Taucherbrille *f;* **servir ~ algo** zu etw *dat* nützlich sein; **las frutas son buenas ~ guardar la línea** Obst ist gut für die schlanke Linie; **¿~ qué has venido?** wozu bist du gekommen?; **¿~ qué es esto?** wozu ist das gut? **3.** (*dirección*) nach +*dat;* **voy ~ Madrid** ich fahre nach Madrid; **mira ~ acá** schau hierher **4.** (*duración*) für +*akk;* (*plazo*) an +*dat,* zu +*dat;* ~ **siempre** für immer; **con esto tenemos ~ rato** damit kommen wir eine Zeit lang [*o* für eine Weile] aus; **vendrá ~ Navidad/finales de marzo** er/sie kommt zu Weihnachten/gegen Ende März; **estará listo ~ el viernes** am [*o* bis] Freitag ist es fertig; **diez minutos ~ las once** (*Am*) zehn (Minuten) vor elf **5.** (*disposición*) bereit zu; (*a punto de*) im Begriff zu; **no estoy ~ bromas** ich bin nicht zu Späßen aufgelegt; **está ~ llover** es fängt gleich an zu regnen; **está ~ llegar** er/sie muss jeden Augenblick hier sein **6.** (*contraposición*) dafür, für +*akk;* **es muy activo ~ la edad que tiene** für sein Alter ist er noch sehr aktiv **7.** (*frente a*) zu +*dat;* ~ (**con**) gegenüber +*dat;* **es muy amable ~ con nosotros** er/sie ist sehr freundlich zu uns, er/sie benimmt sich uns gegenüber sehr zuvorkommend **8.** (*referencia*) für +*akk;* **quiere estar ~ sí** er/sie möchte für sich [*o* allein] sein; ~ **mí, esto no es lo mismo** das ist für mich [*o* meiner Ansicht nach] nicht dasselbe; ~ **mí que va a llover** ich glaube, dass es gleich regnet **II.** *conj* **1.** +*inf* um ... zu; **he venido ~ darte las gracias** ich bin gekommen, um dir zu danken **2.** +*subj* damit; **te mando al colegio ~ que aprendas algo** ich schicke dich zur Schule, damit du etwas lernst

paraavalanchas [paraβa'lantʃas] *m inv* Lawinenverbauung *f*

paraba [pa'raβa] *f* (*Bol:* ZOOL) Papagei *m*

parabién [para'βjen] *m* Glückwunsch *m;* **dar el ~ a alguien** jdn beglückwünschen

parábola [pa'raβola] *f* **1.** (*alegoría*) Gleichnis *nt,* Parabel *f* **2.** (MAT) Parabel *f*

parabólica [para'βolika] *f* (TÉC) Parabolantenne *f*

parabólico, -a [para'βoliko, -a] *adj* **1.** (*alegórico*) gleichnishaft, parabolisch; **expresarse en sentido ~** in Gleichnissen reden **2.** (MAT) parabolisch **3.** (TÉC) Parabol-; **antena parabólica** Parabolantenne *f;* **espejo ~** Parabolspiegel *m*

paraboloide [paraβo'lo̯iðe] *m* (MAT) Paraboloid *nt;* ~ **de revolución** Umdrehungsparaboloid *nt*

parabrisas [para'βrisas] *m inv* Windschutzscheibe *f*

paraca [pa'raka] *f* (*Am*) *sehr starker Pazifikwind*

paracaídas [paraka'iðas] *m inv* **1.** (DEP, MIL) Fallschirm *m* **2.** (TÉC) Fangvorrichtung *f;* **los ascensores tienen un ~ de freno** Aufzüge verfügen über eine Bremsfangvorrichtung

paracaidismo [parakai̯'ðismo] *m sin pl* Fallschirmspringen *nt*

paracaidista [parakai̯'ðista] *mf* (DEP) Fallschirmspringer(in) *m(f);* (MIL) Fallschirmjäger(in) *m(f)*

paracentesis [para'θen̩tesis] *f inv* (MED) Parazentese *f*

paracetamol® [paraθeta'mol] *m* (MED) Paracetamol *nt*

parachispas [para'ʧispas] *m inv* Funkenschutz *m*

parachoques [para'ʧokes] *m inv* (AUTO) Stoßstange *f*

parada [pa'raða] *f* **1.** (*de un autobús, tranvía*) Haltestelle; ~ **de autobús** Bushaltestelle *f;* ~ **discrecional** Bedarfshaltestelle *f;* ~ **de taxis** Taxistand *m* **2.** (*acción de parar*) Anhalten *nt,* Stehenbleiben *nt;* ~ **de una fábrica** Produktionsstopp *m;* ~ **en seco** abruptes Anhalten; **estoy cansada, tenemos que hacer una** ~ ich bin müde, wir müssen eine Rast einlegen **3.** (DEP, MIL) Parade *f;* ~ **militar** Militärparade *f;* **paso de** ~ Stechschritt *m;* **salirle a alguien a la** ~ jdm in die Parade fahren, jdm zuvorkommen **4.** (*en un juego*) (Spiel)einsatz *m;* **doblar la** ~ den Einsatz verdoppeln **5.** (AGR) Koppel *f* **6.** (*presa*) Staudamm *m*

paradeportivo, -a [paraðepor'tiβo, -a] *adj* das Fallschirmspringen betreffend; **participar en un curso** ~ an einem Fallschirmspringerkurs teilnehmen; **una maniobra paradeportiva** (MIL) ein Manöver der Fallschirmjäger

paradero [para'ðero] *m* **1.** (*en una autopista*) Rastplatz *m* **2.** (*de una persona*) Aufenthaltsort *m;* (*de una cosa*) Verbleib *m;* **está en** ~ **desconocido** sein/ihr Aufenthaltsort ist unbekannt; **no logramos descubrir el** ~ **del paquete** es gelang uns nicht herauszufingen, wo das Paket (gelandet) ist; **si sigues así tendrás mal** ~ wenn du so weiter machst, wird es noch böse mit dir enden

paradigma [para'ðiɣma] *m* **1.** (*ejemplo*) Modell *nt,* Paradigma *nt* **2.** (LING) Paradigma *nt*

paradigmático, -a [paraðiɣ'matiko, -a] *adj* **1.** (*ejemplar*) paradigmatisch, modellhaft; **un caso** ~ ein beispielhafter Fall **2.** (LING) paradigmatisch

paradisiaco, -a [paraði'sjako, -a] *adj,* **paradisíaco, -a** [paraði'siako, -a] *adj* paradiesisch; **un placer** ~ ein himmlisches Vergnügen

parado, -a [pa'raðo, -a] **I.** *adj* **1.** (*que no se mueve*) stillstehend; **estar** ~ stillstehen; **quedarse** ~ stehen bleiben; (*fig*) verblüfft [*o* überrascht] sein; **me quedé tan** ~ **que no pude decir nada** ich war völlig sprachlos; **me has dejado** ~ du hast mich überrascht [*o* verblüfft]; **una fábrica parada** eine stillgelegte Fabrik **2.** (*sin empleo*) arbeitslos **3.** (*remiso*) träge, langsam **4.** (*tímido*) scheu, zurückhaltend **5.** (*loc*): **salir mal/bien** ~ **de un asunto** bei einer Sache schlecht/gut wegkommen; **fui la peor parada en este negocio** ich bin bei diesem Geschäft am schlechtesten weggekommen, ich habe bei diesem Geschäft den Kürzeren gezogen **II.** *m, f* Arbeitslose(r) *mf;* ~ **de larga duración** Langzeitarbeitslose(r) *m*

paradoja [para'ðoxa] *f* **1.** (*absurdidad*) Paradoxie *f;* **esto es una** ~ das ist doch widersinnig **2.** (*contradicción*) Widerspruch *m,* Paradox *nt* **3.** (LING) Paradoxon *nt*

paradójicamente [paraðoxika'men̩te] *adv* paradoxerweise

paradójico, -a [para'ðoxiko, -a] *adj* paradox, (scheinbar) widersinnig

parador [para'ðor] *m* (*mesón*) Gasthaus *nt,* Hotel *nt;* ~ (**nacional**) **de turismo** Parador *m o nt* (*staatliches spanisches Touristenhotel, meist an einem kulturhistorisch bedeutenden Ort*)

paraestatal [paraesta'tal] *adj* halbstaatlich; **empresa** ~ halbstaatliches Unternehmen

parafasia [para'fasja] *f* (PSICO) Paraphasie *f*

parafernal [parafer'nal] *adj:* **los bienes ~es** (JUR) das Vorbehaltsgut (der Ehefrau)

parafernalia [parafer'nalja] *f* Begleitumstände *mpl;* **la** ~ **de la guerra** das ganze Drumherum des Krieges

parafina [para'fina] *f* Paraffin *nt*

parafinado, -a [parafi'naðo, -a] *adj* (QUÍM) paraffiniert

parafiscal [parafis'kal] *adj* (ECON) steuerähnlich, parafiskalisch

parafiscalidad [parafiskali'ðað] *f* (ECON) zweckgebundene Abgabenwirtschaft *f*

parafrasear [parafrase'ar] *vt* paraphrasieren; ~ **un término** einen Begriff umschreiben

paráfrasis [pa'rafrasis] *f inv* Paraphrase *f*

parafrástico, -a [para'frastiko, -a] *adj* paraphrastisch

paragoge [para'ɣoxe] *f* (LING) Paragoge *f*

paragolpes [para'ɣolpes] *m inv* (*Am*) Stoßstange *f*

parágrafo [pa'raɣrafo] *m* **1.** (*de un texto*) Abschnitt *m,* Absatz *m,* Paragraph *m;* **...,** ~ **aparte** ..., neuer Absatz; (*fam fig*) ..., soweit zu diesem Thema **2.** (*signo ortográfico*) Paragraphzeichen *nt,* Paragraph *m* **3.** (*fam: charla*) Schwätzchen *nt;* **echar un** ~ ein Schwätzchen halten; **echar ~s** viel reden

paragranizo [paraɣra'niθo] *m* (AGR) Hagelschutz *m,* Hagelschutzvorrichtung *f*

paraguas [pa'raɣwas] *m inv* Regenschirm *m;* ~ **plegable** Taschenschirm *m*

Paraguay [para'ɣwai̯] *m* Paraguay *nt*

paraguay [para'ɣwai̯] <**paraguayes**> *m* (ZOOL) *Papageienart aus Paraguay*

paraguaya [para'ɣwaɟa] *f* (BOT) *pfirsichähnliche Frucht*

paraguayismo [paraɣwa'ɟismo] *m* (LING) Paraguayismus *m,* paraguayische Redeweise *f*

paraguayo, -a [para'ɣwaɟo, -a] **I.** *adj* aus Paraguay **II.** *m, f* Paraguayer(in) *m(f)*

paraguazo [para'ɣwaθo] *m* Schlag *m* mit dem Regenschirm

paragüería [paraɣwe'ria] *f* Regenschirmgeschäft *nt*

P

paragüero[1] [para'ɣwero] *m* Schirmständer *m*

paragüero, -a[2] [para'ɣwero, -a] *m, f* (*productor*) Schirmmacher(in) *m(f)*; (*vendedor*) Schirmhändler(in) *m(f)*

paraíso [para'iso] *m* **1.** (*en el cielo*) Paradies *nt*; ~ **fiscal** Steuerparadies *nt*; **el ~ terrenal** der Himmel auf Erden; **Hawai es un verdadero ~ de los aficionados al surf** Hawaii ist ein echtes Surferparadies; **entrar en el ~** ins Paradies eingehen, in den Himmel kommen **2.** (*en un teatro*) Galerie *f*; (*irón*) Olymp *m* **3.** (*Méx: gallinero*) Hühnerstall *m*

paraje [pa'raxe] *m* **1.** (*lugar*) Ort *m*; (*punto*) Stelle *f*; (*paisaje*) Gegend *f* **2.** (*estado*) Zustand *m*; **esta casa se encuentra en mal ~** dieses Haus ist in einem schlechten Zustand

paral [pa'ral] *m* **1.** (*madero*) Stützbalken *m* **2.** (NÁUT) Ablaufbahn *f*

paraláctico, -a [para'laktiko, -a] *adj* (ASTR) parallaktisch

paralaje [para'laxe] *m* (ASTR) Parallaxe *f*; ~ **horizontal** Horizontal-Parallaxe *f*

paralalia [para'lalja] *f* (PSICO) Wortverwechslung *f*, Paralalie *f*

paralela [para'lela] *f* **1.** (MAT) Parallele *f* **2.** *pl* (DEP) Barren *m*; **~s asimétricas** Stufenbarren *m*

paralelamente [paralela'meṇte] *adv* (*en la misma dirección*) parallel (*a* zu +*dat*); (*al mismo tiempo*) gleichzeitig; **desarrollarse ~** sich ähnlich [*o* parallel] entwickeln

paralelepípedo [paralele'pipeđo] *m* (MAT) Parallelepiped(on) *nt*, Parallelflach *nt*

paralelismo [parale'lismo] *m* (*semejanza*) Parallelismus *m*, Übereinstimmung *f*; (LING) Parallelismus *m*; (MAT) Parallelität *f*

paralelo[1] [para'lelo] *m* **1.** (*comparación*) Vergleich *m*, Parallele *f*; **establecer un ~ entre dos cosas** zwei Dinge miteinander vergleichen; **estos libros no admiten ~** diese Bücher kann man nicht (miteinander) vergleichen [*o* weisen keine Parallelen auf] **2.** (GEO) Breitenkreis *m* **3.** (MAT) Parallele *f* **4.** (*loc*): **conexión en ~** (ELEC) Parallelschaltung *f*; **operación en ~** (INFOR) Parallelbetrieb *m*; **transmisión en ~** (INFOR) Parallelübertragung *f*; **conectado en ~** parallel geschaltet

paralelo, -a[2] [para'lelo, -a] *adj* (MAT) parallel; (*semejante*) parallel (*a* zu +*dat*), vergleichbar (*a* mit +*dat*); (*al mismo tiempo*) parallel (*a* zu +*dat*), gleichzeitig; **líneas paralelas** Parallelen *fpl*; **transmisión paralela de caracteres** (INFOR) parallele Datenübertragung; **las calles son paralelas** die Straßen verlaufen parallel zueinander; **seguir caminos ~s** sich ähnlich [*o* in dieselbe Richtung] entwickeln

paralelogramo [paralelo'ɣramo] *m* (MAT) Parallelogramm *nt*

paralexia [para'le$^{\gamma}$sja] *f* (PSICO) Verwechslung *f* beim Lesen, Paralexie *f*

paralipsis [para'liβsis] *f inv* (LING) Paralipse *f*

parálisis [pa'ralisis] *f inv* (*t. fig*) Lähmung *f*; (MED) Paralyse *f*; ~ **espinal** Rückenmarklähmung *f*; ~ **infantil** Kinderlähmung *f*; **sufre ~ de las piernas** seine/ihre Beine sind gelähmt

paralítico, -a [para'litiko, -a] **I.** *adj* **1.** (*persona*) gelähmt; **quedarse ~** gelähmt sein **2.** (MED) paralytisch **II.** *m, f* Gelähmte(r) *mf*

paralización [paraliθa'θjon] *f* **1.** (*del cuerpo*) Lähmung *f* **2.** (*de un proyecto*) Abbrechen *nt*; (*de un proceso*) Behinderung *f*, Stocken *nt*; ~ **de una obra** Baustopp *m*; **la huelga tiene por objeto la ~ de la producción** durch den Streik soll die Produktion lahm gelegt werden **3.** (ECON) Konjunkturtief *nt*

paralizador(a) [paraliθa'đor(a)] *adj* lähmend, paralysierend

paralizar [parali'θar] <z→c> **I.** *vt* **1.** (*persona*) lähmen; **el frío/el miedo la paralizó** sie erstarrte [*o* war starr] vor Kälte/vor Angst **2.** (*cosa*) lahm legen, zum Erliegen bringen; **la huelga paralizó la producción** der Streik legte die Produktion lahm; ~ **un transporte** einen Transport blockieren **II.** *vr*: **~se** **1.** (*persona*) erstarren; **~se de miedo/de frío** vor Angst/vor Kälte erstarren **2.** (*cosa*) zum Erliegen kommen

paralogismo [paralo'xismo] *m* Fehlschluss *m*, Paralogismus *m*

paramagnetismo [paramaɣne'tismo] *m* (FÍS) Paramagnetismus *m*

paramecio [para'meθjo] *m* (ZOOL) Pantoffeltierchen *nt*

paramédico, -a [para'međiko, -a] **I.** *adj* Rettungs-; **servicio ~** Rettungsdienst *m* **II.** *m, f* Sanitäter(in) *m(f)*

paramentar [parameṇ'tar] *vt* (mit Paramenten) schmücken, verzieren

paramento [para'meṇto] *m* **1.** (*adorno*) Schmuck *m*, Putz *m*; (*ornamento*) Verzierung *f*, Ornament *nt*; (*vestidura*) Umhang *m*, Gewand *nt* **2.** (REL) Parament *nt*; (*del altar*) Altarschmuck *m*; **~s sacerdotales** Paramente *ntpl*, Priestergewänder *ntpl* **3.** (*para un caballo*) Satteldecke *f*, Schabracke *f* **4.** (ARQUIT) Mauerseite *f*, Wandfläche *f*; ~ **exterior** Außenwand *f*

paramera [para'mera] *f* Öde *f*, Ödland *nt*

parámetro [pa'rametro] *m* (MAT) Parameter *m*

paramilitar [paramili'tar] *adj* paramilitärisch; **fuerzas ~es** paramilitärische Einheiten

paramnesia [param'nesja] *f* (PSICO) Erinnerungstäuschung *f*, Paramnesie *f*

páramo ['paramo] *m* **1.** (*terreno desierto*) Öde *f*; (*landa*) Heide *f*; (*terreno infértil*) unfruchtbares [*o* karges] Land *nt*; (*yermo*) Brachfeld *nt*, Brache *f*; (*altiplano*) Hochebene *f* **2.** (*lugar desamparado*) Einöde *f*

parangón [paraŋ'gon] *m* (*comparación*) Vergleich *m*; (*semejanza*) Entsprechung *f*; **sin ~** unvergleichlich

parangonable [paraŋgo'naβle] *adj* vergleichbar, ähnlich

parangonar [paraŋgo'nar] *vt* **1.** (*comparar*)

vergleichen (*con* mit +*dat*) **2.** (TIPO) justieren

paraninfo [para'niɱfo] *m* **1.** (*salón*) Aula *f*, Festsaal *m* **2.** (*elev: padrino de bodas*) Trauzeuge *m*

paranoia [para'noja] *f* (MED) Paranoia *f*

paranoico, **-a** [para'noi̯ko, -a] **I.** *adj* (MED) **1.** (*loco*) an Paranoia [*o* Wahnvorstellungen] leidend **2.** (*relativo a la paranoia*) paranoisch **II.** *m, f* (MED) Paranoiker(in) *m(f)*

paranoide [para'noi̯ðe] *adj* (MED) paranoid, wahnhaft

paranomasia [parano'masja] *f* (LING) Paronomasie *f*

paranormal [paranor'mal] *adj* (PSICO) paranormal, übersinnlich

parao [pa'rao] *m* (*Fili:* NÁUT) kleines, einmastiges Boot *nt*

paraolímpico, **-a** [parao'limpiko, -a] *adj* (DEP) paraolympisch

parapente [para'pen̪te] *m* Paragliding *nt*

parapetarse [parape'tarse] *vr* sich verschanzen ((*de*) *trás de* hinter +*dat*, *en* in +*dat*), sich schützen (*con* mit +*dat*); ~ **tras una excusa** (*fig*) eine Entschuldigung vorschieben; **se parapetó en el hecho de que no tenía dinero** unter dem Vorwand, kein Geld zu haben, drückte er/sie sich

parapeto [para'peto] *m* **1.** (MIL) Brustwehr *f*, Schutzwall *m*; (*barricada*) Barrikade *f* **2.** (*baranda*) Brüstung *f*

paraplejia [para'plexja] *f*, **paraplejía** [paraple'xia] *f* (MED) Querschnittslähmung *f*

parapléjico, **-a** [para'plexiko, -a] **I.** *adj* (MED) **1.** (*relativo a la paraplejía*) die Querschnittslähmung betreffend **2.** (*padeciendo paraplejía*) querschnittsgelähmt **II.** *m, f* (MED) Querschnittsgelähmte(r) *mf*

para(p)sicóloga [parasi'koloɣa] *f v.* **para(p)sicólogo**

para(p)sicología [parasikolo'xia] *f* Parapsychologie *f*

para(p)sicológico, **-a** [parasiko'loxiko, -a] *adj* parapsychologisch

para(p)sicólogo, **-a** [parasi'koloɣo, -a] *m, f* Parapsychologe, -in *m, f*

parar ['parar] **I.** *vi* **1.** (*detenerse*) anhalten; (*en un discurso*) innehalten; **habla sin** ~ er/sie spricht pausenlos; **¿para el tren en este pueblo?** hält der Zug in diesem Dorf?; **nunca para en casa** er/sie ist nie zu Hause; **a la vuelta paramos en casa de mi tía** auf dem Rückweg besuchten wir meine Tante; **la máquina funciona sin** ~ die Maschine läuft nonstop [*o* rund um die Uhr]; **mis hijos no me dejan** ~ meine Kinder gönnen mir keine Minute Ruhe [*o* lassen mich nicht zur Ruhe kommen]; **mis remordimientos de conciencia no me dejan** ~ mein schlechtes Gewissen lässt mir keine Ruhe **2.** (*terminar*) aufhören; **ha parado de llover** es hat aufgehört zu regnen; **no para de quejarse** er/sie klagt unablässig; **no para** (**de trabajar/de moverse**) er/sie ist ständig auf Trab [*o* kommt nie zur Ruhe] **3.** (*acabar*) enden; **si sigues así irás a** ~ **a la cárcel**/~**ás mal** wenn du so weitermachst, endest du noch im Gefängnis/wird es mit dir noch böse enden; **la maleta fue a** ~ **a Bilbao** der Koffer landete schließlich in Bilbao; **por fin, el paquete fue a** ~ **a tus manos** das Paket gelangte schließlich doch zu dir; **¿dónde iremos a** ~**?** wo soll das noch enden?; **¿en qué irá a** ~ **esto?** wohin soll das führen?; **salimos bien/mal parados del asunto** wir sind bei der Sache gut/schlecht weggekommen, die Sache ist für uns gut/schlecht ausgegangen; **¿dónde quieres ir a** ~ **con esto?** worauf willst du damit hinaus?; **siempre venimos a** ~ **al mismo tema** wir kommen immer wieder auf dasselbe Thema zu sprechen [*o* zurück] **4.** (*vivir*) sich aufhalten; **no sé dónde para** ich weiß nicht, wo er/sie sich gerade aufhält; **siempre para en el mismo hotel** er/sie übernachtet immer im selben Hotel; **¿paras mucho en este bar?** (*fam*) bist du oft in dieser Kneipe? **5.** (*convertirse*): **la tienda paró en un restaurante** aus dem Laden wurde ein Restaurant **II.** *vt* **1.** (*detener*) anhalten, stoppen; (*un golpe*) abwehren, parieren; (*un gol*) halten, abwehren; (*la caza*) stellen; **nos** ~**on en la frontera** wir wurden an der Grenze angehalten [*o* gestoppt]; ~ **el motor** den Motor abstellen; **cuando se enfada no hay quien lo/la pare** wenn er/sie wütend ist, ist er/sie nicht zu bremsen; ~ **un golpe con la espada** einen Stoß abfangen; ~ **el coche de golpe** abrupt abbremsen **2.** (*en el juego*) setzen **III.** *vr:* ~**se 1.** (*detenerse*) anhalten; **el reloj se ha parado** die Uhr ist stehen geblieben; ~**se a pensar** gründlich nachdenken [*o* überlegen]; ~**se a descansar** eine (Ruhe)pause einlegen **2.** (*Am: levantarse*) aufstehen

pararrayos [para'rraɟos] *m inv* Blitzableiter *m*

parasimpático[1] [parasim'patiko] *m* (ANAT) Parasympathikus *m*

parasimpático, **-a**[2] [parasim'patiko, -a] *adj* (ANAT) parasympathisch

parasíquico, **-a** [para'sikiko, -a] *adj* metapsychisch

parásita [pa'rasita] *adj o f v.* **parásito**

parasitar [parasi'tar] *vt* (BIOL) schmarotzen, parasitieren

parasitario, **-a** [parasi'tarjo, -a] *adj* parasitär; **una enfermedad parasitaria** eine durch Parasiten übertragene Krankheit

parasiticida [parasiti'θiða] *m* Mittel *nt* gegen Parasiten

parasitismo [parasi'tismo] *m sin pl* (BIOL) Parasitentum *nt*, Schmarotzertum *nt*

parásito, **-a** [pa'rasito, -a] **I.** *adj* **1.** (BIOL) parasitär; **animal** ~ Schmarotzertier *nt*; **planta parásita** Schmarotzerpflanze *f* **2.** (*persona*) schmarotzerhaft, parasitär *elev* **II.** *m, f* **1.** (BIOL) Parasit *m*, Schmarotzer *m* **2.** (*persona*) Schmarotzer(in) *m(f)*

P

parasitología [parasitolo'xia] *f sin pl* (BIOL) Parasitologie *f*
parásitos [pa'rasitos] *mpl* Störgeräusche *ntpl*
parasol [para'sol] *m* **1.** (*quitasol*) Sonnenschirm *m* **2.** (*umbela*) Markise *f*, Sonnenblende *f* **3.** (*en el coche*) Sonnenblende *f* **4.** (BOT) Parasol(pilz) *m*
parataxis [para'taˠsis] *f inv* (LING) Parataxe *f*
paratífico, -a [para'tifiko, -a] **I.** *adj* (MED) den Paratyphus betreffend; (*enfermo*) an Paratyphus erkrankt **II.** *m, f* Paratyphus-Kranke(r) *mf*
paratifoidea [paratifoi̯'ðea] *f sin pl* (MED) Paratyphus *m*
paratiroides [parati'roi̯ðes] *f inv* (ANAT) Nebenschilddrüse *f*
paraulata [parau̯'lata] *f* (*Ven:* ZOOL) *graue, der Drossel ähnliche Vogelart*
paravientos [para'βjen̪tos] *m inv* Windverstrebung *f*
parca ['parka] *f* **1.** (*deidad*) Parze *f* **2.** (*muerte*) Tod *m*
parcamente [parka'men̪te] *adv* (*escasamente*) spärlich; (*sobriamente*) einfach, nüchtern; (*económicamente*) sparsam
parcela [par'θela] *f* **1.** (*terreno*) Parzelle *f*, Grundstück *nt;* ~ **de cultivo** Feld *nt*, (Stück) Ackerland *nt;* ~ **edificable** Baugrundstück *nt;* **división en** ~**s** Parzellierung *f* **2.** (*parte*) (Bruch)teil *m*
parcelable [parθe'laβle] *adj* parzellierbar
parcelación [parθela'θjon] *f* Parzellierung *f*
parcelar [parθe'lar] *vt* (*dividir*) parzellieren, aufteilen; (*medir*) vermessen
parcelario, -a [parθe'larjo, -a] *adj* Parzellen-, Grundstücks-; **distribución parcelaria** Parzellenverteilung *f*
parcelero [parθe'lero] *m* (JUR) Teilpächter *m*
parcha ['partʃa] *f* (*Am:* BOT) *Gattungsname verschiedener Passionsblumengewächse;* ~ **granadilla** Riesengranadilla *f*
parchar [par'tʃar] *vt* (*Méx*) flicken
parchazo [par'tʃaθo] *m* **1.** (NÁUT) Killen *nt* **2.** (*broma*) Streich *m;* **pegar un** ~ **a alguien** jdn reinlegen
parche ['partʃe] *m* **1.** (*pegote*) Flicken *m;* (*para una herida*) Pflaster *nt;* **bolsillo de** ~ aufgesetzte Tasche; ~ **para el ojo** Augenklappe *f;* **poner un** ~ flicken **2.** (*retoque*) (notdürftige) Ausbesserung *f;* (*de pintura*) (Farb)klecks *m;* **poner** ~**s** notdürftig ausbessern; (*fig*) sich mit Notlösungen behelfen; **en este muro se ven los** ~**s** bei dieser Mauer sieht man die übermalten Stellen **3.** (*piel del tambor*) Trommelfell *nt* **4.** (*tambor*) Trommel *f* **5.** (*loc*): **pegar un** ~ **a alguien** jdn über den Tisch ziehen
parchear [partʃe'ar] *vt* **1.** (*poner parches*) flicken, (notdürftig) ausbessern **2.** (*manosear*) betasten, befummeln *fam*, betatschen *fam*
parchís [par'tʃis] *m* (*juego*) Mensch-ärgere-dich-nicht *nt;* **¿jugamos al** ~**?** spielen wir Mensch-ärgere-dich-nicht?
parcial [par'θjal] **I.** *adj* **1.** (*de una parte*) partiell, teilweise; **pago** ~ Teilzahlung *f;* **vista** ~ Teilansicht *f;* **eclipse lunar/solar** ~ partielle Mond-/Sonnenfinsternis; **la venta** ~ **del terreno** der Verkauf eines Teils des Grundstücks **2.** (*incompleto*) unvollständig; **trabajar a tiempo** ~ teilzeitbeschäftigt sein, eine Teilzeitbeschäftigung ausüben **3.** (*partidario: árbitro*) parteiisch; (*crítico*) voreingenommen; (*juez*) befangen **4.** (*partidario*): **ser** ~ **de una teoría** eine Theorie vertreten [*o* unterstützen] **II.** *mf* Anhänger(in) *m(f)*
parcialidad [parθjali'ðaᵈ] *f* **1.** (*preferencia*) Parteilichkeit *f*, Voreingenommenheit *f* (*en contra de/contra* gegen +*akk*, *a/en favor de* für +*akk*) **2.** (*bando*) Fraktion *f*, Splittergruppe *f;* (*seguidores*) Anhängerschaft *f*, Anhänger *mpl;* **la** ~ **carlista** die Karlisten **3.** (*familiaridad*) Vertrautheit *f;* **me dí cuenta de la** ~ **entre ellos** mir fiel ihr vertrauter Umgang miteinander auf **4.** (*de un pueblo*) Stamm *m*
parcialmente [parθjal'men̪te] *adv* **1.** (*en parte*) teilweise **2.** (*con parcialidad*) voreingenommen **3.** (*familiarmente*) vertraulich
parco, -a ['parko, -a] *adj* **1.** (*moderado*) bescheiden, gemäßigt; (*sobrio*) nüchtern, einfach **2.** (*escaso*) knapp, spärlich; **ser** ~ **en palabras** wortkarg sein; **ser** ~ **en conceder favores** mit Gefälligkeiten geizen
parda ['parða] *adj o f v.* **pardo²**
pardal [par'ðal] **I.** *adj* (*pey*) bauernhaft, bäu(e)risch **II.** *m* **1.** (*gorrión*) Spatz *m* **2.** (*leopardo*) Leopard *m* **3.** (*jirafa*) Giraffe *f* **4.** (*pardillo*) Rotkehlchen *nt* **5.** (*fam: hombre bellaco*) Haudegen *m*
pardear [parðe'ar] *vi* (*tomar el color pardo*) braun werden; (*distinguirse el color pardo*) braun sein
pardiez [par'ðjeθ] *interj* (*fam*) mein Gott, Donnerwetter
pardillo¹ [par'ðiʎo] *m* Rotkehlchen *nt*
pardillo, -a² [par'ðiʎo, -a] **I.** *adj* **1.** (*palurdo*) bauernhaft, tölpelhaft **2.** (*principiante*) unerfahren, naiv; **paño** ~ Sackleinen *nt;* **vino** ~ einfacher Roséwein **II.** *m, f* **1.** (*palurdo*) Tölpel *m* **2.** (*principiante*) Anfänger(in) *m(f)*
pardo¹ ['parðo] *m* **1.** (*color*) (stumpfes) Braun *nt* **2.** (ZOOL) Leopard *m*
pardo, -a² ['parðo, -a] **I.** *adj* **1.** (*color*) (grau)braun; (*terroso*) erdfarben; **oso** ~ Braunbär *m;* **de ojos** ~**s** braunäugig **2.** (*oscuro*) düster, trübe; **nubes pardas** graue Wolken **3.** (*voz*) klanglos **II.** *m, f* (*Am*) Mulatte, -in *m, f*
pardusco, -a [par'ðusko, -a] *adj* bräunlich
pareado¹ [pare'aðo] *m* Paarreim *m*
pareado, -a² [pare'aðo, -a] *adj* paarweise gereimt; **versos** ~**s** Paarreim *m*
parear [pare'ar] *vt* **1.** (*formar parejas*) paarweise zusammentun; (*atar*) paarweise bündeln; (*ropa*) paarweise zusammenlegen **2.** (BIOL) paaren **3.** (*igualar*) aufeinander ab-

stimmen **4.** (TAUR) Banderillas setzen *+dat*

parecer [pare'θer] **I.** *irr como crecer vi* **1.** (*tener cierto aspecto*) aussehen; (*aparentar*) scheinen, wirken; **a lo que parece** anscheinend, allem Anschein nach; **tu idea me parece bien** ich bin mit deiner Idee einverstanden; **parece mayor de lo que es** er/sie sieht älter aus als er/sie ist; **parece mentira que...** *+subj* (es ist) kaum zu glauben, dass ...; **aunque parezca mentira** so unglaublich es auch ist [*o* sein mag]; **me parece que no tienes ganas** ich glaube, du hast keine Lust; **parece que va a llover** es sieht nach Regen aus, es sieht so aus, als würde es bald anfangen zu regnen; **¿qué te parece?** was hältst du davon?; **¿qué te parece el piso?** gefällt dir die Wohnung?, wie findest du die Wohnung?; **si te parece bien,...** wenn du einverstanden bist, ...; **parecen hermanos** sie sehen aus wie Geschwister, man könnte sie für Geschwister halten **2.** (*aparecer*) erscheinen, auftauchen; **quien no parece, perece** (*prov*) wer nicht will, der hat schon **II.** *irr como crecer vr:* **~se** sich *dat* ähneln; **se parece a una estrella de cine** er/sie sieht aus wie ein bekannter Filmstar; **te pareces mucho a tu madre** du ähnelst deiner Mutter sehr, du siehst deiner Mutter sehr ähnlich; **¡esto se te parece!** das sieht dir (wieder einmal) ähnlich! **III.** *m* **1.** (*opinión*) Meinung *f*, Ansicht *f;* (*juicio*) Urteil *nt*, Beurteilung *f;* **a mi ~** meiner Meinung nach; **arrimarse al ~ de la mayoría** sich der Mehrheit anschließen; **cambiar de ~** seine Meinung ändern; **casarse con su ~** (*fam*) auf seiner Meinung beharren; **dar su ~** seine Meinung [*o* Ansicht] äußern; **esto es cuestión de ~es** das ist (reine) Ansichtssache; **toma mi ~** hör auf mich, nimm meinen Rat an **2.** (*aspecto*) Aussehen *nt*, Erscheinung *f;* (*apariencia*) Anschein *m;* **ser de buen ~** gut aussehen; **es de agradable ~** er/sie ist eine angenehme Erscheinung; **al ~** anscheinend, allem Anschein nach; **por el bien ~** um den äußeren Schein aufrechtzuerhalten

parecido[1] [pare'θiðo] *m* Ähnlichkeit *f* (*con* mit *+dat*); **tienes un gran ~ con tu hermana** du siehst deiner Schwester sehr ähnlich, du ähnelst deiner Schwester sehr

parecido, -a[2] [pare'θiðo, -a] *adj* **1.** (*semejante*) ähnlich; **ser ~** ähnlich sein, sich *dat* ähneln; **los dibujos son ~s** die Muster ähneln sich **2.** (*loc*): **ser bien/mal ~** (*persona*) gut/schlecht aussehen; (*cosa*) schicklich/unschicklich sein; **esto no es bien ~** das schickt sich nicht

pared [pa'reð] *f* **1.** (*tabique*) Wand *f;* (*muro*) Mauer *f;* (*de una montaña*) (Berg)wand *f*, (Fels)wand *f;* (*separación*) (Trenn)wand *f;* (*superficie lateral*) (Seiten)wand *f*, Seite *f;* **~ abdominal** Bauchdecke *f;* **~ cortafuego** Brandmauer *f*, Feuermauer *f;* **~ divisoria** [*o* **medianera**] Trennwand *f;* **~ maestra** tragende Wand; **calendario de ~** Wandkalender *m;* **darse contra la ~** gegen eine Wand laufen; **dejar a alguien pegado a la ~** jdn in die Enge treiben; **quedarse pegado a la ~** sich in die Enge getrieben fühlen; **entre cuatro ~es** von der Außenwelt abgeschnitten; **estar blanco como la ~** kreidebleich [*o* weiß wie die Wand] sein; **estar entre la espada y la ~** mit dem Rücken zur Wand stehen; **hablar a la ~** in den Wind reden; **¡cuidado, que estas ~es oyen!** Vorsicht, diese Wände haben Ohren!; **subirse por las ~es** (*fig*) die Wände hochgehen, in die Luft gehen; **se subía por las ~es al oír la noticia** die Nachricht brachte ihn/sie auf die Palme; **vivimos ~ por** [*o* **en**] **medio** wir leben Tür an Tür **2.** (*conjunto de personas*) Mauer *f;* (*conjunto de cosas*) Berg *m*, Stapel *m;* **los manifestantes formaron una ~ contra la policía** die Demonstranten bildeten eine Mauer gegen die Polizei

paredón [pare'ðon] *m* **1.** (*muro*) Mauer *f;* **llevar** [*o* **mandar**] **a alguien al ~** jdn an die Wand stellen, jdn (standrechtlich) erschießen **2.** (*en una ruina*) Mauerrest *m* **3.** (*protección*) Schutzmauer *f*

paregórico, -a [pare'ɣoriko, -a] *adj* (MED): **elixir ~** Linderungselixier *nt*

pareja [pa'rexa] *f* **1.** (*par*) Paar *nt;* (*de novios*) Brautpaar *nt;* (*de la guardia civil*) Streife *f* der Guardia civil; **hacen buena ~** sie passen gut zusammen; **¿dónde está la ~ de este guante?** wo ist das Gegenstück zu diesem Handschuh? **2.** (*compañero*) Partner(in) *m(f);* (*en un baile*) Tanzpartner(in) *m(f)* **3.** *pl* (*en los dados*) Pasch *m;* (*en los naipes*) Pärchen *nt* **4.** (*carrera*) paarweises Rennen *nt;* **su bondad y su modestia corrían ~s** er/sie war ebenso gütig wie bescheiden; **no correr ~s** nicht miteinander einhergehen, nicht vereinbar sein **5.** (DEP): **~s mixtas** gemischtes Doppel *nt*

parejo, -a [pa'rexo, -a] *adj* **1.** (*igual*) gleich; (*semejante*) (sehr) ähnlich; **por (un) ~** gleich; **los caballos iban ~s** die Pferde lagen Kopf an Kopf **2.** (*llano*) eben

paremia [pa'remja] *f* Sprichwort *nt*, Parömie *f*

paremiología [paremjolo'xia] *f* Sprichwortkunde *f*, Parömologie *f*

paremiológico, -a [paremjo'loxiko, -a] *adj* die Sprichwortkunde betreffend

paremiólogo, -a [pare'mjoloɣo, -a] *m, f* Sprichwortexperte, -in *m, f*

parénesis [pa'renesis] *f inv* (*elev*) ermahnende Rede *f*, Paränese *f*

parental [paren̦'tal] **I.** *adj* verwandtschaftlich **II.** *m* (BIOL) Parentalgeneration *f*

parentela [paren̦'tela] *f* Verwandtschaft *f*

parenteral [paren̦te'ral] *adj* (MED) parenteral

parentesco [paren̦'tesko] *m* (*entre familiares*) Verwandtschaft *f;* (*entre dos cosas*) Bindung *f;* **relación de ~** Verwandtschaftsverhältnis *nt;* **~ por consanguinidad** Blutsverwandtschaft *f*

paréntesis [pa'rentesis] *m inv* **1.** (*signo ortográfico*) Klammer *f;* **poner algo entre** ~ etw in Klammern setzen; **entre ~,...** (*fig*) nebenbei bemerkt ..., übrigens ...; **abrir/cerrar el** ~ Klammer auf/zu; (*fig*) etw unterbrechen/wieder aufnehmen **2.** (*oración*) Einschub *m,* Parenthese *f* **3.** (*interrupción*) Unterbrechung *f;* **hicimos un** ~ **para almorzar** wir legten eine Frühstückspause ein

pareo [pa'reo] *m* **1.** (*vestido*) *großes Tuch, das um den Körper geschlungen und von Frauen z.B. am Strand getragen wird* **2.** (*acción de unir*) (paarweises) Zusammenfügen *nt;* (*acción de igualar*) Abstimmen *nt* **3.** (BIOL) Paaren *nt,* Paarung *f*

pares ['pares] *fpl* (ANAT) Plazenta *f*

paresia [pa'resja] *f* (MED) motorische Schwäche *f,* Parese *f*

parhelia [pa'relja] *f,* **parhelio** [pa'reljo] *m* (ASTR) Nebensonne *f*

paria ['parja] *mf* **1.** (*en la India*) Paria *m* (*Angehörige(r) der untersten Kaste in Indien*) **2.** (*marginado*) Ausgestoßene(r) *mf,* Geächtete(r) *mf,* Paria *m elev*

pariambo [pa'rjambo] *m* (LIT) Pariambus *m*

parición [pari'θjon] *f* **1.** (*tiempo de parir el ganado*) Dauer *f* des Geburtsvorganges beim Vieh **2.** (*Am: parto*) Geburt *f*

parida [pa'riða] **I.** *adj* **1.** (*fig*) abgezehrte Person *f* **2. loc, gata** ~ *Katze, die (gerade) geworfen hat* **II.** *f* **1.** (*mujer*) Wöchnerin *f;* (*animal*) *Weibchen, das gerade geworfen hat* **2.** (*fam: tontería*) Blödsinn *m,* Schwachsinn *m*

paridad [pari'ða^ð] *f* **1.** (*comparación*) Gleichsetzung *f,* Parität *f elev* **2.** (FIN, ECON) Parität *f;* ~ **adquisitiva** Kaufkraftparität *f;* ~ (**de cambio**) (Währungs)parität *f,* (Kurs)parität *f;* ~ **oro** Goldparität *f* **3.** (*igualdad*) Gleichheit *f,* Parität *f elev;* (*semejanza*) (große) Ähnlichkeit *f;* ~ **de fuerzas** Kräftegleichgewicht *nt;* ~ **de votos** Stimmengleichheit *f;* **competir a** ~ **de medios** unter denselben Bedingungen [*o* Voraussetzungen] (miteinander) konkurrieren

paridera [pari'ðera] *adj* (ZOOL) gebärfähig

pariente, -a [pa'rjente, -a] **I.** *adj* **1.** (*parecido*) ähnlich **2.** (*de la misma familia*) verwandt **II.** *m, f* **1.** (*familiar*) Verwandte(r) *mf;* **los ~s** die Angehörigen, die Verwandtschaft; ~ **mayor** Urahne *m* **2.** (*fam: marido, mujer*) Mann *m,* Frau *f;* **mi** ~ (*irón*) mein Angetrauter

parietal [parje'tal] **I.** *adj* (ANAT, BIOL) parietal; **hueso** ~ Scheitelbein *nt* **II.** *m* (ANAT, BIOL) Scheitelbein *nt*

parietaria [parje'tarja] *f* (BOT) Glaskraut *nt*

parihuela(s) [pari'wela(s)] *f(pl)* (Trag)bahre *f,* Trage *f*

parima [pa'rima] *f* (*Arg:* ZOOL) *violettfarbene Reiherart*

parina [pa'rina] *f* (*AmS:* ZOOL) *kleine Flamingoart*

paripé [pari'pe] *m* Theater *nt,* Show *f;* **hacer el** ~ eine Show abziehen *fam;* (*presumir*) sich aufspielen; (*fingir*) falsche Tatsachen vortäuschen; (*fingir cariño*) Zuneigung heucheln

parir [pa'rir] **I.** *vt* **1.** (*dar a luz*) gebären; (*animal*) werfen; ~ **un hijo** ein Kind auf die Welt bringen [*o* gebären] **2.** (*producir*) hervorbringen; (*causar*) verursachen; ~ **a medias** gemeinsam bewältigen **II.** *vi* **1.** (*descubrirse*) ans Licht kommen **2.** (*expresarse*) sich verständlich machen; **pare sin dificultad** er/sie kann seine/ihre Gedanken gut in Worte fassen

París [pa'ris] *m* Paris *nt*

parisién [pari'sjen] *adj sin pl v.* **parisiense**

parisiense [pari'sjense] **I.** *adj* pariserisch, aus Paris, Pariser **II.** *mf* Pariser(in) *m(f)*

parisilábico, -a [parisi'laβiko, -a] *adj,* **parisílabo, -a** [pari'silaβo, -a] *adj* (LIT) gleichsilbig

parisino, -a [pari'sino, -a] *adj v.* **parisiense**

paritario, -a [pari'tarjo, -a] *adj* paritätisch; **comité** ~ paritätischer [*o* paritätisch besetzter] Ausschuss

paritorio [pari'torjo] *m* **1.** (*sala*) Kreißsaal *m* **2.** (*AmC: parto*) Entbindung *f,* Geburt *f*

parka ['parka] *f* Parka *f*

parking ['parkiŋ] *m* <parkings> (*cubierto*) Parkhaus *nt;* (*abierto*) Parkplatz *m*

párkinson ['parkinson] *m* (MED) Parkinsonkrankheit *f*

parkinsoniano, -a [parkinso'njano, -a] **I.** *adj* die Parkinsonkrankheit betreffend **II.** *m, f* Parkinsonkranke(r) *mf*

parla ['parla] *f* **1.** (*labia*) Redegewandtheit *f,* Beredsamkeit *f* **2.** (*hablar mucho*) Gesprächigkeit *f,* Geschwätzigkeit *f pey* **3.** (*parloteo*) Geschwätz *nt fam;* **esto no es más que** ~ das ist doch nur leeres [*o* hohles] Geschwätz

parlador(a) [parla'ðor(a)] **I.** *adj* schwatzhaft, geschwätzig **II.** *m(f)* Schwätzer(in) *m(f)*

parladuría [parlaðu'ria] *f* unangebrachte Bemerkung *f*

parlamentar [parlamen'tar] *vi* **1.** (*hablar*) sich unterhalten (*con* mit +*dat*), reden (*con* mit +*dat*) **2.** (*negociar*) verhandeln; (POL: *en conflictos militares*) unterhandeln (*con* mit +*dat*)

parlamentario, -a [parlamen'tarjo, -a] **I.** *adj* parlamentarisch; **debate** ~ Parlamentsdebatte *f* **II.** *m, f* **1.** (*diputado*) Parlamentarier(in) *m(f)* **2.** (MIL, POL) Unterhändler(in) *m(f),* Parlamentär(in) *m(f)*

parlamentarismo [parlamenta'rismo] *m* (POL) Parlamentarismus *m*

parlamento [parla'mento] *m* **1.** (*cámara*) Parlament *nt,* Abgeordnetenkammer *f;* **P~ Europeo** Europäisches Parlament **2.** (*discurso*) Rede *f,* Vortrag *m;* (TEAT) (langer) Monolog *m* **3.** (*negociaciones*) Verhandlungen *fpl,* Gespräche *fpl;* (MIL, POL) Unterhandlung *f,* Unterhandeln *nt*

parlanchín, -ina [parlan'tʃin, -ina] **I.** *adj* (*fam*) geschwätzig **II.** *m, f* (*fam: persona cotorra*) Quasselstrippe *f;* (*fam: persona indis-*

creta) Klatschmaul *nt*

parlante [par'lan̪te] *adj* **1.** (*elocuente*) redegewandt, beredt; **un ave ~** ein sprechender Vogel **2.** (*cotorro*) geschwätzig, schwatzhaft

parlar [par'lar] **I.** *vi* **1.** (*hablar*) sprechen, reden **2.** (*fam: cotorrear*) plappern, schwätzen, ein Schwätzchen halten **II.** *vt* (*revelar*) ausplaudern

parlería [parle'ria] *f* **1.** (*verbosidad*) Geschwätzigkeit *f* **2.** (*chisme, hablilla*) Gerede *nt*

parlero, -a [par'lero, -a] *adj* **1.** (*cotorro*) redselig; (*pey*) geschwätzig **2.** (*chismoso*) schwatzhaft **3.** (*expresivo*) ausdrucksvoll; **ojos ~s** ausdrucksvolle Augen **4.** (*pájaros*) zwitschernd; **ave parlera** Singvogel *m* **5.** (*arroyo*) murmelnd, plätschernd

parleta [par'leta] *f* (*fam*) (gehaltloses) Geplauder *nt*

parlotear [parlote'ar] *vi v.* **parlar**

parloteo [parlo'teo] *m* **1.** (*charla*) Schwätzen *nt,* Plappern *nt* **2.** (*conversación*) Schwätzchen *nt;* (*pey*) Geschwätz *nt*

parmesano[1] [parme'sano] *m* (*queso*) Parmesan(käse) *m*

parmesano, -a[2] [parme'sano, -a] **I.** *adj* parmaisch, parmesanisch **II.** *m, f* Parmaer(in) *m(f),* Parmesaner(in) *m(f)*

parnasianismo [parnasja'nismo] *m* (LIT) Parnassiens *pl*

parnasiano, -a [parna'sjano, -a] *adj* (LIT) parnassisch

parnaso [par'naso] *m* (GEO, LIT) Parnass(os) *m*

parné [par'ne] *m* (*fam: dinero*) Kohle *f,* Knete *f*

paro ['paro] *m* **1.** (*suspensión de una actividad*) Stillstand *m;* (*de una máquina*) Abstellen *nt,* Anhalten *nt;* (*de una fábrica*) Stilllegung *f;* (*del trabajo*) Arbeitsunterbrechung *f;* **~ cardíaco** (MED) Herzstillstand *m* **2.** (*huelga*) Streik *m;* **~ laboral** Streik *m,* Arbeitsniederlegung *f;* **~ general** Generalstreik *m* **3.** (*por parte de los empresarios*) Aussperrung *f* **4.** (*desempleo*) Arbeitslosigkeit *f;* **~ estacional** saisonell bedingte [*o* saisonbedingte] Arbeitslosigkeit; **~ forzoso** Arbeitslosigkeit *f;* **~ masivo** Massenarbeitslosigkeit *f;* **~ técnico** technisch bedingte Arbeitslosigkeit, Arbeitslosigkeit infolge von Rationalisierung; **oficina del ~** (*fam*) Arbeitsamt *nt;* **subsidio de ~** Arbeitslosenunterstützung *f;* **tasa de ~** Arbeitslosenquote *f;* **estar en ~** arbeitslos sein **5.** (ZOOL) Meise *f;* **~ carbonero** Kohlmeise *f*

parodia [pa'roðja] *f* Parodie *f* (*de* auf +*akk*); **hacer una ~ de algo** etw parodieren

parodiador(a) [paroðja'ðor(a)] **I.** *adj* parodierend **II.** *m(f)* Parodist(in) *m(f)*

parodiar [paro'ðjar] *vt* parodieren

paródico, -a [pa'roðiko, -a] *adj* parodistisch

parodista [paro'ðista] *mf* Parodist(in) *m(f),* Verfasser(in) *m(f)* einer Parodie

parodontosis [paroðon̪'tosis] *f inv* (MED) Parodontose *f*

parola[1] [pa'rola] *f* **1.** (*locuacidad*) Redegewandtheit *f,* Beredsamkeit *f* **2.** (*charla*) ausgiebiges Schwätzchen *nt*

parola[2] [pa'rola] *m* (*Chil*) Schwätzer *m,* Angeber *m*

pároli ['paroli] *m* (*en juegos*) Paroli *nt*

parón [pa'ron] *m* (*paro brusco*) plötzliches Anhalten *nt;* (*paro prolongado*) langandauernder Stillstand *m*

paronimia [paro'nimja] *f* (LING) Paronymie *f*

paronímico, -a [paro'nimiko, -a] *adj* (LING) paronymisch

parónimo[1] [pa'ronimo] *m* (LING) Paronym *nt*

parónimo, -a[2] [pa'ronimo, -a] *adj* (LING) paronymisch

paronomasia [parono'masja] *f* (LING) Paronomasie *f*

paronomástico, -a [parono'mastiko, -a] *adj* (LING) paronomastisch

parótida [pa'rotiða] *f* (ANAT) Ohrspeicheldrüse *f,* Parotis *f*

parotiditis [paroti'ðitis] *f inv* (MED) Entzündung *f* der Ohrspeicheldrüse, Parotitis *f*

paroxismal [paroˠsis'mal] *adj* (MED) anfallsweise auftretend, paroxysmal

paroxismo [paroˠ'sismo] *m* **1.** (MED: *de una enfermedad*) Paroxysmus *m* **2.** (MED: *accidente*) schwerer Unfall *m;* (*síncope*) schwerer Anfall *m* **3.** (*de un sentimiento*) Anfall *m,* Ausbruch *m;* **lo mató en un ~ de celos** er/sie ermordete ihn in einem Anfall von Eifersucht

paroxítono[1] [paroˠ'sitono] *m* (LING) Paroxytonon *nt*

paroxítono, -a[2] [paroˠ'sitono, -a] *adj* (LING) auf der vorletzten Silbe betont

parpadeante [parpaðe'an̪te] *adj* flackernd, flimmernd

parpadear [parpaðe'ar] *vi* **1.** (*ojos*) blinzeln, zwinkern; **sin ~** ohne mit der Wimper zu zucken **2.** (*luz*) flimmern; (*llama*) flackern

parpadeo [parpa'ðeo] *m* **1.** (*de los ojos*) Lidschlag *m,* Blinzeln *nt* **2.** (*de una luz*) Flimmern *nt;* (*de una llama*) Flackern *nt*

párpado ['parpaðo] *m* (Augen)lid *nt*

parpar [par'par] *vi* (*pato*) schnattern

parque ['parke] *m* **1.** (*jardín*) Park *m,* Parkanlage *f;* **~ de atracciones** Vergnügungspark *m;* **~ nacional** Nationalpark *m;* **P~ Natural** Naturschutzgebiet *nt;* **~ zoológico** Zoo *m* **2.** (*depósito*) Lager *nt;* **~ de bomberos** Feuerwehrhaus *nt;* **~ militar** (Militär)arsenal *nt* **3.** (*conjunto*) Bestand *m;* **~ eólico** Windpark *m;* **~ industrial** (ECON) Gewerbepark *m;* **~ de maquinaria** Maschinenpark *m;* **~ móvil** öffentlicher Fuhrpark; **~ de vehículos** Fahrzeugpark *m,* Fuhrpark *m* **4.** (*parking*) Parkplatz *m* **5.** (*para niños*) Laufstall *m*

parqué [par'ke] *m* **1.** (*suelo*) Parkett *nt,* Parkettfußboden *m* **2.** (*en la Bolsa*) Börsensaal *m*

parqueadero [parkea'ðero] *m* (*Am*) Parkplatz *m*

parquear [parke'ar] *vt* (*Am*) parken

parquedad [parke'ðaᵈ] *f* **1.** (*en el gasto*) Sparsamkeit *f;* (*en el uso*) Genügsamkeit *f,* Bescheidenheit *f* **2.** (*parsimonia*) Zurückhaltung *f,* Mäßigung *f;* **habla con** ~ er/sie ist wortkarg

parquet [par'ke⁽ᵗ⁾] *m v.* **parqué**

parquímetro [par'kimetro] *m* Parkuhr *f*

parra ['parra] *f* **1.** (*vid*) Weinstock *m,* Weinrebe *f;* **subirse a la** ~ (*enfadarse*) (die Wände) hochgehen, in die Luft gehen; (*darse importancia*) sich *dat* zu viel einbilden, abheben; (*fam: atreverse*) übermütig werden **2.** (*envase*) ≈Amphore *f*

parrafada [parra'faða] *f* **1.** (*conversación detenida*) eingehendes Gespräch *nt;* (*conversación confidencial*) vertrauliches Gespräch *nt,* Gespräch *nt* unter vier Augen; **echar una** ~ ein Gespräch unter vier Augen führen, sich eingehend miteinander unterhalten **2.** (*monólogo*) Wortschwall *m,* Monolog *m;* (*irón*) Predigt *f*

parrafear [parrafe'ar] *vi* **1.** (*echar parrafadas*) sich eingehend miteinander unterhalten **2.** (*hablar en exceso*) einen Monolog halten

párrafo ['parrafo] *m* **1.** (*de un texto*) Abschnitt *m,* Absatz *m,* Paragraph *m;* **...,** ~ **aparte** ...; neuer Absatz; (*fam fig*) ..., soweit zu diesem Thema **2.** (*signo*) Paragraphzeichen *nt,* Paragraph *m* **3.** (*fam: charla*) Schwätzchen *nt;* **echar un** ~ ein Schwätzchen halten; **echar ~s** viel reden

parral [pa'rral] *m* **1.** (*parras atadas*) Spalier *nt;* (*techo*) Weinlaube *f* **2.** (*envase*) ≈Amphore *f* **3.** (*viña*) Weinberg *m* **4.** (*viña sin podar*) unbeschnittener Weinberg *m*

parrampán [parram'pan] *m* (*Pan*) Angeber *m*

parranda [pa'rran̪da] *f* **1.** (*juerga*) Trubel *m;* (*de bar en bar*) Kneipentour *f,* Zechtour *f;* **ir** [*o* **andar**] **de** ~ um die Häuser ziehen **2.** (*músico*) Musikkapelle *f* (*die nachts durch die Straßen zieht*)

parrandear [parran̪de'ar] *vi* (*fam*) durch die Kneipen ziehen

parrandeo [parran̪'deo] *m* Kneipentour *f*

parrandero, -a [parran̪'dero, -a] *m, f* Kneipenbummler(in) *m(f)*

parrandista [parran̪'dista] *mf* Zechkumpan(in) *m(f)*

parrar [pa'rrar] *vi* (BOT) die Äste ausbreiten

parricida [parri'θiða] *mf* (*padre*) Vatermörder(in) *m(f);* (*madre*) Muttermörder(in) *m(f);* (*hijo*) Kindsmörder(in) *m(f)*

parricidio [parriθi'ðjo] *m* (*padre*) Vatermord *m;* (*madre*) Muttermord *m;* (*hijo*) Kindsmord *m*

parrilla [pa'rriʎa] *f* **1.** (*para la brasa*) (Grill)rost *m;* (*de un horno*) (Ofen)rost *m* **2.** (*establecimiento*) (Grill)restaurant *nt* **3.** (*en una carrera*): ~ (**de salida**) Startplatz *m* **4.** (*jarra*) tönerne Karaffe *f* **5.** (*Am:* AUTO) Dachgepäckträger *m*

parrillada [parri'ʎaða] *f* Grillplatte *f;* ~ **de pescado/de carne** gegrillte Fisch-/Fleischspezialitäten

parrocha [pa'rrotʃa] *f* (ZOOL) kleine Sardine *f*

párroco ['parroko] **I.** *adj* Pfarr-, Gemeinde-; **cura** ~ Gemeindepfarrer *m* **II.** *m* Pfarrer *m*

parroquia [pa'rrokja] *f* **1.** (*territorio*) (Kirchen)gemeinde *f,* Pfarrbezirk *m,* Pfarrei *f;* **ayuda de** ~ Pfarrhelfer(in) *m(f)* **2.** (*fieles*) Gemeinde *f,* Gemeindemitglieder *ntpl* **3.** (*iglesia*) (Pfarr)kirche *f* **4.** (*clero*) Priesterschaft *f* (einer Gemeinde), Gemeindepriester *mpl* **5.** (*clientela*) (Stamm)kundschaft *f*

parroquial [parro'kjal] *adj* Gemeinde-, pfarrlich; **iglesia**~ Pfarrkirche *f;* **terreno** ~ Gemeindeland *nt*

parroquiano, -a [parro'kjano, -a] **I.** *adj* Gemeinde-, pfarrlich **II.** *m, f* **1.** (*feligrés*) Gemeindemitglied *nt* **2.** (*cliente*) Stammkunde, -in *m, f*

parsec [par'seᵏ] *m* (ASTR) Parsec *nt o f*

parsimonia [parsi'monja] *f* **1.** (*calma*) Ruhe *f,* Bedächtigkeit *f;* (*lentitud*) Trägheit *f;* **barajó las cartas con** ~ er/sie mischte in aller Ruhe die Karten **2.** (*en los gastos*) Sparsamkeit *f,* Genügsamkeit *f* **3.** (*prudencia*) Rücksicht *f;* (*moderación*) Zurückhaltung *f*

parsimonioso, -a [parsimo'njoso, -a] *adj* **1.** (*tranquilo*) ruhig, bedächtig; (*flemático*) träge, schwerfällig **2.** (*ahorrador*) sparsam, genügsam **3.** (*prudente*) rücksichtsvoll; (*moderado*) zurückhaltend

parsismo [par'sismo] *m* (REL) Parsismus *m*

parte¹ ['parte] *f* **1.** (*porción*) Teil *m;* (*elemento*) (Bestand)teil *m;* (*de repuesto*) Ersatzteil *nt;* ~ **alicuota** Bruchteil *m;* ~ **constitutiva** Bestandteil *m;* ~ **esencial** wesentlicher Bestandteil; ~ **del león** Löwenanteil *m;* ~ **del mundo** Erdteil *m,* Kontinent *m;* ~ **de la oración** Satzteil *m;* **una cuarta** ~ ein Viertel +*gen;* **de varias ~s** mehrteilig; **en** ~ zum Teil, teilweise; **en gran** ~ zu einem großen Teil; **en mayor** ~ größtenteils; ~ **por** ~ Stück für Stück; **por ~s** der Reihe nach, ein(e)s nach dem ander(e)n; **tomar** ~ **en algo** an etw *dat* teilnehmen; **tener** ~ **en algo** an etw *dat* teilhaben [*o* beteiligt sein] **2.** (*repartición*) Anteil *m* (*de* an +*dat*), Teil *m* (*de* +*gen*); ~ **hereditaria** Erbteil *nt;* **me dió mi** ~ **de la ganancia** er/sie gab mir meinen Anteil am Gewinn [*o* meinen Teil des Gewinnes]; **dar** ~ **a alguien en algo** jdn an etw *dat* beteiligen; **llevarse la peor** ~ den Kürzeren ziehen, am schlechtesten abschneiden; **llevarse la mejor** ~ am besten abschneiden **3.** (*lugar*) Ort *m;* **¿a qué ~?** wohin?; **a ninguna** ~ nirgendwohin; **en ninguna** ~ nirgends; **en cualquier** ~ irgendwo; **por todas (las) ~s** überall; **en otra** ~ woanders, anderswo; **¿de qué** ~ **de España es tu familia?** aus welcher Gegend Spaniens stammt deine Familie?; **no para en ninguna** ~ es hält ihn/sie nirgends besonders lang; **no ir** [*o* **no llevar**] **a ninguna** ~ (*fig*) zu nichts führen, keinen Sinn haben; **en todas ~s (se)**

cuecen habas (*prov*) das passiert woanders auch; **que no te dé vergüenza, ¡en todas ~s (se) cuecen habas!** schäm dich nicht, das kommt in den besten Familien vor! **4.** (*bando*) Partei *f*, Seite *f*; (*en un negocio*) Teilhaber(in) *m(f)*; (*en una discusión*) Gesprächspartner(in) *m(f)*, Gesprächsteilnehmer(in) *m(f)*; (JUR) Partei *f*; ~ **actora** [*o* **demandante**] Klagepartei *f*; ~ **beneficiada** Begünstigte(r) *mf*; ~ **contraria** [*o* **adversaria**] [*o* **contendiente**] Gegenpartei *f*, gegnerische Partei; ~ **contratante** Vertragspartner *m*; ~ **firmante** Vertragspartei *f*; ~ **laboral** Arbeitnehmerseite *f*; **~s litigantes** [*o* **contendientes**] Streitparteien *fpl*; ~ **pública** Staatsanwalt *m*; **entrar** [*o* **ir**] **a la ~ de** beteiligt sein an; **la empresa es ~ en este acuerdo** die Firma ist an diesem Vertrag beteiligt **5.** (*lado*) Seite *f*; ~ **de delante/de atrás** [*o* **delantera/trasera**] Vorder-/Rückseite *f*; **de mi/de tu ~** von mir/von dir; **dale recuerdos de mi ~** grüß ihn/sie von mir; **somos primos por** [*o* **de**] **~ de mi padre/de mi madre** wir sind Cousins väterlicherseits/mütterlicherseits; **por mi/por tu ~** von mir/von dir aus; **por mi ~ puedes hacer lo que quieras** was mich angeht [*o* anbetrifft], kannst du tun, was du willst; **estar de ~ de alguien** auf jds Seite sein; **ponerse de ~ de alguien** sich auf jds Seite stellen, jds Partei ergreifen; **saber de buena ~** aus zuverlässiger [*o* sicherer] Quelle wissen; **me tienes de tu ~** ich bin [*o* stehe] auf deiner Seite, ich halte zu dir; **de ~ a ~** (*de un lado a otro*) von rechts nach links; (*de arriba a abajo*) von oben nach unten; **por otra ~** and(e)rerseits; (*además*) außerdem **6.** (*sección*) Teil *m*; (*tomo*) Band *m*; (*capítulo*) Kapitel *nt* **7.** (TEAT, MÚS: *papel*) Part *m*, Rolle *f*; (*actor*) Schauspieler(in) *m(f)*; (*cantante*) Sänger(in) *m(f)* **8.** *pl* (*genitales*) Geschlechtsteile *ntpl* **9.** (*loc*): **no lo tomes** [*o* **eches**] **a mala ~** versteh mich nicht falsch; **de primeros de mes a esta ~** seit Beginn dieses Monats; **de unos cuantos días a esta ~** seit einigen Tagen; **me dió una patada en salva sea la ~** er/sie trat mich in den Allerwertesten

parte² ['parte] *m* **1.** (*comunicado*) Bericht *m*; (*nota urgente*) Depesche *f*; (*telegráfico*) Telegramm *nt*; (*por radio*) Funkmeldung *f*; ~ **médico** ärztliches Kommuniqué; **dar ~** Bericht erstatten; **tienes que dar ~ del robo a la policía** du musst den Diebstahl der Polizei melden **2.** (RADIO, TV) Nachrichten *fpl*, Nachrichtensendung *f*; ~ **meteorológico** Wetterbericht *m* **3.** (MIL) Meldung *f*; (*de guerra*) Kriegsbericht *m*; **dar ~** Meldung machen [*o* erstatten]

parteluz [parte'luθ] *m* (ARQUIT) Fenstermittelpfosten *m*

partenaire [parte'ner] *mf* Partner(in) *m(f)*; ~ **de baile** Tanzpartner(in) *m(f)*; ~ **de tenis** Tennispartner(in) *m(f)*

partenogénesis [parteno'xenesis] *f inv* (BIOL) Parthenogenese *f*, Jungfernzeugung *f*

partero, -a [par'tero, -a] *m, f* Geburtshelfer(in) *m(f)*

parterre [par'terre] *m* **1.** (*arriate*) Blumenbeet *nt* **2.** (*jardín*) Gartenanlage *f*, Park *m*

partible [par'tiβle] *adj* teilbar

partición [parti'θjon] *f* **1.** (*acción de partir*) Aufteilung *f*, Verteilung *f* (*entre* unter +*dat*) **2.** (MAT) Division *f*, Teilung *f* **3.** (INFOR) Partionierung *f*

participación [partiθipa'θjon] *f* **1.** (*intervención*) Teilnahme *f* (*en* an +*dat*), Beteiligung *f* (*en* an +*dat*); (*en un negocio*) Beteiligung *f* (*en* an +*dat*), Teilhaberschaft *f* (*en* an +*dat*); (*en una decisión*) Mitbestimmung *f*; ~ **de beneficios**, ~ **en los beneficios** Gewinnbeteiligung *f*; ~ **en costos** Kostenbeteiligung *f*; ~ **en el mercado** (COM) Marktanteil *m*; **tener participaciones en una empresa** (Geschäfts)anteile an einem Unternehmen haben; **este grupo tiene la ~ mayoritaria en las acciones** diese Gruppe hat die Majoritätsbeteiligung an den Aktien; **la ~ de los trabajadores en las decisiones de la empresa** die Mitwirkung der Arbeitnehmer an den Unternehmensentscheidungen **2.** (*parte*) Anteil *m* (*en* an +*dat*) **3.** (*billete*) (Lotterie)los *nt*; (*parte que se juega*) (anteiliger) Lotterieeinsatz *m* **4.** (*anuncio*) Anzeige *f*; (*aviso*) Mitteilung *f*, Benachrichtigung *f*

participante [partiθi'pante] **I.** *adj* teilnehmend, beteiligt; **los países ~s** die Teilnehmerländer **II.** *mf* (*en una acción*) Teilnehmer(in) *m(f)*; (*en una empresa*) Teilhaber(in) *m(f)*; ~ **en un concurso** Wettbewerbsteilnehmer(in) *m(f)*

participar [partiθi'par] **I.** *vi* **1.** (*tomar parte*) teilnehmen (*en* an +*dat*); ~ **en un juego** mitspielen; **participo en tu alegría** ich freue mich mit dir **2.** (*tener parte*) teilhaben (*en* an +*dat*), beteiligt sein (*en* an +*dat*); ~ **en las ganancias** am Gewinn beteiligt sein; ~ **en una herencia** Miterbe sein, erben; **se decidió por ~ en mi empresa** er/sie entschloss sich zu einer Beteiligung an meinem Unternehmen, er/sie beschloss sich an meinem Unternehmen zu beteiligen **II.** *vt* **1.** (*comunicar*) mitteilen **2.** (*tener en común*) teilen; **participamos de la misma opinión** wir sind derselben Meinung

partícipe [par'tiθipe] **I.** *adj* beteiligt **II.** *mf* Beteiligte(r) *mf*; (*en una empresa*) Teilhaber(in) *m(f)*; **los ~s del proyecto** die am Projekt Beteiligten; **hacer a alguien ~ de algo** (*compartir*) etw mit jdm teilen, jdn an etw *dat* teilhaben lassen; (*informar*) jdm etw mitteilen

participial [partiθi'pjal] *adj* (LING) partizipial, Partizipial-

participio [parti'θipjo] *m* (LING) Partizip *nt*; ~ **de presente** [*o* **activo**] Partizip Präsens; ~ **de pretérito** [*o* **pasivo**] Partizip Perfekt

partícula [par'tikula] *f* **1.** (*t.* FÍS, QUÍM) Teilchen *nt*, Partikel *nt o f*; ~ **alfa** Alphateilchen

P

nt; ~ **elemental** Elementarteilchen *nt;* ~**s de polvo** Staubpartikel *ntpl o fpl;* ~**s radiactivas** radioaktive Partikel **2.** (LING) Partikel *f;* ~ **prepositiva** Präfix *nt*

particular[1] [partiku'lar] **I.** *adj* **1.** (*propio*) eigen; (*individual*) individuell; (*típico*) typisch, charakteristisch; (*personal*) persönlich; **el sabor** ~ **del azafrán** der typische [*o* unverwechselbare] Safrangeschmack **2.** (*raro*) eigen(artig), ungewöhnlich, seltsam; **tienes un gusto** ~ du hast einen komischen Geschmack **3.** (*extraordinario*) besonders, außergewöhnlich; **caso** ~ Sonderfall *m,* Ausnahmefall *m;* **en** ~ besonders, vor allem; **sin señas** ~**es** ohne besondere Kennzeichen; **posee un talento** ~ **para dibujar** er/sie kann außergewöhnlich gut zeichnen **4.** (*privado*) privat; **clases** ~**es** Privatunterricht *m;* **correspondencia** ~ Privatbrief *m;* **inversor** ~ privater Anleger; **los desplazamientos los hago con coche** ~ ich fahre im Privatwagen zur Arbeit; **envíamelo a mi domicilio** ~ schick es mir an meine Privatadresse **5.** (*determinado*) bestimmt; **el aborto es legal en algunos casos** ~**es** eine Abtreibung ist in bestimmten Fällen legal; **tenemos que concentrarnos en este problema** ~ wir müssen uns auf dieses eine Problem konzentrieren **II.** *mf* Privatperson *f*

particular[2] [partiku'lar] *m* Angelegenheit *f,* Sache *f*

particularidad [partikulari'ða^ð] *f* **1.** (*especialidad*) Besonderheit *f;* (*singularidad*) Einzigartigkeit *f;* (*peculiaridad*) Außergewöhnliche(s) *nt;* **la** ~ **de este método estriba en que...** das Besondere an diesem Verfahren ist, dass ... **2.** (*rareza*) Eigenart *f,* Eigentümlichkeit *f,* Macke *f fam* **3.** (*detalle*) Detail *nt;* (*circunstancia*) Umstand *m;* **las** ~**es del crimen** die näheren Umstände des Verbrechens **4.** (*en el trato*) Zuwendung *f,* Vertraulichkeit *f*

particularismo [partikula'rismo] *m* **1.** (*preferencia del interés propio*) Voranstellen *nt* persönlicher Interessen **2.** (*individualismo*) Individualismus *m* **3.** (POL) Partikularismus *m*

particularista [partikula'rista] *mf* Partikularist(in) *m(f)*

particularización [partikulariθa'θjon] *f* **1.** (*relato detallado*) detailgenaue Beschreibung *f* **2.** (*referencia*) direkte Bezugnahme (auf +*akk*) **3.** (*distinción*) Hervorhebung *f*

particularizar [partikulari'θar] <z→c> **I.** *vt* **1.** (*explicar*) (detailliert) erläutern **2.** (*mostrar preferencia*) bevorzugen, bevorzugt behandeln **3.** (*personalizar*) sich konkret beziehen (*en* auf +*akk*), direkt Bezug nehmen (*en* auf +*akk*) **4.** (*distinguir*) charakterisieren, ausmachen; **sus saques particularizan su estilo de jugar** das Besondere an seinem Spiel [*o* was sein Spiel ausmacht,] ist sein Aufschlag **II.** *vi* (*explicar*) ins Detail gehen, alle Details aufzählen **III.** *vr:* ~**se** sich hervortun, besonders auffallen; ~**se por su estilo atrevido** sich durch seinen gewagten Stil (von anderen) unterscheiden

particularmente [partikular'mente] *adv* besonders, insbesondere, vor allem

partida [par'tiða] *f* **1.** (*salida*) Abfahrt *f* **2.** (*envío*) Sendung *f,* (Versand)posten *m* **3.** (FIN: *de una cuenta*) (Rechnungs)posten *m;* (*en la contabilidad*) (Buchungs)posten *m;* (*de un presupuesto*) Posten *m,* Betrag *m;* ~**s de un balance** Bilanzposten *mpl;* ~ **doble** doppelte Buchführung; ~**s extraordinarias** außerordentliche Positionen; **contabilidad por** ~ **simple** [*o* **única**] einfache Buchführung; **anular una** ~ **contable** einen Buchungsposten vollständig abschreiben **4.** (JUR: *anotación*) (Register)eintrag *m,* Registrierung *f;* (*certificado*) Urkunde *f;* ~ **de defunción** Sterbeurkunde *f;* ~ **de nacimiento** Geburtsurkunde *f* **5.** (*juego*) Partie *f;* **jugar una** ~ **de ajedrez** eine Partie Schach spielen; **jugar una mala** ~ **a alguien** jdm übel mitspielen **6.** (*grupo*) Gruppe *f;* (MIL) (Truppen)verband *m,* Truppe *f;* (*de amigos*) Clique *f;* (*en un juego*) Mannschaft *f,* Team *nt;* (*excursión*) Partie *f;* ~ **de campo** Landpartie *f,* Ausflug aufs Land; ~ **de caza** Jagd(partie) *f* **7.** (*muerte*) Tod *m,* Ableben *nt* **8.** (*lugar*) Bezirk *m*

partidario, -a [parti'ðarjo, -a] **I.** *adj* **1.** (*seguidor*) treu; (*afiliado*) zugehörig; (*de una idea*) befürwortend, verfechtend **2.** (*parcial*) voreingenommen, parteiisch; (*juez*) befangen **3.** (MED): **médico** ~ Bezirksarzt, -ärztin *m, f* **II.** *m, f* **1.** (*seguidor*) Anhänger(in) *m(f);* (*afiliado*) Mitglied *nt;* (*de un proyecto, una idea*) Befürworter(in) *m(f),* Verfechter(in) *m(f);* **ser** ~ **de algo** etw befürworten **2.** (*guerrillero*) Partisan(in) *m(f)*

partidismo [parti'ðismo] *m* **1.** (*parcialdad*) Parteilichkeit *f;* (*de un juez*) Befangenheit *f;* (*a favor de un partido*) politische Neigung *f* **2.** (POL) Parteitreue *f*

partidista [parti'ðista] **I.** *adj* **1.** (*parcial*) parteiisch; (*juez*) befangen **2.** (*sometido a la ideología de un partido*) parteitreu; **ser** ~ sich an die Parteilinie halten **3.** (*relativo a un partido*) parteilich, Partei- **II.** *mf* Parteianhänger(in) *m(f)*

partido[1] [par'tiðo] *m* **1.** (POL) Partei *f;* ~ **de clase media** Mittelstandspartei *f;* ~ **de derecha(s)/de izquierda(s)** Rechts-/Linkspartei *f;* ~ **gubernamental** Regierungspartei *f;* ~ **obrero** [*o* **laboral**] Arbeiterpartei *f;* ~ **pequeño** Splitterpartei *f;* ~ **popular** [*o* **de masa(s)**] Volkspartei *f;* ~ **único** Einheitspartei *f* **2.** (*grupo*) (Interessen)gruppe *f;* **formar** ~ sich zusammenschließen; **esta idea tiene mucho** ~ diese Idee hat viele Befürworter [*o* wird von vielen befürwortet]; **el candidato tenía cada vez menos** ~ der Kandidat hatte immer weniger Anhänger; **la película tuvo mucho** ~ **en el extranjero** der Film war im Ausland sehr erfolgreich **3.** (DEP: *juego*) Spiel *nt;* ~ **amistoso** Freundschaftsspiel *nt;* ~ **de fútbol** Fußballspiel *nt;* ~ **de vuelta** Rückspiel *nt*

4. (*equipo*) Mannschaft *f*, Team *nt* 5. (*para casarse*) Partie *f*; **ser un buen** ~ eine gute Partie sein; **encontrar un buen** ~ eine gute Partie machen 6. (ADMIN) Bezirk *m*; ~ **judicial** Gerichtsbezirk *m*; **cabeza de** ~ Bezirkshauptstadt *f* 7. (*de un médico*) Amtsbezirk *m* 8. (*determinación*) Stellungnahme *f*; **tomar** ~ (*a favor de una de dos partes*) Partei ergreifen (*a favor de* für +*akk*); (*adoptar una opinión*) Stellung beziehen; (*decidirse*) sich entscheiden; (MIL) sich freiwillig melden 9. (*provecho*) Nutzen *m*; **de esto aún se puede sacar** ~ daraus lässt sich noch was machen, das kann man noch (anderweitig) verwenden; **no sacarás** ~ **de él** er ist ein hoffnungsloser Fall; **saqué** ~ **del asunto** ich habe von der Sache (letztendlich) profitiert, ich habe aus der Sache meinen Nutzen gezogen 10. (*Am: del pelo*) Scheitel *m*

partido, -a² [par'tiðo, -a] *adj* 1. (*liberal*) freigebig 2. (*dividido*) geteilt; (*en dos partes iguales*) spiegelbildlich

partidocracia [partiðo'kraθja] *f o f* (POL) Parteienherrschaft *f*

partidor [parti'ðor] *m* Verteiler *m*

partiquino, -a [parti'kino, -a] *m, f* (MÚS, TEAT) Opernsänger(in) *m(f)* in einer Nebenrolle

partir [par'tir] I. *vt* 1. (*dividir*) teilen (*en* in +*akk*), zerteilen (*en* in +*akk*); (MAT) dividieren (*en* durch +*akk*), teilen (*en* durch +*akk*); ~ **por la mitad** halbieren 2. (*romper*) zerbrechen; (*en muchas piezas*) zertrümmern, zerschmettern; (*madera*) (zer)hacken; (*una nuez*) knacken; ~ **el pan** (REL) das Brot brechen; ~ **la cabeza a alguien** jdm den Schädel einschlagen 3. (TÉC) spalten, aufspalten 4. (*repartir*) verteilen, aufteilen; (*clasificar*) klassifizieren, in Klassen [*o* Gruppen] einteilen 5. (*compartir*) teilen (*con* mit +*dat*) 6. (*una baraja*) abheben II. *vi* 1. (*tomar como base*) ausgehen (*de* von +*dat*); ~ **de un supuesto falso** von einer falschen Annahme ausgehen, sich auf eine falsche Annahme stützen; **a** ~ **de** (*desde...*) ab ..., von ... an; **a** ~ **de ahora** von nun an; **a** ~ **de mañana** ab morgen; **a** ~ **de las seis** ab sechs Uhr; **a** ~ **de entonces** seit damals, von da an 2. (*salir de viaje*) abreisen; (*ponerse en marcha*) losfahren; (*a pie*) losgehen (*para* nach +*dat*); **partimos de Heidelberg a las cinco** wir sind um fünf in Heidelberg losgefahren/losgegangen III. *vr:* ~**se** (*rajarse*) zerbrechen; (*cristal*) zersplittern; ~**se de risa** sich vor Lachen biegen

partisano, -a [parti'sano, -a] *m, f* Partisan(in) *m(f)*

partitivo¹ [parti'tiβo] *m* (LING) Partitiv *m*

partitivo, -a² [parti'tiβo, -a] *adj* 1. (LING) partitiv 2. (*que se puede partir*) teilbar; (*que se puede romper*) zerbrechlich

partitocracia [partito'kraθja] *f* (POL) *v.* **partidocracia**

partitura [parti'tura] *f* (MÚS) Partitur *f*; ~ **de piano** Klavierauszug *m*

parto ['parto] *m* (*alumbramiento*) Geburt *f*, Entbindung *f*; (*de un animal*) Werfen *nt*; ~ **prematuro** Frühgeburt *f*; ~ **subacuático** Unterwassergeburt *f*; **dolores de** ~ Wehen *fpl*; **estar de** ~ in den Wehen liegen; **esto ha sido un** ~ **difícil** (*t. fig*) das war eine schwere Geburt [*o* ein schweres Stück Arbeit]; **esto es el** ~ **de los montes** der Berg kreißte und gebar eine Maus

parturienta [partu'rjen̩ta] *f* 1. (*que está de parto*) Gebärende *f* 2. (*que acaba de parir*) Wöchnerin *f*

party ['parti] *f* Party *f*

párulis ['parulis] *m inv* (MED) entzündliche Schwellung *f* im Kieferbereich, Parulis *f*

parva ['parβa] *f* 1. (AGR) Dreschgut *nt* 2. (*desayuno*) Frühstück *nt* 3. (*montón*) Haufen *m*, Menge *f*; (*de chiquillos*) Kinderschar *f*

parvada [par'βaða] *f* 1. (AGR) Dreschgut *nt* 2. (*pollos*) ausgeschlüpftes Gelege *nt* 3. (*multitud*) Menge *f*, Haufen *m* 4. (*Am: bandada*) (Vogel)schwarm *m*

parvedad [parβe'ðaᵈ] *f* 1. (*escasez*) Spärlichkeit *f*; (*pequeñez*) Winzigkeit *f*; (*poquedad*) Kleinigkeit *f* 2. (*para comer*) Happen *m*

parvo, -a ['parβo, -a] *adj* (*pequeño*) klein; (*escaso*) spärlich

párvula ['parβula] *adj o f v.* **párvulo**

parvulario [parβu'larjo] *m* Kindergarten *m*; (*educación preescolar*) Vorschule *f*

parvulista [parβu'lista] *adj* Vorschul-, Kleinkind-

párvulo, -a ['parβulo, -a] I. *adj* 1. (*pequeño*) klein, gering 2. (*niño*) klein, im Vorschulalter 3. (*inocente*) naiv, einfältig 4. (*humilde*) schlicht, einfach II. *m, f* Kind *nt* im Vorschulalter; **escuela de** ~**s** Vorschule *f*; **clase de** ~**s** Vorschulklasse *f*

pasa ['pasa] *f* 1. (*uva seca*) Rosine *f*; ~ **de Corinto** Korinthe *f*; **chocolate de ron y** ~**s** Trauben-Nuss-Schokolade *f*; **estar hecho una** ~ (*fam*) verrunzelt sein 2. (NÁUT) Fahrrinne *f* 3. (*del cabello*) Kräusel *f*

pasable [pa'saβle] *adj* (*aceptable*) passabel, annehmbar; (*mediano*) mittelmäßig

pasabocas [pasa'βokas] *m inv* (*Col: tapas*) Häppchen *nt*

pasacalle [pasa'kaʎe] *m* (MÚS) Marsch *m*

pasada [pa'saða] *f* 1. (*paso*) Vorbeigehen *nt*, Vorübergehen *nt*; (*de un lado a otro*) Durchqueren *nt*, Überqueren *nt*; **de** ~ im Vorbeigehen [*o* Vorübergehen], nebenbei; (*fig*) flüchtig, oberflächlich; **dar** ~ **a algo** etw durchgehen lassen, etw erlauben; **hacer varias** ~**s** mehrmals vorbeigehen; (*de un lado a otro*) mehrmals überqueren 2. (*mano*) Durchgang *m*; (*pintura*) Anstrich *m*; (*en la limpieza*) Wischvorgang *m*; **dar una** ~ **a algo** etw *dat* den letzten Schliff geben, etw überarbeiten; **dar otra** ~ **con agua limpia** nochmals mit klarem Wasser drüberwischen 3. (*fam: mal comportamiento*) Gemeinheit *f*; **¡vaya**

P

(**mala**) ~! so eine Gemeinheit!; **hacer una mala ~ a alguien** jdm übel mitspielen, jdm einen üblen Streich spielen **4.** (*fam: exageración*) Übertreibung *f* **5.** (*puntada*) (Heft)stich *m;* (*costura*) (Heft)naht *f;* **dar unas ~s** heften, provisorisch nähen **6.** (*con la plancha*): **sólo le voy a dar una ~** ich bügle nur leicht drüber **7.** (*en un juego*) Durchgang *m* **8.** (*ingresos*) bescheidenes Auskommen *nt* **9.** (*paso geométrico*) *1,393 Meter*

pasadera [pasa'ðera] *f* **1.** (*piedra*) (Tritt)stein *m* **2.** (*paso*) Steg *m*

pasadero[1] [pasa'ðero] *m v.* **pasadera**

pasadero, -a[2] [pasa'ðero, -a] *adj* **1.** (*aceptable*) annehmbar, passabel; (*mediano*) mittelmäßig; (*tolerable*) erträglich **2.** (*transitable*) überquerbar

pasadizo [pasa'ðiθo] *m* **1.** (*pasillo*) (Durch)gang *m;* (*entre dos calles*) Passage *f;* ~ **secreto** Geheimgang *m* **2.** (*pasadera*) Steg *m*

pasado[1] [pa'saðo] *m* **1.** (*tiempo*) Vergangenheit *f;* **en el ~** früher; **son cosas del ~** das ist Schnee von gestern **2.** (*vida anterior*) Vorleben *nt,* Vergangenheit *f* **3.** (LING) Präteritum *nt,* Vergangenheit *f* **4.** (MIL) Überläufer *m* **5.** *pl* (*antepasados*) Vorfahren *mpl;* (*mayores*) Ahnen *mpl*

pasado, -a[2] [pa'saðo, -a] *adj* **1.** (*de atrás*) vergangen, vorig; **el año ~** letztes [*o* vergangenes] Jahr; **la conferencia del año ~** die letztjährige Konferenz; ~ **mañana** übermorgen; **~s dos meses** nach zwei Monaten; ~ **de moda** veraltet; (*vestido*) altmodisch **2.** (*estropeado*) kaputt; (*fruta*) faul; (*alimentos*) verdorben, schlecht; (*leche*) sauer; (*mantequilla*) ranzig; (*ropa*) abgetragen; (*flores*) welk, verwelkt **3.** (*comida*) übergar; (*verdura*) zerkocht; **¿quieres el filete muy ~?** möchtest du das Steak sehr durchgebraten?; **un huevo ~ por agua** ein weichgekochtes Ei; **el yogur está ~ de fecha** das Verfallsdatum des Joghurts ist überschritten

pasador[1] [pasa'ðor] *m* **1.** (*alfiler*) (Steck)nadel *f;* (*imperdible*) Sicherheitsnadel *f;* (*broche*) Anstecknadel *f* **2.** (*para el cabello*) Haarspange *f* **3.** (*de corbata*) Krawattennadel *f;* (*para sujetarlo a la camisa*) Krawattenhalter *m* **4.** (*cerrojo*) (Tür)riegel *m,* Schieber *m* **5.** (*colador*) Sieb *nt* **6.** (TÉC) Splint *m,* Stift *m;* ~ **transversal** Querbolzen *m*

pasador(a)[2] [pasa'ðor(a)] **I.** *adj* **1.** (*que pasa de un lado a otro*) überquerend, Quer- **2.** (MIL) übergelaufen **3.** (*contrabandista*) Schmuggler- **II.** *m(f)* **1.** (MIL) Überläufer(in) *m(f)* **2.** (*contrabandista*) Schmuggler(in) *m(f);* ~ **de cheques** Scheckbetrüger *m*

pasadores [pasa'ðores] *mpl* **1.** (*botón*) Manschettenknöpfe *mpl* **2.** (*Perú: cordones*) Schnürsenkel *mpl*

pasaje [pa'saxe] *m* **1.** (*paso*) Passieren *nt;* (*de una calle, un río*) Überquerung *f,* Überqueren *nt;* (*de un territorio*) Durchquerung *f,* Durchqueren *nt* **2.** (*derecho que se paga*) Wegegeld *nt* **3.** (*viaje en barco*) (Schiffs)passage *f,* Überfahrt *f* **4.** (*billete de avión*) Flugticket *nt;* (*de barco*) Schiffsticket *nt;* (*precio del billete*) Tarif *m;* ~ **de ida y vuelta** Hin- und Rückflugticket *nt* **5.** (*pasajeros*) Passagiere *mpl* **6.** (*pasillo*) (Durch)gang *m;* (*entre dos calles*) Passage *f;* (*callejuela*) Gasse *f;* ~ **subterráneo** Unterführung *f* **7.** (*estrecho*) Meerenge *f* **8.** (*fragmento*) Passage *f,* Passus *m* **9.** (MÚS) Passage *f*

pasajero, -a [pasa'xero, -a] **I.** *adj* **1.** (*transitorio*) vorübergehend; (*breve*) kurz(lebig); (*fugaz*) flüchtig; (*perecedero*) vergänglich; **ave pasajera** Zugvogel *m* **2.** (*calle, plaza*) belebt **II.** *m, f* **1.** (*viajero*) Reisende(r) *mf* **2.** (*que viaja en barco*) Passagier(in) *m(f);* (*en tren, coche*) Fahrgast *m;* (*en avión*) Passagier(in) *m(f),* Fluggast *m;* **avión de ~s** Passagierflugzeug *nt;* **terminal de ~s** Abfertigungsgebäude für Passagiere; **tren de ~s** Personenzug *m*

pasamanar [pasama'nar] *vt* mit Borten besetzen

pasamanera [pasama'nera] *f v.* **pasamanero**

pasamanería [pasamane'ria] *f* **1.** (*obra de pasamanos*) Posamentierarbeit *f* **2.** (*taller, tienda de pasamanos*) Posamenterie *f* **3.** (*oficio*) Posamentierhandwerk *nt,* Posamentieren *nt*

pasamanero, -a [pasama'nero, -a] *m, f* Posamenter(in) *m(f)*

pasamano(s) [pasa'mano(s)] *m(pl)* **1.** (*barandal*) Handlauf *m* **2.** (*barandilla*) Geländer *nt* **3.** (NÁUT) Reling *f* **4.** (*adorno*) Posament *nt,* Besatz *m* **5.** (*Chil: correa*) Halteriemen *m*

pasamontañas [pasamon̩'taɲas] *m inv* Kopfschützer *m*

pasante [pa'san̩te] **I.** *adj* vorbeigehend, vorübergehend; (*viajante*) auf der Durchreise; **un ave ~** ein vorbeiziehender Vogel **II.** *mf* **1.** (*auxiliar*) Assistent(in) *m(f),* Praktikant(in) *m(f);* (*de un abogado*) Referendar(in) *m(f);* ~ **de abogado** Rechtsreferendar(in) *m(f);* ~ **de pluma** Schreiber(in) *m(f)* **2.** (*profesor*) Repetitor(in) *m(f)*

pasantía [pasan̩'tia] *f* Assistentenzeit *f,* Praktikantenzeit *f;* (*de un abogado*) Referendariat *nt*

pasapalos [pasa'palos] *m inv* (*Méx, Ven: tapas*) Häppchen *nt*

pasapasa [pasa'pasa] *m:* **juego de ~** Taschenspielertrick *m*

pasaperro [pasa'perro] *m* (TIPO): **coser a ~** (Pergamentbände) mit einem Riemen heften

pasaportar [pasapor'tar] *vt* **1.** (*expedir pasaporte*) einen Pass ausstellen (*a +dat*) **2.** (*fam: echar*) hinausschmeißen

pasaporte [pasa'porte] *m* **1.** (*para viajar*) (Reise)pass *m;* ~ **colectivo** Sammelpass *m;* ~ **diplomático** Diplomatenpass *m* **2.** (MIL) Passierschein *m* **3.** (*permiso*) Freibrief *m,* Erlaubnis *f* **4.** (*loc*): **dar ~ a alguien** (*despedirlo*) jdm den Laufpass geben *fam;* (*matarlo*) jdn umlegen *fam*

pasapuré(s) [pasapu're(s)] *m* (*inv*) Passiersieb *nt,* Passiermaschine *f*

pasar [pa'sar] **I.** *vi* **1.** (*por delante*) vorbeigehen, vorübergehen; (*en coche*) vorbeifahren; ~ **corriendo** vorbeilaufen; ~ **desapercibido** unbemerkt bleiben; ~ **de largo** (*no detenerse*) nicht anhalten; (*no entrar*) nicht hereinkommen; **pásate un momento por mi casa** komm doch auf einen Sprung zu mir; **dejar** ~ vorbeilassen, durchlassen; **no dejes** ~ **la oportunidad** (*fig*) lass die Gelegenheit nicht ungenutzt; **el avión pasó por encima del Teide** das Flugzeug flog über den Teide **2.** (*por un hueco*) durchgehen; (*en coche*) durchfahren; (*fig: situación*) durchleben; **el sofa no pasa por la puerta** das Sofa passt nicht durch die Tür; **el Ebro pasa por Zaragoza** der Ebro fließt durch Zaragoza; ~ **por una crisis** eine Krise durchleben **3.** (*trasladarse*) hinübergehen, sich (hinüber)begeben; (*entrar*) hereinkommen; **¡pasa!** komm doch herein!; **me hizo** ~ er/sie bat mich herein; **pasemos al comedor** lass uns doch ins Esszimmer gehen **4.** (*acaecer*) passieren; **¿qué pasa?** was ist los?; **¿qué te pasa?** was hast du?; **pase lo que pase** auf jeden Fall, egal, was passiert; **dejar** ~ **algo** etw zulassen, etw geschehen lassen; **lo que pasa es que,...** es ist Folgendes: ... **5.** (*acabar*) vorübergehen, aufhören; **ya ha pasado la tormenta** das Gewitter ist vorbei; **cuando pasen las vacaciones...** nach den Ferien ... **6.** (*el tiempo*) vergehen, vorbeigehen; **han pasado dos semanas sin llover** es hat schon seit zwei Wochen nicht mehr geregnet; **los días ~on volando** die Tage vergingen wie im Fluge; **¡cómo pasa el tiempo!** wie die Zeit vergeht!; **lo pasado, pisado** Schwamm drüber **7.** (*ser transferido*) übergehen, übertragen werden; **la casa pasó a sus hijos** das Haus ging auf seine/ihre Kinder über; **la enfermedad pasó de la madre al niño** die Krankheit übertrug sich von der Mutter auf das Kind **8.** (*poder existir*) auskommen; **paso con poco** ich komme mit wenig aus, ich brauche nur wenig; **con esta helada, tendrás que** ~ **sin coche** bei dem Glatteis wirst du wohl ohne Auto auskommen müssen; **yo sigo pasando sin ordenador** ich komme auch weiterhin ohne Computer aus; **vamos pasando** es geht uns (einigermaßen) gut; **no poder** ~ **sin alguien** nicht ohne jdn auskommen können **9.** (*aparentar*) gelten, durchgehen (*por* als +*nom*); **pasa por nuevo** alle glauben, es sei neu; **podrías** ~ **por alemana** man könnte dich glatt für eine Deutsche halten; **pasa por 18 años** er/sie geht glatt für 18 durch; **se hace** ~ **por médico** er/sie gibt sich als Arzt/Ärztin aus **10.** (*cambiar*) wechseln, übergehen (*a* zu +*dat*); **paso a explicarte porqué** ich erzähle dir jetzt, warum; ~ **al próximo tema** zum nächsten Thema übergehen; ~ **a mayores** sich verschlimmern, schlimmer werden; ~ **a mejor vida** (*elev*) dahinscheiden **11.** (*ser admisible*) durchgehen; **arreglándolo aún puede** ~ wenn du es reparierst, ist es noch brauchbar; ~ **por un control** einer Prüfung standhalten **12.** (*no jugar*) passen, aussetzen **13.** (*hacer demasiados puntos*) zu hoch gehen **14.** (*fam: no necesitar*) verzichten (können) (*de* auf +*akk*), kein Interesse haben (*de* an +*dat*); **yo paso de salir** ich möchte nicht ausgehen; **paso de esta película** dieser Film interessiert mich nicht; **pasa de todo** ihm/ihr ist alles egal **15.** (*loc*): ~ **en blanco** [*o* **claro**], ~ **por alto** auslassen, übergehen; ~ **por encima de** (*un obstáculo*) überwinden; (*una persona*) übergehen, ignorieren **II.** *vt* **1.** (*atravesar*) überqueren; (*un territorio*) durchqueren; ~ **el semáforo en rojo** (*a pie*) über eine rote Ampel laufen; (*en coche*) über eine rote Ampel fahren; ~ **el puente** über die Brücke gehen **2.** (*por un hueco*) durchführen; ~ **el hilo por el agujero de una aguja** den Faden durch das Nadelöhr führen, den Faden einfädeln; ~ **la tarjeta por la ranura** die Karte durch den Schlitz ziehen; ~ **algo por debajo de la puerta** etw unter der Tür durchführen [*o* durchschieben] **3.** (*trasladar*) verlegen; ~ **la oficina a otro piso** das Büro in ein anderes Stockwerk verlegen; **lo ~on a otra prisión** sie verlegten ihn in ein anderes Gefängnis; ~ **a limpio** ins Reine schreiben **4.** (*dar*) reichen, (über)geben; **pásame la mantequilla** reich mir die Butter **5.** (*una temporada*) verbringen, verleben; ~ **la noche en un hotel** die Nacht in einem Hotel verbringen, in einem Hotel übernachten; ~ **las navidades con la familia** die Weihnachtsfeiertage mit der Familie verbringen; ~ **el invierno en Mallorca** auf Mallorca überwintern; **~lo bien** sich amüsieren; **~lo en grande** [*o* **bomba**] einen Riesenspaß haben; **~lo mal** eine schlechte Zeit durchleben; **¡que lo paséis bien!** viel Spaß! **6.** (*sufrir*) leiden; ~ **hambre** hungern, Hunger leiden; ~ **frío** frieren; **ha pasado mucho** er/sie hat viel durchgemacht; **pasé un mal rato** es ging mir schlecht **7.** (*transmitir*) übertragen; (*una película*) vorführen; (*una noticia*) weiterleiten; ~ **un recado** etwas ausrichten; ~ **a cuenta nueva** auf neue Rechnung vortragen; ~ **factura** die Rechnung aushändigen; **me has pasado el resfriado** du hast mich mit deiner Erkältung angesteckt; ~ **dinero a otra cuenta** Geld auf ein anderes Konto überweisen; **le paso a la Sra. Ortega** ich verbinde Sie mit Fr. Ortega **8.** (*sobrepasar*) übertreffen; (*cierta edad*) überschreiten; **he pasado los treinta** ich bin schon über dreißig; **te paso en altura** ich bin größer als du **9.** (*hacer deslizar*) darüber fahren, darüber streichen; ~ **la mano por la mesa** mit der Hand über den Tisch streichen [*o* fahren]; ~ **la aspiradora** Staub saugen **10.** (*tolerar*) durchgehen lassen, tolerieren; **no le dejes** ~ **todo** lass ihm/ihr

P

doch nicht alles durchgehen, sieh ihm/ihr doch nicht alles nach **11.**(*aprobar*) bestehen **12.**(*omitir*) auslassen, überspringen **13.**(*leer sin atención*) überfliegen; (*recitar sin atención*) herunterleiern, herunterbeten **14.**(*repasar*) wiederholen; (*estudiar*) durcharbeiten, durchgehen, durchlesen **15.**(*tragar*) (hinunter)schlucken; **no puedo ~me la pastilla** ich krieg die Tablette nicht runter **16.**(*colar*) passieren **17.**(*la pelota*) zuspielen, passen; **tienes que ~ la pelota más a menudo** du musst den Ball öfter abspielen **18.**(*las hojas de un libro*) umblättern **19.**(*géneros prohibidos*) schmuggeln **III.** *vr:* **~se 1.**(*acabarse*) verstreichen; **se ha pasado el plazo** die Frist ist verstrichen; **~se de fecha** das Verfallsdatum überschreiten; **¿se te ha pasado el dolor de cabeza?** haben deine Kopfschmerzen aufgehört [*o* nachgelassen]?; **se me han pasado las ganas** ich habe keine Lust mehr; **ya se le ~á el enfado** sein/ihr Ärger wird schon verfliegen **2.**(*exagerar*) übertreiben; **no te pases** übertreib es bloß nicht, halt dich zurück; **~se de la raya** über die Stränge schlagen; **~se de listo** besonders schlau sein wollen; **te has pasado de listo** da hast du dich selbst überlistet [*o* dir selbst ein Bein gestellt]; **te has pasado un poco con la sal** du hast etwas zu viel Salz genommen **3.**(*por un sitio*) vorbeigehen, vorübergehen; **me pasé un rato por casa de mi tía** ich habe kurz [*o* auf einen Sprung] bei meiner Tante vorbeigeschaut; **se me pasó por la cabeza que...** es ging mir durch den Kopf, dass ..., ich spielte mit dem Gedanken, dass ...; **no se te pasará ni por la imaginación** du wirst ja wohl nicht im Traum daran denken; **~se la mano por el pelo** sich *dat* mit der Hand durch die Haare fahren **4.**(*cambiar*) wechseln; (MIL) überlaufen; **~se al enemigo** zum Feind überlaufen, die Fronten wechseln; **~se a la oposición** zur Opposition wechseln; **se ha pasado de trabajadora a perezosa** sie ist jetzt nicht mehr fleißig, sondern faul **5.**(*olvidarse*) entfallen; **se me pasó tu cumpleaños** ich habe deinen Geburtstag vergessen **6.**(*estropearse*) verderben; (*fruta*) faul werden, verfaulen; (*alimentos*) schlecht werden, verderben; (*leche*) sauer werden; (*mantequilla*) ranzig werden; (*flores*) welken; **se ha pasado el arroz** (*fig*) der Reis ist zerkocht; **se ha pasado la lumbre** (*fig*) das Feuer ist schon (fast) verglüht **7.**(*escaparse*) entgehen; **se me pasó la oportunidad** ich verpasste die Chance; **se me pasó el turno** ich merkte nicht, dass ich an der Reihe war; **no se le pasa ni un detalle** ihm/ihr entgeht kein Detail **8.**(*loc*): **~se de moda** aus der Mode kommen

pasarela [pasa'rela] *f* **1.**(*para desfiles*) Laufsteg *m* **2.**(*de un barco*) Gangway *f,* Landungsbrücke *f* **3.**(*puente provisional*) Steg *m* **4.**(*puente para peatones*) Fußgängerbrücke *f,* Fußgängerübergang *m*

pasarrato [pasa'rrato] *m* (*Méx, PRico*), **pasatiempo** [pasa'tjempo] *m* (*diversión*) Zeitvertreib *m;* (*hobby*) Freizeitbeschäftigung *f;* **los ~s del periódico** die Rätselecke in der Zeitung

pasavante [pasa'βan̩te] *m* (MIL, NÁUT) Passierschein *m*

pascal [pas'kal] *m* (FÍS, INFOR) Pascal *nt*

pascalio [pas'kaljo] *m* (FÍS) Pascal *nt*

pascana [pas'kana] *f* **1.**(*AmS: etapa de un viaje*) Reiseaufenthalt *m* **2.**(*Arg, Bol, Perú: posada*) Raststätte *f*

Pascua ['paskwa] *f* **1.**(*de resurrección*) Ostern *nt,* Osterfest *nt;* **~ de flores** [*o* **florida**] Ostersonntag *m;* **domingo de ~** Ostersonntag *m;* **mona de ~** ≈Osterkuchen *m;* **de ~s a Ramos** sehr selten, kaum **2.**(*fiesta judía*) Passah(fest) *nt* **3.** *pl* (*navidad*) Weihnachten *nt,* Weihnachtsfest *nt* (*Zeit von Heiligabend bis Heilige Drei Könige*); **¡felices ~s y un próspero año nuevo!** frohe [*o* fröhliche] Weihnachten und ein gutes neues Jahr!; **dar las ~s** frohe Weihnachten wünschen **4.** *pl* (*pentecostés*) Pfingsten *nt,* Pfingstfest *nt* **5.**(*loc*): **¡y santas ~s!** und damit basta!; **santas ~s** wenn es denn sein muss; **estar como una ~** [*o* **unas ~s**] sich freuen wie ein Schneekönig; **tener cara de ~** [*o* **de ~s**] (*fam*) strahlen wie ein Honigkuchenpferd; **hacer la ~ a alguien** jdn schikanieren, jdm das Leben schwer machen

pascual [pas'kwal] *adj* **1.**(*relativo a la pascua cristiana*) Oster-, österlich; **cordero ~** Osterlamm *nt* **2.**(*relativo a la pascua judía*) Passah- **3.**(*navideño*) Weihnachts-, weihnachtlich **4.**(*de pentecostés*) Pfingst-, pfingstlich

pascuala [pas'kwala] *f* **1.**(*Hond: la muerte*): **la ~** der Tod **2.**(*Méx: masturbación*) Masturbation *f*

pase ['pase] *m* **1.**(*desfile*) Modenschau *f* **2.**(DEP) Pass *m,* Zuspiel *nt* **3.**(CINE) (Film)vorführung *f* **4.**(*en los naipes*) Passen *nt* **5.**(*permiso*) Erlaubnis *f;* (*licencia*) Lizenz *f;* (MIL) Passierschein *m;* (*para entrar gratis*) Freikarte *f;* (*para viajar en tren*) Freifahrkarte *f;* (*durante un largo periodo*) Dauerkarte *f;* **~ de aduana** Zollfreischein *m;* **~ de pernocta** (MIL) Urlaubsschein *m;* **~ (de transporte)** Transporterlaubnis *f* **6.**(TAUR) Finte *f* (*Vorbeilassen des Stiers*) **7.**(*hipnotismo*) (hypnotische) Handbewegung *f* **8.**(*esgrima*) Finte *f* **9.**(*Am: pasaporte*) (Reise)pass *m*

paseador(a) [pasea'ðor(a)] *adj:* **mi amiga es muy ~a** meine Freundin liebt Spaziergänge

paseandero, -a [pasean̩'dero, -a] *adj* (*CSur*) unternehmungslustig; **mi madre es a pesar de sus años muy paseandera** trotz ihres Alters ist meine Mutter viel unterwegs

paseante [pase'an̩te] *mf* Spaziergänger(in) *m(f);* **~ (en corte)** (*fam*) Müßiggänger *m,* Herumtreiber *m*

pasear [pase'ar] **I.** *vt* **1.**(*en coche*) spazieren fahren; (*a pie*) spazieren führen; ~ **al perro** den Hund spazieren führen, mit dem Hund Gassi gehen *fam;* ~ **a un caballo** einem Pferd Auslauf verschaffen **2.** (*llevar a todas las partes*) (überall) herumzeigen **II.** *vi, vr:* ~**se 1.** (*a pie*) spazieren gehen; (*en coche*) spazieren fahren; (*a caballo*) spazieren reiten, ausreiten (*por* in +*dat*) **2.** (*caballo*) traben **III.** *vr:* ~**se 1.** (*discurrir*): **se me pasean miles de ideas por la cabeza** mir schwirren [*o* schießen] tausend Ideen durch den Kopf **2.** (*estar ocioso*) herumbummeln, herumhängen, rumhängen *fam*

paseíllo [pase'iʎo] *m* **1.** (TAUR) Einzug *m* der Stierkämpfer in die Arena; **hacer el** ~ in die Arena einziehen **2.** (*Guerra Civil*): **dar el** ~ **a alguien** jdn abführen und (außerhalb des Dorfes) erschießen

paseo [pa'seo] *m* **1.** (*a pie*) Spaziergang *m;* (*en coche, barco*) Spazierfahrt *f;* (*en caballo*) Ausritt *m;* **dar un** ~ einen Spaziergang machen, spazieren gehen; **¡vete** [*o* **anda**] **a** ~**!** hau ab!, scher dich zum Teufel!; **mandar** [*o* **enviar**] [*o* **echar**] **a alguien a** ~ jdn zum Teufel schicken [*o* jagen] **2.** (TAUR) Einzug *m* (*der Stierkämpfer in die Arena*) **3.** (*lugar para pasear*) Promenade *f,* Spazierweg *m;* ~ **marítimo** Uferpromenade *f,* Strandpromenade *f* **4.** (*distancia corta*) Katzensprung *m;* **de aquí al colegio sólo hay un** ~ von hier bis zur Schule ist es nur ein Katzensprung **5.** (*Guerra Civil*): **dar el** ~ **a alguien** jdn abführen und (außerhalb des Dorfes) erschießen

pasibilidad [pasiβili'ðaᵈ] *f* Empfindsamkeit *f*

pasible [pa'siβle] *adj* empfindsam

pasificación [pasifika'θjon] *f* (*de uvas*) Lufttrocknung *f* der Weintrauben

pasillo [pa'siʎo] *m* **1.** (*corredor*) Korridor *m,* (Durch)gang *m;* (*entre habitaciones*) Flur *m,* Gang *m,* Diele *f;* (*entre pisos*) (Haus)flur *m,* Hausgang *m;* ~ (**aéreo**) Luftstraße *f,* Luftkorridor *m;* ~ **rodante** (*en aeropuertos*) Fahrband *nt* **2.** (TEAT) kurzes Theaterstück *nt* **3.** (*puntada*) Zickzackstich *m* **4.** (REL) Karwochenantiphon *f* **5.** (*Am: danza*) *volkstümlicher Tanz*

pasión [pa'sjon] *f* **1.** (*ardor*) Leidenschaft *f;* ~ **de ánimo** Sehnsucht *f;* **con** ~ leidenschaftlich; **sin** ~ nüchtern; **dominado por la** ~ blind vor Leidenschaft **2.** (*afecto*) Liebe *f,* Passion *f;* (*preferencia*) Vorliebe *f;* **siente** ~ **por el fútbol** er/sie ist passionierter Fußballfan **3.** (*padecimiento*) Leiden *nt* **4.** (*de Jesucristo*) Passion *f,* Leidensweg *m,* Leiden *ntpl* **5.** (*sermón*) Passionsgebet *nt* **6.** (*de los evangelios*) Passion(sgeschichte) *f,* Leidensgeschichte *f*

pasional [pasjo'nal] *adj* **1.** (*ardiente*) leidenschaftlich; **crimen** ~ Verbrechen aus Leidenschaft **2.** (REL) Passions-

pasionaria [pasjo'narja] *f* **1.** (BOT) Passionsblume *f* **2.** (*flor*) Passionsblüte *f* **3.** (*fruto*) Passionsfrucht *f*

pasionario [pasjo'narjo] *m* (REL) Passionsbuch *nt*

pasito [pa'sito] *adv* **1.** (*sin prisa*) gemächlich, langsam; (*con tiento*) behutsam, sachte **2.** (*en voz baja*) leise

pasiva [pa'siβa] *adj o f v.* **pasivo²**

pasividad [pasiβi'ðaᵈ] *f* Passivität *f;* (*indiferencia*) Teilnahmslosigkeit *f,* Gleichgültigkeit *f;* (*inmovilidad*) Untätigkeit *f*

pasivo¹ [pa'siβo] *m* **1.** (*deuda*) Passiva *pl,* Verbindlichkeiten *fpl;* ~ **circulante** offene Verbindlichkeiten; ~ **exigible** Fremdkapital *nt,* Verbindlichkeiten *fpl;* ~ **no exigible** Eigenmittel *ntpl;* ~ **a largo plazo** langfristige Passiva [*o* Verbindlichkeiten] **2.** (*en el balance*) Passivseite *f,* Soll *nt* **3.** (LING) Passiv *nt* **4.** (*pensión*) Rente *f,* Pension *f*

pasivo, -a² [pa'siβo, -a] **I.** *adj* **1.** (*que es objeto*) passiv **2.** (*inactivo*) passiv, untätig **3.** (*indiferente*) passiv, gleichgültig, teilnahmslos **4.** (LING) passivisch; **verbo** ~ Verb im Passiv; **voz pasiva** Passiv *nt* **5.** (ECON) Rentner-, Ruhestands-; **haber** ~ Rente *f;* **las clases** ~**s** die Rentenempfänger **6.** (JUR) Pensions- **II.** *m, f* Rentenempfänger(in) *m(f)*

pasma ['pasma] *f* (*fam*) Polente *f,* Bullen *mpl*

pasmado, -a [pas'maðo, -a] **I.** *adj* **1.** (*sorprendido*) verblüfft, verdattert *fam;* **no te quedes** ~ schau nicht so dumm aus der Wäsche **2.** (*distraído*) geistesabwesend **3.** (*torpe*) tölpelhaft **II.** *m, f* Tölpel *m,* Schussel *m fam*

pasmar [pas'mar] **I.** *vt* **1.** (*enfriar*) erstarren lassen, gefrieren lassen; **la helada ha pasmado las lechugas** die Salatköpfe sind im Frost eingegangen **2.** (*asombrar*) verblüffen; **me has dejado pasmado** ich bin sprachlos, ich bin platt *fam* **3.** (*enajenar*) begeistern **4.** (*aturdir*) betäuben **II.** *vr:* ~**se 1.** (*helarse*) gefrieren, (vor Kälte) erstarren; (*planta*) im Frost eingehen **2.** (*asombrarse*) verblüfft sein, sprachlos sein **3.** (*quedar fascinado*) hingerissen sein (*ante* von +*dat*), begeistert sein (*ante* von +*dat*); **me quedé pasmado** ich war hin und weg *fam*

pasmarota [pasma'rota] *f* (*fam*) geheuchelte Verwunderung *f*

pasmarote [pasma'rote] *m* (*fam*) Trottel *m*

pasmo ['pasmo] *m* **1.** (*asombro*) Verwunderung *f;* (*admiración*) Bewunderung *f* **2.** (*objeto*) Erstaunliche(s) *nt,* Außergewöhnliche(s) *nt;* **ser el** ~ **de alguien** (*fam: asombrar*) jdn verblüffen, jdn umhauen; (*enajenar*) jdn begeistern, jdn hinreißen **3.** (*resfriado*) Erkältung *f,* Grippe *f* **4.** (*tétano*) Tetanus *m* **5.** (*muscular*) (Muskel)krampf *m*

pasmón, -ona [pas'mon, -ona] *m, f* (*fam*) Trottel *m*

pasmoso, -a [pas'moso, -a] *adj* unglaublich; (*asombroso*) verblüffend, erstaunlich; (*maravilloso*) bewundernswert, ausgezeichnet

pasmuno, -a [pas'muno, -a] *adj* (*PRico*) chronisch; **tiene una llaga pasmuna** er/sie hat eine schwer heilende (Schürf)wunde

paso ['paso] **I.** *m* **1.** (*acción de pasar*) Vorbei-

P

ziehen *nt;* (*a pie*) Vorbeischreiten *nt;* (*en coche*) Vorbeifahren *nt;* **al** ~ im Vorübergehen; **me salió** [*o* **me cogió**] **al** ~ **en el pasillo** er/sie hielt mich auf dem Gang an; **ceder el** ~ (*a una persona*) vorlassen; (*en el tráfico*) Vorfahrt gewähren +*dat;* **estar de** ~ auf der Durchreise sein; **al** ~ **que** in dem Maße, wie; **al** ~ **que come ve la tele** er/sie isst und sieht gleichzeitig fern, er/sie sieht während des Essens fern; **de** ~ nebenbei, bei der Gelegenheit; **de** ~ **que vas al centro, puedes llevarme a la estación** wenn du in die Stadt fährst, kannst du mich bei der Gelegenheit am Bahnhof absetzen; **nadie salió al** ~ **de sus mentiras** keiner gebot seinen/ihren Lügen Einhalt **2.** (*movimiento*) Schritt *m;* (*al bailar*) (Tanz)schritt *m;* (*progreso*) (Fort)schritt *m;* ~ **de ganso** (MIL) Stechschritt *m;* ~ **de vals** Walzerschritt *m;* **bailar a** ~ **de vals** einen Walzer tanzen; **caminar con** ~ **rápido** einen guten Schritt am Leib haben, schnell voranschreiten; **ir al** ~ im Schritt gehen; **llevar el** ~ **al ritmo de una melodía** im Rhythmus einer Melodie marschieren; **marcar el** ~ auf der Stelle marschieren; **a cada** ~ ständig; **a** ~ **llano** problemlos; **contar los** ~**s a alguien** jdn auf Schritt und Tritt beobachten; **dar un** ~ **adelante/atrás** einen Schritt nach vorne/nach hinten machen; **dar un** ~ **en falso** [*o* **un mal** ~] mit dem Fuß umknicken; (*fig*) einen falschen Schritt machen; **ha dado un enorme** ~ **en sus investigaciones** er/sie ist in seinen/ihren Forschungen einen enormen Schritt vorangekommen; **dar el primer** ~ den ersten Schritt machen **3.** (*velocidad*) Tempo *nt;* **a** ~**s agigantados** im Eilschritt; (*fig*) rapide; **a buen** ~ schnell, zügig; **a** ~ **de tortuga** [*o* **de buey**] im Schneckentempo; ~ **a** ~, ~ **ante** ~ Schritt für Schritt, allmählich; **a este** ~ **no llegarás** bei diesem Tempo kommst du nie an; **a este** ~ **no conseguirás nada** (*fig*) auf diese Art (und Weise) erreichst du nichts **4.** (*sonido*) Schritt *m;* (*de un caballo*) Hufschlag *m* **5.** (*manera de andar*) Gang *m;* **apretar** [*o* **alargar**] **el** ~ den Gang beschleunigen; **salir de su** ~ neue Wege beschreiten, seine Gewohnheiten ändern **6.** (*pisada*) Fußabdruck *m;* (*de un animal*) Spur *f;* **seguir los** ~**s de alguien** jdn auf Schritt und Tritt verfolgen; (*fig*) in jds Fußstapfen treten; **volver sobre sus** ~**s** umkehren **7.** (*distancia*) Schritt *m,* Schrittlänge *f;* **el pasillo tiene cinco** ~**s de ancho** der Gang ist fünf Schritt breit; **vive a dos** [*o* **cuatro**] ~**s de mi casa** er/sie wohnt gleich bei mir um die Ecke, von ihm/ihr zu mir ist es nur ein Katzensprung **8.** (*pasillo*) Durchgang *m;* (*en el mar*) Meerenge *f,* Straße *f;* (*entre montañas*) (Berg)pass *m;* ~ **subterráneo** Unterführung *f;* **abrirse** ~ (*quitar los obstáculos*) sich *dat* Durchgang verschaffen, sich *dat* einen Weg bahnen; (*tener éxito en la vida*) seinen Weg machen; (*triunfar*) sich durchsetzen; **cerrar el** ~ den Durchgang [*o* Weg] versperren; **esta puerta da** ~ **al jardín** diese Tür führt in den Garten; **¡prohibido el** ~**!** Durchgang verboten!, kein Zutritt!; **andar en malos** ~**s** auf Abwege geraten; **con este dinero puedo salir del** ~ dieses Geld hilft mir aus der Klemme; **sólo lo has dicho para salir del** ~ das hast du nur gesagt, um dich aus der Affäre zu ziehen **9.** (*para atravesar algo*) Übergang *m;* ~ **cebra** Zebrastreifen *m;* ~ **fronterizo** Grenzübergang *m;* ~ **a nivel** (Eisen)bahnübergang *m;* ~ **de peatones** Fußgängerüberweg *m;* **¡**~**!** aus dem Weg!, Platz da! **10.** (*medida*) Schritt *m,* Maßnahme *f;* **dar todos los** ~**s necesarios** die erforderlichen Schritte unternehmen; **no dar** ~ nichts unternehmen; **dar un** ~ **en falso** einen Fauxpas begehen **11.** (*puntada*) (Stopf)stich *m* **12.** (*de las aves*) Zug *m,* Wanderung *f* **13.** (*de un contador*) Zählereinheit *f;* **marcar los** ~**s** die Einheiten zählen **14.** (*de un escrito*) Passus *m,* Passage *f* **15.** (TEAT) kurzes Theaterstück *nt* **16.** (REL: *suceso de la pasión de Cristo*) ≈Station *f* (der Passionsgeschichte); (*imagen*) Prozessionsmotiv *nt* **II.** *adv* leise, sanft

pasodoble [paso'ðoβle] *m* Paso doble *m*

pasota [pa'sota] **I.** *adj* anarchistisch; (*fig*) cool **II.** *mf* (gesellschaftlicher) Außenseiter *m,* (gesellschaftliche) Außenseiterin *f,* Freak *m;* **ser un** ~ (*fig*) über den Dingen stehen, den coolen Typen heraushängen *fam*

pasotismo [paso'tismo] *m* **1.** (*movimiento*) No-Future-Bewegung *f* **2.** (*forma de pensar*) Null-Bock-Mentalität *f*

paspadura [paspa'ðura] *f* (*AmS*) Hautabschürfung *f*

paspartú [paspar'tu] <paspartúes> *m* Passepartout *nt*

pasquín [pas'kin] *m* Schmähschrift *f,* Spottschrift *f*

password ['paswor^{d}] <passwords> *m* (INFOR) Passwort *nt*

pasta ['pasta] *f* **1.** (*masa*) Paste *f,* Brei *m;* (*para un pastel*) Teig *m;* (*para paredes*) Spachtelmasse *f;* (*para madera*) (Holz)kitt *m;* (*para ventanas*) (Fenster)kitt *m;* (*para hacer papel*) Papierbrei *m;* ~ **de dientes** Zahnpasta *f;* ~ **de hojaldre** Blätterteig *m* **2.** (*fideos*) Teigwaren *fpl,* Nudeln *fpl;* (*comida italiana*) Nudelgericht *nt* **3.** (*pastelería*) Kleingebäck *nt,* Kaffeegebäck *nt* **4.** (*cartón*) Pappe *f* **5.** (*encuadernación*) Bucheinband *m;* ~ **española, media** ~ Ledereinband *m;* ~ **italiana** Pergamenteinband *m* **6.** (*fam: dinero*) Knete *f,* Kohle *f* **7.** (*madera*) Holz *nt;* **tener** ~ **para algo** das Zeug zu etw *dat* haben; **tiene** ~ **para ser ministro** er ist aus dem Holz, aus dem man Minister macht; **tener buena** ~ ein gutmütiges Wesen haben, gutmütig sein

pastadero [pasta'ðero] *m* Weideland *nt*

pastaflora [pasta'flora] *f* (GASTR) *sehr feiner, leichter Teig aus Mehl, Zucker und Eiern;* **ser de** ~ (*fam*) ein Weichling sein

pastar [pas'tar] **I.** *vt* auf die Weide treiben, weiden lassen **II.** *vi* weiden, grasen

paste ['paste] *m* (BOT) **1.** (*AmC: planta cucurbitácea*) Schwammkürbis *m* **2.** (*Hond: planta parásita*) *eine Art Schmarotzerpflanze*

pastear [paste'ar] **I.** *vt* **1.** (*pastar*) auf die Weide treiben, weiden lassen **2.** (*Perú: espiar*) nachspionieren (*a +dat*), nachschnüffeln (*a +dat*) *fam* **II.** *vi* weiden, grasen

pastel [pas'tel] *m* **1.** (*torta*) Torte *f*, Kuchen *m*; (*bollo*) Gebäckstück *nt*, Teilchen *nt reg*; (*de carne, pescado*) Pastete *f*; ~ **de manzanas** Apfelkuchen *m* **2.** (*lápiz*) Buntstift *m*; (*para dibujar pasteles*) Pastellstift *m* **3.** (*pintura*) Pastell *nt*, Pastellmalerei *f* **4.** (BOT) Färberwaid *m* **5.** (*chapucería*) Pfusch *m fam*, Pfuscharbeit *f fam* **6.** (*convenio secreto*) Komplott *nt*, Verschwörung *f*; **descubrir el** ~ Lunte riechen; **vámonos antes de que se descubra el** ~ lass uns abhauen, bevor alles ans Licht kommt [*o* auffliegt] **7.** (*en el juego*) Trick *m* beim Kartenmischen

pastelear [pastele'ar] *vi* **1.** (*contemporizar*) sich einschmeicheln, sich lieb Kind machen **2.** (*chanchullear*) mauscheln

pasteleo [paste'leo] *m* (*fam*) Schmeichelei *f*

pastelera [paste'lera] *f v.* **pastelero**

pastelería [pastele'ria] *f* **1.** (*comercio*) Konditorei *f* **2.** (*arte*) Konditorei *f*, Konditorhandwerk *nt* **3.** (*conjunto de pasteles*) (Fein)backwaren *fpl*, Torten *fpl*

pastelero, **-a** [paste'lero, -a] *m, f* **1.** (*repostero*) Konditor(in) *m(f)* **2.** (*contemporizador*) Wendehals *m*; **ser un** ~ sein Fähnchen nach dem Wind drehen; (*transigir fácilmente*) kein Rückgrat haben

pastelillo [paste'liʎo] *m* **1.** (*dulce*) Gebäckstück *nt*, Teilchen *nt reg* **2.** (*de carne, pescado*) Pastetchen *nt*

pastelista [paste'lista] *mf* (ARTE) Pastellmaler(in) *m(f)*

pastelón [paste'lon] *m* **1.** (GASTR) *große Pastete mit Hackfleisch, Huhn, Hühnerklein etc.* **2.** (*Am: loseta para pavimentar*) Pflasterstein *m*

paste(u)rización [paste(u̯)riθa'θjon] *f* Pasteurisation *f*, Pasteurisieren *nt*

paste(u)rizado, **-a** [paste(u̯)ri'θaðo, -a] *adj* pasteurisiert

paste(u)rizar [paste(u̯)ri'θar] <z→c> *vt* pasteurisieren

pastiche [pas'titʃe] *m* Plagiat *nt*

pastilla [pas'tiʎa] *f* **1.** (*medicinal*) Pastille *f*, Tablette *f*, Pille *f*; ~ **de amoníaco** Salmiakpastille *f*; ~ **de carbono** Kohletablette *f*; ~ **contra el dolor** Schmerztablette *f*; ~ **para la garganta** Lutschpastille *f*, Lutschtablette *f*; ~ **para la tos** Hustenbonbon *nt* **2.** (*dulce*) Bonbon *nt*, Pastille *f*; ~ **de café con leche** Mokkabonbon *nt*; ~ **de menta** Pfefferminzbonbon *nt* **3.** (*trozo*) Stück *nt*; ~ **de caldo** Brühwürfel *m*; ~ **de chocolate** Tafel Schokolade, Schokoladentafel *f*; ~ **de jabón** Stück Seife **4.** (*loc*): **a toda** ~ (*fam*) volle Pulle, mit einem Affenzahn; **ir a toda** ~ (*fam*) einen Affenzahn draufhaben, volle Pulle fahren

pastillero [pasti'ʎero] *m* Pillendöschen *nt*, Pillenschachtel *f*

pastinaca [pasti'naka] *f* **1.** (BOT) Pastinak *m*, Pastinake *f* **2.** (ZOOL) Stechrochen *m*

pastizal [pasti'θal] *m* Weideland *nt*, Weide *f*, Weideplatz *m*

pasto ['pasto] *m* **1.** (*pastura*) Weiden *nt*, Grasen *nt* **2.** (*pastizal*) Weide *f*, Weideland *nt*, Weideplatz *m* **3.** (*hierba*) Weidegras *nt*; ~ **seco** Heu *nt* **4.** (*alimento*) Futter(mittel) *nt*; ~ **seco** Trockenfutter *nt*; ~ **verde** Grünfutter *nt* **5.** (*que alimenta un fuego, rumores*) Nahrung *f*; **ser** ~ **de las llamas** den Flammen zum Opfer fallen; **ser** ~ **de la murmuración** ein gefundes Fressen für böse Zungen sein; **dar** ~ nähren **6.** (REL) (geistige) Lehre *f* **7.** (*loc*): **a todo** ~ im Überfluss; **pudimos beber y comer a** ~ wir konnten nach Herzenslust essen und trinken; **de** ~ für den täglichen Gebrauch; **vino de** ~ Tafelwein *m*

pastón [pas'ton] *m* **1.** *aum de* **pasta** (*fam*): **un** ~ ein Haufen Geld **2.** (*tierra*) (unfruchtbares) Weideland *nt*

pastor[1] [pas'tor] *m* **1.** (REL) Pastor *m*, Seelsorger *m*; **el Buen P~** der Gute Hirte **2.** (*obispo*) Bischof *m* **3.** (*perro*): ~ **alemán** Schäferhund *m*; **perro** ~ Hirtenhund *m*

pastor(a)[2] [pas'tor(a)] *m(f)* (*de ganado*) (Vieh)hirt(in) *m(f)*; (*de ovejas*) Schäfer(in) *m(f)*

pastoral [pasto'ral] **I.** *adj* **1.** (*relativo a los prelados*) Bischofs-; **carta** ~ Hirtenbrief *m* **2.** (*idílico*) pastoral, ländlich, Hirten-; **poesía** ~ Hirtendichtung *f* **II.** *m* (MÚS, LIT) Pastorale *nt o f*

pastorear [pastore'ar] *vt* **1.** (*cuidar el ganado*) hüten; (*llevarlo a los pastos*) auf die Weide treiben **2.** (REL) (be)hüten **3.** (*AmC: mimar*) verwöhnen, verhätscheln **4.** (*Am: atisbar*) beäugen, (aufmerksam) beobachten **5.** (*Arg, Urug: cortejar*) umwerben

pastorela [pasto'rela] *f* **1.** (MÚS) Pastorale *nt* **2.** (LIT) Pasto(u)relle *f*

pastoreo [pasto'reo] *m* (*acción de cuidar*) Weiden *nt*, (Vieh)hüten *nt*; (*acción de llevar a los pastos*) Weidegang *m*

pastoril [pasto'ril] *adj* **1.** (*de los pastores*) Hirten-, Schäfer-, ländlich **2.** (LIT) pastoral; **novela** ~ Schäferroman *m*, Pastorale *nt o f*

pastosidad [pastosi'ðaᵈ] *f* **1.** (*viscosidad*) Geschmeidigkeit *f* **2.** (*pegajosidad*) Klebrigkeit *f*; (*espesura*) Zähflüssigkeit *f* **3.** (*voz*) voller Klang *m*

pastoso, **-a** [pas'toso, -a] *adj* **1.** (*blando*) geschmeidig, weich **2.** (*pegajoso*) klebrig; (*espeso*) zäh(flüssig), breiig; **lengua pastosa** belegte Zunge **3.** (*voz*) voll(tönend), sonor **4.** (*pintura*) pastos, dick aufgetragen **5.** (*Am: región*) reich an Weidefläche; **terreno** ~ Weideland *nt*

pastura [pas'tura] *f* **1.** (*porción*) Futterration *f* **2.** (*lugar*) Weide *f*, Weideplatz *m* **3.** (*hierba*) Weidegras *nt*

pasturaje [pastu'raxe] *m* **1.** (*lugar*) öffentliches Weideland *nt* **2.** (*derecho*) Weiderecht *nt* **3.** (*dinero*) Nutzungszins *m*

pasudo, **-a** [pa'suðo, -a] **I.** *adj* (*Col, Ven*) kraushaarig **II.** *m, f* (*Col, Ven*) Krauskopf *m*

pata ['pata] *f* **1.** (*fam: de una persona, un animal*) Bein *nt;* (*de un animal t.*) Fuß *m;* (*de un perro*) Pfote *f;* (*de un gato*) Tatze *f;* (*de una silla*) Stuhlbein *nt;* (*de una mesa*) Tischbein *nt;* ~ **de gallo** (BOT) Hahnenfuß *m;* (*dibujo de tela*) Hahnentritt *m*, Hahnentrittmuster *nt;* ~**s de gallo** (*en el rostro*) Krähenfüße *mpl;* ~ **de palo** Holzbein *nt;* ~ **de perro** (*Am: fam: vagabundo*) Herumtreiber *m;* ~ **trasera** Hinterbein *nt;* ~**s arriba** durcheinander, drunter und drüber, auf den Kopf gestellt; **mala** ~ (*fam*) Pech *nt;* **estirar la** ~ (*fam*) den Löffel abgeben; **ir a** ~ (*fam*) zu Fuß gehen; **meter la** ~ (*cometer una indiscreción*) ins Fettnäpfchen treten; (*intervenir*) dazwischenpfuschen; **he metido la** ~ ich habe es verdorben [*o* verpfuscht]; **la habitación está ~s arriba** im Zimmer herrscht ein wüstes Durcheinander; **poner todo ~s arriba** alles auf den Kopf stellen [*o* durcheinander bringen]; **a la** ~ **coja** auf einem Bein; **a (la)** ~ **llana** ungekünstelt, ungezwungen; **a cuatro ~s** auf allen Vieren; **poner a alguien de ~s en la calle** jdn an die (frische) Luft setzen **2.** (ZOOL) Ente *f* **3.** (*fam: cojo*) Hinkebein *nt*, Hinkefuß *m* **4.** (*en la ropa*) Patte *f*, Taschenklappe *f* **5.** (*en un juego*) Patt *nt*, Unentschieden *nt;* **estamos** [*o* **hemos quedado**] ~ wir sind quitt (miteinander) **6.** (AERO) Fahrwerkbein *nt* **7.** (*fam: persona sin gracia*) Trampel *m o nt*

pataca [pa'taka] *f* (BOT) Topinambur *m o f*

patada [pa'taða] *f* **1.** (*golpe contra algo*) Tritt *m;* (*con el pie*) Fußtritt *m;* (*en el suelo*) (Auf)stampfen *nt;* **dar una** ~ **contra la pared** gegen die Wand treten; **dar ~s en el suelo** auf den Boden stampfen; **romper una puerta a ~s** eine Tür eintreten; **dar la** ~ **a alguien** jdm den Laufpass geben; **me da cien ~s** er/sie/es geht mir gegen den Strich; **echar a alguien a ~s** jdn hochkant [*o* in hohem Bogen] hinauswerfen; **tratar a alguien a ~s** jdn mit Füßen treten; **a ~s** in rauen Mengen, in Hülle und Fülle **2.** (*fam: paso*) Schritt *m;* (*de un caballo*) Hufschlag *m;* **esto me ha costado muchas ~s** (*fig*) ich habe mich dafür ganz schön abstrampeln müssen **3.** (*huella de un pie*) Fußabdruck *m;* (*de una pata*) Spur *f*

patadión [pata'ðjon] *m* (*Fili*) *breites, buntes Stofftuch, das um den Körper gewickelt als Rock getragen wird*

patagón, **-ona** [pata'ɣon, -ona] **I.** *adj* aus Patagonien **II.** *m, f* Einwohner(in) *m(f)* Patagoniens

patagónico, **-a** [pata'ɣoniko, -a] *adj* patagonisch

patagorrilla [pataɣo'rriʎa] *f*, **patagorrillo** [pataɣo'rriʎo] *m* (GASTR) *Schmorgericht aus gehacktem Schweinefleisch*

patagua [pa'taɣwa] *f* (*Chil:* BOT) *großer Baum mit weißen Blüten, dessen Holz verarbeitet wird*

patalear [patale'ar] *vi* strampeln, um sich treten; (*en el suelo*) trampeln, auf(stampfen); ~ **de rabia** vor Wut wild auf den Boden stampfen; **está que patalea** er/sie ist außer sich *dat*

pataleo [pata'leo] *m* **1.** (*acción de patalear*) Strampeln *nt;* (*en el suelo*) Trampeln *nt*, (Auf)stampfen *nt* **2.** (*ruido*) Getrappel *nt* **3.** (*queja*) Protest *m;* **derecho al** ~ Recht auf Widerrede

pataleta [pata'leta] *f* (*fam*) Wutanfall *m*

patán [pa'tan] **I.** *adj* bauernhaft, ungehobelt; **ser** ~ keine Manieren haben **II.** *m* **1.** (*gañán*) Bauer *m* **2.** (*hombre grosero*) ungehobelter Mensch *m*, Bauer *m fam*

patanería [patane'ria] *f* Ungeschliffenheit *f*, Derbheit *f*

patao [pa'tao] *m* (*Cuba:* ZOOL) *silberfarbener, essbarer Fisch*

pataplum [pata'plun] *interj* plumps!, klatsch!

patarata [pata'rata] *f* **1.** (*tontería*) Unsinn *m*, Schwachsinn *m* **2.** (*ridiculez*) Albernheit *f;* (*comportamiento afectado*) (affektiertes) Getue *nt*

pataratero, **-a** [patara'tero, -a] **I.** *adj* albern, affektiert; **ser** ~ (*decir tonterías*) albernes Zeug reden; (*ser demasiado cortés*) sich in Höflichkeitsfloskeln ergehen **II.** *m, f* (*que dice tonterías*) Schwätzer(in) *m(f);* (*persona afectada*) affektierter Mensch *m*

patas ['patas] *m inv* (*fam*) Teufel *m*

patasca [pa'taska] *f* (*Am*) **1.** (*Arg:* GASTR) *Gericht aus gekochtem Schweinefleisch mit Mais* **2.** (*Pan: disputa*) Streit *m*

patata [pa'tata] *f* Kartoffel *f;* ~**s fritas** Pommes frites *pl;* **una bolsa de ~s fritas** eine Tüte (Kartoffel)chips; ~ **de siembra** Saatkartoffeln *fpl;* **puré de** ~ Kartoffelpüree *nt;* **no entender ni** ~ (*fam: no entender palabra*) kein Wort verstehen; (*ser tonto*) strohdumm sein

patatal [pata'tal] *m* Kartoffelacker *m*

patatero[1] [pata'tero] *m* (MIL) *Offizier, der sich hochgearbeitet hat*

patatero, **-a**[2] [pata'tero, -a] **I.** *adj* **1.** (*relativo a la patata*) Kartoffel- **2.** (*que le gustan las patatas*): **ser** ~ sehr gerne Kartoffeln essen **II.** *m, f* (*cultivador*) Kartoffelbauer, -bäuerin *m, f;* (*comerciante*) Kartoffelhändler(in) *m(f)*

patatín [pata'tin]: **que (si) ~, que (si) patatán, no llegaron a ningún acuerdo** nach langem Hin und Her kamen sie doch zu keinem Entschluss; **que (si) ~, que (si) patatán, no contestó mi pregunta** nach langem Drumherumreden beantwortete er/sie meine Frage doch nicht; **que (si) ~, que (si) patatán, no vimos el programa** vor lauter Plaudern verpassten wir die Sendung

patatús [pata'tus] *m inv* (*fam*) **1.** (*desmayo*) Ohnmachtsanfall *m;* **le dio un ~** er/sie wurde ohnmächtig **2.** (*síncope*) Zusammenbruch *m;* **me ha dado un ~** ich bin zusammengeklappt

patchwork [patʃ'work] *m* Patchwork *nt*

paté [pa'te] *m* (GASTR) Leberpastete *f*

pateadura [patea'ðura] *f,* **pateamiento** [patea'mjen̪to] *m* **1.** (*golpe*) Tritt *m* **2.** (*pisoteo*) Zertrampeln *nt* **3.** (*en el suelo*) Getrampel *nt,* Stampfen *nt;* (*fig: de rabia*) Toben *nt* **4.** (*recorrido*) Ablaufen *nt;* (*fig*) Abstrampeln *nt* **5.** (*abucheo*) Ausbuhen *nt,* Buhrufe *mpl*

patear [pate'ar] **I.** *vt* **1.** (*dar golpes con los pies*) treten; **~ el estómago a alguien** jdm [*o* jdn] in den Magen treten **2.** (*pisotear*) zertrampeln **3.** (*tratar rudamente*) mit Füßen treten **4.** (*recorrer*) ablaufen; **~ todo el edificio** überall im Gebäude herumlaufen, alle Räume des Gebäudes ablaufen **5.** (*abuchear*) ausbuhen **II.** *vi* **1.** (*en el suelo*) trampeln, auf den Boden stampfen; (*estar enfadado*) (vor Wut) außer sich *dat* sein **2.** (*abuchear*) buhen **3.** (*andar mucho*) viel herumlaufen; **estar pateando todo el día** den ganzen Tag auf Achse sein; **tuve que ~ para tener este éxito** für diesen Erfolg habe ich mich abstrampeln müssen

patena [pa'tena] *f* **1.** (REL) Patene *f;* **estar limpio como** [*o* **más limpio que**] **una ~** blitzsauber sein, vor Sauberkeit blitzen **2.** (*medalla*) Medaillon *nt*

patentado, -a [paten̪'taðo, -a] *adj* (JUR) patentiert, zum Patent angemeldet

patentar [paten̪'tar] *vt* **1.** (JUR) patentieren (lassen), zum Patent anmelden **2.** (*expedir patentes*) bescheinigen, beurkunden; (*conceder patentes*) erlauben, genehmigen

patente [pa'ten̪te] **I.** *adj* **1.** (*visible*) sichtbar, merklich **2.** (*evidente*) offenkundig, offensichtlich, eindeutig; **una prueba ~ de su culpa** ein eindeutiger Beweis für seine/ihre Schuld; **hacer ~** offen legen, (auf)zeigen; (*comprobar*) beweisen, unterstreichen; (*revelar*) ans Licht bringen **II.** *f* **1.** (*documento*) Bescheinigung *f,* Ausweis *m;* (*permiso*) Erlaubnis *f,* Genehmigung *f;* **~ de comercio** Gewerbeschein *m;* **~ de invención** Erfindungspatent *nt;* **~ de navegación** Schiffszertifikat *nt;* **~ de sanidad** Gesundheitspass *m;* **agente de ~s y marcas** Patentanwalt *m;* **oficina de ~s y marcas** Patent- und Markenamt *nt;* **obtener una ~** ein Patent erwerben; **sacar una ~** ein Patent anmelden; **violar una ~** ein Patent verletzen **2.** (*título*) Patent *nt,* Diplom *nt;* **~ de oficial** Offizierspatent *nt;* **~ de piloto** Pilotenschein *m* **3.** (JUR) Patent *nt;* **~ industrial** gewerbliches Patent; **~ pendiente** [*o* **solicitada**] zum Patent angemeldet; **~ de privilegio** Erfindungspatent *nt;* **derecho de ~** Patentrecht *nt;* **oficina de ~** Patentamt *nt;* **otorgar la ~** das Patent erteilen; **solicitar la ~** zum Patent anmelden **4.** (*fama*) Ruf *m;* **tener ~ de valiente** als tapfer gelten; **ganarse la ~ de trabajador** sich *dat* den Ruf erwerben, fleißig zu sein **5.** (*en un nuevo empleo*) Einstand *m* **6.** (*Arg: número de vehículo*) Kraftfahrzeugkennzeichen *nt;* (*impuesto automotriz*) Kraftfahrzeugsteuer *f*

patentizar [paten̪ti'θar] <z→c> *vt* offen legen, (auf)zeigen; (*comprobar*) beweisen, unterstreichen; (*revelar*) ans Licht bringen, aufdecken

pateo [pa'teo] *m* **1.** (*en el suelo*) Getrampel *nt,* Stampfen *nt;* (*de rabia*) Toben *nt* **2.** (*abucheo*) Ausbuhen *nt,* Buhrufe *mpl*

patera [pa'tera] *f* kleines Holzboot *nt*

paternal [pater'nal] *adj* väterlich, Vater-; **amor ~** Vaterliebe *f*

paternalismo [paterna'lismo] *m* **1.** (*carácter paternal*) Väterlichkeit *f* **2.** (*actitud protectora*) Bevormundung *f* **3.** (POL) Paternalismus *m*

paternalista [paterna'lista] *adj* paternalistisch, bevormundend

paternalmente [paternal'men̪te] *adv* väterlich

paternidad [paterni'ðað] *f* **1.** (*relación*) Vaterschaft *f* **2.** (*calidad*) Väterlichkeit *f* **3.** (*creación, t.* JUR) Urheberschaft *f* **4.** (REL): **Vuestra P~** Euer [*o* Eure] Hochwürden

paterno, -a [pa'terno, -a] *adj* väterlich, Vater-; **casa paterna** Elternhaus *nt;* **mi abuelo ~** mein Großvater väterlicherseits

paternóster [pater'noster] *m* (REL) Vaterunser *nt*

patero, -a [pa'tero, -a] **I.** *adj* (*Chil*) kriecherisch *pey* **II.** *m, f* (*Chil*) Kriecher(in) *m(f) pey*

patético, -a [pa'tetiko, -a] *adj* **1.** (*conmovedor*) bewegend, ergreifend; (*tierno*) rührend, gefühlvoll; (*manifestando dolor*) schmerzvoll, leidend **2.** (*pey: exageradamente sentimental*) pathetisch

patetismo [pate'tismo] *m sin pl* **1.** (*que conmueve*) Bewegende(s) *nt,* Ergreifende(s) *nt,* Tragik *f* **2.** (*pey: sentimentalidad exagerada*) Pathetik *f,* Pathos *nt*

patí [pa'ti] *m* (*Arg:* ZOOL) *sehr schmackhafter, schuppenloser blaugrauer Flussfisch, der bis zu 7 kg schwer wird*

patibulario, -a [patiβu'larjo, -a] *adj* **1.** (*relativo al patíbulo*) Hinrichtungs-; **horca patibularia** Galgen *m* **2.** (*terrible*) Furcht erregend, schaurig; **novela patibularia** Schauerroman *m,* Gruselroman *m*

patíbulo [pa'tiβulo] *m* Hinrichtungsstätte *f,* Schafott *nt;* (*horca*) Galgen *m*

paticojo, -a [pati'koxo, -a] **I.** *adj* (*fam*) hinkend, lahm **II.** *m, f* (*fam*) Hinkebein *nt,* Hinkefuß *m*

patidifuso, -a [patiði'fuso, -a] *adj* verblüfft, verdutzt; (*de horror*) entsetzt; **me quedé ~** ich war sprachlos [*o* platt]

patilla [pa'tiʎa] *f* **1.** (*conexión*) Verbindungsstück *nt;* (*de unas gafas*) Bügel *m;* (*de un ma-*

P

dero) Stift *m* **2.** (*en la ropa*) Patte *f*, Taschenklappe *f* **3.** (NÁUT) Kompass *m* **4.** *pl* (*pelo*) Koteletten *pl* **5.** *pl* (*diablo*) Teufel *m*

patilludo, **-a** [pati'ʎuðo, -a] *adj* mit auffälligen Koteletten

patín [pa'tin] *m* **1.** (*de hielo*) Schlittschuh *m;* (*de ruedas*) Rollschuh *m* **2.** (*patinete*) Roller *m* **3.** (NÁUT) Doppelrumpfboot *nt;* (*de vela*) Katamaran *m;* (*de pedales*) Tretboot *nt* **4.** (TÉC) Kufe *f*, Gleitblock *m*

pátina ['patina] *f sin pl* Patina *f*

patinadero [patina'ðero] *m* Rollschuhbahn *f;* (*de hielo*) Eisbahn *f*

patinador(a) [patina'ðor(a)] **I.** *adj* (*sobre cuchillas*) gleitend; (*sobre ruedas*) rollend **II.** *m(f)* (*de hielo*) Schlittschuhläufer(in) *m(f);* (*sobre ruedas*) Rollschuhläufer(in) *m(f);* (*artístico sobre hielo*) Eiskunstläufer(in) *m(f);* (*artístico sobre ruedas*) Rollkunstläufer(in) *m(f);* (*de velocidad*) Eisschnellläufer(in) *m(f)*

patinaje [pati'naxe] *m* **1.** (*sobre hielo*) Schlittschuhlaufen *nt*, Eislauf *m;* (*sobre ruedas*) Rollschuhlaufen *nt;* ~ **artístico** (*sobre hielo*) Eiskunstlauf *m;* (*sobre ruedas*) Rollkunstlauf *m;* ~ **de carreras** [*o* **de velocidad**] Eisschnelllauf *m*, Eisschnelllaufen *nt* **2.** (*deslizamiento*) (Aus)rutschen *nt;* (*de un vehículo*) Schleudern *nt*

patinar [pati'nar] **I.** *vi* **1.** (*sobre patines de hielo*) Eis laufen, Schlittschuh laufen; (*sobre patines de ruedas*) Rollschuh laufen **2.** (*deslizarse*) ausrutschen, schlittern; (*un vehículo*) ins Schleudern geraten, wegrutschen **3.** (*fig: equivocarse, cometer una indiscreción*) sich *dat* einen Ausrutscher leisten **II.** *vt* patinieren

patinazo [pati'naθo] *m* **1.** (*deslizamiento*) (Aus)rutschen *nt*, Schlittern *nt;* (*de un vehículo*) Schleudern *nt* **2.** (*equivocación, indiscreción*) Ausrutscher *m*

patinete [pati'nete] *m* Roller *m*

patio ['patjo] *m* **1.** (*espacio sin techar*) Hof *m;* (*interior*) Innenhof *m;* (*entre dos casas*) Hinterhof *m;* ~ **de luz** Lichthof *m;* ~ **de recreo** Schulhof *m*, Pausenhof *m* **2.** (TEAT) Parkett *nt* **3.** (*Col, PRico: establo*) Stall *m*

patiperrear [patiperre'ar] *vi* (*Chil*) umherstreichen, herumirren

patitas [pa'titas] *fpl:* **poner a alguien de ~ en la calle** jdn an die (frische) Luft setzen [*o* befördern]

patitieso, **-a** [pati'tjeso, -a] *adj* **1.** (*paralizado*) steif; (*de frío*) starr; **quedarse ~ de frío** vor Kälte erstarren **2.** (*sorprendido*) verdutzt, verblüfft; **quedarse ~** platt [*o* sprachlos] sein **3.** (*presumido*) hochnäsig

patito, **-a** [pa'tito, -a] *adj* (*Am*) (zitronen)gelb

patituerto, **-a** [pati'twerto, -a] *adj* **1.** (*con las patas torcidas*) krummbeinig; (*persona*) krummbeinig, O-beinig *fam;* **ser ~** O-Beine haben **2.** (*torcido*) krumm, verbogen

patizambo, **-a** [pati'θambo, -a] *adj* krummbeinig, X-beinig *fam;* **ser ~** X-Beine haben

pato¹ ['pato] *m* **1.** (*Cuba, PRico, Ven: hombre afeminado*) Tunte *f fam* **2.** (*Cuba: para orinar*) Urinal *nt*, Urinflasche *f* **3.** (*Arg, Méx: juego de jinete*) Reiterspiel

pato, **-a²** ['pato, -a] *m, f* **1.** (ZOOL) Ente *f;* (*macho*) Erpel *m*, Enterich *m;* ~ **de flojel** Eiderente *f;* ~ **mandarín** Mandarinente *f;* **pagar el ~** der/die Leidtragende sein, es ausbaden müssen; **estar hecho un ~ (de agua)** klatschnass [*o* pitschnass] sein **2.** (*fam: persona sin gracia*) Trampel *m o nt*

patochada [pato'ʧaða] *f* (*tontería*) Unsinn *m*, Quatsch *m;* (*grosería*) Peinlichkeit *f*, Fauxpas *m;* **decir ~s** albernes Zeug reden

patogenia [pato'xenja] *f* (MED) Pathogenese *f*

patogénico, **-a** [pato'xeniko, -a] *adj* (MED) pathogenisch

patógeno, **-a** [pa'toxeno, -a] *adj* (MED) krankheitserregend, pathogen; **gérmen ~** Krankheitserreger *m*

patografía [patoɣra'fia] *f* (MED) Krankeitsbeschreibung *f*

patojo, **-a** [pa'toxo, -a] **I.** *adj* krummbeinig **II.** *m, f* (*Col, Guat*) Kind *nt*

patóloga [pa'toloɣa] *f v.* **patólogo**

patología [patolo'xia] *f* (MED) Pathologie *f*

patológico, **-a** [pato'loxiko, -a] *adj* **1.** (MED) pathologisch **2.** (*que constituye enfermedad*) krankhaft, pathologisch *elev*

patólogo, **-a** [pa'toloɣo, -a] *m, f* (MED) Pathologe, -in *m, f*

patoso, **-a** [pa'toso, -a] *adj* **1.** (*soso*) witzlos, albern **2.** (*torpe*) tölpelhaft, ungeschickt

patota [pa'tota] *f* (*AmS, Arg*) Rüpelbande *f;* **en ~** (*Arg: fam*) mit Freunden zusammen

patraña [pa'traɲa] *f* Lüge *f*, Märchen *nt*

patrañero, **-a** [patra'ɲero, -a] **I.** *adj* bluffend **II.** *m, f* Bluffer(in) *m(f)*

patria ['patrja] *f* (*país, lugar*) Heimat *f;* (*país*) Vaterland *nt*, Heimatland *nt;* ~ **adoptiva** Wahlheimat *f;* ~ **celestial** Himmel *m;* ~ **chicha** Heimatort *m;* **madre ~** Mutterland *nt;* (*Am*) Spanien *nt;* **merecerse bien de la ~** sich um sein (Vater)land verdient machen; **Andalucía es la ~ del flamenco** Andalusien ist die Wiege [*o* das Herkunftsland] des Flamenco

patriada [pa'trjaða] *f* (*CSur*) revolutionäre Bewegung *f* (*meist zur Rettung des Vaterlandes*)

patriarca [pa'trjarka] *m* (REL) Patriarch *m*

patriarcado [patrjar'kaðo] *m* (SOCIOL, REL) Patriarchat *nt*

patriarcal [patrjar'kal] **I.** *adj* (*t.* REL) patriarchalisch **II.** *f* (REL) **1.** (*iglesia*) Patriarchalkirche *f* **2.** (*patriarcado*) Patriarchat *nt*

patricio, **-a** [pa'triθjo, -a] **I.** *adj* patrizisch **II.** *m, f* **1.** (*noble romano*) Patrizier(in) *m(f)* **2.** (*notable*) renommierter Bürger *m*, renommierte Bürgerin *f*, Patrizier(in) *m(f) elev*

patricios [pa'triθjos] *mpl* Patriziat *nt*

patrimonial [patrimo'njal] *adj* Erb-; **bien ~** Erbe *nt*

patrimonio [patri'monjo] *m* **1.** (*herencia*) Erbe *nt;* ~ **artístico** Kulturgut *nt;* ~ **cultural** (*tradición*) Kulturerbe *nt,* Kulturgut *nt;* (*monumento*) Kulturdenkmal *nt,* Kulturgut *nt;* ~ **histórico** historisches Erbe **2.** (*riqueza*) Vermögen *nt,* Besitz *m;* ~ **empresarial** Betriebsvermögen *nt;* ~ **imponible** steuerpflichtiges Vermögen; ~ **nacional** Staatsvermögen *nt,* Volksvermögen *nt;* ~ **real** Krongüter *ntpl;* ~ **social** Gesellschaftsvermögen *nt;* **impuesto sobre el** ~ Vermögenssteuer *f*

patrio, **-a** ['patrjo, -a] *adj* **1.** (*relativo a la patria*) Heimat-, vaterländisch **2.** (*relativo al padre*) väterlich

patriota [pa'trjota] **I.** *adj* patriotisch, vaterlandsliebend **II.** *mf* **1.** (*que ama a su patria*) Patriot(in) *m(f)* **2.** (*compatriota*) Landsmann, -männin *m, f*

patriotera [patrjo'tera] *adj o f v.* **patriotero**

patriotería [patrjote'ria] *f,* **patrioterismo** [patrjote'rismo] *m* Chauvinismus *m,* Nationalismus *m*

patriotero, **-a** [patrjo'tero, -a] **I.** *adj* chauvinistisch, nationalistisch **II.** *m, f* Chauvinist(in) *m(f),* Nationalist(in) *m(f)*

patriótico, **-a** [pa'trjotiko, -a] *adj* patriotisch, vaterlandsliebend

patriotismo [patrjo'tismo] *m* **1.** (*del patriota*) Patriotismus *m,* Vaterlandsliebe *f* **2.** (*del patriotero*) Chauvinismus *m,* Nationalismus *m*

patrística [pa'tristika] *f* (FILOS, HIST, REL) Patristik *f*

patrocinador(a) [patroθina'ðor(a)] **I.** *adj* fördernd, unterstützend **II.** *m(f)* Schirmherr(in) *m(f);* (DEP) Sponsor(in) *m(f)*

patrocinar [patroθi'nar] *vt* fördern, unterstützen, die Schirmherrschaft übernehmen *+gen;* (DEP) sponsern

patrocinio [patro'θinjo] *m* **1.** (*protección*) Schirmherrschaft *f,* Förderung *f* **2.** (DEP) Sponsoring *nt* **3.** (REL) Patrozinium *nt,* Patronatsfest *nt*

patrología [patrolo'xia] *f* (FILOS, HIST, REL) Patrologie *f*

patrón¹ [pa'tron] *m* **1.** (*modelo*) Muster *nt,* Modell *nt;* (*de costura*) Schnittmuster *nt* **2.** (BOT: *puntal*) Pfahl *m;* (*planta injertada*) Musterpflanze *f* **3.** (FIN): ~ **monetario** Ankerwährung *f;* ~ **oro** Goldwährung *f*

patrón, **-ona²** [pa'tron, -ona] *m, f* **1.** (*que protege*) Beschützer(in) *m(f),* Schutzherr(in) *m(f)* **2.** (*jefe*) Chef(in) *m(f),* Arbeitgeber(in) *m(f)* **3.** (*de una casa*) Hausherr(in) *m(f);* (*de una pensión*) Hauswirt(in) *m(f)* **4.** (*santo*) Schutzheilige(r) *mf,* Schutzpatron(in) *m(f)* **5.** (*de barco pequeño*) Schiffsführer(in) *m(f)* **6.** (*de un esclavo*) Herr(in) *m(f)*

patrona [pa'trona] *f v.* **patrón²**, **patrono**

patronal [patro'nal] **I.** *adj* **1.** (*empresarios*) Arbeitgeber-; **cierre** ~ Aussperrung *f;* **organización** ~ Arbeitgeberverband *m* **2.** (*relativo al patronato*) Schutz- **3.** (*relativo a una fundación*) Stiftungs- **4.** (REL) Patronats-; **fiesta** ~ Patronatsfest *nt* **II.** *f* Arbeitgeberverband *m*

patronato [patro'nato] *m,* **patronazgo** [patro'naθɣo] *m* **1.** (*protección*) Schirmherrschaft *f* **2.** (COM) Arbeitgeberverband *m* **3.** (*fundación*) Wohlfahrtsverband *m* **4.** (*junta directiva*) Vorstand *m*

patronear [patrone'ar] *vt* (ein Schiff) kommandieren [*o* führen]

patronímico¹ [patro'nimiko] *m* Patronymikon *nt,* Patronymikum *nt*

patronímico, **-a²** [patro'nimiko, -a] *adj* patronymisch

patronista [patro'nista] *adj* arbeitgeberfreundlich

patrono, **-a** [pa'trono, -a] *m, f* **1.** (*jefe*) Arbeitgeber(in) *m(f);* ~**s y obreros** Arbeitgeber und Arbeitnehmer, Tarifpartner *mpl* **2.** (*de un feudo*) Gutsherr(in) *m(f)* **3.** (*miembro del patronato*) Vorstandsmitglied *nt* **4.** (REL: *protector*) Schutzheilige(r) *mf,* Schutzpatron(in) *m(f)*

patrulla [pa'truʎa] *f* (MIL) Patrouille *f;* (*de policía*) (Polizei)streife *f;* **estoy de** ~ ich bin im Streifendienst; **la policía está de** ~ die Polizei geht auf Streife

patrullaje [patru'ʎaxe] *m* Patrouille *f,* Kontrollgang *m*

patrullar [patru'ʎar] *vi, vt* patrouillieren

patrullera [patru'ʎera] *f* (MIL) Patrouillenboot *nt*

patrullero¹ [patru'ʎero] *m* **1.** (MIL: *buque*) Patrouillenboot *nt;* (*avión*) Flugzeug *nt* für Erkundungsflüge **2.** (*de policía*) Polizeistreife *f*

patrullero, **-a²** [patru'ʎero, -a] *adj* **1.** (MIL) Erkundungs-; **vuelo** ~ Erkundungsflug *m* **2.** (*de policía*) Streifen-

patucos [pa'tukos] *mpl* (*para bebés*) Babyschühchen *ntpl;* (*para personas mayores*) Bettschuhe *mpl*

patudo, **-a** [pa'tuðo, -a] *adj* (*fam*) großfüßig

patulea [patu'lea] *f* (*fam*) Pöbel *m,* Gesindel *nt*

patuleco, **-a** [patu'leko, -a] *adj* (*AmC, AmS: de pies*) mit missgestalteten Füßen; (*de piernas*) mit missgestalteten Beinen

paturro, **-a** [pa'turro, -a] *adj* (*Col*) pummelig, rundlich

paular [pau̯'lar] *m* **1.** (*pantano*) Sumpf *m,* Morast *m* **2.** (*atolladero*) Pfütze *f,* (Wasser)lache *f*

paulatinamente [pau̯latina'men̩te] *adv* nach und nach, allmählich, mit der Zeit; **recuperarse** ~ **de algo** sich allmählich von etw *dat* erholen

paulatino, **-a** [pau̯la'tino, -a] *adj* (sehr) langsam, stufenweise

paulilla [pau̯'liʎa] *m* (ZOOL) Nachtfalter *m*

paulino, **-a** [pau̯'lino, -a] *adj* (REL) paulinisch

pauperismo [pau̯pe'rismo] *m* (ECON, SOCIOL) Massenarmut *f,* Pauperismus *m*

pauperización [pau̯periθa'θjon] *f* (ECON,

P

SOCIOL) Verarmung *f* (einer Bevölkerungsschicht)

pauperizar [pau̯peri'θar] <z→c> *vt* (ECON, SOCIOL) verarmen lassen

paupérrimo, **-a** [pau̯'perrimo, -a] *adj superl de* **pobre**

pausa ['pau̯sa] *f* **1.** (*interrupción*) Pause *f;* **hacer una** ~ eine Pause machen [*o* einlegen] **2.** (*despacio*) Langsamkeit *f;* (*con deliberación*) Bedächtigkeit *f;* **trabaja con ~s** er/sie kommt mit seiner/ihrer Arbeit nur langsam voran **3.** (MÚS) Pause *f*

pausado, **-a** [pau̯'saðo, -a] *adj* langsam, bedächtig, ruhig

pausar [pau̯'sar] *vi* pausieren

pauta ['pau̯ta] *f* **1.** (*modelo*) Muster *nt,* Vorbild *nt;* ~ **económica** wirtschaftliche Richtschnur; **servir de** ~ als Vorbild dienen **2.** (*normas*) Grundsatz *m,* Richtschnur *f;* **marcar la** ~ einen Grundsatz festlegen, eine Regel aufstellen **3.** (*falsilla*) Linien *fpl* (*zum Schreiben*) **4.** (*regla*) Lineal *nt*

pautado, **-a** [pau̯'taðo, -a] *adj* liniert; **papel** ~ liniertes Papier, Linienpapier *nt*

pautar [pau̯'tar] *vt* **1.** (*rayar el papel*) linieren **2.** (*dar reglas*) vorschreiben

pava ['paβa] *f* **1.** (ZOOL) *v.* **pavo²** **2.** (*fam*): **pelar la** ~ (*los enamorados*) turteln **3.** (*Am: olla*) Kessel *m;* (*tetera*) Teekanne *f* **4.** (*Am: sombrero*) (breitkrempiger) Strohhut *m* **5.** (*And, AmC: flecos*) Fransen *fpl* **6.** (*CSur, Méx: orinal*) Nachttopf *m* **7.** (*And, AmC: colilla*) Zigarettenkippe *f*

pavada [pa'βaða] *f* **1.** (*manada de pavos*) Schar *f* Truthühner **2.** (*fam: sosería*) Geschmacklosigkeit *f,* Fadheit *f* **3.** (*juego infantil*) *ein Kinderspiel* **4.** (*CSur: disparate*) Blödsinn *m,* Dummheit *f* **5.** (*CSur: poquísimo*) lächerlicher Betrag *m* **6.** (*AmC: mala suerte*) Pech *nt*

pavana [pa'βana] *f* (MÚS) Pavane *f*

pavear [paβe'ar] **I.** *vi* **1.** (*CSur: hacer el tonto*) den dummen August spielen **2.** (*CSur: pelar la pava*) turteln **3.** (*And: hacer novillos*) (die Schule) schwänzen **II.** *vt* **1.** (*And, CSur: bromear*) verschaukeln, auf den Arm nehmen **2.** (*And: asesinar*) hinterhältig umbringen

pavero [pa'βero] *m breitkrempiger Hut aus Andalusien*

pavés [pa'βes] *m* fast mannshoher Schild *m;* **alzar a alguien sobre el** ~ (*fig*) jdn in den Himmel heben

pavesa [pa'βesa] *f* Fünkchen *nt;* (*ya ceniza*) Flugasche *f;* **estar hecho una** ~ (*fam*) völlig ausgelaugt sein

pavezno [pa'βeθno] *m* (ZOOL) Putenküken *nt*

pavía [pa'βia] *f* (BOT) *eine Art Nektarine*

pávido, **-a** ['paβiðo, -a] *adj* (*elev*) **1.** (*medroso*) furchtsam **2.** (*tímido*) schüchtern

pavimentación [paβimen̪ta'θjon] *f* **1.** (*con adoquín*) Pflastern *nt;* (*con asfalto*) Asphaltieren *nt* **2.** (*con losas*) Fliesen *nt*

pavimentar [paβimen̪'tar] *vt* **1.** (*con adoquín*) pflastern; (*con asfalto*) asphaltieren **2.** (*con losas*) fliesen; (*con baldosas*) mit Platten belegen [*o* auslegen] **3.** (*con madera*) dielen

pavimento [paβi'men̪to] *m* **1.** (*recubrimiento en una casa*) Estrich *m;* (*en la carretera*) Unterbau *m* **2.** (*referido al material: con adoquín*) Straßenpflaster *nt;* (*con asfalto*) Asphalt *m;* (*con losas*) Fliesen *fpl;* (*con madera*) Parkett *nt,* Dielen *fpl*

pavipollo [paβi'poʎo] *m* **1.** (ZOOL) junger Puter *m,* junge Pute *f* **2.** (*fam: imbécil*) Dummkopf *m,* Idiot(in) *m(f)*

pavisoso, **-a** [paβi'soso, -a] *adj* fad, langweilig

pavito, **-a** [pa'βito, -a] *m, f* (*Ven*) Halbstarke(r) *mf*

pavitonto, **-a** [paβi'ton̪to, -a] *adj* strohdumm, strohdoof *fam*

pavo¹ ['paβo] *m* (*argot: un duro*) Fünfpesetenstück *nt;* **¡dame diez ~s!** gib mir 50 Peseten!; **soltar el** ~ zahlen

pavo, **-a²** ['paβo, -a] **I.** *m, f* **1.** (ZOOL) Puter *m,* Pute *f,* Truthahn, -henne *m, f;* ~ **real** Pfau *m;* **estar en la edad del** ~ in den Flegeljahren sein; **comer** ~ (*fig fam*) (beim Tanz) ein Mauerblümchen sein; **no es moco de** ~ das ist kein Kinkerlitzchen; **subírsele a alguien el** ~ (*fam*) puterrot [*o* krebsrot] werden **2.** (*una persona*) Trampel *m,* Tölpel *m,* Einfaltspinsel *m;* (*argot: persona estafada*) Dummkopf *m,* Idiot(in) *m(f)* **3.** (*Am*): **ir de** ~ schwarzfahren **II.** *adj* tölpelhaft, einfältig, dumm

pavón [pa'βon] *m* **1.** (ZOOL) Pfau *m* **2.** (TÉC: *barniz*) Brünierung *f*

pavonada [paβo'naða] *f* (*fam*) Unternehmung *f;* **darse una** ~ etwas unternehmen

pavonado, **-a** [paβo'naðo, -a] *adj* dunkelblau; (*acero*) blau angelaufen

pavonearse [paβone'arse] *vr* sich aufspielen (*de* mit +*dat*), sich aufplustern (*de* mit +*dat*) *fam*

pavoneo [paβo'neo] *m* Wichtigtuerei *f fam*

pavor [pa'βor] *m* Entsetzen *nt,* Grau(s)en *nt*

pavorido, **-a** [paβo'riðo, -a] *adj* sehr verängstigt

pavoroso, **-a** [paβo'roso, -a] *adj* entsetzlich, Grauen erregend

pavura [pa'βura] *f* (*Am*) Zukunftsangst *f*

paya ['paɟa] *adj o f v.* **payo**

payada [pa'ɟaða] *f* (*CSur:* MÚS) Lied *nt* der Gauchosänger

payador [paɟa'ðor] *m* (*CSur*) *Gauchosänger mit Gitarre*

payana [pa'ɟana] *f* (*Arg*) *Spiel, bei dem kleine Steine oder Kerne in die Luft geworfen und wieder aufgefangen werden*

payasa [pa'ɟasa] *f v.* **payaso**

payasada [paɟa'saða] *f* Clownerie *f;* (*pey*) Blödsinn *m,* Albernheit *f*

payasear [paɟase'ar] *vi* herumalbern, Späße machen

payaso, **-a** [pa'ɟaso, -a] *m, f* **1.** (*del circo*)

Clown *m* **2.** (*que hace el tonto*) Spaßvogel *m,* Kasper *m fam;* **¡pero qué ~ eres!** du bist mir aber ein Spaßvogel!; **¡deja de hacer el ~!** hör auf den Kasper zu spielen!

payé [pa'ɟe] *m* (*CSur*) **1.** (*brujo*) ≈Medizinmann *m* **2.** (*brujería*) Hexerei *f* **3.** (*amuleto*) Amulett *nt* **4.** (*poderes sobrenaturales*) übernatürliche Kräfte *fpl* **5.** (*hechizo*) Zauberspruch *m*

payés, -esa [pa'ɟes, -esa] *m, f* (*reg*) Landwirt(in) *m(f),* Bauer *m,* Bäuerin *f*

payo, -a ['paɟo, -a] **I.** *adj* hinterwäldlerisch, weltfremd **II.** *m, f* **1.** (*campesino ignorante*) Hinterwäldler(in) *m(f)* **2.** (*no gitano*) Nichtzigeuner(in) *m(f)*

paz [paθ] *f* **1.** (*situación social*) Frieden *m;* (*tratado*) Friedensvertrag *m;* **hacer las paces** Frieden schließen, sich (wieder) versöhnen; **misión de ~** Friedensmission *f* **2.** (*concordia*) Frieden *m,* Eintracht *f;* **no dar ~** keine Ruhe [*o* keinen Frieden] geben; **no dar ~ a la lengua** eine Quasselstrippe sein, ohne Punkt und Komma reden; **dejar en ~** in Ruhe [*o* Frieden] lassen; **estar en ~ con alguien** mit jdm quitt sein; **mantener la ~** den Frieden wahren; **¡a la ~ de Dios!** Friede sei mit dir!; **¡... y en ~!** ... und Schluss!, ... und jetzt ist Ruhe!; **¡que en ~ descanse!** er/sie möge in Frieden ruhen; **a mi abuelo, que en ~ descanse, le gustaba mucho (esto)** meinem Großvater, Gott hab ihn selig, gefiel das sehr; **poco, y en ~, mucho se me haz** (*prov*) ≈mit wenig und in Frieden bin ich schon sehr zufrieden

pazguata [paθ'ɣwata] *adj o f v.* **pazguato**

pazguatería [paθɣwate'ria] *f* Dummheit *f,* Einfältigkeit *f*

pazguato, -a [paθ'ɣwato, -a] **I.** *adj* **1.** (*necio*) dumm, einfältig **2.** (*torpe*) ungeschickt, tölpelhaft **II.** *m, f* Dummkopf *m,* Tölpel *m*

pazo ['paθo] *m* Herrensitz *m,* Gutsbesitz *m* (in Galicien)

pazote [pa'θote] *m* (*Méx:* BOT) *wohlriechende Gewürzpflanze*

PC [pe'θe] *m* (INFOR) *abr de* **personal computer** PC *m;* **~ multimedia** Multimedia-PC *m*

P.C. [pe'θe] *m abr de* **Partido Comunista** KP *f*

pche [ptʃe] *interj* pah!

P.D. [pos'ðata] *abr de* **posdata** PS

pe [pe] *f* P *nt;* **~ de París** P wie Paula; **de ~ a pa** von A bis Z

peaje [pe'axe] *m* **1.** (*de tránsito*) Transitgebühr *f;* (*de carretera*) Autobahngebühr *f,* Mautgebühr *f Austr* **2.** (*taquilla*) Maut *f,* Mautstelle *f Austr*

peal [pe'al] *m* **1.** (*de la media*) Fußteil *m* am Strumpf **2.** (*media sin pie*) Strumpf *m* ohne Fußteil, Gamasche *f* **3.** (*paño con que se cubre el pie*) Fußlappen *m* **4.** (*fam: persona inútil*) Nichtsnutz *m* **5.** (*Am: cuerda para amarrar las patas*) Fußfessel *f* (für Tiere)

peana [pe'ana] *f* **1.** (*pedestal*) Sockel *m,* Fuß *m* **2.** (*de un altar*) Altarstufe *f* **3.** (*de una ventana*) Fenstersims *m o nt*

peanuts ['pinats] *pl* Peanuts *pl*

peatón, -ona [pea'ton, -ona] *m, f* Fußgänger(in) *m(f)*

peatonal [peato'nal] *adj* Fußgänger-; **zona ~** Fußgängerzone *f*

peatonalización [peatonaliθa'θjon] *f* *Schaffung von autofreien Zonen*

peatonalizar [peatonali'θar] <z→c> *vt* zur Fußgängerzone machen

pebete¹ [pe'βete] *m* **1.** (*varillas ambientadoras*) Räucherstäbchen *nt* **2.** (*mecha*) Zündschnur *f* (an Feuerwerkskörpern) **3.** (*cosa fétida*) Gestank *m*

pebete, -a² [pe'βete, -a] *m, f* (*fam*) Knirps *m*

pebetero [peβe'tero] *m* Duftlampe *f,* Aromalampe *f*

pebrada [pe'βraða] *f* (GASTR) Pfeffersoße *f* (*meist mit Petersilie, Knoblauch und Essig*)

pebre ['peβre] *m o f* (GASTR) *Soße aus Pfeffer, Petersilie, Knoblauch und Essig*

peca ['peka] *f* Sommersprosse *f*

pecado [pe'kaðo] *m* **1.** (REL) Sünde *f,* Verfehlung *f;* **~ capital** [*o* **mortal**] Todsünde *f;* **~ contra natura** Sodomie *f;* **~ original** Erbsünde *f;* **~ venial** lässliche Sünde; **sin ~** frei von Sünde, makellos; **cometer un ~** eine Sünde begehen; **pagar sus ~s** seine Fehler teuer bezahlen; **a ~ nuevo, penitencia nueva** (*prov*) auf neue Sünde folgt neue Reue **2.** (*despilfarro*) Sünde *f,* Fehler *m;* **sería un ~ rechazarlos** es wäre eine Sünde, sie nicht anzunehmen **3.** (*culpa*) Unrecht *nt,* Schuld *f* **4.** (*el demonio*) Teufel *m,* Leibhaftige(r) *m;* **¡estos niños de mis ~s!** (*irón fam*) was soll ich mit diesen Kindern nur machen?; **¡ay, José de mis ~s!** (*irón fam*) ach, mein über alles geliebter José!

pecador(a) [peka'ðor(a)] **I.** *adj* sündig **II.** *m(f)* Sünder(in) *m(f)*

pecaminosidad [pekaminosi'ðaᵈ] *f* Sünde *f,* Sündhaftigkeit *f*

pecaminoso, -a [pekami'noso, -a] *adj* sündhaft, sündig

pecante [pe'kante] **I.** *adj* sündig, sündhaft **II.** *mf* Sünder(in) *m(f)*

pecar [pe'kar] <c→qu> *vi* **1.** (REL) sündigen **2.** (*errar*) einen Fehler machen **3.** (*por exceso*): **~ por exceso** es übertreiben; **peca por exceso de confianza** er/sie ist zu vertrauensselig; **éste no peca de hablador** der redet ja nicht gerade viel **4.** (*fig: propender*) sündigen, nicht widerstehen können; **estoy haciendo un régimen, pero ayer pequé** ich mache zur Zeit eine Diät, aber gestern habe ich gesündigt

pecarí [peka'ri] *m* (*Am:* ZOOL) Pekari *nt*

peccata minuta [pe'kata mi'nuta] *f* (*fam*) Geringfügigkeit *f;* **¡bah, eso fue una ~!** ach, das war nicht der Rede wert!; **¡olvidemos esa ~!** Schwamm drüber!

pecera [pe'θera] *f* Fischglas *nt*

P

pechada [pe'ʧaða] *f* **1.**(*empujón*) Stoß *m* **2.**(*Arg: fam: sablazo*) Anpumpen *nt,* Schnorren *nt*

pechador(a) [peʧa'ðor(a)] *m(f)* (*Arg: fam*) Schnorrer(in) *m(f)*

pechar [pe'ʧar] *vt* **1.**(*pagar tributos, multas*) zahlen **2.**(*empujar*) stoßen **3.**(*Arg: fam*) schnorren; ~ **a alguien** bei jdm schnorren, jdn anpumpen

pechazo [pe'ʧaθo] *m* (*AmS: fam*) Säbelhieb *m*

peche ['peʧe] **I.** *adj* (*ElSal*) kränklich, schwächlich **II.** *mf* (*ElSal*) kränkliche Person *f*

pechera [pe'ʧera] *f* **1.**(*de la camisa*) Hemdbrust *f* (des Frackhemdes); (*del delantal*) Brustlatz *m* **2.**(*fam: pecho femenino*) (großer) Busen *m*

pechero, -a [pe'ʧero, -a] **I.** *adj* **1.**(*tributario*) steuerpflichtig **2.**(HIST) plebejisch **II.** *m, f* **1.**(*tributario*) Steuerpflichtige(r) *mf* **2.**(HIST) Plebejer(in) *m(f)*

pechina [pe'ʧina] *f* **1.**(*concha*) (leere) Muschel *f* **2.**(ARQUIT) (Bogen)zwickel *m*

pecho ['peʧo] *m* **1.**(ANAT) Brust *f,* Brustkorb *m,* Brustkasten *m;* **a ~ descubierto** (*sin armas*) unbewaffnet; (*fig*) (ganz) offen, ohne Umschweife; **dar el ~ a alguien** jdm die Stirn bieten, sich jdm stellen; **estar de ~s en la ventana** sich zum Fenster hinauslehnen; **gritar a todo ~** aus vollem Halse schreien; **partirse el ~ por algo/por alguien** sich für etw/für jdn ein Bein ausreißen **2.**(*seno*) Busen *m;* **echarse algo entre ~ y espalda** etw zur Brust nehmen; **sacar el ~** die Brust herausstrecken; (*fig*) protzen **3.**(*teta, t.* MED) Brust *f;* **dar el ~ al bebé** das Baby stillen, dem Baby die Brust geben; **el bebé toma el ~** das Baby wird gestillt **4.**(*pulmones*) Lunge *f* **5.**(*en la costura*) Oberweite *f* **6.**(*conciencia*) Herz *nt;* **en mi ~** in meinem Innersten, (tief) in meinem Herzen; **abrir su ~ a alguien** jdm sein Herz ausschütten; **no caberle a alguien algo en el ~** etw unbedingt erzählen müssen; **tomarse algo muy a ~** sich *dat* etw sehr zu Herzen nehmen **7.**(*coraje*) Mut *m;* **¡~ al agua!** nur Mut!; **a lo hecho ~** man muss zu seinen Taten stehen **8.**(HIST: *tributo*) Tribut *m,* Steuer *f*

pechuga [pe'ʧuɣa] *f* **1.**(*pecho de ave*) Geflügelbrust *f;* **~ de pollo** Hähnchenbrust *f;* **dame la ~, por favor** gib mir doch bitte das Bruststück **2.**(*fam: de mujer*) Dekolletee *nt* **3.**(*pendiente*) (Ab)hang *m* **4.**(*Am: pey: caradura*) Frechheit *f,* Unverschämtheit *f*

pechugón¹ [peʧu'ɣon] *m* **1.**(*golpe*) Faust-hieb *m* in die Brust **2.**(*caída*) Sturz *m,* Bauchlandung *f fam;* (*choque*) Zusammenstoß *m*

pechugón, -ona² [peʧu'ɣon, -ona] **I.** *adj* **1.**(*de mucho pecho*) vollbusig **2.**(*Am: descarado*) unverschämt, frech **3.**(*Am: franco*) offen, geradeheraus **4.**(*resuelto*) willensstark **II.** *m, f* (*Am: descarado*) freche [*o* unverschämte] Person *f*

pecina [pe'θina] *f* **1.**(*estanque de peces*) Fischteich *m,* Fischbecken *nt* **2.**(*cieno*) Schlamm *m* (der sich in Pfützen bildet)

pecio ['peθjo] *m* (NÁUT) Wrackteil *nt*

peciolo [pe'θjolo] *m,* **pecíolo** [pe'θiolo] *m* (BOT) Blattstiel *m*

pécora ['pekora] *f* **1.**(*res*) Schaf *nt;* (*cabeza*) Kopf *m* des Schafes **2.**(*fam: prostituta*) Hure *f,* Dirne *f;* **ser una mala ~** (*hombre*) ein durchtriebener Kerl sein; (*mujer*) ein durchtriebenes Weibsbild sein

pecoso, -a [pe'koso, -a] *adj* sommersprossig

pectina [pek'tina] *f* Pektin *nt*

pectoral [pekto'ral] **I.** *adj* **1.**(ANAT) pektoral, Brust-; **cavidad ~** Brusthöhle *f* **2.**(*contra la tos*) hustenlindernd **II.** *m* **1.**(REL: *cruz*) Pektorale *nt* **2.**(MED: *contra la tos*) Hustenmittel *nt*

pecuario, -a [pe'kwarjo, -a] *adj* Vieh-

pecueca [pe'kweka] *f* (*Col, Ecua, Ven*) **1.**(*pezuña*) Huf *m* **2.**(*olor*) Fußgeruch *m*

peculado [peku'laðo] *m* (JUR) Unterschlagung *f* öffentlicher Gelder

peculiar [peku'ljar] *adj* **1.**(*especial*) besonders, eigen **2.**(*raro*) sonderbar, eigentümlich, eigenartig

peculiaridad [pekuljari'ða^ð] *f* **1.**(*singularidad*) Besonderheit *f* **2.**(*distintivo*) Eigentümlichkeit *f,* Eigenartigkeit *f*

peculiarmente [pekuljar'men̩te] *adv* eigentümlicherweise

peculio [pe'kuljo] *m* Ersparte(s) *nt,* Vermögen *nt;* **pagar de su ~** aus eigener Tasche bezahlen

pecunia [pe'kunja] *f* (*fam*) Münze *f,* Geld *nt*

pecuniariamente [pekunjarja'men̩te] *adv* geldlich, finanziell; **esto te convendría ~** das würde dir in finanzieller Hinsicht nutzen

pecuniario, -a [peku'njarjo, -a] *adj* pekuniär, finanziell (*das Bargeld betreffend*); **mi situación pecuniaria no es buena** ich bin im Moment etwas knapp bei Kasse

pedagoga [peða'ɣoɣa] *f v.* **pedagogo**

pedagogía [peðaɣo'xia] *f sin pl* Pädagogik *f,* Erziehungswissenschaft *f*

pedagógico, -a [peða'ɣoxiko, -a] *adj* pädagogisch, erzieherisch

pedagogo, -a [peða'ɣoɣo, -a] *m, f* **1.**(*en la enseñanza*) Pädagoge, -in *m, f,* Lehrer(in) *m(f)* **2.**(*experto*) Erziehungswissenschaftler(in) *m(f)*

pedal [pe'ðal] *m* **1.**(*de coche, de bicicleta*) Pedal *nt;* **~ de freno** Bremspedal *nt;* **apretar** [*o* **pisar**] **el ~** Gas geben **2.**(MÚS: *de órgano, de piano*) Pedal *nt* **3.**(*argot: borrachera*) Rausch *m;* **coger** [*o* **tener**] **un ~** einen in der Krone haben

pedalada [peða'laða] *f* Tritt *m* in die Pedale

pedalear [peðale'ar] *vi* (in die Pedale) treten, Rad fahren; **~ en agua** im Tretboot fahren

pedaleo [peða'leo] *m* Radfahren *nt*

pedalero [peða'lero] *m* (MÚS) Pedalklaviatur *f*

pedante [pe'ðan̩te] **I.** *adj* besserwisserisch **II.** *mf* Besserwisser(in) *m(f)*

pedantear [peðan̪te'ar] *vi* schulmeistern

pedantería [peðan̪te'ria] *f* Besserwisserei *f*

pedantesco, -a [peðan̪'tesko, -a] *adj* besserwisserisch

pedazo [pe'ðaθo] *m* **1.** (*parte*) Stück *nt;* **a** [*o* **en**] **~s** in Stücken, zerstückelt, gestückelt; **~ de papel** Papierfetzen *m;* **caerse a ~s** kaputtgehen, zu Bruch gehen; **estoy que me caigo a ~s** (*fam*) ich bin völlig kaputt; **hacerse ~s** in Stücke gehen [*o* springen]; **hacer ~s** kaputtmachen; (*furioso*) in Stücke schlagen [*o* hauen]; (*t. madera*) in Stücke hacken; (*un pastel*) in Stücke teilen; (*papel*) in Stücke reißen; (*con tijeras*) in Stücke schneiden **2.** (*dirigido a alguien*): **~ de mi alma** [*o* **de mi corazón**] [*o* **de mis entrañas**] mein Herz [*o* Schatz]; **ser un ~ de pan** ein weiches Herz haben, sehr gutmütig sein; **¡~ de animal!** (*fam*) du Idiot!; **¡~ de bruto!** (*fam*) du Trampel(tier)!; **¡~ de alcornoque!** (*fam*) du Holzkopf!

pederasta [peðe'rasta] *m* Päderast *m*

pederastia [peðe'rastja] *f sin pl* Päderastie *f*

pedernal [peðer'nal] *m* (*piedra de chispa*) Feuerstein *m;* **corazón de ~** Herz aus Stein

pederse [pe'ðerse] *vr* (*vulg*) furzen

pedestal [peðes'tal] *m* **1.** (*cimiento*) Fuß *m,* Ständer *m,* Sockel *m;* **~ de cámara** Dolly *m,* fahrbares Stativ; **tener** [*o* **poner**] **a alguien en un ~** jdn sehr hoch schätzen **2.** (*apoyo*) Grundlage *f;* **sobre este ~ apoyó todo su trabajo científico** auf diese Grundlage stützte er/sie seine/ihre gesamte wissenschaftliche Arbeit

pedestre [pe'ðestre] *adj* **1.** (*a pie*) zu Fuß (gehend); **carrera ~** Wettgehen *nt* **2.** (*chabacano*) plump, gemein, grob

pedestrismo [peðes'trismo] *m* **1.** (*andando*) Walking *nt,* Schnellgehen *nt* **2.** (*corriendo*) Dauerlauf *m,* Jogging *nt*

pediatra [pe'ðjatra] *mf* Kinderarzt, -ärztin *m, f*

pediatría [peðja'tria] *f sin pl* Pädiatrie *f,* Kinderheilkunde *f*

pediátrico, -a [pe'ðjatriko, -a] *adj* pädiatrisch; **clínica pediátrica** Kinderklinik *f*

pedículo [pe'ðikulo] *m* **1.** (ANAT, BIOL, BOT) Stiel *m;* **~ pulmonar** (ANAT) Lungenstiel *m,* Lungenwurzel *f;* **~ ventral** (ANAT) Bauchstiel *m* **2.** (*piojo*) Laus *f*

pediculosis [peðiku'losis] *f inv* (MED) Läusebefall *m,* Pedikulose *f*

pedicura [peði'kura] *f* Fußpflege *f,* Pediküre *f;* **hacerse la ~** zur Pediküre [*o* Fußpflege] gehen

pedicurista [peðiku'rista] *mf* (*Méx*) *v.* **pedicuro**

pedicuro, -a [peði'kuro, -a] *m, f* Fußpfleger(in) *m(f),* Pediküre *f*

pedida [pe'ðiða] *f:* **~ de mano** Heiratsantrag *m*

pedido[1] [pe'ðiðo] *m* (COM) Auftrag *m,* Bestellung *f;* **~ atrasado** fälliger Auftrag; **~ consecutivo** Folgeauftrag *m;* **~ inicial** Erstauftrag *m;* **~ pendiente** unerledigter Auftrag; **~ de repetición** Wiederholungsauftrag *m;* **~ suplementario** Nachbestellung *f;* **~ urgente** Eilauftrag *m;* **cartera de ~s** Auftragsbestand *m;* **despacho de ~s** Auftragsbearbeitung *f;* **atender un ~** eine Bestellung ausführen; **colocar un ~** ein Auftrag vergeben; **hacer** [*o* **cursar**] **un ~** einen Auftrag erteilen; **enviar sobre ~** auf Bestellung liefern; **a ~** auf Bestellung; **a ~ de** im Auftrag von

pedido, -a[2] [pe'ðiðo, -a] *adj* **1.** (*solicitado*) vorgemerkt, vergeben; **este anillo ya lo tiene ~ mi nieta** dieser Ring ist schon für meine Enkelin vorgemerkt **2.** (*encargado*) bestellt, in Auftrag gegeben; **el armario ya está ~** der Schrank ist schon in Auftrag gegeben

pedigree [peði'ɣri], **pedigrí** [peði'ɣri] *m* Stammbaum *m*

pedigüeño, -a [peði'ɣweɲo, -a] **I.** *adj* quengelig **II.** *m, f* Quengler(in) *m(f)*

pedilón, -ona [peði'lon, -ona] *adj* (*Méx, Perú, RDom, Ven*) quengelig

pediluvio [peði'luβjo] *m* (MED) medizinisches Fußbad *nt*

pedimento [peði'men̪to] *m* **1.** (*petición*) Antrag *m* **2.** (JUR) Klageantrag *m,* Eingabe *f* **3.** (*Méx: permiso*) Bewilligung *f,* Erlaubnis *f*

pedinche [pe'ðintʃe] *mf* (*Méx*) *v.* **pedigüeño**

pedir [pe'ðir] *irr vt* **1.** (*rogar*) bitten; **~ algo a alguien** jdn um etw bitten; **os pido que hagáis menos ruido** ich bitte euch etwas leiser zu sein; **¡pon una vela y pide por tu padre!** zünd eine Kerze an und bitte für deinen Vater!; **al agradecido, más de lo pedido** (*prov*) dem Dankbaren gebührt mehr als er erbittet **2.** (*poner precio*) verlangen; **piden 35000 pesetas por el alquiler** sie verlangen 35000 Peseten für die Miete **3.** (COM: *encargar*) bestellen; **he pedido 20 kilos de chuletas para la fiesta** ich habe 20 Kilo Koteletts für die Feier bestellt **4.** (*exigir*) brauchen, benötigen; **las plantas piden sol** die Pflanzen brauchen Sonne; **~ a gritos algo** (*fig*) förmlich nach etw *dat* schreien, ganz dringend etw brauchen; **una paella que no hay más que ~** eine sagenhafte Paella, eine Paella, die einen umhaut *fam* **5.** (*para casarse*): **~ la mano de alguien** um jds Hand anhalten; **~ en matrimonio a alguien** jdm einen Heiratsantrag machen **6.** (JUR: *demandar*) (vor Gericht) fordern [*o* einklagen] **7.** (JUR: *solicitar la pena*) plädieren (*por* für +*akk*), beantragen **8.** (*mendigar*) betteln; **~ limosna** um eine milde Gabe bitten; **están pidiendo para la Cruz Roja** sie sammeln für das Rote Kreuz; **ni sirvas a quien sirvió, ni pidas a quien pidió** (*prov*) diene keinem, der gedient hat, und bettle bei keinem, der gebettelt hat

pedo ['peðo] *m* (*vulg*) **1.** (*ventosidad*) Furz *m,* Pups(er) *m fam;* **soltar** [*o* **tirarse**] **un ~** einen fahren lassen *fam,* furzen **2.** (*borrachera*)

Suff *m fam;* **estar** [*o* **andar**] **en** ~ voll wie eine Haubitze sein *fam;* **ponerse en** ~ sich voll laufen lassen *fam,* sich besaufen *fam;* **tener un** ~ sternhagelvoll sein *fam*

pedofilia [peðo'filja] *f sin pl* Pädophilie *f*

pedófilo, -a [pe'ðofilo, -a] *adj* (PSICO) pädophil

pedología [peðolo'xia] *f* (GEO) Bodenkunde *f,* Pedologie *f*

pedorrear [peðorre'ar] *vi* (*vulg*) herumfurzen *fam*

pedorreo [peðo'rreo] *m* (*vulg*) Furzerei *f fam*

pedorrera [peðo'rrera] *f* (*vulg*) **1.**(*persona*) *v.* **pedorrero 2.**(*el pedorrear*) Furzerei *f fam*

pedorrero, -a [peðo'rrero, -a] *m, f* (*vulg*) Furzer(in) *m(f) fam*

pedorreta [peðo'rreta] *f Geräusch mit dem Mund, das den Furz nachahmt*

pedorro, -a [pe'ðorro, -a] *m, f* (*vulg*) Furzer(in) *m(f) fam*

pedrada [pe'ðraða] *f* **1.**(*lanzar*) Steinwurf *m;* **matar a alguien a ~s** jdn steinigen; **pegar una ~ a alguien** jdn mit einem Stein bewerfen **2.**(*fig: ofensa*) spitze Bemerkung *f,* Schlag *m* unter die Gürtellinie; **la noticia le sentó como una ~** die Nachricht traf ihn wie ein Schlag; **me sienta como una ~ no habérselo dicho** es erdrückt mich geradezu [*o* es ist mir sehr unangenehm], dass ich es ihm/ihr nicht gesagt habe; **venir como ~ en ojo de boticario** gerade recht [*o* sehr gelegen] [*o* wie gerufen] kommen

pedrea [pe'ðrea] *f* **1.**(*lanzar pedradas*) Steinigung *f* **2.**(METEO) Hagelsturm *m* **3.**(*lotería*) Kleinstlotteriegewinn *m*

pedregal [peðre'ɣal] *m* Schotterplatz *m,* Kiesgelände *nt*

pedregoso, -a [peðre'ɣoso, -a] *adj* steinig, mit Schotter [*o* Kies] bedeckt

pedregullo [peðre'ɣuʎo] *m* (*CSur*) Kies *m*

pedrera [pe'ðrera] *f* **1.**(*cantera*) Steinbruch *m* **2.** *v.* **pedrero²**

pedrería [peðre'ria] *f* Edelsteine *mpl,* Juwelen *ntpl*

pedrero¹ [pe'ðrero] *m* (*Am*) *v.* **pedregal**

pedrero, -a² [pe'ðrero, -a] **I.** *adj* Stein- **II.** *m, f* (*cantero*) Steinmetz(in) *m(f)*

pedrisca [pe'ðriska] *f* (METEO) Hagel *m*

pedrisco [pe'ðrisko] *m* **1.**(METEO: *granizo*) Hagel *m* (*mit sehr großen Hagelkörnern*) **2.**(*montón*) Haufen *m* Steine

pedrizo, -a [pe'ðriθo, -a] *adj* steinig

pedrusco [pe'ðrusko] *m* **1.**(*piedra no labrada*) Steinblock *m;* (*pedazo enorme*) Felsblock *m,* Gesteinsbrocken *m* **2.**(*Am*) *v.* **pedregal**

pedúnculo [pe'ðuŋkulo] *m* (BOT: *peciolo*) Stiel *m*

peeling ['piliŋ] *m* Peeling *nt*

peer [pe'er] *vi, vr:* **~se** (*vulg*) furzen *fam*

pega ['peɣa] *f* **1.**(*acción*) (Be)kleben *nt* **2.**(*con pez*) Pichen *nt* **3.**(*broma*) Scherz *m,* Spaß *m;* (*truco*) Trick *m* **4.**(*fam: dificultades*) Tücke *f,* Haken *m;* **la cosa tiene demasiadas ~s para poder ser realizada** die Sache hat zu viele Haken, als dass sie umgesetzt werden könnte; **poner ~s a algo/a alguien** etw/jdn kritisieren **5.**(*pregunta*) Fangfrage *f* **6.**(*paliza*) Tracht *f* Prügel **7.**(*falso*): **de ~** falsch, nachgeahmt **8.**(*CSur, Méx: argot: trabajo*) Job *m*

pegada [pe'ɣaða] *f* (*CSur*) **1.**(*mentira*) Lüge *f* **2.**(*suerte*) Glückspilz *m* **3.**(*argot: atractivo*): **tener la ~** das gewisse Etwas haben

pegadizo, -a [peɣa'ðiθo, -a] **I.** *adj* **1.**(*pegajoso*) klebrig; (*enfermedad*) ansteckend; **melodía pegadiza** Ohrwurm *m fam* **2.**(*postizo*) künstlich, Kunst- **3.**(*gorrón*) schmarotzend, schnorrend **II.** *m, f* Schmarotzer(in) *m(f),* Nassauer(in) *m(f) fam*

pegado¹ [pe'ɣaðo] *m* (MED) (Heft)pflaster *nt*

pegado, -a² [pe'ɣaðo, -a] *adj* **1.**(*cariñoso*) anhänglich; (*pegajoso*) aufdringlich; **siempre anda ~ a mí** er klebt förmlich an mir, er hängt wie eine Klette an mir **2.**(*argot: asombrado*): **dejar a alguien ~** jdn schockieren; **quedarse ~** ratlos [*o* sprachlos] sein, keine Worte finden **3.**(*argot: sin idea*): **estar ~** auf dem Schlauch stehen, es nicht schnallen **4.**(*junto a*): **~ a esta carta** beiliegend, anbei

pegadura [peɣa'ðura] *f* **1.**(*acción*) (Ver)kleben *nt* **2.**(*unión de dos cosas*) Verklebung *f*

pegajoso, -a [peɣa'xoso, -a] *adj* **1.**(*adhesivo*) klebrig **2.**(*pesado*) aufdringlich **3.**(MED: *contagioso*) ansteckend

pegamento [peɣa'meņto] *m* Kleber *m,* Klebstoff *m;* ~ **líquido** Flüssigkleber *m*

pegamoscas [peɣa'moskas] *f inv* (BOT) Fleisch fressende Pflanze *f*

pegar [pe'ɣar] <g→gu> **I.** *vt* **1.**(*aglutinar*) (an)kleben; (*madera*) leimen; ~ **un sello** eine Briefmarke aufkleben; **no he pegado ni ojo en toda la noche** ich habe die ganze Nacht kein Auge zugetan [*o* zugemacht] **2.**(*con hilo, grapa*) (zusammen)heften, anheften, befestigen **3.**(*muebles*) nahe aneinander stellen; **~ la mesilla a la cama** den Nachttisch nahe an das Bett rücken [*o* stellen] **4.**(*contagiar*) anstecken **5.**(*prender fuego*): **~ fuego** Feuer legen **6.**(*golpear a alguien*) schlagen, (ver)prügeln; **~ una paliza a alguien** jdn grün und blau schlagen **7.**(*acciones bruscas*): **~ un grito** einen Schrei loslassen; **~ una patada** [*o* **un puntapié**] **a alguien** jdm einen (Fuß)tritt verpassen; **~ un salto** einen Satz machen, aufspringen; **~ un susto a alguien** jdm einen Schrecken einjagen; **~ un tiro** einen Schuss abfeuern; **~ un tortazo a alguien** jdm eine Ohrfeige geben **8.**(*Am: argot: tener suerte*): **~la** Glück [*o* Schwein] haben, einen Volltreffer landen **9.**(*Méx: atar*) festmachen, festbinden **II.** *vi* **1.**(*hacer juego*) (gut) zusammenpassen, sich gut ergänzen; **te pegan bien los zapatos con el bolso** deine Schuhe passen sehr gut zur Tasche; **esto no pega ni con cola** das passt überhaupt nicht zusammen **2.**(*rozar*) streifen, sehr nahe herankommen; **la puerta pega en el sofá, por ello no se abre** die Tür geht nicht auf, weil sie an das Sofa stößt **3.** (*golpear contra algo*) schlagen (*en* gegen +*akk*); ~ **en la puerta** gegen die Türe schlagen; **las ramas pegan a causa del viento en la ventana** durch den Wind schlagen die Äste gegen das Fenster **4.** (*argot: currar*) schuften, malochen; **el único que está pegando aquí soy yo** der einzige, der hier malocht, bin ich **5.** (BOT: *agarrar*) (Wurzeln) fassen **6.** (*loc*): **¡cómo pega el sol hoy!** heute ist es ganz schön heiß in der Sonne! **III.** *vr:* ~**se 1.** (*darse con algo*) sich stoßen (*con* an +*dat*); (*darse con alguien*) sich schlagen [*o* prügeln] (*con* mit +*dat*); **me he pegado con el esquinazo** ich habe mich an der Ecke gestoßen; **se pegó un tortazo con el coche** (*fam*) er/sie hat einen Unfall mit dem Auto gebaut **2.** (*quemarse*) anbrennen; **¡que se pegan las lentejas!** der Linseneintopf brennt an! **3.** (*entrometerse*) sich einmischen (*a* in +*akk*) **4.** (*aficionarse*) sich begeistern (*a* für +*akk*) **5.** (*acompañar siempre*) sich hängen (*a* an +*akk*); ~**se a alguien** (*perseguir*) sich an jds Fersen heften; ~**se a alguien como una lapa** sich wie eine Klette an jdn hängen **6.** (*contagiarse*) (eine Krankheit) bekommen; **finalmente se me pegó el sarampión** schließlich bekam auch ich die Masern **7.** (*fam: loc*): **pegársela a alguien** jdm einen Streich spielen, jdn auf den Arm nehmen; **pegársela al marido/a la mujer** den Ehemann/die Ehefrau betrügen [*o* hintergehen]; ~**se un tiro** sich erschießen; ~**se un tiro en la cabeza** sich *dat* eine Kugel durch den Kopf jagen

pegatina [peɣa'tina] *f* Aufkleber *m*

pego ['peɣo] *m* Betrug *m,* Täuschung *f;* **esta pistola de plástico da el** ~ diese Plastikpistole sieht täuschend echt aus; **finge saber hablar el italiano y da el** ~ **a cualquiera** er/sie tut so, als ob er/sie Italienisch sprechen könnte, und jeder nimmt es ihm/ihr ab [*o* fällt darauf herein]

pegón, -ona [pe'ɣon, -ona] *m, f* (*fam*) Schlägertyp *m*

pegote [pe'ɣote] *m* **1.** (*de pez*) Pechüberzug *m* **2.** (MED: *emplasto*) Heftpflaster *nt;* (*cataplasma*) Umschlag *m,* Wickel *m* **3.** (*pey fam: guisote*) Fraß *m,* Mansch *m* **4.** (*persona*) Schmarotzer *m,* Schnorrer *m* **5.** (*fam: chapuza*) Schlamperei *f* **6.** (*fam*): **esa corbata es un** ~ diese Krawatte ist völlig daneben **7.** (*argot: exagerar*): **tirarse** ~**s** prahlen, aufschneiden

pegotear [peɣote'ar] **I.** *vi, vr:* ~**se** sich selbst einladen **II.** *vt* unsauber kleben

pegujal [peɣu'xal] *m* **1.** (*bienes*) Vermögen *nt* **2.** (AGR: *pequeña finca*) kleines Bauerngut *nt,* kleiner Bauernhof *m*

pegujalero, -a [peɣuxa'lero, -a] *m, f* Kleinbauer, -bäuerin *m, f*

pegujón [peɣu'xon] *m* Haarknäuel *nt*

pehuén [pe'wen] *m* (*Chil:* BOT) Araukarie *f*

peina ['pei̯na] *f* Zierkamm *m*

peinada [pei̯'naða] *f* Kämmen *nt;* **darse una** ~ sich *dat* kurz mit dem Kamm durch die Haare fahren

peinado¹ [pei̯'naðo] *m* Frisur *f;* **hacerse un** ~ sich frisieren

peinado, -a² [pei̯'naðo, -a] *adj* **1.** (*pelo*) gekämmt; (*arreglado*) gestylt, zurechtgemacht **2.** (*relamido*) herausgeputzt, geschniegelt und gestriegelt

peinador¹ [pei̯na'ðor] *m* **1.** (*para peinar*) Frisierumhang *m;* (*para afeitar*) Rasierumhang *m* **2.** (*tocador*) Frisiertisch *m*

peinador(a)² [pei̯na'ðor(a)] **I.** *adj* Kamm- **II.** *m(f)* Friseur, -euse *m, f,* Haarstylist(in) *m(f)*

peinadora [pei̯na'ðora] *f* **1.** (TÉC) Kämmmaschine *f* **2.** *v.* **peinador²**

peinar [pei̯'nar] **I.** *vt* **1.** (*desenredar*) (durch)kämmen; (*alisar*) glatt kämmen **2.** (*acicalar*) frisieren **3.** (*crinar*) kämmen, krempeln **4.** (*rastrear*) durchkämmen **5.** (*rozar en carpintería*) streifen **II.** *vr:* ~**se** sich kämmen

peinazo [pei̯'naθo] *m* (*de puerta*) Türquerleiste *f;* (*de ventana*) Fensterquerleiste *f*

peine ['pei̯ne] *m* **1.** (*para peinarse*) Kamm *m;* **¡te vas a enterar de lo que vale un** ~**!** (*fig*) du wirst deine gerechte Strafe schon noch bekommen!; **¡ya apareció el** ~**!** (*fig*) jetzt [*o* endlich] hab ich's! **2.** (*para la lana*) Karde *f,* Krempel *m* **3.** (*en el telar*) Riet(kamm) *m,* Weberkamm *m* **4.** (MIL: *en un fusil*) Ladestreifen *m*

peinecillo [pei̯ne'θiʎo] *m* kleiner Zierkamm *m*

peineta [pei̯'neta] *f* Zierkamm *m;* ~ **de teja** *sehr hoher Zierkamm* (*heute nur noch bei feierlichen Anlässen, evtl. mit der Mantille zusammen getragen*)

peinilla [pei̯'niʎa] *f* **1.** (*Col, Ecua: peine*) Kamm *m* **2.** (*Col, Ecua, Pan, Ven: especie de machete*) *eine Art Machete*

p.ej. [por e'xemplo] *abr de* **por ejemplo** z. B.

peje ['pexe] *m* **1.** (*pez*) Fisch *m* **2.** (*astuto*) gewitzter Bursche *m,* Schlauberger *m fam*

pejegallo [pexe'ɣaʎo] *m* (*Chil:* ZOOL) *schuppenloser Fisch mit fleischigem Kamm*

pejepalo [pexe'palo] *m* (GASTR) geräucherter Stockfisch *m*

pejerrey [pexe'rei̯] *m* (ZOOL) Ährenfisch *m*

pejiguera [pexi'ɣera] *f* (*argot*) Unannehmlichkeiten *fpl,* Scherereien *fpl*

pekinés¹ [peki'nes] *m* (*perro*) Pekinese *m*

pekinés, -esa² [peki'nes, -esa] **I.** *adj* Pekinger **II.** *m, f* Einwohner(in) *m(f)* Pekings

pela ['pela] *f* **1.** (*argot: dinero*) Mäuse *fpl,* Knete *f;* **me debes 1000** ~**s** du schuldest mir 1000 Mäuse; **no me queda ni una sola** ~ ich habe nicht einen müden Groschen mehr; **no me quedan más** ~**s** ich habe keine Knete mehr; ~ **larga** Geld wie Heu **2.** (*estar pelando*) Schälen *nt* **3.** (*Am: zurra*) Tracht *f* Prügel,

P

Schläge *mpl* **4.** (*Méx: trabajo pesado*) Knochenarbeit *f* **5.** (*vulg*): **cambiar la** ~ kotzen

pelada [pe'laða] *f* **1.** (*rapada*) (sehr kurzer) Haarschnitt *m* **2.** (*CSur: calva*) Glatze *f* **3.** (*Am: error*) Irrtum *m* **4.** (*Am: muerte*): **la P**~ der Tod

peladez [pela'ðeθ] *f* (*Méx*) Ungehobeltheit *m*

peladilla [pela'ðiʎa] *f* **1.** (*almendra*) *Mandel mit Zuckerglasur* **2.** (*guijarro*) Kieselstein *m*

peladillo [pela'ðiʎo] *m* (BOT) *eine Pfirsichart*

pelado[1] [pe'laðo] *m* **1.** (*corte de pelo*) Haarschnitt *m;* **¡vaya ~ que te han dejado!** Mensch, was für einen Haarschnitt haben sie dir denn verpasst? **2.** (*calva*) Glatze *f* **3.** (*piel de res*) Balg *m* **4.** (*fam: pobretón*) armer Schlucker *m*

pelado, -a[2] [pe'laðo, -a] *adj* **1.** (*rapado*) (kahl) geschoren; (*naranja*) geschält; (*pollo*) gerupft **2.** (*escueto*) einfach, schlicht **3.** (*despojado*) kahl, baumlos; **una montaña pelada** ein kahler Berg **4.** (*fam: números*) glatt; **esto vale las 5000 peladas** das kostet glatte 5000 **5.** (*Am: fam: sin dinero*) knapp bei Kasse; **lo dejaron** ~ sie haben ihm nichts gelassen **6.** (*Méx: grosero*) derb, grob

pelador(a) [pela'ðor(a)] *adj* Schäl-; **cuchillo** ~ Schälmesser *nt*

peladura [pela'ðura] *f* **1.** (*del pelo*) Schneiden *nt;* (*de frutas*) Schälen *nt* **2.** (*zona pelada*) kahle Stelle *f* **3.** *pl* (*cáscaras*) Schalen *fpl*

pelafustán, -ana [pelafus'tan, -ana] *m, f* Nichtsnutz *m,* Taugenichts *m*

pelagallos [pela'ɣaʎos] *m inv,* **pelagatos** [pela'ɣatos] *m inv* (*fam*) armer Teufel *m*

pelagianismo [pelaxja'nismo] *m* (REL) Pelagianismus *m*

pelágico, -a [pe'laxiko, -a] *adj* (GEO) pelagisch; **depósitos ~s** pelagische Sedimente; **zona pelágica** Tiefseebereich *m*

pelagoscopio [pelaɣos'kopjo] *m* (FÍS, TÉC) Apparat *m* zur Erkundung der Tiefsee

pelagra [pe'laɣra] *f* (MED) Pellagra *f*

pelaje [pe'laxe] *m* **1.** (*piel*) Fell *nt;* (*características*) Fellbeschaffenheit *f* **2.** (*pey: pinta*) Art *f;* **no me gustó el ~ de ese hombre** mir hat die Art dieses Mannes nicht gefallen

pelambrar [pelam'brar] *vt* äschern

pelambre [pe'lambre] *m o f* **1.** (*de animales*) Fell *nt* **2.** (*de personas*) zerzaustes Haar *nt,* Strubbelkopf *m fam* **3.** (*en el cuerpo*) Haare *ntpl,* Haarbüschel *nt* **4.** (*zona calva*) kahle Stelle *f* **5.** (*Am: habladurías*) Gerede *nt* **6.** (*en tenería*) Äscher *m*

pelambrera [pelam'brera] *f* **1.** (*de personas*) zerzaustes Haar *nt,* Strubbelkopf *m fam* **2.** (*donde se apelambran las pieles*) *Ort, an dem Tierfelle enthaart werden* **3.** (*calvicie*) Kahlköpfigkeit *f*

pelanas [pe'lanas] *m inv* (*fam*) armer Schlucker *m,* armer Teufel *m*

pelandusca [pelaṇ'duska] *f* (*argot*) Flittchen *nt,* Nutte *f*

pelantrín [pelaṇ'trin] *m* Kleinbauer *m*

pelapatatas [pelapa'tatas] *m inv* Kartoffelschäler *m*

pelar [pe'lar] **I.** *vt* **1.** (*pelo*) schneiden, scheren; (*plumas*) rupfen; (*frutas, verduras*) schälen; (*patatas*) schälen, pellen *AlN;* (*animales*) häuten, pelzen **2.** (*murmurar*) lästern (*a* über +*akk*), herziehen (*a* über +*akk*) **3.** (*robar*) bestehlen, berauben **4.** (*vulg: matar*) umnieten *fam,* umlegen *fam* **5.** (*ganarle a alguien*) (wie eine Weihnachtsgans) ausnehmen **6.** (*difícil*): **duro de** ~ eine harte Nuss, ein harter Brocken **7.** (*Am: argot: dar una paliza*) verprügeln **8.** (*And: argot*): **~la** (*morir*) ins Gras beißen **II.** *vi* (*fam*): **hace un frío que pela** es ist saukalt [*o* hundekalt] **III.** *vr:* **~se** **1.** (*el pelo*) sich *dat* die Haare schneiden lassen; **ir a ~se** zum Friseur gehen **2.** (*la piel*) sich schälen, sich pellen *AlN;* **mi espalda se está pelando después de la quemadura de sol** mein Rücken schält sich nach dem Sonnenbrand **3.** (*fam: como loco*): **corre que se las pela** er/sie rennt wie der Teufel; **pelárselas por algo** (*ansiar*) nach etw *dat* verrückt sein, auf etw ganz versessen sein; **pelárselas por hacer algo** alles daransetzen, um etw tun zu können **4.** (*vulg: masturbarse*): **pelársela** sich *dat* einen runterholen, wichsen

peldaño [pel̩'daɲo] *m* (Treppen)stufe *f;* (*escalera portátil*) Sprosse *f*

pelea [pe'lea] *f* **1.** (*en general*) Streit *m,* Streitigkeiten *fpl* **2.** (*lucha*) Schlägerei *f,* Rauferei *f;* **armar una** ~ ein Handgemenge provozieren **3.** (*disputa verbal*) Auseinandersetzung *f,* Wortwechsel *m;* (*en matrimonio*) Ehekrach *m* **4.** (*apuestas*): ~ **de gallos** Hahnenkampf *m;* **perro de** ~ Kampfhund *m*

peleador(a) [pelea'ðor(a)] **I.** *adj* **1.** (*relativo a pelea*) Kampf- **2.** (*meterse con todos*) streitlustig **II.** *m(f)* **1.** (*que lucha*) Kämpfer(in) *m(f)* **2.** (*pendenciero*) Raufbold *m*

pelear [pele'ar] **I.** *vi* **1.** (*luchar*) kämpfen, raufen **2.** (*discutir*) streiten **3.** (*sufrir*) erdulden; **esa mujer tuvo que ~ mucho por ser ilegítimo su hijo** diese Frau musste viel erdulden wegen ihres unehelichen Kindes **4.** (*trabajar por algo*) sich sehr einsetzen (*por* für +*akk*), alles geben (*por* für +*akk*); **esa mujer peleó para darle unos estudios a su hija** diese Frau gab alles, damit ihre Tochter eine Schulausbildung bekam **5.** (*afanarse*) sich bemühen (*con* um +*akk*); **mi profesor pelea mucho con nosotros para que estudiemos** mein Lehrer bemüht sich sehr um uns, damit wir lernen **II.** *vr:* **~se** **1.** (*en general*) sich streiten (*por* um +*akk*); **Pedro se peleó con Paco por el libro** Pedro hat sich mit Paco um das Buch gestritten **2.** (*reñir con violencia*) sich schlagen, sich prügeln **3.** (*enemistarse*) sich verfeinden, sich zerstreiten; **hace una semana que nos hemos peleado** seit einer Woche sind wir zerstritten

pelechar [pele'ʧar] *vi* **1.** (*echar pelo*) haaren;

(*echar plumas*) sich mausern **2.** (*fam: recobrar salud, fortuna*) wieder auf die Beine [*o* zu Kräften] kommen, sich aufrappeln

pelecho [pe'letʃo] *m* (*pelos*) Haaren *nt;* (*plumas*) Mauser *f*

pelele [pe'lele] *m* **1.** (*muñeco*) (Stroh)puppe *f* **2.** (*de bebés*) Strampelanzug *m* **3.** (*fam: que se deja manejar*) Hampelmann *m*

peleón[1] [pele'on] *m* (*fam*) (billiger) Fusel *m*

peleón, **-ona**[2] [pele'on, -ona] *adj* kampflustig

peleona [pele'ona] *f* Schlägerei *f,* Rauferei *f*

peleonero, **-a** [peleo'nero, -a] *adj* (*Méx*) *v.* **peleón**[2]

peletera [pele'tera] *adj o f v.* **peletero**[2]

peletería [pelete'ria] *f* **1.** (*costura*) Kürschnerei *f,* Pelzverarbeitung *f;* (*venta*) Pelz(fach)geschäft *nt* **2.** (*AmC: zapatería*) Schuhgeschäft *nt*

peletero[1] [pele'tero] *m* (ZOOL) Pelzkäfer *m*

peletero, **-a**[2] [pele'tero, -a] **I.** *adj* Pelz-, Kürschner-; **industria peletera** Pelzindustrie *f* **II.** *m, f* Kürschner(in) *m(f)*

peliagudo, **-a** [pelja'ɣuðo, -a] *adj* **1.** (*animal*) langhaarig **2.** (*persona*) stark behaart, haarig **3.** (*complicado*) haarig, verzwickt; (*situación*) schwierig, verworren, vertrackt *fam*

peliblanco, **-a** [peli'βlaŋko, -a] *adj* weißhaarig

pelicano[1] [peli'kano] *m,* **pelícano** [pe'likano] *m* Pelikan *m*

pelicano, **-a**[2] [peli'kano, -a] *adj* grauhaarig

pelicorto, **-a** [peli'korto, -a] *adj* kurzhaarig

película [pe'likula] *f* **1.** (*piel*) Häutchen *nt,* Film *m* **2.** (CINE, FOTO: *cinta*) (Zelluloid)film *m,* Filmrolle *f* **3.** (CINE: *film*) Film *m;* ~ **en blanco y negro** Schwarzweißfilm *m;* ~ **en color** Farbfilm *m;* ~ **de dibujos** (**animados**) Zeichentrickfilm *m;* ~ **muda** Stummfilm *m;* **actor de** ~ Filmschauspieler *m;* **como de** ~ wie im Film [*o* im Märchen]; **de** ~ außergewöhnlich, unglaublich; **un matrimonio como de** ~ eine Bilderbuchehe; **poner en** ~ auf die Leinwand bringen, verfilmen; **rodar una** ~ einen Film drehen; **¡allá ~s!** mach, was du willst!, ist mir doch egal!

peliculero, **-a** [peliku'lero, -a] **I.** *adj* **1.** (*referente a películas*) Film-; (*referente al cine*) Kino- **2.** (*fam: comediante*) komödiantisch **3.** (*que ve muchas películas*) ganz verrückt auf Filme **II.** *m, f* **1.** (*productor*) Produzent(in) *m(f)* **2.** (*guionista*) Drehbuchautor(in) *m(f)* **3.** (*actor*) Filmschauspieler(in) *m(f)*

peliculón [peliku'lon] *m* (*fam: película buena*) sehr guter Film *m;* (*larga y aburrida*) Schinken *m fig;* (*sentimental*) Schnulze *f*

peligrar [peli'ɣrar] *vi* in Gefahr sein; ~ **de hacer algo** Gefahr laufen etw zu tun; **hacer** ~ gefährden, in Gefahr bringen

peligro [pe'liɣro] *m* Gefahr *f,* Risiko *nt;* ~ **de incendio** Brandgefahr *f;* **conjurar un** ~ eine Gefahr bannen [*o* abwenden]; **correr** (**un gran**) ~ in (großer) Gefahr sein; **correr** ~ **de hacer algo** Gefahr laufen etw zu tun; **estar en** ~ **de muerte** in Lebensgefahr sein; **fuera de** ~ außer Gefahr; **ofrecer** ~ eine Gefahr darstellen [*o* sein]; **poner en** ~ in Gefahr bringen, gefährden; **salvó al bebé poniendo en** ~ **su propia vida** er/sie rettete das Baby unter Einsatz des eigenen Lebens; **puesta en** ~ Gefährdung *f;* **el delincuente es un** ~ **para la sociedad** der Täter ist eine Gefahr für die Gesellschaft

peligrosidad [peliɣrosi'ða^ð] *f* Gefährlichkeit *f;* **de alta** ~ hochgefährlich

peligroso, **-a** [peli'ɣroso, -a] *adj* (*situación*) gefährlich, bedenklich; (*arriesgado*) riskant, gewagt; **mercancías peligrosas** (ECON) Gefahrengut *nt;* **trabajo** ~ gefährliche Arbeit; **prima por trabajo** ~ Gefahrenzulage *f*

pelilargo, **-a** [peli'larɣo, -a] *adj* langhaarig

pelillo [pe'liʎo] *m* **1.** (*pelito*) Härchen *nt* **2.** (*fam: pequeñez*) Bagatelle *f;* **echar ~s a la mar** das Kriegsbeil begraben, sich wieder (miteinander) vertragen; **¡~s a la mar!** lasst uns die Vergangenheit endlich begraben!, Schwamm drüber!; **no se para en ~s** er/sie hält sich nicht mit Kleinigkeiten auf

pelirrojo, **-a** [peli'rroxo, -a] *adj* rothaarig

pelitre [pe'litre] *m* (BOT) Römischer Bertram *m,* Pyrethrum *m*

pella ['peʎa] *f* **1.** (*masa consistente*) Klumpen *m;* ~ **de algodón** Wattebausch *m* **2.** (*de coliflor*) Blumenkohlkopf *m* **3.** (*de cerdo*) Schweinefettklumpen *m* **4.** (*fam: de dinero*) Batzen *m* Geld **5.** (*de metal*) Rohmetallblock *m*

pellada [pe'ʎaða] *f* Hand *f* voll Gips

pelleja [pe'ʎexa] *f* **1.** (*de animal*) Fell *nt* **2.** (*fam: persona muy delgada*) Bohnenstange *f;* **ser una** ~ nur Haut und Knochen sein **3.** (*vulg: prostituta*) Nutte *f fam pey,* Hure *f pey* **4.** (*fam: vida*): **para esto yo no daría mi** ~ dafür würde ich meinen Kopf nicht hinhalten [*o* meine Haut nicht zu Markte tragen]; **salvar**(**se**) **la** ~ mit heiler Haut davonkommen; **dejar**(**se**) **la** ~ ins Gras beißen, den Löffel abgeben

pellejería [peʎexe'ria] *f* **1.** (*taller, oficio*) Gerberei *f* **2.** (*pieles*) Felle *ntpl* und Häute *fpl*

pellejerías [peʎexe'rias] *fpl* (*Chil*) Missstand *m* (durch Armut)

pellejo [pe'ʎexo] *m* **1.** (*de animal*) Fell *nt,* Balg *m* **2.** (*de persona*) Haut *f;* **arriesgarse** [*o* **jugarse**] **el** ~ Kopf und Kragen aufs Spiel setzen; **para esto yo no daría mi** ~ dafür würde ich meinen Kopf nicht hinhalten [*o* meine Haut nicht zu Markte tragen]; **si yo estuviera en tu ~...** ich an deiner Stelle ...; **no caber en su** ~ vor Stolz und Zufriedenheit platzen; **pagar con el** ~ mit dem Leben bezahlen; **quitar el** ~ **a alguien** über jdn lästern [*o* herziehen]; **salvar**(**se**) **el** ~ mit heiler Haut davonkommen; **no tener más que el** ~ nur (noch) Haut und Knochen sein **3.** (*odre*) Wein-

P

schlauch *m* **4.** (*fruta*) Haut *f;* (*salchicha*) Pelle *f* **5.** (*de las uñas*) Nagelhaut *f,* Nagelhäutchen *nt* **6.** (*fam: ebrio*) Trinker *m,* Trunkenbold *m,* Säufer *m* **7.** (*fam: vida*): **perder el** ~ ins Gras beißen, den Löffel abgeben

pellejudo, -a [peʎe'xuðo, -a] *adj* (*animal*) mit zu großem Fell; (*hombre*) mit schlaffer Haut

pellica [pe'ʎika] *f* **1.** (*cubierta*) Bettdecke *f* aus Pelzen **2.** (*pellico*) Pelzkleidung *f* **3.** (*piel*) kleines gegerbtes Fell *nt*

pellico [pe'ʎiko] *m* **1.** (*zamarra de pastor*) Hirtenweste *f* aus Schaffell **2.** (*vestido de pieles*) Pelzkleidung *f*

pellín [pe'ʎin] *m* (*Chil*) **1.** (BOT) *der Buche ähnlicher Baum mit sehr resistentem Holz* **2.** (*fig: persona fuerte*) baumstarke Person *f*

pelliza [pe'ʎiθa] *f* Pelzjacke *f*

pellizcar [peʎiθ'kar] <c→qu> **I.** *vt* **1.** (*repizcar*) kneifen; **estos pantalones estrechos me pellizcan aquí** diese engen Hosen kneifen hier **2.** (*fam: pizcar algo*) abzwacken, abluchsen; (*comida*) naschen **II.** *vr:* **~se** sich *dat* einklemmen; **me he pellizcado el dedo entre las dos sillas** ich habe mir den Finger zwischen den beiden Stühlen eingeklemmt

pellizco [pe'ʎiθko] *m* **1.** (*pizco*) Kneifen *nt;* **dar un ~ a alguien** jdn kneifen **2.** (*poquito*) Stückchen *nt;* (*de sal*) Prise *f;* (*de tu bocadillo*) Bissen *m*

pello ['peʎo] *m* Kleidungsstück *nt* aus feinem Pelz

pelma ['pelma] *m* **1.** (*muy denso*) Klumpen *m;* (*comida*) Stein *m;* **tengo un ~ en el estómago** das Essen liegt mir schwer im Magen **2.** (*fam: persona pesada*) Nervensäge *f,* Quälgeist *m*

pelmacería [pelmaθe'ria] *f* Trägheit *f,* Schwerfälligkeit *f*

pelmazo [pel'maθo] *m* (*fig fam: pesado*) Nervensäge *f,* Quälgeist *m;* **dar el ~ a alguien** jdm auf die Nerven [*o* auf den Geist] gehen

pelo ['pelo] *m* **1.** (*cabello*) Haar *nt;* (*de animal*) Fell *nt;* (*de ave*) Flaum *m;* (*de barba*) Stoppel(n) *f(pl);* **encontré un ~ rubio** ich habe ein blondes Haar gefunden; **el chico es de** [*o* **tiene el**] **~ rubio** der Junge hat blondes Haar; **cortarse el ~** sich *dat* die Haare schneiden (lassen); **tirar el ~** (*perro*) haaren; **por un ~ te caes, faltó un ~ para que te cayeras** (*fig*) um ein Haar [*o* fast] wärst du heruntergefallen; **escaparse por un ~** haarscharf [*o* gerade noch] entkommen; **pasar los exámenes por los ~s** die Prüfungen gerade noch [*o* ganz knapp] bestehen; **agarrarse a un ~** sich an jedem Strohhalm festklammern [*o* fest halten]; **colgado de un ~** am seidenen Faden hängend; **contar algo con ~s y señales** etw haargenau [*o* haarklein] erzählen; **cortar un ~ en el aire** (*cuchillo*) sehr scharf sein; (*listo*) sehr scharfsinnig sein; **estar hasta los ~s** die Nase gestrichen voll haben; **no tener ~s en la lengua** geradeheraus sein, nicht auf den Mund gefallen sein, kein Blatt vor den Mund nehmen; **no tocar un ~ (de la ropa) a alguien** jdm kein Haar krümmen; **poner(se) los ~s de punta a alguien** jdm stehen die Haare zu Berge, jdm sträuben sich die Haare; **se les va a caer el ~** sie werden ganz schön gucken, sie werden ihr blaues Wunder erleben; **soltarse el ~** die Haare offen tragen; (*fig*) sagen, was Sache ist, geradeheraus reden, Farbe bekennen; **tirarse de los ~s** (*fig*) sich *dat* die Haare raufen; **tomarle el ~ a alguien** jdn an der Nase herumführen, jdn auf den Arm nehmen; **(ni) un ~** nicht ein [*o* kein] bisschen, nicht die Spur; **no tener (un) ~ de tonto** kein bisschen blöd sein **2.** (*vello*) Härchen *ntpl;* (*del bebé*) Flaum *m;* (*de melocotón*) Flaum *m,* samtige [*o* pelzige] Haut *f;* (*de alfombra*) Flor *m;* **una manta de ~ de camello** eine Kamelhaardecke **3.** (*pelusa*) Härchen *ntpl;* (*de tela, plantas*) Flaum *m,* feine Fasern *fpl* **4.** (TÉC: *sierra fina*) Laubsäge *f* **5.** (*grieta en cristal*) Glassprung *m* **6.** (*loc*): **a ~** (*la cabeza descubierta*) ohne Kopfbedeckung; (*sin prepararse*) unvorbereitet; **cabalgar a ~** ohne Sattel reiten; **al ~** genau, exakt; **todo irá al ~** es wird alles glattgehen; **el traje ha quedado al ~** der Anzug sitzt wie angegossen; **venir al ~** gerade richtig [*o* sehr gelegen] kommen; **sin venir al ~** völlig unangebracht [*o* ungünstig]; **a contra ~** gegen den Strich, ungelegen; **de ~** (*fam*) betucht; **la gente de medio** [*o* **poco**] **~** (*fam*) die kleinen Leute; **de ~ en pecho** mannhaft, mutig; **luce buen ~** (*fam*) ihm/ihr geht es gut; **pasarse un ~** sich danebenbenehmen, den Bogen überspannen; **no se mueve ni un ~ de aire** es geht kein bisschen Wind; **no se te ve el ~, ¿por dónde andas?** du lässt dich ja gar nicht mehr blicken, wo steckst du denn?

pelón[1] [pe'lon] *m* **1.** (*Am: bebé*) Baby *nt,* Säugling *m* **2.** (*CSur: melocotón*) Pfirsich *m*

pelón, -ona[2] [pe'lon, -ona] **I.** *adj* **1.** (*calvo*) glatzköpfig **2.** (*rapado*) kurz geschoren **II.** *m, f* **1.** (*calvo*) Glatzköpfige(r) *mf* **2.** (*rapado*) Kurzgeschorene(r) *mf* **3.** (*fam: pobre*) armer Schlucker *m*

pelona [pe'lona] *f* **1.** (*AmC, Col, Méx*): **la ~** der Tod **2.** *v.* **pelón**[2]

peloponense [pelopo'nense] **I.** *adj* peloponnesisch **II.** *mf* Einwohner(in) *m(f)* des Peloponnes

pelota[1] [pe'lota] *f* **1.** (DEP: *balón*) Ball *m;* **~ de cuero** Lederball *m;* **~ de goma** Gummiball *m;* **~ vasca** *Ball für das Pelotaspiel;* **jugar a la ~** Ball spielen; **echar la ~ a alguien** (*fig*) jdm den schwarzen Peter zuspielen **2.** (*esfera*) Kugel *f;* (*de madera*) Holzkugel *f;* (*de cristal*) Glaskugel *f* **3.** (*proyectil*) Kugel *f;* **devolver la ~ a alguien** (*argumentar*) den Spieß umdrehen, mit den gleichen Argumenten kontern; (*vengarse*) es jdm mit gleicher Münze heimzahlen [*o* vergelten]; **la ~ sigue en el**

tejado (*fig*) die Sache ist immer noch ungeklärt, es ist weit und breit keine Lösung in Sicht **4.** (*juego*) Pelota *f* (*Ballspiel in Spanien und Lateinamerika*) **5.** *pl* (*vulg: testículos*) Eier *ntpl;* **y esto lo hago así porque me sale de las ~s** und das mache ich so, weil es mir passt *fam;* **¡fíjate, que tiene ~s!** Mensch, der/die hat aber Mumm [*o* Mut]! *fam;* **tocar las ~s** auf die Eier gehen **6.** (*argot: loc*): **de ~s** geil, stark; **en ~s** splitter(faser)nackt, im Adams-/Eva(s)kostüm; **dejar a alguien en ~s** (*juego*) jdn völlig ausnehmen; (*ropa*) jdn völlig ausziehen; **pillar** [*o* **coger**] **a alguien en ~s** jdn unvorbereitet antreffen; **hacer la ~ a alguien** bei jdm schleimen, vor jdm kriechen; **¡y esto es así, por ~s!** und das ist und bleibt so, basta!, und das ist so, weil es so sein muss!

pelota² [pe'lota] *m* (*argot*): **ser un ~** ein Kriecher sein

pelotari [pelo'tari] *mf* Pelotaspieler(in) *m(f)*

pelotazo [pelo'taθo] *m* **1.** (*con el pie*) fester Stoß *m;* (*tirando*) Wurf *m;* (*con la raqueta*) Schlag *m* **2.** (*argot: bebida*) Supermischung *f,* harte Mischung *f;* **meterse un ~** sich *dat* einen hinter die Binde gießen, sich besaufen **3.** (*argot: drogas*) Kick *m*

pelotear [pelote'ar] **I.** *vi* **1.** (DEP) sich einspielen **2.** (*de un sitio al otro*) hin- und herwerfen (*con* +*akk*) **3.** (*discutir*) (sich) streiten, (sich) zanken **II.** *vt* **1.** (*cuentas*) (Posten und Belege) vergleichen **2.** (*And: un asunto*) im Kopf herumgehen [*o* herumschwirren] (*a* +*dat*)

peloteo [pelo'teo] *m* (DEP) Einspielen *nt*

pelotera [pelo'tera] *f* (*fam*) Auseinandersetzung *f,* Knatsch *m*

pelotero, **-a** [pelo'tero, -a] **I.** *adj:* **escarabajo ~** (ZOOL) Pillendreher *m* **II.** *m, f* **1.** (*que recoge las pelotas: chico*) Balljunge *m;* (*chica*) Ballmädchen *nt* **2.** (*Am: jugador de pelota*) Ballspieler(in) *m(f)*

pelotilla [pelo'tiʎa] *f* (*fam*): **hacer la ~ a alguien** sich bei jdm einschmeicheln, vor jdm kriechen; **hacer ~s** popeln

pelotillero, **-a** [peloti'ʎero, -a] **I.** *adj* (*fam*) kriecherisch, schleimig **II.** *m, f* (*fam*) Kriecher(in) *m(f),* Schleimer(in) *m(f)*

pelotón [pelo'ton] *m* **1.** (*pelota grande*) Riesenball *m* **2.** (*enredo*) Wirrwarr *m,* Durcheinander *nt* **3.** (*de gente*) Ansammlung *f* **4.** (DEP: *en carreras*) Feld *nt;* **dejar atrás el ~** das Feld hinter sich *dat* lassen, sich vom Feld lösen **5.** (MIL: *unidad*) Trupp *m;* **~ de fusilamiento** Exekutionskommando *nt*

pelotudo, **-a** [pelo'tuðo, -a] **I.** *adj* (*CSur: vulg*) saublöd *fam* **II.** *m, f* (*CSur: vulg*) Vollidiot(in) *m(f) fam*

peluca [pe'luka] *f* Perücke *f,* Haarersatz *m;* **usar ~** eine Perücke tragen

peluche [pe'lutʃe] *m* **1.** (*tejido*) Plüsch *m* **2.** (*juguete*) Plüschtier *nt;* **oso ~** Teddybär *m*

pelucón¹ [pelu'kon] *m* (*And: fam*) hohes Tier *nt*

pelucón, **-ona²** [pelu'kon, -ona] *adj* (*And: fam*) langhaarig

peludear [peluðe'ar] *vi* (*Arg: fam*) eine schwierige Aufgabe in Angriff nehmen

peludo¹ [pe'luðo] *m* **1.** (*estera*) (Fuß)matte *f* **2.** (*CSur:* ZOOL: *armadillo*) Gürteltier *nt* **3.** (*CSur: borrachera*): **agarrarse un ~** sich *dat* einen Rausch antrinken, sich betrinken

peludo, **-a²** [pe'luðo, -a] *adj* **1.** (*peliagudo*) stark behaart, haarig; (*con una barba*) bärtig **2.** (*AmC: fam: difícil*) haarig

peluquear [peluke'ar] **I.** *vt* (*AmS, CRi, Méx: cortar el pelo*) die Haare schneiden (*a* +*dat*); (*arreglar el pelo*) frisieren **II.** *vr:* **~se** sich *dat* die Haare machen lassen

peluquera [pelu'kera] *f v.* **peluquero**

peluquería [peluke'ria] *f* Friseursalon *m;* **~ de señoras** Damensalon *m;* **~ de señores** Herrensalon *m;* **ir a la ~** zum Friseur gehen

peluquero, **-a** [pelu'kero, -a] *m, f* Friseur, -euse *m, f*

peluquín [pelu'kin] *m* (*peluca pequeña*) Toupet *nt,* Haarersatz *m;* **¡ni hablar del ~!** das kommt gar nicht in Frage [*o* infrage]!

pelusa [pe'lusa] *f,* **pelusilla** [pelu'siʎa] *f* **1.** (*vello*) Flaum *m;* (*tejido*) Flor *m* **2.** (*de polvo*) Staubfussel *f* **3.** (*fam: celos entre niños*) Eifersucht *f,* Eifersüchtelei *f;* **sentir ~** Eifersucht empfinden, eifersüchtig sein **4.** (*envidia*) Neid *m;* **sentir ~** Neid empfinden, neidisch sein

pelviano, **-a** [pel'βjano, -a] *adj,* **pélvico**, **-a** ['pelβiko, -a] *adj* (ANAT) Becken-; **hueso ~** Beckenknochen *m*

pelvis ['pelβis] *f inv* (ANAT) Becken *nt;* **~ renal** Nierenbecken *nt*

pena ['pena] *f* **1.** (*tristeza*) Trauer *f,* Traurigkeit *f;* **ahogar las ~s** seinen Kummer ertränken; **morir de ~** vor Kummer sterben **2.** (*lástima*): **dar** [*o* **ser una**] **~** schade sein; **¡qué ~!** schade!; **me da mucha ~ el gato** die Katze tut mir unwahrscheinlich leid; **me da mucha ~ el tener que verlo así** es tut mir in der Seele weh [*o* es schmerzt mich zutiefst], ihn so sehen zu müssen **3.** (JUR: *sanción*) Strafe *f,* Bestrafung *f;* **~ de cadena perpetua** lebenslange Haftstrafe; **~ contractual** [*o* **convencional**] Konventionalstrafe *f;* **~ de muerte** [*o* **capital**] Todesstrafe *f;* **~ pecuniaria** Geldstrafe *f;* **abolir la ~ de muerte** die Todesstrafe abschaffen; **no pegar carteles bajo ~ de multa** Plakate aufkleben verboten. Zuwiderhandlungen führen zu Geldstrafe **4.** (*dificultad*) Schwierigkeit *f,* Mühsal *f,* Qual *f;* **las ~s eternas** die ewige Pein; **pasar las ~s del purgatorio** die Hölle auf Erden durchmachen; **a duras ~s** mit Mühe und Not, (nur) unter größten Schwierigkeiten; (*apenas*) kaum, fast nicht; **sin ~ ni gloria** mittelmäßig, ohne Höhen und Tiefen; **esto vale** [*o* **merece**] **la ~** das ist der [*o* die] Mühe wert, das lohnt sich; **vale** [*o* **merece**] **la ~...** es lohnt sich ..., es ist der [*o* die] Mühe wert ...; **¡allá**

P

~**s!** das geht mich nichts an!, ist mir doch egal! **5.** (*gasa negra*) Trauerflor *m*, Trauerschleier *m* **6.** (*loc*): **so ~ que...** +*subj* es sei denn, ..., außer wenn ..., (nur) unter dem Vorbehalt, dass ... **7.** (*Am: vergüenza*) Scham *f*; **tener** [*o* **sentir**] ~ sich schämen

penable [pe'naβle] *adj* strafbar

penachera [pena'ʧera] *f v.* **penacho**

penacho [pe'naʧo] *m* **1.** (*adorno, t. de aves*) Federbusch *m*; (*en cascos*) Helmbusch *m* **2.** (*fam: vanidad*) Hochmut *m*, Arroganz *f*

penachudo, -a [pena'ʧuðo, -a] *adj* mit Federbusch; (*en cascos*) mit Helmbusch

penado, -a [pe'naðo, -a] **I.** *adj* **1.** (*triste*) betrübt, leidend **2.** (*difícil*) mühselig, mühsam **3.** (*Am: tímido*) schüchtern, verschämt **II.** *m, f* Sträfling *m*

penal [pe'nal] **I.** *adj* (JUR) Straf-; **antecedentes ~es** Vorstrafen *fpl*; **código ~** Strafgesetzbuch *nt* **II.** *m* **1.** (*prisión*) Strafanstalt *f*, Haftanstalt *f*, Gefängnis *nt* **2.** (*Am:* DEP: *falta*) Foul *nt* (im Strafraum) **3.** (DEP: *penalti*) Elfmeter *m*, Strafstoß *m*; (*en baloncesto*) Freiwurf *m*

penalidad [penali'ðað] *f* **1.** (*molestia*) Mühe *f*, Strapaze *f* **2.** (JUR: *sanción*) Strafe *f* (von Rechts wegen), Strafbarkeit *f* (einer Handlung)

penalista [pena'lista] **I.** *adj* Strafrechts- **II.** *mf* Strafrechtler(in) *m(f)*

penalización [penaliθa'θjon] *f* Ahndung *f*, Bestrafung *f*

penalizar [penali'θar] <z→c> *vt* bestrafen, ahnden

penalti [pe'nalti] *m* (DEP) **1.** (*falta*) Foul *nt* (im Strafraum); **área de ~s** Strafraum *m* **2.** (*sanción*) Elfmeter *m*, Strafstoß *m*; (*en baloncesto*) Freiwurf *m* **3.** (*fam*): **casarse de ~** *heiraten müssen, weil die Frau schwanger ist*

penar [pe'nar] **I.** *vt* **1.** (*castigar*) bestrafen, ahnden **2.** (*previsto en la ley*) (von Rechts wegen) unter Strafe stellen, strafrechtlich verfolgen **II.** *vi* **1.** (*agonizar*) lange mit dem Tode ringen **2.** (*padecer*) leiden; **~ de amores** Liebeskummer haben **3.** (*ansiar*) sich sehnen (*por* nach +*dat*)

penca ['peŋka] *f* **1.** (BOT: *hoja*) fleischiges Blatt *nt*; (*hortalizas*) fleischiger Blattstiel *m*; (*Am*) Palmenblatt *nt*; (*Méx*) Agavenblatt *nt* **2.** (*Am: borrachera*): **agarrarse una ~** sich *dat* einen Rausch antrinken, sich betrinken **3.** (*azote*) Peitsche *f* **4.** (*And: atractivo*): **una ~ de hombre/de mujer** ein Bild von einem Mann/von einer Frau; **una ~ de casa** ein wunderschönes Haus

pencar [peŋ'kar] <c→qu> **I.** *vi* (*fam*) schuften, arbeiten wie ein Pferd **II.** *vt* geißeln

pencazo [peŋ'kaθo] *m* Peitschenhieb *m*

penco ['peŋko] *m* **1.** (*jamelgo*) Klepper *m*, Schindmähre *f* **2.** (*And: fam: atractivo*): **un ~ de hombre/de mujer** ein Bild von einem Mann/von einer Frau **3.** (*fam: holgazán*) Faulpelz *m* **4.** (*fam: inútil*) Nichtsnutz *m*, Taugenichts *m* **5.** (*fam: torpe*) Tollpatsch *m*

pendeja [peṇ'dexa] *adj o f v.* **pendejo²**

pendejada [peṇde'xaða] *f* (*Am: fam*) **1.** (*disparate*) etwas Verrücktes *nt*, etwas Albernes *nt*; **¿cómo se te pudo ocurrir tal ~?** wie konnte dir nur so etwas Verrücktes einfallen? **2.** (*estupidez*) Dummheit *f* **3.** (*acto cobarde*) memmenhaftes [*o* feiges] Verhalten *nt* **4.** (*cualidad de cobarde*) Feigheit *f*, Furchtsamkeit *f*

pendejear [peṇdexe'ar] *vi* (*Col: fam*) herumalbern

pendejo¹ [peṇ'dexo] *m* (*fam*) **1.** (*del pubis*) Schamhaar *nt* **2.** (*cobarde*) Angsthase *m* **3.** (*CSur: rapaz*) Bengel *m*, Lausbub *m* **4.** (*imbécil*) Idiot *m*, Dummkopf *m*

pendejo, -a² [peṇ'dexo, -a] **I.** *adj* (*fam*) **1.** (*Am: necio*) dumm, einfältig **2.** (*cobarde*) feige **3.** (*And: listo*) schlau, gewitzt **II.** *m, f* (*sabelotodo*) Besserwisser(in) *m(f)*, Neunmalkluge(r) *mf*

pendencia [peṇ'deṇθja] *f* Streit *m*, Auseinandersetzung *f*; **armar ~** Streit anfangen

pendenciero, -a [peṇdeṇ'θjero, -a] **I.** *adj* streitsüchtig **II.** *m, f* Streitsüchtige(r) *mf*, Rowdy *m pey*

pender [peṇ'der] *vi* **1.** (*colgar*) (herunter-, herab)hängen (*de/en* an +*dat*); (*cernerse*) schweben (*sobre* über +*dat*); **el péndulo pende de la cuerda** das Pendel hängt an der Schnur; **la espada de Damocles pende sobre sus cabezas** das Damoklesschwert hängt [*o* schwebt] über ihren Köpfen **2.** (JUR: *solución, pleito, asunto*) abhängen (*ante* von +*dat*)

pendiente¹ [peṇ'djeṇte] **I.** *adj* **1.** (*colgado*) herunterhängend, herabhängend **2.** (*empinado hacia arriba*) steigend; (*hacia abajo*) fallend **3.** (*problema, asunto*) offen, ungelöst; (*trabajo*) unerledigt; (*cuenta*) offen, ausstehend; **una cuenta ~ de pago** eine fällige Rechnung; **deuda ~** ausstehende Forderung; **un pedido ~** ein unerledigter Auftrag; **quedar ~ una asignatura** ein Fach nicht bestehen [*o* wiederholen müssen] **4.** (JUR) schwebend **5.** (*fam: ocuparse*): **estar ~ de algo** auf etw aufpassen, sich um etw kümmern; **voy a salir un momento, mientras, estate ~ del arroz** ich gehe mal kurz hinaus, pass solange auf den Reis auf; **¡tú estate ~ de lo tuyo!** kümmere du dich um deine Angelegenheiten!; **estar ~ de los labios de alguien** (*estar atento*) an jds Lippen hängen; **de momento, sólo estoy ~ de si me conceden la beca o no** im Augenblick beschäftigt mich nur, ob ich das Stipendium bekomme oder nicht **6.** (*depender*): **estamos ~s de lo que digan nuestros padres** wir müssen erst abwarten, wie unsere Eltern entscheiden **II.** *m* (*de oreja*) Ohrring *m*; (*de nariz*) Nasenring *m*

pendiente² [peṇ'djeṇte] *f* **1.** (*en general*) schiefe Ebene *f*; (GEO: *cuesta*) Steigung *f*; (*hacia abajo*) Abhang *m*; **de mucha ~** sehr steil; (*hacia abajo*) sehr abschüssig **2.** (ARQUIT: *del*

tejado) Neigung *f*
péndola ['peṇdola] *f* **1.** (*de reloj*) (Uhr)pendel *nt* **2.** (*reloj*) Pendeluhr *f* **3.** (ARQUIT: *puente colgante*) Hängekabel *nt,* Hänger *m;* (*edificio*) Hängesäule *f* **4.** (*pluma*) Gänsekiel *m,* (Schreib)feder *f*
pendolaje [peṇdo'laxe] *m* (NÁUT) Deckgutprisenrecht *nt*
pendolista [peṇdo'lista] *mf* Kalligraph(in) *m(f)*
pendón [peṇ'don] *m* **1.** (*estandarte*) Banner *nt* **2.** (BOT: *vástago*) *Trieb am Hauptast* **3.** (*fam: persona alta y desaliñada*) Bohnenstange *f,* lange Latte *f*
pendona [peṇ'dona] *f* (*fam*) **1.** (*mujer holgazana*) faule [*o* bequeme] Frau *f* **2.** (*marrana*) Schlampe *f* **3.** (*prostituta*) Dirne *f,* Strichmädchen *nt*
pendonear [peṇdone'ar] *vi* (*holgazanear*) (herum)streunen
pendoneo [peṇdo'neo] *m* Herumstreunerei *f*
pendular [peṇdu'lar] *adj* Pendel-; **movimiento** ~ Pendelbewegung *f*
péndulo ['peṇdulo] *m* Pendel *nt*
pene ['pene] *m* (ANAT) Penis *m*
penede [pene'ðe] *mf* (ENS) *abr de* **personal no docente** nicht wissenschaftlicher Mitarbeiter *m,* nichtwissenschaftliche Mitarbeiterin *f*
penene¹ [pe'nene] *m* (ECON) *abr de* **producto nacional neto** Nettoinlandsprodukt *nt*
penene² [pe'nene] *mf* (ENS) *abr de* **profesor(a) no numerario, -a** Professor(in) *m(f)* ohne Lehrstuhl
penetrabilidad [penetraβili'ðaᵈ] *f* Durchdringungsvermögen *nt*
penetrable [pene'traβle] *adj* durchdringbar
penetración [penetra'θjon] *f* **1.** (*acción*) Penetration *f,* Durchdringung *f;* **la ~ en el mercado** die Durchdringung des Marktes **2.** (*comprensión*) Auffassungsvermögen *nt,* Auffassungsgabe *f;* (*inteligencia*) Scharfsinn *m,* Kombinationsgabe *f*
penetrador(a) [penetra'ðor(a)] *adj* scharfsinnig
penetrante [pene'traṇte] *adj* **1.** (*profundo*) tief gehend, stark eindringend; **dolor** ~ starker Schmerz; **herida** ~ tief gehende Verletzung **2.** (*luz, sonido*) durchdringend; (*frío*) schneidend, beißend; (*hedor*) penetrant; (*mirada*) durchbohrend
penetrar [pene'trar] **I.** *vi* eindringen, hineingelangen (*en/entre/por* in +*akk*); **el agua penetra en la esponja** das Wasser dringt in den Schwamm ein; **la tinta penetró entre el tejido** die Tinte drang in das Gewebe ein [*o* durchsetzte das Gewebe]; **aun no habíamos penetrado mucho por el valle** wir waren noch nicht sehr tief ins Tal hineingekommen [*o* hineingelangt]; **~on en la casa con violencia** sie drangen gewaltsam in das Haus ein **II.** *vt* **1.** (*luz, sonido, proyectil*) durchdringen; (*mirada*) durchbohren; **la música me penetró por completo** die Musik erfüllte mich durch und durch [*o* ging mir durch Mark und Bein] **2.** (*entender un problema*) geistig durchdringen [*o* verarbeiten]; ~ **un misterio** hinter ein Geheimnis kommen, ein Geheimnis lüften; ~ **una intención** eine Absicht erkennen; ~ **los pensamientos de alguien** jds Gedanken lesen **III.** *vr:* **~se** sich *dat* bewusst werden (*de* über +*akk*); **en el Tibet se penetró del verdadero sentido de su vida** im Tibet wurde er/sie sich über den wirklichen Sinn seines/ihres Lebens klar
penetrativo, -a [penetra'tiβo, -a] *adj* durchdringungsfähig
peneuvista [peneu̯'βista] **I.** *adj die baskische Nationalpartei* (*PNV*) *betreffend;* **el portavoz** ~ der parteipolitische Sprecher der PNV **II.** *mf Anhänger(in) oder Mitglied der baskischen Nationalpartei* (*PNV*)
pénfigo ['peɱfiɣo] *m* (MED) Blasenausschlag *m,* Pemphigus *m*
penibético, -a [peni'βetiko, -a] *adj die spanische Gebirgskette Cordillera Penibética betreffend*
penicilina [peniθi'lina] *f* (MED) Penizillin *nt*
península [pe'ninsula] *f* Halbinsel *f*
peninsular [peninsu'lar] *adj* Halbinsel-, peninsularisch; **las costas ~es** die Küsten der Halbinsel
penique [pe'nike] *m* Penny *m*
penitencia [peni'teṇθja] *f* **1.** (*pena*) Sühne *f,* Buße *f;* **imponer una ~ a alguien** jdm eine Strafe auferlegen **2.** (REL: *sacramento*) Bußsakrament *nt,* Beichte *f;* **hacer ~** Buße tun **3.** (*arrepentimiento*) Reue *f;* **a pecado nuevo, ~ nueva** (*prov*) ≈auf neue Sünde neue Reue
penitenciado, -a [peniteṇ'θjaðo, -a] **I.** *adj* (HIST) von der Inquisition bestraft **II.** *m, f* **1.** (HIST) von der Inquisition Bestrafte(r) *mf* **2.** (*Am: preso*) Strafgefangene(r) *mf*
penitencial [peniteṇ'θjal] *adj* (REL) Buß-; **salmos ~es** Bußpsalme *mpl*
penitenciar [peniteṇ'θjar] *vt* (REL) eine Buße auferlegen (*a* +*dat*)
penitenciaría [peniteṇθja'ria] *f* (*correccional*) Haftanstalt *f,* Strafanstalt *f*
penitenciario¹ [peniteṇ'θjarjo] *m* **1.** (*prisión*) Haftanstalt *f,* Strafanstalt *f* **2.** (REL: *canónigo*) Beichtvater *m*
penitenciario, -a² [peniteṇ'θjarjo, -a] *adj* **1.** (*relativo a la penitenciaría*) Haft-, Strafanstalts-; **edificio** ~ Haftanstaltsgebäude *nt* **2.** (*relativo a la penitencia*) Straf-; **sistema** ~ Strafsystem *nt*
penitente [peni'teṇte] **I.** *adj* reuevoll, reuig; **nieves ~s** Büßerschnee *m* **II.** *mf* (REL) **1.** (*que se confiesa*) Beichtende(r) *mf* **2.** (*en procesiones*) Büßende(r) *mf,* Büßer(in) *m(f)*
penol [pe'nol] *m* (NÁUT) Segelstangenspitze *f*
penología [penolo'xia] *f* (JUR) Strafrechtslehre *f*

P

penoso, **-a** [pe'noso, -a] *adj* **1.** (*arduo*) heikel, schwierig **2.** (*dificultoso*) mühselig, strapaziös **3.** (*con pena*) traurig, schmerzvoll **4.** (*Am: vergonzoso*) scheu, schüchtern

pensado, **-a** [pen'saðo, -a] *adj* **1.** (*reflexionado*) überdacht, überlegt; **bien/mal/suficientemente** ~ gut/schlecht/ausreichend überdacht; **esto está poco** ~ das ist nicht wohl überlegt; **lo tengo bien** ~ ich habe mir das genau überlegt; **tener** ~ **hacer algo** vorhaben etw zu tun, sich *dat* etw vorgenommen haben; **el día/momento menos** ~ **volverá** wenn man es am wenigsten erwartet, wird er/sie zurückkommen **2.** (*referido a personas*): **él es un mal** ~ er vermutet [*o* denkt] immer gleich das Schlimmste

pensador(a) [pensa'ðor(a)] **I.** *adj* denkend, überlegend **II.** *m(f)* Denker(in) *m(f)*

pensamiento [pensa'mjen̩to] *m* **1.** (*acción*) (Nach)denken *nt,* Überlegen *nt;* **le dedica muchas horas al** ~ er/sie widmet dem Nachdenken viel Zeit **2.** (*idea*) Idee *f;* (*proyecto*) Plan *m,* Vorhaben *nt;* (*intención*) Absicht *f* **3.** (*objeto*) Gedanke *m;* **ya el** ~ **solo me da risa** schon beim bloßen Gedanken daran muss ich lachen; **mudado el tiempo, mudado el** ~ (*prov*) ≈ändern sich die Zeiten, ändert sich das Denken **4.** (*mente*) Sinn *m,* Verstand *m;* **tengo un problema en el** ~ ein Gedanke beschäftigt mich [*o* lässt mir keine Ruhe]; **¿cuándo te vino esa idea al** ~**?** wann fiel dir das ein?, wann kam dir das in den Sinn?; **se me vino una idea al** ~ **de lo que podía haber en el paquete** ich ahne (vage), was in dem Päckchen sein könnte; **ni por** ~ nicht (einmal) im Traum **5.** (*apotegma*) Ausspruch *m,* Maxime *f* **6.** (*contenido principal*) Thema *nt,* (Leit)motiv *nt* **7.** (BOT) Stiefmütterchen *nt*

pensante [pen'san̩te] **I.** *adj* denkend **II.** *mf* Denker(in) *m(f)*

pensar [pen'sar] <e→ie> **I.** *vi, vt* **1.** (*proyectar algo en la mente*) denken (*en* an +*akk*); **no hago más que** ~ **en ti** ich denke ständig nur an dich; **todo pasa cuando menos se piensa (en ello)** alles geschieht, wenn man am wenigsten damit rechnet [*o* wenn man es am wenigsten erwartet]; **¡ni** ~**lo!** nicht im Traum!, daran ist gar nicht zu denken!; **¡no quiero ni** ~**lo!** nicht auszudenken [*o* auszumalen]!; **él se separó de ella sin** ~ **que lo pasaría tan mal** er trennte sich von ihr, ohne zu bedenken, dass es ihm so schlecht gehen könnte **2.** (*reflexionar*) nachdenken (*sobre* über +*akk*), überdenken (*sobre* +*akk*); **primero tengo que** ~ **sobre este caso** erst muss ich über diesen Fall nachdenken; **nos dio mucho que** ~ **que no hubiera regresado aún** es gab uns zu denken [*o* es beunruhigte uns], dass er/sie noch nicht zurück war; **esto es algo para** ~**lo bien** das ist etwas, was gut überdacht sein muss; **lo hicimos sin** ~**lo** wir taten es, ohne zu überlegen [*o* darüber nachzudenken]; **sin** ~**lo me dió una bofetada** und plötzlich gab er/sie mir eine Ohrfeige; **pensándolo bien** bei genauerer Betrachtung **3.** (*concluir*) zu einem Schluss kommen [*o* gelangen], beschließen; **habíamos pensado que lo mejor sería irnos** wir dachten, dass es besser sei, zu gehen **II.** *vi* **1.** (*opinar*) denken, glauben; **pienso que deberíamos decírselo** meiner Meinung nach sollten wir [*o* ich denke, wir sollten] es ihm/ihr sagen **2.** (*suponer*) annehmen, ausgehen (von +*dat*); **pienso que no has venido únicamente para decirme esto** ich nehme an, du bist nicht nur gekommen, um mir das zu sagen **3.** (*imaginarse*) sich *dat* denken [*o* vorstellen] können; **ella piensa muy mal/bien de él** sie hat eine sehr schlechte/gute Meinung über ihn, sie denkt sehr schlecht/gut über ihn; **pienso que el surfing tiene que ser muy bonito** ich kann mir denken, dass Surfen sehr schön sein muss; **de repente le dio por** ~ **que no le queríamos** plötzlich dachte [*o* glaubte] er/sie im Ernst, dass wir ihn/sie nicht lieb hätten; **y pensé para mí que de esta forma no llegaría muy lejos** und ich dachte (stillschweigend), dass er/sie so nicht sehr weit kommen würde **III.** *vt* **1.** (*intención*) vorhaben; **pensábamos venir este fin de semana** wir wollten dieses Wochenende kommen; **lo pensó mejor y no lo hizo** er/sie besann sich eines Besseren und tat es nicht **2.** (*inventar*) erfinden, sich *dat* ausdenken; **quien haya pensado este sistema fue un genio** wer dieses System erfunden hat, war ein Genie **3.** (*tramar*) aushecken, sich *dat* ausdenken; **siempre está pensando nuevas travesuras** er/sie heckt ständig neue Streiche aus

pensativo, **-a** [pensa'tiβo, -a] *adj* nachdenklich; **¿por qué pones esa cara pensativa?** warum machst du so ein ernstes Gesicht?

pénsil ['pensil], **pensil** [pen'sil] **I.** *adj* (in der Luft) hängend, schwebend **II.** *m* Lustgarten *m*

pensión [pen'sjon] *f* **1.** (*paga*) (Alters)rente *f,* (Alters)ruhegeld *nt;* (*de los funcionarios* (*en Alemania*)) Pension *f;* ~ **de invalidez** Invalidenrente *f;* ~ **de orfandad** Waisenrente *f;* ~ **parcial** Teilrente *f;* ~ **recibida de la empresa** Betriebsrente *f;* **pensiones suplementarias** Zusatzrenten *fpl;* ~ **de viudez** Witwenrente *f;* **fondo de pensiones** Pensionsfonds *m;* **suscribir un plan de pensiones** einen Pensionsplan zeichnen; **aún no cobra la** ~ (*no recibe la paga*) er/sie bekommt noch keine Rente bezahlt; (*aún no tiene la edad*) er/sie ist noch nicht in Rente **2.** (*para huéspedes*) Pension *f* **3.** (*cantidad pagada*) Kostgeld *nt;* ~ **completa** Vollpension *f;* **media** ~ Halbpension *f* **4.** (*beca*) Stipendium *nt*

pensionado[1] [pensjo'naðo] *m* Internat *nt*

pensionado, **-a**[2] [pensjo'naðo, -a] **I.** *adj* pensioniert, in den Ruhestand versetzt **II.** *m, f* **1.** (*jubilado*) Ruheständler(in) *m(f);* (*funcio-*

nario jubilado) Pensionär(in) *m(f)* **2.** (*becario*) Stipendiat(in) *m(f)*

pensionar [pensjo'nar] *vt* pensionieren, in den Ruhestand versetzen

pensionista [pensjo'nista] *mf* **1.** (*jubilado*) Rentner(in) *m(f)*, Rentenempfänger(in) *m(f)*; (*funcionario jubilado*) Pensionär(in) *m(f)* **2.** (*becario*) Stipendiat(in) *m(f)* **3.** (*huésped*) Pensionsgast *m* **4.** (*alumno*) Internatsschüler(in) *m(f)*

pentacordio [pen̪ta'korðjo] *m* (MÚS, HIST) Pentachord *nt* (*altertümliche Harfe mit fünf Saiten*)

pentadáctilo, **-a** [pen̪ta'ðaktilo, -a] *adj* (ANAT, ZOOL) fünffing(e)rig

pentadecágono[1] [pen̪taðe'kaɣono] *m* (MAT) Fünfzehneck *nt*

pentadecágono, **-a**[2] [pen̪taðe'kaɣono, -a] *adj* (MAT) fünfzehneckig

pentaedro [pen̪ta'eðro] *m* (MAT) Fünfflächner *m*, Pentaeder *nt*

pentagonal [pen̪taɣo'nal] *adj* pentagonal, fünfeckig

pentágono [pen̪'taɣono] *m* **1.** (*polígono*) Pentagon *nt*, Fünfeck *nt* **2.** (*en Estados Unidos*): **el P~** das Pentagon

pentagrama [pen̪ta'ɣrama] *m* (MÚS) Notenlinien *fpl*, Notenliniensystem *nt*

pentámetro [pen̪'tametro] *m* (LIT) Pentameter *m*

pentarquía [pen̪tar'kia] *f* (POL) Herrschaft *f* von fünf Mächten, Pentarchie *f*

pentasílabo, **-a** [pen̪ta'silaβo, -a] *adj* (LING) fünfsilbig

pentatlón [pen̪ta^ð'lon] *m* (DEP) Fünfkampf *m*

pentavalente [pen̪taβa'len̪te] *adj* (QUÍM) mit fünf Werten, fünfwertig

Pentecostés [pen̪tekos'tes] *m* (REL) **1.** (*festividad cristiana*) Pfingsten *nt*, Pfingstfest *nt*; **Pascua de ~** Pfingstsonntag *m* **2.** (*festividad judía*) Passah(fest) *nt*

pentedecágono[1] [pen̪teðe'kaɣono] *m* (MAT) Fünfzehneck *nt*

pentedecágono, **-a**[2] [pen̪teðe'kaɣono, -a] *adj* (MAT) fünfzehneckig

Pentium® ['pen̪tjun] *m* (INFOR) Pentiumprozessor *m*, Pentium® *m*

penúltima [pe'nul̪tima] *f* (LING) vorletzte Silbe *f*

penúltimo, **-a** [pe'nul̪timo, -a] **I.** *adj* vorletzte(r, s) **II.** *m, f* Vorletzte(r) *mf*

penumbra [pe'numbra] *f* **1.** (*poca luz*) Halbdunkel *nt*, Dämmerlicht *nt* **2.** (ASTR) Halbschatten *m*

penumbroso, **-a** [penum'broso, -a] *adj* halbdunkel

penuria [pe'nurja] *f* **1.** (*escasez*) Mangel *m*, Knappheit *f*; (*referido al dinero*) Geldmangel *m*, Geldnot *f*; **~ económica** wirtschaftlicher Engpass; **pasar muchas ~s** viel durchmachen, eine schwere Zeit durchmachen müssen **2.** (*pobreza*) Bedürftigkeit *f*, Armut *f*

peña ['peɲa] *f* **1.** (GEO: *roca*) Fels(en) *m* **2.** (*cerro*) felsiger Steilhang *m*; (*risco*) Klippe *f*, Felsküste *f* **3.** (*de literatura*) Literaturzirkel *m*; (DEP) (Sport)verein *m*, Sportklub *m*; (*de aficionados*) Fanklub *m*; (*tertulia*) Stammtisch *m*; (*de jóvenes*) Clique *f*; **~ motorisca** Motorradclub *m*

peñascal [peɲas'kal] *m* felsiges Gelände *nt*, felsiger Hügel *m*

peñascazo [peɲas'kaθo] *m* (*Chil, Nic*) *v.* **pedrada**

peñasco [pe'ɲasko] *m* **1.** (*peña grande*) großer Felsen *m*, Felsblock *m* **2.** (*pico*) Felsenspitze *f* **3.** (ANAT) Felsenbein *nt*

peñascoso, **-a** [peɲas'koso, -a] *adj* felsig

péñola ['peɲola] *f* Schreibfeder *f*, Federkiel *m* (*zum Schreiben*)

peñón [pe'ɲon] *m* **1.** (*peñasco grande*) großer Felsen *m*, großer Felsblock *m*, Felswand *f*; **el P~** Gibraltar *nt* **2.** (*monte*) Felsengebirge *nt*

peón [pe'on] *m* **1.** (*sin oficio determinado*) Hilfsarbeiter *m*, ungelernte Arbeitskraft *f*, Handlanger *m*; (AGR: *jornalero*) Tagelöhner *m*, Landarbeiter *m* **2.** (*Méx: aprendiz*) Lehrling *m* **3.** (*en juegos*) Stein *m*; **~ de ajedrez** Bauer *m*; **~ de damas** Stein *m* (*des Damespiels*) **4.** (*peatón*) Fußgänger *m* **5.** (MIL: *infante*) Infanterist *m* **6.** (*peonza con púa*) Brummkreisel *m* **7.** (TAUR: *ayudante*) *Gehilfe des Stierkämpfers*

peonada [peo'naða] *f* (AGR) **1.** (*jornal*) Tagewerk *nt*, Tagesarbeit *f*; (*paga*) Tagelohn *m*, Arbeitslohn *m* **2.** (*colectivo*) Arbeiterschaft *f* **3.** (*medida*) *altes Feldmaß* (*ca. 39 Ar*)

peonaje [peo'naxe] *m* **1.** (MIL) Infanterie *f* **2.** (*colectivo*) Arbeiterschaft *f*

peonía [peo'nia] *f* **1.** (BOT) Pfingstrose *f*, Päonie *f* **2.** (*jornal*) Tagewerk *nt*

peonza [pe'on̪θa] *f* **1.** (*peón sin púa*) Kreisel *m*; **jugar a la ~** kreiseln **2.** (*persona*) *kleine quirlige Person* **3.** (*argot: andando*): **ir a ~** per pedes unterwegs sein

peor [pe'or] **I.** *compar de* **malo II.** *adv o adj* schlechter, schlimmer; **en matemáticas soy ~ que tú** in Mathematik bin ich schlechter als du; **el ~ de la clase** der Schlechteste in der Klasse; **el pequeño es el ~ de los dos** der Kleine ist der Schlimmere von beiden; **y verás, será ~ aún** und du wirst sehen, es kommt noch schlimmer [*o* ärger]; **el ~ día, verás como te hablará** wenn du es am wenigsten erwartest [*o* eh du dich versiehst], wird er/sie dich ansprechen; **en el ~ de los casos** schlimmstenfalls; **es lo ~ que me podía pasar** das ist das Schlimmste, was mir passieren konnte; **pero lo ~ de todo fue...** aber das Allerschlimmste war ...; **~ que ~** schlimmer als schlimm, schlechter als schlecht; **va de mal en ~** es wird immer schlimmer mit ihm/mit ihr; **~ es nada** besser als gar nichts

pepa ['pepa] *f* **1.** (*Am:* BOT: *pepita*) Kern *m*; (*Méx: semilla*) Kürbissamen *m* **2.** (*And: men-*

P

tira) Lügengeschichte *f*, Flunkerei *f*

Pepa ['pepa] *f* (*fam*) *Kurzform von Josefa;* **¡viva la ~!** (*indiferencia*) mir ist das piepegal; (*regocijo*) (ein dreifaches) Hurra!

Pepe ['pepe] *m* (*fam*) *Kurzform von José;* **ponerse como un ~** (*argot*) es sich *dat* supergut gehen lassen; **puntual como un ~** (*argot*) überpünktlich; **ver menos que ~ Leches** (*argot*) blind wie ein Maulwurf sein

pepena [pe'pena] *f* **1.** (*Col: abanico*) Strohfächer *m* **2.** (*Méx: lo recogido*) Ausbeute *f*; (*vísceras*) Innereien *pl*

pepenado, **-a** [pepe'naðo, -a] *m, f* (*Guat, Méx*) **1.** (*hijo adoptivo*) Adoptivkind *nt* **2.** (*expósito*) ausgesetztes Kind *nt*

pepenador(a) [pepena'ðor(a)] *m(f)* (*AmC, Méx: fam*) *Person, die vom Müll lebt*

pepenar [pepe'nar] *vt* **1.** (*AmC, Méx: fam: recoger del suelo*) auflesen; (*revolver*) durchwühlen **2.** (*Méx: adoptar*) adoptieren **3.** (*Méx: golpear*) verprügeln; (*hurtar*) stehlen

pepenche [pe'pentʃe] *m* (*Méx*) **1.** (*agregado*) Hausgast *m* **2.** (*mantenido*) Schmarotzer *m*

pepermín [peper'min] *m sin pl* (*Am*) Pfefferminz

pepinar [pepi'nar] *m* Gurkenfeld *nt*

pepinillo [pepi'niʎo] *m* saure Gurke *f*, Essiggurke *f*

pepino [pe'pino] *m* (BOT) **1.** (*para ensaladas*) Gurke *f*; **eso me importa un ~** (*argot*) das ist mir total schnuppe [*o* egal] **2.** (*melón*) unreife Honigmelone *f*

pepita [pe'pita] *f* **1.** (BOT) Kern *m* **2.** (*de gallinas*) Pips *m* (*krankhafter Belag auf der Zunge*); **no tener ~s en la lengua** ohne Umschweife reden, geradeheraus sein

pepito [pe'pito] *m* (GASTR) Schnitzelbrötchen *nt*

pepitoria [pepi'torja] *f* **1.** (GASTR): **pollo/gallina en ~** *Hähnchen/Huhn in Eigelbsoße* **2.** (*mezcla*) Mischmasch *m*, Allerlei *nt*

pepona [pe'pona] *f* **1.** (*muñeca*) *Puppe aus Pappe* **2.** (*decoración*) *große Dekorationspuppe in ausladendem Kleid, die auf das Bett gesetzt wird* **3.** (*pey: mujer robusta y fuerte*) Mannweib *nt*; (*muy pintorrojeada*) Tuschkasten *m fig*

peppermint [peper'min] *m* Pfefferminzlikör *m*

pepsina [peβ'sina] *f* (BIOL, MED) Pepsin *nt*

péptico, **-a** ['peptiko, -a] *adj* peptisch, verdauungsfördernd

peque ['peke] *mf* (*fam*) Kind *nt*; **los ~s** die lieben Kleinen

pequén [pe'ken] *m* (*Chil*) **1.** (*lechuza*) *kleine, tagaktive Eule;* **ser como el ~** (*tímido*) schüchtern sein; (*cobarde*) feige sein; **hacer ~ a alguien** jdn hereinlegen **2.** (*empanada*) Teigtasche *f*

pequeña [pe'keɲa] *adj o f v.* **pequeño**

pequeñajo, **-a** [peke'ɲaxo, -a] **I.** *adj* (*fam*) (ziemlich) klein, winzig **II.** *m, f* (*fam*) Kleine(r) *mf*, Knirps *m*

pequeñez [peke'ɲeθ] *f* **1.** (*tamaño*) Kleinheit *f*, kleiner Wuchs *m* **2.** (*minucia*) Kleinigkeit *f*, Bagatelle *f*

pequeño, **-a** [pe'keɲo, -a] <menor *fam:* más pequeño, mínimo *fam:* pequeñísimo> **I.** *adj* **1.** (*tamaño*) klein; **~ comercio** Kleinhandel *m*; **~ editor** Kleinverlag *m*; **pequeña empresa** Kleinbetrieb *m*; **la pequeña y media empresa** (ECON) der Mittelstand; **~ empresario** (ECON) Kleinunternehmer *m*; **en ~** in Miniatur; **es la misma casa, sólo que en pequeña** das ist das gleiche Haus, nur kleiner; **el ~ mal espanta, el grande amansa** (*prov*) ≈kleines Unglück schreckt, großes macht gelassen **2.** (*insignificante*) klein, geringfügig **3.** (*cifra*) klein, niedrig **4.** (*niño*) klein; **ya desde ~ solía venir a este sitio** schon als ich klein war [*o* in meiner Kindheit], kam ich hierher **5.** (*cuento, falda*) kurz, klein **II.** *m, f* Kleine(r) *mf*, Kind *nt*

pequeñoburgués, **-esa** [pekeɲoβur'ɣes, -esa] **I.** *adj* kleinbürgerlich, spießig **II.** *m, f* Kleinbürger(in) *m(f)*, Spießer(in) *m(f)*

pequinés[1] [peki'nes] *m* (*perro*) Pekinese *m*

pequinés, **-esa**[2] [peki'nes, -esa] **I.** *adj* Pekinger **II.** *m, f* Einwohner(in) *m(f)* Pekings

PER [per] *m abr de* **Plan de Empleo Rural** landwirtschaftliche Arbeitsbeschaffungsmaßnahme *f*

pera ['pera] **I.** *adj* schick, elegant; **restaurante ~** Nobelrestaurant *nt*; **niño ~** *Kind aus einer besseren Familie* **II.** *f* **1.** (*fruto*) Birne *f*; **esperar a ver de qué lado caen las ~s** sich abwartend verhalten; **pedir ~s al olmo** das Unmögliche verlangen; **eso es la ~** das ist der Gipfel; **partir ~s con alguien** sich mit jdm sehr gut verstehen, mit jdm Pferde stehlen können; **poner a alguien las ~s a cuarto** jdn (scharf) zurechtweisen, jdn rügen [*o* tadeln] **2.** (*barba*) Ziegenbart *m*, Spitzbart *m* **3.** (*bombilla*) Glühbirne *f* **4.** (TÉC): **~ de goma** Handblasebalg *m*; (AUTO: *bocina antigua*) Hupe *f* **5.** (*vulg: pene*) Schwanz *m fam*, Pimmel *m fam*; **hacerse la** [*o* **una**] **~** sich *dat* einen runterholen; **tocarse la ~** Däumchen drehen *fam* **6.** (*argot: que compra cosas robadas*) Hehler *m*

peral [pe'ral] *m* Birnenbaum *m*

peraleda [pera'leða] *f* Birnbaumplantage *f*

peraltado, **-a** [peral̩'taðo, -a] *adj* (ARQUIT) überhöht; **arco ~** gestelzter [*o* überhöhter] Bogen

peraltar [peral̩'tar] *vt* **1.** (ARQUIT: *arco, bóveda*) stelzen **2.** (TÉC: *carreteras, vías*) überhöhen

peralte [pe'ral̩te] *m* (TÉC) Überhöhung *f*

peralto [pe'ral̩to] *m* (MAT) Tiefe *f*

perborato [perβo'rato] *m* (QUÍM) Perborat *nt*

perca ['perka] *f* (ZOOL) Barsch *m*

percal [per'kal] *m* **1.** (*tejido*) Perkal *m*; **conozco ese ~** ich weiß Bescheid, ich bin unterrichtet **2.** (*argot: dinero*) Zaster *m*, Knete *f*

percalina [perka'lina] *f* (*tejido*) Perkalin *nt*

percance [per'kaṇθe] *m* **1.** (*contratiempo*) Zwischenfall *m,* widriger Umstand *m;* (*por culpa propia*) Missgeschick *nt;* (*de plan, proyecto*) (Rück)schlag *m;* **tener** [*o* **sufrir**] **un ~** einen Rückschlag erleiden **2.** (FIN) *Einnahmen zusätzlich zum Lohn bzw. Gehalt*

per cápita [per 'kapita] *adv* pro Kopf; **consumo ~** Pro-Kopf-Verbrauch *m;* **renta media ~** durchschnittliches Pro-Kopf-Einkommen

percatación [perkata'θjon] *f* Bewusstwerdung *f*

percatarse [perka'tarse] *vr* (*darse cuenta*) sich *dat* bewusst werden (*de* über +*akk*), sich *dat* bewusst machen (*de* +*akk*); (*comprender*) sich *dat* klar machen (*de* +*akk*), verstehen (*de* +*akk*)

percebe [per'θeβe] *m* **1.** (ZOOL: *crustáceo*) *essbare Entenmuschel* **2.** (*fam: tonto*) Dummkopf *m,* Einfaltspinsel *m*

percepción [perθeβ'θjon] *f* **1.** (*acción*) Wahrnehmung *f;* **~ extrasensoria** übersinnliche Wahrnehmung **2.** (*idea*) Gedanke *m,* Begriff *m;* (*impresión*) Eindruck *m;* **yo no tengo la ~ de que no funcione** ich habe nicht den Eindruck, dass es nicht funktioniert **3.** (ECON: *de impuestos*) Erhebung *f,* Einnahme *f;* **~ de un salario** Bezug eines Lohnes [*o* Gehaltes] **4.** (FILOS, PSICO, MED) Perzeption *f*

perceptibilidad [perθeptiβili'ðaᵈ] *f* **1.** (*cualidad*) Wahrnehmbarkeit *f,* Fassbarkeit *f* **2.** (*capacidad*) Wahrnehmungsfähigkeit *f*

perceptible [perθep'tiβle] *adj* **1.** (*que puede comprenderse*) wahrnehmbar, fassbar; (FILOS, PSICO) perzeptibel **2.** (ECON, FIN) einziehbar

perceptivo, -a [perθep'tiβo, -a] *adj* perzeptiv, perzeptorisch, Wahrnehmungs-

perceptor(a) [perθep'tor(a)] *m(f)* Bezieher(in) *m(f),* Empfänger(in) *m(f);* **~ de la prestación por desempleo** Empfänger von Arbeitslosengeld

percha ['pertʃa] *f* **1.** (*en el armario*) Kleiderbügel *m;* **vestido de ~** Kleid von der Stange, Konfektionskleid *nt* **2.** (*para abrigos, sombreros*) Garderobenständer *m;* (*en la tienda*) Kleiderständer *m,* Stange *f* **3.** (*And: ostentación*) Auffälligkeit *f;* (*ropa*) gut aussehende Kleidung *f;* **tener ~** gut aussehen **4.** (*AmC: chaqueta*) Sakko *nt;* (*traje*) Anzug *m* **5.** (*CSur: montón*) Haufen *m* **6.** (*Méx: grupo*) Clique *f,* Gang *f* **7.** (*argot: tipo*) Körperbau *m;* (*de mujer*) Figur *f*

perchero [per'tʃero] *m* Garderobe *f;* **~ de pared** Garderobenhaken *m;* **~ de pie** Garderobenständer *m*

percherón, -ona [pertʃe'ron, -ona] *m, f* kräftiger Hengst *m,* kräftige Stute *f;* **~ de tracción** Zugpferd *nt*

percibir [perθi'βir] *vt* **1.** (*notar*) wahrnehmen **2.** (*darse cuenta*) (be)merken, sehen; **se puede ~ que...** man sieht, dass ..., es lässt sich beobachten, dass ... **3.** (*comprender*) sich *dat* bewusst werden (über +*akk*), sich *dat* bewusst machen, verstehen **4.** (*cobrar*) empfangen, erhalten, beziehen; **~ una pensión** eine Rente beziehen; **~ un salario** ein Gehalt [*o* einen Lohn] beziehen

perclorato [perklo'rato] *m* (QUÍM) Perchlorat *nt*

percocho [per'kotʃo] *m* (*Hond*) schmutziger (Anzug)stoff *m*

percudir [perku'ðir] *vt* **1.** (*desgastar*) abnutzen, verschleißen; (*espejo*) blind werden lassen, anlaufen lassen; (*tez*) strapazieren **2.** (*mancharse*) verschmutzen, verdrecken

percusión [perku'sjon] *f* **1.** (*golpeo*) Erschütterung *f* **2.** (TÉC) Schlag *m,* Stoß *m;* **barra de ~** Brecheisen *nt;* **perforadora de ~** Schlagbohrmaschine *f* **3.** (MED: *al examinar*) Perkussion *f,* Abklopfen *nt* **4.** (MÚS) Percussion *f;* **instrumento de ~** Schlaginstrument *nt;* (*bongos, congas*) Perkussionsinstrument *nt;* (*batería*) Schlagzeug *nt*

percusionista [perkusjo'nista] *mf* (*de bongos, congas*) Perkussionist(in) *m(f);* (*de batería*) Schlagzeuger(in) *m(f)*

percusor¹ [perku'sor] *m* Schlagbolzen *m,* (Schlag)hammer *m*

percusor(a)² [perku'sor(a)] *adj* (TÉC) Schlag-; **barrena ~a** Schlagbohrer *m;* **taladradora ~a** Schlagbohrmaschine *f*

percutáneo, -a [perku'taneo, -a] *adj* durch die Haut wirkend, perkutan

percutir [perku'tir] *vt* **1.** (TÉC) schlagen, stoßen **2.** (MED: *examinar*) perkutieren, abklopfen

percutor [perku'tor] *m v.* **percusor¹**

perdedor(a) [per'ðeðor(a)] **I.** *adj* Verlierer-; **equipo ~** Verlierermannschaft *f* **II.** *m(f)* Verlierer(in) *m(f)*

perder [per'ðer] <e→ie> **I.** *vt* **1.** (*ser privado*) verlieren; **~ el control** die Kontrolle verlieren; **~ la cuenta** sich verrechnen [*o* verzählen]; **ayúdame a buscar mis gafas, que las he perdido** hilf mir suchen, ich habe die Brille verlegt; **bien perdido, conocido** (*prov*) ≈erst wenn das Gut verloren ist, lernt man es schätzen **2.** (*malgastar*) verlieren, vergeuden; **no debemos ~ tiempo** wir dürfen keine Zeit verlieren [*o* verschwenden]; **perdió toda su juventud con ese hombre** sie vergeudete ihre ganze Jugend mit diesem Mann **3.** (*no aprovechar*) verlieren; **si llego tarde al espectáculo pierdo la entrada** wenn ich zu spät zur Veranstaltung komme, wird meine Eintrittskarte ungültig **4.** (*dinero*) verlieren; **con este cambio he perdido dinero** durch diesen Kurswechsel habe ich Geld verloren **5.** (*peso*) abnehmen, verlieren; (*costumbre*) sich *dat* abgewöhnen, ablegen; **he perdido la costumbre de andar siempre con miramientos** ich habe die Gewohnheit abgelegt [*o* ich habe es mir abgewöhnt], ständig Rücksicht zu nehmen **6.** (*oportunidad, tren*) verpassen, versäumen; (*esperanza, optimismo*) aufgeben, verlieren; **el motor pierde aceite** der

P

Motor verliert Öl; **no tengo nada que** ~ ich habe nichts zu verlieren; ~ **terreno** zurückfallen, den Anschluss verlieren **7.** (JUR: *proceso*) verlieren **8.** (*ocasionar daños*) zerstören, ruinieren; **la sequía perdió sus campos** die Trockenheit war der Untergang für seine/ihre Felder; **el fuego perdió todo el edificio** das Feuer legte das ganze Gebäude in Schutt und Asche; **esa equivocación nos perdió** dieser Fehler wurde uns zum Verhängnis; **el juego le ~á** das Spiel wird ihn noch ins Unglück stürzen; **el régimen lo llevo muy bien, lo que me pierde es ver comer a los demás** die Diät halte ich sehr gut ein, ich werde nur schwach, wenn ich andere essen sehe; **perdido es quien tras perdido anda** (*prov*) verloren ist der, der Verlorenem hinterherrennt **9.** (ENS: *suspender*) durchfallen; ~ **el curso** das Schuljahr wiederholen müssen **II.** *vi* **1.** (*empeorar una situación*) benachteiligt werden, den Kürzeren ziehen, verlieren; **vas a salir perdiendo** du wirst am Ende den Kürzeren ziehen **2.** (*fama, crédito, estimación, salud, belleza*) einbüßen (*en* +*akk*), verlieren (*en* an +*dat*); **por su profesión ha perdido mucho en salud** durch seinen/ihren Beruf hat er/sie seine/ihre Gesundheit vernachlässigt **3.** (*desteñir*) (ab)färben; **este vestido no pierde ni lavándolo a 60 grados** dieses Kleid färbt nicht einmal bei 60° ab **4.** (DEP: *en los juegos*) verlieren ((*por*) mit +*dat*), unterliegen ((*por*) mit +*dat*); **Portugal perdió por 1 a 2 frente a Italia** Portugal verlor [*o* unterlag mit] 1 zu 2 gegen Italien; **hay que saber** ~ man muss auch verlieren können; **tener buen** ~ ein guter Verlierer sein; **tener todas las de** ~ keine guten Karten haben, keine Chancen haben; **lo echó todo a** ~ er/sie ruinierte [*o* verlor] alles; **la comida se quemó y todo se echó a** ~ das Essen verbrannte, und es war nichts mehr zu retten; **cómete esos plátanos que sino se echan a** ~ iss diese Bananen, sonst werden sie schlecht [*o* sonst verderben sie] **III.** *vr:* ~**se 1.** (*extraviarse*) abhanden kommen, verloren gehen; **se me ha perdido el monedero** mir ist der Geldbeutel abhanden gekommen; **¿qué se le habrá perdido por allí?** (*fig*) was hat er/sie dort bloß verloren? **2.** (*por el camino*) sich verlaufen [*o* verirren] (*en/por* in +*dat*); **nos hemos perdido** wir haben uns verlaufen **3.** (*bailando*) aus dem Takt kommen; (*leyendo*) in den Zeilen verrutschen; ~**se en palabrerías complicadas** (*hablando*) sich in wilden Verstrickungen verlieren **4.** (*desaparecer*) verschwinden; **los cohetes se perdieron en el cielo oscuro** das Feuerwerk verschwand am dunklen Himmel; **¡piérdete!** (*fam*) hau ab!, verschwinde! **5.** (*arruinarse*) sich ruinieren, sich zugrunde [*o* zu Grunde] richten **6.** (*desperdiciarse*) verschwendet werden, verloren gehen; **se pierde mucha agua por falta de conciencia ecológica** aus mangelndem Umweltbewusstsein wird viel Wasser verschwendet **7.** (*ocasión*) verpassen, versäumen; **si no te vienes, tú te lo pierdes** wenn du nicht mitkommst, bist du selbst schuld [*o* hast du Pech gehabt]; **¡no te lo pierdas!** verpass [*o* versäum] es ja nicht! **8.** (*extingirse*) aussterben; **esta raza se está perdiendo** diese Art stirbt langsam aus; **poco a poco la minifalda se va perdiendo** der Minirock wird immer weniger getragen **9.** (*exceso*) (ganz) verrückt sein (*por* nach +*dat*), ganz wild sein (*por* auf +*akk*)

perdición [perði'θjon] *f* **1.** (*acción*) Verlieren *nt* **2.** (*daño*) Verlust *m* **3.** (*con matiz moral*) Verderben *nt*, Ruin *m*, Untergang *m*; **esta es mi** ~ das ist mein Ruin **4.** (REL: *condenación eterna*) ewige Verdammnis *f*

perdida [per'ðiða] *adj o f v.* **perdido**

pérdida ['perðiða] *f* **1.** (*acción*) Verlorengehen *nt*, Verlust *m*; ~ **de cabellos** Haarausfall *m*; ~ **de conciencia** Bewusstlosigkeit *f*; ~ **de energía** Energieverlust *m*; ~ **por fricción** Reibungsverlust *m*; **esto es una** ~ **de tiempo** das ist Zeitvergeudung; **es fácil de encontrar, no tiene** ~ es ist leicht zu finden, man kann es gar nicht verfehlen **2.** (*de una persona*) (menschlicher) Verlust *m*; **la** ~ **de su hermano le afectó mucho** der Verlust seines/ihres Bruders traf ihn/sie schwer **3.** (*pl*) (*daños materiales*) materielle Verluste *mpl*, Schäden *mpl*; (*daño financiero*) finanzieller Verlust *m*, finanzielle Einbuße *f*; **el edificio ha sufrido ~s enormes después del incendio** das Gebäude hat nach dem Brand erhebliche Schäden erlitten; **al final la casa se vendió con** ~ schließlich wurde das Haus mit Verlust verkauft; **los mercados han experimentado hoy ~s moderadas** die Märkte haben heute leichte Verluste verzeichnet; **la empresa ha tenido ~s en el último año** der Betrieb hat im letzten Jahr Verluste gemacht **4.** (*de fluidos*) Verlust *m*; **el coche tiene una leve** ~ **de aceite** der Öltank des Autos leckt leicht

perdidamente [perðiða'mente] *adv* **1.** (*inútilmente*) vergebens, umsonst; **invertiste** ~ **tus energías** du hast dich umsonst [*o* vergebens] eingesetzt **2.** (*con exceso*): **estar** ~ **enamorado** bis über beide Ohren verliebt sein

perdidizo, -a [perði'ðiθo, -a] *adj* unauffindbar; **hacer algo** ~ (*fam*) etw versteckt halten; **hacerse el** ~ sich davonstehlen

perdido, -a [per'ðiðo, -a] **I.** *adj* **1.** (*que no se encuentra*) verloren; **dar a alguien por** ~ jdn für vermisst erklären; **dar algo por** ~ die Suche nach etw *dat* aufgeben; (*fig*) etw für verloren geben; **estar** ~ verloren sein, in einer ausweglosen Lage sein **2.** (*vicioso, excesivo*) unverbesserlich, hoffnungslos; **es un borracho** ~ er ist ein hoffnungsloser Trinker **3.** (*sin salida*) hoffnungslos, ausweglos, aussichtslos; **es un caso** ~ das ist ein aussichtsloser Fall; **estás loco** ~ (*fam*) du bist vollkommen verrückt **4.** (*fam: manchar*): **poner algo** ~ etw einsauen, etw ganz dreckig machen; **ponerse ~ de pintura** sich mit Farbe voll schmieren [*o* dreckig machen] **II.** *m, f* **1.** (*fam: vago*) Taugenichts *m;* (*pobre*) armer Hund *m* **2.** (*libertino*) Libertin *m,* Windhund *m,* Bruder Leichtfuß *m;* (*prostituta*) Prostituierte *f* **3.** (*fam*): **hacerse el** ~ sich rar machen, verduften

perdigar [perði'ɣar] <g→gu> *vt* (GASTR) kurz anbraten

perdigón[1] [perði'ɣon] *m* **1.** (*proyectil de plomo*) Schrotkorn *nt* **2.** (*perdiz macho*) Feldhuhnmännchen *nt,* Rebhuhnmännchen *nt* (als Lockvogel) **3.** (*pollo de perdiz*) Feldhuhnküken *nt,* Rebhuhnküken *nt* **4.** (*derrochador*) Verschwender *m* **5.** *pl* (*munición*) Schrot *m o nt*

perdigón, -ona[2] [perði'ɣon, -ona] *m, f* (*fam*) Verlierer(in) *m(f)*

perdigonada [perðiɣo'naða] *f* **1.** (*tiro*) Schrotschuss *m* **2.** (*herida*) Schrotschusswunde *f*

perdiguero, -a [perði'ɣero, -a] **I.** *adj* (*relativo a la perdiz*) Feldhuhn-, Rebhuhn-; **perro** ~ Jagdhund für die Rebhuhnjagd **II.** *m, f* **1.** (*perro*) Jagdhund *m* für die Rebhuhnjagd **2.** (*que revende la caza*) Rebhuhnverkäufer(in) *m(f)*

perdiz [per'ðiθ] *f* Feldhuhn *nt,* Rebhuhn *nt;* ~ **pardilla** Rebhuhn *nt;* **ni todos los días ~, ni todos los días Beatriz** nur nicht übertreiben, nur nicht zu viel des Guten; **... y fueron felices y comieron perdices** ... und wenn sie nicht gestorben sind, dann leben sie noch heute

perdón [per'ðon] *m* **1.** (*absolución*) Verzeihung *f;* **el ~ de los pecados** (REL) die Vergebung der Sünden **2.** (*indulto*) Begnadigung *f,* Straferlass *m;* (*gracia*) Gnade *f* **3.** (*disculpa*): **¡~!** Entschuldigung!, Verzeihung!; **¿~?** (wie) bitte?, Verzeihung?; **¡con ~!** Verzeihung, darf ich?; **no cabe** ~ es ist unentschuldbar; **pedir ~ a alguien** jdn um Verzeihung [*o* Entschuldigung] bitten; **y os tengo que decir, con ~ de la mesa, que esto es una porquería** und ich muss euch sagen, bitte verzeiht mir den Ausdruck bei Tisch, dass das hier eine Schweinerei ist

perdonable [perðo'naβle] *adj* verzeihlich, entschuldbar

perdonador(a) [perðona'ðor(a)] *m(f)* Verzeihende(r) *mf*

perdonar [perðo'nar] *vt* **1.** (*pecado, culpa*) verzeihen, vergeben; (*pena, deuda*) erlassen; **no te perdono** ich verzeihe [*o* vergebe] dir nicht; **perdona que te interrumpa** entschuldige, dass ich dich unterbreche; **perdona, ¿puedo pasar?** Entschuldigung [*o* Verzeihung], darf ich durch?; **perdona pero estás equivocado** es tut mir leid, aber ich glaube, du irrst dich **2.** (*obligación*) befreien (von +*dat*); **te perdono tus obligaciones** ich erlasse dir deine Verpflichtungen; **te perdono las 1.000 pesetas** ich schenke dir die 1.000 Peseten; **les he perdonado la tarde a mis empleados** ich habe meinen Angestellten den Nachmittag freigegeben **3.** (*loc*): **no perdono ningún esfuerzo** ich scheue keine Mühe; **no perdono ningún medio** ich lasse kein Mittel unversucht; **la guerra no perdona a nadie** der Krieg verschont niemanden

perdonavidas [perðona'βiðas] *mf inv* Maulheld(in) *m(f),* Großmaul *nt*

perdulario, -a [perðu'larjo, -a] **I.** *adj* **1.** (*descuidado*) schlampig **2.** (*vicioso*) lasterhaft **II.** *m, f* Taugenichts *m*

perdurabilidad [perðuraβili'ða[ð]] *f* **1.** (*durabilidad*) Dauerhaftigkeit *f* **2.** (*eternidad*) Ewigkeit *f*

perdurable [perðu'raβle] *adj* **1.** (*duradero*) dauerhaft **2.** (*eterno*) ewig; **la vida** ~ das ewige Leben; **las ~s obras de reparación del puente** die unendlich langen Reparaturarbeiten an der Brücke

perdurar [perðu'rar] *vi* **1.** (*durar todavía*) andauern, anhalten; **perduran las precipitaciones** die Niederschläge halten an **2.** (*durar indefinidamente*) Bestand haben; **su recuerdo ~á para siempre entre nosotros** er/sie wird uns noch lange in Erinnerung bleiben

perecedero, -a [pereθe'ðero, -a] *adj* **1.** (*pasajero*) vergänglich **2.** (*alimento*) leicht verderblich

perecederos [pereθe'ðeros] *mpl* leicht verderbliche Waren *fpl*

perecer [pere'θer] *irr como crecer* **I.** *vi* **1.** (*morir*) sterben; (*en accidente, guerra*) umkommen, ums Leben kommen; ~ **de sed** verdursten **2.** (*espiritualmente*) moralisch verkommen **3.** (*daño, sufrimiento*) leiden **II.** *vr:* **~se** sich sehnen (*por* nach +*dat*); **~se por hacer un viaje** sich danach sehnen, zu verreisen

peregrina [pere'ɣrina] *adj o f v.* **peregrino**

peregrinación [pereɣrina'θjon] *f* **1.** (*a un santuario*) Wallfahrt *f,* Pilgerfahrt *f;* **ir en** ~ wallfahren, pilgern **2.** (*viaje: a pie*) Wanderung *f* ins Ausland; (*con vehículo*) Auslandsreise *f;* **la ~ de turistas alemanes a España** der Strom deutscher Touristen, die es nach Spanien zieht

peregrinaje [pereɣri'naxe] *m v.* **peregrinación**

peregrinamente [pereɣrina'mente] *adv* **1.** (*de modo raro*) seltsam **2.** (*con primor*) sorgfältig

peregrinar [pereɣri'nar] *vi* **1.** (*a un santuario*) wallfahren, pilgern **2.** (*viajar: a pie*) (herum)wandern; (*con vehículo*) (herum)reisen; **para matricularme tuve que ~ por ciento de oficinas** für meine Immatrikultion musste ich einen Marsch durch hunderte [*o* Hunderte] von Büros auf mich nehmen

peregrino, -a [pere'ɣrino, -a] **I.** *adj* **1.** (*extraño*) fremd **2.** (*insensato, disparatado*) unsinnig; **una idea peregrina** eine komische [*o* eigenartige] Idee; **una historia peregrina** eine seltsame Geschichte **3.** (*extraordinario*) außerordentlich **II.** *m, f* Wallfahrer(in) *m(f)*, Pilger(in) *m(f)*

perejil [pere'xil] *m* **1.** (BOT) Petersilie *f* **2.** *pl* (*adornos*) Flitter *m*

perejila [pere'xila] *f ein Kartenspiel*

perención [pere̪n̪'θjon] *f* (JUR) Verjährung *f*, Perem(p)tion *f*

perendengue [peren̪'deŋge] *m* **1.** (*pendiente*) Ohrring *m* **2.** (*adorno*) Flitter *m*

perengano, **-a** [pereŋ'gano, -a] *m, f* Herr Soundso *m*, Frau Soundso *f*; **fulano, mengano, zulano y** ~ Hinz und Kunz

perenne [pe'renne] *adj* **1.** (*perpetuo*) ewig, immerwährend; (*hoja, planta*) immergrün **2.** (*constante*) dauernd, ständig; **ser de** ~ **buen humor** immer gut gelaunt sein

perennidad [perenni'ðaᶞ] *f* **1.** (*perpetuidad*) Ewigkeit *f*, Unvergänglichkeit *f* **2.** (*constancia*) Beständigkeit *f*

perennifolio, **-a** [perenni'foljo, -a] *adj* (BOT) mit immergrünen Blättern

perennizar [perenni'θar] <z→c> *vt* verewigen, fortdauern lassen

perentoriedad [peren̪torje'ðaᶞ] *f* **1.** (*urgencia*) Dringlichkeit *f* **2.** (*de decisión*) Beständigkeit *f*

perentorio, **-a** [peren̪'torjo, -a] *adj* **1.** (*urgente*) dringlich **2.** (*pago*) fällig **3.** (*decisión, fallo*) endgültig, perem(p)torisch; **plazo** ~ Ausschlussfrist *f*

perestroika [peres'troi̯ka] *f sin pl* (POL) Perestroika *f*

pereza [pe'reθa] *f* **1.** (*gandulería*) Faulheit *f* **2.** (*de movimientos*) Trägheit *f*, Schwerfälligkeit *f*; **sacudir la** ~ die Trägheit abschütteln; **me dió** ~ **ir y me quedé en casa** ich hatte keine Lust zu gehen und blieb zu Hause

perezosa [pere'θosa] *f* (*Arg, Perú, Urug*) Liegestuhl *m*

perezoso, **-a** [pere'θoso, -a] *adj* **1.** (*gandul*) faul **2.** (*movimiento*) träge, schwerfällig **3.** (*loc*): **y ni corto ni** ~ **me soltó un sopapo** und ohne lange darüber nachzudenken, verpasste er/sie mir eine Ohrfeige

perfección [perfeʸ'θjon] *f* Vollkommenheit *f*, Perfektion *f*; **estilo de gran** ~ vollendeter Stil; **hacer algo a la** ~ etw perfekt tun

perfeccionador(a) [perfeʸθjona'ðor(a)] *adj* verbessernd

perfeccionamiento [perfeʸθjona'mjen̪to] *m* Vervollkommnung *f*; (*de técnica, sistema*) Perfektionierung *f elev*; (*profesional*) Fortbildung *f*

perfeccionar [perfeʸθjo'nar] *vt* vervollkommnen; (*de técnica, sistema*) perfektionieren

perfeccionismo [perfeʸθjo'nismo] *m sin pl* Perfektionismus *m*

perfeccionista [perfeʸθjo'nista] **I.** *adj* perfektionistisch **II.** *mf* Perfektionist(in) *m(f)*

perfectamente [perfekta'men̪te] *adv*: **sabes** ~ **que...** du weißt ganz genau, dass ...; **te entiendo** ~ ich verstehe dich voll und ganz; **es** ~ **comprensible** es ist völlig verständlich; **¡~!** in Ordnung!

perfectibilidad [perfektiβili'ðaᶞ] *f* Vervollkommnungsfähigkeit *f*, Perfektibilität *f elev*

perfectible [perfek'tiβle] *adj* vervollkommnungsfähig, perfektibel *elev*

perfectivo, **-a** [perfek'tiβo, -a] *adj* (LING) perfektiv

perfecto¹ [per'fekto] *m* (LING) Perfekt *nt*

perfecto, **-a²** [per'fekto, -a] *adj* **1.** (*obra, belleza, harmonía*) vollkommen, vollendet; (*plan, invitado, máquina*) perfekt; **nadie es** ~ nobody is perfect; **habla un alemán** ~ er/sie spricht perfekt Deutsch; **es un** ~ **caballero** er ist ein vollendeter Kavalier; **eres un** ~ **idiota** du bist ein Vollidiot; **el momento/el tiempo es** ~ **para...** der Augenblick/das Wetter ist ideal für ...; **¡~, eso era lo que esperaba!** toll [*o* perfekt], genau darauf habe ich gewartet! **2.** *estar* (*sin deterioro*) einwandfrei **3.** (LING): **pretérito** ~ Perfekt *nt*

perfidia [per'fiðja] *f* **1.** (*deslealtad*) Treulosigkeit *f* **2.** (*traición*) Verrat *m*

pérfido, **-a** ['perfiðo, -a] *adj* **1.** (*desleal*) treulos **2.** (*traidor*) verräterisch

perfil [per'fil] *m* **1.** (*de cara, t.* TÉC) Profil *nt*; **de** ~ im Profil; **dibujo de** ~ Profilzeichnung *f*; **foto de** ~ Profilaufnahme *f* **2.** (*contorno*) Umriss *m* **3.** (*de personalidad, doctrina*) Grundzug *m*; ~ **del consumidor** Verbraucherprofil *nt*; ~ **de ventas** Umsatzprofil *nt*; **el** ~ **del candidato** das Anforderungsprofil des Bewerbers; **este candidato se adapta al** ~ **que requiere la empresa** dieser Bewerber entspricht dem Anforderungsprofil des Betriebs

perfilado, **-a** [perfi'laðo, -a] *adj* **1.** (*cara*) markant **2.** (*persona*) profiliert, markant **3.** (*plan*) ausgefeilt **4.** (TÉC) Profil-

perfilador [perfila'ðor(a)] *m*: ~ **de cejas** Augenbrauenstift *m*; ~ **de labios** Lippenkonturenstift *m*; ~ **de ojos** Eyeliner *m*

perfilar [perfi'lar] **I.** *vt* **1.** (*retocar*) abrunden **2.** (*sacar perfil*) die Umrisse skizzieren +*gen*; (TÉC) profilieren **II.** *vr*: ~**se** **1.** (*ponerse de perfil*) sich im Profil zeigen **2.** (*distinguirse*) sich abzeichnen; **sus intenciones se van perfilando** seine/ihre Ziele treten allmählich in Erscheinung **3.** (*fam: aderezarse*) sich herausputzen

perfoliada [perfo'ljaða] *f*, **perfoliata** [perfo'ljata] *f* (BOT) Durchwachs *m*, Durchwachskraut *nt*

perforable [perfo'raβle] *adj* perforierbar

perforación [perfora'θjon] *f* **1.** (*con máquina*) (Durch)bohrung *nt* **2.** (*de oreja*) Durchstechen *nt*; (*de otras partes del cuerpo*) Piercing *nt*; (*de papel*) Lochung *f*; (*con muchos agujeros*) Durchlöcherung *f* **3.** (*de carrete, t.* MED) Perforation *f* **4.** (MIN) Abteufung *f* **5.** (INFOR) Lochung *f*

perforador(a) [perfora'ðor(a)] *adj* Bohr-; **ingeniero** ~ Bohringenieur *m;* **máquina ~a** Perforiermaschine *f,* Perforator *m*

perforadora [perfora'ðora] *f* **1.** (*taladradora*) Bohrer *m;* ~ **de cinta** (INFOR) Streifenlocher *m;* ~ **de fichas** [*o* **de tarjetas**] (INFOR) Kartenlocher *m;* ~ **de percusión** Bohrhammer *m* **2.** (*de oficina*) Locher *m*

perforar [perfo'rar] *vt* **1.** (*con máquina*) (durch)bohren **2.** (*oreja*) durchstechen; (*papel*) lochen; (*con muchos agujeros*) durchlöchern; (*para decorar, para arrancar*) perforieren **3.** (MED) perforieren **4.** (MIN) abteufen

performativo, -a [performa'tiβo, -a] *adj* (LING) performativ, performatorisch

perfumadero [perfuma'ðero] *m* **1.** (*perfumador*) Parfümzerstäuber *m* **2.** (*vaso para quemar perfumes*) Räuchergefäß *nt*

perfumado, -a [perfu'maðo, -a] *adj* parfümiert

perfumador¹ [perfuma'ðor] *m* Parfümzerstäuber *m*

perfumador(a)² [perfuma'ðor(a)] *m(f)* Parfümeur(in) *m(f)*

perfumar [perfu'mar] **I.** *vt* parfümieren; **las flores perfuman la habitación** der Blumenduft erfüllt das Zimmer **II.** *vi* duften

perfume [per'fume] *m* **1.** (*sustancia*) Parfüm *nt* **2.** (*olor*) Duft *m*

perfumear [perfume'ar] *vt* parfümieren

perfumería [perfume'ria] *f* **1.** (*fábrica, tienda*) Parfümerie *f* **2.** (*productos*) Parfümartikel *mpl*

perfumista [perfu'mista] *mf* **1.** (*fabricante*) Parfümeur(in) *m(f)* **2.** (*vendedor*) Parfümhändler(in) *m(f)*

perfusión [perfu'sjon] *f* (MED) Perfusion *f*

pergamino [perɣa'mino] *m* Pergament *nt;* **libro (con encuadernación) en** ~ Pergamentband *m;* **familia de ~s** Familie adliger Herkunft

pergenio [per'xenjo] *m* **1.** (*Chil: entrometido*) zudringlicher Mensch *m* **2.** (*Chil: fam: persona de mala traza*) Jammergestalt *f* **3.** (*pergeño*) Aussehen *nt,* Erscheinungsbild *nt*

pergeñar [perxe'ɲar] *vt* (*fam*) skizzieren

pergeño [per'xeɲo] *m* Aussehen *nt,* Erscheinungsbild *nt*

pérgola ['perɣola] *f* Pergola *f,* Laubengang *m*

periambo [pe'rjambo] *m* (LIT) Pariambus *m*

periartritis [perjar'tritis] *f inv* (MED) Periarthritis *f*

periastro [pe'rjastro] *m* (ASTR) Periastron *nt*

pericardio [peri'karðjo] *m* (ANAT) Herzbeutel *m,* Perikard *nt*

pericarditis [perikar'ðitis] *f inv* (MED) Herzbeutelentzündung *f,* Perikarditis *f*

pericarpio [peri'karpjo] *m* (BOT) Fruchtgehäuse *nt,* Perikarp *nt*

pericia [pe'riθja] *f* **1.** (*habilidad*) Geschicklichkeit *f,* Geschick *nt* **2.** (*práctica*) Erfahrung *f*

pericial [peri'θjal] *adj* sachkundig, sachverständig; **informe** ~ Sachverständigengutachten *nt*

periclitado, -a [perikli'taðo, -a] *adj* (*teoría*) überholt; (*sistema, método*) veraltet

periclitar [perikli'tar] *vi* **1.** (*peligrar*) in Gefahr sein **2.** (*teoría*) überholt sein; (*sistema, método*) veraltet sein

Perico [pe'riko] *m* ≈Peter; **llama a tu hermano, a tu primo o a ~ (el) de los palotes** ruf deinen Bruder, deinen Vetter oder sonst jemanden

perico [pe'riko] *m* **1.** (*loro*) Sittich *m* **2.** (*orinal*) Nachttopf *m* **3.** (*espárrago*) (großer) Spargel *m*

pericote [peri'kote] *m* (*Am*) *kleine nachtaktive Rattenart*

peridural [periðu'ral] *adj* (ANAT): **anestesia** ~ Periduralanästhesie *f*

periferia [peri'ferja] *f* Peripherie *f;* (*de ciudad*) Stadtrand *m,* Randgebiet *nt;* **la ~ de Madrid** das Umland von Madrid

periférico¹ [peri'feriko] *m* (INFOR) Peripheriegerät *nt*

periférico, -a² [peri'feriko, -a] *adj* peripher(isch); **barrio** ~ Stadtrandviertel *nt;* **dispositivo** ~ (INFOR) Peripheriegerät *nt;* **unidad de control** ~ (INFOR) Ein-Ausgabe-Steuerwerk *nt;* **unidad periférica** (INFOR) Peripheriegerät *nt*

perifollo [peri'foʎo] *m* **1.** (BOT) Kerbel *m* **2.** (*fam: adornos*) Flitter *m*

periforme [peri'forme] *adj* (*elev*) birnenförmig

perífrasis [pe'rifrasis] *f inv* Umschreibung *f;* (LING) Periphrase *f*

perifrástico, -a [peri'frastiko, -a] *adj* umschreibend; (LING) periphrastisch

perigallo [peri'ɣaʎo] *m* **1.** (*de la barbilla*) Doppelkinn *nt* **2.** (*fam: persona alta y delgada*) Bohnenstange *f*

perigeo [peri'xeo] *m* (ASTR) Erdnähe *f,* Perigäum *nt*

perihelio [peri'eljo] *m* (ASTR) Sonnennähe *f,* Perihel(ium) *nt*

perilla [pe'riʎa] *f* **1.** (*barba*) Kinnbart *m;* (*en punta*) Spitzbart *m* **2.** (*adorno*) birnenförmige Verzierung *f* **3.** (*del puro*) Zigarrenende *nt* **4.** (*loc*): ~ **de la oreja** Ohrläppchen *nt;* **esto viene de ~s** das kommt wie gerufen

perillán, -ana [peri'ʎan, -ana] *m, f* **1.** (*niño*) Frechdachs *m* **2.** (*adulto*) Schlitzohr *nt*

perillo [pe'riʎo] *m* (GASTR) *kleines, süßes Brötchen*

perimétrico, -a [peri'metriko, -a] *adj* Umfangs-; **medidas perimétricas** Umfangsmaße *ntpl*

perímetro [pe'rimetro] *m* Umfang *m;* **los ~s de Berlín** das Umland von Berlin

perinatal [perina'tal] *adj* (BIOL) perinatal; **medicina** ~ perinatale Medizin

periné [peri'ne] *m* (ANAT) *v.* **perineo**

perineal [perine'al] *adj* (ANAT) perineal,

P

Damm-; **desgarro** ~ Dammriss *m*

perineo [peri'neo] *m* (ANAT) Perineum *nt*, Damm *m*

perinola [peri'nola] *f* **1.** (*peonza*) Kreisel *m* **2.** (*fam: mujer*) Wirbelwind *m fig*

periodicidad [perjoðiθi'ða^ð] *f* Regelmäßigkeit *f*, Periodizität *f elev*

periódico[1] [pe'rjoðiko] *m* **1.** (*diario*) Zeitung *f* **2.** (*no diario*) Periodikum *nt*

periódico, **-a**[2] [pe'rjoðiko, -a] *adj* periodisch, regelmäßig; **sistema** ~ (QUÍM) Periodensystem *nt*

periodismo [perjo'ðismo] *m* **1.** (*profesión*) Journalismus *m* **2.** (*estudios*) Journalistik *f*

periodista [perjo'ðista] *mf* Journalist(in) *m(f)*

periodístico, **-a** [perjo'ðistiko, -a] *adj* **1.** (*de los periodistas*) journalistisch **2.** (*de los periódicos*) Zeitungs-; **reportaje** ~ Zeitungsbericht *m*

periodización [perjoðiθa'θjon] *f* Periodisierung *f*

periodizar [perjoði'θar] <z→c> *vt* periodisieren

periodo [pe'rjoðo] *m*, **período** [pe'rioðo] *m* **1.** (*tiempo*) Zeitraum *m*, Zeitabschnitt *m*, Periode *f elev*; ~ **de armotización** (FIN) Tilgungszeitraum *m*; ~ **de cotización** Dauer der Beitragszahlung; ~ **de despegue** Anlaufzeit *f*; ~ **medio de pago** durchschnittliche Zahlungsfrist; ~ **productivo** Lebensarbeitszeit *f*; ~ **de prueba** Probezeit *f* **2.** (*época*) Zeit *f*; ~ **glacial/de lluvias** Eis-/Regenzeit *f*; **el** ~ **álgido del impresionismo** die Blütezeit [*o* der Höhepunkt] des Impressionismus **3.** (*menstruación*, *t.* MAT, FÍS, GEO) Periode *f*

periodonto [perjo'ðon̩to] *m* (ANAT) Zahnwurzelhaut *f*, Periodontium *nt*

periostio [pe'rjostjo] *m* (ANAT) Knochenhaut *f*, Periost *nt*

peripatético, **-a** [peripa'tetiko, -a] **I.** *adj* (FILOS) peripatetisch **II.** *m*, *f* (FILOS) Peripatetiker(in) *m(f)*

peripecia [peri'peθja] *f* **1.** (*incidente*) Zwischenfall *m*; **me ocurrieron todo tipo de ~s en el viaje** auf meiner Reise ereigneten sich allerlei Zwischenfälle; **ha pasado por muchas ~s en esta vida** er/sie hat in seinem/ihrem Leben schon viele Auf und Abs durchlebt **2.** (TEAT) Peripetie *f*

periplo [pe'riplo] *m* **1.** (*en barco*) Umschiffung *f*; (*en barco de vela*) Umsegelung *f* **2.** (*viaje*) Rundreise *f*

peripuesto, **-a** [peri'pwesto, -a] *adj* (*fam*) geschniegelt

periquete [peri'kete] *m*: **esto lo hago yo en un** ~ das erledige ich im Handumdrehen; **estoy lista en un** ~ ich bin gleich fertig

periquillo [peri'kiʎo] *m* (GASTR) *eine Art Zuckerkonfekt*

periquito [peri'kito] *m* **1.** (ZOOL) Wellensittich *m* **2.** (DEP) Anhänger *m* des Fußballvereins R.C.D. Español

periscopio [peris'kopjo] *m* Periskop *nt*, Fernrohr *nt*

perisología [perisolo'xia] *f* (LING) Pleonasmus *m*

perista [pe'rista] *mf* Hehler(in) *m(f)*

peristáltico, **-a** [peris'tal̩tiko, -a] *adj* (MED) peristaltisch; **movimiento** ~ Peristaltik *f*

perístasis [pe'ristasis] *f inv* (LING) Inhalt *m* einer Rede

peristilo [peris'tilo] *m* Peristyl(ium) *nt*

perita [pe'rita] *adj o f v.* **perito**

peritación [perita'θjon] *f* Begutachtung *f*

peritaje [peri'taxe] *m* **1.** (*informe*) Gutachten *nt* **2.** (UNIV) Ingenieurstudium *nt*

peritar [peri'tar] *vt* begutachten

perito, **-a** [pe'rito, -a] **I.** *adj* sachkundig, sachverständig **II.** *m*, *f* **1.** (*experto*) Gutachter(in) *m(f)*, Sachverständige(r) *mf*; ~ **calígrafo** Schriftsachverständige(r) *m* **2.** (UNIV) Diplomingenieur(in) *m(f)*; ~ **agrónomo** Diplomlandwirt *m*; ~ **mercantil** Handelsschulabsolvent *m*; **Escuela de P~s** ≈Fachhochschule *f*

peritoneo [perito'neo] *m* (ANAT) Peritoneum *nt*, Bauchfell *nt*

peritonitis [perito'nitis] *f inv* (MED) Peritonitis *f*, Bauchfellentzündung *f*

perjudicado, **-a** [perxuði'kaðo, -a] *m*, *f* (JUR) Geschädigte(r) *m(f)*

perjudicador(a) [perxuðika'ðor(a)] **I.** *adj* beeinträchtigend, schädigend **II.** *m(f)* Schädiger(in) *m(f)*

perjudicar [perxuði'kar] <c→qu> **I.** *vt* **1.** (*salud, imagen*) schädigen; (*objeto*) beschädigen; (*naturaleza*) zerstören; **fumar perjudica la salud** Rauchen gefährdet die Gesundheit **2.** (*proceso, desarrollo*) beeinträchtigen; (*organización*) durcheinander bringen; **ese escándalo perjudica mi carrera** dieser Skandal schadet meiner Karriere **3.** (*ley, situación*) benachteiligen, Nachteile bringen +*dat* **II.** *vr*: **~se** sich *dat* (selbst) schaden, sich *dat* (selbst) Schaden zufügen

perjudicial [perxuði'θjal] *adj* **1.** (*que causa daño*) schädlich (*a/para* für +*akk*); **sustancia** ~ **para la salud** gesundheitsschädlicher Stoff **2.** (*desventajoso*) nachteilig (*a/para* für +*akk*)

perjuicio [per'xwiθjo] *m* **1.** (*daño*) Schaden *m* (*a* an +*dat*); (*de imagen*) Schädigung *f*; (*de objeto*) Beschädigung *f*; (*de naturaleza*) Zerstörung *f*; (*de libertad*) Beeinträchtigung *f*; (*de organización*) Durcheinanderbringen *nt*; **causar ~s** Schaden zufügen +*dat*; **sin** ~ **de que...** +*subj* unbeschadet [*o* ungeachtet] der Tatsache, dass ... **2.** (*detrimento*) Nachteil *m*; **algo redunda** [*o* **va**] **en** ~ **de alguien** etw gereicht jdm zum Nachteil, etw wirkt sich schädlich für jdn aus

perjura [per'xura] *adj o f v.* **perjuro**

perjurador(a) [perxura'ðor(a)] *adj* meineidig; **testigo** ~ meineidiger Zeuge

perjurar [perxu'rar] *vi* **1.** (*jurar en falso*) einen Meineid leisten **2.** (*faltar al juramento*) seinen Eid brechen

perjurio [per'xurjo] *m* **1.** (*jurar en falso*) Meineid *m* **2.** (*faltar al juramento*) Eidbruch *m*

perjuro, **-a** [per'xuro, -a] **I.** *adj* **1.** (*que jura en falso*) meineidig **2.** (*que falta al juramento*) eidbrüchig **II.** *m, f* Person *f*, die einen Meineid leistet

perla ['perla] *f* **1.** (*joya*) Perle *f*; ~ **cultivada** Zuchtperle *f*; **Dubrovnik, la ~ del Adriático** Dubrovnik, die Perle der Adria **2.** (*persona*) Perle *f*, Juwel *nt* **3.** (*loc*): **eso viene de ~s** das kommt wie gerufen

perlado, **-a** [per'laðo, -a] *adj* **1.** (*color*) perlenfarben, perlweiß **2.** (*forma*) perlig, perlenförmig; **dientes ~s** Zähne wie Perlen **3.** (*lleno de gotas*) perlend; **tenía la frente perlada de sudor** Schweißtropfen perlten ihm/ihr auf der Stirn

perlé [per'le] *m* Perlgarn *nt*

perleche [per'letʃe] *m* (MED) Faulecke *f*, Perlèche *f*

perlesía [perle'sia] *f* **1.** (*enfermedad*) Lähmung *f* **2.** (*debilidad*) Gebrechlichkeit *f*

perlicultura [perlikul̩'tura] *f* Perlenzucht *f*

perlífero, **-a** [per'lifero, -a] *adj* Perlen-

perlino, **-a** [per'lino, -a] *adj* perlenfarbig

perlongar [perloŋ'gar] <g→gu> *vi* (NÁUT) **1.** (*navegar a lo largo de la costa*) an der Küste entlangfahren **2.** (*extender un cabo*) ein Tau strecken

permafrost [perma'fros^{t}] *m* (GEO) Dauerfrostboden *m*, Permafrost *m*

permaná [perma'na] *m* (*Bol:* GASTR) hochwertiger Maiswein *m*

permanecer [permane'θer] *irr como crecer vi* **1.** (*estar*) bleiben, verbleiben *elev*, verweilen *elev*; ~ **quieto** stehen bleiben; ~ **invariable** [*o* **igual**] gleichbleiben; ~ **una semana en un lugar** sich eine Woche an einem Ort aufhalten **2.** (*quedarse, seguir*): **permanecí dormida** ich schlief weiter; **permanecí sentada** ich blieb sitzen

permanencia [perma'nen̩θja] *f* **1.** (*estancia*) Aufenthalt *m*, Verbleiben *nt* **2.** (*duración*) Dauerhaftigkeit *f*, Permanenz *f elev*; (*en hospital*) (Krankenhaus)aufenthalt *m* **3.** (*persistencia*) Beständigkeit *f* **4.** (*continuación*) Fortdauer *f*; **este año lucharemos para lograr la ~ en primera** (DEP) dieses Jahr werden wir kämpfen, um nicht in die zweite Liga abzusteigen

permanente [perma'nen̩te] **I.** *adj* ständig, permanent; (*residencia*) dauernd, permanent; (*relación*) dauerhaft; (*lluvia*) anhaltend; (*ejército*) stehend; **comisión ~** ständiger Ausschuss; **estado ~** Dauerzustand *m*; **servicio ~** Bereitschaftsdienst *m* **II.** *f* Dauerwelle *f*

permanganato [permaŋga'nato] *m* (QUÍM) Permanganat *nt*

permeabilidad [permeaβili'ða^{ð}] *f* Durchlässigkeit *f*, Permeabilität *f elev*

permeable [perme'aβle] *adj* durchlässig, permeabel *elev*; (*no hermético*) undicht; ~ **al agua** wasserdurchlässig

pérmico[1] ['permiko] *m* (GEO) Perm *nt*

pérmico, **-a**[2] ['permiko, -a] *adj* (GEO) permisch

permisible [permi'siβle] *adj* erlaubt, zulässig

permisión [permi'sjon] *f* Erlaubnis *f*

permisionario, **-a** [permisjo'narjo, -a] *m, f* (*Am*) Konzessionär(in) *m(f)*

permisividad [permisiβi'ða^{ð}] *f* Nachgiebigkeit *f*, Permissivität *f elev*; (*en lo moral*) Freizügigkeit *f*

permisivo, **-a** [permi'siβo, -a] *adj* nachgiebig, permissiv; (*en lo moral*) freizügig

permiso [per'miso] *m* **1.** (*aprobación*) Erlaubnis *f*; **con** (**su**) ~ mit Ihrer Erlaubnis, wenn Sie gestatten; **me dió ~ para hacerlo** er/sie erlaubte mir es zu tun; **pedir ~ a alguien** jdn um Erlaubnis bitten **2.** (*licencia*) Erlaubnis *f*, Genehmigung *f*; ~ **de caza** [*o* **para cazar**] Jagdschein *m*; ~ **de conducir** Führerschein *m*; ~ **de exportación/importación** Ausfuhr-/Einfuhrgenehmigung *f*; ~ **de imprimir** (TIPO) Imprimatur *f*; ~ **de pesca** [*o* **para pescar**] Angelschein *m*; ~ **de residencia/de trabajo** Aufenthalts-/Arbeitserlaubnis *f*; ~ **para ver los archivos de la Stasi** Bewilligung zur Einsicht in die Stasiakten; **solicitar un ~ de trabajo** eine Arbeitserlaubnis beantragen **3.** (*vacaciones, t.* MIL) Urlaub *m*; **pedir ~** (MIL) Urlaub beantragen; **estar de ~** (MIL) auf Urlaub sein **4.** (*de las monedas*) Passiergewicht *nt*

permitir [permi'tir] **I.** *vt* **1.** (*consentir*) erlauben, gestatten; **¿me permite pasar/entrar/salir?** darf ich bitte durch/hinein/hinaus?; **si el tiempo lo permite** wenn das Wetter es erlaubt; **no está permitido fumar** Rauchen ist verboten [*o* nicht gestattet]; **si me permite la expresión** wenn ich mir den Ausdruck erlauben darf **2.** (*autorizar*) zulassen, genehmigen **3.** (*hacer posible*) ermöglichen; **si la salud lo permite** wenn die Gesundheit es gestattet [*o* zulässt]; **esta máquina permite trabajar el doble** mit dieser Maschine kann die doppelte Arbeitsleistung erbracht werden **4.** (*tolerar*) dulden, tolerieren; **no permito que me levantes la voz** diesen Ton lasse ich mir nicht gefallen **II.** *vr:* **~se 1.** (*atreverse*) sich *dat* erlauben; **me permito recordarle que...** ich erlaube mir Sie daran zu erinnern, dass ... **2.** (*lujo*) sich *dat* leisten, sich *dat* erlauben

permuta [per'muta] *f* (Aus)tausch *m*

permutabilidad [permutaβili'ða^{ð}] *f* Austauschbarkeit *f*

permutable [permu'taβle] *adj* austauschbar, permutabel *elev*

permutación [permuta'θjon] *f* (Aus)tausch *m*; (MAT) Permutation *f*

permutar [permu'tar] *vt* (aus)tauschen; (MAT) permutieren; (INFOR) auslagern

perna ['perna] *f* (ZOOL) Schinkenmuschel *f*

pernada [per'naða] *f* **1.** (*golpe*) Fußtritt *m* **2.** (HIST): **derecho de ~** Recht *nt* der ersten

Nacht

pernear [perne'ar] *vi* **1.** (*piernas*) strampeln **2.** (*fam: moverse*) sich *dat* die Beine wund laufen **3.** (*fam: rabiar*) toben

pernera [per'nera] *f* Hosenbein *nt*

perneta [per'neta] *f*: **en ~s** mit nackten Beinen

pernicioso, **-a** [perni'θjoso, -a] *adj* schädlich (*para* für +*akk*); (MED) bösartig, perniziös *elev*

pernil [per'nil] *m* **1.** (*del pantalón*) Hosenbein *nt* **2.** (*del cerdo*) Keule *f*

pernio ['pernjo] *m* Angel *f*

perniosis [per'njosis] *f inv* (MED) Auftreten *nt* von Frostbeulen, Perniosis *f*

perniquebrar [pernike'βrar] <e→ie> **I.** *vt* die Beine brechen (*a* +*dat*) **II.** *vr*: **~se** sich *dat* die Beine brechen

pernituerto, **-a** [perni'twerto, -a] *adj* krummbeinig

perno ['perno] *m* (TÉC: *con cabeza*) Bolzen *m*; (*sin cabeza*) Stift *m*; **~ enroscado** Schraubenbolzen *m*

pernocta [per'nokta] *f* (MIL): **pase de ~** Ausgang *m* (um zu Hause zu übernachten)

pernoctación [pernokta'θjon] *f* Übernachtung *f*

pernoctar [pernok'tar] *vi* übernachten (*en* in +*dat*); **~ bajo un puente** unter einer Brücke nächtigen

pero¹ ['pero] *conj* aber; (*sin embargo*) jedoch, trotzdem; **tenía que llegar antes ~ no encontré el camino** ich hätte früher kommen sollen, aber ich fand den Weg nicht; **¡~ si todavía es una niña!** sie ist doch noch ein Kind!; **¡~ si ya le conoces!** du kennst ihn ja bereits!; **¿~ qué es lo que quieres?** was willst du eigentlich?

pero² ['pero] *m* **1.** (*objeción*) Aber *nt*; **el proyecto tiene sus ~s** das Projekt hat so seine Tücken; **sin un ~** ohne Wenn und Aber; **poner ~s a algo** an etw *dat* etwas auszusetzen haben; **me fastidia que pongas ~s a todo** es ärgert mich, dass du an allem etwas auszusetzen hast; **¡no hay ~ que valga!** keine Widerrede! **2.** (*árbol*) Birnenapfelbaum *m* **3.** (*fruto*) Birnenapfel *m*

perogrullada [peroɣru'ʎaða] *f* Binsenweisheit *f*

perogrullesco, **-a** [peroɣru'ʎesko, -a] *adj*: **eso que dices es ~** das, was du sagst, ist eine Binsenweisheit

Perogrullo [pero'ɣruʎo] *m*: **verdad de ~** Binsenweisheit *f*

perol [pe'rol] *m* Kessel *m*

perola [pe'rola] *f* großer Kessel *m*

peroné [pero'ne] *m* (ANAT) Wadenbein *nt*

peronismo [pero'nismo] *m sin pl* (POL) Peronismus *m*

peronista [pero'nista] **I.** *adj* peronistisch **II.** *mf* Peronist(in) *m(f)*

peroración [perora'θjon] *f* **1.** (*discurso*) Rede *f* **2.** (LIT) Peroration *f*

perorar [pero'rar] *vi* **1.** (*dar discurso*) eine Rede halten; (*pey*) salbadern **2.** (*fam: hablar*) palavern **3.** (*pedir*) inständig bitten

perorata [pero'rata] *f* (*pey*) Tirade *f*

peroxidación [peroˠsiða'θjon] *f* (QUÍM) Verbindung *f* mit Sauerstoff

peroxidar [peroˠsi'ðar] *vt* (QUÍM) mit Sauerstoff verbinden

peróxido [pe'roˠsiðo] *m* (QUÍM) Peroxid *nt*

perpendicular [perpendiku'lar] **I.** *adj* senkrecht; (*pared*) lotrecht; (ARQUIT) perpendikular, perpendikulär **II.** *f* Senkrechte *f*

perpendicularidad [perpendikulari'ðaᵈ] *f* senkrechte Lage *f*, Senkrechtstellung *f*

perpetración [perpetra'θjon] *f* Begehen *nt*, Begehung *f*, Verüben *nt*

perpetrador(a) [perpetra'ðor(a)] *m(f)* Täter(in) *m(f)*

perpetrar [perpe'trar] *vt* begehen; (*crimen*) verüben, begehen

perpetua [per'petwa] *f* (BOT) Immortelle *f*

perpetuación [perpetwa'θjon] *f* **1.** (*de recuerdo, memoria*) Wachhalten *nt*, Bewahrung *f* **2.** (*de situación*) Verewigung *f* **3.** (*de error, mentira*) Aufrechterhaltung *f*, Perpetuierung *f elev* **4.** (*de especie*) Fortleben *nt*

perpetuar [perpetu'ar] <*1. pres*: **perpetúo**> **I.** *vt* **1.** (*recuerdo, memoria*) wachhalten, bewahren **2.** (*situación*) verewigen **3.** (*error, mentira*) aufrechterhalten, perpetuieren *elev* **II.** *vr*: **~se** fortleben; **este escritor se perpetúa en sus obras** dieser Schriftsteller lebt in seinen Werken fort

perpetuidad [perpetwi'ðaᵈ] *f* **1.** (*continuidad*) Beständigkeit *f* **2.** (*eternidad*) Ewigkeit *f*; **a ~** auf ewig; **condenar a ~** zu lebenslänglicher Freiheitsstrafe verurteilen **3.** (*de crédito*) Unkündbarkeit *f*

perpetuo, **-a** [per'petwo, -a] *adj* **1.** (*incesante*) fortwährend, beständig; **nieves perpetuas** ewiger Schnee **2.** (*vitalicio*) lebenslänglich; (*renta*) auf Lebenszeit; **cadena perpetua** lebenslängliche Freiheitsstrafe **3.** (*crédito*) unkündbar

perplejidad [perplexi'ðaᵈ] *f* Verwirrung *f*, Perplexität *f*

perplejo, **-a** [per'plexo, -a] *adj* verwirrt, perplex *fam*; **me quedé ~ cuando me lo dijo** ich war wie vor den Kopf geschlagen, als er/sie mir es sagte

perra ['perra] *f* **1.** (ZOOL) Hündin *f* **2.** (*obstinación*) Fimmel *m fam*, Spleen *m* **3.** (*fam: rabieta*) Zornausbruch *m*, Koller *m*; **cogió una ~** ihn/sie packte die Wut **4.** (*fam: modorra*) Schläfrigkeit *f*; (*pereza*) Faulheit *f* **5.** (*puta*) Hure *f* **6.** (*fam: dinero*) Kohle *f*; **~ chica** Fünfcéntimomünze *f*; **~ gorda** Zehncéntimomünze *f*; **no tener una ~** völlig abgebrannt sein **7.** (*fam: borrachera*) Rausch *m*

perrada [pe'rraða] *f v.* **perrería**

perramente [perra'mente] *adv* (*fam*) miserabel; **lo está pasando ~ desde que le dejó la mujer** er leidet furchtbar, seitdem seine

Frau ihn verlassen hat

perramus [pe'rramus] *m inv* (*Arg, Bol, Urug: impermeable*) Regenmantel *m*

perrera [pe'rrera] *f* **1.** (*casa del perro*) Hundehütte *f* **2.** (*edificio*) Hundezwinger *m* **3.** (*lacera*) Hundefängerin *f;* (*vehículo*) Wagen *m* des Hundefängers **4.** (*rabieta*) Zornausbruch *m*, Koller *m fam* **5.** (*trabajo*) Plackerei *f fam*, Schufterei *f fam*

perrería [perre'ria] *f* **1.** (*de perros*) (Hunde)meute *f* **2.** (*vileza*) (Hunds)gemeinheit *f*

perrero, **-a** [pe'rrero, -a] *m, f* Hundefänger(in) *m(f)*

perrilla [pe'rriʎa] *f* (*Méx: orzuelo*) Gerstenkorn *nt*

perrillo [pe'rriʎo] *m* **1.** (*de las armas de fuego*) Hahn *m* **2.** (*loc*): ~ **de falda** Schoßhündchen *nt;* **es un ~ de todas bodas** (*fam*) er/sie tanzt auf allen Hochzeiten

perrito [pe'rrito] *m:* ~ **caliente** Hotdog *m o nt*

perro[1] ['perro] *m* **1.** (ZOOL) Hund *m;* ~ **de aguas** [*o* **de lanas**] Pudel *m;* ~ **callejero** Promenadenmischung *f;* ~ **faldero** Schoßhund *m;* ~ **pastor** Schäferhund *m;* ~ **sarnoso** räudiger Hund; **¡cuidado con el ~!** Vorsicht, bissiger Hund!; **sacar al ~** mit dem Hund Gassi gehen *fam;* **echar** [*o* **soltar**] **los ~s a alguien** jdn fertig machen; **se llevan como el ~ y el gato** sie sind wie Hund und Katze; **¡venga ya, a otro ~ con ese hueso!** das kannst du deiner Großmutter erzählen!; **ser un ~ fiel** (*fig*) sehr treu sein, eine treue Seele sein; **ser ~ viejo** ein alter Hase sein; **atar los ~s con longanizas** im Schlaraffenland leben; **ser como el ~ del hortelano** ein Spielverderber sein; **a ~ flaco todo son pulgas** (*prov*) ein Unglück kommt selten allein; ~ **ladrador, poco mordedor**, ~ **que ladra, no muerde** (*prov*) Hunde, die bellen, beißen nicht **2.** (*pey: persona*) Hund *m*, Schuft *m* **3.** (*pey: judío*) Jude *m;* (*moro*) Maure *m* **4.** (*loc*): **humor de ~s** Hundslaune *f;* **tiempo de ~s** Hundewetter *nt;* **morir como un ~** gottverlassen sterben

perro, **-a**[2] ['perro, -a] *adj* gemein; **no seas tan ~** sei nicht so gemein; **llevar una vida perra** ein Hundeleben führen

perruno, **-a** [pe'rruno, -a] *adj* Hunde-; **tengo el olfato ~** ich habe ein sehr feines Gespür

persa ['persa] **I.** *adj* persisch; **alfombra ~** Perserteppich *m* **II.** *mf* Perser(in) *m(f)*

persecución [perseku'θjon] *f* **1.** (*de alguien*) Verfolgung *f;* ~ **en coche** Autoverfolgungsjagd *f* **2.** (*de fama, objetivo*) Streben *nt* (*de* nach +*dat*) **3.** (DEP): **carrera de ~** Verfolgungsrennen *nt*

persecutor(a) [perseku'tor(a)] *adj* verfolgend

persecutorio, **-a** [perseku'torjo, -a] *adj* Verfolgungs-; **tener manía persecutoria** an Verfolgungswahn leiden

perseguible [perse'ɣiβle] *adj* (JUR) strafrechtlich verfolgbar

perseguido, **-a** [perse'ɣiðo, -a] *m, f* Verfolgte(r) *mf*

perseguidor(a) [perseɣi'ðor(a)] **I.** *adj* verfolgend **II.** *m(f)* Verfolger(in) *m(f)*

perseguimiento [perseɣi'mjento] *m v.* **persecución**

perseguir [perse'ɣir] *irr como seguir vt* **1.** (*a alguien*) verfolgen; **la policía persigue al fugitivo** die Polizei ist hinter dem Ausbrecher her; **me persigue la mala suerte** ich bin vom Pech verfolgt; **me persiguen los remordimientos** mich plagen Gewissensbisse **2.** (*contrato, chica*) hinterherlaufen, nachlaufen *fam;* **el jefe me persigue todo el día** mein Chef sitzt mir den ganzen Tag im Nacken **3.** (*fama, objetivo*) verfolgen, anstreben; **¿qué persigues con esto?** was willst du damit erreichen?

perseveración [perseβera'θjon] *f* (PSICO) Perseveration *f*

perseverancia [perseβe'ranθja] *f* **1.** (*insistencia*) Beharrlichkeit *f* (*en* bei +*dat*) **2.** (*en trabajo, actividad*) Ausdauer *f* (*en* bei +*dat*) **3.** (*firmeza*) Standhaftigkeit *f*

perseverante [perseβe'rante] *adj* **1.** (*insistente*) beharrlich **2.** (*constante*) ausdauernd **3.** (*firme*) standhaft

perseverar [perseβe'rar] *vi* **1.** (*insistir*) beharren (*en* auf +*dat*) **2.** (*mantener*) durchhalten; ~ **en algo** bei etw *dat* nicht aufgeben

Persia ['persja] *f* Persien *nt*

persiana [per'sjana] *f* (*enrollable*) Rollo *nt*, Rouleau *nt;* (*plegable*) Jalousie *f*, Rollladen *m;* **enrollarse como una ~** (*fam*) ohne Ende plappern

pérsico[1] ['persiko] *m* (BOT: *árbol*) Pfirsichbaum *m;* (*fruto*) Pfirsich *m*

pérsico, **-a**[2] ['persiko, -a] *adj* persisch; **el golfo ~** der Persische Golf

persignarse [persiɣ'narse] *vr* sich bekreuzigen

pérsigo ['persiɣo] *m* (BOT) *v.* **pérsico**[1]

persistencia [persis'tenθja] *f* **1.** (*insistencia*) Beharrlichkeit *f*, Hartnäckigkeit *f* **2.** (*perduración*) Anhalten *nt*, Fortdauern *nt* **3.** (*en trabajo, actividad*) Ausdauer *f*

persistente [persi'tente] *adj* **1.** (*persona*) beharrlich, hartnäckig **2.** (*acción*) anhaltend, fortdauernd; (*lluvia*) anhaltend; (*recuerdo, imagen*) bleibend

persistir [persis'tir] *vi* **1.** (*insistir*) beharren (*en* auf +*dat*), bestehen (*en* auf +*dat*); **persistieron hasta conseguirlo** sie ließen nicht locker, bis sie es geschafft hatten **2.** (*perdurar*) anhalten, fortdauern; **las precipitaciones persisten** die Niederschläge dauern an

persona [per'sona] *f* Person *f;* ~ **de confianza** Vertrauensperson *f;* ~ **de contacto** Ansprechpartner *m;* ~ **divina** göttliche Person; ~ **natural/jurídica** (JUR) natürliche/juristische Person; **primera ~** erste Person; **en ~** in Person, persönlich; ~ **con bajos ingresos** Einkommensschwache(r) *mf;* ~ **(non) grata** Per-

P

sona (non) grata; **ser buena/mala** ~ ein guter/böser Mensch sein; **había muchas ~s** es waren viele Leute da; **no había ninguna ~ allí** kein Mensch war da, es war niemand da; **para entregar en** ~ zur persönlichen Zustellung; **se apareció en la ~ de...** er/sie erschien in der Gestalt von ...; **ese/esa es una ~ de cuidado** bei ihm/ihr ist Vorsicht geboten

personación [persona'θjon] *f* (JUR) persönliches Erscheinen *nt*

personaje [perso'naxe] *m* **1.** (*personalidad*) Persönlichkeit *f;* ~ **de culto** Kultfigur *f* **2.** (TEAT, LIT) Figur *f,* Person *f,* Gestalt *f*

personajillo [persona'xiʎo] *m* unbedeutender Mensch *m*

personal[1] [perso'nal] **I.** *adj* (*característica, impresión, estilo, pregunta*) persönlich; (*dificultades*) personell; (*señas, datos*) Personen-; **bienes ~es** persönliches Vermögen; **datos ~es** Personalien *fpl;* **pronombre** ~ (LING) Personalpronomen *nt,* persönliches Fürwort; **recibir una llamada** ~ einen persönlichen Anruf erhalten **II.** *m* **1.** (*plantilla*) Personal *nt;* (*en empresa*) Belegschaft *f;* ~ **administrativo** Verwaltungsangestellte *pl;* ~ **de a bordo** (AERO) Flugzeugbesatzung *f;* ~ **docente** (ENS) Lehrkräfte *fpl;* ~ **eventual** Aushilfspersonal *nt;* ~ **fijo** Stammpersonal *nt;* ~ **de nuevo cuño** Nachwuchskräfte *fpl;* ~ **de tierra** (AERO) Bodenpersonal *nt;* **departamento de** ~ Personalabteilung *f;* **director de** ~ Personalchef *m;* **jefe de** ~ Personalleiter *m;* **la empresa quiere hacer reducción de** ~ der Betrieb will Personal abbauen **2.** (*fam: gente*) Leute *pl*

personal[2] [perso'nal] *f* (DEP) Foul *nt*

personalidad [personali'ðað] *f* **1.** (*carácter*) Persönlichkeit *f,* Personalität *f elev;* **desarrollo de la** ~ Persönlichkeitsentwicklung *f* **2.** (*V.I.P.*) Persönlichkeit *f*

personalismo [persona'lismo] *m* **1.** (POL) Personenkult *m* **2.** (FILOS) Personalismus *m* **3.** (*alusión*) persönliche Anspielung *f;* **no tenemos que actuar con ~s** es gibt keinen Grund persönlich zu werden

personalista [persona'lista] **I.** *adj* (FILOS, PSICO) personalistisch **II.** *mf* (FILOS, PSICO) Personalist(in) *m(f)*

personalización [personaliθa'θjon] *f* Personalisierung *f*

personalizar [personali'θar] <z→c> *vt* **1.** (*aludir*) namentlich nennen **2.** (*hacer personal*) persönlich gestalten

personalmente [personal'mente] *adv* persönlich; **entregar** ~ persönlich [*o* eigenhändig] abgeben

personamiento [persona'mjento] *m* (JUR) *v.* **personación**

personarse [perso'narse] *vr* persönlich erscheinen (*en* bei *+dat*), vorsprechen (*en* bei *+dat*); ~ **en juicio** vor Gericht erscheinen; **persónese ante el director** melden Sie sich beim Chef; **el lunes tengo que personarme en el INEM** am Montag bin ich beim Arbeitsamt vorgeladen

personero, -a [perso'nero, -a] *m, f* (*Am*) Vertreter(in) *m(f);* ~ **oficial** Regierungsvertreter *m*

personificación [personifika'θjon] *f* Verkörperung *f,* Personifizierung *f;* (*de cualidades*) Personifizierung *f*

personificar [personifi'kar] <c→qu> *vt* verkörpern, personifizieren; (*cualidades*) personifizieren; **personifica la maldad** er/sie ist die Bosheit in Person

personilla [perso'niʎa] *f dim de* **persona** (*fam*) Persönchen *nt*

perspectiva [perspek'tiβa] *f* **1.** (*general*) Perspektive *f;* **desde esta ~ política** aus diesem politischen Blickwinkel **2.** (*vista*) Anblick *m,* Ansicht *f,* Perspektive *f* **3.** *pl* (*posibilidad*) Aussichten *fpl,* Perspektiven *fpl;* **~s de trabajo** Arbeitsaussichten *fpl;* **este producto tiene buenas ~s de mercado** dieses Produkt hat gute Marktchancen **4.** (*distancia*): **aún no disponemos de la ~ adecuada para valorar este periodo** wir haben noch nicht die nötige Distanz, um diese Periode zu beurteilen

perspectivismo [perspekti'βismo] *m* (FILOS) Perspektivismus *m*

perspicacia [perspi'kaθja] *f* Scharfsinn *m,* Scharfsichtigkeit *f*

perspicaz [perspi'kaθ] *adj* **1.** (*vista*) gut, scharf **2.** (*persona*) scharfsinnig

perspicuidad [perspikwi'ðað] *f* **1.** (*transparencia*) Durchsichtigkeit *f* **2.** (*de estilo*) Deutlichkeit *f,* Klarheit *f*

perspicuo, -a [pers'pikwo, -a] *adj* **1.** (*transparente*) durchsichtig **2.** (*estilo*) deutlich, klar; **una persona perspicua** ein Mensch, der sich deutlich [*o* klar] ausdrückt

persuadir [perswa'ðir] **I.** *vt* **1.** (*inducir*) überreden; ~ **a alguien para que haga algo** jdn dazu bewegen, etw zu tun; **le ~é para que no haga el viaje** ich werde ihm die Reise ausreden **2.** (*convencer*) überzeugen **II.** *vr:* **~se** sich überzeugen (*de* von *+dat*)

persuasible [perswa'siβle] *adj* glaubhaft

persuasión [perswa'sjon] *f* **1.** (*acto*) Überredung *f;* **empleó todo su poder de** ~ er/sie bot seine/ihre ganze Überredungskunst auf **2.** (*convencimiento*) Überzeugung *f;* **tener la ~ de que...** davon überzeugt sein, dass ...

persuasiva [perswa'siβa] *f* Überredungskunst *f*

persuasivo, -a [perswa'siβo, -a] *adj* überzeugend

persuasorio, -a [perswa'sorjo, -a] *adj v.* **persuasivo**

pertenecer [pertene'θer] *irr como crecer vi* **1.** (*ser de*) gehören (*a +dat*); **esta casa me pertenece** dieses Haus gehört mir; **este terreno pertenece a la ciudad** dieses Grundstück gehört der Stadt; **esta cita pertenece a Hamlet** dieses Zitat stammt aus Hamlet **2.** (*te-

ner obligación): **a mí no me pertenece limpiar el baño** es ist nicht meine Aufgabe, das Bad sauber zu machen; **a ti te pertenece barrer** du bist für das Fegen zuständig, du bist mit Fegen dran

perteneciente [pertene'θjeṇte] *adj* (da)zugehörig; **los países ~s a la ONU** die Mitglied(s)staaten der UNO; **todo lo ~ al caso** alles, was mit dem Fall zu tun hat; **un cuadro ~ a la colección de Thyssen** ein Gemälde aus der Thyssen-Sammlung

pertenencia [perte'neṇθja] *f* **1.** (*acción*) Zugehörigkeit *f* **2.** *pl* (*bienes*) Eigentum *nt* **3.** *pl* (*accesorios*) Zubehör *nt*

pértica ['pertika] *f* (AGR) *Längenmaß* (*etwa 2,70 m*)

pértiga ['pertiɣa] *f* **1.** (*vara*) lange Stange *f* **2.** (DEP) Stabhochsprungstab *m;* **salto de ~** Stabhochsprung *m;* **saltar con ~** Stabhochsprung machen **3.** (*de circo*) Perche *f;* **el número de la ~** der Percheakt **4.** (*de pesca*) Stake *f* **5.** (TÉC): **la ~ del trole** der Stromabnehmer

pertiguista [perti'ɣista] *mf* (DEP) Stabhochspringer(in) *m(f)*

pertinacia [perti'naθja] *f* **1.** (*de lluvia*) Andauern *nt* **2.** (*de persona*) Hartnäckigkeit *f,* Halsstarrigkeit *f*

pertinaz [perti'naθ] *adj* **1.** (*lluvia, tos*) anhaltend **2.** (*persona*) hartnäckig, halsstarrig

pertinencia [perti'neṇθja] *f* **1.** (*oportunidad*) Angemessenheit *f,* Opportunität *f* **2.** (*de datos*) Sachdienlichkeit *f;* (*de pregunta*) Sachbezogenheit *f*

pertinente [perti'neṇte] *adj* **1.** (*oportuno*) angemessen, opportun **2.** (*datos, indicación*) sachdienlich; (*pregunta, comentario*) sachbezogen **3.** (*relativo*): **en lo ~ a...** was ... betrifft [*o* anbelangt]

pertrechar [pertre'ʧar] **I.** *vt* ausrüsten **II.** *vr:* **~se** (*de alimentos*) sich versehen (*de/con* mit +*dat*), sich versorgen (*de/con* mit +*dat*); (*de equipamiento, t.* MIL) sich ausrüsten (*de/con* mit +*dat*)

pertrechos [per'treʧos] *mpl* Ausrüstung *f;* **~ de guerra** Kriegsausrüstung *f*

perturbable [pertur'βaβle] *adj* leicht aus der Ruhe [*o* aus dem Gleichgewicht] zu bringen

perturbación [perturβa'θjon] *f* **1.** (*social*) Unruhe *f* **2.** (MED, METEO) Störung *f;* **~ mental** Geistesstörung *f* **3.** (TÉC) (technische) Störung *f*

perturbado, **-a** [pertur'βaðo, -a] **I.** *adj* geistesgestört **II.** *m, f:* **~ (mental)** Geistesgestörte(r) *m*

perturbador(a) [perturβa'ðor(a)] **I.** *adj* **1.** (*noticia*) beunruhigend **2.** (*ruido*) (ruhe)störend **II.** *m(f)* **1.** (*por hacer ruido*) Ruhestörer(in) *m(f)* **2.** (*por alborotar*) Unruhestifter(in) *m(f)*

perturbar [pertur'βar] *vt* **1.** (*a alguien: confundir*) verwirren; (*alterar*) aus der Ruhe bringen, aufregen; **~ mentalmente a alguien** jdn geistig verwirren; **el ruido de la calle perturbaba al orador** der Lärm auf der Straße störte den Redner **2.** (*algo*) stören; **la declaración del ministro ha perturbado la Bolsa** die Erklärung des Ministers hat zu Irritationen an der Börse geführt

Perú [pe'ru] *m* Peru *nt;* **esta casa vale un ~** dieses Haus ist sehr wertvoll

peruanismo [perwa'nismo] *m* (LING) Peruanismus *m,* peruanische Redeweise *f*

peruano, **-a** [pe'rwano, -a] **I.** *adj* peruanisch **II.** *m, f* Peruaner(in) *m(f)*

peruétano [pe'rwetano, -a] *m* **1.** (BOT) Holzbirne *f* **2.** (*parte saliente de algo*) Vorsprung *m*

perversidad [perβersi'ðaᵈ] *f* **1.** (*maldad*) Bösartigkeit *f* **2.** (*sexual*) Perversität *f*

perversión [perβer'sjon] *f* **1.** (*acción*) Pervertierung *f;* **~ de las costumbres** Sittenverfall *m;* **~ de menores** Verführung von Minderjährigen **2.** (*estado, cualidad*) Perversion *f,* Verdorbenheit *f*

perverso, **-a** [per'βerso, -a] *adj* **1.** (*malo*) böse, ruchlos **2.** (*moral*) verkommen **3.** (*sexual*) pervers, abartig

pervertido, **-a** [perβer'tiðo, -a] **I.** *adj* verdorben, abartig, pervers **II.** *m, f* Perverse(r) *mf*

pervertidor(a) [perβerti'ðor(a)] *m(f)* Verführer(in) *m(f)*

pervertimiento [perβerti'mjeṇto] *m* Pervertierung *f;* (*de menores*) Verführung *f;* (*de costumbres*) Verfall *m*

pervertir [perβer'tir] *irr como sentir* **I.** *vt* **1.** (*costumbres*) verderben **2.** (*a alguien*) verführen **3.** (*corromper*) pervertieren **II.** *vr:* **~se** **1.** (*en costumbres, ideología*) pervertieren **2.** (*depravarse*) verkommen, unter die Räder kommen *fam* **3.** (*corromperse*) korrupt werden

pervigilio [perβi'xiljo] *m* ständige Schlaflosigkeit *f*

pervinca [per'βiŋka] *f* (BOT) Kleines Immergrün *nt*

pervivencia [perβi'βeṇθja] *f* Weiterleben *nt*

pervivir [perβi'βir] *vi* weiterleben, am Leben bleiben

pesa ['pesa] *f* **1.** (*peso*) Gewicht *nt;* **~ del reloj** Uhrgewicht *nt* **2.** (DEP) Hantel *f;* **hacer (entrenamiento de) ~s** Krafttraining machen; **levantamiento de ~s** Gewichtheben *nt*

pesabebés [pesaβe'βes] *m inv* Babywaage *f*

pesacartas [pesa'kartas] *m inv* Briefwaage *f*

pesada [pe'saða] *f* **1.** (*acción de pesar*) Wiegen *nt* **2.** (*cantidad que se pesa*) Wiegemenge *f*

pesadez [pesa'ðeθ] *f* **1.** (*de objeto*) Schwere *f* **2.** (*de movimiento*) Schwerfälligkeit *f* **3.** (*de sueño*) Tiefe *f* **4.** (*de tarea*) Lästigkeit *f* **5.** (*de persona*) Aufdringlichkeit *f* **6.** (*de viaje*) Mühsamkeit *f* **7.** (*de lectura*) Langatmigkeit *f* **8.** (*de dibujo*) Überladung *f*

pesadilla [pesa'ðiʎa] *f* Alptraum *m*

P

pesado, **-a** [pe'saðo, -a] *adj* **1.** (*objeto*) schwer **2.** (*movimiento*) schwerfällig **3.** (*sueño*) bleiern; **tengo la cabeza pesada** ich habe einen schweren Kopf; **tengo el estómago** ~ das Essen liegt mir schwer im Magen **4.** (*tarea, moscas*) lästig; **hacer un diccionario es** ~ ein Wörterbuch zu schreiben ist eine langwierige Angelegenheit **5.** (*persona: insistente*) aufdringlich, lästig; (*aburrido*) langweilig **6.** (*tiempo*) schwül, drückend **7.** (*viaje*) mühsam, lang **8.** (*lectura*) langatmig **9.** (*dibujo*) schnörkelig

pesadumbre [pesa'ðumbre] *f* Kummer *m*, Leid *nt*

pesaje [pe'saxe] *m* Wiegen *nt*

pésame ['pesame] *m* Beileid *nt;* **dar el** ~ das Beileid aussprechen; **reciba mi más sincero** ~ **por la muerte de su hermana** zum Tod Ihrer Schwester möchte ich Ihnen mein aufrichtiges Beileid [*o* meine aufrichtige Anteilnahme] aussprechen

pesantez [pesan̪'teθ] *f* Schwere *f*

pesar [pe'sar] **I.** *vi* **1.** (*tener peso*) wiegen; **esta caja pesa mucho** diese Kiste ist sehr schwer; **pon encima lo que no pese** stell die leichten Sachen oben drauf **2.** (*cargo, responsabilidad*) (schwer) lasten (auf +*dat*); **le pesan los problemas** die Probleme belasten ihn/sie sehr **3.** (*hipoteca*) lasten (*sobre* auf +*dat*) **II.** *vt* **1.** (*objeto*) wiegen; (*cantidad concreta*) auswiegen; **hoy me he pesado** ich habe mich heute gewogen; **¿me puede** ~ **la fruta?** können Sie mir das Obst bitte auswiegen? **2.** (*ventajas*) abwägen **3.** (*disgustar*) bereuen; **me pesa haberte mentido** ich bedauere es, dich belogen zu haben; **mal que te pese...** ob es dir nun gefällt oder nicht, ...; **pese a quien pese** egal, was es kostet; **pese a que...** obwohl ... **III.** *m* **1.** (*pena*) Kummer *m;* **muy a** ~ **mío** zu meinem großen Bedauern **2.** (*remordimiento*) Gewissensbisse *mpl* **3.** (*loc*): **a** ~ **de...** trotz +*gen;* **a** ~ **de ella** trotz ihrer; **a** ~ **de todo lo quiere intentar** er/sie will es trotzdem [*o* trotz allem] versuchen

pesario [pe'sarjo] *m* (MED) Pessar *nt*, Mutterring *m;* ~ **anticonceptivo** Pessar zur Empfängnisverhütung

pesaroso, **-a** [pesa'roso, -a] *adj* **1.** (*afligido*) traurig, bekümmert; **está** ~ **por haberlo dicho** er bedauert (es) sehr, es gesagt zu haben **2.** (*disgustado*) verärgert **3.** (*preocupado*) besorgt

PESC [pes^k] *f* (UE) *abr de* **Política Exterior y de Seguridad Común** Gemeinsame Außen- und Sicherheitspolitik *f*

pesca ['peska] *f* **1.** (*acción*) Fischfang *m;* **ir de** ~ auf Fischfang gehen; **vivir de la** ~ vom Fischfang leben **2.** (*oficio, industria*) Fischerei *f;* ~ **de altura** Hochseefischerei *f;* ~ **de bajura** Küstenfischerei *f* **3.** (*captura*) Fang *m*

pescadera [peska'ðera] *f v.* **pescadero**

pescadería [peskaðe'ria] *f* **1.** (*tienda*) Fischgeschäft *nt* **2.** (*mercado*) Fischmarkt *m*

pescadero, **-a** [peska'ðero, -a] *m, f* Fischhändler(in) *m(f)*

pescadilla [peska'ðiʎa] *f* (ZOOL) junger Seehecht *m*

pescado [pes'kaðo] *m* Fisch *m*

pescador(a) [peska'ðor(a)] *m(f)* **1.** (*de caña*) Angler(in) *m(f)* **2.** (*de mar*) Fischer(in) *m(f)*

pescadora [peska'ðora] *f* **1.** (*persona*) *v.* **pescador 2.** (*camisa*) *Hemd mit geschnürtem Ausschnitt*

pescante [pes'kan̪te] *m* **1.** (NÁUT) Davit *m* **2.** (*de carruaje*) Kutschbock *m*, Kutschersitz *m* **3.** (TEAT) Bühnenmaschine *f* **4.** (*de grúa*) Ausleger *m*

pescar [pes'kar] <c→qu> *vt* **1.** (*con caña*) angeln, fischen; (*en barco*) fischen; **ir a** ~ **sardinas** auf Sardinenfang gehen **2.** (*resfriado*) sich *dat* zuziehen [*o* holen] **3.** (*fam: novio*) sich *dat* angeln **4.** (*fam: entender*) kapieren **5.** (*loc*): **¡te he pescado!** ich habe dich erwischt!

pescozón [pesko'θon] *m* Schlag *m* ins Genick

pescozudo, **-a** [pesko'θuðo, -a] *adj* stiernackig

pescuezo [pes'kweθo] *m* Nacken *m*, Genick *nt;* **retorcer el** ~ **a alguien** jdm den Hals umdrehen; **sacar el** ~ hochnäsig sein; **salvar el** ~ den Hals aus der Schlinge ziehen

pese ['pese] *adv:* ~ **a** trotz +*gen*

pesebre [pe'seβre] *m* **1.** (*para animales*) Krippe *f* **2.** (*de Navidad*) Weihnachtskrippe *f*

pesero [pe'sero] *m* (*Méx*) kollektives Taxi *nt* (*mit fester Fahrstrecke und dem Einheitstarif von einem Peso*)

peseta [pe'seta] *f* Peseta *f*, Pesete *f;* **cambiar la** ~ (*fam*) kotzen

pesetero, **-a** [pese'tero, -a] *m, f* Raffke *m* *fam;* **este comerciante es un** ~ dieser Kaufmann denkt nur ans Geld

pesillo [pe'siʎo] *m* Goldwaage *f*

pesimismo [pesi'mismo] *m sin pl* Pessimismus *m;* **en el mercado reina un gran** ~ auf dem Markt herrscht großer Pessimismus

pesimista [pesi'mista] **I.** *adj* pessimistisch **II.** *mf* Pessimist(in) *m(f)*

pésimo, **-a** ['pesimo, -a] **I.** *superl de* **malo** **II.** *adj* sehr [*o* äußerst] schlecht

peso ['peso] *m* **1.** (*de objeto*) Gewicht *nt;* ~ **neto/bruto** Netto-/Bruttogewicht *nt;* ~ **atómico/molecular** Atom-/Molekulargewicht *nt;* **he cogido/perdido** ~ ich habe zugenommen/abgenommen; **¿qué** ~ **tiene?** wie schwer ist es?, wie viel wiegt es?; **vender a** ~ nach Gewicht verkaufen; **comprar a** ~ **de oro** zu einem überhöhten Preis kaufen; **eso cae de** [*o* **por**] **su propio** ~ das liegt auf der Hand **2.** (*pesadez*) Schwere *f;* **tener** ~ **en las piernas** schwere Beine haben **3.** (*importancia*) Gewicht *nt*, Bedeutung *f;* **es un gran** ~ **dentro de la empresa** er/sie ist in der Firma ein großes Tier; **este país adquiere cada vez más** ~ dieses Land gewinnt zunehmend an Bedeutung; **tener una razón de** ~ einen gewichtigen Grund haben **4.** (*carga*) Last *f;* **llevar el** ~ **de algo** die Verantwortung für etw tragen; **me saco un** ~ **de encima** mir fällt ein Stein vom Herzen **5.** (DEP: *bola*) Kugel *f;* **lanzamiento de** ~ Kugelstoßen *nt;* **lanzador de** ~ Kugelstoßer *m* **6.** (DEP: *boxeo*): ~ **gallo/ligero/mosca/pluma/medio/pesado** Bantam-/Leicht-/Fliegen-/Feder-/Mittel-/Schwergewicht *nt* **7.** (*moneda*) Peso *m*

pespuntar [pespun̩'tar] *vt* (ab)steppen

pespunte [pes'pun̩te] *m* **1.** (*acción*) Steppen *nt* **2.** (*costura*) Steppnaht *f* **3.** (*puntada*) Steppstich *m*

pespunt(e)ar [pespun̩'tar/pespun̩te'ar] *vt* (ab)steppen

pesquería [peske'ria] *f* **1.** (*acción*) Fischen *nt* **2.** (*industria*) Fischereiwesen *nt* **3.** (*lugar*) Fischgrund *m*

pesquero[1] [pes'kero] *m* Fischdampfer *m*

pesquero, -a[2] [pes'kero, -a] *adj* Fischer-; **barco** ~ Fischerboot *nt*

pesquis ['peskis] *m sin pl* (*fam*) Grips *m*

pesquisa[1] [pes'kisa] *f* Nachforschung *f;* (*de la policía*) Ermittlung *f;* **hacer ~s** Nachforschungen anstellen

pesquisa[2] [pes'kisa] *m* (*Arg, Ecua, Par*) Geheimpolizist *m*

pesquisar [peski'sar] *vt* ermitteln (in +*dat*)

pesquisidor(a) [peskisi'ðor(a)] *m(f)* Ermittlungsbeamte(r), -in *m, f*

pestaña [pes'taɲa] *f* **1.** (ANAT) Wimper *f;* ~ **postiza** künstliche Wimper; **quemarse las ~s** (*fig*) die ganze Nacht büffeln [*o* pauken] **2.** (*de costura*) Franse *f* **3.** (TÉC) Spurkranz *m*

pestañ(e)ar [pesta'ɲar/pestaɲe'ar] *vi* blinzeln; **escuchó la sentencia sin** ~ er/sie zuckte nicht einmal mit der Wimper, als er/sie das Urteil hörte

pestañeo [pesta'ɲeo] *m* Blinzeln *nt*

pestañí [pesta'ɲi] *f* (*argot*) Schmiere *f,* Polente *f*

pestazo [pes'taθo] *m* (*fam*) Pestgeruch *m*

peste ['peste] *f* **1.** (*enfermedad*) Pest *f;* ~ **bubónica** Beulenpest *f;* ~ **porcina** Schweinepest *f* **2.** (*olor*) Pestgeruch *m;* **aquí hay una** ~ **increíble** hier stinkt es wie die Pest **3.** (*plaga*) Plage *f;* ~ **de mosquitos** Mückenplage *f* **4.** (*loc*): **echar ~s de alguien** jdn schlecht machen

pesticida [pesti'θiða] *m* Schädlingsbekämpfungsmittel *nt,* Pestizid *nt*

pestífero, -a [pes'tifero, -a] *adj* **1.** (*contagioso*) pesterregend **2.** (*fétido*) übel riechend **3.** (*pernicioso*) schädlich

pestilencia [pesti'len̩θja] *f* **1.** (*enfermedad*) Pest *f* **2.** (*mal olor*) Gestank *m*

pestilencioso, -a [pestilen̩'θjoso, -a] *adj* pestartig, pestilenzialisch *fam*

pestilente [pesti'len̩te] *adj v.* **pestífero**

pestillo [pes'tiʎo] *m* **1.** (*de puerta*) Türriegel *m;* (*de ventana*) Fensterriegel *m;* **echar el** ~ verriegeln **2.** (*de la cerradura*) Falle *f;* ~ **de golpe** Schnappschloss *nt*

pestiño [pes'tiɲo] *m* (GASTR) ≈Krepp *f* mit Honig

pesto ['pesto] *m* (*CSur*) **1.** (GASTR) *Basilikumsoße mit Knoblauch und Walnüssen* **2.** (*fam: paliza*) Tracht *f* Prügel; **dar un** ~ **a alguien** (*naipes*) jdn völlig abzocken

pestorejo [pesto'rexo] *m* dicker Nacken *m,* Stiernacken *m*

petaca [pe'taka] *f* **1.** (*para cigarros*) Zigarrenetui *nt;* (*para tabaco*) Tabakbeutel *m* **2.** (*Am: caja*) Lederkoffer *m;* (*baúl*) Schrankkoffer *m;* (*cesto*) (Weiden)korb *m* **3.** (*AmC: joroba*) Buckel *m* **4.** (*loc*): **hacer la** ~ *einen Scherz machen, der darin besteht, die Bettlaken und -decken des Betts so zu falten, dass man sich nicht ausstrecken kann*

petacón, -ona [peta'kon, -ona] *adj* **1.** (*CSur, Méx, Perú: rechoncho*) pummelig **2.** (*Col: remolón*) schwerfällig **3.** (*Méx: nalgudo*) mit einem dicken Gesäß

pétalo ['petalo] *m* (BOT) Blütenblatt *nt*

petanca [pe'taŋka] *f* Boccia *f o nt*

petaquear [petake'ar] **I.** *vi, vr:* **~se** (*Col: desmayar*) ohnmächtig werden; (*aflojar*) nachlassen **II.** *vt* **1.** (*Col: embrollar*) verwickeln **2.** (*Méx: embalar en petacas*) in Koffer packen

petar [pe'tar] *vi* (*argot*) gefallen

petardazo [petar'ðaθo] *m* (großer) Knall *m*

petardear [petarðe'ar] *vt* **1.** (*tirar petardos*) (auf)sprengen **2.** (*dinero*) sich *dat* borgen (*mit dem Vorsatz, es nicht zurückzugeben*)

petardo [pe'tarðo] *m* **1.** (*cohete*) Sprengkörper *m;* (*de fiesta*) Böller *m;* **tirar ~s** böllern **2.** (*estafa*) Schwindel *m,* Betrug *m;* **pegar un** ~ **a alguien** jdn übers Ohr hauen **3.** (*loc*): **alguien es un** ~ jd ist hässlich wie die Nacht; **algo es un** ~ etw ist stinklangweilig

petate [pe'tate] *m* **1.** (*de soldado*) Gepäck *nt;* (*de marinero*) Seesack *m;* **ha liado el** ~ er/sie hat sein/ihr Bündel geschnürt **2.** (*estera*) Schlafmatte *f* **3.** (*insignificante*) armer Kerl *m* **4.** (*fam: despreciable*) Schuft *m,* Schurke *m* **5.** (*fam: embustero*) Betrüger *m,* Schwindler *m*

petateada [petate'aða] *f* **1.** (*Hond: insulto*) Beleidigung *f* **2.** (*Méx: muerte*) Tod *m*

petatearse [petate'arse] *vr* (*Méx: morirse*) sterben

petenera [pete'nera] *f:* **salirse por ~s** abschweifen

petequia [pe'tekja] *f* (MED) Kapillarblutung *f*

peteribí [peteri'βi] *m* (*CSur*) *südamerikanischer Baum, der hochwertiges Holz für die Möbelherstellung liefert*

petición [peti'θjon] *f* **1.** (*ruego*) Bitte *f;* (*formal*) Ersuchen *nt;* ~ **de informes** Anfrage *f;* ~ **de patente** (ECON, JUR) Patentantrag *m;* ~ **de quiebra** (ECON, JUR) Antrag auf Eröffnung des Konkursverfahrens; **a** ~ **de...** auf Ersuchen von …; **¿has hecho ya la ~ de mano?** hast du schon um die Hand deiner Freundin angehalten? **2.** (*escrito*) Gesuch *nt,* Petition *f;* (*a alta instancia*) Bittgesuch *nt* **3.** (*solicitud*) Antrag *m;* (JUR) Klageantrag *m*

peticionar [petiθjo'nar] *vt* (*Am*) einen Antrag stellen (auf), ein Gesuch einreichen (für)

peticionario, -a [petiθjo'narjo, -a] **I.** *adj* antragstellend **II.** *m, f* **1.** (*solicitante*) Antragsteller(in) *m(f);* ~ **de asilo** Asylbewerber *m* **2.** (*que pide*) Bittsteller(in) *m(f)*

petimetre [peti'metre] *m* Geck *m,* Stutzer *m*

petirrojo [peti'rroxo] *m* (ZOOL) Rotkehlchen *nt*

petiso[1] [pe'tiso] *m* (*Arg, Urug*) kleines Pferd *nt,* Pony *nt*

petiso, -a[2] [pe'tiso, -a] **I.** *adj* (*Arg, Urug*) **1.** (*pequeño*) klein; (*muy pequeño*) winzig **2.** (*enano*) kleinwüchsig **II.** *m, f* kleinwüchsige Person *f*

petisú [peti'su] <petisú(e)s> *m Gebäckstück mit Sahnefüllung*

petitorio, -a [peti'torjo, -a] *adj* Bitt-; **carta petitoria** Bittbrief *m*

petitum [pe'titun] *m* (JUR) Klag(e)erhebung *f*

petizo, -a [pe'tiθo, -a] *adj o m, f v.* **petiso**[2]

peto ['peto] *m* **1.** (*de armadura*) Brustpanzer *m* **2.** (*de bebé*) Latz *m,* Lätzchen *nt* **3.** (DEP) Brustschutz *m* **4.** (*de delantal*) Latz *m* **5.** (ZOOL) Bauchpanzer *m*

petral [pe'tral] *m* Brustriemen *m*

petrarquismo [petrar'kismo] *m* (LIT) Petrarkismus *m*

petrel [pe'trel] *m* (ZOOL) Sturmvogel *m*

pétreo, -a ['petreo, -a] *adj* **1.** (*como piedra*) steinartig **2.** (*pedregoso*) steinig **3.** (*duro*) steinhart

petrificación [petrifika'θjon] *f* Versteinerung *f*

petrificado, -a [petrifi'kaðo, -a] *adj* versteinert, petrifiziert *elev;* **me quedé** ~ ich war wie versteinert

petrificar [petrifi'kar] <c→qu> **I.** *vt* **1.** (*convertir en piedra*) versteinern, petrifizieren *elev* **2.** (*a alguien*) erstarren lassen **II.** *vr:* **~se** zu Stein werden

petrodólar [petro'ðolar] *m* Petrodollar *m*

petrogénesis [petro'xenesis] *f inv* (GEO) Gesteinsbildung *f,* Petrogenese *f*

petrografía [petroɣra'fia] *f* (GEO) beschreibende Gesteinskunde *f,* Petrographie *f*

petrolear [petrole'ar] **I.** *vi* (*buque*) auftanken **II.** *vt* (*pulverizar*) mit Petroleum besprühen; (*bañar*) in Petroleum tränken

petróleo [pe'troleo] *m* **1.** (*carburante*) (Erd)öl *nt;* **derivados del** ~ Erdölderivate *ntpl;* **país exportador de** ~ (Erd)öl exportierendes Land; **pozo de** ~ Ölfeld *nt;* **precio del** ~ (Erd)ölpreis *m* **2.** (*de lámpara*) Petroleum *nt;* **lámpara de** ~ Petroleumlampe *f*

petroleoquímico, -a [petroleo'kimiko, -a] *adj* petrolchemisch

petrolero[1] [petro'lero] *m* (*barco*) (Erdöl)tanker *m*

petrolero, -a[2] [petro'lero, -a] **I.** *adj* **1.** (*del carburante*) (Erd)öl- **2.** (*de la lámpara*) Petroleum- **II.** *m, f* (*persona*) Brandstifter(in) *m(f)*

petrolífero, -a [petro'lifero, -a] *adj* ölhaltig; **campo** ~ (Erd)ölfeld *nt;* **industria petrolífera** (Erd)ölindustrie *f;* **plataforma petrolífera** Ölplattform *f;* **yacimiento** ~ Erdölvorkommen *nt*

petrología [petrolo'xia] *f* (GEO) Gesteinskunde *f,* Petrologie *f*

petroquímica [petro'kimika] *f sin pl* Petrolchemie *f,* Erdölchemie *f*

petroquímico, -a [petro'kimiko, -a] *adj* petrolchemisch, Öl verarbeitend

petulancia [petu'lan̪θja] *f* **1.** (*arrogancia*) Anmaßung *f,* Arroganz *f,* Selbstgefälligkeit *f* **2.** (*insolencia*) Unverschämtheit *f,* Zumutung *f*

petulante [petu'lan̪te] *adj* **1.** (*arrogante*) anmaßend, arrogant; (*creído*) selbstgefällig, eingebildet **2.** (*insolente*) unverschämt

petunia [pe'tunja] *f* (BOT) Petunie *f*

peúco [pe'uko] *m* Babyschuh *m*

peuco ['peu̯ko] *m* (*Chil:* ZOOL) *eine Art Sperber, der sich von kleinen Vögeln und Eidechsen ernährt*

peumo ['peu̯mo] *m* (*Chil:* BOT) *Lorbeergewächs mit essbarer Frucht*

peyorativo, -a [peɟora'tiβo, -a] *adj* pejorativ, abwertend

peyote [pe'ɟote] *m* (*Am*) Peyote *m*

pez[1] [peθ] *m* (ZOOL) Fisch *m;* ~ **espada/martillo** Schwert-/Hammerfisch *m;* ~ **gordo** (*fig*) dicker Fisch; **estar como el ~ en el agua** sich fühlen wie ein Fisch im Wasser, sich pudelwohl fühlen; **estar ~ en español** kein Wort Spanisch sprechen; **ese es un buen ~** der ist ein gerissener Bursche

pez[2] [peθ] *f* **1.** (*betún*) Pech *nt,* Baumharz *nt;* **dar la ~** (*fam*) ein Hammer sein **2.** (*excremento*) Kindspech *nt*

pezón [pe'θon] *m* **1.** (BOT) Stiel *m* **2.** (*de mujer*) Brustwarze *f* **3.** (*de animal*) Zitze *f*

pezuña [pe'θuɲa] *f* **1.** (*de león, águila*) Klaue *f;* (*de caballo, asno*) Huf *m* **2.** *pl* (*fam: de persona*) Quanten *pl*

PHN [plan iðro'loxiko naθjo'nal] *abr de* **Plan Hidrológico Nacional** staatlicher Plan *m* zur Wasserversorgung

pi [pi] *f* (MAT) Pi *nt*

piada ['pjaða] *f* **1.** (*de piar*) Piepen *nt* **2.** (*fam: expresión*) übernommener Ausdruck *m;* **tiene muchas ~s de su maestro** er/sie hat viele Ausdrücke von seinem/ihrem Lehrmeister übernommen

piadoso, -a [pja'ðoso, -a] *adj* **1.** (*misericordioso*) barmherzig; (*bondadoso*) gutherzig **2.** (*devoto*) fromm

piafar [pja'far] *vi* (*equitación*) piaffieren

pialar [pja'lar] *vt* (*Am*) (an den Beinen) mit dem Lasso einfangen

pianísimo [pja'nisimo] *adv* (MÚS) pianissimo

pianista [pja'nista] *mf* Klavierspieler(in) *m(f)*; (*profesional*) Pianist(in) *m(f)*

pianístico, **-a** [pja'nistiko, -a] *adj* **1.** (*técnico*) pianistisch **2.** (*recital, velada*) Klavier-; **composición pianística** Klavierkomposition *f*

piano [pi'ano] **I.** *m* Klavier *nt*; ~ **de cola** Flügel *m*; **concierto de** ~ Klavierkonzert *nt* **II.** *adv* (MÚS) piano

pianoforte [pjano'forte] *m* (MÚS) Klavier *nt*

pianola [pja'nola] *f* (MÚS) Pianola *nt*

piante [pi'an̪te] *adj*: **ni** ~ **ni mamante** (*fam*) kein lebendes Wesen

piar [pi'ar] <*1. pres:* pío> *vi* **1.** (*pollo*) piep(s)en **2.** (*clamar*): ~ **por algo** sich *dat* etw brennend wünschen

piara [pi'ara] *f* Schweineherde *f*

piastra [pi'astra] *f* Piaster *m*

PIB [pei'βe] *m abr de* **Producto Interior Bruto** BIP *nt*

pibe, **-a** ['piβe, -a] *m, f* (*Arg: chico*) Junge *m*; (*chica*) Mädchen *nt*

piberío [piβe'rio] *m* (*Arg*) Gruppe *f* Jungen

pibil [pi'βil] *m* (*Méx*) Erdofen *m*

pica ['pika] *f* **1.** (*lanza*) Spieß *m*, Lanze *f*; (HIST) Pike *f*; (TAUR) Lanze *f* **2.** (*soldado*) Pikenier *m* **3.** (*de cartas*) Pik *nt* **4.** (MED) Parorexie *f* **5.** (*loc*): **si consigue lo que se ha propuesto, ha puesto una** (**buena**) ~ **en Flandes** wenn er/sie erreicht, was er/sie sich *dat* vorgenommen hat, hat er/sie Beachtliches geleistet

picabueyes [pika'βweɟes] *m inv* (ZOOL) *Vogelart, die auf Büffeln sitzt und sich von deren Parasiten ernährt*

picacho [pi'katʃo] *m* Bergspitze *f*

picada [pi'kaða] *f* **1.** (*de avispa*) Stich *m*; (*de serpiente*) Biss *m*; (*de pez*) Anbiss *m* **2.** (*CSur: tapas*) Häppchen *nt*

picadero [pika'ðero] *m* **1.** (*para caballos*) Reitbahn *f*, Reithalle *f*; (*escuela*) Reitschule *f* **2.** (NÁUT) Stapel *m* **3.** (*de soltero*) Junggesellenbude *f* **4.** (*fam: habitación para tener relaciones sexuales*) heimliches Liebesnest *nt*

picadillo [pika'ðiʎo] *m* **1.** (GASTR) Haschee *nt*; **hacer** ~ **a alguien** (*fam*) aus jdm Hackfleisch machen **2.** (*para embutido*) Wurstfüllung *f*; (*para salchichas*) Brät *nt* **3.** (*carne*) Hackfleisch *nt*

picado¹ [pi'kaðo] *m* **1.** (*picadillo*) Haschee *nt* **2.** (*de avión*) Sturzflug *m*; **las acciones cayeron en** ~ die Aktien fielen ins Bodenlose; **su fama ha caído en** ~ sein/ihr Stern ist rapide gesunken **3.** (MÚS) Stakkato *nt*

picado, **-a²** [pi'kaðo, -a] *adj* **1.** (*con picaduras: abrigo*) mottenzerfressen, durchlöchert; (*fruta*) angefressen, angenagt; (*muela*) faul; (*cara*) pockennarbig; **carne picada** Hackfleisch *nt*; **tabaco** ~ Grobschnitt *m*; **el vino está** ~ der Wein hat einen Stich **2.** (*con agujeros*) durchlöchert **3.** (*mar*) kabbelig **4.** (*fam: enfadado*) pikiert

picador [pika'ðor] *m* **1.** (*adiestrador*) Zureiter(in) *m(f)* **2.** (TAUR) Pikador *m* **3.** (MIN) Hauer *m*

picadora [pika'ðora] *f* Fleischwolf *m*

picadura [pika'ðura] *f* **1.** (*con punzón*) Stechen *nt*; (*con pico*) Picken *nt* **2.** (*de avispa*) Stich *m*; (*de serpiente*) Biss *m* **3.** (*en ropa*) Mottenloch *nt*; (*en metal*) angefressene Stelle *f* **4.** (*tabaco*) Grobschnitt *m* **5.** (*caries*) Karies *f*

picaflor [pika'flor] *m* **1.** (ZOOL) Kolibri *m* **2.** (*Am: tenorio*) Don Juan *m*

picajoso, **-a** [pika'xoso, -a] *adj* empfindlich

picamaderos [pikama'ðeros] *m inv* (ZOOL) Specht *m*

picana [pi'kana] *f* **1.** (*AmS: garrocha*) Lanze *f*, Spieß *m* **2.** (*AmS: porra*) elektrischer Knüppel *m* **3.** (*Chil: vaca*) Rindfleisch *nt* aus der Keule

picanear [pikane'ar] *vt* (*AmS*) **1.** (*pinchar*) stacheln **2.** (*torturar*) foltern (*mit einem elektrischen Knüppel*)

picante [pi'kan̪te] **I.** *adj* **1.** (*comida*) scharf, pikant **2.** (*chiste, historia*) pikant, schlüpfrig **II.** *m* **1.** (GASTR) scharf gewürztes Gericht *nt* **2.** (*de comida*) Schärfe *f* **3.** (*de expresión*) Pikanterie *f*

picantemente [pikan̪te'men̪te] *adv* verletzend

picantería [pikan̪te'ria] *f* (*And: restaurante modesto*) einfaches Restaurant *nt*

picapedrero¹ [pikape'ðrero] *m* Steinbrucharbeiter *m*

picapedrero, **-a²** [pikape'ðrero, -a] *m, f* Steinmetz(in) *m(f)*

picapica [pika'pika] *f*: **polvos de** ~ Juckpulver *nt*

picapleitos [pika'plei̯tos] *m inv* Winkeladvokat *m*

picaporte [pika'porte] *m* **1.** (*aldaba*) Türklopfer *m* **2.** (*tirador*) Türklinke *f* **3.** (*pestillo*) Riegel *m*

picar [pi'kar] <c→qu> **I.** *vi* **1.** (*sol, ojos*) brennen; **el humo me pica en los ojos** der Rauch brennt mir in den Augen **2.** (*chile, pimienta*) brennen, scharf sein **3.** (*pez*) anbeißen *fam*; (*clientes*) anbeißen *fam*; **la gente no pica tan fácilmente** die Leute beißen nicht so einfach an **4.** (*de la comida*) kleine Mengen essen **5.** (*tener picazón*) jucken; **me pica la espalda** es juckt mich am Rücken **6.** (*avión*) einen Sturzflug machen **7.** (*loc*): ~ **muy alto** hoch hinaus wollen; **su actitud pica en valiente** sein/ihr Verhalten kann man als mutig bezeichnen **II.** *vt* **1.** (*con punzón*) stechen; ~ **una oliva de la lata** eine Olive aus der Dose picken **2.** (*insecto*) stechen; (*serpiente*) beißen **3.** (*ave, con pico*) picken **4.** (*carne*) zerhacken, zerkleinern; **carne picada** Hackfleisch *nt*; **tabaco picado** Grobschnitt *m* **5.** (*billar*) Effet geben +*dat*, mit Effet schlagen **6.** (*caballo*) die Sporen geben +*dat* **7.** (*puerta*) klopfen (*a* an +*akk*) **8.** (*orgullo*) treffen; **le has picado el amor propio**

du hast seinen/ihren Stolz verletzt **9.** (*papel, tela*) durchstechen **10.** (*billete*) lochen, entwerten **11.** (MIL) unaufhörlich angreifen **12.** (*ofender*) kränken, verletzen; **estar picado con alguien** mit jdm beleidigt sein; **¿qué mosca te ha picado?** welche Laus ist dir über die Leber gelaufen? **13.** (*incitar*) anspornen **14.** (MÚS) stakkato spielen **15.** (*pintura*) tupfen **16.** (TIPO) eintippen **III.** *vr:* **~se 1.** (*metal*) angefressen werden; (*muela*) faul werden; (*ropa*) (von Motten) zerfressen sein; (*vino*) einen Stich bekommen; (*semillas*) unbrauchbar werden **2.** (*mar*) kabbelig werden **3.** (*ofenderse*) gekränkt [*o* beleidigt] sein; (*mosquearse*) sich ärgern; **se pica por nada** er/sie braust leicht auf, er/sie ist schnell beleidigt; **siempre se pica cuando juega** er/sie kann nicht verlieren **4.** (*jactarse*) prahlen (*de* mit *+dat*) **5.** (*fam: drogarse*) fixen **6.** (*Am: embriagarse*) sich betrinken

pícara ['pikara] *adj o f v.* **pícaro**

picardear [pikarðe'ar] **I.** *vi* Unfug treiben **II.** *vr:* **~se** üble Gewohnheiten annehmen

picardía¹ [pikar'ðia] *m* Nachthemd *nt*

picardía² [pikar'ðia] *f* **1.** (*malicia*) Verschmitztheit *f;* **lo dijo con ~** er/sie hat sich *dat* seinen/ihren Teil dabei gedacht, als er/sie das sagte **2.** (*travesura*) Streich *m* **3.** (*broma*) Spaß *m,* Scherz *m* **4.** (*bellaquería*) Gaunerstreich *m*

picaresca [pika'reska] *f* **1.** (LIT) Schelmenliteratur *f* **2.** (*hampa*) Gaunertum *nt*

picaresco, -a [pika'resko, -a] *adj* **1.** (LIT) schelmenhaft, pikaresk; **novela picaresca** Schelmenroman *m* **2.** (*hampesco*) gaunerisch **3.** (*astuto*) schelmisch, verschmitzt **4.** (*comentario*) frech

pícaro, -a ['pikaro, -a] **I.** *adj* **1.** (*hampesco*) gaunerisch **2.** (*granuja*) verbrecherisch, betrügerisch **3.** (*astuto*) schelmisch, verschmitzt **4.** (*comentario*) frech **II.** *m, f* **1.** (LIT) Schelm *m* **2.** (*granuja, pillo*) Gauner(in) *m(f),* Schlawiner(in) *m(f) fam*

picarón [pika'ron] *m* (*Am: buñuelo*) ≈Krapfen *m*

picassiano, -a [pika'sjano, -a] *adj* (ARTE) *den Maler Pablo Picasso betreffend*

picatoste [pika'toste] *m* (GASTR) geröstetes Brot *nt*

picaza [pi'kaθa] *f* (ZOOL) Elster *f*

picazo [pi'kaθo] *m* **1.** (*picotazo*) Schnabelhieb *m* **2.** (*golpe con la pica*) Lanzenhieb *m*

picazón [pika'θon] *f* **1.** (*comezón*) Jucken *nt* **2.** (*disgusto*) Ärger *m,* Verdruss *m*

picea [pi'θea] *f* (BOT) Fichte *f*

picha ['piʧa] *f* (*vulg: pene*) Schwanz *m fam*

pichanga [pi'ʧaŋga] *f* (*Arg: vino*) junger Wein *m*

pichi ['piʧi] *m* **1.** (*prenda de vestir*) Trägerrock *m* **2.** (*CSur: fam: pipí*) Pipi *nt;* **hacer ~** Pipi machen

pichicata [piʧi'kata] *f* (*Arg*) **1.** (*inyección*) Spritze *f* **2.** (*medicina*) Medikament *nt* **3.** (*droga*) Droge *f*

pichicato, -a [piʧi'kato, -a] **I.** *adj* (*AmC*) knauserig **II.** *m, f* (*AmC*) Egoist(in) *m(f)*

pichichi [pi'ʧiʧi] *m* (DEP) Torschützenkönig *m*

pichín [pi'ʧin] *m* (*CSur: fam: pipí*) Pipi *nt*

pichincha [pi'ʧinʧa] *f* (*Arg*) Schnäppchen *nt*

pichinchero, -a [piʧin'ʧero, -a] *m, f* (*Arg*) Schnäppchenjäger(in) *m(f)*

pichiruche [piʧi'ruʧe] *m* (*Chil, Perú: persona*) Niemand *m*

pichón¹ [pi'ʧon] *m* (ZOOL) junge Taube *f*

pichón, -ona² [pi'ʧon, -ona] *m, f* (*querido*) Liebling *m,* Schatz *m*

pichoso, -a [pi'ʧoso, -a] *adj* **1.** (*Col: de ojos llorosos*) mit tränenden Augen **2.** (*Ven: sucio*) dreckig

pichula [pi'ʧula] *f* (*Chil: fam: pene*) Pimmel *m*

pichulear [piʧule'ar] *vt* **1.** (*Chil: engañar*) betrügen **2.** (*CSur: negociar*) verschachern

pichulero, -a [piʧu'lero, -a] *m, f* (*Arg, Urug*) kleiner Betrüger *m,* kleine Betrügerin *f*

Picio ['piθjo] *m* (*fam*): **más feo que ~** hässlich wie die Nacht

picnic ['piɣniᵞ] *m* Picknick *nt*

pícnico, -a ['piɣniko, -a] *adj* zur Fettleibigkeit neigend, pyknisch

pico ['piko] *m* **1.** (*pájaro*) Specht *m;* **~ verde** Grünspecht *m* **2.** (*del pájaro*) Schnabel *m* **3.** (*fig: boca*) Mund *m,* Schnabel *m fam;* **~ de oro** ausgezeichneter Redner; **tener un buen ~** ein flinkes Mundwerk haben; **¡él de ~ todo lo que quieras!** versprechen tut er viel!; **no abrió el ~ en toda la noche** er/sie hat die ganze Nacht keinen Ton von sich *dat* gegeben; **alguien se fue del ~** jd hat sich verplappert; **¡esa no perderá por su ~!** die versucht immer sich selbst zu beweihräuchern; **¡ese se perderá por el ~!** der wird sich noch um Kopf und Kragen reden!; **su hijo en vez de estudiar anda por ahí de ~s pardos** statt zu lernen, treibt sich sein/ihr Sohn in schlechter Gesellschaft herum **4.** (BOT): **~ de cigüeña** Storchschnabel *m* **5.** (*herramienta*) Spitzhacke *f* **6.** (*montaña*) Spitze *f;* **cortado a ~** steil **7.** (*jarra*) Tülle *f* **8.** (*argot: heroína*) Schuss *m* **9.** (*Fili*) *Maßeinheit von 63,262 kg* **10.** (*Col: fam: beso*) Kuss *m* **11.** (*PRico: fam*): **limpiarle a alguien el ~** jdn kaltmachen **12.** (*loc*): **llegó a las cuatro y ~** er/sie kam um kurz nach vier; **tiene bien cuarenta y ~ de años** er/sie ist längst in den Vierzigern; **se repartieron las ganancias y obtuvo un buen ~** der Gewinn wurde aufgeteilt und er/sie bekam ein gutes Stück vom Kuchen

picofeo [piko'feo] *m* (*Col*) Tukan *m*

picola [pi'kola] *f ein Art Spitzhacke des Steinmetzes*

picón¹ [pi'kon] *m* **1.** (*burla*) Neckerei *f* **2.** (*carbón*) Holzkohle *f* **3.** (*arroz*) Bruchreis *m*

picón, -ona² [pi'kon, -ona] *adj* (*caballo*) *mit überlangen Schneidezähnen*

piconero, **-a** [piko'nero, -a] *m, f* (TAUR) Picador(in) *m(f)*

picor [pi'kor] *m* (*en alguna parte del cuerpo*) Jucken *nt;* (*en la boca*) Brennen *nt*

picota [pi'kota] *f* **1.** (*tortura*) Pranger *m;* **poner en la ~ a alguien** jdn an den Pranger stellen **2.** (*montaña, iglesia*) Spitze *f*

picotada [piko'taða] *f v.* **picotazo**

picotazo [piko'taθo] *m* (*ave*) Schnabelhieb *m;* (*insecto*) Stich *m;* **me pegó un ~ en el estómago** es hat mich in den Bauch gestochen; **le arrancaron los ojos a ~s** sie hackten ihm/ihr die Augen aus

picoteado, **-a** [pikote'aðo, -a] *adj* angepickt

picotear [pikote'ar] **I.** *vi* **1.** (*caballos*) mit den Köpfen nicken **2.** (*comer*) *kleine Mengen von verschiedenen Speisen probieren* **3.** (*hablar*) schwatzen **II.** *vt* (an)picken **III.** *vr:* **~se 1.** (*personas*) sich zanken **2.** (*pájaros*) schnäbeln

picoteo [piko'teo] *m* **1.** (*de aves*) Schnäbeln *nt* **2.** (*parloteo*) Schwatz *m,* Schwatzen *nt* **3.** (*comida*) *Probieren kleinerer Mengen von verschiedenen Speisen*

picotero, **-a** [piko'tero, -a] *m, f* Schwätzer(in) *m(f)*

pictografía [piktoɣra'fia] *f* (LING) Bilderschrift *f,* Piktographie *f*

pictográfico, **-a** [pikto'ɣrafiko, -a] *adj* (LING) in Bilderschrift, piktographisch

pictograma [pikto'ɣrama] *m* Piktogramm *nt*

pictórico, **-a** [pik'toriko, -a] *adj* malerisch, Malerei-; **técnica pictórica** Maltechnik *f*

picudilla [piku'ðiʎa] *f* (ZOOL) **1.** (*ave*) *eine Art Watvogel* **2.** (*Cuba, PRico, Ven: pez*) *eine Art Knochenfisch mit sehr schmackhaftem Fleisch*

picudo, **-a** [pi'kuðo, -a] *adj* **1.** (*puntiagudo*) spitz; (*anguloso*) kantig **2.** (*charlatán*) schwatzhaft

picuré [piku're] *m* (*Ven:* ZOOL) Goldhase *m,* Aguti *m*

pidgin ['piᵈʤin] *m* (LING) Pidgin *nt*

pídola ['piðola] *f* (*juego de muchachos*) Bocksprung *m*

pidón, **-ona** [pi'ðon, -ona] **I.** *adj* (*fam*) quengelig **II.** *m, f* (*fam*) Quengler(in) *m(f)*

piduye [pi'ðuɟe] *m* (*Chil:* ZOOL) Spulwurm *m;* **estar con ~s** sehr nervös sein

pie [pje] *m* **1.** (*extremidad, medida*) Fuß *m;* **~s planos** Plattfüße *mpl;* **¿qué ~ calza Ud.?** was für eine Schuhgröße haben Sie?; **al ~ de la montaña** am Fuß des Berges; **al ~ del árbol** am Baumstamm; **al ~ de la carta** am Ende des Briefes; **a(l) ~ de (la) obra** auf der Baustelle; **vino a ~** er/sie kam zu Fuß; **a ~ firme** ohne sich von der Stelle zu rühren; **no se quede de ~, siéntese** bleiben Sie doch nicht stehen, setzen Sie sich; **la torre fue lo único que quedó en ~** der Turm war das Einzige, was stehen geblieben ist; **estar de ~ las ocho horas es muy duro** acht Stunden zu stehen ist sehr anstrengend; **¡póngase de ~!** stehen Sie auf!; **estar al ~ del cañón** Gewehr bei Fuß stehen; (*fig*) allzeit bereit sein; **siguió al ~ de la letra su consejo** er/sie ist seinem/ihrem Rat aufs Wort gefolgt; **buscarle tres** [*o* **cinco**] **~s al gato** (*provocar daño*) ein Unglück heraufbeschwören; (*buscar complicaciones*) eine Sache schwieriger machen, als sie ist; **caer de ~s** auf die Füße fallen, heil davonkommen; **ya sabemos de qué ~ cojea** (*fig*) wir kennen seine/ihre Schwächen schon; **con buen ~** fröhlich; **levantarse con el ~ derecho** mit dem rechten Fuß aufstehen; **este informe está hecho con los ~s** dieser Bericht ist sehr schlecht gemacht; **hay que andarse con ~s de plomo** man muss sehr vorsichtig sein; **ya tiene un ~ en el hoyo** [*o* **en el otro mundo**] er/sie steht schon mit einem Bein im Grab; **nos miró de (los) ~s a (la) cabeza** er/sie schaute uns von oben bis unten an; **echó ~ a tierra y se inclinó** er/sie stieg aus und beugte sich vor; **¿está el abuelo ya en ~?** ist Opa schon aufgestanden?; **estar en ~ de guerra con algo/con alguien** mit etw *dat*/mit jdm auf (dem) Kriegsfuß stehen; **yo en este lado de la piscina no hago ~** auf dieser Seite des (Schwimm)beckens kann ich nicht stehen; **perder ~** den Boden unter den Füßen verlieren; **se marchó del hospital por su propio ~** er/sie konnte laufen, als er/sie das Krankenhaus verließ; **lo importante es meter el ~, lo demás ya llegará** wenn man erst einmal einen Fuß in der Tür hat, kommt man auch hinein; **este nació de ~** der ist unter einem günstigen Stern geboren; **hoy no doy ~ con bola** (*fam*) heute schieße [*o* treffe] ich immer daneben, heute kriege ich nichts geregelt; **el texto no tenía ~s ni cabeza** der Text hatte weder Hand noch Fuß; **no podía tenerse en ~** er/sie konnte sich nicht mehr aufrecht halten; **estoy cansada: no me tengo en ~** ich bin ganz erschöpft: ich kann nicht mehr stehen; **hemos tenido que pararle los ~s** wir mussten ihn/sie zur Räson bringen; **~s, ¿para qué os quiero?** nichts wie weg hier!; **poner ~s en polvorosa** sich aus dem Staub machen; **lo sacaron con los ~s por delante** man hat ihn zu Grabe getragen; **hay que tener los ~s en la tierra** man muss mit beiden Füßen auf der Erde [*o* im Leben] stehen; **no le des ~ para que se queje de ti** liefere ihm/ihr keinen Anlass sich über dich zu beschweren **2.** (TIPO): **~ de imprenta** Druckvermerk *m,* Impressum *nt;* **~ de página** Fußzeile *f* **3.** (*planta*) Stängel *m,* Staude *f;* (*tronco*) Stamm *m;* **~ de vid** Rebstock *m* **4.** (*métrica*) Versfuß *m,* Versmaß *nt* **5.** (TEAT) Stichwort *nt* **6.** (*trípode*) Stativ *nt* **7.** (*Am*): **~ de fuerza** Streitkräfte *fpl* **8.** (*Chil: prenda*) Anzahlung *f* **9.** (*loc*): **~ de banco** (*fam*) Schnapsidee *f;* **en ~ de igualdad** gleichberechtigt; **creer a ~ juntillas** ganz fest glauben; **de a ~** normal; **el**

ciudadano de a ~ der kleine Mann auf der Straße

piedad [pje'ðað] *f sin pl* **1.** (REL) Frömmigkeit *f;* (*compasión*) Mitleid *nt,* Erbarmen *nt;* **¡ten ~ de nosotros!** erbarme dich unser!; **¡~!** Erbarmen! **2.** (ARTE) Pietà *f* **3.** (*loc*): **monte de ~** Leihhaus *nt*

piedemonte [pjeðe'monte] *m,* **pie de monte** [pjeðe'monte] *m* (GEO) Piedmontfläche *f*

piedra ['pjeðra] *f* **1.** (GEO) Stein *m;* **~ de afilar** Schleifstein *m;* **~ angular** (*fig*) Eckstein *m;* **~ filosofal** (*fig*) Stein der Weisen; **~ miliar** Meilenstein *m;* **~ pómez** Bimsstein *m;* **~ preciosa/semipreciosa** Edel-/Halbedelstein *m;* **~ de toque** (*fig*) Prüfstein *m;* **carbón de ~** Steinkohle *f;* **cartón ~** Pappmaschee *nt;* **edad de ~** Steinzeit *f;* **no te quejes, ¡que menos da una ~!** (*fig*) beklag dich nicht, es hätte auch noch schlimmer kommen können!; **no dejará ~ por mover hasta que lo consiga** (*fig*) er/sie wird alle Hebel in Bewegung setzen, um es zu schaffen; **poner** [*o* **colocar**] **la primera ~** den Grundstein legen; **no quedó ~ sobre ~** kein Stein blieb auf dem anderen; **cuando lo supimos nos quedamos de ~** als wir es erfuhren, waren wir wie versteinert; **tirar la ~ y esconder la mano** nicht für seine Taten einstehen; **con esas declaraciones se tira ~s a su propio tejado** mit solchen Äußerungen schneidet er/sie sich *dat/akk* ins eigene Fleisch; **quien esté libre de pecado que tire la primera ~** (*prov*) wer ohne Sünde ist, der werfe den ersten Stein **2.** (*granizo*) Hagel *m* **3.** (*mechero*) Feuerstein *m* **4.** (MED) Stein *m;* **~ del riñón** Nierenstein *m;* **~ de la vesícula** Gallenstein *m* **5.** (*inclusa*) Findelhaus *nt*

piejo ['pjexo] *m* (*vulg*) Laus *f*

piel [pjel] *f* **1.** (*de persona*) Haut *f;* **~ de naranja** Orangenhaut *f;* **~ roja** Rothaut *f,* Indianer *m;* **se me puso la ~ de gallina oyendo su historia** ich bekam eine Gänsehaut, als ich seine/ihre Geschichte hörte; **estos niños son de la ~ del diablo** diese Kinder sind richtige Rabauken; **sacar a alguien la ~ a tiras** (*fig*) jdn auseinander nehmen *fam,* jdn scharf kritisieren; **en esa empresa se dejó la ~** er/sie hat sich in außerordentlichem Maße in dieses Unternehmen eingebracht **2.** (*de animal*) Pelz *m,* Fell *nt;* (*cuero*) Leder *nt;* **~ de cocodrilo** Krokodilsleder *nt;* **abrigo de ~(es)** Pelzmantel *m* **3.** (*de fruta*) Schale *f*

piélago ['pjelaɣo] *m sin pl* (*elev*) **1.** (*mar*) Meer *nt* **2.** (*montón*) Unmenge *f* (*de* an/von +*dat*)

pielero, -a [pje'lero, -a] *m, f* Fellhändler(in) *m(f)*

pielgo ['pjelɣo] *m v.* **piezgo**

pielitis [pje'litis] *f inv* (MED) Nierenbeckenentzündung *f,* Pyelitis *f*

pienso ['pjenso] *m* (*ganado*) Futter *nt;* **~ completo** Fertigfutter *nt*

pier ['pjer] *m* (*Am:* NÁUT) Pier *m o f*

piérides ['pjeriðes] *fpl* (*elev*) Musen *fpl*

pierna ['pjerna] *f* **1.** (*extremidad*) Bein *nt;* (*entre la rodilla y el pie*) Unterschenkel *m;* (*ternera*) Keule *f;* **~ ortopédica** Beinprothese *f;* **estirar las ~s** sich *dat* die Beine vertreten; **con las ~s cruzadas** mit übergeschlagenen Beinen; **dormir a ~ suelta** fest schlafen **2.** (*compás*) Schenkel *m* **3.** (*letra*) Grundstrich *m* **4.** (*Arg: persona lista*) schlauer Mensch *m;* **hacer ~** mithelfen

pierrot [pje'rro(t)] *m* Pierrot *m*

pietismo [pje'tismo] *m* (REL) Pietismus *m*

pietista [pje'tista] **I.** *adj* pietistisch **II.** *mf* Pietist(in) *m(f)*

pieza ['pjeθa] *f* **1.** (*pedazo*) Stück *nt;* (*parte*) Teil *nt,* Bestandteil *m;* (*reproducción*) Exemplar *nt;* **~ de artillería** Geschütz *nt;* **~ de recambio** [*o* **de repuesto**] Ersatzteil *nt;* **~ suelta** Einzelteil *nt;* **esta vajilla tiene 40 ~s** das Geschirr hat 40 Teile; **un traje de dos ~s** ein zweiteiliges Kostüm; **~ por ~** Stück für Stück; **vender a** [*o* **por**] **~s** nach Stück verkaufen; **me pagan por ~** ich werde nach Stückzahl [*o* Leistung] bezahlt; **los aguacates se venden a 50 pesetas la ~** die Avocados werden zu 50 Peseten das Stück verkauft; **¡menuda ~ está hecho ese!** das ist mir ein sauberer Vogel!; **se quedó de una ~ al oírlo** als er/sie es hörte, verschlug es ihm/ihr die Sprache **2.** (*caza*) Stück *nt* Wild; (*pesca*) Fisch *m* **3.** (MÚS, TEAT) Stück *nt* **4.** (*damas*) Stein *m;* (*ajedrez*) Figur *f* **5.** (*Am: habitación*) Zimmer *nt* **6.** (*moneda*) Geldstück *nt,* Münze *f*

piezgo ['pjeθɣo] *m* **1.** (*parte del cuero*) *Lederteil, aus dem Schläuche gefertigt werden* **2.** (*cuero para transportar líquidos*) Schlauch *m*

piezoelectricidad [pjeθoelektriθi'ðað] *f* (FÍS, ELEC) Piezoelektrizität *f*

piezometría [pjeθome'tria] *f* (FÍS, GEO) Messung *f* der Kompressibilität von Flüssigkeiten, Piezometrie *f*

pífano ['pifano] *m* **1.** (*instrumento*) Pikkoloflöte *f* **2.** (*músico*) Pikkolospieler *m*

pifia ['pifja] *f* **1.** (*billar*) Fehlstoß *m* **2.** (*error*) Fauxpas *m,* Blamage *f* **3.** (*And: escarnio*) Hohn *m*

pifiar [pi'fjar] **I.** *vi* **1.** (*flauta*) unsauber anblasen **2.** (*billar*) einen Fehlstoß machen **II.** *vt* (*Arg, And*) verhöhnen

pigargo [pi'ɣarɣo] *m* (ZOOL) Seeadler *m*

pigmea [piɣ'mea] *f v.* **pigmeo**

pigmentación [piɣmenta'θjon] *f* Pigmentierung *f*

pigmentar [piɣmen'tar] *vt* pigmentieren

pigmentario, -a [piɣmen'tarjo, -a] *adj* das Pigment betreffend, Pigment-; **colorante ~** Pigmentfarbstoff *m*

pigmento [piɣ'mento] *m* (BIOL) Pigment *nt;* (*pintura*) Farbstoff *m;* **~ colorante** Farbpigment *nt*

pigmeo, -a [piɣ'meo, -a] *m, f* Pygmäe, -in *m, f;* (*enano*) Zwerg(in) *m(f);* (*pey*) Knirps *m*

pignorable [piɣno'raβle] *adj* (FIN) verpfändbar, lombardfähig

pignoración [piɣnora'θjon] *f* Verpfändung *f*

pignorar [piɣno'rar] *vt* verpfänden; ~ **acciones** Aktien beleihen

pignoraticio, **-a** [piɣnora'tiθjo, -a] *adj* (FIN) Pfand-; **deuda pignoraticia** Pfandschuld *f*

pigre ['piɣre] *adj* faul, träge

piído [pi'iðo] *m* Piepen *nt*

pija ['pixa] *f* **1.** (*Am: vulg: pene*) Schwanz *m fam* **2.** (*argot*) Yuppie *m*

pijada [pi'xaða] *f* (*vulg*) Sauerei *f fam;* **¡eso son ~s!** das ist doch ausgemachter Blödsinn! *fam*

pijama [pi'xama] *m* Schlafanzug *m,* Pyjama *m*

pije ['pixe] *m* (*Chil: fam: fanfarrón*) Angeber *m*

pijerío [pixe'rio] *m* (*fam*) Yuppietum *nt*

pijo¹ ['pixo] *m* (*vulg*) **1.** (*pene*) Schwanz *m fam* **2.** (*nadería*) Blödsinn *m fam;* **¡y un ~!** verdammte Scheiße!

pijo, **-a²** ['pixo, -a] *m, f* (*argot*) Yuppie *m*

pijotada [pixo'taða] *f* (*vulg*), **pijotería** [pixote'ria] *f* (*vulg*) *v.* **pijada**

pijotero, **-a** [pixo'tero, -a] *adj* **1.** (*pey: fastidioso*) lästig, aufdringlich **2.** (*Am: tacaño*) knickerig; **es tan pijotera, que a veces hasta me avergüenzo de ella** sie feilscht immer so sehr, dass es mir manchmal schon peinlich ist

pila ['pila] *f* **1.** (*lavadero*) (Spül)becken *nt;* (*fuente*) Brunnenbecken *nt;* (*abrevadero*) Wassertrog *m;* ~ **de agua bendita** Weihwasserbecken *nt;* ~ **bautismal** Taufbecken *nt;* **nombre de** ~ Taufname *m;* **sacar de** [*o* **tener en la**] ~ **a alguien** jds Taufpate sein **2.** (FÍS) Batterie *f;* ~ **reversible** [*o* **recargable**] Akku(mulator)batterie *f,* aufladbare Batterie; ~ **seca** Trockenbatterie *f;* **cargar las ~s** die Batterien (auf)laden; (*fig fam*) mächtig in Schwung kommen **3.** (*montón*) Stapel *m,* Haufen *m;* **una ~ de libros** ein Stapel Bücher **4.** (ARQUIT) Brückenpfeiler *m* **5.** (INFOR): ~ **de discos** (Magnetplatten)laufwerk *nt*

pila-botón ['pila-βo'ton] *f* <pilas-botón> (*batería*) Babyzelle *f*

pilada [pi'laða] *f* Haufen *m*

pilar [pi'lar] *m* **1.** (*camino*) Meilenstein *m* **2.** (*columna*) Stützpfeiler *m,* Säule *f* **3.** (*fuente*) Brunnenbecken *nt* **4.** (*apoyo*) Stütze *f* **5.** (*loc*): **Nuestra Señora del P~** *Schutzpatronin von Zaragoza*

pilastra [pi'lastra] *f* (ARQUIT) Pilaster *m*

pilca ['pilka] *f* (*AmS*) Steinmauer *f*

pilcha ['pilʧa] *f* (*CSur: fam: prendas*) Klamotten *pl*

pilche ['pilʧe] *m* (*And*) Holzschüssel *f*

píldora ['pil̪dora] *f* Pille *f;* **la ~ (anticonceptiva)** die (Antibaby)pille; ~ **abortiva** Abtreibungspille *f;* **dorar la ~ a alguien** jdm die bittere Pille versüßen; **tragar la ~** auf den Leim gehen; **tragarse la ~** hereinfallen

pildorero [pil̪do'rero] *m* Pillendrehapparat *m*

pileta [pi'leta] *f* **1.** (*RíoPl: de cocina*) Spülbecken *nt* **2.** (*RíoPl: piscina*) Schwimmbad *nt* **3.** (*RíoPl: abrevadero*) Tränke *f* **4.** (*Arg*): **tirarse a la ~** aufs Ganze gehen

pilila [pi'lila] *f* (*fam*) Pimmel *m*

pililo, **-a** [pi'lilo, -a] *m, f* (*CSur*) zerlumpte Gestalt *f*

pilingui [pi'liŋgwi] *f* (*argot*) Nutte *f*

pilla ['piʎa] *adj o f v.* **pillo**

pillada [pi'ʎaða] *f* Schurkenstreich *m,* dummer Streich *m*

pillador(a) [piʎa'ðor(a)] **I.** *adj* stehlend **II.** *m(f)* Dieb(in) *m(f)*

pillaje [pi'ʎaxe] *m* Plünderung *f*

pillán [pi'ʎan] *m* (*Chil*) **1.** (*demonio*) Teufel *m* **2.** (*trueno*) Donner *m* **3.** (*rayo*) Blitz *m*

pillar [pi'ʎar] **I.** *vt* **1.** (*encontrar*) antreffen, erwischen *fam;* (*en flagrante*) ertappen; **me pillas de buen humor** du erwischst mich einmal gut gelaunt; **la noche nos pilló en el monte** die Nacht überraschte uns auf dem Berg; **eso no me pilla de sorpresa** das ist für mich keine Überraschung; **aquí te pillo, aquí te mato** (*fig*) das ist die Gelegenheit, jetzt oder nie; **tu casa nos pilla de camino** dein Haus liegt für uns auf dem Weg; **Correos no nos pilla cerca** die Post ist nicht gerade nah für uns **2.** (*atropellar*) überfahren **3.** (*entender*) verstehen **4.** (*robar*) rauben **II.** *vi* (*Arg: orinar*) pinkeln *fam*

pillastre [pi'ʎastre] *m* (*fam*) Gauner *m,* Lausbub *m*

pillear [piʎe'ar] *vi* (*fam*) herumgaunern

pillería [piʎe'ria] *f* Schurkenstreich *m*

pillín, **-ina** [pi'ʎin, -ina] *adj* schlau

pillo, **-a** ['piʎo, -a] **I.** *adj* (*fam*) schlau **II.** *m, f* (*fam*) Gauner(in) *m(f),* Lausbub *m*

pilluelo, **-a** [pi'ʎwelo, -a] *adj* (*fam*) schlau

pilmama [pil'mama] *f* (*Méx*) Kindermädchen *nt*

pilme ['pilme] *m* (*Chil:* ZOOL) *schädlicher Käfer*

pilón [pi'lon] *m* **1.** (*azúcar*) Zuckerhut *m* **2.** (*mortero*) Mörser *m* **3.** (*pesa*) Läufer *m* **4.** (ARQUIT) Pylon *m,* Pylone *f*

piloncillo [pilon̪'θiʎo] *m* (*Méx*) *dunkler Zucker in Kegelform*

pilonga [pi'loŋga] *f* (GASTR) geröstete Kastanie *f*

píloro ['piloro] *m* (ANAT) Magenpförtner *m*

pilosidad [pilosi'ðaᵈ] *f* Behaarung *f*

piloso, **-a** [pi'loso, -a] *adj* behaart, Haar-, haarig; **bulbo ~** (ANAT) Haarzwiebel *f*

pilotaje [pilo'taxe] *m* **1.** (*dirigir*) Steuern *nt,* Steuerung *f* **2.** (*ciencia*) Lotsenkunde *f* **3.** (*tasa*) Lotsengeld *nt* **4.** (ARQUIT) Pfahlwerk *nt*

pilotar [pilo'tar] *vt* (*barco*) lotsen; (*coche, avión*) steuern, führen

pilote [pi'lote] *m* Pfahl *m*

pilotear [pilote'ar] *vt* (*Am*) **1.** (*ayudar*) begleiten **2.** (*patrocinar*) fördern **3.** (*Chil: explo-*

tar) ausnutzen, ausnützen *reg*
piloto¹ [pi'loto] **I.** *mf* **1.** (NÁUT) Steuermann *m*, zweiter Offizier *m;* (*práctico*) Lotse, -in *m, f* **2.** (*avión*) Pilot(in) *m(f)*, Flugzeugführer(in) *m(f);* **poner el ~ automático** den Autopiloten einschalten **3.** (AUTO) Fahrer(in) *m(f);* **~ de carreras** Rennfahrer(in) *m(f)* **II.** *adj* Versuchs-, Muster-; **experiencia ~** Pilotversuch *m;* **piso ~** Musterwohnung *f;* **proyecto ~** Pilotprojekt *nt*
piloto² [pi'loto] *m* (TÉC) Steuergerät *nt;* (*lámpara*) Warnlampe *f*
pil-pil [pil'pil] *m:* **bacalao al ~** *Stockfisch auf baskische Art*
piltra ['pil̦tra] *f* Bett *nt*
piltrafa [pil̦'trafa] *f* **1.** (*carne*) schlechtes Fleisch *nt* **2.** (*persona*) Wrack *nt*
pilucho, -a [pi'luʧo, -a] *adj* (*Chil*) nackt
pimental [pimen̦'tal] *m* (AGR) Paprikafeld *nt*
pimentero [pimen̦'tero] *m* **1.** (BOT) Pfefferstrauch *m* **2.** (*vasija*) Pfefferstreuer *m*
pimentón [pimen̦'ton] *m* Paprika *m* (*gemahlen*)
pimienta [pi'mjen̦ta] *f* Pfeffer *m;* **~ negra/blanca/molida** schwarzer/weißer/gemahlener Pfeffer
pimiento [pi'mjen̦to] *m* **1.** (*hortaliza*) Paprika *m*, (Paprika)schote *f;* **~ encarnado/verde** roter/grüner Paprika; **me importa un ~ lo que él diga** es ist mir vollkommen wurscht, was er sagt; **no vale un ~** (*fam*) er/sie ist eine absolute Null **2.** (*pimentón*) Pfeffer *m;* (*arbusto*) Pfefferstrauch *m*
pimpampum [pimpam'pun] *m* (*juego*) Schießbude *f*
pimpante [pim'pan̦te] *adj* elegant; (*lozano*) stramm
pimpido [pim'piðo] *m* (ZOOL) *dem Dornhai ähnlicher Fisch, jedoch mit schmackhafterem Fleisch*
pimpina [pim'pina] *f* (*Ven*) Tonkrug *m* (in dem Wasser kalt gehalten wird)
pimpinela [pimpi'nela] *f* (BOT) Pimpinelle *f*
pimplar [pim'plar] *vt* (*fam*) saufen
pimpollar [pimpo'ʎar] *m* (BOT) Baumschule *f*
pimpollo [pim'poʎo] *m* **1.** (*capullo*) Rosenknospe *f* **2.** (*monada*) hübsches Kind *nt;* **estás hecho un ~** du bist wie der junge Frühling **3.** (*brote*) Schössling *m*, Trieb *m*
pimpón [pim'pon] *m* (DEP) Tischtennis *nt*
pin [pin] *m inv* Stift *m*
PIN [pei'ene] *m* (ECON) *abr de* **Producto Interior Neto** NIP *nt*
pinabete [pina'βete] *m* (BOT) Tanne *f;* **~ común/blanco** Edel-/Weißtanne *f*
pinacate [pina'kate] *m* (*Méx:* ZOOL) *stinkender schwarzer Käfer*
pináceas [pi'naθeas] *fpl* (BOT) Kieferngewächse *ntpl*
pináceo, -a [pi'naθeo, -a] *adj* (BOT) Kiefern-, kiefernartig
pinacoteca [pinako'teka] *f* Pinakothek *f*
pináculo [pi'nakulo] *m* (ARQUIT) Giebel *m*, Zinne *f*
pinado, -a [pi'naðo, -a] *adj* (BOT) gefiedert
pinar [pi'nar] *m* Kiefernwald *m*
pinastro [pi'nastro] *m* (BOT) Strandkiefer *f*, Pinaster *m*
pinaza [pi'naθa] *f* (NÁUT) Pinasse *f*
pincel [pin̦'θel] *m* Pinsel *m;* **~ fotosensible** Lichtstift *m*
pincelada [pin̦θe'laða] *f* Pinselstrich *m;* **dar las últimas ~s a algo** etw *dat* den letzten Schliff geben
pincelar [pin̦θe'lar] *vt* (be)malen; (*retratar*) porträtieren
pincelero, -a [pin̦θe'lero, -a] *m, f* **1.** (*que vende pinceles*) Pinselhändler(in) *m(f)* **2.** (*que hace pinceles*) Pinselhersteller(in) *m(f)* **3.** (*brucero*) Bürstenmacher(in) *m(f)*
pincha¹ ['pinʧa] *f* **1.** (*mujer*) Küchenhilfe *f* **2.** (*espina*) Stachel *m*
pincha² ['pinʧa] *mf abr de* **pinchadiscos** DJ *m*
pinchadiscos [pinʧa'ðiskos] *mf inv* Diskjockey *m*
pinchadura [pinʧa'ðura] *f v.* **pinchazo**
pinchante [pin'ʧan̦te] *adj* stechend
pinchar [pin'ʧar] **I.** *vi* **1.** (*rueda*) einen Platten haben **2.** (*fracasar*) versagen; **ese aquí ni pincha ni corta** der hat hier gar nichts zu melden **II.** *vt* **1.** (*alfiler*) stechen **2.** (*estimular*) aufreizen; (*mortificar*) kränken **3.** (*inyección*) eine Spritze geben (*a* +*dat*); **tengo que ir al médico para que me pinche** ich muss zum Arzt und mir eine Spritze geben lassen **4.** (*teléfono*) anzapfen **5.** (INFOR) anklicken **III.** *vr:* **~se 1.** (*alfiler*) sich stechen **2.** (*rueda*): **se nos ha pinchado una rueda** wir haben einen Platten **3.** (*insulina*) sich *dat* spritzen **4.** (*argot: drogarse*) sich *dat* einen Schuss setzen
pinchaúvas [pinʧa'uβas] *m inv* (*fam*) Lump *m*
pinchazo [pin'ʧaθo] *m* **1.** (*espina*) Stich *m;* **me dieron unos ~s insoportables en el estómago** ich spürte heftige Stiche im Magen **2.** (*neumático*) Reifenpanne *f;* **tuvimos un ~ tras la curva** nach der Kurve hatten wir einen Platten [*o* eine Reifenpanne] **3.** (*fracaso*) Versagen *nt* **4.** (*del teléfono*) Abhören *nt*
pinche ['pinʧe] **I.** *mf* (*cocina*) Küchenhilfe *f* **II.** *adj* (*Méx: pey*) wertlos, verachtenswert
pinchito [pin'ʧito] *m* (GASTR) Spießchen *nt*
pincho ['pinʧo] *m* **1.** (*avispa*) Stachel *m;* (*rosa*) Dorn *m* **2.** (GASTR) Snack *m;* **~ moruno** Fleischspieß *m* **3.** (*aduanero*) *Stab der Zollbeamten zur Überprüfung der Waren*
pinchudo, -a [pin'ʧuðo, -a] *adj* stachelig
pinciano, -a [pin̦'θjano, -a] **I.** *adj* aus Valladolid **II.** *m, f* Einwohner(in) *m(f)* von Valladolid
pindárico, -a [pin̦'dariko, -a] *adj* (LIT) pindarisch
pindonga [pin̦'doŋga] *f* (*fam*) Herumtreiberin *f*

pindonguear [pin̪doŋge'ar] *vi* (*fam*) sich herumtreiben
pinedo [pi'neðo] *m* (*AmC*) Kiefernwald *m*
pinga ['piŋga] *f* (*Col, Méx, Perú: vulg: pene*) Schwanz *m fam*
pingajo [piŋ'gaxo] *m* (*fam*) Fetzen *m*
pinganitos [piŋga'nitos] (*fam*): **poner a alguien en** ~ jdm zu Wohlstand und Ansehen verhelfen
pingar [piŋ'gar] <g→gu> *vi* **1.** (*pender, colgar*) herabhängen, herunterhängen **2.** (*gotear*) (ab)tropfen
pingo ['piŋgo] *m* **1.** (*fam: harapo*) Fetzen *m* **2.** (*fam pey: mujer despreciable*) Schlampe *f* **3.** (*CSur: caballo*) Pferd *nt* **4.** (*fam*): **ir de** ~ die Zeit vertrödeln; **lo puso hecho un** ~ er/sie putzte ihn ordentlich herunter
pingonear [piŋgone'ar] *vi* (*fam*) die Zeit vertrödeln
pingoneo [piŋgo'neo] *m sin pl* (*argot*) Herumtreiben *nt;* **ir de** ~ die Zeit vertrödeln
pingorota [piŋgo'rota] *f* Spitze *f,* höchste Stelle *f*
ping-pong [piŋ'poŋ] *m sin pl* (DEP) Tischtennis *nt*
pingucho[1] [piŋ'gutʃo] *m* (*Chil: fam: almuerzo ligero*) leichtes Mittagessen *nt*
pingucho, -a[2] [piŋ'gutʃo, -a] **I.** *adj* (*Chil*) erbärmlich **II.** *m, f* (*Chil*) armer Teufel *m*
pingue ['piŋge] *m* (NÁUT) Lastschiff *nt*
pingüe ['piŋgwe] *adj* einträglich, ergiebig; **~s beneficios** hohe Gewinne
pingüinera [piŋgwi'nera] *f* (*Arg*) Nistplatz *m* der Pinguine
pingüino [piŋ'gwino] *m* (ZOOL) Pinguin *m*
pinillo [pi'niʎo] *m* (BOT) Zypressenkraut *nt*
pinitos [pi'nitos] *mpl* erste Schritte *mpl;* **sus primeros ~ en el teatro los hizo en León** in León betrat er/sie zum ersten Mal eine Bühne
pinjante [piŋ'xan̪te] *m* (*joya*) Anhänger *m*
pinnado, -a [pin'naðo, -a] *adj* (BOT) gefiedert
pinnípedo, -a [pin'nipeðo, -a] *adj* (ZOOL) zur Familie der Robben [*o* Flossenfüß(l)er] gehörend
pinnípedos [pin'nipeðos] *mpl* (ZOOL) Robben *fpl,* Flossenfüß(l)er *mpl*
pino[1] ['pino] *m* **1.** (*árbol, madera*) Kiefer *f;* ~ **albar** Weißföhre *f;* ~ **canadiense** kanadische Fichte; ~ **marítimo** Strandkiefer *f;* ~ **piñonero** Pinie *f* **2.** (*loc*): **hacer el** ~ (DEP) einen Handstand machen; **vive en el quinto** ~ er/sie wohnt sehr weit weg
pino, -a[2] ['pino] *adj* sehr steil
pinocha [pi'notʃa] *f* **1.** (*panoja*) Maiskolben *m* **2.** (*pino*) Kiefernnadel *f*
pinol(e) [pi'nol(e)] *m* (*AmC*) *angebratenes Maismehl*
pinolillo [pino'liʎo] *m* **1.** (*Hond: bebida*) *Getränk aus angebratenem Maismehl, Wasser und Zucker* **2.** (*Méx:* ZOOL) *milbenartiges, rotes Insekt, dessen Stiche großen Juckreiz verursachen*
pinoso, -a [pi'noso, -a] *adj* kiefernreich
pinreles [pin'rreles] *mpl* (*fam*) Füße *mpl*
pinsapo [pin'sapo] *m* (BOT) *spanische Tannenart*
pinta[1] ['pin̪ta] *f* **1.** (*mancha*) Flecken *m;* (*animal*) Tüpfel *m o nt;* **a ~s** getupft **2.** (*fam: aspecto*) Aussehen *nt;* **ese hombre tenía una ~ rara** dieser Mann sah merkwürdig aus; **la tarta tiene una ~ muy buena** der Kuchen sieht sehr lecker aus; **descubrir** [*o* **sacar**] **por la** ~ am Aussehen erkennen **3.** (*naipe*) Erkennungszeichen *nt* **4.** (*antigua medida para líquidos*) Pinte *f*
pinta[2] ['pin̪ta] *m* Gauner *m,* frecher Kerl *m*
pintada [pin̪'taða] *f* **1.** (ZOOL) Perlhuhn *nt* **2.** (*pared*) Wandkritzelei *f*
pintado[1] [pin̪'taðo] *m* Anstrich *m,* Bemalung *f*
pintado, -a[2] [pin̪'taðo, -a] *adj* bemalt, angestrichen; (*animal*) gesprenkelt; **papel** ~ Tapete *f;* **¡recién ~!** frisch gestrichen!; ~ **de rojo** rot angemalt; **eso viene como** ~ das kommt wie gerufen; **el traje te sienta que ni** ~ das Kostüm steht dir ausgezeichnet; **no lo puedo ver ni** ~ ich kann ihn nicht ausstehen
pintalabios [pin̪ta'laβjos] *m inv* Lippenstift *m*
pintamonas [pin̪ta'monas] *mf inv* schlechter Maler *m,* schlechte Malerin *f*
pintar [pin̪'tar] **I.** *vi* **1.** (*fruto*) sich färben, reifen **2.** (*bolígrafo*) schreiben **II.** *vt* **1.** (*cuadro*) malen; (*pared*) anstreichen; ~ **de azul** blau anstreichen; **pintó al rey a caballo** er/sie malte den König hoch zu Ross; **la niña pintó toda la pared** das Mädchen hat die ganze Wand bemalt; **¿qué pinta ese aquí?** was hat der denn hier zu suchen?; **no ~ nada** (*fig: persona*) nichts zu sagen haben; (*asunto*) nicht von Bedeutung sein **2.** (*describir*) schildern **III.** *vr:* **~se** sich schminken
pintarrajar [pin̪tarra'xar] *vi, vt* (*fam*) *v.* **pintarrajear**
pintarrajear [pin̪tarraxe'ar] **I.** *vi* (*fam*) klecksen **II.** *vt* (*fam*) beklecksen
pintarrajo [pin̪ta'rraxo] *m* (*fam*) Kleckserei *f*
pintarroja [pin̪ta'rroxa] *f* (ZOOL) Katzenhai *m*
pintear [pin̪te'ar] *impers* nieseln
pintiparado, -a [pin̪tipa'raðo, -a] *adj* **1.** (*adecuado*) sehr gelegen; **eso viene** ~ das kommt wie gerufen **2.** (*parecido*) äußerst ähnlich
pintiparar [pin̪tipa'rar] *vt* vergleichen
pinto, -a ['pin̪to, -a] *adj* gesprenkelt
Pinto ['pin̪to] (*fam*): **estar entre ~ y Valdemoro** (*estar medio borracho*) beschwipst sein; (*estar indeciso*) unentschlossen sein
pintor(a) [pin̪'tor(a)] *m(f)* Maler(in) *m(f);* ~ **de brocha gorda** Anstreicher *m,* Maler *m*
pintoresco, -a [pin̪to'resko, -a] *adj* malerisch, pittoresk
pintura [pin̪'tura] *f* **1.** (*arte*) Malerei *f;* ~ **a la aguada** Aquarellmalerei *f;* ~ **al fresco** Freskomalerei *f;* ~ **al óleo** Ölmalerei *f;* ~ **al pastel**

Pastellmalerei *f;* ~ **rupestre** Höhlenmalerei *f;* ~ **al temple** Temperamalerei *f;* **voy a clases de** ~ ich habe Malunterricht **2.** (*cuadro*) Gemälde *nt,* Bild *nt;* **galería de** ~**s** Gemäldegalerie *f;* **no lo puedo ver ni en** ~ ich kann ihn nicht ausstehen **3.** (*color*) (Wasser)farbe *f;* (*barniz*) Lack *m;* **caja de** ~**s** Malkasten *m;* **dar una capa de** ~ **a algo** etw (über)streichen

pinturero, -a [pin̪tu'rero, -a] **I.** *adj* eingebildet **II.** *m, f* eingebildeter Mensch *m*

pin-up [pi'naᵖ] *f* Pin-up-Girl *nt*

pinza(s) ['pin̪θa(s)] *f(pl)* **1.** (*tenacilla*) Klemme *f,* Zange *f;* (*ropa*) Wäscheklammer *f* **2.** (*costura*) Abnäher *m* **3.** (*cangrejo*) Schere *f* **4.** (*depilar*) Pinzette *f* **5.** (*del teléfono*) Abhören *nt*

pinzamiento [pin̪θa'mjen̪to] *m* (MED) Klammern *nt*

pinzar [pin̪'θar] <z→c> *vt* mit der Klemme [*o* Zange] nehmen

pinzón [pin̪'θon] *m* (ZOOL) Fink *m;* ~ **común** Buchfink *m;* ~ **real** Bergfink *m*

piña ['piɲa] *f* **1.** (*pino*) Kiefernzapfen *m;* ~ **de ciprés** Zypressenapfel *m* **2.** (*fruta*) Ananas *f*

piñal [pi'ɲal] *m* Ananasplantage *f*

piñata [pi'ɲata] *f* **1.** (*olla*) Kochtopf *m* **2.** (*en una fiesta*) *geschmücktes Tongefäß mit Süßigkeiten für Kinder, das zerschlagen wird*

piñón [pi'ɲon] *m* **1.** (*pino*) Pinienkern *m;* **estar a partir un** ~ **con alguien** (*fam*) mit jdm dick befreundet sein **2.** (TÉC) Zahnrad *nt*

piñonata [piɲo'nata] *f* (GASTR) *eine Art Gebäck aus geraspelten Mandeln und Zucker*

piñonate [piɲo'nate] *m* (GASTR) *eine Art Gebäck aus Pinienkernen und Zucker*

piñonear [piɲone'ar] *vi* (*fam irón*) **1.** (*niño*) pubertieren **2.** (*hombre*) sich Frauen gegenüber wie ein Pubertierender aufführen

piñonero [piɲo'nero] *adj:* **pino** ~ Pinie *f*

piños ['piɲos] *mpl* (*fam*) Zähne *mpl*

piñuela [pi'ɲwela] *f* (BOT) Fruchtzapfen *m* der Zypresse

pío¹ [pio] *m* Piepen *nt;* **no dijo ni** ~ (*fam*) er/sie hat keinen Piep gesagt; **¡~, ~, ~!** put, put, put!

pío, -a² [pio, -a] *adj* **1.** (*piadoso*) fromm; (*bondadoso*) gutherzig; **monte** ~ berufsgenossenschaftliche Kasse; **obra pía** fromme Stiftung **2.** (*caballo*) scheckig

piocha ['pjotʃa] *adj* (*Méx: fam: magnífico*) super, toll

piogenia [pjo'xenja] *f* (MED) Eiterbildung *f*

piógeno, -a ['pjoxeno, -a] *adj* (MED) Eiterungen verursachend, pyogen

piojento, -a [pjo'xen̪to, -a] *adj* **1.** (*relativo a los piojos*) die Läuse betreffend, Läuse- **2.** (*que tiene piojos*) verlaust

piojera [pjo'xera] **I.** *adj:* **hierba** ~ Läusekraut *nt* **II.** *f sin pl* Elend *nt*

piojería [pjoxe'ria] *f sin pl* (*fam fig*) Elend *nt*

piojillo [pjo'xiʎo] *m* (ZOOL) Vogellaus *f*

piojo ['pjoxo] *m* Laus *f;* ~ **de las aves** Vogellaus *f;* **estar como** ~**s en costura** eingepfercht sein

piojoso, -a [pjo'xoso, -a] **I.** *adj* verlaust; (*miserable*) lumpig, zerlumpt **II.** *m, f* (*pey*) Bösewicht *m*

piojuelo [pjo'xwelo] *m v.* **piojo**

piola ['pjola] *f* **1.** (NÁUT) Leine *f* **2.** (*AmS: cuerda*) Schnur *f*

piolar [pjo'lar] *vi* (ZOOL) piepsen

piolet [pjo'leᵗ] *m* (DEP) Eispickel *m*

piolín [pjo'lin] *m* (*AmS*) Schnur *f*

pión, -ona [pi'on, -ona] *adj* ständig piepsend

pionero, -a [pjo'nero, -a] *m, f* Pionier(in) *m(f),* Vorreiter(in) *m(f)*

pionono [pjo'nono] *m* (GASTR) *eine Art Biskuitrolle*

piorno ['pjorno] *m* (BOT) *spanische Ginsterart*

piorrea [pjo'rrea] *f* (MED) eitriger Ausfluss *m,* Pyorrhö(e) *f*

pipa ['pipa] *f* **1.** (*fumador*) Pfeife *f;* ~ **de la paz** Friedenspfeife *f;* **fumador de** ~ Pfeifenraucher *m;* **tabaco de** ~ Pfeifentabak *m;* **preparar** [*o* **llenar**] **la** ~ die Pfeife stopfen **2.** (*tonel*) Weinfässchen *nt* **3.** (*fruta*) Kern *m* **4.** (*CRi: fam: cabeza*) Rübe *f,* Birne *f* **5.** (*argot: pistola*) Ballermann *m* **6.** *pl* (*pepita*) (geröstete) Sonnenblumenkerne *mpl* **7.** (*fam*): **lo pasamos** ~ wir haben uns sehr gut amüsiert

pipar [pi'par] *vi* Pfeife rauchen

pipe ['pipe] *m* (*AmC: camarada*) Kumpel *m*

pipeline [pai̯β'lai̯n] *m,* **pipe-line** [pai̯β'lai̯n] *m* Pipeline *f*

pipera [pi'pera] *f v.* **pipero**

pipería [pipe'ria] *f sin pl* (*toneles*) Fässer *ntpl*

pipero, -a [pi'pero] *m, f* Süßigkeitenverkäufer(in) *m(f)* (auf der Straße)

pipeta [pi'peta] *f* (QUÍM) Pipette *f,* Saugröhrchen *nt;* ~ **de calibrado** Kalibrierpipette *f;* ~ **de medida** Messpipette *f*

pipí [pi'pi] *m* (*fam*) Pipi *nt*

pipián [pi'pjan] *m* (*Méx*) **1.** (*semilla*) Kürbiskern *m* **2.** (GASTR) *gekochte Soße mit Kürbissamen und Chili*

pipiar [pipi'ar] <*1. pres:* **pipío**> *vi* piep(s)en

pipil [pi'pil] *adj* (*AmC*) *zur präkolumbischen Urbevölkerung gehörend*

pípila ['pipila] *f* (*Méx: prostituta*) Prostituierte *f*

pipiol [pi'pjol] *m* (*Méx:* GASTR) *Mehlgebäck in Blätterform*

pipiolo, -a [pi'pjolo, -a] *m, f* **1.** (*irón: novato*) Anfänger(in) *m(f),* Neuling *m* **2.** (*Méx: niño*) Kind *nt*

pipirigallo [pipiri'ɣaʎo] *m* (BOT) Esparsette *f*

pipiripao [pipiri'pao] *m* (*fam*) Gelage *nt*

pipón, -ona [pi'pon, -ona] **I.** *adj* (*Ant, Arg, Ecua: fam: barrigón*) dickbäuchig; (*harto*) pappsatt **II.** *m, f* (*PRico: fam: niño*) Knirps *m;* (*niña*) Göre *f*

pipote [pi'pote] *m* kleines Fässchen *nt*

pip(p)ermín [piper'min] *m* Pfefferminzlikör *m*

pique ['pike] *m* **1.** (*rivalidad*) Groll *m;* **menu-**

do ~ se traían entre ellos sie waren ziemlich wütend aufeinander **2.** (*Arg, Par, Nic*) Schneise *f* **3.** (NÁUT) Steilküste *f* **4.** (*loc*): **el barco se fue a ~** das Schiff ist gesunken; **nuestros planes se fueron a ~** unsere Pläne scheiterten

piquera [pi'kera] *f* (*colmena*) Flugloch *nt;* (*tonel*) Spundloch *nt;* (*alto horno*) Abstichloch *nt*

piquero [pi'kero] *m* (*carterista*) Taschendieb *m*

piqueta [pi'keta] *f* Keilhaue *f,* Spitzhacke *f*

piquete [pi'kete] *m* **1.** (*huelga*) Streikposten *m* **2.** (MIL) Pikett *nt;* ~ **de ejecución** Exekutionskommando *nt* **3.** (*jalón*) Pflock *m;* (*de camping*) Hering *m*

piquetilla [pike'tiʎa] *f* kleine Hacke *f* (um Löcher in dünne Wände zu hauen)

piquillín [piki'ʎin] *m* (*Arg:* BOT) *zu den Kreuzdorngewächsen gehörende Baumart, aus deren Beeren Schnaps gewonnen wird*

piquituerto [piki'twerto] *m* (ZOOL) Kreuzschnabel *m*

pira ['pira] *f* (*hoguera*) Lagerfeuer *nt;* ~ **funeraria** Scheiterhaufen *m*

pirado, **-a** [pi'raðo, -a] **I.** *adj* (*argot*) bekloppt, bescheuert **II.** *m, f* (*argot*) Irre(r) *mf*

piragua [pi'raɣwa] *f* **1.** (DEP) Kanu *nt,* Paddelboot *nt* **2.** (*de los indios*) Einbaum *m*

piragüero, **-a** [pira'ɣwero] *m, f* (*PRico*) Eisverkäufer(in) *m(f)*

piragüismo [pira'ɣwismo] *m* (DEP) Kanusport *m*

piragüista [pira'ɣwista] *mf* (DEP) Kanufahrer(in) *m(f),* Kanute *m*

piral [pi'ral] *m* (ZOOL) Zünsler *m*

piramidal [pirami'ðal] *adj* pyramidenförmig, Pyramiden-

pirámide [pi'ramiðe] *f* (ARQUIT, MAT) Pyramide *f;* **la ~ de la población se ensancha en su base** die Bevölkerungspyramide wird unten immer breiter

piraña [pi'raɲa] *f* (ZOOL) Piranha *m*

pirarse [pi'rarse] *vr* (*argot*) verschwinden, abhauen; **me las piro** ich haue jetzt ab; **se piró de la clase** er/sie hat den Unterricht geschwänzt

pirata [pi'rata] **I.** *mf* Pirat(in) *m(f),* Seeräuber(in) *m(f);* ~ **del aire** Luftpirat(in) *m(f);* ~ **informático** Hacker *m* **II.** *adj* Raub-, Piraten-; **copia ~** Raubkopie *f;* **emisora ~** Piratensender *m;* **hacer una edición ~ de un libro** von einem Buch einen Raubdruck herstellen

piratear [pirate'ar] *vi* Seeraub begehen; (*copiar*) Raubdrucke herstellen

piratería [pirate'ria] *f* Piraterie *f,* Seeräuberei *f;* ~ **informática** (INFOR) Computerpiraterie *f;* ~ **de programas** (INFOR) Programmpiraterie *f*

pirca ['pirka] *f* (*AmC*) Steinmauer *f*

pirco ['pirko] *m* (*Chil:* GASTR) *Gericht aus Bohnen, Mais und Kürbis*

pirenaico, **-a** [pire'nai̯ko, -a] *adj* Pyrenäen-; **el Aneto es el pico ~ más elevado** der (Pico de) Aneto ist der höchste Gipfel der Pyrenäen

pirético, **-a** [pi'retiko, -a] *adj* (MED) fieberhaft, fiebrig

piretógeno, **-a** [pire'toxeno, -a] *adj* (MED) Fieber erzeugend

piretología [piretolo'xia] *f* (MED) Fieberlehre *f*

piretoterapia [piretote'rapja] *f* (MED) Fiebertherapie *f*

pirexia [pi'reˠsja] *f* (MED) Fieber *nt,* Pyrexie *f*

pirgüín [pir'ɣwin] *m* (*Chil:* ZOOL, MED) *eine Art Blutegel, der beim Vieh eine tödliche Krankheit mit dem gleichen Namen verursacht*

pírico, **-a** ['piriko, -a] *adj* Feuerwerks-

piriforme [piri'forme] *adj* birnenförmig

pirineo, **-a** [piri'neo, -a] *adj* pyrenäisch

Pirineos [piri'neos] *mpl* (GEO) Pyrenäen *pl*

piripi [pi'ripi] *adj* (*fam*) leicht beschwipst

pirita [pi'rita] *f* (GEO) Pyrit *m,* Schwefelkies *m;* ~ **de hierro/de cobre** Eisen-/Kupferkies *m*

pirla ['pirla] *f* Kreisel *m*

piro ['piro] *m* (*argot*): **darse el ~** abhauen

pirobalística [piroβa'listika] *f* (MIL) Lehre *f* von der Reichweite der Geschosse

pirobolista [piroβo'lista] *mf* (MIL) Sachverständige(r) *mf* für die Herstellung von Minen

piroelectricidad [piroelektriθi'ðaᵈ] *f* (FÍS) Pyroelektrizität *f*

piróفita [pi'rofita] *f* (BOT) feuerresistente Pflanze *f,* Pyrophyte *f*

pirógeno, **-a** [pi'roxeno, -a] *adj* (MED) Fieber erzeugend

pirograbado [piroɣra'βaðo] *m* Brandmalerei *f*

pirograbador(a) [piroɣraβa'ðor(a)] *m(f)* Künstler(in) *m(f)* der Brandmalerei

pirograbar [piroɣra'βar] *vt* mit Brandmalereien verzieren

pirografía [piroɣra'fia] *f v.* **pirograbado**

pirógrafo, **-a** [pi'roɣrafo, -a] *m, f v.* **pirograbador**

pirolatría [pirola'tria] *f* Feueranbetung *f*

pirólisis [pi'rolisis] *f inv* (QUÍM) Pyrolyse *f*

pirología [pirolo'xia] *f* Lehre *f* vom Feuer

pirómana [pi'romana] *f v.* **pirómano**

piromancia [piro'man̦θja] *f* Pyromantie *f*

piromanía [piroma'nia] *f* (MED, PSICO) Pyromanie *f*

pirómano, **-a** [pi'romano, -a] *m, f* (MED, PSICO) Pyromane, -in *m, f*

pirometría [pirome'tria] *f* (FÍS) Messung *f* hoher Temperaturen, Pyrometrie *f*

pirómetro [pi'rometro] *m* (QUÍM) Pyrometer *nt;* ~ **de radiación** Strahlungspyrometer *nt*

piropear [pirope'ar] *vt* (*fam*) Komplimente machen +*dat,* schmeicheln +*dat*

piropeo [piro'peo] *m* Komplimentemacherei *f*

piropo [pi'ropo] *m* **1.** (*fam: lisonja*) Schmeichelei *f,* Kompliment *nt;* **echar ~s** Komplimente machen **2.** (*granate*) Pyrop *m*

P

piróscafo [pi'roskafo] *m* (NÁUT) Dampfschiff *nt*
piroscopio [piros'kopjo] *m* (FÍS) Pyroskop *nt*
pirosfera [piros'fera] *f* (GEO) glühender Erdkern *m*, Pyrosphäre *f*
pirosis [pi'rosis] *f inv* (MED) Sodbrennen *nt*
pirotecnia [piro'teɣnja] *f sin pl* Feuerwerkerei *f*, Pyrotechnik *f*
pirotécnico, **-a** [piro'teɣniko, -a] **I.** *adj* pyrotechnisch **II.** *m, f* Pyrotechniker(in) *m(f)*, Feuerwerker(in) *m(f)*
pirquén [pir'ken] *m* (*Chil*): **trabajar al** ~ *im Bergbau ohne Bedingungen oder System, sondern genau nach direkter Anweisung arbeiten*
pirquinero, **-a** [pirki'nero, -a] *m, f* (*Chil*) *Bergarbeiter, der nach direkten Anweisungen arbeitet*
pirrarse [pi'rrarse] *vr* (*argot*) verrückt sein (*por* nach +*dat*), schwärmen (*por* für +*akk*)
pírrico, **-a** ['pirriko, -a] *adj* Pyrrhus-; **victoria pírrica** Pyrrhussieg *m*
pirueta [pi'rweta] *f* Pirouette *f*
piruja [pi'ruxa] *f* (*Méx*) Prostituierte *f*
piruleta [piru'leta] *f* Lutscher *m*
pirulí [piru'li] *m* <pirulís> Lutscher *m*; **el P**~ *Fernsehturm in Madrid*
piruli [pi'ruli] (*fam*): **chachi** ~ echt geil
pis [pis] *m* (*fam*) Pipi *nt*
pisa ['pisa] *f* **1.** (*acción de pisar*) Treten *nt* **2.** (*aceitunas, uvas*) *bestimmte Menge von Weintrauben oder Oliven, die auf einmal gepresst werden* **3.** (*fam: paliza*) Tracht *f* Prügel
pisada [pi'saða] *f* **1.** (*acción*) Tritt *m* **2.** (*huella*) Spur *f*, Fuß(s)tapfen *m*; **seguir las ~s de alguien** in jds Fuß(s)tapfen treten; **me dejó la alfombra nueva llena de ~s** er/sie hinterließ lauter Fußspuren auf meinem neuen Teppich **3.** (*patada*) Fußtritt *m*
pisador(a) [pisa'ðor(a)] *m(f)* (AGR) Kelterer, -in *m, f*
pisadora [pisa'ðora] *f* (AGR) Keltermaschine *f*
pisapapeles [pisapa'peles] *m inv* Briefbeschwerer *m*
pisar [pi'sar] *vt* **1.** (*poner el pie*) treten; **¡no pises las flores!** tritt nicht auf die Blumen!; **me han pisado en el bus** jemand ist mir im Bus auf den Fuß getreten; **ir pisando huevos** wie auf Eiern gehen; ~ **los talones a alguien** jdm auf den Fersen folgen; ~ **bien** (*bonito*) einen schönen Gang haben; (*seguro de sí mismo*) selbstsicher erscheinen; ~ **fuerte** selbstbewusst auftreten **2.** (*entrar*) betreten; **no he pisado un hospital desde hace un año** ich habe seit einem Jahr kein Krankenhaus mehr betreten **3.** (*uvas, aceitunas*) keltern, pressen; (*tierra*) stampfen **4.** (*teclas, cuerdas*) kräftig anschlagen **5.** (*aves*) begatten **6.** (*humillar*) erniedrigen, schlecht behandeln; **¡no te dejes ~ por nadie!** lass dich von niemandem demütigen [*o* schikanieren]! **7.** (*fam: planes*) vereiteln; **con su proyecto me pisan el terreno** mit ihrem Vorhaben kommen sie mir ins Gehege; **me han pisado el tema** sie sind mir mit dem Thema zuvorgekommen
pisaverde [pisa'βerðe] *m* (*fam*) Fatzke *m*
piscícola [pis'θikola] *adj* die Fischzucht betreffend, Fisch-; **mortandad** ~ Fischsterben *nt*
piscicultor(a) [pisθikul̩'tor(a)] *m(f)* Fischzüchter(in) *m(f)*
piscicultura [pisθikul̩'tura] *f* Fischzucht *f*
piscifactoría [pisθifakto'ria] *f* Fischzucht *f*, Fischzuchtbetrieb *m*; ~ **de truchas** Forellenzucht *f*
pisciforme [pisθi'forme] *adj* fischförmig
piscina [pis'θina] *f* Schwimmbad *nt*, Badeanstalt *f*; ~ **cubierta** Hallenbad *nt*
Piscis ['pisθis] *m* (ASTR) Fische *mpl*
piscívoro, **-a** [pis'θiβoro, -a] *adj* (ZOOL) Fisch fressend
pisco ['pisko] *m* **1.** (*aguardiente*) Pico *m* (*Art Grappa aus Pisco in Peru*); ~ **sour** *Cocktail aus Pisco, Limonensaft, Zucker und geschlagenem Eiweiß* **2.** (*Col, Ven: pavo*) Truthahn *m* **3.** (*Col: pey: hombre*) Kerl *m*
piscolabis [pisko'laβis] *m inv* (*fam*) Imbiss *m*, Happen *m*
piso ['piso] *m* **1.** (*pavimento*) (Fuß)boden *m*; (*calle*) Pflaster *nt*; **con** ~ **de parqué** mit Parkett(fuß)boden **2.** (*planta*) Stock *m*, Stockwerk *nt*, Etage *f*; **han construido una casa de dos ~s** sie haben ein zweistöckiges Haus gebaut; **la consulta está en el segundo** ~ die Praxis ist im zweiten Stock **3.** (*zapato, t.* MIN) Sohle *f* **4.** (*vivienda*) Wohnung *f*; ~ **piloto** Musterwohnung *f*; **bloque de ~s** Hochhaus *nt*; **tengo un** ~ **en propiedad** ich habe eine Eigentumswohnung
pisón [pi'son] *m* Ramme *f*
pisonear [pisone'ar] *vt* walzen
pisotear [pisote'ar] *vt* niedertreten; (*fig: violar*) mit Füßen treten
pisoteo [piso'teo] *m* Niedertreten *nt*; (*fig*) Niedermachen *nt*
pisotón [piso'ton] *m* Tritt *m*; **dar** [*o* **pegar**] **un** ~ **a alguien** jdm auf den Fuß treten
pispajo [pis'paxo] *m* **1.** (*trapajo*) Fetzen *m* **2.** (*baratija*) Schund *m* **3.** (*pey: persona desmedrada*) Trottel *m*
pispar [pis'par] **I.** *vi* (*fam: embriagarse*) sich betrinken **II.** *vt* **1.** (*fam: birlar*) wegschnappen **2.** (*Arg: oír*) belauern; (*observar*) beobachten
pispear [pispe'ar] *vt* (*Arg: birlar*) wegschnappen
pista ['pista] *f* **1.** (*huella, indicio*) Spur *f*; **estar sobre la buena** ~ auf der richtigen Fährte [*o* Spur] sein; **seguirle la** ~ **a alguien/algo** jdn/etw verfolgen; **nuestra** ~ **nos lleva hasta Moscú** die Spur führt uns nach Moskau **2.** (*circo*) Piste *f*, Reitbahn *f* **3.** (*baile*) Tanzfläche *f* **4.** (AERO, DEP) Piste *f*, Bahn *f*; ~ **de aterrizaje/de despegue** Lande-/Startbahn *f*; ~ **de carreras** Rennbahn *f*; ~ **de esquí** Skipiste *f*; ~ **de esquí de fondo** Loipe *f* **5.** (*camino*) Rollbahn *f* **6.** (INFOR) Trackball *m*; ~ **mag-**

nética Magnetspur *f;* ~**s por pulgada** Spuren pro Zoll; **distancia entre ~s** Spurabstand *m*

pistache [pis'tatʃe] *m* **1.** (GASTR: *helado*) Pistazieneis *nt;* (*dulce*) Pistazienkonfekt *nt* **2.** (*Méx: pistacho*) Pistazie *f*

pistachero [pista'tʃero] *m* (BOT) Pistazienbaum *m*

pistacho [pis'tatʃo] *m* Pistazie *f*

pistero[1] [pis'tero] *m* Schnabeltasse *f*

pistero, -a[2] [pis'tero, -a] *m, f* (*AmC*) Pfennigfuchser(in) *m(f) fam*

pistilo [pis'tilo] *m* **1.** (BOT) Stempel *m* **2.** (*mortero*) Pistill *nt*

pisto ['pisto] *m* **1.** (GASTR: *caldo*) Hühnerbrühe *f* **2.** (GASTR: *fritada*) *Eintopf aus gebratenen Tomaten, Paprika, Zwiebeln usw.* **3.** (*mezcla*) Mischmasch *m* **4.** (*AmC: dinero*) Geld *nt* **5.** (*loc*): **él se da mucho ~** er ist ein alter Angeber

pistola [pis'tola] *f* **1.** (*arma*) Pistole *f;* **~ de aire comprimido** Luftpistole *f;* **~ de reglamento** Dienstpistole *f* **2.** (*del pintor*) Spritzpistole *f* **3.** (*Arg: vulg: pene*) Schwanz *m fam*

pistolera [pisto'lera] *f* Pistolentasche *f;* **~s** (*de la piel*) Zellulitis *f*

pistolero, -a [pisto'lero, -a] *m, f* Bandit(in) *m(f)*

pistoletazo [pistole'taθo] *m* Pistolenschuss *m*

pistolete [pisto'lete] *m* kurze Pistole *f*

pistón [pis'ton] *m* **1.** (*émbolo*) Kolben *m* **2.** (*arma*) Sprengkapsel *f* **3.** (MÚS) Klappe *f,* Ventil *nt*

pistonudo, -a [pisto'nuðo, -a] *adj* (*argot*) stark, geil

pita ['pita] *f* **1.** (BOT) Agave *f* **2.** (*cáñamo*) Pitahanf *m* **3.** (*fam: gallina*) Henne *f;* **¡~, ~, ~!** put, put, put!

pitada [pi'taða] *f* (*fig: extravagancia*) unangebrachte Bemerkung *f;* **dar una ~** sich im Ton vergreifen

Pitágoras [pi'taɣoras] *m* Pythagoras *m;* **teorema de ~** (MAT) Satz des Pythagoras, pythagoreischer Lehrsatz

pitagórico, -a [pita'ɣoriko, -a] **I.** *adj* pythagoreisch **II.** *m, f* (FILOS) Pythagoreer(in) *m(f)*

pitagorismo [pitaɣo'rismo] *m* (FILOS) Lehre *f* des Pythagoras

pitahaya [pi'taɟa/pita'aɟa] *f* (*Ant*) *Kakteenfrucht*

pitanza [pi'tan̪θa] *f* **1.** (*ración*) Armenspeisung *f* **2.** (*alimentos*) Gericht *nt* **3.** (*precio*) Entgelt *nt*

pitar [pi'tar] **I.** *vi* **1.** (*tocar*) pfeifen; **me pitan los oídos** ich habe Ohrensausen **2.** (*fam: funcionar*) gut laufen **3.** (*AmS: fumar*) rauchen **4.** (*loc*): **salir pitando** eilig davonlaufen; **¡con la mitad vas que pitas!** mit der Hälfte hast du mehr als genug! **II.** *vt* **1.** (*tocar*) pfeifen; **el árbitro pitó la falta** der Schiedsrichter pfiff das Foul **2.** (*pagar*) zahlen **3.** (*Chil: engañar*) betrügen

pitarroso, -a [pita'rroso, -a] *adj* triefäugig

pitecántropo [pite'kan̪tropo] *m,* **pitecantropo** [pitekan̪'tropo] *m* Frühmensch *m,* Pithekanthropus *m*

pitezna [pi'teθna] *f* Fallenklinke *f*

pitido [pi'tiðo] *m* Pfiff *m*

pitihué [piti'we] *m* (*Chil:* ZOOL) *zu den Spechten gehörende Vogelart*

pitillera [piti'ʎera] *f* **1.** (*estuche*) Zigarettenetui *nt* **2.** (*trabajadora*) *Arbeiterin in einer Zigarettenfabrik*

pitillo [pi'tiʎo] *m* Zigarette *f*

pítima ['pitima] *f* **1.** (MED) Herzkataplasma *nt* **2.** (*fam: borrachera*) Rausch *m*

pitiminí [pitimi'ni] *m:* **de ~** unwichtig; **rosa de ~** (BOT) Kletterrose *f*

pitipié [piti'pje] *m* (*de un mapa o plano*) Maßstab *m*

pitiriasis [piti'rjasis] *f inv* (MED) Kleiengrind *m,* Ptyriasis *f*

pitiyanqui [piti'ɟaŋki] *m* (*PRico*) Möchtegernyankee *m*

pito[1] ['pito] *m* **1.** (*silbato*) Pfeife *f;* (*claxon*) Hupe *f;* **hacer ~s** (mit den Fingern) schnipsen [*o* schnippen]; **por ~s o por flautas no puede ayudarme** (*fam*) er/sie hat immer einen Grund, weshalb er/sie mir nicht helfen kann; **tomar a alguien por el ~ del sereno** (*fam*) jdn nicht ernst nehmen; **no me importa un ~** (*fam*) das ist mir schnuppe; **no valer un ~** (*fam*) keinen Pfifferling wert sein **2.** (*canica*) Murmel *f,* Klicker *m;* **jugar a los ~s** mit Murmeln spielen **3.** (*cigarro*) Zigarette *f* **4.** (*fam: pene*) Pimmel *m*

pito, -a[2] ['pito, -a] *adj* (*fam*) elegant; **iba todo ~** er sah aus wie geleckt

pitón [pi'ton] *m* **1.** (ZOOL) Pythonschlange *f* **2.** (*cuerno*) Hornspitze *f;* (*toro*) Horn *nt* **3.** (*pitorro*) Schnabel *m*

pitonisa [pito'nisa] *f* Wahrsagerin *f*

pitora [pi'tora] *f* (*Col:* ZOOL) *sehr giftige Schlangenart*

pitorrearse [pitorre'arse] *vr* (*fam*) sich lustig machen (*de* über +*akk*), durch den Kakao ziehen (*de* +*akk*)

pitorreo [pito'rreo] *m* (*fam*) Spott *m;* **¡esto es un ~!** das ist ja der reine Hohn!

pitorro [pi'torro] *m* (*fam*) Schnabel *m*

pitote [pi'tote] *m* Durcheinander *nt,* Chaos *nt;* **me importa un ~** (*fam*) das ist mir (völlig) schnuppe

pitpit [piᵈ'piᵈ] <pitpites> *m* (ZOOL) Pieper *m*

pituco, -a [pi'tuko, -a] **I.** *adj* (*CSur*) **1.** (*cursi*) kitschig **2.** (*muy acicalado*) geschniegelt *fam* **3.** (*nuevo rico*) neureich **II.** *m, f* (*CSur*) **1.** (*cursi*) Geck *m,* Lackaffe *m fam,* Modepuppe *f fam* **2.** (*nuevo rico*) Neureiche(r) *mf*

pitufo [pi'tufo] *m* (*fam*) Schlumpf *m*

pituita [pi'twita] *f* (MED) Schleim *m*

pituitario, -a [pitwi'tarjo, -a] *adj* schleimig; **membrana pituitaria** (ANAT) Nasenschleimhaut *f;* **glándula pituitaria** (ANAT) Hypophyse *f*

pituso, -a [pi'tuso, -a] *adj* klein, niedlich

P

piular [pju'lar] *vi* piepsen
piuquén [pju'ken] *m* (*Chil:* ZOOL) *eine Art Trappe, deren Fleisch schmackhafter ist als das des Puters*
piure ['pjure] *m* (*Chil:* ZOOL) *Manteltierart mit sehr schmackhaftem Fleisch*
piuria [pju'rja] *f* (MED) Eiter *m* im Urin
pívot ['piβo^t] *mf* (DEP) mittlerer Angriffsspieler *m,* mittlere Angriffsspielerin *f*
pivotar [piβo'tar] *vi:* ~ **en torno a un asunto** sich um ein Thema drehen
pivote¹ [pi'βote] *mf* (DEP) *v.* **pívot**
pivote² [pi'βote] *m* (TÉC) Zapfen *m*
pixel ['pi^ɣsel] *m* (TV, INFOR) Pixel *nt*
píxide ['pi^ɣsiðe] *f* Hostienbehälter *m,* Pyxis *f*
piyama [pi'ɟama] *m* (*Am*) Schlafanzug *m*
pizarra [pi'θarra] *f* **1.** (*roca*) Schiefer *m;* ~ **bituminosa** Ölschiefer *m;* **techo de** ~ Schieferdach *nt* **2.** (*encerado*) (Schiefer)tafel *f*
pizarral [piθa'rral] *m* (GEO) Schieferbruch *m*
pizarrero, -a [piθa'rrero, -a] *m, f* Schieferdecker(in) *m(f)*
pizarrín [piθa'rrin] *m* Griffel *m*
pizarrón [piθa'rron] *m* (*Am: encerado*) (Wand)tafel *f*
pizarroso, -a [piθa'rroso, -a] *adj* schief(e)rig, schieferartig
pizca ['piθka] *f* **1.** (*fam: poco*) kleines Stück *nt;* **una** ~ ein bisschen; **no tienes ni** ~ **de vergüenza** du schämst dich wohl überhaupt nicht; **una** ~ **de sal** eine Prise Salz **2.** (*Méx: de maíz, café*) Ernte *f*
pizcar [piθ'kar] <c→qu> *vt* (*Méx*) ernten, pflücken
pizco ['piθko] *m* **1.** (*poco*) kleines Stück *nt;* **un** ~ ein bisschen **2.** (*fam: pellizco*) Kneifen *nt*
pizpireta [piθpi'reta] *adj* (*mujer*) lebhaft, geistreich
pizza ['pi^ðsa] *f* (GASTR) Pizza *f*
pizzería [pi^ðse'ria] *f* Pizzeria *f*
pizzero, -a [pi^ð'sero, -a] *m, f* Pizzabäcker(in) *m(f)*
pizzicato [pi^ðsi'kato] *m* (MÚS) Pizzikato *nt*
placa ['plaka] *f* **1.** (*lámina*) Platte *f,* Plakette *f;* ~ **giratoria** Drehscheibe *f* **2.** (*insignia*) Ordensstern *m* **3.** (*cartel*) Schild *nt;* ~ **conmemorativa** Gedenktafel *f;* ~ **metálica** Metallschild *nt* **4.** (*plancha, t.* FOTO, INFOR) Scheibe *f,* Platte *f;* ~ **gráfica 16 colores** Grafikkarte 16-farbig **5.** (AUTO) Nummernschild *nt* **6.** (MED): ~ **dental** Zahnbelag *m*
placar [pla'kar] *m,* **placard** [pla'kar] *m* (*Arg, Urug: armario empotrado*) Einbauschrank *m*
placeado, -a [plaθe'aðo, -a] *adj* (TAUR): **toro** ~ *Stier, der bereits in anderen Arenen gekämpft hat*
placebo [pla'θeβo] *m* (MED) Placebo *nt*
pláceme ['plaθeme] *m* Glückwunsch *m,* Gratulation *f*
placenta [pla'θen̩ta] *f* (ANAT) Mutterkuchen *m,* Plazenta *f*
placentación [plaθen̩ta'θjon] *f* **1.** (ANAT) Bildung *f* der Plazenta **2.** (BOT) Samenanlage *f*
placentario, -a [plaθen̩'tarjo, -a] *adj* (MED) plazentar; **animales** ~**s** (ZOOL) Plazentatiere *ntpl*
placentero, -a [plaθen̩'tero, -a] *adj* angenehm
placentino, -a [plaθen̩'tino, -a] **I.** *adj* aus Plasencia **II.** *m, f* Einwohner(in) *m(f)* von Plasencia
placer [pla'θer] **I.** *m* **1.** (*goce*) Freude *f,* Vergnügen *nt;* **los pequeños** ~**es de la vida** die kleinen Freuden des Lebens; **con sumo** ~ mit großem Vergnügen; **de** ~ vor Freude **2.** (*sexual*) Lust *f;* **casa de** ~ Bordell *nt* **3.** (*arena*) Sandbank *f* **II.** *irr como crecer vi* gefallen; **¡haré lo que me plazca!** ich werde das tun, wozu ich Lust habe!
placero, -a [pla'θero, -a] *m, f* (*Am: vendedor callejero*) Straßenverkäufer(in) *m(f)*
plácet ['plaθe^t] *m* (*formal*) Zustimmung *f,* Plazet *nt;* (*diplomático*) Agrément *nt;* **dar el** ~ **a algo** sein Plazet zu etw *dat* geben
placeta [pla'θeta] *f dim de* **plaza**
placible [pla'θiβle] *adj* angenehm
placidez [plaθi'ðeθ] *f* Sanftmut *f,* Gelassenheit *f,* Ruhe *f*
plácido, -a ['plaθiðo, -a] *adj* **1.** (*cosas*) ruhig, angenehm **2.** (*persona*) sanft, gelassen
placiente [pla'θjen̩te] *adj* angenehm, ansprechend
plácito ['plaθito] *m* Meinung *f,* Ansicht *f*
plafón [pla'fon] *m* Deckenleuchte *f*
plaga ['plaɣa] *f* **1.** (AGR) Plage *f;* **una** ~ **de langostas asoló la región** die Gegend wurde von einer Heuschreckenplage heimgesucht **2.** (*calamidades*) Mühsal *f,* Leid *nt;* (*lacra*) Geißel *f* **3.** (*abundancia*) Überfluss *m;* **este año hemos tenido una** ~ **de cerezas** dieses Jahr hatten wir eine Kirschenschwemme [*o* üppige Kirschenernte]
plagado, -a [pla'ɣaðo -a] *adj* voll (*de* mit +*dat*); **el texto estaba** ~ **de faltas** der Text wimmelte von Fehlern; **la casa está plagada de cucarachas** das Haus ist voller Kakerlaken
plagar [pla'ɣar] <g→gu> **I.** *vt* voll stopfen (*de* mit +*dat*); ~**on la ciudad de carteles** die Stadt wurde vollkommen zuplakatiert **II.** *vr:* ~**se** heimgesucht werden (*de* von +*dat*); **el pueblo se plagó de ratas** das Dorf wurde von einer Rattenplage heimgesucht
plagiar [pla'xjar] *vt* **1.** (*copiar*) abschreiben, plagiieren **2.** (*Am: secuestrar*) entführen
plagiario, -a [pla'xjarjo, -a] *adj* plagiatorisch, Plagiat-
plagio ['plaxjo] *m* **1.** (*copia*) Plagiat *nt* **2.** (*Am: secuestro*) Entführung *f*
plaguicida [plaɣi'θiða] *m* (AGR) Pflanzenschutzmittel *nt*
plan [plan] *m* **1.** (*proyecto*) Plan *m,* Entwurf *m;* ~ **de ahorro** (FIN) Sparplan *m;* ~ **de amortización** (FIN) Tilgungsplan *m;* ~ **cuatrienal** (ECON) Vierjahresplan *m;* ~ **de desarrollo** (*t.*

ECON) Entwicklungsplan *m;* ~ **económico** Wirtschaftsplan *m;* ~ **de emergencia** Notstandsplan *m;* ~ **estratégico** Strategieplanung *f;* ~ **de estudios** Studienplan *m;* ~ **de expansión** (COM) Erweiterungsplan *m;* ~ **financiero** Finanzkonzept *nt;* ~ **de inversiones** Investitionsplan *m;* ~ **Marshall** Marshallplan *m;* ~ **de pensiones** (FIN) Rentenplan *m;* ~ **quinquenal** (ECON) Fünfjahresplan *m;* ~ **de saneamiento** Sanierungsplan *m;* ~ **sinóptico** Übersichtsplan *m;* **si no tienes** ~ **para esta noche paso a buscarte** wenn du heute Abend noch nichts vorhast, hole ich dich ab **2.** (*argot: ligue*) (Liebes)bekanntschaft *f* **3.** (INFOR): ~ **de la red** Netzplan *m* **4.** (*loc*): **esto no es** ~ (*argot*) so geht es nicht (weiter); **en** ~ **de...** als ...; **está en un** ~ **que no lo soporto** (*argot*) so, wie er zur Zeit drauf ist, ertrage ich ihn nicht

plana ['plana] *f* **1.** (*folio*) Seite *f;* **a toda** ~ ganzseitig; **un artículo en primera** ~ ein Artikel auf der ersten Seite **2.** (*caligrafía*) Schreibübung *f* **3.** (*planicie*) Ebene *f,* ebene Fläche *f* **4.** (*loc*): **la** ~ **mayor** (MIL) der Regimentsstab; **la** ~ **mayor del partido** die Parteispitze; **enmendar la** ~ **a alguien** (*criticar a alguien*) jdn kritisieren; (*superar a alguien*) jdn übertreffen

planada [pla'naða] *f* (GEO) (weite) Ebene *f*

plancha ['planʧa] *f* **1.** (*lámina*) Platte *f,* Blech *nt* **2.** (*ropa*) Bügeleisen *nt;* ~ **de vapor** Dampfbügeleisen *nt* **3.** (TIPO) Druckplatte *f* **4.** (NÁUT) Laufplanke *f* **5.** (*fam: desacierto*) Blamage *f;* **hacer** [*o* **tirarse**] **una** ~ sich blamieren **6.** (GASTR): **a la** ~ in der Pfanne gebraten

planchada [plan'ʧaða] *f* (NÁUT) hölzerner Pier *m*

planchado¹ [plan'ʧaðo] *m* Bügeln *nt;* (*ropa*) Bügelwäsche *f*

planchado, -a² [plan'ʧaðo, -a] *adj* **1.** (*AmC: acicalado*) geschniegelt *fam* **2.** (*loc*): **lo dejé** ~ (*fig fam*) er war platt (nach dem, was ich sagte)

planchador(a) [planʧa'ðor] *m(f)* Bügler(in) *m(f)*

planchadora [planʧa'ðora] *f* Büglerin *f;* (*máquina*) Bügelmaschine *f*

planchar [plan'ʧar] *vt* bügeln, plätten

planchazo [plan'ʧaθo] *m* **1.** (*ropa*) kurzes Bügeln *nt* **2.** (*desacierto*) Blamage *f*

plancton ['plaŋkton] *m sin pl* Plankton *nt*

planeador [planea'ðor] *m* (AERO) Segelflugzeug *nt;* ~ **espacial** Raumgleiter *m*

planeadora [planea'ðora] *f* (*embarcación*) *schnelles Boot mit Außenbordmotor*

planeamiento [planea'mjen̩to] *m* Planung *f;* ~ **preliminar** Vorplanung *f*

planear [plane'ar] **I.** *vi* (*ave*) schweben; (AERO) im Gleitflug niedergehen **II.** *vt* planen, organisieren

planeo [pla'neo] *m* (AERO) Gleitflug *m*

planeta [pla'neta] *m* **1.** (ASTR) Planet *m* **2.** (REL: *casulla*) kurze Kasel *f*

planetario¹ [plane'tarjo] *m* Planetarium *nt*

planetario, -a² [plane'tarjo, -a] *adj* Planeten-; **sistema** ~ Planetensystem *nt*

planetoide [plane'toi̯ðe] *m* (ASTR) kleiner Planet *m,* Planetoid *m*

planicie [pla'niθje] *f* (GEO) Ebene *f*

planificación [planifika'θjon] *f* Planung *f;* ~ **a corto/largo plazo** kurzfristige/langfristige Planung; ~ **detallada** Feinplanung *f;* ~ **económica** Wirtschaftsplanung *f;* ~ **empresarial** Unternehmensplanung *f;* ~ **familiar** Familienplanung *f;* ~ **regional** Raumplanung *f*

planificador(a) [planifika'ðor(a)] *m(f)* Planer(in) *m(f);* ~ **económico** Wirtschaftsplaner *m*

planificar [planifi'kar] <c→qu> *vt* planen; ~ **las inversiones** die Investitionen planen

planilla [pla'niʎa] *f* **1.** (ECON: *personal*) Belegschaft *f* **2.** (*impreso*) Formular *nt;* ~ **de cálculo** (INFOR) Tabellenkalkulationsprogramm *nt* **3.** (*Am: liquidación*) Abrechnung *f*

planimetría [planime'tria] *f* (MAT) Planimetrie *f*

planímetro [pla'nimetro] *m* (GEO) Flächenmesser *m,* Planimeter *nt*

planisferio [planis'ferjo] *m* (ASTR) Sternkarte *f*

planning ['planiŋ] *m* Arbeitsplan *m*

plano¹ ['plano] *m* **1.** (MAT) Ebene *f;* ~ **inclinado** schiefe Ebene **2.** (*mapa*) Plan *m,* Zeichnung *f;* ~ **de la ciudad** Stadtplan *m;* **levantar un** ~ einen Plan entwerfen **3.** (CINE): **primer** ~ Großaufnahme *f;* **en primer** ~ im Vordergrund **4.** (*loc*): **de** ~ durchaus; **aceptó de** ~ **nuestra propuesta** er/sie nahm unseren Vorschlag ohne Einschränkungen an

plano, -a² ['plano, -a] *adj* flach, eben; **geometría plana** (MAT) Planimetrie *f;* **superficie plana** Ebene *f,* ebene Fläche

planta ['plan̩ta] *f* **1.** (BOT) Pflanze *f;* ~ **anual** einjährige Pflanze; ~ **bulbosa** Zwiebelgewächs *nt;* ~ **de interior** Zimmerpflanze *f;* ~ **medicinal** Arzneipflanze *f,* Heilpflanze *f;* ~ **vivaz** Staude *f* **2.** (*pie*) Fußsohle *f* **3.** (*fábrica*) Anlage *f,* Werk *nt;* ~ **de abastecimientos de agua** Wasserwerk *nt;* ~ **de biogás** Biogasanlage *f;* ~ **de compost** Kompostieranlage *f;* ~ **depuradora** Kläranlage *f;* ~ **desalinizadora** Entsalzungsanlage *f;* ~ **de ensayos** Versuchsanlage *f;* ~ **incineradora** Müllverbrennungsanlage *f;* ~ **industrial** Industrieanlage *f;* ~ **de montaje** Montagewerk *nt;* ~ **de reciclaje de basuras** Müllaufbereitungsanlage *f;* ~ **siderúrgica** Stahlwerk *nt,* Eisenhüttenwerk *nt;* **instalar una** ~ eine Betriebsanlage errichten **4.** (*Am: central de energía*) Kraftwerk *nt;* ~ **de energía atómica** Atomkraftwerk *nt;* ~ **de energía hidráulica** Wasserkraftwerk *nt* **5.** (*piso*) Stockwerk *nt,* Geschoss *nt;* ~ **alta/baja** Ober-/Erdgeschoss *nt* **6.** (ARQUIT) Grundriss *m;* (*proyecto*) Bauplan *m* **7.** (*loc*): **tener buena** ~ gut aussehen

plantación [planṭa'θjon] *f* (AGR) Pflanzung *f;* (*finca*) Plantage *f*

plantado, **-a** [plaṇ'taðo, -a] *adj* (*fam: garboso*) rüstig; **bien** ~ stramm, gut aussehend

plantador¹ [plaṇ'taðor] *m* (*apero*) Pflanzholz *nt*

plantador(a)² [plaṇ'taðor(a)] *m(f)* Pflanzer(in) *m(f)*

plantar [plaṇ'tar] **I.** *vt* **1.** (*bulbo*) pflanzen; **han plantado el monte** der Berg ist aufgeforstet worden **2.** (*clavar*) befestigen; ~ **una tienda de campaña** ein Zelt aufschlagen **3.** (*fam: tortazo*) versetzen **4.** (*fam: cita*) versetzen, einen Korb geben +*dat;* **desapareció y me dejó plantado** er/sie verschwand und ließ mich einfach stehen; **dejó plantada a su novia** er ließ seine Freundin sitzen **5.** (*abandonar*) aufgeben **6.** (*despedir*): **lo ~on en la calle** man hat ihn entlassen **II.** *vr:* **~se 1.** (*resistirse*) sich entgegensetzen (*ante* +*dat*); **se plantó ante los proyectos de sus padres** er/sie widersetzte sich den elterlichen Plänen **2.** (*asno, perro*) nicht von der Stelle wollen, störrisch sein **3.** (*aparecer*) auftauchen; **se plantaron en su casa en un periquete** sie waren blitzschnell bei ihm/ihr **4.** (*negarse categóricamente*) sich hartnäckig weigern **5.** (*no aceptar más naipes*) passen; **aquí me planto** ich passe

plante ['plaṇte] *m* Streik *m,* Arbeitsniederlegung *f;* **dar** ~ **a alguien** jdn sitzen lassen

planteamiento [plaṇtea'mjeṇto] *m* **1.** (*idea*) Gesichtspunkt *m;* **tu** ~ **de la cuestión no me parece el adecuado** dein Ansatz scheint mir nicht der richtige zu sein **2.** (MAT) Ansatz *m*

plantear [plaṇte'ar] **I.** *vt* **1.** (*asunto, problema*) angehen; **este problema está mal planteado** dieses Problem ist falsch angegangen worden **2.** (*causar*) verursachen; **tú fuiste el que planteó la discusión** du hast die Diskussion ausgelöst **II.** *vr:* **~se 1.** (*reflexionar*) überdenken; **tengo que ~me este problema** dieses Problem muss ich genau überdenken **2.** (*cuestión*) aufwerfen; **ahora me planteo la pregunta si...** für mich wirft sich jetzt die Frage auf, ob ...

plantel [plaṇ'tel] *m* **1.** (*vivero*) Baumschule *f* **2.** (*conjunto*) Gruppe *f* **3.** (*Arg: plantilla*) Belegschaft *f*

planteo [plaṇ'teo] *m* (*Arg*) Protest *m*

plantificación [plaṇtifika'θjon] *f* (*implantación*) Aufstellung *f,* Errichtung *f;* **la** ~ **de nuevos modelos de educación** die Einführung neuer Erziehungsmodelle

plantificar [plaṇtifi'kar] <c→qu> **I.** *vt* (*golpe*) versetzen **II.** *vr:* **~se** auftauchen; **se plantificó allí al poco tiempo** er/sie war in kürzester Zeit da

plantígrados [plaṇ'tiɣraðos] *mpl* (ZOOL) Sohlengänger *mpl*

plantilla [plaṇ'tiʎa] *f* **1.** (*empleados*) Belegschaft *f;* ~ **de profesores** Lehrerschaft *f;* **personal de** ~ Stammpersonal *nt;* **estar en** ~ fest angestellt sein **2.** (*zapato*) Einlegesohle *f;* ~ **ortopédica** orthopädische Einlage **3.** (*zapatero*) Brandsohle *f* **4.** (*patrón*) Schablone *f;* ~ **para símbolos** (INFOR) Zeichenschablone *f;* ~ **de teclado** (INFOR) Tastaturschablone *f* **5.** (*equipo*) Mannschaft *f*

plantío [plaṇ'tio] *m* **1.** (*plantación*) Pflanzung *f* **2.** (*terreno: huerto*) Garten *m;* (*plantación*) Plantage *f* **3.** (*lo plantado*) Bepflanzung *f*

plantón [plaṇ'ton] *m* **1.** (AGR) Setzling *m* **2.** (MIL) Wach(t)posten *m* **3.** (*loc*): **quedamos a las cuatro y me ha dado un** ~ ich war um vier mit ihm/ihr verabredet, und er/sie hat mich versetzt; **y ahora estoy de** ~ jetzt muss ich hier stehen und warten

planudo, **-a** [pla'nuðo, -a] *adj* (NÁUT) für niedriges Gewässer geeignet (*Schiff*)

plañidera [plaɲi'ðera] *f* Klageweib *nt*

plañidero, **-a** [plaɲi'ðero, -a] *adj* (*lloroso*) weinerlich; (*lastimero*) erbärmlich

plañido [pla'ɲiðo, -a] *m* Wehklagen *nt*

plañir [pla'ɲir] <*3. pret:* **plañó**> *vi* weinen, jammern

plaqué [pla'ke] *m* (*de oro*) Goldüberzug *m;* (*de plata*) Silberüberzug *m*

plaqueta [pla'keta] *f* (BIOL, MED) Blutplättchen *nt,* Thrombozyt *m*

plasma ['plasma] *m* (BIOL, FÍS, MED) Plasma *nt;* ~ **sanguíneo** Blutplasma *nt*

plasmación [plasma'θjon] *f* Gestaltung *f;* (*representación*) Darstellung *f*

plasmador [plasma'ðor] *m* (*Dios*) Schöpfer *m*

plasmar [plas'mar] *vt* **1.** (*moldear, t. fig*) gestalten **2.** (*representar*) darstellen, widerspiegeln; **en esta obra se ve plasmado el espíritu de la época** dieses Werk spiegelt den Zeitgeist der Epoche deutlich wider

plasmocito [plasmo'θito] *m* (ANAT) Plasmazelle *f*

plasmodio [plas'moðjo] *m* (BIOL) Plasmodium *nt*

plasta¹ ['plasta] *mf* (*pey*) Nervensäge *f*

plasta² ['plasta] *f* ≈Pfusch *m;* **el discurso fue una** ~ die Rede war eine Katastrophe

plaste ['plaste] *m* Gipsmasse *f*

plastecer [plaste'θer] *irr como crecer vt* vergipsen

plástica ['plastika] *f* (ARTE) Plastik *f,* Bildhauerkunst *f*

plasticidad [plastiθi'ðaᵈ] *f* Plastizität *f;* (*claridad*) Anschaulichkeit *f*

plástico¹ ['plastiko] *m* Kunststoff *m,* Plastik *nt*

plástico, **-a²** ['plastiko, -a] *adj* **1.** (*materia*) Plastik-, Kunststoff-; **papel** ~ Plastikfolie *f,* Kunststofffolie *f* **2.** (*modelable*) plastisch, leicht formbar; **las artes plásticas** die bildenden Künste **3.** (*expresivo*) plastisch, ausdrucksvoll

plastificación [plastifika'θjon] *f* **1.** (*revesti-*

miento) Einschweißen *nt* in Plastik **2.** (*con plastificante*) Weichmachen *nt,* Plastifizieren *nt*

plastificado [plastifi'kaðo] *m* Plastifizieren *nt*

plastificar [plastifi'kar] <c→qu> *vt* (in Plastik) einschweißen, laminieren

plastilina® [plasti'lina] *f* Plastilin® *nt,* Knetmasse *f*

plastrón [plas'tron] *m* **1.** (*pechera*) Plastron *m o nt,* Vorhemd *nt* **2.** (ZOOL) Bauchpanzer *m*

plasturgia [plas'turxja] *f* Technik *f* der Umwandlung von Kunststoffen

plata ['plata] *f* **1.** (*metal*) Silber *nt;* ~ **labrada** Silber(geschirr) *nt;* **bodas de** ~ Silberhochzeit *f,* silberne Hochzeit; **medalla de** ~ (DEP) Silbermedaille *f;* **papel de** ~ Silberfolie *f* **2.** (*moneda*) Silbergeld *nt;* ~ **de ley** Feinsilber *nt* **3.** (*Am: dinero*) Geld *nt;* **¡adiós mi** ~**!** (*CSur: fam*) jetzt ist alles verloren! **4.** (*loc*): **hablar en** ~ Klartext reden

plataforma [plata'forma] *f* **1.** (*estrado*) Podium *nt* **2.** (*tranvía*) Plattform *f;* (*vagón*) Plattformwagen *m;* ~ **de elevación** Hebebühne *f;* ~ **giratoria** Drehscheibe *f* **3.** (POL) Plattform *f,* Forum *nt* **4.** (GEO): ~ **continental** Kontinentalsockel *m,* Schelf *m o nt*

platal [pla'tal] *m* (*Am: dineral*) viel Geld *nt;* (*fig*) Vermögen *nt*

platanal [plata'nal] *m,* **platanar** [plata'nar] *m* Bananenpflanzung *f*

platanero¹ [plata'nero] *m* (*árbol*) Banane(nstaude) *f*

platanero, -a² [plata'nero, -a] **I.** *m, f* (*comerciante*) Bananenhändler(in) *m(f)* **II.** *adj* (*PRico, Cuba: viento*) heftig

plátano ['platano] *m* **1.** (*árbol frondoso*) Platane *f* **2.** (*árbol frutal tropical*) Banane(nstaude) *f;* (*fruta*) Banane *f;* ~ **guineo** Kochbanane *f*

platea [pla'tea] *f* (TEAT) Parkett *nt,* Parterre *nt;* **palco de** ~ Parterreloge *f*

plateado¹ [plate'aðo] *m* Versilbern *nt,* Versilberung *f*

plateado, -a² [plate'aðo, -a] *adj* versilbert, Silber-; (*color*) silberfarben, silbern; **tengo un bolso** ~ **que irá bien con esa falda** ich habe eine silberne Tasche, die gut zu diesem Rock passen wird

platear [plate'ar] *vt* versilbern

platelminto [platel'minto] *m* (ZOOL: *tenia*) Plattwurm *m*

platense [pla'tense] *adj* **1.** (*de La Plata*) aus La Plata **2.** (*de Río de La Plata*) aus den Rio-de-la-Plata-Ländern

platera [pla'tera] *f v.* **platero²**

plateresco¹ [plate'resko] *m* (ARQUIT) Plateresk *nt*

plateresco, -a² [plate'resko, -a] *adj* plateresk

platería [plate'ria] *f* **1.** (*tienda*) Juweliergeschäft *nt* **2.** (*taller*) Silberschmiede *f* **3.** (*vajilla*) Silbergeschirr *nt*

platero¹ [pla'tero] *m* (*reg*) silbergrauer Esel *m* (*aus 'Platero y yo' von Juan Ramón Jiménez*)

platero, -a² [pla'tero, -a] *m, f* Silberschmied(in) *m(f);* (*joyero*) Juwelier(in) *m(f)*

plática ['platika] *f* **1.** (*conversación*) Unterhaltung *f;* **estar de** ~ plaudern **2.** (*sermón*) Kurzpredigt *f*

platicador(a) [platika'ðor(a)] *m(f)* Plauderer, -in *m, f*

platicar [plati'kar] <c→qu> *vi* (*fam*) sich unterhalten (*sobre* über +*akk*), plaudern (*sobre* über +*akk*)

platija [pla'tixa] *f* (ZOOL) Flunder *f*

platillero, -a [plati'ʎero, -a] *m, f* (MÚS) Beckenschläger(in) *m(f)*

platillo [pla'tiʎo] *m* **1.** (*de una taza*) Untertasse *f;* ~ **volante** fliegende Untertasse, Ufo *nt* **2.** (*balanza*) Waagschale *f* **3.** (MÚS) Becken *nt*

platina [pla'tina] *f* **1.** (*microscopio*) Objekttisch *m* **2.** (TIPO) Tiegel *m* **3.** (INFOR) Platine *f*

platinar [plati'nar] *vt* platinieren, mit Platin überziehen

platino [pla'tino] *m* **1.** (QUÍM) Platin *nt* **2.** *pl* (AUTO) Unterbrecher *mpl*

platinotipia [platino'tipja] *f* (FOTO) Platindruck *m,* Platinotypie *f*

platirrinos [plati'rrinos] *mpl* (ZOOL) Breitnasenaffen *mpl*

plato ['plato] *m* **1.** (*vajilla*) Teller *m;* (*para taza*) Untertasse *f;* ~ **hondo** [*o* **sopero**] Suppenteller *m,* tiefer Teller; ~ **llano** flacher Teller; **tiro al** ~ (DEP) Tontaubenschießen *nt;* **ahora tengo que pagar los** ~**s rotos** (*fig*) nun muss ich die Sache auch ausbaden; **tiene cara de no haber roto un** ~ **en la vida** er/sie sieht aus, als ob er/sie keiner Fliege etwas zuleide [*o* zu Leide] tun könnte; **comer en un mismo** ~ (*fig*) wie Pech und Schwefel zusammenhalten **2.** (*comida*) Gericht *nt;* ~ **combinado** *ein einziger Teller mit verschiedenen Gerichten;* ~ **del día** Tagesgericht *nt;* ~ **principal** [*o* **fuerte**] Hauptgericht *nt;* (*fig*) Hauptthema *nt;* ~ **único** *Essen, das nur aus einem Gang besteht;* **nos sirvieron tres** ~**s y postre** uns wurden drei Gänge und Nachtisch serviert; **esto no es un** ~ **de gusto para nadie** das ist für niemanden ein Honigschlecken **3.** (*balanza*) Waagschale *f*

plató [pla'to] *m* (CINE) Kulisse *f*

platón [pla'ton] *m* (*Am*) Schüssel *f*

platónico, -a [pla'toniko, -a] **I.** *adj* platonisch; **amor** ~ platonische Liebe **II.** *m, f* (FILOS) Platoniker(in) *m(f)*

platonismo [plato'nismo] *m sin pl* (FILOS) Platonismus *m*

platudo, -a [pla'tuðo, -a] *adj* (*Am*) steinreich

plausibilidad [plau̯siβili'ðaᵈ] *f* Plausibilität *f*

plausible [plau̯'siβle] *adj* **1.** (*loable*) lobenswert **2.** (*admisible*) plausibel, annehmbar

playa ['plaɟa] *f* **1.** (*mar*) (Meeres)strand *m;* ~ **fluvial** *mit Sand künstlich angelegtes Flussufer;* ~ **naturista** FKK-Strand *m* **2.** (*Am: espa-*

P

cio) Gelände *nt;* ~ **de estacionamiento** Parkplatz *m*

play-back [ˈpleɪ̯βaᵏ] *m* <play-backs> Playback *nt*

play-boy [pleɪ̯ˈβoɪ̯] *m* <play-boys> Playboy *m*

playera [plaˈɟera] *f* (*Guat, Méx: camiseta*) T-Shirt *nt*

playeras [plaˈɟeras] *fpl* **1.** (*zapatilla*) *leichte Sommerschuhe mit Gummisohle* **2.** (MÚS) *andalusische Volksweise*

playero, -a [plaˈɟero, -a] *adj* Strand-; **he comprado una falda playera** ich habe einen Strandrock gekauft

play-girl [plaɪ̯ˈɣeʳl] *f* <play-girls> Playgirl *nt*

playo, -a [ˈplaɟo, -a] *adj* (*CSur*) flach; **plato** ~ flacher Teller

play off [pleɪ̯ˈof] *m inv* (DEP) Play-off *nt*

plaza [ˈplaθa] *f* **1.** (*de pueblo, ciudad*) Platz *m;* ~ **mayor** Hauptplatz *m* **2.** (*de mercado*) Markt *m;* ~ **de abastos** Markt *m;* **fuimos a la** ~ **a comprar** wir sind auf den Markt einkaufen gegangen **3.** (*de toros*) Arena *f* **4.** (*asiento*) Sitzplatz *m* **5.** (*para el coche*) Stellplatz *m;* ~ **de garage** Garagenstellplatz *m;* **el aparcamiento tiene 300** ~**s** der Parkplatz hat 300 Stellplätze **6.** (*empleo*) Stelle *f;* **a este catedrático le han ofrecido una** ~ **en Madrid** dieser Professor hat einen Ruf nach Madrid bekommen; **en este colegio ya no quedan** ~**s** in dieser Schule gibt es keine Plätze mehr **7.** (COM) Platz *m;* **Francfort es una** ~ **financiera** Frankfurt ist ein Finanzplatz **8.** (MIL) Festung *f,* Heereslager *nt* **9.** (*Arg: parque*) Spielplatz *m*

plazo [ˈplaθo] *m* **1.** (*vencimiento*) Frist *f,* Laufzeit *f;* ~ **de amortización de un préstamo** (FIN) Tilgungsrate eines Darlehens; ~ **de carencia** Karenzzeit *f;* ~ **de entrega** Lieferzeit *f;* ~ **de espera para la entrega de un artículo** Wartezeit für die (Aus)lieferung eines Artikels; ~ **de preaviso** Kündigungsfrist *f;* **depósito a** ~ (FIN) Festgeld *nt;* ~ **de recaudación** (FIN) Steuererhebungsfrist *f;* **a corto/largo** ~ kurz-/langfristig; **fuera del** ~ nicht fristgemäß; **en el** ~ **de un mes el trabajo tiene que estar hecho** innerhalb eines Monats muss die Arbeit fertig sein; **en el banco tengo dos millones a** ~ **fijo** ich habe auf der Bank zwei Millionen festgelegt; **saltarse un** ~ eine Frist nicht einhalten; **¿cuándo vence** [*o* **se cumple**] **el** ~ **para la presentación de solicitudes?** wann läuft die Bewerbungsfrist ab? **2.** (*cantidad*) Rate *f;* **he comprado un televisor a** ~**s** ich habe einen Fernseher auf Raten gekauft

plazoleta [plaθoˈleta] *f,* **plazuela** [plaˈθwela] *f dim de* **plaza**

ple [ple] *m* (DEP) Ballspiel *nt* (gegen eine Wand)

pleamar [pleaˈmar] *f* (NÁUT) Hochwasser *nt,* Flut *f*

plebe [ˈpleβe] *f sin pl* **1.** (HIST) Plebs *f;* **tribuno de la** ~ Volkstribun *m* **2.** (*pey: chusma*) Plebs *m,* Gesindel *nt,* Pack *nt*

plebeya [pleˈβeɟa] *adj o f v.* **plebeyo**

plebeyez [pleβeˈɟeθ] *f* Primitivität *f*

plebeyo, -a [pleˈβeɟo, -a] **I.** *adj* **1.** (*t.* HIST) plebejisch **2.** (*sin linaje*) bürgerlich **3.** (*inculto*) ungebildet; (*grosero*) ungehobelt **II.** *m, f* **1.** (*t.* HIST) Plebejer(in) *m(f)* **2.** (*sin linaje*) Bürgerliche(r) *mf* **3.** (*grosero*) Grobian *m*

plebiscitar [pleβisθiˈtar] *vt* (POL) durch Volksentscheid abstimmen (über +*akk*)

plebiscitario, -a [pleβisθiˈtarjo, -a] *adj* (POL) plebiszitär

plebiscito [pleβisˈθito] *m* (POL) Plebiszit *nt,* Volksbefragung *f*

pleca [ˈpleka] *f* (TIPO) *Strich am Ende eines Kapitels oder zwischen zwei Artikeln*

plegable [pleˈɣaβle] *adj* (*papel*) faltbar; (*mueble*) (zusammen)klappbar, Klapp-; **callejero** ~ faltbarer Stadtplan, Faltkarte *f;* **silla** ~ Klappstuhl *m*

plegadera [pleɣaˈðera] *f* Falzbein *nt;* (*carta*) Brieföffner *m*

plegadizo, -a [pleɣaˈðiθo, -a] *adj* (*mueble*) (zusammen)klappbar; (*papel*) faltbar; **silla plegadiza** Klappstuhl *m*

plegador [pleɣaˈðor] *m* **1.** (*imprenta*) Falzbein *nt,* Falzmesser *nt* **2.** (*tejido*) Kettbaum *m*

plegamiento [pleɣaˈmjen̪to] *m* (GEO) Falte *f*

plegar [pleˈɣar] *irr como fregar* **I.** *vt* **1.** (*doblar*) zusammenfalten, zusammenlegen; **pliega las sillas** klapp die Stühle zusammen **2.** (*imprenta*) falzen **3.** (*textil*) rollen **II.** *vr:* ~**se** sich fügen; **se plegó a sus deseos** er/sie beugte sich seinen/ihren Wünschen

plegaria [pleˈɣarja] *f* (REL) Gebet *nt,* Bitte *f*

pleguería [pleɣeˈria] *f* Faltwerk *nt,* Falten *fpl*

pleguete [pleˈɣete] *m* (BOT) Ranke *f*

pleistoceno [pleistoˈθeno] *m* (GEO) Pleistozän *nt*

pleiteador(a) [pleɪ̯teaˈðor(a)] *m(f)* Querulant(in) *m(f)* –

pleitear [pleɪ̯teˈar] *vt* einen Prozess führen (*contra* gegen +*akk*), prozessieren (*contra* gegen +*akk*); (*pey*) nörgeln (über +*akk*)

pleitesía [pleɪ̯teˈsia] *f* Huldigung *f,* Verehrung *f;* **rendir** ~ **a alguien** jdm seine Huldigung darbringen

pleitista [pleɪ̯ˈtista] *mf* Querulant(in) *m(f)*

pleito [ˈpleɪ̯to] *m* **1.** (JUR) Prozess *m,* Rechtsstreit *m;* **andar en** ~**s con alguien** gegen jdn einen Prozess führen; **ganar** [*o* **salir con**]/**perder el** ~ den Prozess gewinnen/verlieren **2.** (*disputa*) Streit *m*

plena [ˈplena] *f* (*PRico:* MÚS) *Volkstanz mit Gesang*

plenariamente [plenarjaˈmen̪te] *adv* (JUR) förmlich (im ordentlichen Verfahren)

plenario[1] [pleˈnarjo] *m* **1.** (JUR) Hauptverfahren *nt* **2.** (*pleno*) Plenum *nt*

plenario, -a[2] [pleˈnarjo, -a] *adj* Voll-, Plenar-; **asamblea plenaria** Vollversammlung *f;* **cele-**

bramos una sesión plenaria al mes einmal im Monat halten wir eine Plenarsitzung ab

plenilunio [pleni'lunjo] *m sin pl* Vollmond *m*

plenipotencia [plenipo'ten̩θja] *f* (POL) (uneingeschränkte) Vollmacht *f*

plenipotenciario, **-a** [plenipoten̩'θjarjo, -a] **I.** *adj* bevollmächtigt **II.** *m, f* Bevollmächtigte(r) *mf*

plenitud [pleni'tuᵈ] *f* **1.** (*totalidad*) Fülle *f*; **sensación de ~** vollkommene Zufriedenheit **2.** (*apogeo*) Höhepunkt *m*; **en la ~ de sus facultades físicas** auf der Höhe seiner/ihrer körperlichen Fähigkeiten

pleno¹ ['pleno] *m* Plenum *nt*, Plenarsitzung *f*; **el ayuntamiento en ~ apoyó su candidatura** die gesamte Stadtverwaltung unterstützte seine/ihre Kandidatur

pleno, **-a²** ['pleno, -a] *adj* voll, Voll-; **~ empleo** Vollbeschäftigung *f*; **en el ~ uso de sus facultades mentales** unter Einsatz all seiner/ihrer geistigen Fähigkeiten; **le robaron a plena luz del día** er wurde am helllichten Tag beraubt; **en ~ verano** im Hochsommer; **trabajar a ~ rendimiento** voll ausgelastet arbeiten

pleonasmo [pleo'nasmo] *m* **1.** (LING) Pleonasmus *m* **2.** (*redundancia*) Verwendung *f* überflüssiger Wörter, Redundanz *f*

pleonástico, **-a** [pleo'nastiko, -a] *adj* (LING) pleonastisch

plerema [ple'rema] *m* (LING) Plerem *nt*

plesiosauro [plesjo'sau̯ro] *m* (ZOOL) Plesiosaurier *m*

pletina [ple'tina] *f* **1.** (ELEC) Platine *f* **2.** (*magnetófono*) Kassettendeck *nt*; **~ doble** Doppelkassettendeck *nt*

plétora ['pletora] *f* (*elev*) Überfluss *m*

pletórico, **-a** [ple'toriko, -a] *adj* strotzend (*de* von/vor +*dat*); **~ de salud** kerngesund

pleura ['pleu̯ra] *f* (ANAT) Pleura *f*, Brustfell *nt*

pleuresía [pleu̯re'sia] *f* (MED) Rippenfellentzündung *f*, Pleuritis *f*

pleurítico, **-a** [pleu̯'ritiko, -a] *adj* **1.** (ANAT: *perteneciente a la pleura*) zum Rippenfell gehörend; (*relativo a la pleura*) das Rippenfell betreffend **2.** (MED) an Rippenfellentzündung erkrankt

pleuritis [pleu̯'ritis] *f inv v.* **pleuresía**

pleurodinia [pleu̯ro'ðinja] *f* (MED) Pleurodynie *f*

pleuroneumonía [pleu̯roneu̯mo'nia] *f* (MED) Rippenfell- und Lungenentzündung *f*, Pleuropneumonie *f*

plexiglás® [pleˠsi'ɣlas] *m sin pl* Plexiglas® *nt*

plexo ['pleˠso] *m* (ANAT) Plexus *m*; **~ solar** Solarplexus *m*, Sonnengeflecht *nt*

pléyade ['pleɟaðe] *f* **1.** (LIT) Pléiade *f* **2.** (*multitud*): **había una ~ de candidatos** es gab eine Menge Bewerber

plica ['plika] *f* versiegelter Umschlag *m*

pliego ['pljeɣo] *m* **1.** (*hoja*) Bogen *m* Papier; **~ cosido** gehefteter Bogen; **~ doblado** gefalzter Bogen; **~ sin encuadernar** Rohbogen *m*; **~ de imprenta** Druckbogen *m* **2.** (JUR) Schrift *f*; **~ de cargos** Anschuldigungsschrift *f*; **~ de condiciones** Ausschreibungsbedingungen *fpl* **3.** (*libro*) Heft *nt* **4.** (*comunicación*) Postsendung *f*

pliegue ['pljeɣe] *m* **1.** (*doblez, t.* GEO) Falte *f*; **el mantel cae hasta el suelo haciendo ~s** die Tischdecke fällt in Falten bis auf den Boden **2.** (TIPO) Falzung *f*

plieguecillo [pljeɣe'θiʎo] *m* (TIPO) Halbbogen *m*

plinto ['plin̩to] *m* **1.** (ARQUIT) Plinthe *f* **2.** (DEP) Bock *m*

plioceno [pljo'θeno] *m* (GEO) Pliozän *nt*

plis [plis] *m* Haarfestiger *m*

plisado [pli'saðo] *m* Plissee *nt*

plisar [pli'sar] *vt* plissieren, fälteln

plomada [plo'maða] *f* **1.** (*albañilería*) Lot *nt*; **echar la ~** ausloten **2.** (*barrita*) Reißstift *m* **3.** (*red*) Senkblei *nt*

plomar [plo'mar] *vt* plombieren, verplomben

plomazo [plo'maθo] *m* **1.** (*fam: pesado*) Nervensäge *f* **2.** (*perdigón*) Schusswunde *f*

plomería [plome'ria] *f* **1.** (*cubierta*) Bleidach *nt* **2.** (*fontanería*) Klempnerei *f*

plomero [plo'mero] *m* **1.** (*trabajador*) Bleiarbeiter *m*; (*comerciante*) Bleiwarenhändler *m* **2.** (*reg: fontanero*) Klempner *m*

plomizo, **-a** [plo'miθo, -a] *adj* (*color*) bleigrau, bleifarben; (*material*) bleiern

plomo ['plomo] *m* **1.** (*metal*) Blei *nt*; **gasolina sin ~** bleifreies Benzin; **soldadito de ~** Bleisoldat *m*; **andarse con pies de ~** (*fig*) sehr vorsichtig sein; **cayó a ~** er/sie fiel der Länge nach hin; **es un ~** er/sie ist sehr lästig **2.** (*plomada*) Bleilot *nt* **3.** (*fig: bala*) Kugel *f* **4.** *pl* (ELEC) Sicherung *f*

plotter ['ploter] *m* (INFOR) Plotter *m*

pluma ['pluma] *f* **1.** (*ave*) Feder *f*; **peso ~** (DEP) Federgewicht *nt*; **cambiar la ~** sich mausern; **quedarse cacareando y sin ~s** trotz eines Misserfolgs noch frohlocken; **vestirse de ~s ajenas** sich mit fremden Federn schmücken **2.** (*escribir*) Feder *f*; **~ estilográfica** Füllfederhalter *m* **3.** (*fig: escritor*) Schriftsteller *m*; (*estilo*) Stil *m*; **escribir/componer a vuela ~** mit fliegender Feder schreiben/dichten

plumada [plu'maða] *f* Federstrich *m*

plumado, **-a** [plu'maðo, -a] *adj* gefiedert

plumaje [plu'maxe] *m* **1.** (*ave*) Gefieder *nt* **2.** (*adorno*) Federbusch *m*

plumario, **-a** [plu'marjo, -a] *m, f* (*AmC, Méx: pey: periodista*) Schreiberling *m*

plumazo [plu'maθo] *m* **1.** (*trazo*) Federstrich *m*; **suprimieron de un ~ las subvenciones** alle Subventionen wurden auf einmal gestrichen **2.** (*almohada*) Kissen *nt*; (*colchón*) Federbett *nt* **3.** (*loc*): **se le nota un ~** (*pey*) der ist wohl vom anderen Ufer

plúmbeo, **-a** ['plumbeo, -a] *adj* bleiern; (*pesado*) bleischwer

P

plúmbico, **-a** ['plumbiko, -a] *adj* Blei-, bleihaltig

plumeado [plume'aðo, -a] *m* (ARTE) Schraffur *f*

plumear [plume'ar] *vt* (*AmC, Méx: escribir*) schreiben

plumería [plume'ria] *f*, **plumerío** [plume'rio] *m* Gefieder *nt*

plumero [plu'mero] *m* **1.** (*limpieza*) Staubwedel *m* **2.** (*plumier*) Griffelkasten *m* **3.** (*adorno*) Federbusch *m* **4.** (*loc*): **a ése se le ve el** ~ der ist leicht zu durchschauen

plumier [plu'mjer] *m* (*caja*) Griffelkasten *m*, Etui *nt*; (*estuche*) Federmäppchen *nt*

plumífero[1] [plu'mifero] *m* Daunenjacke *f*

plumífero, **-a**[2] [plu'mifero, -a] *m, f* (*pey*) Schreiberling *m*

plumilla [plu'miʎa] *f* Feder *f* (*eines Federhalters*), Tuschfeder *f*

plumín [plu'min] *m* Feder *f* (*eines Füllfederhalters*)

plumón [plu'mon] *m* **1.** (*ave*) Flaumfeder *f*, Daune *f* **2.** (*cama*) Federbett *nt*

plumoso, **-a** [plu'moso, -a] *adj* voller Federn

plural [plu'ral] **I.** *adj* vielfältig; **número** ~ Plural *m* **II.** *m* (LING) Plural *m*, Mehrzahl *f*; ~ **mayestático** Pluralis majestatis *m*

pluralidad [plurali'ða^{ð}] *f* Vielfältigkeit *f*; **a** ~ **de votos** mehrheitlich

pluralismo [plura'lismo] *m sin pl* **1.** (FILOS) Pluralismus *m* **2.** (*multiplicidad*) Vielzahl *f*

pluralista [plura'lista] *adj* pluralistisch

pluralización [pluraliθa'θjon] *f* (LING) Pluralisierung *f*

pluralizar [plurali'θar] <z→c> *vt* **1.** (*generalizar*) verallgemeinern; **tú cuenta lo que te pasó a ti y no pluralices** erzähl, was dir passiert ist, und sprich nicht im Plural **2.** (LING) die Pluralform bilden (*von Wörtern, die gewöhnlich nur im Singular stehen*)

plurianual [plurianu'al] *adj* mehrjährig

pluricelular [pluriθelu'lar] *adj* (BIOL) mehrzellig

pluricultural [plurikul̪tu'ral] *adj* multikulturell

pluridisciplinar [pluriðisθipli'nar] *adj* interdisziplinär

pluriempleado, **-a** [pluriemple'aðo, -a] *m, f Person, die mehrere Arbeitsplätze gleichzeitig hat*

pluriempleo [pluriem'pleo] *m* Mehrfachbeschäftigung *f*; **practicar el** ~ mehreren Erwerbstätigkeiten nachgehen

plurifamiliar [plurifami'ljar] *adj* Mehrfamilien-; **casa** ~ Mehrfamilienhaus *nt*

plurilateral [plurilate'ral] *adj* mehrseitig, multilateral

plurilingüe [pluri'liŋgwe] *adj* (*políglota*) polyglott, mehrsprachig

pluripartidismo [pluriparti'ðismo] *m* (POL) Mehrparteiensystem *nt*

pluripartidista [pluriparti'ðista] *adj* Mehrparteien-; **gobierno** ~ Regierungskoalition *f*

plurivalente [pluriβa'len̪te] *adj* polivalent, mehrwertig

plus [plus] *m* Zulage *f*; (*ventaja*) Vorteil *m*; ~ **de carestía** Teuerungszulage *f*; ~ **familiar** Familienzulage *f*, Kinderzulage *f*; ~ **de peligrosidad** Gefahrenzulage *f*; **de** ~ als Zuschlag, zusätzlich; ~ **por trabajar en días festivos** Feiertagszulage *f*

pluscuamperfecto [pluskwamper'fekto] *m* (LING) Plusquamperfekt *nt*, vollendete Vergangenheit *f*

plusmarca [plus'marka] *f* (DEP) Rekord *m*; **ha batido ya varias ~s en este campeonato** bei diesem Wettbewerb hat er/sie schon mehrere Rekorde gebrochen

plusmarquista [plusmar'kista] *mf* Rekordinhaber(in) *m(f)*, Rekordhalter(in) *m(f)*; **él es el** ~ **mundial de lanzamiento de jabalina** er hält den Weltrekord im Speerwerfen

pluspetición [pluspeti'θjon] *f* (JUR) Klageantrag *m* über den berechtigten Anspruch hinaus

plusvalía [plusβa'lia] *f sin pl* Mehrwert *m*, Wertsteigerung *f*

plutocracia [pluto'kraθja] *f* **1.** (*régimen*) Plutokratie *f*, Geldherrschaft *f* **2.** (*clase*) Reiche(n) *mpl*

plutócrata [plu'tokrata] *mf* (POL) Plutokrat(in) *m(f)*

plutocrático, **-a** [pluto'kratiko, -a] *adj* plutokratisch

plutón [plu'ton] *m* (GEO) Pluton *m*

plutonio [plu'tonjo] *m* (QUÍM) Plutonium *nt*

plutonismo [pluto'nismo] *m* (GEO) Plutonismus *m*

pluvial [plu'βjal] *adj* Regen-; **agua** ~ Regenwasser *nt*; **capa** ~ (REL) Pluviale *nt*

pluvímetro [plu'βimetro] *m* (METEO) Pluviograph *m*, Regenmesser *m*

pluviometría [pluβjome'tria] *f* (METEO) Niederschlagsmessung *f*

pluviómetro [plu'βjometro] *m* (METEO) *v.* **pluvímetro**

pluviosidad [pluβjosi'ða^{ð}] *f* Niederschlagsmenge *f*

pluvioso[1] [plu'βjoso] *m* Pluviose *m* (*fünfter Monat nach der Zeitrechnung der französischen Revolution*)

pluvioso, **-a**[2] [plu'βjoso, -a] *adj* regnerisch

p.m. [pe'eme] *abr de* **post meridiem** p.m.

P.M. [pe'eme] *f abr de* **policía militar** Militärpolizei *f*

PMG [pe(e)me'xe] *m* (FIN) *abr de* **Período Medio de Pago** durchschnittliche Zahlungsfrist *f*

PN ['peso 'neto] *m abr de* **peso neto** Nettogewicht *nt*

PNB [pe(e)ne'be] *m abr de* **producto nacional bruto** BSP *nt*

PNN [pe'nene] *m* (ECON) *abr de* **Producto Nacional Neto** NSP *nt*

PNV [pene'uβe] *m abr de* **Partido Nacionalista Vasco** *Baskische Nationalistische Partei*

p.o. [por 'orðen] *abr de* **por orden** i.A.

poa ['poa] *f* **1.** (NÁUT) Spriet *nt* **2.** (BOT) Rispengras *nt*

poblacho [po'βlatʃo] *m* (*pey*) Kaff *nt*

población [poβla'θjon] *f* **1.** (*habitantes*) Bevölkerung *f;* ~ **activa** (ECON) erwerbstätige Bevölkerung; ~ **civil** Zivilbevölkerung *f;* ~ **flotante** nicht ständige Bevölkerung; **densidad de** ~ Bevölkerungsdichte *f* **2.** (*localidad*) Ort *m,* Ortschaft *f* **3.** (BIOL) Population *f;* **la** ~ **de peces ha disminuido drásticamente** der Fischbestand hat sich drastisch vermindert

poblacional [poβlaθjo'nal] *adj* Bevölkerungs-; **disminución** ~ Bevölkerungsrückgang *m*

poblado¹ [po'βlaðo] *m* Dorf *nt;* (*colonia*) Ansiedlung *f;* **en la isla los indígenas vivían en ~s** die Ureinwohner der Insel wohnten in Siedlungen [*o* Dörfern]

poblado, -a² [po'βlaðo, -a] *adj* bewohnt; **altamente** ~ dicht besiedelt; **sus pobladas cejas nos inspiraban miedo** seine/ihre buschigen Augenbrauen flößten uns Angst ein

poblador(a) [poβla'ðor(a)] *m(f)* Bewohner(in) *m(f);* **los primeros ~es se establecieron hacia el s. III a.C.** die ersten Siedler ließen sich etwa im 3.Jh. v.Chr. nieder

poblamiento [poβla'mjen̪to] *m* **1.** (*acción*) Bevölkern *nt* **2.** (*asentamiento*) (An)siedlung *f;* ~ **urbano** Stadtsiedlung *f*

poblano, -a [po'βlano, -a] **I.** *adj* (*Am*) ländlich, vom Lande **II.** *m, f* Dorfbewohner(in) *m(f);* (*campesino*) Bauer *m,* Bäuerin *f*

poblar [po'βlar] <o→ue> **I.** *vi, vt* **1.** (*colonizar*) besiedeln, bevölkern; **han poblado el monte de pinos** der Berg ist mit Pinien aufgeforstet worden **2.** (*habitar*) bewohnen; **distintas especies pueblan el fondo del mar** verschiedene Arten leben auf dem Meeresgrund **II.** *vr:* **~se** sich füllen; **la costa se pobló rápidamente** die Küste war bald voller Menschen

pobo ['poβo] *m* (BOT) Silberpappel *f*

pobre ['poβre] **I.** *adj* <paupérrimo> arm, bedürftig; (*desgraciado*) unglücklich; (*humilde*) elend; **es un** ~ **diablo** er ist ein armer Teufel; **¡~ mujer!** arme Frau!; **era una familia muy** ~ es war eine bettelarme Familie; **¡~ de ti si dices mentiras!** wehe dir, wenn du lügst!; **es una lengua** ~ **de expresiones** in dieser Sprache gibt es kaum Redewendungen; **¡~cito!** du armes Kind! **II.** *mf* Arme(r) *mf;* (*mendigo*) Bettler(in) *m(f);* **un** ~ **de solemnidad** ein bettelarmer Mensch; **los ~s y los ricos** die Armen und die Reichen; **los ~s de espíritu** (REL) die Kleinmütigen

pobremente [poβre'men̪te] *adv* ärmlich; **la habitación estaba** ~ **amueblada** das Zimmer war sehr spärlich möbliert

pobrete, -a [po'βrete, -a] *m, f* (*fam*) armer Tropf *m*

pobretería [poβrete'ria] *f* **1.** (*tacañería*) Knauserei *f* **2.** (*pobreza*) Armut *f,* Not *f;* **la** ~ die Armen

pobretón, -ona [poβre'ton, -ona] *m, f* armer Schlucker *m fam*

pobreza [po'βreθa] *f* **1.** (*necesidad*) Armut *f,* Not *f* **2.** (*pusilanimidad*) Kleinmütigkeit *f*

pocero, -a [po'θero, -a] *m, f* **1.** (*constructor*) Brunnenbauer(in) *m(f)* **2.** (*limpiador*) Brunnenreiniger(in) *m(f)*

pocha ['potʃa] *f* (*reg*) weiße Bohne *f*

pochismo [po'tʃismo] *m* (*Méx*) **1.** (*fam: angloamericanismo*) Amerikanismus *m* **2.** (*fam: característica de los pochos*) *Gesamtheit der Besonderheiten der amerikanisierten Mexikaner*

pocho, -a ['potʃo, -a] *adj* **1.** (*fruta*) verdorben **2.** (*persona*) matt, zerschlagen

pochoclo [po'tʃoklo, -a] *m* (*Arg*) Popcorn *nt*

pocholo, -a [po'tʃolo, -a] *m, f* (*fam*) Kleine(r) *mf*

pocilga [po'θilɣa] *f* (*t. fig*) Schweinestall *m*

pocillo [po'θiʎo] *m* **1.** (*vasija*) *in die Erde eingelassenes Vorratsgefäß* **2.** (*bol*) Trinkschale *f;* **el ribeiro se bebe en ~s de porcelana blanca** den Ribeiro trinkt man aus weißen Porzellanschalen

pócima ['poθima] *f,* **poción** [po'θjon] *f* Arznei *f;* (*pey: brebaje*) Gesöff *nt;* **la** ~ **mágica** der Zaubertrank

poco¹ ['poko] **I.** *m* **1.** (*cantidad*): **un** ~ **de azúcar** ein bisschen [*o* etwas] Zucker; **acepta el** ~ **de dinero que te puedo dar** nimm das wenige Geld, das ich dir geben kann; **espera un** ~ warte ein wenig **2.** *pl* wenige; **los ~s que nos reconocieron no se lo creían** die wenigen, die uns erkannten, konnten es nicht glauben; **es un envidioso como hay ~s** er ist ein Neidhammel wie sonst keiner **II.** *adv* wenig; **escribe** ~ er/sie schreibt wenig; **es** ~ **simpático** er ist nicht sehr sympathisch; **nos da** ~ **más o menos lo mismo** es ist uns relativ egal; ~ **a** ~ Schritt für Schritt, nach und nach; ~ **a** ~ **dejamos de creerle** allmählich haben wir aufgehört ihm zu glauben; **a** ~ **de llegar él empezó la fiesta** kurz nachdem er gekommen war, fing das Fest an; ~ **después** bald darauf; **dentro de** ~ bald, in Kürze; **desde hace** ~ seit kurzem; **hace** ~ vor kurzem; **a** [*o* **con**] [*o* **por**] ~ **que se esfuerce lo conseguirá** wenn er/sie sich nur ein wenig anstrengt, wird es ihm/ihr gelingen; **por** ~ **me estrello, a** ~ **más me estrello** beinahe hätte ich einen Unfall gehabt; **tener en** ~ **a alguien** nicht viel von jdm halten; **y por si fuera ~...** und obendrein ...

poco, -a² ['poko, -a] <poquísimo> *adj* wenig, gering; **~s de los presentes lo sabían** nur wenige der Anwesenden wussten es; **aquí hay poca comida para dos personas** das ist zu wenig Essen für zwei Personen; **hay pocas colecciones mejores que ésta** es gibt kaum eine bessere Sammlung als diese; **las probabilidades son pocas** die Wahrscheinlichkeit ist gering; **tiene pocas proba-**

P

bilidades de aprobar er/sie hat wenig Chancen zu bestehen

poda ['poða] *f* Beschneiden *nt* (*von Pflanzen*); ~ **de árboles frutales** Obstbaumschnitt *m*

podadera [poða'ðera] *f* (*tijeras*) Baumschere *f;* (*navaja*) Gartenmesser *nt*

podador(a) [poða'ðor(a)] *m(f) Person, die Pflanzen beschneidet*

podadora [poða'ðora] *f* (*Méx*) Rasenmäher *m*

podagra [po'ðaɣra] *f* (MED) Fußgicht *f,* Podagra *nt*

podar [po'ðar] *vt* (*plantas*) beschneiden

podazón [poða'θon] *f* (BOT) Zeit *f* zum Beschneiden

podenco [po'ðeŋko] *adj:* **perro** ~ *spanischer Jagdhund;* **¡guarda, que es ~!** (*fam*) Holzauge, sei wachsam!

poder [po'ðer] **I.** *irr vi* können; **puedes contar cuántos libros hay** du kannst zählen, wie viele Bücher dort stehen; **si puedo esta tarde te haré una visita** wenn ich kann, komme ich dich heute Nachmittag besuchen; **yo puedo nadar cuatro kilómetros** ich kann vier Kilometer weit schwimmen; **no puedo más** ich bin am Ende meiner Kraft, ich kann nicht mehr; **no podía más de hambre** er/sie hatte schrecklichen Hunger; **yo a ti te puedo** (*fam*) ich bin stärker als du; **no podía con el alma** er/sie war hundemüde; **no puedes cogerlo sin permiso** du darfst das nicht unerlaubt nehmen; **no podemos abandonarlo** wir können ihn nicht einfach im Stich lassen; **bien podría** [*o* **podía**] [*o* **habría podido**] **habérmelo dicho** er/sie hätte mir das sehr wohl sagen können; **bien puede haber aquí un millón de abejas** es ist gut möglich, dass es hier eine Million Bienen gibt; **no puedo verlo todo el día sin hacer nada** ich halte es nicht aus, ihn den ganzen Tag so untätig zu sehen; **no puedo con mi madre** ich komme mit meiner Mutter nicht klar; **no puedo verla ni pintada** ich kann sie nicht ertragen; **la sala se llenó a más no** ~ der Saal war zum Bersten voll; **de** ~ **ser, no dudes que lo hará** wenn er/sie kann, wird er/sie es zweifellos tun; **no pude menos que preguntarle qué hacía por allí** ich konnte nicht umhin ihn/sie zu fragen, was er/sie dort tat **II.** *irr vimpers:* **puede ser que después vuelva** vielleicht komme ich später zurück, es kann sein, dass ich später wiederkomme; **¡puede!** kann sein!; **¿se puede?** darf man (hereinkommen)? **III.** *m* **1.** (*autoridad, t.* POL) Macht *f;* ~ **absoluto** unumschränkte Macht; ~ **ejecutivo** vollziehende Gewalt, Exekutive *f;* ~ **judicial** richterliche Gewalt, Judikative *f;* ~ **legislativo** gesetzgebende Gewalt, Legislative *f;* **los ~es fácticos** die tatsächliche Macht; **los ~es públicos** die Behörden; **la división de ~es** die Gewaltenteilung; **sed de** ~ Machthunger *m;* **el partido en el** ~ die Regierungspartei; **subir al** ~ die Macht übernehmen; **los documentos están en** ~ **del juez** die Dokumente sind in der Gewalt des Richters; **haré todo lo que esté en mi** ~ ich werde alles tun, was in meiner Macht steht **2.** (*autorización*) Vollmacht *f,* Ermächtigung *f,* Prokura *f;* **por** ~ per Prokura; ~ **de decisión** Entscheidungsbefugnis *f;* ~ **especial** (JUR) Spezialvollmacht *f;* **~es especiales** (POL) Sondervollmachten *fpl;* ~ **notarial** notarielle Vollmacht; **casarse por** ~ [*o* **~es**] sich durch einen Bevollmächtigten trauen lassen **3.** (*fuerza*) Kraft *f;* **el** ~ **adquisitivo** (ECON) die Kaufkraft; **su** ~ **de convicción arrastra a las masas** seine/ihre Überzeugungskraft reißt die Massen mit

poderdante [poðer'ðan̪te] *mf* (JUR) Vollmachtgeber(in) *m(f)*

poderhabiente [poðera'βjen̪te] *mf* (JUR) Bevollmächtigte(r) *mf*

poderío [poðe'rio] *m* Macht *f;* (*riqueza*) Reichtum *m;* (*fuerza*) Kraft *f*

poderosamente [poðerosa'men̪te] *adv* gewaltig

poderoso, -a [poðe'roso, -a] *adj* **1.** (*influyente*) mächtig; (*rico*) reich; **los emperadores romanos eran hombres muy ~s** die römischen Herrscher waren sehr mächtige Männer **2.** (*eficaz*) wirkungsvoll; **es un remedio** ~ das ist ein wirksames (Gegen)mittel **3.** (*motivo*) bedeutend; **tiene poderosas razones para no venir** er/sie hat wichtige Gründe, weshalb er/sie nicht kommen kann

podio ['poðjo] *m,* **pódium** ['podjun] *m* **1.** (*tarima*) Podium *nt;* **subió al** ~ **y recibió la medalla** er/sie stieg auf das Podest und nahm die Medaille entgegen **2.** (ARQUIT) Sockel *m*

podología [poðolo'xia] *f* (MED) *Teilbereich, der sich mit Fußdeformitäten beschäftigt*

podólogo, -a [po'ðoloɣo, -a] *m, f* Facharzt, -ärztin *m, f* für Fußleiden

podometría [poðome'tria] *f* Messung *f* nach Schritten

podómetro [po'ðometro] *m* Podometer *nt,* Schrittzähler *m*

podre ['poðre] *f* **1.** (*putrefacción*) Fäulnis *f* **2.** (*pus*) Eiter *m*

podredumbre [poðre'ðumbre] *f* **1.** (*putrefacción*) Fäulnis *f,* Fäule *f* **2.** (*depravación*) Verkommenheit *f*

podredura [poðre'ðura] *f* Verfaulen *nt*

podrido, -a [po'ðriðo, -a] *adj* verfault; (*t. fig*) verdorben; **olla podrida** (GASTR) *gehaltvoller Eintopf;* **está** ~ **de dinero** er ist stinkreich; **huele a huevos ~s** es riecht nach faulen Eiern

podrimiento [poðri'mjen̪to] *m* (Ver)faulen *nt*

podrir [po'ðrir] *irr* **I.** *vt* **1.** (*descomponer*) zum Faulen bringen, zersetzen **2.** (*molestar*) belästigen **II.** *vr:* **~se 1.** (*descomponerse*) faulen, verrotten **2.** (*enfadarse*) sich ärgern

poema [po'ema] *m* Gedicht *nt;* ~ **épico** Heldengedicht *nt,* Epos *nt;* ~ **en prosa** lyrische Prosa; ~ **sinfónico** (MÚS) sinfonische Dichtung; **recitó un** ~ er/sie hat ein Gedicht rezitiert; **¡fue todo un** ~**!** das war vielleicht lustig!

poemario [poe'marjo] *m* (LIT) Gedichtesammlung *f*

poemático, -a [poe'matiko, -a] *adj* Gedicht-

poesía [poe'sia] *f* **1.** (*género*) Poesie *f,* Dichtkunst *f;* **historia de la** ~ **francesa** Geschichte der französischen Poesie **2.** (*poema*) Gedicht *nt,* Dichtung *f;* ~ **épica/lírica/dramática** episches/lyrisches/dramatisches Gedicht; **léeme una** ~ lies mir ein Gedicht vor; **me he comprado un libro de** ~**(s)** ich habe mir einen Gedichtband gekauft

poeta, -isa [po'eta, poe'tisa] *m, f* Dichter(in) *m(f),* Poet(in) *m(f),* Lyriker(in) *m(f)*

poetastro [poe'tastro] *m* (*pey*) Dichterling *m,* Poetaster *m*

poética [po'etika] *f* Poetik *f,* Dichtkunst *f*

poético, -a [po'etiko, -a] *adj* dichterisch; (*t. fig*) poetisch; **arte poética** Poetik *f;* **licencia poética** dichterische Freiheit; **vena poética** poetische Ader

poetisa [poe'tisa] *f v.* **poeta**

poetización [poetiθa'θjon] *f* Poetisierung *f*

poetizar [poeti'θar] <z→c> *vt* poetisieren, poetisch gestalten

pogromo [po'ɣromo] *m* Pogrom *m o nt*

pointer ['poi̯nter] *m* (ZOOL) Pointer *m*

poiquilotermo, -a [poi̯kilo'termo, -a] *adj* (ZOOL) wechselwarm, poikilotherm

póker ['poker] *m sin pl* Poker *nt o m;* **poner cara de** ~ ein Pokerface aufsetzen

polaco, -a [po'lako, -a] **I.** *adj* polnisch **II.** *m, f* Pole, -in *m, f*

polacra [po'lakra] *f* (NÁUT) Polacker *m* (*dreimastiges Segelschiff*)

polaina [po'lai̯na] *f* Gamasche *f*

polar [po'lar] **I.** *adj* polar, Polar-; **Círculo P~ Ártico/Antártico** (GEO) nördlicher/südlicher Polarkreis; **Estrella P~** (ASTR) Polarstern *m;* **frente** ~ (METEO) Polarfront *f;* **noche** ~ Polarnacht *f* **II.** *f* **1.** (ASTR) Polarstern *m* **2.** (MAT) Polare *f*

polaridad [polari'ðað] *f* (FÍS) Polarität *f;* (*fig*) Gegensätzlichkeit *f*

polarimetría [polarime'tria] *f* (FÍS) Polarimetrie *f*

polarímetro [pola'rimetro] *m* (FÍS) Polarimeter *nt*

polariscopio [polaris'kopjo] *m* (FÍS) Polariskop *nt,* Polarisationsapparat *m*

polarización [polariθa'θjon] *f* (FÍS: *t. fig*) Polarisierung *f*

polarizar [polari'θar] <z→c> **I.** *vt* (FÍS) polarisieren; (*fig*) anziehen; **el espectáculo polarizó la atención de los visitantes** das Stück zog die Zuschauer in seinen Bann **II.** *vr:* **~se** sich polarisieren

polaroid® [pola'roi̯ð] *f* (FOTO) Polaroidkamera® *f*

polca ['polka] *f* (MÚS) Polka *f*

pólder ['polder] *m* Polder *m,* Koog *m reg*

polea [po'lea] *f* Rolle *f,* Riemenscheibe *f;* (*roldana*) Seilrolle *f;* (NÁUT) Block *m;* ~ **loca/fija** Los-/Festscheibe *f;* **sistema de ~s** Flaschenzug *m*

poleadas [pole'aðas] *fpl* (GASTR) Mehl-Honig-Brei *m*

polémica [po'lemika] *f* Polemik *f*

polémico, -a [po'lemiko, -a] *adj* strittig; **sobre ese punto** ~ **los ánimos andan divididos** in dieser strittigen Frage scheiden sich die Geister

polemista [pole'mista] *mf* Polemiker(in) *m(f)*

polemizar [polemi'θar] <z→c> *vi* polemisieren (*con/contra* gegen *+akk*)

polemología [polemolo'xia] *f* (SOCIOL) Konfliktforschung *f,* Polemologie

polen ['polen] *m* (BOT) Pollen *m,* Blütenstaub *m;* **tengo alergia al** ~ ich habe eine Pollenallergie

polenta [po'lenta] *f* (GASTR) Polenta *f*

poleo [po'leo] *m* (BOT) Polei *m,* Flohkraut *nt;* **menta** ~ Poleiminze *f*

polera [po'lera] *f* **1.** (*Chil: camiseta*) T-Shirt *nt* **2.** (*Arg: camiseta de cuello alto*) Rollkragenpulli *m,* Rolli *m*

poli ['poli] *f* (*fam*) *abr de* **policía** Polente *f*

poliamida [polja'miða] *f* (QUÍM) Polyamid *nt*

poliandria [poli'andria] *f sin pl* Polyandrie *f,* Vielmännerei *f*

poliarquía [poljar'kia] *f* (POL) Vielherrschaft *f,* Polyarchie *f*

poliartritis [poljar'tritis] *f inv* (MED) Polyarthritis *f*

polichinela [politʃi'nela] *m* (TEAT) Pulcinella *m*

policía¹ [poli'θia] *f* Polizei *f;* ~ **secreta** Geheimpolizei *f;* ~ **de tráfico** Verkehrspolizei *f;* **agente de** ~ Polizist(in) *m(f);* **coche de** ~ Streifenwagen *m;* **comisaría de** ~ Polizeiwache *f;* **jefatura de** ~ Polizeipräsidium *nt*

policía² [poli'θia] *mf* Polizist(in) *m(f),* Polizeibeamte(r), -in *m, f;* **perro** ~ Polizeihund *m;* **nos dio el alto un** ~ **de tráfico** ein Verkehrspolizist stoppte uns

policíaco, -a [poli'θiako, -a] *adj,* **policiaco, -a** [poli'θjako, -a] *adj* Polizei-, polizeilich; **los estados ~s son dictaduras** Polizeistaaten sind Diktaturen; **película/novela policíaca** Kriminalfilm/-roman *m*

policial [poli'θjal] *adj v.* **policíaco**

policitación [poliθita'θjon] *f* (JUR) *gleichzeitige Ladung mehrerer Personen*

policlínica [poli'klinika] *f,* **policlínico** [poli'kliniko] *m* Poliklinik *f*

policopista [poliko'pista] *m* (*Bol*) Kopiergerät *nt*

policromado, -a [polikro'maðo, -a] *adj* vielfarbig; **se conservan varias esculturas policromadas** einige mehrfarbige Skulpturen sind erhalten

policromar [polikro'mar] *vt* (*Wände, Skulpturen*) mit mehreren Farben versehen
policromía [polikro'mia] *f* **1.** (ARTE) Polychromie *f* **2.** (TIPO) Mehrfarbendruck *m*
policromo, -a [poli'kromo, -a] *adj*, **polícromo, -a** [po'likromo, -a] *adj* polychrom, vielfarbig, mehrfarbig
policultivo [polikul̯'tiβo, -a] *m* (AGR) gleichzeitiger Anbau *m* mehrerer Pflanzenarten
polidactilia [poliðak'tilja] *f* (MED) Polydaktilie *f*
polideportivo [poliðepor'tiβo] *m* (DEP) Sportzentrum *nt*
polidipsia [poli'ðiβsja] *f* (MED) übermäßiges Durstgefühl *nt*, Polydipsie *f*
poliedro [poli'eðro] *m* (MAT) Polyeder *nt*, Vielflächner *m*
poliéster [po'ljester] *m* (QUÍM) Polyester *m*
poliestireno [poljesti'reno] *m* Polystyren *nt*, Polystyrol *nt*
polietileno [poljeti'leno] *m* (QUÍM) Polyäthylen *nt*
polifacético, -a [polifa'θetiko, -a] *adj* vielseitig; **es una persona muy polifacética** er/sie ist ein sehr vielseitiger Mensch
polifagia [poli'faxja] *f* (MED) krankhafte Gefräßigkeit *f*, Polyphagie *f*
polifásico, -a [poli'fasiko, -a] *adj* mehrphasig
polifonía [polifo'nia] *f sin pl* (MÚS) Polyphonie *f*
polifónico, -a [poli'foniko, -a] *adj* (MÚS) polyphon
polígala [po'liɣala] *f* (BOT) Kreuzblume *f*, Polygala *f*
poligamia [poli'ɣamja] *f sin pl* Polygamie *f*
poligámico, -a [poli'ɣamiko, -a] *adj* (SOCIOL) die Polygamie betreffend
polígamo, -a [po'liɣamo, -a] *adj* polygam
poligenismo [polixe'nismo] *m* (BIOL) Polygenese *f*
poliginia [poli'xinja] *f* (SOCIOL) Vielweiberei *f*, Polygynie *f*
políglota¹ [po'liɣlota] *mf* Polyglotte(r) *mf*
políglota² [po'liɣlota] *f* Polyglotte *f*
poliglotía [poliɣlo'tia] *f*, **poliglotismo** [poliɣlo'tismo] *m* Mehrsprachigkeit *f*
poligloto, -a [poli'ɣloto, -a] *adj*, **polígloto, -a** [po'liɣloto, -a] *adj* polyglott, mehrsprachig
poligonal [poliɣo'nal] *adj* vieleckig, polygonal
polígono [po'liɣono] *m* **1.** (MAT) Polygon *nt*, Vieleck *nt* **2.** (*loc*): ~ **de descongestión** industrielles Entballungsgebiet *nt*; ~ **industrial** Industriegebiet *nt*, Gewerbegebiet *nt*; ~ **de tiro** (MIL) Schießplatz *m*
poligrafía [poliɣra'fia] *f* Polygraphie *f*
polilla [po'liʎa] *f* (ZOOL) (Kleider)motte *f*; **la manta está comida de la** ~ die Decke ist von den Motten zerfressen; **no tener** ~ **en la lengua** kein Blatt vor den Mund nehmen
polimerización [polimeriθa'θjon] *f* (QUÍM) Polymerisation *f*; ~ **por suspensión** Suspensionspolymerisation *f*
polímero [po'limero] *m* (QUÍM) Polymer *nt*
polimetría [polime'tria] *f* (LIT, MÚS) Polymetrie *f*
polimétrico, -a [poli'metriko, -a] *adj* (LIT, MÚS) polymetrisch
polimorfismo [polimor'fismo] *m sin pl* (QUÍM, ZOOL) Polymorphie *f*, Polymorphismus *m*
polimorfo, -a [poli'morfo, -a] *adj* polymorph, vielgestaltig
polinesio, -a [poli'nesjo, -a] **I.** *adj* polynesisch **II.** *m, f* Polynesier(in) *m(f)*
polineuritis [polineu̯'ritis] *f inv* (MED) Polyneuritis *f*
polinización [poliniθa'θjon] *f* (BOT) Bestäubung *f*
polinizar [polini'θar] <z→c> *vt* (BOT) bestäuben (*con* mit +*dat*)
polinómico, -a [poli'nomiko, -a] *adj* (MAT) polynomisch
polinomio [poli'nomjo] *m* (MAT) Polynom *nt*
polinosis [poli'nosis] *f inv* (MED) Pollenallergie *f*
polio ['poljo] *f* (*fam*), **poliomielitis** [poljome'litis] *f inv* (MED) Kinderlähmung *f*, Poliomyelitis *f*
pólipo ['polipo] *m* (MED, ZOOL) Polyp *m*; **los ~s viven en el agua** die Polypen leben im Wasser
polipodio [poli'poðjo] *m* (BOT) Tüpfelfarn *m*, Polypodium *nt*
políptico [po'liptiko] *m* (ARTE) Polyptychon *nt*
polisarcia [poli'sarθja] *f* (MED) Fettleibigkeit *f*
polisemia [poli'semja] *f sin pl* (LING) Polysemie *f*, Mehrdeutigkeit *f*
polisémico, -a [poli'semiko, -a] *adj* (LING) mehrdeutig, polysem
polisílabo¹ [poli'silaβo] *m* mehrsilbiges Wort *nt*
polisílabo, -a² [poli'silaβo, -a] *adj* mehrsilbig
polisíndeton [poli'sin̪deton] *m* (LIT) Polysyndeton *nt*
polisíntesis [poli'sin̪tesis] *f inv* (LING) Polysynthetismus *m*
polisintético, -a [polisin̪'tetiko, -a] *adj* (LING) polysynthetisch; **lenguas polisintéticas** polysynthetische Sprachen
polisón [poli'son] *m* Turnüre *f*
polista [po'lista] *mf* (DEP) Polospieler(in) *m(f)*
polistilo, -a [polis'tilo, -a] *adj* **1.** (ARQUIT) vielsäulig **2.** (BOT) mit mehreren Griffeln
politburó [poli'βu'ro] *m* (POL) Politbüro *nt*
politécnico, -a [poli'teɣniko, -a] *adj* polytechnisch; **escuela politécnica** polytechnische Schule
politeísmo [polite'ismo] *m sin pl* (REL) Polytheismus *m*, Vielgötterei *f*
politeísta [polite'ista] *adj* polytheistisch
política [po'litika] *f* **1.** (*persona*) Politikerin *f*

2. (*ciencia, actividad*) Politik *f;* **P~ Agraria Común** (UE) Gemeinsame Agrarpolitik; **~ arancelaria** Zoll(tarif)politik *f;* **~ cambiaria** Wechselkurspolitik *f;* **~ comercial** Handelspolitik *f;* **~ de la compañía** Geschäftspolitik *f;* **~ de desarrollo** Entwicklungspolitik *f;* **~ económica** Wirtschaftspolitik *f;* **~ energética** Energiepolitik *f;* **~ fiscal** Steuerpolitik *f;* **~ interior/exterior** Innen-/Außenpolitik *f;* **~ de mercado** Marktpolitik *f;* **~ de personal** Personalpolitik *f;* **~ pesquera** Fischereipolitik *f;* **~ de rentas/precios/transportes** Tarif-/Preis-/Verkehrspolitik *f;* **~ salarial** Lohnpolitik *f*

politicastro [politi'kastro] *m* (*pey*) unfähiger Politiker *m*

político, **-a** [po'litiko, -a] **I.** *adj* **1.** (POL) politisch; **ciencias políticas** Politikwissenschaften *fpl;* **economía política** Volkswirtschaft(slehre) *f;* **la situación política es bastante tensa** die politische Lage ist recht angespannt **2.** (*parentesco*) Schwieger-; **hermana política** Schwägerin *f;* **padre ~** Schwiegervater *m* **II.** *m, f* Politiker(in) *m(f)*

politicón, **-ona** [politi'kon, -ona] *adj* **1.** (*con exagerada cortesía*) überhöflich **2.** (*que habla sobre política*): **un hombre ~** ein Mann, der gerne politisiert

politiquear [politike'ar] *vi* (*pey*) **1.** (*actuar*) in der Politik intrigieren, klüngeln *fam* **2.** (*hablar*) politisieren

politiqueo [politi'keo] *m* (*pey*) Politisieren *nt*

politiquero, **-a** [polti'kero, -a] *m, f* (*pey*) Politikaster *m*

politización [politiθa'θjon] *f* Politisierung *f*

politizar [politi'θar] <z→c> **I.** *vt* politisieren, politische Bedeutung verleihen +*dat* **II.** *vr:* **~se** an politischer Bedeutung gewinnen

politóloga [poli'toloɣa] *f v.* **politólogo**

politología [politolo'xia] *f sin pl* Politologie *f*

politólogo, **-a** [poli'toloɣo, -a] *m, f* Politologe, -in *m, f*

politonalidad [politonali'ðaᵈ] *f* (MÚS) Polytonalität *f*

poliuretano [poljure'tano] *m* (QUÍM) Polyurethan *nt*

poliuria [po'ljurja] *f* (MED) Harnflut *f,* Polyurie *f*

polivalencia [poliβa'len̩θja] *f* Mehrwertigkeit *f*

polivalente [poliβa'len̩te] *adj* polyvalent, mehrwertig

polivinilcloruro [poliβinilklo'ruro] *m* (QUÍM) Polyvinylchlorid *nt*

póliza ['poliθa] *f* **1.** (*seguro, etc.*) Police *f;* **~ de abono** (FIN) Abschreibepolice *f;* **~ de accidentes** Unfallpolice *f;* **~ de crédito** (FIN) Kreditvertrag *m;* **~ de seguros** Versicherungspolice *f;* **~ a todo riesgo** Omniumversicherung *f;* **me he hecho una ~ de seguros** ich habe eine Versicherungspolice abgeschlossen **2.** (*sello*) Stempelmarke *f*

polizón [poli'θon] *mf* blinder Passagier *m*

polizonte [poli'θon̩te] *m* (*pey*) Bulle *m fam*

polka ['polka] *f* (MÚS) *v.* **polca**

polla ['poʎa] *f* **1.** (*gallina*) Junghenne *f;* **~ de agua** (ZOOL) Blesshuhn *nt* **2.** (*chica*) junges Mädchen *nt* **3.** (*vulg: pene*) Schwanz *m fam* **4.** (*Am: carrera de caballos*) Pferderennen *nt*

pollada [po'ʎaða] *f* Brut *f*

pollear [poʎe'ar] *vi* (*fam*) in die Pubertät kommen

pollera [po'ʎera] *f* **1.** *v.* **pollero 2.** (*gallinero*) Hühnerstall *m;* (*para pollos*) Kükenstall *m* **3.** (*cesto*) Hühnerkorb *m* **4.** (*andador*) Laufgitter *nt* **5.** (*Am: falda*) Rock *m*

pollería [poʎe'ria] *f* Geflügelhandlung *f*

pollero, **-a** [po'ʎero, -a] *m, f* **1.** (*criador*) Geflügelzüchter(in) *m(f)* **2.** (*vendedor*) Geflügelhändler(in) *m(f)*

pollerudo [poʎe'ruðo] **I.** *adj* (*CSur*) **1.** (*chismoso*) klatschhaft **2.** (*blando*) weichlich; **niño ~** Mamasöhnchen *nt;* **hombre ~** Memme *f* **II.** *m* (*CSur: pey: clérigo*) Priester *m*

pollina [po'ʎina] *f* (*PRico, Ven: del pelo*) Pony *m*

pollino, **-a** [po'ʎino, -a] *m, f* **1.** (*borrico*) junger Esel *m,* junge Eselin *f* **2.** (*fig*) Dummkopf *m*

pollito, **-a** [po'ʎito, -a] *m, f* (*t. fig*) Küken *nt;* **~ de primera edad** frisch geschlüpftes Küken

pollo ['poʎo] *m* **1.** (GASTR) Hähnchen *nt;* **~ asado** Brathähnchen *nt* **2.** (ZOOL) junges Huhn *nt;* (*cría*) (Vogel)junge(s) *nt;* **sacar ~s** Hühner züchten; **voló el ~** (*fig*) die Hoffnung ist dahin **3.** (*fig: joven*) junger Bursche *m*

polluela [po'ʎwela] *f* (ZOOL) *eine Art Sumpfhuhn*

polluelo [po'ʎwelo] *m* Küken *nt*

polo ['polo] *m* **1.** (GEO, FÍS, ASTR) Pol *m;* **~ de crecimiento** Wachstumszentrum *nt;* **~ norte** [*o* **ártico**] [*o* **boreal**] Nordpol *m;* **~ de promoción** noch unerschlossene Entwicklungsregion; **~ sur** [*o* **antártico**] [*o* **austral**] Südpol *m;* **~ industrial** [*o* **de desarrollo**] (ECON) Entwicklungsregion *f;* **~ positivo/negativo** (ELEC) positiver/negativer Pol **2.** (DEP) Polo *nt;* **jugador de ~** Polospieler *m* **3.** (*camiseta*) Polohemd *nt* **4.** (*helado*) Eis *nt* am Stiel

polola [po'lola] *f v.* **pololo**

pololear [polole'ar] *vi* (*AmS*) gehen (*con* mit +*dat*)

pololeo [polo'leo] *m* (*Chil*) **1.** (*noviazgo*) Verlobungszeit *f* **2.** (*trabajito*) Nebenverdienst *m*

pololito [polo'lito] *m* (*Chil: fam*) Nebenverdienst *m*

pololo, **-a** [po'lolo, -a] *m, f* (*And*) Bräutigam *m,* Braut *f*

polonés, **-esa** [polo'nes, -esa] **I.** *adj* polnisch **II.** *m, f* Pole, -in *m, f*

polonesa [polo'nesa] *f* (MÚS) Polonäse *f*

Polonia [po'lonja] *f* Polen *nt*

polonio [po'lonjo] *m* (QUÍM) Polonium *nt*

poltergeist ['poltergaisᵗ] *m* Poltergeist *m*, Klopfgeist *m*
poltrón, **-ona** [pol'tron, -ona] *adj* faul, träge
poltrona [pol'trona] *f* Lehnstuhl *m*
polución [polu'θjon] *f* **1.** (*contaminación*) Verschmutzung *f*; ~ **del agua** Wasserverschmutzung *f*; ~ **ambiental** Umweltverschmutzung *f* **2.** (*semen*) Pollution *f*, Samenerguss *m* **3.** (*acto sexual*) Beischlaf *m* **4.** (*profanación*) Schändung *f*
polucionar [poluθjo'nar] *vt* (ECOL) verschmutzen
poluto, **-a** [po'luto, -a] *adj* (*elev*) verschmutzt
polvareda [polβa'reða] *f* Staubwolke *f*; **el coche al pasar armó** [*o* **levantó**] **una gran** ~ als das Auto vorbeifuhr, wirbelte es eine riesige Staubwolke auf; **la noticia armó** [*o* **levantó**] **una buena** ~ diese Neuigkeit hat viel Staub aufgewirbelt
polvera [pol'βera] *f* Puderdose *f*
polvo ['polβo] *m* **1.** (*limpieza*) Staub *m*; **al barrer se levanta** ~ beim Fegen wird Staub aufgewirbelt; **quitar el** ~ abstauben; **hacer** ~ (*fam*) kaputtmachen; **que oscurezca tan temprano me hace** ~ (*fam*) es macht mich fertig, dass es so früh dunkel wird; **estoy hecho** ~ (*fam*) ich bin fix und fertig; **hacer morder el** ~ **a alguien** jdn ins Gras beißen lassen; **sacudir a alguien el** ~ (*fig*) jdn verprügeln **2.** (*sustancia*) Pulver *nt*; ~ **de arroz** Reispulver *nt*; ~ **de encendido** Zündpulver *nt*; **levadura en** ~ Backpulver *nt*; **este hombre tiene un** ~ (*fam*) dieser Mann hat das gewisse Etwas **3.** (*vulg: masturbación*) Wichsen *nt*; **echar un** ~ vögeln **4.** *pl* (*cosmética*) Puder *m*; ~**s de talco** Talkpuder *m*
pólvora ['polβora] *f* (Schieß)pulver *nt*; **no haber inventado la** ~ das Pulver auch nicht (gerade) erfunden haben
polvoraduque [polβora'ðuke] *f* (GASTR) *Soße aus Nelken, Ingwer, Zucker und Zimt*
polvorear [polβore'ar] *vt* bestäuben
polvoriento, **-a** [polβo'rjento, -a] *adj* staubig
polvorilla [polβo'riʎa] *mf* (*fam*) Choleriker(in) *m(f)*
polvorín [polβo'rin] *m* Pulverkammer *f*, Munitionsraum *m*; **estamos sentados sobre un** ~ (*fig*) wir sitzen auf einem Pulverfass
polvorón [polβo'ron] *m* (GASTR) *kleiner bröckeliger Kuchen aus Mehl, Schmalz und Zucker*
polvorosa [polβo'rosa] *f*: **poner pies en** ~ (*fam*) sich aus dem Staub machen
polvoroso, **-a** [polβo'roso, -a] *adj v.* **polvoriento**
polvoso, **-a** [pol'βoso, -a] *adj* (*Am*) staubig
poma ['poma] *f* **1.** (*manzana*) Apfel *m* **2.** (*perfume*) Duftlampe *f* **3.** (*bola*) Duftkugel *f*
pomada [po'maða] *f* Pomade *f*, (Fett)salbe *f*; ~ **de ictiol** Ichthyolsalbe *f*; ~ **contra mosquitos** Mückenschutzsalbe *f*; ~ **para la nariz/para los ojos** Nasen-/Augensalbe *f*; ~ **de parafina** Paraffinsalbe *f*
pomar [po'mar] *m* Apfelgarten *m*; (*por extensión*) Obstgarten *m*
pomarrosa [poma'rrosa] *f* (*Cuba:* BOT) Frucht *f* des Jambusenbaumes
pomelo [po'melo] *m* (BOT) Grapefruit *f*, Pampelmuse *f*
Pomerania [pome'ranja] *f* Pommern *nt*
pómez ['pomeθ] *f* Bimsstein *m*
pomo ['pomo] *m* **1.** (*puerta*) Türknauf *m* **2.** (*poma*) Duftkugel *f*; (*frasco*) Flakon *m* **3.** (BOT) Kernfrucht *f*, Sammelbalgfrucht *f* **4.** (*espada*) Knauf *m*
pomología [pomolo'xia] *f* (AGR) Obstbaukunde *f*, Pomologie *f*
pompa ['pompa] *f* **1.** (*burbuja*) (Wasser)blase *f*; ~**s de jabón** Seifenblasen *fpl* **2.** (*esplendor*) Pracht *f*, Prunk *m*; **celebraron la boda con gran** ~ die Hochzeit wurde mit großem Pomp gefeiert; ~**s fúnebres** Bestattungsinstitut *nt* **3.** (*bomba de agua*) Wasserpumpe *f* **4.** (*pavo*) Rad *nt*
pompeyano, **-a** [pompe'ɟano, -a] *adj* (ARTE, HIST) pompejisch
pompis ['pompis] *m inv* (*fam*) Po(po) *m*
pompo, **-a** ['pompo, -a] *adj* (*Col, Ecua: sin filo*) stumpf
pompón [pom'pon] *m* Pompon *m*
pomposidad [pomposi'ðaᵈ] *f* Prunk *m*, Pracht *f*
pomposo, **-a** [pom'poso, -a] *adj* pompös, prunkvoll; (*grandilocuente*) hochtrabend; **la boda fue muy pomposa** die Hochzeit war sehr prunkvoll; **no soporto su estilo** ~ ich ertrage seinen/ihren geschwollenen Stil nicht
pómulo ['pomulo] *m* (ANAT) Backenknochen *m*
ponchada [pon'ʧaða] *f* (*CSur: fam*): **una** ~ **de** eine Menge *+gen*, ein Haufen *+gen*
ponchar [pon'ʧar] **I.** *vt* (*perforar*) löchern; (*pinchar*) stechen; ~ **el billete** die Fahrkarte knipsen **II.** *vr:* ~**se** (*pincharse*) sich stechen; **se nos ponchó la llanta del coche** wir hatten einen Platten
ponchazo [pon'ʧaθo] *m* (*Arg*): **a los** ~**s** so gut es irgendwie geht
ponche ['ponʧe] *m* Punsch *m*
ponchera [pon'ʧera] *f* Punschkaraffe *f*
poncho¹ ['ponʧo] *m* Poncho *m*
poncho, **-a²** ['ponʧo, -a] *adj* (*Am*) faul, träge
poncí [poṇ'θi] *m*, **poncidre** [poṇ'θiðre] *m*, **poncil** [poṇ'θil] *m eine Art Zitrone mit sehr dicker Schale*
ponderable [poṇde'raβle] *adj* wägbar, abschätzbar
ponderación [poṇdera'θjon] *f* **1.** (*elogio*) Lob *nt* **2.** (*el sopesar*) Abwägen *nt*; **sistema de** ~ **del voto** (UE) System der Stimmengewichtung; **con** ~ vorsichtig **3.** (*el pesar*) Abwiegen *nt* **4.** (*exageración*) Übertreibung *f*
ponderado, **-a** [poṇde'raðo, -a] *adj* gewichtet; **media ponderada** gewogenes Mittel

ponderador(a) [pon̪dera'ðor(a)] *adj* 1.(*que pesa o examina*) abwägend, bedenkend 2.(*que exagera*) übertreibend

ponderar [pon̪de'rar] *vt* 1.(*sopesar*) abwägen, prüfen 2.(*encomiar*) preisen, rühmen

ponderativo, -a [pon̪dera'tiβo, -a] *adj* 1.(*cauteloso*) vorsichtig 2.(*que alaba*) rühmend

pondo ['pon̪do] *m* (*Ecua*) Tonkrug *m*

ponedero [pone'ðero] *m* (AGR) Legenest *nt*

ponedora [pone'ðora] *f* (AGR: *gallina*) Legehenne *f*

ponencia [po'nen̪θja] *f* Referat *nt,* Vortrag *m;* (*informe*) Bericht *m*

ponente [po'nen̪te] *mf* Referent(in) *m(f),* Vortragende(r) *mf;* (*informador*) Berichterstatter(in) *m(f)*

poner [po'ner] *irr* I. *vt* 1.(*colocar*) stellen, legen; (*huevos*) legen; (*inyección*) geben; (*sellos, etiqueta*) aufkleben; (*tirita*) auflegen; **pon el libro sobre la mesa** leg das Buch auf den Tisch; **pon el espejo mirando hacia mí** dreh den Spiegel zu mir hin; **pon la ropa en el tendedero** häng die Wäsche auf den Ständer; ~ **delante/detrás/encima/debajo de algo** vor/hinter/auf/unter etw stellen/legen; **¿dónde habré puesto...?** wo habe ich nur ... gelassen?; **lo pongo en tus manos** (*fig*) ich lege es in deine Hände; **eso es querer ~ barreras al campo** (*prov*) das ist eine Zumutung 2.(*disponer*) bereiten, herrichten; ~ **la mesa** den Tisch decken; ~ **algo a disposición de alguien** jdm etw zur Verfügung stellen; **han puesto a nuestra disposición una sala de conferencias** man hat uns einen Konferenzsaal zur Verfügung gestellt 3.(*encender*) anschalten; **pon la radio** mach das Radio an; **pon el despertador para las cuatro/en hora** stell den Wecker auf vier Uhr/richtig; **no soy capaz de ~ en marcha el motor** ich schaffe es nicht, den Motor in Gang zu bringen 4.(*convertir*) machen; ~ **de buen/mal humor a alguien** jdn in gute/schlechte Stimmung bringen; **la noticia me puso de buen humor** die Nachricht versetzte mich in gute Laune; ~ **colorado a alguien** jdn verlegen machen; **el sol te pondrá moreno** in der Sonne wirst du braun werden; **lo puso furioso** er/sie machte ihn wütend 5.(*suponer*) vermuten; **pon que no viene** stell dir mal vor, er/sie kommt nicht; **pongamos que resolvemos el problema en dos días, entonces...** nehmen wir mal an, wir lösen dieses Problem in zwei Tagen, dann ...; **pongamos por** [*o* **el**] **caso que no llegue a tiempo** gesetzt den Fall, er/sie kommt nicht rechtzeitig 6.(*exponer*) stellen; ~ **a** aussetzen +*dat;* **puso la ropa a secar al sol** er/sie breitete die Wäsche zum Trocknen in der Sonne aus; **pon la leche al fuego** stell die Milch auf den Herd; **se puso en peligro la libertad de expresión** die Meinungsfreiheit wurde aufs Spiel gesetzt; **yo no quiero ~ en juego nuestro matrimonio** ich möchte unsere Ehe nicht gefährden [*o* aufs Spiel setzen] 7.(*contribuir*) als Beitrag leisten; (*juego*) setzen; **¿cúanto has puesto tú en el fondo común?** wie viel hast du in die Kasse gezahlt?; **pusimos todo de nuestra parte pero fue inútil** wir haben von uns aus alles getan, aber es war zwecklos 8.(*adoptar una expresión*) machen; ~ **mala/buena cara** gute/böse Miene machen; **ha puesto cara de pocos amigos** er/sie hat ein griesgrämiges Gesicht aufgesetzt 9.(*tratar*) behandeln; ~ **a alguien a parir** [*o* **a bajar de un burro**] jdn übel beschimpfen; ~ **a alguien por las nubes** jdn in den Himmel heben; **lo puso de idiota** (*pey*) er/sie behandelte ihn wie einen Trottel 10.(*denominar*) geben; **le pusieron el gafe porque cosa que tocaba, cosa que rompía** man gab ihm/ihr den Beinamen 'der Unglücksrabe', denn alles, was er/sie anfasste, ging kaputt; **le pusieron por** [*o* **de**] **nombre Manolo** sie haben ihn Manolo genannt; **¿qué nombre le van a ~?** welchen Namen soll er/sie bekommen? 11.(*espectáculo*) zeigen; ~ **una película** einen Film vorführen; **ponen una obra de Valle-Inclán** sie zeigen ein Werk von Valle-Inclán; ~ **en escena** inszenieren; **es fácil ~ en escena una obra de Beckett** es ist einfach, ein Stück von Beckett zu inszenieren 12.(*imponer*) auferlegen; **hoy nos han puesto muchos deberes** heute haben wir viele Hausaufgaben aufbekommen; **hemos puesto una multa a las empresas responsables** wir haben den verantwortlichen Firmen eine Strafe auferlegt; **pusieron condiciones para la capitulación** sie stellten Bedingungen für die Kapitulation 13.(*instalar*) einrichten; **su padre le puso una floristería** sein/ihr Vater hat ihm/ihr einen Blumenladen eingerichtet 14.(*disponer*) bewegen; **tendré que ~ a mis hijos a trabajar** ich werde meinen Kindern eine Arbeit suchen müssen; **puse a mi hijo de aprendiz de panadero** ich habe meinem Sohn eine Lehrstelle als Bäcker gesucht 15.(*decir*) bedeuten; **yo no entiendo lo que pone aquí** ich verstehe nicht, was hier steht 16.(*añadir*) hinzufügen; ~ **algo de su propia cosecha** (*fig*) etw von seinem eigenen Erfahrungsschatz vermitteln 17.(*escribir*) schreiben; ~ **en limpio** ins Reine schreiben; ~ **entre comillas** in Anführungszeichen setzen; ~ **la firma** unterschreiben; ~ **un anuncio** eine Anzeige schalten, inserieren; ~ **un telegrama** ein Telegramm aufgeben; ~ **por escrito la propuesta** den Vorschlag schwarz auf weiß niederschreiben; **te pongo cuatro letras para decirte que...** ich schreibe dir ein paar Zeilen, um dir zu sagen, dass ... 18.(*vestido*) anziehen; (*anillo*) anstecken; ~**se el abrigo/los zapatos** den Mantel/die Schuhe anziehen; **los zapatos que le puso al niño le quedaban grandes** die Schuhe, die er/sie dem Kind anzog, waren

P

ihm zu groß; **ponle las gafas a la abuela, que no ve bien** setz der Oma die Brille auf, sie sieht nicht gut; **le puso el collar al cuello** er/sie legte ihm/ihr die Kette um **19.** (*teléfono*) verbinden; **póngame con el encargado de recursos humanos, por favor** verbinden Sie mich bitte mit dem Personalleiter; **me puse al habla con mi amigo** ich setzte mich mit meinem Freund in Verbindung **20.** (*loc*): ~ **aparte** beiseite legen; ~ **atención** Acht geben; **pon toda la atención del mundo cuando hagas las cuentas** pass gut auf, wenn du die Abrechnung machst; ~ **en la calle** (*fig*) auf die Straße setzen; **pusieron a diez trabajadores en la calle** zehn Arbeiter sind entlassen worden; ~ **(en) claro** klarstellen; ~ **algo en conocimiento de alguien** jdn von etw *dat* in Kenntnis setzen; ~ **a alguien al corriente de algo** jdn über etw informieren; ~ **por delante** vorschieben; ~ **al día** auf den neuesten Stand bringen; ~ **los datos al día** die Daten aktualisieren; ~ **por encima** bevorzugen; ~ **en evidencia** beweisen; ~ **el grito en el cielo** sich empören; ~ **en movimiento** in Bewegung setzen; ~ **peros a algo** Bedenken gegen etw haben; ~ **algo en práctica** etw in die Tat umsetzen; **ahora hay que ~ en práctica sus consejos** jetzt müssen seine/ihre Ratschläge in die Tat umgesetzt werden; ~ **algo/a alguien en tela de juicio** an etw *dat*/jdm zweifeln; **yo no pongo en tela de juicio la fiabilidad de los datos** ich stelle die Glaubwürdigkeit der Angaben nicht in Frage [*o* infrage]; ~ **a la venta** verkaufen **II.** *vr:* ~**se 1.** (*vestido*) sich anziehen; **ponte guapo** mach dich hübsch; **se pusieron de invierno** sie haben sich winterlich gekleidet; **nos pusimos de luto para el funeral** wir kleideten uns in Schwarz [*o* legten Trauerkleidung an] für die Beerdigung; **se puso de tiros largos para la fiesta** er/sie machte sich sehr schick für das Fest; ~**se de largo** sich festlich kleiden **2.** (ASTR) untergehen; **el sol se pone por el oeste** die Sonne geht im Westen unter **3.** (*mancharse*) sich beschmutzen; **se pusieron perdidos de barro** sie waren von oben bis unten voller Matsch **4.** (*con 'a'*): ~**se a...** +*inf* (*comenzar*) beginnen zu ... +*inf;* (*dedicarse*) sich widmen ... +*dat;* **por la tarde se puso a llover** nachmittags begann es zu regnen; **ponte a limpiar en cuanto llegues** fang an zu putzen, wenn du kommst **5.** (*con adjetivo*) werden; **se puso moreno/bueno/malo/flaco** er ist braun/gesund/krank/mager geworden; **se puso colorado** [*o* **hecho un tomate**] **al oir la expresión** er wurde rot, als er den Ausdruck hörte; **se puso chulo y no nos dejó entrar** er wollte sich aufspielen und ließ uns nicht hinein; **estás en tu casa, ponte cómodo** fühl dich wie zu Hause, mach es dir bequem **6.** (*loc*): ~**se en evidencia** sich blamieren; **¡no te pongas así que no es para tanto!** stell dich doch nicht so an!; **dile que se ponga al teléfono** sag ihm/ihr, er/sie soll ans Telefon kommen; **en la boda se pusieron las botas** (*fig*) auf der Hochzeit aßen sie bis zum Umfallen; **nos pusimos de acuerdo para comprarle un regalo** wir haben uns darauf geeinigt, ein gemeinsames Geschenk zu kaufen; **¡póngase en mi lugar!** versetzen Sie sich in meine Lage!

póney ['poni] *m* (ZOOL) Pony *nt*

pongo ['poŋgo] **I.** *1. pres de* **poner II.** *m* **1.** (ZOOL) Orang-Utan *m* **2.** (*Am: criado*) indianischer Diener *m* **3.** (*Ecua, Perú*) Engpass *m*

poni ['poni] *m* Pony *nt*

ponientada [ponjen̪'taða] *f* (METEO) dauerhafter Westwind *m*

poniente [po'njen̪te] *m* **1.** (*oeste*) Westen *m* **2.** (*viento*) Westwind *m*

pontear [pon̪te'ar] *vt* eine Brücke bauen (über +*akk*)

pontevedrés, -esa [pon̪teβe'ðres, -esa] **I.** *adj* aus Pontevedra **II.** *m, f* Einwohner(in) *m(f)* von Pontevedra

pontificado [pon̪tifi'kaðo] *m* (REL) Pontifikat *nt*

pontifical [pon̪tifi'kal] *adj* (REL) bischöflich, pontifikal

pontificar [pon̪tifi'kar] <c→qu> *vi* (*fig*) dozieren, predigen

pontífice [pon̪'tifiθe] *m* (HIST) Pontifex *m;* **Sumo** [*o* **Romano**] **P~** (REL) Pontifex maximus *m*

pontificio, -a [pon̪ti'fiθjo, -a] *adj* päpstlich; **curia pontificia** Römische Kurie; **Estados P~s** (HIST) Kirchenstaat *m*

pontón [pon̪'ton] *m* **1.** (*barco*) Ponton *m,* Brückenkahn *m* **2.** (*puente*) Pontonbrücke *f,* Schiffsbrücke *f*

ponzoña [pon̪'θoɲa] *f* Gift *nt*

ponzoñoso, -a [pon̪θo'ɲoso, -a] *adj* giftig; (*fig*) schädlich, verderblich

pool [pul] <pools> *m* (ECON) Pool *m*

pop [pop] **I.** *adj inv* Pop-; **cantante** ~ Popsänger(in) *m(f)* **II.** *m inv* Popmusik *f;* **es una figura del** ~ das ist ein Popmusiker/eine Popmusikerin

popa ['popa] *f* **1.** (*barco*) Heck *nt,* Achterschiff *nt;* **viento en** ~ Rückenwind *m;* **a** ~ achtern **2.** (*fam: trasero*) Hintern *m*

pope ['pope] *m* (REL) Pope *m*

popelín [pope'lin] *m,* **popelina** [pope'lina] *f* (*tejido*) Popelin *m,* Popeline *m o f*

popocho, -a [po'potʃo, -a] *adj* (*Col*) übersatt

popoff [po'pof] *adj inv* (*Méx: fam*) vornehm

popote [po'pote] *m* (*Méx: paja*) Strohhalm *m*

pop-rock [pop rrok] *m* Poprock *m*

populachería [populatʃe'ria] *f* (*pey*) leicht erworbene Popularität *f*

populachero, -a [popula'tʃero, -a] *adj* primitiv, populistisch; **es un político ~ que persigue su propio beneficio** das ist ein skrupelloser Politiker, der nur seine eigenen Interessen verfolgt

populacho [popu'latʃo] *m* Pöbel *m,* Mob *m*

popular [popu'lar] *adj* **1.** (*del pueblo*) Volks-, volkstümlich; **aire ~** Volkslied *nt;* **son costumbres ~es en las que no participa la burguesía** das sind Volksbräuche, an denen die Bourgeoisie keinen Anteil hat **2.** (*conocido*) populär; (*admirado*) beliebt; **precios ~es** volkstümliche Preise; **es un actor muy ~** das ist ein sehr beliebter Schauspieler; **ir de camping se ha hecho ~ entre los jóvenes** Zelten ist bei jungen Leuten sehr beliebt geworden

popularidad [populari'ða^{d}] *f* Popularität *f,* Beliebtheit *f*

popularismo [popula'rismo] *m* Hang *m* zur Volkstümlichkeit

popularización [populariθa'θjon] *f* Popularisierung *f*

popularizar [populari'θar] <z→c> **I.** *vt* popularisieren, populär machen; (*extender*) verbreiten **II.** *vr:* **~se** populär werden

popularmente [popular'mente] *adv* volkstümlich, populär; **actuar ~** populär handeln; **~ reconocido** von der breiten Masse anerkannt

populeón [popule'on] *m* (MED) Pappelsalbe *f* (*Heilsalbe aus Schweineschmalz, Mohn, Tollkirsche und Extrakten aus der Pappel*)

populismo [popu'lismo] *m sin pl* (POL) Populismus *m*

populista [popu'lista] **I.** *adj* **1.** (*relativo al pueblo*) Volks-; **partido ~** Volkspartei *f* **2.** (*relativo al populismo*) populistisch; **son medidas ~s que no resuelven el problema a largo plazo** das sind populistische Maßnahmen, die das Problem langfristig nicht lösen **II.** *mf* Populist(in) *m(f)*

populoso, -a [popu'loso, -a] *adj* dicht bevölkert; **la enfermedad se cebó en los barrios ~s** in den dicht besiedelten Wohnvierteln griff die Krankheit am stärksten um sich

popurrí [popu'rri] *m* (*fig t.* MÚS) Potpourri *nt*

popusa [po'pusa] *f* (*Bol, Guat:* GASTR) *mit Käse oder Fleischstückchen gefüllter Maisfladen*

poquedad [poke'ða^{d}] *f* **1.** (*escasez*) Knappheit *f* **2.** (*pusilanimidad*) Kleinmut *m* **3.** (*insignificancia*) Kleinigkeit *f*

póquer ['poker] *m* Poker *nt o m;* **jugar al ~** Poker spielen

poquil [po'kil] *m* (*Chil:* BOT) *Pflanzenart, aus der die gelbe Farbe gewonnen wird*

poquísimo, -a [po'kisimo, -a] *adj superl de* **poco**[2]

poquito [po'kito] *adv* wenig; **bébelo ~ a poco, bébelo a ~** trink es Schluck für Schluck

por [por] *prep* **1.** (*lugar: a través de*) durch +*akk;* (*vía*) über +*akk;* (*en*) in +*dat;* **~ aquí** hier entlang; **limpia la botella ~ dentro/fuera** spül die Flasche von innen/außen; **fuimos a Ginebra ~ Lyon** wir sind über Lyon nach Genf gefahren; **pasó ~ Madrid hace poco** er/sie war vor kurzem in Madrid; **lo adelantó ~ la izquierda** er/sie hat ihn links überholt; **volamos ~ encima de los Alpes** wir sind über die Alpen geflogen; **ese pueblo está ~ Castilla** das Dorf liegt irgendwo in Kastilien; **la cogió ~ la cintura** er/sie fasste sie um die Taille; **se escaparon ~ el agujero** sie sind durch das Loch entkommen **2.** (*tiempo*) für +*akk,* um +*akk;* **~ la(s) mañana(s)** morgens; **mañana ~ la mañana** morgen früh; **suele llegar ~ la tarde** er kommt gewöhnlich nachmittags; **me marché ayer ~ la noche** ich bin gestern Abend gefahren; **~ noviembre florecen los crisantemos** im November blühen die Chrysanthemen; **tengo un contrato ~ tres años** ich habe einen Vertrag für [*o* auf] drei Jahre; **~ fin** endlich **3.** (*a cambio de*) für +*akk,* gegen +*akk;* (*en lugar de*) statt +*gen,* anstelle [*o* an Stelle] +*gen;* **~ poco** fast; **la compré ~ poco dinero** ich habe sie für wenig Geld gekauft; **~ poco se ahoga** er/sie wäre beinahe ertrunken; **vino ~ su hermano** er/sie kam anstelle [*o* an Stelle] seines/ihres Bruders; **le cambié el libro ~ el álbum** ich habe das Buch gegen das Album getauscht **4.** (*agente*) von +*dat;* **el cuadro fue pintado ~ Goya** das Bild wurde von Goya gemalt **5.** (MAT: *multiplicación*) mal; **cuatro ~ tres** vier mal drei **6.** (*reparto*) pro, je; **toca a cuatro ~ cabeza** jeder von uns bekommt vier, es gibt vier pro Kopf; **nos pagan a doce marcos ~ hora** wir bekommen zwölf Mark pro Stunde; **el ocho ~ ciento** acht Prozent **7.** (*finalidad*) für +*akk,* um ... +*gen* willen; **lo hacemos ~ el bien de la familia** wir tun das um der Familie willen [*o* für die Familie] **8.** (*causa*) wegen +*gen/dat;* (*en relación a*) von ... aus; **cerrado ~ vacaciones** geschlossen wegen Urlaub; **lo merece ~ los esfuerzos que ha hecho** er/sie hat es verdient, weil er/sie sich so bemüht hat; **lo hago ~ ti** ich tue es für dich [*o* dir zuliebe]; **lo hago ~ desesperación** ich tue es aus Verzweiflung; **~ consiguiente** folglich, demzufolge; **~ eso** deshalb; **~ lo que a eso se refiere** was das anbetrifft; **~ mí que se vaya cuanto antes** meinetwegen [*o* von mir aus] kann er/sie so früh wie möglich gehen; **no te preocupes ~ hacer muchas fotocopias** mach dir keine Sorgen wegen der vielen Fotokopien **9.** (*preferencia*) für +*akk;* **me inclino ~ la segunda posibilidad** ich bin eher für die zweite Möglichkeit; **estoy ~ dejarlo plantado** ich bin kurz davor, ihn sitzen zu lassen; **está loco ~ la música/Marisa** er ist verrückt nach [*o* auf] Musik/Marisa **10.** (*dirección*): **voy (a) ~ platos/tabaco** ich gehe Teller/Zigaretten holen **11.** (*pendiente*): **este pantalón está ~ lavar** diese Hose muss gewaschen werden **12.** (*aunque*) trotz +*gen;* **~ muy cansado que esté no lo dejará a medias** trotz seiner Müdigkeit wird er es fertig stellen **13.** (*medio*) durch +*akk,* per +*akk;* **lo envié ~ correo** ich habe es mit der Post geschickt; **lo consiguió por su padre** er/sie hat es durch seinen/ihren Vater bekommen; **lo puso ~ escrito** er/sie schrieb es auf; **compran la mercancía al ~ mayor** sie kaufen die Ware en gros **14.**(*interrogativo*): **¿~ qué?** warum?; **¿~ qué (no) quieres comprarlo?** warum willst du es denn (nicht) kaufen?; **no entiendo ~ qué quieres comprarlo** ich verstehe nicht, warum du es kaufen willst; **¿~?** (*fam*) wieso?, warum? **15.**(*final*): **~ que** +*subj* damit; **hizo todo ~ que no viniera** er/sie tat alles, damit er/sie nicht käme; **lo hago ~ si acaso** ich mache es vorsichtshalber

porcada [por'kaðа] *f* (*fig: marranada*) Schweinerei *f*

porcelana [porθe'lana] *f* Porzellan *nt;* **~ china** chinesisches Porzellan; **~ de Sajonia** Meißner Porzellan

porcentaje [porθen̪'taxe] *m* Prozentsatz *m;* **~ de aumento** Zuwachsrate *f;* **~ de derechos del autor** Absatzhonorar *nt,* Tantiemen *fpl;* **~ fijo** fester Anteil; **para este trabajo cobro un precio fijo más un ~** für diese Arbeit bekomme ich einen Festpreis und zusätzlich eine Provision

porcentual [porθen̪tu'al] *adj* prozentual; **la distribución ~ por regiones del paro está mal calculada** die prozentuale Verteilung des Arbeitslosengeldes nach Regionen ist falsch berechnet

porche ['portʃe] *m* **1.**(*pórtico*) Vorhalle *f* **2.**(*cobertizo*) Veranda *f*

porcicultor(a) [porθikul̪'tor(a)] *m(f)* Schweinezüchter(in) *m(f)*

porcicultura [porθikul̪'tura] *f* Schweinezucht *f*

porcino[1] [por'θino] *m* Ferkel *nt*

porcino, -a[2] [por'θino, -a] *adj* Schweine-; **peste porcina** Schweinepest *f*

porción [por'θjon] *f* Teil *m,* Portion *f;* **le cedí la ~ que me correspondía** ich überließ ihm/ihr meinen Anteil

pordiosear [porðjose'ar] *vi* betteln

pordioseo [porðjo'seo] *m,* **pordiosería** [porðjose'ria] *f* Bettelei *f*

pordiosero, -a [porðjo'sero, -a] *m, f* Bettler(in) *m(f)*

porfía [por'fia] *f* Hartnäckigkeit *f;* **a ~** mit großem Eifer

porfiado, -a [porfi'aðo, -a] **I.** *adj* starrköpfig **II.** *m, f* Starrkopf *m*

porfiador(a) [porfja'ðor(a)] **I.** *adj* streitsüchtig **II.** *m(f)* Starrkopf *m*

porfiar [porfi'ar] <*1. pres:* porfío> *vi* **1.**(*insistir*) beharren (*en* auf +*dat*); **porfió en cerrar la puerta pero no lo consiguió** er/sie wollte unbedingt die Tür schließen, aber es gelang ihm/ihr nicht **2.**(*disputar*) streiten

porfiria [por'firja] *f* (MED) Porphyrie *f*

pormenor [porme'nor] *m* Einzelheit *f,* Detail *nt;* **me callo los ~es del asunto** die Einzelheiten dieser Angelegenheit behalte ich für mich

pormenorizado, -a [pormenori'θaðo, -a] *adj* detailliert

pormenorizar [pormenori'θar] <z→c> *vt* genau beschreiben, in allen Einzelheiten erzählen

porno ['porno] **I.** *adj inv* (*fam*) pornografisch, Porno-; **los kioscos están cubiertos de revistas ~** die Kioske sind voller Pornozeitschriften **II.** *m* (*fam*) Porno *m*

pornografía [pornoɣra'fia] *f* Pornografie *f;* **~ infantil** Kinderpornografie *f*

pornográfico, -a [porno'ɣrafiko, -a] *adj* Porno-, pornografisch

poro ['poro] *m* Pore *f;* **con el vapor se abren los ~s de la piel** durch den Dampf öffnen sich die Hautporen

porongo [po'roŋgo] *m* (*CSur: calabaza para el mate*) Mategefäß *nt*

poronguero, -a [poroŋ'gero, -a] *m, f* (*Perú*) Milchverkäufer(in) *m(f)*

pororó [poro'ro] *m* (*CSur: palomitas de maíz*) Popcorn *nt*

porosidad [porosi'ðaᵈ] *f* Porosität *f,* Durchlässigkeit *f*

poroso, -a [po'roso, -a] *adj* porös, durchlässig; **el suelo está revestido de un material ~** der Boden ist mit einem durchlässigen Material verkleidet

poroto [po'roto] *m* (*AmS*) Bohne *f;* (*guiso*) Bohnengericht *nt;* **apuntarse un ~** (*AmS: fig*) *sich bei einem Spiel seine Punkte aufschreiben*

porque ['porke] *conj* **1.**(*causal*) weil, da; **lo hizo ~ sí** er/sie tat es aus Eigensinn **2.** +*subj* (*final*) damit; **recemos ~ llueva** lasst uns um Regen beten

porqué [por'ke] *m* Grund *m*

porquera [por'kera] *f v.* **porquero**

porquería [porke'ria] *f* (*fam*) Schweinerei *f;* (*comida*) Schweinefraß *m;* (*cacharro*) Mistding *nt*

porqueriza [porke'riθa] *f* Schweinestall *m*

porquero, -a [por'kero, -a] *m, f* Schweinehirt(in) *m(f),* Schweinepfleger(in) *m(f)*

porra ['porra] *f* **1.**(*bastón*) Schlagstock *m,* Knüppel *m* **2.**(*martillo*) Zuschlaghammer *m* **3.**(*churro*) *Ölgebäck* **4.**(*fam*): **¡vete a la ~!** scher dich zum Teufel!; **¡~(s)!** verdammt!

porrada [po'rraðа] *f* (*montón*) Menge *f,* Unmenge *f;* **dijo una ~ de disparates** er/sie redete nur Unsinn

porral [po'rral] *m* (AGR) Lauchfeld *nt*

porrazo [po'rraθo] *m* (*con porra*) Knüppelschlag *m;* (*con mano etc.*) Schlag *m,* Stoß *m*

porrero, -a [po'rrero, -a] *m, f* (*argot*) Kiffer(in) *m(f)*

porreta [po'rreta] *f grüne Blätter von Lauch und Zwiebel;* **en ~(s)** splitternackt

porrillo [po'rriʎo]: **a ~** in Hülle und Fülle; **tiene admiradores a ~** sie hat jede Menge Verehrer

porrina [po'rrina] *f* (AGR) **1.**(*sembrados pe-*

queños) junge Saat *f* **2.** *(hojas verdes del puerro)* grüne Lauchblätter *mpl*
porrista [po'rrista] *mf* *(Méx)* Fan *m*
porro ['porro] *m* **1.** *(argot)* Joint *m;* **se liaron un ~ nada más llegar a la discoteca** kaum dass sie in der Diskothek angekommen waren, drehten sie sich *dat* einen Joint **2.** *(puerro)* Lauch *m* **3.** *(fam: torpe)* Trampel *m o nt*
porrón [po'rron] *m* Wasserkrug *m;* *(reg)* *Trinkgefäß für Wein mit langer Tülle*
porrudo, -a [po'rruðo, -a] *adj* *(Arg)* mit zerzaustem Haar
porta ['porta] **I.** *adj* (ANAT): **vena ~** Pfortader *f* **II.** *f* (NÁUT) Luke *f*
portaaeronaves [porta(a)ero'naβes] *m inv* (MIL) Flugzeugträger *m*
portaautomóviles [porta(a)u̯to'moβiles] *m inv* Autotransporter *m*
portaaviones [porta(a)βi'ones] *m inv* (MIL) Flugzeugträger *m*
portabebés [portaβe'βes] *m inv* *(pectoral)* Babytragegurt *m;* *(tipo mochila)* Babytragegestell *nt*
portabicicletas [portaβiθi'kletas] *m inv* (AUTO) Fahrradträger *m*
portabusto(s) [porta'βusto(s)] *m* *(inv)* *(Méx: sostén)* Büstenhalter *m*
portacartas [porta'kartas] *m inv* Briefträgertasche *f*
portacontenedores [portakon̩tene'ðores] *m inv* Containerschiff *nt*
portada [por'taða] *f* **1.** *(fachada)* Portal *nt;* **en la ~ de la catedral se refugian las palomas** im Portal der Kathedrale suchen die Tauben Unterschlupf **2.** (TIPO) Titelblatt *nt;* **las fotos que aparecieron en la ~ causaron gran revuelo** die Fotos, die auf der Titelseite erschienen, erregten großes Aufsehen
portadilla [porta'ðiʎa] *f* (TIPO) Schmutztitel *m*
portado, -a [por'taðo, -a] *adj:* **bien/mal ~** gepflegt/ungepflegt
portador¹ [porta'ðor] *m* **1.** Träger *m;* **~ de cargas** (TÉC) Ladungsträger *m* **2.** *(bandeja)* *Tablett mit Griff*
portador(a)² [porta'ðor(a)] *m(f)* **1.** *(gérmenes)* Träger(in) *m(f)* **2.** (COM) Inhaber(in) *m(f);* **cheque al ~** Inhaberscheck *m,* Überbringerscheck *m*
portaequipaje(s) [portaeki'paxe(s)] *m* *(inv)* **1.** *(coche)* Kofferraum *m* **2.** *(baca, bicicleta)* Gepäckträger *m* **3.** *(tren)* Gepäcknetz *nt*
portaestandarte [portaestan̩'darte] *m* (MIL) Fahnenträger *m*
portafolios [porta'foljos] *m inv* Aktentasche *f*
portafusil [portafu'sil] *m* Gewehrriemen *m*
portahelicópteros [portaeli'kopteros] *m inv* (MIL) Hubschrauberträger *m*
portal [por'tal] *m* Eingangsbereich *m;* *(soportal)* Vorhalle *f;* **dejaron la publicidad en el ~ sin meterla en los buzones** sie haben die Werbung einfach ins Haus gelegt und nicht in die Briefkästen geworfen; **~ de Belén** (REL) Krippe *f*
portalada [porta'laða] *f* *großes Portal mit mehreren Türen*
portalámpara(s) [porta'lampara(s)] *m* *(inv)* Fassung *f*
portalibros [porta'liβros] *m inv* Bücherriemen *f*
portaligas [porta'liɣas] *m inv* *(Am: liguero)* Strumpfhalter *m*
portallaves [porta'ʎaβes] *m inv* *(Ven)* Schlüsselanhänger *m*
portalón [porta'lon] *m* **1.** (ARQUIT) Tor *nt* **2.** (NÁUT) Fallreeptür *f*
portamaletas [portama'letas] *m inv* (AUTO) Kofferraum *m*
portaminas [porta'minas] *m inv* Druckbleistift *m,* Drehbleistift *m*
portamisiles [portami'siles] *m inv* Raketenträger *m*
portamonedas [portamo'neðas] *m inv* Geldbörse *f,* Portmonee *nt*
portante [por'tan̩te] *m* (Pass)gang *m;* **tomar el ~** *(fam)* sich davonmachen, verduften; **dar el ~ a alguien** jdn entlassen
portaobjetivo [portaoβxe'tiβo] *m* (FOTO) Objektivträger *m*
portaobjeto(s) [portaoβ'xeto(s)] *m* *(inv)* *(del microscopio)* Objektträger *m*
portapapeles [portapa'peles] *m inv* (INFOR) Zwischenablage *f*
portar [por'tar] **I.** *vt* *(perro)* apportieren **II.** *vr:* **~se** sich benehmen, sich betragen; **~se bien** sich gut benehmen; **~se bien con alguien** jdm gegenüber zuvorkommend sein; **~se mal** nicht nett sein, unhöflich sein; **el niño se porta bien/mal** das Kind ist artig/unartig; **~se como un hombre** tapfer sein; **nuestro equipo se ha portado** unsere Mannschaft hat sich glänzend geschlagen
portarretrato(s) [portarre'trato(s)] *m* *(inv)* Fotorahmen *m*
portarrollos [porta'rroʎos] *m inv* Halter *m;* **~ de papel higiénico** Toilettenpapierhalter *m*
portátil [por'tatil] *adj* tragbar; **máquina de escribir ~** Reiseschreibmaschine *f;* **ordenador ~** Laptop *m,* Notebook *nt*
portatrajes [porta'traxes] *m inv* Herrendiener *m*
portaviento [porta'βjen̩to] *m* **1.** (MÚS) lederner Sack *m* des Dudelsacks **2.** (TÉC: *alto horno)* Windstock *m*
portavoz¹ [porta'βoθ] *mf* *(persona)* Sprecher(in) *m(f),* Wortführer(in) *m(f);* **el ~ del gobierno** der Regierungssprecher; **el ~ castrense** der Militärsprecher
portavoz² [porta'βoθ] *m* **1.** *(periódico)* Mitgliederzeitschrift *f;* **el ~ del sindicato sale semanalmente** das Organ der Gewerkschaft erscheint wöchentlich **2.** *(bocina)* (Trichter)sprachrohr *nt*

P

portazgo [por'taθɣo] *m* Wegezoll *m*

portazo [por'taθo] *m* Zuschlagen *nt* (einer Tür); **dar un** ~ die Tür heftig zuschlagen; **despedirse con un** ~ die Tür hinter sich *dat* zuschlagen; **darle a alguien un** ~ **en las narices** (*fam*) jdm die Tür vor der Nase zuschlagen

porte ['porte] *m* **1.** (*transporte*) Beförderung *f*; ~ **aéreo** Luftfracht *f*; ~ **debido/pagado** unfrankiert/franko; ~**s a cargo del comprador** Portokosten zu Lasten [*o* zulasten] des Käufers; **gastos de** ~ Frachtspesen *pl*; **a** ~ **debido** Fracht zahlt Empfänger **2.** (*gastos de transporte*) Fracht(gebühr) *f* **3.** (*correo*) Porto *nt*; ~ **por expreso** Eilzustellgebühr *f*; ~ **de un paquete** Paketgebühr *f*; ~ **suplementario** Nachporto *nt* **4.** (*buque*) Ladefähigkeit *f* (des Schiffes); **buque de gran** ~ Seeschiff *nt*, Groß(tonnage)schiff *nt* **5.** (*aspecto*) Auftreten *nt*, Haltung *f*; **es un hombre de** ~ **distinguido** er ist eine vornehme Erscheinung; **mostrar un** ~ **severo** streng wirken

porteador(a) [portea'ðor(a)] *m(f)* Frachtführer(in) *m(f)*; ~ **marítimo** Verfrachter *m*; ~ **naviero** Reeder *m*; ~ **público** Spediteur *m*

portear [porte'ar] **I.** *vi* (*ventanas*) Fenster zuschlagen; (*puertas*) Tür(en) zuschlagen **II.** *vt* befördern; (*carga*) transportieren **III.** *vr*: ~**se** (*aves migratorias*) von einem Ort zum anderen ziehen

portento [por'tento] *m* Wunder(werk) *nt*; **niño** ~ Wunderkind *nt*; **un** ~ **de energía** ein Energiebündel; **admirar un** ~ nicht schlecht staunen; **este hombre es un** ~ **de capacidad para el trabajo** dieser Mann ist ein Wunder an Schaffenskraft

portentoso, **-a** [porten'toso, -a] *adj* wunderbar, eindrucksvoll

porteño, **-a** [por'teɲo, -a] *m, f* **1.** (*Arg*) Einwohner(in) *m(f)* von Buenos Aires **2.** (*Chil*) Einwohner(in) *m(f)* von Valparaiso **3.** (*Col*) Einwohner(in) *m(f)* von Puerto Carreño **4.** (*Guat*) Einwohner(in) *m(f)* von Puerto Barrios **5.** (*Hond*) Einwohner(in) *m(f)* von Cortés

porteo [por'teo] *m* Beförderung *f*

portera [por'tera] *f v.* **portero**

portería [porte'ria] *f* **1.** (*lugar de trabajo*) Pförtnerloge *f*; (*casa del portero*) Pförtnerhaus *nt*; (*empleo del portero*) Pförtnerstelle *f* **2.** (*fútbol*) Tor *nt* **3.** (NÁUT) *sämtliche Pforten eines Schiffes*

portero, **-a** [por'tero, -a] *m, f* **1.** (*que vigila la casa*) Pförtner(in) *m(f)*; ~ **electrónico** [*o* **automático**] (Gegen)sprechanlage *f*; ~ **de estrados** Gerichtsdiener *m*, Gerichtswachtmeister *m* **2.** (*Arg: administrador*) Verwalter(in) *m(f)* (*von Wohnungseigentum*) **3.** (*fútbol*) Torwart, -frau *m, f* **4.** (*Bol*) Zustellungsbeamte(r), -in *m, f*

portezuela [porte'θwela] *f* **1.** *dim de* **puerta** **2.** (*del coche*) Wagentür *f*; (*del tren*) Abteiltür *f*; (*del horno*) Ofentür *f*

portezuelo [porte'θwelo] *m* (*Arg, Chil: paso de montaña*) Pass *m*

porticado, **-a** [porti'kaðo, -a] *adj* (ARQUIT) mit Säulengang

pórtico ['portiko, -a] *m* **1.** (*porche*) Portikus *m*, Säulenhalle *f* **2.** (*galería*) Säulengang *m* **3.** (INFOR) Schnittstelle *f*

portier [por'tjer] *m* schwerer Türvorhang *m*

portilla [por'tiʎa] *f* (NÁUT) Bullauge *nt*

portillo [por'tiʎo] *m* **1.** (*abertura en murallas*) Maueröffnung *f*; (*en paredes*) Spalte *f* in der Wand, Durchschlupf *m* **2.** (*postigo en una puerta mayor*) Pförtchen *nt*, kleine Nebentür *f* **3.** (*camino angosto*) Engpass *m* (*im Bergland*) **4.** (*desportilladura*) ausgebrochene Ecke *f*; **el** ~ **de un plato** die ausgebrochene Kante eines Tellers **5.** (*punto débil*) Schwachstelle *f*

portland ['porˡlan] *m sin pl* Portlandzement *m*

portón [por'ton] *m aum de* **puerta** großes Tor *nt*; ~ **corredizo** Schiebetor *nt*

portorriqueño, **-a** [portorri'keɲo, -a] **I.** *adj* puertoricanisch **II.** *m, f* Puertoricaner(in) *m(f)*

portuario, **-a** [por'twarjo, -a] **I.** *adj* Hafen-; **autoridades portuarias** Hafenbehörde *f*; **obras portuarias** Hafenbauarbeiten *fpl*; **trabajador** ~ Hafenarbeiter *m* **II.** *m, f* Hafenarbeiter(in) *m(f)*

portuense [por'twense] *mf Einwohner(in) einer Stadt mit dem Namen Puerto*

Portugal [portu'ɣal] *m* Portugal *nt*

portugués, **-esa** [portu'ɣes, -esa] **I.** *adj* portugiesisch **II.** *m, f* Portugiese, -in *m, f*

portuguesismo [portuɣe'sismo] *m* (LING) portugiesische Redensart *f*

portulano [portu'lano] *m* Schifferhandbuch *nt*; (HIST) Portolan *m*, Portulan *m*

porvenir [porβe'nir] *m* Zukunft *f*; **en el** ~ **lejano** in ferner Zukunft; **lleno de** ~ zukunftsträchtig; **tener el** ~ **asegurado** eine gesicherte Zukunft haben; **un joven de** ~ ein junger Mann, der eine viel versprechende Zukunft vor sich *dat* hat

pos [pos] **I.** *adv*: **ir en** ~ **de algo** hinter etw *dat* hergehen; **ir en** ~ **de alguien** jdm nachgehen; **van en** ~ **del éxito** sie laufen dem Erfolg hinterher **II.** *conj* (*Méx: fam*) *v.* **pues** **III.** *m* Nachtisch *m*

posa ['posa] *f* (REL) Totengeläut(e) *nt*

posada [po'saða] *f* **1.** (*parador*) Raststätte *f*; (*fonda*) Gasthof *m*; (*pensión*) Pension *f* **2.** (*hospedaje*) Beherbergung *f*; **dar** ~ **a alguien** jdn beherbergen; **hacer** ~ einkehren; **pedir** ~ um Unterkunft bitten **3.** (*apartamento*) Wohnung *f* **4.** (*estuche de cubiertos para el viaje*) Reisebesteck *nt* **5.** (*Méx: nacimiento*) Weihnachtsspiel *nt*

posadera [posa'ðera] *f v.* **posadero**

posaderas [posa'ðeras] *fpl* (*fam*) Hintern *m*, Allerwerteste(r) *m*

posadero, **-a** [posa'ðero, -a] *m, f* Gastwirt(in) *m(f)*

posar [po'sar] **I.** *vi* **1.** (*reposar*) rasten, ausruhen **2.** (*modelo*) Modell stehen [*o* sitzen], posieren **3.** (*hospedarse*) logieren **II.** *vt* **1.** (*poner suavemente*) leicht auflegen, berühren; **posó la mano sobre la cabeza del niño** er/sie legte seine/ihre Hand sanft auf den Kopf des Kindes **2.** (*carga*) absetzen **3.** (*mirada*) richten; ~ **la mirada sobre alguien** den Blick auf jdn richten **III.** *vr:* **~se** sich setzen; **el café se posó** der Kaffee hat sich (ab)gesetzt [*o* einen Bodensatz gebildet]; **el sol se posaba en el mar** die Sonne ging über dem Meer unter; **la golondrina se posó en el árbol** die Schwalbe landete auf dem Baum

posavasos [posa'βasos] *m inv* Untersetzer *m* (*für Gläser*)

posbélico, **-a** [pos'βeliko, -a] *adj* Nachkriegs-; **período** ~ Nachkriegszeit *f*

poscomunismo [poskomu'nismo] *m sin pl* Postkommunismus *m*

posdata [pos'ðata] *f* Nachschrift *f*, Postskriptum *nt*

posdoctoral [posðokto'ral] *adj* Postdoktoranden-

pose ['pose] *f* **1.** (*postura*) Pose *f* **2.** (FOTO) Zeitaufnahme *f*

poseedor(a) [pose(e)'ðor(a)] *m(f)* Besitzer(in) *m(f)*, Inhaber(in) *m(f)*

poseer [pose'er] *irr como leer* **I.** *vt* besitzen; ~ **bien un idioma** eine Sprache gut beherrschen; **posee una importante posición social** er/sie nimmt eine bedeutende gesellschaftliche Stellung ein; ~ **a alguien a la fuerza** jdn vergewaltigen **II.** *vr:* **~se** sich beherrschen

poseído, **-a** [pose'iðo, -a] **I.** *adj* besessen (*de* von +*dat*); **una persona poseída de odio** ein hasserfüllter Mensch; ~ **de un miedo cerval** von panischer Angst besessen; ~ **por el demonio** vom Teufel besessen; **una chica poseída de su belleza** ein Mädchen, das sich *dat* auf seine Schönheit viel einbildet **II.** *m, f* Besessene(r) *mf*, Wahnsinnige(r) *mf*; **gritar como un** ~ wie ein Wahnsinniger schreien

posesa [po'sesa] *adj o f v.* **poseso**

posesión [pose'sjon] *f* **1.** (*propiedad*) Besitz *m*, Eigentum *nt*; **las posesiones inglesas en África** die englischen Kolonien in Afrika; **la toma de** ~ die Besitzergreifung; **la toma de** ~ **de un cargo** der Amtsantritt; **estoy en** ~ **de su atenta carta...** ich habe Ihr freundliches Schreiben erhalten ...; **está en** ~ **de una imaginación extraordinaria** er/sie besitzt eine außerordentliche Einbildungskraft [*o* Fantasie] **2.** (*obsesión*) Besessenheit *f*

posesionar [posesjo'nar] **I.** *vt:* ~ **a alguien de algo** jdm etw überlassen, jdn in Besitz von etw bringen **II.** *vr:* **~se** Besitz ergreifen (*de* von +*dat*); **~se de un nuevo cargo** ein neues Amt antreten

posesividad [posesiβi'ða^{d}] *f* Besitzgier *f*

posesivo, **-a** [pose'siβo, -a] *adj* **1.** (*persona*) Besitz ergreifend, possessiv **2.** (LING) Besitz anzeigend, possessiv; **pronombre** ~ Possessivpronomen *nt*

poseso, **-a** [po'seso, -a] **I.** *adj* besessen **II.** *m, f* Besessene(r) *mf*

posesor(a) [pose'sor(a)] *m(f)* Besitzer(in) *m(f)*, Inhaber(in) *m(f)*

posfijo [pos'fixo] *m* (LING) Suffix *nt*

posfranquismo [posfraŋ'kismo] *m* *Zeit nach Franco*

posglacial [posɣla'θjal] *adj* (GEO) nacheiszeitlich, postglazial

posgrado [pos'ɣraðo] *m:* **de** ~ Postgraduierten-

posgraduado, **-a** [posɣra'ðwaðo, -a] *adj* postgraduiert

posguerra [pos'ɣerra] *f* Nachkriegszeit *f*

posibilidad [posiβili'ða^{d}] *f* **1.** (*lo posible*) Möglichkeit *f*; **contar con esta** ~ mit dieser Möglichkeit rechnen; **tenemos grandes ~es de éxito** wir haben gute Aussichten auf Erfolg **2.** (*aptitud*) Eignung *f*; **tienes ~es de llegar a ser un buen actor** du hast das Zeug zu einem guten Schauspieler **3.** (*facultad*) Fähigkeit *f*; **esto está por encima de mis ~es** das übersteigt meine Kräfte **4.** *pl* (*medios económicos*) Vermögen *nt*; **estás viviendo por encima de tus ~es** du lebst über deine Verhältnisse

posibilismo [posiβi'lismo] *m* (HIST, POL) Possibilismus *m*

posibilitar [posiβili'tar] *vt* ermöglichen

posible [po'siβle] **I.** *adj* möglich; ~ **cliente/mercado** potentieller Kunde/Markt; **en lo** ~ nach Möglichkeit, wenn möglich, möglichst; **lo antes** ~ möglichst bald; **no lo veo** ~ ich sehe keine Möglichkeit; **hacer** ~ ermöglichen; **hacer lo** ~ **para que...** +*subj* sich anstrengen, um zu ... +*inf*; **hacer todo lo** ~ sein Möglichstes tun; **hacer todo lo humanamente** ~ das Menschenmögliche tun; **es** ~ **que...** +*subj* vielleicht ...; **es muy** ~ **que...** +*subj* es ist sehr wahrscheinlich, dass ...; **¡no es ~!** das kann nicht wahr sein!; **¿será ~?** soll man es für möglich halten?; **si es** ~ wenn möglich **II.** *m* **1.** (*lo probable*) Mögliche(s) *nt* **2.** *pl* (*recursos*) Mittel *ntpl*, Vermögen *nt*; **mis ~s no alcanzan para esto** dafür reichen meine Mittel nicht aus

posiblemente [posiβle'mente] *adv* möglicherweise, vielleicht

posición [posi'θjon] *f* **1.** (*colocación o postura*) Stellung *f*, Position *f*, Lage *f*; ~ **abierta** (FIN) offener Posten; ~ **cero** Nullstellung *f*; ~ **clave** Schlüsselposition *f*; ~ **del cuerpo** Körperhaltung *f*; ~ **del cursor** (INFOR) Cursorposition *f*; ~ **de descanso** [*o* **de reposo**] Ruhestellung *f*, Ruhelage *f*; **la** ~ **económica** die wirtschaftlichen Verhältnisse; ~ **de empleado** Angestelltenverhältnis *nt*; **la** ~ **geográfica** die geographische Lage; ~ **de memoria** (INFOR) Speicherstelle *f*; ~ **en el mercado** (ECON)

Marktstellung *f;* ~ **en moneda extranjera** (FIN) Devisenposition *f;* ~ **monopolista** (ECON) Monopolstellung *f,* marktbeherrschende Stellung; ~ **social** gesellschaftliche Stellung; **una letra en** ~ **inicial** ein Buchstabe im Anlaut; **llegar a una alta** ~ sich emporarbeiten; **en buena** ~ wirtschaftlich gut gestellt; **de** ~ hoch gestellt, von Rang; **mi** ~ **ante este asunto...** meine Einstellung zu dieser Frage ... **2.** (MIL) Stellung *f;* **guerra de posiciones** Stellungskrieg *m;* **desalojar al enemigo de una** ~ den Feind von einer Stellung vertreiben; **tomar** ~ Stellung beziehen **3.** (JUR) Behauptung *f;* (*pregunta*) Beweisfrage *f* **4.** (MAT) Lehrsatz *m*

posicionado, -a [posiθjo'naðo, -a] *adj* gestellt, positioniert

posicional [posiθjo'nal] *adj* positionell; **notación** ~ (INFOR) Stellenschreibweise *f*

posicionamiento [posiθjona'mjen̩to] *m* Positionierung *f*

posicionar [posiθjo'nar] **I.** *vi* Stellung beziehen **II.** *vt* positionieren, in eine bestimmte Stellung bringen

posimperial [posimpe'rjal] *adj* nachkaiserlich, nach der Kaiserzeit

posimpresionismo [posimpresjo'nismo] *m sin pl* Postimpressionismus *m*

posindustrial [posin̩dus'trjal] *adj* postindustriell

positivado [positi'βaðo] *m* (FOTO) Herstellung *f* eines Positivs (aus dem Negativ)

positivadora [positiβa'ðora] *f* (FOTO) Maschine *f* zur Herstellung von Positiven

positivamente [positiβa'men̩te] *adv* positiv, bestimmt, gewiss; **saber algo** ~ etw absolut sicher wissen

positivar [positi'βar] *vt* (FOTO) positivieren

positividad [positiβi'ða^ð] *f* **1.** (*carácter*) positive Eigenschaft *f* **2.** (ELEC) positive Ladung *f*

positivismo [positi'βismo] *m sin pl* Positivismus *m*

positivista [positi'βista] **I.** *adj* positivistisch **II.** *mf* Positivist(in) *m(f)*

positivo¹ [posi'tiβo] *m* **1.** (LING) Positiv *m* **2.** (FOTO) Positiv *nt*

positivo, -a² [posi'tiβo, -a] *adj* **1.** (*afirmativo*) positiv, zustimmend, bejahend **2.** (*cierto*) tatsächlich, real **3.** (*seguro*) sicher, fest(stehend) **4.** (*favorable*) positiv, günstig **5.** (*práctico*) praktisch **6.** (*optimista*) zuversichtlich, optimistisch; **un hombre** ~ ein Optimist **7.** (MAT, FÍS) positiv; **ión** ~ positives Ion; **número** ~ positive Zahl

pósito ['posito] *m* **1.** (*institución*) *Institution, die auf kommunaler Ebene Lebensmittelvorräte verwaltet;* (*edificio*) (öffentlicher) Getreidespeicher *m* **2.** (*asociación*) Genossenschaftshilfe *f*

positrón [posi'tron] *m* (FÍS) Positron *nt*

positura [posi'tura] *f* Lage *f,* Zustand *m*

posma ['posma] *f* (*fam*) **1.** (*pesadez*) Schwerfälligkeit *f,* Trägheit *f* **2.** (*persona*) Tranfunzel *f*

posmodernidad [posmoðerni'ða^ð] *f sin pl* Postmoderne *f*

posmodernismo [posmoðer'nismo] *m sin pl* Postmodernismus *m*

posmoderno, -a [posmo'ðerno, -a] *adj* postmodern

posnatal [posna'tal] *adj* (MED) postnatal, nachgeburtlich

posó [po'so] *m* (*Fili*) *eine Art Haarschmuck*

poso ['poso] *m* **1.** (*sedimento*) (Boden)satz *m;* ~ **de vino** Weinhefe *f;* **hasta los ~s** (*fig*) bis zur Neige **2.** (*descanso*) Ruhe *f,* Rast *f* **3.** (*huella en el espíritu*) seelische Verletzung *f,* Narbe *f;* **la muerte de su hijo dejó un** ~ **de tristeza en su alma** der Tod seines/ihres Kindes hat seine/ihre Seele getrübt

posología [posolo'xia] *f* (MED) Dosierung *f*

posoperatorio, -a [posopera'torjo, -a] *adj* (MED) postoperativ

posparto [pos'parto] *adj* (MED) post partum, nach der Entbindung (auftretend)

posponer [pospo'ner] *irr como poner vt* **1.** (*postergar*) zurückstellen, hintanstellen *elev* **2.** (*aplazar*) verschieben, verlegen; ~ **una reunión** eine Sitzung verschieben

posposición [posposi'θjon] *f* **1.** (*postergación*) Zurückstellung *f,* Hintanstellung *f elev* **2.** (*aplazamiento*) Verschiebung *f,* Verlegung *f* **3.** (LING) Postposition *f*

pospositivo, -a [posposi'tiβo, -a] *adj* (LING) nachstehend, postpositiv; **preposición pospositiva** nachgestellte Präposition

posta ['posta] *f* **1.** (*caballería*) Postpferde *ntpl;* (*lugar*) Poststation *f;* **casa de ~s** Posthalterei *f;* **maestro de ~s** Posthalter *m;* **silla de** ~ Postkutsche *f* **2.** (*distancia*) *Entfernung zwischen zwei Poststationen* **3.** (*munición pequeña*) kleinkalibrige Gewehrkugel *f* **4.** (*tajada o pedazo de carne*) Fleischstück *nt* **5.** (*en juegos*) Einsatz *m* **6.** (*letrero conmemorativo*) Gedenktafel *f* **7.** (*loc*): **a** ~ absichtlich; **por la** ~ in größter Eile, eiligst

postal [pos'tal] **I.** *adj* postalisch, Post-; **una fotografía tamaño** ~ ein Foto im Postkartenformat; **gastos ~es** Postgebühren *fpl;* **giro** ~ Postscheck *m* **II.** *f* Postkarte *f*

postcapitalista [poskapita'lista] *adj* postkapitalistisch

postdata [pos'ðata] *f* Nachschrift *f,* Postskriptum *nt*

pos(t)diluviano, -a [posðilu'βjano, -a] *adj* nachsündflutlich

poste ['poste] *m* **1.** (*pilar*) Pfosten *m,* Pfahl *m;* ~ **de distribución** Verteilungsmast *m;* ~ **indicador** Wegweiser *m;* ~ **kilométrico** Kilometerstein *m;* ~ **telegráfico** Telegrafenmast *m;* **dar** ~ **a alguien** jdn lange warten lassen; **estar hecho un** ~ untätig herumstehen; **más serio que un** ~ todernst; **no contestar más un** ~ überhaupt keine Antwort geben; **oler el** ~ Lunte riechen; **ser un** ~ sehr träge sein; (*fam: sordo*) stocktaub sein **2.** (*castigo para* *colegiales*) Strafestehen *nt;* **dar ~ a alguien** jdn in die Ecke stellen

postelectoral [poselekto'ral] *adj* nach den Wahlen

postema [pos'tema] *f* (*Méx: pus*) Eiter *m*

póster ['poster] *m* Poster *nt o m*

postergación [posterɣa'θjon] *f* **1.** (*aplazamiento*) Verschiebung *f,* Aufschub *m* **2.** (*posposición injusta*) Schlechterstellung *f,* Zurücksetzung *f,* Übergehung *f* (*bei der Beförderung*)

postergar [poster'ɣar] <g→gu> *vt* **1.** (*aplazar*) verschieben, aufschieben; **~ la fecha** zurückdatieren **2.** (*posponer injustamente*) zurückstellen, übergehen; **~ al saber** das Wissen nicht gebührend würdigen; **sentirse postergado** sich zurückgesetzt fühlen; **~ el ascenso de alguien** jdn bei der Beförderung übergehen

posteridad [posteri'ðaᵈ] *f* **1.** (*descendencia*) Nachkommenschaft *f* **2.** (*generaciones venideras*) Nachwelt *f;* **transmitir algo a la ~** etw der Nachwelt überliefern **3.** (*futuro*) Zukunft *f* **4.** (*fama póstuma*) Nachruhm *m;* **pasar a la ~** berühmt werden

posterior [poste'rjor] *adj* **1.** (*de tiempo*) spätere(r, s), später (*a* als), nachfolgende(r, s), nachfolgend (*a +dat*); **fecha ~** späteres Datum **2.** (*de lugar*) Hinter-, hintere(r, s); **~ a alguien** hinter jdm; **la parte ~ de la cabeza** der Hinterkopf; **en la parte ~ del coche está el maletero** im hinteren Teil des Autos befindet sich der Kofferraum

posterioridad [posterjori'ðaᵈ] *f* spätere Zeit *f;* **~ de fecha** späteres Datum; **con ~** nachträglich

posteriormente [posterjor'mente] *adv* nachher, nachträglich

posteta [pos'teta] *f* (TIPO) *Anzahl der Bogen, die auf einmal gefalzt werden können*

pos(t)fijo [pos'fixo] *m* (LING) Suffix *nt*

pos(t)glacial [posɣla'θjal] *adj* (GEO) nacheiszeitlich, postglazial

postgrado [pos'ɣraðo] *m:* **de ~** Postgraduierten-

postguerra [pos'ɣerra] *f* Nachkriegszeit *f*

postigo [pos'tiɣo] *m* **1.** (*puerta falsa*) Blendtür *f* **2.** (*portillo*) Pförtchen *nt;* (*puerta pequeña en otra mayor*) kleine Nebentür *f* **3.** (*contraventana*) (Fenster)laden *m*

postilla [pos'tiʎa] *f* (MED) Schorf *m,* Grind *m*

postillón [posti'ʎon] *m* (HIST) Postillion *m*

postilloso, -a [posti'ʎoso, -a] *adj* (MED) schorfig, grindig

postín [pos'tin] *m* **1.** (*lujo*) Luxus *m,* Prunk *m;* **de ~** luxuriös, teuer; **un traje de ~** ein piekfeiner Anzug **2.** (*presunción*) Wichtigtuerei *f,* Aufgeblasenheit *f;* **darse mucho ~** (sich) wichtig tun, sich aufspielen

postinear [postine'ar] *vi* angeben, sich aufspielen

postinero, -a [posti'nero, -a] *adj* (*fam*) angeberisch, aufgeblasen

postiza [pos'tiθa] *f* kleine Kastagnette *f*

postizo¹ [pos'tiθo] *m* Haarteil *nt,* Toupet *nt*

postizo, -a² [pos'tiθo, -a] *adj* künstlich, unecht; **comportamiento ~** künstliches Benehmen; **cuello ~** Stehkragen *m;* **dentadura postiza** (falsches) Gebiss; **nombre ~** Spitzname *m;* **ojo ~** Glasauge *nt;* **pelo** [*o* **cabello**] **~** Perücke *f*

pos(t)meridiano, -a [posmeri'ðjano, -a] *adj* nachmittäglich, Nachmittags-

post meridiem [posme'riðjen] post meridiem, nach Mittag

postmodernidad [posmoðerni'ðaᵈ] *f sin pl* Postmoderne *f*

postnominal [posnomi'nal] *adj* (LING) postnominal

postónico, -a [pos'toniko, -a] *adj* (LING) der betonten Silbe nachgestellt

postoperatorio, -a [posopera'torjo, -a] *adj* (MED) postoperativ; **asistencia postoperatoria del paciente** postoperative Versorgung des Patienten

postor(a) [pos'tor(a)] *m(f)* Bieter(in) *m(f);* **mejor** [*o* **mayor**] **~** Meistbietende(r) *m* (*bei einer Auktion*)

postparto [pos'parto] *adj* post partum, nach der Entbindung (auftretend)

postración [postra'θjon] *f* **1.** (*humillación*) Kniefall *m,* Niederwerfung *f* **2.** (*abatimiento por enfermedad*) Entkräftung *f;* (*por aflicción*) Niedergeschlagenheit *f;* **~ nerviosa** Nervenzusammenbruch *m*

postrado, -a [pos'traðo, -a] *adj* **1.** (*arrodillado*) auf der Erde kniend **2.** (*humillado*) erniedrigt **3.** (*abatido*) matt, kraftlos, entkräftet; **~ de dolor** schmerzgebeugt; **~ en cama** bettlägerig; **quedar ~ por una enfermedad** daniederliegen **4.** (*desanimado*) niedergeschlagen

postrador [postra'ðor(a)] *m* Knieschemel *m* (in der Kirche)

postrar [pos'trar] **I.** *vt* **1.** (*derribar*) niederwerfen **2.** (*humillar*) demütigen **3.** (*debilitar*) entkräften, schwächen **II.** *vr:* **~se 1.** (*arrodillarse*) (sich) niederknien (*ante* vor *+dat*) **2.** (*perder las fuerzas*) die Kräfte verlieren, zusammenbrechen

postre ['postre] *m* Nachtisch *m;* **servir los ~s** den Nachtisch auftragen; **a (la) ~** (*fig*) letztendlich; **llegar a los ~s** (*fig*) zu spät kommen

postrer [pos'trer] *adj,* **postrero, -a** [pos'trero, -a] *adj* letzte(r, s), hinterste(r, s); **el ~** der Allerletzte

postrimería [postrime'ria] *f* **1.** (*personas*) Lebensabend *m,* letzte Lebensjahre *ntpl;* **estar en sus ~s** mit dem Tode ringen **2.** (*tiempo*) letzter Abschnitt *m;* **en las ~s del siglo pasado** gegen Ende des letzten Jahrhunderts

post scriptum [pos es'kriptun] *m* Postskript(um) *nt*

postulación [postula'θjon] *f* **1.** (*petición*)

P

Gesuch *nt,* Bitte *f* **2.** (*colecta*) Geldsammlung *f*

postulado [postu'laðo, -a] *m* Postulat *nt,* Forderung *f;* ~ **jurídico** gesetzliche Forderung

postulante, **-a** [postu'laṇte, -a] **I.** *adj* bittend, fordernd **II.** *m, f* **1.** (*solicitante*) Bewerber(in) *m(f)* **2.** (REL) Postulant(in) *m(f)* **3.** (*colecta*) Sammler(in) *m(f)* von Geldspenden

postular [postu'lar] *vt* **1.** (*solicitar*) sich bewerben (um *+akk*), nachsuchen (um *+akk*), bitten (um *+akk*) **2.** (*pedir para una obra*) (Geld) sammeln

póstumo, **-a** ['postumo, -a] **I.** *adj* **1.** (*obras o propiedades*) nachgelassen, post(h)um; **fama póstuma** Nachruhm *m* **2.** (*hijo*) nachgeboren, post(h)um; **hijo** ~ nachgeborenes Kind **II.** *m, f* Nachgeborene(r) *mf*

postura [pos'tura] *f* **1.** (*colocación*) (Körper)haltung *f,* Stellung *f,* Lage *f;* **una** ~ **incómoda** eine unbequeme Stellung [*o* Lage] **2.** (*actitud*) Einstellung *f* **3.** (*subasta*) Gebot *nt,* Angebot *nt;* ~ **mayor** Meistgebot *nt;* **hacer** ~ bieten **4.** (*cantidad que se apuesta*) Einsatz *m* **5.** (*convenio*) Abkommen *nt* **6.** (*de las aves*) Gelege *nt;* (*poner huevos*) Eierlegen *nt* **7.** (*planta tierna que se trasplanta*) Setzling *m* **8.** (*loc*): ~ **del sol** Sonnenuntergang *m*

post-venta [pos'βeṇta], **posventa** [pos'βeṇta] **I.** *adj:* **servicio** ~ Kundendienst *m* **II.** *f* Garantiezeit *f*

postverbal [posβer'βal] *adj* (LING) postverbal

pota ['pota] *f* (ZOOL) Tintenfisch *m*

potabilidad [potaβili'ðaᵈ] *f* Trinkbarkeit *f*

potabilizadora [potaβiliθa'ðora] *f* Aufbereitungsanlage *f* für Trinkwasser

potabilizar [potaβili'θar] <z→c> *vt* trinkbar machen, zu Trinkwasser aufbereiten

potable [po'taβle] *adj* **1.** (*bebible*) trinkbar; **agua** ~ Trinkwasser *nt* **2.** (*fam: aceptable*) annehmbar, erträglich; **Juan es una persona** ~ Juan ist ganz nett

potaje [po'taxe] *m* **1.** (*sopa*) (Gemüse)suppe *f* **2.** (*guiso*) (Gemüse)eintopf *m* **3.** (*legumbres secas*) Dörrgemüse *nt,* getrocknete Hülsenfrüchte *fpl* **4.** (*brebaje*) Gebräu *nt,* Trank *m* **5.** (*fam: mezcla de cosas inútiles*) Mischmasch *m*

potala [po'tala] *f* (NÁUT) *Stein, der als Anker verwendet wird*

potamología [potamolo'xia] *f* (GEO) Flusskunde *f,* Potamologie *f*

potasa [po'tasa] *f* (QUÍM) Pottasche *f,* Kaliumkarbonat *nt;* ~ **purificada** Perlasche *f;* **lejía de** ~ (**cáustica**) (Ätz)kalilauge *f*

potásico, **-a** [po'tasiko, -a] *adj* (QUÍM) kalihaltig, Kalium-

potasio [po'tasjo] *m* (QUÍM) Kalium *nt*

pote ['pote] *m* **1.** (*de barro*) irdenes Gefäß *nt;* (*de metal*) Blechtopf *m,* Blechbüchse *f* **2.** (*para cocinar*) Kochtopf *m;* ~ **gallego** (GASTR) galizischer Eintopf **3.** (*para plantas*) Blumentopf *m* **4.** (*loc*): **a** ~ in Hülle und Fülle; **darse** ~ sich wichtig machen

potencia [po'teṇθja] *f* **1.** (*fuerza*) Kraft *f,* Leistung(sfähigkeit) *f;* ~ **adquisitiva** (ECON) Kaufkraft *f;* ~ **de carga** Belastbarkeit *f,* Tragkraft *f;* ~ **explosiva** Sprengkraft *f;* ~ **del motor** Motorleistung *f;* ~ **motriz** Antriebsleistung *f* **2.** (*capacidad*) Vermögen *nt,* Fähigkeit *f;* ~ **expresiva** Ausdruckskraft *f,* Ausdrucksvermögen *nt;* ~ **generativa** Zeugungsfähigkeit *f,* Potenz *f;* ~ **imaginativa** Einbildungskraft *f;* ~ **intelectual** intellektuelles [*o* geistiges] Leistungsvermögen; ~ **mágica** Zauberkraft *f;* ~ **visual** Sehvermögen *nt* **3.** (*poder*) Macht *f;* ~ **marítima** Seemacht *f;* ~ **militar** Militärmacht *f;* ~ **mundial** Weltmacht *f;* ~ **ocupante** Besatzungsmacht *f;* **gran** ~ Großmacht *f;* **super**~ Supermacht *f* **4.** (INFOR): ~ **de entrada/de salida** Eingangs-/Ausgangsleistung *f;* ~ **nominal** Nennleistung *f* **5.** (FILOS) Möglichkeit *f,* Potenzialität *f;* **en** ~ potenziell **6.** (MAT) Potenz *f;* **elevar a ~s** potenzieren

potenciación [poteṇθja'θjon] *f* **1.** (*incrementación*) Verstärkung *f,* Steigerung *f* **2.** (MAT) Potenzierung *f*

potenciador(a) [poteṇθja'ðor(a)] *adj* steigernd, verstärkend

potencial [poteṇ'θjal] **I.** *adj* **1.** (*que tiene potencia*) leistungsstark **2.** (*productivo*) ergiebig, ertragreich **3.** (*posible*) potenziell, möglich; **cliente** ~ potenzieller Kunde **4.** (LING): **el modo** ~ der Konditional **II.** *m* **1.** (*poder, capacidad*) Potenzial *nt,* Möglichkeiten *fpl;* ~ **bélico** Kriegspotenzial *nt;* ~ **de beneficio** Gewinnmöglichkeit *f;* ~ **de desarrollo** Entwicklungspotenzial *nt;* ~ **financiero** Finanzkraft *f;* ~ **inflacionario** Inflationsmöglichkeiten *fpl;* ~ **de mano de obra** Arbeitskräftepotenzial *nt;* ~ **en el mercado** Marktpotenzial *nt;* ~ **nuclear** Kernpotenzial *nt;* ~ **productivo** Produktionskraft *f* **2.** (FÍS) Potenzial *nt* **3.** (ELEC) Spannung *f;* ~ **eléctrico** elektrische Spannung; ~ **redox** Redoxpotenzial *nt;* ~ **de reposo** Ruhepotenzial *nt* **4.** (LING) Konditional *m;* ~ **simple/compuesto** einfacher/zusammengesetzter Konditional

potencialidad [poteṇθjali'ðaᵈ] *f* **1.** (*posibilidad*) Möglichkeit *f* **2.** (*máquinas*) Leistungsfähigkeit *f;* ~ **de cómputo** (INFOR) Rechenleistung *f*

potencialización [poteṇθjaliθa'θjon] *f gesteigerte Wirkung einiger Medikamente bei gleichzeitiger Einnahme anderer Medikamente*

potencialmente [poteṇθjal'meṇte] *adv* potenziell

potenciar [poteṇ'θjar] *vt* (ver)stärken, ausbauen, verbessern

potenciómetro [poteṇ'θjometro] *m* (ELEC, TÉC) Potentiometer *nt*

potentado, **-a** [poteṇ'taðo, -a] *m, f* Potentat(in) *m(f)*

potente [po'teṇte] *adj* **1.** (*poderoso*) mächtig, einflussreich **2.** (*eficiente*) leistungsfähig, stark, wirksam **3.** (*sexualidad del hombre*) potent, zeugungsfähig

poterna [po'terna] *f* Ausfalltor *nt* (einer Festung)

potestad [potes'taᵈ] *f* (Amts)gewalt *f,* Befugnis *f,* Macht *f;* ~ **electoral** Wahlberechtigung *f;* ~ **legislativa** gesetzgebende Gewalt, Legislative *f;* ~ **reglamentaria** Verordnungsgewalt *f;* **patria** ~ Sorgerecht *nt;* **la patria** ~ **corresponde al padre** das Sorgerecht fällt dem Vater zu; **conferir la** ~ die Befugnis übertragen; **estar bajo patria** ~ unter elterlicher Sorge stehen

potestativo, -a [potesta'tiβo, -a] *adj* fakultativ, Wahl-; **materia potestativa** (ENS) Wahlfach *nt*

potingue [po'tiŋge] *m* **1.** (*pey: bebida de farmacia*) (bittere) Arznei *f,* Gebräu *nt;* (*bebida desagradable*) Gesöff *nt fam;* **esta enfermedad no se cura con ~s** diese Krankheit lässt sich nicht mit Hausmittelchen heilen; **¡qué asco de ~!** schmeckt das Zeug ekelhaft!; **hacer ~s** (*fam*) panschen, (ein Getränk) zusammenbrauen **2.** (*fam pey: producto cosmético*) Schminke *f;* **darse ~s** sich anmalen

potito [po'tito] *m* Babynahrung *f* im Glas

poto ['poto] *m* **1.** (*Perú: vaso*) Gläschen *nt* **2.** (*And: trasero*) Hintern *m fam*

potosí [poto'si] *m* **1.** (MIN) *Silberbergwerk in Bolivien* **2.** (*riqueza*) großer Reichtum *m;* **valer un** ~ Gold wert sein, mit Geld nicht zu bezahlen sein

potpourrí [popu'rri] *m* Potpurri *nt*

potra ['potra] *f* **1.** (*yegua joven*) Stut(en)fohlen *nt* (*bis viereinhalb Jahre*), junge Stute *f* **2.** (MED: *hernia*) Bruch *m,* Hernie *f* **3.** (*fam*): **tener** ~ Glück [*o* Schwein] haben

potrada [po'traða] *f* Fohlenherde *f*

potranco, -a [po'traŋko, -a] *m, f* Fohlen *nt* (*bis 3 Jahre*)

potrear [potre'ar] **I.** *vt* **1.** (*fam: incomodar*) plagen, triezen **2.** (*Am: domar*) zureiten **3.** (*Guat, Perú: pegar*) züchtigen, prügeln **II.** *vi* (*actuar como joven y no serlo*) auf jung machen

potrerear [potrere'ar] *vi* (*Arg: fam: Kinder*) auf freiem Feld spielen (*Kinder*)

potrero [po'trero] *m* **1.** (*que cuida los potros*) Fohlenhirt *m,* Fohlenpfleger *m* **2.** (*para caballos*) Pferdekoppel *f* **3.** (*Am: hacienda*) Pferdehof *m* **4.** (*Arg, Perú: terreno*) *unbebautes Gelände, auf dem Kinder toben oder Fußball spielen* **5.** (*fam: médico*) *Arzt, der Herniotomien durchführt*

potrillo [po'triʎo] *m* Jungpferd *nt* (bis 3 Jahre)

potro ['potro] *m* **1.** (*caballo joven*) Fohlen *nt* (*bis viereinhalb Jahre*); ~ **macho** Hengstfohlen *nt;* ~ **aún no montado** noch nicht zugerittenes Fohlen **2.** (DEP) (Turn)bock *m* **3.** (*aparato de tortura*) Folterbank *f;* **tener a alguien en el** ~ (*fig*) jdn auf die Folter spannen **4.** (*de herrar*) Notstall *m,* Zwangsstand *m* **5.** (*lo que atormenta*) Qual *f,* Pein *f*

potroso, -a [po'troso, -a] *adj* **1.** (*con hernia*) an einem Bruch leidend **2.** (*fam: afortunado*) vom Glück begünstigt

poyo ['poɟo] *m* **1.** (*banco*) Steinbank *f* (*am Hauseingang*) **2.** (JUR, HIST) Gerichtsgebühr *f*

poza ['poθa] *f* **1.** (*charca*) Pfütze *f,* Lache *f* **2.** (*para remojar el lino o cáñamo*) Wassergrube *f* (*zum Flachs weichen*) **3.** (*del río*) tiefste Stelle *f* **4.** (*fam*): **lamer la** ~ **a alguien** jdn nach und nach unauffällig schröpfen

pozal [po'θal] *m* **1.** (*cubo*) Schöpfeimer *m* **2.** (*borde del pozo*) Brunnenrand *m*

pozo ['poθo] *m* **1.** (*manantial*) Brunnen *m;* ~ **de garrucha** Ziehbrunnen *m* **2.** (*hoyo profundo*) Schacht *m,* tiefe Grube *f;* ~ **de abono líquido** Jauchegrube *f;* ~ **de aire** Luftschacht *m;* ~ **airón** tiefe Grube, Abgrund *m;* ~ **artesiano** artesischer Brunnen, Überlaufbrunnen *m;* ~ **colector** Sammelbrunnen *m;* ~ **de extracción** Förderschacht *m;* ~ **de galería** Stollenschacht *m;* ~ **de lobos** Fallgrube *f;* ~ **de mina** Bergwerksschacht *m;* ~ **negro** Fäkaliengrube *f;* ~ **petrolífero** [*o* **de petróleo**] Ölquelle *f;* ~ **de retrete** Abortgrube *f,* Latrine *f;* ~ **séptico** biologische Klärgrube; ~ **de túnel** Tunnelschacht *m;* **caer en un** ~ (*fig*) in Vergessenheit geraten; **ser un** ~ **sin fondo** (*fig*) ein Fass ohne Boden sein; **ser un** ~ **de ciencia** (*fig*) hochgelehrt sein, ein unerschöpfliches Wissen haben **3.** (*del río*) tiefste Stelle *f* **4.** (NÁUT: *distancia entre la borda y la cubierta*) Seitentiefe *f* des Schiffes **5.** (NÁUT: *pesca*) Fischbehälter *m* **6.** (*CSur:* AUTO) Schlagloch *nt* **7.** (*Col: playa*) Badestelle *f* am Fluss

pozol [po'θol] *m* **1.** (*Guat: maíz pulverizado*) gemahlener Mais *m* **2.** (*CRi: plato*) *Maisgericht mit Fleisch* **3.** (*Méx: bebida*) *Maisgetränk*

pozole [po'θole] *m* (*Méx: guiso*) *Maiseintopf mit Fleisch und Chilipfeffer*

p.p. [por po'ðer] *abr de* **por poder** pp.

PP [pe'pe] **1.** *abr de* **Partido Popular** *regierende Partei in Spanien* **2.** *abr de* **polipropileno** Polypropylen *nt*

PPC [pepe'θe] *f abr de* **Política Pesquera Común** Gemeinsame Fischereipolitik *f*

ppm [pepe'eme] (INFOR) *abr de* **páginas por minuto** S/min

ppp [pepe'pe] (INFOR) *abr de* **puntos por pulgada** dpi

práctica ['praktika] *f* **1.** (*persona*) Praktikerin *f* **2.** (*experiencia*) Übung *f,* Erfahrung *f,* Praxis *f;* ~ **en la conducción** Fahrpraxis *f;* ~ **en la profesión** Berufspraxis *f;* **una** ~ **de muchos años** langjährige Erfahrung; **adquirir** ~ Erfahrung sammeln; **perder la** ~ aus der Übung kommen; **tener** ~ **en algo** Übung [*o* Praxis] in etw *dat* haben; **la** ~ **hace al maestro** (*prov*) Übung macht den Meister **3.** (*ejercitación*) Übung *f;* **~s de tiro** Schießübungen *fpl* **4.** (*ejercicio de algo*) Ausübung *f;* ~ **profesional** Berufsausübung *f;* ~ **de la religión** Re-

P

ligionsausübung *f* **5.** (*cursillo*) Praktikum *nt;* ~ **agrícola** Landwirtschaftspraktikum *nt;* ~ **preprofesional** Berufspraktikum *nt* **6.** (*realización*) Ausführung *f;* ~**s comerciales** Geschäftsgebaren *nt;* ~**s desleales** unlautere Praktiken; ~**s industriales** industrielle Verfahren(sweisen); **en la** ~ in Wirklichkeit, in der Praxis; **llevar a la** ~ in die Praxis umsetzen, ausführen; **poner en** ~ durchführen, realisieren, verwirklichen; **poner en** ~ **una posibilidad** von einer Möglichkeit Gebrauch machen **7.** (*costumbre*) Brauch *m,* Gewohnheit *f;* ~ **judicial** Rechtspflege *f;* **la** ~ **del lugar** der Ortsbrauch; **la** ~ **de los negocios** die Geschäftsgepflogenheiten **8.** (*modo, método*) Methode *f,* Art und Weise *f;* **la** ~ **comercial** die Geschäftsmethoden; **la** ~ **comercial desleal** das unlautere Geschäftsgebaren; **la** ~ **de la pesca** die Fischfangmethoden

practicable [prakti'kaβle] *adj* **1.** (*realizable*) durchführbar, realisierbar **2.** (*camino*) begehbar; (*calle*) befahrbar **3.** (TEAT: *puerta, ventana*) benutzbar, praktikabel

prácticamente [praktika'mente] *adv* praktisch, so gut wie

practicante [prakti'kante] **I.** *adj* praktizierend; **un católico** ~ ein praktizierender Katholik **II.** *mf* **1.** (*que practica*) Praktikant(in) *m(f)* **2.** (*que tiene título para curar sin ser médico*) Heilpraktiker(in) *m(f)* **3.** (*farmacia*) Apothekengehilfe, -helferin *m, f*

practicar [prakti'kar] <c→qu> **I.** *vi* ein Praktikum absolvieren **II.** *vt* ausüben, ausführen, betreiben, praktizieren; ~ **deporte** Sport treiben; **estudió medicina, pero no practica** er/sie hat Medizin studiert, übt aber den Beruf nicht aus; ~ **el español** die spanische Sprache sprechen; ~ **una operación** eine Operation durchführen

practicidad [praktiθi'ðaᵈ] *f* Zweckmäßigkeit *f,* Nützlichkeit *f*

practicismo [prakti'θismo] *m* Praktizismus *m*

práctico¹ ['praktiko] *m* Lotse *m;* ~ **de aeropuerto** Fluglotse *m;* ~ **de costa** Küstenlotse *m;* ~ **de puerto** Hafenlotse *m*

práctico, -a² ['praktiko, -a] **I.** *adj* **1.** (*no teórico*) praktisch, anwendbar **2.** (*aprovechable*) praktisch, brauchbar **3.** (*cómodo*) praktisch, bequem **4.** (*experimentado*) erfahren, bewandert; **es muy** ~ **en poner inyecciones** er ist im Injizieren sehr erfahren **II.** *m, f* Praktiker(in) *m(f)*

practicón, -ona [prakti'kon, -ona] *m, f* (*fam*) Praktiker(in) *m(f)*

pradera [pra'ðera] *f* große Wiese *f,* Grasland *nt*

pradería [praðe'ria] *f* Weideland *nt*

prado ['praðo] *m* **1.** (*para ganado*) Weide *f* **2.** (*para pasear*) Wiese *f*

Praga ['praɣa] *f* Prag *nt*

pragmática [praɣ'matika] *f* **1.** (JUR) Verordnung *f,* Gesetzesdekret *nt;* **las** ~**s** (**de Cataluña**) *die königlichen Erlasse von 1214 – 1555* **2.** (LING) Pragmatik *f*

pragmático, -a [praɣ'matiko, -a] **I.** *adj* pragmatisch; **la pragmática Sanción** (HIST) die Pragmatische Sanktion (*1713*) **II.** *m, f* Pragmatiker(in) *m(f)*

pragmatismo [praɣma'tismo] *m* Pragmatismus *m*

praguense [pra'ɣense] **I.** *adj* aus Prag (stammend), Prager **II.** *mf* Prager(in) *m(f)*

praliné [prali'ne] *m* (GASTR) *eine Art Mandelkonfekt mit Karamel*

prandial [pran'djal] *adj* (MED) die Nahrungsaufnahme betreffend

prángana ['praŋgana] *f* (*Méx, PRico*) bittere Armut *f;* **estar en la** ~ keinen Pfennig mehr besitzen

praticultura [pratikul'tura] *f* (AGR) Wiesenbau *m*

praviana [pra'βjana] *f* (MÚS) *asturianisches Volkslied*

praxis ['praᵞsis] *f inv* Praxis *f*

preacordar [preakor'ðar] <o→ue> *vt* vorvereinbaren

preacuerdo [prea'kwerðo] *m* Vorvereinbarung *f*

preámbulo [pre'ambulo] *m* Präambel *f,* Eingangsformel *f,* Vorrede *f;* **sin** ~**s** ohne Umschweife; **no andarse con** ~**s** mit der Tür ins Haus fallen; **¡déjese de** ~**s!** kommen Sie zur Sache!

preaviso [prea'βiso] *m* Voranmeldung *f,* Voranzeige *f*

prebélico, -a [pre'βeliko, -a] *adj* Vorkriegs-; **generación prebélica** Vorkriegsgeneration *f*

prebenda [pre'βenda] *f* **1.** (*derecho canónico*) Pfründe *f,* Sinekure *f* **2.** (*fam: trabajo*) ruhiger Posten *m* **3.** (*dote*) Mitgift *f,* Aussteuer *f* **4.** (*beca*) Stipendium *nt*

preboste [pre'βoste] *m* Vogt *m;* (REL) Probst *m;* (MIL) Profos *m*

precalculado, -a [prekalku'laðo, -a] *adj* vorausberechnet

precalentamiento [prekalenta'mjento] *m* Vorwärmung *f;* (DEP) Aufwärmen *nt,* Aufwärmtraining *nt*

precalentar [prekalen'tar] <e→ie> **I.** *vt* vorwärmen **II.** *vr:* ~**se** (DEP) sich aufwärmen

precámbrico, -a [pre'kambriko, -a] *adj* (GEO) präkambrisch

precampaña [prekam'paɲa] *f* Vorkampagne *f,* Vorfeld *nt*

precandidato, -a [prekandi'ðato, -a] *m, f* Vorkandidat(in) *m(f)*

precandidatura [prekandiða'tura] *f* Vorkandidatur *f*

precariedad [prekarje'ðaᵈ] *f* Unsicherheit *f,* Ungewissheit *f*

precario, -a [pre'karjo, -a] *adj* **1.** (*de poca estabilidad*) prekär, ungewiss, heikel; **situación precaria** Notlage *f;* **trabajo** ~ befristetes Arbeitsverhältnis **2.** (JUR) jederzeit kündbar, widerruflich

precarista [preka'rista] *mf* (JUR) Prekarist(in) *m(f)*

precarización [prekariθa'θjon] *f* (*irritación*) Verunsicherung *f;* (*empeoramiento*) Verschlechterung *f;* **la ~ económica** die Verschlimmerung der wirtschaftlichen Lage

precaución [prekau̯'θjon] *f* Vorsicht *f;* **medida de ~** Vorsichtsmaßnahme *f;* **tomar precauciones** Vorkehrungen treffen

precautorio, **-a** [prekau̯'torjo, -a] *adj* Vorsichts-, Sicherungs-; **medida precautoria** Sicherungsmaßnahme *f*

precaver [preka'βer] **I.** *vt* vorbeugen *+dat,* verhüten; **~ una catástrofe** eine Katastrophe verhindern **II.** *vr:* **~se** sich schützen (*de* vor *+dat, contra* gegen *+akk*); **~se contra el mal** sich gegen das Böse schützen; **~se del frío** sich vor der Kälte schützen; **hay que ~se de todas las eventualidades** man muss auf alles gefasst sein

precavido, **-a** [preka'βiðo, -a] *adj* vorsichtig

precedencia [preθe'ðeṇθja] *f* **1.** (*prioridad*) Vorrang *m,* Vorzug *m;* **dar ~ a alguien** jdm den Vortritt lassen **2.** (*superioridad*) Überlegenheit *f*

precedente [preθe'ðeṇte] **I.** *adj* vorhergehend **II.** *m* Präzedenzfall *m;* **sentar un ~** einen Präzedenzfall schaffen; **que no ha de sentar ~s** unmaßgeblich; **sin ~s** beispiellos, nie da gewesen

preceder [preθe'ðer] *vt* **1.** (*anteceder*) vorangehen *+dat,* vorhergehen *+dat;* **un banquete precedido de varios discursos** ein Festessen, dem mehrere Reden vorausgehen **2.** (*tener primacía*) Vorrang haben (*a* vor *+dat*); **~ en categoría** den höheren Rang haben, höher gestellt sein

preceptista [preθep'tista] **I.** *adj* lehrmeisterhaft **II.** *mf* **1.** (*que da preceptos*) Lehrmeister(in) *m(f)* **2.** (LIT) Theoretiker(in) *m(f)*

preceptiva [preθep'tiβa] *f* Grundregeln *fpl;* **~ literaria** Grundregeln der Poetik und Rhetorik

preceptivo, **-a** [preθep'tiβo, -a] *adj* Vorschrifts-, vorschriftsmäßig

precepto [pre'θepto] *m* **1.** (*mandamiento*) Verfügung *f,* Befehl *m,* Gebot *nt;* **los ~s del Decálogo** die zehn Gebote **2.** (*norma*) Vorschrift *f,* Anweisung *f;* **~ básico** [*o* **fundamental**] Grundsatz *m;* **~ de conducta** Verhaltensregel *f;* **~ jurídico** [*o* **legal**] Rechtssatz *m;* **~ de ley** gesetzliche Vorschrift [*o* Bestimmung]; **infringir un ~** gegen eine Vorschrift verstoßen, eine Vorschrift verletzen

preceptor(a) [preθep'tor(a)] *m(f)* Lehrer(in) *m(f);* (*que viene a casa*) Hauslehrer(in) *m(f)*

preceptuar [preθeptu'ar] <*1. pres:* **preceptúo**> *vt* vorschreiben

preces ['preθes] *fpl* **1.** (*oraciones*) (Kirchen)gebet *nt* **2.** (*súplicas*) Bitte *f*

precesión [preθe'sjon] *f* (ASTR, FÍS) Präzession *f*

preciado, **-a** [pre'θjaðo, -a] *adj* **1.** (*estimado*) geschätzt **2.** (*jactancioso*) prahlerisch, angeberisch; **~ de sí mismo** eingebildet

preciarse [pre'θjarse] *vr* sich rühmen (*de* mit *+dat*), sich brüsten (*de* mit *+dat*)

precinta [pre'θiṇta] *f* **1.** (*en los cajones*) Lederriemen *m* (zur Verstärkung der Ecken) **2.** (*en aduanas*) Banderole *f*

precintado¹ [preθiṇ'taðo] *m* Plombierung *f;* (*aduana*) zollamtliche Verplombung *f*

precintado, **-a²** [preθiṇ'taðo, -a] *adj* versiegelt; (*aduana*) verplombt, plombiert

precintar [pre'θiṇtar] *vt* **1.** (*aduana*) plombieren, zollamtlich versiegeln **2.** (*cigarrillos*) banderolieren, mit einer Banderole versehen

precinto [pre'θiṇto] *m* Verschluss *m;* **~ de aduana** Zollverschluss *m,* Zollplombe *f;* **~ de garantía** Garantiesiegel *nt;* **bajo ~ aduanero** unter Zollverschluss; **poner un ~** ein Siegel anbringen

precio ['preθjo] *m* Preis *m;* **~ abordable** erschwinglicher Preis; **~ acordado** [*o* **convenido**] vereinbarter Preis; **~ de adquisición** Einkaufspreis *m,* Anschaffungskosten *pl;* **~ alzado** Pauschalbetrag *m;* **~ astronómico** [*o* **exorbitante**] Wucherpreis *m,* gepfefferter Preis *fam;* **~ base** Grundpreis *m;* **~ bruto** Bruttopreis *m;* **~ de catálogo** Katalogpreis *m;* **~ competitivo** wettbewerbsfähiger Preis; **~ de compra** Einkaufspreis *m,* Kaufpreis *m;* **~ al consumidor** Verbraucherpreis *m;* **~ al contado** Nettopreis *m;* **~ a convenir** Preis nach Vereinbarung; **~ de coste** Selbstkostenpreis *m;* **~ de desencadenamiento** (UE) Auslösungspreis *m;* **~ al detalle** Einzelhandelspreis *m;* **~ a discutir** Preis nach Vereinbarung; **~ escalonado** Staffelpreis *m;* **~ de esclusa** (UE) Einschleusungspreis *m;* **~ especial** Sonderpreis *m;* **~ de estimación** Schätzpreis *m;* **~ de fábrica** Herstellerpreis *m,* Erzeugerpreis *m;* **~ fijo** Festpreis *m,* gebundener Preis; **~ indicativo** (UE) Richtpreis *m;* **~ de intervención** (UE) Interventionspreis *m;* **~ irrisorio** Schleuderpreis *m;* **~ de liquidación** Räumungspreis *m;* **~ máximo** [*o* **techo**] Höchstpreis *m;* **~ al por mayor** Mengenpreis *m;* **~ del mercado** Marktpreis *m;* **~ mínimo** Mindestpreis *m;* **~ neto** Nettopreis *m;* **~ objetivo** (UE) Zielpreis *m;* **~ de ocasión** Gelegenheitspreis *m;* **~ de orientación** (UE) unverbindlicher Richtpreis; **~ preferente** [*o* **de preferencia**] Vorzugspreis *m;* **~ de presentación** Einführungspreis *m;* **~ al productor** Erzeugerpreis *m;* **~ prohibitivo** unerschwinglicher Preis; **~ razonable** angemessener Preis; **~ recomendado** Preisempfehlung *f;* **~ de referencia** (UE) Referenzpreis *m;* **~ de rescate** Lösegeld *nt;* **~ de salvación** Bergelohn *m;* **~ solicitado** Preis auf Anfrage; **~ del suministro** Lieferpreis *m;* **~ de suscripción** Subskriptionspreis *m;* **~ de tarifa** Listenpreis *m;* **~ de temporada** saisonbedingter Preis; **~ todo incluido** Pauschalpreis *m;* **~ umbral** (UE)

Schwellenpreis *m;* ~**s únicos** Einheitspreise *mpl;* ~ **unitario** [*o* **por unidad**] Stückpreis *m,* Einzelpreis *m;* ~ **de venta al público** Verkaufspreis *m,* Ladenpreis *m;* ~ **vigente** geltender Preis; **etiqueta del** ~ Preisschild *nt;* **oscilación de** ~**s** Preisschwankung *f;* **a buen** ~ günstig; **a** ~ **controlado** preisgebunden; **a mitad de** ~ zum halben Preis; **a poco** ~ billig; **a** ~ **de oro** sehr teuer; **aumentar** [*o* **subir**] **el** ~ den Preis erhöhen; **fijar un** ~ einen Preis festsetzen; **mantener el** ~ den Preis halten; **poner el** ~ den Preis angeben, mit einer Preisangabe versehen; **el** ~ **de las acciones al cierre era de...** der Aktienpreis lag bei Börsenschluss bei ...; **los** ~**s se mantienen estables** die Preise bleiben stabil; **pedir** ~**s para la reparación de la cocina** Preise für die Instandsetzung der Küche einholen; **¿qué** ~ **tiene el libro?** wie viel kostet das Buch?; **no tener** ~ unbezahlbar sein; **de todos los** ~**s** in allen Preislagen; **al** ~ **de la salud** auf Kosten der Gesundheit; **querer conseguir algo a cualquier** ~ etw um jeden Preis erreichen wollen; **poner** ~ **a la cabeza de alguien** einen Preis auf jds Kopf aussetzen

precio-guía ['preθjo-'ɣia] *m* <precios-guía> Richtpreis *m*

preciosamente [preθjosa'men̩te] *adv* herrlich, wunderbar; **tenía el jardín** ~ **florecido** sein/ihr Garten stand in voller Blüte

preciosidad [preθjosi'ðað] *f* Kostbarkeit *f;* **este cuadro es una** ~ dieses Bild ist sehr kostbar; (*fig*) dieses Bild ist eine Augenweide; **esta chica es una** ~ dieses Mädchen ist wunderschön [*o* entzückend]

preciosismo [preθjo'sismo] *m* preziöser Stil *m*

preciosista [preθjo'sista] **I.** *adj* preziös, geziert, gekünstelt **II.** *mf* **1.** Vertreter(in) *m(f)* eines preziösen Stils **2.** *pl* (HIST) Précieuses *pl*

precioso, **-a** [pre'θjoso, -a] *adj* **1.** (*de mucho valor*) wertvoll, kostbar **2.** (*hermoso*) reizend, entzückend

preciosura [preθjo'sura] *f* (*fam*) entzückendes Wesen *nt*

precipicio [preθi'piθjo] *m* Abgrund *m;* **estar al borde del** ~ (*fig*) am Rande des Abgrunds stehen, dem Untergang nahe sein

precipitación [preθipita'θjon] *f* **1.** (*prisa extremada*) Hast *f,* Überstürzung *f;* **con** ~ übereilt **2.** (METEO) Niederschlag *m* **3.** (QUÍM) Ausfällung *f*

precipitadamente [preθipitaða'men̩te] *adv* überstürzt, Hals über Kopf *fam*

precipitado[1] [preθipi'taðo] *m* (QUÍM) Präzipitat *nt*

precipitado, **-a**[2] [preθipi'taðo, -a] *adj* **1.** (*apresurado*) hastig, übereilt, vorschnell; ~ **en el hablar** vorlaut **2.** (QUÍM) gefällt

precipitar [preθipi'tar] **I.** *vt* **1.** (*arrojar*) (hinab)stürzen, in den Abgrund werfen; **lo** ~**on por la ventana** sie stürzten ihn aus dem Fenster **2.** (*apresurar*) übereilen, beschleunigen; **¡no se precipite!** nur keine Hast!; **esta huelga precipitó su dimisión** dieser Streik hat seine Kündigung beschleunigt **3.** (QUÍM) (aus)fällen, niederschlagen; ~ **mediante sales** aussalzen **II.** *vr:* ~**se 1.** (*arrojarse*) sich (hinab)stürzen (*a* in *+akk, por/desde* von *+dat*); **se precipitó al abismo** er/sie stürzte sich in den Abgrund **2.** (*atacar*) sich stürzen (*sobre* auf *+akk*); **se precipitó sobre ellos** er/sie stürzte sich auf sie **3.** (*acontecimientos*) sich überstürzen; (*personas*) überstürzt [*o* voreilig] handeln

precisado, **-a** [preθi'saðo, -a] *adj* **1.** (*detallado*) detailliert [*o* genau] angegeben **2.** (*necesitado*) benötigt **3.** (*obligado*) gezwungen (*a* zu *+dat*), genötigt (*a* zu *+dat*); **verse** ~ **a hacer/decir algo** sich gezwungen sehen etw zu tun/zu sagen

precisamente [preθisa'men̩te] *adv* genau; **¿tiene que ser** ~ **hoy?** muss es ausgerechnet heute sein?; ~ **por eso** eben deshalb

precisar [preθi'sar] **I.** *vi* unbedingt nötig sein **II.** *vt* **1.** (*determinar*) präzisieren, genau angeben **2.** (*necesitar*) benötigen; **preciso tu ayuda para aprobar el examen** ich brauche unbedingt deine Hilfe, wenn ich die Prüfung bestehen möchte **3.** (*obligar*) zwingen

precisión [preθi'sjon] *f* **1.** (*exactitud*) Genauigkeit *f;* **aparato de** ~ Präzisionsgerät *nt;* ~ **de funcionamiento** Betriebszuverlässigkeit *f;* ~ **de tiro** Treffsicherheit *f;* **hablar con** ~ deutlich sprechen **2.** (*determinación*) Bestimmtheit *f* **3.** (*necesidad*) Notwendigkeit *f;* **tener** ~ **de hacer algo** etw tun müssen, gezwungen sein etw zu tun

preciso, **-a** [pre'θiso, -a] *adj* **1.** (*necesario*) notwendig; **es** ~ **que...** *+subj* es ist notwendig, dass ...; **es** ~ **que nos veamos** wir müssen uns unbedingt sehen; **si es** ~**...** falls erforderlich ... **2.** (*exacto*) genau; **un estilo** ~ ein klarer [*o* deutlicher] Stil; **a la hora precisa** pünktlich

precitado, **-a** [preθi'taðo, -a] *adj* oben erwähnt, vorher genannt

preclaro, **-a** [pre'klaro, -a] *adj* berühmt, bewundernswert

preclásico, **-a** [pre'klasiko, -a] *adj* (ARTE, LIT) vorklassisch

preclusión [preklu'sjon] *f* (JUR) Ausschließung *f* (von einem Recht)

preclusivo, **-a** [preklu'siβo, -a] *adj* (JUR) mit Ausschlusswirkung

precocidad [prekoθi'ðað] *f* **1.** (*del niño*) Frühreife *f;* **el niño dice** ~**es** das Kind redet altklug **2.** (*de tiempo*) Frühzeitigkeit *f;* **la** ~ **de unas canas** vorzeitig ergraute Haare

precocinado, **-a** [prekoθi'naðo, -a] *adj* vorgekocht; **plato** ~ Fertiggericht *nt*

precognición [prekoɣni'θjon] *f* (PSICO) Vorkenntnis *f,* Präkognition *f*

precolombino, **-a** [prekolom'bino, -a] *adj* präkolumbisch

precombustión [prekombus'tjon] *f* (AUTO)

Vorverbrennung *f*

preconcebido, **-a** [prekon̪θe'βiðo, -a] *adj* vorbedacht; **un plan** ~ ein vorgefasster Plan; **tener ideas preconcebidas** Vorurteile haben

preconcebir [prekon̪θe'βir] *irr como pedir vt* bedenken, im Voraus erwägen

precondición [prekon̪di'θjon] *f* Vorbedingung *f*

preconizable [prekoni'θaβle] *adj* anerkennenswert

preconización [prekoniθa'θjon] *f* **1.** (REL) Präkonisation *f*, Bestätigung *f* eines Bischofs **2.** (*elogio*) Lobeserhebung *f*

preconizar [prekoni'θar] <z→c> *vt* **1.** (*recomendar*) befürworten **2.** (*encomiar*) lobpreisen **3.** (REL) präkonisieren

precontrato [prekon̪'trato] *m* Vorvertrag *m*

precordial [prekor'ðjal] *adj* (ANAT) vor dem Herzen, präkardial

precordillera [prekorði'ʎera] *f* (*Arg*) Vorgebirge *nt* der Anden

precoz [pre'koθ] *adj* frühreif, frühentwickelt

precursor(a) [prekur'sor(a)] **I.** *adj* bahnbrechend **II.** *m(f)* Vorläufer(in) *m(f)*; **ser** ~ **de una mala noticia** (*fig*) Vorbote einer schlechten Nachricht sein

predador(a) [preða'ðor(a)] *m(f)* **1.** Plünderer, -in *m, f* **2.** (*animal*) Raubtier *nt*

predatorio, **-a** [preða'torjo, -a] *adj* räuberisch; **el instinto** ~ **de la araña** der räuberische Instinkt der Spinne; **expediciones predatorias de los guerrilleros** Raubzüge [*o* Beutezüge] der Guerrilleros

predecesor(a) [preðeθe'sor(a)] *m(f)* **1.** (*en el cargo*) Vorgänger(in) *m(f)* **2.** (*antepasados*) Vorfahr(in) *m(f)*, Vorfahre *m*

predecible [preðe'θiβle] *adj* voraussagbar

predecir [preðe'θir] *irr como decir vt* voraussagen, vorhersagen

predefinir [preðefi'nir] *vt* (REL) vorbestimmen

predemocrático, **-a** [preðemo'kratiko, -a] *adj* vordemokratisch

predestinación [preðestina'θjon] *f* Vorbestimmung *f*

predestinado, **-a** [preðesti'naðo, -a] *adj* **1.** (*elegido*) auserkoren **2.** (*destino*) vorherbestimmt; **estar** ~ **al crimen** zum Verbrecher prädestiniert sein **3.** (*fam*): **marido** ~ gehörnter Ehemann

predestinar [preðesti'nar] *vt* vorherbestimmen, prädestinieren

predeterminación [preðetermina'θjon] *f* Vorausbestimmung *f*

predeterminar [preðetermi'nar] *vt* vorausbestimmen, vorher festlegen

predial [pre'ðjal] *adj* (JUR) Grundstücks-; **servidumbre** ~ Grunddienstbarkeit *f*

prédica ['preðika] *f* Predigt *f*; (*discurso*) Rede *f*

predicable [preði'kaβle] *m* (FILOS) Prädikatsbegriff *m*; **los** ~**s** die Prädikabilien

predicación [preðika'θjon] *f* **1.** (*sermonear*) Predigen *nt* **2.** (*sermón*) Predigt *f*

predicado [preði'kaðo] *m* (LING) (Satz)aussage *f*, Prädikat *nt*

predicador(a) [preðika'ðor(a)] **I.** *adj* predigend **II.** *m(f)* Prediger(in) *m(f)*; **el orden de los** ~**es** der Dominikanerorden

predicamento [preðika'men̪to] *m* **1.** (FILOS) Kategorie *f*, Begriffsfach *nt* **2.** (*reputación*) Ruf *m*; **buen** ~ Beliebtheit *f*; **estar en gran** ~ einen guten Ruf haben

predicante [preði'kan̪te] *mf* Prediger(in) *m(f)*

predicar [preði'kar] <c→qu> *vt* **1.** (*sermonear*) predigen; ~ **en desierto** tauben Ohren predigen, (ein) Rufer in der Wüste sein; **hay que** ~ **con el ejemplo** man muss mit gutem Beispiel vorangehen; **una cosa es** ~ **y otra dar trigo** (*prov*) ≈Reden und Handeln ist zweierlei; **no se puede** ~ **y andar en la procesión** (*prov*) man kann nicht auf zwei Hochzeiten tanzen **2.** (*publicar*) verkünden **3.** (*elogiar con exceso*) überschwänglich loben, lobpreisen **4.** (*amonestar*) die Leviten lesen +*dat fam* **5.** (LING, FILOS) prädizieren

predicativo, **-a** [preðika'tiβo, -a] *adj* (LING) prädikativ

predicción [preðiʸ'θjon] *f* Vorhersage *f*, Prognose *f*; ~ **económica** Wirtschaftsprognose *f*

predigerido, **-a** [preðixe'riðo, -a] *adj* vorverdaut

predilección [preðileʸ'θjon] *f* Vorliebe *f*

predilecto, **-a** [preði'lekto, -a] *adj* Lieblings-, bevorzugt; **hijo** ~ Lieblingskind *nt*; **su plato** ~ sein/ihr Lieblingsgericht [*o* Leibgericht]

predio ['preðjo] *m* **1.** (JUR) Grundstück *nt*; ~ **familiar** Familienbesitz *m*; ~ **grande** Großbesitz *m*; ~ **municipal** kommunales Grundstück; ~ **rural** [*o* **rústico**] ländliches Grundstück **2.** (*finca*) Gut *nt*, Bauernhof *m*; ~ **familiar** Familienbetrieb *m*; ~ **pequeño** bäuerlicher Kleinbetrieb

predisponer [preðispo'ner] *irr como poner* **I.** *vt* **1.** (*fijar por anticipado*) im Voraus festlegen, prädisponieren; **predispongamos ya la fecha de nuestra próxima reunión** lass uns jetzt schon den Termin unserer nächsten Sitzung festlegen; **venía predispuesto a pelearse** er war auf Streit aus, als er kam **2.** (*influir*) beeinflussen; ~ **a alguien a favor/en contra de alguien** jdn für/gegen jdn einnehmen **3.** (*inclinar*) empfänglich machen (*a* für +*akk*), anfällig machen (*a* für +*akk*); **el clima húmedo predispone al hombre a enfermedades catarrales** das feuchte Klima macht den Menschen anfällig für Erkältungskrankheiten **II.** *vr*: ~**se 1.** (*prepararse*) sich einstimmen (*a* auf +*akk*), sich gefasst machen (*a* auf +*akk*) **2.** (*tomar partido*) sich *dat* vorschnell ein Urteil bilden (*respecto a/de* über +*akk*); ~**se a favor/en contra de alguien** jdm gegenüber positiv/negativ eingestellt sein

predisposición [preðisposi'θjon] *f* Veranlagung *f,* Neigung *f;* (MED) Prädisposition *f;* ~ **a accidentes** Unfallanfälligkeit *f;* ~ **al crimen** kriminelle Veranlagung; **tiene** ~ **a engordar** er/sie neigt zum Dickwerden

predispuesto, -a [preðis'pwesto, -a] **I.** *pp de* **predisponer II.** *adj* **1.** *ser* (*sensible*) empfänglich, anfällig; **ser** ~ **a coger todos los virus** für jegliche Art von Viren empfänglich sein **2.** *estar* (*prevenido*) voreingenommen; **estar (mal)** ~ **contra alguien** jdm gegenüber voreingenommen sein

predocumento [preðoku'men̪to] *m* Vordokument *nt*

predominación [preðomina'θjon] *f* Vorherrschen *nt,* Prädomination *f elev*

predominancia [preðomi'nan̪θja] *f* Vorherrschen *nt*

predominante [preðomi'nan̪te] *adj* vorherrschend

predominar [preðomi'nar] *vi, vt* **1.** (*prevalecer*) vorherrschen, überwiegen; **aquí predomina el compañerismo** bei uns wird Kameradschaft groß geschrieben; **en este parque las palomas predominan en número sobre los gorriones** in diesem Park sind die Tauben den Spatzen zahlenmäßig weit überlegen **2.** (*sobresalir*) überragen, höher sein (*a* als +*nom*)

predominio [preðo'minjo] *m* **1.** (*poder*) Vorherrschaft *f* (*en* in +*dat*) **2.** (*preponderancia*) Übergewicht *nt* (*en* in +*dat*) **3.** (*superioridad*) Vorrang *m* (*sobre* vor +*dat*)

predorso [pre'ðorso] *m* (ANAT) vorderer Zungenrücken *m*

preelectoral [pre(e)lekto'ral] *adj* Vorwahl-; **el período** ~ die Zeit vor den Wahlen

preelegir [pre(e)le'xir] *irr como elegir vt* vorwählen

preeminencia [pre(e)mi'nen̪θja] *f* Vorrang *m,* Vorrecht *nt*

preeminente [pre(e)mi'nen̪te] *adj* herausragend, vorrangig

preescolar [pre(e)sko'lar] *adj* vorschulisch; **edad** ~ Vorschulalter *nt*

preestablecer [pre(e)staβle'θer] *irr como crecer vt* im Voraus festlegen, vorher bestimmen

preestablecido, -a [pre(e)staβle'θiðo, -a] *adj* bereits festgelegt, im Voraus festgelegt

preestreno [pre(e)s'treno] *m* Voraufführung *f*

preexistencia [pre(e)ˠsis'ten̪θja] *f* vorheriges Vorhandensein *nt;* (FILOS) Präexistenz *f*

preexistente [pre(e)ˠsis'ten̪te] *adj* vorher bestehend; (FILOS) präexistent

preexistir [pre(e)ˠsis'tir] *vi* vorher bestehen, vorher exisitieren; (FILOS) präexistieren

prefabricación [prefaβrika'θjon] *f* Vorfertigung *f*

prefabricado, -a [prefaβri'kaðo, -a] *adj* vorgefertigt, Fertig-; **casa prefabricada** Fertighaus *nt*

prefabricar [prefaβri'kar] <c→qu> *vt* vorfertigen

prefacio [pre'faθjo] *m* (*libro*) Vorwort *nt,* Geleitwort *nt;* (*discurso*) Vorrede *f*

prefecto [pre'fekto] *m* Präfekt *m,* Vorsteher *m;* ~ **de la policía** Polizeipräfekt *m*

prefectura [prefek'tura] *f* Präfektur *f;* ~ **de policía** Polizeidirektion *f,* Polizeipräfektur *f;* ~ **de puerto** Hafenbehörde *f*

preferencia [prefe'ren̪θja] *f* **1.** (*predilección*) Vorliebe *f* (*por* für +*akk*); **tener** [*o* **sentir**] ~ **por alguien** eine Vorliebe für jdn haben **2.** (*prioridad*) Vorrang *m,* Vorzug *m;* ~ **aduanera** Zollbegünstigung *f;* ~ **de paso** Vorfahrt *f;* ~ **personal** individuelle Bevorzugung; **precio de** ~ Vorzugspreis *m;* **sitio** [*o* **asiento**] **de** ~ Rangloge *f,* Sperrsitz *m;* **tener** ~ **ante alguien** den Vortritt vor jdm haben; **dar** ~ **a algo/alguien, mostrar** ~ **por algo/alguien** (*t. fig*) jdn/etw bevorzugen, jdm/etw *dat* den Vorzug geben; **de** ~ vorzugsweise, vornehmlich

preferencial [preferen̪'θjal] *adj* bevorrechtigt, Präferenz-; **tener un trato** ~ bevorzugt behandelt werden

preferente [prefe'ren̪te] *adj* vorrangig, Vorzugs-; (*urgente*) vordringlich; **acciones ~s** (FIN) Vorzugsaktien *fpl;* **clase** ~ erste Klasse

preferentemente [preferen̪te'men̪te] *adv* hauptsächlich, in erster Linie

preferible [prefe'riβle] *adj* vorzuziehen; **sería** ~ **que lo hicieras** du solltest es besser tun

preferiblemente [preferiβle'men̪te] *adv* besser

preferido, -a [prefe'riðo, -a] *adj* bevorzugt, Lieblings-; **su ocupación preferida** seine/ihre Lieblingsbeschäftigung

preferir [prefe'rir] *irr como sentir* **I.** *vt* vorziehen, bevorzugen, lieber mögen; **prefiero que...** +*subj* es ist mir lieber, wenn [*o* dass] ...; **prefiero ir a pie** ich gehe lieber zu Fuß; **prefiero el mar a la montaña** ich ziehe das Meer den Bergen vor **II.** *vr:* **~se** sich brüsten, sich rühmen

prefiguración [prefiɣura'θjon] *f* Vorgestaltung *f;* (*arquetipo*) Urbild *nt*

prefigurar [prefiɣu'rar] **I.** *vt* eine erste Vorstellung geben (von +*dat*) **II.** *vr:* **~se** sich *dat* im Voraus denken [*o* ausmalen]

prefijación [prefixa'θjon] *f* (LING) Präfigieren *nt*

prefijal [prefi'xal] *adj* (LING) Präfix-

prefijar [prefi'xar] *vt* **1.** (*determinar con anterioridad*) im Voraus festsetzen, vorbestimmen **2.** (LING) mit Vorsilbe(n) versehen, präfigieren

prefijo[1] [pre'fixo] *m* **1.** (LING) Präfix *nt* **2.** (*teléfono*) Vorwahl(nummer) *f*

prefijo, -a[2] [pre'fixo, -a] *adj* festgesetzt, vorgeschrieben

prefilatelia [prefila'telja] *f Briefmarkenkunde, die sich mit noch ungestempelten Briefmarken befasst*

prefinanciación [prefinaṇθja'θjon] *f* Vorfinanzierung *f*
preglacial [preɣla'θjal] *adj,* **preglaciar** [preɣla'θjar] *adj* (GEO) voreiszeitlich, präglazial
pregón [pre'ɣon] *m* **1.** (*anuncio público*) öffentlicher Ausruf *m;* **con/sin** ~ mit (großem)/ohne (jegliches) Aufsehen **2.** (*reg: amonestaciones*) Aufgebot *nt*
pregonar [preɣo'nar] *vt* **1.** (*divulgar en público*) öffentlich ausrufen; ~ **una mercancía** eine Ware zum Verkauf ausrufen; **el sereno pregona las horas** der Nachtwächter ruft die Nachtstunden aus; **tener la cabeza pregonada** von der Justiz gesucht werden **2.** (*publicar lo que estaba oculto*) ausplaudern, ausposaunen *fam;* ~ **a los cuatro vientos** (*fam*) an die große Glocke hängen; ~ **a tambor batiente** ausplaudern **3.** (*alabar en público*) öffentlich loben
pregonero, **-a** [preɣo'nero, -a] *m, f* **1.** (*en general*) öffentlicher Ausrufer *m,* öffentliche Ausruferin *f;* (*en el mercado*) Marktschreier(in) *m(f);* **sin dar un cuarto al** ~ sang- und klanglos; **ser el** ~ **de los éxitos de alguien** jds Lobredner sein **2.** (*fam: chismoso*) Klatschmaul *nt;* **dar tres cuartos al** ~ an die große Glocke hängen
pregrabado, **-a** [preɣra'βaðo, -a] *adj* (*cinta*) bespielt
preguerra [pre'ɣerra] *f* Vorkriegszeit *f*
pregunta [pre'ɣuṇta] *f* **1.** (*demanda*) Frage *f;* ~ **capciosa** Fangfrage *f;* **hacer ~s capciosas a alguien** jdn aufs Glatteis führen *fam;* **estar a la cuarta** ~ schlecht bei Kasse [*o* abgebrannt] [*o* pleite] sein *fam;* **estrechar a ~s a alguien** jdm Löcher in den Bauch fragen *fam;* **a tal** ~ **tal respuesta** auf dumme Fragen bekommt man dumme Antworten **2.** (*de datos*) Abfrage *f;* ~ **a distancia** Fernabfrage *f*
preguntadera [preɣuṇta'ðera] *f* (*Col*) Kreuzverhör *nt*
preguntar [preɣuṇ'tar] **I.** *vt* fragen; ~ **la lección** abfragen; ~ **a un sospecho** einen Verdächtigen verhören; ~ **por alguien** nach jdm fragen, sich nach jdm erkundigen; **¡eso no se pregunta!** danach fragt man nicht!; **quien pregunta no yerra** (*prov*) mit Fragen kommt man durch die Welt **II.** *vr:* **~se** sich fragen; **me pregunto si está diciendo la verdad** ich frage mich, ob er/sie die Wahrheit sagt
preguntón, **-ona** [preɣuṇ'ton, -ona] **I.** *adj* hartnäckig fragend **II.** *m, f* lästiger Frager *m,* lästige Fragerin *f*
pregustación [preɣusta'θjon] *f* Vorkosten *nt*
prehelénico, **-a** [pre(e)'leniko, -a] *adj* (HIST) vorhellenisch
prehispánico, **-a** [preis'paniko, -a] *adj* (HIST) vor der Entdeckung Amerikas, präkolumbisch
prehistoria [preis'torja] *f* Vorgeschichte *f,* Prähistorie *f*
prehistórico, **-a** [preis'toriko, -a] *adj* vorgeschichtlich, prähistorisch
preindustrial [preiṇdus'trjal] *adj* vorindustriell
preinscribir [prei^{n}skri'βir] *vt, vr:* **~se** (sich) voreintragen, (sich) voranmelden
preinscripción [prei^{n}skriβ'θjon] *f* Voreintragung *f,* Voranmeldung *f*
preislámico, **-a** [preis'lamiko, -a] *adj* vorislamisch
prejubilación [prexuβila'θjon] *f* Vorruhestand *m*
prejubilado, **-a** [prexuβi'laðo, -a] **I.** *adj* im Vorruhestand **II.** *m, f* Vorruheständler(in) *m(f)*
prejudicial [prexuði'θjal] *adj* (JUR) vorentscheidungsbedürftig
prejuicio [pre'xwiθjo] *m* Vorurteil *nt,* vorgefasste Meinung *f;* ~ **racial** Rassenvorurteil *nt*
prejuzgar [prexuθ'ɣar] <g→gu> *vt* vorschnell beurteilen; (JUR) präjudizieren
prelacía [prela'θia] *f* (REL) Prälatur *f*
prelación [prela'θjon] *f* Vorrang *m,* Priorität *f;* **según la** ~ nach der Rangfolge
prelado [pre'laðo] *m* Prälat *m*
prelatura [prela'tura] *f* (REL) *v.* **prelacía**
prelavado [prela'βaðo] *m* Vorwäsche *f*
preliminar [prelimi'nar] *adj* **1.** (*inicial*) einleitend, Vor- **2.** (*preparatorio*) vorbereitend; **proyecto** ~ Vorentwurf *m*
preliminares [prelimi'nares] *mpl* Vorverhandlungen *fpl*
preludiar [prelu'ðjar] **I.** *vi* (MÚS) präludieren **II.** *vt* einleiten
preludio [pre'luðjo] *m* **1.** (*principio*) Einleitung *f,* Beginn *m* **2.** (MÚS: *ensayo*) Vorspiel *nt* **3.** (MÚS: *composición*) Präludium *nt*
premamá [prema'ma] *adj inv* Umstands-, für werdende Mütter; **vestido** ~ Umstandskleid *nt*
prematrimonial [prematrimo'njal] *adj* vorehelich
prematuridad [prematuri'ða^{ð}] *f* (*nacimiento prematuro*) Frühgeburt *f*
prematuro, **-a** [prema'turo, -a] *adj* **1.** (*persona*) frühreif, Früh- **2.** (*situación, cosa*) vorzeitig, frühzeitig, Früh-; **detección prematura del cáncer** Krebsfrüherkennung *f;* **nacimiento** ~ Frühgeburt *f;* **vejez prematura** vorzeitiges Altern **3.** (*asunto*) verfrüht, übereilt
premeditación [premeðita'θjon] *f* Vorbedacht *m,* Vorsatz *m;* **con** ~ vorsätzlich
premeditadamente [premeðitaða'meṇte] *adv* vorsätzlich
premeditado, **-a** [premeði'taðo, -a] *adj* wissentlich, wohl bedacht
premeditar [premeði'tar] *vt* (sich *dat*) vorher überlegen; (JUR) vorsätzlich planen
premenstrual [premenstru'al] *adj* (MED) vor der Menstruation, prämenstruell
premiación [premja'θjon] *f* (*And*) Preisverleihung *f*
premiado, **-a** [pre'mjaðo, -a] **I.** *adj* preisge-

krönt; **obra premiada** preisgekröntes Werk **II.** *m, f* Preisträger(in) *m(f)*

premiador(a) [premja'ðor(a)] *m(f)* Preisverleiher(in) *m(f)*

premiar [pre'mjar] *vt* **1.** (*recompensar*) belohnen **2.** (*dar un premio*) prämiieren, mit einem Preis auszeichnen

premier [pre'mjer] *mf* Premierminister(in) *m(f)*

première [pre'mjere] *f* (CINE, TEAT) Premiere *f*

premio ['premjo] *m* **1.** (*galardón*) Preis *m;* ~ **de consolación** Trostpreis *m;* ~ **Nobel (de literatura)** Nobelpreis *m* (für Literatur); **conceder un** ~ einen Preis verleihen **2.** (*recompensa*) Belohnung *f;* ~ **por hallazgo** Finderlohn *m* **3.** (*remuneración*) Prämie *f,* Aufgeld *nt;* ~ **al ahorro** Sparprämie *f;* ~ **de antigüedad** Dienstalterszulage *f;* ~ **de constancia** Treueprämie *f;* ~ **de natalidad** Mutterschaftsgeld *nt;* ~ **por el salvamento** Bergegeld *nt;* ~ **de seguro** Versicherungsprämie *f* **4.** (*lotería*) Lotteriegewinn *m;* **el** ~ **gordo** der Haupttreffer, das große Los **5.** (*ganador*) Preisträger(in) *m(f);* **García Márquez es** ~ **Nobel de literatura** García Márquez ist der Literaturnobelpreisträger

premioso, -a [pre'mjoso, -a] *adj* **1.** (*ajustado*) eingeengt **2.** (*molesto*) lästig **3.** (*estrecho*) eng, knapp **4.** (*torpe*) schwerfällig **5.** (*estricto*) streng, starr, steif

premisa [pre'misa] *f* **1.** (FILOS) Prämisse *f,* Vordersatz *m* **2.** (*condición previa*) Voraussetzung *f,* Vorbedingung *f,* Prämisse *f;* ~ **básica** Grundvoraussetzung *f* **3.** (*indicio*) Kennzeichen *nt,* Merkmal *nt*

premiso, -a [pre'miso, -a] *adj* vorausgesandt; **premisa la venia necesaria** (JUR) im Voraus die erforderliche Bewilligung

premolar [premo'lar] *m* vorderer Backenzahn *m,* Prämolar *m*

premonición [premoni'θjon] *f* **1.** (*presentimiento*) Vorahnung *f,* Vorgefühl *nt* **2.** (MED) Anzeichen *ntpl* (*einer Krankheit*)

premonitor(a) [premoni'tor(a)] *adj* voraussagend

premonitorio, -a [premoni'torjo, -a] *adj* vorwarnend; (MED) prämonitorisch

premoriencia [premo'rjen̪θja] *f* (JUR) Vorversterben *nt*

premoriente [premo'rjen̪te] *mf* (JUR) zuerst Versterbende(r) *mf*

premunir [premu'nir] **I.** *vt* (*Am*) versorgen (*de* mit +*dat*) **II.** *vr:* ~**se** (*Am*) sich eindecken (*de* mit +*dat*)

premura [pre'mura] *f* **1.** (*apuro*) Bedrängnis *f;* (*urgencia*) Dringlichkeit *f* **2.** (*prisa*) Eile *f,* Hast *f* **3.** (*falta de algo*) Mangel *m* (*de* an +*dat*); **la** ~ **de tiempo me impidió hacerlo mejor** durch den Zeitdruck habe ich es nicht besser hinbekommen; **no publicamos su artículo por** ~ **de espacio** wegen Platzmangel haben wir seinen/ihren Artikel nicht veröffentlicht

prenatal [prena'tal] *adj* vorgeburtlich, pränatal

prenavideño, -a [prenaβi'ðeɲo] *adj* vorweihnachtlich

prenda ['pren̪da] *f* **1.** (*fianza*) Pfand *nt;* **juego de** ~**s** Pfänderspiel *nt;* **en** ~ als Pfand; **en** ~**s** als Beweis, als Zeichen; **hacer** ~ als Pfand einbehalten; **sacar** ~**s** pfänden; **soltar** ~ sich verpflichten; **no soltar** ~ (*fam*) nichts herausrücken; **a mí no me duelen** ~**s** es macht mir gar nichts aus; **no le dolían** ~**s con tal de obtener lo que quería** er/sie bot alles auf, um zu bekommen, was er/sie wollte **2.** (*pieza*) Kleidungsstück *nt;* ~**s interiores** Unterwäsche *f;* ~ **protectora** Schutzkleidung *f* **3.** (*lo que se ama*) geliebtes Wesen *nt;* **la** ~ **de mi corazón** mein Herzallerliebster/meine Herzallerliebste **4.** (*apelativo cariñoso*) Liebling *m,* Schatz *m* **5.** (*buenas cualidades*) Gabe *f,* gute Eigenschaften *fpl;* ~**s del espíritu** Geistesgaben *fpl;* **un hombre de** ~**s** ein begabter Mensch

prendar [pren̪'dar] **I.** *vt* **1.** (*tomar como prenda*) pfänden **2.** (*ganar el afecto*) für sich gewinnen **II.** *vr:* ~**se** sich verlieben (*de* in +*akk*)

prendario, -a [pren̪'darjo, -a] *adj* (FIN) Pfändungs-; **contrato** ~ Pfandvertrag *m*

prendedor[1] [pren̪de'ðor] *m* **1.** (*broche*) Brosche *f* **2.** (*de falda*) Rocknadel *f;* (*de corbata*) Krawattennadel *f*

prendedor(a)[2] [pren̪de'ðor(a)] **I.** *adj* verhaftend, ergreifend **II.** *m(f)* verhaftender Beamter *m,* verhaftende Beamtin *f,* Verhaftende(r) *mf,* Ergreifer(in) *m(f)*

prender [pren̪'der] **I.** *vi* **1.** (*planta*) Wurzeln schlagen, anwachsen; (*medicamentos*) anschlagen, wirken; (*ideas*) sich verbreiten; **sus ideas prendieron fácilmente en la juventud** seine/ihre Ideen fanden bei der Jugend sofort Anklang **2.** (*fuego*) Feuer fangen, (an)brennen; **el coche prendió fuego** das Auto fing Feuer **II.** *vt* **1.** (*sujetar*) befestigen, festmachen; (*con alfileres*) feststecken; (*con cola*) festkleben; (*con hilo o alambre*) heften, (fest)binden; (*en un gancho*) aufhängen; (*el pelo*) hochstecken, aufstecken; (*juntar el pelo*) zusammenbinden; ~ **un babero a un niño** einem Kind ein Lätzchen umbinden; ~ **un alfiler de corbata** eine Krawattennadel anstecken [*o* anlegen] **2.** (*detener*) festnehmen, verhaften **3.** (*Am: fuego*) anzünden; ~ **un cigarillo** eine Zigarette anstecken **4.** (*Am: luz*) einschalten, anzünden; **¡prende la luz!** mach das Licht an! **III.** *vr:* ~**se 1.** (*mujeres*) sich herausputzen; ~**se una flor en el ojal** sich *dat* eine Blume ins Knopfloch stecken **2.** (*PRico: emborracharse*) sich betrinken

prendería [pren̪de'ria] *f* Trödelladen *m*

prendido [pren̪'diðo] *m* (Kopf)putz *m*

prendimiento [pren̪di'mjen̪to] *m* **1.** (*captura*) Verhaftung *f,* Festnahme *f* **2.** (*Chil: opresión*) Beklemmung *f,* Druck *m* **3.** (*Col, Ven: irritación*) Erregung *f*

Spieler entlassen **2.** (*pasar por alto*) übersehen (*de +akk*) **3.** (*no contar*) nicht rechnen (*de* mit *+dat*); **han prescindido de mí al formar el equipo** ich wurde bei der Mannschaftsaufstellung übergangen; **han prescindido de mi opinión** sie haben meine Meinung ignoriert

prescribir [preskri'βir] *irr como escribir* **I.** *vi* **1.** (JUR: *delito*) verjähren **2.** (JUR) verjähren **II.** *vt* **1.** (*indicar*) vorschreiben; **prescrito por la ley** gesetzlich vorgeschrieben **2.** (*recetar*) verordnen; (MED) verschreiben **3.** (JUR: *adquirir*) ersitzen

prescripción [preskriβ'θjon] *f* **1.** (*indicación*) Vorschrift *f* **2.** (*receta*) Verordnung *f;* (MED) Rezept *nt* **3.** (JUR: *de delito*) Verjährung *f;* ~ **adquisitiva** Verjährung mit Rechtserwerb **4.** (JUR: *usucapión*) Ersitzung *f*

prescriptible [preskrip'tiβle] *adj* **1.** (*indicable*) vorschreibbar **2.** (*delito*) verjährbar **3.** (JUR: *posesión, derecho*) ersitzbar

prescriptivo, -a [preskrip'tiβo, -a] *adj* **1.** (*indicable*) vorschreibend **2.** (*decretable*) verordnend **3.** (*delito*) Verjährungs-; **plazo** ~ Verjährungsfrist *f*

prescrito, -a [pres'krito, -a] *adj* **1.** (*ordenado*) vorgeschrieben **2.** (*extinguido*) verjährt

presea [pre'sea] *f* (*elev*) Juwel *nt,* Schmuckstück *nt*

preselección [preseleʸ'θjon] *f* Vorauswahl *f;* **hacer una** ~ **de candidatos** eine Kandidatenvorauswahl treffen

preseleccionado, -a [preseleʸθjo'naðo, -a] *m, f* (DEP) Auswahlspieler(in) *m(f)*

preseleccionar [preseleʸθjo'nar] *vt* vorher auswählen; (DEP) (eine Auswahlmannschaft) aufstellen

preselector [preselek'tor] *m* (TÉC) Vorwähler *m*

presencia [pre'sen̪θja] *f* **1.** (*asistencia*) Anwesenheit *f,* Gegenwart *f,* Präsenz *f elev;* **lo dijo en mi** ~ er/sie sagte es in meiner Gegenwart [*o* meinem Beisein]; **sin la** ~ **del ministro** ohne Beisein des Ministers **2.** (*aspecto*) Aussehen *nt,* Erscheinungsbild *nt;* **buena** ~ gepflegtes Äußeres; **tener buena** ~ gut aussehen **3.** (*existencia*): **estamos en** ~ **del aeropuerto más grande de Europa** wir haben den größten Flughafen Europas vor uns; **los vecinos están asustados por la** ~ **de ladrones** die Nachbarn haben Angst vor den Dieben; **la constante** ~ **de ese recuerdo no le dejaba dormir** die ständige Erinnerung daran brachte ihn um den Schlaf

presencial [presen̪'θjal] *adj:* **testigo** ~ Augenzeuge, -in *m, f*

presenciar [presen̪'θjar] *vt* **1.** (*asistir*) beiwohnen *+dat,* dabei sein (bei *+dat*); **10.000 personas ~on el concierto** 10.000 Leute besuchten das Konzert **2.** (*ver*) sehen

presenil [prese'nil] *adj* (MED) vorzeitig gealtert; **demencia** ~ vorzeitige Altersdemenz

presentable [presen̪'taβle] *adj:* **este trabajo está** ~ diese Arbeit ist akzeptabel; **este trabajo es** ~ diese Arbeit kann man vorzeigen; **ponerse** ~ sich zurechtmachen; **vestido así no estás** ~ in diesem Aufzug kannst du dich nicht sehen lassen

presentación [presen̪ta'θjon] *f* **1.** (*acción, de una novela*) Vorstellung *f,* Präsentation *f;* (*de una máquina, número artístico*) Vorführung *f* **2.** (TV, RADIO) Präsentation *f,* Vorführung *f;* (TEAT) Inszenierung *f* **3.** (*de instancia, dimisión, trabajo*) Einreichen *nt;* **el plazo de** ~ **de solicitudes finaliza hoy** die Frist für die Antragstellung läuft heute ab **4.** (*de argumentos*) Vorbringen *nt;* (*de pruebas*) Beibringen *nt;* (*de propuesta*) Unterbreitung *f* **5.** (*de pasaporte, documento*) Vorzeigen *nt,* Vorlegen *nt;* **a su** ~ (**de la letra**) bei Vorlage (des Wechsels) **6.** (*aspecto*) Aussehen *nt;* (*de un libro*) Aufmachung *f* **7.** (MED) (Kinds)lage *f* **8.** (*Am: súplica*) Gesuch *nt*

presentador(a) [presen̪ta'ðor(a)] *m(f)* **1.** (*de programa*) Moderator(in) *m(f)* **2.** (*de telediario*) Nachrichtensprecher(in) *m(f)*

presentar [presen̪'tar] *vt* **1.** (*mostrar*) zeigen, vorstellen; **el autor presentó su último libro** der Autor stellte sein jüngstes Buch vor; **Toni Miró presenta sus nuevos modelos** Toni Miró führt seine neuen Modelle vor **2.** (*ofrecer*) bieten, aufweisen; **el viaje presenta dificultades** die Reise birgt Schwierigkeiten in sich; **la ciudad presenta un aspecto de gala** die Stadt zeigt sich in vollem Glanz; **este informe presenta los sucesos de una manera clara** dieser Bericht legt die Geschichte deutlich dar **3.** (TV, RADIO) präsentieren; (TEAT) aufführen, inszenieren; **el programa está presentado por...** das Programm wird von ... moderiert **4.** (*instancia, dimisión, trabajo, factura*) einreichen; (*informe*) vorlegen **5.** (*argumentos*) vorbringen; (*pruebas*) beibringen, präsentieren; (*propuesta*) unterbreiten **6.** (*pasaporte, documento*) vorzeigen, vorlegen; **el ministro presentó el presupuesto** der Minister legte den Haushaltsplan vor **7.** (*persona*) vorstellen; **te presento a mi marido** darf ich dir meinen Mann vorstellen? **8.** (*candidato*) vorschlagen **9.** (*mano*) ausstrecken, anbieten

presente[1] [pre'sen̪te] **I.** *adj* **1.** (*que está*) anwesend; **¡~!** hier!; **estar** ~ dabei sein **2.** (*actual*) gegenwärtig, derzeitig; **en las circunstancias ~s** unter den gegenwärtigen [*o* gegebenen] Umständen **3.** (*este*) diese(r, s); **la** ~ **edición** diese Ausgabe; **la** ~ **tesina** die vorliegende Diplomarbeit **4.** (*loc*): **hay que tener** ~ **las circunstancias** man muss sich *dat* die Umstände vor Augen führen, man muss dabei die Umstände berücksichtigen; **por la** ~ **deseo comunicarle que...** (*en una carta*) hiermit möchte ich Ihnen mitteilen, dass ...; **ten** ~ **lo que te he dicho** denk daran, was ich dir gesagt habe **II.** *mf* (*asistente*) Anwesende(r) *mf*

presente² [pre'sen̩te] *m* **1.** (*actualidad*) Gegenwart *f;* **hasta el ~** bis jetzt, bislang; **por el ~** augenblicklich **2.** (LING) Gegenwart *f,* Präsens *nt* **3.** (*regalo*) Geschenk *nt*

presentimiento [presen̩ti'mjen̩to] *m* Vorahnung *f,* (Vor)gefühl *nt;* **tengo el ~ de que...** ich habe das Gefühl, dass ...

presentir [presen̩'tir] *irr como sentir vt* vorahnen, vorausahnen; **presiento que mañana lloverá** ich habe das Gefühl [*o* glaube], dass es morgen regnen wird

preservación [preserβa'θjon] *f* **1.** (*de enfermedad*) Schutz *m,* Bewahrung *f* **2.** (*de peligro*) Schutz *m,* Behütung *f* **3.** (*de naturaleza*) Schutz *m;* **~ del medio ambiente** Umweltschutz *m*

preservador¹ [preserβa'ðor] *m* (INFOR): **~ de pantalla** Bildschirmschoner *m*

preservador(a)² [preserβa'ðor(a)] *adj* schützend (*de/contra* vor +*dat*)

preservar [preser'βar] *vt, vr:* **~se** (sich) schützen (*de/contra* vor +*dat*); **nos preservamos de la lluvia bajo un portal** ein Eingang bot uns Schutz vor dem Regen

preservativo¹ [preserβa'tiβo] *m* Präservativ *nt*

preservativo, -a² [preserβa'tiβo, -a] *adj* schützend (*de/contra* vor +*dat*)

presidencia [presi'ðen̩θja] *f* **1.** (*cargo, mandato*) Präsidentschaft *f;* (*cargo*) Präsidentenamt *nt;* **asumir la ~** das Präsidentenamt antreten; **esta orden viene de ~** dieser Befehl kommt vom Präsidenten/von der Präsidentin selbst **2.** (*edificio*) Amtssitz *m* des Präsidenten **3.** (*de organización, asamblea: conjunto*) Präsidium *nt;* (*individuo*) Vorsitzende(r) *mf;* **asumir la ~** den Vorsitz übernehmen; **bajo la ~ de** unter dem Vorsitz von

presidenciable [presiðen̩'θjaβle] *mf* Präsidentschaftskandidat(in) *m(f)*

presidencial [presiðen̩'θjal] *adj* **1.** (POL) präsidial, Präsidial-, Präsidenten- **2.** (*de asamblea*) Vorstands-; **mesa ~** Vorstandstisch *m*

presidencialismo [presiðen̩θja'lismo] *m sin pl* (POL) Präsidialsystem *nt*

presidencialista [presiðen̩θja'lista] *adj* Präsidial-; **democracia ~** Präsidialdemokratie *f;* **sistema ~** Präsidialsystem *nt*

presidente [presi'ðen̩te] *mf* **1.** (POL) Präsident(in) *m(f);* **~ en funciones** amtierender Präsident/amtierende Präsidentin; **~ honorario** [*o* **de honor**] Ehrenpräsident *m;* **el ~ alemán Herzog** der Bundespräsident Herzog; **el ~ del gobierno Aznar** der Ministerpräsident [*o* Regierungschef] Aznar; **el ~ de Baden-Württemberg** der Ministerpräsident von Baden-Württemberg **2.** (*de empresa, partido, club*) Vorsitzende(r) *mf;* **~ de la junta directiva** Vorstandsvorsitzende(r) *mf* **3.** (*de asociación, jurado*) Obmann *m,* Obmännin *f,* Vorsitzende(r) *mf*

presidiario, -a [presi'ðjarjo, -a] *m, f* (Straf)gefangene(r) *mf,* Häftling *m*

presidio [pre'siðjo] *m* Gefängnis *nt,* Strafanstalt *f;* **condenar a 20 años de ~** zu 20 Jahren Gefängnis verurteilen

presidir [presi'ðir] *vt* **1.** (*ocupar presidencia*) den Vorsitz (inne)haben (in +*dat*); **~ una reunión** eine Sitzung leiten; **España preside este semestre la UE** in diesem Halbjahr hat Spanien den Vorsitz in der EU **2.** (*mandar*) leiten **3.** (*dominar*) dominieren, beherrschen

presidium [pre'siðjun] *m* (POL) Präsidium *nt*

presilla [pre'siʎa] *f* **1.** (*para abrochar*) Schlaufenverschluss *m* **2.** (*del pantalón*) Schlaufe *f*

presión [pre'sjon] *f* **1.** (*fuerza, t.* FÍS, METEO) Druck *m;* **~ arterial** [*o* **sanguínea**] Blutdruck *m;* **~ capilar** (QUÍM) Kapillardruck *m;* **zona de altas presiones** (METEO) Hochdruckgebiet *nt;* **cerrar a ~** unter Druck verschließen; **¿a qué ~ llevas las ruedas?** mit welchem Reifendruck fährst du? **2.** (*acción*) Druck *m,* Zwang *m;* **~ competitiva** Konkurrenzdruck *m;* **~ fiscal** Steuerbelastung *f;* **~ social** sozialer Zwang; **grupo de ~** Lobby *f;* **estar bajo ~** unter Druck stehen; **hacer ~ sobre alguien** jdn unter Druck setzen, jdm Dampf machen *fam;* **no acepto presiones de nadie** ich lasse mich nicht unter Druck setzen; **Arantxa se ha sabido sacar muy bien la ~ de encima con este golpe** Arantxa hat sich mit diesem Schlag aus der Bedrängnis befreit

presionar [presjo'nar] *vt* **1.** (*apretar*) drücken; **~ una tecla** eine Taste drücken **2.** (*coaccionar*) Druck ausüben (auf +*akk*), unter Druck setzen; **el jefe me presiona mucho** der Chef setzt mir ganz schön zu [*o* mich ganz schön unter Druck]

preso, -a ['preso, -a] *m, f* (Straf)gefangene(r) *mf,* Häftling *m;* **~ político** politischer Häftling [*o* Gefangener]

pressing ['presiŋ] *m* (*t.* DEP) Pressing *nt*

prestación [presta'θjon] *f* **1.** (*de ayuda, servicio*) Leistung *f;* **~ por desempleo** Arbeitslosengeld *nt;* **prestaciones en especie** Sachleistungen *fpl;* **~ de juramento** Eidesleistung *f;* **~ de servicios** Dienstleistung *f;* **~ social** Sozialleistung *f;* **P~ Social Sustitutoria** Zivildienst *m;* **las prestaciones de mi seguro son muy amplias** die Leistungen meiner Versicherung sind sehr umfangreich **2.** *pl* (*de coche*) Extras *ntpl;* **un coche con todas las prestaciones técnicas** ein Auto mit allen technischen Finessen

prestado, -a [pres'taðo, -a] *adj* geliehen, geborgt; **voy de ~, el traje me lo han dejado** der Anzug gehört mir nicht, ich habe ihn mir nur geliehen; **vive de ~ en casa de una amiga** er/sie wohnt umsonst [*o* mietfrei] bei einer Freundin

prestamista [presta'mista] *mf* (Geld)verleiher(in) *m(f);* (*en banco*) Darlehensgeber(in) *m(f);* (*en Alemania, profesional*) Pfandleiher(in) *m(f)*

préstamo ['prestamo] *m* **1.** (*acción*)

(Aus)leihen *nt,* Borgen *nt* **2.** (*lo prestado*) Darlehen *nt;* (*para exposición*) Leihgabe *f;* ~ **bancario** Bankdarlehen *nt;* ~ **financiero** Geldanleihe *f;* ~ **hipotecario** Bauspardarlehen *nt;* ~ **interbancario** Bank-an-Bank-Kredit *m;* ~ **a interés fijo/variable** Darlehen mit festen/variablen Zinssätzen; ~ **mercantil** (JUR) handelsrechtliches Darlehen; **la duración de un** ~ die Laufzeit eines Darlehens; **conceder un** ~ ein Darlehen gewähren; **solicitar un** ~ ein Darlehen beantragen; **tomar un** ~ ein Darlehen in Anspruch nehmen, einen Kredit aufnehmen **3.** (LING) Entlehnung *f,* Lehnwort *nt*

prestancia [pres'taṇθja] *f* **1.** (*excelencia*) Vorzüglichkeit *f* **2.** (*distinción*) Vornehmheit *f*

prestar [pres'tar] **I.** *vt* **1.** (*dinero, coche*) (aus)leihen, borgen; (*pagando a cambio*) (ver)leihen; **¿me prestas la bici, por favor?** kannst du mir bitte dein Fahrrad (aus)leihen?; **el banco me ha prestado el dinero** die Bank hat mir das Geld geliehen **2.** (*dedicar*): ~ **ayuda/servicios** Hilfe/Dienste leisten; ~ **colaboración** mithelfen, kooperieren; ~ **apoyo** Unterstützung zusagen; ~ **trabajo** Arbeit leisten **3.** (*declaración*) abgeben; (*juramento*) leisten, ablegen **4.** (*silencio*) bewahren; (*paciencia*) aufbringen; (*atención*) schenken; ~ **oídos** Aufmerksamkeit schenken **II.** *vi* **1.** (*dar de sí*): **los zapatos son pequeños pero ya ~án** die Schuhe sind klein, aber sie werden sich schon weiten; **este pantalón presta mucho** diese Hose dehnt sich sehr; **esta cuerda no presta** dieses Seil reicht nicht **2.** (*ser útil*) taugen **III.** *vr:* **~se 1.** (*ofrecerse*) sich anbieten (*para* für *+akk*); **se prestó a ayudarme en la mudanza** er/sie bot mir seine/ihre Hilfe beim Umzug an **2.** (*avenirse*) sich bequemen (*a* zu *+dat*) **3.** (*dar motivo*) verursachen, bewirken; **tus palabras se prestan a confusión** deine Worte stiften Verwirrung

prestatario, -a [presta'tarjo, -a] *m, f* Darlehensnehmer(in) *m(f),* Kreditnehmer(in) *m(f)*

preste ['preste] *m* (REL) Priester *m*

presteza [pres'teθa] *f* **1.** (*celeridad*) Schnelligkeit *f* **2.** (*de ejecución*) Promptheit *f,* Eilfertigkeit *f*

prestidigitación [prestiðixita'θjon] *f* Taschenspielerei *f;* **un número de** ~ ein Taschenspielerkunststück

prestidigitador(a) [prestiðixita'ðor(a)] *m(f)* Taschenspieler(in) *m(f)*

prestigiador(a) [prestixja'ðor(a)] *adj* Ruhm erzeugend

prestigiar [presti'xjar] *vt* Ansehen [*o* Prestige] verleihen *+dat*

prestigio [pres'tixjo] *m* Ansehen *nt,* Prestige *nt elev;* **una cuestión de** ~ eine Prestigesache; **hoy viene un conferenciante de** ~ der heutige Redner gilt als Autorität [*o* Kapazität] auf seinem Gebiet

prestigioso, -a [presti'xjoso, -a] *adj* angesehen, von Prestige; **muy** ~ hoch angesehen

presto[1] ['presto] *adv* **1.** (*rápidamente*) schnell, rasch **2.** (*al instante*) sofort, auf der Stelle **3.** (MÚS) presto

presto, -a[2] ['presto, -a] *adj* **1.** (*listo*) bereit, fertig **2.** (*rápido*) prompt, schnell

presumible [presu'miβle] *adj* vermutlich; **el** ~ **delincuente** der mutmaßliche Täter; **es** ~ **que...** *+subj* es ist anzunehmen, dass ...

presumido, -a [presu'miðo, -a] *adj* **1.** (*arrogante*) anmaßend, arrogant **2.** (*vanidoso*) eitel

presumir [presu'mir] **I.** *vi* **1.** (*vanagloriarse*) prahlen (*de* mit *+dat*), angeben (*de* mit *+dat*), protzen (*de* mit *+dat*) *fam;* **no se puede hablar con él, sólo presume** man kann nicht mit ihm reden, der zieht immer gleich eine Schau ab **2.** (*cuidarse*) sich herausputzen; **presume más que una mona** (*fam*) er/sie ist ein Lackaffe/ein Modepüppchen **II.** *vt* vermuten, annehmen, mutmaßen; **como era de ~...** wie anzunehmen war ...

presunción [presuṇ'θjon] *f* **1.** (*sospecha*) Vermutung *f,* Annahme *f,* Mutmaßung *f* **2.** (*petulancia*) Angeberei *f,* Protzigkeit *f fam* **3.** (*vanidad*) Einbildung *f*

presunto, -a [pre'suṇto, -a] *adj* **1.** (*supuesto*) vermutlich; **el** ~ **asesino** der mutmaßliche Mörder **2.** (*equivocamente supuesto*) vermeintlich, angeblich

presuntuosidad [presuṇtwosi'ðaᵈ] *f* **1.** (*petulancia*) Angeberei *f,* Protzigkeit *f fam* **2.** (*vanidad*) Einbildung *f*

presuntuoso, -a [presuṇtu'oso] *adj* eitel

presuponer [presupo'ner] *irr como poner vt* **1.** (*suponer*) voraussetzen **2.** (*calcular*) veranschlagen

presuposición [presuposi'θjon] *f* Voraussetzung *f*

presupuestar [presupwes'tar] *vt* **1.** (POL, ECON) den Haushaltsplan aufstellen (für *+akk*) **2.** (*calcular gastos*) veranschlagen; ~ **los gastos en tres millones** die Kosten mit drei Millionen veranschlagen

presupuestario, -a [presupwes'tarjo, -a] *adj* (*proyecto*) Budget-, Etat-; (*política, déficit*) Haushalts-; (*razón*) budgetär; **control** ~ Haushaltskontrolle *f;* **Oficina Presupuestaria** Haushaltsreferat *nt;* **política presupuestaria** Haushaltspolitik *f*

presupuesto [presu'pwesto] *m* **1.** (POL, ECON) Haushalt(splan) *m,* Budget *nt,* Etat *m;* ~ **anual** Jahresetat *m;* ~ **de explotación** Wirtschaftsplan *m;* **P~ General del Estado** Staatshaushalt *m;* ~ **militar** Militäretat *m;* ~ **municipal** Gemeindehaushalt *m;* ~ **de publicidad** Werbeetat *m;* **la confección del** ~ die Aufstellung des Haushaltsplanes, die Etataufstellung; **equilibrar el** ~ den Haushalt ausgleichen **2.** (*cálculo*) (Kosten)voranschlag *m;* **pedir un** ~ einen Kostenvoranschlag anfordern **3.** (*suposición*) Voraussetzung *f*

presura [pre'sura] *f* **1.** (*opresión*) Bedrängnis

f **2.** (*prisa*) Eile *f* **3.** (*ahínco*) Eifer *m*

presurización [presuriθa'θjon] *f* (FÍS) Erzeugung *f* von Druckausgleich

presurizado, **-a** [presuri'θaðo, -a] *adj:* **cabina presurizada** Druckkabine *f*

presurizar [presuri'θar] <z→c> *vt* (FÍS) Druckausgleich erzeugen (in +*dat*)

presuroso, **-a** [presu'roso, -a] *adj* eilig, hastig; **iba ~ por la calle** er eilte durch die Straße

pret-a-porter [pretapor'te] *m inv* Prêt-à-porter *nt*

pretecnología [preteɣnolo'xia] *f* (ENS) Werkunterricht *m*

pretemporada [pretempo'raða] *f* **1.** (*turística*) Vorsaison *f* **2.** (DEP) Vorbereitungszeit *f* vor der Saison

pretencioso, **-a** [preten̪'θjoso, -a] *adj* eitel

pretender [preten̪'der] *vt* **1.** (*aspirar a*) streben (nach +*dat*), erstreben; **~ subir de categoría** eine Beförderung anstreben **2.** (*pedir*) beanspruchen; **¿qué pretendes que haga?** was soll ich tun?; **no puedes ~ que te traten con corrección si...** du kannst nicht verlangen, dass die Leute höflich zu dir sind, wenn ... **3.** (*tener intención*) vorhaben, beabsichtigen; **no pretendía molestar** ich wollte nicht stören **4.** (*intentar*) versuchen **5.** (*afirmar*) behaupten **6.** (*puesto*) sich bewerben (um +*akk*) **7.** (*cortejar*) werben (um +*akk*), umwerben

pretendido, **-a** [preten̪'diðo, -a] *adj* angeblich

pretendiente [preten̪'djen̪te] *m* **1.** (*de mujer, trabajo*) Bewerber *m* **2.** (*a la corona*) Thronanwärter *m*, Prätendent *m elev*

pretensión [preten'sjon] *f* **1.** (*derecho*) Anspruch *m*, Forderung *f*; **~ económica** Gehaltsforderung *f*; (*aspiración*) Gehaltsvorstellung *f* **2.** (*ambición*) Ehrgeiz *m* **3.** (*aspiración*) Streben *nt*, Aspiration *f elev*; **es una persona con muchas pretensiones** er/sie will hoch hinaus; **es una persona con pocas pretensiones** er/sie gibt sich mit wenig zufrieden; **tener muchas pretensiones laborales** beruflich hoch hinaus wollen, Karriere machen wollen; **tiene la ~ de que vaya con él** er/sie erwartet, dass ich mit ihm gehe **4.** *pl* (*vanidad*): **tiene pretensiones de actor** er spielt sich als Schauspieler auf **5.** (*solicitud*) Bewerbung *f*

pretensor [preten'sor] *m:* **~ de(l) cinturón (de seguridad)** (AUTO) Gurtspanner *m*, Gurtstraffer *m*

preterición [preteri'θjon] *f* **1.** (*omisión*) Übergehung *f* **2.** (JUR) Ausschließung *f* von der Erbfolge **3.** (LIT: *de retórica*) scheinbare Übergehung *f*, Präteritio(n) *f*

preterintencional [preterin̪ten̪θjo'nal] *adj* (JUR) über die Absichten hinausgehend

preterir [prete'rir] *vt* (JUR) von der Erbfolge ausschließen

pretérito[1] [pre'terito] *m* (LING) Präteritum *nt*

pretérito, **-a**[2] [pre'terito, -a] *adj* vergangen; **en tiempos ~s** in vergangenen [*o* früheren] Zeiten

preternatural [preternatu'ral] *adj* übernatürlich

pretextar [pretes'tar] *vt* vorgeben, vorschieben; **pretextó que estaba enfermo** er gab vor krank zu sein, er schob eine Krankheit vor; **siempre pretexta algo** er/sie findet immer einen Vorwand

pretexto [pre'testo] *m* Vorwand *m*, Ausrede *f*; **a ~ de...** unter dem Vorwand ...

pretil [pre'til] *m* **1.** (*de puente*) Brüstung *f* **2.** (*Am: atrio*) Vorhalle *f*, Atrium *nt*; (*de una casa*) Vorraum *m*

pretina [pre'tina] *f* **1.** (*cinta*) (Hosen)schnalle *f* **2.** (*de calzoncillos*) Gummizug *m* **3.** (*de prenda*) Gürtel *m* **4.** (*cintura*) Taille *f*

pretónico, **-a** [pre'toniko, -a] *adj* (LING) der betonten Silbe vorgestellt

pretor [pre'tor] *m* (HIST) Prätor *m*

preuniversitario, **-a** [preuniβersi'tarjo, -a] *adj:* **curso ~** ≈letztes Schuljahr *nt* (vor dem Abitur)

prevalecer [preβale'θer] *irr como crecer vi* **1.** (*imponerse*) sich durchsetzen (*entre/sobre* gegenüber +*dat*); **la verdad prevaleció sobre la mentira** die Wahrheit siegte über die Lüge **2.** (*predominar*) (vor)herrschen, überwiegen; **en esta ciudad prevalecen los de derechas sobre los de izquierdas** in dieser Stadt gibt es mehr Rechte als Linke **3.** (*triunfar*) siegen **4.** (BOT) Wurzeln schlagen **5.** (*prosperar*) gedeihen

prevaleciente [preβale'θjen̪te] *adj* (vor)herrschend, überwiegend; (*moda*) herrschend, aktuell; (*costumbre*) weit verbreitet

prevalerse [preβa'lerse] *irr como valer vr* **1.** (*de alguien*) ausnutzen (*de* +*akk*) **2.** (*de algo*) sich bedienen (*de* +*gen*), sich *dat* zunutze [*o* zu Nutze] machen (*de* +*akk*); **se prevalió de mi estado de ánimo para justificar mi despido** er/sie rechtfertigte meine Entlassung mit meinem schlechten Gemütszustand

prevaricación [preβarika'θjon] *f* **1.** (*del deber*) Pflichtverletzung *f* **2.** (JUR) Rechtsbeugung *f*

prevaricador(a) [preβarika'ðor(a)] **I.** *adj* **1.** (*que falta al deber*) die Pflicht verletzend **2.** (JUR) das Recht beugend **II.** *m(f)* **1.** (*que falta al deber*) Pflichtverletzer(in) *m(f)* **2.** (JUR) Rechtsbeuger(in) *m(f)*

prevaricar [preβari'kar] <c→qu> *vi* **1.** (*faltar al deber*) die Pflicht verletzen **2.** (JUR) das Recht beugen **3.** (*fam: desvariar*) spinnen

prevaricato [preβari'kato] *m* (JUR) *v.* **prevaricación**

prevención [preβen̪'θjon] *f* **1.** (*preparativo*) Vorbereitung *f* **2.** (*precaución*) Vorkehrung *f*; **~ de accidentes** Unfallverhütung *f*; **~ de siniestros** Schadensvorbeugung *f* **3.** (MED) Vorbeugung *f*, Verhütung *f*, Prävention *f*; **~ del**

cáncer Krebsvorsorge *f*

prevenido, **-a** [preβe'niðo, -a] *adj* **1.** *estar:* **estar ~** auf der Hut sein **2.** *ser* (*previsor*) vorsichtig; **hombre ~ vale por dos** (*prov*) Vorsicht ist besser als Nachsicht

prevenir [preβe'nir] *irr como venir* **I.** *vt* **1.** (*preparar*) vorbereiten; **~ las armas** zum Kampf rüsten **2.** (*proveer*) versorgen (*de* mit *+dat*), versehen (*de* mit *+dat*) **3.** (*precaver*) verhüten; (*desavenencia*) vorbeugen *+dat;* **~ un peligro** einer Gefahr vorbeugen; **~ una catástrofe** eine Katastrophe verhindern; **más vale ~ que curar** (*prov*) vorbeugen ist besser als heilen **4.** (*advertir*) warnen **5.** (*predisponer*): **~ a alguien a favor/en contra de alguien** jdn für/gegen jdn einnehmen **6.** (*evitar*) vermeiden **II.** *vr:* **~se 1.** (*proveerse*) sich versorgen (*de* mit *+dat*), sich versehen (*de* mit *+dat*) **2.** (*tomar precauciones*) Vorkehrungen treffen **3.** (*contra alguien*) feindlich eingestellt sein (*contra* gegenüber *+dat*)

preventivo, **-a** [preβeṇ'tiβo, -a] *adj* (*medio, acción, medicina*) vorbeugend, präventiv *elev;* **guerra preventiva** Präventivkrieg *m;* **medida preventiva** Vorbeugungsmaßnahme *f,* Präventivmaßnahme *f;* **prisión preventiva** Untersuchungshaft *f*

preventorio [preβeṇ'torjo] *m* (MED) Sanatorium *nt;* (*para tuberculosos*) Heilanstalt *f* für Tuberkulosekranke; **~ infantil** Kindersanatorium *nt*

prever [pre'βer] *irr como ver vt* vorhersehen, voraussehen

previdencia [preβi'ðeṇθja] *f* Vorhersehen *nt;* (*visión de futuro*) Weitblick *m*

previdente [preβi'ðeṇte] *adj* weitblickend

previo[1] ['preβjo] *m* (TV, CINE) Play-back *nt*

previo, **-a**[2] ['preβjo, -a] *adj* vorherige(r, s); **(sin) ~ aviso** (ohne) Vorankündigung; **previa presentación del D.N.I.** bei Vorlage des Personalausweises; **~ pago de la matrícula** gegen eine Einschreibegebühr; **tuve una entrevista previa con él** ich hatte zuvor eine Besprechung mit ihm

previsible [preβi'siβle] *adj* **1.** (*probable*) voraussichtlich **2.** (*que se puede prever*) voraussehbar; **dentro de un futuro ~** in absehbarer Zeit; **era ~** das war vorauszusehen

previsión [preβi'sjon] *f* **1.** (*de prever*) Vorhersage *f;* **~ de beneficios** (ECON) Ertragsprognose *f,* Gewinnerwartung *f;* **~ del tiempo** Wettervorhersage *f;* **~ de ventas** (ECON) Absatzprognose *f;* **las previsiones económicas** die Wirtschaftsprognosen; **esto supera todas las previsiones** das übertrifft alle Erwartungen; **en ~ de...** im Falle, dass ..., falls ... **2.** (*precaución*) Vorsorge *f;* **hay que tener ~ de futuro** man muss für die Zukunft vorsorgen **3.** (*cálculo*) Voranschlag *m*

previsor(a) [preβi'sor(a)] *adj* **1.** (*con visión*) vorausschauend; (*política*) weit blickend **2.** (*precavido*) vorsorglich

previsto, **-a** [pre'βisto, -a] *adj* vorausgesehen; **el éxito estaba ~** der Erfolg war zu erwarten; **todo lo necesario está ~** es ist für alles Notwendige gesorgt

prez [preθ] *m o f* (*elev*) **1.** (*honor*) Ehre *f* **2.** (*gloria*) Ruhm *m*

PRI [pri/pe(e)rre'i] *m abr de* **Partido Revolucionario Institucional** PRI *f* (*mexikanische Partei*)

priapismo [pria'pismo] *m* (MED) Priapismus *m*

prietamente [prjeta'meṇte] *adv* (*ropa*) eng; (*personas*) dicht gedrängt

prieto, **-a** ['prjeto, -a] *adj* **1.** (*apretado*) eng **2.** (*negro*) schwarz; (*negruzco*) schwärzlich **3.** (*tacaño*) geizig, knauserig

priísta [pri'ista] *mf* (*Méx*) Anhänger(in) *m(f)* der PRI

prima ['prima] *f* **1.** (*pariente*) Kusine *f;* **~ hermana/segunda** Kusine ersten/zweiten Grades **2.** (FIN) Prämie *f;* **~ fija** feste Prämie; **~ de opción a vender** Rückprämie *f;* **~ de riesgo** Risikoprämie *f;* **~ de seguro** Versicherungsprämie *f;* **acción con ~** über pari ausgegebene Aktie **3.** (*paga*) Zulage *f,* Zuschlag *m;* **~ de antigüedad** (Dienst)alterszulage *f;* **~ de productividad** Produktivitätsprämie *f;* **cada jugador recibe una ~ de un millón de pesetas** jeder Spieler bekommt eine Prämie von einer Million Peseten **4.** (MÚS) oberste Saite *f* **5.** (REL) Prim *f*

primacía [prima'θia] *f* **1.** (*supremacía*) Vorrangstellung *f;* (*militar, política*) Vormachtstellung *f;* **la ~ de Agassi en el tenis mundial** Agassis Vormachtstellung im Welttennis **2.** (*prioridad*) Vorrang *m* **3.** (REL) Primas *m*

primada [pri'maða] *f* (*fam*) Dummheit *f;* **no hagas la ~ de comprarte este traje** sei nicht so dumm dir den Anzug zu kaufen; **me han hecho una ~** man hat mich übers Ohr gehauen

primado [pri'maðo] *m* **1.** (REL) Primas *m* **2.** (*prioridad*) Vorrang *m*

prima donna ['prima 'ðona] *f* (MÚS) Primadonna *f*

primar [pri'mar] **I.** *vi* vorherrschen; **en esta escuela prima el orden** in dieser Schule ist Ordnung das Wichtigste; **aquí priman los enchufes sobre la capacidad personal** hier sind Beziehungen wichtiger als persönliche Fähigkeiten **II.** *vt* eine Zulage [*o* einen Zuschlag] geben *+dat*

primario, **-a** [pri'marjo, -a] *adj* **1.** (*principal*) wesentlich, vorrangig, primär; **corriente primaria** (ELEC) Primärstrom *m;* **necesidades primarias** Grundbedürfnisse *ntpl;* **sector ~** (ECON) primärer Sektor **2.** (*persona*) simpel **3.** (*loc*): **enseñanza primaria** (ENS) Grund- und Hauptschule *f;* **era primaria** (GEO) Paläozoikum *nt*

primate [pri'mate] *m* Primat *m*

primavera [prima'βera] **I.** *adj* simpel **II.** *f* **1.** (*estación*) Frühling *m;* **estar en la ~ de la vida** im Frühling des Lebens stehen **2.** (BOT)

Primel *f* **3.** *pl* (*años*) Lenze *mpl*

primaveral [primaβe'ral] *adj* Frühlings-; **tiempo** ~ Frühlingswetter *nt*

primer [pri'mer] *adj v.* **primero, -a²**

primera [pri'mera] *f* **1.** (*persona*) Erste *f* **2.** (AUTO) erster Gang *m;* **ir en** ~ im ersten Gang fahren **3.** (FERRO, AERO): **viajar en** ~ erster Klasse reisen **4.** (*loc*): **de** ~ erstklassig, ausgezeichnet; **a las ~s de cambio** plötzlich; **fue eliminado a las ~s de cambio** er schied bereits nach ein paar Runden aus; **lo hice a la** ~ ich habe es auf Anhieb geschafft

primeriza [prime'riθa] *f* (*parturienta*) Erstgebärende *f*

primerizo, -a [prime'riθo, -a] *m, f* (*novato*) Neuling *m*

primero¹ [pri'mero] *adv* **1.** (*en primer lugar*) zuerst, zunächst; **~..., segundo...** erstens ..., zweitens ...; ~ **dice una cosa, luego otra** er/sie sagt einmal hü und einmal hott *fam* **2.** (*antes*) lieber

primero, -a² [pri'mero, -a] **I.** *adj* (*ante sustantivo masculino: primer*) erste(r, s); **primera calidad** Topqualität *f;* **primera edición** Erstausgabe *f;* **el Primer Ministro** der Premierminister; **el primer programa** das erste Programm; **primera representación** Uraufführung *f;* **la primera vez** das erste Mal; **por primera vez** zum ersten Mal; **estado** ~ ursprünglicher Zustand; **a primera hora (de la mañana)** früh morgens; **a ~s de mes** am Monatsanfang; **de primera calidad** erstklassig; **desde un primer momento** von Anfang an; **en primer lugar** zuerst, als Erstes; **ocupar una de las primeras posiciones** einen der vorderen Plätze belegen; **lo ~ es lo ~** immer der Reihe nach; **para mí tú eres lo ~** du kommst für mich an erster Stelle; **lo ~ es ahora la familia** die Familie hat jetzt Vorrang **II.** *m, f* Erste(r) *mf;* **el ~ de la carrera** der Erstplatzierte im Rennen; **el ~ de la clase** der Klassenbeste; **estar entre los ~s** unter den Ersten sein; **eres el ~ en llegar** du bist als Erster angekommen

prime time [praịm taịm] *m* (TV) Sendezeit *f* mit der höchsten Zuschauerrate, Primetime *f*

primicia [pri'miθja] *f* **1.** (*lo primero*) Erstling *m* **2.** (PREN, TV, RADIO) Exklusivmeldung *f* **3.** *pl* (*frutos*): **las ~s** die ersten Früchte

primigenio, -a [primi'xenjo, -a] *adj v.* **primitivo**

primípara [pri'mipara] *f v.* **primeriza**

primitivamente [primitiβa'meṇte] *adv* **1.** (*originariamente*) ursprünglich **2.** (*de manera primitiva*) primitiv; **comportarse** ~ sich ungehobelt benehmen

primitivismo [primiti'βismo] *m* **1.** (*actitud*) primitives Verhalten *nt* **2.** (ARTE) Primitivismus *m*

primitivo, -a [primi'tiβo, -a] *adj* **1.** (*cultura, pueblo*) primitiv; (*murallas*) ursprünglich; **los habitantes ~s** die Ureinwohner **2.** (*rústico*) simpel, primitiv **3.** (LING): **palabra primitiva** Stammwort *nt,* Primitivum *nt* **4.** (*loc*): **lotería primitiva** (*spanisches*) *Lotto*

primo¹ ['primo] *m* **1.** (*pariente*) Cousin *m,* Vetter *m;* ~ **hermano/segundo** Vetter ersten/zweiten Grades **2.** (*fam: ingenuo*) Einfaltspinsel *m;* **hacer el** ~ hereinfallen, den Dummen spielen; **he hecho el ~: he pagado 1.000 pesetas por esto** man hat mich übers Ohr gehauen: ich habe dafür 1.000 Peseten bezahlt; **¡no seas ~!** sei doch kein Dummkopf!

primo, -a² ['primo, -a] *adj* **1.** (*primero*): **materia prima** Rohstoff *m* **2.** (*primoroso*) geschickt **3.** (*excelente*) vortrefflich **4.** (MAT): **número** ~ Primzahl *f*

primogénito, -a [primo'xenito, -a] **I.** *adj* erstgeboren **II.** *m, f* Erstgeborene(r) *mf*

primogenitor(a) [primoxeni'tor(a)] *m(f)* Erzeuger(in) *m(f),* Vater *m,* Mutter *f;* **los ~es** die Vorfahren

primogenitura [primoxeni'tura] *f* **1.** (*cualidad*) Erstgeburt *f* **2.** (*derecho*) Erstgeburtsrecht *nt,* Erstgeburt *f*

primor [pri'mor] *m* **1.** (*habilidad*) Geschicklichkeit *f* **2.** (*esmero*) Sorgfältigkeit *f;* **hacer algo con** ~ etw sorgfältig machen **3.** (*cosa*) Meisterwerk *nt;* **este traje es un** ~ dieser Anzug ist ein Meisterstück [*o* Prachtstück] **4.** (*loc*): **llueve que es un** ~ es regnet in Strömen

primordial [primor'ðjal] *adj* **1.** (*más importante*) vorrangig; **este asunto es de interés** ~ diese Angelegenheit hat Vorrang **2.** (*fundamental*) wesentlich; **para vivir en Alemania es ~ hablar alemán** um in Deutschland zu leben, muss man unbedingt Deutsch sprechen

primoroso, -a [primo'roso, -a] *adj* **1.** (*hábil*) geschickt **2.** (*con esmero*) sorgfältig; **es un bordado** ~ das ist eine sauber gearbeitete Stickerei **3.** (*excelente*) vortrefflich; **labios ~s** sehr schöne Lippen

prímula ['primula] *f* (BOT) Primel *f*

princesa [priṇ'θesa] *f v.* **príncipe²**

principado [priṇθi'paðo] *m* **1.** (*título*) Fürstenstand *m* **2.** (*territorio*) Fürstentum *nt* **3.** (GEO): **el P~** Katalonien *nt;* **el P~ de Andorra** Andorra *nt*

principal¹ [priṇθi'pal] **I.** *adj* **1.** (*más importante*) Haupt-, hauptsächlich; **oficina** ~ Hauptgeschäftsstelle *f,* Zentrale *f;* **el problema** ~ das Hauptproblem; **socio** ~ Hauptteilhaber *m;* **su carrera profesional era lo ~ para él** seine Karriere war für ihn das Wichtigste **2.** (*esencial*) wesentlich; **concentrarse en lo** ~ sich auf das Wesentliche konzentrieren **II.** *mf* (*de negocio*) Geschäftsinhaber(in) *m(f)*

principal² [priṇθi'pal] *m* **1.** (*piso*) erster Stock *m* **2.** (*edición*) Erstausgabe *f*

principalmente [priṇθipal'meṇte] *adv* hauptsächlich, im Wesentlichen; **se trataba ~ de...** hauptsächlich [*o* in erster Linie] ging es darum, …; **él ha sido ~ el que ha hecho el trabajo** im Wesentlichen hat er die Arbeit erledigt; **esta política beneficia ~ a los más necesitados** diese Politik kommt vor allem [*o* insbesond(e)re] den Bedürftigen zugute

príncipe¹ ['prinθipe] *adj:* **edición ~** Erstausgabe *f*

príncipe² ['prinθipe] *m,* **princesa** [prin'θesa] *f* **1.** (*soberano*) Fürst(in) *m(f)* **2.** (*hijo del rey*) Prinz *m,* Prinzessin *f;* **~ heredero** Kronprinz *m;* **el P~ de Asturias** der spanische Kronprinz **3.** (*en cuento*) Prinz *m,* Prinzessin *f,* Königssohn, -tochter *m, f;* **el ~ azul** der Märchenprinz

principesco, -a [prinθi'pesko, -a] *adj* fürstlich

principianta [prinθi'pjanta] *f* **1.** (*principiante*) Anfängerin **2.** (*aprendiza*) Lehrling *m*

principiante [prinθi'pjante] *mf* Anfänger(in) *m(f)*

principiar [prinθi'pjar] *vi, vt* beginnen, anfangen; **está principiando a nevar** es fängt an zu schneien

principio [prin'θipjo] *m* **1.** (*comienzo*) Anfang *m,* Beginn *m;* **acuerdo de ~** Rahmenabkommen *nt;* **al ~** am Anfang, anfangs; **ya desde el ~** bereits [*o* schon] am Anfang; **desde un ~** von Anfang an; **a ~s de diciembre** Anfang Dezember; **dar ~ a algo** mit etw *dat* anfangen **2.** (*causa*) Ursache *f;* **el ~ de la discusión** der Auslöser der Diskussion **3.** (*origen*) Ursprung *m* **4.** (*fundamento*) Prinzip *nt,* Grundsatz *m;* **~ de buena fe** (JUR) Prinzip von Treu und Glauben; **cuestión de ~s** Prinzipienfrage *f,* Grundsatzfrage *f;* **no tiene ~s** er/sie hat keine Prinzipien; **en ~** im Prinzip, im Grunde genommen **5.** (FÍS) Prinzip *nt* **6.** (QUÍM) Element *nt,* Grundstoff *m* **7.** *pl* (*de ciencia*) Abriss *m*

pringada [priŋ'gaða] *f* (GASTR) Schmalzbrot *nt*

pringado, -a [priŋ'gaðo, -a] *m, f:* **¡calla, ~!** (*pey*) halt die Klappe, du Trottel!; **siempre soy yo el ~** (*fam: el que sobra*) immer bin ich das fünfte Rad am Wagen; (*la víctima*) immer bin ich der Gelackmeierte

pringar [priŋ'gar] <g→gu> **I.** *vt* **1.** (*manchar*) beschmieren (*de/con* mit +*dat*) **2.** (*mojar en salsa*) eintauchen (*en* in +*akk*) **3.** (HIST) mit heißem Fett übergießen **4.** (*fam: herir*) verwunden **5.** (*fam: desacreditar*) runtermachen **II.** *vi* **1.** (*fam: en negocio*) beteiligt sein (*en* an +*dat*); **el ministro está pringado en este asunto** der Minister ist in diese Sache verwickelt **2.** (*fam: trabajar*) schuften **3.** (*Am: lloviznar*) nieseln **4.** (*fam: morir*) abkratzen **III.** *vr:* **~se 1.** (*mancharse*) sich beschmieren (*de/con* mit +*dat*) **2.** (*en negocio*) beteiligt sein (*en* an +*dat*) **3.** (*loc*): **se ha pringado en 200 marcos** er/sie hat 200 Mark mitgehen lassen

pringón¹ [priŋ'gon] *m* **1.** (*acción*) Sichbeschmieren *nt* **2.** (*mancha*) Fettfleck *m*

pringón, -ona² [priŋ'gon, -ona] *adj* (*fam*) dreckig

pringoso, -a [priŋ'goso, -a] *adj* schmierig

pringote [priŋ'gote] *m* (GASTR) *Gemisch aus Fleisch, Speck und Chorizo*

pringue ['priŋge] *m* **1.** (*grasa*) Fett *nt* **2.** (*suciedad*) Schmutz *m,* Dreck *m* **3.** (*castigo*) Strafe *f;* **¿que tienes que repetir el trabajo? ¡vaya ~ tío!** (*fam*) was, du musst die Arbeit nochmals machen? so eine Schweinerei!

prior(a) [pri'or(a)] *m(f)* (REL) Prior(in) *m(f)*

priorato [prjo'rato] *m* **1.** (GASTR) Prioratswein *m* **2.** (REL) Priorat *nt*

priori [pri'ori] *adv:* **a ~** a priori, von vornherein

prioridad [prjori'ðaᵈ] *f* **1.** (*anterioridad*) Vorzeitigkeit *f,* Priorität *f elev* **2.** (*urgencia*) Priorität *f,* Vorrang *m;* **de máxima ~** von allerhöchster Dringlichkeit; **lista de ~es** Prioritätenliste *f;* **dar ~ a un asunto** eine Angelegenheit vorrangig behandeln, einer Angelegenheit Priorität einräumen *elev* **3.** (AUTO) Vorfahrt *f*

prioritario, -a [prjori'tarjo, -a] *adj* vorrangig; **este plan es ~** dieser Plan hat Vorrang

priorizar [prjori'θar] <z→c> **I.** *vi* Prioritäten setzen [*o* festlegen] **II.** *vt* Priorität einräumen +*dat*

prisa ['prisa] *f* Eile *f;* **a toda ~** in aller Eile; **de ~** schnell; **hacer algo de ~** etw eilends tun; **de ~ y corriendo** (*con demasiada prisa*) hastig; (*rápidamente*) schleunigst; **no corre ~** es hat Zeit; **¡date ~!** beeil dich!, Beeilung!; **el jefe me mete ~** der Chef drängt mich zur Eile; **tengo ~** ich habe es eilig, ich bin in Eile; **no tengas ~** lass dir Zeit; **a esta hora hay mucha(s) ~(s) en la calle** um diese Zeit herrscht auf der Straße ein geschäftiges Treiben

priscal [pris'kal] *m* Pferch *m*

priscilianismo [prisθilja'nismo] *m* (HIST, REL) Priscillianismus *m*

prisco ['prisko] *m* (BOT: *albérchigo*) *Pfirsichart mit weißem Fleisch*

prisión [pri'sjon] *f* **1.** (*reclusión*) Haft *f;* (*de guerra*) Gefangenschaft *f;* **~ celular** Einzelhaft *f;* **~ mayor** *Gefängnisstrafe zwischen sechs und zwölf Jahren;* **~ menor** *Gefängnisstrafe zwischen sechs Monaten und sechs Jahren;* **~ preventiva** Untersuchungshaft *f* **2.** (*edificio*) Gefängnis *nt;* **~ de alta seguridad** Hochsicherheitsgefängnis *nt;* **estar en ~** im Gefängnis sitzen [*o* sein]

prisionero, -a [prisjo'nero, -a] *m, f* Gefangene(r) *mf;* (*convicto*) Häftling *m,* Sträfling *m;* **~ de guerra** Kriegsgefangene(r) *m;* **hacer ~ a alguien** jdn gefangen nehmen

prisma ['prisma] *m* **1.** (*figura*) Prisma *nt* **2.** (*punto de vista*) Gesichtspunkt *m,* Blickwinkel *m*

prismático, -a [pris'matiko, -a] *adj* prismatisch, prismenförmig

prismáticos [pris'matikos] *mpl* Fernglas *nt,*

P

Feldstecher *m*

prístino, **-a** ['pristino, -a] *adj* **1.** (*primitivo*) ursprünglich, primitiv **2.** (*puro*) rein

priva ['priβa] *f* (*argot*) Suff *m*

privacidad [priβaθi'ðaᵈ] *f* Privatsphäre *f*

privación [priβa'θjon] *f* **1.** (*desposesión*) Entzug *m*, Entziehung *f*; ~ **del cargo** Amtsentfernung *f*; ~ **de libertad** (JUR) Freiheitsberaubung *f*; (*cárcel*) Freiheitsentzug *m*; ~ **del permiso de conducir** Führerscheinentzug *m* **2.** (*carencia*) Entbehrung *f*, Einschränkung *f*

privado¹ [pri'βaðo] *m* (*de rey*) Günstling *m*; (*de ministro*) Protegé *m*

privado, **-a²** [pri'βaðo, -a] *adj* **1.** (*reunión, fiesta*) privat, im privaten Kreis; (*sesión*) nicht öffentlich **2.** (*personal*) Privat-, privat; (*confidencial*) privat, vertraulich; (*documentación*) privat, persönlich; **propiedad privada** Privateigentum *nt*; **seguro de enfermedad** ~ private Krankenversicherung; **vida privada** Privatleben *nt*; **en el trabajo es insoportable, pero en ~...** bei der Arbeit ist er/sie unerträglich, aber privat ...; **quisiera hablar en ~ contigo** ich möchte mit dir unter vier Augen sprechen **3.** (*falto*): ~ **de...** ohne ...; ~ **de flexibilidad** (*cosa*) ungeschmeidig; (*persona*) unflexibel; ~ **de inteligencia** beschränkt; ~ **de la libertad** inhaftiert; ~ **de medios** mittellos

privanza [pri'βaṇθa] *f* **1.** (*de príncipe*) Gunst *f* **2.** (*de ministro*) Protektion *f*

privar [pri'βar] **I.** *vt* **1.** (*desposeer*) entziehen, wegnehmen; ~ **a alguien del permiso de conducir** jdm die Fahrerlaubnis entziehen; ~ **a alguien de libertad** jdn seiner Freiheit berauben; ~ **a alguien de un derecho** jdm ein Recht aberkennen; ~ **a alguien de un cargo** jdn eines Amtes entheben **2.** (*prohibir*) verbieten; **no me prives de visitarte** erlaub mir bitte dich zu besuchen **3.** (*gustar*) schwärmen (für +*akk*); **está privado por esa chica** er hat an diesem Mädchen einen Narren gefressen **II.** *vi* **1.** (*estar de moda*) in Mode sein, in sein *fam* **2.** (*influir*) in Gunst stehen (*con* bei +*dat*) **III.** *vr:* ~**se** verzichten (*de* auf +*akk*); **no se privan de nada** es fehlt ihnen an nichts

privatista [priβa'tista] *mf* (JUR) Privatrechtler(in) *m(f)*

privativo, **-a** [priβa'tiβo, -a] *adj* **1.** (*que priva*) entziehend; **pena privativa de libertad** (JUR) Freiheitsstrafe *f* **2.** (*propio*) eigen; **esta facultad es privativa del presidente** dazu ist ausschließlich der Präsident befugt **3.** (LING) privativ

privatización [priβatiθa'θjon] *f* Privatisierung *f*

privatizar [priβati'θar] <z→c> *vt* privatisieren

privilegiado, **-a** [priβile'xjaðo, -a] **I.** *adj* privilegiert; **tiene una memoria privilegiada** er/sie hat ein hervorragendes Gedächtnis **II.** *m, f* Privilegierte(r) *mf*

privilegiar [priβile'xjar] *vt* privilegieren

privilegio [priβi'lexjo] *m* **1.** (*prerrogativa*) Sonderrecht *nt*, Privileg *nt*; ~ **fiscal** Steuererleichterung *f* **2.** (*beneficio*) Vorrecht *nt*, Privileg *nt elev*

pro¹ [pro] *m o f* **1.** (*provecho*) Pro *nt*; **valorar los ~s y los contras** das Pro und das Kontra bedenken, Pro und Kontra abwägen; **en ~ de** zugunsten [*o* zu Gunsten] +*gen*; **campaña en ~ de la erradicación de las pruebas nucleares** Kampagne gegen Atomversuche [*o* Atomtests] **2.** (*loc*): **un hombre de ~** ein rechtschaffener Mann

pro² [pro] *prep* für +*akk*, pro +*akk*

proa ['proa] *f* (NÁUT) Bug *m*; **poner la ~ en un asunto** eine Sache energisch anpacken; **poner la ~ a algo/alguien** sich gegen etw/jdn stellen, etw *dat*/jdm die Stirn bieten

pro-amnistía [proamnis'tia] *f Kampagne Ende der 70er-Jahre für eine Amnestierung politischer Gefangener unter Franco*

probabilidad [proβaβili'ðaᵈ] *f* **1.** (*verosimilitud*) Wahrscheinlichkeit *f*; **con toda ~** aller Wahrscheinlichkeit nach **2.** (*posibilidad*) Aussicht *f*, Chance *f*; **hay ~es de rescatar los rehenes** es besteht Aussicht auf Befreiung der Geiseln

probabilismo [proβaβi'lismo] *m sin pl* (FILOS) Probabilismus *m*

probabilista [proβaβi'lista] *mf* (FILOS) Probabilist(in) *m(f)*

probable [pro'βaβle] *adj* **1.** (*verosímil*) wahrscheinlich; **un resultado ~** ein mögliches Ergebnis; **el ~ campeón** der voraussichtliche Sieger **2.** (*que se puede probar*) nachweisbar, beweisbar

probablemente [proβaβle'meṇte] *adv* wahrscheinlich, vermutlich, voraussichtlich

probación [proβa'θjon] *f* (REL) Probezeit *f*

probado, **-a** [pro'βaðo, -a] *adj* **1.** (*cosa, cualidad, método*) erprobt; (*trabajador*) bewährt, erprobt **2.** (*demostrado*) bewiesen; **hechos ~s** bewiesene Tatsachen

probador [proβa'ðor] *m* Ankleidekabine *f*, Umkleidekabine *f*

probadura [proβa'ðura] *f* (GASTR) Kosten *nt*, Probieren *nt*

probanza [pro'βaṇθa] *f* (JUR) **1.** (*averiguación*) Beweisführung *f* **2.** (*cosa*) Beweis *m*

probar [pro'βar] <o→ue> **I.** *vt* **1.** (*demostrar*) beweisen, nachweisen; **esto prueba que...** das ist ein Beweis dafür, dass ...; **todavía no está probado que sea culpable** seine/ihre Schuld ist noch nicht erwiesen **2.** (*cosa*) probieren, versuchen; (*medida*) (aus)probieren, erproben; **déjame ~** lass mich mal probieren **3.** (*a alguien*) auf die Probe stellen **4.** (*material*) ausprobieren; (*detergente*) (aus)probieren, testen; (*aparato*) (aus)testen **5.** (*vestido*) anprobieren **6.** (GASTR) probieren, kosten; **no he probado nunca una paella** ich habe noch nie Paella gegessen **II.** *vi* **1.** (*in-*

tentar) versuchen; ~ **a hacer algo** etw zu tun versuchen **2.** (*ser conveniente*): ~ **bien/mal** gut/schlecht tun [*o* bekommen]

probatoria [proβa'torja] *f* (JUR) Beweisstation *f*

probatorio, **-a** [proβa'torjo, -a] *adj* (*t.* JUR) Beweis-, beweisend; **documento** ~ Beweisstück *nt;* **fuerza probatoria** Beweiskraft *f;* **medio** ~ Beweismittel *nt*

probatura [proβa'tura] *f* (*fam*) Versuch *m;* (TEAT, CINE) Probe *f*

probeta [pro'βeta] *f* **1.** (*tubo*) Reagenzglas *nt;* ~ **graduada** Messglas *nt* **2.** (FOTO) (Entwickler)schale *f*

probidad [proβi'ða^{d}] *f* **1.** (*honradez*) Redlichkeit *f,* Rechtschaffenheit *f* **2.** (*integridad*) Integrität *f*

problema [pro'βlema] *m* **1.** (*cuestión*) Frage *f;* **el** ~ **del medio ambiente** die Umweltfrage **2.** (*dificultad*) Problem *nt,* Schwierigkeit *f;* ~**s de adaptación** Anpassungsschwierigkeiten *fpl;* ~ **de liquidez** Liquiditätsengpass *m;* ~ **marginal** Randproblem *nt;* **el planteamiento del** ~ die Problemstellung **3.** (*ejercicio*) Aufgabe *f*

problemática [proβle'matika] *f* Problematik *f*

problemático, **-a** [proβle'matiko, -a] *adj* problematisch; (*familia, niño, caso*) Problem-

problematizar [proβlemati'θar] <z→c> *vt* problematisieren

probo, **-a** ['proβo, -a] *adj* **1.** (*honrado*) redlich, rechtschaffen **2.** (*íntegro*) integer

probóscide [pro'βosθiðe] *f* (ZOOL) Rüssel *m*

procacidad [prokaθi'ða^{d}] *f* **1.** (*insolencia*) Unverschämtheit *f,* Frechheit *f* **2.** (*grosería*) Grobheit *f*

procaz [pro'kaθ] *adj* **1.** (*insolente*) unverschämt, frech **2.** (*grosero*) grob

procedencia [proθe'ðen̪θja] *f* **1.** (*origen*) Herkunft *f,* Ursprung *m;* (*de persona*) Herkunft *f;* **anunciar la** ~ **del tren** ankündigen, woher der Zug kommt **2.** (JUR) Zulässigkeit *f*

procedente [proθe'ðen̪te] *adj* **1.** (*oportuno*) angebracht **2.** (*que viene de*) aus; **tren** ~ **de Hamburgo con destino a Múnich** der Zug von Hamburg nach München **3.** (JUR) berechtigt, statthaft

proceder [proθe'ðer] **I.** *m* **1.** (*comportamiento*) Verhalten *nt* **2.** (*actuación*) Vorgehen *nt,* Vorgehensweise *f* **II.** *vi* **1.** (*familia*) abstammen (*de* von +*dat*); (*de un lugar*) kommen (*de* aus +*dat*), stammen (*de* aus +*dat*); (*idea*) entstehen (*de* aus +*dat*), den Ursprung haben (*de* in +*dat*); (*pasión*) herrühren (*de* von +*dat*); **estos tomates proceden de España** diese Tomaten kommen aus Spanien **2.** (*actuar*) vorgehen, verfahren **3.** (*ser oportuno*) angebracht sein; **no** ~ unangebracht sein; **ahora procede guardar silencio** wir sollten jetzt ganz ruhig [*o* still] sein; **táchese lo que no proceda** Unzutreffendes bitte streichen **4.** (*pasar a*) schreiten (*a* zu +*dat*) **5.** (JUR: *iniciar un proceso*) ein Verfahren einleiten (*contra* gegen +*akk*); (*procesar*) prozessieren (*contra* gegen +*akk, por* wegen +*gen*)

procedimiento [proθeði'mjen̪to] *m* **1.** (*actuación*) Vorgehen *nt,* Vorgehensweise *f;* ~ **disciplinario** Disziplinarverfahren *nt;* **¿qué** ~ **se puede seguir aquí?** wie kann man hier vorgehen? **2.** (*método*) Verfahren *nt,* Methode *f;* ~ **de abandono** (INFOR) Beenden *nt;* ~ **de contabilidad** Buchführungsverfahren *nt;* ~ **de disgregación** (QUÍM) Aufschlussverfahren *nt;* ~ **industrial** industrielles Verfahren, Herstellungsweise *f;* ~ **de reserva** (INFOR) Buchungsverfahren *nt;* ~ **tipográfico** (TIPO) Druckverfahren *nt;* **su** ~ **no me convence** sein Verfahren überzeugt mich nicht **3.** (JUR) Gerichtsverfahren *nt,* Prozess *m*

proceloso, **-a** [proθe'loso, -a] *adj* (*elev*) stürmisch

prócer ['proθer] **I.** *adj* bedeutend, herausragend **II.** *m* bedeutende [*o* herausragende] Persönlichkeit *f*

procesado, **-a** [proθe'saðo, -a] *m, f* (JUR) Angeklagte(r) *mf*

procesador [proθesa'ðor] *m* (INFOR) Prozessor *m;* ~ **central** Zentralprozessor *m;* ~ **de comandos** Befehlsprozessor *m;* ~ **de datos** Datenverarbeitungssystem *nt;* ~ **de texto** Textverarbeitungssystem *nt*

procesal [proθe'sal] *adj* (*costos, actuación*) Prozess-; (*regla*) Verfahrens-; **derecho** ~ Verfahrensrecht *nt,* Prozessrecht *nt*

procesamiento [proθesa'mjen̪to] *m* **1.** (JUR) Prozessführung *f* **2.** (INFOR): ~ **de datos** Datenverarbeitung *f;* ~ **de imágenes** Bildverarbeitung *f;* ~ **de la información** Informationsverarbeitung *f;* ~ **en línea** Onlineverarbeitung *f;* ~ **por lotes** Stapelbetrieb *m,* Stapelverarbeitung *f;* ~ **de textos** Textverarbeitung *f;* ~ **de voz** Verarbeitung gesprochener Sprache

procesar [proθe'sar] *vt* **1.** (JUR) gerichtlich vorgehen (*a* gegen +*akk*), prozessieren (*a* gegen +*akk*); **le procesan por violación** er steht wegen Vergewaltigung vor Gericht **2.** (TÉC) verarbeiten

procesión [proθe'sjon] *f* **1.** (*marcha*) Marsch *m;* (REL) Prozession *f* **2.** (*hilera*) Reihe *f;* (*de personas*) Schlange *f* **3.** (*loc*): **permaneció tranquilo aunque la** ~ **iba por dentro** er blieb ruhig, obwohl es in seinem Innern ganz anders aussah

procesional [proθesjo'nal] *adj* prozessionsartig

procesionaria [proθesjo'narja] *f* (ZOOL) Prozessionsspinner *m*

procesionario [proθesjo'narjo] *adj* (REL): **libro** ~ Prozessionsbuch *nt*

proceso [pro'θeso] *m* **1.** (*desarrollo*) Prozess *m,* Vorgang *m;* ~ **de una enfermedad** Krankheitsentwicklung *f;* ~ **en el fondo** (INFOR) Hintergrundprozess *m;* ~ **de imágenes** (INFOR) Bildverarbeitung *f;* ~ **en línea** (INFOR) Onlineverarbeitung *f;* ~ **por lotes** (INFOR) Stapelverarbeitung *f,* Batchverarbeitung *f;* ~ **de paz** Friedensprozess *m;* ~ **productivo** Produktionsprozess *m;* ~ **de putrefacción** Fäulnisprozess *m,* Faulung *f;* **unidad de** ~ (INFOR) Verarbeiter *m* **2.** (*procedimiento*) Verfahren *nt;* ~ **redox** (QUÍM) Redoxverfahren *nt;* ~ **de dos tiempos** Zweistufenverfahren *nt* **3.** (JUR: *causa*) Prozess *m;* (*escritos*) Prozessakten *fpl* **4.** (*intervalo*): **en el** ~ **de un mes** innerhalb eines Monats; **en el** ~ **de esta semana lo solucionaremos** wir werden es im Laufe der Woche lösen

procidencia [proθi'ðeṇθja] *f* (MED) Vorfall *m*

proclama [pro'klama] *f* **1.** (*matrimonial*) Aufgebot *nt* **2.** (*política*) Aufruf *m,* Appell *m*

proclamación [proklama'θjon] *f* Verkündigung *f,* Proklamation *f elev*

proclamar [prokla'mar] **I.** *vt* **1.** (*hacer público*) verkünden, proklamieren *elev;* ~ **la República** die Republik ausrufen **2.** (*aclamar*) zujubeln +*dat* **3.** (*sentimiento*) offenbaren, verraten **4.** (*ganador*) ausrufen; **fue proclamado Premio Nobel** er wurde mit dem Nobelpreis ausgezeichnet **II.** *vr:* ~**se presidente** sich zum Präsidenten erklären [*o* ernennen]; ~**se ganador** gewinnen

proclisis [pro'klisis] *f inv* (LING) Proklise *f,* Proklisis *f*

proclítico, **-a** [pro'klitiko, -a] *adj* (LING) proklitisch; **palabra proclítica** Proklitikon *nt*

proclive [pro'kliβe] *adj* geneigt (*a* zu +*dat*)

proclividad [prokliβi'ða^{ð}] *f* Neigung *f*

procónsul [pro'konsul] *m* Prokonsul *m*

procreación [prokrea'θjon] *f* **1.** (*engendramiento*) Zeugung *f* **2.** (*reproducción*) Fortpflanzung *f*

procreador(**a**) [prokrea'ðor(a)] **I.** *adj* erzeugend **II.** *m(f)* Erzeuger(in) *m(f)*

procrear [prokre'ar] *vt* **1.** (*engendrar*) zeugen **2.** (*reproducirse*) sich fortpflanzen

proctalgia [prok'talxja] *f* (MED) Proktalgie *f*

proctología [proktolo'xia] *f* (MED) Proktologie *f*

proctoscopia [proktos'kopja] *f* (MED) Mastdarmspiegelung *f,* Proktoskopie *f*

procura [pro'kura] *f* **1.** (JUR) Prokura *f,* Vollmacht *f* **2.** (*Méx*): **en** ~ auf der Suche

procuración [prokura'θjon] *f* **1.** (*procura*) Prokura *f,* Vollmacht *f* **2.** (*procuración*) Prokuration *f,* Geschäftsführung *f*

procurador(**a**) [prokura'ðor(a)] *m(f)* **1.** (*en negocios*) Bevollmächtigte(r) *mf,* Prokurist(in) *m(f)* **2.** (*en tribunal*) Klagevertreter(in) *m(f)* **3.** (HIST): ~ **en** [*o* **a**] **Cortes** Parlamentsabgeordnete(r) *m*

procuraduría [prokuraðu'ria] *f* **1.** (*cargo*) Stellvertreteramt *nt* **2.** (*despacho*) Büro *nt* eines Prokuristen/einer Prokuristin **3.** (JUR) (Prozess)vertretung *f*

procurar [proku'rar] **I.** *vt* **1.** (*intentar*) versuchen; **procura hacerlo lo mejor que puedas** versuch dein Bestes zu tun [*o* zu geben]; **procura que no te vean más por aquí** lass dich hier nicht mehr blicken; **procura que no te oigan** pass auf, dass dich niemand hört **2.** (*proporcionar*) besorgen, beschaffen **II.** *vr:* ~**se** sich *dat* beschaffen, sich *dat* besorgen

procurrente [proku'rreṇte] *m* (GEO) längliche Halbinsel *f*

prodigalidad [proðiɣali'ða^{ð}] *f* **1.** (*despilfarro*) Verschwendung *f* **2.** (*abundancia*) Überfluss *m,* Fülle *f*

prodigar [proði'ɣar] <g→gu> **I.** *vt* **1.** (*malgastar*) verschwenden **2.** (*dar*) überhäufen (*de* mit +*dat*), überschütten (*de* mit +*dat*) **II.** *vr:* **se prodigó en toda clase de atenciones con nosotros** er/sie erwies uns allerlei Gefälligkeiten; **se prodigó en elogios hacia él** er/sie lobte ihn überschwänglich; **se prodiga tanto en las explicaciones que nadie la entiende** ihre Erklärungen sind so umständlich, dass niemand sie versteht

prodigio [pro'ðixjo] *m* Wunder *nt;* **niño** ~ Wunderkind *nt;* ~ **de la naturaleza** Naturwunder *nt*

prodigiosidad [proðixjosi'ða^{ð}] *f* (*extraordinario*) Außergewöhnlichkeit *f;* (*maravilloso*) Wunderbare(s) *nt*

prodigioso, **-a** [proði'xjoso, -a] *adj* **1.** (*extraordinario*) außerordentlich, hervorragend **2.** (*maravilloso*) wunderbar

pródigo, **-a** ['proðiɣo, -a] *adj* **1.** (*malgastador*) verschwenderisch; **el hijo** ~ der verlorene Sohn **2.** (*generoso*) großzügig ((*para*) *con* gegenüber +*dat*); **la pródiga naturaleza** die reiche Natur

prodrómico, **-a** [pro'ðromiko, -a] *adj* (MED) Prodromal-; **síntoma** ~ Prodromalerscheinung *f*

pródromo ['proðromo] *m* (MED) Prodrom *nt,* Prodromalsymptom *nt*

producción [proðu^{ɣ}'θjon] *f* **1.** (*de frutos*) Hervorbringung *f,* Bildung *f;* (*de cereales*) Produktion *f,* Erzeugung *f* **2.** (*de coches*) Herstellung *f,* Produktion *f;* ~ **en cadena** Fließbandfertigung *f;* ~ **por encargo** Auftragsfertigung *f;* ~ **industrial** industrielle Fertigung, Industrieproduktion *f;* ~ **en masa** [*o* **en gran escala**] Massenproduktion *f;* ~ **a medida** Fertigung nach Maß; ~ **en serie** Serienproduktion *f;* **coste de** ~ Produktionskosten *pl* **3.** (*cuadro*) Anfertigung *f;* (*libro*) Herstellung *f* **4.** (CINE) Produktion *f* **5.** (JUR: *de pruebas*) Erbringung *f;* (*de documentos*) Beibringung *f*

producibilidad [proðuθiβili'ða^{ð}] *f* Herstellbarkeit *f*

producible [proðu'θiβle] *adj* herstellbar

producir [proðu'θir] *irr como traducir* **I.** *vt* **1.** (*frutos*) tragen, hervorbringen **2.** (*coches*) herstellen, produzieren; (*energía*) erzeugen; ~ **en serie** in Serie produzieren **3.** (*beneficios*) (ein)bringen, abwerfen; (*intereses*) tragen **4.** (*alegría*) bereiten; (*aburrimiento*) hervorrufen; (*miedo*) auslösen, hervorrufen;

(*daño*) zufügen; (*impresión*) machen; ~ **tristeza** traurig stimmen **5.**(*cuadro*) anfertigen **6.**(CINE) produzieren **7.**(JUR: *pruebas*) erbringen; (*documentos*) beibringen **II.** *vr:* ~**se** **1.**(*fabricarse*) produziert [*o* hergestellt] werden **2.**(*tener lugar*) geschehen, sich ereignen; **se produjo una crisis** es kam zu einer Krise; **se ha producido una mejora** es ist eine Besserung eingetreten **3.**(*ocurrir*) vorkommen, sich ergeben; **cuando se produzca el caso...** wenn der Fall eintritt ...

productibilidad [proðuktiβili'ða^{d}] *f* Herstellbarkeit *f*

productible [proðuk'tiβle] *adj* herstellbar

productividad [proðuktiβi'ða^{d}] *f* **1.**(*general*) Produktivität *f;* (*de máquina*) Leistungsfähigkeit *f;* (*de persona*) Produktivität *f,* Leistungsfähigkeit *f;* **impulso a la** ~ Produktivitätsanreiz *m;* **prima de** ~ Produktivitätsprämie *f* **2.**(*de mina*) Ergiebigkeit *f* **3.**(*de negocio*) Einträglichkeit *f,* Rentabilität *f* **4.**(*de tierra*) Fruchtbarkeit *f*

productivo, **-a** [proðuk'tiβo, -a] *adj* **1.**(*general*) produktiv **2.**(*máquina*) leistungsfähig **3.**(*persona*) produktiv, leistungsfähig; **capacidad productiva** Leistungsfähigkeit *f* **4.**(*mina*) ertragreich **5.**(*negocio*) einträglich, rentabel **6.**(*inversión, colaboración*) nutzbringend; **capital** ~ Produktivkapital *nt* **7.**(*tierra*) fruchtbar, ertragreich

producto [pro'ðukto] *m* **1.**(*objeto*) Produkt *nt,* Erzeugnis *nt;* ~ **abastecido** (COM) Zulieferprodukt *nt;* ~ **acabado** Fertigprodukt *nt;* ~ **agrícola** Agrarprodukt *nt;* ~ **alimenticio** Nahrungsmittel *nt;* ~**s alimenticios** Lebensmittel *ntpl;* ~ **de belleza** Kosmetikartikel *m;* ~ **comunitario** Gemeinschaftsprodukt *nt;* ~ **derivado** Folgeerzeugnis *nt;* ~ **estancado** Monopolware *f;* ~**s a granel** Massengüter *ntpl;* ~ **intermedio** Zwischenprodukt *nt;* ~ **de marca** Markenartikel *m;* ~ **de primera necesidad** Gegenstand des täglichen Bedarfs; ~ **(semi)manufacturado** [*o* **(semi)elaborado**] (Halb)fabrikat *nt,* (Halb)fertigware *f;* ~ **terminado** Fertigware *f,* Fertigprodukt *nt;* **gama** [*o* **línea**] **de** ~**s** Produktpalette *f* **2.**(*de un negocio*) Ertrag *m;* (*de una venta*) Erlös *m;* **P~ Interior Bruto** Bruttoinlandsprodukt *nt;* **P~ Nacional Bruto** Bruttosozialprodukt *nt* **3.**(QUÍM, MAT) Produkt *nt;* ~**s químicos** Chemikalien *fpl;* ~ **de reacción** Reaktionsprodukt *nt*

productor(a) [proðuk'tor(a)] **I.** *adj* Produktions-, produzierend **II.** *m(f)* **1.**(ECON) Produzent(in) *m(f),* Hersteller(in) *m(f)* **2.**(CINE) (Film)produzent(in) *m(f)*

productora [proðuk'tora] *f* (CINE) Produktionsfirma *f*

proejar [proe'xar] *vi* (NÁUT: *contra el viento*) gegen den Wind rudern; (*contra la corriente*) gegen den Strom rudern

proemio [pro'emjo] *m* Vorwort *nt*

proeza [pro'eθa] *f* Heldentat *f,* Großtat *f*

profanación [profana'θjon] *f* **1.**(*de templo*) Entweihung *f,* Schändung *f* **2.**(*de memoria, nombre*) Beschmutzung *f*

profanador(a) [profana'ðor(a)] **I.** *adj* schändend **II.** *m(f)* Schänder(in) *m(f)*

profanamiento [profana'mjento] *m v.* **profanación**

profanar [profa'nar] *vt* **1.**(*templo, cementerio*) entweihen, schänden **2.**(*memoria, nombre*) beschmutzen

profanidad [profani'ða^{d}] *f* **1.**(*secular*) Weltlichkeit *f,* Profanität *f elev* **2.**(*irreverente*) Respektlosigkeit *f* **3.**(*ignorante*) Unwissenheit *f*

profano, **-a** [pro'fano, -a] *adj* **1.**(*secular*) weltlich, profan **2.**(*irreverente*) respektlos **3.**(*ignorante*) unwissend, unerfahren; **soy** ~ **en esta materia** ich habe von diesem Thema keine Ahnung

profecía [profe'θia] *f* Prophezeiung *f,* Weissagung *f*

proferir [profe'rir] *irr como sentir vt* **1.**(*palabra, sonido*) von sich *dat* geben, hervorbringen **2.**(*insulto, grito*) ausstoßen **3.**(*queja*) äußern

profesar [profe'sar] **I.** *vt* **1.**(*oficio*) ausüben **2.**(*admiración*) bekunden **3.**(*religión, doctrina*) sich bekennen (zu +*dat*) **4.**(ENS) lehren **II.** *vr:* ~**se** die Ordensgelübde ablegen

profesión [profe'sjon] *f* **1.**(*empleo*) Beruf *m;* **la** ~ **más antigua del mundo** das älteste Gewerbe der Welt; **trabajar en una** ~ **liberal** freiberuflich arbeiten **2.**(*de admiración*) Bekundung *f* **3.**(*de religión, doctrina*) Bekenntnis *nt* (*de* zu +*dat*); ~ **de fe** Glaubensbekenntnis *nt* **4.**(*loc*): **hacer** ~ **de algo** mit etw *dat* prahlen

profesional [profesjo'nal] **I.** *adj* **1.**(*obligación, actividad, formación*) Berufs-, beruflich; **ética** ~ Berufsethos *nt;* **secreto** ~ Schweigepflicht *f;* **servicio de orientación** ~ Berufsberatungsstelle *f* **2.**(*no aficionado*) professionell; **código de ética** ~ Ehrenkodex eines Berufsstandes; **deportista** ~ Profi *m;* **una tenista** ~ eine professionelle Tennisspielerin **3.**(*académico*) akademisch **4.**(*de profesión liberal*) freiberuflich **II.** *mf* **1.**(*experto, no aficionado*) Profi *m* **2.**(*académico*) Akademiker(in) *m(f)* **3.**(*de profesión liberal*) Freiberufler(in) *m(f)*

profesionalidad [profesjonali'ða^{d}] *f* Professionalität *f*

profesionalismo [prfesjona'lismo] *m sin pl* **1.**(*cualidad*) Professionalismus *m* **2.**(*de un trabajo*) Professionalität *f*

profesionalización [profesjonaliθa'θjon] *f* Berufsfortbildung *f*

profesionalizar [profesjonali'θar] <z→c> *vt* professionalisieren

profesionista [profesjo'nista] *mf* (*Méx*) Akademiker(in) *m(f)*

profeso, **-a** [pro'feso, -a] **I.** *adj* (REL) **1.**(*que ha profesado*) die Ordensgelübde abgelegt habend **2.**(*de los profesos*): **casa profesa**

Ordenshaus *nt* **II.** *m, f* Profess *m,* Professe *mf*

profesor(a) [profe'sor(a)] *m(f)* **1.**(*no universitario*) Lehrer(in) *m(f)* **2.**(*universitario*) Dozent(in) *m(f),* Professor(in) *m(f);* ~ **agregado** [*o* **no numerario**] außerordentlicher Professor; ~ **numerario** ordentlicher Professor

profesorado [profeso'raðo] *m* **1.**(*cargo no universitario*) Lehramt *nt* **2.**(*conjunto*) Lehrkörper *m;* (*en la escuela*) Lehrerschaft *f*

profesoral [profeso'ral] *adj* (*de un no universitario*) Lehrer-; (*de un universitario*) Dozenten-; **hablar en tono** ~ dozieren

profeta, -isa [pro'feta, profe'tisa] *m, f* Prophet(in) *m(f);* **nadie es** ~ **en su tierra** der Prophet gilt nichts in seinem Vaterland(e) [*o* im eigenen Land(e)]

profético, -a [pro'fetiko, -a] *adj* prophetisch

profetisa [profe'tisa] *f v.* **profeta**

profetismo [profe'tismo] *m* Prophetenlehre *f*

profetizador(a) [profetiθa'ðor(a)] **I.** *adj* weissagend **II.** *m(f)* Weissager(in) *m(f)*

profetizar [profeti'θar] <z→c> *vt* prophezeien

profiláctico¹ [profi'laktiko] *m* Präservativ *nt*

profiláctico, -a² [profi'laktiko, -a] *adj* (MED) prophylaktisch, vorbeugend

profilaxis [profi'laʸsis] *f inv* Prophylaxe *f*

pro forma [pro'forma] (COM) pro forma; **liquidación** ~ Pro-Forma-Rechnung *f*

prófugo¹ ['profuɣo] *m* (MIL) Fahnenflüchtige(r) *m*

prófugo, -a² ['profuɣo, -a] *m, f* Flüchtige(r) *mf,* flüchtige Person *f*

profundamente [profuṇda'meṇte] *adv* tief; ~ **ofendido** zutiefst beleidigt, zutiefst gekränkt; ~ **sentido** tief (empfunden); **una persona** ~ **moral** ein äußerst moralischer Mensch

profundidad [profuṇdi'ðaᵈ] *f* Tiefe *f;* ~ **de campo** (FOTO) Tiefenschärfe *f;* **las ~es del mar** die Tiefen des Meeres; **analizar en** ~ ergründen; **tener mucha/poca** ~ sehr tief/nicht sehr tief sein; **una cueva de cinco metros de** ~ eine fünf Meter tiefe Höhle

profundímetro [profuṇ'dimetro] *m* Tiefenmesser *m*

profundización [profuṇdiθa'θjon] *f* Vertiefung *f*

profundizar [profuṇdi'θar] <z→c> **I.** *vt* vertiefen **II.** *vi:* ~ **en algo** etw vertiefen

profundo¹ [pro'fuṇdo] *m* **1.**(*profundidad*) Tiefe *f;* **en lo más** ~ **de mi corazón** tief in meinem Herzen, im Innersten meines Herzens **2.**(*elev: mar*) See *f* **3.**(*elev: infierno*) Hölle *f*

profundo, -a² [pro'fuṇdo, -a] *adj* tief; (*capa, estrato*) tief liegend; (*observación*) tiefsinnig, tiefgründig; (*pena*) tief empfunden; (*dificultad*) tief greifend, profund *elev;* **la parte profunda de la piscina** der tiefe Teil des Schwimmbeckens; **psicología profunda** Tiefenpsychologie *f*

profusión [profu'sjon] *f* Fülle *f,* Überfluss *m;* ~ **de ideas** Ideenreichtum *m;* ~ **de trabajo** Übermaß an Arbeit; **una explicación con** ~ **de detalles** eine detaillierte Erklärung; **hay gran** ~ **de noticias** es gibt viele Neuigkeiten

profuso, -a [pro'fuso, -a] *adj* übermäßig (viel)

progenie [pro'xenje] *f* **1.**(*casta*) Geschlecht *nt* **2.**(*clan*) Sippe *f*

progenitor(a) [proxeni'tor(a)] *m(f)* **1.**(*antepasado*) direkter Vorfahr(e) *m,* direkte Vorfahrin *f* **2.**(*mayor*) Vater *m,* Mutter *f,* Erzeuger(in) *m(f);* **los ~es** die Eltern

progenitura [proxeni'tura] *f* **1.**(*progenie*) Geschlecht *nt* **2.**(*primogenitura*) Erstgeburt *f*

progesterona [proxeste'rona] *f* (MED) Gelbkörperhormon *nt,* Progesteron *nt*

prognosis [proɣ'nosis] *f inv* Prognose *f*

programa [pro'ɣrama] *m* **1.**(*t.* POL: *plan*) Programm *nt;* ~ **de las clases** (**de la Universidad**) Vorlesungsverzeichnis *nt;* ~ **de la editorial** Verlagsprogramm *nt;* ~ **de estudios** Lehrplan *m;* ~ **de fiestas** Festprogramm *nt;* ~ **de formación** Ausbildungsprogramm *nt;* ~ **de inversiones** (FIN) Investitionsprogramm *nt;* ~ **de investigación** Forschungsprogramm *nt;* ~ **de trabajo** Arbeitsplan *m* **2.**(INFOR) Programm *nt;* ~ **antivirus** [*o* **antiviral**] Antivirenprogramm *nt;* ~ **aplicativo** Anwendungsprogramm *nt;* ~ **contaminado** virusverseuchte Software; ~ **de demostración** Demosoftware *f;* ~ **de dibujo** Zeichenprogramm *nt;* ~ **de división de palabras** Silbentrennungsprogramm *nt;* ~ **de entrada de datos** Eingabeprogramm *nt;* ~ **de gráficas** Grafikprogramm *nt;* ~ **de instalación** Installationsprogramm *nt;* ~ **multimedial de computador** Multimediacomputerprogramm *nt;* ~ **de ordenación** Sortierprogramm *nt;* ~ **de ordenador** Computerprogramm *nt;* ~ **de soporte** Supportprogramm *nt;* ~ **de traducción** Übersetzungsprogramm *nt;* ~ **de tratamiento de textos** Textverarbeitungsprogramm *nt;* **~s utilitarios** Dienstprogramme *ntpl,* Utilities *pl;* **~s con virus** Virusprogramme *ntpl;* **generador de ~s** Programmgenerator *m;* **interrupción de** ~ Programmunterbrechung *f;* **instalar un** ~ ein Programm installieren

programable [proɣra'maβle] *adj* programmierbar

programación [proɣrama'θjon] *f* **1.**(*acción, t.* POL, INFOR) Programmierung *f;* ~ **convencional** (INFOR) konventionelle Programmierung; ~ **económica** (ECON) Wirtschaftsplanung *f;* ~ **estructurada** (INFOR) strukturierte Programmierung; ~ **modular** (INFOR) modulare Programmierung; ~ **sectorial** (ECON) Planung nach Wirtschaftssektoren; ~ **de sistemas** (INFOR) Systemprogrammierung *f;* ~ **visual** (INFOR) visuelles Programmieren **2.**(TV, RADIO) Programm *nt,* Programmgestaltung *f*

programador(a) [proɣrama'ðor(a)] *m(f)*

Programmierer(in) *m(f)*; ~ **de sistemas** (INFOR) Systemprogrammierer *m*

programar [proɣra'mar] *vt* programmieren; **la conferencia está programada para el domingo** der Vortrag steht für Sonntag auf dem Programm [*o* ist für Sonntag vorgesehen]; **¿qué tienes programado para esta tarde?** was hast du heute Nachmittag vor?

programático, -a [proɣra'matiko, -a] *adj* programmatisch

progre ['proɣre] **I.** *adj* (*fam*) fortschrittlich; (POL) linksorientiert; **sus ideas son ~s** er/sie ist links eingestellt **II.** *mf* Progressist(in) *m(f)*; (POL) Linke(r) *mf*

progresar [proɣre'sar] *vi* Fortschritte machen (*en* in +*dat*, bei +*dat*), vorankommen (*en* mit +*dat*); (*enfermedad*) fortschreiten; (*ciencia*) sich weiterentwickeln; ~ **profesionalmente** beruflich vorwärts kommen

progresión [proɣre'sjon] *f* **1.** (*avance*) Fortschreiten *nt*, Progression *f elev* **2.** (MAT) Reihe *f*; ~ **aritmética/geométrica** arithmetische/geometrische Reihe **3.** (MÚS) Sequenz *f*

progresismo [proɣre'sismo] *m sin pl* Progressismus *m elev*

progresista [proɣre'sista] **I.** *adj* fortschrittlich, progressiv **II.** *mf* Progressist(in) *m(f)*

progresivamente [proɣresiβa'men̩te] *adv* zunehmend; **recuperarse** ~ sich nach und nach erholen

progresivo, -a [proɣre'siβo, -a] *adj* **1.** (*que progresa*) progressiv, fortschreitend **2.** (*que aumenta*) zunehmend, progressiv; **impuesto** ~ (FIN) progressive Steuer; **tributación progresiva** (FIN) progressives Steuersystem **3.** (LING): **aspecto** ~ Verlaufsform *f*

progreso [pro'ɣreso] *m* Fortschritt *m*, Progress *m elev*

progubernamental [proɣuβernamen̩'tal] *adj* (*periódico*) regierungsfreundlich; (*tropas*) regierungstreu

prohibición [proi̯βi'θjon] *f* Verbot *nt*; ~ **de cárteles** (ECON) Kartellverbot *nt*; ~ **de comercialización de carne de vacuno** (COM) Vermarktungsverbot für Rindfleisch; ~ **de importar/exportar** (COM) Einfuhr-/Ausfuhrsperre *f*; **eludir una** ~ ein Verbot umgehen

prohibicionismo [proi̯βiθjo'nismo] *m* (ECON, POL) Prohibitionspolitik *f*

prohibicionista [proi̯βiθjo'nista] *mf* (ECON, POL) Prohibitionist(in) *m(f)*

prohibido, -a [proi̯'βiðo, -a] *adj*: ~ **fumar** Rauchen verboten; **fruto ~, fruta prohibida** verbotene Früchte

prohibir [proi̯'βir] *irr vt* verbieten, untersagen; **en los hospitales prohiben fumar** in Krankenhäusern herrscht Rauchverbot

prohibitivo, -a [proi̯βi'tiβo, -a] *adj* Verbots-; **a precio** ~ unerschwinglich; **derecho** ~ (ECON) Prohibitivzoll *m*

prohibitorio, -a [proi̯βi'torjo, -a] *adj v.* **prohibitivo**

prohijación [proixa'θjon] *f*, **prohijamiento** [proixa'mjen̩to] *m* (JUR) Adoption *f*

prohijar [proi'xar] *irr como airar vt* **1.** (*a alguien*) adoptieren **2.** (*doctrina*) übernehmen

prohombre [pro'ombre] *m* angesehener Mann *m*

proindivisión [proin̩diβi'sjon] *f* (JUR): **en** ~ ungeteilt

pro indiviso [proin̩di'βiso] (JUR) *v.* **proindiviso**

proindiviso, -a [proin̩di'βiso, -a] *adj* ungeteilt; **beneficiario** ~ alleiniger Nutznießer

proís [pro'is] <proíses> *m* (NÁUT) Befestigungspfosten *m*, Poller *m*

prójima ['proxima] *f* (*fam pey*) Dirne *f*, Prostituierte *f*

prójimo ['proximo] *m* **1.** (*semejante*) Mitmensch *m*; **amor al** ~ Nächstenliebe *f*; **no le importa el** ~ er/sie nimmt keine Rücksicht auf seine/ihre Mitmenschen, die anderen kümmern ihn/sie nicht **2.** (*pey: sujeto*) Typ *m*; **¡menudo ~ tenemos de vecino!** da haben wir ja einen schönen Nachbarn!

prolapso [pro'laβso] *m* (MED) Vorfall *m*, Prolaps(us) *m*; ~ **del recto** Mastdarmvorfall *m*

prole ['prole] *f* Kinder *ntpl*; **padre con numerosa** ~ Vater einer kinderreichen Familie

prolegómeno [prole'ɣomeno] *m* **1.** (*a un escrito*) Vorbemerkung *f*, Prolegomenon *nt elev* **2.** (*al hablar*) Vorrede *f*; **déjate de ~s y ve al grano** (*fam*) spar dir deine (langen) Vorreden und komm zur Sache

prolepsis [pro'leβsis] *f inv* **1.** (FILOS, LIT) Prolepse *f*, Prolepsis *f* **2.** (BIOL) Prolepsis *f*

proletariado [proleta'rjaðo] *m* Proletariat *nt*

proletario, -a [prole'tarjo, -a] **I.** *adj* proletarisch; **barrio** ~ Arbeiterviertel *nt* **II.** *m, f* Proletarier(in) *m(f)*; **tiene modales de** ~ er benimmt sich wie ein Prolet

proletarización [proletariθa'θjon] *f* (POL, SOCIOL) Proletarisierung *f*

proletarizar [proletari'θar] <z→c> *vt* proletarisieren

proliferación [prolifera'θjon] *f* **1.** (*en cantidad*) Vermehrung *f*, Zunahme *f* **2.** (*incontrolada, t.* MED) Wuchern *nt* **3.** (*de armas*) Verbreitung *f*, Weitergabe *f*; **tratado de no ~ de armas nucleares** Atom(waffen)sperrvertrag *m*

proliferar [prolife'rar] *vi* **1.** (*en cantidad*) sich vermehren, zunehmen **2.** (*incontroladamente, t.* MED) wuchern **3.** (*epidemia, rumor*) um sich greifen, sich ausbreiten

prolífero, -a [pro'lifero, -a] *adj*, **prolífico, -a** [pro'lifiko, -a] *adj* fruchtbar; (*escritor*) äußerst produktiv

prolijidad [prolixi'ðaᵈ] *f* **1.** (*de un relato*) Weitschweifigkeit *f* **2.** (*esmero*) Minuziösität *f* **3.** (*pesadez*) Umständlichkeit *f*

prolijo, -a [pro'lixo, -a] *adj* **1.** (*extenso*) weitschweifig **2.** (*esmerado*) minuziös **3.** (*cargante*) umständlich

prologar [prolo'ɣar] <g→gu> *vt* ein Vorwort schreiben (zu +*dat*); **edición prologada por…** Ausgabe mit einem Vorwort von …

prólogo ['proloɣo] *m* **1.** (*de libro*) Vorwort *nt* **2.** (TEAT, DEP) Prolog *m*

prolongable [proloŋ'gaβle] *adj* verlängerbar; (ECON) prolongierbar

prolongación [proloŋga'θjon] *f* **1.** (*de carretera, reunión*) Verlängerung *f* **2.** (*de decisión*) Hinauszögerung *f* **3.** (ECON) Prolongation *f*

prolongado, -a [proloŋ'gaðo, -a] *adj* länglich; **un sobre ~** ein Umschlag im Querformat

prolongador(a) [proloŋga'ðor(a)] *adj* verlängernd; **cable ~** Verlängerungskabel *nt*

prolongar [proloŋ'gar] <g→gu> **I.** *vt* **1.** (*carretera, plazo*) verlängern **2.** (*decisión*) hinauszögern; (*un estado*) hin(aus)ziehen, in die Länge ziehen **3.** (ECON) prolongieren **II.** *vr:* **~se 1.** (*alargarse*) sich verlängern; (*un estado*) sich hin(aus)ziehen, sich in die Länge ziehen **2.** (*reunión*) länger dauern; **la fiesta se prolongó hasta bien entrada la noche** das Fest dauerte bis tief in die Nacht; **las negociaciones se están prolongando demasiado** die Verhandlungen ziehen sich zu sehr in die Länge

promanar [proma'nar] *vi* herrühren (*de* von +*dat*)

promediar [prome'ðjar] **I.** *vt* **1.** (*repartir*) halbieren **2.** (*sacar promedio*) den Durchschnitt ermitteln +*gen* **II.** *vi* **1.** (*mediar*) vermitteln **2.** (*temporal*): **antes de ~ el año** in der ersten Jahreshälfte; **promediaba el mes cuando…** es war Mitte des Monats, als …

promedio [pro'meðjo] *m* Durchschnitt *m;* (MAT) Durchschnitt *m,* Mittelwert *m;* **veo la tele un ~ de dos horas al día** ich sehe jeden Tag durchschnittlich zwei Stunden fern

promesa [pro'mesa] *f* **1.** (*compromiso*) Versprechen *nt;* **~ de matrimonio** Verlobung *f;* **~ de pago** (FIN) Zahlungsversprechen *nt;* **este gobierno no ha cumplido sus ~s** diese Regierung hat ihre Versprechungen nicht erfüllt; **el director me ha dado su ~ de que…** der Direktor hat mir zugesagt, dass … **2.** (REL) Gelübde *nt*

prometedor(a) [promete'ðor(a)] *adj* viel versprechend

prometer [prome'ter] **I.** *vt* **1.** (*obligarse*) versprechen; **le prometí pagar hoy** ich habe ihm/ihr versprochen heute zu zahlen; **te prometo que lo haré** du kannst dich darauf verlassen, dass ich es tue; **te prometo por mis muertos que…** ich gebe dir mein Ehrenwort, dass …; **~ el oro y el moro** das Blaue vom Himmel versprechen **2.** (REL) geloben; **la Tierra Prometida** das Gelobte Land **II.** *vi* viel versprechend sein; **este negocio promete** das ist ein viel versprechendes Geschäft **III.** *vr:* **~se 1.** (*novios*) sich verloben (*con* mit +*dat*) **2.** (*esperar*) sich *dat* versprechen, sich *dat* erhoffen; **prometérselas muy felices** sich *dat* viel versprechen

prometido¹ [prome'tiðo] *m* Versprechen *nt;* **lo ~ es deuda** was man verspricht, muss man auch halten

prometido, -a² [prome'tiðo, -a] *m, f* Verlobte(r) *mf*

prominencia [promi'neṇθja] *f* **1.** (*abultamiento*) hervortretende Stelle *f* **2.** (*del terreno*) Erhebung *f,* Anhöhe *f* **3.** (MED) Auswuchs *m*

prominente [promi'neṇte] *adj* **1.** (*pómulo*) vorstehend, hervortretend; (*nariz*) vorspringend **2.** (*persona*) hervorragend

promiscuar [promis'kwar] *vi* **1.** (REL) an Fastentagen Fisch und Fleisch essen **2.** (*participar en cosas heterogéneas*) keine klare Linie einhalten

promiscuidad [promiskwi'ðaᵈ] *f* **1.** (*mezcla*) Mischung *f* **2.** (*de sexos*): **aboga a favor de la ~ de sexos en las escuelas** er/sie ist für gemischte Schulen **3.** (*sexual*) Promiskuität *f*

promiscuo, -a [pro'miskwo, -a] *adj* **1.** (*pey: mezclado*) gemischt **2.** (*ambiguo*) zweideutig **3.** (*sexualmente*) promiskuitiv

promisión [promi'sjon] *f:* **la Tierra de P~** (REL) das Gelobte Land

promisorio, -a [promi'sorjo, -a] *adj* versprechend; (JUR) promissorisch; **juramento ~** (JUR) promissorischer Eid

promoción [promo'θjon] *f* **1.** (*de empresa, de alguien*) Förderung *f;* **~ industrial** Industrieförderung *f* **2.** (*de categoría*) Beförderung *f* **3.** (*de producto, película, t.* DEP) Promotion *f;* **~ en la calle** Straßenwerbung *f;* **~ por correo** Postwerbung *f;* **~ de ventas** Verkaufsförderung *f;* **el artículo está de ~** der Artikel ist im Angebot **4.** (*de licenciados*) Jahrgang *m*

promocionar [promoθjo'nar] **I.** *vt* **1.** (*a empresa, a alguien*) fördern **2.** (*de categoría*) befördern **3.** (*producto, película*) promoten, werben (für +*akk*); **está promocionando su nueva película** er/sie ist auf Promotiontour für seinen/ihren neuen Film **II.** *vi* (DEP) um den Aufstieg spielen

promontorio [promoṇ'torjo] *m* **1.** (*terreno*) Erhebung *f,* Anhöhe *f;* (GEO) Vorgebirge *nt* **2.** (*de papeles, libros*) Stapel *m*

promotor¹ [promo'tor] *m* Trägerschaft *f;* **~ privado** private Trägerschaft; **~ público** öffentliche Trägerschaft

promotor(a)² [promo'tor(a)] *m(f)* **1.** (*de altercado*) Anstifter(in) *m(f),* Rädelsführer(in) *m(f)* **2.** (*patrocinador*) Förderer, -in *m, f;* (*deportivo, artístico*) Promoter(in) *m(f);* (*de espectáculo*) Veranstalter(in) *m(f)* **3.** (ECON): **~ de ventas** Salespromoter *m*

promovedor(a) [promoβe'ðor(a)] *m(f)* **1.** (*de altercado*) Anstifter(in) *m(f),* Rädelsführer(in) *m(f)* **2.** (*patrocinador*) Förderer, -in *m, f*

promover [promo'βer] <o→ue> *vt* **1.** (*querella*) erheben; (*proceso*) anstrengen; (*recur-

so) einlegen **2.** (*en el cargo*) befördern **3.** (*escándalo, aplausos*) auslösen; (*altercado*) anfangen, vom Zaun brechen

promulgación [promulɣa'θjon] *f* **1.** (*de ley*) Verkündung *f*, Erlassung *f* **2.** (*de noticia*) Verkündung *f*; (*por la prensa*) Verbreitung *f*

promulgador(a) [promulɣa'ðor(a)] **I.** *adj* verkündend **II.** *m(f)* Verkünder(in) *m(f)*

promulgar [promul'ɣar] <g→gu> *vt* **1.** (*ley*) verkünden, erlassen **2.** (*noticia*) verkünden; (*por la prensa*) verbreiten

pronador(a) [prona'ðor(a)] *adj* (ANAT) einwärtsdrehend; **músculo** ~ Beugemuskel *m*

pronombre [pro'nombre] *m* (LING) Pronomen *nt*, Fürwort *nt*

pronominal [pronomi'nal] *adj* (LING) pronominal, Pronominal-; **verbo** ~ reflexives Verb

pronosticación [pronostika'θjon] *f* Vorhersage *f*, Prognostizierung *f*

pronosticador(a) [pronostika'ðor(a)] *m(f)* Prognostiker(in) *m(f)* *elev;* ~ **económico** Wirtschaftsprognostiker *m;* **según los ~es** den Prognosen zufolge, nach den Vorhersagen

pronosticar [pronosti'kar] <c→qu> *vt* vorhersagen, prognostizieren; **estos datos económicos no pronostican nada bueno** die wirtschaftlichen Daten lassen nichts Gutes erkennen

pronóstico [pro'nostiko] *m* **1.** (*predicción*) Prognose *f*, Voraussage *f*; ~ **del tiempo** (METEO) Wettervorhersage *f*; ~ **de ventas** Absatzprognose *f* **2.** (MED) Prognose *f*; **lesiones de ~ reservado** ziemlich schwere Verletzungen **3.** (DEP) Tipp *m*

prontitud [pron̪ti'tuᵈ] *f* **1.** (*celeridad*) Schnelligkeit *f*; (*de ejecución*) Promptheit *f* **2.** (*de ingenio*) Scharfsinn *m*, Scharfsinnigkeit *f*

pronto[1] ['pron̪to] **I.** *m* Anwandlung *f*; ~ **de cólera** Zornausbruch *m*, Koller *m* *fam;* **tener ~s** sonderbare Anwandlungen haben **II.** *adv* **1.** (*rápido*) prompt, schnell **2.** (*enseguida*) bald; (*inmediatamente*) gleich **3.** (*temprano*) früh; **levantarse/acostarse** ~ früh aufstehen/ins Bett gehen **4.** (*loc*): **al** ~ sofort; **de** ~ auf einmal, plötzlich; **¡hasta ~!** bis bald!; **por de** [*o* **lo**] ~ fürs erste, zunächst (ein)mal **III.** *conj:* **tan ~ como** sobald; (*si expresa futuro: +subj*); **tan ~ como llegaron/lleguen** sobald sie ankamen/ankommen

pronto, -a[2] ['pron̪to, -a] *adj* **1.** (*rápido*) schnell, prompt; (*despierto*) flink, behänd; **pronta entrega** prompte Lieferung; ~ **pago** baldige Zahlung; **inteligencia pronta** wache Intelligenz **2.** (*dispuesto*) bereit, willig; **estar ~** (*CSur*) fertig sein

prontuario [pron̪'twarjo] *m* **1.** (*resumen*) Abriss *m*, (knappe) Zusammenfassung *f* **2.** (*manual*) Handbuch *nt*

pronunciable [pronun̪'θjaβle] *adj* aussprechbar

pronunciación [pronun̪θja'θjon] *f* **1.** (LING: *articulación*) Aussprache *f*; ~ **figurada** Aussprachebezeichnung *f*; **diccionario de** ~ Aussprachewörterbuch *nt* **2.** (JUR) Verlesung *f*, Verkündung *f*

pronunciado, -a [pronun̪'θjaðo, -a] *adj* ausgesprochen; (*marcado*) ausgeprägt; **arrugas pronunciadas** tiefe Falten; **una curva pronunciada** eine scharfe Kurve; **rasgos ~s** markante (Gesichts)züge

pronunciamiento [pronun̪θja'mjen̪to] *m* **1.** (*alzamiento*) Putsch *m;* ~ **militar** Militärputsch *m* **2.** (JUR) Fällung *f*; ~ **judicial** [*o* **del juez**] Richterspruch *m;* ~ **de sentencia** Urteilsverkündung *f*

pronunciar [pronun̪'θjar] **I.** *vt* **1.** (*articular*) aussprechen; ~ **un brindis por algo/alguien** auf etw/jdn einen Trinkspruch ausbringen [*o* halten]; ~ **un discurso** eine Rede halten; ~ **unas palabras** ein paar Worte sprechen; ~ **sentencia** (JUR) das Urteil erlassen [*o* verkünden] **2.** (*resaltar*) betonen **II.** *vr:* **~se** **1.** (MIL: *levantarse*) putschen **2.** (*apoyar*) sich aussprechen (*a favor de/contra* für/gegen *+akk*), Stellung nehmen (*a favor de* für *+akk, contra* gegen *+akk*) **3.** (*opinar*) Stellung nehmen (*sobre* zu *+dat*) **4.** (*acentuarse*) ausgeprägter werden, sich verschärfen

propagación [propaɣa'θjon] *f* **1.** (*multiplicación*) Vermehrung *f*; (*reproducción*) Fortpflanzung *f* **2.** (*extensión*) Verbreitung *f*, Ausbreitung *f* **3.** (*transmisión*) Ausbreitung *f*; ~ **de las ondas** (FÍS) Wellenausbreitung *f*; (GEO) Stoßstrahl *m*

propagador(a) [propaɣa'ðor(a)] **I.** *adj* verbreitend **II.** *m(f)* Verbreiter(in) *m(f)*; (*de rumores*) Gerüchtemacher(in) *m(f)*

propaganda [propa'ɣan̪da] *f* **1.** (MIL, POL) Propaganda *f* **2.** (*publicidad*) Werbung *f*, Reklame *f*; (*promoción*) Publicity *f*

propagandista [propaɣan̪'dista] *mf* Propagandist(in) *m(f)*

propagandístico, -a [propaɣan̪'distiko, -a] *adj* propagandistisch, Propaganda-; **campaña propagandística** Propagandafeldzug *m;* **escrito** ~ Propagandaschrift *f*

propagar [propa'ɣar] <g→gu> **I.** *vt* **1.** (*multiplicar*) vermehren; (*reproducir*) fortpflanzen **2.** (*extender*) verbreiten; (*divulgar*) ans Licht bringen; (*una epidemia*) verbreiten, verschleppen; ~ **un rumor** ein Gerücht in die Welt setzen **II.** *vr:* **~se** **1.** (*multiplicarse*) sich vermehren; (*reproducirse*) sich fortpflanzen **2.** (*extenderse*) sich verbreiten; (*incendio, enfermedad*) sich ausbreiten, um sich greifen; (*epidemia*) grassieren **3.** (*divulgarse*) sich verbreiten; (*propalarse*) ruchbar werden **4.** (*transmitirse*) sich übertragen

propalador(a) [propala'ðor(a)] *m(f)* Verbreiter(in) *m(f)*; (*de rumores*) Gerüchtemacher(in) *m(f)*

propalar [propa'lar] **I.** *vt* verbreiten, in Umlauf bringen; (*calumnia, rumor*) ausstreuen **II.** *vr:* **~se** ruchbar werden

propano [pro'pano] *m* Propan(gas) *nt*

proparoxítono, -a [proparoᵞ'sitono, -a] *adj* (LING) auf der drittletzten Silbe betont

propasar [propa'sar] **I.** *vt* überschreiten **II.** *vr:* **~se** (*extralimitarse*) zu weit gehen, über das Erträgliche hinausgehen; (*excederse*) über das Ziel hinausschießen (*en* bei +*dat*); **~se con alguien** jdm an die Wäsche wollen

propedéutica [prope'ðeu̯tika] *f* Propädeutik *f;* (*estudios*) Propädeutikum *nt*

propedéutico, -a [prope'ðeu̯tiko, -a] *adj* propädeutisch

propender [propen̪'der] *vi* (hin)neigen (*a* zu +*dat*); (*t.* MED) anfällig sein (*a* für +*akk*)

propensión [propen'sjon] *f* Neigung *f* (*a* zu +*dat*); (*inclinación*) Veranlagung *f* (*a* für +*akk*); (*t.* MED) Anfälligkeit *f* (*a* für +*akk*); **~ al ahorro** (ECON) Sparneigung *f;* **~ al consumo** (ECON) Konsumbereitschaft *f;* **~ a la inversión** (ECON) Investitionsneigung *f;* **tiene gran ~ a resfriarse** er/sie ist sehr anfällig für Erkältungen, er/sie erkältet sich sehr leicht

propenso, -a [pro'penso, -a] *adj* geneigt; (*con tendencias*) veranlagt; (*a enfermedades*) anfällig; (*dispuesto*) bereit(willig); **ser ~ a algo** zu etw *dat* neigen

propiamente [propja'men̪te] *adv* eigentlich; (*realmente*) wirklich; (*exactamente*) genau; **~ dicho** im engeren Sinne, genau genommen

propiciación [propiθja'θjon] *f* **1.** (*reconciliación*) Versöhnung *f;* (REL) Sühnen *nt,* Sühnung *f* **2.** (*fomento*) Begünstigung *f,* Förderung *f*

propiciador(a) [propiθja'ðor(a)] *m(f)* (*Am: patrocinador*) Sponsor(in) *m(f)*

propiciar [propi'θjar] *vt* **1.** (*aplacar*) versöhnen **2.** (*favorecer*) begünstigen; (*posibilitar*) ermöglichen; **el viento propició la extensión de las llamas** durch den Wind griff der Brand um sich **3.** (*conseguir*) gewinnen; **con sus palabras se propició el respeto de todos** seine Worte verschafften ihm/ihr bei allen Respekt

propiciatorio, -a [propiθja'torjo, -a] *adj* Sühn(e)-, Versöhnungs-; **víctima propiciatoria** Sühn(e)opfer *nt;* (*fig*) Sündenbock *m*

propicio, -a [pro'piθjo, -a] *adj* **1.** (*favorable*) günstig, vorteilhaft; **en el momento ~** im günstigsten Moment **2.** (*persona*) geneigt; (*dispuesto*) bereit(willig); **mostrarse (poco) ~ a/para...** sich (wenig) geneigt zeigen zu ... +*dat*

propiedad [propje'ðaᵈ] *f* **1.** (*pertenencia*) Eigentum *nt;* (*inmuebles*) Besitz *m;* (*derechos*) Urheberrecht *nt;* **~ colectiva/privada** Kollektiv-/Privateigentum *nt;* **~ exclusiva** Alleinbesitz *m;* **~ horizontal** Wohnungseigentum *nt;* **~ industrial/intelectual** gewerbliches/geistiges Eigentum; **~ (in)mobiliaria** [*o* **(in)mueble**] (Im)mobilien *pl;* **~ raíz** Immobilien *fpl,* Grundeigentum *nt;* **~ rústica** landwirtschaftlicher Grundbesitz; **un piso de mi ~** eine Eigentumswohnung; **escritura de ~** Eigentumsurkunde *f;* **impuesto sobre la ~** Vermögenssteuer *f;* **Registro de la P~** Grundbuchamt *nt,* Patentrolle *f;* **en ~** ordentlich gehörend, Eigentums-; **ser ~ de alguien** jdm gehören **2.** (*cualidad, t.* FÍS) Eigenschaft *f;* **~es** Beschaffenheit *f* **3.** (*corrección*) Richtigkeit *f;* (*exactitud*) Genauigkeit *f;* **expresarse con ~** sich treffend ausdrücken, die richtigen Worte finden

propietario, -a [propje'tarjo, -a] **I.** *adj* besitzend; **la empresa propietaria** die besitzende Firma **II.** *m, f* Eigentümer(in) *m(f),* Besitzer(in) *m(f);* (*terrateniente*) Grundbesitzer(in) *m(f);* (*casero*) Vermieter(in) *m(f)*

propina [pro'pina] *f* Trinkgeld *nt;* **dar (una) ~** Trinkgeld geben; **de ~** (*fig*) obendrein

propinar [propi'nar] *vt* (*golpes*) versetzen, verpassen *fam;* **~ un golpe/una paliza a alguien** jdm einen Schlag/eine Tracht Prügel versetzen

propio, -a ['propjo, -a] *adj* **1.** (*de uno mismo*) eigene(r, s); (*perteneciente*) zugehörig; **a expensas propias** auf eigene Kosten; **con la propia mano** eigenhändig; **con sus propias manos** mit eigenen Händen; **entregar en propia mano** persönlich zu übergeben; **en defensa propia** in Notwehr; **es su propia culpa** er/sie ist selbst schuld; **lo he visto con mis ~s ojos** ich habe es mit eigenen Augen gesehen; **mató a su ~ padre** er/sie brachte seinen/ihren eigenen Vater um; **por cuenta propia** auf eigene Rechnung; **son tus propias palabras** es sind deine eigenen Worte; **tengo piso ~** ich habe eine Eigentumswohnung **2.** (*mismo*) selber, selbst; **lo ~** dasselbe; **el ~ interesado** der Interessent selbst; **al ~ tiempo** zur gleichen Zeit; **nombre ~** (LING) Eigenname *m* **3.** (*característico*) eigen(tümlich); **los productos ~s del país** die heimischen Produkte des Landes; **eso (no) es ~ de ti** das passt (nicht) zu dir **4.** (*apropiado*) angemessen, treffend

proponente [propo'nen̪te] **I.** *adj* (JUR) federführend **II.** *mf* Proponent(in) *m(f);* (*solicitante*) Antragsteller(in) *m(f)*

proponer [propo'ner] *irr como poner* **I.** *vt* **1.** (*sugerir*) vorschlagen; **~ un brindis por algo/alguien** auf etw/jdn ein Hoch [*o* einen Trinkspruch] ausbringen; **propongo que este año vayamos todos juntos de vacaciones** ich schlage vor, dass wir dieses Jahr alle gemeinsam in Urlaub fahren **2.** (*presentar*) vorschlagen (*como* als +*akk, para* für +*akk*) **3.** (*plantear*) stellen; **~ un acertijo** ein Rätsel aufgeben; **~ una cuestión** eine Frage aufwerfen **4.** (*solicitar*) beantragen **II.** *vr:* **~se** sich *dat* vornehmen; (*tener intención*) beabsichtigen, vorhaben; **¿qué te propones?** was hast du eigentlich vor?

proporción [propor'θjon] *f* **1.** (*relación*) Proportion *f,* Verhältnis *nt;* (*cualidad*) Proportionierung *f;* (MAT) Verhältnisgleichung *f;* **~ in-**

versa/directa umgekehrtes/direktes Verhältnis; (**no**) **guardar** ~ **con algo** in (keinem) Verhältnis zu etw *dat* stehen; **una** ~ **de 4 a 1** ein Verhältnis von vier zu eins **2.** (*porcentaje*) Anteil *m* **3.** *pl* (*dimensión*) Ausmaß *nt;* **un accidente de enormes proporciones** ein Unfall größten Ausmaßes, ein sehr schwerer Unfall

proporcionado, -a [proporθjo'naðo, -a] *adj* proportioniert

proporcional [proporθjo'nal] *adj* (*t.* MAT: *procentual*) verhältnisgleich, proportional; (*relativo*) verhältnismäßig, anteilig; **inversamente/directamente** ~ umgekehrt/direkt proportional; **reparto** ~ proportionale Verteilung; **sistema** ~ (POL) Proportionalwahlsystem *nt,* Verhältniswahlsystem *nt*

proporcionalidad [proporθjonali'ðaᵈ] *f* (*t.* MAT) Proportionalität *f,* Verhältnismäßigkeit *f*

proporcionar [proporθjo'nar] *vt* **1.** (*dar proporción*) proportionieren; (*adecuar*) anpassen (*a* an +*akk*) **2.** (*repartir*) proportional aufteilen **3.** (*facilitar*) beschaffen; (*conseguir*) besorgen; (*procurar*) verschaffen; (*proveer*) versorgen (mit +*dat*); (*crear*) schaffen; (*producir*) bringen; ~ **beneficios** (ECON) Gewinne erwirtschaften; ~ **víveres a alguien** jdn mit Lebensmitteln versorgen **4.** (*ocasionar*) bewirken, sorgen (für +*akk*); ~ **disgustos a alguien** jdm Sorgen bereiten

proposición [proposi'θjon] *f* **1.** (*t.* POL, JUR: *propuesta*) Vorschlag *m;* (*solicitud*) Antrag *m;* (*oferta*) Angebot *nt;* ~ **deshonesta** unsittlicher Antrag; ~ **de ley** Gesetzesvorlage *f;* ~ **no de ley** Entschließungsantrag *m;* ~ **de matrimonio** Heiratsantrag *m* **2.** (*oración*) Satz *m;* (FILOS) Propositio *f*

propósito [pro'posito] **I.** *m* **1.** (*intención*) Absicht *f;* (*plan*) Plan *m,* Vorhaben *nt;* **buenos ~s** gute Vorsätze; **tener el ~ de...** vorhaben zu ... **2.** (*objetivo*) Ziel *nt,* Zweck *m;* ~ **final** Endziel *nt* **3.** (*loc*): **a** ~ (*adrede*) absichtlich; (*adecuado*) angemessen; (*por cierto*) übrigens; **lo has hecho a** ~ du hast es absichtlich gemacht; **un comentario muy a** ~ ein sehr angebrachter Kommentar; **una solución a** ~ eine zweckmäßige Lösung; **fuera de** ~ unangebracht; **¡a ~! tu hermana viene mañana** apropos, deine Schwester kommt morgen **II.** *prep:* **a** ~ **de** über +*akk;* **discutir a** ~ **de los precios** über die Preise diskutieren

propuesta [pro'pwesta] *f* (*t.* POL, JUR: *proposición*) Vorschlag *m;* (*solicitud*) Antrag *m;* (*oferta*) Angebot *nt;* (*recomendación*) Empfehlung *f;* (*presentación*) Aufstellung *f;* ~ **de decisión** [*o* **de recomendación**] Entscheidungsvorschlag *m;* ~ **de enmienda** Abänderungsantrag *m;* ~ **global** Verhandlungspaket *nt;* ~ **salarial** Lohnvorschlag *m;* **a** ~ **de alguien** auf jds Antrag [*o* Vorschlag] hin; **formular una** ~ einen Antrag stellen

propugnación [propuɣna'θjon] *f* Verfechtung *f;* (*promoción*) Förderung *f*

propugnador(a) [propuɣna'ðor(a)] *m(f)* Verfechter(in) *m(f);* (*promotor*) Förderer, -in *m, f*

propugnar [propuɣ'nar] *vt* verfechten; (*apoyar*) eintreten (für +*akk*); (*promover*) fördern

propulsar [propul'sar] *vt* **1.** (TÉC: *impulsar*) antreiben **2.** (*fomentar*) fördern

propulsión [propul'sjon] *f* **1.** (TÉC) Antrieb *m;* ~ **atómica** [*o* **nuclear**] Atomantrieb *m,* Nuklearantrieb *m;* ~ **por cadena** Kettenantrieb *m;* ~ **a chorro** Strahlantrieb *m;* ~ **delantera/trasera** (AUTO) Vorderrad-/Hinterradantrieb *m;* ~ **diesel-eléctrica** dieselelektrischer Antrieb; ~ **a hélice** Propellerantrieb *m;* ~ **por reacción** Düsenantrieb *m;* ~ **total** (AUTO) Allradantrieb *m,* Vierradantrieb *m* **2.** (MED) Propulsion *f*

propulsor¹ [propul'sor] *m* (TÉC) **1.** (*combustible*) Treibstoff *m* **2.** (*motor*) Triebwerk *nt;* ~ **de hélice** Propellertriebwerk *nt*

propulsor(a)² [propul'sor(a)] **I.** *adj* Treib-, Antriebs-; (MED) propulsiv; **fuerza ~a** treibende Kraft **II.** *m(f)* Förderer, -in *m, f*

prorrata [pro'rrata] *f* (ECON, FIN) verhältnismäßiger Anteil *m;* (*cuota*) Rate *f;* ~ **salarial** Lohnanteil *m*

prorratear [prorrate'ar] *vt* (ECON, FIN) nach Verhältnis teilen, anteilig verrechnen; **pago prorrateado** anteilige Zahlung

prorrateo [prorra'teo] *m* (ECON, FIN) anteilige Verrechnung *f;* **a** ~ pro rata

prórroga ['prorroɣa] *f* **1.** (*prolongación*) Verlängerung *f* **2.** (*dilatoria*) Aufschub *m;* (*retraso*) Verschiebung *f;* (*aplazamiento*) Verlegung *f;* (*cambio de fecha*) Vertagung *f* **3.** (ECON) Prolongation *f,* Stundung *f;* ~ **de crédito** Kredit-Prolongation *f;* ~ **de pago** Zahlungsaufschub *m* **4.** (DEP) Spielverlängerung *f*

prorrogable [prorro'ɣaβle] *adj* **1.** (*ampliable*) verlängerungsfähig **2.** (*aplazable*) verlegbar

prorrogación [prorroɣa'θjon] *f* Verlängerung *f;* (ECON, JUR) Prolongation *f*

prorrogar [prorro'ɣar] <g→gu> *vt* **1.** (*prolongar*) verlängern; (*dilatar*) aufschieben; (ECON) prolongieren, stunden **2.** (*retrasar*) verschieben; (*aplazar*) verlegen; (*cambiar de fecha*) vertagen; (JUR) prorogieren

prorrumpir [prorrum'pir] *vi* **1.** (*salir*) hervorbrechen **2.** (*estallar*) ausbrechen; ~ **en carcajadas/en llanto** in Gelächter/in Tränen ausbrechen

prosa ['prosa] *f* Prosa *f;* (*fig fam: palabrería*) Geschwafel *nt;* **texto en** ~ Prosatext *m*

prosado, -a [pro'saðo, -a] *adj* in Prosa geschrieben

prosaico, -a [pro'saiko, -a] **I.** *adj* **1.** (LIT: *en prosa*) prosaisch, Prosa- **2.** (*sobrio*) nüchtern **3.** (*poco romántico*) prosa(ist)isch **II.** *m, f* Prosaiker(in) *m(f)*

prosaísmo [prosa'ismo] *m* (übertriebene) Nüchternheit *f*

prosapia [pro'sapja] *f* hohe Abstammung *f;*

de **mucha** ~ ad(e)lig, von hoher Abkunft
proscenio [pros'θenjo] *m* **1.** (ARQUIT) Proszenium *nt* **2.** (TEAT) Proszenium *nt*, Vorbühne *f*
proscribir [proskri'βir] *irr como escribir vt* proskribieren; (*t. fig*) ächten, verfemen
proscripción [proskriβ'θjon] *f* Proskription *f*; (*t. fig*) Ächtung *f*, Verfemung *f*
proscrito, **-a** [pros'krito, -a] **I.** *pp de* **proscribir** **II.** *m, f* (*t. fig*) Geächtete(r) *mf*, Verfemte(r) *mf*
prosecución [proseku'θjon] *f* **1.** (*continuación*) Fortsetzung *f*, Weiterführung *f* **2.** (*de un fin*) Verfolgung *f* **3.** (JUR) Prosekution *f*, Verfolgung *f*; ~ **criminal/legal** Straf-/Rechtsverfolgung *f*
prosecutor(**a**) [proseku'tor(a)] *m(f)* (JUR) Prosekutor(in) *m(f)*, öffentlicher Ankläger *m*, öffentliche Anklägerin *f*
proseguir [prose'ɣir] *irr como seguir* **I.** *vi* fortführen (*con/en* +*akk*), fortsetzen (*con/en* +*akk*) **II.** *vt* **1.** (*continuar*) fortsetzen, weiter betreiben **2.** (*un fin*) verfolgen **3.** (JUR) verfolgen; ~ **diligencias** das Strafmaß ermitteln
prosélita [pro'selita] *f v.* **prosélito**
proselitismo [proseli'tismo] *m* Sendungsbewusstsein *nt*, Proselytenmacherei *f pey*
proselitista [proseli'tista] **I.** *adj* sendungsbewusst, proselytenmacherisch *pey* **II.** *mf* Proselytenmacher(in) *m(f) pey*
prosélito, **-a** [pro'selito, -a] *m, f* Proselyt(in) *m(f)*; **hacer ~s** Proselyten machen
prosificación [prosifika'θjon] *f* (LING, LIT) Metaphrase *f*, Prosaübertragung *f*
prosificar [prosifi'kar] <c→qu> *vt* in Prosa übertragen
prosista [pro'sista] *mf* Prosaist(in) *m(f)*, Proschriftsteller(in) *m(f)*
prosístico, **-a** [pro'sistiko, -a] *adj* (*relativo a*) die Prosa betreffend; (*perteneciente a*) zur Prosa gehörend, Prosa-; **texto** ~ Prosatext *m*
prosodia [pro'soðja] *f* (LING, MÚS) Prosodie *f*
prosódico, **-a** [pro'soðiko, -a] *adj* (LING, MÚS) prosodisch; **acento** ~ prosodischer Akzent
prosopografía [prosopoɣra'fia] *f Beschreibung einer Person oder eines Tieres*
prosopopeya [prosopo'peɟa] *f* **1.** (LING, LIT: *personificación*) Personifikation *f*, Prosopopöie *f* **2.** (*fam: afectación*) Aufgeblasenheit *f*, Wichtigtuerei *f*
prosoviético, **-a** [proso'βjetiko, -a] *adj* prosowjetisch, sowjetfreundlich
prospección [prospeᵞ'θjon] *f* (MIN) Prospektion *f*; (*actividad*) Prospektierung *f*, Schürfen *nt*; ~ **petrolífera** Erdölsuche *f*; ~ **de mercado** (ECON) Marktforschung *f*
prospectar [prospek'tar] *vt* (MIN) prospektieren, schürfen
prospectiva [prospek'tiβa] *f* prospektive Studie *f*
prospectivo, **-a** [prospek'tiβo, -a] *adj* prospektiv; **análisis** ~ prospektive Studie
prospecto [pros'pekto] *m* **1.** (*folleto*) Prospekt *m o nt*; (*hoja*) Faltblatt *nt*; ~ **publicitario** Werbeprospekt *m o nt* **2.** (*de instrucciones*) Bedienungsanleitung *f*; (*informativo*) Broschüre *f*; (*de un medicamento*) Packungsbeilage *f*
prospector(**a**) [prospek'tor(a)] *m(f)* Prospektor(in) *m(f)*; ~ **de mercado** (ECON) Marktforscher *m*
prosperar [prospe'rar] *vi* **1.** (*crecer*) gedeihen; (*avanzar*) gut vorankommen; (*enriquecerse*) prosperieren; (*florecer*) blühen, florieren; (*tener éxito*) Erfolg haben **2.** (*imponerse*) sich einbürgern
prosperidad [prosperi'ðaᵈ] *f* Prosperität *f*, Gedeihen *nt*; (*bienestar*) Wohlstand *m*; (*florecimiento*) Blüte(zeit) *f*; (ECON) Hochkonjunktur *f*; ~ **económica** Wirtschaftsaufschwung *m*
próspero, **-a** ['prospero, -a] *adj* **1.** (*feliz*) glücklich, fröhlich; **¡P~ Año Nuevo!** frohes neues Jahr!; (*brindis*) prosit Neujahr! **2.** (*fructífero*) gedeihlich; (*floreciente*) blühend, florierend **3.** (*rico*) wohlhabend; **un** ~ **comerciante** ein erfolgreicher Händler
próstata ['prostata] *f* (ANAT) Prostata *f*, Vorsteherdrüse *f*; **cáncer de** ~ Prostatakrebs *m*; **enfermo de** ~ Prostatiker *m*
prostatectomía [prostatekto'mia] *f* (MED) operative Prostataentfernung *f*, Prostatektomie *f*
prostático, **-a** [pros'tatiko, -a] *adj* (MED) Prostata-
prostatitis [prosta'titis] *f inv* (MED) Prostataentzündung *f*, Prostatitis *f*
prosternación [prosterna'θjon] *f* Kniefall *m*
prosternarse [proster'narse] *vr* sich niederwerfen, sich zu Boden werfen; (REL) prosternieren (*ante* vor +*dat*)
prostíbulo [pros'tiβulo] *m* Freudenhaus *nt*, Bordell *nt*
prostitución [prostitu'θjon] *f* Prostitution *f*; **ejercer la** ~ der Prostitution nachgehen, sich prostituieren
prostituir [prostitu'ir] *irr como huir* **I.** *vt* auf den Strich schicken; (*t. fig*) prostituieren **II.** *vr:* **~se** auf den Strich gehen; (*t. fig*) sich prostituieren; (*denigrarse*) sich erniedrigen, sich entehren
prostituto, **-a** [prosti'tuto, -a] *m, f* Prostituierte(r) *mf*
prosudo, **-a** [pro'suðo, -a] **I.** *adj* (*Chil, Ecua, Perú*) aufschneiderisch **II.** *m, f* (*Chil, Ecua, Perú*) Aufschneider(in) *m(f)*
protagonismo [protaɣo'nismo] *m* Geltung *f*; **afán de** ~ Geltungssucht *f*
protagonista [protaɣo'nista] **I.** *adj:* **la actriz** ~ die Hauptdarstellerin; **el papel** ~ die Hauptrolle **II.** *mf* Hauptfigur *f*, Hauptperson *f*; (CINE, TEAT) Protagonist(in) *m(f)*, Hauptdarsteller(in) *m(f)*; (*héroe*) Held(in) *m(f)*; (LIT) (Roman)held(in) *m(f)*
protagonizar [protaɣoni'θar] <z→c> *vt* (die Hauptrolle) spielen; **protagoniza el papel del amante** er spielt die Rolle des Liebha-

bers; **un gran actor protagoniza esta película** in diesem Film spielt ein namhafter Schauspieler die Hauptrolle

prótasis ['protasis] *f inv* **1.** (LIT) Exposition *f* **2.** (LING) Einleitung *f*, Vordersatz *m*

protección [prote^{y}'θjon] *f* Schutz *m;* (*recubrimiento*) Abdeckung *f;* (*apoyo*) Unterstützung *f;* (*mecenazgo*) Gönnerschaft *f;* (MIL) Deckung *f;* (POL) Protektion *f;* (*patrocinio*) Schirmherrschaft *f;* ~ **acústica** Lärmschutz *m;* ~ **aduanera** Zollschutz *m;* ~ **antiaérea** Luftschutz *m;* ~ **anticopia** (INFOR) Kopierschutz *m;* ~ (**anti**)**térmica** Wärmeschutz *m;* ~ **civil** Zivilschutz *m;* ~ **del consumidor** Verbraucherschutz *m;* ~ **de contraseña** Kennwortschutz *m;* ~ **de datos** Datenschutz *m;* ~ **de edificios/de monumentos** Gebäude-/Denkmalschutz *m;* ~ **de estancia** [*o* **de permanencia**] Bleibeschutz *m;* ~ **contra incendios** Brandschutz *m*, Feuerschutz *m;* ~ **a la maternidad** Mutterschutz *m;* ~ **de memoria** (INFOR) Speicherschutz *m;* ~ **de menores** Jugendschutz *m;* ~ **a las minorías** Minderheitenschutz *m;* ~ **de la naturaleza/del medio ambiente** Natur-/Umweltschutz *m;* ~ **policial** Polizeischutz *m;* ~ **contra la radiación** Strahlenschutzmittel *nt;* ~ **sanitaria** Gesundheitsschutz *m;* ~ **del sistema** (INFOR) Systemsicherheit *f;* **ser de alta** ~ (*crema*) einen hohen Schutzfaktor haben; **conceder/retirar la** ~ **a alguien** die schützende Hand über jdn halten/von jdm abziehen; **poner algo/a alguien bajo** ~ etw/jdn unter Schutz stellen; **tomar algo/a alguien bajo su** ~ etw/jdn in Schutz nehmen

proteccionismo [prote^{y}θjo'nismo] *m* (ECON) Protektionismus *m;* ~ **arancelario** Zollprotektionismus *m;* ~ **económico** Wirtschaftsprotektionismus *m*

proteccionista [prote^{y}θjo'nista] **I.** *adj* protektionistisch; **política** ~ Schutzzollpolitik *f* **II.** *mf* Protektionist(in) *m(f)*

protector[1] [protek'tor] *m* Schutz *m;* ~ **labial** Lippen(schutz)pomade *f;* ~ **solar** Sonnen(schutz)creme *f*

protector(**a**)[2] [protek'tor(a)] **I.** *adj* schützend, Schutz-; **casco** ~ Schutzhelm *m;* **sociedad** ~**a de animales** Tierschutzverein *m* **II.** *m(f)* (*persona*) Beschützer(in) *m(f);* (*mecenas*) Gönner(in) *m(f);* (*proxeneta*) Zuhälter *m;* (POL) Protektor(in) *m(f);* (*patrocinador*) Schirmherr(in) *m(f)*

protectorado [protekto'raðo] *m* (POL) **1.** (*soberanía*) Protektorat *nt* **2.** (*estado*) Protektorat(sgebiet) *nt*

protegedientes [protexe'ðjen̪tes] *m inv* (DEP) Mundschutz *m*

proteger [prote'xer] <g→j> **I.** *vt* **1.** (*resguardar*) (be)schützen (*de/contra* vor +*dat*), in Schutz nehmen (*de/contra* vor +*dat*); ~ **contra las agresiones medioambientales** vor schädlichen Umwelteinflüssen schützen; **¡que Dios te proteja!** Gott beschütze dich! **2.** (*asegurar*) (ab)sichern **3.** (ECOL) unter Naturschutz stellen; (*como mecenas*) fördern **4.** (POL) protegieren **II.** *vr:* ~**se** sich schützen (*de/contra* vor +*dat*); ~**se la cabeza/los ojos** seinen Kopf/seine Augen schützen

protegido, **-a** [prote'xiðo, -a] **I.** *adj* geschützt; ~ **contra escritura** (INFOR) schreibgeschützt; ~ **contra el uso indebido** missbrauchgeschützt; ~ **por patente** patentgeschützt; **especies protegidas** (ECOL) geschützte Arten **II.** *m, f* Günstling *m*, Protegé *m;* (*pupilo*) Mündel *nt*

proteico, **-a** [pro'tei̯ko, -a] *adj* **1.** (*camaleónico*) wandelbar, proteisch **2.** (QUÍM: *proteínico*) Protein-, Eiweiß-

proteína [prote'ina] *f* (QUÍM) Protein *nt*, Eiweißstoff *m;* (*nutrición*) Eiweiß *nt*

proteínico, **-a** [prote'iniko, -a] *adj* Protein-, Eiweiß-; **contenido** ~ Eiweißgehalt *m*

proterrorista [proterro'rista] *adj* proterroristisch

protésico, **-a** [pro'tesiko, -a] **I.** *adj* prothetisch **II.** *m, f* Zahntechniker(in) *m(f)*

prótesis ['protesis] *f inv* (MED, LING) Prothese *f;* ~ **auditiva** Hörgerät *nt;* ~ **dental** Zahnprothese *f*

protesta [pro'testa] *f* **1.** (*queja*) Protest *m;* **acto de** ~ Protestaktion *f;* **oleada de** ~**s** Protestwelle *f* **2.** (JUR) Einspruch *m* **3.** (COM, FIN) (Wechsel)protest *m* **4.** (*aseveración*) Beteuerung *f*

protestable [protes'taβle] *adj* (JUR) protestierbar

protestación [protesta'θjon] *f* (REL) (öffentliches) Glaubensbekenntnis *nt*

protestante [protes'tan̪te] **I.** *adj* **1.** (REL) protestantisch **2.** (*pey: pleitador*) streitsüchtig, querulatorisch *elev* **II.** *mf* **1.** (REL) Protestant(in) *m(f)* **2.** (*pey: pleitador*) Querulant(in) *m(f);* (*contestatario*) Protestler(in) *m(f)*

protestantismo [protestan̪'tismo] *m sin pl* **1.** (REL) Protestantismus *m;* **convertir al** ~ zum Protestantismus bekehren **2.** (*pey: inconformismo*) Querulantentum *nt*

protestar [protes'tar] **I.** *vi* **1.** (*oponerse*) protestieren (*contra* gegen +*akk*, *de* wegen +*gen/dat*); (*quejarse*) sich beschweren; (*pey*) querulieren **2.** (*aseverar*) beteuern (*de* +*akk*) **3.** (JUR) Einspruch erheben, Verwahrung einlegen **4.** (COM, FIN) den Protest auf den Wechsel setzen; ~ **una letra** (FIN) einen Wechsel zu Protest gehen lassen **II.** *vt* **1.** (*confesar*) bekennen; ~ **su fe** seinen Glauben bekennen **2.** (JUR) anfechten, Einspruch erheben (gegen +*akk*); ~ **un nombramiento** eine Ernennung anfechten **3.** (ECON, FIN) protestieren, zu Protest gehen lassen

protesto [pro'testo] *m* (COM, FIN) (Wechsel)protest *m;* ~ **por falta de pago** Protest mangels Zahlung; **documento de** ~ Protesturkunde *f;* **bajo** ~ unter Protest [*o* Vorbehalt]

protestón, **-ona** [protes'ton, -ona] **I.** *adj* (*fam*) nörglerisch **II.** *m, f* (*fam*) Meckerfritze,

-liese *m, f*

protocolar [protoko'lar] **I.** *vt v.* **protocolizar** **II.** *adj* protokollarisch

protocolario, -a [protoko'larjo, -a] *adj* protokollarisch

protocolizar [protokoli'θar] <z→c> *vt* protokollieren, zu Protokoll nehmen; (*documentos*) notariell beurkunden

protocolo [proto'kolo] *m* **1.** (*actas*) Protokoll *nt;* ~ **de comunicaciones** (INFOR) Kommunikationsprotokoll *nt;* ~ **de enlace de datos** (INFOR) Datenübertragungsprotokoll *nt;* ~ **de errores** (INFOR) Fehlerprotokoll *nt;* ~ **de transporte** (INFOR) Transportprotokoll *nt* **2.** (*ceremonial*) Protokoll *nt;* **sin** ~ ohne Protokoll **3.** (JUR) Protokoll(buch) *nt;* (*escrituras*) Urkundenrolle *f*

protoestrella [protoes'treʎa] *f* (ASTR) Protostern *m*

protohistoria [protois'torja] *f* Urgeschichte *f;* (*t. fig*) Frühgeschichte *f;* **la** ~ **del comunismo** die Frühgeschichte des Kommunismus

protohistórico, -a [protois'toriko, -a] *adj* urgeschichtlich; (*t. fig*) frühgeschichtlich

protomártir [proto'martir] *mf* (REL, POL) (Ur)märtyrer(in) *m(f)*

protón [pro'ton] *m* (FÍS) Proton *nt*

protoplasma [proto'plasma] *m* (BIOL) Protoplasma *nt*

prototípico, -a [proto'tipiko, -a] *adj* prototypisch

prototipo [proto'tipo] *m* **1.** (*modelo, t.* TÉC) Prototyp *m,* Erstausführung *f;* (DEP) Prototyp *m;* ~ **de pruebas** Erprobungsmuster *nt* **2.** (*ejemplo*) Inbegriff *m,* Prototyp *m*

protozoo [proto'θo(o)] *m* (BIOL) Protozoon *nt,* Urtierchen *nt*

protráctil [pro'taktil] *adj* (ZOOL) vorschnellbar; **lengua** ~ Schleuderzunge *f*

protuberancia [protuβe'ran̪θja] *f* Höcker *m;* (*bulto*) Wulst *m o f;* (*excrecencia*) Auswuchs *m;* (ASTR, MED) Protuberanz *f*

protuberante [protuβe'ran̪te] *adj* hervortretend, vorgewölbt

provecho [pro'βeʧo] *m* **1.** (*aprovechamiento*) Nutzen *m;* (*ventaja*) Vorteil *m;* (*producto*) Ertrag *m;* (*beneficio*) Gewinn *m,* Profit *m;* **propio** ~ Eigennutz *m;* **de** ~ von Nutzen; **hacerse** [*o* **volverse**] **de** ~ es zu etwas bringen; **nada de** ~ nichts Brauchbares; **en** ~ **de algo/alguien** zu etw *gen*/jds Wohl(e); **sacar** ~ **de algo** aus etw *dat* Nutzen ziehen; **sacar** ~ **de alguien** jdn ausnutzen **2.** (*progreso*) Fortschritt *m;* (*mejora*) Besserung *f* **3.** (*de alimentos*) Bekömmlichkeit *f;* **¡buen ~!** guten Appetit!; **hacer** (**buen**) ~ wohl [*o* gut] bekommen

provechoso, -a [proβe'ʧoso, -a] *adj* einträglich; (*productivo*) ertragreich, nutzbringend; (*útil*) nützlich; (*ventajoso*) vorteilhaft; (*saludable*) gesund; (*digestivo*) bekömmlich

provecto, -a [pro'βekto, -a] *adj* betagt; **de edad provecta** in vorgerücktem Alter

proveedor(a) [proβe(e)'ðor(a)] **I.** *adj* Liefer-; **empresa ~a** Lieferfirma *f,* Lieferbetrieb *m* **II.** *m(f)* Lieferant(in) *m(f)*

proveer [pro'βer/proβe'er] *irr* **I.** *vi* sorgen (*a* für +*akk*); ~ **a las necesidades de algo/alguien** etw/jdn versorgen; **¡Dios ~á!** der Herrgott wird's schon richten! **II.** *vt* **1.** (*abastecer*) versorgen (*de* mit +*dat*); (*equipar*) ausstatten (*de* mit +*dat*); (*dotar*) versehen (*de* mit +*dat*); (*proporcionar*) verschaffen **2.** (*suministrar*) beliefern (*de* mit +*dat*) **3.** (*un puesto*) besetzen; (*conceder*) vergeben **4.** (JUR) gerichtlich verfügen, entscheiden (*sobre* über +*akk*) **III.** *vr:* **~se** sich eindecken (*de* mit +*dat*), sich versehen (*de* mit +*dat*)

proveimiento [proβei̯'mjen̪to] *m* **1.** (*provisión*) Versorgung *f* **2.** (JUR) richterliche Verfügung *f,* richterlicher Bescheid *m*

proveniencia [proβe'njen̪θja] *f* Herkunft *f,* Ursprung *m*

proveniente [proβe'njen̪te] *adj* herkommend (*de* von +*dat*), herrührend (*de* von +*dat*); **el tren ~ de Madrid** der Zug aus Madrid

provenir [proβe'nir] *irr como venir vi* herkommen (*de* von +*dat*); (*proceder*) herrühren (*de* von +*dat*); (*ser originario*) stammen (*de* aus +*dat*)

Provenza [pro'βen̪θa] *f* Provence *f*

provenzal [proβen̪'θal] *adj* provenzalisch

proverbial [proβer'βjal] *adj* sprichwörtlich; (*sabido*) allgemein bekannt

proverbio [pro'βerβjo] *m* Sprichwort *nt;* (*pensamiento*) (Denk)spruch *m;* (**el Libro de**) **los P~s** die Sprüche Salomos

providencia [proβi'ðen̪θja] *f* **1.** (*prevención*) Vorsehung *f,* Providenz *f elev;* (*medida*) Vorsorge *f;* **la** (**divina**) **P~** (REL) die göttliche Vorsehung **2.** (JUR) Verfügung *f;* (*disposición*) Entscheidung *f;* ~ **ejecutoria** Vollstreckungsbescheid *m;* **dictar una** ~ eine Verfügung [*o* einen Bescheid] erlassen

providencial [proβiðen̪'θjal] *adj* **1.** (*de la providencia*) von der Vorsehung bestimmt, providenziell *elev* **2.** (*oportuno*) angebracht, geschickt; **su intervención resultó** ~ sein/ihr Eingreifen war ausschlaggebend

providencialismo [proβiðen̪θja'lismo] *m sin pl Glaubenslehre der vollkommenen göttlichen Vorsehung*

providenciar [proβiðen̪'θjar] *vt* **1.** (*tomar medidas*) Vorkehrungen treffen (für +*akk*) **2.** (JUR) verfügen, anordnen

providente [proβi'ðen̪te] *adj* **1.** (*prudente*) vorsichtig **2.** (*próvido*) sorgsam, sorgfältig; (*previsor*) vorausschauend

próvido, -a ['proβiðo, -a] *adj* **1.** (*previsor*) sorgfältig, sorgsam; (*precavido*) vorausschauend **2.** (*propicio*) günstig; (*productivo*) ertragreich; (*provechoso*) nutzbringend

provincia [pro'βin̪θja] *f* Provinz *f;* (*Arg: estado*) Gliedstaat *m;* **ciudad de ~s** Provinzstadt *f,* Kleinstadt *f*

provincial [proβin̦'θjal] **I.** *adj* Provinz(ial)-; **capital** ~ Provinzhauptstadt *f;* **delegación** ~ Provinzialbehörde *f* **II.** *m* (REL) Provinzial *m*

provinciala [proβin̦'θjala] *f* (REL) Priorin *f,* Äbtissin *f*

provincialismo [proβin̦θja'lismo] *m* **1.** (*apego*) Lokalpatriotismus *m;* (*pey*) Provinzlertum *nt* **2.** (LING) Provinzialismus *m*

provinciana [proβin̦'θjana] *adj o f v.* **provinciano**

provincianismo [proβin̦θja'nismo] *m sin pl* (*pey*) Provinzialität *f,* provinzielle Beschränktheit *f*

provinciano, -a [proβin̦'θjano, -a] **I.** *adj* provinziell; (*pey*) provinzlerisch **II.** *m, f* Provinzbewohner(in) *m(f);* (*pey*) Provinzler(in) *m(f)*

provisión [proβi'sjon] *f* **1.** (*reserva*) Vorrat *m,* Reserve *f;* **provisiones** Proviant *m,* Mundvorrat *m* **2.** (ADMIN) Gestellung *f;* (*suministro*) Versorgung *f* **3.** (ECON: *cobertura*) Deckung *f;* (*reserva*) Rücklage *f;* **provisiones para riesgos y gastos** Rücklagen für Risiken und Ausgaben **4.** (ECON: *comisión*) Provision *f* **5.** (*medida*) Vorsichtsmaßnahme *f* **6.** (*de un cargo*) Besetzung *f* **7.** (JUR) Anordnung *f*

provisional [proβisjo'nal] *adj* provisorisch; (*temporal*) einstweilig, vorläufig; **acuerdo** ~ Interimsabkommen *nt;* **factura** ~ vorläufige Rechnung; **gobierno** ~ Interimsregierung *f;* **medida** ~ Provisorium *nt,* Übergangslösung *f*

provisionalidad [proβisjonali'ðaᵈ] *f* Vorläufigkeit *f*

provisorio, -a [proβi'sorjo, -a] *adj v.* **provisional**

provisto, -a [pro'βisto, -a] **I.** *pp de* **proveer** **II.** *adj* ausgestattet (*de* mit +*dat*), versehen (*de* mit +*dat*); (COM) assortiert (*de* mit +*dat*); ~ **al efecto** dafür vorgesehen

provitamina [proβita'mina] *f* (BIOL, QUÍM) Provitamin *nt*

provocación [proβoka'θjon] *f* **1.** (*ataque*) Provokation *f,* Herausforderung *f;* (*instigación*) Anstiftung *f;* (POL: *agitación*) Aufwiegelung *f* **2.** (*causa*) Hervorrufung *f;* (MED) Auslösen *nt*

provocador¹ [proβoka'ðor] *m* Auslöser *m;* (MED) Erreger *m*

provocador(a)² [proβoka'ðor(a)] **I.** *adj* provokant, provokatorisch, herausfordernd; (*excitante*) aufreizend; (MED) auslösend; **agente** ~ Agent *m* provocateur **II.** *m(f)* (POL) Provokateur(in) *m(f)*

provocante [proβo'kan̦te] *adj* provozierend

provocar [proβo'kar] <c→qu> **I.** *vt* **1.** (*incitar*) provozieren, herausfordern; (*irritar*) aufregen; (*excitar*) aufreizen; (*instigar*) anstiften; (POL) aufwiegeln; **¡no me provoques!** geh mir nicht auf die Nerven!; (*advertencia*) ich warne dich! **2.** (*causar*) provozieren, hervorrufen; (MED) auslösen; (*artificialmente*) einleiten; ~ **lástima/risa** zum Mitleid/Lachen bewegen; ~ **un cambio/una guerra** zu einer Wende/einem Krieg führen; ~ **una escena** eine Szene machen; ~ **un incendio** einen Brand verursachen **3.** (*Am: apetecer*): **(no) me provoca** ich habe (keine) Lust **II.** *vi* (*vomitar*) erbrechen

provocativo, -a [proβoka'tiβo, -a] *adj* provozierend, provokativ; (*excitante*) aufreizend

proxeneta [proˠse'neta] *mf* (*t.* JUR) Zuhälter *m;* (*alcahuete*) Kuppler(in) *m(f)*

proxenetismo [proˠsene'tismo] *m sin pl* (*t.* JUR) Zuhälterei *f;* (*alcahueteo*) Kuppelei *f*

proximal [proˠsi'mal] *adj* (ANAT) am nächsten gelegen, proximal

próximamente [proˠsima'men̦te] *adv* demnächst, nächstens

proximidad [proˠsimi'ðaᵈ] *f* **1.** (*cercanía*) Nähe *f;* **~es** Nachbarschaft *f;* **en las ~es** in der Nähe **2.** (*parentesco*) Verwandtschaftsgrad *m*

próximo, -a ['proˠsimo, -a] *adj* **1.** (*cercano*) nahe (*a* bei/zu +*dat*); (*local*) nahe gelegen; (*temporal*) nahe bevorstehend; **en fecha próxima** demnächst; **estar ~ a** drauf und dran sein zu, kurz davor sein zu **2.** (*siguiente*) nächste(r, s); **el ~ año** nächstes Jahr; **el ~ viernes** am nächsten Freitag; **el ~ 3 de octubre** am 3. Oktober diesen Jahres; **la próxima vez** nächstes Mal; **¡hasta la próxima!** bis zum nächsten Mal!, bis bald!

proyección [proɟeˠ'θjon] *f* **1.** (FÍS, FOTO, CINE) Projektion *f,* Projizierung *f;* (*sesión*) Vorführung *f;* (*lanzamiento*) Werfen *nt;* (*impulso*) Schleudern *nt;* ~ **en cinemascope** Breitwandprojektion *f;* ~ **de sombras** Schattenwurf *m* **2.** (GEO: *cartografía*) Projektion *f;* ~ **cilíndrica** Zylinderprojektion *f;* ~ **cónica** Kegelprojektion *f;* ~ **esférica** Kugelprojektion *f;* ~ **en perspectiva** perspektivische Projektion **3.** (ARQUIT, MAT) Grundriss *m;* ~ **longitudinal/vertical** Seiten-/Aufriss *m* **4.** (*influencia*) Einfluss *m;* (*orientación*) Orientierung *f;* **una empresa de ~ internacional** eine weltweit orientierte Firma **5.** (*proyecto*) Planung *f,* Entwerfen *nt*

proyectable [proɟek'taβle] *adj* (AERO): **asiento** ~ Schleudersitz *m*

proyectante [proɟek'tan̦te] **I.** *adj* projizierend **II.** *f* (MAT) Projektionslinie *f*

proyectar [proɟek'tar] **I.** *vt* **1.** (FÍS, FOTO, CINE) projizieren; (*lanzar*) werfen (*hacia* auf +*akk*); (*impulsar*) schleudern (*hacia* gegen +*akk*); ~ **luz/sombra** Licht/Schatten werfen **2.** (*idear*) projektieren; (*planear*) planen; (*diseñar*) entwerfen; (TÉC) auslegen, konstruieren; ~ **anticipadamente** vorsehen; (JUR) disponieren **3.** (*proponerse*) beabsichtigen, vorhaben **II.** *vr:* **~se** **1.** (*luz, sombra*) fallen (*sobre* auf +*akk*) **2.** (PSICO) sich projizieren (*en* auf +*akk*) **3.** (*orientarse*) sich orientieren

proyectil [proɟek'til] *m* Projektil *nt,* Geschoss *nt;* ~ **anticarro** [*o* **antitanque**] Panzerabwehrgeschoss *nt;* ~ **blindado** Panzergeschoss *nt;* ~ **incendiario/rompedor** Brand-/

Sprenggeschoss *nt*

proyectista [proɟek'tista] *mf* Projektant(in) *m(f)*, Projektingenieur(in) *m(f)*; (*diseñador*) Konstrukteur(in) *m(f)*; (CINE: *operador*) Vorführer(in) *m(f)*

proyectivo, -a [proɟek'tiβo, -a] *adj* projektiv; **geometría proyectiva** (MAT) darstellende Geometrie; **técnica proyectiva** (PSICO) projektives Verfahren; **test** ~ (PSICO) Projektionstest *m*

proyecto¹ [pro'ɟekto] *m* **1.** (*plan*) Projekt *nt*, Plan *m*; (*proyección*) Planung *f*; (*borrador*) Entwurf *m*; (*pormenorizado*) Ausarbeitung *f*; (POL: *propuesta*) Vorschlag *m*; ~ **fin de carrera** (UNIV) Diplomarbeit *f*; (*en Letras*) Magisterarbeit *f*; ~ **de gobierno** Kabinettsentwurf *m*; ~ **de inversiones** Investitionsvorhaben *nt*; ~ **de ley** Gesetz(es)entwurf *m*; ~ **piloto** Pilotprojekt *nt*; ~ **de reforma (constitucional)** (Verfassungs)änderungsentwurf *m* **2.** (*propósito*) Projekt *nt*, Vorhaben *nt*; **en** ~ geplant; **tener ~s** Pläne haben; **tener algo en** ~ etw vorhaben

proyecto, -a² [pro'ɟekto, -a] *adj* (MAT) projiziert

proyector [proɟek'tor] *m* (FOTO, CINE) Projektor *m*, Bildwerfer *m*; (*lanzador*) Werfer *m*; ~ **de agua** Wasserwerfer *m*; ~ **de cine** Filmprojektor *m*, Kinoprojektor *m*; ~ **de diapositivas** Diaprojektor *m*; ~ **de luz** Scheinwerfer *m*; ~ **de luz diurna** Tageslichtprojektor *m*

prudencia [pru'ðen̩θja] *f* **1.** (*precaución*) Vorsicht *f*; (*previsión*) Bedachtsamkeit *f*; (*cautela*) Behutsamkeit *f* **2.** (*cordura*) Vernunft *f*; (*astucia*) Klugheit *f* **3.** (*moderación*) Mäßigkeit *f*

prudencial [pruðen̩'θjal] *adj* (*razonable*) vernünftig; (*adecuado*) angebracht; (*previsor*) bedachtsam; **una cantidad** ~ eine angemessene Menge

prudenciarse [pruðen̩'θjarse] *vr* (*AmC, Col, Méx*) **1.** (*ser prudente*) vorsichtig sein **2.** (*moderarse*) sich mäßigen **3.** (*conservar la calma*) Ruhe bewahren

prudente [pru'ðen̩te] *adj* **1.** (*precavido*) vorsichtig; (*previsor*) bedacht; (*cauteloso*) behutsam **2.** (*razonable*) vernünftig; (*avisado*) klug **3.** (*adecuado*) angemessen

prueba ['prweβa] *f* **1.** (*examen*) Prüfung *f*, Test *m*; (*experimento*) Versuch *m*; (REL) Prüfung *f*; (*comprobación*) Probe *f*; (*ensayo*) Erprobung *f*; (DEP: *competición*) Wettkampf *m*; (*de ropa*) Anprobe *f*; (TIPO: *de impresión*) Andruck *m*, Probeabzug *m*; (TÉC) Probelauf *m*; ~ **de acceso** Aufnahmeprüfung *f*; ~ **de aceptación** (INFOR) Abnahmeprüfung *f*; ~ **de alcoholemia** (Blut)alkoholtest *m*; ~ **alfa/beta** (INFOR) Alfa-/Betatest *m*; ~ **de aptitud** Eignungstest *m*; ~ **al azar** Stichprobe *f*; ~ **de azúcar en la orina/en la sangre** Harnzucker-/Blutzuckertest *m*; ~ **clasificatoria/eliminatoria** Qualifizierungs-/Ausscheidungsspiel *nt*; ~ **de degustación** Kostprobe *f*; (*cata*) Weinprobe *f*; ~ **de embarazo** Schwangerschaftstest *m*; ~ **de filiación** Abstammungsnachweis *m*; ~ **de fondo** (DEP) Leistungsprüfung *f*; ~ **de fuego** (*fig*) Feuerprobe *f*; ~ **de galeradas** (TIPO) Abzug in Fahnen; ~ **de identidad** Identitätsnachweis *m*; ~ **de imprenta** (TIPO) Druckfahne *f*; **~s nucleares** Atomversuche *mpl*; ~ **de resistencia** Ausdauerprüfung *f*; ~ **de testigos** Zeugenbeweis *m*; **período de** ~ Probezeit *f*; **poner a** ~ auf die Probe stellen; **someter a** ~ einer Prüfung unterziehen; **sufrir una dura** ~ eine schwere Prüfung durchmachen; **a ~ de agua** wasserdicht, wasserfest; **a ~ de balas** kugelsicher; **a ~ de bombas** (*t. fig*) bombensicher; **a ~ de robo** diebstahlsicher; **a título de** ~ zur Probe; **a toda** ~ voll erprobt; (*fig*) mit allen Wassern gewaschen **2.** (*t.* JUR: *testimonio*) Beweis *m*; (*verificación*) Nachweis *m*; ~ **de cargo/descargo** Entlastungs-/Belastungsnachweis *m*; ~ **circunstancial** Indizienbeweis *m*; ~ **documental** Urkundenbeweis *m*; **dar ~s de afecto** Zuneigung beweisen; **en ~ de nuestro reconocimiento** als Zeichen unserer Anerkennung; **presentar la** ~ den Nachweis erbringen; **ser ~ de algo** ein Beweis für etw sein; **suministrar ~s** Nachweise einreichen; **tener ~s de que...** beweisen können, dass ...

pruna ['pruna] *f* (*reg:* BOT) Pflaume *f*

pruno ['pruno] *m* (*reg:* BOT) Pflaumenbaum *m*

pruriginoso, -a [prurixi'noso, -a] *adj* (MED) Juckreiz erzeugend, pruriginös

prurigo [pru'riɣo] *m* (MED) Juckknötchen *nt*, Prurigo *f*

prurito [pru'rito] *m* **1.** (*picor*) Juckreiz *m*; (MED) Pruritus *m* **2.** (*afán de perfección*) innerer Ansporn *m*

Prusia ['prusja] *f* Preußen *nt*; ~ **Occidental/Oriental** West-/Ostpreußen *nt*

prusiano, -a [pru'sjano, -a] **I.** *adj* preußisch **II.** *m, f* Preuße, -in *m, f*

P.S. [pos es'kriptun] *abr de* **post scriptum** PS

(p)seudo- ['seu̯ðo] Pseudo-, pseudo-

pseudoinstrucción [seu̯ðoiⁿstruʸ'θjon] *f* (INFOR) Pseudobefehl *m*

(p)seudología [seu̯ðolo'xia] *f* (PSICO) krankhaftes Lügen *nt*, Pseudologie *f*

(p)seudónimo [seu̯'ðonimo] *m* Pseudonym *nt*

(p)sicastenia [sikas'tenja] *f* (PSICO) Psychasthenie *f*

(p)sico- ['siko] Psycho-, psycho-

(p)sicoanálisis [sikoa'nalisis] *m sin pl* (MED) Psychoanalyse *f*

(p)sicoanalista [sikoana'lista] *mf* (MED) Psychoanalytiker(in) *m(f)*

(p)sicoanalítico, -a [sikoana'litiko, -a] *adj* (MED) psychoanalytisch

(p)sicoanalizar [sikoanali'θar] <z→c> *vt* (MED) psychoanalysieren

(p)sicodélico, -a [siko'ðeliko, -a] *adj* psychedelisch; **droga (p)sicodélica** psychedelische

Droge

(**p**)**sicodrama** [siko'ðrama] *m* (LIT, PSICO) Psychodrama *nt*

(**p**)**sicofármaco** [siko'farmako, -a] *m* (MED) Psychopharmakon *nt*

(**p**)**sicofarmacología** [sikofarmakolo'xia] *f* (MED) Psychopharmakologie *f*

(**p**)**sicofísica** [siko'fisika] *f* (PSICO) Psychophysik *f*

(**p**)**sicofisiología** [sikofisjolo'xia] *f* (PSICO) Psychophysik *f*

(**p**)**sicogénesis** [siko'xenesis] *f inv* (PSICO) Psychogenese *f*

(**p**)**sicógeno**, **-a** [si'koxeno, -a] *adj* (MED) psychogen, seelisch bedingt

(**p**)**sicokinesia** [sikoki'nesja] *f* Psychokinese *f*

(**p**)**sicolingüista** [sikoliŋ'gwista] *mf* (LING) Psycholinguist(in) *m(f)*

(**p**)**sicolingüística** [sikoliŋ'gwistika] *f sin pl* (LING) Psycholinguistik *f*

(**p**)**sicóloga** [si'koloɣa] *f v.* (**p**)**sicólogo**

(**p**)**sicología** [sikolo'xia] *f sin pl* **1.** (*ciencia*) Psychologie *f;* ~ **criminal** Kriminalpsychologie *f;* ~ **de empresa** Betriebspsychologie *f;* ~ **infantil** Kinderpsychologie *f;* ~ **de masas** Massenpsychologie *f;* ~ **de mercado** Marktpsychologie *f;* ~ **social** Sozialpsychologie *f* **2.** (*vida anímica*) Psychologie *f,* Psyche *f;* (*mentalidad*) Weltanschauung *f*

(**p**)**sicológico**, **-a** [sikolo'xiko, -a] *adj* seelisch; (PSICO) psychologisch; **guerra** (**p**)**sicológica** Psychokrieg *m;* **terror** ~ Psychoterror *m*

(**p**)**sicologismo** [sikolo'xismo] *m* (FILOS) Psychologismus *m*

(**p**)**sicólogo**, **-a** [si'koloɣo, -a] *m, f* (PSICO) Psychologe, -in *m, f;* **es muy/poco** ~ (*fam*) er ist sehr/wenig einfühlsam

(**p**)**sicometría** [sikome'tria] *f* (PSICO) Psychometrie *f*

(**p**)**sicomotor**, **-motriz** [sikomo'tor, sikomo'triθ] *adj* (MED, PSICO) psychomotorisch

(**p**)**sicomotricidad** [sikomotriθi'ðaᵈ] *f sin pl* (MED, PSICO) Psychomotorik *f*

(**p**)**sicomotriz** [sikomo'triθ] *adj v.* (**p**)**sicomotor**

(**p**)**siconeurosis** [sikoneu̯'rosis] *f inv* Psychoneurose *f*

(**p**)**sicópata** [si'kopata] *mf* (MED) Psychopath(in) *m(f);* ~ **sexual** Triebtäter *m*

(**p**)**sicopatía** [sikopa'tia] *f sin pl* (MED) Psychopathie *f*

(**p**)**sicopático**, **-a** [siko'patiko, -a] *adj* (MED) psychopathisch

(**p**)**sicopatología** [sikopatolo'xia] *f* (MED) Psychopathologie *f*

(**p**)**sicopedagogía** [sikopeðaɣo'xia] *f* (PSICO) wissenschaftliche Pädagogik *f*

(**p**)**sicoquinesia** [sikoki'nesja] *f* Psychokinese *f*

(**p**)**sicoquinesis** [sikoki'nesis] *f inv* Psychokinese *f*

(**p**)**sicoquinético**, **-a** [sikoki'netiko,-a] *adj* psychokinetisch

(**p**)**sicosis** [si'kosis] *f inv* Psychose *f,* Geisteskrankheit *f;* ~ **carcelaria** Haftpsychose *f;* ~ **colectiva** Massenpsychose *f;* ~ **de guerra** Kriegspsychose *f;* ~ **temporal** vorübergehende Psychose

(**p**)**sicosocial** [sikoso'θjal] *adj* psychosozial

(**p**)**sicosociología** [sikosoθjolo'xia] *f* (PSICO) Psychosoziologie *f*

(**p**)**sicosomático**, **-a** [sikoso'matiko, -a] *adj* (MED) psychosomatisch

(**p**)**sicotecnia** [siko'teɣnja] *f* (PSICO) Psychotechnik *f*

(**p**)**sicotécnico**, **-a** [siko'tekniko, -a] *adj* psychotechnisch; **test** ~ psychologischer Test

(**p**)**sicoterapeuta** [sikotera'peu̯ta] *mf* (MED, PSICO) Psychotherapeut(in) *m(f)*

(**p**)**sicoterapéutico**, **-a** [sikotera'peu̯tiko, -a] *adj* (PSICO) psychotherapeutisch

(**p**)**sicoterapia** [sikote'rapja] *f* (MED, PSICO) Psychotherapie *f;* (*aplicación*) Psychotherapeutik *f*

(**p**)**sicótico**, **-a** [si'kotiko, -a] *adj* (MED) psychotisch, geisteskrank

(**p**)**sicotrópico**, **-a** [siko'tropiko, -a] *adj* (MED) psychotrop

(**p**)**sicrometría** [sikome'tria] *f* (FÍS) Messung *f* der Luftfeuchtigkeit, Psychrometrie *f*

(**p**)**sique** ['sike] *f* (PSICO, MED) Psyche *f*

(**p**)**siquiatra** [si'kjatra] *mf,* (**p**)**siquíatra** [si'kiatra] *mf* (MED) Psychiater(in) *m(f)*

(**p**)**siquiatría** [sikja'tria] *f* (MED) Psychiatrie *f;* ~ **forense** (JUR) Gerichtspsychiatrie *f*

(**p**)**siquiátrico**, **-a** [si'kjatriko, -a] *adj* (MED) psychiatrisch; (**hospital**) ~ psychiatrisches Krankenhaus, Psychiatrie *f*

(**p**)**síquico**, **-a** ['sikiko, -a] *adj* seelisch; (PSICO) psychisch

(**p**)**siquis** ['sikis] *f inv* (PSICO, MED) Psyche *f*

(**p**)**siquismo** [si'kismo] *m* (PSICO) Psychismus *m*

PSOE [pe'soe] *m abr de* **Partido Socialista Obrero Español** *sozialistische spanische Arbeiterpartei*

(**p**)**soriasis** [so'rjasis] *f inv* (MED) Schuppenflechte *f,* Psoriasis *f*

pta. [pe'seta] *f* <pt(a)s.> *abr de* **peseta** Pesete *f*

pterodáctilo [tero'ðaktilo] *m* (ZOOL) Pterodactylus *m*

pterosaurio [tero'sau̯rjo] *m* (ZOOL) Pterosaurier *m,* Flugsaurier *m*

(**p**)**tialismo** [tja'lismo] *m* (MED) übermäßige Speichelbildung *f,* Ptyalismus *m*

ptolemaico, **-a** [tole'mai̯ko, -a] *adj* (ASTR) ptolemäisch; **el sistema** ~ das ptolemäische Weltsystem

pu [pu] *interj* (*de repugnancia*) bah!, bäh!, igitt!

púa ['pua] *f* **1.** (*espina*) Stachel *m* **2.** (*de un objeto*) Zinke *f;* (*pico*) Zacken *m* **3.** (MÚS: *plectro*) Plektron *nt,* Plektrum *nt*

puado [pu'aðo] *m* (*del peine*) Kammzähne

mpl
puaj [pwax] *interj* igitt, pfui
pub [paᵝ] <pubs> *m* Pub *m o nt,* Kneipe *f*
púber ['puβer] *adj* geschlechtsreif; (*núbil*) mannbar
pubertad [puβer'taᵈ] *f* Pubertät(szeit) *f*
pubescencia [puβes'θeṇθja] *f* **1.** (*pubertad*) Pubertät *f;* (MED) Pubeszenz *f* **2.** (BOT) Flaum *m*
púbico, -a ['puβiko, -a] *adj* Scham-; (MED) pubisch; **vello** ~ Schamhaar *nt;* **zona púbica** Schamgegend *f*
pubis ['puβis] *m inv* (*zona*) Scham(gegend) *f;* (*hueso*) Schambein *nt;* (*monte de Venus*) Schamhügel *m*
publicable [puβli'kaβle] *adj* druckfähig; (*de calidad*) druckreif, publikationsreif
publicación [puβlika'θjon] *f* **1.** (*general*) Veröffentlichung *f;* (*anuncio*) Bekanntmachung *f;* (*divulgación*) Verlautbarung *f;* (*proclamación*) Verkünd(ig)ung *f* **2.** (JUR) Offenlegung *f* **3.** (TIPO: *edición*) Publikation *f;* (*impreso*) Druckwerk *nt;* ~ **oficial** amtliche Druckschrift; ~ **quincenal/mensual** Halbmonats-/Monatsbroschüre *f;* ~ **reciente** Novität *f;* **publicaciones universitarias** Hochschulschrift *f*
publicador(a) [puβlika'ðor(a)] **I.** *adj* veröffentlichend; (*libros, revistas*) herausgebend; **el diario** ~ **de este anuncio** die Zeitung, die diese Anzeige veröffentlicht **II.** *m(f)* Veröffentlicher(in) *m(f);* (*de libros, revistas*) Herausgeber(in) *m(f)*
publicar [puβli'kar] <c→qu> **I.** *vt* **1.** (*difundir*) veröffentlichen; (*anunciar*) bekannt machen, bekannt geben; (*divulgar*) verlautbaren; (JUR) offen legen; (*proclamar*) verkünd(ig)en **2.** (*editar*) veröffentlichen, publizieren **II.** *vr:* **~se** erscheinen, herauskommen
publicidad [puβliθi'ðaᵈ] *f* **1.** (*carácter público*) Öffentlichkeit *f,* Publizität *f;* **dar** ~ an die Öffentlichkeit bringen; (*difundir*) ruchbar machen; **este programa le ha dado mucha** ~ durch diese Sendung ist er/sie sehr bekannt geworden **2.** (*propaganda*) Werbung *f,* Reklame *f;* (*promoción*) Publicity *f;* ~ **aerostática** Ballonwerbung *f;* ~ **colectiva** Gemeinschaftswerbung *f;* ~ **comparativa/despreciativa** vergleichende/herabsetzende Werbung; ~ **por correo** Postwerbung *f;* ~ **disimulada** Schleichwerbung *f;* ~ **sobreimpresa** Werbeeinblendung *f;* ~ **subliminal/fraudulenta** unterschwellige/irreführende Werbung; ~ **en TV** Fernsehwerbung *f;* ~ **en vallas** Plakatwerbung *f;* **agencia de** ~ Werbeagentur *f;* **jefe de** ~ Werbeleiter *m;* **hacer** ~ **de algo** für etw werben, für etw Reklame machen
publicista [puβli'θista] *mf* Publizist(in) *m(f)*
publicitario, -a [puβliθi'tarjo, -a] *adj* Werbe-, Werbungs-; **agencia publicitaria** Werbeagentur *f;* **cartel** ~ Werbeplakat *nt;* **espacio** ~ Anzeigenraum *m;* **experto** ~ Werbefachmann *m;* **lenguaje** ~ Werbesprache *f;* **tarifa publicitaria** Anzeigenpreis *m;* **valla publicitaria** Reklamewand *f*
público¹ ['puβliko] *m* **1.** (*colectividad*) Allgemeinheit *f,* Öffentlichkeit *f;* **en** ~ in aller Öffentlichkeit; **aparecer en** ~ öffentlich auftreten; **el gran** ~ die breite Masse **2.** (*asistente*) Publikum *nt;* **para todos los ~s** für jeden Geschmack; (CINE) freigegeben ab 6 Jahren; **abierto/cerrado al** ~ für den Publikumsverkehr geöffnet/geschlossen; **hoy hay poco** ~ heute ist wenig Betrieb
público, -a² ['puβliko, -a] *adj* **1.** (*no privado*) öffentlich; (*estatal*) staatlich, Staats-; **colegio** ~ staatliche Schule; **departamento de relaciones públicas** Abteilung für Öffentlichkeitsarbeit; **deuda pública** öffentliche Anleihe; **finanzas públicas** öffentliche Finanzen, Staatsfinanzen *pl;* **relaciones públicas** Publicrelations *pl,* Öffentlichkeitsarbeit *f;* **el sector** ~ die öffentliche Hand; **teléfono** ~ öffentlicher Fernsprecher; **transporte** ~ öffentliche Verkehrsmittel **2.** (*común*) allgemein; **de utilidad pública** gemeinnützig **3.** (*conocido*) allgemein bekannt; **escándalo** ~ öffentlicher Skandal; **hacer** ~ an die Öffentlichkeit bringen; (*descubrir*) publik machen; **hacerse** ~ bekannt werden; (*divulgarse*) ruchbar werden; **ser del dominio** ~ allgemein bekannt sein
publirreportaje [puβlirrepor'taxe] *m* Werbefilm *m,* Werbereportage *f*
pucará [puka'ra] *f* (*CSur:* HIST: *fortaleza indígena*) indianische Festung *f*
pucha ['putʃa] *interj* (*CSur: caramba*): **¡la ~!** Donnerwetter!; **¡~, qué frío que hace!** verdammt, ist es kalt!
puchera [pu'tʃera] *f* (GASTR) spanisches Eintopfgericht *nt*
pucherazo [putʃe'raθo] *m* **1.** (*golpe*) Schlag *m* mit einem Kochtopf **2.** (*trampa electoral*) Wahlbetrug *m*
puchero [pu'tʃero] *m* **1.** (*olla*) Kochtopf *m* **2.** (GASTR: *cocido*) ≈Eintopf *m* **3.** (*fam: alimento*) das tägliche Brot *nt;* **hay que ganarse el** ~ man muss ja seine Brötchen verdienen **4.** (*llanto*) Wimmern *nt;* **hacer ~s** eine Schnute ziehen
puches ['putʃes] *mpl o fpl* **1.** (*gachas*) ≈Mehlbrei *m* **2.** (*lodo*) Schlamm *m,* Dreck *m*
pucho ['putʃo] *m* **1.** (*Am: resto*) Rest *m;* (*colilla*) Zigarettenstummel *m;* **un** ~ (*fam*) ein bisschen **2.** (*Chil: vulg: pene*) Schwanz *m fam*
pudding ['puðiŋ] *m* (GASTR) Pudding *m*
pudendo, -a [pu'ðeṇdo, -a] *adj* Scham erregend; (*púbico*) Scham-; **las partes pudendas** die Schamgegend
pudibundez [puðiβuṇ'deθ] *f* (*pey*) Prüderie *f*
pudibundo, -a [puði'βuṇdo, -a] *adj* (*pey*) prüde
púdico, -a ['puðiko, -a] *adj v.* **pudoroso**
pudiente [pu'ðjeṇte] *adj* bemittelt, wohlhabend; **las clases menos ~s** die wenig bemit-

telten Bevölkerungsschichten

pudin ['puðin] *m,* **pudín** [pu'ðin] *m* Pudding *m*

pudor [pu'ðor] *m* **1.** (*recato*) Sittsamkeit *f;* (*decencia*) Züchtigkeit *f;* (*vergüenza*) Schamhaftigkeit *f* **2.** (*modestia*) Bescheidenheit *f*

pudoroso, **-a** [puðo'roso, -a] *adj* **1.** (*recatado*) sittsam; (*vergonzoso*) schamhaft; (*decente*) züchtig **2.** (*modesto*) bescheiden

pudrición [puðri'θjon] *f* Fäule *f,* Fäulnis *f*

pudridero [puðri'ðero, -a] *m* (*estercolero*) Misthaufen *m;* (*muladar*) Mistgrube *f;* (*de cadáveres*) Leichenkammer *f*

pudrimiento [puðri'mjento] *m* (Ver)faulen *nt*

pudrir [pu'ðrir] *irr* **I.** *vt* **1.** (*descomponer*) zum Faulen bringen; (*fig*) verderben **2.** (*fam: molestar*) stinken +*dat;* **me pudre que nunca me hagas caso** es stinkt mir, dass du nie auf mich hörst; **estar podrido de dinero** (*vulg*) vor Geld stinken *fam* **II.** *vr:* **~se** (ver)faulen, (ver)modern; (*descomponerse*) verrotten; (*estropearse*) vergammeln; (*t. fig*) verderben; **~se en la cárcel** (*argot*) im Knast verschimmeln; **¡ahí te pudras!** (*vulg*) von mir aus kannst du verrecken! *fam*

pudú [pu'ðu] *m* (*Arg, Chil:* ZOOL) *kleiner, in den Anden vorkommender Hirsch*

puebla ['pweβla] *f* (AGR) Aussaat *f*

pueblada [pwe'βlaða] *f* (*AmS: revuelta popular*) Volksaufstand *m*

pueble ['pweβle] *m* (MIN) Bergarbeiterschaft *f*

pueblerino, **-a** [pweβle'rino, -a] **I.** *adj* dörflich; (*pey*) bäurisch **II.** *m, f* Dorfbewohner(in) *m(f);* (*pey*) Bauerntölpel *m,* Bauerntrampel *m*

pueblo ['pweβlo] *m* **1.** (*nación*) Volk *nt,* Nation *f;* (*tribu*) Völkerschaft *f,* Volksstamm *m;* **el ~ bajo** das gemeine Volk; **el ~ elegido** das auserwählte Volk; **un hombre del ~** ein Mann aus dem Volke; **la voz del ~** des Volkes Stimme **2.** (*población*) Dorf *nt,* Ortschaft *f;* (*aldea*) Weiler *m;* **~ costero** Küstenort *m;* **~ de mala muerte** (*fam*) trostloses Kaff; **~ vecino** Nachbardorf *nt;* **~ joven** (*Am*) Slums *pl;* **de ~** Land-, Bauern-; (*pey*) bäurisch

puelche ['pweltʃe] *mf* (*Arg, Chil*) *Ureinwohner(in) Argentiniens*

puente ['pwente] *m* **1.** (*construcción*) Brücke *f;* (*de las gafas*) Brillensteg *m;* (MÚS: *de un instrumento*) Steg *m;* **~ aéreo** (MIL, HIST) Luftbrücke *f;* (AERO) Luftpendelverkehr *m;* **~ anfibio** (MIL) Schwimmbrücke *f;* **~ de [*o* en] arco** Bogenbrücke *f;* **~ basculante** Hubbrücke *f;* **~ de cables inclinados** Schrägseilbrücke *f;* **~ colgante** Hängebrücke *f;* **~ dental** (MED) Zahnbrücke *f;* **~ ferroviario** Eisenbahnbrücke *f;* **~ grúa** Laufkran *m;* **~ levadizo** Fallbrücke *f;* (HIST) Zugbrücke *f;* **~ peatonal** Fußgängerbrücke *f;* **~ de pontones** Pontonbrücke *f;* **~ de señales** (FERRO) Signalbrücke *f;* **echar [*o* tender] un ~** (*fig*) eine Brücke schlagen **2.** (NÁUT) Brückendeck *nt;* **~ de mando** Kommandobrücke *f;* **~ de maniobras/de paseo** Arbeits-/Promenadendeck *nt* **3.** (ELEC: *conexión*) Überbrückung *f;* **hacer un ~ a un coche** ein Auto kurzschließen **4.** (*loc*): **hacer/tener ~** einen Brückentag machen/haben

puentear [pwente'ar] *vt* (ELEC) überbrücken

puentecilla [pwente'θiʎa] *f* (MÚS) Steg *m*

puenting ['pwentiŋ] *m* (DEP) Bungee-Springen *nt*

puerco, **-a** ['pwerko, -a] **I.** *adj* **1.** *estar* (*fam: sucio*) saudreckig **2.** *ser* (*indecente*) schweinisch *fam* **II.** *m, f* **1.** (*cerdo*) Schwein *nt;* (*macho*) Eber *m;* (*hembra*) Sau *f;* **~ espín** Stachelschwein *nt* **2.** (*fam: persona sucia*) Schlamper *m,* Schlampe *f;* (*obsceno*) Schweinigel *m* **3.** (*fam: canalla*) Schweinehund *m*

puericia [pwe'riθja] *f* Kindheit *f,* Kindesalter *nt*

puericultor(a) [pwerikul'tor(a)] *m(f)* Kinderkrankenpfleger, -schwester *m, f;* (*en la guardería*) Kindergärtner(in) *m(f)*

puericultura [pwerikul'tura] *f sin pl* Kinderkrankenpflege *f*

pueril [pwe'ril] *adj* **1.** (*infantil*) kindlich, Kindes-; **edad ~** Kindesalter *nt* **2.** (*inmaduro*) kindisch; (*bobo*) albern; (*pey*) läppisch

puerilidad [pwerili'ða^ð] *f* Kinderei *f;* (*tontería*) Albernheit *f*

puérpera ['pwerpera] *f* Wöchnerin *f*

puerperal [pwerpe'ral] *adj* Wochenbett-; **fiebre ~** Wochenbettfieber *nt*

puerperio [pwer'perjo] *m* Wochenbett *nt*

puerro ['pwerro] *m* Lauch *m,* Porree *m*

puerta ['pwerta] *f* **1.** (*abertura*) Tür *f;* (*portal*) Pforte *f;* (*portalón*) Tor *nt;* (*acceso*) Zugang *m;* **~ basculante** Schwingtür *f;* **~ blindada** Panzertür *f;* **~ de la calle** Haustür *f;* **~ corredera** Schiebetür *f;* **~ cortafuego** Brandschutztür *f;* **~ delantera/trasera** Vorder-/Hintertür *f;* **~ de entrada** Eingangstür *f;* **~ falsa** Tapetentür *f;* **~ giratoria** Drehtür *f;* **~ lateral** Seitentür *f;* **~ del maletero** (AUTO) Kofferraumklappe *f;* **~ plegable** Falttür *f;* **~ de servicio** Lieferanteneingang *m;* **~ de socorro** Notausgang *m;* **~ de vaivén** Pendeltür *f;* **~ ventana** Fenstertür *f;* **día de ~s abiertas** Tag der offenen Tür; **la P~ del Sol** *Platz im Zentrum von Madrid;* **quinta ~** (AUTO) Heckklappe *f;* **a la ~ de casa** vor der Haustür; **a ~ abierta** (*t.* JUR) öffentlich; **a ~ cerrada** (*t.* JUR) nicht öffentlich; **a las ~s de la muerte** an der Schwelle des Todes; **enseñar la ~ a alguien** jdm die Tür weisen; **estar a las [*o* en] ~s** (*fig*) vor der Tür stehen; **dar a alguien con la ~ en las narices** jdm die Tür vor der Nase zuschlagen; **de ~s adentro** (*fig*) intern; **ir de ~ en ~** von Tür zu Tür [*o* von Haus zu Haus] gehen; **cerrar las ~s a alguien** jdm den Weg versperren; **poner a alguien en la ~ (de la calle)** jdn vor die Tür setzen; **por la ~ grande** (TAUR: *t. fig*) mit Glanz und Gloria; **tiene todas las ~s abiertas** ihm/ihr stehen alle Türen offen **2.** (DEP: *portería*) Tor *nt;* **disparo a ~**

P

Torschuss *m*

puerto ['pwerto] *m* **1.** (NÁUT) Hafen *m;* (*ciudad*) Hafenstadt *f;* ~ **aduanero** Zollhafen *m;* ~ **comercial** Handelshafen *m;* ~ **deportivo** Sporthafen *m,* Jachthafen *m;* ~ **fluvial** Flusshafen *m;* ~ **franco** Freihafen *m;* ~ **interior** Binnenhafen *m;* ~ **marítimo** Seehafen *m;* ~ **de matrícula** Heimathafen *m;* ~ **pesquero** Fischer(ei)hafen *m;* **tocar** [*o* **tomar**] ~ den Hafen anlaufen **2.** (*de montaña*) Bergpass *m* **3.** (INFOR) (Computer)schnittstelle *f,* Anschluss *m;* ~ **para juegos** Gameport *m;* ~ **para modem** Modemanschluss *m;* ~ **de ratón** Mausport *m;* ~ **de transmisión en paralelo/en serie** Parallel-/Serienschnittstelle *f* **4.** (*refugio*) Zuflucht *f*

puertorriqueñismo [pwertorrike'ɲismo] *m* (LING) puertoricanische Redeweise *f*

puertorriqueño, **-a** [pwertorri'keɲo, -a] **I.** *adj* puertoricanisch **II.** *m, f* Puertoricaner(in) *m(f)*

pues [pwes] **I.** *adv* **1.** (*consecutivo*) dann, also; **no me gusta – ~ (entonces) no te lo compres** ich mag es nicht – dann kauf's dir (eben) nicht; **Ana quiere conocerte – ~ que venga** Ana möchte dich kennen lernen – dann soll sie kommen; **he vuelto a suspender – ~ estudia más** ich bin schon wieder durchgefallen – dann musst du eben mehr lernen; ~ **entonces, nada** dann eben nicht **2.** (*ilativo*) also; ~ **bien** also gut; **la consecuencia es, ~,...** daraus folgt also ...; **dejémoslo,** ~ lassen wir es also lieber sein **3.** (*causal*) nämlich; **estudio alemán – ¡ah, ~ yo también!** ich lerne Deutsch – ach, ich auch!; **yo soy de Salamanca – ~ yo, de Soria** ich komme aus Salamanca – und ich aus Soria; **¿quién es? – ~ no sé, no lo conozco** wer ist es? – ich weiß es nicht, es ist jemand Unbekanntes **4.** (*expletivo*) doch; **¿estuvisteis por fin en Toledo? – ~ sí/no** wart ihr schließlich in Toledo? – ja, doch/nein, doch nicht; **¡qué frío! – ¡~ esto no es nada!** ach, ist es kalt! – das ist noch gar nichts!; **estoy muy cansado – ~ aún queda mucho camino** ich bin sehr müde – wir haben aber noch eine ziemlich lange Strecke vor uns; **¡qué caro! – ¿sí? ~ a mí me parece barato** wie teuer! – findest du? ich finde es eher billig **5.** (*exclamativo*): **está lloviendo – ¡~ vaya lata!** es regnet – so ein Mist!; **¡~ no faltaría más!** das wäre ja noch schöner! **6.** (*interrogativo*): **no voy a salir – ¿~ cómo es eso?** ich gehe nicht aus – wieso das denn?; **¿~ qué quieres?** was willst du denn?; **quería hablar contigo – ¿y ~?** ich möchte mit dir sprechen – ja, und?; **me he peleado con Luis – ¿~ qué ha pasado?** ich habe mich mit Luis gestritten – was ist denn passiert? **7.** (*atenuación*) tja; **¿por qué no viniste a la fiesta? – ~ es que tenía mucho que hacer** warum bist du nicht zur Party gekommen? – tja, ich hatte viel zu tun; **¿nos vemos mañana? – ~ no sé todavía** sehen wir uns morgen? – tja, ich weiß noch nicht **8.** (*insistencia*) halt, ja, aber; ~ **así es** so ist es halt; ~ **claro** aber klar; **¡vamos ~!** na, los!; **¡~ entonces!** na, dann! **II.** *conj* **1.** (*causal*) denn, da; ~ **no me queda otro remedio, venderé el coche** da mir nichts anderes übrig bleibt, werde ich das Auto verkaufen; **no voy de viaje,** ~ **no tengo dinero** ich mache keine Reise, denn ich habe kein Geld **2.** (*elev*): ~ **que** da

puesta ['pwesta] *f* **1.** (*general*) Setzen *nt,* Stellung *f;* ~ **a cero** Nullstellung *f;* (*de aparatos*) Eichung *f;* ~ **en circulación** Inumlaufsetzen *nt;* ~ **en común** Diskussion *f;* ~ **en conocimiento** Inkenntnissetzung *f;* ~ **al día** Aktualisierung *f;* ~ **en escena** (TEAT) Inszenierung *f;* ~ **a flote** (NÁUT) Flottmachen *nt;* ~ **en función** Betätigung *f;* ~ **en funcionamiento** Inbetriebnahme *f;* ~ **en hora** Zeiteinstellung *f;* ~ **en libertad** Haftentlassung *f;* ~ **en marcha** Inbetriebnahme *f;* (AUTO) Anlassen *nt;* ~ **en práctica** praktische Durchführung, Verwirklichung *f;* ~ **a punto** Generalrevision *f;* (AUTO) (Urlaubs)check *m;* ~ **a la** [*o* **en**] **venta** Feilbietung *f;* ~ **en vigencia** [*o* **en vigor**] Inkraftsetzen *nt* **2.** (*de aves*) Gelege *nt* **3.** (*de sol*) Sonnenuntergang *m* **4.** (*en el juego*) Einsatz *m*

puestero, **-a** [pwes'tero, -a] *m, f* Standverkäufer(in) *m(f);* (*en el mercado*) Markthändler(in) *m(f)*

puesto[1] ['pwesto] **I.** *m* **1.** (*lugar*) Platz *m,* Stelle *f;* (*posición*) Stellung *f;* ~ **de control** Leitstelle *f;* (POL) Schaltstelle *f;* (TÉC) Schalttafel *f;* ~ **de honor** Ehrenplatz *m;* ~ **de información** Auskunftsstelle *f;* ~ **de observación** (ASTR) Beobachtungsstation *f;* (MED) Wachstation *f;* **ceder/mantener el** ~ (DEP) den Listenplatz verlieren/halten **2.** (*empleo*) Arbeitsplatz *m,* (Arbeits)stelle *f;* (*cargo*) Amt *nt,* Dienststelle *f;* (*posición*) Position *f,* Stellung *f;* ~ **de confianza** Vertrauensstellung *f;* ~ **congelado** gesperrte Stelle; ~ **directivo** leitende Position; ~ **fijo** feste Anstellung; ~ **público** öffentliches Amt; ~ **vacante** freie Stelle **3.** (*tenderete*) (Markt)bude *f,* (Markt)stand *m;* (*feria de muestras*) Messestand *m;* (*chiringuito*) Imbissstand *m;* ~ **de periódicos** Zeitungskiosk *m* **4.** (MIL) Posten *m;* ~ **de escucha** Horchposten *m;* ~ **fronterizo** Grenzposten *m;* ~ **de guardia** Wach(t)posten *m;* ~ **de mando** Befehlsstelle *f;* ~ **de observación** Beobachtungspunkt *m* **5.** (*guardia*) Wache *f;* ~ **de policía** Polizeiwache *f;* ~ **de socorro** Erste-Hilfe-Station *f,* Rettungswache *f* **6.** (*caza*) Ansitz *m,* Hochsitz *m* **II.** *conj:* ~ **que** da

puesto, **-a**[2] ['pwesto, -a] **I.** *pp de* **poner** **II.** *adj* **1.** (COM) (frei) ab; ~ **en ésta** frei ab hier; ~ **de estación** ab Bahnhof; ~ **en fábrica** ab Fabrik [*o* Werk] **2.** (*infor*): ~ **en cifra** [*o* **en clave**] verschlüsselt; ~ **a punto** aktualisiert **3.** (*loc*): ~ **al día** auf dem neuesten Stand; **ir muy bien** ~ (*fam*) schick angezogen sein;

tienen el piso muy bien ~ (*fam*) sie haben die Wohnung sehr gut eingerichtet; **tenerlos muy bien ~s** (*vulg*) ein ganzer Kerl sein *fam;* **estar ~ en un tema** (*fam*) sich in einem Thema auskennen **III.** *conj:* ~ **que** da

puf [puf] **I.** *interj* ächz **II.** *m* (*asiento*) Puff *m*

pufo ['pufo] *m* (*fam*) Prellerei *f;* **dar el ~ a alguien** jdn prellen

púgil ['puxil] *m* (DEP) Faustkämpfer *m,* Boxer *m*

pugilato [puxi'lato] *m* (DEP) Faustkampf *m,* Boxkampf *m*

pugilismo [puxi'lismo] *m* (DEP) Boxen *nt,* Faustkampf *m*

pugilista [puxi'lista] *m v.* **púgil**

pugilístico, -a [puxi'listiko, -a] *adj* (DEP) boxerisch, Box-

pugna ['puɣna] *f* (*lucha*) Kampf *m,* Streit *m;* (*conflicto*) Widerstreit *m;* ~ **electoral** Wahlkampf *m;* **estar en ~ con algo/alguien** mit etw *dat/*jdm hadern

pugnacidad [puɣnaθi'ðaᵈ] *f* Kampf(es)lust *f*

pugnante [puɣ'nan̪te] *adj* feindlich, gegnerisch

pugnar [puɣ'nar] *vi* **1.** (*pelear*) streiten (*con* mit +*dat*); (*fig*) hadern (*con* mit +*dat*) **2.** (*esforzarse*) ringen (*con* mit +*dat*) **3.** (*intentar*) kämpfen (*por* um +*akk*); **el llanto pugnaba por salir** das Weinen wollte hervorbrechen

pugnaz [puɣ'naθ] *adj* kampflustig

puja ['puxa] *f* **1.** (*esfuerzo*) Anstrengung *f* **2.** (*en una subasta*) höheres Gebot *nt;* ~ **mínima** Mindestgebot *nt*

pujador(a) [puxa'ðor(a)] *m(f)* Überbieter(in) *m(f)*

pujante [pu'xan̪te] *adj* stoßkräftig; (*fig*) aufstrebend

pujanza [pu'xan̪θa] *f* (*ímpetu*) Stoßkraft *f;* (*fuerza*) Kraft *f,* Wucht *f;* (*impulso*) Schwung *m;* (*brío*) Elan *m*

pujar [pu'xar] *vi* **1.** (*esforzarse*) sich anstrengen; ~ **por** sich bemühen zu **2.** (*en una subasta*) höher bieten, das Gebot erhöhen

pujo ['puxo] *m* **1.** (MED: *de orinar*) Harndrang *m;* (*de defecar*) Stuhldrang *m* **2.** (*deseo*) Drang *m;* **sentí ~s de gritar** ich spürte den Drang zu schreien **3.** (*conato*) Fehlschlag *m*

pularda [pu'larða] *f* (GASTR) Poularde *f*

pulcritud [pulkri'tuᵈ] *f* **1.** (*elev: belleza*) Schönheit *f* **2.** (*aseo*) Reinlichkeit *f* **3.** (*cuidado*) Sorgfalt *f;* (*finura*) Feinheit *f* **4.** (FOTO: *nitidez*) Schärfe *f*

pulcro, -a ['pulkro, -a] <pulquérrimo> *adj* **1.** (*elev: bello*) schön **2.** (*aseado*) reinlich **3.** (*cuidadoso*) sorgfältig; (*fino*) fein **4.** (FOTO: *nítido*) scharf

pulga ['pulɣa] *f* Floh *m;* (INFOR) (Programm)fehler *m;* **tener malas ~s** (*fam*) schnell aus der Haut fahren, ungeduldig sein; **buscar las ~s a alguien** (*fam*) jdn auf die Palme bringen

pulgada [pul'ɣaða] *f* (*medida*) Zoll *m;* (*fam: aproximada*) Daumenbreite *f*

pulgar [pul'ɣar] **I.** *adj:* **dedo ~** Daumen *m* **II.** *m* Daumen *m*

Pulgarcito [pulɣar'θito] *m* Däumling *m*

pulgón [pul'ɣon] *m* Blattlaus *f*

pulgoso, -a [pul'ɣoso, -a] *adj* voller Flöhe

pulguera [pul'ɣera] *f* **1.** (*lugar con muchas pulgas*) Stelle *f* voller Flöhe **2.** (BOT: *zaragatona*) Flohkraut *nt* **3.** (*empulguera*) Daumenschraube *f*

pulguiento, -a [pul'ɣjen̪to, -a] *adj* (*Am*) *v.* **pulgoso**

pulido[1] [pu'liðo] *m* Polieren *nt,* Polierung *f;* (*abrillantado*) Glätten *nt;* (*esmerilado*) Schliff *m;* (*de suelos*) Bohnern *nt*

pulido, -a[2] [pu'liðo, -a] *adj* **1.** (*brillante*) blank **2.** (*fino*) fein; **estilo ~** gefeilter Stil; **modales ~s** geschliffene Manieren

pulidor[1] [puli'ðor] *m* (TÉC) Poliermaschine *f;* (*de suelos*) Bohnermaschine *f;* (*esmeriladora*) Schleifmaschine *f*

pulidor(a)[2] [puli'ðor(a)] **I.** *adj* (TÉC) Polier-; **sustancia ~a** Poliermittel *nt* **II.** *m(f)* Polierer(in) *m(f);* (*esmerilador*) Schleifer(in) *m(f)*

pulidora [puli'ðora] *f* (TÉC) Poliermaschine *f*

pulimentar [pulimen̪'tar] *vt* polieren; (*alisar*) glätten; (*esmerilar*) schleifen

pulimento [puli'men̪to] *m* **1.** (*pulido*) Polierung *f,* Schliff *m* **2.** (*sustancia*) Politur *f*

pulir [pu'lir] **I.** *vt* **1.** (*abrillantar*) polieren; (*suavizar*) glätten; (*esmerilar*) schleifen; (*con fieltro*) pliesten; (*con pómez*) abbimsen; (*suelos*) bohnern **2.** (*perfeccionar*) den letzen Schliff geben +*dat;* (*refinar*) Schliff verpassen +*dat* **II.** *vr:* **~se 1.** (*refinarse*) Schliff bekommen **2.** (*derrochar*) verschwenden

pulla ['puʎa] *f* Stichelei *f*

pullman ['pulman] *m* (*Am: coche cama*) Schlafwagen *m*

pu(l)lóver [pu'loβer/pu'ʎoβer] *m* (*Am: jersey*) Pullover *m*

pulmón [pul'mon] *m* (ANAT) Lunge *f;* ~ **de acero** (MED) eiserne Lunge; ~ **acuático** Unterwasseratemgerät *nt;* ~ **verde** (ECOL) grüne Lunge; **a pleno ~** aus voller Lunge; **enfermo de ~** lungenkrank; **padecer de los pulmones** es auf der Lunge haben; **tener buenos pulmones** (*fig*) eine gute Lunge haben

pulmonar [pulmo'nar] *adj* (MED) Lungen-; **afección ~** Lungenkrankheit *f,* Lungenleiden *nt*

pulmonaria [pulmo'narja] *f* (BOT) Lungenkraut *nt*

pulmonía [pulmo'nia] *f* (MED) Lungenentzündung *f*

pulóver [pu'loβer] *m* (*Am: jersey*) Pullover *m*

pulpa ['pulpa] *f* **1.** (ANAT) Mark *nt;* ~ **cerebral** (MED) Gehirnmasse *f;* ~ **dental** (MED) Pulpa *f,* Zahnmark *nt* **2.** (*de la fruta*) Mark *nt,* Fruchtfleisch *nt;* (*para mermelada*) Pulp *m,* Pulpe *f,* Pülpe *f;* ~ **de tamarindo** (*Méx*) Fruchtpaste aus Tamarinde **3.** (*de árboles*) Mark *nt;* ~ **de madera** Holzmasse *f*

pulpejo [pul'pexo] *m* (ANAT) Daumenballen *m;* (*yema*) Fingerkuppe *f*
pulpera [pul'pera] *f v.* **pulpero**
pulpería [pulpe'ria] *f* (*Am: tienda y bar*) *Kolonialwarenladen mit Ausschank*
pulpero, **-a** [pul'pero, -a] *m, f* (*Am*) *Inhaber(in) einer 'pulpería'*
púlpito ['pulpito] *m* (*en la iglesia*) Kanzel *f*
pulpo ['pulpo] *m* **1.** (*cefalópodo*) Krake *m;* **como un ~ en un garaje** (*fam*) wie im falschen Film, fehl am Platze **2.** (*sujección*) Gepäckspinne *f*
pulposo, **-a** [pul'poso, -a] *adj* markig; (*carnoso*) fleischig; (MED) pulpös
pulque ['pulke] *m* Pulque *m* (*fermentierter Agavensaft*)
pulquera [pul'kera] *f v.* **pulquero**
pulquería [pulke'ria] *f* (*AmC, Méx*) *v.* **pulpería**
pulquero, **-a** [pul'kero, -a] *m, f* (*AmS, Méx*) *v.* **pulpero**
pulquérrimo, **-a** [pul'kerrimo, -a] *adj superl de* **pulcro**
pulsación [pulsa'θjon] *f* **1.** (ANAT: *latido*) Pulsschlag *m;* (MED) Pulsation *f* **2.** (*de una tecla*) Tastendruck *m;* (*mecanografía*) Anschlag *m;* **~ doble** (INFOR) Überschreiben *nt* **3.** (FÍS) Schwebung *f*
pulsador [pulsa'ðor] *m* (TÉC) Taster *m;* (*botón*) Druckknopf *m,* Drucktaste *f;* (*conmutador*) Schalter *m*
púlsar ['pulsar] *m* (ASTR) Pulsar *m*
pulsar [pul'sar] **I.** *vi* (*latir*) pulsieren, schlagen **II.** *vt* **1.** (*oprimir*) drücken; (*teclado*) anschlagen; **~ una tecla** eine Taste drücken; **~ el timbre** klingeln **2.** (*tomar el pulso*) pulsen; (*t. fig*) den Puls fühlen +*dat;* **~ la opinión pública** die öffentliche Meinung sondieren
pulsátil [pul'satil] *adj* pulsierend, klopfend
pulsatila [pulsa'tila] *f* (BOT) Kuhschelle *f,* Pulsatilla *f*
pulsear [pulse'ar] *vi* (*echar un pulso*) Arm drücken
pulsera [pul'sera] *f* Armband *nt;* **reloj de ~** Armbanduhr *f*
pulsímetro [pul'simetro] *m* (MED) Blutdruckmessgerät *nt*
pulso ['pulso] *m* Puls *m;* (*fig: tiento*) Behutsamkeit *f;* **a ~** (*sin apoyarse*) freihändig; (*por su propio esfuerzo*) auf eigene Faust; **con ~** behutsam; **echar un ~ a alguien** mit jdm Arm drücken; **tener buen ~** [*o* **~ firme**] eine ruhige Hand haben; **tomar el ~ a alguien** (*t. fig*) jdm den Puls fühlen
pulular [pulu'lar] *vi* **1.** (*brotar*) sprießen, (aus)treiben **2.** (*multiplicarse*) wuchern **3.** (*bullir*) wimmeln; **los turistas pululaban por la plaza** der Platz wimmelte von Touristen
pulverizable [pulβeri'θaβle] *adj* zerstäubbar, pulverisierbar
pulverización [pulβeriθa'θjon] *f* **1.** (*en polvo*) Pulverisierung *f,* Zermahlung *f* **2.** (*atomizado*) Zerstäubung *f;* (AGR) Verneblung *f;* **~ por pistola** (TÉC) Spritzverfahren *nt*
pulverizador [pulβeriθa'ðor] *m* (*aparato*) Sprühgerät *nt;* (*botella*) Sprühflasche *f;* (*atomizador*) Zerstäuber *m;* (*spray*) Sprühdose *f;* **~ de mano/de mochila** Hand-/Rückenspritze *f*
pulverizar [pulβeri'θar] <z→c> **I.** *vt* **1.** (*reducir a polvo*) pulverisieren; (*rallar*) zerreiben; (*moler*) zermahlen **2.** (*atomizar*) zerstäuben; (AGR) vernebeln **3.** (*fig: aniquilar*) zerreiben; (*argumento*) entkräften **II.** *vr:* **~se** zu Staub werden
pum [pun] *interj* bums; (*explosión*) peng; **ni ~** (*fam*) nicht die Bohne
puma ['puma] *m* Puma *m*
pumba ['pumba] *interj* bums!, pum!
pumita [pu'mita] *f* Bims(stein) *m*
puna ['puna] *f* (*AmS*) **1.** (*altiplano*) Puna *f* (*Hochebene in den Anden*) **2.** (*malestar*) Höhenkrankheit *f*
punch [puntʃ] *m* (DEP: *boxeo*) Punch *m*
punching-ball ['puntʃiŋ-βal] *m* (DEP) Punchingball *m*
punchuncay [puntʃuŋ'kai̯] *m* (*Ecua: hijo*) Nachkömmling *m,* Nachzügler *m*
punción [pun̪'θjon] *f* Einstich *m;* (MED) Punktion *f*
puncionar [pun̪θjo'nar] *vt* (MED) punktieren
pundonor [pun̪do'nor] *m* **1.** (*honorabilidad*) Grundanständigkeit *f* **2.** (*obsesión por la buena fama*) Ehrliebe *f*
pundonoroso, **-a** [pun̪dono'roso, -a] *adj* **1.** (*honorable*) grundanständig, grundehrlich **2.** (*obsesionado por su fama*) ehrliebend
pungir [puŋ'xir] <g→j> *vt* **1.** (*punzar*) stechen **2.** (*hacer padecer*) quälen
punibilidad [puniβili'ðað] *f* (JUR) Strafbarkeit *f*
punible [pu'niβle] *adj* (JUR) strafbar; **no ~** straflos, straffrei
punición [puni'θjon] *f* (JUR) Strafe *f,* Bestrafung *f;* (*sanción*) Ahndung *f*
púnico, **-a** ['puniko, -a] *adj* (HIST) punisch, karthagisch
punir [pu'nir] *vt* (JUR) (be)strafen; (*sancionar*) ahnden
punitivo, **-a** [puni'tiβo, -a] *adj* (JUR) Straf-, strafend
punk [puŋᵏ] **I.** *adj:* **música ~** Punk(rock) *m* **II.** *mf* Punk *m,* Punker(in) *m(f)*
punki ['puŋki] **I.** *adj* punkig **II.** *mf* Punk(er) *m,* Punkerin *f*
punta ['pun̪ta] *f* Spitze *f;* (*pico*) Zacken *m;* (*extremo*) Ende *nt;* (*de tierra*) Landzunge *f;* (*de grabar*) Radiernadel *f;* (*un poco*) Körnchen *nt,* Fünkchen *nt;* **~ del dedo/de la nariz** Finger-/Nasenspitze *f;* **~ de diamante** Glaserdiamant *m;* **~ de la flecha** (INFOR) Pfeilzeiger *m;* **la ~ del iceberg** (*fig*) die Spitze des Eisbergs; **~ de París** (TÉC) Drahtstift *m;* (*clavo*) kopfloser Nagel; **a ~ de día** bei Tagesanbruch; **a ~ de navaja** mit gezücktem Messer;

a ~ de pistola mit gezogener Pistole; **acabar en** ~ sich verjüngen, spitz zulaufen; **estar de ~ con alguien** mit jdm zerstritten sein; **de ~ a ~** [*o* **a cabo**] restlos; **de ~ en blanco** (*fam*) herausgeputzt, in Schale; **hora(s) ~** Stoßzeit *f;* **ponerse de ~ con alguien** sich mit jdm anlegen; **se me pusieron los pelos** [*o* **cabellos**] **de ~** die Haare standen mir zu Berge; **sacar ~** (*afilar*) anspitzen; (*fig*) wunde Punkte suchen; **lo tenía en la ~ de la lengua** es lag mir auf der Zunge

puntada [puṇ'taða] *f* Nahtstich *m;* (*pinchazo*) Nadelstich *m;* (*fig*) Stichelei *f*

puntaje [puṇ'taxe] *m* (*Am*) *v.* **puntuación**

puntal [puṇ'tal] *m* **1.**(*madero de apoyo*) Strebe *f,* Strebebalken *m;* (*viga*) Stützbalken *m;* (*fig: apoyo*) Stütze *f* **2.**(*Am: refrigerio*) Häppchen *nt* **3.**(NÁUT) Schiffshöhe *f*

puntapié [puṇta'pje] *m* Fußtritt *m;* **a ~s** mit Fußtritten; **pegar un ~ a alguien** jdm einen Tritt versetzen; **tratar a alguien a ~s** (*fig*) jdn mit Füßen treten

puntar [puṇ'tar] *vt* (LING, MÚS) punktieren

puntazo [puṇ'taθo] *m* **1.**(*pinchazo*) Stich *m;* (TAUR) Hornstoß *m* **2.**(*pulla*) Stichelei *f* **3.**(*argot: muy bien*): **¡es un ~!** das ist eine Wucht!; **¡eres un ~!** du bist echt eine Wucht!

punteado [puṇte'aðo] *m* **1.**(*marca*) Punktierung *f;* (*moteado*) Tüpfelung *f* **2.**(MÚS: *acción de puntear*) Zupfen *nt;* (*efecto*) Pizzikato *nt*

puntear [puṇte'ar] *vt* **1.**(*marcar con puntos*) punktieren; (*motear*) tüpfeln **2.**(*t.* COM: *señalar, tachar*) abhaken **3.**(*dar puntadas*) sticheln **4.**(MÚS) zupfen

punteo [puṇ'teo] *m* (MÚS) **1.**(*acción de puntear*) Zupfen *nt* **2.**(*efecto*) Pizzikato *nt*

puntera [puṇ'tera] *f* **1.**(*en el zapato*) Schuhspitze *f;* (*media*) Zehenspitze *f;* **~ reforzada** verstärkte Spitze **2.**(*líder*) Spitzenreiterin *f*

puntería [puṇte'ria] *f* **1.**(*apuntar*) Richten *nt,* Zielen *nt;* (*con mira*) Visieren *nt* **2.**(MIL: *posición*) Anschlag *m;* (*caza*) Zielverfahren *nt;* **rectificar la ~** die Schussrichtung korrigieren **3.**(*destreza*) Treffsicherheit *f;* **tener buena/mala ~** ein guter/schlechter Schütze sein

puntero[1] [puṇ'tero] *m* **1.**(*para señalar: vara*) Zeigestock *m;* (INFOR) Zeiger *m;* (*aparato*) Zeigegerät *nt* **2.**(*punzón*) Durchschläger *m* **3.**(*cincel*) Spitzmeißel *m*

puntero, -a[2] [puṇ'tero, -a] **I.** *adj* **1.**(*con puntería*) treffsicher **2.**(*sobresaliente*) führend; **empresa puntera** führende Firma; **el equipo ~** (DEP) die Spitzenmannschaft **II.** *m, f* Spitzenreiter(in) *m(f)*

puntiagudo, -a [puṇtja'ɣuðo, -a] *adj* spitz

puntilla [puṇ'tiʎa] *f* **1.**(*encaje*) Spitzenbordüre *f* **2.**(*marcador*) (Schreib)griffel *m* **3.**(*t.* TAUR: *descabello*) Genickfänger *m* **4.**(*t.* TAUR: *golpe de gracia*) Genickfang *m;* (*t. fig*) Gnadenstoß *m;* **dar la ~ a algo/alguien** (*fig*) etw *dat*/jdm den Rest geben [*o* den Gnadenstoß versetzen] **5.**(*loc*): **de ~s** auf Zehenspitzen; **andar** [*o* **ir**] **de ~s** auf Zehenspitzen gehen; **ponerse de ~s** sich auf die Zehenspitzen stellen

puntillero, -a [puṇti'ʎero, -a] *m, f* (TAUR) *Stierkämpfer, der dem Stier den Gnadenstoß versetzt*

puntillismo [puṇti'ʎismo] *m sin pl* (ARTE) Pointillismus *m*

puntillo [puṇ'tiʎo] *m* **1.**(*amor propio*) Ehrpussligkeit *f* **2.**(MÚS) Verlängerungspunkt *m*

puntilloso, -a [puṇti'ʎoso, -a] *adj* ehrpusselig; (*criticón*) kritt(e)lig; (*descontentadizo*) heikel

puntizón [puṇti'θon] *m* (TIPO) horizontale Wasserlinie *f* (im Papier)

punto ['puṇto] *m* **1.**(*general*) Punkt *m;* **~ álgido** [*o* **culminante**] Höhepunkt *m,* Gipfelpunkt *m;* **~ y aparte** (LING) neuer Absatz; **~ de apoyo** (TÉC) Drehpunkt *m;* (MIL) Stützpunkt *m;* (*fig*) Anhaltspunkt *m;* **~ de arranque** [*o* **de partida**] Ausgangspunkt *m;* **~ base** (INFOR) Radixpunkt *m;* **~ binario** (INFOR) Binärkomma *nt;* **¡~ en boca!** Mund zu!; **~ cardinal** Himmelsrichtung *f;* **~ central** [*o* **principal**] Hauptpunkt *m;* **~ cero** (MAT, FÍS) Nullpunkt *m;* **~ clave** Angelpunkt *m;* **~ y coma** (LING) Strichpunkt *m,* Semikolon *nt;* **sin ~ de comparación** ohne möglichen Vergleich; **~ de congelación** (FÍS) Gefrierpunkt *m;* **~ de contacto** Berührungspunkt *m;* **~ de controversia** [*o* **de litigio**] Streitpunkt *m;* **~ crítico** kritischer Punkt; **~ débil** [*o* **flaco**] Schwachpunkt *m;* **~ delicado** heikler Punkt; **~ de derecho** [*o* **legal**] (JUR) Rechtsfrage *f;* **~ de destino** Bestimmungsort *m;* **~ de ebullición** (FÍS) Kochpunkt *m,* Siedepunkt *m;* **~ de encendido** (TÉC) Zündzeitpunkt *m;* **~ de encuentro** Treffpunkt *m;* **~ de enlace** (FERRO) Knotenpunkt *m;* **~ de entrada/salida** (INFOR) Einsprung-/Aussprungstelle *f;* **~ esencial** Schwerpunkt *m;* **~ final** (*t. fig*) Schlusspunkt *m;* **~ fronterizo** Grenzübergangspunkt *m;* **~ fuerte** starke Seite, Stärke *f;* **~ de hecho** (JUR) Tatfrage *f;* **~s por hijo** Kindergeld *nt;* **~ de inserción** (INFOR) Einfügemarke *f;* **~ de intersección** Schnittpunkt *m;* **~ máximo** Höhepunkt *m;* **~ de mira** (Visier)korn *nt;* **~ muerto** (TÉC) Totpunkt *m;* (AUTO) Leerlauf *m;* (*fig*) toter Punkt; **~ neurálgico** (MED) neuralgischer Punkt; (*fig*) Nervenknotenpunkt *m;* **~s por pulgada** (INFOR) Punkte pro Zoll; **~ por ~** Punkt für Punkt; **~ de referencia** Anhaltspunkt *m,* Bezugspunkt *m;* **~ y seguido** (LING) Punkt *m* (ohne neuen Absatz); **~s suspensivos** Auslassungspunkte *mpl;* **~ a tratar** Top *m,* Tagesordnungspunkt *m;* **~ de venta** Verkaufsstelle *f;* **~ de vista** Gesichtspunkt *m,* Standpunkt *m;* **dos ~s** (LING) Doppelpunkt *m;* **transmisión ~ a ~** (INFOR) Punkt-zu-Punkt-Übertragung *f;* **los catorce ~s** (HIST) Wilsons Vierzehn Punkte; **mis acciones han ganado dos ~s en la jornada de hoy** meine Aktien haben am heutigen Börsentag zwei Punkte

P

zugelegt; **coger el ~ a algo/alguien** mit etw *dat*/jdm zu Rande [*o* zurande] kommen; **dar el ~** den letzten Schliff verleihen +*dat;* **derrotar/ganar por ~s** (DEP) nach Punkten schlagen/gewinnen; **poner ~ final a algo** den Schlussstrich unter etw ziehen; **poner a ~** (TÉC) checken; (*ajustar*) justieren; **poner los ~s sobre las íes** Klartext sprechen; **tiene un ~ de loco** er ist eine Spur verrückt; **tener a ~** bereithalten; **tocar el ~ sensible a alguien** jdn an seinem wunden Punkt treffen; **eso es un ~ a tu favor** das ist ein Plus für dich; **al ~** sofort; **a** [*o* **hasta**] **tal ~ que…** dermaßen, dass …; **con ~s y comas** haarklein, haargenau; **de todo ~** durchaus, in jeder Hinsicht; **desde el ~ de vista legal** juristisch gesehen, vom juristischen Standpunkt aus; **en ~** (genau) pünktlich; **la una en ~** Punkt [*o* Schlag] ein Uhr; **en ~ a** bezüglich +*gen;* **hasta cierto ~** gewissermaßen; **¿hasta qué ~?** inwiefern?; **¡y ~!** und damit basta!; **¡vamos por ~s!** jetzt aber langsam! **2.** (TÉC: *punzón*) Körner *m* **3.** (*calceta*) Stricken *nt;* (*labor*) Strickarbeit *f,* (Ge)strick *nt;* **~ de aguja** [*o* **de media**] Stricken *nt;* **de ~** gestrickt; **chaqueta de ~** Strickjacke *f;* **géneros de ~** Strickwaren *fpl;* **hacer ~** stricken **4.** (*puntada, t.* MED) Stich *m;* **~ de cruz** Kreuzstich *m;* **~ de escapulario** Hexenstich *m;* **~ de sutura** (MED) Stich *m;* **la herida necesitó diez ~s** die Wunde wurde mit zehn Stichen genäht **5.** (*pey: tipo*) Individuum *nt,* Subjekt *nt;* **es un ~ filipino** er/sie ist eine miese Kanaille **6.** (*loc*): **a ~** (*preparado*) bereit; (GASTR) gar; **a ~ de** kurz davor zu; **a ~ fijo** bestimmt; **a ~ de nieve** (GASTR) steif geschlagen; **en su ~** (GASTR) gar; (*fig*) genau richtig

puntuable [puṇ'twaβle] *adj* (DEP) punktrelevant, punktentscheidend; **~ para el campeonato** für die Meisterschaft relevant

puntuación [puṇtwa'θjon] *f* **1.** (LING) Interpunktion *f,* Zeichensetzung *f;* **signo de ~** Satzzeichen *nt* **2.** (*calificación*) Bewertung *f;* (*escuela*) Benotung *f;* (DEP) Punktzahl *f;* **sistema de ~** Punktsystem *nt*

puntual [puṇtu'al] *adj* **1.** (*concreto*) punktuell **2.** (*exacto*) genau **3.** (*sin retraso*) pünktlich

puntualidad [puṇtwali'ðað] *f* Pünktlichkeit *f;* **falta de ~** Unpünktlichkeit *f*

puntualización [puṇtwaliθa'θjon] *f* (*detalle*) Einzelangabe *f;* (*precisión*) Präzisierung *f;* (*aclaración*) Klarstellung *f*

puntualizar [puṇtwali'θar] <z→c> *vt* (*especificar*) im Einzelnen anführen; (*precisar*) präzisieren; (*aclarar*) klarstellen

puntuar [puṇtu'ar] <*1. pres:* puntúo> **I.** *vt* **1.** (*un escrito*) interpunktieren, Satzzeichen setzen (in +*dat*) **2.** (*calificar*) benoten; (DEP) punkten, mit Punkten bewerten **II.** *vi* (DEP: *conseguir puntos*) punkten, Punkte sammeln

puntura [puṇ'tura] *f* (*herida*) Stichwunde *f*

punzada [puṇ'θaða] *f* (*pinchazo*) Stich *m;* (*t. fig: dolor*) stechender Schmerz *m;* (*en los costados*) Seitenstechen *nt*

punzador(a) [puṇθa'ðor(a)] *adj* stechend

punzante [puṇ'θaṇte] *adj* **1.** (*dolor*) stechend; (*fig*) bohrend **2.** (*puntiagudo*) spitz **3.** (*hiriente*) bissig

punzar [puṇ'θar] <z→c> **I.** *vt* (*pinchar*) stechen; (*agujererar*) lochen; (*grabar*) stanzen; (*marcar*) ankörnen **II.** *vi* (*doler*) stechen; (*conciencia*) nagen (an +*dat*)

punzó [puṇ'θo] *adj* (*CSur, Col*): **rojo ~** intensives Rot *nt*

punzón [puṇ'θon] *m* Ahle *f,* Pfriem *m;* (*de marcar*) Körner *m;* (*sello*) Punze *f,* Stempel *m;* (*de impresor*) Patrize *f;* (*cincel*) Grabstichel *m;* (*taladro*) Bohrmeißel *m;* (*de bordado*) Lochstecher *m;* (*buril*) Griffel *m,* Ritzer *m*

punzonadora [puṇθona'ðora] *f* (Lehren)bohrwerk *nt;* (INFOR) Locher *m;* (TÉC) Lochstanze *f*

puñado [pu'ɲaðo] *m* Handvoll *f;* **a ~s** (*mucho*) haufenweise; **un ~** (*argot*) jede Menge

puñal [pu'ɲal] *m* Dolch *m;* **poner a alguien el ~ al pecho** jdm das Messer an die Kehle setzen

puñalada [puɲa'laða] *f* Dolchstoß *m;* (*herida*) Dolchstich *m;* (*fig*) Stoß *m* (ins Herz); **coser a ~s** mit Stichen durchlöchern; **dar una ~ trapera a alguien** (*fig*) jdm in den Rücken fallen

puñeta [pu'ɲeta] *f* (*vulg*) **1.** (*molestia*): **¡(qué) ~(s)!** so ein Scheiß!; **hacer la ~ a alguien** jdm eine schöne Suppe einbrocken *fam;* (*adrede*) jdn schikanieren *fam* **2.** (*bobada*) Scheiß *m,* dummes Zeug *nt fam;* **¡déjate de ~s!** hör mit dem Scheiß auf!; **¿qué ~s estás diciendo?** was redest du da für einen Scheiß?; **en la quinta ~** am Arsch der Welt **3.** (*Am: masturbación*) Wichsen *nt;* **enviar** [*o* **mandar**] **a alguien a hacer ~s** jdn zum Teufel schicken *fam;* **¡vete a hacer ~s!** scher dich zum Teufel! *fam*

puñetazo [puɲe'taθo] *m* Faustschlag *m;* **andar a ~s con algo/alguien** (*fam*) sich mit etw *dat*/jdm herumschlagen; **tratar a ~s algo/a alguien** (*fam*) auf etw *dat*/jdm herumtrampeln

puñetería [puɲete'ria] *f* (*fam*) Schikane *f,* Hundsgemeinheit *f*

puñetero, -a [puɲe'tero, -a] *adj* (*fam*) verdammt; **el muy ~ no me ayudó** der Scheißkerl hat mir nicht geholfen

puño ['puɲo] *m* **1.** (*mano cerrada*) Faust *f;* **~ cerrado** geballte Faust; **apretar los ~s** (*fig*) die Zähne zusammenbeißen; **comerse los ~s** (*fig*) einen Bärenhunger haben; **como un ~** faustgroß; **con el ~ en alto** mit erhobener Faust; **verdades como ~s** die reine Wahrheit; **de su ~ y letra** eigenhändig; **meter a alguien en un ~** jdn in die Enge treiben; **tener a alguien en un ~** jdn unter der Fuchtel haben **2.** (*puñado*) Hand *f* voll **3.** (*mango*) Griff *m;* (*pomo*) Knauf *m* **4.** (*de la ropa*) Manschette *f;* (*de punto*) Armbund *m;* (*adorno*)

Ärmelbesatz *m;* ~ **vuelto** Ärmelaufschlag *m*

pupa ['pupa] *f* **1.** (*ampolla*) Lippenbläschen *nt;* (*heridilla*) kleine Wunde *f* **2.** (*fam: dolor*) Wehweh(chen) *nt;* **¡~!** aua! **3.** (ZOOL) Puppe *f*

pupas ['pupas] *mf inv:* **ser un** ~ ein Pechvogel [*o* Unglücksrabe] sein

pupila [pu'pila] *f* **1.** (ANAT) Pupille *f,* Sehloch *nt;* **tener** ~ (*fam*) ausgefuchst sein **2.** (*argot: prostituta*) Bordellnutte *f* **3.** *v.* **pupilo**

pupilaje [pupi'laxe] *m* Mündelstatus *m;* (*tutela*) Vormundschaft *f*

pupilar [pupi'lar] *adj* **1.** (ANAT) Pupillen-; **dilatación** ~ Pupillenerweiterung *f* **2.** (*de un pupilo*) Mündel-; **capital** ~ Mündelgeld *nt*

pupilo, -a [pu'pilo, -a] *m, f* Mündel *nt*

pupitre [pu'pitre] *m* **1.** (*escritorio*) (Schreib)pult *nt;* (*en la escuela*) Schulbank *f* **2.** (TÉC) Pult *nt;* ~ **de control** [*o* **de mandos**] Schaltpult *nt,* Steuerpult *nt;* ~ **de control de sonido** Tonregiepult *nt;* ~ **de mezclas** Mischpult *nt* **3.** (INFOR: *consola*) Konsole *f*

pupo ['pupo] *m* (*Arg, Bol, Chil*) Nabel *m*

puquio ['pukjo] *m* (*AmS*) (Wasser)quelle *f*

puramente [pura'mente] *adv* **1.** (*con pureza*) rein **2.** (*meramente*) lediglich, bloß; **simple y** ~ **no es posible** es geht schlicht und einfach nicht **3.** (JUR: *sin condiciones*) bedingungslos; (*sin plazo*) fristlos

purasangre [pura'sangre] **I.** *adj* Vollblut-; **actor** ~ Vollblutschauspieler *m;* **caballo** ~ Vollblutpferd *nt* **II.** *m* Vollblut(pferd) *nt,* Vollblüter *m*

puré [pu're] *m* Brei *m,* Püree *nt;* ~ **de patata(s)** Kartoffelbrei *m,* Kartoffelpüree *nt;* **hacer** ~ pürieren; (*fig*) zerstampfen; **estar hecho** ~ (*fig fam*) fix und fertig sein

pureza [pu'reθa] *f* **1.** (*limpieza*) Reinheit *f;* (*integridad*) Lauterkeit *f* **2.** (*castidad*) Keuschheit *f;* (*virginidad*) Jungfräulichkeit *f;* (*moralidad*) Sittlichkeit *f* **3.** (*lenguaje*) (Sprach)reinheit *f;* (*de estilo*) Stilreinheit *f*

purga ['purɣa] *f* **1.** (MED: *purgación*) Abführen *nt,* Purgieren *nt* **2.** (TÉC: *evacuar*) Ablassen *nt;* (*de vapor*) Abblasen *nt;* ~ **de aire** Entlüftung *f* **3.** (*purgante, t.* MED) Abführmittel *nt* **4.** (*depuración*) Säuberung *f;* (JUR) Verbüßung *f;* (POL) Säuberung *f,* Säuberungsaktion *f* **5.** (REL: *penitencia*) Buße *f*

purgación [purɣa'θjon] *f* **1.** (*purga*) Abführen *nt* **2.** (TÉC) Ablassen *nt;* (*vapor*) Abblasen *nt* **3.** *pl* (*fam: blenorragia*) Tripper *m* **4.** (*menstruación*) Regelblutung *f*

purgador [purɣa'ðor] *m* Ablasshahn *m*

purgante [pur'ɣante] **I.** *adj* **1.** (MED) abführend, purgativ **2.** (TÉC) reinigend **II.** *m* **1.** (MED) Purgativ(um) *nt,* Abführmittel *nt* **2.** (TÉC) Reinigungsmittel *nt*

purgar [pur'ɣar] <g→gu> **I.** *vt* **1.** (*limpiar*) säubern; (*t. fig*) reinigen **2.** (MED: *poner una purga*) purgieren **3.** (TÉC) klären; (*evacuar*) ablassen; (*vapor*) abblasen **4.** (*expiar*) büßen; (JUR) verbüßen **II.** *vr:* **~se 1.** (*limpiarse, t. fig*) sich reinigen (*de* von +*dat*) **2.** (*tomar una purga*) ein Abführmittel einnehmen

purgativo, -a [purɣa'tiβo, -a] *adj* abführend; (MED) purgativ

purgatorio [purɣa'torjo] *m* (*t. fig*) Fegefeuer *nt,* Purgatorium *nt*

puridad [puri'ða^{ð}] *f* (*elev*) **1.** (*pureza*) Reinheit *f* **2.** (*secreto*) Geheimnis *nt* **3.** (*loc*): **en** ~ klar und deutlich, ohne Umschweife

purificación [purifika'θjon] *f* Läuterung *f;* (*limpieza*) Reinigung *f;* (TÉC) Klärung *f;* (REL) Purifikation *f;* **la P~** Lichtmess

purificador[1] [purifika'ðor] *m* Reiniger *m;* ~ **de aire** Luftreiniger *m;* ~ **de humos** Rauchfilter *m*

purificador(a)[2] [purifika'ðor(a)] *adj* läuternd, reinigend; (TÉC) Klär-; **planta ~a** Kläranlage *f*

purificante [purifi'kante] *adj* klärend, reinigend; **mascarilla** ~ (*cosmética*) klärende Gesichtsmaske

purificar [purifi'kar] <c→qu> **I.** *vt* **1.** (*limpiar*) läutern, reinigen; (*fig*) befreien (*de* von +*dat*) **2.** (REL) purifizieren **II.** *vr:* **~se** sich läutern, sich reinigen; (*fig*) sich befreien (*de* von +*dat*)

purín [pu'rin] *m* (AGR) Jauche *f*

Purísima [pu'risima] *f:* **la** ~ (**Virgen**) die Heilige Jungfrau

purismo [pu'rismo] *m sin pl* (LING) Purismus *m*

purista [pu'rista] **I.** *adj* (LING) puristisch **II.** *mf* (LING) Purist(in) *m(f)*

puritana [puri'tana] *adj o f v.* **puritano**

puritanismo [purita'nismo] *m sin pl* (REL) Puritanismus *m;* (*fig*) Puritanertum *nt,* Sittenstrenge *f*

puritano, -a [puri'tano, -a] **I.** *adj* puritanisch, sittenstreng **II.** *m, f* Puritaner(in) *m(f)*

puro[1] ['puro] *m* Zigarre *f;* ~ **habano** Havannazigarre *f*

puro, -a[2] ['puro, -a] *adj* **1.** (*limpio*) rein, sauber; (*inmaculado*) makellos; (*auténtico*) echt; (*sin mezcla*) pur; (*mero*) allein, bloß; **por pura cortesía** aus reiner Höflichkeit; **por** ~ **egoísmo** aus reinem [*o* purem] Egoismus; **pura lana** reine Schurwolle; **la pura verdad** die reine Wahrheit; **pura casualidad** reiner [*o* purer] Zufall; **de** ~ **miedo** vor lauter Angst **2.** (*casto*) keusch, rein **3.** (*íntegro*) lauter **4.** (LING) rein **5.** (*loc*): **se cae de** ~ **bueno/tonto** er ist einfach zu gut/blöd

púrpura ['purpura] **I.** *adj* purpurfarben, purpurn; (*violáceo*) purpurrot **II.** *f* **1.** (*color*) Purpur *m,* Purpurröte *f* **2.** (*molusco*) Purpurschnecke *f* **3.** (*tinte*) Purpur *m* **4.** (*dignidad*) Purpur *m;* **vestir la** ~ (**cardenalicia**) den Purpur tragen

purpurado [purpu'raðo] *m* (REL) Kardinal *m*

purpúreo, -a [pur'pureo, -a] *adj* **1.** (*de púrpura*) Purpur- **2.** (*color*) purpurfarben; (*violáceo*) purpurrot

purpurina [purpu'rina] *f* **1.** (*colorante rojo*) Purpurin *nt* **2.** (*polvo de metal*) Glitzerstaub

m

purrela [pu'rrela] *f* **1.** (*aguapié*) Tresterwein *m* **2.** (*pacotilla*) Plunder *m fam;* (*géneros*) Schundware *f*

purrete, **-a** [pu'rrete, -a] *m, f* (*RíoPl: argot: chiquillo*) Strolch *m*

purria ['purrja] *f,* **purriela** [pu'rrjela] *f* (*fam pey*) *v.* **purrela**

purulencia [puru'leṇθja] *f* Eiterung *f*

purulento, **-a** [puru'leṇto, -a] *adj* eiternd, eitrig

pus [pus] *m sin pl* Eiter *m*

pusilánime [pusi'lanime] *adj* kleinmütig, zaghaft

pusilanimidad [pusilanimi'ða^{ð}] *f* Kleinmut *m,* Zaghaftigkeit *f*

pústula ['pustula] *f* Eiterbläschen *nt;* (MED) Pustel *f*

pustuloso, **-a** [pustu'loso, -a] *adj* (MED) pustulös, Pusteln aufweisend

puta ['puta] *f* (*vulg*) Nutte *f fam;* **casa de ~s** Puff *m fam;* (*fig*) Sauladen *m fam;* **¡la muy ~!** so 'ne Hure!; **hijo de ~** Hurensohn *m;* **ir de ~s** (herum)huren *fam*

putada [pu'taða] *f* (*vulg*) Schweinerei *f fam,* Sauerei *f fam,* Hundsgemeinheit *f fam;* **¡qué ~!** so 'ne Sauerei!; **hacer una ~ a alguien** jdm übel mitspielen *fam*

putañear [putaɲe'ar] *vi* (*fam*) (herum)huren

putañero, **-a** [puta'ɲero, -a] *m, f* (*vulg*) *v.* **putero**

putativo, **-a** [puta'tiβo, -a] *adj* vermeintlich; (JUR) putativ

puteada [pute'aða] *f* (*CSur: vulg*) Fluch *m;* **dar ~s** fluchen

putear [pute'ar] **I.** *vi* (*fam: ir de putas*) (herum)huren **II.** *vt* (*argot: fastidiar*) schikanieren, schinden; **me putea tanta gilipollez** der ganze Scheiß geht mir auf den Sack; **estoy puteado** ich bin völlig am Arsch; **¡te han puteado bien!** die haben dich ganz schön angeschmiert!

puteo [pu'teo] *m* (*ir de putas*) Hurerei *f*

putería [pute'ria] *f* (*argot*) **1.** (*prostitución*) Hurenleben *nt* **2.** (*burdel*) Hurenwirtschaft *f* **3.** (*arrumaco*) (Rum)gefummel *nt;* (*manejo*) Schlitzohrigkeit *f*

putero [pu'tero] *m* (*vulg*) Hurenbock *m*

puticlub [puti'klu^{β}] *m* (*argot: bar de alterne*) Bumslokal *nt*

putiza [pu'tiθa] *f* (*Méx: vulg: paliza*) Prügel *pl*

puto[1] ['puto] *m* Stricher *m,* Strichjunge *m*

puto, **-a**[2] ['puto, -a] *adj* (*vulg*) verdammt, Scheiß-; **¡de puta madre!** geil!; **¡qué puta suerte!** so ein Schweineglück!; **el ~ coche no arranca** das Scheißauto springt nicht an; **ni puta idea** keinen blassen Schimmer; **las estoy pasando putas** es geht mir völlig dreckig, es geht mir einfach Scheiße

putón [pu'ton] *m aum de* **puta**: **~ (verbenero)** Flittchen *nt*

putrefacción [putrefa^{γ}'θjon] *f* Verfaulung *f,* Verrottung *f*

putrefacto, **-a** [putre'fakto, -a] *adj* faul(ig), verrottet

putrescencia [putres'θeṇθja] *f* Verwesung *f*

putridez [putri'ðeθ] *f* Fäulnis *f*

pútrido, **-a** ['putriðo, -a] *adj* faul(ig), moderig

putsch [putʃ] *m* (POL) Putsch *m*

pututo [pu'tuto] *m* (*Bol, Perú*) *Ochsenhorn, das als Musikinstrument benutzt wird*

puya ['puɟa] *f* **1.** (*punta*) (eiserne) Spitze *f;* (TAUR) Lanzenspitze *f* **2.** (GASTR) Spieß *m;* **asar algo en ~** etw am Spieß braten **3.** (*injuria*) Stichelei *f;* **echar** [*o* **tirar**] **una ~ a alguien** gegen jdn sticheln

puyo, **-a** ['puɟo, -a] *adj* (*Arg*): **poncho ~** kurzer Poncho *m*

puzzle ['puθle] *m* Puzzle(spiel) *nt;* (*rompecabezas*) Geduld(s)spiel *nt;* **hacer un ~** puzzeln

PVC [peuβe'θe] *m abr de* **polivinilcloruro** PVC *nt*

PVP ['preθjo ðe 'βeṇta (a)l 'puβliko] *m abr de* **Precio de Venta al Público** Verbraucherendpreis *m,* Ladenverkaufspreis *m*

PYME ['pime] *fpl abr de* **Pequeñas y Medianas Empresas** Klein- und Mittelbetriebe *mpl*

Q

Q, q [ku] *f* Q, q *nt;* ~ **de Quebec** Q wie Quelle

Qatar [ka'tar] *m* Katar *nt*

Q.H. [ku'atʃe] *abr de* **quiniela hípica** Totalisator *m*

qm [kin'tal 'metriko] *abr de* **quintal métrico** 100 Kilo, q *Austr, Suiza*

quantum ['kwantun] *m* <quanta> (FÍS) Quantum *nt*

quark [kwar^k] *m* (FÍS) Quark *nt*

quásar ['kwasar] *m* (ASTR) Quasar *m*

quattrocento [kwatro'tʃento] *m* (ARTE) Quattrocento *nt*

que [ke] **I.** *pron rel* **1.** (*con antecedente*) der/die/das; **la pelota ~ está pinchada debe arreglarse** der Ball, der kaputt ist, muss repariert werden; **la pelota ~ te compraste ayer** der Ball, den du dir gestern gekauft hast; **el rey al ~ sirvo** der König, dem ich diene; **la historia de ~ te hablé** die Geschichte, von der ich dir erzählt habe; **son reacciones a las ~ estamos acostumbrados** das sind Reaktionen, an die wir gewöhnt sind; **el proyecto en el ~ trabajo** das Projekt, an dem ich arbeite; **la empresa para la ~ trabajo** die Firma, für die ich arbeite **2.** (*sin antecedente*) der/die/das(jenige), der/die/das ...; **los ~ hayan terminado pueden irse** diejenigen, die fertig sind, können gehen; **el ~ quiera, ~ se marche** wer will kann gehen; **es de los ~...** er gehört zu denen, die ...; **el ~ más y el ~ menos** jeder; **ese es otro ~ tal** der ist vom gleichen Schlag **3.** (*neutro*): **es todo lo ~ sé** das ist alles, was ich weiß; **lo ~ haces** das, was du machst; **no sabes lo difícil ~ es** du weißt nicht, wie schwer das ist **4.** (*con preposición*): **no entiendo de lo ~ habláis** ich weiß nicht, wovon ihr sprecht **II.** *conj* **1.** (*completivo*) dass; **me pidió ~ le ayudara** er/sie bat mich um Hilfe; **sé ~ es tarde** ich weiß, dass es spät ist **2.** (*estilo indirecto*): **ha dicho ~ estaba escribiendo un libro** er/sie hat gesagt, dass er/sie gerade ein Buch schreibt **3.** (*comparativo*) als; **es más alto ~ yo** er ist größer als ich; **gana lo mismo ~ tú** er/sie verdient genauso viel wie du **4.** (*porque*) denn; **le ayudaré, seguro, ~ se lo he prometido** ich helfe ihm/ihr bestimmt, ich habe es ihm/ihr doch versprochen **5.** (*para que*): **dio órdenes a los trabajadores ~ trabajaran más rápido** er/sie befahl den Arbeitern schneller zu arbeiten **6.** (*sin que*): **no voy de vacaciones, ~ no me roben** im Urlaub werde ich immer bestohlen **7.** (*de manera que*): **corre ~ vuela** er/sie ist äußerst schnell; **canta ~ es un primor** er/sie hat eine fantastische Stimme **8.** (*o, ya*): ~ **paguen, ~ no paguen, eso ya se verá** ob sie zahlen oder nicht, werden wir ja schon sehen **9.** (*y*): **lo hizo él, ~ no yo** er hat es getan, nicht ich **10.** (*frecuentativo*): **y él dale ~ dale con la guitarra** und er spielte die ganze Zeit Gitarre **11.** (*explicativo*): **hoy no vendré, es ~ estoy cansado** ich komme heute nicht, ich bin nämlich müde; **no es ~ no pueda, es ~ no quiero** nicht, dass ich nicht könnte, aber ich will einfach nicht; **¿es ~ no lo puedes decir más alto?** kannst du das etwa nicht lauter sagen? **12.** (*enfático*): **¡~ sí/no!** aber ja doch/nein, gar nicht!; **sí ~ lo haré** ja, ich tue es ganz bestimmt **13.** (*de duda*): **¿~ no está en casa?** er/sie soll nicht zu Hause sein? **14.** (*exclamativo*): **¡~ me canso!** ich kann nicht mehr!; **¡~ sea yo el que tenga que hacerlo!** ausgerechnet ich soll es tun!; **¡~ Dios se apiade de nosotros!** der Herr erbarme sich unser! **15.** (*con verbo*): **hay ~ trabajar más** man muss mehr arbeiten; **tener ~ hacer algo** etw tun müssen; **dar ~ hablar** Anlass zum Gerede geben **16.** (*loc*): **antes ~** +*subj* bevor; **por mucho ~ tú digas...** was du auch sagst ...; **luego ~ hayamos hecho el diseño...** nachdem wir den Entwurf angefertigt haben ...; **a menos ~ decidamos lo contrario** es sei denn, wir entscheiden uns für das Gegenteil; **lo haré, con tal (de) ~...** +*subj* ich werde es tun, vorausgesetzt dass ...; **a la ~ llegue** wenn er/sie kommt; **el ~ más y el ~ menos** jeder; **tiene un genio ~ para qué** er/sie braust sehr leicht auf; **yo ~ tú no lo haría** ich an deiner Stelle würde es nicht tun, wenn ich du wäre, würde ich das nicht tun

qué [ke] *adj o pron inter* **1.** (*general*) was; (*cuál*) welche(r, s); (*qué clase de*) was für eine(r, s); **¿por ~?** warum?; **¿en ~ piensas?** woran denkst du?; **¿para ~?** wozu?, wofür?; **¿de ~ hablas?** wovon redest du?; **¿a ~ esperas?** worauf wartest du?; **¿~ día llega?** an welchem Tag kommt er/sie?; **¿~ cerveza tomas?** was für ein Bier trinkst du?; **¿a ~ vienes?** was suchst du hier?; **¿~ edad tiene?** wie alt ist er/sie?; **según ~ gente no la soporto** bestimmte Leute ertrage ich nicht **2.** (*exclamativo*): **¡~ alegría!** das freut mich sehr!; **¡pero ~ gente!** was sind das nur für Leute?; **¡~ gracia!** wie witzig!; **¡~ suerte!** was für ein Glück!, welch ein Glück! **3.** (*cuán*): **¡~ magnífica vista!** so ein schöner Blick!; **¡mira ~ contento está!** sieh wie glücklich er ist! **4.** (*cuánto*): **¡~ de gente!** wie viele Leute! **5.** (*loc*): **¿~?** wie bitte?, was? *fam;*

Q

¿~ **tal?** wie geht's?; ¿~ **tal si…?** wie wär's mit …?, wie wär's, wenn …?; **¿y ~?** na [*o* ja] und?; **¿y a mí ~?** was geht mich das an?; ~, **¿vienes o no?** was ist nun, kommst du oder nicht?, kommst du nun oder nicht?

quebracho [ke'βratʃo] *m* (BOT) Quebrachobaum *m*

quebrada [ke'βraða] *f* **1.** (*paso*) Pass *m* **2.** (*hendidura*) Schlucht *f* **3.** (*Am: arroyo*) Bach *m*

quebradero [keβra'ðero] *m*: **producir ~(s) de cabeza a alguien** jdm Kopfzerbrechen bereiten; **la situación económica de la empresa me produce ~s de cabeza** die wirtschaftliche Lage der Firma bereitet mir Kopfzerbrechen, ich mache mir Kopfzerbrechen über die wirtschaftliche Lage der Firma

quebradizo, -a [keβra'ðiθo, -a] *adj* **1.** (*objeto*) zerbrechlich **2.** (*de salud*) kränklich; (*persona mayor*) gebrechlich **3.** (*de ánimo*) schwach **4.** (*voz*) brüchig, rau

quebrado[1] [ke'βraðo] *m* **1.** (MAT) Bruch *m* **2.** (ECON) Gemeinschuldner *m*; ~ **rehabilitado** rehabilitierter [*o* entlasteter] Gemeinschuldner

quebrado, -a[2] [ke'βraðo, -a] *adj* **1.** (*empresa*) bankrott **2.** (*herniado*) an einem Leistenbruch leidend **3.** (*terreno*) holp(e)rig **4.** (*camino*) im Zickzack verlaufend; **línea quebrada** Zickzacklinie *f* **5.** (*número, color*) gebrochen **6.** (*rostro*) blass

quebradura [keβra'ðura] *f* **1.** (*en una taza*) Sprung *m*; (*en la pared*) Riss *m*; (*más grande*) Spalte *f* **2.** (MED) Bruch *m*, Hernie *f* **3.** (GEO) Pass *m*

quebraja [ke'βraxa] *f* (*en una taza*) Sprung *m*; (*en la pared*) Riss *m*; (*más grande*) Spalte *f*

quebrajar [keβra'xar] **I.** *vt* spalten **II.** *vr*: **~se** sich spalten, Risse bekommen

quebrajoso, -a [keβra'xoso, -a] *adj* **1.** (*frágil*) zerbrechlich **2.** (*resquebrajado*) rissig

quebrantable [keβran̪'taβle] *adj* zerbrechlich

quebrantado, -a [keβran̪'taðo, -a] *adj* **1.** (*quebrajoso*) rissig **2.** (*dolorido*) schmerzerfüllt; **tengo las espaldas quebrantadas** mir tut der Rücken weh; **la operación me ha dejado muy ~** die Operation hat mich körperlich sehr mitgenommen

quebrantahuesos [keβran̪ta'wesos] *m inv* **1.** (BOT) Bartgeiger *m* **2.** (*fam: persona pesada*) Nervensäge *f*, lästiger Mensch *m*

quebrantamiento [keβran̪ta'mjen̪to] *m* **1.** (*al romper*) Zerbrechen *nt* **2.** (*al cascar*) Aufknacken *nt* **3.** (*al machacar*) Zermalmen *nt* **4.** (JUR: *de la ley*) Übertretung *f*, Verstoß *m*; (*del orden*) Störung *f*; (*de un secreto*) Preisgeben *nt*; ~ **de forma** Formverletzung *f*, Formverstoß *m*

quebrantaolas [keβran̪ta'olas] *m inv als Wellenbrecher dienendes Schiffswrack*

quebrantar [keβran̪'tar] **I.** *vt* **1.** (*romper*) (zer)brechen **2.** (*cascar*) (auf)knacken **3.** (*machacar*) zermalmen **4.** (*lugar sagrado*) entweihen **5.** (*coto*) unbefugt betreten **6.** (*ley*) brechen, verstoßen (gegen *+akk*); (*obligación*) nicht nachkommen *+dat;* (*secreto*) preisgeben; ~ **la prisión** aus dem Gefängnis ausbrechen **7.** (*cimientos*) angreifen; (*furia*) schwächen; (*autoridad*) unterminieren; (*salud*) zerrütten **8.** (*sello*) aufbrechen **9.** (*testamento*) aufheben **II.** *vr*: **~se** (*estado de salud*) zerrüttet sein; (*fuerza*) abnehmen, schwinden *elev*

quebranto [ke'βran̪to] *m* **1.** (*de romper*) Zerbrechen *nt* **2.** (*de cascar*) (Auf)knacken *nt* **3.** (*de machacar*) Zermalmen *nt* **4.** (*de la salud*) Zerrüttung *f*; (*económico*) Zusammenbruch *m* **5.** (*moral*) Niedergeschlagenheit *f*; (*físico*) Erschöpfung *f* **6.** (*pena*) Kummer *m*

quebrar [ke'βrar] <e→ie> **I.** *vt* **1.** (*romper*) zerbrechen **2.** (*interrumpir*) unterbrechen **3.** (*el cuerpo*) beugen, krümmen **4.** (*rostro*) blass werden lassen, erbleichen lassen **5.** (*ley*) brechen **6.** (*suavizar*) abschwächen **II.** *vi* **1.** (*con alguien*) Schluss machen (*con* mit *+dat*) **2.** (*ceder*) nachlassen **3.** (COM) in Konkurs gehen, Konkurs machen **4.** (*intento*) scheitern **5.** (*Méx: darse por vencido*) sich geschlagen geben **III.** *vr*: **~se 1.** (MED) sich *dat* einen Bruch heben **2.** (GEO) eine Schlucht bilden **3.** (*la voz*) sich überschlagen **4.** (*rostro*) erblassen **5.** (*cuerpo*) sich beugen, sich krümmen; **~se de dolor** sich vor Schmerzen krümmen

quebrazón [keβra'θon] *m* (*Am*) **1.** (*resultado*) Zerspringen *nt* **2.** (*acción*) Zerschlagen *nt*

queche ['ketʃe] *m* (NÁUT) Ketsch *f*

quechemarín [ketʃema'rin] *m* (NÁUT) kleines zweimastiges Segelschiff *nt*

quechua[1] ['ketʃwa] **I.** *adj* Quechua- **II.** *mf* (*persona*) Quechua *mf*

quechua[2] ['ketʃwa] *m* (*lengua*) Quechua *nt*

quechuismo [ke'tʃwismo] *m* (LING) aus dem Quechua entnommene Redeweise *f*

queco ['keko] *m* (*Arg: fam: hazmerreír*) Hanswurst *m*

queda ['keða] *f* Abendglocke *f*; **toque de ~** (MIL) Zapfenstreich *m*

quedada [ke'ðaða] *f* **1.** (*fam: burla*) Spott *m*, Fopperei *f*; **lo de largarse en medio de la reunión fue sólo una ~** als er/sie mitten in der Sitzung abgehauen ist, hat er/sie nur geblufft **2.** (*Méx: pey: solterona*) alte Jungfer *f*

quedado, -a [ke'ðaðo, -a] *adj* (*Arg, Chil*) träge, lustlos

quedar [ke'ðar] **I.** *vi* **1.** (*permanecer*) bleiben, verbleiben *elev*; **los problemas quedan atrás** die Probleme sind gelöst; **poco a poco fue quedando atrás** allmählich blieb er/sie zurück; **¿cuánta gente queda?** wie viele Leute sind noch da? **2.** (*sobrar*) übrig bleiben; **no nos queda otro remedio que…** uns bleibt nichts anderes übrig als …; **no queda pan** es gibt kein Brot mehr, das Brot ist alle; **no queda ningún ejemplar de este libro**

das Buch ist vergriffen; **si le quitas los gastos sólo quedan mil marcos** wenn du die Unkosten abziehst, bleiben nur noch tausend Mark übrig **3.** (*resultar*): ~ **en ridículo** sich lächerlich machen; ~ **cojo** hinken; **todo quedó en una simple discusión** am Ende wurde (über alles) nur noch gestritten **4.** (*más participio*): ~ **acordado/decidido** vereinbart/beschlossen werden; ~ **abierto** aufbleiben, offen bleiben; **sus palabras me ~on grabadas** seine/ihre Worte blieben mir im Gedächtnis haften; **ha quedado lucido con su pregunta** (*irón*) er hat sich mit seiner Frage ganz schön blamiert **5.** (*pasar a un estado*): ~ **sin terminar** unvollendet bleiben; ~ **en la miseria** ins Elend geraten; ~ **a deber algo** etw schulden; **ha quedado eliminado** er ist ausgeschieden; ~ **fuera de servicio** (ECON) den Betrieb einstellen **6.** (*acordar*) vereinbaren, ausmachen; ~ **en algo** etw ausmachen [*o* vereinbaren]; **¿en qué habéis quedado?** wie seid ihr verblieben? **7.** (*convenir*) sich verabreden; **quedamos a las 10** wir haben uns um 10 Uhr verabredet; **¿quedamos a las 10?** wollen wir uns um 10 Uhr treffen? **8.** (*estar situado*) liegen; **el pueblo queda por** [*o* **hacia**] **el norte** das Dorf liegt im Norden; **la universidad queda lejos del centro** die Universität befindet sich weit weg [*o* ist weit entfernt] von der Innenstadt **9.** (*faltar*): **quedan aún 100 km para llegar a casa** es sind immer noch 100 km bis nach Hause; **aún queda mucho por hacer** es gibt noch viel zu tun **10.** (*con 'bien', 'mal'*): ~ **bien/mal** einen guten/schlechten Eindruck hinterlassen; ~ **bien con la cena** ein gelungenes Abendessen veranstalten; ~ **mal en un examen** bei einer Prüfung schlecht abschneiden; ~ **mal con un amigo** sich mit einem Freund entzweien; ~ **como un señor** einen guten Eindruck hinterlassen; **quedó como un idiota** er stand als völliger Idiot da **11.** (*terminar*) beenden; **el cantante se fue del escenario y ahí quedó el concierto** der Sänger verließ die Bühne und das war das Ende des Konzerts **12.** (*en una subasta*): **el cuadro queda por un millón de marcos** das Gebot von einer Million Mark erhält den Zuschlag **13.** (*seguido de 'por'*): **quedó por cobarde** er/sie wurde für einen Feigling gehalten **14.** (*loc*): **primero dices una cosa y luego otra, ¿en qué quedamos?** zuerst behauptest du das eine, dann das andere – was ist nun?; **por mí que no quede** an mir soll es nicht liegen **II.** *vr:* **~se 1.** (*permanecer*) bleiben; **~se atrás** zurückbleiben; **~se en blanco** [*o* **in albis**] einen Black-out haben; **durante la tormenta nos quedamos a oscuras** während des Gewitters fiel der Strom aus; **cuando me lo dijo me quedé muda** als er/sie es mir sagte, verschlug es mir die Sprache; **me quedé de piedra cuando me lo dijo** als er/sie es mir sagte, erstarrte ich vor Schreck **2.** (*en una situación*): **~se ciego** blind werden; **~se viudo** verwitwen; **al freír la carne se ha quedado en nada** nach dem Braten war das Fleisch zusammengeschrumpft **3.** (*conservar*) behalten; **me quedo con el coche pequeño** ich nehme das kleine Auto; **quédate el libro si te gusta** du kannst das Buch behalten, wenn es dir gefällt **4.** (*adquirir*) erwerben; **~se con todo** alles an sich reißen; **~se sin nada** alles verlieren; **entre el mar y la montaña me quedo con el mar** ich ziehe das Meer dem Gebirge vor **5.** (*burlarse*): **¿te quieres ~ conmigo o qué?** willst du mich an der Nase herumführen [*o* mir etwas vormachen] oder was? **6.** (*tormenta*) abflauen; (*viento*) abflauen, sich legen **7.** (INFOR): **~se colgado** (*ordenador*) abstürzen

quedito [ke'ðito] *adv* sehr leise

quedo, -a ['keðo, -a] **I.** *adj* **1.** (*quieto*) ruhig, still **2.** (*voz*) leise, zart; (*paso*) leise **II.** *adv* leise

quedón, -ona [ke'ðon, -ona] *m, f* (*fam*) Großmaul *nt*

quehacer [kea'θer] *m* Aufgabe *f;* **los ~es de la casa** die Hausarbeit; **estar agobiado de ~** mit Arbeit überlastet sein; **dar ~ a alguien** jdm Mühe bereiten

queilitis [kei̯'litis] *f inv* (MED) Lippenentzündung *f*

queimada [kei̯'maða] *f* (GASTR) flambierter Trester(schnaps) *m*

queja ['kexa] *f* **1.** (*de lamento, de dolor*) Klage *f;* **no tengo ~ de él** ich kann mich über ihn nicht beklagen **2.** (JUR) Beschwerde *f*

quejarse [ke'xarse] *vr* **1.** (*formular queja*) sich beklagen, sich beschweren (*de* über +*akk*); **se queja del frío** er/sie jammert über die Kälte; **¿qué tal te va el negocio? – bien, gracias, no puedo quejarme** wie läuft dein Geschäft? – danke, ich kann nicht klagen **2.** (JUR) Beschwerde einlegen **3.** (*gemir*) stöhnen, jammern (*de* über +*akk*)

quejica [ke'xika] **I.** *adj* (*por dolor*) wehleidig; (*por manera de ser*) nörg(e)lig; **¡no seas ~, hombre!** hör auf zu meckern! **II.** *mf* Jammerlappen *m;* (*criticón*) Nörgler(in) *m(f),* Meckerer *m fam,* Meckerfritze *m fam,* Meckerziege *f fam*

quejicón, -ona [kexi'kon, -ona] *m, f v.* **quejica**

quejicoso, -a [kexi'koso, -a] *adj v.* **quejica**

quejido [ke'xiðo] *m* Jammern *nt;* (*constante*) Gejammer *nt;* **dar ~s** jammern; ~ **de dolor** Schmerzensschrei *m*

quejigo [ke'xiɣo] *m* (BOT) Bergeiche *f*

quejigueta [kexi'ɣeta] *f* (BOT) *ein Buchengewächs*

quejoso, -a [ke'xoso, -a] *adj:* **estar ~ de alguien** sich über jdn beklagen [*o* beschweren]

quejumbrar [kexum'brar] *vi* grundlos klagen, jammern

quejumbre [ke'xumbre] *f* Gejammer *nt*

quejumbroso, -a [kexum'broso, -a] *adj*

(*voz*) kläglich, weinerlich; (*por dolor*) wehleidig

quelite [ke'lite] *m* (*Méx*) Gemüse *nt*

quelmahue [kel'mawe] *m* (*Chil:* GASTR, ZOOL) *kleine, schwarze Miesmuschel*

quelonio [ke'lonjo] *m* (ZOOL) Schildkröte *f*

queltehue [kel̩'tewe] *m* (*Chil:* ZOOL) *Stelzvogelart, als Nutztier zur Insektenbekämpfung eingesetzt*

queltro ['kel̩tro] *m* (*Chil:* AGR) saatfertiger Boden *m*, zur Aussaat vorbereiteter Boden *m*

quema ['kema] *f* **1.** (*acción*) Verbrennen *nt;* (*completa*) Abbrennen *nt,* Niederbrennen *nt;* ~ **de brujas** (HIST) Hexenverbrennung *f* **2.** (*incendio*) Brand *m* **3.** (*fuego*) Feuer *nt;* **huir de la** ~ (*fig*) die Gefahr meiden

quemada [ke'maða] *f* **1.** (*Méx: parte del monte quemado*) abgebranntes Waldstück *nt* **2.** (*Arg, Méx: acción que pone en ridículo*) Blamage *f* **3.** (*Méx: quemadura*) Verbrennung *f*

quemadero [kema'ðero] *m* **1.** (*de basuras*) Verbrennungsanlage *f* **2.** (HIST: *hoguera*) Scheiterhaufen *m*

quemado[1] [ke'maðo] *m* verbrannter Wald *m*

quemado, -a[2] [ke'maðo, -a] *adj* verbrannt; **saber a** ~ verbrannt [*o* angebrannt] schmecken; **oler a** ~ verbrannt riechen; **este político está** ~ (*fam*) dieser Politiker ist völlig ausgebrannt; **estar** ~ **con alguien** (*fam*) mit jdm böse sein

quemador[1] [kema'ðor] *m* **1.** (TÉC) Brenner *m* **2.** (*Am: encendedor*) Feuerzeug *nt*

quemador(a)[2] [kema'ðor(a)] *m(f)* Brandstifter(in) *m(f)*

quemadura [kema'ðura] *f* Brandwunde *f;* (*grave*) Verbrennung *f;* ~ **de primer grado** Verbrennung ersten Grades

quemar [ke'mar] **I.** *vi* brennen; **cuidado, esta sopa quema** Vorsicht, diese Suppe ist heiß **II.** *vt* **1.** (*objeto*) verbrennen; (*casa: completamente*) abbrennen, niederbrennen; ~ **un bosque** einen Wald in Brand stecken; ~ **vivo a alguien** jdn bei lebendigem Leibe verbrennen **2.** (*comida*) anbrennen lassen **3.** (*aguardiente*) brennen **4.** (*sol*) verbrennen **5.** (*licor, pimienta*) brennen; **este chili quema la garganta/la lengua** dieser Chili brennt im Hals/auf der Zunge **6.** (*lejía*) ätzen **7.** (*planta: calor*) versengen, ausdörren; (*planta: frío*) erfrieren lassen **8.** (*fortuna*) vergeuden **9.** (*fastidiar*) ärgern **10.** (*AmC: denunciar*) anzeigen **III.** *vr:* ~**se 1.** (*arder*) (ver)brennen; **el bosque se quema** der Wald brennt (ab); **me he quemado la mano con la sartén** ich habe mir die Hand an der Pfanne verbrannt; **me he quemado los cabellos** ich habe mir die Haare versengt **2.** (*comida*) verbrennen; (*ligeramente*) anbrennen **3.** (*tener calor*): **me estoy quemando** mir ist sehr heiß **4.** (*por una pasión*): ~**se de amor** vor Liebe vergehen **5.** (*acertar*): **¡que te quemas!** (ganz) heiß! **6.** (*persona*) ausgebrannt sein

quemarropa [kema'rropa] *adv:* **disparar a** ~ aus kürzester Entfernung schießen; **hacer preguntas a** ~ rundheraus fragen

quemazón [kema'θon] *f* **1.** (*quema*) (Ver)brennen *nt* **2.** (*calor*) große Hitze *f* **3.** (*ardor*): **siento una** ~ **en el estómago** ich verspüre ein Brennen im Magen **4.** (*dicho*) spitze Bemerkung *f*

quemo ['kemo] *m* (*Arg*) Blamage *f*

quemón [ke'mon] *m* (*Méx*) Blamage *f*

quena ['kena] *f indianische Flöte*

quenopodio [keno'poðjo] *m* (BOT) Gänsefuß *m*

quepi(s) ['kepi(s)] *m* (*inv*) (*Am: gorro militar*) Käppi *nt*

quepo ['kepo] *1. pres de* **caber**

queque ['keke] *m* (*Chil, Perú: bollo*) Rührkuchen *m*

querandí [keran̩'di] *mf* (*Am*) *als Nomade lebender Ureinwohner des Gebiets um den Rio de la Plata*

queratina [kera'tina] *f* (ANAT) Keratin *nt*

queratitis [kera'titis] *f inv* (MED) Hornhautentzündung *f* des Auges, Keratitis *f*

queratoma [kera'toma] *m* (MED) Keratom *nt*

queratoplastia [kerato'plastja] *f* (MED) Keratoplastik *f*

querella [ke'reʎa] *f* **1.** (JUR) Klage *f;* ~ **criminal** Anklage *f;* **poner una** ~ **contra alguien** gegen jdn klagen **2.** (*discordia*) Streit *m;* ~ **matrimonial** Ehestreit *m*

querellado, -a [kere'ʎaðo,-a] **I.** *adj* (JUR) beklagt **II.** *m, f* (JUR) Beklagte(r) *mf*

querellador(a) [kereʎa'ðor(a)] **I.** *adj* nörglerisch **II.** *m(f)* Nörgler(in) *m(f)*

querellante [kere'ʎan̩te] **I.** *adj* klagend **II.** *mf* Kläger(in) *m(f)*

querellarse [kere'ʎarse] *vr* **1.** (*quejarse*) sich beklagen (*de/por* über +*akk*), sich beschweren (*de/por* über +*akk*) **2.** (JUR) klagen

querelloso, -a [kere'ʎoso, -a] **I.** *adj* **1.** (*quejicoso*) nörglerisch **2.** (JUR) klagend **II.** *m, f* **1.** (JUR) Kläger(in) *m(f)* **2.** (*quejica*) Nörgler(in) *m(f)*

querencia [ke'ren̩θja] *f* **1.** (*en general*) Anhänglichkeit *f* **2.** (*hacia alguien concreto*) Zuneigung *f* **3.** (*hacia algo*) Vorliebe *f;* **tomar** ~ **a algo/alguien** etw/jdn lieb gewinnen

querendón, -ona [keren̩'don,-ona] *adj* (*Am*) liebevoll, zärtlich

querer [ke'rer] *irr* **I.** *vt* **1.** (*desear*) wollen; (*más suave*) mögen; **¿qué quieres comer?** was willst du essen?; (*más suave*) was möchtest du essen?; **como tú quieras** wie du willst [*o* möchtest]; **¿qué más quieres?** was willst du noch?; **has ganado – ¿qué más quieres?** du hast gewonnen – was willst du mehr?; **hacer algo queriendo/sin** ~ etw mit Absicht/unbeabsichtigt tun; **quieras que no, es el jefe** ob es dir nun gefällt oder nicht, er ist der Boss; ~ **es poder** wer will, der kann **2.** (*amar*) gern haben, mögen; (*más fuerte*) lieben; **te quiero con locura** ich bin ganz verrückt nach dir; **le gusta hacerse** ~ er/sie macht sich gerne (bei Leuten) beliebt **3.** (*tener ganas*) mögen; **quisiera tener vacaciones** ich hätte gerne Urlaub; **quisiera tener 20 años menos** ich wäre gern 20 Jahre jünger **4.** (*pedir*) wollen; **¿cuánto quiere por la casa?** wie viel wollen [*o* verlangen] Sie für das Haus? **5.** (*requerir*): **estas plantas quieren mucha agua** diese Pflanzen brauchen viel Wasser **6.** (*con verbo*): **'thank you' en inglés quiere decir gracias** 'thank you' ist der englische Ausdruck für Dankeschön; **eso es lo que quería decir** genau das meinte ich; **quiero que sepáis que...** ihr sollt wissen, dass ... **7.** (*loc*): **como quiera que sabes la solución...** da du schon die Lösung kennst ...; **como quiera que lo necesites...** wann immer du es brauchst ...; **donde quiera que esté lo encontraré** wo immer er auch sein mag, ich werde ihn finden; **y yo, ¡qué quieres que le haga!** was soll ich denn tun!; **¡por lo que más quieras, deja ese tema!** ich bitte dich [*o* um Himmels willen], lass das Thema!; **levantó la caja como quien no quiere la cosa** er/sie hob mir nichts, dir nichts den Kasten hoch; **como quiera que sea, lo que hizo no estuvo bien** in jedem Fall war das, was er/sie getan hat, nicht in Ordnung **II.** *vimpers:* **parece que quiere llover** es sieht (ganz) nach Regen aus **III.** *m* Liebe *f*

querido, -a [ke'riðo, -a] **I.** *adj* lieb, geliebt; **mi amigo más** ~ mein liebster Freund; **Q~ amigo:...** Lieber Freund, ... **II.** *m, f* (*amante*) Geliebte(r) *mf,* Liebhaber(in) *m(f);* (*como vocativo*) Liebling *m,* Schatz *m*

quermes ['kermes] *m inv* (ZOOL) Kermes *m,* Kermesschildlaus *f*

quermese [ker'mese] *f* Kirmes *f*

querocha [ke'rotʃa] *f* **1.** (*huevos*) (Insekten)eier *ntpl* **2.** (*gusano*) Made *f*

querochar [kero'tʃar] *vi* (*Insekten,* ZOOL) Eier legen

queroseno [kero'seno] *m* Kerosin *nt*

querubín [keru'βin] *m* **1.** (REL) Cherub *m* **2.** (*niño*) Engelknabe *m*

quesadilla [kesa'ðiʎa] *f* **1.** (*pastel*) Käsekuchen *m* **2.** (*pastelillo*) *mit Sirup gefülltes Gebäck* **3.** (*Am: tortilla*) gefüllter Maisfladen *m*

quesear [kese'ar] *vi* Käse herstellen, käsen

quesera [ke'sera] *f* **1.** (*plato*) Käseglocke *f* **2.** (*mujer*) Käserin *f* **3.** (*fábrica*) Käserei *f*

quesería [kese'ria] *f* **1.** (*fábrica*) Käserei *f* **2.** (*tienda*) Käseladen *m*

quesero[1] [ke'sero] *m* **1.** (*fabricante*) Käser *m* **2.** (*vendedor*) Käsehändler *m*

quesero, -a[2] [ke'sero, -a] *adj* Käse-; **industria quesera** Käseindustrie *f*

quesillo [ke'siʎo] *m:* **pan y** ~ (BOT) Hirtentäschelkraut *nt*

quesito [ke'sito] *m* **1.** *dim de* **queso 2.** (*unidad*) (Käse)ecke *f*

queso ['keso] *m* **1.** (GASTR) Käse *m;* ~ **de bola** Edamer Käse *m;* ~ **fresco** Frischkäse *m;* ~ **en porciones** Schmelzkäseecken *fpl;* ~ **rallado** Reibkäse *m;* ~ **de tuna** (*Méx*) *süße Fruchtpaste aus Kaktusfrüchten;* **dársela con ~ a alguien** jdn reinlegen **2.** (*fam: pie*) Fuß *m;* **te huelen los ~s** du hast Käsefüße

quetro ['ketro] *m* (*Chil:* ZOOL) *große flugunfähige Ente mit federlosen Flügen*

quetzal [ke^d'θal] *m* (ZOOL) Quetzal *m*

quevedesco, -a [keβe'ðesko, -a] *adj* **1.** (*propio de*) von Quevedo **2.** (*parecido a*) den Werken [*o* dem Stil] Quevedos ähnelnd **3.** (*característico de*) charakteristisch für Quevedo

quevedos [ke'βeðos] *mpl* Kneifer *m*

quia [kja] *interj* (*fam: negación*) auf keinen Fall; (*incredulidad*) ehrlich?, echt?

quiaca ['kjaka] *f* (*Chil:* BOT) *Strauchpflanze mit kleinen weißen Blüten*

quianti ['kjan̪ti] *m* (GASTR) Chianti *m*

quiasma ['kjasma] *m* (BIOL) Chiasma *nt;* ~ **óptico** Chiasma opticum *nt,* Sehnervenkreuzung *f*

quiasmo ['kjasmo] *m* (LIT) Chiasmus *m*

quichua ['kitʃwa] *adj* Quechua-

quicio ['kiθjo] *m* **1.** (*de puerta*) Türangel *f;* (*de ventana*) Fensterangel *f* **2.** (*loc*): **sacar de** ~ auf die Palme [*o* aus dem Häuschen] bringen; **me saca de ~ ver maltratar a un niño** wenn jemand ein Kind misshandelt, sehe ich einfach rot; **me saca de ~ verla llorar** es macht mich wahnsinnig, sie weinen zu sehen; **no saques las cosas de** ~ übertreibe nicht; **en esta casa todo está fuera de** ~ in diesem Haus ist alles aus den Fugen geraten

quico ['kiko] *m* (*fam*) geröstetes Maiskorn *nt*

quid [ki^ð] *m:* **ese es el ~ de la cuestión** das ist der springende Punkt; **dar en el** ~ den Nagel auf den Kopf treffen

quídam ['kiðan] *m* **1.** (*fam: cualquiera*) irgendein Mensch *m* **2.** (*pey: insignificante*): **ser un** ~ ein Niemand sein

quiebra ['kjeβra] *f* **1.** (COM) Konkurs *m,* Bankrott *m;* ~ **culpable** schuldhafter [*o* einfacher] Bankrott [*o* Konkurs]; ~ **fortuita** unverschuldeter Bankrott [*o* Konkurs]; **rehabilitación de** ~ Rehabilitation des Konkurses; **dar en** ~ Konkurs machen; **declarar la ~ judicial** das gerichtliche Konkursverfahren eröffnen; **declararse en** ~ Konkurs anmelden **2.** (*hendidura*) Spalte *f* **3.** (*rotura*) Riss *m* **4.** (*fracaso*) Scheitern *nt;* (*pérdida*) Verlust *m,* Einbuße *f;* **la ~ de los valores** der Verfall der Werte; **este asunto no tiene** ~ diese Sache kann nicht schief gehen

quiebro ['kjeβro] *m* **1.** (*movimiento*) Ausweichen *nt;* **Maradona le hizo un ~ al defensa** Maradona wich dem Verteidiger aus **2.** (*gorgorito*) Trillern *nt*

quien [kjen] *pron rel* der/die/das, welche(r, s); **es el chico de ~ te he hablado** das ist der Junge, von dem ich dir erzählt habe; **las chicas con ~es has estado** die Mädchen, mit denen du zusammen warst; **no hay ~ le aguante** es ist nicht auszuhalten mit ihm; **hay**

~ **dice que...** manche sagen, dass ...; ~ **opine eso es un estúpido** derjenige, der das meint, ist ein Idiot; ~ **más,** ~ **menos, todos tenemos problemas** jeder hat Probleme, der eine mehr, der andere weniger

quién [kjen] *pron inter* wer; **¿~ es?** wer ist da?; **¿~ es Pedro?** wer ist Pedro?; **¿~ es ~?** wer ist wer?; **¿~es son tus padres?** wer sind deine Eltern?; **¿a ~ has llamado?** wen hast du gerufen?; (*por teléfono*) wen hast du angerufen?; **¿a ~ se lo has dado?** wem hast du es gegeben?; **¿~ eres tú para decirme esto?** mit welchem Recht sagst du mir das?; **¿por ~ me tomas?** für wen hälst du mich?; **¡~ tuviera 20 años!** wäre ich doch wieder 20!

quienesquiera [kjenes'kjera] *pron indef pl de* **quienquiera**

quienquiera [kjeŋ'kjera] *pron indef* <quienesquiera> (irgend)wer; ~ **que sea que pase** wer auch immer da ist, er/sie soll eintreten

quiescencia [kjes'θeṇθja] *f* Ruhestellung *f*

quietismo [kje'tismo] *m sin pl* **1.** (*quietud*) Stille *f,* Ruhe *f* **2.** (*doctrina*) Quietismus *m*

quieto, **-a** [kjeto, -a] *adj* **1.** (*tranquilo*) still, ruhig; **¡~s!** seid mal ruhig!; **no puede estar nunca ~, nunca puede estar ~** er ist eine unruhige Seele; (*niño*) er kann nie still sitzen [*o* still halten] **2.** (*parado*) stillstehend; **quedarse ~** stillstehen, sich nicht bewegen; **el asunto está ~** die Sache geht nicht voran

quietud [kje'tu^ð] *f* **1.** (*calma*) Stille *f,* Ruhe *f* **2.** (*inmovilidad*) Unbeweglichkeit *f*

quif [kif] *m* Haschisch *nt*

quijada [ki'xaða] *f* Kinnbacken *m,* Kiefer *m*

quijal [ki'xal] *m* (ANAT) Kieferknochen *m*

quijongo [ki'xoŋgo] *m* (*Col:* MÚS) *Saiteninstrument der Indios*

quijotada [kixo'taða] *f* Donquichotterie *f*

quijote [ki'xote] *m* **1.** (*idealista*) Don Quichotte *m* **2.** (*puntilloso*) hochtrabender Mensch *m*

quijotería [kixote'ria] *f v.* **quijotada**

quijotesco, **-a** [kixo'tesko, -a] *adj* **1.** (*referido a*) Don Quichotte betreffend **2.** (*idealista*) weltfremd

quijotismo [kixo'tismo] *m* Donquichotterie *f*

quila ['kila] *f* (*AmS:* BOT) *bambusähnliche Pflanze*

quilate [ki'late] *m* Karat *nt;* **por ~s** sehr spärlich; **de muchos ~s** (*t. fig*) hochkarätig

quilco ['kilko] *m* (*Chil*) großer Korb *m*

quiliárea [kili'area] *f* 10 ha

quilico [ki'liko] *m* (*Ecua:* ZOOL) *Raubvogel mit rötlichem Gefieder*

quilificar [kilifi'kar] <c→qu> *vt* (BIOL) in Chylus umwandeln

quilla ['kiʎa] *f* **1.** (NÁUT) Kiel *m* **2.** (ZOOL) Brustbein *nt*

quillango [ki'ʎaŋgo] *m* (*CSur: manta de pieles*) Decke *f* aus Pelz

quillay [ki'ʎai̯] *m* (*Arg, Chil:* BOT) Chilenischer Seifenbaum *m*

quilmay [kil'mai̯] *m* (*Chil:* BOT) *Kletterpflanze mit prächtigen weißen Blüten*

quilo ['kilo] *m* **1.** (*peso*) Kilo *nt* **2.** (ANAT) Chylus *m* **3.** (*loc*): **me ha tocado un ~ en la lotería** (*fam*) ich habe eine Million Peseten im Lotto gewonnen; **sudar el ~ con un trabajo** sich bei einer Arbeit abrackern

quilociclo [kilo'θiklo] *m* (FÍS) Kilohertz *nt*

quilográmetro [kilo'ɣrametro] *m* (FÍS) Meterkilogramm *nt*

quilogramo [kilo'ɣramo] *m* Kilogramm *nt*

quilolitro [kilo'litro] *m* Kiloliter *m*

quilombo [ki'lombo] *m* **1.** (*Chil: burdel*) Puff *m o nt fam* **2.** (*Ven: choza*) Hütte *f* **3.** (*Arg: jaleo*) Durcheinander *nt;* **¡qué ~!** was für ein Chaos! **4.** *pl* (*Ven: andurriales*) abgelegener Ort *m*

quilometraje [kilome'traxe] *m* **1.** (AUTO) Kilometerstand *m* **2.** (*distancia*) Entfernung *f*

quilométrico, **-a** [kilo'metriko, -a] *adj* kilometrisch

quiltro ['kil̩tro] *m* (*Chil: pey*) Köter *m*

quimba ['kimba] *f* **1.** (*Am: garbo*) Anmut *f,* Grazie *f* **2.** (*Am: sandalia*) Sandale *f* **3.** (*Col: conflicto*) Auseinandersetzung *f*

quimbambas [kim'bambas] *fpl:* **estar en las ~** völlig zerstreut sein; **me iría a las ~ para no verte más** ich würde weiß Gott wohin gehen, um dich nicht mehr sehen zu müssen

quimbo ['kimbo] *m* (*Cuba*) Machete *f*

quimbombó [kimbom'bo] *m* (*Am:* BOT) Okra *f*

quimera [ki'mera] *f* **1.** (*ilusión*) Trugbild *nt,* Hirngespinst *nt* **2.** (*aprensión*): **tiene la ~ de que va a tener un accidente** er/sie hat die fixe Idee, dass ihm/ihr ein Unfall zustoßen wird **3.** (BIOL) Chimäre *f*

quimérico, **-a** [ki'meriko, -a] *adj* chimärisch; (*fantástico*) fantastisch

quimerista [kime'rista] *mf* **1.** (*iluso*) Träumer(in) *m(f)* **2.** (*pendenciero*) Rowdy *m*

quimerizar [kimeri'θar] <z→c> *vi* fantasieren

química ['kimika] *f* Chemie *f;* ~ **(in)orgánica** (an)organische Chemie

químico, **-a** ['kimiko, -a] **I.** *adj* chemisch; **productos ~s** Chemikalien *fpl* **II.** *m, f* Chemiker(in) *m(f)*

quimificar [kimifi'kar] <c→qu> *vt* (BIOL) in Speisebrei [*o* Chymus] umwandeln

quimioterapia [kimjote'rapja] *f* (MED) Chemotherapie *f*

quimiotropismo [kimjotro'pismo] *m* (BIOL) Chemotropismus *m*

quimo ['kimo] *m* (MED) Chymus *m*

quimono [ki'mono] *m* Kimono *m*

quina ['kina] *f* Chinarinde *f;* **ser más malo que la ~** ein übler Bursche sein; **tragar ~** (*fig*) die (bittere) Pille schlucken

quinaquina [kina'kina] *f* (BOT) Rinde *f* des Chinarindenbaums

quincalla [kiŋ'kaʎa] *f* **1.** (*objetos*) Eisenwaren *pl* **2.** (*adornos*) Flitterkram *m*

quincallería [kiŋkaʎe'ria] *f* **1.** (*tienda*) Eisenwarenhandlung *f* **2.** (*objetos*) Eisenwaren *pl* **3.** (*adornos*) Flitterkram *m*

quincallero, **-a** [kiŋka'ʎero, -a] *m, f* **1.** (*fabricante*) Eisenwarenhersteller(in) *m(f)* **2.** (*vendedor*) Eisenwarenhändler(in) *m(f)*

quince ['kiṇθe] **I.** *adj* fünfzehn; **dentro de ~ días** in vierzehn Tagen **II.** *m* Fünfzehn *f*; *v. t.* **ocho**

quinceañero, **-a** [kiṇθea'ɲero, -a] **I.** *adj* fünfzehnjährig **II.** *m, f* Fünfzehnjährige(r) *mf*

quinceavo, **-a** [kiṇθe'aβo, -a] *adj* fünfzehntel; *v. t.* **octavo**

quincena [kiṇ'θena] *f* **1.** (*días*) vierzehn Tage *mpl*, zwei Wochen *fpl* **2.** (*paga*) Halbmonatslohn *m* **3.** (*prisión*) 15-tägige Haft *f*

quincenal [kiṇθe'nal] *adj* vierzehntägig; **revista ~** Halbmonatsschrift *f*

quincenario, **-a** [kiṇθe'narjo, -a] **I.** *adj* vierzehntägig **II.** *m, f* Häftling *m* für vierzehn Tage

quincha ['kinʧa] *f* (*And*) *Baumaterial aus Schilfrohr und Lehm*

quinchamalí [kinʧama'li] *m* (*Chil:* BOT) *einjährige Heilpflanze*

quinchar [kin'ʧar] *vt* (*AmC*) mit "quinchas" versehen

quincho ['kinʧo] *m* (*Arg*) *Pavillon mit Holzpfeilern und Strohdach*

quincuagena [kiŋkwa'xena] *f Einheit aus fünfzig Teilen*

quincuagenario, **-a** [kiŋkwaxe'narjo, -a] **I.** *adj* **1.** (*de 50 partes*) fünfzigteilig **2.** (*de 50 años*) fünfzigjährig, in den Fünfzigern **II.** *m, f* Fünfzigjährige(r) *mf*

quincuagésimo, **-a** [kiŋkwa'xesimo, -a] **I.** *adj* (*parte*) fünfzigstel; (*numeración*) fünfzigste(r, s); **la quincuagésima parte de...** ein Fünfzigstel von ... **II.** *m, f* Fünfigstel *nt*; *v. t.* **octogésimo**

quinde ['kiṇde] *m* (*Col, Ecua, Perú:* ZOOL) Kolibri *m*

quindécimo, **-a** [kiṇ'deθimo, -a] *adj v.* **quinzavo**

quindenial [kiṇde'njal] *adj* (*suceso*) alle fünfzehn Jahre auftretend; (*duración*) fünfzehn Jahre dauernd

quindenio [kiṇ'denjo] *m* Zeitraum *m* von fünfzehn Jahren

quinesiología [kinesjolo'xia] *f sin pl* (MED) Kinesiologie *f*

quinesiólogo, **-a** [kine'sjoloɣo, -a] *m, f* Bewegungstherapeut(in) *m(f)*

quinesi(o)terapia [kinesite'rapja/kinesjote'rapja] *f* Bewegungstherapie *f*, Kinesiotherapie *f*

quingentésimo, **-a** [kiŋxeṇ'tesimo, -a] **I.** *adj* (*parte*) fünfhundertstel; (*numeración*) fünfhundertste(r, s) **II.** *m, f* Fünfhundertstel *nt*; *v. t.* **octingentésimo**

quingos ['kiŋgos] *m inv* (*Am*) Zickzack *m*

quiniela [ki'njela] *f* **1.** (*juego*) (Fußball)toto *nt*; **jugar a las ~s** im Toto tippen [*o* spielen] **2.** (*boleto*) Totoschein *m* **3.** (*Arg, Par, Urug: lotería*) Lotterie *f*

quinielista [kinje'lista] *mf* Totospieler(in) *m(f)*

quinielístico, **-a** [kinje'listiko, -a] *adj* Toto-

quinientos, **-as** [ki'njeṇtos, -as] *adj* fünfhundert; *v. t.* **ochocientos**

quinina [ki'nina] *f* Chinin *nt*

quininismo [kini'nismo] *m* (MED) Chininvergiftung *f*

quino ['kino] *m* (*Am:* BOT) Chinarindenbaum *m*

quínoa ['kinoa] *f* (*Arg, Bol, Perú:* BOT) Garten-Melde *f*, Spanischer Spinat *m*

quinqué [kiŋ'ke] *m* Petroleumlampe *f*, Petroleumlicht *nt*

quinquelingüe [kiŋke'liŋgwe] *adj* (*que habla cinco lenguas*) fünf Sprachen sprechend; (*escrito en cinco lenguas*) in fünf Sprachen geschrieben

quinquenal [kiŋke'nal] *adj* fünfjährig; **plan ~** Fünfjahresplan *m*

quinquenio [kiŋ'kenjo] *m* Jahrfünft *nt*

quinqui ['kiŋki] *mf* (*fam*) Verbrecher(in) *m(f)*

quinta ['kiṇta] *f* **1.** (*reemplazo*) Wehrersatz *m*; **entrar en ~s** einberufen werden; **ese es de mi ~** er gehört zu meinem Jahrgang **2.** (*casa*) Landhaus *nt* **3.** (MÚS) Quinte *f*

quintacolumnista [kiṇtakolum'nista] *mf* Angehörige(r) *mf* der fünften Kolonne

quintada [kiṇ'taða] *f* Streich *m*, Jux *m* (*der einem Neuling im Militärdienst gespielt wird*)

quintaesencia [kiṇtae'seṇθja] *f* Quintessenz *f*, Inbegriff *m*

quintaesenciar [kiṇtaeseṇ'θjar] *vt* **1.** (*refinar*) die Quintessenz ziehen (*de* aus +*dat*) **2.** (*planear en detalle*) ausklügeln

quintal [kiṇ'tal] *m* Zentner *m*, Quintal *m Austr, Suiza*; **~ métrico** hundert Kilo, zwei Zentner; **pesar un ~** zentnerschwer sein

quintar [kiṇ'tar] *vt* (MIL) einberufen

quintería [kiṇte'ria] *f* Bauernhaus *nt*

quintero, **-a** [kiṇ'tero, -a] *m, f* **1.** (*arrendador*) Landpächter(in) *m(f)* **2.** (*jornalero*) Landarbeiter(in) *m(f)*

quinteto [kiṇ'teto] *m* (MÚS) Quintett *nt*

quintilla [kiṇ'tiʎa] *f* (LIT) Achtsilber *m*

quintillizo, **-a** [kiṇti'ʎiθo, -a] *m, f* Fünfling *m*

quintillón [kiṇti'ʎon] *m* Quintillion *f*

Quintín [kiṇ'tin] *m*: **se armó la de San ~** (*fam*) es gab einen Mordskrach

quinto[1] ['kiṇto] *m* Wehrpflichtiger *m*, Rekrut *m*

quinto, **-a**[2] ['kiṇto, -a] **I.** *adj* (*parte*) fünftel; (*numeración*) fünfte(r, s) **II.** *m, f* Fünftel *nt* **III.** *adv*: **en ~ lugar** fünftens, an fünfter Stelle; *v. t.* **octavo**

quintral [kiṇ'tral] *m* (*Arg, Chil:* BOT: *muérdago*) Mistel *f*

quintril [kiṇ'tril] *m* (*Chil:* BOT: *fruto del algarrobo*) Johannisbrot *nt*

Q

quíntuple ['kiṇtuple] *adj v.* **quíntuplo**
quintuplicar [kiṇtupli'kar] <c→qu> *vt* verfünffachen
quíntuplo, **-a** ['kiṇtuplo, -a] *adj* fünffach; *v. t.* **óctuplo**
quinua[1] ['kinwa] *f* (BOT) *v.* **quínoa**
quinua[2] ['kinwa] *m* Gänsefußgewächs *nt* (*amarantähnliche Getreidesorte aus den Anden*)
quinzavo [kiṇ'θaβo, -a] *adj* fünfzehntel; *v. t.* **octavo**
quiñar [ki'ɲar] *vt* **1.** (*Am: con trompo*) den Kreisel tanzen lassen **2.** (*Am: empujar*) stoßen, schubsen
quiñazo [ki'ɲaθo] *m* **1.** (*Am: encontronazo*) Zusammenstoß *m* **2.** (*Am: cachada*) Schlag *m* auf den Kreisel
quiñón [ki'ɲon] *m* **1.** (*parte*) Gewinnanteil *m* **2.** (*tierra*) Ackerland *nt*, Parzelle *f*
quiosco ['kjosko] *m* **1.** (*de jardín*) Pavillon *m* **2.** (*de periódicos*) Kiosk *m*
quiosquero, **-a** [kjos'kero, -a] *m, f* Kioskbesitzer(in) *m(f)*, Zeitungsverkäufer(in) *m(f)*
quiote ['kjote] *m* (*Méx*) Agavenblütenstamm *m*
quipo(s) ['kipo(s)] *m(pl)*, **quipu(s)** ['kipu(s)] *m(pl)* (*Am:* HIST) Quipu *nt* (*Schnur der Knotenschrift der Inkas*)
quique ['kike] *m* (*AmS:* ZOOL) *eine Art Wiesel;* **ser como un ~** (*Chil*) flink wie ein Wiesel sein
quiqui ['kiki] *m:* **hacer un ~** die Haare zu einem Büschel kämmen
quiquiriquí [kikiri'ki] *m* **1.** (*onomatopeya*) Kikeriki *nt* **2.** (*persona*) Großmaul *nt*
quiragra [ki'raɣra] *f* (MED) Chiragra *f*
quirinal [kiri'nal] *m* Quirinal(spalast) *m*
quirma ['kirma] *f* (*Am*) Sarg *m*
quirófano [ki'rofano] *m* Operationssaal *m;* **pasar por el ~** operiert werden
quirografario, **-a** [kiroɣra'farjo, -a] *adj* (JUR) privatschriftlich; **crédito ~** Personalkredit *m*
quirógrafo, **-a** [ki'roɣrafo, -a] *adj* (JUR: *documento*) eigenhändig unterschrieben (*ohne notarielle Beglaubigung*); (*crédito*) ungesichert
quiromancia [kiro'maṇθja] *f,* **quiromancía** [kiromaṇ'θia] *f* Handlesekunst *f*, Chiromantie *f*
quiromántico, **-a** [kiro'maṇtiko, -a] **I.** *adj* chiromantisch **II.** *m, f* Chiromant(in) *m(f)*
quiromasaje [kiroma'saxe] *m* Chiromassage *f*
quiromasajista [kiromasa'xista] *mf* Chiromasseur(in) *m(f)*
quiropráctica [kiro'praktika] *f* Chiropraktik *f*
quiropráctico, **-a** [kiro'praktiko, -a] *m, f* Chiropraktiker(in) *m(f)*
quiropraxia [kiro'praˠsja] *f* (MED) *v.* **quiropráctica**
quirque ['kirke] *m* (*Chil:* ZOOL) Eidechse *f*
quirquincho [kir'kinʧo] *m* (*CSur*) **1.** (ZOOL: *armadillo*) Gürteltier *nt* **2.** (*guitarra*) kleine Gitarre *f* (*mit dem Panzer des Gürteltiers als Resonanzkörper*)
quirúrgicamente [kirurxika'meṇte] *adv* chirurgisch; **intervenir ~ a alguien** jdn operieren
quirúrgico, **-a** [ki'rurxiko, -a] *adj* chirurgisch; **intervención quirúrgica** chirurgischer Eingriff, Operation *f*
quirurgo, **-a** [ki'rurɣo, -a] *m, f* Chirurg(in) *m(f)*
quisa ['kisa] *f* (*Bol:* GASTR) reife, gebratene Banane *f*
quisca ['kiska] *f* (*Chil*) **1.** (*espina*) Kaktusstachel *m* **2.** (BOT) *v.* **quisco**
quisco ['kisko] *m* (*Chil:* BOT) *eine Kakteenpflanze*
quisicosa [kisi'kosa] *f* (*fam*) Rätsel *nt*
quiso ['kiso] *3. pret de* **querer**
quisque ['kiske] *pron indef* (*fam*): **cada ~** jeder; **todo ~** alle (Welt); **se lo dijo a todo ~** er/sie hing es an die große Glocke
quisqueyano, **-a** [kiske'ɟano, -a] **I.** *adj* (*RDom*) aus der Dominikanischen Republik **II.** *m, f* Einwohner(in) *m(f)* der Dominikanischen Republik
quisqui ['kiski] *pron indef* (*vulg*) *v.* **quisque**
quisquilla [kis'kiʎa] *f* **1.** (*pequeñez*) Kleinigkeit *f*, Bagatelle *f* **2.** (ZOOL) Garnele *f*
quisquilloso, **-a** [kiski'ʎoso, -a] *adj* **1.** (*susceptible*) überempfindlich **2.** (*meticuloso*) pingelig
quiste ['kiste] *m* (MED) Zyste *f*
quistectomía [kistekto'mia] *f* (MED) operative Entfernung *f* einer Zyste
quisto, **-a** ['kisto, -a] *adj:* **bien/mal ~** beliebt/unbeliebt
quita ['kita] *f* (JUR) Schulderlass *m*
quitaesmalte [kitaes'maḷte] *m* Nagellackentferner *m*
quitagusto [kita'ɣusto] *m* (*Ecua, Perú: intruso*) Eindringling *m*
quita(i)pón [kita'pon/kitai̯'pon] *m:* **ser de ~** abnehmbar sein; (*fig*) pflegeleicht sein
quitamanchas [kita'manʧas] *m inv* Fleck(en)entferner *m*
quitamiedos [kita'mjeðos] *m inv* (*en carretera*) Leitplanke *f;* (*en montaña*) Halteseil *nt*
quitanieves [kita'njeβes] *f inv* Schneepflug *m*
quitapenas [kita'penas] *m inv* (*fam*) Alkohol *m*
quitapintura [kitapiṇ'tura] *m* Abbeizmittel *nt*
quitapón [kita'pon] *m v.* **quitaipón**
quitar [ki'tar] **I.** *vt* **1.** (*separar: piel, funda*) abziehen; (*sombrero, tapa*) abnehmen; (*cartel, suciedad*) entfernen; (*jersey, zapato*) ausziehen; (*botón*) abtrennen; **~ la mesa** den Tisch abdecken; **el barbero me ha quitado mucho pelo** der Friseur hat viel abgeschnitten **2.** (*robar*) stehlen, wegnehmen; **me quiere ~ el sitio** er/sie will mir den Platz wegnehmen;

esta empresa nos está quitando clientela diese Firma macht uns die Kunden abspenstig **3.** (*hacer desaparecer: mancha*) entfernen, beseitigen; (*dolor*) abklingen lassen; (*obstáculo*) wegnehmen, beseitigen; (*vida*) nehmen; **quita esa palabra de la frase** streiche das Wort aus dem Satz; **me ha quitado las ganas de ir** er/sie hat mir die Lust genommen hinzugehen; **el café me quita el sueño** wenn ich Kaffee trinke, kann ich nicht schlafen; **ese asunto me quita el sueño** diese Sache raubt mir den Schlaf **4.** (*de plan, horario*) streichen **5.** (*regla, ley*) abschaffen, aufheben **6.** (*apartar*) wegnehmen, wegtun; **¡quita!** (*¡no me molestes!*) geh mir aus dem Weg!; (*¡deja eso!*) lass das!; (*¡déjate de tonterías!*) hör auf!; **quita ese mueble de en medio** stell dieses Möbelstück von hier weg **7.** (MAT) abziehen **8.** (*impedir*): **eso no quita que tú no lo hagas** das bedeutet nicht, dass du es nicht tun sollst; **el médico me ha quitado de fumar** der Arzt hat mir das Rauchen verboten **9.** (*loc*): **una capucha de quita y pon** eine abnehmbare Kapuze; **ese ni quita ni pone en la empresa** der hat in der Firma nicht viel zu sagen; **esa mujer le quita el hipo a uno** diese Frau ist umwerfend; **quitando dos todos querían ir** bis auf zwei Leute wollten alle hingehen; **me lo has quitado de la boca** du hast mir das Wort aus dem Munde genommen; **por un quítame de allí esas pajas...** wegen einer Kleinigkeit ... **II.** *vr:* **~se 1.** (*separarse: anillo*) abziehen; (*barba*) abnehmen; (*sombrero*) abnehmen; (*jersey, zapatos*) ausziehen; (*gafas*) abnehmen; (*vida*) sich nehmen; **~se de la bebida** sich *dat* das Trinken abgewöhnen **2.** (*loc*): **~se de encima algo/a alguien** sich etw/jdn vom Halse schaffen; **Induráin se ha quitado de encima a sus perseguidores** Induráin hat seine Verfolger abgeschüttelt; **quítate de mi vista** geh mir aus dem Weg; **~se años (de encima)** sich jünger machen

quitasol [kita'sol] *m* Sonnenschirm *m*

quitasolillo [kitaso'liʎo] *m* (*Cuba:* BOT) Kassave *f,* Maniok *m*

quitasueño [kita'sweɲo] *m* (*fam*) Sorge *f* (*die einem den Schlaf raubt*)

quite ['kite] *m* **1.** (*en esgrima*) Parade *f* **2.** (TAUR) *Manöver eines Toreros, um den Stier von einem verletzten Torero abzulenken* **3.** (*loc*): **estar al ~** bereit sein jdm zu helfen

quiteño, -a [ki'teɲo, -a] **I.** *adj* aus Quito **II.** *m, f* Einwohner(in) *m(f)* Quitos

quitina [ki'tina] *f* Chitin *nt*

quiulla ['kjuʎa] *f* (*Chil:* ZOOL) Bergmöwe *f*

quizá(s) [ki'θa(s)] *adv* vielleicht; **~ venga mañana** vielleicht kommt er/sie morgen; **~ tengas razón** mag sein, dass du Recht hast; **~ y sin ~** ganz bestimmt, auf jeden Fall

quizarrá [kiθa'rra] *f* (*CRi:* BOT) *ein Lorbeergewächs*

quórum ['kworun] *m sin pl* Quorum *nt*

R

R, r ['erre] *f* R, r *nt;* ~ **de Ramón** R wie Richard

rabadán [rraβa'ðan] *m* oberster Schäfer *m*

rabadilla [rraβa'ðiʎa] *f* **1.**(ANAT: *cóccix*) Steißbein *nt* **2.**(*en aves*) Bürzel *m*

rabanal [rraβa'nal] *m* (AGR) Rettichfeld *nt*

rabanero, -a [rraβa'nero, -a] *adj* (*pey*) rüde, rüpelhaft

rabanillo [rraβa'niʎo] *m* **1.**(BOT) Ackerrettich *m,* Hederich *m* **2.**(*fam: deseo vehemente*): **le entró el ~ de aprender a tocar la guitarra** er/sie hat sich *dat* in den Kopf gesetzt, Gitarre spielen zu lernen

rabanito [rraβa'nito] *m* Radieschen *nt*

rábano ['rraβano] *m* Rettich *m;* ~ **picante** Meerrettich *m;* **déjame tu coche – ¡y un ~!** (*fam*) leih mir dein Auto – nichts da!; **tu hermano es más listo que tú – ¡y un ~!** (*fam*) dein Bruder ist schlauer als du – von wegen!; **me importa un ~** (*fam*) das ist mit piepegal; **tomar el ~ por las hojas** (*fam fig: equivocarse en la interpretación*) es völlig missverstehen; (*equivocarse en la ejecución*) das Pferd am Schwanz aufzäumen

rabdomancía [rraβðomaṇ'θja] *f,* **rabdomancia** [rraβðo'maṇθia] *f* Rhabdomantie *f*

rabear [rraβe'ar] *vi* **1.**(*animal*) mit dem Schwanz wedeln **2.**(*buque*) schwanken

rabel [rra'βel] *m* (MÚS) **1.**(*instrumento medieval*) dreisaitige Hirtengeige *f* **2.**(*instrumento infantil*) Sackgeige *f*

rabí [rra'βi] *m* <rabíes> Rabbi *m*

rabia ['rraβja] *f* **1.**(*hidrofobia*) Tollwut *f;* **contraer la ~** (*animal*) von Tollwut befallen werden; (*persona*) an Tollwut erkranken **2.**(*furia*) Wut *f,* Raserei *f;* **¡qué ~!** wie ärgerlich!; **tener/tomar ~ a alguien** (*enfado*) auf jdn wütend sein/werden; (*manía*) jdn nicht ausstehen können; **me da ~ sólo pensarlo** schon der Gedanke daran macht mich wütend **3.**(*fam*): **con ~** (*mucho*) maßlos

rabiar [rra'βjar] *vi* **1.**(*padecer rabia: animal*) tollwütig sein; (*persona*) an Tollwut erkrankt sein **2.**(*enfadarse*) wüten, vor Wut rasen [*o* schäumen]; **hacer ~ a alguien** jdn bis aufs Blut reizen **3.**(*sufrir*) rasen (*de* vor +*dat*) **4.**(*ansiar*) brennen (*por* auf +*akk*); **rabia por conocerte** er/sie brennt darauf, dich kennen zu lernen **5.**(*desear*) erpicht sein (*por* auf +*akk*) **6.**(*loc*): **a ~** (*mucho*) wahnsinnig; **está que rabia** (*fam: picante*) es ist höllisch scharf

rabiazorras [rraβja'θorras] *m inv* (METEO: *fam*) Ostwind *m*

rábico, -a ['rraβiko, -a] *adj* (MED) die Tollwut betreffend, Tollwut-

rabieta [rra'βjeta] *f* Wutanfall *m,* Wutausbruch *m*

rabietas [rra'βjetas] *mf inv* (*fam*) leicht aufbrausender Mensch *m*

rabihorcado [rraβjor'kaðo] *m* **1.**(ZOOL) Fregattvogel *m* **2.**(*Col:* BOT) *der Banane ähnliche Pflanze, deren Blätter zum Abdecken der Hütten verwendet werden*

rabilargo¹ [rraβi'laryo] *m* (ZOOL) Elster *f*

rabilargo, -a² [rraβi'laryo, -a] *adj* langschwänzig

rabillo [rra'βiʎo] *m* **1.**(*pedúnculo*) Stängel *m;* (*tallo*) Stiel *m* **2.**(*extremo*) Ende *nt* **3.**(*del ojo*) Augenwinkel *m;* **mirar con** [*o* **por**] **el ~ del ojo** (*con disimulo*) aus den Augenwinkeln betrachten; (*con recelo*) misstrauisch beäugen; (*con desprecio*) schief ansehen **4.**(BOT) Taumellolch *m* **5.**(*trabilla*) Riemen *m*

rabimocho, -a [rraβi'motʃo, -a] *adj* (*Am: rabón*) kurzschwänzig

rabínico, -a [rra'βiniko, -a] *adj* (REL) rabbinisch

rabinismo [rraβi'nismo] *m* (LIT, REL) Lehre *f* der Rabbiner

rabino [rra'βino] *m* (REL) Rabbiner *m*

rabiosamente [rraβjosa'meṇte] *adv* (*fam*) **1.**(*con ira, rabia*) rabiat, voller Zorn; **me gritó ~** er/sie schrie mich zornig an **2.**(*intensamente*) wahnsinnig, furchtbar; **es ~ guapa** sie ist wahnsinnig hübsch

rabioso, -a [rra'βjoso, -a] *adj* **1.**(*hidrofóbico*) tollwütig **2.**(*furioso*) wütend; (*desconsiderado*) rabiat **3.**(*fam: picante*) höllisch scharf **4.**(*fig: vehemente*) brennend; **un tema de rabiosa actualidad** ein hochaktuelles [*o* äußerst brisantes] Thema

rabo ['rraβo] *m* **1.**(*cola*) Schwanz *m;* (*del zorro*) Lunte *f;* ~ **de buey** (*t.* GASTR) Ochsenschwanz *m;* **salir con el ~ entre las piernas** (*fam fig*) den Schwanz einziehen; **aún queda el ~ por desollar** (*fam fig*) das dicke Ende kommt noch **2.**(*extremo*) Ende *nt* **3.**(*tallo*) Stängel *m* **4.**(*vulg: pene*) Schwanz *m*

rabón, -ona [rra'βon, -ona] *adj* **1.**(*sin rabo*) schwanzlos; (*rabicorto*) kurzschwänzig **2.**(*CSur: desnudo*) nackt **3.**(*Ant, Cuba, CSur: mellado*) schartig **4.**(*desdichado*) jämmerlich

rabona [rra'βona] *f* (*CSur: fam: falta a la escuela*) Schwänzen *nt;* **hacer(se) la ~** die Schule schwänzen, blaumachen

rabonero, -a [rraβo'nero, -a] *m, f* (*CSur: fam*) Schwänzer(in) *m(f)*

rabotada [rraβo'taða] *f* **1.**(*con el rabo*) Schlag *m* mit dem Schwanz **2.**(*fam: expre-

sión) Patzigkeit *f*
rabudo, **-a** [rra'βuðo, -a] *adj* langschwänzig
racanear [rrakane'ar] **I.** *vi* (*fam*) knausern (*con* mit +*dat*) **II.** *vt* (*fam*) knausern; ~ **algo a alguien** mit etw jdm gegenüber knausern; ~ **dinero a alguien** jdn kurz halten
racaneo [rraka'neo] *m* (*fam*), **racanería** [rrakane'ria] *f* (*fam: acto*) Knauserei *f*, Knickerei *f*; (*carácter*) Knauserigkeit *f*, Knickerigkeit *f*
racanería [rrakane'ria] *f* (*pey*) Knauserei *f*
rácano, **-a** ['rrakano, -a] *adj* **1.** (*fam: tacaño*) knauserig, knickerig **2.** (*reg: enclenque*) mick(e)rig, schwächlich **3.** (*fam: gandul*) arbeitsscheu
RACE ['rraθe] *m abr de* **Real Automóvil Club de España** Spanischer Automobilclub *m* (*entspricht dem ADAC*)
racel [rra'θel] *m* (NÁUT) *v.* **rasel**
racha ['rratʃa] *f* **1.** (*de aire*) Windstoß *m*; (NÁUT) Bö(e) *f* **2.** (*fig: fase*) Phase *f*; **a** [*o* **por**] **~s** phasenweise; **tener buena/mala** ~ eine Glücks-/Pechsträhne haben **3.** (*loc*): **arrancar un coche a ~s, dar una ~ a un coche** ein Auto anschieben
racheado, **-a** [rratʃe'aðo, -a] *adj* stoßartig, böig; **viento** ~ (NÁUT) Bö(e) *f*
racial [rra'θjal] *adj* **1.** (*étnico*) rassisch, Rassen-; **disturbios ~es** Rassenunruhen *fpl*; **odio** ~ Rassenhass *m* **2.** (*temperamental*) rassig
racima [rra'θima] *f* (AGR) Spätfrucht *f* (*an der Rebe verbliebene Weintrauben*)
racimado, **-a** [rraθi'maðo, -a] *adj* in Trauben, traubig
racimo [rra'θimo] *m* Traube *f*; (*de frutos*) Fruchttraube *f*; (*de flores*) Blütentraube *f*; (*fig: grupo*) Traube *f*, Schwarm *m*; ~ **de uvas** Traube *f* Weinbeeren
raciocinar [rraθjoθi'nar] *vi* (*razonar*) rational denken; (*deducir*) schlussfolgern
raciocinio [rraθjo'θinjo] *m* (*facultad*) rationales Denken *nt*, Urteilsvermögen *nt*; (*razón*) Vernunft *f*; (*proceso mental*) Gedankenfolge *f*
ración [rra'θjon] *f* **1.** (*tapa*) Portion *f*; **una ~ de calamares/de patatas fritas** eine Portion Tintenfischringe/Pommes (frites); **una ~ de jamón/queso** ein Käse-/Schinkenteller **2.** (MIL) Ration *f*; **poner a alguien a media ~** (*fig*) jdn auf halbe Ration setzen **3.** (*asignación*) Zuteilung *f*
racionabilidad [rraθjonaβili'ðaᵈ] *f* (FILOS, PSICO) Urteilskraft *f*
racional [rraθjo'nal] *adj* **1.** (FILOS, PSICO: *de la razón*) rational; **animal** ~ (*humano*) denkendes Wesen **2.** (*lógico*) rational; **número** ~ (MAT) rationale Zahl
racionalidad [rraθjonali'ðaᵈ] *f sin pl* **1.** (FILOS, PSICO, MAT) Rationalität *f* **2.** (*lógica*) Rationalität *f*; (*adecuación*) Zweckmäßigkeit *f*
racionalismo [rraθjona'lismo] *m sin pl* (FILOS) Rationalismus *m*
racionalista [rraθjona'lista] **I.** *adj* (FILOS) rationalistisch **II.** *mf* (FILOS) Rationalist(in) *m(f)*
racionalización [rraθjonaliθa'θjon] *f* (ECON, PSICO) Rationalisierung *f*; ~ **administrativa** Rationalisierung der Verwaltung; ~ **industrial** industrielle Rationalisierung; **medida de** ~ Rationalisierungsmaßnahme *f*
racionalizar [rraθjonali'θar] <z→c> *vt* (ECON, PSICO) rationalisieren; **producción racionalizada** rationalisierte Produktion
racionamiento [rraθjona'mjen̩to] *m* Rationierung *f*
racionar [rraθjo'nar] *vt* **1.** (*repartir*) in Rationen aufteilen **2.** (*limitar*) rationieren
racismo [rra'θismo] *m sin pl* Rassismus *m*
racista [rra'θista] **I.** *adj* rassistisch **II.** *mf* Rassist(in) *m(f)*
racor ['rrakor] *m* (TÉC) Nippel *m*
rad [rrað] *m* (FÍS) Rad *nt*
rada ['rraða] *f* (NÁUT) Reede *f*
radar [rra'ðar] *m*, **rádar** ['rraðar] *m* (TÉC) Radar *m o nt*; (*antena*) Radarantenne *f*; **por** ~ über Radar
radiación [rraðja'θjon] *f* (*t.* FÍS) Strahlung *f*; (*irradiación*) Ausstrahlung *f*; (*tratamiento*) Bestrahlung *f*; ~ **alfa/beta/gamma** Alpha-/Beta-/Gammastrahlung *f*; ~ **solar** Sonnen(ein)strahlung *f*; **de baja** ~ (INFOR) strahlungsarm
radiactividad [rraðjaktiβi'ðaᵈ] *f* (FÍS) Radioaktivität *f*
radiactivo, **-a** [rraðjak'tiβo, -a] *adj* (FÍS) radioaktiv
radiado, **-a** [rra'ðjaðo, -a] *adj* **1.** (*en forma de radios*) strahlenförmig **2.** (RADIO, TEL) Rundfunk-; **concierto** ~ Rundfunkkonzert *nt*
radiador [rraðja'ðor] *m* **1.** (*calefacción*) Radiator *m*, Heiz(ungs)körper *m* **2.** (AUTO) Kühler *m*; ~ **del aceite/del agua** Öl-/Wasserkühler *m* **3.** (FÍS) Strahler *m*
radial [rra'ðjal] *adj* **1.** (*en forma de rayos*) strahl(enförm)ig; (TÉC) radial; (BIOL, MAT) radiär; **músculo** ~ (ANAT) Speichenmuskel *m* **2.** (*Am: radiofónico*) Rundfunk-
radián [rra'ðjan] *m* (MAT) Radiant *m*
radiante [rra'ðjan̩te] *adj* strahlend; (*brillante*) glänzend; ~ **de alegría/felicidad** strahlend vor Freude/Glück, freude-/glückstrahlend; **estás ~ con ese vestido** in diesem Kleid siehst du glänzend aus; **está ~ con su nuevo trabajo** er/sie strahlt vor Glück über seine/ihre neue Stelle
radiar [rra'ðjar] **I.** *vi* **1.** (*irradiar*) strahlen **2.** (*emitir*) funken **II.** *vt* **1.** (FÍS: *irradiar*) abstrahlen, ausstrahlen **2.** (RADIO, TEL) ausstrahlen, senden; **un debate radiado** eine im Rundfunk übertragene Diskussion **3.** (MED) bestrahlen **4.** (*Am: eliminar*) (aus)streichen
radicación [rraðika'θjon] *f* **1.** (BOT) Wurzelbildung *f* **2.** (*enraizamiento*) Verwurzelung *f* **3.** (MAT) Radizieren *nt*, Wurzelziehen *nt*
radical [rraði'kal] **I.** *adj* **1.** (*extremado*) radikal **2.** (*t.* BOT: *de la raíz*) Wurzel- **3.** (MAT) radikal **4.** (*fundamental*) gründlich, von Grund

auf **II.** *m* **1.** (LING) Stamm *m,* Wurzel *f* **2.** (MAT, QUÍM, PSICO) Radikal *nt* **3.** (MAT: *signo*) Wurzelzeichen *nt* **III.** *mf* (POL) Radikale(r) *mf;* ~ **de derecha/de izquierda** Rechts-/Linksradikale(r) *mf*

radicalidad [rraðikali'ðaᵈ] *f* Radikalität *f,* radikale Art *f*

radicalismo [rraðika'lismo] *m sin pl* Radikalismus *m*

radicalista [rraðika'lista] *mf* Radikalist(in) *m(f)*

radicalización [rraðikaliθa'θjon] *f* Radikalisierung *f*

radicalizar [rraðikali'θar] <z→c> **I.** *vt* radikalisieren **II.** *vr:* ~**se 1.** (*extremar las posturas*) sich radikalisieren **2.** (*agudizarse*) sich verschärfen

radicando [rraði'kan̩do] *m* (MAT) Radikand *m*

radicar [rraði'kar] <c→qu> **I.** *vi* **1.** (*t.* BOT: *arraigar*) Wurzeln schlagen; (*fig*) wurzeln (*en* in +*dat*) **2.** (*estar asentado*) ansässig sein (*en* in +*dat*) **3.** (*basarse*) beruhen (*en* auf +*dat*); (*consistir*) bestehen (*en* in +*dat*); **el problema radica en su comportamiento** das Problem liegt in seinem/ihrem Verhalten **II.** *vr:* ~**se** (*establecerse*) sich niederlassen (*en* in +*dat*)

radicheta [rraði'ʧeta] *f* (*Arg, Urug: achicoria*) Zichorie *f*

radícula [rra'ðikula] *f* (BOT) Radikula *f,* Keimwurzel *f*

radiestesia [rraðjes'tesja] *f* (PSICO) Radiästhesie *f*

radiestesista [rraðjeste'sista] *mf* (PSICO) (Wünschel)rutengänger(in) *m(f)*

radio¹ ['rraðjo] *f* (RADIO, TEL) **1.** (*radiodifusión*) Hörfunk *m,* Rundfunk *m;* **hablar en** [*o* **por**] **la** ~ im Radio sprechen; **retransmitir por** ~ im Rundfunk übertragen **2.** (*receptor*) Radio(gerät) *nt;* (*radiotelefonía*) Funk(sprech)gerät *nt;* (*instalación*) Radioanlage *f;* ~ **del coche** Autoradio *nt;* **dirigido por** ~ funkgesteuert **3.** (*emisora*) (Radio)sender *m;* ~ **pirata** Schwarzsender *m,* Piratensender *m*

radio² ['rraðjo] *m* **1.** (MAT) Halbmesser *m,* Radius *m* **2.** (*en la rueda*) (Rad)speiche *f* **3.** (ANAT) Speiche *f* **4.** (QUÍM) Radium *nt* **5.** (*ámbito*) Bereich *m;* (*esfera*) Kreis *m;* ~ **de acción** (AERO) Aktionsradius *m;* (*t. fig*) Wirkungsbereich *m;* ~ **de alcance** Reichweite *f;* ~ **de atracción** Einzugsgebiet *nt;* ~ **de giro** [*o* **viraje**] Schwenkradius *m;* ~ **visual** Sichtfeld *nt;* **se escuchó la explosión en un** ~ **de varios kilómetros** man konnte die Explosion im Umkreis von mehreren Kilometern hören

radioactividad [rraðjoaktiβi'ðaᵈ] *f v.* **radiactividad**

radioactivo, **-a** [rraðjoak'tiβo, -a] *adj v.* **radiactivo**

radioaficionado, **-a** [rraðjoafiθjo'naðo, -a] *m, f* (RADIO) Amateurfunker(in) *m(f)*

radioastronomía [rraðjoastrono'mia] *f sin pl* (ASTR) Radioastronomie *f*

radiobaliza [rraðjoβa'liθa] *f v.* **radiofaro**

radiobiología [rraðjoβjolo'xia] *f sin pl* (BIOL) Radiobiologie *f*

radiobrújula [rraðjo'βruxula] *f* **1.** (AERO) Radiokompass *m* **2.** (NÁUT) Peiler *m*

radiocasete [rraðjoka'sete] *m o f* Radiorekorder *m*

radiocompás [rraðjokom'pas] *m v.* **radiobrújula**

radiocomunicación [rraðjokomunika'θjon] *f* (RADIO, TEL) **1.** (*radioenlace*) Funk(sprech)verbindung *f,* Radioverbindung *f* **2.** (*radioconferencia*) Funkgespräch *nt*

radioconducción [rraðjokon̩duᵞ'θjon] *f* Funksteuerung *f*

radiodespertador [rraðjoðesperta'ðor] *m* Radiowecker *m*

radiodetección [rraðjoðeteᵞ'θjon] *f* Funkortung *f,* Funkpeilung *f*

radiodiagnóstico [rraðjoðjaɣ'nostiko] *m* (MED) Röntgendiagnostik *f*

radiodifundir [rraðjoðifun̩'dir] *vt* (RADIO) durch Rundfunk übertragen

radiodifusión [rraðjoðifu'sjon] *f* (RADIO, TEL) Rundfunk *m,* Rundfunkwesen *nt;* (*radiotransmisión*) Rundfunkübertragung *f*

radiodifusora [rraðjoðifu'sora] *f* (*Am:* RADIO, TEL) Rundfunksender *m*

radiodirigir [rraðjoðiri'xir] <g→j> *vt* durch Funk steuern

radioelectricidad [rraðjoelektriθi'ðaᵈ] *f* (ELEC, FÍS) Radioelektrizität *f*

radioelemento [rraðjoele'men̩to] *m* (QUÍM) Radioelement *nt*

radioemisión [rraðjoemi'sjon] *f* **1.** (TEL) Funkübertragung *f* **2.** (RADIO) Rundfunkübertragung *f* **3.** (FÍS) Strahlenemission *f*

radioemisora [rraðjoemi'sora] *f* (RADIO) (Rund)funksender *m;* (*estación*) Rundfunkstation *f*

radioescucha [rraðjoes'kuʧa] *mf v.* **radioyente**

radiofaro [rraðjo'faro] *m* (AERO, NÁUT) Funkbake *f,* Funkfeuer *nt*

radiofonía [rraðjofo'nia] *f* (RADIO, TEL) **1.** (*radiodifusión*) Rundfunk *m,* Hörfunk *m* **2.** (*radiotelefonía*) Sprechfunk *m,* Radiophonie *f*

radiofónico, **-a** [rraðjo'foniko, -a] *adj* (RADIO, TEL) Radio-, Rundfunk-; **guión** ~ Hörspiel *nt;* **mensaje** ~ Radiodurchsage *f,* Radiomeldung *f;* **programa** ~ (*programación*) Radioprogramm *nt;* (*emisión*) Rundfunkprogramm *nt*

radiofrecuencia [rraðjofre'kwen̩θja] *f* (FÍS, TEL) Radiofrequenz *f,* Funkfrequenz *f*

radiofuente [rraðjo'fwen̩te] *f* (ASTR) Radioquelle *f*

radiogoniometría [rraðjoɣonjome'tria] *f* (RADIO, TÉC) Radiogoniometrie *f*

radiogoniómetro [rraðjoɣo'njometro] *m* (RADIO, TÉC) Radiogoniometer *nt*

radiografía [rraðjoɣra'fia] *f* 1.(MED: *técnica*) Radiografie *f* 2.(MED: *placa*) Röntgenaufnahme *f*, Röntgenbild *nt*
radiografiar [rraðjoɣrafi'ar] <*1. pres:* radiografío> *vt* 1.(RADIO, TEL) funken 2.(MED) röntgen, Röntgenaufnahmen machen (von +*dat*)
radiográfico, **-a** [rraðjo'ɣrafiko, -a] *adj* (MED) röntgenographisch
radiograma [rraðjo'ɣrama] *m* (*t.* TEL) Radiogramm *nt*
radioisótopo [rraðjoi'sotopo] *m* (QUÍM) Radioisotop *nt*
radiolesión [rraðjole'sjon] *f* (MED) Strahlenschädigung *f*
radiolocalización [rraðjolokaliθa'θjon] *f* (RADIO, TÉC) Funkortung *f*, Radioortung *f*
radiología [rraðjolo'xia] *f* (MED) 1.(*ciencia*) Radiologie *f* 2.(*aplicación*) Röntgenologie *f*; **servicio de ~** Röntgenabteilung *f*
radiológico, **-a** [rraðjo'loxiko, -a] *adj* (MED) radiologisch
radiólogo, **-a** [rra'ðjoloɣo, -a] *m, f* (MED) Radiologe, -in *m, f*, Röntgenologe, -in *m, f*
radiomensaje [rraðjomen'saxe] *m* (RADIO, TEL) Radiodurchsage *f*, Radiomeldung *f*
radiometría [rraðjome'tria] *f* 1.(FÍS) Radiometrie *f* 2.(RADIO, TÉC) Funkmesstechnik *f*, Funkmessverfahren *nt*
radiómetro [rra'ðjometro] *m* 1.(FÍS) Radiometer *nt* 2.(RADIO, TÉC) Funkmessgerät *nt*, Funktelemeter *nt*
radionavegación [rraðjonaβeɣa'θjon] *f* (AERO, NÁUT: *dirigir*) Funknavigation *f*; (*detectar*) Funkpeilung *f*
radionecrosis [rraðjone'krosis] *f inv* (MED) Gewebstod *m* durch Strahlung
radionovela [rraðjono'βela] *f* Radioserie *f*
radioonda [rraðjo'on̪da] *f* (FÍS) Radiowelle *f*
radiooperador(a) [rraðjo(o)pera'ðor(a)] *m(f)* (RADIO, TEL) Funker(in) *m(f)*
radiopatrulla [rraðjopa'truʎa] *f* Funkstreife *f*; **coche ~** Funkstreifenwagen *m*
radioquímica [rraðjo'kimika] *f* (QUÍM) Radiochemie *f*
radiorreceptor [rraðjorreθep'tor] *m* (RADIO, TEL) Radioempfänger *m*
radiorresistencia [rraðjorresis'ten̪θja] *f* (MED) Strahlenfestigkeit *f*, Strahlenresistenz *f*
radioscopia [rraðjos'kopja] *f* (MED) Radioskopie *f*, Röntgendurchleuchtung *f*
radioscópico, **-a** [rraðjos'kopiko, -a] *adj* (MED) Röntgen-, radioskopisch
radiosensibilidad [rraðjosensiβili'ðað] *f* (MED) Strahlungsempfindlichkeit *f*
radioso, **-a** [rra'ðjoso, -a] *adj* (*Am*) *v.* **radiante**
radiosonda [rraðjo'son̪da] *f* (METEO, TÉC) Radiosonde *f*
radiotaxi [rraðjo'taʸsi] *m* Funktaxi *nt*
radioteatro [rraðjote'atro] *m* (*Arg*) Seifenoper *f* im Rundfunk
radiotecnia [rraðjo'teknja] *f*, **radiotécnica** [rraðjo'teknika] *f* (RADIO, TEL) Radiotechnik *f*, (Rund)funktechnik *f*
radiotelecomunicación [rraðjotelekomunika'θjon] *f* (RADIO, TEL) Funkwesen *nt*
radiotelefonía [rraðjotelefo'nia] *f sin pl* (RADIO, TEL) Radiotelefonie *f*, Sprechfunk *m*
radioteléfono [rraðjote'lefono] *m* (RADIO, TEL) Funktelefon *nt*, Funksprechgerät *nt*
radiotelegrafía [rraðjoteleɣra'fia] *f sin pl* (RADIO, TEL) Funktelegrafie *f*, Radiotelegrafie *f*
radiotelegrafiar [rraðjoteleɣrafi'ar] <*1. pres:* radiotelegrafío> *vt* (RADIO, TEL) funken
radiotelegráfico, **-a** [rraðjotele'ɣrafiko, -a] *adj* (RADIO, TEL) funktelegrafisch
radiotelegrafista [rraðjoteleɣra'fista] *mf* (RADIO, TEL) Funktelegrafist(in) *m(f)*
radiotelégrafo [rraðjote'leɣrafo] *m* (TEL) Funktelegraf *m*, Radiotelegraf *m*
radiotelegrama [rraðjotele'ɣrama] *m* (TEL) Funktelegramm *nt*
radiotelescopio [rraðjoteles'kopjo] *m* (ASTR, FÍS) Radioteleskop *nt*
radiotelevisado, **-a** [rraðjoteleβi'saðo, -a] *adj* (RADIO, TV) gleichzeitig im Radio und im Fernsehen übertragen
radiotelevisión [rraðjoteleβi'sjon] *f* (RADIO, TEL) Fernsehfunk *m*
radioterapeuta [rraðjotera'peu̯ta] *mf* (MED) Radiotherapeut(in) *m(f)*
radioterapéutico, **-a** [rraðjotera'peu̯tiko, -a] *adj* (MED) die Radiotherapie betreffend
radioterapia [rraðjote'rapja] *f* (MED) Radiotherapie *f*; (*radiación*) Bestrahlung *f*; (*con rayos X*) Röntgenbehandlung *f*
radioterápico, **-a** [rraðjote'rapiko, -a] *adj* (MED) *v.* **radioterapéutico**
radiotransmisión [rraðjotraⁿsmi'sjon] *f* (RADIO, TEL) 1.(*transmisión*) Funkübertragung *f* 2. *pl* Funkwesen *nt*
radiotransmisor [rraðjotraⁿsmi'sor] *m* (RADIO, TEL) Funksender *m*
radiotransmitir [rraðjotraⁿsmi'tir] *vt* per Funk übertragen
radioyente [rraðjo'ɟen̪te] *mf* (RADIO) (Rundfunk)hörer(in) *m(f)*; **~ clandestino** Schwarzhörer *m*
radón [rra'ðon] *m* (QUÍM) Radon *nt*
R.A.E. ['rrae] *f abr de* **Real Academia Española de la Lengua** Spanische Sprachakademie *f*
raedera [rrae'ðera] *f* Schaber *m*, Schabwerkzeug *nt*; (*de carpintero*) Schabmesser *nt*; (ARTE) Schabeisen *nt*
raedura [rrae'ðura] *f* 1.(*rascado*) Schabsel *nt* 2.(MED) Ausschaben *nt* 3.(*brizna*) Schäbe *f*
raer [rra'er] *irr vt* 1.(*raspar*) (ab)schaben; (MED) ausschaben 2.(*desgastar*) abscheuern; (*deslucir*) abwetzen
rafaelesco, **-a** [rrafae'lesko, -a] *adj* (ARTE) raffaelitisch, raffaelisch
ráfaga ['rrafaɣa] *f* 1.(*de aire*) Windstoß *m*

R

2. (*de lluvia*) (Regen)schauer *m* 3. (*de luz*) Lichtblitz *m* 4. (*inspiración*) Erleuchtung *f* 5. (*de disparos*) Geschossgarbe *f;* ~ **de ametralladora** Maschinengewehrsalve *f* 6. (*And, CSur: racha*) Phase *f;* **estar de buena/mala** ~ eine Glücks-/Pechsträhne haben

rafia ['rrafja] *f* 1. (BOT) Raphia(palme) *f* 2. (*fibra*) Raphiabast *m*

rafting ['rraftiŋ] *m* (DEP) Rafting *nt*

raglán [rra'ɣlan] I. *adj inv* (*Am*): **manga** ~ Raglanärmel *m* II. *m* (*Am: sobretodo*) Raglan *m*

ragtime [rraɣ'taịm] *m* (MÚS) Ragtime *m*

ragú [rra'ɣu] <ragús> *m* (GASTR) Ragout *nt*

raicilla [rraị'θiʎa] *f* (BOT) Faserwurzel *f*

raid [rraịᵈ] *m* (AERO, MIL) Überraschungsangriff *m,* Raid *m*

raído, -a [rra'iðo, -a] *adj* abgeschabt; (*deslucido*) schäbig; (*gastado*) abgetragen; (*rozado*) abgewetzt

raigambre [rraị'ɣambre] *f* 1. (BOT: *raíces*) Wurzelwerk *nt,* Wurzelgestrüpp *nt* 2. (*fig: tradición*) Verwurzelung *f;* **sin** ~ traditionslos; **tener** ~ verwurzelt sein; **su familia es de** ~ **conservadora** seine/ihre Familie ist von jeher konservativ gewesen

rail [rraịl] *m,* **raíl** [rra'il] *m* Schiene *f;* (*riel*) Laufschiene *f*

raíz [rra'iθ] *f* 1. (ANAT, BOT: *t. fig*) Wurzel *f;* ~ **del diente** Zahnwurzel *f;* ~ **del pelo** Haarwurzel *f;* ~ **de la uña** Nagelwurzel *f;* **de** ~ (*t. fig*) von der Wurzel her; **arrancar de** ~ (*fig*) mit Stumpf und Stiel ausrotten; **atajar** [*o* **cortar**] **de** ~ (*fig*) im Keim ersticken; **echar raíces** (*fig*) Wurzeln schlagen; **como si hubiera echado raíces** (*fig*) wie angewurzelt; **tener sus raíces en un lugar** (*fig*) an einem Ort fest verwurzelt sein 2. (*causa*) Ursache *f,* Wurzel *f;* (*origen*) Ursprung *m;* **a** ~ **de** als Folge von; **tener su** ~ **en algo** in etw begründet liegen 3. (LING) Wurzel *f,* Stamm *m* 4. (MAT) Wurzel *f;* ~ **cuadrada/cúbica** Quadrat-/Kubikwurzel *f;* **extraer la** ~ die Wurzel ziehen 5. (JUR): **bienes raíces** Liegenschaften *fpl*

raizal [rraị'θal] *adj* (*Col*) heimatverbunden

raizalismo [rraịθa'lismo] *m sin pl* (*Col*) Heimatliebe *f,* Heimatverbundenheit *f*

raja ['rraxa] *f* 1. (*grieta*) Riss *m;* (*resquebrajadura*) Sprung *m;* (*hendedura*) Spalt *m,* Spalte *f* 2. (*abertura*) Schlitz *m;* (*separación*) Ritze *f;* (*vulg: vulva*) Möse *f;* (*vulg:* ~ *del culo*) Arschritze *f;* **una falda con** ~ **atrás** ein Rock mit einem Schlitz hinten 3. (*rodaja*) Scheibe *f;* **una** ~ **de sandía** ein Stück Wassermelone 4. (*Méx: tira*) Streifen *m*

rajá [rra'xa] <rajaes> *m* Radscha *m*

rajada [rra'xaða] *f* (*fam*) 1. (*Arg: fuga*) Flucht *f* 2. (*Méx: cobardía*) Rückzieher *m*

rajadiablo(s) [rraxa'ðjaβlos] *m* (*inv*) (*Chil*) Lausbub *m*

rajadillo [rraxa'ðiʎo] *m* (GASTR) *Konfitüre aus geraspelten Mandeln in Zuckersirup*

rajadizo, -a [rraxa'ðiθo, -a] *adj* rissig, spleißig

rajado, -a [rra'xaðo, -a] *m, f* (*argot*) *jemand, der einen Rückzieher macht oder häufig absagt;* **ser un** ~ kneifen, einen Rückzieher machen

rajamacana [rraxama'kana] *f* (*Ven*) 1. (*trabajo, cosa*) schwierige Aufgabe *f* 2. (*persona*) schwieriger Mensch *m;* **a** ~ (*a toda costa*) koste es, was es wolle

rajante [rra'xaṇte] *adj* (*Arg: definitivo*) ultimativ

rajar [rra'xar] I. *vi* 1. (*pey: hablar mal*) tratschen (*de* über +*akk*) 2. (*fam: charlar*) quatschen, schwatzen II. *vt* 1. (*cortar*) schneiden (in +*akk*); (*abrir*) (auf)schlitzen, (auf)schneiden; (*hender*) aufspalten; (*quitar*) abschneiden; (*partir*) zerlegen; (*en rajas*) in Scheiben schneiden 2. (*fam: apuñalar*) einstechen (auf +*akk*) III. *vr:* ~**se** 1. (*abrirse*) aufplatzen, aufreißen; (*agrietarse*) aufspringen 2. (*argot: echarse atrás*) kneifen, einen Rückzieher machen 3. (*argot: disculparse*) absagen 4. (*cortarse*) sich schneiden (in +*akk*); ~**se el dedo** sich am Finger schneiden [*o* verletzen]

rajatabla [rraxa'taβla]: **a** ~ (*estrictamente*) sehr streng; (*exactamente*) haargenau; (*a toda costa*) um jeden Preis

raje ['rraxe] *m* (*Arg*) 1. (*fam: huída*) Flucht *f;* **al** ~ Hals über Kopf; **tomar(se) el** ~ die Flucht ergreifen 2. (*fam: el despedir*) Hinauswurf *m;* **dar el** ~ **a alguien** jdn hinauswerfen

rajo ['rraxo] *m* 1. (*AmC: desgarrón*) Riss *m;* (*rotura*) Bruch *m* 2. (*Chil: barranco*) Schlucht *f* (*in einer Salpetergrube*)

rajón, -ona [rra'xon, -ona] *adj* 1. (*AmC, Méx: fanfarrón*) angeberisch 2. (*AmC: ostentoso*) prahlerisch 3. (*Cuba, Méx: cobarde*) feige 4. (*Méx: poco fiable*) unzuverlässig

ralea [rra'lea] *f* (*pey*) Gesindel *nt,* Brut *f;* **son todos de la misma** ~ das ist alles die gleiche Sippschaft

ralear [rrale'ar] *vi* sich lichten, ausfallen

ralentí [rraleṇ'ti] *m sin pl* 1. (CINE) Zeitlupe *f;* **al** ~ (*t. irón*) im Zeitlupentempo 2. (AUTO) Leerlauf *m;* **en** ~ im Leerlauf

ralentización [rraleṇtiθa'θjon] *f* Verlangsamung *f;* (ECON) rückläufige Tendenz *f,* Abschwächung *f*

ralentizar [rraleṇti'θar] <z→c> I. *vt* verlangsamen; (ECON) abschwächen II. *vr:* ~**se** sich verlangsamen, langsamer werden

raleza [rra'leθa] *f* Dürftigkeit *f,* Spärlichkeit *f*

rallador [rraʎa'ðor] *m* Raspel *f,* Reibeisen *nt*

ralladura [rraʎa'ðura] *f* Raspel *m,* Reiber *m reg*

rallar [rra'ʎar] *vt* reiben, raspeln; **almendras ralladas** geraspelte Mandeln; **pan rallado** Semmelbrösel *pl,* Paniermehl *nt;* **queso rallado** geriebener Käse

rally(e) ['rrali] <rallys> *m* (DEP) Rallye *f; Schweiz: nt*

ralo, -a ['rralo, -a] *adj* 1. spärlich; (*árboles, pelo*) licht, schütter; (*tejido*) fadenscheinig 2. (*CSur: insustancial*) fadenscheinig

RAM [rram] *f* (INFOR) *abr de* **Random Access**

Memory RAM *nt;* ~ **de vídeo** Video-RAM *nt;* **memoria** ~ RAM-Speicher *m*

rama ['rrama] *f* **1.** (BOT, MAT: *de árbol*) Ast *m;* (*ramo*) Zweig *m;* (*de coral*) Stock *m;* ~ **florida** Blütenzweig *m;* **~s secas** Reisig *nt;* **algodón en** ~ Rohbaumwolle *f;* (*preparado*) Watte *f;* **canela en** ~ Zimtstangen *fpl;* **andarse por las ~s** um den heißen Brei herumreden; **irse** [*o* **andarse**] **por las ~s** abschweifen **2.** (*ámbito*) Zweig *m,* Fach *nt;* (*sector*) Gebiet *nt;* (ECON) Gewerbe *nt,* Branche *f* **3.** (*derivación*) Abzweigung *f* **4.** (*parentesco*) Linie *f;* **en** [*o* **por**] **la** ~ **materna/paterna** mütterlicher-/väterlicherseits **5.** (TIPO) Rohbogen *m;* **en** ~ ungebunden

ramada [rra'maða] *f* (*Chil: puesto de feria*) Marktstand *m*

ramadán [rrama'ðan] *m* (REL) Ramadan *m*

ramaje [rra'maxe] *m* Astwerk *nt,* Geäst *nt;* (*follaje*) Gezweig *nt*

ramal [rra'mal] *m* **1.** (*cabo*) Strang *m* **2.** (*ronzal*) Zügelriemen *m* **3.** (*ramificación*) Abzweigung *f,* Abzweig *m;* (*de un río*) Seitenarm *m;* (FERRO) Nebenbahn *f,* Zweiglinie *f*

ramalazo [rrama'laθo] *m* **1.** (*trallazo*) Hieb *m;* (*marca*) Striemen *m;* (*fig: de dolor*) Stechen *nt* **2.** (*fam: parecido*) Hauch *m;* **tiene un** [*o* **le da**] ~ **a su padre** er/sie hat etwas von seinem/ihrem Vater; **tener un** ~ **de loco** er/sie hat etwas Verrücktes an sich **3.** (*aire de homosexual*): **tener** ~ tuntig sein

rambla ['rrambla] *f* **1.** (*paseo*) Allee *f* **2.** (*cauce*) Abflussgraben *m*

ramera [rra'mera] *f* Hure *f*

ramificación [rramifika'θjon] *f* Verästelung *f,* Verzweigung *f*

ramificar [rramifi'kar] <c→qu> *vr:* **~se** sich verästeln, sich verzweigen

ramillete [rrami'ʎete] *m* Sträußchen *nt;* (*para la mesa*) Blumengesteck *nt*

ramillón [rrami'ʎon] *m* (*Col, Ven*) **1.** (*vasija*) *Schüssel mit langem Stiel, hergestellt aus der Schale einer Kokosnuss oder eines Kürbisses* **2.** (*cucharón*) Schöpfkelle *f* aus Holz

ramio ['rramjo] *m* (BOT) Ramie *f,* Chinagras *nt*

ramo ['rramo] *m* **1.** (*de flores*) Strauß *m;* ~ **de novia** Brautstrauß *m* **2.** (*de árbol*) Zweig *m* **3.** (*ámbito*) Zweig *m,* Fach *nt;* (*sector*) Gebiet *nt;* (ECON) Gewerbe *nt,* Branche *f;* ~ **de la alimentación** Ernährungswirtschaft *f;* ~ **asegurador** Versicherungsbranche *f;* ~ **de la construcción** Baugewerbe *nt;* ~ **de transportes** Speditionsgewerbe *nt;* **del** ~ vom Fach; **las industrias del** ~ der Industriezweig

ramojo [rra'moxo] *m* Reisig *nt*

ramoso, **-a** [rra'moso, -a] *adj* verästelt, verzweigt

rampa ['rrampa] *f* **1.** (*inclinación*) Rampe *f;* (*natural*) Abhang *m;* (*de acceso*) Zufahrtsrampe *f;* (*de ascenso*) Auffahrtsrampe *f;* (*en carretera*) Auffahrt *f;* ~ **de carga** Laderampe *f;* ~ **de lanzamiento** Abschussrampe *f,* Startrampe *f;* **en** ~ am Hang **2.** (*fam: contracción*) Krampf *m*

rampa-balsa ['rrampa 'βalsa] <rampas-balsa> *f* (AERO) Notrutsche *f*

rampante [rram'pan̪te] *adj* (*heráldica*) aufgerichtet

rampla ['rrampla] *f* (*Chil: remolque*) Anhänger *m*

ramplón, **-ona** [rram'plon, -ona] *adj* **1.** (*basto*) grob; (*chapucero*) pfuscherhaft **2.** (*vulgar*) derb; (*chabacano*) geschmacklos **3.** (*simplón*) platt, fad

ramplonería [rramplone'ria] *f* **1.** (*bastedad*) Grobheit *f;* (*chapucería*) Pfuscherei *f;* (*chapuza*) Pfusch *m* **2.** (*vulgaridad*) Derbheit *f;* (*chabacanería*) Geschmacklosigkeit *f* **3.** (*simplonería*) Plattheit *f,* Fadheit *f*

rampollo [rram'poʎo] *m* (AGR) Steckling *m* (*vom Baum*)

ramram [rram'rran] *m* (*Perú:* BOT) *ein Birkengewächs*

rana ['rrana] *f* **1.** (ZOOL) Frosch *m;* ~ **bocacha** Breitmaulfrosch *m;* ~ **de San Antonio** [*o* **de zarzal**] Laubfrosch *m;* **hombre** ~ Taucher *m,* Froschmann *m;* **el príncipe** ~ der Froschkönig; **tener ojos de** ~ Glupschaugen haben; **salir** ~ **a alguien** (*fam*) jdn schwer enttäuschen; **cuando las ~s críen pelo** am Sankt-Nimmerleins-Tag **2.** (*juego*) *Wurfspiel, bei dem Münzen in das Maul eines künstlichen Frosches geworfen werden* **3.** (TÉC: *mordaza*) Froschklemme *f*

ranchera [rran'ʧera] *f* (*Am*) **1.** (*canción*) *südamerikanisches Volkslied* **2.** (*furgoneta*) Kombiwagen *m*

ranchería [rranʧe'ria] *f* (*Méx*) kleines Dorf *nt*

ranchero, **-a** [rran'ʧero, -a] *m, f* **1.** (MIL) Feldkoch, -köchin *m, f* **2.** (*granjero*) Rancher(in) *m(f);* (*pey*) Bauerntölpel *m* **3.** (*colono*) Siedler(in) *m(f)*

ranchito [rran'ʧito] *m* (*Ven*) Armenhütte *f* am Stadtrand

rancho ['rranʧo] *m* **1.** (*t.* MIL: *comida*) Verpflegung; (*pey: de mala calidad*) Fraß *m;* **hacer el** ~ kochen; **hacer** ~ **aparte** (*fig*) sein eigenes Süppchen kochen **2.** (*granja*) Ranch *f*

ranciar [rran̪'θjar] *vr:* **~se** ranzig werden

ranciedad [rran̪θje'ðað] *f* **1.** (*calidad de rancio*) Ranzigkeit *f* **2.** (*cosa anticuada*) Antiquiertheit *f*

rancio, **-a** ['rran̪θjo, -a] *adj* **1.** (*antiguo*) uralt; **de rancia estirpe** altadelig **2.** (*grasas*) ranzig; **ponerse** ~ ranzig werden **3.** (*pey: anticuado*) altbacken

rancotán [rraŋko'tan] *adv* (*Col, Pan, PRico, Ven: al contado*) (in) bar

randa ['rran̪da] *f* **1.** (*fam: ratero, granuja*) Gauner *m* **2.** (*encaje*) Spitzenbesatz *m*

ranger ['rrandʒer] *m* (MIL) Ranger *m*

rango ['rraŋgo] *m* (*categoría*) Rang *m;* (*puesto*) Rang *m,* Rangstufe *f;* (*ordenación*) Rangordnung *f;* **de primer/segundo** ~ erst-/zweitrangig; **según el** ~ rangabhängig; **de**

(**alto**) ~ hochrangig

rangoso, **-a** [rraŋ'goso, -a] *adj* (*AmC*) **1.** (*generoso*) großzügig **2.** (*ostentoso*) prahlerisch

ranita [rra'nita] *f dim de* **rana** (ZOOL): ~ **de san Antón** Laubfrosch *m*

ranking ['rraŋkiŋ] <**rankings**> *m* **1.** (*clasificación*) Rangliste *f*, Ranking *nt* **2.** (*puesto*) Stelle *f* in der Rangordnung

ranúnculo [rra'nuŋkulo] *m* Ranunkel *f*

ranura [rra'nura] *f* Schlitz *m;* (*muesca*) Nut *f;* (*junta*) Fuge *f;* (*fisura*) Ritze *f;* ~ **guía** Führungsnut *f;* ~ **de expansión** (INFOR) Erweiterungsslot *m*, Erweiterungssteckplatz *m*

raño ['rraɲo] *m* (ZOOL) *barschartiger Fisch*

rap [rrap] *m* (MÚS) Rap *m*

rapa ['rrapa] *f* (BOT) Blüte *f* des Olivenbaumes

rapacería [rrapaθe'ria] *f* **1.** (*rapacidad*) Raffgier *f* **2.** (*hurto*) Raub *m* **3.** (*niñería*) Lausbubenstreich *m*

rapacidad [rrapaθi'ðað] *f* Raffgier *f*

rapadura [rrapa'ðura] *f* (*Am*) hausgemachte Konfitüre *f*

rapaída [rrapa'iða] *f* (*Perú: prostituta*) Hure *f*

rapapolvo [rrapa'polβo] *m* (*fam*) Abkanzelung *f*, Rüffel *m;* **echar un** ~ **a alguien** jdn abkanzeln

rapar [rra'par] *vt* **1.** (*pelo*) stutzen **2.** (*fam: mangar*) klauen

rapaz[1] [rra'paθ] **I.** *adj* (*ávido*) raffgierig; (*expoliador*) räuberisch; **ave** ~ Greifvogel *m* **II.** *f* Greifvogel *m;* **rapaces diurnas/nocturnas** Tag-/Nachtgreifvögel *mpl*

rapaz(a)[2] [rra'paθ(a)] *m(f)* (kleines) Kind *nt;* (*muchacho*) (kleiner) Junge *m;* (*niña*) (kleines) Mädchen *nt*

rapazada [rrapa'θaða] *f* Lausbubenstreich *m*

rape ['rrape] *m* **1.** (*pescado*) Seeteufel *m* **2.** (*fam: corte*) Blitzrasur *f;* **al** ~ kahl geschoren; (*fig*) haarscharf geschnitten

rapé [rra'pe] *m* Schnupftabak *m;* **polvos de** ~ Schnupftabak *m*

rapidez [rrapi'ðeθ] *f* Schnelligkeit *f;* ~ **en reaccionar** Reaktionsschnelligkeit *f;* ~ **de reflejos** gute Reflexe; **con (gran)** ~ rasend schnell

rápido[1] ['rrapiðo] **I.** *m* **1.** (*tren*) Eilzug *m* **2.** *pl* (*de un río*) Stromschnelle *f* **II.** *adv* (MÚS) presto

rápido, **-a**[2] ['rrapiðo, -a] *adj* **1.** (*veloz*) schnell, rasch **2.** (*breve*) flüchtig **3.** (*corriente*) reißend

rapingacho [rrapiŋ'gatʃo] *m* (*Perú:* GASTR) Rührei *nt* mit Käse

rapiña [rra'piɲa] *f* Raub *m;* (*saqueo*) Plünderung *f;* **animal de** ~ Raubtier *nt;* **ave de** ~ Raubvogel *m*

rapiñar [rrapi'ɲar] *vt* rauben; (*saquear*) plündern

rapónchigo [rra'pontʃiɣo] *m* (BOT) Rapunzel *f*, Teufelskralle *f*

raposear [rrapose'ar] *vi* listig vorgehen

raposeo [rrapo'seo] *m* List *f*, Listigkeit *f*

raposera [rrapo'sera] *f* Fuchsbau *m*

raposería [rrapose'ria] *f* Listigkeit *f*, Pfiffigkeit *f*

raposo, **-a** [rra'poso, -a] *m, f* **1.** (*zorro*) Fuchs *m*, Füchsin *f* **2.** (*astuto*) Schlitzohr *nt*

rapport [rra'por] *m* Rapport *m*

rapsoda [rraβ'soða] *m* **1.** (HIST, LIT) Rhapsode *m* **2.** (*elev: poeta*) Poet(in) *m(f)*

rapsodia [rraβ'soðja] *f* (LIT, MÚS) Rhapsodie *f*

raptar [rrap'tar] *vt* entführen, rauben

rapto ['rrapto] *m* **1.** (*secuestro*) Entführung *f*, Raub *m;* ~ **de un niño** Kindesraub *m* **2.** (*arrebato*) Anfall *m;* **en un** ~ **de locura/celos** in einem Anfall von Wahnsinn/Eifersucht; **en un** ~ **de generosidad** in einer Anwandlung von Großzügigkeit **3.** (MED: *ataque*) Raptus *m*

raptor(a) [rrap'tor(a)] *m(f)* Entführer(in) *m(f);* ~ **de niños** Kindesentführer(in) *m(f)*

raque ['rrake] *adj* (*Ven*) dürr

raqueta [rra'keta] *f* **1.** (DEP: *pala*) Schläger *m*, Racket *nt* **2.** (DEP: *tenista*) Tennisspieler(in) *m(f)* **3.** (*para nieve*) Schneeschuh *m* **4.** (*del croupier*) Rateau *nt*

raquetazo [rrake'taθo] *m* Schlag *m* mit einem Tennisschläger

raquialgia [rra'kjalxja] *f* (MED) Schmerz *m* entlang der Wirbelsäule

raquídeo, **-a** [rra'kiðeo, -a] *adj* (ANAT) Spinal-; **bulbo** ~ verlängertes Rückenmark; (MED) Medulla *f* oblongata

raquis ['rrakis] *m inv* **1.** (ANAT) Rückgrat *nt* **2.** (BOT) Spindel *f*

raquítico, **-a** [rra'kitiko, -a] *adj* **1.** (MED) rachitisch **2.** (*fam: enclenque*) mick(e)rig **3.** (*débil*) schwächlich

raquitismo [rraki'tismo] *m sin pl* (MED) Rachitis *f*

raquitomía [rrakito'mia] *f* (MED) Rückgratschnitt *m*

raramente [rrara'mente] *adv* **1.** (*casi nunca*) selten **2.** (*extrañamente*) seltsamerweise, sonderbarerweise

rarefacción [rrarefaʸ'θjon] *f* **1.** (FÍS, QUÍM) (Luft)verdünnung *f* **2.** (MED) Rarefikation *f*, Gewebsschwund *m*

rareza [rra'reθa] *f* **1.** (*escasez*) Seltenheit *f* **2.** (*cualidad*) Seltsamkeit *f* **3.** (*curiosidad*) Rarität *f* **4.** (*peculiaridad*) Eigenartigkeit *f;* (*extravagancia*) Absonderlichkeit *f;* (*manía*) Marotte *f;* **tener sus ~s** seine Launen haben

rarificar [rrarifi'kar] <c→qu> *vt* **1.** (FÍS, QUÍM) verdünnen **2.** (MED) rarefizieren, schwinden

rarífico, **-a** [rra'rifiko, -a] *adj* (*Chil*) außergewöhnlich

raro, **-a** ['rraro, -a] *adj* **1.** (*extraño*) komisch, seltsam; (*singular*) eigenartig; (*curioso*) merkwürdig; **¡(qué) cosa más rara!** (wie) komisch! **2.** (*inusual*) selten; **rara vez** selten; **raras personas** (nur) wenige Menschen; **no es ~ que...** *+subj* es kommt nicht selten vor, dass ... **3.** (*escaso*) rar; **rara avis** (*fig*) seltener Vogel **4.** (*inesperado*) sonderbar **5.** (FÍS, QUÍM) dünn; **gases ~s** Edelgase *ntpl*

ras [rras] *m* Höhengleichheit *f;* **a(l)** ~ **de** auf der Höhe von; **a ~ de agua** auf Wasserhöhe; **a ~ de tierra** ebenerdig; **la golondrina vuela a ~ de suelo** die Schwalbe fliegt dicht am Boden (entlang); **al ~** gestrichen voll

rasa ['rrasa] *f* **1.** (*en telas*) dünne Stelle *f* im Tuch **2.** (*en el bosque*) Lichtung *f*

rasamente [rrasa'mente] *adv* klar und offen

rasante [rra'sante] **I.** *adj* rasant **II.** *f* Gefälle *nt;* (ARQUIT) Straßenniveaulinie *f;* **cambio de ~** Höhenwechsel *m* (auf der Autobahn)

rasar [rra'sar] **I.** *vt* **1.** (*igualar*) abstreichen **2.** (*rozar*) (entlang)streifen **3.** (*arrasar*) dem Erdboden gleichmachen **II.** *vr:* **~se** (*cielo*) aufklaren

rasca ['rraska] *f* **1.** (*fam: frío*) Schweinekälte *f;* **¡vaya ~ que hace!** es ist lausig kalt! **2.** (*Am: mona*) Schwips *m*

rascacielos [rraska'θjelos] *m inv* Wolkenkratzer *m*

rascadera [rraska'ðera] *f* **1.** (*para rascar objetos*) Schabeisen *nt* **2.** (*para caballos*) (Pferde)kamm *m*

rascador [rraska'ðor] *m* **1.** (TÉC) Schaber *m,* Kratzeisen *nt;* (*de desbastar*) Zugmesser *nt;* (*del carnicero*) Schabglocke *f* **2.** (*de cerillas*) Reibfläche *f* **3.** (*de grano*) Entkörner *m* **4.** (*de la cabeza*) Haarnadel *f*

rascadura [rraska'ðura] *f* Kratzen *nt*

rascar [rras'kar] <c→qu> **I.** *vt* **1.** (*arrascar*) kratzen **2.** (*raspar*) abkratzen, wegkratzen; (*con espátula*) abschaben **3.** (TÉC) aufrauen **4.** (*fam irón: instrumento*) herumhauen (auf +*dat*); **~ la guitarra** auf der Gitarre herumklimpern; **~ el violín** auf der Geige kratzen **II.** *vr:* **~se 1.** (*arrascarse*) sich kratzen; **~se la barriga** (*reg: fam fig*) sich auf die faule Haut legen; **~se la faltriquera** (*fam*) das Portmonee zücken; **no tener tiempo ni para ~se** (*fam fig*) keine freie Minute haben, total unter Zeitdruck stehen **2.** (*AmS: achisparse*) sich +*dat* einen (Schwips) antrinken

rascatripas [rraska'tripas] *mf inv* (*fam pey*) schlechter Geigenspieler *m,* schlechte Geigenspielerin *f,* Fiedler(in) *m(f)*

rascazón [rraska'θon] *f* (*Ven: orgía*) Orgie *f*

rasco, -a ['rrasko, -a] *adj* (*Chil: fam: de mala calidad*) billig; (*ordinario*) derb

rascón, -ona [rras'kon, -ona] *adj* (*Méx: pendenciero*) streitsüchtig

rascoso, -a [rras'koso, -a] *m, f* (*Ven: borracho*) Trinker(in) *m(f)*

rascuache [rras'kwatʃe] *adj* (*Méx: fam*) **1.** (*miserable, pobre*) ärmlich **2.** (*de baja calidad*) minderwertig

rascuñar [rrasku'ɲar] *vt* kratzen

rasel [rra'sel] *m* (NÁUT) Piek *f;* **~ de popa** Achterpiek *f;* **~ de proa** Vorderpiek *f*

rasera [rra'sera] *f* (*espumadera*) Schaumlöffel *m*

rasero [rra'sero] *m* Abstreifer *m* (für ein Maß); **medirlo todo con [*o* por] el mismo ~** alles über einen Kamm scheren

rasgador(a) [rrasɣa'ðor(a)] *adj* zerreißend

rasgadura [rrasɣa'ðura] *f* Riss *m* (im Stoff)

rasgar [rras'ɣar] <g→gu> **I.** *vt* **1.** (*desgarrar*) (ein)reißen; (*en dos*) durchreißen; (*en pedazos*) zerreißen, zerfetzen; **ojos rasgados** Schlitzaugen *ntpl* **2.** (*cortar*) aufschlitzen **II.** *vr:* **~se 1.** (*desgarrarse*) reißen **2.** (*Am: vulg: diñarla*) abkratzen

rasgo ['rrasɣo] *m* **1.** (*del rostro*) Gesichtszug *m;* (*del carácter*) Charakterzug *m* **2.** (*acción*) Handlung *f,* Tat *f;* **un ~ de generosidad** eine großzügige Geste **3.** (*trazo*) Linienführung *f,* Duktus *m;* **a grandes ~s** in großen Zügen

rasgón [rras'ɣon] *m v.* **rasgadura**

rasgueado [rrasɣe'aðo] *m* Anschlagen *nt* (*der Saiten*)

rasguear [rrasɣe'ar] **I.** *vi* (*en la escritura*) (Feder)striche ziehen **II.** *vt* (MÚS) anschlagen; (*en arpegios*) arpeggieren; **~ la guitarra** die Gitarre anschlagen

rasgueo [rras'ɣeo] *m* (MÚS) Anschlagen *nt* (der Saiten); (*arpegio*) Arpeggieren *nt*

rasguñar [rrasɣu'ɲar] **I.** *vt* **1.** (*arañar*) (zer)kratzen; (*herir*) aufkratzen; (*cortar*) aufritzen **2.** (ARTE) skizzieren **II.** *vr:* **~se** (*arañarse*) sich kratzen; (*herirse*) sich aufkratzen; (*cortarse*) sich aufritzen; (*rasparse*) sich aufschrammen; (*excoriarse*) sich aufschürfen (*con* an +*dat*)

rasguño [rras'ɣuɲo] *m* **1.** (*arañazo*) Kratzer *m;* (*rasponazo*) Schramme *f;* (*excoriación*) (Ab)schürfung *f;* (*de bala*) Streifschuss *m;* **sin un ~** (*fig*) völlig unversehrt **2.** (ARTE) Skizze *f*

rasilla [rra'siʎa] *f* **1.** (*ladrillo*) flacher Hohlziegel *m* **2.** (*teja*) Ziegel *m,* Backstein *m*

raso[1] ['rraso] *m* Satin *m*

raso, -a[2] ['rraso, -a] *adj* **1.** (*liso*) glatt; (*llano*) flach **2.** (*cielo*) wolkenlos, klar **3.** (*al borde*) randvoll **4.** (*al ras*) gestrichen voll; **una cucharada rasa** ein gestrichener Esslöffel **5.** (MIL): **soldado ~** Gemeiner *m* **6.** (*descubierto*): **al ~** im Freien, unter freiem Himmel

raspa ['rraspa] *f* **1.** (*del pescado*) Gräte *f* **2.** (*del cereal*) Granne *f* **3.** (*cascarilla*) Kornhäutchen *nt* **4.** (*baile*) Raspa *f* **5.** (*Am: ramera*) Straßenhure *f* **6.** (*fam fig: delgado*) dünner Hering *m*

raspada [rras'paða] *f* (*Méx, PRico: reprimenda*) Rüffel *m*

raspado [rras'paðo] *m* **1.** (TÉC) (Ab)schaben *nt;* (*limado*) Raspeln *nt* **2.** (MED) Ausschabung *f,* Kürettage *f* **3.** (*Méx: hielo*) (vom Eisblock) geraspeltes Eis *nt*

raspador [rraspa'ðor] *m* **1.** (*rascador*) Kratzer *m,* Schaber *m;* (*raedera*) Schabeisen *nt;* (*lima*) Raspel *f* **2.** (MED) Kürette *f* **3.** (*de fósforos*) Reibfläche *f*

raspadura [rraspa'ðura] *f* **1.** (*raspado*) Abschaben *nt,* Abkratzen *nt* **2.** (*brizna*) Abrieb *m,* Späne *mpl*

raspaje [rras'paxe] *m* (*Arg:* MED) Ausschabung *f*

raspajo [rras'paxo] *m* (Trauben)kamm *m*

raspante [rras'pante] *adj* (*vino*) prickelnd

raspar [rras'par] **I.** *vi* **1.** (*ser rasposo*) kratzen **2.** (*en sorteos*) rubbeln **3.** (*Ven: fam: largarse*) abhauen **II.** *vt* **1.** (*t.* TÉC: *rascar*) (ab)kratzen, abschaben; (*limar*) raspeln **2.** (MED) ausschaben, kürettieren **3.** (*rozar*) streifen **4.** (*Am: fam: mangar*) klauen, mitgehen lassen **5.** (*AmS: fam: abroncar*) anschnauzen **6.** (*grabar*) radieren **III.** *vr:* **~se** sich aufschrammen; (*arañarse*) sich aufkratzen; (*excoriarse*) sich aufschürfen (*con* an +*dat*)

raspear [rraspe'ar] **I.** *vi* (*pluma*) kratzen **II.** *vt* (*reprender*) schelten

raspilla [rras'piʎa] *f* (BOT) *ein Borretschgewächs*

raspón [rras'pon] *m* **1.** (*arañazo*) Schramme *f;* (*excoriación*) (Ab)schürfung *f;* (*rasguño*) Kratzer *m;* (*de bala*) Streifschuss *m* **2.** (*Col: sombrero*) Strohhut *m* der Bauern

rasponazo [rraspo'naθo] *m* (*arañazo*) Schramme *f;* (*excoriación*) (Ab)schürfung *f*

rasposo, -a [rras'poso, -a] *adj* kratzig

rasqueta [rras'keta] *f* Schaber *m;* (*en serigrafía*) Rakel *f*

rasquetear [rraskete'ar] *vt* **1.** (*Am: almohazar*) striegeln **2.** (*Arg: raer*) abschaben **3.** (*AmS: caballo*) striegeln

rasquiña [rras'kiɲa] *f* **1.** (*Am: comezón*) Juckreiz *m* **2.** (*Ecua, PRico: sarna humana*) Krätze *f;* (*sarna animal*) Räude *f*

rastacuero, -a [rrasta'kwero, -a] **I.** *adj* neureich **II.** *m, f* Neureiche(r) *mf*

rastra ['rrastra] *f* **1.** (*rastrillo*) Harke *f* **2.** (*rastro*) Spur *f* **3.** (*remolque*) Lastkarren *m* **4.** (*sarta*) Dörrobstkranz *m* **5.** (*loc*): **a ~s** widerwillig; **ir a ~s** (*fam*) sich dahinschleppen; **llevar a ~s** mitschleifen, mitschleppen

rastrallar [rrastra'ʎar] *vt* (*con el látigo*) knallen lassen

rastreador(a) [rrastrea'ðor(a)] **I.** *adj* Spuren suchend; **perro ~** Spürhund *m* **II.** *m(f)* Fährtensucher(in) *m(f),* Spurensucher(in) *m(f)*

rastrear [rrastre'ar] **I.** *vt* **1.** (*seguir*) nachspüren +*dat,* nachschleichen +*dat* **2.** (*investigar*) nachforschen +*dat* **3.** (*llevar arrastrando*) schleppen **4.** (*registrar*) durchkämmen **5.** (MIL: *minas*) suchen **II.** *vi* **1.** (*investigar*) nachforschen **2.** (*dragar*) den Grund absuchen; (*pescar*) Grundnetz schleppen **3.** (*rastrillar*) harken **4.** (*volar a ras*) dicht am Boden fliegen

rastreo [rras'treo] *m* **1.** (*persecución*) Nachspüren *nt* **2.** (*pesquisa*) Nachforschung *f* **3.** (*pesca*) Grundnetzfang *m*

rastrero, -a [rras'trero, -a] *adj* **1.** (*tendido por el suelo*) kriechend; **planta rastrera** Kriechpflanze *f* **2.** (*rastreador*) Spuren suchend; **perro ~** Spürhund *m* **3.** (*pey: servil*) kriecherisch, unterwürfig **4.** (*pey: despreciable*) verachtenswert; (*canallesco*) niederträchtig

rastrillada [rrastri'ʎaða] *f* **1.** (*lo que se recoge con la rastrilla*) Aufgeharkte(s) *nt* **2.** (*Arg, Urug: surco que dejan las manadas en el pasto*) Trampelpfad *m*

rastrillado [rrastri'ʎaðo] *m,* **rastrillaje** [rrastri'ʎaxe] *m* (*Arg*) Hecheln *nt*

rastrillar [rrastri'ʎar] *vt* harken; (*fibras*) hecheln

rastrillo [rras'triʎo] *m* **1.** (AGR: *herramienta*) Rechen *m,* Harke *f;* (*para fibras*) Hechel *f* **2.** (*mercadillo*) Flohmarkt *m,* Trödelmarkt *m* **3.** (ARQUIT: *en el castillo*) Fallgatter *nt*

rastro ['rrastro] *m* **1.** (*indicio, pista*) Spur *f,* Fährte *f;* **ni ~** keine Spur; **sin dejar (ni) ~** spurlos; **seguir el ~ a** [*o* **de**] **algo/alguien** etw/jdm nachspüren **2.** (*mercadillo*) Flohmarkt *m,* Trödelmarkt *m;* **el R~** *berühmter sonntäglicher Flohmarkt in der Madrider Altstadt* **3.** (*rastrillo*) Rechen *m,* Harke *f*

rastrojar [rrastro'xar] *vt* (AGR) (das Stoppelfeld) von Stoppeln befreien

rastrojear [rrastroxe'ar] *vi* (*ganado*) im Stoppelfeld weiden

rastrojera [rrastro'xera] *f* (AGR) Stoppelfeld *nt*

rastrojo [rras'troxo] *m* (AGR) **1.** (*residuo*) Stoppel *f* **2.** (*rastrojal*) Stoppelfeld *nt,* Stoppelacker *m*

rasura [rra'sura] *f* Rasur *f*

rasurar [rrasu'rar] **I.** *vt* rasieren **II.** *vr:* **~se** sich rasieren

rata¹ ['rrata] *f* (ZOOL) Ratte *f;* **~ de agua** Wasserratte *f;* **~ de alcantarilla** [*o* **cloaca**] Kanalratte *f,* Stadtratte *f;* **~ de biblioteca** (*fig*) Leseratte *f,* Bücherwurm *m;* **~ de iglesia** [*o* **sacristía**] (*fig*) Betschwester *f;* **más pobre que las ~s** arm wie eine Kirchenmaus; **escabullirse como una ~** sich davonstehlen

rata² ['rrata] *mf* **1.** (*descuidero*) (Gelegenheits)dieb(in) *m(f)* **2.** (*rácano*) Geizkragen *m*

ratafía [rrata'fia] *f* (GASTR) *Likör aus Schnaps, Zimt, Zucker und Fruchtsaft*

ratania [rra'tanja] *f* (*AmS:* BOT) Rathaniawurzel *f*

rataplán [rrata'plan] *m* Trommeln *nt*

ratear [rrate'ar] **I.** *vi* (*gatear*) krabbeln **II.** *vt* **1.** (*fam: mangar*) stibitzen, mitgehen lassen **2.** (*fam: racanear*) knausern (mit +*dat*) **3.** (FIN: *prorratear*) verhältnismäßig aufteilen

ratel [rra'tel] *m* (ZOOL) Ratel *m*

ratería [rrate'ria] *f* **1.** (*hurto*) kleiner Diebstahl *m* **2.** (*racanería*) Knauserei *f*

ratero, -a [ra'tero, -a] *m, f* (*carterista*) Taschendieb(in) *m(f);* (*descuidero*) Gelegenheitsdieb(in) *m(f)*

raticida [rrati'θiða] *m* Rattengift *nt*

ratificación [rratifika'θjon] *f* **1.** (JUR, POL) Ratifikation *f,* Ratifizierung *f* **2.** (*confirmación*) Bestätigung *f*

ratificador(a) [rratifika'ðor(a)] **I.** *adj* ratifizierend **II.** *m(f)* Ratifizierende(r) *mf*

ratificar [rratifi'kar] <c→qu> **I.** *vt* **1.** (JUR, POL) ratifizieren, in Kraft setzen **2.** (*confirmar*) bestätigen, gutheißen **II.** *vr:* **~se** **1.** (JUR, POL) in Kraft treten **2.** (*reafirmarse*) beharren (*en* auf +*dat*)

ratificatorio, -a [rratifika'torjo, -a] *adj* ratifi-

zierend
ratihabición [rratjaβi'θjon] *f* (JUR) Genehmigung *f* der Handlung eines Mandatars
ratinadora [rratina'ðora] *f* (*industria textil*) Ratiniermaschine *f*
ratio ['rratjo] *m* Quote *f*, Rate *f*; ~ **de tesorería** (FIN) Liquiditätsgrad *m*
Ratisbona [rratis'βona] *f* Regensburg *nt*
rato ['rrato] *m* Weile *f*; (*momento*) Augenblick *m*; **a ~s** von Zeit zu Zeit, bisweilen; **a cada** ~ immer wieder; **al (poco)** ~ (kurz) darauf; **de** ~ **en** ~ ab und zu, hin und wieder; **todo el** ~ die ganze Zeit; **un buen** ~ eine ganze Weile; **en un** ~ **perdido** in einer Mußestunde; **pasar un buen/mal** ~ eine gute/schlechte Zeit verbringen; **pasar el** ~ (sich) die Zeit vertreiben; **tener para** ~ noch viel vor sich haben; **aún hay para** ~ das wird noch dauern; **¡hasta otro ~!** bis zum nächsten Mal!; **un** ~ **(largo)** (*fam fig*) jede Menge; **me gusta un** ~ (*fam*) es gefällt mir unheimlich gut; **es un** ~ **tonto** (*fam*) er ist so was von blöd
ratón [rra'ton] *m* (*t.* INFOR) Maus *f*; ~ **(electrónico)** (INFOR) Maus *f*; ~ **de biblioteca** (*fig*) Bücherwurm *m*, Leseratte *f*; ~ **del bus** (INFOR) Busmaus *f*
ratonar [rrato'nar] *vt* (ZOOL) anfressen, annagen
ratonera [rrato'nera] *f* **1.** (*trampa*) Mausefalle *f*; (*fig: trampa*) Falle *f*; **estar en una** ~ (*fig*) in der Falle sitzen; **caer en la** ~ (*fig*) in die Falle tappen **2.** (*agujero*) Mauseloch *nt*
ratonero[1] [rrato'nero] *m* (Mäuse)bussard *m*
ratonero, -a[2] [rrato'nero, -a] *adj* Mäuse-; **águila ratonera** (ZOOL) Mäusebussard *m*; **música ratonera** (*pey*) Katzenmusik *f*
ratonil [rrato'nil] *adj* Mause-, Mäuse-; **una risa** ~ ein piepsiges Lachen
raudal [rrau̯'ðal] *m* (*corriente*) Strom *m*, Flut *f*; (*de luz*) Flut *f*; ~ **de palabras** Redeschwall *m*; **a ~es** (*fig*) in Hülle und Fülle; **por la ventana entra la luz a ~es** das Licht flutet durchs Fenster
raudo, -a ['rrau̯ðo, -a] *adj* rasch; (*veloz*) geschwind; (*pronto*) flink
raulí [rrau̯'li] *m* (*Arg, Chil:* BOT) Rauli *m* (*Scheinbuchenart*)
rave ['rrei̯f] *m* (MÚS) Rave *m*
ravioles [rra'βjoles] *mpl*, **raviolis** [rra'βjolis] *mpl* (GASTR) Ravioli *pl*
raya ['rraɟa] *f* **1.** (*línea*) Strich *m*, Linie *f*; (*sobre la calzada*) Fahrbahnbegrenzung *f*; (*guión*) Gedankenstrich *m*; (MAT: *de quebrado*) Bruchstrich *m*; **las tres en** ~ ≈das Mühlespiel; **a ~s** strichweise; **pasar(se) de la** ~ (*fig*) zu weit gehen, über die Stränge schlagen; **¡esto pasa de la ~!** (*fig*) das geht zu weit!; **tener a alguien a** ~ jdn im Zaume halten **2.** (*franja*) Streifen *m*; (*cortafuegos*) Waldschneise *f*; **a ~s** (*estampado*) gestreift **3.** (*del pelo*) Scheitel *m*; ~ **al lado/en medio** Seiten-/Mittelscheitel *m*; **hacer la** ~ das Haar scheiteln **4.** (ZOOL) Rochen *m* **5.** (*doblez*) (Bügel)falte *f*; ~ **de los pantalones** Hosenfalte *f* **6.** (*argot: de cocaína*): **ponerse unas ~s** ein paar Linien [*o* Lines] einstreichen
rayado [rra'ɟaðo, -a] *m* **1.** (*líneas*) Linierung *f*; (*plumeado*) Schraffur *f*; (*rayajo*) Gekritzel *nt* **2.** (*en un arma*) Drall *m* **3.** (*tejido*) Rayé *m*
rayador [rraɟa'ðor] *m* (*Am:* ZOOL) *eine Art Seeschwalbe*
rayano, -a [rra'ɟano, -a] *adj* angrenzend (*en* an +*akk*)
rayar [rra'ɟar] **I.** *vi* **1.** (*limitar, lindar*) (an)grenzen (*con* an +*akk*); **los costes de inversión rayan en los 10 millones de pesetas** die Investitionskosten belaufen sich auf knapp 10 Millionen Peseten **2.** (*asemejarse, acercarse*) grenzen (*en* an +*akk*) **3.** (*amanecer*): ~ **el alba** dämmern; **al** ~ **el alba/día** bei Morgendämmerung/Tagesanbruch **II.** *vt* **1.** (*marcar con rayas*) linieren; (*plumear*) schraffieren **2.** (*tachar*) (durch)streichen **3.** (*arañar*) verkratzen; (*grabar*) ritzen **III.** *vr:* **~se** einen Kratzer abbekommem
rayo ['rraɟo] *m* **1.** (*de luz*) Strahl *m*; ~ **de luna** Mondschein *m*; ~ **de luz** Lichtstrahl *m*; ~ **de sol** Sonnenstrahl *m* **2.** (*t.* FÍS: *radiación*): **~s alfa** Alphastrahlen *mpl*; **~s anódicos** Anodenstrahlen *mpl*; **~s beta** Betastrahlen *mpl*; **~s catódicos** Kathodenstrahlen *mpl*; **~s gamma** Gammastrahlen *mpl*; **~s infrarrojos** Infrarotstrahlen *mpl*; **~s ultravioleta** [*o* **UVA**] ultraviolette Strahlen, UV-Strahlen *mpl*; **~s X** Röntgenstrahlen *mpl*; **emitir ~s** strahlen **3.** (*relámpago*) Blitz *m*; (*trueno*) Donnerschlag *m*; **¡~s (y centellas)!** (Himmel)donnerwetter!; **ha caído un** ~ **en la torre** ein Blitz [*o* es] hat in den Turm eingeschlagen; **como un** ~ (*fig*) blitzschnell; **como tocado por el** ~ (*fig*) wie vom Blitz getroffen; **echar ~s y centellas** (*fig*) Funken sprühen, Gift und Galle speien; **¡mal** ~ **te parta!** (*fam*) der Teufel soll dich holen!; **que un** ~ **me parta si no es verdad** (*fam*) mich soll der Schlag treffen, wenn es nicht stimmt **4.** (*infortunio*) (Schicksals)schlag *m* **5.** (*radio*) Speiche *f*
rayón [rra'ɟon] *m* **1.** (*rayajo*) Gekritzel *nt* **2.** (*jabato*) Frischling *m* **3.** (*tejido*) Reyon *m o nt*, Viskose *f*
rayonismo [rraɟo'nismo] *m* (ARTE) Rayonismus *m*
rayuela [rra'ɟwela] *f* **1.** (*sacar piedra*) Himmel und Hölle *nt* **2.** (*tirar monedas*) Münzwurfspiel *nt*
raza ['rraθa] *f* **1.** (*casta*) Rasse *f*; (*estirpe*) Stamm *m*, Geschlecht *nt*; (*pueblo*) Volk *nt*; **la** ~ **humana** das Menschengeschlecht; **de** ~ reinrassig; **de** ~ **blanca/negra** heller/dunkler Hautfarbe **2.** (*temperamento*) Rassigkeit *f*; **de (pura)** ~ rassig
razia ['rraθja] *f* Razzia *f*
razón [rra'θon] **I.** *f* **1.** (*discernimiento*) Vernunft *f*, Ratio *f elev*; (*entendimiento*) Verstand *m*; **puesto en** ~ vernünftig; **entrar en**

R

~ zur Vernunft [*o* Einsicht] kommen; **meter** [*o* **poner**] **en** ~ zur Vernunft bringen; **hacer perder la** ~ **a alguien** jdn um den Verstand bringen; **perder la** ~ den Verstand verlieren; **privar de la** ~ **a alguien** jdn der Sinne berauben **2.** (*argumento*) Begründung *f;* (*razonamiento*) Argumentation *f;* (**no**) **atender a razones** sich (nicht) überzeugen lassen; **ponerse a razones con alguien** sich mit jdm auseinander setzen; **venirse a razones con alguien** mit jdm übereinkommen **3.** (*motivo*) Grund *m,* Beweggrund *m;* (*justificación*) Berechtigung *f;* ~ **de Estado** Staatsräson *f;* ~ **de ser** Daseinsberechtigung *f;* ~ **de más para...** +*inf,* ~ **de más para que...** +*subj* ein Grund mehr zu ... +*inf,* ein Grund mehr, dass ...; **la** ~ **por la que...** der Grund, aus dem [*o* warum] ...; **fuera de** ~ grundlos; **por** ~ **de** auf Grund [*o* aufgrund] von; **por razones de seguridad** aus Sicherheitsgründen; **por una u otra** ~ aus dem einen oder anderen Grund; **no sin** ~ nicht ohne Grund; **sin exponer** ~ ohne Angabe von Gründen; **tener razones para...** +*inf* Grund haben zu ... +*inf* **4.** (*acierto*) Recht *nt;* **la** ~ **de la fuerza** das Recht des Stärkeren; **¡con** (**mucha**) **~!** (völlig) zu Recht!; **sin** ~ zu Unrecht; **cargarse de** ~ sich völlig im Recht fühlen; **dar la** ~ **a alguien** jdm Recht geben; **llevar la** ~ das Recht auf seiner Seite haben; **tener** (**mucha**) ~ (vollkommen) Recht haben; **en eso** (**no**) **tienes** ~ da hast du (Un)recht; **me asiste la** ~ ich habe das Recht auf meiner Seite; **perder la** ~ (*fig*) den Ton verfehlen **5.** (*información*) Auskunft *f;* (*recado*) Nachricht *f;* ~ **aquí/en portería** Näheres hier/beim Pförtner; **dar** ~ **de algo/alguien** Auskunft über etw/jdn erteilen; **dar** ~ **de sí** von sich *dat* hören lassen; (*fig*) seinen Mann stehen; **mandar** ~ **a alguien de algo** jdm etw ausrichten lassen; **pedir** ~ **de algo/alguien** sich nach etw/jdm erkundigen **6.** (MAT: *proporción*) Verhältnis *nt,* Proportion *f;* **a** ~ **de tres por persona** drei pro Kopf; **a** ~ **del 10%** zu 10%; **a** ~ **de 200 pesetas el kilo** zu 200 Peseten je [*o* pro] Kilo; **este coche consume a** ~ **de seis litros por 100 kilómetros** dieses Auto verbraucht sechs Liter auf 100 Kilometer **7.** (JUR): ~ **social** Firma *f* **II.** *prep:* **en** ~ **de** hinsichtlich +*gen;* (*a causa de*) aufgrund, auf Grund +*gen*

razonable [rraθo'naβle] *adj* **1.** (*sensato*) vernünftig **2.** (*justo*) angemessen; (*adecuado*) angebracht; **sus exigencias no son ~s** seine/ihre Forderungen sind eine Zumutung

razonablemente [rraθonaβle'men̩te] *adv* angemessen; **te has conducido** ~ du hast dich den Umständen entsprechend verhalten

razonado, -a [rraθo'naðo, -a] *adj* fundiert, begründet; **análisis** ~ fundierte Analyse

razonador(a) [rraθona'ðor(a)] **I.** *adj* denkend **II.** *m(f)* Denker(in) *m(f)*

razonamiento [rraθona'mjen̩to] *m* **1.** (*pensamientos*) Gedankengang *m;* (*reflexión*) Überlegung *f* **2.** (*argumentación*) Argumentation *f;* (*exposición*) Erörterung *f;* **tus ~s no son convincentes** deine Ausführungen sind nicht stichhaltig **3.** (*conversación*) Diskussion *f* **4.** (*fundamentación*) Begründung *f*

razonar [rraθo'nar] **I.** *vi* **1.** (*pensar*) (nach)denken; (*juzgar*) urteilen; (*reflexionar*) überlegen; (*deducir*) Schlüsse ziehen **2.** (*argumentar*) argumentieren **3.** (*conversar*) diskutieren **4.** (*corresponder*) eingehen (*con* auf +*akk*); **es inútil tratar de** ~ **con él** es bringt nichts, sich mit ihm auseinander zu setzen **II.** *vt* **1.** (*exponer*) darlegen, ausführen **2.** (*fundamentar*) begründen

razzia ['rra^ðsja] *f* Razzia *f*

razziar [rra^ðsjar] *vt* (MIL: *destruir*) verwüsten; (*saquear*) plündern

RDA [erreðe'a] *f abr de* **República Democrática Alemana** DDR *f*

RDSI [erreðe(e)se'i] *f* (INFOR, TEL) *abr de* **Red Digital de Servicios Integrados** ISDN *nt*

re [rre] *m* (MÚS) d, D *nt;* ~ **bemol** Des *nt*

reabastecer [rreaβaste'θer] *irr como crecer* **I.** *vt* auffüllen (*de* mit +*dat*); (MIL) mit Nachschub versorgen (*de* an +*dat*) **II.** *vr:* **~se** sich neu verproviantieren (*de* mit +*dat*), sich neu eindecken (*de* mit +*dat*)

reabastecimiento [rreaβasteθi'mjen̩to] *m* Auffüllung *f* (*de* mit +*dat*), Neueindecken *nt* (*de* mit +*dat*); (MIL) Nachschub *m* (*de* an +*dat*)

reabrir [rrea'βrir] *irr como abrir vt* wieder eröffnen; (JUR) wieder aufnehmen

reabsorber [rreaβsor'βer] *vt* wieder aufsaugen; (MED) resorbieren

reabsorción [rreaβsor'θjon] *f* Wiederaufsaugung *f;* (MED) Resorption *f*

reacción [rrea^ɣ'θjon] *f* **1.** (*t.* FÍS, QUÍM, POL) Reaktion *f,* Gegenwirkung *f;* ~ **en cadena** Kettenreaktion *f;* ~ **de descomposición** Abbaureaktion *f;* ~ **excesiva** Überreaktion *f;* ~ **parcial** Teilreaktion *f;* ~ **secundaria** Nebenreaktion *f;* **producir** [*o* **provocar**] **una** ~ eine Reaktion hervorrufen **2.** (*t.* MED: *consecuencia*) Rückwirkung *f* **3.** (TÉC) Düsenantrieb *m,* Strahlantrieb *m;* **avión a** ~ Düsenflugzeug *nt*

reaccionar [rrea^ɣθjo'nar] *vi* reagieren (*a/ante* auf +*akk, contra* gegen +*akk*); (*positivamente a un estímulo*) ansprechen (*a* auf +*akk*); (*responder*) antworten (*a* auf +*akk*); (*repercutir*) sich auswirken (*en/sobre* auf +*akk*); (*sobreponerse*) überwinden (*a* +*akk*); (*entrar en calor*) sich aufwärmen; **el cuerpo no reacciona a las pastillas** der Körper spricht nicht auf die Tabletten an

reaccionario, -a [rrea^ɣθjo'narjo, -a] **I.** *adj* reaktionär **II.** *m, f* Reaktionär(in) *m(f)*

reacio, -a [rre'aθjo, -a] *adj* abgeneigt (*a* +*dat*); **el pintor era** ~ **a mostrarse en público** der Maler zeigte sich ungern in der Öffentlichkeit; **es** ~ **a las fiestas** er geht nur ungern auf Feste

reacondicionamiento [rreakon̩diθjona'mjento] *m* Neueinrichtung *f;* (*reconstrucción*) Wiederherstellung *f;* (*reestructuración*) Umstrukturierung *f*

reacondicionar [rreakondiθjo'nar] *vt* neu einrichten; (*reconstruir*) wiederherstellen; (*reestructurar*) umstrukturieren

reactancia [rreak'tanθja] *f* (ELEC, TÉC) Reaktanz *f;* ~ **(inductiva)** Blindwiderstand *m*

reactivación [rreaktiβa'θjon] *f* **1.** (*t.* TÉC, MED) Reaktivierung *f* **2.** (ECON) Wiederaufschwung *m;* ~ **económica** Ankurbelung der Wirtschaft; ~ **del mercado** Wiederbelebung des Marktes

reactivar [rreakti'βar] *vt* **1.** (*t.* TÉC, MED) reaktivieren **2.** (ECON) ankurbeln, wieder in Schwung bringen; ~ **la economía/producción** die Wirtschaft/Produktion ankurbeln

reactividad [rreaktiβi'ða$^{\eth}$] *f* (BIOL, QUÍM) Reaktionsfähigkeit *f,* Reaktivität *f*

reactivo[1] [rreak'tiβo] *m* **1.** (QUÍM) Reagens *nt,* Reagenz *nt;* (*indicador*) Indikator *m* **2.** (*fig: revulsivo*) Reagens *nt,* Auslöser *m*

reactivo, -a[2] [rreak'tiβo, -a] *adj* reagierend, Reaktions-; **capacidad reactiva** Reaktionsfähigkeit *f*

reactor [rreak'tor] *m* **1.** (TÉC: *motor*) Reaktor *m;* ~ **atómico** [*o* **nuclear**] Atomreaktor *m,* Kernreaktor *m* **2.** (TÉC: *propulsor*) Düsentriebwerk *nt,* Strahltriebwerk *nt* **3.** (AERO: *avión*) Düsenflugzeug *nt*

reactualización [rreaktwaliθa'θjon] *f* (INFOR) Updaten *nt,* Aktualisierung *f*

reactualizar [rreaktwali'θar] <z→c> *vt* (INFOR) updaten, aktualisieren

reacuñación [rreakuɲa'θjon] *f* Nachprägung *f*

readaptación [rreaðapta'θjon] *f* Wiederanpassung *f* (*a* an +*akk*); (*reintegración*) Wiedereingliederung *f* (*a* in +*akk*), Resozialisierung *f;* ~ **laboral** [*o* **profesional**] Umschulung *f*

readaptar [rreaðap'tar] **I.** *vt* wieder anpassen (*a* an +*akk*); (*reintegrar*) wieder eingliedern (*a* in +*akk*), resozialisieren; (*profesión*) umschulen **II.** *vr:* ~**se** sich wieder anpassen (*a* an +*akk*); (*reintegrarse*) sich wieder eingliedern (*a* in +*akk*)

readmisión [rreaðmi'sjon] *f* Wiederzulassung *f;* (*de despedidos*) Wiedereinstellung *f*

readmitir [rreaðmi'tir] *vt* wieder zulassen; (*despedidos*) wieder einstellen; **la empresa no permitió que los huelguistas fueran readmitidos** der Betrieb weigerte sich, die Streikenden wieder zu beschäftigen

readquirir [rreaðki'rir] *irr como adquirir vt* wiedererwerben

reafirmación [rreafirma'θjon] *f* erneute Bekräftigung *f*

reafirmar [rreafir'mar] **I.** *vt* **1.** (*apoyar*) bekräftigen, unterstützen **2.** (*poner firme*) stärken, kräftigen; ~ **la piel** die Haut straffen **3.** (*insistir*) beharren (auf +*dat*) **II.** *vr:* ~**se** **1.** (*confirmarse*) sich erneut behaupten (*como* als +*nom*) **2.** (*insistir*) beharren (*en* auf +*dat*), bestehen (*en* auf +*dat*)

reagravar [rreaɣra'βar] *vr:* ~**se** sich verschlimmern; (*situación, conflicto*) sich verschärfen

reagrupación [rreaɣrupa'θjon] *f,* **reagrupamiento** [rreaɣrupa'mjento] *m* Neugruppierung *f,* Umgruppierung *f;* (*redistribución*) Neueinteilung *f*

reagrupar [rreaɣru'par] **I.** *vt* neu gruppieren, umgruppieren; (*redistribuir*) neu einteilen **II.** *vr:* ~**se** sich neu gruppieren, sich neu ordnen

reagudizar [rreaɣuði'θar] <z→c> *vr:* ~**se** (*t.* MED) sich zuspitzen

reajustar [rreaxus'tar] *vt* **1.** (*adaptar*) neu anpassen; (*reestructurar*) umgestalten; (*reorganizar*) neu gestalten **2.** (TÉC) nachjustieren, nacheinstellen **3.** (ECON) angleichen; ~ **los precios** die Preise anpassen; ~ **los salarios según la evolución de la inflación** die Löhne an die Inflationsentwicklung angleichen

reajuste [rrea'xuste] *m* **1.** (*adaptación*) Neuanpassung *f;* (*reestructuración*) Umgestaltung *f;* (*reorganización*) Neugestaltung *f* **2.** (TÉC) Nachjustierung *f,* Nacheinstellung *f* **3.** (ECON) Angleichung *f;* ~ **cambiario** (FIN) Angleichung der Wechselkurse; ~ **de precios** Preisangleichung *f;* ~ **salarial** Lohnausgleich *m*

real [rre'al] **I.** *adj* **1.** (*verdadero*) wirklich, tatsächlich; (*t.* MAT) reell; (*auténtico*) echt **2.** (*del rey*) königlich, Königs-; **Alteza** ~ Königliche Hoheit; **palacio** ~ Königspalast *m* **3.** (FILOS) real **4.** (ECON, JUR) Real-; **salario** ~ Reallohn *m,* Effektivlohn *m;* **en términos** ~**es he perdido poder adquisitivo** real habe ich an Kaufkraft verloren **5.** (*espléndido*) herrlich, prächtig; **una** ~ **moza** ein prachtvolles Mädchen **II.** *m* **1.** (HIST: *cuarto*) Real *m* **2.** (*dinero*) Real *m;* **estoy sin un** ~ (*fam*) ich habe keinen roten Heller mehr **3.** (HIST, MIL) Feldlager *nt;* **alzar los** ~**es** (*fig*) die Zelte abbrechen; **sentar sus** ~**es** (*fig*) die Zelte aufschlagen **4.** (*de la feria*) Messplatz *m;* (*prado*) Festwiese *f* **5.** *pl* (FILOS) Realien *pl*

reala [rre'ala] *f* Sammelschafherde *f,* Herde *f* von Schaffen verschiedener Besitzer

realce [rre'alθe] *m* **1.** (*t.* TÉC: *relieve*) Reliefarbeit *f* **2.** (ARTE: *parte iluminada*) Glanzlicht *nt* **3.** (*fig: esplendor*) Glanz *m;* (*acento*) Betonung *f;* **dar** ~ betonen, unterstreichen

realejo [rrea'lexo] *m* **1.** (MIL) Heerlager *nt* **2.** (MÚS) Drehorgel *f*

realengo, -a [rrea'leŋgo, -a] *adj* **1.** (HIST) der Krone gehörend **2.** (*Am: sin amo*) herrenlos; (*vagabundo*) streunend

realengo [rrea'leŋgo] *m* (HIST) Domäne *f,* königlicher Landbesitz *m;* **bienes de** ~ der Krone zinspflichtige Güter

realeza [rrea'leθa] *f* **1.** (*dignidad*) Königswürde *f* **2.** (*grandeza*) Herrlichkeit *f;* (*boato*) Pracht *f*

realidad [rreali'ða$^{\eth}$] *f* Wirklichkeit *f,* Realität

R

f; (*verdad*) Wahrheit *f;* ~ **virtual** virtuelle Realität; **ajeno a la** ~ wirklichkeitsfremd, realitätsfern; **en** ~ in Wirklichkeit, eigentlich; **hacer** ~ verwirklichen; **hacerse** [*o* **tornarse**] ~ sich verwirklichen; (*cumplirse*) sich erfüllen

realimentación [rrealimenta'θjon] *f* **1.** (TÉC, INFOR) Rückkopp(e)lung *f,* Feed-back *nt;* ~ **de la información** (INFOR) Datensicherungssystem mit Rückübertragung **2.** (AERO: *de combustible*) Auftanken *nt*

realineamiento [rrealinea'mjento] *m* **1.** (MIL) Wiederaufstellung *f* **2.** (POL) Neuformierung *f;* (*reagrupamiento*) Umgruppierung *f* **3.** (ECON, FIN) Realignment *nt;* (*de cambios*) Wechselkursanpassung *f*

realinear [rrealine'ar] **I.** *vt* **1.** (MIL) wieder aufstellen **2.** (ECON) angleichen; (*reajustar*) anpassen **II.** *vr:* **~se 1.** (MIL) sich wieder aufstellen **2.** (POL) sich neu formieren; (*reagruparse*) sich umgruppieren

realismo [rrea'lismo] *m sin pl* **1.** (ARTE, LIT, FILOS, CINE) Realismus *m;* ~ **mágico** (LIT) magischer Realismus **2.** (*ideología*) Realistik *f* **3.** (POL) Royalismus *m*

realista [rrea'lista] **I.** *adj* **1.** (ARTE, LIT, FILOS, CINE) realistisch, Realismus- **2.** (POL) royalistisch, königstreu **II.** *mf* **1.** (ARTE, LIT, FILOS, CINE) Realist(in) *m(f)* **2.** (POL) Royalist(in) *m(f)*

reality show [rre'aliti ʃou̯] <reality shows> *m* Realityshow *f*

realizable [rreali'θaβle] *adj* **1.** (*practicable*) realisierbar, durchführbar; (*factible*) machbar **2.** (COM, ECON, FIN) verwertbar; **bienes ~s** Vermögensgegenstände *mpl*

realización [rrealiθa'θjon] *f* **1.** (*materialización*) Verwirklichung *f;* (*cumplimiento*) Erfüllung *f* **2.** (*ejecución*) Ausführung *f,* Durchführung *f* **3.** (*organización*) Gestaltung *f* **4.** (COM, ECON, FIN) Realisierung *f;* ~ **de beneficios** Gewinnrealisierung *f,* Gewinnmitnahme *f;* ~ **de un pedido** Auftragsabwicklung *f;* ~ **de plusvalías** Gewinnmitnahme *f* **5.** (CINE) Realisation *f* **6.** (LING) Realisierung *f,* Realisation *f* **7.** (PSICO) Realisierung *f;* (*desarrollo*) Selbstverwirklichung *f*

realizador(a) [rrealiθa'ðor(a)] *m(f)* (CINE, TV) Realisator(in) *m(f),* Regisseur(in) *m(f)*

realizar [rreali'θar] <z→c> **I.** *vt* **1.** (*hacer realidad*) verwirklichen; (*sueños*) erfüllen **2.** (*efectuar*) ausführen, durchführen; ~ **esfuerzos/un intento/un viaje** Anstrengungen/einen Versuch/eine Reise unternehmen **3.** (COM, ECON, FIN) realisieren; (*ganancia*) einbringen; ~ **aportaciones** Anteile einbringen **4.** (CINE, TV) realisieren, Regie führen (bei +*dat*) **5.** (LING, PSICO) realisieren **6.** (*Am: notar*) (be)merken **II.** *vr:* **~se 1.** (*t.* PSICO: *desarrollarse*) sich selbst verwirklichen **2.** (*materializarse*) sich verwirklichen; (*hacerse realidad*) Wirklichkeit werden; (*cumplirse*) in Erfüllung gehen

realmente [rreal'mente] *adv* (*en efecto*) wirklich; (*verdaderamente*) wahrhaftig; (*auténticamente*) echt; (*de hecho*) in der Tat, tatsächlich

realquilado, -a [rrealki'laðo, -a] *adj* weitervermietet

realquilar [rrealki'lar] *vt* untervermieten; **vivir en una vivienda realquilada** zur Untermiete wohnen

realzar [rreal̩'θar] <z→c> *vt* **1.** (*t.* TÉC: *labrar*) herauswölben **2.** (ARTE: *una pintura*) Glanzlichter aufsetzen +*dat* **3.** (*fig: acentuar*) betonen; (*subrayar*) unterstreichen

reamargo, -a [rrea'marɣo, -a] *adj* (*Am*) sehr bitter

reamigo, -a [rrea'miɣo, -a] *m, f* (*Am*) sehr guter Freund *m,* sehr gute Freundin *f;* **éste es un ~ mío** das ist ein sehr guter Freund von mir; **ellas son reamigas del director** sie sind sehr gut mit dem Direktor befreundet

reanimación [rreanima'θjon] *f* Wiederbelebung *f;* (MED) Reanimation *f*

reanimar [rreani'mar] **I.** *vt* **1.** (*reavivar*) wieder beleben; (MED) reanimieren; **medidas para ~ la economía** Mittel zur Ankurbelung der Wirtschaft **2.** (*reactivar*) reaktivieren **3.** (*animar*) ermutigen, neuen Mut geben +*dat* **II.** *vr:* **~se 1.** (*recuperar el conocimiento*) wieder zu sich kommen **2.** (*restablecerse*) wieder aufleben; (*animarse*) neuen Mut schöpfen

reanudación [rreanuða'θjon] *f* Wiederaufnahme *f;* ~ **de la instancia** (JUR) Aufnahme des Verfahrens

reanudar [rreanu'ðar] *vt* wieder aufnehmen; ~ **las conversaciones/negociaciones** die Gespräche/Verhandlungen wieder aufnehmen

reaparecer [rreapare'θer] *irr como crecer vi* wieder erscheinen; (CINE, TEAT) wieder auftreten, ein Come-back feiern

reaparición [rreapari'θjon] *f* Wiedererscheinen *nt;* (CINE, TEAT) Come-back *nt*

reapertura [rreaper'tura] *f* Wiedereröffnung *f;* (JUR) Wiederaufnahme *f;* ~ **de cuenta** Kontoneueröffnung *f*

reaprovisionamiento [rreaproβisjona'mjento] *m* Nachschub *m;* (*de combustible*) Auftanken *nt*

reaprovisionar [rreaproβisjo'nar] **I.** *vt* (*suministrar*) neu versorgen (*de* mit +*dat*); (*llenar*) wieder auffüllen (*de* mit +*dat*) **II.** *vr:* **~se** (*suministrarse*) sich neu eindecken (*de* mit +*dat*); (*de combustible*) auftanken

rearar [rrea'rar] *vt* (AGR) erneut pflügen

reargüir [rrear'ɣwir] *irr como huir vi* entgegnen

rearmar [rrear'mar] *vt* wieder bewaffnen, wieder aufrüsten (*con* mit +*dat*)

rearme [rre'arme] *m* Wiederbewaffnung *f,* Wiederaufrüstung *f*

rearranque [rrea'rraŋke] *m* Wiederanlauf *m*

reasegurar [rreaseɣu'rar] *vt* (COM, FIN) rückversichern

reaseguro [rrease'ɣuro] *m* (COM, FIN) Rückversicherung *f,* Reassekuranz *f;* **póliza de** ~ Rückversicherungspolice *f*

reasumir [rreasu'mir] *vt* **1.** (JUR: *retomar*) wieder aufnehmen; (*instancia superior*) (erneut) übernehmen **2.** (*continuar*) fortsetzen

reata [rre'ata] *f* **1.** (*correa*) Riemen *m,* Koppel *f* **2.** (*de animales*) Lasttierzug *m;* **una** ~ **de mulos** eine Koppel Maultiere; **de** ~ (*sucesivamente*) der Reihe nach; (*en hilera*) in Reihen **3.** (*Am: de flores*) Blumenbeet *nt* **4.** (*Méx: vulg: pene*) Schwanz *m;* **echar** ~ ficken

reatar [rrea'tar] *vt* **1.** (*volver a atar*) wieder verknoten **2.** (*atar apretadamente*) fest verknoten

reato [rre'ato] *m* (REL) Bußverpflichtung *f*

reavivación [rreaβiβa'θjon] *f,* **reavivamiento** [rreaβiβa'mjen̩to] *m* Wiederaufleben *nt*

reavivar [rreaβi'βar] **I.** *vt* wieder beleben **II.** *vr:* ~**se** wieder aufleben

rebaba [rre'βaβa] *f* Grat *m;* (*reborde*) Gussnaht *f*

rebaja [rre'βaxa] *f* **1.** (*oferta*) Sonderangebot *nt;* ~**s de verano** [*o* **de agosto**]/**de invierno** [*o* **de enero**] Sommer-/Winterschlussverkauf *m;* **estar de** ~**s** heruntergesetzte Waren haben; **comprar algo en las** ~**s** etw im Schlussverkauf erwerben **2.** (*descuento*) Rabatt *m,* Ermäßigung *f;* (*reducción*) Preisnachlass *m,* Preissenkung *f;* ~ **de precios** Preisermäßigung *f;* **una** ~ **del 10%** 10% Rabatt; **aplicar una** ~ einen Nachlass [*o* Rabatt] gewähren; **ya vendrá el tío Paco con la** ~ (*fam fig*) irgendeinen Haken wird die Sache schon haben **3.** (JUR) Minderung *f*

rebajado, -a [rreβa'xaðo, -a] *adj* **1.** (COM): **precios** ~**s** herabgesetzte Preise **2.** (MIL): **soldado** ~ vom Dienst entbundener Soldat

rebajamiento [rreβaxa'mjen̩to] *m* **1.** (*condescendencia*) Herablassung *f* **2.** (*humillación*) Herabwürdigung *f,* Demütigung *f*

rebajar [rreβa'xar] **I.** *vt* **1.** (COM: *abaratar*) herabsetzen, ermäßigen, reduzieren; **artículos rebajados** heruntergesetzte Waren **2.** (*humillar*) herabwürdigen, demütigen **3.** (*mitigar*) dämpfen; (*t.* FOTO: *debilitar*) abschwächen; (*disminuir*) mindern **4.** (*una bebida*) verdünnen **5.** (MIL: *dispensar*) vom Dienst freistellen **6.** (*limar*) abfeilen; (*pulir*) abschleifen; (*acepillar*) abhobeln **7.** (ARQUIT) flach wölben **II.** *vr:* ~**se** **1.** (*humillarse*) sich herabwürdigen, sich demütigen **2.** (*condescender*) sich herablassen (*a* zu +*dat*) **3.** (MIL: *dispensarse*) sich vom Dienst freistellen lassen

rebalaje [rreβa'laxe] *m* Stromschnelle *f*

rebalsa [rre'βalsa] *f* gestautes Wasser *nt*

rebalsar [rreβal'sar] *vt* **1.** (*retener líquidos*) stauen **2.** (*CSur*) *v.* **rebasar**

rebanada [rreβa'naða] *f* Scheibe *f,* Schnitte *f;* ~ **de pan** Brotscheibe *f,* Stück *nt* Brot

rebanar [rreβa'nar] *vt* **1.** (*hacer rebanadas*) in Scheiben schneiden **2.** (*partir*) abschneiden; **¡te voy a** ~ **el pescuezo!** ich schneide dir noch mal die Gurgel [*o* Kehle] durch!

rebañaduras [rreβaɲa'ðuras] *fpl* Reste *mpl;* **no dejaron ni las** ~ sie aßen den Teller ratzeputz leer

rebañar [rreβa'ɲar] *vt* **1.** (*apurar*) ausschlecken, auskratzen; (*con pan*) austunken **2.** (*pey: recoger*) raffen, horten

rebaño [rre'βaɲo] *m* Herde *f;* (*fig*) Horde *f*

rebasadero [rreβasa'ðero] *m* (NÁUT) *Stelle, um Hindernisse zu umschiffen*

rebasar [rreβa'sar] *vt* **1.** (*sobrepasar*) überschreiten; (MIL) stürmen; ~ **el límite** (*fig*) über das Ziel hinausschießen; **esto rebasa los límites de mi paciencia** ich bin mit meiner Geduld am Ende **2.** (*exceder*) übertreffen (*en* um +*akk*)

rebatible [rreβa'tiβle] *adj* **1.** (*refutable*) anfechtbar, widerlegbar **2.** (*Am: abatible*) klappbar

rebatinga [rreβa'tiŋga] *f* (*Méx: arrebatiña*) Wegschnappen *nt fam*

rebatiña [rreβa'tiɲa] *f* (*fam*) Gerangel *nt;* **andar a la** ~ **por algo** (*fig*) sich um etw reißen

rebatir [rreβa'tir] *vt* **1.** (*discutir*) bestreiten; (*refutar*) widerlegen; (*rechazar*) zurückweisen; ~ **una acusación** eine Anschuldigung zurückweisen; ~ **una afirmación** eine Behauptung widerlegen; ~ **una sospecha** einen Verdacht abweisen **2.** (*repeler*) zurückschlagen **3.** (*batir*) klopfen **4.** (*abatir*) zusammenklappen

rebato [rre'βato] *m* **1.** (*llamamiento*) Sturmläuten *nt;* **tocar a** ~ die Sturmglocke läuten; (*fig*) Alarm schlagen **2.** (MIL: *ataque*) Überraschungsangriff *m*

rebautizar [rreβau̯ti'θar] <z→c> *vt* (*t.* REL) umtaufen

rebeca [rre'βeka] *f* (Damen)strickjacke *f*

rebeco [rre'βeko] *m* Gämse *f*

rebelar [rreβe'lar] *vr:* ~**se** rebellieren, sich empören; (*oponerse*) sich auflehnen, aufbegehren *elev*

rebelde [rre'βel̩de] **I.** *adj* **1.** (*indócil*) rebellisch; (*t. fig*) widerspenstig; (*levantisco*) aufsässig **2.** (*insurrecto*) aufständisch, aufrührerisch **3.** (*persistente*) hartnäckig; **mancha/tos** ~ hartnäckiger Fleck/Husten **4.** (*difícil*) verzwickt **5.** (JUR) säumig **II.** *mf* **1.** (*indócil*) Rebell(in) *m(f)* **2.** (*insurrecto*) Rebell(in) *m(f),* Aufständische(r) *mf;* (*revoltoso*) Aufrührer(in) *m(f);* (*amotinado*) Meuterer *m* **3.** (JUR) Säumige(r) *mf*

rebeldía [rreβel̩'dia] *f* **1.** (*cualidad*) Widerspenstigkeit *f,* Aufsässigkeit *f* **2.** (*oposición*) Widerstand *m* **3.** (*insubordinación*) Aufsässigkeit *f;* (MIL) Gehorsamsverweigerung *f* **4.** (JUR) (Ver)säumnis *nt,* Nichterscheinen *nt;* **declarar en** ~ für säumig erklären; **juzgar en** ~ in Abwesenheit verurteilen

rebelión [rreβe'ljon] *f* Rebellion *f,* Auflehnung *f;* (*levantamiento*) Aufstand *m;* (*revuelta*) Aufruhr *m;* (*motín*) Meuterei *f*

rebencazo [rreβeŋ'kaθo] *m* (*AmS*) Schlag *m* mit der Reitgerte

rebenque [rre'βeŋke] *m* (*CSur*) *kurze Reitgerte der Gauchos*

rebinar [rreβi'nar] *vt* (AGR) noch einmal hacken

reblandecer [rreβlaṇde'θer] *irr como crecer* **I.** *vt* erweichen, weich machen **II.** *vr:* **~se** erweichen, weich werden

reblandecimiento [rreβlaṇdeθi'mjeṇto] *m* Erweichung *f;* ~ **cerebral/óseo** (MED) Gehirn-/Knochenerweichung *f*

rebobinado [rreβoβi'naðo] *m,* **rebobinaje** [rreβoβi'naxe] *m* **1.** (*hilo, cinta*) Umwicklung *f;* (*retroceso*) (Zu)rückspulen *nt* **2.** (ELEC) Neuwickeln *nt* **3.** (INFOR) Rücklauf *m*

rebobinar [rreβoβi'nar] *vt* **1.** (*hilo, cinta*) umspulen, umwickeln; (*retroceder*) zurückspulen **2.** (ELEC) neu wickeln

reborde [rre'βorðe] *m* **1.** (*acanaladura*) Sicke *f* **2.** (*rebordeado*) Schüttrand *m,* Randverstärkung *f* **3.** (*rebaba*) Gussnaht *f*

rebordear [rreβorðe'ar] *vt* (um)bördeln, umranden, umfassen

reborujar [rreβoru'xar] *vt* (*Méx*) in Unordnung bringen

rebosadero [rreβosa'ðero] *m* Überlauf *m;* (*en presas*) Überfall *m;* (*metalurgia*) Steigetrichter *m*

rebosante [rreβo'saṇte] *adj* überfüllt, übervoll; (*fig*) überquellend (*de* vor +*dat*); ~ **de salud** vor Gesundheit strotzend; **un vaso** ~ ein randvolles Glas

rebosar [rreβo'sar] *vi* **1.** (*desbordar*) überlaufen; (*fig*) überquellen (*de* vor +*dat*), übersprudeln (*de* vor +*dat*); **le rebosa el dinero/la soberbia** er/sie strotzt vor Geld/Hochmut; **la gota que hizo** ~ **el vaso** der Tropfen, der das Fass zum Überlaufen brachte **2.** (*estar lleno*) wimmeln (*de* vor +*dat*); (**lleno**) **a** ~ brechend voll **3.** (*abundar*) schwimmen; ~ **en dinero** in Geld schwimmen

rebotar [rreβo'tar] **I.** *vi* **1.** (*botar*) abprallen, zurückprallen; (*repetidamente*) hüpfen **2.** (*chocar*) prallen (*contra/en* gegen/auf +*akk*); **salir rebotado** zurückprallen; (*fig*) hochkant rausfliegen **II.** *vt* **1.** (*botar*) prellen **2.** (*fam: enfadar*) verprellen **III.** *vr:* **~se** **1.** (*vino*) umschlagen **2.** (*fam: enfadarse*) sauer werden

rebote [rre'βote] *m* **1.** (*bote*) Abprall *m;* (DEP) Abpraller *m;* (*golpe*) Prellen *nt;* **de** ~ (*como resultado*) als indirekte Folge; (*sentimiento*) wieder aufflackernd **2.** (*argot: enfado*) Rage *f;* **pillarse un** ~ in Rage geraten, sauer werden

rebotica [rreβo'tika] *f* Hinterzimmer *nt* (einer Apotheke)

rebozado [rreβo'θaðo] *m* (GASTR) Panade *f;* (*acción*) Panieren *nt*

rebozar [rreβo'θar] <z→c> **I.** *vt* **1.** (*envolver*) verhüllen, vermummen **2.** (GASTR) panieren **II.** *vr:* **~se** (*envolverse*) sich verhüllen, sich vermummen

rebozo [rre'βoθo] *m* **1.** (*velo*) Verhüllung *f* **2.** (*pretexto*) Vorwand *m;* **sin** ~ aufrichtig

rebramar [rreβra'mar] *vi* ständig brüllen; (*responder a un bramido con otro*) zurückbrüllen

rebrotar [rreβro'tar] *vi* **1.** (BOT) Knospen treiben; **el arbusto ha rebrotado a pesar del frío invierno** der Strauch hat trotz des kalten Winters (wieder) Knospen getrieben **2.** (*agitaciones*) wieder aufflammen

rebrote [rre'βrote] *m* **1.** (BOT: *tallo*) Schössling *m* **2.** (*de agitaciones*) Wiederaufflammen *nt*

rebudiar [rreβu'ðjar] *vi* (ZOOL) grunzen (*Wildschwein*)

rebufar [rreβu'far] *vi* heftig schnauben

rebujal [rreβu'xal] *m* (AGR) minderwertiger Boden *m*

rebujar [rreβu'xar] *vt* zusammenknüllen

rebujo [rre'βuxo] *m* **1.** (*trapos, papel*) Bündel *nt;* (*hilo, cinta*) Knäuel *m o nt;* **hizo un** ~ **con la ropa y lo metió en el armario** er/sie knüllte die Wäsche zu einem Bündel zusammen und stopfte sie in den Schrank **2.** (*velo*) Verhüllung *f,* Verschleierung *f*

rebullicio [rreβu'ʎiθjo] *m* großer Lärm *m,* Getöse *nt*

rebullir [rreβu'ʎir] <*3. pret:* rebulló> *vi, vr:* **~se** sich bewegen; **sin ~se** ganz ruhig

rebullón [rreβu'ʎon] *m* (*Ven*) *Fabelvogel, der Unglück bringt*

rebumbio [rre'βumbjo] *m* (*Méx: alboroto*) Radau *m*

rebusca [rre'βuska] *f* **1.** (*cosecha*) Nachlese *f* **2.** (*desecho*) Abfall *m*

rebuscado, -a [rreβus'kaðo, -a] *adj* gekünstelt, gesucht; **utilizó unas palabras rebuscadas que pocos entendieron** er/sie benutzte ein gespreiztes Vokabular, das kaum jemand verstand

rebuscar [rreβus'kar] <c→qu> **I.** *vi* herumsuchen **II.** *vt* **1.** (*buscar*) durchsuchen; **~on todo el edificio, pero no encontraron la bomba** sie durchsuchten das ganze Gebäude, aber die Bombe fanden sie nicht **2.** (*viña*) nachlesen **III.** *vr:* **rebuscárselas** (*Arg, Chil, Par: defenderse*) sich durchschlagen

rebusque [rre'βuske] *m* (*Arg, Par: trabajo*) Nebenverdienst *m*

rebuznar [rreβuθ'nar] *vi* (*burro*) iahen, schreien

rebuzno [rre'βuθno] *m* Eselsschrei *m*

recabar [rreka'βar] *vt* **1.** (*obtener*) erhalten (*de* bei/von +*dat*); ~ **datos** Daten erheben **2.** (*pedir*) sich bemühen (um +*akk*), ersuchen (um +*akk*) *elev*

recadero, -a [rreka'ðero, -a] *m, f* Bote, -in *m, f,* Botengänger(in) *m(f)*

recado [rre'kaðo] *m* **1.** (*mensaje*) Nachricht *f;* **dar el** ~ **a alguien** jdm Bescheid geben; **déjame un** ~ **en el contestador** hinterlass mir eine Nachricht auf dem Anrufbeantworter; **¿puedes darle el siguiente ~?** kannst du ihm/ihr Folgendes ausrichten? **2.**(*encargo*) Besorgung *f;* **tengo que hacer varios ~s antes de las cinco** ich muss vor fünf noch ein paar Besorgungen machen **3.**(TIPO) Stehsatz *m* **4.**(*Nic*) Füllung *f* (*für Empanadas*)

recaer [rreka'er] *irr como caer vi* **1.**(*culpa, herencia*) fallen (*en/sobre* auf +*akk*); **recayó sobre él la responsabilidad** die Verantwortung fiel auf ihn **2.**(*enfermedad*) einen Rückfall erleiden **3.**(*delito*) rückfällig werden; **recayó en el mismo error una y otra vez** er/sie verfiel immer wieder in den gleichen Fehler; **no se puede excluir que recaiga en la bebida** es ist nicht auszuschließen, dass er/sie wieder zu trinken anfängt

recaída [rreka'iða] *f* Rückfall *m;* **ha sufrido una ~ fuerte pero ya está mejor** er/sie hat einen schweren Rückfall erlitten, aber es geht ihm/ihr schon besser

recalada [rreka'laða] *f* (NÁUT) Ansteuern *nt,* Anlaufen *nt*

recalar [rreka'lar] **I.** *vi* **1.**(NÁUT) anlaufen (*en* +*akk*), ansteuern (*en* +*akk*) **2.**(*persona*) erscheinen (*en* bei/in +*dat*) **II.** *vt* durchtränken **III.** *vr:* **~se** durchtränkt werden

recalcar [rrekal'kar] <c→qu> **I.** *vt* **1.**(*palabras*) betonen, unterstreichen **2.**(*apretar*) zusammenpressen **3.**(*llenar*) voll stopfen; **recalcamos la cuba con mosto** wir füllten das Fass mit Most **II.** *vi* (NÁUT) krängen

recalcificación [rrekal̪θifika'θjon] *f* (MED) Verkalkung *f*

recalcitrante [rrekal̪θi'tran̪te] *adj* hartnäckig, störrisch

recalentado [rrekalen̪'taðo] *m* (*Méx: fam*) aufgewärmtes Essen *nt* vom Vortag

recalentamiento [rrekalen̪ta'mjen̪to] *m* Überhitzung *f;* **~ económico** (ECON) Konjunkturüberhitzung *f;* **el ~ de la atmósfera es preocupante** die starke Erwärmung der Atmosphäre ist Besorgnis erregend

recalentar [rrekalen̪'tar] <e→ie> **I.** *vt* **1.**(*comida*) aufwärmen **2.**(*aparato*) überhitzen; **el motor se había recalentado y el coche echaba humo** der Motor war heißgelaufen, und der Wagen stieß Rauch aus **II.** *vr:* **~se** (*aceitunas, etc.*) (in der Hitze) verderben

recalentón [rrekalen̪'ton] *m* schnelles Aufheizen *nt*

recalificación [rrekalifika'θjon] *f* Neuqualifizierung *f* (*z.B. von Ackerland zu Bauland*)

recalificar [rrekalifi'kar] <c→qu> *vt* neu qualifizieren

recalmón [rrekal'mon] *m* (NÁUT) plötzliche Windstille *f*

recalzar [rrekal'θar] <z→c> *vt* **1.**(AGR) Erde anhäufeln (um +*akk*) **2.**(ARQUIT) untermauern

recamado [rreka'maðo] *m* (*bordado*) Reliefstickerei *f*

recamar [rreka'mar] *vt* reliefartig besticken (*con/de* mit +*dat*)

recámara [rre'kamara] *f* **1.**(*para ropa*) Kleiderkammer *f* **2.**(MIN) Sprengstoffkammer *f* im Bergwerk **3.**(*arma*) Ladungsraum *m,* Patronenlager *nt* **4.**(*Col, Méx, Pan: dormitorio*) Schlafzimmer *nt*

recamarero, -a [rrekama'rero, -a] *m, f* (*Méx*) Hausangestellte(r) *mf*

recambiar [rrekam'bjar] *vt* **1.**(*intercambiar*) wieder umtauschen **2.**(*sustituir*) auswechseln

recambio [rre'kambjo] *m* **1.**(*repuesto*) Ersatz *m;* (*envase*) Nachfüllpackung *f;* (*tubo*) Nachfülltube *f;* **pieza de ~** Ersatzteil *nt* **2.**(*reg: cuaderno*) Schreibheft *nt*

recapacitar [rrekapaθi'tar] **I.** *vt* überdenken **II.** *vi* nachdenken (*sobre* über +*akk*)

recapitalización [rrekapitaliθa'θjon] *f* (ECON) Rekapitalisierung *f*

recapitulación [rrekapitula'θjon] *f* Zusammenfassung *f,* Rekapitulation *f elev*

recapitular [rrekapitu'lar] *vt* zusammenfassen, rekapitulieren *elev*

recarga [rre'karɣa] *f* Nachfüllung *f,* Nachladung *f*

recargable [rrekar'ɣaβle] *adj* (*pila*) aufladbar; (*pluma, envase*) nachfüllbar

recargado, -a [rrekar'ɣaðo, -a] *adj* (*exagerado*) übertrieben; **un lenguaje muy ~** eine gekünstelte [*o* gespreizte] Ausdrucksweise

recargamiento [rrekarɣa'mjen̪to] *m* (LIT) Überladung *f*

recargar [rrekar'ɣar] <g→gu> **I.** *vt* **1.**(*pila*) aufladen **2.**(*impuesto*) heraufsetzen **3.**(*decorar*) übertrieben schmücken, überladen; **el vestido recargado de lazos y botones no se vendió** das Kleid mit den vielen Schleifen und Knöpfen wurde nicht gekauft **4.**(*carga*) überladen; **lo recargó de trabajo** er/sie hat ihn mit Arbeit überhäuft **II.** *vi* (*fiebre*) stärker werden

recargo [rre'karɣo] *m* **1.**(*tasas*) Zuschlag *m;* (*sobreprecio*) Aufschlag *m;* **~ de demora** Säumniszuschlag *m;* **llamada sin ~** gebührenfreier Anruf; **por pagar tarde la factura nos cobraron un ~** da wir die Rechnung zu spät gezahlt haben, mussten wir einen Aufschlag zahlen **2.**(*fiebre*) starker Fieberanfall *m*

recatado, -a [rreka'taðo, -a] *adj* **1.**(*decoroso*) sittsam, züchtig; (*modesto*) bescheiden **2.**(*cauto*) zurückhaltend

recatar [rreka'tar] *vt* verheimlichen

recatear [rrekate'ar] *vt* **1.**(*regatear*) aushandeln **2.**(*revender al por menor*) im Kleinhandel weiterverkaufen **3.**(*rehusar la ejecución de algo*) nicht ausführen [*o* erledigen] wollen; (*cumplirla con defecto*) nicht richtig ausführen [*o* erledigen]

recato [rre'kato] *m* **1.**(*decoro*) Sittsamkeit *f* **2.**(*cautela*) Zurückgezogenheit *f;* (*pudor*) Scheu *f;* **habló sin ~ alguno de sus relaciones amorosas** er/sie sprach ganz ohne Scheu von seinen/ihren Liebesbeziehungen

recauchutado [rrekau̯ʧu'taðo] *m* Runderneuerung *f;* **ha pasado por el taller de ~s**

(*pey, irón*) er/sie hat sich liften lassen

recauchutar [rrekau̯ʧu'tar] *vt* (*llanta*) runderneuern

recaudación [rrekau̯ða'θjon] *f* **1.**(*cobro*) Einnehmen *nt;* (*cantidad*) Einnahmen *fpl;* ~ **diaria** Tageseinnahmen *fpl* **2.**(*de impuestos*) Steuererhebung *f;* (*cantidad*) Steuerbetrag *m;* **oficina de** ~ Finanzamt *nt,* Steueramt *nt* **3.**(*entidad*) Vollstreckungsbehörde *f*

recaudador(a) [rrekau̯ða'ðor(a)] *m(f)* Steuereinnehmer(in) *m(f),* Steuereinzieher(in) *m(f)*

recaudamiento [rrekau̯ða'mjen̩to] *m* (ECON) **1.** *v.* **recaudación** **2.**(*cargo del recaudador*) Amt *nt* des Steuereinnehmers **3.**(*territorio del recaudador*) Einzugsgebiet *nt* des Steuereinnehmers

recaudar [rrekau̯'ðar] *vt* (*impuestos*) erheben; (*dinero*) einziehen

recaudería [rrekau̯ðe'ria] *f* (*Méx: especiería*) Gewürzladen *m*

recaudo [rre'kau̯ðo] *m* **1.**(*ganancia*) Einnehmen *nt* **2.**(JUR) Kaution *f* **3.**(*loc*): **poner algo a buen** ~ etw in Sicherheit bringen

recavar [rreka'βar] *vt* nochmals umgraben

rección [rreˠ'θjon] *f* (LING) Rektion *f*

recebar [rreθe'βar] *vt* mit Steinkies bedecken

recebo [rre'θeβo] *m* (*gravilla*) feiner Steinkies *m*

recechar [rreθe'ʧar] *vt* belauern

recelar [rreθe'lar] **I.** *vt* **1.**(*temer*) argwöhnen **2.**(*yegua*): ~ **la yegua** den Zuchthengst zur Stute bringen **II.** *vi, vr:* ~**se** misstrauen (*de +dat*), skeptisch gegenüberstehen (*de +dat*); **(me) recelo de mi secretaria pero quizás esté equivocada** ich traue meiner Sekretärin nicht ganz, aber vielleicht ist das unberechtigt

recelo [rre'θelo] *m* Argwohn *m,* Misstrauen *nt;* **mirar a alguien con** ~ jdn voller Argwohn [*o* argwöhnisch] betrachten

receloso, -a [rreθe'loso, -a] *adj* argwöhnisch, misstrauisch; **estar** ~ **de alguien** jdm misstrauen; **ponerse** ~ Argwohn schöpfen; **poner** ~ **a alguien** jds Argwohn erregen

recensión [rreθen'sjon] *f* (LIT) Rezension *f*

recensor(a) [rreθen'sor(a)] *m(f)* Rezensent(in) *m(f)*

recepción [rreθeβ'θjon] *f* **1.**(*hotel*) Rezeption *f,* Empfang *m* **2.**(*recibimiento*) Empfang *m,* Erhalten *nt;* ~ **de mercancías** (ECON) Warenannahme *f;* **oficina de** ~ (ECON) (Waren)annahmestelle *f* **3.**(*audiencia*) Audienz *f;* (*ceremonia*) Empfang *m;* **sala de recepciones** Empfangszimmer *nt;* **tras la ceremonia religiosa organizaron una** ~ **en el hotel** nach dem Gottesdienst gab es einen Empfang im Hotel **4.**(TEL, COM) Empfang *m* **5.**(*admisión*) Zulassung *f* (*a* zu *+dat*), Aufnahme *f* (*a* in *+akk*) **6.**(JUR) Zeugenverhör *nt*

recepcionista [rreθeβθjo'nista] *mf* Empfangschef, -dame *m, f*

receptación [rreθepta'θjon] *f* Hehlerei *f*

receptáculo [rreθep'takulo] *m* **1.**(*cavidad*) Behälter *m* **2.**(BOT) Blütenboden *m*

receptador(a) [rreθepta'ðor(a)] *m(f)* Hehler(in) *m(f)*

receptar [rreθep'tar] *vt* (JUR) hehlen

receptividad [rreθeptiβi'ðaᵈ] *f* Aufnahmefähigkeit *f;* (MED) Anfälligkeit *f,* Empfänglichkeit *f*

receptivo, -a [rreθep'tiβo, -a] *adj* **1.**(*curioso*) aufmerksam, aufnahmefähig **2.**(MED) anfällig

receptor[1] [rreθep'tor] *m* (TEL: *radio*) Empfänger *m,* Radio *nt;* (*teléfono*) Hörer *m,* Hörmuschel *f*

receptor(a)[2] [rreθep'tor(a)] *m(f)* **1.**(*recipiente*) Empfänger(in) *m(f)* **2.**(JUR) Gerichtsvollzieher(in) *m(f)*

recercar [rreθer'kar] <c→qu> *vt* **1.**(*poner cerca*) einzäunen, einfrieden **2.**(*volver a cercar*) neu einzäunen

recesar [rreθe'sar] *vi* **1.**(*Bol, Cuba, Méx, Nicar, Perú: Körperschaft*) die Aktivität vorübergehend stilllegen **2.**(*Perú: Universität, Parlament*) schließen

recesión [rreθe'sjon] *f* (ECON) Rezession *f,* Konjunkturrückgang *m;* **en tiempos de** ~ in Zeiten der Rezession

recesivo, -a [rreθe'siβo, -a] *adj* (BIOL: *caracteres*) rezessiv

receso [rre'θeso] *m* **1.**(*desviación*) Zurückweichen *nt,* Rückgang *m;* ~ **económico** (ECON) Wirtschaftskrise *f* **2.**(*Am: vacaciones*) Urlaub *m* (in der Verwaltung)

receta [rre'θeta] *f* **1.**(*médica*) Rezept *nt;* (*fórmula*) Rezeptformel *f;* **con** ~ **médica** auf Rezept; **venta con** ~ rezeptpflichtig **2.**(GASTR: *t. fig*) Rezept *nt;* **tengo una** ~ **deliciosa de tarta de manzana** ich habe ein sehr leckeres Rezept für einen Apfelkuchen; **nadie tiene la** ~ **para acabar con el paro** niemand hat ein Rezept gegen die Arbeitslosigkeit

recetar [rreθe'tar] *vt* **1.**(MED) verschreiben, verordnen **2.**(*fam fig: pedir*) bestellen; ~ **largo** viele Wünsche haben

recetario [rreθe'tarjo] *m* **1.**(GASTR) Kochbuch *nt* **2.**(MED: *libro*) Arzneibuch *nt;* (*talonario*) Rezeptblock *m;* (*de un enfermo*) Krankenblatt *nt*

rechazamiento [rreʧaθa'mjen̩to] *m v.* **rechazo**

rechazar [rreʧa'θar] <z→c> *vt* **1.**(*negar*) von sich weisen; **rechazó de plano las acusaciones** er/sie wies die Anschuldigungen weit von sich **2.**(*denegar*) ablehnen, abstreiten; **rechazó la invitación** er/sie lehnte die Einladung ab; **rechazó el regalo** er/sie nahm das Geschenk nicht an **3.**(*enemigo*) abwehren, zurückweisen **4.**(BIOL: *órgano*) abstoßen **5.**(*no tolerar*) ablehnen; **muchas veces la sociedad rechaza lo que no conoce** die Gesellschaft lehnt oft das ab, was ihr fremd ist

rechazo [rre'ʧaθo] *m* **1.**(*negativa*) Zurückweisung *f,* Ablehnung *f* **2.**(BIOL: *órgano*) Abstoßen *nt*

rechifla [rre'tʃifla] *f* (*fam*) Spott *m*
rechiflar [rretʃi'flar] **I.** *vt* auspfeifen **II.** *vr:* **~se** verhöhnen (*de +akk*), sich lustig machen (*de* über *+akk*)
rechinamiento [rretʃina'mjento] *m* Knarren *nt;* **~ de dientes** Zähneknirschen *nt*
rechinar [rretʃi'nar] *vi* knirschen, knarren; **~ los dientes** mit den Zähnen knirschen
rechistar [rretʃis'tar] *vi* (sich) mucksen; **lo hizo sin ~** er/sie tat es ohne Protest
rechoncho, -a [rre'tʃontʃo, -a] *adj* (*fam*) pummelig, rundlich
rechupete [rretʃu'pete]: **de ~** ausgezeichnet; **la tarta estaba de ~** der Kuchen war sehr lecker
recial [rre'θjal] *m* Stromschnelle *f*
reciamente [rreθja'mente] *adv* heftig, stark
recibí [rreθi'βi] *m* Empfangsbestätigung *f,* Empfangsvermerk *m;* **~** (*en una factura*) (dankend) erhalten
recibidor [rreθiβi'ðor] *m* Eingangsbereich *m,* Vorzimmer *nt*
recibimiento [rreθiβi'mjento] *m* **1.** (*acogida*) Empfang *m;* **le dispensaron un ~ multitudinario** sie empfingen ihn/sie mit großer Begeisterung, ihm/ihr wurde ein begeisterter Empfang zuteil **2.** (*recibidor*) Vorzimmer *nt* **3.** (REL) *Altar, der für Prozessionen an der Straße aufgebaut wird*
recibir [rreθi'βir] **I.** *vt* **1.** (*tomar*) bekommen, erhalten; **recibimos una carta suya hace poco** vor kurzem haben wir einen Brief von ihm/ihr empfangen [*o* erhalten]; **habiendo recibido los santos sacramentos** (REL) mit den Sterbesakramenten versehen **2.** (*personas*) empfangen, in Empfang nehmen; **nos recibió con los brazos abiertos** er/sie empfing uns mit offenen Armen; **los mineros quieren ser recibidos por el ministro** die Bergleute wollen vom Minister empfangen werden **3.** (*aceptar*) aufnehmen; **esta opinión fue mal recibida** diese Meinung wurde schlecht aufgenommen **II.** *vi* (*médico*) Sprechstunde haben; (*ministro*) Besucher empfangen **III.** *vr:* **~se** die Staatsprüfung [*o* das Staatsexamen] bestehen; (*médico, farmacéutico*) die Approbation erlangen; **mi hijo se recibió de abogado** mein Sohn wurde als Anwalt zugelassen
recibo [rre'θiβo] *m* **1.** (*luz, agua*) Rechnung *f,* Quittung *f;* **~ de entrega** Lieferschein *m;* **no te lo cambiarán si no presentas el ~** ohne (Vorlage der) Quittung wird man es dir nicht umtauschen **2.** (*carta*) Empfang *m;* **~ de aduana** Zollquittung *f;* **acuse de ~** Empfangsbestätigung *f;* **libro de ~s** Quittungsbuch *nt;* **al ~ de la presente** bei Empfang dieses Schreibens; **acusar ~** den Eingang bestätigen **3.** (*recibidor*) Vorzimmer *nt* **4.** (*loc*): **ser de ~** annehmbar sein; **si llaman, abre tú porque yo no estoy de ~** wenn sie klingeln, mach du auf; ich bin noch nicht fertig
reciclable [rreθi'klaβle] *adj* wieder verwertbar
reciclado[1] [rreθi'klaðo] *m* Recycling *nt,* Wiederverwertung *f*
reciclado, -a[2] [rreθi'klaðo, -a] *adj* recycled, wieder verwertet; **papel ~** Recyclingpapier *nt*
reciclaje [rreθi'klaxe] *m* Recycling *nt,* Wiederverwertung *f;* **~ profesional** (*fig*) Umschulung *f*
reciclar [rreθi'klar] *vt* wieder verwerten, aufbereiten
recidiva [rreθi'ðiβa] *f* (MED) Rückfall *m,* Rezidiv *nt*
reciedumbre [rreθje'ðumbre] *f* Kraft *f,* Stärke *f*
recién [rre'θjen] *adv* **1.** (*acabado de*) soeben, neu, frisch; **~ cocido** frisch gebacken; **los ~ casados** die Jungvermählten; **el ~ nacido** das Neugeborene; **¡~ pintado!** frisch gestrichen! **2.** (*Am: apenas, en cuanto*) sobald; **~ cuando estuve dentro, me di cuenta** erst als ich drin war, habe ich es gemerkt
reciente [rre'θjente] *adj* **1.** (*nuevo*) neu; (*fresco*) frisch **2.** (*que acaba de suceder*) jüngst, vor kurzem geschehen; **en el pasado ~** in der jüngsten Vergangenheit; **a causa de una enfermedad ~ no puede moverse** wegen einer Krankheit, die ihn vor kurzem befallen hat, kann er sich nicht bewegen; **nos habló de un libro de ~ publicación** er/sie hat uns von einem gerade erschienenen Buch erzählt
recientemente [rreθjente'mente] *adv* vor kurzem, neulich, unlängst; **~ celebraron su boda de plata** kürzlich haben sie ihre Silberhochzeit gefeiert
recinto [rre'θinto] *m* Gelände *nt;* **~ ferial** [*o* **de la feria**] Ausstellungsgelände *nt,* Messegelände *nt;* **~ fortificado** [*o* **amurallado**] Festung *f;* **~ universitario** Campus *m*
recio, -a ['rreθjo, -a] **I.** *adj* **1.** (*fuerte*) stark, kräftig; **soplaba un viento ~** es blies ein heftiger Wind **2.** (*rígido*) hart, schwer; **en lo más ~ del invierno** mitten im strengsten Winter **3.** (*raudo*) schnell **II.** *adv* heftig; **hablar ~** laut sprechen
recipiendario, -a [rreθipjen'darjo, -a] *m, f* neues Mitglied *nt*
recipiente [rreθi'pjente] *m* (*t.* QUÍM) Behälter *m,* Gefäß *nt;* **~ de dosificación** Dosiergefäß *nt;* **~ de electrodiálisis** Elektrolysegefäß *nt;* **~ de evacuación** Ablassbehälter *m*
reciprocidad [rreθiproθi'ða^ð] *f* Gegenseitigkeit *f,* Wechselseitigkeit *f*
recíproco, -a [rre'θiproko, -a] *adj* gegenseitig, wechselseitig, Gegen-; **acuerdo ~** gegenseitiges Einverständnis; **comercio ~** wechselseitiger Handel; **verbo ~** reziprokes Verb; **tú irás cuando yo no pueda y a la recíproca** wenn ich nicht kann, gehst du und umgekehrt
recitación [rreθita'θjon] *f* Rezitation *f,* Deklamation *f*
recitado [rreθi'taðo] *m* (MÚS) Rezitativ *nt,*

R

Sprechgesang *m*

recitador(a) [rreθita'ðor(a)] **I.** *adj* rezitatorisch **II.** *m(f)* Rezitator(in) *m(f)*

recital [rreθi'tal] *m* (*con un instrumento*) (Solo)konzert *nt;* (*poeta*) Dichterlesung *f;* (*cantautor*) Konzert *nt*

recitante, -a [rreθi'tan̩te] *m, f* (TEAT) Komödiant(in) *m(f)*

recitar [rreθi'tar] *vt* vortragen, rezitieren; **sabe ~ poemas con maestría** er/sie kann hervorragend Gedichte aufsagen; **nos recitó maquinalmente el menú y no entendimos nada** er/sie rasselte den Speiseplan herunter und wir verstanden gar nichts

recitativo¹ [rreθita'tiβo] *m* (MÚS) Rezitativ *nt*

recitativo, -a² [rreθita'tiβo, -a] *adj* (MÚS) rezitativisch

reclamación [rreklama'θjon] *f* (*recurso*) Einspruch *m;* (*queja*) Beschwerde *f,* Beanstandung *f,* Reklamation *f;* (JUR) Anspruch *m,* Forderung *f,* Klage *f;* (*de deuda*) Mahnung *f;* **~ económico-administrativa** Widerspruch im Steuerverfahren; **~ extrajudicial** außergerichtliche Geltendmachung eines Anspruchs; **carta de ~** (*queja*) Beschwerdebrief *m;* (*de deuda*) Mahnschreiben *nt;* **libro de reclamaciones** Beschwerdebuch *nt;* **no se admiten reclamaciones** Beanstandungen werden nicht berücksichtigt; **formular** [*o* **presentar**] **una ~** einen Anspruch erheben [*o* geltend machen]; **hacer una ~** eine Beschwerde einreichen [*o* einlegen]

reclamante [rrekla'man̩te] *mf* Reklamant(in) *m(f),* Beschwerdeführer(in) *m(f)*

reclamar [rrekla'mar] **I.** *vi* (*protestar*) Einspruch erheben (*contra* gegen +*akk*); (*quejarse*) sich beschweren (*por* über +*akk, a* bei +*dat*), reklamieren (*ante* bei +*dat*) **II.** *vt* **1.** (*pedir*) verlangen, fordern; (*una deuda*) anmahnen; **~ la atención** Aufmerksamkeit fordern; **nos reclama el dinero que nos prestó hace un mes** er/sie verlangt das Geld zurück, das er/sie uns vor einem Monat geliehen hat; **el terrorista es reclamado por la justicia sueca a Italia** die schwedische Justiz verlangt von Italien die Auslieferung des Terroristen; **España reclama Gibraltar a Inglaterra desde hace siglos** seit Jahrhunderten macht Spanien gegenüber England Ansprüche auf Gibraltar geltend **2.** (*caza*) locken

reclame [rre'klame] *m* (*Arg, Urug*) Reklame *f,* Werbung *f*

reclamo [rre'klamo] *m* **1.** (*caza*) Lockvogel *m;* (*utensilio*) Lockpfeife *f;* (*grito*) Lockruf *m;* **acudir al ~** in die Falle gehen **2.** (COM) Reklame *f;* **artículo de ~** Reklameartikel *m,* Lock(vogel)artikel *m*

reclasificación [rreklasifika'θjon] *f* (*puesto*) Umgruppierung *f;* (*persona*) Wiedereingliederung *f*

reclasificar [rreklasifi'kar] <c→qu> *vt* neu einteilen; **~ un puesto de trabajo** eine Arbeitsstelle neu einstufen

reclinable [rrekli'naβle] *adj* verstellbar; **asiento** [*o* **butaca**] **~** Liegesitz *m*

reclinar [rrekli'nar] **I.** *vt* anlehnen; (*hacia atrás*) zurücklehnen; **reclinó su cabeza contra** [*o* **en**] [*o* **sobre**] **mis hombros** er/sie lehnte seinen/ihren Kopf an meine Schulter **II.** *vr:* **~se** (*inclinarse*) sich (an)lehnen (*contra/en/sobre* an/gegen +*akk*); (*apoyarse*) sich (auf)stützen (*en/sobre* auf +*akk*)

reclinatorio [rreklina'torjo] *m* Betstuhl *m*

recluir [rreklu'ir] *irr como huir* **I.** *vt* einsperren, einschließen **II.** *vr:* **~se** sich zurückziehen, sich abkapseln

reclusión [rreklu'sjon] *f* **1.** (JUR) Haft *f* **2.** (*aislamiento*) Zurückgezogenheit *f,* Einsamkeit *f*

recluso, -a [rre'kluso, -a] **I.** *adj* (*preso*) inhaftiert; **la población reclusa vive en condiciones inhumanas** Häftlinge leben unter unmenschlichen Bedingungen **II.** *m, f* Häftling *m,* Gefangene(r) *mf*

recluta [rre'kluta] *mf* Rekrut(in) *m(f)*

reclutador(a) [rrekluta'ðor(a)] *m(f)* Rekrutenausheber(in) *m(f)*

reclutamiento [rrekluta'mjen̩to] *m* (MIL: *t. fig*) Rekrutierung *f,* Einberufung *f*

reclutar [rreklu'tar] *vt* (MIL: *t. fig*) rekrutieren; **~ personal** Arbeitskräfte anwerben

recobrar [rreko'βrar] **I.** *vt* wiederbekommen, zurückbekommen; **~ las fuerzas** wieder zu Kräften kommen; **~ las pérdidas** den Verlust wettmachen; **~ el sentido** wieder zu sich kommen; **~ la vista** das Sehvermögen wiedererlangen; **~ las ganas de vivir** neuen Lebensmut schöpfen **II.** *vr:* **~se** sich erholen (*de* von +*dat*)

recocer [rreko'θer] *irr como cocer* **I.** *vt* **1.** (*comida*) lange kochen; (*demasiado*) verkochen **2.** (*metal*) ausglühen **II.** *vr:* **~se** (*concomerse*) sich (ab)quälen

recochinearse [rrekotʃine'arse] *vr* (*fam*) sich lustig machen (*de* über +*akk*), spotten (*de* über +*akk*)

recochineo [rrekotʃi'neo] *m* (*fam pey: burla*) Spott *m;* **sin ~** Spaß beiseite; **me lo echó en cara ayer y encima me viene con ~** er/sie hat es mir gestern ins Gesicht gesagt und sich obendrein noch über mich lustig gemacht

recocido, -a [rreko'θiðo, -a] *adj* **1.** (*muy experimentado*) sehr erfahren, bewandert **2.** (*de recocer*) ausgekocht

recodo [rre'koðo] *m* (*río*) Krümmung *f,* Biegung *f;* (*camino*) Kehre *f*

recogecable [rrekoxe'kaβle] *m* (TÉC) Kabelaufwickler *m*

recogedor¹ [rrekoxe'ðor] *m* Kehrschaufel *f*

recogedor(a)² [rrekoxe'ðor(a)] *adj* Sammel-, Auffang-

recogemigas [rrekoxe'miɣas] *m inv* Tischfeger *m*

recogepelotas [rrekoxepe'lotas] *mf inv* (DEP: *chico*) Balljunge *m;* (*chica*) Ballmädchen *nt*

recoger [rreko'xer] <g→j> **I.** *vt* **1.** (*buscar*) abholen; **te voy a ~ a la estación** ich hole dich vom Bahnhof ab; **recogen las cartas a las ocho** die Briefkästen werden um acht geleert **2.** (*coger*) einsammeln; (*ordenar*) aufräumen; (*guardar*) einräumen, wegräumen; **hazme el favor de ~ todas tus cosas** tu mir den Gefallen und räume alle deine Sachen weg; **recogió la ropa que el viento había extendido** er/sie sammelte die Wäsche ein, die der Wind verstreut hatte; **lo recogió del suelo** er/sie hob es vom Boden auf; **el profesor nos recogió las redacciones** der Lehrer sammelte unsere Aufsätze ein; **¡es hora de ~!** Feierabend!, Schluss für heute! **3.** (*juntar*) sammeln; **recogen firmas para obtener una subvención** sie sammeln Unterschriften, um eine Unterstützung zu bekommen; **en la regadera recojo el agua de lluvia** in der Gießkanne sammle ich das Regenwasser **4.** (*cosecha*) pflücken, ernten; **ya es hora de que recoja el fruto de su trabajo** es wird Zeit, dass er/sie die Früchte seiner/ihrer Arbeit erntet; **quien siembra vientos, recoge tempestades** (*prov*) wer Wind sät, wird Sturm ernten **5.** (*acoger*) aufnehmen; **recogió a un niño huérfano** er/sie nahm ein Waisenkind auf **6.** (*arremangar: vestido*) raffen; (*pantalón*) hochziehen **7.** (*cabello*) hochstecken **8.** (*enrollar, plegar: velas*) einholen; (*cortinas*) zusammenraffen **II.** *vr:* **~se 1.** (*a casa*) nach Hause gehen; (*a la cama*) ins Bett gehen **2.** (REL) sich sammeln

recogida [rreko'xiða] *f* Einsammeln *nt,* Abholen *nt;* **~ de basuras** [*o* **de residuos**] Abfallbeseitigung *f,* Abfallentsorgung *f;* **~ de beneficios** (FIN) Gewinnmitnahme *f;* **~ del correo** Briefkastenleerung *f;* **~ de equipajes** (AERO) Gepäckausgabe *f;* **~ selectiva de residuos** getrennte Abfallentsorgung; **la ~ de firmas sirvió de poco** das Unterschriftensammeln hat wenig genutzt

recogido[1] [rreko'xiðo] *m* **1.** (*pelo*) hochgestecktes Haar *nt* **2.** (*tela*) Hand *f* voll Stoffreste

recogido, -a[2] [rreko'xiðo, -a] *adj* **1.** (*acogedor*) gemütlich, heimelig **2.** (*retirado*) zurückgezogen

recogimiento [rrekoxi'mjen̩to] *m* (*devoción*) Andacht *f,* innere Sammlung *f;* (*retraimiento*) Zurückgezogenheit *f;* **oímos la misa con ~** wir haben andächtig die Messe gehört

recolar [rreko'lar] <o→ue> *vt* nochmals filtern

recolección [rrekoleɣ'θjon] *f* Ernte *f;* (*periodo*) Erntezeit *f*

recolectar [rrekolek'tar] *vt* **1.** (*cosas*) sammeln **2.** (*frutos*) ernten

recolector(a) [rrekolek'tor(a)] **I.** *adj* **1.** (*de dinero*) (ein)sammelnd **2.** (*de cosecha*) Ernte-, erntend **II.** *m(f)* **1.** (*de dinero*) Sammler(in) *m(f),* Einnehmer(in) *m(f)* **2.** (*cosechador*) Pflücker(in) *m(f)*

recoleto[1] [rreko'leto] *m* (in Klausur lebender) Mönch *m*

recoleto, -a[2] [rreko'leto, -a] *adj* zurückgezogen, einsam

recomendable [rrekomen̩'daβle] *adj* empfehlenswert, ratsam; **sería ~ que se leyeran una guía antes del viaje** es wäre ratsam, vor der Reise noch einen Reiseführer zu lesen

recomendación [rrekomen̩da'θjon] *f* **1.** (*consejo*) Empfehlung *f,* Rat(schlag) *m* **2.** (*enchufe*) Empfehlung *f;* **carta de ~** Empfehlungsschreiben *nt,* Empfehlungsbrief *m;* **con la ayuda de su ~** auf seine/ihre Empfehlungen hin; **por ~ de su médico** auf Empfehlung seines/ihres Arztes; **al ser hijo del alcalde tiene muchas recomendaciones** als Sohn des Bürgermeisters hat er gute Beziehungen

recomendado, -a [rrekomen̩'daðo, -a] **I.** *adj* empfohlen; (*precio*) unverbindlich; **precio de venta al público ~** (COM) unverbindliche Preisempfehlung, unverbindlicher Richtpreis **II.** *m, f* (*enchufado*) Protegé *m,* Schützling *m*

recomendar [rrekomen̩'dar] <e→ie> *vt* empfehlen; **nos recomendó no salir de casa** er/sie riet uns, nicht aus dem Haus zu gehen

recomendatorio, -a [rrekomen̩da'torjo, -a] *adj* Empfehlungs-

recomenzar [rrekomen̩'θar] *irr como empezar vt* nochmals anfangen (*a* zu +*inf*)

recomerse [rreko'merse] *vr* sich innerlich verzehren; **~se de envidia** vor Neid platzen; **se recome porque no lo invitaron** er kann es nicht verwinden, dass er nicht eingeladen worden ist

recompensa [rrekom'pensa] *f* Belohnung *f;* **se busca... : ~ 2000 dólares** gesucht ...: 2000 Dollar Belohnung; **ofrecer una ~ de 100 marcos por algo** eine Belohnung von 100 Mark für etw aussetzen; **¿es ésta la ~ a todos mis esfuerzos?** ist das der Dank für (all) meine Mühe?; **en ~ nos invitó al cine** als Belohnung [*o* Dank] lud er/sie uns ins Kino ein

recompensable [rrekompen'saβle] *adj* ausgleichbar, rekompensierbar; **lo que has hecho por nosotros es difícilmente ~** was du für uns getan hast, ist kaum angemessen zu belohnen

recompensación [rrekompensa'θjon] *f v.* **recompensa**

recompensar [rrekompen'sar] *vt* **1.** (*a alguien*) (be)lohnen (*de/por* für +*akk*); **~ de un daño** entschädigen; **fue recompensado por sus gastos** ihm wurden seine Auslagen vergütet **2.** (*un servicio*) vergüten

recomponer [rrekompo'ner] *irr como poner vt* reparieren, (wieder) instand [*o* in Stand] setzen

recomposición [rrekomposi'θjon] *f* (TIPO) Neusatz *m*

recompra [rre'kompra] *f* (COM) Wiederkauf *m,* Rückkauf *m*

reconcentración [rrekoṇθeṇtra'θjon] *f* Rückverflechtung *f*

reconcentrar [rrekoṇθeṇ'trar] **I.** *vt* konzentrieren (*en* auf +*akk*) **II.** *vr:* **~se** sich in Gedanken vertiefen; **~se en algo** sich auf etw konzentrieren, sich in etw vertiefen

reconciliable [rrekoṇθi'ljaβle] *adj* versöhnbar

reconciliación [rrekoṇθilja'θjon] *f* Versöhnung *f,* Aussöhnung *f;* **se dieron la mano en señal de ~** sie reichten sich die Hand zur Versöhnung

reconciliador(a) [rrekoṇθilja'ðor(a)] *adj* versöhnend, versöhnlich

reconciliar [rrekoṇθi'ljar] **I.** *vt* versöhnen, aussöhnen **II.** *vr:* **~se** sich versöhnen (*con* mit +*dat*)

reconcomerse [rrekoŋko'merse] *vr* (*fig: consumirse*) sich innerlich verzehren (*de* vor +*dat*)

reconcomio [rrekoŋ'komjo] *m sin pl* (*rencor*) Groll *m;* (*pena*) Gram *m*

recondenar [rrekoṇde'nar] *vt* erneut verurteilen

recóndito, -a [rre'koṇdito, -a] *adj* geheim, verborgen; **la casa está en lo más ~ del bosque** das Haus ist tief im Wald verborgen; **en lo más ~ de su corazón** im Innersten seines/ihres Herzens

reconducción [rrekoṇdu^{ɣ}'θjon] *f* **1.** (*dirigir*) Zurückführen *nt* **2.** (JUR) Verlängerung *f;* **~ de un contrato** Vertragsverlängerung *f*

reconducir [rrekoṇdu'θir] *irr como traducir vt* **1.** (*dirigir*) zurückführen **2.** (JUR: *un contrato*) verlängern

reconfortante [rrekoɱfor'taṇte] *adj* Trost bringend, tröstend

reconfortar [rrekoɱfor'tar] *vt* trösten, neuen Mut geben [*o* schenken] +*dat*

reconocer [rrekono'θer] *irr como crecer* **I.** *vt* **1.** (*identificar*) erkennen; **lo reconocí sin necesidad de que me dijera quién era** ich erkannte ihn, ohne dass er mir sagen musste, wer er war; **la reconocí por la voz** ich habe sie an der Stimme erkannt; **el pintor reconoció el cuadro como suyo** der Maler hat das Bild als seins erkannt **2.** (*admitir*) zugestehen, einräumen; **reconoció su error** er/sie gab seinen/ihren Fehler zu; **lo reconoció como** [*o* **por**] **hijo suyo** er hat ihn als seinen Sohn anerkannt **3.** (*examinar*) überprüfen; (MED) untersuchen **4.** (POL) anerkennen **5.** (MIL) aufklären **6.** (*advertir*) erkennen; **reconociendo que...** in der Erkenntnis, dass ... **II.** *vr:* **~se 1.** (*declararse*) sich bekennen; **se reconoció culpable** er/sie bekannte sich schuldig **2.** (*loc*): **no se reconoció a sí misma** sie kannte sich selbst nicht mehr; **no se reconoció en la novela** er/sie hat sich in dem Roman nicht wieder erkannt

reconocible [rrekono'θiβle] *adj* erkennbar

reconocido, -a [rrekono'θiðo, -a] *adj* **1.** (POL) anerkannt **2.** (*agradecido*) dankbar; **estoy muy ~ a esa fundación** ich bin dieser Stiftung sehr dankbar

reconocimiento [rrekonoθi'mjeṇto] *m* **1.** (POL) Anerkennung *f;* **el no ~ de Bosnia-Herzegovina** die Nichtanerkennung von Bosnien-Herzegowina **2.** (*exploración*) Erkundung *f;* **~ médico** ärztliche Untersuchung; **~ precoz** (MED) Früherkennung *f;* **vuelo de ~** Aufklärungsflug *m* **3.** (*gratitud*) Dankbarkeit *f;* **en ~ de mi labor** als Dank für meine Leistungen **4.** (INFOR): **~ de errores** Fehlererkennung *f;* **~ óptico de caracteres** optische Zeichenerkennung; **~ de voz** Spracherkennung *f*

reconquista [rrekoŋ'kista] *f* Wiedereroberung *f;* **la R~** (HIST) die Reconquista (*Rückeroberung Spaniens aus der Maurenherrschaft, 718–1492*)

reconquistar [rrekoŋkis'tar] *vt* (*t. fig*) zurückerobern, wiedergewinnen

reconsiderar [rrekonsiðe'rar] *vt* nachdenken (über +*akk*)

reconstitución [rreko^{n}stitu'θjon] *f* Wiederherstellung *f*

reconstituir [rreko^{n}stitu'ir] *irr como huir* **I.** *vt* **1.** (*restablecer*) neu gründen, wiederherstellen **2.** (*rehacer*) rekonstruieren, nachbilden; **el juez reconstituyó la escena** der Richter rekonstruierte die Szene; **~ una escena histórica** eine Szene historisch getreu nachbilden **3.** (MED) kräftigen **II.** *vr:* **~se** (*tejidos*) sich neu bilden

reconstituyente [rreko^{n}stitu'ɟeṇte] *m* (MED) Kräftigungsmittel *nt*

reconstrucción [rreko^{n}stru^{ɣ}'θjon] *f* **1.** (*país*) Wiederaufbau *m* **2.** (JUR) Rekonstruktion *f;* **~ de un** [*o* **del**] **crimen** Rekonstruktion des Tathergangs

reconstruir [rreko^{n}stru'ir] *irr como huir vt* **1.** (*reedificar*) wieder aufbauen, umbauen **2.** (JUR) rekonstruieren; **se reconstruyó el hecho en presencia del juez** der Fall wurde in Gegenwart des Richters rekonstruiert **3.** (*completar*) zusammenfügen; **reconstruyó el esqueleto a partir de un hueso** anhand eines Knochens bildete er/sie das ganze Skelett nach

recontar [rrekoṇ'tar] <o→ue> *vt* **1.** (*cantidad*) nachzählen; (*votos*) zählen **2.** (*cuento*) nacherzählen

recontra [rre'koṇtra] (*Am: fam*): **¡idiota! ¡que te ~!** Blödmann! selber Blödmann!

recontrabueno, -a [rrekoṇtra'βweno, -a] *adj* (*Am: fam*) echt gut

recontracaro, -a [rrekoṇtra'karo, -a] *adj* (*Am: fam*) total überteuert

reconvención [rrekombeṇ'θjon] *f* **1.** (*censura*) Vorwurf *m* **2.** (JUR) Widerklage *f;* **presentar una ~** eine Widerklage einreichen

reconvenir [rrekombe'nir] *irr como venir vt* **1.** (*reprender*) tadeln (*por* wegen +*gen*); **~ a alguien por algo** jdm Vorwürfe wegen etw machen **2.** (JUR) Gegenklage [*o* Widerklage] erheben (*contra* gegen +*akk*)

reconversión [rrekomber'sjon] *f* (*cambio*) Umstellung *f;* (*adaptación*) Anpassung *f;* ~ **industrial** Umstrukturierung *f* der Industrie; ~ **profesional** Umschulung *f*

reconvertir [rrekomber'tir] *irr como sentir vt* umstellen, umstrukturieren

Recopa [rre'kopa] *f* (DEP: *copa*) Pokal *m* der Pokalsieger; (*competición*) Pokalsiegerwettbewerb *m*

recopilación [rrekopila'θjon] *f* Zusammenstellung *f,* Sammlung *f;* **la R~** (HIST) *Sammlung von spanischen Gesetzen aus dem Jahre 1567;* **ese disco es una ~ de grandes éxitos de Dylan** diese Platte ist ein Album mit den [*o* eine Zusammenstellung der] größten Hits von Bob Dylan

recopilar [rrekopi'lar] *vt* zusammenstellen, sammeln

recórcholis [rre'kortʃolis] *interj* (*fam*) du meine Güte!, Donnerwetter noch einmal!

récord ['rrekor^{ð}] <récords> *m* (DEP: *t. fig*) Rekord *m;* ~ **mundial** Weltrekord *m;* ~ **de pérdidas/ganancias** Rekordverluste/-gewinne *mpl;* **batir el ~ de velocidad** den Geschwindigkeitsrekord brechen [*o* schlagen]; **establecer** [*o* **marcar**] **un ~** einen Rekord aufstellen; **este ha sido un año ~ en lo que a ventas se refiere** dies war ein Rekordjahr im Verkaufsbereich; **superar un ~ en un minuto** einen Rekord um eine Minute verbessern [*o* überbieten]

recordable [rrekor'ðaβle] *adj* (*que se puede recordar*) erinnerlich; (*digno de recordación*) erinnerungswert, erinnerungswürdig

recordar [rrekor'ðar] <o→ue> **I.** *vi, vt* **1.** (*acordarse*) sich erinnern (an +*akk*) **2.** (*traer a la memoria*) erinnern (an +*akk*), in Erinnerung bringen; (*semejar*) erinnern (*a* an +*akk*); **recuérdale a mamá que me traiga el libro** erinnere Mama daran, dass sie mir das Buch mitbringen soll; **este paisaje me recuerda (a) la Toscana** diese Landschaft erinnert mich an die Toskana; **si mal no recuerdo** wenn ich mich recht erinnere **II.** *vi, vr:* **~se** (*Arg, Méx: despertarse*) aufwachen **III.** *vr:* **~se** (*acordarse*) sich erinnern

recordatorio [rrekorða'torjo] *m* **1.** (*comunión*) Erinnerungskarte *f* zur Kommunion; (*fallecimiento*) Todesanzeige *f* **2.** (*advertencia*) Mahnung *f* (*de* an +*akk*)

recordman [rre'korman] <recordmen> *m* (DEP) Rekordler *m*

recordwoman [rrekor'woman] <recordwomen> *f* (DEP) Rekordlerin *f*

recorrer [rreko'rrer] *vt* **1.** (*atravesar*) durchqueren; (*viajar por*) bereisen; **ha recorrido Europa en bicicleta** er/sie hat Europa mit dem Fahrrad durchreist **2.** (*trayecto*) zurücklegen; **la máquina de vapor recorrió diez kilómetros** die Dampfmaschine legte zehn Kilometer zurück; **recorrimos tres kilómetros a pie** wir sind drei Kilometer zu Fuß gelaufen **3.** (*registrar*) überprüfen, durchsehen; **recorrió en vano el jardín de cabo a rabo** er/sie suchte vergeblich den ganzen Garten ab **4.** (*texto*) überlesen, durchblättern; ~ **con la vista** überfliegen

recorrida [rreko'rriða] *f* (*Arg*), **recorrido** [rreko'rriðo] *m* **1.** (*trayecto, itinerario*) Strecke *f;* (*a pie*) Wegstrecke *f;* (*en coche*) Fahrstrecke *f;* (*en tren*) Bahnstrecke *f;* **vuelo de corto/largo ~** Kurz-/Langstreckenflug *m;* **tren de largo ~** Fernzug *m* **2.** (*vuelta*) Tour *f;* **su ~ por la biblioteca le fue muy útil** sein/ihr Gang durch die Bibliothek war sehr ergiebig

recortable [rrekor'taβle] **I.** *adj* zum Ausschneiden; **muñeca ~** Anziehpuppe *f* **II.** *m* (*dibujo*) Bild *nt* zum Ausschneiden; (*figura*) Figur *f* zum Ausschneiden; (*cartulina*) Bogen *m* zum Ausschneiden

recortado, -a [rrekor'taðo, -a] *adj* ausgeschnitten; (*hoja*) ausgezackt; (*costa*) gezackt

recortar [rrekor'tar] **I.** *vt* **1.** (*figuras*) ausschneiden; (*barba, uñas*) schneiden; **recorta lo que sobre por los bordes** schneide ab, was übersteht **2.** (*fig: disminuir*) kürzen; ~ **el dividendo de las acciones** (FIN) die Aktiendividende kürzen; ~ **gastos** (ECON) Kosten abbauen, Ausgaben kürzen **II.** *vr:* **~se** sich abzeichnen; **el perfil de las montañas se recorta sobre el horizonte** die Silhouette der Berge zeichnet sich am Horizont ab

recorte [rre'korte] *m* **1.** (*periódico*) Ausschnitt *m* **2.** (*rebajamiento*) Kürzung *f;* ~ **de (los) gastos** (ECON) Kostenabbau *m;* ~ **de las prestaciones sociales** Kürzung der Sozialleistungen, Sozialabbau *m;* ~ **salarial** Lohnkürzung *f* **3.** *pl* Abfall *m;* **~s de papel** Papierschnitzel *mpl o ntpl;* **~s de tela** Stoffreste *mpl*

recoser [rreko'ser] *vt* nachnähen; (*zurcir*) flicken, ausbessern

recosido [rreko'siðo] *m* (*remiendo*) Flicken *m*

recostar [rrekos'tar] <o→ue> **I.** *vt* (*apoyar*) (auf)stützen (*en/sobre* auf +*akk*); (*inclinar*) (an)lehnen (*contra/en* an/gegen +*akk*); **recostó la espalda contra la columna** er/sie lehnte sich mit dem Rücken gegen die Säule; **el enfermo esperaba recostado en las almohadas** der Kranke wartete in seine Kissen gelehnt **II.** *vr:* **~se** (*inclinarse*) sich (an)lehnen (*contra/en* an/gegen +*akk*); (*apoyarse*) sich (auf)stützen (*en/sobre* auf +*akk*)

recova [rre'koβa] *f* **1.** (*CSur: arcadas*) Bogengang *m* **2.** (*And, Urug: mercado*) Lebensmittelmarkt *m*

recoveco [rreko'βeko] *m* **1.** (*escondrijo*) Schlupfwinkel *m,* Versteck *nt* **2.** (*falta de claridad*) Undurchschaubarkeit *f;* **sin ~** ehrlich; **persona con ~** undurchsichtige Person **3.** (*vuelta*) Biegung *f*

recreación [rrekrea'θjon] *f* **1.** (*reproducción*) Nachahmung *f* **2.** (*diversión*) Zerstreuung *f*, Zeitvertreib *m*

recrear [rrekre'ar] **I.** *vt* **1.** (*reproducir*) nachahmen; **quería ~ en su película esa época** er/sie wollte in seinem/ihrem Film diese Zeit nachstellen **2.** (*divertir*) amüsieren, unterhalten **II.** *vr:* **~se** sich zerstreuen, sich amüsieren; **en su soledad se recreaba con los recuerdos de la juventud** in seiner/ihrer Einsamkeit vertrieb er/sie sich die Zeit mit Erinnerungen an seine/ihre Jugend; **se recrea contemplando cuadros** er/sie schaut gern Bilder an

recreativo, **-a** [rrekrea'tiβo, -a] *adj* unterhaltsam, entspannend; (**salón de juegos**) **~s** Spielhölle *f*

recrecer [rrekre'θer] *irr como crecer* **I.** *vt* vergrößern **II.** *vi* **1.** (*aumentar*) sich vergrößern **2.** (*ocurrir de nuevo*) wieder geschehen **III.** *vr:* **~se** (*cobrar bríos*) wieder aufleben

recremento [rrekre'me̞nto] *m* (BIOL) Sekret *nt*, das wieder absorbiert wird

recreo [rre'kreo] *m* (Schul)pause *f*; **de ~** Freizeit-; **casa de ~** Wochenendhaus *nt*; **puerto de ~** Jachthafen *m*, Yachthafen *m*; **los niños salen al patio durante el ~** in der Pause gehen die Kinder auf den (Schul)hof

recriar [rrekri'ar] <*1. pres:* recrío> *vt* (Tiere) mästen

recriminación [rrekrimina'θjon] *f* **1.** (*reproche*) Vorwurf *m* **2.** (*acusación*) Beschuldigung *f*, Verdächtigung *f*

recriminador(a) [rrekrimina'ðor(a)] *m(f)* Beschuldiger(in) *m(f)*

recriminar [rrekrimi'nar] *vt* **1.** (*reprochar*) Vorwürfe machen *+dat* **2.** (*acusar*) beschuldigen

recriminatorio, **-a** [rrekrimina'torjo, -a] *adj* (*con reproches*) vorwurfsvoll; (*acusando*) beschuldigend

recristalización [rrekristaliθa'θjon] *f* **1.** (GEO) Neukristallisation *f*, Rekristallisation *f* **2.** (QUÍM) Kristallerholung *f*

recrudecer [rrekruðe'θer] *irr como crecer vi, vr:* **~se** sich verschärfen, sich verschlimmern

recrudecimiento [rrekruðeθi'mje̞nto] *m* Verschlimmerung *f*; (*combate*) Verschärfung *f*

recta ['rrekta] *f* Gerade *f*, gerade Linie *f*; **traza una ~ con la regla** zieh eine Linie mit dem Lineal; **entrar en la ~ final** (DEP: *t. fig*) in die Zielgerade einlaufen

rectal [rrek'tal] *adj* (ANAT) rektal

rectamente [rrekta'me̞nte] *adv* (*honradamente*) redlich

rectangular [rrektaŋgu'lar] *adj* rechteckig

rectángulo[1] [rrek'taŋgulo] *m* (MAT) Rechteck *nt*

rectángulo, **-a**[2] [rrek'taŋgulo, -a] *adj* rechtwinklig; **un triángulo ~** ein rechtwinkliges Dreieck

rectificable [rrektifi'kaβle] *adj* **1.** (*corregible*) korrigierbar **2.** (MAT, QUÍM) rektifizierbar

rectificación [rrektifika'θjon] *f* **1.** (*corrección*) Berichtigung *f*, Verbesserung *f* **2.** (*pieza*) Schleifen *nt* **3.** (MAT, QUÍM) Rektifikation *f* **4.** (*corriente*) Gleichrichtung *f*

rectificado [rrektifi'kaðo] *m* **1.** (TÉC) Schleifen *nt* **2.** (AUTO) Ausrichtung *f*

rectificador[1] [rrektifika'ðor] *m* Gleichrichter *m*

rectificador(a)[2] [rrektifika'ðor(a)] *adj* berichtigend

rectificadora [rrektifika'ðora] *f* Schleifmaschine *f*

rectificar [rrektifi'kar] <c→qu> *vt* **1.** (*corregir*) berichtigen, verbessern; **lo interrumpió para ~lo** er/sie unterbrach ihn, um ihn zu verbessern; **rectificó a tiempo** er/sie hat sich noch rechtzeitig besonnen **2.** (*carretera*) begradigen **3.** (*pieza*) (fein) schleifen **4.** (MAT, QUÍM) rektifizieren **5.** (*corriente*) gleichrichten

rectilíneo, **-a** [rrekti'lineo, -a] *adj* **1.** (*forma*) geradlinig **2.** (*persona*) streng

rectitis [rrek'titis] *f inv* (MED) Mastdarmentzündung *f*

rectitud [rrekti'tu^ð] *f* (*honradez*) Aufrichtigkeit *f*, Rechtschaffenheit *f*

recto[1] ['rrekto] *m* (ANAT) Mastdarm *m*

recto, **-a**[2] ['rrekto, -a] *adj* **1.** (*t.* MAT: *forma*) gerade; **ángulo ~** rechter Winkel; **intestino ~** (ANAT) Mastdarm *m*; **línea recta** gerade Linie, Gerade *f*; **la silla tiene el respaldo ~** der Stuhl hat eine gerade Lehne; **poner ~ a algo** (*fig*) etw flott machen **2.** (*sin desviarse*) geradewegs; (*dirección*) geradeaus; **la flecha fue recta a clavarse en el blanco** der Pfeil flog genau ins Weiße; **siga todo ~** gehen Sie geradeaus weiter **3.** (*honrado*) rechtschaffen

rector(a) [rrek'tor(a)] **I.** *adj* leitend **II.** *m(f)* Rektor(in) *m(f)*

rectorado [rrekto'raðo] *m* Rektorat *nt*

rectoral [rrekto'ral] *adj* Rektor-; **sala ~** Rektorzimmer *nt*

rectorar [rrekto'rar] *vt* leiten

rectoría [rrekto'ria] *f* **1.** (*rectorado*) Rektorat *nt* **2.** (REL) Pfarrhaus *nt*

rectoscopia [rrektos'kopja] *f* (MED) Rektoskopie *f*

recua ['rrekwa] *f* Herde *f* (*von Lasttieren*); **con él llegó toda su ~ de amigos** (*fam*) mit ihm kam seine ganze Horde von Freunden

recuadro [rre'kwaðro] *m* (*casilla*) (Schrift)feld *nt*, Kästchen *nt*; (TIPO) Linienumrandung *f*

recuarta [rre'kwarta] *f* (MÚS) vierte Gitarrensaite *f*

recubierto [rreku'βjerto] *pp de* **recubrir**

recubrimiento [rrekuβri'mje̞nto] *m* Beschichtung *f*

recubrir [rreku'βrir] *irr como abrir vt* überziehen, überdecken; (*alambre*) umspinnen; **el óxido recubre la hoja del cuchillo** die Messerklinge ist mit Rost überzogen

recuelo [rre'kwelo] *m* Kaffee *m* aus bereits gebrühtem Kaffeesatz

recuento [rre'kwe̞nto] *m* Nachzählung *f*; ~

de votos Stimmenauszählung *f*

recuerdo [rre'kwerðo] *m* **1.** (*evocación*) Erinnerung *f;* **en** [*o* **como**] ~ **de nuestro encuentro** zum Andenken an unsere Begegnung; **traer al** ~ in Erinnerung bringen, ins Gedächtnis rufen; **tener un buen** ~ **de algo** etw in guter Erinnerung haben **2.** (*de un viaje*) Souvenir *nt,* Reiseandenken *nt;* ~ **de Madrid** Souvenir aus Madrid **3.** *pl* (*saludos*) Grüße *mpl;* **dale muchos ~s de mi parte** sag [*o* bestell] ihm/ihr viele Grüße von mir; **María te manda muchos ~s** Maria lässt dich herzlich grüßen

recuestar [rrekwes'tar] *vt* fordern

recular [rreku'lar] *vi* **1.** (*retroceder*) zurückweichen; (*automóvil*) rückwärts fahren; (*para aparcar*) (rückwärts) einparken **2.** (*fam: ceder*) nachgeben, klein beigeben

reculón, -ona [rreku'lon, -ona] *adj* (TAUR) *Stier, der bei Herausforderung des Stierkämpfers zurückweicht;* **a reculones** (*fam*) rückwärts hüpfend

reculones [rreku'lones]: **a** ~ (*fam*) rückwärts, im Krebsgang

recuperable [rrekupe'raβle] *adj* (zu)rückgewinnbar; (*material*) wieder verwertbar; **no** ~ (*estado*) nicht wiederherstellbar; (*material*) nicht wieder verwertbar

recuperación [rrekupera'θjon] *f* **1.** (*recobrar*) Wiedergewinnung *f,* Wiederbeschaffung *f;* ~ **de datos** (INFOR) Datenwiederherstellung *f;* ~ **de errores** (INFOR) Fehlerbeseitigung *f;* ~ **de (la) información** (INFOR) Informationsgewinnung *f* **2.** (ECON) Aufschwung *m,* Aufwärtstrend *m;* ~ **de las cotizaciones** Kurserholung *f;* ~ **coyuntural** Konjunkturerholung *f;* **la** ~ **de los precios** das Wiederanziehen der Preise; **la** ~ **económica se hace esperar** der wirtschaftliche Aufschwung lässt auf sich warten **3.** (*enfermo*) Erholung *f,* Genesung *f* **4.** (*materiales*) Rückgewinnung *f,* Recycling *nt;* ~ **de grasas** (QUÍM) Fettrückgewinnung *f* **5.** (*asignatura*) Bestehen *nt;* **examen de** ~ Wiederholungsklausur *f* **6.** (*rescate*) Bergung *f*

recuperar [rrekupe'rar] **I.** *vt* **1.** (*recobrar*) wiedererlangen, zurückgewinnen; (MIL) zurückerobern; ~ **la rentabilidad** (ECON) die Rentabilität wiedererlangen **2.** (*tiempo*) nachholen, einholen **3.** (*papel, hierro*) wieder verwerten **4.** (*rescatar*) bergen, ausgraben **5.** (*asignatura*) (im zweiten Anlauf) bestehen; **mi hijo no recuperó la física en el examen de septiembre** mein Sohn ist bei der Physikprüfung auch im zweiten Anlauf im September durchgefallen **II.** *vr:* **~se** sich erholen; **el mercado se recupera** der Markt erholt sich

recurrencia [rreku'rreṇθja] *f* (MAT) Rekursion *f*

recurrente [rreku'rreṇte] **I.** *adj* **1.** (*trayectoria*) rückläufig **2.** (*enfermedad*) rückfällig; **fiebre** ~ Rückfallfieber *nt* **II.** *mf* Antragsteller(in) *m(f);* (JUR) Rechtsmittelkläger(in) *m(f)*

recurrible [rreku'rriβle] *adj* (JUR) anfechtbar, rechtsmittelfähig

recurrir [rreku'rrir] *vi* **1.** (JUR) Beschwerde [*o* Rechtsmittel] einlegen (*contra* gegen *+akk*) **2.** (*dirigirse*) sich wenden (*a* an *+akk*); (*acudir*) zurückgreifen (*a* auf *+akk*); ~ **a la justicia** den Rechtsweg beschreiten; ~ **a todos los medios** alle Hebel in Bewegung setzen; **no tener a quien** ~ niemanden haben, an den man sich wenden kann; **si no me paga ~é a un abogado** wenn er/sie nicht zahlt, werde ich einen Anwalt einschalten

recursivo, -a [rrekur'siβo, -a] *adj* (INFOR, LING) rekursiv

recurso [rre'kurso] *m* **1.** (JUR) Berufung *f,* Rekurs *m;* ~ **de amparo** Verfassungsbeschwerde *f;* ~ **de apelación** Berufung *f,* Berufungsverfahren *nt;* ~ **de casación** Kassationsklage *f;* ~ **contencioso administrativo** verwaltungsgerichtliche Klage; ~ **de inconstitucionalidad** Normenkontrollverfahren *nt;* ~ **de nulidad** Nichtigkeitsklage *f;* ~ **de queja** Beschwerde *f;* ~ **de reposición** Widerspruch im Steuerverfahren; **interponer un** ~ **contra la sentencia** gegen das Urteil Einspruch erheben **2.** (*remedio*) Hilfe *f;* (*expediente*) Zuflucht *f;* **no me queda otro** ~ **que...** es bleibt mir nichts anderes übrig als ... **3.** *pl* (*bienes*) Mittel *ntpl;* **~s ajenos** Fremdmittel *ntpl;* **~s crediticios** (FIN) Kreditmittel *ntpl;* **~s económicos** finanzielle Mittel; **~s propios** Eigenkapital *nt,* eigene Mittel; **~s públicos** (FIN) öffentliche Gelder *pl,* Mittel der öffentlichen Hand; **las familias sin ~s serán ayudadas** den mittellosen Familien soll geholfen werden; **sus ~s son escasos** seine/ihre Mittel sind beschränkt **4.** *pl* (*reservas*) Vorräte *mpl,* Ressourcen *fpl;* **~s naturales** natürliche Ressourcen; **~s hídricos/petrolíferos** Wasser-/Ölvorräte *mpl;* **el país cuenta con abundantes ~s minerales** das Land ist reich an Bodenschätzen **5.** (INFOR): ~ **de sistema** Systemressource *f* **6.** (*loc*): **ser una persona de ~s** ein findiger Kopf sein

recusable [rreku'saβle] *adj* ablehnbar; (*reprochable*) verwerflich

recusación [rrekusa'θjon] *f* (*t.* JUR) Ablehnung *f*

recusar [rreku'sar] *vt* zurückweisen; (*t.* JUR) ablehnen

red [rre^{ð}] *f* **1.** (*malla*) Netz *nt;* (*para pescar*) Fischernetz *nt;* (*para pájaros*) Vogelnetz *nt;* (*para mariposas*) Schmetterlingsnetz *nt;* ~ **de arrastre** Schleppnetz *nt;* **echar las ~es** die Netze auswerfen **2.** (*t.* ELEC, INFOR: *sistema*) Netz *nt;* (ECON) Netzwerk *nt;* ~ **C** (TEL) C-Netz *nt;* ~ **de área local** (INFOR) lokales Netzwerk; ~ **comercial** Vertriebsnetz *nt;* ~ **de datos** Datennetz *nt;* **R~ Digital de Servicios Integrados** (TEL) ISDN-Netz *nt;* ~ **de distribución** Verteilernetz *nt;* ~ **local** lokales Netzwerk; ~ **de ordenadores** (INFOR) Computernetz *nt;* ~ **telefónica** Telefonnetz *nt;* ~ **vial** [*o* **de carreteras**] Straßennetz *nt;* **han desarticulado una** ~ **de carteristas** sie haben einen Ring von Taschendieben zerschlagen **3.** (*ardid*) Falle *f,* Schlinge *f;* **caer en la** ~ in die Falle gehen

redacción [rreðaʸ'θjon] *f* **1.** (ENS) Aufsatz *m* **2.** (PREN) Redaktion *f;* **consejo de** ~ Schriftleitung *f;* **jefe de** ~ Redaktionsleiter *m,* Chefredakteur *m* **3.** (*enunciado*) Abfassung *f,* Wortlaut *m*

redactar [rreðak'tar] *vt* verfassen; (PREN) redigieren; (*carta, documento*) aufsetzen; ~ **actas** Urkunden aufsetzen [*o* ausfertigen]; ~ **una carta/una obra/un artículo** einen Brief/ein Werk/einen Artikel verfassen; ~ **un testamento** ein Testament abfassen; ~ **un contrato** einen Vertrag aufsetzen

redactor(a) [rreðak'tor(a)] *m(f)* Verfasser(in) *m(f);* (PREN) Redakteur(in) *m(f);* ~ **jefe** Chefredakteur *m*

redada [rre'ðaða] *f* **1.** (*de la policía*) Razzia *f* **2.** (*pescado, t. fig*) Fischzug *m*

redaño [rre'ðaɲo] *m* **1.** (ANAT) Gekröse *nt* **2.** (*loc*): **tener muchos** ~**s** Mut haben

redargüir [rreðar'ɣwir] *irr como huir vt* widerlegen; (JUR) anfechten, zurückweisen

redecilla [rreðe'θiʎa] *f* **1.** *dim de* **red** **2.** (*pelo*) Haarnetz *nt* **3.** (*equipaje*) Gepäcknetz *nt* **4.** (ZOOL) Netzmagen *m*

redecir [rreðe'θir] *irr como decir vt* mit Nachdruck wiederholen; **te lo digo y te lo redigo: te equivocas** und ich sage es dir noch einmal: Du irrst dich

rededor [rreðe'ðor] *m:* **al** [*o* **en**] ~ ringsherum; **al** ~ **de la casa** rings um das Haus, um das Haus herum

redefinir [rreðefi'nir] *vt* neu definieren, neu bestimmen

redemocratización [rreðemokratiθa'θjon] *f* Wiederherstellung *f* der Demokratie

redención [rreðen̩'θjon] *f* **1.** (REL) Erlösung *f* **2.** (*cautivo*) Loskauf *m,* Befreiung *f* **3.** (*finca*) Ablösung *f*

redentor(a) [rreðen̩'tor(a)] *m(f)* Erlöser(in) *m(f),* Retter(in) *m(f);* **El R**~ (REL) der Erlöser

redescontar [rreðeskon̩'tar] <o→ue> *vt* (ECON) rediskontieren

redescubrir [rreðesku'βrir] *vt* wieder entdecken, neu entdecken

redescuento [rreðes'kwen̩to] *m* (ECON) nachträglicher Preisnachlass *m,* Rediskont *m*

redhibir [rreði'βir] *vt* (JUR) wegen Mängel den Kauf rückgängig machen

redhibitorio, -a [rreðiβi'torjo, -a] *adj* (JUR) zur Wandlung berechtigend; **vicio** ~ (verborgener) Sachmangel *m*

redicho, -a [rre'ðitʃo, -a] *adj* (*fam*) affektiert, gekünstelt

rediez [rre'ðjeθ] *interj* (*fam*) *v.* **rediós**

redil [rre'ðil] *m* Pferch *m;* **volver al** ~ (*fig*) wieder auf den rechten Weg kommen

redimensionar [rreðimensjo'nar] *vt* anpassen

redimible [rreði'miβle] *adj* **1.** (REL) erlösbar **2.** (*finca*) ablösbar

redimir [rreði'mir] **I.** *vt* **1.** (REL) erlösen **2.** (*esclavo*) befreien, loskaufen **3.** (*finca*) ablösen; ~ **una hipoteca** (FIN) eine Hypothek zurückzahlen **II.** *vr:* ~**se** sich befreien

rediós [rre'ðjos] *interj* (*fam*) oh Gott!, meine Güte!

redistribución [rreðistriβu'θjon] *f* (ECON) Umverteilung *f;* ~ **de la renta** Einkommensumverteilung *f*

redistribuir [rreðistri'βwir] *irr como huir vt* umverteilen; ~ **la riqueza** den Wohlstand umverteilen

rédito ['rreðito] *m* (ECON) Zinsen *mpl,* Rendite *f,* Kapitalertrag *m;* **esa cantidad nos da 3000 pesetas de** ~**s** dieser Betrag bringt uns 3000 Peseten Zinsen

redituable [rreðitu'aβle] *adj* (ECON) nutzbringend, ertragreich

reditual [rreðitu'al] *adj* (ECON) regelmäßig Nutzen abwerfend [*o* bringend]

redituar [rreðitu'ar] <*3. pres:* **reditúa**> *vt* bringen, abwerfen

redivivo, -a [rreði'βiβo, -a] *adj:* **este niño es su padre** ~ dieses Kind ist seinem (verstorbenen) Vater wie aus dem Gesicht geschnitten

redoblado, -a [rreðo'βlaðo, -a] *adj* (*doble*) verdoppelt; (*robusto*) verstärkt

redoblante[1] [rreðo'βlan̩te] *m* (*tambor*) Trommel *f*

redoblante[2] [rreðo'βlan̩te] *mf* (*músico*) Trommler(in) *m(f)*

redoblar [rreðo'βlar] **I.** *vt* **1.** (*aumentar*) verdoppeln **2.** (*clavo*) umbiegen **II.** *vi* (*tambor*) einen Trommelwirbel schlagen; (*tormenta, t. fig*) heftiger werden

redoble [rre'ðoβle] *m* (MÚS) (Trommel)wirbel *m*

redoblegar [rreðoβle'ɣar] <g→gu> *vt* (*doblegar*) biegen; (*redoblar*) verdoppeln

redoma [rre'ðoma] *f* Phiole *f*

redomado, -a [rreðo'maðo, -a] *adj* äußerst schlau, gerissen; **es una mentirosa redomada** sie ist eine durchtriebene Lügnerin

redomón [rreðo'mon] *adj* (*AmS*) nicht ganz gezähmt (*Pferd*)

redonda [rre'ðon̩da] *f* **1.** (*dehesa*) Aue *f;* **no hay casas en tres kilómetros a la** ~ im Umkreis von drei Kilometern gibt es keine Häuser **2.** (MÚS) ganze Note *f*

redondamente [rreðon̩da'men̩te] *adv* **1.** (*alrededor*) rundherum **2.** (*categóricamente*) rundheraus

redondear [rreðon̩de'ar] *vt* (ab)runden; ~ **por defecto/por exceso** ab-/aufrunden

redondel [rreðon̩'del] *m* Kreis *m,* Kringel *m;* **dibujaron un** ~ **en la arena** sie zeichneten einen Kreis in den Sand

redondela [rreðon̩'dela] *f* **1.** (*Arg, Chil: objeto circular*) kreisförmiges Objekt *nt* **2.** (*Chil: fam: círculo*) Kreis *m*

redondez [rreðon̩'deθ] *f* Rundung *f;* **en toda la ~ de la Tierra** auf dem ganzen Erdenrund

redondilla [rreðon̩'diʎa] *f* **1.** (LIT) *vierzeilige Strophe mit Doppelreim* **2.** (TIPO) runde Schrift *f*

redondo¹ [rre'ðon̩do] *m* **1.** (*carne*) Frikandeau *nt* **2.** *pl* (*acero*) Rundstahl *m*

redondo, -a² [rre'ðon̩do, -a] *adj* (*circular*) rund; (*redondeado*) abgerundet; **letra redonda** runde Schrift; **en números ~s** in runden Zahlen; **me miró con unos ojos ~s como platos** er/sie starrte mich (mit offenem Mund) an; **hacer un negocio ~** ein gutes Geschäft machen; **se cayó ~** (*derrumbarse*) er/sie ist der Länge nach hingefallen; (*quedarse mudo*) ihm/ihr blieb die Sprache weg; **se ha negado en ~** er/sie hat sich rundheraus geweigert

redopelo [rreðo'pelo] *m* **1.** (*tela*) Gegenstrich *m;* **a(l) ~** gegen den Strich **2.** (*pelea*) Streit *m* (*unter Jugendlichen*)

redor [rre'ðor] *m:* **todas las casas en ~** alle Häuser ringsherum

redrojo [rre'ðroxo] *m* **1.** (*racimos*) Spätfrucht *f* (*an der Rebe verbliebene kleine Weintrauben*) **2.** (*fruto tardío*) späte Frucht *f* **3.** (*fam: muchacho que medra poco*) Schwächling *m*

reducción [rreðuʸ'θjon] *f* **1.** (*disminución, t.* HIST, QUÍM) Reduktion *f;* (*precios*) Senkung *f;* (*rebaja*) Rabatt *m;* **~ de gastos** Kosteneinsparung *f,* Kostensenkung *f;* **~ de la jornada laboral** Arbeitszeitverkürzung *f;* **~ de personal** Personalabbau *m;* **~ de tropas** Truppenabbau *m* **2.** (ECON) Kürzung *f;* (JUR) Minderung *f;* **~ de la base imponible** Senkung der Steuerbemessungsgrundlage; **~ de capital** Kapitalherabsetzung *f,* Kapitalschnitt *m;* **~ de la carga impositiva** Minderung der Steuerlast; **~ de los complementos salariales** Kürzung der Gehaltszulagen; **~ de la demanda** Nachfrageschwächung *f;* **~ del gasto público** Kürzung der öffentlichen Ausgaben; **~ de un tipo impositivo** Steuersenkung *f* **3.** (*fotografía, dibujo*) Verkleinerung *f* **4.** (FÍS, MAT) Reduktion *f,* Umrechnung *f;* **~ de quebrados** Bruchkürzung *f;* **tabla de ~** Umrechnungstabelle *f* **5.** (*hernia, fractura*) Einrenken *nt*

reduccionismo [rreðuʸθjo'nismo] *m sin pl* Reduktionismus *m*

reduccionista [rreðuʸθjo'nista] *adj* reduktionistisch

reducible [rreðu'θiβle] *adj* reduzierbar; (MAT) reduzibel, zerlegbar

reducido, -a [rreðu'θiðo, -a] *adj* klein; (*estrecho*) eng; (*precio*) ermäßigt, niedrig; **a precios ~s** zu herabgesetzten Preisen; **a escala reducida** in verkleinertem Maßstab

reducidor(a) [rreðuθi'ðor(a)] *m(f)* (*AmS: perista*) Hehler(in) *m(f)*

reducir [rreðu'θir] *irr como traducir* **I.** *vt* **1.** (*disminuir*) reduzieren, verringern; (*personal*) abbauen; (*gastos*) senken; (*precios*) herabsetzen, ermäßigen; **~ a la mitad** auf die Hälfte zurückschrauben; **~ el paro** die Arbeitslosigkeit abbauen; **~ el plazo de un crédito** die Laufzeit eines Kredites verringern; **~ la plantilla** (ECON) die Belegschaft abbauen; **~ las prestaciones sociales** die Sozialleistungen kürzen, Sozialabbau betreiben **2.** (*foto, dibujo*) verkleinern; **~ de escala** in einem kleineren Maßstab wiedergeben **3.** (*someter*) unterwerfen; **la policía redujo al agresor** die Polizei überwältigte den Täter **4.** (*convertir*) verwandeln (*a* in *+akk*); **el fuego redujo la casa a cenizas** bei dem Feuer verbrannte das Haus völlig; **~/quedar reducido a escombros** in Schutt und Asche legen/liegen; **~ al absurdo algo** etw ad absurdum führen **5.** (*limitar*) beschränken (*a* auf *+akk*); **redujo su intervención a la lectura de un texto** er/sie beschränkte seinen/ihren Beitrag darauf, einen Text vorzulesen **6.** (*resumir*) zusammenfassen; **redujeron el artículo por motivos de espacio** der Artikel wurde aus Platzgründen gekürzt **7.** (*salsa*) einkochen lassen **8.** (MED: *hueso*) einrenken **9.** (MAT) umrechnen; **~ al común denominador** (*t. fig*) auf einen gemeinsamen Nenner bringen **10.** (QUÍM) reduzieren **II.** *vi* (AUTO) zurückschalten; **al llegar a la curva reduces** in der Kurve schaltest du zurück **III.** *vr:* **~se** sich beschränken (*a* auf *+akk*); **en su explicación se redujo a darnos una visión general** in seiner/ihrer Ausführung hat er/sie sich darauf beschränkt, uns einen allgemeinen Eindruck zu vermitteln

reductible [rreðuk'tiβle] *adj v.* **reducible**

reducto [rre'ðukto] *m* Bollwerk *nt*

reductor¹ [rreðuk'tor] *m* (QUÍM) Reduktionsmittel *nt*

reductor(a)² [rreðuk'tor(a)] *adj* reduzierend; (QUÍM) reduktiv, Reduktions-

redundancia [rreðun̩'dan̩θja] *f* Redundanz *f*

redundante [rreðun̩'dan̩te] *adj* überflüssig, redundant

redundar [rreðun̩'dar] *vi:* **eso redunda en beneficio** [*o* **provecho**] **nuestro** das liegt in unserem eigenen Interesse; **eso redunda en beneficio de todos** das wirkt sich vorteilhaft für alle aus; **eso ~á en perjuicio vuestro** das wird unangenehme [*o* schlimme] Folgen für euch haben

reduplicación [rreðuplika'θjon] *f* Verdopp(e)lung *f;* (LING) Reduplikation *f*

reduplicar [rreðupli'kar] <c→qu> *vt* verdoppeln; (LING) reduplizieren

reduvio [rre'ðuβjo] *m* (ZOOL) Staubwanze *f,* Kotwanze *f*

reedición [rre(e)ði'θjon] *f* Neuauflage *f,* Neuausgabe *f*

reedificación [rre(e)ðifika'θjon] *f* Wiederaufbau *m*

reedificador(a) [rreðifika'ðor(a)] **I.** *adj* wieder aufbauend **II.** *m(f)* Wiederaufbauer(in)

R

m(f)

reedificar [rre(e)ðifi'kar] <c→qu> *vt* wieder aufbauen

reeditar [rre(e)ði'tar] *vt* neu herausgeben, neu auflegen

reeducación [rre(e)ðuka'θjon] *f* (MED: *rehabilitación*) Krankengymnastik *f*, Heilgymnastik *f*

reeducar [rre(e)ðu'kar] <c→qu> *vt* heilgymnastisch behandeln

reelaboración [rre(e)laβora'θjon] *f* Wiederverarbeitung *f*

reelaborar [rre(e)laβo'rar] *vt* wieder verarbeiten

reelección [rre(e)leˠ'θjon] *f* (POL) Wiederwahl *f*

reelecto, -a [rre(e)'lekto, -a] *adj* wieder gewählt

reelegible [rre(e)le'xiβle] *adj* wieder wählbar

reelegir [rre(e)le'xir] *irr como elegir vt* (POL) wieder wählen

reembarcar [rre(e)mbar'kar] <c→qu> *vt* wieder verschiffen

reembarque [rre(e)m'barke] *m* Wiederverschiffung *f*

reembolsable [rre(e)mbol'saβle] *adj* (FIN) rückzahlbar, tilgbar; **depósito** ~ rückzahlbare Einlage; **préstamo** ~ ablösbarer Kredit

reembolsar [rre(e)mbol'sar] *vt* zurückzahlen, zurückerstatten; ~ **una deuda** eine Schuld tilgen; **me ~on los gastos de viaje** man hat mir die Reisekosten zurückerstattet

reembolso [rre(e)m'bolso] *m* (*devolución*) Rückerstattung *f*, Rückzahlung *f*; ~ **de gastos** Auslagenerstattung *f*, Unkostenvergütung *f*; **~s fiscales** Steuerrückerstattungen *fpl*; **cláusula de** ~ Rückzahlungsklausel *f*; **me enviarán el paquete contra** ~ ich bekomme das Paket per Nachnahme geschickt

reemisor [rre(e)mi'sor] *m* (ELEC) Relaisstation *f*

reemplazable [rre(e)mpla'θaβle] *adj* ersetzbar

reemplazante [rre(e)mpla'θan̪te] *mf* (*Méx*) Stellvertreter(in) *m(f)*

reemplazar [rre(e)mpla'θar] <z→c> *vt* ersetzen; (*representar*) vertreten; **hay que ~ esta pieza por esta otra** man muss dieses Teil durch dieses andere ersetzen

reemplazo [rre(e)m'plaθo] *m* (*sustitución*) Ersatz *m*, Austausch *m*; (DEP) Auswechseln *nt*; (MIL: *acción*) *regelmäßiges Austauschen der Soldaten einer Armee*; (*tropas*) Reserve *f*; **ser del mismo** ~ demselben Jahrgang angehören

reemprender [rre(e)mpren̪'der] *vt* wieder aufnehmen

reencarnación [rre(e)ŋkarna'θjon] *f* (REL) Reinkarnation *f*

reencarnar [rre(e)ŋkar'nar] *vi, vr:* **~se** wieder geboren werden

reencauchar [rre(e)ŋkau̯'ʧar] *vt* (*Col, Perú:* AUTO) aufvulkanisieren, runderneuern

reencontrar [rre(e)ŋkon̪'trar] <o→ue> *vt, vr:* **~se** (sich) wieder treffen; **nos reencontramos diez años después** wir haben uns zehn Jahre danach wieder getroffen

reencuadernar [rre(e)ŋkwaðer'nar] *vt* (TIPO) neu einbinden

reencuentro [rre(e)ŋ'kwen̪tro] *m* **1.** (*encuentro*) Wiederbegegnung *f*, erneutes Zusammentreffen *nt*; **un ~ largamente esperado** ein lang ersehntes Wiedersehen **2.** (*choque*) Zusammenstoß *m* **3.** (MIL) Gefecht *nt*

reenganchar [rre(e)ŋgan'ʧar] **I.** *vt* wieder anwerben **II.** *vr:* **~se 1.** (MIL) sich weiter verpflichten **2.** (*fig: droga*) wieder süchtig werden

reensayar [rre(e)nsa'ɟar] *vt* nochmals einüben [*o* proben]

reensayo [rre(e)n'saɟo] *m* zweite Probe *f*

reenviar [rre(e)mbi'ar] <*1. pres:* **reenvío**> *vt* (*al remitente*) zurückschicken (*a* an +*akk*); (*a un nuevo destinatario*) weitersenden (*a* an +*akk*), weiterbefördern (*a* an +*akk*)

reenvidar [rre(e)mbi'ðar] *vt* (beim Spiel) überbieten

reenvío [rre(e)m'bio] *m* (*al remitente*) Rücksendung *f* (*a* an +*akk*); (*a un nuevo destinatario*) Weitersendung *f* (*a* an +*akk*)

reenvite [rre(e)m'bite] *m* (*en juegos*) Überbieten *nt*

reestrenar [rre(e)stre'nar] *vt* wieder aufführen

reestreno [rre(e)s'treno] *m* Wiederaufführung *f*

reestructuración [rre(e)struktura'θjon] *f* (ECON) Umstrukturierung *f*; ~ **financiera** finanzielle Umstrukturierung

reestructurar [rre(e)struktu'rar] *vt* umstrukturieren

reevaluación [rre(e)βalwa'θjon] *f* Neubewertung *f*

reevaluar [rre(e)βalu'ar] <*1. pres:* **reevalúo**> *vt* neu bewerten

reexaminación [rre(e)ˠsamina'θjon] *f* Wiederholungsprüfung *f*

reexaminar [rre(e)ˠsami'nar] *vt* überprüfen

reexpedición [rre(e)speði'θjon] *f* (*al remitente*) Rücksendung *f* (*a* an +*akk*); (*a un nuevo destinatario*) Weiterbeförderung *f* (*a* an +*akk*)

reexpedir [rre(e)espe'ðir] *irr como pedir vt* (*al remitente*) zurückschicken (*a* an +*akk*); (*a un nuevo destinatario*) weitersenden (*a* an +*akk*); **¡reexpídase a manos del destinatario!** bitte nachsenden!

reexportación [rre(e)esporta'θjon] *f* (COM) Wiederausfuhr *f*, Reexport *m*

reexportar [rre(e)espor'tar] *vt* wieder ausführen (*a* nach +*dat*), reexportieren (*a* nach +*dat*)

ref [rref] *f abr de* **referencia** Ref

refacción [rrefaˠ'θjon] *f* Imbiss *m*, Stärkung *f*

refaccionar [rrefaˠθjo'nar] *vt* (*Am: edifi-*

cios) renovieren, restaurieren

refaccionaria [rrefa^{Y}θjo'narja] *f* (*Méx:* COM) Ersatzteilladen *m*

refajo [rre'faxo] *m* (*de tela gruesa*) Flanellrock *m;* (*combinación*) Unterrock *m*

refectorio [rrefek'torjo] *m* Refektorium *nt,* Speisesaal *m*

referencia [rrefe'reṇθja] *f* **1.** (*alusión*) Anspielung *f* (*a* auf +*akk*), Hinweis *m* (*a* auf +*akk*); **punto de** ~ Anhaltspunkt *m;* (PSICO) Bezugspunkt *m;* **pedir ~s** Referenzen verlangen; **dar el nombre de alguien como** ~ jdn als Referenz angeben; **con ~ a su petición** mit Bezug [*o* Bezug nehmend] auf seine/ihre Bitte; **hacer una pequeña ~ a algo/alguien** etw/jdn am Rande erwähnen **2.** *pl* (*informes*) Referenzen *fpl,* Empfehlungen *fpl;* **presentar** [*o* **dar**] **~s** Referenzen angeben **3.** (*nota*) (Akten)zeichen *nt;* **nuestra/su** ~ (*en un escrito*) unser/Ihr Zeichen **4.** (*relato*) Erzählung *f*

referencial [rrefereṇ'θjal] *m* (FÍS, MAT) Bezugssystem *nt*

referendo [rrefe'reṇdo] *m,* **referéndum** [rrefe'reṇdun] <referéndums> *m* Referendum *nt,* Volksabstimmung *f;* **el sindicato convocó un ~ tras un mes de huelga** die Gewerkschaft führte nach einem Monat Streik eine Urabstimmung durch

referente [rrefe'reṇte] *adj* bezüglich (*a* +*gen*), in Bezug (*a* auf +*akk*); (**en lo**) ~ **a su queja** mit Bezug auf Ihre Klage; ~ **al procedimiento** (INFOR) prozedural

referí [rrefe'ri] *m* (*Am:* DEP) Schiedsrichter *m*

referible [rrefe'riβle] *adj* relevant, erwähnenswert; **su trabajo en esta oficina es verdaderamente** ~ er/sie kann sich auf seine/ihre Tätigkeit in diesem Büro als Referenz berufen

referir [rrefe'rir] *irr como sentir* **I.** *vt* berichten, erzählen **II.** *vr:* **~se** sich beziehen (*a* auf +*akk*); **en** [*o* **por**] **lo que se refiere a nuestras relaciones** was unsere Beziehungen (an)betrifft; **no me estaba refiriendo a Usted** damit habe ich Sie nicht gemeint

refilar [rrefi'lar] *vi* (*Chil*) streifen; ~ **la pared** an der Wand entlangstreifen

refilón [rrefi'lon]: **mirar de** ~ schräg ansehen; **el sol da en mi ventana de** ~ die Sonne scheint nicht direkt in mein Zimmer

refinación [rrefina'θjon] *f* Verfeinerung *f;* (*metales*) Veredelung *f;* (*azúcar*) Raffination *f*

refinado[1] [rrefi'naðo] *m* **1.** (*producto*) Raffinade *f* **2.** (*acción*) Raffination *f*

refinado, -a[2] [rrefi'naðo, -a] *adj* **1.** (*delicado*) raffiniert, elegant **2.** (*audaz*) schlau, listig; **utilizan las técnicas más refinadas** sie haben ganz ausgeklügelte Methoden

refinamiento [rrefina'mjeṇto] *m* (*astucia, esmero*) Raffinesse *f*

refinanciación [rrefinaṇθja'θjon] *f* (FIN) Refinanzierung *f;* (*de créditos*) Umschuldung *f*

refinanciar [rrefinaṇ'θjar] *vt* (FIN) refinanzieren; (*créditos*) umschulden; ~ **la deuda** die Schulden refinanzieren [*o* umschulden]

refinar [rrefi'nar] **I.** *vt* (*petróleo, azúcar*) raffinieren; (*grasas*) verfeinern; (*metal*) veredeln **II.** *vr:* **~se** sich *dat* bessere Manieren angewöhnen

refinería [rrefine'ria] *f* Raffinerie *f*

refino[1] [rre'fino] *m* **1.** (*refinación*) Raffinieren *nt* **2.** (*azúcar*) Raffinade *f*

refino, -a[2] [rre'fino, -a] *adj* hochfein

refirmar [rrefir'mar] *vt* **1.** (*estribar*) aufstützen (auf +*akk*) **2.** (*confirmar, ratificar*) bestätigen

refitolear [rrefitole'ar] *vi* (*fam*) herumschnüffeln; **no tiene otra cosa que hacer que andar refitoleando** er/sie hat nichts anderes zu tun, als seine/ihre Nase in alles zu stecken

reflación [rrefla'θjon] *f* (ECON) Reflation *f*

reflectante [rreflek'taṇte] *adj* (FÍS) reflektierend

reflectar [rreflek'tar] *vi* (FÍS) reflektieren, zurückstrahlen

reflector[1] [rreflek'tor] *m* (*foco*) Reflektor *m,* Rückstrahler *m*

reflector(a)[2] [rreflek'tor(a)] *adj* reflektierend

reflejar [rrefle'xar] **I.** *vi, vt* reflektieren, zurückstrahlen, widerspiegeln; **sus palabras reflejan miedo** seine/ihre Worte verraten Angst **II.** *vr:* **~se** (*t. fig*) sich (wider)spiegeln; **la habitación se refleja en la ventana** das Zimmer spiegelt sich im Fenster

reflejo[1] [rre'flexo] *m* **1.** (FÍS) Reflex *m,* (Wider)spiegelung *f;* **las esmeraldas despiden unos preciosos ~s verdes** Smaragde haben einen wunderschönen grünen Glanz; **su comportamiento es un fiel ~ de su estado de ánimo** sein/ihr Verhalten spiegelt seinen/ihren Gemütszustand genau wider **2.** (MED, PSICO) Reflex *m;* ~ **condicionado** bedingter Reflex; **para ello hay que ser rápido de ~s** dafür braucht man sehr gute Reflexe

reflejo, -a[2] [rre'flexo, -a] *adj* reflektiert, Reflex-; **dolor** ~ ausstrahlender Schmerz; **luz refleja** Reflexlicht *nt;* **movimiento** ~ Reflexbewegung *f*

reflejoterapia [rreflexote'rapja] *f* (MED) Reflextherapie *f*

réflex ['rrefle^{Y}s] *f inv* (FOTO) Reflexkamera *f*

reflexión [rrefle^{Y}'sjon] *f* **1.** (*consideraciones*) Überlegung *f,* Reflexion *f;* **sus reflexiones se encuentran recogidas en este libro** seine/ihre Gedanken sind in diesem Buch festgehalten **2.** (*rayos*) Reflexion *f;* ~ **de la luz** Lichtreflexion *f*

reflexionar [rrefle^{Y}sjo'nar] *vi, vt* nachsinnen (*sobre/en* über +*akk*), nachdenken (*sobre/en* über +*akk*); **reflexiona bien antes de dar ese paso** überleg es dir gut, bevor du diesen Schritt unternimmst

reflexividad [rrefle^{Y}siβi'ða^{d}] *f* (FILOS) Reflexivität *f*

reflexivo, **-a** [rrefleʸˈsiβo, -a] *adj* **1.** (*sensato*) besonnen; (*reflectante*) nachdenklich **2.** (LING) reflexiv

reflexología [rrefleʸsoloˈxia] *f* (MED) Reflexologie *f*, Reflexpsychologie *f*

reflorecer [rrefloreˈθer] *irr como crecer vi* (*t.* BOT) wieder aufblühen

reflotar [rrefloˈtar] *vt* (*t.* NÁUT) wieder flottmachen; **reflotó la empresa en poco tiempo** er/sie hat die Firma in kurzer Zeit wieder auf die Beine gestellt

refluir [rrefluˈir] *irr como huir vi* zurückfließen

reflujo [rreˈfluxo] *m* Ebbe *f*; **la marea se compone del flujo y el ~ de las aguas** Ebbe und Flut bilden die Gezeiten

refocilarse [rrefoθiˈlarse] *vt, vr* (*pey: regodearse*) sich weiden (*con/en* an +*dat*)

reforestación [rreforestaˈθjon] *f* (Wieder)aufforstung *f*

reforestar [rreforesˈtar] *vt* (wieder) aufforsten

reforma [rreˈforma] *f* **1.** (*mejora*) Verbesserung *f*; (*modificación*) Reform *f*; ~ **agraria** Agrarreform *f*; ~ **educativa** Schulreform *f*; ~ **fiscal** (FIN) Steuerreform *f*; ~ **monetaria** (FIN) Währungsreform *f*; ~ **parlamentaria** (POL) Parlamentsreform *f*; ~ **del sistema tributario** (FIN) Steuerreform *f* **2.** (ARQUIT: *reestructuración*) Umbau *m*; (*renovación*) Renovierung *f*; **han hecho una ~ en el cuarto de baño** sie haben das Badezimmer renoviert **3.** (REL): **R~ Protestante** Reformation *f* **4.** (*reparación*) Wiederherstellung *f*

reformable [rreforˈmaβle] *adj* verbesserungsfähig, reformierbar

reformación [rreformaˈθjon] *f* **1.** (*mejora*) Verbesserung *f*; (*del comportamiento*) Besserung *f* **2.** (*modificación*) Reform *f*

reformado, **-a** [rreforˈmaðo, -a] **I.** *adj* **1.** (*iglesia*) reformiert **2.** (*protestante*) protestantisch; **religión reformada** Protestantismus *m* **II.** *m, f* **1.** (*protestante*) Protestant(in) *m(f)* **2.** (*orden*) reformierter Orden *m* **3.** (*miembro de una orden*) Angehörige(r) *mf* eines reformierten Ordens

reformador(a) [rreformaˈðor(a)] **I.** *adj* **1.** (*que mejora*) verbessernd; (*que modifica*) reformerisch, reformatorisch; (*partidario de reformas*) reformfreudig; **propuesta ~a** Verbesserungsvorschlag *m*; (ECON, ENS, JUR, POL) Reformvorschlag *m*; **política ~a** Reformpolitik *f* **2.** (REL) Reformations- **II.** *m(f)* **1.** (*ejecutor, partidario de reformas*) Reformer(in) *m(f)* **2.** (REL) Reformator(in) *m(f)*

reformar [rreforˈmar] **I.** *vt* **1.** (*mejorar*) verbessern; (*modificar*) reformieren; ~ **su conducta** sich besser benehmen, sein Benehmen bessern **2.** (*a alguien*) umerziehen, läutern **3.** (ARQUIT: *reestructurar*) umbauen; (*renovar*) renovieren **4.** (REL) reformieren **5.** (*rehacer*) wiederherstellen **6.** (*deshacer*) auflösen **II.** *vr:* **~se** sich bessern, sich läutern; **~se en el vestir** sich besser kleiden

reformativo, **-a** [rreformaˈtiβo, -a] *adj* reformerisch, Reform-

reformatorio¹ [rreformaˈtorjo] *m* Erziehungsanstalt *f*; ~ **para delincuentes juveniles** Jugendvollzugsanstalt *f*

reformatorio, **-a²** [rreformaˈtorjo, -a] *adj* (*que mejora*) verbessernd; (*que modifica*) reformerisch, reformatorisch

reformismo [rreforˈmismo] *m sin pl* Reformismus *m*

reformista [rreforˈmista] **I.** *adj* **1.** (*que reforma*) Reform-; (*partidario de reformas*) reformfreudig; **política ~** Reformpolitik *f*; **tendencias ~s** Reformbestrebungen *fpl*; **ser ~** (*ejecutar reformas*) Reformen durchführen; (*ser partidario*) sich für Reformen einsetzen **2.** (*relativo al/partidario del reformismo*) reformistisch **II.** *mf* **1.** (*ejecutor/partidario de reformas*) Reformer(in) *m(f)* **2.** (*partidario del reformismo*) Reformist(in) *m(f)*

reforzado, **-a** [rreforˈθaðo, -a] *adj* verstärkt

reforzador¹ [rreforˈθaðor] *m* (*t.* FOTO) Verstärker *m*

reforzador(a)² [rreforˈθaðor(a)] *adj* verstärkend

reforzamiento [rreforθaˈmjento] *m* **1.** (*de algo*) Verstärkung *f*; (*con vigas*) Verstrebung *f* **2.** (*de alguien*) Ermutigung *f*

reforzar [rreforˈθar] *irr como forzar* **I.** *vt* **1.** (*fortalecer*) verstärken; (*con vigas*) verstreben; ~ **un departamento en una empresa** eine Abteilung in einem Unternehmen stärken **2.** (*animar*) ermutigen **II.** *vr:* **~se** Mut fassen

refracción [rrefraʸˈθjon] *f* (FÍS) (Licht)brechung *f*, Refraktion *f*

refractar [rrefrakˈtar] **I.** *vt* (FÍS) brechen **II.** *vr:* **~se** (FÍS) sich brechen

refractario¹ [rrefrakˈtarjo] *m* (*material*) feuerfester Stoff *m*; (*producto*) feuerfestes Erzeugnis *nt*

refractario, **-a²** [rrefrakˈtarjo, -a] *adj* **1.** (*rebelde*) störrisch, eigensinnig; **ser ~ a algo** etw ablehnen **2.** (*inmune*) immun (*a* gegen +*akk*); (MED) refraktär **3.** (QUÍM, FÍS) feuerfest, feuerbeständig

refractor [rrefrakˈtor] *m* (ASTR) Refraktor *m*

refrán [rreˈfran] *m* Sprichwort *nt*; **tener refranes para todo** [*o* **muchos refranes**] (*fig*) auf alles eine Antwort haben, um keine Antwort verlegen sein

refranero [rrefraˈnero] *m* Sprichwörtersammlung *f*

refregar [rrefreˈɣar] *irr como fregar* **I.** *vt* **1.** (*frotar*) abreiben; ~ **con un estropajo** [*o* **cepillo**] scheuern, (ab)schrubben; ~ **la cacerola con un estropajo**, ~ **un estropajo por la cacerola** den Topf (mit einem Putzschwamm) blank scheuern; **me refregué la manga contra la puerta recién pintada** ich habe mit dem Ärmel die frisch gestrichene Tür gestreift **2.** (*fam: reprochar*) vorhalten; ~

algo a alguien (**por las narices**) jdm etw unter die Nase reiben **II.** *vr:* **~se** sich (ab)reiben; **~se los ojos** sich *dat* die Augen reiben

refregón [rrefre'ɣon] *m* **1.** (*frote*) Abreiben *nt;* (*con un estropajo, cepillo*) Scheuern *nt,* (Ab)schrubben *nt;* **hay que darle un ~ al suelo** der Boden muss mal wieder geschrubbt werden **2.** (*viento*) (Wind)bö(e) *f*

refreír [rrefre'ir] *irr como freír vt* **1.** (*recalentar*) aufwärmen **2.** (*freír demasiado*) zu stark anbraten

refrenable [rrefre'naβle] *adj* kontrollierbar, beherrschbar

refrenar [rrefre'nar] **I.** *vt* zügeln **II.** *vr:* **~se** sich zügeln

refrendar [rrefren̪'dar] *vt* **1.** (*autorizar*) gegenzeichnen **2.** (*un pasaporte*) mit Sichtvermerk versehen, visieren **3.** (*aceptar*) zustimmen *+dat;* **el pueblo tiene que ~ la nueva constitución a través de un plebiscito** das Volk muss der neuen Verfassung in einer Volksabstimmung zustimmen

refrendario, -a [rrefren̪'darjo, -a] *m, f* Gegenzeichner(in) *m(f),* Gegenzeichnende(r) *m(f)*

refrendata [rrefren̪'data] *f* Gegenzeichnung *f*

refrendo [rre'fren̪do] *m* **1.** (*de un documento*) Gegenzeichnung *f* **2.** (*de un pasaporte*) Visieren *nt* **3.** (*aprobación*) Zustimmung *f* (*de* zu *+dat*) **4.** (*firma*) Gegenunterschrift *f* **5.** (*visado*) Visum *nt,* Sichtvermerk *m*

refrescante [rrefres'kan̪te] *adj* (*que refresca*) kühl; (*a alguien*) erfrischend

refrescar [rrefres'kar] **I.** *vt* **1.** (*a algo*) abkühlen; (*a alguien*) erfrischen; **el baño me ha refrescado** das Bad war sehr erfrischend **2.** (*cosas olvidadas*) auffrischen; (*sentimiento*) neu aufleben lassen; **~ la memoria** dem Gedächtnis nachhelfen; **tengo que ~ mis conocimientos de inglés** ich muss meine Englischkenntnisse auffrischen **II.** *vi* **1.** (*aire*) abkühlen; **por la tarde refresca** abends wird es kühler [*o* kühlt es ab] **2.** (*dar fresco*) erfrischen; **esta bebida refresca mucho** das ist ein sehr erfrischendes Getränk **3.** (*beber*) eine Erfrischung zu sich *dat* nehmen **4.** (*reponerse*) sich ausruhen **5.** (*viento*) auffrischen **III.** *vr:* **~se 1.** (*aire, cosa*) (sich) abkühlen; **el día se ha refrescado** es ist kühler geworden **2.** (*persona: mojarse*) sich abkühlen, sich erfrischen; (*beber*) eine Erfrischung zu sich *dat* nehmen; **voy a ducharme para ~me** ich geh mich mal unter der Dusche abkühlen; **~se con una cerveza** sich mit einem Bier erfrischen **3.** (*reponerse*) sich ausruhen **4.** (*tomar el fresco*) an die frische Luft gehen **5.** (*viento*) auffrischen

refresco [rre'fresko] *m* **1.** (*bebida*) Erfrischung *f;* (*gaseosa, naranjada*) Erfrischungsgetränk *nt;* (*Méx: agua mineral*) Mineralwasser *nt* **2.** (*refrigerio*) Snack *m,* Zwischenmahlzeit *f* **3.** (*comidas y bebidas*) Imbiss *m* **4.** (DEP): **jugador de ~** Ersatzspieler *m*

refriega [rre'frjeɣa] *f* **1.** (MIL) Scharmützel *nt* **2.** (*fam: pelea*) (heftiger) Streit *m;* (*violenta*) Schlägerei *f*

refrigeración [rrefrixera'θjon] *f* Kühlung *f;* (*de una habitación*) Klimatisierung *f;* **~ por aire/agua** Luft-/Wasserkühlung *f;* **~ por circulación** Umlaufkühlung *f*

refrigerador¹ [rrefrixera'ðor] *m* **1.** (*nevera*) Kühlschrank *m;* (*cámara*) Kühlkammer *f* **2.** (*instalación*) Kühlanlage *f* **3.** (*de un automóvil*) Kühler *m;* **~ de agua** Wasserkühler *m*

refrigerador(a)² [rrefrixera'ðor(a)] *adj* kühlend; **aparato ~** (*para comestibles*) Kühlanlage *f;* (*para habitaciones*) Klimaanlage *f*

refrigeradora [rrefrixera'ðora] *f* (*Perú: nevera*) Kühlschrank *m*

refrigerante [rrefrixe'ran̪te] **I.** *adj* kühlend, Kühl- **II.** *m* Kühlmittel *nt*

refrigerar [rrefrixe'rar] **I.** *vt* (*enfriar*) kühlen; (*una habitación*) klimatisieren **II.** *vr:* **~se 1.** (*enfriarse*) (sich) abkühlen **2.** (*reponer fuerzas*) sich stärken

refrigerio [rrefri'xerjo] *m* Imbiss *m,* Zwischenmahlzeit *f*

refringente [rrefriŋ'xen̪te] *adj* (FÍS) (licht)brechend; **medio ~** (*óptica*) brechendes Medium

refringir [rrefriŋ'xir] <g→j> **I.** *vt* (FÍS) brechen **II.** *vr:* **~se** (FÍS) sich brechen

refrito [rre'frito] **I.** *pp de* **refreír II.** *m* **1.** (GASTR) *in Öl angebratene Zwiebeln mit Knoblauch* **2.** (*pey: de una obra*) Aufguss *m*

refucilar [rrefuθi'lar] *vi* (*Am: relampaguear*) blitzen

refucilo [rrefu'θilo] *m* (*Arg, Ecua*) Blitz *m*

refuerzo [rre'fwerθo] *m* **1.** (*reforzamiento*) Verstärkung *f;* (*viga(s)*) Verstrebung *f;* (*parche*) Flicken *m* **2.** (*ayuda*) Unterstützung *f;* (*complemento*) Nachschub *m* **3.** *pl* (MIL) Verstärkung *f*

refugiado, -a [rrefu'xjaðo, -a] *m, f* Flüchtling *m*

refugiarse [rrefu'xjarse] *vr* (*en un lugar*) Zuflucht suchen (*en* in *+dat*), sich in Sicherheit bringen (*de* vor *+dat, en* in *+dat*); **~ en una mentira** zu einer Lüge greifen; **se refugió en mis brazos** er/sie suchte in meinen Armen Trost

refugio [rre'fuxjo] *m* **1.** (*protección, consuelo*) Zuflucht *f* (*de* vor *+dat*) **2.** (*lugar*) Zufluchtsort *m;* (*construcción*) Schutzhütte *f;* **~ (montañero)** Berghütte *f* **3.** (MIL) Bunker *m,* Schutzraum *m;* **~ atómico** Atombunker *m* **4.** (*para mendigos*) Obdachlosenasyl *nt* **5.** (*persona*) Stütze *f* **6.** (*tráfico*) Verkehrsinsel *f*

refulgencia [rreful'xen̪θja] *f* Leuchten *nt*

refulgente [rreful'xen̪te] *adj* leuchtend, strahlend

refulgir [rreful'xir] <g→j> *vi* leuchten

refundición [rrefun̪di'θjon] *f* **1.** (*fundición*) Einschmelzung *f;* (*modificación*) Umschmelzung *f* **2.** (*revisión*) Überarbeitung *f;* (*de un libro*) Neubearbeitung *f* **3.** (*reunión*) Verschmelzung *f*

refundidor(a) [rrefuṇdi'ðor(a)] *m(f)* Bearbeiter(in) *m(f)*

refundir [rrefuṇ'dir] **I.** *vt* **1.** (*metal: fundir*) einschmelzen; (*modificar*) umschmelzen **2.** (*revisar*) überarbeiten; (*libro*) neu bearbeiten **3.** (*reunir*) (miteinander) verschmelzen **4.** (*perder*) verlieren **II.** *vr:* **~se 1.** (*reunirse*) verschmelzen, fusionieren; ~ **dos empresas en una** zwei Firmen zusammenschließen **2.** (*AmC: perderse*) abhanden kommen

refunfuñador(a) [rrefuɱfuɲa'ðor(a)] **I.** *adj* (*fam*) brummend **II.** *m(f)* (*fam*) Brummbär *m,* Brummbart *m*

refunfuñar [rrefuɱfu'ɲar] *vi* murren

refunfuño [rrefuɱ'fuɲo] *m* (*fam*) Brummen *nt,* Murren *nt*

refunfuñón, -ona [rrefuɱfu'ɲon, -ona] **I.** *adj* mürrisch, brummig **II.** *m, f* Brummbär *m,* Brummbart *m*

refutable [rrefu'taβle] *adj* widerlegbar

refutación [rrefuta'θjon] *f* **1.** (*acción, palabras*) Widerlegung *f* **2.** (*argumento*) (Gegen)argument *nt;* (*prueba*) (Gegen)beweis *m*

refutar [rrefu'tar] *vt* widerlegen, bestreiten

regadera [rreɣa'ðera] *f* **1.** (*recipiente*) Gießkanne *f* **2.** (*reguera*) Bewässerungsgraben *m* **3.** (*Col, Méx: ducha*) Dusche *f* **4.** (*loc*): **estar como una** ~ (*fam*) spinnen, nicht ganz dicht sein

regaderazo [rreɣaðe'raθo] *m* (*Méx*) (kurzes) Abbrausen *nt,* (kurzes) Abduschen *nt*

regadío [rreɣa'ðio, -a] **I.** *adj v.* **regadizo II.** *m* Bewässerungsgelände *nt;* **estos campos son de** ~ diese Felder werden (künstlich) bewässert

regadizo, -a [rreɣa'ðiθo, -a] *adj* **1.** (*de riego*) bewässert **2.** (*que se puede regar*) bewässerbar

regaifa [rre'ɣai̯fa] *f* (GASTR) Torte *f*

regalado, -a [rreɣa'laðo, -a] *adj* **1.** (*cómodo*) angenehm; **llevar una vida regalada** ein sorgloses Leben führen **2.** (*barato*) spottbillig; **vender algo a precio** ~ etw zu Schleuderpreisen verkaufen; **a este precio el vestido es** ~ zu diesem Preis ist das Kleid (fast) geschenkt **3.** (*delicado*) verweichlicht **4.** (*deleitoso*) entzückend; (*sabroso*) köstlich

regalar [rreɣa'lar] **I.** *vt* **1.** (*obsequiar*) schenken; **en esta tienda regalan la fruta** (*fig*) in diesem Laden ist Obst spottbillig **2.** (*mimar*) verwöhnen **3.** (*deleitar*) ergötzen **4.** (*acariciar*) liebkosen **II.** *vr:* **~se 1.** (*llevar buena vida*) es sich *dat* gut gehen lassen; **~se la buena vida** ein sorgloses Leben führen **2.** (*proporcionarse*) sich *dat* gönnen (*con* +*akk*) **3.** (*deleitarse*) sich ergötzen (*con* an +*dat*)

regalía [rreɣa'lia] *f* **1.** (*privilegio*) Privileg *nt;* (*del estado, la corona*) Regal *nt,* Hoheitsrecht *nt;* ~ **monetaria** Münzregal *nt* **2.** (*pago*) Gehaltszuschlag *m* **3.** (*tasa*) Lizenzgebühr *f*

regalismo [rreɣa'lismo] *m* (HIST) Monarchie *f*

regaliz [rreɣa'liθ] *m* **1.** (*golosina*) Lakritze *f* **2.** (BOT) Süßholzstrauch *m*

regalo [rre'ɣalo] *m* **1.** (*obsequio*) Geschenk *nt;* ~ **de Navidad** Weihnachtsgeschenk *nt;* **a este precio el coche es un** ~ zu diesem Preis ist der Wagen (halb) geschenkt **2.** (*gusto*) Genuss *m;* ~ **para la vista** Augenschmaus *m* **3.** (*comodidad*) Komfort *m*

regalón, -ona [rreɣa'lon, -ona] *adj* (*fam*) verwöhnt

regalonear [rreɣalone'ar] **I.** *vi* (*Chil: fam: dejarse mimar*) sich verwöhnen lassen **II.** *vt* (*Arg, Chil: fam: mimar*) verwöhnen

regañadientes [rreɣaɲa'ðjeṇtes]: **a** ~ zähneknirschend

regañado, -a [rreɣa'ɲaðo, -a] *adj* (*boca*) schief; (*ojo*) nicht schließend

regañar [rreɣa'ɲar] **I.** *vt* (*fam*) schimpfen (*a* mit +*dat*), ausschimpfen (*a* +*akk*) **II.** *vi* **1.** (*reñir*) (sich) streiten; (*dejar de tener trato*) sich zerstreiten; **ha regañado con su novio** (*reñir*) sie hat sich mit ihrem Freund gestritten; (*separarse*) sie hat sich von ihrem Freund getrennt; **estoy regañado con mis vecinos** meine Nachbarn und ich sind zerstritten **2.** (*refunfuñar*) murren **3.** (*perro*) knurren **4.** (*corteza*) aufspringen

regañina [rreɣa'ɲina] *f* **1.** (*reprensión*) Schelte *f;* **echar una** ~ **a alguien** mit jdm schimpfen **2.** (*riña*) Reiberei *f;* **tener una** ~ **por algo** sich streiten [*o* Zoff haben] wegen etw

regañir [rreɣa'ɲir] *vi* (ZOOL) ständig heulen

regaño [rre'ɣaɲo] *m* **1.** (*fam: reprensión*) Schelte *f;* **echar un** ~ **a alguien** mit jdm schimpfen **2.** (*gesto*) saure Miene *f* **3.** (*fam: del pan*) aufgeplatzte Kruste *f*

regañón[1] [rreɣa'ɲon] *m* (METEO: *fam*) Nordostwind *m*

regañón, -ona[2] [rreɣa'ɲon, -ona] **I.** *adj* **1.** (*pendenciero*) zänkisch, streitsüchtig **2.** (*refunfuñón*) mürrisch **II.** *m, f* **1.** (*persona pendenciera*) Zänker(in) *m(f),* Streithahn *m fam* **2.** (*refunfuñón*) Brummbär *m*

regar [rre'ɣar] *irr como fregar vt* **1.** (*con agua: una planta, el jardín*) gießen; (*las calles, el césped*) sprengen; (AGR) bewässern **2.** (*con un líquido*) voll spritzen, nass machen; (*con algo menudo*) bestreuen; ~ **el suelo con arena** Sand auf den Boden streuen; **regó la alfombra con pintura** er/sie verschüttete Farbe auf dem Teppich; ~ **algo con lágrimas** etw mit Tränen benetzen **3.** (*atravesar*) durchfließen

regata [rre'ɣata] *f* **1.** (DEP) Regatta *f* **2.** (*reguera*) (kleiner) Bewässerungsgraben *m*

regate [rre'ɣate] *m* Ausweichmanöver *nt*

regatear [rreɣate'ar] **I.** *vi* **1.** (*mercadear*) handeln, feilschen **2.** (*hacer regates*) ausweichen **3.** (*hacer regatas*) an Regatten teilnehmen **II.** *vt* **1.** (*debatir*) aushandeln **2.** (*escase-*

ar) geizen (mit +*dat*); **no ~ esfuerzos** keine Mühen scheuen **3.** (*vender*) (wieder)verkaufen

regateo [rreɣa'teo] *m sin pl* Handeln *nt*, Feilschen *nt*

regatería [rreɣate'ria] *f* (COM) Kleinhandel *m*

regatista [rreɣa'tista] *mf* Regattateilnehmer(in) *m(f)*

regato [rre'ɣato] *m* Rinnsal *nt*

regatón[1] [rreɣa'ton] *m* **1.** (*contera*) Zwinge *f* **2.** (*gancho*) Haken *m*

regatón, -ona[2] [rreɣa'ton, -ona] **I.** *adj:* **ser ~** gerne feilschen **II.** *m, f* Schacherer, -in *m, f*

regazo [rre'ɣaθo] *m* Schoß *m*

regencia [rre'xen̪θja] *f* **1.** (*gobierno*) Regentschaft *f* **2.** (*dirección*) Leitung *f*; (*de un negocio*) Geschäftsführung *f*

regeneración [rrexenera'θjon] *f* **1.** (*t.* BIOL) Regenerierung *f*, Regeneration *f*; **~ de las células** Zellerneuerung *f* **2.** (ELEC) Rückkopplung *f*

regenerado[1] [rrexene'raðo] *m* (*productos industriales*) Regenerat *nt*

regenerado, -a[2] [rrexene'raðo, -a] *adj* (*productos industriales*) durch Regeneration gewonnen, wieder aufbereitet

regenerador[1] [rrexene'raðor] *m* **1.** (*agente*) Regenerierungsmittel *nt*; **~ del cabello** Haarwuchsmittel *nt* **2.** (TÉC) Regenerator *m*

regenerador(a)[2] [rrexene'raðor(a)] *adj* regenerierend

regenerar [rrexene'rar] **I.** *vt* **1.** (*algo*) regenerieren, erneuern **2.** (*a alguien*) bessern **3.** (ELEC) rückkoppeln **II.** *vr:* **~se 1.** (*renovarse*) sich regenerieren, sich erneuern; (*cabello*) nachwachsen **2.** (*reformarse*) sich bessern

regenta [rre'xen̪ta] *f* **1.** (*mujer del regente*) Regentin *f* **2.** (*profesora*) Lehrerin *f*

regentar [rrexen̪'tar] *vt* **1.** (*dirigir*) leiten **2.** (*ejercer*) innehaben

regente [rre'xen̪te] *mf* **1.** (*que gobierna*) Herrscher(in) *m(f)*, Regent(in) *m(f)* **2.** (*que dirige*) Leiter(in) *m(f)*; (*un negocio*) Geschäftsführer(in) *m(f)* **3.** (*Méx: alcalde*) Bürgermeister(in) *m(f)*

reggae ['rreɣe] *m* (MÚS) Reggae *m*

regicida [rrexi'θiða] *mf* Königsmörder(in) *m(f)*

regicidio [rrexi'θiðjo] *m* Königsmord *m*

regidor(a) [rrexi'ðor(a)] **I.** *adj* (*que gobierna*) herrschend, regierend; (*que dirige*) leitend **II.** *m(f)* **1.** (*concejal*) Gemeinderat, -rätin *m, f*, Stadtrat, -rätin *m, f* **2.** (TEAT) Inspizient(in) *m(f)*

régimen ['rreximen] *m* <regímenes> **1.** (*sistema*) System *nt*, Ordnung *f*, Regelung *f*; **~ abierto** (*en una prisión*) Freigang *m*; **~ aduanero** Zollverfahren *nt*; **~ electoral** Wahlsystem *nt*; **~ laboral** Arbeitsordnung *f*; **~ legal de la seguridad social para jubilación e invalidez** gesetzliche Rentenversicherung; **~ de patentes** Patentwesen *nt*; **~ penitenciario** Strafvollzugsrecht *nt*; **estar en ~ de franquicia** Zollfreiheit genießen **2.** (POL) Regierungssystem *nt*, Regime *nt pey* **3.** (*dieta*) Diät *f*; **~ de adelgazamiento** Schlankheitsdiät *f*; **estar a ~** Diät essen; **poner a ~** auf Diät setzen **4.** (*manera de vivir*) Lebensweise *f*; **lleva un ~ de austeridad** er/sie lebt enthaltsam **5.** (TÉC: *estado*) (Betriebs)zustand *m* **6.** (TÉC: *velocidad*) Lauf *m*; **~ de vueltas** Drehzahl *f* **7.** (LING) Rektion *f*

regimental [rreximen̪'tal] *adj* **1.** (MIL) Regiments- **2.** (*de la penitenciaría*) zum Vollzugssystem gehörig

regimentar [rreximen̪'tar] *vt* (MIL) in Regimente einteilen

regimiento [rrexi'mjen̪to] *m* Regiment *nt*

regio ['rrexjo, -a] *adj* **1.** (*real*) königlich **2.** (*magnífico*) prächtig

región [rre'xjon] *f* **1.** (*territorio*) Gegend *f*, Gebiet *nt*; (*t.* ADMIN) Region *f* **2.** (*espacio*) Bereich *m*; (*del cuerpo*) Region *f*; **~ abdominal** Bauchgegend *f* **3.** (MIL) Wehrbereich *m*

regional [rrexjo'nal] *adj* regional

regionalismo [rrexjona'lismo] *m sin pl* (*t.* POL, LIT, LING) Regionalismus *m*

regionalista [rrexjona'lista] **I.** *adj* regionalistisch **II.** *mf* (POL) Regionalist(in) *m(f)*; (LIT) Heimatdichter(in) *m(f)*

regionalización [rrexjonaliθa'θjon] *f* (POL) Regionalisierung *f*

regionalizar [rrexjonali'θar] <z→c> *vt* (POL) regionalisieren

regir [rre'xir] *irr como elegir* **I.** *vt* **1.** (*gobernar*) regieren; (*dirigir*) leiten **2.** (*guiar*) lenken, bestimmen; (*ley*) regeln **3.** (LING) regieren **II.** *vi* **1.** (*tener validez*) gelten; **los precios que rigen** die gültigen Preise **2.** (*funcionar*) funktionieren **3.** (*fam: estar cuerdo*) bei Verstand sein; **¡tú no riges!** du tickst wohl nicht richtig! **III.** *vr:* **~se** sich richten (*por* nach +*dat*)

registrado, -a [rrexis'traðo, -a] *adj* verzeichnet, eingetragen

registrador(a) [rrexistra'ðor(a)] **I.** *adj* Registrier-; **caja ~a** Registrierkasse *f* **II.** *m(f)* **1.** (*funcionario*) (Registrier)beamter, -in *m, f*; **~ de la propiedad** Grundbuchführer(in) *m(f)* **2.** (TÉC) Schreiber *m*; **~ de sonidos** (Ton)aufnahmegerät *nt* **3.** (INFOR) Aufzeichnungsgerät *nt*; **~ de macros** (INFOR) Makroaufzeichner *m*

registrar [rrexis'trar] **I.** *vt* **1.** (*examinar*) durchsuchen; **¡a mí que me registren!** (*fig*) ich habe damit nichts zu tun! **2.** (*inscribir*) registrieren, eintragen; **marca registrada** (eingetragene) Schutzmarke; **~ una empresa/una patente** ein Gewerbe/ein Patent anmelden **3.** (*incluir*) aufnehmen **4.** (*señalar*) registrieren, anzeigen **5.** (*grabar*) aufzeichnen, aufnehmen **6.** (*pérdidas*) ausweisen; (*ventas*) verzeichnen; **el mercado registra una mejoría** der Markt hat sich erholt **II.** *vr:* **~se 1.** (*inscribirse*) sich einschreiben **2.** (*observarse*) zu verzeichnen sein

R

registro [rre'xistro] *m* 1.(*examinación*) Durchsuchung *f;* ~ **de la casa** Haus(durch)suchung *f* 2.(*con un instrumento*) Anzeige *f,* Registrierung *f* 3.(*grabación*) Aufzeichnung *f,* Aufnahme *f* 4.(*inscripción*) Registrierung *f,* Eintragung *f;* (*inclusión*) Aufnahme *f,* Erfassung *f;* (*de una empresa, una patente*) Anmeldung *f;* ~ **de acumulación** (INFOR) Additionsregister *nt;* ~ **de control** (INFOR) Steuerregister *nt;* ~ **de datos** Datenerfassung *f;* ~ **de imágenes** (INFOR) Bildaufzeichnung *f;* ~ **maestro** (INFOR) Stammsatz *m;* ~ **de referencias** (INFOR) Zuordnungstabelle *f* 5.(*nota*) (Register)eintrag *m;* (*protocolo*) Protokoll *nt;* ~ **de entrada/de salida** Eingangs-/Ausgangsvermerk *m;* ~ **de inventario** Inventurliste *f* 6.(*libro*) Register *nt,* Verzeichnis *nt;* ~ **de autores** Autorenkatalog *m;* ~ **comercial** [*o* **mercantil**] Handelsregister *nt;* ~ **electoral** Wählerverzeichnis *nt;* ~ **de entradas/salidas** Eingangs-/Ausgangsbuch *nt;* ~ **de la propiedad** Grundbuch *nt* 7.(*oficina*) Amt *nt;* (*archivo*) Registratur *f;* ~ **civil** Standesamt *nt;* **R~ de Marcas** Markenregister *nt;* **R~ de Patentes** Patentregister *nt;* ~ **de la propiedad** Grundbuchamt *nt;* ~ **de la propiedad industrial** Patentamt *nt* 8.(*abertura*) Schieber *m* 9.(*de un mecanismo*) Regler *m* 10.(*de un libro*) Register *nt* 11.(MÚS) Register *nt;* **tiene un** ~ **muy amplio** er/sie hat einen großen Stimmumfang; **tocar todos los ~s** (*fig*) alle Register ziehen 12.(INFOR) (Daten)satz *m;* ~ **disponible** verfügbarer Satz; ~ (**en base de datos relacionales**) Tupel *nt*

regla ['rreɣla] *f* 1.(*instrumento*) Lineal *nt;* ~ **de cálculo** Rechenschieber *m* 2.(*principio, convención, precepto*) Regel *f;* (REL) Ordensregel *f;* **~s de exportación** (COM) Ausfuhrbestimmungen *fpl;* **~s del juego** Spielregeln *fpl;* ~ **de tres** (MAT) Dreisatz *m;* **las cuatro ~s** die vier Grundrechenarten; **por** ~ **general** in der Regel; **estar en** ~ in Ordnung sein; **poner en** ~ regeln; **salir de la** ~ zu weit gehen; **ser la** ~ üblich sein; **la** ~ **es que...** +*subj* es ist üblich, dass ...; **por qué** ~ **de tres...** warum in aller Welt ...; **la excepción confirma la** ~ (*prov*) Ausnahmen bestätigen die Regel 3.(*moderación*) Maß *nt;* **beber con** ~ in Maßen trinken 4.(*menstruación*) Regel *f;* **tiene/le viene la** ~ sie hat/bekommt ihre Regel [*o* Tage]

reglable [rre'ɣlaβle] *adj* regelbar, regulierbar

reglado, -a [rre'ɣlaðo, -a] *adj* 1.(*sujeto a reglas*) geregelt, (durch Regeln) bestimmt [*o* festgesetzt] 2.(*moderado en comer*) gemäßigt

reglaje [rre'ɣlaxe] *m* 1.(*de un mecanismo*) Regelung *f,* Regulierung *f* 2.(*del papel*) Linierung *f*

reglamentación [rreɣlamen̪ta'θjon] *f* 1.(*acción*) Regelung *f;* (*pey*) Reglementierung *f* 2.(*reglas*) Vorschrift(en) *f(pl),* (Ver)ordnung *f;* ~ **del colegio** Schulordnung *f*

reglamentar [rreɣlamen̪'tar] *vt* regeln; (*con leyes*) gesetzlich regeln; (*pey*) reglementieren

reglamentariamente [rreɣlamen̪tarja'men̪te] *adv* durch Vorschriften; (JUR) im Verordnungswege

reglamentario, -a [rreɣlamen̪'tarjo, -a] *adj* 1.(*relativo al reglamento*) Ordnungs-, Satzungs- 2.(*conforme al reglamento*) vorgeschrieben; (*acto, comportamiento*) vorschriftsgemäß, vorschriftsmäßig; **periodo** ~ **de prueba** vorgeschriebene Probezeit

reglamento [rreɣla'men̪to] *m* Vorschrift(en) *f(pl),* Bestimmmung(en) *f(pl);* (JUR, ADMIN) Verfügung *f;* (DEP) Reglement *nt;* (*de una organización*) Statut *nt;* (*del legislador*) Verordnung *f;* (*de una empresa*) Betriebsordnung *f;* ~ **de examen** Prüfungsordnung *f;* ~ (**de funcionarios**) Dienstordnung *f;* ~ (**interno**) Geschäftsordnung *f;* ~ **de tráfico** Straßenverkehrsordnung *f*

reglar [rre'ɣlar] I. *adj* Ordens- II. *vt* 1.(*reglamentar*) regeln 2.(*con líneas*) linieren 3.(TÉC) normen III. *vr:* **~se** 1.(*sujetarse*) sich richten (*por* nach +*dat*), sich halten (*por* an +*akk*) 2.(*moderarse*) sich beschränken (*a* auf +*akk*)

regleta [rre'ɣleta] *f* (TIPO) Reglette *f*

regleteado, -a [rreɣlete'aðo, -a] *adj* (TIPO) mit Zeilendurchschuss

regletear [rreɣlete'ar] *vt* (TIPO) durchschießen

reglón [rre'ɣlon] *m* Messlatte *f*

regocijado, -a [rreɣoθi'xaðo, -a] *adj* fröhlich, vergnügt

regocijador(a) [rreɣoθixa'ðor(a)] *adj,* **regocijante** [rreɣoθi'xan̪te] *adj* erfreulich, erquicklich

regocijar [rreɣoθi'xar] I. *vr:* **~se** 1.(*alegrarse*) sich freuen (*con* über +*akk*) 2.(*divertirse*) Spaß [*o* Freude] haben (*con* an +*dat*) II. *vt* erfreuen

regocijo [rreɣo'θixo] *m* 1.(*alegría*) Freude *f;* (*diversión*) Spaß *m;* **esperar algo con** ~ sich auf etw freuen 2.(*júbilo*) Jubel *m;* **~s públicos** Feierlichkeiten *fpl*

regodearse [rreɣoðe'arse] *vr* 1.(*gozar*) genießen (*con/en* +*akk*), Vergnügen finden (*con/en* an +*dat*); **se regodea viéndome sufrir** es macht ihm/ihr Spaß [*o* bereitet ihm/ihr Vergnügen], mich leiden zu sehen; **se regodea cada vez que alguien suspende el examen** er/sie freut sich jedesmal (hämisch), wenn jemand durch die Prüfung fällt 2.(*fam: chacotear*) spaßen

regodeo [rreɣo'ðeo] *m* 1.(*placer*) Genuss *m,* Vergnügen *nt* 2.(*fam: chacoteo*) Spaßen *nt;* (*burla*) Spaß *m* 3.(*fam: fiesta*) Fest *nt,* Fete *f*

regodeón, -ona [rreɣoðe'on] *adj* (*Chil, Col: fam*) nie zufrieden zu stellen

regoldar [rreɣol̪'dar] *vi* rülpsen *fam*

regordete, -a [rreɣor'ðete, -a] *adj* mollig, pummelig

regresar [rreɣre'sar] I. *vi* 1.(*volver*) zurückkehren 2.(JUR: *derecho, beneficio*) wiedererlangen **II.** *vt* (*Méx*) zurückgeben **III.** *vr:* **~se** (*Am*) zurückkehren

regresión [rreɣre'sjon] *f* Rückgang *m;* (ECON, MAT) Regression *f;* **~ de las inversiones** Investitionsrückgang *m*

regresividad [rreɣresiβi'ðaᵈ] *f* (ECON, FIN) Degression *f;* **~ fiscal** Steuerdegression *f*

regresivo, -a [rreɣre'siβo, -a] *adj* rückläufig, regressiv; **impuesto ~** (FIN) degressive Steuer

regreso [rre'ɣreso] *m* **1.** (*vuelta*) Rückkehr *f;* (**viaje de**) **~** Rückreise *f;* **estar de ~** zurück sein **2.** (JUR) Regress *m,* Rückgriff *m*

regüeldo [rre'ɣwel̦do] *m* (*acción*) Rülpsen *nt fam;* (*efecto*) Rülpser *m fam*

reguera [rre'ɣera] *f* Bewässerungsgraben *m*

reguero [rre'ɣero] *m* **1.** *v.* **reguera 2.** (*chorro*) Rinnsal *nt* **3.** (*señal*) Spur *f;* **expandirse como un ~ de pólvora** (*fig*) sich wie ein Lauffeuer verbreiten

regulable [rreɣu'laβle] *adj* regulierbar, regelbar, einstellbar; **~ en altura** höhenverstellbar

regulación [rreɣula'θjon] *f* **1.** (*reglamentación*) Regelung *f;* **~ administrativa** Verwaltungserlass *m* **2.** (*t.* TÉC: *organización, ajustación*) Regulierung *f,* Regelung *f;* (*de un río*) Begradigung *f;* **de ~ automática** selbst regulierend; **~ de la exposición** (FOTO) Belichtungseinstellung *f;* **~ de la demanda** (ECON) Nachfragesteuerung *f*

regulado, -a [rreɣu'laðo, -a] *adj* (*reglamentario*) vorschriftsgemäß, vorschriftsmäßig

regulador [rreɣula'ðor(a)] *m* Regler *m,* Regulator *m;* **~ de brillo/de contraste** Helligkeits-/Kontrastregler *m;* **~ de corriente** Stromregler *m;* **~ de impresora** (INFOR) Druckersteuerung *f*

regular [rreɣu'lar] **I.** *vt* **1.** (*t.* TÉC: *organizar, ajustar*) regulieren, regeln; **~ el volumen** die Lautstärke einstellen **2.** (*reglamentar*) regeln **3.** (*poner en orden*) in Ordnung bringen **II.** *adj* **1.** (*conforme a una regla*) regulär, ordnungsgemäß; **verbos ~es** regelmäßige Verben; **vuelo ~** (AERO) planmäßiger Flug; **por lo ~** gewöhnlich; **tu comportamiento no me parece ni medio ~** (*fam*) ich finde dein Verhalten überhaupt nicht in Ordnung [*o* völlig daneben] **2.** (*reglamentado, ordenado*) geregelt **3.** (*estable*) konstant **4.** (*uniforme*) gleichmäßig **5.** (*mediano*) durchschnittlich; (*mediocre*) mittelmäßig; **de tamaño ~** mittelgroß; (*nota*) befriedigend **6.** (REL) Ordens- **III.** *mf* (REL) Ordensangehörige(r) *mf* **IV.** *adv* mittelmäßig

regularidad [rreɣulari'ðaᵈ] *f* **1.** (*conformidad*) Ordnungsmäßigkeit *f* **2.** (*periodicidad*) Regelmäßigkeit *f;* **con ~** regelmäßig **3.** (*uniformidad*) Gleichmäßigkeit *f,* Regelmäßigkeit *f* **4.** (*estabilidad*) Konstanz *f* **5.** (*medianía*) Durchschnittlichkeit *f;* (*mediocridad*) Mittelmäßigkeit *f* **6.** (*puntualidad*) Pünktlichkeit *f* **7.** (REL) Befolgung *f* der Regeln

regularización [rreɣulariθa'θjon] *f* **1.** (*normalización*) Normalisierung *f* **2.** (ECON) Saldenbereinigung *f*

regularizador(a) [rreɣulariθa'ðor] *adj* normalisierend, regelnd

regularizar [rreɣulari'θar] <z→c> **I.** *vt* (*poner en orden*) in Ordnung bringen, regeln; (*normalizar*) normalisieren **II.** *vr:* **~se** (*regularse*) in Ordnung kommen; (*normalizarse*) sich normalisieren

regularmente [rreɣular'men̦te] *adv* (*ordinariamente*) normalerweise, (für) gewöhnlich

regulativo, -a [rreɣula'tiβo, -a] *adj* regelnd, regulierend

régulo ['rreɣulo] *m* Duodezfürst *m*

regurgitación [rreɣurxita'θjon] *f* Aufstoßen *nt,* Rülpsen *nt fam*

regurgitar [rreɣurxi'tar] *vi, vt* erbrechen

regusto [rre'ɣusto] *m* **1.** (*sabor, impresión que queda*) Nachgeschmack *m* **2.** (*sabor secundario*) Beigeschmack *m* **3.** (*semejanza*) Ähnlichkeit *f;* **el cuadro tiene un cierto ~ surrealista** das Bild erinnert an surrealistische Werke

rehabilitación [rreaβilita'θjon] *f* **1.** (*t.* JUR, MED: *de alguien*) Rehabilitierung *f,* Rehabilitation *f;* (*restitución*) Wiedereinsetzung *f* **2.** (*de una cosa*) Wiederherstellung *f;* (*de un edificio*) Wiederaufbau *m*

rehabilitar [rreaβili'tar] **I.** *vt* **1.** (*t.* JUR, MED: *a alguien*) rehabilitieren; (*restituir*) wieder einsetzen; **~ la memoria de alguien** jdn rehabilitieren; **~ a un quebrado** (ECON) einen Gemeinschuldner rehabilitieren **2.** (*una cosa*) wiederherstellen; (*un edificio*) wieder aufbauen; **~ la buena fama de alguien** jdn rehabilitieren **II.** *vr:* **~se** sich rehabilitieren

rehacer [rrea'θer] *irr como hacer* **I.** *vt* **1.** (*volver a hacer*) noch einmal machen; **~ una carta** einen Brief neu schreiben **2.** (*reconstruir*) wiederherstellen; (*reparar*) reparieren; (*un edifico*) wieder aufbauen; **~ su vida con alguien** einen neuen Anfang mit jdm wagen **II.** *vr:* **~se** (*recuperar las fuerzas*) wieder zu Kräften kommen; (*la salud*) gesund werden; (*la tranquilidad*) die Fassung wiedergewinnen; **~se de una desgracia** sich von einem Schicksalsschlag erholen

rehala [rre'ala] *f* Sammelschafherde *f,* Herde *f* von Schafen verschiedener Besitzer

rehecho, -a [rre'eʧo, -a] **I.** *pp de* **rehacer II.** *adj* (*robusto*) gedrungen

rehén [rre'en] *m* **1.** (*persona*) Geisel *f;* **toma de rehenes** Geiselnahme *f;* **tomar a alguien como ~** jdn als [*o* zur] Geisel nehmen **2.** (*cosa*) Unterpfand *nt*

rehenchir [rre(e)n'ʧir] *irr como pedir vt* ausstopfen; (*un mueble*) polstern

reherir [rre(e)'rir] *irr como sentir vt* zurückweisen

rehervir [rre(e)r'βir] *irr como sentir* **I.** *vt* nochmals (auf)kochen **II.** *vi* **1.** (*hervir*) nochmals (auf)kochen **2.** (*excitarse*) in Wallung geraten **III.** *vr:* **~se** schlecht werden

rehilandera [rreilan̦'dera] *f* (*juguete*) Windrädchen *nt*

rehilar [rrei'lar] *irr como airar* **I.** *vt* überdrehen **II.** *vi* **1.** (*persona*) zittern; (*bandera*) flattern **2.** (*flecha*) schwirren, sausen

rehilete [rrei'lete] *m* **1.** (*flecha*) (Wurf)pfeil *m* **2.** (TAUR) Banderilla *f* **3.** (*volante*) Federball *m*

rehiletero, **-a** [rreile'tero, -a] *m, f* (TAUR) Banderillero *m*

rehogar [rreo'ɣar] <g→gu> *vt* (*en aceite*) anbraten; (*en vapor*) andünsten

rehostia [rre'ostja] *f* (*vulg*): **ser la** ~ das Letzte vom Letzten sein

rehuir [rreu'ir] *irr como huir vt* **1.** (*eludir*) (ver)meiden, umgehen; ~ **a alguien** jdn meiden, jdm aus dem Weg gehen; ~ **una obligación** sich einer Verpflichtung entziehen; **rehuye fregar los platos** er/sie drückt sich vor dem Spülen **2.** (*rechazar*) verweigern; **rehuye decir la verdad** er/sie weigert sich die Wahrheit zu sagen

rehumedecer [rreumeðe'θer] *irr como crecer vt* (gut) durchfeuchten

rehundir [rreun̪'dir] *vt* **1.** (*sumergir*) versenken; (*introducir*) einsenken; ~ **una estaca en la tierra** einen Pfahl tief in die Erde einlassen **2.** (*hacer más hondo*) vertiefen **3.** (*gastar*) verschwenden **4.** (*fundir*) einschmelzen

rehusar [rreu'sar] *vt* ablehnen; **¡rehusado!** Annahme verweigert!; ~ **una propuesta** einen Vorschlag verwerfen; ~ **el pago** die Zahlung verweigern; ~ **una reclamación** eine Beschwerde abweisen; **rehusa verme** er/sie weigert sich mich zu sehen

reidor(a) [rrei̯'ðor(a)] *adj* fröhlich; **es** ~ er lacht viel

reimplantación [rreimplan̪ta'θjon] *f* **1.** (*de doctrinas, leyes*) Wiedereinführung *f;* (*de costumbres*) Wiedereinbürgerung *f* **2.** (MED) Wiedereinpflanzung *f,* Reimplantation *f*

reimplantar [rreimplan̪'tar] *vt* **1.** (*introducir*) wieder einführen **2.** (MED) wieder einpflanzen, reimplantieren

reimplante [rreim'plan̪te] *m v.* **reimplantación**

reimponer [rreimpo'ner] *irr como poner vt* (*un impuesto*) erneut erheben; (*una sanción*) erneut auferlegen

reimportación [rreimporta'θjon] *f* Wiedereinfuhr *f;* (ECON) Reimport *m*

reimportar [rreimpor'tar] *vt* wieder einführen; (ECON) reimportieren

reimpresión [rreimpre'sjon] *f* Nachdruck *m,* Neuauflage *f,* Reprint *m;* ~ **pirata** Raubdruck *m*

reimprimir [rreimpri'mir] *irr como imprimir vt* nachdrucken, neu auflegen

reina ['rrei̯na] *f* **1.** (*soberana, la mejor*) Königin *f;* ~ **de belleza** Schönheitskönigin *f;* ~ **madre** Königinmutter *f* **2.** (ZOOL) Königin *f;* ~ **abeja** (Bienen)königin *f* **3.** (*fam: cariño*) Schatz *m* **4.** (*dama*) Dame *f* **5.** (BOT): ~ **luisa** Melisse *f* **6.** (*loc*): ~ **mora** Himmel und Hölle *nt*

reinado [rrei̯'naðo] *m* **1.** (*gobierno*) Herrschaft *f;* (*tiempo*) Regierung(szeit) *f;* **bajo el ~ de los Austrias** unter der Herrschaft [*o* der Regierung] der Habsburger **2.** (*monarquía*) Königtum *nt* **3.** (*auge*) Blütezeit *f* **4.** (*predominio*) Vorherrschaft *f*

reinante [rrei̯'nan̪te] *adj* herrschend

reinar [rrei̯'nar] *vi* **1.** (*gobernar*) regieren, herrschen **2.** (*dominar*) vorherrschen **3.** (*existir*) herrschen; **en la selva tropical reina un calor húmedo** im tropischen Regenwald ist es feuchtwarm [*o* herrscht ein feuchtwarmes Klima]; **entre la población reina la resignación** in der Bevölkerung hat sich Resignation breit gemacht [*o* herrscht eine resignierte Stimmung]

reinaugurar [rreinau̯ɣu'rar] *vt* wieder eröffnen

reincidencia [rrein̪θi'ðen̪θja] *f* (*t.* JUR) Rückfall *m*

reincidente [rrein̪θi'ðen̪te] **I.** *adj* rückfällig **II.** *mf* Rückfalltäter(in) *m(f)*

reincidir [rrein̪θi'ðir] *vi* **1.** (*error*) erneut begehen (*en +akk*); ~ **en un delito** rückfällig werden; **siempre reincide en el mismo error** er/sie verfällt immer wieder in den alten Fehler **2.** (MED) einen Rückfall erleiden

reincorporación [rreiŋkorpora'θjon] *f* Wiedereingliederung *f;* ~ (**al trabajo**) Wiedereinstellung *f*

reincorporar [rreiŋkorpo'rar] **I.** *vt* wieder eingliedern (*a* in *+akk*); ~ **a alguien a un puesto** jdn wieder einstellen; **lo ~on al servicio** er/sie wurde wieder in den Dienst aufgenommen **II.** *vr:* **~se** (*a un territorio, una corporación*) wieder beitreten (*a +dat*); (*a un servicio, un empleo*) wieder aufnehmen (*a +akk*); **~se al trabajo** wieder arbeiten (gehen)

reindustrialización [rrein̪dustrjaliθa'θjon] *f* Wiederansiedlung *f* von Industrien

reineta [rrei̯'neta] *f* (BOT: *manzana*) Renette *f,* Reinette *f*

reingresar [rreiŋgre'sar] *vt* wieder eintreten (*en* in *+akk*), wieder beitreten (*en +dat*)

reingreso [rreiŋ'greso] *m* Wiedereintritt *m*

reinicialización [rreiniθjaliθa'θjon] *f* (INFOR) Neustart *m,* Wiederanlauf *m*

reiniciar [rreini'θjar] *vi* (noch einmal) von vorn beginnen

reinicio [rrei'niθjo] *m* Neubeginn *m*

reino ['rrei̯no] *m* Reich *nt;* (*de un monarca*) (König)reich *nt;* ~ **animal** Tierreich *nt;* ~ **de los Cielos** Himmelreich *nt;* **R~ de Dios** Reich Gottes; **R~ Unido** Vereinigtes Königreich; **mi ~ por una silla** ein Himmelreich für einen Stuhl

reinserción [rreinser'θjon] *f* soziale Wiedereingliederung *f;* (*de un criminal*) Resozialisierung *f*

reinsertar [rreinser'tar] *vt* wieder in die Gesellschaft eingliedern; (*a un criminal*) resozialisieren

reinstalar [rrei^{n}sta'lar] *vt* **1.** (TÉC, INFOR) neu installieren **2.** (*en un cargo*) wieder einsetzen (*en* in +*akk*); (*Méx: en el trabajo*) wieder einstellen

reinstaurar [rrei^{n}stau̯'rar] *vt* (*imperio, sistema, orden*) neu begründen; (*democracia, dictadura, costumbres*) wieder einführen; (*plan, normas*) wieder aufstellen

reintegrable [rreiṇte'ɣraβle] *adj* **1.** (*que se debe reintegrar*) zurückzuzahlen, zur Rückzahlung fällig **2.** (*que se puede reintegrar*) tilgbar, rückzahlbar

reintegración [rreiṇteɣra'θjon] *f* **1.** (*reincorporación*) Wiedereingliederung *f;* (*en un cargo*) Wiedereinsetzung *f* **2.** (*de gastos*) Rückzahlung *f,* (Rück)erstattung *f;* ~ **de los daños** Schaden(s)ersatz *m;* ~ **de impuestos** Steuererstattung *f*

reintegrar [rreiṇte'ɣrar] **I.** *vt* **1.** (*reincorporar*) wieder aufnehmen; (*en un cargo*) wieder einsetzen; ~ **a alguien a su puesto de trabajo** jdn wieder einstellen; ~ **a alguien en sus bienes** (JUR) jdn in den Besitz seiner Güter wieder einsetzen **2.** (*devolver*) zurückgeben; (*dinero*) (zurück)erstatten, zurückbezahlen; ~ **los desembolsos** die Auslagen ersetzen **3.** (*sellar*) mit einer Gebührenmarke versehen **4.** (*restablecer*) wiederherstellen **II.** *vr:* ~**se 1.** (*reincorporarse*) sich wieder eingliedern; (*a una organización*) wieder eintreten; ~**se al trabajo** wieder arbeiten (gehen) **2.** (*recobrar*) zurückerhalten (*de* +*akk*) **3.** (*retornar*) zurückkehren; ~**se a su patria** in sein Heimatland zurückkehren

reintegro [rreiṇ'teɣro] *m* **1.** (*reintegración*) Wiedereingliederung *f;* (*en un cargo*) Wiedereinsetzung *f* **2.** (*vuelta*) Rückkehr *f* **3.** (*póliza*) Gebührenmarke *f* **4.** (*premio*) *Gewinn der Einsatzsumme;* **me tocó un** ~ ich habe die Einsatzsumme zurückgewonnen **5.** (FIN: *pago*) Auszahlung *f;* (*de la cuenta*) Abhebung *f*

reinterpretar [rreiṇterpre'tar] *vt* **1.** (*texto*) neu interpretieren, neu auslegen **2.** (CINE, TEAT) nochmals darstellen; ~ **el papel de Romeo** die Rolle des Romeo erneut spielen

reinversión [rreimber'sjon] *f* (FIN) Reinvestition *f*

reinvertir [rreimber'tir] *irr como sentir vi* (FIN) wieder einlegen

reír [rre'ir] *irr* **I.** *vi* **1.** (*desternillarse*) lachen; **echarse a** ~ auflachen; **no me hagas** ~ mach dich nicht lächerlich; **el que ríe último ríe mejor** (*prov*): **al freír será el** ~ **(y al pagar será el llorar)** (*prov*) wer zuletzt lacht, lacht am besten **2.** (*sonreír*) lächeln **3.** (*hacer un ruido*) glucksen **II.** *vr:* ~**se 1.** (*desternillarse*) lachen (*de* über +*akk*); ~**se a carcajadas** aus vollem Hals lachen; ~**se en las barbas de alguien** jdm ins Gesicht lachen; **se ríe hasta de su sombra** er/sie lacht über jede Kleinigkeit; **me río de tu dinero** (*fam fig*) dein Geld lässt mich kalt, ich pfeife auf dein Geld **2.** (*sonreír*) lächeln **3.** (*burlarse*) sich lustig machen (*de* über +*akk*); (*no tomar en serio*) lachen (*de* über +*akk*); **se reían de él porque no sabía nadar** sie lachten ihn aus, weil er nicht schwimmen konnte **4.** (*fam: romperse*) kaputtgehen **III.** *vt* belachen, lachen (über +*akk*); ~ **las bromas de alguien** über jds Scherze lachen

reiteración [rreitera'θjon] *f* **1.** (*repetición*) Wiederholung *f* **2.** (JUR) Rückfall *m*

reiteradamente [rreiteraða'meṇte] *adv* (*otra vez*) nochmals, wiederholt; (*repetidas veces*) mehrmals, wiederholt

reiterar [rreite'rar] **I.** *vt* wiederholen; **te reitero las gracias** ich möchte dir nochmals danken; **reiteró su intención de ayudarme** er/sie betonte immer wieder, dass er/sie mir helfen wolle **II.** *vr:* ~**se** (sich) wiederholen; **se reiteró en su decisión de dejar de fumar** er/sie betonte immer wieder, dass er/sie das Rauchen aufgeben wolle

reiterativo, -a [rreitera'tiβo, -a] *adj* **1.** (*repetitivo*) sich wiederholend **2.** (LING) iterativ; **verbo** ~ Iterativ(um) *nt*

reivindicable [rreiβiṇdi'kaβle] *adj* rückforderbar

reivindicación [rreiβiṇdika'θjon] *f* Forderung *f* (*de* nach +*dat*), Anspruch *m* (*de* auf +*akk*); ~ **laboral** (ECON, JUR) arbeitsrechtlicher Anspruch; ~ **salarial** Lohnforderung *f;* ~ **territorial** Gebietsforderung *f*

reivindicar [rreiβiṇdi'kar] <c→qu> *vt* **1.** (*pedir*) fordern, Anspruch erheben (auf +*akk*); (*exigir*) verlangen **2.** (*recobrar*) zurückgewinnen, zurückerhalten **3.** (*una acción*) sich bekennen; ~ **un atentado** sich zu einem Attentat bekennen **4.** (*rehabilitar*) rehabilitieren; ~ **la memoria de alguien** jdn rehabilitieren

reivindicativo, -a [rreiβiṇdika'tiβo, -a] *adj* Rückforderungs-, zurückfordernd

reja ['rrexa] *f* **1.** (*barras*) Gitter *nt;* **estar entre** ~**s** (*fam fig*) hinter Gittern sein, im Knast sitzen **2.** (*del arado*) Pflugschar *f* **3.** (*labor*) Umpflügen *nt*

rejacar [rrexa'kar] <c→qu> *vt* (AGR) tief pflügen, rigolen

rejego [rre'xeɣo] *adj* (*AmC, Méx*) **1.** (*indomable*) unbändig; (*alzado*) verwildert **2.** (*intratable*) ungenießbar; (*enojadizo*) jähzornig

rejilla [rre'xiʎa] *f* **1.** (*enrejado*) Gitter *nt;* (RADIO) Steuergitter *nt* **2.** (*para equipaje*) Gepäcknetz *nt* **3.** (*parrilla*) Rost *m* **4.** (*tejido*) Geflecht *nt* **5.** (*brasero*) (Fuß)ofen *m*

rejiñol [rrexi'ɲol] *m Tonpfeife in Form eines Vogels, die das Zwitschern nachahmt*

rejo ['rrexo] *m* **1.** (*punta*) Stachel *m* **2.** (BOT) Wurzelkeim *m* **3.** (*Am: látigo*) Peitsche *f* **4.** (*herrón*) Wurfring *m* **5.** (*Ecua: ordeño*) Melken *nt* **6.** (*Ecua: vacas*) Milchkühe *fpl*

rejón [rre'xon] *m* **1.** (*barra*) Lanze *f* **2.** (*del* *peón*) (Kreisel)spitze *f* **3.** (*puñal*) Dolch *m* **4.** (TAUR) Lanze *f* (*beim Stierkampf zu Pferde*)

rejonazo [rrexo'naθo] *m* (TAUR) Hieb *m* mit der Lanze (*beim Stierkampf zu Pferde*)

rejoneador(a) [rrexonea'ðor(a)] *m(f)* Stierkämpfer(in) *m(f)* zu Pferde

rejonear [rrexone'ar] *vt* (TAUR) **1.** (*herir*): **~ el toro** dem Stier einen Lanzenstoß versetzen **2.** (*torear*) zu Pferde bezwingen

rejoneo [rrexo'neo] *m* (HIST, TAUR) Stierkampf *m* zu Pferde

rejuntar [rrexun̩'tar] *vt* verfugen

rejuvenecedor(a) [rrexuβeneθe'ðor(a)] *adj* verjüngend; **esta crema de noche tiene un efecto ~ sobre la piel** diese Nachtcreme lässt die Haut jünger aussehen

rejuvenecer [rrexuβene'θer] *irr como crecer* **I.** *vt* **1.** (*hacer más joven*) verjüngen; **este peinado te rejuvenece** diese Frisur macht dich jünger **2.** (*modernizar*) modernisieren **II.** *vr:* **~se** jünger aussehen, sich verjüngen

rejuvenecimiento [rrexuβeneθi'mjen̩to] *m* **1.** (*de alguien, un colectivo*) Verjüngung *f* **2.** (*modernización*) Modernisierung *f*

relabrar [rrela'βrar] *vt* (*piedras*) nochmals behauen; (*madera*) nochmals bearbeiten

relación [rrela'θjon] *f* **1.** (*entre cosas, hechos*) Zusammenhang *m;* **~ entre la causa y el efecto** Kausalzusammenhang *m;* **hacer ~ a** sich beziehen auf; **con ~** [*o* **en ~ a**] **a su escrito** bezüglich Ihres Schreibens; **los gastos no guardan** [*o* **no están en**] **~ con el presupuesto** die Ausgaben stehen in keinem Verhältnis zum Kostenvoranschlag **2.** (*entre dos magnitudes*) Verhältnis *nt;* **~ calidad-precio** Preis-Leistungs-Verhältnis *nt;* **~ precio-ganancias** (ECON) Preis-Ertrags-Verhältnis *nt* **3.** (*entre personas*) Beziehung *f;* **~ comercial** Handelsbeziehung *f;* **~ contractual** vertragliche Verbindung; **relaciones económicas** Wirtschaftsbeziehungen *fpl;* **relaciones públicas** Publicrelations *fpl;* **tener relaciones con alguien** Kontakt zu jdm haben; **tener muchas relaciones** (*amigos*) einen großen Bekanntenkreis haben; (*influyentes*) gute Beziehungen haben; **tienen buenas/malas relaciones** sie haben ein gutes/schlechtes Verhältnis (zueinander) **4.** *pl* (*noviazgo*) Verlobung *f;* **han roto sus relaciones** sie haben sich entlobt [*o* ihre Verlobung gelöst] **5.** *pl* (*amoría*) Verhältnis *nt;* **mantienen relaciones** sie haben ein Verhältnis miteinander; **mantener relaciones sexuales** [*o* **íntimas**] **con alguien** Geschlechtsverkehr mit jdm haben **6.** (*relato*) Schilderung *f;* (*informe*) Bericht *m;* (JUR) (Prozess)bericht *m;* **hacer una ~ de algo** etw schildern; **hacer una ~ detallada de...** ausführlich berichten über ..., einen ausführlichen Bericht über ... erstatten **7.** (*lista*) Verzeichnis *nt,* Aufstellung *f*

relacionar [rrelaθjo'nar] **I.** *vt* **1.** (*poner en relación*) in Zusammenhang bringen (*con* mit +*dat*), in Verbindung bringen (*con* mit +*dat*) **2.** (*relatar*) schildern, berichten **II.** *vr:* **~se 1.** (*estar relacionado*) zusammenhängen, zueinander in Beziehung stehen **2.** (*iniciar relaciones*) in Beziehung treten (*con* zu +*dat*); (*mantener relaciones*) Umgang pflegen (*con* mit +*dat*), Kontakt haben (*con* zu +*dat*); **~se mucho** (*tener amigos*) einen großen Bekanntenkreis haben; (*influyentes*) gute Beziehungen haben

relacionista [rrelaθjo'nista] *mf* (*fam*) PR-Mann *m,* PR-Frau *f*

relajación [rrelaxa'θjon] *f* **1.** (*distensión*) Entspannung *f,* Lockerung *f;* (MED, PSICO) Relaxation *f* **2.** (*distracción*) Entspannung *f* **3.** (*malas costumbres*) Zügellosigkeit *f* **4.** (*debilitación*) Erschlaffung *f* **5.** (*atenuación*) Lockerung *f;* **~ de la pena** (JUR) Strafmilderung *f* **6.** (MED) Verstauchung *f;* (*de la hernia*) Leistenbruch *m*

relajado, -a [rrela'xaðo, -a] *adj* **1.** (*débil*) schlaff **2.** (*vicioso*) zügellos

relajadura [rrelaxa'ðura] *f* (*Méx: hernia*) Leistenbruch *m*

relajante [rrela'xan̩te] **I.** *adj* entspannend, Entspannungs- **II.** *m* (MED) Relaxans *nt*

relajar [rrela'xar] **I.** *vt* **1.** (*distender*) lockern, entspannen **2.** (*distraer*) entspannen **3.** (*suavizar*) lockern; (*la pena*) mildern **II.** *vr:* **~se 1.** (*distenderse*) sich entspannen, locker werden; **~se leyendo** beim Lesen Entspannung finden **2.** (*debilitarse*) erschlaffen **3.** (*descansar*) sich entspannen, relaxen **4.** (*suavizarse*) lockerer werden **5.** (*viciarse*) in schlechte Gewohnheiten verfallen **6.** (*lesionarse*) sich *dat* verstauchen; (*herniarse*) sich *dat* einen Leistenbruch zuziehen

relajo [rre'laxo] *m* **1.** (*barullo*) Tohuwabohu *nt* **2.** (*laxitud*) Laxheit *f* **3.** (*de las costumbres*) Sittenverfall *m*

relamer [rrela'mer] **I.** *vt* ablecken **II.** *vr:* **~se 1.** (*los labios*) sich *dat* die Lippen lecken **2.** (*gozar*) genießen (*con* +*akk*); **~se con un manjar** eine Speise für sein Leben gern essen **3.** (*gloriarse*) prahlen (*de* mit +*dat*) **4.** (*arreglarse*) sich herausputzen **5.** (*animal*) sich putzen

relamido, -a [rrela'miðo, -a] *adj* **1.** (*arreglado*) geleckt **2.** (*afectado*) affektiert

relámpago [rre'lampaɣo] *m* Blitz *m;* **~ de luz** Lichtblitz *m;* **guerra ~** Blitzkrieg *m;* **ser (veloz como) un ~** schnell wie der Blitz sein

relampagueante [rrelampaɣe'an̩te] *adj* blitzend, glitzernd

relampaguear [rrelampaɣe'ar] *vi, vimpers* blitzen

relampagueo [rrelampa'ɣeo] *m* Blitzen *nt*

relance [rre'lan̩θe] *m* **1.** (*Chil: piropo*) Kompliment *nt* **2.** (*Col*): **de ~** (*al contado*) in bar

relanzamiento [rrelan̩θa'mjen̩to] *m* **1.** (*reactivación*) Wiederbelebung *f,* Ankurbelung *f;* **medidas de ~** (ECON) konjunkturbelebende Maßnahmen **2.** (*rechazo*) Abstoßen *nt* **3.** (*venta*) erneuter Vertrieb *m* **4.** (*expulsión*)

Zurückschleudern *nt* **5.** (*de una cédula*) erneutes Einwerfen *nt*

relanzar [rrelaṇ'θar] <z→c> *vt* **1.** (*reactivar*) wieder beleben; ~ **la economía** die Wirtschaft ankurbeln **2.** (*rehusar*) ablehnen **3.** (*vender*) wieder auf den Markt bringen **4.** (*arrojar*) zurückschleudern **5.** (*una cédula*) erneut einwerfen

relapso, **-a** [rre'laβso, -a] **I.** *adj* (REL) wieder abtrünnig, rückfällig **II.** *m, f* Rückfällige(r) *mf*

relatador(a) [rrelata'ðor(a)] **I.** *adj* berichtend; (*narrando*) erzählend **II.** *m(f)* Berichtende(r) *mf;* (*narrando*) Erzähler(in) *m(f)*

relatar [rrela'tar] *vt* (*contar*) schildern, berichten; (JUR) Bericht erstatten (über +*akk*)

relativa [rrela'tiβa] *f* (LING) Relativsatz *m*

relativamente [rrelatiβa'meṇte] *adv* relativ, verhältnismäßig

relatividad [rrelatiβi'ðaᵈ] *f sin pl* Relativität *f;* **teoría de la** ~ (FÍS) Relativitätstheorie *f*

relativismo [rrelati'βismo] *m sin pl* (FILOS) Relativismus *m*

relativista [rrelati'βista] **I.** *adj* (FÍS, FILOS) relativistisch **II.** *mf* **1.** (FILOS) Relativist(in) *m(f)* **2.** (FÍS) Vertreter(in) *m(f)* der Relativitätstheorie

relativización [rrelatiβiθa'θjon] *f* Relativierung *f*

relativizar [rrelatiβi'θar] <z→c> *vt* relativieren

relativo[1] [rrela'tiβo] *m* (LING: *pronombre*) Relativpronomen *nt;* (*adverbio*) Relativadverb *nt;* **oración de** ~ Relativsatz *m*

relativo, **-a**[2] [rrela'tiβo, -a] *adj* **1.** (*referente*) betreffend; **un artículo** ~ **a** ein Artikel über **2.** (*dependiente*) relativ; **pronombre** ~ Relativpronomen *nt;* **ser** ~ **a** abhängig sein von **3.** (*poco*) gering, beschränkt

relato [rre'lato] *m* Schilderung *f,* Bericht *m;* (JUR) (Prozess)bericht *m;* (LIT) Erzählung *f;* ~ **corto** Kurzgeschichte *f*

relator(a) [rrela'tor(a)] **I.** *adj* berichtend; (*narrando*) erzählend **II.** *m(f)* Berichtende(r) *mf;* (*narrando*) Erzähler(in) *m(f);* (*en congreso, asamblea*) Berichterstatter(in) *m(f);* (JUR) Gerichtsschreiber(in) *m(f)*

relavar [rrela'βar] *vt* nachwaschen

relax [rre'laˠs] *m inv* Entspannung *f;* (MED, PSICO) Relaxation *f*

relé [rre'le] *m* (TÉC) Relais *nt*

releche [rre'letʃe] *f:* **eres la** ~ (*fam*) du bist absolut unmöglich

releer [rrele'er] *irr como leer vt* nochmals [*o* wieder] lesen

relegación [rreleɣa'θjon] *f* **1.** (*apartamiento*) Verbannung *f,* Verweisung *f;* (*de un país*) Landesverweisung *f* **2.** (*desprecio*) Übergehung *f,* Missachtung *f*

relegar [rrele'ɣar] <g→gu> *vt* **1.** (*apartar*) verbannen, verweisen; (*desterrar*) des Landes verweisen; ~ **algo a un plano secundario** etw in den Hintergrund drängen; **ser relegado al olvido** in Vergessenheit geraten **2.** (*dejar de lado*) übergehen, missachten

relente [rre'leṇte] *f* (Nacht)tau *m*

relevación [rreleβa'θjon] *f* **1.** (*acentuación*) Hervorhebung *f* **2.** (*liberación*) Befreiung *f;* (*de deudas*) Erlass *m;* (*de una culpa*) Vergebung *f* **3.** (*destitución*) Entlassung *f* **4.** (MIL) Ablösung *f*

relevancia [rrele'βaṇθja] *f* Wichtigkeit *f,* Bedeutung *f,* Relevanz *f elev*

relevante [rrele'βaṇte] *adj* **1.** (*importante*) wichtig, bedeutend, relevant **2.** (*sobresaliente*) herausragend, ausgezeichnet

relevar [rrele'βar] **I.** *vt* **1.** (*acentuar*) hervorheben **2.** (*liberar*) befreien; ~ **a alguien de su juramento** jdn von seinem Eid entbinden; ~ **a alguien de sus deudas** jdm seine Schulden erlassen; ~ **a alguien de sus culpas** jdm seine Sünden vergeben **3.** (JUR: *destituir*) entheben; ~ **a alguien de un cargo** jdn eines Amtes entheben **4.** (*reemplazar*) ersetzen; (MIL, DEP) ablösen **II.** *vi* (ARTE) (plastisch) hervortreten **III.** *vr:* ~**se** sich ablösen, sich abwechseln

relevista [rrele'βista] **I.** *adj* Staffel- **II.** *mf* Staffelläufer(in) *m(f)*

relevo [rre'leβo] *m* **1.** (*reemplazo*) Ablösung *f,* Wechsel *m;* ~ **de la guardia** Wachablösung *f* **2.** (*pl*) (*competición*) Staffel *f;* **carrera de** ~**s** Staffellauf *m*

relicario [rreli'karjo] *m* **1.** (*para reliquias*) Reliquiar *nt* **2.** (*Am: medallón*) Medaillon *nt*

relicto[1] [rre'likto] *m* (BIOL, ECOL) Relikt *nt*

relicto, **-a**[2] [rre'likto, -a] *adj* (JUR): **bienes** ~**s, caudal** ~ Hinterlassenschaft *f,* Nachlass *m*

relieve [rre'ljeβe] *m* **1.** (ARTE, GEO) Relief *nt;* **en bajo** ~ vertieft **2.** (*renombre*) Ansehen *nt;* **de** ~ bedeutend, angesehen **3.** *pl* (*restos*) Essensreste *mpl* **4.** (*loc*): **poner de** ~ hervorheben, an den Tag legen

religión [rreli'xjon] *f* **1.** (*creencia, doctrina*) Religion *f,* Konfession *f;* ~ **reformada** Protestantismus *m;* **sin** ~ konfessionslos; **tener (clases de)** ~ **a las diez** um zehn Religion(sunterricht) haben **2.** (*virtud*) Frömmigkeit *f* **3.** (*orden*) Orden *m;* **entrar en** ~ ins Kloster gehen **4.** (*deber*) (moralische) Pflicht *f*

religiosamente [rrelixjosa'meṇte] *adv* pünktlich und genau; **pagó** ~ er/sie hat pünktlichst gezahlt

religiosidad [rrelixjosi'ðaᵈ] *f* **1.** (*observancia*) Religiosität *f* **2.** (*piedad*) Frömmigkeit *f* **3.** (*puntualidad*) Pünktlichkeit *f;* (*exactitud*) Gewissenhaftigkeit *f*

religioso, **-a** [rreli'xjoso, -a] **I.** *adj* **1.** (*relativo a una doctrina*) religiös **2.** (*que cree*) gläubig, religiös **3.** (*pío*) fromm **4.** (*puntual*) pünktlich; (*exacto*) gewissenhaft **5.** (*relativo a una orden*) Ordens- **II.** *m, f* Mönch *m,* Nonne *f*

relimar [rreli'mar] *vt* erneut feilen

relimpiar [rrelim'pjar] *vt* (*volver a limpiar*) nochmals putzen; (*limpiar mucho*) ständig putzen

relimpio, **-a** [rre'limpjo, -a] *adj* (*fam*) makellos (sauber); (*que brilla*) blitzblank

relinchar [rrelin'tʃar] *vi* wiehern

relincho [rre'lintʃo] *m* **1.**(*de un caballo*) Wiehern *nt* **2.**(*de alguien*) Jauchzer *m*

reliquia [rre'likja] *f* **1.**(*resto*) Relikt *nt* **2.**(REL) Reliquie *f* **3.**(*achaque*) Beschwerden *fpl*

rellamada [rreʎa'maða] *f* (TEL) Wahlwiederholung *f*

rellano [rre'ʎano] *m* **1.**(*de una escalera*) (Treppen)absatz *m* **2.**(*de una pendiente*) Terrasse *f*, Absatz *m*

rellena [rre'ʎena] *f* (*Col, Méx: morcilla*) Wurst *f*

rellenable [rreʎe'naβle] *adj* nachfüllbar

rellenar [rreʎe'nar] **I.** *vt* **1.**(*t.* GASTR: *llenar*) füllen; (*una almohada*) ausstopfen; (*un sillón*) polstern; (*un hueco*) ausfüllen, auffüllen; ~ **los pimientos de** [*o* **con**] **carne picada** die Paprika mit Hackfleisch füllen; ~ **los agujeros de yeso** die Löcher vergipsen **2.**(*llenar por completo*) ganz voll machen; (*demasiado*) voll stopfen **3.**(*volver a llenar*) nachfüllen, auffüllen **4.**(*completar*) ausfüllen **5.**(*fam: dar de comer*) (mit Essen) voll stopfen **II.** *vi* **1.**(*llenarse*) sich (an)füllen (*de* mit +*dat*) **2.**(*fam: comer*) sich voll stopfen (*de* mit +*dat*)

relleno¹ [rre'ʎeno] *m* **1.**(*acción de rellenar*) Füllen *nt*; (*un envase*) Nachfüllen *nt*, Auffüllen *nt*; (*un hueco*) Ausfüllen *nt*, Auffüllen *nt*; (*una almohada*) Ausstopfen *nt*; (*un sofá*) Polstern *nt*; (*un documento*) Ausfüllen *nt*; (*llenar, comer demasiado*) Vollstopfen *nt* **2.**(*t.* GASTR: *material*) Füllung *f* **3.**(*superfluidad*) Füllsel *nt*; **palabra de** ~ Füllwort *nt*

relleno, -a² [rre'ʎeno, -a] *adj* **1.**(*lleno*) gefüllt; **pimientos ~s** gefüllte Paprika **2.**(*demasiado lleno*) voll gestopft **3.**(*fam: gordo*) pummelig

reloj [rre'lox] *m* Uhr *f*; ~ **de arena** Sanduhr *f*; ~ **despertador** Wecker *m*; ~ **para fichar** Stechuhr *f*; ~ **de pulsera** Armbanduhr *f*; ~ **(de tiempo real)** (INFOR) Taktgeber *m*; **etapa** [*o* **carrera**] **contra** ~ Zeitfahren *nt*; **trabajar contra** ~ gegen die Zeit arbeiten; **ser (como) un** ~ (*mecanismo*) wie am Schnürchen laufen; (*persona*) auf die Minute pünktlich sein; **el** ~ **marca las 12** die Uhr zeigt zwölf (Uhr); **adelantar/atrasar el** ~ die Uhr vorstellen/zurückstellen; **el** ~ **adelanta/atrasa** die Uhr geht vor/geht nach

relojear [rreloxe'ar] *vt* (*Arg*) **1.**(*tomar el tiempo*) stoppen **2.**(*fam: controlar, espiar*) schnüffeln; ~ **a alguien de arriba abajo** jdn von Kopf bis Fuß mustern

relojera [rrelo'xera] *f* (*bolsa*) Uhrtasche *f*; (*caja*) Uhretui *nt*

relojería [rreloxe'ria] *f* Uhrmacherei *f*

relojero, -a [rrelo'xero, -a] *m, f* Uhrmacher(in) *m(f)*

reluciente [rrelu'θjen̪te] *adj* (*que despide luz*) strahlend, leuchtend; (*que refleja luz*) glänzend, schimmernd; ~ **de limpio** blitzblank

relucir [rrelu'θir] *irr como lucir vi* **1.**(*despedir luz*) leuchten; (*reflejar luz*) glänzen **2.**(*sobresalir*) glänzen, sich hervortun **3.**(*loc*): **sacar/salir a** ~ zur Sprache bringen/kommen

reluctante [rreluk'tan̪te] *adj* widerstrebend

relumbrante [rrelum'bran̪te] *adj* (*que emite luz*) leuchtend, strahlend; (*que refleja luz*) glänzend

relumbrar [rrelum'brar] *vi* **1.**(*emitir luz*) leuchten, strahlen; (*reflejar luz*) glänzen **2.**(*sobresalir*) glänzen

relumbrón [rrelum'bron] *m* **1.**(*destello*) Aufleuchten *nt*, Aufblitzen *nt* **2.**(*oropel*) Talmi *nt* **3.**(*loc*): **de** ~ (*cosa*) nicht wirklich wertvoll; (*cargo*) nicht wirklich einflussreich

REM [rrem] *f* (FÍS) *abr de* **Roentgen Equivalent Man** REM *m*

remachado¹ [rrema'tʃaðo] *m* **1.**(*de dos piezas*) Vernietung *f* **2.**(*cabeza*) Ende *nt* **3.**(*acción de golpear*) Einschlagen *nt*; (*de doblar*) Umschlagen *nt*; (*de aplastar*) Breitschlagen *nt*

remachado, -a² [rrema'tʃaðo, -a] *adj* **1.**(*nariz*) platt **2.**(*Col: callado*) wortkarg, schweigsam

remachador(a) [rrematʃa'ðor(a)] *adj* (Ver)niet-

remachadora [rrematʃa'ðora] *f* Nietmaschine *f*

remachar [rrema'tʃar] **I.** *vt* **1.**(*golpear*) einschlagen, einhämmern **2.**(*doblar*) umschlagen; (*aplastar*) breit schlagen **3.**(*sujetar*) (ver)nieten **4.**(*subrayar*) nochmals betonen, mit Nachdruck wiederholen; ~ **algo a alguien** jdm etw einhämmern **II.** *vr:* **~se** (*Col*) schweigen

remache [rre'matʃe] *m* **1.** *v.* **remachado¹** **2.**(*clavo*) Niete *f*, Niet *m o nt* **3.**(*Col: tenacidad*) Hartnäckigkeit *f*

remador(a) [rrema'ðor(a)] *m(f)* Ruderer, -in *m, f*

remake [rri'mei̯k] *m* (CINE, MÚS, TV) Remake *nt*

remanente [rrema'nen̪te] **I.** *adj* restlich, übrig (geblieben) **II.** *m* Rest *m*; (*de una mercancía*) Restbestand *m*

remangado, -a [rremaŋ'gaðo, -a] *adj* aufgekrempelt, hochgekrempelt

remangar [rremaŋ'gar] <g→gu> **I.** *vt* hochkrempeln **II.** *vr:* **~se** **1.**(*las mangas*) sich *dat* die Ärmel hochkrempeln **2.**(*fam: decidirse*) sich aufraffen

remansarse [rreman'sarse] *vr* sich stauen

remanso [rre'manso] *m* (*represa*) angestautes Wasser *nt*; (*agua muerta*) stehendes Gewässer *nt*; ~ **de paz** friedlicher Ort *m*

remar [rre'mar] *vi* **1.**(*bogar*) rudern **2.**(*esforzarse*) sich abmühen

remarcable [rremar'kaβle] *adj* bemerkenswert, beachtlich

remarcar [rremar'kar] <c→qu> *vt* **1.**(*volver a marcar: un objeto*) nochmals kennzeichnen; (*un número*) nochmals wählen **2.**(*hacer notar*) hervorheben, betonen **3.**(*notar*) bemerken

rematadamente [rrematađa'meṇte] *adv* ausgesprochen

rematado, **-a** [rrema'tađo, -a] *adj* vollkommen; **ser un loco** ~ komplett [*o* total] verrückt sein; **ser un tonto** ~ ein ausgesprochener Dummkopf sein

rematador(a) [rremata'đor(a)] *m(f)* Versteigerer, -in *m, f,* Auktionator(in) *m(f)*

rematar [rrema'tar] **I.** *vt* **1.** (*concluir*) beenden, abschließen; (*terminar de hacer*) fertig stellen; **nunca remata lo que ha empezado** er/sie bringt das, was er/sie anfängt, nie zu Ende **2.** (*matar: de un tiro*) den Gnadenschuss geben *+dat;* (*de una puñalada*) den Gnadenstoß versetzen *+dat;* ~ **a un toro** einem Stier den Gnadenstoß versetzen **3.** (*una costura*) vernähen **4.** (*gastar*) aufbrauchen **5.** (DEP) aufs Tor schießen **6.** (*adjudicar*) zuschlagen **7.** (*vender*) ausverkaufen **II.** *vi* **1.** (DEP) aufs Tor schießen **2.** (*terminar*) enden (*en* in *+dat*); **la torre remata en punta** der Turm läuft nach oben spitz zu

remate [rre'mate] *m* **1.** (*conclusión*) Beendigung *f,* Abschluss *m;* (*de un producto*) Fertigstellung *f;* **dar** ~ **a un edificio** ein Gebäude fertig stellen **2.** (*final, extremo*) Abschluss *m,* Ende *nt;* **poner** ~ **a un mueble** bei einem Möbelstück eine Abschlussverzierung anbringen **3.** (*puñalada*) Gnadenstoß *m;* (*tiro*) Gnadenschuss *m* **4.** (*adjudicación*) Zuschlag *m* **5.** (*oferta*) Höchstgebot *nt* **6.** (DEP) Abschluss *m,* Torschuss *m* **7.** (*consumo*) Verbrauch *m;* **dar** ~ aufbrauchen **8.** (*venta*) Ausverkauf *m* **9.** (*loc*): **estar loco de** ~ vollkommen verrückt sein; **ser tonto de** ~ ausgesprochen dumm sein; **para** ~ zu allem Unglück; **por** ~ am Ende

remecedor(a) [rremeθe'đor(a)] *m(f)* (AGR) Olivenabschlager(in) *m(f)*

remecer [rreme'θer] *irr como crecer vt, vr:* **~se** (*Am: sacudir(se)*) rütteln

remedar [rreme'đar] *vt* (*imitar*) nachahmen; (*parodiar*) parodieren

remediable [rreme'đjaβle] *adj* **1.** (*reparable*) behebbar **2.** (*evitable*) vermeidbar **3.** (*corregible*) verbesserbar

remediar [rreme'đjar] *vt* **1.** (*evitar*) vermeiden; (*un perjuicio*) verhindern; **no me cae bien, no puedo ~lo** ich kann mir nicht helfen, er/sie ist mir nicht sympathisch **2.** (*acabar con*) beheben; ~ **un abuso** einem Missstand abhelfen [*o* ein Ende machen] **3.** (*reparar*) beheben, in Ordnung bringen; (*compensar*) wieder gutmachen; **llorando no remedias nada** davon, dass du weinst, wird es auch nicht besser; **más vale prevenir que tener que** ~ (*prov*) Vorsicht ist besser als Nachsicht **4.** (*corregir*) (ver)bessern **5.** (*ayudar*) helfen; **no puedo ~te** ich kann dir nicht helfen

remedio [rre'međjo] *m* **1.** (*arreglo*) Behebung *f,* Abhilfe *f;* (*compensación*) Wiedergutmachung *f;* (*corrección*) (Ver)besserung *f;* **sin** ~ hoffnungslos; **poner** ~ **a un mal** einem Übel abhelfen; **no hay** ~ da ist nichts zu machen; **no llores, ya no tiene** ~ weine nicht, da ist nichts mehr zu machen; **eso tiene fácil** ~ dem ist leicht abzuhelfen; **tu problema no tiene** ~ dein Problem ist nicht zu lösen; **mi hermano no tiene** ~ bei meinem Bruder ist alle Mühe umsonst; **es un idealista sin** ~ er ist ein unverbesserlicher Idealist **2.** (*evitación*) Vermeidung *f;* (*de un perjuicio*) Verhinderung *f;* **sin** ~ unvermeidlich; **la crisis no tiene** ~ die Krise ist nicht zu vermeiden **3.** (*ayuda*) Hilfe *f;* **buscó** ~ **en sus amigos** er/sie suchte bei seinen/ihren Freunden Trost; **buscó** ~ **en la bebida** er/sie nahm Zuflucht zum Alkohol **4.** (*medio*) Mittel *nt;* (MED) (Heil)mittel *nt;* ~ **antipalúdico** Malariamittel *nt;* ~ **casero** Hausmittel *nt;* ~ **heroico** drastisches Mittel; ~ **naturalista** Naturheilmittel *nt;* ~ **preventivo** Präventivmittel *nt;* **no hay/no tenemos más** ~ **que...** es gibt/uns bleibt keine andere Wahl als ...

remedir [rreme'đir] *irr como pedir vt* nachmessen

remedo [rre'međo] *m* **1.** (*imitación*) Nachahmung *f;* (*mal hecha*) Abklatsch *m* **2.** (*parodia*) Parodie *f*

remejer [rreme'xer] *vt* durchmischen

remembranza [rremem'braṇθa] *f* Erinnerung *f* (*de* an *+akk*)

rememoración [rrememora'θjon] *f* Erinnerung *f* (*de* an *+akk*)

rememorar [rrememo'rar] *vt* sich erinnern (an *+akk*)

remendado, **-a** [rremeṇ'dađo, -a] *adj* (*con pintas*) gefleckt, gescheckt

remendar [rremeṇ'dar] <e→ie> *vt* **1.** (*reparar*) ausbessern; (*con parches*) flicken; (*zurcir*) stopfen **2.** (*corregir*) verbessern **3.** (*añadir*) hinzufügen; ~ **la salsa con vinagre** der Soße Essig zufügen

remendón, **-ona** [rremeṇ'don, -ona] **I.** *adj* Flick- **II.** *m, f* Flicker(in) *m(f);* (*zapatero*) Flickschuster(in) *m(f);* (*sastre*) Flickschneider(in) *m(f)*

remera [rre'mera] *f* **1.** (ZOOL) Schwungfeder *f* **2.** (*Arg: camiseta*) T-Shirt *nt*

remero, **-a** [rre'mero, -a] *m, f* Ruderer, -in *m, f*

remesa [rre'mesa] *f* Sendung *f;* (*de dinero*) Überweisung *f;* ~ **de artículos** Warensendung *f;* ~ **de cartas** Briefsendung *f;* ~ **de pedidos** (COM) Übersendung von Bestellungen

remesar [rreme'sar] **I.** *vt* **1.** (*enviar*) versenden, verschicken **2.** (*el cabello*) raufen *dat* **II.** *vr:* **~se** sich *dat* raufen

remeter [rreme'ter] *vt* **1.** (*meter de nuevo*) wieder hineinstecken **2.** (*meter más adentro*) weiter hineinstecken; ~ **un clavo en la pared** einen Nagel tiefer in die Wand hauen **3.** (*empujar*) hineinstopfen; (*una sábana*) (hin)einstecken

remezón [rreme'θon] *m* (*Am: sacudida*) Ruck *m*

remiendo [rre'mjeṇdo] *m* **1.**(*reparación*) Ausbesserungsarbeit *f,* (notdürftige) Reparatur *f;* (*con parches*) Flickarbeit *f;* (*zurcidura*) Stopfarbeit *f* **2.**(*corrección*) (Ver)besserung *f* **3.**(*extra*) Zusatz *m* **4.**(*parche*) Flicken *m* **5.**(*mancha*) Fleck *m*

remilgado, -a [rremil'ɣaðo, -a] *adj* geziert

remilgarse [rremil'ɣarse] <g→gu> *vr* sich geziert benehmen [*o* geben]

remilgo [rre'milɣo] *m* Gehabe *nt,* Geziere *nt;* **sin ~s** ohne sich zu zieren; **hacer ~s** sich zieren

remilitarización [rremilitariθa'θjon] *f* (MIL) Remilitarisierung *f*

reminiscencia [rreminis'θeṇθja] *f* **1.**(*recuerdo*) (vage) Erinnerung *f* (*de* an +*akk*); **me quedan ~s de mi primera comunión** ich erinnere mich noch vage an meine erste Kommunion **2.**(*en una obra*) Anklang *m* (*de* an +*akk*), Reminiszenz *f* (*de* an +*akk*) *elev;* **la ópera tiene ~s wagnerianas** die Oper enthält Anklänge an Wagner **3.**(*lo que sobrevive*) Überbleibsel *nt* (*de* aus +*dat*)

remirado, -a [rremi'raðo, -a] *adj* **1.**(*prudente*) umsichtig **2.**(*remilgado*) geziert

remirar [rremi'rar] **I.** *vt* (*volver a mirar*) nochmals betrachten; (*mirar intensamente*) eingehend betrachten; **por más que miro y remiro no encuentro tu libro** so sehr ich auch suche, ich finde dein Buch nicht **II.** *vr:* **~se** **1.**(*poner cuidado*) umsichtig vorgehen **2.**(*mirar*) mit Genugtuung betrachten

remise [rre'mise] *m* (*Arg*) Leihlimousine *f*

remisible [rremi'siβle] *adj* (*deuda, pena*) erlässlich; (*pecado*) verzeihlich

remisión [rremi'sjon] *f* **1.**(*de una obligación*) Befreiung *f;* (*de los pecados*) Vergebung *f;* (*de una deuda, una pena*) Erlass *m;* **sin ~** rettungslos **2.**(*referencia*) Verweis *m* (*a* auf +*akk*) **3.**(*atenuación*) Rückgang *m* **4.**(*envío*) (Ver)sendung *f;* (*a alguien*) Zusendung *f* **5.**(*loc*): **sin ~** unrettbar

remiso, -a [rre'miso, -a] *adj* (*reacio*) unwillig; (*irresoluto*) zögerlich; (*lento*) träge; **mostrarse ~ a hacer algo** keine(rlei) Anstalten machen etw zu tun

remisoria [rremi'sorja] *f* (JUR) Verweisungsbeschluss *m*

remite [rre'mite] *m* Absender *m*

remitente [rremi'teṇte] *mf* Absender(in) *m(f);* **'devolver al ~'** 'zurück an Absender'

remitido [rremi'tiðo] *m* (Zeitungs)anzeige *f*

remitir [rremi'tir] **I.** *vt* **1.**(*enviar*) (ab)senden, (ver)schicken; (*dinero*) überweisen; **~ algo a alguien** jdm etw (zu)schicken [*o* (zu)senden]; **~ un cheque al librador** (FIN) einen Scheck an den Aussteller überweisen **2.**(*referirse*) verweisen (*a* auf +*akk*) **3.**(*de una obligación*) befreien; **~ a alguien de una pena/deuda** jdm eine Strafe/Schuld erlassen; **~ a alguien de sus pecados** jdm seine Sünden vergeben **4.**(*aplazar*) verschieben; (*un juicio*) vertagen **5.**(*confiar*) überlassen **6.**(*ceder*) einstellen **II.** *vi* (*calmarse*) nachlassen **III.** *vr:* **~se** **1.**(*referirse*) sich beziehen (*a* auf +*akk*) **2.**(*calmarse*) nachlassen **3.**(*confiarse*) sich anvertrauen; **~se al juez** sich der Entscheidung des Richters unterwerfen

remo ['rremo] *m* **1.**(*pala*) Ruder *nt;* **tomar el ~** (*fig fam*) die Führung übernehmen **2.**(DEP) Rudern *nt;* **a(l) ~** rudernd; (*fig*) mit Mühe; **a ~ y vela** (*fam*) ruck, zuck **3.**(*castigo*) Galeerenstrafe *f;* **andar al ~** (*fam*) schuften **4.**(*brazo*) Arm *m;* (*pierna, pata*) Bein *nt* **5.**(*ala*) Flügel *m*

remoción [rremo'θjon] *f* **1.**(*eliminación*) Entfernung *f,* Beseitigung *f;* (*de un obstáculo*) Wegräumen *nt* **2.**(*agitación*) Aufwühlen *nt;* (*dando vueltas*) Umrühren *nt* **3.**(*de un asunto*) Aufrühren *nt,* Aufwärmen *nt fam* **4.**(*de un cargo*) Absetzung *f,* Amtsenthebung *f* **5.**(*investigación*) Herumwühlen *nt* (*en* in +*dat*)

remodelación [rremoðela'θjon] *f* Umgestaltung *f;* (ECON) Umstrukturierung *f;* **~ del gabinete** Kabinettsumbildung *f*

remodelar [rremoðe'lar] *vt* umgestalten; **~ el gobierno** die Regierung umbilden

remojar [rremo'xar] **I.** *vt* **1.**(*mojar*) nass machen; (*humedecer*) anfeuchten; (*empapar*) durchnässen; (*sumergir*) eintauchen; (*ablandar*) einweichen **2.**(*celebrar*) begießen **II.** *vr:* **~se** (*mojarse*) nass werden; (*bañarse*) (sich) baden

remojo [re'moxo] *m* **1.**(*empapamiento*) Durchnässen *nt;* (*sumersión*) Eintauchen *nt;* (*baño*) Bad *nt;* **poner en ~** einweichen **2.**(*celebración*) Umtrunk *m*

remojón [rremo'xon] *m* (*empapamiento*) Durchnässen *nt;* (*sumersión*) Eintauchen *nt;* (*baño*) Bad *nt;* **como no llevaba paraguas me di un ~** weil ich keinen Schirm dabeihatte, wurde ich bis auf die Haut nass; **darse un ~ en la piscina** im Pool baden

remolacha [rremo'latʃa] *f* Rübe *f;* **~ azucarera** Zuckerrübe *f;* **~ forrajera** Futterrübe *f;* **~ (roja)** [*o* **(colorada)**] rote B(e)ete

remolcador[1] [rremolka'ðor] *m* Schleppschiff *nt,* Schlepper *m*

remolcador(a)[2] [rremolka'ðor(a)] *adj* (Ab)schlepp-; **buque ~** Schleppschiff *nt;* **grúa ~a** Abschleppwagen *m*

remolcar [rremol'kar] <c→qu> *vt* **1.**(*t.* NÁUT: *arrastrar*) schleppen; (*un vehículo averiado*) abschleppen **2.**(*convencer*) überreden; **me ~on a participar** sie bewegten mich zur Teilnahme

remoler [rremo'ler] <o→ue> **I.** *vt* **1.**(*moler*) (fein) zermahlen **2.**(*Perú: fastidiar*) nerven; **~ la paciencia de alguien** jds Geduld überstrapazieren **II.** *vi* (*Chil, Perú*) ausgehen, bummeln gehen

remolienda [rremo'ljeṇda] *f* (*Arg, Urug: fam: juerga*) Gaudi *f*

remolinar(se) [rremoli'narse] *vi, vr* **1.** (*viento, polvo*) wirbeln; (*agua*) strudeln **2.** (*gente*) zusammenströmen

remolino [rremo'lino] *m* **1.** (*movimiento*) Wirbel *m;* (*de agua*) Strudel *m;* ~ **de polvo** Staubwirbel *m;* ~ **de viento** Wirbelwind *m* **2.** (*pelo*) (Haar)wirbel *m* **3.** (*gente*) Gewimmel *nt* **4.** (*confusión*) Trubel *m* **5.** (*fam: persona*) Wirbelwind *m*

remolón¹ [rremo'lon] *m* (*de un jabalí*) Hauer *m*

remolón, -ona² [rremo'lon, -ona] **I.** *adj* faul **II.** *m, f* (*vago*) Faulenzer(in) *m(f),* Faulpelz *m fam;* (*que evita algo*) Drückeberger(in) *m(f);* **hacerse el** ~ faulenzen; **siempre se hace el ~ a la hora de fregar** er drückt sich immer vor dem Abwasch

remolonear(se) [rremolone'ar(se)] *vi, vr* (*vaguear*) faulenzen; (*evitar*) sich drücken

remolque [rre'molke] *m* **1.** (*arrastre*) Schleppen *nt;* (*de un vehículo averiado*) Abschleppen *nt* **2.** (*vehículo*) Anhänger *m* **3.** (*cuerda*) Schlepptau *nt;* (*para averías*) Abschleppseil *nt;* **llevar a** ~ schleppen, im Schlepptau haben; (*un coche averiado*) abschleppen; **hacer algo a** ~ etw nur widerwillig tun

remonta [rre'monta] *f* **1.** (*del calzado*) Besohlen *nt;* (*de una silla*) Aufpolstern *nt* **2.** (*de un pantalón*) Flicken *nt* **3.** (MIL: *cría, adquisición*) Remonte *f* **4.** (MIL: *caballos*) Pferdebestand *m* **5.** (MIL: *establecimiento*) (Remonte)gestüt *nt*

remontar [rremon'tar] **I.** *vt* **1.** (*superar*) überwinden **2.** (*subir*) hinaufgehen; (*en coche, barco*) hinauffahren; ~ **un río** (*navegar*) flussaufwärts fahren; (*nadar*) flussaufwärts schwimmen **3.** (*elevar*) aufsteigen lassen **4.** (*sobrepasar*) aufholen **5.** (*la caza*) verscheuchen **6.** (MIL) remontieren **7.** (*el calzado*) besohlen; (*un pantalón*) flicken; (*una silla*) aufpolstern **II.** *vr:* **~se 1.** (*volar*) aufsteigen, in die Höhe steigen; (*ave*) sich in die Lüfte erheben **2.** (*gastos*) sich belaufen (*a* auf +*akk*), betragen (*a* +*akk*) **3.** (*pertenecer*) zurückgehen; **la construcción de la iglesia se remonta al siglo pasado** der Bau der Kirche geht ins letzte Jahrhundert zurück **4.** (*retroceder*) zurückgehen; **el historiador se remonta hasta la edad media** der Historiker geht bis ins Mittelalter zurück; **el discurso se remonta a los orígenes del automóvil** die Rede geht bis zu den Ursprüngen des Automobils zurück

remonte [rre'monte] *m* **1.** (*vuelo*) Aufsteigen *nt;* (*de un ave*) Emporschwingen *nt* **2.** (*telesilla*) (Ski)lift *m* **3.** (*pelota*) (Variante der) Pelota *f* **4.** (*cesta*) (kurzer, flacher) Pelotaschläger *m*

remoquete [rremo'kete] *m* **1.** (*fam: apodo*) Spitzname *m* **2.** (*golpe*) Faustschlag *m* **3.** (*pulla*) spitze Bemerkung *f,* Stichelei *f* **4.** (*fam: galanteo*) Flirten *nt*

rémora ['rremora] *f* **1.** (ZOOL) Schiffshalter *m* **2.** (*obstáculo*) Hindernis *nt*

remorder [rremor'ðer] <o→ue> **I.** *vt* **1.** (*atormentar*) quälen; **me remuerde (la conciencia) no haber ayudado** ich habe ein schlechtes Gewissen, weil ich nicht geholfen habe **2.** (*morder*) erneut beißen **II.** *vr:* **~se** sich quälen

remordimiento [rremorði'mjento] *m* Gewissensbiss *m;* **tener ~s (de conciencia) por algo** Gewissensbisse wegen etw haben [*o* empfinden], sich Gewissensbisse über etw machen; **el ~ no lo deja dormir** sein schlechtes Gewissen plagt ihn

remotamente [rremota'mente] *adv* **1.** (*vagamente*) vage **2.** (*lejos*) weit weg; (*apartadamente*) abgelegen; (*hace tiempo*) vor langer Zeit **3.** (*loc*): **ni** ~ nicht im Entferntesten

remoto, -a [rre'moto, -a] *adj* **1.** (*lejano*) fern; **control** ~ Fernsteuerung *f;* **hechos ~s** weit zurückliegende Ereignisse; **en tiempos ~s** in ferner Vergangenheit **2.** (*improbable*) unwahrscheinlich; **no existe ni la más remota posiblidad** es besteht nicht die geringste Chance; **no tener ni la más remota idea** nicht die blasseste Ahnung haben; **ni por lo más** ~ nicht im Entferntesten

remover [rremo'βer] <o→ue> **I.** *vt* **1.** (*eliminar*) entfernen, beseitigen; (*apartar*) wegräumen; ~ **dificultades** Schwierigkeiten aus dem Weg räumen **2.** (*agitar*) aufwühlen; (*dar vueltas*) umrühren **3.** (*activar*) aufrühren **4.** (*destituir*) absetzen; ~ **a alguien (de un cargo)** jdn eines Amtes entheben **II.** *vi* herumwühlen (*en* in +*dat*) **III.** *vr:* **~se 1.** (*moverse*) sich wälzen **2.** (*aguas*) in Wallung kommen **3.** (*asunto*) wieder aufwärmen

remozamiento [rremoθa'mjento] *m* **1.** (*de algo*) Modernisierung *f* **2.** (*de alguien*) Verjüngung *f*

remozar [rremo'θar] <z→c> *vt* **1.** (*algo*) modernisieren **2.** (*a alguien*) verjüngen

remuda [rre'muða] *f* **1.** (*reemplazo*) Auswechslung *f;* (MIL) Ablösung *f* **2.** (*trasplantación*) Umpflanzung *f,* Umsetzen *nt* **3.** (*ropa*) (Wäsche)garnitur *f*

remudar [rremu'ðar] **I.** *vt* **1.** (*reemplazar*) auswechseln; (MIL) ablösen **2.** (*trasplantar*) umpflanzen **II.** *vr:* **~se** die Unterwäsche wechseln

remugar [rremu'ɣar] <g→gu> *vt v.* **rumiar**

remunerable [rremune'raβle] *adj* entgeltlich

remuneración [rremunera'θjon] *f* **1.** (*acción: pago*) Bezahlung *f,* Vergütung *f;* (*sueldo*) Lohn *m* **2.** (*recompensa*) Belohnung *f* **3.** (*rendimiento*) Gewinn *m* **4.** *pl* Bezüge *pl*

remunerador(a) [rremunera'ðor(a)] *adj* einträglich, Gewinn bringend

remunerar [rremune'rar] *vt* **1.** (*pagar*) bezahlen; ~ **un trabajo** eine Arbeit vergüten; ~ **a alguien por un servicio** jdn für eine Dienstleistung entlohnen **2.** (*recompensar*) belohnen **3.** (*rendir*) Gewinn bringen; **este negocio no te va a** ~ das wird kein Gewinn bringendes Geschäft für dich

remunerativo, **-a** [rremunera'tiβo, -a] *adj* einträglich, Gewinn bringend; **plan** ~ vergüteter Entwurf

remuneratorio, **-a** [rremunera'torjo, -a] *adj* entgeltlich

renacentista [rrenaθen̪'tista] *adj* Renaissance-; **pintor** ~ Renaissancemaler *m*

renacer [rrena'θer] *irr como crecer vi* **1.** (*volver a nacer*) wieder geboren werden **2.** (*regenerarse*) aufleben; **sentirse** ~ sich wie neugeboren fühlen

renacimiento [rrenaθi'mjen̪to] *m* **1.** (ARTE, LIT) Renaissance *f* **2.** (FILOS, REL) Wiedergeburt *f* **3.** (*regeneración*) Aufleben *nt*

renacuajo[1] [rrena'kwaxo] *m* (ZOOL) Kaulquappe *f*

renacuajo, **-a**[2] [rrena'kwaxo, -a] *m, f* (*pey: chico*) Knirps *m*, mick(e)riger Junge *m;* (*chica*) mick(e)riges Mädchen *nt*

renal [rre'nal] *adj* Nieren-; (MED) renal

Renania [rre'nanja] *f* Rheinland *nt*

Renania-Palatinado [rre'nanja-palati'naðo] *m* Rheinland-Pfalz *nt*

Renania-Westfalia [rre'nanja-βes'falja] *f* Nordrhein-Westfalen *nt*

renano, **-a** [rre'nano, -a] **I.** *adj* **1.** (*del Rin*) rheinisch; **provincia renana** Rheinprovinz *f* **2.** (*de Renania*) rheinländisch **II.** *m, f* Rheinländer(in) *m(f)*

rencilla [rren̪'θiʎa] *f* Streit *m*

rencilloso, **-a** [rren̪θi'ʎoso, -a] *adj* streitsüchtig, zänkisch

rencor [rreŋ'kor] *m* Groll *m;* **guardar** ~ **a alguien** einen Groll gegen jdn hegen, (mit) jdm böse sein

rencoroso, **-a** [rreŋko'roso, -a] *adj* **1.** (*vengativo*) nachtragend **2.** (*resentido*) verärgert

rendibú [rren̪di'βu] *m* (*fam*) Schmeichelei *f*

rendición [rren̪di'θjon] *f* **1.** (*capitulación*) Ergebung *f;* (MIL) Kapitulation *f* **2.** (*entrega*) Übergabe *f;* ~ **de cuentas** Rechnungslegung *f* **3.** (*sumisión*) Hingabe *f* **4.** (*utilidad*) Ertrag *m* **5.** (*fatiga*) Erschöpfung *f* **6.** (*conquista*) Eroberung *f*

rendidamente [rren̪diða'men̪te] *adv* hingebungsvoll, ergeben; **estar** ~ **enamorado** hoffnungslos verliebt sein, unsterblich [*o* bis über beide Ohren] verliebt sein

rendido, **-a** [rren̪'diðo, -a] *adj* **1.** (*cansado*) todmüde, erschlagen *fam*, abgeschlagen *reg* **2.** (*sumiso*) ergeben; **cayó** ~ **ante su belleza** er erlag ihrer Schönheit

rendidor(a) [rren̪di'ðor(a)] *adj* leistungsstark

rendija [rren̪'dixa] *f* Spalte *f*, Ritze *f*

rendimiento [rren̪di'mjen̪to] *m* **1.** (*t.* ECON: *productividad*) Leistung(sfähigkeit) *f;* (ECON: *máximo*) Kapazität *f;* ~ **específico** (INFOR) Durchsatz *m;* ~ **óptimo** Bestleistung *f;* **a pleno** ~ voll ausgelastet **2.** (*beneficio*) Ertrag *m;* ~ **bruto/neto** Brutto-/Nettoerlös *m*, Brutto-/Nettoleistung *f;* ~ **de la inversión** Kapitalertrag *m*, Anlagenrendite *f;* **acción de alto** ~ leistungsstarke Aktie; **imposición con un** ~ **del 5 %** Geldeinlage mit einer Verzinsung von 5 %; **de gran** ~ sehr ertragreich **3.** (*cansancio*) Erschöpfung *f* **4.** *pl* (ECON: *ingresos*) Einkünfte *fpl;* ~**s de las actividades profesionales y artísticas** Einkünfte aus selbst(st)ändiger und künstlerischer Arbeit; ~**s del capital inmobiliario** Einkünfte aus Vermietung und Verpachtung; ~**s del capital mobiliario** Einkünfte aus beweglichem Vermögen; ~**s del trabajo** Einkünfte aus nicht selbst(st)ändiger Arbeit **5.** (*humildad*) Unterwürfigkeit *f* **6.** (*obsequiosidad*) Zuvorkommenheit *f*

rendir [rren̪'dir] *irr como pedir* **I.** *vt* **1.** (*rentar*) einbringen, abwerfen; ~ **fruto** Früchte tragen; ~ **utilidad** Gewinn bringen; **esta hacienda rinde muy poco** dieses Gut wirft wenig Gewinn ab; **la inversión ha rendido mucho** die Investition hat sich bezahlt gemacht [*o* rentiert] **2.** (*trabajar*) leisten; ~ **un trabajo** eine Arbeit leisten; **estas máquinas rinden mucho** diese Maschinen sind sehr leistungsfähig **3.** (*tributar*) erweisen, bezeigen; ~ **homenaje a alguien** jdm huldigen, jdm Achtung zollen; ~ **culto al arte** ein Kunstliebhaber sein; ~ **favores a alguien** jdm Gefälligkeiten erweisen; ~ **las gracias a alguien** jdm Dank abstatten; ~ **importancia a algo** etw Bedeutung beimessen **4.** (*entregar*) abgeben; ~ **cuentas** abrechnen, Rechnung (ab)legen; (*fig*) Rechenschaft ablegen; ~ **un informe** Bericht erstatten; ~ **pruebas** Beweise erbringen; ~ **una confesión** ein Geständnis ablegen; ~ **obsequios a alguien** jdn beschenken; ~ **el alma** (**a Dios**) die Seele aushauchen, den Geist aufgeben; ~ **la comida** das Essen erbrechen **5.** (*vencer*) besiegen, bezwingen **6.** (*capitular*): ~ **las armas** die Waffen strecken, kapitulieren **7.** (*cansar*) ermüden, erschöpfen; ~ **un caballo** ein Pferd zu Tode [*o* zuschanden] [*o* zu Schanden] reiten; **me rindió el sueño** der Schlaf übermannte mich **8.** (*substituir*) ablösen; ~ **la guardia** die Wache ablösen **9.** (NÁUT): ~ **la bandera** die Flagge senken [*o* dippen] **10.** (NÁUT: *viaje*) beenden **II.** *vr:* ~**se 1.** (*entregarse*) sich ergeben; ~**se al enemigo** vor dem Feind kapitulieren; ~**se a la evidencia de algo** etw einsehen; ~**se a las razones de alguien** sich von jds Argumenten überzeugen lassen **2.** (*cansarse*): ~**se de cansancio** vor Müdigkeit umfallen; ~**se de fatiga** von Strapazen überwältigt werden

renegado[1] [rrene'ɣaðo] *m* (*juego de naipes*) Lomber *nt*

renegado, **-a**[2] [rrene'ɣaðo, -a] **I.** *adj* **1.** (*religión*) abtrünnig **2.** (*fam: carácter*) schroff, übellaunig **II.** *m, f* **1.** (*religión*) Abtrünnige(r) *mf*, Renegat(in) *m(f)* **2.** (*fam: carácter*) Miesepeter *m*

renegar [rrene'ɣar] *irr como fregar* **I.** *vi* **1.** (*protestar*) fluchen (*de* über +*akk*); ~ **de la mala suerte** sein Pech verwünschen; **reniega hasta de su sombra** [*o* **de la madre que le parió**] (*fam*) er verflucht alles in Grund und Boden **2.** (*renunciar*) abtrünnig werden (*de* +*gen*), sich lossagen (*de* von +*dat*); ~ **de la fe** vom Glauben abfallen; **ha renegado del partido** er/sie ist aus der Partei ausgetreten **II.** *vt* **1.** (*negar mucho*) (wiederholt) ableugnen, verleugnen **2.** (*detestar*) verabscheuen

renegociación [rreneɣoθja'θjon] *f* erneute Verhandlung *f*, Neuverhandlung *f*; ~ **de la deuda** [*o* **de créditos**] Umschuldung *f*

renegociar [rreneɣo'θjar] *vt* neu aushandeln, die Verhandlung wieder aufnehmen (über +*akk*)

renegrido, **-a** [rrene'ɣriðo, -a] *adj* schwärzlich

RENFE ['rreɱfe] *f abr de* **Red Nacional de Ferrocarriles Españoles** *spanische Eisenbahngesellschaft*

renglón [rreŋ'glon] *m* **1.** (*línea*) Zeile *f*; **a ~ seguido** sofort; **escribir unos renglones a alguien** ein paar Zeilen an jdn schreiben; **leer entre renglones** zwischen den Zeilen lesen **2.** (*partida*) Posten *m*; ~ **de ganancia** Gewinnposten *m*; ~ **de factura** Rechnungsposten *m*

rengo, **-a** ['rreŋgo, -a] *adj* (*CSur: cojo*) hinkend

renguear [rreŋge'ar] *vi* (*CSur: cojear*) hinken

renguera [rreŋ'gera] *f* (*CSur*) Hinken *nt*

reniego [rre'njeɣo] *m* **1.** (*blasfemia*) Gotteslästerung *f*, Blasphemie *f* **2.** (*taco*) Fluch *m* **3.** (*denegación*) Verleugnung *f*

reno ['rreno] *m* Ren(tier) *nt*

renombrado, **-a** [rrenom'braðo, -a] *adj* renommiert, angesehen

renombrar [rrenom'brar] *vt* (*t.* INFOR) umbenennen

renombre [rre'nombre] *m* (guter) Ruf *m*, Renommee *nt*; **una empresa de gran ~** ein namhaftes Unternehmen; **una persona de ~** eine angesehene Person; **adquirir ~** Ruhm erwerben [*o* erlangen]; **gozar de ~** Ruhm genießen

renovable [rreno'βaβle] *adj* erneuerungsfähig

renovación [rrenoβa'θjon] *f* Erneuerung *f*; (*de un contrato*) Vertragserneuerung *f*; (*del pasaporte*) Passverlängerung *f*; (*de un edificio*) Renovierung *f*; (*de una empresa*) Verjüngungskur *f*; ~ **de existencias** (ECON) Lagerbestandsauffüllung *f*; ~ **de una letra** (FIN) Wechselprolongation *f*; **prima de ~** (FIN) Folgeprämie *f*

renovador[1] [rrenoβa'ðor] *m*: ~ **de aire** Luftverbesserer *m*

renovador(a)[2] [rrenoβa'ðor(a)] **I.** *adj* erneuernd, Reform- **II.** *m(f)* Erneuerer, -in *m, f*

renoval [rreno'βal] *m* (ECOL) mit Schösslingen bepflanztes Feld *f*

renovar [rreno'βar] <o→ue> *vt* erneuern; ~ **una casa** ein Haus renovieren; ~ **un contrato** einen Vertrag erneuern; ~ **una letra de cambio** (FIN) einen Wechsel prolongieren; ~ **un país** ein Land reformieren; ~ **el pasaporte** den Pass verlängern; ~ **un pedido** nachbestellen; ~ **la pintura** den Anstrich erneuern; ~ **una póliza de seguros** (FIN) eine Versicherungspolice erneuern; ~ **una amistad** eine Freundschaft wieder aufleben lassen; ~ **un aviso** eine Mitteilung wiederholen; ~ **una herida** eine (kaum verheilte) Wunde wieder aufreißen; ~ **la memoria** das Gedächtnis auffrischen

renquear [rreŋke'ar] *vi* (*persona*) hinken; (*animal*) lahmen

renta ['rreṇta] *f* **1.** (*beneficio*) Ertrag *m*, Einkommen *nt*; ~ **anual** (*persona*) Jahreseinkommen *nt*; (*empresa*) Jahresertrag *m*; ~ **per cápita** Pro-Kopf-Einkommen *nt*; ~ **del capital** Kapitalertrag *m*, Kapitalzins *m*; ~ **disponible** verfügbares Einkommen; ~**s fiscales** Staatseinkünfte *pl*; ~ **media** [*o* **promedio**] Durchschnittseinkommen *nt*; ~ **nacional** Volkseinkommen *nt*; ~**s patrimoniales** Vermögenseinkünfte *fpl*; ~**s públicas** Staatseinkünfte *fpl*; ~ **real** Realeinkommen *nt*; ~ **salarial** Lohneinkünfte *fpl*; ~ **de la tierra** Bodenrente *f*; ~ **del trabajo** Arbeitseinkommen *nt*, Einkommen aus unselbst(st)ändiger Arbeit; **declaración de la ~** Einkommenssteuererklärung *f*; **impuesto sobre la ~** Einkommenssteuer *f* **2.** (*pensión*) Rente *f*; ~ **por incapacidad laboral** Erwerbsunfähigkeitsrente *f*; ~ **vitalicia** Rente auf Lebenszeit; ~ **de viudez** Witwenrente *f* **3.** (*alquiler*) Miete *f*, Pacht *f*; ~ **base** Grundmiete *f*; **la ~ del apartamento** die Wohnungsmiete; **en ~** zur Miete; **tomar a ~ un negocio** ein Geschäft pachten

rentabilidad [rreṇtaβili'ðað] *f* Wirtschaftlichkeit *f*, Rentabilität *f*; ~ **competitiva** Wettbewerbsfähigkeit *f*; ~ **del dividendo** Dividendenrendite *f*; **tasa de ~** Rentabilitätsrate *f*; **umbral de ~** Rentabilitätsschwelle *f*; **dar una ~ de...** einen Gewinn von ... abwerfen

rentabilizar [rreṇtaβili'θar] <z→c> *vt* Gewinn bringend [*o* rentabel] bewirtschaften; ~ **una finca** ein Gut rentabel bewirtschaften

rentable [rreṇ'taβle] *adj* rentabel, lohnend; **no ~** unwirtschaftlich, unrentabel

rentar [rreṇ'tar] **I.** *vt* **1.** (*rendir beneficio*) einbringen, abwerfen; ~ **bien** sich rentieren **2.** (*Am: alquilar*) mieten **II.** *vi* Gewinn bringen

rentero, **-a** [rreṇ'tero, -a] *m, f* **1.** (*arrendatario*) Pächter(in) *m(f)* **2.** (*Arg: contribuyente*) Steuerzahler(in) *m(f)*

rentista [rreṇ'tista] *mf* **1.** (*pensionista*) Rentner(in) *m(f)*, Rentenempfänger(in) *m(f)* **2.** (*hacendista*) Finanzfachmann, -frau *m, f*

rentístico, **-a** [rreṇ'tistiko, -a] *adj* (*de la pen-*

R

sión) Renten-; (*del beneficio*) Ertrags-; **reforma rentística** Rentenreform *f*

renuencia [rre'nweṇθja] *f* Widerspenstigkeit *f*

renuente [rre'nweṇte] *adj* widerspenstig, widerborstig

renuevo [rre'nweβo] *m* **1.**(*tallo*) Trieb *m*, Schössling *m;* **los ~s brotan** die Triebe sprießen **2.**(*renovación*) Erneuerung *f*

renuncia [rre'nuṇθja] *f* **1.**(*abandono*) Verzicht *m* (*a/de* auf *+akk*), Aufgabe *f* (*a/de +gen*); **~ de bienes** Güterabtretung *f;* **~ del cargo** Amtsniederlegung *f;* **~ al contrato** Rücktritt vom Vertrag; **~ de inmunidad** Immunitätsaufhebung *f;* **~ a la violencia** Gewaltverzicht *m;* **bajo ~ a** unter Verzichtleistung auf *+akk;* **presentar su ~** kündigen, abdanken **2.**(*escrito*) Entlassungsurkunde *f*

renunciable [rrenuṇ'θjaβle] *adj* verzichtbar

renunciación [rrenuṇθja'θjon] *f* (JUR) Verzicht *m*, Entsagung *f*

renunciante [rrenuṇ'θjaṇte] *mf* Verzichtende(r) *mf*, Verzichtleistende(r) *mf*

renunciar [rrenuṇ'θjar] **I.** *vt* **1.**(*desistir*) verzichten (*a* auf *+akk*), aufgeben (*a +akk*); **~ a un cargo** ein Amt niederlegen; **~ a una herencia** ein Erbe ausschlagen; **~ al trono** abdanken; **~ a favor de alguien** zugunsten [*o* zu Gunsten] jds Verzicht leisten **2.**(*rechazar*) abweisen (*a +akk*), verschmähen (*a +akk*); **renunció a su ofrecimiento** er/sie hat sein/ihr Angebot ausgeschlagen **II.** *vr:* **~se** der Welt entsagen

renunciatario, **-a** [rrenuṇθja'tarjo] *m, f* (JUR) Person *f*, zu deren Gunsten verzichtet wird

renuncio [rre'nuṇθjo] *m* (*juego de naipes*) Fehlfarbe *f*, Renonce *f;* **coger a alguien en un ~** (*fam*) jdn Lügen strafen

reñidero [rreɲi'ðero] *m* (*de gallos*) Hahnenkampfplatz *m*

reñido, **-a** [rre'ɲiðo, -a] *adj* **1.**(*enojado*) uneins, zerstritten; **estamos ~s** wir haben uns verzankt; **estoy ~ con él** ich bin böse auf ihn; **la injusticia está reñida con las ideas democráticas** die Ungerechtigkeit ist mit den demokratischen Prinzipien unvereinbar **2.**(*encarnizado*) heftig, erbittert; **una lucha reñida** ein erbitterter Kampf; **discutir reñidamente** hartnäckig diskutieren

reñidor(a) [rreɲi'ðor(a)] *adj* streitsüchtig

reñir [rre'ɲir] *irr como ceñir* **I.** *vi* zanken, streiten; **¿has reñido con tu novio?** hast du dich mit deinem Freund gestritten? **II.** *vt* schelten; **~ a un niño** ein Kind schelten, mit einem Kind schimpfen

reo, **-a** ['rreo, -a] **I.** *adj* schuldig **II.** *m, f* Angeklagte(r) *mf*, Täter(in) *m(f);* **~ de asesinato** Mörder *m;* **~ habitual** Gewohnheitsverbrecher *m;* **~ preventivo** Untersuchungshäftling *m*

reoca [rre'oka] *f:* **ser la ~** (*fam*) spitzenklasse sein, astrein rein

reojo [rre'oxo] *m:* **mirar a alguien de ~** (*con hostilidad*) jdn schief ansehen; (*con disimulo*) jdn verstohlen ansehen

reología [rreolo'xia] *f* (FÍS) Rheologie *f*

reometría [rreome'tria] *f* (FÍS) Rheometrie *f*

reordenación [rreorðena'θjon] *f* Neuordnung *f*, Umordnung *f*

reordenar [rreorðe'nar] *vt* neu ordnen, umgestalten

reorganización [rreorɣaniθa'θjon] *f* Neugestaltung *f*, Reorganisation *f;* **~ del capital** Kapitalumstellung *f;* **~ de una empresa** Umgestaltung [*o* Sanierung] einer Firma; **~ del gobierno** Regierungsumbildung *f;* **~ del mercado** Neuordnung des Marktes

reorganizador(a) [rreorɣaniθa'ðor(a)] **I.** *adj* reorganisierend, neu gestaltend **II.** *m(f)* Reorganisator(in) *m(f)*, Neugestalter(in) *m(f)*

reorganizar [rreorɣani'θar] <z→c> *vt* neu gestalten, reorganisieren, umbilden

reorientación [rreorjeṇta'θjon] *f* Neuorientierung *f;* **~ política** (politischer) Kurswechsel *m*

reorientar [rreorjeṇ'tar] *vt* neu orientieren

reóstato [rre'ostato] *m* (ELEC) Rheostat *m*, Regelwiderstand *m*

repajolero, **-a** [rrepaxo'lero, -a] *adj* (*fam*) verdammt, verflucht; **toda tu repajolera vida...** dein ganzes verflixtes Leben ...

repanchigarse [rrepanʧi'ɣarse] <g→gu> *vr* sich rekeln

repanocha [rrepa'noʧa] *f:* **ser la ~** (*fam*) absolut unglaublich sein

repantigarse [rrepaṇti'ɣarse] <g→gu> *vr* *v.* **repanchigarse**

reparable [rrepa'raβle] *adj* (*arreglable*) ausbesserungsfähig, reparabel; (*indemnizable*) ersetzbar; **un daño ~** ein wieder gutzumachender Schaden

reparación [rrepara'θjon] *f* **1.**(*arreglo*) Reparatur *f*, Ausbesserung *f;* **~ de avería** Störungsbeseitigung *f* **2.**(*indemnización*) Entschädigung *f*, Wiedergutmachung *f;* **~ de perjuicios** Schaden(s)ersatz *m;* **~ del honor** Wiederherstellung der Ehre

reparado, **-a** [rrepa'raðo, -a] *adj* **1.**(*reforzado*) verstärkt **2.**(*bizco*) schielend

reparador[1] [rrepa'raðor] *m* (*taller*) Reparaturwerkstatt *f*

reparador(a)[2] [rrepa'raðor(a)] **I.** *adj* kräftigend, erquickend; **un sueño ~** ein erquickender Schlaf **II.** *m(f)* **1.**(*que repara*) Reparateur, -euse *m, f* **2.**(*que critica*) Nörgler(in) *m(f)*

reparar [rrepa'rar] **I.** *vt* **1.**(*arreglar*) reparieren, ausbessern; **~ el daño** den Schaden beheben **2.**(*indemnizar*) ersetzen, wieder gutmachen **3.**(*advertir*) wahrnehmen (*en +akk*), merken (*en +akk*), achten (*en* auf *+akk*); **¿reparaste en que la casa estaba sin techo?** hast du gemerkt, dass das Haus kein Dach hatte?; **sin ~ en gastos** ohne Rücksicht auf die Kosten; **no ~ en sacrificios/en gastos** kein Opfer/keine Kosten scheuen **4.**(*fuerzas*) wiederherstellen; ~ **fuerzas** wieder zu Kräften kommen; **con la siesta reparo fuerzas** der Mittagsschlaf gibt mir neue Kraft **II.** *vr:* **~se** sich beherrschen

reparo [rre'paro] *m* **1.** (*arreglo*) Ausbesserung *f,* Wiederherstellung *f* **2.** (*inconveniente*) Bedenken *nt,* Hemmung *f;* **sin ~ alguno** ganz ungeniert; **me da ~ decírselo** ich scheue mich davor, es ihm/ihr zu sagen **3.** (*objeción*) Einwand *m* (*a* gegen +*akk*), Bedenken *ntpl;* **sin ~** anstandslos, bedenkenlos; **no admitir ~s** sich *dat* keine Kritik gefallen lassen; **no andar con ~s** sich *dat* seiner Sache sicher sein; **poner ~s a algo** etw kritisieren, Einwände gegen etw haben

reparón, -ona [rrepa'ron, -ona] *m, f* (*fam*) Nörgler(in) *m(f),* Kleinigkeitskrämer(in) *m(f);* **tu padre es muy ~** dein Vater hat an allem etwas auszusetzen

repartición [rreparti'θjon] *f* **1.** (*distribución*) Verteilung *f,* Aufteilung *f;* **~ por fracciones de tiempo** (INFOR) Zeitscheibenverfahren *nt* **2.** (*Am: oficina*) Behörde *f,* Amt *nt*

repartidor(a) [rreparti'ðor(a)] *m(f)* **1.** (*recadero*) Zusteller(in) *m(f),* Bote, -in *m, f;* **~ de periódicos** Zeitungsausträger(in) *m(f)* **2.** (*en tribunales*) (Geschäfts)verteiler(in) *m(f)*

repartija [rrepar'tixa] *f* (*RíoPl: irón*) Verteilung *f;* **la ~ de cargos gubernamentales después de las elecciones** das Feilschen um die Posten nach den Wahlen

repartimiento [rreparti'mjen̪to] *m* **1.** (*división*) Aufteilung *f,* Einteilung *f* **2.** (*escritura*) Teilungsurkunde *f* **3.** (*en tribunales*) Geschäftsverteilung *f*

repartir [rrepar'tir] **I.** *vt* verteilen, austeilen; (*correos*) zustellen, austragen; **~ acciones** (ECON) Aktien zuteilen; **~ beneficios** (ECON) Gewinne ausschütten; **~ leña** (*fig*) Prügel austeilen **II.** *vr:* **~se 1.** (*colocarse*) sich verteilen **2.** (*dividir*) aufteilen; **~se el mercado** den Markt unter sich aufteilen

reparto [rre'parto] *m* **1.** (*repartimiento*) Verteilung *f;* **~ de contribuciones** Steuerveranlagung *f;* **~ de costes** Kostenumlage *f;* **~ domiciliario** Lieferung ins Haus, Hauszustellung *f;* **~ de equipajes** Gepäckausgabe *f;* **~ de peso** Gewichtsverteilung *f;* **~ postal** Postzustellung *f;* **~ de la renta** Einkommensverteilung *f;* **~ de tareas** Aufgabenverteilung *f* **2.** (*relación*) Verhältnis *nt;* **~ de poderes** (ECON) Machtverhältnisse *ntpl*

repasador [rrepasa'ðor] *m* (*Arg, Urug: paño de cocina*) Geschirrtuch *nt*

repasar [rrepa'sar] *vt* **1.** (*la ropa*) ausbessern, flicken **2.** (*un texto, la lección*) noch einmal durchgehen, überarbeiten; **segunda edición repasada y corregida** zweite neu bearbeitete Auflage; **el profesor repasó la lección de ayer con nosotros** der Lehrer ging den Unterrichtsstoff von gestern noch einmal mit uns durch **3.** (*la cuenta*) nachprüfen, überprüfen **4.** (TÉC: *un coche*) überholen **5.** (*una carta*) überfliegen

repaso [rre'paso] *m* **1.** (*revisión*) Überarbeitung *f* **2.** (*inspección*) (Über)prüfung *f;* (TÉC: *un coche*) Überholung *f;* **~ general de un coche** Generalüberholung eines Autos

repatear [rrepate'ar] **I.** *vi* (*fam*) nerven; **me repatean sus críticas** sein/ihr Meckern geht mir auf den Geist **II.** *vt* (*fam*) ärgern, belästigen

repatriación [rrepatrja'θjon] *f* Rückführung *f;* (JUR, POL) Repatriierung *f;* **~ de divisas** Devisenrückführung *f*

repatriado, -a [rrepa'trjaðo, -a] *m, f* Heimkehrer(in) *m(f);* (JUR, POL) Repatriierte(r) *mf*

repatriar [rrepa'trjar] *vt* in die Heimat zurücksenden; (JUR, POL) repatriieren

repe ['rrepe] *m* (*Ecua*) *Gericht aus grünen Bananen und Käse, in Milch gekocht*

repechar [rrepe'ʧar] *vi* (*Arg, Urug*) langsam genesen, sich langsam erholen (*von einer Krankheit*)

repecho [rre'peʧo] *m* Böschung *f,* kurzer Steilhang *m*

repeinado, -a [rrepei̯'naðo, -a] *adj* sorgfältig gekämmt; (*pey*) geschniegelt

repeinar [rrepei̯'nar] **I.** *vt* sorgfältig kämmen; (*pey*) schniegeln **II.** *vr:* **~se** sich sorgfältig kämmen; (*pey*) sich schniegeln

repelar [rrepe'lar] *vt* **1.** (*tirar del pelo*) an den Haaren ziehen, zausen **2.** (*presupuesto*) beschneiden, beschränken **3.** (*hierba*) mähen **4.** (*pelar*) (kahl) scheren

repelencia [rrepe'len̪θja] *f* **1.** (*rechazo*) Abscheu *f* **2.** (*repugnancia*) Ekel *m*

repelente[1] [rrepe'len̪te] **I.** *adj* **1.** (*rechazador*) abweisend; **~ al agua** Wasser abstoßend; **~ a la grasa** Fett abweisend **2.** (*repugnante*) widerwärtig, abstoßend **3.** (*redicho*) affektiert, besserwisserisch **II.** *m* (*sustancia*) Insektenschutzmittel *nt*

repelente[2] [rrepe'len̪te] *mf* (*sabelotodo*) Besserwisser(in) *m(f)*

repeler [rrepe'ler] *vt* **1.** (*rechazar*) abstoßen, abweisen; **~ el agua** Wasser abstoßen; **~ un ataque** einen Angriff abwehren; **~ una demanda** eine Klage abweisen; **los imanes se repelen mutuamente** Magnete stoßen sich gegenseitig ab **2.** (*repugnar*) anekeln; **me repelen las cucarachas** Kakerlaken widern mich an [*o* finde ich widerlich]

repelo [rre'pelo] *m* **1.** (*pelo*) Gegenstrich *m;* **a ~** gegen den Strich; **~ de la uña** Niednagel *m;* **madera de ~** krummfaseriges Holz **2.** (*repugnancia*) Widerwille *m*

repelón [rrepe'lon] *m* (*del pelo*) Ziehen *nt* an den Haaren; **mi hermano me da tales repelones que se me saltan las lágrimas** mein Bruder zieht mir derart an den Haaren, dass mir die Tränen kommen; **a repelones** (*con dificultad*) mit Mühe und Not; (*con resistencia*) widerwillig; **de ~** (*fig*) flüchtig; **ser más viejo que el ~** abgedroschen sein

repelús [rrepe'lus] *m sin pl* (*repugnancia*)

Ekelgefühl *nt;* (*aversión*) Widerwille *m,* Aversion *f;* **me entra el** ~ Ekel packt mich [*o* steigt in mir hoch]

repeluzno [rrepe'luθno] *m* **1.** (*escalofrío leve*) Schauder *m;* **me da un** ~ ein Schauder befällt [*o* ergreift] [*o* erfüllt] mich **2.** (*repelús*) Ekelgefühl *nt;* (*aversión*) Widerwille *m,* Abneigung *f*

repensado, **-a** [rrepen'saðo, -a] *adj* durchdacht, überlegt

repensar [rrepen'sar] <e→ie> *vt* durchdenken, reflektieren

repente [rre'pen̦te] *m* plötzliche Bewegung *f;* **de** ~ plötzlich; **hablar de** ~ aus dem Stegreif reden; **tocar de** ~ vom Blatt spielen

repentino, **-a** [rrepen̦'tino, -a] *adj* plötzlich, unerwartet

repentización [rrepen̦tiθa'θjon] *f* Improvisation *f*

repentizar [rrepen̦ti'θar] <z→c> *vi, vt* (*música*) improvisieren, vom Blatt spielen; (*versos*) aus dem Stegreif vortragen

repercusión [rreperku'sjon] *f* **1.** (*efecto*) (Aus)wirkung *f,* (Rück)wirkung *f,* (Nach)wirkung *f;* **su obra ha tenido gran** ~ **en los ambientes intelectuales** sein Werk hat in intelektuellen Kreisen großen Anklang gefunden **2.** (*del choque*) Rückprall *m,* Rückstoß *m*

repercutir [rreperku'tir] *vi* **1.** (*efecto*) rückwirken (*en* auf +*akk*), sich auswirken (*en* auf +*akk*); ~ **en el precio** sich im Preis niederschlagen; **el abuso del alcohol repercute en la salud** Alkoholmissbrauch ist gesundheitsschädlich **2.** (*del choque*) zurückprallen **3.** (*eco*) widerhallen

repertorio [rreper'torjo] *m* **1.** (*lista*) Verzeichnis *nt,* (Sach)register *nt;* ~ **de equipos** Ausrüstungsliste *f;* ~ **legislativo** Gesetzessammlung *f* **2.** (TEAT) Repertoire *nt,* Spielplan *m;* **tiene un** ~ **de chistes inacabable** sein/ihr Repertoire an Witzen ist unerschöpflich

repesar [rrepe'sar] *vt* nachwiegen

repesca [rre'peska] *f* (*fam*) Wiederholungsprüfung *f*

repescar [rrepes'kar] <c→qu> *vt* (*fam*) erneut zulassen (*nach einer nicht bestandenen Prüfung oder einem verlorenen Wettbewerb*)

repetición [rrepeti'θjon] *f* Wiederholung *f;* ~ **de orden** Nachbestellung *f;* **fusil de** ~ Repetitionsgewehr *nt,* Mehrlader *m;* **instrucción de** ~ (INFOR) Wiederholungsbefehl *m;* **sistema de** ~ **de respuesta** (INFOR) Antwortwiederholungssystem *nt;* **en caso de** ~ im Wiederholungsfall

repetidamente [rrepetiða'men̦te] *adv* häufig, wiederholt

repetido, **-a** [rrepe'tiðo, -a] *adj* wiederholt, mehrmalig; **repetidas veces** mehrmals; **tengo muchos sellos ~s** ich habe viele Briefmarken doppelt

repetidor¹ [rrepeti'ðor] *m* (RADIO, TEL, TV) Verstärker *m*

repetidor(a)² [rrepeti'ðor(a)] **I.** *adj* wiederholend **II.** *m(f)* **1.** (*estudiante*) Wiederholer(in) *m(f),* Sitzenbleiber(in) *m(f) fam pey* **2.** (*profesor*) Repetitor(in) *m(f),* Nachhilfelehrer(in) *m(f)*

repetir [rrepe'tir] *irr como pedir* **I.** *vi* aufstoßen; **los ajos repiten mucho** Knoblauch stößt einem immer wieder auf **II.** *vt* **1.** (*reiterar*) wiederholen; ~ **curso** sitzen bleiben; ~ **un pedido de mercancía** Ware nachbestellen; ~ **de un plato de comida** noch eine Portion essen **2.** (*recitar*) aufsagen **3.** (JUR) klagen (*contra* gegen +*akk*) **III.** *vr:* **~se** sich wiederholen; **este hombre se repite constantemente** dieser Mann ergeht sich in endlosen Wiederholungen

repetitividad [rrepetitiβi'ðaᵈ] *f* Wiederholbarkeit *f*

repetitivo, **-a** [rrepeti'tiβo, -a] *adj* wiederholbar; (INFOR) rekursiv

repicado, **-a** [rrepi'kaðo, -a] *adj* klein gehackt

repicar [rrepi'kar] <c→qu> **I.** *vi* (*campanas*) (festlich) läuten; (*castañuelas*) klappern **II.** *vt* **1.** (*campanas*) läuten; (*instrumento de música*) anschlagen; ~ **las castañuelas** Kastagnetten spielen; **no se puede estar en misa y** ~ man kann nicht auf zwei Hochzeiten gleichzeitig tanzen; **ponerse el traje de cuando repican gordo** sich in Schale werfen **2.** (*despedazar*) klein hacken, zerstückeln **III.** *vr:* **~se** sich brüsten (*de* mit +*dat*)

repinaldo [rrepi'nal̦do] *m* (BOT) *eine Apfelsorte*

repintar [rrepin̦'tar] **I.** *vt* übermalen; (*paredes*) nachstreichen **II.** *vr:* **~se** **1.** (*maquillarse mucho*) sich stark schminken, sich anmalen *fam* **2.** (TIPO) abschmieren

repipi [rre'pipi] *adj* etepetete, zimperlich

repique [rre'pike] *m* **1.** (*de las campanas*) Läuten *nt* **2.** (*fam: riña ligera*) kleine Streiterei *f*

repiquete [rrepi'kete] *m* **1.** (*campana*) Geläute *nt* **2.** (*lance*) Gefecht *nt,* Scharmützel *nt*

repiquetear [rrepikete'ar] *vi, vt* (anhaltend) läuten; (*castañuelas*) schlagen

repiqueteo [rrepike'teo] *m* Geläute *nt;* (*castañuelas*) Klappern *nt*

repisa [rre'pisa] *f* Konsole *f;* (ARQUIT) Kragstein *m;* ~ **de chimenea** Kaminsims *m;* ~ **de ventana** Fensterbrett *nt,* Fensterbank *f*

repisar [rrepi'sar] *vt* **1.** (*apisonar*) feststampfen, festtreten **2.** (*pisar insistentemente*) (immer wieder) treten (auf +*akk*) **3.** (*fijar en la memoria*) sich merken, im Gedächtnis verankern

replantación [rreplan̦ta'θjon] *f* **1.** (*plantar algo nuevo*) Neubepflanzung *f* **2.** (*trasplantación*) Umpflanzung *f*

replantar [rreplan̦'tar] *vt* **1.** (*volver a plantar*) nachpflanzen, wieder bepflanzen **2.** (*trasplantar*) umpflanzen

replanteamiento [rreplan̦tea'mjen̦to] *m* (*de un asunto*) Wiederaufwerfen *nt*

replantear [rreplante'ar] *vt* **1.** (*asunto*) wieder aufwerfen; (*plan*) nochmals entwerfen, neu konzipieren **2.** (ARQUIT) trassieren, abstecken

repleción [rreple'θjon] *f* (MED) (Über)füllung *f*; ~ **gástrica** Übersättigung *f*

replegar [rreple'ɣar] *irr como fregar* **I.** *vt* **1.** (*doblar*) mehrmals falten **2.** (*para atrás*) zurückklappen **II.** *vr:* **~se** (MIL) sich geordnet zurückziehen

repletar [rreple'tar] **I.** *vt* voll füllen, voll stopfen *fam* **II.** *vr:* **~se** sich voll essen (*de* mit +*dat*)

repleto, **-a** [rre'pleto, -a] *adj* prall gefüllt (*de* mit +*dat*), voll gestopft (*de* mit +*dat*); **tener una cartera repleta de billetes** eine Brieftasche voller Geldscheine haben; **el tren está** ~ der Zug ist total überfüllt; **estoy** ~ ich bin vollkommen satt; **está repleta de energía** sie sprüht vor Energie

réplica ['rreplika] *f* **1.** (*objeción*) (schlagfertige) Erwiderung *f*, Widerrede *f* **2.** (JUR) Gegenerklärung *f*, Gegenrede *f* **3.** (ARTE) Replik *f*, Nachbildung *f*

replicar [rrepli'kar] <c→qu> **I.** *vt* erwidern, entgegnen **II.** *vi* **1.** (*replicar*) antworten **2.** (*contradecir*) widersprechen; **obedecer sin** ~ ohne Widerspruch [*o* Protest] gehorchen **3.** (JUR) eine Klage beantworten, replizieren

replicato [rrepli'kato] *m* Gegenerklärung *f*; (JUR) Replik *f*

replicón, **-ona** [rrepli'kon, -ona] **I.** *adj* (*fam*) frech, schnippisch **II.** *m, f* (*fam*) Frechdachs *m*, Frechling *m*

repliegue [rre'pljeɣe] *m* **1.** (*dobladura*) Falte *f*, Knick *m* **2.** (MIL) geordneter Rückzug *m*

repoblación [rrepoβla'θjon] *f* Wiederbevölkerung *f*; ~ **forestal** Wiederaufforstung *f*

repoblar [rrepo'βlar] <o→ue> *vt* wieder bevölkern; (*de árboles*) wieder aufforsten

repollo [rre'poʎo] *m* (Weiß)kohl *m*, Kohl(kopf) *m*

repolludo, **-a** [rrepo'ʎuðo, -a] *adj* **1.** (*planta*) kohlförmig **2.** (*persona*) untersetzt, gedrungen

reponer [rrepo'ner] *irr como poner* **I.** *vt* **1.** (*volver a poner*) wieder hinstellen, zurückstellen; (*teléfono*) auflegen; (*máquina*) wieder in Betrieb setzen; (*en su cargo*) wieder einsetzen **2.** (*reemplazar*) ersetzen; **me pidió que repusiera la silla rota** er/sie bat mich den beschädigten [*o* kaputten] Stuhl zu ersetzen **3.** (*completar*) auffüllen; ~ **las existencias** die Lagerbestände auffüllen **4.** (*replicar*) erwidern **5.** (CINE, TEAT) wieder aufführen **II.** *vr:* **~se** sich erholen; **tardó en ~se de aquella enfermedad** es dauerte lange, bis er/sie sich von dieser Krankheit erholt hatte; **poco a poco, el mercado se va reponiendo** der Markt belebt sich langsam wieder

reportaje [rrepor'taxe] *m* Reportage *f*, Bericht *m*, Berichterstattung *f*; ~ **gráfico** Bildbericht *m*; ~ **periodístico** Zeitungsbericht *m*; ~ **radiofónico** Rundfunkbericht *m*

reportar [rrepor'tar] **I.** *vt* **1.** (*refrenar*) zurückhalten, zügeln **2.** (*proporcionar*) (ein)bringen, mit sich bringen, ergeben; **esta amistad no le ha reportado más que decepciones** diese Freundschaft hat ihm/ihr nichts als Enttäuschungen gebracht; **este negocio reporta un beneficio considerable** dieses Geschäft bringt einen beträchtlichen Gewinn ein **3.** (*Am: informar*) berichten, melden **4.** (TIPO) umdrucken **II.** *vr:* **~se** sich zügeln, sich mäßigen; **haga el favor de ~se** reißen Sie sich bitte zusammen

reporte [rre'porte] *m* **1.** (*noticia*) Nachricht *f*; ~ **de enfermedad** Krankenakte *f* **2.** (*Méx: reportaje*) Bericht *m* **3.** (*chisme*) Klatsch *m*, Gerede *nt*

reportear [rreporte'ar] *vt* **1.** (*Am: entrevistar*) interviewen **2.** (*Am: tomar fotografías*) für einen Bildbericht fotografieren

repórter [rre'porter] *m* (*Am*) Reporter *m*

reportero, **-a** [rrepor'tero, -a] *m, f* Reporter(in) *m(f)*, Berichterstatter(in) *m(f)*

reposabrazos [rreposa'βraθos] *m inv* Armlehne *f*

reposacabezas [rreposaka'βeθas] *m inv* Kopfstütze *f*

reposado, **-a** [rrepo'saðo, -a] *adj* ruhig, gesetzt; **un trabajo** ~ eine ruhige Arbeit, ein ruhiger Job *fam*; **agua reposada** abgestandenes Wasser

reposapiés [rreposa'pjes] *m inv* Fußstütze *f*

reposar [rrepo'sar] **I.** *vi* (aus)ruhen; **aquí reposan los restos mortales de...** hier ruht in Frieden ... **II.** *vt* zur Ruhe bringen; ~ **la comida** Mittagsruhe halten **III.** *vr:* **~se** (*líquidos*) sich (ab)setzen; **el vino se reposa** der Wein lagert ab

reposera [rrepo'sera] *f* (*Am: tumbona*) Liegestuhl *m*

reposición [rreposi'θjon] *f* **1.** (*t.* ECON: *de un objeto*) Ersetzung *f*, Ersatzbeschaffung *f*, Wiederbeschaffung *f*; ~ **de existencias** Lagerauffüllung *f*, Lagerergänzung *f*; ~ **de maquinaria** Maschinenerneuerung *f*; **coste de** ~ Wiederbeschaffungskosten *pl* **2.** (*de lugar*) Rückstellung *f*; ~ **al cero** Nullstellung *f* **3.** (*del mercado*) Wiederbelebung *f* **4.** (*de una persona*) Erholung *f* **5.** (*de una situación*) Beruhigung *f* **6.** (TEAT) Neuinszenierung *f*, Reprise *f* **7.** (JUR) Einspruch *m*; ~ **de mero trámite** Einspruch gegen prozessleitende Verfügung

reposo [rre'poso] *m* Ruhe *f*, Erholung *f*; ~ **en cama** Bettruhe *f*; **¡buen ~!** gute Erholung!; **una máquina en** ~ eine Maschine im Stillstand

repostada [rrepos'taða] *f* (*AmC: contestación fuerte*) Retourkutsche *f*

repostaje [rrepos'taxe] *m* (AUTO) Auftanken *nt*

repostar [rrepos'tar] *vt, vr:* **~se** **1.** (*provisiones*) (sich) neu versorgen (mit +*dat*); ~ **provisiones** neue Vorräte aufnehmen **2.** (*com-*

bustible) auftanken

repostería [rreposte'ria] *f* **1.** (*pastelería y oficio*) Konditorei *f* **2.** (*productos de pastelería*) Feingebäck *nt,* Konditor(ei)waren *fpl* **3.** (*para guardar el servicio de mesa*) Anrichte *f* **4.** (NÁUT) Pantry *f*

repostero¹ [rrepos'tero] *m* (*tapiz*) Balkonbehang *m*

repostero, -a² [rrepos'tero, -a] *m, f* (*pastelero*) Konditor(in) *m(f)*

repregunta [rrepre'ɣun̪ta] *f* (JUR) Befragung *f* eines Zeugen durch die Gegenpartei, Gegenfrage *f* (*an den Zeugen*)

repreguntar [rrepreɣun̪'tar] *vt* (JUR) ins Kreuzverhör nehmen

reprendedor(a) [rrepren̪de'ðor(a)] *adj o m(f) v.* **reprensor**

reprender [rrepren̪'der] *vt* tadeln, zurechtweisen; **~le algo a alguien** jdm etw vorwerfen

reprensible [rrepren'siβle] *adj* tadelnswert

reprensión [rrepren'sjon] *f* Tadel *m,* Verweis *m;* (JUR) Verwarnung *f*

reprensor(a) [rrepren'sor(a)] **I.** *adj* verweisend, tadelnd **II.** *m(f)* Tadler(in) *m(f)*

represa [rre'presa] *f* **1.** (*estancamiento*) Stauung *f* **2.** (*construcción*) Staudamm *m,* Stauwerk *nt*

represalia [rrepre'salja] *f* Repressalie *f,* Vergeltungsmaßnahme *f;* **~s comerciales** handelspolitische Repressalien; **en ~ por...** als Vergeltung für ...

represaliar [rrepresa'ljar] *vt* Repressalien ergreifen (gegen +*akk*), sanktionieren

represar [rrepre'sar] **I.** *vt* **1.** (*agua*) stauen **2.** (*fig*) hemmen, unterdrücken **II.** *vr:* **~se** sich stauen

representable [rrepresen̪'taβle] *adj* darstellbar

representación [rrepresen̪ta'θjon] *f* **1.** (*substitución, delegación*) (Stell)vertretung *f,* Repräsentation *f;* **~ colectiva** Arbeitnehmervertretung *f;* **~ diplomática** diplomatische Vertretung; **~ exclusiva** Alleinvertretung *f;* **~ mayoritaria** Mehrheitswahl *f;* **~ proporcional** Verhältniswahl *f;* **contrato de ~** (ECON, JUR) Vertretervertrag *m;* **por** [*o* **en**] **~** in Vertretung, stellvertretend; **tener ~ comercial en el extranjero** eine Handelsvertretung im Ausland haben **2.** (TEAT) Aufführung *f,* Vorstellung *f* **3.** (*reproducción*) Abbildung *f,* Darstellung *f;* **~ de caracteres** (INFOR) Zeichendarstellung *f;* **~ digital** Digitalanzeige *f;* **~ gráfica** grafische Darstellung; **este libro contiene numerosas representaciones** dieses Buch enthält zahlreiche Abbildungen **4.** (*idea*) Begriff *m,* Vorstellung *f* **5.** (*autoridad importante*) Ansehen *nt;* (*dignidad*) würdevolles Auftreten *nt;* **ser hombre de ~** eine angesehene Persönlichkeit sein **6.** (*petición*) (begründete) Eingabe *f,* Gesuch *nt;* **hacer representaciones a alguien** bei jdm vorstellig werden

representador(a) [rrepresen̪ta'ðor(a)] **I.** *adj* vertretend **II.** *m(f)* (TEAT) Darsteller(in) *m(f)*

representante [rrepresen̪'tan̪te] *mf* **1.** (*delegado*) Abgeordnete(r) *mf,* Beauftragte(r) *mf;* (*suplente*) (Stell)vertreter(in) *m(f);* **~ comercial** Handelsvertreter *m;* **~ editorial** Verlagsvertreter *m;* **~ especial** Sonderbeauftragter *m;* **~ legal** Rechtsvertreter *m,* gesetzlicher Vertreter; **~ permanente** ständiger Vertreter *m;* **~ sindical** (ECON) Gewerkschaftsvertreter *m;* **trabajar como ~ a comisión** (ECON) als Provisionsvertreter arbeiten; **acreditar** [*o* **designar**] [*o* **nombrar**] **un ~** einen Vertreter benennen **2.** (*actor*) Schauspieler(in) *m(f),* Darsteller(in) *m(f)*

representar [rrepresen̪'tar] **I.** *vt* **1.** (*sustituir*) vertreten; **~ a alguien** jdn vertreten, an die Stelle von jdm treten **2.** (*actuar*) darstellen, spielen; (*presentar una obra*) aufführen; **~ el papel de amante** den Liebhaber spielen [*o* darstellen]; **~ una obra de teatro en público** ein Theaterstück öffentlich aufführen **3.** (*significar*) bedeuten; **esta mujer ya no representa nada para él** diese Frau bedeutet ihm gar nichts mehr **4.** (*encarnar*) darstellen; **la paloma representa la paz** die Taube verkörpert [*o* symbolisiert] den Frieden **5.** (*ilustrar*) abbilden; **~ visualmente** (INFOR) auf dem Bildschirm anzeigen [*o* darstellen]; **este cuadro representa escenas bíblicas** dieses Bild stellt biblische Szenen dar **6.** (*aparentar*) aussehen; **representa ser más joven** er/sie sieht jünger aus, als er/sie ist **7.** (*evocar*) schildern, vor Augen führen; **le representé las consecuencias terribles de una guerra atómica** ich führte ihm/ihr die furchtbaren Folgen eines Atomkrieges vor Augen **II.** *vr:* **~se** sich *dat* vorstellen; **no consigo representármelo** ich kann es mir einfach nicht vorstellen

representatividad [rrepresen̪tatiβi'ðaᵈ] *f* **1.** (*carácter*) repräsentativer Charakter *m* **2.** (*significado*) Aussagekraft *f;* **una obra de gran ~** ein Werk von hoher Aussagekraft **3.** (JUR) Vertretungsbefugnis *f*

representativo, -a [rrepresen̪ta'tiβo, -a] *adj* repräsentativ; **gobierno ~** parlamentarische Regierung

represión [rrepre'sjon] *f* Unterdrückung *f,* Beschränkung *f;* **~ del comercio** Handelsbeschränkung *f;* **~ de crímenes** Verbrechensbekämpfung *f;* **~ social** soziale Unterdrückung

represivo, -a [rrepre'siβo, -a] *adj* repressiv, unterdrückend

represor(a) [rrepre'sor(a)] **I.** *adj* unterdrückend **II.** *m(f)* Unterdrücker(in) *m(f)*

reprimenda [rrepri'men̪da] *f* Verweis *m,* Rüge *f*

reprimido, -a [rrepri'miðo, -a] *adj* **1.** (*contenido*) unterdrückt **2.** (*cohibido*) gehemmt, verkrampft

reprimir [rrepri'mir] **I.** *vt* unterdrücken; **~ un**

bostezo ein Gähnen unterdrücken **II.** *vr:* **~se 1.**(*contenerse*) sich beherrschen, sich zurückhalten; **~se de hablar** sich mit Worten zurückhalten **2.**(*cohibirse*) sich verkrampfen

reprise [rre'pris] *m* **1.**(TEAT) Reprise *f*, Wiederaufführung *f* **2.**(*motor*) schnelle Beschleunigung *f*

reprivatización [rrepriβatiθa'θjon] *f* (ECON, POL) Reprivatisierung *f*

reprivatizar [rrepriβati'θar] <z→c> *vt* (ECON, POL) reprivatisieren

reprobable [rrepro'βaβle] *adj* verwerflich

reprobación [rreproβa'θjon] *f* (*condenación*) Missbilligung *f*; (*rechazamiento*) Verwerfung *f*

reprobado, **-a** [rrepro'βaðo, -a] *adj* **1.**(*condenado*) verdammt **2.**(*t. Am: suspenso en un examen*) nicht bestanden

reprobador(a) [rreproβa'ðor(a)] *adj* tadelnd; **una mirada ~a** ein missbilligender Blick

reprobar [rrepro'βar] <o→ue> *vt* verwerfen, missbilligen

reprobatorio, **-a** [rreproβa'torjo, -a] *adj* tadelnd, missbilligend

réprobo, **-a** ['rreproβo, -a] **I.** *adj* verdammt **II.** *m, f* Verdammte(r) *mf*

reprocesar [rreproθe'sar] *vt* weiterverarbeiten

reprochable [rrepro'ʧaβle] *adj* tadelnswert

reprochar [rrepro'ʧar] *vt* vorwerfen, vorhalten

reproche [rre'proʧe] *m* Vorwurf *m*; **decir algo en son de ~** etw in vorwurfsvollem Ton sagen; **hacer ~s a alguien por algo** jdm Vorwürfe wegen etw machen

reproducción [rreproðuˠ'θjon] *f* **1.**(*procreación*) Fortpflanzung *f*; **~ bovina** Rinderzucht *f* **2.**(*repetición*) Reproduktion *f*; (*copia*) Vervielfältigung *f*; (*publicación*) Abdruck *m*; **~ fraudulenta** [*o* **no autorizada**] Raubdruck *m*; **~ ilegal/ilegítima** ungesetzlicher/unerlaubter Nachdruck; **~ de un libro** Nachdruck *m*; **se prohibe la ~** Nachdruck verboten; **~ de un discurso** Wiederholung eines Vortrags **3.**(*representación*) Wiedergabe *f*; **~ magnetofónica** Bandaufnahme *f*; **~ radiofónica** Rundfunkübertragung *f*

reproducibilidad [rreproðuθiβili'ðaᵈ] *f* Reproduzierbarkeit *f*

reproducible [rreproðu'θiβle] *adj* reproduzierbar

reproducir [rreproðu'θir] *irr como traducir* **I.** *vt* **1.**(*procrear*) fortpflanzen **2.**(*repetir*) reproduzieren; (*copiar*) vervielfältigen; **~ un libro** ein Buch nachdrucken **3.**(*representar*) wiedergeben, nachahmen; **~ un cuento** ein Märchen nacherzählen **II.** *vr:* **~se** sich fortpflanzen, sich vermehren

reproductivo, **-a** [rreproðuk'tiβo, -a] *adj* reproduktiv

reproductor[1] [rreproðuk'tor] *m* (*aparato*) Wiedergabegerät *nt*; **~ de cinta** (INFOR) Lochstreifenstanzer *m*; **~ de discos compactos** CD-Player *m*

reproductor(a)[2] [rreproðuk'tor(a)] **I.** *adj* fortpflanzend, Fortpflanzungs-; **perforadora ~a** (INFOR) Kartenduplizierer *m* **II.** *m(f)* (*animal*) Zuchttier *nt*

reprografía [rreproɣra'fia] *f* Reprographie *f*

reprogramar [rreproɣra'mar] *vt* neu programmieren

reprueba [rre'prweβa] *f* erneuter Beweis *m*

reptante [rrep'tan̩te] **I.** *adj* kriechend **II.** *mf* Kriechtier *nt*

reptar [rrep'tar] *vi* robben, kriechen

reptil [rrep'til] *m* Reptil *nt*, Kriechtier *nt*; **fondo de ~es** (FIN) Reptilienfonds *m*

república [rre'puβlika] *f* Republik *f*; **~ coronada** konstitutionelle Monarchie; **~ Federal de Alemania** Bundesrepublik Deutschland; **~ miembro** Mitgliedsstaat *m*; **constituirse en ~** eine republikanische Verfassung erhalten

republicanismo [rrepuβlika'nismo] *m sin pl* Republikanismus *m*

republicano, **-a** [rrepuβli'kano, -a] **I.** *adj* republikanisch **II.** *m, f* Republikaner(in) *m(f)*

repudiable [rrepu'ðjaβle] *adj* verwerflich

repudiación [rrepuðja'θjon] *f* Ablehnung *f*

repudiar [rrepu'ðjar] *vt* **1.**(*rechazar*) ablehnen, ausschlagen; **~ una herencia** ein Erbe ablehnen **2.**(*parientes*) verstoßen

repudio [rre'puðjo] *m* **1.**(*rechazo*) Ablehnung *f* **2.**(*de parientes*) Verstoßung *f*

repudrir [rrepu'ðrir] *irr como podrir, pudrir* **I.** *vt* stark faulen **II.** *vr:* **~se** sich grämen; **~ por dentro** sich vor Gram verzehren

repuesto[1] [rre'pwesto] *m* **1.**(*pieza*) Ersatzteil *nt* **2.**(*de alimentos*) Vorrat *m* (*de* an +*dat*), Reserve *f* (*de* an +*dat*)

repuesto, **-a[2]** [rre'pwesto, -a] **I.** *pp de* **reponer II.** *adj* **1.**(*remoto*) entfernt **2.**(*recogido*) zurückgezogen

repugnancia [rrepuɣ'nan̩θja] *f* **1.**(*repulsión*) Abneigung *f* (*a* gegen +*akk*); **tener ~ al pescado** Ekel vor Fisch empfinden, sich vor Fisch ekeln **2.**(*resistencia*) Widerwille *m*; **hacer algo con ~** etw widerwillig tun

repugnante [rrepuɣ'nan̩te] *adj* ekelhaft

repugnar [rrepuɣ'nar] **I.** *vi* (*asquear*) anekeln, abstoßen; **me repugna la carne grasosa** fettes Fleisch finde ich ekelhaft **II.** *vt* **1.**(*resistirse a*) widerstreben; **le repugna pedir perdón** es widerstrebt ihm/ihr, sich zu entschuldigen **2.**(*rehusar*) abstoßend finden, ablehnen; **repugnamos la violencia** wir sind gegen jegliche Gewalt **III.** *vr:* **~se** sich (gegenseitig) abstoßen

repujado[1] [rrepu'xaðo] *m* getriebene Arbeit *f*, Reliefarbeit *f*

repujado, **-a[2]** [rrepu'xaðo, -a] *adj* getrieben, gehämmert; **cuero ~** gepunztes Leder; **plata repujada** getriebenes Silber

repujar [rrepu'xar] *vt* treiben, punzen

repulgado, **-a** [rrepul'ɣaðo, -a] *adj* (*afectado*) geziert, gekünstelt

repulgar [rrepul'ɣar] <g→gu> *vt* den Rand umschlagen

repulgo [rre'pulɣo] *m* **1.** (*en la tela*) Doppelnaht *f*, Saum *m* **2.** (*de pastel*) Kuchenrand *m;* **~s de empanada** (*fig*) Lappalien *fpl;* **no andar con ~s** (*fig*) keine Umstände machen **3.** (*escrúpulos*) übertriebene Bedenken *ntpl*

repulido, -a [rrepu'liðo, -a] *adj* (*peripuesto*) geschniegelt, geleckt

repulir [rrepu'lir] *vt* nachglätten, nachpolieren

repullo [rre'puʎo] *m* Aufschrecken *nt*

repulsa [rre'pulsa] *f* Weigerung *f*, Ablehnung *f*

repulsar [rrepul'sar] *vt* (*persona*) zurückweisen; (*deseo*) abschlagen

repulsión [rrepul'sjon] *f* **1.** (*asco*) Abneigung *f;* (*más fuerte*) Ekel *m*, Abscheu *m o f* **2.** (FÍS) Abstoßung *f;* (*de imanes*) Rückstoß *m*

repulsivo, -a [rrepul'siβo, -a] *adj* **1.** (*repugnante*) ekelhaft, widerlich **2.** (*que rechaza*) abstoßend; **cara repulsiva** (*fig*) unsympathisches Gesicht

repunta [rre'pun̪ta] *f* **1.** (*cabo*) Landspitze *f*, Kap *nt* **2.** (*indicio de algo*) erstes Anzeichen *nt* **3.** (*riña*) Zwist *m*

repuntar [rrepun̪'tar] **I.** *vi* **1.** (*AmS: reaparecer*) unverhofft erscheinen, wieder auftauchen **2.** (*CSur: río*) wieder ansteigen **3.** (*Cuba, Chil, Méx, Urug: una dolencia*) sich bemerkbar machen **II.** *vt* **1.** (*RíoPl: el liderazgo*) wieder aufnehmen **2.** (*CSur: animales*) zusammentreiben

repunte [rre'pun̪te] *m* (*RíoPl: alza*) Steigerung *f*, Steigen *nt;* **el ~ del dólar causó sensación hoy en la bolsa** die Erstarkung des Dollars sorgte heute in der Börse für Aufregung

repuntero [rrepun̪'tero] *m* (*AmS*) Viehtreiber *m*

repurgar [rrepur'ɣar] <g→gu> *vt* erneut reinigen

reputación [rreputa'θjon] *f* Ruf *m*, Ansehen *nt;* **mujer de mala ~** Prostituierte *f;* **de ~ mundial** von Weltruf; **gozar de buena ~** einen guten Ruf genießen, sich eines guten Rufs erfreuen; **tener muy buena /mala ~** höchst/sehr schlecht angesehen sein; **un local con mala ~** ein berüchtigtes Lokal

reputado, -a [rrepu'taðo, -a] *adj* angesehen

reputar [rrepu'tar] *vt* **1.** (*considerar*) (ein)schätzen (*por* als *+akk*), erachten (*por* als *+akk*); **lo reputaban de inteligente** sie hielten ihn für intelligent **2.** (*apreciar*) schätzen

requebrar [rreke'βrar] <e→ie> *vt* **1.** (*en trozos pequeños*) zerdrücken, zerkleinern, in kleine Stücke brechen **2.** (*a una mujer*) Komplimente machen *dat*, den Hof machen *dat*

requemado, -a [rreke'maðo, -a] *adj* **1.** (*color*) schwärzlich; (*piel*) stark verbrannt **2.** (*persona*) (innerlich) verwirrt

requemar [rreke'mar] **I.** *vt* **1.** (*asar bien*) durchbraten; (*tostar demasiado*) anbrennen lassen; (*plantas*) ausdörren **2.** (*arder en la garganta*) brennen (in *+dat*) **II.** *vr:* **~se 1.** (*tostarse demasiado*) anbrennen **2.** (*enfadarse*) sich grämen; (*de un sentimiento*) sich verzehren (*de* vor *+dat*); **~se de impaciencia** vor Ungeduld brennen **3.** (*plantas*) verdorren

requenete [rreke'nete] *adj* (*Ven: rechoncho*) pummelig

requerimiento [rrekeri'mjen̪to] *m* **1.** (*requisitoria*) Ersuchen *nt* (*de* um *+akk*), Antrag *m* (*de* auf *+akk*); **~ de información** Anfrage *f;* **a ~ de** auf Verlangen von, auf Ersuchen von; **hacer el ~ para la publicación de las proclamas** [*o* **de edictos**] das Aufgebot bestellen **2.** (*exigencia*) Anforderung *f;* **~ social** gesellschaftliche Anforderung **3.** (*aviso*) Mahnung *f* (*de* zu *+dat*), Aufforderung *f* (*de* zu *+dat*); **~ judicial** gerichtliche Aufforderung; **~ de pago** Zahlungsaufforderung *f*

requerir [rreke'rir] *irr como sentir vt* **1.** (*necesitar*) erfordern, beanspruchen; **esto requiere toda la atención** hier ist höchste Aufmerksamkeit [*o* Konzentration] geboten; **este asunto requiere mucho tiempo** diese Angelegenheit ist sehr Zeit raubend **2.** (*solicitar amorosamente*) den Hof machen *+dat;* **~ de amores** Liebeserklärungen machen **3.** (*intimar*) ersuchen, auffordern; **el juzgado le requirió para que abandonara el piso** das Gericht forderte ihn/sie dazu auf, die Wohnung zu verlassen

requesón [rreke'son] *m* Quark *m*, Weißkäse *m reg*

requeté [rreke'te] *m* Requeté *m*

requetebién [rrekete'βjen] *adv* (*fam*) super(gut), klasse

requetebueno, -a [rrekete'βweno, -a] *adj* (*Am: fam*) echt gut

requetecaro, -a [rrekete'karo, -a] *adj* (*Am: fam*) übermäßig teuer

requiebro [rre'kjeβro] *m* Kompliment *nt*, Schmeichelei *f;* **hacer ~s** Komplimente machen

réquiem ['rrekjen] *m* Requiem *nt*

requilorio [rreki'lorjo] *m* (*fam*) **1.** (*palabras*) Umschweife *mpl*, Umstände *mpl;* **no andarse con ~s** mit der Tür ins Haus fallen **2.** (*adornos*) Flitter *m*

requirente [rreki'ren̪te] *mf* (JUR) Antragsteller(in) *m(f)*

requisa [rre'kisa] *f* **1.** (*inspección*) Inspektion *f* **2.** (MIL) Requisition *f*, Beschlagnahme *f*

requisar [rreki'sar] *vt* beschlagnahmen; (MIL) requirieren

requisito [rreki'sito] *m* (*condición*) Voraussetzung *f*, Erfordernis *nt;* (*requerimiento*) Anforderung *f;* **~ previo** Vorbedingung *f;* **cumplir un ~** eine Formalität erfüllen; **cumplir con** [*o* **satisfacer los**] **~s** Forderungen erfüllen; **exigir ciertos ~s** gewisse Anforderungen stellen; **con todos los ~s** (*fam fig*) mit allem Drum und Dran

requisitoria [rrekisi'torja] *f* **1.** (JUR) Ersuchen

nt (*de* nach +*dat*); ~ **de busca y captura** Steckbrief *m* **2.** (*Arg*) Haftbefehl *m*
requisitorio, **-a** [rrekisi'torjo, -a] *adj* (JUR) ersuchend
res [rres] *f* **1.** (*animal*) Vieh *nt;* **~es de matadero** Schlachtvieh *nt;* **criar ~es** Vieh züchten **2.** (*Am: vaca*) Rind *nt*
resaber [rresa'βer] *irr como saber vt* sehr gut wissen
resabiado, **-a** [rresa'βjaðo, -a] *adj* **1.** (*caballo*) störrisch **2.** (*persona*) misstrauisch
resabiarse [rresa'βjarse] *vr* **1.** (*disgustarse*) grollen, sich ärgern **2.** (*deleitarse*) sich laben (*en* an +*dat*)
resabido, **-a** [rresa'βiðo, -a] *adj* **1.** (*cosa*) wohl bekannt, bestens bekannt; **es un cuento ~ (por nosotros)** die Geschichte kennen wir schon in- und auswendig **2.** (*persona*) überklug; (*niño*) altklug
resabio [rre'saβjo] *m* **1.** (*sabor*) (schlechter) Nachgeschmack *m* **2.** (*costumbre*) schlechte Angewohnheit *f,* Laster *nt*
resaca [rre'saka] *f* **1.** (*fam: malestar por exceso de alcohol*) Kater *m;* **coger** [*o* **enganchar**] **una ~** einen Kater haben **2.** (*olas*) Brandung *f* **3.** (COM) Rückwechsel *m;* **cuenta de ~** Rückrechnung *f*
resalado, **-a** [rresa'laðo, -a] *adj* anmutig
resaltador [rresal̩ta'ðor(a)] *m* (*Arg*) Textmarker *m*
resaltar [rresal̩'tar] *vi* **1.** (*rebotar*) zurückprallen **2.** (*sobresalir*) (her)vorragen, vorspringen **3.** (*desprenderse barniz o pintura*) abspringen **4.** (*distinguirse*) ins Auge springen, sich abheben; **hacer ~** betonen, hervorheben
resalte [rre'sal̩te] *m* **1.** (*saliente*) Absatz *m,* Vorsprung *m* **2.** (*señalamiento*) Hervorhebung *f*
resalto [rre'sal̩to] *m* **1.** (*rebote*) Rückprall *m* **2.** (*resalte*) Absatz *m,* Vorsprung *m;* **~ de muro** Mauerabsatz *m*
resaludar [rresalu'ðar] *vt:* **~ a alguien** jds Gruß erwidern
resanar [rresa'nar] *vt* ausbessern; (*con oro*) neu vergolden
resarcible [rresar'θiβle] *adj* ersetzbar
resarcimiento [rresarθi'mjen̩to] *m* Entschädigung *f;* **~ de daños** Schaden(s)ersatz *m*
resarcir [rresar'θir] <c→z> **I.** *vt* **1.** (*compensar*) entschädigen (*de* für +*akk*) **2.** (*reparar*) ausbessern **II.** *vr:* **~se 1.** (*de un daño*) sich schadlos halten (*de* für +*akk, de* an +*dat*) **2.** (*de las fatigas*) sich erholen (*de* von +*dat*)
resbalada [rresβa'laða] *f* (*Am: fam*) 2m
resbaladilla [rresβala'ðiʎa] *f* (*Méx*) kleine Rutschbahn *f*
resbaladizo, **-a** [rresβala'ðiθo, -a] *adj* rutschig, schlüpfrig
resbaladura [rresβala'ðura] *f* Rutschspur *f*
resbalamiento [rresβala'mjen̩to] *m* Gleiten *nt,* Rutschen *nt;* **superficie de ~** Gleitbahn *f*
resbalar [rresβa'lar] *vi* rutschen, gleiten; (*sin querer*) ausrutschen, ausgleiten; **~ sobre el hielo** auf dem Eis schlittern; **¡cuidado con no ~!** Vorsicht Glatteis!; **mis palabras le resbalan** meine Worte lassen ihn/sie kalt
resbalín [rresβa'lin] *m* (*Chil*) kleine Rutschbahn *f*
resbalón [rresβa'lon] *m* Ausrutscher *m;* **dar un ~** ausrutschen
resbaloso, **-a** [rresβa'loso, -a] *adj* rutschig, schlüpfrig
rescatado [rreska'taðo, -a] *m* (*juego*) ≈Räuber und Gendarm-Spiel *nt*
rescatar [rreska'tar] *vt* **1.** (*a un prisionero*) befreien; (*con dinero*) auslösen; **~ una compañía de la quiebra** einen Betrieb vor dem Bankrott bewahren; **~ una propiedad hipotecada** ein mit einer Hypothek belastetes Grundstück ablösen **2.** (*a un náufrago*) retten **3.** (*algo perdido*) wieder finden **4.** (*una deuda*) begleichen **5.** (*tiempo*) zurückgewinnen; **quisiera ~ mi juventud** ich wäre gerne wieder jung **6.** (*culpas viejas*) wieder gutmachen **7.** (*Am: mercancías*) Tauschhandel betreiben (mit +*dat*)
rescate [rres'kate] *m* **1.** (*de un prisionero*) Befreiung *f;* (*con dinero*) Auslösung *f* **2.** (*de un náufrago*) Rettung *f* **3.** (*de una prenda*) (Pfand)einlösung *f* **4.** (*recuperación*) Rückkauf *m;* **con facultad de ~** mit Rückkaufrecht **5.** (*dinero para rescatar*) Lösegeld *nt;* **su familia ha pagado un ~** seine/ihre Familie hat ihn/sie losgekauft
rescindible [rresθin̩'diβle] *adj* aufhebbar, kündbar
rescindir [rresθin̩'dir] *vt* aufheben, ungültig machen, kündigen; **~ un contrato** einen Vertrag lösen; **~ un crédito** ein Kredit aufkündigen
rescisión [rresθi'sjon] *f* Kündigung *f,* Auflösung *f;* (JUR) Ungültigkeitserklärung *f;* **~ del contrato** Vertragsaufhebung *f;* **~ del contrato de sociedad** Kündigung des Gesellschaftsvertrages; **~ de una deuda** Erlöschen einer Schuld; **~ conforme a los plazos** fristgemäße Kündigung; **cláusula de ~** Aufhebungsklausel *f*
rescisorio, **-a** [rresθi'sorjo, -a] *adj* aufhebend
rescoldar [rreskol̩'dar] *vt* anfachen (*Glut*)
rescoldo [rres'kol̩do] *m* **1.** (*borrajo*) glimmende Asche *f;* **donde candelita hubo, siempre ~ quedó** (*prov*) alte Liebe rostet nicht **2.** (*escrúpulos*) Gewissensbisse *mpl*
rescontrar [rreskon̩'trar] <o→ue> *vt* (COM) (gegeneinander) aufrechnen
rescuentro [rres'kwen̩tro] *m* (COM) Aufrechnung *f*
resecación [rreseka'θjon] *f* Austrocknung *f*
resecar [rrese'kar] <c→qu> *vt* **1.** (*secar mucho*) austrocknen; **~ la piel** die Haut austrocknen **2.** (MED) resezieren
resección [rreseᵞ'θjon] *f* (MED) Resektion *f*
reseco[1] [rre'seko] *m* **1.** (*del árbol*) dürres Ge-

R

hölz *nt* **2.** (*sabor*) übler Geschmack *m*

reseco, -a[2] [rre'seko, -a] *adj* **1.** (*muy seco*) sehr trocken, ausgedörrt, dürr **2.** (*flaco*) (spindel)dürr, abgemagert

reseda [rre'seða] *f* (BOT) Reseda *f*, Wau *m*

resellar [rrese'ʎar] **I.** *vt* (*monedas*) nachprägen **II.** *vr:* **~se** (*cambiar de ideología*) die Partei wechseln

resembrar [rresem'brar] <e→ie> *vt* (AGR) neu bebauen

resentido, -a [rresen̪'tiðo, -a] *adj* **1.** *estar* (*ofendido*) beleidigt; (*débil*) angeschlagen; **el brazo aún está ~** der Arm ist noch angeschlagen [*o* geschwächt] **2.** *ser* nachtragend

resentimiento [rresen̪ti'mjen̪to] *m* Unwille *m*, Groll *m*, Ressentiment *nt*

resentirse [rresen̪'tirse] *irr como sentir vr* **1.** (*ofenderse*) sich ärgern (*por/de* über *+akk*), beleidigt sein (*por/de* wegen *+gen*), böse sein (*contra* wegen *+gen*) **2.** (*sentir dolor*) leiden (*de/con* unter *+dat*); **~ del costado** Seitenstechen haben; **todavía se resiente de las heridas del accidente** die Unvallverletzungen machen ihm/ihr immer noch zu schaffen; **estas plantas se resienten con el** [*o* **del**] **calor** diese Pflanzen leiden unter der Hitze **3.** (*debilitarse*) nachgeben; (*muros*) bersten; **los edificios se resintieron cuando abrieron el túnel del metro** als der Schacht für die U-Bahn gebaut wurde, bekamen die Gebäude Risse

reseña [rre'seɲa] *f* **1.** (*de un libro*) Rezension *f*, (kritische) Besprechung *f* **2.** (*de una persona*) (Personen)beschreibung *f* **3.** (*narración breve*) Bericht *m*, Zusammenfassung *f*; **~ de mercado** Marktbericht *m* **4.** (MIL) Musterung *f*

reseñar [rrese'ɲar] *vt* **1.** (*un libro*) rezensieren, besprechen **2.** (*una persona*) beschreiben **3.** (*resumir*) (zusammenfassend) berichten **4.** (MIL) besichtigen, mustern

resero, -a [rre'sero, -a] *m, f* (*CSur: arreador*) Viehtreiber(in) *m(f)*

reserva [rre'serβa] *f* **1.** (*previsión*) Reserve *f*, Vorrat *m*, Rücklage *f*; **~ de agua** Wasservorrat *m*; **~ de alimentos** Nahrungsmittelvorrat *m*; **~ bancaria** Bankreserve *f*; **~s de dinero** Geldreserven *fpl*; **~s de divisas** Währungsreserven *fpl*; **~ de equipajes** (*Am*) Gepäckaufbewahrung(sstelle) *f*; **~s estatuarias** in der Satzung festgelegte Rücklagen; **la R~ Federal** die Bundesreserve *f*; **~ legal** gesetzliche Rücklage; **~ metálica** [*o* **en oro**] Goldbestand *m*; **~s voluntarias** freie Rücklagen; **fondo de ~** Reservefonds *m*; **tener algo en ~** etw vorrätig haben **2.** (*de plazas*) Reservierung *f*; **~ de habitación** Zimmer(vor)bestellung *f* **3.** (*biológica*) Reservat *nt*, Naturschutzgebiet *nt* **4.** (MIL) Reserve *f*; **~s generales** Heeresreserve *f*; **~ territorial** Landsturm *m*; **oficial de ~** Reserveoffizier *m*; **pasar a la ~** zur Reserve abgestellt werden **5.** (*discreción*) Zurückhaltung *f*, Reserve *f*; **guardar la ~** Verschwiegenheit bewahren; **con la mayor ~** mit größter Zurückhaltung [*o* Vorsicht] **6.** (*circunspección*) Vorbehalt *m*; **~ de dominio** [*o* **de propiedad**] Eigentumsvorbehalt *m*; **~ mental** stillschweigender Vorbehalt; **a ~ de que...** *+subj* vorausgesetzt, dass ...; **bajo la ~ de costumbre** unter dem üblichen Vorbehalt; **sin la menor ~** ohne jeden Vorbehalt, vorbehaltslos

reservable [rreser'βaβle] *adj* reservierbar; **bienes ~s** (JUR) *Gut, das der überlebende Ehegatte im Falle einer Wiederheirat für Kinder aus der früheren Ehe reservieren muss*

reservación [rreserβa'θjon] *f* **1.** (*de hotel*) (Hotel)reservierung *f*, Buchung *f*; **~ anticipada** Vorbestellung *f* **2.** (*guarda*) Aufbewahrung *f* **3.** (*secreto*) Verheimlichung *f*

reservadamente [rreserβaða'men̪te] *adv* im Vertrauen

reservado[1] [rreser'βaðo] *m* **1.** (*en el tren*) Sonderabteil *nt* **2.** (*habitación*) Nebenzimmer *nt* **3.** (*en un bar*) Nebenraum *m*, Séparée *nt* **4.** (*campo*) Schonung *f*

reservado, -a[2] [rreser'βaðo, -a] *adj* **1.** (*plaza*) reserviert **2.** (*derecho*) vorbehalten; **quedan ~s todos los derechos** alle Rechte vorbehalten **3.** (*callado*) zurückhaltend, reserviert **4.** (*confidencial*) vertraulich **5.** (*cauteloso*) behutsam, vorsichtig

reservar [rreser'βar] **I.** *vt* **1.** (*retener plaza*) reservieren; **~ una habitación en un hotel** ein Zimmer vorbestellen, ein Hotelzimmer buchen; **~ un asiento** (*ocupar*) einen Sitzplatz belegen; (*para un viaje*) einen Sitzplatz reservieren; **~ una mesa** einen Tisch bestellen **2.** (*guardar*) zurückbehalten, aufbewahren; **~ un poco de dinero** etwas Geld zurücklegen **3.** (*ocultar*) verheimlichen (*de* vor *+dat*), für sich behalten **II.** *vr:* **~se 1.** (*conservarse*) sich [*o* seine Kräfte] schonen **2.** (*cautelarse*) sich zurückhalten

reservista [rreser'βista] **I.** *adj* (MIL) Reserve- **II.** *mf* (MIL) Reservist(in) *m(f)*

reservón, -ona [rreser'βon, -ona] *adj* (*fam*) sehr zurückhaltend; **toro ~** (TAUR) kampfunwilliger Stier

reseteo [rrese'teo] *m* (INFOR) Reset *nt*, Zurücksetzen *nt*

resfriado[1] [rresfri'aðo] *m* Erkältung *f*, Schnupfen *m*; **coger** [*o* **pillar**] **un ~** sich eine Erkältung holen

resfriado, -a[2] [rresfri'aðo, -a] *adj* erkältet

resfriadura [rresfrja'ðura] *f* Erkältung *f*

resfriar [resfri'ar] <*3. pres:* **resfría**> **I.** *vi, vt* abkühlen **II.** *vr:* **~se 1.** (*enfriarse*) abkühlen; **se resfrió la pasión por ella** seine Leidenschaft für sie kühlte ab **2.** (MED) sich erkälten

resfrío [rres'frio] *m* (*Am*) *v.* **resfriado**[1]

resguardar [rresɣwar'ðar] **I.** *vt* **1.** (*proteger*) (be)schützen (*de* vor *+dat*), bewahren (*de* vor *+dat*) **2.** (*poner en seguridad*) sicherstellen, verwahren; **~ los derechos** alle Rechte vorbehalten **II.** *vr:* **~se** sich schützen (*de* vor

+*dat*); ~**se con un muro** hinter einer Mauer Schutz suchen

resguardo [rres'ɣwarðo] *m* **1.** (*protección*) Schutz *m;* **pedir/dar** ~ um Schutz bitten/ Schutz geben; ~ **de máquina** Maschinenschutz *m* **2.** (*guardia*) Sicherstellung *f,* Verwahrung *f;* ~ **de la legalidad** Wahrung der Gesetzlichkeit **3.** (*recibo*) Beleg *m,* Quittung *f;* ~ **de aduanas** Zollquittung *f;* ~ **de almacén/de entrega** Lager-/Lieferschein *m;* ~ **de transferencia** Überweisungsbeleg *m*

residencia [rresi'ðen̩θja] *f* **1.** (*domicilio*) Wohnsitz *m,* Aufenthaltsort *m;* ~ **habitual** ständiger Wohnsitz; **segunda** ~, ~ **eventual** zweiter Wohnsitz; **no tener** ~ **fija** keinen festen Wohnsitz haben; **cambiar de** ~ den Wohnort wechseln **2.** (*estancia*) Aufenthalt *m;* ~ **en el extranjero** Auslandsaufenthalt *m;* **permiso de** ~ Aufenthaltsgenehmigung *f* **3.** (*casa lujosa*) Residenz *f,* Sitz *m;* ~ **real** Königspalast *m;* ~ **señorial** Herrenhaus *nt;* **la** ~ **del embajador de España** die Residenz des spanischen Botschafters **4.** (*internado*) Heim *nt;* (*colegio*) Internat *nt;* ~ **de ancianos** Alten(wohn)heim *nt,* Altersheim *nt;* ~ **de estudiantes** Studentenwohnheim *nt;* ~ **de huérfanos** Waisenhaus *nt* **5.** (*hostal*) Pension *f,* Gästehaus *nt*

residencial [rresiðen̩'θjal] **I.** *adj* Wohn-, Aufenthalts-; **barrio** ~ Wohnviertel *nt* **II.** *m* **1.** (*urbanización*) Wohnanlage *f* **2.** (*Arg, Chil, Perú: hotel*) Hotel *nt* garni

residenciar [rresiðen̩'θjar] *vt* zur Rechenschaft ziehen (*a* +*akk*); (JUR) Rechnungslegung verlangen (*a* von +*dat*)

residente [rresi'ðen̩te] **I.** *adj* **1.** (*persona*) wohnhaft; (*por mucho tiempo*) ansässig; ~ **en el lugar** ortsansässig **2.** (INFOR) resident; ~ **en memoria** speicherresident; ~ **de RAM** RAM-resident **II.** *mf* Ansässige(r) *mf;* ~ **protegido** Schutzbürger *m*

residir [rresi'ðir] *vi* **1.** (*habitar*) wohnen, ansässig sein **2.** (*radicar*) innewohnen; **aquí reside la dificultad** hier liegt das Problem

residual [rresiðu'al] *adj* Rest-, Abfall-; **aguas** ~**es** Abwässer *ntpl;* **valor** ~ Rest(nutzungs)wert *m,* Schrottwert *m*

residuo [rre'siðwo] *m* **1.** (*resto*) Rückstand *m,* Rest *m;* (MAT) Rest(betrag) *m;* ~ **de filtración** (QUÍM) Filterrückstand *m* **2.** *pl* (*basura*) Abfall *m;* (*géneros defectuosos*) Ausschuss *m;* ~**s alimenticios** Nahrungsmittelabfälle *mpl;* ~**s de las fábricas** Fabrikabfälle *mpl;* ~**s industriales** Industrieabfälle *mpl;* ~**s radiactivos** Atommüll *m;* ~**s tóxicos** Giftmüll *m;* ~**s urbanos** Siedlungsmüll *m*

resiembra [rre'sjembra] *f* (AGR) Nachsaat *f,* zweite Saat *f*

resignación [rresiɣna'θjon] *f* Resignation *f,* Aufgabe *f;* (*renuncia*) Verzicht *m,* Verzichtleistung *f*

resignado, -a [rresiɣ'naðo, -a] *adj* resigniert

resignar [rresiɣ'nar] **I.** *vt* abtreten (von +*dat*), niederlegen; ~ **un puesto** sein Amt niederlegen **II.** *vr:* ~**se** resignieren, sich fügen; ~**se con su sino** sich in sein Schicksal ergeben; **no** ~**se en la adversidad** im Unglück nicht verzagen; **ya se ha resignado** er/sie hat sich schon damit abgefunden

resina [rre'sina] *f* Harz *nt;* ~ **de abeto** Tannenharz *nt;* ~ **bruta** Rohharz *nt;* ~**s de dispersión** Dispersionsharze *ntpl*

resinar [rresi'nar] *vt* harzen

resinoso, -a [rresi'noso, -a] *adj* harzig

resistencia [rresis'ten̩θja] *f* **1.** (*oposición*) Widerstand *m* (*a* gegen +*akk*); (BIOL, MED) Resistenz *f* (*a* gegen +*akk*); ~ **al agua/al calor/al frío** Wasser-/Hitze-/Kältebeständigkeit *f;* ~ **del aire** Luftwiderstand *m;* ~ **anódica** (FÍS) Anodenwiderstand *m;* ~ **armada** bewaffneter Widerstand; ~ **a la autoridad** Widerstand gegen die Staatsgewalt; ~ **al choque** Stoßfestigkeit *f;* ~ **contra los mohos** Schimmelbeständigkeit *f;* ~ **al pago** Zahlungsverweigerung *f;* ~ **a la publicidad** Werbefeindlichkeit *f,* Werbemüdigkeit *f;* ~ **a la rotura** Bruchfestigkeit *f;* **capacidad de** ~ Widerstandsfähigkeit *f;* **carrera de** ~ Dauerlauf *m;* **plato de** ~ Hauptgericht *nt;* **oponer** ~ sich sträuben, Widerstand leisten **2.** (*movimiento*) Widerstand *m,* Widerstandsbewegung *f;* **formar parte de la** ~ im Widerstand sein; **la** ~ **alemana** die deutschen Widerstandskämpfer

resistente [rresis'ten̩te] **I.** *adj* widerstandsfähig (*a* gegen +*akk*); ~ **al frío/calor** kälte-/hitzebeständig; ~ **a la intemperie** wetterfest; ~ **a la lavadora** waschmaschinenfest; ~ **a la luz** lichtecht; ~ **a la rotura** bruchsicher **II.** *mf* Widerstandskämpfer(in) *m(f)*

resistible [rresis'tiβle] *adj* erträglich

resistir [rresis'tir] **I.** *vi, vt* standhalten *dat,* aushalten; ~ **a una tentación** einer Versuchung widerstehen; ~ **al enemigo** dem Feind Widerstand leisten; **la puerta no resistió el golpe** die Tür konnte dem Anprall nicht standhalten; **resistió la enfermedad** er/sie hat die Krankheit überstanden; **¡no resisto más!** ich halte das nicht länger aus!; **no resisto la comida pesada** ich kann schweres Essen nicht vertragen; **no puedo** ~ **a esta persona** ich kann diese Person nicht ausstehen **II.** *vr:* ~**se** sich widersetzen; **el niño se resiste a obedecer** das Kind verweigert den Gehorsam

resistividad [rresistiβi'ðaᵈ] *f* (ELEC) Widerstandsfähigkeit *f*

resma ['rresma] *f* (*papel*) Ries *nt*

resmilla [rres'miʎa] *f* (TIPO) Paket *nt* Briefpapier (*20 Bogen*)

resobado, -a [rreso'βaðo, -a] *adj* abgegriffen

resol [rre'sol] *m* (*reflejo por el calor del sol*) Abstrahlung *f* der Sonnenhitze; (*vislumbre*) Abglanz *m*

resolana [rreso'lana] *f* (*Am*) **1.** (*calor reflejado*) reflektierte Sonnenenergie *f* **2.** (*lugar a pleno sol*) der prallen Sonne ausgesetzte Fläche *f* **3.** (*resplandor*) Schimmer *m*

resolano [rreso'lano] *m* geschützter Ort *m* für Sonnenbäder

resollar [rreso'ʎar] *vi* **1.** (*aspirar*) schnaufen, keuchen; ~ **comiendo** schlürfen; **beber algo sin** ~ (*fig*) etw in einem Zug austrinken; **trabajar horas y horas sin** ~ (*fig*) pausenlos arbeiten **2.** (*fam: dar noticia de sí*) von sich hören lassen, ein Lebenszeichen von sich geben

resoluble [rreso'luβle] *adj* (auf)lösbar

resolución [rresolu'θjon] *f* **1.** (*firmeza*) Entschlossenheit *f*, Tatkraft *f* **2.** (*decisión*) Entschluss *m*, Beschluss *m;* (POL) Resolution *f;* ~ **administrativa** Bescheid *m;* ~ **arbitral** Schiedsspruch *m;* ~ **judicial** Gerichtsentscheidung *f*, Richterspruch *m*, Gerichtsbeschluss *m;* **llegar a una** ~ zu einem Entschluss kommen, sich entschließen; **tomar una** ~ eine Entscheidung treffen, einen Beschluss fassen **3.** (*solución*) (Auf)lösung *f;* ~ **de contrato** Vertragsaufhebung *f*, Vertragsauflösung *f;* ~ **de frecuencia** Frequenzauflösung *f;* ~ **gráfica** grafische Auflösung; **alta** ~ (INFOR) hohe Auflösung; **período de** ~ **de una enfermedad** (MED) Lösungsstadium einer Krankheit

resolutivo[1] [rresolu'tiβo] *m* (MED) Auflösungsmittel *nt*

resolutivo, -a[2] [rresolu'tiβo, -a] *adj* **1.** (*decisivo*) Entscheidungs- **2.** (MED) auflösend, zerteilend

resoluto, -a [rreso'luto, -a] *adj* resolut, entschlossen

resolutorio, -a [rresolu'torjo, -a] *adj* aufhebend, auflösend; **cláusula** [*o* **condición**] **resolutoria** (JUR) auflösende Bedingung

resolver [rresol'βer] *irr como volver* **I.** *vt* **1.** (*acordar*) beschließen **2.** (*solucionar*) lösen, klären; ~ **un problema** ein Problem lösen; ~ **una ecuación** eine Gleichung auflösen; ~ **las dudas** seine Zweifel beseitigen **3.** (*decidir*) entscheiden; **resolvió cambiar de domicilio** er/sie entschloss sich zu einem Wohnungswechsel, er/sie beschloss umzuziehen **4.** (*disolver*) auflösen **II.** *vr:* ~**se 1.** (*solucionarse*) sich lösen, sich klären **2.** (*decidirse*) sich entscheiden, sich entschließen; ~**se por el mal menor** sich für das kleinere Übel entscheiden **3.** (*disolverse*) sich auflösen

resonador[1] [rresona'ðor] *m* Resonator *m*, Schallverstärker *m*

resonador(a)[2] [rresona'ðor(a)] *adj* widerhallend

resonancia [rreso'nanθja] *f* Resonanz *f;* **caja de** ~ Resonanzboden *m;* **un asunto de** ~ **universal** eine weltbewegende Angelegenheit; **este libro no tiene** ~ dieses Buch findet keinen Anklang [*o* keine Resonanz]

resonante [rreso'nante] *adj* **1.** (*que resuena*) nachhallend, nachklingend **2.** (*importante*) nachhaltig, bedeutend; **con éxito** ~ mit glänzendem Erfolg; **una victoria** ~ ein bedeutender Sieg

resonar [rreso'nar] <o→ue> *vi* ertönen, nachklingen; **sus pasos resonaban en el silencio de la noche** seine Schritte hallten in der Stille der Nacht wider; **los gritos de angustia resuenan todavía en mis oídos** ich höre immer noch die Angstschreie in meinen Ohren; **su éxito ha resonado fuera de las fronteras** sein/ihr Erfolg wurde über die Grenzen bekannt

resoplar [rreso'plar] *vi* schnauben; ~ **de rabia** vor Wut schnauben

resoplido [rreso'pliðo] *m* Schnauben *nt*

resorber [rresor'βer] *vt* resorbieren

resorcina [rresor'θina] *f* (QUÍM) Resorcin *nt*

resorción [rresor'θjon] *f* Resorption *f*

resorte [rre'sorte] *m* Feder *f;* ~ **de acero** Stahlfeder *f;* ~ **amortiguador** Pufferfeder *f*, Dämpfungsfeder *f;* ~ **de cuerda del reloj** Aufzugsfeder der Uhr; **armar el** ~ die Feder spannen; **los** ~**s de una acción** (*fig*) die Triebfedern einer Handlung; **tocar todos los** ~**s** (*fig*) alle Hebel in Bewegung setzen

resortera [rresor'tera] *f* (*Méx*) (Stein)schleuder *f*

respaldar [rrespal'dar] **I.** *vt* **1.** (*apoyar*) unterstützen **2.** (*guardar las espaldas*) decken, Rückendeckung geben *dat* **3.** (*anotar atrás*) indossieren, auf der Rückseite vermerken **II.** *vr:* ~**se 1.** (*apoyarse*) sich anlehnen, sich zurücklehnen; ~**se contra la pared** sich an die Wand lehnen; ~**se en el sillón** sich im Sessel zurücklehnen **2.** (*ampararse*) sich *dat* Rückendeckung verschaffen **III.** *m* Rück(en)lehne *f*

respaldo [rres'paldo] *m* **1.** (*respaldar*) Rück(en)lehne *f* **2.** (*reverso*) Rückseite *f;* **en el** ~ **de un documento** auf der Rückseite eines Schriftstückes **3.** (*apoyo*) Unterstützung *f;* (*protección*) Rückendeckung *f;* ~ **financiero** Finanzdeckung *f*

respe ['rrespe] *m* (ZOOL) **1.** (*lengua de la culebra*) Schlangenzunge *f* **2.** (*aguijón de la abeja*) Bienenstachel *m;* (*de avispa*) Wespenstachel *m*

respectar [rrespek'tar] *vi* (*verbo defectivo*) betreffen, angehen; **por** [*o* **en**] **lo que respecta a él...** was ihn angeht [*o* betrifft] ...

respectivamente [rrespektiβa'mente] *adv:* **le hemos regalado** ~ **un coche** wir haben jedem/jeder ein Auto geschenkt; **Anne y Maite compran la fruta y el pan, respectivamente** Anne und Maite kaufen ein, die eine das Obst und die andere das Brot

respectivo, -a [rrespek'tiβo, -a] *adj* betreffend, bezüglich

respecto [rres'pekto] *m* Beziehung *f*, Hinsicht *f;* (**con**) ~ **a** bezüglich *gen*, hinsichtlich *gen;* **con** ~ **a eso, al** ~ diesbezüglich; **a este** ~ in dieser Hinsicht; **al** ~ **de** im Verhältnis zu

résped(e) ['rrespe^{ð}/'rrespeðe] *m* (ZOOL) *v.* **respe**

respetabilidad [rrespetaβili'ða^{ð}] *f* Achtbarkeit *f*

respetable [rrespe'taβle] *adj* **1.** (*digno de*

respeto) achtbar, ehrwürdig; **persona** ~ Respektperson *f* **2.** (*notable*) ansehnlich, beachtlich; **una suma** ~ eine ansehnliche [*o* beachtliche] Summe

respetador(a) [rrespeta'ðor(a)] *adj* respektierend

respetar [rrespe'tar] *vt* **1.** (*honrar*) respektieren, achten; **hacerse** ~ sich *dat* Respekt verschaffen; **hay que** ~ **la debilidad de un enfermo** man muss auf die Schwäche eines Kranken Rücksicht nehmen; **no respetó a nadie** er/sie hat niemanden geschont **2.** (*cumplir*) beachten, einhalten; **hay que** ~ **las leyes** man muss die Gesetze beachten

respeto [rres'peto] *m* **1.** (*veneración*) Respekt *m,* Hochachtung *f,* Ehrfurcht *f;* ~ **a las leyes** Achtung vor dem Gesetz; ~ **a la naturaleza** Ehrfurcht vor der Natur; ~ **de un plazo** Einhaltung einer Frist; **falta de** ~ Respektlosigkeit *f;* **una persona de** ~ eine angesehene Person; **faltar al** ~ **a alguien** jdm keinen Respekt entgegenbringen; **ofrecer los ~s a alguien** jdm seine Aufwartung machen; **¡mis ~s a su señora!** meine Empfehlungen an Ihre Frau Gemahlin!; **me faltó al** ~ er/sie hat mich beleidigt; **le tengo mucho** ~ **a las tormentas** vor Gewitter habe ich große Angst; **campar por sus ~s** auf seinen eigenen Nutzen bedacht sein **2.** (*loc*): **de** ~ Ersatz-, Not-; **ancla de** ~ Notanker *m*

respetuosamente [rrespetwosa'men̪te] *adv* höflich, hochachtungsvoll

respetuosidad [rrespetwosi'ða^{ð}] *f* Ehrerbietigkeit *f,* Höflichkeit *f*

respetuoso, -a [rrespetu'oso, -a] *adj* ehrfurchtsvoll, respektvoll, taktvoll; **~s saludos** ergebene Grüße; **es** ~ **con las leyes** er beachtet die Gesetze

réspice ['rrespiθe] *m* (*fam*) **1.** (*respuesta*) schroffe Antwort *f* **2.** (*reprensión*) kurze, harte Zurechtweisung *f*

respingar [rrespiŋ'gar] <g→gu> *vi* **1.** (*refunfuñar*) grummeln **2.** (*animal*) sich sträuben, bocken **3.** (*falda*) abstehen, nicht anliegen

respingo [rres'piŋgo] *m* **1.** (*refunfuño*) Grummeln *nt,* Murmeln *nt* **2.** (*movimiento*) Ruck *m,* Auffahren *nt;* (*animal*) Bocken *nt,* Aufbäumen *nt;* **dar un** ~ erschreckt in die Höhe fahren

respingón, -ona [rrespiŋ'gon, -ona] *adj* **1.** (*animal*) bockig, störrisch **2.** (*levantado*) abstehend, hochstehend; **nariz respingona** Stupsnase *f*

respirable [rrespi'raβle] *adj* atembar; **aire** ~ atembare Luft

respiración [rrespira'θjon] *f* Atem *m,* Atmung *f;* ~ **artificial** künstliche Beatmung; ~ **boca a boca** Mund-zu-Mund-Beatmung *f;* **dificultad de** ~ Atemnot *f;* **contener la** ~ den Atem anhalten; **hacer la** ~ **boca a boca a alguien** jdn Mund-zu-Mund beatmen; **la mala noticia le cortó la** ~ die schlechte Nachricht verschlug ihm/ihr den Atem

respiradero [rrespira'ðero] *m* **1.** (*abertura*) Luftloch *nt* **2.** (*descanso*) Atempause *f* **3.** (*fam: órganos de respiración*) Atmungsorgane *ntpl*

respirador[1] [rrespira'ðor] *m* Beatmungsgerät *nt*

respirador(a)[2] [rrespira'ðor(a)] *adj* atmend, Atmungs-; **músculo** ~ Atmungsmuskel *m*

respirar [rrespi'rar] *vi* atmen; ~ **aliviado** erleichtert aufatmen; ~ **trabajosamente** nach Luft schnappen, schwer atmen; **sin** ~ (*fig*) pausenlos, unermüdlich; **le escucharon sin** ~ (*fig*) sie hörten ihm/ihr gespannt zu; **¡déjame que respire!** lass mich doch mal verschnaufen!; **no me atrevo a** ~ **delante de él** in seiner Gegenwart wage ich kaum zu atmen; **ahora sé por donde respira** jetzt weiß ich, wo es bei ihm/ihr langgeht

respiratorio, -a [rrespira'torjo, -a] *adj:* **aparato** ~ Atmungsgerät *nt;* **órganos ~s** Atmungsorgane *ntpl;* **vías respiratorias** Luftwege *mpl*

respiro [rres'piro] *m* **1.** (*respiración*) Atmen *nt* **2.** (*pausa*) Atempause *f* **3.** (*de alivio*) (Erleichterungs)seufzer *m* **4.** (*prórroga*) Verlängerung *f* einer Frist

resplandecer [rresplan̪de'θer] *irr como crecer vi* funkeln, leuchten; **su rostro resplandece de alegría** er/sie strahlt vor Glück; **este hombre resplandece por su inteligencia** dieser Mann sticht durch seine Intelligenz hervor

resplandeciente [rresplan̪de'θjen̪te] *adj* glänzend, leuchtend; **estar** ~ **de limpio** blitzblank [*o* blitzsauber] sein

resplandecimiento [rresplan̪deθi'mjen̪to] *m* **1.** (*de un cuerpo*) Funkeln *nt,* Glänzen *nt* **2.** (*fig: gloria, lustre*) Glanz *m*

resplandor [rresplan̪'dor] *m* Glanz *m,* Schimmer *m*

responder [rrespon̪'der] *vi* **1.** (*contestar*) antworten, erwidern; **el perro responde por el nombre de...** der Hund hört auf den Namen ... **2.** (*contradecir*) widersprechen; **los niños no deben** ~ **a sus padres** Kinder sollen ihren Eltern nicht widersprechen **3.** (*corresponder*) entsprechen; ~ **a las esperanzas de alguien** jds Erwartungen erfüllen; **este edificio no responde al gusto moderno** dieses Gebäude entspricht nicht dem modernen Geschmack; **no responde a las exigencias que tiene que satisfacer** er/sie erfüllt nicht die Anforderungen, die an ihn/sie gestellt werden; **estas mercancías responden a nuestras necesidades** diese Waren entsprechen unseren Anforderungen **4.** (*garantizar*) haften (*de/por/con* für *+akk*), einstehen (*de/por/con* für *+akk*); ~ **de una deuda** für eine Schuld aufkommen; ~ **de las consecuencias de una medida tomada** für die Folgen einer getroffenen Maßnahme einstehen; **tu respondes por tu hijo** du bist für dein Kind verantwortlich; **responde con toda su fortuna** er/sie haftet mit seinem/ihrem ganzen Vermögen

respondón, -ona [rrespon̩'don, -ona] **I.** *adj* frech, schnippisch **II.** *m, f* frecher Mensch *m,* Frechling *m elev,* Frechdachs *m fam*

responsabilidad [rresponsaβili'ðaᵈ] *f* **1.** (*por un niño*) Verantwortung *f* (*de/por* für +*akk*), Verantwortlichkeit *f* (*de/por* für +*akk*); ~ **propia** Eigenverantwortung *f;* **asumir la** ~ die Verantwortung übernehmen; **exigir** ~ zur Verantwortung ziehen; **sustraerse de la** ~ sich der Verantwortung entziehen **2.** (*por un daño, t.* JUR) Haftung *f* (*de/por* für +*akk*); ~ **civil** Haftpflicht *f;* ~ **contractual** Vertragshaftung *f;* ~ **del daño** Schaden(s)ersatzpflicht *f;* ~ **de los fundadores** (COM) Gründerhaftung *f;* **comisión de ~es** Untersuchungsausschuss *m;* **sociedad de ~ limitada** Gesellschaft mit beschränkter Haftung; **incurrir en** ~ haftbar gemacht werden; **no acepto la** ~ ich komme nicht dafür auf

responsabilizar [rresponsaβili'θar] <z→c> **I.** *vt* verantwortlich machen (*de* für +*akk*) **II.** *vr:* **~se** einstehen (*de* für +*akk*), verantwortlich sein (*de* für +*akk*); (JUR) die Haftung übernehmen (*de* für +*akk*)

responsable [rrespon'saβle] **I.** *adj* verantwortlich (*de* für +*akk*); **ser civilmente** ~ persönlich haften **II.** *mf* Verantwortliche(r) *mf,* Haftende(r) *mf;* ~ **de compras/ventas** (ECON) Verantwortliche(r) für den Einkauf/Verkauf

responsar [rrespon'sar] *vt* beten (für +*akk*)

responso [rres'ponso] *m* **1.** (*por los difuntos*) Responsorium *nt* **2.** (*fam: regaño*) Tadel *m*

responsorio [rrespon'sorjo] *m* Responsorium *nt*

respuesta [rres'pwesta] *f* Antwort *f* (*a* auf +*akk*), Erwiderung *f* (*a* auf +*akk*); ~ **auditiva** (INFOR) Sprachausgabe *f;* ~ **automática** (INFOR) automatische Antwort; ~ **evasiva/negativa** ausweichende/ablehnende [*o* abschlägige] Antwort; ~ **en frecuencia** (TÉC) Frequenzgang *m;* ~ **de voz** (INFOR) Sprachausgabe *f;* **esperamos con impaciencia su pronta** ~ wir freuen uns auf ihre baldige Antwort; **en ~ a su carta del...** in Beantwortung Ihres Schreibens vom ...; **dar la callada por** ~ überhaupt nicht antworten; **por toda ~ se encogió de hombros** seine/ihre einzige Antwort war ein Achselzucken

resquebrajadizo, -a [rreskeβraxa'ðiθo, -a] *adj* rissig, spröde

resquebrajadura [rreskeβraxa'ðura] *f* Riss *m,* Sprung *m*

resquebrajar [rreskeβra'xar] **I.** *vt* spalten, ritzen **II.** *vr:* **~se** Risse bekommen, sich spalten, spröde werden

resquebrajoso, -a [rreskeβra'xoso, -a] *adj* *v.* **resquebrajadizo**

resquebrar [rreske'βrar] <e→ie> *vi* einen Sprung bekommen

resquemar [rreske'mar] **I.** *vi, vt* prickeln, brennen **II.** *vr:* **~se** sich (sehr) ärgern

resquemazón [rreskema'θon] *f,* **resquemo** [rres'kemo] *m* Brennen *nt,* Prickeln *nt*

resquemor [rreske'mor] *m* **1.** (*escozor*) Prickeln *nt,* Brennen *nt* **2.** (*resentimiento*) Ressentiment *nt,* Groll *m*

resquicio [rres'kiθjo] *m* **1.** (*abertura*) Ritze *f,* Spalt *m* **2.** (*ocasión*) Ausweg *m;* ~ **de esperanza** Hoffnungsschimmer *m*

resta ['rresta] *f* Subtraktion *f,* Subtrahieren *nt*

restablecer [rrestaβle'θer] *irr como crecer* **I.** *vt* wiederherstellen **II.** *vr:* **~se** genesen, sich erholen; **~se del susto** sich vom Schreck erholen

restablecimiento [rrestaβleθi'mjen̩to] *m* **1.** (*recuperación*) Wiederherstellung *f* **2.** (*cura*) Genesung *f,* Erholung *f*

restallar [rresta'ʎar] *vi* knallen; **hacer ~ el látigo** mit der Peitsche knallen

restallido [rresta'ʎiðo] *m* (Peitschen)knall *m*

restante [rres'tan̩te] **I.** *adj* restlich, Rest-; **cantidad** ~ Restbetrag *m* **II.** *m* Rest *m*

restañadero [rrestaɲa'ðero] *m* (GEO) trichterförmige Flussmündung *f*

restañar [rresta'ɲar] *vt* **1.** (*con estaño*) neu verzinnen **2.** (*la sangre*) stillen; ~ **las heridas** (*fig*) dem Ärger [*o* Verdruss] Einhalt gebieten

restaño [rres'taɲo] *m* **1.** (*de sangre*) Blutstillung *f* **2.** (*remanso*) angestautes Wasser *nt*

restar [rres'tar] **I.** *vi* übrig bleiben; **no nos resta más que marcharnos** uns bleibt nichts anderes übrig als zu gehen; **aún restan algunos días para finalizar el año** bis zum Jahresende fehlen noch einige Tage **II.** *vt* abziehen; ~ **una cantidad** einen Betrag subtrahieren; ~ **energías a alguien** jdm Kräfte entziehen; ~ **la pelota** den Ball zurückschlagen; **estos reparos no restan un ápice del mérito de este libro** diese Beanstandungen schmälern nicht im geringsten den Erfolg dieses Buches; **~se años** sich für jünger ausgeben, als man ist

restauración [rrestau̯ra'θjon] *f* Restauration *f,* Wiederherstellung *f;* ~ **de la monarquía** Wiedereinführung der Monarchie; ~ **de montes** Wiederaufforstung *f*

restaurador(a) [rrestau̯ra'ðor(a)] **I.** *adj* wiederherstellend **II.** *m(f)* **1.** (*que restaura*) Wiederhersteller(in) *m(f);* (ARTE) Restaurator(in) *m(f)* **2.** (*propietario de restaurante*) Restaurantbesitzer(in) *m(f),* Gastwirt(in) *m(f)*

restaurante [rrestau̯'ran̩te] *m* Restaurant *nt*

restaurar [rrestau̯'rar] *vt* wiederherstellen; (INFOR) zurückschreiben; ~ **un cuadro** ein Gemälde restaurieren; ~ **la monarquía** die Monarchie wiederherstellen

restinga [rres'tiŋga] *f* (GEO) Sandbank *f,* Untiefe *f;* (*de piedra*) Riff *nt*

restitución [rrestitu'θjon] *f* **1.** (*devolución*) Rückgabe *f,* Rückerstattung *f;* ~ **de costos** Kostenerstattung *f;* ~ **a la exportación** (UE)

Exportvergütung *f* **2.** (*reposición*) Wiederherstellung *f*

restituible [rrestitu'iβle] *adj* ersetzbar

restituir [rrestitu'ir] *irr como huir* **I.** *vt* **1.** (*devolver*) zurückerstatten **2.** (*restablecer*) wiederherstellen **II.** *vr:* **~se** zurückkehren; **~se a su puesto de trabajo** an seinen Arbeitsplatz zurückkehren

restitutorio, -a [rrestitu'torjo, -a] *adj* (JUR) Rückerstattungs-

resto ['rresto] *m* **1.** (*lo que sobra*) Rest *m;* **~s de un buque** Schiffswrack *nt;* **~s de comida** Essensreste *mpl;* **~ de edición** Restauflage *f;* **~s de edición a precio de coste** Ramsch *m;* **los ~s mortales** die sterblichen Überreste; **~ de tirada** (TIPO) Auflagenrest *m;* **lo recordaré el ~ de mis días** ich werde es mein Lebtag nicht vergessen **2.** (*juego de pelota*) Rückschlagen *nt;* (*jugador*) Rückschlagspieler *m* **3.** (*juego de cartas*) Gesamteinsatz *m;* **~ abierto** unbegrenzter Einsatz; **a ~ abierto** (*fig*) unbeschränkt; **echar el ~** (*fig*) alles aufbieten

restorán [rresto'ran] *m* Restaurant *nt*

restregadura [rrestreɣa'ðura] *f* **1.** (*acción*) Reiben *nt,* Scheuern *nt* **2.** (*señal que queda*) Scheuermal *nt;* (*herida*) Scheuerwunde *f*

restregar [rrestre'ɣar] *irr como fregar* **I.** *vt* (ab)reiben, scheuern **II.** *vr:* **~se** (sich) (ab)reiben; **~se los ojos** sich *dat* die Augen reiben; **~le a alguien algo por las narices** (*fig*) jdm etw unter die Nase reiben

restregón [rrestre'ɣon] *m* Abreibung *f,* (Ab)reiben *nt*

restricción [rrestriᵞ'θjon] *f* (*limitación*) Einschränkung *f,* Beschränkung *f;* (*recorte*) Kürzung *f;* **restricciones de crédito** (FIN) Kreditbeschränkungen *fpl;* **~ cuantitativa** (COM) Mengenbeschränkung *f;* **~ de estupefacientes** Behörde zur Rauschgiftbekämpfung; **~ de la natalidad** Geburtenregelung *f;* **~ mental** stiller Vorbehalt; (JUR) Mentalreservation *f;* **sin restricciones** unbeschränkt; **imponer restricciones** Einschränkungen auferlegen; **imponer restricciones a las importaciones** (COM) Einfuhrbeschränkungen verhängen

restrictivo, -a [rrestrik'tiβo, -a] *adj* einschränkend, hemmend; **medidas restrictivas** einschränkende Maßnahmen

restringa [rres'triŋga] *f v.* **restinga**

restringente [rrestriŋ'xen̩te] *m* Hemmstoff *m;* **~ de ovulación** Ovulationshemmer *m*

restringible [rrestriŋ'xiβle] *adj* einschränkbar, begrenzbar

restringido, -a [rrestriŋ'xiðo, -a] *adj* eingeschränkt, begrenzt; (JUR) nur für den Dienstgebrauch

restringir [rrestriŋ'xir] <g→j> *vt* einschränken (*a* auf +*akk*), begrenzen (*a* auf +*akk*); **~ la autoridad** die Befehlsgewalt einschränken

restriñir [rrestri'ɲir] *irr como ceñir vt* zusammenziehen

resucitación [rresuθita'θjon] *f* (MED) Wiederbelebung *f*

resucitar [rresuθi'tar] **I.** *vi* auferstehen (*von den Toten*) **II.** *vt* **1.** (*de la muerte*) vom Tode erwecken, auferwecken **2.** (*un estilo, una moda*) neu beleben, wieder ins Leben rufen

resudación [rresuða'θjon] *f* leichtes Schwitzen *nt*

resudar [rresu'ðar] *vi* (leicht) schwitzen; (*rezumarse*) ausschwitzen

resuello [rre'sweʎo] *m* Keuchen *nt,* Schnauben *nt;* **sin ~** außer Atem, außer Puste *fam;* **meterle a alguien el ~ en el cuerpo** jdn einschüchtern

resueltamente [rreswel̩ta'men̩te] *adv* energisch

resuelto, -a [rre'swel̩to, -a] **I.** *pp de* **resolver** **II.** *adj* entschlossen, resolut

resulta [rre'sul̩ta] *f* **1.** (*resultado*) (End)ergebnis *nt* **2.** (*consecuencia*) Folge *f;* **de ~s de** infolge von

resultado [rresul̩'taðo] *m* Ergebnis *nt,* Resultat *nt;* **~ clave** entscheidendes Ergebnis; **~ de la explotación** (ECON) Betriebsergebnis *nt;* **~ extraordinario** (ECON) außerordentlicher Ertrag; **~s financieros** (FIN) Finanzergebnisse *ntpl;* **~ de investigaciones** Untersuchungsbefund *m;* **~ del reconocimiento (médico)** Befund *m;* **cuenta de ~s** (ECON) Erfolgsrechnung *f,* Gewinn- und Verlustrechnung *f;* **sin ~** erfolglos, zwecklos; **dar buen/mal ~** gelingen/misslingen; **tener por ~** zur Folge haben

resultando [rresul̩'tan̩do] *m* (JUR) Tatbestand *m,* Sachverhalt *m*

resultante [rresul̩'tan̩te] **I.** *adj* (FÍS) resultierend; **fuerza ~** resultierende Kraft **II.** *f* (FÍS) Resultante *f,* Resultierende *f*

resultar [rresul̩'tar] *vi* **1.** (*deducirse*) sich ergeben (*de* aus +*dat*), resultieren (*de* aus +*dat*) **2.** (*surtir*) sein; **~ muerto en un accidente** tödlich verunglücken; **el negocio resultó** das Geschäft war erfolgreich **3.** (*comprobarse*) sich erweisen (als +*nom*) **4.** (*loc*): **~ en beneficio de alguien** zu jds Gunsten verlaufen

resultón, -ona [rresul̩'ton, -ona] *adj* (*fam*) gut aussehend

resumen [rre'sumen] *m* **1.** (*sumario*) Zusammenfassung *f,* Resümee *nt;* **en ~** kurz gesagt, kurz und gut **2.** (*extracto*) Auszug *m*

resumidero [rresumi'ðero] *m* (*Am*) **1.** (*alcantarilla*) Abwasserkanal *m* **2.** (*pozo ciego*) Fäkaliengrube *f*

resumir [rresu'mir] **I.** *vt* zusammenfassen **II.** *vr:* **~se** sich beschränken (*en* auf +*akk*)

resurgimiento [rresurxi'mjen̩to] *m* Wiederaufleben *nt*

resurgir [rresur'xir] <g→j> *vi* **1.** (*reaparecer*) wieder erscheinen **2.** (*renacer*) auferstehen **3.** (*revivir*) wieder aufleben

resurrección [rresurreᵞ'θjon] *f* **1.** (REL) Auferstehung *f;* **~ de la carne** Auferstehung der Toten am Jüngsten Tag; **Pascua de R~** Ostern *nt* **2.** (*restablecimiento*) Wiederbelebung *f*

retablo [rre'taβlo] *m* **1.** (*obra arquitectónica*)

Retabel *nt,* Altaraufsatz *m* **2.** (*pintura*) *Gemäldegruppe mit biblischen Motiven;* **ser un ~ de dolores** vom Schicksal geschlagen sein **3.** (*drama*) *Theaterstück über ein biblisches Thema*

retacar [rreta'kar] <c→qu> *vt* (TÉC) (ver)stemmen

retaco, -a [rre'tako, -a] **I.** *adj* untersetzt, rundlich **II.** *m, f* kleine, untersetzte Person *f*

retacón, -ona [rreta'kon, -ona] *adj* (*CSur*) untersetzt

retador(a) [rreta'ðor(a)] **I.** *adj* herausfordernd **II.** *m(f)* Herausforderer, -in *m, f*

retaguardia [rreta'ɣwarðja] *f* **1.** (*ejército*) Nachhut *f;* **a** [*o* **en**] **~** (*tarde*) verspätet; **a ~ de** (*detrás de*) hinter; **estar a la ~ de algo** (*fig*) auf etw lauern; **quedarse en la ~** (*fig*) im Hintergrund bleiben; **los víveres se almacenan en la ~** die Lebensmittel werden in der Etappe gelagert **2.** (*argot: culo*) Hintern *m*

retahíla [rreta'ila] *f* Reihe *f;* **soltar la ~** eine Liste runterbeten

retajar [rreta'xar] *vt* **1.** (*en redondo*) rund schneiden **2.** (*alrededor*) ausschneiden **3.** (*circuncidar*) beschneiden

retajo [rre'taxo] *m* kleines Stückchen *nt* (*Fleisch, Papier etc.*), Abschnitzel *nt reg*

retal [rre'tal] *m* (Papier)rest *m,* (Stoff)rest *m*

retama [rre'tama] *f* (BOT) Ginster *m*

retamal [rreta'mal] *m* (BOT) Ginsterfeld *nt*

retar [rre'tar] *vt* herausfordern (*a* zu +*dat*)

retardación [rretarða'θjon] *f* Verzögerung *f*

retardado, -a [rretar'ðaðo, -a] *adj* verzögert; **movimiento uniformemente ~** (TÉC) gleichmäßig verzögerte Bewegung

retardador [rretarða'ðor(a)] *m* **1.** (QUÍM) negativer Katalysator *m* **2.** (CINE) Zeitlupe *f*

retardar [rretar'ðar] **I.** *vt* verzögern **II.** *vr:* **~se** sich verzögern; **la inauguración no puede ~se** die Eröffnung muss pünktlich anfangen; **me he retardado** ich bin in Verzug geraten [*o* gekommen]

retardo [rre'tarðo] *m* Verzögerung *f;* **línea de ~** (INFOR) Verzögerungsleitung *f;* **sufrir un ~** sich verzögern; **tener ~ con algo** mit etw in Verzug sein

retasar [rreta'sar] *vt* neu (ab)schätzen

retazar [rreta'θar] <z→c> *vt* zerteilen

retazo [rre'taθo] *m* **1.** (*retal*) Stoffrest *m* **2.** (*fragmento*) Fragment *nt;* **sólo oí algunos ~s de la conversación** ich habe nur Bruchstücke von der Unterhaltung mitbekommen

rete ['rrete] *adj* (*Méx: muy*) sehr; **su hija es ~ alta** seine/ihre Tochter ist sehr groß

retejar [rrete'xar] *vt* ausbessern (*Dach*)

retel [rre'tel] *m* Fischernetz *nt* (*zum Fischen von Krabben und Krebsen*)

retemblar [rretem'blar] <e→ie> *vi* beben; **hacer ~** erbeben lassen

retén [rre'ten] *m* (*t.* MIL) Reserve *f*

retención [rreten̪'θjon] *f* **1.** (FIN: *custodia*) Einbehaltung *f,* Abzug *m;* **~ fiscal** Steuerabzug *m;* **~ de impuestos** Einbehaltung von Steuern; **certificado de retenciones** Bescheinigung über einbehaltene Abzüge **2.** (*memorizar*) Behalten *nt* **3.** (*moderación y entorpecimiento*) Zurückhaltung *f* **4.** (*tráfico*) Stau *m* **5.** (MED) Retention *f,* Verhaltung *f*

retener [rrete'ner] *irr como tener* **I.** *vt* **1.** (*conservar*) zurückhalten; **~ el pasaporte** den Pass einbehalten; **~ la respiración** den Atem anhalten **2.** (*recordar, detener*) behalten **3.** (JUR: *competencia*) sich *dat* vorbehalten **II.** *vr:* **~se** sich zurückhalten

retentiva [rreten̪'tiβa] *f* Gedächtnis *nt,* Erinnerungsvermögen *nt*

retentivo¹ [rreten̪'tiβo] *m* (MED) Verhaltungsmittel *nt*

retentivo, -a² [rreten̪'tiβo, -a] *adj* zurückhaltend

reteñir [rrete'ɲir] *irr como ceñir* **I.** *vt* auffärben, nachfärben; (*de otro color*) neu färben **II.** *vi* nachklingen

reticencia [rreti'θen̪θja] *f* **1.** (*indirecta*) Anspielung *f,* Andeutung *f;* **andar con ~s** (nur) Andeutungen machen **2.** (*renuencia*) Widerwille *m* **3.** (*reserva*) Vorbehalt *m* (*ante* gegen +*akk*) **4.** (LING) Aposiopese *f*

reticente [rreti'θen̪te] *adj* zögerlich, zurückhaltend

rético¹ ['rretiko] *m* (LING) Rätoromanisch(e) *nt*

rético, -a² ['rretiko, -a] *adj* rätisch

retícula [rre'tikula] *f* **1.** (*red*) Netz *nt* **2.** (TIPO) Raster *m*

reticulación [rretikula'θjon] *f* (TIPO) Rasterung *f*

reticular [rretiku'lar] *adj* netzartig, Netz-; **bóveda ~** Netzgewölbe *nt*

retículo [rre'tikulo] *m* **1.** (*red*) Netz *nt* **2.** (ZOOL) Retikulum *nt,* Netzmagen *m*

retina [rre'tina] *f* (ANAT) Retina *f,* Netzhaut *f*

retinitis [rreti'nitis] *f inv* (MED) Netzhautentzündung *f,* Retinitis *f*

retintín [rretin̪'tin] *m* **1.** (*son*) Nachklang *m* **2.** (*tonillo*) (ironischer) Unterton *m*

retinto, -a [rre'tin̪to, -a] *adj* schwarzbraun

retiñir [rreti'ɲir] <*3. pret:* **retiñó**> *vi* nachklingen

retiración [rretira'θjon] *f* (TIPO) Gegendruck *m*

retirada [rreti'raða] *f* **1.** (*abandono*) Rücktritt *m* **2.** (*retreta*) Zapfenstreich *m* **3.** (MIL) Rückzug *m;* **cortar la ~** den Rückweg abschneiden **4.** (*terreno*) ausgetrocknetes Flussbett *nt* **5.** (*eliminación*) Beseitigung *f*

retiradamente [rretiraða'men̪te] *adv* insgeheim

retirado, -a [rreti'raðo, -a] **I.** *adj* **1.** (*lejos*) abgelegen **2.** (*jubilado*) pensioniert **II.** *m, f* Pensionär(in) *m(f)*

retirar [rreti'rar] **I.** *vt* **1.** (*apartar*) weglegen; (*tropas*) abziehen; (*dinero*) abheben **2.** (*echar*) verweisen; **~on de la sala a los manifestantes** die Demonstranten wurden des Saales verwiesen **3.** (*recoger*) abholen **4.** (*quitar*) entziehen **5.** (*desdecirse*) zurücknehmen; ~ **un crédito** (FIN) einen Kredit kündigen; ~ **una oferta** ein Angebot zurückziehen **6.** (*negar*) verweigern **7.** (*jubilar*) in den Ruhestand versetzen **8.** (TIPO) umschlagen **II.** *vr:* ~**se 1.** (*t.* MIL: *abandonar*) sich zurückziehen; ~**se de la política** sich aus der Politik zurückziehen **2.** (*retroceder*) zurücktreten (*de* von +*dat*) **3.** (*jubilarse*) in den Ruhestand treten

retiro [rre'tiro] *m* **1.** (*pensión*) Pension *f;* **pensión de** ~ Altersruhegeld *nt,* Altersrente *f* **2.** (*refugio*) abgelegener Ort *m* **3.** (*retraimiento*) Zurückgezogenheit *f*

reto ['rreto] *m* Herausforderung *f*

retobado, **-a** [rreto'βaðo, -a] *adj* **1.** (*AmC, Méx, Ecua: respondón*) frech, schnippisch **2.** (*AmC, Cuba, Ecua: indómito*) unbeugsam **3.** (*Arg, Méx, Urug: enconado*) gereizt

retobar [rreto'βar] **I.** *vt* (*CSur: forrar*) (mit Leder) überziehen **II.** *vi* (*Méx: rezogar*) aufmucken *fam*

retocado [rreto'kaðo] *m* **1.** (*última mano*) Überarbeitung *f* **2.** (*retoque*) Ausbesserung *f* **3.** (FOTO) Retusche *f*

retocar [rreto'kar] <c→qu> *vt* **1.** (*repasar*) überarbeiten **2.** (*perfeccionar*) ausbessern **3.** (FOTO) retuschieren

retomar [rreto'mar] *vt* wieder aufnehmen

retoñar [rreto'ɲar] *vi* **1.** (*rebrotar*) wieder sprießen **2.** (*renovarse*) wieder auftreten

retoño [rre'toɲo] *m* **1.** (*vástago*) Spross *m* **2.** (*persona*) Sprössling *m*

retoque [rre'toke] *m* **1.** (*corrección*) Ausbesserung *f;* (FOTO) Retusche *f* **2.** (FIN) Bereinigung *f*

retorcer [rretor'θer] *irr como cocer* **I.** *vt* **1.** (*torcer*) verdrehen **2.** (*enroscar*) winden **II.** *vr:* ~**se 1.** (*enroscarse*) sich verdrehen **2.** (*de dolor*) sich winden (*de* vor +*dat*)

retorcido, **-a** [rretor'θiðo, -a] *adj* **1.** (*conceptuoso*) geschraubt **2.** (*maligno*) falsch; **pensar de manera retorcida** um zwei Ecken denken; **¡qué ~!** das ist doppelt gemoppelt!

retorcijón [rretorθi'xon] *m v.* **retortijón**

retorcimiento [rretorθi'mjen̩to] *m* **1.** (*torcedura*) Verdrehung *f* **2.** (*vuelta*) Windung *f* **3.** (*encorvadura*) Verkrümmung *f*

retórica [rre'torika] *f* Rhetorik *f*

retórico, **-a** [rre'toriko, -a] **I.** *adj* rhetorisch **II.** *m, f* Rhetoriker(in) *m(f)*

retornable [rretor'naβle] *adj:* **botella** ~ Mehrwegflasche *f;* **botella no** ~ Einwegflasche *f*

retornar [rretor'nar] **I.** *vi* zurückkehren **II.** *vt* **1.** (*devolver*) zurückgeben **2.** (*retroceder*) umwenden, umdrehen

retornelo [rretor'nelo] *m* (MUS) Ritornell *nt*

retorno [rre'torno] *m* **1.** (*regreso*) Rückkehr *f* **2.** (*devolución*) Rückgabe *f* **3.** (INFOR) Rücksprung *m;* ~ **del carro** Wagenrücklauf *m;* ~ **duro** fester Zeilenumbruch; **dirección de** ~ Rückkehradresse *f*

retorrománico, **-a** [rretorro'maniko, -a] *adj* (LING) rätoromanisch

retorromano¹ [rretorro'mano] *m* (*lengua*) Rätoromanisch(e) *nt*

retorromano, **-a²** [rretorro'mano, -a] **I.** *adj* rätoromanisch **II.** *m, f* (*individuo*) Rätoromane, -in *m, f*

retorsión [rretor'sjon] *f* (*t. fig*) Verdrehung *f;* (JUR) Vergeltung *f;* ~ **de derecho** Retorsion *f*

retorta [rre'torta] *f* (QUÍM) Retorte *f*

retortero [rretor'tero] *m:* **traer a alguien al** ~ (*fam*) jdn an der Nase herumführen

retortijón [rretorti'xon] *m* **1.** (*ensortijamiento*) Verkrümmung *f* **2.** (*dolor*) Stechen *nt;* **tengo un ~ de estómago** ich habe Magenkrämpfe

retostar [rretos'tar] <o→ue> *vt* noch einmal rösten

retozar [rreto'θar] <z→c> *vi* **1.** (*brincar*) tollen **2.** (*coquetear*) turteln

retozo [rre'toθo] *m* Tollerei *f fam*

retozón, **-ona** [rreto'θon, -ona] *adj* verspielt

retracción [rretra^{ɣ}'θjon] *f* **1.** (JUR) Zurücknahme *f* **2.** (*retroceso*) Rückkehr *f* **3.** (*impedimento*) Verhinderung *f* **4.** (*retiro*) Rücktritt *m* **5.** (MED) Retraktion *f,* Schrumpfung *f*

retractable [rretrak'taβle] *adj* widerrufbar

retractación [rretrakta'θjon] *f* Widerruf *m*

retractar [rretrak'tar] **I.** *vt* **1.** (*desdecirse*) zurücknehmen (*de* +*akk*) **2.** (JUR) widerrufen (*de* +*akk*) **II.** *vr:* ~**se** widerrufen (*de* +*akk*)

retráctil [rre'traktil] *adj* einziehbar

retracto [rre'trakto] *m* (JUR) Rücklauf *m;* ~ **convencional** Vorverkaufsrecht *nt,* Wiederverkaufsrecht *nt;* ~ **legal** gesetzliches Vorverkaufsrecht

retraer [rretra'er] *irr como traer* **I.** *vt* **1.** (*volver a traer*) wiederbringen **2.** (JUR) zurücknehmen **3.** (*impedir*) hindern (*de* an +*dat*) **4.** (*encoger*) einziehen **II.** *vr:* ~**se 1.** (*retirarse*) zurücktreten (*de* von +*dat*) **2.** (*aislarse*) sich zurückziehen (*a/en* in +*akk*) **3.** (*retroceder*) sich zurückversetzen (*a* in +*akk*)

retraído, **-a** [rretra'iðo, -a] *adj* zurückhaltend

retraimiento [rretrai̯'mjen̩to] *m* Zurückhaltung *f*

retranquear [rretraŋke'ar] *vt* (ARQUIT) zurücksetzen

retransmisión [rretra^{n}smi'sjon] *f* Übertragung *f;* ~ **deportiva** Sportberichterstattung *f;* ~ **en directo** Liveübertragung *f,* Direktübertragung *f;* ~ **por televisión** Fernsehübertragung *f*

retransmisor [rretra^{n}smi'sor] *m* (TEL) Nebensender *m*

retransmitir [rretra^{n}smi'tir] *vt* übertragen

retrasado, **-a** [rretra'saðo, -a] *adj* **1.** (*atrasado*) verspätet; **pagos ~s** (FIN) rückständige Zahlungen **2.** (*anticuado*) rückständig; ~ **en tecnología** technologisch rückständig **3.** (*no actual*) alt **4.** (*subdesarrollado*) zurückgeblieben; (PSICO) retardiert; ~ **mental** geistig zurückgeblieben

retrasar [rretra'sar] **I.** *vt* **1.** (*demorar*) verzögern **2.** (*referente al reloj*) zurückstellen **II.** *vi* **1.** (*referente al reloj*) nachgehen **2.** (*no estar al día*) zurückbleiben **III.** *vr:* **~se** sich verspäten; **~se en el pago** mit der Zahlung im Rückstand sein

retraso [rre'traso] *m* **1.** (*demora*) Verspätung *f* **2.** (*referente al desarrollo*) Rückständigkeit *f* **3.** (*referente a la deuda*) Verzug *m;* **tener ~ en los pagos** mit den Zahlungen im Verzug sein

retratar [rretra'tar] *vt* porträtieren

retratista [rretra'tista] *mf* **1.** (*artista*) Porträtist(in) *m(f)* **2.** (*dibujante*) Porträtmaler(in) *m(f)* **3.** (*fotógrafo*) Porträtfotograf(in) *m(f)*

retrato [rre'trato] *m* **1.** (*pintura, escultura o descripción*) Porträt *nt;* **~ robot** Phantombild *nt* **2.** (*fotografía*) Porträtaufnahme *f* **3.** (*parecido*) Ebenbild *nt;* **es el vivo ~ de su padre** er/sie ist seinem/ihrem Vater zum Verwechseln ähnlich

retrato-robot [rre'trato-rro'βoᵗ] <retratos-robot> *m* Phantombild *nt*

retrechero, -a [rretre'ʧero, -a] **I.** *adj* (*fam*) **1.** (*granuja*) schlitzohrig **2.** (*atractivo*) attraktiv **II.** *m, f* (*fam*) **1.** (*granuja*) Schlitzohr *nt* **2.** (*atractivo*) attraktive Person *f*

retreparse [rretre'parse] *vr* **1.** (*referente al cuerpo*) sich zurückbeugen **2.** (*recostarse*) sich zurücklehnen

retreta [rre'treta] *f* (MIL) Zapfenstreich *m*

retrete [rre'trete] *m* Toilette *f*

retribución [rretriβu'θjon] *f* Vergütung *f,* Entgelt *nt;* (*sueldo*) Gehalt *nt;* **retribuciones dinerarias** Geldbezüge *pl;* **retribuciones en especie** Sachbezüge *pl;* **una ~ altamente competitiva** ein überdurchschnittliches Gehalt

retribuir [rretriβu'ir] *irr como huir vt* **1.** (*remunerar*) vergüten **2.** (*Am: compensar*) sich erkenntlich zeigen (für *+akk*)

retributivo, -a [rretriβu'tiβo, -a] *adj* einträglich, lohnend

retriever [rretrje'βer] *m* (ZOOL) Retriever *m*

retro ['rretro] *m:* **pacto de ~** Rückkaufsvertrag *m*

retroacción [rretroaᵞ'θjon] *f* Rückwirkung *f;* (BIOL, ELEC, FÍS) Rückkopp(e)lung *f*

retroactividad [rretroaktiβi'ðaᵈ] *f* (JUR) Rückwirkung *f*

retroactivo, -a [rretroak'tiβo, -a] *adj* rückwirkend; **el acuerdo es ~ al 1 de junio** die Vereinbarung gilt rückwirkend ab 1. Juni

retroalimentación [rretroalimen̪ta'θjon] *f* Rückkopplung *f*

retrocarga [rretro'karɣa] *adj:* **de ~** mit Hinterladervorrichtung; **arma de fuego de ~** Hinterlader *m*

retroceder [rretroθe'ðer] *vi* **1.** (*regresar*) zurückgehen; (INFOR: *una página*) zurückblättern **2.** (*desistir*) zurückweichen

retrocesión [rretroθe'sjon] *f* (JUR) Rückübertragung *f,* Wiederabtretung *f;* (*reaseguro*) Folgerückversicherung *f,* Retrozession *f*

retroceso [rretro'θeso] *m* **1.** (*regresión*) Rückgang *m;* **~ en las negociaciones** Rückschlag bei den Verhandlungen **2.** (MED) Rückfall *m* **3.** (*en el billar*) Rückläufer *m* **4.** (INFOR) Rücksetzen *nt;* **~ de cinta** (INFOR) Bandrücksetzen *nt*

retrocohete [rretroko'ete] *m* Bremsrakete *f*

retrocuenta [rretro'kwen̪ta] *f* Rückwärtszählen *nt*

retrogradación [rretroɣraða'θjon] *f* (ASTR) scheinbar rückläufige Bewegung *f* eines Planeten

retrógrado, -a [re'troɣraðo, -a] **I.** *adj* **1.** (*que retrocede*) retrograd **2.** (*pey: reaccionario*) reaktionär **II.** *m, f* Reaktionär(in) *m(f)*

retronar [rretro'nar] <o→ue> *vi* donnern

retropié [rretro'pje] *m* (ANAT) Hinterfuß *m*

retropropulsión [rretropropul'sjon] *f* (TÉC) Rückstoßantrieb *m*

retroproyector [rretroproɟek'tor] *m* Tageslichtprojektor *m,* Overheadprojektor *m*

retrospección [rretrospeᵞ'θjon] *f* Überprüfung *f*

retrospectiva [rretrospek'tiβa] *f* Rückblick *m,* Retrospektive *f*

retrospectivo, -a [rretrospek'tiβo, -a] *adj* retrospektiv, zurückschauend

retrotracción [rretrotraᵞ'θjon] *f* (JUR) Rückbeziehen *nt*

retrotraer [rretrotra'er] *irr como traer* **I.** *vt* **1.** (*antedatar*) (zu)rückdatieren **2.** (*retroceder*) zurückversetzen (*a* in *+akk*) **II.** *vr:* **~se** sich zurückversetzen (*a* in *+akk*)

retrovender [rretroβen̪'der] *vt* (JUR) rückverkaufen, wiederverkaufen

retroversión [rretroβer'sjon] *f* (MED) (Organ)knickung *f*

retrovisor [rretroβi'sor] *m* (AUTO) Rückspiegel *m;* **~ exterior** Außenspiegel *m;* **mirar por el espejo ~** in den Rückspiegel schauen

retrucar [rretru'kar] <c→qu> *vi* kontern

retruécano [rre'trwekano] *m* (LING) Antimetabole *f*

retruque [rre'truke] *m* Konter *m*

retumbante [rretum'ban̪te] *adj* dröhnend

retumbar [rretum'bar] *vi* dröhnen

retumbo [rre'tumbo] *m* Widerhall *m*

reucliniano, -a [rreu̯kli'njano, -a] *adj* (LING) reuchlinisch, nach dem Humanisten J. Reuchlin

reuma ['rreu̯ma] *m o f,* **reúma** [rre'uma] *m o f* Rheuma *nt*

reumático, -a [rreu̯'matiko, -a] *adj* rheumatisch; **dolores ~s** rheumatische Beschwerden

reumátide [rreu̯'matiðe] *f* (MED) rheumatische Hautkrankheit *f*

reumatismo [rreu̯ma'tismo] *m sin pl* (MED) Rheumatismus *m*

reumatología [rreu̯matolo'xia] *f* (MED) Rheumatologie *f*

reumatológico, -a [rreu̯mato'loxiko, -a] *adj* (MED) rheumatologisch

reumatólogo, -a [rreu̯ma'toloɣo, -a] *m, f*

(MED) Rheumatologe, -in *m, f*

reunificación [rreunifika'θjon] *f* Wiedervereinigung *f;* **la ~ alemana** die deutsche Wiedervereinigung

reunificar [rreunifi'kar] <c→qu> *vt* wiedervereinigen

reunión [rreu'njon] *f* **1.** (*encuentro, asamblea*) Versammlung *f;* **~ de los trabajadores** Betriebsversammlung *f;* **acta de la ~** Sitzungsniederschrift *f;* **presidir una ~** eine Sitzung leiten **2.** (*conferencia*) Besprechung *f,* Sitzung *f;* **~ de la junta directiva** Vorstandsbesprechung *f;* **estar en (una) ~** in einer Besprechung sein; **celebrar/convocar/aplazar una ~** eine Besprechung abhalten/einberufen/vertagen **3.** (*el juntar*) Sammlung *f* **4.** (*grupo, invitados*) Gesellschaft *f*

reunir [rreu'nir] *irr* **I.** *vt* **1.** (*congregar*) versammeln **2.** (*unir*) vereinigen **3.** (*juntar*) sammeln **II.** *vr:* **~se 1.** (*congregarse*) sich versammeln **2.** (*unir*) sich vereinigen **3.** (*juntarse*) sich sammeln

reutilizable [rreutili'θaβle] *adj* wieder verwertbar

reutilización [rreutiliθa'θjon] *f* Wiederverwertung *f*

reutilizar [rreutili'θar] <z→c> *vt* wieder verwerten

revacunación [rreβakuna'θjon] *f* (MED) Nachimpfung *f*

revacunar [rreβaku'nar] *vt* (MED) nachimpfen

reválida [rre'βaliða] *f* **1.** (*confirmación*) Bestätigung *f* **2.** (*examen*) Abschlussprüfung *f*

revalidación [rreβaliða'θjon] *f* Bestätigung *f,* Anerkennung *f*

revalidar [rreβali'ðar] **I.** *vt* bestätigen **II.** *vr:* **~se** anerkannt werden

revaloración [rreβalora'θjon] *f* Neubewertung *f;* (ECON) Wertberichtigung *f*

revalorización [rreβaloriθa'θjon] *f* Aufwertung *f*

revalorizar [rreβalori'θar] <z→c> *vt* aufwerten

revaluación [rreβalwa'θjon] *f* Neubewertung *f;* (*elevamiento*) Aufwertung *f*

revaluar [rreβalu'ar] <*1. pres:* **revalúo**> *vt* **1.** (*volver a evaluar*) neu bewerten **2.** (*subir el valor*) aufwerten

revancha [rre'βantʃa] *f* **1.** (*desquite*) Revanche *f;* **tomarse la ~ por algo** sich für etw revanchieren **2.** (*venganza*) Vergeltung *f;* **tomarse la ~** sich rächen

revanchismo [rreβan'tʃismo] *m sin pl* Rachedurst *m*

revanchista [rreβan'tʃista] *mf* Revanchist(in) *m(f)*

revejido, -a [rreβe'xiðo, -a] *adj* vorzeitig gealtert

revejirse [rreβe'xirse] *vr* (*Col: avejentarse*) altern

revelación [rreβela'θjon] *f* **1.** (*descubrimiento*) Enthüllung *f* **2.** (REL) Offenbarung *f*

revelado [rreβe'laðo] *m* (FOTO) Entwicklung *f*

revelador¹ [rreβela'ðor] *m* (FOTO) Entwickler *m*

revelador(a)² [rreβela'ðor(a)] *adj* aufschlussreich

revelar [rreβe'lar] *vt* **1.** (*dar a conocer*) enthüllen; **~ un secreto** ein Geheimnis preisgeben **2.** (FOTO) entwickeln **3.** (REL) offenbaren

revellín [rreβe'ʎin] *m* **1.** (*Cuba: dificultad*) Schwierigkeit *f* **2.** (*loc*): **echar ~** vor Wut schäumen

revenar [rreβe'nar] *vi* (BOT) wieder ausschlagen (*Bäume*)

revendedor(a) [rreβen̩de'ðor(a)] *m(f)* Wiederverkäufer(in) *m(f)*

revender [rreβen̩'der] *vt* wiederverkaufen, weiterverkaufen

revenir [rreβe'nir] *irr como venir vi, vr:* **~se 1.** (*encoger*) (ein)schrumpfen **2.** (*agriarse*) sauer werden **3.** (*desprender humedad*) austrocknen, seine Feuchtigkeit verlieren

reventa [rre'βen̩ta] *f* Wiederverkauf *m,* Weiterverkauf *m*

reventadero [rreβen̩ta'ðero] *m* **1.** (*Col, Méx: hervidero*) heiße Quelle *f* **2.** (*Chil: rompiente*) Brandung *f*

reventado, -a [rreβen̩'taðo, -a] *adj* **1.** (*fam: hecho polvo*) kaputt **2.** (*Arg: sinuoso*) heimtückisch

reventador(a) [rreβen̩ta'ðor(a)] *m(f)* (*fam*) Krawallmacher(in) *m(f)*

reventar [rreβen̩'tar] <e→ie> **I.** *vi* **1.** (*romperse*) platzen (*de/por* vor +*dat*); **lleno hasta ~** zum Bersten voll; **¡que reviente!** soll er doch von mir aus verrecken!; **la agonía del pobre, ~ por que no sobre** (*prov*) lieber den Magen verrenkt, als dem Wirt was geschenkt **2.** (*fam: morir*) sterben **II.** *vt* **1.** (*romper*) (auf)platzen **2.** (*fam: molestar*) nerven; **este tipo me revienta** ich kann diesen Typ nicht leiden [*o* ausstehen] **III.** *vr:* **~se 1.** (*romperse*) (auf)platzen **2.** (*fam: morirse*) verrecken, krepieren

reventón [rreβen̩'ton] *m* **1.** (*el reventar*) Aufplatzen *nt* **2.** (AUTO: *eines Reifens*) Platzen *nt;* **tengo un ~** ich habe einen Platten **3.** (*fam: esfuerzo intenso*) übermäßige Anstrengung *f,* (völlige) Verausgabung *f;* **se dio un ~ trabajando** er/sie hat sich bei der Arbeit völlig verausgabt

rever [rre'βer] *irr como ver vt* **1.** (*volver a ver*) wieder sehen **2.** (*examinar*) durchsehen **3.** (JUR) erneut verhandeln

reverberación [rreβerβera'θjon] *f* **1.** (*referente a la luz*) Zurückstrahlung *f* **2.** (*referente al sonido*) Nachhall *m* **3.** (*im Flammofen,* TÉC) Kalzinierung *f*

reverberar [rreβerβe'rar] *vi* reflektiert werden; **el eco se produce al ~ el sonido contra una pared** das Echo entsteht bei Reflexion des Schalles an einer Wand

reverbero [rreβer'βero] *m* **1.** (*reflejo*) *v.* **reverberación 2.** (*farol*) (Straßen)laterne *f;*

R

(AUTO) Scheinwerfer *m* **3.** (*Am: hornillo*) Spirituskocher *m*

reverdecer [rreβerðe'θer] *irr como crecer vi* **1.** (*verdear*) wieder ergrünen **2.** (*vigorizar*) erstarken

reverencia [rreβe'reṇθja] *f* **1.** (*veneración*) Hochachtung *f;* **Su R~** Euer Hochwürden **2.** (*inclinación*) Verbeugung *f*

reverencial [rreβereṇ'θjal] *adj* ehrerbietig

reverenciar [rreβereṇ'θjar] *vt* ehren

reverendas [rreβe'reṇdas] *fpl* (REL) Dimissorialien *fpl,* Dimissorien *fpl*

reverendísimo [rreβereṇ'disimo, -a] *adj* hochwürdig; **Su R~** Euer Hochwürden

reverendo, -a [rreβe'reṇdo, -a] **I.** *adj* ehrwürdig **II.** *m, f* Pfarrer(in) *m(f)*

reverente [rreβe'reṇte] *adj* ehrerbietig

reversa [rre'βersa] *f* (*Chil, Col, Méx:* AUTO) Rückwärtsgang *m*

reversibilidad [rreβersiβili'ðaᵈ] *f* Umkehrbarkeit *f,* Reversibilität *f*

reversible [rreβer'siβle] *adj* umkehrbar, reversibel; (*prenda de vestir*) Wende-; **chaqueta ~** Wendejacke *f*

reversión [rreβer'sjon] *f* Umkehrung *f,* Reversion *f*

reverso [rre'βerso] *m* **1.** (*dorso*) Rückseite *f;* **el ~ de la medalla** (*fig*) die Kehrseite der Medaille **2.** (*Col:* AUTO) Rückwärtsgang *m*

revertir [rreβer'tir] *irr como sentir vi* zurückfallen (*a* an +*akk*); **revirtió en su beneficio** es verlief zu seinen/ihren Gunsten

revés [rre'βes] *m* **1.** (*reverso*) Rückseite *f;* **al** [*o* **del**] **~** umgekehrt; **te has puesto el jersey del ~** du hast deinen Pullover linksherum angezogen; **poner a alguien del ~** (*confundir*) jdn durcheinander bringen; (*poner a caldo*) jdm die Meinung ins Gesicht sagen **2.** (*golpe*) Schlag *m* mit dem Handrücken **3.** (DEP) Rückhand *f,* Rückhandschlag *m* **4.** (*infortunio*) Rückschlag *m;* **~ de fortuna** Schicksalsschlag *m*

revesa [rre'βesa] *f* (NÁUT) Rückströmung *f*

revesado, -a [rreβe'saðo, -a] *adj* **1.** (*complicado*) verzwickt **2.** (*rebelde*) störrisch

revestimiento [rreβesti'mjeṇto] *m* Verkleidung *f* (*con/de* mit +*dat*)

revestir [rreβes'tir] *irr como pedir* **I.** *vt* **1.** (*recubrir*) verkleiden (*con/de* mit +*dat*); **~ de cinc** verzinken **2.** (*tener*): **~ importancia** bedeutungsvoll sein **II.** *vr:* **~se 1.** (*aparentar*) sich wappnen (*con/de* mit +*dat*); **~se de paciencia** sich mit Geduld wappnen **2.** (*loc*): **~se con** [*o* **de**] **una dignidad** ein Amt antreten

reviejo¹ [rre'βjexo] *m* überalterter Ast

reviejo, -a² [rre'βjexo, -a] *adj* uralt

reviernes [rre'βjernes] *m inv* (REL) *jeder der sieben Freitage nach Ostern*

revirado, -a [rreβi'raðo, -a] *adj* **1.** (*Arg, Urug: fam: loco*) ausgeflippt **2.** (BOT) drehwüchsig

revirar [rreβi'rar] *vt* wenden

revire [rre'βire] *m* (*Arg, Urug: fam*) Ausflippen *nt*

revisable [rreβi'saβle] *adj* überprüfbar

revisada [rreβi'saða] *f* (*Am*) *v.* **revisión**

revisar [rreβi'sar] *vt* überprüfen; (*aparatos técnicos*) überholen; (*textos*) bearbeiten, überarbeiten; **revisado por...** (*edición*) neu bearbeitet von ...; **~ los salarios** (ECON) die Löhne angleichen; **~ las previsiones económicas** die wirtschaftlichen Prognosen korrigieren

revisión [rreβi'sjon] *f* Überprüfung *f;* (TÉC) Überholung *f;* (JUR, TIPO) Revision *f;* (MED) Untersuchung *f;* **~ de precios** (COM) Preisangleichung *f;* **~ de salarios** (ECON) Lohnangleichung *f*

revisionismo [rreβisjo'nismo] *m sin pl* Revisionismus *m*

revisionista [rreβisjo'nista] **I.** *adj* revisionistisch **II.** *mf* Revisionist(in) *m(f)*

revisor(a) [rreβi'sor(a)] *m(f)* **1.** (*controlador*) Prüfer(in) *m(f);* **~ de cuentas** Buchprüfer *m* **2.** (FERRO) Schaffner(in) *m(f)*

revista [rre'βista] *f* **1.** (PREN) Zeitschrift *f;* **las ~s del corazón** die Regenbogenpresse; **~ especializada** Fachzeitschrift *f;* **~ ilustrada** Illustrierte *f;* **~ para la juventud** Jugendzeitschrift *f;* **~ pornográfica** Pornoheft *nt* **2.** (*inspección*) Überprüfung *f* **3.** (MIL) Truppenbesichtigung *f;* **pasar ~ a las tropas** die Truppe besichtigen **4.** (*espectáculo*) Revue *f* **5.** (*segunda vista*) zweite Überprüfung *f* **6.** (JUR) erneute Verhandlung *f,* Revision *f*

revistar [rreβis'tar] *vt* (MIL) besichtigen

revistero¹ [rreβis'tero] *m* (*utensilio*) Zeitschriftenständer *m*

revistero, -a² [rreβis'tero, -a] *m, f* **1.** (PREN) Zeitschriftenredakteur(in) *m(f),* Mitarbeiter(in) *m(f)* bei einer Zeitschrift **2.** (*reseñador*) Rezensent(in) *m(f)*

revitalización [rreβitaliθa'θjon] *f* (MED) Revitalisierung *f*

revitalizante [rreβitali'θaṇte] *m* Stärkungsmittel *nt*

revitalizar [rreβitali'θar] <z→c> *vt* stärken, kräftigen; (MED) revitalisieren; **con el descenso de los precios se ~á el turismo** die sinkenden Preise werden den Tourismus beleben

revival [rri'βai̯βal] *m* Revival *nt*

revivificar [rreβiβifi'kar] <c→qu> *vt* beleben, aufleben lassen

revivir [rreβi'βir] **I.** *vi* wieder aufleben, zu neuem Leben erwachen **II.** *vt* zu neuem Leben erwecken

revocabilidad [rreβokaβili'ðaᵈ] *f* Widerrufbarkeit *f*

revocable [rreβo'kaβle] *adj* widerrufbar

revocación [rreβoka'θjon] *f* **1.** (*anulación*) Widerruf *m,* Aufhebung *f;* **~ de un crédito** (FIN) Kreditentziehung *f;* **~ de una orden** (ECON) Widerruf einer Bestellung **2.** (*apartamiento*) Abberufung *f*

revocar [rreβo'kar] <c→qu> **I.** *vt* **1.** (*anular*) widerrufen, aufheben; **~ una decisión**

eine Entscheidung widerrufen; ~ **una orden** (ECON) einen Auftrag stornieren **2.** (*apartar*) abberufen **3.** (*hacer retroceder*) zurückdrängen **4.** (*enlucir*) tünchen, kalken **II.** *vi* (*humo*) abziehen

revolar [rreβo'lar] <o→ue> *vi* (ZOOL) herumflattern

revolcado [rreβol'kaðo] *m* (*Guat:* GASTR) *Gericht aus geröstetem Brot, Chili, Tomaten und verschiedenen Gewürzen*

revolcar [rreβol'kar] *irr como volcar* **I.** *vt* **1.** (*derribar*) zu Boden werfen **2.** (*fam: vencer*) in den Sack stecken **3.** (*fam: suspender*) durchfallen lassen **II.** *vr:* **~se 1.** (*restregarse*) sich wälzen (*en* in +*dat*, *por* auf +*dat*); (*caza*) sich suhlen (*en* in +*dat*, *por* auf +*dat*) **2.** (*obstinarse*) sich versteifen (*en* auf +*akk*)

revolcón [rreβol'kon] *m:* **dar un ~ a alguien** (*fig*) jdm einen schweren Schlag versetzen

revolear [rreβole'ar] *vt* (*Méx, CSur*) in der Luft herumwirbeln; ~ **la carterita** (*fig*) auf den Strich gehen

revolotear [rreβolote'ar] **I.** *vi* flattern **II.** *vt* flattern lassen

revoloteo [rreβolo'teo] *m* Flattern *nt*

revoltijo [rreβol̩'tixo] *m*, **revoltillo** [rreβol̩'tiʎo] *m* **1.** (*embrollo*) Durcheinander *nt* **2.** (*tripas*) Eingeweide *ntpl*

revoltoso, **-a** [rreβol̩'toso, -a] **I.** *adj* **1.** (*travieso*) unbändig, ungestüm **2.** (*rebelde*) aufsässig, rebellisch **3.** (*intrincado*) verworren **II.** *m, f* Störenfried *m*, Unruhestifter(in) *m(f)*

revoltura [rreβol̩'tura] *f* (*Méx*) Durcheinander *nt*

revolución [rreβolu'θjon] *f* **1.** (*t.* POL: *cambio*) Revolution *f;* **la ~ industrial** die industrielle Revolution **2.** (*inquietud*) Aufruhr *m* **3.** (*rotación*) Umdrehung *f;* **número de revoluciones** Drehzahl *f* **4.** (ASTR) Umlauf *m*

revolucionar [rreβoluθjo'nar] *vt* **1.** (*amotinar*) aufwiegeln **2.** (*transformar*) grundlegend umgestalten, revolutionieren **3.** (*excitar*) in Aufregung versetzen **4.** (TÉC) die Drehzahl ändern +*gen;* **cuanto más aceleras el coche, más revolucionas el motor** je mehr du den Wagen beschleunigst, desto höher wird die Motordrehzahl

revolucionario, **-a** [rreβoluθjo'narjo, -a] **I.** *adj* revolutionär **II.** *m, f* Revolutionär(in) *m(f)*

revoluta [rreβo'luta] *f* (*AmC*) *v.* **revolución**

revolvedora [rreβolβe'ðora] *f* (*Arg, Méx: de cemento*) Mischmaschine *f*

revolver [rreβol'βer] *irr como volver* **I.** *vt* **1.** (*mezclar*) umrühren **2.** (*desordenar*) durcheinander bringen **3.** (*soliviantar*) aufwühlen; **se me revuelve el estómago** da dreht sich mir der Magen um **4.** (*investigar*) durchforsten **II.** *vr:* **~se 1.** (*moverse*) sich wälzen **2.** (*enfrentarse*) sich widersetzen (*contra* +*dat*), sich auflehnen (*contra* gegen +*akk*) **3.** (*referente al tiempo*) umschlagen

revólver [rre'βolβer] *m* Revolver *m*

revoque [rre'βoke] *m* **1.** (*acción*) Tünchen *nt* **2.** (*material*) Tünche *f*

revuelco [rre'βwelko] *m* **1.** (*golpe*) Schlag *m* **2.** (*restregadura*) Wälzen *nt*, Suhlen *nt*

revuelo [rre'βwelo] *m* **1.** (*segundo vuelo*) Rückflug *m;* **de ~** (*fig*) wie im Fluge **2.** (*turbación*) Aufruhr *m;* **producir** [*o* **causar**] **~** für Aufruhr sorgen

revuelta [rre'βwel̩ta] *f* **1.** (*tumulto*) Tumult *m*, Krawall *m* **2.** (*rebelión*) Revolte *f* **3.** (*encorvadura*) Krümmung *f;* **carretera con muchas ~s** kurvenreiche Straße **4.** (*cambio*) Umschwung *m*

revuelto, **-a** [rre'βwel̩to, -a] **I.** *pp de* **revolver II.** *adj* **1.** (*enturbiado, agitado*) aufgewühlt **2.** (*desordenado*) durcheinander **3.** (*referente al tiempo*) wechselhaft **4.** (*irritado*) aufgebracht **5.** (*intrincado*) verworren

revulsar [rreβul'sar] *vt, vi* (*Méx: vomitar*) sich übergeben, brechen

revulsión [rreβul'sjon] *f* (MED) Hyperämie *f* (zu Heilzwecken)

revulsivo, **-a** [rreβul'siβo, -a] *adj* (MED) hyperämisierend

rey [rrei̯] *m* König *m;* **los R~es Magos** die Heiligen Drei Könige; **el día de ~es** am Dreikönigsfest; **servir al ~** dienen; **¡viva el ~!** es lebe der König!; **en tiempo del ~ Perico** anno dazumal; **ni quitar ni poner ~** (*fig*) sich raushalten; **ni ~ ni roque** überhaupt niemand; **no temer ~ ni roque** weder Tod noch Teufel fürchten; **vivir a cuerpo de ~** leben wie Gott in Frankreich

reyerta [rre'ɟerta] *f* heftige Auseinandersetzung *f*

reyezuelo [rreɟe'θwelo] *m* **1.** (*rey*) unbedeutender König *m* **2.** (ZOOL) Zaunkönig *m*

rezado [rre'θaðo] *m* (REL) Breviergebet *nt*

rezador(a) [rreθa'ðor(a)] *m(f)* Betbruder, -schwester *m, f pey*

rezaga [rre'θaɣa] *f* (MIL) Nachhut *f*

rezagado, **-a** [reθa'ɣaðo, -a] *m, f* Nachzügler(in) *m(f)*

rezagar [rreθa'ɣar] <g→gu> **I.** *vt* **1.** (*dejar atrás*) zurücklassen **2.** (*suspender*) aufschieben **II.** *vr:* **~se** zurückbleiben

rezar [rre'θar] <z→c> **I.** *vt* beten (*a* zu +*dat*, *por* für +*akk*); ~ **una oración** ein Gebet sprechen; ~ **el padrenuestro** das Vaterunser beten **II.** *vi* **1.** (*decir*) lauten **2.** (*corresponder*) passen (*con* zu +*dat*)

rezno ['rreθno] *m* **1.** (ZOOL: *garrapata*) Zecke *f* **2.** (BOT: *ricino*) Rizinus *m*

rezo ['rreθo] *m* **1.** (*el rezar*) Beten *nt* **2.** (*oración*) Gebet *nt*

rezongar [rreθoŋ'gar] <g→gu> *vi* murren, murmeln

rezongón, **-ona** [rreθoŋ'gon, -ona] **I.** *adj* (*fam*) brummig, mürrisch **II.** *m, f* (*fam*) Brummbär *m*

rezumar [rreθu'mar] **I.** *vi* **1.** (*filtrarse*)

(durch)sickern (*por* durch +*akk*); **el sudor le rezumaba por la frente** der Schweiß stand ihm/ihr auf der Stirn **2.**(*rebosar*) strotzen (vor +*dat*) **II.** *vt* ausschwitzen **III.** *vr:* **~se 1.**(*sudar*) schwitzen **2.**(*filtrarse, traslucirse*) (durch)sickern (*por* durch +*akk*)

rezurcir [rreθur'θir] <c→z> *vt* (*volver a zurcir*) erneut ausbessern

RFA [erre(e)fe'a] *f v.* **República Federal de Alemania** BRD *f*

ría ['rria] *f* **1.**(GEO) Ria *f* **2.**(DEP) Wassergraben *m*

riachuelo [rrja'ʧwelo] *m* Bach *m*

riada [rri'aða] *f* Hochwasser *nt*

ribazo [rri'βaθo] *m* Böschung *f*

ribeiro [rri'βei̯ro] *m* (GASTR) *spanischer Weißwein aus Orense*

ribera [rri'βera] *f* **1.**(*orilla*) Ufer *nt* **2.**(*tierra*) Uferlandschaft *f;* (*vega*) Aue *f*

ribereño, **-a** [rriβe'reɲo, -a] **I.** *adj* Ufer-; **carretera ribereña** Uferstraße *f* **II.** *m, f* Uferbewohner(in) *m(f)*

ribete [rri'βete] *m* **1.**(*galón*) Besatz *m* **2.**(*adorno*) Verzierung *f;* (*de una narración*) Ausschmückung *f* **3.** *pl* (*indicios*) Züge *mpl*

ribeteado, **-a** [rriβete'aðo, -a] *adj* **1.**(*con ribetes*) eingesäumt, eingefasst **2.**(*ojos*) entzündet

ribetear [rriβete'ar] *vt* einfassen, umranden

ribosoma [rriβo'soma] *m* (BIOL) Ribosom *nt*

ricachón, **-ona** [rrika'ʧon, -ona] *adj* (*pey*) stinkreich

ricamente [rrika'mente] *adv* **1.**(*con abundancia*) reichlich **2.**(*con placer*) genüsslich

ricino [ri'θino] *m* Rizinus *m*

rico, **-a** ['rriko, -a] **I.** *adj* **1.**(*acaudalado*) reich; **es muy ~** er ist steinreich **2.**(*sabroso*) lecker; **la comida está muy rica** das Essen schmeckt sehr gut **3.**(*abundante*) reich (*en* an +*dat*) **4.**(*fructífero*) fruchtbar **5.**(*excelente*) prächtig **6.**(*simpático*) reizend **II.** *m, f* **1.**(*persona rica*) Reiche(r) *mf;* **nuevo ~** Neureicher *m* **2.**(*apelativo*) Schatz *m,* Herzblatt *nt*

ricota [rri'kota] *f* (*Arg:* GASTR) Quark *m*

rictus ['rriktus] *m sin pl* Anflug *m,* Spur *f*

ricura [rri'kura] *f* (*fam*): **ser una ~** eine Wucht sein; **¡anda, ~!** auf geht's, mein Schatz!

ridiculez [rriðiku'leθ] *f* **1.**(*lo ridículo, nimiedad*) Lächerlichkeit *f;* **no te enfades por esta ~** reg dich doch wegen solchen Bagatellen [*o* Kleinigkeiten] nicht auf; **le pagan la ~ de dos marcos** sie zahlen ihm/ihr lausige zwei Mark **2.**(*tontería*) Unsinn *m*

ridiculizar [rriðikuli'θar] <z→c> *vt* lächerlich machen

ridículo, **-a** [rri'ðikulo, -a] *adj* **1.**(*risorio*) lächerlich; **poner(se) en ~** (sich) lächerlich machen, (sich) blamieren **2.**(*tacaño*) geizig, knauserig; **es muy ~** er ist ein Geizhals

riego ['rrjeɣo] *m* Bewässerung *f;* **~ agrícola** landwirtschaftliche Bewässerung; **~ sanguíneo** Durchblutung *f*

riel [rrjel] *m* Schiene *f*

rielar [rrje'lar] *vi* (*elev*) glitzern

rienda ['rrjenda] *f* **1.**(*correa*) Zügel *m;* **a ~ suelta** zügellos; **aflojar las ~s** (*fig*) die Zügel lockern; **dar ~ suelta** (*fig*) die Zügel schießen lassen; **llevar** [*o* **tener**] **las ~s** (*fig*) die Zügel in der Hand haben; **tirar de la ~** (*fig*) die Zügel (straffer) anziehen; **tener las ~s del poder** (*fig*) an den Schalthebeln der Macht sitzen **2.** *pl* (*gobierno*) Führung *f*

riente ['rrjente] *adj* fröhlich, vergnügt

riesgo ['rrjesɣo] *m* Risiko *nt;* **~ de cambio** (FIN) Währungsrisiko *nt;* **~ de empresa** Betriebsrisiko *nt;* **~ financiero** (FIN) finanzielles Risiko; **~ laboral** [*o* **profesional**] Berufsrisiko *nt;* **~ monetario** (FIN) Währungsrisiko *nt;* **capital ~** (FIN) Risikokapital *nt;* **a ~ de que...** +*subj* auf die Gefahr hin, dass ...; **a ~ y ventura de...** auf Risiko von ...; **por cuenta y ~ propios** auf eigene Gefahr; **asumir un ~** ein Risiko eingehen; **correr el ~ de...** Gefahr laufen zu ...; **estar asegurado a todo ~** (AUTO) vollkaskoversichert sein; **exponer a un ~** in Gefahr bringen; **exponerse a un ~** sich in Gefahr begeben

riesgoso, **-a** [rrjes'ɣoso, -a] *adj* (*Am*) **1.**(*arriesgado*) risikofreudig, gewagt **2.**(*peligroso*) gefährlich

rifa ['rrifa] *f* **1.**(*sorteo*) Verlosung *f* **2.**(*riña*) Streitigkeit *f*

rifador(a) [rrifa'ðor(a)] *m(f)* **1.**(*que rifa*) Verloser(in) *m(f)* **2.**(*que riñe*) Streithammel *m fam*

rifadura [rrifa'ðura] *f* (NÁUT) Segelriss *m*

rifar [rri'far] **I.** *vt* verlosen **II.** *vi* (sich) streiten **III.** *vr:* **~se 1.**(NÁUT) reißen **2.**(*fam: contender*) sich reißen (um +*akk*)

rifeño, **-a** [rri'feɲo, -a] **I.** *adj* des Rifs **II.** *m, f* Rifbewohner(in) *m(f)*

rifirrafe [rrifi'rrafe] *m* (*fam*) kleine Auseinandersetzung *f*

rifle ['rrifle] *m* Gewehr *nt*

rift [rrif^t] <rifts> *m* (GEO) Rift *m*

rigidez [rrixi'ðeθ] *f* **1.**(*inflexibilidad*) Starrheit *f;* **~ de la demanda** Nachfrageinelastizität *f* **2.**(*severidad*) Strenge *f,* Unerbittlichkeit *f*

rígido, **-a** ['rrixiðo, -a] *adj* **1.**(*inflexible*) starr **2.**(*severo*) streng, unerbittlich

rigodón [rriɣo'ðon] *m* (MÚS) *provenzalischer Tanz*

rigor [rri'ɣor] *m* **1.**(*severidad*) Strenge *f,* Härte *f* **2.**(*exactitud*) Genauigkeit *f;* **en ~** genau genommen, streng genommen **3.**(*referente al tiempo*): **~ del invierno** Strenge des Winters; **~ del verano** (extreme) Hitze des Sommers **4.**(*loc*): **de ~** unerlässlich

rigorismo [rriɣo'rismo] *m sin pl* Unerbittlichkeit *f;* (*en materias morales*) Rigorismus *m*

rigorista [rriɣo'rista] *adj* unerbittlich streng; (*en materias morales*) rigoristisch *elev*

rigüe ['rriɣwe] *m* (*Hond:* GASTR) Maistortilla *f*

rigurosidad [rriɣurosi'ða$^{\eth}$] *f* Rigorosität *f,* Unerbittlichkeit *f*

riguroso, **-a** [rriɣu'roso, -a] *adj* **1.** (*severo*) rigoros, streng **2.** (*exacto*) genau, präzise **3.** (*referente al tiempo*) extrem

rija ['rrixa] *f* **1.** (*riña*) Streit *m* **2.** (MED) Tränenfistel *f*

rijosidad [rrixosi'ða$^{\eth}$] *f* **1.** (*agresividad*) Streitlust *f* **2.** (*lujuria*) Lüsternheit *f*

rijoso, **-a** [rri'xoso, -a] *adj* **1.** (*pendenciero*) streitlustig **2.** (*lujurioso*) lüstern; (*animal*) brünstig

rilar [rri'lar] *vi* zittern

rima ['rrima] *f* **1.** (LIT) Reim *m;* ~ **asonante** [*o* **imperfecta**] Assonanz *f;* ~ **consonante** Vollreim *m;* **tener** ~ sich reimen **2.** (*montón*) Stapel *m,* Stoß *m*

rimador(**a**) [rrima'ðor(a)] **I.** *adj* reimend, Verse schmiedend **II.** *m(f)* (*iron*) Versemacher(in) *m(f),* Reimer(in) *m(f)*

rimar [rri'mar] **I.** *vi* **1.** (*versificar*) reimen **2.** (*tener rima*) sich reimen (*con* auf +*akk*) **II.** *vt* reimen (*con* auf +*akk, con* mit +*dat*)

rimbombancia [rrimbom'ban̪θja] *f* Pomp *m*

rimbombante [rrimbom'ban̪te] *adj* bombastisch, pompös

rimbombar [rrimbom'bar] *vi* schallen

rímel ['rrimel] *m* Wimperntusche *f,* Mascara *f*

rin [rrin] *m* **1.** (*Ven: llanta*) Felge *f* **2.** (*Perú: ficha telefónica*) Telefonmünze *f*

Rin [rrin] *m* Rhein *m*

rincón [rriŋ'kon] *m* **1.** (*esquina*) Ecke *f;* **por todos los rincones** überall, an allen Ecken und Enden *fam* **2.** (*escondrijo*) Winkel *m* **3.** (*tranquilo*) stiller Winkel *m;* (*oculto*) versteckter Platz *m* **4.** (*fam: habitación*) Bude *f* **5.** (*residuo*) versteckter Rest *m*

rinconada [rriŋko'naða] *f* Ecke *f*

rinconera [rriŋko'nera] *f* (*armario*) Eckschrank *m;* (*mesa*) Ecktisch *m*

rinde ['rrin̪de] *m* (*Arg*) Ertrag *m,* Nutzen *m*

ring [rriŋ] <rings> *m* (DEP) (Box)ring *m*

ringla ['rriŋgla] *f* (*fam*), **ringle** ['rriŋgle] *m* (*fam*), **ringlera** [rriŋ'glera] *f* Reihe *f*

ringlero [rriŋ'glero] *m* (Schreib)linie *f*

ringletear [rriŋglete'ar] *vi* (*Chil*) herumbummeln

ringorrango [rriŋgo'rraŋgo] *m* (*fam pey*) Schnörkel *m*

rinitis [rri'nitis] *f inv* (MED) Schnupfen *m,* Rhinitis *f*

rinoceronte [rrinoθe'ron̪te] *m* Nashorn *nt,* Rhinozeros *nt*

rinología [rrinolo'xia] *f sin pl* (MED) Nasenheilkunde *f,* Rhinologie *f*

rinólogo, **-a** [rri'noloɣo, -a] *m, f* (MED) Rhinologe, -in *m, f*

rinoplastia [rrino'plastja] *f sin pl* (MED) Nasenplastik *f,* Rhinoplastik *f*

rinoscopia [rrinos'kopja] *f* (MED) Nasenspiegelung *f,* Rhinoskopie *f*

riña ['rriɲa] *f* Zank *m,* Streit *m;* ~ **de gallos** Hahnenkampf *m*

riñón [rri'ɲon] *m* **1.** (*órgano*) Niere *f;* **tener piedras en el** [*o* **cálculos de**] ~ Nierensteine haben; **costar un** ~ eine (schöne) Stange Geld kosten, ein Heidengeld kosten; **tener riñones** (*fig*) Schneid haben; **tener el** ~ **bien cubierto** (*fig*) gut betucht sein **2.** *pl* (*parte de la espalda*) Kreuz *nt* **3.** (*centro*) Kern *m*

riñonada [rriɲo'naða] *f* **1.** (*tejido*) Nierenfett *nt* **2.** (*parte de la espalda*) Nierengegend *f* **3.** (*guisado*) Nierenschmorgericht *nt*

riñonera [rriɲo'nera] *f* **1.** (*faja*) Nierengurt *m* **2.** (*cinturón con bolsa*) Gürteltasche *f*

río ['rrio] *m* Fluss *m,* Strom *m;* ~ **abajo** flussabwärts; ~ **arriba** flussaufwärts; ~ **navegable** schiffbarer Fluss; **pescar en** ~ **revuelto** (*fig*) im Trüben fischen; **tener un** ~ **de oro** einen Goldesel haben; **no hay tío pásame el** ~ daran kommt man nicht vorbei; **no llegará el agua al** ~ (*fig*) so weit wird es nicht kommen

rioja [rri'oxa] *m* Rioja(wein) *m*

riojano, **-a** [rrjo'xano, -a] **I.** *adj* aus Rioja **II.** *m, f* Einwohner(in) *m(f)* Riojas

rioplatense [rriopla'tense] **I.** *adj* vom Rio de la Plata **II.** *mf* Person *f* vom Rio de la Plata

riostra [rri'ostra] *f* (ARQUIT) Strebe *f,* Verstrebung *f*

ripio ['rripjo] *m* **1.** (*cascajo*) Bauschutt *m;* **no valer un** ~ (*sin valor*) nicht viel wert sein; (*feo*) eher hässlich sein **2.** (*palabra inútil*) Füllwort *nt;* **meter** ~ Füllwörter verwenden; **no perder** ~ sich nichts entgehen lassen

ripioso, **-a** [rri'pjoso, -a] *adj* **1.** (*superfluo*) voller Füllwörter **2.** (*sin valor*) schäbig **3.** (*feo*) hässlich

riqueza [rri'keθa] *f* Reichtum *m*

risa [rri'sa] *f* Lachen *nt;* (*muy alta*) Gelächter *nt;* ~ **forzada** verstelltes Lachen; **digno de** ~ lächerlich; **caerse** [*o* **mondarse**] [*o* **morirse**] **de** ~ sich kaputtlachen, sich totlachen; **llorar de** ~ Tränen lachen; **tener un ataque de** ~ einen Lachkrampf haben; **tomar algo a** ~ etw nicht ernst nehmen; **no quiero oír ~s a mis espaldas** ich möchte nicht, dass hinter meinem Rücken gelacht wird; **¡qué ~!** (wie) köstlich!; **no estoy para ~s** mir ist nicht zum Lachen zumute

riscal [rris'kal] *m* (GEO) Gegend *f* mit steilen Felsen

risco ['rrisko] *m* steiler Felsen *m*

riscoso, **-a** [rris'koso] *adj* felsig

risibilidad [rrisiβili'ða$^{\eth}$] *f* Lachvermögen *nt*

risible [rri'siβle] *adj* lustig, komisch

risilla [rri'siʎa] *f,* **risita** [rri'sita] *f* Kichern *nt;* **me dirigió una** ~ **de desprecio** er/sie grinste mich verächtlich an

risorio, **-a** [rri'sorjo, -a] *adj* (ANAT): **músculo** ~ Lachmuskel *m*

risotada [rriso'taða] *f* Gelächter *nt;* **soltar una gran** ~ in schallendes Gelächter ausbrechen

risoteo [rriso'teo] *m* Gelächter *nt*

ríspido, **-a** ['rrispiðo, -a] *adj* (*Am: rudo*) grob, rau

ristra ['rristra] *f* **1.** (*trenza*) Zopf *m* (*aus Knoblauch, Zwiebeln o.ä.*) **2.** (*fam: sarta*) Reihe *f*

ristre ['rristre] *m* Lanzenschuh *m;* **en ~** in Kampfbereitschaft

ristrel [rris'trel] *m* (ARQUIT) dicke Holzleiste *f*

risueño, -a [rri'sweɲo, -a] *adj* **1.** (*alegre*) vergnügt, heiter **2.** (*placentero*) behaglich, gemütlich **3.** (*próspero*) verheißungsvoll

ritardando [rritar'ðan̩do] *adv* (MÚS) ritardando, langsamer werdend

ritmar [rri^{ð}'mar] *vt* rhythmisieren

rítmica ['rri^{ð}mika] *f* (LIT) Rhythmik *f*

rítmico, -a ['rri^{ð}miko, -a] *adj* rhythmisch

ritmo ['rri^{ð}mo] *m* Rhythmus *m;* **~ de crecimiento** (ECON) Wachstumsrhythmus *m*

rito ['rrito] *m* **1.** (*t.* REL: *ritual*) Ritus *m,* Ritual *nt* **2.** (*ceremonia*) Ritual *nt,* Zeremoniell *nt*

ritornelo [rritor'nelo] *m* (MÚS) Ritornell *nt*

ritual [rritu'al] **I.** *adj* rituell **II.** *m* (*t.* REL) Ritual *nt*

ritualidad [rritwali'ða^{ð}] *f* Ritualhandlung *f;* (*formalidad*) Förmlichkeit *f*

ritualismo [rritwa'lismo] *m sin pl* **1.** (REL) Ritualismus *m* **2.** (*formalismo*) Formalismus *m,* Paragraphenreiterei *f pey*

ritualista [rritwa'lista] *mf* **1.** (REL) Ritualist(in) *m(f)* **2.** (*formalista*) Formalist(in) *m(f),* Paragraphenreiter(in) *m(f) pey*

ritualizar [rritwali'θar] <z→c> *vt* ritualisieren, zum Ritual werden lassen

rival [rri'βal] **I.** *adj* rivalisierend **II.** *mf* Rivale, -in *m, f*

rivalidad [rriβali'ða^{ð}] *f* Rivalität *f*

rivalizar [rriβali'θar] <z→c> *vi* rivalisieren (*con* mit +*dat, por* um +*akk*)

rivera [rri'βera] *f* kleiner Bach *m*

riza ['rriθa] *f* Verheerung *f,* Verwüstung *f;* **hacer ~** große Verheerungen anrichten

rizado[1] [rri'θaðo] *m* **1.** (*encrespamiento*) Kräuselung *f* **2.** (*plegamiento*) Fälteln *nt*

rizado, -a[2] [rri'θaðo, -a] *adj* lockig, gelockt

rizador [rriθa'ðor] *m* Brennschere *f;* (*bigudí*) Lockenwickler *m;* **~ de pestañas** Wimpernzange *f*

rizar [rri'θar] <z→c> **I.** *vt* **1.** (*encrespar*) kräuseln **2.** (*plegar*) fälteln **II.** *vr:* **~se** sich kräuseln

rizo[1] ['rriθo] *m* **1.** (*mechón de pelo*) Locke *f;* **rizar el ~** (*imponerse*) sich durchboxen; (*complicar*) die Sache unnötig komplizieren; **¡eso son ganas de rizar el ~!** das ist ja nur doppelt gemoppelt! **2.** (*terciopelo*) Plüsch *m* **3.** (AERO) Looping *m o nt;* **hacer** [*o* **rizar**] **el ~** einen Looping drehen **4.** (NÁUT) Reff *nt;* **tomar ~s** (die Segel) reffen

rizo, -a[2] ['rriθo, -a] *adj* kraus

rizófago, -a [rri'θofaɣo, -a] **I.** *adj* (ZOOL) Wurzeln fressend **II.** *m, f* Wurzeln fressendes Tier *nt*

rizoma [rri'θoma] *m* (BOT) Wurzelstock *m,* Rhizom *nt*

RNE ['rraðjo naθjo'nal̩ de (e)s'paɲa] *f abr de* **Radio Nacional de España** Staatlicher Spanischer Rundfunk *m*

roast-beef [rros'βif] *m* (GASTR) Roastbeef *nt*

robalo [rro'βalo] *m,* **róbalo** ['rroβalo] *m* Wolfsbarsch *m*

robar [rro'βar] *vt* **1.** (*hurtar*) rauben, stehlen; **me ~on en París** ich wurde in Paris bestohlen; **~ el corazón** das Herz rauben [*o* stehlen]; **me robó la novia** (*fam*) er hat mir die Freundin ausgespannt; **esto roba mucho tiempo** das ist sehr zeitaufwändig [*o* zeitraubend] **2.** (*quitar*) fortspülen **3.** (*estafar*) übervorteilen **4.** (*en juegos*) ziehen

robellón [rroβe'ʎon] *m* (BOT) Steinpilz *m;* **~ de abedul** Birkenmilchling *m*

robín [rro'βin] *m* Rost *m*

robinsón [rroβin'son] *m* Robinson *m*

roble ['rroβle] *m* Eiche *f;* **estar como** [*o* **ser**] **un ~** (sehr) robust sein

robledal [rroβle'ðal] *m* Eichenwald *m*

robledo [rro'βleðo] *m* (BOT) Eichenwald *m;* (*pequeño*) Eichenhain *m*

roblón [rro'βlon] *m* Niet *m o nt,* Niete *f*

roblonar [rroβlo'nar] *vt* (ver)nieten

robo ['rroβo] *m* **1.** (*hurto*) Raub *m;* **~ con homicidio** Raubmord *m;* **~ a mano armada** bewaffneter Raubüberfall **2.** (*presa*) Beute *f* **3.** (*estafa*) Übervorteilung *f* **4.** (*carta*) gezogene Karte *f;* (*ficha*) aufgenommener Stein *m*

robot [rro'βo^{t}] <**robots**> *m* Roboter *m*

robótica [rro'βotika] *f* Robotertechnik *f,* Robotik *f*

robótico, -a [rro'βotiko, -a] *adj* (TÉC) roboterhaft

robotizar [rroβoti'θar] <z→c> *vt* **1.** (*automatizar*) automatisieren **2.** (*convertir en autómata*) zum Roboter machen

robustecer [rroβuste'θer] *irr como crecer* **I.** *vt* stärken, kräftigen **II.** *vr:* **~se** sich stärken, sich kräftigen

robustecimiento [rroβusteθi'mjen̩to] *m* Kräftigung *f,* Stärkung *f*

robustez [rroβus'teθ] *f* Robustheit *f*

robusto, -a [rro'busto, -a] *adj* robust

roca ['rroka] *f* **1.** (GEO) Gestein *nt;* **~s magmáticas** Eruptivgestein *nt;* **~s metamórficas** metamorphes Gestein; **~s sedimentarias** Sedimentgestein *nt;* **el cemento es como ~** Zement ist hart wie Stein; **ese hombre es una ~** dieser Mann hat ein Herz aus Stein **2.** (*peña*) Felsen *m*

rocalla [rro'kaʎa] *f* (kleinere) Gesteinsbrocken *mpl*

rocalloso, -a [rroka'ʎoso, -a] *adj* voll Geröll

rocambola [rrokam'bola] *f* (BOT) Perlzwiebel *f,* Rokambole *f*

rocambolesco, -a [rrokambo'lesko, -a] *adj* unglaublich

roce ['rroθe] *m* **1.** (*fricción*) Reibung *f* **2.** (*huella*) Streifen *m* **3.** (*contacto*) Umgang *m;* **tener mucho ~ con algo/alguien** mit etw/jdm gut bekannt sein **4.** (*pelea*) Reiberei *f*

rocha ['rrotʃa] *f* (AGR) Rodung *f*

rochabús [rroʧa'βus] *m* (*Perú: fam: camión blindado con cañón de agua*) Wasserwerfer *m*

rochar [rro'ʧar] *vt* **1.** (AGR) roden **2.** (*Chil: sorprender*) ertappen

rochela [rro'ʧela] *f* (*Col, PRico, Ven*) Radau *m*

rociada [rro'θjaða] *f* **1.** (*riego*) Besprühen *nt* **2.** (*lanzamiento de objetos*) Bestreuen *nt* (*de/con* mit +*dat*) **3.** (*murmuración*) (abfälliges) Gerede *nt* **4.** (*rocío*) Tau *m*

rociado, **-a** [rro'θjaðo, -a] *adj* mit Tau bedeckt

rociar [rroθi'ar] <*3. pres:* rocía> **I.** *vimpers* tauen **II.** *vt* **1.** (*regar*) besprühen **2.** (*esparcir*) bestreuen (*de/con* mit +*dat*)

rocín [rro'θin] *m* **1.** (*jamelgo*) Klepper *m pey;* **ir** [*o* **venir**] **de ~ a ruin** vom Regen in die Traufe kommen **2.** (*caballo de trabajo*) Arbeitspferd *nt* **3.** (*fam: hombre tosco*) Tölpel *m*

rocinante [rroθi'nante] *m* Rosinante *f*, ausgemergeltes Pferd *nt*

rocío [rro'θio] *m* **1.** (*relente*) Tau *m;* **cae ~** es taut **2.** (*lluvia*) Sprühregen *m*, Nieselregen *m* **3.** (*rociada*) Berieselung *f*

rock [rro^k] **I.** *adj* Rock-; **música ~** Rockmusik *f;* **grupo de música ~** Rockgruppe *f*, Rockband *f* **II.** *m* (MÚS) Rock *m*

rocker ['rroker] <rockers> *mf* (MÚS, SOCIOL) Rocker(in) *m(f)*

rockero, **-a** [rro'kero, -a] **I.** *adj* rockig **II.** *m, f* Rocker *m*, Rockerbraut *f*

rococó [rroko'ko] *m sin pl* Rokoko *nt*

rocoso, **-a** [rro'koso, -a] *adj* felsig; **Montañas Rocosas** Rocky Mountains

rocote [rro'kote] *m*, **rocoto** [rro'koto] *m* (*Bol, Ecua, Perú: pimiento*) *große, scharfe Paprikaschote*

roda ['rroða] *f* (NÁUT) Vor(der)steven *m*

rodaballo [rroða'βaʎo] *m* **1.** (*pez*) Steinbutt *m* **2.** (*fam: persona astuta*) Schlitzohr *nt*

rodada [rro'ðaða] *f* Reifenspur *f*

rodado, **-a** [rro'ðaðo, -a] *adj* **1.** (*discurriendo con suavidad*) eingespielt; **venir ~** (*sin dificultades*) wie geschmiert [*o* am Schnürchen] laufen; (*de perlas*) wie gerufen kommen **2.** (*tránsito de vehículos*): **tráfico ~** Straßenverkehr *m* **3.** (*caballo*) gescheckt, scheckig

rodadura [rroða'ðura] *f* **1.** (*dar vueltas*) Rollen *nt* **2.** (*girar*) Rotieren *nt* **3.** (*película*) Drehen *nt* **4.** (*coche*) Einfahren *nt*

rodaja [rro'ðaxa] *f* Scheibe *f;* **~ de piña** Ananasscheibe *f*

rodaje [rro'ðaxe] *m* **1.** (*filmación*) Dreharbeiten *fpl* **2.** (*rodar un vehículo*) Einfahren *nt* **3.** (*impuesto*) Kraftfahrzeugsteuer *f* **4.** (*conjunto de ruedas*) Räderwerk *nt*

rodal [rro'ðal] *m* (Baum)bestand *m*, (Wald)bestand *m*

rodamiento [rroða'mjento] *m* (TÉC) Lager *nt*

rodamina [rroða'mina] *f* (QUÍM) Rhodamin *nt*

Ródano ['rroðano] *m* Rhone *f*

rodapié [rroða'pje] *m* Sockel *m*

rodar [rro'ðar] <o→ue> **I.** *vi* **1.** (*dar vueltas, moverse sobre ruedas*) rollen; **~ por el suelo** über den Boden rollen; **echarlo todo a ~** (*fig*) alles über Bord werfen **2.** (*girar sobre el eje*) rotieren, sich drehen **3.** (*deslizarse*) (herunter)rollen **4.** (*abundar*) in großer Menge vorhanden sein; **antes rodaban más las enfermedades infecciosas** früher traten Infektionskrankheiten häufiger auf **5.** (*ir de un sitio a otro*) umherlaufen; **he rodado de tienda en tienda** ich bin von Geschäft zu Geschäft gelaufen **6.** (*seguir*) folgen **II.** *vt* **1.** (*hacer dar vueltas*) rollen **2.** (*película*) drehen **3.** (*coche*) einfahren

rodear [rroðe'ar] **I.** *vi* **1.** (*circunvalar*) einen Umweg machen **2.** (*divagar*) Umschweife machen **II.** *vt* **1.** (*cercar*) umgeben (*de* mit +*dat*) **2.** (*hacer dar vueltas*) drehen **3.** (*un tema*) herumreden (um +*akk*) **III.** *vr:* **~se** sich umgeben (*de* mit +*dat*)

rodela [rro'ðela] *f* Rundschild *m*

rodenal [rroðe'nal] *m* (BOT) Rotfichtenwald *m*

rodeno, **-a** [rro'ðeno, -a] *adj* rötlich; **pino ~** (BOT) Rotfichte *f;* **tierra rodena** rote Erde

rodeo [rro'ðeo] *m* **1.** (*desvío*) Umweg *m;* **dar un ~** einen Umweg machen; **conseguir algo con ~s** etw auf Umwegen erreichen **2.** (*evasiva*) Ausflucht *f;* **sin ~s** ohne Umschweife; **andarse con ~s** um den heißen Brei herumreden; **dejarse de ~s** Klartext reden **3.** (DEP) Rodeo *m o nt*

rodera [rro'ðera] *f* Radspur *f*

Rodesia [rro'ðesja] *f* Rhodesien *nt*

rodete [rro'ðete] *m* **1.** (*peinado*) (Haar)schnecke *f* **2.** (*para llevar un peso*) Tragpolster *nt* (für Kopflasten) **3.** (*de una cerradura*) Schließzylinder *m*

rodilla [rro'ðiʎa] *f* **1.** (ANAT) Knie *nt;* **de ~s** kniend; **ponerse de ~s** sich hinknien, niederknien **2.** (*paño*) Scheuerlappen *m* **3.** (*rodete*) Tragpolster *nt* (*für Kopflasten*)

rodillazo [rroði'ʎaθo] *m* **1.** (*dado con la rodilla*) Stoß *m* mit dem Knie **2.** (*dado en la rodilla*) Tritt *m* ins Knie

rodillera [rroði'ʎera] *f* **1.** (*protección*) Knieschützer *m*, Knieschoner *m* **2.** (*deformación*) *ausgebeulte Kniepartie an einer Hose;* **para que no salgan ~s al pantalón** damit sich die Hose am Knie nicht ausbeult

rodillo [rro'ðiʎo] *m* **1.** (TÉC) Walze *f*, Rolle *f;* **~ alimentador** (INFOR) Einzugsrolle *f;* **~ dador (de tinta)** (TIPO) (Farb)auftragswalze *f* **2.** (*de cocina*) Nudelholz *nt* **3.** (*fam: de un partido político*) Machtapparat *m*

rodillo-guía [rro'ðiʎo 'ɣia] *m* <rodillos-guía> Leitrolle *f*

rodio[1] ['rroðjo] *m* (QUÍM) Rhodium *nt*

rodio, **-a**[2] ['rroðjo, -a] **I.** *adj* aus Rhodos **II.** *m, f* Einwohner(in) *m(f)* von Rhodos

rododendro [rroðo'ðendro] *m* (BOT) Rhododendron *m o nt*

rodrigón [rroðri'ɣon] *m* **1.** (*para plantas*)

Rebpfahl *m;* ~ **de lúpulo** Hopfenstange *f* **2.** (*fam: acompañante*) Anstandswauwau *m*

Rodríguez [rro'ðriɣeθ] *spanischer Familienname;* **estar de** ~ Strohwitwer sein

roedor[1] [rroe'ðor] *m* (ZOOL) Nagetier *nt*

roedor(**a**)[2] [rroe'ðor(a)] *adj* nagend

roedura [rroe'ðura] *f* **1.** (*acción*) Nagen *nt* **2.** (*marca*) Nagespur *f* **3.** (*porción que se corta royendo*) Abgenagte(s) *nt*

roentgen [rro'en̩ᵗxen] *m,* **roentgenio** [rroen̩ᵗ'xenjo] *m* (FÍS) Roentgen *nt*

roer [rro'er] *irr vt* nagen (*a* an +*dat*), abnagen; **los ratones royeron mi libro** die Mäuse haben mein Buch zerfressen; **~se las uñas** an den Nägeln kauen; **las preocupaciones le roen el alma** die Sorgen nagen an ihm/ihr; **eso le roe las entrañas** das grämt [*o* wurmt] ihn/sie

rogación [rroɣa'θjon] *f* Bitte *f;* (REL) Fürbitte *f,* Rogation *f*

rogado, **-a** [rro'ɣaðo, -a] *adj* sich bitten lassend

rogador(**a**) [rroɣa'ðor(a)] **I.** *adj* flehend, bittend **II.** *m(f)* Bittende(r) *mf;* (JUR) Einbringer(in) *m(f)* (*eines Gesetzes*)

rogar [rro'ɣar] <o→ue> *vt* (an)flehen, bitten; (JUR) beantragen; **rogamos nos contesten inmediatamente nuestra carta** wir bitten um [*o* erbitten] sofortige Beantwortung unseres Schreibens; **¡te ruego que me escuches!** hör mir doch bitte zu!; **le gusta hacerse de** ~ er/sie lässt sich gerne bitten; **¡rogad por nos!** (REL) bitte für uns!

rogativa [rroɣa'tiβa] *f* **1.** (*oración*) Bittgebet *nt* **2.** *pl* (*procesión*) Bittprozession *f*

rogatorio, **-a** [rroɣa'torjo, -a] *adj* bittend, Bitt-; **comisión rogatoria** (JUR) Rechtshilfeersuchen *nt*

roído, **-a** [rro'iðo, -a] *adj* **1.** (*carcomido*) zerfressen **2.** (*fig: cosas*) kärglich **3.** (*fig: personas*) knauserig

rojear [rroxe'ar] *vi* **1.** (*tirar a rojo*) ins Rötliche übergehen **2.** (*mostrar el color*) rötlich schimmern

rojez [rro'xeθ] *f* Röte *f;* (*en la piel*) Rötung *f*

rojiblanco, **-a** [rroxi'βlaŋko, -a] *adj* rotweiß

rojigualdo, **-a** [rroxi'ɣwal̩do, -a] *adj* rotgelb

rojillo, **-a** [rro'xiʎo, -a] *adj* leicht rötlich

rojizo, **-a** [rro'xiθo, -a] *adj* rötlich

rojo[1] ['rroxo] *m* (*color*) Rot *nt;* ~ **blanco** Weißglut *f;* ~ **para labios** Lippenstift *m*

rojo, **-a**[2] ['rroxo, -a] **I.** *adj* (*t.* POL) rot; (*pelo*) rotblond; (*persona*) rothaarig; ~ **claro/oscuro/chillón/vivo/subido/burdeos** hellrot/dunkelrot/knallrot/feuerrot/tiefrot/weinrot; **al** ~ **(vivo)** rot glühend; (*fig*) außer sich vor Wut; **poner** ~ **a alguien** jdn in Verlegenheit bringen; **ponerse** ~ erröten **II.** *m, f* (POL) Rote(r) *mf*

rol [rrol] *m* **1.** (*lista*) Verzeichnis *nt;* ~ **de pago** Gehaltsstreifen *m* **2.** (NÁUT) Mannschaftsrolle *f,* Musterrolle *f* **3.** (*fig: papel de una persona*) Rolle *f,* Stellung *f;* **desempeñar un** ~ eine Rolle spielen

rolar [rro'lar] *vi* (NÁUT) **1.** (*embarcación*) kreisen, im Kreis segeln **2.** (*viento*) die Richtung ändern

roldana [rrol̩'dana] *f* Laufrolle *f;* (*polipasto*) Flaschenzug *m*

rollazo [rro'ʎaθo] *m* (*fam*): **eres un** ~ du bist eine richtige Nervensäge

rollista [rro'ʎista] **I.** *adj* (*pey fam*) lästig, nervtötend **II.** *mf* (*pey fam*) Langweiler(in) *m(f),* Sprücheklopfer(in) *m(f)*

rollizo[1] [rro'ʎiθo] *m* Rundholz *nt*

rollizo, **-a**[2] [rro'ʎiθo, -a] *adj* **1.** (*robusto*) stramm, stämmig **2.** (*cilíndrico*) walzenförmig

rollo ['rroʎo] *m* **1.** (*de papel, alambre*) Rolle *f;* (FOTO) Rollfilm *m;* **hacer un** ~ **de algo** etw zusammenrollen **2.** (*fig fam: cosa aburrida*) langweilige [*o* ermüdende] Sache *f;* **¡qué** ~ **de película!** so ein langweiliger [*o* blöder] Film!, so ein Schinken!; **soltar siempre el mismo** ~ immer wieder die alte Platte laufen lassen [*o* den gleichen Schmarren erzählen] **3.** (*fig argot: tipo de vida*) Lebensweise *f;* (*asunto*) Geschichte *f;* **montarse el** ~ sich *dat* sein Leben gestalten; **ir a su rollo** nur an sich selbst denken; **tener mucho** ~ viel reden; **traerse un mal** ~ auf die schiefe Bahn geraten sein; **acaba con el ~, muchacho** mach Schluss damit, Junge; **corta el** ~ (*palabrería*) hör auf (mit dem Gequatsche), leg 'ne andere Platte auf; (*mentiras*) erzähl das deiner Großmutter; **¿de qué va el ~?** worum geht es? **4.** (*grasa alrededor del cuerpo*) Rettungsring(e) *m(pl) fam* **5.** (*bollo o pan*) Kringel *m;* **este niño está hecho un** ~ **de manteca** dieses Kind ist gut beisammen

ROM [rrom] *f* (INFOR) *abr de* **Read Only Memory** (INFOR) ROM *nt;* ~ **de arranque** Boot-ROM *nt*

Roma ['rroma] *f* Rom *nt;* **revolver** ~ **con Santiago para conseguir algo** alle Hebel in Bewegung setzen, um etw zu erreichen; **hablando de** ~ **por la puerta** [*o* **el burro se**] **asoma** (*prov*) wenn man vom Teufel spricht, kommt er; **todos los caminos llevan a** ~ (*prov*) alle Wege führen nach Rom

romaico[1] [rro'mai̯ko] *m* modernes Griechisch *nt*

romaico, **-a**[2] [rro'mai̯ko, -a] *adj* griechisch

romana [rro'mana] *f* Schnellwaage *f,* Laufgewichtswaage *f*

romance [rro'man̩θe] **I.** *adj* romanisch **II.** *m* **1.** (*aventura, t.* LIT) Romanze *f;* ~ **de ciego** Bänkelsängerlied *nt;* **tiene un** ~ **con la vecina** er hat eine Affäre mit der Nachbarin **2.** (HIST: *idioma español*) spanische Sprache *f,* Spanisch(e) *nt;* **hablar en** ~ (*fig*) klar und verständlich sprechen **3.** *pl* (*monsergas*) Geschwätz *nt,* leeres Gerede *nt;* **sólo son ~s** (*excusas*) das sind pure Ausflüchte!

romancero[1] [rroman̩'θero] *m* Romanzensammlung *f;* (*de romances españoles*) Romanzero *m*

romancero, **-a²** [rromaṇ'θero, -a] *m, f* (*que hace romances*) Romanzendichter(in) *m(f);* (*que canta romances*) Romanzensänger(in) *m(f)*

romancillo [rromaṇ'θiʎo] *m* (LIT) kurze Romanze *f*

romancista [rromaṇ'θista] *mf* Romanschriftsteller(in) *m(f),* Romancier *m*

románico, **-a** [rro'maniko, -a] *adj* romanisch

romanina [rroma'nina] *f* (*juego*) *eine Art Tisch-Kegelspiel*

romanista [rroma'nista] *mf* **1.** (LING, LIT) Romanist(in) *m(f)* **2.** (JUR) Römischrechtler(in) *m(f)*

romanística [rroma'nistika] *f* **1.** (LING, LIT) Romanistik *f* **2.** (JUR) Römisches Recht *nt*

romanización [rromaniθa'θjon] *f* (HIST) Romanisierung *f*

romanizar [rromani'θar] <z→c> *vt, vi* romanisieren

romano¹ [rro'mano] *m* (*lengua latina*) Latein *nt*

romano, **-a²** [rro'mano, -a] **I.** *adj* **1.** (*de Roma*) römisch **2.** (REL) römisch-katholisch **3.** (*latín*) lateinisch **II.** *m, f* (*de Roma*) Römer(in) *m(f)*

romanticismo [rromaṇti'θismo] *m sin pl* Romantik *f*

romántico, **-a** [rro'maṇtiko, -a] **I.** *adj* romantisch **II.** *m, f* Romantiker(in) *m(f)*

romanza [rro'maṇθa] *f* (MÚS) Romanze *f*

romaza [rro'maθa] *f* (BOT) Ampfer *m*

rombal [rrom'bal] *adj* rautenförmig

rómbico, **-a** ['rrombiko, -a] *adj* rautenförmig, rhombisch

rombo ['rrombo] *m* Raute *f;* (MAT) Rhombus *m*

romboedro [rrombo'eðro] *m* (MAT) Rhomboeder *nt*

romboidal [rromboi̯'ðal] *adj* (MAT) rhomboid, einem Rhombus ähnlich

romboide [rrom'boi̯ðe] *m* (MAT) Rhomboid *nt*

romera [rro'mera] *f* (MÚS) *eine Art Flamencogesang*

romería [rrome'ria] *f* **1.** (*peregrinaje*) Pilgerfahrt *f,* Wallfahrt *f* **2.** (*fiesta popular*) Volksfest *nt* **3.** (*fig: muchedumbre*) Menschenmenge *f*

romerito [rrome'rito] *m* (*Méx*) Gemüse *nt*

romero¹ [rro'mero] *m* (BOT) Rosmarin *m*

romero, **-a²** [rro'mero, -a] **I.** *adj* pilgernd, Pilger- **II.** *m, f* Pilger(in) *m(f),* Wallfahrer(in) *m(f)*

romo, **-a** ['rromo, -a] *adj* **1.** (*sin punta*) stumpf **2.** (*de nariz pequeña*) stumpfnasig **3.** (*tosco*) plump, ungehobelt

rompecabezas [rrompeka'βeθas] *m inv* **1.** (*juego*) Puzzle *nt;* (*acertijo difícil*) schwieriges Rätsel *nt* **2.** (*arma*) Totschläger *m*

rompecorazones [rrompekora'θones] *mf inv* (*fam*) Herzensbrecher(in) *m(f)*

rompedizo, **-a** [rrompe'ðiθo, -a] *adj* zerbrechlich

rompedor(a) [rrompe'ðor(a)] **I.** *adj* brechend; (*armas*) brisant; **fuerza ~a** Brisanz *f* **II.** *m(f)* (*fam*) *Person, die ihre Kleidung schnell abnutzt*

rompehielos [rrompe'ɟelos] *m inv* (NÁUT) Eisbrecher *m*

rompehuelgas [rrempe'welɣas] *mf inv* Streikbrecher(in) *m(f)*

rompenueces [rrompe'nweθes] *m inv* Nussknacker *m*

rompeolas [rreompe'olas] *m inv* Wellenbrecher *m*

romper [rrom'per] **I.** *vi* **1.** (*las olas*) brechen **2.** (*empezar bruscamente*) anfangen (*a* zu +*inf*), loslegen; **~ a llorar** in Tränen ausbrechen; **el niño rompe a gritar** das Kind fängt plötzlich an zu schreien **3.** (*el día*) anbrechen; **al ~ el día** bei Tagesanbruch **4.** (*separarse*) sich trennen; **hemos roto** wir haben Schluss gemacht *fam* **5.** (*abrirse las flores*) aufbrechen **II.** *vt* **1.** (*quebrar*) zerbrechen; (*un cristal*) einschlagen; (*un plato*) zerschlagen; (*un juguete*) kaputtmachen; (*papel, tela*) zerreißen; (*el pan*) brechen; (*los zapatos*) durchlaufen; (*t.* AGR: *un terreno*) roden, urbar machen; **~ a martillazos/a golpes** zerhämmern/zerschlagen; **~ doblando** abknicken; **~ una ventana a pedradas** ein Fenster einwerfen; **~ la cara a alguien** (*fam*) jdm den Schädel einschlagen **2.** (*interrumpir, cortar*) (ab)brechen, (unter)brechen; **~ un contrato/una promesa** einen Vertrag/ein Versprechen brechen; **~ el silencio/el encanto** das Schweigen brechen/den Zauber lösen; **~ el hilo del discurso** das Gespräch unterbrechen; **~ las negociaciones** die Verhandlungen abbrechen; **~ las relaciones con alguien** die Beziehungen zu jdm abbrechen; **~ las relaciones comerciales** die geschäftlichen Beziehungen abbrechen; **~ (las) filas** die Reihen auflösen; (MIL) wegtreten; **~ la espesura del bosque** sich *dat* einen Weg durch das Dickicht bahnen **3.** (*iniciar*): **~ el fuego** (MIL) das Feuer eröffnen; **los pájaros rompen vuelo** die Vögel fliegen auf; **una persona de rompe y rasga** ein Draufgänger **III.** *vr:* **~se** **1.** (*hacerse pedazos*) zerbrechen, entzweigehen; **se rompió el vaso** das Glas ist kaputtgegangen [*o* zerbrochen] **2.** (*fracturarse*) sich *dat* brechen; **~se el brazo/las costillas** sich *dat* den Arm/die Rippen brechen; **~se la cabeza** (*fig*) sich *dat* den Kopf zerbrechen; **¿qué tripa se te ha roto?** (*fam fig*) warum bist du so schlecht drauf?

rompetechos [rrompe'teʧos] *m inv* (*pey*) Trampel *m o nt*

rompible [rrom'piβle] *adj* zerbrechlich

rompiente [rrom'pjeṇte] *m* natürlicher Wellenbrecher *m* (*Riff oder Klippe*)

rompimiento [rrompi'mjeṇto] *m* **1.** (*rotura*) Bruch *m,* Abbruch *m* **2.** (*en la pintura*) Durchblick *m;* (TEAT) Vorhang *m* mit Durchblick

R

rompope [rrom'pope] *m* (*AmC, Ecua, Méx:* GASTR) *Getränk aus Schnaps, Milch, Eiern, Zucker und Zimt*

ron [rron] *m* Rum *m*

ronca ['rroŋka] *f* **1.** (ZOOL) Röhren *nt* (*des Damhirsches*) **2.** (*trepe*) Rüge *f*

roncador(a) [rroŋka'ðor(a)] *m(f)* Schnarcher(in) *m(f)*

roncal [rroŋ'kal] *m* **1.** (ZOOL) Nachtigall *f* **2.** (GASTR) *Schafskäse aus Navarra*

roncamente [rroŋka'meņte] *adv* rüde, barsch, rau; **responder** ~ barsch antworten

roncar [rroŋ'kar] <c→qu> *vt* (*persona*) schnarchen; (*gamo*) röhren; (*viento*) heulen; (*olas*) brausen; (*suelo*) knarren

roncear [rroṇθe'ar] *vt* (*Arg, Chil, Méx*) hin- und herbewegen

roncha ['rronʧa] *f* **1.** (*hinchazón*) Beule *f*, Schwellung *f;* (*cardenal*) blauer Fleck *m;* (*picadura*) Quaddel *f* **2.** (*loncha*) dünne Scheibe *f;* **una** ~ **de chorizo** eine dünne Scheibe Paprikawurst **3.** (*fam: timo*) Prellerei *f*

ronchar [rron'ʧar] **I.** *vi* **1.** (*crujir*) knacken, krachen **2.** (*producir ronchas*) Beulen verursachen **II.** *vt* knuspern, knabbern

ronchón [rron'ʧon] *m* kleine Geschwulst *f* beim Tier

ronco, -a ['rroŋko, -a] *adj* (*afónico*) heiser; (*áspero*) rau

roncón, -ona [rroŋ'kon, -ona] *m, f* (*Col, Ven*) Aufschneider(in) *m(f)*

ronda ['rroṇda] *f* **1.** (*de vigilancia*) Streife *f*, Patrouille *f;* **hacer una** ~ **de inspección por la fábrica** einen Rundgang durch die Fabrik machen; **hacer la** ~ (MIL) die Posten abgehen **2.** (*de copas*) Runde *f;* **pagar una** ~ **de vino** eine Runde Wein ausgeben **3.** (POL) Runde *f;* ~ **de negociaciones** Verhandlungsrunde *f;* ~ **de la ONU** UNO-Runde *f* **4.** (*grupo de jóvenes que cantan serenatas*) Rondasänger *mpl;* (*serenata*) (nächtliches) Ständchen *nt*, Rundgesang *m;* **andar de** ~ (*tocar música*) nächtliche Ständchen bringen; (*buscar aventura*) auf Liebesabenteuer aus sein **5.** (*avenida de circunvalación*) Ringstraße *f*, Ring *m*

rondador(a) [rroṇda'ðor(a)] *m(f)* **1.** (*que trasnocha*) Nachtschwärmer(in) *m(f)* **2.** (*fam: pretendiente*) Verehrer(in) *m(f)*

rondalla [rroṇ'daʎa] *f* **1.** (*música*) Straßenmusik *f* (*mit Gitarre oder Mandoline und Gesang*) **2.** (*conjunto musical*) Straßenmusikanten *mpl* **3.** (*cuento*) Lügengeschichte *f*, Märchen *nt*

rondar [rroṇ'dar] **I.** *vi* **1.** (*vigilar*) die Runde machen **2.** (*andar paseando de noche*) nachts umherstreifen **II.** *vt* **1.** (*a las mujeres*) den Hof machen +*dat*, umwerben **2.** (*rodear*) umkreisen; **las mariposas nocturnas rondan la luz** die Nachtfalter umschwärmen das Licht; **lo ronda a todas horas para conseguir el empleo** er/sie ist ständig hinter ihm her, um den Job zu bekommen; **esta mujer anda rondando los setenta años** diese Frau ist um die siebzig

rondel [rroṇ'del] *m* (LIT) Rondo *nt*

rondeña [rroṇ'deɲa] *f* (MÚS) *eine Art Flamencogesang*

rondeño, -a [rroṇ'deɲo, -a] **I.** *adj* aus Ronda **II.** *m, f* Einwohner(in) *m(f)* von Ronda

rondín [rroṇ'din] *m* **1.** (*Bol, Ecua, Perú: armónica*) Mundharmonika *f* **2.** (*Bol, Chil: vigilante*) Nachtwächter *m*

rondó [rroṇ'do] <rondós> *m* (MÚS) Rondo *nt*

rondón [rroṇ'don]: **entrar de** ~ hereinschneien, unvermutet eintreten

ronquear [rroŋke'ar] **I.** *vi* heiser sein **II.** *vt* großartig drohen

ronquera [rroŋ'kera] *f* Heiserkeit *f*

ronquido [rroŋ'kiðo] *m* (*de una persona*) Schnarchen *nt;* (*del viento*) Heulen *nt;* (*del mar*) Brausen *nt;* (*de la sierra*) Kreischen *nt;* (*del suelo*) Knarren *nt;* (*del gamo*) Röhren *nt*

ronroneante [rronrrone'aṇte] *adj* schnurrend

ronronear [rronrrone'ar] *vi* (*gato*) schnurren

ronroneo [rronrro'neo] *m* (*gato*) Schnurren *nt*

ronza ['rroṇθa] (NÁUT): **a la** ~ im Lee

ronzal [rroṇ'θal] *m* **1.** (*cabestro*) Halfterstrick *m* **2.** (NÁUT) Spiere *f*

ronzar [rroṇ'θar] <z→c> **I.** *vi* knacken, krachen **II.** *vt* **1.** (*ronchar*) knuspern, knabbern **2.** (NÁUT) hebeln

roña ['rroɲa] *f* **1.** (*sarna de carneros*) Schafräude *f* **2.** (*mugre*) Schmutzkruste *f*, Schmutz *m* **3.** (*mezquindad*) Armseligkeit *f*, Schäbigkeit *f;* (*tacañería*) Knauserigkeit *f* **4.** (*corteza del pino*) Kiefernrinde *f* **5.** (BOT: *enfermedad de plantas*) Schorf *m* **6.** (*orín*) Rost *m* (*am Eisen*)

roñería [rroɲe'ria] *f* (*mezquindad*) Schäbigkeit *f;* (*tacañería*) Knauserei *f*

roñica [rro'ɲika] *mf* (*fam*) Geizkragen *m*, Geizhals *m*

roñoso, -a [rro'ɲoso, -a] *adj* **1.** (*sarnoso*) räudig **2.** (*sucio*) schmutzig, dreckig **3.** (*oxidado*) verrostet **4.** (*tacaño*) geizig, knauserig

ropa ['rropa] *f* **1.** (*géneros de tela*) Wäsche *f;* ~ **blanca** Kochwäsche *f;* (*ropa interior*) (Baumwoll)unterwäsche *f;* ~ **de cama** Bettwäsche *f;* ~ **de color** Buntwäsche *f;* ~ **delicada** Feinwäsche *f;* ~ **interior** Unterwäsche *f;* **cambiar la** ~ **de cama** das Bett frisch beziehen; **torcer la** ~ die Wäsche auswringen; **¡cuidado que hay** ~ **tendida!** (*fig*) Achtung: Feind hört mit! **2.** (*vestidos, traje*) Kleidung *f;* ~**s hechas** Konfektionskleidung *f;* ~ **protectora** Schutzkleidung *f;* ~ **de trabajo** Arbeitskleidung *f*, Berufskleidung *f;* **cambiar(se)** [*o* **mudar(se)**] **la** ~ (sich) umziehen; **estar en** ~**s menores** in Unterwäsche dastehen; **poner(se) la** ~ (sich) anziehen; **ponerse** ~ **de abrigo** sich warm anziehen; **ligero de** ~ leicht gekleidet; **a quema** ~ unvermittelt;

disparar a quema ~ aus unmittelbarer Nähe schießen; **de buena** ~ aus gutem Hause; **de poca** ~ armselig; **no tocarle la** ~ **a alguien** jdm nicht zu nahe treten

ropaje [rro'paxe] *m* **1.** (*ropas*) Kleidung *f* **2.** (*ropa elegante*) Robe *f* **3.** (*modo de expresión*) Ausdrucksweise *f*; **un libro en** ~ **español** eine spanische Ausgabe

ropero[1] [rro'pero] *m* **1.** (*armario*) Kleiderschrank *m* **2.** (*asociación benéfica*) Kleidersammelstelle *f*

ropero, -a[2] [rro'pero, -a] *m, f* (*comerciante*) Kleiderhändler(in) *m(f)*

ropón [rro'pon] *m* Überkleid *nt*, Überrock *m*

roque ['rroke] *m* **1.** (*ajedrez*) Turm *m*; **lo mismo le da rey que** ~ (*fig*) es ist ihm/ihr vollkommen schnuppe **2.** (*loc*): **quedarse** ~ fest einschlafen

roquedal [rroke'ðal] *m* felsiger Ort *m*

roquefort [rroke'for] <roqueforts> *m* Roquefort *m*

roqueño, -a [rro'keɲo, -a] *adj* **1.** (*rocoso*) felsig **2.** (*duro*) steinhart

roquero, -a [rro'kero, -a] **I.** *adj* **1.** (*de rocas*) Felsen-; **castillo** ~ Ritterburg *f* **2.** (*rockero*) Rock-; **cantante** ~ Rocksänger *m* **II.** *m, f* Rocker(in) *m(f)*

rorcual [rror'kwal] *m* (ZOOL) Finnwal *m*

rorro ['rrorro] *m* (*fam*) Baby *nt*

ros [rros] *m* (MIL) *eine Art Käppi mit Schirm*

rosa[1] ['rrosa] **I.** *adj* rosa(farben); ~ **pálido/oscuro/antiguo/fucsia** hellrosa/dunkelrosa/altrosa/pink **II.** *f* **1.** (BOT) Rose *f*; ~ **de azafrán** Safranblüte *f*; ~ **náutica** [*o* **de los vientos**] Windrose *f*; **color de** ~ Rosa *nt*; (*como adjetivo*) rosafarben; **esencia de ~s** Rosenöl *nt*; **tener la piel como una** ~ eine Pfirsichhaut haben; **encontrarse como las propias ~s** sich pudelwohl fühlen; **verlo todo color de** ~ alles durch die rosarote Brille sehen; **su vida no ha sido ningún camino de ~s** er/sie war nicht auf Rosen gebettet; **no hay** ~ **sin espinas** (*prov*) keine Rose ohne Dornen **2.** (*diamante*) Rosette *f* **3.** (*mancha en la piel*) Hautröte *f*

rosa[2] ['rrosa] *m* (*color*) Rosa *nt*

rosáceas [rro'saθeas] *fpl* Rosengewächse *ntpl*

rosáceo, -a [rro'saθeo, -a] *adj* rosig, rosarot

rosacruz [rrosa'kruθ] *mf* (REL) Rosenkreuzer *mf*

rosada [rro'saða] *f* Raureif *m*

rosado, -a [rro'saðo, -a] *adj* **1.** (*color*) rosa, rosé; **vino** ~ Rosé(wein) *m* **2.** (*de la rosa*) Rosen-; **miel rosada** Rosenhonig *m*

rosal [rro'sal] *m* Rosenstrauch *m*, Rosenstock *m*

rosaleda [rrosa'leða] *f* Rosengarten *m*

rosario [rro'sarjo] *m* **1.** (REL) Rosenkranz *m*; (*fig*) Reihe *f*, Serie *f*; **rezar el** ~ den Rosenkranz beten; **un** ~ **de coches/de injurias** eine Autoschlange/eine Flut von Schimpfworten; **tener el** ~ **al cuello y el diablo en el cuerpo** scheinheilig sein; **acabar como el** ~ **de la aurora** ein böses Ende nehmen **2.** (TÉC) Paternoster *m*; ~ **hidráulico** Schöpfwerk *nt*

rosbif [rros'βif] <rosbifs> *m* Roastbeef *nt*

rosca ['rroska] *f* **1.** (TÉC) Gewinde *nt*; ~ **de tornillo** Schraubengewinde *nt*; ~ **transportadora** Förderschnecke *f*; **el tornillo se pasó de** ~ das Schraubengewinde ist ausgeleiert; **pasarse alguien de** ~ (*fig*) zu weit gehen, es zu weit treiben **2.** (*forma de espiral*) Windung *f*; **hecho una** ~ zusammengerollt; **hacerse** ~ (*gato, serpiente*) sich zusammenrollen **3.** (*bollo*) Kringel *m*, Kranz *m*; ~ **de Reyes** (*Méx*) Dreikönigskuchen *m*; **no comerse una** ~ (*fig*) keinen Erfolg bei Männern/Frauen haben **4.** (*loc*): **hacer la** ~ **a alguien** jdm schmeicheln; **tirarse una** ~ bei der Prüfung durchrasseln

roscado[1] [rros'kaðo] *m* (TÉC) Gewindeschneiden *nt*

roscado, -a[2] [rros'kaðo, -a] *adj* gewunden, schraubenförmig

rosco ['rrosko] *m* (*bollo*) Kringel *m*; ~ **de viento** ≈Spritzkuchen *m*

roscón [rros'kon] *m* Kranzkuchen *m*; ~ **de Reyes** Dreikönigskuchen *m* (*mit eingebackener Überraschung*)

rosedal [rrose'ðal] *m* (*Arg, Urug:* BOT) Rosenbeet *nt*

rosela [rro'sela] *f* (BOT) Sonnenkraut *nt*

roseta [rro'seta] *f* **1.** (*rosa pequeña*) Röschen *nt* **2.** (*parecida a la rosa*) Rosette *f* **3.** *pl* (*palomitas*) Puffmais *m*, Popcorn *nt* **4.** (*de la regadera*) (Gießkannen)brause *f* **5.** (*chapeta*) Wangenröte *f*

rosetón [rrose'ton] *m* (ARQUIT) Rosette *f*; (*en iglesias*) Fensterrose *f*; ~ **de muro/de techo** Mauer-/Deckenrosette *f*

roso[1] ['rroso] *adj* abgewetzt, abgeschabt; (*sin pelos*) haarlos; **a** ~ **y velloso** voll und ganz, ohne Ausnahme

roso, -a[2] ['rroso, -a] *adj* (*rusiente*) rot glühend

rosolí [rroso'li] *m*, **rosoli** [rro'soli] *m* (GASTR) *Likör aus Schnaps, Zimt, Zucker, Anis und aromatischen Gewürzen*

rosquete [rros'kete] **I.** *adj* (*Perú: vulg*) schwul **II.** *m* (*Perú: vulg*) Schwuler *m*

rosquetón, -ona [rroske'ton, -ona] *adj* (*Perú: fam: afeminado*) weibisch

rosquilla [rros'kiʎa] *f* Kringel *m*; ~ **lista** stark gezuckerter Kringel; ~ **tonta** wenig gezuckerter, nach Anis schmeckender Kringel; **no saber/saber a ~s** (*fam*) sehr unerfreulich/erfreulich sein; **venderse como ~s** (*fig*) weggehen wie warme Semmeln

rosticería [rrostiθe'ria] *f* (*Chil, Méx*) Hähnchenrösterei *f*

rostizado, -a [rrosti'θaðo, -a] *adj* (*Méx*) gegrillt

rostro ['rrostro] *m* **1.** (*cara*) Gesicht *nt*, Antlitz *nt*; **torcer el** ~ das Gesicht verziehen; **echar en** ~ **algo a alguien** (*fig*) jdm etw vorhalten; **hacer** ~ **al enemigo** dem Feind die

Stirn bieten; **tener mucho** ~ sehr dreist sein **2.** (*pico*) Schnabel *m*

rota ['rrota] *f* (BOT) Rotan(g) *m,* Peddigrohr *nt*

rotación [rrota'θjon] *f* (Um)drehung *f,* Kreisbewegung *f;* (*t.* FÍS) Rotation *f;* ~ **del capital** (ECON) Kapitalumsatz *m;* ~ **de cultivos** (AGR) Rotation *f,* Fruchtfolge *f;* ~ **de una grúa** Schwenkung eines Krans; ~ **de mercancías** Warenumschlag *m;* ~ **de personal** (ECON) Personalfluktuation *f;* ~ **de stocks** (ECON) Lagerumschlag *m;* ~ **de la tierra** (ASTR) Erdumdrehung *f*

rotacismo [rrota'θismo] *m* (LING) Rhotazismus *m*

rotar [rro'tar] *vi* rotieren, sich drehen

rotativa [rrota'tiβa] *f* (TIPO) Rotations(druck)maschine *f*

rotativo[1] [rrota'tiβo] *m* Zeitung *f*

rotativo, -a[2] [rrota'tiβo, -a] *adj* rotierend, Rotations-; **impresión rotativa** (TIPO) Rotationsdruck *m*

rotatorio, -a [rrota'torjo, -a] *adj* umlaufend, rotierend

rotería [rrote'ria] *f* (*Chil*) **1.** (*acción*) Pöbelei *f* **2.** (*plebe*) Pöbel *m,* Plebs *m*

roterío [rrote'rio] *m* (*Chil: plebe*) Pöbel *m,* Plebs *m*

roterodamense [rroteroða'mense] **I.** *adj* aus Rotterdam **II.** *mf* Einwohner(in) *m(f)* von Rotterdam

roticería [rrotiθe'ria] *f* (*Arg, Chil: fiambrería*) Delikatessenladen *m*

rotisería [rrotise'ria] *f* (*Arg, Chil*) Hähnchenrösterei *f*

roto[1] ['rroto] *m* (*desgarrón en la ropa*) Riss *m;* (*agujero*) Loch *nt*

roto, -a[2] ['rroto, -a] **I.** *pp de* **romper II.** *adj* **1.** (*despedazado*) kaputt; **un vestido/un florero/un cristal** ~ ein zerrissenes Kleid/eine zerbrochene Vase/eine eingeschlagene Scheibe; **no cayó en saco** ~ (*fig*) die Mühe war nicht umsonst **2.** (*andrajoso*) zerlumpt, abgerissen **3.** (*licencioso*) ausschweifend, liederlich **4.** (*fig: destrozado*) zerstört, kaputt; **una vida rota** ein zerstörtes Leben **III.** *m, f* **1.** (*Chil: de la clase inferior*) Proletarier(in) *m(f)* **2.** (*Arg, Perú: fam pey: chileno*) Chilene, -in *m, f* **3.** (*Méx: fam: presumido*) Möchtegern *m*

rotonda [rro'toṇda] *f* (ARQUIT) Rotunde *f,* Rundbau *m*

rotor [rro'tor] *m* (TÉC) Rotor *m*

rotoso, -a [rro'toso, -a] **I.** *adj* (*Am*) lausig, schäbig **II.** *m, f* zerlumpter Mensch *m*

rótula ['rrotula] *f* **1.** (ANAT) Kniescheibe *f* **2.** (TÉC) Kugelgelenk *nt*

rotulación [rrotula'θjon] *f,* **rotulado** [rrotu'laðo] *m* (*de letreros*) Beschriftung *f;* (*de mercancías*) Etikettierung *f;* (CINE) Einkopieren *nt* von Untertiteln

rotulador [rrotula'ðor] *m* Filzstift *m,* Faserstift *m*

rotuladora [rrotula'ðora] *f* Etikettiermaschine *f*

rotular [rrotu'lar] *vt* (*letreros*) beschriften; (*mercancías*) etikettieren; (CINE) mit Untertiteln versehen

rotulista [rrotu'lista] *mf* Schildermaler(in) *m(f)*

rótulo ['rrotulo] *m* Aufschrift *f;* (*encabezamiento*) Überschrift *f;* (*etiqueta*) Etikett *nt;* (*letrero*) (Firmen)schild *nt;* (*anuncio público*) Anschlag *m;* (CINE) Untertitel *m;* ~ **de aviso** Warnschild *nt;* ~ **luminoso** Leuchtschild *nt;* ~ **de población** Ortsschild *nt;* ~ **publicitario** Werbeschild *nt*

rotundamente [rrotuṇda'meṇte] *adv* **1.** (*sin rodeos*) ohne Umschweife, rundheraus **2.** (*terminantemente*) rundweg, entschieden; **negar** ~ strikt ablehnen

rotundidad [rrotuṇdi'ðað] *f* **1.** (*redondez*) Rundung *f,* Rundheit *f* **2.** (*determinación*) Bestimmtheit *f*

rotundo, -a [rro'tuṇdo, -a] *adj* **1.** (*terminante*) entschieden, kategorisch; **un éxito** ~ ein durchschlagender Erfolg; **una negativa rotunda** eine glatte Absage **2.** (*lleno y sonoro*) voll tönend; **palabras rotundas** gehaltvolle Worte **3.** (*redondo*) rund

rotura [rro'tura] *f* Bruch *m;* ~ **de una amistad** Bruch einer Freundschaft; ~ **de contrato** Vertragsbruch *m;* ~ **de la tubería** Rohrbruch *m;* ~ **del folículo** (MED) Follikelsprung *m*

roturación [rrotura'θjon] *f* (AGR) Rodung *f,* Urbarmachung *f*

roturar [rrotu'rar] *vt* (AGR) roden

rouge [rruʃ] *m* (*Arg, Chil: colorete*) Rouge *nt*

roulotte [rru'lot] *f* (AUTO) Wohnwagen *m*

round [rrauṇd] <rounds> *m* (DEP: *del inglés*) Runde *f*

roya ['rroɟa] *f* (BOT) Rost(pilz) *m;* (*del tronco del árbol*) Rotfäule *f*

royalty [ro'ɟalti] <royalties> *m* (ECON, FIN) Lizenzgebühr *f,* Tantieme *f*

roza ['rroθa] *f,* **rozado** [rro'θaðo] *m* (*Arg*) **1.** (AGR) Rodung *f* **2.** (*minería*) Schram *m*

rozadura [rroθa'ðura] *f* (MED) Schürfwunde *f,* Hautabschürfung *f;* (*en coches, t. personas*) Schramme *f,* Kratzer *m*

rozagante [rroθa'ɣaṇte] *adj* (*elev*) **1.** (*vistoso*) ansehnlich, prächtig **2.** (*satisfecho, ufano*) stolz

rozamiento [rroθa'mjeṇto] *m* **1.** (*fricción*) Reibung *f,* Scheuern *nt;* **resistencia al** ~ (TÉC) Reibfestigkeit *f,* Scheuerfestigkeit *f* **2.** (*roce*) leichte Berührung *f,* Streifen *nt* **3.** (*desavenencias*) Reibereien *fpl*

rozar [rro'θar] <z→c> **I.** *vi* streifen; **roza (por) los cincuenta** er/sie ist um die fünfzig **II.** *vt* **1.** (*t. fig: tocar ligeramente*) leicht berühren, streifen; ~ **brevemente un tema** ein Thema kurz ansprechen [*o* streifen] **2.** (*frotar*) reiben, scheuern **3.** (*minería*) schrämen **4.** (AGR) roden; (*animales*) abgrasen, abfressen **III.** *vr:* **~se 1.** (*restregarse*) sich *dat* durchscheuern [*o* durchwetzen]; **~se la chaqueta**

por el codo sich *dat* die Jacke am Ellbogen durchwetzen **2.** (*tropezarse*) stolpern, straucheln **3.** (*trabarse la lengua*) stammeln, stottern **4.** (*relacionarse*) Umgang haben (*con* mit +*dat*)

rozo ['rroθo] *m* (AGR) gerodetes Feld *nt;* **ser de buen ~** (*fam*) ein guter Esser sein

rpm [errepe'eme] (AUTO, TÉC) *abr de* **revoluciones por minuto** U/min

rte. [rremi'tente] *abr de* **remitente** Abs.

RTVE [erreteuβe'e] *f abr de* **Radio Televisión Española** Spanische Rundfunk- und Fernsehanstalt *f*

rúa ['rrua] *f* (Dorf)straße *f,* Gasse *f*

ruaco, -a ['rrwako, -a] *adj* (*Ven: albino*) albinotisch

ruana ['rrwana] *f* (*AmS: poncho*) Poncho *m*

ruano, -a ['rwano, -a] *adj:* **caballo ~** Graufuchs *m*

rubato [rru'βato] *adv* (MÚS) rubato

rubefacción [rruβefaɣ'θjon] *f* **1.** (MED) Rötung *f* der Haut **2.** (GEO) Rotfärbung *f* der Erde (*durch Oxydablagerungen*)

rubeola [rruβe'ola] *f sin pl,* **rubéola** [rru'βeola] *f sin pl* (MED) Röteln *pl*

rubí [rru'βi] *m* Rubin *m*

rubia ['rruβja] *f* **1.** (*mujer*) Blondine *f* **2.** (*automóvil*) Auto *nt* mit Holzkarosserie **3.** (BOT) Krapp *m,* Färberröte *f*

rubiales [rru'βjales] *mf inv* (*fam*) Blonde(r) *mf;* (*mujer*) Blondine *f;* **le gusta esa ~** diese Blondine gefällt ihm

rubicundo, -a [rruβi'kundo, -a] *adj* **1.** (*pelo*) rotblond **2.** (*rostro*) rotwangig, mit gerötetem Gesicht

rubio, -a ['rruβjo, -a] **I.** *adj* blond **II.** *m, f* Blonde(r) *mf;* (*mujer*) Blondine *f*

rublo ['rruβlo] *m* Rubel *m*

rubor [rru'βor] *m* **1.** (*color*) Röte *f;* (*de vergüenza*) Schamröte *f* **2.** (*vergüenza*) Schamhaftigkeit *f,* Schamgefühl *nt;* **lo confieso con el ~ de mi cara** ich gestehe es zu meiner eigenen Schande; **el ~ le quema la cara** sein/ihr Gesicht ist schamrot [*o* feuerrot]

ruborizado, -a [rruβori'θaðo, -a] *adj* schamrot

ruborizar [rruβori'θar] <z→c> **I.** *vt* zum Erröten bringen **II.** *vr:* **~se** erröten, schamrot werden

ruboroso, -a [rruβo'roso, -a] *adj* **1.** (*vergonzoso*) schamhaft **2.** (*ruborizado*) schamrot

rúbrica ['rruβrika] *f* **1.** (*firma*) Namenszeichen *nt;* (*después del nombre*) (Unterschrifts)schnörkel *m* **2.** (*epígrafe*) Überschrift *f* **3.** (REL) rituelle Vorschrift *f;* **ser de ~** üblich [*o* vorschriftsmäßig] sein; **cumplir con las formalidades de ~** die üblichen Formalitäten erfüllen **4.** (*diplomática*) Paraphierung *f*

rubricar [rruβri'kar] <c→qu> *vt* **1.** (*firmar*) mit dem Namenszeichen versehen; (*ratificar*) unterzeichnen; (*en diplomacia*) paraphieren **2.** (*sellar*) besiegeln; **~ con su sangre** mit seinem Blut besiegeln

rubro ['rruβro] *m* (*Am*) **1.** (*título*) Überschrift *f,* Titel *m* **2.** (COM: *asiento, partida*) Posten *m*

ruca ['rruka] *f* (*Arg, Chil: choza*) Hütte *f*

rucio, -a ['rruθjo, -a] *adj* (*animales*) grau; (*cabello*) grau meliert; **caballo ~** Grauschimmel *m*

ruco, -a ['rruko, -a] *adj* **1.** (*AmC: caballo*) ausgedient, alt **2.** (*Méx: fam: persona*) uralt, greisenhaft

rudamente [rruða'mente] *adv* grob, roh

rudeza [rru'ðeθa] *f* **1.** (*brusquedad*) Grobheit *f,* Schroffheit *f* **2.** (*tosquedad*) Plumpheit *f* **3.** (*torpeza*) Ungeschicklichkeit *f*

rudimentario, -a [rruðimen'tarjo, -a] *adj* rudimentär

rudimento [rruði'mento] *m* **1.** (BIOL: *germen*) Ansatz *m,* Keim *m* **2.** (BIOL: *órgano no desarrollado*) Rudiment *nt* **3.** *pl* Grundbegriffe *mpl;* **los ~s de la gramática** die Grundsätze der Grammatik

rudo, -a ['rruðo, -a] *adj* **1.** (*material*) rau; (*sin trabajar*) roh, unbearbeitet **2.** (*persona tosca*) plump; (*brusca*) grob, rüde; (*torpe*) ungeschickt; (*poco inteligente*) ungebildet **3.** (*penoso*) schwer, schroff; **fue un invierno muy ~** es war ein harter Winter; **la derrota fue un ~ golpe para mí** die Niederlage war ein schwerer Schlag für mich

rueca ['rrweka] *f* Spinnrocken *m*

rueda ['rrweða] *f* **1.** (*que gira*) Rad *nt;* **~ de aspas** Windrad *nt;* **~ catalina (del reloj)** Sperrrad *nt;* **~ delantera/trasera** Vorder-/Hinterrad *nt;* **~ dentada** Zahnrad *nt;* **~ elevadora** Schöpfrad *nt;* **~ de la fortuna** Glücksrad *nt;* **~ hidráulica** Wasserrad *nt;* **~ de paletas** Schaufelrad *nt;* **~ de repuesto** Ersatzrad *nt,* Ersatzreifen *m;* **vapor de ~s** Raddampfer *m;* **comulgar con ~s de molino** sich einen Bären aufbinden lassen, Unmögliches glauben; **todo marcha sobre ~s** (*fig*) alles läuft wie am Schnürchen [*o* wie geschmiert]; **el pavo hace la ~** der Pfau schlägt ein Rad; **hacer la ~** (*fig*) sich brüsten, sich aufplustern; **hacer la ~ a una mujer** einer Frau den Hof machen **2.** (*círculo de personas*) Kreis *m,* Runde *f;* **~ de prensa** Pressekonferenz *f* **3.** (*rodaja*) Scheibe *f;* **una ~ de salami** eine Scheibe Salami **4.** (*orden sucesivo*) Reihenfolge *f*

ruedecilla [rrweðe'θiʎa] *f* Rädchen *nt*

ruedo ['rrweðo] *m* **1.** (*contorno*) Umkreis *m* **2.** (*borde*) Rand *m;* (*del vestido*) Saum *m* **3.** (*de la plaza de toros*) Arena *f;* **echarse al ~** (*fig*) sich ins Abenteuer stürzen **4.** (*estera redonda*) runde Matte *f*

ruego ['rrweɣo] *m* Bitte *f,* Gesuch *nt;* **~s y preguntas** (POL) Anfragen im Parlament; **no valen ~s ni súplicas** da hilft kein Bitten und Flehen

rufián [rru'fjan] *m* **1.** (*chulo*) Zuhälter *m* **2.** (*granuja*) Gauner *m*

rufianesco, -a [rrufja'nesko, -a] *adj* **1.** (*de chulos*) Zuhälter- **2.** (*de granujas*) Gauner-

rufo, **-a** ['rrufo, -a] *adj* **1.** (*de pelo ensortijado*) krausköpfig **2.** (*pelirrojo*) rothaarig **3.** (*tieso, robusto*) stramm **4.** (*vistoso*) ansehnlich **5.** (*fanfarrón*) eingebildet, prahlerisch

rugby ['rruˠβi] *m sin pl* (DEP: *del inglés*) Rugby *nt*

rugido [rru'xiðo] *m* (*del león*) Brüllen *nt;* (*del viento*) Brausen *nt,* Toben *nt;* (*de las tripas*) Knurren *nt*

rugir [rru'xir] <g→j> **I.** *vi* (*el león*) brüllen; (*el viento*) brausen, toben; (*el estómago*) knurren; **sus tripas rugen** sein/ihr Magen knurrt; **este hombre está que ruge** dieser Mann tobt vor Wut **II.** *vimpers* ruchbar werden

rugosidad [rruɣosi'ðað] *f* Runz(e)ligkeit *f;* (*arruga*) Runzel *f;* (TÉC) Rauheit *f*

rugoso, **-a** [rru'ɣoso, -a] *adj* **1.** (*arrugado*) runz(e)lig, schrump(e)lig **2.** (*áspero*) rau **3.** (*ondulado*) uneben

ruibarbo [rrwi'βarβo] *m* (BOT) Rhabarber *m*

ruido ['rrwiðo] *m* **1.** (*sonido*) Geräusch *nt;* (ELEC) Rauschen *nt;* ~ **de fondo** Geräuschkulisse *f,* Hintergrundgeräusch *nt;* **~s parásitos** Nebengeräusche *ntpl* **2.** (*estrépito*) Lärm *m;* ~ **callejero** Straßenlärm *m;* ~ **ensordecedor** ohrenbetäubender Lärm; **nivel de** ~ Lärmpegel *m;* **mucho** ~ **y pocas nueces** (*fig*) viel Lärm um nichts; **hacer** [*o* **meter**] ~ (*fig*) Aufsehen erregen; **querer** ~ (*fig*) auf Streit aus sein; **quitarse de ~s** (*fig*) sich aus gefährlichen Angelegenheiten heraushalten

ruidoso, **-a** [rrwi'ðoso, -a] *adj* laut, geräuschvoll; (*fig*) Aufsehen erregend; **una carcajada ruidosa** ein schallendes Gelächter; **ha tenido un éxito** ~ er/sie hatte einen durchschlagenden Erfolg

ruin [rrwin] *adj* **1.** (*malvado*) niederträchtig; (*vil*) gemein; **es un caballo** ~ das ist ein tückisches Pferd **2.** (*tacaño*) knauserig, geizig **3.** (*enclenque*) mick(e)rig, schwächlich

ruina ['rrwina] *f* **1.** (*destrucción*) Einsturz *m;* (*edificio*) Ruine *f;* **las ~s de un castillo** die Burgruine; **este hombre está hecho una** ~ dieser Mann ist nur noch ein Wrack **2.** *pl* (*escombros*) Trümmer *pl,* Ruinen *fpl;* **las ~s de Roma** die Ruinen des alten Rom; **convertir una ciudad en ~s** eine Stadt in Schutt und Asche legen; **declarar una casa en ~s** ein Haus für baufällig erklären **3.** (*perdición*) Ruin *m,* Verderben *nt;* ~ **económica** wirtschaftlicher Zusammenbruch; ~ **inversionista** (ECON) Investruine *f;* **causar la** ~ **de alguien** jdn zugrunde [*o* zu Grunde] richten; **estar en la** ~ ruiniert sein; **salvar a alguien de la** ~ jdn vor dem Untergang bewahren

ruindad [rrwin̪'dað] *f* **1.** (*maldad*) Gemeinheit *f,* Niederträchtigkeit *f* **2.** (*tacañería*) Knauserigkeit *f*

ruinoso, **-a** [rrwi'noso, -a] *adj* **1.** (*edificios*) baufällig **2.** (*perjudicial*) verderblich, schädlich **3.** (ECON) ruinös

ruiseñor [rrwise'ɲor] *m* Nachtigall *f;* **el canto del** ~ der Nachtigallschlag

rulenco, **-a** [rru'leŋko, -a] *adj* (*Chil*) dürr; (*raquítico*) rachitisch

rulero [rru'lero] *m* (*AmS*) Lockenwickler *m*

ruleta [rru'leta] *f* **1.** (*juego*) Roulette(spiel) *nt;* ~ **rusa** russisches Roulette **2.** (TÉC) Rändelrad *nt*

ruletear [rrulete'ar] *vi* (*AmC, Méx: conducir un taxi*) Taxi fahren

ruleteo [rrule'teo] *m* (*AmC, Méx: el conducir taxis*) Taxifahren *nt*

ruletero, **-a** [rrule'tero, -a] *m, f* (*AmC, Méx: conductor*) Taxifahrer(in) *m(f)*

rulo ['rrulo] *m* **1.** (*del cabello*) Locke *f* **2.** (*rizador*) Lockenwickler *m* **3.** (TÉC) Walze *f*

ruma ['rruma] *f* (*AmS: montón*): **una** ~ **de...** ein Haufen ... *+gen;* **~s de...** Berge von ... *+dat*

Rumania [rru'manja] *f,* **Rumanía** [rruma'nia] *f* Rumänien *nt*

rumano[1] [rru'mano] *m* (*lengua*) Rumänisch(e) *nt*

rumano, **-a**[2] [rru'mano, -a] **I.** *adj* rumänisch **II.** *m, f* Rumäne, -in *m, f*

rumazón [rruma'θon] *f* (NÁUT) Gewölk *nt,* Wolkenmasse *f*

rumba ['rrumba] *f* Rumba *f*

rumbear [rrumbe'ar] *vi* **1.** (*tomar un rumbo*) (eine bestimmte) Richtung einschlagen; (AERO, NÁUT) auf Kurs gehen, Kurs nehmen (*a* auf *+akk*), ansteuern (*a +akk*) **2.** (*bailar la rumba*) Rumba tanzen

rumbero, **-a** [rrum'bero, -a] **I.** *adj* Rumba- **II.** *m, f* Rumbatänzer(in) *m(f)*

rumbo ['rrumbo] *m* **1.** (*dirección*) (Fahrt)richtung *f;* (AERO, NÁUT: *t. fig*) Kurs *m;* ~ **de la aguja** (NÁUT) Kompasskurs *m;* ~ **del viento** (NÁUT) Windstrich *m;* **tomar** [*o* **poner**] [*o* **hacer**] ~ **a un puerto** einen Hafen ansteuern; **desviarse del** ~ vom Kurs abkommen; **dar otro** ~ **a la conversación** dem Gespräch eine neue Wendung geben; **no tengo** ~ **fijo** ich habe kein bestimmtes Ziel; **la negociación está tomando un** ~ **favorable** das Geschäft lässt sich gut an; **tomar otro** ~ (POL) einen anderen Kurs einschlagen **2.** (*pompa*) Pracht *f,* Prunk *m;* **de** ~ prächtig, prunkvoll; **una fiesta con mucho** ~ ein pompöses Fest

rumboso, **-a** [rrum'boso, -a] *adj* **1.** (*generoso*) freigebig, großzügig **2.** (*pomposo*) prunkvoll, prächtig

rumiante [rru'mjan̪te] **I.** *adj* wiederkäuend **II.** *m* Wiederkäuer *m*

rumiar [rru'mjar] *vt* **1.** (*vacas*) wiederkäuen **2.** (*fam: cavilar*) nachgrübeln (über *+akk*) **3.** (*fam: refunfuñar*) murren

rumión, **-ona** [rru'mjon, -ona] *adj* (*fam*) **1.** (*que cavila*) grüblerisch **2.** (*refunfuñón*) mürrisch

rumor [rru'mor] *m* **1.** (*chisme*) Gerücht *nt;* **a título de** ~ gerüchteweise; **poner un** ~ **en circulación** ein Gerücht in die Welt [*o* in Umlauf] setzen; **corren ~es de que...** es geht das Gerücht, dass … **2.** (*ruido*) Geräusch *nt;* (*de las olas*) Brausen *nt;* (*del viento*) Säuseln *nt;* (*del bosque*) Rauschen *nt;* ~ **de voces** Stimmengewirr *nt*

rumorearse [rrumore'arse] *vr:* **se rumorea que...** es geht das Gerücht um, dass …, man munkelt, dass …

rumorología [rrumorolo'xia] *f* (*fam*) Gerüchteküche *f*

rumoroso, **-a** [rrumo'roso, -a] *adj* geräuschvoll; (*olas*) brausend; (*viento*) säuselnd; (*bosque*) rauschend

runa ['rruna] *f* Rune *f*

runcho ['rrunʧo] *m* (*Col:* ZOOL) *eine Art Opossum*

rundún [rruṇ'dun] *m* (*Arg*) **1.** (*pájaro mosca*) Kolibri *m* **2.** (*juguete parecido a la bramadera*) ≈Kinderschnarre *f*

runfla ['rruɱfla] *f* **1.** (*juego de naipes*) *Kartenspiel* **2.** (*muchedumbre*) Menge *f,* (ganze) Reihe *f;* **una** ~ **de abrigos/gente** ein Haufen Mäntel/Leute

rúnico, **-a** ['rruniko, -a] *adj* Runen-; **alfabeto** ~ Runenalphabet *nt*

runrún [rrun'rrun] *m* (*fam*) **1.** (*ruido*) Geräusch *nt;* (*murmullo*) Gemurmel *nt,* Geflüster *nt* **2.** (*chisme*) Gerede *nt,* Gerücht *nt*

runrunear [rrunrrune'ar] **I.** *vi* (*gato*) schnurren **II.** *vr:* **~se** (gerüchteweise) verlauten

runruneo [rrunrru'neo] *m* Gerücht *nt*

rupestre [rru'pestre] *adj* Felsen-; **pintura** ~ Felsenmalerei *f,* Höhlenmalerei *f*

rupia ['rrupja] *f* **1.** (*moneda de Indonesia*) Rupiah *f;* (*de la India y otros*) Rupie *f* **2.** (MED) Hautpustel *f,* Schmutzflechte *f*

rupicapra [rrupi'kapra] *f,* **rupricabra** [rrupri'kaβra] *f* (ZOOL: *gamuza*) Gämse *f*

ruptor [rrup'tor] *m* (ELEC) Unterbrecher *m;* (AUTO) Zündunterbrecher *m*

ruptura [rrup'tura] *f* Bruch *m;* (*de relaciones*) Abbruch *m;* (GEO, MED) Ruptur *f;* ~ **de la paz** Friedensbruch *m;* ~ **de una relación amorosa** Trennung *f;* ~ **de las relaciones diplomáticas** Abbruch der diplomatischen Beziehungen

rural [rru'ral] **I.** *adj* ländlich; (AGR) landwirtschaftlich; **vida** ~ Landleben *nt* **II.** *m* **1.** (*Am: t. pey: rústico*) Bauer *m* **2.** *pl* (*Méx: policía*) Landpolizei *f*

ruralismo [rrura'lismo] *m sin pl* Bauerntum *nt,* ländliches Wesen *nt*

rusco ['rrusko] *m* (BOT) Mäusedorn *m*

Rusia ['rrusja] *f* Russland *nt*

rusificar [rrusifi'kar] <c→qu> **I.** *vt* russifizieren **II.** *vr:* **~se** russische Gewohnheiten annehmen

ruso, **-a** ['rruso, -a] **I.** *adj* russisch; **ensaladilla rusa** ≈Kartoffelsalat *m* **II.** *m, f* Russe, -in *m, f*

rusófilo, **-a** [rru'sofilo, -a] **I.** *adj* russlandfreundlich, russenfreundlich **II.** *m, f* Russlandfreund(in) *m(f),* Russenfreund(in) *m(f)*

rusticación [rrustika'θjon] *f* Leben *nt* auf dem Lande

rusticidad [rrustiθi'ða^{d}] *f* ländliche Einfachheit *f,* Rustikalität *f;* (*pey*) Ungeschliffenheit *f,* Derbheit *f*

rústico, **-a** ['rrustiko, -a] **I.** *adj* **1.** (*campestre*) rustikal, ländlich schlicht; **estilo** ~ rustikaler Stil; **finca rústica** Bauernhof *m* **2.** (*tosco*) ungeschliffen, grob; **en rústica** (TIPO) ungebunden, broschiert **II.** *m, f* Bauer *m,* Bäuerin *f*

rustiquez [rrusti'keθ] *f v.* **rusticidad**

ruta ['rruta] *f* Weg *m,* Route *f;* ~ **aérea** Luftweg *m;* ~ **federal** (*Am*) Bundesstraße *f;* ~ **de itinerario** Reiseroute *f;* ~ **de vuelo** Flugstrecke *f;* **apartarse de la** ~ vom Weg abkommen; **tienes que cambiar de** ~ **para aprobar el examen** um die Prüfung zu bestehen, musst du einen anderen Weg einschlagen

rutabaga [rruta'βaɣa] *f* (BOT) *eine Art Kohl, der als Viehfutter verwendet wird*

ruteno, **-a** [rru'teno, -a] **I.** *adj* ruthenisch; **iglesia rutena** (REL) ruthenische Kirche **II.** *m, f* Ruthene, -in *m, f*

ruteo [rru'teo] *m* (INFOR) Baumsuche *f*

rutido [rru'tiðo] *m* (*Méx*) fernes Rauschen *nt* (*Wasser*)

rutilante [rruti'laṇte] *adj* glänzend, schimmernd

rutilar [rruti'lar] *vi* (LIT) golden schimmern, glänzen

rutina [rru'tina] *f* **1.** (*costumbre*) Routine *f;* ~ **cotidiana** Alltag *m* **2.** (INFOR) Programm *nt;* ~ **de autocarga** selbst ladende Routine; ~ **de errores** Fehlerroutine *f;* ~ **de iniciación** Bootroutine *f;* ~ **maestra** Stammroutine *f;* ~ **traductora** Übersetzungsprogramm *nt* **3.** (QUÍM) Rutin(osid) *nt*

rutinario, **-a** [rruti'narjo, -a] *adj* routinemäßig, gewohnheitsmäßig; **un hombre** ~ ein Gewohnheitsmensch; **trabajo** ~ Routinearbeit *f*

S

S, s ['ese] *f* S, s *nt;* ~ **de Soria** S wie Siegfried [*o* Samuel]
S. [san] *m abr de* **San** St.
S.A. [ese'a] *f* **1.** *abr de* **Sociedad Anónima** AG *f* **2.** *abr de* **Su Alteza** I.H., S.H.
sabadellense [saβaðe'ʎense] **I.** *adj* aus Sabadell (*Katalonien*) **II.** *mf* Einwohner(in) *m(f)* von Sabadell
sabadiego [saβa'ðjeɣo] *m* (GASTR) *asturischer „chorizo"*
sábado ['saβaðo] *m* **1.** (*día*) Samstag *m,* Sonnabend *m;* ~ **de Gloria** [*o* **Santo**] [*o* **de Cuaresma**] Karsamstag *m; v. t.* **lunes 2.** (*judaísmo*) Sabbat *m*
sabaleta [saβa'leta] *f* (*Bol, Col:* ZOOL) *der Alse ähnlicher, aber etwas kleinerer Fisch*
sábalo ['saβalo] *m* (ZOOL) Alse *f,* Finte *f*
sabana [sa'βana] *f* Savanne *f,* Grassteppe *f;* **estar en la** ~ (*Ven: fam*) leben wie Gott in Frankreich
sábana ['saβana] *f* Bettuch *nt,* (Bett)laken *nt;* ~ **ajustable** Spannbettuch *nt;* ~**s limpias** saubere Bettwäsche; **se me han pegado las** ~**s** (*fam*) ich habe verschlafen
sabandija [saβan̪'dixa] *f* **1.** (*insecto*) Ungeziefer *nt* **2.** (*pey: persona despreciable*) Schurke, -in *m, f;* **¡qué** ~**s!** was für ein Gesindel!
sabanear [saβane'ar] *vi* (*Am*) die Savanne (mit dem Vieh) durchstreifen
sabanero[1] [saβa'nero] *m* (ZOOL) *dem Star ähnlicher Vogel der Savanne mit schmackhaftem Fleisch*
sabanero, -a[2] [saβa'nero, -a] *m, f* (*habitante*) Savannenbewohner(in) *m(f)*
sabañón [saβa'ɲon] *m* Frostbeule *f;* **comer como un** ~ (*fam pey*) wie ein Scheunendrescher essen
sabatario, -a [saβa'tarjo, -a] *m, f* (HIST) Sabbatarier(in) *m(f),* Sabbatist(in) *m(f)*
sabático, -a [sa'βatiko, -a] *adj* **1.** (*judaísmo*) Sabbat- **2.** (*universidad*): **un año** ~ ≈ein Forschungsjahr; **el catedrático se tomó un año** ~ der Professor nahm zwei Forschungssemester in Anspruch
sabatina [saβa'tina] *f* (*Chil: paliza*) Tracht *f* Prügel
sabatino, -a [saβa'tino, -a] *adj* Samstag(s)-; (*judaísmo*) Sabbat-
sabatismo [saβa'tismo] *m* Sabbatruhe *f,* Sabbatstille *f*
sabatizar [saβati'θar] <z→c> *vi* (REL) den Sabbat feiern, die Sabbatruhe einhalten
sabayón [saβa'ɟon] *m* (GASTR) Zabaione *f*
sabbat ['saβat] *m* Sabbat *m,* Schabbes *m*
sabedor(a) [saβe'ðor(a)] *adj* (*informado*) unterrichtet (*de* über +*akk*); **el general era** ~ **de esos manejos** der General war über diese Intrigen informiert
sabeísmo [saβe'ismo] *m* (REL) Sabäismus *m*
sabelianismo [saβelja'nismo] *m* (REL) Sabellianismus *m*
sabelotodo [saβelo'toðo] *mf inv* (*fam*) Besserwisser(in) *m(f),* Neunmalkluge(r) *mf*
saber [sa'βer] *irr* **I.** *vt* **1.** (*estar informado*) wissen; **¿sabes...?** weißt du ...?; **¡qué sé yo!** was weiß ich!; **a** ~ und zwar, nämlich; **¡(vete tu** [*o* **vaya Usted**]) **a** ~ (**si es cierto**)! wer weiß, (ob das stimmt)!; (**al menos**) **que yo sepa** soweit [*o* soviel] ich weiß; **¡para que lo sepas** [*o* **te enteres**]! dass du es nur weißt!; **sé que me has engañado** ich weiß, dass du mich betrogen hast; ~ **más que Lepe** [*o* **la zorra**] [*o* **Merlín**] (*fam*) ein schlauer Fuchs sein; **¿se puede** ~ **si...?** darf ich [*o* man] fragen, ob ...?; **no** ~ **ni jota** [*o* **de la misa la media**] (*fam*) keine Ahnung haben; **sin** ~**lo yo** ohne mein Wissen; **¡va a** ~ **quién soy yo!** ich werde ihm/ihr schon zeigen, mit wem er/sie es zu tun hat!, er/sie wird mich noch kennen lernen!; **no** ~ **dónde meterse** nicht mehr wissen wohin; **¡no sabe ni por dónde anda!** (*fam*) er/sie weiß nicht, wo ihm/ihr der Kopf steht!; **¡pues no sé qué te diga!** ich weiß nicht so recht; **tiene** (**un**) **no sé qué de raro** er/sie hat irgendetwas Seltsames; **sabe lo que es bueno** er/sie weiß, was gut ist **2.** (*habilidad para hacer algo*) können; **él sabe** (**hablar**) **ruso** er kann Russisch (sprechen); **ella sabe hacer punto** sie kann stricken; **no** (**se**) **sabía la poesía** er/sie konnte das Gedicht nicht (auswendig) **3.** (*nombre*) kennen; **¿sabes mi nombre?** weißt du, wie ich heiße? **4.** (*conocer un arte*) sich auskennen ((*de*) mit/in +*dat*); **ella sabe mucha** [*o* **mucho de**] **literatura** sie kennt sich in der Literatur gut aus **5.** (*noticia*) erfahren (*por* durch +*akk,* aus +*dat*); **lo supe por mi hermano/por el periódico/por casualidad** ich habe es von meinem Bruder/aus der Zeitung/durch Zufall erfahren; **la prensa lo hizo** ~ **anoche** die Presse gab es gestern Abend bekannt **II.** *vi* **1.** (*tener sabor*) schmecken (*a* nach +*dat*); (**me**) **supo a quemado** es schmeckte verbrannt; **la conferencia me supo a poco** ich hätte mehr von der Konferenz erwartet; **sabe a traición** es riecht nach Verrat; **me supo mal aquella respuesta** die Antwort hat mich geärgert [*o* hat mir nicht gefallen] **2.** (*tener noticia*) unterrichtet sein (*de*

über *+akk*); **no sé nada de mi hermano** ich habe nichts von meinem Bruder gehört **3.** (*tener la habilidad*) fähig sein; **él no sabe resolver ni los ejercicios más fáciles** er ist nicht einmal fähig die einfachsten Aufgaben zu lösen **III.** *vr:* **ésa se las sabe todas** (*fam*) der kann keiner etwas vormachen **IV.** *vimpers:* **se sabe que...** es ist bekannt, dass ..., bekanntlich ... **V.** *m sin pl* Wissen *nt;* **el ~ no ocupa lugar** Wissen schadet nie

sabichoso, **-a** [saβi'ʧoso, -a] *adj* (*Cuba, PRico*) klug; (*sabiondo*) besserwisserisch

sabicú [saβi'ku] *m* (*Cuba:* BOT) *eine Art Akazie*

sabidillo, **-a** [saβi'ðiʎo, -a] *m, f* (*fam*) Besserwisser(in) *m(f),* Schlauberger(in) *m(f);* (*niño*) Naseweis *m;* **dárselas de ~** (*pey*) sich für besonders schlau halten

sabido, **-a** [sa'βiðo, -a] *adj* **1.** (*conocido*) bekannt; **es ~ que...** es ist bekannt, dass ...; **es cosa sabida** das ist eine altbekannte Tatsache; **la profesora dio por ~ el primer capítulo** die Lehrerin setzte das erste Kapitel als bekannt voraus **2.** (*leído*) gebildet **3.** (*sabidillo, t. irón*): **ser un ~** ein ganz Schlauer sein

sabiduría [saβiðu'ria] *f* **1.** (*conjunto de conocimientos*) Wissen *nt;* (*ciencia*) Wissenschaft *f* **2.** (*sensatez*) Weisheit *f,* Klugheit *f;* **~ popular** Volksweisheit *f* **3.** (*erudición*) Gelehrsamkeit *f*

sabiendas [sa'βjen̪das]: **a ~** absichtlich, bewusst; **lo hizo a ~ de que me molestaba** er/sie störte mich mit Absicht

sabiente [sa'βjen̪te] *adj* wissend

sabi(h)ondo, **-a** [sa'βjon̪do, -a] *m, f* Besserwisser(in) *m(f);* (*niño*) Naseweis *m*

sabina [sa'βina] *f* (BOT) Sadebaum *m;* **~ rastrera** Stinkwacholder *m*

sabio, **-a** ['saβjo, -a] **I.** *adj* (*culto*) weise, klug; **los ancianos dan ~s consejos** alte Menschen geben weise Ratschläge **II.** *m, f* Weise(r) *mf,* Gelehrte(r) *mf;* **Alfonso X el S~** Alfons der Weise (*kastilischer König, 1252–1284*); **errar es de ~s** (*prov*) Irren ist menschlich

sablazo [sa'βlaθo] *m* **1.** (*golpe*) Säbelhieb *m* **2.** (*fam: de dinero*) Anpumpen *nt;* **pegar** [*o* **dar**] **a alguien un ~** jdn um Geld anpumpen

sable ['saβle] *m* Säbel *m*

sablear [saβle'ar] *vi* (*fam*) schnorren

sablero, **-a** [sa'βlero, -a] *m, f* (*Chil: fam*) *v.* **sablista**

sablista [sa'βlista] *mf* (*fam*) Nassauer *m,* Schmarotzer(in) *m(f)*

saboneta [saβo'neta] *f* Taschenuhr *f* (mit Sprungdeckel)

sabor [sa'βor] *m* Geschmack *m;* **tiene (un) ~ a naranja** das schmeckt nach Orangen; **un poema de ~ romántico** ein Gedicht, das romantische Züge aufweist [*o* mit romantischen Zügen]; **sus palabras dejaron un mal ~ de boca** seine Worte hinterließen einen üblen Nachgeschmack

saborear [saβore'ar] **I.** *vt* (*gozar*) auskosten, genießen **II.** *vr:* **~se** (*recrearse*) Vergnügen finden (*con* an *+dat*)

saborizante [saβori'θan̪te] *m* Geschmacksverstärker *m*

sabotaje [saβo'taxe] *m* Sabotage *f*

saboteador(a) [saβotea'ðor(a)] **I.** *adj* Sabotage- **II.** *m(f)* Saboteur(in) *m(f)*

sabotear [saβote'ar] *vt* sabotieren; (*plan, acción*) vereiteln; **le ~on sus planes** seine/ihre Pläne wurden vereitelt

sabroso, **-a** [sa'βroso, -a] *adj* **1.** (*sazonado*) schmackhaft, wohlschmeckend **2.** (*gracioso*) würzig; **el libro estaba plagado de sabrosas anécdotas** das Buch war gespickt mit würzigen Anekdoten **3.** (*ligeramente salado*) salzig

sabueso, **-a** [sa'βweso, -a] *m, f* **1.** (*caza*) Schweißhund *m* **2.** (*fisgón*) Schnüffler(in) *m(f)*

saburra [sa'βurra] *f* (MED) **1.** (*de la lengua*) Zungenbelag *m* **2.** (*del estómago*) Magenverschleimung *f*

saca ['saka] *f* **1.** (*saco*) großer Sack *m;* **~ de la correspondencia** [*o* **de Correos**] Postsack *m* **2.** (*extracción*) Entnahme *f* **3.** (*exportación*) (Waren)ausfuhr *f* **4.** (*copia notarial*) Abschrift *f*

sacabocados [sakaβo'kaðos] *m inv* (TÉC) Lochzange *f,* Locheisen *nt*

sacabuche [saka'βuʧe] *m* **1.** (MÚS) ≈Posaune *f* **2.** (NÁUT) Handpumpe *f* **3.** (*Méx: navaja*) spitzes Messer *nt* **4.** (*fam: renacuajo*) Knirps *m*

sacaclavos [saka'klaβos] *m inv* Nagelzieher *m,* Kistenöffner *m*

sacacorchos [saka'korʧos] *m inv* Korkenzieher *m;* **tener que sacar las cosas a alguien con ~** jdm die Worte aus der Nase ziehen müssen

sacacuartos [saka'kwartos] *mf inv v.* **sacadineros[1]**

sacadineros[1] [sakaði'neros] *mf inv* (*fam: estafador*) Bauernfänger(in) *m(f)*

sacadineros[2] [sakaði'neros] *m inv* (*fam: espectáculo, objeto*) Nepp *m,* Betrug *m*

sacador [saka'ðor] *m* (TIPO) Ausleger *m*

sacaleches [saka'leʧes] *m inv* (MED) Milchpumpe *f*

sacamanchas [saka'manʧas] *m inv* Fleck(en)entferner *m,* Fleckenreiniger *m*

sacamantecas [sakaman̪'tekas] *m inv* (*fam*) *Verbrecher, der seinen Opfern den Bauch aufschlitzt*

sacamuelas [saka'mwelas] *mf inv* (*pey*) Zahnklempner(in) *m(f);* (*fig*) Plappermaul *nt*

sacapliegos [saka'pljeɣos] *m inv* (TIPO) Blattabheber *m,* Bogenausleger *m*

sacapuntas [saka'pun̪tas] *m inv* (Bleistift)spitzer *m*

sacar [sa'kar] <c→qu> **I.** *vt* **1.** (*de un sitio*) (heraus)nehmen; (*agua*) schöpfen; (*diente*) ziehen, ausreißen; (*espada*) ziehen; **~ a bai-**

lar zum Tanz auffordern; ~ **a alguien de la cama** (*fig*) jdn aus dem Bett jagen; ~ **a alguien de la cárcel** jdn aus dem Gefängnis holen; ~ **a alguien de sus casillas** [*o* **de quicio**] (*fig*) jdn aus dem Häuschen bringen; ~ **de paseo** [*o* **a pasear**] **al perro** den Hund spazieren führen; **¡saca la mano del bolsillo!** nimm die Hand aus der Tasche!; **ella sacó el clavo de la pared** sie zog den Nagel aus der Wand; **¡sácalo del garage!** hol es aus der Garage!; **¡saca las plantas al balcón!** bring die Pflanzen hinaus auf den Balkon!; **¿de dónde lo has sacado?** wo hast du es her?; **recién sacado del horno** frisch gebacken; **¡te voy a ~ los ojos!** (*fig*) dir werde ich es noch zeigen! **2.** (*de una situación*) retten (*de* aus +*dat*); ~ **adelante** (*persona, negocio*) vorwärts bringen; (*niño*) großziehen; (*con esfuerzo*) durchbringen; **me sacó del atolladero** er/sie hat mir aus der Klemme geholfen; **me sacó de la pobreza** er/sie hat mir aus der Not geholfen **3.** (*solucionar*) herausbekommen, lösen; **por fin saqué el crucigrama** endlich habe ich das Kreuzworträtsel gelöst **4.** (*reconocer*) erkennen; **lo saqué por sus gafas** ich habe ihn an seiner Brille erkannt **5.** (*entrada*) lösen **6.** (*obtener*) erreichen; ~ **una ganancia bruta del 5%** (ECON) einen Bruttogewinn von 5% erzielen; **así no se saca nada** so erreicht man gar nichts; **le sacó 1.000 pesetas** er/sie hat ihn/sie um 1.000 Peseten angepumpt *fam* **7.** (MIN) gewinnen, fördern **8.** (*aceite*) auspressen; (*vino*) abziehen **9.** (*premio*) gewinnen; (*votos*) bekommen; (*información*) entlocken; ~ **en claro** [*o* **en limpio**] [*o* **en conclusión**] ins Reine bringen; ~ **las consecuencias** Schlussfolgerungen ziehen; ~ **provecho de** Nutzen ziehen aus +*dat;* **sacó el gordo** er/sie hat das große Los gezogen; **se lo vas a tener que ~ con sacacorchos** du musst es ihm/ihr aus der Nase ziehen; **no saca ni para vivir** er/sie verdient kaum genug zum Leben **10.** (*parte del cuerpo*) herausstrecken **11.** (*costura*) einziehen **12.** (*foto*) machen; (*pintando*) treffen; **¡sácame una foto!** fotografier mich mal!; **el pintor te sacó muy bien** der Maler hat dich gut getroffen; **sacó la greca a pulso** er/sie hat das Muster freihändig gezeichnet **13.** (*mancha*) entfernen **14.** (*producto*) herausbringen, auf den Markt bringen; (*moda*) einführen, herausbringen; (*libro*) herausgeben; **le ~on un apodo** sie haben sich einen Spitznamen für ihn/sie ausgedacht **15.** (*mostrar*) zeigen; (*desenterrar*) ausgraben; **lo ~on en la tele** man hat ihn im Fernsehen gezeigt; **todavía no ha sacado sus habilidades** er/sie hat noch nicht sein/ihr Können gezeigt; ~ **en hombros** auf die Schultern nehmen; ~ **a relucir** (*pey*) wieder aufwärmen [*o* ans Licht zerren] **16.** (*ventaja*) Vorsprung haben; **mi hermana me sacó dos minutos** meine Schwester war zwei Minuten schneller als ich **17.** (DEP) ausspielen **II.** *vr:* ~**se los zapatos** sich die Schuhe ausziehen; **se sacó una pestaña del ojo** er/sie wischte sich eine Wimper aus dem Auge; ~**se una espina** (*fig*) seinen/ihren Verlust wettmachen; (*desfogarse*) sich aussprechen

sacárido [sa'kariðo] *m* (QUÍM) Saccharid *nt*

sacarimetría [sakarime'tria] *f* (QUÍM) Zuckergehaltsmessung *f,* Saccharimetrie *f*

sacarina [saka'rina] *f sin pl* Saccharin *nt,* Süßstoff *m*

sacarosa [saka'rosa] *f* (QUÍM) Saccharose *f*

sacatinta [saka'tiṇta] *m* (*Am:* BOT) *Strauch, aus dessen Blättern ein blauvioletter Farbstoff gewonnen wird*

sacavueltas [saka'βweḷtas] *m inv* (*Chil: fam pey*) Drückeberger *m*

sacerdocio [saθer'ðoθjo] *m sin pl* **1.** (*ministerio*) Priesteramt *nt* **2.** (*estado*) Priesterstand *m* **3.** (*órdenes*) Priesterweihe *f* **4.** (*consagración*) Hingabe *f;* **él se toma la medicina como un ~** er hat sich ganz der Medizin verschrieben

sacerdotal [saθerðo'tal] *adj* priesterlich, Priester-

sacerdote [saθer'ðote] *m* Priester *m;* **sumo ~** Hohepriester *m*

sacerdotisa [saθerðo'tisa] *f* Priesterin *f*

sachaguasca [satʃa'ɣwaska] *f* (*Arg:* BOT) *eine Rankpflanze aus der Familie der Trompetenblütler*

sachar [sa'tʃar] *vt* (AGR) jäten

sacho ['satʃo] *m* **1.** (*para sachar*) Jäthacke *f* **2.** (*Chil: ancla*) *Vorrichtung aus Holz, die bei kleineren Schiffen als Anker verwendet wird*

saciable [sa'θjaβle] *adj* (*hambre*) stillbar, zu sättigen; (*deseos, ansias*) erfüllbar, stillbar; **sus deseos son fácilmente ~s** seine/ihre Wünsche sind leicht zu erfüllen

saciado, -a [sa'θjaðo, -a] *adj* satt; (*t.* QUÍM) gesättigt; **estoy ~** ich bin satt

saciar [sa'θjar] **I.** *vt* (*hambre, curiosidad*) stillen, sättigen; (*instintos sexuales*) befriedigen; **su curiosidad no se saciaba nunca** seine Neugierde war nicht zu stillen **II.** *vr:* ~**se** (*llenarse, t. fig*) satt werden; **me sacié de salchichas** ich habe mich an Würstchen satt gegessen

saciedad [saθje'ðaᵈ] *f sin pl* Sattheit *f,* Sättigung *f;* **lo he repetido hasta la ~** ich habe es bis zum Überdruss wiederholt

saco ['sako] *m* **1.** (*bolsa*) Sack *m;* ~ **de arena** Sandsack *m;* ~ **de dormir** Schlafsack *m;* ~ **polínico** (BOT) Pollensack *m;* ~ **de trigo** Sack Weizen; **el hombre del ~** der Buhmann; **eso es un ~ de mentiras** das ist ein Haufen Lügen; **echar en ~ roto** (*fig fam*) in den Wind schlagen; **tu consejo no cayó en ~ roto** dein Ratschlag hat gewirkt; **meter en el mismo ~** (*fig*) alles in einen Topf werfen **2.** (*prenda*) Sakko *m o nt,* weite Jacke *f* **3.** (*bahía*) Einbuchtung *f* **4.** (*saqueo*) Plünderung *f;* **meter** [*o* **entrar**] [*o* **poner**] **a ~** (aus)plündern

sacón, **-ona** [sa'kon, -ona] *m, f* (*Méx: fam*) Angsthase *m*

sacralización [sakraliθa'θjon] *f* Konsekration *f*, ≈Verleihung *f* eines sakralen Charakters; (*persona*) ≈Verehrung *f* als Heilige(r)

sacralizar [sakrali'θar] <z→c> *vt* konsekrieren, ≈einen sakralen Charakter verleihen; (*persona*) ≈als heilig verehren

sacramentación [sakrameṇta'θjon] *f* (REL) **1.** (*eucaristía*) Konsekration *f* **2.** (*a un enfermo*) Spenden *nt* der Sakramente

sacramentado, **-a** [sakrameṇ'taðo, -a] *adj* (REL) geweiht

sacramental [sakrameṇ'tal] **I.** *adj* **1.** (REL) sakramental, Sakraments-; **auto** ~ Sakramentspiel *nt* (*christliches Theaterstück*) **2.** (*palabra*) herkömmlich, geläufig **II.** *f* (*reg: cofradía*) ≈Begräbnisbruderschaft *f*

sacramentar [sakrameṇ'tar] *vt* **1.** (*eucaristía*) konsekrieren **2.** (*enfermo*) die Sakramente spenden +*dat*

sacramentario, **-a** [sakrameṇ'tarjo, -a] *m, f* (REL) Sakramentarier(in) *m(f)*

sacramente [sakra'meṇte] *adv* heilig

sacramento [sakra'meṇto] *m* Sakrament *nt*; **el ~ de la Eucaristía** das heilige Abendmahl; **administrar a alguien los últimos ~s** jdm die Sterbesakramente reichen; **con todos los ~s** (*fig*) in aller Form

sacre ['sakre] *m* (ZOOL): **halcón ~** Würgfalke *m*, Sakerfalke *m*

sacrificado, **-a** [sakrifi'kaðo, -a] *adj* opferwillig, selbstlos

sacrificador(a) [sakrifika'ðor(a)] **I.** *adj* opfernd **II.** *m(f)* (HIST) Opferpriester(in) *m(f)*

sacrificar [sakrifi'kar] <c→qu> **I.** *vt* **1.** (*ofrecer*) opfern; (*t. fig*) widmen (*a* +*dat*) **2.** (*animal*) schlachten **II.** *vr*: **~se** (*t. fig*) sich (auf)opfern (*por* für +*akk*)

sacrificio [sakri'fiθjo] *m* **1.** (*ofrenda*) Opfer *nt*; **el Santo S~** die heilige Messe **2.** (*entrega*) Hingebung *f*; **está dispuesto a hacer todos los ~s necesarios** er ist zu jedem Opfer bereit

sacrilegio [sakri'lexjo] *m* (*profanación*) Schändung *f*; (*de un cementerio*) Friedhofsschändung *f*; (*t. fig*) Sakrileg *nt*

sacrílego, **-a** [sa'krileɣo, -a] **I.** *adj* (*impío*) gotteslästerlich, frevelhaft; **acción sacrílega** Freveltat *f* **II.** *m, f* (*de iglesias*) Kirchenschänder(in) *m(f)*; (*persona impía*) Frevler(in) *m(f)*

sacristán [sakris'tan] *m* Sakristan *m*, Küster *m*; **¡ése es un buen ~!** (*fam*) das ist ein gerissener Kerl!; **los dineros del ~ cantando se vienen y cantando se van** (*prov*) wie gewonnen, so zerronnen

sacristía [sakris'tia] *f* **1.** (*lugar*) Sakristei *f* **2.** (*ministerio*) Küsteramt *nt*

sacro, **-a** ['sakro, -a] *adj* **1.** (*sagrado*) heilig; **le he comprado un libro de arte ~** ich habe ihm/ihr ein Buch über religiöse Kunst gekauft **2.** (ANAT) sakral; **hueso ~** Kreuzbein *nt*

sacrosanto, **-a** [sakro'saṇto, -a] *adj* (*t. fig*) hochheilig, unantastbar

sacudida [saku'ðiða] *f* Erschütterung *f*; **~ eléctrica** elektrischer Schlag; **~ sísmica** Erdstoß *m*; **el coche pegaba ~s** das Auto wackelte (hin und her); **¡dale una ~ a la alfombra!** klopf den Teppich aus!

sacudido, **-a** [saku'ðiðo, -a] *adj* **1.** (*intratable*) störrisch, unzugänglich **2.** (*atrevido*) kühn

sacudidor [sakuði'ðor(a)] *m* Teppichklopfer *m*

sacudimiento [sakuði'mjeṇto] *m v.* **sacudida**

sacudir [saku'ðir] **I.** *vt* rütteln, schütteln; (*noticia, terremoto*) erschüttern; (*pegar*) verprügeln; **~ las alfombras** die Teppiche ausklopfen; **~ el polvo** abstauben; **~ el rabo** mit dem Schwanz wedeln; **~ a alguien por los hombros** jdn an den Schultern packen und schütteln; **un estremecimiento le sacudió todo el cuerpo** ein Schauder fuhr ihm/ihr durch den Körper; **lo sacudió para que se despertara** er/sie rüttelte ihn wach **II.** *vr*: **~se** sich schütteln; **se sacudió la duda** er/sie wies jeden Zweifel von sich; **~se el yugo** das Joch abschütteln; **¡por fin me lo sacudí de encima!** endlich bin ich ihn losgeworden [*o* habe ich ihn abgeschüttelt]!

sádico, **-a** ['saðiko, -a] **I.** *adj* sadistisch **II.** *m, f* Sadist(in) *m(f)*

sadismo [sa'ðismo] *m sin pl* Sadismus *m*

sadomasoquismo [saðomaso'kismo] *m sin pl* Sadomasochismus *m*

sadomasoquista [saðomaso'kista] *mf* Sadomasochist(in) *m(f)*

saduceísmo [saðuθe'ismo] *m* (HIST, POL, REL) Lehre *f* der Sadduzäer

saduceo, **-a** [saðu'θeo, -a] *m, f* (HIST, POL, REL) Sadduzäer(in) *m(f)*

saeta [sa'eta] *f* **1.** (*flecha*) Pfeil *m* **2.** (*reloj*) (Uhr)zeiger *m*; (*brújula*) Magnetnadel *f* **3.** (*en Andalucía*) Saeta *f* (*Lied bei Prozessionen während der Karwoche*)

saetera [sae'tera] *f* Schießscharte *f*; (*fig*) Lichtscharte *f*

saetilla [sae'tiʎa] *f* **1.** (*saeta*) Magnetnadel *f* **2.** (*del reloj*) Uhrzeiger *m* **3.** (BOT: *sagitaria*) Pfeilkraut *nt*

safari [sa'fari] *m* Safari *f*; **~ fotográfico** Fotosafari *f*

sáfico, **-a** ['safiko, -a] *adj* (LIT) sapphisch

safio ['safjo] *m* (*Cuba:* ZOOL) *eine Art Meeraal*

saga ['saɣa] *f* **1.** (LIT) Saga *f* **2.** (*bruja*) Hexe *f*; (*adivina*) Weissagerin *f*

sagacidad [saɣaθi'ða^{d}] *f sin pl* **1.** (*lucidez*) Scharfsinn *m* **2.** (*animal*) Spürsinn *m*

sagaz [sa'ɣaθ] *adj* scharfsinnig, schlau

sagita [sa'xita] *f* (MAT) Bogenhöhe *f*, Sehnenhöhe *f*

sagitaria [saxi'tarja] *f* (BOT) Pfeilkraut *nt*

sagitario [saxi'tarjo] *mf* Schütze *m*; **conozco a pocas (mujeres) ~** ich kenne wenige Frauen, die Schütze sind [*o* deren Sternzeichen Schütze ist]

sagrado[1] [sa'ɣraðo] *m* Weihestätte *f;* (*refugio*) Zufluchtsort *m,* Freistätte *f;* **acogerse a(l)** ~ an einem geschützten Ort Zuflucht suchen

sagrado, -a[2] [sa'ɣraðo, -a] <sacratísimo> *adj* heilig; (*venerable*) ehrwürdig; **las Sagradas Escrituras** die Heilige Schrift; **la Historia Sagrada** die biblische Geschichte; **la Sagrada Forma** die Hostie

sagrario [sa'ɣrarjo] *m* **1.** (*para las hostias*) Tabernakel *m* **2.** (*parte del templo*) Sanktuar(ium) *nt*

sagú [sa'ɣu] *m* (*AmC*) **1.** (*planta*) Sagopalme *f* **2.** (*harina*) Sago *m*

saguaipé [saɣwai̯'pe] *m* (ZOOL) **1.** (*Arg: sanguijuela*) Blutegel *m* **2.** (*CSur: duela del hígado*) Leberwurm *m,* Schafwurm *m*

Sahara [sa'ara] *m,* **Sáhara** ['saxara] *m:* **el** ~ die Sahara; **el** ~ **español** (HIST) die Spanische Sahara (*seit 1976: Westsahara*)

saharaui [saxa'rawi] *adj v.* **sahariano**

sahariana [saxa'rjana] *f* leichte Tropenjacke *f* (mit Gürtel)

sahariano, -a [saxa'rjano, -a] **I.** *adj* saharauisch, der Westsahara **II.** *m, f* Saharaui *mf,* Einwohner(in) *m(f)* der Westsahara

sahel [sa'el] *m* (GEO) Sahel *m*

sahumador [sauma'ðor] *m* Räuchergefäß *nt*

sahumar [sau'mar] *vt* (aus)räuchern

sahumerio [sau'merjo] *m* Räuchern *nt,* Räucherwerk *nt*

saín [sa'in] *m* **1.** (*de animales*) tierisches Fett *nt* **2.** (*en paños, sombreros*) Fettrand *m*

sainete [sai̯'nete] *m* **1.** (TEAT) Schwank *m* **2.** (*golosina*) Leckerbissen *m*

sainetero, -a [sai̯ne'tero, -a] *m, f,* **sainetista** [sai̯ne'tista] *mf* (LIT) Schwankdichter(in) *m(f)*

saíno [sa'ino] *m* (*AmC, Col, Méx: jabalí americano*) Pekari *m*

sajar [sa'xar] *vt* (MED: *cortar*) einschneiden

sajón[1] [sa'xon] *m* (*dialecto*) Sächsisch(e) *nt*

sajón, -ona[2] [sa'xon, -ona] **I.** *adj* sächsisch **II.** *m, f* Sachse *m,* Sächsin *f*

Sajonia [sa'xonja] *f* Sachsen *nt;* **Alta/Baja** ~ Ober-/Niedersachsen *nt*

Sajonia-Anhalt [sa'xonja 'aŋxal^{t}] *f* Sachsen-Anhalt *nt*

sajuriana [saxu'rjana] *f* (*Chil, Perú:* MÚS) *alter Stepptanz*

sake ['sake] *m* Sake *m*

sal [sal] *f* **1.** (*condimento*) Salz *nt;* ~ **común** [*o* **de cocina**] Kochsalz *nt,* Speisesalz *nt;* ~ **gema** Steinsalz *nt;* ~ **marina** Meersalz *nt;* ~ **de plomo** Bleisalz *nt;* **mina de** ~ Salzbergwerk *nt;* **a la** ~ (GASTR) in einer Salzkruste; **poner demasiada** ~ **a algo** etw versalzen; **tener poca** ~ **en la mollera** (*fig fam*) wenig Grütze im Kopf haben **2.** *pl* (*perfume*) Riechsalz *nt;* ~**es de baño** Badesalz *nt* **3.** (*agudeza*) (Mutter)witz *m;* (*viveza*) Lebendigkeit *f;* **eso es la** ~ **de la vida** das ist die Würze des Lebens **4.** (*Am: mala suerte*) Pech *nt*

sala ['sala] *f* **1.** (*habitación*) Saal *m,* Raum *m;* ~ **de batalla** (*fam*) Briefverteilanlage *f;* ~ **de espera** Wartezimmer *nt,* Warteraum *m;* ~ **de estar** Wohnzimmer *nt;* ~ **de fiestas** Tanzlokal *nt;* ~ **de juntas** [*o* **sesiones**] Sitzungssaal *m;* ~ **de máquinas** Maschinenraum *m;* ~ **de profesores** Lehrerzimmer *nt* **2.** (JUR) Senat *m,* Kammer *f;* **S**~ **de lo Civil** Zivilkammer *f;* **S**~ **de lo Contencioso administrativo** Verwaltungsgerichtskammer *f;* **S**~ **de lo Penal/de lo Social** Straf-/Sozialkammer *f*

salabardo [sala'βarðo] *m eine Art Fischernetz aus Sackstoff*

salacidad [salaθi'ða^{d}] *f* (*elev*) Lüsternheit *f*

salacot [sala'ko] <salacots> *m* Tropenhelm *m*

saladamente [salaða'men̪te] *adv* (*fam: con agudeza*) gewitzt

saladar [sala'ðar] *m* Salzgarten *m*

saladilla [sala'ðiʎa] *f* (BOT) Salzmelde *f*

saladillo, -a [sala'ðiʎo, -a] *adj* (*cacahuetes*) gesalzen

salado, -a [sa'laðo, -a] *adj* **1.** (*comida*) salzig; (*agua, terreno*) salzhaltig **2.** (*gracioso*) witzig **3.** (*Am: infortunado*) unglücklich **4.** (*Arg, Chil, Urug: caro*) teuer

saladura [sala'ðura] *f* (Ein)salzen *nt,* Pökeln *nt*

salamanca [sala'maŋka] *f* **1.** (*Arg:* ZOOL) *eine Art Salamander* **2.** (*CSur: cueva natural*) natürliche Grotte *f*

salamandra [sala'man̪dra] *f* **1.** (ZOOL: *t. en la mitología*) Salamander *m;* ~ **acuática** Molch *m* **2.** (*calefacción*) Dauerbrandofen *m*

salamanquesa [salamaŋ'kesa] *f* (ZOOL) Gecko *m;* ~ **de agua** (Wasser)molch *m*

salame [sa'lame] *m* (*CSur*) **1.** (*salami*) Salami *f* **2.** (*papanatas*) Dummerling *m*

salami [sa'lami] *m* Salami *f*

salamín [sala'min] *m* (*CSur:* GASTR) *eine Art Salami*

salangana [salaŋ'gana] *f* (ZOOL) Salangane *f*

salar [sa'lar] *vt* **1.** (*condimentar*) salzen; ~ **demasiado** versalzen **2.** (*para conservar*) (ein)pökeln, einsalzen **3.** (*Am: echar a perder*) verderben **4.** (*CRi: dar mala suerte*) Unglück bringen

salariado [sala'rjaðo] *m* (*proletariado*) Proletariat *nt*

salarial [sala'rjal] *adj* Lohn-; **ajuste** ~ Lohnanpassung *f;* **aumento** ~ Lohnerhöhung *f;* **grupo** ~ Lohngruppe *f;* **negociaciones** ~**es** Lohnverhandlungen *fpl;* **los sindicatos plantearon una subida** ~ die Gewerkschaften fordern eine Lohnerhöhung

salario [sa'larjo] *m* Lohn *m;* ~ **base** Grundlohn *m;* ~ **a destajo** Akkordlohn *m;* ~ **en especie** Naturallohn *m;* ~ **mínimo interprofesional** Mindestlohn *m;* ~ **neto** Nettolohn *m;* ~ **por unidad producida** Stücklohn *m;* **congelación de** ~**s** Lohnstopp *m;* **escala de** ~**s** Lohngruppe *f,* Lohntarif *m;* **hoja de** ~

Lohnstreifen *m,* Lohnzettel *m;* **me dan un ~ de miseria** sie zahlen mir einen Hungerlohn

salazón [sala'θon] *m* **1.** (*saladura*) Einsalzen *nt,* Pökeln *nt* **2.** (*industria*) Pökelindustrie *f* **3.** *pl* (*carne*) Salzfleisch *nt,* Pökelfleisch *nt;* (*pescado*) Salzfische *mpl*

salchicha [sal'ʧiʧa] *f* Wurst *f,* Würstchen *nt;* **~ asada** Bratwurst *f;* **~ de Francfort** Frankfurter Würstchen; **perro ~** (*fam*) Dackel *m*

salchichería [salʧiʧe'ria] *f* Wurstwarengeschäft *nt*

salchichón [salʧi'ʧon] *m* Dauerwurst *f,* Hartwurst *f*

salcochar [salko'ʧar] *vt* in Salzwasser kochen

saldar [sal̩'dar] *vt* **1.** (COM: *liquidar*) saldieren; (*cuenta*) begleichen; **~ una cuenta bancaria** ein (Bank)konto ausgleichen; **~ una deuda** eine Schuld tilgen [*o* begleichen]; **todavía no hemos saldado nuestras diferencias** wir haben unsere Unstimmigkeiten noch nicht beigelegt **2.** (*mercancía*) ausverkaufen; **la tienda salda** das Geschäft macht Räumungsverkauf

saldo ['sal̩do] *m* **1.** (COM) Saldo *m;* (*pago*) Zahlung *f,* Ausgleich *m;* **~ acreedor** Guthaben *nt;* **~ arrastrado** Saldovortrag *m;* **~ de caja** Kassenbestand *m;* **~ compensatorio** Verrechnungsspitze *f;* **~ de cuenta** Kontostand *m;* **~ deudor** [*o* **en contra**] Sollsaldo *m,* Schuldsaldo *m;* **~ disponible** verfügbarer Saldo; **~ final** Abschlusssaldo *m;* **~ a nuestro favor** Nostroguthaben *nt;* **precio de ~** Ausverkaufspreis *m;* **traspasar el ~** den Saldo vortragen; **con un ~ a su favor de…** (*formal*) mit einem Saldo von … zu Ihren Gunsten; **la cuenta tiene un ~ positivo** das Konto weist einen positiven Saldo aus **2.** *pl* (*rebajas*) Räumungsverkauf *m,* Ausverkauf *m*

saledizo[1] [sale'ðiθo] *m* (ARQUIT) Stirnbrett *nt,* Traufbrett *nt*

saledizo, -a[2] [sale'ðiθo, -a] *adj* vorspringend

salero [sa'lero] *m* **1.** (*objeto*) Salzstreuer *m* **2.** (*almacén*) Salzlager *nt* **3.** (*gracia*) Anmut *f;* **esa bailaora tiene mucho ~** diese Flamencotänzerin ist sehr anmutig

saleroso, -a [sale'roso, -a] *adj* (*fam: garboso*) anmutig; (*ingenioso*) witzig; (*seductor*) verführerisch

salesa [sa'lesa] *f* (REL) Salesianernonne *f*

salesiano, -a [sale'sjano, -a] *m, f* (REL) Salesianer(in) *m(f)*

salicaria [sali'karja] *f* (BOT) Blut-Weiderich *m*

salicílico [sali'θiliko] *adj o m* (MED, QUÍM): (**ácido**) ~ Salizylsäure *f*

salicina [sali'θina] *f* (MED, QUÍM) Salizin *nt*

sálico, -a ['saliko, -a] *adj* (HIST) salisch; **ley sálica** Salisches Gesetz

salicor [sali'kor] *m* (BOT) Sodakraut *nt*

salicultura [salikul̩'tura] *f* Salzgewinnung *f*

salida [sa'liða] *f* **1.** (*puerta*) Ausgang *m;* **~ para coches** Ausfahrt *f;* **~ de emergencia** Notausgang *m;* **a la ~ del teatro** nach der Vorstellung; **encontrarse en un callejón sin ~** sich in einer Sackgasse befinden **2.** (*de un tren, de un coche*) Abfahrt *f;* (*de un avión*) Start *m;* (*de un barco*) Auslaufen *nt;* **puerto de ~** Abgangshafen *m* **3.** (*astro*) Aufgang *m* **4.** (DEP) Start *m;* **dar la ~** das Startzeichen geben **5.** (COM) Absatz *m;* (*partida*) Ausgabe *f;* (FIN: *de capital*) Abfluss *m;* **dar ~ al género** die Ware absetzen; **este producto no tiene ~** dieses Produkt ist unverkäuflich **6.** (*ajedrez*) Anzug *m* **7.** (*fam: ocurrencia*) Einfall *m;* **~ de tono** unangebrachte Bemerkung; **¡menuda ~!** was für eine Schnapsidee! **8.** (*pretexto*) Ausrede *f* **9.** (*solución*) Ausweg *m;* **en este asunto no hay ~** diese Sache ist ausweglos **10.** (INFOR): **~ de programa** Programmausdruck *m;* **~ de sistema** Verlassen des Systems **11.** *pl* (*carrera*) *gute Chancen auf dem Arbeitsmarkt*

salido, -a [sa'liðo, -a] *adj* **1.** (*que sobresale*) vorspringend **2.** (*animal en celo*) brünstig; (*perra*) läufig **3.** (*vulg: sexual*) geil

salidor(a) [sali'ðor(a)] *adj* (*Am*) ausgehfreudig

saliente [sa'ljen̩te] **I.** *adj* **1.** (*trabajo*) hervorragend, ausgezeichnet **2.** (*ojos*) hervorstehend **3.** (MAT) vorspringend **4.** (ARQUIT) ausladend, auskragend **5.** (*ministro*) ausscheidend **II.** *m* **1.** (ARQUIT) Auskragung *f;* **formar ~** auskragen **2.** (*elev: Oriente*) Ost(en) *m*

salificación [salifika'θjon] *f* (QUÍM) Salzbildung *f*

salina [sa'lina] *f* (*instalación*) Saline *f,* Salzwerk *nt;* (*mina*) Salzgrube *f*

salinero, -a [sali'nero, -a] **I.** *adj* (*referente a las salinas*) Salz-, Salinen-; **compañía salinera** Salzwerk *nt* **II.** *m, f* (*persona*) Salzwerker(in) *m(f)*

salinidad [salini'ða^{d}] *f sin pl* **1.** (*proporción de sal*) Salzgehalt *m* **2.** (GEO) Salinität *f*

salinización [saliniθa'θjon] *f* Versalzung *f;* **~ de las aguas subterráneas** Grundwasserversalzung *f*

salinizarse [salini'θarse] *vr* versalzen

salino, -a [sa'lino, -a] *adj* **1.** (*salobre*) Salz-, salzhaltig, salzig; **sabor ~** Salzgeschmack *m* **2.** (*ganado vacuno*) weiß gesprenkelt

salipirina [salipi'rina] *f* (MED) Salipyrin *nt*

salir [sa'lir] *irr* **I.** *vi* **1.** (*de viaje*) abfahren, abreisen; (*avión*) starten; **~ adelante** (irgendwie) weiterkommen; **~ con alguien** (*fam*) mit jdm gehen; **~ de caza** auf die Jagd gehen; **~ a dar una vuelta** spazieren gehen; **~ en estampida** (*fam*) losbrausen; **~ del huevo** (aus dem Ei) schlüpfen; **~ mal con alguien** sich mit jdm entzweien; **~ pitando** (*fam*) davoneilen; **~ del sistema** (INFOR) das System verlassen; **¿cómo te salió el examen?** wie ist die Prüfung gelaufen?; **para ~ de dudas le pregunté directamente** um mir Klarheit zu verschaffen, habe ich ihn/sie direkt gefragt; **~ por peteneras** (*fam*) vom Thema abschweifen **2.** (*aparecer*) erscheinen; (*sol*) aufgehen;

(*fuente*) entspringen; (*flores*) sprießen; ~ **a la luz** ans Licht kommen; ~ **en la tele** ins Fernsehen kommen; ~ **de la situación de pérdidas** (FIN) aus den roten Zahlen herauskommen **3.** (*convertirse*) werden; **salió un buen artista** aus ihm ist ein guter Künstler geworden **4.** (*parecerse*) ähneln (*a +dat*); **este niño ha salido a su padre** der Junge kommt ganz nach seinem Vater **5.** (INFOR) verlassen **6.** (DEP) starten **7.** (*costar*) kosten (*a+akk*); **nos sale a 20 pesetas el metro** es kostet uns 20 Peseten pro Meter **II.** *vr:* **~se 1.** (*derramarse*) verlassen, heraustreten; (*líquido*) überlaufen; (*leche*) überkochen; (*vasija*) undicht sein; **se salió de la Iglesia/de la asociación** er/sie ist aus der Kirche/aus dem Verein ausgetreten; **el río se salió (de madre)** der Fluss ist über die Ufer getreten **2.** (*loc*): **~se con la suya** seinen/ihren Kopf durchsetzen

salita [sa'lita] *f dim de* **sala**

salitre [sa'litre] *m* Salpeter *m*

salitroso, -a [sali'troso, -a] *adj* salpeterhaltig, salpetrig

saliva [sa'liβa] *f* Speichel *m;* **gastar ~ en balde** (*fig fam*) sich den Mund fusselig reden; **tragar ~** (*fig fam*) seinen Ärger hinunterschlucken

salivación [saliβa'θjon] *f sin pl* Speichelbildung *f;* (*secreción excesiva*) Speichelfluss *m*

salivadera [saliβa'ðera] *f* (*Arg, Urug: escupidera*) Spucknapf *m*

salival [sali'βal] *adj* Speichel-; **glándula ~** Speicheldrüse *f*

salivar [sali'βar] *vi* Speichel bilden

salivazo [sali'βaθo] *m* Spucke *f*

salmantino, -a [salman̩'tino, -a] **I.** *adj* aus Salamanca, salmantinisch **II.** *m, f* Salmantiner(in) *m(f)*

salmista [sal'mista] *mf* Psalmist(in) *m(f),* Psalmendichter(in) *m(f);* (*cantante*) Psalmensänger(in) *m(f);* **el S~** König David

salmo ['salmo] *m* Psalm *m;* **cantarle a alguien el ~** (*fig fam*) jdm die Leviten lesen

salmodia [sal'moðja] *f* Psalmengesang *m;* (*letanía*) Litanei *f*

salmodiar [salmo'ðjar] **I.** *vi* Psalmen singen **II.** *vt* (*pey*) (herunter)leiern

salmón [sal'mon] **I.** *adj* lachsfarben; **me gusta tu falda/abrigo ~** dein lachsfarbener Rock/Mantel gefällt mir **II.** *m* (ZOOL) Lachs *m*

salmonado, -a [salmo'naðo, -a] *adj* **1.** (*semejante al salmón*) lachsartig **2.** (*de color del salmón*) lachsfarben

salmonela [salmo'nela] *f* (BIOL) Salmonelle *f*

salmonelosis [salmone'losis] *f inv* Salmonellenvergiftung *f;* (MED) Salmonellose *f;* **pilló una ~** (*fam*) er/sie hat sich eine Salmonellenvergiftung zugezogen

salmonero [salmo'nero] *m* Lachsnetz *nt*

salmonete [salmo'nete] *m* (ZOOL) Meerbarbe *f*

salmonicultura [salmonikul̩'tura] *f* Lachszucht *f*

salmorejo [salmo'rexo] *m* (GASTR): **conejo en ~** *Hase in einer pikanten Soße aus Essig, Öl, Salz, Pfeffer und Wasser*

salmuera [sal'mwera] *f* Lake *f,* Salzbrühe *f,* Sole *f;* **anchoas en ~** Salzsardellen *fpl*

salobre [sa'loβre] *adj* salzig, brackig; **agua ~** Brackwasser *nt*

saloma [sa'loma] *f* Matrosengesang *m*

salomón [salo'mon] *m* sehr weiser Mann *m;* **sello de ~** (BOT) Salomon(s)siegel *nt*

salomónico, -a [salo'moniko, -a] *adj* **1.** (*sabio*) salomonisch **2.** (ARQUIT: *columna*) gewunden

salón [sa'lon] *m* **1.** Salon *m,* Empfangssaal *m;* ~ **de belleza** Schönheitssalon *m;* ~ **VIP** VIP-Lounge *f;* **es un comunista de ~** (*irón*) er ist ein Salonkommunist **2.** (*muebles*) Wohnzimmermöbel *pl* **3.** (*feria*) Ausstellung *f;* ~ **del automóvil** Automobilausstellung *f;* ~ **del mueble** Möbelmesse *f;* ~ **náutico** Bootsausstellung *f*

salpa ['salpa] *f* (ZOOL) Salpe *f*

salpicada [salpi'kaða] *f* (*Méx*) *v.* **salpicadura**

salpicadera [salpika'ðera] *f* (*Méx: guardabarro*) Kotflügel *m*

salpicadero [salpika'ðero] *m* (AUTO) Armaturenbrett *nt*

salpicadura [salpika'ðura] *f* (*mancha*) (Spritz)fleck *m;* (*salpicón*) (Be)spritzen *nt*

salpicar [salpi'kar] <c→qu> *vt, vr:* **~se 1.** (*rociar*) bespritzen (*con/de* mit *+dat*); ~ **la mesa de flores** den Tisch mit Blumen schmücken; ~ **la tela con pintura** die Leinwand mit Farbe besprenkeln **2.** (*manchar*) beflecken, beschmutzen (*con/de* mit *+dat*); **me he salpicado de barro** ich habe mich mit Lehm bespritzt **3.** (*con chistes*) würzen

salpicón [salpi'kon] *m* **1.** (GASTR) *Fleisch-, Fisch- oder Meeresfrüchtesalat;* (*Col, Ecua*) *Fruchtsaftkaltgetränk* **2.** (*salpicadura*) (Be)spritzen *nt*

salpimentar [salpimen̩'tar] <e→ie> *vt* mit Salz und Pfeffer würzen; (*fig*) würzen (*con/de* mit *+dat*)

salpimienta [salpi'mjen̩ta] *f* (GASTR) Salz- und Pfeffermischung *f*

salpingitis [salpiŋ'xitis] *f inv* (MED) Eileiterentzündung *f,* Salpingitis *f*

salpresar [salpre'sar] *vt* (GASTR) einsalzen

salsa ['salsa] *f* **1.** (GASTR) Soße *f,* Tunke *f reg;* (*caldo*) Brühe *f;* ~ **blanca** weiße Soße; ~ **clara/espesa** dünne/dicke Soße; ~ **golf** Tomaten-Majonäse-Soße *f;* ~ **mayonesa** [*o* **mahonesa**] Majonäse *f;* ~ **verde** Petersiliensoße *f;* ~ **vinagreta** Essigsoße *f;* **la ~ de San Bernardo** (*fig fam*) Bärenhunger *m;* **estaba en su propia ~** (*fig fam*) er/sie war in seinem/ihren Element **2.** (*gracia*) Reiz *m;* **este libro tiene mucha ~** dieses Buch ist sehr spannend; **esa es la ~ de la vida** (*fam*) das macht das Leben lebenswert **3.** (MÚS) Salsa *f*

salsamentaría [salsamen̩ta'ria] *f* (*Col:*

COM) Fleischerladen *m*

salsear [salse'ar] *vt* (GASTR) mit Soße begießen

salsera [sal'sera] *f* Soßenschüssel *f*, Sauciere *f*

salsero, **-a** [sal'sero, -a] **I.** *adj* (*fam: entrometido*) vorwitzig, naseweis **II.** *m, f* (*fam*) Soßenspezialist(in) *m(f)*

salsifí [salsi'fi] <salsifíes> *m* (BOT) Bocksbart *m*, Haferwurzel *f*; ~ **negro** Schwarzwurzel *f*

saltado, **-a** [sal̪'taðo, -a] *adj* **1.** (*desprendido*) herausgefallen; **el brazalete tiene algunas piedras saltadas** aus dem Armband sind einige Steine herausgefallen **2.** (*saltón*) hervorspringend; **ojos ~s** Glotzaugen *ntpl*

saltador[1] [sal̪ta'ðor] *m* (*comba*) Springseil *nt*

saltador(a)[2] [sal̪ta'ðor(a)] **I.** *adj* springend **II.** *m(f)* **1.** (*atleta*) Springer(in) *m(f)*; ~ **de altura** Hochspringer *m*; ~ **de longitud** Weitspringer *m*; ~ **de pértiga** Stabhochspringer *m*; ~ **de triple** Dreispringer *m* **2.** (*saltimbanqui*) Seiltänzer(in) *m(f)*

saltadura [sal̪ta'ðura] *f* (*piedra, plato*) abgeschlagene Stelle *f*

saltagatos [sal̪ta'ɣatos] *m inv* (*Col:* ZOOL) *v.* **saltamontes**

saltamontes [sal̪ta'mon̪tes] *m inv* (ZOOL) Heuschrecke *f*

saltaojos [sal̪ta'oxos] *m inv* (BOT) Pfingstrose *f*, Päonie *f*

saltaperico [sal̪tape'riko] *m* (*Cuba:* BOT) *ein Akanthusgewächs*

saltar [sal̪'tar] **I.** *vi* **1.** (*botar*) springen; (*chispas*) sprühen; ~ **por los aires** explodieren; (*fig*) schief gehen; ~ **de alegría** vor Freude in die Luft springen; ~ **a la cuerda** seilspringen; ~ **en pedazos** in Stücke zerspringen; **los jugadores ~on al terreno de juego** die Spieler liefen auf das Spielfeld **2.** (*lanzarse*) springen; ~ **al agua/a la calle** ins Wasser/auf die Straße springen; ~ **con paracaídas** fallschirmspringen; **saltó por la ventana** er/sie ist aus dem Fenster gesprungen **3.** (*explotar*) platzen; (*bomba*) explodieren; (*costura*) reißen **4.** (*atención*) auffallen; **eso salta a la vista** das ist offensichtlich **5.** (*picarse*) (zornig) auffahren **6.** (*irrumpir*) herausplatzen (*con* mit +*dat*); **y luego saltó él diciendo que...** und dann platzte er plötzlich damit heraus, dass ... **7.** (*trabajo*) eine steile Karriere machen; (*ser destituido*) abgesetzt werden **8.** (*desprenderse*) abspringen, abfallen; **ha saltado la pintura del coche** die Farbe am Auto ist abgesprungen **II.** *vt* **1.** (*movimiento*) springen (über +*akk*); ~ **un obstáculo** über eine Hürde springen; **andar a la que salta** auf jede günstige Gelegenheit lauern **2.** (*animal*) decken **III.** *vr:* **~se 1.** (*ley, norma*) missachten **2.** (*línea, párrafo*) überspringen **3.** (*desprenderse*) abspringen; **se me saltó un botón** ich habe einen Knopf verloren; **se le ~on las lágrimas** ihm/ihr kamen die Tränen

saltarín, **-ina** [sal̪ta'rin, -ina] **I.** *adj* springend, tanzend **II.** *m, f* Tänzer(in) *m(f)*; (*fig: zarandillo*) Luftikus *m*

salteador(a) [sal̪tea'ðor(a)] *m(f)* Straßenräuber(in) *m(f)*

saltear [sal̪te'ar] *vt* **1.** (*asaltar*) überfallen **2.** (*hacer sin orden*) *mit Unterbrechungen und unvollständig tun* **3.** (GASTR) sautieren, dünsten

salterio [sal̪'terjo] *m* **1.** (*libro, instrumento*) Psalter *m*, Psalterium *nt* **2.** (*coro*) Choralbuch *nt*, Psalmbuch *nt*

saltimbanqui [sal̪tim'baŋki] *m* Gaukler(in) *m(f)*, Jahrmarktskünstler(in) *m(f)*; (*fam: persona bullidora*) Sausewind *m*

salto ['sal̪to] *m* **1.** (*en general*) Sprung *m*, Satz *m*; ~ **de agua** Wasserfall *m*; (*presa*) Talsperre *f*; ~ **de caballo** (*crucigrama, ajedrez*) Rösselsprung *m*; **de** [*o* **en**] **un** ~ schnell, rasch; **apartarse de un** ~ wegspringen, beiseite springen; **dar un** ~ aufspringen; (*fig*) rasch vorwärtskommen; **dar ~s de alegría** vor Freude an die Decke springen; **dar un ~ atrás** zurückspringen; **me pegó un ~ el corazón** mein Herz tat einen Sprung; **moverse a ~s** sich sprunghaft bewegen; **vivir a ~ de mata** (*fig*) mehr schlecht als recht leben **2.** (INFOR): ~ **hacia atrás** Rücksprung *m*; ~ **de página** Seitenumbruch *m*; ~ **de papel** schneller Papiervorschub; ~ **vertical** Seitenvorschub *m*; **inicio de** ~ Sprungstart *m* **3.** (DEP) Sprung *m*; ~ **de altura** Hochsprung *m*; ~ **elástico** (SPORT) Bungeespringen *nt*; ~ **de longitud** Weitsprung *m*; ~ **con pértiga** Stabhochsprung *m*; ~ **del potro** Bockspringen *nt*; ~ **en paracaídas** Fallschirmabsprung *m*; ~ **de trampolín** Kunstsprung *m*; ~ **de triple** Dreisprung *m* **4.** (*trabajo*) Beförderung *f* **5.** (*bata de mujer*): ~ **de cama** Morgenrock *m*

saltón[1] [sal̪'ton] *m* (ZOOL: *gusano*) Speckmade *f*; (*saltamontes*) junge Heuschrecke *f*

saltón, **-ona**[2] [sal̪'ton, -ona] *adj* **1.** (*saltarín*) springend **2.** (*sobresaliente*) hervorspringend; **ojos saltones** Glotzaugen *ntpl* **3.** (*Col: alimento*) halb roh

salubre [sa'luβre] *adj* <salubérrimo> (*saludable*) gesund; (*curativo*) heilsam

salubridad [saluβri'ða^{ð}] *f sin pl* Zuträglichkeit *f*; (*Am*) Hygiene *f*, hygienische Bedingungen *fpl*; ~ **ocupacional** Arbeitshygiene *f*

salud [sa'lu^{ð}] *f sin pl* **1.** (*estado físico*) Gesundheit *f*; (*bienestar*) Wohlsein *nt*; **¡~!** (*al estornudar*) Gesundheit!; (*saludo*) grüß Gott!; ~ **del alma** Seelenheil *nt*; ~ **mental** (MED, PSICO) geistige Gesundheit; **¡a su ~!** auf Ihr Wohl!; **a la ~ de...** auf das Wohl von ...; **rebosante de** ~ kerngesund; **¡~, dinero y amor!** (*fam*) prost!; **curarse en** ~ (*fig*) es nicht darauf ankommen lassen; **gastar** ~ sich wohl fühlen; **vender** [*o* **verter**] ~ vor Gesundheit strotzen; **lo juro por la ~ de mis hijos** ich schwöre es bei meiner Seele; **¿qué tal marcha** [*o* **va**] **su ~?** was macht die Gesundheit?; **el tabaco es perjudicial para la** ~ Rauchen gefährdet die Gesundheit **2.** *pl* (*Am: saludos*) Grüße *mpl*

S

saluda [sa'luða] *m offizielle Grußkarte einer hochrangigen Person ohne Unterschrift*

saludable [salu'ðaβle] *adj* **1.** (*sano*) gesund **2.** (*provechoso*) nützlich

saludador [saluða'ðor] *m* ≈Gesundbeter *m*

saludar [salu'ðar] *vt* **1.** (*al encontrar*) (be)grüßen; (*mandar saludos*) einen Gruß bestellen, grüßen lassen; (*elev*) willkommen heißen; **le saluda afectuosamente su...** (*formal*) es grüßt Sie herzlich Ihr ...; **he ido a ~ a mis padres** ich bin kurz bei meinen Eltern vorbeigegangen; **estos ya ni se saludan** die reden kein Wort mehr miteinander **2.** (MIL) grüßen, salutieren; (*con artillería*) eine Salve abgeben **3.** (NÁUT) die Flagge dippen

saludo [sa'luðo] *m* Gruß *m;* (*palabras de bienvenida*) Begrüßung *f;* (*salva*) Salvengruß *m;* (*carta*) Abschiedsformel *f;* **con un cordial ~** (*formal*) mit herzlichen Grüßen; **¡déle ~s de mi parte!** grüßen Sie ihn/sie von mir!; **tu madre te manda ~s** deine Mutter lässt dich grüßen; **¡muchos ~s a... de mi parte!** viele Grüße an ... +*akk* von mir!, grüße ... +*akk* von mir!

salutación [saluta'θjon] *f* **1.** (*saludo*) Begrüßung *f,* Gruß *m;* ~ **del Ángel** [*o* **angélica**] **a la Virgen** Englischer Gruß **2.** (*oración*) Avemaria *nt*

salva ['salβa] *f* (Geschütz)salve *f,* (Salven)gruß *m;* ~ **de aplausos** Beifallssturm *m*

salvabarros [salβa'βarros] *m inv* (AUTO) Schutzblech *nt*

salvable [sal'βaβle] *adj* (noch) zu retten; **la situación ya no es ~** die Lage ist nicht mehr zu retten

salvación [salβa'θjon] *f* (*salvamento*) Rettung *f;* (*redención*) Erlösung *f;* **áncora de ~** Rettungsanker *m;* **Ejército de S~** Heilsarmee *f;* **la ~ eterna** die ewige Seligkeit

salvado [sal'βaðo] *m* Kleie *f*

Salvador [salβa'ðor] *m* **1.** (GEO): **El ~** El Salvador *nt* **2.** (*Jesucristo*): **El ~** der Erlöser

salvador(a) [salβa'ðor(a)] **I.** *adj* rettend, erlösend; (*curativo*) heilend **II.** *m(f)* Retter(in) *m(f),* Befreier(in) *m(f)*

salvadoreñismo [salβaðore'ɲismo] *m* (LING) typische Redeweise *f* in El Salvador

salvadoreño, -a [salβaðo'reɲo, -a] **I.** *adj* aus El Salvador, salvadorianisch **II.** *m, f* Salvadorianer(in) *m(f)*

salvaguardar [salβaɣwar'ðar] *vt* (*elev: proteger*) (be)wahren; ~ **un derecho/los intereses de alguien** ein Recht/die Interessen jds [*o* von jdm] wahren

salvaguardia [salβa'ɣwarðja] *f* **1.** (*protección*) Schutz *m;* **cláusula de ~** Schutzklausel *f,* Sicherheitsklausel *f;* **la ~ de nuestros intereses** die Wahrung unserer Interessen **2.** (MIL) Geleit *nt* **3.** (*salvoconducto*) Geleitbrief *m*

salvajada [salβa'xaða] *f* Gräueltat *f;* **esos gamberros atemorizan con sus ~s** diese Halbstarken jagen mit ihrer Randale allen Angst ein

salvaje [sal'βaxe] **I.** *adj* (*planta, animal*) wild; (*persona*) unzivilisiert, ungesellig; (*acto*) grausam, barbarisch **II.** *mf* Wilde(r) *mf;* (*persona ruda*) Barbar(in) *m(f),* Rohling *m*

salvajismo [salβa'xismo] *m sin pl* (*animal*) Wildheit *f;* (*gamberrismo*) Vandalismus *m;* (*crueldad*) Grausamkeit *f*

salvamanteles [salβamaṇ'teles] *m inv* Untersetzer *m*

salvamente [salβa'meṇte] *adv* gefahrlos

salvamento [salβa'meṇto] *m* Rettung *f;* (*accidente, naufragio*) Bergung *f;* **bote de ~** Rettungsboot *nt;* **equipo de ~** Rettungsmannschaft *f*

salvar [sal'βar] **I.** *vt* **1.** (*peligro*) retten; (REL) erlösen; **lo salvó del peligro** er/sie hat ihn aus der Gefahr gerettet **2.** (*foso*) überspringen; (*distancia*) zurücklegen; (*obstáculo*) überwinden; ~ **las apariencias** den Schein wahren **II.** *vr:* **~se** sich retten (*de* vor +*dat*); (REL) erlöst werden; **se salvó por los pelos** er/sie ist nur knapp entkommen; **¡sálvese quien pueda!** rette sich wer kann!

salva-slip [salβas'lip] <salva-slips> *m* Slip-Einlage *f*

salvavidas [salβa'βiðas] *m inv* Rettungsring *m;* **bote ~** Rettungsboot *nt;* **chaleco ~** Schwimmweste *f*

salve ['salβe] **I.** *interj* (*elev*) sei gegrüßt **II.** *f* (REL) Salve-(Regina) *nt*

salvedad [salβe'ðað] *f* Ausnahme *f,* Vorbehalt *m;* **no podemos hacer una ~ en su favor** wir können keine Ausnahme für Sie machen; **la oferta se entiende con la ~ de que...** das Angebot versteht sich unter dem Vorbehalt, dass ...

salvia ['salβja] *f* (BOT) Salbei *m o f*

salvilla [sal'βiʎa] *f* (*Chil*) Essig- und Ölständer *m,* Menage *f*

salvilora [salβi'lora] *f* (*Arg:* BOT) *im trockenen Osten Argentiniens heimische Strauchpflanze*

salvo[1] ['salβo] *prep* außer +*dat;* ~ **que** [*o* **si**]**...** +*subj* es sei denn, dass ...; **todos ~ mi hermano** alle außer meinem Bruder; ~ **error u omisión** (*formal*) Irrtum bzw. Auslassung vorbehalten; ~ **aviso en contrario** (*formal*) vorbehaltlich anders lautender Mitteilungen

salvo, -a[2] ['salβo, -a] *adj* heil; (*objeto*) unbeschädigt; **poner a alguien/algo a ~** jdn/etw in Sicherheit bringen

salvoconducto [salβokoṇ'dukto] *m* Passierschein *m,* Geleitbrief *m*

samán [sa'man] *m* (*Am:* BOT) *robustes Mimosengewächs des tropischen Amerika*

samarilla [sama'riʎa] *f* (BOT) Feldthymian *m,* Quendel *m*

samaritano, -a [samari'tano, -a] **I.** *adj* (GEO, REL) samarit(an)isch, aus Samaria **II.** *m, f* Samarit(an)er(in) *m(f);* **el buen ~** der barmherzige Samariter

samba ['samba] *f* (MÚS) Samba *m o f*

sambenito [sambe'nito] *m* Büßerhemd *nt;*

colgar [*o* **poner**] **el ~ a alguien** jdn abstempeln
sambo ['sambo] *m* (*Ecua*) *eine Kürbisart*
sambumbia [sam'bumbja] *f* **1.** (*Col: cosa desmoronada*): **volver algo ~** etw kurz und klein schlagen **2.** (*Cuba:* GASTR) *Getränk aus Rohrhonig, Zucker und Paprika* **3.** (*Méx:* GASTR) *Getränk aus Ananas, Zucker und Wasser*
samovar [samo'βar] *m* Samowar *m*
samoyedo[1] [samo'ɟeðo] *m* (*lengua*) Samojedisch(e) *nt*
samoyedo, -a[2] [samo'ɟeðo, -a] **I.** *adj* samojedisch **II.** *m, f* Samojede, -in *m, f*
sampa ['sampa] *f* (*Arg:* BOT) *in salpeterhaltigen Zonen wachsende Staude*
sampán [sam'pan] *m* (NÁUT) Sampan *m*
samurai [samu'rai̯] *m*, **samuray** [samu'rai̯] *m* Samurai *m*
san [san] *adj v.* **santo**
sanable [sa'naβle] *adj* heilbar
sanador(a) [sana'ðor(a)] **I.** *adj* heilend **II.** *m(f)* Heiler(in) *m(f)*
sanalotodo [sanalo'toðo] *m inv* Allheilmittel *nt*, Wundermittel *nt*
sanar [sa'nar] **I.** *vi* (*persona*) gesund werden (*de* von +*dat*), genesen (*de* von +*dat*) **II.** *vt* (*dolencia, herida*) heilen
sanatorio [sana'torjo] *m* Sanatorium *nt*
sanción [san̪'θjon] *f* **1.** (*multa*) Strafe *f*, Sanktion *f*; **~ de demora** Verzugsstrafe *f*; **sanciones económicas** Wirtschaftssanktionen *fpl*; **~ tributaria** (ADMIN, ECON) Steuerstrafe *f*; **imponer una ~** eine Sanktion verhängen **2.** (JUR) Gesetz *nt*, Bestimmung *f* **3.** (*autorización*) Genehmigung *f*
sancionable [san̪θjo'naβle] *adj* strafbar
sancionar [san̪θjo'nar] *vt* **1.** (*aplicar sanciones*) Sanktionen verhängen (*a* gegen +*akk*) **2.** (*ley, acto*) sanktionieren *elev*, billigen, gutheißen
sanco ['saŋko] *m* **1.** (*Chil:* GASTR) Brei *m* aus geröstetem Mehl **2.** (*Arg:* GASTR) *Gericht aus Maismehl mit Zwiebeln und Knoblauch* **3.** (*Chil: barro espeso*) zäher, dicker Schlamm *m*
sancochar [saŋko'ʧar] *vt* (*Am:* GASTR: *rehogar*) anbraten
sancocho [saŋ'koʧo] *m* **1.** (*AmC, PRico, Ven: lío*) Durcheinander *nt* **2.** (*And, Ven*) ≈Eintopf *m* **3.** (*Arg, Cuba: guiso incomible*) Fraß *m* **4.** (*Cuba*) Essensreste *mpl* (*für die Schweine*) **5.** (*reg:* GASTR) *kanarische Spezialität: gesalzener Fisch mit Kartoffeln*
sancta ['san̪ta]: **non ~** verdorben; **una casa non ~** ein verruchtes Haus; **gente non ~** verruchte Leute
sanctasantórum [san̪tasan̪'torun] *m inv* (REL: *t. fig*) Allerheiligste *nt*
sandalia [san̪'dalja] *f* Sandale *f*
sándalo ['san̪dalo] *m* (*árbol*) Sandel(holzbaum) *m*; (*madera*) Sandelholz *nt*
sandez [san̪'deθ] *f* Dummheit *f*, Unsinn *m*; **no dijeron más que sandeces** sie haben nur Unsinn geredet
sandía [san̪'dia] *f* Wassermelone *f*
sandiego [san̪'djeɣo] *m* (*Cuba:* BOT) *ein Fuchsschwanzgewächs mit blauen und weißen Blüten*
sandinismo [san̪di'nismo] *m* (POL) Sandinismus *m*
sandinista [san̪di'nista] **I.** *adj* sandinistisch **II.** *mf* Sandinist(in) *m(f)* (*Mitglied der Frente Sandinista de Liberación Nacional, Nicaragua*)
sandio, -a ['san̪djo, -a] *adj* einfältig, dumm
sandunga [san̪'duŋga] *f* (*fam*) **1.** (*gracia*) Anmut *f* **2.** (*Col, Chil, PRico*) ≈Gaudi *f o nt* **3.** (*Méx: chispa*) Pep *m*
sandunguero, -a [san̪duŋ'gero, -a] *adj* (*elegante*) graziös, anmutig; (*chistoso*) witzig
sándwich ['saŋgwiʧ] *m* Sandwich *m o nt*; **hombre ~** Plakatträger *m*; **día ~** (*Arg: fam*) Brückentag *m* (*Arbeitstag zwischen zwei Feiertagen*)
sandwichera [saŋgwi'ʧera] *f* Sandwichmaker *m*
saneado, -a [sane'aðo, -a] *adj* **1.** (ECON: *renta, haber*) lastenfrei **2.** (*edificio*) saniert, renoviert; (*economía*) gesund
saneamiento [sanea'mjen̪to] *m* **1.** (*edificio, t. fig*) Sanierung *f*; (*economía*) Gesundung *f*; **~ de activos** (FIN) Sanierung der Aktiva; **~ de las finanzas** (FIN) Sanierung der Finanzen **2.** (AGR: *terreno*) Melioration *f* **3.** (JUR) Mängelhaftung *f*; **~ en caso de evicción** Eviktionshaftung *f*
sanear [sane'ar] *vt* **1.** (*edificio, banco, t. fig*) sanieren **2.** (AGR: *terreno*) meliorieren **3.** (JUR) haften (für +*akk*); **~ un vicio** einen Mangel beheben
Sanfermines [saɱfer'mines] *mpl* San-Fermín-Fest *nt* (*Volksfest in Pamplona am 7. Juli*)
sangradera [saŋgra'ðera] *f* **1.** (MED) Schnäpper *m* **2.** (*recipiente*) *Gefäß zum Auffangen von Blut* **3.** (*Am: sangría*) Aderlass *m* **4.** (*compuerta*) Abzugsgraben *m*
sangrado [saŋ'graðo] *m* (TIPO) Einzug *m*
sangradura [saŋgra'ðura] *f* **1.** (*brazo*) Armbeuge *f* **2.** (*sangría*) Aderlass *m* **3.** (*agua*) Abfluss *m*
sangrante [saŋ'gran̪te] *adj* blutend; **una injusticia ~** eine schreiende Ungerechtigkeit
sangrar [saŋ'grar] **I.** *vi* (*t. fig*) bluten; **está sangrando por la nariz, le sangra la nariz** er/sie hat Nasenbluten; **estar sangrando** (*fig*) ganz frisch sein **II.** *vt* **1.** (MED) zur Ader lassen; (*cerdo*) abstechen; (*dinero*) schröpfen **2.** (*agua, resina*) abzapfen **3.** (TIPO, INFOR) einrücken
sangre ['saŋgre] *f* Blut *nt*; (*linaje*) Abstammung *f*; (*carácter*) Gemüt *nt*; **~ venosa** Venenblut *nt*; **a ~ fría** kaltblütig; **de ~ azul** adlig, blaublütig; **animales de ~ caliente/fría** Warm-/Kaltblüter *mpl*; (**caballo de**) **pura ~** Vollblut(pferd) *nt*; **derramamiento de ~**

S

Blutvergießen *nt;* **la fuerza de la ~** die Stimme des Blutes; **chupar la ~ (de las venas) a alguien** (*fam*) jdn ausnutzen; **conservar la ~ fría** die Beherrschung nicht verlieren, ruhig Blut bewahren; **dar la ~ de sus venas** zu jedem Opfer bereit sein; **hacerse mala ~** sich *dat* graue Haare wachsen lassen; **le hierve la ~** er/sie kocht vor Wut; **no llegar la ~ al río** (*fam*) Pack schlägt sich, Pack verträgt sich; **llevar algo en la ~** etw im Blut haben; **se le sube la ~ a la cabeza** ihm/ihr steigt das Blut in den Kopf; (*encolarizarse*) er/sie ist rot vor Wut; **sudar ~** Blut schwitzen; **tener mala ~** (*fam*) hundsgemein sein; **no tener ~ en las venas** (*fam*) Fischblut in den Adern haben; **la ~ se me heló en las venas** mir erstarrte das Blut in den Adern

sangría [saŋ'gria] *f* **1.** (MED) Aderlass *m;* (*fam*) Schröpfen *nt;* **una ~ de votos** ein hoher Stimmenverlust; **lo mismo son ~s que ventosas** (*fig fam*) da hilft weder das eine noch das andere **2.** (*brazo*) Armbeuge *f* **3.** (*aguas*) Abzapfung *f* **4.** (*metal*) Abstich *m* **5.** (TIPO, INFOR) Einrücken *nt* **6.** (*bebida*) Sangria *f* (*spanische Rotweinbowle*)

sangriento, -a [saŋ'grjen̪to, -a] *adj* blutig; (*manchado*) blutbefleckt, blutbeschmiert; (*injusticia*) grausam; **choque ~** blutiger Zusammenstoß; **hecho ~** Bluttat *f*

sangriligero, -a [saŋgrili'xero, -a] *adj* (*AmC*) nett, sympathisch

sangripesado, -a [saŋgripe'saðo, -a] *adj* (*AmC*) unsympathisch

sangrón, -ona [saŋ'gron, -ona] *adj* (*Méx: fam*) unsympathisch; **su novio es un ~, no lo soporto** ihr Freund ist ekelhaft, ich kann ihn nicht ausstehen

sanguaraña [saŋgwa'raɲa] *f* **1.** (*Ecua, Perú: circunloquio*) Umschweife *mpl* **2.** (*Perú: baile popular*) *ein Volkstanz*

sanguijuela [saŋgi'xwela] *f* (ZOOL) Blutegel *m;* (*pey: persona*) Blutsauger *m,* skrupelloser Ausbeuter *m,* skrupellose Ausbeuterin *f*

sanguina [saŋ'gina] *f* (*lápiz*) Rotstift *m;* (*dibujo*) Rotstiftzeichnung *f,* Rötelzeichnung *f*

sanguinaria [saŋgi'narja] *f* **1.** (GEO) Blutstein *m,* Hämatit *m* **2.** (BOT) Blutwurz *m,* Sanguinaria *f*

sanguinario, -a [saŋgi'narjo, -a] *adj* (*persona, animal*) blutrünstig; (*hecho*) grausam

sanguíneo, -a [saŋ'gineo, -a] *adj* **1.** (MED) Blut-; **grupo ~** Blutgruppe *f;* **rojo ~** blutrot; **vasos ~s** Blutgefäße *ntpl* **2.** (*temperamento*) sanguinisch

sanguino, -a [saŋ'gino, -a] *adj* Blut-; **naranja sanguina** (BOT) Blutorange *f*

sanguinolento, -a [saŋgino'len̪to, -a] *adj* blutend, blutig; (*color*) blutrot; **ojos ~s** blutunterlaufene Augen; **una camisa sanguinolenta** ein blutverschmiertes [*o* blutbeflecktes] Hemd

sanguis ['saŋgis] *m inv* (REL) *das Blut Christi im Wein des Abendmahls*

sanguisorba [saŋgi'sorβa] *f* (BOT) Bibernelle *f*

sanícula [sa'nikula] *f* (BOT) Sanikel *m*

sanidad [sani'ðaᵈ] *f sin pl* Gesundheit *f;* (*servicio*) Gesundheitswesen *nt;* **~ privada** (MED) private Gesundheitsvorsorge; **~ pública** (öffentliches) Gesundheitswesen; **certificado de ~** Gesundheitszeugnis *nt*

sanitario[1] [sani'tarjo] *m* Toilette *f*

sanitario, -a[2] [sani'tarjo, -a] **I.** *adj* gesundheitlich, Gesundheits-; **aparatos ~s** sanitäre Anlagen; **medidas sanitarias** sanitäre Maßnahmen **II.** *m, f* Sanitäter(in) *m(f)*

sanjacobo [saŋxa'koβo] *m* (GASTR) ≈Cordon bleu *nt*

sanjuanada [saŋxwa'naða] *f* Johannisfest *nt*

sanjuanero, -a [saŋxwa'nero, -a] *adj:* **escarabajo ~** Johanniskäfer *m,* Glühwürmchen *nt;* **fruta sanjuanera** *Frucht, die um den Johannistag reif wird*

sanjuanista [saŋxwa'nista] *mf* Johanniter(in) *m(f)*

sanmartín [saⁿmar'tin/saᵐmar'tin] *m* Sankt-Martins-Fest *nt* (*bei dem ein Schwein geschlachtet wird*); **a alguien le llega su ~** (*fam*) jds Stunde hat geschlagen

sanmigueleño, -a [saⁿmiɣe'leɲo, -a/saᵐmiɣe'leɲo, -a] *adj:* **fruta sanmigueleña** *Frucht, die um den Michaelistag reif wird*

sano, -a ['sano, -a] *adj* **1.** (*de buena salud*) gesund; (*taza*) heil, nicht beschädigt; **~ de juicio** zurechnungsfähig; **ideología sana** heilsame Ideologie; **hacer deporte es muy ~** Sport treiben ist gesund; **cortar por lo ~** das Übel an der Wurzel packen; **estar más ~ que una manzana** kerngesund sein; **salir ~ y salvo** mit heiler Haut davonkommen **2.** (*sincero*) ehrlich; **Juan es una persona muy sana** Juan ist grundehrlicher Mensch

sanroqueño, -a [sanrro'keɲo, -a] *adj:* **fruta sanroqueña** *Frucht, die um den Rochustag reif wird*

sanscritismo [saⁿskri'tismo] *m* (LING) Sanskritistik *f*

sánscrito ['saⁿskrito] *m sin pl* Sanskrit *nt*

sanseacabó [sanseaka'βo] *interj* (*fam*) Schluss (jetzt), basta; **lo haces así porque te lo digo yo, (y) ~** du machst es so, weil ich es dir sage, und damit basta!

sansimonismo [sansimo'nismo] *m* (POL) Saint-Simonismus *m*

sansón [san'son] *m* (*fig*) bärenstarker Mann *m*

santabárbara [san̪ta'βarβara] *f* (NÁUT, HIST) Pulverkammer *f*

santacrucero, -a [san̪takru'θero, -a] **I.** *adj* aus Santa Cruz de Tenerife **II.** *m, f* Einwohner(in) *m(f)* von Santa Cruz de Tenerife

santamente [san̪ta'men̪te] *adv* **1.** (*con santidad*) fromm, heilig **2.** (*sencillamente*) (schlicht und) einfach

santanderino, -a [san̪tan̪de'rino, -a] **I.** *adj* aus Santander **II.** *m, f* Einwohner(in) *m(f)* von Santander

santería [san̪te'ria] *f* (*Am*) *Geschäft, in dem Andachtsgegenstände verkauft werden*

santero, **-a** [san̪'tero, -a] **I.** *adj* (*pey: beato*) frömmelnd; **ese es muy** ~ das ist ein Betbruder **II.** *m, f* **1.** (*pey: beato*) Betbruder, -schwester *m, f* **2.** (*guardián*) ≈Kirchendiener(in) *m(f)* **3.** (*vendedor*) Verkäufer(in) *m(f)* von Heiligenbildern **4.** (*Cuba: vulg*) Diebeshelfer(in) *m(f)*

Santiago [san̪'tjaɣo] *m* (*apóstol*) Jakob(us) *m* (*Schutzpatron Spaniens*); **Orden Militar de** ~ Orden der Sankt-Jakobs-Ritter; **Camino de** ~ Jakobsweg *m*

santiagués, **-esa** [san̪tja'ɣes, -esa] **I.** *adj* aus Santiago de Compostela **II.** *m, f* Einwohner(in) *m(f)* von Santiago de Compostela

santiaguino, **-a** [san̪tja'ɣino, -a] **I.** *adj* aus Santiago de Chile **II.** *m, f* Einwohner(in) *m(f)* von Santiago de Chile

santiaguista [san̪tja'ɣista] *m* Sankt-Jakobs-Ritter *m*

santiamén [san̪tja'men] *m*: **en un** ~ im Nu, in null Komma nichts

santidad [san̪ti'ðað] *f* Heiligkeit *f*; **Su S**~ Seine Heiligkeit

santificación [san̪tifika'θjon] *f* **1.** (*consagración*) Heiligung *f*, Weihung *f* **2.** (*canonización*) Heiligsprechung *f*

santificar [san̪tifi'kar] <c→qu> *vt* **1.** (*consagrar*) heiligen, weihen **2.** (*canonizar*) heilig sprechen **3.** (*respetar*) heilig halten; ~ **las fiestas** die Festtage heilig halten

santiguar [san̪ti'ɣwar] <gu→gü> **I.** *vt* **1.** (*signarse*) ein Kreuz schlagen (über +*dat*), segnen **2.** (*fam: maltratar*) misshandeln, schlagen **II.** *vr*: ~**se** (*t. fig*) sich bekreuzigen

santimonia [san̪ti'monja] *f* (BOT) Goldblume *f*

santísimo, **-a** [san̪'tisimo, -a] *adj superl de* **santo**: **el S~ Padre** der Heilige Vater

Santísimo [san̪'tisimo] *m* (REL) Sanktissimum *nt*, Allerheiligste(s) *nt*

santo, **-a** ['san̪to, -a] **I.** *adj* (*vor männlichen Namen, die nicht mit 'Do' oder 'To' anfangen: san*) heilig; (*piadoso*) fromm; (*planta*) heilsam; (*inviolable*) unantastbar; **el S~ Padre** der Heilige Vater; **la Santa Sede** der Heilige Stuhl; **Santa Bárbara** Heilige Barbara; **S~ Tomás** Heiliger Thomas; **campo** ~ Friedhof *m*; **Jueves S**~ Gründonnerstag *m*; **Sábado S**~ Karsamstag *m*; **la Sábana Santa** das Turiner Leichentuch; **Semana Santa** Karwoche *f*; **Viernes S**~ Karfreitag *m*; **¿qué haces en Semana Santa?** was machst du zu Ostern?; **se pasó todo el** ~ **día haciendo…** den lieben langen Tag machte er/sie … **II.** *m, f* **1.** Heilige(r) *mf*; **fiesta** [*o* **día**] **de Todos los S~s** Allerheiligen *nt*; **se me ha ido el** ~ **al cielo** ich habe den Faden verloren; **no sé a** ~ **de qué me dijo eso** ich weiß beim besten Willen nicht, warum er/sie mir das gesagt hat; **¡ésta se come los ~s!** (*fig fam*) das ist eine Betschwester!; **hoy tengo el** ~ **de cara/espalda** heute habe ich richtig Glück/Pech; **encomendarse a buen** ~ (*fam*) sich Gott anvertrauen; **yo creía que era llegar y besar el** ~ (*fig*) ich habe mir das einfacher vorgestellt; **ése no es** ~ **de mi devoción** er ist nicht gerade mein Fall; **se durmió como un** ~ (**bendito**) (*fam*) er/sie ist sofort (fest) eingeschlafen [*o* war sofort weg]; **ése hace perder la paciencia a un** ~ er ist eine richtige Nervensäge; **alzarse con el** ~ **y la limosna** (*fig fam*) sich die Rosinen herauspicken; **quedarse para vestir ~s** (*fam: una mujer*) keinen Mann finden; **ser mano de** ~ (*fam*) ein wunderbares Mittel sein **2.** (*fiesta*) Namenstag *m*; **el día de su** ~ an seinem/ihrem Namenstag **3.** (*imagen*) (Heiligen)bild *nt*; **ver los ~s de un libro** sich *dat* die Bilder in einem Buch anschauen

santón [san̪'ton] *m* **1.** (*anacoreta*) *Einsiedler nichtchristlichen Glaubens* **2.** (*hipócrita*) Heuchler *m* **3.** (*jefe*) Guru *m*

santónico [san̪'toniko, -a] *m* (BOT) Wurmsamen *m*, Zitwer *m*

santoral [san̪to'ral] *m* **1.** (*hagiografía*) Heiligenlegende *f*, Sammlung *f* von Heiligenlegenden **2.** (*calendario*) Verzeichnis *nt* von Heiligennamen **3.** (MÚS) Chorbuch *nt*

santuario [san̪tu'arjo] *m* **1.** (*templo*) Sanktuar(ium) *nt*, Tempel *m*; (*capilla*) Kapelle *f* **2.** (*judaísmo*) Altarraum *m* **3.** (*Col: tesoro*) Schatz *m*

santurrón, **-ona** [san̪tu'rron, -ona] **I.** *adj* (*mojigato*) frömmelnd; (*hipócrita*) bigott, scheinheilig **II.** *m, f* Frömmler(in) *m(f)*; (*pey*) Scheinheilige(r) *mf*

saña ['saɲa] *f* **1.** (*ira*) Wut *f* **2.** (*rencor*) Hass *m*, Groll *m*; **lo hizo con toda la mala** ~ er/sie tat es auf eine ganz gehässige Art

sañudo, **-a** [sa'ɲuðo, -a] *adj* (*irritado*) wütend; (*despiadado*) erbarmungslos; (*rencoroso*) nachtragend

sapaneco, **-a** [sapa'neko, -a] *adj* (*Hond*) pummelig, rundlich

sapenco [sa'peŋko] *m* (ZOOL) *eine Schneckenart*

sapiencia [sa'pjen̪θja] *f sin pl* **1.** (*conjunto de conocimientos*) Wissen *nt* **2.** (*sensatez*) Weisheit *f*, Klugheit *f*; **Libro de la S**~ Buch Salomo

sapo ['sapo] *m* **1.** (ZOOL) Kröte *f*, Unke *f*; ~ **partero** Geburtshelferkröte *f*; **pisar el** ~ (*fam*) spät aufstehen; **echar por la boca ~s y culebras** (*fam*) Gift und Galle spucken; **tragarse el** ~ (*Arg*) sich mit einer unangenehmen Situation abfinden müssen **2.** (*persona*) schwerfällige Person *f* **3.** (*fam: bicho*) Ungeziefer *nt*

saponificar [saponifi'kar] <c→qu> *vt* (QUÍM) verseifen

saponina [sapo'nina] *f* (QUÍM) Saponin *nt*

saprófago[1] [sa'profaɣo] *m* (BIOL, ZOOL) Saprophage *m*

saprófago, **-a²** [sa'profaɣo, -a] *adj* (BIOL, ZOOL) sich von faulenden Stoffen ernährend

saprófito [sa'profito] *m* Saprophyt *m*

saque ['sake] *m* **1.** (DEP) Abstoß *m;* (*fútbol*) Anstoß *m,* Anspiel *nt;* (*tenis*) Aufschlag *m;* ~ **de esquina** Eckstoß *m* **2.** (*jugador*) *Spieler, der den Ball ausspielt* **3.** (*loc*): **tener buen** ~ (*fam*) einen guten Appetit haben

saqueador(a) [sakea'ðor(a)] *m(f)* (*ladrón*) Plünderer, -in *m, f,* Bandit(in) *m(f)*

saquear [sake'ar] *vt* (aus)plündern

saqueo [sa'keo] *m* (Aus)plünderung *f;* ~ **de técnicos** Abwerbung von Fachkräften, Braindrain *m*

sarampión [saram'pjon] *m sin pl* (MED) Masern *pl;* **el** ~ **puede ser una enfermedad mortal** Masern können zum Tod führen

sarao [sa'rao] *m* (*fiesta*) Tanzabend *m;* **¡menudo** ~ **se armó allí!** da war was los!

sarape [sa'rape] *m* (*Méx*) Poncho *m*

sarasa [sa'rasa] *m* (*pey*) Tunte *f*

sarazo, **-a** [sa'raθo, -a] *adj* (*Col, Cuba, Méx, Ven: Mais*) reifend

sarcasmo [sar'kasmo] *m sin pl* Sarkasmus *m*

sarcástico, **-a** [sar'kastiko, -a] *adj* sarkastisch, bissig

sarcocele [sarko'θele] *m* (MED) Hodenverhärtung *f*

sarcófago [sar'kofaɣo] *m* Sarkophag *m,* Prunksarg *m;* (*sepulcro*) Steinsarg *m*

sarcoide [sar'koi̯ðe] *m* (MED) gutartige Hautgeschwulst *f*

sarcoma [sar'koma] *m* (MED: *tumor*) Sarkom *nt*

sardana [sar'ðana] *f* Sardana *f* (*katalanischer Volkstanz*)

sardina [sar'ðina] *f* (ZOOL) Sardine *f;* ~**s en aceite** Ölsardinen *fpl;* **entierro de la** ~ ≈Aschermittwochstreffen *nt;* **arrimar el ascua a su** ~ seine Schäfchen ins Trockene bringen; **en el tranvía iban (apretados) como** ~**s (en la lata)** in der Straßenbahn standen sie zusammengedrängt wie die Sardinen (in der Büchse)

sardinero, **-a** [sarði'nero, -a] **I.** *adj* Sardinen(fang)- **II.** *m, f* Sardinenhändler(in) *m(f);* **El S~** *Seestrand bei Santander*

sardo¹ ['sarðo] *m* (*lengua*) Sardisch(e) *nt*

sardo, **-a²** ['sarðo, -a] **I.** *adj* aus Sardinien, sardi(ni)sch **II.** *m, f* Sarde, -in *m, f,* Sardinier(in) *m(f)*

sardonia [sar'ðonja] *f* (BOT) Ranunkel *f*

sardónico, **-a** [sar'ðoniko, -a] *adj* (MED) sardonisch; (*movimiento*) krampfhaft; (*rostro*) verzerrt; **risa sardónica** sardonisches [*o* hämisches] Lachen

sarga ['sarɣa] *f* **1.** (*tejido*) Serge *f,* Köpergewebe *nt;* ~ **de lana** Wollserge *f,* Drap *m;* ~ **de urdimbre** Kettköper *m* **2.** (BOT) *ein Weidengewächs*

sargadilla [sarɣa'ðiʎa] *f* (BOT) *ein Gänsefußgewächs*

sargazo [sar'ɣaθo] *m* (BOT) Beerentang *m;* **el Mar de los S~s** Sargassosee *f*

sargenta [sar'xen̦ta] *f* **1.** (*sergenta*) Laienschwester *f* vom Jakobsorden **2.** (*mujer del sargento*) Frau *f* des Feldwebels **3.** (*mujer corpulenta*) Mannsweib *nt*

sargentear [sarxen̦te'ar] *vt* **1.** (*mandar como sargento*) als Feldwebel kommandieren **2.** (*fam: mandar*) herumkommandieren

sargento [sar'xen̦to] *m* (MIL) Unteroffizier *m,* Feldwebel *m;* ~ **mayor** (Ober)wachtmeister *m;* (MIL) (Ober)feldwebel *m*

sargentona [sarxen̦'tona] *f* (*fam pey*) **1.** (*mujer hombruna*) Mannsweib *nt* **2.** (*mujer autoritaria*) Drachen *m*

sargo ['sarɣo] *m* (ZOOL) Weißbrasse *f,* große Geißbrasse *f*

sarí [sa'ri] *m* Sari *m*

sariama [sa'rjama] *f* (*Arg:* ZOOL) *ein roter, langhalsiger Stelzvogel*

sarmentar [sarmen̦'tar] *vi* (AGR) die geschnittenen Reben lesen

sarmentoso, **-a** [sarmen̦'toso, -a] *adj* rankend; (*extremidades*) knochig

sarmiento [sar'mjen̦to] *m* Weinrebe *f,* Ranke *f;* (*leña*) Rebholz *nt*

sarna ['sarna] *f sin pl* Krätze *f;* (*de los animales*) Räude *f;* **arador de la** ~ (ZOOL) Krätzmilbe *f;* **el perro cogió la** ~ der Hund ist räudig geworden; **ser más viejo que la** ~ (*fam*) steinalt sein; ~ **con gusto no pica(, pero mortifica)** (*prov*) was nicht tötet härtet ab

sarnoso, **-a** [sar'noso, -a] *adj* (*persona*) krätzig; (*animal*) räudig

sarpullido [sarpu'ʎiðo] *m* **1.** (*irritación*) Hautausschlag *m* **2.** (*picadura*) Flohstich *m*

sarraceno, **-a** [sarra'θeno, -a] **I.** *adj* sarazenisch, maurisch **II.** *m, f* Sarazene, -in *m, f*

sarracina [sarra'θina] *f* Schlägerei *f,* Rauferei *f*

Sarre ['sarre] *m* **1.** (*estado federado*) Saarland *nt* **2.** (*río*) Saar *f*

sarrillo [sa'rriʎo] *m* (Todes)röcheln *nt*

sarro ['sarro] *m* **1.** (MED: *de los dientes*) Zahnstein *m;* (*en la lengua*) Belag *m* **2.** (*poso*) Bodensatz *m,* Niederschlag *m*

sarroso, **-a** [sa'rroso, -a] *adj* (*diente*) mit Zahnstein; (*lengua*) belegt

sarta ['sarta] *f* **1.** (*hilo*) Schnur *f,* Reihe *f;* **se ha roto la** ~ **de perlas** die Perlenkette [*o* Perlenschnur] ist gerissen **2.** (*serie*) Reihe *f,* Serie *f;* **dijo una** ~ **de tonterías** er/sie sagte eine Dummheit nach der anderen

sartén [sar'ten] *f* Pfanne *f;* **ella es la que tiene la** ~ **por el mango** (*fam*) sie hat das Heft in der Hand; **saltar de la** ~ **y dar en las brasas** (*fam*) aus dem [*o* vom] Regen in die Traufe kommen

sartenada [sarte'naða] *f:* **una** ~ **de arroz** eine Pfanne (voll) Reis

sartenazo [sarte'naθo] *m:* **le dio un** ~ er/sie schlug ihn/sie mit der Pfanne, er/sie gab ihm/ihr mit der Pfanne eins über den Kopf

sasafrás [sasa'fras] *m inv* (*Am:* BOT) Sassafras(baum) *m*

sastre, **-a** ['sastre, -a] *m, f* Schneider(in) *m(f)*; **cajón de ~** Schneiderkästchen *nt*; **traje ~** Kostüm *nt*; **de eso, será lo que tase un ~** (*fam*) das werden wir schon sehen

sastrería [sastre'ria] *f* Schneiderei *f*

Satán [sa'tan] *m*, **Satanás** [sata'nas] *m* Satan *m*, Teufel *m*

satánico, **-a** [sa'taniko, -a] *adj* teuflisch, satanisch

satanismo [sata'nismo] *m* Satanismus *m*, Teufelsverehrung *f*

satanista [sata'nista] *adj* den Satanismus betreffend, Satans-; **culto ~** Satanskult *m*

satélite [sa'telite] *m* **1.** (ASTR) Trabant *m*; (*t. artificial*) Satellit *m*; **~ de comunicaciones** Nachrichtensatellit *m*; **ciudad ~** Trabantenstadt *f*, Satellitenstadt *f*; **la Luna es el ~ de la Tierra** der Mond ist ein Satellit der Erde; **los países ~(s) de Rusia** die Satellitenstaaten Russlands **2.** (TÉC) Planetenrad *nt*; **~ del diferencial** Ausgleichskegelrad *nt*

satelizar [sateli'θar] <z→c> *vt* auf eine Erdumlaufbahn [*o* Satellitenbahn] bringen, satellisieren

satén [sa'ten] *m* Satin *m*

satín [sa'tin] *m* Satinholz *nt*

satinado, **-a** [sati'naðo, -a] *adj* satiniert; **papel ~** Glanzpapier *nt*, Satinpapier *nt*

satinar [sati'nar] *vt* (*papel*) glätten, satinieren

sátira ['satira] *f* Satire *f*; (*poesía*) Spottgedicht *nt*; (*escrito*) Spottschrift *f*

satiriasis [sati'rjasis] *f inv* (PSICO) Satyriasis *f*

satírico, **-a** [sa'tiriko, -a] **I.** *adj* satirisch, spöttisch **II.** *m, f* Satiriker(in) *m(f)*

satirión [sati'rjon] *m* (BOT) Knabenkraut *nt*

satirizante [satiri'θan̪te] *adj* spöttisch

satirizar [satiri'θar] <z→c> *vt* spötteln (über +*akk*)

sátiro ['satiro] *m* **1.** (*hombre lascivo*) Lustmolch *m* **2.** (*mitología*) Satyr *m*

satisfacción [satisfaʸ'θjon] *f* **1.** (*pago*) Bezahlung *f* **2.** (REL) Buße *f* **3.** (*alegría*) Befriedigung *f*, Freude *f*; **~ del cliente** Zufriedenstellung des Kunden; **~ del consumidor** (ECON) Verbraucherzufriedenheit *f*; **~ sexual** sexuelle Befriedigung; **a mi entera ~** zu meiner vollen Zufriedenheit; **es para nosotros motivo de ~** das gibt uns Anlass zur Freude

satisfacer [satisfa'θer] *irr como hacer* **I.** *vt* **1.** (*pagar*) (be)zahlen; **~ la penitencia por sus pecados** für seine Sünden büßen **2.** (*deseo, curiosidad*) befriedigen; (*hambre, curiosidad*) stillen; (*sed*) löschen; **~ a un cliente** einen Kunden zufrieden stellen; **~ la demanda** die Nachfrage decken; **~ todos los caprichos de sus hijos** seinen Kindern jeden Wunsch erfüllen **3.** (*requisitos*) entsprechen **4.** (*agravio*) wieder gutmachen **5.** (MAT) lösen **II.** *vr*: **~se 1.** (*contentarse*) zufrieden sein (*con* mit +*dat*) **2.** (*agravio*) sich rächen, sich *dat* Genugtuung verschaffen

satisfactorio, **-a** [satisfak'torjo, -a] *adj* (*solución*) befriedigend, zufrieden stellend; **el estado del enfermo es ~** der Zustand des Kranken ist zufrieden stellend; **sus excusas no son satisfactorias** seine/ihre Entschuldigungen sind unbefriedigend; **resulta ~ comprobar que...** es ist erfreulich festzustellen, dass ...

satisfecho, **-a** [satis'fetʃo, -a] **I.** *pp de* **satisfacer II.** *adj* (*contento*) zufrieden; (*exigencias, deseo sexual*) befriedigt; **~ de sí mismo** selbstzufrieden; **estoy ~** (*contento*) ich bin zufrieden; (*harto*) ich bin satt; **se dio por ~ con el resultado** er/sie gab sich mit dem Ergebnis zufrieden

sato ['sato] *m* (*Cuba, PRico*): (**perro**) **~** Straßenköter *m*

sátrapa ['satrapa] *m* **1.** (HIST: *gobernador*) Satrap *m*; (*elev: tirano*) Tyrann *m* **2.** (*fam: astuto*) Schlauberger *m*

saturación [satura'θjon] *f* (QUÍM) Sättigung *f*, Saturierung *f*; **~ del mercado** (ECON) Marktsättigung *f*

saturado, **-a** [satu'raðo, -a] *adj* (QUÍM, ECON) gesättigt; **un mercado ~** ein gesättigter Markt; **no ~** ungesättigt

saturar [satu'rar] *vt, vr*: **~se** (QUÍM, ECON) sättigen; (*con líquidos*) durchtränken; **~ la centralita** (TEL) die Telefonzentrale überlasten; **~ un mercado** einen Markt sättigen

saturnal [satur'nal] **I.** *adj* Saturn-, saturnisch **II.** *f* **1.** (*orgía*) Orgie *f*; **los días de carnaval son verdaderas ~es** an Karneval ist alles erlaubt (, was sonst verboten ist) **2.** *pl* (*fiestas romanas*) Saturnalien *fpl*

saturnino, **-a** [satur'nino, -a] *adj* **1.** (QUÍM, MED) Blei-; **cólico ~** (MED) Bleivergiftung *f*, Bleikrankheit *f* **2.** (*persona*) mürrisch

saturnismo [satur'nismo] *m* (MED) Bleivergiftung *f*, Saturnismus *m*

Saturno [sa'turno] *m* (ASTR) Saturn *m*

sauce ['sau̯θe] *m* (BOT) Weide *f*; **~ blanco** Silberweide *f*; **~ cabruno** Salweide *f*; **~ llorón** Trauerweide *f*

saúco [sa'uko] *m* (BOT) Holunder *m*

saudade [sau̯'ðaðe] *f* Sehnsucht *f*; (*de la patria*) Heimweh *nt*

saudí [sau̯'ði] <saudíes> *v.* **saudita**

saudita [sau̯'ðita] **I.** *adj* saudiarabisch; **Arabia S~** Saudiarabien *nt* **II.** *mf* Saudiaraber(in) *m(f)*, Saudi *mf*

sauna ['sau̯na] *f* Sauna *f*

saurio ['sau̯rjo] *m* Schuppenkriechtier *nt*; **los ~s** (*categoría*) die Echsen; (*extinguidos*) die Saurier

sauzgatillo [sau̯θɣa'tiʎo] *m* (BOT) Mönchspfeffer *m*

savia ['saβja] *f* **1.** (BOT: *de planta*) Pflanzensaft *m*; (*de árbol*) Baumsaft *m* **2.** (*energía*) Kraft *f*, Lebenssaft *m elev*

savoir-faire [sa'βwar fer] *m* Savoir-faire *nt*, Geschicklichkeit *f*

saxafrax [saʸsa'fraʸs] *f*, **saxífraga** [saʸ'sifraɣa] *f*, **saxifragia** [saʸsi'fraxja] *f* (BOT)

Steinbrech *m*, Saxifraga *f*

saxo [ˈsaɣso] *m* (*fam*) *v.* **saxofón**

saxofón [saɣsoˈfon] *m* Saxophon *nt*

saxofonista [saɣsofoˈnista] *mf* Saxophonist(in) *m(f)*

saxófono [saɣˈsofono] *m* Saxophon *nt*

saya [ˈsaɟa] *f* (*de mujer*) Unterrock *m;* (*de hombre*) Leibrock *m*

sayal [saˈɟal] *m* **1.**(*tejido*) grobes Tuch *nt* **2.**(*prenda*) Kittel *m*

sayo [ˈsaɟo] *m* langer Leibrock *m;* (*fam: vestido*) Kleid *nt;* **cortar a alguien un ~** (*fig fam*) über jdn herziehen

sayón [saˈɟon] *m* **1.**(*en procesiones*) Büßer *m* **2.**(HIST: *verdugo*) Henker *m* **3.**(*hombre brutal*) Raufbold *m*

sazón [saˈθon] *f* **1.**(*condimento*) Würze *f* **2.**(*elev: madurez*) Reife *f;* **estas ciruelas están en ~** diese Pflaumen sind reif **3.**(*loc*): **a la ~** damals, seinerzeit; **en ~** zur rechten Zeit; **fuera de ~** zu einem ungünstigen Zeitpunkt

sazonado, -a [saθoˈnaðo, -a] *adj* **1.**(*comida*) schmackhaft **2.**(*fruta*) reif **3.**(*frase*) witzig

sazonar [saθoˈnar] *vt* **1.**(*comida*) würzen **2.**(*madurar*) reifen lassen

scad [esˈkað] *m sin pl* (DEP) *abr de* **Suspended Catch Air Device** Scad-Diving *nt*

scalextric® [eskaˈleɣstrik] *m* Carrera-Bahn® *f*

scanner [esˈkaner] *m* (*t.* INFOR) Scanner *m*

Schengen [ˈʃeŋgen]: **convenio de ~** Schengener Abkommen *nt*

scherzo [esˈkerðso] *m* (MÚS) Scherzo *nt*

scooter [esˈkuter] *m* Motorroller *m*

scotch [esˈkotʃ] <**scotchs**> *m* (GASTR) Scotch *m*

scout [esˈkau̯t] <**scouts**> *m* Pfadfinder *m*

script [esˈkript] <**scripts**> *m* (CINE) Drehbuch *nt*, Skript *nt*

scull [esˈkul] <**sculls**> *m* (NÁUT) Skull *nt*

se [se] *pron pers* **1.**(*forma reflexiva*) sich; **~ peina, péina~** (*elev*) er/sie kämmt sich **2.**(*statt le(s) vor: lo, la, los, las*): **mi hermana ~ lo prestó a su amiga** meine Schwester hat es ihrer Freundin geliehen **3.**(*oración impers*) man; **~ habla de 100 muertos** man spricht von 100 Toten; **¡ya ~ sabe!** das kennt man schon! **4.**(*oración pasiva*): **~ confirmó la sentencia por el Tribunal Supremo** das Urteil wurde vom Obersten Gericht bestätigt; **~ ruega no fumar** bitte nicht rauchen

sé [se] *1. pres de* **saber**

SEAT [ˈseat] *f abr de* **Sociedad Española de Automóviles de Turismo** SEAT

sebáceo, -a [seˈβaθeo, -a] *adj* Talg-, talgartig; **glándula sebácea** (MED) Talgdrüse *f;* **quiste ~** (MED) Talggeschwulst *f*

SEBC [ese(e)βeˈθe] *m* (FIN) *abr de* **Sistema Europeo de Bancos Centrales** Europäisches System der Zentralbanken

sebear [seβeˈar] *vi* (*Ven: hacer el amor*) miteinander schlafen

sebo [ˈseβo] *m* Talg *m*, Fett *nt;* **untar con ~** mit Fett einschmieren; **hacer ~** (*Arg: fam*) (faul) herumlungern

seborrea [seβoˈrrea] *f* (MED) Seborrhö *f*, Schmerfluss *m*

seboso, -a [seˈβoso, -a] *adj* talgig, fett(ig)

seca [ˈseka] *f* **1.**(*sequía*) Dürre *f;* (*Am: temporada*) Trockenzeit *f* **2.**(*banco de arena*) Sandbank *f*

secadero [sekaˈðero, -a] *m* (*tabaco*) Trockenraum *m*, Trockenplatz *m*

secadillo [sekaˈðiʎo] *m* (GASTR) *Süßigkeit aus gemahlenen Mandeln, Zitronenschale, Zucker und Eiweiß*

secado [seˈkaðo, -a] *m* (*escurrir*) Trocknen *nt;* **el ~ en esta máquina dura diez minutos** bei dieser Maschine dauert das Trocknen zehn Minuten

secador [sekaˈðor] *m* **1.**(*para la ropa*) Wäscheständer *m;* (*para las manos*) Trockner *m;* (*para el pelo*) Trockenhaube *f;* **~ de mano** Föhn *m* **2.**(*ElSal, Nic: paño*) Küchentuch *nt*

secadora [sekaˈðora] *f* (Wäsche)trockner *m*

secamente [sekaˈmen̩te] *adv* **1.**(*con pocas palabras*) kurz und bündig **2.**(*ásperamente*) unwirsch

secano [seˈkano] *m* **1.**(*tierra*) unbewässertes Land *nt;* **cultivo de ~** Trockenkultur *f;* **ése es de ~** (*fam*) der zieht das Land dem Meer vor **2.**(*isleta*) Sandbank *f*

secansa [seˈkansa] *f* (*juego de naipes*) Sequenz *f*

secante¹ [seˈkan̩te] **I.** *adj* **1.**(*humedad*) trocknend; **papel ~** Löschpapier *nt* **2.**(MAT) schneidend; **línea ~** Sekante *f* **II.** *m* **1.**(*pintura*) Trockenmittel *nt*, Sikkativ *nt* **2.**(*papel*) Löschpapier *nt*

secante² [seˈkan̩te] *f* (MAT) Sekante *f*

secapelos [sekaˈpelos] *m inv* Föhn *m*, Haartrockner *m*

secar [seˈkar] <c→qu> **I.** *vt* **1.**(*deshumedecer*) trocknen **2.**(*enjugar*) abtrocknen; **he secado los platos** ich habe die Teller abgetrocknet **3.**(*agostar*) vertrocknen; **el calor ha secado la hierba** durch die Hitze vertrocknete das Gras **4.**(*cicatrizar*) abheilen **II.** *vr:* **~se** **1.**(*deshumedecer*) sich trocknen **2.**(*enjugar*) sich abtrocknen **3.**(*desecarse*) austrocknen; (*fuente*) versiegen **4.**(*agostarse*) vertrocknen **5.**(*curarse*) abheilen **6.**(*enflaquecer*) abmagern **7.**(*insensibilizarse*) abstumpfen **8.**(*estar sediento*) verdursten; **~se de sed** eingehen vor Durst

secarropa [sekaˈrropa] *m* Wäschetrockner *m*

sección [seɣˈθjon] *f* **1.**(*cortadura, dibujo del perfil*) Schnitt *m* **2.**(*parte*) Teil *m*, Abschnitt *m;* **~ económica** (PREN) Wirtschaftsteil *m;* **~ de entrada/salida** (INFOR) Ein-Ausgabe-Bereich *m;* **~ de ventas/compras** Verkaufs-/Einkaufsabteilung *f;* **director de ~** Abteilungsleiter *m*, Bereichsleiter *m;* **por ~** abschnitt(s)weise **3.**(*departamento*) Abteilung *f*

4. (*Arg: presentación*) Vorstellung *f*
seccionar [seᵞθjo'nar] *vt* zerteilen, in Abschnitte unterteilen
secesión [seθe'sjon] *f* 1. (*separación*) Sezession *f*, Abspaltung *f* 2. (*alejamiento*) Trennung *f*
secesionismo [seθesjo'nismo] *m* (POL) Sezessionismus *m*
secesionista [seθesjo'nista] I. *adj* sezessionistisch II. *mf* Sezessionist(in) *m(f)*
seco, **-a** ['seko, -a] *adj* 1. (*sin agua*) trocken; **dique** ~ (NÁUT) Trockendock *nt;* **golpe** ~ dumpfer Schlag; **a secas** nur, pur; **en** ~ plötzlich; **dejar** ~ **a alguien** jdn sofort töten; **estar** ~ großen Durst haben; **quedarse** ~ sterben, auf der Stelle tot sein 2. (*desecado*) gedörrt, getrocknet; **frutos ~s** Trockenfrüchte *fpl* 3. (*río*) ausgetrocknet 4. (*marchito*) verwelkt 5. (*persona flaca*) dürr 6. (*cicatriz*) abgeheilt 7. (*persona tajante*) trocken 8. (*vino*) trocken
secoya [se'koɟa] *f* (BOT) Sequoia *f*, Mammutbaum *m*
secreción [sekre'θjon] *f* 1. (*sustancia*) Sekret *nt* 2. (*el segregar*) Sekretion *f*
secreta [se'kreta] *f* 1. (*oración*) Sekret *f* 2. (*sumaria*) verdeckte Ermittlung *f* 3. (*fam: policía*) Zivilstreife *f*
secretar [sekre'tar] *vt* sekretieren, absondern
secretaría [sekreta'ria] *f* 1. (*oficina*) Sekretariat *nt;* **S~ de Estado** (POL) Staatssekretärsamt *nt* 2. (*cargo*) Sekretärsposten *m* 3. (*Am: ministerio*) Ministerium *nt;* **S~ de Gobernación** (*Méx*) Innenministerium *nt*
secretariado [sekreta'rjaðo] *m* 1. (*oficina*) Sekretariat *nt* 2. (*cargo*) Sekretärsposten *m* 3. (*carrera*) Sekretärslaufbahn *f*
secretario, **-a** [sekre'tarjo, -a] *m, f* 1. (*de oficina*) Sekretär(in) *m(f);* ~ **adjunto** (POL) Staatssekretär *m;* **S~ de Estado** (POL) Staatssekretär *m;* **S~ de Estado de Cultura** (POL) Kulturstaatssekretär *m;* **S~ General de las Naciones Unidas** (POL) Generalsekretär der Vereinten Nationen; ~ **con idiomas** Fremdsprachensekretär *m;* **tengo un** ~ **particular** ich habe einen Privatsekretär 2. (*Am: ministro*) Minister(in) *m(f);* **S~ de la Defensa Nacional** (*Méx*) Verteidigungsminister *m*
secretear [sekrete'ar] *vi* (*fam*) tuscheln
secreteo [sekre'teo] *m* (*fam*) Tuschelei *f*
secreter [sekre'ter] *m* (*mueble*) Sekretär *m*
secretismo [sekre'tismo] *m* Geheimnistuerei *f*, Geheimniskrämerei *f*
secreto¹ [se'kreto] *m* 1. (*misterio*) Geheimnis *nt;* ~ **bancario** Bankgeheimnis *nt;* ~ **de confesión** Beichtgeheimnis *nt;* ~ **de Estado** Staatsgeheimnis *nt;* ~ **profesional** Schweigepflicht *f*, Berufsgeheimnis *nt;* ~ **a voces** offenes Geheimnis; **en** ~ heimlich, im Geheimen; **guardar un** ~ ein Geheimnis hüten; **mantener en** ~ geheim halten 2. (*receta, método*) Geheimrezept *nt* 3. (*reserva*) Vorsicht *f* 4. (*lugar*) Geheimfach *nt* 5. (*mecanismo*) Geheimschloss *nt* 6. (MÚS) Windlade *f*

secreto, **-a**² [se'kreto, -a] *adj* 1. (*oculto*) geheim, Geheim-; **acuerdo** ~ Geheimabkommen *nt*, geheime Absprache; **informe** ~ Geheimbericht *m;* **puerta secreta** Geheimtür *f* 2. (*callado*) schweigsam
secretor(a) [sekre'tor(a)] *adj*, **secretorio**, **-a** [sekre'torjo, -a] *adj* absondernd, Sekretions-
secta ['sekta] *f* 1. (*grupo*) Sekte *f* 2. (*doctrina*) Sektenlehre *f*
sectario, **-a** ['sek'tarjo, -a] I. *adj* 1. (*de secta*) sektiererisch 2. (*fanático*) fanatisch II. *m, f* 1. (*de una secta*) Sektenmitglied *nt*, Sektierer(in) *m(f)* 2. (*fanático*) Fanatiker(in) *m(f)*
sectarismo [sekta'rismo] *m sin pl* Sektenwesen *nt*
sector [sek'tor] *m* 1. (*t.* MAT) Sektor *m;* ~ **asegurador** (ECON) Versicherungswesen *nt;* ~ **circular** Kreisausschnitt *m;* ~ **de la construcción** Baugewerbe *nt;* ~ **económico** Wirtschaftszweig *m;* ~ **esférico** Kugelsektor *m;* ~ **hotelero** Hotelgewerbe *nt;* ~ **de la informática** Computerbranche *f;* ~ **lácteo** Milchsektor *m;* ~ **multimedia** Multimediabereich *m;* ~ **primario/secundario** primärer/sekundärer Sektor; ~ **público** öffentliche Hand, öffentlicher Sektor; ~ **servicios** Dienstleistungssektor *m*, Dienstleistungsbereich *m;* ~ **terciario** tertiärer Sektor; **el** ~ **sur de la ciudad** der südliche Sektor der Stadt 2. (INFOR): ~ **de arranque** Bootsektor *m;* ~ **dañado** fehlerhafter Sektor; ~ **de inicialización** Bootsektor *m* 3. (*grupo*) Fraktion *f*, Gruppierung *f*
sectorial [sekto'rjal] *adj:* **huelga** ~ **de los campesinos** Streik im landwirtschaftlichen Bereich
secuaz [se'kwaθ] *mf* (*pey*) Parteigänger(in) *m(f)*
secuela [se'kwela] *f* Folge *f;* ~ **de una enfermedad** Folgeerscheinung einer Krankheit; **dejar ~s** Spuren hinterlassen
secuencia [se'kweṇθja] *f* 1. (*serie*) Serie *f*, Reihe *f;* ~ **binaria** (INFOR) binäre Zeichenfolge; ~ **de caracteres** (*t.* INFOR) Zeichenfolge *f;* ~ **de comandos** Befehlsfolge *f;* ~ **de control** (INFOR) Steuerungsablauf *m;* ~ **de intercalación** (INFOR) Sortierfolge *f* 2. (CINE) Sequenz *f* 3. (*orden de las palabras*) Wortstellung *f*
secuencial [sekweṇ'θjal] *adj* sequenziell; ~ **indexado** logisch fortlaufend
secuestrador(a) [sekwestra'ðor(a)] *m(f)* Entführer(in) *m(f)*
secuestrar [sekwes'trar] *vt* 1. (*raptar*) entführen 2. (*embargar*) beschlagnahmen, konfiszieren
secuestro [se'kwestro] *m* 1. (*rapto*) Entführung *f* 2. (*bienes*) Beschlagnahmte(s) *nt*, beschlagnahmte Ware *f* 3. (*embargo*) Beschlagnahme *f*, Beschlagnahmung *f*
sécula ['sekula]: **para (in)** ~, ~ **sin fin**, ~ **seculórum** für immer und ewig
secular [seku'lar] I. *adj* säkular II. *m* Weltgeistlicher *m*, Säkularkleriker *m*

secularización [sekulariθa'θjon] *f* Säkularisation *f*

secularizar [sekulari'θar] <z→c> **I.** *vt* säkularisieren **II.** *vr:* **~se** *sich als Priester in den Laienstand versetzen lassen*

secundar [sekun̪'dar] *vt* helfen, unterstützen

secundario[1] [sekun̪'darjo] *m* (GEO) Mesozoikum *nt*

secundario, **-a**[2] [sekun̪'darjo, -a] *adj* **1.** (*segundo*) sekundär, zweitrangig; **cargo ~** untergeordneter Posten; **industria secundaria** Sekundärindustrie *f;* **papel ~** (CINE, TEAT) Nebenrolle *f;* **producto ~** Nebenprodukt *nt;* **sector ~** sekundärer Sektor; **esto es ~** das ist nebensächlich **2.** (GEO) mesozoisch

sec(u)oya [se'kwoɟa/se'koɟa] *f* (BOT) Sequoia *f,* Mammutbaum *m*

sed [se^{ð}] *f* **1.** (*falta de agua*) Durst *m;* **apagar la ~** den Durst löschen [*o* stillen] **2.** (*referente a plantas y al campo*) Wasserbedarf *m;* **las plantas tienen ~** die Pflanzen brauchen Wasser **3.** (*afán*) Durst *m* (*de* nach *+dat*), Sehnsucht *f* (*de* nach *+dat*); **~ de amor** Liebesbedürfnis *nt;* **~ de poder** Machthunger *m*

seda ['seða] *f* **1.** (ZOOL) Spinnfaden *m* **2.** (*tela*) Seide *f;* **de ~ natural** aus reiner Seide, reinseiden; **como una ~** (*referente al tacto*) seidenweich; (*referente a una persona*) pflegeleicht; (*que funciona sin tropiezos*) wie am Schnürchen **3.** (*cerda*) Borste *f*

sedación [seða'θjon] *f* (*calmar la excitación*) Beruhigung *f;* (*calmar el dolor*) Schmerzlinderung *f*

sedal [se'ðal] *m* **1.** (*caña de pescar*) Angelschnur *f* **2.** (MED) *Faden für medizinische Zwecke;* **herida en ~** glatter Durchschuss (*ohne Organverletzungen*)

sedán [se'ðan] *m* (AUTO) Limousine *f*

sedante [se'ðan̪te] **I.** *adj* schmerzlindernd; **de efecto ~** schmerzlindernd **II.** *m* Schmerzmittel *nt*

sedar [se'ðar] *vt* lindern

sedativo, **-a** [seða'tiβo, -a] *adj* schmerzstillend

sede ['seðe] *f* **1.** (*residencia*) Sitz *m;* **la Santa S~** der Heilige Stuhl **2.** (*diócesis*) Diözese *f*

sedentario, **-a** [seðen̪'tarjo, -a] *adj* sesshaft

sedentarismo [seðen̪ta'rismo] *m sin pl* Sesshaftigkeit *f*

sedentarizar [seðen̪tari'θar] <z→z> *vt* ansässig machen, sesshaft machen

sedente [se'ðen̪te] *adj* sitzend

sedeño, **-a** [se'ðeɲo, -a] *adj* **1.** (*referente a la seda*) seiden **2.** (*referente a la cerda*) borstig

sedería [seðe'ria] *f* **1.** (*tienda*) Seidenwarengeschäft *nt* **2.** (*mercancía*) Seidenware *f* **3.** (*industria*) Seidenindustrie *f* **4.** (*fábrica*) Seidenspinnerei *f*

sedero, **-a** [se'ðero, -a] **I.** *adj* Seiden-; **industria sedera** Seidenindustrie *f* **II.** *m, f* Seidenhändler(in) *m(f)*

sedic(i)ente [seði'θ(j)en̪te] *adj* so genannt; **los ~s intelectuales** die so genannten Intellektuellen

sedición [seði'θjon] *f* Aufstand *m*

sedicioso, **-a** [seði'θjoso, -a] **I.** *adj* aufständisch; **acto ~** Aufstand *m* **II.** *m, f* Aufständische(r) *mf*

sediento, **-a** [se'ðjen̪to, -a] *adj* durstig (*de* nach *+dat*); **~ de poder** machthungrig

sedimentación [seðimen̪ta'θjon] *f* Ablagerung *f*

sedimentar [seðimen̪'tar] *vt, vr:* **~se 1.** (*depositar(se)*) (sich) ablagern, (sich) absetzen **2.** (*sosegar(se)*) (sich) beruhigen

sedimentario, **-a** [seðimen̪'tarjo, -a] *adj* Sediment-; **rocas sedimentarias** Sedimentgestein *nt*

sedimento [seði'men̪to] *m* Sediment *nt,* Bodensatz *m*

sedimentología [seðimen̪tolo'xia] *f* (GEO) Sedimentologie *f*

sedoso, **-a** [se'ðoso, -a] *adj* seiden, seidig; **cabello ~** seidiges Haar

seducción [seðu^{ɣ}'θjon] *f* **1.** (*persuasión*) Verführung *f* **2.** (*tentación*) Verlockung *f*

seducir [seðu'θir] *irr como traducir vt* **1.** (*persuadir*) verführen **2.** (*fascinar*) verlocken

seductor(a) [seðuk'tor(a)] **I.** *adj* verführerisch; **artes ~as** Verführungskünste *fpl;* **una sonrisa ~a** ein verführerisches Lächeln **II.** *m(f)* Verführer(in) *m(f)*

sefardí [sefar'ði] **I.** *adj* sephardisch **II.** *mf* <sefardíes> Spaniole *mf;* **los ~es** die Sephardim

sefardita [sefar'ðita] *adj o mf v.* **sefardí**

segador(a) [seɣa'ðor(a)] **I.** *adj* Mäh-; **máquina ~a** Mähmaschine *f,* Mäher *m fam* **II.** *m(f)* Mäher(in) *m(f)*

segadora [seɣa'ðora] *f* Mähmaschine *f*

segar [se'ɣar] *irr como fregar vt* **1.** (*guadañar*) mähen; **~ algo en flor** (*fig*) etw im Keim ersticken **2.** (*amputar*) abschneiden; **~ la vida** (*fig*) dem Leben ein Ende setzen; **se ordenó ~ las cabezas de los culpables** man befahl die Beschuldigten zu enthaupten **3.** (*frustrar*) zerstören

segazón [seɣa'θon] *f* **1.** (*el segar*) Mähen *nt,* Mahd *f reg* **2.** (*tiempo en que se siega*) Mähzeit *f*

seglar [se'ɣlar] **I.** *adj* weltlich **II.** *m* Laie *m*

segmentación [seɣmen̪ta'θjon] *f* Segmentation *f;* **~ del mercado** (ECON) Marktaufteilung *f*

segmentado, **-a** [seɣmen̪'taðo, -a] *adj:* **animal ~** Gliedertier *nt*

segmentar [seɣmen̪'tar] *vt* segmentieren

segmento [seɣ'men̪to] *m* **1.** (*parte*) Segment *nt,* Abschnitt *m* **2.** (AUTO) Kolbenring *m* **3.** (LING, ZOOL) Segment *nt,* Glied *nt*

segoviano, **-a** [seɣo'βjano, -a] **I.** *adj* aus Segovia **II.** *m, f* Einwohner(in) *m(f)* von Segovia

segoviense [seɣo'βjense] *adj o mf v.* **segoviano**

segregación [seɣreɣa'θjon] *f* Segregation *f,* Absonderung *f;* **~ racial** Rassentrennung *f*

segregacionismo [seɣreɣaθjo'nismo] *m sin pl* Doktrin *f* der Segregation

segregacionista [seɣreɣaθjo'nista] *mf* Befürworter(in) *m(f)* der Segregation

segregar [seɣre'ɣar] <g→gu> *vt* segregieren, trennen

segregativo, **-a** [seɣreɣa'tiβo, -a] *adj* absondernd, ausscheidend

segueta [se'ɣeta] *f* Laubsäge *f*

seguida [se'ɣiða] *f* (Ab)folge *f*, Reihe *f*; **de** ~ ununterbrochen; **en** ~ sofort

seguidilla [seɣi'ðiʎa] *f* Seguidilla *f* (*spanischer Reihentanz*)

seguidismo [seɣi'ðismo] *m* (*pey*) blindes Nacheifern *nt*

seguido, **-a** [se'ɣiðo, -a] *adj* **1.** (*continuo*) ununterbrochen; **acto** ~ unverzüglich; **un año** ~ ein ganzes Jahr **2.** (*en línea recta*) geradeaus; **por aquí** ~ (immer) hier entlang; **todo** ~ immer geradeaus

seguidor¹ [seɣi'ðor] *m* Rechtschreibregel *f*

seguidor(a)² [seɣi'ðor(a)] *m(f)* Anhänger(in) *m(f)*

seguimiento [seɣi'mjen̩to] *m* **1.** (*cumplimiento*) Befolgung *f* **2.** (*persecución*) Verfolgung *f* **3.** (*sucesión*) Folge *f*

seguir [se'ɣir] *irr* **I.** *vt* **1.** (*suceder, ser adepto*) folgen **2.** (*perseguir*) verfolgen **3.** (*cursar*) studieren, lernen; **actualmente sigo un curso de informática** zur Zeit besuche ich einen Informatikkurs **4.** (*acompañar*) folgen; **la sigue como si fuera un perrito** er/sie läuft ihr nach wie ein treuer Hund **5.** (*continuar*): ~ **adelante** weitermachen; **¡que sigas bien!** lass es dir weiterhin gut gehen! **II.** *vi:* **sigue por esta calle** geh diese Straße entlang **III.** *vr:* ~**se** folgen

según [se'ɣun] **I.** *prep* gemäß *+dat*, laut *+gen/dat;* ~ **eso** demnach; ~ **la ley** laut Gesetz; ~ **tus propias palabras** deinen eigenen Worten nach; **un porcentaje que varía** ~ **el mercado** ein marktabhängiger Prozentsatz; **estaba contento,** ~ **su sonrisa** seinem/ihrem Gesichtsausdruck nach war er/sie zufrieden **II.** *adv* **1.** (*como*) wie; ~ **lo convenido** wie vereinbart [*o* besprochen]; **está** ~ **lo dejaste** alles ist, wie du es verlassen hast **2.** (*mientras*) während; ~ **hablaba iba preparándose** während er/sie sprach, machte er/sie sich fertig; **podemos hablar** ~ **vamos andando** wir können uns beim Laufen unterhalten **3.** (*eventualidad*) je nachdem; ~ **y como** je nachdem; ~ **el trabajo iré o no** je nachdem, ob ich viel Arbeit habe, werde ich gehen oder nicht

segunda [se'ɣun̩da] *f* **1.** (AUTO) zweiter Gang *m* **2.** (*loc*): **con** ~**s** mit Hintergedanken

segundero [seɣun̩'dero] *m* Sekundenzeiger *m*

segundilla [seɣun̩'diʎa] *f* (*Col*) Imbiss *m*

segundo¹ [se'ɣun̩do] *m* Sekunde *f*

segundo, **-a²** [se'ɣun̩do, -a] **I.** *adj* zweite(r, s); **segunda intención** Hintergedanke *m;* **coche de segunda mano** Gebrauchtwagen *m;* **informaciones de segunda mano** Informationen aus zweiter Hand; **primo** ~ Großcousin *m;* **ropa de segunda mano** Secondhandkleidung *f;* **vive en el** ~ er/sie wohnt im zweiten Stock **II.** *m, f* Stellvertreter(in) *m(f)*

segundón, **-ona** [seɣun̩'don, -ona] *m, f* Zweitgeborene(r) *mf*

segur [se'ɣur] *f* **1.** (*hacha*) Beil *nt* **2.** (*hoz*) Sichel *f*

seguramente [seɣura'men̩te] *adv* **1.** (*de modo seguro*) mit Sicherheit **2.** (*probablemente*) sicherlich

seguridad [seɣuri'ða^ð] *f* **1.** (*protección*) Sicherheit *f*; **S~ Social** Sozialversicherungssystem *nt;* **agentes de** ~ Sicherheitspolizei *f;* **cinturón de** ~ (AERO, AUTO) Sicherheitsgurt *m;* **cotización a la S~ Social** Sozialversicherungsbeitrag *m;* **departamento de** ~ Polizeirevier *nt;* **empresa de** ~ privater Wachdienst; **guardia de** ~ Schutzpolizist *m;* **normas de** ~ Sicherheitsvorschriften *fpl;* **la** ~ **de un empleo** die Sicherheit eines Arbeitsplatzes; **adoptar medidas de** ~ Sicherheitsvorkehrungen treffen **2.** (*certeza*) Gewissheit *f*, Sicherheit *f*; **no podemos afirmar con** ~ **que...** *+subj* wir können nicht mit Sicherheit behaupten, dass ...; **para mayor** ~ **te envío la carta certificada** sicherheitshalber sende ich dir den Brief als Einschreiben **3.** (*firmeza*) Bestimmtheit *f*, Sicherheit *f*; **habla con mucha** ~ er/sie ist sehr sicher im Sprechen **4.** (*garantía*) Gewähr *f*, Garantie *f* **5.** (*confiabilidad*) Zuverlässigkeit *f*; **las máquinas destacan por su** ~ die Maschinen zeichnen sich durch ihre Verlässlichkeit aus

seguro¹ [se'ɣuro] **I.** *m* **1.** (*contrato*) Versicherung *f*; ~ **de accidentes** Unfallversicherung *f;* ~ **adicional** Zusatzversicherung *f;* ~ **de cambio** (FIN) Wechselkursversicherung *f;* ~ **médico (privado)** (private) Krankenversicherung *f;* ~ **obligatorio** Pflichtversicherung *f;* ~ **de protección jurídica** Rechtsschutzversicherung *f;* ~ **a riesgo parcial** (AUTO) Teilkaskoversicherung *f;* ~ **a todo riesgo** (AUTO) Vollkaskoversicherung *f;* ~ **de vida** [*o* **sobre la vida**] Lebensversicherung *f;* ~ **de la vivienda** Hausratversicherung *f;* ~ **voluntario** freiwillige Versicherung; **agente de** ~**s** Versicherungsvertreter *m;* **compañía de** ~**s** Versicherungsgesellschaft *f;* **corredor de** ~**s** Versicherungsmakler *m;* **prima de** ~**s** Versicherungsprämie *f;* **contratar** [*o* **suscribir**] **un** ~ eine Versicherung abschließen; **esto lo paga el** ~ das zahlt die Versicherung; **el mes que viene tenemos que pagar el** ~ **del coche** kommenden Monat müssen wir die Kfz-Versicherung bezahlen **2.** (*salvoconducto*) Geleitbrief *m* **3.** (*mecanismo*) Sicherung *f* **II.** *adv* sicherlich; ~ **que vendrá pronto** er/sie kommt sicher bald; ~ **que no es fácil** es ist sicher(lich) nicht einfach; **a buen** [*o* **de**] [*o* **al**] ~ sicherlich; **en** ~ unbeschadet; **sobre** ~ ohne Risiko;

S

tener ~ algo (sich *dat*) etw *gen* sicher sein
seguro, -a² [se'ɣuro, -a] *adj* **1.** (*exento de peligro*) sicher; **empleo ~** sicherer Arbeitsplatz; **inversión segura** (FIN) sichere Kapitalanlage **2.** (*firme*) fest **3.** (*sólido*) solide **4.** (*convencido*) sicher; **~ de sí mismo** selbstsicher; **¿estás ~?** bist du (dir) sicher?
seis [sei̯s] **I.** *adj inv* sechs; *v. t.* **ocho II.** *m inv* Sechs *f*
seisavo¹ [sei̯'saβo] *m* Sechseck *nt*
seisavo, -a² [sei̯'saβo, -a] *adj* sechstel; *v. t.* **octavo**
seiscientos, -as [sei̯s'θjen̩tos, -as] *adj* sechshundert; *v. t.* **ochocientos**
seisillo [sei̯'siʎo] *m* (MÚS) Sextole *f*
seísmo [se'ismo] *m* Erdbeben *nt*
selección [seleʸ'θjon] *f* Auswahl *f;* (DEP) Auswahl *f,* Auswahlmannschaft *f;* **~ de candidatos** Kandidatenauswahl *f;* **~ nacional de fútbol** Fußballnationalmannschaft *f;* **~ natural** Selektion *f,* natürliche Auslese; **~ variada** reichhaltige Auswahl; **equipo de ~** (DEP) Auswahlmannschaft *f*
seleccionador(a) [seleʸθjona'ðor(a)] *m(f)* (DEP) Trainer(in) *m(f)*
seleccionar [seleʸθjo'nar] *vt* auswählen, aussuchen; (*para la crianza*) selektieren; **~ candidatos** Kandidaten auswählen
selectividad [selektiβi'ðaᵈ] *f* **1.** (*elección*) Auswahl *f* **2.** (*selección*) Selektion *f* **3.** (UNIV) *Eignungsprüfung für die Aufnahme an einer spanischen Universität*
selectivo¹ [selek'tiβo] *m* Vorbereitungskurs *m*
selectivo, -a² [selek'tiβo, -a] *adj* Wahl-, selektiv, auserwählt; **método ~** Auswahlmethode *f*
selecto, -a [se'lekto, -a] *adj* erlesen, ausgewählt; **cliente ~** ausgewählter Kunde; **vinos ~s** erlesene Weine
selector¹ [selek'tor] *m* Regler *m;* **~ de cambio de marcha** Schalthebel *m;* **~ de temperaturas** Temperaturregler *m*
selector(a)² [selek'tor(a)] *adj* Wähl-; **disco ~** Wählscheibe *f*
selénico, -a [se'leniko, -a] *adj* (ASTR) selenologisch
selenio [se'lenjo] *m* (QUÍM) Selen *nt*
selenita¹ [sele'nita] *mf* Mondbewohner(in) *m(f)*
selenita² [sele'nita] *f* Selenit *m,* Gips *m*
selenitoso, -a [seleni'toso, -a] *adj* gipshaltig
selenografía [selenoɣra'fia] *f sin pl* (ASTR) Selenographie *f*
selenosis [sele'nosis] *f inv* (MED) weiße Nagelflecken *mpl*
self-service [selᶠ'serβis] *m sin pl* Selbstbedienung *f*
sellado, -a [se'ʎaðo, -a] *adj* **1.** (*timbrado*) abgestempelt **2.** (*concluido*) besiegelt **3.** (*cerrado*) versiegelt
selladura [seʎa'ðura] *f* Versiegelung *f*
sellar [se'ʎar] *vt* **1.** (*timbrar*) stempeln **2.** (*dejar huella*) Spuren hinterlassen **3.** (*concluir*) besiegeln **4.** (*precintar*) siegeln **5.** (*cerrar*) versiegeln; **selló los labios** er/sie bewahrte Stillschweigen **6.** (GASTR) kurz anbraten
sello ['seʎo] *m* **1.** (*instrumento y marca*) Stempel *m;* **~ de caucho** Gummistempel *m;* **~ de garantía** Gütezeichen *nt;* **~ oficial** Dienststempel *m* **2.** (*viñeta*) Marke *f;* **~ (postal)** Briefmarke *f* **3.** (*precinto*) Siegel *nt;* **cerrar con un ~** versiegeln **4.** (*distintivo*) Kennzeichen *nt;* **esta película lleva el ~ de su director** dieser Film trägt [*o* verrät] die Handschrift seines Regisseurs **5.** (*anillo*) Siegelring *m* **6.** (MED) Oblate *f*
Seltz [selθ]: **agua de ~** Selter(s)wasser *nt*
selva ['selβa] *f* (dichter) Wald *m,* Dschungel *m;* **S~ Negra** Schwarzwald *m;* **~ virgen** Urwald *m*
selvático, -a [sel'βatiko, -a] *adj* **1.** (*relativo a la selva*) (Ur)wald-, Dschungel-; **flora selvática** Urwaldflora *f* **2.** (*salvaje*) wild
semáforo [se'maforo] *m* **1.** (*de circulación*) (Verkehrs)ampel *f* **2.** (*telégrafo óptico*) Semaphor *m o nt,* Signalmast *m*
semana [se'mana] *f* Woche *f;* **S~ Santa** Karwoche *f;* **fin de ~** Wochenende *nt;* **durante ~s (enteras)** wochenlang; **entre ~** unter der Woche, wochentags
semanada [sema'naða] *f* Wochenlohn *m*
semanal [sema'nal] *adj* wöchentlich, Wochen-; **revista ~** Wochenzeitschrift *f;* **sueldo ~** Wochenlohn *m*
semanario¹ [sema'narjo] *m* **1.** (*periódico*) Wochenzeitung *f* **2.** (*conjunto de siete unidades*): **~ de pulseras** Armband aus sieben Ketten
semanario, -a² [sema'narjo, -a] *adj* Wochen-
semanero, -a [sema'nero, -a] **I.** *adj* wochenweise arbeitend **II.** *m, f* Wochenlöhner(in) *m(f)*
semanilla [sema'niʎa] *f* (REL) Oster-Gebetbuch *nt*
semantema [seman̩'tema] *m* (LING) Semantem *nt*
semántica [se'man̩tika] *f sin pl* (LING) Semantik *f*
semántico, -a [se'man̩tiko, -a] *adj* (LING) semantisch
semasiología [semasjolo'xia] *f sin pl* (LING) Semasiologie *f*
semasiológico, -a [semasjo'loxiko, -a] *adj* (LING) semasiologisch
semblante [sem'blan̩te] *m* **1.** (*cara*) Gesicht *nt* **2.** (*expresión*) Miene *f,* Gesichtsausdruck *m;* **tiene un ~ alegre** er/sie macht einen glücklichen Eindruck; **componer el ~** ernst werden, ein ernstes Gesicht machen
semblantear [semblan̩te'ar] *vt* (*Am*) den Gesichtsausdruck beobachten (*a* von *+dat*)
semblanza [sem'blan̩θa] *f* **1.** (*parecido*) Ähnlichkeit *f* **2.** (*bosquejo biográfico*) Kurzbiografie *f,* Lebenslauf *m*

sembrada [sem'braða] *f v.* **sembrado¹**
sembrado¹ [sem'braðo] *m* Saatfeld *nt*
sembrado, -a² [sem'braðo, -a] *adj* (*fam*): **estar** ~ einfallsreich sein; **perejil mal** ~ schütterer Bart
sembrador(a) [sembra'ðor(a)] *m(f)* Säer(in) *m(f)*
sembradora [sembra'ðora] *f* Sämaschine *f*
sembrar [sem'brar] <e→ie> *vt* **1.** (*plantar*) säen **2.** (*esparcir*) streuen; ~ **una calle de flores** eine Straße mit Blumen bestreuen; ~ **para el futuro** für die Zukunft vorsorgen; ~ **el terror** Angst verbreiten
semejante [seme'xan̪te] **I.** *adj* **1.** (*similar*) ähnlich **2.** (*tal*) solch; **nunca había visto un tomate** ~ ich habe noch nie solch eine Tomate gesehen **II.** *m* Mitmensch *m*
semejanza [seme'xan̪θa] *f* **1.** (*similitud*) Ähnlichkeit *f* **2.** (LING) Vergleich *m*
semejar [seme'xar] **I.** *vi* ähneln **II.** *vr:* ~**se** sich ähneln; ~**se a alguien** jdm ähneln
semejos [se'mexos] *mpl* (*Col*): **darse** ~ sich ähneln
semema [se'mema] *m* (LING) Semem *nt*
semen ['semen] *m* **1.** (*espermatozoide*) Sperma *nt* **2.** (*semilla*) Samen *m*
semencontra [semeŋ'kon̪tra] *m* (MED) Wurmsamen *m*, Zitwer *m*
semental [semen̪'tal] **I.** *adj* **1.** (*relativo a la siembra*) Saat- **2.** (*relativo al animal*) Zucht-; **caballo** ~ Zuchthengst *m*, Deckhengst *m* **II.** *m* Zuchttier *nt*
sementar [semen̪'tar] <e→ie> *vt* säen
sementera [semen̪'tera] *f* **1.** (*siembra*) Säen *nt*, Aussaat *f* **2.** (*sembrado*) Saatfeld *nt* **3.** (*cosa sembrada*) Saat *f* **4.** (*tiempo para sembrar*) Saatzeit *f*
semestral [semes'tral] *adj* halbjährig; (UNIV) Semester-
semestre [se'mestre] *m* Halbjahr *nt;* ~ **de verano/de invierno** (UNIV) Sommer-/Wintersemester *nt*
semiabandonado, -a [semiaβan̪do'naðo, -a] *adj* halb verlassen
semiacabado¹ [semiaka'βaðo] *m* (ECON) Halbfabrikat *nt*, Halbfertigprodukt *nt*
semiacabado, -a² [semiaka'βaðo, -a] *adj* halbfertig; **producto** ~ (ECON) Halbfabrikat *nt*, Halbfertigprodukt *nt*
semiárido, -a [semi'ariðo, -a] *adj* (GEO) semiarid; **clima** ~ semiarides Klima
semiautomático, -a [semiau̯to'matiko, -a] *adj* halbautomatisch
semicadencia [semika'ðen̪θja] *f* (MÚS) unvollkommene Kadenz *f*
semicilíndrico, -a [semiθi'lin̪driko, -a] *adj* (MAT) halbzylindrisch
semicircular [semiθirku'lar] *adj* halbkreisförmig
semicírculo [semi'θirkulo] *m* (MAT) Halbkreis *m;* ~ **graduado** Winkelmesser *m*
semicircunferencia [semiθirkuɱfe'ren̪θja] *f* (MAT) Halbkreisbogen *m*
semiconciencia [semikon̪'θjen̪θja] *f sin pl* Halbbewusstsein *nt*
semiconductor¹ [semikon̪duk'tor] *m* (ELEC) Halbleiter *m*
semiconductor(a)² [semikon̪duk'tor(a)] *adj* (ELEC) Halbleiter-; **técnica** ~**a** Halbleitertechnik *f*
semiconsciente [semikoⁿs'θjen̪te] *adj* halb bei Bewusstsein
semiconsonante [semikonso'nan̪te] *f* (LING) Halbkonsonant *m*
semicorchea [semikor'ʧea] *f* (MÚS) Sechzehntelnote *f*
semicultismo [semikul̪'tismo] *m* (LING) halbgehobener Ausdruck *m*
semiculto, -a [semi'kul̪to, -a] *adj* halbgebildet
semiderruido, -a [semiðerru'iðo, -a] *adj* halb zerstört
semidesconocido, -a [semiðeskono'θiðo, -a] *adj* nicht sehr bekannt
semidesértico, -a [semiðe'sertiko, -a] *adj* **1.** (*vacío*) halb leer **2.** (*abandonado*) halb verlassen
semidesierto [semiðe'sjerto] *m* Halbwüste *f*
semidesnatado, -a [semiðesna'taðo, -a] *adj* halbfett; **yogur** ~ Halbfettjog(h)urt *m o nt*
semidesnudo, -a [semiðes'nuðo, -a] *adj* halb nackt
semidiámetro [semiði'ametro] *m* (ASTR, MAT) Halbmesser *m*
semidiesel [semi'ðjesel] *m* (AUTO) Halbdiesel(motor) *m*
semidiós, -osa [semi'ðjos, -osa] *m, f* Halbgott, -göttin *m, f*
semidormido, -a [semiðor'miðo, -a] *adj* halb im Schlaf, im Halbschlaf
semiduro, -a [semi'ðuro, -a] *adj* halb hart, mittelhart
semieje [semi'exe] *m* (MAT, TÉC) Halbachse *f*
semielaborado, -a [semielaβo'raðo, -a] *adj* halb fertig
semienterrado, -a [semien̪te'rraðo, -a] *adj* halb begraben
semiesfera [semies'fera] *f* Halbkugel *f*
semiesférico, -a [semies'feriko, -a] *adj* halbkugelförmig
semiestatal [semiesta'tal] *adj* halbstaatlich
semifinal [semifi'nal] *f* (DEP) Halbfinale *nt;* **pasar a la** ~ das Halbfinale erreichen
semifinalista [semifina'lista] *mf* (DEP) Halbfinalist(in) *m(f)*
semifondo [semi'fon̪do] *m* (DEP): **carrera de** ~ Mittelstreckenlauf *m*
semifusa [semi'fusa] *f* (MÚS) Vierundsechzigstelnote *f*
semigraso, -a [semi'ɣraso, -a] *adj* halbfett, Halbfett-; **margarina semigrasa** Halbfettmargarine *f*
semiinconsciente [semi(i)ŋkoⁿs'θjen̪te] *adj* halb bewusstlos, bei halbem Bewusstsein
semiindependiente [semi(i)n̪depen̪-

S

'djente] *adj* teilweise unabhängig

semilla [se'miʎa] *f* Samen *m*, Samenkorn *nt*, Keim *m*; **la envidia es la ~ de la discordia** der Neid ist der Keim der Zwietracht

semillero [semi'ʎero] *m* **1.** (*sementera*) Saatfeld *nt* **2.** (*origen*) Keim *m*

semilunar [semilu'nar] *adj* halbmondförmig

semilunio [semi'lunjo] *m* (ASTR) Halbmond *m*

semimundo [semi'mundo] *m* Halbwelt *f*

seminal [semi'nal] *adj* Samen-; **cápsula ~** Samenkapsel *f*; **vesícula ~** Samenbläschen *nt*

seminario [semi'narjo] *m* **1.** (ENS) Seminar *nt*; **asistir a un ~ de lexicografía** an einem Seminar über Lexikographie teilnehmen **2.** (*origen*) Keim *m* **3.** (*sementera*) Saatfeld *nt* **4.** (REL: *iglesia católica*) (Priester)seminar *nt*; (*iglesia protestante*) (Prediger)seminar *nt*

seminarista [semina'rista] *mf* **1.** (REL) Seminarist(in) *m(f)* **2.** (ENS) Seminarteilnehmer(in) *m(f)*

seminternado [seminter'naðo] *m* *Internat mit Verpflegung, aber ohne Übernachtung*

seminuevo, **-a** [semi'nweβo, -a] *adj* fast neu

semioculto, **-a** [semio'kulto, -a] *adj* halb verborgen

semiología [semjolo'xia] *f sin pl* (LING, MED) Semiologie *f*, Semiotik *f*

semiológico, **-a** [semjo'loxiko, -a] *adj* (LING, MED) semiologisch

semiólogo, **-a** [se'mjoloɣo, -a] *m, f* (LING) Semiologe, -in *m, f*

semiolvidado, **-a** [semiolβi'ðaðo, -a] *adj* halb vergessen, halb in Vergessenheit geraten

semioruga [semio'ruɣa] *f* (MIL) Halbkettenfahrzeug *nt*

semioscuridad [semioskuri'ða^{d}] *f* Halbdunkel *nt*

semiotecnia [semjo'te^{ɣ}nja] *f* (MÚS) Notenkunde *f*, Notenschrift *f*

semiótica [se'mjotika] *f sin pl* (LING, MED) Semiotik *f*, Semiologie *f*

semiótico, **-a** [se'mjotiko, -a] *adj* semiotisch

semipelagianismo [semipelaxja'nismo] *m* (REL) Semipelagianismus *m*

semiperiodo [semipe'rjoðo] *m*, **semiperíodo** [semipe'rioðo] *m* (ELEC) Halbwelle *f*, Halbperiode *f*

semipermeable [semiperme'aβle] *adj* semipermeabel, halbdurchlässig

semipesado, **-a** [semipe'saðo, -a] *adj* halbschwer, mittelschwer; **peso ~** (DEP) Halbschwergewicht *nt*

semiplano [semi'plano] *adj* (MAT) halbflach

semiprecioso, **-a** [semipre'θjoso, -a] *adj*: **piedra semipreciosa** Halbedelstein *m*

semiproducto [semipro'ðukto] *m* Halbfertigware *f*, Halbfabrikat *nt*

semirrecta [semi'rrekta] *f* Halbgerade *f*

semirrecto, **-a** [semi'rrekto, -a] *adj*: **ángulo ~** 45°-Winkel *m*

semirredondo, **-a** [semirre'ðondo, -a] *adj* halbrund

semirremolque [semirre'molke] *m* Sattelanhänger *m*

semirrígido, **-a** [semi'rrixiðo, -a] *adj* (AERO) halbstarr, halbsteif

semiseco, **-a** [semi'seko, -a] *adj* halbtrocken; (*champán*) demi-sec

semisótano [semi'sotano] *m* Halbsouterrain *nt*

semisuma [semi'suma] *f* (MAT) halbe Summe *f*

semita [se'mita] **I.** *adj* semitisch **II.** *mf* Semit(in) *m(f)*

semítico, **-a** [se'mitiko, -a] *adj* semitisch

semitismo [semi'tismo] *m sin pl* **1.** (*referente a las costumbres*) semitische Wesensart *f* **2.** (*referente al lenguaje*) semitische Spracheigentümlichkeit *f*

semitono [semi'tono] *m* (MÚS) Halbton *m*

semitransparente [semitra^{n}spa'rente] *adj* halbtransparent

semitrino [semi'trino] *m* (MÚS) Pralltriller *m*

semiurbano, **-a** [semiur'βano, -a] *adj* halburban

semivacío, **-a** [semiβa'θio, -a] *adj* halb leer

semivida [semi'βiða] *f* (FÍS) Halbwertszeit *f*

semivivo, **-a** [semi'βiβo, -a] *adj* ≈quasilebendig

semivocal [semiβo'kal] **I.** *adj* (LING) halbvokalisch **II.** *f* (LING) Halbvokal *m*

sémola ['semola] *f* Grieß *m*

semoviente [semo'βjente] *adj*: **bienes ~s** bewegliche Güter

sempervirente [semperβi'rente] *adj* immergrün

sempiterno, **-a** [sempi'terno, -a] *adj* immerwährend, ewig

sen [sen] *m* **1.** (*planta*) Sennesblätterstrauch *m* **2.** (*moneda*) Sen *m*

sena ['sena] *f* **1.** (*planta*) Sennesblätterstrauch *m* **2.** *pl* (*dado*) Sechserpasch *m*

Sena ['sena] *m* Seine *f*

senado [se'naðo] *m* Senat *m*

senador(**a**) [sena'ðor(a)] *m(f)* Senator(in) *m(f)*

senario[1] [se'narjo] *m* (LIT) sechssilbiger Vers *m*

senario, **-a**[2] [se'narjo, -a] *adj* (*seis piezas*) sechsteilig; (*seis cifras*) sechsstellig

senatorial [senato'rjal] *adj* senatorisch; **comisión ~** Senatsausschuss *m*

S. en C. [soθje'ða^{d} eŋ koman'dita] *abr de* **Sociedad en comandita** KG *f*

sencillamente [senθiʎa'mente] *adv* schlicht und einfach, schlichtweg, schlechthin

sencillez [senθi'ʎeθ] *f* **1.** (*simplicidad*) Einfachheit *f* **2.** (*naturalidad*) Schlichtheit *f* **3.** (*sinceridad*) Aufrichtigkeit *f* **4.** (*candidez*) Einfältigkeit *f* **5.** (*de poco espesor*) Dünne *f*

sencillo, **-a** [sen'θiʎo, -a] *adj* **1.** (*simple*) einfach; **es un trabajo muy ~** das ist eine sehr einfache Arbeit **2.** (*natural*) schlicht; **gente sencilla** einfache Leute **3.** (*sincero*) aufrichtig **4.** (*cándido*) einfältig **5.** (*fino*) dünn

senda ['sen̪da] *f* **1.** (*camino*) Pfad *m,* Fußweg *m;* (*resultado del paso*) Trampelpfad *m;* ~ **cubierta de grava** Kiesweg *m;* ~ **del jardín** Gartenweg *m* **2.** (*método*) Weg *m*

senderear [sen̪dere'ar] **I.** *vt* **1.** (*guiar*) einen Pfad entlangführen **2.** (*abrir senda*) einen Pfad schlagen (durch +*akk*) **II.** *vi* (*fig*) neue Wege beschreiten

senderismo [sen̪de'rismo] *m* Wandern *nt*

senderista [sen̪de'rista] *mf* **1.** (*caminante*) Wanderer, -in *m, f* **2.** (POL) *Anhänger der peruanischen Guerrillabewegung 'Sendero Luminoso'*

sendero [sen̪'dero] *m v.* **senda**

sendos, -as ['sen̪dos, -as] *adj:* **llegamos en ~ coches** wir kamen jeder mit seinem Wagen

séneca ['seneka] *m* sehr weiser Mann *m*

senectud [senek'tu^{ð}] *f* Greisenalter *nt*

Senegal [sene'ɣal] *m* Senegal *m*

senegalés, -esa [seneɣa'les, -esa] **I.** *adj* senegalesisch **II.** *m, f* Senegalese, -in *m, f*

senequismo [sene'kismo] *m* (FILOS) Lehre *f* des Philosophen Seneca

senil [se'nil] *adj* greisenhaft, senil

senilidad [senili'ða^{ð}] *f* **1.** (*decrepitud*) Greisenhaftigkeit *f,* Senilität *f* **2.** (*senectud*) Greisenalter *nt*

sénior ['senjor] **I.** *adj* senior **II.** *mf* (*t.* DEP) Senior(in) *m(f)*

seno ['seno] *m* **1.** (*concavidad*) Vertiefung *f;* ~ **de la ola** Wellental *nt* **2.** (ANAT, MAT) Sinus *m;* ~ **de un ángulo** Sinus eines Winkels; ~ **frontal** Stirnhöhle *f* **3.** (*matriz*) Schoß *m;* **en el ~ de la familia** im Schoß der Familie **4.** (*pecho*) Brust *f*

sensación [sensa'θjon] *f* **1.** (*sentimiento*) Gefühl *nt,* Empfindung *f;* ~ **de frío** Kältegefühl *nt;* ~ **de soledad** Einsamkeitsgefühl *nt;* **tengo la ~ de que está enfadado** ich habe das Gefühl, dass er beleidigt ist **2.** (*efecto sorprendente*) Sensation *f;* **causar ~** Aufsehen erregen; **de ~** Aufsehen erregend

sensacional [sensaθjo'nal] *adj* sensationell, Aufsehen erregend

sensacionalismo [sensaθjona'lismo] *m sin pl* Sensationsgier *f,* Sensationssucht *f*

sensacionalista [sensaθjona'lista] **I.** *adj* sensationslüstern; **prensa ~** Sensationspresse *f* **II.** *mf* sensationslüsterne Person *f*

sensatez [sensa'teθ] *f* Besonnenheit *f*

sensato, -a [sen'sato, -a] *adj* besonnen

sensibilidad [sensiβili'ða^{ð}] *f* Sensibilität *f*

sensibilización [sensiβiliθa'θjon] *f* (*t.* FOTO) Sensibilisierung *f*

sensibilizado, -a [sensiβili'θaðo, -a] *adj* (FOTO) lichtempfindlich, sensibilisiert

sensibilizador [sensiβiliθa'ðor] *m* (FOTO) Sensibilisator *m*

sensibilizar [sensiβili'θar] <z→c> *vt* (*t.* FOTO) sensibilisieren

sensible [sen'siβle] **I.** *adj* **1.** (*sensitivo*) empfindlich (*a* gegen +*akk*), sensibel (*a* gegen +*akk*); ~ **a los cambios de tiempo** wetterfühlig; ~ **a la luz** lichtempfindlich; **pérdida ~** empfindlicher [*o* schmerzlicher] Verlust; **es una persona muy ~** er/sie ist ein sehr sensibler Mensch **2.** (*perceptible*) wahrnehmbar **II.** *f* (MÚS) Leitton *m*

sensiblemente [sensiβle'men̪te] *adv* **1.** (*perceptible*) spürbar **2.** (*doloroso*) schmerzlich

sensiblería [sensiβle'ria] *f* Gefühlsduselei *f*

sensiblero, -a [sensi'βlero, -a] *adj* gefühlsdus(e)lig

sensilio [sen'siljo] *m* (ZOOL) Sinnesorgan *nt* der Insekten

sensitiva [sensi'tiβa] *f* (BOT) Mimose *f*

sensitivo, -a [sensi'tiβo, -a] *adj* **1.** (*sensorial*) Sinnes-; **tacto ~** Gefühlssinn *m* **2.** (*sensible*) empfindsam, sensibel **3.** (*sensual*) sinnlich

sensitometría [sensitome'tria] *f* (FÍS, FOTO, QUÍM) Sensitometrie *f*

sensor [sen'sor] *m* Sensor *m;* ~ **de lluvia** (AUTO) Regensensor *m*

sensorial [senso'rjal] *adj* sensorisch, Sinnes-; **órgano ~** Sinnesorgan *nt*

sensorio[1] [sen'sorjo] *m* Bewusstsein *nt*

sensorio, -a[2] [sen'sorjo, -a] *adj v.* **sensorial**

sensual [sensu'al] *adj* sinnlich; **labios ~es** sinnliche Lippen

sensualidad [senswali'ða^{ð}] *f sin pl* Sinnlichkeit *f*

sensualismo [senswa'lismo] *m sin pl* **1.** (*sensualidad*) Sinnlichkeit *f* **2.** (FILOS) Sensualismus *m*

sentada [sen̪'taða] *f* **1.** (*tiempo*) *Zeitraum, den jd sitzend verbringt;* **de una ~** in einem Rutsch; **hacer una ~** eine lange Sitzung abhalten **2.** (*protesta*) Sitzstreik *m,* Sit-in *nt*

sentado, -a [sen̪'taðo, -a] *adj* **1.** (*sensato*) besonnen; **palabras sentadas** sorgfältig abgewogene Worte **2.** (BOT) ohne Blütenstiel **3.** (*loc*): **dar algo por ~** etw nicht in Frage [*o* infrage] stellen; **doy por ~ que él acudirá** für mich steht fest, dass er kommt

sentador(a) [sen̪ta'ðor(a)] *adj* (*Arg, Chil: prenda de vestir*) gut sitzend

sentar [sen̪'tar] <e→ie> **I.** *vi:* ~ **bien/mal** (*comida*) gut/schlecht bekommen; (*vestidos*) gut/schlecht stehen; ~ **como un tiro** auf den Magen schlagen; **su visita me sentó como un tiro** ich war völlig entsetzt über seinen/ihren Besuch **II.** *vt* setzen; **estar sentado** sitzen; **estar bien sentado** (*fig*) gut situiert sein **III.** *vr:* **~se 1.** (*asentarse*) sich setzen; **¡siéntese!** nehmen Sie Platz! **2.** (*establecerse*) sich niederlassen **3.** (*estabilizarse*) sich stabilisieren

sentencia [sen̪'ten̪θja] *f* **1.** (*proverbio*) Sentenz *f,* Sinnspruch *m* **2.** (JUR: *dictamen*) Urteil *nt;* **dictar ~** das Urteil sprechen; **cumplir la ~** das Urteil ausführen

sentenciador(a) [sen̪ten̪θja'ðor(a)] *adj* urteilend; (*que condena*) verurteilend

sentenciar [sen̪ten̪'θjar] *vt* **1.**(*decidir*) urteilen **2.**(*condenar*) verurteilen (*a* zu +*dat*); ~ **a muerte** zum Tode verurteilen

sentencioso, **-a** [sen̪ten̪'θjoso, -a] *adj* **1.**(*instructivo*) sentenziös **2.**(*grave*) schulmeisterlich

sentidamente [sen̪tiða'men̪te] *adv* **1.**(*con sentimiento*) mit Gefühl, gefühlvoll **2.**(*con lamentación*) mit Bedauern

sentido[1] [sen̪'tiðo] *m* Sinn *m;* ~ **común** gesunder Menschenverstand; ~ **del deber** Pflichtgefühl *nt;* ~ **del humor** Sinn für Humor; ~ **del olfato** Geruchssinn *m;* **sexto** ~ sechster Sinn; **en el** ~ **de la flecha** in Pfeilrichtung; **en el** ~ **de las agujas del reloj** im Uhrzeigersinn; **costar un** ~ sündhaft teuer sein; **estar con los cinco ~s en el asunto** voll bei der Sache sein; **estar sin** ~ bewusstlos sein; **perder el** ~ in Ohnmacht fallen; **¡esto no tiene ~!** das hat keinen Sinn!

sentido, **-a**[2] [sen̪'tiðo, -a] *adj* **1.**(*conmovido*) tief empfunden, innig **2.**(*sensible*) empfindlich; **ser muy** ~ leicht einschnappen, keinen Spaß verstehen

sentimental [sen̪timen̪'tal] *adj* sentimental

sentimentalismo [sen̪timen̪ta'lismo] *m* Sentimentalität *f*

sentimentaloide [sen̪timen̪ta'loi̯ðe] *mf* (*pey*) gefühlsdusliger Mensch *m*

sentimiento [sen̪ti'mjen̪to] *m* **1.**(*emoción*) Gefühl *nt,* Empfindung *f;* **una persona sin ~s** eine gefühllose Person **2.**(*pena*) Bedauern *nt,* Verdruss *m;* **le acompaño en el** ~ (mein) herzliches Beileid

sentina [sen̪'tina] *f* **1.**(NÁUT) Bilge *f* **2.**(*cloaca*) Kloake *f* **3.**(*lugar de vicio*) Sündenbabel *nt*

sentir [sen̪'tir] *irr* **I.** *vt* **1.**(*percibir*) fühlen, spüren; **siento frío** mir ist kalt; **sin** ~ unvermittelt **2.**(*opinar*) meinen **3.**(*lamentar*) bedauern; **lo siento mucho** es tut mir sehr leid; **siento que...** +*subj* schade, dass ... **II.** *vr:* **~se 1.**(*estar*) sich fühlen; **me siento mal** ich fühle mich schlecht **2.**(*padecer*) Beschwerden [*o* Schmerzen] haben (*de* in +*dat*) **3.**(*agrietarse*) rissig werden, Risse bekommen **4.**(*pudrirse*) (ver)faulen **III.** *m* **1.**(*opinión*) Meinung *f;* ~ **popular** öffentliche Meinung; **en mi** ~ meiner Meinung nach **2.**(*sentimiento*) Gefühl *nt*

seña ['seɲa] *f* **1.**(*gesto*) Zeichen *nt,* Wink *m;* **hacer ~s** winken **2.**(*particularidad*) Kennzeichen *nt,* Merkmal *nt;* **~s mortales** unverwechselbare Kennzeichen; **por más ~s** außerdem **3.** *pl* (*dirección*) Adresse *f,* Anschrift *f*

señal [se'ɲal] *f* **1.**(*particularidad*) Kennzeichen *nt,* Merkmal *nt* **2.**(*signo*) Zeichen *nt,* Signal *nt;* ~ **de la cruz** Kreuzzeichen *nt;* ~ **de tráfico** Verkehrszeichen *nt;* **en** ~ **de** als Zeichen +*gen;* **dar ~es de vida** (*fig*) von sich hören lassen, Lebenszeichen von sich geben **3.**(*teléfono*) Freizeichen *nt* **4.**(*huella*) Spur *f* **5.**(*cicatriz*) Narbe *f* **6.**(*adelanto*) Anzahlung *f;* **paga y** ~ Anzahlung *f;* **dejar una** ~ eine Anzahlung leisten **7.**(INFOR) Signal *nt;* ~ **digital** digitales Signal; ~ **de salida** Ausgangssignal *nt*

señaladamente [seɲalaða'men̪te] *adv* **1.**(*expresamente*) ausdrücklich **2.**(*extraordinariamente*) besonders

señalado, **-a** [seɲa'laðo, -a] *adj* **1.**(*famoso*) berühmt **2.**(*importante*) bedeutend, wichtig **3.**(*insigne*) hervorragend

señalamiento [seɲala'mjen̪to] *m* **1.**(*acción de marcar*) Markierung *f,* Kennzeichnung *f* **2.**(*acción de fijar*) Festsetzung *f* **3.**(JUR) Anberaumung *f*

señalar [seɲa'lar] **I.** *vt* **1.**(*anunciar*) signalisieren, anzeigen **2.**(*marcar*) kennzeichnen, markieren **3.**(*estigmatizar*) brandmarken, zeichnen **4.**(*mostrar*) zeigen **5.**(*indicar*) hinweisen (auf +*akk*) **6.**(*fijar*) festlegen **7.**(*firmar*) abzeichnen **II.** *vr:* **~se** sich hervorheben

señalización [seɲaliθa'θjon] *f* Beschilderung *f*

señalizar [seɲali'θar] <z→c> *vt* beschildern

señera [se'ɲera] *f* **1.**(*bandera*) Banner *nt* **2.**(POL) *offizielle Flagge Kataloniens*

señero, **-a** [se'ɲero, -a] *adj* **1.**(*levantando la señera*) bannerführend **2.**(*solitario*) einsam **3.**(*único*) einzigartig, unvergleichlich **4.**(*importante*) bedeutend, wichtig

señor(a) [se'ɲor(a)] **I.** *adj* (*fam*) **1.**(*noble*) vornehm **2.**(*enorme*) gewaltig, Mords- *fam;* **~a casa** Mordshaus *nt fam* **II.** *m(f)* **1.**(*dueño, dueña*) Herr(in) *m(f)* (*de* über +*akk*) **2.**(*hombre*) Mann *m;* (*mujer*) Frau *f;* (*dama*) Dame *f;* **¡~as y ~es!** meine Damen und Herren!; **~a de compañía** Anstandsdame *f* **3.**(*título*) Herr *m,* Frau *f;* **su ~a** seine/Ihre (Ehe)frau; **el ~/la ~a García** Herr/Frau García; **los ~es García** Herr und Frau García; **muy** ~ **mío:...** sehr geehrter Herr, ...; **¡no, ~!** keineswegs!; **¡sí, ~!** aber natürlich!; **el S~** der Herr; **descansar en el S~** entschlafen **4.**(*noble*) Edelmann, -frau *m, f;* **~es** Edelleute *pl* **5.**(*fam: suegro, -a*) Schwiegervater, -mutter *m, f* **6.**(*Virgen María*): **nuestra S~a** Heilige Maria **7.**(*Arg*): **~a y mayora** *weibliches Oberhaupt der Familie*

señorear [seɲore'ar] **I.** *vt* **1.**(*dominar*) beherrschen **2.**(*sobresalir*) überragen **3.**(*tratar de señor*) *jdn wiederholt und unangebrachterweise mit 'Señor' anreden* **II.** *vr:* **~se** sich bemächtigen (*de* +*gen*)

señoría [seɲo'ria] *f* Herrschaft *f;* **Su S~** Euer Gnaden

señori(a)l [seɲo'ril/seɲo'rjal] *adj* herrschaftlich; **casa** ~ Herrenhaus *nt*

señorío [seɲo'rio] *m* **1.**(*dominio*) Herrschaft *f* **2.**(*territorio*) herrschaftlicher Besitz *m* **3.**(*dignidad*) Würde *f* **4.**(*personas distinguidas*) vornehme Herrschaften *pl*

señorita [seɲo'rita] *f* **1.**(*tratamiento*) Fräulein *nt;* (*de parte de criados*) gnädiges Fräulein *nt* **2.**(*vividora*) *junge Lebedame aus ver-*

mögenden Verhältnissen **3.** (*cigarro*) Zigarillo *m o nt*

señoritingo, **-a** [seɲori'tiŋgo, -a] *m, f* (*pey*) Vornehmtuer(in) *m(f)*

señoritismo [seɲori'tismo] *m* (*pey*) Vornehmtuerei *f*

señorito [seɲo'rito] *m* **1.** (*vividor*) *junger Lebemann aus vermögenden Verhältnissen* **2.** (*tratamiento*) junger Herr *m*

señorón, **-ona** [seɲo'ron, -ona] *m, f* vornehmer Herr *m*, vornehme Dame *f*

señuelo [se'ɲwelo] *m* **1.** (*reclamo*) Lockvogel *m* **2.** (*cebo*) Köder *m*; **caer en el ~** in die Falle gehen **3.** (*Arg, Bol*) *Leittiere einer Viehherde*

seo ['seo] *f* Kathedrale *f*

sépalo ['sepalo] *m* (BOT) Kelchblatt *nt*

separable [sepa'raβle] *adj* trennbar

separación [separa'θjon] *f* **1.** (*desunión*) Trennung *f*; **~ de bienes** Gütertrennung *f* **2.** (*espacio*) Zwischenraum *m*; **~ entre registros** (INFOR) Datensatzzwischenraum *m*

separado[1] [sepa'raðo] *adv*: **por ~** getrennt; **cuéntelos por ~** zählen Sie sie einzeln

separado, **-a**[2] [sepa'raðo, -a] *adj* getrennt lebend

separador[1] [separa'ðor] *m* **1.** (TÉC) Separator *m*; **~ de agua** Wasserabscheider *m*; **~ de campo** (INFOR) Feldteiler *m*; **~ de ficheros** (INFOR) Dateitrennung *f* **2.** (AUTO) Mittelstreifen *m* **3.** (*libro, libreta*) Trennblatt *nt*

separador(a)[2] [separa'ðor(a)] *adj* trennend

separar [sepa'rar] **I.** *vt* **1.** (*desunir*) trennen (*de* von +*dat*) **2.** (*apartar*) auf die Seite legen, aussortieren **3.** (*destituir*) entlassen (*de* aus +*dat*) **II.** *vr*: **~se** sich trennen (*de* von +*dat*)

separata [sepa'rata] *f* (TIPO) Sonderdruck *m*

separatismo [separa'tismo] *m sin pl* (POL) Separatismus *m*

separatista [separa'tista] **I.** *adj* (POL) separatistisch **II.** *mf* (POL) Separatist(in) *m(f)*

separo [se'paro] *m* (*Méx: celda*) (Gefängnis)zelle *f*

sepedón [sepe'ðon] *m* (ZOOL) *eine Art Eidechse*

sepelio [se'peljo] *m* Bestattung *f*, Begräbnis *nt*

sepia ['sepja] *f* Sepia *f*; **de color ~** sepia(braun)

sepiolita [sepjo'lita] *f* (*espuma de mar*) Meerschaum *m*, Sepiolith *nt*

sepsis ['seβsis] *f inv* (MED) *v.* **septicemia**

septembrino, **-a** [septem'brino, -a] *adj* (*elev*) September-, den Monat September betreffend; **será un niño ~** es wird ein Septemberkind, das Kind wird im September auf die Welt kommen

septenario[1] [septe'narjo] *m* Zeitraum *m* von sieben Tagen

septenario, **-a**[2] [septe'narjo, -a] *adj* aus sieben Einheiten bestehend

septenio [sep'tenjo] *m* Zeitraum *m* von sieben Jahren, Septennat *nt alt*

septentrión [septen̩'trjon] *m* **1.** (*polo ártico*) Nordpol *m* **2.** (*norte*) Norden *m*; **viento ~** Nordwind *m* **3.** (*viento*) Nordwind *m*

Septentrión [septen̩'trjon] *m* (ASTR) Großer Bär *m*

septentrional [septen̩trjo'nal] *adj* nördlich

septeto [sep'teto] *m* (MÚS) Septett *nt*

septicemia [septi'θemja] *f* (MED) Blutvergiftung *f*, Sepsis *f*

septicidad [septiθi'ðað] *f* (MED) septischer Zustand *m*

séptico, **-a** ['septiko, -a] *adj* (MED) septisch

septiembre [sep'tjembre] *m* September *m*; *v. t.* **marzo**

septillizo, **-a** [septi'ʎiθo, -a] *m, f* Siebenling *m*

séptima ['septima] *f* (MÚS) Septime *f*

séptimo, **-a** ['septimo, -a] **I.** *adj* (*parte*) siebtel; (*numeración*) siebte(r, s); **en ~ lugar** siebtens, an siebter Stelle **II.** *m, f* Siebtel *nt*; *v. t.* **octavo**

septingentésimo, **-a** [septiŋxen̩'tesimo, -a] **I.** *adv* (*parte*) siebenhundertstel; (*numeración*) siebenhundertste(r, s) **II.** *m, f* Siebenhundertstel *nt*

septuagenario, **-a** [septwaxe'narjo, -a] **I.** *adj* siebzigjährig, in den Siebzigern **II.** *m, f* Siebzigjährige(r) *mf*; *v. t.* **octogenario**

septuagésima [septwa'xesima] *f* (REL) Septuagesima *f*

septuagésimo, **-a** [septwa'xesimo, -a] **I.** *adj* (*parte*) siebzigstel; (*numeración*) siebzigste(r, s); **la septuagésima parte de...** ein Siebzigstel von ... +*dat* **II.** *m, f* Siebzigstel *nt*; *v. t.* **octogésimo**

septuplicación [septuplika'θjon] *f* Versiebenfachung *f*

septuplicar [septupli'kar] <c→qu> *vt, vr*: **~se** (sich) versiebenfachen

séptuplo, **-a** ['septuplo, -a] *adj* siebenfach; *v. t.* **óctuplo**

sepulcral [sepul'kral] *adj* Grab(es)-; **inscripción ~** Grabinschrift *f*; **silencio ~** Grabesstille *f*

sepulcro [se'pulkro] *m* **1.** (*tumba*) Grab *nt*, Grabstätte *f*; **Santo S~** Heiliges Grab (*Jesu*); **bajar al ~** ins Grab sinken; **ser un ~** (*fig*) verschwiegen sein [*o* schweigen] wie ein Grab **2.** (*relicario*) (Reliquien)schrein *m*

sepultar [sepul̩'tar] **I.** *vt* **1.** (*inhumar*) begraben, beerdigen **2.** (*cubrir*) unter sich begraben **3.** (*sumergir*) versinken **II.** *vr*: **~se** begraben werden

sepultura [sepul̩'tura] *f* **1.** (*sepelio*) Bestattung *f*, Begräbnis *nt* **2.** (*tumba*) Grab *nt*; **cavar una ~** ein Grab ausheben; **dar ~ a alguien** jdn zu Grabe tragen; **estar cavando su ~** sich *dat* sein (eigenes) Grab schaufeln

sepulturero, **-a** [sepul̩tu'rero, -a] *m, f* Totengräber(in) *m(f)*

sequedad [seke'ðað] *f* **1.** (*aridez*) Trockenheit *f* **2.** (*descortesía*) Unfreundlichkeit *f*; **con ~** unwirsch

sequedal [seke'ðal] *m,* **sequeral** [seke'ral] *m* Trockengebiet *nt*

sequía [se'kia] *f* Dürre *f*

sequillo [se'kiʎo] *m* (GASTR) *eine Art Zuckerkringel*

sequío [se'kio] *m* trockenes Land *nt*

séquito ['sekito] *m* Gefolge *nt*

ser [ser] *irr* **I.** *aux* **1.** (*construcción de la pasiva*): **las casas fueron vendidas a bajo precio** die Wohnungen wurden zu niedrigem Preis verkauft; **el triunfo fue celebrado por todo lo alto** der Sieg wurde ganz groß gefeiert **2.** (*en frases pasivas*): **es de creer** [*o* **suponer**] **que vendrán** es ist anzunehmen, dass sie kommen werden; **era de esperar** das war zu erwarten; **es de esperar que...** +*subj* man darf hoffen, dass ...; **es de agradecer que haya ofrecido su ayuda** es ist dankenswert, dass er/sie seine/ihre Hilfe angeboten hat; **es de agradecer que hayan disculpado su ausencia por escrito** ich finde es nett von ihnen, dass sie uns schriftlich abgesagt haben **II.** *vi* **1.** (*absoluto, copulativo*) sein; **soy camarero** ich bin Kellner; **eres guapa** du bist hübsch; **cuatro y cuatro son ocho** vier und vier ist acht; **éramos cuatro** wir waren zu viert; **¿qué ha sido eso?** was war denn das? **2.** (*haber, existir*): **Dios es** Gott ist; ~ **o no** ~, **esta es la cuestión** Sein oder Nichtsein, das ist hier die Frage; **¿quién es? – soy yo, Pepe** wer ist da? – ich bin es, Pepe; **¿quién es? – soy Pepe** (*al teléfono*) wer ist am Apparat? – hier spricht Pepe **3.** (*para tiempo, fecha*): **es domingo/verano/de noche** es ist Sonntag/Sommer/Nacht; **son las cuatro** es ist vier Uhr **4.** (*suceder, tener lugar*): **el examen es mañana** die Klausur ist morgen; **el concierto es en el pabellón** das Konzert findet in der Sporthalle statt; **eso fue en 1995** das geschah (im Jahre) 1995 **5.** (*costar*): **¿a cuánto** [*o* **a cómo**] **es el pollo?** wie viel kostet das Hühnchen?; **¿cuánto es todo?** was [*o* wie viel] macht alles zusammen? **6.** (*ser miembro de*): **ya no es miembro de la junta** er/sie ist nicht mehr Mitglied des Präsidiums, er/sie gehört nicht mehr zum Präsidium **7.** (*estar*): **el cine es en la otra calle** das Kino ist [*o* liegt] in der anderen Straße **8.** (*ser causa, constituir*): ~ **falta** ein Fehler sein; **eso ~á tu perdición** das ist dein Verderben **9.** (*convertirse en*): **¿qué quieres ~ de mayor?** was willst du werden, wenn du groß bist?; **¿qué es de él?** was macht er?; **qué ha sido de ella?** was ist aus ihr geworden?; **llegó a ~ ministro** er brachte es bis zum Minister **10.** (*depender*): **todo es que se decida pronto** alles hängt nur davon ab, wie schnell er/sie eine Entscheidung trifft **11.** (*con 'de': posesión*): **¿de quién es esto?** wem gehört das?; **el paquete es de él** das Paket gehört ihm; (*material, color*); **el anillo es de plata** der Ring ist aus Silber; **el coche es de color azul** das Auto ist blau; (*origen*); **es de Suabia** er/sie kommt aus Schwaben; **las naranjas son de Valencia** die Orangen kommen aus Valencia; (*precio, edad*); **es de 100 pesetas** es kostet 100 Peseten; **es de 30 años** er/sie ist 30 (Jahre alt); (*corresponder, ser propio de*); **lo que ha hecho es muy de ella** was sie gemacht hat, ist typisch für sie; **esta manera de hablar no es de un catedrático** diese Ausdrucksweise passt nicht zu einem Professor; **es muy de misa** er/sie geht unentwegt in die Kirche; **es de lo más guay** (*fam*) es ist einfach spitze; **eres de lo que no hay** du bist einzigartig (auf der Welt); **es de un cobarde que no veas** (*fam*) er/sie ist schrecklich feige **12.** (*con 'para': ser capaz*): **yo no soy para tutearlo** ich traue mich nicht ihn zu duzen; (*ser propio, pertenecer*); **este estilo no es para ti** dieser Stil passt nicht zu dir; **el bistec era para usted, ¿no?** sie bekommen das Steak, nicht wahr?; **¿para quién es el vino?** wer bekommt den Wein?; **la película no es para niños** der Film ist nicht für Kinder geeignet; **no es para ponerse así** reg dich deshalb nicht so auf; **es como para no hablarte más** das ist ein guter Grund, um nicht mehr mit dir zu reden **13.** (*con 'que': causa*): **esto es que no lo has visto bien** wahrscheinlich hast du es nicht richtig gesehen; **es que...** nämlich ...; **es que ahora no puedo** ich kann jetzt nämlich nicht; **habla más alto, es que no te oigo** sprich lauter, ich kann dich nämlich nicht hören; **es que está ocupado** er ist eben beschäftigt; **si es que merece la pena** wenn es sich überhaupt lohnt; **¡y es que tenía unas ganas de acabarlo!** wie habe ich mir gewünscht damit fertig zu werden! **14.** (*en oraciones enfáticas, interrogativas*): **¡esto es!** (*así se hace*) gut so!; (*así se dice*) gut gesagt!; (*correcto*) richtig!; **¿pero qué es esto?** was soll denn das (sein)?; **¿cómo es eso?** wie ist das möglich?; **¡como debe** [*o* **ha de**] **~¡** wie es sich gehört!; **¡no puede ~!** das kann doch nicht wahr sein!; **¿no puede ~?** ist es nicht möglich?; **¡eso es cantar!** das nennt man Singen! **15.** (*en pretérito imperfecto: juegos*): **yo era el médico y ella la paciente** ich war der Arzt und sie die Patientin **16.** (*en pretérito perfecto simple: cargos*): **el que fue director del teatro** der ehemalige Intendant des Theaters **17.** (*en futuro: hipótesis*): **¿~á capaz?** wird er/sie das können?; **¡~á capaz!** der Typ ist echt dreist *fam;* **~á lo que ~á** mal sehen, was daraus wird **18.** (*loc: en infinitivo*): **modo** [*o* **manera**] **de** ~ Wesen *nt;* **razón de** ~ Daseinsberechtigung *f;* **a no ~ que...** +*subj* es sei denn, dass ...; **todo puede** ~ alles ist möglich; **quizá ganemos el campeonato – todo puede** ~ vielleicht gewinnen wir die Meisterschaft – alles ist noch offen; **por lo que pueda** ~ für alle Fälle; **con ~ su marido, no puede tragarla** obwohl er ihr Mann ist, kann er sie nicht ausstehen; (*en indicativo, condicional*); **es más** ja mehr noch; **siendo**

así wenn das so ist; **y eso es** [*o* **fue**] **todo** das wär's; ~ **alguien** wer sein *fam;* ~ **más/menos que alguien** besser/schlechter als jd sein; **no encuentro las llaves – es igual** ich finde die Schlüssel nicht – macht nichts; **saber eso y no saber nada es uno** das zu wissen und nichts zu wissen, das ist eins; **yo soy de los que piensan que...** ich gehöre zu denen, die glauben, dass ...; **de no haber sido por ti...** wenn du nicht gewesen wärst ...; **no es lo que tú piensas** es ist nicht so, wie du denkst; **con el carisma que tiene sería un buen líder** (**de un partido**) bei seinem Charisma gäbe er einen guten (Partei)chef ab; **el lema electoral es: "Por el cambio"** die Wahlparole lautet: "Für den Wandel"; (*en subjuntivo*); **si yo fuera tú** wenn ich du wäre; **si no fuera por eso...** wenn das nicht wäre ...; **si por mí fuera** [*o* **fuese**] wenn es nach mir ginge; **le trata como si fuera un niño** er/sie behandelt ihn, als wenn er ein Kind wäre; **siendo así...** wenn das so ist ...; **sea lo que sea** [*o* **fuere**] wie dem auch sei; **lo que sea ~á** es kommt wie es kommen muss; **hazlo sea como sea** tu es, egal wie; **sea quien sea** egal wer, wer auch immer; **dos reales, o sea, 50 céntimos** zwei Reales, das heißt, 50 Céntimos; **venga, no seas así y cuéntamelo** na komm, sei doch nicht so und erzähl es mir; **el color que quieras, pero que no sea rojo** irgendeine Farbe, außer Rot; **cómprame un chupa-chups o lo que sea** kauf mir einen Lutscher oder sonst was; **cómprame un chupa-chups ni que sea** kauf mir wenigstens einen Lutscher; **por listo que sea...** möge er noch so schlau sein ...; **cualquiera que sea el día** an irgendeinem Tag **III.** *m* **1.** (*criatura*) (Lebe)wesen *nt,* Geschöpf *nt;* ~ **fantástico** [*o* **imaginario**] fantastisches Wesen; ~ **humano** Mensch *m,* menschliches Wesen; **El S~ Supremo** das höchste Wesen; ~ **vivo** Lebewesen *nt* **2.** (*esencia*) Wesen *nt* **3.** (FILOS) Sein *nt*

SER [ser] *f abr de* **Sociedad Española de Radiodifusión** *Spanische Rundfunkgesellschaft*

sera ['sera] *f* Trag(e)korb *m*

seráfico, -a [se'rafiko, -a] *adj* **1.** (*referido al serafín*) seraphisch, engel(s)gleich **2.** (*franciscano*) Franziskaner-; **monje** ~ Franziskanermönch *m* **3.** (*humilde*) demütig

serafín [sera'fin] *m* **1.** (REL) Seraph *m,* Serafim *m* **2.** (*persona hermosa*) engelschönes Wesen *nt;* (*niño*) Engelknabe *m*

serba ['serβa] *f* (BOT) Vogelbeere *f*

serbal [ser'βal] *m* (BOT) Eberesche *f,* Vogelbeerbaum *m*

Serbia ['serβja] *f* Serbien *nt*

serbio, -a ['serβjo, -a] **I.** *adj* serbisch **II.** *m, f* Serbe, -in *m, f*

serbo ['serβo] *m v.* **serbal**

serbocroata [serβokro'ata] **I.** *adj* serbokroatisch **II.** *m* (*lengua*) Serbokroatisch(e) *nt*

serena [se'rena] *f* **1.** (*fam: humedad durante la noche*) Nachttau *m* **2.** (LIT) *eine Art Serenade*

serenar [sere'nar] **I.** *vt* (*calmar*) beruhigen, besänftigen **II.** *vi, vr:* **~se 1.** (*calmarse*) sich beruhigen; (*tiempo*) aufklaren **2.** (*referente a licores*) klar werden

serenata [sere'nata] *f* Serenade *f;* **dar la** ~ (*fam*) die nächtliche Ruhe stören

serenidad [sereni'ðaᵈ] *f sin pl* **1.** (*sosiego*) Gelassenheit *f,* Gleichmut *m* **2.** (*príncipe*): **Su S~** Seine/Ihre Durchlaucht

sereno¹ [se'reno] *m* **1.** (*humedad*) Tau *m;* **al** ~ (nachts) im Freien **2.** (*vigilante*) ≈Nachtwächter *m* **3.** (*Ecua: música nocturna*) Abendständchen *nt*

sereno, -a² [se'reno, -a] *adj* **1.** (*sosegado*) ruhig, gelassen, gleichmütig **2.** (*sin nubes*) heiter, wolkenlos

sergenta [ser'xeṇta] *f* (REL) Laienschwester *f* vom Jakobsorden

seriación [serja'θjon] *f* Aufreihung *f*

serial [se'rjal] **I.** *adj* Serien-; **número** ~ Seriennummer *f* **II.** *m* (RADIO, TV) Serie *f;* (*publicación*) Reihe *f*

seriamente [serja'meṇte] *adv* ernst; **tengo que hablar** ~ **contigo** ich muss ein ernstes Wort mit dir reden

seriar [se'rjar] *vt* aufreihen

seri(**ci**)**cultor**(**a**) [seri(θi)kuḷ'tor(a)] *m(f)* Seidenraupenzüchter(in) *m(f)*

seri(**ci**)**cultura** [seri(θi)kuḷ'tura] *f* Seidenbau *m,* Seidenraupenzucht *f*

serie ['serje] *f* **1.** (*sucesión*) Serie *f;* ~ **de artículos** Artikelreihe *f,* Produktreihe *f;* ~ **televisiva** Fernsehserie *f;* **fabricación en** ~ Serien(an)fertigung *f,* Serienherstellung *f;* **fabricar en** ~ in Serie herstellen [*o* fertigen]; **fuera de** ~ herausragend **2.** (*gran cantidad*) Reihe *f;* **tiene que decirme una** ~ **de cosas** er/sie hat mir eine ganze Reihe Dinge zu sagen **3.** (MAT) Reihe *f* **4.** (DEP) Vorrunde *f*

seriedad [serje'ðaᵈ] *f sin pl* Ernsthaftigkeit *f*

serigrafía [seriɣra'fia] *f* (TIPO) Siebdruck *m,* Serigraphie *f*

seringa [se'riŋga] *f* (*Am: goma elástica*) Gummi(band) *nt*

serio, -a ['serjo, -a] *adj* **1.** (*grave*) ernst(haft); **una enfermedad seria** eine ernste [*o* ernsthafte] Erkrankung **2.** (*severo*) streng **3.** (*formal*) seriös **4.** (*responsable*) verantwortungsbewusst **5.** (*sin burla*) ernst(haft); **esto va en** ~ das ist jetzt ernst gemeint; **¿en ~?** wirklich?

sermón [ser'mon] *m* Predigt *f;* **soltar** [*o* **echar**] **un** ~ **a alguien** jdm eine Standpauke halten

sermonear [sermone'ar] **I.** *vi* predigen **II.** *vt* (*fam*) die Leviten lesen +*dat,* eine Standpauke halten +*dat*

sermoneo [sermo'neo] *m* (*fam*) Strafpredigt *f,* Standpauke *f*

serodiagnóstico [seroðjaɣ'nostiko, -a] *m* (MED) Serodiagnostik *f*

serología [serolo'xia] *f sin pl* (MED) Serologie

f

serón [se'ron] *m großer Tragekorb für Reittiere*

seronegativo, **-a** [seroneɣa'tiβo, -a] *adj* (MED) HIV-negativ

seropositivo, **-a** [seroposi'tiβo, -a] *adj* HIV-positiv

serosidad [serosi'ðaᵈ] *f* Lymphe *f*, Gewebsflüssigkeit *f*

seroso, **-a** [se'roso, -a] *adj* serös

seroterapia [serote'rapja] *f* (MED) Serumbehandlung *f*

serovacunación [seroβakuna'θjon] *f* (MED) Serumimpfung *f*

serpear [serpe'ar] *vi v.* **serpentear**

serpentario [serpen̪'tarjo] *m* (ZOOL) Sekretär *m*

serpenteado, **-a** [serpen̪te'aðo, -a] *adj* geschlängelt

serpenteante [serpen̪te'an̪te] *adj* gewunden; **carretera** ~ Serpentinenstraße *f*

serpentear [serpen̪te'ar] *vi* sich schlängeln, sich winden

serpenteo [serpen̪'teo] *m* Serpentine *f*

serpentín [serpen̪'tin] *m* **1.** (QUÍM) Kühlschlange *f* **2.** (*de armas de fuego*) Zündstift *m;* (*del mosquete*) Luntenschloss *nt* **3.** (*piedra*) Serpentin *m*

serpentina [serpen̪'tina] *f* **1.** (*tira de papel*) Luftschlange *f*, Papierschlange *f* **2.** (*piedra*) Serpentin *m*

serpentón [serpen̪'ton] *m* (MÚS) Serpent *m*

serpiente [ser'pjen̪te] *f* Schlange *f;* ~ **de anteojos** Brillenschlange *f;* ~ **de cascabel** Klapperschlange *f;* ~ **monetaria** (ECON) Währungsschlange *f;* ~ **pitón** Pythonschlange *f;* ~ **venenosa** Giftschlange *f;* ~ **de vidrio** Blindschleiche *f*

serpigo [ser'piɣo] *m* (MED) Schwindflechte *f*

serpol [ser'pol] *m* (BOT) Quendel *m*, Feldthymian *m*

serpollar [serpo'ʎar] *vi* (BOT) austreiben, ausschlagen

serpollo [ser'poʎo] *m* (BOT) Schössling *m*, Trieb *m*

serrado, **-a** [se'rraðo, -a] *adj* gezackt, gezahnt

serrador(a) [serra'ðor(a)] *m(f)* Säger(in) *m(f)*

serradora [serra'ðora] *f* Sägemaschine *f*

serraduras [serra'ðuras] *fpl* Sägespäne *mpl*

serrallo [se'rraʎo] *m* **1.** (*harén*) Harem *m* **2.** (*lugar de desenfreno*) *Ort der sexuellen Zügellosigkeit*

serrana [se'rrana] *f* **1.** (LIT) *eine Gedichtform* **2.** (MÚS) *eine Art Flamencogesang*

serranía [serra'nia] *f* Bergland *nt*

serranilla [serra'niʎa] *f* (LIT) *eine Art Hirtengedicht*

serrano, **-a** [se'rrano, -a] **I.** *adj* Berg-, Gebirgs-; **jamón** ~ luftgetrockneter Schinken; **en un pueblo** ~ in einem Gebirgsdorf **II.** *m, f* Bergbewohner(in) *m(f)*, Gebirgsbewohner(in) *m(f)*

serrar [se'rrar] <e→ie> *vt* sägen

serrería [serre'ria] *f* Sägewerk *nt*

serreta [se'rreta] *f* (*para guiar el caballo*) Kappzaum *m*

serrín [se'rrin] *m* Sägemehl *nt*

serruchar [serru'ʧar] *vt* (*Arg, Chil, PRico*) sägen

serrucho [se'rruʧo] *m* **1.** (*sierra*) Fuchsschwanz *m* **2.** (*Cuba*) Sägefisch *m* **3.** (*Chil: revisor de billetes*) Fahrkartenkontrolleur *m*

serval [ser'βal] *m* (ZOOL) Serval *m*

serventesio [serβen̪'tesjo] *m* (LIT) Sirventes *nt*

servible [ser'βiβle] *adj* brauchbar

servicial [serβi'θjal] **I.** *adj* zuvorkommend **II.** *m* (MED) Einlauf *m*

servicio [ser'βiθjo] *m* **1.** (*acción de servir*) Dienst *m;* ~ **civil sustitutorio** Wehrersatzdienst *m*, Zivildienst *m;* ~**s financieros** (FIN) Finanzdienstleistungen *fpl;* ~**s de información de redes** (INFOR) Netzinformationsdienste *mpl;* ~ **de información telefónica** Telefonauskunft *f;* ~**s informativos** Nachrichtendienste *mpl;* ~ **en línea** (INFOR) Onlinebetrieb *m;* ~ **de mantenimiento** Wartungsdienst *m;* ~ **militar** Wehrdienst *m;* ~**s on-line** (INFOR) Onlinedienste *mpl;* ~ **postal express** Eilzustellung *f;* ~ **posventa** Kundendienst *m;* ~ **público** öffentlicher Dienst; ~ **regular marítimo** Linienschiffahrt *f;* ~ **secreto** Geheimdienst *m;* ~ **de transporte** Zubringerdienst *m;* **coche de** ~ Dienstwagen *m;* **manual de** ~ Bedienungshandbuch *nt;* **estar de** ~ im Dienst sein; **hacer el** ~ den Wehrdienst ableisten; **hacer un** ~ **a alguien** jdm einen Dienst erweisen; **hacer un flaco** ~ **a alguien** jdm einen Bärendienst erweisen **2.** (*servidumbre*) Hauspersonal *nt;* **entrada de** ~ Dienstboteneingang *m;* **el** ~ **en este hotel es muy eficiente** das Personal in diesem Hotel ist sehr tüchtig; **la cuenta no incluye el** ~ die Rechnung enthält keine Servicepauschale **3.** (*culto*) Gottesdienst *m* **4.** (*cubierto*) Geschirr *nt;* ~ **de té** Teeservice *nt* **5.** (*retrete*) Toilette *f;* ~ **para caballeros** Herrentoilette *f* **6.** (DEP) Aufschlag *m* **7.** (ECON) Dienstleistung *f* **8.** (MED) Einlauf *m*

servidor¹ [serβi'ðor] *m* **1.** (*para la noche*) Nachttopf *m* **2.** (INFOR) Server *m;* ~ **de red** Netzserver *m*

servidor(a)² [serβi'ðor(a)] *m(f)* **1.** (*criado*) Diener(in) *m(f);* **un** ~ **se va a dormir** ich gehe schlafen; **¿quién es el último (en la cola)?** – ~ wer ist der Letzte (in der Schlange)? – ich **2.** (*maquinista*) Maschinenführer(in) *m(f)* **3.** (*de un arma*) Schütze, -in *m, f*

servidumbre [serβi'ðumbre] *f* **1.** (*personal*) Dienerschaft *f* **2.** (*esclavitud*) Leibeigenschaft *f* **3.** (*trabajo de siervo*) Fron(arbeit) *f* **4.** (*sujeción*) Hörigkeit *f* **5.** (JUR) Dienstbarkeit *f*

servil [ser'βil] **I.** *adj* unterwürfig, kriecherisch

II. *m* Kriecher *m*
servilismo [serβi'lismo] *m sin pl* Kriecherei *f,* Servilität *f,* Unterwürfigkeit *f*
servilleta [serβi'ʎeta] *f* Serviette *f;* **doblar la ~** (*fig fam*) den Löffel abgeben
servilletero [serβiʎe'tero] *m* Serviettenhalter *m;* (*en forma de aro*) Serviettenring *m*
servilón [serβi'lon] *m Anhänger der absoluten Monarchie Anfang des 19.Jahrhunderts*
servio, **-a** ['serβjo, -a] *adj* serbisch
serviola [ser'βjola] *f* (NÁUT) (Schiffs)davit *nt*
servir [ser'βir] *irr como pedir* **I.** *vi* **1.** (*ser útil*) nützen, hilfreich sein; **no sirve de nada** es bringt [*o* nützt] nichts; **no sirve para nada** das ist für nichts gut **2.** (*ser soldado, criado*) dienen **3.** (*ayudar*) behilflich sein; **¿en qué puedo ~le?** womit kann ich Ihnen dienen?; **¡para ~le!** zu Ihren Diensten! **4.** (*atender a alguien*) bedienen; **¿quién sirve esta mesa?** wer bedient an diesem Tisch?; **sírvase usted mismo** bedienen Sie sich selbst **5.** (DEP) aufschlagen **6.** (*suministrar*) (aus)liefern; **~ un pago** (FIN) eine Zahlung leisten; **~ un pedido** (ECON) einen Auftrag ausführen **7.** (*poner en el plato*) (zum Essen) auf den Teller legen; **¿me sirves un poco más de arroz?** tust du mir noch ein bisschen Reis auf? **8.** (*llenar el vaso*) einschenken **II.** *vr:* **~se 1.** (*utilizar*) sich bedienen (*de +gen*) **2.** (*dignarse*): **sírvase cerrar la ventana** seien Sie so freundlich und schließen Sie (bitte) das Fenster
servita [ser'βita] *mf* (REL) Servite, -in *m, f*
servo ['serβo] *m* (AUTO, TÉC) Servomechanismus *m*
servoasistido, **-a** [serβoasis'tiðo, -a] *adj* Servo-; **freno ~** (AUTO) Servobremse *f;* **dirección servoasistida** (AUTO) Servolenkung *f*
servocontrol [serβokon̪'trol] *m* (AERO, AUTO) Servosteuerung *f*
servocroata[1] [serβokro'ata] *m* (*lengua*) Serbokroatisch(e) *nt*
servocroata[2] [serβokro'ata] **I.** *adj* serbokroatisch **II.** *mf* (*individuo*) Serbokroate, -in *m, f*
servodirección [serβoðireʸ'θjon] *f* (AUTO) Servolenkung *f*
servofreno [serβo'freno] *m* (AUTO) Servobremse *f*
servomando [serβo'man̪do] *m* (TÉC) Servosteuerung *f*
servomecanismo [serβomeka'nismo] *m* (TÉC) Servomechanismus *m*
servomotor [serβomo'tor] *m* (TÉC) Servomotor *m*
servosistema [serβosis'tema] *m* (TÉC) Servosystem *nt*
servoválvula [serβo'βalβula] *f* (TÉC) Servoventil *nt*
sesada [se'saða] *f* (*t.* GASTR) Hirn *nt*
sésamo ['sesamo] *m* (BOT) Sesam *m;* **¡ábrete, ~!** Sesam, öffne dich!; **barrio ~** (TV) Sesamstraße *f*
sesear [sese'ar] *vi 'c' oder 'z' vor 'e' oder 'i' als 's' aussprechen*
sesenta [se'sen̪ta] **I.** *adj inv* sechzig **II.** *m inv* Sechzig *f; v. t.* **ochenta**
sesentavo, **-a** [sesen̪'taβo, -a] **I.** *adj* sechzigstel **II.** *m, f* Sechzigstel *nt; v. t.* **ochentavo**
sesentena [sesen̪'tena] *f* Einheit *f* von sechzig Stück; (HIST) Schock *nt*
sesentón, **-ona** [sesen̪'ton, -ona] **I.** *adj* sechzigjährig, in den Sechzigern **II.** *m, f* Sechzigjährige(r) *mf; v. t.* **ochentón**
seseo [se'seo] *m Aussprache des 'c' oder 'z' vor 'e' oder 'i' als 's'*
sesera [se'sera] *f* **1.** (*cráneo animal*) Hirnschale *f* **2.** (*fam: cabeza humana*) Birne *f* **3.** (*fam: inteligencia*) Köpfchen *nt*
sesgado, **-a** [ses'ɣaðo, -a] *adj* **1.** (*sosegado*) ruhig, gelassen **2.** (*cortado oblicuamente*) schräg geschnitten **3.** (*parcial*) parteiisch, tendenziös; **información sesgada** tendenziöse Information
sesgadura [sesɣa'ðura] *f* schräger Schnitt *m;* (*en carpintería*) Gehrungsschnitt *m*
sesgar [ses'ɣar] <g→gu> *vt* **1.** (*cortar en sesgo*) schräg schneiden **2.** (*torcer a un lado*) zur Seite biegen
sesgo[1] ['sesɣo] *m* **1.** (*oblicuidad*) Schräge *f;* **al ~** diagonal [*o* schräg] (geschnitten) **2.** (*orientación*) Verlauf *m,* Wende *f*
sesgo, **-a**[2] ['sesɣo, -a] *adj* **1.** (*cortado oblicuamente*) schräg (geschnitten) **2.** (*torcido*) schief; **de semblante ~** mit finsterer Miene
sesión [se'sjon] *f* **1.** (*reunión*) Sitzung *f;* **~ de apertura/clausura** Eröffnungs-/Schlusssitzung *f;* **~ bursátil** Börsensitzung *f;* **~ plenaria** [*o* **del pleno**] Plenarsitzung *f;* **~ a puerta cerrada** nichtöffentliche Sitzung; **abrir la ~** die Sitzung eröffnen; **celebrar una ~** eine Sitzung abhalten; **cerrar** [*o* **levantar**] **la ~** die Sitzung schließen **2.** (*representación*) Vorstellung *f;* **~ continua** Dauervorstellung *f;* **~ de noche** Spätvorstellung *f*
sesionar [sesjo'nar] *vi* **1.** (*celebrar sesión*) eine Sitzung abhalten, tagen **2.** (*participar en una sesión*) an einer Sitzung teilnehmen
seso ['seso] *m* **1.** (ANAT) Gehirn *nt* **2.** (*inteligencia*) Verstand *m;* **beber(se) el ~** [*o* **los ~s**] (*fig*) den Verstand verlieren; **calentarse** [*o* **devanarse**] **los ~s** (*fam*) sich das Hirn zermartern; **tener sorbido el ~ a alguien** (*fam*) jdn voll im Griff haben **3.** *pl* (GASTR) Hirn *nt*
sesquiáltero, **-a** [seski'al̪tero] *adj* (MAT) anderthalbig
sesquicentenario [seskiθen̪te'narjo] *m* 150-Jahr-Feier *f*
sestear [seste'ar] *vi* Siesta halten
sesudo, **-a** [se'suðo, -a] *adj* **1.** (*inteligente*) intelligent **2.** (*sensato*) vernünftig
set [set] *m* <sets> **1.** (DEP) Satz *m* **2.** (*conjunto de artículos*) Set *nt* **3.** (CINE) Aufnahmeraum *m*
seta ['seta] *f* Pilz *m;* **crecer como ~s** wie Pilze aus dem Boden schießen
setal [se'tal] *m* Ort *m,* an dem viele Pilze

wachsen

setecientos, **-as** [sete'θjen̦tos, -as] *adj* siebenhundert; *v. t.* **ochocientos**

setenta [se'ten̦ta] **I.** *adj inv* siebzig **II.** *m inv* Siebzig *f*; *v. t.* **ochenta**

setentavo, **-a** [seten̦'taβo, -a] **I.** *adj* siebzigstel **II.** *m, f* Siebzigstel *nt*; *v. t.* **ochentavo**

setentón, **-ona** [seten̦'ton, -ona] **I.** *adj* siebzigjährig, in den Siebzigern **II.** *m, f* Siebzigjährige(r) *mf*; *v. t.* **ochentón**

setiembre [se'tjembre] *m v.* **septiembre**

sétimo, **-a** ['setimo, -a] *adj o m, f v.* **séptimo**

seto ['seto] *m* Zaun *m*; ~ **vivo** Hecke *f*

setter ['seter] <setters> *m* (ZOOL) Setter *m*

seudohermafrodita [seu̯ðoermafro'ðita] *mf* (MED) Pseudohermaphrodit *m*, Scheinzwitter *m*

seudohermafroditismo [seu̯ðoermafroði'tismo] *m* (MED) Pseudohermaphroditismus *m*, Scheinzwittertum *nt*

seudónimo [seu̯'ðonimo] *m* Pseudonym *nt*, Künstlername *m*

Seúl [se'ul] *m* Seoul *nt*

s.e.u.o. ['salβo e'rror womi'sjon] *abr de* **salvo error u omisión** Irrtum bzw. Auslassung vorbehalten

severidad [seβeri'ðaᵈ] *f sin pl* Strenge *f*

severo, **-a** [se'βero, -a] *adj* streng (*con* zu +*dat*)

sevicia [se'βiθja] *f* (*elev: crueldad*) Grausamkeit *f*; (*trato cruel*) Misshandlung *f*

sevillanas [seβi'ʎanas] *fpl* (MÚS) Sevillanas *fpl*

sevillano, **-a** [seβi'ʎano, -a] **I.** *adj* aus Sevilla **II.** *m, f* Einwohner(in) *m(f)* von Sevilla

sevillismo [seβi'ʎismo] *m* (DEP) Fans *mpl* des Fußballklubs von Sevilla

sevillista [seβi'ʎista] *adj* (DEP) den Fußballklub von Sevilla betreffend

sexagenario, **-a** [seˠsaxe'narjo, -a] **I.** *adj* sechzigjährig, in den Sechzigern **II.** *m, f* Sechzigjährige(r) *mf*; *v. t.* **octogenario**

sexagesimal [seˠsaxesi'mal] *adj* (MAT) sexagesimal; **sistema** ~ Sexagesimalsystem *nt*, Sechzigersystem *nt*

sexagésimo, **-a** [seˠsa'xesimo, -a] **I.** *adj* (*parte*) sechzigstel; (*numeración*) sechzigste(r, s); **la sexagésima parte de...** ein Sechzigstel von ... **II.** *m, f* Sechzigstel *nt*; *v. t.* **octogésimo**

sexagonal [seˠsaɣo'nal] *adj* sechseckig, hexagonal

sexángulo[1] [seˠ'saŋgulo] *m* Sechseck *nt*, Hexagon *nt*

sexángulo, **-a**[2] [seˠ'saŋgulo, -a] *adj v.* **sexagonal**

sex appeal [seˠsa'pil] *m sin pl* Sexappeal *m*

sexcentésimo, **-a** [sesθen̦'tesimo, -a] **I.** *adj* (*parte*) sechshundertstel; (*numeración*) sechshundertste(r, s) **II.** *m, f* Sechshunderstel *nt*

sexenal [seˠse'nal] *adj* alle sechs Jahre; **proyecto** ~ ein auf sechs Jahre angelegtes Projekt

sexenio [seˠ'senjo] *m* Zeitraum *m* von sechs Jahren

sexismo [seˠ'sismo] *m sin pl* **1.** (*discriminación*) Sexismus *m* **2.** (*obsesión*) Sexbesessenheit *f*

sexista [seˠ'sista] **I.** *adj* sexistisch **II.** *mf* Sexist(in) *m(f)*

sexo ['seˠso] *m* **1.** (BIOL) Geschlecht *nt*, Sex(us) *m* **2.** (*conjunto de individuos*) Geschlecht *nt*; **el** ~ **bello/débil/femenino** das schöne/schwache/weibliche Geschlecht; **el** ~ **feo/fuerte/masculino** das hässliche/starke/männliche Geschlecht **3.** (*órganos sexuales*) Geschlechtsapparat *m* **4.** (*actividad sexual*) Sex *m*; ~ **anal** Analverkehr *m*

sexología [seˠsolo'xia] *f sin pl* Sexualwissenschaft *f*, Sexologie *f*

sexólogo, **-a** [seˠ'soloɣo, -a] *m, f* Sexualforscher(in) *m(f)*, Sexualwissenschaftler(in) *m(f)*, Sexologe, -in *m, f*

sex-shop [seɣ'ʃop] *m* Sexshop *m*

sex-symbol [seˠ'simbol] <sex-symbols> *m* Sexsymbol *nt*

sexta ['sesta] *f* (MÚS) Sexte *f*

sextante [ses'tan̦te] *m* (ASTR, NÁUT) Sextant *m*

sexteto [ses'teto] *m* (MÚS) Sextett *nt*

sextilla [ses'tiʎa] *f* (LIT) Sechzeiler *m*

sextillón [sesti'ʎon] *m* (MAT) Sextillion *f*

sextina [ses'tina] *f* (LIT) Sestine *f*

sexto, **-a** ['sesto, -a] **I.** *adj* (*parte*) sechstel; (*numeración*) sechste(r, s); **en** ~ **lugar** sechstens, an sechster Stelle **II.** *m, f* Sechstel *nt*; *v. t.* **octavo**

sextuplicación [sestuplika'θjon] *f* Versechsfachung *f*

sextuplicar [sestupli'kar] <c→qu> *vt, vr:* ~**se** (sich) versechsfachen

séxtuplo, **-a** ['sestuplo, -a] **I.** *adj* sechsfach **II.** *m, f* Sechsfache(s) *nt*; *v. t.* **óctuplo**

sexuado, **-a** [seˠsu'aðo, -a] *adj* (BIOL) mit Geschlechtsorganen versehen

sexual [seˠsu'al] *adj* (BIOL) geschlechtlich, Geschlechts-, sexuell, Sexual-; **acto** ~ Geschlechtsakt *m*; **instinto** ~ Geschlechtstrieb *m*; **órganos** ~**es** Geschlechtsorgane *ntpl*

sexualidad [seˠswali'ðaᵈ] *f sin pl* **1.** (*características*) Sexualität *f* **2.** (*apetito sexual*) Geschlechtstrieb *m*

sexualización [seˠswaliθa'θjon] *f* (BIOL) Geschlechtsreife *f*

sexy ['seˠsi] *adj inv* sexy

sha [ʃa] *m* Schah *m*

shakesperiano, **-a** [ʃespi'rjano, -a] *adj* (LIT) shakespearisch; **las obras shakesperianas** die Shakespearschen Werke; **esta obra tiene un toque** ~ dieses Stück erinnert an Shakespeare

shérif ['ʃerif] <shérifs> *m* Sheriff *m*

sherry ['ʃerri] *m* Sherry *m*

shock [ʃoᵏ/tʃoᵏ] *m* (*t.* MED) Schock *m*; ~ **insulínico** (MED) Insulinschock *m*; **tratamiento de** ~ (MED) Schocktherapie *f*

shopping ['ʃopiŋ] *m sin pl* Shopping *nt*

shorts [ʃorᵗs] *mpl* Shorts *pl*

show ['ʃou̯] *m* <**shows**> Show *f*

si [si] **I.** *conj* **1.** (*condicional*) wenn, falls; ~ **acaso** wenn etwa; ~ **no** sonst, andernfalls; **por ~...** für den Fall, dass ...; **por ~ acaso** für alle Fälle **2.** (*en preguntas indirectas*) ob; **no sé ~ Julián vendrá o no** ich weiß nicht, ob Julián kommt oder nicht **3.** (*en oraciones concesivas*): ~ **bien** obwohl; ~ **bien la oferta me tienta, no la aceptaré** obwohl das Angebot verführerisch ist, werde ich es nicht annehmen **4.** (*comparación*): **como ~...** +*subj* als ob ..., als wenn ...; **llueve como ~ no hubiera llovido nunca** es regnet, als wenn es niemals geregnet hätte; **que ~...** +*subj* als ob ..., als wenn ...; **el padre está más nervioso que ~ fuera él mismo a dar a luz** der Vater ist so nervös, als müsste er selbst entbinden **5.** (*en frases desiderativas*) wenn ... nur; **¡~ hiciera un poco más de calor!** wenn es nur ein bisschen wärmer wäre! **6.** (*protesta, sorpresa*) doch; **¡pero ~ ella se está riendo!** aber sie lacht doch! **7.** (*énfasis*): **fíjate ~ es tonto que...** so einfältig ist er, dass ... **II.** *m* (MÚS) h *nt*

sí [si] **I.** *adv* ja; **¡~, señor!** jawohl, der Herr!; **porque ~** einfach so; **¡que ~!** stimmt doch!; **¡claro que ~!** selbstverständlich!, natürlich!; **creo que ~** ich denke schon; **¡eso ~ que no!** das kommt nicht in Frage!; **por ~ o por no** in jedem Fall; **¡~ que está buena la tarta!** Mensch, schmeckt der Kuchen gut! **II.** *pron pers* sich; **a ~ mismo** zu sich; **de ~** von sich aus; **dar de ~** genügen; (*tela*) sich weiten; **el tema da mucho de ~** es ist ein sehr umfangreiches Thema; **en** [*o* **de por**] ~ an sich; **estar fuera de ~** außer sich sein; **hablar entre ~** untereinander reden; **por ~** per se; **mirar por ~** egoistisch sein **III.** *m* Ja *nt;* **dar el ~** Ja sagen; (*casamiento*) das Jawort geben; **tener el ~ de la madre** die Erlaubnis der Mutter haben; **no hay entre ellos ni un ~ ni un no** sie sind sich vollkommen einig

sialismo [sja'lismo] *m* (MED) Speichelfluss *m,* Ptyalismus *m*

sialorrea [sjalo'rrea] *m* (MED) Speichelfluss *m,* Sialorrhöe *f*

siamang [sja'maŋ] <**siamangs**> *m* (ZOOL) Siamang *m*

siamés, -esa [sja'mes, -esa] **I.** *adj* siamesisch; **gato ~** Siamkatze *f;* **hermanos siameses** siamesische Zwillinge **II.** *m, f* Siamese, -in *m, f*

sibarita [siβa'rita] **I.** *adj* sybaritisch, genusssüchtig **II.** *mf* **1.** (*de Sibaris*) Sybarit(in) *m(f)* **2.** (*de gusto refinado*) Sybarit(in) *m(f),* Genießer(in) *m(f)*

sibaritismo [siβari'tismo] *m sin pl* Sybaritismus *m,* Genusssucht *f*

Siberia [si'βerja] *f* Sibirien *nt*

siberiano, -a [siβe'rjano, -a] **I.** *adj* sibirisch **II.** *m, f* Sibir(i)er(in) *m(f)*

sibila [si'βila] *f* Sibylle *f,* Wahrsagerin *f*

sibilante [siβi'lan̪te] **I.** *adj* (LING) Zisch-; **letra ~** Zischlaut *m* **II.** *f* (LING) Zischlaut *m,* Sibilant *m*

sibilino, -a [siβi'lino, -a] *adj* sibyllinisch, geheimnisvoll, rätselhaft

sic [siᵏ] *adv* sic!

sicalipsis [sika'liβsis] *f inv* Obszönität *f*

sicalíptico, -a [sika'liptiko, -a] *adj* obszön

sicambro, -a [si'kambro, -a] *m, f* (HIST) Nordbarbar(in) *m(f)*

sicario [si'karjo] *m* Killer *m*

sicastenia [sikas'tenja] *f* (PSICO) Psychasthenie *f*

sicigia [si'θixja] *f* (ASTR) Syzygie *f*

Sicilia [si'θilja] *f* Sizilien *nt*

siciliano, -a [siθi'ljano, -a] **I.** *adj* sizilianisch **II.** *m, f* Sizilianer(in) *m(f)*

sicoanálisis [sikoa'nalisis] *m inv* (MED) Psychoanalyse *f*

sicofanta [siko'fan̪ta] *m,* **sicofante** [siko'fan̪te] *m* **1.** (*impostor*) Betrüger *m;* (HIST) Sykophant *m* **2.** (*calumniador*) Verleumder *m*

sicología [sikolo'xia] *f* **1.** (*ciencia*) Psychologie *f* **2.** (*vida anímica*) Psychologie *f,* Psyche *f;* (*mentalidad*) Weltanschauung *f*

sicológico, -a [siko'loxiko, -a] *adj* seelisch; (PSYCO) psychologisch

sicólogo, -a [si'koloɣo, -a] *m, f* (PSICO) Psychologe, -in *m, f*

sicomoro [siko'moro] *m* (BOT) Sykomore *f,* Maulbeerfeigenbaum *m*

siconeurosis [sikoneu̯'rosis] *f inv* Psychoneurose *f*

sicópata [si'kopata] *mf* Psychopath(in) *m(f)*

sicopatía [sikopa'tia] *f* (MED) Psychopatie *f*

sicosis [si'kosis] *f inv* Psychose *f,* Geisteskrankheit *f*

sicote [si'kote] *m* (*AmC, Ant*) *Schmutz und Fußschweiß*

sicotécnico, -a [siko'teᵞniko, -a] *adj* psychotechnisch

sicoterapeuta [sikotera'peu̯ta] *mf* (MED, PSICO) Psychoterapeuth(in) *m(f)*

sicoterapia [sikote'rapja] *f* Psychoteraphie *f*

sicu ['siku] *m,* **sicuri** [si'kuri] *m* (*Arg:* MÚS) Panflöte *f*

sida ['siða], **SIDA** ['siða] *m* (MED) *abr de* **síndrome de inmunodeficiencia adquirida** Aids *nt*

sidafobia [siða'foβja] *f* (PSICO) (panische) Aids-Angst *f*

sidecar [siðe'kar] *m* <**sidecares**> Beiwagen *m*

sideral [siðe'ral] *adj* siderisch; **espacio ~** Weltraum *m*

siderolito [siðero'lito] *m* (ASTR) Siderolith *m*

siderometalurgia [siðerometa'lurxja] *f sin pl* Eisenmetallurgie *f*

siderometalúrgico, -a [siðerometa'lurxiko, -a] **I.** *adj* eisenmetallurgisch **II.** *m, f* Arbeiter(in) *m(f)* in der Eisenindustrie

siderosis [siðe'rosis] *f inv* (MED) Eisenlunge *f,*

S

Lungensiderose *f*

siderurgia [siðe'rurxja] *f* Eisenindustrie *f*

siderúrgico, **-a** [siðe'rurxiko, -a] *adj:* **industria siderúrgica** Eisenindustrie *f;* **productos ~s** Produkte der Eisenindustrie

sidoso, **-a** [si'ðoso, -a] **I.** *adj* Aids-; **enfermo ~** Aidskranker *m* **II.** *m, f* Aidskranke(r) *mf*

sidra ['siðra] *f* Apfelwein *m*

sidrería [siðre'ria] *f* Weinstube *f* (*, in der ausschließlich Apfelwein verkauft wird*)

sidrero, **-a** [si'ðrero, -a] **I.** *adj* Apfelwein-; **establecimiento ~** Apfelweinkelterei *f* **II.** *m, f* **1.** (*vendedor*) Apfelweinhändler(in) *m(f)* **2.** (*trabajador*) Arbeiter(in) *m(f)* in einer Apfelweinkelterei **3.** (*fabricante*) Apfelweinhersteller(in) *m(f)*

sidrificación [siðrifika'θjon] *f* Apfelweinherstellung *f*

siega ['sjeɣa] *f* **1.** (*el segar*) Mähen *nt*, Mahd *f reg* **2.** (*tiempo de segar*) Mähzeit *f* **3.** (*mieses segadas*) Gemähte(s) *nt*, Mahd *f reg*

siembra ['sjembra] *f* **1.** (*el sembrar*) Aussaat *f* **2.** (*tiempo de sembrar*) Saatzeit *f* **3.** (*terreno sembrado*) Saatfeld *nt*

siemens ['simens] *m*, **siemensio** [si'mensjo] *m* (FÍS, ELEC) Siemens *nt*

siempre ['sjempre] *adv* immer, stets; **como ~** wie immer; **de ~** seit jeher; **a la hora de ~** zur gewohnten Zeit; **una amistad de ~** eine langjährige Freundschaft; **eso es así desde ~** das war schon immer so; **~ pasa lo mismo** es ist immer das Gleiche; **¡hasta ~!** leb(e) wohl!; **para ~** für immer; **por ~** auf ewig; **por ~ jamás** für immer und ewig; **~ que...** *+subj* vorausgesetzt dass ...; **~ y cuando...** *+subj* vorausgesetzt dass ...

siempretieso [sjempre'tjeso] *m* Stehaufmännchen *nt*

siempreviva [sjempre'βiβa] *f* (BOT) Strohblume *f*, Immortelle *f*

sien [sjen] *f* Schläfe *f*

siena ['sjena] **I.** *adj* siena, sienafarben **II.** *m* Siena *nt*

sierpe ['sjerpe] *f* **1.** (ZOOL) große Schlange *f;* **tener una lengua de ~** (*fig*) eine böse Zunge haben **2.** (*persona feroz*) fürchterlicher Mensch *m* **3.** (*persona colérica*) zorniger Mensch *m* **4.** (*persona fea*) hässlicher Mensch *m*

sierra ['sjerra] *f* **1.** (*herramienta*) Säge *f;* **~ de ballesta** [*o* **hoja tensa**] Spannsäge *f;* **~ de cadena** Kettensäge *f;* **~ circular** Kreissäge *f;* **~ continua** Bandsäge *f;* **~ mecánica** Motorsäge *f* **2.** (*lugar*) Sägewerk *nt* **3.** (GEO) Gebirgskette *f;* **~ de peñascos cortados** Kammgebirge *nt*

siervo, **-a** ['sjerβo, -a] *m, f* **1.** (*esclavo*) Sklave, -in *m, f* **2.** (*servidor*) Diener(in) *m(f);* **~ de Dios** Diener Gottes

sieso ['sjeso, -a] *m* (ANAT) Darmausgang *m*

siesta ['sjesta] *f* **1.** (*descanso*) Mittagsschlaf *m*, Siesta *f;* (*pausa del mediodía*) Mittagsruhe *f;* **~ canóniga** [*o* **del carnero**] Schläfchen vor dem Mittagessen; **echar** [*o* **dormir**] **la ~** einen Mittagsschlaf [*o* eine Siesta] halten **2.** (*hora de calor*) Mittagshitze *f*

siete[1] ['sjete] **I.** *adj inv* sieben; **comer por ~** essen wie ein Scheunendrescher; **pícaro de ~ suelas** (*fam*) Erzgauner *m; v. t.* **ocho II.** *m inv* **1.** (*número*) Sieben *f; v. t.* **ocho 2.** (*fam: rasgón en la ropa*) rechtwinkliger Riss *m* (*in einem Kleidungsstück*) **3.** (*carpintería*) Schraubstock *m* **4.** (*AmS, Méx: vulg: ano*) After *m*, Arschloch *nt vulg*

siete[2] ['sjete] *f* (*AmS, Méx*): **¡la gran ~!** Donnerwetter!

sietecolores [sjeteko'lores] *m inv* (ZOOL) **1.** (*jilguero*) Stieglitz *m*, Distelfink *m* **2.** (*Chil: tanagra*) Siebenfarben-Tangare *f*

sietecueros [sjete'kweros] *m inv* **1.** (*Col, Chil, Ecua, Hond: tumor en el pie*) Fersengeschwulst *f* **2.** (*CRi, Cuba, Nic, Par: panadizo de los dedos*) Fingerentzündung *f*

sietemesino, **-a** [sjeteme'sino, -a] **I.** *adj:* **niño ~** Siebenmonatskind *nt* **II.** *m, f* **1.** (*prematuro*) Siebenmonatskind *nt* **2.** (*fam: chico que presume de mayor*) Milchbart *m;* (*chica*) Gans *f*

sieteñal [sjete'ɲal] *adj* siebenjährig

sífilis ['sifilis] *f inv* (MED) Syphilis *f*, Lues *f*

sifilítico, **-a** [sifi'litiko, -a] **I.** *adj* syphilitisch, luetisch **II.** *m, f* Syphilitiker(in) *m(f)*

sifilografía [sifiloɣra'fia] *f* (MED) Syphilislehre *f*

sifiloma [sifi'loma] *m* (MED) syphilitische Geschwulst *f*

sifón [si'fon] *m* **1.** (*tubo*) Saugheber *m* **2.** (*tubería*) Siphon *m*, Geruchsverschluss *m* **3.** (*botella*) Siphonflasche *f*, Siphon *m* **4.** (*soda*) Soda(wasser) *nt* **5.** (ZOOL) Sipho *m*

sifosis [si'fosis] *f inv* (MED) Buckel *m*

siga ['siɣa] *f* (*Chil*) Verfolgung *f;* **estar a la ~ de algo/alguien** hinter etw/jdm her sein

sigilar [sixi'lar] *vt* **1.** (*ocultar*) verheimlichen **2.** (*sellar*) versiegeln

sigilo [si'xilo] *m* **1.** (*discreción*) Verschwiegenheit *f* **2.** (*secreto*) Geheimnis *nt;* **~ profesional** (berufliche) Schweigepflicht; **~ sacramental** Beichtgeheimnis *nt* **3.** (*sello*) Siegel *nt*

sigilografía [sixiloɣra'fia] *f* (HIST) Siegelkunde *f*

sigiloso, **-a** [sixi'loso, -a] *adj* verschwiegen, diskret

sigla ['siɣla] *f* **1.** (*letra inicial*) Anfangsbuchstabe *m* **2.** (*rótulo de siglas*) Initialwort *nt*, Akronym *nt;* **~ de fabricante** Herstellerzeichen *nt*

siglo ['siɣlo] *m* Jahrhundert *nt;* **S~ de las Luces** Zeitalter der Aufklärung; **S~ de Oro** Goldenes Zeitalter; **el ~ XX** das 20. Jahrhundert; **por los ~s de los ~s** bis in alle Ewigkeit; **hace un ~ que no te veo** ich habe dich (schon) seit einer Ewigkeit nicht mehr gesehen; **retirarse del ~** sich aus dem weltlichen Leben zurückziehen

sigma ['siɣma] *f* Sigma *nt*

sigmoide [siɣ'moi̯ðe] *m* (ANAT) Sigmoid *m*
sigmoiditis [siɣmoi̯'ðitis] *f inv* (MED) Sigmoiditis *f*
signar [siɣ'nar] **I.** *vt* **1.** (*marcar*) abzeichnen **2.** (*firmar*) unterschreiben, unterzeichnen, signieren **3.** (REL) bekreuzen **II.** *vr:* **~se** sich bekreuzigen
signatario¹ [siɣna'tarjo] *m* (POL) Signatarmacht *f*
signatario, -a² [siɣna'tarjo, -a] **I.** *adj* unterzeichnend, vertragsschließend; **poder ~** (JUR) Unterschriftsvollmacht *f* **II.** *m, f* Unterzeichner(in) *m(f)*, Unterzeichnete(r) *mf*
signatura [siɣna'tura] *f* **1.** (*firma*) Unterschrift *f*, Signatur *f* **2.** (*t.* TIPO: *marca*) Signatur *f*
significación [siɣnifika'θjon] *f* Bedeutung *f*
significado [siɣnifi'kaðo] *m* **1.** (*sentido*) Bedeutung *f*, Sinn *m;* **~ secundario** Nebenbedeutung *f* **2.** (LING) Signifikat *nt*, Signifié *nt*
significante [siɣnifi'kan̩te] **I.** *adj* signifikant *elev*, bezeichnend **II.** *m* (LING) Signifikant *m*, Signifiant *nt*
significar [siɣnifi'kar] <c→qu> **I.** *vt, vi* bedeuten (*para* für *+akk*, *para +dat*); **'Hand' significa 'mano' en alemán** 'mano' heißt auf deutsch 'Hand'; **¿qué significa eso?** was soll das bedeuten? **II.** *vr:* **~se** sich auszeichnen (*por* durch *+akk*)
significativo, -a [siɣnifika'tiβo, -a] *adj* bezeichnend
signo ['siɣno] *m* **1.** (*señal*) Zeichen *nt;* **~ de enfermedad** Krankheitssymptom *nt* **2.** (*carácter escrito*) Schriftzeichen *nt* **3.** (ASTR) Sternzeichen *nt;* **~s del zodíaco** Sternzeichen des Tierkreises **4.** (LING) Zeichen *nt;* **~ de admiración** [*o* **exclamación**] Ausrufezeichen *nt;* **~ de interrogación** [*o* **pregunta**] Fragezeichen *nt;* **~ de puntuación** Satzzeichen *nt*, Interpunktionszeichen *nt* **5.** (MAT) Zeichen *nt;* **~ de la adición** [*o* **de la suma**] [*o* **más**] [*o* **positivo**] Pluszeichen *nt;* **~ de la división** Divisionszeichen *nt*, Teilungszeichen *nt;* **~ de la multiplicación** Malzeichen *nt*, Multiplikationszeichen *nt;* **~ de la resta** [*o* **de la substracción**] [*o* **menos**] [*o* **negativo**] Minuszeichen *nt* **6.** (LIT: *destino*) Schicksal *nt*
siguiente [si'ɣjen̩te] **I.** *adj* (nach)folgend; **el día ~** der darauf folgende Tag; **lo debes hacer de la ~ manera:...** du musst es folgendermaßen machen: ... **II.** *mf* Nächste(r) *mf;* **¡el ~!** der Nächste, bitte!
sij [six] *m* Sikh *m*
sil [sil] *m* (MIN) Ocker *m*
sílaba ['silaβa] *f* Silbe *f;* **~ aguda** betonte Silbe; **~ átona** unbetonte Silbe; **~ tónica** Tonsilbe *f;* **una palabra de dos ~s** ein zweisilbiges Wort
silabación [silaβa'θjon] *f* (LING) Silbentrennung *f*
silabario [sila'βarjo] *m* ≈(ABC-)Fibel *f*
silabear [silaβe'ar] *vi, vt* in einzelnen Silben aussprechen
silabema [sila'βema] *m* (LING) Syllabem *nt*
silabeo [sila'βeo] *m* Aussprache *f* nach Silben
silábico, -a [si'laβiko, -a] *adj* Silben-; **núcleo ~** Silbenkern *m*
silba ['silβa] *f* Auspfeifen *nt*
silbar [sil'βar] *vi, vt* **1.** (*chiflar*) pfeifen; (*serpiente*) zischen; (*sirena*) heulen **2.** (*abuchear*) auspfeifen
silbatina [silβa'tina] *f* (*AmS: silba*) Auspfeifen *nt*
silbato [sil'βato] *m* Pfeife *f;* **~ de vapor** Dampfpfeife *f*
silbido [sil'βiðo] *m* Pfiff *m;* **~ de los oídos** Ohrensausen *nt;* **~ de serpiente** Zischen einer Schlange; **~ de sirena** Sirenengeheul *nt;* **~ del viento** Pfeifen des Windes
silbo ['silβo] *m* **1.** (*silbido*) Pfiff *m* **2.** (*voz aguda*) Zischen *nt*
silenciador [silen̩θja'ðor] *m* (*t.* TÉC, MÚS) Schalldämpfer *m*
silenciar [silen̩'θjar] *vt* **1.** (*callar*) verschweigen **2.** (*hacer callar*) zum Schweigen bringen, verstummen lassen
silencio [si'len̩θjo] *m* **1.** (*falta de ruido*) Stille *f*, Ruhe *f;* **¡~!** Ruhe! **2.** (*el callar*) Schweigen *nt;* **en ~** stillschweigend; **entregar algo al ~** (*fig*) über etw schweigen; **guardar ~ sobre algo** über etw Stillschweigen bewahren; **imponer ~** Schweigen gebieten; **pasar algo en ~** etw unerwähnt lassen [*o* übergehen]; **reducir al ~** zum Schweigen bringen, verstummen lassen; **romper el ~** das Schweigen brechen **3.** (MÚS) Pause *f*
silencioso, -a [silen̩'θjoso, -a] *adj* **1.** (*poco hablador*) schweigsam, verschwiegen **2.** (*callado*) schweigend; **mayoría silenciosa** schweigende Mehrheit **3.** (*sin ruido*) still, ruhig; **motor ~** geräuscharmer Motor
silente [si'len̩te] *adj* ruhig, gelassen
silepsis [si'leβsis] *f inv* (LING, LIT) Syllepsis *f*
Silesia [si'lesja] *f* Schlesien *nt*
silesio, -a [si'lesjo, -a] **I.** *adj* schlesisch **II.** *m, f* Schlesier(in) *m(f)*
sílex ['sileˠs] *m inv* Feuerstein *m*
sílfide ['silfiðe] *f* Sylphide *f*
silfo ['silfo] *m* Sylphe *m*, Luftgeist *m*
silga ['silɣa] *f* (NÁUT) Schlepptau *nt*
silgado, -a [sil'ɣaðo, -a] *adj* (*Ecua: personas, animales*) dünn, schlank; (*excesivamente*) dürr, knochig; (*vegetales*) dürr; (*pey*) mick(e)rig
silgar [sil'ɣar] <g→gu> *vt* (NÁUT) treideln
silicato [sili'kato] *m* (QUÍM) Silikat *nt*
sílice ['siliθe] *m* (QUÍM) Kieselsäure *f*
silíceo, -a [si'liθeo, -a] *adj* (QUÍM) Kiesel-; **piedra silícea** Kieselgestein *nt*
silícico, -a [si'liθiko, -a] *adj* kieselsauer; **ácido ~** Kieselsäure *f*
silicio [si'liθjo] *m* (QUÍM) Silizium *nt*
silicona [sili'kona] *f* (QUÍM) Silikon *nt*
silicosis [sili'kosis] *f inv* (MED) Silikose *f*, Quarzstaublunge *f*
silla ['siʎa] *f* **1.** (*asiento, t.* REL) Stuhl *m;* ~

eléctrica elektrischer Stuhl; ~ **episcopal** bischöflicher Stuhl; ~ **gestatoria** päpstliche Sänfte; ~ **de manos** Sänfte *f;* ~ **plegable** Klappstuhl *m;* ~ **de ruedas** Rollstuhl *m* **2.** (*montura*) Sattel *m*

sillar [si'ʎar] *m* **1.** (ARQUIT) Quaderstein *m* **2.** (*lomo de la caballería*) *Teil des Reittierrückens, auf dem der Sattel aufliegt*

sillería [siʎe'ria] *f* **1.** (*conjunto de sillas*) Gestühl *nt* **2.** (*oficio, taller*) Stuhlmacherei *f* **3.** (ARQUIT) Quaderbau *m*

sillero, -a [si'ʎero, -a] *m, f* **1.** (*sillas de montar*) Sattler(in) *m(f)* **2.** (*asientos*) Stuhlmacher(in) *m(f)*

sillín [si'ʎin] *m* **1.** (*silla de montar*) leichter Reitsattel *m* **2.** (*de bicicletas*) Fahrradsattel *m;* (*de motos*) Motorradsattel *m*

sillón [si'ʎon] *m* **1.** (*butaca*) (Arm)sessel *m* **2.** (*silla de montar*) Damensattel *m*

silo ['silo] *m* Silo *m o nt;* ~ **de granos** Getreidesilo *m o nt*

silogismo [silo'xismo] *m* Syllogismus *m*

silogística [silo'xistika] *f* (FILOS) Syllogistik *f*

silogístico, -a [silo'xistiko, -a] *adj* syllogistisch

silueta [si'lweta] *f* Silhouette *f;* **cuidar la** ~ auf die Figur achten

siluro [si'luro] *m* (ZOOL) Wels *m;* ~ **eléctrico** Zitterwels *m*

silva ['silβa] *f* (LIT) Sammelwerk *nt*

silvestre [sil'βestre] *adj* wild

silvícola [sil'βikola] **I.** *adj* im Wald wohnend **II.** *mf* Waldbewohner(in) *m(f)*

silvicultor(a) [silβikul̦'tor(a)] *m(f)* **1.** (*que cultiva*) Forstwirtschaftler(in) *m(f)* **2.** (*científico*) Forstwissenschaftler(in) *m(f)*

silvicultura [silβikul̦'tura] *f* **1.** (*cultivo*) Forstwirtschaft *f* **2.** (*ciencia*) Forstwissenschaft *f*

sima ['sima] *f* (GEO) Erdspalte *f*

simaruba [sima'ruβa] *f* (*Am:* BOT) Quassie *f*

simbiosis [sim'bjosis] *f inv* (BIOL: *t. fig*) Symbiose *f*

simbiótico, -a [sim'bjotiko, -a] *adj* (BIOL) symbiotisch

simbol [sim'bol] *m* (*Arg:* BOT) *ein Grasgewächs, aus dem Körbe geflochten werden*

simbólico, -a [sim'boliko, -a] *adj* symbolisch

simbolismo [simbo'lismo] *m* **1.** (*sistema, significado de símbolos*) Symbolik *f* **2.** (ARTE, LIT) Symbolismus *m*

simbolista [simbo'lista] *mf* **1.** (*afecto al uso de símbolos*) Liebhaber(in) *m(f)* von Symbolen **2.** (ARTE, LIT) Symbolist(in) *m(f)*

simbolización [simboliθa'θjon] *f* Symbolisierung *f*

simbolizar [simboli'θar] <z→c> *vt* symbolisieren

símbolo ['simbolo] *m* (*t.* QUÍM) Symbol *nt;* ~ **publicitario** Werbesymbol *nt;* **la paloma es un** ~ **de la paz** die Taube ist ein Friedenssymbol

simbología [simbolo'xia] *f sin pl* **1.** (*estudio*) Symbolkunde *f* **2.** (*sistema*) Symbolik *f*

simetría [sime'tria] *f* Symmetrie *f*

simétrico, -a [si'metriko, -a] *adj* symmetrisch

simiente [si'mjen̦te] *f* Samen *m*

simiesco, -a [si'mjesko, -a] *adj* affenartig, affenähnlich

símil ['simil] **I.** *adj* ähnlich **II.** *m* Vergleich *m*

similar [simi'lar] *adj* ähnlich

similitud [simili'tuᵈ] *f* Ähnlichkeit *f*

simio ['simjo] *m* **1.** (*mono*) Affe *m* **2.** *pl* (ZOOL) Simiae *pl*

simón [si'mon] *m* **1.** (*coche*) Mietkutsche *f* **2.** (*cochero*) Lohnkutscher *m*

simonía [simo'nia] *f* (REL) Simonie *f*

simpa ['simpa] *f* (*Arg, Perú*) Zopf *m*

simpatía [simpa'tia] *f* **1.** (*agrado*) Sympathie *f;* **sentir** ~ **por algo** einer Sache wohlwollend gegenüberstehen; **tener** ~ **por alguien** für jdn Sympathie empfinden **2.** (*carácter simpático*) sympathisches Wesen *nt* **3.** (MED) Wechselwirkung *f* (*zwischen Organen*)

simpático¹ [sim'patiko] *m* (ANAT): **gran** ~ Sympathikus *m*

simpático, -a² [sim'patiko, -a] *adj* **1.** (*que inspira simpatía*) sympathisch **2.** (MÚS) mitschwingend

simpaticolítico [simpatiko'litiko] *m* (MED) Sympathikolytikum *nt*

simpaticomimético [simpatikomi'metiko] *m* (MED) Sympathikomimetikum *nt*

simpaticón, -ona [simpati'kon, -ona] *m, f* (*fam*) netter, umgänglicher Mensch *m*

simpatizante [simpati'θan̦te] **I.** *adj* sympathisierend **II.** *mf* Sympathisant(in) *m(f)*

simpatizar [simpati'θar] <z→c> *vi* sympathisieren (*con* mit +*dat*)

simple ['simple] <simplísimo *o* simplicísimo> **I.** *adj* **1.** (*sencillo*) einfach; **interés** ~ (FIN) einfacher Zins **2.** (*fácil*) leicht, einfach **3.** (*mero*) bloß; **a** ~ **vista** mit bloßem Auge **4.** (*mentecato*) simpel, einfältig **II.** *m* **1.** (*persona*) einfältige Person *f* **2.** (DEP: *tenis*) Einzel(spiel) *nt*

simplemente [simple'men̦te] *adv* bloß, nur, schlicht und einfach

simplex ['simpleʸs] *m inv* (MAT, TEL) Simplex *m*

simpleza [sim'pleθa] *f* **1.** (*bobería*) Einfältigkeit *f* **2.** (*tontería*) Dummheit *f* **3.** (*insignificancia*) Kleinigkeit *f*

simplicidad [simpliθi'ðaᵈ] *f sin pl* **1.** (*sencillez*) Einfachheit *f,* Schlichtheit *f,* Simplizität *f* **2.** (*ingenuidad*) Naivität *f,* Einfalt *f*

simplicista [simpli'θista] *mf v.* **simplista**

simplificable [simplifi'kaβle] *adj* **1.** (*susceptible de simplificación*) zu vereinfachen **2.** (MAT) kürzbar

simplificación [simplifika'θjon] *f* **1.** (*hacer simple*) Vereinfachung *f* **2.** (MAT) Kürzen *nt*

simplificador(a) [simplifika'ðor(a)] *adj* vereinfachend

simplificar [simplifi'kar] <c→qu> *vt* **1.** (*fa-

cilitar) vereinfachen **2.** (MAT) kürzen

simplismo [sim'plismo] *m* grobe Vereinfachung *f*

simplista [sim'plista] **I.** *adj* grob vereinfachend **II.** *mf* grober Vereinfacher *m*, grobe Vereinfacherin *f*

simplón, **-ona** [sim'plon, -ona] **I.** *adj* (*fam*) einfältig, naiv **II.** *m, f* (*fam*) Einfaltspinsel *m*

simposio [sim'posjo] *m* Symposium *nt*

simulación [simula'θjon] *f* Simulierung *f*, Simulation *f*, Vortäuschung *f*

simulacro [simu'lakro] *m* **1.** (*apariencia*) Trugbild *nt* **2.** (*acción simulada*) Übung *f*; ~ **de batalla** Scheingefecht *nt*

simulador[1] [simula'ðor] *m* Simulator *m*; ~ **de vuelo** (AERO) Flugsimulator *m*

simulador(a)[2] [simula'ðor(a)] **I.** *adj* vortäuschend, simulierend **II.** *m(f)* Simulant(in) *m(f)*

simular [simu'lar] *vt* simulieren; ~ **una enfermedad** eine Krankheit vortäuschen [*o* simulieren]

simultanear [simuḷtane'ar] *vt* gleichzeitig tun

simultaneidad [simuḷtanei̯'ða^{d}] *f sin pl* Gleichzeitigkeit *f*, Simultaneität *f*

simultáneo, **-a** [simuḷ'taneo, -a] *adj* gleichzeitig, simultan, Simultan-; **interpretación simultánea** Simultandolmetschen *nt*; **partida de ajedrez simultánea** Simultanspiel *nt*

simún [si'mun] *m* (METEO) Samum *m*

sin [sin] **I.** *prep* ohne +*akk*; ~ **dormir** ohne zu schlafen; ~ **querer** ohne Absicht, ungewollt; ~ **más** ohne weiteres; ~ **más ni más** mir nichts, dir nichts **II.** *adv:* ~ **embargo** trotzdem, nichtsdestotrotz, dennoch

sinagoga [sina'ɣoɣa] *f* (REL) Synagoge *f*

sinalagmático, **-a** [sinalaɣ'matiko, -a] *adj* (JUR) gegenseitig, synallagmatisch

sinalefa [sina'lefa] *f* (LIT) Krasis *f*

sinalgia [si'nalxja] *f* (MED) Synalgie *f*

sinántropo [si'naṇtropo] *m* Sinanthropus *m*

sinapismo [sina'pismo] *m* **1.** (MED) Senfpflaster *nt* **2.** (*fam: persona molesta*) Nervensäge *f*

sinartrosis [sinar'trosis] *f inv* (MED) Synarthrose *f*

sincerarse [siṇθe'rarse] *vr* sich aussprechen (*ante* bei +*dat*, *con* mit +*dat*)

sinceridad [siṇθeri'ða^{d}] *f* Aufrichtigkeit *f*; **con toda** ~ in aller Offenheit

sincero, **-a** [siṇ'θero, -a] *adj* aufrichtig

sincipucio [siṇθi'puθjo] *m* (ANAT) Vorderkopf *m*

sinclinal [siŋkli'nal] *m* (GEO) Mulde *f*, Synklinale *f*

síncopa ['siŋkopa] *f* (LING, MÚS) Synkope *f*

síncope ['siŋkope] *m* (LING, MED, MÚS) Synkope *f*

sincretismo [siŋkre'tismo] *m* (FILOS, LING) Synkretismus *m*

sincronía [siŋkro'nia] *f sin pl* **1.** (*simultaneidad*) Gleichzeitigkeit *f*, Synchronismus *m* **2.** (LING) Synchronie *f*

sincrónico, **-a** [siŋ'kroniko, -a] *adj* synchron

sincronismo [siŋkro'nismo] *m* Synchronismus *m*

sincronización [siŋkroniθa'θjon] *f* Synchronisation *f*; ~ **de semáforos** grüne Welle

sincronizada [siŋkroni'θaða] *f* (*Méx:* GASTR) *Maistortilla mit Käse und Schinken*

sincronizador(a) [siŋkroniθa'ðor(a)] **I.** *adj* synchronisierend **II.** *m(f)* Synchronsprecher(in) *m(f)*

sincronizar [siŋkroni'θar] <z→c> *vt* synchronisieren

sincrotrón [siŋkro'ton] *m* (FÍS) Synchroton *nt*

sindactilia [siṇdak'tilja] *f* (MED) Syndaktylie *f*

sindéresis [siṇ'deresis] *f inv* (*elev*) Vernunft *f*

sindicado, **-a** [siṇdi'kaðo, -a] *adj* (ECON) gewerkschaftlich organisiert

sindical [siṇdi'kal] *adj* Gewerkschafts-; **cuota** ~ Gewerkschaftsbeitrag *m*; **delegado** [*o* **representante**] ~ Gewerkschaftsvertreter *m*; **líder** ~ Gewerkschaftsführer *m*

sindicalismo [siṇdika'lismo] *m* **1.** (*movimiento*) Gewerkschaftsbewegung *f* **2.** (*doctrina*) Syndikalismus *m*

sindicalista [siṇdika'lista] **I.** *adj* **1.** (*sindical*) gewerkschaftlich **2.** (*referente a la doctrina*) syndikalistisch **II.** *mf* **1.** (*miembro de un sindicato*) Gewerkschaft(l)er(in) *m(f)* **2.** (*partidario de la doctrina sindicalista*) Syndikalist(in) *m(f)*

sindicalizar [siṇdikali'θar] <z→c> *vt* (SOCIOL) in Gewerkschaften zusammenschließen, vergewerkschaften

sindicar [siṇdi'kar] <c→qu> **I.** *vt* **1.** (*organizar en sindicatos*) gewerkschaftlich organisieren **2.** (*delatar*) verraten **3.** (*poner bajo sospecha*) verdächtigen **II.** *vr:* ~**se** einer Gewerkschaft beitreten

sindicato [siṇdi'kato] *m* Gewerkschaft *f*; ~ **bancario** (FIN) Bankenkonsortium *nt*; ~ **obrero** (ECON) Arbeitnehmervereinigung *f*, Gewerkschaft *f*; ~ **vertical** (ECON) vertikale Gewerkschaft; **afiliarse a un** ~ einer Gewerkschaft beitreten

síndico ['siṇdiko] *m* **1.** (*administrador de la quiebra*) Konkursverwalter *m* **2.** (*representante*) gewählter Vertreter *m*; ~ **presidente (de la Bolsa)** Börsenpräsident *m*

síndrome ['siṇdrome] *m* (*t.* MED) Syndrom *nt*; ~ **de abstinencia** Entzugserscheinungen *fpl*; ~ **de Down** (MED) Downsyndrom *nt*

sinécdoque [si'neɣðoke] *f* Synekdoche *f*

sinecología [sinekolo'xia] *f* (ECOL) Synökie *f*, Biozönologie *f*

sinecura [sine'kura] *f* Pfründe *f*, Sinekure *f*

sine die ['sine 'ðie] auf unbestimmte Zeit

sine qua non ['sine kwa non]: **condición** ~ unerlässliche Bedingung, unabdingbare Voraussetzung, Conditio sine qua non

sinequia [si'nekja] *f* (MED) Verwachsung *f*, Verklebung *f*, Synechie *f*

sinéresis [si'neresis] *f inv* (LING, LIT) Synärese *f*

sinergia [si'nerxja] *f* Synergie *f*

sinérgico, **-a** [si'nerxiko, -a] *adj* synergetisch

sinergismo [siner'xismo] *m* (MED, QUÍM, REL) Synergismus *m*

sinestesia [sines'tesja] *f* (LIT, PSICO) Synästhesie *f*

sinfín [siɱ'fin] *m* Unmenge *f* (*de* an/von +*dat*, *de* +*gen*), Unzahl *f* (*de* an/von +*dat*, *de* +*gen*); ~ **de alimentación** (TÉC) Zuführungsband *nt*

sínfisis ['siɱfisis] *f inv* (ANAT, MED) Symphyse *f*

sínfito ['siɱfito] *m* (BOT, MED) Schwarzwurzel *f*

sinfonía [siɱfo'nia] *f* **1.** (*t.* MÚS: *composición*) Sinfonie *f* **2.** (MÚS: *obertura*) Ouvertüre *f*

sinfónico, **-a** [siɱ'foniko, -a] *adj* (MÚS) sinfonisch; **orquesta sinfónica** Sinfonieorchester *nt*

sinfonista [siɱfo'nista] *mf* (MÚS) Sinfoniker(in) *m(f)*

Singapur [siŋga'pur] *m* Singapur *nt*

singladura [siŋgla'ðura] *f* **1.** (NÁUT: *jornada*) Schiffstagesreise *f*, Etmal *nt* **2.** (NÁUT: *intervalo de veinticuatro horas*) Etmal *nt* **3.** (*rumbo*) Kurs *m*

single ['siŋgel] *m* (MÚS) Single *f*

singular [siŋgu'lar] **I.** *adj* **1.** (*único*) einzeln; **ejemplar** ~ Einzelexemplar *nt* **2.** (*excepcional*) einzigartig, singulär; **en** ~ insbesondere, besonders **3.** (LING) singularisch **II.** *m* (LING) Einzahl *f*, Singular *m*; **¡habla en ~!** (*fig*) sprich nur für dich!

singularidad [siŋgulari'ðaᵈ] *f* **1.** (*unicidad*) Einmaligkeit *f* **2.** (*excepcionalidad*) Einzigartigkeit *f*, Singularität *f* **3.** (*distinción*) Besonderheit *f*

singularizar [siŋgulari'θar] <z→c> **I.** *vt* **1.** (*particularizar*) herausheben **2.** (LING) singularisch gebrauchen **II.** *vr:* **~se** sich hervorheben

singularmente [siŋgular'meņte] *adv* besonders, vor allem

sinhueso [sin'weso] *f* (*fam*) Zunge *f*; **soltar** [*o* **sacar a pasear**] **la** ~ schwatzen

siniestra [si'njestra] *f* **1.** (*mano*) linke Hand *f* **2.** (*del escudo*) linke Seite *f*

siniestrado, **-a** [sinjes'traðo, -a] **I.** *adj* verunglückt **II.** *m, f* Opfer *nt* (*eines Unglücks*), Katastrophengeschädigte(r) *mf*

siniestralidad [sinjestrali'ðaᵈ] *f* Unfallfrequenz *f*, Unfallquote *f*; ~ **laboral** Unfallquote am Arbeitsplatz

siniestro¹ [si'njestro] *m* **1.** (*accidente, catástrofe*) Unfall *m*, Unglück *nt*; **originar un** ~ ein Unglück verschulden **2.** (*daño a indemnizar*) Schadensfall *m*; **dar aviso del** ~ den Schadensfall melden; **declarar un coche** ~ **total** bei einem Auto Totalschaden feststellen

siniestro, **-a²** [si'njestro, -a] *adj* **1.** (*izquierdo*) linke(r, s); **mano siniestra** linke Hand; **a diestra y siniestra** kreuz und quer **2.** (*maligno*) böse, maliziös **3.** (*funesto*) unheilvoll, verhängnisvoll, sinister *elev*

sinistrosis [sinis'trosis] *f inv* (PSICO) Neurose *f* der Unfallgeschädigten, Sinistrose *f*

sinnúmero [sin'numero] *m sin pl* Unzahl *f* (*de* an/von +*dat*, *de* +*gen*)

sino ['sino] **I.** *m* Schicksal *nt* **II.** *conj* **1.** (*al contrario*) sondern; **no voy con Jaime,** ~ **con Ana** ich gehe nicht mit Jaime, sondern mit Ana; **no sólo...,** ~ **también...** nicht nur ..., sondern auch ...; **no la de la derecha,** ~ **la de la izquierda...** nicht die rechte, sondern die linke ... **2.** (*antecedido por una negación*) nur; **no espero** ~ **que me creas** ich hoffe nur, dass du mir glaubst **3.** (*excepto*) außer; **nadie** ~ **tú** niemand außer dir

sinocal [sino'kal] *adj* (MED): **fiebre** ~ leichtes Fieber *nt*

sinodal [sino'ðal] *adj* synodal

sinódico, **-a** [si'noðiko, -a] *adj* (ASTR, REL) synodisch

sínodo ['sinoðo] *m* **1.** (REL) Synode *f*; **santo** ~ Synod *m* **2.** (ASTR) Konjunktion *f*

sinología [sinolo'xia] *f sin pl* Sinologie *f*

sinólogo, **-a** [si'noloɣo, -a] *m, f* Sinologe, -in *m, f*

sinonimia [sino'nimja] *f* (LING) Synonymie *f*

sinonímico, **-a** [sino'nimiko, -a] *adj* (LING) synonymisch

sinónimo¹ [si'nonimo] *m* (LING) Synonym *nt*

sinónimo, **-a²** [si'nonimo, -a] *adj* (LING) synonym

sinopia [si'nopja] *f* (ARTE) Sinopie *f*

sinopsis [si'noβsis] *f inv* **1.** (*resumen*) Synopse *f*, Zusammenfassung *f* **2.** (*esquema*) Diagramm *nt*

sinóptico, **-a** [si'noptiko, -a] *adj* zusammenfassend; **cuadro** ~ schematische Darstellung, Diagramm *nt*

sinovia [si'noβja] *f* (MED) Gelenkschmiere *f*, Synovia *f*

sinrazón [sinrra'θon] *f* Unrecht *nt*

sinsabor [sinsa'βor] *m* **1.** (*insipidez*) Fadheit *f* **2.** (*disgusto*) Verdruss *m*

sinsentido [sinseņ'tiðo] *m* Unsinn *m*

sinsonte [sin'soņte] *m* (*Am:* ZOOL) Spottdrossel *f*

sínsoras ['sinsoras] *fpl* (*PRico*) entfernter Ort *m*

sinsu(b)stancia [sinsu⁽ᵝ⁾s'taņθja] *mf* (*fam*) oberflächliche Person *f*

sintáctico, **-a** [siņ'taktiko, -a] *adj* (LING) syntaktisch

sintagma [siņ'taɣma] *m* (LING) Syntagma *nt*

sintagmático, **-a** [siņtaɣ'matiko, -a] *adj* (LING) syntagmatisch

sintaxis [siņ'taˠsis] *f inv* (LING) Syntax *f*

sinterizar [siņteri'θar] <z→c> *vt* (*siderurgia*) sintern

síntesis ['siņtesis] *f inv* (*t.* FILOS, QUÍM) Synthese *f*; **en** ~ kurzum

sintético, **-a** [siņ'tetiko, -a] *adj* (*t.* QUÍM) synthetisch; **método** ~ synthetische Methode; **fibras sintéticas** synthetische Fasern

sintetizable [sin̪teti'θaβle] *adj* **1.** (*resumible*) zusammenfassbar **2.** (QUÍM) synthetisierbar

sintetizador [sin̪tetiθa'ðor(a)] *m* (MÚS) Synthesizer *m*

sintetizar [sin̪teti'θar] <z→c> *vt* **1.** (QUÍM) synthetisieren **2.** (*resumir*) zusammenfassen

sintoísmo [sin̪to'ismo] *m* (REL) Schintoismus *m*

síntoma ['sin̪toma] *m* (*t.* MED) Symptom *nt*, Anzeichen *nt*

sintomático, **-a** [sin̪to'matiko, -a] *adj* (*t.* MED) symptomatisch; **terapéutica sintomática** symptomatische Behandlung

sintomatología [sin̪tomatolo'xia] *f* (MED) Symptomatik *f*

sintonía [sin̪to'nia] *f* **1.** (ELEC, RADIO, TV: *adecuación*) Abstimmung *f* **2.** (RADIO, TV: *señal sonora*) Jingle *m* **3.** (*loc*): **estar en ~ (con alguien)** (mit jdm) auf der gleichen Wellenlänge liegen, (mit jdm) die gleiche Wellenlänge haben

sintonización [sin̪toniθa'θjon] *f* (ELEC, RADIO, TV) Abstimmung *f*

sintonizador [sin̪toniθa'ðor(a)] *m* (ELEC, RADIO, TV) Tuner *m*

sintonizar [sin̪toni'θar] <z→c> **I.** *vt* (ELEC, RADIO, TV) abstimmen; ~ **una emisora** einen Sender einstellen **II.** *vi* übereinstimmen (*con* mit +*dat*)

sinuosidad [sinwosi'ða^{ð}] *f* **1.** (*curvación*) Krümmung *f* **2.** (*concavidad*) Einbuchtung *f*

sinuoso, **-a** [sinu'oso, -a] *adj* **1.** (*curvado*) kurvig **2.** (*montañoso*) bergig **3.** (*retorcido*) heimtückisch

sinusitis [sinu'sitis] *f inv* (MED) (Nasen)nebenhöhlenentzündung *f*, Sinusitis *f*

sinusoide [sinu'soi̯ðe] *f* (MAT) Sinuskurve *f*

sinvergonzonería [simberɣon̪θone'ria] *f* Unverschämtheit *f*

sinvergüenza [simber'ɣwen̪θa] **I.** *adj* unverschämt **II.** *mf* unverschämte Person *f*

sionismo [sjo'nismo] *m sin pl* Zionismus *m*

sionista [sjo'nista] **I.** *adj* zionistisch **II.** *mf* Zionist(in) *m(f)*

siquiatra [si'kjatra] *mf* Psychiater(in) *m(f)*

siquiatría [sikja'tria] *f* Psychiatrie *f*

siquiátrico, **-a** [si'kjatriko, -a] *adj* psychiatrisch

síquico, **-a** ['sikiko, -a] *adj* seelisch; (PSICO) psychisch

siquiera [si'kjera] **I.** *adv* wenigstens, zumindest; **ni** ~ nicht einmal **II.** *conj* +*subj* auch wenn

sirca ['sirka] *f* (*Chil: veta*) Erzader *f*

sirena [si'rena] *f* Sirene *f*

sirga ['sirɣa] *f* (NÁUT) Schlepptau *nt*; **camino de** ~ Treidelpfad *m*

sirgar [sir'ɣar] <g→gu> *vt* (NÁUT) treideln

Siria ['sirja] *f* Syrien *nt*

sirimiri [siri'miri] *m* (*reg*) Nieselregen *m*

siringa [si'riŋga] *f* (MÚS) Panflöte *f*

siringe [si'riŋxe] *f* (ZOOL) Syrinx *f*

siringomielia [siriŋgo'mjelja] *f* (MED) Syringomyelie *f*

sirio[1] ['sirjo] *m* (ASTR) Hundsstern *m*, Sirius *m*

sirio, **-a**[2] ['sirjo, -a] **I.** *adj* syrisch **II.** *m, f* Syr(i)er(in) *m(f)*

siripita [siri'pita] *f* (*Bol*) **1.** (*grillo*) Grille *f* **2.** (*persona pequeña y entrometida*) aufdringlicher Knirps *m*

sirka ['sirka] *f* (*Am:* AGR, GASTR) Paprikasamen *m*

siroco [si'roko] *m* (METEO) Schirokko *m*

sirope [si'rope] *m* (*AmC, Col: jarabe*) Sirup *m*

sirviente [sir'βjen̪te] *mf* **1.** (*criado*) Bedienstete(r) *mf* **2.** (*servidor*) Diener(in) *m(f)* **3.** (MIL) Schütze, -in *m, f*

sisa ['sisa] *f* **1.** (*corte*) (Arm)ausschnitt *m* **2.** (*dinero*) geklautes Geld *nt fam*

sisador(a) [sisa'ðor(a)] **I.** *adj* klauend *fam* **II.** *m(f)* kleiner Dieb *m*, kleine Diebin *f*

sisal [si'sal] *m* (BOT) Sisal(hanf) *m*

sisar [si'sar] *vt* **1.** (*cortar una sisa*) den (Arm)ausschnitt schneiden **2.** (*hurtar*) klauen *fam*

sisear [sise'ar] *vt* auszischen

siseo [si'seo] *m* Zischen *nt*

sisirisco [sisi'risko] *m* (*Méx*) **1.** (*ano*) After *m* **2.** (*miedo*) Angst *f*; (*susto*) Schrecken *m*

sismar [sis'mar] *vi* (*Urug: cavilar*) nachdenken

sismicidad [sismiθi'ða^{ð}] *f* (GEO) Erdbebentätigkeit *f*

sísmico, **-a** ['sismiko, -a] *adj* seismisch

sismo ['sismo] *m* Erdbeben *nt*

sismografía [sismoɣra'fia] *f* (GEO) Seismographie *f*

sismógrafo [sis'moɣrafo] *m* Seismograph *m*

sismograma [sismo'ɣrama] *m* Seismogramm *nt*

sismología [sismolo'xia] *f sin pl* Seismik *f*, Seismologie *f*

sismológico, **-a** [sismo'loxiko, -a] *adj* seismologisch

sismólogo, **-a** [sis'moloɣo, -a] *m, f* (GEO) Seismologe, -in *m, f*

sismometría [sismome'tria] *f* (GEO) Erdbebenmessung *f*, Seismometrie *f*

sismómetro [sis'mometro] *m* Seismometer *nt*

sisón[1] [si'son] *m* (ZOOL) Strandläufer *m*

sisón, **-ona**[2] [si'son, -ona] *adj* (*fam*) langfing(e)rig *fig*

sistema [sis'tema] *m* System *nt*; ~ **de administración de datos** (INFOR) Datenverwaltungssystem *nt*; ~ **de alarma** Alarmanlage *f*; ~ **de alerta de colisión** (AERO, AUTO) Kollisionswarnsystem *nt*; ~ **antibloqueo de frenos** (AUTO) Antiblockiersystem *nt*; ~ **antirrobo** (AUTO) Diebstahlschutzsystem *nt*; ~ **de archivo en red** (INFOR) Netzdateisystem *nt*; ~ **básico de entrada y salida** (INFOR) BIOS *nt*; ~ **de**

cupo (FIN) Kontingentierungssystem *nt;* ~ **decimal** (MAT) Dezimalsystem *nt;* ~ **de distribución** Vertriebssystem *nt;* ~ **económico** (ECON) Wirtschaftssystem *nt;* **S~ Europeo de Bancos Centrales** Europäisches Zentralbankensystem; ~ **informatizado** computergestütztes System; ~ **límbico** (MED) limbisches System; ~ **de memoria virtual** (INFOR) virtuelles Speichersystem; **S~ Monetario Europeo** (ECON) Europäisches Währungssystem; **S~ Monetario Internacional** (FIN) Internationales Währungssystem; ~ **multiusuario** (INFOR) Mehrplatzsystem *nt;* ~ **nervioso** (BIOL) Nervensystem *nt;* ~ **operativo** (INFOR) Betriebssystem *nt;* ~ **de organización** Organisationssystem *nt;* ~ **de pago** (FIN) Zahlungssystem *nt;* ~ **periódico** (QUÍM) Periodensystem *nt;* ~ **planetario** (ASTR) Planetensystem *nt;* ~ **de prevención** Schutzsystem *nt,* Schutzvorrichtung *f;* ~ **de procesamiento de transacciones** (INFOR) Dialogverarbeitungssystem *nt;* ~ **tributario** Steuersystem *nt;* **por** ~ grundsätzlich

sistemática [siste'matika] *f* (*t.* BIOL) Systematik *f*

sistematicidad [sistematiθi'ða^{ð}] *f* Systematik *f*

sistemático, **-a** [siste'matiko, -a] *adj* systematisch

sistematización [sistematiθa'θjon] *f* Systematisierung *f*

sistematizar [sistemati'θar] <z→c> *vt* systematisieren

sístole ['sistole] *f* (LIT, MED) Systole *f*

sitar [si'tar] *m* (MÚS) Sitar *m*

sitiado, **-a** [si'tjaðo, -a] **I.** *adj* belagert; **ciudad sitiada** belagerte Stadt **II.** *m, f* Belagerte(r) *mf*

sitiador(a) [sitja'ðor(a)] **I.** *adj* belagernd **II.** *m(f)* Belagerer, -in *m, f*

sitial [si'tjal] *m* Ehrenstuhl *m*

sitiar [si'tjar] *vt* **1.** (MIL) belagern **2.** (*acorralar a alguien*) in die Enge treiben

sitio ['sitjo] *m* **1.** (*espacio*) Platz *m,* Stelle *f;* ~ **de veraneo** Sommerurlaubsort *m;* **en cualquier** ~ irgendwo; **en ningún** ~ nirgends; **en todos los ~s** überall; **guardar el** ~ **a alguien** jdm einen Platz freihalten; **hacer** ~ Platz machen; **ocupar mucho** ~ viel Platz beanspruchen; **poner a alguien en su** ~ jdm den Kopf waschen; **quedarse en su** ~ (*fig*) auf der Stelle tot sein **2.** (MIL) Belagerung *f;* **estado de** ~ Belagerungszustand *m;* **poner** ~ **a una ciudad** eine Stadt belagern

sito, **-a** ['sito, -a] *adj* gelegen

sitofobia [sito'foβja] *f* (PSICO) Nahrungsverweigerung *f,* Sitophobie *f*

situación [sitwa'θjon] *f* Lage *f,* Situation *f;* ~ **de caja** (FIN) Kassenstand *m;* ~ **de crisis** (ECON, POL) Krisensituation *f;* ~ **de endeudamiento** (FIN) Schuldenlage *f;* ~ **política/financiera** politische/finanzielle Lage; **balance de** ~ (ECON, FIN) (Roh)bilanz *f;* **estar en** ~ **desahogada** wohlhabend sein

situado, **-a** [situ'aðo, -a] *adj* gelegen; **estar** ~ liegen; **estar bien** ~ gut situiert sein

situar [situ'ar] <*1. pres:* **sitúo**> **I.** *vt* stellen, platzieren **II.** *vr:* **~se 1.** (*ponerse en un lugar*) sich stellen **2.** (*abrirse paso*) eine gehobene Position erreichen **3.** (DEP) sich platzieren

siútico, **-a** [si'utiko, -a] **I.** *adj* (*Chil*) **1.** (*fam: de mal gusto*) kitschig **2.** (*fam: de nuevo rico*) neureich **II.** *m, f* (*Chil*) Neureiche(r) *mf*

skating [es'keitiŋ] *m* (DEP) Roller-Skates-Fahren *nt*

skay [es'kai] *m sin pl* Kunstleder *nt,* Skai® *nt*

sketch [es'ketʃ] *m* Sketsch *m*

ski [es'ki] *m* (DEP) Ski *m*

skinhead [es'kiŋ xe^{ð}] *m* <**skinheads**> Skinhead *m*

S.L. [ese'ele] *f* (ECON, JUR) *abr de* **Sociedad Limitada** GmbH *f*

slalom [es'lalon] *m* (DEP) Slalom *m*

slang [es'laŋ] *m* (LING) Slang *m*

slip [es'lip] *m* <**slips**> Slip *m*

slogan [es'loɣan] *m* <**slogans**> Slogan *m*

sloop [es'lup] *m* (NÁUT) Sloop *f,* Slup *f*

S.M. [ese'eme] *abr de* **Su Majestad** Ihre Majestät

smash [es'maʃ] *m* (DEP) Schmetterschlag *m,* Smash *m*

SME [ese(e)me'e] *m abr de* **Sistema Monetario Europeo** EWS *nt*

SMI [ese(e)me'i] *m* (FIN, POL) *abr de* **Sistema Monetario Internacional** IWS *nt*

smog [es'moɣ] *m sin pl* Smog *m*

smoking [es'mokiŋ] *m* <**smokings**> Smoking *m*

snack bar [es'na^{k} βar] *m* Snackbar *f,* Imbissstube *f*

snif [es'nif] *interj* schluchz!

snifar [esni'far] *vt* (*argot*) sniffen

snob [es'no^{β}] **I.** *adj* snobistisch **II.** *mf* Snob *m*

snobismo [esno'βismo] *m sin pl* Snobismus *m*

snobista [esno'βista] *adj* snobistisch

so [so] **I.** *interj* brr **II.** *prep* unter +*dat;* ~ **pena de…** sonst droht die Strafe, dass …; ~ **pretexto de que…** unter dem Vorwand, dass … **III.** *m* (*fam: zur Verstärkung von Schimpfwörtern*): **¡~ imbécil!** du Idiot!

SO [suðo'este] *abr de* **sudoeste** SW

soas ['soas] *m inv* (ANAT) großer Lendenmuskel *m,* Psoas *m*

soasar [soa'sar] *vt* (GASTR) anbräunen, kurz anbraten

soba ['soβa] *f* (*fam*) **1.** (*manoseo*) Fummelei *f* **2.** (*zurra*) Tracht *f* Prügel

sobaco [so'βako] *m* (ANAT) Achsel(höhle) *f*

sobado^{1} [so'βaðo] *m* Schmalzgebäck *nt*

sobado, **-a^{2}** [so'βaðo, -a] *adj* **1.** (*objetos*) abgenutzt **2.** (*papel*) abgegriffen **3.** (*tema*) abgedroschen

sobajar [soβa'xar] *vt* **1.** (*manosear con fuerza*) durchkneten **2.** (*Méx: humillar*) erniedrigen

sobandero [soβan'dero] *m* (*Col*) Knocheneinrenker *m fam*

sobaquera [soβa'kera] *f* **1.** (*en vestidos*) *nicht geschlossene Naht im Bereich der Achselhöhle* **2.** (*refuerzo*) *Stoffeinlage zur Verstärkung im Bereich der Achselhöhle* **3.** (*protección contra el sudor*) Armblatt *nt*

sobaquina [soβa'kina] *f* Achselgeruch *m*

sobar [so'βar] *vt* **1.** (*manosear*) betasten **2.** (*ablandar*) durchkneten, walken **3.** (*pegar*) prügeln **4.** (*molestar*) belästigen

soberado [soβe'raðo] *m* (*Chil, Col*) Dachboden *m*

soberanamente [soβerana'mente] *adv* **1.** (*con soberanía*) souverän **2.** (*extremadamente*) äußerst, höchst; **divertirse** ~ sich köstlich amüsieren

soberanía [soβera'nia] *f* **1.** (POL: *dominio*) Souveränität *f*, Hoheit(sgewalt) *f*; ~ **aérea** Lufthoheit *f*; ~ **marítima** Gewässerhoheit *f*; ~ **territorial** Gebietshoheit *f* **2.** (POL: *independencia*) Souveränität *f* **3.** (*majestad*) Erhabenheit *f*

soberano, -a [soβe'rano, -a] **I.** *adj* **1.** (POL) souverän **2.** (*excelente*) erhaben **3.** (*fam: enorme*) gewaltig **II.** *m, f* (*monarca*) Herrscher(in) *m(f)*; (*príncipe*) Fürst(in) *m(f)*

soberbia [so'βerβja] *f* **1.** (*orgullo*) Hochmut *m*, Überheblichkeit *f* **2.** (*suntuosidad*) Pracht *f*, Herrlichkeit *f* **3.** (*ira*) Jähzorn *m*

soberbiar [soβer'βjar] *vt* (*Ecua*) hochmütig abschlagen [*o* zurückweisen]

soberbio, -a [so'βerβjo, -a] *adj* **1.** (*orgulloso*) hochmütig, überheblich **2.** (*suntuoso*) prächtig, herrlich **3.** (*fam: enorme*) gewaltig

sobón, -ona [so'βon, -ona] **I.** *adj* **1.** (*impertinente*) plump-vertraulich **2.** (*fam: vago*) arbeitsscheu **II.** *m, f* **1.** (*impertinente*) plump-vertrauliche Person *f* **2.** (*fam: vago*) arbeitsscheue Person *f*

sobordo [so'βorðo] *m* (NÁUT) Ladeverzeichnis *nt*

sobornable [soβor'naβle] *adj* bestechlich

sobornar [soβor'nar] *vt* bestechen

soborno [so'βorno] *m* **1.** (*acción*) Bestechung *f* **2.** (*dinero*) Bestechungsgeld *nt* **3.** (*regalo*) Bestechungsgeschenk *nt*

sobra ['soβra] *f* **1.** (*exceso*) Überfluss *m*; **de** ~ (*en abundancia*) im Überfluss; (*inútilmente*) überflüssig; **saber algo de** ~ etw nur zu gut wissen **2.** *pl* (*desperdicios*) Abfall *m*; (*restos*) Reste *mpl*

sobradamente [soβraða'mente] *adv* zur Genüge

sobradillo [soβra'ðiʎo] *m* Wetterdach *nt*

sobrado[1] [so'βraðo] **I.** *m* Dachboden *m* **II.** *adv* **1.** (*en abundancia*) im Überfluss **2.** (*inútilmente*) überflüssig

sobrado, -a[2] [so'βraðo, -a] *adj* **1.** (*demasiado*) übermäßig viel; **estar** ~ **de algo** etw in Hülle und Fülle haben **2.** (*atrevido*) kühn **3.** (*rico*) wohlhabend, vermögend

sobrador(a) [soβra'ðor(a)] *m(f)* (*Arg, Urug*) Besserwisser(in) *m(f)*

sobrante [so'βrante] **I.** *adj* **1.** (*que sobra*) übrig, übrig geblieben; (*que está de más*) zu viel, überflüssig **2.** (COM, FIN) überschüssig, Überschuss- **II.** *m* **1.** (*que sobra*) Übriggebliebene(s) *nt* **2.** (COM, FIN: *superávit*) Überschuss *m*; (*saldo*) Saldo *m*, Restbetrag *m*

sobrar [so'βrar] *vi* **1.** (*quedar*) übrig bleiben; **hemos hecho tanta paella que ~á** wir haben so viel Paella gemacht, dass einiges übrig bleiben wird; **no corras que nos sobra bastante tiempo** renn nicht, uns bleibt noch genügend Zeit **2.** (*abundar*) zu viel sein; **me sobran cinco kilos** ich habe fünf Kilo zu viel; **con tres mil pesetas aún me ~á algo** mit dreitausend Peseten bleibt mir sogar noch etwas übrig; **aquí sobran las palabras** hier wäre jedes Wort zu viel [*o* unnötig] **3.** (*estar de más*) überflüssig sein; (*molestar*) stören; **creo que sobras aquí** ich glaube, du bist hier fehl am Platz [*o* unerwünscht], ich glaube, du störst hier

sobrasada [soβra'saða] *f* (GASTR) *Streichwurst aus Schweinefleisch, Paprika, Pfeffer, Salz*

sobre ['soβre] **I.** *m* **1.** (*para una carta*) (Brief)umschlag *m*, Kuvert *nt*; ~ **monedero** Geldbrief *m*; ~ **normalizado** Standardumschlag *m*; ~ **de (la) paga** Lohntüte *f*; ~ **de ventanilla** Fensterbriefumschlag *m*; **un** ~ **de levadura** ein Päckchen Backpulver **2.** (*fam: cama*) Bett *nt*; **irse al** ~ in die Falle gehen **II.** *prep* **1.** (*local: encima de*) auf +*dat*; (*por encima de*) über; **el puente** ~ **el río** die Brücke über dem Fluss; **el mantel está** ~ **la mesa** das Tischtuch liegt auf dem Tisch; **la espada de Damocles pendía** ~ **su cabeza** das Damoklesschwert hing [*o* schwebte] über seinem/ihrem Kopf **2.** (*colocar encima*) auf +*akk*; **deja el periódico** ~ **la mesa** leg die Zeitung auf den Tisch **3.** (*cantidad aproximada*) in etwa, circa, zirka, um +*akk*; **pesará** ~ **los cien kilos** er/sie wird so um die hundert Kilo wiegen; **faltarán** ~ **los cincuenta kilómetros para llegar** es sind noch ungefähr [*o* zirka] fünfzig Kilometer, bis wir da sind **4.** (*aproximación temporal*) so gegen +*akk*, so [*o* ungefähr] um +*akk*; **llegaré** ~ **las tres** ich werde so gegen drei Uhr (an)kommen; **nos iremos de vacaciones** ~ **el 20** so um den 20. (herum) werden wir in Urlaub fahren **5.** (*tema, asunto*) über +*akk*; **un libro** ~ **perros** ein Buch über Hunde; **no dijo nada** ~ **ti** er/sie hat nichts über dich gesagt; **no quiero seguir hablando** ~ **ello** darüber will ich nicht weiter sprechen **6.** (*reiteración*) über +*akk*; **le caía lágrima** ~ **lágrima** er/sie war in Tränen aufgelöst, er/sie zerfloss in Tränen **7.** (*además de*) über ... hinaus, außer +*dat* **8.** (*punto final de movimiento*): **tirarse** [*o* **echarse**] [*o* **lanzarse**] ~ **algo/alguien** sich auf etw/jdn stürzen; **ir** [*o* **marchar**] [*o* **venir**] ~ **algo/alguien** (MIL: *para atacar*) vorrücken gegen etw/jdn, Kurs nehmen auf etw/jdn; **marcharon** ~ **la ciudad** sie drangen bis in

S

die Stadt vor; **se tiró ~ la cama y rompió a llorar** er/sie stürzte sich auf das Bett und brach in Tränen aus **9.** (*vigilar*): **estar ~ alguien** jdn kontrollieren, jdn überwachen **10.** (*superioridad, diferenciación*): **el boxeador triunfó ~ su adversario** der Boxer besiegte seinen Gegner; **destacaba ~ sus compañeros por su estatura** er/sie war größer als seine/ihre Freunde **11.** (*porcentajes*) von *+dat;* **tres ~ cien** drei von hundert, jede(r) Dritte **12.** (FIN): **un préstamo ~ una casa** ein Darlehen auf ein Haus; **préstame cien marcos ~ este anillo** leih mir hundert Mark für diesen Ring

sobreabundancia [soβreaβuṇ'daṇθja] *f* Überfülle *f,* Überfluss *m*

sobreabundar [soβreaβuṇ'dar] *vi* im Überfluss [*o* in großen Mengen] vorhanden sein

sobreactuar [soβreaktu'ar] *vi* überreagieren, übertreiben

sobreagudo, -a [soβrea'ɣuðo, -a] *adj* (MÚS) sehr hoch (gestimmt)

sobrealimentación [soβrealimeṇta'θjon] *f* Überernährung *f*

sobrealimentar [soβrealimeṇ'tar] *vt* überernähren; (*animales*) überfüttern

sobreañadir [soβreaɲa'ðir] *vt* hinzufügen, ergänzen

sobrearar [soβrea'rar] *vt* (AGR) überpflügen, noch einmal pflügen

sobreasar [soβrea'sar] *vt* (GASTR) wieder aufbraten

sobreaseguro [soβrease'ɣuro] *m* Überversicherung *f*

sobrecalentamiento [soβrekaleṇta'mjeṇto] *m* (TÉC) Überhitzung *f*

sobrecalentar [soβrekaleṇ'tar] *vt* **1.** (*con una calefacción*) überheizen **2.** (*con altas temperaturas*) überhitzen

sobrecama [soβre'kama] *f* Tagesdecke *f*

sobrecapacidad [soβrekapaθi'ðaᵈ] *f* (ECON, FIN) Überkapazität *f*

sobrecapitalización [soβrekapitaliθa'θjon] *f* (ECON, FIN) Überkapitalisierung *f*

sobrecarga [soβre'karɣa] *f* **1.** (*de peso*) Überbelastung *f;* (*de tareas*) Überbeanspruchung *f,* Überlastung *f;* **~ ponderal** (MED) Übergewicht *nt* **2.** (TÉC: *al cargar una batería*) Überladung *f* **3.** (*cuerda*) Seil *nt* **4.** (*sobre sellos*) Aufdruck *m*

sobrecargar [soβrekar'ɣar] **I.** *vt* **1.** (*por peso excesivo*) überladen, überlasten; (*por esfuerzo excesivo*) über(be)lasten, überbeanspruchen; **~ el mercado** den Markt überfluten [*o* überschwemmen] **2.** (TÉC: *una batería*) überladen **II.** *vr:* **~se** sich übernehmen; **me he sobrecargado de trabajo** ich habe mir zu viel Arbeit aufgebürdet

sobrecargo [soβre'karɣo] *m* **1.** (*de precio*) Mehrpreis *m,* Aufpreis *m,* Zuschlag *m* **2.** (NÁUT: *oficial*) Ladungsoffizier *m,* Superkargo *m,* Frachtaufseher *m*

sobrecarta [soβre'karta] *f* **1.** (*sobre*) Briefumschlag *m* **2.** (JUR) zweites Ersuchen *nt*

sobreceja [soβre'θexa] *f* (ANAT) Stirnpartie *f* über den Augenbrauen

sobrecielo [soβre'θjelo] *m* Betthimmel *m,* Baldachin *m*

sobrecogedor(a) [soβrekoxe'ðor(a)] *adj* **1.** (*sorprendente*) überraschend, überwältigend **2.** (*espantoso*) erschreckend, beängstigend

sobrecoger [soβre'koxer] **I.** *vt* **1.** (*sorprender*) überraschen **2.** (*espantar*) erschrecken **II.** *vr:* **~se 1.** (*asustarse*) sich erschrecken, zusammenfahren **2.** (*sorprenderse*) erstaunen

sobrecompresión [soβrekompre'sjon] *f* (FÍS, TÉC) Überverdichtung *f*

sobrecongelar [soβrekoŋxe'lar] *vt* tiefkühlen

sobrecontratación [soβrekoṇtrata'θjon] *f* Überbuchung *f;* **la ~ en los hoteles** die Mehrfachbelegung von Hotelzimmern

sobrecontratar [soβrekoṇtra'tar] *vt* überbuchen

sobrecoste [soβre'koste] *m* (ECON) Gemeinkosten *pl*

sobrecubierta [soβre'kuβjerta] *f* Überdecke *f;* (*de libro*) Schutzumschlag *m*

sobrecuello [soβre'kweʎo] *m* **1.** (*de una prenda de vestir*) (abnehmbarer) Kragen *m* **2.** (*de los eclesiásticos*) Halskragen *m* der Geistlichen

sobredicho, -a [soβre'ðiʧo, -a] *adj* oben erwähnt [*o* genannt]

sobredimensionado, -a [soβreðimensjo'naðo, -a] *adj* überdimensioniert, übergroß

sobredimensionar [soβreðimensjo'nar] *vt* überdimensionieren

sobredorar [soβreðo'rar] *vt* **1.** (*con oro*) vergolden **2.** (*con palabras*) schönfärben, beschönigen

sobredosificación [soβreðosifika'θjon] *f* (MED) Überdosierung *f*

sobredosis [soβre'ðosis] *f inv* Überdosis *f*

sobre(e)ntender [soβre(e)ṇteṇ'der] <e→ie> **I.** *vt* (*adivinar*) zwischen den Zeilen lesen, ableiten, erraten; **sobre(e)ntendemos que...** wir setzen selbstverständlich voraus, dass ...; **de todo ello sobre(e)ntendemos que...** aus all(e)dem schließen wir, dass ... **II.** *vr:* **~se** sich von selbst verstehen; **aquí se sobre(e)ntiende que..., aquí queda sobre(e)ntendido que...** das impliziert hier gleichzeitig, dass ...

sobre(e)sdrújulo, -a [soβre(e)s'ðruxulo, -a] *adj* (*palabra*) *auf der viertletzten Silbe betont*

sobre(e)sfuerzo [soβre(e)s'fwerθo] *m* Überanstrengung *f*

sobre(e)stimación [soβre(e)stima'θjon] *f* Überschätzung *f*

sobre(e)stimar [soβre(e)sti'mar] *vt* überschätzen

sobre(e)xceder [soβre(e)sθe'ðer] **I.** *vt* übertreffen **II.** *vr:* **~se** ausschweifen

sobre(e)xcitación [soβre(e)sθita'θjon] *f* 1.(*de un órgano*) Überreizung *f* 2.(ELEC: *micrófono*) Übersteuerung *f*

sobre(e)xcitar [soβre(e)sθi'tar] I. *vt* 1.(*un órgano*) überreizen 2.(ELEC: *micrófono*) übersteuern II. *vr:* ~**se** sich übermäßig aufregen

sobre(e)xplotación [soβre(e)splota'θjon] *f* Raubbau *m*

sobre(e)xplotar [soβre(e)splo'tar] *vt* Raubbau treiben (mit +*dat*)

sobre(e)xponer [soβre(e)spo'ner] *irr como poner vt* (FOTO) überbelichten

sobreexposición [soβre(e)sposi'θjon] *f* (FOTO) Überbelichtung *f*

sobreexpuesto, -a [soβre(e)s'pwesto, -a] *adj* 1.(FOTO) überbelichtet 2.(*arriba mencionado*) oben erwähnt [*o* genannt]

sobrefalda [soβre'fal̩da] *f Art Doppelrock oder Überrock zur Zierde für Frauen*

sobrefaz [soβre'faθ] *f* Oberfläche *f*

sobrefunda [soβre'fun̩da] *f* Überdecke *f*

sobregirar [soβrexi'rar] *vt* (*saldo deudor*) überziehen; ~ **la cuenta** das Konto überziehen

sobregiro [soβre'xiro] *m* (FIN) (Konto)überziehung *f*

sobrehaz [soβre'aθ] *f* Oberfläche *f*

sobrehilado [soβrei'laðo] *m* 1.(*acción*) Heften *nt* 2.(*puntada*) Heftstich *m*

sobrehilar [soβrei'lar] *vt* heften

sobrehueso [soβre'weso] *m* (MED) Überbein *nt*

sobrehumano, -a [soβreu'mano, -a] *adj* übermenschlich

sobreimpresión [soβreimpre'sjon] *f* (FOTO) Doppelbelichtung *f,* Überbelichtung *f;* (CINE) Überblendung *f*

sobreimprimir [soβreimpri'mir] *vt* überdrucken

sobreinversión [soβreimber'sjon] *f* (ECON) Überinvestition *f*

sobrellenar [soβreʎe'nar] *vt* überfüllen

sobrelleno, -a [soβre'ʎeno, -a] *adj* übervoll, prallvoll

sobrellevar [soβreʎe'βar] *vt* 1.(*enfermedad, problemas*) ertragen; ~ **mal** schwer nehmen; ~ **bien** mit Fassung tragen, gelassen hinnehmen 2.(*peso*) erleichtern; ~ **algo a alguien** jdm etw abnehmen

sobremanera [soβrema'nera] *adv* außerordentlich, überaus; **el espectáculo me ha gustado** ~ die Veranstaltung hat mir über alle Maßen [*o* besonders gut] gefallen

sobremarcha [soβre'martʃa] *f* (AUTO) Schnellgang *m*

sobremesa [soβre'mesa] *f* 1.(*después de la comida*): **de** ~ nach dem Essen, nach Tisch; **conversación de** ~ Tischgespräch *nt;* **orador de** ~ *Person, die die Tischrede hält;* **programa de** ~ (TV) (Nach)mittagsprogramm *nt;* **puro de** ~ (*fam*) Verdauungszigarre *f;* **estar de** ~ nach dem Essen noch (gemütlich) bei Tisch sitzen 2.(*mantel*) Tischtuch *nt* 3.(*postre*) Nachtisch *m,* Dessert *nt* 4.(*mesa*): **lámpara de** ~ Tischlampe *f;* **ordenador de** ~ Tischcomputer *m*

sobremodulación [soβremoðula'θjon] *f* (TEL) Übermodulation *f*

sobrenadar [soβrena'ðar] *vi* (auf der Oberfläche) schwimmen

sobrenatural [soβrenatu'ral] *adj* 1.(*preternatural*) übernatürlich; **ciencias ~es** Okkultismus *m;* **la vida** ~ das Leben nach dem Tod 2.(*extraordinario*) außergewöhnlich, unfassbar; **fue una escena** ~ es war ein unglaublicher Anblick

sobrenaturalismo [soβrenatura'lismo] *m* (REL) Supranaturalismus *m*

sobrenombre [soβre'nombre] *m* 1.(*calificativo*) Beiname *m,* Ehrenname *m* 2.(*apodo*) Spitzname *m*

sobrentender [soβre(e)n̩ten̩'der] <e→ie> *vt, vr:* ~**se** *v.* **sobre(e)ntender**

sobrepaga [soβre'paɣa] *f* (Gehalts)zulage *f,* erhöhte Zahlung *f*

sobrepagar [soβrepa'ɣar] <g→gu> *vt* als Zulage zahlen

sobreparto [soβre'parto] *m* Wochenbett *nt;* **dolores de** ~ Nachwehen *fpl;* **morir de** ~ im Wochenbett sterben

sobrepasar [soβrepa'sar] *vt* 1.(*exceder en cantidad*) übersteigen; (*un límite*) überschreiten; ~ **su ámbito de responsabilidades** seine Befugnisse überschreiten 2.(*aventajar*) übertreffen, überbieten; (*un récord, el mejor*) schlagen 3.(*adelantar*) überholen

sobrepelliz [soβrepe'ʎiθ] *m* (REL) Chorhemd *nt*

sobrepeso [soβre'peso] *m* Übergewicht *nt*

sobrepoblación [soβrepoβla'θjon] *f* Überbevölkerung *f*

sobreponer [soβrepo'ner] *irr como poner* I. *vt* 1.(*poner encima de algo*) obenauf legen, obenauf stellen, obenauf setzen; (*cubriendo algo*) legen (*sobre* über +*akk*), aufziehen, überziehen, überstülpen; (*añadir*) hinzugeben, zugeben, draufgeben 2.(*en consideración, rango, autoridad*) stellen (*a* über +*akk*); (*anteponer*) den Vorzug geben +*dat;* **sobrepone su madre a todos los demás** er/sie stellt seine/ihre Mutter über alle anderen II. *vr:* ~**se** 1.(*calmarse*) sich beherrschen, sich zusammenreißen, sich zusammennehmen 2.(*al enemigo, a una enfermedad*) besiegen, sich durchsetzen (*a* gegen +*akk*); (*al miedo, a un susto*) sich hinwegsetzen (*a* über +*akk*)

sobreprecio [soβre'preθjo] *m* Aufpreis *m,* Mehrpreis *m*

sobrepresión [soβrepre'sjon] *f* Überdruck *m*

sobreprima [soβre'prima] *f* (JUR) Zuschlagsprämie *f,* Prämienaufschlag *m*

sobreproducción [soβreproðuᵞ'θjon] *f* Überproduktion *f*

sobreprotección [soβreproteᵞ'θjon] *f*

Überbeschützen *nt,* Überbehüten *nt*

sobreproteger [soβreprote'xer] <g→j> *vt* überbehüten; **no es bueno ~ a los hijos** man sollte seine Kinder nicht zu sehr behüten

sobrepuerta [soβre'pwerta] *f* **1.** (*por encima de la puerta*) Türsturz *m* **2.** (*cortina*) Türvorhang *m* **3.** (*pintura, talla*) Sopraporte *f*

sobrepuesto, **-a** [soβre'pwesto, -a] *adj* aufgesetzt, aufgelegt; (*añadido*) beigefügt

sobrepujar [soβrepu'xar] *vt* übertreffen (*en* in +*dat*), überrunden (*en* in +*dat*)

sobrero, **-a** [so'βrero, -a] *m, f:* **toro ~** (TAUR) Ersatzstier *m*

sobrerreacción [soβrerreaʸ'θjon] *f* Überreaktion *f*

sobresaliente[1] [soβresa'ljente] **I.** *adj* **1.** (ARQUIT) hervorstehend, herausragend **2.** (*excelente*) hervorragend, ausgezeichnet, erstklassig **3.** (ENS: *nota*) sehr gut **II.** *mf* Stellvertreter(in) *m(f);* (TAUR) Ersatzkämpfer(in) *m(f);* (TEAT) Ersatzschauspieler(in) *m(f)*

sobresaliente[2] [soβresa'ljente] *m* (ENS: *nota*) Sehr gut *nt*

sobresalir [soβresa'lir] *irr como salir vi* **1.** (*resaltar por tamaño, estatura, t.* ARQUIT) hervorstehen, herausragen (*de* aus +*dat*) **2.** (*distinguirse*) sich abheben (*entre/por/de* von +*dat*), in die Augen stechen, auffallen (*por* aufgrund +*gen*) **3.** (*ser excelente en algo*) sich auszeichnen (*en* durch +*akk*)

sobresaltar [soβresal'tar] **I.** *vi* hervorstechen **II.** *vt* erschrecken, bestürzen **III.** *vr:* **~se** (sich) erschrecken, zusammenfahren (*con/de* bei +*dat*)

sobresalto [soβre'salto] *m* Schrecken *m,* Bestürzung *f;* **con ~** bestürzt; **de ~** (ur)plötzlich, jäh(lings)

sobresaturación [soβresatura'θjon] *f* (COM, QUÍM) Übersättigung *f*

sobresaturar [soβresatu'rar] *vt* (FÍS) übersättigen

sobrescribir [soβreskri'βir] *irr como escribir vt* überschreiben

sobrescrito [soβres'krito] *m* **1.** (*señas*) Adresse *f* **2.** (*indicación*) Aufschrift *f*

sobreseer [soβrese'er] *irr como leer* **I.** *vt* (JUR: *procedimiento, causa, juicio*) einstellen, niederschlagen, sistieren; (*decreto*) aufheben; (*aplazar*) vertagen; (*interrumpir*) aussetzen, unterbrechen **II.** *vi* aufgeben, verzichten (*de/en* auf +*akk*), zurücktreten (*de/en* von +*dat*); **~ en los pagos** die Zahlungen einstellen; **~ de una pretensión** von einer Forderung zurücktreten, auf einen (Rechts)anspruch verzichten

sobreseimiento [soβresei̯'mjento] *m* (JUR: *de un procedimiento, una causa, un juicio*) Einstellung *f,* Sistierung *f;* (*de un decreto*) Aufhebung *f;* (*aplazamiento*) Aufschub *m;* (*interrupción*) Aussetzung *f,* Unterbrechung *f;* (*renuncia*) Verzicht *m,* Aufgabe *f*

sobresellar [soβrese'ʎar] *vt* überstempeln

sobresello [soβre'seʎo] *m* zweiter Stempel *m*

sobresembrar [soβresem'brar] <e→ie> *vt* (AGR) übersäen, noch einmal besäen

sobrestadía [soβresta'ðia] *f* (COM, NÁUT) Überliegezeit *f*

sobrestante [soβres'tante] *m* **1.** (*capataz*) Polier *m,* Aufseher *m;* **~ de turno** Vorarbeiter *m,* Schichtführer *m* **2.** (*gerente*) Leiter *m*

sobresueldo [soβre'sweldo] *m* Gehaltszulage *f*

sobretallado, **-a** [soβreta'ʎaðo, -a] *adj* mit hoher Taille

sobretasa [soβre'tasa] *f* **1.** (*suplemento*) Zuschlag *m,* Gebührenzuschlag *m;* **~ aduanera** Zollzuschlag *m;* **~ a la importación** (COM) Importabgabe *f;* **~ por retraso** Säumniszuschlag *m;* **~ de transporte** Frachtzuschlag *m* **2.** (*Correos*) Gebührenzuschlag *m,* Strafporto *nt,* Nachporto *nt;* **~ (postal) aérea** Luftpostzuschlag *m*

sobretasar [soβreta'sar] *vt* einen (Gebühren)zuschlag erheben (auf +*akk*)

sobretensión [soβreten'sjon] *f* (ELEC) Überspannung *f*

sobretiro [soβre'tiro] *m* (TIPO) Sonderdruck *m,* Separatdruck *m*

sobretodo [soβre'toðo] *m* (Über)mantel *m,* Überzieher *m*

sobrevaloración [soβreβalora'θjon] *f* Überbewertung *f*

sobrevalorar [soβreβalo'rar] *vt* überbewerten

sobrevenir [soβreβe'nir] *irr como venir vi* (*epidemia*) (plötzlich) aufkommen, (plötzlich) auftreten; (*desgracia, guerra*) hereinbrechen, sich (plötzlich) ereignen; **sobrevino una tormenta** es brach ein Sturm los, ein Sturm brach los

sobreviviente [soβreβi'βjente] **I.** *adj* überlebende(r, s) **II.** *mf* Überlebende(r) *mf*

sobrevivir [soβreβi'βir] *vi* (*accidentes, desastres*) überleben (*a* +*akk*); (*después de cierta fecha*) weiterleben, fortleben; **sólo él sobrevivió a la catástrofe** nur er überlebte die Katastrophe; **pero ella sigue sobreviviendo en mi recuerdo** aber sie lebt in meiner Erinnerung fort

sobrevolar [soβreβo'lar] <o→ue> *vt* überfliegen; **estamos sobrevolando París** wir überfliegen gerade Paris, wir fliegen gerade über Paris

sobrevuelo [soβre'βwelo] *m* Überflug *m,* Überfliegen *nt*

sobriedad [soβrje'ðaᵈ] *f sin pl* **1.** (*en ayunas o sin haber bebido alcohol*) Nüchternheit *f* **2.** (*moderación*) Mäßigkeit *f,* Genügsamkeit *f* **3.** (*prudencia*) Besonnenheit *f,* Zurückhaltung *f;* **~ en palabras** Wortkargheit *f* **4.** (*estilo sencillo*) Sachlichkeit *f,* Schlichtheit *f*

sobrinazgo [soβri'naθɣo] *m* Neffenverwandtschaft *f*

sobrino, **-a** [so'βrino, -a] *m, f* Neffe *m,* Nichte *f*

sobrinonieto, **-a** [soβrino'njeto, -a] *m, f* Großneffe *m,* Großnichte *f*

sobrio, **-a** ['soβrjo, -a] *adj* **1.**(*en ayunas o sin haber bebido alcohol*) nüchtern **2.**(*moderado*) gemäßigt, genügsam **3.**(*prudente*) besonnen, zurückhaltend; ~ **de palabras** wortkarg **4.**(*estilo sencillo*) sachlich, schlicht; **color** ~ nüchterne Farbe

soca ['soka] *f* (*Am:* AGR) letzter Trieb *m* des Zuckerrohrs

socaire [so'kai̯re] *m* (NÁUT: *sotavento*) Windschatten *m,* Leeseite *f;* **al** ~ im Windschatten; **al** ~ **de** (*fig*) im Schutz *+gen,* unter dem Vorwand *+gen;* **escaparon al** ~ **de la oscuridad** sie entkamen im Schutz der Dunkelheit; **rehusar una invitación al** ~ **de una enfermedad** unter dem Vorwand einer Krankheit eine Einladung absagen; **estar al** ~ (*fam*) sich (vor der Arbeit) drücken, herumlungern

socaliña [soka'liɲa] *f* **1.**(*astucia*) List *f,* Tücke *f* **2.**(*estafa*) Schwindelei *f,* Täuschung *f,* Gaunerei *f*

socaliñero, **-a** [sokali'ɲero, -a] *m, f* Schwindler(in) *m(f),* Gauner(in) *m(f)*

socar [so'kar] <c→qu> **I.** *vt* (*AmC*) betrunken machen **II.** *vr:* **~se** (*AmC*) sich betrinken

socarrar [soka'rrar] **I.** *vt* leicht anbrennen, ankohlen; (*pantalón etc.*) ansengen **II.** *vr:* **~se** anbrennen

socarro [so'karro] *m* Schelm *m,* Schalk *m*

socarrón, **-ona** [soka'rron, -ona] **I.** *adj* **1.**(*sarcástico*) spöttisch, sarkastisch **2.**(*astuto*) durchtrieben, hinterlistig **II.** *m, f* **1.**(*pícaro*) Schelm *m,* Schalk *m* **2.**(*taimado*) verschlagene Person *f;* (*guasón*) gewitzte Person *f*

socarronería [sokarrone'ria] *f* List *f,* Tücke *f,* Durchtriebenheit *f*

socava [so'kaβa] *f* **1.**(*acción*) Untergrabung *f,* Unterminierung *f* **2.**(*hoyo*) *kleiner Bewässerungsgraben um einen Baumstamm herum*

socavar [soka'βar] *vt* **1.**(*excavar*) untergraben **2.**(*debilitar*) untergraben, unterhöhlen, unterminieren

socavón [soka'βon] *m* **1.**(MIN: *galería*) Stollen *m,* Tunnel *m* **2.**(*hoyo en el suelo, en las carreteras*) Schlagloch *nt*

soccer ['soker] *m inv* (DEP) Soccer *m*

soche ['sotʃe] *m* (*Col, Ecua:* ZOOL) *eine Art Hirsch*

sociabilidad [soθjaβili'ðaᵈ] *f sin pl* **1.**(*en la convivencia*) Geselligkeit *f,* Umgänglichkeit *f;* (*afabilidad*) Gemeinschaftssinn *m,* Sinn *m* für das Zusammenleben **2.**(*capacidad de comunicación*) Kontaktfreudigkeit *f* **3.**(*compañerismo*) Kameradschaftlichkeit *f*

sociable [so'θjaβle] *adj* **1.**(*tratable*) gesellig, umgänglich; (*que no discute*) verträglich; **poco** ~ ungesellig **2.**(*comunicativo*) kontaktfreudig, offen; **poco** ~ nicht sehr gesprächig [*o* redselig] **3.**(*afable*) kameradschaftlich

social [so'θjal] *adj* **1.**(*relativo a la sociedad humana*) gesellschaftlich, sozial, Gesellschafts-, Sozial-; **sistema** ~ Sozialordnung *f* **2.**(*por parte del estado*): **asistencia** ~ soziale Fürsorge, Sozialhilfe *f;* **asistente** ~ Sozialarbeiter *m;* **bienestar** ~ soziale Wohlfahrt; **Estado S**~ Wohlfahrtsstaat *m* **3.**(COM: *de una sociedad o de socios*) gesellschaftlich, Gesellschafts-; **beneficio** ~ Gesellschaftsgewinn *m;* **capital** ~ Gesellschaftskapital *nt;* **denominación** ~ Firmenbezeichnung *f;* **razón** ~ Unternehmung *f,* Firma *f* **4.**(ZOOL: *insectos*) Staaten bildend **5.**(*socialista*) sozial-, Sozial- **6.**(*conducta*) sozial

socialcristiano, **-a** [soθjalkris'tjano, -a] *adj* (POL) christlich-sozial; **Unión Socialcristiana** Christlich-Soziale Union

socialdemocracia [soθjal̩demo'kraθja] *f* (POL) Sozialdemokratie *f*

socialdemócrata [soθjal̩de'mokrata] *mf* (POL) Sozialdemokrat(in) *m(f)*

socialdemocrático, **-a** [soθjal̩demo'kratiko, -a] *adj* (POL) sozialdemokratisch

socialismo [soθja'lismo] *m sin pl* (POL) Sozialismus *m;* ~ **de cátedra** Kathedersozialismus *m;* ~ **democrático** demokratischer Sozialismus

socialista [soθja'lista] **I.** *adj* (POL) sozialistisch **II.** *mf* (POL) Sozialist(in) *m(f)*

socialización [soθjaliθa'θjon] *f* Verstaatlichung *f*

socializar [soθjali'θar] <z→c> *vt* verstaatlichen

sociata [so'θjata] *mf* (*pey*) Sozialist(in) *m(f)*

sociedad [soθje'ðaᵈ] *f* **1.**(*población, humanidad*) Gesellschaft *f;* ~ **del bienestar** Wohlstandsgesellschaft *f;* ~ **consumista** Konsumgesellschaft *f* **2.**(*trato*) Gesellschaft *f,* Umgang *m;* **la** ~ **con la que trata** die Gesellschaft, in der er/sie sich bewegt, der Umgang, den er/sie hat; **no me gusta nada la** ~ **a la que pertenece** mir gefällt sein/ihr Umgang ganz und gar nicht, mir gefällt es gar nicht, in welchen Kreisen er/sie verkehrt **3.**(ZOOL: *insectos*) Insektenstaat *m* **4.**(COM: *empresa*) Gesellschaft *f;* ~ **anónima** Aktiengesellschaft *f;* ~ **capitalista** [*o* **de capital**] Kapitalgesellschaft *f;* ~ **de capital-riesgo** Risikokapitalgesellschaft *f;* ~ **de cartera** [*o* **control**] Holding(gesellschaft) *f;* ~ **colectiva** offene Handelsgesellschaft; ~ **comanditaria** [*o* **en comandita**] Kommanditgesellschaft *f;* ~ **filial** Tochtergesellschaft *f;* ~ **financiera** Finanzierungsgesellschaft *f;* ~ **inmobiliaria** Immobiliengesellschaft *f;* ~ **matriz** Muttergesellschaft *f;* ~ **mercantil** Handelsgesellschaft *f,* Handelsvereinigung *f;* ~ **personalista** Personengesellschaft *f;* ~ **(de responsabilidad) limitada** Gesellschaft mit beschränkter Haftung; ~ **tenedora** Inhabergesellschaft *f;* ~ **de valores** (FIN) Anlagegesellschaft *f;* **constituir una** ~ eine Gesellschaft gründen; **liquidar una** ~ eine Gesellschaft auflösen **5.**(*asociación*) Verband *m,* Verein *m,* Vereinigung *f;* ~ **benéfica** Wohltätigkeitsverein *m;* **la S**~ **de Jesús** der Jesuitenorden, die

Gesellschaft Jesu; **S~ de (las) Naciones** Völkerbund *m;* ~ **de utilidad pública** gemeinnütziger Verein **6.** (JUR): ~ **conyugal** Ehegemeinschaft *f* **7.** (*mundo elegante*) Gesellschaft *f;* ~ **docta** [*o* **científica**] gelehrte Gesellschaft, Bildungselite *f;* **baile de** ~ Gesellschaftsball *m,* Debütantenball *m;* **la buena** [*o* **alta**] ~ die Highsociety, die oberen Zehntausend, die feine [*o* gute] [*o* vornehme] Gesellschaft; **notas de** ~ (*en revistas*) Gesellschaftsteil *m*

socio, -a ['soθjo, -a] *m, f* **1.** (*de una asociación*) Mitglied *nt;* ~ **honorario** [*o* **de honor**] Ehrenmitglied *nt* **2.** (COM: *en sociedad comercial*) Gesellschafter(in) *m(f),* Teilhaber(in) *m(f),* Sozius *m;* ~ **colectivo** Komplementär *m;* ~ **comanditario** Kommanditist *m;* ~ **comercial** Handelspartner *m;* ~ **gestor** geschäftsführender Gesellschafter; ~ **originario** Gründungsgesellschafter *m* **3.** (*argot: compañero*) Kumpel *m*

sociocultural [soθjokultu'ral] *adj* soziokulturell

sociodrama [soθjo'ðrama] *m* (PSICO) Gesellschaftsdrama *nt*

socioeconómico, -a [soθjoeko'nomiko, -a] *adj* sozioökonomisch

sociograma [soθjo'ɣrama] *m* Soziogramm *nt*

sociolecto [soθjo'lekto] *m* (LING) Soziolekt *m*

sociolingüista [soθjoliŋ'gwista] *mf* (LING) Soziolinguist(in) *m(f)*

sociolingüística [soθjoliŋ'gwistika] *f sin pl* (LING) Soziolinguistik *f*

sociolingüístico, -a [soθjoliŋ'gwistiko, -a] *adj* (LING) soziolinguistisch

sociología [soθjolo'xia] *f sin pl* Soziologie *f,* Sozialwissenschaft *f*

sociológico, -a [soθjo'loxiko, -a] *adj* soziologisch, gesellschaftswissenschaftlich

sociologismo [soθjolo'xismo] *m* (SOCIOL) Soziologismus *m*

sociólogo, -a [so'θjoloɣo, -a] *m, f* Soziologe, -in *m, f,* Gesellschaftswissenschaftler(in) *m(f)*

sociometría [soθjome'tria] *f sin pl* Soziometrie *f*

sociopolítico, -a [soθjopo'litiko, -a] *adj* sozialpolitisch, gesellschaftspolitisch

socioterapia [soθjote'rapja] *f* (PSICO) Sozialtherapie *f*

socolar [soko'lar] *vt* (*Col, Ecua, Hond, Nic*) (aus)roden

socollón [soko'ʎon] *m* (*AmC, Cuba*) Ruck *m,* Erschütterung *f*

socorrer [soko'rrer] *vt* helfen (*a* +*dat*), Hilfe leisten (*a* +*dat*), beistehen (*a* +*dat*); ~ **a alguien con algo** jdm mit etw aushelfen

socorrido, -a [soko'rriðo, -a] *adj* **1.** (*útil*) hilfreich, nützlich; **es muy ~ tener siempre un bolígrafo a mano** es ist sehr hilfreich, immer einen Kugelschreiber zur Hand zu haben **2.** (*que ayuda*) hilfsbereit, gefällig **3.** (*comprobado*) (alt)bewährt, erprobt; **este es un método muy** ~ dies ist eine altbewährte Methode **4.** (*trillado*) abgedroschen; (*común*) alltäglich

socorrismo [soko'rrismo] *m sin pl* Rettungsdienst *m*

socorrista [soko'rrista] *mf* (*de playas*) Rettungsschwimmer(in) *m(f);* (*en piscinas*) Bademeister(in) *m(f)*

socorro [so'korro] *m* **1.** (*ayuda*) Hilfe(leistung) *f,* Rettungsaktion *f;* (*efecto*) Rettung *f,* Bergung *f;* **¡~!** Hilfe!; **pedir** ~ um Hilfe rufen [*o* bitten]; **trabajos de** ~ Bergungsarbeiten *fpl* **2.** (*dinero*) Vorschuss *m* **3.** (MIL: *tropa de rescate*) Entsatz *m*

socoyote [soko'ɟote] *m* (*Méx: benjamín*) Jüngster *m*

socrático, -a [so'kratiko, -a] *adj* (FILOS) sokratisch

soda ['soða] *f* **1.** (QUÍM) Soda *f o nt* **2.** (*bebida*) Sodawasser *nt*

sodio ['soðjo] *m* (QUÍM) Natrium *nt;* **alimentación pobre en** ~ natriumarme Ernährung

sodomía [soðo'mia] *f sin pl* **1.** (*del mismo sexo*) Homosexualität *f* **2.** (*pederastia*) Päderastie *f* **3.** (*con animales*) Sodomie *f*

sodomita [soðo'mita] **I.** *adj* sodomitisch **II.** *mf* **1.** (*de Sodoma*) Sodomit(in) *m(f)* **2.** (*del mismo sexo*) Homosexuelle(r) *mf* **3.** (*pederasta*) Päderast(in) *m(f)* **4.** (*con animales*) Sodomit(in) *m(f)*

sodomizar [soðomi'θar] <z→c> *vi* sodomieren

soez [so'eθ] *adj* obszön, anstößig, unanständig

sofá [so'fa] <sofás> *m* Sofa *nt*

sofá-cama [so'fa-'kama] <sofás-cama> *m* Schlafsofa *nt,* Liegesofa *nt,* Schlafcouch *f,* Liegecouch *f*

sofisma [so'fisma] *m* Sophisma *nt,* Sophismus *m elev*

sofista [so'fista] **I.** *adj* sophistisch, spitzfindig **II.** *mf* **1.** (FILOS) Sophist(in) *m(f)* **2.** (*pey: que argumenta falsificando*) Wortklauber *m,* Scheingelehrte(r) *mf*

sofística [so'fistika] *f* (FILOS) Sophistik *f*

sofisticación [sofistika'θjon] *f* **1.** (*razonamiento*) Sophisterei *f* **2.** (*exceso de artificio*) Getue *nt,* Ziererei *f*

sofisticado, -a [sofisti'kaðo, -a] *adj* **1.** (*afectado*) gekünstelt, geziert, affektiert **2.** (TÉC) hoch entwickelt

sofisticar [sofisti'kar] <c→qu> *vt* **1.** (*palabras*) verfälschen, verdrehen **2.** (*pey: refinar excesivamente*) erkünsteln

soflama [so'flama] *f* **1.** (*llama*) kleine Flamme *f* **2.** (*discurso ardoroso*) Hetzrede *f* **3.** (*rubor*) Schamröte *f* **4.** (*zalamería*) Schöntuerei *f,* Schönred(n)erei *f;* (*engaño*) Täuschung *f*

soflamar [sofla'mar] **I.** *vt* **1.** (*fingir*) schöntun, schönreden **2.** (*abochornar con reproches*) tief beschämen, beschimpfen, erniedrigen **3.** (*chamuscar*) ansengen; (*plumaje*) absengen; (*comida*) anbrennen **II.** *vr:* **~se** anbrennen

sofocación [sofoka'θjon] *f* **1.**(*sofoco*) Atemnot *f,* Erstickung *f;* (MED) Hitzewallung *f* **2.**(*bochorno*) Beschämung *f*

sofocado, **-a** [sofo'kaðo, -a] *adj:* **estar ~** außer Atem sein, atemlos sein

sofocador(a) [sofoka'ðor(a)] *adj v.* **sofocante**

sofocante [sofo'kan̩te] *adj* **1.**(*asfixiante*) beklemmend; (*ambiente, aire*) stickig; **hace un calor ~** es ist unerträglich schwül **2.**(*avergonzante*) beschämend

sofocar [sofo'kar] <c→qu> **I.** *vt* **1.**(*asfixiar*) ersticken **2.**(*impedir que progrese*) hemmen, lahm legen; (*fuego*) ersticken, löschen; (*revolución*) im Keim ersticken, zum Erliegen [*o* Stillstand] bringen; (*epidemia*) unterdrücken, Einhalt gebieten +*dat* **3.**(*avergonzar*) beschämen, schamrot werden lassen, rot anlaufen lassen **4.**(*enojar*) aufregen, zur Weißglut bringen *fam* **II.** *vr:* **~se** **1.**(*ahogarse*) in Atemnot geraten, keine Luft (mehr) bekommen **2.**(*sonrojar*) sich schämen **3.**(*excitarse*) sich aufregen, sich erhitzen, sich echauffieren *elev;* (*enojarse*) zornig hochfahren, aufbrausen

sofoco [so'foko] *m* **1.**(*asfixio*) Ersticken *nt,* Erstickungsgefühl *nt;* (*después de un esfuerzo*) Kurzatmigkeit *f;* **le dio un ~ tremendo** er/sie bekam einen schrecklichen Erstickungsanfall **2.**(*excitación*) Aufregung *f,* Ärger *m* **3.**(*en la menopausia*) Hitzewallung *f*

sofocón [sofo'kon] *m* (*fam*) **1.**(*enojo*) (Riesen)ärger *m,* Verdruss *m;* **provocar un ~** einen Riesenärger verursachen **2.**(*excitación*) Zorn *m,* Wut *f;* **me entró un ~ increíble** ich bekam einen unheimlichen Wutanfall

sofometría [sofome'tria] *f* (FÍS) Geräuschspannungsmessung *f,* Psophometrie *f*

sofómetro [so'fometro] *m* (FÍS) Geräuschspannungsmesser *m,* Psophometer *nt*

sofoquina [sofo'kina] *f* (*fam: mucho calor*) Bullenhitze *f;* **hoy hace una ~ terrible** heute ist eine Bullenhitze

sofreír [sofre'ir] *irr como reír vt* leicht frittieren, anbraten

sofrenada [sofre'naða] *f* **1.**(*en caballería*) (kräftiger) Ruck *m* am Zügel **2.**(*reprimenda*) rüder Verweis *m* **3.**(*de una pasión de ánimo*) Gefühlsunterdrückung *f*

sofrenar [sofre'nar] *vt* **1.**(*caballería, t. fig*) zügeln **2.**(*reprender*) scharf rügen

sofrito [so'frito] *m* (GASTR) *Soße aus in Öl angebratenen Zwiebeln oder Tomaten zum Würzen von Speisen*

softkeys ['sofkis] *mpl* (INFOR) Softkeys *mpl*

software ['sofwer] *m sin pl* (INFOR) Software *f;* **~ de dictado** Diktatsoftware *f;* **~ de dominio público** Shareware *f;* **~ de control remoto** Fernsteuerungssoftware *f;* **~ de grupos** Groupware *f;* **~ de sistemas** Systemsoftware *f*

soga ['soɣa] *f* (*cuerda*) Seil *nt,* (dünnes) Tau *nt;* (*de horca*) (Galgen)strick *m;* **dar ~** das Seil langsam laufen lassen; **dar ~ a alguien** jdn einfach reden lassen; (*burlarse*) sich über jdn lustig machen; **Pedro está con la ~ al cuello** (*fig*) Pedro steht das Wasser bis zum Hals

sois [soi̯s] *2. pres pl de* **ser**

soja ['soxa] *f* (BOT) Soja *f;* **semilla de ~** Sojabohne *f;* **aceite de ~** Sojaöl *nt*

sojuzgar [soxuθ'ɣar] <g→gu> *vt* unterwerfen, unterjochen

sol [sol] *m* **1.**(*astro*) Sonne *f;* (*luz*) Sonnenschein *m;* **al ~ puesto** bei Morgengrauen; **de ~ a ~** von (früh)morgens bis (spät)abends; **día de ~** sonniger Tag; **ponerse al ~** sich in die Sonne legen [*o* setzen]; **tomar el ~** sonnenbaden, sich sonnen; **hoy hace ~** heute scheint die Sonne; **¡cómo pica el ~!** die Sonne brennt ganz schön!; **no dejar a alguien ni a ~ ni a sombra** nicht von jds Seite weichen, jdn ständig belagern; **arrimarse al ~ que más calienta** (*fig*) ein Trittbrettfahrer sein **2.**(TAUR: *zona soleada*) *Sonnenseite in der Stierkampfarena;* **entrada de ~** *Eintrittskarte für einen Sitzplatz auf der Sonnenseite* **3.**(GASTR): **~ y sombra** *Mixgetränk aus Anis und Weinbrand* **4.**(*moneda peruana*) Sol *m* **5.**(*fam: alabanza*) Goldstück *nt,* Schatz *m;* **mi marido me ayuda en todo, es un ~** mein Mann hilft mir in allem, er ist wirklich ein Goldstück; **¡~ de la casa, ven aquí!** (*a un niño*) komm her, mein kleiner Sonnenschein! **6.**(MÚS: *quinta escala*) g, G *nt;* **~ mayor** G-Dur *nt*

solada [so'laða] *f* (Boden)satz *m,* Ablagerung *f*

solado [so'laðo] *m* **1.**(*acción*) Bodenlegen *nt,* Fliesenlegen *nt* **2.**(*pavimento*) (Fuß)boden *m,* gefliester Boden *m*

solador(a) [sola'ðor(a)] *m(f)* Bodenleger(in) *m(f),* Fliesenleger(in) *m(f)*

solamente [sola'men̩te] *adv* **1.**(*únicamente*) nur, lediglich **2.**(*expresamente*) einzig und allein

solana [so'lana] *f* **1.**(*en edificios*) Südseite *f,* Sonnenseite *f;* (*en montañas*) Südhang *m* **2.**(*galería*) Wintergarten *m*

solanera [sola'nera] *f* **1.**(*exceso de sol*) brütende Sonne *f* **2.**(MED: *quemadura*) Sonnenbrand *m;* (*insolación*) Sonnenstich *m*

solano [so'lano] *m* Ostwind *m*

solapa [so'lapa] *f* **1.**(*chaqueta*) Aufschlag *m,* Revers *nt o m* **2.**(*libro*) (Umschlag)klappe *f;* (*sobre*) Umschlagrückseite *f,* Umschlagklappe *f;* (*bolsillo de chaqueta*) Klappe *f* **3.**(*pretexto*) Vorwand *m*

solapado, **-a** [sola'paðo, -a] *adj* arglistig, heimtückisch, verschlagen

solapamiento [solapa'mjen̩to] *m* **1.**(*solapo*) Überlappung *f* **2.**(*en las llagas*) Höhlung *f* (*in einer Wunde bei Tieren*)

solapar [sola'par] **I.** *vi* sich überlappen, sich (be)decken **II.** *vt* **1.**(*cubrir*) überlappen (*con* mit +*dat*) **2.**(*chaqueta, vestido*) umschlagen

3. (*disimular*) verdunkeln, vertuschen
solapo [so'lapo] *m* **1.** (*de las tejas*) Überdeckung *f,* Überlappung *f;* **a ~** (*fam*) verstohlen, heimlich **2.** (*sopapo*) Ohrfeige *f*
solar [so'lar] **I.** *adj* Sonnen-, Solar-; **año ~** Sonnenjahr *nt;* **plexo ~** (MED) Solarplexus *m,* Sonnengeflecht *nt;* **sistema ~** (ASTR) Sonnensystem *nt* **II.** *m* **1.** (*terreno*) Grundstück *nt;* **~ para edificaciones** Baugrundstück *nt* **2.** (*casa*) Stammsitz *m,* Familiensitz *m* **3.** (*linaje noble*) Abstammung *f;* **venir del ~ de...** aus dem Hause der ... kommen **4.** (*AmC: patio*) Innenhof *m* **III.** <o→ue> *vt* **1.** (*pavimentar*) fliesen, mit Fliesen auslegen **2.** (*el calzado*) besohlen
solariego, -a [sola'rjeɣo, -a] **I.** *adj* **1.** (*de linaje noble*) (alt)adelig, herrschaftlich **2.** (*propiedad*) Stamm-; **casa solariega** Stammsitz *m,* Familiensitz *m* **II.** *m, f* **1.** (*de linaje noble*) Gutsherr(in) *m(f),* Gutsbesitzer(in) *m(f)* **2.** (*propiedad*) Erbgut *nt,* Stammgut *nt*
solarígrafo [sola'riɣrafo] *m* (TÉC) Apparat *m* zur Messung der Sonneneinstrahlung
solario [so'larjo] *m,* **solárium** [so'lariun] *m* <solarios> Solarium *nt*
solarización [solariθa'θjon] *f* (FOTO) Solarisation *f*
solaz [so'laθ] *m* **1.** (*recreo*) Erholung *f,* Erfrischung *f,* Stärkung *f* **2.** (*esparcimiento*) Zerstreuung *f,* Vergnügung *f*
solazar [sola'θar] <z→c> **I.** *vt* **1.** (*recrear*) erfrischen, stärken, erquicken **2.** (*divertir*) erheitern, vergnügen; (*entretener*) zerstreuen **II.** *vr:* **~se 1.** (*recrearse*) sich erholen, sich erquicken **2.** (*divertirse*) sich vergnügen, sich ergötzen; (*entretenerse*) sich zerstreuen
solazo [so'laθo] *m* glühende [*o* brütende] Sonne *f*
soldable [soḷ'daβle] *adj* schweißbar, lötbar
soldada [soḷ'daða] *f* **1.** (MIL) Sold *m* **2.** (*salario*) Lohn *m,* Gehalt *nt*
soldadera [soḷda'ðera] *f* (*Méx:* HIST) *Frau, die mit den Soldaten zieht*
soldadesca [soḷda'ðeska] *f* **1.** (*tropa*) Soldatentruppe *f* **2.** (*profesión*) Soldatenberuf *m;* (*vida*) Soldatenleben *nt* **3.** (*pey: tropa indisciplinada*) *Truppe undisziplinierter Soldaten,* Soldateska *f*
soldadesco, -a [soḷda'ðesko] *adj* (*pey*) Soldaten-; **lenguaje ~** Soldatensprache *f,* Soldatenjargon *m*
soldado, -a [soḷ'daðo, -a] *m, f* **1.** (MIL) Soldat(in) *m(f);* **~ cumplido** Reservist *m;* **~ de plomo** Zinnsoldat *m;* **~ profesional** [*o* **de carrera**] Berufssoldat *m* **2.** (*defensor*) (treuer) Anhänger *m,* (treue) Anhängerin *f,* Befürworter(in) *m(f)*
soldador[1] [soḷda'ðor] *m* Lötkolben *m*
soldador(a)[2] [soḷda'ðor(a)] **I.** *adj* (TÉC) Schweiß-; **máquina ~a** Schweißmaschine *f* **II.** *m(f)* (TÉC) Schweißer(in) *m(f)*
soldadura [soḷda'ðura] *f* (TÉC) **1.** (*trabajo*) Schweißarbeit(en) *f(pl);* (*técnica*) Schweißtechnik *f,* Löttechnik *f* **2.** (*punto de unión*) Lötnaht *f,* Schweißnaht *f,* Lötstelle *f,* Schweißstelle *f* **3.** (*material utilizado*) Lötmaterial *nt,* Lötmetall *nt*
soldar [soḷ'dar] <o→ue> **I.** *vt* (TÉC: *mediante metal fundido*) (zusammen)löten; (*sólo mediante el calor*) (ver)schweißen; (*con pegamento*) (ver)kitten, (ver)kleben; **soplete para ~** Schweißbrenner *m* **II.** *vr:* **~se** (*herida*) verheilen, sich schließen; (*huesos*) zusammenwachsen
soleá [sole'a] *f* <soleares> (*reg:* MÚS) *andalusisches Klagelied zum Singen und Tanzen*
soleado, -a [sole'aðo, -a] *adj* sonnig
solear [sole'ar] **I.** *vt* in die Sonne legen [*o* stellen]; (*blanquear*) bleichen **II.** *vr:* **~se** sich sonnen, sich in die Sonne legen
solecismo [sole'θismo] *m* (LING) Solözismus *m*
soledad [sole'ða^{d}] *f* **1.** (*sin compañía*) Einsamkeit *f,* Alleinsein *nt,* Vereinsamung *f* **2.** (*tristeza*) Einsamkeit *f,* Verlassenheit *f* **3.** (*lugar*) Einsamkeit *f,* Einöde *f,* Abgeschiedenheit *f* **4.** (MÚS) *andalusisches Klagelied zum Singen und Tanzen*
solemne [so'lemne] *adj* **1.** (*ceremonioso*) feierlich, festlich, Fest-; **discurso ~** Festrede *f* **2.** (*suntuoso*) erhaben, majestätisch **3.** (*serio*) ernst, offiziell **4.** (*mentira, error, disparate*) ungeheuer, gewaltig, riesig; **una ~ tontería** eine gewaltige Dummheit
solemnidad [solemni'ða^{d}] *f* **1.** (*cualidad*) Feierlichkeit *f,* Erhabenheit *f,* Ernst *m* **2.** (REL: *festividad*) (religiöses) Fest *nt* **3.** *pl* (*formalidades*) Förmlichkeiten *fpl*
solemnizar [solemni'θar] <z→c> *vt* feiern, feierlich begehen
solenoide [sole'noi̯ðə] *m* (FÍS) Solenoid *m*
soler [so'ler] <o→ue> *vi:* **~ hacer algo** etw zu tun pflegen, gewohnt sein etw zu tun; **los martes solemos ir al cine** dienstags gehen wir normalerweise [*o* gewöhnlich] ins Kino; **en España se suelen celebrar los santos** in Spanien ist es üblich, den Namenstag zu feiern; **suele ocurrir que...** es kommt oft [*o* häufig] vor, dass ...
solera [so'lera] *f* **1.** (ARQUIT: *puntal*) Stützbalken *m;* (*plinto*) Plinthe *f,* Fußplatte *f* **2.** (*en el molino*) (festsitzender) Mühlstein *m* **3.** (*suelo de horno, acequia, canal*) Boden *m* **4.** (*del vino*) Bodensatz *m* im Wein(fass) **5.** (*abolengo*) Tradition *f;* **es un país de ~ celta** es ist ein Land mit keltischer Tradition; **es una ciudad con mucha ~** es ist eine traditionsreiche Stadt; **es de una familia de ~ de escritores** er/sie stammt aus einer alten Schriftstellerfamilie
soleta [so'leta] *f* **1.** (*pieza de tela*) Stoffstück *nt* zum Flicken der Strumpfsohle **2.** (*fam: mujer descarada*) dreiste Frau *f* **3.** (*RDom: sandalia rústica*) Jesuslatsche *f irón* **4.** (*Méx: galleta*) *langer, knuspriger Keks* **5.** (*loc*): **dar ~ a alguien** jdn hinauswerfen; **tomar ~, apretar**

de ~ (*fam*) verduften, sich aus dem Staub machen

solfa ['solfa] *f* **1.** (MÚS: *signos*) (Musik)note *f;* (*arte de solfear*) Solfeggieren *nt;* (*melodía*) Musik *f,* Melodie *f;* **estar** (**escrito**) **en** ~ völlig unleserlich geschrieben sein **2.** (*fam: zurra*) Tracht *f* Prügel; **dar una** ~ eine Tracht Prügel verpassen **3.** (*loc*): **poner algo en** ~ (*ridiculizar*) etw lächerlich machen; (*con arte y orden*) etw sehr ordentlich machen

solfatara [solfa'tara] *f* (GEO) Solfatare *f*

solfear [solfe'ar] *vt* **1.** (MÚS) solmisieren, solfeggieren **2.** (*pegar*) verprügeln **3.** (*fam: reprender*) anpfeifen, anmotzen

solfeo [sol'feo] *m* **1.** (MÚS: *acción*) Solfeggieren *nt,* Solmisieren *nt;* (*efecto*) Solfeggio *nt,* Solmisation *f* **2.** (*fam: zurra*) Tracht *f* Prügel

solicitación [soliθita'θjon] *f* **1.** (*petición*) Ansuchen *nt,* Bitte *f,* Gesuch *nt* **2.** (*para un trabajo*) Bewerbung *f*

solicitante [soliθi'tan̪te] **I.** *adj* Antrags-, Beantragungs-, beantragend **II.** *mf* **1.** (*de una petición*) Antragsteller(in) *m(f)* **2.** (*para un trabajo*) (Stellen)bewerber(in) *m(f);* ~ **de asilo** Asylbewerber *m*

solicitar [soliθi'tar] *vt* **1.** (*pedir*) ersuchen, beantragen; (*ayuda, apoyo*) bitten (um +*akk*); (*un trabajo*) sich bewerben (um +*akk*); ~ **un médico** nach einem Arzt verlangen, einen Arzt rufen lassen **2.** (*compañía, amor, atención*) werben (um +*akk*); ~ **a una mujer** um eine Frau werben; ~ **la mano de una mujer** um die Hand einer Frau anhalten; **le solicitan en todas partes** er/sie ist heiß begehrt [*o* sehr gefragt] **3.** (FÍS: *atraer*) anziehen

solícito, **-a** [so'liθito, -a] *adj* (*diligente*) fleißig, emsig; (*cuidadoso*) sorgfältig, gewissenhaft, aufmerksam (*con/para con* gegenüber +*dat, en* bei/in +*dat*)

solicitud [soliθi'tu^ð] *f* **1.** (*diligencia*) Fleiß *m,* Emsigkeit *f;* (*cuidado*) Gewissenhaftigkeit *f,* Sorgfältigkeit *f* **2.** (*petición diligente*) Bitte *f,* Gesuch *nt;* (*petición formal*) Antrag *m;* (*impreso*) Antragsformular *nt;* ~ **de asilo** Asylantrag *m;* ~ **de empleo** Bewerbung *f,* Bewerbungsschreiben *nt;* ~ **de oferta** (COM) Angebotsanforderung *f;* **impreso de** ~ Antragsformular *nt;* **acceder a una** ~ einem Antrag nachkommen; **dar curso favorable a una** ~ einem Antrag stattgeben, einen Antrag genehmigen; **denegar** [*o* **desestimar**] **una** ~ einen Antrag ablehnen; **presentar una** ~ beantragen, einen Antrag stellen [*o* einreichen]

solidaridad [soliðari'ða^ð] *f sin pl* Solidarität *f,* Zugehörigkeitsgefühl *nt;* **por** ~ **con** aus Solidarität mit

solidario, **-a** [soli'ðarjo, -a] *adj* solidarisch, füreinander einstehend, gemeinsam; **hacerse** ~ **de algo/alguien** sich mit etw/jdm solidarisch erklären, für etw/jdn eintreten

solidarizarse [soliðari'θarse] <z→c> *vr* sich solidarisieren (*con* mit +*dat*), sich solidarisch erklären (*con* mit +*dat*), sich zusammentun (*con* mit +*dat*); **me solidarizo con tu opinión** ich teile deine Meinung

solideo [soli'ðeo] *m* (REL) Scheitelkäppchen *nt*

solidez [soli'ðeθ] *f* (*firmeza, dureza*) Festigkeit *f;* (*estabilidad*) Haltbarkeit *f;* (ECON) Solidität *f,* Währungshärte *f;* (*resistencia*) Widerstandsfähigkeit *f;* ~ **financiera** (COM) Bonität *f*

solidificación [soliðifika'θjon] *f* **1.** (*de una amistad, relación, moneda*) (Ver)festigung *f,* Stärkung *f* **2.** (FÍS) Verfestigung *f,* Erstarrung *f,* Übergang *m* in den festen Aggregatzustand

solidificar [soliðifi'kar] <c→qu> **I.** *vt* festigen, fest werden lassen **II.** *vr:* ~**se** sich verfestigen, sich verdichten, erstarren

sólido[1] ['soliðo] *m* **1.** (FÍS) fester Körper *m* **2.** (*geometría*) Körper *m*

sólido, **-a**[2] ['soliðo, -a] *adj* **1.** (*duradero, resistente*) fest, dauerhaft; (*material*) haltbar, stabil, solide, unzerbrechlich; (*cuerda, hilo*) unzerreißbar; (*colores*) farbecht; (*ingreso, empleo*) sicher, gesichert; (*precios, moneda*) gleich bleibend, stabil; (*amistad, relación*) unzertrennlich; (*voz*) nachdrücklich; (*construcción*) solide, gut gebaut; **un edificio nada** ~ ein baufälliges Gebäude **2.** (FÍS: *no líquido*) in festem Aggregatzustand, dicht

soliloquio [soli'lokjo] *m* **1.** (*sin interlocutores*) Selbstgespräch *nt* **2.** (TEAT) Monolog *m*

solio ['soljo] *m* Thron *m;* ~ **pontífico** Papsttum *nt,* Papstwürde *f*

solípedo, **-a** [so'lipeðo, -a] **I.** *adj* (ZOOL) einhufig **II.** *m, f* (ZOOL) Einhufer *m*

solipsismo [soliβ'sismo] *m* (FILOS, PSICO) Solipsismus *m*

solista [so'lista] *mf* (MÚS) Solist(in) *m(f)*

solitaria [soli'tarja] *f* (MED) Bandwurm *m*

solitario[1] [soli'tarjo] *m* **1.** (*diamante*) Solitär *m* **2.** (*cartas*) Solitär *m,* Patience *f*

solitario, **-a**[2] [soli'tarjo, -a] **I.** *adj* **1.** (*sin compañía*) allein, einsam; **en** ~ im Alleingang, ohne Hilfe; (MÚS) solo, Solo- **2.** (*lugar*) öde, einsam, verlassen **3.** (*que ama la soledad*) zurückgezogen, einsiedlerisch **II.** *m, f* Einsiedler(in) *m(f),* Einzelgänger(in) *m(f),* Eigenbrötler(in) *m(f)*

S

solito, **-a** [so'lito, -a] *adj* ganz allein, mutterseelenallein

sólito, **-a** ['solito, -a] *adj* gewöhnlich, üblich, gewohnt

soliviantado, **-a** [soliβjan̪'taðo, -a] *adj* gehetzt, unruhig

soliviantar [soliβjan̪'tar] *vt* **1.** (*incitar*) aufstacheln, aufhetzen, aufwiegeln **2.** (*enojar*) verärgern, wütend machen, aufregen **3.** (*encandilar*) falsche [*o* unbegründete] Hoffnungen machen +*dat,* Flausen in den Kopf setzen +*dat* **4.** (*inquietar*) aufregen; **los celos le tienen soliviantado** er vergeht [*o* ist krank] vor Eifersucht

soliviar [soli'βjar] **I.** *vt* **1.** (*alzar*) hochheben **2.** (*Arg: fam: hurtar*) klauen **II.** *vr:* ~**se** sich halb aufrichten

solla ['soʎa] *f* (ZOOL) Rotzunge *f,* Scholle *f*
sollado [so'ʎaðo] *m* (NÁUT) Raumdeck *nt,* Zwischendeck *nt*
sollozar [soʎo'θar] <z→c> *vi* schluchzen, bitterlich weinen
sollozo [so'ʎoθo] *m* Schluchzen *nt*
solo¹ ['solo] *m* **1.** (MÚS) Solo *nt;* (*baile*) Solotanz *m* **2.** (*cartas*) Patience *f*
solo, -a² ['solo, -a] *adj* **1.** (*sin compañía*) allein; (*sin familia*) allein stehend; (*viudo*) verwitwet; (*huérfano*) verwaist; (*solitario*) einsam; **estoy** ~ ich bin allein; **a solas** ganz allein, ohne Hilfe; **por sí** ~ von selber; **lo hace como ella sola** sie macht es wie nur sie allein es kann; **me encuentro muy** ~ ich fühle mich sehr allein [*o* einsam]; **a los 10 años el niño se quedó** ~ als der Junge zehn war, verlor er seine Familie **2.** (*único*) einzig; **no fui ni una sola vez** ich bin nicht ein einziges Mal hingegangen **3.** (*sin añadir nada*) allein; **como el pan** ~ ich esse das Brot ohne Aufstrich; **toma el café** ~ er/sie trinkt den Kaffee schwarz
sólo ['solo] *adv* **1.** (*únicamente*) nur, lediglich; **no ~... sino también...** nicht nur ..., sondern auch ...; ~ **que...** es ist nur so, dass ...; **tan** ~ wenigstens, zumindest; ~ **tú me haces feliz** nur du machst mich glücklich; **aunque ~ sean** [*o* **con** ~] **10 minutos de deporte al día...** (auch) mit nur 10 Minuten Sport am Tag ... **2.** (*expresamente*) einzig und allein
solomillo [solo'miʎo] *m* (GASTR) Lendenstück *nt,* Filet *nt*
solsticio [sols'tiθjo] *m* (ASTR) Sonnenwende *f;* ~ **de invierno/de verano** Winter-/Sommersonnenwende *f*
soltar [so|'tar] *irr* **I.** *vt* **1.** (*dejar de sujetar*) loslassen; (*liberar*) freilassen, gehen lassen, befreien; (*dejar caer*) fallen lassen **2.** (*nudo*) aufknoten, lösen; (*quitar las ligaduras*) losbinden, entfesseln; **poco a poco iba soltando las ligaduras** nach und nach lockerte er/sie die Fesseln **3.** (*para independizarse*) loslassen; **ya tiene 18 años, pero los padres no lo sueltan** er ist schon achtzehn, aber seine Eltern lassen ihn nicht los; **ella quiere irse pero él no la suelta** sie will gehen, aber er gibt sie nicht frei **4.** (*expresión, grito, rollo*) loslassen, von sich geben; (*tacos, maldiciones, juramentos*) ausstoßen; ~ **una carcajada** laut loslachen **5.** (*paliza, golpe, tiro*) verpassen; ~ **un tiro** einen Schuss abfeuern; **me soltó una bofetada** (*fam*) er/sie haute mir eine runter **6.** (*puesto, privilegios*) aufgeben **7.** (*lágrimas, sangre*) verlieren; **no soltó ni una lágrima** er/sie vergoss [*o* verlor] nicht eine Träne **8.** (AUTO: *embrague*) kommen lassen; (*frenos*) lösen; (*cinturón*) abschnallen **9.** (*gases*) abgehen lassen; ~ **un pedo** (*fam*) einen fahren lassen **10.** (*fam: dinero*) ausgeben; ~ **la mosca** ein paar Kröten springen lassen [*o* locker machen] **II.** *vr:* **~se 1.** (*liberarse*) sich befreien; (*de unas ataduras*) sich losmachen, sich losbinden; **~se de la mano** sich von der Hand losreißen; **se soltó un tiro** es löste sich ein Schuss **2.** (*un nudo, un lazo*) sich lösen **3.** (*al hablar*) sich gehenlassen; (*una palabra, expresión*) herausrutschen; **~se la lengua** zu viel reden **4.** (*desenvoltura*) sich entfalten, Übung bekommen (*en* in +*dat*), sicher werden (*en* in +*dat*); **~se a hacer algo** allmählich anfangen etwas zu tun; **ya empieza a ~se en alemán** er/sie kann sich schon langsam auf Deutsch verständigen; **en mi discurso empecé a ~me del manuscrito** in meiner Rede fing ich an mich vom Konzept zu lösen [*o* frei zu reden] **5.** (*para independizarse*) sich lösen, sich abnabeln
soltería [so|te'ria] *f* Ledigenstand *m,* Ehelosigkeit *f,* Singledasein *nt*
soltero, -a [so|'tero, -a] **I.** *adj* ledig, unverheiratet; **estado civil:** ~ Familienstand: ledig; **de solteras solíamos salir mucho** als wir noch unverheiratet waren, gingen wir viel aus **II.** *m, f* Junggeselle, -in *m, f;* **apellido de soltera** Mädchenname *m*
solterón, -ona [so|te'ron, -ona] *m, f* (*hombre*) alter Junggeselle *m,* alte Junggesellin *f,* alte Jungfer *f pey*
soltura [so|'tura] *f* Gewandtheit *f,* Geschicklichkeit *f;* (*de forma relajada*) Ungezwungenheit *f;* (*al hablar*) Redegewandtheit *f;* (*en gimnasia, en el baile*) Gelenkigkeit *f,* Behendigkeit *f*
solubilidad [soluβili'ðaᵈ] *f* Löslichkeit *f*
soluble [so'luβle] *adj* **1.** (QUÍM: *líquido*) löslich (*en* in +*dat*); ~ **en agua** wasserlöslich **2.** (*problema*) lösbar
solución [solu'θjon] *f* **1.** (QUÍM: *líquido*) Lösung *f;* ~ **anticongelante** (AUTO) Frostschutzmittel *nt;* ~ **fertilizante** (AGR) flüssiger Dünger **2.** (*de un problema*) Lösung *f;* (*resultado*) Auflösung *f;* **la ~ para la crisis** der Ausweg aus der Krise; **esto no tiene** ~ das ist hoffnungslos [*o* ausweglos]; **no hay más** ~ man kann nichts weiter [*o* anderes] tun, es gibt keinen anderen Ausweg **3.** (*interrupción*): ~ **de continuidad** Unterbrechung *f,* Lücke *f*
solucionar [soluθjo'nar] *vt* lösen
solvatación [solβata'θjon] *f* (QUÍM) Solvatation *f*
solvencia [sol'βen̩θja] *f* **1.** (FIN) Solvenz *f,* Zahlungsfähigkeit *f* **2.** (*responsabilidad*) Vertrauenswürdigkeit *f;* (COM) Bonität *f;* ~ **moral** Charakter *m,* Wesensart *f;* **de toda ~ moral** hochanständig; **esta información proviene de fuentes de toda** ~ diese Information kommt aus sicherer Quelle
solventar [solβen̩'tar] *vt* **1.** (*problema*) lösen; (*asunto*) erledigen, in Ordnung bringen; (*desavenencia*) beilegen **2.** (*deuda, cuenta*) begleichen, zurückzahlen
solvente [sol'βen̩te] **I.** *adj* **1.** (COM, FIN) solvent, zahlungsfähig, zahlungswürdig, kreditwürdig **2.** (*sin deudas*) schuldenfrei **3.** (*reputación*) redlich, vertrauenswürdig **II.** *m* (QUÍM)

Lösemittel *nt,* Lösungsmittel *nt*

soma[1] ['soma] *m* (BIOL, MED) Soma *nt*

soma[2] ['soma] *f* (*harina gruesa*) grobes Mehl *nt*

somalí [soma'li] <somalíes> *mf* Somalier(in) *m(f)*

somanta [so'maṇta] *f* (*fam*) Tracht *f* Prügel

somatada [soma'taða] *f* (*AmC*) Fallen *nt;* **me caí de** ~ ich bin der Länge nach hingefallen

somatén [soma'ten] *m* **1.** (*milicia*) Bürgerwehr *f,* Miliz *f* **2.** (*disturbio*) Aufruhr *m,* Unruhe *f,* Tumult *m* **3.** (*campanas*) Sturmglocke *f,* Alarmglocke *f;* **tocar a** ~ Sturm läuten

somático, -a [so'matiko, -a] *adj* somatisch, körperlich, leiblich

somatización [somatiθa'θjon] *f* (PSICO) Somatisierung *f*

somatizar [somati'θar] <z→c> *vt* (PSICO) somatisieren

somatología [somatolo'xia] *f* (BIOL) Somatologie *f*

somatótropo, -a [soma'totropo, -a] *adj* (BIOL) somatotrop; **hormona somatótropa** somatotropes Hormon, Somatotropin *nt*

sombra ['sombra] *f* **1.** (*proyectada por algo*) Schatten *m;* **~s chinescas, teatro de ~s** (TEAT) Schattentheater *nt;* ~ **de ojos** (*producto cosmético*) Lidschatten *m;* **hacer** ~ Schatten werfen; **hacer** ~ **a alguien** (*fig*) jdn in den Schatten stellen; **por este lado de la casa da la** ~ auf dieser Seite des Hauses gibt es Schatten, das ist die Schattenseite des Hauses; **este árbol da (una) buena** ~ dieser Baum spendet viel Schatten; **sentarse a la** ~ **de un árbol** sich in den Schatten eines Baumes setzen; **las dos ~s se acercaban** die beiden Schatten kamen näher; **quita de ahí que me haces** ~ verschwinde da, du stehst (mir) in der Sonne; **sólo lo has logrado a la** ~ **de tu padre** du hast es nur mit (der) Hilfe deines Vaters erreicht; **esta persona se ha convertido en mi** ~ diese Person verfolgt mich überallhin; **no ver más que ~s a su alrededor** immer nur schwarz sehen; **no fiarse ni de su (propia)** ~ niemandem über den Weg trauen; **ha cambiado tanto que no es** ~ **de lo que era** (*ha cambiado*) er/sie hat sich vollkommen verändert; (*ha decaído*) er/sie ist nur noch der Schatten seiner/ihrer selbst **2.** (*oscuridad*) Dunkel *nt,* Dunkelheit *f;* **las ~s de la noche me dan miedo** ich habe Angst vor der Dunkelheit der Nacht **3.** (*clandestinidad*) Heimlichkeit *f;* **trabaja en la** ~ er/sie arbeitet schwarz **4.** (TAUR: *zona sin sol*) *Schattenseite in der Stierkampfarena;* **entrada de** ~ *Eintrittskarte für einen Sitzplatz auf der Schattenseite* **5.** (ARTE: *en pintura*) Schatten *m,* dunkle Fläche *f,* Schattierung *f* **6.** (*cantidad mínima*) Schatten *m,* Schimmer *m,* Anflug *m* (von +*dat*); **esto no tiene la más mínima** ~ **de verdad** da ist absolut nichts Wahres dran; **hay una** ~ **de tristeza en sus ojos** ein Anflug von Traurigkeit liegt in seinen/ihren Augen **7.** (*de un difunto*) Geist *m,* Gespenst *nt* **8.** (*defecto*) dunkler Fleck *m,* Schatten *m* **9.** (*loc*): **a la** ~ (*fam*) im Knast; **lo han puesto a la** ~ (*fam*) sie haben ihn eingelocht; **ni por** ~ nicht im Traum, nie im Leben; **¡qué** ~ **tienes!** hast du ein Glück!, hast du ein Schwein! *fam;* **adiós, ¡y vete por la** ~**!** (*fam*) tschüs, und pass auf dich auf!; **tener buena** ~ (*tener chiste*) Witz haben, geistreich sein; (*ser simpático*) sympathisch sein; (*tener suerte*) Glück haben; **tener mala** ~ (*tener mala suerte*) ein Pechvogel sein; (*ser antipático*) unsympathisch sein, eine negative Ausstrahlung (auf andere) haben

sombrajo [som'braxo] *m* rudimentärer Sonnenschutz *m* (*aus Blättern, Zweigen, Schilf, Stoffen*)

sombreado[1] [sombre'aðo] *m* (ARTE: *efecto*) Schattierung *f;* (*acción*) Schattieren *nt*

sombreado, -a[2] [sombre'aðo, -a] *adj* schattiert

sombrear [sombre'ar] *vt* **1.** (*dar sombra*) Schatten werfen (auf +*akk*), Schatten spenden +*dat* **2.** (ARTE: *poner sombra*) schattieren; (*contraste*) schraffieren **3.** (*los ojos*) Lidschatten auftragen

sombrerazo [sombre'raθo] *m* **1.** (*saludo*) *Gruß mit dem Hut* **2.** (*sombrero*) riesiger Hut *m*

sombrerera [sombre'rera] *f* (*caja*) Hutschachtel *f*

sombrerería [sombrere'ria] *f* **1.** (*venta*) Hutgeschäft *nt* **2.** (*fabricación*) Hutmacherei *f*

sombrerero, -a [sombre'rero, -a] *m, f* Hutmacher(in) *m(f)*

sombrerete [sombre'rete] *m* **1.** (*irón: pequeño*) Hütchen *nt* **2.** (BOT: *setas*) Hut *m* **3.** (*para cubrir*) Haube *f,* Aufsatz *m;* (*de chimenea*) Kaminaufsatz *m,* Schornsteinaufsatz *m*

sombrero [som'brero] *m* **1.** (*prenda*) Hut *m;* ~ **de copa** Zylinder *m;* ~ **hongo** Melone *f;* ~ **de tres picos** Dreispitz *m;* **quitarse el** ~ **ante algo/alguien** den Hut vor etw/jdn ziehen **2.** (*de púlpito*) Kanzeldach *nt* **3.** (BOT: *setas*) Hut *m* **4.** (*para cubrir*) Haube *f,* Aufsatz *m;* (*de chimenea*) Kaminaufsatz *m,* Schornsteinaufsatz *m*

sombrilla [som'briʎa] *f* Sonnenschirm *m*

sombrío, -a [som'brio, -a] *adj* **1.** (*en la sombra*) schattig; (*demasiado oscuro*) dunkel **2.** (*triste, pesimista*) düster, schwermütig

somero, -a [so'mero, -a] *adj* **1.** (*rocas*) *ganz leicht über oder unter der Wasseroberfläche liegend;* (*aguas, lagunas*) flach, nicht tief **2.** (*superficial*) oberflächlich; (*vago*) vage, flüchtig; **una explicación somera** eine vordergründige Erklärung

someter [some'ter] **I.** *vt* **1.** (*dominar*) unterwerfen, bezwingen; (*subyugar*) unterjochen, untertan machen; ~ **la voluntad** den Willen brechen [*o* beugen] **2.** (*a una acción, a un tra-*

tamiento) unterziehen; ~ **a una prueba a alguien** jdn einer Prüfung unterziehen; ~ **a un ratón a los efectos de un medicamento** eine Maus unter die Wirkungen eines Medikamentes stellen, eine Maus den Wirkungen eines Medikamentes aussetzen **3.** (*plano, proyecto, ideas, oferta*) unterbreiten, vorlegen **4.** (JUR: *encomendar*): **el asunto es sometido a los Tribunales** das Gericht hat über die Angelegenheit zu befinden, dem Gericht ist die Entscheidungsfindung über die Angelegenheit anheim gestellt **5.** (*decisión*) unterordnen; **todo está sometido a su última decisión** alles hängt von seiner/ihrer letzten Entscheidung ab **II.** *vr:* **~se 1.** (*en una lucha*) sich ergeben **2.** (*a una acción, tratamiento*) sich unterziehen; **~se a una operación** sich einer Operation unterziehen **3.** (*aceptar una decisión, opinión*) sich beugen; **~se a las órdenes/a la voluntad de alguien** sich jds Anordnungen/Willen fügen; **~se a la decisión de la mayoría** sich der Mehrheitsentscheidung beugen

sometimiento [someti'mjen̪to] *m* **1.** (*subyugación*) Unterwerfung *f,* Fügung *f,* Beugung *f* **2.** (*presentación*) Vorlegung *f,* Unterbreitung *f*

somier [so'mjer] <somieres> *m* (*de la cama*) (Sprungfeder)rahmen *m*

somnífero¹ [som'nifero] *m* Schlafmittel *nt,* Schlaftablette *f*

somnífero, -a² [som'nifero, -a] *adj* einschläfernd, schläfrig machend

somnífugo, -a [som'nifuɣo, -a] *adj* (MED) schlafraubend

somnílocuo, -a [som'nilokwo, -a] **I.** *adj* im Schlaf(e) redend **II.** *m, f* Person *f,* die im Schlaf(e) redet

somniloquia [somni'lokja] *f* Sprechen *nt* im Schlaf

somnolencia [somno'len̪θja] *f* **1.** (*sueño*) Schläfrigkeit *f,* Müdigkeit *f;* (*al despertarse*) Benommenheit *f* **2.** (MED) Somnolenz *f,* Schlafsucht *f*

somnoliento, -a [somno'ljen̪to, -a] *adj* **1.** (*con sueño*) schläfrig, müde **2.** (*al despertarse*) verschlafen, benommen **3.** (MED) somnolent, schlafsüchtig

somocista [somo'θista] **I.** *adj* Somoza betreffend (*ehemaliger Präsident Nicaraguas*) **II.** *mf* Somoza-Anhänger(in) *m(f)*

somontano, -a [somon̪'tano, -a] *adj* (GEO) am Bergfuß liegend

somorgujo [somor'ɣuxo] *m,* **somormujo** [somor'muxo] *m* (ZOOL) Taucher *m;* **a (lo)** ~ (*por debajo del agua*) unter Wasser; (*ocultamente*) versteckt; (*con cautela*) vorsichtig

somos ['somos] *1. pres pl de* **ser**

sompopo [som'popo] *m* (*ElSal: hormiga amarilla*) gelbe Ameise *f*

son [son] **I.** *m* **1.** (*sonido*) Klang *m,* Ton *m,* Laut *m;* **bailar al ~ de una guitarra** zum Klang einer Gitarre tanzen **2.** (*rumor, voz*) Gerücht *nt;* **corre el ~ de que...** es geht das Gerücht um, dass ... **3.** (*loc*): **¿a ~ de qué?, ¿a qué ~?** wieso?, warum?, aus welchem Grund?; **bailar al ~ que le tocan** (*fam*) nach der Pfeife anderer tanzen; **hacer algo a su ~** etw nach seiner Manier ausführen; **vinieron en ~ de paz** sie kamen in friedlicher Absicht; **en ~ de broma** als Witz; **no te lo dijo en ~ de enfadado** er sagte das nicht mit/in böser Absicht zu dir; **sin ~** grundlos, unbegründet; **sin ton ni ~** völlig grundlos, ohne Hand und Fuß; **hablar sin ton ni ~** zusammenhangloses Zeug reden **II.** *3. pres pl de* **ser**

sonada [so'naða] *f:* **hacer una ~** einen Skandal provozieren, Aufsehen erregen

sonado, -a [so'naðo, -a] *adj* **1.** (*corriente*) geläufig; (*famoso*) bekannt; (*escandaloso*) skandalös, Aufsehen erregend; (*sensacional*) sensationell **2.** (*fam*): **estar ~** verrückt sein, nicht richtig ticken

sonaja [so'naxa] *f* **1.** (*en juguetes, instrumentos*) Schelle *f* **2.** *pl* (MÚS) Schellentrommel *f,* Tamburin *nt*

sonajera [sona'xera] *f* (*Chil*) *v.* **sonajero**

sonajero [sona'xero] *m* (Baby)rassel *f,* (Kinder)rassel *f*

sonambulismo [sonambu'lismo] *m sin pl* Schlafwandeln *nt,* Nachtwandeln *nt,* Mondsüchtigkeit *f*

sonámbulo, -a [so'nambulo, -a] **I.** *adj* nachtwandlerisch, schlafwandlerisch, mondsüchtig **II.** *m, f* Schlafwandler(in) *m(f),* Nachtwandler(in) *m(f)*

sonante [so'nan̪te] *adj* klingend; **dinero contante y ~** Bargeld *nt,* klingende Münze *fam;* **me lo pagará en moneda contante y ~** er/sie wird es mir auf Heller und Pfennig [*o* in barer Münze] zurückzahlen

sonántico, -a [so'nan̪tiko, -a] *adj* (LING) sonantisch

sonar [so'nar] <o→ue> **I.** *vi* **1.** (*timbre, teléfono*) klingeln, läuten; (*reloj*) klingeln, rasseln; (*campanas*) läuten; (*instrumento musical*) ertönen, erklingen; **le suenan las tripas** ihm/ihr knurrt der Magen **2.** (LING: *valor fonético*) klingen, lauten, ausgesprochen werden; **la h en la palabra 'hogar' no suena** das h im Wort 'hogar' wird nicht gesprochen [*o* ist stumm] **3.** (*parecerse*) klingen; ~ **a algo** wie etw klingen; ~ **a hueco** hohl klingen; **esto suena bien/mal** das hört sich gut/schlecht an; **esto me suena a estafa** das riecht nach Betrug, es scheint mir, als ob es sich hier um einen Betrug handelt; **tal y como suena, (así) como suena** genauso, wie ich es sage **4.** (*mencionarse, citarse*): **suena (mucho) que...** es heißt, dass ..., es geht das Gerücht um, dass ... **5.** (*loc*): **lo que sea ~á** was geschehen muss, das soll geschehen **II.** *vt* **1.** (*instrumento musical*) spielen; (*trompeta*) blasen **2.** (*la nariz*) schnäuzen; **~le la nariz a un niño** einem Kind die Nase putzen **III.** *vt, vr:* **~se** sich (die Nase) schnäuzen, sich die

Nase putzen **IV.** *vr:* **esto me suena** das kommt mir bekannt vor **V.** *vimpers:* **se suena que...** es heißt, dass ... **VI.** *m* (TÉC) Sonar *nt*

sonata [so'nata] *f* (MÚS) Sonate *f*

sonatina [sona'tina] *f* (MÚS) Sonatine *f*

sonda ['soṇda] *f* **1.** (*acción*) Sondieren *nt,* Sondierung *f* **2.** (MED: *catéter*) Sonde *f* **3.** (NÁUT: *plomada*) Lot *nt,* Senkblei *nt;* ~ **acústica** Echolot *nt;* ~ **espacial** (AERO) Raumsonde *f*

sondable [soṇ'daβle] *adj* sondierbar

sondar [soṇ'dar] *vt* **1.** (MED: *el cuerpo*) sondieren **2.** (NÁUT: *profundidad*) (aus)loten **3.** (*explorar*) erkunden, erforschen

sondear [soṇde'ar] *vt* **1.** (MIN: *el subsuelo*) bohren, Probebohrungen machen (von *+dat*) **2.** (*fam: intención, forma de pensar*) prüfen, abchecken, unter die Lupe nehmen, auf den Zahn fühlen

sondeo [soṇ'deo] *m* **1.** (MED: *cuerpo*) Sondierung *f* **2.** (MIN: *subsuelo*) (Probe)bohrungen *fpl* **3.** (NÁUT: *profundidad*) (Aus)loten *nt* **4.** (*averiguación*) Erforschung *f;* ~ **de mercado** (ECON) Marktforschung *f;* ~ **de opinión** Meinungsumfrage *f;* **técnicas de** ~ Umfragetechniken *fpl*

sonetillo [sone'tiʎo] *m* (LIT) kleines Sonett *nt*

soneto [so'neto] *m* (LIT) Sonett *nt*

songa ['soŋga] *f* **1.** (*Cuba, PRico: sorna*) Spott *m* **2.** (*Méx: chocarrería*) Zote *f*

songa-songa ['soŋga-'soŋga] (*AmC, Chil, Ecua*): **a la** ~ klammheimlich

songo¹ ['soŋgo] *m* (*Col*) **1.** (*ruido*) Geräusch *nt,* Geraschel *nt* **2.** (*zumbido*) Summen *nt,* Gesumme *nt*

songo, -a² ['soŋgo, -a] *adj* (*Col, Méx*) **1.** (*tonto*) blöd **2.** (*taimado*) hinterlistig

sónico, -a ['soniko, -a] *adj* die Schallgeschwindigkeit betreffend; (*a la velocidad del sonido*) mit Schallgeschwindigkeit

sonido [so'niðo] *m* **1.** (*ruido*) Ton *m,* Laut *m,* Klang *m* **2.** (MÚS) Klang *m,* Klangfarbe *f;* **estos altavoces no transmiten un buen** ~ diese Lautsprecher haben keine gute Tonqualität [*o* Klangqualität] **3.** (LING: *fonema*) Laut *m* **4.** (TÉC) Schall *m;* **barrera del** ~ Schallmauer *f* **5.** (RADIO) Ton *m;* ~ **estereofónico** Stereoton *m*

soniquete [soni'kete] *m v.* **sonsonete**

sonoboya [sono'βoɟa] *f* (NÁUT) Heulboje *f,* Heultonne *f*

sonometría [sonome'tria] *f* (FÍS) Lautstärkemessung *f*

sonómetro [so'nometro] *m* (FÍS) Lautstärkemesser *m*

sonoridad [sonori'ðaᵈ] *f* **1.** (*características del sonido*) Sonorität *f;* (MÚS: *de un instrumento*) (Wohl)klang *m;* (*de una voz*) Wohllaut *m* **2.** (LING) Stimmhaftigkeit *f*

sonorización [sonoriθa'θjon] *f* (*t.* CINE) Vertonung *f*

sonorizar [sonori'θar] <z→c> *vt* **1.** (CINE) vertonen **2.** (LING) stimmhaft aussprechen

sonoro, -a [so'noro, -a] *adj* **1.** (*que puede sonar*) akustisch; (*bóveda*) (wider)hallend; **una voz sonora/poco sonora** eine kräftige/leise Stimme **2.** (*calidad del sonido: fuerte*) klangvoll, laut, voll tönend; (*agradable*) wohlklingend, wohltönend **3.** (LING) stimmhaft; **sonido** ~ stimmhafter Laut **4.** (TÉC) Schall-; **banda sonora** (CINE) Filmmusik *f,* Soundtrack *m;* **ondas sonoras** Schallwellen *fpl;* **película sonora** (CINE) Tonfilm *m*

sonreír [sonrre'ir] *irr como reír* **I.** *vi, vr:* **~se** (*reír levemente*) lächeln; (*fugazmente*) schmunzeln; ~ **a alguien** jdn anlächeln, jdm zulächeln; ~ **forzadamente** gezwungen [*o* krampfhaft] lächeln; ~ **maliciosamente** grinsen; **... decía él sonriendo** ... sagte er lächelnd **II.** *vi* (*la vida, la suerte*) lachen; **le sonríe la fortuna** das Glück ist auf seiner/ihrer Seite

sonriente [son'rrjeṇte] *adj* **1.** (*sonriéndose*) lächelnd **2.** (*contentísimo*) strahlend, heiter, fröhlich

sonrisa [son'rrisa] *f* (*leve*) Lächeln *nt;* (*fugaz*) Schmunzeln *nt;* (*maliciosa*) Grinsen *nt*

sonrojar [sonrro'xar] **I.** *vt* erröten lassen, beschämen **II.** *vr:* **~se** erröten, schamrot werden, rot anlaufen

sonrojo [son'rroxo] *m* **1.** (*acción*) Erröten *nt* **2.** (*rubor*) Schamröte *f* **3.** (*causa*) Beschämung *f*

sonrosado, -a [sonrro'saðo, -a] *adj* **1.** (*de color rosa*) rosig, rosa(farben) **2.** (*mejillas*) rotbackig

sonrosar [sonrro'sar] **I.** *vt* rot werden lassen **II.** *vr:* **~se** rot werden, eine rosige Farbe annehmen

sonsacar [sonsa'kar] <c→qu> *vt* **1.** (*indagar*) herausbekommen; ~ **algo a alguien** etw aus jdm herausbekommen; **~le un secreto a alguien** jdm ein Geheimnis entlocken **2.** (*empleado, criados*) abwerben

sonsear [sonse'ar] *vi* (*Arg, Chil, Urug: tontear*) blödeln

sonsera [son'sera] *f* (*Arg*) Albernheit *f*

sonso, -a ['sonso, -a] *m, f* (*Arg, Chil, Urug: tonto*) Dumme(r) *mf*

sonsonete [sonso'nete] *m* **1.** (*golpecitos*) (leises) Klopfen *nt;* (*traqueteo*) Rasseln *nt,* Prasseln *nt* **2.** (*en tono de mofa*) spöttischer Unterton *m* **3.** (*monotonía*) Leiern *nt,* monotones Sprechen *nt*

soñación [soɲa'θjon] *f:* **¡ni por ~!** nicht im Traum(e)!, nie im Leben!

soñado, -a [so'ɲaðo, -a] *adj* **1.** (*con que se sueña*) Traum-, erträumt; **el hombre** ~ der Traummann, der Idealmann **2.** (*loc*): **hemos encontrado una casa que, vamos, ¡ni soñada!** wir haben ein wirklich traumhaft schönes Haus gefunden

soñador(a) [soɲa'ðor(a)] **I.** *adj* träumerisch **II.** *m(f)* Träumer(in) *m(f)*

soñar [so'ɲar] <o→ue> **I.** *vi, vt* träumen; ~ **despierto** tagträumen; **esta noche soñé**

que... heute Nacht habe ich geträumt, dass ...; **esta noche soñé contigo** heute Nacht habe ich von dir geträumt; **¡ni ~lo!** nie im Leben! **II.** *vi* träumen (*con* von +*dat*), herbeisehnen (*con* +*akk*); **siempre he soñado con ser médico** mein Traum war schon immer, Arzt zu werden; **sueño con volver a verte** ich wünsche mir sehnlichst dich wieder zu sehen

soñera [so'ɲera] *f* **1.** (*fam: ganas de dormir*) (große) Müdigkeit *f;* **¡qué ~ tenía anoche!** war ich müde gestern Abend! **2.** (*sueño pesado*) Tiefschlaf *m,* tiefer Schlaf *m*

soñolencia [soɲo'leṇθja] *f* **1.** (*sueño*) Schläfrigkeit *f,* Müdigkeit *f;* (*al despertarse*) Benommenheit *f* **2.** (MED) Somnolenz *f,* Schlafsucht *f*

soñoliento, -a [soɲo'ljeṇto, -a] *adj* **1.** (*con sueño*) schläfrig, müde **2.** (*al despertarse*) verschlafen, benommen

sopa ['sopa] *f* **1.** (*caldo*) Suppe *f;* **~ de ajo** Knoblauch(brot)suppe *f;* **~ de fideos** Nudelsuppe *f* **2.** *pl* (*pan mojado*) eingetunktes Brot *nt;* **~s de leche** in Milch eingetunktes Brot **3.** (*fam: loc*): **comer la** [*o* **andar a la**] **~ boba** auf Kosten anderer leben; **estar ~** (*fam*) sehr erkältet sein; **como una ~, hecho una ~** (*fam*) völlig durchnässt, durch und durch nass; **poner a alguien como la ~ de Pascua** jdm ordentlich die Leviten lesen; **ver a alguien/algo hasta en la ~** (*fam*) jdn/etw ständig und überall antreffen; **ése os da ~s con honda a todos vosotros** (*fam*) der steckt euch alle in die Tasche

sopaipa [so'pa i̯ pa] *f* (GASTR) *eine Art Waffelteig*

sopaipilla [sopa i̯ 'piʎa] *f* (*Arg, Chil:* GASTR) *Teig aus gebratenem Mehl mit Öl oder Schmalz und Kürbis;* **~ pesada** (*Chil*) *"sopaipilla" mit Sirup oder Honig*

sopapear [sopape'ar] *vt* **1.** (*fam: bofetear*) ohrfeigen **2.** (*maltratar*) misshandeln; (*insultar*) beleidigen

sopapo [so'papo] *m* **1.** (*puñetazo*) Fausthieb *m* **2.** (*fam: bofetada*) Ohrfeige *f;* **te voy a dar un ~** du bekommst gleich eine Ohrfeige, ich knall dir gleich eine!

sopar [so'par] **I.** *vt* **1.** (*hacer sopa*) eine Suppe machen (aus +*dat*) **2.** (*empapar*) (klatsch)nass machen **II.** *vr:* **~se** (klatsch)nass werden

sope ['sope] *m* (*Méx:* GASTR) *kleine, dicke Maistortilla mit Bohnen, Käse und Soße*

sopear [sope'ar] *vt* **1.** *v.* **sopar 2.** (*hollar*) treten (auf +*akk*), betreten **3.** (*despreciar*) mit Füßen treten

sopenta [so'peṇta] *f:* **cenar a la ~** sehr spät zu Abend essen

sopera [so'pera] *f* Suppenschüssel *f*

sopero, -a [so'pero, -a] **I.** *adj* (*relativo a sopa*) Suppen-; **plato ~** Suppenteller *m;* (*es muy ~*) er isst sehr gerne Suppen **II.** *m, f* Suppenfreund *m,* Suppenliebhaber(in) *m(f) fam*

sopesar [sope'sar] *vt* **1.** (*pesar*) (in der Hand) wiegen **2.** (*problemas, dificultades, ventajas*) abwägen

sopetón [sope'ton] *m* (kräftige) Ohrfeige *f,* Schlag *m* (*mit der Hand*); **de ~** plötzlich, völlig unvermittelt

sopicaldo [sopi'kal̯do] *m* (GASTR) klare Brühe *f*

soplado[1] [so'plaðo] *m* (*de vidrio*) Blasen *nt*

soplado, -a[2] [so'plaðo, -a] *adj* **1.** *ser* (*limpio*) sehr gepflegt; (*pulcro*) peinlich sauber **2.** *ser* (*engreído*) eingebildet, arrogant **3.** *estar* (*fam: ebrio*) betrunken, voll **4.** (*vidrio*) geblasen; **~ a boca** mundgeblasen

soplador[1] [sopla'ðor] *m* **1.** (*abanico*) Fächer *m* **2.** (TÉC) Gebläse *nt* **3.** (*que busca peleas*) Hetzer *m*

soplador(a)[2] [sopla'ðor(a)] **I.** *adj* Blas-, blasend **II.** *m(f)* **1.** (*artesano*): **~ de vidrios** Glasbläser(in) *m(f)* **2.** (TEAT) Souffleur *m,* Souffleuse *f*

sopladura [sopla'ðura] *f* **1.** (*acción*) Blasen *nt* **2.** (*en metales fundidos*) Lunker *m,* Gussblase *f*

soplagaitas [sopla'ɣa i̯ tas] *m inv* (*fam*) Blödmann *m*

soplamocos [sopla'mokos] *m inv* **1.** (*sopapo*) Ohrfeige *f,* Schlag *m* ins Gesicht **2.** (*muy leve*) Nasenstüber *m*

soplar [so'plar] **I.** *vi, vt* blasen; (*más fuerte*) pusten **II.** *vi* **1.** (*viento, mistral, levante*) blasen, wehen; (*poco viento*) gehen; (*más fuerte*) pusten **2.** (*¡caramba!*): **¡sopla!** Mensch!, sag bloß! **III.** *vt* **1.** (*apartar*) wegblasen; (*más fuerte*) wegpusten **2.** (*velas*) ausblasen; (*más fuerte*) auspusten **3.** (*hinchar*) aufblasen **4.** (*vidrio*) blasen **5.** (*fuego, cenizas*) anfachen **6.** (*inspirar*) inspirieren, eingeben; **hoy no te sopla la musa** heute wirst du nicht von der Muse geküsst [*o* inspiriert] **7.** (*en un examen*) vorsagen; **me sopló todas las respuestas** er/sie hat mir alle Antworten vorgesagt [*o* zugeflüstert]; (TEAT) soufflieren **8.** (*delatar*) verraten, zutragen; (*entre alumnos*) (ver)petzen, anschwärzen **9.** (*fam: hurtar*) klauen, stehlen; (*cobrar demasiado*) abnehmen; **anoche me ~on la radio del coche** heute Nacht ist mein Autoradio geklaut worden; **me ~on 500 pesetas para entrar** ich musste 500 Peseten blechen, um hineinzukommen **10.** (*puñetazo, sopapo, tortazo*) erteilen **IV.** *vr:* **~se 1.** (*fam: comer mucha cantidad*) verschlingen, verdrücken; (*beber mucha cantidad*) hinunterstürzen, in sich hineinstürzen, weghauen; **al final se sopló todo lo que quedaba de la paella** am Schluss verschlang er/sie noch alles, was von der Paella übrig war; **después de la comida se sopló cinco copas de coñac** nach dem Essen stürzte er/sie noch fünf Kognaks in sich hinein **2.** (*fam: engreírse*) sich aufblasen, angeben, prahlen

soplete [so'plete] *m* (TÉC) Gebläse *nt;* **~ soldador** Schweißbrenner *m*

soplido [so'pliðo] *m* 1.(*acción*) Blasen *nt,* Pusten *nt* 2.(*de viento*) Winden *nt,* Wehen *nt;* (*muy leve*) Hauch *m*

soplillo [so'pliʎo] *m kreisförmiger Espartofächer, um Feuer anzufachen*

soplo ['soplo] *m* 1.(*acción*) Blasen *nt;* **apagó las velas de un ~** er/sie blies alle Kerzen auf einmal aus 2.(*del viento*) Winden *nt,* Wehen *nt;* (*muy leve*) Hauch *m;* **un ~ de aire fresco** (*fig*) ein frischer Wind 3.(*tiempo*): **como un ~** in Windeseile, ruckzuck; **se me pasó la semana en** [*o* **como**] **un ~** die Woche war für mich ruckzuck vorbei, die Woche ist für mich sehr schnell herumgegangen 4.(*denuncia*) Tipp *m,* Hinweis *m,* Wink *m* 5.(MED: *sonido*) Pfeifen *nt*

soplón, -ona [so'plon, -ona] *m, f* Verräter(in) *m(f),* Zuträger(in) *m(f);* (*entre alumnos*) Petze *f*

soplonería [soplone'ria] *f* 1.(*a la policía*) Zuträgerei *f* 2.(*entre alumnos*) Petzerei *f*

soponcio [so'pon̪θjo] *m* 1.(*desmayo*) Ohnmacht *f,* Ohnmachtsanfall *m* 2.(*mareo*) Schwindelanfall *m*

sopor [so'por] *m* 1.(MED) krankhafte Schlafsucht *f* 2.(*adormecimiento*) starke Benommenheit *f,* Schlaftrunkenheit *f,* Sopor *m*

soporífero[1] [sopo'rifero] *m* Schlafmittel *nt*

soporífero, -a[2] [sopo'rifero, -a] *adj* 1.(*que da sueño*) einschläfernd, Schlaf-; **un té con propiedades soporíferas** ein Tee mit schlaffördernden Eigenschaften 2.(*aburrido*) (zum Einschlafen) langweilig, stinklangweilig *fam*

soporoso, -a [sopo'roso, -a] *adj* schlafsüchtig; (MED) soporös; **estado ~** starke Benommenheit

soportable [sopor'taβle] *adj* erträglich

soportal [sopor'tal] *m* 1.(*entrada*) überdachter (Haus)eingang *m,* Vorhalle *f* 2.(*porche*) Säulengang *m,* Säulenflur *m,* Säulenhalle *f,* Laubengang *m*

soportar [sopor'tar] *vt* 1.(*peso, carga*) halten, tragen, stützen 2.(*presión*) aushalten 3.(*dolor, molestia*) ertragen, aushalten, erdulden

soporte [so'porte] *m* 1.(*apoyo*) Stütze *f,* Unterstützung *f;* **su hijo es un verdadero ~ para ella** ihr Sohn ist eine wahre Stütze für sie 2.(*pilar*) Träger *m,* Pfeiler *m;* **~ para bicicletas** Fahrradständer *m;* **~ publicitario** Werbeträger *m;* **~ para tubos de ensayo** Reagenzglasgestell *nt,* Reagenzglashalterung *f;* **el principal ~ de la economía es el turismo** der Tourismus ist der Hauptpfeiler [*o* wichtigste Träger] der Wirtschaft 3.(ARQUIT) Träger *m,* (Stütz)pfeiler *m;* (*de madera*) Stützbalken *m* 4.(*pedestal*) Sockel *m* 5.(INFOR) Medium *nt,* Träger *m;* **~ de datos** Speichermedium *nt,* Datenträger *m;* **~ físico** Hardware *f;* **~ lógico de sistemas** Systemsoftware *f;* **~ magnético** magnetische Trägerschicht

soprano [so'prano] I. *m* (MÚS: *voz*) Sopran *m,* Sopranstimme *f* II. *mf* (*cantante*) Sopran *m,* Sopransänger(in) *m(f),* Sopranist(in) *m(f)*

sopuntar [sopun̪'tar] *vt* Punkte setzen (unter +*akk*); **~ una frase** einen Satz mit einer gepunkteten Linie unterstreichen

soquete [so'kete] *m* (*Am: calcetín*) Socke *f*

sor [sor] *f* (Ordens)schwester *f;* **¡~ Teresa, mire!** Schwester Teresa, schauen Sie (mal)!

sorber [sor'βer] *vt* 1.(*con los labios*) schlürfen; (*por una pajita*) trinken; (*por la nariz*) einziehen; (*tabaco*) schnupfen; (MED) inhalieren 2.(*esponja, algodón, papel, trapo*) aufsaugen, aufnehmen 3.(*escuchar*) begierig in sich aufnehmen, in sich aufsaugen

sorbete [sor'βete] *m o nt* (GASTR) Sorbet(t) *m*

sorbetón [sorβe'ton] *m* großer Schluck *m;* **beber a sorbetones** in großen Schlucken trinken

sorbo ['sorβo] *m* 1.(*acción*) Schlürfen *nt;* (*por la nariz*) Schnupfen *nt* 2.(*esponja, algodón, papel, trapo*) Aufsaugen *nt* 3.(*trago*) Schluck *m;* **beber a ~s** in kleinen Schlucken trinken, schluckweise trinken; **tomar de un ~** in einem Schluck trinken 4.(*pequeña cantidad*) Schluck *m,* Schlückchen *nt;* **échame otro ~** schenk mir noch ein bisschen nach

sorche ['sortʃe] *m* (MIL: *fam*) neu einberufener Rekrut *m*

sordamente [sorða'men̪te] *adv* heimlich und leise

sordera [sor'ðera] *f* 1.(*privación*) Taubheit *f* 2.(*disminución*) Schwerhörigkeit *f*

sordez [sor'ðeθ] *f* (LING) Stummheit *f*

sordidez [sorði'ðeθ] *f* 1.(*suciedad*) Schäbigkeit *f,* Schmutz *m* 2.(*obscenidad*) Obszönität *f,* Unflätigkeit *f* 3.(*avaricia*) Geiz *m,* Knickerigkeit *f,* Schäbigkeit *f* 4.(*mezquindad*) Gemeinheit *f*

sórdido, -a ['sorðiðo, -a] *adj* 1.(*sucio*) schäbig, schmutzig, dreckig 2.(*obsceno*) obszön, schmutzig, dreckig 3.(*avaro*) geizig, knauserig, schäbig 4.(*mezquino*) gemein

sordina [sor'ðina] *f* 1.(MÚS) Sordine *f,* Sordino *m,* Dämpfer *m;* **con ~** gedämpft 2.(*sigilosamente*): **con ~** heimlich, still und leise

sordo, -a ['sorðo, -a] I. *adj* 1.(*que no oye*) taub, gehörlos; **~ de un oído** auf einem Ohr taub; **hacer oídos ~s** sich taub stellen, nicht hören wollen; **~ como una tapia, más ~ que una campana** stocktaub 2.(*que oye mal*) schwerhörig 3.(*algo que no hace ruido*) geräuschlos, still, leise; **a sordas, a lo ~, a la sorda** still und leise, unbemerkt 4.(*de timbre oscuro*) dumpf, gedämpft, klanglos 5.(*que no presta atención*) sich taub stellend; **permanece ~ a mis consejos** meine Ratschläge treffen bei ihm auf taube Ohren 6.(*sentimiento, pasión*) still, leise; **le invadía una rabia sorda** es kam stille Wut in ihm/ihr auf 7.(LING) stumm II. *m, f* 1.(*que no oye*) Taube(r) *mf,* Gehörlose(r) *mf;* **hacerse el ~** sich taub stellen; **predicar a los ~s** tauben Ohren predigen 2.(*que oye mal*) Schwerhörige(r) *mf*

sordomudez [sorðomu'ðeθ] *f sin pl* Taub-

S

stummheit *f*

sordomudo, **-a** [sorðo'muðo, -a] **I.** *adj* taubstumm **II.** *m, f* Taubstumme(r) *mf*

sorgo ['sorɣo] *m* (BOT) Sorghum *nt,* Sorgho *m*

soriano, **-a** [so'rjano, -a] **I.** *adj* aus Soria **II.** *m, f* Einwohner(in) *m(f)* von Soria

soriasis [so'rjasis] *f inv* (MED) Schuppenflechte *f,* Psoriasis *f*

sorna ['sorna] *f* **1.** (*lentitud al obrar*) gespielte Trägheit *f,* Schwerfälligkeit *f* **2.** (*al hablar*) sarkastischer Unterton *m,* Spott *m*

soroche [so'rotʃe] *m* (*Am: malestar de las alturas*) Höhenkrankheit *f*

sororato [soro'rato] *m* (SOCIOL) Sororat *nt*

sorprendente [sorpren̪'den̪te] *adj* **1.** (*que causa sorpresa*) überraschend; (*desarrollo, evolución*) ungeahnt **2.** (*que salta a la vista*) auffallend, erstaunlich; **posee una estatura ~** er/sie ist auffallend groß; **es ~ que...** +*subj* es ist erstaunlich, dass ... **3.** (*extraordinario*) außergewöhnlich, selten, ungewöhnlich; **no es ~ que...** +*subj* es ist nicht (weiter) verwunderlich, dass ...

sorprender [sorpren̪'der] **I.** *vt* **1.** (*causar extrañeza*) überraschen, befremden; (*asombrar*) erstaunen, verblüffen **2.** (*descubrir algo*) (heraus)finden, entdecken, aufdecken **3.** (*pillar a alguien*) erwischen, ertappen (bei +*dat*); **~ infraganti** auf frischer Tat [*o* in flagranti] erwischen **4.** (*dudar*): **y durante un momento me quedé sorprendida** und einen Augenblick lang stutzte ich **5.** (MIL: *atacar*) überfallen, einen Überraschungsangriff durchführen (auf +*akk*) **II.** *vr:* **~se** (*estar extrañado*) überrascht sein (*de* wegen +*dat/gen*); (*asombrarse*) erstaunt sein (*de* über +*akk*); (*dudar*) stutzen; **no me sorprendería que viniera** es würde mich nicht wundern, wenn er/sie käme; **me sorprendí mucho al escuchar eso** ich wunderte mich sehr, als ich das hörte

sorpresa [sor'presa] *f* **1.** (*acción*) Überraschen *nt;* **coger a alguien de** [*o* **por**] **~** jdn überraschen **2.** (*efecto*) Überraschung *f;* (*asombro*) Erstaunen *nt;* (*extrañeza*) Verwunderung *f;* **causar** [*o* **producir**] **~** überraschen, erstaunen, verwundern **3.** (*regalo, noticia*) Überraschung *f;* **¡qué ~!** was für eine Überraschung! **4.** (MIL) Überraschungsangriff *m*

sorpresivo, **-a** [sorpre'siβo, -a] *adj* (*Am*) **1.** (*sorprendente*) überraschend, erstaunlich **2.** (*imprevisto*) unerwartet **3.** (*repentino*) plötzlich

sorteable [sorte'aβle] *adj* verlosbar

sortear [sorte'ar] *vt* **1.** (*destino*) losen; (*rifar*) das Los entscheiden lassen (über +*akk*), auslosen, verlosen **2.** (*esquivar*) ausweichen, aus dem Weg(e) gehen; (*obstáculos*) sich hinwegsetzen (über +*akk*), umgehen; **sorteó como pudo sus preguntas** so gut es ging wich er/sie seinen/ihren Fragen aus

sorteo [sor'teo] *m* **1.** (*rifa:efecto*) Auslosung *f,* Verlosung *f;* (*acción*) Auslosen *nt,* Verlosen *nt;* (*lotería*) Ziehung *f* **2.** (*esquivación*) Umgehung *f*

sortiaria [sor'tjarja] *f* Kartenlegen *nt*

sortija [sor'tixa] *f* **1.** (*joya*) Ring *m;* (*con sello*) Siegelring *m* **2.** (*rizo*) (Haar)locke *f*

sortijero [sorti'xero] *m* Schmuckkästchen *nt*

sortijilla [sorti'xiʎa] *f* (Haar)locke *f*

sortilegio [sorti'lexjo] *m* **1.** (*brujería*) Hexerei *f,* Zauberei *f;* (*acción de vaticinar*) Wahrsagerei *f;* **hacer ~** (ver)zaubern, (ver)hexen, wahrsagen **2.** (*vaticinio*) Wahrsagung *f,* Prophezeiung *f*

sortílego, **-a** [sor'tileɣo, -a] **I.** *adj* Zauber-; **palabra sortílega** Zauberwort *nt* **II.** *m, f* Wahrsager(in) *m(f)*

sosa ['sosa] *f* **1.** (QUÍM) Soda *f o nt,* Natriumkarbonat *nt* **2.** (BOT) Salzkraut *nt*

sosaina [so'sai̯na] **I.** *adj* (*fam*) fade, langweilig **II.** *mf* (*fam*) Langweiler(in) *m(f),* Schlaftablette *f,* Schlafmütze *f*

sosegado, **-a** [sose'ɣaðo, -a] *adj* **1.** (*apacible*) friedfertig, harmoniebedürftig, harmonieliebend **2.** (*tranquilo*) ruhig, gelassen, still

sosegar [sose'ɣar] *irr como fregar* **I.** *vt, vr:* **~se 1.** (*calmar*) beruhigen, zur Ruhe bringen, besänftigen **2.** (*dudas, temores*) abwiegeln **II.** *vi, vr:* **~se** sich beruhigen, sich ausruhen, zur Ruhe kommen

sosegate [sose'ɣate] *m* (*Arg, Urug*): **dar** [*o* **pegar**] **un ~ a alguien** jdn ordentlich zurechtweisen

soseras [so'seras] *mf inv* (*fam*) Langweiler(in) *m(f)*

sosería [sose'ria] *f* Langweiligkeit *f,* Fadheit *f,* Abgeschmacktheit *f fam;* **esto es una ~** hier ist absolut nichts los, hier ist es stinklangweilig *fam*

sosia ['sosja] *m* Doppelgänger *m*

sosiego [so'sjeɣo] *m* **1.** (*en un lugar*) Ruhe *f,* Friedlichkeit *f,* Stille *f* **2.** (*en la persona*) (Gemüts)ruhe *f,* Gelassenheit *f;* **hacer algo con ~** etw in aller Ruhe machen

soslayar [sosla'ɟar] *vt* **1.** (*objeto*) schräg halten, (zur Seite) neigen **2.** (*encuentro*) vermeiden; (*dificultad, pregunta*) umgehen; **~ un problema** einem Problem ausweichen [*o* aus dem Weg(e) gehen]

soslayo, **-a** [sos'laɟo, -a] *adj* schräg; **mirar a alguien de ~** jdn aus den Augenwinkeln betrachten; **pasar de ~ por la casa de la abuela** im Vorbeigehen bei der Oma reinschauen; **pasar por un tema de** [*o* **al**] **~** ein Thema streifen; **poner algo de** [*o* **al**] **~** etw schräg halten

soso, **-a** ['soso, -a] *adj* **1.** (*sopa: sin sal*) ungesalzen; (*sin sabor*) fade **2.** (*persona*) fade, farblos

sospecha [sos'petʃa] *f* **1.** (*suposición*) Vermutung *f* **2.** (*desconfianza*) Misstrauen *nt,* Argwohn *m elev* **3.** (*de un crimen*) Verdacht *m;* (*contra alguien concreto*) Verdächtigung *f;* **fue arrestado bajo ~ de asesinato** er wurde unter Mordverdacht verhaftet; **sólo son ~s infundadas** das sind nur unbegründete Verdächtigungen

sospechar [sospe'ʧar] **I.** *vt* **1.** (*creer posible*) vermuten, ahnen; **¡ya lo sospechaba!** das hatte ich mir schon gedacht!; **sospecho que no va a venir** ich habe das Gefühl, dass er/sie nicht kommen wird **2.** (*recelar*) befürchten, argwöhnen *elev;* **sospechaba que le harían una mala jugada** er/sie befürchtete, dass sie ihm/ihr einen bösen Streich spielen würden **II.** *vi* verdächtigen (*de +gen*); **la policía sospecha de mí** die Polizei hat mich im Verdacht [*o* verdächtigt mich]

sospechoso, -a [sospe'ʧoso, -a] **I.** *adj* (*persona*) verdächtig; **me resulta ~ que el gobierno presente ahora esta ley** es kommt mir verdächtig vor, dass die Regierung gerade jetzt dieses Gesetz vorlegt **II.** *m, f* Verdächtige(r) *mf*

sostén [sos'ten] *m* **1.** (ARQUIT) Träger *m,* Stütze *f;* **pilar de ~** Stützpfeiler *m* **2.** (*prenda*) Büstenhalter *m,* BH *m* **3.** (*moral*) Stütze *f,* Unterstützung *f* **4.** (*de familia*) Unterhalt *m;* (*alimentos*) Nahrung *f*

sostener [soste'ner] *irr como tener* **I.** *vt* **1.** (*sujetar*) (fest)halten; **¡sostén eso!** halt das mal fest!; **esta cuerda sostiene la pata de la mesa** an diesem Seil ist das Tischbein festgemacht **2.** (*aguantar*) halten; (*por debajo*) tragen; (*por debajo, por los lados*) stützen; **las columnas sostienen el edificio** das Gebäude wird von den Säulen getragen [*o* gestützt]; **~ una moneda** (FIN) eine Währung stützen **3.** (*afirmar*) behaupten; (*idea, teoría*) vertreten, verfechten **4.** (*a una persona, familia*) unterstützen **5.** (*lucha*) bestehen; (*tren de vida*) durchhalten; (*velocidad, posición*) beibehalten; **~ una larga conversación** ein langes Gespräch führen **II.** *vr:* **~se 1.** (*sujetarse*) sich (fest)halten **2.** (*aguantarse*) sich halten; **él hace todo lo posible para ~se en el poder** er tut sein Möglichstes, um weiterhin an der Macht zu bleiben **3.** (*en pie*) sich aufrecht halten; (*sobre agua, en el aire*) sich halten; **no podía ~me de borracho** ich war so betrunken, dass ich mich nicht auf den Beinen halten konnte **4.** (*económicamente*): **apenas me puedo ~** ich kann kaum meinen Lebensunterhalt bestreiten **5.** (*en opinión*) beharren (*en* auf/bei *+dat*)

sostenido[1] [soste'niðo] *m* (MÚS) Kreuz *nt,* Erhöhungszeichen *nt;* **poner un ~** erhöhen

sostenido, -a[2] [soste'niðo, -a] *adj* **1.** (*esfuerzo*) ausdauernd **2.** (MÚS) erhöht; **fa ~** Fis *nt*

sostenimiento [sosteni'mjen̩to] *m* **1.** (*acción*) (Fest)halten *nt* **2.** (*efecto*) Halt *m,* Stütze *f* **3.** (*manutención*) Unterhalt *m* **4.** (*mantenimiento*) Aufrechterhaltung *f,* Behauptung *f*

sota ['sota] *f* **1.** (*naipe*) Bube *m* **2.** (*descarada*) Gör *nt* **3.** (*prostituta*) Flittchen *nt*

sotabanco [sota'βaŋko] *m* **1.** (*ático*) Dachwohnung *f* **2.** (ARQUIT) Balkenträger *m*

sotabarba [sota'βarβa] *f* Doppelkinn *nt*

sotana [so'tana] *f* (REL) Soutane *f*

sótano ['sotano] *m* **1.** (*de aparcamiento, edificio*) Untergeschoss *nt* **2.** (*trastero, habitación*) Keller *m,* Kellergeschoss *nt*

sotavento [sota'βen̩to] *m* (NÁUT) Lee *f o nt,* Leeseite *f*

sote ['sote] *m* (*Col:* ZOOL) Sandfloh *m*

sotechado [sote'ʧaðo] *m* Schuppen *m*

soteriología [soterjolo'xia] *f* (REL) Soteriologie *f*

soterrado, -a [sote'rraðo, -a] *adj* **1.** (*bajo tierra*) vergraben **2.** (*sentimiento*) verborgen, heimlich

soterrar [sote'rrar] <e→ie> *vt* **1.** (*enterrar*) vergraben **2.** (*esconder: objetos*) verstecken; (*sentimientos*) verbergen, verheimlichen

soto ['soto] *m* **1.** (*en río*) Baumgruppe *f* **2.** (*árboles*) Gehölz *nt;* (*arbustos, matas*) Gebüsch *nt*

sotobosque [soto'βoske] *m* Unterholz *nt*

sotreta [so'treta] *adj* (*Arg, Bol, Urug*) **1.** (*caballo*) störrisch **2.** (*persona*) faul, träge; (*no fiable*) unzuverlässig

soturno [so'turno, -a] *adj* (*Ven: taciturno*) verschlossen

soufflé [su'fle] *m* (GASTR) Soufflé *nt*

soul [soul̯] *m* (MÚS) Soul *m*

souvenir [suβe'nir] *m* Souvenir *nt*

soviet ['soβje^{t}] *m* Sowjet *m*

soviético, -a [so'βjetiko, -a] **I.** *adj* sowjetisch **II.** *m, f* Sowjetbürger(in) *m(f)*

sovietización [soβjetiθa'θjon] *f* (POL) Sowjetisierung *f*

soy [soi̯] *1. pres de* **ser**

soya ['soɟa] *f* (*Arg, Col*) Soja *f*

SP [ese'pe] *m abr de* **Servicio Público** öffentlicher Dienst *m*

spaguetti [espa'ɣeti] *m inv* (GASTR) Spaghetti *m;* **~ western** (CINE) Spaghettiwestern *m,* Italowestern *m*

spaniel [es'panjel] *m* (ZOOL) Spaniel *m*

sparring [es'parriŋ] *m* (DEP) Sparring *nt*

spider [es'pai̯ðer] <spiders> *m* (AUTO) Spider *m,* Roadster *m*

spinnaker [espi'naker] *m* (NÁUT) Spinnaker *m*

spiritual [espiritu'al] *m* (*Am*) Spiritual *nt o m*

spleen [es'plin] *m* Spleen *m*

split [es'pli^{t}] <splits> *m* (ECON, FIN) Splitting *nt*

sponsor [es'ponsor] *mf* Sponsor(in) *m(f);* **hacer de ~** sponsern

spooler [es'puler] *m* (INFOR) Spooler *m*

spot [es'po^{t}] *m* <spots> (Werbe)spot *m*

spray [es'prai̯] *m* <sprays> Spray *m o nt*

springbok [es'primbo^{k}] <springboks> *m* (ZOOL) Springbock *m*

sprint [es'prin̩^{t}] *m* (DEP) Sprint *m;* **hacer un ~** sprinten

sprintar [esprin̩'tar] *vt* (DEP) sprinten

sprinter [es'prin̩ter] *mf* <sprinters> (DEP) Sprinter(in) *m(f)*

spútnik [es'pu^{ð}ni^{k}] *m* (ASTR) Sputnik *m*

S

squash [es'kwaʃ] *m sin pl* (DEP) Squash *nt;* **jugador de** ~ Squashspieler *m,* Squasher *m*
squatter [es'kwater] *m* (HIST) Squatter *m*
Sr. [se'ɲor] *abr de* **señor** Herr *m;* (*en direcciones*) Hrn.
Sra. [se'ɲora] *abr de* **señora** Frau *f;* (*en direcciones*) Fr.
s.r.c. [se rrweɣa konṭesta'θjon] *abr de* **se ruega contestación** u.A.w.g.
s/ref [su rrefe'reṇθja] *abr de* **su referencia** Ihr Zeichen
Sri Lanka [es'rri 'laŋka] *m* Sri Lanka *nt*
S.R.L. [ese(e)rre'ele] *f* (ECON, JUR) *abr de* **Sociedad de Responsabilidad Limitada** GmbH *f*
Srta. [seɲo'rita] *f abr de* **señorita** Fräulein *nt;* (*en direcciones*) Frl.
S.S. [ese'ese] *f abr de* **Schutzstaffel** SS *f*
Sta. ['saṇta] *f abr de* **santa** St.
staccato [esta'kato] *m* (MÚS) Stakkato *nt*
staff [es'taf] *m sin pl* (*de empresa*) Personal *nt;* (*de departamento*) (Mitarbeiter)stab *m*
stalinismo [estali'nismo] *m* (POL) Stalinismus *m*
stand [es'tan] *m* <stands> (Messe)stand *m;* ~ **equipado** Fertigstand *m*
standar(d) [es'taṇdar] **I.** *adj* Standard- **II.** *m* Standard *m*
standing [es'taṇ'diŋ] *m sin pl* **1.** (*lujo*) Luxus *m;* **pisos de alto** ~ Luxuswohnungen *fpl* **2.** (*posición social*) Standing *nt,* Ansehen *nt*
star¹ [es'tar] *f* (CINE) Star *m*
star² [es'tar] *m* (NÁUT) Zwei-Mann-Kielboot *nt,* Star *m*
starter [es'tarter] <starters> *m* (*t.* AUTO) Starter *m*
statu(s) quo [es'tatus kwo] *m sin pl* Status quo *m*
status [es'tatus] *m inv* Status *m*
stéreo [es'tereo] *adj* Stereo-, stereo; **cadena** ~ Stereoanlage *f*
stick [es'tiᵏ] *m* **1.** (DEP) Schläger *m* **2.** (*desodorante*) Deostift *m*
Sto. ['saṇto] *abr de* **santo** St.
stock [es'toᵏ] *m* <stocks> (Waren)vorrat *m,* (Lager)bestand *m*
stop [es'top] *m* **1.** (*parada*) Stopp *m,* Halt *m* **2.** (*señal*) Stoppschild *nt*
streamer [es'trimer] *m* (INFOR) Streamer *m*
stress [es'tres] *m sin pl* Stress *m*
string [es'triŋ] *m* (INFOR) Zeichenkette *f*
su [su] *adj* (*de él*) sein(e); (*de ella*) ihr(e); ~ **familia** seine/ihre Familie
Suabia ['swaβja] *f* Schwaben *nt*
suabo¹ ['swaβo] *m* (*dialecto*) Schwäbisch(e) *nt*
suabo, -a² ['swaβo, -a] **I.** *adj* schwäbisch **II.** *m, f* Schwabe *m,* Schwäbin *f*
suaca ['swaka] *f* (*Méx: fam: paliza*) Tracht *f* Prügel
suahili [swa'xili] *m* (LING) Suaheli *nt,* Swahili *nt*
suampo ['swampo] *m* (*AmC: ciénaga*) Sumpf *m*
suarismo [swa'rismo] *m* (FILOS) *scholastische Lehre des spanischen Philosophen Francisco Suárez*
suave [su'aβe] *adj* **1.** (*superficie*) glatt; (*piel*) glatt, zart, weich; (*jersey, cepillo, cabello, droga*) weich; (*masaje*) sanft; (*viento, noche*) mild, lau, lind *elev;* (*sopa, salsa*) sämig **2.** (*aterrizaje*) sanft; (*contacto*) sacht; (*caricia*) zart, sanft, sacht; (*curva, subida*) sacht, sanft; (*temperatura, tabaco*) mild **3.** (*carácter*) sanft; (*maneras*) geschliffen; (*palabras*) freundlich
suavidad [swaβi'ðaᵈ] *f sin pl* **1.** (*de superficie*) Glätte *f;* (*de piel*) Glätte *f,* Zartheit *f,* Weichheit *f;* (*de jersey, cepillo*) Weichheit *f;* (*de masaje*) Sanftheit *f;* (*de viento, noche*) Milde *f,* Lauheit *f;* (*de sopa, salsa*) Sämigkeit *f* **2.** (*de aterrizaje*) Sanftheit *f;* (*de caricia*) Zartheit *f,* Sanftheit *f;* (*de curva, subida*) Sanftheit *f;* (*de temperatura, luz*) Milde *f* **3.** (*de carácter*) Sanftheit *f;* (*de palabras*) Freundlichkeit *f*
suavizante [swaβi'θaṇte] **I.** *adj:* **crema** ~ Hautcreme *f* **II.** *m* **1.** (*para la ropa*) Weichspüler *m* **2.** (*para el cabello*) Spülung *f*
suavizar(se) [swaβi'θar(se)] <z→c> *vt, vr:* ~**se 1.** (*hacer suave*) weicher machen; (*pelo, piel*) geschmeidiger machen; (*superficie*) glätten; (*navaja*) abziehen, schärfen **2.** (*expresión, posición*) mildern; **la situación en Somalia se ha suavizado** die Lage in Somalia hat sich entspannt **3.** (*persona*) besänftigen, beschwichtigen **4.** (*recorrido, trabajo*) erleichtern; (*velocidad*) mindern, reduzieren
suba ['suβa] *f* (*Arg: alza*) Steigerung *f,* Steigen *nt*
subacuático, -a [suβa'kwatiko, -a] *adj* Unterwasser-
subafluente [suβa'flweṇte] *m* (GEO) Fluss *m,* der in einen Nebenfluss mündet
subagencia [suβa'xeṇθja] *f* (ECON) Nebenstelle *f*
subagente [suβa'xeṇte] *mf* Unteragent *m*
subalimentación [suβalimeṇta'θjon] *f* Unterernährung *f*
subalimentado, -a [suβalimeṇ'taðo, -a] *adj* unterernährt
subalpino, -a [suβal'pino, -a] *adj* (GEO) subalpin(isch)
subalterno¹ [suβal̦'terno] *m* **1.** (MIL) (dem Hauptmann unterstellter) Offizier *m* **2.** (TAUR) Stierkämpfer *m* (*, der den Matador unterstützt*)
subalterno, -a² [suβal̦'terno, -a] **I.** *adj* untergeben; **personal** ~ subalternes Personal **II.** *m, f* **1.** (*empleado*) Untergebene(r) *mf* **2.** (*funcionario*) Subalternbeamte(r) *mf,* Subalternbeamtin *f*
subandino, -a [suβaṇ'dino, -a] *adj* (GEO) subandinisch, am Fuße der Anden liegend
subarrendador(a) [suβarreṇda'ðor(a)] *m(f)* Unterverpächter(in) *m(f),* Untervermie-

ter(in) *m(f)*

subarrendar [suβarren̪'dar] <e→ie> *vt* (*piso*) untervermieten, weitervermieten; (*finca*) unterverpachten, weiterverpachten

subarrendatario, **-a** [suβarren̪da'tarjo, -a] *m, f* (*de piso*) Untermieter(in) *m(f)*; (*de finca*) (Unter)pächter(in) *m(f)*

subarriendo [suβa'rrjen̪do] *m* (*de piso*) Untervermietung *f*; (*de finca*) Unterverpachtung *f*

subasta [su'βasta] *f* **1.** (*de cuadros*) Versteigerung *f*, Auktion *f*; ~ **a la baja** Auktion mit fallendem Preisgebot; ~ **forzada** Zwangsversteigerung *f*; **poner a** ~ versteigern lassen; **sacar a** ~ **pública** öffentlich versteigern; **venderse en pública** ~ öffentlich versteigert werden **2.** (*de plaza pública*) Ausschreibung *f*

subastador(a) [suβasta'ðor(a)] *m(f)* Versteigerer, -in *m, f*, Auktionator *m*

subastar [suβas'tar] *vt* **1.** (*cuadro*) versteigern; **bienes subastados** versteigerte Güter **2.** (*plaza pública*) ausschreiben

subatlántico, **-a** [suβa^{ð}'lan̪tiko, -a] *adj* (BOT, GEO) subatlantisch

subcampeón, **-ona** [suβkampe'on, -ona] *m, f* Vizemeister(in) *m(f)*; ~ **mundial** Vizeweltmeister *m*

subcampeonato [suβkampeo'nato] *m* Vizemeisterschaft *f*; **ha ganado el** ~ er/sie ist Vizemeister(in) geworden

subciliar [suβθi'ljar] *adj* unterhalb der Augenbraue

subclase [suβ'klase] *f* Unterklasse *f*

subcomisario [suβkomi'sarjo] *m* Unterkommisar *m*

subcomisión [suβkomi'sjon] *f* Unterausschuss *m*

subcomité [suβkomi'te] *m* Unterausschuss *m*

subconjunto [suβkoŋ'xun̪to] *m* (MAT) Teilmenge *f*, Untermenge *f*

subconsciencia [suβko^{n}s'θjen̪θja] *f* Unterbewusstsein *nt*

subconsciente [suβko^{n}s'θjen̪te] *adj* unterbewusst

subconsumo [suβkon'sumo] *m* (ECON) Unterverbrauch *m*

subcontinente [suβkon̪ti'nen̪te] *m* Subkontinent *m*

subcontrata [suβkon̪'trata] *f* Untervergabevertrag *m*

subcontratante [suβkon̪tra'tan̪te] *mf* Subunternehmer(in) *m(f)*

subcontratar [suβkon̪tra'tar] *vi, vt* an einen Subunternehmer vergeben, einen Subunternehmer verpflichten

subcontrato [suβkon̪'trato] *m* Untervertrag *m*, Nebenvertrag *m*

subcostal [suβkos'tal] *adj* (ANAT) unterhalb der Rippen (liegend)

subcultura [suβkul̪'tura] *f* Subkultur *f*

subcutáneo, **-a** [suβku'taneo, -a] *adj* (MED, ANAT) subkutan

subdelegación [suβðeleɣa'θjon] *f* **1.** (*acción*) Weitergabe *f* von Vollmachten **2.** (*oficina*) Nebenstelle *f*

subdelegado, **-a** [suβðele'ɣaðo, -a] *m, f* Unterbevollmächtigte(r) *mf*; (POL) stellvertretender Delegierter *m*, stellvertretende Delegierte *f*

subdelegar [suβðele'ɣar] <g→gu> *vt* (JUR) delegieren

subdesarrollado, **-a** [suβðesarro'ʎaðo, -a] *adj* unterentwickelt

subdesarrollo [suβðesa'rroʎo] *m* Unterentwicklung *f*

subdesértico, **-a** [suβðe'sertiko, -a] *adj* (GEO: *semiárido*) semiarid

subdialecto [suβðja'lekto] *m* (LING) Unterdialekt *m*

subdirección [suβðire^{ɣ}'θjon] *f* **1.** (*cargo*) Amt *nt* des stellvertretenden Direktors **2.** (*oficina*) Büro *nt* des stellvertretenden Direktors **3.** (POL) Unterabteilung *f* eines Ministeriums

subdirector(a) [suβðirek'tor(a)] *m(f)* stellvertretender Direktor *m*, stellvertretende Direktorin *f*

subdirectorio [suβðirek'torjo] *m* (INFOR) Unterverzeichnis *nt*

subdistinguir [suβðistiŋ'gir] <gu→g> *vt* (erneut) unterscheiden

súbdito, **-a** ['suβðito, -a] *m, f* **1.** (*sometido*) Untertan(in) *m(f)* **2.** (POL) Staatsbürger(in) *m(f)*

subdividir [suβðiβi'ðir] *vt* unterteilen; (INFOR) partitionieren

subdivisión [suβðiβi'sjon] *f* Unterteilung *f*; (INFOR) Partitionierung *f*

subdominante [suβðomi'nan̪te] *f* (MÚS) Unterdominante *f*, Subdominante *f*

subduplo, **-a** [suβ'ðuplo, -a] *adj* (MAT) halbe(r, s)

subecuatorial [suβekwato'rjal] *adj* (GEO) in der Nähe des Äquators

subempleado, **-a** [suβemple'aðo, -a] **I.** *adj* unterbeschäftigt **II.** *m, f* Unterbeschäftigte(r) *mf*

subempleo [suβem'pleo] *m* Unterbeschäftigung *f*

suberificación [suβerifika'θjon] *f* (BOT) Verkorkung *f*

suberoso, **-a** [suβe'roso, -a] *adj* korkartig

subespecie [suβes'peθje] *f* Unterart *f*; (BIOL, ZOOL) Subspezies *f*

subestimar [suβesti'mar] *vt, vr*: **~se** (sich) unterschätzen

subexponer [suβespo'ner] *irr como poner vt* (FOTO) unterbelichten

subexposición [suβesposi'θjon] *f* (FOTO) Unterbelichtung *f*

subfamilia [suβfa'milja] *f* (BIOL) Unterfamilie *f*

subfebril [suβfe'βril] *adj* (MED) subfebril, leicht erhöht

subforo [suβ'foro] *m* (JUR) Untererbpacht *f*

subfusil [suβfu'sil] *m* automatische Handfeu-

S

erwaffe *f*

subgénero [suβ'xenero] *m* Untergattung *f*

subglaciar [suβɣla'θjar] *adj* (GEO) subglazial

subgobernador(a) [suβɣoβerna'ðor(a)] *m(f)* (POL) Vizegouverneur(in) *m(f)*

subgravedad [suβɣraβe'ðaᵈ] *f* (FÍS) Schwerelosigkeit *f*

subgrupo [suβ'ɣrupo] *m* Untergruppe *f*

subida [su'βiða] *f* **1.** (*de una calle*) (An)steigen *nt;* (*de un río*) Anstieg *m;* ~ **al poder** Machtergreifung *f;* ~ **al trono** Thronbesteigung *f* **2.** (*cuesta*) Steigung *f,* Anstieg *m;* **la calle hace** ~ die Straße steigt an [*o* führt bergauf]; **no pude hacer la** ~ **en bici** ich habe die Steigung mit dem (Fahr)rad nicht geschafft **3.** (*de precios*) Steigerung *f,* Erhöhung *f;* (*de temperaturas, costes*) Anstieg *m;* ~ **salarial** Lohnerhöhung *f;* ~ **de los tipos de interés** (FIN) Zinserhöhung *f* **4.** (*en coche, teleférico*) Auffahrt *f*

subido, -a [su'βiðo, -a] *adj* **1.** (*color*) intensiv; (*olor*) scharf; **rojo/blanco** ~ knallrot/schneeweiß **2.** (*fam: persona*) arrogant, eingebildet; **me lo dijo en un tono** ~ er/sie sagte es (zu) mir in einem überheblichen Ton **3.** (*precio*) überhöht, gesalzen *fam*

subindexar [suβin̪deˠ'sar] *vt* (INFOR, TIPO) tiefstellen

subíndice [suβ'in̪diθe] *m* Zeiger *m,* Fußindex *m*

subinquilino, -a [suβiŋki'lino, -a] *m, f* Untermieter(in) *m(f)*

subinspector(a) [suβiⁿspek'tor(a)] *m(f)* Unterinspektor(in) *m(f)*

subintendencia [suβin̪ten̪'den̪θja] *f* Unterverwaltung *f*

subintendente [suβin̪ten̪'den̪te] *mf* Unteraufseher(in) *m(f)*

subintrar [suβin̪'trar] *vi* (MED) hinzukommen (*ein Fieberanfall zu einem anderen*)

subinversión [suβimber'si̯on] *f* (ECON, FIN) zu geringe Investition *f*

subir [su'βir] **I.** *vi* **1.** (*ascender: calle, cuesta*) ansteigen; (*humo*) aufsteigen; (*sol, pastel*) aufgehen; (*globo*) aufsteigen, hochsteigen; (*río*) ansteigen; ~ **a la cima** zum Gipfel aufsteigen; ~ **a primera** (DEP) in die erste Liga aufsteigen; ~ **de nivel** sich verbessern; **sube (a) por tus cosas** geh hoch und hole deine Sachen; **suba por esta calle hasta la plaza** gehen Sie diese Straße hoch bis zum (Markt)platz; **he subido con el ascensor** ich bin mit dem Aufzug hochgefahren; **la marea ha subido** es ist Flut **2.** (*aumentar: fiebre, presión, precios*) steigen (*en* um +*akk*); (*costes*) sich erhöhen; (*temperatura*) ansteigen; (*bolsa*) steigen; ~ **la mitad** um die Hälfte erhöht werden; **la gasolina ha subido** das Benzin ist teurer geworden [*o* hat aufgeschlagen] **3.** (*montar: coche, metro*) einsteigen (*a* in +*akk*); (*caballo, globo, bici*) aufsteigen (*a* auf +*akk*); (*árbol*) klettern (*a* auf +*akk*) **II.** *vt* **1.** (*precio*) erhöhen, heraufsetzen; ~ **los impuestos** die Steuern erhöhen; **hacer** ~ **los precios** die Preise hochtreiben; ~ **los tipos de interés** (FIN) den Zinssatz heraufsetzen; **los negociantes han subido los precios** die Händler haben aufgeschlagen **2.** (*música*) lauter stellen; (*voz*) erheben **3.** (*ascender: andando*) hinauflaufen; (*en coche*) hinauffahren; (*montaña*) besteigen, erklimmen *elev;* (*escalera*) hinaufsteigen **4.** (*poner más alto: objeto*) hinauftragen, hochtragen *fam;* (*persiana*) hochziehen; (*cuello de abrigo*) hochschlagen, hochklappen; ~ **a un niño en brazos** ein Kind auf den Arm nehmen **5.** (*poner vertical: brazos*) heben, hochhalten; (*cortina*) hochziehen; (*cabeza*) hochhalten; (*pesas*) stemmen **6.** (*pared*) hochziehen **III.** *vr:* **~se** (*al tren, coche, a un globo*) einsteigen (*en* in +*akk*); (*a una bici*) aufsteigen (*en* auf +*akk*); (*a un árbol*) klettern (*a* auf +*akk*); (*a una silla*) steigen (*a* auf +*akk*); **~se al tren** (*fig*) auf den Zug aufspringen; **se me ha subido el vino a la cabeza** der Wein ist mir zu Kopf gestiegen; **~se a las barbas de alguien** (*fam*) jdm auf der Nase herumtanzen; **se me han subido los colores a la cabeza** ich bin schamrot geworden

súbito¹ ['suβito] *adv* plötzlich; **de** ~ (*repentinamente*) plötzlich; (*inesperadamente*) unerwartet(erweise)

súbito, -a² ['suβito, -a] *adj* **1.** (*repentino*) plötzlich **2.** (*inesperado*) unerwartet **3.** (*carácter, genio*) hitzig, leicht aufbrausend

subjefatura [suβxefa'tura] *f* Polizeirevier *nt*

subjefe, -a [suβ'xefe, -a] *m, f* stellvertretender Chef *m,* stellvertretende Chefin *f,* stellvertretender Leiter *m,* stellvertretende Leiterin *f;* ~ **de policía** stellvertretender Polizeipräsident

subjetividad [suβxetiβi'ðaᵈ] *f sin pl* Subjektivität *f*

subjetivismo [suβxeti'βismo] *m* (FILOS) Subjektivismus *m*

subjetivización [suβxetiβiθa'θjon] *f* (PSICO) Subjektivierung *f*

subjetivizar [suᵝxetiβi'θar] <z→c> *vt* subjektivieren

subjetivo, -a [suβxe'tiβo, -a] *adj* (*conciencia, modo de expresión*) subjektiv; (*juicio, opinión*) subjektiv, persönlich

sub júdice [suβ 'juðiθe] *adv* (JUR) im laufenden Verfahren

subjuntivo¹ [suβxun̪'tiβo] *m* Subjunktiv *m* (*spanischer Konjunktiv*)

subjuntivo, -a² [suβxun̪'tiβo, -a] *adj* subjunktivisch

sublevación [suβleβa'θjon] *f* Aufstand *m,* Aufruhr *m*

sublevar [suβle'βar] **I.** *vt* **1.** (*amotinar*) aufwiegeln **2.** (*irritar*) sehr ärgern, erzürnen **II.** *vr:* **~se** sich auflehnen, rebellieren

sublimación [suβlima'θjon] *f* **1.** (*de alguien*) Verherrlichung *f;* (*de sentimientos*) Sublimierung *f* **2.** (QUÍM) Sublimierung *f,* Sublimation *f*

sublimado [suβli'maðo] *m* (QUÍM) Sublimat *nt*

sublimar [suβli'mar] *vt* **1.** (*a alguien*) verherrlichen, glorifizieren; (*sentimientos*) sublimieren **2.** (QUÍM) sublimieren

sublime [su'βlime] *adj* erhaben

sublimidad [suβlimi'ða^{ð}] *f sin pl* Erhabenheit *f*

subliminal [suβlimi'nal] *adj* unterschwellig; (PSICO) subliminal; **publicidad** ~ unterschwellige Werbung

subliteratura [suβlitera'tura] *f* Undergroundliteratur *f*

submarinismo [su^{β}mari'nismo/su^{m}mari'nismo] *m sin pl* (DEP) Tauchsport *m;* **hacer** ~ tauchen

submarinista [su^{β}mari'nista/su^{m}mari'nista] *mf* (Sport)taucher(in) *m(f)*

submarino[1] [su^{β}ma'rino/su^{m}ma'rino] *m* Unterseeboot *nt,* U-Boot *nt;* ~ **nuclear** Atom-U-Boot *nt*

submarino, -a[2] [su^{β}ma'rino, -a/su^{m}ma'rino, -a] *adj* (*vida*) unterseeisch, submarin *elev;* (*foto, cámara*) Unterwasser-; **pesca submarina** Unterwasserjagd *f*

submaxilar [su^{β}ma^{γ}si'lar/su^{m}ma^{γ}si'lar] *adj* (ANAT) Unterkiefer-

submenú [su^{β}me'nu/su^{m}me'nu] *m* (INFOR) Untermenü *nt*

submitente [su^{β}mi'tente/su^{m}mi'tente] *mf* (ECON) Submittent(in) *m(f)*

submúltiplo[1] [su^{β}'multiplo/su^{m}'multiplo] *m* (MAT) Faktor *m*

submúltiplo, -a[2] [su^{β}'multiplo, -a/su^{m}'multiplo, -a] *adj* (MAT) in einer anderen Zahl mehrfach enthalten

submundo [su^{β}'mundo/su^{m}'mundo] *m* Unterwelt *f*

subnormal [suβnor'mal] **I.** *adj* geistig behindert, (geistig) zurückgeblieben **II.** *mf* **1.** (*persona*) geistig Behinderte(r) *mf,* Zurückgebliebene(r) *mf;* **escuela para ~es** Schule für geistig Behinderte **2.** (*pey*): **¡eres un ~!** du bist ja nicht ganz richtig im Kopf!

subnormalidad [suβnormali'ða^{ð}] *f* geistige Behinderung *f*

subocupación [suβokupa'θjon] *f* Unterbeschäftigung *f*

suboficial [suβofi'θjal] *m* (MIL) Unteroffizier *m*

suborden [suβ'orðen] *m* (BIOL) Unterordnung *f,* Untergattung *f*

subordinación [suβorðina'θjon] *f* **1.** (*a alguien, a algo*) Unterordnung *f,* Subordination *f elev* **2.** (MIL) unterwürfiger Gehorsam *m* **3.** (LING) Subordination *f*

subordinado, -a [suβorði'naðo, -a] **I.** *adj* **1.** (*a alguien, a algo*) untergeordnet, unterstellt; (*en el trabajo*) untergeben **2.** (MIL) von niederem Dienstgrad **3.** (LING) subordiniert; **oración subordinada** Nebensatz *m* **II.** *m, f* **1.** (*en el trabajo*) Untergebene(r) *mf;* **el sindicato sólo es un ~ del partido** die Gewerkschaft ist nur ein Befehlsempfänger der Partei **2.** (MIL) Person *f* niederen Dienstgrades

subordinante [suβorði'nante] *adj* (*t.* LING) unterordnend, subordinativ

subordinar [suβorði'nar] *vt* **1.** (*una cosa a otra*) unterordnen **2.** (*a algo, a alguien superior*) unterstellen, unterordnen **3.** (LING) subordinieren

subpartida [suβpar'tiða] *f* Unterposition *f*

subpoblación [suβpoβla'θjon] *f* (SOCIOL) Unterbevölkerung *f*

subpolar [suβpo'lar] *adj* subpolar

subproducción [suβproðu^{γ}'θjon] *f* ungenügende Produktion *f,* nicht ausreichende Produktion *f*

subproducto [suβpro'ðukto, -a] *m* Nebenprodukt *nt*

subprograma [suβpro'ɣrama] *m* (INFOR) Unterprogramm *nt*

subproletariado [suβproleta'rjaðo] *m* (SOCIOL) Lumpenproletariat *nt*

subrayable [suβrra'ɟaβle] *adj* unterstreichbar; **es ~ que…** es muss unterstrichen [*o* betont] werden, dass …

subrayado[1] [suβrra'ɟaðo] *m* **1.** (*efecto*) Unterstreichung *f* **2.** (*acción*) Unterstreichen *nt*

subrayado, -a[2] [suβrra'ɟaðo, -a] *adj* (*letra*) hervorgehoben; (*de carácter cursivo*) betont

subrayar [suβrra'ɟar] *vt* **1.** (*con raya*) unterstreichen **2.** (*recalcar*) unterstreichen, betonen, hervorheben

subregión [suβrre'xjon] *f* (GEO) Unterregion *f,* Untergebiet *nt*

subreino [suβ'rreino] *m* (BIOL) Unterreich *nt,* Nebenreich *nt*

subrepción [suβrreβ'θjon] *f* Subreption *f;* (JUR) Erschleichung *f* (durch falsche Angaben)

subrepticio, -a [suβrrep'tiθjo, -a] *adj* **1.** (*pey: con subrepción*) erschlichen **2.** (*a escondidas*) heimlich

subrogación [suβrroɣa'θjon] *f* **1.** (JUR: *de alguien, temporal*) Vertretung *f;* (*definitivamente*) Ersatz *m* **2.** (JUR) Surrogation *f*

subrogado [suβrro'ɣaðo] *m* (JUR) Surrogat *nt*

subrogante [suβrro'ɣante] *adj* (*Chil: interino*) stellvertretend

subrogar [suβrro'ɣar] <g→gu> *vt* (JUR) **1.** (*a alguien, temporalmente*) vertreten; (*definitivamente*) ersetzen **2.** (*algo*) ersetzen, austauschen

subrutina [suβrru'tina] *f* (INFOR) Subroutine *f;* ~ **abierta/cerrada** offene/geschlossene Subroutine

subsanable [suβsa'naβle] *adj* (*daño, injusticia*) wieder gutzumachen; (*avería, deficiencia*) behebbar; (*dificultad*) überwindbar

subsanación [suβsana'θjon] *f* (*de un defecto*) Behebung *f;* (*de un error*) Wiedergutmachung *f*

subsanar [suβsa'nar] *vt* **1.** (*falta*) hinwegsehen (über +*akk*) **2.** (*error*) wieder gutmachen; (*defecto*) beheben; (*mal*) abhelfen +*dat* **3.** (*di-*

ficultad) beseitigen

subscribir [su^(β)skri'βir] *irr como escribir vt, vr:* ~**se** *v.* **suscribir**

subscripción [su^(β)skriβ'θjon] *f v.* **suscripción**

subscriptor(a) [su^(β)skrip'tor(a)] *m(f) v.* **suscri(p)tor**

subsección [suβse^ɣ'θjon] *f* **1.** (*parte*) Unterabschnitt **2.** (*departamento*) Unterabteilung *f*

subsecretaría [suβsekreta'ria] *f* **1.** (*del Ministerio*) Staatssekretärkanzlei *f;* ~ **de comercio exterior** Abteilung für Außenhandel im Handelsministerium **2.** (*de un subsecretario*) Amt *nt* des stellvertretenden Sekretärs

subsecretario, -a [suβsekre'tarjo, -a] *m, f* **1.** (*del Ministerio*) Staatssekretär(in) *m(f)* **2.** (*en oficina*) stellvertretender Sekretär *m,* stellvertretende Sekretärin *f*

subsector [suβsek'tor] *m* Teilsektor *m,* Teilgebiet *nt*

subsecuente [suβse'kwen̪te] *adj v.* **subsiguiente**

subsede [suβ'seðe] *f* (DEP) zweiter Austragungsort *m*

subseguir [suβse'ɣir] *irr como seguir vi, vr:* ~**se 1.** (*seguir*) unmittelbar folgen (*a* auf *+akk*) **2.** (*deducirse*) sich ergeben (*de* aus *+dat*)

subsidencia [suβsi'ðen̪θja] *f* (GEOL) Senkung *f* eines Ablagerungsbodens

subsidiar [suβsi'ðjar] *vt* unterstützen

subsidiariedad [suβsiðjarje'ða^ð] *f sin pl* Subsidiarität *f;* **principio de** ~ (UE) Subsidiaritätsprinzip *nt*

subsidiario, -a [suβsi'ðjarjo, -a] *adj* **1.** (*de subsidio*) unterstützend, subsidiär *elev;* **órgano** ~ (*institución*) Hilfsorgan *nt* **2.** (*secundario*) sekundär, zweitrangig; **compañía subsidiaria** Tochtergesellschaft *f*

subsidio [suβ'siðjo] *m* (finanzielle) Unterstützung *f,* Beihilfe *f;* ~ **de desempleo** [*o* **paro**] Arbeitslosengeld *nt;* ~ **de** [*o* **por**] **enfermedad** Krankengeld *nt;* ~ **familiar** ≈Kindergeld *nt;* ~ **de** [*o* **por**] **lactancia** Stillgeld *nt;* ~ **de maternidad/vivienda** Mutterschafts-/Wohngeld *nt*

subsiguiente [suβsi'ɣjen̪te] *adj* nachfolgend, darauf folgend, anschließend

subsistema [suβsis'tema] *m* Untersystem *nt*

subsistencia [suβsis'ten̪θja] *f* **1.** (*hecho*) Leben *nt,* Existenz *f;* **vivir a nivel de** ~ am Existenzminimum leben **2.** *pl* (*alimentos*) Nahrung *f* **3.** (*material*) Lebensunterhalt *m* **4.** (JUR: *del matrimonio*) Aufrechterhaltung *f* **5.** (FILOS) Subsistenz *f*

subsistente [suβsis'ten̪te] *adj* **1.** (*existente*) bestehend **2.** (*que dura*) andauernd, anhaltend

subsistir [suβsis'tir] *vi* **1.** (*vivir*) leben (*de* von *+dat*) **2.** (*perdurar*) fortdauern, andauern, anhalten; (*creencia*) fortbestehen, weiterleben; **esta empresa no puede** ~ **sin ayudas oficiales** dieses Unternehmen kann ohne staatliche Unterstützung nicht weiterbestehen

subsolano [suβso'lano] *m* (METEO) Ostwind *m*

subsónico, -a [suβ'soniko, -a] *adj* (FÍS) subsonisch

substancia [su^(β)s'tan̪θja] *f v.* **sustancia**

substancial [su^(β)stan̪'θjal] *adj v.* **sustancial**

substancioso, -a [su^(β)stan̪'θjoso, -a] *adj v.* **sustancioso**

substantivar [su^(β)stan̪ti'βar] *vt* substantivieren

substantivo [su^(β)stan̪'tiβo] *m* Substantiv *m*

substitución [su^(β)stitu'θjon] *f v.* **sustitución**

substituible [su^(β)stitu'iβle] *adj v.* **sustituible**

substituir [su^(β)stitu'ir] *irr como huir vt v.* **sustituir**

substitutivo, -a [su^(β)stitu'tiβo, -a] *adj v.* **sustitutivo²**

substituto, -a [su^(β)sti'tuto, -a] *m, f v.* **sustituto**

substracción [su^(β)stra^ɣ'θjon] *f v.* **sustracción**

substraendo [su^(β)stra'en̪do] *m* (MAT) Subtrahend *nt*

substraer [su^(β)stra'er] *irr como traer vt v.* **sustraer**

substrato [su^(β)s'trato] *m* Substrat *nt*

subsuelo [suβ'swelo] *m* Untergrund *m;* **riquezas del** ~ Bodenschätze *mpl*

subsumir [suβsu'mir] *vt* **1.** (*en una categoría*) unterordnen (*en +dat*), einordnen (*en* unter *+dat*), subsumieren (*en* unter *+dat*) *elev* **2.** (*en un tema*) zusammenfassen (*en* unter *+dat*), subsumieren (*en* unter *+dat*) *elev*

subtangente [suβtaŋ'xen̪te] *f* (MAT) Subtangente *f*

subte ['suβte] *m* (*Arg: fam: metro*) U-Bahn *f*

subtender [suβten̪'der] <e→ie> *vt* (MAT) durch eine Sehne verbinden

subteniente [suβte'njen̪te] *m* (MIL) Leutnant *m*

subtensa [suβ'tensa] *f* (MAT) Sehne *f* eines Bogens

subterfugio [suβter'fuxjo] *m* Ausflucht *f,* Ausrede *f,* Vorwand *m*

subterráneo, -a [suβte'rraneo, -a] *adj* unterirdisch

subtipo [suβ'tipo] *m* (BIOL) Untertyp *m*

subtitulado, -a [suβtitu'laðo, -a] *adj* mit Untertiteln; **película subtitulada en alemán** Film mit deutschen Untertiteln

subtitular [suβtitu'lar] *vt* untertiteln, mit Untertiteln versehen

subtítulo [suβ'titulo] *m* Untertitel *m*

subtropical [suβtropi'kal] *adj* subtropisch

subtrópico [suβ'tropiko] *m* (GEO) Subtropen *pl*

suburbano¹ [suβur'βano] *m* Vorstädter *m*

suburbano, -a² [suβur'βano, -a] *adj* (*teatro, cine*) Vorstadt-; (*barrio, distrito*) vorstädtisch; **línea suburbana** Vorortbahn *f*

suburbial [suβur'βjal] *adj* (*teatro, cine*) Vorstadt-; (*barrio, distrito*) vorstädtisch

suburbio [su'βurβjo] *m* **1.** (*alrededores*) Vorstadt *f;* **vive en los ~s de París** er/sie wohnt am Stadtrand von Paris [*o* in der Pariser Vorstadt] **2.** (*barrio periférico*) Vorort *m*

subvención [suββen̩'θjon] *f* Zuschuss *m;* (*estatal*) Subvention *f;* ~ **a fondo perdido** verlorener Zuschuss; **precio de ~** (UE) Stützpreis *m,* subventionierter Preis

subvencionar [suββen̩θjo'nar] *vt* finanziell unterstützen, finanziell fördern; (*el Estado*) subventionieren; **un teatro subvencionado** ein bezuschusstes Theater; **vivienda subvencionada** steuerbegünstigte Sozialwohnung

subvenir [suββe'nir] *irr como venir vi:* ~ **a las necesidades de alguien** jdn unterstützen; **las horas extras subvienen a la escasez de su sueldo** die Überstunden gleichen sein/ihr niedriges Gehalt aus; ~ **a los gastos** die Kosten tragen [*o* bestreiten]

subversión [suββer'sjon] *f* Umsturz *m,* Subversion *f elev*

subversivo, -a [suββer'siβo, -a] *adj* umstürzlerisch, subversiv *elev*

subvertir [suββer'tir] *irr como sentir vt* **1.** (*sistema, gobierno*) (um)stürzen **2.** (*valor moral*) untergraben, unterminieren **3.** (*orden social*) zerrütten

subyacente [suβɟa'θen̩te] *adj* **1.** (*capa*) tiefer liegend **2.** (*problema*) zugrunde [*o* zu Grunde] liegend

subyacer [suβɟa'θer] *irr como yacer vi* **1.** (*estar debajo*) darunter liegen **2.** (*problema*) zugrunde [*o* zu Grunde] liegen; **me gusta el tono de denuncia que subyace en su obra** ich mag den denunziatorischen Unterton seiner/ihrer Werke

subyugación [suβɟuɣa'θjon] *f* Unterwerfung *f,* Unterjochung *f*

subyugador(a) [suβɟuɣa'ðor(a)] *adj* **1.** (*que oprime*) unterwerfend **2.** (*sugestionador*) bezaubernd, faszinierend; **tiene un carácter ~** er/sie hat ein einnehmendes Wesen

subyugar [suβɟu'ɣar] <g→gu> *vt* **1.** (*oprimir*) unterwerfen, unterjochen **2.** (*sugestionar*) bezaubern, faszinieren; **le subyugó su modo de hablar** seine/ihre Art zu reden faszinierte ihn/sie

succión [suᵞ'θjon] *f* (An)saugen *nt;* **efecto de ~** Saugwirkung *f*

succionar [suᵞθjo'nar] *vt* einsaugen, (an)saugen; (*tierra, esponja*) aufsaugen

sucedáneo¹ [suθe'ðaneo] *m* Ersatz *m,* Ersatzmittel *nt,* Surrogat *nt;* ~ **de café** Kaffeeersatz *m*

sucedáneo, -a² [suθe'ðaneo, -a] *adj* Ersatz-

suceder [suθe'ðer] **I.** *vi* **1.** (*seguir*) folgen (*a* auf +*akk*) **2.** (*en cargo*) nachfolgen; **nadie sabe quién ~á al rey** keiner weiß, wer die Thronfolge antreten wird **3.** (*heredar*) beerben **II.** *vt* geschehen, sich ereignen; **¿qué sucede?** was ist los?; **por lo que pueda ~** für alle Fälle; **suceda lo que suceda** egal was passiert, komme was wolle; **lo más que puede ~ es que...** +*subj* im schlimmsten Fall, ...; **sucede que...** die Sache ist die, dass ...

sucedido [suθe'ðiðo] *m* Ereignis *nt,* Geschehnis *nt elev;* **después de lo ~...** nach dem, was geschehen ist ...

sucesión [suθe'sjon] *f* **1.** (*acción*) Folge *f* **2.** (*serie*) Aufeinanderfolge *f,* Reihe *f* **3.** (*en el cargo*) Nachfolge *f;* (*de título*) Erbfolge *f;* (*del trono*) Thronfolge *f;* **guerra de ~** Erbfolgekrieg *m,* Sukzessionskrieg *m elev* **4.** (*herencia*) Erbe *nt,* Nachlass *m* **5.** (*descendencia*) Nachkommenschaft *f*

sucesivo, -a [suθe'siβo, -a] *adj* (aufeinander) folgend; **en lo ~** von nun an; **hicimos el examen en dos días ~s** wir hatten zwei Tage hintereinander Prüfung

suceso [su'θeso] *m* **1.** (*hecho*) Ereignis *nt,* Geschehnis *nt elev;* (*repentino*) Vorfall *m;* **página de ~s** (PREN) Seite mit Verbrechensmeldungen **2.** (*transcurso*) Verlauf *m*

sucesor(a) [suθe'sor(a)] *m(f)* **1.** (*a un cargo*) Nachfolger(in) *m(f);* (*al trono*) Thronfolger(in) *m(f)* **2.** (*heredero*) Erbe, -in *m, f;* ~ **universal** Universalerbe *m*

sucesorio, -a [suθe'sorjo, -a] *adj* Nachfolge-; **comunidad sucesoria** Erbengemeinschaft *f*

suche ['sutʃe] **I.** *adj* (*Ven: agrio*) säuerlich **II.** *m* (*Chil*) **1.** (*subalterno*) Untergebener *m* **2.** (*rufián*) Gauner *m*

suciedad [suθje'ðaᵈ] *f* **1.** (*cualidad*) Schmutzigkeit *f* **2.** (*porquería*) Schmutz *m,* Verschmutzung *f,* Dreck *m fam* **3.** (*jugada sucia*) Gemeinheit *f*

sucinto, -a [su'θin̩to, -a] *adj* kurz, knapp; **gramática sucinta** Kurzgrammatik *f*

sucio¹ ['suθjo] *adv:* **jugar ~** unfair spielen

sucio, -a² ['suθjo, -a] *adj* **1.** (*manchado*) schmutzig, verschmutzt, dreckig *fam;* **este color es ~** (*se mancha fácilmente*) diese Farbe ist sehr schmutzempfindlich; (*no es puro*) das ist eine schmutzige Farbe; **tengo los apuntes en ~** ich habe die Notizen nur ins Unreine geschrieben **2.** (*pensamiento, chiste*) schmutzig, obszön **3.** (*negocio, dinero*) schmutzig, unlaut; **hacer el trabajo ~** die Drecksarbeit machen **4.** (*jugador*) unfair

súcubo ['sukuβo] *m* (REL) Sukkubus *m*

sucucho [su'kutʃo] *m* (*Am: vivienda miserable*) elendes Loch *nt fam*

suculencia [suku'len̩θja] *f* **1.** (*de sabroso*) Schmackhaftigkeit *f* **2.** (*valor nutritivo*) Nahrhaftigkeit *f* **3.** (*jugosidad*) Saftigkeit *f*

suculento, -a [suku'len̩to, -a] *adj* **1.** (*sabroso*) schmackhaft, lecker *fam;* **un plato ~** ein Leckerbissen **2.** (*nutritivo*) nahrhaft **3.** (*jugoso*) saftig

sucumbir [sukum'bir] *vi* **1.** (*rendirse*) erliegen, besiegt werden; ~ **a la tentación** der

S

Versuchung erliegen; **Agassi sucumbió ante Pete Sampras** Agassi wurde von Pete Sampras geschlagen **2.** (*morir*) ums Leben kommen, sterben **3.** (JUR) (im Prozess) unterliegen

sucursal [sukur'sal] *f* **1.** (*de empresa*) Niederlassung *f;* (*de banco, negocio*) Filiale *f,* Zweigstelle *f;* ~ **local** örtliche Zweigstelle **2.** (*negociado*) Geschäftsstelle *f*

sucusumucu [sukusu'muku] *adv* (*Col, Cuba, PRico*): **a lo** ~ (*fingiéndose tonto*) als merke man nichts, als sei nichts

sudaca [su'ðaka] *mf* (*pey fam*) Lateinamerikaner(in) *m(f)*

sudación [suða'θjon] *f* **1.** (*exudación*) Ausschwitzen *nt* **2.** (*con fines terapéuticos*) (therapeutisches) Schwitzen *nt,* Schwitzbad *nt*

sudadera [suða'ðera] *f* **1.** (DEP) Sweatshirt *nt;* **darse una** ~ aus allen Poren schwitzen **2.** (*para caballería*) Sattelunterlage *f*

sudado, -a [su'ðaðo, -a] *adj* verschwitzt; (*rostro*) schweißbedeckt; **completamente** ~ schweißgebadet

Sudáfrica [su'ðafrika] *f* Südafrika *nt*

sudafricano, -a [suðafri'kano, -a] **I.** *adj* südafrikanisch **II.** *m, f* Südafrikaner(in) *m(f)*

Sudamérica [suða'merika] *f* Südamerika *nt*

sudamericano, -a [suðameri'kano, -a] **I.** *adj* südamerikanisch **II.** *m, f* Südamerikaner(in) *m(f)*

sudamina [suða'mina] *f* (MED) Schweißbläschen *ntpl*

Sudán [su'ðan] *m* Sudan *nt*

sudanés, -esa [suða'nes, -esa] **I.** *adj* sudanesisch, sudanisch **II.** *m, f* Sudanese, -in *m, f,* Sudaner(in) *m(f)*

sudar [su'ðar] **I.** *vi, vt* schwitzen; **me sudan los pies** ich schwitze an den Füßen; **estoy sudando a chorros** ich bin schweißgebadet **II.** *vi* sich abrackern **III.** *vt* **1.** (*camisa*) verschwitzen; ~ **la gota gorda** sich sehr anstrengen, Blut und Wasser schwitzen; **los jugadores han sudado hoy la camiseta** die Spieler haben heute alles gegeben **2.** (*conseguir*): **gano mucho pero lo sudo** ich verdiene zwar viel, aber ich muss auch schwer dafür schuften

sudario [su'ðarjo] *m* Schweißtuch *nt;* **el Santo S**~ das Leichentuch Christi

sudeste [su'ðeste] *m* Südosten *m*

sudista [su'ðista] *mf* (HIST) Südstaatler(in) *m(f)* (*der USA*)

sudoeste [suðo'este] *m* Südwesten *m*

sudor [su'ðor] *m* **1.** (*de la piel*) Schweiß *m;* **gotas de** ~ Schweißtropfen *mpl;* **con el** ~ **de mi frente** im Schweiße meines Angesichts **2.** (*de la pared*) (Kondens)wasser *nt*

sudoración [suðora'θjon] *f* Schwitzen *nt*

sudoriental [suðorjen̪'tal] *adj* Südost-

sudoriento, -a [suðo'rjen̪to, -a] *adj* **1.** (*que suda*) schwitzend **2.** (*sudado*) schweißnass, verschwitzt

sudorífero [suðo'rifero] *m,* **sudorífico** [suðo'rifiko] *m* (MED) schweißtreibendes Mittel *nt,* Diaphoretikum *nt*

sudoroso, -a [suðo'roso, -a] *adj* schweißbedeckt

sudsudeste [suðsu'ðeste] *m* Südsüdosten *m;* (METEO) Südsüdost *m*

sudsudoeste [suðsuðo'este] *m* Südsüdwesten *m;* (METEO) Südsüdwest *m*

Suecia ['sweθja] *f* Schweden *nt*

sueco[1] ['sweko] *m* (*lengua*) Schwedisch(e) *nt*

sueco, -a[2] ['sweko, -a] **I.** *adj* schwedisch **II.** *m, f* Schwede, -in *m, f;* **hacerse el** ~ sich dumm stellen

suegro, -a ['sweɣro, -a] *m, f* Schwiegervater *m,* Schwiegermutter *f;* **los** ~**s** die Schwiegereltern

suela ['swela] *f* **1.** (*del zapato*) (Schuh)sohle *f;* **echar las medias** ~**s** die Schuhe besohlen (lassen) **2.** (*del taco*) Queue *nt* **3.** (*cuero*) Sohl(en)leder *nt* **4.** (*fam*): **es un tonto de siete** ~**s** er ist saudumm [*o* strohdumm]; **tú no me llegas a la** ~ **del zapato** du kannst mir nicht das Wasser reichen

suelazo [swe'laθo] *m* (*Chil, Col, Ecua, Ven*) heftiger Aufprall *m* (beim Hinfallen)

sueldo ['swel̪do] *m* (*por horas*) Lohn *m;* (*de empleado*) Gehalt *nt;* (*de funcionario*) Bezüge *mpl,* Besoldung *f;* (MIL) Sold *m;* ~ **base** Grundgehalt *nt;* ~ **bruto** Bruttogehalt *nt;* ~ **fijo** Fixum *nt;* **asesino a** ~ Killer *m;* **¿qué** ~ **ganas?** wie viel verdienst du?; **congelar los** ~**s** die Gehälter einfrieren; **tener un buen** ~ ein gutes Gehalt bekommen; **me ofrecieron un** ~ **inicial de...** ich bekam ein Anfangsgehalt von ... angeboten

suelo ['swelo] *m* **1.** (*de la tierra*) (Erd)boden *m;* ~ **natal** [*o* **patrio**] Heimat *f;* ~ **vegetal** Mutterboden *m;* **caer al** ~ auf den Boden fallen, zu Boden fallen; **poner una maleta en el** ~ einen Koffer abstellen; **sentarse en el** ~ sich auf den Boden setzen; **tírate al** ~ **si disparan** werf dich auf den Boden, wenn sie schießen; **no vi la piedra y di conmigo en el** ~ ich sah den Stein nicht und fiel hin [*o* zu Boden]; **tropecé y besé el** ~ ich stolperte und fiel auf die Nase; **está muy hondo, no toco (el)** ~ es ist sehr tief, ich komme nicht auf den Grund [*o* Boden]; **no toca con los pies en el** ~ **de contento** (*fig*) er kriegt sich vor Freude kaum ein; **tuvimos que acostarnos en el santo** ~ wir mussten auf dem nackten Boden schlafen **2.** (*de casa*) (Fuß)boden *m;* **está tan limpio que se puede comer en el** [*o* **del**] ~ es ist so sauber, dass man vom Boden essen kann **3.** (*terreno*) Grund *m,* Grundstück *nt,* Boden *m;* ~ **edificable** [*o* **urbanizable**] Bauland *nt;* ~ **industrial** Industriegebiet *nt* **4.** (*de vasija*) Boden *m,* Grund *m* **5.** (*poso*) Bodensatz *m* **6.** (DEP) Bodenturnen *nt;* **ejercicios de** ~ Bodenübungen *fpl* **7.** (*loc*): **después de saber las notas estaba por los** ~**s** nachdem er/sie die Prüfungsergebnisse erfahren hatte, war er/sie völlig am Ende; **la crítica le ha puesto por los** ~**s** [*o* **el**

~] die Kritik hat ihn durch den Schmutz gezogen; **no te dejes arrastrar por el** ~ lass dich nicht so schlecht machen; **el plan se ha venido al** ~ der Plan ist ins Wasser gefallen; **los pisos están por los ~s** (*fam*) die Wohnungen sind äußerst günstig; **la credibilidad de este partido está por los ~s** die Glaubwürdigkeit dieser Partei ist gleich null

suelto[1] ['swelto] *m* **1.** (*dinero*) Kleingeld *nt* **2.** (*artículo*) Kurznachricht *f*

suelto, -a[2] ['swelto, -a] *adj* **1.** (*desenganchado: tornillo, arroz, lana*) locker **2.** (*desatado: cordón, pelo*) lose; (*broche*) offen; (*perro*) frei laufend **3.** (*no sujeto: hojas*) lose; **dinero** ~ Kleingeld *nt*; **un prisionero anda** ~ ein Gefangener läuft frei herum **4.** (*separado*) Einzel-, einzeln; **mueble** ~ Einzelmöbel *nt*; **pieza suelta** Einzelteil *nt* **5.** (*holgado: vestido*) weit, lose; (*camisa*) weit, bauschig **6.** (*incontrolado*): **tener la lengua suelta** ein lockeres Mundwerk haben **7.** (*ágil: estilo*) gewandt; (*lenguaje*) flüssig; **dibujar con mano suelta** sehr geschickt zeichnen **8.** (*no envasado*) lose **9.** (*fam: no agarrotado*) locker, flink; **eso lo hago yo fácil y** ~ (*fam*) das schaffe ich locker **10.** (*loc*): **voy** ~ **de vientre** ich habe Durchfall

sueño ['sweɲo] *m* **1.** (*acto de dormir*) Schlaf *m*; **el** ~ **eterno** der ewige Schlaf; **me cogió el** ~ der Schlaf überkam mich; **descabezar** [*o* **echarse**] **un** ~ einnicken, ein Nickerchen machen; **tener un** ~ **profundo** [*o* **pesado**]/**ligero** einen tiefen/leichten Schlaf haben; **le oí llegar entre ~s** im Halbschlaf habe ich ihn kommen gehört **2.** (*ganas de dormir*) Schläfrigkeit *f*, Müdigkeit *f*; **me voy a la cama que tengo** ~ ich gehe ins Bett, denn ich bin müde; **últimamente me cuesta coger el** ~ in letzter Zeit schlafe ich nur schwer ein; **me caía de** ~ ich fiel fast um vor Müdigkeit; **las deudas me quitan el** ~ die Schulden bringen mich um [*o* rauben mir] den Schlaf **3.** (*fantasía*) Traum *m*; ~ **de juventud** Jugendtraum *m*; **el** ~ **de mi vida** mein Lebenstraum; **tuve un** ~ **muy raro** ich hatte einen merkwürdigen Traum; **ni en** [*o* **por**] **~s haces tú eso** das schaffst du im Traum nicht; **tiene un coche que es un** ~ er/sie hat ein Traumauto; **los ~s, ~s son** (*prov*) Träume sind Schäume

suero ['swero] *m* **1.** (*de leche*) Molke *f* **2.** (MED) Serum *nt*

sueroterapia [swerote'rapja] *f* Serumbehandlung *f*

suerte ['swerte] *f* **1.** (*fortuna*) Glück *nt*; **¡buena ~!** viel Glück!; **tener buena/mala** ~ Glück/Pech haben; **por** ~ zum Glück, glücklicherweise; **traer** ~ Glück bringen; **probar** ~ sein Glück versuchen; **ser cuestión de** ~ Glückssache sein; **tiene una** ~ **loca** er/sie ist ein Glückspilz; **dentro de la desgracia aún has tenido** ~ du hast Glück im Unglück gehabt **2.** (*destino*) Schicksal *nt*, Los *nt*; **abandonar a alguien a su** ~ jdn seinem Schicksal überlassen; **desafiar a la** ~ das Schicksal herausfordern; **echar algo a ~(s)** etw durch Los entscheiden; **¿quién sabe la** ~ **que le espera?** wer weiß, was noch auf ihn/sie zukommt **3.** (*casualidad*) Zufall *m* **4.** (*manera*) Weise *f*; **de** ~ **que...** so dass [*o* sodass] ...; **no lo hagas de esta** ~ mach das nicht so **5.** (*tipo*) Sorte *f*, Art *f*; **trata con toda** ~ **de gente** er/sie verkehrt mit allen möglichen Menschen; **hacer frente a toda** ~ **de dificultades** mit allen denkbaren Schwierigkeiten zu kämpfen haben [*o* konfrontiert werden] **6.** (TAUR) *Phase des Stierkampfes* **7.** (*condición*) Lebensbedingung *f*, Situation *f*; **una política para mejorar la** ~ **de los agricultores** eine Politik zur Verbesserung der Situation der Bauern **8.** (*sorteo*) (Lotterie)los *nt*

suertero, -a [swer'tero, -a] **I.** *adj* (*Ecua, Hond, Perú*) glücklich, vom Glück begünstigt **II.** *m, f* (*Perú*) Lotterielosverkäufer(in) *m(f)*

suertudo, -a [swer'tuðo, -a] *adj* (*vulg*) glücklich; **ser un** ~ ein Glückspilz sein

sueste ['sweste] *m* (NÁUT) Südwester *m*

suéter ['sweter] *m* Pullover *m*

suficiencia [sufi'θjenθja] *f* **1.** (*lo bastante*) Hinlänglichkeit *f*, Zulänglichkeit *f elev* **2.** (*presunción*) Einbildung *f*, Eitelkeit *f*; **me lo dijo con aires de** ~ er/sie sagte es (zu) mir in einem anmaßenden Ton **3.** (*pedantería*) Pedanterie *f* **4.** (*aptitud*) Eignung *f*

suficiente [sufi'θjente] **I.** *adj* **1.** (*bastante*) genügend, ausreichend, genug; **ser** ~ genügen, ausreichen; ~ **que conozco eso yo** das kenne ich zur Genüge **2.** (*presumido*) eingebildet, eitel **3.** (*pedante*) pedantisch **II.** *m* (ENS: *nota*) Note *f* 'ausreichend', Ausreichend *nt*; **he sacado un** ~ ich habe die Note 'ausreichend' bekommen

sufijación [sufixa'θjon] *f* (LING) Suffixbildung *f*

sufijo [su'fixo] *m* (LING) Suffix *nt*

sufismo [su'fismo] *m* (REL) Sufismus *m*

sufragar [sufra'ɣar] <g→gu> **I.** *vt* **1.** (*ayudar*) unterstützen **2.** (*costear: gastos*) bestreiten; (*tasa*) entrichten; (*beca*) finanzieren; (*vicios*) bezahlen **II.** *vi* (*Am: votar*) stimmen (*por* für +*akk*)

sufragio [su'fraxjo] *m* **1.** (*voto*) Stimme *f* **2.** (*derecho*) Wahlrecht *nt*, Stimmrecht *nt*; ~ **restringido/universal** beschränktes/allgemeines Wahlrecht **3.** (*sistema*) Wahlsystem *nt*; ~ **(universal) directo** (allgemeine) Direktwahl **4.** (REL) Fürbitte *f*

sufragismo [sufra'xismo] *m* (HIST, POL) Frauenwahlrechtsbewegung *f*

sufragista[1] [sufra'xista] *mf* Anhänger(in) *m(f)* des Frauenwahlrechts

sufragista[2] [sufra'xista] *f* (HIST) Suffragette *f*

sufrible [su'friβle] *adj* erträglich

sufrido, -a [su'friðo, -a] *adj* **1.** (*persona*) ergeben; **eres demasiado** ~ du lässt dir zu viel gefallen **2.** (*color*) gedeckt; **una tela sufrida** ein strapazierfähiger Stoff **3.** (*marido*) zu

S

nachsichtig

sufridor¹ [sufri'ðor] *m* (*Col, Ven: sudadero*) Woilach *m*

sufridor(a)² [sufri'ðor(a)] *m(f)* (*persona*) Leidende(r) *mf*

sufrimiento [sufri'mjen̩to] *m* **1.** (*acción*) Leiden *nt* **2.** (*moral*) Leid *nt,* Leiden *nt;* (*físico*) Schmerz *m,* Leiden *nt* **3.** (*tormento*) Pein *f elev*

sufrir [su'frir] *vt* **1.** (*aguantar*) ertragen, (er)dulden; **(no)** ~ **a alguien** jdn (nicht) ausstehen, jdn (nicht) leiden können; **esta barra sufre todo el peso** diese Stange trägt das ganze Gewicht; **no puedo** ~ **estar sin trabajo** ich ertrage es nicht, arbeitslos zu sein **2.** (*padecer*) (er)leiden; (*enfermedad*) leiden (*de* an +*dat*); ~ **de celos** krank vor Eifersucht sein; ~ **de la espalda** Rückenbeschwerden haben; ~ **persecuciones** Verfolgungen ausgesetzt sein; ~ **quejas** Beschwerden [*o* Klagen] über sich ergehen lassen; **mis padres sufrieron mucho durante la guerra** meine Eltern haben im Krieg viel durchgemacht; **el país sufre las consecuencias de la crisis** das Land leidet unter den Folgen der Krise **3.** (*experimentar: cambio, recaída*) erleiden; (*examen*) ablegen; (*desengaño*) erleben; (*derrota*) erleiden, einstecken müssen *fam;* (*accidente*) haben, erleiden *elev;* (*pena*) büßen; ~ **una operación** sich einer Operation unterziehen; **sufrió una desgracia** ihm/ihr widerfuhr ein Unglück

sufusión [sufu'sjon] *f* (MED) (flächiger) Bluterguss *m,* Suffusion *f*

sugerencia [suxe'ren̩θja] *f* **1.** (*inspiración*) Anregung *f* **2.** (*propuesta*) Vorschlag *m;* (*de pregunta*) Anregung *f;* (*de discusión*) Diskussionsvorschlag *m;* **buzón de ~s** Beschwerdebriefkasten *m* **3.** (*recomendación*) Empfehlung *f* **4.** (*insinuación*) Andeutung *f*

sugerente [suxe'ren̩te] *adj* anregend; **una imagen** ~ ein Bild, das die Fantasie anregt

sugerir [suxe'rir] *irr como sentir vt* **1.** (*inspirar*) anregen **2.** (*propuesta*) vorschlagen; (*pregunta, discusión*) anregen **3.** (*insinuar*) andeuten; **¿qué me estás sugiriendo?** was willst du damit andeuten [*o* sagen]? **4.** (*evocar*) heraufbeschwören, wachrufen

sugestibilidad [suxestiβili'ðaᵈ] *f* (PSICO) Beinflussbarkeit *f,* Suggestibilität *f*

sugestión [suxes'tjon] *f* **1.** (*inspiración*) Anregung *f* **2.** (*propuesta*) Vorschlag *m* **3.** (*insinuación*) Andeutung *f* **4.** (*de sugestionar*) Suggestion *f*

sugestionable [suxestjo'naβle] *adj* beeinflussbar, suggestibel *elev*

sugestionar [suxestjo'nar] **I.** *vt* eingeben, suggerieren; (*con intensidad*) einsuggerieren **II.** *vr:* **~se** Autosuggestion praktizieren

sugestivo, -a [suxes'tiβo, -a] *adj* **1.** (*que sugiere*) anregend; **pregunta sugestiva** Suggestivfrage *f* **2.** (*que influencia*) beeinflussend **3.** (*plan*) verlockend, reizvoll

suich [switʃ] *m* (*Méx: botón de encendido*) Schalter *m;* (*de un coche*) Anlasser *m*

suicida [swi'θiða] **I.** *adj* selbstmörderisch **II.** *mf* Selbstmörder(in) *m(f)*

suicidarse [swiθi'ðarse] *vr* sich umbringen, sich das Leben nehmen, Selbstmord begehen

suicidio [swi'θiðjo] *m* Selbstmord *m;* (JUR) Suizid *m o nt;* ~ **colectivo** kollektiver Selbstmord

sui géneris ['sui 'xeneris] *adj inv* einzigartig, sui generis *elev*

suite [swiᵗ] *f* Suite *f*

Suiza ['swiθa] *f* Schweiz *f*

suizo¹ ['swiθo] *m* (GASTR) heiße Schokolade *f* mit Sahne

suizo, -a² ['swiθo, -a] **I.** *adj* schweizerisch; **chocolate** ~ Schweizer Schokolade **II.** *m, f* Schweizer(in) *m(f)*

sujeción [suxe'θjon] *f* **1.** (*dominio*) Beherrschung *f;* (*sometimiento*) Unterwerfung *f;* (*dependencia*) Abhängigkeit *f* **2.** (*agarre*) Festhalten *nt* **3.** (*aseguramiento*) Befestigung *f* **4.** (*a un convenio, una promesa*) Gebundenheit *f*

sujetador [suxeta'ðor] *m* **1.** (*sostén*) Büstenhalter *m,* BH *m* **2.** (*del bikini*) (Bikini)oberteil *nt*

sujetalibros [suxeta'liβros] *m inv* Buchstütze *f*

sujetapapeles [suxetapa'peles] *m inv* Büroklammer *f*

sujetar [suxe'tar] **I.** *vt* **1.** (*dominar*) beherrschen **2.** (*someter*) unterwerfen **3.** (*agarrar*) festhalten; ~ **por el brazo** am Arm festhalten [*o* packen] **4.** (*asegurar*) befestigen, festmachen; (*pelo*) feststecken; (*con clavos*) annageln, festnageln; (*con tornillos*) anschrauben, festschrauben **II.** *vr:* **~se 1.** (*agarrarse*) sich festhalten (*a* an +*dat*) **2.** (*a reglamento*) sich richten (*a* nach +*dat*), sich halten (*a* an +*akk*); **~se a las reglas** die Vorschriften einhalten, sich an die Vorschriften halten

sujeto¹ [su'xeto] *m* **1.** (*tema*) Thema *nt,* Sujet *nt elev;* ~ **activo/pasivo del impuesto** (FIN) Steuergläubiger/Steuerpflichtiger *m;* ~ **contractual** (ECON) Vertragspartner *m;* ~ **económico** (ECON) Wirtschaftssubjekt *nt* **2.** (*pey: individuo*) Subjekt *nt,* Individuum *nt* **3.** (LING, FILOS) Subjekt *nt*

sujeto, -a² [su'xeto, -a] *adj* **1.** (*asegurado*) befestigt, festgemacht **2.** (*expuesto a*) verpflichtet (*a* zu +*dat*); (*a revisión, restricciones*) unterworfen; ~ **a la aprobación de...** genehmigungspflichtig durch ...; ~ **a comprobación/aduana** nachweis-/zollpflichtig; ~ **a la inflación** inflationsanfällig; **estar** ~ **a fluctuaciones** Schwankungen ausgesetzt sein

sulfamida [sulfa'miða] *f* (QUÍM) Sulf(on)amid *nt*

sulfatar [sulfa'tar] *vt* (AGR) sulfat(is)ieren, schwefeln

sulfato [sul'fato] *m* (QUÍM) Sulfat *nt*

sulfurado, -a [sulfu'raðo, -a] *adj* geschwefelt; (QUÍM) sulfoniert

sulfurar [sulfu'rar] **I.** *vt* **1.** (*con azufre*) schwefeln **2.** (*exasperar*) erzürnen, wütend machen (*por* mit +*dat*) **II.** *vr:* ~**se** sich ärgern, wütend sein; ~**se por algo/alguien** über etw/auf jdn wütend sein

sulfúrico, **-a** [sul'furiko, -a] *adj* **1.** (CHEM) Schwefel-; **ácido** ~ Schwefelsäure *f* **2.** (*Ecua: irascible*) jähzornig

sulfuro [sul'furo] *m* (QUÍM) Schwefel *m*

sulfuroso, **-a** [sulfu'roso, -a] *adj* **1.** (*del azufre*) schweflig **2.** (*que lo contiene*) schwefelhaltig; **ácido** ~ schweflige Säure

sulky ['sulki] *m* (DEP) Sulky *nt*

sulpiciano, **-a** [sulpi'θjano, -a] *m, f* (REL) Sulpizianer(in) *m(f)*

sultán, **-ana** [sul̪'tan, -ana] *m, f* Sultan(in) *m(f)*

sultanato [sul̪ta'nato] *m* Sultanat *nt*

suma ['suma] *f* **1.** (MAT: *acción*) Addition *f;* (*resultado*) Summe *f;* ~ **asegurada** (JUR) Versicherungssumme *f;* ~ **y sigue** (COM) Übertrag *m,* vorgetragener Betrag; (*fig fam*) und so weiter und so fort **2.** (*cantidad*) Summe *f,* (Geld)betrag *m* **3.** (*resumen*): ~ **teológica** theologische Summa **4.** (*esencia*) Essenz *f;* **ser una** ~ **de perfecciones** die Vollkommenheit in Person sein **5.** (*loc*): **en** ~ zusammenfassend, kurz und gut

sumaca [su'maka] *f* (NÁUT) Schmack *f*

sumador [suma'ðor] *m* Addiergerät *nt*

sumadora [suma'ðora] *f* Addiermaschine *f,* Rechenmaschine *f*

sumamente [suma'men̪te] *adv* äußerst, höchst; **te estoy** ~ **agradecido** ich bin dir äußerst dankbar

sumando [su'man̪do] *m* (MAT) Summand *m*

sumar [su'mar] **I.** *vt* **1.** (MAT) addieren, zusammenzählen; ~ **cantidades** Beträge summieren **2.** (*una obra*) zusammenfassen; (*hechos*) summieren **3.** (*loc*): **y así suma y sigue** und so weiter und so fort **II.** *vr:* ~**se** (*a una manifestación, a una idea*) sich anschließen (*a* +*dat*); (*a una discusión*) sich beteiligen (*a* an +*dat*); (*a un partido, una protesta*) beitreten (*a* +*dat*)

sumarial [suma'rjal] *adj* (JUR) Ermittlungs-; **secreto** ~ Ermittlungsgeheimnis *nt*

sumario¹ [su'marjo] *m* **1.** (JUR) Ermittlungsverfahren *nt* **2.** (*resumen*) Zusammenfassung *f,* kurze Darlegung *f,* kurze Darstellung *f;* (*de hechos*) Sammlung *f*

sumario, **-a²** [su'marjo, -a] *adj* **1.** (*explicación*) kurz gefasst, summarisch *elev* **2.** (JUR): **procedimiento** [*o* **juicio**] ~ Schnellverfahren *nt*

sumarísimo, **-a** [suma'risimo, -a] *adj* (JUR): **juicio** ~ stark abgekürztes Verfahren *nt*

Sumatra [su'matra] *f* Sumatra *nt*

sumergible [sumer'xiβle] **I.** *adj* **1.** (*reloj*) wasserdicht **2.** (*submarino*) tauchfähig **II.** *m* Tauchboot *nt*

sumergir [sumer'xir] <g→j> **I.** *vt* (ein)tauchen, untertauchen; **economía sumergida** Schattenwirtschaft *f* **II.** *vr:* ~**se** **1.** (*hundirse*) versinken **2.** (*sumirse*) sich versenken (*en* in +*akk*), sich vertiefen (*en* in +*akk*); ~**se en su trabajo** ganz in seiner Arbeit versinken

sumersión [sumer'sjon] *f* Untertauchen *nt;* (*de un submarino*) Tauchen *nt;* (*de un objeto*) Eintauchen *nt*

sumidad [sumi'ðaᵈ] *f* äußerste Spitze *f*

sumidero [sumi'ðero] *m* **1.** (*de la calle*) Gully *m o nt* **2.** (*rejilla*) Abflussgitter *nt*

suministrable [suminis'traβle] *adj* (COM) lieferbar

suministrador¹ [suministra'ðor] *m* (COM) Zulieferer *m*

suministrador(a)² [suministra'ðor(a)] **I.** *adj* Liefer- **II.** *m(f)* (*persona*) Lieferant(in) *m(f);* (*empresa*) Lieferfirma *f*

suministrar [suminis'trar] *vt* **1.** (*datos, información, t.* COM) liefern **2.** (*abastecer*) versorgen **3.** (*facilitar*) beschaffen

suministro [sumi'nistro] *m* **1.** (*de datos, información, t.* COM) Lieferung *f;* ~ **de informaciones** Auskunfterteilung *f* **2.** (*abastecimiento*) Versorgung *f;* ~ **de agua potable** Trinkwasserversorgung *f;* ~ **de calorías** Kalorienzufuhr *f;* ~ **de personal** Stellenbesetzung *f*

sumir [su'mir] **I.** *vt* **1.** (*hundir*) (ein)tauchen, untertauchen **2.** (*en meditación*) versinken lassen (*en* in +*akk*); ~ **en la miseria a alguien** jdn ins Elend stürzen **II.** *vr:* ~**se** sich versenken (*en* in +*akk*)

sumisión [sumi'sjon] *f* **1.** (*acción*) Unterwerfung *f* **2.** (*carácter*) Unterwürfigkeit *f* **3.** (*obediencia*) Gehorsamkeit *f*

sumiso, **-a** [su'miso, -a] *adj* **1.** (*que se somete*) unterwürfig **2.** (*que no rechista*) gehorsam

súmmum ['sumun] *m* Höchste(s) *nt,* Gipfel *m*

sumo¹ ['sumo] *m* (DEP) Sumo *nt*

sumo, **-a²** ['sumo, -a] *adj* **1.** (*más alto*) höchste(r, s); **el S~ Pontífice** der Heilige Vater; **a lo** ~ höchstens; **en grado** ~ hochgradig **2.** (*mayor*) größte(r, s); **con suma habilidad** mit größter Geschicklichkeit

súmulas ['sumulas] *fpl* (FILOS) Abriss *m* der Logik

sunco, **-a** ['suŋko, -a] **I.** *adj* (*Chil: de un brazo*) einarmig; (*de una mano*) einhändig **II.** *m, f* (*Chil: de un brazo*) Einarmige(r) *mf;* (*de una mano*) Einhändige(r) *mf*

sungo, **-a** ['suŋgo, -a] *adj* (*Col: de raza negra*) schwarz; **dejar** ~ **a alguien** jdn beleidigen

suntuario, **-a** [sun̪tu'arjo] *adj* Luxus-; **gastos** ~**s** Luxusausgaben *fpl*

suntuosidad [sun̪twosi'ðaᵈ] *f* **1.** (*lujo*) Luxus *m* **2.** (*opulencia*) Üppigkeit *f* **3.** (*aparatosidad*) Prunk *m* **4.** (*esplendidez*) Pracht *f*

suntuoso, **-a** [sun̪tu'oso, -a] *adj* **1.** (*lujoso*) luxuriös **2.** (*opulento*) üppig **3.** (*aparatoso*) aufwändig **4.** (*esplendido*) prächtig

supeditación [supeðita'θjon] *f* 1. (*sometimiento*) Unterwerfung *f* 2. (*subordinación*) Unterordnung *f* 3. (*a una condición*) Abhängigkeit *f*

supeditar [supeði'tar] I. *vt* 1. (*someter*) unterwerfen 2. (*subordinar*) unterordnen 3. (*condicionar*) abhängig machen (*a* von +*dat*) II. *vr:* **~se** sich unterordnen; **~se a una opinión** sich eine Auffassung zu Eigen machen; **no me ~é a sus deseos** ich werde mich seinen/ihren Wünschen nicht unterordnen

súper[1] ['super] I. *adj* (*fam*) super, klasse II. *m* Supermarkt *m*

súper[2] ['super] *f* Super(benzin) *nt*

superable [supe'raβle] *adj* 1. (*récord*) verbesserbar 2. (*situación*) überwindbar

superabundancia [superaβuṇ'daṇθja] *f* (*en cantidad*) Überfluss *m* (*de* an +*dat*); (*en diversidad*) Überfülle *f* (*de* von +*dat*)

superabundante [superaβuṇ'daṇte] *adj:* ~ **en...** (*positivo*) reich an ...; (*negativo*) mit übermäßig viel ...

superabundar [superaβuṇ'dar] *vi* überreichlich (vorhanden) sein

superación [supera'θjon] *f* 1. (*de fuerzas*) Übersteigerung *f* 2. (*de récord*) Verbesserung *f* 3. (*de situación*) Überwindung *f;* ~ **de uno mismo** Selbstüberwindung *f*

superar [supe'rar] I. *vt* 1. (*sobrepasar: a alguien*) übertreffen; (*límite*) überschreiten; (*récord*) brechen, verbessern; **superó al contrario en el sprint final** er/sie zog im Endspurt an seinem/ihrem Gegner vorbei; **esto supera todo lo que se había visto hasta ahora** das stellt alles bisher Dagewesene in den Schatten 2. (*prueba*) bestehen 3. (*situación*) überwinden II. *vr:* **~se** sich selbst übertreffen

superávit [supe'raβit] *m* <superávit *o* superávits> (COM) Überschuss *m;* ~ **en la balanza comercial** Handelsbilanzüberschuss *m*

supercarburante [superkarβu'raṇte] *m* Super(benzin) *nt,* Superkraftstoff *m*

superchería [supertʃe'ria] *f* Betrug *m;* **no te creas esas ~s** glaub diese Lügen nicht

superconcierto [superkoṇ'θjerto] *m* Mammutkonzert *nt*

superconductor[1] [superkoṇduk'tor] *m* (ELEC) Supraleiter *m*

superconductor(a)[2] [superkoṇduk'tor(a)] *adj* (ELEC) supraleitend

superconsumo [superkon'sumo] *m* übertriebener Konsum *m*

supercopa [super'kopa] *f* (DEP) Supercup *m*

superdirecta [superði'rekta] *f* (AUTO) Schnellgang *m,* Schongang *m*

superdominante [superðomi'naṇte] *f* (MÚS) Oberdominante *f*

superdotado, -a [superðo'taðo, -a] *adj* hochbegabt

superego [super'eɣo] *m* (PSICO) Superego *nt,* Überich *nt*

superespecialización [superespeθjaliθa'θjon] *f* Überspezialisierung *f*

superestrato [superes'trato] *m* (LING) Superstrat *nt*

superestrella [superes'treʎa] *f* Superstar *m*

superestructura [superestruk'tura] *f* 1. (NÁUT) Aufbauten *pl* 2. (ECON) Überbau *m*

superferolítico, -a [superfero'litiko, -a] *adj* (*fam*) gekünstelt

superfetación [superfeta'θjon] *f* (BIOL) Superfetation *f*

superficial [superfi'θjal] *adj* oberflächlich, Oberflächen-; (*detalle*) äußerlich; **efecto** ~ Oberflächenwirkung *f;* **cultura** ~ Halbbildung *f*

superficialidad [superfiθjali'ðað] *f* Oberflächlichkeit *f;* (*de detalles*) Äußerlichkeit *f*

superficiario, -a [superfi'θjarjo] *m, f* (JUR) Nutznießer(in) *m(f)* einer Bodenfläche, Erbbauberechtigte(r) *mf*

superficie [super'fiθje] *f* 1. (*parte externa*) Oberfläche *f;* ~ **cultivable** (AGR) Anbaufläche *f;* ~ **de exposición** Ausstellungsfläche *f;* ~ **útil** Nutzfläche *f;* **gran** ~ großes Warenhaus; **salir a la** ~ (*submarino*) auftauchen; (*minero*) auffahren; (*fig*) zum Vorschein kommen 2. (MAT) Fläche *f;* (*área*) Flächeninhalt *m* 3. (*apariencia*) äußerer Eindruck *m*

superfino, -a [super'fino, -a] *adj* superfein

superfluidad [superflwi'ðað] *f* 1. (*cualidad*) Überflüssigkeit *f,* Entbehrlichkeit *f* 2. (*cosa*) überflüssige Sache *f*

superfluo, -a [su'perflwo, -a] *adj* überflüssig, entbehrlich; **gastos ~s** unnötige Ausgaben

supergigante [superxi'ɣaṇte] *adj* extragroß

superhombre [super'ombre] *m* Übermensch *m*

superindexar [superiṇdeʸ'sar] *vt* (INFOR, TIPO) hochstellen

superíndice [super'iṇdiθe] *m* (INFOR) hochgestelltes Zeichen *nt*

superinfección [superiɱfeʸ'θjon] *f* (MED) Superinfektion *f*

superintendencia [superiṇteṇ'deṇθja] *f* Aufsichtsbehörde *f;* ~ **de Bolsas** (FIN) Börsenaufsicht *f*

superintendente [superiṇteṇ'deṇte] *mf* (*de la administración*) Aufsichtsbeamte(r) *mf,* Aufsichtsbeamtin *f;* (*de policía*) Hauptkommissar(in) *m(f)*

superior[1] [supe'rjor] *adj* 1. (*más alto*) obere(r, s); **el Elba** ~ die obere Elbe; **mandíbula** ~ Oberkiefer *m;* **el curso ~ de un río** der Oberlauf eines Flusses; **los pisos ~es** die oberen Stockwerke; **viven en el piso ~ al mío** sie wohnen in der Wohnung über mir 2. (*en calidad*) besser; (*en rango*) höher; (*en inteligencia, fuerza*) überlegen (*en* in +*dat*); **el PIB de Alemania es muy ~ al de España** Deutschlands BIP übertrifft bei weitem das Spaniens 3. (*excelente*) hervorragend, ausgezeichnet; **café** ~ Kaffee der Extraklasse; **calidad** ~ erstklassige Qualität; **mujer** ~ Superfrau *f*

superior(a)² [supe'rjor(a)] *m(f)* **1.** (REL) Obere, -in *m, f;* (*católico*) Superior(in) *m(f)* **2.** (*jefe*) Vorgesetzte(r) *mf*

superioridad [superjori'ðaᵈ] *f* **1.** (*cualidad*) Überlegenheit *f* (*sobre* über *+akk*); **habla con un tono de** ~ er/sie spricht in einem anmaßendem Ton **2.** (*autoridad*) Obrigkeit *f*

superlativo¹ [superla'tiβo] *m* (LING) Superlativ *m*

superlativo, -a² [superla'tiβo, -a] *adj* überragend, superlativ *elev;* (LING) Superlativ-, superlativisch; **una actuación superlativa** (TEAT) eine überragende darstellerische Leistung

superligero [superli'xero] *m* (DEP) Superleichtgewicht *nt*

superlujo [super'luxo] *m* Spitzenqualität *f*

superman [super'man] *m* Supermann *m*

supermercado [supermer'kaðo] *m* Supermarkt *m;* **carrito de** ~ Einkaufswagen *m*

superministro, -a [supermi'nistro, -a] *m, f* Superminister(in) *m(f)*

supermoderno, -a [supermo'ðerno, -a] *adj* hochmodern

supernova [super'noβa] *f* (ASTR) Supernova *f*

supernumerario, -a [supernume'rarjo, -a] **I.** *adj* **1.** (*número*) überzählig **2.** (*funcionario*) außerplanmäßig **II.** *m, f* Beamtenanwärter(in) *m(f)*

superpetrolero [superpetro'lero] *m* (NÁUT) Supertanker *m,* Riesentanker *m*

superpluma [super'pluma] *m* (DEP: *categoría*) Federgewicht *nt*

superpoblación [superpoβla'θjon] *f* Übervölkerung *f*

superpoblado, -a [superpo'βlaðo, -a] *adj* über(be)völkert

superpoderoso, -a [superpoðe'roso, -a] *adj* übermächtig

superponer [superpo'ner] *irr como poner vt* **1.** (*dos cosas*) aufeinander legen, übereinander legen; (*imágenes*) übereinander montieren; ~ **algo a algo** etw auf etw legen **2.** (*dar prioridad*) Vorrang geben *+dat,* Priorität einräumen *+dat*

superposición [superposi'θjon] *f* Übereinanderlagerung *f,* Übereinanderschichtung *f*

superpotencia [superpo'teṇθja] *f* Großmacht *f,* Supermacht *f*

superproducción [superproðuᵞ'θjon] *f* **1.** (COM) Überproduktion *f* **2.** (CINE) Mammutproduktion *f*

superprotector(a) [superprotek'tor(a)] *adj* überängstlich

superpuesto, -a [super'pwesto, -a] *adj* aufeinander liegend, übereinander liegend; (*imágenes*) überlagert

superrealista [superrea'lista] **I.** *adj* surrealistisch **II.** *mf* Surrealist(in) *m(f)*

supersecreto, -a [superse'kreto, -a] *adj* streng geheim

supersensible [supersen'siβle] *adj* **1.** (*aparato*) hochempfindlich **2.** (*carácter*) hochsensibel, überempfindlich

supersónico, -a [super'soniko, -a] *adj* Überschall-, supersonisch; **avión** ~ Überschallflugzeug *nt*

superstar [supers'tar] *f* Superstar *m*

superstición [supersti'θjon] *f* Aberglaube *m*

supersticioso, -a [supersti'θjoso, -a] *adj* abergläubisch

supérstite [su'perstite] **I.** *adj* (JUR) überlebend, hinterblieben **II.** *mf* (JUR) Überlebende(r) *mf,* Hinterbliebene(r) *mf*

supertalla [super'taʎa] *f* Übergröße *f*

supervalorar [superβalo'rar] *vt* überbewerten

superventas [super'βeṇtas] *m inv* Verkaufsschlager *m;* (*libro*) Bestseller *m*

supervisar [superβi'sar] *vt* beaufsichtigen, überwachen; (*en un examen*) Aufsicht führen; ~ **las cuentas** die Rechnungen kontrollieren; ~ **a los nuevos empleados** die Neueingestellten beaufsichtigen

supervisión [superβi'sjon] *f* **1.** (*vigilancia*) Beaufsichtigung *f,* Überwachung *f* **2.** (*en examen*) Aufsicht *f*

supervisor(a) [superβi'sor(a)] **I.** *m(f)* **1.** (*vigilante*) Aufseher(in) *m(f)* **2.** (*funcionario*) Aufsichtsbeamte(r) *mf,* Aufsichtsbeamtin *f* **II.** *adj* Überwachungs-; **programa** ~ (INFOR) Kontrollprogramm *nt*

supervivencia [superβi'βeṇθja] *f* Überleben *nt*

superviviente [superβi'βjeṇte] **I.** *adj* überlebend **II.** *mf* Überlebende(r) *mf*

superyó [super'ɟo] *m* (PSICO) Überich *nt*

supino¹ [su'pino] *m* (LING) Supinum *nt*

supino, -a² [su'pino, -a] *adj* **1.** (*posición*) auf dem Rücken (liegend) **2.** (*excesivo*): **ignorancia supina** völlige Unwissenheit

supiquegua [supi'keɣwa] *m* *Heilkraut aus den Anden*

suplantación [suplaṇta'θjon] *f* **1.** (*en el trabajo*) unbefugte Vertretung *f,* Ausstechung *f* **2.** (*de escrito*) Fälschung *f*

suplantar [suplaṇ'tar] *vt* **1.** (*en el trabajo*) unbefugt vertreten, ausstechen **2.** (*escrito*) fälschen

suplefaltas [suple'faḷtas] *mf inv* **1.** (*que suple faltas*) Lückenbüßer(in) *m(f)* **2.** (*fam: chivo*) Sündenbock *m*

suplementario, -a [suplemeṇ'tarjo, -a] *adj* ergänzend, suplementär; **ángulo** ~ (MAT) Supplementwinkel *m;* **cláusula suplementaria** (JUR) Zusatzklausel *f;* **tomo** ~ Ergänzungsband *m,* Supplementband *m,* Supplement *nt*

suplementero [suplemeṇ'tero] *m* (*Chil*) Zeitungsverkäufer *m*

suplemento [suple'meṇto] *m* **1.** (*complemento*) Ergänzung *f,* Zusatz *m;* ~ **por el servicio** Servicezuschlag *m* **2.** (*tomo*) Ergänzungsband *m,* Supplementband *m,* Supplement *nt* **3.** (*de periódico*) Beilage *f;* ~ **de fin**

S

de semana/dominical Wochenend-/Sonntagsbeilage *f* **4.** (*precio*) Aufpreis *m;* (*del tren*) Zuschlag *m;* (*plus*) Zulage *f;* ~ **de antigüedad** Alterszulage *f;* ~ **por turnos** Schichtzulage *f* **5.** (*ángulo*) Supplementwinkel *m*

suplencia [su'pleṇθja] *f* **1.** (*en el trabajo*) Vertretung *f;* ~ **de maternidad** Mutterschaftsvertretung *f* **2.** (*tiempo*) Vertretungsdauer *f*

suplente [su'pleṇte] **I.** *adj* vertretend; **maestro** ~ Aushilfslehrer *m* **II.** *mf* **1.** (*en el trabajo*) Vertretung *f* **2.** (DEP) Ersatzspieler(in) *m(f)*, Auswechselspieler(in) *m(f)* **3.** (ENS) Aushilfslehrer(in) *m(f)*, Vertretung *f*

supletorio[1] [suple'torjo] *m* (TEL) Nebenanschluss *m*

supletorio, -a[2] [suple'torjo, -a] *adj* zusätzlich, ergänzend

súplica ['suplika] *f* **1.** (*ruego*) inständige Bitte *f*, Flehen *nt* **2.** (*escrito*) Bittgesuch *nt*, Petition *f formal*

suplicación [suplika'θjon] *f* **1.** (*ruego*) inständige Bitte *f*, Flehen *nt* **2.** (JUR) Einspruch *m*

suplicante [supli'kaṇte] **I.** *adj* flehentlich, flehend **II.** *mf* Bittsteller(in) *m(f)*

suplicar [supli'kar] <c→qu> *vt* **1.** (*rogar*) inständig bitten, anflehen; (ADMIN, POL) ersuchen; **te lo suplico** ich bitte dich inständig darum; ~ **de rodillas** auf Knien anflehen **2.** (JUR) Einspruch einlegen [*o* erheben]

suplicatoria [suplika'torja] *f* (JUR) Rechtshilfeersuchen *nt*

suplicio [su'pliθjo] *m* **1.** (*tortura*) Folter *f* **2.** (*tormento*) Qual *f*, Marter *f elev;* **el viaje fue un** ~ die Reise war eine einzige Strapaze

suplir [su'plir] *vt* **1.** (*completar*) ergänzen **2.** (*sustituir*) ersetzen; ~ **el bolígrafo por un lápiz** einen Bleistift statt eines Kugelschreibers benutzen; **suple su inexperiencia con una gran dedicación** er/sie gleicht seine/ihre Unerfahrenheit durch sein/ihr starkes Engagement aus **3.** (*en el trabajo*) vertreten

supo ['supo] *3. pret de* **saber**

suponer [supo'ner] *irr como poner vt* **1.** (*dar por sentado*) annehmen, voraussetzen; **vamos a** ~ **que...** nehmen wir an, dass ...; **se supone que...** es ist anzunehmen, dass ...; **compré el coche suponiendo que...** ich kaufte das Auto in der Annahme, dass ...; **supongamos que la recta A es igual a B...** wenn wir von zwei gleich langen Geraden A und B ausgehen ...; **dar algo por supuesto** etw für selbstverständlich halten **2.** (*figurar, creer*) annehmen, vermuten; **supongo que vendrás, ¿no? – supongo que sí** ich nehme an, du kommst, oder? – wahrscheinlich schon; **no supongo que lo haya dicho** ich glaube nicht, dass er/sie es gesagt hat; **puedes** ~ **que yo no haría algo así** du kannst sicher sein [*o* davon ausgehen], dass ich so was nie machen würde; **es de** ~ **que acabará pagándolo** er/sie wird wohl letzten Endes dafür geradestehen müssen; **lo que acabo de decir es un** ~ was ich gerade gesagt habe, ist eine reine Vermutung; **se me bloqueó el freno con el susto que es de** ~ die Bremse blockierte und ich bekam natürlich einen gehörigen Schreck; **¿estás suponiendo que tengo la culpa?** willst du damit andeuten [*o* sagen], dass ich daran schuld bin? **3.** (*atribuir*): **le supongo unos 40 años** ich schätze ihn/sie auf etwa vierzig; **no le suponía tan fuerte** ich habe ihn nicht für so stark gehalten **4.** (*implicar*): **esta acusación supone un duro golpe para él** diese Anschuldigung ist ein harter Schlag für ihn; **tener mujer de limpieza me supone 10.000 pesetas al mes** eine Putzfrau zu haben kostet mich monatlich 10.000 Peseten; **eso no me supone molestia alguna** das bereitet mir keine Mühe; **pintar la casa supone mucho trabajo** das Haus zu streichen bedeutet viel Arbeit **5.** (*demostrar*) beweisen; **su actitud supone que lo quiere mucho** sein/ihr Verhalten ist ein Beweis dafür, dass er/sie ihn sehr liebt

suposición [suposi'θjon] *f* **1.** (*lo supuesto*) Annahme *f*, Voraussetzung *f* **2.** (*figuración*) Annahme *f*, Vermutung *f* **3.** (*presunción*) Mutmaßung *f*

supositorio [suposi'torjo] *m* (MED) Zäpfchen *nt*

supraestatal [supraesta'tal] *adj* überstaatlich

supranacional [supranaθjo'nal] *adj* übernational, supranational

suprarrealismo [suprarrea'lismo] *m sin pl* (ARTE) Surrealismus *m*

suprarrenal [suprarre'nal] *adj* (MED) suprarenal; **glándula** ~ (ANAT) Nebenniere *f*

suprasensible [suprasen'siβle] *adj* übersinnlich

suprayacente [supraʝa'θeṇte] *adj* (GEO) oben liegend, aufliegend

supremacía [suprema'θia] *f* **1.** (*de un país*) Oberhoheit *f*, Oberherrschaft *f* **2.** (*política, económica*) Vorherrschaft *f*, Vormachtstellung *f;* ~ **naval** (MIL) Seeherrschaft *f;* **la** ~ **de este equipo este año es total** dieses Jahr ist die Überlegenheit dieser Mannschaft eindeutig

supremo[1] [su'premo] *m* (JUR) oberster Gerichtshof *m*

supremo, -a[2] [su'premo, -a] *adj* **1.** (*altísimo*) höchste(r, s); **el Soviet S~** der Oberste Sowjet **2.** (*bondad, valor*) größte(r, s), äußerste(r, s); **el instante** ~ der Höhepunkt; **suerte suprema** (TAUR) Todesstoß *m*

supresión [supre'sjon] *f* **1.** (*de impuesto, empleo*) Abschaffung *f;* (*de fronteras*) Abbau *m;* (*de controles*) Abschaffung *f*, Aufhebung *f;* (*de obstáculos*) Beseitigung *f;* (*de una regla*) Aufhebung *f;* (ELEC) Entstörung *f* **2.** (*de un párrafo, un tren*) Streichung *f* **3.** (*silenciamiento*) Verschweigung *f*

supresor [supre'sor] *m:* ~ **de interferencias** (ELEC) Entstörer *m*

suprimir [supri'mir] *vt* **1.** (*poner fin: impuesto, empleo*) abschaffen; (*fronteras*) abbauen; (*controles*) abschaffen, aufheben; (*obstáculos, amenaza*) beseitigen, aus der Welt schaffen; (*regla*) aufheben; (ELEC) entstören **2.** (*omitir: párrafo, tren*) streichen **3.** (*silenciar*) verschweigen

supuesto[1] [su'pwesto] *m* Annahme *f,* Voraussetzung *f*

supuesto, -a[2] [su'pwesto, -a] *adj* (*ladrón, asesino*) mutmaßlich, vermeintlich; (*testigo, nombre*) angeblich; (*causa*) vermutlich; **por ~** selbstverständlich; **dar algo por ~** etw für selbstverständlich halten, etw als selbstverständlich annehmen

supuración [supura'θjon] *f* (MED) Eiterung *f*

supurante [supu'ran̩te] *adj* (MED) eiternd, eitrig

supurar [supu'rar] *vi* (MED) eitern

supurativo, -a [supura'tiβo, -a] *adj* (MED) eiterziehend, eiternd

sur [sur] *m* **1.** (*punto*) Süden *m;* (METEO) Süd *m;* **el ~ de España** Südspanien *nt* **2.** (*viento*) Südwind *m*

surada [su'raða] *f* (METEO) heftiger Südwind *m*

surafricano, -a [surafri'kano, -a] **I.** *adj* südafrikanisch **II.** *m, f* Südafrikaner(in) *m(f)*

sural [su'ral] *adj* (ANAT) Waden-; **músculo ~** Wadenmuskel *m*

suramericano, -a [surameri'kano, -a] **I.** *adj* südamerikanisch **II.** *m, f* Südamerikaner(in) *m(f)*

surazo [su'raθo] *m* (*Arg, Bol: viento*) *starker Südwind*

surcar [sur'kar] <c→qu> *vt* **1.** (*tierra*) (durch)furchen **2.** (*mar*): **~ el mar** durch das Meer gleiten

surco ['surko] *m* **1.** (*en tierra*) Furche *f;* (*de vehículo*) Furche *f,* Spur *f* **2.** (*arruga*) Falte *f,* Runzel *f* **3.** (*en disco*) Rille *f*

surcoreano, -a [surkore'ano, -a] **I.** *adj* südkoreanisch **II.** *m, f* Südkoreaner(in) *m(f)*

sureño, -a [su'reɲo, -a] *m, f* Bewohner(in) *m(f)* des Südens

sureste [sur'este] *m* Südosten *m;* **~ asiático** Südostasien *nt*

surf [surf] *m sin pl* Surfing *nt;* **hacer ~** surfen

surfear [surfe'ar] *vi* (INFOR) surfen

surfista [sur'fista] *mf* Surfer(in) *m(f)*

surgimiento [surxi'mjen̩to] *m* (*de dificultades, de una disputa*) Aufkommen *nt;* (*de una persona, de un fantasma*) Auftauchen *nt*

surgir [sur'xir] <g→j> *vi* **1.** (*agua*) herausquellen, (heraus)sprudeln **2.** (*aparecer: dificultades*) entstehen, aufkommen; (*posibilidad*) sich ergeben; (*pregunta*) sich stellen; (*persona, fantasma*) auftauchen **3.** (*edificio*) sich erheben, emporragen; **la torre de televisión surge entre todos los edificios** der Fernsehturm ragt zwischen all den anderen Gebäuden heraus

suricacina [surika'θina] *f* (*Bol*) **1.** (*huevo de ñandú*) Nanduei *nt* **2.** (*cobarde*) Feigling *m*

suroeste [suro'este] *m* Südwesten *m;* (METEO) Südwest *m*

surplus ['surplus] <surpluses> *m* (ECON) **1.** (*excedente*) Überschuss *m* **2.** (*cantidad por encima de la demanda*) *über den Nachfragebedarf produzierte Menge*

surrealismo [surrea'lismo] *m sin pl* (ARTE) Surrealismus *m*

surrealista [surrea'lista] **I.** *adj* surrealistisch **II.** *mf* Surrealist(in) *m(f)*

sursuncorda [sursuŋ'korða] *m* (*fam*): **no lo haré aunque lo mande el ~** ich werde es nicht tun, selbst wenn der liebe Gott persönlich es mir befiehlt

surtida [sur'tiða] *f* **1.** (*de los sitiados*) Ausfall *m* (der Belagerten) **2.** (*puerta falsa*) Schlupfpforte *f,* Geheimpforte *f* **3.** (NÁUT) Stapel *m*

surtido[1] [sur'tiðo] *m* Sortiment *nt,* (Waren)auswahl *f*

surtido, -a[2] [sur'tiðo, -a] *adj* **1.** (*mezclado*) gemischt; **galletas surtidas** Keksmischung *f* **2.** (*variado*) sortiert

surtidor [surti'ðor] *m* **1.** (*chorro*) Fontäne *f;* (*fuente*) Springbrunnen *m* **2.** (*de gasolina*) Zapfsäule *f*

surtir [sur'tir] **I.** *vt* **1.** (*proveer*) versorgen, versehen (*de* mit +*dat*); (*de un equipo*) ausstatten (*de* mit +*dat*) **2.** (*loc*): **~ efecto** (*palabras*) Wirkung haben; (*medicamento*) wirken **II.** *vi* heraussprudeln, herausquellen; (*lava*) herausspritzen; (*más lentamente*) herausfließen **III.** *vr:* **~se** sich versorgen (*de* mit +*dat*), sich versehen (*de* mit +*dat*)

surubí [suru'βi] *m* (*Arg:* ZOOL) *Gattungsname mehrerer Fischarten des La Plata-Beckens*

surucuá [suru'kwa] *m* (*AmS:* ZOOL) *Vogel mit einem langen weißen Schwanz in den subtropischen Wäldern Südamerikas*

surucucú [suruku'ku] *m* (*Am:* ZOOL) Buschmeister *m*

surumbo, -a [su'rumbo, -a] *adj* (*Guat, Hond*) dumm, blöd

surupa [su'rupa] *f* (*Ven: cucaracha*) Kakerlak *m*

suruví [suru'βi] *m* (ZOOL) *v.* **surubí**

survietnamita [surβje^{d}na'mita] **I.** *adj* südvietnamesisch **II.** *mf* Südvietnamese, -in *m, f*

suryemení [surɟeme'ni] **I.** *adj* südjemenitisch **II.** *mf* Südjemenit(in) *m(f)*

sus [sus] *interj* auf geht's

susceptibilidad [susθeptiβili'ða^{d}] *f* **1.** (*sensibilidad*) (Über)empfindlichkeit *f;* **~ magnética** (TÉC) Magnetisierbarkeit *f* **2.** (*irritabilidad*) Reizbarkeit *f* **3.** (MED: *predisposición*) Anfälligkeit *f,* Empfänglichkeit *f*

susceptible [susθep'tiβle] *adj* **1.** (*cosa*): **~ de edificación** bebaubar; **~ de impugnación** (JUR) anfechtbar; **~ de mejora** verbesserungsfähig; **materiales ~s de ser reutilizados** wieder verwendbare Stoffe **2.** (*persona: sensible*) (über)empfindlich; (*irritable*) reizbar; **ella es muy ~ a la crítica** sie ist sehr kri-

S

tikempfindlich

suscitación [susθita'θjon] *f* (*de sospecha*) Erweckung *f;* (*de escándalo*) Verursachung *f,* Heraufbeschwörung *f;* (*de odio*) Schüren *nt;* (*de problemas*) Schaffung *f,* Aufwerfung *f;* (*de discordia, discusión*) Entfachung *f;* (*de revolución*) Anzettelung *f;* (*de conflicto*) Anstiftung *f;* (*de antipatías*) Hervorrufen *nt;* (*curiosidad*) Erregung *f;* (*de entusiasmo*) Auslösung *f*

suscitar [susθi'tar] *vt* (*sospecha*) (er)wecken; (*discusión*) auslösen; (*escándalo*) verursachen, heraufbeschwören; (*odio*) schüren; (*comentarios*) provozieren, auslösen; (*problema*) schaffen, aufwerfen; (*discordia*) entfachen, säen; (*revolución*) anzetteln; (*conflicto*) anstiften; (*antipatías*) hervorrufen; (*curiosidad*) erregen; (*entusiasmo*) auslösen

suscribir [suskri'βir] *irr como escribir* **I.** *vt* **1.** (*escrito*) unterschreiben, unterzeichnen; ~ **un seguro de vida** eine Lebensversicherung abschließen **2.** (*opinión*) teilen **3.** (FIN: *acciones*) zeichnen; ~ **una opción** eine Option zeichnen **II.** *vr:* ~**se a una revista** eine Zeitschrift abonnieren

suscripción [suskriβ'θjon] *f* **1.** (*firma*) Unterschrift *f,* Unterzeichnung *f* **2.** (FIN: *de acciones*) Zeichnung *f* **3.** (*a una revista*) Abonnement *nt*

suscri(p)tor(a) [suskri(p)'tor(a)] *m(f)* **1.** (*firmante*) Unterzeichner(in) *m(f),* Unterzeichnende(r) *mf* **2.** (FIN: *de acciones*) Zeichner(in) *m(f)* **3.** (*de una revista*) Abonnent(in) *m(f)*

susodicho, -a [suso'ðitʃo, -a] *adj* (*dicho arriba*) oben genannt, oben erwähnt; (*dicho antes*) zuvor erwähnt

suspender [suspen̩'der] *vt* **1.** (*tener en el aire*) aufhängen (*de* an +*dat*); (QUÍM) suspendieren **2.** (*trabajador*) suspendieren; (*deportista*) sperren **3.** (*en un examen*) durchfallen lassen; **he suspendido matemáticas** ich bin in Mathe durchgefallen, ich habe Mathe nicht bestanden **4.** (*interrumpir: sesión*) unterbrechen; (*cura, tratamiento*) aussetzen; (*embargo, prohibición*) aufheben; ~ **las disputas** (*definitivamente*) den Streit beenden; (*temporalmente*) den Streit auf Eis legen; **se ha suspendido la función de esta noche** die heutige Nachtvorstellung fällt aus **5.** (*embelesar*) bezaubern, hinreißen **6.** (FIN): ~ **una cuenta** ein Konto auflösen; ~ **pagos** Zahlungen einstellen

suspense [sus'pense] *m* Spannung *f;* **una película de** ~ ein spannender Film

suspensión [suspen'sjon] *f* **1.** (TÉC) Aufhängung *f;* (QUÍM) Suspension *f;* **estar en** ~ in der Schwebe sein **2.** (AUTO) Federung *f;* (*de las ruedas*) Aufhängung *f;* **el coche tiene buena** ~ das Auto ist gut gefedert **3.** (*laboral*) Suspendierung *f;* (*de un deportista*) Sperre *f* **4.** (*interrupción: de sesión*) Unterbrechung *f;* (*de cura, tratamiento*) Aussetzung *f;* (*de obras, disputas*) Beendigung *f;* (*de producción*) Einstellung *f;* (*de embargo, prohibición*) Aufhebung *f;* ~ **de armas** (MIL) Waffenruhe *f,* Feuereinstellung *f;* ~ **de garantías** (POL) zeitweilige Außerkraftsetzung der Grundrechte; ~ **de la pena** (JUR) Strafaussetzung *f* **5.** (COM): ~ **de pagos** Zahlungseinstellung *f;* **procedimiento de** ~ Vergleichsverfahren *nt* **6.** (JUR): ~ **del contrato** Vertragsaussetzung *f*

suspensivo, -a [suspen'siβo, -a] *adj* suspensiv; **efecto** ~ (JUR) Suspensiveffekt *m;* **puntos** ~**s** (LING) Auslassungspunkte *mpl*

suspenso[1] [sus'penso] *m* **1.** (ENS: *nota*): **he sacado un** ~ ich bin durchgefallen **2.** (*Am: suspense*) Spannung *f*

suspenso, -a[2] [sus'penso, -a] *adj* **1.** (*perplejo*) erstaunt, perplex **2.** (*colgado*) aufgehängt; (*suspendido*) schwebend; **dejar una pregunta en** ~ eine Frage im Raum stehen lassen

suspensores [suspen'sores] *mpl* (*Col, Chil, Perú, PRico: tiradores*) Hosenträger *mpl*

suspensorio[1] [suspen'sorjo] *m* Suspensorium *nt*

suspensorio, -a[2] [suspen'sorjo, -a] *adj* (Auf)hänge-

suspicacia [suspi'kaθja] *f* **1.** (*cualidad*) Misstrauen *nt,* Argwohn *m elev* **2.** (*actitud*) misstrauisches Wesen *nt*

suspicaz [suspi'kaθ] *adj* misstrauisch, argwöhnisch *elev*

suspirado, -a [suspi'raðo, -a] *adj* ersehnt; **muy** ~ heiß ersehnt

suspirar [suspi'rar] *vi* **1.** (*dar suspiros*) seufzen **2.** (*anhelar*) sich sehnen (*por* nach +*dat*)

suspiro [sus'piro] *m* **1.** (*de persona*) Seufzer *m;* (*del viento*) Säuseln *nt;* ~ **de alivio** Seufzer der Erleichterung; **dar** [*o* **exhalar**] **el último** ~ seinen letzten Seufzer tun **2.** (MÚS) kurze Pause *f* **3.** (GASTR) *Süßigkeit aus Mehl, Zucker und Ei*

sustancia [sus'tan̩θja] *f* **1.** (*materia*) Substanz *f,* Stoff *m,* Materie *f;* (FILOS) Substanz *f;* ~ **activa** (QUÍM) Wirkstoff *m;* ~ **nociva** Schadstoff *m* **2.** (*esencia*) Substanz *f,* Wesentliche(s) *nt;* **no has entendido la** ~ **de la novela** du hast nicht verstanden, worum es in dem Roman eigentlich geht; **este ensayo no tiene** ~ dieses Essay ist gehaltlos; **ese hombre es un hombre sin** ~ das ist ein ziemlich langweiliger Mann **3.** (*de alimentos*) Nährwert *m* **4.** (*juicio*): **un fundamento sin** ~ eine Begründung, die jeglicher Grundlage entbehrt; **decir cosas sin** ~ Unsinn reden; **hacer un comentario sin** ~ eine überflüssige Bemerkung machen **5.** (ANAT): ~ **gris** graue Zellen **6.** (*Am:* GASTR): ~ **de carne** klare Fleischbrühe *f* **7.** (*loc*): **en** ~ kurz und gut, alles in allem

sustancial [sustan̩'θjal] *adj* **1.** (*esencial*) wesentlich, substanziell *elev;* (*fundamental*) fundamental, grundlegend **2.** (*comida*) nahrhaft, gehaltreich **3.** (*libro*) gehaltvoll

sustanciar [sustaṇ'θjar] *vt* **1.** (*resumir*) begründen, fundieren, substantiieren *elev* **2.** (JUR): ~ **un proceso** einen Prozess betreiben

sustancioso, **-a** [sustaṇ'θjoso, -a] *adj* **1.** (*comida*) nahrhaft, gehaltreich **2.** (*libro, discurso*) gehaltvoll

sustantivar [sustaṇti'βar] *vt* (LING) substantivieren

sustantivo[1] [sustaṇ'tiβo] *m* (LING) Substantiv *nt*

sustantivo, **-a**[2] [sustaṇ'tiβo, -a] *adj* **1.** (*esencial*) wesentlich; (*fundamental*) fundamental, grundlegend **2.** (LING) substantivisch

sustentable [susteṇ'taβle] *adj* vertretbar, haltbar; **esa teoría no es** ~ diese Theorie ist nicht haltbar

sustentación [susteṇta'θjon] *f* **1.** (*soporte*) Stütze *f*, Träger *m* **2.** (*de familia*) Unterhalt *m* **3.** (AERO) Auftrieb *m*

sustentáculo [susteṇ'takulo] *m* Träger *m*, Stütze *f*

sustentante [susteṇ'taṇte] **I.** *adj* (*t.* ARQUIT) tragend **II.** *m* (ARQUIT) tragendes Bauelement *nt*

sustentar [susteṇ'tar] **I.** *vt* **1.** (*una cosa*) halten, tragen; **tres columnas sustentan la bóveda** das Gewölbe wird von drei Säulen getragen [*o* gestützt] **2.** (*esperanza*) aufrechterhalten **3.** (*familia*) unterhalten **4.** (*idea*) verteidigen, dahinter stehen **II.** *vr:* ~**se 1.** (*alimentarse*) sich ernähren, leben (*con/de* von +*dat*) **2.** (*aguantarse*) sich stützen (*en* auf +*akk*)

sustento [sus'teṇto] *m* **1.** (*mantenimiento*) (Lebens)unterhalt *m* **2.** (*apoyo*) Stütze *f*; **tus palabras son el** ~ **en mi dolor** deine Worte helfen mir diesen Schmerz zu verkraften

sustitución [sustitu'θjon] *f* **1.** (*de algo*) Ersetzung *f* **2.** (*lo sustituido*) Ersatz *m* **3.** (*de alguien*) Vertretung *f*; **esta semana tengo tres horas de** ~ diese Woche habe ich drei Vertretungsstunden

sustituible [sustitu'iβle] *adj* ersetzbar, substituierbar *elev*

sustituir [sustitu'ir] *irr como huir vt* **1.** (*algo*) ersetzen, substituieren *elev* **2.** (DEP) austauschen, auswechseln **3.** (*un cargo: temporalmente*) vertreten; (*definitivamente*) ersetzen

sustitutivo[1] [sustitu'tiβo] *m* Ersatz *m*, Surrogat *nt*, Substitut *nt elev*; **un** ~ **del café** ein Kaffeeersatz

sustitutivo, **-a**[2] [sustitu'tiβo, -a] *adj* Ersatz-

sustituto, **-a** [susti'tuto, -a] *m, f* Vertreter(in) *m(f)*, Ersatz *m*, Ersatzperson *f*; (COM, JUR) Substitut(in) *m(f)*

sustitutorio, **-a** [sustitu'torjo, -a] *adj* Ersatz-

susto ['susto] *m* Schreck(en) *m*; **poner cara de** ~ ein erschrockenes Gesicht machen; **me has dado un** ~ du hast mir einen Schreck eingejagt; **me he pegado un** ~ ich bin erschrocken; **pegarle un** ~ **a alguien** jdn erschrecken; **no ganar para** ~**s** keinen Augenblick Ruhe haben

sustracción [sustra^γ'θjon] *f* **1.** (MAT) Abziehen *nt*, Subtraktion *f* **2.** (*robo*) Entwendung *f*, Stehlen *nt*; (*malversación*) Unterschlagung *f* **3.** (*privación*) Entziehung *f* **4.** (*separación*) Trennung *f*, Absonderung *f* **5.** *pl* (JUR) Beute *f*

sustraendo [sustra'eṇdo] *m* (MAT) Subtrahend *nt*

sustraer [sustra'er] *irr como traer* **I.** *vt* **1.** (*restar*) abziehen (*de* von +*dat*), subtrahieren (*de* von +*dat*) **2.** (*robar*) stehlen, entwenden; (*malversar*) unterschlagen **3.** (*privar*) entziehen **4.** (*separar*) trennen, absondern **II.** *vr:* ~**se de algo** sich einer Sache entziehen; **quiso** ~**se de los periodistas** er/sie wollte den Journalisten aus dem Wege gehen

sustrato [sus'trato] *m* Substrat *nt*

susungá [susuŋ'ga] *f* (*Col, Ecua*) Schaumlöffel *m*

susurrante [susu'rraṇte] *adj* **1.** (*hablando: bajo*) flüsternd, wispernd; (*no claro*) murmelnd **2.** (*viento*) säuselnd, rauschend

susurrar [susu'rrar] **I.** *vi* **1.** (*hablar bajo*) flüstern, wispern; (*no claro*) murmeln; ~ **algo a alguien** jdm etw zuflüstern **2.** (*viento*) säuseln, rauschen **II.** *vr:* ~**se** umgehen **III.** *vimpers:* **se susurra que...** man munkelt, dass ..., es geht das Gerücht (um), dass ...

susurro [su'surro] *m* **1.** (*al hablar: bajo*) Flüstern *nt*, Wispern *nt*; (*no claro*) Murmeln *nt* **2.** (*del viento*) Säuseln *nt*, Rauschen *nt*

sute ['sute] *m* **1.** (*Col, Ven: sietemesino*) Siebenmonatskind *nt* **2.** (*Col, Ven: niño mimado*) verwöhnte(s) Kind *nt* **3.** (*Col: lechón*) Spanferkel *nt*

sutil [su'til] *adj* **1.** (*velo, hilo*) fein; (*rebanada*) dünn **2.** (*sabor*) fein; (*aroma*) zart **3.** (*diferencia, ironía*) subtil; (*jugada, sistema*) raffiniert, subtil, ausgeklügelt **4.** (*persona*) spitzfindig, haarspalterisch *pey*

sutileza [suti'leθa] *f*, **sutilidad** [sutili'ða^ð] *f* **1.** (*de velo, hilo*) Feinheit *f* **2.** (*de sabor*) Feinheit *f*; (*de aroma*) Zartheit *f* **3.** (*de diferencia, ironía*) Subtilität *f*; (*de jugada, sistema*) Raffiniertheit *f*, Subtilität *f* **4.** (*de persona*) Spitzfindigkeit *f*, Haarspalterei *f pey*

sutilizar [sutili'θar] <z→c> *vt* **1.** (*hacer sutil*) verfeinern **2.** (*diferencia*) nuancieren; (*jugada*) verbessern **3.** (*discurrir*) austüfteln, ersinnen

sutura [su'tura] *f* (MED) Naht *f*; **punto de** ~ Stich *m*

suturar [sutu'rar] *vt* (MED) (ver)nähen

suyo, **-a** ['suʝo, -a] *adj o pron* (*de él*) seine(r); (*de ella, ellos, ellas*) ihre(r); (*de usted, ustedes*) Ihre(r); **el regalo es** ~ das Geschenk ist von ihm/ihr; **este encendedor es** ~ dieses Feuerzeug gehört ihm/ihr; **siempre habla de los** ~**s** er/sie redet immer von seiner/ihrer Familie [*o* den Seinen/den Ihren]; ~ **afectísimo...** hochachtungsvoll, Ihr ...; **darle a alguien lo** ~ jdm geben, was er verdient; **siempre se sale con la suya** er/sie setzt seinen/ihren Dickkopf immer durch; **ya ha hecho otra de las suyas** (*fam*) er/sie hat schon wieder was Schönes angerichtet; **leer 'Fausto' tiene lo** ~ (*es difícil*) 'Faust' zu lesen ist eine ziemlich mühsame Angelegenheit [*o* hat es in sich]; (*es interesante*) 'Faust' zu lesen hat etwas für sich; **el problema es ya de** ~ **difícil de resolver** das Problem an sich ist schon schwer lösbar; **el profesor se hizo** ~ **al alumno rebelde** der Lehrer gewann den widerspenstigen Schüler für sich; **hizo suyas las quejas de los alumnos** er/sie schloss sich den Beschwerden der Schüler an; **Carmen está contenta porque ahora trabaja en lo** ~ Carmen ist froh, weil sie nun auf ihrem Gebiet tätig ist; **Albert es muy** ~ Albert ist sehr eigen; **eso es muy** ~ das ist typisch für ihn/sie; **ir a lo** ~ eigene Wege gehen; **él se hizo suya la teoría** er machte sich die Theorie zu Eigen

svástica [es'βastika] *f* Swastika *f*

swahili [swa'xili] *m* (LING) *v.* **suahili**

swap [swa^{p}] <swaps> *m* (FIN) (Devisen)swap *m;* **mercado de ~s** Swapmarkt *m*

swazilandés, -esa [swaθilaṇ'des] **I.** *adj* swasiländisch **II.** *m, f* Swasi *mf*

Swazilandia [swaθi'laṇdja] *f* Swasiland *nt*

swing ['swiŋ] *m* **1.** (MÚS) Swing *m* **2.** (DEP: *boxeo*) Schwinger *m;* (*golf*) Schwung *m*

T

T, t [te] *f* T, t *nt;* ~ **de Tarragona** T wie Theodor

TA [te'a] *f abr de* **traducción automática** MÜ *nt*

taba ['taβa] *f* **1.** (ANAT) Sprungbein *nt;* **menear las ~s** (*fam: andar deprisa*) schnell laufen; (*ir ajetreado*) alle Hände voll zu tun haben **2.** *pl* (*juego*) *Kinderspiel, bei dem ein Knöchel geworfen wird*

tabacal [taβa'kal] *m* (*Am*) Tabakplantage *f*

tabacalera [taβaka'lera] *f* Tabakmonopol *nt* (*in Spanien*)

tabacalero, -a [taβaka'lero, -a] **I.** *adj* Tabak(s)- **II.** *m, f* Tabakpflanzer(in) *m(f)*

tabaco [ta'βako] *m* **1.** (BOT) Tabak *m,* Tabakpflanze *f;* **de color** ~ tabakbraun **2.** (*para fumar*) Tabak *m;* ~ **negro/rubio** schwarzer/heller Tabak; ~ **de pipa** Pfeifentabak *m* **3.** (*cigarrillo*) Zigarette *f;* (*cigarro*) Zigarre *f;* **¿tienes ~?** hast du Zigaretten?

tabal [ta'βal] *m* Heringsfass *nt*

tabalear [taβale'ar] **I.** *vt, vr:* **~se** schaukeln, (sich) hin und her bewegen **II.** *vi* mit den Fingern trommeln

tabanco [ta'βaŋko] *m* (*AmC: desván*) Speicher *m*

tábano ['taβano] *m* **1.** (ZOOL) Bremse *f,* Stechfliege *f* **2.** (*persona*) Nervensäge *f*

tabanque [ta'βaŋke] *m* Tretrad *nt* der Töpferscheibe; **levantar el** ~ (*fam: suspender una reunión*) die Versammlung unterbrechen; (*abandonar un sitio*) sein Bündel schnüren

tabaquera [taβa'kera] *f* (*para tabaco*) Tabakdose *f;* (*para rapé*) Schnupftabakdose *f*

tabaquero, -a [taβa'kero, -a] **I.** *adj* Tabak(s)-; **industria tabaquera** Tabakindustrie *f* **II.** *m, f* Tabakhändler(in) *m(f)*

tabaquismo [taβa'kismo] *m sin pl* chronische Nikotinvergiftung *f*

tabardo [ta'βarðo] *m* Mantel *m* (aus grobem Stoff)

tabarra [ta'βarra] *f* Plage *f;* **el vecino me da la ~ con la música** der Nachbar geht mir mit seiner Musik auf die Nerven [*o* den Geist]; **este niño siempre me da la** ~ dieses Kind ist ein Quälgeist; **¡no me des la ~!** lass mich in Ruhe!

tabasco [ta'βasko] *m* (GASTR) Tabasco *m*

taberna [ta'βerna] *f* Kneipe *f*

tabernáculo [taβer'nakulo] *m* **1.** (*del Arca*) Stiftshütte *f* **2.** (*sagrario*) Tabernakel *nt o m*

tabernario, -a [taβer'narjo, -a] *adj* **1.** (*de la taberna*) Kneipen- **2.** (*pey: grosero*) grob, derb

tabernero, -a [taβer'nero, -a] *m, f* (Kneipen)wirt(in) *m(f)*

tabes ['taβes] *f inv* (MED) Auszehrung *f,* Schwindsucht *f*

tabicar [taβi'kar] <c→qu> **I.** *vt* zumauern **II.** *vr:* **~se** verstopfen

tabique [ta'βike] *m* **1.** (*pared*) Trennwand *f,* Zwischenwand *f* **2.** (ANAT): ~ **nasal** Nasenscheidewand *f*

tabla ['taβla] *f* **1.** (*plancha*) Brett *nt;* (*de construcción*) Brett *nt,* Planke *f;* ~ **de planchar/de cocina/de lavar** Bügel-/Schneide-/Waschbrett *nt;* **la T~ Redonda** (HIST) die Tafelrunde; ~ **de surf** Surfbrett *nt;* **es mi única ~ de salvación** (*fig*) das ist meine einzige Rettung **2.** (*de libro*) Inhaltsverzeichnis *nt,* Register *nt* **3.** (*lista*) Tafel *f,* Tabelle *f;* ~ **de precios** (*en un restaurante*) Preistafel *f;* (*prospecto*) Preistabelle *f;* ~ **salarial** Lohntabelle *f;* **en forma de** ~ in Tabellenform **4.** (*de vestido*) Plisseefalte *f* **5.** (MAT): ~ **de logaritmos** Logarithmentafel *f;* ~ **de multiplicar** Multiplikationstabelle *f;* **decir la ~ (de multiplicar)** das Einmaleins aufsagen **6.** (ARTE: *cuadro*) Tafelbild *nt;* (*perspectiva*) Bildfläche *f* **7.** (DEP): ~ **de clasificación** Tabelle *f* **8.** (*fam: borrachera*) Rausch *m* **9.** (*fam: homosexual*) Schwule(r) *m* **10.** (INFOR) Tabelle *f;* ~ **de datos** Datentabelle *f;* ~ **de operaciones** Verknüpfungstabelle *f;* **instrucción de búsqueda de** ~ Tabellensuchbefehl *m* **11.** (AGR: *para plantas*) Beet *nt;* (*para árboles*) Feld *nt* **12.** (DEP) Remis *nt;* **la partida quedó en ~s** die Partie endete remis [*o* ging unentschieden aus] **13.** (TAUR) Arenabegrenzung *f* **14.** (TEAT) Bühne *f;* **coger ~s** Bühnenerfahrung sammeln; **pisar bien las ~s** Bühnenerfahrung haben **15.** (REL): **las T~s de la Ley** die Gesetzestafeln **16.** (*fig: experiencia*): **el nuevo director ya ha cogido ~s** der neue Direktor ist kein unbeschriebenes Blatt mehr; **es un político con muchas ~s** er ist ein Politiker mit viel Erfahrung **17.** (*loc*): **a raja** ~ koste es, was es wolle, um jeden Preis; **hacer ~ rasa de algo** mit etw Tabula rasa machen

tablada [ta'βlaða] *f* **1.** (*CSur: lugar*) *Ort für die Beschau von Schlachtvieh* **2.** (*Par: matadero*) Schlachthof *m*

tablado [ta'βlaðo] *m* **1.** (*suelo*) Holzboden *m* **2.** (*entarimado*) Podium *nt* **3.** (*del escenario*) Bühne *f* **4.** (*flamenco: escenario*) Bühne *f;* (*local*) Flamencolokal *nt* **5.** (*de la cama*) Bettgestell *nt*

tablao [ta'βlao] *m* **1.** (*escenario*) Bühne *f* **2.** (*local*) Flamencolokal *nt*

tablar [ta'βlar] **I.** *m* Gartenbeete *ntpl* **II.** *vt* in

Beete aufteilen [*o* einteilen]

tablear [taβle'ar] *vt* **1.** (*madero*) in Bretter schneiden **2.** (*tela*) fälteln, plissieren **3.** (*terreno*) in Beete unterteilen **4.** (*tierra*) einebnen, planieren

tablero [ta'βlero] *m* **1.** (*de madera*) Holzplatte *f*, Holztafel *f;* ~ **de anuncios** Anschlagbrett *nt*, schwarzes Brett **2.** (*pizarra*) Tafel *f* **3.** (DEP): ~ **de ajedrez/damas** Schach-/Damebrett *nt;* ~ **de la cesta** Korbbrett *nt* **4.** (*de mesa*) Tischplatte *f;* ~ **de control** (TEC) Schalttafel *f* **5.** (AUTO) Armaturenbrett *nt;* ~ **de instrumentos** (AERO) Instrumentenbrett *nt* **6.** (*ábaco*) Rechenbrett *nt*, Abakus *m* **7.** (AGR) Beete *ntpl* **8.** (ELEC): ~ **de control** [*o* **mando**] Schalttafel *f;* ~ **de mandos** (FERRO) Armaturenbrett *nt*

tableta [ta'βleta] *f* **1.** (MED) Tablette *f* **2.** (*de chocolate*) Tafel *f* **3.** (*Arg:* GASTR) *rechteckiges Gebäck mit Füllung und Zuckerüberzug*

tabletear [taβlete'ar] *vi* (*puerta, ventana*) klappern; (*metralleta, perforadora*) knattern, rattern

tableteo [taβle'teo] *m* (*de puerta, ventana*) Klappern *nt;* (*de metralleta, perforadora*) Knattern *nt*, Rattern *nt*

tablilla [ta'βliʎa] *f* **1.** (*listón*) kleines Brett *nt* **2.** (*de anuncios*) (kleines) schwarzes Brett *nt* **3.** (*para escribir*) Schreibtafel *f*

tabloide [ta'βloi̯ðe] *m* (*Am*) Boulevardzeitung *f*

tablón [ta'βlon] *m* **1.** (*de andamio*) Bohle *f*, Brett *nt;* ~ **de anuncios** schwarzes Brett, Anschlagbrett *nt* **2.** (*borrachera*) Rausch *m;* **coger un** ~ sich einen Rausch antrinken **3.** (*Am: para plantas*) Beet *nt;* (*más grande*) Feld *nt*

tabú [ta'βu] *m* <**tabúes**> Tabu *nt;* **palabra** ~ Tabuwort *nt*

tabuco [ta'βuko] *m* (*pey*) Bude *f*, Loch *nt*

tabulación [taβula'θjon] *f* **1.** (*con tabuladores*) Tabulierung *f* **2.** (INFOR) Tabellierung *f;* ~ **cruzada** Kreuztabelle *f;* ~ **horizontal** Horizontaltabulation *f*

tabulador [taβula'ðor] *m* **1.** (*tecla*) Tabulator *m* **2.** (INFOR) Tabelliermaschine *f*

tabular [taβu'lar] *vt* **1.** (*con tabulador*) tabulieren **2.** (INFOR) tabellieren

taburete [taβu'rete] *m* (*sin respaldo*) Hocker *m*, Schemel *m;* (*con respaldo*) Stuhl *m*

tac [tak] *m* Tacken *nt;* **el** ~ ~ **del reloj** das Tack Tack der Uhr

tacada [ta'kaða] *f* **1.** (*golpe*) Stoß *m* **2.** (*carambolas*) Punkte *mpl*, Zahl *f* von Karambolagen **3.** (*loc*): **de una** ~ auf einmal

tacañear [takaɲe'ar] *vi* knausern, knickern *fam*

tacañería [takaɲe'ria] *f* **1.** (*calidad*) Knauserigkeit *f*, Knickerigkeit *f fam* **2.** (*acción*) Knauserei *f*, Knickerei *f fam*

tacaño, **-a** [ta'kaɲo, -a] **I.** *adj* knauserig, knickerig *fam* **II.** *m, f* Knauser *m*, Geizhals *m*

tacatá [taka'ta] *m v.* **tacataca**

tacataca [taka'taka] *m* Laufstuhl *m*

tacha ['tatʃa] *f* **1.** (*defecto*) Fehler *m*, Makel *m;* **sin** ~ fehlerlos, makellos **2.** (*tachuela*) Tapeziernagel *m* **3.** (JUR) Ausschließungsgrund *m*

tachadura [tatʃa'ðura] *f* **1.** (*acción*) (Aus)streichen *nt*, (Durch)streichen *nt* **2.** (*tachón*) Strich *m*

tachar [ta'tʃar] *vt* **1.** (*rayar*) (aus)streichen, (durch)streichen **2.** (*atribuir*): ~ **de mentiroso** als Lügner bezeichnen; ~ **de idiota** als Idiot [*o* zum Idioten] abstempeln

tachines [ta'tʃines] *mpl* **1.** (*fam: zapatos*) Treter *mpl*, Latschen *mpl* **2.** (*fam: testículos*) Hoden *mpl*

tachismo [ta'tʃismo] *m sin pl* (ARTE) Tachismus *m*

tacho ['tatʃo] *m* **1.** (*Am: vasija*) Kessel *m* **2.** (*Am: hojalata*) Blech *nt* **3.** (*Arg, Perú, Ecua, Urug: cubo*) Mülleimer *m*

tachón [ta'tʃon] *m* **1.** (*borrón*) Strich *m* **2.** (*tachuela*) Tapeziernagel *m*

tachonado, **-a** [tatʃo'naðo, -a] *adj:* **un cielo ~ de estrellas** ein mit Sternen übersäter Himmel

tachonar [tatʃo'nar] *vt* **1.** (*clavetear*) mit Tapeziernägeln befestigen **2.** (*adornar*) verzieren (*de/con* mit +*dat*)

tachuela [ta'tʃwela] *f* Tapeziernagel *m*

tácitamente [taθita'mente] *adv* stillschweigend

tácito, **-a** ['taθito, -a] *adj* stillschweigend

taciturno, **-a** [taθi'turno, -a] *adj* **1.** (*callado*) schweigsam, wortkarg **2.** (*melancólico*) niedergeschlagen, trübsinnig

taclobo [ta'kloβo] *m* (ZOOL) Riesenmuschel *f*

taco ['tako] *m* **1.** (*de madera*) Holzblock *m;* (*de goma*) Gummiblock *m;* (*de mármol*) Marmorblock *m* **2.** (*de arma*) Pfropf *m* **3.** (*de billar*) Queue *nt*, Billardstock *m* **4.** (DEP: *de bota*) Stollen *m;* ~ **de rosca** Schraubenstollen *m;* ~**s de salida** Startblöcke *mpl* **5.** (*de papel*) Block *m;* (*calendario*) Kalenderblock *m* **6.** (GASTR: *fam: de jamón*) Würfel *m;* (*de vino*) Schluck *m* Wein; (*bocado*) Happen *m fam* **7.** (TÉC) Dübel *m* **8.** (*fam: palabrota*) Schimpfwort *nt;* **decir** [*o* **soltar**] ~**s** fluchen **9.** (*fam: lío*) Durcheinander *nt*, Wirrwarr *m;* **me ha dejado hecho un** ~ **con su explicación** seine/ihre Erklärung hat mich verwirrt; **me he hecho un** ~ **con las fechas** ich habe die Daten durcheinander gebracht **10.** (*Am: tacón*) Absatz *m* **11.** *pl* (*fam: años*) Lenze *mpl;* **pronto cumpliré 40** ~**s** ich gehe auf die vierzig zu

tacógrafo [ta'koɣrafo] *m* Fahrtenschreiber *m;* (TÉC) Tachograph *m*

tacómetro [ta'kometro] *m* Tachometer *m*

tacón [ta'kon] *m* Absatz *m;* ~ **de aguja** Stöckelabsatz *m;* ~ **alto** hoher Absatz

taconazo [tako'naθo] *m* Schlag *m* mit dem Absatz; **dar un** ~ (MIL) die Hacken zusammenschlagen; (DEP) den Ball mit der Ferse treffen; (*rugby*) hakeln

taconear [takone'ar] **I.** *vi* **1.** (*suelo*) aufstampfen **2.** (*arrogantemente*) stolzieren **II.** *vr:* **~se: hoy me he taconeado todas las oficinas del ayuntamiento** heute bin ich im Stadthaus alle Büros abgelaufen

taconeo [tako'neo] *m* Aufstampfen *nt*

tactación [takta'θjon] *f* (MED) Abtasten *nt*

táctica ['taktika] *f* Taktik *f;* **con él tienes que ir con ~** bei ihm musst du diplomatisch [*o* taktisch] vorgehen

táctico, -a ['taktiko, -a] **I.** *adj* taktisch **II.** *m, f* Taktiker(in) *m(f)*

táctil ['taktil] *adj* Tast-; (BIOL) taktil; **pantalla ~** (INFOR) Touch-Screen *m*

tacto ['takto] *m* **1.** (*sentido*) Tastsinn *m;* **ser áspero al ~** [*o* **tener un ~ áspero**] sich rau anfühlen **2.** (*contacto*) Berühren *nt,* Berührung *f* **3.** (*habilidad*) Feingefühl *nt,* Takt *m,* Taktgefühl *nt;* **no tener ~** keinen Takt haben, taktlos sein

tacuache [ta'kwatʃe] *m* (*Cuba, Méx:* ZOOL: *Solenodon*) Kubanischer Schlitzrüssler *m;* (*Didelphis*) Opossum *nt*

tacuaco, -a [ta'kwako, -a] *adj* (*Chil: rechoncho*) dicklich, pummelig *fam*

tacuara [ta'kwara] *f* (*Arg, Par, Urug: bambú*) Bambus *m*

tacuarembó [takwarem'bo] *m* (*Arg, Par, Urug: caña delgada*) Schilfrohr *nt*

tacuche [ta'kutʃe] *m* (*Méx*) **1.** (*bulto*) Bündel *nt* **2.** (*traje*) Anzug *m* **3.** (*cosa sin valor*) wertloses Zeug *nt* **4.** (*persona despreciable*) Kretin *m*

TAE ['tae] *m* (FIN) *abr de* **tipo anual efectivo** effektiver Jahreszins(satz) *m*

taekwondo [tae'kwoṇdo] *m* (DEP) Taekwondo *nt*

tafetán [tafe'tan] *m* **1.** (*tela*) Taft *m* **2.** *pl* (*banderas*) Fahnen *fpl*

tafilete [tafi'lete] *m* Saffian *m,* Saffianleder *nt*

tafón [ta'fon] *m* (ZOOL) *Seemuschelart*

tagalo¹ [ta'ɣalo] *m* (*fili: lengua*) Tagalog *nt*

tagalo, -a² [ta'ɣalo, -a] **I.** *adj* (*fili*) tagalisch **II.** *m, f* (*fili: individuo*) Tagale, -in *m, f*

tagmema [taɣ'mema] *m* (LING) Tagmem *nt*

tahalí [ta(a)'li] *m* **1.** (MIL) Wehrgehänge *nt* **2.** (*cajita*) ledernes Kästchen *nt*

tahitiano¹ [tai̯'tjano] *m* (*lengua*) Tahitisch(e) *nt*

tahitiano, -a² [tai̯'tjano, -a] **I.** *adj* tahitisch **II.** *m, f* Tahitianer(in) *m(f)*

tahona [ta'ona] *f* **1.** (*molino*) Getreidemühle *f* (*die von Pferden angetrieben wird*) **2.** (*panadería*) Bäckerei *f*

tahonero, -a [tao'nero, -a] *m, f* Bäcker(in) *m(f)*

tahúr [ta'ur] *m* **1.** (*jugador*) Spieler(in) *m(f)* **2.** (*tramposo*) Falschspieler(in) *m(f),* Zinker *m*

taifa ['tai̯fa] *f* **1.** (*bando*) Bande *f* **2.** (*chusma*) Gesindel *nt* **3.** (HIST): **los reinos de T~s** die Taifas (*Teilreiche im islamischen Spanien*)

taiga ['tai̯ɣa] *f* Taiga *f*

tailandés, -esa [tai̯laṇ'des, -esa] **I.** *adj* thailändisch **II.** *m, f* Thailänder(in) *m(f)*

Tailandia [tai̯'laṇdja] *f* Thailand *nt*

taima ['tai̯ma] *f* (*Chil*) **1.** (*emperramiento*) Hartnäckigkeit *f* **2.** (*pertinacia*) Ausdauer *f*

taimado, -a [tai̯'maðo, -a] *adj* **1.** (*maligno*) verschlagen **2.** (*malhumorado*) missmutig

taimarse [tai̯'marse] *vr* (*Arg, Chil*) **1.** (*volverse taimado*) Hinterlist entwickeln **2.** (*malhumorarse*) schlechte Laune bekommen

taíno [ta'ino] *m* (*Am*) *indianische Sprache zur Zeit der Entdeckung Amerikas*

taita ['tai̯ta] *m* **1.** (*Ant*) *Anrede für einen schwarzhäutigen Greis* **2.** (*CSur*) *Anrede für den Vater oder für eine andere Respektsperson* **3.** (*Arg: matón*) Killer *m* **4.** (*Ven: jefe de familia*) Familienoberhaupt *nt*

Taiwán [tai̯'wan] *m* Taiwan *nt*

taiwanés, -esa [tai̯wa'nes, -esa] **I.** *adj* taiwanisch **II.** *m, f* Taiwaner(in) *m(f)*

tajá [ta'xa] *m* (*Cuba, Ant:* ZOOL) Grünrückenspecht *m*

tajada [ta'xaða] *f* **1.** (*porción*) Scheibe *f,* Schnitte *f;* **sacar ~ de algo** von etw profitieren; **sacar ~ de un negocio** bei einem Geschäft Gewinne erzielen **2.** (*fam: ronquera*): **tener una ~** einen Frosch im Hals haben **3.** (*fam: borrachera*) Rausch *m*

tajadera [taxa'ðera] *f* **1.** (*cuchilla*) Wiegemesser *nt* **2.** (*trozo de madera*) (Hack)klotz *m* **3.** (*cortafrío*) Hartmeißel *m*

tajadilla [taxa'ðiʎa] *f* (GASTR) Aufschnitt *m*

tajamar [taxa'mar] *m* **1.** (*espolón*) Rammsporn *m* **2.** (*de puente*) Wellenbrecher *m* **3.** (*AmC, Chile: dique*) Mole *f;* (*en ángulo recto*) Buhne *f*

tajante [ta'xaṇte] *adj* **1.** (*respuesta*) kategorisch; (*actitud*) unnachgiebig; (*medidas*) einschneidend, drastisch **2.** (*absoluto*) völlig, absolut **3.** (*cortante*) scharf

tajar [ta'xar] *vt* (durch)schneiden

tajo ['taxo] *m* **1.** (*corte*) Schnitt *m;* **se dio un ~ en el dedo** er/sie schnitt sich in den Finger **2.** (GEO) Steilwand *f* **3.** (*filo*) Schneide *f* **4.** (*trabajo*) Arbeit *f;* (*lugar*) Arbeitsplatz *m;* **ir al ~** arbeiten gehen; **¡se acabó el ~ por hoy!** Feierabend! **5.** (*de carnicero*) Hackblock *m,* Hackklotz *m* **6.** (*para decapitar*) Richtblock *m* **7.** (DEP) Hieb *m*

Tajo ['taxo] *m* Tajo *m*

tajuela [ta'xwela] *f* **1.** (*banquillo*) dreibeiniger Schemel *m,* Dreifuß *m* **2.** (*tabla para lavar*) Waschbrett *nt*

tal [tal] **I.** *adj* **1.** (*igual*) so; **~ día hace un año** heute vor einem Jahr; **en ~ caso** in einem solchen Fall; **no digas ~ cosa** sag so etwas nicht, sag doch so was nicht *fam;* **no he dicho nunca ~ cosa** das habe ich nie gesagt; **yo nunca hubiera dicho ~ disparate** ich hätte so einen Unsinn nie gesagt **2.** (*tanto*) so, solch(e); **la distancia entre los dos puntos es ~ que...** die Entfernung zwischen den zwei Punkten ist so groß, dass ... **3.** (*cierto*) gewiss, so genannt; **preguntan por una ~ Martínez**

jemand verlangt nach einer gewissen Martínez **II.** *pron* **1.**(*alguien*): ~ **habrá que piense así** es gibt sicher jemanden, der so denkt; **el ~ no llamó más** der Dings hat nicht mehr angerufen; **si ~ o cual dice algo, llámame** wenn irgendjemand etwas sagt, dann ruf mich an; **¡ése es otro que ~!** das ist auch so einer! **2.**(*cosa*): **no haré ~** ich mache so etwas nicht; **¡no hay ~!** das ist nicht wahr!; **hablamos de ~ y cual** wir redeten von diesem und jenem; **le dije ~ y cual, pero no lo comprendió** ich sagte ihm/ihr dies und jenes, aber er/sie verstand es nicht; **en esta tienda venden bisutería, ropa usada y ~** in diesem Laden werden Modeschmuck, Secondhandklamotten und dergleichen verkauft **III.** *adv* **1.**(*así*) so, auf diese Weise; ~ **(cual) me respondió** er/sie hat mir so geantwortet; **a veces es tonto, pero ~ como es, me gusta** manchmal ist er dumm, aber er gefällt mir, so wie er ist **2.**(*de la misma manera*) genauso; ~ **como me lo han contado te lo repito** ich wiederhole es genauso, wie es mir erzählt wurde; **es ~ cual lo buscaba** das ist genau, wonach ich gesucht habe; **son ~ para cual** sie sind einer wie der andere; **hacía tiempo que no lo veía pero está ~ cual** ich hatte ihn lange nicht mehr gesehen, aber er hat sich nicht verändert; **lo he hecho ~ y como dijiste** ich habe es genauso gemacht, wie du es sagtest **3.**(*wie*): **¿qué ~ (te va)?** wie geht's (dir)?; **¿qué ~ el viaje?** wie war die Reise?; **¿qué ~ te lo has pasado?** wie war's?; **¿qué ~ si tomamos una copa?** wie wär's mit einem Drink?; ~ **y como están las cosas** so wie die Dinge stehen **IV.** *conj:* **con ~ de...** +*inf* nur; **con ~ de que...** +*subj* wenn nur ..., vorausgesetzt dass ...; **con ~ de que vengas ya es suficiente** es genügt schon, wenn du nur kommst; **hace cualquier cosa con ~ de poder dormir por las mañanas** er/sie ist zu allem bereit, wenn er/sie nur morgens ausschlafen kann; **te lo diré con ~ de que me dejes en paz** ich erzähle es dir, wenn du mich dann in Ruhe lässt

tala ['tala] *f* **1.**(*de árboles*) Fällen *nt* **2.**(*de campos, pueblos*) Zerstörung *f,* Verwüstung *f*

talabricense [talaβri'θense] **I.** *adj* aus Talavera de la Reina (*Provinz Toledo*) **II.** *mf* Einwohner(in) *m(f)* von Talavera de la Reina

talacho [ta'latʃo] *m* (*Méx*) Hacke *f*

talador(a) [tala'ðor(a)] *m(f)* Holzfäller(in) *m(f)*

taladradora [talaðra'ðora] *f* Bohrmaschine *f*

taladrar [tala'ðrar] *vt* **1.**(*con taladro*) bohren, durchbohren **2.**(*oídos*) durchdringen; **un ruido que taladra los oídos** ein ohrenbetäubendes Geräusch

taladro [ta'laðro] *m* Bohrer *m*

talaje [ta'laxe] *m* (*Chil*) **1.**(*acción*) Weiden *nt* **2.**(*precio*) Weidegebühr *f,* Weidegeld *nt*

tálamo ['talamo] *m* **1.**(*elev: lecho conyugal*) Brautbett *nt* **2.**(ANAT): ~ **(óptico)** Thalamus *m,* Sehhügel *m*

talamoco, -a [tala'moko, -a] *adj* (*Ecua*) albinotisch

talán [ta'lan] *m* Klingeln *nt,* Dingdong *nt*

talanquera [talaŋ'kera] *f* **1.**(*valla de defensa*) Schutzwehr *f;* (TAUR) Bretterwand *f* **2.**(*seguridad y defensa*) Zuflucht *f,* Zufluchtsort *m;* **hablar de** [*o* **desde**] **la ~** (*fam*) aus sicherer Entfernung kommentieren [*o* seinen Senf dazugeben]; **mirar de** [*o* **desde**] **la ~** (*fam*) aus sicherer Entfernung zusehen

talante [ta'lan̪te] *m* **1.**(*modo*) Art *f,* Weise *f* **2.**(*humor*) Laune *f;* **estar de buen/mal ~** gut/schlecht gelaunt sein, gut/schlecht aufgelegt sein **3.**(*gana*): **lo hizo de buen ~** er/sie machte es gerne

talar [ta'lar] **I.** *adj:* **túnica ~** Talar *m* **II.** *vt* **1.**(*árboles*) fällen **2.**(*campos, pueblos*) zerstören, verwüsten

talasocracia [talaso'kraθja] *f* (HIST: *elev*) Beherrschung *f* der Meere

talasoterapia [talasote'rapja] *f* (MED) Meeresheilkunde *f,* Thalassotherapie *f*

talco ['talko] *m* **1.**(*mineral*) Talk *m* **2.**(*polvos*) Talkumpuder *m o nt,* Talkum *nt;* (*para el cuerpo*) Körperpuder *m o nt*

talega [ta'leɣa] *f* **1.**(*bolsa*) Beutel *m,* Sack *m* **2.**(*para peinado*) Haarnetz *nt* **3.**(*fam: dinero*) Kohle *f,* Moneten *pl*

talego [ta'leɣo] *m* **1.**(*talega*) Beutel *m,* Sack *m* **2.**(*fam: persona*) Brocken *m fam* **3.**(*argot: cárcel*) Knast *m* **4.**(*argot: 1.000 pts*) 1.000 Peseten; (*hachís por 1.000 pts*) Piece *nt* für 1.000 Peseten

taleguilla [tale'ɣiʎa] *f* (TAUR) Hose *f* des Stierkämpfers

talento [ta'len̪to] *m* (*capacidad*) Talent *nt,* Begabung *f;* **un pintor de gran ~** ein hochbegabter Maler; **tener ~ artístico** künstlerisch begabt sein; **tener ~ para los idiomas** sprachbegabt sein

talentoso, -a [talen̪'toso, -a] *adj* talentiert, begabt

talero [ta'lero] *m* (*Arg, Chil, Urug*) Pferdepeitsche *f*

Talgo ['talɣo] *m abr de* **Tren Articulado Ligero Goicoechea Oriol** Talgo *m* (*spanischer Intercityzug*)

talio ['taljo] *m* (QUÍM) Thallium *nt*

talión [ta'ljon] *m* Talion *f;* **la ley del ~** Talionslehre *f*

talismán [talis'man] *m* Talisman *m*

talla ['taʎa] *f* **1.**(*de diamante*) Schliff *m* **2.**(*de escultura: en madera*) Schnitzerei *f;* (*en piedra*) Meißelung *f* **3.**(ARTE) (Holz)schnitzerei *f* **4.**(*estatura*) Körpergröße *f,* Statur *f;* **¿qué ~ haces?** wir groß bist du?; **ser de poca ~** klein [*o* von kleinem Wuchs] sein; **no dar la ~** (MIL) wehrdienstuntauglich sein; (*fig*) der Situation nicht gewachsen sein **5.**(*medidor*) Messstab *m* **6.**(*de vestido*) (Konfektions)größe *f;* **un pantalón de la ~ 42** eine Hose in Größe 42 **7.**(*moral, intelectual*) Format *nt*

tallado [ta'ʎaðo] *m* Meißelung *f;* (*en madera*) (Holz)schnitzerei *f*

tallador(a) [taʎa'ðor(a)] *m(f)* Holzschnitzer(in) *m(f)*

tallar [ta'ʎar] *vt* 1.(*diamante*) schleifen 2.(*esculpir: en madera*) schnitzen; (*en piedra*) meißeln, hauen; ~ **una cabeza en mármol** einen Kopf aus Marmor hauen [*o* meißeln] 3.(*grabar: en madera*) (ein)schnitzen; (*en piedra*) (ein)hauen 4.(*la estatura*) messen 5.(*en juego*) Bankhalter sein

tallarín [taʎa'rin] *m* Bandnudel *f*

talle ['taʎe] *m* 1.(*cintura, del vestido*) Taille *f;* **de ~ alto/bajo** mit hoher/niedriger Taille; ~ **de avispa** Wespentaille *f* 2.(*figura*) Figur *f* 3.(*medida*) Rumpflänge *f*

taller [ta'ʎer] *m* 1.(TÉC) Werkstatt *f;* (AUTO) (Auto)werkstatt *f;* ~ **artesanal** Handwerksbetrieb *m* 2.(*seminario*) Workshop *m* 3.(*estudio*) Atelier *nt* 4.(*vinagreras*) Menage *f*

taller-escuela [ta'ʎer es'kwela] *f* (ENS) Lehrwerkstatt *f*

tallista [ta'ʎista] *mf* Holzschnitzer(in) *m(f)*

tallo ['taʎo] *m* 1.(BOT) Stiel *m,* Stängel *m* 2.(*renuevo*) Schössling *m* 3.(*germen*) Keim *m,* Spross *m*

talludo, -a [ta'ʎuðo, -a] *adj* 1.(BOT) langstielig, langstäng(e)lig 2.(*mayor*) bejahrt, betagt 3.(*espigado*) hochgeschossen

talmente [tal'men̪te] *adv:* ~ **ocurrió** (genau)so geschah es; **su habitación es ~ una pocilga** sein/ihr Zimmer ist ein (regelrechter) Schweinestall

talmud [tal'muᵈ] *m* (REL) Talmud *m*

talmúdico, -a [tal'muðiko, -a] *adj* talmudisch

talmudista [talmu'ðista] *mf* Talmudist(in) *m(f)*

talo ['talo] *m* (BOT) Thalus *m*

talocha [ta'lotʃa] *f* (ARQUIT) Reibebrett *nt*

talón [ta'lon] *m* 1.(ANAT) Ferse *f;* ~ **de Aquiles** Achillesferse *f;* **aprieta los talones que viene la poli** (*fam*) gib Fersengeld, die Bullen kommen; **pisar a alguien los talones** (*fam: perseguir*) jdm auf den Fersen sein [*o* bleiben]; (*emular*) mit jdm wetteifern 2.(*del calcetín*) Ferse *f* 3.(MÚS) Talon *m,* Frosch *m* 4.(FIN: *cheque*) Scheck *m;* **ingresar un ~ en una cuenta** einen Scheck auf einem Konto gutschreiben; **hazme un ~ de 10.000 pts.** stell mir einen Scheck über 10.000 Peseten aus 5.(COM: *resguardo*) Abholschein *m;* (*recibo*) Quittung *f;* ~ **de entrega** Lieferschein *m;* ~ **ferrocarril** Bahnfrachtbrief *m;* ~ **de recibo** Rückschein *m,* Quittung *f* 6.(AUTO) Reifenwulst *m o f*

talonario [talo'narjo] *m* 1.(*de cheques*) Scheckbuch *nt,* Scheckheft *nt* 2.(*de recibos*) Quittungsbuch *nt,* Quittungsheft *nt*

talonear [talone'ar] I. *vt* 1.(*Arg: al caballo*) (mit den Fersen) anspornen 2.(*Méx: pey: pedir prestado o regalado*) schnorren II. *vi* (*Méx: prostituirse*) sich prostituieren

talpa ['talpa] *f* (MED) Zyste *f* am Kopf, Talpa *f*

talqueza [tal'keθa] *f* (*CRi:* BOT) *Pflanze, die zum Abdecken der Hütten verwendet wird*

taltuza [tal̪'tuθa] *f* (*CRi:* ZOOL) Taschenratte *f*

talud [ta'luᵈ] *m* (GEO) Böschung *f,* Abhang *m*

taludín [talu'ðin] *m* (*Guat:* ZOOL) *Kaimanart*

talvina [tal'βina] *f* (GASTR) Mandelmilchbrei *m*

talweg [tal'βeˠ] *m* (GEO) Talweg *m*

tamagá(s) [tama'ɣa(s)] *f* (*AmC:* ZOOL) *eine Giftschlange*

tamal [ta'mal] *m* (*AmC, Méx*) Maispastete *f*

tamalada [tama'laða] *f* (*Méx:* GASTR) Maispasteten-Essen *nt*

tamanduá [taman̪'dwa] *m* (ZOOL) Tamandua *m*

tamango [ta'maŋgo] *m* (*CSur: calzado*) Schuhwerk *nt*

tamañamente [tamaɲa'men̪te] *adv* 1.(*de tal manera*) derart, dermaßen 2.(*tanto cuanto*) ebenso viel wie

tamaño¹ [ta'maɲo] *m* 1.(*medida*) Größe *f;* ~ **de la fuente** (INFOR, TIPO) Schriftgröße *f;* ~ **de ventana** (INFOR) Fenstergröße *f;* **de ~ mediano** von mittlerer Größe; **de ~ natural** lebensgroß; **¿de qué ~ es?** wie groß ist es? 2.(*de hoja, sobre, cigarrillo*) Format *nt;* **en ~ de bolsillo** im Taschenformat; **una foto en ~ grande** ein großformatiges Foto, ein Foto im Großformat

tamaño, -a² [ta'maɲo, -a] *adj* 1.(*grande*) groß; **¡~ error!** so ein großer Fehler! 2.(*pequeño*) klein; **¡tamaña diferencia!** so ein geringer Unterschied! 3.(*semejante*) so, derart; **nunca oí tamaña tontería** so etwas Dummes habe ich noch nie gehört

támara ['tamara] *f* (BOT) 1.(*palmera*) kanarische Dattelpalme *f* 2. *pl* (*dátiles en racimos*) Dattelbüschel *nt*

tamarindo [tama'rin̪do] *m* (BOT) Tamarinde *f*

tamarisco [tama'risko] *m* (BOT) Tamariske *f*

tamarugo [tama'ruɣo] *m* (*Chil:* BOT) Mesquite-Baum *m*

tamba ['tamba] *f* (*Ecua*) *eine Art Poncho*

tambache [tam'batʃe] *m* (*Méx: fam*) Haufen *m;* **un ~ de ropa/de hojas de papel** ein Haufen Wäsche/Papierblätter

tambaleante [tambale'an̪te] *adj* (*trapecista, árbol*) schwankend; (*por cansancio*) taumelnd; (*torre*) wankend, schwankend; (*borracho*) torkelnd; (*monarquía*) wankend

tambalear [tambale'ar] *vi, vr:* ~**se** 1.(*trapecista, árbol*) schwanken; (*por cansancio*) taumeln, schwanken; (*torre*) wanken, schwanken; **el borracho se tambaleaba por la calle** der Betrunkene torkelte die Straße entlang; **después de la operación se le tambaleaban las piernas** nach der Operation war er/sie sehr schwach auf den Beinen 2.(*monarquía*) wanken *elev*

tambaleo [tamba'leo] *m* 1.(*de trapecista, árbol*) Schwanken *nt;* (*por cansancio*) Taumeln *nt,* Schwanken *nt;* (*de torre*) Wanken *nt,* Schwanken *nt;* (*de borracho*) Torkeln *nt* **2.** (*de monarquía*) Wanken *nt elev*

tambar [tam'bar] *vt* (*Ecua: engullir*) verschlingen

tambarria [tam'barrja] *f* **1.** (*AmC, Col, Ecua: holgorio*) Rummel *m* **2.** (*Perú: fiesta*) Fest *nt*

tambero, **-a** [tam'bero, -a] **I.** *adj* (*Arg*) zahm; **vaca tambera** Milchkuh *f* **II.** *m, f* **1.** (*Arg: ganado manso*) zahmes Vieh *nt;* (*vaca lechera*) Milchkuh *f* **2.** (*Am:* HIST) Gastwirt(in) *m(f)*

también [tam'bjen] *adv* auch; **él ~ es bueno** (*uno puede ser mejor*) er ist auch gut; (*los dos igual de buenos*) er ist genauso gut; **en España ~ hay buenos jugadores** in Spanien gibt es auch gute Spieler

tambo ['tambo] *m* **1.** (*Am:* HIST) Rastort *m* der Inkas **2.** (*Arg, Par, Urug: vaquería*) Molkerei *f*

tambocha [tam'botʃa] *f* (*Col, Ven: hormiga*) *giftige, Fleisch fressende Ameise*

tambor [tam'bor] *m* **1.** (*de lavadora, detergente, t.* MÚS) Trommel *f;* **~ de freno** (AUTO) Bremstrommel *f;* **~ del revelado** (FOTO) Entwicklungsdose *f;* **tocar el ~** trommeln; **proclamar algo a ~ batiente** für etw die Trommel rühren **2.** (*músico*) Trommler(in) *m(f)* **3.** (ANAT) Trommelfell *nt* **4.** (ARQUIT) Tambour *m*

tambora [tam'bora] *f* (MÚS) Pauke *f*

tamboril [tambo'ril] *m* Handtrommel *f*

tamborilear [tamborile'ar] *vi* **1.** (*tocar*) die Handtrommel spielen **2.** (*con dedos*) (mit den Fingern) trommeln **3.** (*cualidades: hacer públicas*) ausposaunen; (*hacer propaganda*) die Trommel rühren

tamborilero, **-a** [tambori'lero, -a] *m, f* Handtrommelspieler(in) *m(f)*

tamborilete [tambori'lete] *m* (TIPO) Klopfholz *nt*

Támesis ['tamesis] *m:* **el ~** die Themse

tamiz [ta'miθ] *m* (feines) Sieb *nt;* **pasar algo por el ~** etw sieben

tamizar [tami'θar] <z→c> *vt* **1.** (*con tamiz*) (durch)sieben **2.** (*elegir*) (durch)sieben, aussieben

tampico [tam'piko] *m* (*Méx*) **1.** (BOT: *planta*) *Agavenart* **2.** (*fibra*) *Faser dieser Agavenart*

tampoco [tam'poko] *adv* auch nicht; **ni puedo ni ~ quiero** ich kann und will nicht; **no me llamaron pero ~ podía jugar** sie haben mich nicht angerufen aber ich konnte sowieso nicht spielen; **no comía carne, ~ bebía vino** er/sie aß kein Fleisch, ebenso wenig trank er/sie Wein

tampón [tam'pon] *m* **1.** (*de tinta*) Stempelkissen *nt* **2.** (*para la mujer*) Tampon *m* **3.** (POL): **estado ~** Pufferstaat *m*

tamtam [tan̪'tan] *m* (MÚS) Tamtam *nt*

tamuga [ta'muɣa] *f* (*AmC: fardo*) Bündel *nt;* (*talego*) Sack *m*

tamujo [ta'muxo] *m* (BOT) *ein Wolfsmilchgewächs*

tan [tan] **I.** *adv* so; **~... como...** so ...wie ...; **estoy ~ contenta** ich bin so froh; **~ es así que no he podido hacerlo** um es kurz zu machen, ich konnte es nicht tun; **aquí también hay actores ~ buenos/malos** hier gibt es auch ebenso gute/ebenso schlechte Schauspieler; **de ~ simpático me resulta insoportable** er ist so sympathisch, dass ich ihn kaum ertrage; **llama ~ siquiera una vez** ruf wenigstens einmal an; **no me dijo ni ~ siquiera su nombre** er/sie sagte mir nicht einmal seinen/ihren Namen **II.** *m* **1.** (MÚS) Tamtam *nt* **2.** (BOT) (Steineichen)rinde *f*

tanaceto [tana'θeto] *m* (BOT) Rainfarn *m*

tanate [ta'nate] *m* **1.** (*AmC, Méx: cesto*) zylindrischer Korb *m* **2.** (*AmC: fardo*) Bündel *nt* **3.** (*Méx: vulg: testículo*) Ei *nt* **4.** *pl* (*AmC: cachivaches*) Plunder *m,* Ramsch *m pey*

tanatofobia [tanato'foβja] *f* (PSICO) krankhafte Angst *f* vor dem Tod, Thanatophobie *f*

tanatología [tanatolo'xia] *f* (MED) Thanatologie *f*

tanatorio [tana'torjo] *m* Leichenhalle *f,* Leichenhaus *nt*

tanda ['tan̪da] *f* **1.** (*turno*) Reihe *f;* **estar en la ~** anstehen; **pedir la ~** fragen, wer als letzter an der Reihe ist; **¿me puedes guardar la ~?** kannst du für mich anstehen? **2.** (*serie*) Reihe *f,* Serie *f;* **por ~s** reihenweise; **en ~s de ocho** (*en filas*) in Achterreihen; (*en grupos*) in Achtergruppen; **~ de palos** Tracht Prügel; **nos eliminaron en la ~ de penaltis** wir schieden im Elfmeterschießen aus **3.** (*de trabajo, capa*) Schicht *f* **4.** (*trabajo*) Arbeit *f,* Job *m fam*

tándem ['tan̪den] *m* Tandem *nt*

tandero, **-a** [tan̪'dero, -a] *m, f* (*Chil*) Spaßmacher(in) *m(f)*

tanela [ta'nela] *f* (*CRi:* GASTR) *Blätterteig mit Honig*

tanga ['taŋga] *m* Tanga *m*

tangalear [taŋgale'ar] *vt* (*Col, Hond*) absichtlich (die Erfüllung einer Verpflichtung) hinauszögern

tangán [taŋ'gan] *m* (*Ecua*) *an der Decke aufgehängtes Regal als Ablage für Lebensmittel*

tangana [taŋ'gana] *f* (*Perú: remo grande*) großes Ruder *nt*

tanganillas [taŋga'niʎas] *adv:* **mi hijo anda en ~** mein Sohn läuft noch sehr unsicher, mein Sohn ist noch etwas wackelig auf den Beinen

tángara ['taŋgara] *f* (ZOOL) Tangare *f*

tangedor [taŋxe'ðor] *m* (*AmC, AmS:* ZOOL) Klapperschlange *f*

tangencial [taŋxen̪'θjal] *adj* tangential (*a* an +*dat*); (*fuerza, presión*) Tangential-; (*distancia*) Tangenten-

tangente [taŋ'xen̪te] *f* (MAT) Tangente *f;* **salirse** [*o* **irse**] **por la ~** (*fig*) einer Frage aus dem Wege gehen

Tánger ['taŋxer] *m* Tanger *nt*

tangerino, **-a** [taŋxe'rino, -a] **I.** *adj* aus Tan-

ger **II.** *m, f* Einwohner(in) *m(f)* von Tanger
tangibilidad [taŋxiβili'ðaᵈ] *f sin pl* Greifbarkeit *f*
tangible [taŋ'xiβle] *adj* **1.** (*tocable*) greifbar, berührbar **2.** (*prueba*) handfest; (*resultados*) handfest, greifbar
tango ['taŋgo] *m* Tango *m*
tanguear [taŋge'ar] *vi* Tango tanzen
tanino [ta'nino] *m* (QUÍM) Tannin *nt*
tano, -a ['tano, -a] **I.** *adj* (*Arg, Urug: fam: italiano*) italienisch **II.** *m, f* (*Arg, Urug: fam: italiano*) Italiener(in) *m(f)*
tanque ['taŋke] *m* **1.** (MIL) Panzer *m* **2.** (*cisterna*) Tank *m* **3.** (*vehículo*) Tankwagen *m* **4.** (*fam: de cerveza*) Halbe *f* **5.** (*vulg: gordo*) Brocken *m fam* **6.** (*Am: estanque*) Teich *m*
tanqueta [taŋ'keta] *f* (MIL) (Transport)panzer *m*
tantalio [tan̪'taljo] *m* (QUÍM) Tantal *nt*
tantán [tan̪'tan] *m* Gong *m*
tantara(n)tán [tan̪tara(n̪)'tan] *m* **1.** (*onomatopeya*) Trommelschlag *m*, Trommeln *nt* **2.** (*golpe*) heftiger Stoß *m*
tanteador [tan̪tea'ðor] *m* **1.** (*aparato*) Anzeigetafel *f* **2.** (*persona*) Anschreiber *m*
tantear [tan̪te'ar] *vt* **1.** (*cantidad: calculando*) (grob [*o* ungefähr]) berechnen; (*a ojo*) (ab)schätzen; (*tamaño, volumen: calculando*) (grob [*o* ungefähr]) ausmessen; (*a ojo*) (ab)schätzen; (*precio*) überschlagen; **estoy tanteando la tela para ver si da para una falda** ich prüfe [*o* messe ab], ob der Stoff für einen Rock reicht **2.** (*probar*) prüfen, testen; ~ **el suelo con un palo** den Boden abtasten **3.** (*a alguien, sondear*) vorfühlen (*a* bei +*dat*); ~ **el terreno** (*fig*) das Terrain [*o* die Lage] sondieren; **mis padres tantearon a mi novio antes de aceptarlo** meine Eltern fühlten meinem Freund auf den Zahn, bevor sie ihn akzeptierten **4.** (*dibujo*) skizzieren **5.** (DEP: *puntos*) erzielen, machen; (*goles*) schießen **6.** (JUR) ablösen
tanteo [tan̪'teo] *m* **1.** (*de cantidad: calculando*) (grobe) Berechnung *f*; (*a ojo*) (Ab)schätzung *f*; (*de tamaño, volumen: calculando*) (grobe) Ausmessung *f*; (*a ojo*) (Ab)schätzung *f*; (*de precio*) Überschlag *m*; **dime cuántos necesitas al** [*o* **por**] ~ sag mir, wie viele du ungefähr brauchst **2.** (*sondeo*) Sondierung *f*; **conversaciones de** ~ Sondierungsgespräche *ntpl* **3.** (DEP: *de puntos*) Punktestand *m*; (*de goles*) Spielstand *m*; ~ **final** Endergebnis *nt*
tanto¹ ['tan̪to] **I.** *m* **1.** (*cantidad*) bestimmte Menge *f*; (COM) Teilbeitrag *m*; ~ **alzado** Pauschalpreis *m*; ~ **por ciento** Prozentsatz *m*; **me pagan a** ~ **la hora** ich bekomme so viel die Stunde; **la lavadora me costó X pesetas y el televisor otro** ~ die Waschmaschine hat X Peseten gekostet und der Kühlschrank genauso viel [*o* ebenso viel]; **hablas mal de él pero tú hiciste otro** ~ du ziehst über ihn her, aber du warst auch nicht besser **2.** (DEP: *punto*) Punkt *m*; (*gol*) Tor *nt* **3.** (*en cartas*) Punkt *m*, Stich *m* **4.** (*escrito*) Kopie *f* **5.** (*loc*): **apuntarse un** ~ **a favor** einen Pluspunkt erzielen; **¿estás al** ~ **de lo que ocurre en Alemania?** bist du über die Ereignisse in Deutschland auf dem Laufenden?; **estoy un** ~ **harto de tus comentarios** ich habe allmählich von deinen Bemerkungen die Nase voll **II.** *adv* **1.** (*de tal modo*) so (sehr); **te debo** ~ ich schulde dir so viel; **te quiero** ~ ich liebe dich so sehr; **¡me divertí** ~**!** ich habe mich so (sehr) amüsiert!; **no es para** ~ so schlimm ist es nun auch wieder nicht; **pensé que vendrías;** ~ **es así que no salí de casa** ich dachte du würdest kommen und blieb deshalb zu Hause; **¿mentirías por conseguirlo? – ¡hombre,** ~ **como eso!** würdest du dafür lügen? – na ja, soweit würde ich nicht gehen! **2.** (*en tal cantidad*) so (viel); **no hables** ~ red nicht so viel; **no me da ni** ~ **así de pena** er/sie tut mir nicht im Geringsten Leid **3.** (*de duración*) so lange; **tu respuesta tardó** ~ **que...** deine Antwort kam so spät, dass ...; **¡he trabajado** ~**!** ich habe so hart gearbeitet! **4.** (*comparativo*) so (viel); ~ **mejor/peor** um so besser/schlechter; ~ **vales tú como yo** du bist genauso viel wert wie ich; **es alto,** ~ **como su padre** er ist groß, genau(so) wie sein Vater; **eso era** ~ **como no decir nada** das hieß so gut wie gar nichts; **sé** ~ **como antes** jetzt weiß ich genauso viel wie vorher; **tengo** ~ **cuanto necesito para vivir** ich habe alles, was ich zum Leben brauche; ~ **si llueve como si no, haremos la excursión** egal ob es regnet oder nicht, wir machen den Ausflug **5.** (*loc*): **entre** ~ währendessen, inzwischen; **por (lo)** ~ also; **no diré nada; por lo** ~**, ahórrate las preguntas** ich werde nichts sagen; spare dir also deine Fragen; **se refiere** ~ **a personas como a cosas** das bezieht sich sowohl auf Personen als auch auf Dinge; **¡ni** ~ **ni tan calvo!** lass uns mal nicht so übertreiben!; **por lo** ~ **mejor callar** also, besser nichts sagen; **en** ~ **(que) no me pagues no quiero saber nada de ti** solange du mir nicht zahlst, will ich nichts von dir wissen; **¿crees que hice lo correcto? – ¡y** ~**!** meinst du, ich habe das Richtige getan? – ganz bestimmt!
tanto, -a² ['tan̪to, -a] **I.** *adj* **1.** (*comparativo*) so viel; **no tengo** ~**s años como tú** ich bin nicht so alt wie du; **no tengo tanta paciencia como mi madre** ich bin nicht so geduldig wie meine Mutter **2.** (*tal cantidad*) so viel; **no quiero** ~ **(trabajo)** ich will nicht so viel (Arbeit); **¡hace** ~ **tiempo!** es ist so lange her!; **tengo** ~ **trabajo que no sé por dónde empezar** ich habe so viel zu tun, dass ich nicht weiß, wo ich anfangen soll; **comí tantas golosinas que ahora me duele la barriga** ich habe so viele Süßigkeiten gegessen, dass mir jetzt der Bauch weh tut **3.** (*ponderativo*): ~ **gusto en conocerle** ich habe mich sehr gefreut, Sie kennenzulernen; **¿a qué se debe tanta risa?** worüber wird hier so gelacht?; **¿**~

T

te debo? so viel schulde ich dir?; **¡hace ~ tiempo que no te veo!** ich habe dich so lange nicht mehr gesehen!; **hay tantas posibilidades de hacerlo** es gibt so viele Möglichkeiten es zu tun; **podría decirte que tal y que cual y tantas otras cosas** ich könnte dir dies und jenes und noch viel mehr sagen **4.** *pl* (*número indefinido*): **ocurrió en mil novecientos ochenta y ~s** es geschah irgendwann in den Achtzigerjahren; **estamos a ~s de enero** wir haben den soundso vielten Januar; **tengo 40 y ~s años** ich bin über vierzig; **vino a las tantas** (*fam*) er/sie kam sehr spät; **se me hicieron las tantas de la noche estudiando** (*fam*) ich lernte bis spät in die Nacht (hinein) **II.** *pron dem:* **comí ~s que ahora tengo dolor de barriga** ich habe so viele gegessen, dass ich jetzt Bauchschmerzen habe; **eramos ~s que no me pudo distinguir** wir waren so viele, dass er/sie mich in der Menge nicht ausmachen konnte; **coge ~s como quieras** nimm so viele [*o* so viel] du (nur) möchtest; **no llego a ~** (*de trabajo*) da bin ich überfordert; (*a una pregunta*) da bin ich überfragt; **no me imaginaba que iba a llegar a ~** ich habe nicht geglaubt, dass es so weit kommen würde; **jamás podré llegar a ~** ich werde es nie so weit bringen

tantrismo [taṇ'trismo] *m* (REL) Tantrismus *m*

Tanzania [taṇ'θanja] *f* Tansania *nt*

tanzano, **-a** [taṇ'θano, -a] **I.** *adj* tansanisch **II.** *m, f* Tansanier(in) *m(f)*

tañedor(a) [taɲe'ðor(a)] *m(f)* (MÚS: *de guitarra*) Gitarrenspieler(in) *m(f);* (*de piano*) Klavierspieler(in) *m(f)*

tañer [ta'ɲer] <*3. pret:* **tañó**> **I.** *vt* **1.** (*instrumento*) spielen **2.** (*campanas*) läuten **II.** *vi* (mit den Fingern) trommeln

tañido [ta'ɲiðo] *m* (*de campanas*) Läuten *nt,* Klang *m;* (*de instrumento*) Ton *m,* Klang *m*

tao ['tao] *m* (FILOS) Tao *nt*

taoísmo [tao'ismo] *m sin pl* Taoismus *m*

taoísta [tao'ista] **I.** *adj* taoistisch **II.** *m* Taoist(in) *m(f)*

tapa ['tapa] *f* **1.** (*de olla, libro*) Deckel *m;* **~ del depósito de gasolina** Tankdeckel *m,* Tankverschluss *m;* **~ de rosca** Schraubverschluss *m;* **~ del wáter** Klodeckel *m fam;* **libro de ~s duras** Hardcover *nt;* **levantarle** [*o* **volarle**] **a alguien la ~ de los sesos** jdm eine Kugel durch den Kopf jagen **2.** (*de zapato*) Absatz *m* **3.** (GASTR) Häppchen *nt* (*kleine Gerichte, die in spanischen Bars zu Bier oder Wein gereicht werden*)

tapabalazo [tapaβa'laθo] *m* (*Am: bragueta*) Hosenschlitz *m*

tapaboca(s) [tapa'βoka(s)] *m* (*inv*) **1.** (*bufanda*) Schal *m,* Halstuch *nt* **2.** (*del cañón*) Mündungsschoner *m*

tapacubos [tapa'kuβos] *m inv* (AUTO) Radkappe *f,* Achskappe *f*

tapada [ta'paða] *f* **1.** (*Col*) Zudecken *nt,* Abdecken *nt* **2.** (HIST) *schwarzer Schleier der Limeñas* (*Peru*) *im 18. und 19. Jahrhundert*

tapadera [tapa'ðera] *f* **1.** (*de vasija*) Deckel *m* **2.** (*negocio*) Tarnung *f,* Fassade *f;* **lo utiliza como ~** er/sie benutzt ihn als Deckmantel

tapadillo [tapa'ðiʎo] *m:* **ir de ~** heimlich [*o* im Verborgenen] gehen

tapado[1] [ta'paðo] *m* **1.** (*Arg, Bol, Perú: tesoro*) vergrabener Schatz *m* **2.** (*AmS: abrigo*) Mantel *m* **3.** (*Am: de gallos*) Hahnenkampf *m*

tapado, **-a**[2] [ta'paðo, -a] *adj* (*Am: animal*) einfarbig

tapadura [tapa'ðura] *f* Zudecken *nt*

tapajuntas [tapa'xuṇtas] *m inv* (Ab)deckleiste *f*

tapar [ta'par] **I.** *vt* **1.** (*cubrir: muerto, cara*) bedecken; (*cazuela, en cama*) zudecken; (*pista de tenis*) abdecken **2.** (*cerrar: puerta*) zumauern; (*desagüe*) verstopfen; (*agujero*) zustopfen; (*botella*) verschließen **3.** (*vista*): **¿te tapo?** nehme [*o* versperre] ich dir die Sicht?; **la casa de enfrente nos tapa el sol** das Haus gegenüber nimmt uns die Sonne; **la pared nos tapa el viento** die Wand schützt uns gegen den Wind **4.** (*defecto, error*) verheimlichen, vertuschen; **a ése le han tapado la boca con cuatro duros** (*fam*) dem hat man mit ein paar Mark den Mund gestopft **II.** *vr:* **~se 1.** (*con ropa*) sich einpacken *fam;* (*en cama*) sich zudecken; **tápate bien que hace frío** pack dich gut ein, es ist kalt draußen **2.** (*completamente*) (sich) einmummen; (*con velo*) sich verschleiern; **~se los oídos** sich *dat* die Ohren zuhalten; **~se los ojos** sich *dat* die Augen zuhalten; **~se la cara** das Gesicht mit den Händen verdecken, sich *dat* die Hände vor das Gesicht halten

tapara [ta'para] *f* (BOT) Kalebasse *f*

tápara ['tapara] *f* (BOT) Kapernstrauch *m*

taparo [ta'paro] *m* (BOT) Kalebassenbaum *m*

taparrabo(s) [tapa'rraβo(s)] *m* (*inv*) **1.** (*de Tarzán*) Lendenschurz *m* **2.** (*bañador*) Badehose *f*

tapayagua [tapa'ɟaɣwa] *f* (*Hond*) Nieselregen *m*

tape ['tape] *m* (*Arg, Urug*) Person *f* mit Indio-Einschlag

tapear [tape'ar] *vi* (*fam*) durch Tapa-Bars ziehen

tapeo [ta'peo] *m* (*fam*) Tour *f* durch Tapa-Bars; **ir de ~** durch Tapa-Bars ziehen

tapete [ta'pete] *m* Tischdecke *f,* Tischtuch *nt;* **~ verde** (*fig*) Spieltisch *m;* **el tema está sobre el ~** das Thema steht zur Diskussion; **poner un asunto sobre el ~** ein Thema aufs Tapet [*o* zur Sprache] bringen

tapetí [tape'ti] *m* (ZOOL: *AmC, AmS*) *südamerikanische Hasenart*

tapia ['tapja] *f* (*pared*) Lehmwand *f;* (*de jardín*) Gartenmauer *f;* **ser sordo como una ~, estar más sordo que una ~** stocktaub sein

tapialar [tapja'lar] *vt* (*Ecua*) **1.** (*cerrar*) zumauern **2.** (*rodear*) ummauern

tapiar [ta'pjar] *vt* **1.** (*cerrar*) zumauern **2.** (*ro-

dear) ummauern

tapicería [tapiθe'ria] *f* **1.** (*tapices*) Wandteppiche *mpl,* Tapisserie *f* **2.** (*tienda*) Teppichgeschäft *nt;* (*de muebles*) Polsterei *f* **3.** (*taller, fábrica*) Polsterei *f* **4.** (*arte*) Tapisserie *f,* Gobelinstickerei *f* **5.** (*tela*) Polsterstoff *m;* (*acolchado*) Polsterung *f;* **muebles de ~** Polstermöbel *ntpl*

tapicero, **-a** [tapi'θero, -a] *m, f* **1.** (*de sillones*) Polsterer, -in *m, f* **2.** (*de paredes*) Tapezierer(in) *m(f)*

tapioca [ta'pjoka] *f* Tapioka *f*

tapir [ta'pir] *m* (ZOOL) Tapir *m*

tapisca [ta'piska] *f* (*AmC:* AGR) Maisernte *f*

tapití [tapi'ti] *m v.* **tapetí**

tapiz [ta'piθ] *m* Wandteppich *m;* (*con dibujos*) Gobelin *m*

tapizado [tapi'θaðo] *m* **1.** (*de tapiz*) Wandteppichweberei *f* **2.** (*de una pared*) Wandbehang *m* **3.** (*de muebles, coches*) Polsterung *f*

tapizar [tapi'θar] <z→c> *vt* **1.** (*muebles*) (mit Stoff) beziehen; (*acolchar*) polstern **2.** (*paredes*) mit Wandteppich verkleiden

tapón [ta'pon] *m* **1.** (*de botella: que se mete*) Pfropfen *m;* (*de rosca*) Verschluss *m;* (*de corcho*) Korken *m;* (*de garrafa, fregadero*) Stöpsel *m;* (*de cuba*) Spund *m;* (AUTO) Tankdeckel *m,* Tankverschluss *m* **2.** (*persona*) rundlicher [*o* pummeliger] Mensch *m* **3.** (MED) Tampon *m;* (*para el oído*) Ohrstöpsel *m* **4.** (*en el oído*) Wachspfropf *m* **5.** (*de tráfico*) Stau *m* **6.** (DEP): **hacer un ~** den Ball abblocken

taponamiento [tapona'mjento] *m* **1.** (*botella*) Verschließen; (*con tapón de plástico*) Zustöpseln *nt;* (*garrafa*) Verstöpseln *nt;* (*grieta, con cemento*) Zustopfen *nt;* (*con espátula*) Zuspachteln *nt;* (*carretera*) Sperrung *f* **2.** (MED) Tamponade *f,* Tamponieren *nt*

taponar [tapo'nar] *vt* **1.** (*botella*) verschließen; (*con tapón de corcho*) verkorken; (*de plástico*) zustöpseln; (*garrafa*) verstöpseln; (*cuba*) verspunden; (*grieta, con cemento*) zustopfen; (*con espátula*) zuspachteln; (*desagüe*) verstopfen **2.** (*herida*) tamponieren **3.** (DEP) abblocken

taponazo [tapo'naθo] *m* Knall *m;* **al abrir la botella dio un ~** der Korken knallte beim Öffnen der Flasche

tapujarse [tapu'xarse] *vr* (*fam*) sich vermummen, sich verhüllen

tapujo [ta'puxo] *m* **1.** (*embozo*) Kragen *m* **2.** (*fam: disimulo*) Verhüllung *f;* **andar con ~s** heimlich tun; **no se anda con ~s** er/sie nimmt kein Blatt vor den Mund **3.** (*fam: enredo*): **lleva no sé qué ~s entre manos** er/sie ist in dubiöse Geschäfte verwickelt

taqué [ta'ke] *m* (AUTO) Stößel *m*

taquear [take'ar] **I.** *vi* **1.** (*Arg, Chil: taconear*) (mit dem Absatz) aufstampfen **2.** (*Arg: jugar*) Billard spielen **3.** (*Am: arma*) schießen **4.** (*llenar*) voll stopfen, voll pfropfen **II.** *vr:* **~se** sich voll stopfen

taquera [ta'kera] *f* (DEP) Queueständer *m*

taquería [take'ria] *f* (*Méx*) Imbiss *m* (*in dem hauptsächlich 'tacos' verkauft werden*)

taquicardia [taki'karðja] *f* Herzjagen *nt;* (MED) Tachykardie *f*

taquifemia [taki'femja] *f* (PSICO) krankhaftes Schnellsprechen *nt,* Tachylalie *f*

taquigrafía [takiɣra'fia] *f* Steno(grafie) *f,* Kurzschrift *f*

taquigrafiar [takiɣrafi'ar] <*1. pres:* **taquigrafío**> *vt* stenografieren

taquigráfico, **-a** [taki'ɣrafiko, -a] *adj* stenografisch

taquígrafo, **-a** [ta'kiɣrafo, -a] *m, f* Stenograf(in) *m(f)*

taquilla [ta'kiʎa] *f* **1.** (*armario*) Schließfach *nt;* (*archivador*) Fach *nt* **2.** (TEAT) Theaterkasse *f;* (FERRO) (Fahrkarten)schalter *m;* (DEP) Kasse *f;* (CINE) (Kino)kasse *f;* (*de apuestas*) Wettannahme *f;* **éxito de ~** Kassenerfolg *m* **3.** (*recaudación*) Einnahmen *fpl* **4.** (*CRi, Chil, Ecua, Perú: estaquilla*) (kleiner) Schraubstock *m*

taquillaje [taki'ʎaxe] *m* **1.** (*entradas*) Eintrittskarten *fpl* **2.** (*recaudaciones*) Einnahmen *fpl* (*aus Eintrittskarten*)

taquillero, **-a** [taki'ʎero, -a] **I.** *adj:* **éste es un artista ~** dieser Künstler ist ein Kassenschlager [*o* Kassenmagnet]; **la película más taquillera** der Knüller im Kino **II.** *m, f* (FERRO) Schalterbeamte(r) *mf,* Schalterbeamtin *f;* (TEAT, CINE) Kartenverkäufer(in) *m(f)*

taquimecanografía [takimekanoɣra'fia] *f* *Maschineschreiben und Stenographie*

taquimecanógrafo, **-a** [takimeka'noɣrafo, -a] *m, f* Stenotypist(in) *m(f)*

taquimetría [takime'tria] *f* Tachymetrie *f*

taquímetro [ta'kimetro] *m* **1.** (*de topografía*) Tachymeter *nt* **2.** (AUTO) Tachometer *m o nt*

taquipnea [takiβ'nea] *f* (MED) starke Erhöhung *f* der Atemfrequenz, Tachypnoe *f*

tara ['tara] *f* **1.** (*defecto*) Defekt *m,* Schaden *m,* Makel *m elev;* **una ~ importante** ein schwerwiegender Mangel **2.** (COM) Tara *f;* (*de camión*) Leergewicht *nt*

tarabilla [tara'βiʎa] *f* **1.** (*fam: parlanchín*) Quasselstrippe *f;* **habla como una ~ descompuesta** er/sie redet wie ein Wasserfall **2.** (*palabra*) Geplapper *nt* **3.** (*de ventana*) (Fenster)riegel *m*

tarabita [tara'βita] *f* (*Am*) Fährseil *nt*

taracea [tara'θea] *f* Einlegearbeit *f,* Intarsie *f*

taracear [taraθe'ar] *vt* mit Intarsien verzieren

taracol [tara'kol] *m* (*Ant:* ZOOL) *Krebsart*

tarado, **-a** [ta'raðo, -a] **I.** *adj* **1.** (*objeto*) schadhaft, fehlerhaft; (TÉC) defekt **2.** (*alocado*) verrückt, wahnsinnig **3.** (*imbécil*) doof **II.** *m, f* Spinner(in) *m(f),* Blödmann *m*

tarambana [taram'bana] *mf* (*fam*) Spinner(in) *m(f)*

taranta [ta'ranta] *f* **1.** (*CRi, Ecua: arrebato pasajero*) plötzlicher (Gefühls)ausbruch *m*

2. (*Hond: aturdimiento*) Benommenheit *f*

tarantela [taraṇ'tela] *f* (*baile y música*) Tarantella *f*

tarantín [taraṇ'tin] <tarantines> *m* **1.** (*Ven: tenducha*) (schäbiger) Kramladen *m* **2.** *pl* (*AmC, Cuba, PRico: cachivaches*) Plunder *m*, Ramsch *m pey*

tarántula [ta'raṇtula] *f* Tarantel *f*

tarar [ta'rar] *vt* (COM) tarieren

tarara [ta'rara] *f* (*fam*) Spinner(in) *m(f)*

tarará [tara'ra] *m v.* **tararí**

tararear [tarare'ar] *vt* trällern; (*con labios cerrados*) summen

tarareo [tara'reo] *m* Trällern *nt;* (*con labios cerrados*) Summen *nt*

tararí [tara'ri] **I.** *m* **1.** (*de trompeta*) Schmettern *nt* **2.** (*loc*): **estar** ~ einen Rausch haben **II.** *interj:* **¿qué quieres?, ¿mil pesetas?... ¡~!** was willst du? tausend Peseten? ... das soll wohl ein Witz sein!

tarasca [ta'raska] *f* **1.** (*figura*) riesige Schlangenfigur *f* (*auf Prozessionen*) **2.** (*fam: fea*) Vogelscheuche *f;* (*temperamental*) Furie *f* **3.** (*Chil, CRi: boca grande*) Riesenmund *m*

tarascada [taras'kaða] *f* **1.** (*mordedura*) Bisswunde *f* **2.** (*fam: respuesta áspera*) barsche Antwort *f* **3.** (TAUR) heftiger Stoß *m* mit dem Horn

tarasco [ta'rasko] *m* **1.** (*Ecua: mordisco*) Biss *m* **2.** (*Méx: indio de Michoacán*) Taraske *mf;* (*lengua*) Tarasco *nt*

tarascón [taras'kon] *m* (*AmS: mordedura*) Biss *m;* (*herida*) Bisswunde *f*

taray [ta'ra i̯] <tarayes> *m* (BOT) Tamariske *f*

taraza [ta'raθa] *f* (ZOOL) **1.** (*polilla*) Motte *f* **2.** (*broma*) Schiffsbohrwurm *m*

tardanaos [tarða'naos] *m inv* (ZOOL: *rémora*) Schiffshalter *m*

tardanza [tar'ðaṇθa] *f* **1.** (*del tren*) Verspätung *f* **2.** (*en responder*) Verzögerung *f*, Verspätung *f;* **perdona la ~ en escribirte** verzeihe, dass ich dir so spät schreibe

tardar [tar'ðar] *vi* **1.** (*emplear tiempo*) brauchen; **a más** ~ spätestens; **sin** ~ unverzüglich; **responder a una pregunta sin** ~ eine Frage sofort beantworten; **el tren tardó en llegar** der Zug traf mit Verspätung ein; **he tardado dos días en hacerlo** ich habe zwei Tage dafür gebraucht; **se tarda una semana en hacer el viaje** die Reise dauert eine Woche; **¿cuánto se tarda en ir allí?** wie lange braucht man bis dahin?; **no tardo nada** ich brauche nicht lange; **tardó demasiado** er/sie kam zu spät **2.** (*demasiado tiempo*) zögern (*en* mit +*dat*); (*por descuido, pereza*) versäumen; ~ **en responder** mit der Antwort zögern; **~án mucho en arreglarlo** es wird lange dauern, bis es repariert ist; **no ~é en volver** ich bin bald wieder da; **¡no tardes!** komm bald zurück!; **en este restaurante tardan mucho en servir** in diesem Restaurant dauert es sehr lange, bis man bedient wird

tarde ['tarðe] **I.** *f* **1.** (*primeras horas*) Nachmittag *m;* **por la** ~ am Nachmittag, nachmittags; **¡buenas ~s!** guten Tag! **2.** (*últimas horas*) Abend *m;* **¡buenas ~s!** guten Abend!; (**todos**) **los viernes por la** ~ jeden Freitagabend **II.** *adv* spät; ~ **o temprano** früher oder später; **de** ~ **en** ~ von Zeit zu Zeit; **demasiado** ~ zu spät; **he dejado este trabajo para más** ~ ich mache diese Arbeit später; **¿puedes venir un poco más ~?** kannst du etwas später kommen?; **se me hace** ~ ich bin spät dran; **más vale** ~ **que nunca** (*prov*) besser spät als nie

tardecer [tarðe'θer] *irr como crecer vimpers:* **tardece** es wird dunkel [*o* Abend]

tardío, **-a** [tar'ðio, -a] *adj* **1.** (*atrasado*) spät; (*fruto*) spät reifend; **latín** ~ (LING) Spätlatein *nt;* **es un consejo** ~ dieser Rat kommt zu spät **2.** (*lento*) langsam, träge **3.** (*vulg: sordo*) schwerhörig

tardo, **-a** ['tarðo, -a] *adj* (*paso*) langsam; (*mente*) langsam, begriffsstutzig; ~ **de oído** schwerhörig

tardón, **-ona** [tar'ðon, -ona] **I.** *adj* **1.** (*lento*) langsam, träge **2.** (*tonto*) begriffsstutzig **II.** *m, f* **1.** (*lento*) Trödler(in) *m(f) fam;* **es un** ~ er verspätet sich immer **2.** (*tardo*) Spätzünder *m fam*

tarea [ta'rea] *f* **1.** (*faena*) Aufgabe *f;* **eso no es** ~ **mía** das ist nicht meine Aufgabe [*o* Pflicht] **2.** (*trabajo*) Arbeit *f;* **~s de la casa** Hausarbeit *f;* ~ **de impresión** (INFOR) Druckjob *m* **3.** *pl* (ENS) Hausaufgaben *fpl*

tareco [ta'reko] *m* (*Cuba, Ecua, Ven*) Ramsch *m pey*

tarifa [ta'rifa] *f* **1.** (*precio*) Tarif *m*, Gebühr *f;* ~ **de aduana** Zolltarif *m*, Zollsatz *m;* ~ **exterior común** (UE) Gemeinsamer Außenzolltarif; ~ **nocturna** Nachttarif *m;* ~ **oficial** amtlicher Tarif; ~ **postal** Postgebühren *fpl;* ~ **de suscripción** Abonnementpreis *m;* ~ **telefónica** Fernsprechgebühr *f;* ~ **tributaria** (ADMIN, ECON) Steuersatz *m;* **aplicar una** ~ einen Tarif anwenden; **me pagan la** ~ **corriente** sie zahlen mir den üblichen Tarif **2.** (*tabla*) Tarif *m*, Gebührenverzeichnis *nt*

tarifar [tari'far] **I.** *vt* tarifieren **II.** *vi* (*fam*) sich streiten (*con* mit +*dat*)

tarifario, **-a** [tari'farjo, -a] *adj* (*política, derecho*) Tarif-; (*disposiciones*) tariflich

tarifeño, **-a** [tari'feɲo, -a] **I.** *adj* aus Tarifa **II.** *m, f* Einwohner(in) *m(f)* von Tarifa

tarificar [tarifi'kar] <c→qu> *vt* tarifieren

tarima [ta'rima] *f* Podium *nt*

tarja ['tarxa] *f* **1.** (HIST: *escudo*) Tartsche *f* **2.** (*Am: tarjeta de visita*) Visitenkarte *f* **3.** (*loc*): **beber sobre** ~ auf Pump trinken

tarjar [tar'xar] *vt* (*Chile*) (Textstelle) anstreichen

tarjeta [tar'xeta] *f* Karte *f;* ~ **aceleradora** (INFOR) Beschleunigerkarte *f;* ~ **amarilla/roja** (DEP) gelbe/rote Karte; ~ **de audio** (INFOR) Audiokarte *f;* ~ **del cajero automático** Geldautomatenkarte *f;* ~ **de circuito impreso** (INFOR) gedruckte Schaltkarte; ~ **de crédito/de visita** Kredit-/Visitenkarte *f;* ~ **de embarque** (AERO) Bordkarte *f;* (COM) (Bord)konnossement *nt;* ~ **gráfica** (INFOR) Grafikkarte *f;* ~ **magnética codificada** Magnetkarte *f;* ~ **oro** Gold Card *f;* ~ **postal/telefónica** Post-/Telefonkarte *f;* ~ **postal-respuesta** Antwort(post)karte *f;* ~ **de sonido** (INFOR) Soundkarte *f;* **titular de una** ~ Karteninhaber *m;* ~ **de saludo** Grußkarte *f*

tarjetearse [tarxete'arse] *vr* miteinander korrespondieren

tarjetero[1] [tarxe'tero] *m* Geldbörse *f,* Portmonee *nt*

tarjetero, -a[2] [tarxe'tero, -a] *adj:* **este árbitro es un** ~ dieser Schiedsrichter zeigt gerne die Karte

taropé [taro'pe] *m* (BOT) *Seerosengewächs mit großen Blättern*

tarot [ta'ro^{t}] *m* Tarot *nt o m*

tarpón [tar'pon] *m* (ZOOL) Tarpon *m,* Tarpun *m*

tarquín [tar'kin] *m* Schleim *m;* (*de estuario*) Schlick *m*

tarraconense [tarrako'nense] **I.** *adj* aus Tarragona **II.** *mf* Einwohner(in) *m(f)* von Tarragona

tarrasense [tarra'sense] **I.** *adj* aus Tarrasa (*Stadt der Provinz Barcelona*) **II.** *mf* Einwohner(in) *m(f)* von Tarrasa

tarreña [ta'rreɲa] *f* (MÚS) Klapper *f*

tarrina [ta'rrina] *f* kleiner Behälter *m;* ~ **de helado** Eisbecher *m*

tarro ['tarro] *m* **1.** (*para conservas*) Einmachglas *nt;* (*sin tapa*) Glas *nt;* (*de barro*) Tonbecher *m,* Pott *m fam;* (*Arg: de lata*) Blechdose *f* **2.** (*fam: cabeza*) Schädel *m;* **comer el** ~ **a alguien** auf jdn einschwätzen **3.** (*cuerno*) Horn *nt* **4.** (*Am: sombrero*) Zylinder(hut) *m*

tarsalgia [tar'salxja] *f* (MED) Fußwurzelschmerz *m,* Tarsalgie *f*

tarso ['tarso] *m* **1.** (ANAT) Fußwurzel *f,* Tarsus *m* **2.** (ZOOL) Tarsus *m*

tarta ['tarta] *f* **1.** (GASTR) Torte *f;* ~ **episcopal** (*reg:* GASTR) *Obsttorte;* ~ **de Santiago** (GASTR) *flacher Mandelkuchen, der mit Puderzucker bestreut und dem Kreuz von Santiago de Compostela verziert wird* **2.** (*estadística*) Tortendiagramm *nt*

tártago ['tartaɣo] *m* **1.** (BOT) Kreuzblättrige Wolfsmilch *f* **2.** (*disgusto*) Unglücksfall *m*

tartaja [tar'taxa] *adj o mf v.* **tartajoso**

tartajear [tartaxe'ar] *vi* stammeln, stottern

tartajoso, -a [tarta'xoso, -a] **I.** *adj* stotternd, stott(e)rig, stammelnd **II.** *m, f* Stammler(in) *m(f),* Stotterer, -in *m, f*

tartaleta [tarta'leta] *f* (GASTR) Tortelett(e) *f*

tartamudear [tartamuðe'ar] *vi* stottern; (*por nervios*) stammeln

tartamudeo [tartamu'ðeo] *m* Stottern *nt*

tartamudez [tartamu'ðeθ] *f* Stottern *nt;* (*por nervios*) Stammeln *nt*

tartamudo, -a [tarta'muðo, -a] **I.** *adj* stotternd, stott(e)rig **II.** *m, f* Stotterer, -in *m, f*

tartán [tar'tan] *m* **1.** (*tela*) Schottenstoff *m,* Tartan *m* **2.** (®, DEP) Tartan® *m*

tartana [tar'tana] *f* **1.** (NÁUT) Tartane *f* **2.** (HIST: *carro*) Kremser *m* **3.** (*pey: coche*) Vehikel *nt;* **este coche es una** ~ dieses Auto ist eine Schrottkarre

tártaro[1] ['tartaro] *m* **1.** (QUÍM) Weinstein *m,* Tartarus *m* **2.** (*sarro*) Zahnstein *m* **3.** (*elev: infierno*) Tartaros *m,* Tartarus *m* **4.** (*lengua*) Tartarisch(e) *nt*

tártaro, -a[2] ['tartaro, -a] **I.** *adj* tartarisch; **bistec** ~ Tartarbeefsteak *nt;* **salsa tártara** Tartarensoße *f* **II.** *m, f* Tartar(in) *m(f)*

tartera [tar'tera] *f* **1.** (*para tartas*) Kuchenform *f* **2.** (*fiambrera*) Frischhaltebox *f*

tartesios [tar'tesjos] *mpl* (HIST) Tartessos *mpl*

tarugo [ta'ruɣo] *m* **1.** (*trozo*) Klotz *m* **2.** (*clavija*) Pflock *m* **3.** (*pan*) Stück *nt* altes Brot **4.** (*persona*) Trottel *m*

tarumba [ta'rumba] *adj* (*fam*): **estar** ~ durcheinander sein; **volver a alguien** ~ jdn verrückt machen

tasa ['tasa] *f* **1.** (*acto*) (Ein)schätzung *f,* Taxierung *f* **2.** (*coste*) Gebühr *f;* (*municipal*) Abgabe *f;* (*de impuesto*) Satz *m;* ~**s de aeropuerto** Flughafengebühr *f;* ~ **de cancelación** Stornogebühr *f;* ~ **fiscal** Steuersatz *m;* ~ **de inflación** Inflationsrate *f;* ~ **de interés** Zinssatz *m;* ~ **de utilización** Auslastung *f* **3.** (*de joya*) Schätzwert *m* **4.** (*porcentaje*) Rate *f;* ~ **de absentismo** Häufigkeit des Fernbleibens; ~ **de amortización** (FIN) Tilgungsrate *f;* ~ **de cobertura** Deckungsgrad *m;* ~ **de crecimiento** Wachstumsrate *f;* ~ **de desempleo** Arbeitslosenquote *f;* ~ **de natalidad** Geburtenziffer *f;* ~ **de rentabilidad** (ECON) Rentabilitätsrate *f*

tasación [tasa'θjon] *f* **1.** (*de producto*) Wertbestimmung *f,* Festlegung *f* des Preises; (*de impuesto*) Veranlagung *f* **2.** (*de joya*) Schätzung *f,* Taxierung *f*

tasador(a) [tasa'ðor(a)] *m(f)* Schätzer(in) *m(f),* Taxator(in) *m(f);* ~ **municipal** städtischer Schätzungsbeamter; **perito** ~ Taxator *m*

tasajear [tasaxe'ar] *vt* (*Am: tajear*) einschneiden

tasajo [ta'saxo] *m* **1.** (*trozo*) Stück *nt* Fleisch **2.** (*salado*) Dörrfleisch *nt*

tasar [ta'sar] *vt* **1.** (*precio*) festsetzen, bestimmen; (*impuesto*) veranlagen **2.** (*joya, uno mismo*) schätzen, taxieren; (*por el joyero*) schätzen lassen, taxieren lassen; (*terreno, casa*) taxieren (*en* auf +*akk*); (*trabajo*) berechnen; ~ **en exceso** überbewerten; **han tasado estos pendientes en 50.000 pesetas** die Ohrringe sind auf (einen Wert von) 50.000 Peseten geschätzt worden **3.** (*tabaco, comida*) dosieren; (*libertad*) einschränken

tasca ['taska] *f* **1.** (*taberna*) Kneipe *f* **2.** (*timba*) Spielhölle *f*

tascar [tas'kar] <c→qu> *vt* **1.** (*cáñamo*) schwingen **2.** (*hierba*) geräuschvoll kauen; ~

el freno (*caballo*) auf dem Zügel knirschen; (*persona*) zurückstecken

tasquear [taske'ar] *vi* (*fam*) eine Zechtour machen

tasqueo [tas'keo] *m* Kneipenbummel *m;* **ir de** ~ durch die Kneipen ziehen

tastana [tas'tana] *f* **1.** (AGR) (durch Dürre verursachte) Bodenverkrustung *f* **2.** (BOT) Scheidewand *f* (einiger Früchte)

tata¹ ['tata] *f* (*fam*) Kindermädchen *nt*

tata² ['tata] *m* (*Am: papá*) Vati *m;* (*Méx: abuelo*) Opa *m*

tatagua [ta'taɣwa] *f* (*Cuba:* ZOOL) *große Nachtfalterart*

tataibá [tataịˈβa] *m* (*Arg, Par:* BOT) wilder Maulbeerbaum *m*

tatarabuelo, **-a** [tatara'βwelo, -a] *m, f* Ururgroßvater *m,* Ururgroßmutter *f*

tataranieto, **-a** [tatara'njeto, -a] *m, f* Ururenkel(in) *m(f)*

tate ['tate] *interj* **1.** (*cuidado*) aufgepasst **2.** (*despacito*) langsam, sachte **3.** (*sorpresa*) (ach) du meine Güte

tatemar [tate'mar] *vt* (*Méx*) **1.** (*quemar*) verbrennen; ~**(se) la mano con la parrilla** sich *dat* die Hand am Grill verbrennen **2.** (*asar al horno*) im Backofen schmoren

tatetí [tate'ti] *m* (*Arg: juego de tres en raya*) ≈ Mühlespiel *nt*

tato, **-a** ['tato, -a] *adj* das c und s wie t aussprechend

tatuaje [tatu'axe] *m* Tätowierung *f*

tatuar [tatu'ar] <*1. pres:* **tatúo**> *vt* tätowieren

tau [taụ] *m* (LING) Tau *nt*

tauca ['taụka] *f* **1.** (*Bol, Chil, Ecua: montón*) (große) Menge *f;* **una** ~ **de papeles** ein großer Papierhaufen **2.** (*Chile: talega grande*) großer Geldbeutel *m*

taumaturgia [taụma'turxja] *f* Wunderkraft *f*

taumatúrgico, **-a** [taụma'turxiko, -a] *adj* wundertätig, wunderkräftig

taumaturgo, **-a** [taụma'turɣo, -a] *m, f* Wundertäter(in) *m(f)*

taurino, **-a** [taụ'rino, -a] *adj* **1.** (*del toro*) Stier- **2.** (*de la corrida*) Stierkampf-

Tauro ['taụro] *m* (ASTR) Stier *m;* **soy (de)** ~ ich bin (ein) Stier

taurófilo, **-a** [taụ'rofilo, -a] *adj* (TAUR) den Stierkampf liebend

taurófobo, **-a** [taụ'rofoβo, -a] *adj* den Stierkampf ablehnend

taurómaco, **-a** [taụ'romako, -a] *m, f* (TAUR) Stierkampfexperte, -in *m, f*

tauromaquia [taụro'makja] *f sin pl* Tauromachie *f,* Stierkampfkunst *f*

tautofonía [taụtofo'nia] *f* (LING) ständige Wiederholung *f* desselben Lautes, Tautophonie *f*

tautofónico, **-a** [taụto'foniko, -a] *adj* (LING) Laute wiederholend

tautograma [taụto'ɣrama] *m* (LIT) Tautogramm *nt, Gedicht mit demselben Anfangsbuchstaben in allen Wörtern oder Zeilen*

tautología [taụtolo'xia] *f* Tautologie *f*

tautológico, **-a** [taụto'loxiko, -a] *adj* tautologisch

tautosilábico, **-a** [taụtosi'laβiko, -a] *adj* (LING) tautosyllabisch, homosyllabisch

tawantinsuyo [tawan̪tin'suɟo] *m* (*Am:* HIST): **T~ Inkaiku** *die vier vereinigten Provinzen der Inkas*

taxativo, **-a** [taˠsa'tiβo, -a] *adj* **1.** (*restringido*) beschränkend **2.** (*categórico*) kategorisch

taxema [taˠ'sema] *m* (LING) Taxem *nt*

taxi ['taˠsi] *m* **1.** (*coche*) Taxi *nt* **2.** (*vulg: prostituta*) Hure *f*

taxidermia [taˠsi'ðermja] *f sin pl* Taxidermie *f*

taxidérmico, **-a** [taˠsi'ðermiko, -a] *adj* taxidermisch

taxidermista [taˠsiðer'mista] *mf* Taxidermist(in) *m(f)*

taxímetro [taˠ'simetro] *m* Taxameter *m o nt*

taxista [taˠ'sista] *mf* Taxifahrer(in) *m(f)*

taxonomía [taˠsono'mia] *f sin pl* (BIOL) Taxonomie *f*

taxonómico, **-a** [taˠso'nomiko, -a] *adj* taxonomisch, taxonom

taya ['taɟa] *f* (*Col:* ZOOL) Palm-Lanzenotter *f*

taylorismo [taịlo'rismo] *m inv* (ECON) Taylorismus *m,* Taylorsystem *nt*

taza ['taθa] *f* **1.** (*de café*) Tasse *f;* **una** ~ **de café** (*con café*) eine Tasse Kaffee; (*para el café*) eine Kaffeetasse **2.** (*del wáter*) Klosettbecken *nt,* Klobecken *nt fam* **3.** (*de fuente*) Becken *nt*

tazón [ta'θon] *m* Schale *f*

TC [te'θe] *m* (JUR, POL) *abr de* **Tribunal Constitucional** VGH *m*

te [te] **I.** *f* T *nt* **II.** *pron pers* **1.** (*objeto directo*) dich; **¡mira~!** schau dich mal an! **2.** (*objeto indirecto*) dir; **tu madre** ~ **lava la ropa** deine Mutter wäscht dir die Wäsche **III.** *pron refl:* ~ **vistes** du ziehst dich an; ~ **levantas** du stehst auf; **¿~ has lavado los dientes?** hast du dir die Zähne geputzt?; **siempre** ~ **permites algo** du gönnst dir immer etwas

té [te] *m* **1.** (BOT, GASTR) Tee *m* **2.** (*reunión*) Tee *m* **3.** (*loc*): **dar a alguien el** ~ jdm auf die Nerven gehen

tea ['tea] *f* **1.** (*astillas*) Kienspan *m;* (*antorcha*) Kienfackel *f* **2.** (*fam: borrachera*) Rausch *m*

teatino, **-a** [tea'tino, -a] *m, f* (REL) Theatiner(in) *m(f)*

teatral [tea'tral] *adj* **1.** (*relativo al teatro*) Theater-; (*efecto, experiencia, autor*) Bühnen- **2.** (*gesto, actitud, acción*) theatralisch

teatralidad [teatrali'ðaᵈ] *f* Theatralik *f*

teatralizar [teatrali'θar] <z→c> *vt* theatralisieren

teatrero, **-a** [tea'trero, -a] **I.** *adj* (*fam*) theatralisch, pathetisch **II.** *m, f* Pathetiker(in) *m(f)*

teatro [te'atro] *m* **1.** (*representación*) Theater *nt;* (*edificio*) Theater *nt,* Schauspielhaus *nt;* **obra de** ~ (*representación*) Theaterstück *nt,* Bühnenstück *nt;* (LIT) Schauspiel *nt;* **hacer ~** (*profesional*) Theater spielen; (*aficionado, t. pey*) schauspielern; **de mayor quiero hacer ~** wenn ich groß bin, will ich zur Bühne gehen; **este jugador sólo hace ~** dieser Spieler macht nur Theater **2.** (LIT) Theater *nt;* **el ~ de Calderón** Calderons Dramen **3.** (*escenario*) Schauplatz *m;* **el ~ de la guerra** der Kriegsschauplatz; **el ~ de operaciones** der Schauplatz der Ereignisse

tebeo [te'βeo] *m* (spanisches) Comicheft *nt;* **esto está más visto que el ~** (*fam*) das ist ein alter Hut

TEC [tek] *f* (UE) *abr de* **Tarifa Exterior Común** Gemeinsamer Außenzolltarif *m*

teca ['teka] *f* (BOT) Teak *nt,* Teakbaum *m*

techado [te'ʧaðo] *m* Dach *nt,* Bedachung *f*

techador(a) [teʧa'ðor(a)] *m(f)* Dachdecker(in) *m(f)*

techar [te'ʧar] *vt* überdachen

techo ['teʧo] *m* **1.** (*de habitación*) (Zimmer)decke *f;* **falso ~** Zwischendecke *f* **2.** (*de casa*) Dach *nt;* **le acogió bajo su ~** er/sie gewährte ihm/ihr Unterkunft; **vivimos bajo el mismo ~** wir wohnen unter einem Dach **3.** (AERO) Gipfelhöhe *f* **4.** (*tope*) Höchstgrenze *f;* **~ de crédito** Kreditlinie *f;* **~ salarial** (ECON) Gehaltslimit *nt,* Höchstlohn *m;* **tocar ~** das Limit erreichen; **este deportista ha llegado al ~ de su carrera** dieser Sportler hat den Höhepunkt seiner Karriere erreicht

techumbre [te'ʧumbre] *f* **1.** (*techo*) Dach *nt* **2.** (*estructura*) Dachkonstruktion *f*

teckel ['tekel] *m* (ZOOL) Teckel *m,* Dackel *m*

tecla ['tekla] *f* **1.** (*de piano, ordenador*) Taste *f;* **~ de cancelación** Abbruchtaste *f;* **~ de comando** Befehlstaste *f;* **~ de control** Steuerungstaste *f;* **~ de función** Funktionstaste *f;* **~ de inserción** Einfügetaste *f;* **~ de interrupción** Unterbrechungstaste *f;* **~ intro** [*o* **de introducción**] Eingabetaste *f,* Enter-Taste *f;* **~ de retorno** Return-Taste *f;* **~ de retroceso** Rückschrittaste *f;* **~ sleep** (INFOR) Stand-by-Taste *f;* **tocar** [*o* **apretar**] **una ~** (*de piano, máquina de escribir*) eine Taste anschlagen; (*de ordenador*) eine Taste drücken **2.** (*materia*) heikles Thema *nt* **3.** (*loc*): **dar en la ~** (*fam: acertar*) den richtigen Dreh finden; **hay que tocar muchas ~s para averiguar eso** man muss alle Register ziehen, um das herauszufinden

teclado [te'klaðo] *m* (*de piano*) Klaviatur *f,* Tastatur *f;* (*de ordenador*) Tastatur *f,* Keyboard *nt;* **~ auxiliar** (INFOR) Hilfstastatur *f;* **~ numérico** numerische Tastatur; **~ qwerty** (INFOR) QWERTY-Tastatur *f;* **dirigido por ~** (INFOR) tastaturgesteuert; **toco los ~s en un grupo** ich spiele als Keyboarder in einer Band

tecle ['tekle] *m* (NÁUT) Talje *f*

teclear [tekle'ar] **I.** *vi* **1.** (*piano*) die Tasten anschlagen, klimpern; (*ordenador*) die Tasten anschlagen, tippen; (*datos*) eingeben, eintippen; **~ con energía** (*piano*) energisch in die Tasten greifen **2.** (*dedos*) mit den Fingern trommeln (auf +*akk*) **II.** *vt* (*fam: problema*) von verschiedenen Seiten her angehen [*o* anpacken]

tecleo [te'kleo] *m* (*de piano*) Anschlagen *nt;* (*de dedos*) Trommeln *nt*

teclista [te'klista] *mf* Keyboardspieler(in) *m(f),* Keyboarder(in) *m(f)*

técnica ['teɣnika] *f* Technik *f;* **~s de comercialización** (COM) Vermarktungstechniken *fpl;* **~s de dirección de empresas** (ECON) Technik der Unternehmensführung; **~s de venta** (ECON) Verkaufsmethoden *fpl;* **actitud crítica en torno a la ~** Technikkritik *f;* **actitud hostil frente a la ~** Technikfeindlichkeit *f*

técnicamente [teɣnika'meṇte] *adv* technisch; **es ~ imposible** (TÉC) es ist aus technischen Gründen unmöglich; (JUR) es ist aus verfahrenstechnischen Gründen unmöglich

tecnicidad [teɣniθi'ðaᵈ] *f sin pl:* **un estilo de gran ~** ein sehr technischer Stil; **una descripción llena de ~** eine Beschreibung mit vielen Fachausdrücken

tecnicismo [teɣni'θismo] *m* **1.** (TÉC) Technizismus *m,* Fachausdruck *m;* (LING) Terminus *m* (technicus) **2.** (*calidad*) Technizismus *m*

técnico, -a ['teɣniko, -a] **I.** *adj* **1.** (*de la técnica*) technisch; **carrera técnica** (UNIV) technisches Studium; **oficina técnica** Konstruktionsbüro *nt;* **estar en paro ~** infolge von Rationalisierungen arbeitslos sein **2.** (*de especialidad*) Fach-, fachlich; **término ~** Fachausdruck *m* **II.** *m, f* **1.** (*especialista*) Techniker(in) *m(f),* Fachmann, -frau *m, f;* **~ comercial** (ECON) Kaufmann *m;* **~ informático** (INFOR) Informatiker *m;* **es un ~ en la materia** er ist ein Fachmann auf diesem Gebiet; **los ~s están reparando la bomba** die Handwerker reparieren gerade die Pumpe **2.** (DEP: *deportista*) Techniker(in) *m(f);* (*entrenador,* DEP) Trainer *m;* **este delantero es un excelente ~** dieser Stürmer ist ein vollendeter Techniker

tecnicolor® [teɣniko'lor] *m* Technicolor® *nt*

tecnificar [teɣnifi'kar] <c→qu> *vt* **1.** (*con técnica*) technifizieren **2.** (*con maquinaria*) technisieren

tecno ['teɣno] *m* (MÚS) Technomusik *f*

tecnocracia [teɣno'kraθja] *f* Technokratie *f*

tecnócrata [teɣ'nokrata] **I.** *adj* technokratisch **II.** *mf* Technokrat(in) *m(f)*

tecnocrático, -a [teɣno'kratiko, -a] *adj* technokratisch

tecnografía [teɣnoɣra'fia] *f* Technographie *f*

tecnología [teɣnolo'xia] *f* **1.** (TÉC) Technologie *f;* (*industrial*) Technologie *f,* Produktionstechnik *f;* **~ de alimentos** Lebensmitteltechnik *f;* **~ de información** (INFOR) Informationstechnologie *f;* **~ punta** Spitzentechnologie *f,* Hightech *nt* **2.** (*técnica*) Technik *f*

tecnológico, -a [teɣno'loxiko, -a] *adj* **1.** (*parque, política*) Technologie-; (*desarro-*

llo) technologisch; **parque** ~ Technologiepark *m* **2.** (*técnico*) technisch; **revolución tecnológica** technische Revolution

tecnologización [teɣnoloxiθa'θjon] *f* Technifizierung *f*

tecnologizar [teɣnoloxi'θar] <z→c> *vt* technifizieren

tecnólogo, **-a** [teɣ'noloɣo, -a] *m, f* (TÉC) Technologe, -in *m, f*

tecol [te'kol] *m* (*Méx:* ZOOL) *ein Agavenwurm*

tecolote [teko'lote] *m* (*AmC, Méx: búho*) Uhu *m*

tecomate [teko'mate] *m* (*AmC, Méx*) **1.** (*planta*) Kalebassenbaum *m* **2.** (*vasija*) Kalebasse *f*

tectogénesis [tekto'xenesis] *f inv* (GEO) Tektogenese *f*

tectónica [tek'tonika] *f sin pl* (GEO) Tektonik *f*

tectónico, **-a** [tek'toniko, -a] *adj* (GEO) tektonisch

tedéum [te'ðeu̯n] *m inv* (REL) Tedeum *nt*

tedio ['teðjo] *m* **1.** (*aburrimiento*) Langeweile *f*; **eso me produce** ~ das langweilt mich **2.** (*hastío*) Überdruss *m*

tedioso, **-a** [te'ðjoso, -a] *adj* langweilig

tefe ['tefe] *m* **1.** (*Col, Ecua: jirón de tela*) Gewebefetzen *m*; (*de piel*) Hautfetzen *m* **2.** (*Ecua: cicatriz facial*) Gesichtsnarbe *f*

teflón® [te'flon] *m* Teflon® *nt*

tegumento [teɣu'men̪to] *m* (BOT) Tegment *nt*

tehuelche [te'weltʃe] *mf* (*Arg, Chil:* HIST) *Ureinwohner Patagoniens*

teísmo [te'ismo] *m sin pl* Theismus *m*

teísta [te'ista] **I.** *adj* theistisch **II.** *mf* Theist(in) *m(f)*

teja ['texa] *f* **1.** (*del tejado*) Dachziegel *m* **2.** (*sombrero*) Priesterhut *m* **3.** (TIPO) Druckplatte *f* **4.** (BOT) Linde *f* **5.** (*Am: dulce*) Praline *f* **6.** (*loc*): **pagar a toca** ~ bar auf den Tisch zahlen; **de ~s abajo** hier auf der Erde; **de ~s arriba** überirdisch

tejadillo [texa'ðiʎo] *m* (*de apisonadora, t.* ARQUIT) Wetterdach *nt*

tejado [te'xaðo] *m* Dach *nt*; ~ **de paja/pizarra** Stroh-/Schieferdach *nt*; ~ **a dos vertientes** [*o* **aguas**] Satteldach *nt*; **empezar la casa por el** ~ (*fig*) das Pferd von hinten aufzäumen; **la pelota sigue** [*o* **está**] **en el** ~ (*fig*) die Sache ist noch nicht entschieden; **tirar piedras sobre su propio** ~ (*fig*) sich *dat* ins eigene Fleisch schneiden; **quien tiene el ~ de vidrio, no tire piedras al de su vecino** (*prov*) wer (selbst) im Glashaus sitzt, soll nicht mit Steinen werfen

tejano[1] [te'xano] *m* **1.** (*material*) Jeansstoff *m* **2.** *pl* (*pantalones*) (Blue)jeans *f*

tejano, **-a**[2] [te'xano, -a] **I.** *adj* **1.** (*de Tejas*) texanisch **2.** (*ropa*) Jeans-; **pantalón** ~ Jeans(hose) *f* **II.** *m, f* Texaner(in) *m(f)*

tejar [te'xar] **I.** *vt* (mit Ziegeln) decken **II.** *m* Ziegelei *f*

tejaván [texa'βan] *m* (*Am*) **1.** (*cobertizo*) Vordach *nt* **2.** (*corredor*) Korridor *m* **3.** (*alero*) Dachtraufe *f* **4.** (*casa*) Hütte *f* mit Ziegeldach

tejedor(a) [texe'ðor(a)] *m(f)* Weber(in) *m(f)*

tejedura [texe'ðura] *f* **1.** (*acción*) Weben *nt*, Weberei *f* **2.** (*de hilos*) Gewebe *nt*

tejeduría [texeðu'ria] *f* **1.** (*arte*) Webkunst *f* **2.** (*taller*) Weberei *f*

tejemaneje [texema'nexe] *m* **1.** (*fam: actividad*) viel Betrieb *m*, reges Treiben *nt*; **se trae un ~ increíble con los papeles** er/sie hantiert geschäftig mit den Papieren herum **2.** (*fam: intriga*) Intrige *f*, Machenschaften *fpl*; **los ~s que lleva le acarrearán problemas** sein/ihr Intrigenspiel bringt ihm/ihr bestimmt (noch) Probleme ein

tejer [te'xer] *vt* **1.** (*tela, estera*) weben; ~ **una alfombra** einen Teppich weben, an einem Teppich arbeiten **2.** (*cestos, trenzas*) flechten **3.** (*hacer punto*) stricken **4.** (*orugas*) spinnen; (*arañas*) weben, spinnen **5.** (*intrigas*) schmieden, spinnen **6.** (*plan*) sich ausdenken, ersinnen **7.** (*loc*): ~ **y destejer** schalten und walten

tejido [te'xiðo] *m* **1.** (*textura, t.* ANAT) Gewebe *nt* **2.** (*tela*) Stoff *m*; ~ **de algodón** Baumwollstoff *m*; **los ~s** die Textilien

tejo ['texo] *m* **1.** (*disco*) Stück *nt* Dachziegel **2.** (*juego*) Wurfspiel *nt*; **tirar los ~s a alguien** (*fam*) jdm Avancen machen **3.** (BOT) Eibe *f*

tejocote [texo'kote] *m* (*Méx*) **1.** (BOT) Mexikanischer Weissdorn *m* **2.** (*fruto*) *pflaumenähnliche Frucht dieser Pflanze*

tejón [te'xon] *m* (ZOOL) Dachs *m*

tejuelo [te'xwelo] *m* **1.** (*tejo*) Stück *nt* Dachziegel **2.** (TIPO) Signatur *f* **3.** (TÉC) Wellenlager *nt*, Spurlager *nt*

tela ['tela] *f* **1.** (*tejido*) Stoff *m*; ~ **de araña** Spinnennetz *nt*; ~ **del forro** Bezugsstoff *m*; ~ **metálica** Maschendraht *m*; ~ **de punto** Trikot *m o nt* **2.** (*en leche*) Haut *f* **3.** (*fam: asunto*) Thema *nt*; **hay ~ para rato** [*o* **marinera**] (*para discutir*) der Gesprächsstoff ist bei weitem nicht erschöpft; (*para trabajar*) es ist noch (sehr) viel zu erledigen; **este asunto trae** ~ es steckt einiges hinter dieser Sache; **este problema tiene** ~ dieses ist ein äußerst heikles Problem **4.** (*lienzo*) Leinwand *f*; **una ~ de Barceló** ein Gemälde von Barceló **5.** (*fam: dinero*) Kohle *f*, Zaster *m* **6.** (*loc*): **llegar a las ~s del corazón** unter die Haut gehen; **no pongo en ~ de juicio tus argumentos** ich stelle deine Argumente nicht in Frage [*o* infrage]; **puso la táctica en ~ de juicio** er/sie äußerte Bedenken gegen die Taktik; **pongo en ~ de juicio la veracidad de eso** ich bezweifle, dass das wahr ist

telar [te'lar] *m* **1.** (*máquina*) Webstuhl *m* **2.** (*fábrica*) Weberei *f* **3.** (TEAT) Schnürboden *m*

telaraña [tela'raɲa] *f* (*de araña*) Spinnennetz

nt; **mirar las ~s** (*fig*) zerstreut sein; **tener ~s en los ojos** (*fig*) verblendet sein

tele ['tele] *f* (*fam*) *abr de* **televisión** **1.** (*televisor*) Fernseher *m* **2.** (*televisión*) Fernsehen *nt;* **mirar** [*o* **ver**] **la ~** (*fam*) Fernsehen gucken

teleadicto, **-a** [telea'ðikto, -a] *adj* fernsehsüchtig

telearrastre [telea'rrastre] *m* (DEP) Schlepplift *m*

telebanco [tele'βaŋko] *m* (INFOR, TEL) Telebanking *nt*

telebasura [teleβa'sura] *f* (*fam*) Fernsehmist *m*

telebúsqueda [tele'βuskeða] *f* (INFOR) Paging *nt;* **servicio de ~** Paging-Dienst *m*

telecabina [teleka'βina] *f* Seilbahn *f*

telecargar [telekar'ɣar] <g→gu> *vt* (INFOR) laden

telecinematógrafo [teleθinema'toɣrafo] *m* Fernsehprojektor *m*

telecomando [teleko'mando] *m* (*de televisor*) Fernbedienung *f;* (*de una puerta*) Fernsteuerung *f*

telecomedia [teleko'meðja] *f* **1.** (*serie*) Fernsehserie *f* **2.** (*película*) Fernsehfilm *m*

telecomposición [telekomposi'θjon] *f* (TIPO) Fernsatz *m*

telecompra [tele'kompra] *f* (INFOR) Teleshopping *nt*

telecomunicación [telekomunika'θjon] *f* **1.** (*sistema*) Telekommunikation *f,* Fernmeldetechnik *f,* Nachrichtentechnik *f;* **ingeniero de Telecomunicaciones** Fernmeldeingenieur *m,* Nachrichtentechniker *m* **2.** *pl* (*empresa*) Fernmeldewesen *nt*

teleconcurso [telekoŋ'kurso] *m* Fernsehquiz *nt*

teleconferencia [telekoɱfe'renθja] *f* (INFOR) Telekonferenz *f*

telecontrol [telekon'trol] *m* Fernsteuerung *f;* (*de la televisión*) Fernbedienung *f*

teledeporte [teleðe'porte] *m* Sportsendung *f*

telediario [teleði'arjo] *m* Nachrichten *fpl* (*im Fernsehen*)

teledifusión [teleðifu'sjon] *f* Drahtfunk *m*

teledirección [teledireᵞ'θjon] *f* (TÉC) Fernlenkung *f*

teledirigir [telediri'xir] <g→j> *vt* fernsteuern

tel(ef). [te'lefono] *m abr de* **teléfono** Tel.

telefax [tele'faᵞs] *m* (TEL) Telefax *nt*

teleférico [tele'feriko] *m* (Draht)seilbahn *f*

telefilm [tele'filᵐ] *m* <telefilm(e)s> Fernsehfilm *m*

telefio [te'lefjo] *m* (BOT) Knolliges Steinkraut *nt,* Große Fetthenne *f*

telefonazo [telefo'naθo] *m* (*fam*) Anruf *m;* **dar un ~ a alguien** jdn kurz anrufen

telefonear [telefone'ar] **I.** *vt* **1.** (*algo*) telefonisch mitteilen; (*datos*) telefonisch durchgeben **2.** (*fam: a alguien*) anrufen **II.** *vi* telefonieren

telefonía [telefo'nia] *f* Fernmeldewesen, Telefonie *f;* **empresa de servicios de ~ móvil** Mobiltelefongesellschaft *f;* **~ analógica** analoge Telefonie; **~ digital** digitale Telefonie

Telefónica [tele'fonika]: **la ~** *spanische Telefongesellschaft*

telefónico, **-a** [tele'foniko, -a] *adj* **1.** (*relativo al teléfono*) telefonisch; **cabina telefónica** Telefonzelle *f;* **centralita telefónica** Telefonzentrale *f;* **guía telefónica** Telefonbuch *nt;* **llamada telefónica** (Telefon)anruf *m* **2.** (*relativo a la telefonía*) Fernmelde-

telefonillo [telefo'niʎo] *m* (*fam*) (Gegen)sprechanlage *f*

telefonista [telefo'nista] *mf* Telefonist(in) *m(f)*

teléfono [te'lefono] *m* **1.** (*sistema, aparato*) Telefon *nt;* **~ celular** [*o* **portátil**] mobiles Funktelefon, Handy *nt;* **~ fijo** normales Telefon (*im Gegensatz zum Mobiltelefon*); **~ móvil** Mobiltelefon *nt;* **~ público** öffentlicher Fernsprecher; **por ~** telefonisch; **hablar por ~** telefonieren; **llamar por ~** anrufen **2.** (*número*) Telefonnummer *f;* **anótame tu ~** schreib mir deine Telefonnummer auf **3.** *pl* (*compañía*) Telefongesellschaft *f*

telefonómetro [telefo'nometro] *m* (TÉC) Telefonzähler *m,* Einheitenzähler *m*

telefotografía [telefotoɣra'fia] *f* (FOTO) Fernaufnahme *f,* Telefotografie *f*

telegénico, **-a** [tele'xeniko, -a] *adj* telegen

telegestión [telexes'tjon] *f* Fernabwicklung *f,* Fernverwaltung *f*

telegrafía [teleɣra'fia] *f* Telegrafie *f*

telegrafiar [teleɣrafi'ar] <*3. pret:* **telegrafió**> **I.** *vt* telegrafieren, telegrafisch übermitteln **II.** *vi* telegrafieren, ein Telegramm schicken

telegráficamente [teleɣrafika'mente] *adv* telegrafisch, auf telegrafischem Wege; **enviar dinero ~** Geld telegrafisch anweisen

telegráfico, **-a** [tele'ɣrafiko, -a] *adj* **1.** (*por telégrafo*) telegrafisch; **dirección telegráfica** Telegrammadresse *f;* **giro ~** telegrafische Geldüberweisung *f;* **hilo ~** Telegrafendraht *m* **2.** (*relativo a la telegrafía*) Telegrafen-

telegrafista [teleɣra'fista] *mf* Telegrafist(in) *m(f)*

telégrafo [te'leɣrafo] *m* **1.** (*aparato*) Telegraf *m* **2.** *pl* (*administración*) Telegrafenamt *nt*

telegrama [tele'ɣrama] *m* Telegramm *nt;* **poner un ~** ein Telegramm aufgeben

teleguiado, **-a** [teleɣi'aðo, -a] *adj* (TÉC) ferngelenkt, ferngesteuert

teleimpresora [teleimpre'sora] *f* (INFOR) Fernschreiber *m*

teleinformática [teleiɱfor'matika] *f v.* **telemática**

telele [te'lele] *m* (*fam*) Anfall *m;* **como me digas que no, me da un ~** wenn du Nein sagst, kriege ich einen Anfall

telemando [tele'mando] *m* Fernsteuerung *f;*

(*de la televisión*) Fernbedienung *f*
telemarketing [tele'marketiŋ] *m* Telemarketing *nt*
telemática [tele'matika] *f* Datenfernübertragung *f*
telemetría [teleme'tria] *f* (TÉC) Telemetrie *f*
telémetro [te'lemetro] *m* Entfernungsmesser *m*, Telemeter *nt*
telenovela [teleno'βela] *f* Seifenoper *f*
telenque [te'leŋke] **I.** *adj* **1.** (*Chil: temblón*) zitt(e)rig; (*enfermizo*) kränklich **2.** (*ElSal: torcido*) krumm **II.** *m* (*Guat: cachivache*) Sonderling *m*
teleobjetivo [teleoβxe'tiβo] *m* (FOTO) Teleobjektiv *nt*
teleología [teleolo'xia] *f sin pl* (FILOS) Teleologie *f*
teleonomía [teleono'mia] *f* (BIOL) Teleonomie *f*, Charakteristikum *nt*
teleósteo [tele'osteo] *m* Knochenfisch *m*; (ZOOL) Teleostier *m*
telépata [te'lepata] *mf* Telepath *m*
telepatía [telepa'tia] *f sin pl* Telepathie *f*
telepático, **-a** [tele'patiko, -a] *adj* telepathisch
teleportación [teleporta'θjon] *f* (FÍS) Beamen *nt*
teleportero [telepor'tero] *m* (TÉC) Gegensprechanlage *f* mit Bildschirm
telepredicador(a) [telepreðika'ðor(a)] *m(f)* Fernsehprediger(in) *m(f)*
teleproceso [telepro'θeso] *m* (INFOR) Datenfernverarbeitung *f*
teleprompter [tele'promter] *m* (TV) Teleprompter *m*
telequinesia [teleki'nesja] *f sin pl* Telekinese *f*
telera [te'lera] *f* **1.** (*travesaño*) Querbalken *m* **2.** (*de un arado, carro*) Lenkscheit *m* **3.** (*de una prensa*) (Klemm)backe *f* **4.** (*aprisco*) Pferch *m* **5.** (*Méx: pan*) Brot *nt*
telerradar [telerra'ðar] *m* (TEL) Peilradar *m*, Teleradar *m*
telerradiografía [telerraðjoɣra'fia] *f* (TÉC) Röntgenfernaufnahme *f*, Teleröntgenographie *f*
telerreportaje [telerrepor'taxe] *m* Fernsehreportage *f*
telerruta [tele'rruta] *f*: (**servicio de**) ~ *telefonischer Verkehrsmeldedienst*
telescópico, **-a** [teles'kopiko, -a] *adj* teleskopisch
telescopio [teles'kopjo] *m* Teleskop *nt*, Fernrohr *nt*
teleserie [tele'serje] *f* (TV) Fernsehserie *f*
telesilla [tele'siʎa] *f* Sessellift *m*
telespectador(a) [telespekta'ðor(a)] *m(f)* Fernsehzuschauer(in) *m(f)*
telesquí [teles'ki] *m* (Ski)lift *m*
teleteatro [telete'atro] *m* (TV) Fernsehtheater *nt*, im Fernsehen übertragene Theateraufführung *f*
teleteca [tele'teka] *f* (TV) Fernseharchiv *nt*
teletex [tele'teˠs] *m inv* (TEL) Teletex *nt*, Bürofernschreiben *nt*
teletexto [tele'testo] *m* Videotext *m*
teletienda [tele'tjeṇda] *f* Teleshopping *nt*
teletipo [tele'tipo] *m* Fernschreiber *m*
teletrabajo [teletra'βaxo] *m* Telearbeit *f*
televidente [teleβi'ðeṇte] *mf* v. **telespectador**
televigilancia [teleβixi'laṇθja] *f* (TÉC) Fernüberwachung *f*
televisado, **-a** [teleβi'saðo, -a] *adj* (TV) im Fernsehen übertragen
televisar [teleβi'sar] *vt* senden, ausstrahlen; (*en directo*) übertragen
televisión [teleβi'sjon] *f* **1.** (*sistema, organización*) Fernsehen *nt*; ~ **de pago** Pay-TV *nt*; ~ **por satélite** Satellitenfernsehen *nt* **2.** (*fam: televisor*) Fernseher *m*; ~ **en color** Farbfernseher *m*; ~ **digital** digitales Fernsehen; ~ **interactiva** interaktives Fernsehen
televisivo, **-a** [teleβi'siβo, -a] *adj* **1.** (*relativo a la televisión*) Fernseh-; **programa** ~ Fernsehsendung *f* **2.** (*apto para ser televisado*) fürs Fernsehen geeignet
televisor [teleβi'sor] *m* Fernsehgerät *nt*, Fernseher *m fam*; ~ **panorámico** Panoramafernseher *m*
televisual [teleβi'swal] *adj* (TV) v. **televisivo**
télex ['teleˠs] *m* **1.** (*sistema*) Fernschreiber *m*, Telex *nt*; **abonado de** ~ Fernschreibteilnehmer *m*; **línea de** ~ Telexverbindung *f*; **enviar un** ~ ein Telex schicken **2.** (*mensaje*) Fernschreiben *nt*, Telex *nt*
telina [te'lina] *f* (ZOOL) Plattmuschel *f*, Tellmuschel *f*
telón [te'lon] *m* Vorhang *m*; **el** ~ **de acero** der eiserne Vorhang; ~ **de fondo** Hintergrund *m*
telonero, **-a** [telo'nero, -a] **I.** *adj* (*artista*) das Vorprogramm bestreitend; (*boxeador*) den Vorkampf bestreitend **II.** *m*, *f* (*artista, boxeador, orador*) *Künstler, Boxer oder Redner, der das Vorprogramm bestreitet*
telúrico, **-a** [te'luriko, -a] *adj* Erd-; (GEO) tellurisch
telurio [te'lurjo] *m* (QUÍM) Tellur *nt*
telurismo [telu'rismo] *m Einfluß der Landschaft und des Klimas einer bestimmten Gegend auf deren Bewohner*
tema ['tema] *m* **1.** (*materia, t.* MÚS, LIT) Thema *nt*; **cada loco con su** ~ jedem Tierchen sein Pläsierchen; **ése es el** ~ **de mi sermón** (*fig*) (das ist) meine Rede **2.** (LING) Stammform *f*
temario [te'marjo] *m* Themenkreis *m*
temática [te'matika] *f* Thematik *f*
temático, **-a** [te'matiko, -a] *adj* (*t.* LING) thematisch; **vocal temática** Themavokal *m*
tembetá [tembe'ta] *m* (*CSur*) *indianischer Holzschmuck, der an der Unterlippe getragen wird*
tembladera [tembla'ðera] *f* **1.** (*tembleque*) Zittern *nt* **2.** (BOT) Zittergras *nt* **3.** (ZOOL) Zitter-

rochen *m*

temblar [tem'blar] <e→ie> *vi* zittern; ~ **de miedo** vor Angst zittern [*o* schaudern]; ~ **por algo/alguien** um etw/jdn bangen [*o* zittern]; **le tiemblan las carnes** er/sie zittert wie Espenlaub; **dejamos temblando el pastel** wir haben den Kuchen fast ganz aufgegessen; **dejaron temblando la botella de vino** sie haben die Weinflasche fast leer getrunken

tembleque [tem'bleke] *m* (*fam*) **1.** (*temblor*) Zittern *nt;* **me dio un** ~ ich fing (plötzlich) an zu zittern **2.** (*persona*) zitt(e)riger Mensch *m*

temblequear [tembleke'ar] *vi* (*fam*) zitt(e)rig sein

temblón[1] [tem'blon] *m* **1.** (BOT): (**álamo**) ~ Zitterpappel *f* **2.** (ZOOL) Ziterrochen *m*

temblón, -ona[2] [tem'blon, -ona] *adj* (*fam*) zitt(e)rig

temblor [tem'blor] *m* (*tembleque*) Zittern *nt;* (*escalofrío*) Schauder *m;* ~ **de frío** Schüttelfrost *m;* ~ (**de tierra**) Erdbeben *nt*

tembloroso, -a [temblo'roso] *adj* zitt(e)rig

temer [te'mer] **I.** *vt* **1.** (*sentir temor*) fürchten; ~ **a alguien/algo** jdn/etw fürchten, vor jdm/etw Angst haben **2.** (*sospechar*) (be)fürchten; **temo que esto va a acabar mal** ich fürchte, das wird böse enden **II.** *vi* sich fürchten, Angst haben; ~ **por alguien** um jdn bangen **III.** *vr:* ~**se** (be)fürchten; **me temo que no le va a gustar** ich (be)fürchte, dass es ihm/ihr nicht gefallen wird

temerario, -a [teme'rarjo, -a] *adj* **1.** (*imprudente*) waghalsig, tollkühn **2.** (*sin fundamento*) unüberlegt

temeridad [temeri'ða^{ð}] *f sin pl* **1.** (*imprudencia*) Waghalsigkeit *f,* Tollkühnheit *f* **2.** (*insensatez*) unüberlegte Handlung *f*

temeroso, -a [teme'roso, -a] *adj* **1.** (*medroso*) ängstlich; ~ **de Dios** gottesfürchtig; ~ **de que...** +*subj* aus Angst davor, dass ... **2.** (*temible*) Furcht erregend

temible [te'miβle] *adj* Furcht erregend, fürchterlich

temor [te'mor] *m* **1.** (*miedo*) Furcht *f* (*a/de* vor +*dat*), Angst *f* (*a/de* vor +*dat*); ~ **de Dios** Gottesfurcht *f;* **por** ~ **a lo que diga la gente** aus Angst vor dem, was die Leute sagen werden **2.** (*sospecha*) Befürchtung *f*

témpano ['tempano] *m* **1.** (*pedazo*) Scheibe *f,* Platte *f;* (*de hielo*) (Eis)scholle *f,* Treibeis *nt;* (*de tocino*) Speckscheibe *f;* **quedarse como un** ~ starr vor Kälte sein; **tener las manos como un** ~ eiskalte Hände haben **2.** (*tambor*) Pauke *f;* (*piel*) Trommelfell *nt* **3.** (*de un tonel*) (Fass)deckel *m;* (*de una colmena*) (Kork)haube *f* **4.** (ARQUIT) Tympanon *nt*

témpera ['tempera] *f* **1.** (*pintura*) Tempera(farbe) *f* **2.** (*obra*) Temperamalerei *f*

temperación [tempera'θjon] *f* **1.** (*moderación*) Mäßigung *f;* (MED) Dämpfung *f,* Milderung *f* **2.** (*Am: cambio*) Klimawechsel *m*

temperamental [temperamen̪'tal] *adj* **1.** (*relativo al temperamento*) Temperaments-; **característica** ~ Charaktereigenschaft *f* **2.** (*persona*) temperamentvoll

temperamento [tempera'men̪to] *m* **1.** (*carácter, vivacidad*) Temperament *nt;* **tiene mucho** ~ er/sie ist sehr temperamentvoll **2.** (*expresividad*) Expressivität *f* **3.** (MÚS) Temperierung *f*

temperancia [tempe'ran̪θja] *f* Mäßigung *f*

temperante [tempe'ran̪te] **I.** *adj* (*AmS: abstemio*) abstinent **II.** *mf* (*AmS*) Abstinenzler(in) *m(f)*

temperar [tempe'rar] **I.** *vt* mäßigen; (MED) dämpfen, mildern; (MÚS) temperieren **II.** *vi* (*AmC, Col, PRico, Ven*) einen Klimawechsel vornehmen, sich einem Klimawechsel unterziehen **III.** *vr:* ~**se** sich mäßigen

temperatura [tempera'tura] *f* Temperatur *f;* (*de una persona*) Körpertemperatur *f;* (*fiebre*) Fieber *nt;* ~ **máxima** Höchsttemperatur *f;* **aquí hace buena** ~ hier herrscht eine angenehme Temperatur; **el niño tiene mucha** ~ der Kleine hat hohes Fieber; **tengo algo de** ~ ich habe (erhöhte) Temperatur

tempestad [tempes'ta^{ð}] *f* **1.** (*tormenta*) Unwetter *nt,* Gewitter *nt;* (*marejada*) Sturm *m;* ~ **de nieve** Schneesturm *m* **2.** (*manifestación*) Sturm *m;* ~ **de aplausos** Beifallssturm *m;* ~ **de injurias** Flut von Beschimpfungen; ~ **de silbidos** Pfeifkonzert *nt;* **levantar una** ~ **de protestas** einen Proteststurm auslösen **3.** (*agitación*) Aufruhr *f;* **desencadenar una** ~ **de odio** Hass aufwallen lassen; **levantar** ~**es** Unruhe stiften

tempestivo, -a [tempes'tiβo, -a] *adj* (*elev*) gelegen, zeitlich günstig

tempestuoso, -a [tempestu'oso, -a] *adj* **1.** (*día, mar*) stürmisch **2.** (*ambiente*) geladen **3.** (*acción*) heftig, stürmisch

templa ['templa] *f* **1.** (ARTE) Tempera(farbe) *f* **2.** *pl* (ANAT: *sien*) Schläfen *fpl*

templadamente [templaða'men̪te] *adv* mäßig, in Maßen

templado, -a [tem'plaðo, -a] *adj* **1.** (*tibio*) lau(warm) **2.** (*temperado*) mild **3.** (*moderado*) maßvoll, gemäßigt; **es** ~ **en la bebida** er trinkt in Maßen **4.** (*sereno*) ruhig, beherrscht **5.** (*valiente*) (wage)mutig; (*arriesgado*) risikofreudig **6.** (*fam: bebido*) beschwipst; **estar** ~ einen Schwips haben

templador [templa'ðor] *m* (MÚS) Stimmschlüssel *m*

templanza [tam'plan̪θa] *f* **1.** (*moderación*) Enthaltsamkeit *f,* Mäßigung *f* **2.** (*del clima, la temperatura*) Milde *f* **3.** (*de colores*) Harmonie *f*

templar [tem'plar] **I.** *vt* **1.** (*moderar*) mäßigen **2.** (*suavizar*) lindern; (*calmar*) beruhigen **3.** (*calentar*) (auf)wärmen **4.** (MÚS) stimmen; ~ **a alguien la gaita** jdn zurechtweisen **5.** (*apretar*) anziehen **6.** (*mezclar*) verdünnen **7.** (*colores*) (aufeinander) abstimmen **8.** (*acero*) härten **II.** *vr:* ~**se** **1.** (*moderarse*) sich mäßigen, sich zurückhalten; ~**se en comer** im Essen maßhalten **2.** (*calentarse*) wärmer werden; (*enfriarse*) abkühlen **3.** (*Am: enamorarse*) sich verlieben **4.** (*Col, Perú: emborracharse*) sich betrinken

templario [tem'plarjo] *m* (HIST) Templer *m*, Tempelherr *m*, Tempelritter *m*

temple ['temple] *m* **1.** (*valentía*) (Wage)mut *m* **2.** (*carácter*) Gemüt *nt;* (*humor*) Laune *f;* **estar de buen/mal** ~ gut/schlecht gelaunt sein **3.** (*temperatura*) Temperatur *f;* (*tiempo*) Wetter *nt* **4.** (*del acero: proceso*) Härtung *f;* (*dureza*) Härtegrad *m* **5.** (MÚS) Stimmen *nt* **6.** (ARTE) Temperafarbe *f;* **pintura al** ~ Temperamalerei *f* **7.** (REL, HIST) Templerorden *m*

templete [tem'plete] *m* **1.** *dim de* **templo** **2.** (*armazón*) (tempelförmiger) Schrein *m* **3.** (*pabellón*) Pavillon *m*

templista [tem'plista] *mf* (ARTE) Temperamaler(in) *m(f)*

templo ['templo] *m* Tempel *m;* **una verdad como un** ~ (*fam*) eine unumstößliche Wahrheit

tempo ['tempo] *m* Tempo *nt*

témpora(s) ['tempora(s)] *f(pl)* (REL) Quatember *m(pl)*

temporada [tempo'raða] *f* (*tiempo*) Zeit *f;* (*época*) Saison *f;* ~ **alta** Hauptsaison *f;* ~ **baja** (*anterior*) Vorsaison *f;* (*posterior*) Nachsaison *f;* ~ **de fútbol** (Fußball)saison *f;* ~ **de ópera** Opernsaison *f;* ~ **turística** Hauptsaison *f*, Hauptreisezeit *f;* ~ **de verano** Sommerzeit *f;* **fruta de** ~ Obst der Jahreszeit; **labor de** ~ Saisonarbeit *f;* **rebajas de fin de** ~ Nachlässe zur Nachsaison; **en esta** ~ **las playas están desiertas** um diese (Jahres)zeit sind die Strände menschenleer; **llevo una** ~ **que salgo poco** in letzter Zeit bin ich wenig ausgegangen

temporal [tempo'ral] **I.** *adj* **1.** (*relativo al tiempo*) zeitlich **2.** (*no permanente*) (zeitlich) befristet; (*pasajero*) vorübergehend, temporär; (*no eterno*) vergänglich; **contrato** ~ Zeitvertrag *m;* **seguro** ~ befristete Versicherung **3.** (*secular*) weltlich; (*terrenal*) irdisch, zeitlich **4.** (LING) temporal; **oración** ~ Temporalsatz *m* **5.** (ANAT) Schläfen-; **hueso** ~ Schläfenbein *nt* **II.** *m* **1.** (*tormenta*) Unwetter *nt*, Gewitter *nt;* (*marejada*) Sturm *m;* (*tiempo de lluvias*) Regenzeit *f;* **capear el** ~ das Schiff sicher durch den Sturm steuern; (*fig*) Schwierigkeiten meistern **2.** (ANAT) Schläfenbein *nt*

temporalidad [temporali'ða^{ð}] *f* **1.** (*limitación*) Befristung *f;* (*transitoriedad*) Vergänglichkeit *f* **2.** (REL) Weltlichkeit *f* **3.** *pl* (REL) Einkünfte *fpl* der Geistlichen

temporalmente [temporal'mente] *adv* vorübergehend, zeitweilig

temporario, **-a** [tempo'rarjo, -a] *adj* (*Am: temporal*) zeitweilig, vorübergehend

temporero, **-a** [tempo'rero, -a] **I.** *adj* Aushilfs-; **trabajador** ~ Aushilfe *f* **II.** *m*, *f* Aushilfskraft *f*, Aushilfe *f;* (AGR) Saisonarbeiter(in) *m(f)*

temporización [temporiθa'θjon] *f* (TÉC) Zeitgebung *f*, Ablaufsteuerung *f*

temporizador [temporiθa'ðor] *m* (ELEC) Zeitschalter *m*, Timer *m*

temporizar [tempori'θar] <z→c> *vi* **1.** (*contemporizar*) sich anpassen (*con* + *akk*), Zugeständnisse machen (*con* + *dat*); ~ **con alguien** sich jds Meinung anschließen **2.** (*ocuparse de algo por pasatiempo*) die Zeit totschlagen

tempranero, **-a** [tempra'nero, -a] **I.** *adj* **1.** (*anticipado*) vorzeitig; (*fruta*) frühreif **2.** (*madrugador*): **ser** ~ ein Frühaufsteher sein; **¡qué** ~ **estás hoy!** heute bist du aber schon früh auf den Beinen! **II.** *m*, *f* Frühaufsteher(in) *m(f)*

tempranilla [tempra'niʎa] *f* (AGR) Frühtraube *f*

temprano[1] [tem'prano] *adv* **1.** (*a primera hora*) früh, zeitig; ~ **por la mañana** frühmorgens **2.** (*antes*) vorzeitig, frühzeitig; **has llegado (demasiado)** ~ du bist zu früh

temprano, **-a**[2] [tem'prano, -a] *adj* früh; **patatas tempranas** Frühkartoffeln *fpl;* **a edad temprana** in jungen Jahren

temu ['temu] *m* (*Chil:* BOT) *ein Myrtengewächs*

ten [ten] (*fam*): ~ **con** ~ mit Bedacht

tenacidad [tenaθi'ða^{ð}] *f sin pl* **1.** (*de una persona*) Hartnäckigkeit *f*, Beharrlichkeit *f;* (*porfía*) Sturheit *f* **2.** (*de un material*) Widerstandsfähigkeit *f* **3.** (*de un dolor, una mancha*) Hartnäckigkeit *f*

tenacillas [tena'θiʎas] *fpl* (kleine) Zange *f;* (*para el azúcar*) Zuckerzange *f;* (*para pastas*) Gebäckzange *f;* (*para rizar*) Lockenschere *f;* (*para depilar*) Pinzette *f*

tenalgia [te'nalxja] *f* (MED) Sehnenschmerz *m*, Tenalgie *f*

tenaz [te'naθ] *adj* **1.** (*perseverante*) beharrlich, ausdauernd; (*cabezota*) stur; **es** ~ **en sus decisiones** er/sie lässt sich nicht von seinen/ihren Entscheidungen abbringen **2.** (*resistente*) robust **3.** (*persistente*) hartnäckig; (*niebla*) dicht

tenaza(s) [te'naθa(s)] *f(pl)* Zange *f;* (*para el carbón*) Kohlenzange *f;* ~ **(de filo cortante)** Beißzange *f;* ~ **para tubos** Rohrzange *f;* **no le pudieron sacar la verdad ni con ~s** es war unmöglich, die Wahrheit aus ihm/ihr herauszubekommen; **no le podemos sacar el reloj ni con ~s** was wir auch tun, er/sie rückt die Uhr nicht raus; **esta almohada no se puede coger ni con ~s** dieses Kissen würde ich nicht einmal mit der Zange anfassen

tenca ['teŋka] *f* Schleie *f*, Schlei *m*

tencha ['tentʃa] *f* (*Guat: cárcel*) Gefängnis *nt*

tencua ['teŋkwa] *adj* (*Méx: leporino*) hasenartig

tendajo [ten'daxo] *m* (*fam*) Kramladen *m*

tendajón [tenda'xon] *m* (*Méx*) kleiner Kramladen *m*, Tante-Emma-Laden *m*

tendal [teṇ'dal] *m* **1.** (*toldo*) Sonnendach *nt* **2.** (AGR: *tela*) Plane *f;* (*red*) Netz *nt* (*zum Auffangen von Oliven*) **3.** (*para secar: lugar*) Trockenplatz *m;* (*armazón*) Trockengestell *nt;* (*cosas*) zu trocknendes Gut *nt;* **un ~ de ropa** zum Trocknen aufgehängte Wäsche **4.** (*Arg: para el esquileo*) Scherplatz *m* **5.** (*Chil: puesto*) Verkaufsstand *m* **6.** (*CSur: conjunto*) Haufen *m*

tendear [teṇde'ar] *vi* (*Méx*) bummeln

tendedero [teṇde'ðero] *m* **1.** (*lugar*) Trockenplatz *m* **2.** (*armazón*) Wäscheständer *m;* (*cuerdas*) Wäscheleine *f*

tendejón [teṇde'xon] *m v.* **tendajo**

tendencia [teṇ'deṇθja] *f* **1.** (*inclinación*) Neigung *f* (*a* zu +*dat*), Hang *m* (*a* zu +*dat*); **~ ideológica** ideologische Richtung; **tener ~ a...** neigen zu ... **2.** (*dirección*) Tendenz *f,* Trend *m;* **~ alcista** Aufwärtstrend *m;* **~ bajista** Abwärtstrend *m;* **~ demográfica** demografischer Trend; **~ económica** wirtschaftliche Tendenz; **~ del mercado** (ECON) Markttrend *m,* Markttendenz *f;* **~ de los precios** Preistendenz *f;* **~ al alza/a la baja** steigende/rückläufige Tendenz **3.** (*movimiento*) Tendenz *f,* Richtung *f;* **la revista presenta las últimas ~s de la moda** die Zeitschrift präsentiert die aktuellen Modetrends **4.** (*aspiración*) Streben *nt* (*a* nach +*dat*), Bestrebungen *fpl;* **~s autonomistas** Autonomiebestreben *nt*

tendenciosidad [teṇdeṇθjosi'ðaᵈ] *f* (*pey: hacia una ideología*) Parteilichkeit *f*

tendencioso, **-a** [teṇdeṇ'θjoso, -a] *adj* (*pey: hacia una ideología*) tendenziös

tendente [teṇ'deṇte] *adj* zielend (*a* auf +*akk*), tendierend (*a* nach +*dat*)

tender [teṇ'der] <e→ie> **I.** *vt* **1.** (*desdoblar, esparcir*) ausbreiten (*sobre* auf +*dat*); **~ la cama** (*Am*) das Bett machen; **~ la mesa** (*Am*) den Tisch decken **2.** (*tumbar*) hinlegen (*sobre/en* auf +*akk*); (*de golpe*) zu Boden strecken **3.** (*colocar: la ropa*) aufhängen; (*una cuerda*) spannen; (*un puente*) schlagen; **~ una línea/una vía** eine Leitung/ein Gleis verlegen **4.** (*aproximar*) reichen, hinstrecken; **~ la mano a alguien** jdm die Hand entgegenstrecken [*o* reichen]; (*fig*) jdm helfen **5.** (*cubrir*) verputzen **II.** *vi* **1.** (*tirar*) tendieren; **su cabello tiende a rojizo** seine/ihre Haarfarbe geht ins Rötliche; **el mercado tiende a la baja** der Markt weist eine rückläufige Tendenz auf; **tiende a vago** er ist ziemlich faul [*o* neigt zur Faulheit] **2.** (*inclinarse*) neigen (*a* zu +*dat*), tendieren (*a* zu +*dat*); **tiende a beber** er/sie neigt [*o* er/sie hat einen Hang] zum Trinken; **tiendo a salir poco** ich gehe nur ungern aus **3.** (MAT) gehen (*a* gegen +*akk*) **4.** (*aspirar*) streben (*a* nach +*dat*); (*estar dirigido*) abzielen (*a* auf +*akk*); **tiende a hacerse rico** er strebt nach Reichtum; **la proposición tiende a mejorar la situación económica** der Vorschlag zielt darauf ab, die wirtschaftliche Situation zu verbessern **III.** *vr:* **~se** **1.** (*tumbarse*) sich hinlegen (*sobre/en* auf +*akk*) **2.** (*abandonarse*) nachlässig werden, sich auf die faule Haut legen *fam* **3.** (*en el juego*) die Karten auf den Tisch legen

tenderete [teṇde'rete] *m* **1.** (*puesto*) (Verkaufs)stand *m;* (*en un mercado*) (Markt)stand *m,* (Markt)bude *f* **2.** (*cosas*) Durcheinander *nt* **3.** (*juego*) Tenderete *nt* (*Kartenspiel*)

tendero, **-a** [teṇ'dero, -a] *m, f* **1.** (*dueño*) Händler(in) *m(f),* Ladenbesitzer(in) *m(f)* **2.** (*dependiente*) Verkäufer(in) *m(f)*

tendidamente [teṇdiða'meṇte] *adv* ausführlich, weitschweifig; **explicar algo larga y ~** etw lang und breit erklären

tendido[1] [teṇ'diðo] *m* **1.** (*de un cable*) Verlegen *nt* **2.** (*cables*) Leitungen *fpl* **3.** (*ropa*) (zum Trocknen aufgehängte) Wäsche *f* **4.** (TAUR) (unüberdachte) Sperrsitze *mpl* **5.** (*yeso*) Putz *m* **6.** (*del tejado*) Dachschräge *f* **7.** (*Am: ropa*) Bettwäsche *f*

tendido, **-a**[2] [teṇ'diðo, -a] *adj* **1.** (*galope*) gestreckt **2.** (*loc*): **largo y ~** lang und breit; **hablar largo y ~** ausführlich miteinander reden

tendinitis [teṇdi'nitis] *f inv* (MED) Sehnenentzündung *f,* Tendinitis *f*

tendón [teṇ'don] *m* (ANAT) Sehne *f;* **~ de Aquiles** Achillessehne *f*

tenducha [teṇ'duʧa] *f* (*pey*), **tenducho** [teṇ'duʧo] *m* (*pey*) (schäbiger) Kramladen *m*

tenebrosidad [teneβrosi'ðaᵈ] *f* **1.** (*de un lugar*) Dunkelheit *f,* Finsternis *f* **2.** (*del porvenir*) Düsterkeit *f* **3.** (*de palabras, hechos*) Rätselhaftigkeit *f*

tenebroso, **-a** [tene'βroso, -a] *adj* **1.** (*oscuro, malévolo*) dunkel, finster; (*tétrico*) düster; **la gitana le predijo un ~ porvenir** die Zigeunerin sagte ihm/ihr eine düstere Zukunft voraus **2.** (*oculto*) geheim **3.** (*misterioso*) geheimnisvoll; (*confuso*) unklar

tenedor[1] [tene'ðor] *m* **1.** (*para comer*) Gabel *f* **2.** (DEP) Balljunge *m*

tenedor(a)[2] [tene'ðor(a)] *m(f)* Inhaber(in) *m(f),* Besitzer(in) *m(f);* **~ de acciones** Aktieninhaber *m;* **~ de una letra de cambio** Remittent *m,* Wechselnehmer *m;* **~ de libros** Buchhalter *m;* **~ de una póliza de seguros** Inhaber einer Versicherungspolice; **~ de tierras** Pächter *m*

teneduría [teneðu'ria] *f* Buchhaltung *f,* Buchführung *f*

tenencia [te'neṇθja] *f* **1.** (JUR) Besitz *m;* **~ de acciones** Aktienbesitz *m;* **~ ilícita de armas** unerlaubter Waffenbesitz; **~ en común** Mitinhaberschaft *f* **2.** (ADMIN): **~ de alcaldía** Amt *nt* des zweiten Bürgermeisters **3.** (MIL) Leutnantsrang *m*

tener [te'ner] *irr* **I.** *vt* **1.** (*poseer, disfrutar*) haben; **tiene los ojos azules** er/sie hat blaue Augen; **tengo 29 años** ich bin 29 (Jahre alt); **tengo la parada de autobús muy a mano** die Bushaltestelle liegt ganz in meiner Nähe; **tiene poco de tonto** er ist alles andere als dumm; **esto no tiene nada de especial** das

T

ist doch nichts Besonderes; **¿tienes algo en contra?** hast du (et)was dagegen?; **¿(con que) ésas tenemos?** so ist das also!; **~la tomada con alguien** (*fam*) jdn auf dem Kieker haben; **no ~las todas consigo** schlechte Karten haben; **no ~ nada que perder** nichts zu verlieren haben; **no ~ precio** unbezahlbar sein **2.** (*considerar, estimar*) halten; **~ a alguien por tonto** jdn für dumm halten; **~ a alguien en menos/mucho** wenig/viel von jdm halten; **ten por seguro que...** du kannst dich darauf verlassen, dass ...; **tengo para mí que...** ich persönlich glaube [*o* vermute], dass ...; **tiene a mucha honra formar parte del equipo nacional** er/sie ist stolz darauf, zur Nationalmannschaft zu gehören; **su obra fue tenida como única** sein/ihr Werk galt als einzigartig **3.** (*guardar*) aufbewahren; **una caja para ~ libros** eine Kiste zur Aufbewahrung von Büchern **4.** (*contener*) beinhalten; **el frasco ya no tiene miel** es ist kein Honig mehr im Glas **5.** (*coger*) nehmen; **ten tu reloj, ya no lo necesito** nimm [*o* hier ist] deine Uhr, ich brauche sie nicht mehr **6.** (*sujetar*) (fest)halten; **~ a alguien por el brazo** jdn am Arm festhalten **7.** (*dominar*) beherrschen **8.** (*padecer, sentir*): **~ cariño a alguien** jdn lieb haben; **~ cuidado** vorsichtig sein; **me tiene sin cuidado** das ist mir egal; **~ la culpa de algo** an etw schuld sein; **¿tienes frío?** ist dir kalt?; **le tengo lástima** er/sie tut mir leid; **~ prisa** es eilig haben; **~ sed/hambre** Durst/Hunger haben, durstig/hungrig sein; **~ sueño** müde sein **9.** (*recibir*) bekommen; **~ una sorpresa** überrascht werden; **ha tenido un niño** sie hat ein Kind bekommen **10.** (*hacer sentir*): **me tienes preocupada** ich mache mir deinetwegen Sorgen; **me tiene loca** er/sie macht mich ganz verrückt; **me tiene hasta las narices** [*o* **el moño**] (*fam*) ich habe die Nase voll von ihr/ihm; **la tengo hasta las narices con mis preguntas** (*fam*) sie hat die Nase voll von meinen Fragen **11.** (*cumplir, guardar*): **~ su palabra** sein Wort halten **12.** (*loc*): **~ en cuenta** berücksichtigen; **ten en cuenta que...** vergiss nicht, dass ...; **~ algo muy bien montado** (*fam*) etw perfekt im Griff haben; **~ presente algo** sich *dat* etw vor Augen halten, sich *dat* etw vergegenwärtigen **II.** *vr:* **~se 1.** (*considerarse*) sich halten (*por* für *+akk*); **~se por muy listo** sich für besonders schlau halten; **~se en mucho** viel auf sich halten **2.** (*sostenerse*) sich halten; **~se de** [*o* **en**] **pie** stehen (bleiben); **~se firme** [*o* **tieso**] aufrecht stehen (bleiben); (*fig*) standhaft bleiben; **está que no se tiene** er/sie ist todmüde, er/sie kann sich kaum mehr auf den Beinen halten **3.** (*dominarse*) sich beherrschen, sich zurückhalten **4.** (*atenerse*) sich halten (*a* an *+akk*) **III.** *aux* **1.** (*con participio concordante*): **tiene pensado abrir un restaurante** er/sie hat vor ein Restaurant zu eröffnen; **ya tengo comprados todos los regalos de navidad** ich habe schon alle Weihnachtsgeschenke gekauft; **se lo tenía callado** er/sie hat uns kein Sterbenswort gesagt; **ya me lo tenía pensado** das habe ich mir bereits gedacht **2.** (*obligación*): **~ que** müssen; **~ mucho que hacer** viel zu tun haben; **tengo que irme** ich muss gehen; **tengo que decirte algo** ich habe dir etw zu sagen, ich muss dir etw sagen; **¿qué tiene que ver esto conmigo?** was hat das mit mir zu tun? **IV.** *vi* (*ser rico*) reich [*o* vermögend] sein

Tenerife [tene'rife] *m* Teneriffa *nt*

tenia ['tenja] *f* **1.** (ZOOL) Bandwurm *m* **2.** (ARQUIT) Zierleiste *f*

teniasis [te'njasis] *f inv* (MED) Bandwurmbefall *m,* Täniase *f*

tenicida [teni'θiða] *m* (MED) Bandwurmmittel *nt,* Tänizid *nt*

tenida [te'niða] *f* (*Chil*) **1.** (*indumentaria*) Kleidung *f* **2.** (*traje*) Anzug *m* **3.** (*uniforme*) Uniform *f*

teniente [te'njen̩te] **I.** *adj* **1.** (*fam*) schwerhörig **2.** (*inmaduro*) unreif **3.** (*tacaño*) geizig **II.** *m* **1.** (MIL) Leutnant *m;* **~ coronel** Oberstleutnant *m* **2.** (ADMIN): **~ de alcalde** zweiter Bürgermeister

tenis ['tenis] *m sin pl* Tennis *nt;* **~ de mesa** Tischtennis *nt;* **partido de ~** (Tennis)match *nt*

tenista [te'nista] *mf* Tennisspieler(in) *m(f)*

tenístico, -a [te'nistiko, -a] *adj* Tennis-

tenor [te'nor] *m* **1.** (*contenido, t.* MÚS) Tenor *m* **2.** (*constitución*) Beschaffenheit *f;* **a este ~** in diesem Stil; **a ~ de** laut *+gen/dat,* gemäß *+dat*

tenora [te'nora] *f* (MÚS) Tenora *f*

tenorino [teno'rino] *m* (MÚS) Falsetttenor *m*

tenorio [te'norjo] *m* Don Juan *m*

tenotomía [tenoto'mia] *f* (MED) operative Sehnendurchschneidung *f,* Tenotomie *f*

tensar [ten'sar] *vt* (an)spannen, straffen

tensión [ten'sjon] *f* **1.** (FÍS, ELEC) Spannung *f;* (*de un gas*) Tension *f;* **~ superficial** Oberflächenspannung *f;* **alta/baja ~** Hoch-/Niederspannung *f* **2.** (*estado: cosa*) Gespanntheit *f;* (*cuerda, la piel*) Straffheit *f;* (*nervios, músculos*) Anspannung *f;* (*impaciencia*) Spannung *f;* **película de ~** Thriller *m;* **estar en ~** (*nervioso*) sehr angespannt sein; (*impaciente*) gespannt sein **3.** (MED) Blutdruck *m;* **~ arterial** [*o* **venosa**] Blutdruck *m* **4.** (*conflicto*) Spannungen *fpl;* **tensiones sociales** soziale Spannungen; **provocar tensiones** zu Spannungen führen

tenso, -a ['tenso, -a] *adj* **1.** (*cosa, situación*) gespannt; (*cuerda, piel*) straff **2.** (*músculos, nervios*) angespannt; (*persona: nerviosa*) angespannt; (*impaciente*) gespannt

tensor[1] [ten'sor] *m* **1.** (*mecanismo*) Spanner *m* **2.** (*para hacer gimnasia*) Expander *m* **3.** (*músculo*) Spannmuskel *m;* (MED) Tensor *m* **4.** (MAT) Tensor *m*

tensor(a)[2] [ten'sor(a)] *adj* Spann-; **músculo**

~ Spannmuskel *m;* (MED) Tensor *m*

tentación [teṇta'θjon] *f* Versuchung *f;* **caer en la** ~ der Versuchung erliegen; **le dan** [*o* **tiene**] **tentaciones de...** er/sie ist versucht zu ...; **resistir la** ~ der Versuchung widerstehen

tentáculo [teṇ'takulo] *m* Tentakel *m o nt,* Fangarm *m*

tentadero [teṇta'ðero] *m* (TAUR) Pferch *m* (*zum Ausprobieren von Jungstieren*)

tentador[1] [teṇta'ðor] *m* (*diablo*) Teufel *m*

tentador(a)[2] [teṇta'ðor(a)] **I.** *adj* verführerisch, verlockend **II.** *m(f)* Verführer(in) *m(f)*

tentar [teṇ'tar] <e→ie> *vt* **1.** (*palpar*) betasten, abtasten **2.** (*reconocer*) ertasten **3.** (*atraer*) (ver)locken (*con* mit +*dat*); (*seducir*) verführen (*a* zu +*dat*); **no me tientes** führe micht nicht in Versuchung **4.** (*probar a alguien*) auf die Probe stellen; (REL) versuchen; (*algo*) versuchen, ausprobieren; ~ **las vaquillas** die Wildheit der Jungstiere testen **5.** (*intentar*) versuchen **6.** (MED) untersuchen

tentativa [teṇta'tiβa] *f* Versuch *m;* ~ **de asesinato** Mordversuch *m;* ~ **de robo** versuchter Diebstahl

tentativo, -a [teṇta'tiβo, -a] *adj* Versuchs-, Probier-

tente-en-el-aire ['teṇte-(e)n-el-'ai̯re] *m* (*Arg, Col, Perú: colibrí*) Kolibri *m*

tentempié [teṇtem'pje] *m* **1.** (*fam: refrigerio*) Imbiss *m,* Snack *m* **2.** (*dominguillo*) Stehaufmännchen *nt*

tentetieso [teṇte'tjeso] *m* Stehaufmännchen *nt*

tenue ['tenwe] *adj* **1.** (*delgado*) dünn; (*delicado*) fein **2.** (*sutil*) zart; (*suave*) sanft; (*débil*) schwach; **luz** ~ Dämmerlicht *nt* **3.** (*sencillo*) schlicht **4.** (*de poca importancia*) unbedeutend, geringfügig

tenuidad [tenwi'ðað] *f* **1.** (*de una tela*) Feinheit *f* **2.** (*de colores*) Zartheit *f;* (*de la luz*) Schwäche *f* **3.** (*del estilo*) Schlichtheit *f* **4.** (*pequeñez*) Kleinigkeit *f*

tenuto [te'nuto] *adv* (MÚS) tenuto

teñido [te'ɲiðo] *m* **1.** (*acción*) Färben *nt* **2.** (*efecto*) Färbung *f*

teñir [te'ɲir] *irr como ceñir vt, vr:* ~**se** (sich) färben; ~(**se**) **de rojo** (sich) rot färben; ~**se el cabello de negro** sich *dat* die Haare schwarz färben; ~ **un discurso de humor** eine Rede humoristisch färben; ~ **de tristeza** mit Trauer erfüllen

teocali [teo'kali] *m* (*Méx:* HIST) *Tempel der Azteken*

teocracia [teo'kraθja] *f* Theokratie *f*

teocrático, -a [teo'kratiko, -a] *adj* theokratisch

teodolito [teoðo'lito] *m* (TÉC) Theodolit *m*

teofanía [teofa'nia] *f* (REL) Theophanie *f,* Gotteserscheinung *f*

teofilina [teofi'lina] *f* (MED, QUÍM) Theophyllin *nt*

teofobia [teo'foβja] *f* Abneigung *f* gegen Gott und das Göttliche

teogonía [teoɣo'nia] *f* Theogonie *f*

teologal [teolo'ɣal] *adj v.* **teológico**

teología [teolo'xia] *f* Theologie *f;* ~ **de la liberación** Befreiungstheologie *f*

teológico, -a [teo'loxiko, -a] *adj* theologisch, Theologie-

teólogo, -a [te'oloɣo, -a] **I.** *adj v.* **teológico** **II.** *m, f* Theologe, -in *m, f;* (*estudiante*) Theologiestudent(in) *m(f)*

teomanía [teoma'nia] *f* (PSICO) religiöser Wahn(sinn) *m,* Theomanie *f*

teorema [teo'rema] *m* Lehrsatz *m,* Theorem *nt;* **el** ~ **de Pitágoras** der Satz des Pythagoras; **el** ~ **de Tales** der Thalessatz

teorética [teo'retika] *f* (FILOS) Theoretik *f*

teorético, -a [teo'retiko, -a] *adj* theoretisch

teoría [teo'ria] *f* Theorie *f;* ~ **de los colores** Farbenlehre *f;* ~ **de probabilidades** Wahrscheinlichkeitslehre *f;* ~ **de la relatividad** Relativitätstheorie *f;* **en** ~ theoretisch

teórica [te'orika] *f* Theorie *f*

teórico, -a [te'oriko, -a] **I.** *adj* theoretisch **II.** *m, f* Theoretiker(in) *m(f)*

teorizar [teori'θar] <z→c> **I.** *vt* theoretisch behandeln **II.** *vi* theoretisieren

teosofía [teoso'fia] *f sin pl* Theosophie *f*

tepache [te'paʧe] *m* (*Méx:* GASTR) *fermentiertes Getränk aus dem Saft und der Schale einiger Früchte* (*hauptsächlich Ananas*)

tepalcate [tepal'kate] *m* (*Méx*) **1.** (*trasto inútil*) Plunder *m* **2.** *pl* (*fragmentos*) Scherben *fpl* eines Tongefäßes

tepeizcuintle [tepei̯θ'kwinᵈle] *m* (*CRi, Guat, Méx:* ZOOL) Paka *f o nt*

tepetomate [tepeto'mate] *m* (*Méx:* BOT) *Erdbeerbaumart mit essbaren Wurzeln und Früchten und verwertbarem Holz*

tepú [te'pu] *m* (*Chil:* BOT) *Myrtengewächs mit verwertbarem Holz*

tequesquite [tekes'kite] *m* (*Méx*) Salzablagerung *f* der ausgetrockneten Salzseen (*zur Verseifung von Fetten und in der Volksmedizin verwendet*)

tequiar [te'kjar] *vt* (*AmC: perjudicar*) benachteiligen, schädigen; (*recibiendo servicios*) ausnutzen

tequiche [te'kiʧe] *m* (*Ven:* GASTR) *Gericht aus geröstetem Maismehl, Butter und Kokosmilch*

tequila [te'kila] *m* (GASTR) Tequila *m*

tequio ['tekjo] *m* (*AmC, Méx*) **1.** (*molestia*) Belästigung *f* **2.** (*daño*) Schaden *m*

tequioso, -a [te'kjoso, -a] *adj* (*AmC*) **1.** (*travieso*) frech; (*niño*) ungezogen **2.** (*molesto*) lästig

TER [ter] *m abr de* **Tren Español Rápido** TER *m* (*spanischer, mit dem IC vergleichbarer Zug*)

terabit [tera'βiᵗ] *m* (INFOR) Terabit *nt;* ~**s por segundo** Terabit pro Sekunde

terabyte [tera'βaiᵗ] *m* Terabyte *nt;* ~**s por segundo** Terabyte pro Sekunde

terapeuta [tera'peu̯ta] *mf* (MED, PSICO) Therapeut(in) *m(f)*
terapéutica [tera'peu̯tika] *f* (MED, PSICO) **1.** (*parte de la medicina*) Therapeutik *f* **2.** (*terapia*) Therapie *f*
terapéutico, -a [tera'peu̯tiko, -a] *adj* (MED, PSICO) therapeutisch
terapia [te'rapja] *f* (MED, PSICO) Therapie *f*; ~ **ocupacional** Beschäftigungstherapie *f*
teratología [teratolo'xia] *f* (BIOL) Teratologie *f*, Lehre *f* von den Missbildungen
tercena [ter'θena] *f* (*Ecua*) Fleischerei *f*, Metzgerei *f*
tercer [ter'θer] *adj v.* **tercero²**
tercera [ter'θera] *f* **1.** (AUTO) dritter Gang *m* **2.** (MÚS) Terz *f* **3.** (FERRO) dritte Klasse *f*
tercería [terθe'ria] *f* **1.** (*mediación*) Vermittlung *f* **2.** (JUR) (Dritt)widerspruchsklage *f*
tercerilla [terθe'riʎa] *f* **1.** (AGR) Kleie *f* **2.** (LIT) Tristichon *nt*, dreizeiliges Gedicht *nt*
tercermundismo [terθermun̩'dismo] *m sin pl* **1.** (*subdesarrollo*) Unterentwicklung *f* **2.** (*problemática*) Dritte-Welt-Problematik *f*
tercermundista [terθermun̩'dista] *adj* Dritte-Welt-
Tercer Mundo [ter'θer 'mun̩do] *m sin pl* Dritte Welt *f*
tercero¹ [ter'θero] **I.** *m* **1.** (JUR) Dritte(r) *m* **2.** (*alcahuete*) Kuppler *m* **3.** (REL) Terziar *m*, Tertiarer *m* **II.** *adv* drittens
tercero, -a² [ter'θero, -a] **I.** *adj* (*delante de un sustantivo masculino: tercer*) dritte(r, s); **orden tercera** Tertiarerorden *m*; **país** ~ Drittland *nt*; **terceras personas** Dritte *pl*; **en tercer lugar** drittens, an dritter Stelle; **a la tercera va la vencida** aller guten Dinge sind drei; *v. t.* **octavo** **II.** *m, f* Vermittler(in) *m(f)*; ~ **en discordia** Schlichter *m*
terceto [ter'θeto] *m* **1.** (MÚS) Terzett *nt* **2.** (LIT) Terzine *f*; (*de un soneto*) Terzett *nt*
tercia ['terθja] *f* (REL) Terz *f*
terciado, -a [ter'θjaðo, -a] *adj* **1.** (*dividido*) dreigeteilt **2.** (*con un tercio gastado*) zu einem Drittel verbraucht **3.** (*de menor calidad*): **azúcar** ~ brauner Zucker *m*
terciana [ter'θjana] *f* (MED) dreitägiges Wechselfieber *nt*, Tertianafieber *nt*
terciar [ter'θjar] **I.** *vt* **1.** (*dividir*) dritteln, dreiteilen **2.** (*atravesar*) (quer) umhängen; (*ladear*) schräg hinstellen **3.** (*la carga*) gleichmäßig verteilen **4.** (*la tierra*) zum dritten Mal umpflügen **5.** (*una planta*) um zwei Drittel zurückschneiden **6.** (*Am: aguar*) panschen **II.** *vi* **1.** (*intervenir*) eingreifen; ~ **en una discusión** sich in eine Diskussion einschalten, in eine Diskussion eingreifen **2.** (*mediar*) vermitteln (*entre* zwischen +*dat*, *con* bei +*dat*) **3.** (*participar*) mitmachen (*en* bei +*dat*); ~ **en un juego** mitspielen **III.** *vr:* ~**se** **1.** (*la ocasión*) sich (zufällig) ergeben; **si se tercia (la ocasión)** bei Gelegenheit; **cuando se tercie una buena oportunidad** sobald sich eine günstige Gelegenheit bietet **2.** (*suceder*) sich (zufällig) ereignen; **tenemos que estar preparados, por lo que se pueda** ~ wir müssen für alle Fälle gerüstet sein **3.** (*ponerse*) sich *dat* (quer) umhängen
terciario¹ [ter'θjarjo] *m* (GEO) Tertiär *nt*
terciario, -a² [ter'θjarjo, -a] **I.** *adj* (*t.* GEO) tertiär; **el sector** ~ **de la economía** der tertiäre Sektor der Wirtschaft **II.** *m, f* (REL) Tertiarer(in) *m(f)*, Terziar(in) *m(f)*
tercio ['terθjo] *m* **1.** (*parte*) Drittel *nt*; *v. t.* **octavo** **2.** (MIL, HIST: *regimiento*) *Infanterieregiment im 16. und 17. Jh.* **3.** (*de la guardia civil*) Einheit *f* der Guardia civil **4.** (*voluntarios*) Freiwilligenkorps *nt*; (*legión*) Fremdenlegion *f* **5.** (TAUR: *de la lidia*) Stierkampfphase *f* **6.** (TAUR: *del ruedo*) Arenadrittel *nt* **7.** (*del flamenco*) Flamencovers *m* **8.** (*loc*): **hacer buen/mal** ~ **a alguien** jdm einen guten/schlechten Dienst erweisen
terciopelo [terθjo'pelo] *m* Samt *m*; **falda de** ~ Samtrock *m*; **de** ~ samten
terco, -a ['terko, -a] **I.** *adj* **1.** (*persona*) stur, dickköpfig, halsstarrig; **ser más** ~ **que una mula manchega** störrisch wie ein Maulesel sein, stur wie ein Panzer sein **2.** (*niño*) trotzig **3.** (*animal*) störrisch **4.** (*cosa*) steif **II.** *m, f* Dickkopf *m*
tere ['tere] *adj* (*Col*) **1.** (*llorón*) weinerlich **2.** (*enclenque*) schwächlich
terebeco, -a [tere'βeko, -a] *adj* (*CRi*) zitterig, zitternd
terebequear [tereβeke'ar] *vi* (*CRi*) zittern
terebración [tereβra'θjon] *f* (MED) Trepanation *f*
tereque [te'reke] *m* (*Col, Dom, PRico, Ven: cachivache*) Gerümpel *nt*
tereré [tere're] *m* (*Arg, Par: mate frío*) kalter Mate(tee) *m*
teresa [te'resa] *f* (REL) Karmeliterin *f*, Theresianerin *f*
teresiano, -a [tere'sjano, -a] *adj* (REL) zum Theresanierorden gehörend
tergal® [ter'ɣal] *m* Tergal® *nt*
tergiversable [terxiβer'saβle] *adj* (*hechos*) verfälschbar; (*la verdad*) verdrehbar
tergiversación [terxiβersa'θjon] *f* Verfälschung *f*; (*de palabras*) verfälschte Wiedergabe *f*
tergiversar [terxiβer'sar] *vt* (*hechos*) verfälschen; (*la verdad*) verdrehen; (*palabras*) falsch wiedergeben
termal [ter'mal] *adj* thermal; **aguas** ~**es** Thermalquelle *f*
termalismo [terma'lismo] *m* therapeutische Nutzung *f* der Thermalquellen
termántico, -a [ter'man̩tiko, -a] *adj* (MED) Wärme spendend
termas ['termas] *fpl* (*baños*) Thermalbad *nt*; (*de los romanos*) Thermen *fpl*
termes ['termes] *m inv* (ZOOL) Termite *f*
térmica ['termika] *f* (ELEC, FÍS) Thermik *f*
térmico, -a ['termiko, -a] *adj* thermisch, Wärme-; **central térmica** (ELEC) Wärmekraftwerk

nt

terminación [termina'θjon] *f* **1.** (*acción*) Beendung *f;* (*de un proyecto*) Abschluss *m;* (*producción*) Fertigstellung *f;* (*de un plazo*) Ablauf *m* **2.** (*final*) Ende *nt,* Schluss *m;* (*borde*) Abschluss *m* **3.** (LING) (Wort)endung *f* **4.** *v.* **terminado**

terminado [termi'naðo] *m* Verarbeitung *f*

terminal¹ [termi'nal] **I.** *adj* End-, (Ab)schluss-; **estación** ~ Endstation *f;* **estado** ~ Endstadium *nt;* **parte** ~ Schlussteil *m;* **un enfermo** ~ ein sich im Endstadium befindender Kranker **II.** *m* **1.** (INFOR) Terminal *nt;* ~ **asíncrono** (INFOR) asynchrones Terminal; ~ **en red TCP/IP** (INFOR) TCP/IP-Netzterminal *nt;* ~ **de vídeo** Videoterminal *nt;* ~ **virtual** virtuelles Terminal **2.** (COM): ~ **de carga** Frachthof *m;* ~ **de contenedores** Containerterminal *m o nt* **3.** (ELEC) (Anschluss)klemme *f;* (*de cable*) Kabelschuh *m*

terminal² [termi'nal] *f* **1.** (*estación*) Endstation *f;* (FERRO) Endbahnhof *m* **2.** (*de un (aero)puerto, t.* FERRO) Terminal *m o nt;* ~ **aérea** Flughafenterminal *m o nt,* Abfertigungshalle *f*

terminante [termi'nan̦te] *adj* **1.** (*claro*) eindeutig **2.** (*definitivo*) endgültig

terminar [termi'nar] **I.** *vt* **1.** (*finalizar*) beenden; (*proyecto*) abschließen; **¿cuándo terminas?** wann bist du fertig?; ~ **antes de plazo** vor Fristablauf fertigstellen; ~ **un pedido a tiempo** einen Auftrag fristgerecht erledigen; **no puedes salir hasta que no termines tus deberes** du darfst nicht raus, bevor du nicht deine Hausaufgaben gemacht hast **2.** (*producir*) fertig stellen; **¿cuándo van a ~ el puerto?** wann wird der Hafen fertig gestellt?; **este vestido está bien terminado** dieses Kleid ist sorgfältig verarbeitet; **todavía tengo que ~ el artículo** ich muss dem Artikel noch den letzten Schliff geben **3.** (*consumir*) aufbrauchen; ~ **una botella** eine Flasche leer trinken; **termina ya la sopa** iss die Suppe endlich auf; **termina el café que se está enfriando** trink den Kaffee aus, er wird kalt **II.** *vi* **1.** (*tener fin*) enden; (*un plazo, un contrato*) ablaufen; ~ **en punta** spitz zulaufen; **terminó en un manicomio** er/sie endete in einer Anstalt; **aquí termina mi jardín** hier ist mein Garten zu Ende, mein Garten geht bis hierhin; **¿cuándo termina la película?** wann ist der Film zu Ende?; **la escuela termina a las dos** die Schule ist um zwei aus; **la falda termina por debajo de la rodilla** der Rock geht bis unters Knie **2.** (*acercarse al final*) zu Ende gehen; **ya están terminando nuestras vacaciones** unser Urlaub nähert sich dem Ende [*o* geht dem Ende zu]; **ya termina la película** der Film ist bald zu Ende **3.** (*poner fin*) aufhören (*con* mit +*dat*); **ya es hora de que termines con estas tonterías** es wird Zeit, dass du mit diesem Blödsinn aufhörst **4.** (*destruir*) vernichten (*con* +*akk*); **el tabaco va a ~ contigo** das Rauchen macht dich noch kaputt **5.** (*de hacer algo*) fertig machen; ~ **de construir una casa** ein Haus fertig stellen; ~ **de hacer un jersey** einen Pullover fertig stricken; **termina de comerte el pastel y de beberte tu café** iss den Kuchen auf und trink deinen Kaffee aus; **cuando termines de comer puedes ver la tele** nach dem Essen [*o* wenn du mit dem Essen fertig bist,] kannst du fernsehen; **queda poco en la botella, termínala si quieres** es ist kaum noch etwas in der Flasche, trink sie doch leer; **tuve que irme sin ~ de comer** ich musste gehen, ohne fertig gegessen zu haben **6.** (*separarse*) Schluss machen; **ha terminado con su novia** er hat sich von seiner Freundin getrennt, er hat mit seiner Freundin Schluss gemacht **7.** (*llegar a*): **terminaron peleándose** [*o* **por pelearse**] am Ende stritten sie sich; **terminó por irse a otra ciudad** er/sie ging schließlich in eine andere Stadt **8.** (*haber hecho*): **termina de sacarse el carnet de conducir** er/sie hat gerade seinen/ihren Führerschein gemacht **9.** (DEP) ins Ziel kommen; **Hill terminó segundo** Hill kam als zweiter ins Ziel **III.** *vr:* ~**se 1.** (*aproximarse al final*) zu Ende gehen; **se está terminando la fiesta** das Fest nähert sich dem Ende [*o* ist bald zu Ende] **2.** (*no haber más*) ausgehen, zu Ende gehen; **se nos ha terminado el dinero** uns ist das Geld ausgegangen; **se me está terminando la paciencia** ich bin bald mit meiner Geduld am Ende; **se ha terminado la leche** die Milch ist ausgegangen, es ist keine Milch mehr da

término ['termino] *m* **1.** (*fin*) Ende *nt;* ~ **de la vida** Lebensende *nt;* **me bajé en el** ~ ich stieg an der Endstation aus; **he llegado al ~ de mi paciencia** ich bin mit meiner Geduld am Ende; **dar ~ a algo** etw beenden; **llevar a** ~ zu Ende bringen; **poner ~ a algo** einer Sache ein Ende machen; **sin** ~ endlos **2.** (*plazo*) Zeitraum *m;* **en el ~ de quince días** innerhalb von zwei Wochen, binnen 14 Tagen **3.** (*linde*) Grenze *f* **4.** (*hito*) Grenzstein *m* **5.** (ADMIN) Bezirk *m;* ~ **municipal** Gemeindebezirk *m* **6.** (*vocablo*) Ausdruck *m,* Wort *nt;* (*especial*) Terminus *m,* Fachausdruck *m;* **en buenos ~s** gelinde gesagt; **en** [*o* **con**] **otros ~s** mit anderen Worten; **contestar en malos ~s** barsch antworten **7.** (*parte*) Teil *m;* (MAT) Glied *nt* **8.** (TEAT, ARTE, CINE): **primer/tercer** [*o* **último**] ~ Vorder-/Hintergrund *m;* **segundo** ~ Mitte *f* **9.** (*situación*) Situation *f;* (*condición*) Zustand *m* **10.** *pl* (*de un contrato*) Bestimmungen *fpl* **11.** *pl* (*punto de vista*) Gesichtspunkt *m;* (*manera*) Art *f* **12.** (*loc*): ~ **medio** Durchschnitt *m;* **por ~ medio** durchschnittlich; **en primer** ~ an erster Stelle; **en último** ~ letztendlich, letzten Endes; **estar en buenos/malos ~s** sich gut/schlecht verstehen; **separarse en buenos/malos ~s** gütlich [*o* einvernehmlich]/im Streit auseinander gehen

terminología [terminolo'xia] *f* Terminolo-

T

gie *f,* Fachwortschatz *m*

terminológico, -a [termino'loxiko, -a] *adj* terminologisch, fachsprachlich; **diccionario** ~ Fachwörterbuch *nt*

terminólogo, -a [termi'noloɣo, -a] *m, f* (LING) Terminologe, -in *m, f*

termita [ter'mita] *f* **1.** (ZOOL) Termite *f* **2.** (QUÍM) Thermit® *nt*

termitera [termi'tera] *f,* **termitero** [termi'tero] *m* (ZOOL) Termitenhügel *m*

termo ['termo] *m* Thermosflasche *f*

termoaislante [termoai̯s'lan̪te] *adj* wärmeisolierend

termoanestesia [termoanes'tesja] *f* (MED) Verlust *m* des Wärmempfindens, Thermanästhesie *f*

termodifusión [termoðifu'sjon] *f* (FÍS) Thermodiffusion *f*

termodinámica [termoði'namika] *f* (FÍS) Thermodynamik *f*

termodinámico, -a [termoði'namiko, -a] *adj* (FÍS) thermodynamisch

termoelectricidad [termoelektriθi'ðaᵈ] *f* (FÍS) Thermoelektrizität *f*

termoeléctrico, -a [termoe'lektriko, -a] *adj* (FÍS) thermoelektrisch

termografía [termoɣra'fia] *f* (FÍS, FOTO) Thermographie *f*

termólisis [ter'molisis] *f inv* (BIOL, QUÍM) Thermolyse *f,* thermische Dissoziation *f*

termología [termolo'xia] *f* (FÍS) Wärmelehre *f,* Thermologie *f*

termometría [termome'tria] *f* (METEO) Temperaturmessung *f,* Thermometrie *f*

termómetro [ter'mometro] *m* Thermometer *nt;* ~ **clínico** Fieberthermometer *nt;* ~ **de baño** Badethermometer *nt*

termonuclear [termonukle'ar] *adj* (FÍS) thermonuklear

termopila [termo'pila] *f* (ELEC) Thermobatterie *f,* Thermoelement *nt*

termoplástico¹ [termo'plastiko] *m* (QUÍM) Thermoplast *m*

termoplástico, -a² [termo'plastiko, -a] *adj* (QUÍM) thermoplastisch

termopropulsión [termopropul'sjon] *f* (FÍS) thermodynamischer Antrieb *m*

termoquímica [termo'kimika] *f* (QUÍM) Thermochemie *f*

termorregulación [termorreɣula'θjon] *f* (BIOL, TÉC) Wärmeregelung *f,* Temperaturregelung *f*

termorregulador [termorreɣula'ðor] *m* (BIOL, TÉC) Wärmeregler *m,* Temperaturregler *m*

termoscopio [termos'kopjo] *m* (FÍS) Thermoskop *nt*

termosfera [termos'fera] *f* Thermosphäre *f*

termosifón [termosi'fon] *m* **1.** (*calentador*) Boiler *m* **2.** (*calefacción*) Warmwasserheizung *f*

termóstato [ter'mostato] *m,* **termostato** [termos'tato] *m* Thermostat *m,* Temperaturregler *m*

termotecnia [termo'teɣnja] *f* Wärmetechnik *f*

termoterapia [termote'rapja] *f* (MED) Thermotherapie *f*

terna ['terna] *f* **1.** (*conjunto*) Kandidatenliste *f* (*mit drei Vorschlägen*) **2.** (*dados: pareja*) Dreierpasch *m;* (*juego*) Satz *m* Würfel

ternada [ter'naða] *f* (*Chil, Perú*) dreiteiliger Anzug *m*

ternario, -a [ter'narjo, -a] *adj* Dreier-; (*de tres unidades*) dreiteilig; (QUÍM) ternär; **compás** ~ Dreiertakt *m*

ternasco [ter'nasko] *m* Milchlamm *nt*

terne ['terne] **I.** *adj* **1.** (*fam: bravucón*) großmäulig **2.** (*fam: cabezota*) stur **3.** (*recio*) kräftig **II.** *m* **1.** (*fam: bravucón*) Großmaul *nt* **2.** (*Arg: navaja*) (Gaucho)messer *nt*

ternejo, -a [ter'nexo, -a] *adj* (*Ecua, Perú: persona*) kraftvoll, energisch

ternera [ter'nera] *f* **1.** (*carne*) Kalbfleisch *nt* **2.** (*animal*) Kuhkalb *nt*

ternero, -a [ter'nero, -a] *m, f* (*macho*) (Bullen)kalb *nt;* (*hembra*) (Kuh)kalb *nt*

terneza [ter'neθa] *f v.* **ternura**

ternilla [ter'niʎa] *f* Knorpel *m*

terno ['terno] *m* **1.** (*conjunto*) Dreiheit *f,* Triade *f elev* **2.** (*números*) Terne *f* **3.** (*traje*) dreiteiliger Anzug *m* **4.** (*Cuba, PRico: joyas*) (dreiteiliges) Schmuckset *nt* **5.** (*juramento*) Kraftausdruck *m,* Schimpfwort *nt;* **echar ~s** fluchen

ternura [ter'nura] *f* **1.** (*cariño*) Zärtlichkeit *f* **2.** (*dulzura*) Lieblichkeit *f* **3.** (*blandura, delicadeza*) Zartheit *f* **4.** (*suavidad*) Zartheit *f,* Sanftheit *f* **5.** (*sensibilidad*) Zartheit *f,* Sensibilität *f* **6.** (*Chil, Ecua, Guat: inmadurez*) Unreife *f*

terquedad [terke'ðaᵈ] *f* **1.** (*testarudez*) Sturheit *f,* Halsstarrigkeit *f* **2.** (*porfía*) Rechthaberei *f* **3.** (*de un niño*) Trotz *m* **4.** (*de un animal*) Störrischkeit *f*

terracota [terra'kota] *f* Terrakotta *f,* Terrakotte *f*

terrado [te'rraðo] *m* (Flach)dach *nt;* (*terraza*) (Dach)terrasse *f*

terraja [te'rraxa] *f* **1.** (*para modelar*) Modellierbrett *nt* **2.** (*para tornillos*) (Gewinde)schneideisen *nt*

terral [te'rral] **I.** *adj* Land-; **viento** ~ Landwind *m* **II.** *m* **1.** (METEO) Landwind *m* **2.** (*PRico, Perú: polvareda*) Staubwolke *f*

terramicina [terrami'θina] *f* (MED) Terramycin *nt*

terranova [terra'noβa] *m* (*raza de perros*) Neufundländer *m*

Terranova [terra'noβa] *f* Neufundland *nt*

terraplén [terra'plen] *m* **1.** (*montón*) (Erd)aufschüttung *f;* (*protección*) (Erd)wall *m* **2.** (*desnivel*) Damm *m;* ~ **de un ferrocarril** Bahndamm *m*

terráqueo, -a [te'rrakeo, -a] **I.** *adj* Erd-; **globo** ~ Erdkugel *f* **II.** *m, f* Erdbewohner(in)

m(f)
terrario [te'rrarjo] *m* Terrarium *nt*
terrateniente [terrate'njen̩te] *mf* Großgrundbesitzer(in) *m(f)*
terraza [te'rraθa] *f* **1.** (*lugar*) Terrasse *f;* (*terrado*) (Dach)terrasse *f;* (*balcón*) Balkon *m* **2.** (*fam: cabeza*) Schädel *m*
terrazo [te'rraθo] *m* Terrazzo *m;* **suelo de ~** Terrazzofußboden *m*
terregal [terre'ɣal] *m* (*Méx*) Staubwolke *f,* Staubwirbel *m*
terremoto [terre'moto] *m* Erdbeben *nt*
terrenal [terre'nal] *adj* irdisch; **paraíso ~** Paradies *nt* auf Erden
terreno¹ [te'rreno] *m* **1.** (*suelo*) (Erd)boden *m,* Erdoberfläche *f,* Terrain *nt;* (GEO) Gesteinsschicht *f;* (*de una época*) Formation *f;* **~ arcilloso** Tonboden *m* **2.** (*espacio*) Gelände *nt,* Gebiet *nt;* (*parcela*) Grundstück *nt;* (*campo*) Feld *nt;* (MIL) Gelände *nt,* Terrain *nt;* **~ edificable** Bauland *nt;* **~ industrial** Industriegelände *nt;* **vehículo todo ~** Geländefahrzeug *nt* **3.** (*esfera*) Gebiet *nt,* Bereich *m,* Terrain *nt;* **~ desconocido** Neuland *nt;* **es una autoridad en el ~ de la cardiología** er/sie ist eine Kapazität auf dem Gebiet der Kardiologie; **está** [*o* **se encuentra**] **en su propio ~, sabe** [*o* **conoce**] **el ~ que pisa** er/sie kennt sich auf diesem Gebiet aus **4.** (DEP) Spielfeld *nt* **5.** (*loc*): **sobre el ~** an Ort und Stelle; **explorar** [*o* **tantear**] **el ~** (*fig*) das Terrain sondieren; **ganar/perder ~** an Boden gewinnen/verlieren; **minar** [*o* **socavar**] **el ~ a alguien** jdm Fallstricke legen; **preparar** [*o* **trabajar**] **el ~ para las negociaciones** das Terrain für die Verhandlungen vorbereiten
terreno, -a² [te'rreno, -a] *adj* irdisch, weltlich
térreo, -a ['terrreo, -a] *adj* (*de tierra*) erdig; (*parecido a la tierra*) erdartig; **de color ~** erdfarben
terrera [te'rrera] *f* **1.** (ZOOL) Lerche *f* **2.** (*cesto*) (Trage)korb *m* (*für den Transport von Erde*)
terrero¹ [te'rrero] *m* Haufen *m;* (MIN) Halde *f*
terrero, -a² [te'rrero, -a] *adj* **1.** (*de/para la tierra*) Erd-; **casa terrera** (*PRico*) einstöckiges Haus **2.** (*bajo, humilde*) niedrig
terrestre [te'rrestre] **I.** *adj* **1.** (*de la Tierra*) Erd-; **globo ~** Erdkugel *f* **2.** (*en la tierra*) Land-; (GEO, BIOL) terrestrisch; **animal ~** Landlebewesen *nt;* **transporte ~** Beförderung auf dem Landweg **3.** (*terrenal*) irdisch **II.** *mf* Erdbewohner(in) *m(f)*
terrible [te'rriβle] *adj* schrecklich, furchtbar; **hace un frío ~** es ist schrecklich kalt; **tengo un hambre ~** ich habe einen Mordshunger *fam*
terriblemente [terriβle'men̩te] *adv* schrecklich, furchtbar; **está ~ resfriado** er ist furchtbar erkältet; **estoy ~ enamorado** ich bin schrecklich verliebt
terrícola [te'rrikola] **I.** *adj* (*terrestre*) Erd-; **animales ~s** Landlebewesen *ntpl* **II.** *mf* Erdbewohner(in) *m(f);* **marcianos y ~s** Marsmenschen und Erdbewohner
terrier [te'rrjer] *m* (ZOOL) Terrier *m*
terrífico, -a [te'rrifiko, -a] *adj* Schrecken erregend, schrecklich
terrina [te'rrina] *f* (GASTR) Terrine *f*
territorial [territo'rjal] *adj* **1.** territorial, Gebiets-; **división ~** Gebietsteilung *f* **2.** (ZOOL) Revier-
territorialidad [territorjali'ðaᵈ] *f* Territorialität *f*
territorio [terri'torjo] *m* **1.** (*región*) Gebiet *nt;* (POL) Territorium *nt,* Hoheitsgebiet *nt;* **~ aduanero** Zollgebiet *nt;* **~ del Estado** Staatsgebiet *nt* **2.** (JUR) Bezirk *m;* **~ jurisdiccional** Gerichtsbezirk *m* **3.** (ZOOL) Revier *nt*
terrón [te'rron] *m* **1.** Klumpen *m;* **~ (de azúcar)** Stück Zucker; **~ (de tierra)** Erdklumpen *m;* **azúcar de ~** Würfelzucker *m* **2.** (*pl*) (*fam: campo*) Scholle *f* **3.** (*orujo*) (Oliven)trester *m*
terror [te'rror] *m* **1.** (*miedo*) (panische) Angst *f;* **película de ~** Horrorfilm *m;* **las arañas me dan ~** ich habe panische Angst vor Spinnen; **le domina el ~** er/sie ist von großer Angst geplagt **2.** (*que provoca miedo*) Schrecken *m* **3.** (POL) Terror *m;* **reino de ~** Terrorherrschaft *f*
terrorífico, -a [terro'rifiko, -a] *adj* Schrecken erregend, schrecklich
terrorismo [terro'rismo] *m sin pl* **1.** (*lucha*) Terrorismus *m;* **~ de Estado** (POL) Staatsterror *m* **2.** (*dominación*) Terrorisierung *f*
terrorista [terro'rista] **I.** *adj* terroristisch; **organización ~** Terrororganisation *f* **II.** *mf* Terrorist(in) *m(f)*
terroso, -a [te'rroso, -a] *adj* erdig; (*color*) erdfarbig, erdfarben
terruño [te'rruɲo] *m* **1.** (*trozo*) (Erd)scholle *f* **2.** (*comarca*) Gegend *f;* (*patria*) Heimat *f* **3.** (AGR) Scholle *f,* Ackerland *nt* **4.** (*terreno*) Grundstück *nt*
terso, -a ['terso, -a] *adj* **1.** (*liso*) glatt; (*tirante*) straff **2.** (*limpio*) sauber; (*transparente*) klar; (*brillante*) glänzend **3.** (*sencillo*) klar; (*fluido*) flüssig
tersura [ter'sura] *f* **1.** (*lisura*) Glätte *f;* (*tirantez*) Straffheit *f* **2.** (*limpieza*) Sauberkeit *f;* (*transparencia*) Klarheit *f;* (*brillo*) Glanz *m* **3.** (*sencillez*) Klarheit *f;* (*fluidez*) Flüssigkeit *f*
tertulia [ter'tulja] *f* **1.** (*reunión*) Treffen *nt;* (*para conversar*) (Gesprächs)kreis *m;* (*en un bar*) Stammtisch *m;* **~ literaria** literarischer Zirkel **2.** (*conversación*) Gespräch *nt;* **estar de ~** plaudern **3.** (*para jugar*) Spielsaal *m* **4.** (*corredor*) Galerie *f* **5.** (*Arg, Cuba: butaca*) Parkettsitz *m*
tertuliano, -a [tertu'ljano, -a] *m, f* Teilnehmer(in) *m(f)* an einem Gesprächskreis
tertuliar [tertu'ljar] *vi* (*Am*) plaudern
teruteru [teru'teru] *m* **1.** (*Arg, Bol, Par: tero*) Kiebitz *m* **2.** (*Bol*): **gaucho ~** wagemutiger Mann
tesina [te'sina] *f* Diplomarbeit *f;* (*en Letras*)

T

Magisterarbeit *f*

tesis ['tesis] *f inv* **1.** (*proposición*) These *f* **2.** (*trabajo*) Doktorarbeit *f*, Dissertation *f*

tesitura [tesi'tura] *f* **1.** (*disposición*) Stimmung *f* **2.** (MÚS) Stimmlage *f*

tesla ['tesla] *m* (FÍS) Tesla *nt*

teso, -a ['teso, -a] *adj* **1.** (*tieso*) steif, starr **2.** (ARQUIT): **lima tesa** Dachgrat *m*, Dachecke *f*

tesón [te'son] *m* Beharrlichkeit *f*; **trabajar con ~** hart arbeiten

tesonero, -a [teso'nero, -a] *adj* (*Am*) **1.** (*perseverante*) beharrlich **2.** (*tenaz*) zielstrebig

tesorería [tesore'ria] *f* **1.** (*cargo*) Schatzmeisteramt *nt* **2.** (*despacho*) Kasse *f* **3.** (COM) Kasse *f*

tesorero, -a [teso'rero, -a] *m, f* Schatzmeister(in) *m(f)*

tesoro [te'soro] *m* **1.** (*de gran valor*) Schatz *m*; **es un ~ de una persona** er/sie ist ein wunderbarer Mensch; **valer un ~** Gold wert sein **2.** (*fortuna*) Vermögen *nt*; **~ (público)** Staatskasse *f*, Fiskus *m*; **bonos del T~** Schatzanweisungen *fpl*; **pagarés del T~** Schatzwechsel *mpl* **3.** (*cariño*) Schatz *m*; **¡ven aquí, ~!** komm her, mein Schatz! **4.** (*libro*) Thesaurus *m*, Sammelwerk *nt*

test [tes^t] *m* Test *m*; **~ de aptitud** Eignungstest *m*; **~ de inteligencia** Intelligenztest *m*; **~ de personalidad** Persönlichkeitstest *m*

testa ['testa] *f* **1.** (*cabeza*) Haupt *nt*; **~ coronada** gekröntes Haupt; **~ dura** Dickkopf *m*; **~ de ferro** Strohmann *m* **2.** (*frente*) Stirnseite *f*, Vorderseite *f* **3.** (*fam: sensatez*) Köpfchen *nt*, Verstand *m*

testado, -a [tes'taðo, -a] *adj* (JUR) mit Testament, mit Hinterlassung eines Testaments

testador(a) [testa'ðor(a)] *m(f)* Erblasser(in) *m(f)*; (JUR) Testator(in) *m(f)*

testaferro [testa'ferro] *m* Strohmann *m*

testamentaría [testamen̩ta'ria] *f* **1.** (*cumplimiento*) Testamentsvollstreckung *f* **2.** (*juicio*) Erbteilungsverfahren *nt*

testamentario, -a [testamen̩'tarjo, -a] **I.** *adj* testamentarisch **II.** *m, f* Testamentsvollstrecker(in) *m(f)*

testamentifacción [testamen̩tifaʸ'θjon] *f* (JUR) Testamentserrichtung *f*; **~ activa** Testierfähigkeit *f*; **~ pasiva** Erbfähigkeit *f*

testamento [testa'men̩to] *m* Testament *nt*; **~ abierto** öffentliches Testament; **el Antiguo/Nuevo T~** (REL) das Alte/Neue Testament; **hacer ~** sein Testament machen

testar [tes'tar] **I.** *vi* sein Testament machen; (JUR) testieren **II.** *vt* **1.** (*probar*) testen **2.** (*a alguien*) einem Test unterziehen **3.** (*tachar*) (durch)streichen

testarada [testa'raða] *f* Schlag *m* mit dem Kopf; **darse una ~** sich *dat* den Kopf anschlagen; (*dos personas*) (mit den Köpfen) zusammenstoßen; **darse una ~ con alguien** (*t. fig*) mit jdm zusammenstoßen

testarazo [testa'raθo] *m v.* **testarada**

testarudez [testaru'ðeθ] *f* **1.** (*cualidad*) Dickköpfigkeit *f*, Starrköpfigkeit *f* **2.** (*acción*) stures Verhalten *nt*

testarudo, -a [testa'ruðo, -a] **I.** *adj* dickköpfig, starrköpfig **II.** *m, f* Dickkopf *m*, Dickschädel *m fam*

teste ['teste] *m* **1.** (*testículo*) Hoden *m* **2.** (*Arg: verruga en los dedos*) kleine Warze *f* am Finger

testera [tes'tera] *f* **1.** (*de la cabeza*) Stirn *f* **2.** (*adorno*) Kopfschmuck *m* **3.** (*parte*) Vorderseite *f*, Stirnseite *f*; (*fachada*) Fassade *f* **4.** (*asiento*) Sitz *m* in Fahrtrichtung **5.** (*pared*) Gießofenwand *f*

testículo [tes'tikulo] *m* Hoden *m*; (MED) Testikel *m*

testificación [testifika'θjon] *f* **1.** (*declaración*) Erklärung *f*; (*de un testigo*) (Zeugen)aussage *f* **2.** (*afirmación: testigo*) Bezeugung *f*; (*documento*) Bescheinigung *f*, Nachweis *m* **3.** (*prueba*) Beweis *m*, Zeugnis *nt* **4.** (*documento*) Bescheinigung *f*

testificar [testifi'kar] <c→qu> **I.** *vt* **1.** (*declarar*) erklären; (*testigo*) aussagen **2.** (*afirmar: testigo*) bezeugen, bekunden; (*documento*) bescheinigen, nachweisen **3.** (*demostrar*) beweisen **II.** *vi* (als Zeuge) aussagen

testigo[1] [tes'tiɣo] *mf* (*t.* JUR) Zeuge, -in *m, f*; **~ de cargo/de descargo** Belastungs-/Entlastungszeuge *m*; **~ ocular** [*o* **presencial**] Augenzeuge *m*; **fui ~ del accidente** ich habe den Unfall gesehen; **examinar ~s** Zeugen vernehmen; **poner a alguien por ~** sich auf jdn berufen

testigo[2] [tes'tiɣo] *m* **1.** (*prueba*) Zeugnis *nt*, Beweis *m*; **ser ~ de algo** von etw zeugen **2.** (DEP) (Staffel)stab *m* **3.** *pl* Grenzsteine *mpl*

testimonial [testimo'njal] *adj* **1.** (*que afirma*) Zeugen-; **declaración ~** Zeugenaussage *f* **2.** (*que prueba*) Beweis-

testimoniar [testimo'njar] **I.** *vt* **1.** (*declarar*) aussagen **2.** (*afirmar*) bezeugen **3.** (*dar muestra*) bekunden **4.** (*probar*) beweisen **II.** *vi* (als Zeuge) aussagen

testimonio [testi'monjo] *m* **1.** (*declaración*) Erklärung *f*; (*de un testigo*) (Zeugen)aussage *f*; **dar ~** aussagen; **falso ~** Falschaussage *f* **2.** (*afirmación*) Bezeugung *f* **3.** (*muestra*) Bekundung *f* **4.** (*prueba*) Beweis *m*, Zeugnis *nt* **5.** (*documento*) beglaubigte Urkunde *f*

testosterona [testoste'rona] *f* (BIOL) Testosteron *nt*

testuz [tes'tuθ] *m o f* **1.** (*frente*) Stirn *f* **2.** (*nuca*) Nacken *m*

teta ['teta] *f* **1.** (*pecho*) Brust *f*, Busen *m fam*; **niño de ~** Säugling *m*; **dar la ~** stillen; **quitar la ~** abstillen **2.** (*ubre*) Euter *m* **3.** (*pezón: mujer*) Brustwarze *f*; (*animal*) Zitze *f* **4.** (*loc*): **~ de vaca** (GASTR) Meringue *f*; **pasarlo ~** sich bombig amüsieren

tetada [te'taða] *f* Brustmahlzeit *f*, Milchmahlzeit *f*

tetania [te'tanja] *f* (MED) Tetanie *f*

tetánico, -a [te'taniko, -a] *adj* (MED) tetanisch

tétano(s) ['tetano(s)] *m* (*inv*) (MED) Tetanus *m*, Wundstarrkrampf *m*

tetar [te'tar] *vt* (*personas*) stillen, die Brust geben *dat;* (*animales*) säugen

tetera [te'tera] *f* **1.** (*para té*) Teekanne *f* **2.** (*Am: tetilla*) Sauger *m* **3.** (*Am*) *v.* **tetero**

tetero [te'tero] *m* (*Am*) (Saug)flasche *f*

tetilla [te'tiʎa] *f* **1.** (*del biberón*) Sauger *m;* ~ **de silicona** Silikonsauger *m* **2.** (*de un animal*) Zitze *f* **3.** (*queso*) Tetilla *m* (*galicischer Käse*)

tetina [te'tina] *f* (*tetilla del biberón*) Sauger *m*

tetona [te'tona] *adj* (*fam*) vollbusig

tetracordio [tetra'korðjo] *m* (MÚS) Tetrachord *m o nt*

tetraedro [tetra'eðro] *m* (MAT) Tetraeder *nt*, Vierflächner *m*

tetragonal [tetraɣo'nal] *adj* (MAT) **1.** (*forma*) viereckig, tetragonal **2.** (*relativo al tetrágono*) Vierecks-

tetrágono [te'traɣono] *m* (MAT) Viereck *nt*, Tetragon *nt*

tetragrama [tetra'ɣrama] *m* (MÚS) Vierliniensystem *nt* der Notenschrift

tetralogía [tetralo'xia] *f* (LIT, MÚS) Tetralogie *f;* **la ~ de Richard Wagner** das Niebelungenlied

tetrámetro [te'trametro] *m* (LIT) Tetrameter *m*

tetramotor [tetramo'tor] *adj* viermotorig

tetraplejía [tetraple'xia] *f* (MED) Lähmung *f* der Arme und Beine, Tetraplegie *f*

tetrapléjico, -a [tetra'plexiko, -a] *adj* (MED) an Armen und Beinen gelähmt

tetrarquía [tetrar'kia] *f* (HIST) Tetrarchie *f*

tetrasílabo¹ [tetra'silaβo] *m* (LING, LIT) **1.** (*verso*) Viersilber *m* **2.** (*palabra*) viersilbiges Wort *nt*

tetrasílabo, -a² [tetra'silaβo, -a] *adj* (LING, LIT) viersilbig

tetrástico, -a [te'trastiko, -a] *adj* (LIT) vierzeilig

tetrástrofo, -a [te'trastrofo, -a] *adj* (LIT) vierstrophig

tétrico, -a ['tetriko, -a] *adj* (*persona*) trübsinnig; (*cosa*) düster; **estar de un humor ~** Trübsal blasen, niedergeschlagen sein

tetuda [te'tuða] *adj* (*pey*) vollbusig

teúrgia [te'urxja] *f* (REL) Theurgie *f*

teutón, -ona [teu̯'ton, -ona] **I.** *adj* teutonisch **II.** *m, f* Teutone, -in *m, f*

teutónico, -a [teu̯'toniko, -a] *adj* teutonisch

textil [tes'til] **I.** *adj* textil; **industria ~** Textilindustrie *f;* **planta ~** Faserpflanze *f* **II.** *m* (Textil)faser *f*

texto ['testo] *m* Text *m;* (*pasaje*) Textstelle *f;* ~ **de ayuda** (INFOR) Hilfetext *m;* ~ **cifrado** verschlüsselter Text; (**libro de**) ~ Schulbuch *nt;* **modalidad de ~s** (INFOR) Textmodus *m*

textual [testu'al] *adj* **1.** (*relativo al texto*) textuell, Text-; (*escrito*) schriftlich (verfasst) **2.** (*conforme al texto*) textgemäß; (*literal*) wörtlich; (*exacto*) genau; **repetir algo con las palabras ~es** etw (wort)wörtlich wiedergeben

textura [tes'tura] *f* **1.** (*acción*) Weben *nt* **2.** (*tejido*) Gewebe *nt*, Textur *f* **3.** (*estructura*) Struktur *f;* (GEO, QUÍM) Textur *f*

tez [teθ] *f* (Gesichts)haut *f*, Teint *m;* **de ~ morena** dunkelhäutig

tezontle [te'θon̥ᵈle] *m* (*Méx: piedra volcánica*) Tuffstein *m*

thatcheriano, -a [θatʃe'rjano, -a] *adj* (POL) die Politik von Margret Thatcher betreffend

theta ['θeta] *f* (LING) Theta *nt*

ti [ti] *pron pers* (*con preposición*) dich, dir; **de ~ para mí** unter uns gesagt; **eso a ~ no te importa** das geht dich nichts an; **he venido por ~** ich bin deinetwegen gekommen; **para ~ un café, ¿verdad?** für dich ein Kaffee, nicht wahr?; **sólo te lo cuento a ~** ich erzähle es nur dir

tía ['tia] *f* **1.** (*pariente, señora*) Tante *f;* **¡(cuéntaselo a) tu ~!** (*fam*) das kannst du deiner Großmutter erzählen!; **no hay tu ~** (*fam*) da ist nichts zu machen **2.** (*fam: mujer*) Frau *f;* (*pey*) Tante *f*, Tussi *f;* **¡qué ~ más buena!** so ein Klasseweib!; **vaya ~ más tonta** so eine blöde Kuh **3.** (*fam: ramera*) Nutte *f* **4.** (*fam: tratamiento*): **pero ~, ¿qué te pasa, ~?** Mensch, was ist denn mit dir los?

tianguis ['tjaŋgis] *m inv* (*Méx: rastro indígena*) indianischer Markt *m*

tiara [ti'ara] *f* Tiara *f*

tiarrón, -ona [tja'rron, -ona] *m, f* (*fam*) großer Mann *m*, große Frau *f*

tiberio [ti'βerjo] *m* (*fam*) Krach *m*, Radau *m*

tibetano¹ [tiβe'tano] *m* (*lengua*) Tibetisch(e) *nt*

tibetano, -a² [tiβe'tano, -a] **I.** *adj* tibetanisch, tibetisch **II.** *m, f* Tibetaner(in) *m(f)*, Tibeter(in) *m(f)*

tibia ['tiβja] *f* (ANAT) Schienbein *nt*

tibiarse [ti'βjarse] *vr* (*AmC, Ven: irritarse*) böse werden (*con* mit +*dat*)

tibiera [ti'βjera] *f* (*Ven*) **1.** (*molestia*) Belästigung *f* **2.** (*fastidio*) Ärger *m*

tibieza [ti'βjeθa] *f* **1.** (*del carácter, sentimientos*) Lauheit *f;* (*de una relación*) Kühle *f* **2.** (*temperatura*) lauwarme Temperatur *f*

tibio, -a ['tiβjo, -a] *adj* **1.** (*temperatura*) lau(warm) **2.** (*carácter, sentimiento*) lau; (*relación*) kühl **3.** (*Am: fam: enfadado*) sauer **4.** (*loc*): **ponerse ~** sich den Bauch voll schlagen; **poner ~ a alguien, dejar** [*o* **reprender**] **~ a alguien** jdn fertig machen; (*hablar mal*) kein gutes Haar an jdm lassen

tibor [ti'βor] *m* **1.** (*vaso grande de barro*) große Ziervase *f* **2.** (*Cuba: orinal*) Nachttopf *m*

tiburón [tiβu'ron] *m* Hai(fisch) *m;* (*negociador sin escrúpulos*) Hai *m;* ~ **ballena** Walhai *m;* ~ **blanco** Mako *m;* ~ **cornudo** Hammerhai *m;* ~ **enano** Zwerghai *m;* ~ **martillo** Hammerhai *m;* ~ **tigre** Tigerhai *m;* ~ **toro** Stierkopfhai *m*

tic [tiᵏ] **I.** *interj* tick **II.** *m* <tics> Tick *m*

T

ticholo [ti'tʃolo] *m* (*Arg:* GASTR) *Zuckerrohr- oder Guajavenbrot*

ticket ['tikeᵗ] *m* <tickets> Ticket *nt;* ~ **de compra** Kassenzettel *m*

tico, **-a** ['tiko, -a] **I.** *adj* (*Am: fam: costarricense*) costaricanisch **II.** *m, f* (*Am: fam: costarricense*) Costaricaner(in) *m(f)*

tictac [tik'tak] **I.** *interj* ticktack; **el reloj hace** ~ die Uhr tickt **II.** *m sin pl* Ticken *nt*

tiemple ['tjemple] *m* (*Chil*) **1.** (*amor*) Liebe *f* **2.** (*pasión*) Leidenschaft *f*

tiempo ['tjempo] *m* **1.** (*momento, duración, periodo*) Zeit *f;* ~ **de acceso** (INFOR) Zugriffszeit *f;* ~ **de búsqueda** (INFOR) Suchzeit *f;* ~ **de caída** (INFOR) Abfallzeit *f;* ~ **libre** Freizeit *f;* ~ **de localización** (INFOR) Suchzeit *f;* ~ **de operación** (INFOR) Laufzeit *f;* ~ **de pago** Zahlungsfrist *f;* ~ **de procesamiento** (INFOR) Bearbeitungszeit *f;* ~ **real** (INFOR) Echtzeit *f;* **los buenos** [*o* **viejos**] **~s** die gute alte Zeit; **a** ~ rechtzeitig; **a su** ~ zu gegebener Zeit; **todo a su** ~ alles zu seiner Zeit; **al (mismo)** ~, **a un** ~ gleichzeitig; **al** ~ **que...** während ...; **antes de** ~ vorzeitig; **has llegado antes de** ~ du bist zu früh gekommen; **andando el** ~, **al correr del** ~ mit der Zeit, im Laufe der Zeit; **con** ~ frühzeitig; **llegué a la estación con** ~ ich war früh genug am Bahnhof; **hazlo con** ~ mach es in aller Ruhe; **con el** ~ mit der Zeit, nach einiger Zeit; **de** ~ **en** ~ von Zeit zu Zeit; **desde hace mucho** ~ seit langer Zeit, seit langem; **durante cierto** ~ eine Zeit lang; **en ~s** früher; **en ~s de Franco** zu Francos Zeiten; **en mis ~s** zu meiner Zeit; **el** ~ **pasa volando** die Zeit vergeht wie im Fluge; **amanecerán ~s mejores** es kommen auch mal bessere Zeiten; **dar** ~ **al** ~ abwarten; **este problema ya viene de** ~ dieses Problem besteht schon seit geraumer Zeit; **ha vivido mucho** ~ **en Alemania** er/sie hat lange (Zeit) in Deutschland gelebt; **hace** ~ **que...** es ist schon lange (Zeit) her, dass ...; **hace** ~ **que no voy al cine** ich bin schon seit einiger [*o* geraumer] Zeit nicht mehr im Kino gewesen; **hacer** ~ sich *dat* die Zeit vertreiben; **hay** ~ es ist noch genug Zeit; **matar el** ~ die Zeit totschlagen; **me falta** ~ **para...** ich habe nicht genug Zeit, um zu ...; **perder el** ~ die Zeit vergeuden; **sin perder** ~ unverzüglich; **si me da** ~ **pasaré por tu casa** wenn ich Zeit habe, schaue ich bei dir vorbei; **tardar mucho/demasiado** ~ lange/zu lange brauchen; **ya es** ~ **que acabes tu carrera** es wird Zeit, dass du dein Studium beendest; **el** ~ **es oro** (*prov*) Zeit ist Geld **2.** (*época*) Zeit *f;* (*estación*) Jahreszeit *f;* ~ **navideño** Weihnachtszeit *f;* **fruta del** ~ Obst der Jahreszeit **3.** (METEO) Wetter *nt;* ~ **de perros** Hundewetter *nt;* ~ **de primavera** Frühlingswetter *nt;* **chaqueta de medio** ~ Übergangsjacke *f;* **cerveza del** ~ ungekühltes Bier; **el** ~ **amenaza lluvia** es sieht nach Regen aus; **hoy hace mal** ~ heute ist schlechtes Wetter; **a(l) mal** ~ **buena cara** (*fig*) gute Miene zum bösen Spiel **4.** (LING) Tempus *nt,* Zeitform *f;* ~ **presente** Präsens *nt* **5.** (*edad*) Alter *nt;* **¿cuánto** ~ **tiene el niño?** wie alt ist das Kind? **6.** (DEP) Halbzeit *f;* ~ **muerto** Auszeit *f;* **medio** ~ Halbzeit *f* **7.** (*parte*) Element *nt;* (MÚS: *de un compás*) Taktteil *m;* (*de una composición*) Satz *m* **8.** (MÚS: *velocidad*) Tempo *nt* **9.** (TÉC) Takt *m;* **motor de dos ~s** Zweitaktmotor *m,* Zweitakter *m*

tienda ['tjen̩da] *f* **1.** (*establecimiento*) Geschäft *nt,* Laden *m;* ~ **de comestibles** Lebensmittelgeschäft *nt;* ~ **de juguetes** Spielwarengeschäft *nt;* ~ **libre de impuestos** Dutyfreeshop *m;* ~ **al por mayor/menor** Groß-/Einzelhandelsgeschäft *nt;* ~ **virtual** virtuelles Kaufhaus; **abrir una** ~ einen Laden aufmachen, ein Geschäft eröffnen; **ir de ~s** einkaufen gehen **2.** (*alojamiento*) Zelt *nt;* ~ **de campaña** Zelt *nt* **3.** (*de un barco*) Sonnensegel *nt;* (*de un carro*) Wagenplane *f*

tienta ['tjen̩ta] *f* **1.** (TAUR) *Ausprobieren von Jungstieren* **2.** (MED) Sonde *f* **3.** (*astucia*) Schlauheit *f* **4.** (*loc*): **andar a ~s** tappen; (*fig*) im Dunkeln tappen

tiento ['tjen̩to] *m* **1.** (*acción*) Betasten *nt;* **a** ~ tastend **2.** (*prueba*) Versuch *m,* Probieren *nt;* (MÚS) Stimmprobe *f;* **darle** [*o* **pegarle**] **un** ~ **a la botella** (*fam*) einen Schluck aus der Flasche nehmen **3.** (*examinación*) Untersuchung *f;* **dar un** ~ prüfen, unter die Lupe nehmen *fam* **4.** (*tacto*) Behutsamkeit *f;* (*cautela*) Vorsicht *f;* **con** ~ behutsam, vorsichtig **5.** (*palo: de un ciego*) Blindenstock *m;* (*de un pintor*) Malstock *m;* (*de un equilibrista*) Balancierstange *f* **6.** (*tentáculo*) Fangarm *m* **7.** (*pulso*) Ruhe *f;* **con** ~ mit ruhiger Hand **8.** (*fam: golpe*) Schlag *m* **9.** *pl* (MÚS) *einleitende Gitarrenakkorde vor dem eigentlichen Stück* **10.** (*Am: tira*) (Leder)riemen *m*

tierno, **-a** ['tjerno, -a] **I.** *adj* **1.** (*blando*) zart; (*pan, dulces*) mürb(e) **2.** (*suave*) zart, sanft **3.** (*reciente, delicado*) zart; (*pintura*) frisch; **a la tierna edad de...** im zarten Alter von ...; **a tierna edad** als Kind; **desde mi más tierna edad...** von Kindesbeinen an ...; **en mi más tierna niñez** in meiner frühesten Kindheit **4.** (*cariñoso*) zärtlich, liebevoll **5.** (*sensible*) zart, sensibel **6.** (*Chil, Ecua, Guat: inmaduro*) unreif **II.** *m, f* (*Guat, Nic*) Säugling *m*

tierra ['tjerra] *f* **1.** (*materia*) Erde *f;* ~ **arcillosa** Tonerde *f;* ~ **vegetal** Komposterde *f;* **dar** ~ **a alguien** jdn beerdigen; **echar** ~ **a algo** etw vertuschen; **estar bajo** ~ unter der Erde liegen **2.** (*planeta, mundo*) Erde *f,* Welt *f;* **la T~, el planeta T~** die Erde *f* **3.** (*superficie*) Erde *f,* (Erd)boden *m;* **bajo** ~ (MIN) unter Tage; **toma de** ~ (ELEC) Erdung *f;* **el proyecto cayó por** ~ das Projekt ist den Bach runtergegangen *fam;* **dar en** ~ stürzen; **echar por** ~ zu Boden werfen; (*fig*) zunichte machen; **me falta** ~ mir fehlt die nötige Sicherheit; **¡trágame, ~!** ich würde (vor Scham) am liebsten in den (Erd)boden versinken!; **parece que se lo**

ha tragado la ~ er scheint wie vom Erdboden verschwunden **4.** (*firme*) (Fest)land *nt;* ~ **adentro** landeinwärts; **poner** ~ **por medio** das Weite suchen; **tomar** ~ (*avión*) landen; (*nave*) anlegen; **como no lleguemos pronto a la estación, nos vamos a quedar en** ~ wenn wir nicht bald am Bahnhof sind, verpassen wir unseren Zug **5.** (*región*) Gegend *f*, Gebiet *nt;* **T**~ **Santa** Heiliges Land *nt;* **volver a su** ~ (**natal**) in seine Heimat zurückkehren **6.** (AGR) Boden *m*, Land *nt;* ~ **de labor** Ackerland *nt;* ~ **de pastos** Weideland *nt;* **ha vendido sus** ~**s** er/sie hat seine/ihre Ländereien [*o* sein/ihr Land] verkauft; **aquí, como en toda la** ~ **de garbanzos...** (*fam*) (hier und) überall ...

tierra-aire ['tjerra 'ai̯re] *adj* (MIL) Boden-Luft-; **misil** ~ Boden-Luft-Rakete *f*

tierral [tje'rral] *m* (*Am: polvareda*) Staubwolke *f*

tierra-tierra ['tjerra 'tjerra] *adj* (MIL) Boden-Boden-; **misil** ~ Boden-Boden-Rakete *f*

tieso[1] ['tjeso] *adv* fest, kräftig; **pisar** ~ kräftig auftreten

tieso, -a[2] ['tjeso, -a] *adj* **1.** (*rígido*) steif, starr; **dejar** ~ **a alguien** (*fam*) jdn kaltmachen; **quedarse** ~ (*de frío*) vor Kälte erstarren; (*miedo*) vor Angst erstarren; (*morirse*) sterben; (*dormirse*) einschlafen, einpennen *fam* **2.** (*erguido*) aufrecht; **orejas tiesas** aufgestellte [*o* gespitzte] Ohren **3.** (*terco*) stur; **tenérselas tiesas** nicht nachgeben **4.** (*serio*) förmlich, steif **5.** (*engreído*) arrogant; **no te pongas** ~ jetzt werde bloß nicht unverschämt **6.** (*tirante*) straff **7.** (*valiente*) mutig **8.** (*robusto*) kräftig, stramm; (*sano*) fit

tiesto ['tjesto] *m* Blumentopf *m;* **salirse del** ~ (*fam*) aus sich *dat* herausgehen; **mear fuera del** ~ (*fam*) vom Thema abschweifen

tiesura [tje'sura] *f* **1.** (*rigidez*) Steifheit *f*, Starrheit *f* **2.** (*seriedad*) Förmlichkeit *f*, Steifheit *f*

tífico, -a ['tifiko, -a] *adj* (MED) typhös

tiflitis [ti'flitis] *f inv* (MED) Blinddarmentzündung *f*, Typhlitis *f*

tiflología [tiflolo'xia] *f* (MED) Blindenheilkunde *f*

tifoidea [tifoi̯'ðea] *f sin pl* (MED) Typhus *m*

tifoideo, -a [tifoi̯'ðeo, -a] *adj* typhös; **fiebre(s) tifoidea(s)** Typhus *m*

tifón [ti'fon] *m* **1.** (*huracán*) Taifun *m* **2.** (*tromba*) Wasserhose *f*

tifus ['tifus] *m inv* (MED) Typhus *m*

tigre(sa)[1] ['tiɣre, ti'ɣresa] *m(f)* **1.** (ZOOL) Tiger(in) *m(f)* **2.** (*persona*) Ungeheuer *nt*

tigre, -a[2] ['tiɣre, -a] *m, f* (*Am*) Jaguar *m*

tigresa [ti'ɣresa] *f* (*fam: mujer*) Vamp *m*

tigrillo [ti'ɣriʎo] *m* (*AmC, Col, Ecua, Ven: ocelote*) Ozelot *m*

tigrón [ti'ɣron] *m* (ZOOL) Tigon *m, unfruchtbarer Hybride eines Tigers und einer Löwin*

tijera [ti'xera] *f* **1.** *(pl)* (*utensilio, con esta forma*) Schere *f;* ~**s para las uñas** Nagelschere *f;* **silla de** ~ Klappstuhl *m;* **le echaré** ~ **a este pantalón** (*fam*) ich werde diese Hose abschneiden **2.** (*aspa*) Sägebock *m* **3.** (*zanja*) Entwässerungsgraben *m* **4.** (*persona*) Lästermaul *nt fam* **5.** (DEP: *en la lucha, ejercicio*) Schere *f;* (*en el fútbol*) Scherenschlag *m;* (*salto*) Scherensprung *m* **6.** (*loc*): **ser una buena** ~ (*comer*) viel essen; (*cortar*) gut zuschneiden; (*murmurar*) ein Lästermaul sein *fam*

tijereta [tixe'reta] *f* **1.** (ZOOL) Ohrwurm *m* **2.** (*de la vid*) Ranke *f* **3.** (*tijera*) kleine Schere *f* **4.** (*salto*) Scherensprung *m* **5.** *pl* (*ejercicio*) Schere *f*

tijeretada [tixere'taða] *f*, **tijeretazo** [tixere'taθo] *m* Schnitt *m* mit der Schere

tijeretear [tixerete'ar] **I.** *vt* herumschnippeln (an +*dat*) **II.** *vi* **1.** (*cortar*) herumschnippeln **2.** (*fam: entrometerse*) sich einmischen

tila ['tila] *f* **1.** (*tilo*) Linde *f* **2.** (*flor*) Lindenblüte *f* **3.** (*té*) Lindenblütentee *m*

tildar [til̪'dar] *vt* **1.** (*con acento*) mit Akzent versehen **2.** (*la ñ*) mit Tilde versehen **3.** (*a alguien*) bezeichnen (*de* als +*akk*) **4.** (*tachar*) durchstreichen

tilde ['til̪de] *f* **1.** (*acento*) Akzent *m* **2.** (*de la ñ*) Tilde *f* **3.** (*tacha*) Makel *m* **4.** (*cosa mínima*) Kleinigkeit *f*

tiliches [ti'litʃes] *mpl* (*AmC, Méx: trastos*) Gerümpel *nt*

tilico, -a [ti'liko, -a] *adj* (*Bol, Méx*) schwächlich, kränklich

tilín [ti'lin] *m sin pl* **1.** (*sonido*) Klingeln *nt;* **¡~!** klingeling! **2.** (*loc*): **hacer** ~ gefallen; **el pastel no me hace** ~ der Kuchen schmeckt mir nicht besonders

tilingo, -a [ti'liŋgo, -a] *adj* **1.** (*CSur, Méx: atolondrado*) leichtsinnig **2.** (*Arg: demente*) schwachsinnig

tilma ['tilma] *f* (*Méx*) *als Umhang getragene Baumwolldecke der Bauern*

tilo ['tilo] *m* Linde *f*

timador(a) [tima'ðor(a)] *m(f)* Betrüger(in) *m(f)*, Gauner(in) *m(f)*

tímalo ['timalo] *m* (ZOOL) Äsche *f*

timar [ti'mar] **I.** *vt* **1.** (*estafar*) ergaunern, (sich *dat*) erschwindeln **2.** (*engañar*) betrügen; (*mentir*) beschwindeln **II.** *vr:* ~**se** (*hacerse guiños*) sich *dat* zuzwinkern; (*tontear*) turteln

timba ['timba] *f* (*fam*) **1.** (*partida*) Spiel *nt* **2.** (*lugar*) Spielhölle *f* **3.** (*Am: barriga*) Bauch *m*

timbal [tim'bal] *m* **1.** (MÚS: *grande*) Pauke *f* **2.** (MÚS: *pequeño*) (kleine) Trommel *f* **3.** (GASTR) Pastete *f* **4.** (*molde*) Terrine *f*

timbalero, -a [timba'lero, -a] *m, f* (MÚS) Paukenschläger(in) *m(f)*

timbón, -ona [tim'bon, -ona] *adj* (*AmC, Méx*) dickbäuchig

timbrado, -a [tim'braðo, -a] *adj:* **una voz bien timbrada** eine klangvolle Stimme

timbrar [tim'brar] *vt* (*pegar*) mit einer Steuermarke versehen; (*estampar*) (ab)stempeln

timbrazo [tim'braθo] *m* (lang anhaltendes) Klingeln *nt*

timbre ['timbre] *m* **1.** (*aparato*) Klingel *f;* ~ **de la puerta/bicicleta** Tür-/Fahrradklingel *f;* **han tocado el** ~ es hat geklingelt **2.** (*sonido, t.* MÚS) Timbre *nt,* Klangfarbe *f* **3.** (*sello que se pega*) (Gebühren)marke *f;* (*fiscal*) (Steuer)marke *f;* (*que se estampa*) Stempel *m* **4.** (*renta*) Stempelsteuer *f* **5.** (*acción*) Verdienst *nt;* ~ **de gloria** Ruhmestat *f;* **ser un** ~ **de gloria para alguien** jdm zur Ehre gereichen **6.** (*de un escudo*) Adelsprädikat *nt*

timbrología [timbrolo'xia] *f* Stempelmarkenkunde *f*

timidez [timi'ðeθ] *f* Schüchternheit *f;* **es de una gran** ~ er/sie ist sehr schüchtern

tímido, -a ['timiðo, -a] *adj* schüchtern

timo ['timo] *m* **1.** (*fraude*) Betrug *m,* Trick *m;* **dar un** ~ **de 5000 ptas a alguien** jdn um 5000 Ptas prellen **2.** (ANAT: *glándula*) Thymusdrüse *f*

timocracia [timo'kraθja] *f* (HIST, POL) Timokratie *f*

timol [ti'mol] *m* (QUÍM) Thymol *nt,* Thymiankampfer *m*

timón [ti'mon] *m* **1.** (AERO, NÁUT: *gobernaje*) Steuer *nt,* Ruder *nt* **2.** (*fam: control*) Leitung *f;* **llevar el** ~ **de una empresa** ein Unternehmen leiten; **lleva el** ~ **de este negocio** er/sie hat dieses Geschäft (fest) im Griff

timonear [timone'ar] **I.** *vi* (NÁUT, AERO) steuern **II.** *vt* (*fam: dirigir*) leiten

timonel [timo'nel] *mf* Steuermann, -frau *m, f*

timonera [timo'nera] *f* (Schwanz)feder *f*

timonero [timo'nero] *adj* (AGR) Balken-

timorato, -a [timo'rato, -a] *adj* **1.** (*temeroso de Dios*) gottesfürchtig; (*pey*) prüde **2.** (*pazguato*) tölpelhaft **3.** (*tímido*) schüchtern, zaghaft

tímpano ['timpano] *m* **1.** (ANAT: *membrana*) Trommelfell *nt* **2.** (ANAT: *cavidad del oído*) Paukenhöhle *f* **3.** (MÚS: *instrumento musical*) Pauke *f* **4.** (MÚS: *timbal*) Zimbel *f* **5.** (ARQUIT) Tympanon *nt*

tina ['tina] *f* **1.** (*recipiente*) Kübel *m* **2.** (*para tintar*) Färbekessel *m* **3.** (*Am: bañera*) Badewanne *f*

tinaco [ti'nako] *m* (*AmC, Méx*) Wassertank *m* (*auf der Dachterrasse*)

tinaja [ti'naxa] *f* Tonkrug *m*

tincanque [tiŋ'kaŋke] *m* (*fam Chil*) Kopfnuss *f*

tincar [tiŋ'kar] <c→qu> *vt* **1.** (*Chil: presentir*) vermuten, ahnen **2.** (*Arg, Chil: bola, pelota*) anschneiden

tincazo [tiŋ'kaθo] *m* (*fam Arg, Ecua*) Kopfnuss *f*

tinción [tin̪'θjon] *f* (*acción*) Färben *nt;* (*resultado*) Färbung *f*

tindío [tin̪'dio] *m* (*Perú:* ZOOL) Seeschwalbe *f*

tinerfeño, -a [tiner'feɲo, -a] **I.** *adj* aus Teneriffa **II.** *m, f* Einwohner(in) *m(f)* Teneriffas

tinga ['tiŋga] *f* (*Méx: alboroto*) Remmidemmi *nt fam*

tinglado [tiŋ'glaðo] *m* **1.** (*cobertizo*) Schuppen *m* **2.** (*artimaña*) Intrige *f* **3.** (*fam: lío*) Durcheinander *nt* **4.** (*tablado*) Bretterbühne *f*

tingo ['tiŋgo] (*Méx*): **del** ~ **al tango** von hier nach dort

tiniebla [ti'njeβla] *f* **1.** (*oscuridad*) Finsternis *f;* **el príncipe de las** ~**s** der Satan **2.** (*ignorancia*) Ignoranz *f;* **estar en** ~**s sobre algo** keine Ahnung von etw haben

tino ['tino] *m* **1.** (*puntería*) Treffsicherheit *f* **2.** (*destreza*) Geschicklichkeit *f* **3.** (*moderación*) Mäßigkeit *f;* **a buen** ~ nach Gefühl; **sin** ~ ohne Maß und Ziel; **estar a** ~ gelegen sein [*o* kommen]; **sacar de** ~ **a alguien** jdn aus der Fassung bringen **4.** (*tina*) Kübel *m*

tinoso, -a [ti'noso, -a] *adj* (*Col, Ven*) geschickt, gewandt

tinta ['tin̪ta] *f* **1.** (*líquido para escribir*) Tinte *f;* ~ **china** Tusche *f;* ~ **de imprenta** (TIPO) Druckfarbe *f;* **a dos** ~**s** (TIPO) zweifarbig; **saber algo de buena** ~ etw aus guter Quelle haben; **sudar** ~ **para hacer algo** sich abmühen, um etw zu tun; **recargar las** ~**s** es übertreiben; **sobre este asunto han corrido ríos de** ~ über dieses Thema ist viel Tinte verschrieben worden **2.** (*color*) Farbton *m;* **ser medias** ~**s** weder Fisch noch Fleisch sein **3.** (*vino*) Wein *m*

tintar [tin̪'tar] *vt* färben

tinte ['tin̪te] *m* **1.** (*teñidura*) Färben *nt* **2.** (*colorante*) Färbemittel *nt* **3.** (*tintorería*) Reinigung *f* **4.** (*matiz*) Färbung *f;* (*apariencia*) (An)schein *m;* **un cierto** ~ **de ironía** ein leichter Anflug von Ironie; **sus palabras tenían un cierto** ~ **de alegría** Freude schwang in seinen/ihren Worten mit

tinterillo [tin̪te'riʎo] *m* (*pey*) **1.** (*chupatintas*) Bürohengst *m,* Tintenkleckser *m* **2.** (*Am: picapleitos*) Winkeladvokat *m*

tintero [tin̪'tero] *m* **1.** (*recipiente*) Tintenfass *nt;* **dejar(se) algo en el** ~ etw nicht erwähnen **2.** (*de máquina de escribir*) Farbwerk *nt*

tintín [tin̪'tin] *m* Klingklang *m*

tintin(e)ar [tin̪ti'nar/tin̪tine'ar] *vi* klingeln

tintineo [tin̪ti'neo] *m* Klingeln *nt*

tintirintín [tin̪tirin̪'tin] *m* Hornklang *m*

tinto, -a ['tin̪to, -a] **I.** *pp de* **teñir II.** *adj* **1.** (*teñido*) gefärbt **2.** (*rojo oscuro*) weinrot; **vino** ~ Rotwein *m;* **uvas tintas** rote Trauben

tintorera [tin̪to'rera] *f* (ZOOL) Blauhai *m*

tintorería [tin̪tore'ria] *f* (chemische) Reinigung *f;* **llevar algo a la** ~ etw in die Reinigung bringen

tintorero, -a [tin̪to'rero, -a] *m, f* Färber(in) *m(f)*

tintorro [tin̪'torro] *m* (*fam*) (schlechter) Rotwein *m*

tintura [tin̪'tura] *f* **1.** (*tinte*) Färben *nt* **2.** (*colorante*) Färbemittel *nt;* ~ **para el cabello** Haarfärbemittel *nt* **3.** (*maquillaje*) Schminke *f* **4.** (MED: *solución*) Tinktur *f*

tiña ['tiɲa] *f* **1.** (MED: *enfermedad cutánea*)

Grind *m* **2.** (*fam: miseria*) Schäbigkeit *f*

tiñoso, **-a** [ti'ɲoso, -a] *adj* **1.** (MED, BOT: *que padece tiña*) grindig **2.** (*fam: mísero*) schäbig

tío, **-a** ['tio, -a] *m, f* **1.** (*hermano de los padres*) Onkel *m,* Tante *f;* **el ~ José** Onkel José; **tener un ~ en América** (*fam*) einen reichen Onkel haben **2.** (*fam: hombre*) Kerl *m;* **¡oye ~, no me digas!** Mensch, sag mir nicht so was!; **ser un ~ bueno** stark aussehen

tiorba ['tjorβa] *f* (MÚS) Theorbe *f*

tiovivo [tio'βiβo, -a] *m* Karussell *nt;* **dar más vueltas que un ~** von Pontius zu Pilatus laufen

tip [tip] *m* (*Méx*) Tipp *m,* Hinweis *m*

tiparraco, **-a** [tipa'rrako, -a] *m, f* (*fam pey*) *v.* **tipejo**

tipazo [ti'paθo] *m:* **tener un ~** eine sehr gute Figur [*o* Topfigur] haben

tipear [tipe'ar] *vi* (*AmC, AmS*) (auf der Schreibmaschine) tippen

tipejo [ti'pexo] *m* (*pey*) seltsamer Vogel *m*

tipicidad [tipiθi'ðaᵈ] *f* Typizität *f*

típico, **-a** ['tipiko, -a] *adj* typisch (*de* für +*akk*)

tipificación [tipifika'θjon] *f* Typisierung *f,* Klassifizierung *f*

tipificar [tipifi'kar] <c→qu> *vt* typisieren

tipismo [ti'pismo] *m* Eigenartigkeit *f*

tiple¹ ['tiple] *mf* (MÚS: *persona*) Sopran *m*

tiple² ['tiple] *m* **1.** (MÚS: *voz*) Sopranstimme *f* **2.** (*Am:* MÚS: *instrumento*) *kleine Gitarre mit hoher Stimme*

tipo¹ ['tipo] *m* **1.** (*modelo*) Modell *nt* **2.** (*muestra*) Muster *nt;* (*espécimen*) Typ(us) *m* **3.** (*cuerpo*) Körperbau *m;* **tener buen ~** eine gute Figur haben; **arriesgar el ~** (*fam*) sein Leben aufs Spiel setzen; **mover el ~** (*fam*) tanzen **4.** (*clase*) Art *f;* **no respondo a este ~ de preguntas** auf diese Art Fragen antworte ich nicht **5.** (FIN) Kurs *m,* Satz *m;* **~ de cambio (flotante)** (flexibler) Wechselkurs; **~ de descuento** Diskontsatz *m;* **~ impositivo** Steuersatz *m;* **~ de interés** Zinssatz *m;* **~ de IVA** Mehrwertsteuersatz *m;* **~ de pignoración** Lombardsatz *m;* **~ preferencial de interés bancario** Vorzugsbankzinssatz *m;* **~ verde** (UE) grüner Leitkurs **6.** (*molde de letra*) Drucktype *f*

tipo, **-a²** ['tipo, -a] *m, f* **1.** (*fam*) Mann *m,* Frau *f* **2.** (*pey*) Type *f*

tipografía [tipoɣra'fia] *f* **1.** (*impresión*) Hochdruck *m* **2.** (*taller*) Druckerei *f*

tipográfico, **-a** [tipo'ɣrafiko, -a] *adj* typografisch

tipógrafo¹ [ti'poɣrafo] *m* (*máquina*) Typograf *m*

tipógrafo, **-a²** [ti'poɣrafo, -a] *m, f* (*persona*) Drucker(in) *m(f),* Typograf(in) *m(f)*

tipología [tipolo'xia] *f* **1.** (*clasificación*) Typenlehre *f* **2.** (PSICO: *de personalidades*) Typologie *f*

tipológico, **-a** [tipo'loxiko, -a] *adj* typologisch

tipómetro [ti'pometro] *m* (TIPO) Schrifthöhenmesser *m,* Typometer *nt*

tique ['tike] *m v.* **tiquet**

tiquear [tike'ar] *vt* **1.** (*AmC, PRico: chequear*) überprüfen **2.** (*Chil: perforar*) lochen

tiquet ['tikeᵗ] *m* <tiquets> Ticket *nt;* (*de viaje*) Fahrschein *m;* (*de espectáculos*) Eintrittskarte *f;* (*de compra*) Kassenzettel *m*

tiquismiquis¹ [tikis'mikis] *mf inv* (*remilgado*) umständlicher Mensch *m*

tiquismiquis² [tikis'mikis] *mpl* **1.** (*remilgo*) übertriebene Bedenken *ntpl* **2.** (*noñería*) Getue *nt*

TIR [tir] *m abr de* **Transporte Internacional en Ruta** TIR

tira ['tira] *f* **1.** (*banda*) Band *nt,* Streifen *m;* **hacer ~s algo** etw zerreißen **2.** (*argot: muy, mucho*): **esto me ha gustado la ~** das hat mir super gefallen [*o* fand ich absolut gut]; **me he divertido la ~** ich habe mich echt amüsiert

tirabuzón [tiraβu'θon] *m* **1.** (*rizo*) (Korkenzieher)locke *f* **2.** (*sacacorchos*) Korkenzieher *m;* **sacar algo con ~** etw nur mit Mühe herausziehen; **sacar a alguien las palabras con ~** (*fam*) jdm die Worte aus der Nase ziehen

tirachinas [tira'ʧinas] *m inv* Gummischleuder *f*

tirada [ti'raða] *f* **1.** (TIPO, PREN: *edición*) Auflage *f;* **de mayor ~** mit der größten Auflage **2.** (*distancia*) Entfernung *f;* **de** [*o* **en**] **una ~** auf einen Streich

tiradero [tira'ðero] *m* (*Méx: vertedero*) Mülldeponie *f*

tirado, **-a** [ti'raðo, -a] **I.** *adj* **1.** *estar* (*fam: muy barato*) spottbillig **2.** *ser* (*pey: descuidado*) schlampig; **ser un ~** ein Schlamper [*o* schlampig] sein **3.** *estar* (*fam: fácil*) kinderleicht **II.** *m, f* (*argot*) Penner(in) *m(f)*

tirador¹ [tira'ðor] *m* **1.** (*agarradero*) Griff *m* **2.** (*cordón*) Klingelzug *m* **3.** (*tirachinas*) Schleuder *f* **4.** (*tiralíneas*) Reißfeder *f,* Ziehfeder *f* **5.** (*Arg, Urug: tirante*) Hosenträger *m*

tirador(a)² [tira'ðor(a)] *m(f)* **1.** (*disparador*) Schütze, -in *m, f* **2.** (*en esgrima*) Fechter(in) *m(f);* **~ de espada** Degenfechter *m* **3.** (TÉC) Drahtzieher(in) *m(f)*

tiragomas [tira'ɣomas] *m inv* Schleuder *f*

tiraje [ti'raxe] *m* (TIPO) **1.** (*impresión*) Druck *m* **2.** (*edición*) Auflage *f*

tiralevitas [tirale'βitas] *mf inv* Schmeichler(in) *m(f)*

tiralíneas [tira'lineas] *m inv* Reißfeder *f,* Ziehfeder *f*

tirana [ti'rana] *f* (MÚS) *altes spanisches Volkslied*

tiranía [tira'nia] *f* Tyrannei *f,* Gewaltherrschaft *f;* **someterse a la ~ de la moda** sich dem Diktat der Mode unterwerfen

tiranicida [tirani'θiða] *mf* Tyrannenmörder(in) *m(f)*

tiránico, **-a** [ti'raniko, -a] *adj* tyrannisch

tiranizar [tirani'θar] <z→c> *vt* tyrannisieren

tirano, **-a** [ti'rano, -a] **I.** *adj* tyrannisch **II.** *m, f*

Tyrann(in) *m(f)*, Gewaltherrscher(in) *m(f)*

tiranosaurio [tirano'sau̯rjo] *m* Tyrannosaurus *m*

tirante [ti'ran̪te] **I.** *adj* **1.** (*tieso*) straff; **el pantalón me está ~** die Hose kneift **2.** (*conflictivo*) gespannt; **estar ~ con alguien** eine gespannte Beziehung zu jdm haben **II.** *m* **1.** (*cinta, travesaño*) Träger *m;* **~s (elásticos)** Hosenträger *mpl;* **~ de acero** Stahlträger *m* **2.** (*de caballería*) Strang *m*

tirantez [tiran̪'teθ] *f* **1.** (*tensión*) Spannung *f* **2.** (*extensión*) Längsausdehnung *f*

tirar [ti'rar] **I.** *vi* **1.** (*arrastrar*) ziehen (*de* an +*dat*); **a todo ~** bestenfalls, höchstens; **tira y afloja** Tauziehen *nt fig;* **~ de la lengua a alguien** jdm die Würmer aus der Nase ziehen **2.** (*atraer*) anziehen; **el imán tira del hierro** ein Magnet zieht Eisen an; **no le tiran los libros** er/sie macht sich nichts aus Büchern **3.** (*sacar*) hervorziehen (*de* +*akk*) **4.** (*seguir funcionando, viviendo*) gehen; **¿aún tira tu moto?** geht dein Motorrad noch?; **mi coche no tira en cuestas** mein Auto zieht an Steigungen nicht; **la chimenea no tira** der Kamin zieht nicht; **¿cómo estás? – voy tirando** wie geht's? – es geht so **5.** (*referente a colores*): **~ a rojo** ins Rote spielen **6.** (*referente a vestidos*) zu klein sein; **esta camisa me tira de los hombros** diese Bluse ist mir in den Schultern zu klein [*o* spannt an den Schultern] **7.** (*querer lograr algo*): **tira a ser** [*o* **para**] **director** er will Direktor werden **8.** (*parecerse*) ähneln (*a* +*dat*) **9.** (*torcer*) abbiegen; **~ a** [*o* **hacia**] [*o* **por**] **la derecha/izquierda** nach rechts/links abbiegen; **aquí cada uno tira por su lado** hier trennen sich unsere Wege **10.** (*disparar*) schießen (*a* auf +*akk*); **~ al blanco** das Ziel treffen **II.** *vt* **1.** (*lanzar*) werfen; **~ algo al aire/al suelo** etw in die Luft/auf den Boden werfen; **~ piedras a alguien** mit Steinen nach jdm werfen; **~ la casa por la ventana** bombastisch feiern **2.** (*malgastar*) verschwenden **3.** (*desechar*) wegwerfen; **¿estas botellas son para ~?** sollen diese Flaschen in den Müll? **4.** (*disparar*) schießen; **~ bombas** Bomben abwerfen; **~ cohetes** Raketen abfeuern; **~ granadas** Granaten feuern **5.** (*derribar*) zu Boden werfen; **~ un árbol** einen Baum fällen; **~ un edificio** ein Gebäude abreißen **6.** (*trazar*) ziehen; **~ paralelas** Parallelen ziehen **7.** (*imprimir*) drucken; **este periódico tira un millón de ejemplares** diese Zeitung hat eine Auflage von einer Million Exemplaren **8.** (*extender*) spannen **9.** (*trefilar*) (Draht) ziehen; **~ el oro en hebras finas** Gold zu feinen Fäden ziehen **10.** (FOTO): **~ una foto** ein Foto machen [*o* schießen] **11.** (*loc*): **~ un mordisco** beißen; **~ un pellizco** kneifen, zwicken **III.** *vr:* **~se 1.** (*lanzarse*) sich stürzen (*a* in +*akk, sobre* auf +*akk*) **2.** (*echarse*) sich hinlegen (*en* auf +*akk*) **3.** (*fam: pasar*) verbringen; **me tiré una hora esperando** ich habe eine ganze Stunde gewartet **4.** (*acometer*) (los)stürzen (*a* in +*akk, sobre* auf +*akk*); **se tiró de cabeza a trabajar** er/sie stürzte sich kopfüber in die Arbeit **5.** (*vulg: copular*): **~se a alguien** es mit jdm treiben

tirilla [ti'riʎa] *f* Hemdbund *m,* Stoffstreifen *m* zur Befestigung des Hemdkragens

tirita [ti'rita] *f* (Heft)pflaster *nt*

tiritar [tiri'tar] *vi* frösteln (*de* vor +*dat*), schaudern (*de* vor +*dat*); **se me ha quedado la cuenta del banco tiritando** mein Bankkonto ist fast leer

tiritera [tirite'ar] *f* Frösteln *nt*

tiritón [tiri'ton] *m* Schauder *m;* **dar tiritones** frösteln, schaudern

tiritona [tiri'tona] *f* (*fam*) Frösteln *nt*

tiro ['tiro] *m* **1.** (*lanzamiento*) Wurf *m;* **~ libre** Freiwurf *m;* **~ a portería** [*o* **a puerta**] Torwurf *m,* Torschuss *m;* **estar a un ~ de piedra** einen Steinwurf entfernt sein **2.** (*disparo*) Schuss *m;* **~ al aire** Warnschuss *m;* **~ con arco** Bogenschießen *nt;* **~ al blanco** Scheibenschießen *nt;* **~ errado** Fehlschuss *m;* **~ de gracia** Gnadenschuss *m;* **~ al plato** Wurftaubenschießen *nt;* **barraca de ~ al blanco** Schießbude *f;* **a ~** in Schussweite; (*fig*) erreichbar; **a ~ limpio** mit Waffengewalt; **dar un ~** einen Schuss abgeben; **¡que le den un ~!** verrecken soll er/sie!; **dar el primer ~** das Feuer eröffnen; **darse un ~** sich *dat* eine Kugel durch den Kopf jagen; (*argot: inyectarse heroína*) sich *dat* einen Schuss setzen; **no van por ahí los ~s** (*fam*) die Sache verhält sich anders; **me salió el ~ por la culata** (*fam*) der Schuss ging nach hinten los **3.** (*munición*) Schuss *m;* **nos quedaban tres ~s** wir hatten nur noch drei Schuss **4.** (*impresión, herida*) Einschuss *m* **5.** (*alcance*) Reichweite *f* **6.** (*arrastre*) Ziehen *nt* **7.** (*caballerías*) Gespann *nt* **8.** (*arreos*) Zuggurt *m;* **poner el ~ a los caballos** die Pferde anspannen **9.** (*corriente de aire*) Zug *m* **10.** (*loc*): **de ~s largos** piekfein; **ni a ~s** nicht um alles in der Welt; **caer** [*o* **sentar**] **como un ~** (*comida*) schlecht bekommen; (*ropa*) nicht stehen

tiroidectomía [tiroi̯ðekto'mia] *f* (MED) operative Entfernung *f* der Schilddrüse, Thyreoidektomie *f*

tiroideo, -a [tiroi̯'ðeo, -a] *adj* (MED) Schilddrüsen-; **hormona tiroidea** Schilddrüsenhormon *nt*

tiroides [ti'roi̯ðes] **I.** *adj inv:* **glándula ~** Schilddrüse *f* **II.** *m inv* (MED) Schilddrüse *f*

tiroidismo [tiroi̯'ðismo] *m* (MED) Thyreoidismus *m,* Thyreotoxikose *f*

tiroiditis [tiroi̯'ðitis] *f inv* (MED) Schilddrüsenentzündung *f,* Thyreoiditis *f*

tirolés, -esa [tiro'les, -esa] **I.** *adj* tirol(er)isch **II.** *m, f* Tiroler(in) *m(f)*

tirón [ti'ron] *m* (*acción*) Zerren *nt;* (*efecto*) Ruck *m;* **de un ~** (*bruscamente*) mit einem Ruck; (*de una vez*) in einem Zug; **dar un ~ de pelo a alguien** jdn an den Haaren ziehen;

no lo sacan de aquí ni a dos [*o* **tres**] **tirones** ihn bringen keine zehn Pferde von hier weg

tironear [tirone'ar] *vt* zerren

tiroriro [tiro'riro] *m* (*fam*) Tätterätä *nt*

tirotear [tirote'ar] **I.** *vt* beschießen **II.** *vr:* **~se** **1.** (*disparar*) sich gegenseitig beschießen **2.** (*disputar*) sich herumstreiten

tiroteo [tiro'teo] *m* Schießerei *f*

tiroxina [tiroˠ'sina] *f* (MED) Schilddrüsenhormon *nt*, Thyroxin *nt*

tirreno, -a [ti'rreno, -a] *adj* **1.** (*del mar Tirreno*) tyrrhenisch; **el Mar T~** das Tyrrhenische Meer; **islas tirrenas** Inseln im Tyrrhenischen Meer **2.** (*etrusco*) etruskisch

tirria ['tirrja] *f* (*fam*) Voreingenommenheit *f*; **tener ~ a alguien/algo** jdm/etw gegenüber voreingenommen sein

tisana [ti'sana] *f* Heilkräutertee *m*

tísico, -a ['tisiko, -a] **I.** *adj* (MED) schwindsüchtig **II.** *m, f* (MED) Schwindsüchtige(r) *mf*

tisiología [tisjolo'xia] *f* (MED) Tuberkuloseforschung *f*

tisis ['tisis] *f inv* (MED) Lungentuberkulose *f*, Schwindsucht *f*; **~ galopante** galoppierende Schwindsucht

tiste ['tiste] *m* (*AmC:* GASTR) *erfrischendes Getränk aus geröstetem Maismehl, Kakao, Zucker und Orleansbaumsamen*

tisú [ti'su] *m* Lamé *m*; (*de oro*) Goldlamé *m*; (*de plata*) Silberlamé *m*

titán [ti'tan] *m* Titan *m*

titánico, -a [ti'taniko, -a] *adj* titanisch

titanio [ti'tanjo] *m* (QUÍM) Titan *nt*

titeo [ti'teo] *m* (*Arg, Bol, Urug*) **1.** (*burla*) Spott *m* **2.** (*tomadura de pelo*) Veralberung *f*; **tomar a alguien para el ~** jdn aufziehen

títere ['titere] *m* **1.** (*muñeco*) Handpuppe *f*; (*t. fig: marioneta*) Marionette *f*; **no dejar ~ con cabeza** alles kurz und klein schlagen **2.** (*tipejo*) Trottel *m* **3.** *pl* (*espectáculo*) Puppentheater *nt*

titerista [tite'rista] *mf* Puppenspieler(in) *m(f)*

titi ['titi] **I.** *mf* (*fam: apelativo*) Alte(r) *mf* **II.** *f* (*fam: mujer joven*) Käfer *m*

tití [ti'ti] *m* (ZOOL) Seidenäffchen *nt*

titilación [titila'θjon] *f* **1.** (*temblor*) Zittern *nt* **2.** (*centelleo*) Funkeln *nt*

titilar [titi'lar] *vi* **1.** (*temblar*) zittern **2.** (*centellear*) funkeln

titileo [titi'leo] *m v.* **titilación**

titipuchal [titipu'tʃal] *m* (*Méx: fam: tropel*) Schar *f*, Haufen *m*, Menge *f*

titiritaina [titiri'tai̯na] *f* (*fam*) fröhliches Lärmen *nt*

titiritero, -a [titiri'tero, -a] *m, f* **1.** (*titerista*) Puppenspieler(in) *m(f)* **2.** (*acróbata*) Luftakrobat(in) *m(f)*, Seiltänzer(in) *m(f)*

tito, -a ['tito, -a] *m, f* (*fam*) *dim de* **tío**

titubeante [tituβe'an̪te] *adj* zögernd, schwankend

titubear [tituβe'ar] *vi* **1.** (*vacilar*) schwanken **2.** (*balbucear*) stammeln

titubeo [titu'βeo] *m* **1.** (*vacilación*) Schwanken *nt*, Zaudern *nt*; **deja a un lado tus ~s y decídete de una vez** zaudere nicht länger und entscheide dich endlich **2.** (*balbuceo*) Stammeln *nt*; **con ~s** stammelnd

titulación [titula'θjon] *f* **1.** (*denominación*) Betitelung *f* **2.** (*título académico*) akademischer Titel *m* **3.** (QUÍM) Titration *f*

titulado, -a [titu'laðo, -a] **I.** *adj* diplomiert **II.** *m, f* Titelträger(in) *m(f)*; **~ universitario** Hochschulabsolvent *m*

tituladora [titula'ðora] *f* (TIPO) Titelgerät *nt*

titular [titu'lar] **I.** *adj:* **médico ~** leitender Arzt; **profesor ~** außerordentlicher Professor **II.** *mf* Inhaber(in) *m(f)*; **~ de acciones** Aktieninhaber *m*, Aktionär *m*; **~ de un cargo** Amtsinhaber *m*; **~ de una cuenta** Kontoinhaber *m*; **~ de una patente** Patentinhaber *m*; **~ de una póliza** Policeninhaber *m*; **~ de una tarjeta de crédito** Kreditkarteninhaber; **~ de un vehículo** Fahrzeughalter *m* **III.** *m* Überschrift *f*; **aparecer en los ~es** Schlagzeilen machen; **ocupar los ~es** die Schlagzeilen beherrschen **IV.** *vt* **1.** (*poner título*) betiteln; **el libro se titula...** das Buch trägt den Titel ... **2.** (QUÍM) titrieren **V.** *vr:* **~se** einen akademischen Grad erwerben

titularidad [titulari'ðaᵈ] *f* Berechtigung *f*, Inhaberschaft *f*; **~ sucesoria** Erbberechtigung *f*; **~ única** Alleininhaberschaft *f*, Alleineigentum *nt*

titulillo [titu'liʎo] *m* (TIPO) Kolumnentitel *m*; **andar en ~s** (*fam*) aus Höflichkeit jede Lappalie in den Himmel loben

titulitis [titu'litis] *f inv* (*fam pey*) Titelsucht *f*

título ['titulo] *m* **1.** (*rótulo, dignidad*) Titel *m*; **~ de crédito** (CINE) Nachspann *m*; **~ de un libro** Buchtitel *m*; **obtener** [*o* **sacar**] **un ~** einen Titel erwerben; **tu composición no lleva ~** dein Aufsatz hat [*o* trägt] keine Überschrift **2.** (JUR) Titel *m*; **~ de propiedad** Besitztitel *m* **3.** (*diploma*) Diplom *nt* **4.** (*motivo*) Grund *m*; **¿a ~ de qué hace Ud. eso? – lo hago por curiosidad** aus welchem Grund machen Sie das? – aus (reiner) Neugier; **a justo ~** mit vollem Recht **5.** (*en calidad de*): **a ~ de consejero** als Berater; **a ~ de devolución** mit der Bitte um Rückgabe; **a ~ gratuito** unentgeltlich; **a ~ de indemnización/de préstamo** als Entschädigung/Darlehen; **a ~ de prueba** versuchsweise **6.** (*valor comercial*) Wertpapier *nt*; **~ de acción** Aktienurkunde *f*; **~ hipotecario** (Hypotheken)pfandbrief *m*; **~ de renta fija/variable** festverzinsliches Wertpapier/Wertpapier mit schwankendem Ertrag; **~s negociables** börsenfähige Wertpapiere; **~ valor** Wertpapier *nt*; **emisión de ~s del Estado** Ausgabe von Staatspapieren

título-valor ['titulo βa'lor] *m* <títulos-valor> (FIN) Wertpapier *nt*

tixotropía [tiˠsotro'pia] *f* (QUÍM) Thixotropie *f*

tiza ['tiθa] *f* Kreide *f;* ~ **de billar** Billardkreide *f*

tizate [ti'θate] *m* (*Guat, Hond, Nic*) Kreide *f*

tizna ['tiθna] *f* Schwärze *f*

tiznado, -a [tiθ'naðo, -a] *adj* (*AmC*) betrunken

tiznadura [tiθna'ðura] *f* **1.** (*tiznar*) Schwärzen *nt* **2.** (*tiznarse*) Verrußen *nt*

tiznar [tiθ'nar] **I.** *vt* **1.** (*ennegrecer*) (mit Ruß) schwärzen, rußen **2.** (*desacreditar*) anschwärzen **II.** *vr:* **~se 1.** (*entiznarse*) verrußen **2.** (*AmC, Arg: emborracharse*) sich betrinken

tizne¹ ['tiθne] *m o f* (*hollín*) Ruß *m*

tizne² ['tiθne] *m* (*tizón*) halbverbranntes Holzscheit *nt*

tiznón [tiθ'non] *m* Rußfleck *m*

tizón [ti'θon] *m* **1.** (*palo*) halb verbranntes Holzscheit *nt;* **ser más negro que un ~** pechschwarz [*o* kohlrabenschwarz] sein **2.** (*hongo*) Getreidebrand *m* **3.** (*deshonra*) dunkler Punkt *m*

tizona [ti'θona] *f* (*elev*) Schwert *nt*

tlachique [tla'ʧike] *m* (*Méx:* GASTR) unvergorener, süßer Agavensaft *m*

tlaconete [tlako'nete] *m* (*Méx:* ZOOL) Nacktschnecke *f*

tlacote [tla'kote] *m* (*Méx*) **1.** (*absceso*) Abszess *m* **2.** (*tumor*) Geschwulst *f*

tlancualillo [tlaŋkwa'liʎo] *m* (*Méx*) **1.** (*garrote*) Schlagstock *m* **2.** (*celada*) Falle *f*

tlapalería [tlapale'ria] *f* (*Méx*) **1.** (*ferretería*) Eisenwarenhandlung *f* **2.** (*droguería*) Drogerie *f*

TNT [te(e)ne'te] *m abr de* **trinitrotolueno** TNT *nt*

toalla [to'aʎa] *f* Handtuch *nt;* **arrojar** [*o* **tirar**] **la ~** (*fig t.* DEP) das Handtuch werfen [*o* schmeißen]

toallero [toa'ʎero] *m* Handtuchhalter *m*

toba ['toβa] *f* **1.** (*piedra*): **~ calcárea** Kalkstein *m;* **~ volcánica** Tuff(stein) *m* **2.** (*sarro*) Zahnstein *m* **3.** (*capa*) Belag *m* **4.** (BOT) Eselsdistel *f*

tobera [to'βera] *f* Düse *f*

tobillera [toβi'ʎera] *f Stützverband am Fußknöchel*

tobillo [to'βiʎo] *m* (ANAT) (Fuß)knöchel *m*

tobo ['toβo] *m* (*Ven: cubo*) Eimer *m*

tobogán [toβo'ɣan] *m* **1.** (*trineo*) (Rodel)schlitten *m* **2.** (*pista para trineos*) Rodelbahn *f* **3.** (*deslizadero*) Rutschbahn *f*

toca ['toka] *f* Haube *f*

tocadiscos [toka'ðiskos] *m inv* Plattenspieler *m*

tocado¹ [to'kaðo] *m* **1.** (*peinado*) Frisur *f* **2.** (*complemento*) Kopfschmuck *m*

tocado, -a² [to'kaðo, -a] *adj* **1.** (*perturbado*) nicht recht bei Verstand; **estar ~** (**de la cabeza**) nicht alle Tassen im Schrank haben, eine Schraube locker haben; **sólo una persona tocada puede hacer algo así** nur jemand, der nicht recht bei Verstand ist, kann so (et)was tun **2.** (*lesionado*) angeschlagen **3.** (*medio podrido*) angefault **4.** (*cubierto en la cabeza*): **ir ~ de un sombrero** einen Hut tragen

tocador¹ [toka'ðor] *m* **1.** (*mueble*) Toilettentisch *m* **2.** (*habitación*) Toilette *f* **3.** (*estuche*) Kulturbeutel *m*

tocador(a)² [toka'ðor(a)] *m(f)* (MÚS): **~ de guitarra** Gitarrenspieler(in) *m(f)*

tocamiento [toka'mjen̪to] *m* **1.** (*toque*) Berührung *f* **2.** (*llamamiento*) Berufung *f*

tocante [to'kan̪te] *adj:* **en** [*o* **por**] **lo ~ a** in Bezug auf +*akk,* was … betrifft

tocaor(a) [toka'or(a)] *m(f)* (MÚS): **~ flamenco** Flamencospieler *m*

tocapu [to'kapu] *m sin pl Schrift der Inka*

tocar [to'kar] <c→qu> **I.** *vt* **1.** (*estar, entrar en contacto*) berühren; **¡tócala!** schlag ein!, Hand drauf!; **¡toca madera!** klopf auf Holz!; **no ~ ni un pelo a alguien** jdm kein (einziges) Haar krümmen; **~ un tema** ein Thema streifen; **¡mejor no toquemos el tema!** lassen wir das Thema lieber!; **~ de cerca algo** sich mit etw auskennen **2.** (*hacer sonar, interpretar*) spielen; (*campana*) läuten; (*tambor*) schlagen; **~ alarma** Alarm schlagen; **~ la bocina** hupen; **~ diana** (MIL) zum Wecken blasen; **~ la flauta** Flöte spielen, flöten; **~ a fuego** Feueralarm auslösen; **~ a misa** zur Messe läuten; **~ a muerto** die Totenglocke läuten; **~ todos los registros** alle Register ziehen; **~ el timbre** klingeln **3.** (*modificar*) (ver)ändern; **sin ~ nada** ohne etw zu (ver)ändern **4.** (*chocar*) leicht anstoßen (*en* an +*dat*) **5.** (*afectar*) angehen, betreffen; **no ~** nicht betreffen, nichts angehen; **~ en el corazón** zu Herzen gehen; **por lo que toca a…** was … betrifft **6.** (*peinar*) frisieren **II.** *vi* **1.** (*corresponder*) zustehen; **te toca jugar** du bist dran; **hoy me toca salir** heute habe ich Ausgang **2.** (*ser de la obligación*): **me toca barrer el patio todas las mañanas** es ist meine Aufgabe, jeden Morgen den Hof zu kehren **3.** (*llegar el momento oportuno*) an der Zeit sein; **toca ir a la compra** es ist an der Zeit, einkaufen zu gehen **4.** (*caer en suerte*) entfallen (*a* auf +*akk*); **le tocó el gordo de la lotería** auf ihn/sie entfällt der Hauptgewinn, er/sie hat den Hauptgewinn gezogen **5.** (*estar muy cerca*) hart an der Grenze sein (*en* zu +*dat*) **6.** (*ser parientes*) (miteinander) verwandt sein (*a* mit +*dat*); **no se tocan nada** sie sind nicht (miteinander) verwandt **III.** *vr:* **~se 1.** (*estar en contacto*) sich berühren; **los extremos se tocan** (*prov*) Gegensätze ziehen sich an **2.** (*peinarse*) sich frisieren **3.** (*cubrirse la cabeza*): **~se con un sombrero** einen Hut aufsetzen; **~se con un pañuelo** sich *dat* ein Tuch um den Kopf binden **4.** (*loc*): **tocárselas** (*fam*) Reißaus nehmen

tocata [to'kata] *f* **1.** (MÚS) Tokkata *f* **2.** (*paliza*) Tracht *f* Prügel

tocateja [toka'texa]: **a ~** in bar

tocayo, -a [to'kaɟo, -a] *m, f* Namensvetter(in) *m(f)*

tochimbo [to'ʧimbo] *m* (*Perú: horno de fundición*) Schmelzofen *m*

tocho[1] ['toʧo] *m* **1.** (*barra de hierro*) Eisenblock *m* **2.** (*Arg: garrote*) Knüppel *m* **3.** (*fam: libro*) Schinken *m*, dicker Wälzer *m*

tocho, -a[2] ['toʧo, -a] *adj* **1.** (*tosco*) ungehobelt **2.** (*necio*) einfältig

tocineta [toθi'neta] *f* (*Col*) *v.* **tocino**

tocino [to'θino] *m* **1.** (*lardo*) Speck *m;* ~ **entreverado** durchwachsener Speck; **confundir la velocidad con el** ~ die Begriffe durcheinander werfen **2.** (*reg: cerdo*) Schwein *nt* **3.** (*loc*): ~ **de cielo** (GASTR) *Süßspeise aus Eigelb und Sirup*

tocofobia [toko'foβja] *f* (PSICO) Entbindungsangst *f*

tocología [tokolo'xia] *f sin pl* (MED) Geburtshilfe *f*, Obstetrik *f*

tocólogo, -a [to'koloɣo, -a] *m, f* (MED) Geburtshelfer(in) *m(f)*

tocón[1] [to'kon] *m* (Baum)stumpf *m*

tocón, -ona[2] [to'kon, -ona] *m, f* (*fam*) Fummler(in) *m(f)*

tocotoco [toko'toko] *m* (*Ven:* ZOOL) Pelikan *m*

tocuyo [to'kuɟo] *m* (*And, CSur: tela*) Nesselstoff *m*

todabuena [toða'βwena] *f*, **todasana** [toða'sana] *f* (BOT) Johanniskraut *nt*

todavía [toða'βia] *adv* **1.** (*aún*) noch; **eso es** ~ **mejor** das ist noch besser; ~ **no** noch nicht **2.** (*sin embargo*) trotzdem, dennoch; **es un tramposo, pero** ~ **me gusta jugar con él** er mogelt immer, aber trotzdem spiele ich gerne mit ihm

todo[1] ['toðo] **I.** *pron indef* alles; ~ **lo que** [*o* **cuanto**]**...** alles, was ...; (**o**) ~ **o nada** (entweder) alles oder nichts; **ante** [*o* **sobre**] ~ vor allem, insbesondere; **antes que** ~ zuallererst; **después de** ~ (*fam*) letztendlich; **en** ~ **y por** ~ in jeder Hinsicht; **y** ~ sogar; **me invitó a comer y** ~ er/sie hat mich sogar zum Essen eingeladen; **así** [*o* **con eso**] **y** ~ trotz allem, dennoch **II.** *adv* (*fam*) ganz, völlig, voll *argot* **III.** *m sin pl* **1.** (*la totalidad*) Ganze(s) *nt;* **del** ~ ganz und gar; **no del** ~ nicht ganz; **jugarse el** ~ **por el** ~ aufs Ganze gehen; **ser el** ~ die Hauptperson sein **2.** (*de una charada*) Lösungswort *nt*

todo, -a[2] ['toðo, -a] *adj indef* **1.** (*entero*) ganz; **toda la familia** die ganze Familie; **toda España** ganz Spanien; ~ **el mundo** jedermann, die ganze Welt; **a toda prisa** in aller Eile **2.** (*cada*) jede(r, s); **a toda costa** um jeden Preis; **toda precaución es poca** man kann nicht vorsichtig genug sein **3.** *pl* alle; ~**s los niños** alle Kinder; ~**s y cada uno** alle samt und sonders; **día de T~s los Santos** Allerheiligen *nt;* **a todas horas** zu jeder Tages- und Nachtzeit; **en todas partes** überall; **de** ~**s modos** auf alle Fälle; **de todas todas** so oder so **4.** (*como intensificación*): **su cara es toda nariz** sein/ihr Gesicht besteht nur aus Nase; **este hombre es** ~ **nervios** dieser Mann ist ein einziges Nervenbündel; **este perfume es** ~ **alcohol** dieses Parfüm ist der reinste Alkohol

todopoderoso[1] [toðopoðe'roso] *m:* **el T~** der Allmächtige (*Gott*)

todopoderoso, -a[2] [toðopoðe'roso, -a] *adj* allmächtig

todoterreno [toðote'rreno] **I.** *adj inv* (AUTO) geländegängig **II.** *m* (AUTO) Geländefahrzeug *nt;* **ser un** ~ (*fig*) überall einsatzfähig sein

tofé [to'fe] *m* (GASTR) Toffee *nt*

toga ['toɣa] *f* Talar *m;* (*en la antigua Roma*) Toga *f*

Togo ['toɣo] *m* Togo *nt*

togolés, -esa [toɣo'les, -esa] **I.** *adj* togoisch, togolesisch **II.** *m, f* Togoer(in) *m(f)*, Togolese, -in *m, f*

toilette [twa'let] *f* Toilette *f*

tojo ['toxo] *m* (BOT) Stechginster *m*

tojosa [to'xosa] *f* (*AmC:* ZOOL) Sperlingstäubchen *nt*

tojunto [to'xun̪to] *m* (*reg:* GASTR) *Kaninchengericht mit Zwiebeln, Paprika und Knoblauch*

tokay [to'kai̯] *m* (GASTR) Tokaier(wein) *m*

toldillo [tol̪'diʎo] *m* (*Col*) Moskitonetz *nt*

toldo ['tol̪do] *m* **1.** (*marquesina*) Sonnendach *nt*, Markise *f* **2.** (*de carro*) Wagenplane *f* **3.** (*engreimiento*) Dünkel *m*

tole ['tole] *m* **1.** (*bulla*) Tumult *m;* **se armó un** ~ **tremendo** ein heftiger Tumult erhob sich **2.** (*rumor*) Gerede *nt* **3.** (*loc*): **tomar** [*o* **coger**] **el** ~ (*fam*) verduften, die Kurve kratzen

toledano, -a [tole'ðano, -a] **I.** *adj* aus Toledo; **noche toledana** (*fig*) schlaflose Nacht **II.** *m, f* Einwohner(in) *m(f)* Toledos

tolerabilidad [toleraβili'ðað] *f* Erträglichkeit *f*

tolerable [tole'raβle] *adj* **1.** (*soportable*) erträglich **2.** (*aceptable*) tolerierbar

tolerado, -a [tole'raðo, -a] *adj* (*película*) jugendfrei

tolerancia [tole'ran̪θja] *f* **1.** (*indulgencia, respeto*) Toleranz *f* **2.** (*resistencia*) Widerstandsfähigkeit *f* **3.** (TÉC) Toleranz *f*, zulässige Abweichung *f*

tolerante [tole'ran̪te] *adj* tolerant

tolerantismo [toleran̪'tismo] *m sin pl* (SOCIOL) Religionsfreiheit *f*

tolerar [tole'rar] *vt* **1.** (*soportar*) ertragen; (*alimentos, medicinas*) vertragen **2.** (*permitir*) dulden **3.** (*aceptar*) tolerieren

tolete [to'lete] *m* **1.** (*Am: garrote*) Schlagstock *m* **2.** (*Col, Cuba: trozo*) Brocken *m* **3.** (*Col: balsa*) Floß *nt*

toletero [tole'tero] *m* (*Ven: camorrista*) Raufbold *m*

toletole [tole'tole] *m* (*CSur: fam: alboroto*) Remmidemmi *nt;* (*fam: porfía*) Streit *m*

tollina [to'ʎina] *f* (FAM) Tracht *f* Prügel

T

tololoche [tolo'lotʃe] *m* (*Méx:* MÚS) Kontrabass *m*

tolondro[1] [to'lon̩dro] *m* Beule *f* (am Kopf); **a topa** ~ aufs Geratewohl

tolondro, **-a**[2] [to'lon̩dro, -a] *adj* unbesonnen, gedankenlos

tolonguear [toloŋge'ar] *vt* (*CRi*) liebkosen, hätscheln

tolteca [tol̩'teka] *mf* (*Méx:* HIST) Tolteke, -in *m, f*

tolva ['tolβa] *f* (Einfüll)trichter *m;* ~ **de molino** Mühlentrichter *m*

tolvanera [tolβa'nera] *f* (*AmC, Méx: polvareda*) Staubwolke *f*

toma [toma] *f* **1.** (*tomadura, adquisición*) Nehmen *nt;* ~ **de conciencia** Bewusstwerdung *f;* ~ **de decisiones** Entscheidungsfindung *f;* ~ **de poder** Machtergreifung *f,* Machtübernahme *f;* ~ **de posesión** Amtsübernahme *f;* ~ **de rehenes** Geiselnahme *f;* ~ **de temperatura** Temperaturmessung *f* **2.** (*conquista*) Einnahme *f;* ~ **por asalto** Erstürmung *f* **3.** (*dosis*) Dosis *f* **4.** (JUR): ~ **de declaración** Vernehmung *f;* ~ **de juramento** Vereidigung *f* **5.** (TÉC) Anschluss *m,* Entnahmestelle *f;* ~ **de aire** Lufteinlass *m;* ~ **de tierra** Erd(ungs)leitung *f* **6.** (*grabación*) Aufnahme *f;* ~ **simultánea de imagen y sonido** Bild-Ton-Aufnahme *f*

tomacorriente [tomako'rrjen̩te] *m* **1.** (*Am: colector*) Stromabnehmer *m* **2.** (*Arg, Perú: enchufe*) Steckdose *f*

tomado, **-a** [to'maðo, -a] *adj* (*voz*) heiser

tomador(a) [toma'ðor(a)] *m(f):* ~**(a) de un cheque** Scheckinhaber(in) *m(f);* ~**(a) de una letra** Wechselnehmer(in) *m(f),* Remittent(in) *m(f);* ~**(a) de un préstamo** Kreditnehmer(in) *m(f);* ~**(a) del seguro** Versicherungsnehmer(in) *m(f)*

tomadura [toma'ðura] *f* **1.** (*toma*) Nehmen *nt* **2.** (*dosis*) Dosis *f* **3.** (*loc*): ~ **de pelo** Scherz *m*

tomahawk [toma'xo^k] <tomahawks> *m* Tomahawk *m*

tomar [to'mar] **I.** *vi* abbiegen; **tomó por la derecha** er/sie bog nach rechts ab **II.** *vt* **1.** (*coger*) nehmen; ~ **aliento/fuerzas** Atem/Kraft schöpfen; ~ **el autobús** den Bus nehmen, mit dem Bus fahren; ~ **las armas** zu den Waffen greifen; ~ **un baño** ein Bad nehmen; ~ **el camino de la derecha** den Weg rechts einschlagen; ~ **una decisión** einen Entschluss fassen, eine Entscheidung treffen; ~ **medidas** Maßnahmen ergreifen; ~ **la pluma** zur Feder greifen; ~ **un préstamo** ein Darlehen aufnehmen; ~ **el sol** sich sonnen; **toma buena nota de lo que te digo ahora** merk dir gut, was ich dir jetzt sage **2.** (*comer, beber*) zu sich nehmen; ~ **café** Kaffee trinken **3.** (*interpretar*) auffassen; ~ **a la ligera** auf die leichte Schulter nehmen; ~ **a mal** übel nehmen; ~ **muy a pecho** sehr schwer nehmen; ~ **a risa** als Scherz auffassen; ~ **en serio** ernst nehmen; ~ **por...** halten für ... +*akk;* ~ **a alguien por ladrón** jdn für einen Dieb halten **4.** (*adquirir*) erwerben; ~ **conciencia de algo** sich *dat* einer Sache bewusst werden **5.** (*sentir*) empfinden; ~ **cariño** lieb gewinnen; ~ **confianza a alguien** zu jdm Vertrauen fassen; ~ **aborrecimiento a algo** eine Abneigung gegen etw bekommen **6.** (*conquistar*) einnehmen **7.** (*copiar, imitar*) übernehmen **8.** (*contratar*) einstellen; ~ **un abogado** sich *dat* einen Anwalt nehmen **9.** (*alquilar*) mieten **10.** (*hacerse cargo*) übernehmen; ~ **sobre sí** auf sich nehmen **11.** (*quitar*) wegnehmen **12.** (*fotografiar, filmar*) aufnehmen **13.** (*sobrevenir*) überkommen **14.** (*llevar*) mitnehmen **15.** (*calcular*) messen **16.** (*Am: emborracharse*): ~**la** sich betrinken **17.** (ZOOL: *copular*) decken; **¡vete a ~ por culo!** (*vulg*) du kannst mich mal!, leck mich am Arsch! **18.** (*loc*): **¡toma!** sieh mal an!; **haberla tomado con algo/alguien** es auf etw/jdn abgesehen haben; ~ **las de Villadiego** (*fam*) Reißaus nehmen **III.** *vr:* ~**se 1.** (*coger*) sich nehmen; ~**se libertades** sich *dat* Freiheiten herausnehmen; ~**se unas vacaciones** sich *dat* ein paar Tage Urlaub nehmen **2.** (*comer, beber*) zu sich nehmen; **me he tomado un vaso de leche** ich habe ein Glas Milch getrunken **3.** (*cubrirse de*): ~**se de moho** anlaufen; ~**se de orín** rostig werden; ~**se de polvo** verstauben **4.** (*Am: emborracharse*): **tomársela** sich betrinken **5.** (*loc*): **¡tómate esa!** das hat gesessen!

tomata [to'mata] *f* (*Col*) **1.** (*broma*) Witz *m* **2.** (*tomadura de pelo*) Necken *nt*

tomatada [toma'taða] *f* (GASTR: *ensalada*) Tomatensalat *m;* (*fritada*) Tomatensoße *f*

tomatal [toma'tal] *m* (AGR) Tomatenpflanzung *f*

tomatazo [toma'taθo] *m* Wurf *m* mit einer Tomate

tomate [to'mate] *m* **1.** (*planta*) Tomate *f;* **ponerse rojo como un** ~ rot werden wie eine Tomate, knallrot werden; **poner a alguien el culo como un** ~ (*fam*) jdm gehörig den Hintern versohlen **2.** (*fam: agujero*) Kartoffel *f* (*Loch*) **3.** (*fam: jaleo*) Durcheinander *nt;* **¡vaya ~!** was für ein Durcheinander!

tomatera [toma'tera] *f* Tomate *f*

tomatero, **-a** [toma'tero, -a] *m, f* Tomatenverkäufer(in) *m(f)*

tomaticán [tomati'kan] *m* (*Arg, Chil:* GASTR) *Gericht aus Kartoffeln, Zwiebeln, Tomaten und anderem Gemüse*

tomavistas[1] [toma'βistas] *m inv* (*cámara*) Filmkamera *f*

tomavistas[2] [toma'βistas] *mf inv* (*operador*) Kameramann, -frau *m, f*

tómbola ['tombola] *f* Tombola *f;* ~ **benéfica** Wohltätigkeitstombola *f*

tómbolo ['tombolo] *m* (GEO) *Landzunge, die eine Insel mit dem Kontinent verbindet*

tomillo [to'miʎo] *m* Thymian *m*

tomismo [to'mismo] *m* (FILOS, REL) Thomismus *m*

tomo ['tomo] *m* **1.** (*volumen*) Band *m;* ~ **suplementario** Ergänzungsband *m;* **de cuatro ~s** vierbändig **2.** (*fam: loc*): **de ~ y lomo** (*fam*) mordsmäßig

tomografía [tomoɣra'fia] *f* (MED) Tomographie *f*

tomotocia [tomo'toθja] *f* (MED) Kaiserschnitt *m*

ton [ton] (*fam*): **sin ~ ni son** völlig grundlos

tonada [to'naða] *f* **1.** (*canción*) Lied *nt* **2.** (*melodía*) Weise *f,* Melodie *f* **3.** (*Am: tonillo*) Tonfall *m*

tonadilla [tona'ðiʎa] *f* **1.** (*canción*) *heiteres, leichtes Volkslied aus Andalusien* **2.** (*opereta*) Singspiel *nt*

tonadillero, -a [tonaði'ʎero, -a] *m, f Person, die 'tonadillas' verfasst und singt*

tonal [to'nal] *adj* (MÚS) Ton-, Klang-; **altura ~** Tonhöhe *f*

tonalidad [tonali'ðaᵈ] *f* **1.** (LING) Tonfall *m* **2.** (MÚS) Tonart *f* **3.** (ARTE) Schattierung *f*

tonalpohualli [tonalpo'waʎi] *m* (*Méx:* HIST) *Aztekenkalender mit 260 Tagen, eingeteilt in dreizehn Monate mit je zwanzig Tagen*

tonario [to'narjo] *m* (REL) Chorgesangbuch *nt,* Antiphonar *nt*

tondo ['to̜ndo] *m* (ARQUIT) Tondo *nt,* rundes Relief *nt*

tonel [to'nel] *m* **1.** (*barril*) Fass *nt* **2.** (*fam: persona gorda*) Tonne *f;* **ser un ~** eine (richtige) Tonne sein, so rund wie eine Tonne sein

tonelada [tone'laða] *f* **1.** (*unidad de peso*) Tonne *f* **2.** (NÁUT): **~ de arqueo** Registertonne *f* **3.** (*tonelería*) Fässervorrat *m*

tonelaje [tone'laxe] *m* **1.** (*capacidad*) Tonnage *f;* **~ bruto/neto** Brutto-/Nettotonnage *f* **2.** (*peso*) Ladegewicht *nt;* **~ de un coche** zulässiges Gesamtgewicht **3.** (*derechos*) Tonnengeld *nt*

tonelería [tonele'ria] *f* **1.** (*arte, taller*) Böttcherei *f* **2.** (*toneles*) Fässervorrat *m*

tonelero, -a [tone'lero, -a] *m, f* Böttcher(in) *m(f)*

tonga ['toŋga] *f* **1.** (*Col: tarea*) Aufgabe *f;* (*dormida*) Schlaf *m* **2.** (*Col, Perú: bebida*) *aus Stechapfel hergestelltes Getränk* **3.** (*Ecua: merienda*) Pausenbrot *nt,* Vesperbrot *nt AlS*

tongo ['toŋgo] *m* **1.** (DEP) illegale Absprache *f* **2.** (*Chile, Perú: sombrero*) Melone *f*

tónica ['tonika] *f* **1.** (MÚS) Tonika *f,* Grundton *m* **2.** (*bebida*) Tonic(water) *nt* **3.** (*tono general*) Grundstimmung *f*

tonicidad [toniθi'ðaᵈ] *f* (MED) Spannungszustand *m,* Tonus *m*

tónico[1] ['toniko] *m* **1.** (MED) Tonikum *nt;* **~ nervioso** Nerventonikum *nt* **2.** (*loción: para el rostro*) Gesichtswasser *nt;* (*para el cabello*) Haarwasser *nt*

tónico, -a[2] ['toniko, -a] *adj* **1.** (LING) betont; **sílaba tónica** Tonsilbe *f* **2.** (MÚS) tonisch; **nota tónica** Grundton *m* **3.** (MED) stärkend, kräftigend, tonisch

tonificación [tonifika'θjon] *f* Stärkung *f,* Kräftigung *f;* **~ muscular** Stärkung [*o* Kräftigung] der Muskeln

tonificador(a) [tonifika'ðor(a)] *adj,* **tonificante** [tonifi'ka̜nte] *adj* stärkend, kräftigend

tonificar [tonifi'kar] <c→qu> *vt* (MED) stärken, kräftigen, tonisieren

tonillo [to'niʎo] *m* **1.** (*deje*) Tonfall *m* **2.** (*habla monótona*) monotoner Tonfall *m* **3.** (*retintín*) spöttischer Unterton *m* **4.** (*énfasis*) emphatischer Tonfall *m*

tonina [to'nina] *f* (*Arg, Urug:* ZOOL) Delphin *m*

tono ['tono] *m* **1.** (*altura del sonido*) Tonlage *f;* **~ agudo/grave** hohe/tiefe Tonlage **2.** (*señal*) Ton *m;* **~ de advertencia** Warnton *m;* **~s cardíacos** Herztöne *mpl;* **~ continuo** Dauerton *m;* **~ de marcar** (TEL) Freizeichen *nt* **3.** (*intensidad del sonido*) Lautstärke *f;* **bajar el ~** die Lautstärke dämpfen **4.** (*deje, estilo, grado de color*) Ton *m;* **en ~ de reproche** in vorwurfsvollem Ton; **bajar el ~** seinen Ton mäßigen; **dar el ~** den Ton angeben; **darse ~** sich wichtig machen; **estar a ~ con algo** harmonieren mit etw; **subirse de ~** sich aufs hohe Ross setzen **5.** (*atmósfera*) Stimmung *f* **6.** (*maneras*) Benehmen *nt;* **el buen ~** der gute Ton; **de buen ~** höflich; **de mal ~** unhöflich; **estar fuera de ~** unverschämt sein **7.** (*tonicidad*) Spannungszustand *m,* Tonus *m* **8.** (*tonada*) Weise *f* **9.** (MÚS: *modo*) Tonart *f;* **~ mayor/menor** Dur-/Molltonart *f;* **mudar el ~** eine andere Tonart anschlagen

tonometría [tonome'tria] *f* (FÍS, MED, QUÍM) Tonometrie *f*

tonsura [ton'sura] *f* **1.** (*ovejas*) Schur *f* **2.** (REL) Tonsur *f*

tontada [to̜n'taða] *f* Dummheit *f*

tontaina [to̜n'tai̯na] *mf* (*fam*) Dummkopf *m*

tontamente [to̜nta'me̜nte] *adv* dumm; **se dejó engañar ~** er/sie ließ sich ganz dumm hereinlegen

tontarrón, -ona [to̜nta'rron, -ona] *adj v.* **tontorrón**

tontear [to̜nte'ar] *vi* **1.** (*bobear*) (herum)albern **2.** (*fam: flirtear*) flirten

tontera [to̜n'tera] *f* Dummheit *f*

tontería [to̜nte'ria] *f* **1.** (*memez*) Dummheit *f;* **¡déjate de ~s!** hör mit dem Unfug auf!, lass den Unfug! **2.** (*nadería*) Nichtigkeit *f,* Lappalie *f*

tonto[1] ['to̜nto] *m* dummer August *m*

tonto, -a[2] ['to̜nto, -a] **I.** *adj* dumm, töricht; **ser más ~ que Picio** [*o* **que Abundio**] (*fam*) dumm wie Bohnenstroh sein, dümmer sein, als die Polizei erlaubt; **hacer algo a tontas y a locas** etw aufs Geratewohl tun; **ponerse ~** (*fam: mostrar vanidad*) sich *dat* ganz schön was einbilden; (*mostrar terquedad*) einen Dickkopf aufsetzen **II.** *m, f* Dummkopf *m,* Tölpel *m;* **~ de capirote** [*o* **remate**] (*fam*) Volltrottel *m;* **hacerse el ~** sich dumm stellen

T

tontorrón, **-ona** [ton̩to'rron, -ona] *adj* (*fam*) dämlich, bescheuert

tontuna [ton̩'tuna] *f* Dummheit *f*

toña ['toɲa] *f* **1.** (*juego*) *Kinderspiel* **2.** (*reg: pan*) großer Laib *m* Brot

top [toᵖ] *m* <tops> kurzes Top *nt;* ~ **de tirantes** kurzes Trägertop

topacio [to'paθjo] *m* Topas *m;* ~ **ahumado** Rauchquarz *m*

topadora [topa'ðora] *f* (*Arg, Méx, Urug: buldózer*) Planierraupe *f*, Bulldozer *m*

topanimbur [topanim'bur] *m* (*Arg, Bol, Méx:* BOT) Topinambur *m o f*

topar [to'par] **I.** *vi* **1.** (*chocar*) zusammenstoßen (*con* mit +*dat*), stoßen (*contra/en* gegen +*akk*); ~ **con muchas dificultades** auf viele Schwierigkeiten stoßen **2.** (*topetar*) (mit den Hörnern) stoßen **3.** (*consistir*) bestehen (*en* in +*dat*) **4.** (*fam: salir bien*) klappen; **por si topa** für alle Fälle **5.** (*en el juego*) mithalten **II.** *vt* **1.** (*chocar*) stoßen (an +*akk*) **2.** (*hallar: algo*) stoßen (auf +*akk*); (*a alguien*) treffen (*a* +*akk*) **III.** *vr:* ~**se 1.** (*chocar*) zusammenstoßen **2.** (*encontrar*) zufällig treffen (*con* +*akk*)

toparquía [topar'kia] *f* (POL) Fürstentum *nt*

tope ['tope] **I.** *adj* Höchst-; **velocidad** ~ Höchstgeschwindigkeit *f*, Spitzengeschwindigkeit *f* **II.** *m* **1.** (*extremo*) Spitze *f*, Gipfel *m;* ~ **salarial** Gehaltsobergrenze *f;* **estar a** [*o* **hasta el**] ~, **estar hasta los** ~**s** überfüllt sein; (*persona*) die Nase voll haben; **en verano las piscinas están hasta los** ~**s de gente** im Sommer sind die Schwimmbäder völlig überfüllt; **estoy hasta los** ~ **de ti** ich habe genug von dir; **estoy a** ~ **de trabajo** ich stecke bis zum Hals in Arbeit **2.** (*parachoques, t.* FERRO) Puffer *m;* (AUTO) Stoßstange *f* **3.** (*para impedir un movimiento*) Anschlag *m;* (*de una puerta*) Türstopper *m;* (*en la vía*) Prellbock *m* **4.** (*obstáculo*) Hindernis *nt* **5.** (*topetón*) Stoß *m* **6.** (*riña*) Zusammenstoß *m* **7.** (NÁUT: *punto superior del mástil*) Topp *m* **8.** (NÁUT: *vigía*) Ausguck *m*

topera [to'pera] *f* Maulwurfbau *m*

topetada [tope'taða] *f*, **topetazo** [tope'taθo] *m* Zusammenstoß *m*

topet(e)ar [tope'tar/topete'ar] *vi, vt* (mit den Hörnern) stoßen

topetón [tope'ton] *m* Zusammenstoß *m*

tópica ['topika] *f* (FILOS) Topik *f*

tópico¹ ['topiko] *m* **1.** (*lugar común*) Gemeinplatz *m* **2.** (*estereotipo*) Klischee *nt* **3.** (MED) Medikament *nt* zur äußerlichen Anwendung

tópico, **-a²** ['topiko, -a] *adj* **1.** (*trivial*) banal, trivial **2.** (*local*) örtlich **3.** (MED) topisch; **de uso** ~ zur äußerlichen Anwendung

topinambur [topinam'bur] *m* (*Arg, Bol:* BOT, GASTR) Topinambur *m*

topless ['toβles] *m* **1.** (*loc*): **en** ~ topless, busenfrei, oben ohne **2.** (*local*) Oben-ohne-Lokal *nt*

top-model [toβ 'moðel] *f* Topmodel *nt*

topo ['topo] *m* **1.** (*roedor, espía*) Maulwurf *m* **2.** (*fam: que ve poco*): **soy un** ~ ich bin so blind wie ein Maulwurf **3.** (*persona torpe*) Tölpel *m*

topocho, **-a** [to'potʃo, -a] *adj* (*Ven*) pummelig, rundlich

topografía [topoɣra'fia] *f* (GEO) Topographie *f*

topográfico, **-a** [topo'ɣrafiko, -a] *adj* topographisch

topógrafo, **-a** [to'poɣrafo, -a] *m, f* Topograph(in) *m(f)*

topología [topolo'xia] *f sin pl* (MAT) Topologie *f*

topometría [topome'tria] *f* (GEO) Topometrie *f*

topón [to'pon] *m* **1.** (*Chil, Col, Hond: topetazo*) Zusammenstoß *m* **2.** (*Col: puñetazo*) Faustschlag *m*

toponimia [topo'nimja] *f sin pl* Ortsnamenkunde *f*, Toponymik *f*

toponímico, **-a** [topo'nimiko, -a] *adj* toponymisch

topónimo [to'ponimo] *m* Ortsname *m*

toposo, **-a** [to'poso, -a] *adj* (*Ven*) **1.** (*entrometido*) zudringlich **2.** (*pedante*) eingebildet

top-ten [top ten] *pl* Top ten *f*

toque ['toke] *m* **1.** (*roce*) Berührung *f* **2.** (*golpe*) Klopfen *nt;* **dar un** ~ (**dos** ~**s**) **en la puerta** (zweimal) an die Tür klopfen **3.** (*sonido*): ~ **de atención** Warnsignal *nt;* ~ **de campanas** Glockengeläut(e) *nt;* ~ **de difuntos** Sterbegeläut(e) *nt;* ~ **de fajina** (MIL) Zapfenstreich *m;* ~ **de queda** Ausgangssperre *f;* ~ **de tambor** Trommelschlag *m;* ~ **de trompeta** Trompetenstoß *m* **4.** (*advertencia*) Hinweis *m* **5.** (*matiz*) Hauch *m*, Touch *m fam* **6.** (*modificación*) kleinere Veränderung *f;* **dar los últimos** ~**s a algo** einer Sache den letzten Schliff geben **7.** (*pincelada*) leichter Pinselstrich *m* **8.** (*ensayo*) Prüfen *nt* (*von Gold oder Silber mit Hilfe eines Probiersteins*); **piedra de** ~ Probierstein *m* **9.** (*lo principal*) Knackpunkt *m fam* **10.** (*aplicación medicinal*) Betupfen *nt*

toquetear [tokete'ar] *vt* (*fam*) befummeln

toqueteo [toke'teo] *m* (*fam*) Befummeln *nt*

toqui ['toki] *m* (*Chil: caudillo*) araukanischer Kazike *m*

toquilla [to'kiʎa] *f* **1.** (*pañuelo*) Schultertuch *nt* **2.** (*Bol, Ecua, Perú: palmera*) Panamapalme *f*

tora ['tora] *f* (REL) Thora *f*

toracentesis [toraθen̩'tesis] *f inv* (MED) Bruststich *m*, Thorakozentese *f*

torácico, **-a** [to'raθiko, -a] *adj* (ANAT) Brust-; **caja torácica** Brustkorb *m*

toracotomía [torakoto'mia] *f* (MED) operative Öffnung *f* der Brusthöhle, Thorakotomie *f*

torada [to'raða] *f* Stierherde *f*

toral [to'ral] **I.** *adj* (*principal*) Haupt-; **arco** ~ (ARQUIT) Hauptbogen *m* **II.** *m* (MIN) **1.** (*molde*) Kupferbarrenform *f* **2.** (*barra*) Kupferbarren *m*

tórax ['tora^ɣs] *m inv* **1.** (ANAT: *pecho*) Brustkorb *m*, Thorax *m*; **ancho del ~** Brustumfang *m* **2.** (ANAT: *cavidad*) Brusthöhle *f* **3.** (ZOOL) Thorax *m*

torbellino [torβe'ʎino] *m* Wirbel *m*; **ser un ~** ein richtiger Wirbelwind sein

torcaz [tor'kaθ] *adj*: **paloma ~** Ringeltaube *f*

torcaza [tor'kaθa] *f* (*AmS, Méx: paloma torcaz*) Ringeltaube *f*

torcecuello [torθe'kweʎo] *m* (ZOOL) Wendehals *m*

torcedor [torθe'ðor] *m* **1.** (*huso*) Spindel *f* **2.** (*disgusto*) Kummer *m*

torcedura [torθe'ðura] *f* **1.** (*encorvamiento*) Biegen *nt*; **el peso de los libros produce la ~ de los estantes** durch das Gewicht der Bücher biegen sich die Regalbretter durch **2.** (*dislocación*) Zerrung *f* **3.** (*desvío*) Umlenkung *f*, Umleitung *f* **4.** (*vino*) Tresterwein *m*

torcer [tor'θer] *irr como cocer* **I.** *vi* abbiegen; **~ a la izquierda/derecha** nach links/rechts abbiegen **II.** *vt* **1.** (*encorvar*) biegen; **se me ha torcido la aguja** meine Nadel ist verbogen **2.** (*dar vueltas, desviar*) (ver)drehen; **~ el cuello a alguien** jdm den Hals umdrehen; **~ hilo** zwirnen; **~ las intenciones de alguien** jdn von seinen Vorsätzen abbringen; **~ la justicia** das Recht verdrehen [*o* beugen]; **~ las manos** die Hände ringen; **~ los ojos** die Augen verdrehen; **~ la vista** schielen **3.** (*referente al gesto*): **~ el gesto** [*o* **el hocico**] [*o* **el rostro**] das Gesicht verziehen **III.** *vr*: **~se 1.** (*encorvarse*) sich biegen **2.** (*dislocarse*) sich *dat* zerren; **me he torcido el pie** ich bin mit dem Fuß umgeknickt, ich habe mir den Fuß verknackst *fam* **3.** (*corromperse*) auf Abwege geraten **4.** (*fracasar*) scheitern **5.** (*agriarse*) sauer werden

torcida [tor'θiða] *f* Docht *m*

torcido[1] [tor'θiðo] *m* **1.** (*hilo*) gezwirnter Seidenfaden *m* **2.** (*vino*) Tresterwein *m*

torcido, -a[2] [tor'θiðo, -a] *adj* **1.** (*ladeado*) schief **2.** (*encorvado*) krumm **3.** (*artero*) unaufrichtig; **cabeza torcida** (*fig*) Heuchler *m*

torcimiento [torθi'mjen̪to] *m* **1.** (*torcedura*) Biegen *nt* **2.** (*perífrasis*) Umschweife *mpl*

tórculo ['torkulo] *m* (TIPO) Handpresse *f*

tordillo, -a [tor'ðiʎo, -a] **I.** *adj* grauschimmelfarben; **caballo ~** Grauschimmel *m* **II.** *m, f* (*sin referirse al sexo*) Grauschimmel *m*; (*macho*) Grauschimmelhengst *m*; (*hembra*) Grauschimmelstute *f*

tordo[1] ['torðo] *m* Drossel *f*; **~ alirrojo** Rotdrossel *f*; **~ loco** Blaumerle *f*; **~ malvís** Misteldrossel *f*

tordo, -a[2] ['torðo, -a] **I.** *adj* **1.** (*tordillo*) grauschimmelfarben; **yegua torda** Grauschimmelstute *f* **2.** (*torpe*) unbeholfen **II.** *m, f* Grauschimmel *m*; (*macho*) Grauschimmelhengst *m*; (*hembra*) Grauschimmelstute *f*

toreador(a) [torea'ðor(a)] *m(f)* Stierkämpfer(in) *m(f)*, Toreador *m*, a *f*

torear [tore'ar] **I.** *vi* **1.** (*lidiar*) mit Stieren kämpfen **2.** (*unir toros y vacas*) die Stiere zu den Kühen lassen **3.** (*Arg: ladrar*) anschlagen **II.** *vt* **1.** (*lidiar*) kämpfen (*mit einem Stier*) **2.** (*evitar*) geschickt aus dem Wege gehen (*a* +*dat*) **3.** (*engañar*) etwas vormachen (*a* +*dat*); **no me dejo ~** mir kann man nichts vormachen **4.** (*tomar el pelo*) hänseln **5.** (*Arg, Chil: provocar*) provozieren

toreo [to'reo] *m* **1.** (*tauromaquia*) Stierkampfkunst *f* **2.** (*lidia*) Stierkampf *m* **3.** (*burla*) Hänselei *f*

torera [to'rera] *f* Bolero *m*

torería [tore'ria] *f* (TAUR: *gremio de toreros*) Stierkämpferverband *m*

torero, -a [to'rero, -a] **I.** *adj* (*fam*) Stierkampf-; **fiesta torera** Stierkampffest *nt*; **valor ~** Mut *m* eines Stierkämpfers **II.** *m, f* Stierkämpfer(in) *m(f)*; **saltarse algo a la torera** sich um etw nicht scheren

torete [to'rete] *m* **1.** (*toro*) kleiner Stier *m*; (*pey*) *Stier, der sich kaum zum Angriff reizen lässt* **2.** (*fam: persona*) Brocken *m fam*; **este niño esta hecho un ~** dieses Kind hat kräftig zugenommen

toréutica [to'reu̯tika] *f* (ARTE) Toreutik *f*

toril [to'ril] *m* Stierzwinger *m*

torio ['torjo] *m* (QUÍM) Thor(ium) *nt*

tormenta [tor'men̪ta] *f* **1.** (*temporal, t. fig*) Gewitter *nt*, Unwetter *nt* **2.** (*agitación*) Sturm *m*; **~ de protestas** Proteststurm *m*; **una ~ de celos** ein Eifersuchtsanfall

tormentila [tormen̪'tila] *f* (BOT) Tormentill *m*

tormento [tor'men̪to] *m* **1.** (*castigo*) Folter *f*; **potro de ~** Folterbank *f*; **dar ~ a alguien** jdn foltern **2.** (*congoja*) Qual *f*; **este niño es un ~** dieses Kind ist ein echter Quälgeist

tormentoso, -a [tormen̪'toso, -a] *adj* stürmisch

torna ['torna] *f* **1.** (*devolución*) Rückgabe *f* **2.** (*regreso*) Rückkehr *f* **3.** (*en una reguera*) *in einem Bewässerungsgraben errichtetes Hindernis* **4.** (*loc*): **se vuelven las ~s** das Blatt wendet sich

tornaboda [torna'βoða] *f Tag nach der Hochzeit*

tornada [tor'naða] *f* **1.** (*regreso*) Rückkehr *f* **2.** (*enfermedad del carnero*) Drehkrankheit *f*

tornadizo, -a [torna'ðiθo, -a] *adj* wetterwendisch

tornado [tor'naðo] *m* Tornado *m*, Wirbelsturm *m*

tornar [tor'nar] **I.** *vi* zurückkehren; **~ en sí** wieder zu sich kommen; **~ a hacer algo** etw wieder tun **II.** *vt* **1.** (*devolver*) zurückgeben **2.** (*cambiar*) verwandeln (*en* in +*akk*); **~ triste** traurig machen **III.** *vr*: **~se** sich verwandeln (*en* in +*akk*); **el cielo se tornó gris** der Himmel wurde grau

tornasol [torna'sol] *m* **1.** (*girasol*) Sonnenblume *f* **2.** (*reflejo*) Schillern *nt*, Changieren *nt* **3.** (QUÍM) Lackmus *nt o m*; **papel de ~** Lackmuspapier *nt*

T

tornasolar [tornaso'lar] *vt* schillern lassen

tornátil [tor'natil] *adj* **1.** (*torneado*) gedrechselt **2.** (*tornadizo*) wetterwendisch

tornavoz [torna'βoθ] *m* Schalltrichter *m;* (*del púlpito*) Schalldeckel *m*

torneado[1] [torne'aðo] *m* (*de metales*) Drehen *nt;* (*de madera*) Drechseln *nt*

torneado, -a[2] [torne'aðo, -a] *adj* **1.** (*metal*) gedreht; (*madera*) gedrechselt **2.** (*de curvas suaves*) mit sanften Rundungen; **brazos ~s** weich gerundete Arme; **un talle bien ~** eine wohlgeformte Taille

tornear [torne'ar] **I.** *vi* **1.** (*dar vueltas*) sich drehen **2.** (*en un torneo*) an einem Turnier teilnehmen **3.** (*cavilar*) seine Gedanken kreisen lassen **II.** *vt* (*metal*) drehen; (*madera*) drechseln

torneo [tor'neo] *m* Turnier *nt*

tornería [torne'ria] *f* (*de metal*) Dreherei *f;* (*de madera*) Drechslerei *f*

tornero, -a [tor'nero, -a] *m, f* (*de metal*) Dreher(in) *m(f);* (*de madera*) Drechsler(in) *m(f)*

tornillero [torni'ʎero] *m* (*fam*) Fahnenflüchtiger *m,* Deserteur *m*

tornillo [tor'niʎo] *m* **1.** (*clavo con rosca*) Schraube *f;* **apretar un ~** eine Schraube anziehen; **apretar los ~s a alguien** (*fig*) jdm die Daumenschrauben anlegen; **te falta un ~, tienes los ~s flojos** bei dir ist eine Schraube locker **2.** (*fam: deserción*) Fahnenflucht *f* **3.** (*abrazadera*) Schraubzwinge *f*

torniquete [torni'kete] *m* **1.** (*puerta giratoria*) Drehkreuz *nt* **2.** (MED) Gefäßklemme *f*

torniscón [tornis'kon] *m* (*fam*) **1.** (*bofetón*) Ohrfeige *f* **2.** (*pellizco*) Kneifen *nt,* Zwicken *nt*

torno ['torno] *m* **1.** (*máquina*) Drehbank *f,* Drehmaschine *f;* (*para madera*) Drechslerbank *f;* (*de alfarero*) Drehscheibe *f* **2.** (*cabrestante*) Winde *f* **3.** (*giro*) Runde *f* **4.** (*freno*) Handbremse *f* **5.** (*de un río*) (Fluss)biegung *f* **6.** (*loc*): **en ~ a** um ... herum; **no hay nada más que decir en ~ a ese tema** zu diesem Thema gibt es nichts mehr zu sagen

toro ['toro] *m* **1.** (*animal*) Stier *m,* Bulle *m;* **~ de lidia** Kampfstier *m;* **a ~ pasado** (*fig*) hinterher, wenn alles vorbei ist; **coger el ~ por los cuernos** (*fig*) den Stier bei den Hörnern packen; **¡otro ~!** Themawechsel! **2.** *pl* (*toreo*) Stierkampf *m;* **ver los ~s desde las barreras** [*o* **la talanquera**] (*fig*) das Geschehen aus sicherer Entfernung verfolgen **3.** (*hombre fuerte*) kräftiger Mann *m* **4.** (ASTR) Stier *m* **5.** (ARQUIT, MAT) Torus *m*

toroide [to'roi̯ðe] *m* (MAT) ringförmiger Körper *m,* Toroid *nt*

toronja [to'roŋxa] *f* **1.** (*naranja amarga*) Pomeranze *f,* Bitterorange *f* **2.** (*pomelo*) Grapefruit *f,* Pampelmuse *f*

toronjil [toroŋ'xil] *m* (Zitronen)melisse *f*

torpe ['torpe] *adj* **1.** (*pesado*) schwerfällig **2.** (*inhábil*) ungeschickt **3.** (*obsceno*) unzüchtig

torpedear [torpeðe'ar] *vt* torpedieren

torpedero[1] [torpe'ðero] *m* Torpedoboot *nt*

torpedero, -a[2] [torpe'ðero, -a] *adj* Torpedo-; **lancha torpedera** Torpedoboot *nt*

torpedo [tor'peðo] *m* Torpedo *m*

torpeza [tor'peθa] *f* **1.** (*pesadez*) Schwerfälligkeit *f* **2.** (*inhabilidad*) Ungeschicklichkeit *f* **3.** (*obscenidad*) Unzüchtigkeit *f* **4.** (*tontería*) Dummheit *f*

torpón, -ona [tor'pon, -ona] *adj* (*fam*) etwas ungeschickt

torrado [to'rraðo] *m* geröstete Kichererbse *f*

torrar [to'rrar] *vt* rösten

torre ['torre] *f* **1.** (*edificio alto, pieza del ajedrez*) Turm *m;* **~ de alta tensión** Hochspannungsmast *m;* **~ de control** Kontrollturm *m,* Tower *m;* **~ de iglesia** Kirchturm *m;* **~ de marfil** (*fig*) Elfenbeinturm *m;* **~ de saltos** Sprungturm *m;* **~ de viento** (*fig*) Luftschloss *nt* **2.** (*reg: casa de campo*) Landhaus *nt;* (*granja*) Landgut *nt*

torrefacción [torrefaʸ'θjon] *f* Röstung *f*

torrefactar [torrefak'tar] *vt* rösten

torrefacto, -a [torre'fakto, -a] *adj* geröstet

torreja [to'rrexa] *f* **1.** (*Am:* GASTR) ≈ armer Ritter *m* **2.** (*Chil: rodaja*) Scheibe *f*

torrencial [torreṇ'θjal] *adj:* **lluvia ~** sintflutartiger Regen; **llovía ~mente** es regnete in Strömen

torrente [to'rreṇte] *m* **1.** (*corriente*) Sturzbach *m,* Gießbach *m* **2.** (*multitud*) Schwall *m* **3.** (*loc*): **~ de voz** Stimmgewaltigkeit *f*

torrentera [torreṇ'tera] *f* Klamm *f*

torrentoso, -a [torreṇ'toso, -a] *adj* (*Am: lluvia*) strömend; (*caudal*) flutartig

torreón [torre'on] *m* Festungsturm *m*

torrero, -a [to'rrero, -a] *m, f* Turmwächter(in) *m(f);* (*de un faro*) Leuchtturmwärter(in) *m(f)*

torreta [to'rreta] *f* (MIL) Geschützturm *m*

torrezno [to'rreθno] *m* gebratene Speckscheibe *f*

tórrido, -a ['torriðo, -a] *adj* (*elev*) heiß

torrija [to'rrixa] *f* (GASTR) ≈armer Ritter *m*

torsión [tor'sjon] *f* **1.** (*comba*) Verwindung *f;* (TÉC) Torsion *f* **2.** (*desviación*) Drall *m;* **~ hacia la izquierda** Linksdrall *m*

torso ['torso] *m* **1.** (*tronco*) Rumpf *m* **2.** (ARTE) Torso *m*

torta ['torta] *f* **1.** (*pastel*) Kuchen *m;* (*Am*) Torte *f;* **~ de aceite** (*reg:* GASTR) *andalusische Süßigkeit, die in Packungen zu 10 oder 12 Stück angeboten wird;* **no saber ni ~** (*fam*) keinen blassen Schimmer haben; **ser ~s y pan pintado** (*fam*) halb so schlimm [*o* wild] sein **2.** (*fam: bofetada*) Ohrfeige *f;* (*golpe*) Schlag *m;* **darse una ~** sich anschlagen; **me dio un par de ~s** er/sie hat mir ein paar geklebt **3.** (*fam: borrachera*) Rausch *m;* **coger una ~** sich einen Rausch kaufen **4.** (TIPO: *paquete de letras*) Drucktypensatz *m* **5.** (TIPO: *plana mazorral*) Stehsatz *m*

tortazo [tor'taθo] *m* (*fam*) **1.** (*bofetada*) Ohrfeige *f* **2.** (*choque*) Stoß *m;* **darse un ~** sich heftig stoßen

tortícolis [tor'tikolis] *m o f,* **torticolis** [tor-ti'kolis] *m o f inv* (MED) steifer Hals *m*

tortilla [tor'tiʎa] *f* **1.** (*de huevos*) Tortilla *f,* Omelett(e) *nt;* **~ de sacromonte** (*reg:* GASTR) *Tortilla mit gebratenem Hirn, Hoden, Kartoffeln, Erbsen und roter Paprika;* **hacer ~ a alguien** jdn zusammenschlagen; **hacer ~ algo** etw kurz und klein schlagen; **se ha vuelto la ~** das Blatt hat sich gewendet **2.** (*Am: de harina*) Maisfladen *m*

tortillera [torti'ʎera] *m* (*vulg*) Lesbe *f*

tortillería [tortiʎe'ria] *f* (*Guat, Méx*) Laden *m,* in dem Maisfladen verkauft werden

tortitas [tor'titas] *fpl:* **ser ~ y pan pintado** halb so schlimm [*o* wild] sein

tórtola ['tortola] *f* Turteltaube *f*

tortolito, -a [torto'lito, -a] *adj* (*fam*) **1.** (*atortolado*) verliebt **2.** (*sin experiencia*) unerfahren

tórtolo ['tortolo] *m* **1.** (*ave*) Turteltauber(ich) *m* **2.** (*hombre*) Verliebte(r) *m* **3.** *pl* (*pareja enamorada*) Turteltauben *fpl*

tortor [tor'tor] *m* (*Cuba, PRico*): **dar ~** (*hacer girar*) drehen (lassen); (*estrangular*) würgen; (*torturar*) foltern

tortuga [tor'tuɣa] *f* Schildkröte *f;* **a paso de ~** im Schneckentempo

tortuosidad [tortwosi'ða^{ð}] *f* **1.** (*sinuosidad*) Windung *f,* Krümmung *f* **2.** (*astucia*) Verschlagenheit *f*

tortuoso, -a [tortu'oso, -a] *adj* **1.** (*sinuoso*) geschlängelt, gewunden **2.** (*astuto*) verschlagen

tortura [tor'tura] *f* **1.** (*suplicio*) Folter *f;* **sufrir ~s** gefoltert werden **2.** (*oblicuidad*) Schrägheit *f,* Neigung *f*

torturador(a) [tortura'ðor(a)] **I.** *adj* qualvoll **II.** *m(f)* Folterer *m,* Folterknecht *m*

torturar [tortu'rar] *vt* foltern

torunda [to'ruṇda] *f* (MED) Tupfer *m*

torvisca [tor'βiska] *f,* **torvisco** [tor'βisko] *m* (BOT) Seidelbast *m*

torvo, -a ['torβo, -a] *adj* wild, schrecklich; (*mirada*) finster

tory ['tori] <tories> *m* (POL) Tory *m*

torzal [tor'θal] *m* Zwirn *m;* (*de seda*) Kordonettseide *f*

tos [tos] *f* Husten *m;* **~ convuls(iv)a** Krampfhusten *m;* **~ ferina** Keuchhusten *m*

toscano, -a [tos'kano, -a] **I.** *adj* toskanisch **II.** *m, f* Toskaner(in) *m(f)*

tosco, -a ['tosko, -a] *adj* **1.** (*burdo*) grob, unbearbeitet **2.** (*patán*) ungehobelt, ungeschliffen

tosedera [tose'ðera] *f* (*Am*) hartnäckiger Husten *m*

toser [to'ser] *vi* husten; **no hay quien te tosa** niemand kann es mit dir aufnehmen

tósigo ['tosiɣo] *m* **1.** (*veneno*) Gift *nt* **2.** (*angustia*) Beklemmung *f* **3.** (*pena*) Drangsal *f*

tosquedad [toske'ða^{ð}] *f* Ungeschliffenheit *f*

tostada [tos'taða] *f* Toast *m;* **olerse la ~** (*fam*) den Braten riechen; **pegar** [*o* **dar**] **una ~ a alguien** (*fam*) jdm eins auswischen

tostadero [tosta'ðero] *m* **1.** (*instalación para tostar*) Rösterei *f* **2.** (*lugar muy caluroso*) Backofen *m;* **esta casa es un ~** in diesem Haus herrscht eine Hitze wie in einem Backofen, dieses Haus ist ein regelrechter Backofen

tostado, -a [tos'taðo, -a] *adj* (*café*) geröstet; (*pan*) getoastet; (*piel*) gebräunt

tostador [tosta'ðor] *m* Toaster *m*

tostadora [tosta'ðora] *f v.* **tostador**

tostadura [tosta'ðura] *f* Röstung *f*

tostar [tos'tar] <o→ue> **I.** *vt* **1.** (*torrar*) rösten; (*pan*) toasten **2.** (*curtir*) bräunen **II.** *vr:* **~se** sich bräunen

tostón [tos'ton] *m* **1.** (*torrado*) geröstete Kichererbse *f* **2.** (*trozo de pan frito*) Croûton *m* **3.** (*trozo de pan tostado*) *in Öl eingelegtes getoastetes Brot* **4.** (*cochinillo*) gebratenes Spanferkel *nt* **5.** (*persona pesada*) Klette *f* **6.** (*persona molesta*) Nervensäge *f*

total [to'tal] **I.** *adj* total, vollständig; **activos ~es** (ECON, FIN) Gesamtaktiva *pl;* **cantidad ~** Gesamtmenge *f;* **importe ~** Gesamtbetrag *m;* **pago ~ de una deuda** (FIN) Gesamttilgung [*o* vollständige Begleichung] einer Schuld; **en ~** insgesamt; **declarar algo siniestro ~** bei etw Totalschaden feststellen **II.** *m* (MAT) (Gesamt)summe *f* **III.** *adv* also, kurz und gut

totalidad [totali'ða^{ð}] *f sin pl* Gesamtheit *f;* **en su ~** in vollem Umfang

totalitario, -a [totali'tarjo, -a] *adj* **1.** (*completo*) umfassend **2.** (*dictatorial*) totalitär

totalitarismo [totalita'rismo] *m sin pl* Totalitarismus *m*

totalitarista [totalita'rista] *mf* (POL) Totalitarist(in) *m(f)*

totalizador [totaliθa'ðor] *m* **1.** (*contador*) Zählwerk *nt* **2.** (DEP) Totalisator *m*

totalizar [totali'θar] <z→c> *vt* zusammenzählen

totalmente [total'meṇte] *adv* ganz, völlig, total *fam;* **está ~ loco** er ist total verrückt

tótem ['toten] *m* <tótems *o* tótemes> Totem *nt*

totémico, -a [to'temiko, -a] *adj* totemistisch; **mástil ~** Totempfahl *m*

totemismo [tote'mismo] *m sin pl* Totemismus *m*

totoposte [toto'poste] *m* (*AmC: rosquilla*) Kringel *m* (*aus Maismehl*)

totora [to'tora] *f* (*AmS: junco*) Binse *f*

totoral [toto'ral] *m* (*AmS: juncal*) Binsengebiet *nt*

totovía [toto'βia] *f* (ZOOL) Haubenlerche *f*

totuma [to'tuma] *f* (*AmS: fruto y vasija*) Kalebasse *f*

totumo [to'tumo] *m* (*AmS: planta*) Kalebassenbaum *m*

tour [tur] *m* Tour *f*

tournée [tur'ne] *f* Tournee *f*

t(o)uroperador [turopera'ðor] *m* Reiseveranstalter *m*

toxemia [toˠˈsemja] *f* (MED) Tox(ik)ämie *f*, Blutvergiftung *f*

toxicidad [toˠsiθiˈðaᵈ] *f sin pl* (MED) Toxizität *f*

tóxico[1] [ˈtoˠsiko] *m* (MED) Giftstoff *m*, Toxikum *nt*

tóxico, **-a**[2] [ˈtoˠsiko, -a] *adj* (MED) toxisch

toxicodependencia [toˠsikoðepen̩ˈden̩θja] *f* (MED) Drogenabhängigkeit *f*, Drogensucht *f*

toxicología [toˠsikoloˈxia] *f sin pl* (MED) Toxikologie *f*

toxicológico, **-a** [toˠsikoˈloxiko, -a] *adj* (MED) toxikologisch

toxicólogo, **-a** [toˠsiˈkoloɣo, -a] *m, f* (MED) Toxikologe, -in *m, f*

toxicomanía [toˠsikomaˈnia] *f sin pl* Rauschgiftsucht *f*

toxicómano, **-a** [toˠsiˈkomano, -a] **I.** *adj* rauschgiftsüchtig **II.** *m, f* Rauschgiftsüchtige(r) *mf*

toxicosis [toˠsiˈkosis] *f inv* (MED) Toxikose *f*

toxidermia [toˠsiˈðermja] *f* (MED) medikamtenös bedingte Dermatose *f*, Toxi(ko)dermie *f*

toxina [toˠˈsina] *f* (MED) Toxin *nt*

tozudez [toθuˈðeθ] *f* Halsstarrigkeit *f*, Dickköpfigkeit *f*, Sturheit *f*

tozudo, **-a** [toˈθuðo, -a] **I.** *adj* halsstarrig, starrköpfig, dickköpfig, stur **II.** *m, f* Starrkopf *m*, Dickkopf *m*

traba [ˈtraβa] *f* **1.** (*trabamiento*) Verbindung *f* **2.** (*de una sierra*) Schränkung *f* **3.** (*cuerda*) Fessel *f* **4.** (*impedimento*) Behinderung *f*, Hemmnis *nt* **5.** (*obstáculo*) Hindernis *nt*; **poner ~s** Hindernisse in den Weg legen

trabado, **-a** [traˈβaðo, -a] *adj* **1.** (*coherente*) zusammenhängend, kohärent **2.** (*nervudo*) stämmig

trabadura [traβaˈðura] *f* Verbindung *f*

trabajado, **-a** [traβaˈxaðo, -a] *adj* **1.** (*cansado*) erschöpft, abgearbeitet **2.** (*realizado con esmero*) ausgefeilt

trabajador(a) [traβaxaˈðor(a)] **I.** *adj* fleißig; **clase ~a** Arbeiterklasse *f*, Arbeiterschaft *f* **II.** *m(f)* Arbeiter(in) *m(f)*; **~ autónomo** selbst(st)ändig Erwerbstätiger, Selbst(st)ändiger *m*; **~ eventual** Gelegenheitsarbeiter *m*, Aushilfskraft *f*; **~ fijo** Festangestellter *m*; **~ independiente** [*o* **por cuenta propia**] selbst(st)ändig Erwerbstätiger, Selbst(st)ändiger *m*; **~ manual** Handwerker *m*; **~ portuario** Hafenarbeiter *m*; **libre circulación de ~es** (UE) Freizügigkeit der Arbeitskräfte [*o* Arbeitnehmer]; **ser un gran ~** ein tüchtiger Arbeiter sein

trabajar [traβaˈxar] **I.** *vi* arbeiten; **~ a destajo** (im) Akkord arbeiten; **~ de vendedora** als Verkäuferin arbeiten; **en edad de ~** in arbeitsfähigem Alter **II.** *vt* **1.** (*tratar*) bearbeiten; (*un caballo*) arbeiten, zureiten; **~ por cuenta propia** auf eigene Rechnung arbeiten, selbst(st)ändig sein; **llevo seis meses sin ~** ich bin seit sechs Monaten arbeitslos; **trabaja como una mula** er/sie ist ein Arbeitstier **2.** (*inquietar*) zu schaffen machen **III.** *vr*: **~se** sich bemühen, sich anstrengen

trabajo [traˈβaxo] *m* Arbeit *f*; **~ administrativo** Verwaltungstätigkeit *f*; **~ en cadena** Fließbandarbeit *f*; **~ de campo** Feldarbeit *f*, Feldforschung *f*; **~ a destajo** Akkordarbeit *f*; **~ doméstico** Hausarbeit *f*; **~ a domicilio** Heimarbeit *f*; **~ en equipo** Teamarbeit *f*; **~ estacional** Saisonarbeit *f*; **~ físico** körperliche Arbeit; **~s forzados** [*o* **forzosos**] Zwangsarbeit *f*; **~ manual** Handarbeit *f*; **~ de menores** Kinderarbeit *f*; **~ de oficina** Büroarbeit *f*; **~ en prácticas** Praktikum *nt*; **~ temporal** Zeitarbeit *f*; **~ temporero** Zeitarbeit *f*, Saisonarbeit *f*; **~ por turnos** Schichtarbeit *f*; **accidente de ~** Arbeitsunfall *m*; **campo de ~** Arbeitslager *nt*; (*para jóvenes*) Workcamp *nt*; **condiciones de ~** Arbeitsbedingungen *fpl*; **grupo de ~** Arbeitsgruppe *f*; **mercado de ~** Arbeitsmarkt *m*; **Organización Internacional del T~** Internationale Arbeitsorganisation; **puesto de ~** Arbeitsplatz *m*, Arbeitsstelle *f*; **buscar ~** Arbeit suchen; **no tener ~** keine Arbeit haben, arbeitslos sein; **con/sin ~** mit Mühe/mühelos; **costar** [*o* **dar**] **~** Mühe kosten; **tomarse el ~ de hacer algo** sich *dat* die Mühe machen etw zu tun

trabajoso, **-a** [traβaˈxoso, -a] *adj* mühsam

trabalenguas [traβaˈleŋgwas] *m inv* Zungenbrecher *m*

trabar [traˈβar] **I.** *vt* **1.** (*juntar*) verbinden **2.** (*coger*) ergreifen, packen **3.** (*atar*) fesseln **4.** (*impedir*) behindern, hemmen **5.** (*espesar*) andicken **6.** (*triscar*) schränken **7.** (*comenzar*) beginnen; (*contactos*) knüpfen **8.** (JUR: *embargar bienes*) beschlagnahmen; (*embargar derechos*) vorenthalten **II.** *vi* greifen; **la rueda dentada ya no traba bien** das Zahnrad greift nicht mehr richtig **III.** *vr*: **~se** sich verheddern; **~se la lengua** stottern

trabazón [traβaˈθon] *f* **1.** (*enlace*) Verbindung *f* **2.** (*el espesar*) Eindickung *f* **3.** (*conexión de ideas*) Verknüpfung *f*

trabilla [traˈβiʎa] *f* Schlaufe *f*; (*en la pernera*) Steg *m*

trabucar [traβuˈkar] <c→qu> **I.** *vt* durcheinander bringen **II.** *vr*: **~se** (*al hablar*) sich versprechen; (*al escribir*) sich verschreiben

trabuco [traˈβuko] *m* **1.** (*arma de fuego*) Stutzen *m* **2.** (*catapulta*) Steinschleuder *f*, Katapult *m o nt*

traca [ˈtraka] *f* *Feuerwerk aus Knallkörpern*

trácala [ˈtrakala] *f* **1.** (*Ecua: multitud*) Menge *f* **2.** (*Méx, PRico: fullería*) Mogelei *f* **3.** (*Méx: persona tramposa*) Betrüger *m*

tracalada [trakaˈlaða] *f* **1.** (*AmC, AmS: multitud*) Menge *f* **2.** (*Méx: fullería*) Mogelei *f*

tracalero, **-a** [trakaˈlero, -a] *m, f* (*Méx, PRico*) Mogler(in) *m(f)*

tracción [traˠˈθjon] *f* **1.** (*tirar*) Ziehen *nt*, Zug *m*; (FÍS) Traktion *f*; **resistencia a la ~** Zugfestigkeit *f* **2.** (*accionar*) Antrieb *m;* ~ **a cuatro ruedas** Allradantrieb *m;* ~ **delantera** Vorderradantrieb *m,* Frontantrieb *m;* ~ **trasera** Hinterradantrieb *m,* Heckantrieb *m*

tracias ['traθjas] *m inv* (METEO) Nordnordostwind *m*

tracoma [tra'koma] *m* (MED) Trachom *nt,* Körnerkrankheit *f*

tracto ['trakto] *m* (ANAT) Trakt *m;* ~ **digestivo** Verdauungstrakt *m;* ~ **respiratorio inferior** untere Atemwege; ~ **respiratorio superior** obere Atemwege

tractor [trak'tor] *m* Traktor *m,* Zugmaschine *f*

tractorista [trakto'rista] *mf* Traktorfahrer(in) *m(f)*

trade union [treiđ 'junjon] *f,* **trade-union** [treiđ 'junjon] *f* (POL) Trade-Union *f*

tradición [traði'θjon] *f* Tradition *f*

tradicional [traðiθjo'nal] *adj* traditionell

tradicionalismo [traðiθjona'lismo] *m sin pl* Traditionalismus *m*

tradicionalista [traðiθjona'lista] **I.** *adj* traditionalistisch **II.** *mf* Traditionalist(in) *m(f)*

traducción [traðuᵞ'θjon] *f* Übersetzung *f;* **agencia de traducciones** Übersetzungsbüro *nt;* ~ **al/del inglés** Übersetzung ins Englische/aus dem Englischen; ~ **libre/literal** freie/wörtliche Übersetzung

traducibilidad [traðuθiβili'ðaᵈ] *f* Übersetzbarkeit *f*

traducible [traðu'θiβle] *adj* übersetzbar

traducir [traðu'θir] *irr vt* übersetzen

traductor(a) [traðuk'tor(a)] **I.** *adj* Übersetzungs-; **programa** ~ Übersetzungsprogramm *nt* **II.** *m(f)* Übersetzer(in) *m(f)*

traer [tra'er] *irr* **I.** *vt* **1.** (*transportar*) bringen; **te traigo una carta** ich bringe dir einen Brief, ich habe einen Brief für dich; **tengo una carta para ti – trae** ich habe einen Brief für dich – gib ihn her; **¿qué hago con la carta? – tráela aquí** was mache ich mit dem Brief? – bring ihn (hier)her; **¿has traído la carta?** hast du den Brief mitgebracht? **2.** (*ir a por*) holen; **¿me puedes ~ un paquete de tabaco?** kannst du mir eine Schachtel Zigaretten holen?; **¿me puedes ~ las tijeras?** kannst du mir bitte die Schere bringen? **3.** (*llevar: objeto*) bei sich *dat* haben, dabei haben *fam;* (*vestido*) tragen, anhaben; **traigo las fotos** ich habe die Fotos bei mir [*o* dabei]; **lo traigo en la cartera** ich habe es im Geldbeutel **4.** (*atraer*) anziehen **5.** (*ocasionar*) herbeiführen, verursachen; **eso no ~á nada bueno** das bringt nichts Gutes mit sich; **eso sólo te ~á problemas** das bringt dir nur Ärger (ein); **el odio trae (consigo) violencia** Hass bringt Gewalt mit sich; **la delantera nos trae problemas** die Stürmer machen uns zu schaffen; **la falta de seriedad trae estos escándalos** mangelndes Verantwortungsgefühl ist der Grund für solche Skandale **6.** (*más adjetivo*): ~ **convencido** überzeugt sein; **esta mujer me trae perdido** diese Frau macht mich verrückt; **mi hijo me trae preocupada** mein Sohn macht mir Sorgen; **esta traducción me trae frito** (*fam*) diese Übersetzung kostet mich noch den letzten Nerv **7.** (*más sustantivo*): **el tren trae retraso** der Zug kommt mit Verspätung; **traigo prisa** ich habe es eilig; **traigo hambre** ich habe Hunger; **traes cara de palo** (*fam*) was ziehst denn du für ein Gesicht! **8.** (*tener pendiente*): **traigo un pleito con él** ich prozessiere gegen ihn; **traigo un negocio entre manos** ich habe gerade ein Geschäft laufen **9.** (*razones, ejemplos*) anführen **10.** (*noticia*) bringen **11.** (*más 'a'*): ~ **a colación** zur Sprache bringen; ~ **a cuento** aufs Tapet bringen; ~ **a alguien a razones** jdn zur Vernunft bringen; ~ **a la memoria** ins Gedächtnis (zurück)rufen **12.** (*loc*): ~ **a alguien arrastra(n)do** jdn strapazieren; **¿qué te trae por aquí?** was führt dich hierher?; **el jefe me trae de aquí para allí** [*o* **acá para allá**] **todo el día** der Chef lässt mich keine Minute in Ruhe; **las vecinas traen y llevan sin parar** die Nachbarinnen klatschen unaufhörlich; **me trae sin cuidado lo que pienses** es ist mir egal, was du denkst **II.** *vr:* ~**se 1.** (*llevar a cabo*): ~**se algo entre manos** etw laufen haben **2.** (*vestirse*): ~**se bien/mal** sich gut/schlecht kleiden **3.** (*loc*): **este examen se las trae** diese Prüfung hat es in sich; **hace un frío que se las trae** es ist bitterkalt

trafagar [trafa'ɣar] <g→gu> *vi* **1.** (*traficar*) handeln **2.** (*correr mundo*) in der Welt herumziehen **3.** (*ajetrearse*) geschäftig hin und her laufen

tráfago ['trafaɣo] *m* **1.** (*trabajo*) Schufterei *f* **2.** (*tráfico*) Verkehr *m* **3.** (*ajetreo*) Betrieb *m*

traficante [trafi'kante] *mf* **1.** (COM) Händler(in) *m(f)* **2.** (*de drogas*) Drogenhändler(in) *m(f),* Dealer(in) *m(f) argot;* (*de asilados, coches*) Schlepper(in) *m(f);* (*de divisas, alcohol*) Schieber(in) *m(f)*

traficar [trafi'kar] <c→qu> *vi* **1.** (COM) handeln (*en* mit +*dat*) **2.** (*con drogas*) dealen (*con/en* mit +*dat*) *argot;* (*con asilados*) schleppen (*con/en* +*akk*); (*con divisas, alcohol*) verschieben (*con/en* +*akk*)

tráfico ['trafiko] *m* **1.** (COM) Handel *m;* ~ **de armas** Waffenhandel *m;* ~ **de contrabando** Schmuggel(handel) *m;* ~ **de drogas** Drogenhandel *m* **2.** (*ilegal*) illegaler Handel *m;* (*de drogas*) Drogenhandel *m,* Rauschgifthandel *m;* (*de asilados, coches*) Schlepperei *f;* (*de divisas, alcohol*) Schieberei *f;* ~ **de esclavos** Sklavenhandel *m;* ~ **de especies** illegaler Handel mit Tieren; ~ **de influencias** Vetternwirtschaft *f* **3.** (*de vehículos*) Verkehr *m;* ~ **aéreo/marítimo/por carretera** Luft-/See-/Straßenverkehr *m;* ~ **fluvial** Wasserstraßenverkehr *m;* ~ **rodado** Straßenverkehr *m,* rollender Verkehr; **policía de** ~ Verkehrspolizei *f;* **Dirección General de T~** *spanische Verkehrsbehörde*

trafulcar [traful'kar] <c→qu> *vt* **1.** (*con-*

T

fundir) verwechseln **2.** (*trastornar*) durcheinander bringen

tragacanto [traɣa'kan̪to] *m* (BOT, MED) Tragant *m*

tragaderas [traɣa'ðeras] *fpl* **1.** (*faringe*) Rachen *m;* (*garganta*) Schlund *m;* **tener buenas** ~ (*fam*) ein Vielfraß sein **2.** (*fam: credulidad*): **tener** ~ leichtgläubig sein **3.** (*fam: tolerancia*): **tener buenas/malas** ~ (*fig*) tolerant/intolerant sein

tragadero [traɣa'ðero] *m* **1.** (*faringe*) Schlund *m* **2.** (*orificio*) Abfluss *m;* ~ **de basuras** Müllschlucker *m*

tragafuegos [traɣa'fweɣos] *mf inv* Feuerschlucker(in) *m(f)*

trágala ['traɣala] *m:* **cantarle a alguien el** ~ *jdn damit ärgern, dass man das tut, was er nicht tun darf*

tragaldabas [traɣal̪'daβas] *mf inv* Vielfraß *m*

tragaleguas [traɣa'leɣwas] *mf inv* (*fam*): **es un** ~ er läuft viel

tragaluz [traɣa'luθ] *m* (*grande*) Dachfenster *nt;* (*pequeño*) Fensterluke *f*

tragamillas [traɣa'miʎas] *mf inv* (*fam*) *v.* **tragaleguas**

traganíqueles [traɣa'nikeles] *f inv* (*Nic: fam: tragaperras*) Spielautomat *m*

tragantona [traɣan̪'tona] *f* (*fam*) Fressgelage *nt*

tragaperras [traɣa'perras] *f inv* Münzautomat *m;* (*de juego*) Spielautomat *m,* einarmiger Bandit *m fam*

tragar [tra'ɣar] <g→gu> **I.** *vt* **1.** (*comida, bebida*) (hinunter)schlucken **2.** (*devorar*) verschlingen, hinunterschlingen **3.** (*agua, tierra*): **las olas ~on el barco** das Schiff wurde von den Wellen verschlungen; **¡trágame tierra!** ich möchte vor Scham am liebsten im Erdboden versinken!; **a ése se lo ha tragado la tierra** der ist spurlos verschwunden **4.** (*historia, mentira*) schlucken **5.** (*a alguien*) ausstehen; **no lo trago** ich habe ihn auf dem Kieker **6.** (*crítica*) (hinunter)schlucken, einstecken **7.** (*consumir*) verbrauchen; **este terreno traga mucha agua** dieser Boden absorbiert viel Wasser; **el Teatro Real de Madrid ha tragado grandes sumas (de dinero)** das Teatro Real in Madrid hat Unsummen verschlungen **II.** *vr:* **~se**: **ése se lo traga todo** der lässt sich alles aufbinden; **tuve que ~me el enfado** ich musste meinen Ärger hinunterschlucken; **el árbitro se tragó un fuera de juego** der Schiedsrichter übersah ein Abseits

tragasables [traɣa'saβles] *mf inv* Schwertschlucker(in) *m(f)*

tragavenado [traɣaβe'naðo] *m* (*Ven: boa constrictor*) Königsschlange *f*

tragedia [tra'xeðja] *f* Tragödie *f;* **la manifestación acabó en** ~ die Demonstration nahm ein schreckliches Ende

trágico, **-a** ['traxiko, -a] **I.** *adj* tragisch; **eso es lo** ~ **de su vida** darin liegt die Tragik seines/ihres Lebens; **no te pongas** ~ stell dich nicht so an **II.** *m, f* **1.** (TEAT) Tragödiendarsteller(in) *m(f)* **2.** (LIT) Tragödiendichter(in) *m(f)*

tragicomedia [traxiko'meðja] *f* **1.** (*de suceso*) Tragikomik *f* **2.** (LIT, TEAT) Tragikomödie *f*

tragicómico, **-a** [traxi'komiko, -a] *adj* tragikomisch

trago ['traɣo] *m* **1.** (*de bebida*) Schluck *m;* **a ~s** schluckweise; **a ~s largos** in langen Zügen; **de un** ~ in einem Zug [*o* Schluck] **2.** (*bebida*) (alkoholisches) Getränk *nt;* ~ **largo** Longdrink *m;* **tomar un** ~ **de más** (*fam*) einen über den Durst trinken **3.** (*vicio*) Trinken *nt,* Trunksucht *f* **4.** (*experiencia*) bitteres Erlebnis *nt;* **he pasado muchos malos ~s** ich habe viel durchgemacht

tragón, **-ona** ['traɣon, -ona] *m, f* (*fam*) Vielfraß *m fam*

tragonear [traɣone'ar] *vt* (*fam*) verschlingen, hinunterschlingen

traición [trai̯'θjon] *f* Verrat *m;* **alta** ~ Hochverrat *m;* **matar a alguien a** ~ jdn hinterrücks ermorden

traicionar [trai̯θjo'nar] *vt* verraten (*a + akk*); **la memoria me traiciona** mein Gedächtnis lässt mich im Stich; **mi marido me traicionó** mein Mann hat mich betrogen

traicionero, **-a** [trai̯θjo'nero, -a] **I.** *adj* (*persona*) verräterisch; (*ataque, acción*) meuchlerisch, heimtückisch; (*memoria*) trügerisch; (*animal*) tückisch **II.** *m, f* Verräter(in) *m(f)*

traída [tra'iða] *f:* ~ **de aguas** Wasserzufuhr *f*

traído, **-a** [tra'iðo, -a] *adj* (*vestido*) abgetragen; (*zapato*) abgelaufen; (*cuello de la camisa*) abgescheuert; **un asunto muy** ~ **y llevado** ein abgedroschenes Thema

traidor(a) [trai̯'ðor(a)] **I.** *adj* verräterisch; (*falso*) falsch; **una sonrisa ~a** ein falsches Lächeln **II.** *m(f)* Verräter(in) *m(f)*

traigo ['trai̯ɣo] *1. pres de* **traer**

tráiler ['trai̯ler] *m* **1.** (*de camión*) Trailer *m,* Sattelschlepper *m* **2.** (CINE) Trailer *m*

traílla [tra'iʎa] *f* **1.** (*correa*) (Hunde)leine *f* **2.** (*dos perros*) Meute *f* **3.** (AGR) Egge *f*

trainera [trai̯'nera] *f* Sardinenkutter *m*

training ['trei̯niŋ] *m* Training *nt;* ~ **autógeno** autogenes Training

traje ['traxe] *m* **1.** (*vestidura*) Kleidung *f;* ~ **de baño** Badeanzug *m;* ~ **de luces** (TAUR) Toreroanzug *m* **2.** (*de hombre*) Anzug *m;* ~ **de etiqueta/gala** Gesellschafts-/Galaanzug *m;* ~ **hecho a la medida** Maßanzug *m;* ~ **de confección** Anzug von der Stange **3.** (*de mujer*) Kleid *nt;* ~ **de noche** Abendkleid *nt;* ~ **(de) chaqueta** [*o* **sastre**] Schneiderkostüm *nt* **4.** (*popular*) Tracht *f* **5.** (*de época*) Kostüm *nt*

trajeado, **-a** [traxe'aðo, -a] *adj:* **ir bien/mal** ~ gut/schlecht gekleidet sein

trajear [traxe'ar] **I.** *vt* (ein)kleiden **II.** *vr:* **~se** sich (ein)kleiden

trajín [tra'xin] *m* **1.** (*de objetos*) Tragen *nt,* Fortschaffen *nt;* (*de mercancías*) Transport *m* **2.** (*ajetreo*) geschäftiges Treiben *nt;* **el** ~ **de la ciudad** das Gewühl in der Stadt; **había un**

gran ~ en la embajada in der Botschaft herrschte reger Betrieb

trajinante [traxi'nan̪te] *m* **1.** (*comerciante*) Händler *m* **2.** (*carretero*) Fuhrmann *m* **3.** (*zascandil*) unruhiger Mensch *m*

trajinar [traxi'nar] **I.** *vt* (*objetos*) tragen, fortschaffen; (*mercancías*) befördern, transportieren **II.** *vi* herumhantieren; **~ en la cocina** in der Küche (herum)hantieren; **llevo todo el día trajinando** ich war heute sehr beschäftigt

tralla ['traʎa] *f* **1.** (*cuerda*) Peitschenschnur *f* **2.** (*látigo*) Peitsche *f*

trallazo [tra'ʎaθo] *m* **1.** (*latigazo: ruido*) Peitschenknall *m;* (*golpe*) Peitschenhieb *m* **2.** (*represión*) Standpauke *f fam*

trama ['trama] *f* **1.** (*de hilos*) Schuss *m* **2.** (LIT) Handlung *f* **3.** (*intriga*) Intrige *f,* Komplott *nt*

tramado [tra'maðo] *m* (TIPO) Raster *m*

tramar [tra'mar] *vt* **1.** (*traición, enredo*) anzetteln, anstiften; (*intriga*) spinnen, schmieden; (*complot*) schmieden; (*plan, jugarreta*) aushecken; **¿qué estará tramando?** was hat er/sie nur vor?, was führt er/sie nur im Schilde?; **está tramando algo contra su vecina** er/sie führt etwas gegen seine/ihre Nachbarin im Schilde; **aquí se está tramando algo** hier ist etwas im Gange **2.** (*tejidos*) (ein)schießen

tramitación [tramita'θjon] *f* **1.** (*de negocio*) Abwicklung *f,* Durchführung *f* **2.** (*de asunto*) (amtliche [*o* behördliche]) Erledigung *f* **3.** (*de expediente*) Bearbeitung *f;* **gastos de ~** Bearbeitungsgebühren *fpl;* **mi pasaporte está en ~** mein Pass ist in Bearbeitung

tramitar [trami'tar] *vt* **1.** (*negocio*) abwickeln, durchführen **2.** (*asunto*) (amtlich [*o* behördlich]) erledigen [*o* in die Wege leiten] **3.** (*expediente*) bearbeiten; **~ un despacho de aduanas** ein Zollverfahren durchführen; **~ una factura** eine Rechnung bearbeiten; **~ el pago de un cheque** einen Scheck einlösen; **~ una reclamación** eine Reklamation bearbeiten; **está tramitando el divorcio** er/sie hat die Scheidung eingereicht

trámite ['tramite] *m* **1.** (*diligencia*) Behördenweg *m,* Instanzenweg *m;* **~ administrativo** Dienstweg *m;* **~ burocrático** Verfahrensweg *m;* **~s de despido** Entlassungsformalitäten *fpl;* **el expediente tiene que pasar por todos los ~s** die Akte muss alle Instanzen durchlaufen **2.** (*formalidad*) Formalität *f;* **~s de aduana** Verzollung *f;* **~s de exportación** Ausfuhrformalitäten *fpl,* Ausfuhrverfahren *nt;* **su asunto está en ~** seine/ihre Angelegenheit wird gerade bearbeitet; **esto es puro ~** das ist eine reine Routineangelegenheit; **¿has hecho los ~s para el pasaporte?** hast du schon deinen Pass beantragt?; **para conseguirlo tienes que seguir los ~s usuales** dafür musst du die üblichen Schritte in die Wege leiten

tramo ['tramo] *m* **1.** (*de camino*) Strecke *f,* Abschnitt *m;* (FERRO) Streckenabschnitt *m* **2.** (*de escalera*) Treppenabschnitt *m* **3.** (FIN) Tranche *f*

tramontana [tramon̪'tana] *f* **1.** (*viento*) Nordwind *m;* (*dirección*) Norden *m;* **perder la ~** die Orientierung verlieren **2.** (*vanidad*) Eitelkeit *f*

tramontano, -a [tramon̪'tano, -a] *adj v.* **tra(n)smontano**

tramoya [tra'moɟa] *f* **1.** (TEAT) Bühnenmaschinerie *f* **2.** (*engaño*) Schwindel *m,* Betrug *m*

tramoyista [tramo'ɟista] *mf* **1.** (TEAT) Bühnenarbeiter(in) *m(f)* **2.** (*mentiroso*) Betrüger(in) *m(f)*

tramp [tramp] *m* (NÁUT) Trampschiff *nt*

trampa ['trampa] *f* **1.** (*para personas, animales*) Falle *f;* **poner una ~** eine Falle aufstellen; **poner una ~ a un animal** einem Tier eine Falle stellen; **ponerle una ~ a alguien** jdm eine Falle stellen; **caer en la ~** (*animal*) in die Falle gehen; (*persona*) hereinfallen **2.** (*trampilla*) Falltür *f;* (TEAT) Versenkung *f* **3.** (*del mostrador*) (Ladentisch)klappe *f* **4.** (*engaño*) Schwindel *m;* (*en los juegos*) Mogelei *f fam;* **hacer ~** (*engañar*) schwindeln; (*jugando*) mogeln, falsch spielen; (*en el deporte*) tricksen; **sin ~ ni cartón** ohne Tricks; **hecha la ley hecha la ~** (*prov*) jedes Gesetz hat sein Hintertürchen **5.** (*fam: deuda*) Schuld *f*

trampantojo [trampan̪'toxo] *m* (*fam*) Vorspiegelung *f,* Blendwerk *nt*

trampear [trampe'ar] *vi* **1.** (*fam: estafar*) betrügen, schwindeln **2.** (*de penuria*) sich *dat* in der Not zu helfen wissen **3.** (*ir tirando*) sich durchbeißen, sich durchschlagen

trampero [tram'pero] *m* Trapper *m,* Fallensteller *m*

trampilla [tram'piʎa] *f* **1.** (*en habitación*) Falltür *f* **2.** (*portezuela*) Klappe *f* **3.** (AUTO) Sonnendach *nt*

trampolín [trampo'lin] *m* (*de piscina*) Sprungbrett *nt;* (*de gimnasia*) Sprungbrett *nt,* Trampolin *nt,* Reutherbrett *nt;* (*de esquí*) (Sprung)schanze *f;* **torneo de los cuatro trampolines** Vierschanzenturnier *nt*

tramposo, -a [tram'poso, -a] **I.** *adj* betrügerisch **II.** *m, f* **1.** (*estafador*) Schwindler(in) *m(f),* Betrüger(in) *m(f)* **2.** (*en los juegos*) Falschspieler(in) *m(f),* Mogler(in) *m(f) fam;* (*que marca las cartas*) Zinker(in) *m(f)*

tranca ['traŋka] *f* **1.** (*palo*) Knüppel *m;* (*de la puerta*) Türriegel *m* **2.** (*fam: borrachera*) Rausch *m* **3.** (*loc*): **a ~s y barrancas** (*fam*) mit Müh und Not, mit Ach und Krach

trancada [traŋ'kaða] *f* **1.** (*golpe*) Knüppelschlag *m* **2.** (*tranco*) großer Schritt *m*

trancar [traŋ'kar] <c→qu> *vt* **1.** (*puerta: con tranca*) verriegeln; (*con objetos*) versperren **2.** (*dar trancos*) mit großen Schritten gehen

trancazo [traŋ'kaθo] *m* **1.** (*golpe*) Knüppelschlag *m* **2.** (*fam: gripe*) Grippe *f*

trance ['traṇθe] *m* **1.** (*momento crítico*) kritischer Augenblick *m;* **pasar un ~ difícil** Schweres durchmachen **2.** (*hipnótico*) Trance *f* **3.** (*loc*): **estar en ~ de hacer algo** gerade dabei sein etw zu tun; **estar en ~ de muerte** im Sterben liegen; **querer hacer algo a todo ~** etw unbedingt [*o* auf Teufel komm raus] machen wollen

tranco ['traŋko] *m* **1.** (*paso*) großer Schritt *m;* **andar a ~s** mit großen Schritten gehen; **subir una escalera a ~s** eine Treppe hinauffliegen **2.** (*umbral*) Schwelle *f* **3.** (*loc*): **a ~s** hastig, eilig

tranque ['traŋke] *m* (*Chil: embalse*) Stausee *m*

tranqui ['traŋki] *adj* (*fam*): **¡oye, ~!** reg dich wieder ab!

tranquilamente [traŋkila'meṇte] *adv* in Ruhe; **puedes fumar ~, no me molesta** du kannst ruhig rauchen, es stört mich nicht *fam*

tranquilidad [traŋkili'ðað^{ð}] *f* **1.** (*de casa, día*) Ruhe *f;* **~ de conciencia** Seelenruhe *f;* **con mucha ~** seelenruhig; **en tu casa podemos trabajar con ~** bei dir können wir ungestört arbeiten; **debo decirte para tu ~ que…** ich muss dir zu deiner Beruhigung sagen, dass … **2.** (*de mar*) Stille *f* **3.** (*de persona: serenidad*) Ruhe *f;* (*autocontrol*) Gelassenheit *f;* (*despreocupación*) Sorglosigkeit *f,* Unbekümmertheit *f*

tranquilizador(a) [traŋkiliθa'ðor(a)] *adj* beruhigend

tranquilizante [traŋkili'θaṇte] *m* Beruhigungsmittel *nt,* Tranquilizer *m*

tranquilizar [traŋkili'θar] <z→c> **I.** *vt* **1.** (*a alguien*) beruhigen **2.** (*a conciencia, con palabras*) beschwichtigen **II.** *vr:* **~se** sich beruhigen

tranquilla [traŋ'kiʎa] *f* **1.** (*pasador*) Riegel *m* **2.** (*para desorientar*) Fallstrick *m*

tranquillo [traŋ'kiʎo] *m:* **cogerle el ~ a algo** bei etw den Dreh heraushaben

tranquillón [traŋki'ʎon] *m* Mischkorn *nt,* Mengkorn *nt*

tranquilo, -a [traŋ'kilo, -a] *adj* **1.** (*casa, día*) ruhig; (*conciencia*) ruhig, gut; **pasar una velada tranquila** einen geruhsamen Abend verbringen; **¡déjame ~!** lass mich in Ruhe [*o* in Frieden]!; **mientras no te digan nada, tú (sigue) ~** solange sie nichts zu dir sagen, kannst du ruhig weitermachen **2.** (*mar*) still **3.** (*persona: serena*) ruhig; (*con autocontrol*) gelassen; (*sin preocupación*) unbesorgt; (*despreocupada*) sorglos, unbekümmert; **tú ~, que no pasará nada** sei ruhig [*o* unbesorgt], es wird nichts geschehen

transa ['transa] *f* (*Am: espíritu de compromiso*) Kompromissbereitschaft *f*

transacción [transak'θjon] *f* **1.** (JUR) Vergleich *m;* (POL) Kompromiss *m* **2.** (COM) Geschäft *nt;* (FIN) Transaktion *f;* **~ comercial** Handelsgeschäft *nt;* **~ en efectivo** Bargeschäft *nt;* **~ visible/invisible** sichtbare/unsichtbare Transaktion **3.** (INFOR) Transaktion *f;* **transacciones por segundo** Transaktionen pro Sekunde

tra(n)salpino, -a [tra(n)sal'pino, -a] *adj* transalpin(isch)

tra(n)sandino, -a [tra(n)saṇ'dino, -a] *adj* jenseits der Anden

transar [tran'sar] *vi* **1.** (*Am: transigir*) Kompromisse eingehen [*o* machen] **2.** (*Chil: hacer negocios*) Geschäfte machen

tra(n)satlántico[1] [tra(n)sa^{ð}'laṇtiko] *m* Passagierdampfer *m*

tra(n)satlántico, -a[2] [tra(n)sa^{ð}'laṇtiko, -a] *adj* überseeisch, transatlantisch; **barco ~** Passagierdampfer *m*

tra(n)sbordador[1] [tra$^{(n)}$sβorða'ðor] *m* **1.** (NÁUT) Fähre *f* **2.** (AERO) Shuttle *m,* Raumfähre *f*

tra(n)sbordador(a)[2] [tra$^{(n)}$sβorða'ðor(a)] *adj* Umlade-, umladend

transbordar [tra^{n}sβor'ðar] **I.** *vt* **1.** (*por río*) übersetzen (*a* auf *+akk*) **2.** (*mercancías*) umladen (*a* in/auf *+akk*); (*en grandes cantidades*) umschlagen; (*entre barcos*) umschiffen **II.** *vi* umsteigen

transbordo [tra^{n}s'βorðo] *m* **1.** (*por río*) Übersetzen *nt* **2.** (*de mercancías*) Umladung *f;* (*en grandes cantidades*) Umschlag *m;* (*entre barcos*) Umschiffung *f* **3.** (*de tren*) Umsteigen *nt;* **hacer ~** umsteigen

transcendencia [tra^{n}sθeṇ'deṇθja] *f v.* **trascendencia**

transcendental [tra^{n}sθeṇdeṇ'tal] *adj v.* **trascendental**

tra(n)scendentalismo [tra$^{(n)}$sθeṇdeṇta'lismo] *m* Transzendentalismus *m*

tra(n)scendente [tra$^{(n)}$sθeṇ'deṇte] *adj* transzendent

transcender [tra^{n}sθeṇ'der] <e→ie> *vi v.* **trascender**

transcontinental [tra^{n}skoṇtineṇ'tal] *adj* transkontinental

tra(n)scribir [tra$^{(n)}$skri'βir] *irr como escribir vt* **1.** (*copiar*) abschreiben **2.** (*transliterar*) transkribieren, transliterieren **3.** (MÚS) transkribieren

tra(n)scripción [tra$^{(n)}$skriβ'θjon] *f* **1.** (*copia: acción*) Abschreiben *nt;* (*efecto*) Abschrift *f* **2.** (*transliteración: acción*) Transkribieren *nt;* (*efecto*) Transkription *f,* Transliteration *f;* **~ fonética** phonetische Umschrift, Transkription *f* **3.** (MÚS) Transkription *f*

tra(n)scri(p)to, -a [tra$^{(n)}$s'kri(p)to, -a] *pp de* **transcribir**

tra(n)sculturación [tra$^{(n)}$skul̦tura'θjon] *f* kulturelle Beeinflussung *f*

tra(n)scultural [tra$^{(n)}$skul̦tu'ral] *adj* (SOCIOL) kulturübergreifend

transcurrir [tra^{n}sku'rrir] *vi* (*el tiempo*) vergehen, verstreichen

tra(n)scurso [tra$^{(n)}$s'kurso] *m* Verlauf *m;* **en el ~ del debate** im Verlauf der Debatte; **en el ~ del día** im Laufe des Tages

transeúnte [transe'un̩te] **I.** *adj* vorübergehend; (*habitante*) nicht ortsansässig; (FILOS) transeunt **II.** *mf* **1.** (*peatón*) Passant(in) *m(f),* Fußgänger(in) *m(f)* **2.** (*habitante*): **los ~s** die Leute, die nicht ortsansässig sind

transexual [transe^ɣsu'al] **I.** *adj* transsexuell **II.** *mf* Transsexuelle(r) *mf*

transexualidad [transe^ɣswali'ðað] *f sin pl* Transsexualität *f*

tra(n)sferencia [tra^(n)sfe'ren̩θja] *f* **1.** (*traslado*) Verlegung *f* **2.** (*posposición*) Verlegung *f,* Verschiebung *f* **3.** (ECON) Transfer *m,* Transferzahlung *f;* ~ **de tecnología** Technologietransfer *m;* ~ **de puestos** Stellenübertragung *f* **4.** (FIN) Transfer *m,* Überweisung *f;* ~ **bancaria** Banküberweisung *f;* ~ **de divisas** Devisentransfer *m;* ~ **interbancaria** Transfer von Bank zu Bank; **gastos de ~** Transferspesen *pl;* **a través de una ~ de orden permanente** per Dauerauftrag **5.** (*de propiedad*) Übertragung *f* **6.** (INFOR) Transfer *m,* Übertragung *f;* ~ **de archivos por lotes** Dateiübertragung im Stapelbetrieb; ~ **de bloques de bits** Übertragung von Bitblöcken; ~ **en serie** serielle Übertragung

tra(n)sferible [tra^(n)sfe'riβle] *adj* **1.** (*trasladable*) verlegbar **2.** (*posponible*) verlegbar, verschiebbar **3.** (ECON) transferierbar **4.** (FIN) transferierbar, überweisbar **5.** (*propiedad*) übertragbar

transferir [tra^nsfe'rir] *irr como sentir vt* **1.** (*trasladar*) verlegen (*a* nach +*dat*) **2.** (*posponer*) verlegen, verschieben **3.** (ECON) transferieren (*a* zu +*dat,* in +*akk*) **4.** (FIN) überweisen (*a* auf +*akk,* an +*akk*) **5.** (*propiedad, derecho*) übertragen (*a* auf +*akk*), übereignen (*a* +*dat*) **6.** (INFOR) portieren

tra(n)sfigurable [tra^(n)sfiɣu'raβle] *adj* verwandelbar

tra(n)sfiguración [tra^(n)sfiɣura'θjon] *f* **1.** (*transformación*) Verwandlung *f* **2.** (REL) Verklärung *f,* Transfiguration *f*

transfigurar [tra^nsfiɣu'rar] *vt* **1.** (*transformar*) verwandeln **2.** (REL) verklären

tra(n)sfinito, -a [tra^(n)sfi'nito, -a] *adj* (MAT) unendlich, transfinit

tra(n)sflor [tra^(n)s'flor] *m* (ARTE) Metallmalerei *f*

tra(n)sformable [tra^(n)sfor'maβle] *adj* veränderbar

tra(n)sformación [tra^(n)sforma'θjon] *f* **1.** (*de forma, medida*) Umwandlung *f,* Umformung *f;* (*de costumbres*) Veränderung *f;* (*de productos*) Verarbeitung *f* **2.** (*de carácter*) Verwandlung *f* **3.** (FÍS) Umwandlung *f,* Verwandlung *f* **4.** (ELEC) Transformation *f,* Umspannung *f* **5.** (*de penalti*) Verwandlung *f*

tra(n)sformacional [tra^(n)sformaθjo'nal] *adj* transformationell; **gramática ~** (LING) Transformationsgrammatik *f*

tra(n)sformador¹ [tra^(n)sforma'ðor] *m* (ELEC) Transformator *m,* Umspanner *m*

tra(n)sformador(a)² [tra^(n)sforma'ðor(a)] *adj:* **central ~a** (ELEC) Umspannwerk *nt*

tra(n)sformar [tra^(n)sfor'mar] *vt* **1.** (*de forma, cualidad*) umwandeln (*en* in +*akk*), umformen (*en* in +*akk*); (*costumbres*) verändern; ~ **un garaje en un estudio** eine Garage in ein Atelier umgestalten [*o* umwandeln] **2.** (*convertir en*) verwandeln (*en* in +*akk*) **3.** (*carácter*) verwandeln; **desde el accidente está transformado** seit dem Unfall ist er wie umgewandelt **4.** (FÍS) umwandeln, verwandeln (*en* in +*akk,* zu +*dat*) **5.** (ELEC) transformieren, umspannen **6.** (*penalti*) verwandeln

tra(n)sformativo, -a [tra^(n)sforma'tiβo, -a] *adj:* **gramática transformativa** (LING) Transformationsgrammatik *f*

transformismo [tra^nsfor'mismo] *m sin pl* **1.** (BIOL) Transformismus *m* **2.** (TEAT) Verwandlungskunst *f*

transformista [tra^nsfor'mista] **I.** *adj* transformistisch **II.** *mf* **1.** (BIOL) Vertreter(in) *m(f)* des Transformismus **2.** (TEAT) Verwandlungskünstler(in) *m(f)*

tra(n)sfronterizo, -a [tra^(n)sfron̩te'riθo, -a] *adj* grenzüberschreitend, grenzübergreifend

trá(n)sfuga ['tra^(n)sfuɣa] *mf* **1.** (MIL) Überläufer(in) *m(f),* Deserteur(in) *m(f)* **2.** (POL) Abtrünnige(r) *mf*

tra(n)sfuguismo [tra^(n)sfu'ɣismo] *m sin pl* (POL) Abtrünnigkeit *f*

transfundir [tra^nsfun̩'dir] *vt* **1.** (*líquido*) umfüllen **2.** (MED) transfundieren, übertragen

tra(n)sfusible [tra^(n)sfu'siβle] *adj* (*líquido*) umfüllbar; (*sangre*) transfundierbar

tra(n)sfusión [tra^(n)sfu'sjon] *f* **1.** (*de líquido*) Umfüllung *f* **2.** (MED) (Blut)transfusion *f*

transgénico, -a [tra^ns'xeniko, -a] *adj* (MED) transgen

tra(n)sgredir [tra^(n)sɣre'ðir] *irr como abolir vt* (*ley*) übertreten; (*orden*) verstoßen (gegen +*akk*)

tra(n)sgresión [tra^(n)sɣre'sjon] *f* **1.** (*ley*) Übertretung *f;* (*orden*) Verstoß *m* **2.** (GEO): ~ **marina** Transgression *f*

tra(n)sgresor(a) [tra^(n)sɣre'sor(a)] **I.** *adj* übertretend **II.** *m(f)* Übertreter(in) *m(f)*

transiberiano, -a [transiβe'rjano, -a] *adj* transsibirisch; **ferrocarril ~** Transsibirische Eisenbahn

transición [transi'θjon] *f* **1.** (*paso*) Übergang *m;* **período de ~** Übergangszeit *f,* Übergangsperiode *f* **2.** (METEO) Wechsel *m,* (Wetter)umschwung *m* **3.** (POL) *der Übergang zur Demokratie in Spanien nach Francos Tod*

transido, -a [tran'siðo, -a] *adj* (*elev*): ~ **de dolor/pena** von Schmerz/Kummer gequält [*o* geplagt]; ~ **de emoción** überwältigt vor Rührung; ~ **de hambre** (völlig) ausgehungert

transigencia [transi'xen̩θja] *f* **1.** (*condescendencia*) Nachgiebigkeit *f* **2.** (*tolerancia*) Toleranz *f* **3.** (POL) Kompromissbereitschaft *f*

transigente [transi'xen̩te] *adj* **1.** (*condescendiente*) nachgiebig **2.** (*tolerante*) duld-

T

sam, tolerant **3.** (POL) kompromissbereit

transigir [transi'xir] <g→j> *vi* **1.** (*ceder*) nachgeben **2.** (*tolerar*) dulden, tolerieren **3.** (POL) einen Kompromiss finden; (JUR) sich vergleichen (*sobre* hinsichtlich +*gen*)

Transilvania [transil'βanja] *f* Siebenbürgen *nt;* (HIST) Transsilvanien *nt*

transilvano, -a [transil'βano, -a] **I.** *adj* transsilvanisch, siebenbürgisch **II.** *m, f* Einwohner(in) *m(f)* von Transsilvanien, Siebenbürge, -in *m, f*

transistor [transis'tor] *m* (ELEC) Transistor *m;* (*radio*) Transistorradio *nt,* Transistor *m*

transistorizado, -a [transistori'θaðo, -a] *adj* transistorisiert; (*encendido, amplificador*) Transistor-

transitable [transi'taβle] *adj* (*en coche*) befahrbar; (*a pie*) gangbar, begehbar

transitar [transi'tar] *vi* (*en coche*) fahren (*por* auf +*dat*); (*por un túnel*) durchfahren; (*a pie*) entlanggehen; **una calle muy/poco transitada** eine viel/wenig befahrene Straße; **nadie transitaba por la calle** es war kein Mensch auf der Straße

transitario, -a [transi'tarjo, -a] *m, f* (COM) Transithändler(in) *m(f)*

transitivo, -a [transi'tiβo, -a] *adj* (LING) transitiv

tránsito ['transito] *m* **1.** (*circulación*) Verkehr *m;* ~ **rodado** Fahrzeugverkehr *m,* rollender Verkehr; **calle de mucho** ~ verkehrsreiche Straße; **el** ~ **por esta calle es algo complicado** durch diese Straße zu fahren ist ziemlich kompliziert **2.** (*de personas*) Durchreise *f;* (COM) Durchfuhr *f,* Transit *m;* **mercancía en** ~ Transitware *f;* **pasajeros en** ~ (AERO) Transitreisende *mpl;* **país de** ~ Durchfuhrland *nt,* Transitland *nt;* **permiso de** ~ Durchfuhrbewilligung *f*

transitoriedad [transitorje'ðað] *f sin pl* Vergänglichkeit *f*

transitorio, -a [transi'torjo, -a] *adj* **1.** (*temporal*) vorübergehend; (*ley, periodo, disposición*) Übergangs-; (ECON) transitorisch; **incapacidad laboral transitoria** zeitweilige Arbeitsunfähigkeit **2.** (*pasajero*) vergänglich

translaticio, -a [tra^{n}sla'tiθjo, -a] *adj v.* **traslaticio**

tra(n)slativo, -a [tra$^{(n)}$sla'tiβo, -a] *adj* (JUR) (rechts)übertragend; **título** ~ **de dominio** Eigentumsübertragungsurkunde *f*

tra(n)slimitar [tra$^{(n)}$slimi'tar] *vt* die Grenzen überschreiten [*o* übertreten]

tra(n)sliteración [tra$^{(n)}$slitera'θjon] *f* Transliteration *f*

tra(n)sliterar [tra$^{(n)}$slite'rar] *vt* transliterieren

tra(n)slúcido, -a [tra$^{(n)}$s'luθiðo, -a] *adj* durchscheinend, lichtdurchlässig; (FÍS) transluzid, transluzent

tra(n)smarino, -a [tra$^{(n)}$sma'rino, -a] *adj* transmarin(isch), überseeisch

tra(n)smediterráneo, -a [tra$^{(n)}$smeðite'rraneo, -a] *adj:* **barco** ~ *Schiff, das auf dem Mittelmeer verkehrt;* **comercio** ~ Mittelmeerhandel *m*

tra(n)smigración [tra$^{(n)}$smiɣra'θjon] *f* **1.** (*de personas*) Auswanderung *f* **2.** (REL): **la** ~ **de las almas** die Seelenwanderung

transmigrar [tra^{n}smi'ɣrar] *vi* **1.** (*personas*) auswandern **2.** (REL: *las almas*) wandern

transmisible [tra^{n}smi'siβle] *adj* übertragbar; (*por herencia*) vererblich

transmisión [tra^{n}smi'sjon] *f* **1.** (*de noticia, t.* INFOR) Übermitt(e)lung *f;* ~ **de arranque/parada** (INFOR) Start-Stopp-Übertragung *f;* ~ **de datos** Datenübertragung *f,* Datenübermitt(e)lung *f;* ~ **de gastos** (COM) Kostenübergang *m;* ~ **en paralelo** Parallelübertragung *f;* ~ **de poderes** Amtsübergabe *f;* ~ **de riesgos** (COM) Gefahrübergang *m;* ~ **en serie** (INFOR) serielle Übertragung; ~ **de un título de propiedad** (JUR) Übertragung eines Besitztitels **2.** (TV, RADIO) Übertragung *f,* Sendung *f* **3.** (*enfermedad*) Übertragung *f* **4.** (TÉC) Übertragung *f;* (*mecanismo*) Transmission *f;* (*propulsión*) Antrieb *m* **5.** (AUTO) Getriebe *nt;* **correa de** ~ Transmissionsriemen *m* **6.** (FÍS) Leitung *f* **7.** (*por herencia*) Vererbung *f* **8.** (MÚS) Traktur *f*

tra(n)smisor[1] [tra$^{(n)}$smi'sor] *m* **1.** (TÉC) Sender *m* **2.** (MED) Überträger *m* **3.** (BIOL) Transmitter *m*

tra(n)smisor(a)[2] [tra$^{(n)}$smi'sor(a)] *adj:* **estación** ~**a** Sender *m*

tra(n)smisor-receptor [tra$^{(n)}$smi'sor reθep'tor] *m* <**transmisores-receptores**> Funksprechgerät *nt*

transmitir [tra^{n}smi'tir] *vt* **1.** (*noticia*) übermitteln; (*por teléfono*) durchsagen, übermitteln **2.** (TV, RADIO) übertragen, senden **3.** (*enfermedad*) übertragen **4.** (TÉC) übertragen **5.** (*por herencia*) vererben **6.** (FÍS) leiten

tra(n)smontano, -a [tra$^{(n)}$smon'tano, -a] *adj* jenseits der Berge, transmontan

tra(n)smutable [tra$^{(n)}$smu'taβle] *adj* umwandelbar, verwandelbar; (QUÍM) transmutierbar

tra(n)smutación [tra$^{(n)}$smuta'θjon] *f* Umwandlung *f,* Verwandlung *f;* (QUÍM) Transmutierung *f*

transmutar [tra^{n}smu'tar] *vt* umwandeln (*en* in +*akk*), verwandeln (*en* in +*akk*); (QUÍM) transmutieren (*en* in +*akk*)

tra(n)snacional [tra$^{(n)}$snaθjo'nal] *adj* transnational, übernational

transoceánico, -a [tra^{n}soθe'aniko, -a] *adj* transozeansich; **vuelo** ~ Transozeanflug *m*

tra(n)spacífico, -a [tra$^{(n)}$spa'θifiko, -a] *adj* jenseits des Pazifischen Ozeans; **buque** ~ Überseedampfer *m,* Pazifikdampfer *m*

tra(n)sparencia [tra$^{(n)}$spa'renθja] *f* **1.** (*calidad*) Durchsichtigkeit *f,* (Licht)durchlässigkeit *f,* Transparenz *f elev* **2.** (*de intención*) Durchschaubarkeit *f,* Durchsichtigkeit *f* **3.** (FOTO) Dia(positiv) *nt* **4.** (*para un proyector*) Folie *f*

transparentar [tra^{n}sparen̪'tar] **I.** *vt* durchscheinen lassen **II.** *vi, vr:* **~se** durchscheinen, transparent [*o* durchsichtig] sein **III.** *vr:* **~se** **1.** (*temor, intención*) durchscheinen, erkennbar sein **2.** (*fam: ropa*) durchsichtig sein

tra(n)sparente [tra$^{(n)}$spa'ren̪te] **I.** *adj* **1.** (*material, papel*) durchsichtig, transparent **2.** (*intenciones*) durchschaubar, durchsichtig **II.** *m* Transparent *nt*

tra(n)spirable [tra$^{(n)}$spi'raβle] *adj* schwitzfähig

tra(n)spiración [tra$^{(n)}$spira'θjon] *f* **1.** (*de persona*) Schweißabsonderung *f,* Transpiration *f* **2.** (BOT) Transpiration *f*

tra(n)spirar [tra$^{(n)}$spi'rar] *vi* **1.** (*persona*) schwitzen, transpirieren *elev* **2.** (BOT) Wasser ausdünsten

tra(n)spirenaico, -a [tra$^{(n)}$spire'nai̯ko, -a] *adj* transpyrenäisch

tra(n)spolar [tra$^{(n)}$spo'lar] *adj* transpolar

transponer [tra^{n}spo'ner] *irr como poner* **I.** *vt* **1.** (*persona*) umsetzen; (*cosa*) umstellen **2.** (*trasplantar*) umpflanzen **II.** *vr:* **~se** **1.** (*persona*) sich verstecken **2.** (*sol*) untergehen **3.** (*dormirse*) einschlafen, einnicken

tra(n)sportable [tra$^{(n)}$spor'taβle] *adj* **1.** (*movible*) transportierbar; (*equipo de música*) tragbar, transportabel; (*cocina, tenderete*) fahrbar **2.** (*peso, caja*) tragbar

tra(n)sportador[1] [tra$^{(n)}$sporta'ðor] *m* **1.** (MAT) Winkelmesser *m* **2.** (TÉC) Förderer *m*

tra(n)sportador(a)[2] [tra$^{(n)}$sporta'ðor(a)] *adj:* **cinta ~a** Transportband *nt,* Förderband *nt*

transportar [tra^{n}spor'tar] **I.** *vt* **1.** (*trasladar*) tragen, bringen; **hoy he transportado los muebles a la nueva casa** heute habe ich die Möbel in die neue Wohnung gebracht **2.** (COM: *mercancías*) transportieren, befördern; (*personas*) befördern; **~ por avión** per Flugzeug verfrachten; **~ por barco** verschiffen **3.** (TÉC) fördern **4.** (MÚS) transponieren **II.** *vr:* **~se** entzückt [*o* hingerissen] sein

tra(n)sporte [tra$^{(n)}$s'porte] *m* **1.** (COM) Transport *m,* Beförderung *f;* **~ aéreo/marítimo** Beförderung per Flugzeug/Schiff; **~ por carretera** Beförderung [*o* Transport] per LKW [*o* auf dem Landweg]; **~ ferroviario** Bahntransport *m,* Beförderung per Bahn; **~ de personas** Personenbeförderung *f,* Personenverkehr *m;* **~ de tropas** Truppentransport *nt;* **compañía de ~s** Spedition *f;* **gastos de ~** Transportkosten *pl* **2.** (TÉC) Beförderung *f* **3.** (*vehículo*): **~s públicos** öffentliche Verkehrsmittel; **¿qué ~ utilizas para ir a la ciudad?** wie fährst du in die Stadt?; **¿qué medio de ~ utilizas para ir a trabajar?** mit welchem Verkehrsmittel fährst du zur Arbeit? **4.** (*de basura: de un lugar*) Abfuhr *f;* (*a un lugar*) Anfuhr *f* **5.** *pl* (*conjunto*) Verkehrswesen *nt;* **el ramo de los ~s** das Transportwesen **6.** (MÚS) Transposition *f,* Transponieren *nt* **7.** (*exaltación*) Entzückung *f*

tra(n)sportista [tra$^{(n)}$spor'tista] *mf* **1.** (*el que transporta*) Transporteur(in) *m(f)* **2.** (COM) Frachtführer(in) *m(f);* **empresa** [*o* **agente**] **~** Spediteur *m;* **trabaja de ~** er arbeitet als Speditionskaufmann, sie arbeitet als Speditionskauffrau

tra(n)sposición [tra$^{(n)}$sposi'θjon] *f* **1.** (*de persona*) Umsetzung *f;* (*de cosa*) Umstellen *nt* **2.** (*trasplante*) Umpflanzung *f* **3.** (LING, MÚS) Transposition *f*

tra(n)spuesto, -a [tra$^{(n)}$s'pwesto, -a] **I.** *pp de* **transponer** **II.** *adj:* **quedarse ~** einschlafen, einnicken

transubstanciación [transu$^{(β)}$stan̪θja'θjon] *f* (REL) Transsubstantiation *f*

transubstanciar [transu$^{(β)}$stan̪'θjar] *vt* (REL) der Transsubstantiation unterziehen

transvasar [tra^{n}sβa'sar] *vt v.* **trasvasar**

transvase [tra^{n}s'βase] *m v.* **trasvase**

tra(n)sverberación [tra$^{(n)}$sβerβera'θjon] *f* (REL) Durchbohrung *f,* Durchstechung *f;* **la ~ del corazón de un Santo** die Durchbohrung des Herzens eines Heiligen

tra(n)sversal [tra$^{(n)}$sβer'sal] *adj* **1.** (*atravesado, perpendicular*) quer; **calle ~** Querstraße *f* **2.** (*transversalmente*) schräg **3.** (FÍS, MAT) transversal; (**línea**) **~** Transversale *f*

tra(n)sverso, -a [tra$^{(n)}$s'βerso, -a] *adj* **1.** (*atravesado, perpendicular*) quer **2.** (*transversalmente*) schräg **3.** (FÍS, MAT) transversal

tra(n)svestido [tra$^{(n)}$sβes'tiðo] *m* Transvestit *m*

tranvía [tram'bia] *m* Straßenbahn *f*

tranviario, -a [tram'bjarjo, -a] **I.** *adj* Straßenbahn- **II.** *m, f* **1.** (*conductor*) Straßenbahnfahrer(in) *m(f)* **2.** (*revisor*) Straßenbahnschaffner(in) *m(f)* **3.** (*ambos*) Straßenbahner(in) *m(f) fam*

trapa[1] ['trapa] *m o f* **1.** (*de los pies*) Getrampel *nt* **2.** (*vocerío*) Geschrei *nt*

trapa[2] ['trapa] *f* (REL) Trapistenorden *m*

trapacear [trapaθe'ar] *vi* betrügen, schwindeln

trapacería [trapaθe'ria] *f* Betrug *m,* Schwindel *m*

trapacero, -a [trapa'θero, -a] *m, f* Gauner(in) *m(f)*

trapajo [tra'paxo] *m* (*pey*) alter Fetzen *m,* alter Lumpen *m*

trapajoso, -a [trapa'xoso, -a] *adj* **1.** (*en el vestir*) schäbig, zerlumpt **2.** (*en el hablar*): **tiene una lengua trapajosa** er/sie nuschelt

trápala[1] ['trapala] *f* **1.** (*de gente*) Geschrei *nt* **2.** (*de caballo*) Trappeln *nt,* Getrappel *nt* **3.** (*fam: embuste*) Betrug *m,* Schwindel *m*

trápala[2] ['trapala] *m* (*fam*) Geschwätzigkeit *f*

trápala[3] ['trapala] *mf* **1.** (*trapacero*) Gauner(in) *m(f)* **2.** (*parlanchín*) Schwätzer(in) *m(f)*

trapalear [trapale'ar] *vi* **1.** (*caballo*) trappeln **2.** (*hablar*) schwätzen

trapalón, -ona [trapa'lon, -ona] *m, f* **1.** (*fam: parlanchín*) Schwätzer(in) *m(f)*

2. (*fam: embustero*) Gauner(in) *m(f)*

trapatiesta [trapa'tjesta] *f* **1.** (*fam: riña: verbal*) Krach *m;* (*con puñetazos*) Schlägerei *f* **2.** (*fam: jaleo*) Radau *m*

trapaza [tra'paθa] *f* (*engaño*) Schwindelei *f;* (*fraude*) Betrug *m*

trapazar [trapa'θar] <z→c> *vi v.* **trapacear**

trapeador [trapea'ðor] *m* (*Chil, Méx*) Wischlappen *m*

trapear [trape'ar] *vt* **1.** (*Am: limpiar*) wischen **2.** (*AmC: insultar*) in den Schmutz ziehen [*o* zerren]

trapecio [tra'peθjo] *m* **1.** (*de circo, t.* MAT) Trapez *nt* **2.** (ANAT) Trapezmuskel *m*

trapecista [trape'θista] *mf* Trapezkünstler(in) *m(f)*

trapense [tra'pense] *mf* (REL) Trappist(in) *m(f)*

trapería [trape'ria] *f* **1.** (*trapos*) Lumpen *mpl* **2.** (*tienda*) Trödelladen *m*

trapero, **-a** [tra'pero, -a] *m, f* Lumpensammler(in) *m(f),* Lumpenhändler(in) *m(f)*

trapezoedro [trapeθo'eðro] *m* (MAT) Trapezoeder *nt*

trapezoidal [trapeθoi̯'ðal] *adj* (MAT) Trapezoid-

trapezoide [trape'θoi̯ðe] *m* (MAT) Trapezoid *nt*

trapiche [tra'piʧe] *m* (*Am: exprimidor de caña*) Zuckermühle *f*

trapichear [trapiʧe'ar] *vi* **1.** (*fam: enredos*) krumme Sachen machen; (*intrigar*) intrigieren; (*con artimañas*) tricksen; ~ **en los negocios** krumme Geschäfte machen; **ha trapicheado para conseguir el puesto** er/sie hat um die Stelle geschachert **2.** (*comerciar*) Kleinhandel treiben

trapicheo [trapi'ʧeo] *m* **1.** (*fam: cosa*) krumme Sache *f;* (*negocio*) krummes Geschäft *nt* **2.** (*fam: intriga*) Intrige(n) *f(pl);* (*artimaña*) List *f;* (*por un cargo*) Schacherei *f;* **ha habido ~s en las elecciones** bei den Wahlen wurde getrickst

trapillo [tra'piʎo] *m* **1.** (*galán*) Galan *m* aus niederen Verhältnissen; **ir de** ~ leger gekleidet sein **2.** (*dinero*) kleine Ersparnisse *fpl*

trapío [tra'pio] *m* **1.** (*de mujer*) Grazie *f,* Anmut *f* **2.** (TAUR) Stattlichkeit *f*

trapisonda [trapi'son̪da] *f* **1.** (*riña*) Krach *m* **2.** (*alboroto*) Krach *m,* Geschrei *nt* **3.** (*enredo*) Verwirrung *f* **4.** (*intriga*) Intrige *f*

trapisondear [trapison̪de'ar] *vi* (*fam*) **1.** (*alborotar*) lärmen, krakeelen **2.** (*intrigar*) Ränke schmieden

trapisondista [trapison̪'dista] *mf* **1.** (*alborotador*) Krakeeler *m* **2.** (*bullanguero*) Radaubruder *m,* Radaumacher(in) *m(f)* **3.** (*intrigante*) Intrigant(in) *m(f)*

trapo ['trapo] *m* **1.** (*tela*) Lumpen *m,* Fetzen *m* **2.** (*para limpiar*) Lappen *m,* Lumpen *m;* **pasar el** ~ mit einem Tuch abwischen **3.** (TAUR) Muleta *f* **4.** *pl* (*fam: vestidos*) Klamotten *pl* **5.** (NÁUT) Segel *nt;* **a todo** ~ mit vollen Segeln; **el coche iba a todo** ~ (*fam*) das Auto hatte einen Affenzahn drauf; **poner la música a todo** ~ (*fam*) die Musik auf volle Lautstärke stellen **6.** (TEAT) (Bühnen)vorhang *m* **7.** (*fam: loc*): **dejar a alguien como un** ~ jdm eine Standpauke halten; **poner a alguien como un** ~ jdn in den [*o* durch den] Schmutz ziehen [*o* zerren]; **sacar los ~s sucios a relucir** schmutzige Wäsche (vor anderen Leuten) waschen; **soltar el** ~ (*reír*) losplatzen; (*llorar*) in Tränen ausbrechen; **estar hecho un** ~ fix und fertig sein

traque ['trake] *m* **1.** (*del cohete*) (Raketen)knall *m* **2.** (*guía de pólvora*) Lauffeuer *nt* **3.** (*fam*) lauter Furz *m* **4.** (*loc*): **a** ~ **barraque** auf Teufel komm raus

tráquea ['trakea] *f* **1.** (ANAT) Luftröhre *f,* Trachea *f* **2.** (ZOOL) Trachea *f*

traqueal [trake'al] *adj* **1.** (ANAT) Luftröhren-, tracheal **2.** (ZOOL) Tracheen-

traqueítis [trake'itis] *f inv* (MED) Entzündung *f* der Luftröhre, Tracheitis *f*

traqueoscopia [trakeos'kopja] *f* (MED) Luftröhrenspiegelung *f,* Tracheoskopie *f*

traqueotomía [trakeoto'mia] *f* (MED) Luftröhrenschnitt *m,* Tracheotomie *f*

traquetear [trakete'ar] **I.** *vi* Krach machen; (*vehículo: la chapa*) klappern; (*el motor*) rattern; (*vajilla*) klappern; (*sillas, carro*) poltern; (*ametralladora*) knattern, rattern **II.** *vt* schütteln

traqueteo [trake'teo] *m* Krach *m;* (*de la chapa del vehículo*) Klappern *nt,* Geklapper *nt;* (*del motor*) Rattern *nt;* (*de vajilla*) Klappern *nt;* (*de sillas, carro*) Poltern *nt;* (*de ametralladora*) Knattern *nt,* Rattern *nt*

traquido [tra'kiðo] *m* **1.** (*de pistola*) Knall *m* **2.** (*de madera*) Knacken *nt*

traro ['traro] *m* (*Arg, Chil:* ZOOL) Caracara *m*

tras [tras] **I.** *prep* **1.** (*temporal*) nach +*dat;* ~ **largas negociaciones han llegado a un acuerdo** nach langen Verhandlungen sind sie zu einer Einigung gekommen **2.** (*espacial: detrás de*) hinter +*dat;* (*orden*) nach +*dat;* **voy** ~ **tuyo** [*o* **de ti**] (*en la cola*) ich bin nach dir dran; (*en el coche*) ich fahre dir nach; **ése va** ~ **mío** [*o* **de mí**] der ist hinter mir her **3.** (*con movimiento*) hinter +*akk;* **ponerse uno** ~ **otro** sich hintereinander aufstellen **4.** (*además de*) außer +*dat,* über +*akk* hinaus; ~ **de ser de pésima calidad es caro** es ist nicht nur von miserabler Qualität, sondern dazu [*o* obendrein] auch noch teuer **II.** *m* (*fam*) Hintern *m* **III.** *interj:* **¡~ ~!** klopf, klopf!

trasañejo, **-a** [trasa'ɲexo, -a] *adj* **1.** (*muy añejo*) sehr alt **2.** (*tresañejo*) über drei Jahre alt

trasbocar [trasβo'kar] <c→qu> *vt* (*AmC, AmS*) erbrechen, sich übergeben

trasbordar [trasβor'ðar] *vt, vi v.* **transbordar**

trasbordo [tras'βorðo] *m v.* **transbordo**

trascendencia [trasθen̪'den̪θja] *f* **1.** (*importancia*) Bedeutung *f,* Tragweite *f;* **no tener** ~ unbedeutend sein; **un incidente sin más** ~ ein Vorfall ohne schlimmere Folgen **2.** (FILOS) Transzendenz *f*

trascendental [trasθen̪den̪'tal] *adj* **1.** (*importante*) von großer Bedeutung [*o* Tragweite] **2.** (FILOS) transzendent(al)

trascender [trasθen̪'der] <e→ie> *vi* **1.** (*hecho, noticia*) durchsickern, bekannt werden **2.** (*efecto, consecuencias*) sich auswirken (*a* auf +*akk*), eine Auswirkung haben (*a* auf +*akk*); **su pensamiento filosófico trasciende a todos los ámbitos de su vida** alle Bereiche seines/ihres Lebens sind von seinem/ihrem philosophischen Denken geprägt **3.** (*ir más allá*) die Grenzen überschreiten, transzendieren *elev;* **el problema trasciende el ámbito familiar** das Problem geht über den familiären Bereich hinaus **4.** (*olor*) durchdringen **5.** (FILOS) transzendieren

trascordarse [traskor'ðarse] <o→ue> *vr* **1.** (*olvidar*) vergessen **2.** (*confundir*) verwechseln

trascoro [tras'koro] *m* Raum *m* hinter dem Chor

trascurrir [trasku'rrir] *vi v.* **transcurrir**

trasegar [trase'ɣar] *irr como fregar vt* **1.** (*objetos: desordenar*) durcheinander bringen; (*cambiar*) umstellen **2.** (*líquidos*) umfüllen; (*de garrafa a botella*) abfüllen **3.** (*alcohol*) (viel) trinken

trasera [tra'sera] *f* Rückseite *f*

trasero[1] [tra'sero] *m* (*fam*) Hintern *m*

trasero, -a[2] [tra'sero, -a] *adj* hintere(r, s), Hinter-, Rück-; **asiento** ~ (AUTO) Rücksitz *m;* **luz trasera** (AUTO) Rücklicht *nt;* **propulsión/puerta trasera** (AUTO) Heckantrieb *m*/Hecktür *f;* **rueda trasera** Hinterrad *nt;* **la parte trasera del edificio** die Hinterseite des Gebäudes

trasferir [trasfe'rir] *irr como sentir vt v.* **transferir**

trasfigurar [trasfiɣu'rar] *vt v.* **transfigurar**

trasfondo [tras'fon̪do] *m* Hintergrund *m*

trasgo ['trasɣo] *m* **1.** (*duende*) Kobold *m;* (*espíritu*) Spukgestalt *f* **2.** (*niño*) Racker *m fam*

trasguear [trasɣe'ar] *vi* spuken; (*enredar*) Unfug anstellen

trashumancia [trasu'man̪θja] *f sin pl* (AGR) Transhumanz *f*

trashumante [trasu'man̪te] *adj* (AGR) transhumant

trashumar [trasu'mar] *vi Herden auf die Sommerweide/Winterweide treiben*

trasiego [tra'sjeɣo] *m* **1.** (*de objetos: desorden*) Durcheinander *nt* **2.** (*cambio*) Umstellung *f;* **ha habido un** ~ **de cargos** viele Posten sind umbesetzt worden **3.** (*de líquidos*) Umfüllen *nt;* (*de garrafa a botella*) Abfüllung *f*

traslación [trasla'θjon] *f* **1.** (*de cosas*) Umstellen *nt,* Umräumung *f;* (*de cuerpo*) Überführung *f;* (*de tropa*) Verlegung *f* **2.** (*traducción*) Übersetzung *f* (*a* in +*akk, de* aus +*dat*); (LING) Translation *f* **3.** (*metáfora*) Metapher *f* **4.** (FÍS): **movimiento de** ~ Translation *f*

trasladar [trasla'ðar] **I.** *vt* **1.** (*cosas*) umstellen, umräumen; (*cuerpo*) überführen; (*tropa, tienda*) verlegen; (INFOR) verschieben; (*prisionero: a otra prisión*) verlegen; (*a otra comisaría*) überstellen; ~ **fondos de una cuenta a otra** (FIN) Geldmittel von einem Konto auf ein anderes überweisen **2.** (*funcionario*) versetzen (*a* in +*akk,* nach +*dat*) **3.** (*fecha*) verschieben (*a* auf +*akk*) **4.** (*traducir*) übersetzen, übertragen (*a* in +*akk*) *elev* **5.** (*idea*): ~ **un pensamiento al papel** einen Gedanken zu Papier bringen; ~ **una obra literaria a la pantalla** ein literarisches Werk verfilmen **6.** (*orden, medida*) übertragen (*a* auf +*akk*) **7.** (*escrito*) kopieren **II.** *vr:* ~**se 1.** (*ir a*) sich begeben; ~**se en coche** mit dem Auto fahren, sich mit dem Auto fortbewegen **2.** (*mudarse*) umziehen (*a* nach +*dat*)

traslado [tras'laðo] *m* **1.** (*de cosas*) Umstellen *nt,* Umräumung *f;* (*cuerpo*) Überführung *f;* (*tropa*) Verlegung *f;* (INFOR) Verschiebung *f;* (*prisionero: de prisión*) Verlegung *f;* (*de comisaría*) Überstellung *f* **2.** (*de funcionario*) Versetzung *f;* ~ **temporal** zeitlich begrenzte Versetzung; **solicitud de** ~ Versetzungsantrag *m* **3.** (*de fecha*) Verschiebung *f* **4.** (*mudanza*) Umzug *m* **5.** (*copia*) Kopie *f,* Abschrift *f* **6.** (*de orden, medida*) Übertragung *f*

traslaticio, -a [trasla'tiθjo, -a] *adj:* **en sentido** ~ im übertragenen Sinne

traslucir [traslu'θir] *irr como lucir* **I.** *vt:* **dejar** ~ **algo** etw andeuten; **su cara trasluce alegría** sein/ihr Gesicht spiegelt die Freude wider **II.** *vr:* ~**se 1.** (*ser translúcido*) lichtdurchlässig [*o* durchscheinend] sein **2.** (*verse*) durchschimmern **3.** (*hecho, intención*) durchschaubar sein **4.** (*pensamiento, angustia*) durchscheinen, durchschimmern

trasluz [tras'luθ] *m* **1.** (*luz difusa*) durchscheinendes Licht *nt;* **mirar al** ~ gegen das Licht betrachten **2.** (*luz reflejada*) Schein *m,* Schimmer *m*

trasmano [tras'mano]: **no puedo cogerlo, me pilla a** ~ ich komme nicht heran, es ist zu weit weg; **su casa cae tan a** ~ **que apenas lo visito** sein Haus ist so abgelegen, dass ich ihn kaum besuche

trasmigrar [trasmi'ɣrar] *vi v.* **transmigrar**

trasmisible [trasmi'siβle] *adj v.* **transmisible**

trasmisión [trasmi'sjon] *f v.* **transmisión**

trasmitir [trasmi'tir] *vt v.* **transmitir**

trasmutar [trasmu'tar] *vt v.* **transmutar**

trasnochada [trasno'ʧaða] *f* **1.** (*vela*) schlaflose Nacht *f* **2.** (*vigilancia*) Nachtwache *f* **3.** (*noche anterior*) vergangene Nacht *f* **4.** (MIL) nächtlicher Überfall *m*

trasnochado, -a [trasno'ʧaðo,-a] *adj* **1.** (*comida*) verdorben **2.** (*idea, plan*) überholt

3. (*persona*) übernächtigt
trasnochador(a) [trasnotʃa'ðor(a)] *m(f)* Nachtschwärmer(in) *m(f)*
trasnochar [trasno'tʃar] **I.** *vi* **1.** (*no dormir*) nicht schlafen gehen, sich *dat* die Nacht um die Ohren schlagen *fam;* (*ir de juerga*) die ganze Nacht durchmachen; (*trabajando*) die Nacht zum Tage machen **2.** (*acostarse tarde*) spät schlafen gehen **3.** (*pernoctar*) übernachten **II.** *vt* überschlafen
trasoír [traso'ir] *irr como oír vt* falsch verstehen, sich verhören
traspalar [traspa'lar] *vt* **1.** (*con pala*) an eine andere Stelle schaufeln **2.** (*con manos*) umstellen
traspapelar [traspape'lar] **I.** *vt* verlegen, verkramen *fam* **II.** *vr:* **~se** verloren gegangen sein
trasparentar(se) [trasparen̪'tar(se)] *vt, vr v.* **transparentar**
traspasable [traspa'saβle] *adj* übertragbar
traspasar [traspa'sar] *vt* **1.** (*atravesar: bala, espada*) durchbohren; (*rayos*) durchdringen; (*líquido*) (durch)sickern; (*calle*) überqueren; (*río*) durchqueren, überqueren; **esta compresa no deja ~ nada** diese Binde ist sehr saugfähig **2.** (*pasar a*) übertragen (*a* auf +*akk*); **~ a una cuenta** auf ein Konto überweisen **3.** (*sentidos*): **el estruendo me traspasó el oído** der Krach war ohrenbetäubend; **este poema me traspasa el corazón** dieses Gedicht zerreißt mir das Herz **4.** (DEP) transferieren **5.** (*límite*) hinausgehen (über +*akk*), überschreiten; (*ley*) überschreiten
traspaso [tras'paso] *m* **1.** (*de bala, espada*) Durchbohrung *f;* (*de rayos*) Durchdringung *f;* (*de líquido*) Durchsickern *nt;* (*de calle*) Überquerung *f;* (*de río*) Überquerung *f,* Durchquerung *f* **2.** (*de piso, negocio*) Übertragung *f;* (*dinero*) Abstandssumme *f;* **~ de bienes** Übertragung von Vermögenswerten **3.** (DEP) Transfer *m;* (*dinero*) Transfergeld *nt,* Ablösesumme *f* **4.** (*de límite*) Überschreitung *f* **5.** (*pena*) Kummer *m,* Betrübnis *f*
traspatio [tras'patjo] *m* (*Am*) Hinterhof *m*
traspié(s) [tras'pje(s)] *m* (*inv*) **1.** (*tropezón*) Stolpern *nt,* Straucheln *nt;* **dar un ~** (*tropezar*) stolpern, straucheln; (*resbalar*) ausgleiten **2.** (*error*) Ausrutscher *m,* Patzer *m;* **dar un ~** (*meter la pata*) ins Fettnäpfchen treten; (*en sociedad*) einen Fauxpas begehen
trasplantable [trasplan̪'taβle] *adj* verpflanzbar, transplantierbar
trasplantación [trasplan̪ta'θjon] *f v.* **trasplante**
trasplantar [trasplan̪'tar] **I.** *vt* **1.** (*planta*) umpflanzen, verpflanzen **2.** (*personas*) umsiedeln, verpflanzen *fam* **3.** (MED) transplantieren **II.** *vr:* **~se** umsiedeln, sich woanders ansiedeln
trasplante [tras'plan̪te] *m* **1.** (*de plantas*) Umpflanzung *f,* Verpflanzung *f* **2.** (*de persona*) Umsiedlung *f,* Verpflanzung *f fam* **3.** (MED) Transplantation *f*
trasponer(se) [traspo'ner(se)] *vt, vr v.* **transponer**
trasportar(se) [traspor'tar(se)] *vt, vr v.* **transportar**
traspunte [tras'pun̪te] *mf* (TEAT) Inspizient(in) *m(f)*
traspuntín [traspun̪'tin] *m* **1.** (*asiento*) Klappsitz *m* **2.** (*fam: culo*) Hintern *m*
trasquilado, -a [traski'laðo, -a] *adj* übel zugerichtet; **salir ~ de algo** bei etw schlecht wegkommen
trasquilador(a) [traskila'ðor(a)] *m(f)* Scherer(in) *m(f)*
trasquilar [traski'lar] *vt* **1.** (*persona*) stutzen **2.** (*animal*) scheren **3.** (*fam: cosa*) schmälern
trasquilón [traski'lon] *m* schlechter Stufenschnitt *m,* Treppe *f fam;* **cortar a trasquilones** verschneiden; **hacer algo a trasquilones** etw mehr schlecht als recht machen
trasroscarse [trasrros'karse] <c→qu> *vr* **1.** (*rosca*) auleiern **2.** (*fam fig*) zu weit gehen, es zu weit treiben
trastabillar [trastaβi'ʎar] *vi* (*dar tropezones*) stolpern
trastada [tras'taða] *f* **1.** (*fam: travesura*) Streich *m;* **hacerle una ~ a alguien** jdm einen Streich spielen **2.** (*mala pasada*) übler Streich *m*
trastazo [tras'taθo] *m* (*fam*) heftiger Schlag *m;* **pegarse un ~** sich *dat* den Kopf anschlagen; **me pegué un ~ contra el armario** ich bin gegen den Schrank geknallt
traste ['traste] *m* **1.** (*de guitarra*) Bund *m* **2.** (*Am: trasto*) Gerümpel *nt,* Kram *m* **3.** (*trasero*) Hintern *m* **4.** (*loc*): **el proyecto se ha ido al ~** das Projekt ist ins Wasser gefallen; **el viaje se ha ido al ~** mit der Reise ist es Essig *fam;* **dar al ~ con algo** etw kaputtmachen *fam*
trastear [traste'ar] **I.** *vt* **1.** (*guitarra: poner*) mit einem Bund versehen; (*tocar*) spielen **2.** (TAUR) mit der Muleta zum Laufen bringen; **~ a alguien** (*fam*) jdn nach seiner Pfeife tanzen lassen **II.** *vi* **1.** (*trastos*) umstellen, umräumen **2.** (*fam: niño*) herumtoben
trastero, -a [tras'tero, -a] *adj:* (**cuarto**) **~** Abstellraum *m,* Abstellkammer *f,* Rumpelkammer *f fam*
trastienda [tras'tjen̪da] *f* **1.** (*de tienda*) Hinterzimmer *nt* **2.** (*fam: astucia*): **tener mucha ~** raffiniert [*o* clever] sein **3.** (*de un asunto*): **la ~ de las negociaciones** die der Öffentlichkeit nicht zugänglichen Hintergründe der Verhandlungen
trasto ['trasto] *m* **1.** (*mueble*) Möbelstück *nt;* (*utensilio*) Haushaltsgerät *nt;* **tirarse los ~s por la cabeza** sich in die Haare kriegen, sich in den Haaren liegen **2.** *pl* (*herramientas*) Ausrüstung *f* **3.** *pl* (*para tirar*) Gerümpel *nt,* Zeug *nt* **4.** (*persona*): **mi hijo es un ~** mein Sohn ist ein Tunichtgut; **mi novio me trata como un ~** mein Freund behandelt mich wie

ein Stück Dreck

trastocar [trasto'kar] <c→qu> **I.** *vt* in Unordnung bringen, durcheinander bringen **II.** *vr:* ~**se** den Verstand verlieren

trastornado, **-a** [trastor'naðo, -a] *adj* **1.** (*confundido*) durcheinander **2.** (*sicológicamente*) verwirrt; (*loco*) verrückt

trastornar [trastor'nar] **I.** *vt* **1.** (*cosa*) durcheinander bringen, in Unordnung bringen; (*volcar*) umkippen, umwerfen; (*de arriba abajo*) auf den Kopf stellen **2.** (*orden, plan, ideas*) zunichte machen, durcheinander bringen; (*orden público*) stören **3.** (*por amor*) verrückt machen **4.** (*sicológicamente*) aus dem Gleichgewicht bringen; **la muerte de su marido la trastornó** der Tod ihres Mannes hat sie stark mitgenommen **5.** (*encantar*) sich begeistern (für +*akk*); **me trastornan los coches** ich bin verrückt nach Autos **II.** *vr:* ~**se** den Verstand verlieren

trastorno [tras'torno] *m* **1.** (*de cosas*) Durcheinander *nt,* Unordnung *f;* (*vuelco*) Umkippen *nt* **2.** (*de orden, ideas*) Durcheinander *nt;* (*de plan, proyecto*) Vernichtung *f;* (*del orden público*) Störung *f;* ~**s políticos** politische Unruhen; **ocasionar ~s** Unannehmlichkeiten verursachen **3.** (*sicológicamente*) Verwirrung *f;* ~ **mental** Bewusstseinsstörung *f* **4.** (MED) Störung *f;* ~**s estomacales** Magenbeschwerden *fpl*

trast(r)abillar [trast(r)aβi'ʎar] *vi* **1.** (*dar traspiés*) stolpern **2.** (*tambalear*) taumeln **3.** (*tartamudear*) stottern

trastrocar [trastro'kar] <c→qu> *vt* **1.** (*el orden*) durcheinander bringen **2.** (*de sitio*) vertauschen **3.** (*el sentido*) verdrehen **4.** (*el estado*) umwandeln

trastrueque [tras'trweke] *m* **1.** (*de orden*) Durcheinander *nt* **2.** (*de sitio*) Vertauschen *nt* **3.** (*de sentido*) Verdrehung *f* **4.** (*del estado*) Umwandlung *f*

trasudar [trasu'ðar] *vt* leicht schwitzen

trasudor [trasu'ðor] *m* kaum sichtbarer Schweiß *m*

trasuntar [trasun̩'tar] *vt* **1.** (*un escrito*) abschreiben; (*sacar copia*) kopieren **2.** (*compendiar*) zusammenfassen

trasunto [tra'sun̩to] *m* **1.** (*escrito*) Kopie *f,* Abschrift *f* **2.** (*imitación*) Abbild *nt;* **el argumento de esta novela es un ~ de aquella sociedad** der Gegenstand dieses Romans spiegelt die damalige Gesellschaft wider

trasvasar [trasβa'sar] *vt* **1.** (*líquido*) umfüllen; (*vertiéndolo*) umgießen; (*de garrafa a botella*) abfüllen **2.** (*río*) umleiten

trasvase [tras'βase] *m* **1.** (*de líquido*) Umfüllung *f;* (*vertiéndolo*) Umgießung *f;* (*de garrafa a botella*) Abfüllung *f* **2.** (*de río*) Umleitung *f*

trasvasijar [trasβasi'xar] *vt* (*Chil: trasvasar*) umfüllen

trasver [tras'βer] *irr como ver vt* **1.** (*distinguir*) ausmachen, erkennen **2.** (*ver a través*) hindurchsehen, hindurchschauen, hindurchblicken **3.** (*ver mal*) schlecht erkennen

trasvolar [trasβo'lar] <o→ue> *vt* überfliegen

trata ['trata] *f* Sklavenhandel *m;* ~ **de blancas** Mädchenhandel *m*

tratable [tra'taβle] *adj* freundlich, zugänglich; **es una persona ~** man kommt mit ihm/ihr gut aus

tratadista [trata'ðista] *mf* Autor(in) *m(f)* einer Abhandlung

tratado [tra'taðo] *m* **1.** (POL) Vertrag *m,* Pakt *m;* ~ **de adhesión** (UE) Beitrittsvertrag *m;* ~ **de no agresión** Nichtangriffspakt *m;* **T~ del Atlántico Norte** Nordatlantikpakt *m;* **T~ de Maastricht** (UE) Vertrag von Maastricht; **los T~s de Roma** die Römischen Verträge **2.** (COM) Vertrag *m,* Abkommen *nt;* ~ **comercial** Handelsabkommen *nt,* Handelsvertrag *m* **3.** (*científico*) Abhandlung *f* (*de* über +*akk*)

tratamiento [trata'mjen̩to] *m* **1.** (*de asunto, t.* MED, QUÍM) Behandlung *f;* ~ **de choque** Schockbehandlung *f;* ~ **preferente** Vorzugsbehandlung *f* **2.** (*elaboración, t.* INFOR) Verarbeitung *f;* ~ **de agua potable** Trinkwasseraufbereitung *f;* ~ **de errores** (INFOR) Fehlerbehandlung *f;* ~ **integrado de datos** (INFOR) integrierte Datenverarbeitung; ~ **de textos** Textverarbeitung *f* **3.** (*de cortesía*) Anrede *f;* **el ~ de Ud.** das Siezen; **¿qué ~ se le da a un cardenal?** wie spricht man einen Kardinal an?

tratante [tra'tan̩te] *mf* Händler(in) *m(f)*

tratar [tra'tar] **I.** *vt* **1.** (*algo, alguien*) behandeln, umgehen (mit +*dat*); **yo sé cómo ~ a esos tipos** ich weiß, wie man mit diesen Kerlen fertig wird; **no es una persona fácil de ~** der Umgang mit ihm/ihr ist keineswegs leicht **2.** (MED, QUÍM) behandeln **3.** (*elaborar, t.* INFOR) verarbeiten; (*agua, minerales*) aufbereiten **4.** (*dar tratamiento*) anreden; ~ **de tú/usted** duzen/siezen; ~ **a alguien de loco** jdn als verrückt bezeichnen **5.** (*tema, asunto*) behandeln, besprechen **II.** *vi* **1.** (*libro, película*) handeln (*de/sobre* von +*dat*) **2.** (*intentar*) versuchen; **trata de concentrarte** versuche dich zu konzentrieren **3.** (*con alguien*) verkehren (*con* mit +*dat*); ~ **con alguien** mit jdm verkehren **4.** (COM) handeln (*en* mit +*dat*) **III.** *vr:* ~**se 1.** (*tener trato*) miteinander verkehren; **no me trato con él** ich habe keinen Kontakt mit ihm **2.** (*ser cuestión de*) sich handeln (*de* um +*akk*); **¿de qué se trata?** worum geht es?; **tratándose de ti…** in deinem Fall …

tratativa [trata'tiβa] *f* (*Arg, Par: negociación*) Verhandlung *f*

trato ['trato] *m* **1.** (*hacia alguien, algo*) Behandlung *f;* (*comportamiento*) Benehmen *nt;* ~ **de nación más favorecida** (COM) Meistbegünstigung *f;* **malos ~s** Misshandlungen *fpl;* **recibir un buen ~** gut behandelt werden; (*en restaurante*) gut bewirtet werden **2.** (*contacto*) Umgang *m;* ~ **carnal** Geschlechtsverkehr *m;* **tener ~ con alguien** (*elev*) Kontakt

T

[*o* Umgang] mit jdm haben; **tener ~ de gentes** gut mit Menschen umgehen können; **romper el ~ con alguien** die Beziehung zu jdm abbrechen; **no querer ~s con alguien** mit jdm nichts zu tun haben wollen; **es una señora de un ~ exquisito** sie ist eine Dame mit gepflegten Umgangsformen **3.** (*pacto*) Abmachung *f,* Vereinbarung *f;* (*negocio*) Geschäft *nt;* **cerrar un ~ con alguien** mit jdm zu einer Einigung kommen; **deshacer un ~** ein Geschäft rückgängig machen; **entrar en ~s con alguien** mit jdm Geschäfte machen; **romper un ~** eine Abmachung brechen; **¡~ hecho!** abgemacht!

trauma ['trau̯ma] *m* Trauma *nt*

traumático, **-a** [trau̯'matiko, -a] *adj* traumatisch

traumatismo [trau̯ma'tismo] *m* Verletzung *f;* (MED) Trauma *nt*

traumatizante [trau̯mati'θan̪te] *adj* traumatisch

traumatizar [trau̯mati'θar] <z→c> *vt* (MED, PSICO) traumatisieren

traumatología [trau̯matolo'xia] *f sin pl* (MED) Traumatologie *f*

traumatológico, **-a** [trau̯mato'loxiko, -a] *adj* (MED) traumatologisch

traumatólogo, **-a** [trau̯ma'toloɣo, -a] *m, f* Traumatologe, -in *m, f*

través [tra'βes] **I.** *m* **1.** (*inclinación*) Neigung *f,* Schräge *f* **2.** (*contratiempo*) Missgeschick *nt* **3.** (ARQUIT) Querbalken *m* **4.** (MIL) Brustwehr *f* **5.** (*loc*): **colocar una mesa de ~** einen Tisch quer stellen; **dar al ~ con algo** etw zunichte machen; **mirar de ~** schief ansehen **II.** *prep:* **a ~ de** (*de un lugar*) quer über +*akk;* (*de la radio*) über +*akk,* durch +*akk*

travesaño [traβe'saɲo] *m* **1.** (ARQUIT) Traverse *f* **2.** (DEP) Querlatte *f* **3.** (*almohada*) Keilkissen *nt* **4.** (*de una escalera*) Sprosse *f*

travesero¹ [traβe'sero] *m* Keilkissen *nt*

travesero, **-a²** [traβe'sero, -a] *adj* Quer-, quer

travesía [traβe'sia] *f* **1.** (*por aire*) Flugreise *f;* (*por mar*) Überfahrt *f,* Seereise *f* **2.** (*distancia*) Entfernung *f* **3.** (*calle*) Querstraße *f*

travesti [tra'βesti] *mf,* **travestí** [traβes'ti] *mf v.* **travestido**

travestido, **-a** [traβes'tiðo, -a] **I.** *adj* transvestitisch **II.** *m, f* Transvestit *m*

travestir [traβes'tir] *irr como pedir* **I.** *vt* (*un hombre*) wie eine Frau verkleiden; (*una mujer*) wie ein Mann verkleiden **II.** *vr:* **~se** transvestieren

travestismo [traβes'tismo] *m sin pl* Transvesti(ti)smus *m*

travesura [traβe'sura] *f* (*fuerte*) Streich *m;* (*inocente*) Jux *m,* Ulk *m fam;* **hacer ~s** juxen, ulken *fam*

traviesa [tra'βjesa] *f* **1.** (FERRO) Schwelle *f* **2.** (*de poste eléctrico, t.* ARQUIT) Traverse *f*

travieso, **-a** [tra'βjeso, -a] *adj* **1.** (*de través*) quer, schräg; **correr a campo ~** [*o* **traviesa**] querfeldein laufen **2.** (*niño*) unartig, ungezogen, frech **3.** (*adulto*) aufgeweckt; (*sagaz*) gerissen, scharfsinnig

trayecto [tra'ɟekto] *m* (*trecho*) Strecke *f;* (*ruta*) Weg *m;* **se durmió durante el ~** er/sie schlief während der Fahrt ein

trayectoria [traɟek'torja] *f* **1.** (*de cuerpo*) (Flug)bahn *f;* (*de bala*) Geschossbahn *f;* **~ de la Luna** Mondbahn *f* **2.** (*profesional*) Laufbahn *f,* Werdegang *m*

traza ['traθa] *f* **1.** (ARQUIT) Zeichnung *f,* Riss *m,* Plan *m* **2.** (*plan*) Plan *m* **3.** (*recurso*) Mittel *nt,* Weg *m* **4.** (*habilidad*) Geschick *nt* (*para* für +*akk,* zu +*dat*); **tener ~ para escribir** Talent zum Schreiben haben; **tiene ~ para hablar** er/sie ist redegewandt; **esta escenificación está hecha con ~** diese Inszenierung ist hervorragend **5.** (*aspecto*) Aussehen *nt,* Äußere(s) *nt;* **tener ~s de...** so aussehen, als ob ...; **por las ~s se diría que está enfermo** seinem Aussehen nach scheint er krank zu sein; **lleva todas las ~s de acabar mal** das scheint kein gutes Ende zu nehmen

trazado¹ [tra'θaðo] *m* **1.** (*de líneas*) Ziehen *nt;* (*esquemático*) Vorzeichnen *nt;* (*de dibujos*) Zeichnen *nt* **2.** (*gráfico*) Linienführung *f* **3.** (*de plan*) Entwurf *m* **4.** (ARQUIT) Riss *m,* Zeichnung *f,* Plan *m* **5.** (FERRO) Trasse *f* **6.** (*recorrido*) Strecke *f;* **el ~ de este circuito me favorece** der Verlauf dieser Rennbahn kommt mir zugute

trazado, **-a²** [tra'θaðo, -a] *adj:* **estar bien ~** wohlgeformt [*o* wohlproportioniert] sein; **estar mal ~** missgestaltet sein

trazador¹ [traθa'ðor] *m* **1.** (QUÍM) Isotopenindikator *m* **2.** (INFOR): **~ de gráficos** Plotter *m;* **~ plano** Flachbettplotter *m*

trazador(a)² [traθa'ðor(a)] *m(f)* Planer(in) *m(f)*

trazar [tra'θar] <z→c> *vt* **1.** (*líneas*) ziehen; (*esquemáticamente*) vorzeichnen; (*dibujos*) zeichnen **2.** (ARQUIT: *proyecto*) aufzeichnen, aufreißen; (*recorrido*) trassieren **3.** (*plan*) entwerfen **4.** (*situación, asunto*) umreißen, skizzieren; **~ una semblanza de alguien** jds Leben beschreiben

trazo ['traθo] *m* **1.** (*de boli, lápiz*) Strich *m;* **~ de pluma** Federstrich *m;* **dibujar al ~** skizzieren **2.** (*de escritura*) Schriftzug *m;* **el ~ de su firma es retorcido** seine/ihre Unterschrift ist verschnörkelt; **el ~ de este pintor es armónico** die Linienführung dieses Malers ist harmonisch **3.** (*dibujo*) Umriss *m,* Skizze *f* **4.** (*de la cara*) Falte *f*

trébede(s) ['treβeðe(s)] *f(pl)* Dreifuß *m*

trebejo [tre'βexo] *m* **1.** (*casero*) Gerät *nt;* **~s de la cocina** Küchengeräte *ntpl;* **~s de pesca** Angelausrüstung *f* **2.** (*herramienta*) Werkzeug *nt*

trébol ['treβol] *m* **1.** (*planta*) Klee *m;* (*hoja*) Kleeblatt *nt;* **~ de cuatro hojas** vierblättriges Kleeblatt **2.** (*cartas*) Kreuz *nt*

trece ['treθe] **I.** *adj* dreizehn; **sigue en sus ~**

er/sie bleibt dabei **II.** *m* Dreizehn *f; v. t.* **ocho**
treceavo, **-a** [treθe'aβo, -a] **I.** *adj* dreizehntel; *v. t.* **octavo II.** *m, f* Dreizehntel *nt*
treceno, **-a** [tre'θeno, -a] *adj* dreizehntel
trecentista [treθen̪'tista] *adj* aus dem 14. Jahrhundert, zum 14. Jahrhundert gehörig
trecento [tre'θen̪to] *m* (ARTE, LIT) Trecento *nt*
trecho ['tretʃo] *m* **1.** (*recorrido*) Strecke *f* **2.** (*trozo*) Stück *nt;* **una carretera a ~s recta, a ~s llena de curvas** eine teils gerade, teils kurvenreiche Straße; **hay policías a ~s** hier und da sind Polizisten; **hacer algo a ~s** etw mit Unterbrechungen tun; **el jersey lo he hecho a ~s** ich habe mal hier, mal dort an dem Pulli gestrickt
trefilar [trefi'lar] *vt* (TÉC: *alambre*) ziehen
tregua ['treɣwa] *f* **1.** (MIL) Waffenstillstand *m* **2.** (*discurso*) (Ruhe)pause *f;* **dar ~s** (*dolor*) kommen und gehen; (*cosa*) nicht eilen
treinta ['trei̯n̪ta] **I.** *adj* dreißig; **la guerra de los ~ años** der Dreißigjährige Krieg **II.** *m* Dreißig *f; v. t.* **ochenta**
treintaidosavo, **-a** [trei̯n̪taiðo'saβo, -a] *adj* zweiunddreißigstel
treintanario [trei̯n̪ta'narjo] *m* (REL) dreißig Tage *mpl* (*zur Feier eines bestimmten Ereignisses*)
treintañero, **-a** [trei̯n̪ta'ɲero, -a] **I.** *adj* dreißigjährig **II.** *m, f* Dreißigjährige(r) *mf*
treintavo, **-a** [trei̯n̪'taβo, -a] *adj* dreißigstel; *v. t.* **ochentavo**
treintena [trei̯n̪'tena] *f* **1.** ((*treinta unidades*)): **una ~** dreißig Stück; **una ~ de años** dreißig Jahre **2.** (*parte*) Dreißigstel *nt*
trekking ['trekiŋ] *m* (DEP) Trekking *nt*
tremebundo, **-a** [treme'βun̪do, -a] *adj* schrecklich, furchtbar
tremedal [treme'ðal] *m* **1.** (*pantano*) Sumpfboden *m* **2.** (*turbera*) Torfmoor *nt*
tremendismo [tremen̪'dismo] *m sin pl* (ARTE, LIT) Tremendismo *m* (*schockierender Realismus*)
tremendista [tremen̪'dista] *adj* schockierend; **eres un ~** du siehst nur das Grausamste an allem; **un escritor ~** ein Schriftsteller, der eine schockierende Realität darstellt
tremendo, **-a** [tre'men̪do, -a] *adj* **1.** (*temible*) fürchterlich, schrecklich; (*error*) furchtbar **2.** (*enorme*) riesig, enorm **3.** (*niño*) unartig, ungezogen **4.** (*respetable*) ansehnlich, beachtlich **5.** (*loc*): **querer conseguir algo por la tremenda** etw auf Biegen oder Brechen erreichen wollen; **siempre te tomas las cosas a la tremenda** du nimmst immer alles so schwer
trementina [tremen̪'tina] *f* Terpentin *nt*
tremés [tre'mes] *adj,* **tremesino** [treme'sino] *adj* Dreimonats-, dreimonatig
tremolar [tremo'lar] *vi* wehen, schwingen
tremolina [tremo'lina] *f* **1.** (*del viento*) Brausen *nt* **2.** (*bulla*) Lärm *m,* Krach *m*
trémolo ['tremolo] *m* (MÚS) Tremolo *nt*
trémulo, **-a** ['tremulo, -a] *adj* (*elev: mano*) zitternd; (*voz*) zitternd, bebend; (*vela, luz*) flackernd
tren [tren] *m* **1.** (FERRO) Zug *m;* **~ de alta velocidad/de largo recorrido** Hochgeschwindigkeits-/Fernreisezug *m;* **~ de cercanías** Nahverkehrszug *m;* **~ expreso/correo/botijo** Express-/Post-/Bummelzug *m;* **~ interurbano** Intercity(zug) *m;* **~ de juguete** Spielzeugeisenbahn *f;* **~ de mercancías** Güterzug *m;* **~ de pasajeros** Personenzug *m;* **~ rápido** D-Zug *m* **2.** (TÉC): **~ de aterrizaje** Bugrad *nt;* **~ de lavado** (AUTO) Autowaschanlage *f,* Waschstraße *f;* **~ de poleas** Laufwerk *nt* **3.** (*lujo*): **~ de vida** Lebensstandard *m;* **lleva un gran ~ de vida** er/sie lebt auf großem Fuß **4.** (*loc*): **imponer un fuerte ~ en la carrera** das Rennen schnell machen; **para ser eso ya he perdido el (último) ~** um das werden zu können, habe ich bereits den Anschluss verpasst; **estar como un ~** (*fam: persona*) umwerfend sein; **hay sangría como para parar un ~** es gibt jede Menge Sangria
trena ['trena] *f* (*fam*) Knast *m*
trenca ['treŋka] *f* **1.** (*abrigo*) Dufflecoat *m* **2.** (*de cepa*) Hauptwurzel *f*
trend [tren̪ᵈ] *m* (*t.* ECON) Trend *m*
trenza ['tren̪θa] *f* **1.** (*de pelo*) Zopf *m* **2.** (*de cintas*) Flechte *f*
trenzado [tren̪'θaðo] *m* **1.** (*de pelo*) Zopf *m;* (*de cintas*) Flechte *f;* (TÉC) Geflecht *nt* **2.** (*de bailarín*) Entrechat *m* **3.** (*de caballo*) tänzelnder Schritt *m*
trenzar [tren̪'θar] <z→c> **I.** *vt* flechten; **~ una jugada** (DEP) gut zuspielen **II.** *vi* **1.** (*danza*) einen Entrechat durchführen **2.** (*caballo*) tänzeln
trepa[1] ['trepa] *mf* (*fam*) Emporkömmling *m,* Aufsteiger(in) *m(f)*
trepa[2] ['trepa] *f* Trick *m,* List *f*
trepadera [trepa'ðera] *f* **1.** (*Cuba, Méx: garfio*) Klettereisen *nt* **2.** (*Méx: rosa trepadora*) Kletterrose *f*
trepado[1] [tre'paðo] *m* **1.** (*de vestido*) Besatz *m* **2.** (*de sello*) Perforation *f*
trepado, **-a**[2] [tre'paðo, -a] *adj* **1.** (*postura*) zurückgelehnt **2.** (*animal*) kräftig
trepador[1] [trepa'ðor] *m* **1.** (*lugar*) Ort *m* zum Klettern **2.** *pl* (*garfios*) Steigeisen *ntpl*
trepador(a)[2] [trepa'ðor(a)] **I.** *adj* (*planta*) kletternd, rankend; **plantas ~as** Kletterpflanzen *fpl* **II.** *m(f)* Aufsteiger(in) *m(f)*
trepanación [trepana'θjon] *f* (MED) Trepanation *f*
trepanar [trepa'nar] *vt* (MED) trepanieren, aufbohren
trépano ['trepano] *m* **1.** (MED) Schädelbohrer *m,* Trepan *m* **2.** (MIN) Bohrmeißel *m,* Bohrer *m* **3.** (*para esculturas*) Meißel *m*
trepar [tre'par] **I.** *vi, vt* **1.** (*al árbol*) klettern (*a* auf +*akk*), hinaufklettern (*a* (auf) +*akk*), erklimmen **2.** (*planta*) hochklettern **II.** *vt* durchbohren
trepe ['trepe] *m* (*CRi: regaño*) Rüge *f;* **echar**

T

un ~ a alguien por algo jdn wegen etw rügen

trepidación [trepiða'θjon] *f* Beben *nt*, Zittern *nt*

trepidante [trepi'ðaṇte] *adj* bebend, zitternd; (*fig*) spannungsreich

trepidar [trepi'ðar] *vi* **1.** (*temblar*) beben, zittern **2.** (*Am: vacilar*) zögern, zaudern *elev*

treque ['treke] *adj* (*Ven*) **1.** (*ingenioso*) scharfsinnig **2.** (*chistoso*) witzig

tres [tres] **I.** *adj inv* drei; **los ~ segundos** (DEP) Dreisekundenregel *f*; **esta traducción no me sale ni a la de ~** das kann ich im Leben nie übersetzen; **esto es así como ~ y dos son cinco** das ist so sicher wie das Amen in der Kirche **II.** *m inv* Drei *f*; *v. t.* **ocho**

tresbolillo [tresβo'liʎo]: **plantado al ~** versetzt in Parallelreihen gepflanzt

trescientos, **-as** [tres'θjeṇtos, -as] *adj* dreihundert; *v. t.* **ochocientos**

tresillo [tre'siʎo] *m* **1.** (*mueble*) Sitzgruppe *f*, Couchgarnitur *f* **2.** (MÚS) Triole *f*

tre(s)mesino, **-a** [tre(s)me'sino, -a] *adj* dreimonatig

treta ['treta] *f* **1.** (*ardid*) List *f*; (*engaño*) Trick *m*; **~ publicitaria** Verkaufstrick *m* **2.** (DEP) Finte *f*

Tréveris ['treβeris] *m* Trier *nt*

trezavo, **-a** [tre'θaβo, -a] *adj v.* **treceavo**

tría ['tria] *f* Auswahl *f*

triaca ['trjaka] *f* **1.** (*en la Edad Media*) Theriak *m* **2.** (*remedio*) (Heil)mittel *nt*

tríada ['triaða] *f* Dreizahl *f*, Triade *f elev*

trial [trjal] *m* (DEP) Trial *nt*

triangulado, **-a** [triaŋgu'laðo, -a] *adj* in dreieckiger Form

triangular [triaŋgu'lar] **I.** *adj* dreieckig, triangular *elev*; **torneo ~** (DEP) Wettkampf zwischen drei Mannschaften **II.** *vt* **1.** (*terreno*) triangulieren **2.** (*en fútbol*) kurz und präzis zuspielen

triángulo [tri'aŋɣulo] *m* **1.** (*figura*) Dreieck *nt*; **~ equilátero/isósceles/rectángulo** gleichseitiges/gleichschenkliges/rechtwinkliges Dreieck **2.** (MÚS) Triangel *nt* **3.** (*sentimental*) Dreiecksbeziehung *f*

triar [tri'ar] <*1. pres:* **trío**> *vt* (aus)wählen, aussuchen

triásico[1] ['trjasiko] *m* (GEO) Trias *f*; **el ~ superior** der Keuper

triásico, **-a**[2] ['trjasiko, -a] *adj* triassisch

triates ['trjates] *mpl* (*Méx: trillizos*) Drillinge *mpl*

triatlón [triaᵈ'lon] *m* (DEP) Triathlon *nt*

tribal [tri'βal] *adj* Stammes-

tribalismo [triβa'lismo] *m* (SOCIOL) Tribalismus *m*

tribometría [triβome'tria] *f* (FÍS) Reibungskoeffizientenmessung *f*, Tribometrie *f*

tribu ['triβu] *f* Stamm *m*; **~ urbana** (SOCIOL) Gang *f*

tribulación [triβula'θjon] *f* **1.** (*pena*) Kummer *m*, Leid *nt* **2.** (*sufrimiento*) Leiden *nt* **3.** (*adversidad*) Widrigkeit *f*

tribuna [tri'βuna] *f* **1.** (*en parlamento*) Rednerpult *nt* **2.** (*en desfile, estadio*) Tribüne *f* **3.** (JUR): **~ de jurados** Geschworenenbank *f*

tribunal [triβu'nal] *m* **1.** (JUR) Gericht *nt*; **T~ Constitucional** Verfassungsgericht *nt*; **T~ de Cuentas** Rechnungshof *m*; **T~ de Defensa de la Competencia** Kartellamt *nt*; **T~ de los Derechos Humanos** Gerichtshof für Menschenrechte; **T~ Internacional de Justicia** Internationaler Gerichtshof; **T~ de Justicia Europeo** Europäischer Gerichtshof; **T~ Supremo** Oberster Gerichtshof; **demandar ante** [*o* **llevar a**] **los ~es** verklagen **2.** (*comisión*): **~ examinador** Prüfungsausschuss *m*, Prüfungskommission *f*

tribuno [tri'βuno] *m* (HIST) (Volks)tribun *m*

tributable [triβu'taβle] *adj* versteuerbar

tributación [triβuta'θjon] *f* **1.** (*acción*) Besteuerung *f* **2.** (*tributo*) Steuer *f*, Abgabe *f*; **~ por utilidades** Einkommenssteuer *f* **3.** (*sistema*) Steuersystem *nt*; **~ progresiva/regresiva** progressives/regressives Steuersystem

tributar [triβu'tar] *vt* **1.** (*impuestos*) zahlen **2.** (*honor*) erweisen; **~ respeto** Respekt zollen; **~ un homenaje a alguien** jdm huldigen

tributario, **-a** [triβu'tarjo, -a] *adj* **1.** (*derecho, inspección*) Steuer-; (*liquidación, ley, sistema*) Abgaben-; **agencia tributaria** Finanzamt *nt*; **sistema ~** Steuersystem *nt* **2.** (*imponible*) besteuerbar

tributo [tri'βuto] *m* **1.** (*impuesto*) Steuer *f*, Beitrag *m*; (HIST) Tribut *m* **2.** (*homenaje*) Tribut *m*, Ehrerbietung *f*, Hochachtung *f*; **pagar ~** Tribut zollen **3.** (*obligación*) Preis *m*, Pflicht *f*; **la opresión es el ~ pagado a la dictadura** die Unterdrückung ist der Preis, den man für die Diktatur zahlt

tricampeón, **-ona** [trikampe'on, -ona] *m, f* (DEP) dreifacher Meister *m*, dreifache Meisterin *f*

tricenal [triθe'nal] *adj* **1.** (*duración*) dreißigjährig **2.** (*de treinta en treinta años*) alle dreißig Jahre stattfindend

tricentenario [triθeṇte'narjo] **I.** *adj* dreihundertjährig **II.** *m* **1.** (*300 años*) dreihundert Jahre *ntpl* **2.** (*fecha*) Dreihundertjährige(s) *nt* **3.** (*fiesta*) Dreihundertjahrfeier *f*

tricentésimo, **-a** [triθeṇ'tesimo, -a] **I.** *adj* (*parte*) dreihundertstel; (*numeración*) dreihundertste(r, s) **II.** *m, f* Dreihundertstel *nt*

tríceps ['triθeβs] *m inv* (ANAT) Trizeps *m*

triciclo [tri'θiklo] *m* Dreirad *nt*

tricocéfalo [triko'θefalo] *m* (ZOOL) Peitschenwurm *m*

tricolor [triko'lor] *adj* dreifarbig, trikolor

tricornio [tri'kornjo] *m* Dreispitz *m*

tricota [tri'kota] *f* (*Arg, Par, Urug: abrigo de punto*) Strickjacke *f*

tricotar [triko'tar] *vt* stricken

tricotomía [trikoto'mia] *f* **1.** (BOT) Dreiteilung *f* **2.** (FILOS) Trichotomie *f*, Trialismus *m*

tricotosa [triko'tosa] *f* Strickmaschine *f*

tricromía [trikro'mia] *f* (TIPO) Dreifarbendruck *m*
tridente [tri'ðen̩te] *m* Dreizack *m,* Trident *m*
tridentino, **-a** [triðen̩'tino, -a] **I.** *adj* tridentinisch; **Concilio T~** tridentinisches Konzil **II.** *m, f* Tridentiner(in) *m(f)*
tridimensional [triðimensjo'nal] *adj* dreidimensional
triduo ['triðwo] *m* (REL) Triduum *nt*
triedro [tri'eðro] *adj* (MAT) dreiflächig
trienal [trie'nal] *adj* **1.** (*duración*) dreijährig **2.** (*cada 3 años*) dreijährlich, alle drei Jahre
trienio [tri'enjo] *m* Dauer *f* von drei Jahren
trifásico[1] [tri'fasiko] *m* (*argot*) Vitamin B *nt fam,* Beziehungen *fpl*
trifásico, **-a**[2] [tri'fasiko, -a] *adj* (ELEC, FÍS) Dreiphasen-; **corriente trifásica** Dreiphasenstrom *m,* Drehstrom *m*
trifoliado, **-a** [trifo'ljaðo, -a] *adj* (BOT) dreiblättrig
triforio [tri'forjo] *m* (ARQUIT, ARTE) Triforium *nt*
trifulca [tri'fulka] *f* (*fam*) Streit *m,* Gezänk *nt,* Disput *m*
trifurcación [trifurka'θjon] *f* dreifache Gabelung *f*
trifurcado, **-a** [trifur'kaðo, -a] *adj* dreifach gegabelt, dreiarmig
trifurcarse [trifur'karse] <c→qu> *vr* sich dreifach verzweigen [*o* teilen], sich in drei Wege gabeln
trigal [tri'ɣal] *m* (AGR) Weizenfeld *nt*
trigésimo, **-a** [tri'xesimo, -a] **I.** *adj* (*parte*) dreißigstel; (*numeración*) dreißigste(r, s); **la trigésima parte de...** ein Dreißigstel von ... **II.** *m, f* Dreißigstel *nt; v. t.* **octogésimo**
trigo ['triɣo] *m* (BOT) **1.** (*planta*) Weizen *m;* **harina de ~** Weizenmehl *nt* **2.** (*grano*) Weizen *m,* Weizenkorn *nt;* **no ser ~ limpio** (*fig*) nicht ganz einwandfrei [*o* sauber] [*o* in Ordnung] sein **3.** *pl* (*campo*) Weizenfeld *nt;* **meterse en ~s ajenos** seine Nase in fremde Angelegenheiten stecken
trígono ['triɣono] *m* **1.** (ANAT) Trigonum *nt* **2.** (ASTR) Trigon *nt* **3.** (GEO) Trigon *nt,* Dreieck *nt*
trigonometría [triɣonome'tria] *f* Trigonometrie *f,* Dreiecksberechnung *f,* Dreiecksmessung *f*
trigonométrico, **-a** [triɣono'metriko, -a] *adj* (MAT) trigonometrisch
trigueño, **-a** [tri'ɣeɲo, -a] **I.** *adj* **1.** (*color*) bräunlich **2.** (*pelo*) dunkelblond **3.** (*piel*) goldbraun **4.** (*Am: persona*) farbig **II.** *m, f* (*Am*) Farbige(r) *mf*
triguera [tri'ɣera] *f* (BOT) Glanzgras *nt*
triguero[1] [tri'ɣero] *m* (AGR) Sieb *nt*
triguero, **-a**[2] [tri'ɣero, -a] **I.** *adj* (BOT) Weizen- **II.** *m, f* (AGR) Weizenhändler(in) *m(f)*
trilateral [trilate'ral] *adj* dreiseitig
trilero [tri'lero] *m* (*argot*) Hütchenspieler *m*
triles ['triles] *fpl* (*argot*) Hütchenspiel *nt*
trilingüe [tri'liŋgwe] *adj* dreisprachig
trilla ['triʎa] *f* **1.** (*acción*) Dreschen *nt,* Drusch *m* **2.** (*época*) Dreschzeit *f,* Druschzeit *f* **3.** (*Am: argot: paliza*) Tracht *f* Prügel, ordentliche Abreibung *f* **4.** (*trillo*) Dreschmaschine *f* **5.** (*AmC: atajo*) Abkürzung *f*
trillado[1] [tri'ʎaðo] *m* (*AmC*) Trampelpfad *m*
trillado, **-a**[2] [tri'ʎaðo, -a] *adj* **1.** (AGR: *el grano*) gedroschen **2.** (*fam: asunto*) abgedroschen *fam*
trilladora [triʎa'ðora] *f* (AGR) Dreschmaschine *f*
trillar [tri'ʎar] *vt* **1.** (AGR: *el grano*) dreschen **2.** (*usar mucho*) abnutzen **3.** (*Am: argot: golpear*) verdreschen
trillizo, **-a** [tri'ʎiθo, -a] **I.** *adj* Drillings-; **hermana trilliza** Drillingsschwester *f* **II.** *m, f* Drilling *m*
trillo ['triʎo] *m* **1.** (AGR: *máquina*) Dreschmaschine *f* **2.** (*AmC: senda*) (Trampel)pfad *m*
trillón [tri'ʎon] *m* Trillion *f*
trilogía [trilo'xia] *f* (LIT, TEAT) Trilogie *f*
trimarán [trima'ran] *m* (NÁUT) Trimaran *m*
trimembre [tri'membre] *adj* dreigliedrig
trimensual [trimensu'al] *adj* dreimal im Monat (geschehend); **revista ~** dreimal im Monat erscheinende Zeitschrift
trimestral [trimes'tral] *adj* **1.** (*duración*) dreimonatlich, Dreimonats-, Quartals- **2.** (*cada tres meses*) vierteljährlich
trimestre [tri'mestre] *m* **1.** (*período*) Vierteljahr *nt,* Quartal *nt* **2.** (*paga*) Vierteljahreszahlung *f;* (*alquiler*) Vierteljahresmiete *f*
trímetro ['trimetro] *m* (LIT) Trimeter *m*
trimotor [trimo'tor] *adj* (TÉC) dreimotorig; **avión ~** Dreimotorenflugzeug *nt*
trinar [tri'nar] *vi* **1.** (MÚS: *persona*) trillern; (*pájaro*) zwitschern, tirilieren, trällern **2.** (*fam: rabiar*) Feuer spucken (vor Wut); **está que trina** er/sie ist auf 180
trinca ['triŋka] *f* **1.** (*tres*) Dreierset *nt,* Dreiergruppe *f* **2.** (*And, CSur: pandilla*) Bande *f,* Gang *f* **3.** (*Am: argot: embriaguez*) Suff *m,* Rausch *m* **4.** (*CSur: canicas*) Murmel *f*
trincadura [triŋka'ðura] *f* (NÁUT) Bugsierboot *nt*
trincar [triŋ'kar] <c→qu> **I.** *vt* **1.** (*con cuerdas*) festbinden, anbinden, festmachen; (NÁUT) festtauen **2.** (*detener*) festnehmen; (*encarcelar*) hochnehmen *argot,* einlochen *argot* **3.** (*romper*) (zer)brechen, kaputtmachen *fam;* (*papel*) zerreißen **4.** (*argot: robar*) klauen **5.** (*argot: matar*) umbringen **6.** (*Am: apretar*) quetschen, drücken **II.** *vr:* **~se** (*argot: emborracharse*) sich betrinken, sich voll laufen lassen; **~se a hacer algo** (*AmC, Méx: empezar*) sich anschicken etw zu tun
trinchador [trinʧa'ðor] *m* Transchiermesser *nt,* Vorlegemesser *nt*
trinchante [trin'ʧan̩te] *m* (*cuchillo*) Transchiermesser *nt,* Vorlegemesser *nt;* (*tenedor*) Transchiergabel *f,* Vorlegegabel *f*
trinchar [trin'ʧar] *vt* transchieren; (*carne*) (in Scheiben) schneiden; (*ave*) zerlegen
trinchera [trin'ʧera] *f* **1.** (MIL: *excavación*)

Schützengraben *m;* **guerra de ~s** Stellungskrieg *m* **2.** (*gabardina*) Trenchcoat *m*

trinchero [trin'ʧero] *m* Vorlegetisch *m*

trineo [tri'neo] *m* Schlitten *m;* ~ **de balancín** (DEP) Bob(sleigh) *m,* Rennschlitten *m;* ~ **de perros** Hundeschlitten *m*

trinidad [trini'ðaᵈ] *f* (REL) Dreifaltigkeit *f,* Dreieinigkeit *f,* Trinität *f*

trinitaria [trini'tarja] *f* **1.** (BOT: *pensamiento*) Stiefmütterchen *nt* **2.** (*Col, PRico, Ven:* BOT) Bougainvillea *f*

trinitario, -a [trini'tarjo, -a] *m, f* (REL) Trinitarier(in) *m(f)*

trino¹ ['trino] *m* **1.** (MÚS: *persona*) Trillern *nt* **2.** (*pájaro*) Zwitschern *nt,* Tirilieren *nt,* Trällern *nt*

trino, -a² ['trino, -a] *adj* dreifach, dreigeteilt; (REL) dreieinig, dreifaltig

trinomio [tri'nomjo] *m* (MAT) Trinom *nt*

trinquete [triŋ'kete] *m* **1.** (TÉC: *mecanismo*) Sperrmechanismus *m* **2.** (NÁUT: *mástil*) Fockmast *m;* (*vela*) Fock *f,* Focksegel *nt* **3.** (DEP: *juego*) *Hallenballspiel* **4.** (*Méx: soborno*) Bestechung *f;* (*asunto turbio*) undurchsichtige Angelegenheit *f*

trinquetilla [triŋke'tiʎa] *f* (NÁUT) Fock *f*

trinquis ['triŋkis] *m inv* (*fam*) Schluck *m* (*eines alkoholischen Getränks*)

trío ['trio] *m* (MÚS) Trio *nt*

triodo [tri'oðo] *m* (ELEC) Triode *f*

tripa ['tripa] *f* **1.** (ANAT: *intestino*) Darm *m* **2.** *pl* (ANAT: *vísceras completas*) Gedärme *ntpl,* Eingeweide *ntpl;* (*de animales comestibles*) Innereien *fpl;* **echar las ~s** (*fam: vomitar*) sich heftig übergeben [*o* erbrechen]; **hacer de ~s corazón** (*fam*) Mut fassen, sich *dat* ein Herz fassen, sich zusammenreißen; **¿qué ~ se te ha roto?** (*fam*) was ist [*o* hast du] denn jetzt schon wieder?; **me suenan** [*o* **gruñen**] **las ~s** mir knurrt der Magen; **quitarle las ~s a un pez** einen Fisch ausnehmen; **se me revuelven las ~s** mir dreht sich der Magen um, mir wird schlecht; **¡te voy a sacar** [*o* **abrir**] **las ~s!** (*fam*) ich drehe dir den Hals um!; **tener malas ~s** (*fam*) grausam [*o* skrupellos] sein **3.** (ANAT: *vientre*) Bauch *m;* ~ **gorda** Wampe *f fam,* Wanst *m fam;* **echar** ~ (*fam*) einen Bauch bekommen [*o* ansetzen]; **llenar(se) la** ~ (*fam*) sich *dat* den Bauch voll schlagen **4.** (*embarazo*) Bauch *m* (*einer Schwangeren*); **dejar a una chica con** ~ (*argot*) ein Mädchen schwängern, einem Mädchen ein Kind machen; **estar con** ~ schwanger sein **5.** *pl* (*interior*) Innere(s) *nt;* (*de fruta*) Herz *nt;* **las ~s de la radio** das Innere [*o* die Kleinteile] [*o* die Innenteile] eines Radios

tripartición [triparti'θjon] *f* Dreiteilung *f*

tripartito, -a [tripar'tito, -a] *adj* (*reunión, pacto*) dreiteilig, dreigeteilt, Dreier-

tripero, -a [tri'pero, -a] *m, f* (*fam*) Kaldaunenverkäufer(in) *m(f)*

tripi ['tripi] *m* (*argot: droga*) Trip *m*

tripitas [tri'pitas] *fpl* (*Méx*) Kaldaunengericht *nt*

triplano [tri'plano] *m* (AERO) Dreidecker *m*

triplaza [tri'plaθa] *m* (AERO) Dreisitzer *m*

triple ['triple] **I.** *adj* dreifach; (*de tres capas*) dreilagig **II.** *m* **1.** (*cantidad*) Dreifache(s) *nt;* **recibió el** ~ er/sie erhielt das Dreifache; **esta casa es el ~ de grande que la nuestra** [*o* **el ~ de la nuestra**] dieses Haus ist dreimal so groß wie unseres **2.** (DEP: *baloncesto*) Dreipunktewurf *m*

triplete [tri'plete] *m* (FOTO) Triplet(t) *nt*

triplicado¹ [tripli'kaðo] *m* (*copia*) Drittausfertigung *f*

triplicado, -a² [tripli'kaðo, -a] *adj* verdreifacht; **por** ~ (*acta*) in dreifacher Ausfertigung

triplicar [tripli'kar] <c→qu> **I.** *vt* verdreifachen **II.** *vr:* **~se** sich verdreifachen

triplicidad [tripliθi'ðaᵈ] *f* Dreifachheit *f*

triplo, -a ['triplo, -a] *adj v.* **triple**

trípode ['tripoðe] *m* **1.** (*mesa, banquillo*) Dreifuß *m* **2.** (FOTO: *armazón*) Stativ *nt*

trípoli ['tripoli] *m* (MIN) Tripel *m*

tripón, -ona [tri'pon, -ona] **I.** *adj* (*fam*) dickbäuchig **II.** *m, f* **1.** (*Méx: fam*) kleiner Junge *m,* kleines Mädchen *nt;* **los tripones** die Kinder **2.** (*fam: persona gorda*) Dickbauch *m,* Fettbauch *m pey*

tripsina [triβ'sina] *f* (BIOL) Trypsin *nt*

tríptico ['triptiko, -a] *m* **1.** (ARTE: *para el altar*) Triptychon *nt* **2.** (*tratado, composición*) dreiteiliger Schein *m,* dreiteiliges Dokument *nt*

triptongar [triptoŋ'gar] <g→gu> *vt* (LING) ein Triphthong bilden

triptongo [trip'toŋgo] *m* (LING) Triphthong *m,* Dreilaut *m*

tripudo, -a [tri'puðo, -a] **I.** *adj* (*fam*) dickbäuchig **II.** *m, f* Dickbauch *m,* Fettbauch *m pey*

tripulación [tripula'θjon] *f* (*avión, barco*) Crew *f,* Besatzung *f;* (NÁUT) Schiffsmannschaft *f*

tripulante [tripu'lan̩te] *mf* Besatzungsmitglied *nt,* Mitglied *nt* der Crew

tripular [tripu'lar] *vt* **1.** (*proveer de tripulación*) bemannen, mit einer Crew ausstatten **2.** (*conducir un coche*) lenken, fahren; (*avión, barco*) steuern

tripulina [tripu'lina] *f* (*Chil*) Durcheinander *nt,* Tohuwabohu *nt*

trique ['trike] *m* (*fam*) Knall *m;* **a cada** ~ jeden Augenblick

triquina [tri'kina] *f* (MED, ZOOL) Trichine *f*

triquinosis [triki'nosis] *f inv* (MED, ZOOL) Trichinose *f*

triquiñuela [triki'ɲwela] *f* Trick *m,* Kniff *m,* List *f*

triquitraque [triki'trake] *m* **1.** (*ruido*) Geklirre *nt,* Gerassel *nt* **2.** (*tira con pólvora*) Platzpatronenstreifen *m*

trirrectángulo [trirrek'taŋgulo] *adj* (MAT) mit drei rechten Winkeln

tris [tris] *m inv* **1.** (*estallido*) Knall *m,* Geklirr *nt* **2.** (*fam: rápido*): **en un** ~ im Handumdrehen [*o* Nu]; **estar en un ~ de hacer algo** drauf und dran sein etw zu tun; **por un ~** um ein Haar, fast, beinahe

trisagio [tri'saxjo] *m* (REL) Trishagion *nt*

trisar [tri'sar] *vi* (ZOOL) zwitschern

trisca ['triska] *f* **1.** (*crujido*) Knacken *nt* **2.** (*jaleo*) Lärm *m,* Krach *m* **3.** (*AmC: mofa*) Spaß *m,* Witz *m*

triscar [tris'kar] <c→qu> **I.** *vi* **1.** (*patalear*) stampfen, trampeln **2.** (*jugar*) herumtollen, herumspringen; (*travesuras*) Streiche spielen **II.** *vt* **1.** (*mezclar*) vermengen, vermischen **2.** (*confundir*) durcheinander bringen **3.** (*sierra*) schränken **4.** (*AmC: mofar*) Späße machen (*a* über +*akk*), Witze reißen (*a* über +*akk*)

trisecar [trise'kar] <c→qu> *vt* (MAT) dreiteilen, in drei gleiche Teile teilen

trisección [triseʸ'θjon] *f* (MAT) Dreiteilung *f*

trisemanal [trisema'nal] *adj* **1.** (*tres veces por semana*) dreimal in der Woche **2.** (*cada tres semanas*) alle drei Wochen, dreiwöchentlich

trisilábico, -a [trisi'laβiko, -a] *adj* (LING) dreisilbig

trisílabo[1] [tri'silaβo] *m* (LING) dreisilbiges Wort *nt*

trisílabo, -a[2] [tri'silaβo, -a] *adj* (LING) dreisilbig

trismo ['trismo] *m* (MED) Kiefersperre *f,* Kieferkrampf *m,* Trismus *m*

trisomía [triso'mia] *f* (BIOL) Trisomie *f*

triste ['triste] **I.** *adj* **1.** (*deprimido*) traurig; (*dolorido*) bekümmert, betrübt; (*desgraciado*) unglücklich; **poner ~ a alguien** jdn traurig machen; **ponerse ~** traurig werden, ein trauriges Gesicht machen **2.** (*que produce tristeza*) traurig, betrüblich; (*da pena*) bedauerlich; (*da vergüenza*) beschämend; **por su crimen alcanzó una ~ fama** durch sein/ihr Verbrechen erlangte er/sie eine traurige [*o* beschämende] Berühmtheit; **tengo la ~ obligación de comunicarles que...** ich habe die traurige [*o* bedauerliche] Pflicht Ihnen mitteilen zu müssen, dass ... **3.** (*mustio, pálido*) trist; (*descolorido*) fade, farblos, Grau in Grau; (*paisaje*) öde; (*flor*) welk; **su padre es un ~ vigilante** sein/ihr Vater ist ein armer alter Wächter; **ha vivido una ~ infancia** er/sie hat eine traurige [*o* schwere] Kindheit erlebt [*o* gehabt] **4.** (*insuficiente*) traurig, jämmerlich; **tiene un ~ sueldo de 40.000 pesetas** er/sie hat ein jämmerliches Einkommen von 40.000 Peseten; **aún no he comido ni un ~ bocadillo** ich habe noch nicht mal ein einfaches [*o* simples] Brötchen gegessen; **aún no he ganado ni una ~ peseta** ich habe noch nicht eine müde Pesete verdient **5.** (*lamentable*) schade, traurig; **es ~ que no podamos ir** es ist schade, dass wir nicht hingehen können **II.** *m* (*And, CSur:* MÚS) *trauriges Liebeslied*

tristeza [tris'teθa] *f* Traurigkeit *f,* Trübsinn *m,* Trübsinnigkeit *f;* (*melancolía*) Schwermut *f,* Tristesse *f elev*

tristón, -ona [tris'ton, -ona] *adj* ein wenig traurig, schwermütig, trübsinnig; **estar ~** etwas bedrückt sein

tristura [tris'tura] *f* (*Am*) *v.* **tristeza**

tritón [tri'ton] *m* (ZOOL) Molch *m*

trítono ['tritono] *m* (MÚS) Tritonus *m,* Intervall *nt* von drei Ganztönen

triturable [tritu'raβle] *adj* zerkleinerbar

trituración [tritura'θjon] *f* Zermalmung *f,* Zerkleinerung *f*

triturador [tritura'ðor] *m,* **trituradora** [tritura'ðora] *f* (TÉC) Brecher *m,* Zerkleinerungsmaschine *f;* (*de la cocina*) Reibemühle *f;* **~ de basuras** Müllzerkleinerer *m;* **~ de carne** Fleischwolf *m;* **~ de forraje** Häckselmaschine *f;* **~ de papel** Reißwolf *m,* Aktenvernichter *m*

triturar [tritu'rar] *vt* **1.** (*desmenuzar*) zerkleinern, zerreiben; (*moler*) zermahlen; (*al masticar*) zerkauen **2.** (*maltratar física o moralmente*) zermalmen, zerquetschen; (*destruir*) vernichten **3.** (*criticar*) durch die Mangel drehen, in die Mangel nehmen

triunfador(a) [trjuɱfa'ðor(a)] **I.** *adj* siegreich, Triumph-, Sieges- **II.** *m(f)* Sieger(in) *m(f)*

triunfal [trjuɱ'fal] *adj* triumphal, sieghaft; **canto ~** Siegeslied *nt;* **sonrisa ~** Siegeslächeln *nt*

triunfalismo [trjuɱfa'lismo] *m sin pl* übertriebener Optimismus *m,* Euphorie *f,* Siegessicherheit *f*

triunfalista [trjuɱfa'lista] **I.** *adj* übertrieben optimistisch, euphorisch, siegessicher **II.** *mf* übertriebener Optimist *m,* übertriebene Optimistin *f*

triunfante [trjuɱ'fan̩te] *adj* triumphierend, siegreich, triumphgekrönt

triunfar [trjuɱ'far] *vi* **1.** (*en general*) triumphieren (*de/sobre* über +*akk*), siegen (*de/sobre* über +*akk*); (*ganar*) gewinnen (*en* in +*dat*); (*salir victorioso*) als Gewinner [*o* Sieger] hervorgehen; (*tener éxito*) Erfolg haben, erfolgreich sein; **~ en un concurso** in einem Wettbewerb gewinnen; **~ en la vida** im Leben Erfolg haben [*o* erfolgreich sein] **2.** (*exultar*) jauchzen (*de* über +*akk*), frohlocken (*de* über +*akk*), jubeln (*de* über +*akk*) **3.** (*naipes*) Trumpf sein; (*jugar un triunfo*) trumpfen, einen Trumpf spielen; **triunfan corazones** Herz ist Trumpf

triunfo ['trjuɱfo] *m* **1.** (*victoria*) Triumph *m,* Sieg *m;* (*éxito*) Erfolg *m;* **arco del ~** Triumphbogen *m;* **marcha del ~** Triumphzug *m,* Siegeszug *m;* **adjudicarse el ~** (DEP) sich *dat* den Sieg sichern; **el quinto ~ consecutivo del equipo** der fünfte hintereinander folgende Sieg der Mannschaft; **costar un ~** viel Mühe kosten **2.** (*naipe*) Trumpf *m*

triunvirato [triumbi'rato] *m* (HIST) Triumvirat *nt,* Dreimännerherrschaft *f*

trivalente [triβa'len̩te] *adj* (QUÍM) dreiwertig

T

trivial [tri'βjal] *adj* (*superficial*) trivial, gewöhnlich, platt; (*manido*) abgedroschen
trivialidad [triβjali'ðaᵈ] *f* **1.** (*cualidad*) Trivialität *f*, Plattheit *f*, Gewöhnlichkeit *f*, Abgedroschenheit *f* **2.** (*dicho*) Plattitüde *f*, geistlose Äußerung *f*, abgedroschene Redensart *f*; **decir ~es** Plattitüden von sich geben
trivializar [triβjali'θar] <z→c> *vt* **1.** (*restar importancia*) herunterspielen **2.** (*simplificar*) zu stark vereinfachen
trivio ['triβjo] *m* **1.** (*camino*) dreifacher Kreuzweg *m* **2.** (HIST, LING) Trivium *nt*
triza ['triθa] *f* Fetzen *m*, Stück *nt*; **estar hecho ~s** fix und fertig sein; **hacer ~s (de) algo** etw in Stücke reißen, etw zerfetzen, etw in Stücke schlagen; **los críticos hicieron ~s de la película** die Kritiker zerrissen den Film in der Luft; **hacerse ~s** völlig kaputtgehen; **el jarrón se hizo ~s** die Vase zerbrach in tausend Stücke [*o* ging in Scherben]; **hacer ~s a alguien** jdn fertig machen [*o* vernichten]
trizar [tri'θar] <z→c> *vt* zerreißen; (*tela*) in Fetzen reißen; (*papel*) in Stücke reißen
troca ['troka] *f* (*Méx: camión de carga*) Lastwagen *m*
trocar [tro'kar] *irr como volcar* **I.** *vt* **1.** (*cambiar*) tauschen (*por* gegen +*akk*), eintauschen (*por* gegen +*akk*); (*palabras*) austauschen; **~ algo por otra cosa** etw gegen etw anderes austauschen; **troqué el bolígrafo por una navaja** ich habe den Kugelschreiber gegen ein Taschenmesser eingetauscht; **hay pueblos que no venden o compran, sino que truecan** es gibt Völker, die weder kaufen noch verkaufen – sie tauschen **2.** (*dinero*) wechseln (*en* in +*akk*) **3.** (*confundir*) vertauschen (*con* mit +*dat*), verwechseln (*con* mit +*dat*) **4.** (*vomitar*) sich erbrechen [*o* übergeben] **5.** (*CSur: vender*) verkaufen **6.** (*And: comprar*) kaufen **II.** *vr:* **~se** sich verändern, sich verwandeln (*en* in +*akk*) **III.** *m* (MED) Trokar *m*
trocear [troθe'ar] *vt* (*dividir*) in Stücke (zer)teilen; (*cortar*) schneiden, zerstückeln, zerkleinern
trocha ['trotʃa] *f* **1.** (*senda*) Pfad *m*, schmaler Weg *m*, Gehsteig *m*; (*atajo*) Abkürzung *f* **2.** (*Am:* FERRO) Spurweite *f* **3.** (*CSur: autopista*) Autobahnspur *f*, Autobahnstreifen *m*
troche ['trotʃe]: **a ~ y moche** [*o* **~moche**] (*sin orden*) völlig [*o* wild] durcheinander; (*desparramado*) kreuz und quer
trofeo [tro'feo] *m* **1.** (*señal*) Trophäe *f*, Siegeszeichen *nt*; **~ de caza** Jagdtrophäe *f*; **~ de guerra** Kriegsbeute *f* **2.** (DEP: *copa*) Siegerpreis *m* **3.** (*victoria*) Triumph *m*, Sieg *m*; (*éxito*) Erfolg *m*
trofología [trofolo'xia] *f* Ernährungswissenschaft *f*, Trophologie *f*
troglodita [troɣlo'ðita] *mf* **1.** (HIST: *que vive en cavernas*) Höhlenmensch *m*, Höhlenbewohner(in) *m(f)* **2.** (*rudo, grosero*) Barbar *m*, Rohling *m* **3.** (*huraño*) Eigenbrötler(in) *m(f)*, Einzelgänger(in) *m(f)*, Sonderling *m* **4.** (*glotón*) Vielfraß *m*; (*más fino*) Gourmand *m*
troglodítico, -a [troɣlo'ðitiko, -a] *adj* **1.** (HIST: *relativo al que vive en cavernas*) Höhlenbewohner- **2.** (*rudo, grosero*) barbarisch, roh, brutal **3.** (*huraño*) eigenbrötlerisch, ungesellig **4.** (*glotón*) gefräßig, verfressen
troica ['troi̯ka] *f* (HIST, POL) Troika *f*, Dreigespann *nt*
troj [trox] *f*, **troja** ['troxa] *f*, **troje** ['troxe] *f* (AGR) Getreidekammer *f*, Kornkammer *f*
trola ['trola] *f* (*fam*) **1.** (*engaño*) Betrug *m*, Lüge *f*, Schwindel *m* **2.** (*And: jamón*) Schinkenscheibe *f*
trole ['trole] *m* **1.** (ELEC) Stromabnehmer *m* **2.** (*CSur*) *abr de* **trolebús**
trolebús [trole'βus] *m* Trolleybus *m*, Oberleitungsomnibus *m*
trolero, -a [tro'lero, -a] *m, f* Lügner(in) *m(f)*, Schwindler(in) *m(f)*
trol(l) [trol/troʎ] *m* Troll *m*
tromba ['tromba] *f* (METEO) Trombe *f*, Wasserhose *f*; **~ de agua** heftiger Wasserschwall, Wasserhose *f*; **~ de polvo** Sandhose *f*; **~ terrestre** Wirbelwind *m*, Tornado *m*; **en ~** heftig, stürmisch
trombo ['trombo] *m* (MED) Blutgerinnsel *nt*, Thrombus *m*
tromboflebitis [tromboflе'βitis] *f inv* (MED) Thrombophlebitis *f*
trombón [trom'bon] *m* (MÚS) **1.** (*instrumento*) Posaune *f*; **~ de pistones** Ventilposaune *f*; **~ de varas** Zugposaune *f* **2.** (*músico*) Posaunist(in) *m(f)*, Posaunenbläser(in) *m(f)*
trombosis [trom'bosis] *f inv* (MED) Thrombose *f*
trompa¹ ['trompa] *f* **1.** (ZOOL: *elefante, tapir*) Rüssel *m*; (*de insectos*) Saugrüssel *m*; **~ de Eustaquio** (ANAT) eustachische Röhre [*o* Tube], Ohrtrompete *f*; **~ de Falopio** (ANAT) Eileiter *m* **2.** (*de persona*) riesige Nase *f*, Zinken *m fam* **3.** (*Am: fam: labios*) volle, breite Lippen *fpl*; **¡cierra la ~!** halt den Schnabel! **4.** (MÚS: *instrumento*) (Wald)horn *nt*; **~ de caza** Jagdhorn *nt* **5.** (*peonza*) Brummkreisel *m* **6.** (METEO) *v.* **tromba** **7.** (*fam: borrachera*) Rausch *m*; **coger una ~** sich *dat* einen hinter die Binde kippen [*o* antrinken]; **estar ~** einen in der Kanne haben
trompa² ['trompa] *mf* **1.** (MÚS: *músico*) Hornbläser(in) *m(f)*, Hornist(in) *m(f)* **2.** (*CSur: fam: patrón*) Boss *m*
trompada [trom'paða] *f*, **trompazo** [trom'paθo] *m* **1.** (*porrazo*) (heftiger) Schlag *m*; (*choque*) Zusammenstoß *m* **2.** (*puñetazo*) Fausthieb *m*
trompear [trompe'ar] **I.** *vi* (*trompar*) kreiseln **II.** *vt* (*Am: fam*) schlagen, Schläge versetzen **III.** *vr:* **~se** **1.** (*fam: emborracharse*) sich betrinken **2.** (*Am: fam: pelearse*) sich prügeln
trompeta¹ [trom'peta] *mf* (*músico*) Trompetenspieler(in) *m(f)*, Trompeter(in) *m(f)*
trompeta² [trom'peta] *f* (*instrumento*) Trompete *f*

trompetazo [trompe'taθo] *m* **1.** (*de trompeta*) Trompetengeschmetter *nt* **2.** *v.* **trompada**

trompetear [trompete'ar] *vi* (MÚS) trompeten

trompeteo [trompe'teo] *m* (MÚS) Trompeten *nt*

trompetería [trompete'ria] *f* (MÚS) **1.** (*conjunto de trompetas*) Trompetenensemble *nt* **2.** (*del órgano*) Trompetenregister *nt*

trompetero, -a [trompe'tero, -a] *m, f* Trompetenspieler(in) *m(f)*, Trompeter(in) *m(f)*

trompetilla [trompe'tiʎa] *f* Hörrohr *nt*

trompetista [trompe'tista] *mf* Trompetenspieler(in) *m(f)*, Trompeter(in) *m(f)*

trompicar [trompi'kar] <c→qu> **I.** *vi* immer wieder stolpern [*o* straucheln] **II.** *vt* immer wieder stolpern lassen

trompicón [trompi'kon] *m* **1.** (*tropezón*) (häufiges) Stolpern *nt*, Straucheln *nt*; **a trompicones** stoßweise, ruckweise **2.** (*AmC: puñetazo*) Fausthieb *m*, Faustschlag *m*

trompis ['trompis] *m inv* (*Arg, Urug: trompada*) Hieb *m*, Schlag *m*; **agarrarse a ~** sich prügeln

trompiza [trom'piθa] *f* (*AmS*) Schlägerei *f*

trompo ['trompo] *m* Brummkreisel *m*; **ponerse como un ~** (*comiendo*) sich *dat* den Bauch voll schlagen; (*bebiendo*) sich voll laufen lassen

trompón [trom'pon] *m* **1.** (*porrazo*) (heftiger) Schlag *m*; (*choque*) Zusammenstoß *m* **2.** (*puñetazo*) Fausthieb *m* **3.** *v.* **trompo**

trompudo, -a [trom'puðo, -a] *adj* (*Am*) dicklippig, mit wulstigen Lippen

trona ['trona] *f* (MIN) Trona *f*, natürliche Soda *f*

tronada [tro'naða] *f* (METEO) Donnerwetter *nt*, Gewitter *nt*

tronado, -a [tro'naðo, -a] *adj* **1.** (*desgastado*) alt, abgenutzt, verbraucht, heruntergekommen **2.** (*fam: loc*): **estar ~** (*loco*) nicht ganz richtig ticken, verrückt sein; (*arruinado*) abgebrannt sein, ohne einen Pfennig in der Tasche sein; (*Am: drogado*) drauf [*o* high] sein

tronar [tro'nar] <o→ue> **I.** *vimpers* (METEO: *trueno*) donnern **II.** *vi* **1.** (*ruido*) laut schlagen [*o* klopfen]; (*gritar*) laut schimpfen, brüllen **2.** (*oponerse*) wettern (*contra* gegen +*akk*) **III.** *vt* (*Méx: fusilar*) erschießen, umlegen

troncal [troŋ'kal] *adj* Stamm-; **línea ~** (*Am:* FERRO) Hauptlinie *f*

troncalidad [troŋkali'ða[d]] *f* (JUR: *herencia*) Bindung *f* an die Herkunftsfamilie

troncha ['tronʧa] *f* **1.** (*Arg, Chil, Perú: lonja*) Scheibe *f* **2.** (*Méx: rancho*) Hütte *f*; (*comida pobre*) ärmliche Mahlzeit *f*

tronchado[1] [tron'ʧaðo] *m* (*Méx*) Goldmine *f*, gutes Geschäft *nt*

tronchado, -a[2] [tron'ʧaðo, -a] *adj* (*And: lisiado*) verkrüppelt; (*achacoso*) gebrechlich

tronchante [tron'ʧan̪te] *adj* (*fam: de risa*) zum Schießen

tronchar [tron'ʧar] **I.** *vt* **1.** (*tronco*) entwurzeln; (*rama*) abbrechen, abknicken **2.** (*vida*) beenden; (*esperanzas*) zerschlagen **II.** *vr:* **~se** zerbrechen; **~ de risa** (*fam*) sich totlachen

troncho ['tronʧo] *m* **1.** (BOT) Stiel *m*, Stängel *m*; (*de hortaliza*) Strunk *m* **2.** (*CSur: trozo*) Stück *nt* **3.** (*vulg: pene*) Schwanz *m*

tronco ['troŋko] *m* **1.** (BOT: *árbol*) Stamm *m*; (*flor*) Stiel *m*, Stängel *m*; (*hortaliza*) Strunk *m*; (*de un árbol talado*) Stumpf *m*; (*leño*) Scheit *m*; **dormir como un ~** wie ein Stein schlafen **2.** (ANAT: *cuerpo*) Rumpf *m* **3.** (*de familia*) Abstammung *f* **4.** (*amigo*) Kumpel *m*; **¿qué tal, ~?** wie geht's, Kumpel [*o* Alter]? **5.** (*conducto*) Ast *m*; (*Am:* FERRO: *línea*) Hauptlinie *f*; **~ arterial** Arterienast *m* **6.** (*vulg: pene*) Schwanz *m*

tronera [tro'nera] **I.** *f* **1.** (*ventana*) Luke *f*; (*en el tejado*) Dachluke *f* **2.** (MIL: *fortificaciones*) (Schieß)scharte *f* **3.** (*billar*) Loch *nt* **4.** (*Méx: chimenea*) Kamin *m*, Schornstein *m* **II.** *mf* (*tarambana*) Windbeutel *m*, Windhund *m*

tronío [tro'nio] *m* Geldverschwendung *f*, Geldvergeudung *f*

trono ['trono] *m* (*asiento*) Thron *m*; **subir al ~** den Thron besteigen; **sucesor al ~** Thronfolger *m*, Thronerbe *m*

tronzado [tron̪'θaðo] *m* **1.** (*división*) Zerstückeln *nt* **2.** (*rotura*) Zerbrechen *nt* **3.** (*cortar*) Kleinschneiden *nt*

tronzar [tron̪'θar] <z→c> *vt* **1.** (*dividir*) (zer)stückeln, teilen **2.** (*romper*) (zer)brechen **3.** (*cansar*) zermürben, weich machen

tropa ['tropa] *f* **1.** (*multitud*) Truppe *f*, Trupp *m*, Schar *f*; (*pey: grupo*) Meute *f*, Rotte *f*; **en ~** haufenweise, scharenweise, massenweise **2.** (MIL: *conjunto*) Truppe *f*, Rotte *f*; **~s** (*unidades*) Truppen *fpl*; **~s de asalto** Sturmtruppen *fpl*

tropear [trope'ar] *vi* (*Arg: conducir el ganado*) die Herde treiben

tropel [tro'pel] *m* **1.** (*mucha gente*) Getümmel *nt*; **en ~** haufenweise, scharenweise, massenweise **2.** (*prisa*) Hast *f*, (Über)eile *f* **3.** (*desorden*) Wirrwarr *m*, lärmendes Durcheinander *nt*

tropelía [trope'lia] *f* **1.** (*prisa*) Hast *f*, (Über)eile *f* **2.** (*abuso de autoridad*) Amtsmissbrauch *m*; (*acto violento*) Gewalttat *f*

tropero [tro'pero] *m* (*Arg: vaquero*) Rinderhirt *m*

tropezar [trope'θar] *irr como empezar* **I.** *vi* **1.** (*con los pies*) stolpern (*en/contra* über +*akk*), stoßen (*en/contra* an +*akk*), straucheln **2.** (*reñir*) aneinander geraten **3.** (*cometer un error*) stolpern (*en/contra* über +*akk*); (*moralmente*) einen Fehltritt tun [*o* begehen] **4.** (*topar*) treffen (*con* auf +*akk*), stoßen (*con* auf +*akk*), antreffen (*con* +*akk*), begegnen (*con* +*dat*); **~ con dificultades** auf Schwierigkeiten stoßen **II.** *vr:* **~se** (*encontrarse*) treffen (*con* auf +*akk*), stoßen (*con* auf +*akk*)

tropezón [trope'θon] *m* **1.** (*acción*) Stolpern *nt*, Straucheln *nt*; **dar un ~** stolpern, straucheln; **a tropezones** satzweise, stoßweise, ruckartig; **terminó los estudios a tropezones** er/sie beendete das Studium nach vielen Anläufen **2.** (*error*) großer Fehltritt *m;* (*moralmente*) Ausrutscher *m,* Entgleisung *f* **3.** (*persona*) Tollpatsch *m* **4.** (*en sopas, legumbres*) Fleischeinlage *f*

tropical [tropi'kal] *adj* (GEO) tropisch, Tropen-; **clima** ~ Tropenklima *nt,* tropisches Klima; **selva** ~ tropischer Regenwald

trópico[1] ['tropiko] *m* **1.** (GEO): **~s** Tropen *pl;* ~ **de Cáncer** Wendekreis des Krebses; ~ **de Capricornio** Wendekreis des Steinbocks **2.** *pl* (*AmC: problemas*) Schwierigkeiten *fpl,* Probleme *ntpl;* **pasar los ~s** (*fig*) schwere Zeiten durchmachen [*o* durchlaufen], in einer misslichen Lage sein

trópico, -a[2] ['tropiko, -a] *adj* tropisch, Tropen-; **enfermedad trópica** Tropenkrankheit *f*

tropiezo [tro'pjeθo] *m* **1.** (*en el camino*) Hindernis *nt,* Stolperfalle *f;* **dar un** ~ stolpern, straucheln **2.** (*error*) Fehltritt *m,* Irrtum *m;* (*moralmente*) Ausrutscher *m,* Entgleisung *f* **3.** (*desgracia*) Unglück *nt;* (*contratiempo*) Wechselfall *m;* (*revés*) Rückschlag *m;* (*en el amor*) Enttäuschung *f;* **ella ha sido el mayor ~ de mi vida** sie war die größte Enttäuschung meines Lebens **4.** (*discusión*) Unstimmigkeit *f,* Wortwechsel *m,* Meinungsverschiedenheit *f*

tropilla [tro'piʎa] *f* (*CSur*) Gruppe *f,* Truppe *f,* Schar *f*

tropismo [tro'pismo] *m* (BIOL) Tropismus *m*

tropo ['tropo] *m* (*retórica*) Trope *f,* bildlicher Ausdruck *m*

tropología [tropolo'xia] *f* bildliche Ausdrucksweise *f*

tropopausa [tropo'pau̯sa] *f* (GEO) Tropopause *f*

troposfera [tropos'fera] *f sin pl* (METEO) Troposphäre *f*

troquel [tro'kel] *m* (TÉC) Stempel *m,* Punze *f*

troquelado[1] [troke'laðo] *m* (TÉC) Stanzen *nt,* Prägung *f*

troquelado, -a[2] [troke'laðo, -a] *adj* (TÉC) gestanzt, geprägt

troquelar [troke'lar] *vt* prägen, (präge)stanzen

troqueo [tro'keo] *m* (LIT) Trochäus *m*

trotaconventos [trotakom'ben̪tos] *mf inv* (*fam*) Kuppler(in) *m(f)*

trotamundos [trota'mun̪dos] *mf inv* Globetrotter *m,* Weltenbummler(in) *m(f)*

trotar [tro'tar] *vi* **1.** (*caballos*) traben; (*jinete*) Trab reiten **2.** (*con prisas*) wuseln, geschäftig hin und her eilen, immer auf Trab sein

trote ['trote] *m* **1.** (*caballos*) Trab *m;* **ir al** ~ traben, Trab reiten **2.** (*con prisa*) Hin und Her *nt;* **a(l)** ~ eilends, geschwind, schnell **3.** (*agitación*) Aufregung *f;* **meterse en malos ~s** sich in dunkle [*o* undurchsichtige] Angelegenheiten verwickeln **4.** (*ropa*): **para todo** ~ zum Alltagsgebrauch; **ser de mucho** ~ sehr strapazierfähig [*o* widerstandsfähig] sein; **esta chaqueta te sirve para todo** ~ diese Jacke dient dir in jeder Lebenslage **5.** (*loc*): **es demasiado viejo, ya no está para estos ~s** (*prisas*) er ist schon zu alt, er kann nicht mehr so schnell; (*emociones*) er ist schon zu alt, er darf sich nicht so sehr aufregen

trotón [tro'ton] *m* (*Am: pey*) Klepper *m*

trotona [tro'tona] *f* Gesellschaftsdame *f*

trotskismo [tros'kismo] *m sin pl* (POL) Trotzkismus *m*

trotskista [tros'kista] **I.** *adj* trotzkistisch **II.** *mf* Trotzkist(in) *m(f)*

trova ['troβa] *f* **1.** (*verso*) Vers *m* **2.** (*composición*) Minne(ge)sang *m,* Minnelied *nt* **3.** (*poema*) Gedicht *nt*

trovador [troβa'ðor] *m* Troubadour *m,* Minnesänger *m,* Minnesinger *m*

trovadoresco, -a [troβaðo'resko, -a] *adj* Minne-, Troubadour-

trovar [tro'βar] *vi* Verse dichten, Verse schmieden

Troya ['troɟa] *f* Troja *nt;* **el caballo de** ~ das Trojanische Pferd; **aquí fue** ~ das ist davon übrig geblieben, das ist nun die Bescherung; **¡allí/aquí fue ~!** da war der Teufel los [*o* ein Höllenspektakel]; **¡arda ~!** ohne Rücksicht auf Verluste!

troyano, -a [tro'ɟano, -a] **I.** *adj* trojanisch, troisch **II.** *m, f* Trojaner(in) *m(f),* Troer(in) *m(f)*

trozo ['troθo] *m* **1.** (*pedazo*) Stück *nt;* **a ~s** in Stücken, stückweise; **falta aún un buen** ~ es fehlt noch ein gutes Stück **2.** (LIT, MÚS: *parte*) Teil *m,* Stück *nt;* **~s escogidos** ausgewählte Ausschnitte [*o* Abschnitte] [*o* Auszüge]

trúa ['trua] *f* (*Bol: borrachera*) Rausch *m*

trucaje [tru'kaxe] *m* **1.** (*con trampa*) Trickserei *f* **2.** (CINE: *método*) Trickfilm *m;* (FOTO) Fotomontage *f*

trucar [tru'kar] <c→qu> *vi* (*billar*) (die Kugel) versenken

trucha[1] ['trutʃa] *mf* Ganove, -in *m, f,* Gauner(in) *m(f),* gerissener Hund *m fam*

trucha[2] ['trutʃa] *f* **1.** (ZOOL: *pez*) Forelle *f;* ~ **arco iris** Regenbogenforelle *f;* ~ **de río** Bachforelle *f;* ~ **a la navarra** (GASTR) *mit einer Scheibe Schinken gespickte Forelle* **2.** (*AmC:* COM: *caseta*) (Markt-, Messe)stand *m,* Bude *f*

truchero, -a [tru'tʃero, -a] **I.** *adj* Forellen-; **río** ~ Forellenbach *m* **II.** *m, f* **1.** (*que las pesca*) Forellenfänger(in) *m(f)* **2.** (*que las vende*) Forellenverkäufer(in) *m(f),* Forellenhändler(in) *m(f)*

trucho, -a ['trutʃo, -a] *adj* (*Arg, Col*) arglistig, heimtückisch

truchuela [tru'tʃwela] *f* (GASTR, ZOOL) schlanker Stockfisch *m*

truco ['truko] *m* **1.** (*trampa*) Trick *m,* Falle *f;* (*engaño*) fauler Zauber *m,* faules Spiel *nt;* (*destreza*) Kniff *m,* Kunstgriff *m,* List *f;* ~ **publicitario** Werbetrick *m;* **esto tiene** ~ da gibt es einen Trick, da ist ein Trick dabei; ~ **de naipes** Karten(spieler)trick *m;* **ése tiene mu-**

chos ~s der hat viele Tricks auf Lager, der ist mit allen Wassern gewaschen; **coger el ~** hinter den Trick kommen, den Dreh heraushaben; **el ~ del almendruco** (*fam*) Trick 17, gewusst wie **2.** *pl* (*billar*) (Pool)billard *nt*, (Loch)billard *nt*

truculencia [truku'lenθja] *f* **1.** (*crueldad*) Grausamkeit *f*, Brutalität *f* **2.** (*dramatismo*) Gruseleffekt *m*

truculento, **-a** [truku'lento, -a] *adj* **1.** (*cruel*) grausam, brutal **2.** (*terrible*) schrecklich, schaurig, gruselig

trueno ['trweno] *m* **1.** (METEO: *nube*) Donner *m*; **¡oyes el ~!** hörst du den Donnerschlag! **2.** (*de armas*) (Geschütz)donner *m*, Krachen *nt*; **~ gordo** (*cohetes*) großes Feuerwerkfinale; (*escándalo*) großer Skandal; (*éxito*) großer Knüller *fam*; (*lo más importante*) das Allerwichtigste **3.** (*fam: juerguista*) Bummler *m*, Nachtschwärmer *m*; (*alborotador*) Unruhestifter *m*, Aufwiegler *m*; **ir de ~** einen draufmachen **4.** (*And: argot: pistola*) Schießeisen *nt*, Donnerbüchse *f fam*

trueque ['trweke] *m* Austausch *m*, Eintausch *m*; (COM: *sin dinero*) Tauschhandel *m*, Warenaustausch *m*; **contrato de ~** Tauschvertrag *m*; **a ~ de tu pelota te doy mi muñeca** im Tausch gegen [*o* für] deinen Ball bekommst du meine Puppe

trufa ['trufa] *f* **1.** (*dulce, t.* BOT: *hongo*) Trüffel *m* **2.** (*mentira*) Schwindelei *f*, Flunkerei *f*; (*embuste*) Betrug *m*, Schwindel *m*; (*cuento*) Märchen *nt*, Lügengeschichte *f*; (*fanfarronada*) Aufschneiderei *f*

trufado, **-a** [tru'faðo, -a] *adj* Trüffel-; (*relleno*) mit Trüffeln gefüllt

trufar [tru'far] **I.** *vi* (*mentir*) schwindeln, flunkern; (*engañar*) betrügen; (*fanfarronear*) aufschneiden **II.** *vt* (*rellenar, preparar*) mit Trüffeln füllen, trüffeln

truhán [tru'an] *m* **1.** (*estafador*) Gauner *m*, Ganove *m*, Betrüger *m*; (*charlatán*) Scharlatan *m*, Marktschreier *m* **2.** (HIST: *bufón*) Possenreißer *m*, Hofnarr *m*, Spaßmacher *m*; (*saltabanco*) Gaukler *m*, Komödiant *m*, Seiltänzer *m*

truja ['truxa] *f* **1.** (*argot: pitillo*) Glimmstängel *m*, Kippe *f* **2.** (AGR: *depósito*) *Olivenkammer der Ölmühlen*

trujal [tru'xal] *m* **1.** (*para las uvas*) Weinkelter *f*, Weinpresse *f* **2.** (*para el aceite*) Ölpresse *f*

trulla ['truʎa] *f* **1.** (*bulla*) Lärm *m*, Radau *m* **2.** (*llana de albañil*) Maurerkelle *f*

trullo ['truʎo] *m* (*argot*) Knast *m*, Loch *nt*

truncado, **-a** [truŋ'kaðo, -a] *adj* **1.** (*cilindro, cono*) verkürzt; **cono ~** Kegelstumpf *m* **2.** (*incompleto*) unvollständig **3.** (*mutilado*) verstümmelt **4.** (*frustrado*) ruiniert

truncamiento [truŋka'mjento] *m* **1.** (*reducción*) Verkürzung *f* **2.** (*corte de una extremidad*) Verstümmelung *f*

truncar [truŋ'kar] <c→qu> *vt* **1.** (*frase, texto*) verkürzen; (*significado*) verstümmeln; (*cita*) entstellen **2.** (*cortar una parte*) wegschneiden, abschneiden, stutzen **3.** (*desarrollo*) stoppen, beenden; (*esperanzas, ilusiones*) zunichte machen, ruinieren **4.** (*la cabeza del cuerpo*) enthaupten, köpfen; (*cortar una extremidad*) verstümmeln

trunco, **-a** ['truŋko, -a] *adj* **1.** (*frase, texto*) verkürzt; (*cita*) entstellt; (*significado*) verstümmelt, gestutzt; (*incompleto*) unvollständig **2.** (*esperanzas, ilusiones*) ruiniert **3.** (*cuerpo sin cabeza*) enthauptet, geköpft; (*que le falta una extremidad*) verstümmelt

truquero, **-a** [tru'kero, -a] **I.** *adj* Trick- **II.** *m, f* Gauner(in) *m(f)*, gerissener Hund *m fam*

trusa ['trusa] *f* **1.** (*Méx, Perú: bragas*) Schlüpfer *m* **2.** (*Cuba: traje de baño*) Badeanzug *m*

trust [trusᵗ] *m* <trusts> (FIN) Trust *m*, Kartell *nt*

tse-tse [tse tse] *f* (ZOOL) Tsetsefliege *f*

tu [tu] *adj pos* (*antepuesto*) dein(e); **~ padre/blusa/libro** dein Vater/deine Bluse/dein Buch; **~s hermanos/hermanas** deine Brüder/Schwestern

tú [tu] *pron pers 2. sg* du; **yo que ~** ich an deiner Stelle; **tratar** [*o* **hablar**] **de ~ a alguien** jdn duzen, mit jdm per Du sein

tuatuá [twa'twa] *f* (*Cuba, PRico:* BOT) *mit der Purgiernuss verwandtes Wolfsmilchgewächs*

tuba ['tuβa] *f* (MÚS) Tuba *f*

tuberculina [tuβerku'lina] *f* (MED) Tuberkulin *nt*

tubérculo [tu'βerkulo] *m* **1.** (BOT: *de raíz*) Knolle *f*; (*pequeño*) Knöllchen *nt* **2.** (*bulto*) Knoten *m*, Verdickung *f*; (*protuberancia*) Höcker *m*, Vorsprung *m*; (ANAT) Tuber *nt* **3.** (MED: *nódulo*) Tuberkel *m*, Knoten *m* **4.** (MED: *tuberculosis*) Tuberkel *m*

tuberculosis [tuβerku'losis] *f inv* (MED) Tuberkulose *f*, Tbc *f*, Schwindsucht *f*

tuberculoso, **-a** [tuβerku'loso, -a] **I.** *adj* (MED) tuberkulös, schwindsüchtig **II.** *m, f* (MED) Tuberkulosekranke(r) *mf*, Tbc-Kranke(r) *mf*, Schwindsüchtige(r) *mf*

tubería [tuβe'ria] *f* **1.** (*tubo*) Rohr *nt*, Rohrleitung *f* **2.** (*conjunto*) Rohrsystem *nt*, Rohre *ntpl*

Tubinga [tu'βiŋga] *f* Tübingen *nt*

tubo ['tuβo] *m* **1.** (*para fluidos, gases*) Rohr *nt*; **~ de chimenea** [*o* **estufa**] Ofenrohr *nt*; **~ de desagüe** Abflussrohr *nt*; **~ digestivo** [*o* **intestinal**] (ANAT) Verdauungsapparat *m*, Verdauungstrakt *m*; **~ de ensayo** Reagenzglas *nt*; **~ de escape** (AUTO) Auspuff *m*, Auspuffrohr *nt*; **~ de respiración** (ANAT) Luftröhre *f*; **tienes que pasar por el ~** (*fig*) da musst du durch **2.** (RADIO, TV) Röhre *f*; **~ amplificador** Verstärkerröhre *f*; **~ de imagen** Bildröhre *f*; **~ de rayos catódicos** Kathodenstrahlröhre *f* **3.** (*para pasta dentífrica*) Tube *f* **4.** (*Am:* TEL: *auricular*) Hörer *m*; **~ acústico** Sprechrohr *nt* **5.** (*argot: metro*) U-Bahn *f* **6.** (*argot: cárcel*) Knast *m*

tubular [tuβu'lar] **I.** *adj* rohrförmig, schlauchförmig, Rohr- **II.** *m* (*prenda*) Rollkragenpulli *m,* Rolli *m fam*

tucán [tu'kan] *m* (ZOOL) Tukan *m*

tucho, -a ['tutʃo, -a] *m, f* (*Méx: mono*) Affe *m,* Äffin *f*

tuco¹ ['tuko] *m* **1.** (*AmC, Ecua, PRico: muñón*) (Amputations)stumpf *m* **2.** (*Arg:* GASTR) *Tomatensoße mit Zwiebeln, Petersilie und Oregano*

tuco, -a² ['tuko, -a] *adj* (*Bol, Ecua, PRico: de brazo*) einarmig; (*de mano*) einhändig

tucúquere [tu'kukere] *m* (*Chil:* ZOOL) großer Uhu *m*

tucuso [tu'kuso] *m* (*Ven:* ZOOL) *eine Kolibriart*

tucutuco [tuku'tuko] *m* (*AmS:* ZOOL) Kammratte *f*

tudelano, -a [tuðe'lano, -a] **I.** *adj* aus Tudela **II.** *m, f* Einwohner(in) *m(f)* von Tudela

tudense [tu'ðense] **I.** *adj* aus Túy **II.** *mf* Einwohner(in) *m(f)* von Túy

tudesco, -a [tu'ðesko, -a] **I.** *adj* deutsch **II.** *m, f* Deutsche(r) *mf*

tuerca ['twerka] *f* (Schrauben)mutter *f;* ~ **mariposa** Flügelmutter *f;* **apretarle las ~s a alguien** (*fig fam*) jdn hart rannehmen

tuerto¹ ['twerto] *m* Ungerechtigkeit *f*

tuerto, -a² ['twerto, -a] **I.** *adj* **1.** (*de sólo un ojo*) einäugig **2.** (*torcido*) krumm, schief; **a ~ o a derecho, a tuertas o a derechas** zu Recht oder zu Unrecht **II.** *m, f* Einäugige(r) *mf*

tueste ['tweste] *m* **1.** (*al tostar*) Toasten *nt* **2.** (*irón: al sol*) Braten *nt* (in der Sonne)

tuétano ['twetano, -a] *m* **1.** (ANAT: *médula*) (Knochen)mark *nt* **2.** (*corazón, esencia*) Innere(s) *nt,* Innerste(s) *nt;* (*fondo*) Grund *m;* **hasta los ~s** bis ins Mark, durch und durch; **enamorado hasta los ~s** bis über beide Ohren verliebt; **hemos de llegar al ~ de este asunto** wir müssen dieser Sache auf den Grund gehen

tufarada [tufa'raða] *f* (plötzlich auftretender) Gestank *m;* **¡qué ~ a cerveza echaba!** der/die hatte aber eine Bierfahne!; **al abrir la boca le salía una ~ a ajo** als er/sie den Mund aufmachte, kam uns eine Knoblauchfahne entgegen; **estaba rodeado de una ~ de sudor** er war von einer Schweißwolke umgeben

tufillas [tu'fiʎas] *mf inv* (*fam*) beleidigte Leberwurst *f*

tufillo [tu'fiʎo] *m* Hauch *m,* Düftchen *nt;* (*de la cocina*) leckerer Küchengeruch *m*

tufo ['tufo] *m* **1.** (*vapor*) Dampf *m,* Qualm *m;* ~ **de gas** stechender Gasgeruch *m* **2.** (*olor malo*) Gestank *m,* Fahne *f fam;* (*de cuerpo*) Körpergeruch *m;* (*halitosis*) Mundgeruch *m;* (*de cuarto*) Mief *m,* Gestank *m* **3.** (*rizo*) Stirnlocke *f,* Locke *f* an der Schläfe, (Herren)winker *m* **4.** *pl* (*vanidad*) Einbildung *f,* Anmaßung *f,* Hochmut *m*

tugurio [tu'ɣurjo] *m* **1.** (*chabola*) (Slum)hütte *f,* Barracke *f,* Bretterverschlag *m;* (*cuartucho*) Loch *nt,* Bude *f* **2.** *pl* (*barrio*) Slumviertel *nt* **3.** (AGR: *de pastor*) Hirtenhütte *f*

tuición [twi'θjon] *f* (JUR) **1.** (*guarda*) Schutz *m* **2.** (*defensa*) Verteidigung *f*

tul [tul] *m* Tüll *m*

tule ['tule] *m* (*Méx:* BOT) Zypergras *nt*

tulenco, -a [tu'leŋko, -a] *adj* (*AmC: cojo*) lahm; (*lisiado*) verkrüppelt

tulio ['tuljo] *m* (QUÍM) Thulium *nt*

tulipa [tu'lipa] *f* Lampenschirm *m*

tulipán [tuli'pan] *m* (BOT) Tulpe *f*

tullido, -a [tu'ʎiðo, -a] **I.** *adj* (*persona*) gelähmt; (*pey*) verkrüppelt; (*brazo, mano*) lahm **II.** *m, f* Lahme(r) *mf,* Gelähmte(r) *mf;* (*pey*) Krüppel *m*

tullir [tu'ʎir] <*3. pret:* **tulló**> *vt* **1.** (*herir*) verletzen; (*lisiar*) verstümmeln, zum Krüppel machen; **te voy a ~ a palos** ich schlage dich windelweich [*o* zum Krüppel] **2.** (*paralizar*) lähmen **3.** (*agotar*) ermüden **4.** (*maltratar*) missbrauchen, foltern

tumba ['tumba] *f* **1.** (*sepulcro*) Grab *nt,* Grabmal *nt,* Grabstätte *f;* **ser (como) una ~** (*callado*) schweigsam wie ein Grab sein; **llevar a alguien a la ~** jdn ins Grab bringen, jds Sargnagel sein *fam;* **hablar a ~ abierta** offen [*o* ohne Umschweife] reden; **lanzarse a ~ abierta en algo** sich Hals über Kopf in etw stürzen; **si tu abuelo viera lo que hacéis, se revolvería en su ~** dein Großvater würde sich im Grabe (her)umdrehen, wenn er sähe, was ihr tut **2.** (*voltereta*) Purzelbaum *m* **3.** (*Am: tala*) Abholzung *f,* Roden *nt;* (*un claro*) abgeholzte Stelle *f,* Lichtung *f*

tumbado¹ [tum'baðo] *m* (*Col, Ecua*) niedrige Zimmerdecke *f*

tumbado, -a² [tum'baðo, -a] *adj* (*baúl, coche*) gewölbt

tumbar [tum'bar] **I.** *vt* **1.** (*tirar*) niederwerfen, zu Boden werfen, zum Sturz bringen; (*pegando*) niederschlagen; (*fam: matar*) umnieten; **estar tumbado** liegen **2.** (ENS: *fam: suspender*) durchfallen lassen, durchrasseln lassen **3.** (*fam: perturbar, impresionar*) umhauen, umwerfen; **despedía un olor que tumbaba** es sonderte einen Gestank aus, der einen glatt umhaute **4.** (*Am: árboles*) abholzen, fällen, schlagen; (*tierra*) roden **5.** (*vulg: copular*) flachlegen **II.** *vr:* **~se** **1.** (*acostarse*) sich hinlegen; **~se en la cama** sich auf das Bett legen; **~se en el suelo** sich ausgestreckt auf den Boden legen **2.** (*desistir*) aufgeben, das Handtuch werfen **3.** (*fam: en el trabajo*) nachlässig werden, sich *dat* einen faulen Lenz machen, sich auf die faule Haut legen

tumbo ['tumbo] *m* **1.** (*caída*) Fall *m,* Sturz *m* **2.** (*vaivén*) Schwanken *nt,* Taumeln *nt;* (*de un borracho*) Seemannsgang *m;* **dar un ~** taumeln, stolpern; **ir por la vida dando ~s** im Leben immer wieder auf die Nase fallen [*o* viele Rückschläge erleiden] **3.** (*voltereta*) Purzelbaum *m*

tumbón, **-ona** [tum'bon, -ona] **I.** *adj* faul **II.** *m, f* Faulpelz *m*, Faulenzer(in) *m(f)*

tumbona [tum'bona] *f* Liege *f*, Liegestuhl *m*

tumefacción [tumefa^y'θjon] *f* (MED) Schwellung *f*

tumefacto, **-a** [tume'fakto, -a] *adj* (MED) geschwollen

tumescencia [tumes'θen̩θja] *f* (MED: *del órgano*) (An)schwellung *f*, Tumeszenz *f*

tumescente [tumes'θen̩te] *adj* (MED: *órgano*) (an)geschwollen

tumi ['tumi] *m* (*Am*) *mondsichelförmiges Messer*

túmido, **-a** ['tumiðo, -a] *adj* (*elev*) geschwollen

tumor [tu'mor] *m* (MED) Tumor *m*, Geschwulst *f*

tumoral [tumo'ral] *adj* (MED) Tumor-

tumorogenidad [tumoroxeni'ða^ð] *f* (BIOL) Fähigkeit *f* zur Tumorbildung

tumoroso, **-a** [tumo'roso, -a] *adj* (MED) mit mehreren Tumoren

tumulario, **-a** [tumu'larjo, -a] *adj* Grab-; **inscripción tumularia** Grabinschrift *f*

túmulo ['tumulo] *m* **1.** (*monumento*) Grabmal *nt* **2.** (*elevación*) Grabhügel *m*, Tumulus *m*

tumulto [tu'mul̩to] *m* Tumult *m*, Aufruhr *f*, Getümmel *nt*

tumultuoso, **-a** [tumul̩tu'oso, -a] *adj* **1.** (*rebelde*) aufrührerisch, rebellisch **2.** (*alborotado*) Unruhe stiftend, lärmend **3.** (*sin orden*) durcheinander

tuna ['tuna] *f* **1.** (MÚS) Studentenkapelle *f* (*mit Gitarrenspielern und Sängern*) **2.** (*vida picaresca*) Müßiggang *m*; **correr la** ~ dem Müßiggang frönen

tunante [tu'nan̩te] *m* **1.** (*truhán*) Gauner *m*, Ganove *m* **2.** (*astuto*) schlauer Fuchs *m fam*, gerissener Hund *m fam* **3.** (*niño*) Spitzbub *m*, Frechdachs *m*

tunco[1] ['tuŋko] *m* (*Hond, Méx*) Schwein *nt*

tunco, **-a**[2] ['tuŋko, -a] *adj* (*Guat, Hond, Méx*) verkrüppelt

tunda ['tun̩da] *f* **1.** (*paliza*) Tracht *f* Prügel **2.** (*esfuerzo*) Anstrengung *f* **3.** (*de paños*) Scheren *nt*

tundidora [tun̩di'ðora] *f* **1.** (*de paños*) Schermaschine *f* **2.** (*de hierba*) Rasenmäher *m*

tundir [tun̩'dir] *vt* **1.** (*pegar*) schlagen, verprügeln **2.** (*paños*) scheren **3.** (*hierba*) mähen

tundra ['tun̩dra] *f* Tundra *f*

tunecino, **-a** [tune'θino, -a] **I.** *adj* tunesisch **II.** *m, f* Tunesier(in) *m(f)*

túnel ['tunel] *m* Tunnel *m*; ~ **aerodinámico** [*o* **de pruebas aerodinámicas**] (TÉC) Windkanal *m*; ~ **de lavado** (AUTO) Waschstraße *f*

Túnez ['tuneθ] *m* **1.** (*país*) Tunesien *nt* **2.** (*capital*) Tunis *nt*

tungsteno [tuŋs'teno] *m* (QUÍM) Wolfram *nt*

túnica ['tunika] *f* **1.** (*camisa larga y holgada*) langes weites Hemdkleid *nt* **2.** (HIST: *en Roma*) Tunika *f* **3.** (ANAT, BOT: *membrana*) Membran *f*, Häutchen *nt*

tuno[1] ['tuno] *m* (MÚS) *Mitglied einer 'tuna', einer Studentenkapelle*

tuno, **-a**[2] ['tuno, -a] **I.** *adj* **1.** (*astuto*) hinterlistig, schlau, gerissen **2.** (*pícaro*) spitzbübisch, frech **II.** *m, f* **1.** (*truhán*) Gauner *m*, Ganove *m* **2.** (*astuto*) schlauer Fuchs *m fam*, gerissener Hund *m fam* **3.** (*niño*) Spitzbub *m*, Frechdachs *m*

tuntún [tun̩'tun] *m*: **al** (**buen**) ~ aufs Geratewohl, auf gut Glück; **juzgar al buen** ~ voreilige Schlüsse ziehen

tuntunita [tun̩tu'nita] *f* (*Col*) lästige Wiederholung *f*

tupamaro, **-a** [tupa'maro, -a] *m, f* (*Urug*) Guerillero, -a *m, f* (*Mitglied der terroristischen uruguayischen Organisation Tupac Amaru*)

tupé [tu'pe] *m* **1.** (*cabello*) Toupet *nt*, Halbperücke *f*, Haarersatz *m* **2.** (*frescura*) Unverfrorenheit *f*, Dreistheit *f*, Frechheit *f*

tupí [tu'pi] *mf* (*Am: aborígen del Brasil*) Tupi *mf*

tupido, **-a** [tu'piðo, -a] **I.** *adj* **1.** (*denso*) dicht, undurchsichtig; (*tela*) dicht gewebt, engmaschig **2.** (*Am: obstruido*) verstopft **3.** (*Méx: frecuente*) weit verbreitet **4.** (*con tesón*) hartnäckig, beharrlich **II.** *adv* (*a menudo*) häufig

tupí-guaraní [tu'pi ɣwara'ni] *mf* (HIST, LING) *v.* **tupí**

tupinambá [tupi'namba] *mf* (*Am*) *v.* **tupí**

tupir [tu'pir] **I.** *vt* **1.** (*apretar*) zusammendrücken, zusammenpressen; (*tapar agujeros*) abdichten, undurchsichtig machen **2.** (*obstruir*) verstopfen **II.** *vr*: **~se** **1.** (*comer mucho*) sich *dat* den Bauch voll schlagen *fam*, sich voll stopfen *fam*; (*beber mucho*) sich *dat* mächtig einen antrinken *fam*, sich voll laufen lassen *fam* **2.** (*Am: obstruirse*) verstopfen

turba ['turβa] *f* **1.** (*combustible*) Torf *m* **2.** (*estiércol*) Torfdünger *m* **3.** (*muchedumbre*) Menschenmenge *f*; (*pey*) Mob *m*, Pöbel *m*

turbación [turβa'θjon] *f* **1.** (*disturbio*) Störung *f* **2.** (*alarma*) Unruhe *f*, Beunruhigung *f*, Bestürzung *f* **3.** (*vergüenza*) Scham *f*, Verlegenheit *f*, Verklemmung *f* **4.** (*confusión*) Verwirrung *f*, Verworrenheit *f*, Durcheinander *nt*

turbado, **-a** [tur'βaðo, -a] *adj* **1.** (*disturbado*) gestört **2.** (*alarmado*) beunruhigt, unruhig, bestürzt **3.** (*avergonzado*) verschämt, verlegen, verklemmt **4.** (*confuso*) verwirrt, durcheinander; (*un asunto*) verworren

turbador(**a**) [turβa'ðor(a)] *adj* **1.** (*disturbador*) störend **2.** (*alarmante*) beunruhigend, bestürzend **3.** (*avergonzante*) beschämend **4.** (*desconcertante*) verwirrend

turbamulta [turβa'mul̩ta] *f* (*muchedumbre*) Menschenmenge *f*; (*pey*) Mob *m*, Pöbel *m*

turbante [tur'βan̩te] *m* Turban *m*

turbar [tur'βar] **I.** *vt* **1.** (*disturbar*) stören

T

2. (*alarmar*) beunruhigen, aufregen, bestürzen 3. (*avergonzar*) beschämen, verlegen machen 4. (*desconcertar*) verwirren, durcheinander bringen 5. (*agua*) trüben II. *vr:* **~se** 1. (*ser disturbado*) sich gestört fühlen 2. (*alarmarse*) sich beunruhigen [*o* aufregen] 3. (*avergonzarse*) sich schämen, verlegen werden 4. (*desconcertarse*) durcheinander kommen 5. (*agua*) trüb werden

turbativo, **-a** [turβa'tiβo, -a] *adj* (JUR): **posesión turbativa** durch verbotene Eigenmacht erlangter Besitz

turbera [tur'βera] *f* Torfmoor *nt*

turbia ['turβja] *f* Wasserstrom *m* mit Erdschlamm, Schlamm führender Wasserlauf *m*

turbiedad [turβje'ðaᵈ] *f* 1. (*líquido*) Trübe *f*, Trübheit *f* 2. (*asunto*) Verworrenheit *f*, Durcheinander *nt*, Unklarheit *f;* (*sin transparencia*) Undurchsichtigkeit *f* 3. (*pey: carácter*) Zweifelhaftigkeit *f*, Undurchsichtigkeit *f*

turbina [tur'βina] *f* (TÉC) Turbine *f*

turbinto [tur'βiņto] *m* (*AmS:* BOT) Peruanischer Pfefferbaum *m*

turbio, **-a** ['turβjo, -a] *adj* 1. (*líquido*) trübe 2. (*asunto*) verworren, durcheinander, unklar; (*sin transparencia*) undurchsichtig; (*negocio*) schmutzig 3. (*vista*) getrübt 4. (*pey: carácter*) zweifelhaft, undurchsichtig

turbión [tur'βjon] *m* 1. (METEO: *aguacero*) Regenguss *m*, Regenschauer *m*, Platzregen *m;* (*devastador*) Wolkenbruch *m* 2. (*todo a la vez*) Schwall *m*, Flut *f;* ~ **de balas** Kugelhagel *m*

turbo ['turβo] *adj:* **motor** ~ Turbomotor *m*

turboalimentado, **-a** [turβoalimeņ'taðo, -a] *adj* (TÉC) turbogeladen

turboalternador [turβoaļterna'ðor] *m* (TÉC) Turbogenerator *m*

turbobomba [turβo'βomba] *f* (TÉC) Turbopumpe *f*

turbocompresor [turβokompre'sor] *m* (TÉC) Turbolader *m*, Turbokompressor *m*, Turbogebläse *nt*

turbogenerador [turβoxenera'ðor] *m* (TÉC) Turbogenerator *m*

turbohélice [turβo'eliθe] *m* (AERO, TÉC) Turbopropellertriebwerk *nt*

turbomáquina [turβo'makina] *f* (TÉC) Turbomaschine *f*

turbomotor [turβomo'tor] *m* (TÉC) Turbomotor *m;* ~ **compuesto** (AERO) Compound-Turbotriebwerk *nt*

turbopropulsor [turβopropul'sor] *m* (AERO, TÉC) Turbotriebwerk *nt*

turborreactor [turβorreak'tor] *m* (AERO, TÉC) Turbojet *m*

turbotrén [turβo'tren] *m* (TÉC) Turbozug *m*

turbulencia [turβu'leņθja] *f* 1. (*agua, aire*) Turbulenz *f* 2. (*alboroto*) Turbulenz *f*, Durcheinander *nt*, Unruhe *f;* (*confusión*) Verwirrung *f* 3. (*sin transparencia*) Trübung *f*

turbulento, **-a** [turβu'leņto, -a] *adj* 1. (*agua, aire*) turbulent 2. (*alborotado*) turbulent, durcheinander; (*confuso*) wirr, verwirrend 3. (*rebelde*) aufsässig, rebellisch, aufmüpfig *fam;* (*niño*) unruhig, wild; (*ejército*) undiszipliniert, meuterisch 4. (*turbio*) trübe

turca ['turka] *f* (*fam*) Rausch *m*, Besoffenheit *f*

turco, **-a** ['turko, -a] I. *adj* türkisch II. *m, f* Türke, -in *m, f;* **cabeza de** ~ (*fig*) Sündenbock *m*, Prügelknabe *m*

turcochipriota [turkoʧi'prjota] I. *adj* türkischzyprisch, türkischzypriotisch II. *mf* türkischer Zypr(i)er [*o* Zypriot] *m*, türkische Zypr(i)erin [*o* Zypriotin] *f*

turcomano, **-a** [turko'mano, -a] I. *adj* turkmenisch II. *m, f* Turkmene, -in *m, f*

turcople [tur'kople] *mf Sohn oder Tochter eines Türken und einer Griechin*

turgencia [tur'xeņθja] *f* 1. (BOT: *bulto*) Turgeszenz *f* 2. (*hinchazón*) (An)schwellung *f*

turgente [tur'xeņte] *adj* 1. (BOT: *abultado*) turgeszent 2. (*hinchado*) (an)geschwollen 3. (*abultado*) massiv, dick; **pechos ~s** üppiger Busen

túrgido, **-a** ['turxiðo, -a] *adj* (*elev*) *v.* **turgente**

turíbulo [tu'riβulo] *m* (Weih)rauchfass *nt*, Räucherfass *nt*

Turín [tu'rin] *m* Turin *nt*

turinés, **-esa** [turi'nes, -esa] I. *adj* turinisch II. *m, f* Turiner(in) *m(f)*

Turingia [tu'riŋxja] *f* Thüringen *nt*

turismo [tu'rismo] *m* 1. (*organización*) Tourismus *m*, Fremdenverkehr *m;* (*excursionismo*) Touristik *f;* (*para conocer atracciones*) Sightseeing *nt;* ~ **activo** Aktivurlaub *m;* ~ **de invierno** Wintertourismus *m;* ~ **de masas** Massentourismus *m;* ~ **rural** [*o* **verde**] Ferien auf dem Bauernhof; ~ **suave** weicher Tourismus; **industria del** ~ Tourismusbranche *f;* **oficina de** ~ Fremdenverkehrsamt *nt;* **hacer** ~ als Tourist reisen 2. (AUTO: *coche particular*) Personenwagen *m*, privater Gebrauchswagen *m*

turista [tu'rista] *mf* Tourist(in) *m(f)*, Urlaubsreisende(r) *mf;* (*excursionista*) Ausflügler(in) *m(f);* (*a pie*) Wanderer(in) *m(f);* **visado de** ~ Touristenvisum *nt*

turístico, **-a** [tu'ristiko, -a] *adj* touristisch, Touristik-, Fremdenverkehrs-; **viaje** ~ Besichtigungsreise *f*

turnar [tur'nar] *vi, vr:* **~se** sich abwechseln (*con* mit +*dat*)

turné [tur'ne] *f* Tournee *f;* (TEAT) Gastspielreise *f*

turno ['turno] *m* 1. (*en la fábrica*) Schicht *f;* ~ **de noche** Nachtschicht *f;* **cambio de** ~ Schichtablösung *f;* **estar de** ~ Dienst haben; **trabajar por ~s** Schicht arbeiten; **hacer el** [*o* **trabajar en el**] ~ **de día** Tagschicht arbeiten; **trabajar en ~s dobles** in Doppelschicht arbeiten; **trabajo a tres ~s** ich arbeite im Dreischichtbetrieb [*o* in drei Schichten] 2. (*orden*) Reihe *f*, Reihenfolge *f;* **a/por ~s** abwechselnd; **es tu** ~ du bist an der Reihe [*o* dran]

turolense [turo'lense] **I.** *adj* aus Teruel **II.** *mf* Einwohner(in) *m(f)* von Teruel

turón [tu'ron] *m* (ZOOL) Iltis *m*

turoperador [turopera'ðor(a)] *m v.* **t(o)uroperador**

turquesa¹ [tur'kesa] **I.** *adj* türkis **II.** *m* (*color*) Türkis *nt*

turquesa² [tur'kesa] *f* **1.** (*piedra*) Türkis *m* **2.** (*molde*) (Gieß-, Guss)form *f*

turquí [tur'ki] *adj*: **color** ~ türkisfarben

Turquía [tur'kia] *f* Türkei *f*

turrón [tu'rron] *m harte oder weiche Nuss-, Mandel- oder Nugathonigtafeln als Weihnachtsspezialität*

turronero, -a [turro'nero, -a] *m, f* **1.** (*fabricante*) Turrón-Hersteller(in) *m(f)* **2.** (*vendedor*) Turrón-Verkäufer(in) *m(f)*

turulato, -a [turu'lato, -a] *adj* verblüfft; **dejar a alguien** ~ jdn verblüffen; **quedar** ~ erstaunt [*o* sprachlos] sein

tururú [turu'ru] **I.** *adj* verrückt; **estar** ~ verrückt sein **II.** *interj*: **y ¡~!** ätsch!

tusa ['tusa] *f* **1.** (*Am: gente despreciable*) Gesindel *nt* **2.** (*Arg, Chile: crines del caballo*) Mähne *f* **3.** (*AmC, Cuba: farfolla*) Hülse *f* des Maiskolbens **4.** (*Cuba: cigarrillo*) Zigarette *f* aus Maisblättern **5.** (*fam Cuba: mujer despreciable*) Schlampe *f*

tusar [tu'sar] **I.** *vi* (*Guat: murmurar*) leise reden **II.** *vt* (*Am: cortar mal el pelo*) (das Haar) verschneiden

tusílago [tu'silaɣo] *m* (BOT, MED) Huflattich *m*

tuso, -a ['tuso, -a] *adj* **1.** (*Col, PRico: pelón*) kahl, geschoren **2.** (*Col, Ven: picado de viruelas*) pockennarbig **3.** (*PRico: rabón*) schwanzlos

tute ['tute] *m Kartenspiel;* **darse un** ~ sich abmühen [*o* abrackern]

tutear [tute'ar] **I.** *vt* duzen **II.** *vr*: **~se** sich duzen

tutela [tu'tela] *f* **1.** (JUR) Vormundschaft *f*; **poner bajo la ~ de alguien** unter jds Vormundschaft stellen, entmündigen; ~ **de menores** Vormundschaft über Minderjährige **2.** (*institución, autoridad*) Vormundschaftsamt *nt*; ~ **de institución** Amtsvormundschaft *f* **3.** (*amparo*) Schutz *m*; ~ **del consumidor** Verbraucherschutz *m*; ~ **jurídica** Rechtsschutz *m*; ~ **de monumentos** Denkmalschutz *m*; **estar bajo la ~ de alguien** unter jds Schutz stehen **4.** (*que vela*) Rechtsaufsicht *f*, Staatsaufsicht *f*

tutelaje [tute'laxe] *m* (*CSur, Guat, Méx*) *v.* **tutela**

tutelar [tute'lar] **I.** *adj* **1.** (JUR) vormundschaftlich, Vormundschafts-; **juez** ~ Vormundschaftsrichter *m* **2.** (*protector*) schützend, Schutz- **II.** *vt* **1.** (*ejercer la tutela*) die Vormundschaft haben (über +*akk*) **2.** (*proteger*) schützen; (*amparar*) beschützen **3.** (*velar*) beaufsichtigen, überwachen

tuteo [tu'teo] *m* Duzen *nt*

tutifruti [tuti'fruti] *m* Tuttifrutti(eis) *nt*

tutilimundi [tutili'mu̯ndi] *m* **1.** (*mundonuevo*) Guckkasten *m* **2.** (*Am: argot*) alle Leute

tutiplén [tuti'plen] *adv* (*fam*): **a** ~ reichlich, maßlos; **come a** ~ er/sie isst wie ein Scheunendrescher; **gasta a** ~ er/sie gibt das Geld mit vollen Händen aus

tutor(a) [tu'tor(a)] *m(f)* **1.** (JUR) Vormund *m* **2.** (*protector*) (Be)schützer(in) *m(f)* **3.** (*profesor*) Privatlehrer(in) *m(f)* **4.** (ENS, UNIV: *que aconseja*) Tutor(in) *m(f)*; (*de doctorado*) Doktorvater *m*, Doktormutter *f*

tutoría [tuto'ria] *f* **1.** (JUR) Vormundschaft *f* **2.** (UNIV) Sprechstunde *f*

tutsi ['tu^d si] *mf* Tutsi *mf*

tutú [tu'tu] *m* Tutu *nt*, Röckchen *nt* der Balletttänzerinnen

tutuma [tu'tuma] *f* **1.** (*Bol, Perú: fruto y vasija*) Kalebasse *f* **2.** (*Perú: fam: cabeza*) Kopf *m*, Birne *f*

tuturutú [tuturu'tu] *m* Tätterätä *nt*

tuya ['tuɟa] *f* (BOT) Lebensbaum *m*, Thuja *f*

tuyo, -a ['tuɟo, -a] *pron pos* **1.** (*de tu propiedad*): **este perro es** ~ das ist dein Hund, dieser Hund gehört dir; **la botella/la casa es tuya** das ist deine Flasche/dein Haus; **¡ya es ~!** du hast es geschafft! **2.** (*tras artículo*) der/die/das deinige [*o* Deinige], deine(r, s); **mi coche está roto, vamos en el** ~ mein Auto ist kaputt, fahren wir mit deinem; **¿son éstos los ~s?** sind das deine?; **los ~s** die Deinigen [*o* deinigen], deine Angehörigen; **ésta es la tuya** (*fam*) das ist die Gelegenheit für dich; **una de las tuyas** einer von deinen (wohl bekannten) Streichen; **¡esto sí que es lo ~!** das ist etwas, das du wirklich magst!, damit kennst du dich wirklich aus! **3.** (*tras substantivo*) dein(e), von dir; **una amiga tuya** eine Freundin von dir; **cualquier idea tuya es buena** jegliche deiner Ideen ist gut; **(no) es culpa tuya** es ist (nicht) deine Schuld

TV [te'uβe] *f abr de* **televisión** TV *nt*; ~ **digital** digitales Fernsehen

TVE [teuβe'e] *f abr de* **Televisión Española** *staatlicher spanischer Fernsehsender*

tweed [twið] *m* Tweed *m*

twist [twis^t] *m* (MÚS) Twist *m*

U

U, u [u] *f* <úes> U, u *nt;* ~ **de Uruguay** U wie Ulrich

u [u] *conj* (*ante* (*h*)*o*) oder; **7** ~ **8** 7 oder 8; **uno** ~ **otro** der eine oder der andere

uapiti [wa'piti] *m* (ZOOL) Wapiti *m*

ubajay [uβa'xai̯] *m* (*Arg:* BOT) Kirschmyrte *f*

ubérrimo, **-a** [u'βerrimo, -a] *adj* äußerst ertragreich [*o* fruchtbar]; **un valle** ~ ein fruchtbares Tal

ubicación [uβika'θjon] *f* **1.** (*lugar*) Stelle *f,* Platz *m;* (*de una empresa*) Sitz *m* **2.** (*situación*) Lage *f;* (*de una empresa*) Geschäftslage *f* **3.** (*Am: colocación*) Platzierung *f*

ubicar [uβi'kar] <c→qu> **I.** *vi* sich befinden; **estar ubicado en un lugar** sich an einer Stelle [*o* einem Platz] befinden, an einer Stelle [*o* einem Platz] liegen [*o* angesiedelt sein] **II.** *vt* (*Am: situar*) einen Platz zuweisen, platzieren, unterbringen **III.** *vr:* **~se 1.** (*en un lugar*) sich befinden **2.** (*Arg: colocarse en un empleo*) eine Anstellung finden, angestellt werden

ubicuidad [uβikwi'ðaᵈ] *f sin pl* Allgegenwart *f,* Ubiquität *f*

ubicuo, **-a** [u'βikwo, -a] *adj* allgegenwärtig

ubiquitario, **-a** [uβiki'tarjo, -a] *m, f* (REL) Ubiquitarier(in) *m(f)*

ubre [u'βre] *f* (*de la vaca*) Euter *m;* (*de otros mamíferos*) Zitze *f*

UC [u'θe] *f abr de* **Unión de Consumidores** ≈Verbraucherverband *m*

UCD [uθe'ðe] *f abr de* **Unión de Centro Democrático** Union *f* des Demokratischen Zentrums (*Partei der Mitte Spaniens, die in der Übergangszeit zur Demokratie Spanien regierte*)

UCI ['uθi] *f* **1.** (MED) *abr de* **Unidad de Cuidados Intensivos** Intensivstation *f* **2.** (DEP) *abr de* **Unión Ciclista Internacional** Internationaler Radsportverband *m*

Ucrania [u'kranja] *f* (GEO) Ukraine *f*

ucraniano[1] [ukra'njano] *m* (*lengua*) Ukrainisch(e) *nt*

ucrani(an)o, **-a**[2] [ukra'nj(an)o, -a] **I.** *adj* ukrainisch **II.** *m, f* Ukrainer(in) *m(f)*

Ud. [us'teᵈ] *abr de* **usted** Sie

UDC [uðe'θe] *f* (POL) *abr de* **Unió Democràtica de Catalunya** *demokratische Partei Kataloniens*

udómetro [u'ðometro] *m* (METEO) Regenmesser *m,* Udometer *nt*

Uds. [us'teᵈes] *abr de* **ustedes** Sie

UE [u'e] *f* (ECON, POL) *abr de* **Unión Europea** EU *f*

UEM [ue'eme] *f* (UE, FIN) *abr de* **Unión Económica y Monetaria** WWU *f*

UEO [ue'o] *f abr de* **Unión Europea Occidental** westeuropäische Union *f*

UEP [ue'pe] *f* (FIN) *abr de* **Unión Europea de Pagos** EZU *f*

uf [uf] *interj* **1.** (*de asco*) ih, igitt(igitt) **2.** (*de fastidio*) Mensch!; **¡~! ¡qué calor!** Mensch, was für eine Hitze!

ufanarse [ufa'narse] *vr* prahlen (*con/de* mit +*dat*); **se ufana de su riqueza** er/sie prahlt mit seinem/ihrem Geld

ufanía [ufa'nia] *f* **1.** (*orgullo*) Stolz *m* **2.** (*engreimiento*) Einbildung *f;* (*arrogancia*) Hochnäsigkeit *f* **3.** (*satisfacción*) Zufriedenheit *f*

ufano, **-a** [u'fano, -a] *adj* **1.** (*orgulloso*) stolz **2.** (*engreído*) eingebildet; (*arrogante*) hochnäsig **3.** (*satisfecho*) stolz (*de* auf +*akk*), zufrieden (*de* mit +*dat*); **va muy** ~ **con su nueva moto** er ist sehr stolz auf sein neues Motorrad **4.** (*planta*) üppig, kräftig

ufo ['ufo] *m* Ufo *nt*

ufología [ufolo'xia] *f sin pl* Ufologie *f*

ufólogo, **-a** [u'foloɣo, -a] *m, f* Ufologe, -in *m, f*

Uganda [u'ɣan̪da] *f* Uganda *nt*

ugandés, **-esa** [uɣan̪'des, -esa] **I.** *adj* ugandisch **II.** *m, f* Ugander(in) *m(f)*

ugetista [uxe'tista] **I.** *adj* der UGT angehörig **II.** *mf* Mitglied *nt* der UGT (*sozialistische Gewerkschaft Spaniens*)

ugro, **-a** ['uɣro, -a] *adj* ugrisch; **lenguas ugras** ugrische Sprachen

ugrofinés, **-esa** [uɣrofi'nes, -esa] *adj* finnougrisch, finnisch-ugrisch

UGT [uxe'te] *f abr de* **Unión General de Trabajadores** sozialistische Gewerkschaft *f* Spaniens

uh [u] *interj* oh!

ujier [u'xjer] *m* **1.** (*de un tribunal*) Gerichtsdiener *m* **2.** (*de un palacio*) Saaldiener *m*

újule ['uxule] *interj* (*Méx: fam*) **1.** (*¡vaya!*) Mannomann! **2.** (*¡huy!*) aua, autsch

ukelele [uke'lele] *m* (MÚS) Ukulele *f*

ulala [u'lala] *f* (*Bol:* BOT) *eine Kaktusart*

ulano [u'lano] *m* (HIST) Ulan *m*

úlcera ['ul̩θera] *f* (MED) Geschwür *nt,* Ulkus *nt;* ~ **de estómago** [*o* **gástrica**] Magengeschwür *nt;* ~ **gastroduodenal** (MED) Zwölffingerdarmgeschwür *nt*

ulceración [ul̩θera'θjon] *f* (MED) Geschwürbildung *f*

ulcerante [ul̩θe'ran̪te] *adj* ulzerierend

ulcerar [ul̩θe'rar] **I.** *vt* (MED: *en el cuello*) Geschwür [*o* Ulkus] verursachen (an +*dat*); (*en el estómago*) Geschwür [*o* Ulkus] verursachen (in +*dat*) **II.** *vr:* **~se** (MED) geschwürig werden, ulzerieren

ulceroso, **-a** [ulθe'roso, -a] *adj* (MED) geschwürig, ulzerös

ulema [u'lema] *m* Ulema *m*

uliginoso, **-a** [ulixi'noso, -a] *adj* (*terreno*) sumpfig; (*planta*) Sumpf-

Ulises [u'lises] *m* Odysseus *m*

ulmaria [ul'marja] *f* (BOT) Mädesüß *f*

ulsterización [ulsteriθa'θjon] *f*: **la ~ del País Vasco** die Terrorisierung des Baskenlandes

ulterior [ulte'rjor] *adj* **1.** (*del otro lado*) jenseits **2.** (*posterior*) später; **desarrollo ~** Weiterentwicklung *f*; **investigaciones ~es han demostrado que...** spätere [*o* weitere] Forschungen haben bestätigt, dass ...

ulteriormente [ulterjor'mente] *adv* nachher, später, danach; **eso lo examinaremos ~** das sehen wir nachträglich ein

ultimación [ultima'θjon] *f* (*de un proyecto*) Fertigstellung *f*, Vollendung *f*; (*de un acuerdo*) Abschluss *m*

ultimadamente [ultimaða'mente] *adv* (*Méx*) *v.* **últimamente**

últimamente [ultima'mente] *adv* **1.** (*recientemente*) in letzter Zeit, in der letzten Zeit **2.** (*hace poco*) kürzlich, neulich **3.** (*por último*) schließlich

ultimar [ulti'mar] *vt* **1.** (*proyecto*) fertig stellen, vollenden; (*estudio*) die endgültige Form geben; (*conferencia*) die letzten Vorbereitungen treffen; (*acuerdo*) abschließen, zum Abschluss bringen **2.** (*Am: matar*) umbringen

ultimátum [ulti'matun] *m sin pl* Ultimatum *nt*; **dar el ~ a alguien** jdm ein Ultimatum stellen

último, **-a** ['ultimo, -a] *adj* **1.** (*en orden*) letzter, letzte, letztes; **el ~ de cada mes** am Letzten jeden Monats; **a ~s de mes** gegen Monatsende; **soy el ~ de la clase** ich bin der Schlechteste in der Klasse; **fue el ~ en firmar** er unterzeichnete als Letzter; **siempre llega el ~** er kommt immer zuletzt; **¿cuándo la viste por última vez?** wann hast du sie zum letzten Mal [*o* letztes Mal] gesehen?; **esa fue la última vez que estuve en la ópera** das war das letzte Mal, dass ich in der Oper gewesen bin; **hacia la última parte la película mejora** gegen Ende wird der Film besser; **este ejemplar es el ~ (que nos queda)** dieses Exemplar ist das letzte(, das wir haben); **la última moda** die neueste Mode; **unos estudian ciencias, otros letras. Los ~s...** die einen studieren Naturwissenschaften, die anderen Geisteswissenschaften. Letztere ... **2.** (*espacio*): **la última fila** die hintere [*o* letzte] Reihe; **vive en el ~ piso** er/sie wohnt im obersten Stock; **nuestro equipo ocupa la última posición de la tabla** unsere Mannschaft steht am Tabellenende; **la casa está en el ~ rincón del mundo** das Haus befindet sich dort, wo sich Hase und Fuchs gute Nacht sagen **3.** (*loc*): **por ~** schließlich, zu guter Letzt; **en ~ término** [*o* **lugar**] letzten Endes; **no en ~ término** nicht zuletzt; **en ~ caso** schlimmstenfalls; **está en las últimas** (*muriéndose*) er/sie liegt in den letzten Zügen; (*arruinado*) er/sie ist am Ende; **este modelo es lo ~** dieses Modell ist das Letzte; **que me pida dinero después de haber cortado, ¡es lo ~!** dass er/sie mich, nachdem wir Schluss gemacht haben, um Geld bittet, ist doch das Letzte!

ultra ['ultra] **I.** *adj* rechtsextremistisch; (*activo, violento*) rechtsradikal **II.** *mf* Rechtsextremist(in) *m(f)*; (*activo y más violento*) Rechtsradikale(r) *mf* **III.** *adv* außerdem

ultracentrífuga [ultraθen'trifuɣa] *f* (TÉC) Ultrazentrifuge *f*

ultracongelado, **-a** [ultrakoŋxe'laðo, -a] *adj* tiefgefroren, tiefgekühlt

ultraconservador(a) [ultrakonserβa'ðor(a)] *adj* erzkonservativ

ultracorrección [ultrakorreᵞ'θjon] *f* Hyperkorrektion *f*

ultracorto, **-a** [ultra'korto, -a] *adj* Ultrakurz-; **onda ultracorta** (RADIO) Ultrakurzwelle *f*

ultraderecha [ultraðe'retʃa] *f inv* extreme Rechte *f*

ultraderechista [ultraðere'tʃista] **I.** *adj* rechtsextrem, rechtsradikal **II.** *mf* Rechtsextremist(in) *m(f)*; (*activo y más violento*) Rechtsradikale(r) *mf*

ultrafino, **-a** [ultra'fino, -a] *adj* hauchdünn

ultraísmo [ultra'ismo] *m sin pl* (LIT) Ultraismo *m*, Ultraismus *m*

ultraizquierda [ultraiθ'kjerða] *f inv* extreme Linke *f*

ultraizquierdista [ultraiθkjer'ðista] *mf* (POL) Linksextremist(in) *m(f)*

ultrajante [ultra'xante] *adj* beleidigend

ultrajar [ultra'xar] *vt* **1.** (*insultar*) beleidigen, kränken; (*monumento, bandera*) schänden; **~ de palabra** beschimpfen **2.** (*humillar*) demütigen **3.** (*ajar*) zerknautschen

ultraje [ul'traxe] *m* Beleidigung *f*, Beschimpfung *f*; **~ a la bandera** Schändung der Flagge; **~ al honor** Ehr(en)beleidigung *f*

ultraliberal [ultraliβe'ral] *adj* (POL) ultraliberal, äußerst liberal

ultraligero [ultrali'xero] *m* Ultraleichtflugzeug *nt*

ultramar [ultra'mar] *m* Übersee *f*; **países y territorios de ~** (UE) überseeische Länder und Gebiete; **en/a/de ~** in/nach/aus Übersee

ultramarino, **-a** [ultrama'rino, -a] *adj* überseeisch

ultramarinos [ultrama'rinos] *mpl* **1.** (*tienda*) Lebensmittelgeschäft *nt*; (HIST) Kolonialwarengeschäft *nt* **2.** (*víveres*) Lebensmittel *ntpl* aus Übersee; **tienda de ~** Lebensmittelgeschäft *nt*; (HIST) Kolonialwarengeschäft *nt*

ultramicroscopio [ultramikros'kopjo] *m* (FÍS) Ultramikroskop *nt*

ultramoderno, **-a** [ul̪tramo'ðerno, -a] *adj* hochmodern

ultramontanismo [ul̪tramon̪ta'nismo] *m* (HIST) Ultramontanismus *m*

ultramontano, **-a** [ul̪tramon̪'tano, -a] **I.** *adj* ultramontan **II.** *m, f* Ultramontane(r) *mf*

ultranacionalista [ul̪tranaθjona'lista] **I.** *adj* extrem nationalistisch **II.** *mf* extremer Nationalist *m*, extreme Nationalistin *f*

ultranza [ul'tran̪θa] *adv* **1.** (*a muerte*): **defender algo a ~** etw bis aufs Äußerste verteidigen; **luchar a ~** auf Leben und Tod kämpfen **2.** (*resueltamente*): **ser de izquierda a ~** ein radikaler Linker sein; **ser un ecologista a ~** ein überzeugter Umweltschützer sein

ultrapresión [ul̪trapre'sjon] *f* (FÍS) Höchstdruck *m*

ultrarrápido, **-a** [ul̪tra'rrapiðo, -a] *adj* sehr schnell; **cámara ultrarrápida** Hochgeschwindigkeitskamera *f*

ultrarresistente [ul̪trarresis'ten̪te] *adj* äußerst resistent

ultrarrojo, **-a** [ul̪tra'rroxo, -a] *adj* ultrarot

ultrasecreto, **-a** [ul̪trase'kreto, -a] *adj* streng geheim

ultrasensible [ul̪trasen'siβle] *adj* überempfindlich

ultrasónico, **-a** [ul̪tra'soniko, -a] *adj* Ultraschall-

ultrasonido [ul̪traso'niðo] *m sin pl* Ultraschall *m*

ultrasonoro, **-a** [ul̪traso'noro, -a] *adj* (FÍS) Überschall-, Ultraschall-; **velocidad ultrasonora** Überschallgeschwindigkeit *f*

ultratumba [ul̪tra'tumba] *f* Jenseits *nt*; **voz de ~** Stimme aus dem Jenseits

ultravioleta [ul̪traβjo'leta] *adj inv* ultraviolett; **rayos ~** ultraviolette Strahlen, UV-Strahlen *pl*

ultravirus [ul̪tra'βirus] *m inv* Ultravirus *m*

ulular [ulu'lar] *vi* **1.** (*animal*) heulen, jaulen **2.** (*persona*) brüllen, schreien **3.** (*viento*) heulen

umbilical [umbili'kal] *adj* Nabel-; **cordón ~** Nabelschnur *f*

umbráculo [um'brakulo] *m* Sonnendach *nt*

umbral [um'bral] *m* **1.** (*de puerta*) (Tür)schwelle *f*; **atravesar el ~** [*o* **los ~es**] **de una casa** über die Schwelle treten **2.** (*principio*) Anfang *m*; **estar en los ~es de una investigación policial** in der Anfangsphase einer polizeilichen Ermittlung sein [*o* stecken]; **estamos en los ~es de un nuevo siglo** wir stehen an der Schwelle zu einem neuen Jahrhundert **3.** (ECON): **~ de beneficio** (ECON) Gewinnschwelle *f*, Break-even-Point *m*; **~ de rentabilidad** Gewinnschwelle *f*, Rentabilitätsgrenze *f*; **precio ~** Schwellenpreis *m* **4.** (*país en vías de desarrollo*): **país ~** Schwellenland *nt*

umbrío, **-a** [um'brio, -a] *adj* schattig

umbroso, **-a** [um'broso, -a] *adj* **1.** (*con sombra*) schattig **2.** (*que causa sombra*) Schatten spendend

un, **una** [un, 'una] <unos, -as> **I.** *art indet* **1.** (*no determinado*) ein(e); **un perro/puente/niño** ein Hund/eine Brücke/ein Kind; **una mujer/mesa/chica** eine Frau/ein Tisch/ein Mädchen; **una casa grande** ein großes Haus; **vivo en una casa grande** ich wohne in einem großen Haus; **una mañana se presentó** eines Morgens tauchte er/sie auf; **¡hubo una bronca!** es gab einen Riesenkrach; **¡tiene una jeta!** er/sie ist dermaßen unverschämt! **2.** *pl* (*algunos*) einige, ein paar; **conozco a ~os chicos muy simpáticos** ich kenne einige nette Jungs; **cuesta ~os millones** es kostet ein paar Millionen **3.** *pl* (*aproximadamente*) ungefähr; **tengo ~os 1000 marcos** ich habe ungefähr [*o* um die] 1000 DM **II.** *adj v.* **uno**[2]

una ['una] **I.** *art indet v.* **un, una II.** *adj o pron indef v.* **uno,-a**

unánime [u'nanime] *adj* **1.** (*opinión*) einmütig **2.** (*decisión*) einstimmig

unánimemente [unanime'men̪te] *adv* einstimmig

unanimidad [unanimi'ða^{d}] *f* **1.** (*de opinión*) Einmütigkeit *f* **2.** (*de decisión*) Einstimmigkeit *f*; **aprobar algo por ~** etw einstimmig beschließen

unas ['unas] **I.** *art indet v.* **un, una II.** *adj o pron indef v.* **uno,-a**

unau [u'nau̯] *m* (ZOOL) Unau *m*, Faultier *nt*

unción [un̪'θjon] *f* **1.** (MED) Einsalbung *f* **2.** (REL) Salbung *f*, Ölung *f* **3.** (*extremaunción*) Letzte Ölung *f* **4.** (*devoción*) Andacht *f*

uncir [un̪'θir] <c→z> *vt* (ins Joch) einspannen

unco ['uŋko] *m* (*Perú*) Hemd *nt*

uncucho [uŋ'kuʧo] *m* (*Perú*) *kleiner Poncho*

undecágono, **-a** [un̪de'kaɣono, -a] *adj* (MAT) elfeckig

undécimo, **-a** [un̪'deθimo, -a] **I.** *adj* (*parte*) elftel; (*numeración*) elfte(r, s) **II.** *m, f* Elftel *nt* **III.** *adv*: **en ~ lugar** elftens, an elfter Stelle; *v. t.* **octavo**[2]

undécuplo, **-a** [un̪'dekuplo, -a] *adj* elffach

underground [an̪der'ɣrau̯n] *adj* (ARTE): **música ~** Undergroundmusik *f*

UNED [u'ne^{d}] *f abr de* **Universidad Nacional de Educación a Distancia** *spanische Fernuniversität*

UNESCO [u'nesko] *f abr de* **United Nations Educational, Scientific and Cultural Organization** UNESCO *f*

ungido [uŋ'xiðo] *m* (REL) Gesalbter *m*

ungimiento [uŋxi'mjen̪to] *m* **1.** (*con aceite*) Ölung *f* **2.** (REL) Salbung *f*

ungir [uŋ'xir] <g→j> *vt* **1.** (*con aceite*) einölen, einreiben **2.** (REL) salben

ungüento [uŋ'gwen̪to] *m* **1.** (MED) Salbe *f*; (*en recetas*) Unguentum *nt* **2.** (*remedio*) Balsam *m*

ungulado, **-a** [uŋgu'laðo, -a] **I.** *adj* hufig **II.** *m, f* Huftier *nt*

ungulados [uŋgu'laðos] *mpl* Huftiere *ntpl;* (ZOOL) Ungulaten *mpl*
ungular [uŋgu'lar] *adj* (ANAT) Nagel-
únicamente [unika'mente] *adv* nur, allein
unicameral [unikame'ral] *adj* Einkammer-; **sistema** ~ (POL) Einkammersystem *nt*
UNICEF [uni'θef] *f abr de* **United Nations International Children's Emergency Fund** UNICEF *f*
unicelular [uniθelu'lar] *adj* einzellig
unicidad [uniθi'ðaᵈ] *f* Einzigartigkeit *f*
único, **-a** ['uniko, -a] *adj* **1.**(*solo*) einzig; **calle de dirección única** Einbahnstraße *f;* **gobierno de partido** ~ Einparteienregierung *f;* **heredero** ~ Alleinerbe *m;* **hijo** ~ Einzelkind *nt;* **hoy hay plato** ~ heute gibt es nur einen (einzigen) Gang; **lo hice única y exclusivamente para ayudar** ich wollte damit nur [*o* einzig und allein] helfen **2.**(*extraordinario*) einzigartig, einmalig
unicolor [uniko'lor] *adj* einfarbig, uni
unicornio [uni'kornjo] *m* Einhorn *nt*
unidad [uni'ðaᵈ] *f* **1.**(*entidad, medida, t.* MIL) Einheit *f;* **U~ de Cuenta Europea** Europäische Währungseinheit; ~ **familiar** Haushalt *m;* ~ **monetaria/de tiempo/de longitud/de cálculo** Währungs-/Zeit-/Längen-/Recheneinheit *f;* ~**es de medida** Maßeinheiten *fpl;* **coste por** ~ Stückkosten *pl;* **precio por** ~ Stückpreis *m,* Einheitspreis *m* **2.**(MAT) Einer *m* **3.**(*de organización*) Abteilung *f* **4.**(*de hospital*) Station *f;* **U~ de Cuidados Intensivos** Intensivstation *f* **5.**(LIT) Einheitlichkeit *f* **6.**(TÉC: *aparato*) Anlage *f;* ~ **de control** Steuergerät *nt;* ~ **móvil** (TV, RADIO) Ü-Wagen *m* **7.**(TEAT): ~ **de acción, de lugar y de tiempo** Einheit von Handlung, Ort und Zeit **8.**(INFOR): ~ **central de procesamiento** Zentraleinheit *f;* ~ **de cinta** Magnetbandgerät *nt;* ~ **de control** Steuereinheit *f;* ~ **de disco (de destino)** (Ziel)laufwerk *nt;* ~ **externa de disco duro** externes Festplattenlaufwerk; ~ **de fuente** Quellgerät *nt;* ~ **procesadora central** Zentraleinheit *f*
unidimensional [uniðimensjo'nal] *adj* eindimensional
unidireccional [uniðireʸθjo'nal] *adj* (*de una dirección*) in einer Richtung verlaufend, Einbahn-; (ELEC) einseitig
unido, **-a** [u'niðo, -a] *adj* verbunden; (*frente, equipo*) geschlossen; (*nación, partido*) einig, geeint; **estamos muy ~s** wir stehen uns sehr nahe
unifamiliar [unifami'ljar] *adj:* **vivienda** ~ [*o* **casa**] Einfamilienhaus *nt*
unificación [unifika'θjon] *f* **1.**(*de esfuerzos, un pueblo*) Vereinigung *f;* **la** ~ **política** die politische Einigung **2.**(*uniformización*) Vereinheitlichung *f*
unificador(a) [unifika'ðor(a)] *adj* **1.**(*que une*) vereinigend **2.**(*que uniforma*) vereinheitlichend
unificar [unifi'kar] <c→qu> *vt* **1.**(*esfuerzos, pueblos*) (ver)einigen, (ver)einen; ~ **posiciones** verschiedene Standpunkte in Einklang bringen **2.**(*sistemas, sueldos*) vereinheitlichen
uniformado, **-a** [unifor'maðo, -a] *m, f* Uniformierte(r) *mf*
uniformador(a) [uniforma'ðor(a)] *adj* **1.**(*que une*) vereinigend **2.**(*que uniforma*) vereinheitlichend
uniformar [unifor'mar] *vt* **1.**(*hacer unitario*) vereinheitlichen, gleichförmig machen; (*impreso*) standardisieren, normen **2.**(*vestir*) uniformieren; **ir uniformado** Uniform tragen
uniforme [uni'forme] **I.** *adj* **1.**(*igual*) einheitlich **2.**(*de la misma forma*) gleichförmig, uniform *elev;* (*calor, movimiento*) gleichmäßig **II.** *m* Uniform *f;* **pantalón de** ~ Uniformhose *f;* **vestir de** ~ Uniform tragen
uniformemente [uniforme'mente] *adv* **1.**(*de la misma forma*) gleichförmig, uniform *elev* **2.**(FÍS): **movimiento** ~ **acelerado** gleichmäßig beschleunigte Bewegung
uniformidad [uniformi'ðaᵈ] *f* **1.**(*constancia*) Einheitlichkeit *f* **2.**(*similaridad*) Gleichförmigkeit *f,* Einförmigkeit *f;* (*de calor, movimiento*) Gleichmäßigkeit *f*
uniformizar [uniformi'θar] <z→c> *vt* standardisieren, vereinheitlichen; (*mezclar*) vermischen
unigénito, **-a** [uni'xenito, -a] *adj* **1.**(*hijo*): **ser** ~ Einzelkind sein **2.**(REL) eingeboren
unilateral [unilate'ral] *adj* (*visión*) einseitig; (POL) unilateral, einseitig; **contrato** ~ einseitig verpflichtender Vertrag
unilateralidad [unilaterali'ðaᵈ] *f* Einseitigkeit *f*
unión [u'njon] *f* **1.**(*de dos elementos, t.* TÉC) Verbindung *f,* Zusammenfügung *f;* ~ **de madera** Holzverbindung *f;* **no hay muchos puntos de** ~ **entre nosotros** uns verbindet nicht viel **2.**(*territorial, económica*) Vereinigung *f,* Zusammenschluss *m;* **en** ~ **con** zusammen mit **3.**(*matrimonio*) Heirat *f;* ~ **matrimonial** eheliche Verbindung **4.**(COM) Verband *m,* Verein *m;* **U~ de Consumidores** ≈Verbraucherverband *m* **5.**(POL) Union *f;* ~ **aduanera** Zollunion *f;* **U~ Económica y Monetaria** Wirtschafts- und Währungsunion *f;* **U~ Europea** Europäische Union **6.**(*armonía*) Einigkeit *f;* **la** ~ **hace la fuerza** (*prov*) Einigkeit macht stark
unionismo [unjo'nismo] *m* (POL) Unionismus *m*
unionista [unjo'nista] **I.** *adj* unionistisch **II.** *mf* Unionist(in) *m(f)*
unipartidismo [uniparti'ðismo] *m sin pl* Einpartei(en)system *nt*
unipersonal [uniperso'nal] *adj* **1.**(*de una persona*) Einmann-, Einpersonen-; **una decisión** ~ eine individuelle Entscheidung **2.**(LING) unpersönlich
unipolar [unipo'lar] *adj* einpolig
UNIPYME [uni'pime] *f* (ECON) *abr de* **Unión**

de la Pequeña y Mediana Empresa Vereinigung *f* kleiner und mittelständischer Unternehmen

unir [u'nir] **I.** *vt* **1.** (*dos elementos, t.* TÉC) verbinden, zusammenfügen **2.** (*territorios, familia*) vereinen, vereinigen; **¡proletarios, uníos!** Proletarier, vereinigt euch!; **nos une una gran amistad** uns verbindet eine enge Freundschaft **3.** (*ingredientes*) verrühren **4.** (*esfuerzos, voluntades*) vereinen **II.** *vr:* **~se 1.** (*territorios*) sich vereinigen, sich zusammenschließen **2.** (*dos personas*) sich zusammentun; **~se en matrimonio** heiraten

unisex [uni'se^{y}s] *adj* unisex; **moda ~** Mode für Mann und Frau; **peluquería ~** Damen- und Herrensalon

unisexual [unise^{y}su'al] *adj* unisexuell

unisonar [uniso'nar] *vi* (MÚS) einstimmig klingen

unísono[1] [u'nisono] *m sin pl* (MÚS) Einklang *m*, Unisono *nt;* **protestaron al ~** sie klagten einstimmig; **trabajar al ~** harmonisch zusammenarbeiten; **actuar al ~** in Übereinstimmung handeln

unísono, -a[2] [u'nisono, -a] *adj* **1.** (*de un solo tono*) unisono **2.** (*de una sola voz*) einstimmig

unitario, -a [uni'tarjo, -a] **I.** *adj* **1.** (*indiviso*) Einheits-, einheitlich; **escuela unitaria** Einheitsschule *f;* **hacer algo de forma unitaria** etw einheitlich gestalten **2.** (ECON) Stück-; **coste ~** (ECON) Stückkosten *pl;* **precio ~** (ECON) Stückpreis *m*, Einheitspreis *m* **II.** *m, f* (REL) Unitarier(in) *m(f)*

unitarismo [unita'rismo] *m sin pl* (POL, REL) Unitarismus *m*

univalente [uniβa'lente] *adj* einwertig

universal [uniβer'sal] **I.** *adj* **1.** (*del universo*) Universal-, universal; **receptor ~** (RADIO) Weltempfänger *m;* **validez ~** universale Geltung **2.** (*del mundo*) Welt-; **literatura ~** Weltliteratur *f;* **de renombre ~** weltberühmt **3.** (*general*) universell, allgemeingültig; **regla ~** allgemein gültige Regel; **de importancia ~** von universeller [*o* weltweiter] Bedeutung **4.** (*que comprende todo*) universell, vielseitig; **persona de educación ~** universell gebildeter Mensch; **saber ~** universelles Wissen **5.** (TÉC: *tractor*) Allzweck-; (*máquina*) Mehrzweck-, universell; **detergente ~** Allzweckreiniger *m* **II.** *m* (LING) Universalie *f*

universalidad [uniβersali'ða^{d}] *f sin pl* **1.** (*de regla, principio*) Universalität *f*, Allgemeingültigkeit *f* **2.** (*de persona*) Universalität *f*, Vielseitigkeit *f*

universalismo [uniβersa'lismo] *m sin pl* Universalismus *m*

universalista [uniβersa'lista] *mf* (POL) Universalist(in) *m(f)*

universalización [uniβersaliθa'θjon] *f* Universalisierung *f*

universalizar [uniβersali'θar] <z→c> *vt* verallgemeinern, universal anwenden

universalmente [uniβersal'mente] *adv* **1.** (*en todo el mundo*): **~ conocido** weltberühmt **2.** (*generalmente*): **ser ~ aceptado** allgemein anerkannt sein

universiada [uniβer'sjaða] *f sin pl* Universiade *f*

universidad [uniβersi'ða^{d}] *f* Universität *f*, Hochschule *f;* **ir a la ~** auf die [*o* zur] Universität gehen; **¿a qué ~ vas?** an welcher Universität bist du?; **estos son los edificios de la ~** das sind die universitären Einrichtungen

universitario, -a [uniβersi'tarjo, -a] **I.** *adj* Universitäts-; **biblioteca universitaria** Universitätsbibliothek *f;* **catedrático ~** Professor *m;* **profesor ~** Dozent *m;* **tener estudios ~s** ein Hochschulstudium (abgeschlossen) haben **II.** *m, f* Student(in) *m(f)*

universo [uni'βerso] *m* **1.** (*cosmos*) (Welt)all *nt*, Universum *nt* **2.** (*de estadística*) Gesamtheit *f*

Univisión [uniβi'sjon] *f spanischer Fernsehkanal in den USA*

univocidad [uniβoθi'ða^{d}] *f sin pl* Eindeutigkeit *f;* (FILOS) Univozität *f*

unívoco, -a [u'niβoko, -a] *adj* eindeutig; (FILOS) univok

uno[1] ['uno] *m* Eins *f*

uno, -a[2] ['uno, -a] **I.** *adj* **1.** (*número*) eins; **~ más dos igual a tres** eins und zwei ist drei; **a la una** (*hora*) um eins; **¡a la una, a las dos y a las tres!**, **¡una, dos y tres!** eins, zwei, drei!; **a la una y media** um halb zwei; **fila ~** erste Reihe; **ser el número ~ en algo** bei etw die Nummer eins sein **2.** (*único*) einzig; **sólo hay una calle** es gibt nur eine einzige Straße; **de ~ en ~** einzeln, Stück für Stück **II.** *pron indef* **1.** (*alguno*) eine(r, s); **cada ~** jeder; **~s cuantos** einige; **~ ha dicho que…** einer hat gesagt, dass …; **~ cantaba, el otro escuchaba** der eine sang, der andere hörte zu; **sólo soy ~ de tantos en la empresa** ich bin in der Firma nur einer von vielen; **aquí hay ~ que pregunta por ti** da ist jemand, der nach dir fragt; **una de dos, o nos casamos o nos separamos** eins von beiden, entweder wir heiraten oder wir trennen uns; **~ de los dos sobra aquí** einer von uns ist hier fehl am Platz; **~ detrás de otro** einer nach [*o* hinter] dem anderen; **una que otra vez** dann und wann **2.** *pl* einige, manche; **~s han dicho que…** einige haben gesagt, dass … **3.** (*indeterminado*) man; **~ no sabe qué hacer, si…** man weiß nicht, was zu tun ist, wenn … **4.** (*loc*): **cantar a una** zusammen singen; **luchar todos a una** Schulter an Schulter kämpfen; **beber algo de una vez** etw in einem Schluck trinken; **me ha dejado pero me he quedado el piso, lo ~ por lo otro** er/sie hat mich verlassen, aber ich behalte die Wohnung, damit sind wir quitt; **no acierto** [*o* **doy**] **una** (*en el tiro*) ich treffe nicht ein einziges Mal (ins Schwarze); (*fig*) alles läuft bei mir schief; **llegar el verano y empezar los calo-**

res, todo es ~ [*o* **es todo una**] der Sommer kommt und die Hitze macht sich spürbar, alles kommt zusammen

unos ['unos] **I.** *art indet v.* **un, una II.** *adj o pron indef v.* **uno,-a**

untado, **-a** [uṇ'taðo, -a] *adj* (*Arg, Chil*) betrunken

untar [uṇ'tar] **I.** *vt* **1.** (*con mantequilla*) bestreichen (*con* mit *+dat*), schmieren *fam* **2.** (*pan*) eintauchen (*en* in *+akk*) **3.** (*con grasa*) (ein)fetten; (*con aceite*) (ein)ölen; (*el cuerpo*) eincremen, einschmieren *fam* **4.** (*sobornar*) bestechen, schmieren *fam;* ~ **a alguien** jdn schmieren **II.** *vr:* **~se 1.** (*mancharse*) sich beschmieren (*con* mit *+dat*) **2.** (*el cuerpo*) sich eincremen **3.** (*dinero*) sich bereichern (*con* an *+dat*), in die eigene Tasche wirtschaften

unto ['uṇto] *m* **1.** (*grasa*) Schmiermittel *nt,* Schmiere *f* **2.** (MED) Salbe *f* **3.** (*animal*) tierisches Fett *nt* **4.** (*dinero*) Schmiergelder *ntpl,* Bestechungsgelder *ntpl* **5.** (*Chil: betún*) Schuhcreme *f*

untuosidad [uṇtwosi'ðaᵈ] *f* **1.** (*de grasa*) Schmierigkeit *f* **2.** (*del jabón*) Schlüpfrigkeit *f* **3.** (*pegajosidad*) Klebrigkeit *f*

unt(u)oso, **-a** [uṇ'toso, -a/uṇtu'oso, -a] *adj* **1.** (*pingüe*) schmierig **2.** (*jabón*) schlüpfrig **3.** (*pegajoso*) klebrig

untura [uṇ'tura] *f* **1.** (*acción*) Beschmieren *nt;* (*del cuerpo*) Eincremen *nt,* Einschmieren *nt fam* **2.** (MED) Salbe *f* **3.** (*grasa*) Schmiermittel *nt,* Schmiere *f*

uña ['uɲa] *f* **1.** (*de persona*) Nagel *m;* (*de gato*) Kralle *f;* ~ **encarnada** eingewachsener Nagel; **~s de los pies** Zehennägel *mpl;* **comerse las ~s** an den Nägeln kauen; (*fig*) wüten; **hacerse las ~s** die Nägel maniküren (lassen) **2.** (*pezuña*) Huf *m;* ~ **de caballo** Pferdehuf *m* **3.** (*del alacrán*) Stachel *m* **4.** (*de instrumento*) Haken *m* **5.** (*de planta*) gebogener Stachel *m,* gebogener Dorn *m* **6.** (TÉC: *muesca*) Kerbe *f;* (*saliente*) Klaue *f* **7.** (*loc*): **afilar(se) las ~s** sich geistig anstrengen; **estar de ~s con alguien** mit jdm auf (dem) Kriegsfuß stehen; **dejarse las ~s en el trabajo** sich abrackern; **enseñar** [*o* **mostrar**] **las ~s** (*t. fig*) die Krallen zeigen; **ser largo de ~s** (*fig*) ein Langfinger [*o* Taschendieb] sein; **ser** ~ **y carne** ein Herz und eine Seele sein; **defenderse con ~s y dientes** sich mit Händen und Füßen wehren

uñada [u'ɲaða] *f* **1.** (*arañazo*) Kratzer *m,* Schramme *f* **2.** (*señal*) Markierung *f* mit dem Nagel

uñero [u'ɲero] *m* **1.** (*inflamación*) Nagelbettentzündung *f* **2.** (*uña*) eingewachsener Nagel *m*

upa ['upa] **I.** *interj* auf, hoch; **llevar a upa** (**un niño**) (*lenguaje infantil*) (ein Kind) tragen [*o* auf den Arm nehmen] **II.** *adj* (*Ecua, Perú: tonto*) doof, dumm

upar [u'par] *vt* hochheben

uperización [uperiθa'θjon] *f* Uperisation *f*

uperizado, **-a** [uperi'θaðo, -a] *adj* uperisiert; **leche uperizada** H-Milch *f*

uperizar [uperi'θar] <z→c> *vt* uperisieren

uppercut [aper'kut] *m* (DEP: *boxeo*) Aufwärtshaken *m,* Uppercut *m*

Urales [u'rales] *mpl* (GEO) Ural *m*

ural(o)altaico, **-a** [ural(o)al̩'taiko, -a] *adj* uralaltaisch

uranio [u'ranjo] *m* (QUÍM) Uran *nt;* ~ **enriquecido** angereichertes Uran

Urano [u'rano] *m* (ASTR) Uranus *m*

uranografía [uranoɣra'fia] *f* (ASTR) Himmelsbeschreibung *f,* Uranographie *f*

uranometría [uranome'tria] *f* (ASTR) Messung *f* der Sternabstände, Uranometrie *f*

urape [u'rape] *m* (BOT) Bauhinia *f*

urbanidad [urβani'ðaᵈ] *f* Höflichkeit *f*

urbanismo [urβa'nismo] *m sin pl* **1.** (*planificación*) Stadtplanung *f* **2.** (*ciencia*) Urbanistik *f*

urbanista [urβa'nista] *mf* Stadtplaner(in) *m(f)*

urbanística [urβa'nistika] *f sin pl* Urbanistik *f*

urbanístico, **-a** [urβa'nistiko, -a] *adj* städtebaulich, urbanistisch; **plan** ~ Bebauungsplan *m*

urbanizable [urβani'θaβle] *adj* bebaubar, erschließbar, urbanisierbar *elev*

urbanización [urβaniθa'θjon] *f* **1.** (*acción*) Bebauung *f,* Erschließung *f,* Urbanisierung *f elev* **2.** (*de casas*) (Wohn)siedlung *f,* Urbanisation *f elev*

urbanizador(a) [urβaniθa'ðor(a)] *m(f)* Erschließungsträger(in) *m(f)*

urbanizar [urβani'θar] <z→c> **I.** *vt* erschließen, bebauen, urbanisieren *elev* **II.** *vt, vr:* **~se** verstädtern, urbanisieren *elev*

urbano¹ [ur'βano] *m* Verkehrspolizist *m*

urbano, **-a²** [ur'βano, -a] *adj* **1.** (*de la ciudad*) Stadt-, städtisch; **planificación urbana** Stadtplanung *f;* **conferencia urbana** (TEL) Ortsgespräch *nt;* **un hombre** ~ ein Städter [*o* Stadtmensch] **2.** (*cortés*) höflich

urbe ['urβe] *f* Großstadt *f;* (*más grande*) Weltstadt *f,* Metropole *f*

urbi et orbi ['urβi et 'orβi] *adv* (REL) urbi et orbi

urdido [ur'ðiðo] *m* Zetteln *nt*

urdimbre [ur'ðimbre] *f* **1.** (*de tela*) Kette *f* **2.** (*intriga*) Anzettelung *f*

urdir [ur'ðir] *vt* **1.** (*hilos*) zetteln **2.** (*intriga*) anzetteln; ~ **intrigas** Intrigen spinnen

urea [u'rea] *f* (MED) Harnstoff *m*

uremia [u'remja] *f* (MED) Harnvergiftung *f,* Urämie *f*

uréter [u'reter] *m* (ANAT) Harnleiter *m*

urético, **-a** [u'retiko, -a] *adj* die Harnröhre betreffend, urethral, Harnröhren-

uretra [u'retra] *f* Harnröhre *f*

uretral [ure'tral] *adj v.* **urético**

uretritis [ure'tritis] *f inv* (MED) Harnröhrenentzündung *f*, Urethritis *f*

uretrotomía [uretroto'mia] *f* (MED) Harnröhrenschnitt *m*, Urethrotomie *f*

urgencia [ur'xen̩θja] *f* **1.** (*cualidad*) Dringlichkeit *f*; **moción de** ~ (POL) Dringlichkeitsantrag *m* **2.** (*caso*) Notfall *m*; **llamada de** ~ Notruf *m*; **en caso de** ~ im Notfall; **tratar algo con la debida** ~ etw mit der notwendigen Eile behandeln **3.** *pl* (*en hospital*) Unfallstation *f*, Notaufnahme *f*; **servicio de ~s** (*en ambulatorio*) Notdienst *m*, Bereitschaftsdienst *m*; **médico de ~s** Notarzt *m*, Bereitschaftsarzt *m*

urgente [ur'xen̩te] *adj* dringend; (*carta, telegrama, pedido*) Eil-; (*tarea, asunto*) dringlich, dringend; **¿es ~?** eilt es?

urgir [ur'xir] <g→j> *vi* eilen, eilig [*o* dringend] sein; **este asunto no urge** diese Angelegenheit drängt nicht

uricemia [uri'θemja] *f* (MED) Erhöhung *f* der Harnsäure im Blut, Urikämie *f*

úrico, -a ['uriko, -a] *adj* Harn-; **ácido** ~ Harnsäure *f*

urinario¹ [uri'narjo] *m* Pissoir *nt*

urinario, -a² [uri'narjo, -a] *adj* Urin-; **aparato** ~ (MED) Harnwege *mpl*

urna ['urna] *f* **1.** (*para cenizas, t.* POL) Urne *f*; ~ **electoral** Wahlurne *f*; **acudir a las ~s** wählen gehen, zur Wahl gehen **2.** (*caja de cristal*) Glaskasten *m*

uro ['uro] *m* (ZOOL) Ur *m*, Auerochse *m*

urogallo [uro'ɣaʎo] *m* (ZOOL) Auerhahn *m*

urogenital [uroxeni'tal] *adj* urogenital; **aparato** ~ Urogenitaltrakt *m*

urografía [uroɣra'fia] *f* (MED) Röntgenaufnahme *f* der Harnorgane, Urographie *f*

urología [urolo'xia] *f sin pl* Urologie *f*

urológico, -a [uro'loxiko, -a] *adj* (MED) urologisch

urólogo, -a [u'roloɣo, -a] *m, f* Urologe, -in *m, f*

uromancia [uro'man̩θja] *f*, **uromancía** [uroman̩'θia] *f* Wahrsagung *f* nach dem Aussehen des Urins

uroscopia [uros'kopja] *f* (MED) Uroskopie *f*

urpila [ur'pila] *f* (*Arg, Bol, Ecua:* ZOOL) Sperlingstäubchen *nt*

urque ['urke] *m* (*Chil*) Kartoffel *f* minderer Qualität

urraca [u'rraka] *f* **1.** (ZOOL) Elster *f* **2.** (*cotorra*) Quasselstrippe *f*; **hablar más que una** ~ reden wie ein Wasserfall

URSS [urs] *f abr de* **Unión de Repúblicas Socialistas Soviéticas** UdSSR *f*

ursulina [ursu'lina] *f* (REL) Ursuline *f*, Ursulinerin *f*

urticante [urti'kan̩te] *adj* brennend

urticaria [urti'karja] *f* (MED) Nesselausschlag *m*

urubú [uru'βu] *m* (ZOOL) Rabengeier *m*

urucú [uru'ku] *m* (*Arg:* BOT) Orleansbaum *m*, Achote *f*

Uruguay [uru'ɣwai̯] *m* (GEO) Uruguay *nt*

uruguayismo [uruɣwa'ɟismo] *m* (LING) in Uruguay gebräuchlicher Ausdruck *m*

uruguayo, -a [uru'ɣwaɟo, -a] **I.** *adj* uruguayisch **II.** *m, f* Uruguayer(in) *m(f)*

urutaú [uruta'u] *m* (*Arg, Par, Urug:* ZOOL) Urutau *m*, Grauer Tagschläfer *m*

usado, -a [u'saðo, -a] *adj* (*libro*) zerlesen; (*vestido*) abgetragen; (*esterilla*) abgetreten; (*sello*) (ab)gestempelt; (*expresión*) abgedroschen; (*coche*) gebraucht

usagre [u'saɣre] *m* (MED) Milchschorf *m*

usanza [u'san̩θa] *f* Brauch *m*, Usus *m*; **según la vieja** ~ nach altem Brauch; **a** ~ **de los romanos** nach Art der Römer, wie es unter den Römern üblich war

usapuca [usa'puka] *f* (*Arg, Bol, Perú*) Zecke *f*

usar [u'sar] **I.** *vt, vi* (*utilizar*) benutzen, gebrauchen; (*palabra, libro, habitación*) verwenden; (*labia, persuasión*) aufwenden; (*razón*) walten lassen; (*máquina, avión*) einsetzen; (*técnica, fuerza*) anwenden; **cámara fotográfica de** ~ **y tirar** Einwegkamera *f* **II.** *vt* **1.** (*ropa, gafas*) tragen **2.** (*derecho*) geltend machen; **tuve que** ~ **(de) mis influencias** ich musste meine Beziehungen spielen lassen **3.** (*cargo, oficio*) ausüben **III.** *vi* (*tener costumbre*) regelmäßig tun; **usa nadar en esta piscina** er/sie geht gewöhnlich in dieses Schwimmbad (schwimmen) **IV.** *vr:* **~se 1.** (*utilizar*) benutzt werden, gebraucht werden; **esta palabra ya no se usa** dieser Ausdruck ist nicht mehr gebräuchlich **2.** (*ropa*) in Mode sein; **ese tipo de falda ya no se usa** diese Art Rock wird nicht mehr getragen

usía [u'sia] *mf*, **Usía** [u'sia] *mf* Euer Gnaden; (*a un conde*) Euer Erlaucht

usina [u'sina] *f* (*Am: de gas*) Gaswerk *nt*; (*de electricidad*) Elektrizitätswerk *nt*

uso ['uso] *m* **1.** (*utilización*) Benutzung *f*, Gebrauch *m*; (*de una palabra, libro, habitación*) Verwendung *f*; (*de labia, persuasión*) Aufwendung *f*; (*de técnica, fuerza*) Anwendung *f*; ~ **comercial** (ECON) Handelsbrauch *m*, Usance *f*; ~ **y disfrute** (JUR) Nießbrauch (*de* an +*dat*); ~ **ilegal** Missbrauch *m*; **instrucciones de** ~ Bedienungsanleitung *f*, Gebrauchsanweisung *f*; **medicamento de** ~ **externo** Medikament zur äußerlichen Anwendung; **objeto de** ~ **personal** Gegenstand für den persönlichen Gebrauch; **hacer** ~ **de algo** etw gebrauchen [*o* benutzen]; **hacer** ~ **de la palabra** das Wort ergreifen; **una expresión de** ~ **corriente** ein geläufiger Ausdruck; **tener muchos ~s** vielseitig verwendbar sein; **en buen** ~ (*fam*) in gutem Zustand; **desde que tengo** ~ **de razón...** seit meiner frühesten Kindheit ...; **estar en pleno** ~ **de sus facultades** voll zurechnungsfähig sein **2.** (*moda*) Mode *f*; **métodos al** ~ übliche [*o* gängige] Methoden; **estar en/fuera de** ~ üblich/unüblich sein **3.** (*costumbre*) Brauch *m*, Sitte *f*; **~s y costumbres** Sitten und Gebräuche

usted [us'teð] *pron* **1.** (*una persona*) Sie; ~**es** (*en España: varias personas*) Sie; (*Am: vosotros, -as*) ihr; **tratar** [*o* **hablar**] **de ~ a alguien** jdn siezen, mit jdm per Sie sein; **¡gracias! – ¡a ~!** danke! – ich habe zu danken! **2.** *pl* (*Am: vosotros*) ihr

usual [usu'al] *adj* **1.** (*de siempre*) üblich, gewöhnlich; **vino a la hora ~** er/sie kam zur gewohnten [*o* üblichen] Zeit **2.** (*común: método, frase*) gebräuchlich **3.** (*tradicional: forma de trabajo*) herkömmlich

usuario, -a [usu'arjo, -a] *m, f* Benutzer(in) *m(f);* (INFOR) Anwender(in) *m(f);* ~ **final** Endbenutzer *m;* **fácil para el ~** anwenderfreundlich, benutzerfreundlich

usucapiente [usuka'pjen̩te] *mf* (JUR) Ersitzende(r) *mf*

usucapión [usuka'pjon] *f* (JUR) Ersitzung *f*

usucapir [usuka'pir] *vt* (JUR) ersitzen

usufructo [usu'frukto] *m* (JUR) Nießbrauch *m,* Nutznießung *f*

usufructuar [usufruktu'ar] <*1. pres:* usufructúo> **I.** *vt* den Nießbrauch haben (von +*dat*), nießbrauchen **II.** *vi* Nutzen bringen

usufructuario, -a [usufruktu'arjo, -a] *m, f* Nießbraucher(in) *m(f),* Nutznießer(in) *m(f)*

usura [u'sura] *f* Wucher *m,* Halsabschneiderei *f pey;* **pagar con ~ un favor** sich mehr als angemessen für einen Gefallen revanchieren

usurario, -a [usu'rarjo, -a] *adj* Wucher-, wucherisch, halsabschneiderisch *pey*

usurear [usure'ar] *vi* Wucher treiben

usurero, -a [usu'rero, -a] *m, f* Wucherer, -in *m, f,* Halsabschneider(in) *m(f) pey*

usurpación [usurpa'θjon] *f* Usurpierung *f,* widerrechtliche Anmaßung *f;* ~ **de atribuciones** Amtsanmaßung *f*

usurpador(a) [usurpa'ðor(a)] **I.** *adj* usurpatorisch **II.** *m(f)* Usurpator(in) *m(f)*

usurpar [usur'par] *vt* **1.** (*poder, trono*) widerrechtlich an sich reißen, usurpieren **2.** (*derecho, atribuciones*) sich anmaßen

utensilio [uten'siljo] *m* **1.** (*de uso casero*) Gerät *nt,* Utensil *nt;* ~**s de cocina** Küchengeräte *ntpl;* ~**s de fumador/pintor** Rauch-/Malutensilien *pl* **2.** (*herramienta*) Werkzeug *nt*

uterino, -a [ute'rino, -a] *adj* (ANAT) Gebärmutter-; (MED) uterin; **furor ~** Nymphomanie *f;* **hermano ~** Halbbruder mütterlicherseits

útero ['utero] *m* (ANAT) Gebärmutter *f;* (MED) Uterus *m*

útil ['util] **I.** *adj* **1.** (*objeto*) nützlich, brauchbar; **consejos ~es** nützliche Ratschläge [*o* Tipps]; **esta herramienta no es ~ para hacer esto** dieses Werkzeug ist dafür nicht zweckmäßig; **¿en qué puedo serle ~?** wie kann ich Ihnen behilflich sein? **2.** (*persona*) tauglich, geeignet; **ser declarado ~** (MIL) (wehr)diensttauglich geschrieben werden, für (wehrdienst)tauglich befunden werden **3.** (*indicación, ayuda*) wertvoll **4.** (*inversión, institución*) nutzbringend **5.** (*loc*): **día ~** Arbeitstag *m* **II.** *mpl* Geräte *ntpl*

utilería [utile'ria] *f* **1.** (*de instrumentos*) Geräte *ntpl* **2.** (TEAT) Requisiten *fpl*

utilero, -a [uti'lero, -a] *m, f* (TEAT) Requisiteur(in) *m(f)*

utilidad [utili'ðað] *f* **1.** (*de objeto*) Nutzbarkeit *f,* Brauchbarkeit *f,* Nützlichkeit *f;* ~ **marginal** (ECON) Grenznutzen *m;* **ser de ~** von Nutzen sein, nützlich sein **2.** (*de persona*) Tauglichkeit *f* **3.** (*de inversión*) Nutzen *m,* Gewinn *m* **4.** (INFOR) Hilfsprogramm *nt*

utilitario[1] [utili'tarjo] *m* Nutzfahrzeug *nt,* Gebrauchsfahrzeug *nt*

utilitario, -a[2] [utili'tarjo, -a] *adj* auf einen Nutzen ausgerichtet; (*punto de vista*) utilitaristisch; (*objetivo*) utilitär; **pensamiento ~** Nützlichkeitsdenken *nt*

utilitarismo [utilita'rismo] *m* (FILOS) Utilitarismus *m,* Nützlichkeitsprinzip *nt*

utilitarista [utilita'rista] **I.** *adj* utilitaristisch **II.** *mf* Utilitarist(in) *m(f),* Utilitarier(in) *m(f)*

utilizable [utili'θaβle] *adj* benutzbar; (*superficie, terreno*) nutzbar; (*calle*) befahrbar; (*restos, residuos*) verwertbar

utilización [utiliθa'θjon] *f* Benutzung *f,* Gebrauch *m;* (*de un derecho*) Inanspruchnahme *f;* (*de una persona*) Ausnutzung *f;* (*de restos*) Verwertung *f;* ~ **de capital** (FIN) Kapitaleinsatz *m;* ~ **de recursos** (FIN) Mittelverwertung *f*

utilizar [utili'θar] <z→c> *vt, vr:* ~**se** benutzen, gebrauchen; (*derecho, hospitalidad*) in Anspruch nehmen; (*tiempo*) nutzen; (*a alguien*) ausnutzen; (*terreno, instalación*) nutzbar machen; (*restos, residuos*) verwerten; ~ **algo conjuntamente** etw gemeinsam (be)nutzen

utillaje [uti'ʎaxe] *m* Ausrüstung *f*

utopía [uto'pia] *f,* **utopia** [u'topja] *f* Utopie *f;* **la 'U~' de Moro** Thomas Mores 'Utopia'

utópico, -a [u'topiko, -a] *adj* utopisch

utopismo [uto'pismo] *m sin pl* Utopismus *m*

utopista [uto'pista] *mf* Utopist(in) *m(f)*

utrículo [u'trikulo] *m* (ANAT, BOT) Utriculus *m*

ut supra [ut 'supra] *adv* siehe oben

uva ['uβa] *f* Traube *f;* ~ **pasa** Rosine *f;* **estar de mala ~** schlecht gelaunt sein; **tener mala ~** übel gesinnt sein; **nos visita de ~s a peras** er/sie besucht uns alle Jubeljahre mal

UVA ['uβa] *abr de* **ultravioleta-A** UVA-Strahlen *mpl*

uvaduz [uβa'ðuθ] <uvaduces> *f* (BOT) Bärentraube *f*

uvala [u'βala] *f* (GEO) Uvala *f*

uvate [u'βate] *m* (GASTR) Traubenmost *m*

uvayema [uβa'ɟema] *m* (BOT) wilder Wein *m*

uve ['uβe] *f* V *nt;* ~ **doble** W *nt;* **'Vogel' se escribe con ~** 'Vogel' schreibt man mit 'v'

UVI ['uβi] *f abr de* **Unidad de Vigilancia Intensiva** Intensivstation *f*

úvula ['uβula] *f* (ANAT) Zäpfchen *nt*

uvular [uβu'lar] *adj* **1.** (*de la úvula*) Zäpfchen- **2.** (LING) uvular

uxoricida [uˠsori'θiða] *m* Gattenmörder *m*

uxoricidio [uˠsori'θiðjo] *m* Gattenmord *m*

uzbego, **-a** [uθ'βeɣo, -a] *m, f v.* **uzbeko**[2]

uzbeko[1] [uθ'βeko] *m* (*lengua*) Usbekisch(e) *nt*

uzbeko, **-a**[2] [uθ'βeko, -a] **I.** *adj* usbekisch **II.** *m, f* Usbeke, -in *m, f*

Uzbequistán [uθβekis'tan] *m* Usbekistan

V

V, v ['uβe] *f* V, v *nt;* ~ **de Valencia** V wie Viktor

vaca ['baka] *f* **1.**(ZOOL) Kuh *f;* ~ **lechera** Milchkuh *f;* ~ **marina** Seekuh *f;* ~ **de San Antón** Marienkäfer *m;* **leche de** ~ Kuhmilch *f;* **síndrome de las** ~**s locas** Rinderwahnsinn *m;* ~**s gordas/flacas** gute [*o* rosige]/schlechte [*o* magere] Zeiten **2.**(*carne*) Rindfleisch *nt* **3.**(*cuero*) Rind(s)leder *nt*

vacacional [bakaθjo'nal] *adj* Urlaubs-

vacaciones [baka'θjones] *fpl* (*del trabajo*) Urlaub *m;* (*de la escuela*) Ferien *pl;* **tener** ~ (*del trabajo*) Urlaub haben; (*de la escuela*) Ferien haben; **estamos de** ~ wir sind im Urlaub; **cerrado por** ~ wegen Urlaub geschlossen; **mi contrato estipula 30 días de** ~ mein Vertrag sieht 30 Urlaubstage vor; **nos fuimos de** ~ **a Tenerife** wir sind in den Ferien nach Teneriffa gefahren, wir haben auf Teneriffa Urlaub gemacht; **tenemos un mes de** ~ **pagadas** wir haben einen Monat bezahlten Urlaub; **ya han empezado las** ~ **escolares** die Schulferien haben schon angefangen

vacada [ba'kaða] *f* Rinderherde *f*

vacante [ba'kan̪te] **I.** *adj* frei; **hay una cama** ~ **en el hospital** im Krankenhaus ist ein Bett frei; **la plaza sigue** ~ die Stelle ist noch nicht besetzt [*o* noch offen] **II.** *f* freie Stelle *f;* **conservar una** ~ eine Stelle unbesetzt lassen; **proveer una** ~ eine Stelle besetzen; **hay una única** ~ **en Sevilla** es gibt eine einzige freie Stelle in Sevilla

vacar [ba'kar] <c→qu> *vi* **1.**(*cargo: quedar vacante*) frei werden; (*estar vacante*) unbesetzt [*o* offen] sein **2.**(*alguien*) vorübergehend aussetzen

vaciado [baθi'aðo] *m* **1.**(*molde*) Abguss *m,* Guss *m;* ~ **del buffer** (INFOR) Pufferdump *m;* ~ **de memoria** (INFOR) Speicherdump *m;* ~ **en yeso** Gipsabguss *m* **2.**(*ahuecamiento*) Entleeren *nt*

vaciar [baθi'ar] <*1. pres:* vacío> *vt* **1.**(*contenido*) leeren, ausleeren; (*tonel*) abzapfen; (*pipa*) ausklopfen; (INFOR) leeren; ~ **con bomba de agua** leer pumpen; **ha vaciado el vaso** er/sie hat das Glas ausgeleert; **ha vaciado el vino en el vaso** er/sie hat den letzten Rest Wein in das Glas gegossen; **hemos vaciado la habitación** wir haben das Zimmer ausgeräumt **2.**(*hueco*) aushöhlen; ~**on el tronco** der Baum wurde von innen ausgehöhlt **3.**(*escultura*) gießen **4.**(*afilar*) schleifen, schärfen

vaciedad [baθje'ða$^{\eth}$] *f sin pl* (*fig*) Albernheit *f*

vacilación [baθila'θjon] *f* (*duda*) Schwanken *nt,* Zögern *nt;* (*irresolución*) Unschlüssigkeit *f;* **sin vacilaciones** ohne zu zögern

vacilada [baθi'laða] *f* (*Méx: fam*) Spaß *m,* Gaudi *f o nt*

vacilante [baθi'lan̪te] *adj* (*indeciso*) unschlüssig; (*no firme*) wackelig; (*voz*) zittrig; **con pasos** ~**s** mit unsicheren Schritten

vacilar [baθi'lar] *vi* **1.**(*balancearse*) schwanken, wanken; (*borracho*) taumeln; (*llama*) flackern **2.**(*dudar*) schwanken, unschlüssig sein; **no** ~ **en hacer algo** nicht zögern etw zu tun; **vacila entre los dos contratos que le han ofrecido** er/sie kann sich zwischen den beiden Verträgen, die ihm/ihr angeboten worden sind, nicht entscheiden **3.**(*argot: tomar el pelo*) an der Nase herumführen; **no me vaciles** erzähl mir keine Märchen

vacile [ba'θile] *m* (*argot*) **1.**(*broma*) Scherz *m* **2.**(*persona*) Scherzbold *m*

vacilón, -ona [baθi'lon, -ona] **I.** *adj* (*argot*) **1.**(*bromista*) witzig **2.**(*fumador* (*de porros*)): **ser** ~ ständig kiffen **II.** *m, f* Scherzbold *m;* **ser un** ~ immer zu Scherzen aufgelegt sein

vacío[1] [ba'θio] *m sin pl* **1.**(*t.* FÍS) Leere *f,* Vakuum *nt;* **hacer el** ~ (FÍS) ein Vakuum herstellen; **el coche cayó en el** ~ der Wagen fiel in den Abgrund; **la propuesta cayó en el** ~ der Vorschlag fand keinen Anklang **2.**(*ausencia*) Leere *f;* **con el** ~ **de poder empezaron las intrigas** durch das Machtvakuum wurden die Machenschaften erst möglich; **hacer el** ~ **a alguien** jdm aus dem Weg gehen, jdn meiden; **su muerte ha dejado un** ~ **difícil de llenar** sein/ihr Tod hat eine Lücke hinterlassen, die kaum wieder zu schließen ist **3.**(*deficiencia*) Lücke *f;* ~ **legal** Gesetzeslücke *f* **4.**(ECON): ~ **deflacionario** (ECON) Deflationslücke *f;* ~ **inflacionario** (ECON) Inflationslücke *f;* ~ **en el mercado** (ECON) Marktlücke *f* **5.**(ANAT) Weiche *f,* Flanke *f*

vacío, -a[2] [ba'θio, -a] *adj* **1.**(*sin contenido*) leer; (*hueco*) hohl; **envasado al** ~ vakuumverpackt; **peso en** ~ Leergewicht *nt;* **el camión iba de** ~ der Lastwagen war unbeladen; **volví de** ~ (*fig*) ich kam zurück, ohne etwas erreicht zu haben **2.**(*casa*) leer, unbewohnt; **el teatro estaba** ~ das Theater war leer **3.**(*insustancial*) inhaltslos, nichts sagend; (*superficial*) oberflächlich

vacuidad [bakwi'ða$^{\eth}$] *f sin pl* Leere *f*

vacuna [ba'kuna] *f* **1.**(*substancia*) Impfstoff *m;* ~ **anticolérica/contra el tétano(s)** Cholera-/Tetanusimpfstoff *m;* ~ **viva/múltiple** Lebend-/Mehrfachimpfstoff *m* **2.**(*vacunación*) Impfung *f;* ~ **antirrábica** Tollwutimpfung *f;* **me han puesto la ~ contra la gripe** ich bin gegen Grippe geimpft worden; **eso le servirá de ~** (*fig*) das wird ihm/ihr eine Lehre sein **3.** (*de las vacas*) Kuhpocken *fpl*

vacunación [bakuna'θjon] *f* Impfung *f,* Schutzimpfung *f;* **cartilla de ~** Impfpass *m*

vacunar [baku'nar] **I.** *vt* impfen (*contra* gegen +*akk*) **II.** *vr:* **~se** sich impfen lassen (*contra* gegen +*akk*); **me he vacunado contra la rubeola** ich habe mich gegen Röteln impfen lassen

vacuno[1] [ba'kuno] *m* Rind *nt*

vacuno, -a[2] [ba'kuno, -a] *adj* Rind-, Rinder-; (**carne de**) **~** Rindfleisch *nt;* **ganado ~** Rinder *ntpl*

vacunoterapia [bakunote'rapja] *f* (MED) Impftherapie *f*

vacuo, -a ['bakwo, -a] *adj* oberflächlich, leer

vade ['baðe] *m* Schulmappe *f*

vadeable [baðe'aβle] *adj* **1.** (*río*) flach, seicht **2.** (*dificultad*) überwindbar

vadear [baðe'ar] *vt* **1.** (*río*) durchwaten **2.** (*dificultad*) überwinden

vademécum [baðe'mekun] *m sin pl* Vademekum *nt*

vado ['baðo] *m* **1.** (*río*) Furt *f;* **tentar el ~** das Wasser ausloten **2.** (*loc*): **~ permanente** Halteverbot *nt*

vagabundear [baɣaβun̪de'ar] *vi* vagabundieren

vagabundeo [baɣaβun̪'deo] *m sin pl* Streunen *nt,* Herumtreiberei *f*

vagabundo, -a [baɣa'βun̪do, -a] **I.** *adj* (herum)streunend, vagabundierend; (*fig*) unstet, rastlos; **es un perro ~** das ist ein streunender Hund **II.** *m, f* Vagabund *m,* Landstreicher(in) *m(f);* **los ~s han dormido en el portal de la iglesia** die Obdachlosen haben im Kirchenportal geschlafen

vagamente [baɣa'men̪te] *adv* vage, verschwommen; **recuerdo ~ su cara** ich erinnere mich vage an sein/ihr Gesicht

vagancia [ba'ɣan̪θja] *f sin pl* Faulheit *f,* Faulenzerei *f;* **me entró una ~...** mich überkam plötzlich eine Trägheit ...

vagante [ba'ɣan̪te] *adj* schweifend, frei herumlaufend

vagar [ba'ɣar] **I.** <g→gu> *vi* **1.** (*vagabundear*) umherstreichen, (herum)streunen; (*errar*) umherirren; **anduvo vagando por la ciudad hasta que encontró la calle** er/sie irrte durch die Stadt, bis er/sie endlich die Straße fand **2.** (*descansar*) faulenzen **II.** *m* Muße *f*

vagido [ba'xiðo] *m* Schreien *nt* (*eines Neugeborenen*)

vagina [ba'xina] *f* (ANAT) Scheide *f,* Vagina *f*

vaginal [baxi'nal] *adj* (ANAT) vaginal, Scheiden-; **tiene una infección ~** sie hat eine Scheideninfektion

vaginismo [baxi'nismo] *m* (MED) Scheidenkrampf *m,* Vaginismus *m*

vaginitis [baxi'nitis] *f inv* (MED) Scheidenentzündung *f*

vago[1] ['baɣo] *m* **1.** (ANAT) Vagus *m* **2.** (*reg: solar*) unbebautes Grundstück *nt;* (AGR) Brachland *nt*

vago, -a[2] ['baɣo, -a] **I.** *adj* **1.** (*perezoso*) faul, träge **2.** (*impreciso*) vage, ungenau; **tenía unas nociones muy vagas sobre las ideas de la Ilustración** er/sie hatte eine sehr ungenaue Vorstellung über die Ideen der Aufklärung; **tiene un ~ parecido con su abuela** er/sie hat eine entfernte Ähnlichkeit mit seiner/ihrer Großmutter **3.** (*vagante*) vagabundierend; (*errante*) umherirrend **II.** *m, f* **1.** (*vagabundo*) Landstreicher(in) *m(f),* Vagabund *m* **2.** (*holgazán*) Faulpelz *m,* Faulenzer(in) *m(f);* **hacer el ~** faulenzen

vagón [ba'ɣon] *m* (Eisenbahn)wagen *m,* Waggon *m;* **~ cisterna** Tankwagen *m;* **~ frigorífico** Kühlwagen *m;* **~ de gran capacidad** Großraumwagen *m;* **~ de mercancías** Güterwaggon *m;* **~ plataforma** offener Güterwagen; **~ restaurante** Speisewagen *m;* **en Zaragoza hacen un cambio de ~** in Zaragoza findet ein Wagenwechsel statt

vagoneta [baɣo'neta] *f* (*t.* MIN) Lore *f,* Kippwagen *m*

vagotomía [baɣoto'mia] *f* (MED) Vagotomie *f*

vaguada [ba'ɣwaða] *f* (GEO) (Tal)sohle *f*

vaguear [baɣe'ar] *vi* **1.** (*holgazanear*) faulenzen **2.** (*vagar*) sich herumtreiben, herumstreunen

vaguedad [baɣe'ða^{ð}] *f* **1.** (*imprecisión*) Unklarheit *f* **2.** (*palabras*) vages Gerede *nt*

vaguería [baɣe'ria] *f* (*fam*) Faulenzerei *f*

vaharada [ba(a)'raða] *f* **1.** (*aliento*) Atem *m,* Hauch *m* **2.** (*vapor*) (Dunst)wolke *f*

vahear [bae'ar] *vi* dampfen; **te habrás quedado vaheando** (*irón*) da musstest du ja ganz schön deinen Grips anstrengen

vahído [ba'iðo] *m* Ohnmacht *f,* Schwindel *m;* **me dio un ~** mir wurde schwind(e)lig

vaho ['bao] *m* **1.** (*vapor*) Dampf *m,* Dunst *m* **2.** (*aliento*) Atem *m* **3.** *pl* Inhalation *f;* **tienes que hacer ~s de eucalipto** du musst mit Eukalyptusöl inhalieren

vaina[1] ['bai̯na] *f* **1.** (*de la espada*) Scheide *f* **2.** (BOT) Hülse *f,* Schote *f*

vaina[2] ['bai̯na] *m* (*pey*) Idiot *m*

vainica [bai̯'nika] *f* (*CRi: judía verde*) grüne Bohne *f*

vainilla [bai̯'niʎa] *f* Vanille *f;* **~ azucarada** Vanillezucker *m;* **bastoncito de ~** Vanillestange *f*

vaivén [bai̯'βen] *m* Hin und Her *nt,* Auf und Ab *nt;* (*balanceo*) Wiegen *nt;* (*sacudida*) Rütteln *nt;* **~ cambiario** (FIN) Wechselkursschwankung *f;* **en un ~ de la fortuna se encontró en la miseria** (*elev*) als das Schicksal sich plötzlich wendete, geriet er/sie in eine Notlage

vajilla [ba'xiʎa] *f* Geschirr *nt;* **~ de porcelana** Porzellangeschirr *nt*

valdepeñas [bal̪de'peɲas] *m inv* Valdepeñas(wein) *m*

valdiviano [baldi'βjano] *m* (*Chil:* GASTR) *Gericht aus Dörrfleisch, Zwiebeln, Paprika und Knoblauch*
vale ['bale] *m* Gutschein *m,* Bon *m;* (FIN) Gutschrift *f;* ~ **de regalo por valor de mil pesetas** Geschenkgutschein im Wert von [*o* über] tausend Peseten; **extender un ~ por un importe** eine Gutschrift über einen Betrag ausstellen
valedero, -a [bale'ðero, -a] *adj* (*válido*) gültig; (*vigente*) geltend; **las entradas son valederas por seis meses** die Eintrittskarten sind sechs Monate gültig
valedor(a) [bale'ðor(a)] *m(f)* Beschützer(in) *m(f),* Gönner(in) *m(f);* (*padrino*) Pate *m,* Patin *f*
valedura [bale'ðura] *f* **1.** (*Col, Cuba: en un juego*) *Geschenk des Gewinners an den Verlierer oder an Zuschauer* **2.** (*Méx: favor*) Gefallen *m,* Hilfe *f*
valemadrista [balema'ðrista] **I.** *adj* (*Méx: fam*) **1.** (*apático*) apathisch, teilnahmslos **2.** (*cínico*) zynisch **II.** *mf* (*Méx: fam*) **1.** (*persona apática*) apathischer Mensch *m* **2.** (*persona cínica*) Zyniker(in) *m(f)*
valencia [ba'lenθja] *f* (QUÍM, BIOL, LING) Valenz *f*
Valencia [ba'lenθja] *f* Valencia *nt;* **quedarse a la luna de** ~ das Nachsehen haben
valenciana [balen'θjana] *f* **1.** (*CSur: encaje*) feine Spitze *f* **2.** (*Méx: del pantalón*) Hosenumschlag *m*
valencianismo [balenθja'nismo] *m* Valencianismus *m* (*Ausdruck oder Redewendung aus Valencia*)
valenciano[1] [balen'θjano] *m* Valencianisch(e) *nt* (*Sprache aus der Region von Valencia; Dialekt des Katalanischen*)
valenciano, -a[2] [balen'θjano, -a] **I.** *adj* aus Valencia **II.** *m, f* Valencianer(in) *m(f)*
valentía [balen'tia] *f* **1.** (*valor*) Mut *m,* Tapferkeit *f* **2.** (*hazaña*) Heldentat *f*
valentón, -ona [balen'ton, -ona] **I.** *adj* (*pey*) angeberisch, großtuerisch **II.** *m, f* (*pey*) Großmaul *nt,* Prahlhans *m*
valentonada [balento'naða] *f* Angeberei *f,* Prahlerei *f*
valer [ba'ler] *irr* **I.** *vt* **1.** (*costar*) kosten; **¿cuánto vale?** wie viel kostet es?; **el piso vale diez millones** die Wohnung kostet zehn Millionen; **vale tanto oro como pesa** (*fig: cosa*) es ist sein Gewicht in Gold wert; (*persona*) er/sie ist ein Goldstück **2.** (*funcionar*) nützlich sein, nutzen; **esta vez no te valdrán tus excusas** diesmal werden dir deine Entschuldigungen nichts nützen; **yo no sé para qué vale este trasto** ich weiß nicht, wofür dieses Ding gut sein soll; **si no te vale tíralo a la basura** wenn es dir nichts nützt, dann wirf es weg **3.** (*equivaler*) gleichkommen +*dat,* entsprechen +*dat;* **cada cupón vale por un saco de harina** für jeden Gutschein bekommt man einen Sack Mehl **4.** (*producir*) hervorrufen; **su retraso me valió una reprimenda** ich musste ihn/sie wegen der Verspätung tadeln **5.** (*proteger*) (be)schützen; **¡válgame Dios!** (ach) du meine Güte! **6.** (*loc*): **¡vale!** in Ordnung!; **¡vale ya!** jetzt ist's (aber) genug!; **... valga la expresión ...** wenn ich das so sagen darf; **vale la pena ver la película** es lohnt sich, den Film anzuschauen; **vale más que te olvides de él** am besten vergisst du ihn; **ha hecho ~ sus derechos** er/sie hat seine/ihre Rechte geltend gemacht; **más vale un 'toma' que dos 'te daré', más vale un pájaro en mano que ciento volando** (*prov*) besser ein Spatz in der Hand als eine Taube auf dem Dach; **más vale tarde que nunca** (*prov*) besser spät als nie **II.** *vi* **1.** (*ropa*) passen; **la chaqueta todavía te vale** die Jacke passt dir noch **2.** (*tener validez*) gültig sein; **su entrada ya no vale** Ihre Karte ist ungültig **3.** (*tener mérito*) (etwas) taugen; **le exposición valía bien poco** die Ausstellung hat sich nicht gelohnt; **como médico vale mucho pero como marido no tanto** er ist ein guter Arzt, aber kein so guter Ehemann **4.** (*estar permitido*) erlaubt sein; **¡eso no vale!** das gilt nicht!; **no vale que los dados caigan fuera del tablero** die Würfel dürfen nicht neben das Spielbrett fallen **III.** *vr:* **~se 1.** (*servirse*) zurückgreifen (*de* auf +*akk*), greifen (*de* zu +*dat*); **~se de los servicios de alguien** jds Dienste beanspruchen [*o* in Anspruch nehmen]; **se valió de sus contactos para obtener el puesto** er/sie machte von seinen/ihren Beziehungen Gebrauch [*o* er/sie ließ seine/ihre Beziehungen spielen], um die Stelle zu bekommen **2.** (*desenvolverse*) sich zu helfen wissen, zurechtkommen; **ya no puede ~se** er/sie kommt nicht mehr alleine zurecht; **mi abuela todavía se vale por sí misma** meine Großmutter kann sich noch selbst versorgen
valeriana [bale'rjana] *f* (BOT) Baldrian *m;* **infusión de** ~ Baldriantee *m*
valeroso, -a [bale'roso, -a] *adj* tapfer, mutig
valetudinario, -a [baletuði'narjo, -a] *adj* kränklich, gebrechlich
valía [ba'lia] *f sin pl* Wert *m,* Größe *f*
validación [baliða'θjon] *f* **1.** (*acción de validar*) Gültigmachung *f* **2.** (*validez*) Gültigkeit *f*
validar [bali'ðar] *vt* gültig machen
validez [bali'ðeθ] *f sin pl* Gültigkeit *f,* Geltung *f;* **periodo de** ~ Geltungsdauer *f;* **dar ~ a algo** einer Sache Gültigkeit verleihen; **tener** ~ gültig sein, Gültigkeit haben; (*ley*) gelten, in Kraft sein; **no tener** ~ ungültig sein, keine Gültigkeit haben; (*ley*) außer Kraft sein, nicht gelten
válido, -a ['baliðo, -a] *adj* gültig; **el pasaporte no es** ~ der Reisepass ist ungültig
valido [ba'liðo] *m* (POL) Günstling *m;* (HIST) Favorit *m* (*des Königs*)
valiente [ba'ljente] *adj* tapfer, kühn; **los indios eran hombres muy ~s** die Indianer wa-

V

ren sehr mutige Männer; **¡~ amigo tienes que te abandona cuando más lo necesitas!** (*irón*) ein schöner Freund ist das [*o* was ist denn das für ein Freund], der dich sitzen lässt, wenn du ihn am meisten brauchst!

valija [ba'lixa] *f* Handkoffer *m*, Reisetasche *f;* (*del cartero*) Posttasche *f;* ~ **diplomática** Diplomatengepäck *nt*

valijero, -a [bali'xero, -a] *m, f* **1.** (*de los pueblos*) Landbriefträger(in) *m(f)* **2.** (*de correspondencia diplomática*) Kurier *m*

valimiento [bali'mjen̩to] *m sin pl* Schutz *m*, Gunst *f*

valioso, -a [ba'ljoso, -a] *adj* wertvoll, kostbar; **su consejo me fue muy ~** sein/ihr Ratschlag half mir sehr; **nos regaló una porcelana muy valiosa** er/sie hat uns sehr kostbares Porzellan geschenkt

valla ['baʎa] *f* **1.** (*tapia*) Zaun *m*, Schutzwall *m;* **el público en el estadio se agolpaba tras las ~s** das Publikum im Stadion prügelte sich hinter der Absperrung; **han rodeado la finca con una ~** das Anwesen wurde umzäunt **2.** (*publicitaria*) Reklametafel *f*, Plakatwand *f* **3.** (DEP) Hürde *f;* **es el vencedor de la carrera de 110 metros ~s** er ist der Sieger über 110 Meter Hürden, er gewann die 110 Meter Hürden

valladar [baʎa'ðar] *m* Wall *m*, Umzäunung *f*

vallado [ba'ʎaðo] *m* Zaun *m;* **pusimos parterres con flores a los pies del ~** wir haben unten am Zaun Blumenbeete angelegt

vallar [ba'ʎar] *vt* einzäunen, mit einem Wall schützen; **~on la finca con un muro de tres metros de alto** das Anwesen wurde mit einer drei Meter hohen Mauer umgeben

valle ['baʎe] *m* Tal *nt;* ~ **en U** Trogtal *nt*, U-Tal *nt;* ~ **en V** Kerbtal *nt*, V-Tal *nt;* ~ **de lágrimas** Jammertal *nt*

vallisoletano, -a [baʎisole'tano, -a] **I.** *adj* aus Valladolid **II.** *m, f* Einwohner(in) *m(f)* Valladolids

vallunco, -a [ba'ʎuŋko, -a] *adj* (*AmC*) **1.** (*rústico*) ländlich **2.** (*campesino*) bäuerlich

valón[1] [ba'lon] *m* (*dialecto*) Wallonisch(e) *nt*

valón, -ona[2] [ba'lon, -ona] **I.** *adj* wallonisch **II.** *m, f* Wallone, -in *m, f*

valona [ba'lona] *f* (*Méx*): **hacerle a alguien la ~** (*fam*) jdm zur Seite stehen

valor [ba'lor] *m* **1.** (*valentía*) Mut *m;* ~ **cívico** Zivilcourage *f;* **armarse de ~** Mut fassen **2.** (*desvergüenza*) Frechheit *f;* **no creo que tenga el ~ de cobrármelo** ich glaube nicht, dass er/sie so dreist sein wird dafür Geld zu verlangen **3.** (COM, FILOS, MÚS) Wert *m;* (*cuantía*) Geldbetrag *m;* ~ **de activo** Aktivwert *m;* ~ **actual** Istwert *m;* ~ **afectivo** emotioneller Wert; ~ **añadido** Mehrwert *m*, Wertschöpfung *f;* ~ **de chatarra** Schrottwert *m;* ~ **contable** Bilanzwert *m*, Buchwert *m;* ~ **estándar** Standardwert *m;* ~ **límite** Grenzwert *m;* ~ **máximo/mínimo/medio** Höchst-/Mindest-/Mittelwert *m;* ~ **nominal** Nominalwert *m*, Nennwert *m;* ~ **nutritivo** Nährwert *m;* ~ **de retorno** Rückgabewert *m;* ~ **de salida** Anfangswert *m;* ~ **umbral** Schwellenwert *m;* **¿conoces los ~es de las notas?** (MÚS) kennst du die Notenwerte?; **el cuadro carece de ~ artístico pero me gusta** das Bild hat kaum künstlerischen Wert, aber es gefällt mir; **hay que quitar ~ a sus palabras** man muss seinen/ihren Worten nicht so viel Bedeutung beimessen; **no sé qué ~ dar a su comentario** ich weiß nicht, welche Bedeutung ich seiner/ihrer Bemerkung beimessen soll **4.** *pl* (FIN) Wertpapiere *ntpl;* **~es bursátiles** Börsenpapiere *ntpl;* **~es en cartera** Portefeuille *nt*, Effektenbestand *m;* **~es cotizables** kursfähige [*o* notierbare] (Wert)papiere; **~es declarados** Wertsendung *f;* **~es mobiliarios** Effekten *pl*, Inhaberpapiere *ntpl;* **~es de renta fija** festverzinsliche Wertpapiere, Rentenpapiere *ntpl;* **Comisión de V~es y Cambios** Effekten- und Devisenkommission; **mercado de ~es** Effektenmarkt *m*

valoración [balora'θjon] *f* Bewertung *f*, (Ein)schätzung *f;* (*análisis*) Auswertung *f*, Analyse *f;* (ECON) Wertermittlung *f;* ~ **de una propiedad** Bewertung eines Vermögens; ~ **del personal** Personalbeurteilung *f;* ~ **de resultados** Auswertung der Ergebnisse; **hacer una ~ de los resultados electorales** die Wahlergebnisse analysieren [*o* bewerten]

valorar [balo'rar] *vt* schätzen; **valoró el cuadro en tres millones** er/sie schätzte das Bild auf drei Millionen; **sabe ~ lo que vale una buena secretaria** er/sie weiß, wie wichtig eine gute Sekretärin ist; **valoro muchísimo su generosidad** ich weiß seine/ihre Großzügigkeit sehr zu schätzen

valorización [baloriθa'θjon] *f v.* **valoración**

valorizar [balori'θar] <z→c> *vt v.* **valorar**

valquiria [bal'kirja] *f* Walküre *f*

vals [bals] *m* (MÚS) Walzer *m;* ~ **vienés** Wiener Walzer

valsar [bal'sar] *vi* Walzer tanzen

valse ['balse] *m* (*Am*) *v.* **vals**

valuación [balwa'θjon] *f v.* **valoración**

valuar [balu'ar] <*1. pres:* valúo> *vt* schätzen; ~ **un cuadro en un millón** ein Bild auf eine Million schätzen

valva ['balβa] *f* (ZOOL) Muschelschale *f;* **los mejillones tienen dos ~s** Miesmuscheln haben zwei Schalen(klappen)

válvula ['balβula] *f* **1.** (ANAT) Klappe *f;* ~ **tricúspide** Mitralklappe *f* **2.** (TÉC) Ventil *nt*, Klappe *f;* ~ **de escape/seguridad** Auslass-/Sicherheitsventil *nt;* **muchos hinchas utilizan el deporte como (una) ~ de escape** (*fig*) für viele Fußballfans ist der Sport eine Möglichkeit sich abzureagieren [*o* Dampf abzulassen]

valvular [balβu'lar] *adj* (ANAT, TÉC) Klappen-; (TÉC) Ventil-

vampiresa [bampi'resa] *f* Vamp *m*

vampirismo [bampi'rismo] *m* **1.** (*creencia*) Glauben *m* an Vampire, Vampirglauben *m* **2.** (*codicia excesiva*) übertriebene Habsucht *f* **3.** (MED) Nekrophilie *f*

vampiro [bam'piro] *m* **1.** (*espectro, t.* ZOOL) Vampir *m* **2.** (*explotador*) Blutsauger *m*

vanadio [ba'naðjo] *m* (QUÍM) Vanadin *nt*

vanagloria [bana'ɣlorja] *f sin pl* Eitelkeit *f*, Dünkel *m*

vanagloriarse [banaɣlo'rjarse] *vr* sich rühmen (*de* +*gen*), prahlen (*de* mit +*dat*); **se vanagloriaba de sus victorias** er/sie prahlte mit seinen/ihren Siegen

vanaglorioso, **-a** [banaɣlo'rjoso, -a] *adj* eitel, dünkelhaft, eingebildet

vanamente [bana'mente] *adv* vergeblich, umsonst

vandalaje [banda'laxe] *m* (*AmC, AmS*) *v.* **vandalismo**

vandálico, **-a** [ban'daliko, -a] *adj* wandalisch, vandalisch; **los hinchas cometieron actos ~s** die Fans führten sich auf wie die Wandalen

vandalismo [banda'lismo] *m sin pl* Wandalismus *m*, Vandalismus *m*; (*fig*) Zerstörungswut *f*

vándalo, **-a** ['bandalo, -a] **I.** *adj* vandalisch, wandalisch **II.** *m*, *f* Wandale, -in *m*, *f*, Vandale, -in *m*, *f*; **los ~s también invadieron el norte de África** die Wandalen fielen auch im Norden Afrikas ein; **estos jóvenes están hechos una horda de ~s** (*fig*) diese Jugendlichen benehmen sich wie die Wandalen

vanesa [ba'nesa] *f* (ZOOL: *Vanessa atalanta*) Admiral *m*; (*V. cardui*) Distelfalter *m*; (*V. polychlorus*) Großer Fuchs *m*

vanguardia [baŋ'gwarðja] *f* **1.** (MIL) Vorhut *f* **2.** (*movimiento*) Avantgarde *f*; (POL) Vorkämpfer *mpl*; **de ~** avantgardistisch; **Italia va siempre a la ~ de la moda** Italien bestimmt immer die neuesten Modetrends; **La V~** *Tageszeitung von Barcelona*

vanguardismo [baŋgwar'ðismo] *m sin pl* Avantgardismus *m*

vanguardista [baŋgwar'ðista] **I.** *adj* avantgardistisch **II.** *mf* Avantgardist(in) *m(f)*; (*fig*) Pionier(in) *m(f)*

vanidad [bani'ðaᵈ] *f* **1.** (*presunción*) Eitelkeit *f*, Dünkel *m*; **conseguirás lo que quieras de ella si alabas su ~** du wirst alles von ihr bekommen, wenn du ihrer Eitelkeit frönst; **~ de ~es** (REL) Eitelkeit der Eitelkeiten, vanitas vanitatum **2.** (*caducidad*) Vergänglichkeit *f*

vanidoso, **-a** [bani'ðoso, -a] **I.** *adj* eitel, dünkelhaft, eingebildet **II.** *m*, *f* eingebildeter Mensch *m*

vanilocuente [banilo'kwente] *adj* geschwätzig

vano¹ ['bano] *m* (ARQUIT) Öffnung *f*

vano, **-a²** ['bano, -a] *adj* **1.** (*ineficaz*) vergeblich; **lo intenté varias veces pero todo fue en ~** ich habe es mehrmals versucht, aber alles war umsonst **2.** (*infundado*) unbegründet; **es una vana ilusión** das ist nur eine Illusion; **no tomarás el nombre de Dios en ~** (REL) du sollst den Namen Gottes nicht missbrauchen

vánova ['banoβa] *f* (*Arg*) Bettdecke *f*

vapor [ba'por] *m* **1.** (*vaho*) Dampf *m*, Dunst *m*; **~ de agua** Wasserdampf *m*; **barco de ~** Dampfer *m*; **máquina de ~** Dampfmaschine *f*; (*locomotora*) Dampflokomotive *f*; **cocer las patatas al ~** (GASTR) die Kartoffeln dünsten **2.** (*barco*) Dampfer *m*

vaporar [bapo'rar] **I.** *vt* verdunsten [*o* verdampfen] lassen **II.** *vr*: **~se** verdunsten, verdampfen

vaporera [bapo'rera] *f* Dampfkochtopf *m*

vaporización [baporiθa'θjon] *f* **1.** (*evaporación*) Verdunstung *f*, Verdampfung *f* **2.** (*pulverización*) Zerstäubung *f* **3.** (MED) Dampfbehandlung *f*

vaporizado [bapori'θaðo] *m* Dämpfen *nt*, Dampfbehandlung *f*

vaporizador [baporiθa'ðor] *m* (*perfume*) Zerstäuber *m*

vaporizar [bapori'θar] <z→c> **I.** *vt* **1.** (*evaporar*) verdampfen (lassen), verdunsten (lassen) **2.** (*perfume*) zerstäuben **II.** *vr*: **~se** verdampfen, verdunsten

vaporizo [bapo'riθo] *m* (*Méx, PRico*) **1.** (*vaho*) Dampf *m*; (*para inhalar*) Inhalationsdämpfe *mpl* **2.** (*calor*) dunstige Hitze *f*

vaporoso, **-a** [bapo'roso, -a] *adj* **1.** (*tela*) leicht, luftig **2.** (*humeante*) dampfend

vapulear [bapule'ar] *vt* **1.** (*zurrar*) prügeln; (*zarandear*) schütteln **2.** (*reprobar duramente*) scharf kritisieren

vapuleo [bapu'leo] *m* Tracht *f* Prügel; **recibir un serio ~** eine ordentliche Tracht Prügel abbekommen

vaquería [bake'ria] *f* **1.** (*manada*) Rinderherde *f* **2.** (*explotación*) Kuhstall *m*; (*lechería*) Milchverkaufsstelle *f*

vaquerizo, **-a** [bake'riθo, -a] **I.** *adj* Rinder- **II.** *m*, *f* Viehhirt(in) *m(f)*; (*de vacas*) Kuhhirt(in) *m(f)*

vaquero, **-a** [ba'kero, -a] **I.** *adj* Viehhirten- **II.** *m*, *f* Viehhirt(in) *m(f)*; (*de vacas*) Kuhhirt(in) *m(f)*; (*norteamericano*) Cowboy *m*; (*sudamericano*) Gaucho *m*; (*mejicano*) Vaquero *m*; **ayer vimos una película de ~s** (CINE, TV) gestern haben wir einen Cowboyfilm gesehen

vaquero(s) [ba'kero(s)] *m(pl)* Jeans *pl*; **me he comprado un par de** [*o* **unos**] **~s** ich habe mir (ein Paar) Jeans gekauft

vaqueta [ba'keta] *f* Rind(s)leder *nt*

vaquetón, **-ona** [bake'ton, -ona] *adj* (*Méx*) **1.** (*fam: flojo*) schlaff, energielos **2.** (*vago*) faul **3.** (*descarado*) dreist, verwegen

vaquilla [ba'kiʎa] *f* junge Kuh *f* (*anderthalb bis zwei Jahre alt*); **suelta de ~s** Stierkampf mit Jungtieren

vaquillona [baki'ʎona] *f* (*Arg, Chil*) junge Kuh *f* (*zwei bis drei Jahre alt*)

V

var [bar] *m* (ELEC) Var *nt*

vara ['bara] *f* **1.** (*rama*) Rute *f;* **deme una ~ de azahar** geben Sie mir einen Orangenzweig mit Blüte **2.** (*palo*) Stab *m,* Stange *f* **3.** (*medida*) Elle *f* (*0,8359 m*); **meterse en camisa de once ~s** (*fig*) sich in fremde Angelegenheiten mischen **4.** (ADMIN) Stab *m;* **tener alta ~** einflussreich sein; **doblar la ~ de la justicia** das Recht beugen **5.** (*piara*) Schweineherde *f*

varada [ba'raða] *f v.* **varadura**

varadero [bara'ðero] *m* (NÁUT) Stapel *m*

varado, -a [ba'raðo, -a] *adj* (NÁUT) verankert; **una ballena se ha quedado varada en la playa** ein Wal ist gestrandet

varadura [bara'ðura] *f* (NÁUT) Aufschleppen *nt* (*eines Schiffs auf den Stapel*)

varal [ba'ral] *m* (dicke und lange) Stange *f;* (*para la construcción*) Rüstholz *nt;* (*de un carro*) Deichsel *f*

varapalo [bara'palo] *m* **1.** (*rapapolvo*) Schimpfkanonade *f* **2.** (*golpe*) Schlag *m* (*mit dem Stock*); (*paliza*) Tracht *f* Prügel, Prügel *mpl;* **dar un ~ a alguien** jdn verprügeln; **recibir un ~** Prügel beziehen **3.** (*palo*) Stock *m,* Knüppel *m*

varar [ba'rar] **I.** *vi* **1.** (*encallar*) stranden; (*fig*) stecken bleiben **2.** (*Am: coche*) eine Panne haben **II.** *vt* (NÁUT) an Land ziehen

varazo [ba'raθo] *m* Hieb *m* (*mit der Rute*)

varazón [bara'θon] *f* (*Chil:* ZOOL) Fischschwarm *m*

varea [ba'rea] *f,* **vareaje** [bare'axe] *m* (AGR) Abschlagen *nt* der Baumfrüchte

varear [bare'ar] *vt* **1.** (*fruta*) (vom Baum) abschlagen **2.** (*lana*) klopfen **3.** (*toro*) mit der Lanze verwunden

varec [ba'rek] *m* (BOT: *zostera*) Seegras *nt;* (*algas*) Tang *m*

varejón [bare'xon] *m* **1.** (*AmS, Nic: verdasca*) Rute *f,* Gerte *f* **2.** (*Col: variedad de yuca*) *eine Yucca-Art*

vareo [ba'reo] *m v.* **varea**

vareta [ba'reta] *f* **1.** *dim de* **vara** **2.** (*caza*) Leimrute *f* **3.** (*indirecta*) Stichelei *f;* **echar ~s** sticheln **4.** (*loc*): **estar de ~** (*fam*) Durchfall haben

varetazo [bare'taθo] *m* (TAUR: *paletazo*) Stoß *m* mit den Hörnern

varga ['barɣa] *f* **1.** (ZOOL) Seeaal *m* **2.** (*pendiente*) steilste Stelle *f* (*eines Anstiegs*)

variabilidad [barjaβili'ðað] *f* Veränderlichkeit *f*

variable [bari'aβle] **I.** *adj* veränderlich, wechselnd; **costes ~s** veränderliche Kosten; **tiene un carácter muy ~** er/sie hat einen sehr unsteten Charakter **II.** *f* (MAT) Variable *f;* **~ demográfica** demografische Variable; **no conocemos el valor de la ~** wir kennen den Wert der Variablen nicht

variación [barja'θjon] *f* **1.** (MAT, MÚS) Variation *f;* **tema con variaciones** Thema mit Variationen **2.** (*cambio*) (Ver)änderung *f;* (*oscilación*) Schwankung *f;* **~ en los cambios** (FIN) Kursschwankung *f;* **~ de existencias** (COM) Lagerbestandsveränderung *f;* **~ presupuestaria** (ECON) Haushaltsschwankung *f*

variado, -a [bari'aðo, -a] *adj* (*no siempre igual*) abwechslungsreich, abwechselnd; (*distinto*) verschieden, unterschiedlich; (*colores*) bunt; **tenemos tapas variadas** es gibt verschiedene Sorten von Tapas

variancia [bari'an̩θja] *f* (*en estadística*) Varianz *f*

variante [bari'an̩te] *f* **1.** (*versión*) Variante *f,* Fassung *f,* Version *f;* **existen otras ~s de la misma canción** es gibt noch andere Versionen desselben Liedes **2.** (*diferencia*) Unterschied *m,* Abweichung *f;* **existen dos copias del cuadro con ligeras ~s** es gibt zwei Kopien dieses Bildes mit geringfügigen Unterschieden **3.** (*carretera*) Umgehungsstraße *f* **4.** *pl* (GASTR) kleinere Vorspeisen *fpl,* Tapas *fpl*

variar [bari'ar] <*1. pres:* varío> **I.** *vi* **1.** (*modificarse*) wechseln, sich ändern; (*t.* MÚS) variieren **2.** (*ser distinto*) sich unterscheiden (*de* von +*dat*), abweichen (*de* von +*dat*) **3.** (*cambiar*) ändern; **~ de comida** abwechslungsreich kochen; **~ de peinado** die Haare anders tragen, eine andere Frisur haben; **me he comprado otro abrigo para ~** ich habe mir noch einen Mantel gekauft, damit ich nicht immer denselben trage **II.** *vt* **1.** (*cambiar*) ändern, verändern **2.** (*dar variedad*) variieren; **menos mal que ha variado un poco el menú** zum Glück hat er/sie etwas Abwechslung in den Speiseplan gebracht; **y para ~ hablemos del gobierno** und zur Abwechslung können wir ja mal über die Regierung reden

varice [ba'riθe] *f,* **várice** ['bariθe] *f v.* **variz**

varicela [bari'θela] *f sin pl* (MED) Windpocken *pl*

varicocele [bariko'θele] *m* (MED) Krampfaderbruch *m,* Varikozele *f*

varicoso, -a [bari'koso, -a] *adj* Krampfader-; (MED) varikös; **úlcera varicosa** Krampfadergeschwür *nt*

variedad [barje'ðað] *f* **1.** (BIOL) Varietät *f;* **es una ~ de melocotón que aguanta bien el frío** das ist eine Pfirsichsorte, die Kälte gut verträgt **2.** (*pluralidad*) Vielfalt *f,* Reichhaltigkeit *f;* **una gran ~ de ofertas** ein breites Angebot; **la ~ de paisajes nos encantó** wir waren von der abwechslungsreichen Landschaft entzückt; **en la ~ está el gusto** Abwechslung muss sein **3.** *pl* (*espectáculo*) Varietee *nt*

varietés [barje'tes] *fpl* Varietee *nt*

varilarguero [barilar'ɣero] *m* (TAUR) Pikador *m*

varilla [ba'riʎa] *f* **1.** *dim de* **vara** **2.** (*de un paraguas*) Schirmstab *m;* (*de un abanico*) Fächerstab *m*

varillaje [bari'ʎaxe] *m* (*de un paraguas*) Schirmgestänge *nt;* (*de un abanico*) Fächergestänge *nt*

vario, -a ['barjo, -a] *adj* **1.** (*diferente*) unterschiedlich, verschieden **2.** *pl* (*algunos*) mehrere, einige; **varias veces** öfters, mehrmals, wiederholt; **las ventajas son varias** es gibt einige Vorteile; **hay varias opiniones al respecto** es gibt dazu verschiedene Meinungen

varioloide [barjo'loi̯ðe] *f* (MED) Variolois *f*

variopinto, -a [barjo'pinto, -a] *adj* **1.** (*de colores*) bunt **2.** (*mezclado*) gemischt, bunt **3.** (*variado*) unterschiedlich, verschieden

varita [ba'rita] *f dim de* **vara**: **la ~ mágica** der Zauberstab

variz [ba'riθ] *f* (MED) Krampfader *f*

varón [ba'ron] *m* **1.** (*hombre*) Mann *m;* (*niño*) Junge *m;* **~ de Dios** frommer Mann; **es un santo ~** er ist ein herzensguter Mann; **tengo un ~ y dos niñas** ich habe einen Sohn [*o* Jungen] und zwei Töchter [*o* Mädchen] **2.** (NÁUT) Ruderkette *f*

varonil [baro'nil] *adj* männlich, Mannes-; **esa mujer tiene una voz ~** diese Frau hat eine Männerstimme

Varsovia [bar'soβja] *f* Warschau *nt;* **el Pacto de ~** (HIST, POL) der Warschauer Pakt

varsoviana [barso'βjana] *f* (MÚS) Varsovienne *f*

varsoviano, -a [barso'βjano, -a] **I.** *adj* aus Warschau **II.** *m, f* Warschauer(in) *m(f)*

vasallaje [basa'ʎaxe] *m* (HIST: *sujeción*) Lehnspflicht *f;* (*señorío*) Lehnsherrschaft *f;* (*fig: servidumbre*) Knechtschaft *f*

vasallo, -a [ba'saʎo, -a] **I.** *adj* lehnspflichtig, vasallisch **II.** *m, f* Lehnsmann *m,* Vasall *m*

vasar [ba'sar] *m* Küchenregal *nt* (*für Teller, Gläser etc.*)

vasco[1] ['basko] *m* (*lengua*) Baskisch(e) *nt*

vasco, -a[2] ['basko, -a] **I.** *adj* baskisch; **boina vasca** Baskenmütze *f;* **País V~** Baskenland *nt;* **pelota vasca** (DEP) Pelota *f* **II.** *m, f* Baske, -in *m, f*

vascófilo, -a [bas'kofilo, -a] *m, f* Kenner(in) *m(f)* der baskischen Kultur

vascofrancés, -esa [baskofran̪'θes] **I.** *adj* baskofranzösisch **II.** *m, f* Bewohner(in) *m(f)* des französischen Baskenlandes

vascón, -ona [bas'kon, -ona] **I.** *adj* (HIST) aus Vasconia (*dem heutigen Navarra*) **II.** *m, f* (HIST) Einwohner(in) *m(f)* von Vasconia (*dem heutigen Navarra*)

Vascongadas [baskoŋ'gaðas] *fpl* ≈Baskenland *nt*

vascongado, -a [baskoŋ'gaðo, -a] **I.** *adj* baskisch **II.** *m, f* Baske, -in *m, f*

vascuence [bas'kwen̪θe] *m* **1.** (*lengua*) Baskisch(e) *nt* **2.** (*fam: ininteligible*) Chinesisch *nt*

vascular [basku'lar] *adj* (ANAT) Gefäß-; **sistema ~** Gefäßsystem *nt*

vasculitis [basku'litis] *f inv* (MED) Vaskulitis *f*

vasectomía [basekto'mia] *f* (MED) Vasektomie *f*

vaselina [base'lina] *f* Vaseline *f*

vasera [ba'sera] *f* **1.** (*estantería*) Glasregal *nt* **2.** (*bandeja*) Tablett *nt* (*des Wasserträgers*)

vasija [ba'sixa] *f* **1.** (*recipiente*) Gefäß *nt;* **las ~s encontradas en el barco contenían aceite y semillas** die Gefäße, die man auf dem Schiff fand, enthielten Öl und Samen **2.** (*reg: vajilla*) Geschirr *nt*

vaso ['baso] *m* **1.** (*recipiente*) Glas *nt;* **~s comunicantes** (FÍS) kommunizierende Röhren; **~ de papel** (Papp)becher *m;* **he comprado una docena de ~s de güisqui** ich habe ein Dutzend Whiskygläser gekauft; **quisiera un ~ de agua** ich hätte gern ein Glas Wasser **2.** (ANAT) Gefäß *nt;* **~s capilares/linfáticos/sanguíneos** Kapillar-/Lymph-/Blutgefäße *ntpl*

vasoconstrictor(a) [basokoⁿstrik'tor(a)] *adj* (MED) gefäßverengend, vasokonstriktorisch

vasodilatador(a) [basoðilata'ðor(a)] *adj* (MED) gefäßerweiternd, vasodilatatorisch

vasomotor(a) [basomo'tor(a)] *adj* (MED) vasomotorisch; **nervios ~es** Gefäßnerven *mpl,* vasomotorische Nerven

vasquismo [bas'kismo] *m sin pl* (POL) baskische Autonomiebewegung *f*

vástago ['bastaɣo] *m* **1.** (BOT) Schössling *m,* Trieb *m* **2.** (*fig: hijo*) Sohn *m,* Sprössling *m* **3.** (TÉC) Schaft *m;* **~ del émbolo** Kolbenstange *f*

vastedad [baste'ðaᵈ] *f sin pl* Weite *f,* Ausdehnung *f*

vasto, -a ['basto, -a] *adj* weit, groß; (*saber*) umfassend; **nos deleitó con sus ~s conocimientos de botánica** er/sie erfreute uns mit seinen/ihren weit reichenden botanischen Kenntnissen

vataje [ba'taxe] *m* (ELEC) Wattleistung *f*

vate ['bate] *m* **1.** (*adivino*) Wahrsager *m* **2.** (*elev: poeta*) Dichter *m*

váter ['bater] *m* WC *nt,* Toilette *f,* Klo *nt fam*

vaticanista [batika'nista] *mf* (POL) Anhänger(in) *m(f)* der Vatikanspolitik

Vaticano [bati'kano] *m* Vatikan *m;* **la Ciudad del ~** die Vatikanstadt

vaticano, -a [bati'kano, -a] *adj* vatikanisch, päpstlich; **Biblioteca Vaticana** Vatikanische Bibliothek; **Concilio V~ II** Zweites Vatikanisches Konzil; **museos ~s** vatikanische Museen

vaticinador(a) [batiθina'ðor(a)] *m(f)* Wahrsager(in) *m(f)*

vaticinar [batiθi'nar] *vt* prophezeien, vorhersagen

vaticinio [bati'θinjo] *m* Prophezeiung *f,* Wahrsagung *f*

vatímetro [ba'timetro] *m* (ELEC) Wattmeter *nt,* Leistungsmesser *m*

vatio ['batjo] *m* (ELEC) Watt *nt;* **quiero una bombilla de 100 ~s** ich möchte eine 100-Watt-Glühbirne

V.°B.° ['bisto 'βweno] *abr de* **visto bueno** Sichtvermerk *m*

Vd. [us'teᵈ] *pron pers abr de* **usted** Sie

vda. ['bjuða] *abr de* **viuda** Wwe.

V.E. ['bwestra esθe'len̪θja] *abr de* **Vuestra**

Excelencia S.E.

vecinal [beθi'nal] *adj* Gemeinde-; **camino** ~ Gemeindeweg *m*

vecindad [beθin̪'daᵈ] *f* **1.** (*vecinos, relación*) Nachbarschaft *f;* **queremos mantener relaciones de buena ~ con Francia** (POL) wir möchten gutnachbarliche Beziehungen zu Frankreich unterhalten; **chisme de ~** (*fig fam*) Klatsch *m* **2.** (*alrededores*) Umgebung *f,* Nachbarschaft *f*

vecindario [beθin̪'darjo] *m* **1.** (*vecindad*) Nachbarn *mpl,* Nachbarschaft *f;* (*ciudadanos*) Bürger *mpl;* (*comunidad*) Gemeinde *f* **2.** (*padrón*) Melderegister *nt*

vecino, -a [be'θino, -a] **I.** *adj* benachbart (*de* mit +*dat*), Nachbar-; (*cercano*) nahe; **vive en el pueblo ~** er/sie wohnt im Nachbardorf **II.** *m, f* **1.** (*que vive cerca*) Nachbar(in) *m(f);* **no aguanto que todo hijo de ~ me diga lo que tengo que hacer** (*fam*) ich ertrage es nicht, dass jedermann meint mir sagen zu können, was ich tun soll **2.** (*habitante*) Bewohner(in) *m(f);* **José García, ~ de Villavieja** José García, wohnhaft in Villavieja

vector [bek'tor] *m* (MAT, FÍS, INFOR) Vektor *m;* **~ de acceso** (INFOR) Zugangsvektor *m;* **~ de fila** (INFOR) Reihenvektor *m*

vectorial [bekto'rjal] *adj* (MAT) vektoriell, Vektor-; **cálculo ~** Vektorrechnung *f*

veda ['beða] *f* (*prohibición*) Verbot *nt;* (*de cazar, pescar*) Schonzeit *f;* **levantar la ~** zum Abschuss freigeben; **ya han levantado la ~ para la perdiz** das Jagdverbot für Rebhühner ist schon aufgehoben worden

vedado¹ [be'ðaðo] *m* Sperrgebiet *nt;* **~ de caza** Jagdrevier *nt*

vedado, -a² [be'ðaðo, -a] *adj* gesperrt; **terreno ~** (polizeilich) gesperrtes Grundstück

vedar [be'ðar] *vt* verbieten, verhindern

vedette [be'ðeᵗ/be'ðete] *f* (TEAT) Diva *f*

védico, -a ['beðiko, -a] *adj* (LING, REL) wedisch

vedija [be'ðixa] *f* (*de lana*) Wollflocke *f;* (*de pelo*) Haarbüschel *nt*

vedismo [be'ðismo] *m* (REL) wedische Religion *f,* Wedismus *m*

vedutismo [beðu'tismo] *m* (ARTE) Vedute-Malerei *f*

vega ['beɣa] *f* **1.** (*de un río*) (Fluss)aue *f,* Flussebene *f* **2.** (*Cuba: tabacal*) Tabakpflanzung *f* **3.** (*Chil: terreno pantanoso*) Sumpfgebiet *nt*

vegetación [bexeta'θjon] *f* **1.** (BOT) Vegetation *f;* **~ exuberante** üppige Vegetation; **~ mediterránea** Mittelmeerflora *f* **2.** *pl* (ANAT) Wucherungen *fpl*

vegetal [bexe'tal] **I.** *adj* Pflanzen-, pflanzlich; **aceite ~** pflanzliches Öl, Pflanzenöl *nt;* **carbón ~** Holzkohle *f;* **grasas ~es y animales** pflanzliche und tierische Fette; **reino ~** Pflanzenreich *nt;* **con la erosión desaparece el manto ~** durch die Erosion verschwindet die Pflanzendecke; **del yute se obtienen fibras ~es** aus Jute werden Pflanzenfasern gewonnen **II.** *m* **1.** (BOT) Pflanze *f* **2.** (*pey: persona*) Scheintoter *m* **3.** (*parásito*) Parasit *m*

vegetar [bexe'tar] *vi* **1.** (BOT) wachsen **2.** (*enfermo*) dahinvegetieren, dahindämmern **3.** (*pey: persona*) vegetieren, vor sich hin leben

vegetarianismo [bexetarja'nismo] *m sin pl* Vegetarismus *m*

vegetariano, -a [bexeta'rjano, -a] **I.** *adj* vegetarisch; **cocina vegetariana** vegetarische Küche; **restaurante ~** vegetarisches Restaurant; **yo siempre cojo el plato ~** ich nehme immer das vegetarische Gericht **II.** *m, f* Vegetarier(in) *m(f)*

vegetativo, -a [bexeta'tiβo, -a] *adj* **1.** (BOT) pflanzlich, vegetativ **2.** (MED) vegetativ; **sistema nervioso ~** vegetatives Nervensystem; **órgano ~** Wachstumsorgan *nt*

veguero¹ [be'ɣero] *m* (*Cuba*) (aus einem Tabakblatt gedrehte) Zigarre *f*

veguero, -a² [be'ɣero, -a] *m, f* Tabakpflanzer(in) *m(f)*

vehemencia [be(e)'men̪θja] *f sin pl* **1.** (*ímpetu*) Vehemenz *f,* Nachdruck *m* **2.** (*entusiasmo*) Begeisterung *f*

vehemente [be(e)'men̪te] *adj* **1.** (*impetuoso*) vehement, heftig; **tenemos sospechas ~s de que nos miente** wir haben den dringenden Verdacht, dass er/sie uns belügt **2.** (*ardiente*) leidenschaftlich, vehement; **fue un llamamiento ~ a la reconciliación** es war ein leidenschaftlicher Aufruf zur Versöhnung **3.** (*persona*) gefühlsbetont, leidenschaftlich

vehicular [beiku'lar] *vt* **1.** (*conducir*) fahren, lenken **2.** (*difundir*) verbreiten **3.** (*transmitir*) übertragen **4.** (*comunicar*) übermitteln

vehículo [be'ikulo] *m* **1.** (*transporte*) Fahrzeug *nt;* **~ comercial** Geschäftswagen *m;* **~ industrial** Nutzfahrzeug *nt;* **~ de motor** Kraftfahrzeug *nt* **2.** (*medio*) Mittel *nt;* (MED) Überträger *m*

veinte ['bei̯n̪te] *adj inv* zwanzig; *v. t.* **ochenta**

veinteavo, -a [bei̯n̪te'aβo, -a] *adj* zwanzigstel; **recibió una veinteava parte de los beneficios** er/sie erhielt ein Zwanzigstel der Einkünfte; *v. t.* **ochentavo**

veintena [bei̯n̪'tena] *f* (*unidades*) zwanzig Stück *nt;* (*años*) zwanzig Jahre *ntpl;* (*días*) zwanzig Tage *mpl;* **una ~ de huevos** zwanzig Eier; **una ~ de personas** zwanzig Leute; (*aproximadamente*) um die zwanzig Leute

veintiañero, -a [bei̯n̪tja'ɲero, -a] **I.** *adj* zwanzigjährig **II.** *m, f* Zwanzigjährige(r) *mf*

veinticinco [bei̯n̪ti'θiŋko] **I.** *adj* fünfundzwanzig **II.** *m* Fünfundzwanzig *f; v. t.* **ochenta**

veinticuatro [bei̯n̪ti'kwatro] **I.** *adj* vierundzwanzig **II.** *m* Vierundzwanzig *f; v. t.* **ochenta**

veintidós [bei̯n̪ti'ðos] **I.** *adj* zweiundzwanzig **II.** *m* Zweiundzwanzig *f; v. t.* **ochenta**

veintinueve [bei̯n̪ti'nweβe] **I.** *adj* neunundzwanzig **II.** *m* Neunundzwanzig *f; v. t.*

ochenta
veintiocho [beiṇti'otʃo] **I.** *adj* achtundzwanzig **II.** *m* Achtundzwanzig *f*; *v. t.* **ochenta**
veintipocos [beiṇti'pokos] *adj inv* (*fam*) etwas über zwanzig
veintiséis [beiṇti'seis] **I.** *adj* sechsundzwanzig **II.** *m* Sechsundzwanzig *f*; *v. t.* **ochenta**
veintisiete [beiṇti'sjete] **I.** *adj* siebenundzwanzig **II.** *m* Siebenundzwanzig *f*; *v. t.* **ochenta**
veintitantos [beiṇti'taṇtos] *adj inv* etwa zwanzig; **tendrá ~ años** er/sie ist in den Zwanzigern, er/sie wird etwas über zwanzig sein
veintitrés [beiṇti'tres] **I.** *adj* dreiundzwanzig **II.** *m* Dreiundzwanzig *f*; *v. t.* **ochenta**
veintiuno, **-a** [beiṇ'tjuno, -a] *adj* (*delante de un substantivo: veintiún*) einundzwanzig; **el ~ de abril** der/am 21. April; **he invitado a veintiún amigos** ich habe einundzwanzig Freunde eingeladen; *v. t.* **ochenta**
vejación [bexa'θjon] *f*, **vejamen** [be'xamen] *m* Schikane *f*, Belästigung *f*
vejar [be'xar] *vt* schikanieren, quälen
vejarrón, **-ona** [bexa'rron, -ona] *m, f aum de* **viejo**
vejatorio, **-a** [bexa'torjo, -a] *adj* demütigend, quälend
vejestorio, **-a** [bexes'torjo, -a] *m, f* (*pey*) alter Knacker *m*, alte Frau *f*
vejete [be'xete] *m* (*fam*) Alte(r) *m*
vejez [be'xeθ] *f sin pl* (*ancianidad*) Alter *nt*; (*envejecimiento*) Altern *nt*; **pensión de ~** Altersruhegeld *nt*, Altersrente *f*; **pasar su ~ en Mallorca** seinen Lebensabend auf Mallorca verbringen; **a la ~, viruelas** (*prov*) Alter schützt vor Torheit nicht
vejiga [be'xiɣa] *f* (ANAT) Blase *f*; **~ de la hiel** (ANAT) Gallenblase *f*; **~ natatoria** (ZOOL) Schwimmblase *f*; **~ (urinaria)** (ANAT) Harnblase *f*; **después de recorrer 200 kilómetros se le levantaron ~s en los pies** nachdem er/sie 200 Kilometer gegangen war, hatte er/sie Blasen an den Füßen
vela ['bela] *f* **1.** (*luz*) Kerze *f*; **encender/apagar la ~** die Kerze anzünden/auslöschen; **estaba derecho como una ~** (*fig*) er stand kerzengerade; **se está acabando la ~** die Kerze geht aus; **¿a ti quién te ha dado ~ en este entierro?** (*fig*) wer hat dich hierher bestellt?; **estar a dos ~s** (*fig*) arm wie eine Kirchenmaus sein; **poner una ~ a San Miguel** [*o* **Dios**] **y otra al diablo** auf zwei Hochzeiten zugleich tanzen **2.** (NÁUT, DEP) Segel *nt*; **~ cuadra** Quersegel *nt*; **~ latina** Lateinsegel *nt*; **~ mayor** Großsegel *nt*; **~ de mesana** Besan *m*; **barco de ~** Segelschiff *nt*, Segler *m*; **alzar** [*o* **levantar**] **~s** Segel setzen; (*fig*) sich davonmachen; **a toda ~** mit vollen Segeln; (*fig*) mit vollem Einsatz; **es un aficionado a la ~** (DEP) er geht gern segeln; **recoger ~s** (*fig*) zurückweichen **3.** (*loc*): **he pasado la noche en ~ por tu culpa** deinetwegen habe ich die ganze Nacht kein Auge zugetan **4.** *pl* (*fam: mocos*) Rotz *m*
velación [bela'θjon] *f* **1.** (*de un difunto*) Totenwache *f* **2.** (*de los novios*) *Bedeckung des Brautpaares mit dem Schleier*
velada [be'laða] *f* Abend *m*; (LIT, MÚS, TEAT) Soiree *f*; **~ musical** Musikabend *m*
velado, **-a** [be'laðo, -a] **I.** *adj* (FOTO) verschleiert; **con voz velada** mit von Trauer umflorter Stimme **II.** *m, f* Ehemann, -frau *m, f*
velador [bela'ðor] *m* **1.** (*mesita*) rundes Tischchen *nt* (*mit nur einem Fuß*) **2.** (*candelero*) Leuchter *m* **3.** (*Arg, Méx, Urug: lámpara*) Nachttischlampe *f*
veladora [bela'ðora] *f* (*Am: vela*) Kerze *f*
veladura [bela'ðura] *f* (ARTE, CINE, FOTO) Lasur *f*
velamen [be'lamen] *m* (NÁUT) Segelwerk *nt*
velar [be'lar] **I.** *vi* **1.** (*no dormir*) wachen; (*trabajar*) nachts arbeiten; (*estudiar*) nachts lernen **2.** (*fig: cuidar*) wachen (*por* über +*dat*); **sabe ~ bien por sus intereses** er/sie weiß seine/ihre Interessen zu vertreten; **vela por la educación de sus hijos** er/sie sorgt für [*o* wacht über] die Erziehung seiner/ihrer Kinder **II.** *vt* **1.** (*vigilar*) (be)wachen; **~ al enfermo** am Krankenbett wachen; **~ a un muerto** Totenwache halten **2.** (FOTO) durch Lichteinfall vernichten **3.** (*ocultar*) verschleiern **4.** (*pintar*) lasieren **5.** (*cubrir*) verschleiern **III.** *vr*: **~se** sich verschleiern **IV.** *adj* (LING) velar, Hintergaumen-; **sonido ~** Velarlaut *m* **V.** *f* (LING) Velar *m*, (Hinter)gaumenlaut *m*
velarizar [belari'θar] <z→c> *vt* (LING) als Hintergaumenlaut aussprechen, velarisieren
velatorio [bela'torjo] *m* Totenwache *f*
velazqueño, **-a** [belaθ'keɲo, -a] *adj* (ARTE) den Maler Velazquez betreffend; **un cuadro en estilo ~** ein Bild im Stil Velazquez'
velcro ® ['belkro] *m* Klettverschluss *m*
veleidad [belei'ðaᵈ] *f* Wankelmut *m*
veleidoso, **-a** [belei'ðoso, -a] *adj* wankelmütig; (*caprichoso*) launisch
velejar [bele'xar] *vi* (NÁUT) unter Segel fahren
velero¹ [be'lero] *m* Segelschiff *nt*, Klipper *m*
velero, **-a²** [be'lero, -a] *adj* Segel-; **el barco ~ se hizo a la mar** das Segelschiff fuhr aufs Meer hinaus
veleta¹ [be'leta] *f* Windfahne *f*
veleta² [be'leta] *mf* (*fig*) wankelmütiger Mensch *m*
velicar [beli'kar] <c→qu> *vt* (MED) punktieren
velis ['belis] *m*, **veliz** [be'liθ] *m* (*Méx: de cuero*) lederner Handkoffer *m*; (*de metal*) metallener Handkoffer *m*
vello ['beʎo] *m sin pl* **1.** (*corporal*) (Körper)behaarung *f*, (Körper)haare *ntpl*; **~ de las axilas** Achselhaare *ntpl*; **~ pubiano** Schamhaare *ntpl* **2.** (BOT) Flaumhaar *nt*
vellocino [beʎo'θino] *m* Vlies *nt*, Schaffell *nt*; **el ~ de oro** das Goldene Vlies
vellón [be'ʎon] *m* **1.** (*mechón*) Wollflocke *f*

2. (*piel*) Vlies *nt*, Schaffell *nt*

vellosidad [beʎosi'ðaᵈ] *f sin pl* (Körper)haare *ntpl*, (Körper)behaarung *f*

vellosilla [beʎo'siʎa] *f* (BOT) Kleines Habichtskraut *nt*

velloso, **-a** [be'ʎoso, -a] *adj* behaart; **su vientre ~ recordaba al de un mono** sein behaarter Bauch erinnerte an einen Affen

velludo, **-a** [be'ʎuðo, -a] *adj* stark behaart

velo ['belo] *m* **1.** (*prenda*) Schleier *m;* (*de un sombrero*) Hutschleier *m;* (*toca*) Nonnenhaube *f;* (*en una boda*) Trauschleier *m;* **~ de novia** Brautschleier *m;* **~ humeral** (REL) Velum *nt;* **tomar el ~** (REL) den Schleier nehmen; **correr** [*o* **descorrer**] **el ~** (*fig*) den Schleier lüften; **corramos un tupido ~ sobre esa cuestión** lasst uns über all dies nicht mehr sprechen **2.** (ANAT): **~ del paladar** Gaumensegel *nt*

velocidad [beloθi'ðaᵈ] *f* **1.** (*t.* FÍS, INFOR) Geschwindigkeit *f;* **~ angular** Winkelgeschwindigkeit *f;* **~ de crucero** Reisegeschwindigkeit *f;* **~ de impresión** Druckgeschwindigkeit *f;* **~ de lectura** (INFOR) Lesegeschwindigkeit *f;* **~ punta** Spitzengeschwindigkeit *f;* **~ supersónica** Überschallgeschwindigkeit *f;* **~ de transferencia** Übertragungsrate *f;* **~ de transferencia de datos** (INFOR) Datentransferrate *f;* **depende de la ~ a que escribas a máquina** das hängt davon ab, wie schnell du Maschine schreiben kannst; **le pusieron una multa por exceso de ~** er/sie bekam eine Strafe wegen überhöhter Geschwindigkeit; **iba a toda ~ y se pegó una torta** (*fam*) er/sie fuhr sehr schnell und baute einen Unfall **2.** (*marcha*) Gang *m;* **cambio de ~es** Gangschaltung *f*

velocímetro [belo'θimetro] *m* Geschwindigkeitsmesser *m*, Tachometer *nt*

velocípedo [belo'θipeðo] *m* Veloziped *nt*, Fahrrad *nt*

velocirraptor [beloθirrap'tor] *m* (ZOOL) Velociraptor *m*

velocista [belo'θista] *mf* (DEP) Sprinter(in) *m(f)*, Kurzstreckenläufer(in) *m(f)*

velódromo [be'loðromo] *m* Velodrom *nt*, Radrennbahn *f*

velomotor [belomo'tor] *m* Motorfahrrad *nt*, Mofa *nt fam*

velón [be'lon] *m* **1.** *superl de* **vela 2.** (*lámpara*) ≈mehrflammige Öllampe *f*

veloriante [belo'rjan̦te] *mf* Totenwächter(in) *m(f)*

velorio [be'lorjo] *m* **1.** (*velatorio*) Totenwache *f* **2.** (*fiesta*) Dorffest *nt* (*z.B. nach dem Schlachten*)

veloz [be'loθ] *adj* schnell, eilig; (*ágil*) flink; **raudo y ~** rasch

vena ['bena] *f* **1.** (ANAT) Ader *f*, Vene *f;* **~ cava/porta/yugular** Hohl-/Pfort-/Drosselvene *f* **2.** (BOT) Rippe *f*, Blattnerv *m*, Blattader *f* **3.** (*filón*) Erzader *f;* **~ de agua** Wasserader *f* **4.** (*inspiración*) Ader *f*, Begabung *f;* **tener ~ de escritor** eine dichterische Ader haben; **tiene ~ de músico** er/sie ist sehr musikalisch **5.** (*arrebato*): **le dio la ~ y nos invitó a comer** plötzlich wurde er/sie spendabel und lud uns zum Essen ein

venablo [be'naβlo] *m* Jagdspieß *m;* **echar ~s** (*fig*) Gift und Galle speien

venada [be'naða] *f* **1.** (*ataque de locura*) hysterischer Anfall *m* **2.** (*Am: hembra del ciervo*) Hirschkuh *f*

venadear [benaðe'ar] *vt* (*Méx*) aus dem Hinterhalt und in freiem Feld ermorden

venado [be'naðo] *m* (*ciervo*) Hirsch *m;* (*caza mayor*) Hochwild *nt*

venaje [be'naxe] *m* (GEO) *zu einer Quelle zusammenfließende Wasseradern*

venal [be'nal] *adj* **1.** (*relativo a las venas*) Ader- **2.** (*vendible*) käuflich **3.** (*sobornable*) bestechlich

venalidad [benali'ðaᵈ] *f sin pl* Bestechlichkeit *f*

venático, **-a** [be'natiko, -a] *adj* **1.** (*loco*) verrückt **2.** (*caprichoso*) launisch

venatorio, **-a** [bena'torjo, -a] *adj* (*elev*) Jagd-

vencedero, **-a** [ben̦θe'ðero, -a] *adj* fällig (werdend); **factura vencedera el próximo mes** bis spätestens nächsten Monat zu zahlende Rechnung

vencedor(a) [ben̦θe'ðor(a)] **I.** *adj* siegreich; **el equipo ~** die Siegermannschaft **II.** *m(f)* Sieger(in) *m(f)*

vencejo [ben̦'θexo] *m* **1.** (ZOOL) Mauersegler *m* **2.** (*lazo*) Garbenband *nt*

vencer [ben̦'θer] <c→z> **I.** *vi* **1.** (*derrotar*) siegen; **~á porque es muy paciente** er/sie wird gewinnen, weil er/sie sehr geduldig ist **2.** (*plazo*) ablaufen; (*cheque*) fällig werden **II.** *vt* **1.** (*enemigos*) besiegen, siegen (*a* über +*akk*); **~ o morir** siegen oder sterben; **los aliados vencieron a las fuerzas del Eje** (HIST) die Alliierten haben die Achsenmächte besiegt; **los vencieron en toda la línea** sie haben sie auf der ganzen Linie geschlagen; **¡no te dejes ~!** lass dich nicht unterkriegen! **2.** (*obstáculo, sueño*) überwinden; (*dificultad*) meistern; **me venció el sueño** ich wurde vom Schlaf übermannt **3.** (*peso*) erdrücken, zu schwer sein (für +*akk*); **los libros vencieron la tabla del estante** die Bücher waren zu schwer für das Regal **III.** *vr:* **~se** sich beherrschen

vencible [ben̦'θiβle] *adj* besiegbar

vencida [ben̦'θiða] *f* Sieg *m;* **a la tercera va la ~** (*prov*) aller guten Dinge sind drei

vencido, **-a** [ben̦'θiðo, -a] **I.** *adj* **1.** (*derrotado*) besiegt, geschlagen; **lo volvieron a suspender pero él no se da por ~** er ist wieder durchgefallen, aber er gibt sich nicht geschlagen **2.** (COM) fällig; **crédito ~** fälliger Kredit; **crédito no ~** laufender Kredit; **con los intereses ~s** mit den fälligen Zinsen; **cobro por meses ~s** ich bekomme mein Gehalt am Monatsende **II.** *m, f* Besiegte(r) *mf*

vencimiento [beṇθi'mjeṇto] *m* (COM) Ablauf *m,* Fälligkeit *f;* ~ **de una póliza de seguros** Laufzeit einer Versicherungspolice; **fecha de** ~ Fälligkeitsdatum *nt;* (FIN: *en una cuenta*) Zahlungsziel *nt*

venda ['beṇda] *f* (MED) Binde *f;* ~ **enyesada/umbilical** Gips-/Nabelbinde *f;* **tener una** ~ **en los ojos** die Augen verbunden haben; (*fig*) mit Blindheit geschlagen sein; **cuando se le caiga la** ~ **de los ojos será tarde** (*fig*) wenn sich ihm/ihr endlich die Augen öffnen werden, wird es zu spät sein

vendaje [beṇ'daxe] *m* Verband *m,* Bandage *f;* ~ **enyesado** Gipsverband *m;* **le pusieron/quitaron el** ~ **de la pierna** ihm/ihr wurde der Verband am Bein angelegt/abgenommen

vendar [beṇ'dar] *vt* verbinden, bandagieren; **le** ~**on el brazo hasta el codo** man verband ihm/ihr den Arm bis zum Ellbogen; **en este juego uno de los niños tiene que tener los ojos vendados** bei diesem Spiel müssen einem der Kinder die Augen verbunden werden

vendaval [beṇda'βal] *m* (*del sur*(*oeste*)) Süd(west)wind *m;* (*huracán*) Sturm *m*

vendedor(**a**) [beṇde'ðor(a)] *m(f)* Verkäufer(in) *m(f);* (*comerciante*) Händler(in) *m(f);* ~ **ambulante** Straßenhändler *m;* ~ **a domicilio** Vertreter *m;* ~ **al por mayor/menor** Groß-/Einzelhändler *m*

vendeja [beṇ'dexa] *f* (*reg*) **1.** (*mercancía*) Marktware *f* **2.** (*venta*) Markt *m*

vender [beṇ'der] **I.** *vt* **1.** (COM) verkaufen, absetzen; (*bebidas*) ausschenken; ~ **a crédito** auf Kredit verkaufen; ~ **al por mayor** en gros [*o* im Großhandel] verkaufen; ~ **al por menor** im Detail [*o* im Kleinhandel] verkaufen; ~ **a plazos** auf Raten verkaufen; ~ **a precios regalados** zu Schleuderpreisen verkaufen; **artículo muy difícil de** ~ Ladenhüter *m;* **en la tienda de la esquina venden bastante caro** der Laden an der Ecke ist ganz schön teuer; **nos lo vendió por** [*o* **en**] [*o* **a**] **1.000 pesetas** er/sie hat es uns für 1.000 Peseten verkauft **2.** (*traicionar*) verraten, verkaufen; **el dictador vendió su país a los americanos** der Diktator hat sein Land an die Amerikaner verkauft **II.** *vr:* ~**se 1.** (COM) verkauft werden; **se vende** zu verkaufen; **se ha vendido todo** es ist alles ausverkauft; **se vendieron como rosquillas** [*o* **churros**] (*fig*) sie sind wie warme Semmeln weggegangen; ~**se muy caro** (*fig*) sich sehr bitten lassen **2.** (*alguien*) sich verkaufen, sich bestechen lassen; **se vendió por un plato de lentejas** (REL) er/sie verkaufte sich für einen Teller Linsen

vendetta [beṇ'deta] *f* Vendetta *f,* Blutrache *f*

vendible [beṇ'diβle] *adj* verkäuflich, absetzbar

vendimia [beṇ'dimja] *f* Weinlese *f;* **en mi pueblo cada año celebramos la fiesta de la** ~ in meinem Dorf feiern wir jedes Jahr das Weinfest

vendimiador(**a**) [beṇdimja'ðor(a)] *m(f)* Arbeiter(in) *m(f)* bei der Weinlese

vendimiadora [beṇdimja'ðora] *f* (AGR) Weinlesemaschine *f*

vendimiar [beṇdi'mjar] *vt* (ver)lesen; **vendimiamos la viña en menos de tres horas** wir haben die Weintrauben in weniger als drei Stunden verlesen

Venecia [be'neθja] *f* Venedig *nt*

veneciano, **-a** [bene'θjano, -a] **I.** *adj* venezianisch **II.** *m, f* Venezianer(in) *m(f)*

veneno [be'neno, -a] *m* Gift *nt;* **para ese** ~ **no tenemos antídoto** für dieses Gift haben wir kein Gegenmittel

venenoso, **-a** [bene'noso, -a] *adj* giftig; (MED) venenös; **serpiente venenosa** Giftschlange *f;* **seta venenosa** Giftpilz *m*

venera [be'nera] *f* **1.** (*concha*) Jakobsmuschel *f,* Pilgermuschel *f* **2.** (*insignia*) Ritterkreuz *nt;* **no se te caerá la** ~ (*fig*) es wird dir kein Zacken aus der Krone fallen **3.** (*manantial*) Wasserquelle *f*

venerable [bene'raβle] *adj* ehrwürdig, verehrungswürdig; **era un anciano de aspecto** ~ er war ein alter Mann von ehrwürdigem Aussehen

veneración [benera'θjon] *f sin pl* (REL) Ehrfurcht *f,* Verehrung *f*

venerar [bene'rar] *vt* verehren; **los fieles veneran una estatua de la Virgen María** die Gläubigen verehren eine Statue der Jungfrau Maria

venéreo, **-a** [be'nereo, -a] *adj* (MED) Geschlechts-; **enfermedad venérea** Geschlechtskrankheit *f*

venereología [benereolo'xia] *f* (MED) Venerologie *f,* Lehre *f* von den Geschlechtskrankheiten

venero [be'nero] *m* **1.** (*manantial*) Wasserquelle *f;* (*fig*) Quelle *f* **2.** (*yacimiento*) Erzader *f,* Flöz *nt*

véneto, **-a** ['beneto, -a] **I.** *adj* venezianisch **II.** *m, f* Venezianer(in) *m(f)*

Venevisión [beneβi'sjon] *f lateinamerikanischer Fernsehkanal*

venezolanismo [beneθola'nismo] *m* (LING) in Venezuela gebräuchlicher Ausdruck *m*

venezolano, **-a** [beneθo'lano, -a] **I.** *adj* venezolanisch **II.** *m, f* Venezolaner(in) *m(f)*

Venezuela [bene'θwela] *f* Venezuela *nt;* **tártago de** ~ (BOT) Rizinus *m*

vengador(**a**) [beŋga'ðor(a)] **I.** *adj* (*que se venga*) rächend; (*propenso a*) rachsüchtig **II.** *m(f)* Rächer(in) *m(f)*

venganza [beŋ'gaṇθa] *f* Rache *f;* **acto de** ~ Racheakt *m;* **deseo de** ~ Rachsucht *f,* Rachgier *f elev;* **lo hizo por** ~ er/sie hat es aus Rache getan; **pedir** ~ Rache fordern

vengar [beŋ'gar] <g→gu> **I.** *vt* rächen, Rache nehmen (für +*akk*); **vengó la muerte de su padre**, **vengó a su padre** er/sie hat seinen/ihren Vater gerächt **II.** *vr:* ~**se** sich rächen (*por* für +*akk, en* an +*dat*), Vergeltung üben (*por* für +*akk, en* an +*dat*); **se vengan**

en el hijo por lo que hizo el padre sie rächen sich am Sohn für die Taten des Vaters

vengativo, **-a** [beŋga'tiβo, -a] *adj* **1.** (*vengador*) rachsüchtig, rachgierig **2.** (*rencoroso*) nachtragend

venia ['benja] *f sin pl* Erlaubnis *f;* **con la ~** (*elev*) mit Verlaub

venial [be'njal] *adj* (*pecado*) lässlich

venida [be'niða] *f* **1.** (*llegada*) Ankunft *f;* (*vuelta*) Rückkehr *f;* **la ~ de Nuestro Señor Jesucristo** (REL) die Ankunft Unseres Herrn Jesus Christus **2.** (*de un río*) Hochwasser *nt*

venidero, **-a** [beni'ðero, -a] *adj* kommend, zukünftig; **en los meses ~s veremos los resultados** in den kommenden Monaten werden wir die Ergebnisse sehen

venir [be'nir] *irr* **I.** *vi* **1.** (*trasladarse*) kommen; (*llegar*) ankommen; **han venido mis padres y abuelos** meine Eltern und Großeltern sind gekommen; **hicimos ~ al médico** wir haben den Arzt kommen lassen; **¡ven acá!** komm her!; **vengo (a) por la leche** ich komme die Milch holen; **vinieron a pie/en coche desde el pueblo** sie sind zu Fuß/mit dem Auto aus dem Dorf gekommen; **ya han venido los primeros turistas** die ersten Touristen sind schon angekommen; **el que venga detrás, que arree** (*fig*) nach mir die Sintflut **2.** (*ocurrir*) geschehen; **vino la guerra** es gab Krieg **3.** (*proceder*) herkommen; **el dinero le viene de su padre** er/sie hat das Geld von seinem/ihrem Vater; **los plátanos vienen de Canarias** die Bananen sind von [*o* kommen aus] den Kanarischen Inseln; **viene de una familia muy rica** er/sie stammt aus einer sehr reichen Familie **4.** (*idea, ganas*) überkommen; **me vinieron ganas de reír** ich verspürte Lust zu lachen; **no sé porqué me vino eso a la memoria** ich weiß nicht, warum mir das eingefallen ist **5.** (*tiempo*) kommen; (*seguir*) folgen; **el mes que viene** nächsten Monat; **ahora viene una diapositiva muy bonita** jetzt kommt ein sehr schönes Dia; **ya viene la primavera** nun fängt schon der Frühling an **6.** (*figurar*) stehen; **el accidente no viene en el periódico** der Unfall steht nicht in der Zeitung **7.** (*prenda*) passen; **la falda le viene bien pero el pantalón le viene grande/pequeño** der Rock passt Ihnen gut, aber die Hose ist zu groß/klein **8.** (*aproximadamente*): **vienen a ser unas 3000 pesetas para cada uno** das wären also ungefähr 3000 Peseten für jeden **9.** (*elev: servir para*) beitragen (*a* zu +*dat*); **aquel suceso vino a turbar nuestra tranquilidad** jenes Ereignis hat unsere Ruhe gestört **10.** (*terminar por*) letztendlich tun (*a* +*akk*); **vino a dar con sus huesos en la cárcel** (*fam*) und schließlich landete er/sie im Gefängnis; **vino a querer decir que se quedaría por más dinero** er/sie wollte also in etwa sagen, dass er/sie für mehr Geld bleiben würde **11.** (*persistir*) tun; **ya lo venimos advirtiendo hace mucho tiempo** wir warnen ihn schon seit längerer Zeit (davor) **12.** (*loc*): **a mí eso ni me va ni me viene** das ist mir ganz egal; **¿a qué viene ahora hacerme esos reproches?** was soll das, mir jetzt Vorwürfe zu machen?; **el dinero me viene muy bien** [*o* **de perlas**] [*o* **de perilla(s)**] das Geld kommt mir wie gerufen; **es una familia venida a menos** die Familie ist ziemlich verarmt; **me viene mal darte la clase por la tarde** es ist für mich ungünstig, dich nachmittags zu unterrichten; **por motivos que no vienen aquí al caso** aus Gründen, die hier nicht weiter erwähnt werden müssen; **¿te viene bien mañana después de comer?** passt es dir morgen nach dem Mittagessen?; **¡venga esa mano!** schlag ein! **II.** *vr:* **~se 1.** (*ir a*) kommen; **se vino a Alemania con toda la familia** er/sie ist mit der ganzen Familie nach Deutschland gekommen **2.** (*hundirse*): **la pared se vino abajo** [*o* **al suelo**] [*o* **a tierra**] die Wand ist eingestürzt; **nuestros planes se vinieron abajo** [*o* **al suelo**] **por culpa suya** seinetwegen/ihretwegen sind unsere Pläne gescheitert **3.** (*decir, argüir*): **ahora no me vengas con cuentos chinos** komm mir jetzt nicht mit Märchen

venoso, **-a** [be'noso, -a] *adj* (MED) Venen-, venös

venta ['beṇta] *f* **1.** (COM) Verkauf *m,* Absatz *m;* (*de vino*) Ausschank *m;* **~ anticipada** Vorverkauf *m;* **~ callejera** Straßenverkauf *m,* Hausieren *nt;* **~ al contado** Barverkauf *m;* **~ por correo** Verkauf im Versandhandel [*o* durch Postversand]; **~ directa** Direktverkauf *m;* **~ a domicilio** Haus-zu-Haus-Verkauf *m;* **~ exclusiva** Exklusivvertrieb *m,* Alleinverkauf *m;* **~ fob** FOB-Verkauf *m;* **~ al por menor/mayor** Klein/Großverkauf *m;* **~ a plazos** Abzahlungsgeschäft *nt,* Terminverkauf *m;* **~ con tarjeta (de crédito)** Verkauf gegen Kreditkarte; **~ por teléfono** Verkauf per Telefon; **condiciones de ~** Verkaufsbedingungen *fpl;* **departamento de ~s** Verkaufsabteilung *f;* **previsión de ~s** Absatzvorschau *f;* **volumen de ~s** Umsatz *m;* **en ~** zu verkaufen; **precio de ~ al público** Verkaufspreis *m;* **la colección no está a la** [*o* **en**] **~** die Sammlung ist nicht käuflich zu erwerben, die Sammlung steht nicht zum Verkauf; **han puesto a la** [*o* **en**] **~ su casa** sie bieten ihr Haus zum Verkauf an, sie verkaufen ihr Haus; **registrar una ~** einen Verkauf verzeichnen **2.** (*posada*) Gasthof *m*

ventada [beṇ'taða] *f* Windstoß *m*

ventaja [beṇ'taxa] *f* **1.** (*beneficio*) Vorteil *m,* Plus *nt;* **~ arancelaria** Zollvergünstigung *f;* **~ competitiva** Wettbewerbsvorteil *m;* **este trabajo tiene muchas ~s** diese Arbeit hat viele Vorteile; **habrá que sopesar las ~s y los inconvenientes** man muss die Vor- und Nachteile abwägen; **supo sacar ~ de la debilidad del contrincante** er/sie wusste, die Schwächen des Gegners auszunutzen **2.** (*superiori-*

dad) Überlegenheit *f;* **ella tiene ventaja sobre mí porque es bilingüe** sie ist mir gegenüber im Vorteil, weil sie zweisprachig ist **3.** (DEP) Vorsprung *m;* **como no había corrido desde hacía tiempo le di 300 metros de ~** da er/sie lange nicht mehr gelaufen war, gab ich ihm/ihr 300 Meter Vorsprung; **le saca tres minutos de ~ al segundo** er hat drei Minuten Vorsprung vor dem Zweiten

ventajear [ben̪taxe'ar] *vt* (*Arg, Col, Guat, Urug*) seinen Vorteil ziehen (aus +*dat*)

ventajero, **-a** [ben̪ta'xero, -a] *adj o m, f v.* **ventajista**

ventajismo [ben̪ta'xismo] *m* Skrupellosigkeit *f*

ventajista [ben̪ta'xista] **I.** *adj* skrupellos **II.** *mf* skrupelloser Mensch *m*

ventajoso, **-a** [ben̪ta'xoso, -a] *adj* vorteilhaft, Gewinn bringend; **hicimos un trato ~ para los dos** wir haben ein für beide einträgliches Geschäft gemacht

ventana [ben̪'tana] *f* **1.** (*abertura*) Fenster *nt;* **~ activa** (INFOR) aktives Fenster; **~ de batientes** Flügelfenster *nt;* **~ corrediza** Schiebefenster *nt;* **~ de diálogo** (INFOR) Dialogfenster *nt;* **~ de doble cristal, doble ~** Doppelfenster *nt;* **~ de dos hojas** zweiflügeliges Fenster; **~ de guillotina** Fallfenster *nt;* **~ intercalada** (INFOR) Einblendfenster *nt;* **cerrar/abrir/entornar la ~** das Fenster zumachen/aufmachen/kippen; **para la boda de la hija echaron** [*o* **tiraron**] **la casa por la ~** für die Hochzeit ihrer Tochter haben sie sich in Unkosten gestürzt **2.** (*loc*): **~ de la nariz** (ANAT) Nasenloch *nt*

ventanaje [ben̪ta'naxe] *m* (sämtliche) Fenster *ntpl* eines Gebäudes

ventanal [ben̪ta'nal] *m* großes Fenster *nt;* **los ~es de la iglesia permanecen siempre cerrados** die Kirchenfenster bleiben immer geschlossen

ventanazo [ben̪ta'naθo] *m* Zuschlagen *nt* eines Fensters

ventanilla [ben̪ta'niʎa] *f* **1.** *dim de* **ventana** **2.** (*de un coche, un sobre*) Fenster *nt;* **sobre con ~** Fensterbriefumschlag *m;* **prohibido asomarse por la ~** aus dem Fenster lehnen verboten **3.** (*taquilla*) Schalter *m,* Schalterfenster *nt*

ventanuco [ben̪ta'nuko] *m* (*pey*) kleines Fenster *nt,* Luke *f*

ventarrón [ben̪ta'rron] *m* starker Wind *m*

ventear [ben̪te'ar] **I.** *vt* **1.** (*olfatear*) winden, wittern; (*fig*) schnüffeln **2.** (*airear*) lüften **II.** *vr:* **~se** (*agrietarse*) Risse bekommen; (*ladrillos*) blasig werden **III.** *vi* Blähungen haben, einen fahren lassen *vulg* **IV.** *vimpers* windig sein, wehen; **ventea** es ist windig, es weht ein starker Wind

ventero, **-a** [ben̪'tero, -a] *m, f* Wirt(in) *m(f)*

ventila [ben̪'tila] *f* (*Méx*) Seitenfenster *nt* des Autos

ventilación [ben̪tila'θjon] *f* (Be)lüftung *f,* Ventilation *f;* (MIN) Bewetterung *f;* **el virus se extendió por el sistema de ~** das Virus hat sich durch den Entlüftungsschacht verbreitet

ventilador [ben̪tila'ðor] *m* Ventilator *m;* (AUTO) Gebläse *nt*

ventilar [ben̪ti'lar] *vt, vr:* **~se** **1.** (*airear*) (be)lüften, (ent)lüften; **abrió la ventana para que se ~a la habitación** er/sie öffnete das Fenster, um das Zimmer zu lüften; **voy a dar una vuelta para ver si me ventilo** ich werde etwas spazieren gehen, um zu sehen, ob ich einen klareren Kopf bekomme **2.** (*resolver*) lösen, erörtern; **la propuesta tendrá que ser ventilada en la reunión** der Vorschlag muss auf der Sitzung besprochen werden

ventisca [ben̪'tiska] *f* Schneetreiben *nt*

ventiscar [ben̪tis'kar] <c→qu> *vimpers* schneien und stürmen

ventiscoso, **-a** [ben̪tis'koso, -a] *adj:* **tiempo ~** Schneetreiben *nt,* Schneegestöber *nt*

ventisquero [ben̪tis'kero] *m* **1.** (*de un monte*) *Stelle eines Berges, die Schneestürmen am stärksten ausgesetzt ist* **2.** (*glaciar*) Gletscher *m*

ventolada [ben̪to'laða] *f* (*PRico: vendaval*) Windsturm *m*

ventolera [ben̪to'lera] *f* **1.** (*viento*) Windstoß *m* **2.** (*juguete*) Windmühle *f* **3.** (*loc*): **le ha dado la ~ de marcharse a Brasil** er/sie hat sich in den Kopf gesetzt nach Brasilien zu gehen

ventorrillo [ben̪to'rriʎo] *m* Gasthaus *nt* (*an der Straße außerhalb der Stadt*)

ventosa [ben̪'tosa] *f* **1.** (ZOOL) Saugnapf *m* **2.** (*aparato*) Gummisaugnapf *m;* (MED) Schröpfkopf *m* **3.** (*abertura*) Entlüftungsventil *nt*

ventosear [ben̪tose'ar] *vi* Blähungen haben, einen fahren lassen *vulg,* furzen *vulg*

ventosidad [ben̪tosi'ða^{d}] *f* Blähung *f,* Gas *nt;* **~es** Winde *mpl*

ventoso[1] [ben̪'toso] *m sechster Monat nach dem französischen Revolutionskalender, vom 19. Februar bis 20. März*

ventoso, **-a**[2] [ben̪'toso, -a] *adj* windig

ventral [ben̪'tral] *adj* Bauch-; **aleta ~** Bauchflosse *f*

ventregada [ben̪tre'ɣaða] *f* (ZOOL) Wurf *m*

ventricular [ben̪triku'lar] *adj* (ANAT) ventrikular, Kammer-

ventrículo [ben̪'trikulo] *m* (ANAT) **1.** (*cavidad*) Ventrikel *nt,* Kammer *f,* Hohlraum *m;* (*del corazón*) Herzkammer *f;* (*del cerebro*) Gehirnkammer *f* **2.** (*estómago*) Magengrube *f,* Magenhöhle *f*

ventrílocuo, **-a** [ben̪'trilokwo, -a] **I.** *adj* Bauchredner- **II.** *m, f* Bauchredner(in) *m(f)*

ventriloquia [ben̪trilo'kia] *f* Bauchrednerkunst *f*

ventrisca [ben̪'triska] *f* (GASTR, ZOOL) Fischbauch *m,* Fischleib *m*

ventrudo, **-a** [ben̪'truðo, -a] *adj* dickbäuchig

ventura [beṇ'tura] *f* Glück *nt;* **a la (buena)** ~ auf gut Glück, aufs Geratewohl; **echar la buena ~ a alguien** jdm die Zukunft vorhersagen, jdm wahrsagen; **mala ~** Pech *nt;* **por ~** mit viel Glück, vielleicht; **probar ~** sein Glück versuchen; **viene ~ a quien la procura** (*prov*) hilf dir selbst, dann hilft dir Gott
venturero, **-a** [beṇtu'rero, -a] **I.** *adj* **1.** (*casual*) zufällig **2.** (*irregular*) unregelmäßig **II.** *m, f* Abenteurer(in) *m(f)*
venturoso, **-a** [beṇtu'roso, -a] *adj* glücklich
vénula ['benula] *f* (ANAT) kleine Vene *f*
Venus¹ ['benus] *f* (*diosa*) Venus *f;* **zapato de ~** (BOT) Frauenschuh *m*
Venus² ['benus] *m* (ASTR) Venus *f*
venus ['benus] *f* Schönheit *f,* schöne Frau *f*
venusiano, **-a** [benu'sjano, -a] *adj* wunderschön, betörend
veo-veo ['beo-'βeo] *m:* **jugar a yo ~** 'ich sehe was, was du nicht siehst' spielen
ver [ber] *irr* **I.** *vi, vt* **1.** (*con los ojos*) sehen; **lamentablemente muchos no llegaron a ~ la paz** leider erlebten viele den Frieden nicht mehr; **la vi bajar la escalera** ich habe sie die Treppe heruntergehen sehen; **hay una niebla que no se ve ni torta** (*fam*) es ist so neblig, dass man die Hand nicht vor den Augen sieht; **no lo veo bien, dame las gafas** ich sehe das nicht gut, gib mir die Brille; **tengo un sueño que no veo** ich bin so müde, dass mir die Augen zufallen **2.** (*con la inteligencia*) (ein)sehen, verstehen, nachvollziehen; **a mi modo de ~** meiner Ansicht [*o* Meinung] nach; **¿no ves que...?** siehst du denn nicht, dass ...?; **quiero hacerles ~ esto** ich möchte ihnen/Ihnen das deutlich machen; **veo bien/mal que te cases** ich finde es gut/schlecht, dass du heiratest; **ya lo veo** jetzt sehe ich es auch ein **3.** (*observar*) anschauen; (*documentos, información*) durchsehen [*o* durchgehen], sichten **4.** (*visitar*) besuchen; (*encontrarse*) treffen; **esta tarde le ~é** ich werde ihn heute Nachmittag treffen [*o* sehen]; **iré a ~le** ich werde ihn besuchen gehen; **he venido a ~te** ich bin dich besuchen gekommen, ich wollte mal nach dir schauen; **es de ~** (*fam*) es ist sehenswert, das muss man gesehen haben **5.** (*comprobar*) nachschauen; **voy a ~ cuántas galletas se ha comido** ich gehe mal nachschauen, wie viele Kekse er/sie gegessen hat **6.** (*algo desagradable*) befürchten, ahnen; **te veo venir** ich weiß, was du vorhast [*o* beabsichtigst], ich durchschaue dich; **veo que hoy me tocará a mi** ich sehe es schon kommen [*o* befürchte], dass ich heute dran bin **7.** (*un tema, asunto*) behandeln, sich beschäftigen (mit +*dat*); **..., como vimos ayer en la conferencia** wie wir gestern im Vortrag gehört haben, ... **8.** (JUR: *causa*) verhandeln **9.** (*creer*): **es como si lo viera** das ist als ob ich es vor mir sähe; **hay que ~ lo tranquilo que es** es ist unvorstellbar [*o* kaum zu glauben], wie ruhig er ist; **si no lo veo, no lo creo** das hätte ich nie und nimmer für möglich gehalten, wenn ich es nicht mit eigenen Augen gesehen hätte, hätte ich es nicht geglaubt; **~ y creer** erst sehen, dann glauben **10.** (*relación*): **tener que ~ con algo** mit etw zu tun haben [*o* in Verbindung stehen]; **su fracaso no tiene nada que ~ con eso** sein/ihr Scheitern hat nichts damit zu tun **11.** (*duda*): **eso está por ~** das bleibt abzuwarten; **estoy por ~ si me dan el crédito** es bleibt abzuwarten, ob sie mir den Kredit gewähren; **habrá que ~ si eso es verdad** ob das stimmt, wird sich erst noch herausstellen **12.** (*intentar*): **~é de hablarle** ich werde mal versuchen ihn zu sprechen, ich werde mal schauen, ob ich ihn sprechen kann **13.** (*loc*): **a ~** lass [*o* lasst] mal sehen; **a ~ cómo lo hacemos** mal sehen wie wir das machen können; **¡a ~, escuchádme todos!** jetzt hört mal alle her!; **a ~, venga, anímate** also, komm schon, fass dir ein Herz; **bueno, ya ~emos** nun, das sehen wir dann; **¡hay que ~!** das gibt's doch gar nicht!; **luego ya ~emos** danach werden wir schon weitersehen; **veamos,...** schauen wir mal, ...; **¡~ás!** na warte!; **~ás como al final te engaña** du wirst schon sehen, dass er/sie dich letztendlich doch hereinlegt; **~emos,...** nun, ...; **~ y callar** den Mund halten, Stillschweigen bewahren; **le regaló el oso de peluche, y no veas lo contenta que se puso** er/sie schenkte ihr den Plüschbär, und du kannst dir nicht vorstellen, wie sehr sie sich freute; **lo estaba viendo venir** das habe ich kommen sehen [*o* befürchtet]; **lo nunca [*o* no] visto** das noch nie Dagewesene; **no haberlas visto nunca tan [*o* más] gordas** es noch nie so schwer gehabt haben; **no poder ~ a alguien** jdn nicht sehen [*o* riechen] [*o* leiden] können; **¡para que veas!** so, da hast du's!; **se gritaron de una forma, que no veas la que se armó allí** sie schrien sich derart an; du glaubst gar nicht, was da los war **II.** *vr:* **~se 1.** (*encontrarse*) sich sehen, sich treffen; **entonces nos vemos esta noche** wir sehen uns also heute Abend; **nos ~emos las caras en juicio** wir sehen uns vor Gericht wieder **2.** (*estado*) sich fühlen; **~se apurado [*o* ahogado]** sich in Schwierigkeiten befinden, nicht mehr ein noch aus wissen; **~se bien atendido** gut bedient werden, in guten Händen sein; **~se enfermo** (plötzlich) erkranken; **~se negro** große Schwierigkeiten haben; **~se pobre** (plötzlich) verarmen **3.** (*imaginarse*) sehen (*de* als +*akk*); **me lo estoy viendo de médico** ich sehe ihn schon als Arzt vor mir **4.** (*referencia*) siehe; **véase la página dos** siehe Seite zwei **5.** (*dejarse ver*) sich zeigen, vortreten; **¡que se vean los forzudos!** na los, die Starken vor!, na, ihr Starken, zeigt mal, was ihr könnt! **6.** (*que es obvio*) sehen; **se ve que...** man sieht, dass ...; **¡ya se ve!** das sieht man! **7.** (*aparecer*): **darse a [*o* dejarse] ~** sich sehen [*o* blicken] lassen, sich zeigen

8. (*parecer*) scheinen; **se ve que no tienen tiempo** sie haben scheinbar keine Zeit **9.** (*Am: tener aspecto*) aussehen; **te ves cansado** du siehst müde aus **10.** (*loc*): **¡habráse visto!** nicht zu glauben!, unerhört!; **¡habráse visto cosa semejante!** hat man so etwas schon einmal gesehen! **III.** *m* **1.** (*aspecto*) Aussehen *nt;* **estar de** [*o* **tener**] **buen** ~ gut aussehen; **no tiene mal** ~ er/sie sieht nicht schlecht aus **2.** (*opinión*) Ansicht *f;* **a mi** ~ meiner Ansicht [*o* Meinung] nach **3.** (*despido*): **a** [*o* **hasta**] **más** ~ bis zum nächsten Mal, bis dann

vera ['bera] *f* Seite *f,* Rand *m;* ~ **de un camino** Wegesrand *m;* ~ **de un río** (Fluss)ufer *nt;* **a la** ~ **de** neben; **déjame estar a tu** ~ lass mich an deiner Seite sein

veracidad [beraθi'ðaᵈ] *f* Wahrhaftigkeit *f;* (*de una declaración*) Richtigkeit *f*

veranda [be'ran̪da] *f* Veranda *f*

veraneante [berane'an̪te] *mf* Sommerurlauber(in) *m(f)*

veranear [berane'ar] *vi* den Sommer(urlaub) verbringen, im Sommerurlaub sein; **veranea en Ibiza, va a** ~ **a Ibiza** er/sie verbringt den Sommer(urlaub) auf Ibiza; **está veraneando en Marruecos** er/sie macht Urlaub in Marokko, er/sie ist in Marokko im Urlaub

veraneo [bera'neo] *f* Sommerurlaub *m;* **lugar de** ~ Urlaubsort *m;* **estar de** ~ **en** [*o* **ir de** ~ **a**] **la Sierra** in der Sierra Urlaub machen, den Sommer(urlaub) in der Sierra verbringen

veraniego, -a [bera'njeɣo, -a] *adj* sommerlich, Sommer-; **tiempo** ~ Sommerwetter *nt;* **hoy llevas un vestido muy** ~ heute trägst du ein sehr sommerliches Kleid

veranillo [bera'niʎo] *m* kurzer Spätsommer *m;* ~ **de San Miguel** [*o* **San Martín**] Altweibersommer *m;* ~ **de San Juan** (*Am*) Altweibersommer *m*

verano [be'rano] *m* Sommer *m*

veras ['beras] *fpl* **1.** (*de verdad*): **de** ~ wirklich; **¿de ~?** wirklich?, stimmt das?; **lo siento de** ~ das tut mir wirklich leid **2.** (*en serio*): **de** ~ im Ernst; **esto va de** ~ jetzt mal im Ernst, das ist jetzt ernst gemeint **3.** (*verdad*) Wahrheit *f,* Wirklichkeit *f;* (*hechos*) Fakten *mpl,* nackte Tatsachen *fpl*

verascopio [beras'kopjo] *m,* **veráscopo** [be'raskopo] *m* (FOTO) Veraskop *nt*

veraz [be'raθ] *adj* **1.** (*hechos*) wahr **2.** (*persona*) wahrheitsliebend, wahrheitstreu

verba ['berβa] *f* Geschwätzigkeit *f,* Redseligkeit *f;* **tiene mucha** ~ er/sie ist sehr geschwätzig [*o* redselig]

verbal [ber'βal] *adj* **1.** (LING: *del verbo*) verbal, Verbal-; **frase** ~ Verbalphrase *f* **2.** (*oral*) verbal, mündlich **3.** (*del sentido*) wörtlich; **en sentido** ~ im wörtlichen Sinne

verbalismo [berβa'lismo] *m* Verbalismus *m*

verbalizar [berβali'θar] <z→c> *vt* **1.** (LING: *transformar en verbo*) verbalisieren **2.** (*expresar*) verbalisieren, in Worte fassen

verbena [ber'βena] *f* **1.** (*feria*) Kirmes *f,* Jahrmarkt *m* **2.** (*baile*) Tanz *m,* Fest *nt* **3.** (BOT: *planta*) Verbene *f,* Eisenkraut *nt*

verbenero, -a [berβe'nero, -a] *adj* **1.** (*baile*) Tanz-, Fest-; **música verbenera** Festmusik *f* **2.** (*feria*) Kirmes-, Jahrmarkt-; **alegría verbenera** Kirmesstimmung *f,* Volksfeststimmung *f*

verbigracia [berβi'ɣraθja] *m:* **me gustaría viajar al norte de Europa,** ~ **a Noruega** ich würde gerne nach Nordeuropa fahren, nach Norwegen zum Beispiel

verbo ['berβo] *m* **1.** (LING: *expresa acción*) Verb *nt,* Zeitwort *nt;* ~ **auxiliar** Hilfsverb *nt* **2.** (*palabra*) Wort *nt* **3.** (*maldición*) Fluch *m;* **echar ~s** fluchen **4.** (*elev: lenguaje*) Sprache *f,* Sprachstil *m;* **de** ~ **elegante** von elegantem Sprachstil **5.** (REL: *Dios Hijo*) Jesus Christus *m;* **el V~** das Wort

verborrea [berβo'rrea] *f* **1.** (*locuacidad*) Redseligkeit *f;* (*pey*) Geschwätzigkeit *f,* Schwatzhaftigkeit *f* **2.** (*palabras*) Wortschwall *m*

verbosidad [berβosi'ðaᵈ] *f* **1.** (*locuacidad*) Geschwätzigkeit *f,* Schwatzhaftigkeit *f,* Redseligkeit *f* **2.** (*torrente de palabras*) Wortschwall *m*

verboso, -a [ber'βoso, -a] *adj* geschwätzig, schwatzhaft, redselig

verdad [ber'ðaᵈ] *f* **1.** (*certeza*) Wahrheit *f;* (*veracidad*) Wahrhaftigkeit *f;* **a la** [*o* **en**] ~ in Wirklichkeit, in Wahrheit; **bien es** ~ **que...** es stimmt zwar, dass ..., selbstverständlich stimmt es, dass ...; **bueno, a decir ~,...** nun, offen gestanden [*o* ehrlich gesagt], ..., um die Wahrheit zu sagen, ...; **¡de ~!** (das stimmt) wirklich!; **¡es ~!** ja!, stimmt!; **la pura** ~ die reine [*o* nackte] Wahrheit; **faltar a la** ~ lügen, unehrlich sein, nicht die Wahrheit sagen; **hay una parte de** ~ **en esto** da ist (et)was Wahres dran; **la** ~ **lisa y llana** die volle [*o* ganze] Wahrheit; **pues la ~, no lo sé** ehrlich gesagt weiß ich es wirklich nicht; **ser** ~ wahr sein, (tatsächlich) stimmen, zutreffen; **si bien es** ~ **que...** obwohl es zwar stimmt [*o* zutrifft], dass ...; **si quieres que te diga la ~,...** wenn du die Wahrheit hören möchtest, ...; **un héroe de** ~ ein wahrhafter Held; **¿~?** stimmt's?, stimmt doch, oder?; **¿~ que no fuiste tú?** es stimmt doch, dass du es nicht gewesen bist?, du warst es doch nicht, oder (doch)? **2.** (*afirmación*) Tatsache *f;* **~es como puños** knallharte [*o* glasklare] Tatsachen; ~ **de Perogrullo** Binsenweisheit *f,* Binsenwahrheit *f;* **la** ~ **es que hace frío** Tatsache ist, dass es kalt ist **3.** *pl* (*opinión*) Wahrheit *f,* Meinung *f;* **decirle cuatro ~es a alguien, decirle las ~es del barquero a alguien** jdm (einmal deutlich) die Meinung sagen

verdaderamente [berðaðera'men̪te] *adv* wirklich, in der Tat

verdadero, -a [berða'ðero, -a] *adj* **1.** (*cierto*) wahr, tatsächlich **2.** (*real*) wirklich, echt; **una historia verdadera** eine wahre [*o* tatsächliche] Geschichte; **fue un ~ problema** das war ein echtes Problem **3.** (*persona*) wahrheitsliebend

verde ['berðe] **I.** *adj* **1.** (*color*) grün; **~ oliva** olivgrün **2.** (BOT: *no maduro*) grün, unreif; (*no seco*) frisch; **judías ~s** grüne Bohnen; **segar la hierba en ~** das Gras mähen während es noch grün ist; **estar ~** (*principiante*) ein Grünschnabel sein; (*inocente*) noch feucht hinter den Ohren [*o* (jung und) unerfahren] sein; **estar a las ~s y a las maduras** auf gute wie auf schlechte Zeiten vorbereitet sein **3.** (*chistes, canciones*) schmutzig, unanständig, schlüpfrig **4.** (*personas*) lüstern, wollüstig; **viejo ~** Lustmolch *m;* **viuda ~** grüne Witwe **5.** (POL: *ecologista*) grün **6.** (*loc*): **poner ~ a alguien** (*fam*) jdn fertig machen [*o* heruntерputzen]; **estar ~ de envidia** grün und gelb vor Neid sein **II.** *m* **1.** (*color*) Grün *nt* **2.** (*hierba*) Gras *nt;* (*pienso*) Grünfutter *nt* **3.** (*del árbol*) Blattwerk *nt,* Grün *nt;* (*hojas*) Krone *f* **4.** (*fam: billete*) 1.000-Peseten-Schein *m* **5.** (POL: *ecologistas*): **los V~s** die Grünen **6.** (*loc*): **darse un ~ de algo** (*fam: hartarse*) sich mit etw gehörig den Bauch voll schlagen, etw bis zum Abwinken essen; **darse un ~ de conciertos** Dutzende [*o* dutzende] von Konzerten besuchen **7.** (*CSur: pasto*) Weide *f* **8.** (*CSur: mate*) Mate(tee) *m* **9.** (*CSur: ensalada*) grüner Salat *m,* Kopfsalat *m* **10.** (*AmC, Méx: campo*) (Stück) Land *nt*

verdea [ber'ðea] *f* (GASTR) grünlicher Wein *m*

verdear [berðe'ar] *vi* **1.** (*mostrarse verde*) grün sein, grün aussehen **2.** (*tirar a verde*) grün schimmern, ins Grüne übergehen, einen Grünstich haben **3.** (*verdecer*) (er)grünen, treiben, sprießen **4.** (*CSur: beber*) Mate(tee) trinken

verdecer [berðe'θer] *irr como crecer vi* (er)grünen

verdecillo [berðe'θiʎo] *m* (ZOOL) Girlitz *m*

verdemar [berðe'mar] **I.** *adj* seegrün, meergrün **II.** *m* Seegrün *nt,* Meergrün *nt*

verdeo [ber'ðeo] *m* (AGR) Ernte *f* der grünen, unreifen Oliven

verderón [berðe'ron] *m* (ZOOL) Grünfink *m*

verdete [ber'ðete] *m* **1.** (*del cobre*) Grünspan *m* **2.** (*para tintar*) *hellgrüner Farbstoff*

verdiazul [berðia'θul] **I.** *adj* blaugrün **II.** *m* Blaugrün *nt*

verdiblanco, -a [berði'βlaŋko, -a] *adj* blassgrün, weißgrün

verdín [ber'ðin] *m* **1.** (*del cobre*) Grünspan *m* **2.** (BOT: *verde*) erstes Grün *nt* **3.** (BOT: *musgo*) Moosschicht *f*

verdinegro, -a [berði'neɣro, -a] *adj* dunkelgrün, schwarzgrün

verdolaga [berðo'laɣa] *f* Blattgemüse *nt*

verdón [ber'ðon] *m* (ZOOL) Grünfink *m*

verdor [ber'ðor] *m* **1.** (BOT) (Pflanzen)grün *nt* **2.** (*juventud*) Jugendkraft *f*

verdoso, -a [ber'ðoso, -a] *adj* grünlich

verdugo [ber'ðuɣo, -a] *m* **1.** (*de ejecuciones*) Henker *m,* Scharfrichter *m* **2.** (*amo*) Sklaventreiber *m;* (*tirano*) Tyrann *m;* (*atormentador*) Peiniger *m* **3.** (*tormento*) Pein *f* **4.** (*látigo*) Peitsche *f,* Geißel *f* **5.** (*hematoma*) (Peitschen)strieme *f* **6.** (BOT) Trieb *m,* Schössling *m*

verdugón [berðu'ɣon] *m* **1.** (*hematoma*) (Peitschen)strieme *f* **2.** (BOT) Trieb *m,* Schössling *m*

verdulera [berðu'lera] *f* (*pey*) ordinäres Weibsstück *nt*

verdulería [berðule'ria] *f* Gemüseladen *m*

verdulero, -a [berðu'lero, -a] *m, f* Gemüsehändler(in) *m(f)*

verdura [ber'ðura] *f* **1.** (*hortalizas*) Gemüse *nt;* **~ bulba/de tallo/tuberosa** Wurzel-/Stängel-/Knollengemüse *nt* **2.** (*verdor*) Grün *nt* **3.** (*obscenidad*) Schlüpfrigkeit *f,* Unanständigkeit *f*

verdusco, -a [ber'ðusko, -a] *adj* dunkelgrün

verecundia [bere'kuṇdja] *f* Scham *f,* Scheu *f,* Schüchternheit *f*

verecundo, -a [bere'kuṇdo, -a] *adj* scheu, schüchtern

vereda [be'reða] *f* **1.** (*sendero*) (Trampel)pfad *m,* Weg *m;* **entrar en ~** (*cumplir*) seinen Verpflichtungen nachkommen; (*llevar una vida ordenada*) ein geregeltes Leben führen; **ir por la ~** (*fig*) auf dem richtigen Weg sein; **meter** [*o* **hacer entrar**] **en ~ a alguien** jdn auf den richtigen Weg bringen **2.** (*Am: acera*) Gehsteig *m,* Bürgersteig *m*

veredicto [bere'ðikto] *m* (JUR) Urteil *nt,* (Urteils)spruch *m;* **~ de culpabilidad** Schuldspruch *m;* **~ de inculpabilidad** Freispruch *m*

verga ['berɣa] *f* **1.** (*vara*) Stange *f* **2.** (NÁUT) Rah(e) *f* **3.** (ANAT) Penis *m,* (männliches) Glied *nt,* Schwanz *m vulg*

vergajo [ber'ɣaxo] *m* **1.** (*verga del toro*) Ochsenziemer *m,* Ochsenfiesel *m* **2.** (*vulg: pene*) Schwanz *m* **3.** (*látigo*) Peitsche *f* **4.** (*And: vulg: cerdo*) Schwein *nt,* Schweinehund *m*

vergel [ber'xel] *m* **1.** (*jardín*) Garten *m* **2.** (*huerto*) Gemüsegarten *m*

vergencia [ber'xeṇθja] *f* (FÍS) Vergenz *f*

vergonzante [berɣoṇ'θaṇte] *adj* **1.** (*acción*) beschämend, schändlich **2.** (*persona*) schamhaft, schamvoll, verschämt

vergonzoso, -a [berɣoṇ'θoso, -a] *adj* **1.** (*persona*) verschämt, schamhaft, schamvoll; (*tímido*) schüchtern, verlegen **2.** (*acción*) beschämend, schändlich **3.** (ANAT): **partes vergonzosas** Schamteile *pl,* Geschlechtsteile *ntpl,* Intimbereich *m*

vergüenza [ber'ɣweṇθa] *f* **1.** (*rubor*) Scham *f;* **caersele la cara de ~ a alguien, morirse de ~** sich in Grund und Boden schämen, vor Scham im Boden versinken; **me da ~ pedirte dinero** es ist mir peinlich, dich um Geld zu bitten; **¿no te da ~?** schämst du dich (denn) nicht?; **pasar ~** sich schämen; **¡qué ~!** (mein Gott) wie peinlich! **2.** (*pundonor*) Anstand *m,* Schamgefühl *nt;* **tener ~** Anstand haben; **su**

hermana es una persona sin ~ seine/ihre Schwester hat keinen Anstand; **perder la** ~ sich gehen lassen; **perder la** ~ **ante alguien** jdm gegenüber unverschämt [*o* frech] werden; **tener poca** ~ unverschämt sein, keinen Anstand haben **3.** (*persona, acción*) Schande *f;* (*escándalo*) Skandal *m;* **¡qué ~!** was für eine Schande!, das ist ja skandalös!; **sacar a alguien a la** ~ **(pública)** jdn an den Pranger stellen **4.** (*cortedad*) Verlegenheit *f,* Schüchternheit *f,* Verschämtheit *f;* (*sexual*) Schamhaftigkeit *f;* **le da** ~ **al hablar, tiene** ~ **al hablar** er/sie wird beim Reden ganz verlegen **5.** *pl* (ANAT) Schamteile *pl,* Geschlechtsteile *ntpl,* Intimbereich *m*

veri ['beri] *m* (*Chil*) **1.** (*grasa de lana*) Wollfett *nt* **2.** (*mugre*) Dreck *m*

vericueto [beri'kweto] *m* unwegsame Strecke *f,* steiniger Weg *m*

verídico, -a [be'riðiko, -a] *adj* **1.** (*verdadero*) wahr, wirklich **2.** (*muy probable*) sehr wahrscheinlich **3.** (*sincero*) wahrheitsliebend

verificable [berifi'kaβle] *adj* **1.** (*controlable*) (über)prüfbar, (nach)prüfbar, kontrollierbar **2.** (*probable*) nachweisbar, beweisbar

verificación [berifika'θjon] *f* **1.** (*inspección*) (Über)prüfung *f,* (Nach)prüfung *f;* ~ **de cuentas** (FIN) Rechnungsprüfung *f;* ~ **de errores** (INFOR) Fehlerüberwachung *f;* ~ **del programa** (INFOR) Programmprüfung *f* **2.** (*prueba*) Nachweis *m,* Beweis *m* **3.** (*test*) Test *m,* Kontrolle *f* **4.** (*realización*) Ausführung *f,* Durchführung *f* **5.** (*de una profecía*) Eintreten *nt,* Eintreffen *nt*

verificar [berifi'kar] <c→qu> **I.** *vt* **1.** (*comprobar*) beweisen, nachweisen; ~ **documentos** (JUR) Urkunden beglaubigen **2.** (*controlar*) (über)prüfen, (nach)prüfen, kontrollieren **3.** (*realizar*) durchführen, ausführen; (*ceremonia*) vornehmen **II.** *vr:* **~se 1.** (*acto solemne*) stattfinden, sich vollziehen **2.** (*una profecía*) sich bewahrheiten, eintreten, eintreffen; **se ~on nuestros deseos** unsere Wünsche erfüllten sich; **tengo miedo a que se verifique mi temor** ich habe Angst davor, dass sich meine Befürchtung bewahrheitet

verigüeto [beri'ɣweto] *m* (GASTR, ZOOL) Warzige Venusmuschel *f*

verija [be'rixa] *f* **1.** (ANAT: *genitales*) Schamteile *pl,* Geschlechtsteile *ntpl,* Intimbereich *m* **2.** (*Am:* ANAT: *de un caballo*) Flanke *f,* Weiche *f*

verismo [be'rismo] *m sin pl* **1.** (*realismo*) Wahrhaftigkeit *f,* Realismus *m* **2.** (ARTE, CINE, LIT) Verismus *m,* Naturalismus *m,* Verismo *m*

verja ['berxa] *f* **1.** (*rejas*) (Eisen)gitter *nt* **2.** (*cerca*) Zaun *m* **3.** (*puerta*) (Eisen)gatter *nt*

verme ['berme] *m* (ZOOL) Wurm *m;* (*lombriz*) Spulwurm *m*

vermicida [bermi'θiða] **I.** *adj* (MED) wurmtötend **II.** *m* (MED) Wurmmittel *nt*

vermífugo, -a [ber'mifuɣo, -a] *adj* (MED) wurmtötend

verminosis [bermi'nosis] *f inv* (MED) Wurmbefall *m*

verminoso, -a [bermi'noso, -a] *adj* (MED: *úlcera*) von Würmern befallen; (*enfermedad*) mit Wurmbefall einhergehend

vermú [ber'mu] *m,* **vermut** [ber'mu] *m* <vermús> **1.** Wermut(wein) *m* **2.** (*And, CSur:* TEAT) Nachmittagsvorstellung *f*

vernáculo, -a [ber'nakulo, -a] *adj* einheimisch, Landes-, Heimat-; **lengua vernácula** Landessprache *f*

vernissage [berni'sadʒ] *m* (ARTE) Vernissage *f*

vero ['bero] *m* **1.** (ZOOL) Zobel *m* **2.** (*piel*) Zobel(pelz) *m*

verónica [be'ronika] *f* **1.** (TAUR) *bestimmte Stierkampffigur mit der Capa* **2.** (BOT) Ehrenpreis *m,* Veronica *f*

verosímil [bero'simil] *adj* **1.** (*probable*) wahrscheinlich **2.** (*creíble*) glaubwürdig

verosimilitud [berosimili'tu^{ð}] *f* Wahrscheinlichkeit *f*

verraco [be'rrako] *m* **1.** (AGR: *para procrear*) Zuchteber *m* **2.** (*AmC:* ZOOL: *jabalí*) Wildschwein *nt*

verraquear [berrake'ar] *vi* (*fam*) **1.** (*gruñir*) knurren, murren **2.** (*llorar*) heulen, plärren

verraquera [berra'kera] *f* **1.** (*fam: llanto*) Geheule *nt,* Geplärre *nt* **2.** (*AmC: fam: borrachera*) Rausch *m*

verruga [be'rruɣa] *f* **1.** (ANAT, BOT) Warze *f* **2.** (*que molesta*) Plage *f*

verrugosidad [berruɣosi'ða^{ð}] *f* (MED: *verruga*) Hautwarze *f;* (*carnosidad*) warzenartige Hautveränderung *f*

verrugoso, -a [berru'ɣoso, -a] *adj* **1.** (*con verrugas*) warzig **2.** (*parecido*) warzenartig

versado, -a [ber'saðo, -a] *adj* versiert, bewandert, erfahren

versal [ber'sal] **I.** *adj* (TIPO) Versal-; **letra** ~ Großbuchstabe *m;* (TIPO) Versal(buchstabe) *m* **II.** *f* Großbuchstabe *m;* (TIPO) Versal(buchstabe) *m*

versalita [bersa'lita] **I.** *adj* (TIPO) Kapitälchen-; **letra** ~ Kapitälchen *nt* **II.** *f* (TIPO) Kapitälchen *nt*

Versalles [ber'saʎes] *m* (GEO) Versailles *nt;* **Tratado de** ~ Versailler Vertrag

versallesco, -a [bersa'ʎesko, -a] *adj* **1.** (*relativo a Versalles*) *auf Versailles bezogen* **2.** (*afectado*) affektiert, höfisch

versar [ber'sar] *vi* **1.** (*tratar*) handeln (*sobre* von +*dat*); **la conferencia ~á sobre las vacunas** der Vortrag wird das Thema Impfungen behandeln **2.** (*dar vueltas*) sich drehen (*alrededor de* um +*akk*) **3.** (*AmC: escribir*) dichten **4.** (*AmC: charlar*) sich unterhalten **5.** (*Méx: bromear*) witzeln

versátil [ber'satil] *adj* **1.** (*que se vuelve*) (um)drehbar; (*que se dobla*) faltbar **2.** (*persona*) wankelmütig, unbeständig

versatilidad [bersatili'ða^{ð}] *f* Wankelmut *m* **1.** (*inconstancia*) Unbeständigkeit *f* **2.** (*flexi-*

V

bilidad) Flexibilität *f*

versícula [ber'sikula] *f* (REL) Chorbuchschrank *m*

versículo [ber'sikulo] *m* **1.** (REL) Bibelvers *m*, Bibelspruch *m* **2.** (*poema*) Vers *m*

versificación [bersifika'θjon] *f* (*transformación*) Versifikation *f*; (*composición*) Versdichtung *f*

versificador(a) [bersifika'ðor(a)] *m(f)* Versdichter(in) *m(f)*

versificar [bersifi'kar] <c→qu> **I.** *vt* versifizieren, in Verse setzen [*o* bringen] **II.** *vi* Verse schreiben [*o* dichten]

versión [ber'sjon] *f* **1.** (*interpretación*) Version *f*, Fassung *f*; (*descripción*) Darstellung *f*; ~ **resumida** Kurzfassung *f*; **en** ~ **original** (CINE) in Originalfassung **2.** (*traducción*) Übersetzung *f*

versionar [bersjo'nar] *vt* (MÚS) einen Remix machen (von +*dat*)

verso ['berso] *m* **1.** (*palabras*) Vers *m*; ~ **alejandrino** Alexandriner *m*; ~ **libre** [*o* **suelto**] [*o* **blanco**] freier Vers, Blankvers *m*; **en** ~**s** in Versform **2.** (*género*) Versdichtung *f* **3.** *pl* (*poema*) Gedicht *nt*, Verse *mpl* **4.** (*reverso de un folio*) Rückseite *f*

vértebra ['berteβra] *f* (ANAT) Wirbel *m*

vertebración [berteβra'θjon] *f* **1.** (*soporte*) Stütze *f*, Halt *m* **2.** (*estructura*) Grundstruktur *f*, Grundgerüst *nt*

vertebrado[1] [berte'βraðo] *m* Wirbeltier *nt*; (ZOOL) Vertebrat *m*

vertebrado, -a[2] [berte'βraðo, -a] *adj* (ANAT) mit Wirbeln (ausgestattet)

vertebral [berte'βral] *adj* (ANAT) Wirbel-; **columna** ~ Wirbelsäule *f*, Rückgrat *nt*

vertebrar [berte'βrar] *vt* **1.** (*apoyar*) stützen, halten **2.** (*estructurar*) strukturieren

vertedero [berte'ðero] *m* (*escombrero*) Mülldeponie *f*, Schuttabladeplatz *m*; (*no autorizado*) Müllkippe *f*; ~ **ilegal** wilde Müllkippe

vertedor [berte'ðor] *m* **1.** (*desagüe*) Ablauf *m*, Abfluss *m* **2.** (*cuchara*) kleiner Schöpflöffel *m* **3.** (NÁUT) Wasserschaufel *f*

verter [ber'ter] <e→ie> **I.** *vt* **1.** (*líquidos*) schütten (*en* in +*akk*), (ein)gießen (*en* in +*akk*); (*sin querer*) verschütten; (*de un recipiente*) ausleeren, ausgießen; ~ **el café en las tazas** Kaffee in die Tassen einschenken [*o* eingießen] **2.** (*basura*) abladen, deponieren; (*sin permiso*) kippen **3.** (*traducir*) übersetzen, übertragen **4.** (*ideas, conceptos*) einwerfen, einbringen **II.** *vi* fließen, ablaufen, abfließen

vértex ['berte^ɣs] *m* (ANAT) Scheitel *m*, Vertex *m*

vertical [berti'kal] **I.** *adj* vertikal, senkrecht **II.** *f* Vertikale *f*, Senkrechte *f*

verticalidad [bertikali'ða^ð] *f* **1.** (*posición*) vertikale Position *f*, vertikale Stellung *f* **2.** (*dirección*) vertikale Richtung *f*, vertikaler Verlauf *m*

vértice ['bertiθe] *m* **1.** (*cúspide*) Scheitel *m*, Scheitelpunkt *m* **2.** (ANAT) Scheitel *m*

verticidad [bertiθi'ða^ð] *f* (FÍS) **1.** (*capacidad de girar*) Drehbarkeit *f* **2.** (*capacidad de moverse*) Beweglichkeit *f* (in alle Richtungen)

vertido [ber'tiðo] *m* **1.** (*al echar, descargar*) Ausleeren *nt*; (*de residuos*) Verklappung *f*; ~ **de sustancias tóxicas** Verklappung von Giftstoffen **2.** *pl* (*residuos*) Abfälle *mpl*, Abfallstoffe *mpl*

vertiente [ber'tjeṇte] *f* **1.** (*declive*) Abhang *m*; (*de una montaña*) (Berg)hang *m*; (*de un tejado*) Dachneigung *f* **2.** (*lado*) Seite *f*, Aspekt *m*; (*punto de vista*) Ansicht *f* **3.** (*And, CSur, Méx: fuente*) Springbrunnen *m*, Fontäne *f*

vertiginoso, -a [bertixi'noso, -a] *adj* **1.** (*que marea*) Schwindel erregend, Schwindel- **2.** (*velocidad*) rasend, atemberaubend

vértigo ['bertiɣo] *m* **1.** (*mareo*) Schwindel *m*, Schwindelgefühl *nt*; (*por las alturas*) Höhenangst *f*; **causar** [*o* **producir**] [*o* **provocar**] ~(**s**) Schwindel erregen, schwind(e)lig machen; **tengo** ~ mir ist [*o* wird] schwind(e)lig **2.** (*desmayo*) Ohnmachtsanfall *m* **3.** (*frenesí*) Rausch *m*, (Begeisterungs)taumel *m*; (*locura*) Wahnsinn *m*; (*por los sentimientos*) Verwirrung *f* **4.** (*loc*): **de** ~ (*jaleo*) ohrenbetäubend; (*increíble*) unglaublich; (*fantástico*) fantastisch; (*rápidamente*) rasend [*o* atemberaubend] schnell

vesania [be'sanja] *f* **1.** (*locura*) Wahnsinn *m*, Irrsinn *m* **2.** (*ira*) Zorn *m*, Wut *f*

vesánico, -a [be'saniko, -a] **I.** *adj* **1.** (*loco*) wahnsinnig, irrsinnig **2.** (*colérico*) rasend vor Wut, cholerisch **II.** *m, f* **1.** (*loco*) Wahnsinnige(r) *mf*, Irrsinnige(r) *mf* **2.** (*colérico*) Choleriker(in) *m(f)*

vesical [besi'kal] *adj* (MED) Blasen-

vesicante [besi'kaṇte] *adj*, **vesicatorio** [besika'torjo] *adj* (MED) Blasen ziehend

vesícula [be'sikula] *f* (ANAT, MED) Blase *f*; (*en la epidermis*) Bläschen *nt*; ~ **biliar** Gallenblase *f*

vesicular [besiku'lar] *adj* (ANAT, MED) **1.** (*en forma de vesícula*) blasenförmig **2.** (*relativo a la vesícula*) Blasen-

vespa® ['bespa] *f* (*moto*) Vespa® *f*

vespasiana [bespa'sjana] *f* (*Arg, Chil*) öffentliches Pissoir *nt*

véspero ['bespero] *m* (LIT: *elev*) Abendstern *m*

vespertina [besper'tina] *f* (REL) Abendpredigt *f*

vespertino[1] [besper'tino] *m* **1.** (*periódico*) Abendblatt *nt*, Abendzeitung *f* **2.** (REL) Abendpredigt *f*

vespertino, -a[2] [besper'tino, -a] *adj* Abend-, abendlich

vespino [bes'pino] *m* kleiner Motorroller *m*, Mofa *nt*

vesre ['besrre] *m* (*Arg: fam*) *Jargon, bei dem Silben oder ganze Wörter verstellt werden*; **al** ~ seitenverkehrt

vestal [bes'tal] **I.** *adj* (HIST) **1.** (*relativo a la sa-*

cerdotisa) die Vestalin betreffend **2.** (*relativo a la diosa*) Vesta betreffend **II.** *f* (HIST) Vestalin *f,* Vestapriesterin *f*

vestíbulo [bes'tiβulo] *m* (*de un piso*) (Haus)flur *m,* Diele *f;* (*de un hotel*) Vestibül *nt,* Empfangshalle *f;* (TEAT) Foyer *nt,* Vestibül *nt;* (*atrio*) Atrium *nt*

vestido[1] [bes'tiðo] *m* **1.** (*ropa*) Kleidungsstück *nt,* Bekleidung *f* **2.** (*de mujer*) Kleid *nt*

vestido, -a[2] [bes'tiðo, -a] *adj* angezogen, bekleidet, (an)gekleidet

vestidor [besti'ðor] *m* Ankleideraum *m*

vestidura [besti'ðura] *f* (*ropa*) Bekleidung *f;* (*que se sobrepone*) Gewand *nt;* **~s sacerdotales** Priestergewand *nt*

vestigio [bes'tixjo] *m* **1.** (*huella*) Spur *f,* Fährte *f* **2.** (*señal*) Anzeichen *nt*

vestimenta [besti'menta] *f* (*ropa*) Bekleidung *f;* (*fam pey*) Klamotten *fpl,* Aufzug *m;* (*elegante*) Kluft *f*

vestir [bes'tir] *irr como pedir* **I.** *vt* **1.** (*cuerpo, persona*) (be)kleiden (*con* mit +*dat*); (*estatua, pared*) bedecken (*con* mit +*dat*), verhüllen (*con* mit +*dat*), einhüllen (*con* in +*akk*); (*adornar*) schmücken (*con* mit +*dat*), verzieren (*con* mit +*dat*); **estar vestido de pirata** (*disfrazado*) als Pirat verkleidet sein; **~ a alguien con un abrigo** jdn mit einem Mantel kleiden, jdn in einen Mantel hüllen **2.** (*llevar*) tragen, anhaben; (*ponerse*) anziehen; **no sabía qué ~** ich wusste nicht, was ich anziehen sollte; **vestía un traje azul** er trug einen blauen Anzug, er hatte einen blauen Anzug an **3.** (*confeccionar*) (ein)kleiden; **¿qué sastre le viste?** welchen Schneider haben Sie? **4.** (*expresión*): **~ el rostro de seriedad** ein ernstes Gesicht aufsetzen [*o* machen] **II.** *vi* **1.** (*persona*) sich kleiden; **~ con elegancia** sich elegant kleiden; **~ de blanco** sich (in) Weiß kleiden, Weiß tragen; **~ de uniforme** Uniform tragen; **el mismo que viste y calza** (*fig*) eben der, genau derselbige; **siempre viste muy bien** er/sie ist immer sehr gut angezogen **2.** (*loc*): **de ~** (*elegante*) elegant; (*para una ocasión*) angebracht **III.** *vr:* **~se 1.** (*la ropa*) sich anziehen, sich ankleiden; (*cubrirse*) sich bedecken (*de* mit +*dat*), sich einhüllen (*de* in +*akk*); **~se a la moda** sich modern [*o* modisch] kleiden; **~se de azul** sich blau anziehen, Blau tragen; **los árboles se visten de verde** die Bäume werden grün; **los campos se visten de blanco** die Felder sind schneebedeckt; **le gusta ~se en Milán** er/sie liebt es, sich in Mailand einzukleiden; **se está vistiendo** er/sie zieht sich gerade an **2.** (*estado de ánimo*): **~se de cierta actitud** eine bestimmte Haltung einnehmen; **~se de severidad** ein strenges Gesicht aufsetzen [*o* machen]

vestón [bes'ton] *m* (*Chil: saco*) Jacke *f*

vestuario [bes'twarjo] *m* **1.** (*conjunto*) Kleider *ntpl,* Garderobe *f* **2.** (TEAT: *cuarto*) Garderobe *f;* (DEP) Umkleidekabine *f*

veta ['beta] *f* **1.** (MIN) (Erz)ader *f,* Gang *m* **2.** (*en madera, mármol*) Maser *f,* Maserungslinie *f*

vetar [be'tar] *vt* sein Veto einlegen (gegen +*akk*)

vetarro, -a [be'tarro, -a] *adj* (*Méx: fam*) alt (geworden), gealtert

vetazo [be'taθo] *m* (*Ecua*) Peitschenhieb *m*

veteado[1] [bete'aðo] *m* **1.** (*de la madera, piedra*) Maserung *f* **2.** (*del mármol*) Marmorierung *f*

veteado, -a[2] [bete'aðo, -a] *adj* **1.** (*madera, piedra*) gemasert **2.** (*como el mármol*) marmoriert

vetear [bete'ar] *vt* **1.** (*como la madera*) masern **2.** (*como el mármol*) marmorieren

veteranía [betera'nia] *f* **1.** (*en una empresa*) lange Betriebszugehörigkeit *f* **2.** (*status*) Veteranenstatus *m* **3.** (*experiencia*) Erfahrenheit *f*

veterano[1] [bete'rano] *m* (MIL) Veteran *m,* altgedienter Soldat *m*

veterano, -a[2] [bete'rano, -a] **I.** *adj* **1.** (MIL) altgedient **2.** (*experimentado*) erfahren **II.** *m, f* **1.** (*en una empresa*) ehemaliger langjähriger Mitarbeiter *m,* ehemalige langjährige Mitarbeiterin *f* **2.** (*experto*) Experte, -in *m, f*

veterinaria [beteri'narja] *f sin pl* (MED) Veterinärmedizin *f,* Tiermedizin *f*

veterinario, -a [beteri'narjo, -a] *m, f* (MED) Vetärinär(in) *m(f),* Tierarzt, -ärztin *m, f*

vetiver [beti'βer] *m* (BOT) **1.** (*planta*) Vetivergras *nt* **2.** (*raíz*) Vetiverwurzel *f*

veto ['beto] *m* Veto *nt,* Einspruch *m;* **(interponer (su) ~ a algo** sein Veto gegen etw einlegen, Einspruch gegen etw erheben

vetustez [betus'teθ] *f* **1.** (*edad*) hohes Alter *nt* **2.** (*cosa*) Alter *nt;* (*pey*) Antiquiertheit *f*

vetusto, -a [be'tusto, -a] *adj* **1.** (*persona*) greis, betagt **2.** (*cosa*) sehr alt; (*pey*) antiquiert, altertümlich

vez [beθ] *f* **1.** (*acto repetido*) Mal *nt;* **a la ~** gleichzeitig; **a [*o* algunas] veces** manchmal; **alguna que otra ~** gelegentlich, hin und wieder; **cada ~ me gusta menos** es gefällt mir immer weniger [*o* von Mal zu Mal weniger]; **cada ~ que la veo...** jedes Mal wenn ich sie sehe ...; **de una ~** (*en un solo acto*) mit einem Mal; (*sin interrupción*) in einem Mal, auf einmal; (*definitivamente*) endgültig; **de ~ en cuando** ab und zu; **dilo otra ~** sag es noch einmal; **acabemos de una ~** lass es uns ein für alle Mal hinter uns bringen; **cuando la vi por primera ~...** als ich sie zum ersten Mal sah, ...; **aquella ~ no te había visto** damals hatte ich dich nicht gesehen; **esta ~ diré que no** diesmal werde ich Nein sagen; **¿la viste por casualidad alguna ~?** hast du sie zufällig einmal gesehen?; **muchas veces** etliche [*o* viele] Male, oft; **otra ~ será** dann eben ein anderes Mal; **pocas veces** selten; **rara ~** selten; **tal ~** vielleicht; **una y otra ~** immer wieder, ein ums andere Mal; **una ~ que haya terminado,...** wenn ich erst einmal [*o* sobald ich] fertig bin … **2.** (*con número*) Mal *nt;* **una ~** ein Mal; **una y mil veces** hunderttausend Mal; **3 veces 9** (MAT) 3 mal 9; **por enésima ~** zum x-ten Mal; **me lo ha dicho repetidas veces** er/sie hat es mir öfter(s) [*o* des Öfteren] gesagt; **te lo he dicho cien veces** ich habe es dir hundert Mal gesagt; **te lo digo de una ~ por todas** ich sage es dir ein für allemal; **él tenía dos veces más que ella** er hatte zweimal [*o* doppelt] so viel wie sie; **una ~ al año no hace daño** (*prov*) ein Mal ist kein Mal **3.** (*turno*): **cuando llegue mi ~ hablaré** wenn ich dran [*o* an der Reihe] bin, werde ich reden; **él a su ~ no respondió** er seinerseits antwortete nicht; **en ~ de** (an)statt, anstelle [*o* an Stelle] von; **hacer las veces de algo** als etw dienen; **hacer las veces de alguien** an die Stelle von jdm treten, jdn ersetzen; **ceder la ~ en una cola** in einer Schlange seinen Platz abtreten **4.** (*cuentos*): **érase** [*o* **había**] **una ~…** es war einmal …

vía ['bia] *f* **1.** (*camino*) Weg *m;* **~ de acceso** Zufahrtsstraße *f;* **~ aérea** (*correos*) Luftpost *f;* **~ de circunvalación** Umgehungsstraße *f;* **~ de contagio** (MED) Übertragungsweg *m;* **~s de distribución** (ECON) Vertriebswege *mpl;* **~ fluvial** Wasserweg *m;* **~ láctea** (ASTR) Milchstraße *f;* **~ marítima** Seeweg *m;* **~ pública** Bürgersteig *m;* **~ terrestre** Landweg *m;* **por ~ aérea** auf dem Luftwege; (*correos*) per Luftpost; **¡~ libre!** Platz da! **2.** (*ruta*) via, über; **a Madrid ~ Paris** nach Madrid via [*o* über] Paris **3.** (*carril*) Spur *f;* (FERRO) Gleis *nt,* Schiene *f;* **~ férrea** Eisenbahn *f;* **por ~ férrea** auf dem Schienenweg; **~ muerta** Abstellgleis *nt;* **de ~ estrecha** schmalspurig; (*fig*) mies, kleinlich; **de ~ única** eingleisig; **el tren sale de la ~ 12** der Zug fährt von Gleis 12 ab **4.** (ANAT: *conducto*) Röhre *f;* **~s digestivas** Verdauungstrakt *m;* **~s respiratorias** Luftröhre *f;* **~s urinarias** Harnröhre *f;* **por ~ oral** [*o* **bucal**] oral **5.** (ADMIN: *procedimiento*) Weg *m,* Verfahren *nt;* **por ~ judicial** auf dem Rechtsweg **6.** (INFOR) Pfad *m;* **~ del directorio** Verzeichnispfad *m* **7.** (*loc*): **país en ~s de desarrollo** Entwicklungsland *nt;* **en ~s de desaparición** (ZOOL) vom Aussterben bedroht; **en ~s de recuperación** auf dem Wege der Genesung

viabilidad [bjaβili'ðað] *f* **1.** (*vida*) Lebensfähigkeit *f* **2.** (*factibilidad*) Durchführbarkeit *f,* Machbarkeit *f;* **estudio de ~** Durchführbarkeitsstudie *f* **3.** (*de un camino*) Begehbarkeit *f;* (*para coches*) Befahrbarkeit *f*

viabilizar [bjaβili'θar] <z→c> *vt* **1.** (*para vivir*) lebensfähig machen **2.** (*para caminar*) begehbar machen; (*para coches*) befahrbar machen **3.** (*posibilitar*) möglich machen, ermöglichen

viable [bi'aβle] *adj* **1.** (*sano*) lebensfähig **2.** (*factible*) durchführbar, machbar **3.** (*camino*) gangbar, begehbar; (*para coches*) befahrbar

vía crucis ['bia 'kruθis] *m inv* **1.** (REL: *camino*) Kreuzweg *m,* Leidensweg *m* (Christi) **2.** (*sufrimiento*) Leidensweg *m,* Qual *f*

viada [bi'aða] *f* (*And*) Geschwindigkeit *f*

viaducto [bja'ðukto] *m* Viadukt *m,* Talbrücke *f;* (FERRO) Bahnbrücke *f*

viajante [bja'xante] **I.** *adj* reisend **II.** *mf* **1.** (*que viaja*) Reisende(r) *mf* **2.** (COM: *representante*) Handelsreisende(r) *mf,* (Handels)vertreter(in) *m(f)*

viajar [bja'xar] *vi* reisen; **~ por Italia** durch Italien reisen, Italien bereisen; **~ en avión** fliegen

viaje [bi'axe] *m* **1.** (*general*) Reise *f;* **~ colectivo** Gruppenreise *f;* **~ de estudios** Studienreise *f;* **~ de negocios** Geschäftsreise *f;* **~ de novios** [*o* **bodas**] Hochzeitsreise *f;* **~ organizado** Pauschalreise *f;* **~ de recreo** Erholungsreise *f;* **agencia de ~s** Reisebüro *nt;* **agente de ~s** Reiseveranstalter *m;* **¡buen** [*o* **feliz**] **~!** gute Reise!; **estar de ~** auf Reisen sein, verreist sein; **irse de ~** verreisen; **salir de ~** abreisen **2.** (*con carga*) Fuhre *f,* Ladung *f,* Fahrt *f;* **un ~ de leña** eine Fuhre [*o* Ladung] Holz; **tuvo que hacer la mudanza en cinco ~s** für den Umzug musste er/sie fünf Fahrten machen; **de un ~** (*AmC*) in einem Aufwasch, in einem Mal **3.** (*argot: drogas*) Trip *m* **4.** (*argot: golpe*) Schlag *m,* Ohrfeige *f;* **… y me dio un ~** … und er/sie versetzte mir einen Wahnsinnsschlag

viajero, -a [bja'xero, -a] **I.** *adj* reisend; (ZOOL) Wander-; **ave viajera** Zugvogel *m* **II.** *m, f* Reisende(r) *mf;* (FERRO, AUTO, NÁUT) Fahrgast *m,* Passagier *m;* (AERO) Fluggast *m;* **~ diario** Pendler *m*

vial [bi'al] **I.** *adj* (*relativo a caminos*) Wege-; (FERRO) Schienen-; (*relativo al tráfico*) Verkehrs-, Straßen-; **circulación ~** Straßenverkehr *m;* (**poca**) **fluidez ~** (hohes) Verkehrsaufkommen *nt;* **reglamento ~** Straßenverkehrsregelung *f,* Straßenverkehrsordnung *f;* **seguridad ~** Verkehrssicherheit *f* **II.** *m* (Baum)allee *f*

vianda ['bjanda] *f* Nahrung *f,* Speise *f*

viandante [bjan'dante] *mf* **1.** (*en el tráfico*) Fußgänger(in) *m(f)* **2.** (*de viaje*) Reisende(r) *mf*

viaraza [bja'raθa] *f* (*Arg, Col, Guat, Urug: rapto de ira*) Wutanfall *m;* **a mi jefa ayer le dio la ~** meine Chefin bekam gestern einen fürchterlichen Wutanfall

viario, -a [bi'arjo, -a] *adj* Wege-; (*de carreteras*) Straßen-; (FERRO) Schienen-; **red viaria** (FERRO) Schienennetz *nt;* (*de carreteras*) Straßennetz *nt;* **sistema ~** Kommunikationssystem *nt*

viaticar [bjati'kar] <c→qu> *vt* (REL) die letzte Kommunion [*o* das Viatikum] reichen (*einem Sterbenden*)

viático [bi'atiko] *m* **1.** (REL) Viatikum *nt,* Sterbesakrament *nt;* **darle a alguien el ~** jdn mit den Sterbesakramenten versehen, jdm das

Viatikum reichen **2.** (*alimentos*) Reiseproviant *m,* Wegzehrung *f* **3.** (*para diplomáticos*) Reisespesen *pl*

víbora ['biβora] *f* **1.** (ZOOL) Viper *f,* Otter *f* **2.** (*pey: persona*) (falsche) Schlange *f*

viborear [biβore'ar] *vi* (*Méx: fam*) hinter jds Rücken reden

vibración [biβra'θjon] *f* **1.** (*vaivén*) Vibrieren *nt,* Schwingen *nt;* (*ondulación*) Vibration *f,* Schwingung *f* **2.** (*temblor*) Zittern *nt* **3.** (*agitación*) (leichte) Erschütterung *f*

vibrador [biβra'ðor] *m* Vibrator *m,* Schwingungserzeuger *m*

vibráfono [bi'βrafono] *m* (MÚS) Vibraphon *nt*

vibrante [bi'βrante] **I.** *adj* **1.** (*oscilante*) vibrierend, schwingend; (*tembloroso*) bebend, zitternd **2.** (*sonoro*) kraftvoll, sonor **3.** (*entusiasta*) schwungvoll, mitreißend **II.** *f* **1.** (LING: *sonido*) Vibrant *m,* Zitterlaut *m* **2.** (LING: *'rr'*) Rollen *nt*

vibrar [bi'βrar] **I.** *vi* **1.** (*oscilar*) vibrieren, schwingen **2.** (*voz*) (er)zittern, beben, schwingen **II.** *vt* **1.** (*agitar*) rütteln **2.** (LING: *'rr'*) rollen

vibrátil [bi'βratil] *adj:* **cilio** [*o* **pestaña**] ~ (BIOL) Wimper *f,* Flimmerhärchen *nt*

vibrato [bi'βrato] *m* (MÚS) Vibrato *nt*

vibratorio, -a [biβra'torjo, -a] *adj* **1.** (*que oscila*) vibrierend, schwingend; (*movimiento*) Schwingungs- **2.** (*que tiembla*) bebend, zitternd

vibrión [bi'βrjon] *m* (BIOL) Vibrio *m*

vibrógrafo [bi'βroɣrafo, -a] *m* (TÉC) Schwingungsschreiber *m,* Vibrograph *m*

vibromasaje [biβroma'saxe] *m* Vibrationsmassage *f,* Vibromassage *f*

viburno [bi'βurno] *m* (BOT) Schneeball *m,* Viburnum *nt*

vicaría [bika'ria] *f* (REL) Vikariat *nt*

vicario [bi'karjo] *m* (REL) Vikar *m;* **el V~ de Cristo** der Papst

vicealmirante [biθealmi'rante] *m* (MIL) Vizeadmiral *m*

vicecanciller [biθekanθi'ʎer] *m* (POL) Vizekanzler *m*

viceconsejero, -a [biθekonse'xero, -a] *m, f* stellvertretender Berater *m,* stellvertretende Beraterin *f*

vicecónsul [biθe'konsul] *mf* Vizekonsul(in) *m(f)*

vicedecano, -a [biθeðe'kano, -a] *m, f* Vizedekan(in) *m(f)*

vicedirector(a) [biθeðirek'tor(a)] *m(f)* stellvertretender Direktor *m,* stellvertretende Direktorin *f*

vicegerente [biθexe'rente] *mf* stellvertretender Geschäftsführer *m,* stellvertretende Geschäftsführerin *f*

vicegobernador(a) [biθeɣoβerna'ðor(a)] *m(f)* (POL) Vizegouverneur(in) *m(f)*

viceministro, -a [biθemi'nistro, -a] *m, f* Vizeminister(in) *m(f)*

vicenal [biθe'nal] *adj* **1.** (*que dura*) zwanzigjährig **2.** (*que se repite, sucede*) sich alle 20 Jahre ereignend [*o* wiederholend]

vicepresidencia [biθepresi'ðenθja] *f* (POL) Vizepräsidentschaftsamt *nt;* (*en juntas*) stellvertretender [*o* zweiter] Vorsitz *m*

vicepresidente, -a [biθepresi'ðente, -a] *m, f* (POL) Vizepräsident(in) *m(f);* (*en juntas*) stellvertretender [*o* zweiter] Vorsitzender *m,* stellvertretende [*o* zweite] Vorsitzende *f*

vicerrector(a) [biθerrek'tor(a)] *m(f)* **1.** (UNIV) Prorektor(in) *m(f)* **2.** (ENS) Konrektor(in) *m(f)*

vicesecretaría [biθesekreta'ria] *f* stellvertretende Geschäftsstelle *f*

vicesecretario, -a [biθesekre'tarjo, -a] *m, f* stellvertrende(r) Geschäftsführer(in) *m(f),* stellvertretender Sekretär *m,* stellvertretende Sekretärin *f*

vicetesorero, -a [biθeteso'rero, -a] *m, f* Vizeschatzmeister(in) *m(f)*

vicetiple [biθe'tiple] *f* (MÚS) Backgroundsängerin *f*

viceversa [biθe'βersa] *adv* umgekehrt, vice versa; **y** ~ und umgekehrt

vichar [bi'ʧar] *vt* (*Arg, Urug*) **1.** (*espiar*) ausspionieren **2.** (*ver*) sehen **3.** (*buscar con la mirada*) spähen

vichear [biʧe'ar] *vt* (*Arg*) ausspionieren (*a +akk*); (*animal*) (heimlich) beobachten (*a +akk*); (*siguiéndole*) nachspionieren (*a +dat*)

vichy [bi'ʧi] *m* (*tejido*) Vichy *m*

viciado, -a [bi'θjaðo, -a] *adj* **1.** (*aire*) stickig, schlecht **2.** (*pervertido*) verdorben, verkommen **3.** (*falseado*) verfälscht; (*deformado*) entstellt, verzerrt

viciar [bi'θjar] **I.** *vt* **1.** (JUR: *anular*) ungültig machen, annulieren **2.** (*falsear*) verfälschen; (*deformar*) entstellen, verzerren **II.** *vr:* **~se** **1.** (*costumbres*) verkommen; (*persona*) verderben, pervertieren **2.** (*ser adicto*) einem Laster verfallen, süchtig sein (*con* nach *+dat*); **se ha viciado con la televisión** er/sie ist fernsehsüchtig **3.** (*deformarse*) sich verformen; (*romperse*) defekt sein

vicio ['biθjo] *m* **1.** (*mala costumbre*) Laster *nt,* schlechte Angewohnheit *f,* Unart *f;* (*adicción*) Sucht *f;* **el ~ de siempre** das alte Laster; **hacer algo por** [*o* **de**] ~ etw aus reiner Gewohnheit tun, etw ohne bestimmten Grund tun; **no puede quitarse el ~ de fumar** er/sie kann sich das Rauchen nicht abgewöhnen; **tiene el ~ de comerse las uñas** er/sie hat die schlechte Angewohnheit, an den Nägeln zu kauen **2.** (*objeto*) Defekt *m,* Fehler *m;* **~ de material** Materialfehler *m* **3.** (JUR: *error*) Fehler *m;* (*en un documento*) Formfehler *m;* **~ de procedimiento** Verfahrensfehler *m* **4.** (*capricho*) Laune *f;* **le concedes demasiados ~s a ese niño** du bist zu nachgiebig [*o* nachsichtig] mit dem Kind; **quejarse de ~** ewig unzufrieden sein, sich wegen jeder Kleinigkeit beklagen **5.** (BOT) üppiges Wachstum *nt,* Wuchern *nt;* **tener mucho ~**

V

wuchern, übermäßig wachsen

viciosamente [biθjosa'mente] *adv* **1.** (*de costumbre*) gewohnheitsmäßig; (*de mala costumbre*) lasterhaft **2.** (BOT: *crecimiento*) üppig

viciosidad [biθjosi'ðaᵈ] *f sin pl* Lasterhaftigkeit *f*

vicioso, -a [bi'θjoso, -a] **I.** *adj* **1.** (*carácter*) verdorben, lasterhaft **2.** (*que produce vicio*) lasterhaft **3.** (*defecto*) defekt, fehlerhaft **4.** (*niño*) verhätschelt, verwöhnt **5.** (BOT) üppig **II.** *m, f*: **en lo que respecta a la bebida es un** ~ er ist ein Gewohnheitstrinker

vicisitud [biθisi'tuᵈ] *f* **1.** (*acontecimiento*) Ereignis *nt;* (*desgracia*) Unglücksfall *m,* schlimmer Vorfall *m* **2.** (*cambio*) Wende *f,* Umschlag *m* **3.** *pl* (*alternancia*) Wechselfälle *mpl,* Auf und Ab *nt*

víctima ['biktima] *f* **1.** (*dañado*) Opfer *nt,* Geschädigte(r) *mf;* (*afectado*) Betroffene(r) *mf;* **fue** ~ **de un fraude** er/sie wurde Opfer eines Betrugs; **no hubo que lamentar ~s en el accidente** bei dem Unfall gab es keine Opfer zu beklagen **2.** (REL: *sacrificio*) Opfer *nt;* (*de animal*) Tieropfer *nt*

victimar [bikti'mar] *vt* (*Am*) **1.** (*herir*) verwunden **2.** (*matar*) töten

victimario, -a [bikti'marjo, -a] *m, f* **1.** (*el que daña*) Verantwortliche(r) *mf,* Verursacher(in) *m(f)* **2.** (*Am: el que mata*) Mörder(in) *m(f)*

victoria [bik'torja] *f* Sieg *m;* ~ **por puntos** (DEP) Punktsieg *m,* Sieg *m* nach Punkten; **¡~!** Viktoria!, Sieg!, der Sieg ist unser!; **cantar** ~ sich eines Sieges rühmen

victorial (largo) [bikto'rjal (larɣo)] *m* (BOT) Allermannsharnisch *m*

victoriano, -a [bikto'rjano, -a] *adj* (HIST) viktorianisch

victorioso, -a [bikto'rjoso, -a] *adj* siegreich

vicuña [bi'kuɲa] *f* (ZOOL) Vikunja *nt*

vid [biᵈ] *f* (BOT) **1.** (*parra*) Weinstock *m* **2.** (*uva*) (Wein)rebe *f*

vida ['biða] *f* **1.** (*existencia, actividad*) Leben *nt;* ~ **íntima** [*o* **privada**] Privatleben *nt;* ~ **perra** [*o* **de perro(s)**] Hundeleben *nt;* **la** ~ **social** das gesellschaftliche Leben; ~ **útil de un producto** Lebensdauer eines Produktes; **coste de la** ~ Lebenshaltungskosten *pl;* **carestía de la** ~ Teuerung *f;* **seguro de** ~ Lebensversicherung *f;* **amargar la** ~ **a alguien** jdm das Leben schwer machen; **¿cómo te va la ~?** wie geht's dir?, wie läuft's?; **complicarse la** ~ sich belasten, sich das Leben schwer machen; **costarle a alguien la** ~ jdm das Leben kosten; **dar la** ~ **por alguien/algo** für jdn/etw das Leben geben; **darse la** ~ **padre** sich ein schönes Leben machen; **dejarse la** ~ **en algo** sein ganzes Leben etw *dat* widmen; **¡en mi** [*o* **tu**] [*o* **su**] **~!** nie im Leben!, im Leben nicht!; **enterrarse en** ~ sich zurückziehen, ein eigenbrötlerisches Dasein führen; **estar aún con** ~ noch am Leben sein; **estar entre la** ~ **y la muerte** dem Tod sehr nahe sein, in Lebensgefahr sein; **este material es de corta** ~ dieses Material ist kurzlebig; **¡esto es ~!** das nenne ich Leben!; **hacer la** ~ **imposible a alguien** jdm das Leben schwer [*o* unmöglich] machen; **hacer por la** ~ (*fam*) essen; **hacer** ~ **marital** ein eheliches [*o* eheähnliches] Leben führen; **la otra** ~ das nächste Leben; **llevar una** ~ **miserable** eine kümmerliche Existenz [*o* ein kümmerliches Dasein] fristen; **meterse en ~s ajenas** sich in das Leben anderer einmischen; **me va la** ~ **en este asunto** in dieser Angelegenheit steht mein Leben auf dem Spiel, diese Angelegenheit ist lebenswichtig für mich; **partir de esta** [*o* **pasar a mejor**] ~ (ver)sterben, ins ewige Leben [*o* aus dem Leben] treten; **pasarse la** ~ **haciendo algo** die ganze Zeit damit verbringen, etw zu tun; **pegarse la buena** [*o* **gran**] ~ ein leichtes Leben führen, in völliger Sorglosigkeit leben; **perder la** ~ ums Leben kommen; **¿qué es de tu ~?** was gibt's Neues bei dir?; **quitarle la** ~ **a alguien** jdn töten; **quitarse la** ~ sich das Leben nehmen, sich umbringen, (freiwillig) aus dem Leben scheiden; **salir con** ~ mit dem Leben davonkommen, heil herauskommen **2.** (*sustento*) Lebensunterhalt *m;* **se gana la** ~ **solo** er verdient sich seinen Lebensunterhalt allein; **buscarse la** ~ durchkommen, sich durchschlagen **3.** (*biografía*) Leben *nt,* Lebensgeschichte *f,* Biographie *f;* **de por** ~ zu Lebzeiten; **de toda la** ~ schon immer, von jeher; **la** ~ **y milagros de alguien** jds ganzes Leben **4.** (*placer*) Wohltat *f;* **este sol es** ~ dieser Sonnenschein ist eine wahre Wohltat; **la música es mi** ~ Musik ist mein Leben(sinhalt) [*o* mein ein und alles] **5.** (*alegría*) Lebensfreude *f,* Lebendigkeit *f;* **es un cuadro lleno de** ~ es ist ein Bild voller Lebensfreude **6.** (*cariño*): **¡mi ~!** (mein) Liebling!, (mein) Schatz! **7.** (*prostituta*): **mujer de la ~, mujer de** ~ **alegre** [*o* **mala ~**] Freudenmädchen *nt,* Dirne *f;* **darse a** [*o* **hacer**] **la** ~ (*argot: prostituirse*) anschaffen gehen, auf den Strich gehen

vidarra [bi'ðarra] *f* (BOT) *Waldrebenart* (*Clematis*)

vide ['biðe] (*del latín*) siehe

videncia [bi'ðenθja] *f* (Hell)sehen *nt*

vidente [bi'ðente] *mf* (Hell)seher(in) *m(f)*

vídeo ['biðeo] *m* **1.** (*aparato*) Videogerät *nt,* Videorekorder *m;* ~ **conferencia** Videokonferenz *f;* **cámara de** ~ Videokamera *f;* **editar en** ~ als Videokassette herausbringen; **grabar en** ~ auf Video aufnehmen **2.** (*película*) Video *nt,* Videofilm *m*

videoadicto, -a [biðeoa'ðikto, -a] *adj* videosüchtig

videoaficionado, -a [biðeoafiθjo'naðo, -a] *m, f* Amateur(video)filmer(in) *m(f)*

videocámara [biðeo'kamara] *f* Videokamera *f*

videocasete [biðeoka'sete] *f* Videokassette *f*

videocinta [biðeo'θiṇta] *f* Videoband *nt*
videoclip [biðeo'kliᵖ] *m* <videoclips> Videoclip *m*
videoclub [biðeo'kluᵝ] *m* <videoclubs *o* videoclubes> Videoklub *m*
videoconferencia [biðeokoɱfe'reṇθja] *f* (INFOR) Videokonferenz *f*
videoconsola [biðeokon'sola] *f* (AUDIO) Videokonsole *f*
videocontrol [biðeokoṇ'trol] *m* (TÉC) Videoüberwachung *f*
videográfico [biðeo'ɣrafiko, -a] *m* Videoaufzeichnung *f*
videojuego [biðeo'xweɣo] *m* Videospiel *nt*
videomagnético, **-a** [biðeomaɣ'netiko, -a] *adj* (AUDIO) videomagnetisch
videomanía [biðeoma'nia] *f* Videosucht *f*
videomontaje [biðeomoṇ'taxe] *m* (AUDIO) Videomontage *f*
videopiratería [biðeopirate'ria] *f* Videopiraterie *f*
vídeoproyector [biðeoproɟek'tor] *m* (TEL) Videoprojektor *m*
videorregistrador [biðeorrexistra'ðor(a)] *m* Videorecorder *m*
videoteca [biðeo'teka] *f* Videothek *f*
videotelefonía [biðeotelefo'nia] *f* (TEL) Bildtelefonieren *nt*, Bildfernsprechen *nt*
videoteléfono [biðeote'lefono] *m* Bildtelefon *nt*
vídeotex [biðeo'teˠs] *m*, **vídeotexto** [biðeo'testo] *m* (INFOR) ≈Bildschirmtext *m*, ≈BTX *m*
vidorra [bi'ðorra] *f* (*fam*) leichtes Leben *nt*, Dolcevita *nt o f*
vidorria [bi'ðorrja] *f* (*Col, Ven*) schweres [*o* mühseliges] Leben *nt*, Hundeleben *nt*
vidriado¹ [bi'ðrjaðo] *m* **1.** (*barniz*) Glasur *f* **2.** (*loza*) glasiertes Steingut *nt*
vidriado, **-a²** [bi'ðrjaðo, -a] *adj* glasiert
vidriar [bi'ðrjar] **I.** *vt* (*loza*) glasieren **II.** *vr:* **~se 1.** (*hacerse transparente*) glasig werden **2.** (*asunto*) heikel werden
vidriera [bi'ðrjera] *f* **1.** (*ventana*) (Glas)fenster *nt;* **~ de colores** (REL) buntes Kirchenfenster; **puerta ~** Glastür *f* **2.** (*Am: escaparate*) Schaufenster *nt*, Auslage *f*
vidriería [biðrje'ria] *f* **1.** (*taller: fabricación*) Glashütte *f;* (*con caña de soplador*) Glasbläserei *f;* (*colocación*) Glaserei *f* **2.** (*tienda*) Glasgeschäft *nt* **3.** (*productos*) Glaswaren *fpl*
vidriero, **-a** [bi'ðrjero, -a] *m, f* **1.** (*soplador*) Glasbläser(in) *m(f)* **2.** (*que coloca vidrios*) Glaser(in) *m(f)* **3.** (*que vende*) Glashändler(in) *m(f)*
vidrio ['biðrjo] *m* **1.** (*material*) Glas *nt;* **~ de color** Buntglas *nt;* **~ esmerilado** [*o* **deslustrado**] Mattglas *nt;* **~ inastillable** splitterfreies [*o* splittsicheres] Glas; **~ opalino** Milchglas *nt;* **~ retornable** (ECOL) Altglas *nt;* **~ tallado** geschliffenes Glas; **pagar los ~s rotos** (*fam*) die Suppe auslöffeln, es ausbaden; **¡~!** (*frágil*) zerbrechlich!; (*cristal*) Achtung Glas! **2.** (*placa*) (Glas)scheibe *f;* (*de una ventana*) Fensterscheibe *f* **3.** (*objeto*) Glasarbeit *f;* (*productos*) Glaswaren *fpl*
vidrioso, **-a** [bi'ðrjoso, -a] *adj* **1.** (*como vidrio*) gläsern; **mirada vidriosa** gläserner [*o* starrer] Blick **2.** (*transparente*) glasig; **ojos ~s** glasige Augen **3.** (*frágil*) zerbrechlich **4.** (*superficie*) glatt **5.** (*persona*) empfindlich, leicht reizbar **6.** (*asunto*) heikel, delikat
vidurria [bi'ðurrja] *f* (*Arg: fam*) *v.* **vidorra**
vieira ['bjei̯ra] *f* **1.** (ZOOL) Kammmuschel *f*, Pilgermuschel *f* **2.** (*utilizada por peregrinos*) Jakobsmuschel *f*
viejales [bje'xales] *m inv* (*fam*) alter Knacker *m*
viejera [bje'xera] *f* (*PRico*) **1.** (*vejez*) Alter *nt* **2.** (*cosa inservible*) altes Zeug *nt*
viejo, **-a** ['bjexo, -a] **I.** *adj* **1.** (*no joven, antiguo*) alt; **tan ~ como Canalillo** (*fam*) uralt; **Noche Vieja** Silvester *nt* **2.** (*no nuevo*) alt; (*usado*) gebraucht; (*gastado*) abgenutzt; (*ropa*) abgetragen **II.** *m, f* **1.** (*persona*) Alte(r) *mf* **2.** (*fam: padre, madre*) Alte(r) *mf;* **mis ~s** meine Alten **3.** (*fam: marido*) Alter *m;* (*esposa*) Alte *f* **4.** (*fam: amigo*) Alte(r) *mf*, Kumpel *m*
viejorrón [bjexo'rron] *m* (*Méx*) sehr hübsche Frau *f*, Schönheit *f*
Viena ['bjena] *f* Wien *nt*
vienés, **-esa** [bje'nes, -esa] **I.** *adj* wienerisch **II.** *m, f* Wiener(in) *m(f)*
vientecillo [bjeṇte'θiʎo] *m* Lüftchen *nt*, leichte Brise *f*
viento ['bjeṇto] *m* **1.** (*corriente*) Wind *m;* (*brisa*) Brise *f;* **~ ascendente** Aufwind *m;* **~ de cola** [*o* **de espalda**] [*o* **trasero**] Rückenwind *m;* **~ de costado** Seitenwind *m;* **~ favorable** (NÁUT) Fahrwind *m*, günstiger Segelwind *m;* **~ de frente** [*o* **de proa**] Gegenwind *m;* **~ huracanado** (METEO) (Wirbel)sturm *m;* **instrumento de ~** (MÚS) Blasinstrument *nt;* **hace ~** es ist windig; **beber los ~s por algo** (*desearlo*) sich etw innigst wünschen; **como el ~** blitzschnell, in Windeseile; **contra ~ y marea** gegen Wind und Wetter; (*fig*) trotz aller Schwierigkeiten und Widrigkeiten; **corren malos ~s para...** es wehen ungünstige Winde für ...; (*fig*) es ist ein ungünstiger Augenblick [*o* Moment] um ...; **corre un poquito de ~** es weht ein leichter Wind; **estar lleno de ~** (*vacío*) leer sein; (*vanidoso*) aufgeblasen [*o* eitel] sein; **ir ~ en popa** Glück haben, Rückenwind haben; **el negocio va ~ en popa** das Geschäft läuft bestens [*o* optimal]; **lo que el ~ se llevó** (CINE) vom Winde verweht; **un pequeño soplo de ~** ein Lüftchen **2.** (NÁUT: *rumbo*) Kurs *m*, Richtung *f*, Himmelsrichtung *f;* **a los cuatro ~s** in alle [*o* nach allen] (vier Himmels)richtungen, in alle Welt; **pregonar algo a los cuatro ~s** etw an die große Glocke hängen **3.** (*fam*): **echar a alguien con ~ fresco** jdn hochkant hinauswerfen **4.** (*fam: irse*): **tomar ~** sich verziehen, verduften;

¡vete a tomar ~! (*argot*) zieh Leine!, verpiss dich! **5.** (*olor*) Witterung *f;* (*olfato*) Geruchssinn *m*, Spürsinn *m;* **me da el ~ que…** ich vermute, dass … **6.** (*AmC:* MED) Rheumatismus *m*

vientre ['bjen̪tre] *m* **1.** (ANAT: *abdomen*) Unterleib *m;* **hacer de ~, descargar** [*o* **exonerar**] **el ~** Stuhlgang haben; **regir bien el ~** regelmäßigen Stuhlgang haben **2.** (ANAT: *barriga*) Bauch *m* **3.** (*matriz*) Mutterleib *m;* **llevar un hijo en el ~** ein Kind im Schoß [*o* Mutterleib] tragen **4.** (*feto*) Fötus *m*, Ungeborene(s) *nt* **5.** (*de vasija*) bauchiger Teil *m* **6.** (*interior*) Innere(s) *nt;* **el ~ de un buque** das Innere eines Tankschiffs

viera ['bjera] *f* (*reg:* GASTR) *Meeresfrüchte, die mit einer Zwiebelsoße in der Schale serviert werden*

viernes ['bjernes] *m inv* Freitag *m;* **V~ Santo** Karfreitag *m;* **la semana que no tenga ~** am Sankt-Nimmerleins-Tag; *v. t.* **lunes**

vierteaguas [bjerte'aɣwas] *m inv* Regenrinne *f*

Vietnam [bje^{ð}'nan] *m* Vietnam *nt*

vietnamita[1] [bje^{ð}na'mita] **I.** *adj* vietnamesich **II.** *mf* Vietnamese, -in *m, f*

vietnamita[2] [bje^{ð}na'mita] *m* (*lengua*) Vietnamesisch(e) *nt*

viga ['biɣa] *f* **1.** (*de madera*) Balken *m* **2.** (*de metal*) Träger *m*

vigencia [bi'xen̪θja] *f* (JUR) Rechtskraft *f*, (Rechts)gültigkeit *f;* **estar en ~** gültig sein, rechtskräftig sein, in Kraft sein; **entrar en ~** in Kraft treten, rechtskräftig werden; **perder ~** ungültig werden

vigente [bi'xen̪te] *adj* (JUR) rechtskräftig, (rechts)gültig; **ser ~** gültig sein, rechtskräftig sein, in Kraft sein

vigesimal [bixesi'mal] *adj* Vigesimal-; **sistema ~** Vigesimalsystem *nt*

vigésimo, -a [bi'xesimo, -a] **I.** *adj* (*parte*) zwanzigstel; (*numeración*) zwanzigste(r, s); **la vigésima parte de…** ein Zwanzigstel von … **II.** *m, f* Zwangzigstel *nt; v. t.* **octogésimo**

vigía[1] [bi'xia] *f* Wach(t)turm *m*, Warte *f*

vigía[2] [bi'xia] *mf* Wach(t)posten *m*, Turmwächter(in) *m(f)*

vigilancia [bixi'lan̪θja] *f* **1.** (*cuidado*) Wachsamkeit *f* **2.** (*observación*) Bewachung *f*, Überwachung *f;* (*servicio*) Aufsicht *f*, Überwachungsdienst *m;* **~ aduanera** Zollüberwachung *f;* **personal de ~** Wachpersonal *nt;* **tener a alguien bajo ~** jdn überwachen [*o* beobachten]

vigilante [bixi'lan̪te] **I.** *adj* (*despierto*) wachsam; (*en alerta*) vorsichtig **II.** *mf* **1.** (*guardián*) Wächter(in) *m(f)*, Aufsichtsführende(r) *mf*, Aufsichtshabende(r) *mf;* (*de cárcel*) Gefängniswärter(in) *m(f)*, Aufseher(in) *m(f);* (*en tienda*) Kaufhausdetektiv(in) *m(f);* (*en museo*) Aufsichtsperson *f;* **~ nocturno** Nachtwächter *m;* **~ de seguridad** Wachmann *m* **2.** (*CSur: policía*) Polizist(in) *m(f)*

vigilar [bixi'lar] **I.** *vt* **1.** (*sospechoso, frontera*) bewachen, überwachen **2.** (*niños*) beaufsichtigen, aufpassen (*a/sobre* auf *+akk*) **3.** (*instalación, trabajo*) überwachen **II.** *vi* achten (*por/sobre* auf *+akk*); **tengo que ~ por mi salud** ich muss auf meine Gesundheit achten [*o* bedacht sein]

vigilia [bi'xilja] *f* **1.** (*en el trabajo*) Nachtwache *f*, Nachtdienst *m* **2.** (REL: *víspera de una fiesta*) Vorabend *m* **3.** (REL: *sin comer*) Fasten *nt*, Fastenzeit *f;* (*comida*) fleischlose Kost *f;* **día de ~** Fastentag *m;* **comer de ~** fasten **4.** (*del que no duerme*) Wachzustand *m*, Wachen *nt* **5.** (*falta de sueño*) Schlaflosigkeit *f*

vigo ['biɣo] *m* (*Hond: parche, emplasto*) (Heft)pflaster *nt*

vigor [bi'ɣor] *m* **1.** (*fuerza*) Kraft *f*, Stärke *f;* (*resistencia*) Durchhaltevermögen *nt;* (*energía*) Energie *f;* **con ~** kraftvoll; **sin ~** kraftlos **2.** (*vitalidad*) Vitalität *f;* (*empuje*) Antrieb *m*, Motivation *f* **3.** (*al hablar*) Nachdruck *m*, Strenge *f;* **lo dijo con ~** er/sie sagte es mit Nachdruck **4.** (JUR: *vigencia*) Gültigkeit *f*, Rechtskraft *f;* **en ~** in Kraft; **entrar en ~** in Kraft treten, rechtskräftig werden; **poner en ~** in Kraft setzen

vigorización [biɣoriθa'θjon] *f* **1.** (*fortalecimiento*) Kräftigung *f*, Stärkung *f;* (*reanimación*) Revitalisierung *f*, Belebung *f* **2.** (*dar impulso*) Motivierung *f* **3.** (*dar firmeza*) Festigung *f*

vigorizador(a) [biɣoriθa'ðor(a)] *adj* **1.** (*que fortalece*) stärkend, kräftigend; (MED) tonisch **2.** (*que revitaliza*) belebend **3.** (*que anima*) motivierend **4.** (*que da firmeza*) festigend

vigorizar [biɣori'θar] <z→c> *vt* **1.** (*fortalecer*) stärken, kräftigen; (MED) tonisieren **2.** (*revitalizar*) beleben **3.** (*animar*) motivieren **4.** (*dar firmeza*) festigen

vigoroso, -a [biɣo'roso, -a] *adj* **1.** (*fuerte*) stark, kräftig, kraftvoll; (*resistente*) robust **2.** (*animado*) motiviert; (*vital*) vital **3.** (*protesta*) energisch, heftig, nachdrücklich

viguería [biɣe'ria] *f* **1.** (*de madera*) Balkenwerk *nt*, Gebälk *nt* **2.** (*de metal*) Trägerkonstruktion *f*

vigués, -esa [bi'ɣes, -esa] **I.** *adj* aus Vigo **II.** *m, f* Einwohner(in) *m(f)* von Vigo

vigueta [bi'ɣeta] *f* kleiner Balken *m*

VIH [uβei'atʃe] *m sin pl* (MED) *abr de* **virus de inmunodeficiencia humana** HIV *nt*

vihuela [bi'wela] *f* (MÚS) ≈Laute *f* (*antikes gitarrenähnliches Instrument*)

vihuelista [biwe'lista] *mf* (MÚS) 'Vihuela'-Spieler(in) *m(f)*

vikingo, -a [bi'kiŋgo, -a] **I.** *adj* (HIST) wikingisch, Wikinger- **II.** *m, f* (HIST) Wiking *m*, Wikinger(in) *m(f)*

vil [bil] *adj* **1.** (*malo*) gemein, schlecht **2.** (*bajo*) niederträchtig, hinterlistig, schäbig **3.** (*infame*) verwerflich, schändlich

vileza [bi'leθa] *f* **1.** (*carácter*) Gemeinheit *f*, Schlechtigkeit *f;* (*bajeza*) Niedertracht *f*, Hinterhältigkeit *f*, Schäbigkeit *f* **2.** (*acto*) Gemeinheit *f*, Schändlichkeit *f*

vilipendiar [bilipeṇ'djar] *vt* **1.** (*despreciar*) verachten, gering schätzen; (*tratar*) geringschätzig behandeln **2.** (*denunciar*) verunglimpfen, verleumden, in schlechten Ruf bringen

vilipendio [bili'peṇdjo] *m* **1.** (*desprecio*) Verachtung *f*, Geringschätzung *f* **2.** (*denuncia*) Verunglimpfung *f*, Verleumdung *f*

vilipendioso, **-a** [bilipeṇ'djoso, -a] *adj* **1.** (*con desprecio*) verächtlich, geringschätzig, herabwürdigend **2.** (*difamatorio*) verunglimpfend, verleumderisch

villa ['biʎa] *f* **1.** (*casa*) Villa *f* **2.** (*población*) Kleinstadt *f*; **la V~** (**y Corte**) Madrid *nt*

Villadiego [biʎa'ðjeɣo] *m* (*fam*): **tomar las de ~** abhauen, das Weite suchen

villagodio [biʎa'ɣoðjo] *m* (GASTR) *Schnitzel aus einem Rippenstück*

villanada [biʎa'naða] *f* Niederträchtigkeit *f*, Schurkerei *f*

villanaje [biʎa'naxe] *m* **1.** (*status*) Bauerntum *nt* **2.** (*personas*) Bauernschaft *f*

villancico [biʎaṇ'θiko] *m* (MÚS) Volkslied *nt*; **~ de Navidad** Weihnachtslied *nt*

villanesco, **-a** [biʎa'nesko, -a] *adj* (*estilo*) rustikal, Bauern-; (*pey: comportamiento*) bäurisch, Bauern-

villanía [biʎa'nia] *f* **1.** (HIST: *origen*) niedrige Herkunft *f*, gemeine Herkunft *f pey* **2.** (*bajeza*) Gemeinheit *f*, Niederträchtigkeit *f* **3.** (*expresión*) Unanständigkeit *f*, Zote *f*

villano, **-a** [bi'ʎano, -a] **I.** *adj* **1.** (HIST: *plebeyo*) nicht adelig, bürgerlich **2.** (*bajo*) gemein, niederträchtig **3.** (*rústico*) bäurisch, Bauern-; (*grosero*) grob, ungehobelt, unwirsch; (*expresión*) schlüpfrig, ordinär, unflätig **II.** *m*, *f* **1.** (HIST: *plebeyo*) Nichtadelige(r) *mf* **2.** (*pey: grosero*) Bauer *m*, Bäuerin *f*

villorrio [bi'ʎorrjo, -a] *m* (*fam pey*) Kaff *nt*, elendes Nest *nt*

vilo ['bilo] *adv*: **en ~** in der Schwebe [*o* Luft]; (*fig*) unruhig; **nos tuvo dos horas en ~** er/sie ließ uns zwei Stunden lang im Ungewissen, er/sie spannte uns zwei Stunden lang auf die Folter; **estar en ~** im Ungewissen sein, gespannt sein

vinagrada [bina'ɣraða] *f* (GASTR) Essigwasser *nt* mit Zucker

vinagre [bi'naɣre] *m* **1.** (*condimento*) Essig *m* **2.** (*persona*) Griesgram *m*

vinagrera [bina'ɣrera] *f* **1.** (*recipiente*) Essigflasche *f* **2.** *pl* (*para la mesa*) Menage *f*, Essig- und Ölständer *m* **3.** (*Am:* MED: *ardor*) Sodbrennen *nt*

vinagrero, **-a** [bina'ɣrero, -a] *m*, *f* (*vendedor*) Essigverkäufer(in) *m(f)*; (*comerciante*) Essighändler(in) *m(f)*

vinagreta [bina'ɣreta] *f* Vinaigrette *f*

vinagroso, **-a** [bina'ɣroso, -a] *adj* **1.** (*sabor*) essigsauer **2.** (*fam: persona*) sauertöpfisch, griesgrämig, mürrisch

vinatería [binate'ria] *f* **1.** (*comercio con vino*) Weinhandel *m* **2.** (*tienda*) Weinhandlung *f*, Weingeschäft *nt*

vinatero, **-a** [bina'tero, -a] **I.** *adj* Wein- **II.** *m*, *f* **1.** (*comerciante*) Weinhändler(in) *m(f)* **2.** (*aficionado*) Weinkenner(in) *m(f)*

vinazo [bi'naθo] *m* (*fam: fuerte*) kräftiger Wein *m*; (*bueno*) guter [*o* edler] Tropfen *m*

vinca(**pervinca**) ['biŋka(per'βiŋka)] *f* (BOT) Immergrün *nt*

vincha ['binʧa] *f* (*AmS: cinta*) Haarband *nt*

vinchuca [bin'ʧuka] *f* (*Arg, Chil, Par:* ZOOL) Feldwanze *f*

vinculable [biŋku'laβle] *adj* verknüpfbar, vinkulierbar

vinculación [biŋkula'θjon] *f* (Ver)bindung *f*, Verknüpfung *f*

vinculante [biŋku'laṇte] *adj* **1.** (*que une*) (ver)bindend, verknüpfend **2.** (*obligatorio*) verpflichtend, verbindlich

vincular [biŋku'lar] *vt* **1.** (*ligar*) binden (*con* an +*akk*), verbinden (*con* mit +*dat*), knüpfen (*con* an +*akk*), verknüpfen (*con* mit +*dat*) **2.** (*obligar*) verpflichten **3.** (COM, JUR: *la venta*) sperren, die Veräußerung verbieten

vínculo ['biŋkulo] *m* **1.** (*unión*) (Ver)bindung *f*, Verknüpfung *f*; **el ~ conyugal** [*o* **matrimonial**] das Band der Ehe; **~s familiares** Familienbande *pl*; **~s naturales** Blutsverwandtschaft *f*; **los ~s con el extranjero** die Beziehungen [*o* Kontakte] mit dem Ausland **2.** (*obligación*) Verpflichtung *f*

vindicación [biṇdika'θjon] *f* **1.** (*venganza*) Rache *f*, Vergeltung *f* **2.** (*defensa*) Verteidigung *f* **3.** (*justificación*) Rechtfertigung *f* **4.** (JUR: *reivindicación*) Zurückforderung *f*

vindicar [biṇdi'kar] <c→qu> *vt* **1.** (*vengar*) rächen, vergelten **2.** (*defender*) verteidigen **3.** (*justificar*) rechtfertigen **4.** (JUR: *reivindicar*) zurückfordern

vindicativo, **-a** [biṇdika'tiβo, -a] *adj* (*elev*) rachsüchtig; **discurso ~** ehrenrettende Rede, Verteidigungsrede *f*

vindicta [biṇ'dikta] *f* Rache *f*; **~ pública** (JUR) strafrechtliche Verfolgung

vinería [bine'ria] *f* (*CSur: vinatería*) Weinstube *f*

vínico, **-a** ['biniko, -a] *adj* (QUÍM) Wein-

vinícola [bi'nikola] **I.** *adj* (AGR) Wein-; (*cultivo*) Wein(an)bau-; (*elaboración*) Weinherstellungs- **II.** *mf* (AGR) Winzer(in) *m(f)*

vinicultor(**a**) [binikuḷ'tor(a)] *m(f)* (AGR) Winzer(in) *m(f)*

vinicultura [binikuḷ'tura] *f* (AGR) Wein(an)bau *m*

vinífero, **-a** [bi'nifero, -a] *adj* Wein erzeugend, Wein herstellend; **región vinífera** Weingegend *f*

vinificación [binifika'θjon] *f* Weinherstellung *f*, Weinbereitung *f*

vinillo [bi'niʎo] *m* (*flojo*) schwacher Wein *m*; (*fino*) edler [*o* guter] Tropfen *m*

vinilo [bi'nilo] *m* (QUÍM) Vinyl *nt*

vino ['bino] *m* Wein *m;* ~ **añejo** [*o* **de solera**] alter Wein; ~ **blanco** Weißwein *m;* ~ **caliente** Glühwein *m;* ~ **corriente** [*o* **de mesa**] Tafelwein *m;* ~ **dulce** Süßwein *m;* ~ **espumoso** Schaumwein *m,* Sekt *m;* ~ **de Jerez** Sherry *m;* ~ **joven** [*o* **nuevo**] Federweißer *m,* junger Wein; ~ **moscatel** Muskatwein *m,* Muskateller *m;* ~ **de Oporto** Portwein *m;* ~ **peleón** Fusel *m;* (*argot*) Pennerglück *nt;* ~ **rosado** Rosé(wein) *m,* Weißherbst *m;* ~ **seco/semiseco** trockener/halbtrockener Wein; ~ **tinto** Rotwein *m;* **aguar el** ~ Wein panschen; **echar agua al** ~ (*fig*) von einer Behauptung Abstand nehmen; **tener buen/mal** ~ von Wein lustig/agressiv werden

vinoso, -a [bi'noso, -a] *adj* **1.** (*sabor*) weinartig, mit Weingeschmack **2.** (*color*) weinrot, weinfarben, bordeaux(farben)

viña ['biɲa] *f* **1.** (*monte*) Weinberg *m,* Weingarten *m;* **ser una** ~ (*fig*) eine Goldgrube sein; **tener una** ~ **con algo** sich eine goldene Nase verdienen an etw; **de todo hay en la** ~ **del Señor** es gibt nichts, was es nicht gibt **2.** (*planta*) Weinstock *m*

viñador(a) [biɲa'ðor(a)] *m(f)* Wein(an)bauer(in) *m(f),* Winzer(in) *m(f)*

viñatero, -a [biɲa'tero, -a] *m, f* (*Arg, Perú*) Winzer(in) *m(f),* Weinbauer, -bäuerin *m, f*

viñedo [bi'ɲeðo] *m* **1.** (*monte*) Weinberg *m,* Weingarten *m* **2.** (*planta*) Weinstock *m*

viñeta [bi'ɲeta] *f* **1.** (*dibujo*) Vignette *f* **2.** (*emblema*) Emblem *nt,* Logo(gramm) *nt*

viola[1] ['bjola] *f* **1.** (MÚS: *instrumento*) Viola *f,* Bratsche *f* **2.** (BOT) Veilchen *nt*

viola[2] ['bjola] *mf* (MÚS) Violaspieler(in) *m(f),* Bratschenspieler(in) *m(f)*

violáceo, -a [bjo'laθeo, -a] *adj* **1.** (BOT) veilchenartig **2.** (*color*) violett, veilchenblau

violación [bjola'θjon] *f* **1.** (*infracción*) Verletzung *f,* Übertretung *f,* Verstoß *m* (*de* gegen +*akk*); (*contra la ley*) Gesetzesbruch *m,* Rechtsverletzung *f;* ~ **de contrato** (COM) Vertragsbruch *m;* ~ **del derecho de autor** (JUR) Urheberrechtsverletzung *f;* ~ **de fronteras** Grenzverletzung *f;* ~ **de garantía** (ECON) Garantieverletzung *f;* ~ **de patente** (ECON, JUR) Patentverletzung *f* **2.** (*de una mujer*) Vergewaltigung *f;* (JUR) Notzucht *f* **3.** (*invasión*) Überfall *m* **4.** (*de sepulturas*) Grabschändung *f*

violado, -a [bjo'laðo, -a] *adj* (*color*) veilchenblau, violett

violador[1] [bjola'ðor] *m* (*de una mujer*) Vergewaltiger *m;* (JUR) Notzuchtverbrecher *m*

violador(a)[2] [bjola'ðor(a)] *m(f)* **1.** (*de ley*) Gesetzesbrecher(in) *m(f)* **2.** (*de sepulturas*) Grabschänder(in) *m(f)*

violar [bjo'lar] **I.** *vt* **1.** (*a una mujer*) vergewaltigen; (JUR) notzüchtigen **2.** (*sepulturas*) schänden **3.** (*una ley, un principio*) verletzen, übertreten, verstoßen (gegen +*akk*); (*un contrato*) brechen **II.** *m* (BOT) Veilchenbeet *nt*

violencia [bjo'leṇθja] *f* **1.** (*condición*) Gewalt *f;* (*fuerza*) Wucht *f,* Heftigkeit *f;* **no** ~ Gewaltlosigkeit *f;* **régimen de** ~ Gewaltregime *nt;* **con** ~ mit Gewalt, gewaltsam; **sin** ~ ohne Gewalt, gewaltlos; (*manifestación*) gewaltfrei; **usar** [*o* **emplear**] **la** ~ Gewalt anwenden, tätlich werden; **costarle** ~ **a alguien** jdn Überwindung kosten; **hacer** ~ **a** [*o* **sobre**] **alguien** jdn nötigen, jdn zwingen **2.** (*acción*) Gewalttätigkeit *f,* Tätlichkeit *f*

violentar [bjoleṇ'tar] **I.** *vt* **1.** (*obligar*) zwingen, nötigen; (*sexualmente*) vergewaltigen, Gewalt antun +*dat elev* **2.** (*puerta*) auftreten, mit Gewalt [*o* gewaltsam] öffnen; (*cajón*) aufbrechen **3.** (*una casa*) einfallen (in +*akk*), einbrechen (in +*akk*); (*un banco*) überfallen **4.** (*principio*) verletzen, brechen, übertreten **5.** (*al interpretar*) entstellen, verzerren **II.** *vr:* **~se** (*obligarse*) sich zwingen, sich überwinden, sich Gewalt antun (müssen)

violentismo [bjoleṇ'tismo] *m sin pl* (*Chil: agitación*) politische Agitation *f*

violentista [bjoleṇ'tista] *mf* (*Chil: agitador*) politischer Agitator *m,* politische Agitatorin *f*

violento, -a [bjo'leṇto, -a] *adj* **1.** (*impetuoso*) gewaltig, heftig; (*esfuerzo*) mächtig, wild; (*discusión*) heftig; (*temperamento*) wild, zügellos, stürmisch **2.** (*brutal*) gewalttätig, brutal, roh; (*con violencia*) gewaltsam; **acto** ~ Gewalttat *f;* **un deporte** ~ ein brutaler Sport **3.** (*persona*) aufbrausend, ungestüm; **mostrarse** ~ sich heftig erregen, jähzornig reagieren, durchdrehen *fam* **4.** (*postura*) unnatürlich **5.** (*acto*) gezwungen; (*cohibido*) gehemmt; (*duro*) hart(herzig), ungerechtfertigt; **me es muy** ~ **tener que aceptarlo** es geht mir (gehörig) gegen den Strich, es akzeptieren zu müssen; **me resulta** ~ **decirle que no** es fällt mir sehr schwer, es ihm/ihr abzuschlagen; **me siento** ~ **en este ambiente** ich fühle mich in dieser Umgebung gehemmt **6.** (*tergiversado*) entstellt, verzerrt **7.** (*Am: de repente*) plötzlich

violero [bjo'lero] *m* (ZOOL) Moskito *m*

violeta[1] [bjo'leta] **I.** *adj* (*color*) violett, veilchenblau **II.** *m* Violett *nt*

violeta[2] [bjo'leta] *f* (BOT) Veilchen *nt*

violín [bjo'lin] *m* (MÚS) **1.** (*instrumento*) Geige *f,* Violine *f* **2.** (*músico*) Geiger(in) *m(f)*

violinista [bjoli'nista] *mf* (MÚS) Geiger(in) *m(f),* Violinist(in) *m(f) elev*

violón[1] [bjo'lon] *m* (MÚS) **1.** (*instrumento*) Bassgeige *f,* Kontrabass *m* **2.** (*loc*): **tocar el** ~ Blödsinn reden, Mist erzählen *fam*

violón[2] [bjo'lon] *mf* (*músico*) Bassgeiger(in) *m(f),* Kontrabassspieler(in) *m(f)*

violoncelista [bjoloṇθe'lista] *mf* (MÚS) Cellist(in) *m(f),* Cellospieler(in) *m(f)*

violoncelo [bjoloṇ'θelo] *m* (MÚS) Violoncello *nt*

violonchelista [bjolontʃe'lista] *mf* (MÚS) *v.* **violoncelista**

violonchelo [bjolon'tʃelo] *m* (MÚS) *v.* **violoncelo**

vip [bi^p], **VIP** [bi^p] *m abr de* **Very Important Person** VIP *f;* **sala** ~ VIP-Lounge *f*

viperino, **-a** [bipe'rino, -a] *adj* Vipern-, Ottern-

viracocha [bira'kotʃa] *mf* (*And: fam: apelativo de blancos*) Weiße(r) *mf*

Viracocha [bira'kotʃa] *m* (*And*) **1.** (*dios inca*) Gott *m* der Inkas (*Sohn der Sonne*) **2.** (*apelativo de conquistadores*) *Bezeichnung der Inkas für die spanischen Eroberer*

virada [bi'raða] *f* (NÁUT) **1.** (*vuelta*) Wende *f* **2.** (*acción*) Wenden *nt*

virago [bi'raɣo] *m* Mannweib *nt*

viraje [bi'raxe] *m* **1.** (*giro*) Wendung *f*, Drehung *f;* (*curva*) Kurve *f*, Biegung *f;* ~ **en horquilla** Haarnadelkurve *f;* **hacer** [*o* **dar**] **un** ~ eine Kurve nehmen **2.** (*de intereses, ideas*) Wende *f;* (*de opinión*) Umschwung *m;* (*de dirección*) Kurswechsel *m;* (POL: *de votos*) Stimmenabwanderung *f* (*zu einer anderen Partei*) **3.** (FOTO: *de color*) Tonung *f*

virar [bi'rar] **I.** *vi* **1.** (*girar*) wenden, drehen, schwenken; (*curva*) eine Kurve nehmen [*o* fahren]; ~ **en redondo** eine Kehrtwende machen; **la grúa viró a** [*o* **hacia**] **la izquierda** der Kran schwenkte nach links (aus) **2.** (NÁUT: *girar*) wenden; **listos para** ~ klar zur Wende **3.** (*de ideas, intereses*) sich ändern, wechseln; (*de opinión*) umschwenken; ~ **en redondo** (*fig*) eine Kehrtwende machen **II.** *vt* **1.** (NÁUT: *girar*) wenden **2.** (*el volante*) herumreißen, herumziehen **3.** (FOTO: *color*) tönen **4.** (*And, CSur: invertir*) (her)umdrehen, umkehren **5.** (*AmC: azotar*) schlagen, ohrfeigen

virasis [bi'rasis] *f* (MED) *v.* **virosis**

virazón [bira'θon] *m* (tagsüber wehender) Seewind *m*

virgen ['birxen] **I.** *adj* **1.** (*inmaculado*) jungfräulich, rein **2.** (*sin grabar*): **cinta** ~ unbespielte Kassette **3.** (AGR: *tierras*) unbebaut **II.** *f* (REL): **la V~** die Jungfrau; **la Santísima V~ María** die Heilige Jungfrau Maria; **¡Santísima V~!** (*fam*) Heilige Mutter Gottes!, heiliger Strohsack!; **ser de la V~ del puño** geizig [*o* knauserig] sein; **ser un viva la V~** ein Faulpelz [*o* Tagedieb] sein

virgiliano, **-a** [birxi'ljano, -a] *adj* (LIT) vergilisch

virginal [birxi'nal] *adj* **1.** (*virgíneo*) jungfräulich; (*inmaculada*) unberührt **2.** (*puro*) unbefleckt, rein **3.** (*virgen*) Jungfern-

virginia [bir'xinja] *f* Virginiatabak *m*

virginidad [birxini'ða^ð] *f sin pl* Jungfräulichkeit *f*

virgo ['birɣo] *m* Jungfräulichkeit *f*

Virgo ['birɣo] *m* (ASTR) Jungfrau *f*

virguería [birɣe'ria] *f* **1.** (*de gran perfección*) Feinarbeit *f* **2.** (*pey: adorno*) Firlefanz *m*, Tand *m;* **hacer ~s con algo** Fingerspitzengefühl haben für etw

virguero, **-a** [bir'ɣero, -a] *adj* **1.** (*fam: excelente*) super, hervorragend **2.** (*elegante*) elegant, schick **3.** (*delicado*) fein gearbeitet **4.** (*hábil*) mit Fingerspitzengefühl, geschickt

vírgula ['birɣula] *f* **1.** (LING) Komma *nt* **2.** (*vara*) Gerte *f* **3.** (MED) Kommabazillus *m*

viriasis [bi'rjasis] *f inv* (MED) *v.* **virosis**

vírico, **-a** ['biriko, -a] *adj* (MED) Virus-; **infección vírica** Virusinfektion *f*

viril [bi'ril] *adj* **1.** (*masculino*) Mannes-, männlich; **edad** ~ Mannesalter *nt;* **miembro** ~ männliches Glied **2.** (*enérgico*) mannhaft, entschlossen

virilidad [birili'ða^ð] *f sin pl* **1.** (*masculinidad*) Männlichkeit *f* **2.** (*energía*) Entschlossenheit *f* **3.** (*potencia*) Manneskraft *f* **4.** (*edad*) Mannesalter *nt*

virilismo [biri'lismo] *m* (MED) Virilismus *m*, Vermännlichung *f*

virilización [biriliθa'θjon] *f* Virilisierung *f*

viringo, **-a** [bi'riŋgo, -a] *adj* (*Col: sin ropa*) nackt, entblößt; (*sin pelo*) kahl(köpfig)

virola [bi'rola] *f* **1.** (*general*) Zwinge *f*, Ring *m* **2.** (*de lanza*) Stockzwinge *f*, Lanzenzwinge *f* **3.** (*CSur, Méx: argolla*) Silberring *m;* (*disco*) Metallscheibe *f*

virolento, **-a** [biro'lento, -a] **I.** *adj* pockennarbig **II.** *m, f* Pockennarbige(r) *mf*

virología [birolo'xia] *f sin pl* (MED) Virologie *f*

virológico, **-a** [biro'loxiko, -a] *adj* (BIOL) virologisch

virólogo, **-a** [bi'roloɣo, -a] *m, f* (MED) Virologe, -in *m, f*

virosis [bi'rosis] *f inv* (MED) Virose *f*, Viruserkrankung *f*

virreina [bi'rrei̯na] *f* Vizekönigin *f*

virreinato [birrei̯'nato] *m* **1.** (*terreno*) Vizekönigreich *nt*, Vizekönigtum *nt* **2.** (*temporada*) Regierungszeit *f* (*eines Vizekönigs*)

virrey [bi'rrei̯] *m* Vizekönig *m*

virtual [birtu'al] *adj* virtuell, wirkungsfähig, potenziell; **realidad** ~ (INFOR) virtuelle Realität [*o* Wirklichkeit]

virtualidad [birtwali'ða^ð] *f* Virtualität *f*, Wirkungskraft *f*

virtualizar [birtwali'θar] <z→c> *vt* virtualisieren

virtualmente [birtual'mente] *adj* **1.** (*en potencia*) virtuell, potenziell **2.** (*implícitamente*) mit einbegriffen, implizit **3.** (*tácitamente*) stillschweigend **4.** (*casi, a punto de*) praktisch **5.** (*en la realidad*) in Wirklichkeit

virtud [bir'tu^ð] *f* **1.** (*en las personas*) Tugend *f* **2.** (*poder*) Fähigkeit *f*, (wirkende) Kraft *f;* **la manzanilla tiene la** ~ **de aliviar** die Kamille hat die gute Eigenschaft, Linderung zu bringen **3.** (*loc*): **en** ~ **de** aufgrund [*o* auf Grund] von, kraft; **en** ~ **de una ley** kraft [*o* aufgrund] [*o* auf Grund] eines Gesetzes

virtuosismo [birtwo'sismo] *m sin pl* Virtuosität *f*, Kunstfertigkeit *f*

virtuosista [birtwo'sista] *mf* Virtuose, -in *m, f*

virtuoso, **-a** [birtu'oso, -a] *adj* **1.** (*con gran habilidad*) virtuos, meisterhaft **2.** (*lleno de virtudes*) tugendhaft **3.** (*que alivia*) heilkräftig, wirksam

viruela [bi'rwela] *f* (MED) **1.** (*enfermedad*) Pocken *pl*, Blattern *pl*; ~ **loca** Windpocken *pl* **2.** (*pústula*) Pocke *f*; **picado de ~s** pockennarbig; **señales de (la) ~** Pockennarben *fpl*

virulé [biru'le] *f*: **a la ~** (*fam: persona*) nich ganz dicht; (*estropeado*) nicht in Ordnung; (*torcido*) schief; **poner a alguien un ojo a la ~** jdm ein Veilchen schlagen; **tener un ojo a la ~** einen Silberblick haben

virulencia [biru'len̩θja] *f* **1.** (MED) Virulenz *f* **2.** (*malignidad*) Bösartigkeit *f* **3.** (*violencia*) Heftigkeit *f*; (*urgencia*) Dringlichkeit *f*

virulento, -a [biru'len̩to, -a] *adj* **1.** (MED) virulent, ansteckend **2.** (*maligno*) bösartig **3.** (*violento*) heftig; (*urgente*) dringlich

virus ['birus] *m inv* (MED) Virus *nt o m*; ~ **informático** (INFOR) (EDV-)Virus *nt o m*

viruta [bi'ruta] *f* Span *m*; **un ~s** (*fam irón: carpintero*) ein Schreiner

vis [bis] *f*: ~ **cómica** Esprit *m*, Witz *m*

visa ['bisa] *m o f* (*Am*), **visado** [bi'saðo] *m* Visum *nt*; (*visto bueno*) Sichtvermerk *m*; ~ **de entrada/de salida** Ein-/Ausreisevisum *nt*; ~ **de tránsito** Durchreisevisum *nt*; ~ **turístico** Touristenvisum *nt*

visaje [bi'saxe] *m* (*expresión*) Miene *f*, Ausdruck *m*; (*gesto*) Grimasse *f*, Fratze *f*; **hacer ~s** Fratzen [*o* Grimassen] schneiden

visar [bi'sar] *vt* (ADMIN) mit einem Sichtvermerk versehen; (*registrar*) ins Register eintragen; (*pasaporte*) visieren, mit einem Visum versehen

vis-a-vis [bisa'βis] **I.** *adv* vis-a-vis **II.** *m* Visavis *nt*; **tener un ~ con alguien** ein Stelldichein mit jdm haben

víscera ['bisθera] *f* Eingeweide *nt*; **~s** Eingeweide *ntpl*; (MED) Viszera *ntpl*

visceral [bisθe'ral] *adj* **1.** (*de las vísceras*) Eingeweide-; (MED) viszeral **2.** (*irracional*) irrational; **odio ~** blinder Hass; **reacción ~** Kurzschlussreaktion *f* **3.** (*impetuoso*) ungestüm; (*colérico*) jähzornig

visceralidad [bisθerali'ðað] *f* (*impetuosidad*) Ungestüm *nt*; (*arrebato*) Jähzorn *m*; (*de sentimientos*) Gefühlsaufwallung *f*

viscosa [bis'kosa] *f* Viskose *f*

viscosidad [biskosi'ðað] *f* **1.** (*consistencia*) Zähflüssigkeit *f*, Zähheit *f*; (QUÍM, TÉC) Viskosität *f*, Zähigkeit *f* **2.** (*mucosidad*) Schleim *m*

viscoso, -a [bis'koso, -a] *adj* **1.** (*espeso*) zäh(flüssig); (QUÍM, TÉC) viskös **2.** (*glutinoso*) schleimig; (*blando*) glibberig

visera [bi'sera] *f* **1.** (HIST, MIL) Visier *nt* **2.** (*de una gorra*) Schirm *m*, Schild *nt*; (*sólo por delante*) Schirm *m*

visibilidad [bisiβili'ðað] *f* (*cualidad*) Sichtbarkeit *f*; (*distancia*) Sichtverhältnisse *ntpl*; **buena/mala ~** gute/schlechte Sicht(verhältnisse)

visibilizar [bisiβili'θar] <z→c> *vt* sichtbar machen

visible [bi'siβle] *adj* **1.** (*perceptible*) sichtbar **2.** (*obvio*) augenscheinlich, offenbar, (offen)sichtlich **3.** (*persona*) auffällig **4.** (*fam: presentable*) vorzeigbar

visigodo, -a [bisi'ɣoðo, -a] **I.** *adj* (HIST) westgotisch **II.** *m, f* (HIST) Westgote, -in *m, f*

visigótico, -a [bisi'ɣotiko, -a] *adj* westgotisch

visillo [bi'siʎo] *m* (*transparente*) Gardine *f*; (*de encaje*) Store *m*; (*fijo*) Scheibengardine *f*

visión [bi'sjon] *f* **1.** (*vista*) Sicht *f*; **pago por ~** (TV) pay per view **2.** (*aptitud*) Sehvermögen *nt*; **perder la ~ de un ojo** die Sehkraft eines Auges verlieren **3.** (*aparición*) Vision *f*, Erscheinung *f*; (*alucinación*) Halluzination *f*; **ver visiones** (*fig*) Gespenster sehen; **me quedé (como) viendo visiones** (*fig*) ich traute meinen Augen nicht **4.** (*punto de vista*) Sichtweise *f*; ~ **de conjunto** Überblick *m*, Gesamtbild *nt*; ~ **del mundo** Weltanschauung *f* **5.** (*fam pey: mamarracho*) Vogelscheuche *f*; **ir hecho una ~** schauderhaft aussehen

visionar [bisjo'nar] *vt* **1.** (*creer*) sich einbilden **2.** (CINE, TV) betrachten; (*crítico*) eingehend betrachten

visionario, -a [bisjo'narjo, -a] **I.** *adj* **1.** (*con imaginación*) visionär **2.** (*adivinatorio*) seherisch **3.** (*soñador*) schwärmerisch; (*pey*) spinnig **II.** *m, f* **1.** (*con imaginación*) Visionär(in) *m(f)* **2.** (*adivinador*) Seher(in) *m(f)* **3.** (*soñador*) Schwärmer(in) *m(f)*, Traumtänzer(in) *m(f)*; (*pey*) Fantast(in) *m(f)*

visionudo, -a [bisjo'nuðo, -a] *m, f* (*Méx: fam*) Angeber(in) *m(f)*

visir [bi'sir] *m* Wesir *m*; **gran ~** Großwesir *m*

visita [bi'sita] *f* **1.** (*visitante*) Besucher(in) *m(f)*, Besuch *m*; ~ **del médico** Visite *f* **2.** (*acción*) Besuch *m*; (*a un museo, ciudad*) Besichtigung *f*; ~ **de la ciudad** Stadtbesichtigung *f*; ~ **a domicilio** Hausbesuch *m*; ~ **guiada** Führung *f*; ~ **de inspección** Inspektionsbesuch *m*; ~ **de negocios** geschäftlicher Besuch; ~ **oficial** [*o* **de Estado**] Staatsbesuch *m*; **devolver la ~** den Besuch erwidern; **estar de ~ en casa de alguien** bei jdm zu Besuch sein; **hacer una ~** einen Besuch machen; **ir de ~** jdn besuchen gehen; **rendir ~ a alguien** jdm einen Besuch abstatten; **tener (a alguien de) ~** (jdn zu) Besuch haben **3.** (JUR) Haussuchung *f*

visitador(a) [bisita'ðor(a)] **I.** *adj* **1.** (*que visita*) besuchend, Gast- **2.** (*propenso a*) besuchfreudig **II.** *m(f)* **1.** (*visitante*) Besucher(in) *m(f)* **2.** (JUR) Inspektor(in) *m(f)*, Aufsichtsbeamte(r) *mf*, Aufsichtsbeamtin *f*

visitadora [bisita'ðora] *f* (*AmC, AmS: fam: lavativa*) Einlauf *m*, Klistier *nt*

visitante [bisi'tan̩te] **I.** *adj* Gast-, besuchend; **comisión ~** Gastkommission *f* **II.** *mf* Besucher(in) *m(f)*; ~ **de la feria** Messebesucher *m*

visitar [bisi'tar] *vt* besuchen; (MED) Visite machen; (ADMIN, JUR) inspizieren; (*una ciudad, un museo*) besichtigen

visiteo [bisi'teo] *m* (*pey*) Besucherei *f*

visitero, **-a** [bisi'tero, -a] *adj* (*pey*) aufdringlich; **es muy** ~ er lädt sich dauernd selbst ein

visivo, **-a** [bi'siβo, -a] *adj* Seh-; **potencia visiva** Sehkraft *f*

vislumbrar [bislum'brar] *vt* **1.** (*ver*) durchschimmern sehen **2.** (*conjeturar*) erahnen; **sus palabras dejan** [*o* **hacen**] ~ **un fuerte temperamento** seine/ihre Worte deuten auf ein starkes Temperament hin

vislumbre [bis'lumbre] *f* **1.** (*resplandor*) Schimmer *m* **2.** (*conjetura*) Erahnen *nt* **3.** (*idea*) Ahnung *f;* **no tener ni la más leve** ~ **de algo** keinen blassen Schimmer von etw haben

viso ['biso] *m* **1.** (*resplandor*) Schimmer *m;* (*aspecto*) Anschein *m;* **esto tiene ~s de no acabar nunca** das scheint kein Ende nehmen zu wollen; **tiene ~s de llover** es sieht nach Regen aus **2.** (*irisación*) Schillern *nt;* **hacer ~s** changieren, schillern

visón [bi'son] *m* **1.** (ZOOL) Nerz *m;* ~ **norteamericano** Mink *m* **2.** (*piel*) Nerzfell *nt,* Nerz *m*

visor [bi'sor] *m* **1.** (MIL) Visier *nt;* ~ **de luz infrarroja** Infrarotsichtgerät *nt* **2.** (FOTO) Sucher *m;* (CINE) Laufbildbetrachter *m*

víspera ['bispera] *f* **1.** (*noche anterior*) Vorabend *m;* (*día anterior*) Vortag *m;* ~ **de festivo** Vorabend eines Feiertages; **en ~s de** kurz vor; **estar en ~s de hacer algo** im Begriff sein etw zu tun **2.** *pl* (REL) Vesper *f*

vista ['bista] *f* **1.** (*visión*) Sicht *f,* Sehen *nt;* (*capacidad*) Sehvermögen *nt;* (*mirada*) Blick *m;* ~ **de águila** [*o* **de lince**] Adleraugen *ntpl;* **dinero a la** ~ Geld auf tägliche Kündigung; **pagadero a la** ~ zahlbar bei Vorlage [*o* bei Sicht]; **a dos años** ~ (COM) zwei Jahre nach Sicht; **aguzar la** ~ den Blick schärfen; **al alcance de/fuera del alcance de la** ~ in/außer Sicht(weite); **a la** ~ (*al parecer*) anscheinend; (*visible*) offenbar, offensichtlich; (*previsible*) absehbar; (COM) auf Sicht; **a la** ~ **de todos** vor aller Augen; **a la** ~ **está** sieht ganz so aus; **alzar/bajar la** ~ den Blick heben/senken; **apartar la** ~ (**de algo**) (von etw) wegschauen, den Blick (von etw) wenden; **no apartar la** ~ **de algo/alguien** etw/jdn unaufhörlich anschauen; **a primera** ~ auf den ersten Blick; **a simple** ~ mit dem bloßen Auge; (*fig*) auf einen Blick; **a** ~ **de pájaro** aus der Vogelperspektive; **clavar la** ~ **en algo/alguien** den Blick auf etw/jdn heften; **comerse algo/a alguien con la** ~ etw/jdn mit den Augen verschlingen; **con la** ~ **puesta en algo/alguien** den Blick auf etw/jdn gerichtet; **con ~s a...** im Hinblick auf ... +*akk;* **corto de** ~ kurzsichtig; **dejar vagar la** ~ den Blick schweifen lassen; **dirigir la** ~ **a algo/alguien** den Blick auf etw/jdn richten; **a Paco no hay quien le eche la** ~ **encima** Paco ist völlig von der Bildfläche verschwunden; **de** ~ vom Sehen; **en vista de que...** angesichts der Tatsache, dass ..., in Anbetracht der Tatsache, dass ...; **está a la** ~ **quién va a ganar** es ist abzusehen, wer gewinnen wird; **¡fuera de mi ~!** aus meinen Augen!; **hacer la** ~ **gorda** ein Auge zudrücken; **¡hasta la ~!** auf Wiedersehen!; **hasta donde alcanza la** ~ so weit das Auge reicht; **nublar la** ~ den Blick trüben; **se me nubla la** ~ (*fig*) mir wird schwarz vor den Augen; **no perder de** ~ **algo/a alguien** etw/jdn nicht aus den Augen lassen; **pagadero a la** ~ (COM: *letra de cambio*) zahlbar bei Sicht; **perder de** ~ **algo/a alguien** etw/jdn aus den Augen verlieren; **quedar a la** ~ zum Vorschein kommen; **saltar a la** ~ ins Auge springen; **sentido de la** ~ Gesichtssinn *m;* **tener** ~ (*fig*) ein Schlitzohr sein; **tener buena** ~ gute Augen haben; **volver la** ~ (**atrás**) zurückblicken; **¡~ a la derecha/izquierda!** (MIL) die Augen rechts/links! **2.** (*panorama*) (Aus)sicht *f,* Blick *m;* ~ **panorámica** Panoramablick *m;* (*mirador*) Aussichtspunkt *m;* **una buena** [*o* **bonita**] ~ eine schöne Aussicht; **con ~s al mar/a la montaña** mit Blick auf das Meer [*o* Meeresblick]/auf die Berge **3.** (*imagen*) Bild *nt,* Ansicht *f;* (FOTO) Aufnahme *f;* (*perspectiva*) Ansicht *f,* Blickwinkel *m;* ~ **aérea** Luftbild *nt,* Luftaufnahme *f;* (ARQUIT) Aufsicht *f;* ~ **de pájaro** Vogelperspektive *f;* ~ **exterior/interior** Außen-/Innenansicht *f;* ~ **frontal/lateral** Vorder-/Seitenansicht *f;* ~ **general** Gesamtbild *nt;* **me ha mandado una** ~ **de París** er/sie hat mir eine Ansicht von Paris geschickt **4.** (*aspecto*) Aussehen *nt;* **tener buena** ~ gut aussehen **5.** (JUR) (Gerichts)verhandlung *f;* ~ **oral** Hauptverhandlung *f*

vistazo [bis'taθo] *m* (flüchtiger) Blick *m;* **de un** ~ mit einem Blick; **echar un** ~ **a algo** einen Blick auf etw werfen; **voy a dar** [*o* **echar**] **un** ~ ich gehe mal nachschauen

vistillas [bis'tiʎas] *fpl* Aussichtspunkt *m;* **irse a las vistillas** (*fam*) anderen in die Karten gucken

visto, **-a** ['bisto, -a] **I.** *pp de* **ver** **II.** *adj* **1.** (*considerado*) angesehen; **bien/mal** ~ gut/schlecht angesehen **2.** (*anticuado*) veraltet; **está muy** ~ (*fig*) das ist Schnee von gestern, das ist ein alter Hut **3.** (JUR): ~ **para sentencia** hauptverhandlungsfähig **4.** (ADMIN, JUR) gesehen und genehmigt **5.** (*loc*): **el pastel desapareció** ~ **y no** ~ ehe man es sich versah, war der Kuchen weg; **está** ~ **que no puede ser de otra forma** offensichtlich kann es nicht anders sein; **este abrigo está muy** ~ diesen Mantel trägt wirklich Hinz und Kunz; **nunca** ~ nie dagewesen; (*inaudito*) unerhört; **por lo** ~ anscheinend, allem Anschein nach **III.** *conj:* ~ **que...** angesichts der Tatsache, dass ..., in Anbetracht der Tatsache, dass ...

visto bueno ['bisto 'βweno] *m* (ADMIN, JUR) Sichtvermerk *m;* **dar el** ~ **a algo/alguien** (*fig*) sein Plazet zu etw/jdm geben

vistosidad [bistosi'ðaᵈ] *f* (*atractivo*) Ansehnlichkeit *f;* (*hermosura*) Pracht *f*

vistoso, **-a** [bis'toso, -a] *adj* (*atractivo*) ansehnlich; (*llamativo*) auffällig; (*hermoso*) prächtig

visual [bisu'al] **I.** *adj* Seh-, Sicht-; **campo** ~ Sichtfeld *nt,* Gesichtsfeld *nt* **II.** *f* Augenlinie *f*

visualidad [biswali'ðaᵈ] *f* (*elev*) angenehmer Anblick *m*

visualización [biswaliθa'θjon] *f* Veranschaulichung *f;* (*display, t.* INFOR) (Display)anzeige *f;* ~ **en pantalla** Bildschirmanzeige *f;* ~ **por cristal líquido** LCD-Anzeige *f;* ~ **por diodo luminoso** LED-Anzeige *f*

visualizador [biswaliθa'ðor] *m* (INFOR) Display *nt;* ~ **de archivos** (INFOR) Dateiviewer *m*

visualizar [biswali'θar] <z→c> *vt* **1.** (*representar*) veranschaulichen **2.** (*Am: divisar*) erblicken **3.** (INFOR) anzeigen

vital [bi'tal] *adj* **1.** (*t.* MED) vital, Lebens-; **constantes** ~**es** Vitalfunktionen *f;* **espacio** ~ Lebensraum *m;* **fuerza** ~ Lebenskraft *f* **2.** (*necesario*) lebensnotwendig, lebenswichtig; **cuestión** ~ lebenswichtige Frage; **de** ~ **importancia** von lebenswichtiger Bedeutung, lebensnotwendig **3.** (*vivaz*) vital, lebhaft

vitalicio, **-a** [bita'liθjo, -a] *adj* (ADMIN, FIN) auf Lebenszeit; **cargo** ~ Amt auf Lebenszeit; **renta vitalicia** Leibrente *f;* **seguro** ~ Lebensversicherung *f*

vitalicista [bitali'θista] *mf* Inhaber(in) *m(f)* einer Lebensversicherung, Lebensversicherte(r) *mf*

vitalidad [bitali'ðaᵈ] *f sin pl* **1.** (*importancia*) Lebensnotwendigkeit *f,* Lebenswichtigkeit *f* **2.** (*energía*) Vitalität *f,* Lebenskraft *f;* (*alegría de vivir*) Lebensfreude *f*

vitalismo [bita'lismo] *m sin pl* (FILOS) Vitalismus *m*

vitalista [bita'lista] **I.** *adj* (FILOS) vitalistisch **II.** *mf* (FILOS) Vitalist(in) *m(f)*

vitalizador(**a**) [bitaliθa'ðor(a)] *adj,* **vitalizante** [bitali'θan̪te] *adj* vitalisierend; (*vivificante*) belebend; (*fortalecedor*) Kraft spendend, kräftigend

vitalizar [bitali'θar] <z→c> *vt* (*Am*) vitalisieren; (*vivificar*) beleben; (*fortalecer*) kräftigen

vitamina [bita'mina] *f* Vitamin *nt;* **pobre en** ~**s** vitaminarm; **rico en** ~**s** vitaminreich

vitaminado, **-a** [bitami'naðo, -a] *adj* (MED) vitaminiert, mit Vitaminen angereichert

vitaminar [bitami'nar] *vt* mit Vitaminen anreichern; (QUÍM) vitaminieren; **vitaminado** mit Vitaminzusatz

vitamínico, **-a** [bita'miniko, -a] *adj* (MED) Vitamin-; **complejo** ~ Vitaminpräparat *nt*

vitaminizar [bitamini'θar] <z→c> *vt v.* **vitaminar**

vitaminoterapia [bitaminote'rapja] *f* (MED) Vitamintherapie *f*

vitela [bi'tela] *f* **1.** (*cuero*) (sehr feines) Kalb(s)leder *nt* **2.** (*pergamino*) Pergament *nt;* (*papel*) Velin *nt*

vitícola [bi'tikola] *adj* Weinbau-; **región** ~ Weinbaugegend *f,* Weinbaugebiet *nt*

viticultor(**a**) [bitikul̪'tor(a)] *m(f)* Winzer(in) *m(f)*

viticultura [bitikul̪'tura] *f* Weinbau *m*

vitivinícola [bitiβi'nikola] *adj* (AGR) den Weinbau betreffend, Weinbau-

vitivinicultor(**a**) [bitiβinikul̪'tor(a)] *m(f)* (AGR) Winzer(in) *m(f),* Weinbauer, -bäuerin *m, f*

vitivinicultura [bitiβinikul̪'tura] *f* Weinbau *m*

vitola [bi'tola] *f* **1.** (*tipo de puro*) Zigarrenkaliber *nt,* Zigarrengröße *f* **2.** (*banda*) Zigarrenbauchbinde *f* **3.** (*aire*) Hauch *m*

vítor ['bitor] *m* Hochruf *m,* Hoch *nt;* **prorrumpir en** ~**es** in Hochrufe ausbrechen

vitorear [bitore'ar] *vt* hochleben lassen, zujubeln +*dat*

vitoriano, **-a** [bito'rjano, -a] **I.** *adj* aus Vitoria **II.** *m, f* Einwohner(in) *m(f)* von Vitoria

vitral [bi'tral] *m* (ornamentales) Kirchenfenster *nt*

vítreo, **-a** ['bitreo, -a] *adj* **1.** (*de vidrio*) gläsern, Glas- **2.** (*similar al vidrio*) glasartig; (*vidrioso*) glasig **3.** (QUÍM) kristallin; **humor** ~ (MED) Glaskörper *m*

vitrificación [bitrifika'θjon] *f* **1.** (*esmaltado*) Glasieren *nt* **2.** (*transformación*) Sinterung *f*

vitrificar [bitrifi'kar] <c→qu> *vt* **1.** (*esmaltar*) glasieren; **azulejo vitrificado** glasierte Kachel **2.** (*convertir*) sintern

vitrina [bi'trina] *f* **1.** (*aparador*) Vitrine *f,* Glasschrank *m;* (*mostrador*) Glas(schau)kasten *m;* ~ **frigorífica** Kühlvitrine *f* **2.** (*Am: escaparate*) Schaufenster *nt*

vitriolo [bi'trjolo] *m* (QUÍM, BIOL, MED) Vitriol *nt*

vitro ['bitro] *m:* **in** ~ in vitro; **fecundación in** ~ (MED) In-vitro-Fertilisation *f*

vitrocerámico, **-a** [bitroθe'ramiko, -a] *adj* Glaskeramik-; **placa vitrocerámica** Glaskeramikkochfeld *nt*

vitrola [bi'trola] *f* (*Am:* HIST: *gramófono*) Grammophon® *nt*

vituallas [bi'twaʎas] *fpl* Viktualien *ntpl;* (MIL) Proviant *m*

vituperable [bitupe'raβle] *adj* (*inmoral*) verwerflich; (*censurable*) tadelnswert; (*despreciable*) verachtenswert

vituperación [bitupera'θjon] *f* (*reprobación*) Verwerfung *f;* (*censura*) Tadel *m,* Rüge *f*

vituperador(**a**) [bitupera'ðor(a)] *m(f)* Tadler(in) *m(f)*

vituperar [bitupe'rar] *vt* (*reprobar*) verwerfen; (*censurar*) tadeln, rügen; (*deshonrar*) beschimpfen, schmähen

vituperio [bitu'perjo] *m* **1.** (*censura*) Tadel *m;* **colmar a alguien de** ~**s** jdn abkanzeln **2.** (*deshonra*) Schmähung *f,* Beschimpfung *f;* (*injuria*) Beleidigung *f*

viudedad [bjuðe'ðaᵈ] *f* **1.** (*estado de viuda*) Witwenstand *m;* (*de viudo*) Witwerstand *m* **2.** (*pensión*) Witwenrente *f*

viudez [bju'ðeθ] *f* (*de la mujer*) Witwenstand *m;* (*del hombre*) Witwerstand *m*

viudita [bju'ðita] *f* (*Arg, Chil:* ZOOL) Nonnenpapagei *m*

viudo, -a ['bjuðo, -a] **I.** *adj* verwitwet; **quedarse** ~ verwitwen **II.** *m, f* Witwer *m,* Witwe *f;* **viuda alegre** lustige Witwe

viva ['biβa] **I.** *interj* hoch, hoch soll er/sie leben; **¡~ el rey!** es lebe der König!; **¡~n los novios!** ein Hoch dem Brautpaar! **II.** *m* Hochruf *m,* Hoch *nt;* **dar ~s a alguien** jdm zujubeln; **recibir con ~s** unter Hochrufen empfangen

vivac [bi'βa^{k}] *m v.* **vivaque**

vivace [bi'βatʃe] *m* (MÚS) Vivace *nt*

vivacidad [biβaθi'ða^{ð}] *f sin pl* **1.** (*viveza*) Lebhaftigkeit *f,* Lebendigkeit *f* **2.** (*energía*) Lebenskraft *f* **3.** (*movilidad*) Regsamkeit *f;* (*agilidad*) Rührigkeit *f* **4.** (*agudeza*) Aufgewecktheit *f,* Scharfsinn *m*

vivalavirgen [biβala'βirxen] *m sin pl* Luftikus *m*

vivales [bi'βales] *m inv* gerissener Bursche *m*

vivamente [biβa'mente] *adv* **1.** (*con eficacia*) scharfsinnig **2.** (*con propiedad*) treffend **3.** (*profundamente*): **lo siento** ~ ich bedaure es zutiefst

vivaque [bi'βake] *m* Biwak *nt*

vivaquear [biβake'ar] *vi* biwakieren

vivar [bi'βar] **I.** *m* **1.** (*conejera*) Kaninchenbau *m* **2.** (*criadero*) Brutstätte *f;* (*de peces*) Fischzuchtweiher *m* **II.** *vt* (*Am: vitorear*) hochleben lassen

vivaracho, -a [biβa'ratʃo, -a] *adj* **1.** (*vivo*) lebhaft, quirlig **2.** (*despierto*) aufgeweckt; **ojos ~s** wache Augen

vivario [bi'βarjo] *m* (ZOOL) Vivarium *nt*

vivaz [bi'βaθ] *adj* **1.** (BOT) mehrjährig; (*perenne*) immergrün **2.** (*vivaracho*) lebhaft, lebendig **3.** (*enérgico*) voller Lebenskraft **4.** (*despierto*) aufgeweckt

vivencia [bi'βenθja] *f* Erlebnis *nt*

vivencial [biβen'θjal] *adj* (FILOS, PSICO) Erlebnis-

vivenciar [biβen'θjar] *vt* (FILOS, PSICO) erleben

víveres ['biβeres] *mpl* Lebensmittel *ntpl;* (MIL) Proviant *m;* (*reservas*) Vorrat *m;* (*ración*) Mundvorrat *m*

vivero [bi'βero] *m* **1.** (*de plantas*) Gärtnerei *f;* (*de árboles*) Baumschule *f* **2.** (*de crías*) Vivarium *nt* **3.** (*de peces*) Zuchtteich *m* **4.** (*en un restaurante*) Bassin *nt*

viveza [bi'βeθa] *f* **1.** (*celeridad*) Behändigkeit *f;* (*agilidad*) Regsamkeit *f* **2.** (*energía*) Lebendigkeit *f,* Rührigkeit *f* **3.** (*agudeza*) Aufgewecktheit *f,* Scharfsinn *m* **4.** (*de colores*) Leuchtkraft *f*

vívido, -a ['biβiðo, -a] *adj* lebendig; **una descripción muy vívida** eine spannende Schilderung

vividor(a) [biβi'ðor(a)] *m(f)* Lebemann, -frau *m, f;* (*pey*) Windhund *m,* windiger Typ *m;* (*gorrón*) Nassauer *m*

vivienda [bi'βjenda] *f* **1.** (*piso*) Wohnung *f;* (*lugar*) Wohnstätte *f;* (*casa*) Wohnhaus *nt;* (*residencia*) Wohnsitz *m;* ~ **habitual** (JUR) ständiger Wohnsitz; ~ **de nueva construcción** Neubau *m;* **segunda** ~ zweiter Wohnsitz; ~ **de protección oficial** steuerbegünstigte Wohnung; **sin** ~ obdachlos; **el problema de la** ~ das Wohnungsproblem **2.** (*Am: modo de vida*) Lebensart *f,* Lebensweise *f*

viviente [bi'βjente] *adj* lebend, lebendig; **seres ~s** Lebewesen *ntpl;* **ni alma** ~ (*fig*) keine Menschenseele

vivificador(a) [biβifika'ðor(a)] *adj,* **vivificante** [biβifi'kante] *adj* **1.** (*vitalizante*) belebend, anregend, vitalisierend **2.** (*fortalecedor*) Kraft spendend **3.** (*animador*) ermutigend

vivificar [biβifi'kar] <c→qu> *vt* **1.** (*vitalizar*) beleben, anregen, vitalisieren **2.** (*fortalecer*) kräftigen **3.** (*animar*) Kraft [*o* Mut] spenden

vivíparo, -a [bi'βiparo, -a] *adj* (BIOL) lebend gebärend, vivipar

vivir [bi'βir] **I.** *vi* **1.** (*estar vivo*) leben; ~ **al día** in den Tag hineinleben; ~ **a lo grande** auf großem Fuß leben; ~ **bien** gut leben, ein gutes Leben führen; ~ **como un rey** [*o* **un pachá**] wie Gott in Frankreich leben, wie ein König leben; ~ **de algo/alguien** von etw/jdm leben; ~ **de rentas** (*fig*) vom Ruhm seiner Vergangenheit zehren; **¡~ para ver!** (*asombro*) wer hätte das gedacht!; (*confianza*) das wird sich noch zeigen!; ~ **por encima de sus posibilidades** über seine Verhältnisse leben; **no dejar ~ a alguien** jdm das Leben zur Hölle machen; **no ~ de preocupación/angustia** vor Sorgen/Angst fast umkommen; **¿quién vive?** (MIL) wer da?; **sólo se vive una vez** man lebt nur einmal **2.** (*habitar*) leben, wohnen; ~ **en casa de alguien** bei jdm wohnen **3.** (*durar*) überdauern; (*perdurar*) fortleben; ~ **en el recuerdo** [*o* **la memoria**] in der Erinnerung [*o* im Gedächtnis] fortdauern **II.** *vt* erleben, durchleben; (*experiencias negativas*) durchmachen; ~ **su (propia) vida** sein (eigenes) Leben führen **III.** *m* Leben *nt;* (*modo de vida*) Lebensweise *f,* Lebensstil *m;* **de mal** ~ anrüchig, zwielichtig

vivisección [biβise^{Y}'θjon] *f* (BIOL, MED) Vivisektion *f*

vivito, -a [bi'βito, -a] *adj:* ~ **y coleando** (*pescado*) lebendfrisch; (*fig*) gesund und munter

vivo¹ ['biβo] *m* **1.** (*borde*) Rand *m* **2.** (*tira*) Biese *f*

vivo, -a² ['biβo, -a] **I.** *adj* **1.** (*viviente*) lebend(ig); **cal viva** ungelöschter Kalk; **lengua viva** lebendige Sprache; **ser** ~ Lebewesen *nt;* **a fuego** ~ (GASTR) bei starker Hitze; **a lágrima viva** tränenüberströmt, heulend; **a lo** ~ bei lebendigem Leibe; **al rojo** ~ blutrot; **a viva fuerza** mit Gewalt; **de viva voz** persönlich; **en carne viva** wund; **en** ~ (MÚS) live; **estar** ~ am Leben sein, (noch) leben; **herir en lo más** ~ (*fig*) einen wunden Punkt berühren, tief verletzen; **quedar** [*o* **salir**] ~ am Leben blei-

V

ben; **tener el ~ deseo de que** +*subj* den lebhaften Wunsch haben, dass … **2.** (*vivaz*) lebhaft **3.** (*enérgico*) heftig; **de genio ~** (leicht) aufbrausend **4.** (*color*) leuchtend, strahlend **5.** (*actual*) frisch; (*presente*) präsent; (*duradero*) beständig **6.** (*vívido*) lebendig, spannend **7.** (*avispado*) aufgeweckt; (*pey*) gerissen **II.** *m, f* **1.** Lebende(r) *mf* **2.** (*fig: zorro*) schlauer Fuchs *m*

vizcacha [biθ'katʃa] *f* (*Am:* ZOOL) Hasenmaus *f*

vizcaíno, -a [biθka'ino, -a] **I.** *adj* aus Biscaya **II.** *m, f* Einwohner(in) *m(f)* Biscayas

Vizcaya [biθ'kaɟa] *f* Biscaya *nt;* **Golfo de ~** Golf von Biscaya

vizconde(sa) [biθ'kon̪de, biθkon̪'desa] *m(f)* Vicomte *m,* Vicomtesse *f*

V.O. [ber'sjon orixi'nal] *abr de* **versión original** O.F.

vocablo [bo'kaβlo] *m* Vokabel *f,* Wort *nt*

vocabulario [bokaβu'larjo] *m* **1.** (*léxico*) Vokabular *nt,* Wortschatz *m;* **~ básico** Grundwortschatz *m;* **~ especializado** Fachwortschatz *m;* **tener un buen ~** einen breiten Wortschatz haben **2.** (*lista*) Glossar *nt,* Wörterverzeichnis *nt*

vocabulista [bokaβu'lista] *mf* (LING) Wortschatzforscher(in) *m(f)*

vocación [boka'θjon] *f* (*t.* REL) Berufung *f;* **por ~** aus Berufung; **~ artística/musical** künstlerische/musikalische Ader; **sentir ~** sich berufen fühlen; **tener ~** berufen sein; (REL: *un hombre*) zum Priester berufen sein; (*una mujer*) zur Nonne berufen sein

vocacional [bokaθjo'nal] *adj* aus Berufung; (*profesional*) Berufs-

vocal¹ [bo'kal] **I.** *adj* (MÚS) vokal; **música ~** Vokalmusik *f* **II.** *f* (LING) Vokal *m,* Selbstlaut *m*

vocal² [bo'kal] *mf* Beisitzer(in) *m(f),* Mitglied *nt;* (*portavoz*) Wortführer(in) *m(f);* **~ de la presidencia/de la comisión** Vorstands-/Ausschussmitglied *nt*

vocálico, -a [bo'kaliko, -a] *adj* (LING) vokalisch, Vokal-; **cambio ~** Vokalwechsel *m,* Ablaut *m;* **sistema ~** Vokalsystem *nt;* **sonido ~** Selbstlaut *m*

vocalismo [boka'lismo] *m sin pl* (LING) Vokalismus *m*

vocalista [boka'lista] *mf* (MÚS) Vokalist(in) *m(f),* Sänger(in) *m(f)*

vocalización [bokaliθa'θjon] *f* (LING, MÚS) Vokalisation *f,* Vokalisierung *f*

vocalizar [bokali'θar] <z→c> *vt* (LING, MÚS) vokalisieren

vocativo [boka'tiβo] *m* (LING) Vokativ *m*

voceador(a) [boθea'ðor(a)] **I.** *adj* schreiend **II.** *m(f)* **1.** (*pregonero*) Ausrufer(in) *m(f)* **2.** (*Am: de periódicos*) Zeitungsverkäufer(in) *m(f)*

vocear [boθe'ar] **I.** *vi* **1.** (*gritar*) brüllen, schreien **2.** (*chillar*) keifen, zetern **II.** *vt* **1.** (*manifestar*) herausschreien **2.** (*llamar*) rufen **3.** (*pregonar*) ausrufen **4.** (*divulgar*) ausposaunen **5.** (*aclamar*) bejubeln, zujubeln +*dat* **6.** (*presumir*) angeben (mit +*dat*)

voceras [bo'θeras] *m inv* (*fam: bocazas*) Großmaul *nt*

vocerío [boθe'rio] *m* **1.** (*discusión*) Gekeife *nt,* Gezeter *nt* **2.** (*griterío*) Geschrei *nt,* Gebrüll *nt*

vocero, -a [bo'θero, -a] *m, f* (*Am: portavoz*) Sprecher(in) *m(f)*

vociferar [boθife'rar] **I.** *vi* brüllen **II.** *vt* **1.** (*gritar*) herausschreien, herausbrüllen **2.** (*pey: proclamar*) ausposaunen

vocinglero, -a [boθiŋ'glero, -a] *adj* (*pey*) brüllend; **ser ~** ein Schreihals [*o* Brüllaffe] sein

vodevil [boðe'βil] *m* Vaudeville *nt,* Varietee *nt*

vodevilesco, -a [boðeβi'lesko, -a] *adj* varieteeartig; (*fig pey*) wie in einer Schmierenkomödie

vodka ['boθka] *m o f* Wodka *m*

volada [bo'laða] *f* kurzer Flug *m;* **dar una ~** kurz hinüberfliegen

voladizo [bola'ðiθo] *m* (*saledizo*) Vorsprung *m;* (ARQUIT) Auskragung *f*

volado¹ [bo'laðo] *m* **1.** (*saledizo*) Vorsprung *m;* (ARQUIT) Auskragung *f* **2.** (*AmC: mentira*) Geflunker *nt* **3.** (*Méx: incidente*) Ärgernis *nt*

volado, -a² [bo'laðo, -a] *adj* **1.** (ARQUIT: *saledizo*) vorspringend **2.** (TIPO) hochgestellt **3.** (*fam: loco*) übergeschnappt **4.** (*Am: ausente*) abwesend; (*enamorado*) verschossen **5.** (*CSur*): **~ de genio** (*fam*) leicht entzündlich **6.** (*argot: drogado*) high **7.** (*inquieto*) aufgewühlt

volador(a) [bola'ðor(a)] *adj* fliegend; **aparato ~** Fluggerät *nt*

voladura [bola'ðura] *f* Sprengung *f*

volandas [bo'lan̪das] *fpl:* **en ~** (*en el aire*) in der Luft (schwebend); (*deprisa*) im Nu; **llevar en ~** mit sich fortreißen

volandera [bolan̪'dera] *f* **1.** (TÉC) Zwischenscheibe *f,* Unterlegscheibe *f* **2.** (*muela de molino*) Mühlstein *m* **3.** (*fam: mentira, falsedad*) Lüge *f*

volandero, -a [bolan̪'dero, -a] *adj* **1.** (*volantón*) flügge **2.** (TÉC: *móvil*) beweglich **3.** (*fig: inquieto*) flatterhaft

volandillas [bolan̪'diʎas] *fpl v.* **volandas**

volantazo [bolan̪'taθo] *m* (AUTO) plötzliches Umlenken *nt;* **dar un ~** das Steuer herumreißen

volante [bo'lan̪te] **I.** *adj* **1.** (*volador*) fliegend; **platillo ~** fliegende Untertasse **2.** (TÉC: *móvil*) beweglich; **rueda ~** Schwungrad *nt* **II.** *m* **1.** (AUTO) Lenkrad *nt,* Steuer(rad) *nt;* **ir al ~** am [*o* hinter dem] Steuer sitzen; **ponerse** [*o* **sentarse**] **al ~** sich ans Steuer setzen **2.** (TÉC) Schwungrad *nt;* (*manual*) Handrad *nt;* **~ de maniobra** Schaltrad *nt* **3.** (*del reloj*) Unruh(e) *f* **4.** (*adorno*) Rüsche *f,* Volant *nt* **5.** (*escrito*) Flugblatt *nt* **6.** (MED) Überweisungsschein *m* **7.** (DEP) Federball *m* **8.** (*Am: conductor*) Autofahrer(in) *m(f);* (DEP) Rennfahrer(in) *m(f)*

volantín [bolaṇ'tin] *m* **1.** (*sedal*) Wurfangelschnur *f* **2.** (*Am: cometa*) Drachen *m* **3.** (*Am: voltereta*) Überschlag *m;* (*acrobacia*) Salto *m*

volapié [bola'pje] *m:* **a ~** umherflatternd; **estocada a ~** (TAUR) *Degenstoß von der Seite*

volar [bo'lar] <o→ue> **I.** *vi* **1.** (*en el aire*) fliegen; **echar a ~** losfliegen; **el tiempo vuela** die Zeit vergeht wie im Fluge **2.** (*desaparecer*) verschwinden, verfliegen; **el pastel/el dinero ha volado** der Kuchen/das Geld ist weg **3.** (*apresurarse*) eilen; **¡voy volando!** ich fliege!; **~ a** *+inf* sich beeilen zu *+inf* **4.** (*argot: con drogas*) auf einem Trip sein **II.** *vt* **1.** (*hacer explotar*) sprengen, in die Luft jagen **2.** (*enfadar*) aufregen **3.** (*hacer volar*) fliegen lassen; **~ un ave** einen Vogel aufscheuchen; **hacer ~ una cometa** einen Drachen steigen lassen **4.** (TIPO) hochstellen **5.** (*loc*): **~ diente** (*AmC: fam: comer*) futtern; **~ lengua** (*AmC: fam: hablar*) schwatzen; **~ pata** (*AmC: fam: caminar*) sich die Beine vertreten **III.** *vr:* **~se 1.** (*huir*) entfliegen **2.** (*desaparecer*) sich davonmachen **3.** (*Am: enfadarse*) sich aufregen

volatería [bolate'ria] *f* **1.** (*cetrería*) Beizjagd *f* **2.** (*pájaros*) Geflügel *nt,* Federvieh *nt* **3.** (*ideas*) Flausen *fpl*

volátil [bo'latil] **I.** *adj* **1.** (*volador*) fliegend **2.** (QUÍM) flüchtig **3.** (*inconstante*) flatterhaft **II.** *m* Federvieh *nt*

volatilidad [bolatili'ða^{ð}] *f* **1.** (QUÍM) Flüchtigkeit *f* **2.** (*inconstancia*) Flatterhaftigkeit *f* **3.** (FIN) Volatilität *f*

volatilización [bolatiliθa'θjon] *f* (QUÍM) Verflüchtigung *f*

volatilizar [bolatili'θar] <z→c> **I.** *vt* (QUÍM) verflüchtigen **II.** *vr:* **~se 1.** (QUÍM) sich verflüchtigen **2.** (*desaparecer*) sich in Luft auflösen

volatinero, -a [bolati'nero, -a] *m, f* Seiltänzer(in) *m(f)*

volcado [bol'kaðo] *m* (INFOR) Speicherauszug *m*

volcán [bol'kan] *m* **1.** (GEO) Vulkan *m* **2.** (*avalancha*) Lawine *f* **3.** (*Am: fig: montón*) Berg *m* **4.** (*loc*): **esta mujer es un ~** diese Frau ist ein Rasseweib

volcánico, -a [bol'kaniko, -a] *adj* **1.** (GEO) vulkanisch **2.** (*ardiente*) feurig

volcanológico, -a [bolkano'loxiko, -a] *adj v.* **vulcanológico**

volcar [bol'kar] *irr* **I.** *vi* (*tumbarse*) (um)kippen; (*caer*) umfallen, umstürzen; (AERO) kippen **II.** *vt* **1.** (*hacer caer*) umwerfen, umstürzen; (*verter*) auskippen **2.** (*dar la vuelta*) umdrehen, wenden **3.** (INFOR) (als Dump) ausgeben **III.** *vr:* **~se 1.** (*darse la vuelta*) (um)kippen; (*caer*) umfallen; (*dar una voltereta*) sich überschlagen **2.** (*fig: esforzarse*) sein Bestes tun, sich bemühen; **~se con alguien en atenciones/amabilidad** extrem aufmerksam/überaus liebenswürdig sein; **~se en** [*o* **con**] **algo/alguien** sich für etw/jdn ein Bein ausreißen

volea [bo'lea] *f* (DEP) Volley(ball) *m,* Flugball *m;* **a ~** volley

volear [bole'ar] *vi, vt* (DEP: *tenis*) volley schlagen; (*fútbol*) volley schießen

voleibol [bolei̯'βol] *m* (DEP) Volleyball *m*

voleiplaya [bolei̯'plaʝa] *m* (DEP) Strandvolleyball *m*

voleo [bo'leo] *m* **1.** (DEP: *volea*) Volley(ball) *m,* Flugball *m;* **a ~** volley; (AGR) breitwürfig; (*fig*) massenhaft; (*descuidadamente*) aufs Geratewohl **2.** (*en danza española*) ≈Grand Bâtement *nt*

volframio [bol'framjo] *m* (QUÍM) Wolfram *nt*

volición [boli'θjon] *f* (FILOS, PSICO) Wollen *nt;* (*voluntad*) Wille(n) *m*

volitivo, -a [boli'tiβo, -a] *adj* Willens-; (PSICO) volitiv

volován [bolo'βan] <volovanes> *m* (GASTR) Vol-au-vent *m*

volovelismo [boloβe'lismo] *m sin pl* (DEP) Segelfliegen *nt*

volovelista [boloβe'lista] *mf* (DEP) Segelflieger(in) *m(f)*

volquete [bol'kete] *m* Kipplore *f;* (*camión*) Kippwagen *m*

volt [bol̩^{t}] *m v.* **voltio**

voltaico, -a [bol̩'tai̯ko, -a] *adj* (ELEC, FÍS) voltaisch; **arco ~** voltaischer Bogen

voltaje [bol̩'taxe] *m* (ELEC, FÍS) Voltzahl *f,* Spannung *f;* **alto ~** Hochspannung *f*

voltámetro [bol̩'tametro] *m* (ELEC) Voltameter *nt*

voltamperio [bol̩tam'perjo] *m* (ELEC) Voltampere *nt*

voltario, -a [bol̩'tarjo, -a] *adj* (*Chil*) **1.** (*gastador*) verschwenderisch; (*dadivoso*) freigebig **2.** (*obstinado*) eigensinnig, starrköpfig

volteada [bol̩te'aða] *f* (*Arg: fam*): **caer en la ~** in eine unangenehme Situation geraten

volteado [bol̩te'aðo] *m* (*Méx: fam*) Schwule(r) *m*

voltear [bol̩te'ar] **I.** *vi* **1.** (*dar vueltas: persona*) sich herumwälzen; (*cosa*) sich drehen **2.** (*volcar*) sich überschlagen **3.** (*Am: torcer*) abbiegen; (*girarse*) sich umdrehen; **~ a** *+inf* wieder *+inf* **4.** (*Am: pasear*) spazieren gehen **II.** *vt* **1.** (*invertir*) umdrehen; (*volver del revés*) umstülpen **2.** (*hacer girar*) zum Drehen bringen; **~ las campanas** die Glocken läuten **3.** (*Am: volcar*) umkippen; (*volver*) (um)drehen; **~ la espalda a alguien** jdm den Rücken zudrehen **4.** (*Am: lanzar al aire*) in die Luft werfen; (*el lazo*) schwingen **III.** *vr:* **~se 1.** (*dar vueltas*) sich drehen; (*volcar*) sich überschlagen **2.** (*Am: volcar*) umkippen, sich überschlagen; (*darse la vuelta*) sich umdrehen **3.** (POL) sein Fähnchen nach dem Wind hängen

voltejear [bol̩texe'ar] *vt* **1.** (*voltear*) umdrehen **2.** (*mover*) durch Drehen [*o* Kippen] fortbewegen **3.** (NÁUT) kreuzen, lavieren

voltereta [bol̩te'reta] *f* **1.** (*cabriola*) Purzelbaum *m,* Rolle *f;* (*en el aire*) Überschlag *m;* **dar una** ~ einen Purzelbaum schlagen; (*en el aire*) sich überschlagen **2.** (*vuelco*) Umschwung *m*

volteriano, **-a** [bolte'rjano, -a] **I.** *adj* voltairianisch; (*fig*) aufklärerisch; (*anticlerical*) antiklerikal **II.** *m, f* Voltairianer(in) *m(f)*

voltímetro [bol'timetro] *m* (ELEC, FÍS) Volt(a)meter *nt,* Spannungsmesser *m*

voltio ['boltjo] *m* **1.** (ELEC, FÍS) Volt *nt* **2.** (*argot: paseo*) Runde *f,* Bummel *m;* **darse** [*o* **pegarse**] **un** ~ eine Runde drehen, sich die Beine vertreten

volubilidad [boluβili'ðaᵈ] *f* **1.** (QUÍM) Flüchtigkeit *f* **2.** (*inconstancia*) Unbeständigkeit *f,* Unstetigkeit *f;* (*imprevisibilidad*) Unberechenbarkeit *f*

voluble [bo'luβle] *adj* **1.** (QUÍM: *volátil*) flüchtig **2.** (*inconstante*) unbeständig, unstet; (*imprevisible*) unberechenbar **3.** (BOT: *trepador*) Schling-

volumen [bo'lumen] *m* **1.** (*tamaño*) Umfang *m;* (*t.* FÍS: *capacidad*) Volumen *nt;* (MAT) Rauminhalt *m;* (*cabida*) Fassungsvermögen *nt;* (*cantidad*) (Gesamt)menge *f;* (*del pelo*) Fülle *f;* ~ **atómico** Atomvolumen *nt;* **de gran** ~ von großem Umfang **2.** (*de sonido*) Lautstärke *f;* **a todo** ~ sehr laut; **poner la música a todo** ~ die Musik voll aufdrehen **3.** (*tomo*) Band *m;* ~ **suplementario** Ergänzungsband *m;* **obra en dos/varios volúmenes** zwei-/mehrbändiges Werk **4.** (COM, ECON) Volumen *nt;* ~ **de contratación** (FIN) Börsenumsatz *m;* ~ **de facturación** (ECON) Umsatzvolumen *nt;* ~ **monetario** (FIN) Geldmenge *f;* ~ **de negocios** [*o* **de ventas**] (Geschäfts)umsatz *m,* Geschäftsvolumen *nt;* ~ **de producción** (ECON) Produktionsumfang *m*

volumetría [bolume'tria] *f* (MAT) Volumetrie *f*

volumétrico, **-a** [bolu'metriko, -a] *adj* (MAT) volumetrisch

volúmico, **-a** [bo'lumiko, -a] *adj* (FÍS) Volumen-, Mengen-; **peso** ~ Volum(en)gewicht *nt*

voluminizador [boluminiθa'ðor] *m* (*para el cabello*) Volumenschaum *m*

voluminoso, **-a** [bolumi'noso, -a] *adj* voluminös, massig; (*poco manejable*) sperrig; (*grueso*) umfangreich; (*corpulento*) korpulent; **géneros** ~**s** sperriges Gut

voluntad [bolun'tad] *f* **1.** (*intención*) Wille(n) *m;* (*fuerza de* ~) Willenskraft *f;* (JUR) Vorsatz *m;* ~ **férrea** [*o* **de hierro**] eiserner Wille; ~ **popular** Volkswille *m;* ~ **de trabajo** Arbeitswille *m;* ~ **de vivir** Lebenswille *m;* **buena** ~ Gutwilligkeit *f;* **fuerza de** ~ Willenskraft *f,* guter Wille; **mala** ~ Böswilligkeit *f;* **última** ~ letzter Wille; **a** ~ nach Belieben [*o* Wunsch]; **de** [*o* **con**] **buena** ~ aus gutem Willen; **con mucha/poca** ~ willig/unwillig; **contra la** ~ **de alguien** gegen jds Willen; **contra su** ~ widerwillig; **de última** ~ letztwillig; **hacer su santa** ~ seinen Willen durchsetzen; **poner** ~ **en algo** mit seinem ganzen Willen hinter etw stehen; **por propia** ~ aus freien Stücken, freiwillig; **quitar a alguien la** ~ **de algo** jdn von etw abbringen; **tener mucha/poca** ~ einen starken/schwachen Willen haben **2.** (*cariño*) Zuneigung *f;* **dar la** ~ eine kleine Zuwendung geben; **ganarse** [*o* **granjearse**] **la** ~ **de alguien** jdn für sich gewinnen; **tener** (**mucha**) ~ **a alguien** jdm (sehr) zugeneigt sein

voluntariado [boluntа'rjaðo] *m* **1.** (MIL) freiwilliger Dienst *m* **2.** (*social*) freiwillige Arbeit *f,* freiwilliger sozialer Dienst *m*

voluntariedad [boluntarje'ðaᵈ] *f* **1.** (*carácter voluntario*) Freiwilligkeit *f;* (JUR) Wille *m* **2.** (*arbitrariedad*) Willkür *f* **3.** (*fuerza de voluntad*) Willenskraft *f;* (*perseverancia*) Zielstrebigkeit *f*

voluntario, **-a** [bolun'tarjo, -a] **I.** *adj* **1.** (*libre, t.* MIL) freiwillig **2.** (*arbitrario*) willkürlich **II.** *m, f* (*t.* MIL) Freiwillige(r) *mf;* **ofrecerse** ~ **para algo** sich für etw freiwillig melden [*o* anbieten]

voluntarioso, **-a** [boluntа'rjoso, -a] *adj* willensstark; (*perseverante*) zielstrebig; (*caprichoso*) eigenwillig

voluntarismo [boluntа'rismo] *m sin pl* (FILOS) Voluntarismus *m*

voluntarista [boluntа'rista] *mf* (FILOS, POL) Voluntarist(in) *m(f)*

voluptuosidad [boluptwosi'ðaᵈ] *f* **1.** (*pasión*) Wolllust *f* **2.** (*sensualidad*) Sinnlichkeit *f*

voluptuoso, **-a** [boluptu'oso, -a] *adj* **1.** (*apasionado*) wolllüstig, voluptuös *elev* **2.** (*sensual*) sinnlich

voluta [bo'luta] *f* Spirale *f;* (ARQUIT) Volute *f;* (*del violín*) Schnecke *f;* ~**s de humo** Rauchschwaden *mpl*

volver [bol'βer] *irr* **I.** *vi* **1.** (*dar la vuelta*) wenden, umdrehen; ~ **atrás** umkehren **2.** (*regresar*) zurückkehren (*a* nach +*dat, de* aus/von +*dat*); ~ **a casa** heimkehren; **al** ~ **a casa me acosté** als ich nach Hause kam, ging ich schlafen; **al** ~ **compra el pan** kauf auf dem Rückweg Brot; **al** ~ **me llamó** nach seiner/ihrer Rückkehr rief er/sie mich an; **he vuelto por la autopista** ich bin auf der Autobahn zurückgefahren; ~ **en sí** wieder zu sich kommen; ~ **sobre sí** in sich gehen; **volviendo al tema** zurück zum Thema, um auf das Thema zurückzukommen **3.** (*curvarse*) eine Biegung machen **4.** (*repetir*) wiederholen; ~ **a** +*inf* wieder +*inf;* **he vuelto a cometer el mismo error** ich habe schon wieder denselben Fehler begangen; **ha vuelto a casarse** er/sie hat wieder geheiratet; **ha vuelto a empezar a fumar** er/sie hat wieder angefangen zu rauchen **II.** *vt* **1.** (*dar la vuelta*) wenden, umdrehen; ~ **la espalda a alguien** (*t. fig*) jdm den Rücken zukehren; ~ **los ojos** [*o* **la vista**] **a algo/a alguien** die Augen [*o* den Blick] auf etw/jdn richten **2.** (*poner del revés*) umstülpen, wenden; ~ **un jersey** einen Pullover wenden; ~ **una manga** einen Ärmel umkrempeln **3.** (*transformar*) verwandeln (in +*akk*); ~ **furioso** wild machen; ~ **a su estado original** in den ursprünglichen Zustand zurückbringen **4.** (*devolver*) zurückgeben; ~ **algo a su sitio** etw (an seinen Platz) zurückstellen; ~ **una imagen a alguien** jdm ein Bild wiedergeben **III.** *vr:* ~**se 1.** (*darse la vuelta*) sich wenden, sich umdrehen (*a/hacia* nach +*dat*) **2.** (*dirigirse*) sich wenden (*a/hacia* an +*akk*); ~**se contra alguien** sich gegen jdn wenden; ~**se** (**para**) **atrás** umkehren; (*fig*) einen Rückzieher machen; **no tiene dónde ~se** er/sie hat niemanden, an den er/sie sich wenden kann **3.** (*regresar*) zurückkehren (*a* nach +*dat, de* von +*dat*) **4.** (*convertirse*) sich verwandeln (in +*akk*); (*ponerse*) werden; ~**se viejo/rico** alt/reich werden

volvo ['bolβo] *m,* **vólvulo** ['bolβulo] *m* (MED) Darmverschlingung *f,* Volvulus *m*

vómica ['bomika] *f* (MED) eitriger Auswurf *m*

vomipurgativo, -a [bomipurɣa'tiβo, -a] *adj* (MED): **medicamento** ~ Brech- und Abführmittel *nt*

vomitar [bomi'tar] **I.** *vi* (er)brechen, sich übergeben; **es para** ~ (*argot*) es ist zum Kotzen; **este salchichón me da ganas de** ~ von dieser Salami wird mir ganz übel; **me dan ganas de** ~ mir ist übel [*o* schlecht] **II.** *vt* erbrechen; (*fig*) von sich geben, spucken; ~ **fuego** Feuer spucken; ~ **insultos** Beschimpfungen ausstoßen; ~ **sangre** Blut speien [*o* spucken]

vomitera [bomi'tera] *f v.* **vomitona**

vomitivo[1] [bomi'tiβo] *m* (MED) Vomitiv(um) *nt,* Vomitorium *nt,* Brechmittel *nt*

vomitivo, -a[2] [bomi'tiβo, -a] *adj* **1.** (MED) Brechreiz erregend **2.** (*argot: asqueroso*) ekelhaft, zum Kotzen *vulg;* **ese es** ~ der Typ ist ein echter Kotzbrocken [*o* das reinste Brechmittel]

vómito ['bomito] *m* (*acción*) Erbrechen *nt;* (*lo vomitado*) Erbrochene(s) *nt;* (MED) Vomitus *nt;* ~ **de sangre** Blutsturz *m;* **provocar ~s** zum Erbrechen bringen

vomitón, -ona [bomi'ton, -ona] *adj* (*fam*) zum Erbrechen neigend; **es un niño** ~ das Baby erbricht sich immer nach dem Stillen

vomitona [bomi'tona] *f* (*argot: acción*) Kotzen *nt;* (*lo vomitado*) Gekotztes *nt*

voracidad [boraθi'ða^{d}] *f* (*ganas*) Gelüste *nt elev;* (*pey*) Essgier *f;* (*pey: glotonería*) Gefräßigkeit *f;* (MED) Vorazität *f;* **la** ~ **de las llamas** die alles verzehrenden Flammen

vorágine [bo'raxine] *f* **1.** (*remolino*) Wirbel *m,* Strudel *m* **2.** (*confusión*) Trubel *m;* **en la** ~ **de los acontecimientos** im Trubel [*o* Strudel] der Ereignisse

voraz [bo'raθ] *adj* (*pey*) essgierig; (*pey: glotón*) gefräßig; (*hambriento*) heißhungrig; (*t. fig: devorador*) verzehrend; **apetito** [*o* **hambre**] ~ Heißhunger *m;* **un incendio** ~ ein alles verzehrender Brand

vormela [bor'mela] *f* (ZOOL) Tigeriltis *m*

vórtice ['bortiθe] *m* (*de agua, viento*) Wirbel *m,* Strudel *m;* (METEO: *de un ciclón*) Auge *nt* eines Wirbelsturms

vos [bos] *pron pers* **1.** (HIST: *usted*) Ihr *pl* **2.** (*Arg, Urug, Par, AmC: tú*) du **3.** (*Arg, Urug, Par, AmC: con preposición*) dich, dir; **esto es para** ~ das ist für dich; **voy con** ~ ich komme mit dir

vosear [bose'ar] *vt mit 'vos' anstatt 'tú' duzen* (*üblich in Argentinien*)

voseo [bo'seo] *m argentinisches Duzen mit 'vos' statt 'tú'*

Vosgos ['bosɣos] *mpl:* **los** ~ (GEO) die Vogesen

vosotros, -as [bo'sotros, -as] *pron pers* **1.** (*sujeto*) ihr **2.** (*tras preposición*) euch; **con/para** ~ mit/für euch

votación [bota'θjon] *f* Abstimmung *f;* ~ **por correo** Briefwahl *f;* ~ **a mano alzada** Abstimmung *f* durch Handzeichen; ~ **secreta** geheime Abstimmung; **someter algo a** ~ über etw abstimmen (lassen), etw zur Abstimmung bringen

votante [bo'tan̪te] *mf* Abstimmende(r) *mf*

votar [bo'tar] **I.** *vi* **1.** (POL) abstimmen, stimmen (*a/por* für +*akk*), seine Stimme abgeben (*a/por* für +*akk*), abmehren *Suiza* **2.** (REL) ein Gelöbnis ablegen **3.** (*maldecir*) fluchen; **¡voto a tal!** verflucht! **II.** *vt* **1.** (POL: *decidir*) abstimmen (über +*akk*); (*elegir*) wählen, stimmen (für +*akk*); ~ **una ley/un presupuesto** ein Gesetz/einen Haushalt verabschieden **2.** (REL) geloben

votivo, -a [bo'tiβo, -a] *adj* Votiv-

voto ['boto] *m* **1.** (POL) Stimme *f,* Votum *nt;* ~ **afirmativo** [*o* **a favor**] Jastimme *f;* ~ **en blanco** Abgabe eines leeren Stimmzettels; ~ **de castigo** (POL) Protestwahl *f;* ~ **de censura** Misstrauensvotum *nt;* ~ **de confianza** Vertrauensvotum *nt;* ~ **por correo** [*o* **correspondencia**] Briefwahl *f;* ~ **negativo** [*o* **en contra**] Neinstimme *f;* ~ **nulo** ungültige Stimme; ~ **secreto** geheime Abstimmung; **derecho a** ~ Stimmrecht *nt;* **acción con/sin** (**derecho a**) ~ (FIN) Stimmrechtsaktie *f*/Aktie ohne Stimmrecht; **dar su** ~ **a algo/alguien** für etw/jdn stimmen [*o* seine Stimme abgeben]; **emitir su** ~ seine Stimme abgeben; **tener** (**derecho a**) ~ stimmberechtigt sein **2.** (REL: *promesa*) Gelübde *nt;* ~ **de castidad/de pobreza** Keuschheits-/Armutsgelübde *nt;* **hacer ~s por** +*inf,* **hacer ~s por que...** +*subj* (*t. fig*) beten, dass ... **3.** (REL: *exvoto*) Votivgabe *f*

voy [boi̯] *1. pres de* **ir**

voyeur [bwa'ɟer] *m* Voyeur *m*

voyeurismo [bwaɟe'rismo] *m sin pl* Voyeurismus *m*

voyeurista [bwaɟe'rista] *adj* voyeuristisch

vóytelas ['boi̯telas] *interj* (*Méx: fam*) ja, so was!, unglaublich!

voz [boθ] *f* **1.** (*sonido, expresión, facultad*) Stimme *f;* ~ **afeminada** Fistelstimme *f;* ~

aguardentosa Stimme *f* wie ein Reibeisen; ~ **argentina** Silberstimme *f;* ~ **de cabeza** (MÚS) Kopfstimme *f;* ~ **cascada** gebrochene Stimme; ~ **cavernosa** Grabesstimme *f;* **la** ~ **de la conciencia** die Stimme des Gewissens; ~ **humana** Menschenstimme *f;* ~ **de mando** Kommando *nt;* ~ **en off** Stimme aus dem Off; ~ **potente/de trueno** mächtige/dröhnende Stimme; **la** ~ **del pueblo** die Stimme des Volkes; **la** ~ **de la razón** die Stimme der Vernunft; **aclarar la** ~ sich räuspern; **ahuecar la** ~ seine Stimme anheben; **alzar** [*o* **levantar**]/**bajar la** ~ lauter/leiser sprechen, die Stimme (er)heben/dämpfen; **a media** ~ mit gedämpfter Stimme, halblaut; **correr la** ~ **de algo** etw weitersagen; **de viva** ~ persönlich; **hablar en** ~ **alta/baja** laut/leise sprechen; **hacer oír su** ~ Gehör finden; **leer en** ~ **alta** vorlesen, laut lesen; **levantar la** ~ **a alguien** gegen jdn die Stimme erheben; **llevar la** ~ **cantante** (*fig*) den Ton angeben, die erste Geige spielen; **no tener ni** ~ **ni voto** nicht mitreden dürfen; (*fig*) nichts zu melden haben; **se me quebró** [*o* **anudó**] **la** ~ mir versagte die Stimme; (*fig*) es verschlug mir die Sprache; **tener** ~ **en algo** bei etw Mitspracherecht haben; (*fig*) bei etw ein Wörtchen mitzureden haben; (**no**) **tener buena** ~ (k)eine gute Stimme haben; **tener la** ~ **tomada** eine belegte Stimme haben **2.** (*grito*) Ruf *m;* **voces** Geschrei *nt;* **a voces** sehr laut, schreiend; **a** ~ **en cuello** [*o* **en grito**] lauthals, aus vollem Halse; **dar una** ~ **a alguien** jdm zurufen; **dar voces** schreien; (*pey*) zetern; **dar la** ~ **de alarma** Alarm schreien; **dar** [*o* **pegar**] (**cuatro**) **voces** laut werden; **pedir algo a voces** nach etw schreien **3.** (*sonido*) Klang *m* **4.** (*voto*) Votum *nt,* Stimme *f* **5.** (*rumor*) Gerücht *nt;* **corre la** ~ **de que te casas** man munkelt [*o* es geht das Gerücht], dass du heiratest **6.** (MÚS) Stimme *f;* (*canto*) Singstimme *f,* Voce *f;* **primera/segunda** ~ erste/zweite Stimme; **a dos/cuatro voces** zwei-/vierstimmig; ~ **cantante** Solostimme *f;* **llevar la** ~ **cantante** die erste Stimme singen/spielen; (*fig*) den Ton angeben, das Sagen haben **7.** (LING: *vocablo*) Wort *nt,* Vokabel *f;* (*en un diccionario*) Stichwort *nt,* Lemma *nt;* ~ **técnica** Fachterminus *m;* **de viva** ~ mündlich **8.** (LING: *del verbo*) Verhaltensrichtung *f;* ~ **activa/pasiva** Aktiv/Passiv *nt*

vozarrón [boθa'rron] *m* grobe, laute Stimme *f;* **¡vaya** ~ **que tiene!** der/die hat aber ein lautes Organ!

VPO [uβepe'o] *fpl abr de* **Viviendas de Protección Oficial** staatlich geförderte Sozialwohnungen *fpl*

vudú [bu'ðu] *m,* **vuduismo** [buðu'ismo] *m sin pl* Wodu *m*

vuecencia [bwe'θeṇθja] *mf* Ihre Exzellenz *f*

vuelapluma [bwela'pluma] *f sin pl:* **a** ~ mit flinker Feder

vuelco ['bwelko] *m* **1.** (*tumbo*) Umkippen *nt;* **me dio un** ~ **el corazón** mir blieb das Herz stehen **2.** (*voltereta*) Überschlag *m;* **dar un** ~ sich überschlagen; (*fig*) einen Umschwung erfahren, eine Kehrtwendung machen **3.** (*cambio*) Umschwung *m;* ~ **de memoria** (INFOR) Speicherdump *m* **4.** (GASTR) *jeder der Gänge, in denen der cocido serviert wird*

vuelo ['bwelo] *m* **1.** (*en el aire*) Flug *m;* ~ **acrobático** Kunstflug *m;* ~ **charter** Charterflug *m;* ~ **de conexión** Anschlussflug *m;* ~ **con/sin escala** Flug mit/ohne Zwischenlandung; ~ **en globo** Ballonfahrt *f;* ~ **de largo recorrido** Langstreckenflug *m;* ~ **sin motor** Segelflug *m;* ~ **nacional/internacional** Inland-/Auslandflug *m;* ~ **rasante** Tiefflug *m;* ~ **regular** Linienflug *m;* **alzar** [*o* **levantar**] **el** ~ emporfliegen; **al** ~ in der Luft; (*fig*) im Fluge; **cogerlas** [*o* **cazarlas**] **al** ~ (*fig*) im Nu kapieren; **cortar los** ~**s a alguien** jdm die Flügel stutzen; **de altos** ~**s** großspurig; **oír el** ~ **de una mosca** (*fig*) eine Stecknadel fallen hören; **tomar** ~ (*fig*) auffliegen **2.** (*de la ropa*) Weite *f;* **falda de** ~ weiter Rock **3.** (ARQUIT) Auskragung *f*

vuelta ['bwel̪ta] **I.** *f* **1.** (*giro*) (Um)drehung *f;* ~ **de campana** (AUTO) Überschlagen *nt;* **andar a** ~**s con algo** (*fam*) sich mit etw herumschlagen; **buscar las** ~**s a alguien** jdn übers Ohr hauen; **dar la** ~ wenden; (*poner del revés*) umstülpen, auf die linke Seite wenden; (*poner cabeza abajo*) auf den Kopf stellen; **dar la** ~ **a la llave** den Schlüssel herumdrehen; **dar demasiadas** [*o* **muchas**] ~**s a algo** (*fig*) sich über etw den Kopf zerbrechen; **darle cien** [*o* **mil**] ~**s a alguien** (*fig*) jdm haushoch überlegen sein; **dar la** ~ **a un agente** (POL) einen Agenten [*o* Spion] abwerben; **darse la** ~ sich umdrehen; (*de campana*) sich überschlagen; **dar** ~**s a algo** etw drehen; **dar(se) media** ~ sich umdrehen; **dar la** ~ **a la tortilla** (*fig*) das Blatt wenden; **dar(se) una** ~ spazieren gehen; **le has dado la** ~ **a mis palabras** du hast mir das Wort im Mund herumgedreht; **¡media** ~**!** (MIL) (macht) kehrt!; **no tiene** ~ **de hoja** (*fig*) so ist es nun mal; **poner a alguien de** ~ **y media** an jdm kein gutes Haar dranlassen **2.** (*regreso*) Rückkehr *f;* (*viaje*) Rückfahrt *f;* **a la** ~ **pasaremos por vuestra casa** auf dem Rückweg werden wir bei euch vorbeischauen; **a la** ~ **empezaré a trabajar** nach meiner Rückkehr werde ich anfangen zu arbeiten; **de** ~ **a casa** auf dem Rückweg nach Hause; **estar de** ~ zurück(gekehrt) sein; **estar de** ~ **de todo** (*fig*) ein alter Hase sein; ~ **atrás** Umkehr *f;* (*fig*) Rückzieher *m;* (FOTO) Rückblende *f* **3.** (*curva*) Biegung *f;* **dar** ~**s y revueltas** sehr kurvenreich sein **4.** (*dinero*) Wechselgeld *nt;* **dar la** ~ herausgeben **5.** (*cambio*) Wende *f;* **la vida da muchas** ~**s** es kommmt immer anders, als man denkt; **¡las** ~**s que da la vida!** das Leben ist ein einziges Auf und Ab! **6.** (DEP) Runde *f;* ~ **ciclista** Tour *f,* Radrennen *nt;* **dar la** ~ **al rue-**

do (TAUR) eine Ehrenrunde drehen **7.** (POL) Wahlgang *m* **8.** (*devolución*) Rückgabe *f* **9.** (*reverso*) Rückseite *f* **10.** (*de la ropa*) Aufschlag *m* **11.** (*del tejido*) Reihe *f* **12.** (*loc*): ~ **de tuerca** (*fig*) Verrücktheit *f;* **a ~ de correo** postwendend **II.** *prep:* **a la ~ de** (*lugar*) um +*akk;* (*tiempo*) nach +*dat;* **a la ~ de la esquina** um die Ecke; **a la ~ de dos años** nach zwei Jahren

vuelto ['bwel̪to, -a] **I.** *pp de* **volver** **II.** *m* (*Am: cambio*) Wechselgeld *nt;* **dar el ~** herausgeben

vuelvepiedras [bwelβe'pjeðras] *m inv* (ZOOL) Steinwälzer *m*

vuestro, -a ['bwestro, -a] **I.** *adj* euer, eu(e)re; ~ **coche** euer Auto; **vuestra hija** eure Tochter; ~**s vecinos** eure Nachbarn **II.** *pron pos* **1.** (*de vuestra propiedad*) euer(e); **¿es ~?** gehört es euch?, ist es eures? **2.** (*tras artículo*) der/die/das eurige [*o* Eurige], eure(r, s); **¿son éstos los ~s?** sind das eure?; **los ~s** eure Angehörigen; **tomad, esto es lo ~** nehmt, das ist eures; **mi radio no funciona, ¿me dejáis la vuestra?** mein Radio geht nicht, leiht ihr mir eures?; **ésta es la vuestra** (*fam*) das ist die Gelegenheit für euch **3.** (*tras substantivo*) eure(r), von euch; **un amigo ~** ein Freund von euch; **(no) es culpa vuestra** es ist (nicht) eure Schuld

vulcanismo [bulka'nismo] *m* (GEO) Vulkanismus *m*

vulcanización [bulkaniθa'θjon] *f* (TÉC) Vulkanisation *f,* Vulkanisierung *f*

vulcanizadora [bulkaniθa'ðora] *f* (*Méx*) Reifenwerkstatt *f*

vulcanizar [bulkani'θar] <z→c> *vt* (TÉC) vulkanisieren

vulcanología [bulkanolo'xia] *f sin pl* (GEO) Vulkanologie *f*

vulcanológico, -a [bulkano'loxiko, -a] *adj* vulkanologisch

vulcanólogo, -a [bulka'noloɣo, -a] *m, f* (GEO) Vulkanologe, -in *m, f*

vulgar [bul'ɣar] *adj* **1.** (*común*) gemein; (*ordinario*) gewöhnlich; **latín ~** Vulgärlatein *nt* **2.** (*pey: ordinario*) ordinär, vulgär; (*grosero*) derb; (*zafio*) grob, roh **3.** (*bajo*) niedrig; (*del populacho*) pöbelhaft **4.** (*trivial*) oberflächlich; (*ramplón*) flach, platt

vulgaridad [bulɣari'ðaᵈ] *f* **1.** (*normalidad*) Gewöhnlichkeit *f* **2.** (*pey: grosería*) Derbheit *f,* Rohheit *f;* (*bajeza*) Niedrigkeit *f,* Gemeinheit *f* **3.** (*trivialidad*) Oberflächlichkeit *f,* Abgeflachtheit *f;* (*ramplonería*) Plattheit *f*

vulgarismo [bulɣa'rismo] *m* (LING) Vulgarismus *m*

vulgarización [bulɣariθa'θjon] *f* **1.** (*simplificación*) Vereinfachung *f,* gemeinverständliche Darstellung *f,* Vulgarisierung *f elev* **2.** (*popularización*) Popularisierung *f,* Vulgarisierung *f elev*

vulgarizar [bulɣari'θar] <z→c> **I.** *vt* **1.** (*simplificar*) vereinfachen, gemeinverständlich darstellen, vulgarisieren *elev* **2.** (*popularizar*) popularisieren, vulgarisieren *elev* **II.** *vr:* ~**se** **1.** (*pey: persona*) vulgär werden **2.** (*trivializarse*) abflachen **3.** (*popularizarse*) populär werden

vulgarmente [bulɣar'men̪te] *adv* **1.** (*de manera vulgar*) vulgär **2.** (*comúnmente*) gemeinhin, für gewöhnlich

vulgata [bul'ɣata] *f* (LIT, REL) Vulgata *f*

vulgo ['bulɣo] **I.** *m* **1.** (*mayoría*) breite Allgemeinheit *f;* (*pey: masa*) Masse *f* **2.** (*pueblo*) gemeines Volk *nt;* (*pey: populacho*) Pöbel *m* **3.** (*profanos*) gemeines Volk *nt* **II.** *adv* vulgo

vulnerabilidad [bulneraβili'ðaᵈ] *f* Verwundbarkeit *f,* Verletzlichkeit *f;* (*de la salud, de máquinas*) Anfälligkeit *f;* (MED) Vulnerabilität *f*

vulnerable [bulne'raβle] *adj* verwundbar (*a* durch +*akk*), verletzlich (*a* durch +*akk*); (MED) vulnerabel

vulneración [bulnera'θjon] *f* **1.** (*daño*) Verletzung *f* **2.** (*transgresión, t.* JUR) Verstoß *m* (*de* gegen +*akk*), Verletzung *f*

vulnerar [bulne'rar] *vt* **1.** (*dañar*) verletzen **2.** (*transgredir, t.* JUR) verstoßen (gegen +*akk*), verletzen

vulneraria [bulne'rarja] *f* (BOT) Wundklee *m*

vulnerario, -a [bulne'rarjo, -a] *adj* (MED): **medicamento ~** Wund(heil)mittel *nt*

vulpeja [bul'pexa] *f* Füchsin *f*

vulpino, -a [bul'pino, -a] *adj* (*elev*) schlau, durchtrieben

vultuoso, -a [bul̪tu'oso, -a] *adj* (MED) aufgedunsen

vulva ['bulβa] *f* Schamgegend *f,* Scham *f elev;* (ANAT) Vulva *f;* **labios de la ~** Schamlippen *fpl*

vulvar [bul'βar] *adj,* **vulvario** [bul'βarjo] *adj* (ANAT) die Vulva betreffend, Scham-

W

W, w ['uβe 'ðoβle] *f* W, w *nt;* ~ **de Washington** W wie Wilhelm
wagneriano, -a [baɣne'rjano, -a] **I.** *adj* Wagner-; **festival** ~ Wagnerfestspiele *ntpl* **II.** *m, f* Wagnerianer(in) *m(f)*
wagon-lit ['baɣon li^t] *m* (FERRO) Schlafwagen *m*
walkie-talkie ['walki 'talki] *m* Walkie-Talkie *nt*
walkman ['wokman] *m* Walkman® *m*
wampa ['wampa] *f* (*Méx: ciénaga*) Sumpf *m*
wampum [wam'pun] *m* (ARTE, HIST) Wampum *m*
warrant ['warran̩^t] <warrants> *m* (FIN) Lager(pfand)schein *m*
wáter ['bater] *m,* **water-closet** ['bater'klose^t] *m* Toilette *f,* WC *nt*
waterpolista [baterpo'lista] *mf* Wasserballer(in) *m(f)*
waterpolo [bater'polo] *m* Wasserball *m*
watt [ba^t] *m* Watt *nt*
wau [wau̯] *f* (LING) Digamma *nt*
W.C. ['uβe θe] *m abr de* **water-closet** WC *nt*
wéber ['beβer] *m,* **weberio** [be'βerjo] *m* (FÍS) Weber *nt*
week-end [wi'ken̩^d] *m* Wochenende *nt*
wélter ['bel̩ter] **I.** *adj* (*Am:* DEP): **peso** ~ Weltergewicht *nt* **II.** *m* (*Am:* DEP) Weltergewichtler *m*
western ['western] *m* (CINE) Western *m*
westfaliano, -a [besfa'ljano, -a] *adj* westfälisch
whisky ['wiski] *m* (*escocés*) Whisky *m;* (*americano, irlandés*) Whiskey *m*
windsurf ['win̩^d surf] *m* **1.** (DEP) (Wind)surfing *nt,* (Wind)surfen *nt* **2.** (*tabla*) Surfbrett *nt*
windsurfing [win̩^d'surfiŋ] *m sin pl* (Wind)surfing *nt,* (Wind)surfen *nt*
windsurfista [win̩^d sur'fista] *mf* (Wind)surfer(in) *m(f)*
wing [wiŋ] *m* (*Am*) **1.** (DEP: *extremo delantero*) Außenstürmer *m,* Flügelstürmer *m* **2.** (DEP: *extrema delantera*) Flügel *m*
wólfram ['bolfram] *m,* **wolframio** [bol'framjo] *m* Wolfram *nt*
würm [burm] *m* (GEO) Würmeiszeit *f*

X

X, **x** ['ekis] *f* **1.** (*letra*) X, x *nt;* ~ **de xilófono** X wie Xanthippe; **rayos** ~ Röntgenstrahlen *mpl;* **en** (**forma de**) **x** x-förmig **2.** (MAT) x; **x veces** x-mal **3.** (*fig: indeterminado*) x-beliebig **4.** (*numeración romana*) zehn

xantelasma [san̪te'lasma] *m* (MED) Xanthelasma *nt*, gelbe Flecken *mpl* an den Augenlidern

xantodermo, **-a** [san̪to'ðermo, -a] *adj* gelbhäutig, xanthoderm

xenofilia [seno'filja] *f* Fremdenfreundlichkeit *f*, Xenophilie *f*

xenófilo, **-a** [se'nofilo, -a] *adj* xenophil, fremdenfreundlich

xenofobia [seno'foβja] *f* Xenophobie *f elev*, Fremdenfeindlichkeit *f;* (*contra extranjeros*) Ausländerfeindlichkeit *f*

xenófobo, **-a** [se'nofoβo, -a] *adj* xenophob *elev*, fremdenfeindlich; (*contra extranjeros*) ausländerfeindlich

xenón [se'non] *m* (QUÍM) Xenon *nt*

xerocopia [sero'kopja] *f* Xerokopie *f*

xerocopiar [seroko'pjar] *vt* xerokopieren

xerófilo, **-a** [se'rofilo, -a] *adj* (BOT) xerophil

xeroftalmia [serof'talmja] *f* (MED) Xerophthalmie *f*, Austrocknung *f* der Binde- und Hornhaut des Auges

xerografía [seroɣra'fia] *f* Xerographie *f*

xerografiar [seroɣrafi'ar] <*1. pres:* xerografío> *vt* xerographieren

xerográfico, **-a** [sero'ɣrafiko, -a] *adj* xerographisch

xeroma [se'roma] *m* (MED) *v.* **xeroftalmia**

xerorradiografía [serorraðjoɣra'fia] *f* (MED) Xeroröntgenographie *f*, Xeroradiographie *f*

xifoides [si'foi̯ðes] **I.** *adj* (ANAT): **apéndice** ~ Schwertfortsatz *m* **II.** *m inv* (ANAT) Schwertfortsatz *m*

xilófago, **-a** [si'lofaɣo, -a] **I.** *adj* Holz fressend **II.** *m, f* Holzschädling *m*

xilofón [silo'fon] *m v.* **xilófono**

xilofonista [silofo'nista] *mf* Xylophonspieler(in) *m(f)*

xilófono [si'lofono] *m* Xylophon *nt*

xilografía [siloɣra'fia] *f* (ARTE) Xylographie *f*, Holzschnitt *m*

xilográfico, **-a** [silo'ɣrafiko, -a] *adj* (ARTE) xylographisch

xilógrafo, **-a** [si'loɣrafo, -a] *m, f* (ARTE) Xylograph(in) *m(f)*, Holzschneider(in) *m(f)*

xiloprotector(**a**) [siloprotek'tor(a)] *adj* Holzschutz-; **substancia** ~**a** Holzschutzmittel *nt*

xirgo, **-a** ['sirɣo, -a] *adj* (*Méx*) **1.** (*desaseado*) schlampig **2.** (*hirsuto*) zottelig

xocoyote [soko'ɟote] *m* (*Méx*) Jüngste(r) *m*, Benjamin *m*

xueta ['sweta] *mf* mallorquinischer Jude *m*, mallorquinische Jüdin *f*

xulo ['sulo] *m* (*Nic*) *einheimische stumme Hunderasse*

Xunta ['ʃun̪ta] *f* (POL): **la** ~ (**de Galicia**) *galicisches Regierungsorgan*

Y

Y, y [i 'ɣrjeɣa] *f* Y, y *nt;* ~ **de yema** Y wie Ypsilon

y [i] *conj* und; **¿~ qué?** na und?; **días ~ días** tagelang; **horas ~ horas** stundenlang; **me voy de vacaciones – ¿~ tu trabajo?** ich mache Urlaub – und was ist mit deiner Arbeit?; **¿~ tu marido(, qué tal)? – bien, gracias** (und) wie geht es deinem Mann? – danke, gut; **¿~ mi monedero? – en el coche** und [*o* wo ist denn] mein Geldbeutel? – im Auto; **¿~ este paquete? – de mis padres** und [*o* von wem ist] dieses Paket? – von meinen Eltern; **¿~ esta chaqueta? – de mi madre** und (wem gehört) diese Jacke? – die gehört meiner Mutter; **me he comido dos trozos de tarta, ~ eso que no me gustan los dulces** ich habe zwei Stück Torte gegessen, obwohl ich eigentlich Süßes gar nicht mag; ~ **colorín colorado este cuento se ha acabado** und wenn sie nicht gestorben sind, dann leben sie noch heute

ya [ɟa] **I.** *adv* **1.** (*en el pasado*) schon, bereits; ~ **lo sé** ich weiß es schon [*o* bereits]; ~ **es hora de que cambies** es wird (höchste) Zeit, dass du dich änderst **2.** (*pronto*) gleich, sofort; **¡~ voy!** ich komme schon [*o* gleich]!; ~ **verás** du wirst schon (noch) sehen; ~ **llegamos** wir sind (bald) da **3.** (*ahora*) jetzt; **¡~ está bien!** jetzt reicht es aber!, jetzt ist aber Schluss!; ~ **falta poco para Navidades** bald ist Weihnachten **4.** (*negación*): ~ **no fumo** ich rauche nicht mehr; **no ~** [*o* ~ **no**]**... sino...** nicht nur ... sondern auch ... **5.** (*afirmación*) ja; ~**, ~** jaja, soso; **¡ah ~!** ach so!, ach ja!; **¡anda ~!** ach was!; **¡pues ~!** aber klar doch!; **¿sabes que te han despedido? – ~** weißt du, dass man dir gekündigt hat? – ja(, weiß ich schon) **II.** *conj* **1.** (*porque*): ~ **que** da, weil; **no es posible hacerlo, ~ que no alcanza el dinero** es ist nicht machbar, denn das Geld reicht nicht **2.** (*aprovechando que*): ~ **que estás aquí...** wenn du schon hier bist ...; ~ **que lo mencionas...** weil du gerade davon anfängst ..., wenn du schon davon sprichst ... **3.** (*o... o*): ~ **por el trabajo,** ~ **por la familia, nunca tiene tiempo para mí** mal [*o* bald] wegen der Arbeit, mal [*o* bald] wegen der Familie, nie hat er/sie Zeit für mich **III.** *interj* ach so, jetzt hab ich's

yabirú [ɟaβi'ru] *m* (*Arg, Par:* ZOOL) *südamerikanische Storchart*

yabuna [ɟa'βuna] *f* (*Cuba:* BOT) *ein Savannengras*

yac [ɟak] *m* (ZOOL) *v.* **yak**

yacaré [ɟaka're] *m* (ZOOL) Kaiman *m*

yacente [ɟa'θen̩te] **I.** *adj* liegend; **herencia ~** (JUR) erb(en)loser Nachlass **II.** *m* (MIN) Liegende(s) *nt*

yacer [ɟa'θer] *irr vi* **1.** (*estar echado*) liegen **2.** (*estar enterrado*) ruhen, begraben liegen **3.** (*acostarse*) schlafen (*con* mit +*dat*); ~ **juntos** miteinander schlafen **4.** (*estar*) sich befinden

yachting ['ɟaxtiŋ] *m* (DEP) Sportsegeln *nt,* Segelsport *m*

yacija [ɟa'θixa] *f* **1.** (*pey: cama*) (Nacht)lager *nt;* (*de paja*) Strohlager *nt* **2.** (*sepultura*) Grabstätte *f*

yacimiento [ɟaθi'mjen̩to] *m* (GEO, MIN) Lagerstätte *f,* Vorkommen *nt;* (*capa*) Flöz *nt;* ~ **de carbón/petrolífero** Kohle-/Erdölvorkommen *nt;* **Y~s Petrolíferos Fiscales** (*Arg*) *staatliches Erdölunternehmen von Argentinien*

yacio ['ɟaθjo] *m* (BOT) Parakautschukbaum *m*

yagua ['ɟaɣwa] *f* **1.** (*Am:* BOT) Königspalme *f* **2.** (*fibras*) Palmfasern *fpl*

yagual [ɟa'ɣwal] *m* (*AmC*) Kopfring *m* (*zum Tragen von Lasten*)

yaguar [ɟa'ɣwar] *m* Jaguar *m*

yaguasa [ɟa'ɣwasa] *f* (*Cuba, Hond:* ZOOL) Witwenpfeifgans *f*

yaguré [ɟaɣu're] *m* (*Am:* ZOOL) Stinktier *nt,* Skunk *m*

yak [ɟak] *m* (ZOOL) Jak *nt*

Yakarta [ɟa'karta] *f* Djakarta *nt*

yal [ɟal] *m* (*Chil:* ZOOL) Schwarzkehl-Ammerfink *m*

yámbico, -a ['ɟambiko, -a] *adj* (LIT) jambisch

yambo ['ɟambo] *m* **1.** (LIT) Jambus *m* **2.** (BOT) Jambusenbaum *m,* Jambuse *f*

yanacona [ɟana'kona] *mf* (HIST) **1.** (*AmS: sirviente indio*) indianischer Diener *m,* indianische Dienerin *f* **2.** (*CSur: arrendatario indio*) indianischer Pächter *m,* indianische Pächterin *f*

yanconazgo [ɟaŋko'naθɣo] *m* (*AmS:* HIST) Pachtvertrag *m* (*zwischen einem indianischen Pächter und einem weißen Besitzer*)

yang [ɟaŋ] *m* (FILOS) Yang *nt*

yanomami [ɟano'mami] *adj* das Volk der Yanomami betreffend

yanqui ['ɟaŋki] **I.** *adj* (nord)amerikanisch, Ami- *fam;* (*pey t.* HIST) Yankee- **II.** *mf* (US-)Amerikaner(in) *m(f),* Ami *m fam;* (*pey t.* HIST) Yankee *m*

yantar [ɟan̩'tar] **I.** *vt* (*elev*) essen; (*al mediodía*) zu Mittag essen **II.** *m* (*elev*) Essen *nt*

yapa ['ɟapa] *f* (*Am*) **1.** (*a un precio*) Zuschlag *m* **2.** (*objeto*) Zugabe *f;* **de ~** zudem, obendrein

yapar [ɟa'par] *vt* (*Am*) **1.** (*el precio*) einen Zuschlag erheben (auf *+akk*) **2.** (*un objeto*) dazugeben

yaqui ['ɟaki] *mf* (*Méx*) *Ureinwohner(in) von Mexiko*

yarará [ɟara'ra] *f* (*AmS:* ZOOL) Grubenotter *f*

yaraví [ɟara'βi] *m* (*Bol, Perú:* MÚS) *melancholisches Volkslied der Inkas*

yarda ['ɟarða] *f* Yard *nt*

yare ['ɟare] *m* (*Ven*) *giftiger Saft der bitteren Yucca*

yarey [ɟa'rei̯] *f* (*Cuba:* BOT) *Palmenart, aus deren Fasern Hüte geflochten werden*

yatay [ɟa'tai̯] *m* (*Arg, Bol, Par:* BOT) Kokospalme *f*

yate ['ɟate] *m* Jacht *f;* (*velero*) Segeljacht *f*

yayo, -a ['ɟaɟo, -a] *m, f* (*fam*) Opa *m,* Oma *f*

yaz [ɟaθ] *m* Jazz *m*

yazco ['ɟaθko], **yazgo** ['ɟaθɣo] *1. pres de* **yacer**

ye [ɟe] *f* Ypsilon *nt*

yedra ['ɟeðra] *f* Efeu *nt*

yegua ['ɟeɣwa] *f* **1.** (ZOOL) Stute *f* **2.** (*AmC: colilla*) Zigarettenstummel *m*

yeguada [ɟe'ɣwaða] *f* Pferdeherde *f*

yegüero [ɟe'ɣwero] *m* Pferdehirt *m*

yeísmo [ɟe'ismo] *m* (LING) *Aussprechen des 'll' wie ein 'y'*

yeldo ['ɟel̩do] *m* (ZOOL) *Oberflächenplankton im kantabrischen Meer*

yelmo ['ɟelmo] *m* Helm *m*

yema ['ɟema] *f* **1.** (*de un huevo*) Eigelb *nt,* (Ei)dotter *m;* ~ **mejida** *Erkältungstrunk aus Eigelb, Zucker und heißer Milch* **2.** (*de un dedo*) Fingerkuppe *f* **3.** (GASTR) Eierkonfekt *nt;* ~**s de Santa Teresa** (*reg:* GASTR) *Spezialität aus Avila: kleines Gebäck aus Eigelb und Zucker* **4.** (BOT) Knospe *f* **5.** (*centro*) Mitte *f;* **en la ~ del invierno** im tiefsten Winter; **dar en la ~** (*fig fam*) den Nagel auf den Kopf treffen **6.** (*parte mejor*) Beste(s) *nt*

Yemen ['ɟemen] *m* Jemen *nt*

yemení [ɟeme'ni], **yemenita** [ɟeme'nita] **I.** *adj* jemenitisch **II.** *mf* Jemenit(in) *m(f)*

yen [ɟen] <yenes> *m* Yen *m*

yendo [ɟen̪do] *ger de* **ir**

yerba ['ɟerβa] *f* **1.** (*planta*) Kraut *nt* **2.** (*césped*) Gras *nt* **3.** (*pasto*) Gras *nt;* (*seco*) Heu *nt* **4.** (*RíoPl: planta*): ~ **mate** Matepflanze *f;* (*producto*) Mate(tee) *m*

yerbajo [ɟer'βaxo] *m* Unkraut *nt*

yerbal [ɟer'βal] *m* (*RíoPl*) Matepflanzung *f*

yerbatal [ɟerβa'tal] *m* (*Arg*) *v.* **yerbal**

yerbatero, -a [ɟerβa'tero, -a] **I.** *adj* (*Am*) Mate- **II.** *m, f* (*AmS*) **1.** (*curandero*) Kräuterheiler(in) *m(f)* **2.** (*vendedor: de hierbas*) Kräuterhändler(in) *m(f);* (*de forraje*) Futterhändler(in) *m(f);* (*de mate*) Matehändler(in) *m(f)*

yerbear [ɟerβe'ar] *vi* (*RíoPl*) Mate(tee) trinken

yerbera [ɟer'βera] *f* (*RíoPl*) Mate(tee)dose *f*

yerbero, -a [ɟer'βero, -a] *m, f* (*Méx: curandero*) Medizinmann, -frau *m, f,* Heiler(in) *m(f)*

yergo ['ɟerɣo] *1. pres de* **erguir**

yermo[1] ['ɟermo] *m* **1.** (*terreno*) Einöde *f* **2.** (AGR) Brachfeld *nt,* Brache *f*

yermo, -a[2] ['ɟermo, -a] *adj* **1.** (*inhabitado*) unbewohnt, öd(e) **2.** (AGR) brach(liegend); **dejar ~** brachlegen; **estar ~** brachliegen

yerno ['ɟerno] *m* Schwiegersohn *m*

yernocracia [ɟerno'kraθja] *f* (*fam*) Vetternwirtschaft *f*

yero ['ɟero] *m* (BOT) Wicke *f*

yerra ['ɟerra] *f* (*Río Pl*) Kennzeichnung *f* des Viehs mit einem Brandzeichen

yerro ['ɟerro] *m* (*equivocación*) Irrtum *m;* (*falta*) Fehler *m;* ~ **de cálculo/de imprenta** Rechen-/Druckfehler *m*

yérsey ['ɟersei̯] *m,* **yersí** [ɟer'si] *m* (*AmC, AmS*) Jersey *m*

yerto, -a ['ɟerto, -a] *adj* starr; **quedar ~** (**de un susto**) (vor Schreck) erstarren

yesal [ɟe'sal] *m,* **yesar** [ɟe'sar] *m* Gipsgrube *f*

yesca ['ɟeska] *f* Zunder *m*

yesera [ɟe'sera] *f* Gipsgrube *f*

yesería [ɟese'ria] *f* **1.** (*fábrica*) Gipswerk *nt* **2.** (*comercio*) Gipshandel *m* **3.** (*obra*) Gipsarbeit *f;* (*decoración*) Stuckarbeit *f*

yesero, -a [ɟe'sero, -a] **I.** *adj* Gips- **II.** *m, f* **1.** (*que fabrica*) Gipsfabrikant(in) *m(f)* **2.** (*que vende*) Gipshändler(in) *m(f)* **3.** (*trabajador*) Gipser(in) *m(f);* (*decorador*) Stuckateur(in) *m(f)*

yeso ['ɟeso] *m* **1.** (*material*) Gips *m;* **de ~** gipsern; **dar de ~ una pared** eine Wand verputzen **2.** (*escultura*) Gipsabguss *m* **3.** (*tiza*) (Tafel)kreide *f*

yesoso, -a [ɟe'soso, -a] *adj* **1.** (*con yeso*) gipshaltig **2.** (*como yeso*) gipsartig

yesquero [ɟes'kero] *m* (Zunder)feuerzeug *nt*

yeta ['ɟeta] *f* (*Arg, Urug*) Pech *nt,* Unglück *nt*

yeti ['ɟeti] *m* Yeti *m*

yé-yé[1] [ɟe'ɟe] **I.** *adj* (*fam*) Beat-; **hoy vas muy ~** heute bist du aber flippig angezogen **II.** *mf* (*fam*) **1.** (*joven*) Beatle *m* **2.** (*intérprete*) Beatsänger(in) *m(f)* **3.** (*fan*) Beatfan *m*

yé-yé[2] [ɟe'ɟe] *m* (*fam*) **1.** (*música*) Beatmusik *f,* Beat *m* **2.** (*costumbres*) Beatkultur *f*

yeyuno [ɟe'ɟuno] *m* Leerdarm *m;* (ANAT) Jejunum *nt*

yid(d)ish ['ɟiðiʃ] *m* Jiddisch(e) *nt*

yihad [ɟi'xaᵈ] *m* Dschihad *m*

yin [ɟin] *m* (FILOS) Yin *nt*

yincana [ɟiŋ'kana] *f Geschicklichkeitsspiel*

yira ['ɟira] *f,* **yire** ['ɟire] *m* (*Arg: argot pey*) Flittchen *nt*

yiro ['ɟiro] *m* (*Arg, Urug: fam*) Hure *f,* leichtes Mädchen *nt*

yo [ɟo] **I.** *pron pers* ich; ~ **que tú** [*o* **de ti**] **no lo haría** ich an deiner Stelle würde es nicht tun; **esto queda entre tú y ~** das bleibt unter uns **II.** *m* (*t.* PSICO) Ich *nt*

yocalla [ɟo'kaʎa] *m* (*Bol*) **1.** (*niño callejero*) Straßenkind *nt* **2.** (*niño mestizo*) Mischlings-

kind *nt*
yod [ɟoᵈ] *f* (LING) Jot *nt*
yodación [ɟoða'θjon] *f* Jodierung *f*
yodado, **-a** [ɟo'ðaðo, -a] *adj* (*con yodo*) jodhaltig; (*añadido*) jodiert
yodar [ɟo'ðar] *vt* jodieren
yódico, **-a** ['ɟoðiko, -a] *adj* (QUÍM) Jod-
yodismo [ɟo'ðismo] *m* (MED) Jodvergiftung *f*, Jodismus *m*
yodo ['ɟoðo] *m* Jod *nt*
yodoformo [ɟoðo'formo] *m* (QUÍM) Jodoform *nt*
yoduro [ɟo'ðuro] *m* (QUÍM) Jodid *nt*; ~ **de magnesio** Magnesiumjodid *nt*
yoga ['ɟoɣa] *m* Joga *nt o m*
yoghi ['ɟoɣi] *mf*, **yogui** ['ɟoɣi] *mf* Jogi *m*, Jogin *f*
yogur ['ɟoɣur] <yogures> *m* **1.** (GASTR) Jog(h)urt *m*; ~ **de fresa** Erdbeerjog(h)urt *m* **2.** (*argot: coche*) Polizeiauto *nt* **3.** (*argot: genio*): **estar de mal** ~ schlechte Laune haben, schlecht drauf sein; **tener muy mal** ~ gemein sein
yogurcito [ɟoɣur'θito] *mf* (*fam*) fescher Junge *m*, fesches Mädchen *nt*
yogurtera [ɟoɣur'tera] *f* **1.** (*máquina*) Jog(h)urtbereiter *f* **2.** (*argot: coche*) Polizeiauto *nt*
yohimbé [ɟoi̯m'be] *m* (BOT) Yohimbe *f*, Yohimbebaum *m*
yohimbina [ɟoi̯m'bina] *f* (MED) Yohimbin *nt*
yoimboa [ɟoi̯m'boa] *m* (BOT) *v.* **yohimbé**
yol [ɟol] *m* (*árguenas*) Tragekörbe *mpl*
yola ['ɟola] *f* (NÁUT) Jolle *f*
yole ['ɟole] *m* (*árguenas*) Tragekörbe *mpl*
yolo ['ɟolo] *m* (*Méx: fam: corazón*) Herz *nt*; ¡~ **mío!** mein Schatz!
yonqui ['ɟoŋki] *mf* (*argot*) Junkie *m*
yóquei ['ɟokei̯] *m*, **yoqui** ['ɟoki] *m* (DEP) Jockei *m*
yoyó [ɟo'ɟo] *m*, **yoyo** ['ɟoɟo] *m* Jo-Jo *nt*
yoyoba [ɟo'ɟoβa] *f sin pl* (BOT) Jojoba *f*; **aceite de** ~ Jojobaöl *nt*
yuca ['ɟuka] *f* (BOT) **1.** (*palma*) Yucca(palme) *f* **2.** (*mandioca*) Maniok *m*
yucal [ɟu'kal] *m* **1.** (*de palmas*) Yuccapflanzung *f* **2.** (*de mandiocas*) Maniokpflanzung *f*
Yucatán [ɟuka'tan] *m* Yukatan *nt*
yucateco, **-a** [ɟuka'teko, -a] **I.** *adj* aus Yukatan **II.** *m, f* Einwohner(in) *m(f)* Yukatans
yudo ['ɟuðo] *m* (DEP) Judo *nt*
yudoca [ɟu'ðoka] *mf*, **yudoka** [ɟu'ðoka] *mf* (DEP) Judoka *m*
yugo ['ɟuɣo] *m* **1.** (*dominio, t.* AGR) Joch *nt*; **sacudir(se) el** ~ das Joch abschütteln; **someterse al** ~ sich unterwerfen **2.** (*de la campana*) Glockenstuhl *m* **3.** (*velo*) (Trau)schleier *m*
Yugoslavia [ɟuɣos'laβja] *f* (HIST) Jugoslawien *nt*
yugoslavo, **-a** [ɟuɣos'laβo, -a] **I.** *adj* jugoslawisch **II.** *m, f* Jugoslawe, -in *m, f*
yuguero [ɟu'ɣero] *m v.* **yuntero**
yugular [ɟuɣu'lar] **I.** *vt* **1.** (*decapitar*) köpfen **2.** (*detener*) zum Stillstand bringen; (*acabar*) unterbinden **II.** *adj* Hals-; (ANAT) jugular; **arteria** ~ Halsschlagader *f* **III.** *f* (ANAT) Jugularvene *f*
yunga ['ɟuŋga] *mf* (*Bol, Chil, Ecua, Perú*) *Einwohner der Talgebiete der Anden*
yungas ['ɟuŋgas] *fpl* (*Bol, Chil, Ecua, Perú*) *Talgebiete der Anden*
yunque ['ɟuŋke] *m* **1.** (*para forjar, t.* ANAT) Amboss *m* **2.** (*persona: paciente*) geduldiger Mensch *m*; (*trabajador*) hart arbeitender Mensch *m* **3.** (*loc*): **estar al** ~ (*aguantar*) viel über sich ergehen lassen müssen; (*trabajar*) hart arbeiten
yunta ['ɟun̩ta] *f* **1.** (*par*) Gespann *nt*, Joch *nt* **2.** *pl* (*PRico, Urug, Ven*) Paar *nt* Manschettenknöpfe
yuntero [ɟun̩'tero] *m* Pflüger *m* (, *der das Gespann führt*)
yupi ['ɟupi] *interj* (*fam*) juchhu!
yuppy ['ɟupi] *mf* Yuppie *m*
yuré [ɟu're] *m* (*CRi:* ZOOL) Inkatäubchen *nt*
yurro ['ɟurro] *m* (*CRi: manantial*) Quelle *f*; (*arroyuelo*) Bächlein *nt*
yuruma [ɟu'ruma] *f* (*Ven:* BOT, GASTR) Palmmark *nt* (*dessen Mehl zu Brot verbacken wird*)
yurumí [ɟuru'mi] *m* (*AmS:* ZOOL) Großer Ameisenbär *m*, Yurumi *m*
yute ['ɟute] *m* **1.** (BOT) Jute *f* **2.** (*fibra*) Jute(faser) *f* **3.** (*tejido*) Jutestoff *m*
yuxtalineal [ɟustaline'al] *adj* juxtalinear; **traducción** ~ dem Original zeilenmäßig gegenübergestellte Übersetzung
yuxtaponer [ɟustapo'ner] *irr como poner* **I.** *vt* (*a otra cosa*) stellen (*a* neben +*akk*); (*dos cosas*) nebeneinander stellen **II.** *vr:* ~**se** hinzukommen (*a* zu +*dat*)
yuxtaposición [ɟustaposi'θjon] *f* (*acción*) Nebeneinanderstellung *f*; (*efecto*) Nebeneinanderliegen *nt*; (LING, GEO) Juxtaposition *f*
yuxtapuesto, **-a** [ɟusta'pwesto, -a] *adj* nebeneinander liegend; (LING) aneinander gereiht
yuyal [ɟu'ɟal] *m* (*CSur*) Gebüsch *nt*
yuyero, **-a** [ɟu'ɟero, -a] *m, f* (*Arg*) Kräuterheiler(in) *m(f)*
yuyo ['ɟuɟo] *m* **1.** (*Arg, Chil, Urug: yerbajo*) Unkraut *nt* **2.** *pl* (*Col, Ecua: condimento*) Gewürzkräuter *ntpl* **3.** *pl* (*Perú: verdura*) Gemüse *nt* **4.** (*AmC: ampolla*) Blase *f*
yuyuba [ɟu'ɟuβa] *f* (BOT) Jujube *f*

Z

Z, z ['θeta/'θeða] *f* Z, z *nt;* ~ **de Zaragoza** Z wie Zacharias [*o* Zeppelin]
zabuir [θa'bwir] *vi* (*Col, PRico: zambullir*) eintauchen
zabullir [θaβu'ʎir] *vt, vr v.* **zambullir**
zacape(l)la [θaka'pela/θaka'peʎa] *f* Krach *m*
zacatal [θaka'tal] *m* (*AmC, Méx*) Weide *f,* Weideland *nt*
zacate [θa'kate] *m* (*Am: paja*) Stroh *nt*
zacatón, -ona [θaka'ton, -ona] *m, f* (*Méx: fam*) Feigling *m,* Hasenfuß *m*
zafacoca [θafa'koka] *f* (*AmC, AmS*) Streit *m,* Auseinandersetzung *f*
zafacón [θafa'kon] *m* (*PRico, RDom: cubo de la basura*) Abfalleimer *m*
zafado, -a [θa'faðo, -a] *adj* (*Arg: descarado*) frech, unverschämt
zafadura [θafa'ðura] *f* (*Am: luxación*) Ausrenkung *f*
zafaduría [θafaðu'ria] *f* (*Arg, Urug*) Frechheit *f,* Unverschämtheit *f*
zafar [θa'far] **I.** *vt* (NÁUT) klar machen **II.** *vr:* **~se 1.** (*de una persona*) loswerden (*de +akk*), sich vom Halse schaffen (*de +akk*) *fam* **2.** (*de un compromiso*) sich drücken (*de* vor *+dat*) **3.** (TÉC: *correa*) abgehen **4.** (*Am: dislocarse*) sich ausrenken, sich auskugeln
zafarrancho [θafa'rrantʃo] *m* **1.** (NÁUT) Klarmachen *nt;* ~ **de combate** klar zum Gefecht **2.** (*fam: limpieza*) Großreinemachen *nt* **3.** (*fam: riña*) Zank *m* **4.** (*fam: destrozo*) Verwüstung *f;* **llevaba todas las copas en una bandeja y tropezó, ¡vaya ~!** er/sie trug alle Gläser auf einem Tablett und stolperte – alles zersprang in (tausend) Scherben!
zafio, -a ['θafjo, -a] *adj* **1.** (*grosero*) ordinär **2.** (*tosco*) ungehobelt, ungeschliffen
zafiro [θa'firo] *m* Saphir *m*
zafo¹ ['θafo] *adv* (*Am: salvo*) abgesehen von *dat,* bis auf *akk*
zafo, -a² ['θafo, -a] *adj* **1.** (NÁUT) klar **2.** (*indemne*) heil; **salir** ~ ungeschoren davonkommen
zafra ['θafra] *f* **1.** (*cosecha*) Zuckerrohrernte *f* **2.** (*fabricación*) Zuckerherstellung *f* **3.** (*tiempo*) Zuckerrohrsaison *f* **4.** (*jarra*) Ölkrug *m*
zaga ['θaɣa] *f* **1.** (*parte posterior*) hinterer Teil *m;* **estar en la ~ del pelotón** am Ende des Feldes platziert sein; **ir a la ~ de alguien** hinter jdm hergehen; **el vicepresidente no le va a la ~ al presidente** der Vizepräsident steht dem Präsidenten in nichts nach **2.** (DEP) Verteidigung *f*
zagal(a) [θa'ɣal(a)] *m(f)* **1.** (*muchacho*) Knabe *m;* (*muchacha*) Fräulein *nt* **2.** (*pastor*) Hirtenknabe *m;* (*pastora*) Hirtenmädchen *nt*
zagalejo [θaɣa'lexo] *m* Unterrock *m*
zagual [θa'ɣwal] *m* Paddel *nt*
zaguán [θa'ɣwan] *m* **1.** (*vestíbulo*) Hausflur *m,* Diele *f* **2.** (*exterior*) Vorhalle *f*
zaguero¹ [θa'ɣero] *m* (DEP: *en pelota*) Deckungsspieler *m;* (*en fútbol*) Verteidiger *m*
zaguero, -a² [θa'ɣero, -a] *adj* Hinter-, hintere(r, s); (*carro*) im hinteren Teil überladen
zahareño, -a [θa(a)'reɲo, -a] *adj* spröde
zaherimiento [θaeri'mjen̩to] *m* **1.** (*reprimenda*) Tadel *m,* Rüge *f* **2.** (*mortificación*) Kränkung *f*
zaherir [θae'rir] *irr como sentir vt* **1.** (*reprender*) tadeln, rügen **2.** (*mortificar*) kränken
zahiriente [θai'rjen̩te] *adj* kränkend
zahones [θa'ones] *mpl* Cowboyhosen *fpl*
zahorí [θao'ri] <zahoríes> *m* **1.** (*vidente*) Hellseher(in) *m(f);* (*de agua*) (Wünschel)rutengänger(in) *m(f)* **2.** (*perspicaz*) Gedankenleser(in) *m(f)*
zaino, -a ['θai̯no, -a] *adj* **1.** (*persona*) hinterlistig; **mirar a lo ~** verstohlen ansehen **2.** (*res*) schwarz; (*caballo*) dunkelbraun
Zaire ['θai̯re] *m* Zaire *nt*
zaireño, -a [θai̯'reɲo, -a] **I.** *adj* zairisch **II.** *m, f* Zairer(in) *m(f)*
zalagarda [θala'ɣarða] *f* **1.** (*emboscada*) Hinterhalt *m* **2.** (*escaramuza*) Scharmützel *nt* **3.** (*lazo*) Schlinge *f,* Falle *f* **4.** (*fam: astucia maliciosa*) Durchtriebenheit *f* **5.** (*fam: alegría bulliciosa*) lärmende Fröhlichkeit *f*
zalamería [θalame'ria] *f* Schmeichelei *f*
zalamero, -a [θala'mero, -a] **I.** *adj* schmeichlerisch **II.** *m, f* Schmeichler(in) *m(f)*
zalea [θa'lea] *f* Schaffell *nt*
zalema [θa'lema] *f* **1.** (*reverencia*) Verbeugung *f* **2.** (*zalamería*) Schmeichelei *f*
zamacuco, -a [θama'kuko, -a] *m, f* (*fam*) **1.** (*persona torpe*) Trottel *m,* Dummkopf *m* **2.** (*persona que finge ser torpe*) Schlitzohr *nt,* Schlauberger *m*
zamarra [θa'marra] *f* **1.** (*de pastor*) Hirtenjacke *f* (*aus Schaffell*) **2.** (*chaqueta*) pelzgefütterte Jacke *f* **3.** (*piel*) Schaffell *nt*
zamarrazo [θama'rraθo] *m* **1.** (*con palo*) Schlag *m* **2.** (*revés*) Rückschlag *m*
zamarrear [θamarre'ar] *vt* **1.** (*una presa*) herumzerren **2.** (*a alguien*) anrempeln, schubsen
zamarrilla [θama'rriʎa] *f* (BOT) Poleigamander *m,* Marienkraut *nt*
zamarro [θa'marro] *m* **1.** (*chaqueta*) pelzge-

fütterte Jacke *f* **2.** (*piel*) Schaffell *nt* **3.** (*rústico*) Rüpel *m* **4.** (*bribón*) Gauner *m* **5.** *pl* (*Am: pantalones*) Reiterhosen *fpl*

zamarronear [θamarrone'ar] *vt* (*Arg, Chil, Ecua*) *v.* **zamarrear**

zamba ['θamba] *f* (MÚS) Samba *f*

Zambeze [θam'beθe] *m* Sambesi *m*

Zambia ['θambja] *f* Sambia *nt*

zambiano, **-a** [θam'bjano, -a] **I.** *adj* sambisch **II.** *m, f* Sambier(in) *m(f)*

zambo, **-a** [θambo, -a] **I.** *adj* (*piernas*) X-beinig **II.** *m, f* **1.** (*de piernas*) Person *f* mit X-Beinen **2.** (*Am: hijo de negro e india*) Zambo, -a *m, f*

zambomba [θam'bomba] **I.** *f* (MÚS) *trommelartiges Instrument* **II.** *interj* meine Güte

zambombazo [θambom'baθo, -a] *m* (*fam*) **1.** (*porrazo*) Schlag *m* **2.** (*explosión*) Knall *m*

zambombo [θam'bombo] *m* (*fam*) Rüpel *m*

zambra ['θambra] *f* **1.** (*bulla*) Trubel *m* **2.** (*riña*) Krach *m*, Radau *m*

zambucar [θambu'kar] <c→qu> *vt* (*fam*) wegstecken

zambullida [θambu'ʎiða] *f* **1.** (*en el agua*) Untertauchen *nt* **2.** (*de cabeza*) Kopfsprung *m*; **darse una ~** einen Kopfsprung machen

zambullir [θambu'ʎir] <*3. pret:* zambulló> **I.** *vt* eintauchen **II.** *vr:* **~se** **1.** (*en el agua*) (ein)tauchen (*en* in +*akk*) **2.** (*en un asunto*) sich stürzen (*en* in +*akk*) **3.** (*ocultarse*) sich verstecken; (*cubrirse*) sich einmummen

zambullón [θambu'ʎon] *m* (*AmS*) *v.* **zambullida**

zambutir [θambu'tir] *vt* (*Méx: fam*) (hinein)stopfen (*en* in +*akk*)

zamorano, **-a** [θamo'rano, -a] **I.** *adj* aus Zamora **II.** *m, f* Einwohner(in) *m(f)* von Zamora

zampabollos [θampa'βoʎos] *mf inv* (*fam*) Vielfraß *m*

zampar [θam'par] **I.** *vt* **1.** (*ocultar bruscamente*) rasch wegstecken; **zampó el papel de la mesa** er/sie schnappte das Papier auf dem Tisch; **zampó los zapatos nuevos en el barro** er/sie stapfte mit den neuen Schuhen durch den Schlamm **2.** (*comer*) verschlingen **3.** (*tirar*) (hin)werfen, (hin)schmeißen *fam* **II.** *vr:* **~se** **1.** (*en un lugar*) plötzlich auftauchen **2.** (*comer*) verschlingen **3.** (*pey: invitarse*) reinplatzen (*en* in +*akk*)

zampatortas [θampa'tortas] *mf inv* (*fam*) Vielfraß *m*

zampón, **-ona** [θam'pon, -ona] **I.** *adj* (*fam*) gefräßig **II.** *m, f* (*fam*) Vielfraß *m*

zampoña [θam'poɲa] *f* (MÚS) Panflöte *f*

zampullín [θampu'ʎin] *m* (ZOOL) Zwergtaucher *m*

zamuro [θa'muro] *m* (*Ven: buitre*) Geier *m*

zanahoria [θana'orja] *f* Mohrrübe *f*, Karotte *f*, Möhre *f*

zanca ['θaŋka] *f* **1.** (*del ave*) Vogelbein *nt* **2.** (*fam: del hombre*) langes Bein *nt* **3.** (*de escalera*) Seitenwand *f*

zancada [θaŋ'kaða] *f* langer Schritt *m*; **dar ~s** große [*o* lange] Schritte machen; **se recorrió la ciudad en dos ~s** er/sie besichtigte die Stadt in ein paar Minuten

zancadilla [θaŋka'ðiʎa] *f* Beinstellen *nt*; **poner** [*o* **echar**] **la** [*o* **una**] **~ a alguien** jdm ein Bein stellen; (*fig*) jdm das Leben schwer machen

zancadillear [θaŋkaðiʎe'ar] *vt* ein Bein stellen; (*fig*) das Leben schwer machen

zancajo [θaŋ'kaxo] *m* **1.** (*calcáneo*) Fersenbein *nt* **2.** (*del pie*) Ferse *f*; (*del zapato*) Absatz *m*

zancarrón [θaŋka'rron] *m* **1.** (*fam: hueso*) abgenagter Knochen *m* **2.** (*fam: persona*) magerer, alter Mensch *m* **3.** (*fam: profesor*) dilettantischer Lehrer *m*

zanco ['θaŋko] *m* Stelze *f*; **andar en ~s** auf Stelzen gehen, stelzen

zancón, **-ona** [θaŋ'kon, -ona] *adj* **1.** (*zancudo*) langbeinig **2.** (*Col, Guat, Méx: demasiado corto*) zu kurz; **traje ~** zu kurzer Anzug

zancudas [θaŋ'kuðas] *fpl* Stelzvögel *mpl*

zancudo[1] [θaŋ'kuðo] *m* (*Am*) Moskito *m*

zancudo, **-a**[2] [θaŋ'kuðo, -a] *adj* langbeinig

zanfonía [θaɱfo'nia] *f*, **zanfoña** [θaɱ'foɲa] *f* (MÚS) Drehleier *f*, Radleier *f*

zanganada [θaŋga'naða] *f* (*fam*) Frechheit *f*; (*torpeza*) Ungeschicktheit *f*

zanganear [θaŋgane'ar] *vi* (*fam*) (herum)faulenzen

zanganería [θaŋgane'ria] *f* (*fam*) Müßiggang *m*, Faulenzerei *f*

zángano ['θaŋgano] *m* **1.** (*vago, t.* ZOOL) Drohne *f* **2.** (*torpe*) Tollpatsch *m*

zangarriana [θaŋga'rrjana] *f* **1.** (*abatimiento*) Niedergeschlagenheit *f* **2.** (*achaque*) leichte Krankheit *f*

zangolotear [θaŋgolote'ar] **I.** *vi* (*fam*) herumbummeln **II.** *vt* schütteln, rütteln **III.** *vr:* **~se** (*fam: ventana*) locker [*o* lose] sein

zangoloteo [θaŋgolo'teo] *m* **1.** (*fam: callejeo*) Herumbummeln *nt* **2.** (*fam: sacudida*) Schütteln *nt* **3.** (*fam: de ventana*) Wackeln *nt*

zangolotino, **-a** [θaŋgolo'tino, -a] *adj:* **niño ~** (*fam*) *Jugendlicher, der sich für jünger ausgibt, als er ist*

zangón [θaŋ'gon] *m* (*fam*) Nichtstuer *m*

zanguanga [θaŋ'gwaŋga] *f* **1.** (*zalamería*) Schmeichelei *f* **2.** (*loc*): **hacer la ~** sich krank stellen

zanguango, **-a** [θaŋ'gwaŋgo, -a] **I.** *adj* (*fam*) faul, träge **II.** *m, f* (*fam*) Faulpelz *m*, Faulenzer(in) *m(f)*

zanja ['θaŋxa] *f* **1.** (*excavación*) Graben *m* **2.** (*Am: arroyada*) Flusstal *nt*

zanjar [θaŋ'xar] *vt* **1.** (*abrir zanjas*) Gräben ziehen [*o* ausheben] **2.** (*asunto*) lösen, aus der Welt schaffen **3.** (*disputa*) beilegen; **~ un conflicto** eine Meinungsverschiedenheit beilegen

zanjón [θaŋ'xon] *m* **1.** (*zanja*) tiefer Graben *m* **2.** (*Am: despeñadero*) Abgrund *m*

zanquilargo, **-a** [θaŋki'laryo, -a] *adj* (*fam*)

langbeinig
zanquivano, -a [θaŋki'βano, -a] *adj* (*fam*) storchbeinig
Zanzíbar [θan̪'θiβar] *m* Sansibar *nt*
zapa ['θapa] *f* **1.** (*pala*) Spaten *m,* Schaufel *f;* **labor de** ~ heimtückisches Vorgehen **2.** (MIL: *excavación*) Schanzen *nt*
zapador [θapa'ðor] *m* (MIL: *que cava zanjas*) Sappeur *m;* (*que construye puentes, etc.*) Pionier *m*
zapallo [θa'paʎo] *m* **1.** (*Am: calabaza*) Kürbis *m* **2.** (*Arg, Chil: chiripa*) Glück *nt,* Schwein *nt fam*
zapalote [θapa'lote] *m* (*AmC:* AGR) Maiskolben *m* mit verschiedenfarbigen Körnern
zapapico [θapa'piko] *m* (Kreuz)hacke *f*
zapar [θa'par] *vi* **1.** (*cavar*) graben **2.** (MIL) schanzen
zaparrazo [θapa'rraθo] *m* Prankenhieb *m,* Prankenschlag *m*
zapata [θa'pata] *f* Bremsschuh *m,* Bremsklotz *m*
zapatazo [θapa'taθo] *m* Schlag *m* mit einem Schuh
zapateado [θapate'aðo] *m* **1.** (*baile*) Zapateado *m* **2.** (*de la vela*) (heftiges) Flackern *nt*
zapatear [θapate'ar] *vt* **1.** (*golpear*) mit einem Schuh schlagen **2.** (*bailando*) mit dem Fuß (auf)stampfen **3.** (*velas*) (heftig) flackern
zapateo [θapa'teo] *m* **1.** (*golpe con zapato*) Schlagen *nt* mit dem Schuh; (*con los pies*) Trampeln *nt* **2.** (*baile*) Stampfen *nt*
zapatería [θapate'ria] *f* **1.** (*tienda*) Schuhgeschäft *nt* **2.** (*fábrica*) Schuhfabrik *f* **3.** (*taller*) Schuhmacherwerkstatt *f,* Schuhmacherei *f* **4.** (*oficio*) Schuhmacherei *f*
zapatero[1] [θapa'tero] *m* Schuhschrank *m*
zapatero, -a[2] [θapa'tero, -a] **I.** *adj* eingeschrumpft, eingetrocknet **II.** *m, f* Schuhmacher(in) *m(f),* Schuster(in) *m(f);* ~ **a tus zapatos** (*prov*) Schuster bleib bei deinen Leisten
zapateta [θapa'teta] *f* Schlag *m* auf den Schuh beim Springen
zapatiesta [θapa'tjesta] *f* Krach *m,* Radau *m*
zapatilla [θapa'tiʎa] *f* **1.** (*para casa*) Hausschuh *m,* Pantoffel *m;* ~ **de baño** Badepantoffel *m* **2.** (*de deporte*) Turnschuh *m;* ~**s de tenis** Tennisschuhe *mpl;* ~**s de clavos** Spikes *mpl*
zapatillazo [θapati'ʎaθo] *m* Schlag *m* mit einem Pantoffel
zapatista [θapa'tista] *mf* (POL: *Méx*) Anhänger(in) *m(f)* der Bewegung Emiliano Zapatas
zapato [θa'pato] *m* **1.** Schuh *m;* ~**s con tacones altos** hochhackige Schuhe; **¿dónde te aprieta el ~?** (*fig*) wo drückt dich der Schuh?; **tú no me llegas a la suela del** ~ (*fig fam*) du kannst mir nicht das Wasser reichen **2.** (BOT): ~ **de Venus** Frauenschuh *m*
zape ['θape] *interj* **1.** (*animal*) psch, husch **2.** (*peligro*) du meine Güte
zapear [θape'ar] *vt* **1.** (*gato*) verscheuchen; (*fam: a alguien*) verscheuchen, verjagen **2.** (TV: *fam*) zappen
zaping ['θapiŋ] *m* (TV) *v.* **zapping**
zapotazo [θapo'taθo] *m* (*Méx: fam*) dumpfer Ton [*o* Schlag] *m* (*beim Hinfallen*)
zapote [θa'pote] *m* (*AmC, Méx:* BOT) Sapotillbaum *m*
zapoteca [θapo'teka] *mf* (*Méx:* HIST) *Ureinwohner(in) Mexikos*
zapoyolito [θapoʝo'lito] *m* (*AmC, AmS:* ZOOL) Goldstirnsittich *m,* Tovisittich *m*
zapping ['θapiŋ] *m* (TV) Zappen *nt,* Zapping *nt*
zaque ['θake] *m* **1.** (*odre*) kleiner Weinschlauch *m* **2.** (*fam: borracho*) Säufer *m*
zaquizamí [θakiθa'mi] *m* **1.** (*desván*) Dachboden *m* **2.** (*cuarto*) Bruchbude *f,* Loch *nt*
zar [θar] *m* Zar *m*
zarabanda [θara'βan̪da] *f* **1.** (MÚS) Sarabande *f* **2.** (*jaleo*) Rummel *m,* Trubel *m*
zaragata [θara'ɣata] *f* **1.** (*alboroto*) Aufruhr *m,* Tumult *m* **2.** *pl* (*zalamerías*) schmeichelnde Worte *ntpl*
zaragate [θara'ɣate] *m* (*AmC, Perú, Ven: despreciable*) Spitzbube *m,* Gauner *m;* (*entremetido*) Schnüffler *m*
zaragatear [θaraɣate'ar] *vi* **1.** (*alborotar*) toben, lärmen **2.** (*con zalamerías*) schmeicheln
zaragatero, -a [θaraɣa'tero, -a] *adj* **1.** (*camorrista*) streitsüchtig **2.** (*zalamero*) schmeichlerisch
zar(a)gatona [θar(a)ɣa'tona] *f* (BOT) Wegerich *m*
Zaragoza [θara'ɣoθa] *f* Zaragoza *nt*
zaragozano, -a [θaraɣo'θano, -a] **I.** *adj* aus Zaragoza **II.** *m, f* Einwohner(in) *m(f)* von Zaragoza
zaragüelles [θara'ɣweʎes] *mpl* (*fam*) Pluderhosen *fpl* (*der Bauern*)
zaramullo [θara'muʎo] *m* (*Perú, Ven*) Schurke *m*
zaranda [θa'ran̪da] *f* Sieb *nt*
zarandajas [θaran̪'daxas] *fpl* Kleinigkeit *f,* Nichtigkeit *f*
zarandear [θaran̪de'ar] **I.** *vt* **1.** (*cribar*) sieben **2.** (*sacudir: cosa*) schütteln; (*persona*) anrempeln, schubsen **3.** (*ajetrear*) schikanieren **4.** (*Am: ridiculizar*) bloßstellen **II.** *vr:* ~**se** **1.** (*ajetrearse*) sich plagen **2.** (*burlarse*) sich lustig machen (*de* über +*akk*)
zarandeo [θaran̪'deo] *m* **1.** (*cribado*) Sieben *nt* **2.** (*sacudida*) Rütteln *nt,* Schütteln *nt*
zarandillo [θaran̪'diʎo] *m* **1.** (*criba*) kleines Sieb *nt* **2.** (*niño*) Zappelphilipp *m*
zarapatel [θarapa'tel] *m* (GASTR) *Gericht aus Auberginen, Tomaten, Zucchini und Paprika*
zarapito [θara'pito] *m* (ZOOL) Brachvogel *m*
zarate [θa'rate] *f* (*Hond:* MED) Krätze *f;* (*en animales*) Räude *f*
zarbo ['θarβo] *m* (ZOOL) *dem Gründling ähnlicher Karpfenfisch*
zarcillo [θar'θiʎo] *m* **1.** (*pendiente*) Ohrring *m* **2.** (BOT) Ranke *f* **3.** (*almocafre*) (Jät)hacke *f*
zarco, -a ['θarko, -a] *adj* hellblau

zarigüeya [θari'ɣweɟa] *f* (ZOOL) Opossum *nt*
zarina [θa'rina] *f* Zarin *f*
zarismo [θa'rismo] *m sin pl* (POL) Zarismus *m*
zarista [θa'rista] *adj* zaristisch
zarpa ['θarpa] *f* **1.** (*barco*) Auslaufen *nt* **2.** (*del león*) Pranke *f*, Tatze *f* **3.** (*vulg: mano*) Pfote *f*; **echar la** ~ (*animal*) mit den Pranken zuschlagen; (*persona*) mit Gewalt zupacken
zarpada [θar'paða] *f v.* **zarpazo**
zarpar [θar'par] *vi* (*barco*) auslaufen
zarpazo [θar'paθo] *m* Prankenhieb *m*, Prankenschlag *m*
zarracina [θarra'θina] *f* Schneeregen *m*
zarrapastrón, **-ona** [θarrapas'tron, -ona] *adj* (*fam*), **zarrapastroso**, **-a** [θarrapas'troso, -a] *adj* (*fam*) schlampig, dreckig
zarza ['θarθa] *f* (BOT) Dornbusch *m*
zarzal [θar'θal] *m* (BOT) Dorngestrüpp *nt*
zarzamora [θarθa'mora] *f* (BOT) Brombeere *f*
zarzaparrilla [θarθapa'rriʎa] *f* (BOT) Sarsaparille *f*
zarzarrosa [θarθa'rrosa] *f* (BOT) Blüte *f* der Heckenrose
zarzo ['θarθo] *m* **1.** (*cañizo*) Rohrgeflecht *nt* **2.** (*trenzado*) Hürde *f*
zarzuela [θar'θwela] *f* (MÚS) Zarzuela *f*
zarzuelista [θarθwe'lista] *mf* Zarzuelero *m*
zas [θas] *interj* **1.** (*de rapidez*) zack **2.** (*de golpe*) peng
zascandil [θaskan̪'dil] *m* **1.** (*fam: chismoso*) Klatschmaul *nt* **2.** (*fam: entrometido*) Schnüffler *m*
zascandilear [θaskan̪dile'ar] *vi* **1.** (*fam: chismorrear*) klatschen **2.** (*fam: entrometerse*) herumschnüffeln (*en* in +*dat*)
zascandileo [θaskan̪di'leo] *m* Schnüffelei *f*
zen [θen] *m* (REL) Zen *nt*
zepelín [θepe'lin] *m* Zeppelin *m*
zeta ['θeta] *f* Z *nt*
zeu(g)ma ['θeu̯(ɣ)ma] *m* (LING) Zeugma *nt*
zigzag [θiʸ'θaʸ] *m* <**zigzagues** *o* **zigzags**> Zickzack *m*
zigzagueante [θiʸθaɣe'an̪te] *adj* Zickzack-, zickzackförmig; **línea** ~ Zickzacklinie *f*
zigzaguear [θiʸθaɣe'ar] *vi* zickzacken
zigzagueo [θiʸθa'ɣeo] *m* **1.** (*acción*) Zickzacken *nt* **2.** (*efecto*) Zickzack *m*
Zimbabue [θim'baᵝwe] *m* Simbabwe *nt*
zimbabuo, **-a** [θim'baᵝwo, -a] **I.** *adj* simbabwisch **II.** *m, f* Simbabwer(in) *m(f)*
zinc [θiŋ] *m* <**cines** *o* **zines**> Zink *nt*; **óxido de** ~ Zinkoxid *nt*; **pomada de** ~ Zinksalbe *f*
zíngaro, **-a** ['θiŋgaro, -a] *m, f* Zigeuner(in) *m(f)*
zinnia ['θinja] *f* (BOT) Zinnie *f*
zíper ['θiper] *m* (*Méx: cremallera*) Reißverschluss *m*
zipizape [θipi'θape] *m* (*fam*) **1.** (*riña*) Radau *m* **2.** (*con golpes*) Schlägerei *f*
zis [θis] *interj* (*fam*): ~ **zas** klatsch, klatsch, pitsch, patsch
zoantropía [θoan̪tro'pia] *f* (PSICO) Zooanthropie *f*, *krankhafte Vorstellung, sich in ein Tier verwandelt zu haben*
zoc [θok] *m* (*Méx:* ZOOL) Fledermaus *f*
zócalo ['θokalo] *m* **1.** (*de casa, pared*) Sockel *m* **2.** (*pedestal*) Fußgestell *nt* **3.** (*de máquina*) Sockel *m*
zocato, **-a** [θo'kato, -a] *adj* **1.** (*fam: zurdo*) linkshändig **2.** (*fruto*) schrump(e)lig
zoco ['θoko] *m* **1.** (*mercado*) (arabischer) Marktplatz *m* **2.** (*zócalo*) Sockel *m* **3.** (*zueco*) Holzschuh *m*, Clog *m*
zodiacal [θoðja'kal] *adj* zodiakal, Tierkreis-; **luz** ~ Zodiakallicht *nt*, Tierkreislicht *nt*
zodiaco [θo'ðjako, -a] *m*, **zodíaco** [θo'ðiako] *m* Tierkreis *m*; **signos del** ~ Tierkreiszeichen *ntpl*, Sternzeichen *ntpl*
zolcuate [θol'kwate] *m* (*Méx:* ZOOL) *eine Giftschlange*
zombi ['θombi] *m* **1.** (*muerto*) Zombie *m* **2.** (*atontado*): **estar** ~ völlig benommen sein; **el boxeador estaba** ~ (*fam*) dem Boxer wurde schwarz vor Augen
zompopo [θom'popo] *m* (*AmC:* ZOOL) Blattschneiderameise *f*
zona ['θona] *f* **1.** (*general, t.* POL) Zone *f*; (*área, terreno*) Zone *f*, Gebiet *nt*, Bereich *m*; ~ **azul** blaue Zone, Kurzparkzone *f*; ~ **catastrófica** Katastrophengebiet *nt*; ~ **de ensanche** erschlossenes Baugebiet; ~ **de exclusión aérea** (MIL) Flugverbotszone *f*; ~ **franca** Zollfreigebiet *nt*; ~ **para (no) fumadores** (Nicht)raucherzone *f*; ~ **industrial** Industriegebiet *nt*; ~ **de influencia** Einflussbereich *m*, Einflusssphäre *f*; ~ **de libre comercio** Freihandelszone *f*; ~ **peatonal** Fußgängerzone *f*; ~ **de recreo** Erholungsgebiet *nt*; ~ **residencial** Wohngebiet *nt*; ~ **urbana** Stadtgebiet *nt*; ~ **de urgente reindustrialización** Industrialisierungsgebiet erster Priorität; ~ **verde** Grünfläche *f* **2.** (GEO) Zone *f*, Gürtel *m*; ~ **desértica** Wüstenzone *f*; ~ **húmeda** Feuchtgebiet *nt*; ~ **de lluvias** Regengürtel *m*; ~ **verde** Grünzone *f* **3.** (METEO) Zone *f*, Gebiet *nt*; ~ **de bajas presiones** Tiefdruckgebiet *nt* **4.** (DEP: *baloncesto: área*) Freiwurfraum *m*; (*defensa*) Raumdeckung *f*; (*falta*) Dreisekundenfehler *m*
zonación [θona'θjon] *f* Aufteilung *f* in Zonen
zonal [θo'nal] *adj* zonal, zonar
zoncera [θon̪'θera] *f* (*Am*), **zoncería** [θon̪θe'ria] *f* (*tontería*) Albernheit *f*
zonificación [θonifika'θjon] *f v.* **zonación**
zonzo, **-a** ['θon̪θo, -a] *adj* **1.** (*aburrido*) langweilig, fade **2.** (*Am: tonto*) doof *fam*
zoo ['θo(o)] *m* Zoo *m*, Tiergarten *m*
zoofagia [θo(o)'faxja] *f* (ZOOL) Zoophagie *f*
zoófago, **-a** [θo'ofaɣo, -a] *adj* (ZOOL) fleischfressend, zoophag; **insecto** ~ fleischfressendes Insekt
zoofilia [θo(o)'filja] *f* übertriebene Tierliebe *f*
zoófilo, **-a** [θo'ofilo, -a] **I.** *adj* tierliebend **II.** *m, f* Tierfreund(in) *m(f)*
zoofobia [θo(o)'foβja] *f* (PSICO) Abscheu *m o f* vor Tieren, Zoophobie *f*

zoogeografía [θo(o)xeoɣra'fia] *f* (ZOOL) Zoogeographie *f,* Tiergeographie *f*
zoógrafo, **-a** [θo'oɣrafo, -a] *m, f* (ZOOL) Tierbeschreiber(in) *m(f)*
zoólatra [θo'olatra] *mf* Tieranbeter(in) *m(f)*
zoolatría [θo(o)la'tria] *f* Tieranbetung *f,* Tierkult *m*
zoología [θo(o)lo'xia] *f sin pl* Zoologie *f*
zoológico, **-a** [θo(o)'loxiko, -a] *adj* zoologisch; **parque** ~ Tiergarten *m,* zoologischer Garten
zoólogo, **-a** [θo'oloɣo, -a] *m, f* Zoologe, -in *m, f*
zoom [θum] *m* (FOTO) Zoom(objektiv) *nt;* **utilizar el** ~ zoomen
zoomórfico, **-a** [θo(o)'morfiko, -a] *adj* zoomorphisch
zoomorfo, **-a** [θo(o)'morfo, -a] *adj* zoomorph
zoonosis [θo(o)'nosis] *f inv* (MED) Zoonose *f*
zooplancton [θo(o)'plaᵑkton] *m* (BIOL) Zooplankton *nt*
zoopsia [θo'oβsja] *f* (PSICO) optische Halluzination *f* in Gestalt von Tieren, Zoopsie *f*
zootecnia [θo(o)'teɣnja] *f* Technik *f* der Tierhaltung und -zucht, Zootechnik *f*
zooterapia [θo(o)te'rapja] *f* Tierheilkunde *f*
zootomía [θo(o)to'mia] *f* (ZOOL) Tieranatomie *f,* Zootomie *f*
zopenco, **-a** [θo'peŋko, -a] **I.** *adj* dumm, doof *fam* **II.** *m, f* Trottel *m*
zopilote [θopi'lote] *m* (ZOOL) Geier *m*
zopo, **-a** ['θopo, -a] *adj* verkrüppelt
zoquete [θo'kete] *m* **1.** (*madera*) Holzklotz *m* **2.** (*tarugo*) Dummkopf *m* **3.** (*mendrugo*) Stück *nt* Brot; (*cantero*) (Brot)kanten *m*
zorcico [θor'θiko] *m* (MÚS) *baskischer Volkstanz*
zoroastrismo [θoroas'trismo] *m* (REL) Zoroastrismus *m*
zorongo [θo'roŋgo] *m* **1.** (*pañuelo*) Kopftuch *nt* (*der aragonesischen Bauern*) **2.** (*moño del pelo*) breiter, platter Haarknoten *m* **3.** (MÚS) *andalusischer Volkstanz*
zorra ['θorra] *f* **1.** (ZOOL) Fuchs *m;* (*hembra*) Füchsin *f* **2.** (*astuta*) gerissene Frau *f* **3.** (*fam: prostituta*) Hure *f* **4.** (*fam: borrachera*) Rausch *m;* **pillar una** ~ sich einen Rausch antrinken
zorrear [θorre'ar] *vi* **1.** (*hacerse el zorro*) gerissen vorgehen **2.** (*Chil, Urug: cazar zorros*) auf Fuchsjagd gehen **3.** (*mujer: dedicarse a la prostitución*) auf den Strich gehen *fam* **4.** (*tratar con prostitutas*) mit Prostituierten verkehren
zorrera [θo'rrera] *f* **1.** (*de zorros*) Fuchsbau *m,* Fuchshöhle *f* **2.** (*habitación*) miefiger Raum *m* **3.** (*modorra*) Schläfrigkeit *f*
zorrería [θorre'ria] *f* Schläue *f,* Gewitztheit *f*
zorrero, **-a** [θo'rrero, -a] *adj* **1.** (*persona*) schlau, gewitzt **2.** (*embarcación*) schwerfällig
zorrillo [θo'rriʎo] *m* (*Am: mofeta*) Stinktier *nt*
zorro ['θorro] *m* **1.** (ZOOL) Fuchs *m* **2.** (*piel*) Fuchs *m,* Fuchsfell *nt* **3.** (*fam: astuto*) (schlauer) Fuchs *m* **4.** *pl* (*utensilio*) Klopfer *m* aus Lederstreifen **5.** (*fam: loc*): **hacerse el** ~ sich dumm stellen; **estar hecho unos ~s** fix und fertig sein; **poner a alguien hecho unos ~s** jdn heruntermachen
zorrón [θo'rron] *m* **1.** (*ramera*) Hure *f,* Nutte *f* **2.** (*astuto*) gerissener Mensch *m,* Fuchs *m*
zorruno, **-a** [θo'rruno, -a] *adj* **1.** (*del zorro*) Fuchs- **2.** (*parecido al zorro*) fuchsartig
zorzal [θor'θal] *m* **1.** (ZOOL) Drossel *f* **2.** (*listo*) schlauer Mensch *m* **3.** (*Am: papanatas*) Trottel *m*
zorzalear [θorθale'ar] *vt* (*Chil*) **1.** (*sablear*) schnorren **2.** (*abusar*) übers Ohr hauen
zoster [θos'ter] *m,* **zóster** ['θoster] *m* (MED) Gürtelrose *f,* Herpes zoster *m*
zotal® [θo'tal] *m* Desinfektionsmittel *nt*
zote ['θote] **I.** *adj* schwer von Begriff, schwerfällig **II.** *mf* Dummkopf *m*
zozobra [θo'θoβra] *f* **1.** (*de embarcación*) Kentern *nt* **2.** (*de proyecto*) Scheitern *nt* **3.** (*congoja*) Beklemmung *f*
zozobrar [θoθo'βrar] **I.** *vi* **1.** (*barco: naufragar*) kentern; (*estar en peligro*) in Gefahr geraten zu kentern **2.** (*empresa, plan*) scheitern **3.** (*persona*) sich ängstigen **II.** *vt* **1.** (*barco*) zum Kentern bringen **2.** (*empresa, plan*) zunichte machen
zuaca ['θwaka] *f* **1.** (*CRi: broma pesada*) derber Witz *m;* **hacer la** ~ (*enamorar*) den Hof machen **2.** (*Méx: paliza*) Tracht *f* Prügel
zueca ['θweka] *f* (*Chil*) *v.* **zueco**
zueco ['θweko] *m* Clog *m,* Holzschuh *m*
zulla ['θuʎa] *f* **1.** (BOT) Klee *m* **2.** (*fam: excremento*) Kot *m*
zullarse [θu'ʎarse] *vr* **1.** (*fam: cagarse*) sein Geschäft verrichten **2.** (*fam: ventosear*) pupsen
zullón[1] [θu'ʎon] *m* (*fam*) Pup(s) *m*
zullón, **-ona**[2] [θu'ʎon, -ona] *adj* (*fam*) pupsend
zulo ['θulo] *m* *Waffenlager oder Versteck einer terroristischen Gruppe*
zulú[1] [θu'lu] **I.** *adj* Zulu- **II.** *mf* (*persona*) Zulu *mf*
zulú[2] [θu'lu] *m* (*lengua*) Zulu *nt*
zuma(ca)ya [θuma'kaɟa/θu'maɟa] *f* (ZOOL: *chotacabras*) Ziegenmelker *m;* (*autillo*) Zwergohreule *f;* (*martinete*) Nachtreiher *m*
zumaque [θu'make] *m* (BOT) Sumach *m*
zumba ['θumba] *f* **1.** (*cencerro*) Kuhglocke *f* **2.** (*juguete*) Knarre *f* **3.** (*burla*) Neckerei *f* **4.** (*Am: paliza*) Tracht *f* Prügel
zumbado, **-a** [θum'baðo, -a] *adj:* **estar** ~ (*fam*) spinnen
zumbador[1] [θumba'ðor] *m* (ELEC) Summer *m*
zumbador(a)[2] [θumba'ðor(a)] *adj* summend, brummend
zumbar [θum'bar] **I.** *vi* **1.** (*abejorro, máquina*) summen, brummen; **salir zumbando**

(*fam*) davoneilen **2.** (*oídos*) sausen, dröhnen; **me zumban los oídos** mir dröhnen die Ohren **II.** *vt* **1.** (*golpe, bofetada*) versetzen **2.** (*Am: arrojar*) (weg)schmeißen *fam;* (*expulsar*) (raus)schmeißen *fam* **3.** (*guasear*) necken **III.** *vr:* **~se** sich lustig machen (*de* über +*akk*)

zumbel [θum'bel] *m* **1.** (*cuerda*) Kreiselschnur *f* **2.** (*fam: expresión*) finstere Miene *f*

zumbido [θum'biðo] *m* **1.** (*de abejorro, máquina*) Summen *nt,* Brummen *nt;* ~ **de los oídos** Ohrensausen *nt* **2.** (*fam: golpe*) Schlag *m;* **dar un ~ en la cara** ins Gesicht schlagen

zumbón, -ona [θum'bon, -ona] *m, f* (*fam*) Spaßvogel *m,* Witzbold *m*

zumo ['θumo] *m* **1.** (*de frutas*) Saft *m;* ~ **de cepas** [*o* **parras**] (*fam*) Wein *m* **2.** (*fig: utilidad*) Nutzen *m;* **sacar ~ de algo** Nutzen aus etw ziehen

zuncho ['θuntʃo] *m* Zwinge *f,* Klammer *f*

zunteco [θuṇ'teko] *m* (*Hond:* ZOOL) schwarze Wespe *f*

zunzún [θuṇ'θun] *m* (*Cuba:* ZOOL) Kolibri *m*

zupay [θu'pa i̯] *m* (*Am: demonio*) Teufel *m*

zupia ['θupja] *f* **1.** (*del vino*) Bodensatz *m* **2.** (*vino*) trüber Wein *m* **3.** (*líquido*) Gesöff *nt pey* **4.** (*cosa*) Mist *m* **5.** (*persona*) Abschaum *m*

zuque ['θuke] *m* **1.** (*Col: golpe*) Schlag *m* **2.** (*Méx: fam*): **estar ~** pleite sein

ZUR [θur] *f* (ECON) *abr de* **Zona de Urgente Reindustrialización** Industrialisierungsgebiet *nt* erster Priorität

zurcido [θur'θiðo] *m* **1.** (*acción*) Stopfen *nt* **2.** (*cosido*) gestopfte Stelle *f*

zurcir [θur'θir] <c→z> *vt* **1.** (*agujero*) stopfen; (*siete*) zunähen **2.** (*unir*) fein verbinden; (*mentiras*) einstreuen (*en* in +*akk*) **3.** (*fam: loc*): **¡que te zurzan!** du kannst mich mal!

zurda ['θurða] *f* linke Hand *f;* **hacer algo a ~s** etw mit der linken Hand machen

zurdazo [θur'ðaθo] *m* **1.** (*chute*) Schuss *m* mit dem linken Fuß **2.** (*tiro*) Wurf *m* mit dem linken Arm

zurdear [θurðe'ar] *vi* (*Arg, Col, Méx, Nic*) mit der linken Hand tun (*was man gewöhnlich mit der rechten tut*)

zurdo, -a ['θurðo, -a] **I.** *adj* linkshändig **II.** *m, f* Linkshänder(in) *m(f)*

zurear [θure'ar] *vi* girren, gurren

zureo [θu'reo] *m* Girren *nt,* Gurren *nt*

zurito [θu'rito] *m* Wildtaube *f*

zuro ['θuro] *m* entkörnter Maiskolben *m*

zurra ['θurra] *f* **1.** (*de la piel*) Gerben *nt* **2.** (*paliza*) Tracht *f* Prügel; **dar una ~ a alguien** jdn verprügeln

zurracapote [θurraka'pote] *m* (GASTR) *spanisches Volksgetränk mit Wein als Grundlage*

zurrador(a) [θurra'ðor(a)] *m(f)* Gerber(in) *m(f)*

zurrapa [θu'rrapa] *f* **1.** (*poso*) Bodensatz *m* **2.** (*fam: cosa*) Abscheulichkeit *f;* (*persona*) verachtenswerter Mensch *m*

zurraposo, -a [θurra'poso, -a] *adj* trübe, schlammig

zurrar [θu'rrar] *vt* **1.** (*pieles*) gerben **2.** (*fam: apalizar*) versohlen **3.** (*fam: criticar*) heruntermachen

zurriaga [θu'rrjaɣa] *f v.* **zurriago**

zurriagar [θurrja'ɣar] <g→gu> *vt* auspeitschen

zurriagazo [θurrja'ɣaθo] *m* **1.** (*latigazo*) Peitschenhieb *m* **2.** (*desgracia*) Unglück *nt;* (*revés*) Rückschlag *m* **3.** (*desdén*) Verachtung *f*

zurriago [θu'rrjaɣo] *m* **1.** (*látigo*) Peitsche *f* **2.** (*de peonza*) Kreiselpeitsche *f*

zurribanda [θurri'βaṇda] *f* **1.** (*fam: tunda*) Tracht *f* Prügel **2.** (*fam: riña*) Streiterei *f*

zurriburri [θurri'βurri] *m* **1.** (*pey: de gente*) Gesindel *nt* **2.** (*jaleo*) Trubel *m*

zurrón [θu'rron] *m* **1.** (*de pastor*) Hirtentasche *f* **2.** (ANAT) Fruchtwasserhaut *f*

zurrumbanco, -a [θurrum'bako, -a] *adj* (*CRi, Méx*) beschwipst, (vom Alkohol) benebelt

zurullo [θu'ruʎo] *m* **1.** (*fam: grumo*) Klumpen *m* **2.** (*fam: excremento*) Haufen *m*

zutano, -a [θu'tano, -a] *m, f:* **fulano y ~** Hinz und Kunz; **fulano y ~ se han casado** der und die Soundso haben geheiratet

Spanische Kurzgrammatik

I. Betonung und Akzent

- Bei Wörtern, die auf ~~Vokal, auf n oder~~ auf s enden, wird die vorletzte Silbe betont: m**e**sa, **Car**men. Eine andere Betonung bedarf des graphischen Akzents: caf**é**, despu**é**s.
- Bei Wörtern, die auf Konsonant (außer *n, s*) enden, wird die letzte Silbe betont: cant**a**r, doct**o**r. Eine andere Betonung bedarf des graphischen Akzents: f**á**cil, hu**é**sped.
- Auf der drittletzten Silbe betonte Wörter haben immer graphischen Akzent: m**ú**sica, m**é**dico, artístico.
- Einige einsilbige Wörter haben – zur Unterscheidung von anderen mit der gleichen Schreibweise – immer Akzent: m**í**, t**ú**, **é**l, s**é**, m**á**s.
- *í* bzw. *ú* bei Trennung des Doppellauts: d**í**a, p**ú**a, país.
- Frage- und Ausrufewörter (*qué, cuál, quién, cuánto*) tragen einen Akzent, sie werden aber als Relativpronomen ohne Akzent geschrieben.

Die Doppellaute

Sind die Vokale *i (y)* und *u* mit anderen Vokalen oder untereinander verbunden, so bilden sie einen Diphthong: c**ai**mán, **Eu**ropa, s**ua**ve, id**io**ta, p**ei**ne.

Ein Akzent auf *i* oder *u* zeigt, dass es sich nicht um einen Diphthong handelt: **tío**, **oí**, ba**úl**.

Es sind auch Kombinationen von drei Vokalen in derselben Silbe möglich: averig**uái**s, aprec**iéi**s.

Wenn das *i* oder das *u* betont werden, tragen sie immer einen Akzent. Im Spanischen spricht man in diesem Fall von einem 'hiato': at**aú**d, ten**ía**, **oí**r, fr**eí**r.

Wenn das *a*, das *o* oder das *e* betont werden, tragen sie einen Akzent, wenn sie die Regeln der Akzentsetzung einhalten: di**ó**cesis, h**ué**sped, est**ái**s.

II. Wortarten

Bestimmter und unbestimmter Artikel

		bestimmter Artikel	unbestimmter Artikel
Singular	Maskulinum	**el** amigo	**un** amigo
	Femininum	**la** rosa	**una** rosa
Plural	Maskulinum	**los** amigos	**unos** amigos
	Femininum	**las** rosas	**unas** rosas

Weibliche Substantive, die mit betontem *a* (oder *ha*) anfangen, haben im Singular den Artikel *el*, im Plural *las*: **el** alma **las** almas

Neutrum *lo* wird zur Substantivierung von Adjektiven, Partizipien, Possessivpronomen und manchmal auch von adverbialen Ausdrücken gebraucht, aber nie vor Substantiven:
lo bueno

Substantive

Im Spanischen sind Substantive entweder männlich oder weiblich.
männliche Substantive auf *-o*, weibliche auf *-a*. Plural: + *-s*
männliche und weibliche Substantive auf *-e*. Plural: + *-s*

Plural der Substantive, die auf *Konsonant* oder auf *-í, -ú* enden: *-es*

Singular	Plural
el libr**o**	los libr**os**
la mes**a**	las mes**as**
el coch**e**	los coch**es**
la lent**e**	las lent**es**
el árbo**l**	los árbol**es**
la verd**ad**	las verdad**es**
el rub**í**	los rubí**es**
el past**or**	los pastor**es**
la na**ción**	las nacion**es**

Substantive, die auf *-s* nach unbetontem Vokal enden, bleiben im Plural unverändert:

el mart**es**	los mart**es**
el cumplea**ños**	los cumplea**ños**
el paragu**as**	los paragu**as**

Ausnahmen

Es gibt einige männliche Substantive auf *-a*, z. B.:

el poeta	**el** telegrama
el día	**el** programa
el mapa	**el** tema
el clima	**el** poema

Es gibt einige weibliche Substantive auf *-o*, z. B.:

la mano	**la** radio
la foto	**la** moto

Substantive auf *-ista* können männlich und weiblich sein:

el turista, **la** turista	**los** turistas, **las** turistas
el artista, **la** artista	**los** artistas, **las** artistas

Besonderheiten

Manche Substantive können im Plural eine zweite Bedeutung haben:

el padre	der Vater	los padres	die Eltern
la letra	der Buchstabe	las Letras	die Geisteswissenschaften
la esposa	die Gattin	las esposas	die Handschellen

Einige Substantive werden nur im Plural gebraucht:

las gafas
los alrededores

Die Buchstaben sind alle weiblich:

la a, la x (equis)

Zahlen, Flüsse und fast alle Bäume sind männlich:

el nueve
el Amazonas
el roble

Namen von Zeitungen sind im allgemeinen männlich:

	'El País'
	'El Independiente'
	aber: 'La Vanguardia'

Einige Substantive sind weiblich und männlich, haben aber ganz verschiedene Bedeutungen:

el frente	die Front	**la** frente	die Stirn
el capital	das Kapital	**la** capital	die Hauptstadt
el cura	der Priester	**la** cura	die Behandlung/Kur
el policía	der Polizist	**la** policía	die Polizei/Polizistin

Nominativ/Genitiv/Dativ/Akkusativ

Nom.	**El coche** corre.
Gen.	El piso **de María** es caro.
Dat.	Doy la mano **a mi amigo.**
Akk.	Juan compra **el coche.**

Dativ hat die Präposition *a* (oder *para*); Genitiv hat *de.*

Im Akkusativ steht die Präposition *a* vor Namen von genau bestimmten Personen oder Lebewesen, aber kein *a* in der Regel bei *tener, necesitar, buscar, encontrar.*

Acompaño **a** Pilar.

Tengo muchos amigos.

¿Entiendes **al** profesor?

Necesitamos un médico.

a + **el** = **al** Voy **al** cine.

de + **el** = **del** Viene **del** jardín.

Präposition *de*

Die Präposition *de* steht im Spanischen

- für zusammengesetzte Substantive im Deutschen:

  mesa **de** mármol

  la dama **del** collar **de** perlas

- nach Substantiven, die Menge, Maß oder Anzahl bezeichnen:

  dos kilos **de** manzanas

  un litro **de** leche

  una taza **de** té

- für Bezeichnung der Herkunft, Ursache oder näheren Bestimmung:

  Soy **de** Valencia.

  María tiembla **de** miedo.

  el mes **de** junio

Verkleinerungsformen

-ito, -cito, -ico, -illo:

pajar**ito**, pajar**ico**, pajar**illo**

coche**cito**

auch als Ausdruck der Zärtlichkeit oder der Sympathie:

¡Hola, Pedr**ito**!

Vergrößerungsformen

-ón, -tón, -azo, -ote:

hombr**ón**, hombr**ote**

-aco, -acho, -ucho zum Ausdruck der Geringschätzung:

libr**aco**

Das Adjektiv

Singular und Plural

Adjektive auf *-o* bilden die weibliche Form auf *-a*:

un jardín hermos**o**

una muchacha hermos**a**

Bei männlichen Adjektiven auf *-or, -án, -ín, -ón* wird die weibliche Form durch die Hinzufügung eines *a* gebildet. Bei Adjektiven mit einem Akzent auf der letzten Silbe fällt dieser bei der Bildung der weiblichen Form weg:

trabajad**or**	trabajad**ora**
harag**án**	harag**ana**
parlanch**ín**	parlanch**ina**
burl**ón**	burl**ona**

Nationalitätsadjektive: weibliche Form auf *-a* (unverändert bleiben Adjektive mit den Endungen *-i, -e*):

ingl**és**	ingl**esa**
españ**ol**	españ**ola**
marroqu**í**	marroqu**í**
árab**e**	árab**e**

Alle anderen Adjektive haben für beide Geschlechter nur eine Form:

el tiempo/la vida brev**e**

el traje/la camisa gri**s**

Der Plural wird beim Adjektiv wie beim Substantiv gebildet:

las plant**as** bonit**as**

los zapatos azul**es**

los chic**os** leman**es**

Übereinstimmung von Substantiv und Adjektiv

Das Adjektiv richtet sich immer in Geschlecht und Zahl nach dem Nomen:

el muchach**o** rubi**o**

la muchach**a** rubi**a**

los muchach**os** rubi**os**

las muchach**as** rubi**as**

Stellung des Adjektivs

Das Adjektiv steht im Allgemeinen hinter dem Substantiv:

el traje negro/azul/gris

un abrigo alemán/inglés

Bueno und *malo*, die oft vor dem Substantiv stehen, verlieren dann im Singular männlich die Endung *-o*:

un **buen** comienzo

un **mal** día

aber: un día **malo**

Grande wird vor einem Substantiv im Singular (männlich oder weiblich) auf *gran* verkürzt:

un **gran** hombre, una **gran** mujer

aber: un libro **grande**

Mucho, poco und *otro* werden dem Substantiv vorangestellt:

mucha/poca suerte

otro vaso

Voranstehende Adjektive bezeichnen meistens eine typische Eigenschaft oder haben eine übertragene Bedeutung:

la **ahorrativa** hormiga	die sparsame Ameise
un **pobre** hombre	ein armer Mensch (bedauernswert)
aber: un hombre **pobre**	ein armer Mensch (ohne Geld)

Adverb

Außer ursprünglichen Adverbien (*pronto, aquí*), gibt es adverbiale Ausdrücke: *sin embargo, de repente*:

Juan llegará **pronto**.

A la larga no lo hará.

Bildung von Adverbien durch Anhängen von *-mente* an die weibliche Form bzw. an *-e* oder Konsonantenendung des Adjektivs:

Lo he hecho **rápidamente**.

un día **terriblemente** frío

Leo **principalmente** novelas.

Muy ist unveränderlich und steht vor Adjektiven oder Adverbien; *mucho* steht allein beim Verb oder als Adjektiv (veränderlich) vor Substantiven:

Es un vino **muy** bueno.

Hemos llegado **muy** tarde.

Marisa escribe **mucho**.

Ha escrito **muchas** novelas.

Superlativ und Komparativ

Regelmäßige Steigerung von Adjektiv und Adverb

caro	**más caro**	**carísimo**	**el más caro**
teuer	teurer	sehr teuer	am teuersten

Las rosas son **más caras** que los claveles.
Estas rosas son **carísimas/las más caras**.

tan ... como, tanto como, tanto/tanta/tantos/tantas ... como:

tan	vor Adverb oder Adjektiv	Cose **tan** bien **como** tú. Es **tan** alta **como** Juan.
tanto	als Adverb	Gana **tanto como** él.

tanto, tanta, tantos, tantas	als Adjektive	**tantos** amigos y **tanta** suerte **como** Julia no **tanto** vino

el mismo/la misma/los mismos/las mismas ... que, lo mismo/igual que:

los mismos problemas **que** tú
lo mismo/igual que hoy

más ... que, menos ... que

una casa **más** grande **que** la tuya
menos tiempo **que** ayer

aber:	**más de**	über
	no más que	nur

Unregelmäßige Steigerung

Adverbien: *bien, mejor, muy bien; mal, peor, muy mal:*

Me siento **mejor/muy mal**.

Adjektive: *bueno, malo, grande, pequeño.*

bueno	mejor/más bueno	buenísimo	óptimo	el mejor
gut	besser	sehr gut	optimal	am besten
malo	peor/más malo	malísimo	pésimo	el peor
schlecht	schlechter	sehr schlecht	äußerst schlecht	am schlechtesten
grande	mayor/más grande	grandísimo	máximo	el mayor
groß	größer	sehr groß	maximal	am größten
pequeño	menor/más pequeño	pequeñísimo	mínimo	el menor
klein	kleiner	sehr klein	minimal	am kleinsten

Deutsch *am besten* ohne Substantiv heißt im Spanischen *lo mejor*

Am besten sagst du es ihm heute. **Lo mejor** es que se lo digas hoy.

Orthographische bzw. phonetische Veränderung der Adjektive auf *-ble, -co, -guo, -go*:

ama**ble**	más amable	muy amable/amabilísimo	el más amable
freundlich	freundlicher	sehr freundlich	am freundlichsten
ri**co**	más rico	muy rico/riquísimo	el más rico
reich	reicher	sehr reich	am reichsten
anti**guo**	más antiguo	muy antiguo/antiquísimo	el más antiguo
alt	älter	sehr alt	am ältesten
amar**go**	más amargo	muy amargo/amarguísimo	el más amargo
bitter	bitterer	sehr bitter	am bittersten

Das Verb
Präsens und Partizip Perfekt

a) Regelmäßige Verben

Es gibt im Spanischen drei Verbgruppen oder Konjugationen je nach der Infinitivendung:

	-ar	-er	-ir
	hablar	comprender	recibir
yo	habl**o**	comprend**o**	recib**o**
tú	habl**as**	comprend**es**	recib**es**
él ella usted	habl**a**	comprend**e**	recib**e**
nosotros nosotras	habl**amos**	comprend**emos**	recib**imos**
vosotros vosotras	habl**áis**	comprend**éis**	recib**ís**
ellos ellas ustedes	habl**an**	comprend**en**	recib**en**
Partizip	habl**ado**	comprend**ido**	recib**ido**

b) Verben mit Vokalveränderung

Bei einigen Verben wird *e* zu *ie*, *o* zu *ue* und *u* zu *ue* in den stammbetonten Formen:

empezar:	**empie**zo, **empie**zas, **empie**za, empezamos, empezáis, **empie**zan
volver:	**vue**lvo, **vue**lves, **vue**lve, volvemos, volvéis, **vue**lven
jugar:	**jue**go, **jue**gas, **jue**ga, jugamos, jugáis, **jue**gan

Zu dieser Gruppe gehören u.a. *cerrar, despertarse, doler, dormir, encontrar, entender, perder, poder, preferir, querer* und *sentir.*

Bei einigen Verben auf *-ir* wird in den stammbetonten Formen der Stammvokal *e* zu i.

pedir:	**pi**do, **pi**des, **pi**de, pedimos, pedís, **pi**den

Zu dieser Gruppe gehören u.a. *conseguir, despedirse, elegir, impedir, repetir, seguir, servir* und *vestirse.*

c) Verben mit orthographischen Abweichungen

Bei Verben, deren Stamm auf *-z*, *-c* oder *-g* endet, gelten die Regeln der spanischen Orthographie unverändert.

cazar	**cacé** (aber cazaste, cazó)
atacar	**ataqué** (aber atacaste, atacó)
vencer	**venzo** (aber vence, vencí)
coger	**cojo** (aber coge, cogemos)
pagar	**pagué** (aber pago, paga)

Bei Verben, deren Stamm auf *-gu* oder *-qu* endet, wird *-gu* zu *-g* und *-qu* zu *c* vor *a/o.*

distinguir	**distingo** (aber distin**gue**)
delinquir	**delinco** (aber delin**que**)

Bei Verben, bei denen das *u* des *gu* ausgesprochen wird, wird das *gu* vor einem *e* zu *gü*.

averiguar	**averigüé** (aber **averiguo**)

Bei einigen Verben auf *-ir* (außer in der 1. und 2. Person Plural) wird ein *y* vor der jeweiligen Endung eingeschoben.

huir	**huyo** (aber huimos)

Zu dieser Gruppe gehören u.a. *concluir, constituir, contribuir, destruir, diminuir, excluir, influir* und *sustituir*.

Die Verben auf *-acer* (außer *hacer*), *-ecer, -ocer, -ucir* haben in der Regel in der 1. Person Singular *zc* anstelle von *c*.

ofrecer	**ofrezco** (aber ofrece)

Zu dieser Gruppe gehören u.a. *agradecer, aparecer, crecer, nacer, obedecer, parecer, pertenecer* und *reconocer*.

d) Verben mit Betonungsverschiebung

Bei einigen Verben auf *-iar* und *-uar* werden in den stammbetonten Formen *í* bzw. *ú* betont und erhalten daher einen Akzent.

enviar	**envío**, envías, **envía**, **envían** (aber **enviamos**, **enviáis**)
continuar	**continúo**, continúas, **continúa**, **continúan** (aber **continuamos**, **continuáis**)

Zu dieser Gruppe gehören u.a. *acentuar, ampliar, confiar, continuar, efectuar, guiar* und *variar*.

e) Verben, bei denen das unbetonte *i* wegfällt

Bei einigen Verben mit *ñ* fällt das unbetonte *i* in der dritten Person des 'Indefinido' weg.

tañer	**3. pret: taño**
gruñir	**3. pret: gruño**

f) Unregelmäßige Partizipien

Einige Verben sind bis auf das Partizip regelmäßig.

abrir	**abierto**
cubrir	**cubierto**
escribir	**escrito**
morir	**muerto**
resolver	**resuelto**
romper	**roto**

Imperfekt – 'Indefinido' – Perfekt

	hablar	comprend**er**	recib**ir**
Imperfekt	**hablaba**	comprend**ía**	recib**ía**
	hablabas	comprend**ías**	recib**ías**
	hablaba	comprend**ía**	recib**ía**
	hablábamos	comprend**íamos**	recib**íamos**
	hablabais	comprend**íais**	recib**íais**
	hablaban	comprend**ían**	recib**ían**
'Indefinido'	**hablé**	comprend**í**	recib**í**
	hablaste	comprend**iste**	recib**iste**
	habló	comprend**ió**	recib**ió**
	hablamos	comprend**imos**	recib**imos**
	hablasteis	comprend**isteis**	recib**isteis**
	hablaron	comprend**ieron**	recib**ieron**
Perfekt	**he hablado**	**he comprendido**	**he recibido**

Das **Imperfekt** wird hauptsächlich zur Beschreibung eines Zustandes verwendet; außerdem für wiederholte und zeitlich nicht deutlich begrenzte Vorgänge oder Handlungen in der Vergangenheit.

Das **'Indefinido'** wird für in der Vergangenheit abgeschlossene Handlungen benutzt, die zu einem bestimmten Zeitpunkt oder in einer bestimmten Zeitspanne erfolgt sind:

Imperfekt	'Indefinido'
Cuando **iba** a dormirme	**sonó** el teléfono.
Quería ser médico	**pero no terminó** la carrera.
Sabías mis señas	**pero no escribiste.**
Cuando **estábamos** durmiendo	**llamó** por teléfono.

Perfekt und 'Indefinido'

Das **Perfekt** (immer mit *haber* als Hilfsverb) wird für vergangene, abgeschlossene Handlungen gebraucht, wenn sie in **Verbindung mit der Gegenwart** stehen.

Das **'Indefinido'** dagegen wird für solche Handlungen gebraucht, die in **Verbindung mit der Vergangenheit** stehen.

Das Perfekt wird immer in Verbindung mit folgenden **Temporalbestimmungen** gebraucht: *hoy, esta semana/este mes/este año, nunca*; das 'Indefinido' hingegen mit: *ayer, anoche, la semana pasada, el mes pasado, el año pasado.*

Perfekt	'Indefinido'
Este año **he tenido** suerte.	Ayer **vi** a Juan en el concierto.
¿Ya **ha venido** Anita?	El sábado pasado **dormimos** hasta las 10.

Futur

	hablar	leer	escribir
Futur	hablar**é**	leer**é**	escribir**é**
	hablar**ás**	leer**ás**	escribir**ás**
	hablar**á**	leer**á**	escribir**á**
	hablar**emos**	leer**emos**	escribir**emos**
	hablar**éis**	leer**éis**	escribir**éis**
	hablar**án**	leer**án**	escribir**án**

Anstatt der Futurformen gebraucht man sehr oft für die nahe Zukunft das Präsens von *ir* + *a* + Infinitiv:

Voy a hablar con Pedro.
¿**Vas a leer** pronto el libro?
Vamos a escribir a Pilar.

Konditional

hablar	leer	esciribr
hablar**ía**	leer**ía**	escribir**ía**
hablar**ías**	leer**ías**	escribir**ías**
hablar**ía**	leer**ía**	escribir**ía**
hablar**íamos**	leer**íamos**	escribir**íamos**
hablar**íais**	leer**íais**	escribir**íais**
hablar**ían**	leer**ían**	escribir**ían**

Das Konditional wird oft in höflichen Wendungen gebraucht:

¿**Podría** usted ayudarme?
Querría pedirle algo.
Si lo tuviera, te lo **daría.**

Imperativ

a) bejahte Formen

	hablar	comer	escribir
du (tú)	habl**a**	com**e**	escrib**e**
ihr (vosotros)	habl**ad**	com**ed**	escrib**id**
Sie (Sing.) (usted)	habl**e**	com**a**	escrib**a**
Sie (Pl.) (ustedes)	habl**en**	com**an**	escrib**an**

Anstatt *hab***lad,** *com***ed,** *escrib***id** wird in der Umgangssprache häufig die (nicht korrekte) Infinitivform gebraucht:

Cerrar la puerta, por favor.

In Lateinamerika wird in der Regel statt *vosotros* die *ustedes*-Form benutzt:

No **hablen** tan alto, niños.

b) verneinte Formen

	hablar	comer	escribir
du (tú)	no habl**es**	no com**as**	no escrib**as**
ihr (vosotros)	no habl**éis**	no com**áis**	no escrib**áis**
Sie (Sing.) (usted)	no habl**e** (usted)	no com**a**	no escrib**a**
Sie (Pl.) (ustedes)	no habl**en** (ustedes)	no com**an**	no escrib**an**

Gerundium

cantar	cant**ando**
comer	com**iendo**
escribir	escrib**iendo**
reír	**riendo**
leer	**leyendo**
oír	**oyendo**
pedir	**pidiendo**
sentir	**sintiendo**
dormir	**durmiendo**

Siempre **está cantando**.
¿Todavía **estás comiendo**?
¡**Siga** usted **leyendo**!
¿Por qué (te) **estás riendo**?
Leyendo se aprende mucho.

Gerundium +*estar, ir oder seguir* wird für Handlungen verwendet, die gerade vor sich gehen; sonst hat es die Bedeutung von Nebensätzen mit *indem, weil, während, wenn, da, als …*

Ser und Estar (Konjugation s. S. 1365 bzw. 1356)

Ser
- benennt wesentliche, dauerhafte, charakteristische Eigenschaften,
- wird vor Substantiven gebraucht,
- wird verwendet für die Angabe von: Uhrzeit, Tag, Beruf, Verwandtschaft, Staatsangehörigkeit, Religion:

Juan **es inteligente**.
La puerta **es de madera**.
Vámonos, ya **es la una**.
Mañana **es domingo**, ¡qué bien!
Carmen **es médica**.
¿Tú **eres español** o argentino?

Estar
- bedeutet: irgendwo sein, liegen, stehen,
- drückt aus: sich befinden, sich fühlen,
- vor Adjektiv oder Partizip: vorübergehende Eigenschaft, Zustand, stattgefundene Veränderungen:

Fernando **está en Berlin**.
Segovia **está en España**.
Marisa **está** hoy **mejor**.
¿Por qué **está** Luisa **triste**?
La puerta **está abierta**.
La sopa **está** muy **salada**.

Bedeutungsvergleich von *ser* und *estar*

ser = an sich sein, so sein	estar = vorübergehend sein, so aussehen
Luis **es un hombre enfermo**. Luis ist ein kranker Mensch.	María **está enferma**. Maria ist krank.
Luis **es generoso**. Luis ist großzügig.	María **está** muy **generosa**. Maria ist (heute) sehr großzügig.
Luis **es joven**. Luis ist jung.	María **está joven**. Maria sieht jung aus.

Haber

Hay – wird nicht konjugiert,
– steht beim Substantiv mit unbestimmtem Artikel oder ohne Artikel,
– steht auch vor Zahlen und vor unbestimmten Pronomen.

Hay que + Infinitiv = man muss

¿Qué **hay** hoy para comer?
Ayer **hubo** una huelga.
Habrá muchos problemas.
Hay que comprar fruta.

Einige häufige Wendungen mit *hay*:

No **hay** de qué.	Keine Ursache.
¿Qué **hay**?	Was ist (los)? Was gibt es Neues?
Aquí **hay** de todo.	Hier gibt es für jeden etwas.
Sobre gustos no **hay** nada escrito.	Über Geschmack lässt sich (nicht) streiten.

Personalpronomen

Dativ	Akkusativ	Nach Präposition
me	**me**	sobre **mí**
te	**te**	sobre **ti**
le	**le, lo**	sobre **él**
	la	sobre **ella**
	le, lo	sobre **usted**
nos	**nos**	sobre **nosotros**
os	**os**	sobre **vosotros**
les	**les, los**	sobre **ellos**
	las	sobre **ellas**
	les, los, las	sobre **ustedes**

Die männliche Akkusativform *le, les* wird mehr in Spanien, *lo, los* dagegen mehr in Lateinamerika verwendet.

Dativ- und Akkusativpronomen ohne Präposition stehen immer unmittelbar vor dem Verb (Dativ immer vor Akkusativ):

¿Quién **me** llama?
Siempre **me lo** dice.

Steht der Dativ und Akkusativ des Personalpronomens nach der Präposition *a*, werden die Dativ- oder Akkusativformen zusätzlich betont:

Alberto **me** escribe **a mí**.
A ti te lo dice.
A él no **lo** conozco.

Nach der Präposition *con* haben die 1. und 2. Person Singular des Pronomens die Form *conmigo* bzw. *contigo*:

Ana viene hoy **conmigo**.
¿Puedo ir el domingo **contigo**?

Nach den Präpositionen *entre, excepto, menos* steht die Nominativform:

Todos **menos tú**.
Entre ella y yo no hay secretos.

Steht ein Substantiv als direktes oder indirektes Objekt vor dem Verb, so muss auch noch das entsprechende Pronomen verwendet werden:

La maleta **la** lleva Pedro.
El pan **lo** compras después.
A Juan no **le** he dado dinero.

Das Personalpronomen kann an den Infinitiv und an das Gerundium, muss an den bejahten Imperativ angehängt werden:

¿Quieres ver**lo**?/¿**Lo** quieres ver?
Está haciéndo**lo**./**Lo** está haciendo.
¡Dáme**lo**, por favor!

Dativ *le, les* vor dem Akkusativ *lo, los, la, las* wird zu *se*:

Mañana **se** lo doy.
Se las daré a Luis.
¿La llave? **Se** la he dado a tu hermano.

Ello wird meistens nur mit Präposition gebraucht:

por ello	deshalb
con ello	damit
para ello	dafür

Reflexivpronomen und reflexive Verben

acostumbrarse		
yo	me	acostumbro
tú	te	acostumbras
él ella usted	se	acostumbra
nosotros nosotras	nos	acostumbramos
vosotros vosotras	os	acostumbráis
ellos ellas ustedes	se	acostumbran

Das Reflexivpronomen steht vor dem Hauptverb oder Hilfsverb und hinter der Verneinung.

Es kann an den Infinitiv und an das Gerundium, muss an den bejahten Imperativ angehängt werden:

Pedro no **se** quiere peinar.
¿**Se** ha levantado ya Luis?
¿No quieres afeitar**te**?/¿No **te** quieres afeitar?
Isabel está levantándo**se**./Isabel **se** está levantando.
¡Tranquilíza**te**, hombre!

Die 2. Person Plural des bejahten Imperativs ist beim reflexiven Verb anders:

¡Habl**ad**!
¡March**aos**!

Se mit der 3. Person des Verbs kann auch die unpersönliche Form bilden; mit *uno se* wird die unpersönliche Form des reflexiven Verbes gebildet.

Se + Verb in 3. Person ist eine Umschreibung des Passivs:

Aquí **se respira** mucho mejor.
Uno se siente cansado.
Se alquilan coches.
Esas casas **se venden**.

Einige Verben, z. B. *morir(se)*, werden im Spanischen **reflexiv und nicht reflexiv gebraucht.** Die Bedeutung ändert sich dabei nicht wesentlich, die reflexive Form drückt eine stärkere Gefühlsbezogenheit aus:

El general **murió** en 1975.	Der General starb 1975.
Esta mañana se **ha muerto**.	Er/Sie ist heute morgen gestorben.

Bedeutungsunterschiede zwischen **reflexivem und nicht reflexivem Gebrauch** bestehen z. B. bei folgenden Verben:

cambiar	(sich) ändern, wechseln	cambiarse	sich umziehen
dormir	schlafen	dormirse	einschlafen
ir	gehen, fahren	irse	weggehen
parecer	scheinen	parecerse	sich ähneln
quedar	übrigbleiben	quedarse	bleiben

Possessivpronomen

unbetonte Form		betonte Form
mi	trabajo	**mío(s), mía(s)**
tu	amigo	**tuyo(s), tuya(s)**
su	jardín	**suyo(s), suya(s)**
nuestro	padre	**nuestro(s), nuestra(s)**
vuestro	tren	**vuestro(s), vuestra(s)**
su	coche	**suyo(s), suya(s)**

Die betonte Form des Possessivpronomens steht:
- nach einem Substantiv
- nach dem Verb *ser*
- nach dem bestimmten Artikel

Tengo unas cartas **tuyas**.
Ese diccionario es **mío.**
Estas son las **suyas**.

Relativpronomen

Que, das häufigste Relativpronomen, ist unveränderlich.

Vor *que* nach Präposition steht oft der bestimmte Artikel:

Tengo el libro **que** buscas.
El diccionario **con el que** traduzco.

Quien, quienes (für Personen) steht fast nur nach Präpositionen:

El amigo **con quien** viajo.

El cual, la cual, los cuales, las cuales bezieht sich auf Personen oder Sachen und wird weniger häufig verwendet.

Cuyo, cuya, cuyos, cuyas richtet sich im Gegensatz zum Deutschen in Geschlecht und Zahl nicht nach dem vorangehenden, sondern nach dem folgenden Substantiv:

La escritora **cuyo libro** apareció ayer.
El escritor **cuya novela** apareció el año pasado.

Die präpositionale Ergänzung des Verbs steht jeweils vor diesen Relativpronomen:

Mi amigo, **en cuya casa** estuve ayer, es médico.
La señora, **a cuyos padres** te presenté, es la mujer de Juan.

Die Adverbien *donde, como, cuando, cuanto* können für ein Relativpronomen stehen:

La casa **donde/en la que/en la cual** vivo.
No me gusta el modo **como/con que** te mira.
Todo **cuanto/lo que** decía era divertido.
Recordaba los años **cuando/en que** íbamos juntos a la escuela.

Demonstrativpronomen

este/ese/aquel	libro	dieses Buch hier/das Buch da/jenes Buch dort
esta/esa/aquella	flor	diese Blume hier/die Blume da/jene Blume dort
estos/esos/aquellos	vasos	diese Gläser hier/die Gläser da/jene Gläser dort
estas/esas/aquellas	blusas	diese Blusen hier/die Blusen da/jene Blusen dort
esto/eso/aquello		das hier/das da/das dort

Este, esta, esto weisen auf alles hin, was im Bereich und in greifbarer Nähe des Sprechenden liegt.
Ese, esa, eso weisen auf alles hin, was in der Nähe des Sprechenden liegt, aber nicht greifbar ist.
Aquel, aquella, aquello weisen auf alles hin, was weder in der Nähe des Sprechenden noch des Angesprochenen liegt:

¿Te gusta **esta** camisa?	Gefällt dir dieses Hemd hier?
¿Cuál, **esa** azul?	Welches, das blaue?
¿Ves **aquel** molino?	Siehst du die Mühle dort?

Esto, eso, aquello (Neutrum) steht immer allein.

¿Qué es **eso**?	Was ist **das**?
¿**Esto**? Una piedra.	Das **hier**? Ein Stein.

Fragepronomen und Fragewörter

quién wer?	¿**Quién** ha llamado? ¿**A quién** esperas? ¿**Por quién** ha preguntado?
qué was?	¿**Qué** has dicho? ¿**De qué** se trata? ¿**Qué** hora es?
cuánto wieviel? wie lange?	¿**Cuánto** dinero necesitas? ¿**Cuántas** chaquetas tienes? ¿**Cuánto** dura la película?
dónde wo?	¿**Dónde** estudias español? ¿**Dónde** está la parada?
adónde wohin?	¿**Adónde** quieren ir ustedes? ¿**Adónde** vas tan pronto?
de dónde woher?	¿**De dónde** vienes? ¿**De dónde** es esa muchacha?
cuál welcher?	¿**Cuál** es la capital? ¿**Cuál** de las dos quieres?
cómo wie?	¿**Cómo** te llamas? ¿**Cómo** está su señora?
por qué warum?	¿**Por qué** os vais ya? No sé **por qué** está tan triste.

Alle Fragepronomen, Fragewörter und auch Ausrufewörter tragen einen Akzent.

Indefinite Pronomen

algo etwas	Mejor es **algo** que nada.
nada nichts	¿Por qué no dices **nada**?
alguien jemand	¿Ha llamado **alguien**?
nadie niemand	No, no ha llamado **nadie**.
alguno jemand, (irgend)einer	¿Vive aquí **algún** médico?
ninguno keiner, niemand	No, aquí no vive **ninguno**. Aquí no hay **ningún** libro.

Alguno, ninguno = *algún, ningún* vor männlichen Substantiven im Singular. (Stellung von *nada, nadie, ninguno* = siehe unten)

Steht *todo* vor einem Substantiv, so muss meistens der bestimmte Artikel zwischen *todo* und dem Substantiv gebraucht werden. (Der Artikel kann entfallen, wenn es sich um eine Verallgemeinerung handelt: Todo hombre es mortal.)

todo alles, ganz	Aquí **todo** está limpio. ¿Has comido **todo** el pan? Inés limpia **todos** los días toda la casa.

Verneinung

No steht immer vor dem Verb.

Nada steht meistens hinter dem Verb. *Nadie, ninguno, nunca* stehen vor oder nach dem Verb.

Stehen *nada, nadie, ninguno, nunca* hinter dem Verb, so muss *no* vor dem Verb stehen.

No steht immer vor Akkusativ und Dativ des Personal- und Reflexivpronomens.

Ninguno wird fast nur im Singular gebraucht:

Pablo **no** volverá hoy.
Este chico **no** aprende **nada**.
Laura **no** volverá **nunca** más. **Nunca** más volverá Laura.
Mi hija **no** me lo ha dado.
¿**No** tienes **ninguna** foto de él?

Wortstellung

Regelmäßig: Subjekt – Verb – direktes Objekt – indirektes Objekt:

Fernando presta un libro a Luisa.

Andere übliche Wortstellungen:

Sin duda, Ana llegará hoy.
Es mejor Carlos que su hermano.

Bei Fragesätzen ist die Wortstellung genauso wie im Deutschen.

Die regelmäßigen Verben, die ‚Gruppenverben' und die unregelmäßigen Verben

Die regelmäßigen Verben auf -ar, -er und -ir

Folgende Abkürzungen werden in der Verbtabelle verwendet:

pret. ind.	pretérito indefinido
subj. fut.	subjuntivo futuro
subj. imp.	subjuntivo imperfecto
subj. pres.	subjuntivo presente

hablar

presente	imperfecto	pret. ind.	futuro	
hablo	hablaba	hablé	hablaré	**gerundio**
hablas	hablabas	hablaste	hablarás	hablando
habla	hablaba	habló	hablará	
hablamos	hablábamos	hablamos	hablaremos	**participio**
habláis	hablabais	hablasteis	hablaréis	hablado
hablan	hablaban	hablaron	hablarán	

condicional	subj. pres.	subj. imp.	subj. fut.	imperativo
hablaría	hable	hablara/-ase	hablare	
hablarías	hables	hablaras/-ases	hablares	habla
hablaría	hable	hablara/-ase	hablare	hable
hablaríamos	hablemos	habláramos /-ásemos	habláremos	hablemos
hablaríais	habléis	hablarais/-aseis	hablareis	hablad
hablarían	hablen	hablaran/-asen	hablaren	hablen

comprender

presente	imperfecto	pret. ind.	futuro	
comprendo	comprendía	comprendí	comprenderé	**gerundio**
comprendes	comprendías	comprendiste	comprenderás	comprendiendo
comprende	comprendía	comprendió	comprenderá	
comprendemos	comprendíamos	comprendimos	comprendere-mos	**participio**
comprendéis	comprendíais	comprendisteis	comprenderéis	comprendido
comprenden	comprendían	comprendieron	comprenderán	

condicional	subj. pres.	subj. imp.	subj. fut.	imperativo
comprendería	comprenda	comprendiera /-iese	comprendiere	
comprenderías	comprendas	comprendieras/ -ieses	comprendieres	comprende
comprendería	comprenda	comprendiera /-iese	comprendiere	comprenda
comprenderíamos	comprendamos	comprendiéramos /-iésemos	comprendiéremos	comprendamos
comprenderíais	comprendáis	comprendierais /-ieseis	comprendiereis	comprended
comprenderían	comprendan	comprendiera /-iesen	comprendieren	comprendan

recibir

presente	imperfecto	pret. ind.	futuro	
recibo	recibía	recibí	recibiré	**gerundio**
recibes	recibías	recibiste	recibirás	recibiendo
recibe	recibía	recibió	recibirá	
recibimos	recibíamos	recibimos	recibiremos	**participio**
recibís	recibíais	recibisteis	recibiréis	recibido
reciben	recibían	recibieron	recibirán	

condicional	subj. pres.	subj. imp.	subj. fut.	imperativo
recibiría	reciba	recibiera/-iese	recibiere	
recibirías	recibas	recibieras/-ieses	recibieres	recibe
recibiría	reciba	recibiera/-iese	recibiere	reciba
recibiríamos	recibamos	recibiéramos /-iésemos	recibiéremos	recibamos
recibiríais	recibáis	reciebierais /-ieseis	recibiereis	recibid
recibirían	reciban	recibieran/-iesen	recibieren	reciban

Die Gruppenverben

Verben mit Vokalveränderung

<e → ie> pensar

presente	imperfecto	pret. ind.	futuro	
pienso	pensaba	pensé	pensaré	**gerundio**
piensas	pensabas	pensaste	pensarás	pensando
piensa	pensaba	pensó	pensará	
pensamos	pensábamos	pensamos	pensaremos	**participio**
pensáis	pensabais	pensasteis	pensaréis	pensado
piensan	pensaban	pensaron	pensarán	

condicional	subj. pres.	subj. imp.	subj. fut.	imperativo
pensaría	piense	pensara/-ase	pensare	
pensarías	pienses	pensaras/-ases	pensares	piensa
pensaría	piense	pensara/-ase	pensare	piense
pensaríamos	pensemos	pensáramos /-ásemos	pensáremos	pensemos
pensaríais	penséis	pensarais /-aseis	pensareis	pensad
pensarían	piensen	pensaran/-asen	pensaren	piensen

<o → ue> contar

presente	imperfecto	pret. ind.	futuro	
cuento	contaba	conté	contaré	**gerundio**
cuentas	contabas	contaste	contarás	contando
cuenta	contaba	contó	contará	
contamos	contábamos	contamos	contaremos	**participio**
contáis	contabais	contasteis	contaréis	contado
cuentan	contaban	contaron	contarán	

condicional	subj. pres.	subj. imp.	subj. fut.	imperativo
contaría	cuente	contara/-ase	contare	
contarías	cuentes	contaras/-ases	contares	cuenta
contaría	cuente	contara/-ase	contare	cuente
contaríamos	contemos	contáramos /-ásemos	contáremos	contemos
contaríais	contéis	contarais/-aseis	contareis	contad
contarían	cuenten	contaran	contaren	cuenten

<u → ue> jugar

presente	imperfecto	pret. ind.	futuro	
juego	jugaba	jugé	jugaré	**gerundio**
juegas	jugabas	jugaste	jugarás	jugando
juega	jugaba	jugó	jugará	
jugamos	jugábamos	jugamos	jugaremos	**participio**
jugáis	jugabais	jugasteis	jugaréis	jugado
juegan	jugaban	jugaron	jugarán	

condicional	subj. pres.	subj. imp.	subj. fut.	imperativo
jugaría	juegue	jugara/-ase	jugare	
jugarías	juegues	jugaras/-ases	jugares	juega
jugaría	juegue	jugara/-ase	jugare	juegue
jugaríamos	juguemos	jugáramos /-ásemos	jugáremos	juguemos
jugaríais	juguéis	jugarais/-aseis	jugareis	jugad
jugarían	jueguen	jugaran/-asen	jugaren	jueguen

<e → i> pedir

presente	imperfecto	pret. ind.	futuro	
pido	pedía	pedí	pediré	**gerundio**
pides	pedías	pediste	pedirás	pidiendo
pide	pedía	pidió	pedirá	
pedimos	pedíamos	pedimos	pediremos	**participio**
pedís	pedíais	pedisteis	pediréis	pedido
piden	pedían	pidieron	pedirán	

condicional	subj. pres.	subj. imp.	subj. fut.	imperativo
pediría	pida	pidiera/-iese	pidiere	
pedirías	pidas	pidieras/-ieses	pidieres	pide
pediría	pida	pidiera/-iese	pidiere	pida
pediríamos	pidamos	pidiéramos /-iésemos	pidiéremos	pidamos
pediríais	pidáis	pidierais/-ieseis	pidiereis	pedid
pedirían	pidan	pidieran/-iesen	pidieren	pidan

Verben mit orthographischen Abweichungen

<c → qu> atacar

presente	imperfecto	pret. ind.	futuro	
ataco	atacaba	ataqué	atacaré	**gerundio**
atacas	atacabas	atacaste	atacarás	atacando
ataca	atacaba	atacó	atacará	
atacamos	atacábamos	atacamos	atacaremos	**participio**
atacáis	atacabais	atacasteis	atacaréis	atacado
atacan	atacaban	atacaron	atacarán	

condicional	subj. pres.	subj. imp.	subj. fut.	imperativo
atacaría	ataque	atacara/-ase	atacare	
atacarías	ataques	atacaras/-ases	atacares	ataca
atacaría	ataque	atacara/-ase	atacare	ataque
atacaríamos	ataquemos	atacáramos /-ásemos	atacáremos	ataquemos
atacaríais	ataquéis	atacarais/-aseis	atacareis	atacad
atacarían	ataquen	atacaran/-asen	atacaren	ataquen

<g → gu> pagar

presente	imperfecto	pret. ind.	futuro	
pago	pagaba	pagué	pagaré	**gerundio**
pagas	pagabas	pagaste	pagarás	pagando
paga	pagaba	pagó	pagará	
pagamos	pagábamos	pagamos	pagaremos	**participio**
pagáis	pagabais	pagasteis	pagaréis	pagado
pagan	pagaban	pagaron	pagarán	

condicional	subj. pres.	subj. imp.	subj. fut.	imperativo
pagaría	pague	pagara/-ase	pagare	
pagarías	pagues	pagaras/-ases	pagares	paga
pagaría	pague	pagara/-ase	pagare	pague
pagaríamos	paguemos	pagáramos /-ásemos	pagáremos	paguemos
pagaríais	paguéis	pagarais/-aseis	pagareis	pagad
pagarían	paguen	pagaran/-asen	pagaren	paguen

<z → c> cazar

presente	imperfecto	pret. ind.	futuro	
cazo	cazaba	cacé	cazaré	**gerundio**
cazas	cazabas	cazaste	cazarás	cazando
caza	cazaba	cazó	cazará	
cazamos	cazábamos	cazamos	cazaremos	**participio**
cazáis	cazabais	cazasteis	cazaréis	cazado
cazan	cazaban	cazaron	cazarán	

condicional	subj. pres.	subj. imp.	subj. fut.	imperativo
cazaría	cace	cazara/-ase	cazare	
cazarías	caces	cazaras/-ases	cazares	caza
cazaría	cace	cazara/-ase	cazare	cace
cazaríamos	cacemos	cazáramos /-ásemos	cazáremos	cacemos
cazaríais	cacéis	cazarais/-aseis	cazareis	cazad
cazarían	cacen	cazaran/-asen	cazaren	cacen

<gu → gü> averiguar

presente	imperfecto	pret. ind.	futuro	
averiguo	averiguaba	averigüé	averiguaré	**gerundio**
averiguas	averiguabas	averiguaste	averiguarás	averiguando
averigua	averiguaba	averiguó	averiguará	
averiguamos	averiguábamos	averiguamos	averiguaremos	**participio**
averiguáis	averiguabais	averiguasteis	averiguaréis	averiguado
averiguan	averiguaban	averiguaron	averiguarán	

condicional	subj. pres.	subj. imp.	subj. fut.	imperativo
averiguaría	averigüe	averiguara/-ase	averiguare	
averiguarías	averigües	averiguaras/-ases	averiguares	averigua
averiguaría	averigüe	averiguara/-ase	averiguare	averigüe
averiguaríamos	averigüemos	averiguáramos /-ásemos	averiguáremos	averigüemos
averiguaríais	averigüéis	averiguarais /-aseis	averiguareis	averiguad
averiguarían	averigüen	averiguaran/-asen	averiguaren	averigüen

<c → z> vencer

presente	imperfecto	pret. ind.	futuro	
venzo	vencía	vencí	venceré	**gerundio**
vences	vencías	venciste	vencerás	venciendo
vence	vencía	venció	vencerá	
vencemos	vencíamos	vencimos	venceremos	**participio**
vencéis	vencíais	vencisteis	venceréis	vencido
vencen	vencían	vencieron	vencerán	

condicional	subj. pres.	subj. imp.	subj. fut.	imperativo
vencería	venza	venciera/-iese	venciere	
vencerías	venzas	vencieras/-ieses	vencieres	vence
vencería	venza	venciera/-iese	venciere	venza
venceríamos	venzamos	venciéramos /-iésemos	venciéremos	venzamos
venceríais	venzáis	vencierais/-ieseis	venciereis	venced
vencerían	venzan	vencieran/-iesen	vencieren	venzan

<g → j> coger

presente	imperfecto	pret. ind.	futuro	
cojo	cogía	cogí	cogeré	**gerundio**
coges	cogías	cogiste	cogerás	cogiendo
coge	cogía	cogió	cogerá	
cogemos	cogíamos	cogimos	cogeremos	**participio**
cogéis	cogíais	cogisteis	cogeréis	cogido
cogen	cogían	cogieron	cogerán	

condicional	subj. pres.	subj. imp.	subj. fut.	imperativo
cogería	coja	cogiera/-iese	cogiere	
cogerías	cojas	cogieras/-ieses	cogieres	coge
cogería	coja	cogiera/-iese	cogiere	coja
cogeríamos	cojamos	cogiéramos /-iésemos	cogiéremos	cojamos
cogeríais	cojáis	cogierais/-ieseis	cogiereis	coged
cogerían	cojan	cogieran/-iesen	cogieren	cojan

<gu → g> distinguir

presente	imperfecto	pret. ind.	futuro	
distingo	distinguía	distinguí	distinguiré	**gerundio**
distingues	distinguías	distinguiste	distinguirás	distinguiendo
distingue	distinguía	distinguió	distinguirá	
distinguimos	distinguíamos	distinguimos	distinguiremos	**participio**
distinguís	distinguíais	distinguisteis	distinguiréis	distinguido
distinguen	distinguían	distinguieron	distinguirán	

condicional	subj. pres.	subj. imp.	subj. fut.	imperativo
distinguiría	distinga	distinguiera/-iese	distinguiere	
distinguirías	distingas	distinguieras /-ieses	distinguieres	distingue
distinguiría	distinga	distinguiera/-iese	distinguiere	distinga
distinguiríamos	distingamos	distinguiéramos /iésemos	distinguiéremos	distingamos
distinguiríais	distingáis	distinguierais /-ieseis	distinguiereis	distinguid
distinguirían	distingan	distinguieran /-iesen	distinguieren	distingan

<qu → c> delinquir

presente	imperfecto	pret. ind.	futuro	
delinco	delinquía	delinquí	delinquiré	**gerundio**
delinques	delinquías	delinquiste	delinquirás	delinquiendo
delinque	delinquía	delinquió	delinquirá	
delinquimos	delinquíamos	delinquimos	delinquiremos	**participio**
delinquís	delinquíais	delinquisteis	delinquiréis	delinquido
delinquen	delinquían	delinquieron	delinquirán	

condicional	subj. pres.	subj. imp.	subj. fut.	imperativo
delinquiría	delinca	delinquiera/-iese	delinquiere	
delinquirías	delincas	delinquieras /-ieses	delinquieres	delinque
delinquiría	delinca	delinquiera/-iese	delinquiere	delinca
delinquiríamos	delincamos	delinquiéramos /-iésemos	delinquiéremos	delincamos
delinquiríais	delincáis	delinquierais /-ieseis	delinquiereis	delinquid
delinquirían	delincan	delinquieran /-iesen	delinquieren	delincan

Verben mit Betonungsverschiebung

<1. pres: envío> enviar

presente	imperfecto	pret. ind.	futuro	
envío	enviaba	envié	enviaré	**gerundio**
envías	enviabas	enviaste	enviarás	enviando
envía	enviaba	envió	enviará	
enviamos	enviábamos	enviamos	enviaremos	**participio**
enviáis	enviabais	enviasteis	enviaréis	enviado
envían	enviaban	enviaron	enviarán	

condicional	subj. pres.	subj. imp.	subj. fut.	imperativo
enviaría	envíe	enviara/-iase	enviare	
enviarías	envíes	enviaras/-iases	enviares	envía
enviaría	envíe	enviara/-iase	enviare	envíe
enviaríamos	enviemos	enviáramos /-iásemos	enviáremos	enviemos
enviaríais	enviéis	enviarais/-iaseis	enviareis	enviad
enviarían	envíen	enviaran/-iasen	enviaren	envíen

<1. pres: continúo> continuar

presente	imperfecto	pret. ind.	futuro	
continúo	continuaba	continué	continuaré	**gerundio**
continúas	continuabas	continuaste	continuarás	continuando
continúa	continuaba	continuó	continuará	
continuamos	continuábamos	continuamos	continuaremos	**participio**
continuáis	continuabais	continuasteis	continuaréis	continuado
continúan	continuaban	continuaron	continuarán	

condicional	subj. pres.	subj. imp.	subj. fut.	imperativo
continuaría	continúe	continuara/-ase	continuare	
continuarías	continúes	continuaras/-ases	continuares	continúa
continuaría	continúe	continuara/-ase	continuare	continúe
continuaríamos	continuemos	continuáramos /-ásemos	continuáremos	continuemos
continuaríais	continuéis	continuarais /-aseis	continuareis	continuad
continuarían	continúen	continuaran /-asen	continuaren	continúen

Verben, bei denen das unbetonte *i* wegfällt

<3. pret: tañó> tañer

presente	imperfecto	pret. ind.	futuro	
taño	tañía	tañí	tañeré	**gerundio**
tañes	tañías	tañiste	tañerás	tañendo
tañe	tañía	tañó	tañerá	
tañemos	tañíamos	tañimos	tañeremos	**participio**
tañéis	tañíais	tañisteis	tañeréis	tañido
tañen	tañían	tañeron	tañerán	

condicional	subj. pres.	subj. imp.	subj. fut.	imperativo
tañería	taña	tañera/-ese	tañere	
tañerías	tañas	tañeras/-eses	tañeres	tañe
tañería	taña	tañera/-ese	tañere	taña
tañeríamos	tañamos	tañéramos /-ésemos	tañéremos	tañamos
tañeríais	tañáis	tañerais/-eseis	tañereis	tañed
tañerían	tañan	tañeran/-esen	tañeren	tañan

<3. pret: gruñó> gruñir

presente	imperfecto	pret. ind.	futuro	
gruño	gruñía	gruñí	gruñiré	**gerundio**
gruñes	gruñías	gruñiste	gruñirás	gruñendo
gruñe	gruñía	gruñó	gruñirá	
gruñimos	gruñíamos	gruñimos	gruñiremos	**participio**
gruñís	gruñíais	gruñisteis	gruñiréis	gruñido
gruñen	gruñían	gruñeron	gruñirán	

condicional	subj. pres.	subj. imp.	subj. fut.	imperativo
gruñiría	gruña	gruñera/-ese	gruñere	
gruñirías	gruñas	gruñeras/-eses	gruñeres	gruñe
gruñiría	gruña	gruñera/-ese	gruñere	gruña
gruñiríamos	gruñamos	gruñéramos /-ésemos	gruñéremos	gruñamos
gruñiríais	gruñáis	gruñerais/-eseis	gruñereis	gruñid
gruñirían	gruñan	gruñeran/-esen	gruñeren	gruñan

Die unregelmäßigen Verben

abolir

presente	subj. pres.	imperativo	
–	–		**gerundio**
–	–	–	aboliendo
–	–	–	
abolimos	–	–	**participio**
abolís	–	abolid	abolido
–	–	–	

abrir

participio:	abierto

adquirir

presente	imperativo	
adquiero		**gerundio**
adquieres	adquiere	adquiriendo
adquiere	adquiera	
adquirimos	adquiramos	**participio**
adquirís	adquirid	adquirido
adquieren	adquieran	

agorar

presente	
agüero	**gerundio**
agüeras	agorando
agüera	
agoramos	**participio**
agoráis	agorado
agüeran	

ahincar

presente	imperfecto	pret. ind.	imperativo	
ahínco	ahincaba	ahinqué		**gerundio**
ahíncas	ahincabas	ahincaste	ahínca	ahincando
ahínca	ahincaba	ahincó	ahinque	
ahincamos	ahincábamos	ahincamos	ahinquemos	**participio**
ahincáis	ahincabais	ahincasteis	ahincad	ahincado
ahíncan	ahincaban	ahincaron	ahinquen	

airar

presente	
aíro	**gerundio**
aíras	airando
aíra	
airamos	**participio**
airáis	airado
aíran	

andar

presente	pret. ind.	
ando	anduve	**gerundio**
andas	anduviste	andando
anda	anduvo	
andamos	anduvimos	**participio**
andáis	anduvisteis	andado
andan	anduvieron	

asir

presente	imperativo	
asgo		**gerundio**
ases	ase	asiendo
ase	asga	
asimos	asgamos	**participio**
asís	asid	asido
asen	asgan	

aullar

presente	imperativo	
aúllo		**gerundio**
aúllas	aúlla	aullando
aúlla	aúlle	
aullamos	aullemos	**participio**
aulláis	aullad	aullado
aúllan	aúllen	

avergonzar

presente	pret. ind.	imperativo	
avergüenzo	avergoncé		**gerundio**
avergüenzas	avergonzaste	avergüenza	avergonzando
avergüenza	avergonzó	avergüence	
avergonzamos	avergonzamos	avergüencemos	**participio**
avergonzáis	avergonzasteis	avergonzad	avergonzado
avergüenzan	avergonzaron	avergüencen	

caber

presente	pret. ind.	futuro	condicional	
quepo	cupe	cabré	cabría	**gerundio**
cabes	cupiste	cabrás	cabrías	cabiendo
cabe	cupo	cabrá	cabría	
cabemos	cupimos	cabremos	cabríamos	**participio**
cabéis	cupisteis	cabréis	cabríais	cabido
caben	cupieron	cabrán	cabrían	

caer

presente	pret. ind.	
caigo	caí	**gerundio**
caes	caíste	cayendo
cae	cayó	
caemos	caímos	**participio**
caéis	caísteis	caído
caen	cayeron	

ceñir

presente	pret. ind.	imperativo	
ciño	ceñí		**gerundio**
ciñes	ceñiste	ciñe	ciñendo
ciñe	ciñó	ciña	
ceñimos	ceñimos	ciñamos	**participio**
ceñís	ceñisteis	ceñid	ceñido
ciñen	ciñieron	ciñan	

cernir

presente	imperativo	
cierno		**gerundio**
ciernes	cierne	cerniendo
cierne	cierna	
cernimos	cernamos	**participio**
cernís	cernid	cernido
ciernen	ciernan	

cocer

presente	imperativo	
cuezo		**gerundio**
cueces	cuece	cociendo
cuece	cueza	
cocemos	cozamos	**participio**
cocéis	coced	cocido
cuecen	cuezan	

colgar

presente	pret. ind.	imperativo	
cuelgo	colgué		**gerundio**
cuelgas	colgaste	cuelga	colgando
cuelga	colgó	cuelgue	
colgamos	colgamos	colgamos	**participio**
colgáis	colgasteis	colgad	colgado
cuelgan	colgaron	cuelguen	

crecer

presente	imperativo	
crezco		**gerundio**
creces	crece	creciendo
crece	crezca	
crecemos	crezcamos	**participio**
crecéis	creced	crecido
crecen	crezcan	

dar

presente	pret. ind.	subj. pres.	subj. imp.	subj. fut.
doy	di	dé	diera/-ese	diere
das	diste	des	dieras/-eses	dieres
da	dio	dé	diera/-ese	diere
damos	dimos	demos	diéramos /-ésemos	diéremos
dais	disteis	deis	dierais/-eseis	diereis
dan	dieron	den	dieran/-esen	dieren

imperativo	
da	**gerundio**
dé	dando
demos	
dad	**participio**
den	dado

decir

presente	imperfecto	pret. ind.	futuro	
digo	decía	dije	diré	**gerundio**
dices	decías	dijiste	dirás	diciendo
dice	decía	dijo	dirá	
decimos	decíamos	dijimos	diremos	**participio**
decís	decíais	dijisteis	diréis	dicho
dicen	decían	dijeron	dirán	

condicional	subj. pres.	subj. imp.	subj. fut.	imperativo
diría	diga	dijera/-ese	dijere	
dirías	digas	dijeras/-eses	dijeres	di
diría	diga	dijera/-ese	dijere	diga
diríamos	digamos	dijéramos/ -ésemos	dijéremos	digamos
diríais	digáis	dijerais/-eseis	dijereis	decid
dirían	digan	dijeran/-esen	dijeren	digan

desosar

presente	imperativo	
deshueso		**gerundio**
deshuesas	deshuesa	desosando
deshuesa	deshuese	
desosamos	desosemos	**participio**
desosáis	desosad	desosado
deshuesan	deshuesen	

dormir

presente	pret. ind.	imperativo	
duermo	dormí		**gerundio**
duermes	dormiste	duerme	durmiendo
duerme	durmió	duerma	
dormimos	dormimos	durmamos	**participio**
dormís	dormisteis	dormid	dormido
duermen	durmieron	duerman	

elegir

presente	pret. ind.	imperativo	
elijo	elegí		**gerundio**
eliges	elegiste	elige	eligiendo
elige	eligió	elija	
elegimos	elegimos	elijamos	**participio**
elegís	elegisteis	elegid	elegido
eligen	eligieron	elijan	

embaír

presente	imperfecto	pret. ind.	imperativo	
–	embaía	embaí		**gerundio**
–	embaías	embaíste	–	embayendo
–	embaía	embayó	–	
embaímos	embaíamos	embaímos	–	**participio**
embaís	embaíais	embaísteis	embaíd	embaído
–	embaían	embayeron	–	

empezar

presente	pret. ind.	imperativo	
empiezo	empecé		**gerundio**
empiezas	empezaste	empieza	empezando
empieza	empezó	empiece	
empezamos	empezamos	empecemos	**participio**
empezáis	empezasteis	empezad	empezado
empiezan	empezaron	empiecen	

enraizar

presente	pret. ind.	imperativo	
enraízo	enraicé		**gerundio**
enraízas	enraizaste	enraíza	enraizando
enraíza	enraizó	enraíce	
enraizamos	enraizamos	enraicemos	**participio**
enraizáis	enraizasteis	enraizad	enraizado
enraízan	enraizaron	enraícen	

erguir

presente	pret. ind.	subj. pres	subj. imp.	subj. fut.
yergo	erguí	irga/yerga	irguiera/-ese	irguiere
yergues	erguiste	irgas/yergas	irguieras/-eses	irguieres
yergue	irguió	irga/yerga	irguiera/-ese	irguiere
erguimos	erguimos	irgamos	irgiéramos /-ésemos	irguiéremos
erguís	erguisteis	irgáis	irguierais/-eseis	irguiereis
yerguen	irguieron	irgan/yergan	irguieran/-esen	irguieren

imperativo	
yergue	**gerundio**
yerga	irguiendo
yergamos	
erguid	**participio**
yergan	erguido

errar

presente	pret. ind.	imperativo	
yerro	erré		**gerundio**
yerras	erraste	yerra	errando
yerra	erró	yerre	
erramos	erramos	erremos	**participio**
erráis	errasteis	errad	errado
yerran	erraron	yerren	

escribir

participio :	escrito

estar

presente	imperfecto	pret. ind.	futuro	
estoy	estaba	estuve	estaré	**gerundio**
estás	estabas	estuviste	estarás	estando
está	estaba	estuvo	estará	
estamos	estábamos	estuvimos	estaremos	**participio**
estáis	estabais	estuvisteis	estaréis	estado
están	estaban	estuvieron	estarán	

condicional	subj. pres.	subj. imp.	subj. fut.	imperativo
estaría	esté	estuviera/-ese	estuviere	
estarías	estés	estuvieras/-eses	estuvieres	está
estaría	esté	estuviera/-ese	estuviere	esté
estaríamos	estemos	estuviéramos /-ésemos	estuviéremos	estemos
estaríais	estéis	estuvierais /-eseis	estuviereis	estad
estarían	estén	estuvieran/-esen	estuvieren	estén

forzar

presente	pret. ind.	imperativo	
fuerzo	forcé		**gerundio**
fuerzas	forzaste	fuerza	forzando
fuerza	forzó	fuerce	
forzamos	forzamos	forcemos	**participio**
forzáis	forzasteis	forzad	forzado
fuerzan	forzaron	fuercen	

fregar

presente	pret. ind.	imperativo	
friego	fregué		**gerundio**
friegas	fregaste	friega	fregando
friega	fregó	friegue	
fregamos	fregamos	freguemos	**participio**
fregáis	fregasteis	fregad	fregado
friegan	fregamos	frieguen	

freír

presente	pret. ind.	imperativo	
frío	freí		**gerundio**
fríes	freíste	fríe	friendo
fríe	frió	fría	
freímos	freímos	friamos	**participio**
freís	freísteis	freíd	freído
fríen	frieron	frían	frito

haber

presente	pret. ind.	futuro	condicional	subj. pres.
he	hube	habré	habría	haya
has	hubiste	habrás	habrías	hayas
ha	hubo	habrá	habría	haya
hemos	hubimos	habremos	habríamos	hayamos
habéis	hubisteis	habréis	habríais	hayáis
han	hubieron	habrán	habrían	hayan

subj. imp.	subj. fut.	imperativo	
hubiera/-iese	hubiere		**gerundio**
hubieras/-ieses	hubieres	he	habiendo
hubiera/-iese	hubiere	haya	
hubiéramos /-iésemos	hubiéremos	hayamos	**participio** habido
hubierais/-ieseis	hubiereis	habed	
hubieran/-iesen	hubieren	hayan	

hacer

presente	pret. ind.	futuro	imperativo	
hago	hice	haré		**gerundio**
haces	hiciste	harás	haz	haciendo
hace	hizo	hará	haga	
hacemos	hicimos	haremos	hagamos	**participio**
hacéis	hicisteis	haréis	haced	hecho
hacen	hicieron	harán	hagan	

hartar

participio :	hartado – gesättigt harto (nur attributiv): estoy harto – ich bin satt

huir

presente	pret. ind.	imperativo	
huyo	huí		**gerundio**
huyes	huiste	huye	huyendo
huye	huyó	huya	
huimos	huimos	huyamos	**participio**
huís	huisteis	huid	huido
huyen	huyeron	huyan	

imprimir

participio :	impreso

ir

presente	indefinido	pret. ind.	subj. pres.	subj. imp.
voy	iba	fui	vaya	fuera/-ese
vas	ibas	fuiste	vayas	fueras/-eses
va	iba	fue	vaya	fuera/-ese
vamos	íbamos	fuimos	vayamos	fuéramos /-ésemos
vais	ibais	fuisteis	vayáis	fuerais/-eseis
van	iban	fueron	vayan	fueran/-esen

subj. fut.	imperativo	
fuere		**gerundio**
fueres	ve	yendo
fuere	vaya	
fuéremos	vayamos	**participio**
fuereis	id	ido
fueren	vayan	

jugar

presente	pret. ind.	subj. pres.	imperativo	
juego	jugé	juegue		**gerundio**
juegas	jugaste	juegues	juega	jugando
juega	jugó	juegue	juegue	
jugamos	jugamos	juguemos	juguemos	**participio**
jugáis	jugasteis	juguéis	jugad	jugado
juegan	jugaron	jueguen	jueguen	

leer

presente	pret. ind.	
leo	leí	**gerundio**
lees	leíste	leyendo
lee	leyó	
leemos	leímos	**participio**
leéis	leísteis	leído
leen	leyeron	

lucir

presente	imperativo	
luzco		**gerundio**
luces	luce	luciendo
luce	luzca	
lucimos	luzcamos	**participio**
lucís	lucid	lucido
lucen	luzcan	

maldecir

presente	pret. ind.	imperativo		
maldigo	maldije		**gerundio**	
maldices	maldijiste	maldice	maldiciendo	
maldice	maldijo	maldiga		
maldecimos	maldijimos	maldigamos	**participio**	
maldecís	maldijisteis	maldecid	maldecido	verflucht
maldicen	maldijeron	maldigan	maldito	Substantiv, Adjektiv

morir

presente	pret. ind.	imperativo	
muero	morí		**gerundio**
mueres	moriste	muere	muriendo
muere	murió	muera	
morimos	morimos	muramos	**participio**
morís	moristeis	morid	muerto
mueren	murieron	mueran	

oír

presente	pret. ind.	imperativo	subj. imp.	subj. fut.
oigo	oí		oyera/-ese	oyere
oyes	oiste	oye	oyeras/-eses	oyeres
oye	oyó	oiga	oyera/-ese	oyere
oímos	oímos	oigamos	oyéramos /-ésemos	oyéremos
oís	oísteis	oid	oyerais/-eseis	oyéreis
oyen	oyeron	oigan	eyeran/-esen	oyeren

gerundio	participio
oyendo	oído

oler

presente	imperativo	
huelo		**gerundio**
hueles	huele	oliendo
huele	huela	
olemos	olamos	**participio**
oléis	oled	olido
huelen	huelan	

pedir

presente	pret. ind.	imperativo	
pido	pedí		**gerundio**
pides	pediste	pide	pidiendo
pide	pidió	pidas	
pedimos	pedimos	pidamos	**participio**
pedís	pedisteis	pedid	pedido
piden	pidieron	pidan	

poder

presente	pret. ind.	futuro	condicional	
puedo	pude	podré	podría	**gerundio**
puedes	pudiste	podrás	podrías	pudiendo
puede	pudo	podrá	podría	
podemos	pudimos	podremos	podríamos	**participio**
podéis	pudisteis	podréis	podríais	podido
pueden	pudieron	podrán	podrían	

podrir (pudrir)

presente	imperfecto	pret. ind.	futuro	condicional
pudro	pudría	pudrí	pudriré	pudriría
pudres	pudrías	pudriste	pudrirás	pudrirías
pudre	pudría	pudrió	pudrirá	pudriría
pudrimos	pudríamos	pudrimos	pudriremos	pudriríamos
pudrís	pudríais	pudristeis	pudriréis	pudriríais
pudren	pudrían	pudrieron	pudrirán	pudrirían

imperativo	
	gerundio
pudre	pudriendo
pudra	
pudramos	**participio**
pudrid	podrido
pudran	

poner

presente	pret. ind.	futuro	condicional	imperativo
pongo	puse	pondré	pondría	
pones	pusiste	pondrás	pondrías	pon
pone	puso	pondrá	pondría	ponga
ponemos	pusimos	pondremos	pondríamos	pongamos
ponéis	pusisteis	pondréis	pondríais	poned
ponen	pusieron	pondrán	pondrían	pongan

gerundio	participio
poniendo	puesto

prohibir

presente	imperativo	
prohíbo		**gerundio**
prohíbes	prohíbe	prohibiendo
prohíbe	prohíba	
prohibimos	prohibamos	**participio**
prohibís	prohibid	prohibido
prohíben	prohíban	

proveer

presente	pret. ind.		
proveo	proveí	**gerundio**	
provees	proveíste	proveyendo	
provee	proveyó		
proveemos	proveímos	**participio**	
proveéis	proveísteis	provisto	versorgt
proveen	proveyeron	proveído	*ungebräuchlich*

querer

presente	pret. ind.	futuro	condicional	imperativo
quiero	quise	querré	querría	
quieres	quisiste	querrás	querrías	quiere
quiere	quiso	querrá	querría	quiera
queremos	quisimos	querremos	querríamos	queramos
queréis	quisisteis	querréis	querríais	quered
quieren	quisieron	querrán	querrían	quieran

gerundio	participio
queriendo	querido

raer

presente	pret. ind.	
raigo/rao/rayo	raí	**gerundio**
raes	raíste	rayendo
rae	rayó	
raemos	raímos	**participio**
raéis	raísteis	raído
raen	rayeron	

reír

presente	pret. ind.	imperfecto	
río	reí		**gerundio**
ríes	reíste	ríe	riendo
ríe	rió	ría	
reímos	reímos	riamos	**participio**
reís	reísteis	reíd	reído
ríen	rieron	rían	

reunir

presente	imperativo	
reúno		**gerundio**
reúnes	reúne	reuniendo
reúne	reúna	
reunimos	reunamos	**participio**
reunís	reunid	reunido
reúnen	reúnan	

roer

presente	pret. ind.	subj. pres.	subj. imp.	subj. fut.
roo/roigo/royo	roí	roa/roiga/roya	royera/-ese	royere
roes	roíste	roas/roigas /royas	royeras/-eses	royeres
roe	royó	roa/roiga/roya	royera/-ese	royere
roemos	roímos	roamos /roigamos /royamos	royéramos /-ésemos	royéremos
roéis	roísteis	roáis/roigáis /royáis	royerais /-eseis	royereis
roen	royeron	roan/roigan/ royan	royeran/-esen	royeren

imperativo	
	gerundio
roe	royendo
roa/roiga/roya	
roamos/roiga-mos/royamos roed roigan/royan /royan	**participio** roído

saber

presente	pret. ind.	futuro	condicional	subj. pres.
sé	supe	sabré	sabría	sepa
sabes	supiste	sabrás	sabrías	sepas
sabe	supo	sabrá	sabría	sepa
sabemos	supimos	sabremos	sabríamos	sepamos
sabéis	supisteis	sabréis	sabríais	sepáis
saben	supieron	sabrán	sabrían	sepan

imperativo	
	gerundio
sabe	sabiendo
sepa	
sepamos	**participio**
sabed	sabido
sepan	

salir

presente	futuro	condicional	imperativo	
salgo	saldré	saldría		**gerundio**
sales	saldrás	saldrías	sal	saliendo
sale	saldrá	saldría	salga	
salimos	saldremos	saldríamos	salgamos	**participio**
salís	saldréis	saldríais	salid	salido
salen	saldrán	saldrían	salgan	

seguir

presente	pret. ind.	subj. pres.	subj. imp.	subj. fut.
sigo	seguí	siga	siguiera/-ese	siguiere
sigues	seguiste	sigas	siguieras/-eses	siguieres
sigue	siguió	siga	siguiera/-ese	siguiere
seguimos	seguimos	sigamos	siguiéramos /-ésemos	siguiéremos
seguís	seguisteis	sigáis	siguierais/-eseis	siguiereis
siguen	siguieron	sigan	siguieran/-esen	siguieren

imperativo	
	gerundio
sigue	siguiendo
siga	
sigamos	**participio**
seguid	seguido
sigan	

sentir

presente	pret. ind.	subj. pres.	subj. imp.	subj. fut.
siento	sentí	sienta	sintiera/-ese	sintiere
sientes	sentiste	sientas	sintieras/-eses	sintieres
siente	sintió	sienta	sintiera/-ese	sintiere
sentimos	sentimos	sintamos	sintiéramos /-ésemos	sintiéremos
sentís	sentisteis	sintáis	sintierais/-eseis	sintiereis
sienten	sintieron	sientan	sintieran/-esen	sintieren

imperativo	
	gerundio
siente	sintiendo
sienta	
sintamos	**participio**
sentid	sentido
sientan	

ser

presente	imperfecto	pret. ind.	futuro	
soy	era	fui	seré	**gerundio**
eres	eras	fuiste	serás	siendo
es	era	fue	será	
somos	éramos	fuimos	seremos	**participio**
sois	erais	fuisteis	seréis	sido
son	eran	fueron	serán	

condicional	subj. pres.	subj. imp.	subj. fut.	imperativo
sería	sea	fuera/-ese	fuere	
serías	seas	fueras/-eses	fueres	sé
sería	sea	fuera/-ese	fuere	sea
seríamos	seamos	fuéramos /-ésemos	fuéremos	seamos
seríais	seáis	fuerais/-eseis	fuereis	sed
serían	sean	fueran/-esen	fueren	sean

soltar

presente	imperativo	
suelto		**gerundio**
sueltas	suelta	soltando
suelta	suelte	
soltamos	soltemos	**participio**
soltáis	soltad	soltado
sueltan	suelten	

tener

presente	pret. ind.	futuro	condicional	imperativo
tengo	tuve	tendré	tendría	
tienes	tuviste	tendrás	tendrías	ten
tiene	tuvo	tendrá	tendría	tenga
tenemos	tuvimos	tendremos	tendríamos	tengamos
tenéis	tuvisteis	tendréis	tendríais	tened
tienen	tuvieron	tendrán	tendrían	tengan

gerundio	participio
teniendo	tenido

traducir

presente	pret. ind.	imperativo	
traduzco	traduje		**gerundio**
traduces	tradujiste	traduce	traduciendo
traduce	tradujo	traduzca	
traducimos	tradujimos	traduzcamos	**participio**
traducís	tradujisteis	traducid	traducido
traducen	tradujeron	traduzcan	

traer

presente	pret. ind.	imperativo	
traigo	traje		**gerundio**
traes	trajiste	trae	trayendo
trae	trajo	traiga	
traemos	trajimos	traigamos	**participio**
traéis	trajisteis	traed	traído
traen	trajeron	traigan	

valer

presente	futuro	imperativo	
valgo	valdré		**gerundio**
vales	valdrás	vale	valiendo
vale	valdrá	valga	
valemos	valdremos	valgamos	**participio**
valéis	valdréis	valed	valido
valen	valdrán	valgan	

venir

presente	pret. ind.	futuro	condicional	imperativo
vengo	vine	vendré	vendría	
vienes	viniste	vendrás	vendrías	ven
viene	vino	vendrá	vendría	venga
venimos	vinimos	vendremos	vendríamos	vengamos
venís	vinisteis	vendréis	vendríais	venid
vienen	vinieron	vendrán	vendrían	vengan

gerundio	participio
viniendo	venido

ver

presente	imperfecto	pret. ind.	subj. imp.	subj. fut.
veo	veía	vi	viera/-ese	viere
ves	veías	viste	vieras/-eses	vieres
ve	veía	vio	viera/-ese	viere
vemos	veíamos	vimos	viéramos /-ésemos	viéremos
veis	veíais	visteis	vierais/-eseis	viereis
ven	veían	vieron	vieran/-esen	vieren

gerundio	participio
viendo	visto

volcar

presente	pret. ind.	imperativo	
vuelco	volqué		**gerundio**
vuelcas	volcaste	vuelca	volcando
vuelca	volcó	vuelque	
volcamos	volcamos	volquemos	**participio**
volcáis	volcasteis	volcad	volcado
vuelcan	volcaron	vuelquen	

volver

presente	imperativo	
vuelvo		**gerundio**
vuelves	vuelve	volviendo
vuelve	vuelva	
volvemos	volvamos	**participio**
volvéis	volved	volvido
vuelven	vuelvan	

yacer

presente	subj. pres.	imperativo	
yazco/yazgo /yago	yazca/yazga /yaga		**gerundio** yaciendo
yaces	yazcas/yazgas /yagas	yace/yaz	
yace	yazca/yazga /yaga	yazca/yazga /yaga	
yacemos	yazcamos /yazgamos /yagamos	yazcamos /yazgamos /yagamos	**participio** yacido
yacéis	yazcáis/yazgáis yagáis	yaced	
yacen	yazcan/yazgan /yagan	yazcan/yazgan /yagan	

Frases hechas útiles — Nützliche Redewendungen

La hora — Uhrzeit

¿Qué hora es?	Wieviel Uhr ist es?
¿Me puede decir qué hora es, por favor?	Können Sie mir bitte sagen, wie spät es ist?
Es la una en punto.	Es ist genau ein Uhr.
Son casi … las tres (en punto). las tres y cinco. las tres y cuarto. las tres y veinticinco. las tres y media. las cuatro menos veinticinco. las cuatro menos cuarto. las doce del mediodía/de la noche.	Es ist fast … drei Uhr. fünf nach drei. Viertel nach drei [*o* Viertel vier]. fünf vor halb vier. halb vier. fünf nach halb vier. Viertel vor vier [*o* Dreiviertel vier]. zwölf Uhr mittag/nachts.
Pasan de las cuatro.	Es ist schon nach vier.
Ven entre las cuatro y las cinco.	Komm (so) zwischen vier und fünf Uhr.

Saludos, presentaciones, despedidas — Begrüßung, Vorstellung, Verabschiedung

¡Buenos días!	Guten Morgen!
¡Buenos días! (bis ca. 14^{00} Uhr) ¡Buenas tardes! (ab ca. 14^{00} Uhr)	Guten Tag!
¡Buenos días! (bis ca. 14^{00} Uhr) ¡Buenas tardes! (ab ca. 14^{00} Uhr)	Grüß Gott! (*südd*)
¡Buenas tardes!	Guten Abend!
¡Hola!	Hallo!
¿Qué tal?	Grüß dich!
Me llamo Becker.	Mein Name ist Becker.
¿Qué tal? ¿Cómo le(s)/te va?	Wie geht es Ihnen/dir?
¿Qué hay? ¿Cómo te va?	Wie geht's?
Bien, gracias, ¿y usted(es)/tú?	Danke, gut. Und Ihnen/dir?
¡Adiós! ¡Hasta la vista!	Auf Wiedersehen!
¡Adiós! ¡Hasta luego!	Tschüs!
¡Hasta mañana!	Bis morgen!
¡Hasta luego!	Bis später!
¡Que te lo pases/os lo paséis bien!	Viel Vergnügen!
¡Buenas noches!	Gute Nacht!
Salude/Saluda a la señora Gondar de mi parte.	Grüßen Sie/Grüß(e) Frau Gondar von mir.

Citas / Verabredung

¿Le(s)/Te puedo invitar a comer?	Darf ich Sie/dich zum Essen einladen?
¿Tiene/Tienes algo planeado para mañana?	Haben Sie/Hast du für morgen schon etwas vor?
¿A qué hora quedamos?	Wann treffen wir uns?
¿Le(s)/Te puedo pasar a recoger?	Darf ich Sie/dich abholen?
Nos encontramos a las 9 delante del cine.	Treffen wir uns um 9 Uhr vor dem Kino.

Por favor y gracias / Bitte und Dank

Sí, gracias.	Ja, bitte.
No, gracias.	Nein, danke.
¡Gracias!	Danke, sehr gern!
¡Gracias, igualmente!	Danke, gleichfalls!
¿Me podría ayudar?	Könnten Sie mir bitte helfen?
Gracias. De nada.	Bitte sehr. Gern geschehen.
Muchas gracias.	Vielen Dank.
No es nada.	Das ist doch nicht der Rede wert.

Pedir perdón, expresiones de lamento / Entschuldigung, Bedauern

¡Perdón!	Entschuldigung!
Debo disculparme.	Ich muss mich entschuldigen.
Lo siento mucho.	Es [*o* Das] tut mir leid.
No era esa mi/nuestra intención.	Es war nicht so gemeint.
¡Lástima!	Schade!
¡Qué pena!	Das ist traurig.

Felicitaciones en distintas ocasiones / Glückwünsche zu verschiedenen Anlässen

¡Felicidades!	Herzlichen Glückwunsch!
¡Mucho éxito!	Viel Erfolg!
¡Mucha suerte!	Viel Glück!
¡Que se mejore/te mejores pronto!	Gute Besserung!
¡Que pases/paséis unas buenas vacaciones!	Schöne Ferien!
¡Felices Pascuas!	Frohe Ostern!
¡Feliz Navidad y próspero Año Nuevo!	Frohe Weihnachten und ein gutes neues Jahr!
¡Feliz cumpleaños!	Alles Gute zum Geburtstag!
¡Feliz cumpleaños!	Meine besten Wünsche zum Geburtstag!
Te deseo mucha suerte.	Ich drücke dir die Daumen.

Preguntar por el camino, por la dirección / Nach dem Weg fragen

Perdone, ¿cómo puedo ir a Magdeburgo/ al Prado?	Entschuldigung, wie komme ich bitte nach Magdeburg/zum Prado?
¿Me podría decir como puedo ir al Prado?	Können Sie mir sagen, wie ich zum Prado komme?
Todo recto hasta ...	Immer geradeaus bis zu ... *+dat.*
Cuando llegue al semáforo gire a la derecha.	Dann bei der Ampel rechts abbiegen.
Siga las indicaciones.	Folgen Sie den Schildern.
No se puede perder.	Sie können es nicht verfehlen.
¿Qué autobús va a ...?	Welcher Bus fährt nach ...?
¿Es este el autobús que va a ...?	Ist dies der richtige Bus nach ...?
¿Está muy lejos?	Wie weit ist das?
Por aquí no es. Debe(n) volver hasta ...	Sie sind hier falsch. Sie müssen zurückfahren bis zu ... *+dat.*

En el restaurante / Im Restaurant

Quisiera reservar una mesa para cuatro personas.	Ich möchte einen Tisch für vier Personen reservieren.
Una mesa para dos, por favor.	Einen Tisch für zwei Personen, bitte.
¿Está libre esta mesa/este asiento?	Ist dieser Tisch/Platz noch frei?
Tomaré ...	Ich nehme ...
¿Nos podría traer un poco más de pan?	Könnten wir noch etwas Brot bekommen?
La cuenta, por favor.	Bezahlen, bitte.
Todo junto.	Bitte alles zusammen.
Cuentas separadas, por favor.	Getrennte Rechnungen, bitte.

De compras / Einkaufen

¿Dónde puedo encontrar ...?	Wo finde ich ...?
¿Me podría recomendar una tienda de repostería fina/de comestibles?	Können Sie mir ein Feinkost-/Lebensmittelgeschäft empfehlen?
¿Le atienden?	Werden Sie schon bedient?
Gracias, sólo quería mirar.	Danke, ich sehe mich nur um.
¿Qué será?	Was darf es sein?
Póngame, por favor, ...	Geben Sie mir bitte ...
Quisiera ...	Ich möchte ...
¿Algo más?	Darf es sonst noch etwas sein?
¿Aceptan tarjetas de crédito?	Nehmen Sie Kreditkarten?
¿Me lo puede envolver?	Können Sie es mir einpacken?

En el banco / Auf der Bank

Quisiera cambiar 100 marcos en pesetas.	Ich möchte 100 DM in Peseten wechseln.
Quisiera cobrar este cheque de viaje.	Ich möchte diesen Reisescheck einlösen.
¿Cuál es el importe máximo al que puedo extender el talón?	Auf welchen Betrag kann ich den Scheck maximal ausstellen?
Quisiera sacar 100.000 pesetas de mi cuenta.	Ich möchte 100.000 Peseten von meinem Konto abheben.
¿Me enseña su carnet, por favor?	Darf ich bitte Ihren Ausweis sehen?
Firme, por favor.	Ihre Unterschrift, bitte.

En Correos / Auf der Post

¿Dónde está el buzón más cercano/la oficina de correos más cercana?	Wo ist der nächste Briefkasten/das nächste Postamt?
¿Cuánto vale una carta para Alemania?	Was kostet ein Brief nach Deutschland?
Tres sellos de 450 pesetas, por favor.	Drei Briefmarken zu 450 Peseten, bitte.
Quisiera enviar un telegrama.	Ich möchte ein Telegramm aufgeben.
Quisiera una tarjeta de teléfonos.	Ich möchte eine Telefonkarte.
¿Puedo enviar desde aquí un fax a Stuttgart?	Kann ich von hier aus ein Fax nach Stuttgart schicken?

Llamar por teléfono / Telefonieren

¿Dónde está la cabina de teléfonos más próxima?	Wo ist die nächste Telefonzelle?
¿Cuál es el prefijo de España?	Wie ist die Vorwahl von Spanien?
Quisiera hacer una llamada a cobro revertido.	Ich möchte ein R-Gespräch anmelden.
¿Sí?, ¿con quién hablo?	Hallo, mit wem spreche ich?
Quisiera hablar con la señora Wagner.	Kann ich bitte Frau Wagner sprechen?
Le pongo.	Ich verbinde.
Espere, no cuelgue.	Bleiben Sie bitte am Apparat.
Lo siento pero no está.	Tut mir leid, sie ist nicht da.
¿Quiere dejar un mensaje?	Möchten Sie eine Nachricht hinterlassen?
Volveré a llamar más tarde.	Ich rufe später nochmal an.
Este abonado ha cambiado de número.	Kein Anschluss unter dieser Nummer.

Entre hombres de negocios / Bei Geschäftspartnern

¿Cómo puedo llegar a ...?	Wie komme ich bitte zu ... *+dat*?
¿Dónde está la entrada principal?	Wo ist der Haupteingang?
Me llamo ... Soy de la empresa ...	Mein Name ist ... Ich komme von der Firma ...
¿Puedo hablar con ..., por favor?	Kann ich bitte ... sprechen?
Diga a ... que estoy aquí [*o* que he llegado].	Melden Sie mich bitte bei ... *+dat* an.
Le están esperando.	Sie werden erwartet.
Está reunido/reunida.	Er/Sie ist noch in einer Sitzung.
Le acompaño hasta/a ...	Ich führe Sie zu ... *+dat*.
Perdone el retraso.	Entschuldigen Sie bitte, dass ich zu spät komme.
Siéntese, por favor. Tome asiento, por favor.	Bitte setzen Sie sich.
¿Le apetece beber algo? ¿Le sirvo una bebida?	Darf ich Ihnen etwas zu trinken anbieten?
¿Ha tenido un buen viaje?	Hatten Sie eine angenehme Reise?
¿Cuánto tiempo nos queda?	Wieviel Zeit haben wir?
¿A qué hora sale su avión?	Wann geht Ihre Maschine?
Necesito un intérprete.	Ich brauche einen Dolmetscher.
Tengo una cita con/en ...	Ich habe einen Termin mit/bei ... *+dat*.
Tengo una cita a las cuatro.	Ich habe um vier Uhr einen Termin.

En la Feria de muestras / Auf der Messe

Busco el stand de la empresa ...	Ich suche den Messestand der Firma ...
Vaya al pabellón ..., stand número ...	Gehen Sie in Halle ..., Stand Nummer ...
Fabricamos ...	Wir sind Hersteller von ... *+dat*.
Comerciamos con ...	Wir handeln mit ... *+dat*.
¿Tienen folletos informativos de ...?	Haben Sie Informationsmaterial über ...?
Les podemos enviar información detallada sobre ...	Wir können Ihnen ausführliches Material über ... zusenden.
¿Puede hacer llegarnos una oferta?	Können Sie uns ein Angebot zukommen lassen?
Tendríamos que acordar una cita.	Wir sollten ein Treffen vereinbaren.
Aquí tiene mi tarjeta de visita.	Hier ist meine Visitenkarte.

Abkürzungen

Abreviaturas

a.	auch	*también*
Abk.	Abkürzung	*abreviatura*
abw	abwertend	*peyorativo*
adj	Adjektiv	*adjetivo*
ADMIN	Verwaltung	*administración*
adv	Adverb	*adverbio*
AERO	Luftfahrt	*aeronáutica*
AGR	Landwirtschaft	*agricultura*
akk	Akkusativ	*acusativo*
Akr.	Akronym	*sigla*
Am	Lateinamerikanismus	*americanismo*
ANAT	Anatomie	*anatomía*
And	Anden	*zona andina*
Ant	Antillen	*Antillas*
ARCHIT	Architektur	*arquitectura*
Arg	Argentinien	*República Argentina*
art best	bestimmter Artikel	*artículo definido*
art unbest	unbestimmter Artikel	*artículo indefinido*
ASTR	Astrologie, Astronomie	*astrología, astronomía*
AUTO	Auto und Verkehr	*automóvil y tráfico*
aux	Hilfsverb	*verbo auxiliar*
BERGB	Bergbau	*minería*
BIOL	Biologie	*biología*
Bol	Bolivien	*Bolivia*
BOT	Botanik	*botánica*
CHEM	Chemie	*química*
Chil	Chile	*Chile*
COM	Handel	*comercio*
CRi	Costa Rica	*Costa Rica*
CSur	Cono Sur (Argentinien, Chile, Paraguay, Uruguay)	*Cono Sur (República Argentina, Chile, Paraguay, Uruguay)*
Cuba	Cuba	*Cuba*
dat	Dativ	*dativo*
DomR	Dominikanische Republik	*República Dominicana*
Ecua	Ecuador	*Ecuador*
EISENB	Eisenbahn	*ferrocarril*
ELEK	Elektrotechnik	*electrotecnia*
ElSal	El Salvador	*El Salvador*
etw	etwas	*algo*
EU	Europäische Union	*Unión Europea*

f	Femininum	*femenino*
fam	umgangssprachlich	*familiar*
fig	übertragen, figurativ	*sentido figurado*
FILM	Film	*cinematografía*
FIN	Finanzen, Börse	*finanzas, bolsa*
formal	geschriebene Sprache, Verwaltungssprache	*lenguaje escrito, administrativo*
FOTO	Fotografie	*fotografía*
GASTR	Gastronomie	*gastronomía*
geh	gehoben, literarisch	*elevado, literario*
gen	Genitiv	*genitivo*
GEO	Geographie, Geologie	*geografía, geología*
Guat	Guatemala	*Guatemala*
Guay	Guayana	*Guayana*
GuinEc	Guinea Ecuatorial	*Guinea Ecuatorial*
HIST	Geschichte	*historia*
Hond	Honduras	*Honduras*
imp	Imperfekt	*imperfecto*
inf	Infinitiv	*infinitivo*
INFOR	Informatik	*informática, ordenadores*
interj	Interjektion	*interjección*
inv	unveränderlich, invariabel	*invariable*
iron	ironisch	*irónico*
irr	unregelmäßig	*irregular*
jd	jemand	*alguien (nominativo)*
jdm	jemandem	*alguien (dativo)*
jdn	jemanden	*alguien (acusativo)*
jds	jemandes	*alguien (genitivo)*
JUR	Jura	*jurisdicción*
Kol	Kolumbien	*Colombia*
kompar	Komparativ	*comparativo*
konj	Konjunktion	*conjunción*
KUNST	Kunst(geschichte)	*(historia del) arte*
LING	Linguistik	*lingüística*
LIT	Literatur(wissenschaft)	*(ciencia de la) literatura*
m	Maskulinum	masculino

Contenido y orden

Martha 'ertrag von Maastricht	Todas las **entradas** están ordenadas alfabéticamente y se destacan en negrita
. (QUÍM, BOT) Osmose *f* **2.** (*in-* ıum *m* *nt*	Se indican **diferentes tipos de escritura**
ırmbanduhr *f* *f*; **los ~s** die Eheleute	La **tilde '~'** sustituye en los ejemplos ilustrativos y modismos a la entrada anterior
kköpfig, halsstarrig; **ser más** ~ h wie ein Maulesel sein, stur **3.** (*animal*) störrisch **4.** (*cosa*) en; (*reputación*) schädigen; ~ **.** *vr:* **~se** beschädigt werden;	Las **cifras romanas** indican las distintas partes de la oración
anne *f* **2.** (*reguera*) Bewässe- *ha*) Dusche *f* **4.** (*loc*): **estar** anz dicht sein	Las **cifras arábigas** señalan las distintas acepciones
dor) Bauernfänger(in) *m(f)* *áculo, objeto*) Nepp *m,* Betrug	Las **cifras arábigas voladas** diferencian homógrafos (palabras diferentes, escritas de igual manera)
	Se indica la **forma femenina** de los sustantivos y los adjetivos
	Las indicaciones de los **plurales irregulares** se encuentran inmediatamente después de la entrada
	Las **formas de gradación irregulares** se indican en la forma de grado positivo
>	Las indicaciones de las **formas irregulares de los verbos** se encuentran inmediatamente después de la entrada entre paréntesis triangulares
	Se dan numerosas indicaciones para el uso, p. ej.
s) vierteln **2.** (*despedazar*) zer- ntlangfahren **II.** *vi* (TAUR) mit ei- *obei die Banderillas gestoßen*	**acotaciones** para definiciones y sinónimos, para sujetos y complementos típicos y otras aclaraciones,
~ **de hilo** Garnrolle *f*; ~ **de pa-** e *f* **3.** (CINE) Filmrolle *f*, Spule *f*	**indicaciones de especialidad**,
n **1.** (*fam: perro*) Köter *m* **2.** *alofrío*) Schüttelfrost *m;* (*fiebre*) *miedo*) Bammel *m,* Angst *f* **5.**	**indicaciones de significado y uso en Latinoamérica**,
ıbhauen; **me las piro** ich haue hat den Unterricht geschwänzt	**indicaciones de estilo** allí donde no se trata de un estilo neutral